DICTIONNAIRE FRANÇAIS ILLUSTRÉ

DES

MOTS ET DES CHOSES

DICTIONNAIRE FRANÇAIS ILLUSTRÉ

DES

MOTS ET DES CHOSES

OU

DICTIONNAIRE ENCYCLOPÉDIQUE

DES ÉCOLES, DES MÉTIERS ET DE LA VIE PRATIQUE

Orné de plus de 4,000 Gravures, de 150 Cartes géographiques en deux teintes et de 12 Cartes hors texte en plusieurs couleurs
dressées spécialement par UN GÉOGRAPHE

A L'USAGE DES MAITRES, DES FAMILLES ET DES GENS DU MONDE

CONTENANT

1° L'EXPLICATION DE TOUS LES MOTS DE LA LANGUE FRANÇAISE; — 2° L'ÉTYMOLOGIE;
3° LA LISTE DES DÉRIVÉS, DES COMPOSÉS, DES HOMONYMES ET DES SYNONYMES; — 4° LA PRONONCIATION DES MOTS DIFFICILES,
5° DES THÉORIES ET DES REMARQUES DE GRAMMAIRE, LA CONJUGAISON COMPLÈTE DE TOUS LES VERBES IRRÉGULIERS;
6° LA LITTÉRATURE; — 7° LA GÉOGRAPHIE DE CHACUN DES DÉPARTEMENTS FRANÇAIS ET DE TOUS LES ÉTATS DU GLOBE, AVEC CARTES EN DEUX TEINTES
8° LA MYTHOLOGIE; — 9° L'HISTOIRE ET LA BIOGRAPHIE; — 10° LA PRÉHISTOIRE ET L'ARCHÉOLOGIE NATIONALES;
11° LES MATHÉMATIQUES (MÉCANIQUE, CONSTRUCTIONS GÉOMÉTRIQUES, MESURE DES SURFACES ET DES VOLUMES), LA PHYSIQUE,
LA CHIMIE, LA MINÉRALOGIE, LA ZOOLOGIE, LA BOTANIQUE ET LA GÉOLOGIE APPLIQUÉES A L'AGRICULTURE,
A L'HYGIÈNE, A LA MÉDECINE, A L'ART VÉTÉRINAIRE, A L'INDUSTRIE, AU COMMERCE ET AUX EXIGENCES DE LA VIE PRATIQUE;
12° DES NOTIONS DE LÉGISLATION USUELLE, COMMERCIALE ET ADMINISTRATIVE

PAR

MM. LARIVE ET FLEURY

Auteurs du *Cours de Grammaire et de Langue française en trois années*

TOME TROISIÈME

POLYPE à Z

PARIS

GEORGES CHAMEROT, IMPRIMEUR-ÉDITEUR

19, RUE DES SAINTS-PÈRES, 19

1889

POLYPES

1. Meandrina tennis. — 2. Oculina flabellicornis. — 3. Flustra foliacea. — 4. Adeona follifera. — 5. Millepora alcicornis. — 6. Spongia simulans. — 7. Pavonia lactuca. 8. Fungia echinata. — 9. Madrepora verrucosa. — 10. Isis nobilis. — 11. Retepora cellulosa.

POLYPE (pfx. *poly* + g. ποῦς, pied), *sm.* Le poulpe. (V. ce mot.) || Nom sous lequel on désignait autrefois la classe des animaux rayonnés qui ont pour type le *corail.* Ils constituent aujourd'hui la classe des Anthozoaires. (V. *Corail* et *Madrépore.*) || Excroissance charnue, fibreuse, fongueuse qui se développe sur une membrane muqueuse, surtout à son orifice. Le volume des polypes est variable, et le pied au moyen duquel ils s'attachent à la muqueuse est plus ou moins long. On les reconnaît surtout à ce qu'ils exercent une compression sur les organes voisins, et à la douleur que le malade ressent lorsque l'on irrite la tumeur. Celle-ci doit être arrachée, coupée, liée ou cautérisée : *Un polype du nez.* — **Db.** *Poulpe.* — **Dér.** *Polypier, polypeux, polypeuse.* Même famille *Polypode.*

POLYPÉTALE (pfx. *poly* + *pétale*), *adj. 2 g.* Qui a plusieurs pétales non soudés ensemble : *Corolle, fleur polypétale.* (Bot.)

POLYPEUX, EUSE (*polype*), *adj.* Qui est de la nature de l'excroissance appelée *polype.*

***POLYPHAGE** (pfx. *poly* + g. φαγεῖν, manger), *adj. 2 g.* Qui mange beaucoup ou qui mange de tout : *Insecte polyphage.*

POLYPHÈME (pfx. *poly* + g. φήμη, renommée), cyclope anthropophage, fils de Neptune et de la nymphe Thoosa, qui vivait dans un antre de la Sicile, et à qui Ulysse creva l'œil. (Myth.)

***POLYPHONE** (pfx. *poly* + g. φωνή, voix), *adj. 2 g.* Qui répète le son plusieurs fois : *Écho polyphone.* || Qui représente plusieurs sons : *Lettres polyphones. En français le t est polyphone.*

POLYPHONTE, tyran de Messénie, tua le roi Cresphonte, voulut forcer Mérope, veuve de celui-ci, à l'épouser, et fut tué plus tard par Téléphonte, fils de Cresphonte.

POLYPIER (*polype* + sfx. *ier*), *sm.* Substance calcaire sécrétée par des polypes agrégés, et qui leur sert d'habitation. (V. *Corail* et *Madrépore.*)

POLYPODE (pfx. *poly* + g. ποῦς, génitif ποδός, pied), *adj. 2 g.* Qui a beaucoup de pieds : *Insecte polypode.* — *Sm.* Genre de fougères à rhizome traçant, un peu charnu et d'une saveur sucrée. L'espèce la plus répandue en Europe est le *polypode commun,* appelé encore *polypode du chêne* (*polypodium vulgare*) et qui croît au pied des arbres, sur les rochers et les vieux murs. Les feuilles du polypode, longues de 2 à 5 décimètres, sont pinnatiséquées, pétiolées et persistent pendant l'hiver. Elles portent des groupes de sporanges assez gros et placés sur deux rangs parallèles à la nervure moyenne du lobe de la feuille.

POLYPODE

Le rhizome du polypode, de la grosseur d'une plume d'oie, est brun à l'extérieur et verdâtre à l'intérieur ; il a une odeur désagréable et une saveur d'abord douce et sucrée, puis âcre et nauséeuse. Ce rhizome est employé comme purgatif à la dose de 30 à 60 grammes en décoction dans un litre d'eau. Une autre espèce, le *polypodium calaguala,* originaire de l'Amérique du Sud, jouit de propriétés sudorifiques que les habitants du Pérou mettent à profit dans le traitement du rhumatisme. — **Gr.** Même famille que *Polype.*

***POLYPORE** (pfx. *poly* + *pore*), *sm.* Genre de champignons dont les espèces, très nombreuses, se distinguent des bolets en ce que les tubes forment sous le chapeau une couche qu'il est très difficile de séparer du chapeau. Parmi les espèces de ce genre, nous citerons : 1° Le *polypore officinal* (*polyporus officinalis*), appelé encore *agaric blanc, agaric des pharmaciens, agaric purgatif,* qui croît sur les troncs des vieux mélèzes dans les Alpes et le Dauphiné, et qui est un purgatif drastique. (V. *Agaric.*) On le trouve dans le commerce en masses irrégulières assez friables. On s'en sert aussi dans les Alpes pour teindre la soie en noir et faire de l'encre. 2° Le *polypore tubéraste* (*polyporus tuberaster*), croissant à l'état spontané dans les montagnes de l'Italie centrale et méridionale et que l'on cultive dans une partie de l'Europe méridionale, notamment en Italie et dans quelques-uns de nos départements méditerranéens. Sa culture est fort simple : le *mycélium* ou *blanc de champignon* est consistant et forme, avec de la terre, des fragments de bois et de pierre, des masses dures connues en Italie sous le nom de *pietra fungaja* (*pierre à champignons*). On dépose cette substance dans une cave et on l'arrose de temps en temps ; elle se couvre alors de champignons qui souvent poussent en groupes. La *pietra fungaja* donne des champignons pendant trois mois environ, reste trois mois infertile, et reprend ensuite sa fertilité, et ainsi de suite, indéfiniment. 3° Le *polypore amadouvier* (*polyporus fomentarius*), avec lequel on fabrique l'amadou. (V. ce mot). 4° Le *polypore à odeur suave* (*polyporus suaveolens*) est un champignon un peu mou ; d'abord d'un blanc de neige, devenant plus tard un peu bistré. On le rencontre, en automne, sur le tronc des saules, principalement sur le saule blanc. Il a une odeur très prononcée de vanille et d'anis, surtout lorsqu'il est jeune. Les Lapons s'en servent comme de parfum. Un certain nombre d'autres espèces de polypores sont employées dans la teinture de la soie, du lin et du coton ; tel est, entre autres, le *polypore hispide,* qui donne une couleur jaune éclatante.

***POLYPTYQUE** (pfx. *poly* + g. πτύξ, génitif πτυχός, pli), *adj. 2 g.* Se disait des tablettes à écrin qui se repliaient comme les lames d'un paravent. — *Sm.* Pouillé : *Le polyptyque d'Irminon.* (V. ce mot.)

***POLYSÉPALE** (pfx. *poly* + *sépale*), *adj. 2 g.* Se dit du calice d'une fleur qui est formé de plusieurs sépales non soudés ensemble.

***POLYSPERME** (pfx. *poly* + g. σπέρμα, graine), *adj. 2 g.* Qui a beaucoup de graines : *Fruit polysperme.*

POLYSTYLE (pfx. *poly* + g. στῦλος, colonne), *adj. 2 g.* Où il y a beaucoup de colonnes : *Temple polystyle.*

POLYSYLLABE (pfx. *poly* + *syllabe*) ou **POLYSYLLABIQUE** (pfx. *poly* + *syllabi-*

que), *adj. 2 g.* Qui est de plusieurs syllabes. — **Un polysyllabe**, *sm.* Un mot qui a plusieurs syllabes.

POLYSYNODIE [*s* dur] (pfx. *poly* + *synode*), *sf.* Système d'administration qui consiste à remplacer chaque ministre par un conseil.

POLYTECHNIQUE (pfx. *poly* + g. τέχνη, art), *adj. 2 g.* Qui concerne, qui enchâsse plusieurs arts, plusieurs sciences : *École polytechnique*. (V. *École*.)

POLYTHÉISME (pfx. *poly* + g. θεός, dieu), *sm.* Système de religion qui admet l'existence de plusieurs dieux : *Le polythéisme grec et romain.* — **Dér.** *Polythéiste, polythéistique.*

POLYTHÉISTE (*polythéisme*), *s.* Celui, celle qui professe le polythéisme. — Adj. *Croyance polythéiste.*

***POLYTHÉISTIQUE** (*polythéiste*), *sm.* Polythéiste.

POLYTRIC (pfx. *poly* + g. θρίξ, génitif τριχός, cheveu), *sm.* Le capillaire (*asplenium trichomanes*), plante de la famille des Fougères, à feuilles linéaires, nombreuses, en touffes, croissant sur les murs humides, les puits, les ruines et les lieux ombragés. Les feuilles de cette plante sont béchiques et apéritives. || Genre de plantes cryptogames du groupe des Mousses, de la famille des Bryacées, et dont les espèces vivent à terre, dans les marais, les lieux humides ou secs.

Fleur mâle. Fleur femelle.
POLYTRIC

***POLYURIE** (pfx. *poly* + g. οὖρον, urine), *sf.* Production excessive d'urine. Elle est le plus souvent produite par une affection cérébrale. Une piqûre faite sur le plancher du quatrième ventricule amène la polyurie. Une émotion violente peut la déterminer. — **Dér.** *Polyurique.*

***POLYURIQUE** (*polyurie*), *adj. 2 g.* Qui a rapport à la polyurie.

POLYXÈNE, fille de Priam et d'Hécube qu'Achille voulut épouser et que Pyrrhus, fils d'Achille, fit immoler sur le tombeau de son père.

***POMACÉES** (l. *pomum*, fruit), *sfpl.* Tribu de plantes de la famille des Rosacées dont le pommier est le type, et qui comprend les genres *néflier, cotonéaster, aubépine, cognassier, poirier* et *pommier*. (V. *Rosacées*.) — *Sf.* **Une pomacée**, une plante quelconque de la tribu des Pomacées.

POMARD ou **POMMARD**, village à 5 kilom. S.-O. de Beaune (Côte-d'Or), vignoble qui produit un célèbre vin rouge. — Sm. *Du pomard*, du vin de Pomard.

POMBAL (MARQUIS DE) (1750-1782), ministre réformateur et despotique de Joseph Ier, roi de Portugal, qui chassa les jésuites en 1759.

POMÈGUE, petite île de France dans la Méditerranée, près de Marseille (Bouches-du-Rhône) et où les navires venant du Levant font quarantaine.

POMÉRANIE, province sablonneuse de Prusse, le long de la mer Baltique : bois, bétail, céréales, chanvre, tabac. Ch.-l. *Stettin*.

POMMADE (*pomme*; la pommade était faite autrefois avec de la graisse et des pommes), *sf.* Mélange d'huile d'amande douce et de moelle aromatisé avec un parfum quelconque, et employé pour l'entretien de la chevelure. Parmi les pommades pour les cheveux, la plus renommée est celle de Dupuytren; elle est composée d'huile de ricin, 22 grammes; moelle de bœuf, 22 grammes; teinture de quinquina jaune, 15 grammes; rhum, 15 grammes. || *Pommade à la rose*, employée contre la gerçure des lèvres. Elle est composée de 60 grammes d'huile d'amande douce et de 30 grammes de cire blanche. On ne fait fondre la cire dans l'huile que quand celle-ci a été colorée en rose avec de l'orcanette. || Axonge à laquelle on a incorporé un médicament et qu'on emploie en frictions. — **Dér.** *Pommader.*

POMMADER (*pommade*), *vt.* Enduire de pommade. — **Se pommader**, *vr.* Se mettre de la pommade.

POMME (l. *pomum*, fruit à pépin et à noyau), *sf.* Fruit à pépin, de forme arrondie, que produit le pommier. Si l'on coupe verticalement une pomme, de façon à la partager en ses deux moitiés, et que l'on examine attentivement l'une de ces moitiés, voici ce que l'on observe : la partie périphérique RC se compose d'une matière charnue et succulente qui n'est pas autre chose que la coupe réceptaculaire, dont l'épaisseur a considérablement augmenté par suite de l'affluence des sucs nutritifs. Cette partie est celle que l'on mange de préférence dans la pomme. Elle est limitée en dedans par une mince couche verdâtre EP qui forme la face externe du fruit proprement dit. Ce dernier se trouve renfermé dans cette pellicule. Cette couche est ce que l'on appelle *épicarpe* dans le fruit. Dès qu'on a dépassé l'épicarpe, si l'on continue à s'avancer vers le centre de la pomme, on rencontre un nouveau parenchyme M, dont la chair est encore bonne à manger. C'est le *mésocarpe*. Enfin, le mésocarpe est terminé par une lame mince, coriace, élastique et polie sur sa paroi intérieure; cette lame, qui s'arrête souvent entre les dents quand on mange une pomme, constitue l'*endocarpe* de ce fruit. Cet endocarpe peut être assimilé à un noyau en voie de formation. Il ne diffère des noyaux de la prune, de la cerise, de l'abricot et de la pêche que par son épaisseur et par sa consistance. Tout à fait au centre de la pomme, et limitées de tous côtés par l'endocarpe, on aperçoit les graines OV qui sont parvenues à leur maturité. On les désigne habituellement sous le nom de *pépins*.

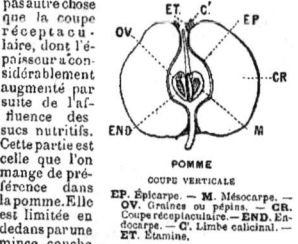

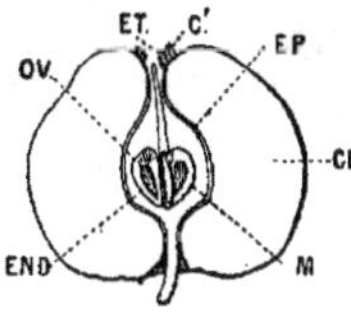

POMME
COUPE VERTICALE

EP. Épicarpe. — **M.** Mésocarpe. — **OV.** Graines ou pépins. — **CR.** Coupe réceptaculaire. — **END.** Endocarpe. — **C'.** Limbe calicinal. — **ET.** Étamine.

La pomme et la poire sont qualifiées de *fruits infères*, parce que les cinq ovaires qu'elles renferment sont situés bien au-dessous du limbe calicinal C', et des étamines ET. Dès que la fleur commence à se flétrir, les étamines tombent, le limbe calicinal se dessèche, et il n'en reste que quelques vestiges formant ce que les jardiniers appellent l'*œil*. Cet œil est tout ce qui reste de la cavité que présentait d'abord la coupe réceptaculaire, tant les parois de cette coupe se sont gonflées pour venir s'appliquer sur le contour du fruit. On conserve les pommes dans un fruitier. Celui-ci doit toujours être placé dans un endroit sec, ombragé, plus bas que le sol de 1 mètre à 1^m^,30. Les tablettes seront en bois de hêtre ou de sycomore, et de 0^m^,60 de longueur environ. Il est inutile de faire du feu dans le fruitier, mais on y doit ménager les ventilateurs. Quand les pommes ont atteint la maturité convenable, on les cueille dans des paniers, puis on les range dans le fruitier. Après un séjour de douze jours sur les planches, le ressuyage est terminé; on les prend alors une à une et on les essuie avec un linge propre et doux. Cette pratique donne au fruit une sorte de vernis ou *robe* qui sert à le préserver des influences atmosphériques. On essuie également les tablettes des deux côtés jusqu'à ce qu'elles soient parfaitement sèches. Pendant tout le temps que les pommes ressuient, on leur fournit de l'air en abondance si le temps est pur et sec; s'il est humide, on ferme avec soin toutes les issues. C'est pendant le ressuyage que les pommes s'imprègnent de l'odeur des objets sur lesquels on les pose; si on y fait attention à cette époque, elles ne contractent plus ensuite le moindre mauvais goût. Le fruit est retourné vers la fin de janvier et essuyé, ainsi que les tablettes, s'il se manifeste la moindre humidité. Après cette époque, le fruitier doit être clos avec soin, car l'abondance de l'air, après le mois de janvier, ride les pommes. Tous les quatre ou cinq jours, on fait une visite, et, dans les mois un peu chauds, il ne faut toucher le fruit qu'avec des gants, pour éviter l'humidité. Quand les pommes sont gelées, il ne faut employer aucun moyen artificiel pour les dégeler. || *Pomme à couteau*, bonne à manger. || *Pomme à cidre*, pomme âpre avec laquelle on fait du cidre. (V. *Pommier*.) — Fig. *La pomme d'Adam*, saillie qui forme la partie supérieure du larynx sur le devant du cou de l'homme. — Fig. *Pomme de discorde*, objet de compétition et, par suite, de brouille entre des personnes, par allusion au jugement de Pâris : *Un héritage est souvent une pomme de discorde.* || *Pomme de pin*, le fruit du pin ou du sapin. || *Pomme d'amour*, la tomate. || *Pomme de chêne*, la noix de galle. || *Pomme épineuse*, le fruit du datura stramonium. || *La pomme d'un chou, d'une laitue*, l'espèce de boule que forment ses feuilles compactes et ramassées. || Ornement de bois, de métal en forme de boule : *La pomme d'une canne.* || *Pomme d'arrosoir*, renflement qui surmonte la petite branche latérale d'un arrosoir et dont la surface terminale est percée de nombreux petits trous et par où l'on verse l'eau. || **Pomme de terre**, plante dicotylédone de la famille des Solanées et du genre *solanum*. La *morelle tubéreuse* (*solanum tuberosum*) est connue de tout le monde sous les noms de *pomme de terre* et de *parmentière*. Elle est originaire des parties un peu élevées de la Colombie et du Pérou, où elle était appelée *papas* à l'époque de l'arrivée des Européens. Les indigènes de ces contrées la cultivaient en grand depuis la plus haute antiquité. Elle était la base de leur alimentation. Son introduction en Europe remonte à moins de trois siècles; mais ce n'est qu'à une époque bien plus rapprochée de nous que l'usage de ses tubercules est devenu populaire. C'est le capitaine *John Hawkins* qui essaya le premier d'introduire la pomme de terre en Europe. En 1565, il en rapporta en Irlande de Santa-Fé-de-Bogota quelques tubercules. Sa tentative n'eut aucune suite. Le célèbre navigateur *Franz Drake*, qui avait été sur les vaisseaux d'Hawkins, à son retour d'une expédition dans les mers du Sud, rapporta des tubercules en Virginie, où ils furent cultivés avec succès. C'est de cette culture qu'il tira ceux qu'il introduisit en Angleterre en 1586. Il les remit à son jardinier, auquel il enjoignit d'en prendre tout le soin imaginable. Drake fit cadeau de la pomme de terre au botaniste anglais *Gérard*, qui en envoya des produits à quelques-uns de ses amis, et entre autres à *Clusius*. Celui-ci mentionna le premier dans ses ouvrages la nouvelle plante et la fit connaître au monde savant. Pendant ce temps, la pomme de terre avait pénétré dans le midi de l'Europe par l'entremise des Espagnols. Mais pas plus au midi qu'au nord, elle n'avait été appréciée à sa juste valeur. Après avoir excité pendant quelque temps la curiosité publique, elle ne tarda pas à tomber dans l'oubli, et elle y demeura jusqu'au commencement du XVIIe siècle. A cette époque, l'amiral anglais *Walter Raleigh* rapporta de nouveaux tubercules de Virginie en Irlande. Cette fois l'acquisition fut définitive et les fermiers de la Grande-Bretagne s'empressèrent à l'envi de cultiver un végétal qui leur offrait les plus précieuses ressources. Néanmoins la pomme de terre ne faisait guère de progrès sur le continent; car en 1616 on la servait en France comme une rareté sur la table de Louis XIII. En Allemagne, ce ne fut qu'en 1650 que son introduction eut lieu et elle dut y lutter contre les préjugés qui l'avaient repoussée chez

POMME
COUPE HORIZONTALE

POMME D'ARROSOIR

nous. Enfin *Parmentier* vint et son énergique conviction finit par triompher de tous les obstacles. Disons quelques mots de la vie de ce bienfaiteur de l'humanité, dont la mémoire devrait être chère à tous les cœurs et dont le nom devrait être béni par toutes les bouches.

Parmentier, né en 1737, à Montdidier, suivit comme pharmacien l'armée française dans le Hanovre, en 1757. Pendant la campagne, il fut fait prisonnier et se trouva réduit à se nourrir de pommes de terre. En ayant reconnu tous les avantages, et ayant recouvré bientôt sa liberté, il consacra sa vie à détruire chez ses compatriotes le préjugé qui faisait regarder la pomme de terre comme un aliment malsain. On croyait, en effet, qu'elle pouvait engendrer la lèpre, et on s'obstinait à ne s'en servir que pour la nourriture des bestiaux. Parmentier, qu'on venait de nommer pharmacien de l'Hôtel des Invalides, à Paris, avait loué, dans la plaine des Sablons, un vaste terrain pour la culture de la pomme de terre. En vain, le philanthrope offrait-il gratuitement aux cultivateurs des environs les produits de sa récolte, et les engageait-il à planter la pomme de terre; tous demeuraient sourds à ses exhortations. Il eut enfin l'heureuse idée de recourir au stimulant de la difficulté, qui est pour tant d'hommes un puissant aiguillon. Parmentier obtint de l'autorité que son champ fût gardé par des soldats qui, après avoir exercé tout le jour une surveillance assidue, se retiraient à l'approche de la nuit. C'est alors que l'on voyait accourir de tous les villages voisins des maraudeurs qui se hâtaient d'enlever du champ de Parmentier autant de tubercules qu'ils en pouvaient emporter. Ces dévastations allaient tous les jours croissant, à la satisfaction de notre héros, qui venait chaque matin constater les ravages de la nuit et pleurait de joie en voyant sa récolte soumise à un véritable pillage. Il ne fallut rien moins que cet ingénieux stratagème pour effacer les préventions que l'on avait conçues contre le nouvel aliment. Ce qui aida encore à mettre la pomme de terre à la mode, ce furent les encouragements que donna Louis XVI à l'œuvre de Parmentier. Les courtisans se moquaient à l'envi de ses efforts. Pour couper court à leurs railleries, le monarque se montra un jour avec un bouquet de fleurs de pomme de terre à la boutonnière. Chacun s'empressa de l'imiter. Bientôt on ne s'en tint pas à admirer les fleurs, et l'on mangea sans répugnance les tubercules. La disette de vivres qui suivit les premières guerres de la Révolution acheva l'œuvre si bien commencée par Parmentier, et, aujourd'hui, les immenses avantages que l'on retire de la culture de la pomme de terre sont trop universellement appréciés pour qu'il soit utile d'insister sur le mérite de cette plante.

Les tubercules de la pomme de terre ne sont pas autre chose que des bourgeons du rhizome de cette plante. La pomme de terre est beaucoup moins nourrissante que le blé, ce qui tient à ce que la fécule, qui en forme l'élément principal (20 pour cent à l'état frais, et 83 pour cent à l'état sec), n'y est associée qu'à une très petite quantité d'albumine. Elle renferme en outre des sels de chaux, de magnésie et de potasse.

La culture a obtenu de la pomme de terre une grande quantité de variétés. Leur nombre s'élève à plus de deux cents. Aussi, pour se reconnaître au milieu de ce dédale, a-t-on été obligé d'établir des classifications. L'une d'elles repose sur la forme des tubercules et comprend trois classes. La première classe renferme les pommes de terre à forme ronde et auxquelles on a donné le nom de *patraques* ou de *rondes*. Cette classe a été partagée en cinq groupes dont chacun est caractérisé par la couleur des tubercules (tubercule blanc, jaune, rose, rouge, violet). La deuxième classe, celle des *parmentières*, comprend les variétés dont les tubercules ressemblent plus ou moins à un cône. Cette classe comprend aussi cinq groupes (tubercule blanc, jaune, rose, rouge, violet). Enfin, la troisième classe est celle des *vitelottes*, pommes de terre à peu près cylindriques; elle se divise également en cinq groupes caractérisés aussi par les couleurs des tubercules. La zone propice à la culture des céréales est également à celle de la pomme de terre. Il y a plus, les pommes de terre réussissent même au delà des limites assignées à la végétation de la précieuse solanée, puisqu'elle est cultivée jusqu'en Islande.

En général, la pomme de terre préfère les sols légers à tous les autres; les terrains sableux sont ceux où elle se développe de préférence. A défaut de cette sorte de terrain, elle réussit encore, soit dans les sols sablo-argileux, soit dans les sols calcaro-argileux. Il existe quatre moyens différents de reproduire et de multiplier la pomme de terre. Ces moyens consistent dans l'emploi des semences, des boutures, des yeux détachés des tubercules et des tubercules eux-mêmes. Les deux derniers procédés sont ceux que l'on préfère.

La pomme de terre est attaquée par un assez grand nombre d'insectes qui nuisent plus ou moins à sa végétation. Mais ces animaux ne sont pas les ennemis les plus redoutables de notre précieux tubercule : c'est la classe des champignons qui les fournit, car plusieurs espèces de ces végétaux inférieurs vivent en parasites soit à la surface des organes de la pomme de terre, soit même pénètrent dans l'intérieur de ses tissus et y déterminent des altérations plus ou moins graves. On a cherché à combattre la maladie des pommes de terre et l'on a proposé un grand nombre de remèdes; mais aucun d'eux n'a donné de résultats bien satisfaisants.

Tout le monde connaît les nombreux usages des tubercules de la pomme de terre. Ceux-ci entrent pour une si large part dans l'alimentation de l'homme et des animaux domestiques, que l'on a de la peine à se faire à l'idée de s'en passer. Indépendamment de la fécule que l'on extrait (V. *Fécule*), la pomme de terre sert à fabriquer l'alcool amylique, qui est doué d'une odeur particulière grâce à l'*huile essentielle de pomme de terre* qu'il renferme toujours. La fécule est convertie en dextrine et en glucose. Cette dernière substance est employée pour le sucrage des vins et de la bière. Les parties vertes de la plante, c'est-à-dire les feuilles, les tiges et les fruits, renferment de la *solanine* qui leur donne des propriétés narcotiques analogues à celles de l'opium. ‖ Le tubercule de la plante. — **Dér.** *Pommier, pommette, pommeau, pommer, pommé, pommée, pomacées, pommade, pommader, pommeler (se), pommelé, pommelée, pommeraie.* — **Comp.** *Pomologie.* Même famille *Pomone.*

POMMÉ, ÉE (part. passé de *pommer*), *adj.* Qui a la forme d'une pomme : *Chou pommé.* — Fig. Complet, achevé : *Une maladresse pommée.*

POMMEAU (*pomme*), *sm.* Petite boule ou plaque qui surmonte la poignée d'une épée. ‖ Éminence arrondie qui est au milieu de l'arçon de devant d'une selle.

POMMELÉ, ÉE (part. passé de *pommeler*), *adj.* Rempli de petits nuages arrondis, blancs et grisâtres : *Ciel pommelé.* ‖ Se dit d'un cheval dont la robe a des taches rondes, grises et blanches : *Cheval pommelé.*

POMMELER (SE) (*pomme*), *vr.* Devenir pommelé, en parlant du ciel. — **Gr.** *l* se double devant une syllabe muette.

POMMELLE (dm. de *pomme*), *sf.* Petite plaque de plomb percée de plusieurs trous et que l'on place à l'ouverture d'un tuyau pour empêcher les ordures d'y rentrer.

POMMER (*pomme*), *vi.* S'emboîter les unes aux autres en parlant des feuilles du choux, de la laitue.

POMMERAIE (*pommier*), *sf.* Lieu planté de pommiers.

POMMETTE (dm. de *pomme*), *sf.* Ornement de bois ou de métal en forme de petite boule. ‖ Partie saillante de la joue au-dessous du coin extérieur de l'œil, et qui est formée par l'os malaire.

POMMIER (*pomme* + sfx. *ier*), *sm.* Genre d'arbres dicotylédones de la famille des Rosacées et de la tribu des Pomacées, répandu sur tout l'hémisphère boréal, principalement dans l'ancien continent. Ses espèces varient de taille depuis 1 mètre à peine jusqu'à une hauteur égale à celle de beaucoup d'arbres de nos climats. Les feuilles des pommiers sont alternes, simples, incisées ou dentées; leurs fleurs, très grandes, ont une corolle blanche ou rosée : elles possèdent environ vingt étamines, un gynécée formé de cinq styles soudés à la base, mais distincts supérieurement. Le fruit est connu de tout le monde sous le nom de *pomme*. On prétend que le nombre des espèces de pommiers essentiellement différentes n'est que de onze ou douze. Des variétés ou des hybrides de ces onze ou douze espèces auraient fourni toutes les pommes qui existent de nos jours. On peut partager les pommiers en deux groupes : le premier, embrassant les espèces cultivées pour leurs fruits, et le second celles que l'on recherche comme plantes d'ornement. Parmi les pommiers cultivés pour leurs fruits, nous citerons le *pommier commun*, le *pommier acerbe* et le *pommier paradis*.

POMMIER
FLEURS ET FEUILLES

Le *pommier commun* (*malus communis*) croît spontanément dans les forêts de l'Europe. A l'état naturel il est toujours d'une taille moyenne. Cultivé, il peut atteindre la hauteur des grands arbres ou se rapetisser au-dessous de la taille moyenne. La face inférieure de ses feuilles, leurs pétioles, les pédoncules et les calices des fleurs sont garnis de poils, ce qui leur donne un aspect plus ou moins cotonneux. Les fleurs, grandes, blanches ou rosées, terminent un pédoncule dont la longueur égale à peu près celle du calice.

Le *pommier acerbe* (*malus acerba*) se distingue du précédent en ce que les feuilles, les pétioles, les pédoncules et les calices sont *glabres*, c'est-à-dire entièrement dépourvus de poils. Il en est de même des styles, qui, dans l'espèce précédente, sont plus ou moins cotonneux. Ses fruits sont très acerbes et propres seulement à la fabrication du cidre.

Le *pommier paradis* (*malus paradisiaca*) est connu vulgairement sous les noms de *paradis, pommier de Saint-Jean*; il tient cette dernière dénomination de la précocité de ses fruits, qui mûrissent dès le mois de juillet. Le *pommier paradis* est très commun dans la Russie méridionale, où il croît spontanément. Il forme des buissons de 4 à 5 mètres de haut; il est cotonneux comme le pommier commun. A ses fleurs roses succède un petit fruit arrondi dont la chair est fade et douceâtre.

Les pommiers s'accommodent assez bien de tous les sols, quelle qu'en soit la nature. Parmi les pommiers cultivés comme arbres d'ornement, nous nous bornerons à mentionner : 1° Le *pommier de Chine* (*malus spectabilis*), introduit en Europe en 1780. Ses feuilles sont luisantes en dessus et d'un vert pâle en dessous et ses fleurs sont d'un rose vif dans le bouton. 2° Le *pommier à bouquets* (*malus coronaria*), originaire des montagnes de la Géorgie, de la Caroline et de la Virginie, a des fleurs roses et odorantes. (V. *Pomme.*) ‖ Plat qui n'a de bord que d'un seul côté et dans lequel on fait cuire les pommes. — **Dér.** *Pommeraie.*

POMOLOGIE (l. *pomum*, fruit + g. λογός, traité), *sf.* La partie de l'horticulture qui s'occupe des fruits. ‖ Traité des fruits.

POMONE (l. *Pomona*), la déesse des fruits chez les Romains. ‖ Poét. L'automne : *Les dons de Pomone.* ‖ L'ensemble des fruits d'un pays : *La Pomone française.*

POMOTOU (ILES) ou ARCHIPEL DANGEREUX, groupe de nombreuses petites îles basses de la Polynésie, au S. des Marquises.

POMPADOUR (ANTOINETTE POISSON, MARQUISE DE) (1721-1764), favorite de Louis XV, qui exerça sur ce roi les plus funestes influences. — *Adj. 2 g.* Se dit des objets d'art à formes contournées, à couleurs, fraîches et tranchantes qui datent du règne de Louis XV : *Meuble pompadour.*

1. **POMPE** (l. *pompa* : g. πομπή, marche solennelle), *sf.* Étalage de magnificence, de somptuosité : *La pompe d'une fête.* || *Pompe funèbre,* les cérémonies que l'on fait aux funérailles de quelqu'un. || *Administration des pompes funèbres,* celle qui fournit le char et les ornements de deuil qui servent à un enterrement. — *Fig.* Usage d'expressions nobles et élevées : *La pompe du style.* || *Les pompes du monde,* ses plaisirs, ses frivolités, ses vanités. — **Dér.** *Pompeux, pompeuse, pompeusement.*

2. **POMPE** (angl. *pump,* holl. *pomp.* Diez le tire du roman *bombare,* boire. L'origine de ce mot est incertaine), *sf.* Appareil destiné à élever les liquides dans un cylindre vertical et à les en faire sortir par un ajutage. Pour cela on utilise la pression atmosphérique exercée sur la surface libre du liquide, et l'on se sert d'un piston auquel on imprime un mouvement de va-et-vient dans le cylindre. L'entrée du cylindre est toujours commandée par une soupape s'ouvrant de bas en haut. Quant à l'orifice d'où part l'ajutage de sortie, sa position diffère dans les divers genres de pompe.

Dans les *pompes foulantes,* cet orifice se trouve à peu de distance au-dessus du fond du cylindre. Voici comment ces sortes de pompes opèrent. En faisant fonctionner le balancier, on élève le piston. On produirait

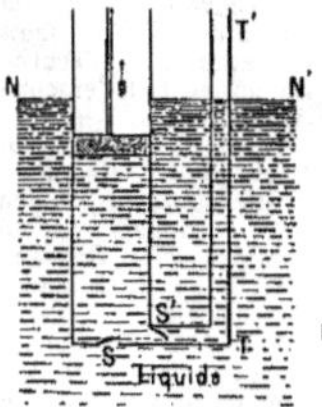

Fig. 1.
POMPE FOULANTE
SS'. Soupapes. — TT'. Tuyau d'ascension.

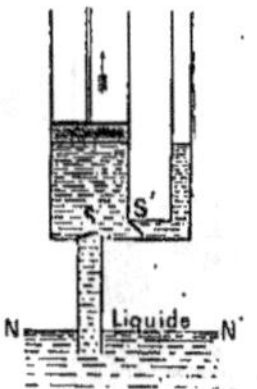

Fig. 2.
POMPE
ASPIRANTE ET FOULANTE
SS'. Soupapes.

ainsi un espace vide au-dessous du piston, si la pression atmosphérique n'agissait sur toute la surface du globe terrestre et, par conséquent, sur la surface de l'eau dans laquelle le corps de pompe est partiellement plongé : aidée par la pression même que l'eau exerce en vertu des lois de l'hydrostatique (V. *Hydrostatique*), la pression atmosphérique soulève la soupape et fait pénétrer l'eau dans l'espace libre qui se produit au-dessous du piston ainsi que dans le tuyau de déversement aboutissant au bas de la paroi du corps de pompe. La soupape qui se trouve dans cet orifice s'ouvre de dedans en dehors sous l'influence de la pression de l'eau ; elle donne passage à cette eau et lui permet de monter à même hauteur dans le tuyau d'ascension, conformément aux lois de l'équilibre dans les vases communiquants. Mais voici que le piston, actionné par le balancier, redescend. Alors la soupape S (fig. 1) se ferme, l'eau est refoulée dans le tuyau TT', et s'élève au-dessus du niveau NN'. Lorsque ensuite le piston remontera, la soupape S' se fermera et l'eau, déjà élevée dans le tuyau de refoulement, ne pourra pas rétrograder. Au bout d'un certain nombre de coups de piston, l'eau ou le liquide, quel qu'il soit, arrivera à l'orifice de sortie.

Dans les *pompes aspirantes et foulantes,* le corps de pompe n'est pas immergé. La partie qui plonge dans l'eau est un tuyau dont l'orifice supérieur est recouvert par la soupape du corps de pompe. L'eau, au début, n'est pas en contact avec la soupape S (fig. 2), comme dans la pompe simplement foulante. Il faut commencer par amener l'eau à ce contact. De là nécessité d'une aspiration. La pompe commence donc par faire fonction de machine pneumatique. L'effet des premiers coups de piston est de pomper l'air du tuyau puiseur pour le faire passer dans le corps de pompe et de là le chasser dans l'atmosphère par la soupape S'. Au fur et à mesure que l'air est expulsé, l'eau monte dans le tuyau. Lorsque enfin elle s'est élevée jusqu'à S, l'appareil n'agit plus que comme pompe foulante.

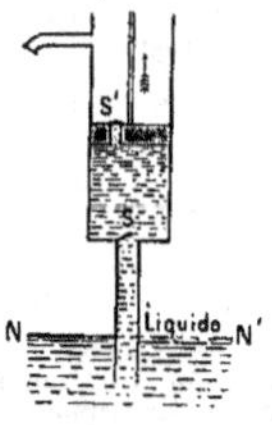

Fig. 3.
POMPE
ASPIRANTE ET ÉLÉVATOIRE
SS'. Soupapes.

La *pompe aspirante et élévatoire* est munie d'un tuyau d'aspiration, comme la pompe aspirante ; mais elle se distingue des deux précédentes en ce que son tuyau de déversement aboutit au-dessus du piston. Quant à la seconde soupape S' (fig. 3), elle se trouve dans le piston lui-même. Cette soupape joue, relativement à l'air, le même rôle que la soupape S' de la pompe aspirante et foulante. L'eau finit donc par arriver au niveau de S, puis de S'. Dès lors, l'eau franchira S' pendant la descente du piston et sera soulevée pendant le mouvement ascensionnel de ce même piston.

Pompe aspirante et foulante à réservoir d'air. Au moyen de l'appareil qui vient d'être décrit, on ne peut obtenir qu'un écoulement d'eau intermittent. Pour le rendre continu, il suffit d'adapter à l'extrémité du tuyau de refoulement R (fig. 4) un réservoir d'air. C'est tout simplement une sphère creuse, dont la partie supérieure est traversée par un tube recourbé T (fig. 4) qui vient plonger jusqu'au fond de la sphère. Supposons celle-ci remplie d'eau jusqu'en HK. Un nouveau coup de piston lancera une nouvelle ondée d'eau. Une partie de celle-ci pénétrera dans le tube T et se répandra au dehors par l'orifice extérieur de ce tube. Quant à l'autre partie, elle aura pour effet d'exhausser le niveau HK. De là naîtra une certaine pression exercée sur l'air contenu dans la partie supérieure E de la boule. Quand on ramènera le piston au sommet du corps de pompe, cette pression cessant de se produire, l'air de l'espace E, en vertu de son élasticité, pressera à son tour la surface HK du liquide, et forcera une partie de ce liquide à se déverser au dehors en traversant le tube T. La compression du piston et la pression exercée par l'air comprimé du ballon se succéderont immédiatement; et chacune de ces forces ayant pour effet de provoquer l'écoulement du liquide, il en résultera évidemment un jet continu.

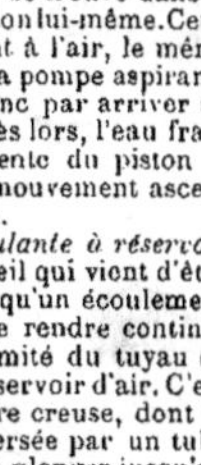

Fig. 4.
POMPE
RÉSERVOIR D'AIR
R. Tuyau de refoulement. — T. Tube recourbé plongeant dans la sphère. — E. Partie de la sphère qui contient de l'air.

Pompe à incendie. La pompe à incendie n'est pas autre chose qu'une pompe foulante composée de deux corps de pompe adjacents, dont les deux tuyaux de refoulement ne tardent pas à se réunir pour former un canal unique, qui vient déboucher dans un réservoir d'air. C'est de l'intérieur de ce réservoir que part le tube qui doit projeter l'eau au dehors. Ce tube se termine extérieurement par une sorte de canne creuse nommée *lance,* dont l'orifice est très étroit afin que l'eau puisse être projetée avec plus de force sur les objets que l'on veut atteindre. Les tiges des deux pistons sont reliées à un balancier mobile autour d'un axe horizontal. En élevant l'une des extrémités du balancier, on abaisse l'autre extrémité, de sorte que l'on fait à la fois monter l'une des deux tiges et descendre l'autre. Grâce à cette combinaison, on obtient un jet continu.

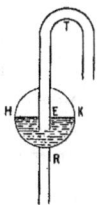

L'appareil connu sous le nom de *Pompe d'Appold,* et qui sert aussi à élever l'eau, n'a rien de commun avec les pompes que nous venons de décrire. C'est plutôt une turbine qu'une pompe. On l'emploie pour élever de grandes quantités d'eau ; dès lors il exige des forces motrices considérables.

Les pompes étaient déjà connues avant J.-C. On expliquait l'ascension de l'eau en disant : *la nature a horreur du vide.* Tout le monde connaît l'anecdote des fontainiers de Florence. Ils avaient remarqué avec surprise que l'eau ne s'élevait pas à plus de 32 pieds, et ils vinrent demander l'explication de ce fait à Galilée. Celui-ci se contenta de leur répondre que *la nature n'avait horreur du vide que jusqu'à 32 pieds.* Sans doute il soupçonna que l'ascension de l'eau était due à la pesanteur de l'air, et c'est probablement de l'observation communiquée par les fontainiers de Florence que l'on doit l'invention du baromètre due à Toricelli, élève de Galilée. — **Dér.** *Pomper, pompier, pompette, pomperie.*

POMPÉE (Cnéius) (107-48 av. J.-C.), surnommé *le Grand,* illustre romain du parti de Sylla, lutta en Espagne contre Sertorius, purgea la Méditerranée des pirates qui l'infestaient, acheva la guerre contre Mithridate, forma avec César et Crassus le premier triumvirat, rompit avec César lorsque celui-ci voulut s'emparer du pouvoir, prit contre lui le commandement des troupes républicaines, fut vaincu à Pharsale (48 av. J.-C.), et s'enfuit en Égypte, où les ministres de Ptolémée XII le firent assassiner. — Cnéius Pompée, fils aîné du précédent, continua, après le meurtre de son père, la guerre contre César; mais fut vaincu par celui-ci en Espagne, à Munda, et tué en fuyant (45 av. J.-C.). — Sextus Pompée, frère du précédent, se réfugia dans les Pyrénées après le désastre de Munda, s'empara de la Sicile, de la Sardaigne et de la Corse après la formation du trumvirat; mais perdit, dans les eaux de Sicile, une bataille navale contre la flotte des triumvirs et se réfugia en Asie Mineure, où, réduit à se livrer lui-même, il fut tué à Milet par un officier d'Antoine (35 ans av. J.-C.). — Trogue Pompée, historien latin du Ier siècle de notre ère, né en Gaule, auteur d'une histoire universelle aujourd'hui perdue et dont nous n'avons plus qu'un abrégé fait par Justin.

POMPEIA ou **POMPÉI,** ancienne ville de la Campanie, port sur la mer Tyrrhénienne, à 8 kilom. du Vésuve, et qui fut ensevelie sous une couche de cendres lors de la célèbre éruption de ce volcan le 29 août de l'an 79. La ville entière avait été recouverte d'une couche de cendres épaisse d'environ 5 ou 6 mètres. Elle était à peu près tombée dans l'oubli lorsque, en 1592, un architecte italien, Fontana, en découvrit l'emplacement en creusant un canal. Personne ne songea alors à faire des fouilles, et ce n'est que deux siècles plus tard, en 1755, que Charles III entreprit des travaux de déblaiement. Ceux-ci furent menés très lentement, et ce n'est qu'au commencement de ce siècle que Joseph Bonaparte et Joachim Murat leur donnèrent une vive impulsion. A la suite des événements politiques de 1815, les fouilles furent successivement abandonnées et continuées. En 1860, le gouvernement italien, sous la direction de M. Fiorelli, y déploya une grande activité. Depuis cette époque les travaux continuent, et chaque jour voit des parties nouvelles de la ville sortir de leur linceul de cendres. Pompéi possédait un double mur d'enceinte défendu par des tours et interrompu par des portes; mais celles-ci sont pour la plupart en ruines. Les rues sont droites mais étroites, pavées avec des pierres rectangulaires, et l'on voit encore les ornières que les chars avaient tracées. Les trottoirs sont encore en place; de distance en distance on trouve des rangées de pierres disposées d'un côté de la rue à l'autre, et qui servaient aux piétons à traverser la voie en temps d'orage. Les monuments que l'on a exhumés appartiennent au style gréco-romain, et bien que très jolis, ils manquent de grandeur. Ce qui est surtout remarquable, ce sont les sculptures et les peintures : les tons chauds et variés de ces dernières sont du plus bel effet. Les motifs de décoration sont aussi très nombreux : figures humaines, animaux, guirlandes de fleurs, etc., tout a été mis en œuvre pour orner les édifices publics et les maisons particulières qui, généralement, sont petites. Parmi les édifices publics que l'on a mis au jour, nous citerons la Basilique, les temples de la Fortune, d'Isis, de Vénus, de Jupiter, de Mercure, le Panthéon ou temple d'Auguste; le théâtre, où le marbre de Paros avait été prodigué et qui pouvait contenir 5 000 spectateurs; un théâtre plus petit, découvert en 1796, où 1 400 ou 1 500 personnes pouvaient prendre place. Près la porte de Sarus se trouvait l'amphithéâtre, de forme elliptique, et où 18 à 20 000 spectateurs venaient s'asseoir les jours de fête. On a aussi déblayé des bains aux murs richement décorés, et qui étaient divisés en deux parties, l'une destinée aux femmes, l'autre aux hommes. Les Thermes, exhumés en 1858-59, offrent aux visiteurs des salles couvertes de peintures, d'arabesques, d'ornements de toutes sortes, des sculptures, etc. Dans un autre endroit sont les ruines d'une caserne de soldats; on a trouvé, dans les nombreuses chambres qui composent cet édifice, une grande quantité d'armes ordinaires et de luxe, ainsi que des bijoux et 18 squelettes d'hommes, de femmes et d'enfants. Les maisons particulières, toutes plus ou moins remarquables, ont leurs murs garnis de peintures représentant des sujets mythologiques, des scènes de théâtre, des portraits en pied, des danseuses, des joueuses d'osselets, etc. Aussi chacune de ces maisons est-elle désignée aujourd'hui par la peinture qu'elle renferme. C'est ainsi que l'on a la *maison du Peintre*, des *Néréides*, du *Faune*, du *Poète tragique*, de *Pansa*, etc. On a retrouvé aussi des enseignes, celle d'un charcutier, entre autres. On a pu constater que déjà à cette époque les serpents étaient les emblèmes des pharmaciens. Une de ces maisons, celle du *Foulon*, découverte en 1826, est extrêmement intéressante : ses murs sont couverts de peintures représentant les ustensiles des teinturiers. On voit des hommes, des femmes et des enfants qui se livrent aux différentes opérations de leur métier. On a exhumé aussi des arcs de triomphe, des portiques placés sur les côtés des places publiques, des boutiques entourant les maisons des riches particuliers. On a découvert des mosaïques : l'une d'elles était placée dans le vestibule de la maison du *Poète tragique*, et représente un chien enchaîné; une seconde a été retirée de la maison du *Faune dansant* et représente la Bataille d'Issus. Parmi les squelettes que l'on a déterrés, il y a celui d'un prêtre qui était à table au moment où eut lieu la catastrophe qui ensevelit la ville. On a retrouvé les restes de son repas ; celui-ci se composait d'œufs, de poisson et d'un poulet. Enfin on a découvert des inscriptions en langues osques. Le rapide aperçu que nous venons de tracer montre quel intérêt s'attache à ces ruines d'une ville entière surprise par la mort et dont les mœurs de ses habitants ont été en quelque sorte cristallisées.

POMPÉIEN, IENNE, *adj.* Partisan de Pompée.

POMPER (*pompe* 2), *vt.* Puiser avec une pompe : *Pomper de l'eau, de l'air.* || Attirer comme avec une pompe : *Le soleil pompe l'eau de la mer.* — *Vi.* Manœuvrer une pompe.

POMPÉI

VOIE DES TOMBEAUX

***POMPERIE** (*pompier*), *sf.* Fabrication de pompes. || Les produits de cette fabrication. || Magasin où l'on fait et vend des pompes.

***POMPETTE** (dm. de *pompe* 2), *adj. 2 g.* Terme populaire s'appliquant à un homme qui a trop bu : *Henri est un peu pompette.* || *Nez de pompette,* nez d'ivrogne. || Petite pompe.

POMPEUSEMENT (*pompeuse* + sfx. *ment*), *adv.* Avec pompe.

POMPEUX, EUSE (l. *pomposum*), *adj.* Qui a de la pompe, de la magnificence : *Entrée pompeuse.* || *Style pompeux,* remarquable par l'emploi des expressions nobles, élevées et pleines de grandeur. — *Sm.* Ce qui est exprimé en style pompeux. — **Dér.** *Pompeusement.*

POMPIER (*pompe* 2), *sm.* Membre d'un corps organisé militairement pour porter secours dans les incendies et les éteindre en faisant jouer des pompes.

POMPIGNAN. (V. *Le Franc de Pompignan.*)

POMPON (dm. de *pompe* 1), *sm.* Autrefois ornement de peu de valeur dont les femmes se paraient. || Aujourd'hui, houppe de laine que les soldats portent à leur shako. || *Rose pompon,* très petite rose.

POMPONNE (MARQUIS DE) (1618-1699), fils d'Arnauld d'Andilly et neveu du grand Arnauld, ambassadeur de France en Suède et en Hollande, deux fois ministre des affaires étrangères sous Louis XIV, se montra habile et intègre.

POMPONNER (*pompon*), *vt.* Orner de pompons. || Soigner la toilette de quelqu'un. — Fig. *Pomponner son style,* y mettre de la recherche, des ornements affectés. — **Se pomponner,** *vr.* Faire une toilette élégante.

PONANT (ital. *ponente*), *sm.* L'Occident, le vent d'ouest. || L'Océan par rapport à la Méditerranée.

PONANT (RIVIÈRE DU), la côte du golfe de Gênes, à l'O. de cette ville, jusqu'à Savone.

PONÇAGE (*poncer* 1 + sfx. *age*), *sm.* Action de poncer.

1. PONCE (l. *pumicem*), *sf.* Pierre feldspathique grisâtre ou blanchâtre, très poreuse et très légère, lancée par les volcans et retombant sur le sol en petits fragments. Cette variété a un grain très fin, ne renferme pas de cristaux de feldspath et raye le verre et l'acier; aussi l'emploie-t-on pour polir le bois, l'ivoire et les métaux. — **Dér.** *Poncer* 1, *ponceux, ponceuse.*

2. PONCE, *sf.* de *poncer* 2. Petit sachet rempli de charbon ou de craie en poudre dont on fait usage pour reproduire un dessin piqué à l'aiguille. || Encre avec laquelle on marque, dans les fabriques, les pièces de toile.

1. PONCEAU (bl. *ponticellum* : dm. du l. *pontem,* pont), *sm.* Petit pont d'une seule arche.

2. PONCEAU (l. *punicellum* : dm. *puniceum,* pourpre), *sm.* Le coquelicot, rouge très vif : *Rubans ponceau* (invar.), d'un rouge très vif.

PONCE DE LÉON, Espagnol qui découvrit la Floride en 1512.

1. PONCER (l. *ponce* 1), *vt.* Polir avec la pierre ponce. || *Poncer la vaisselle d'argent,* la rendre mate.

2. PONCER (du l. fictif *punctiare* : du l. *punctus,* part. pas. de *pungere,* piquer), *vt.* Reproduire un dessin au moyen du sachet appelé *ponce.* || Marquer la toile avec l'encre appelée *ponce.* — **Dér.** *Ponce, poncis, poncif.*

***PONCEUX, EUSE** (*ponce*), *adj.* Formé de pierre ponce. || Semblable à la pierre ponce : *Roche ponceuse.*

PONCIF (*poncis*), *sm.* Papier présentant un dessin qui a été piqué, et sur lequel on passe le petit sachet appelé ponce. — *Fig.* Se dit des dessins qui ont un type commun et sentant le calque et la copie. — **Gr.** Ce mot est une altération populaire de *Poncis.*

PONCIN, 1913 hab. Ch.-l. de c., arr. de Nantua (Ain).

PONCIRE (esp. *poncidre* : du l. *pomum citrus,* fruit citron), *sm.* Le cédratier, sorte de citronnier. || Son fruit dit cédrat, avec l'écorce duquel on fait des confitures sèches.

PONCIS (*ponce* 1), *sm.* Dessin qui a été piqué et sur lequel on passe le petit sachet appelé *ponce.* — *Fig.* Ouvrage d'art qui a le caractère d'une copie.

PONCTION (l. *punctionem,* piqûre), *sf.* Action de percer la paroi d'une cavité naturelle ou accidentelle du corps pour en faire sortir le liquide qui s'y est accumulé : *Faire la ponction d'un hydropique.* (Chir.)

PONCTUALITÉ (*ponctuel*), *sf.* Exactitude à faire à point nommé ce que l'on s'est proposé, ce que l'on a promis : *La ponctualité d'un fonctionnaire.*

PONCTUATION (*ponctuer*), *sf.* Art de séparer les phrases ou les membres d'une phrase par des signes de convention. Les signes de ponctuation sont : I. Le *point* (.), que l'on met à la fin de chaque phrase. Il indique une pause complète. II. Les deux points (:), indiquant une *moyenne pause* et que l'on emploie : 1° En tête d'un discours que l'on cite. 2° Après les mots *savoir, comme, tels sont, ainsi, voici* indiquant une citation. Quelquefois les mots *savoir, comme,* etc. sont sous-entendus, ce qui n'empêche pas de mettre les deux points. 3° Devant *voilà,* mis en tête d'un ensemble de mots indiquant une citation ou une énumération que l'on vient de faire. 4° Devant un membre de phrase qui développe ce qui précède et qui en est la conséquence. III. Le *point et virgule* (;), qui indique une *moyenne pause* et est employé : 1° Pour séparer des propositions semblables ayant une certaine étendue. 2° Pour séparer les divisions d'une phrase quand on fait usage de la virgule dans les subdivisions. IV. La *virgule* (,), qui indique une *petite pause.* On s'en sert : 1° Pour séparer les parties de même nature dans une même proposition, c'est-à-dire les différents sujets, les différents attributs, les différents compléments analogues, quand il n'y a entre eux aucune conjonction. 2° Pour séparer les verbes qui ont un même sujet. 3° Pour séparer des propositions courtes et de même nature. 4° Avant et après tout ensemble de mots qu'on peut supprimer sans que la phrase cesse d'être intelligible, ainsi qu'avant et après un mot mis en apostrophe. 5° Pour indiquer la place d'un verbe sous-entendu. 6° Pour séparer des propositions subordonnées analogues, quand elles ont une certaine étendue. 7° Devant un verbe séparé de son sujet par une proposition subordonnée qui ne peut pas être supprimée sans que le sens de la phrase devienne obscur. V. Le *point d'interrogation* (?), que l'on place à la fin des phrases interrogatives. VI. Le *point d'exclamation* (!), que l'on met après les interjections et à la fin des phrases exclamatives. VII. La *parenthèse* (...), entre les deux crochets de laquelle on enferme toute phrase ayant un sens à part au milieu d'une autre. VIII. Les *guillemets* (« ... »), que l'on place au commencement et à la fin de paroles que l'on cite textuellement. IX. Le *tiret* (—), employé pour séparer les paroles de deux interlocuteurs. Le système actuel de ponctuation est une création du XVIe siècle. La ponctuation des anciens était très imparfaite; ils n'admettaient que trois sortes de pauses : la *pause complète*, figurée par un point placé à la partie supérieure du corps de l'écriture (˙); la *pause moyenne*, figurée par un point situé au milieu du corps de l'écriture (·), et enfin la *pause faible*, figurée par un point placé au bas du corps de l'écriture (.). Les manuscrits de luxe et ceux qui servaient dans les écoles étaient les seuls où l'on trouvait cette ponctuation rudimentaire. Quant aux manuscrits ordinaires, ils n'en présentaient aucune trace; tous ceux qu'on a trouvé dans les fouilles d'Herculanum et qui datent du premier siècle de notre ère, n'avaient aucune ponctuation. || Manière de ponctuer : *Ponctuation vicieuse*. || L'ensemble des points par lesquels on supplée aux voyelles dans les langues sémitiques : *La ponctuation hébraïque*.

PONCTUÉ, ÉE (*ponctuer*), *adj.* Qui présente des taches en forme de point. || *Vaisseaux ponctués des végétaux*, ceux sur les parois desquelles il y a de petits enfoncements de forme ronde.

PONCTUEL, ELLE (du l. *punctus*, piqûre, point), *adj.* Qui fait à point nommé ce qu'il doit faire, ce qu'il a promis : *Il est ponctuel*. || Qui dénote un homme ponctuel : *Travail ponctuel*. — **Dér.** *Ponctuellement, ponctualité*. (V. *Ponctuer*).

PONCTUELLEMENT (*ponctuelle* + sfx. *ment*, *adv.* Avec ponctualité.

PONCTUER (l. *punctum*, point), *vt.* Mettre les signes de ponctuation : *Ponctuer une phrase*. — **Dér.** *Ponctuation*. Même famille : *Ponctuel, ponctuelle, ponctuellement, ponctualité; ponction; point, pointe*, etc.

PONDAGE (angl. *pound*, le poids d'une livre), *sm.* Droit levé en Angleterre sur les marchandises, à l'entrée et à la sortie.

PONDÉRABILITÉ (*pondérable*), *sf.* Qualité d'un corps qui peut être pesé.

PONDÉRABLE (l. *ponderabilem* : du l. *pondere*, pesé), *adj.* 2 *g.* Qui peut être pesé : *La matière pondérable*.

PONDÉRAL, ALE (l. *ponderalem*), *adj.* Qui exprime le poids. || *Quantité pondérale*, qui a rapport au poids.

PONDÉRATEUR, TRICE (l. *ponderatorem*), *adj.* Qui maintient l'équilibre : *Pouvoir pondérateur*.

PONDÉRATION (l. *ponderationem*), *sf.* Équilibre entre plusieurs forces. || Juste proportion entre les parties d'une œuvre d'art. — Fig. Dispositions qui maintiennent dans une juste mesure ceux qui coopèrent à une chose et les empêchent d'empiéter les uns sur les autres : *La pondération des trois pouvoirs de l'État*.

PONDÉRER (l. *ponderare*), *vt.* Équilibrer. — **Dér.** *Pondération, pondérable, pondérabilité, pondéral, pondérale, pondérateur, pondératrice, pondéreux, pondéreuse*. — **Comp.** *Impondéré, impondérée, impondérable, impondérabilité*. Même famille : *poids, peser*, etc.

***PONDÉREUX, EUSE** (l. *ponderosum* : de *pondus*, poids), *adj.* Qui a un poids énorme.

PONDEUSE (*pondre*), *adj.* et *sf.* Se dit d'une poule qui pond : *Une bonne pondeuse*.

PONDICHÉRY, 41 014 hab. Ville et port de l'Hindoustan, sur la côte de Coromandel. Capitale des possessions françaises dans l'Inde, résidence du gouverneur. Le territoire de Pondichéry, très morcelé, se compose de 4 communes : Pondichéry, Oulgaret (45 507 hab.), Villenour (35 680 hab.) et Bahour (26 661 hab.).

PONEY (angl. *pony*), *sm.* Très petit cheval trotteur.

PONGERVILLE (DE) (1792-1878), de l'Académie française; a fait deux traductions de *Lucrèce*, l'une en prose, l'autre en vers.

PONGO (mot tiré de la langue mpongwe, parlée sur les rives du Gabon), *sm.* Nom donné à de grands singes que l'on croit être des orangs.

PONIATOWSKI (STANISLAS, COMTE), noble polonais, compagnon d'armes du roi de Suède Charles XII, servit comme diplomate le roi de Pologne Auguste II, et fut le père du roi Stanislas II. — PRINCE PONIATOWSKI (1763-1813), neveu de Stanislas II, dernier roi de Pologne, prit une grande part aux insurrections des Polonais contre les Russes en 1792 et 1794, servit dans les armées françaises depuis 1806, et se noya en voulant traverser l'Elster après la bataille de Leipsick.

PONS, 4764 hab. Ch.-l. de c., arr. de Saintes (Charente-Inférieure). Ch. de fer.

PONS (SAINT-), 3 562 hab. S.-préf. Hérault, à 755 kilom. de Paris. Chemin de fer de l'État.

PONSARD (FRANCIS) (1814-1867), poète dramatique français, auteur des tragédies de *Lucrèce*, de *Charlotte Corday*, du drame le *Lion amoureux*, et de la comédie *l'Honneur et l'Argent*.

1. **PONT** (l. *pontem*; du sanscrit *pantham*, chemin), *sm.* Construction de bois, de pierre ou de fer, en arcade, établie sur un cours d'eau et servant de chemin pour le traverser. Un pont se compose : 1° de deux *culées*, massifs de maçonnerie élevés sur les rives du fleuve; 2° de masses de pierres placées dans le lit même du fleuve, et que l'on nomme *piles* lorsque le pont est en pierre et *palées* quand le bois est employé à leur édification et à celle du pont; 3° les arcs reliant les piles entre elles sont les *arches* du pont; si celui-ci est construit en bois, ces arches s'appellent *travées*; 4° l'espace placé au-dessus des piles et compris entre deux arcs consécutifs est un *tympan*; 5° le plancher établi d'une pile à l'autre, sur les arches, est le *tablier*. La construction des premiers ponts remonte à une haute antiquité. Les Grecs et les Étrusques passent pour avoir, les premiers, bâti des ponts en pierre. Mais, dans cette partie de l'architecture, les Romains ont surpassé tous les peuples de l'antiquité. Ils ont donné à ces constructions leur vrai caractère monumental, et ils ont su y approprier les matériaux. Il n'est guère de cours d'eau, tant en Italie que dans les provinces de leur vaste empire, sur lequel ils n'aient pas jeté de ponts. Mais le temps a accompli son œuvre de destruction, et il ne nous reste que très peu de vestiges de ces édifices. Les ponts romains que l'on rencontre en France sont dans un état de conservation plus ou moins grand. Parmi eux, on peut citer le pont-aqueduc du Gard, celui de Fréjus, dont les ruines sont considérables; le pont de *Saint-Chamas* (Bouches-du-Rhône), qui possède deux arcs de triomphe, un à chaque extrémité. Pendant longtemps on se servit dans les Gaules des ponts que les Romains avaient établis sur les rivières. Les invasions d'outre-Rhin en détruisirent un grand nombre et l'état social du moyen âge était peu propice à ce genre de constructions; car les deux rives d'un même fleuve appartenaient souvent à des seigneurs dont les intérêts étaient en opposition. Aussi ne nous reste-t-il pas de ponts du moyen âge au XIIe siècle. Mais, à cette époque, on en édifia un assez grand nombre. Il se forma vers cette époque une association connue sous le nom de *Confrérie des hospitaliers pontifes*, dont le but était de construire des ponts, d'établir des bacs et de venir en aide aux voyageurs sur les bords des rivières. Les guerres continuelles qui sévissaient au moyen âge amenèrent les seigneurs qui avaient fait bâtir les ponts à fortifier ceux-ci. A cet effet, on établissait une bastille à chacune des extrémités du pont. C'étaient des tours rondes ou carrées avec machicoulis et créneaux. Quelquefois même, la tour était séparée de la rive par un pont mobile en bois qui pouvait être retiré à volonté, et sur le rivage même s'élevaient encore des ouvrages avancés. Indépendamment de ces ouvrages de défense, on élevait une petite chapelle qui était alors placée sur l'un des avant-becs protégeant les piles. Ces avant-becs se terminaient généralement en pointe tant en amont qu'en aval; cependant on en faisait aussi dont la coupe horizontale était une ogive. La plate-forme qui terminait ces avant-becs était utilisée comme lieu de garage. Quelquefois aussi, on y élevait un calvaire. Quant au parapet, il était crénelé, et servait ainsi de rempart aux hommes chargés de repousser l'attaque d'un ennemi qui se serait aventuré sur le fleuve. Les arches étaient petites et nombreuses; celle du milieu, appelée *arche marinière*, était plus large et plus haute que les autres, ce qui obligeait les constructeurs à donner deux pentes opposées au tablier. Du reste, ces pentes étaient très faibles. Les arcs étaient d'abord en plein cintre; plus tard, cette courbe fut remplacée par l'arc ogival, qui donnait plus de solidité au pont tout entier; car chaque arche étant indépendante des autres, on pouvait en couper une sans amener la ruine totale de l'ouvrage. Le passage sur les ponts n'était pas gratuit; le droit de péage était destiné à leur entretien. Dans l'intérieur des villes, les ponts avaient leurs deux côtés garnis de maisons, et au-dessus des arches on établissait des moulins. Jusque dans la première moitié du siècle dernier le tablier des ponts présentait deux pentes opposées. C'est à l'ingénieur Perronnet (1708-1794) que l'on doit les ponts horizontaux. L'introduction du fer dans les constructions a amené une révolution dans l'édification des ponts, et l'audace des ingénieurs n'a plus de bornes. On a construit à Brooklyn (États-Unis) un pont dont l'arche a 372 mètres. Il est aujourd'hui question d'en jeter un sur l'Hudson qui n'aura qu'une seule travée de 872 mètres de longueur. || *Pont de bateaux*, fait de bateaux attachés ensemble et recouverts de planches. || *Pont volant*, celui qu'on peut déplacer à volonté comme un pont de bateaux. || *Pont tournant*, celui qui tourne sur un pivot. || *Pont roulant*, sorte de plate-forme portée par des tiges de fer, et qui roule sur des rails placés au fond de l'eau. Tout l'appareil est actionné par une machine à vapeur. || *Pont suspendu*, celui dont le plancher est suspendu au-dessus de l'eau au moyen de câbles ou de chaînes en fer tendues d'une rive à l'autre. || *Équipage de pont*, l'ensemble des choses nécessaires à une armée pour établir rapidement un pont volant. — Fig. *Pont aux ânes*, chose connue de tout le monde. || *Ponts et chaussées*, l'administration chargée de la construction et de l'entretien des routes, des ponts, des canaux, etc. || Chacun des planchers qui partagent un navire en étages, et particulièrement le plancher supérieur. — **Dér.** *Ponceau 1, pontet, ponton, ponter 1, pontonnier, pontonage, ponteseau*. — **Comp.** *Pont-levis, Pont-Neuf, entrepont*.

2. **PONT** (l. *pontum* : du g. πόντος, mer), *sm.* Ce mot est usité dans *Pont-Euxin*, ancien nom de la mer Noire.

PONT (g. πόντος, mer), ancien royaume d'Asie Mineure, sur la côte du Pont-Euxin, entre l'Atalys et le Phase; fut possédé par Mithridate et réduit en province romaine en 47.

PONTACQ, 2641 hab. Ch.-l. de c., arr. de Pau (Basses-Pyrénées).

PONTAILLER-SUR-SAÔNE, 1293 hab. Ch.-l. de c., arr. de Dijon (Côte-d'Or). Ch. de fer.

PONT-À-MARCQ, 856 hab. Ch.-l. de c., arr. de Lille (Nord). Ch. de fer.

PONT-À-MOUSSON, 11 585 hab. Ch.-l. de c., arr. de Nancy (Meurthe-et-Moselle). Ch. de fer.

PONTARION, 502 hab. Ch. de c., arr. de Bourganeuf (Creuse).

PONTARLIER, 8 098 hab. S.-préf. Doubs, à 420 kilom. de Paris. Ch. de fer.

PONT-AUDEMER, 6163 hab. S.-préf. Eure, à 166 kilom. de Paris. Ch. de fer.

PONTAUMUR, 1 142 hab. Ch.-l. de c., arr. de Riom (Puy-de-Dôme). Nombreuses fabriques. Commerce très important de cuirs, lins, toiles, bestiaux, etc. Églises *Saint-Ouen* et *Saint-Gervais* du XIe siècle.

PONT-AVEN, 1516 hab. Ch.-l. de c., port de mer; arr. de Quimperlé (Finistère). Nombreux moulins.

PONTCHARTRAIN (COMTE DE) (1643-1727), ministre de la marine, puis chancelier sous Louis XIV, finit ses jours à l'Oratoire.

PONTCHÂTEAU, 4656 hab. Ch.-l. de c., arr. de Saint-Nazaire (Loire-Inférieure). Ch. de fer.

PONT-CROIX, 2661 hab. Ch.-l. de c., arr. de Quimper (Finistère). Sur un bras de mer.

PONT-D'AIN, 1 547 hab. Ch.-l. de c., arr. de Bourg (Ain). Ch. de fer.

PONT-DE-BEAUVOISIN, 2067 hab. Ch.-l. de c., arr. de la Tour-du-Pin (Isère). Ch. de fer.

PONT-DE-BEAUVOISIN, 1583 hab. Ch.-l. de c., arr. de Chambéry (Savoie). Ch. de fer.

PONT-DE-L'ARCHE, 1789 hab. Ch.-l. de c., arr. de Louviers (Eure). Ch. de fer.

PONT-DE-MONTVERT, 1405 hab. Ch.-l. de c., arr. de Florac (Lozère).

PONT-DE-ROIDE, 2928 hab. Ch.-l. de c., arr. de Montbéliard (Doubs). Ch. de fer.

PONT-DE-VAUX, 2754 hab. Ch.-l. de c., arr. de Bourg (Ain). Ch. de fer.

PONT-DE-VEYLE, 1240 hab. Ch.-l. de c., arr. de Bourg (Ain). Ch. de fer.

PONT-DU-CHÂTEAU, 3116 hab. Ch.-l. de c., arr. de Clermont-Ferrand (Puy-de-Dôme). Houille, asphalte, pierre de Volvic, tripoli. Ch. de fer.

1. **PONTE**, *spf.* de *pondre*, action de pondre. || Quantité d'œufs pondus. || Temps où un oiseau pond.

2. **PONTE** (esp. *punto*, point), *sm.* As rouge au jeu d'hombre). || La personne qui joue contre le banquier au pharaon, au trente et quarante, etc.

PONTÉ, ÉE (*ponter*), *adj.* Qui a un pont: *Navire ponté.*

PONTECORVO, 7500 hab. Ch.-l. de c. d'une ancienne petite principauté du royaume de Naples; évêché.

PONT-EN-ROYANS, 1058 hab. Ch.-l. de c., arr. de Marcellin (Isère). Ch. de fer.

1. **PONTER** (*pont*), *vt.* Munir d'un pont: *Ponter un navire.*

2. **PONTER** (*ponte* 2), *vi.* Terme de jeu. Mettre de l'argent sur les cartes contre le banquier.

PONTET (dm. de *pont*), *sm.* Arc métallique qui entoure la détente d'une arme à feu portative et forme sa sous-garde.

PONT-EUXIN (g. πόντος εὔξεινος, mer hospitalière, par antiphrase), ancien nom de la mer Noire.

PONTGIBAUD, 1157 hab. Ch.-l. de c., arr. de Riom (Puy-de-Dôme); mine de plomb argentifère. Ch. de fer.

PONTHIEU, ancien petit pays de France, sur les côtes de la Manche, depuis la Canche jusqu'à la Somme. Ch.-l. *Abbeville.*

PONTIFE (l. *pontifex*), *sm.* Prêtre. || Le *grand pontife*, le grand prêtre des Juifs, successeur d'Aaron. || *Pontife maxime*, le chef des prêtres dans l'ancienne Rome. || Évêque, prélat. || *Le souverain pontife*, le pape. — **Dér.** *Pontifical* 1, *pontificale*, *pontifical* 2, *pontificalement*, *pontificat.*

1. **PONTIFICAL, ALE** (l. *pontificalem*), *adj.* Qui concerne le pontife. || Qui appartient à la dignité d'évêque. || *Ornements pontificaux*: la crosse, la mitre, l'anneau, etc. || *Trône pontifical*, celui du pape. — **Dér.** *Pontificalement.*

2. **PONTIFICAL** (*pontifical* 1), *sm.* Livre qui contient les prières et le détail des cérémonies qui ne peuvent être faites que par un évêque.

PONTIFICALEMENT, *adv.* Selon le rite propre aux évêques, en habits pontificaux: *Officier pontificalement.*

PONTIFICAT (l. *pontificatus*), *sm.* Dignité de grand pontife, de pape. || Temps pendant lequel un pape a gouverné l'Église.

***PONTIFIER** (*pontife*), *vi.* Exercer les fonctions de pontife: *Le pape pontifie dans la chapelle Sixtine.* || Officier, en parlant d'un évêque. — *Fig.* Apporter de la solennité dans ses moindres actions.

PONTIGNY, 851 hab. Village de l'Yonne, canton de Ligny; ancienne abbaye fondée par saint Bernard.

PONTIGNY, 920 hect. Forêt domaniale de l'Yonne, peuplée de chênes, de hêtres et de charmes, aménagée en taillis sous futaie. (VIIIe conservation, Troyes.)

PONTINS (MARAIS), plaine marécageuse et malsaine située le long de la mer Tyrrhénienne, à la pointe S. des anciens États de l'Église.

PONTIUS PERENNIUS, général samnite qui fit passer l'armée romaine sous le joug, après l'affaire des Fourches Caudines (321 av. J.-C.).

PONTIVY, 9466 hab. S.-préf. Morbihan, à 470 kilom. de Paris; école d'agriculture.

PONT-L'ABBÉ, 5729 hab. Ch.-l. de c., arr. de Quimper (Finistère). Ch. de fer.

PONT-L'ÉVÊQUE, 3050 hab. S.-préf. Calvados, à 198 kilom. de Paris. Fromages renommés. Ch. de fer.

PONT-LEVIS (*pont* + vx fr. *leveïs*, venant du l. fictif *levaticius*, de *levare*, lever), *sm.* Pont qui se lève et se baisse et que l'on emploie particulièrement dans l'architecture militaire. Au XIIe siècle, certains ponts de pierre possédaient une travée en bois. Celle-ci faisait partie des ouvrages avancés de la défense et était mobile. Quelques-uns de ces ponts mobiles roulaient sur des longrines et étaient ainsi retirés du côté de la place, tandis que d'autres, au contraire, s'abaissaient ou se relevaient au moyen de châssis et de contrepoids. Mais le pont-levis tel qu'il existe encore de nos jours ne date que du commencement du XIVe siècle. — Pl. *des ponts-levis.*

PONT-LEVIS

PONT-LEVOY, 2503 hab. Bourg du canton de Montrichard (Loir-et-Cher); institution ecclésiastique où l'abbé Bourgeois fut professeur. Ch. de fer.

PONT-NEUF, pont de Paris, sur la Seine, à la pointe O. de l'île de la Cité, où se tenaient autrefois des saltimbanques et des chanteurs et où fut érigée sous Louis XIII la statue équestre de Henri IV. — *Sm.* Toute chanson populaire. — Pl. *des ponts-neufs.*

PONTOISE, 7192 hab. S.-préf. de Seine-et-Oise, sur l'Oise, à 29 kilomètres de Paris. Grand commerce de céréales et farines. Ch. de fer.

PONTON (l. *pontonem*, bac), *sm.* Pont flottant composé de deux bateaux, qui supportent des poutres, sur lesquelles on pose des planches, et qui sert à une armée pour passer une rivière. || Bateau de cuivre porté sur un chariot, et dont une armée se sert pour jeter des ponts sur les rivières. || Grand bateau plat employé dans les ports pour le transport des lourds fardeaux. || Vieux vaisseau rasé jusqu'au pont supérieur et qui sert quelquefois de prison militaire. || Vieux navire servant de dépôt. — **Dér.** *Pontonnier, pontonage.*

PONTONAGE (*ponton*), *sm.* Droit qu'on paie pour passer dans un bac ou sur un pont.

PONTONNIER (*ponton*), *sm.* Celui qui perçoit le droit de pontonage. || Soldat qui construit les ponts mobiles pour une armée.

PONTORSON, 2483 hab. Ch.-l. de c., arr. d'Avranches (Manche). Ch. de fer.

PONTRIEUX, 2236 hab. Ch.-l. de c., arr. de Guingamp (Côtes-du-Nord). Ch. de fer.

PONT-SAINTE-MAXENCE, 2401 hab. Ch.-l. de c., arr. de Senlis (Oise). Beau pont sur l'Oise construit par Perronnet. Fabrique de carreaux décorés. Ch. de fer.

PONT-SAINT-ESPRIT, 4961 hab., sur le Rhône. Ch.-l. de c., arr. d'Uzès (Gard). Ch. de fer.

PONT-SCORFF, 1833 hab. Ch.-l. de c., arr. de Lorient (Morbihan).

PONTS-DE-CÉ (LES), 3600 hab. Ch.-l. de c., arr. d'Angers (Maine-et-Loire), au confluent de la Maine et de la Loire. Ch. de fer.

PONT-SUR-YONNE, 1808 hab. Ch.-l. de c., arr. de Sens (Yonne). Ch. de fer.

PONTUSEAU (du l. *ponticellum*, petit pont), *sm.* Verge de métal traversant les vergeures des formes à papier. — *Pl.* Raies que les pontuseaux laissent sur le papier.

PONTVALLAIN, 1790 hab. Ch.-l. de c., arr. de La Flèche (Sarthe).

POPE (l. *papa*), *sm.* Prêtre de l'Église russe.

POPE (ALEXANDRE) (1688-1744), célèbre poète anglais, auteur d'une traduction en vers de l'*Iliade*, de l'*Essai sur l'homme*, de l'*Épître d'Héloïse à Abélard*, etc.

POPELINE (pour *papeline*, dérivé de *pape*, parce que cette étoffe servait à l'habillement des papes (?); *popeline* est dérivé de l'anglais *pope*), *sf.* Étoffe dont la chaîne est de soie et la trame de laine lustrée.

POPILIUS LÆNAS, consul romain, en 172 av. J.-C., qui fut envoyé en ambassade auprès d'Antiochus Épiphane, pour lui enjoindre de cesser la guerre contre l'Égypte. Il traça avec une baguette un cercle sur le sable autour d'Antiochus et exigea que ce roi répondît à sa demande avant de sortir du cercle. De là l'expression enfermer quelqu'un dans le *cercle de Popilius*, le mettre dans une situation critique et l'obliger à prendre un parti. (V. *Cercle.*)

POPLITÉ, ÉE (l. *poples*, génitif *poplitis*, jarret), *adj.* Qui appartient au jarret: *Le muscle poplité.*

POPOCATEPETL (en aztèque, montagne fumante), volcan du Mexique, 5 420 mètres.

POPPÉE, favorite, puis femme de Néron, qui la tua d'un coup de pied en 65.

POPULACE (ital. *populazzo*), *sf.* Le bas peuple.

POPULACIER, IÈRE (*populace*), *adj.* Propre à la populace: *Langage populacier.*

***POPULAGE** (du l. *populago*, mot que les botanistes du XVIe siècle ont forgé du l. *populus*, peuplier), *sm.* Genre de plantes dicotylédones de la famille des Renonculacées dont une espèce, le *populage des marais* (*caltha palustris*), appelé encore *souci d'eau*, se rencontre dans les prairies humides et les endroits marécageux. C'est une plante vivace, herbacée, dont la tige, haute de 2 à 5 décimètres, porte des feuilles épaisses et luisantes qui ont la forme d'un rein. Le calice se compose de 5 à 7 sépales pétaloïdes d'un jaune vif doré et la corolle est nulle. Les boutons du populage peuvent être confits à la manière des câpres.

POPULAIRE (l. *popularem*), *adj.* Qui appartient au peuple, qui concerne le peuple: || *Erreur populaire.* || *Gouvernement populaire*, celui où l'autorité est entre les mains du peuple. || Répandu parmi le peuple: *Opinion populaire.* || Mis à la portée du peuple: *Écrit populaire.* || Qui a acquis l'affection du peuple: *Roi populaire.* — *Sm.* Le menu peuple. — **Dér.** *Populariser, popularité, populairement.* Même famille: *Peuple* 1, (V. ce mot.)

POPULAIREMENT (*populaire* + sfx. *ment*), *adv.* D'une manière populaire, à la façon du peuple.

POPULARISER (*populaire*) *vt.* Répandre parmi le peuple: *Populariser la science.* || Faire acquérir l'affection du peuple. — **Se populariser**, *vr.* Se répandre parmi le peuple. || Gagner l'affection du peuple.

POPULARITÉ (l. *popularitatem*), *sf.* État de celui qui plaît au peuple: *La popularité de Henri IV.* || Considération, estime dont on jouit parmi le peuple: *Acquérir de la popularité.*

POPULATION (l. *populationem*), *sf.* L'ensemble des habitants d'un pays: *La population de la Belgique est très dense.* || Les hommes de même condition d'un pays: *Notre* *population agricole.* || Les animaux, les végétaux d'un pays.

POPULÉUM (du l. *populus,* peuplier), *sm.* *Onguent populéum,* onguent calmant fait de graisse de porc, de bourgeons secs de peuplier, de feuilles fraîches de pavot et de morelle, de feuilles de belladone et de jusquiame, employé surtout contre les hémorrhoïdes.

POPULEUX, EUSE (l. *populosum*), *adj.* Qui a une nombreuse population : *Ville populeuse.*

POPULO (l. *populus,* peuple), *sm.* Petit enfant gras et potelé. || Nom d'une ancienne liqueur de table.

***POPULOSITÉ** (*populeux*), *sf.* État d'un pays populeux.

PORC (l. *porcum*), *sm.* Le cochon. || Sa chair : *Manger du porc.* — Les porcs appartiennent à l'ordre des *Bisulques,* animaux qui ne ruminent pas, ont le pied fendu et composé d'un nombre pair de doigts. Leurs mâchoires sont pourvues d'incisives, de canines et de molaires. Les canines inférieures, et quelquefois même les supérieures, sortent de la bouche et se recourbent vers le haut. Elles forment ce que, chez le sanglier, on appelle les *défenses.* Le museau est terminé par un organe particulier, appelé *boutoir* ou *groin,* dans l'intérieur duquel est un os spécial. Ce boutoir sert à fouiller la terre. Tous les cochons ont entre la peau et les muscles une couche de graisse nommée *lard,* qu'on ne retrouve que chez les cétacés et les phoques. Les cochons ont la cavité cérébrale très peu développée, et un œil proportionnellement très petit. Le cochon domestique n'est qu'un sanglier dont une antique servitude a modifié le physique et le moral. (V. *Sanglier.*) Le mâle adulte porte le nom de *verrat;* la femelle celui de *truie;* et les jeunes sont désignés sous le nom de *porcelets.* On ignore comment nos races du porc domestique se sont formées. Quoi qu'il en soit, elles constituent aujourd'hui deux types. Le premier comprend les races porcines *à corps trapu et à courtes jambes;* le second, les races porcines *à corps élancé et à jambes longues.* I. Les races du premier type sont originaires de l'Europe orientale et de l'Asie méridionale. Introduites depuis longtemps en Europe, elles ont contribué à la création de races perfectionnées. Elles se subdivisent en trois sections : la première section est formée par les *porcs de l'Asie et de l'Europe orientale;* la deuxième, par les *porcs napolitains,* et la troisième par les *porcs anglais,* nés du croisement des animaux des deux premières sections. 1° Les porcs de la première section, c'est-à-dire ceux de l'Asie et de l'Europe orientale, ont été importés de l'archipel Indien. Ils sont très petits, à corps épais, à jambes fines et courtes; leur tête est pointue et leurs oreilles sont dressées. Les principales variétés sont : le *porc de Siam,* le *porc chinois, cochinchinois,* ou du *Tonkin,* et le *porc turc.* Ce dernier est originaire du bassin de la mer Noire et est l'objet d'un commerce considérable dans la vallée du Danube. 2° Les *porcs napolitains* sont élevés dans les contrées méridionales de l'Europe, dans la péninsule Ibérique, à Malte, en Toscane et dans la Calabre. On en trouve aussi dans les Pyrénées, dans la Cerdagne et le Roussillon. Ils sont aussi très répandus en Angleterre, et par leur croisement avec les races asiatiques, ils ont beaucoup contribué à former les races anglaises. 3° Parmi ces dernières, qui se rapprochent beaucoup des races orientales, les plus importantes sont : le *porc de New-Leicester,* petit de taille et dont certaines variétés ne sont que des pelotes de graisse; le *porc d'Essex,* à soies noires, et qui est plus grand que le précédent; le *porc du Berkshire,* de taille moyenne et qui se recommande par la petitesse de ses os très grêles en proportion de son poids; le *porc du Hampshire,* très semblable au précédent, mais plus fort de taille et plus rustique. II. Les races porcines du second type sont originaires de nos contrées. Elles possèdent une forte taille, des membres longs, de grandes oreilles souvent pendantes, et des soies rudes et grossières. Elles se distinguent les unes des autres par la couleur de leurs poils, le volume de leurs oreilles et la forme de leur tête. Elles sont surtout propres aux localités où la nourriture n'est pas abondante toute l'année, mais seulement en automne et en hiver, et où l'on veut obtenir de gros animaux, de la viande maigre plutôt que de la graisse. Les variétés de cette race sont très nombreuses; mais nous ne parlerons que des races françaises. Ces anciennes races se partagent en deux classes. Les animaux de la première sont haut sur jambes; ils ont le corps long recouvert de soies blanches, les oreilles pendantes et les membres très forts. Ce type domine dans la Normandie, l'Anjou, le Poitou, l'Auvergne et la Lorraine. Quant aux animaux de la seconde classe, on les rencontre dans la Bresse, le Charolais, le Dauphiné, le Limousin, le Quercy et les Pyrénées; ils sont plus trapus, ils ont les membres plus fins, leurs oreilles sont presque droites et leur pelage est toujours pie ou presque noir. Ces deux types ont donné naissance à un grand nombre de variétés que l'on a réparties en sept catégories. Ce sont : 1° Les *porcs de l'Ouest,* répandus dans nos départements compris entre la Seine et la Gironde. Parmi eux se placent : les *porcs normands* (Pays d'Auge, Cotentin, Cauchois ou de la *haute Normandie* et *Alençonnais*); les *porcs manceaux* (Perche, mortagnards, saumurois); le *porc de Craon,* l'un des plus beaux et qui se trouve dans le bassin de la Mayenne, etc. Ces porcs sont vendus pour la charcuterie de Paris sous le nom de *laitons* depuis le mois d'octobre jusqu'à la fin de janvier. 2° Les porcs du département du *Nord* et de l'*Ile-de-France,* qui se distinguent en picards, flamands et artésiens. Grâce au voisinage de l'Angleterre, aux porcheries des écoles d'Alfort et de Grignon, aussi bien qu'à la fertilité du sol et qu'à la richesse de l'agriculture, ces races ont été transformées et perfectionnées. Mais aujourd'hui on tend à abandonner les reproducteurs anglais, qui fournissent des sujets trop gras. 3° Les *porcs du Nord-Est,* d'un blanc grisâtre et au dos arqué. Ils sont très nombreux, et chacun sait que la Lorraine fait une grande consommation et un commerce considérable de la viande de porc. Dans le Nord-Est, ces animaux vont au pâturage avec les autres animaux domestiques. 4° Les *porcs blancs du Centre,* au dos arqué et dont les principales variétés sont : le *porc bourbonnais,* le *porc berrichon* et le *marchois.* 5° Les *porcs de l'Est,* subdivisés en *comtois, bourguignons* et *porcs du Dauphiné.* Les bourguignons sont dirigés sur Paris, Lyon et les villes du Midi. Ils sont plus remarquables par la qualité de leur viande que par leur état d'engraissement. 6° Les *porcs pies du Centre* sont élevés sur le plateau central et sur ses pentes. Leur viande est fine et estimée. Ils se subdivisent en limousins, périgourdins, agénais, quercinois. Le Limousin en élève un grand nombre grâce au morcellement des terres, à l'abondance des châtaignes et de la pomme de terre. Les animaux de cette région sont dirigés sur Paris ou vers les ports de l'Océan, ou bien en Languedoc. C'est parmi les périgourdins que l'on choisit les *porcs truffiers,* destinés à déterrer les truffes. On les emploie à cette recherche depuis l'âge de deux ans jusqu'à l'âge de vingt et même vingt-cinq ans. Ils ne peuvent travailler tous les jours, et l'on est obligé de leur donner du repos de temps en temps; ils sont généralement maigres, car on les nourrit assez mal. 7° *Les porcs des Pyrénées,* répandus de l'Océan à la Méditerranée, ont de longues jambes, des oreilles étroites et un poil pie. On les partage en *navarrins, ariégeois* et *cerdagnois,* qui forment de grands troupeaux paissant sur les pentes des vallées sous la garde d'un jeune garçon. Le porc est omnivore; tout lui est bon : résidus de laiterie, de féculerie, de cuisine, pommes de terre, topinambours, châtaignes, tourteaux de toutes sortes, glands desséchés, farine d'orge, fèves, etc. Toutes les parties du corps du cochon sont utilisées pour l'alimentation. Sa chair, à l'état frais ou salé, constitue la majeure partie de la nourriture en viande des campagnes. Sa graisse remplace souvent le beurre. Aussi est-il probable que la domestication du sanglier remonte à une époque extrêmement reculée. Les Gaulois élevaient aussi beaucoup de cochons et consommaient des quantités énormes de sa chair. La Séquanie était renommée dès l'époque romaine pour le nombre et la qualité des produits qu'elle savait tirer du porc. Elle confectionnait des jambons très estimés à Rome. Au moyen âge, le cochon faisait également la base de l'alimentation dans nos campagnes; des troupeaux de porcs vivaient dans les forêts, où les paysans avaient le droit de *panage* et celui de *glandée.* Les porcs pullulaient jusque dans les villes, où ils erraient en liberté. Ils y occasionnaient même des accidents : le fils aîné de Philippe-Auguste périt victime d'une chute que lui fit faire un porc. La viande de porc n'est pas toujours très saine. Elle est quelquefois *ladre,* et donne alors aux hommes qui la mangent le *ver solitaire;* ou bien encore elle est *trichinée* et est plus malsaine encore. (V. *Ladrerie, Ténia, Ver solitaire, Trichine, Trichinose.*) — Fig. *C'est un vrai porc,* un homme sale et gourmand. (V. *Cochon.*) — **Dér.** *Porcelet, porcher, porcherie; pourceau, pourcelet.* — **Comp.** *Porc-épic.* — **Hom.** *Porc, port.*

PORCS

1. Porc de Siam. — 2. Porc race Szalonta. — 3. Porc d'York. — 4. Porc d'Essex. 5. Porc race normande.

1. **PORCELAINE** (vx fr. *pourcelaine* : de l'ital. *porcellana,* coquille appelée encore

Vénus), *sf.* Genre de mollusques marins gastéropodes, à coquille ovale et ventrue, très lisse, et dont la dernière spire est très petite. Le manteau est garni en dedans d'une rangée de cirrhes tentaculaires pouvant recouvrir la coquille. Celle-ci est très brillante, et sa surface est polie. Ces animaux vivent sur les côtes, dans les excavations des rochers, ou bien ils s'enfoncent dans le sable. Les espèces de porcelaines sont très nombreuses, et l'on en rencontre à peu près dans toutes les mers; mais les plus belles et les plus brillantes sont celles qui habitent entre les tropiques. On se sert de la coquille de la *porcelaine argus* pour faire des tabatières. L'espèce la plus commune sur nos côtes est la *porcelaine coccinelle* (*cypræa coccinella*), dont la coquille, ovale et ventrue, est d'une couleur grisâtre, fauve ou rosée.

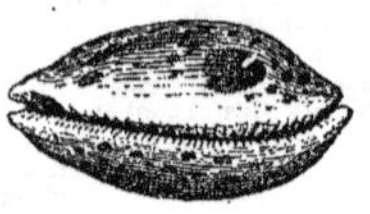
PORCELAINE

Parmi les espèces exotiques, nous citerons : 1° La *porcelaine tigrée*, dont la coquille est très grosse, ovale et ventrue. Elle est d'un blanc bleuâtre et parsemée de taches noires. On la trouve dans la mer des Indes depuis les Moluques jusqu'à Madagascar. 2° La *porcelaine cauris* (*cypræa moneta*), vulgairement appelée *monnaie de Guinée*, parce qu'elle est employée par les habitants des îles de l'océan Indien comme monnaie d'échange. On en importe de grandes quantités en Angleterre pour les réexporter ensuite sur les côtes occidentales de l'Afrique, où elles servent pour les échanges avec les naturels. La porcelaine cauris a une coquille petite, ovale, déprimée et plate en dessous. Elle est d'un blanc jaunâtre. On la rencontre dans la mer des Indes, sur les côtes des Maldives et aussi sur les côtes de l'Atlantique. Les sauvages en ornent leurs vêtements. 3° La *porcelaine grenue*, que l'on trouve dans l'océan Indien, a une coquille d'un blanc violacé et est employée comme parure. || Nom d'un genre de crustacé de l'ordre des décapodes macroures, et dont les individus sont communs sur nos côtes de l'Océan et de la Méditerranée. — **Dér.** *Porcelaine* 2, *porcelainier* 1, *porcelainier* 2, *porcelainière*.

2. **PORCELAINE** (*porcelaine* 1), *sf.* Poteries blanches, dures, imperméables aux liquides, à cassure grenue et vitreuse, à base de kaolin. (V. ce mot.)

On distingue : 1° la *porcelaine dure* ou *chinoise*, dont la masse centrale, dite *biscuit*, est enveloppée d'un vernis vitrifié dit *couverte*; 2° la *porcelaine tendre* ou *française*, à base de soude ou silice, mélangées de craie, savon noir, colle de parchemin; la pâte n'en était pas moins dure, mais elle ne résistait pas à une haute température et le vernis en était rayé par l'acier.

La porcelaine chinoise, dite *yao* ou *tao*, aurait été inventée sous la dynastie des Han (206 av. J.-C. — 86 ap. J.-C.); mais elle n'a fleuri que sous les Ming (1368-1644); l'invasion tartare la fit péricliter, mais elle se releva sous le règne de Kang-hy, de la dynastie Tsing (1661-1722); mais, depuis l'insurrection tae-ping, la décadence est telle, que les courtiers chinois viennent acquérir à l'hôtel Drouot les vases des Ming. Ces beaux vases sont blancs (*blanc de Chine*), bleus, cuivrés, craquelés ou truités; ils sont ornés des divinités de l'Olympe bouddhique, et les amateurs les datent à l'aide de leurs marques en caractères chinois, dont ils dressent la liste. — Les Japonais n'imitèrent les Chinois qu'au XVIe siècle; leurs potiches, de forme globuleuse, reproduisent le plus souvent un *yakounine* en grand costume, assis au bord d'un lac, dans lequel se mire le volcan Fusy-Ama (près Yeddo); de nos jours elle vient surtout de Nagoya, près Owari. On a retrouvé à Pompéi des chinoiseries; mais c'est seulement au XVIe siècle que le florentin Aldovrandi tenta d'imiter pour les Médicis les *vases de Sinant*. Les Hollandais, successeurs des Portugais dans l'Asie orientale, les importèrent en telle quantité, qu'on essaya de les contrefaire; le pharmacien Bötger y parvint, après avoir découvert le kaolin, aux environs de Meissen; à la foire de Leipzig, en 1709, il exposa des porcelaines sous couverte et des *biscuits*. De la Saxe, cette fabrication se développa à Vienne (1720), Berlin (1750), Munich (1756), à Rœrstrand près Stockholm, à Copenhague, en Russie, en Suisse et même en France, après la découverte du kaolin, près Saint-Yrieix (1766). — Entre temps, la *porcelaine tendre*, inventée par le rouennais Louis Poterat, était importée par les Chicanneau à Saint-Cloud en 1695; Orry de Fulvy établit en 1745, à Vincennes, une manufacture royale qui fut transférée à Sèvres en 1756; elle était protégée par la favorite pour qui on inventa le *rose pompadour*; mais la porcelaine dure n'y fut fabriquée que sous Louis XVI; au même temps se développa la porcelaine de Limoges. La porcelaine tendre est la plus estimée. A la vente de la collection Double, en 1881, deux vases tendres de Sèvres furent vendus 170 000 francs.

La fabrication de la porcelaine exige des matières pures (kaolin, quartz et feldspath), réduites en poudre fine et intimement mélangées. La poudre de kaolin qui reste, quand on a agité avec de l'eau pour éliminer une partie des matières étrangères, s'appelle *barbotine*. On enlève la plus grande partie de cette eau, par absorption au moyen de plâtre, ou par l'action de presses filtrantes. On *façonne* les pièces soit au *tour*, soit au *moule*. Quelquefois on verse de la barbotine dans le moule; on attend que le dépôt se fasse et on recommence jusqu'à ce que le moule soit rempli. C'est ce qu'on appelle *coulage*. La pâte, en se desséchant, se contracte, de sorte qu'elle quitte facilement le moule. On peut préparer des vases extrêmement minces en soumettant la pâte ainsi déposée à une pression exercée au moyen d'air comprimé. Avant la cuisson proprement dite, on *dégourdit* les pièces à une température modérée, après avoir eu soin de les encaster, c'est-à-dire de les placer dans des *cazettes* d'argile réfractaire qu'on superpose les unes aux autres de manière à éviter l'action directe du feu et de la fumée. Lorsque les pièces sont dégourdies, on les retire du four, on applique de la barbotine, on remet ensuite ces pièces dans les cazettes et on opère la cuisson effective.

Il nous reste à dire quelques mots sur la manière de décorer la porcelaine. Généralement, les couleurs dont on se sert sont de celles qui se fixent à une température élevée, c'est-à-dire des *couleurs de grand feu*, telles que le bleu de cobalt, le vert de chrome et certains rouges, bruns, jaunes, violets et noirs. Quelquefois aussi on peint sur la glaçure et on remet au feu ensuite. C'est ainsi qu'on opère pour les peintures les plus délicates.

On fait à Sèvres, depuis 1880, une porcelaine dite *porcelaine nouvelle*, plus fusible que l'ancienne porcelaine dure. La cuisson s'opère aux environs de 1350°. La composition de la pâte et celle de la couverte sont sensiblement les mêmes que dans la porcelaine chinoise. La porcelaine nouvelle possède, au point de vue de l'application des émaux et des couleurs, tous les avantages de la porcelaine chinoise. Elle permet notamment l'application du bleu sous couverte qui, dans l'ancienne porcelaine, présentait toujours un aspect violâtre et nuageux.

1. **PORCELAINIER** (*porcelaine* + sfx *ier*), *sm.* Celui qui fabrique la porcelaine.

2. **PORCELAINIER, IÈRE** (*porcelainier* 1), *adj.* Qui a rapport à la porcelaine : *L'industrie porcelainière.*

***PORCELET** (dm. du vx fr. *porcel*, pourceau), *sm.* Jeune porc.

PORC-ÉPIC (*porc* + vx fr. *espi*, épine; *espi* vient de la forme provençale *espin*), *sm.* Famille de mammifères rongeurs comprenant des animaux à corps trapu et dont le dos est couvert de piquants. Les porcs-épics ont une clavicule rudimentaire, qui le plus souvent n'est ossifiée qu'au milieu, les extrémités restant cartilagineuses. Les mâchoires présentent, de chaque côté, quatre molaires cylindriques, plissées, avec ou sans racines; en avant se trouvent deux incisives très fortes. Les pieds sont composés de cinq doigts munis d'ongles fouisseurs. Ils ont la tête et le dessus du corps garnis de longues épines avec lesquelles nous faisons des manches de porte-plume et de pinceaux, et qui sont des armes défensives. L'animal, lorsqu'il est attaqué, se replie en boule à la manière du hérisson, et redresse ses piquants. Indépendamment de ces poils durcis, les porcs-épics ont des soies assez fines pour que la peau de quelques espèces puisse être employée comme fourrure par les sauvages de l'Amérique. Les porcs-épics se partagent en deux groupes dont l'un habite l'ancien monde et l'autre le nouveau. Les espèces du premier groupe vivent à terre et se creusent des terriers, d'où ils ne sortent que la nuit pour aller à la recherche de leur nourriture, consistant en matières végétales. Parmi ces espèces nous citerons : 1° *Le porc-épic d'Europe* (*hystrix cristata*), qui habite le bassin méditerranéen. Il est très commun en Espagne, en Italie, en Sicile, en Algérie et en Asie Mineure. C'est un animal solitaire, qui cependant peut être apprivoisé. 2° *L'athérure d'Afrique* (*atherura africana*), dont le corps, allongé et bas sur jambes, se termine par une queue portant à son extrémité des plaques cornées, contournées et découpées d'une façon singulière. *Les porcs-épics* du nouveau monde sont des animaux grimpeurs; leur queue est prenante et ils s'en servent pour se maintenir sur les arbres ou pour en descendre. Ils présentent, du reste, à peu près la même conformation que leurs congénères d'Europe. Leurs piquants sont cependant plus dangereux, parce que leur extrémité libre est fine comme une aiguille et garnie de crampons qui se détachent facilement et s'enfoncent profondément dans les chairs. Ces animaux sont très lents dans leurs mouvements; et ils ne quittent les arbres où ils se sont perchés que la nuit pour se mettre en quête de leur nourriture, consistant également en racines, en feuilles, en bois tendre, etc. Au nombre des porcs-épics de l'Amérique sont : 1° *Le couiy* du Brésil (*cercolabes villosus*), dont les épines sont blanches à la base, noires au milieu et jaunes à leur pointe. 2° *L'urson* (*erethison dorsatum*), long d'environ 0^m,60, vivant dans l'Amérique du Nord, et dont les épines ressemblent, pour la couleur, à celles de l'espèce précédente. — **Gr.** Littré conseille d'écrire au pluriel des *porc-épics* sans *s* à porc; mais l'Académie, dans sa dernière édition (1878), écrit des *porcs-épics*, avec un *s* aux deux éléments du mot.

PORC-ÉPIC

PORCHAIRE (SAINT-), 1 212 hab. Ch.-l. de c., arr. de Saintes (Charente-Inférieure).

PORCHAISON (*porc*), *sf.* Saison où le sanglier est gras et bon à chasser.

PORCHE (l. *porticum*, porte), *sm.* Bâtiment, ouvert ou fermé, construit en avant de la porte d'un édifice, et surtout d'une église. Le portique de la basilique romaine est l'origine du porche. Dans la primitive église, c'était là que se réunissaient les catéchumènes et les pénitents; en un mot, tous ceux qui ne pouvaient assister aux offices. Du VIIIe au XIe siècle, ces constructions s'étendaient sur toute la façade de l'église, mais elles avaient généralement peu de profondeur. Jusque vers le milieu du XIIe siècle, presque toutes les églises étaient munies de porches. C'est sous ces édifices qu'on enterrait les personnages importants, car à cette époque les sépultures étaient bannies de l'intérieur des églises. Là aussi étaient placés les fonts baptismaux et les fontaines où les fidèles faisaient leurs ablutions avant d'entrer dans le lieu saint. C'est aussi sous le porche que l'on faisait les exorcismes et que l'on exposait les reliques et les saintes images. Il était défendu d'y traiter des affaires temporelles; par exemple, les seigneurs ne pouvaient pas y tenir leurs plaids. Cependant, ils servaient d'asile de nuit aux pèlerins et aux paysans qui, les jours de grande fête, venaient, de très loin, implorer la bénédic-

PORCHE

DE SAINT-GERMAIN-L'AUXERROIS, A PARIS

tion du ciel. Aussi les églises conventuelles de cette époque, les plus fréquentées alors, possédaient-elles des porches. Quelques-uns de ceux que les clunisiens élevèrent sont de véritables chefs-d'œuvre d'architecture. Généralement, ils étaient ouverts sur trois faces; dans les provinces du N. de la France, au contraire, ils sont fermés latéralement. Au XIIe siècle, beaucoup de ces porches étaient placés sous les tours de la façade de l'église, et ils étaient pourvus d'ouvrages de défense, tels que meurtrières et machicoulis; mais, à partir du XIIIe siècle, les porches sous clochers deviennent rares, et on les élève de préférence devant les entrées latérales des églises. Les porches de grandes dimensions formaient en quelque sorte la façade du monument auquel ils étaient accolés : ils possédaient un rez-de-chaussée et un premier étage muni d'un autel ou d'une chaire et d'ouvertures qui le faisait communiquer avec la nef. Cette salle du premier étage, dont on ignore aujourd'hui la destination, était toujours sous l'invocation de saint Michel. A la fin du XIIIe siècle et au XIVe, les évêques ayant pu se procurer d'importantes ressources pour l'édification des grandes cathédrales, les porches furent élevés de nouveau devant l'entrée principale; mais ils étaient ouverts et ne servaient plus qu'à abriter les fidèles contre les intempéries de l'air; les sépultures en étaient bannies. A la fin du XIVe siècle et dans les siècles suivants, on les met de nouveau sur les flancs des églises, et quelques-uns d'entre eux sont si légers, qu'ils ressemblent plutôt à des dais. Les porches étaient enrichis de statues et de peintures qui en tapissaient les murs. Les baies étaient fermées par des rideaux supportés par des tringles de bois engagées dans des trous ou placées sur de petits corbeaux. Les maisons particulières ou les hôtels des grands présentaient aussi quelquefois de petits porches; mais comme on ne pouvait pas les établir sur la voie publique, celle-ci étant toujours très étroite dans les villes du moyen âge, ces porches étaient plutôt des paliers où quatre ou cinq personnes seulement pouvaient se tenir debout. || Espèce de vestibule en menuiserie établi du côté intérieur de la porte d'une église, d'une salle. — **Db.** *Portique.*

PORCHER, ÈRE (l. *porcarium*), *s.* Celui, celle qui garde les pourceaux.

PORCHERIE (*porcher*), *sf.* Toit à porc. || Basse-cour spéciale pour les porcs et dans laquelle il y a un petit réservoir d'eau où les animaux aiment à se baigner.

***PORCHERONS**, *smpl.* Ancien quartier du faubourg Montmartre, à Paris, où il y avait beaucoup de cabarets.

***PORCIN, INE** (l. *porcinum*), *adj.* Qui comprend les porcs : *Race porcine.* (V. *Porc.*) — **Les porcins**, *smpl.* Les animaux de la famille du porc.

PORE (g. πόρος, passage), *sm.* Petit trou à la surface de la peau, et qui est l'orifice d'une glande sudorifère. || Petit intervalle entre les molécules d'un corps : *Les pores de la craie.* — **Dér.** *Poreux, poreuse, porosité.* — **Hom.** *Porc, port.*

PORÉE (Charles) (1675-1741), savant jésuite français, qui professa la rhétorique à Louis-le-Grand, où il eut Voltaire pour élève.

PORENTRUY, 4500 hab. Ville du cant. de Berne (Suisse). Horlogerie.

POREUX, EUSE (*pore*), *adj.* Qui a des pores : *Corps poreux.* || *Terre poreuse,* perméable.

PORGE (le): 5800 hect., forêt domaniale de la Gironde, peuplée de pins maritimes, dans la région landaise, cultivée en futaie. (XXIXe conservation, Bordeaux.)

***PORION** (x), *sm.* Nom que l'on donne aux surveillants dans les houillères de Belgique et du nord de la France.

PORNIC, 1919 hab. Ch.-l. de c., et port sur l'Océan, arr. de Paimbœuf (Loire-Inférieure). Bains de mer.

POROSITÉ (*poreux*), *sf.* Qualité d'un corps poreux.

PORPHYRE (g. πορφύρα, pourpre), *sm.* Roche éruptive ancienne composée d'une pâte feldspathique, dans laquelle sont disséminés des cristaux de feldspath. Cette roche forme généralement d'étroits filons et des veinules, plutôt que des massifs considérables. On a quelquefois employé le porphyre pour le pavage des rues; on a fait des essais à Paris notamment; ce pavé paraît être trop glissant. Le porphyre poli présente, sur un fond généralement rouge vif ou violacé, des taches blanchâtres de feldspath. Il est employé en architecture, surtout comme élément décoratif. (V. *France*, t. I, p. 734, col. 1, et la carte géologique de France.)

PORPHYRE

PORPHYRE (233-305), philosophe alexandrin, qui fut disciple de Platon et enseigna à Rome.

***PORPHYRIQUE** (*porphyre* 1), *adj.* 2 *g.* Qui contient du porphyre. || Qui a l'aspect du porphyre.

PORPHYRISATION (*porphyriser*), *sf.* Action de porphyriser. || État d'un corps porphyrisé.

PORPHYRISER (*porphyre*), *vt.* Réduire une substance en une poudre extrêmement fine.

PORPHYROGÉNÈTE (g. πορφύρα, pourpre + γεννητός, né), *adj.* 2 *g.* Surnom des enfants des empereurs de Constantinople, qui étaient nés dans la pourpre, c'est-à-dire pendant le règne de leur père.

***PORPHYROÏDE** (*porphyre* + g. εἶδος, forme), *adj.* 2 *g.* Qui a l'apparence du porphyre.

PORQUEROLES, l'une des îles d'Hyères, dans la Méditerranée (Var).

PORRACÉ ou **PORACÉ, ÉE** (l. *porraceum*), *adj.* Qui a une couleur verdâtre tirant sur celle du poireau.

PORREAU, *sm.* (V. *Poireau.*)

PORSENNA, roi de Clusium, en Étrurie, qui fit la guerre aux Romains; il fut arrêté sur le pont Sublicius par Horacius Coclès et faillit être assassiné par Mucius Scævola.

1. **PORT** (l. *portum*), *sm.* Partie de mer enfoncée dans les terres et où les navires trouvent un abri. || *Port militaire,* principalement destiné aux bâtiments de guerre. || *Port marchand,* uniquement destiné aux navires de commerce. (V. *France, Marine,* etc.) — Fig. *Faire naufrage au port,* échouer dans une entreprise qui semblait près de réussir. — Fig. *Arriver à bon port,* parvenir en bonne santé et sans accident au lieu où l'on voulait aller; réussir. || Endroit d'une rivière où les bâtiments chargent et déchargent leurs marchandises : *Le port de Nantes.* || Ville bâtie autour d'un port : *Habiter un port de mer.* — *Fig.* Lieu où l'on vit en sûreté, en repos : *Atteindre le port après bien des épreuves.* — **Hom.** *Port* 2, *pore, porc.* — **Comp.** *Opportun, opportune, opportunément, opportunité, opportunisme, opportuniste, importun,* etc., *inopportun,* etc. Même famille : *Portulan.*

2. **PORT**, *sm.* de *porter.* Action de porter. || Le poids dont on peut charger un navire : *Un vaisseau du port de 300 tonneaux.* || Le prix qu'on paye à un voiturier pour le transport d'effets, de marchandises, pour celui des lettres par la poste : *Lettre franche de port.* || *Port d'armes,* l'attitude du soldat qui porte les armes. || Permis qu'on obtient de porter un fusil et de chasser en payant un droit. || Les cartes qu'on garde pour les joindre à celles qu'on prendra au talon. || Manière dont une personne se tient, se présente : *Un port de reine.* || Taille belle et air noble d'une femme. || L'aspect, la manière d'être d'une plante.

PORTA, 559 hab. Ch.-l. de c., arr. de Bastia (Corse).

PORTABLE (l. *portabilem*), *adj.* 2 *g.* Qu'on peut porter : *Vêtement portable.*

PORTAGE (*porter*), *sm.* Action de porter, de transporter.

PORTAIL (bl. *portaculum* : du l. *porta,* porte), *sm.* L'ensemble des ornements d'architecture qui encadrent la porte principale d'une église : *Un portail roman.* (V. *Porte.*) — **Gr.** Au XVIIe siècle, on disait encore *portal*; aussi écrivait-on indifféremment des *portails* ou *portaux.* Aujourd'hui on écrit des *portails.*

PORTALIS (Jean-Étienne-Marie) (1746-1807), conseiller d'État, négociateur du Concordat, ministre des cultes, puis de l'intérieur sous le premier Empire.

1. ***PORTANT** (*porter*), *sm.* Sorte d'anses en fer d'une malle, d'un coffre. || Faux châssis sur lequel repose un décor de théâtre.

2. **PORTANT, ANTE**, *adj.* Qui porte. || *Bien, mal portant,* en bonne, en mauvaise santé. — A bout portant, *loc. adv.* De très près.

PORTATIF, IVE (bl. *portativum* : du l. *portare,* porter), *adj.* Qu'on porte aisément sur soi : *Dictionnaire portatif.* — *Sm.* Ce qu'on peut emporter avec soi. || Registre que portent les employés des contributions indirectes dans leurs tournées.

PORT-AU-PRINCE, 40000 hab. Capitale et port de la République d'Haïti, sur la côte O. de l'île.

1. **PORTE** (l. *porta*), *sf.* Ouverture dans le mur d'enceinte d'une ville pour y entrer ou pour en sortir : *Thèbes aux cent portes.* || *Ouvrir ses portes,* capituler. || *Fermer ses portes,* se préparer à soutenir un siège. || Ouverture faite pour entrer dans un lieu fermé, ou pour en sortir : *La porte d'une maison, d'un jardin.* — Les portes des monuments cyclopéens, les plus anciennes que l'on connaisse, sont généralement composées de pieds-droits surmontés de pierres disposées en encorbellement et qui ferment la baie à sa partie supérieure. Telle est celle que l'on voit encore de nos jours à Phigalie (aujourd'hui Paulitza, Arcadie). Dans d'autres constructions, également très anciennes, le linteau est formé de deux pierres posées obliquement sur les pieds-droits et s'arc-boutant l'une contre l'autre. Quelquefois aussi la porte se termine par un linteau monolithe très épais et posé sur des jambages de même nature. C'est de cette manière que la porte de l'Acropole de Mycènes, et dite des *Lions,* a été bâtie. Les portes égyptiennes étaient trapézoïdales, et celles des Grecs et des Romains étaient quadrangulaires et avaient aussi leurs jambages un peu inclinés vers l'intérieur de la baie. Ce sont les Romains qui, les premiers, fermèrent leurs portes par un plein cintre. Il reste encore en France quelques portes de fortification de la période romaine ou gallo-romaine. Parmi elles, on peut citer celles de Nîmes, d'Arles, de Langres, construites avant l'introduction du christianisme dans les Gaules, et celle d'Autun, qui date du IVe ou du Ve siècle. Ces portes sont bâties sur un plan unique : au milieu, deux larges baies destinées, l'une

PORTES DE DIVERS STYLES

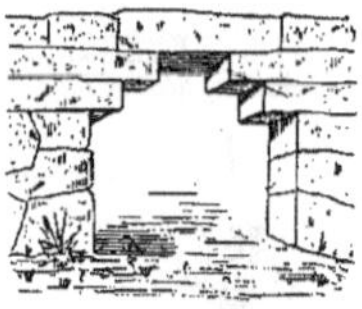

PORTE
EN ENCORBELLEMENT A PHIGALIE

PORTE
DU PALAIS DE DARIUS (PERSE)

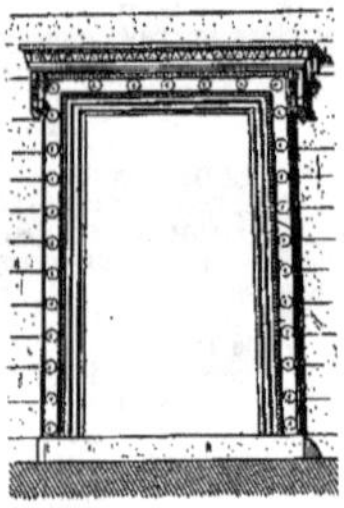

PORTE
GRECQUE DE L'ÉRECHTHÉION, A ATHÈNES

PORTE
EN FORME D'OGIVE, A THORICOS

PORTE
PÉLASGIQUE DITE DES LIONS, A MYCÈNES

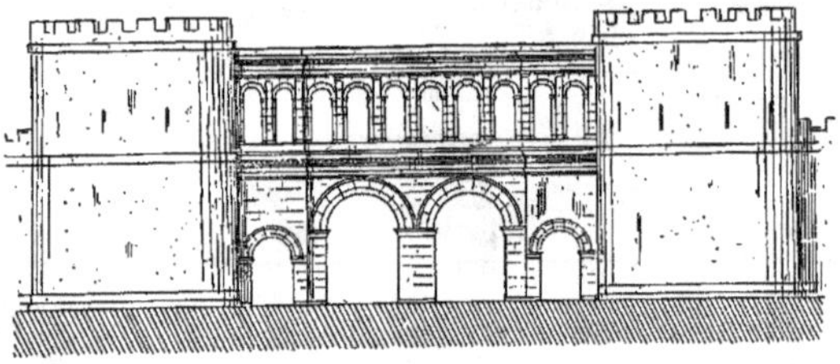

PORTE
ROMAINE A AUTUN (SAONE-ET-LOIRE).

PORTE
CYCLOPÉENNE D'ALÉE (ARCADIE)

PORTE
VANTAUX DE LA PORTE DE LA SAINTE-CHAPELLE DE PARIS (XIIIe SIÈCLE)
A, Vantail intérieur ; **B**, Vantail extérieur.

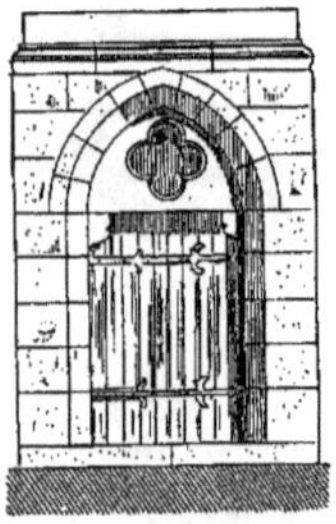

PORTE
A LA CATHÉDRALE DE CHARTRES (XIIIe SIÈCLE)

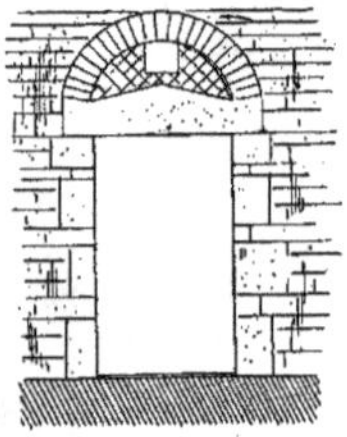

PORTE
DU XIe SIÈCLE

PORTE
A L'ÉGLISE DE BEAUNE (XIIe SIÈCLE)

PORTE
FORTIFIÉE A FLAVIGNY (CÔTE-D'OR), (XVe SIÈCLE)

PORTE
BARRIÈRE AJOURÉE

PORTE
A DEUX VANTAUX
C, Chambranle ; **C'**, cadre ; **M**, Montants **P**, panneaux ; **T**, traverses.

PORTE
DE FORTIFICATION, ARC CONSTRUIT AVEC DES CLAVEAUX, A ŒNIADES (ARCADIE)

à l'entrée, l'autre à la sortie des chars, et de chaque côté une poterne à l'usage des piétons. A chaque extrémité de cet ensemble se dresse une tour pour la défense. Cette disposition générale prévalut pendant le cours du moyen âge; mais il n'y eut généralement qu'une seule baie pour les chars et une poterne pour les piétons; quelquefois même cette dernière ouverture fut supprimée). La porte était précédée d'un pont-levis et fermée par une herse en fer glissant dans une rainure de pierre. Pendant la période de notre histoire antérieure au XIe siècle, les portes de nos monuments civils ou religieux conservèrent les caractères que la tradition gallo-romaine avait transmis aux architectes d'alors. Elles étaient généralement composées d'un arc en plein cintre reposant sur de simples pieds-droits ou sur des pilastres, plus rarement sur des colonnes. Le cintre était séparé des pieds-droits par un linteau, en sorte que la baie était rectangulaire. Le tympan de cette porte, c'est-à-dire l'espace compris entre le linteau et l'arc en décharge, était rempli par des pierres de petit appareil. Souvent il était couvert d'ornements en briques représentant la croix ou des dessins polygonaux. Les archivoltes offraient le même genre de décoration. Tel est, par exemple, le tympan de la porte de l'église Saint-Pierre à Vienne. Quelquefois, on y voyait des bas-reliefs. On encastrait aussi dans la façade du monument, et de chaque côté des portes, des sculptures, restes de monuments gallo-romains que les artistes de ces temps étaient inhabiles à reproduire, mais qu'ils savaient néanmoins apprécier. Pendant le XIe siècle, les portes gardèrent une grande simplicité. Cependant, bien que les moulures commencent à se multiplier, les portes se font plus remarquer par leur structure que par leur ornementation. Les colonnettes des pieds-droits sont monolithes et faites au tour; il en est de même du chapiteau. Toutes les parties de cette porte du XIe siècle sont recouvertes de peintures et sur les voussures des archivoltes sont placés des oiseaux affrontés ou d'autres ornements de couleur jaune relevés par des traits noirs que le temps a effacés. Il faut arriver à la fin du XIe siècle ou au commencement du XIIe pour voir les portes prendre un développement artistique extraordinaire, et c'est à l'école de Cluny que ce mouvement est dû. A cette époque, l'arc en décharge est encore le plein cintre; mais les archivoltes se multiplient et s'épaississent. L'ébrasement des portes est alors considérable, et comme la porte est très grande, on l'enrichit, en son milieu, d'un trumeau dans la masse duquel est taillée une statue, le plus souvent celle du saint sous l'invocation duquel l'église est placée. Du reste, c'est la belle époque de la statuaire, et les artistes doivent être nombreux, car la porte entière est couverte de sculptures faisant corps avec la construction même. Ces portes de la première moitié du XIIe siècle sont de véritables tableaux de pierre dont la scène principale est placée au centre, sur le tympan; les statues des voussures, celles du linteau, tout aussi bien que celles des chapiteaux, concourent à l'action. Ce sont toujours des scènes religieuses qui sont ainsi reproduites. Elles sont empruntées à l'Ancien et au Nouveau Testament. Ici, c'est l'histoire du Christ; là, c'est la vie de la Vierge; ailleurs, ce sont les vices et les vertus qu'accompagne une scène du Jugement dernier. Partout la pierre est fouillée avec un grand art, une naïveté et une vérité d'expression extrêmement remarquables. La porte de l'église abbatiale de Vézelay, élevée dès les premières années du XIIe siècle, doit être citée comme le type des monuments de cette époque; et il est évident qu'elle a dû servir de

PORTE

DU MILIEU DE LA FAÇADE DE NOTRE-DAME DE PARIS

modèle aux artistes. C'est vers le milieu du XIIe siècle que commence à apparaître l'ogive; mais c'est l'ogive surhaussée, et l'arc ne prend naissance qu'à partir du bord supérieur du linteau. On rencontre de ces portes, construites sur le modèle de celle de Vézelay, mais qui sont plus étroites; aussi n'ont-elles pas de trumeau en leur milieu; et les voussures des archivoltes ne sont pas fouillées : les boudins des arcs seuls sont ornés de délicates sculptures. Dans le Beauvaisis, l'ornementation des archivoltes, pendant la première moitié du XIIe siècle, était plus rudimentaire et plus grossière. Elle se compose surtout de méandres et de bâtons rompus. La porte manque de trumeau, son tympan est nu, et le tout est surmonté d'un pignon trapu. Dans certaines provinces, le tympan et le linteau sont complètement supprimés, et les archivoltes sont couvertes de feuillage. Du reste, les arcs en décharge sont d'autant plus nombreux et plus épais que le mur dans lequel les portes doivent s'ouvrir est plus élevé. C'est dans la seconde moitié du XIIe siècle que le plein cintre fait place à l'ogive. En outre, les colonnettes monolithes ne font plus partie de la bâtisse, elles en sont indépendantes. C'est aussi pendant cette période que les architectes de l'Ile-de-France, dont les œuvres avaient été jusque-là d'une médiocre valeur artistique, se perfectionnent de plus en plus. A partir du commencement du XIIIe siècle, ce sont eux qui donnèrent les règles de l'art et construisirent ces belles cathédrales que nous admirons encore aujourd'hui. Parmi les chefs-d'œuvre qu'ils ont élevés il faut citer, entre autres, la porte dite *de la Vierge,* qui s'ouvre sur la façade occidentale de Notre-Dame de Paris et donne accès dans le collatéral nord. Elle fut construite entre les années 1205 et 1210. On remarquera que cette porte est construite sur les mêmes données que la porte du commencement du XIIe siècle. Elle se compose de pieds-droits présentant un grand ébrasement, mais dont la partie supérieure ne se rétrécit pas par des encorbellements; ils sont ornés d'arcatures et de grandes statues; au milieu de la porte se dresse un trumeau dans la masse duquel l'artiste a taillé la statue de la Vierge. Ces pieds-droits et ce trumeau supportent deux linteaux et au-dessus un tympan. Le tout est encadré par quatre archivoltes. Les linteaux et le tympan sont couverts de statues en pied qui représentent la vie de la Vierge. Les voussures portent aussi des statues; mais, à l'exception du premier rang, les personnages ne sont représentés qu'en buste. L'artiste l'a ainsi voulu afin de conserver les mêmes proportions entre tous les motifs de son ornementation. C'est là un des traits caractéristiques de cette belle époque. Quelquefois, au XIIIe siècle, les tympans des portes furent percés de claires-voies, ou bien l'on y installa de véritables fenêtres vitrées. Telles sont celles qui ornent le portail de la cathédrale de Reims. Parmi les portes qui ont été bâties au XIIIe siècle, il nous faut encore citer celles de la Sainte-Chapelle et celle du transept méridional de l'église abbatiale de Saint-Denis. A la fin du XIIIe siècle, et pendant le XIVe, les portes sont encore bien composées; mais la maigreur du style s'y fait sentir. Les détails de la décoration ne sont plus faits à l'échelle, les proportions ne sont pas les mêmes entre les divers ornements; les figures sont petites : on a voulu représenter des personnages assis ou debout, au lieu de les donner en buste; on les a surmontés de dais trop grands. Les sujets sont devenus confus. Du reste, les formes géométriques l'emportent sur la statuaire; les profils se multiplient, et à force de rechercher la variété dans cet ordre d'idées, on tombe dans la monotonie. La sculpture des tympans est remplacée par des compartiments gothiques : par exemple, deux ogives accolées et garnies de redents sont surmontées d'un quatre-feuille. Les portes firent alors partie d'un système de décoration qui embrassait le portail tout entier. Au XIVe siècle, on les surmonta de gables d'abord presque pleins, mais qui bientôt furent ajourés. Les statues des ébrasements qui, au XIIIe siècle, sont le plus souvent accolées à des colonnes portant un chapiteau, sont, au XIVe, faites dans les ateliers et posées lorsque l'édifice est terminé. Pendant les deux premiers tiers du XVe siècle, le malheur des temps empêcha nos pères d'élever des monuments, et ce n'est que sous Louis XI que l'on recommença à bâtir. L'ordonnance générale de la porte ne change pas; mais les gables prennent de plus en plus d'importance, les moulures des pieds-droits et des voussures se multiplient, et la statuaire est de plus en plus étouffée sous les lignes. Les tympans sont remplacés par des claires-voies vitrées et les linteaux se courbent en arc-surbaissé. Les petites portes des églises se distinguent surtout des grandes en ce qu'elles n'ont qu'un seul vantail. Elles sont généralement très simples avant le XIe siècle et présentent un linteau renforcé au milieu et couronné par un arc en décharge. Dans les portes secondaires des églises du XIIe siècle et du XIIIe les moulures extérieures des archivoltes sont reliées à la construction. Quelquefois le cintre lui-même est abandonné et est remplacé par un arc très surbaissé; dans d'autres cas, la porte est rectangulaire. Dans l'architecture civile, le tympan est rarement décoré; quelquefois il est percé d'un trèfle qui permet à la lumière de pénétrer dans le vestibule sur lequel la porte donne accès. On construisit peu d'églises pendant le XVe siècle, mais on éleva un assez grand nombre de châteaux, de palais et de maisons particulières. Les portes de la plupart de ces édifices sont alors ornées de sculptures, de figures et d'armoiries. Les portes intérieures des appartements étaient petites au moyen âge, comme on peut s'en assurer en visitant le château de Pierrefonds et celui de Blois. Ce n'est qu'à partir de Louis XIV qu'on leur donna de grandes dimensions. Les portes extérieures étaient, au moyen âge, munies de vantaux revêtus de lames de fer artistement travaillées. Quant aux portes des appartements, elles étaient obstruées par des tapisseries que l'on soulevait pour entrer ou sortir. || *Mettre un domestique à la porte*, le renvoyer. || *Mettre quelqu'un à la porte*, le chasser de chez soi. — Fig. *Prendre la porte*, s'en aller, s'évader du lieu où l'on est. || *Faire défendre sa porte*, défendre, ne laisser entrer personne chez soi. || Arc de triomphe : *La porte Saint-Martin, à Paris.* || Assemblage de bois ou de métal qui peut tourner sur ses gonds et qui ferme la baie d'une porte : *Frapper à la porte.* Les portes sont généralement faites en chêne et ornées de panneaux. Au moyen âge on les enrichissait de pentures en fer forgé ou on les renforçait au moyen de traverses ou d'arcs en ogive rappelant les meneaux des fenêtres. — Fig. *Frapper à toutes les portes*, s'adresser à toutes sortes de personnes, chercher toutes sortes de moyens pour réussir dans une affaire. — Fig. *Mettre la clef sous la porte*, quitter furtivement la maison pour cause de mauvaises affaires. — Fig. *Enfoncer une porte ouverte*, combattre un obstacle imaginaire. || *Porte vitrée*, dont la partie supérieure fait l'office d'une fenêtre. || *Porte coupée*, qui ne s'élève qu'à hauteur d'appui et ne remplit pas le haut de la baie. || *Porte brisée*, dont une moitié verticale se replie sur l'autre. || *Fausse porte*, semblant de porte qui fait pendant à une porte véritable. || *Porte de derrière*, celle qui est dans le mur de derrière d'une habitation. — Fig. Faux-fuyant, échappatoire. || *La Porte Ottomane, la Sublime Porte, la Porte*, la cour, le gouvernement du souverain de la Turquie. — Fig. *Être aux portes de la mort*, près de mourir. || *Les portes de l'enfer*, les puissances de l'enfer. || *Fermer les portes du temple de Janus*, faire la paix. — Fig. Entrée, introduction, moyen de parvenir à quelque chose : *La porte des honneurs.* || Ce qui ferme un meuble ou certaines constructions : *La porte d'une armoire, d'une alcôve.* — *Au pl.* Défilé par lequel on franchit une montagne : *Les portes de fer dans les Balkans.* — DE PORTE EN PORTE, *loc. adv.* De maison en maison. — A PORTE CLOSE, *loc. adv.* En secret. — A PORTES OUVRANTES, A PORTES FERMANTES, *loc. adv.* L'heure où l'on ouvre ou ferme les portes d'une ville de guerre. — **Dér.** *Portail, porte 2, portier, portière 1; portière 2, portereau.* — **Comp.** *Avant-porte.*

2. **PORTE** (*porte 1*), *adj. f.* Se dit d'une grosse veine qui reçoit le sang des organes abdominaux et pénètre dans le foie, où elle se subdivise en un grand nombre de branches qui vont ensuite déboucher dans la veine cave inférieure.

***PORTE-AFFICHE** (*porter + affiche*), *sm.* Cadre de bois dans lequel on met des affiches. — Pl. *des porte-affiche* ou *porte-affiches.*

***PORTE-AIGLE** (*porter + aigle*), *sm.* Officier français qui, sous l'empire, portait l'aigle d'un régiment. — Pl. *des porte-aigle* ou *porte-aigles.*

PORTE-AIGUILLE (*porter + aiguille*), *sm.* Petit portefeuille dont les feuillets de cuirs ou de laine servent à attacher des aiguilles. || Sorte de manche au bout duquel les chirurgiens fixent les aiguilles dont ils se servent. — Pl. *des porte-aiguille* ou *porte-aiguilles.*

PORTE-ALLUMETTES (*porter + allumettes*), *sm.* Boîte, vase où l'on met des allumettes.

PORTE-BAGUETTE (*porter + baguette*), *sm.* Rainure pratiquée dans le bois d'un fusil pour y mettre la baguette. — Pl. *des porte-baguette* ou *porte-baguettes.*

PORTE-BALLE (*porter + balle*), *sm.* Petit mercier qui colporte ses marchandises dans une balle qu'il a sur le dos. — Pl. *des porte-balle* ou *porte-balles.*

***PORTE-BOURDON** (*porter + bourdon*), *sm.* Pèlerin. — Pl. *des porte-bourdon* ou *porte-bourdons.*

***PORTE-BOUTEILLES** (*porter + bouteilles*), *sm.* Grande cage de fer où l'on place le vin dans la cave. — Pl. *des porte-bouteilles.*

PORTECHAPE (*porter + chape*), *sm.* Chantre d'église qui porte la chape. — Pl. *des portechapes.*

PORTE-CIGARES (*porter + cigares*), *sm.* Sorte d'étui où l'on met des cigares.

PORTE-CLÉS ou **PORTE-CLEFS** (*porter + clé* ou *clef*), *sm.* Valet de prison qui porte les clés. || Clavier.

PORTECRAYON (*porter + crayon*), *sm.* Instrument en métal dans lequel on met un crayon pour le manœuvrer plus facilement.

PORTE-CROIX (*porter + croix*), *sm.* Celui qui porte la croix devant le pape, devant un légat, un archevêque ou devant une procession.

PORTE-CROSSE (*porter + crosse*), *sm.* Celui qui porte la crosse devant un évêque. — Pl. *des porte-crosse.*

PORTE-DIEU (*porter + Dieu*), *sm.* Prêtre chargé de porter le viatique aux malades.

PORTE-DRAPEAU (*porter + drapeau*), *sm.* Officier qui porte le drapeau d'un régiment. — Pl. *des porte-drapeau.*

PORTÉE, *spf.* de porter. Tous les petits d'un animal nés en même temps. || Distance qui sépare deux points d'appui d'une pierre ou d'une poutre posée horizontalement. || La quantité dont un corps fait saillie : *La portée d'une gouttière.* || Les branches que le cerf a pliées ou cassées avec son bois. || La distance à laquelle une arme peut lancer un projectile : *Une portée de fusil.* || *Cela est à la portée de la main*, on peut le saisir avec la main. || *Être à la portée de la voix*, à une distance qui permet d'entendre la voix. || *Portée d'un phare*, étendue de la visibilité du feu de ce phare selon la puissance lumineuse de ce feu et son altitude. || *Être à portée d'une chose*, en mesure de l'obtenir. || Ce que la naissance, la fortune, la capacité de l'esprit met une personne à même de faire : *Cela est au-dessus de ma portée.* || La valeur d'une expression, d'un raisonnement : *Sentir la portée de ce que l'on dit.* || Les cinq lignes parallèles sur lesquelles ou entre lesquelles on écrit les notes de la musique.

PORTE-ENSEIGNE (*porter + enseigne*), *sm.* Porte-drapeau. — Pl. *des porte-enseigne.*

PORTE-ÉPÉE (*porter + épée*), *sm.* Morceau de cuir ou d'étoffe qu'on porte à la ceinture pour porter l'épée. — Pl. *des porte-épée* ou *porte-épées.*

PORTE-ÉTENDARD (*porter + étendard*), *sm.* Officier qui porte l'étendard dans un corps de cavalerie. — *Pl.* Godet de cuir attaché à la selle dans laquelle on engage le bout inférieur de la hampe de l'étendard. — Pl. *des porte-étendard* ou *porte-étendards.*

PORTE-ÉTRIERS (*porter + étrier*), *smpl.* Courroies attachées à la selle et servant à relever les étriers quand on a mis pied à terre pour qu'ils n'incommodent pas le cheval.

PORTE-ÉTRIVIÈRES (*porter + étrivières*), *smpl.* Anneaux de fer carrés situés aux deux côtés de la selle et où passent les étrivières.

PORTEFAIX (*porter + faix*), *sm.* Homme de peine qui porte les fardeaux sur un crochet.

PORTEFEUILLE (*porter + feuille*), *sm.* Objet en carton, en maroquin, etc., qui ressemble à une couverture de livre, est muni de fermoirs et dans lequel on serre des papiers. — Fig. Fonction de ministre : *Le portefeuille de la guerre.* || Fortune mobilière : *Tout son bien est en portefeuille.*

PORTE-GLAIVE (*porter + glaive*), membre d'un ordre religieux et militaire qui fut maître de la Livonie de 1223 à 1561. || Pièce de cuir qui est fixée au ceinturon et dans laquelle s'engage le sabre ou l'épée. — Pl. *des porte-glaives.*

PORTE-HACHE (*porter + hache*), *sm.* Étui d'une hache de sapeur. — Pl. *des porte-hache* ou *porte-haches.*

PORTE-LIQUEURS (*porter + liqueurs*), *sm.* Petit meuble en bois, en glace, en marqueterie où sont rangés des petits verres et des flacons de liqueurs. — Pl. *des porte-liqueurs.*

PORTE-MALHEUR (*porter + malheur*), *sm.* Personne, chose dont la présence est considérée comme un mauvais présage. — Pl. *des porte-malheur.*

PORTEMANTEAU (*porter + manteau*), *sm.* Titre d'officier qui portait le manteau du roi, la queue du manteau de la reine. || Morceau de bois fixé à la muraille et où l'on suspend des habits. || Valise de voyage. || Sorte de valise en drap dans laquelle le cavalier met ses effets, et qu'il place sur le derrière de sa selle. — Pl. *des portemanteaux.*

PORTEMENT (*porter* + sfx. nominal *ment*), *sm.* Collection de tableaux où J.-C. est représenté portant sa croix.

PORTE-MONNAIE (*porter + monnaie*), *sm.* Sorte de bourse à fermoir où l'on met son argent de poche. — Pl. *des porte-monnaie.*

PORTE-MONTRE (*porter + montre*), *sm.* Coussinet plat contre lequel on suspend une montre. || Petit meuble ayant un enfoncement circulaire dans lequel on place une montre dont le cadran seul paraît. — Pl. *des porte-montre.*

PORTE-MORS (*porter + mors*), *sm.* Courroie soutenant le mors de bride, et qui passe par-dessus la tête du cheval et est soutenu par le frontal.

PORTE-MORS

PORTE-MOUCHETTES (*porter + mouchettes*), *sm.* Petit plateau oblong sur lequel on place les mouchettes.

PORTE-MOUSQUETON (*porter + mousqueton*), *sm.* Sorte de crochet à ressort qui était en bas de la bandoulière d'un cavalier et qui soutenait son mousqueton ou sa carabine. Par analogie, on continue à appeler *porte-mousqueton* les crochets à ressort du même genre. — Pl. *des porte-mousqueton* ou *porte-mousquetons.*

PORTE-MUSC, *sm.* (V. *Chevrotain* et *Musc.*)

PORTE-OBJET (*porter + objet*), *sm.* Lame de verre sur laquelle on met les objets qu'on examine au microscope. || Petite plaque de métal du microscope où l'on pose cette lame de verre. — Pl. *des porte-objet* ou *porte-objets*.

PORTE-PAGE (*porter + page*), *sm.* Papier plié ou plusieurs doubles sur lequel on met une page de composition après l'avoir liée avec une ficelle. (Typographie.) — Pl. *des porte-page*.

PORTE-PIERRE (*porter + pierre*), *sm.* Ustensile en argent semblable à un porte-crayon, et dans lequel on met un morceau de pierre infernale. — Pl. *des porte-pierre* ou *porte-pierres*.

PORTE-PLUME (*porter + plume*), *sm.* Manche d'une plume métallique. — Pl. *des porte-plume*.

PORTE-QUEUE (*porter + queue*), *sm.* Personne chargée de porter la queue du manteau ou de la robe d'un grand personnage. — Pl. *des porte-queue* ou *porte-queues*.

PORTER (l. *portare*), *vt.* Soutenir, supporter : *Porter un poids de 50 kilogrammes. Ce poteau porte la charge du plancher.* — Fig. *Chacun porte sa croix*, chacun a ses afflictions particulières. || *Porter tout le poids des affaires*, être obligé de les faire seul. || *Porter le joug*, être sous la domination de quelqu'un. || *Porter des fers*, être prisonnier, esclave. || *Il en portera la peine*, il en sera puni. || Avoir sur soi ou tenir à la main. || Mettre sur soi comme habillement, comme parure : *Porter un chapeau de paille*. — Fig. *Porter les armes*, servir comme soldat. || Tenir une partie du corps d'une certaine manière : *Porter la tête haute*. || *Porter au vent*, se dit d'un cheval qui porte la tête dans une position dépassant l'horizontale. || *Porter un cheval en avant*, le pousser à marcher. || Avoir : *Porter le germe d'une maladie*. || Produire : *Cette terre porte de riches moissons*. || Prendre une chose dans un lieu pour l'aller mettre dans un autre : *Porter un plat sur la table*. || Transmettre : *Porter des ordres*. || Faire aller, conduire : *Un canal porte à Paris les eaux de la Vanne*. || Pousser, étendre : *Porter la complaisance trop loin*. || Edicter, prononcer : *Porter une loi, un arrêt*. || Diriger : *Porter ses regards*. || Causer : *Porter de l'ombrage*. || Montrer, manifester : *Porter de l'intérêt à quelqu'un*. || Désigner pour un emploi, une dignité : *Porter au trône*. || Déférer à la justice, aux autorités : *Porter une plainte*. || Exciter à : *Porter à la révolte*. || Inscrire : *Porter en compte*. || Déclarer : *La loi porte que la marchandise sera confisquée*. || Avoir telle dimension : *Cette planche porte 0m,30 de large*. — *Vi.* Être posé sur : *Les deux bouts de cette poutre portent sur le mur*. || Atteindre : *Le chassepot porte à 1 500 mètres*. — Fig. *Porter à la tête*, donner le mal de tête, étourdir. — **Se porter**, *vr.* Etre porté : *Dans les montagnes, les bagages se portent à dos de mulet*. || Aller, se rendre dans un lieu : *Se porter en avant*. || Avoir une inclination pour, s'adonner à : *Se porter à des excès*. || *Se porter bien ou mal*, être en bonne ou en mauvaise santé. || Se présenter comme candidat à une élection : *Il se porte comme député*. — **Dér.** *Port* 2, *portée, portant* 1, *portant* 2, *portante, portable, portage, portatif, portative, portement, porteur, porteuse, portière, portor*. — **Comp.** *Apporter, apport; comporter, comportement; déporter, déporté, déportée, déportement; emporter, emporté, emportée, emportement, emporte-pièce; importer* 1, *importeur, importation, importable; importer* 2, *important, importante, importance; reporter* 1, *report; reporter* 2; *supporter, support, supportable, supportablement, supportage, insupportable, insupportablement; transporter, transport, transportable, transporté, transportation, transporteur*; et tous les mots composés dont le premier élément est *porte* (de *porter*).

PORTER [por-teur], *sm.* Bière d'Angleterre très forte, de couleur noire, contenant jusqu'à 5 p. 100 d'alcool.

***PORTEREAU** (*porte* 1), *sm.* Pièce de bois avec laquelle on barre le lit d'une rivière afin de faire monter l'eau. — *Portereau* était le nom d'un faubourg d'Orléans.

PORTE-RESPECT (*porter + respect*), *sm.* Arme qu'on porte pour sa défense. || Marque extérieure d'une dignité. || Personne grave dont la présence oblige à une certaine retenue. — Pl. *des porte-respect*.

PORTES DE FER, endroit au-dessus d'Orsova où le Danube passe par une trouée de la chaîne des Balkans en formant une cataracte. || Défilé dans le Jurjura entre les provinces d'Alger et de Constantine (Algérie).

PORTE-TAPISSERIE (*porter + tapisserie*), *sm.* Tringle de bois à laquelle est suspendue une tapisserie formant portière. — Pl. *des porte-tapisserie* ou *porte-tapisseries*.

PORTET D'ASPET, 551 hectares. Forêt domaniale de la Haute-Garonne, peuplée de hêtres, cultivée en taillis. (XVIIIe conservation, Toulouse.)

PORTE-TRAIT (*porter + trait*), *sm.* Courroie qui forme une boucle et dans laquelle sont passés les traits des chevaux attelés. — Pl. *des porte-traits* ou *porte-traits*.

PORTEUR, EUSE (*porter*), *s.* Celui, celle qui fait le métier de porter des fardeaux : *Un porteur de la halle*. || Homme par qui l'on se faisait porter dans une chaise : *Chaise à porteurs*. || *Porteur d'eau*, celui qui porte de l'eau dans les maisons moyennant rétribution. || Homme qu'on charge de porter une lettre à quelqu'un. || *Porteur d'un billet, d'une action*, celui à qui un effet de ce genre doit être payé à présentation. || *Porteur de contrainte*, individu qui notifie aux contribuables en retard les contraintes décernées par le percepteur ou le receveur des contributions. || *Porteur de paroles*, celui qui vient faire une proposition au nom d'un autre. || Celui qui apporte quelque chose, qui annonce une nouvelle. — *Sm.* Celui des chevaux d'une voiture sur lequel est monté le postillon. Le second cheval d'un gros attelage qui en a trois, et sur lequel vient s'asseoir le roulier fatigué.

PORTE-VENT (*porter + vent*), *sm.* Tuyau pour conduire le courant d'air produit par un soufflet. — Pl. *des porte-vent*.

PORTE-VERGE (*porter + verge*), *sm.* Bedeau qui porte une latte en baleine devant le curé, les marguilliers. — Pl. *des porte-verge* ou *porte-verges*.

PORTE-VIS (*porter + vis*), *sm.* Plaque de métal contre laquelle s'applique la tête des vis qui fixent la platine d'un fusil, d'un pistolet.

PORTE-VOIX (*porter + voix*), *sm.* Instrument d'acoustique en usage surtout dans la marine. Il est composé d'un tuyau de cuivre non courbé pourvu d'une embouchure, et fortement évasé à sa partie inférieure, et sert à transmettre au loin la parole.

PORTICI, 12 710 hab., ville d'Italie sur le golfe et près de Naples, au pied du Vésuve, sur l'emplacement d'Herculanum.

PORTIER, IÈRE (*porte* + sfx. *ier*), *s.* Celui, celle à qui est confiée la garde d'une porte, d'une maison. || Dans les couvents, *frère portier, sœur portière*, religieux, religieuse qui ouvre et ferme la porte. — *Sm.* Le moindre des quatre ordres mineurs de l'Église. (V. *Ordre*.)

1. **PORTIÈRE** (*porte*) *sf.* Rideau dont on garnit l'ouverture d'une porte. || Ouverture par où l'on monte dans une voiture. || *Portière d'embrasure*, masque en fort cordage, destiné à boucher les embrasures des batteries de siège lorsque les pièces ne tirent pas.

2. **PORTIÈRE** (*porter*), *adj. f.* Qui est en âge de reproduire l'espèce : *Vache, brebis portière*.

PORTION (l. *portionem*), *sf.* Partie d'un tout : *Une portion d'héritage*. || Ce qu'on sert à chacun pour un repas dans les communautés, dans certaines auberges. (V. *Congru*.) — **Dér.** *Portioncule*.

PORTIONCULE (l. *portiuncula*), *sf.* Petite portion.

PORTIQUE (db. de *porche* : l. *porticum*), *sm.* Galerie couverte ouverte sur une ou plusieurs de ses faces par des entre-colonnements qui entouraient la plupart des édifices publics des anciens. Sous les Mérovingiens, les cours des palais étaient entourées de portiques de bois peints de couleurs éclatantes. Au IXe et au Xe siècle, ces constructions étaient composées de colonnes reliées entre elles par des arcades et fermées par des draperies. Plus tard, les portiques étaient élevés dans les cours et servaient d'abri aux visiteurs avant d'être introduits dans les appartements. Ils étaient relativement peu profonds et fermés à leurs extrémités. Lorsque le portique était élevé sur la façade d'un édifice, on lui donnait le nom de *porche*; s'il entourait une cour, c'était un *cloître*; s'il était construit devant

PORTIQUE
DU PALAIS ÉPISCOPAL DE LAON (XIIIe SIÈCLE)

un palais ou une maison, on le désignait sous le nom de *piliers*. — **Le Portique**, édifice d'Athènes où le stoïcien Zénon donnait ses leçons. — Fig. La doctrine des stoïciens. || Longue poutre horizontale supportée à chaque bout par trois poteaux en bois et qui sert aux exercices de gymnastique. — **Db.** de *Porche*.

PORTLAND, petite île d'Angleterre dans la Manche du côté du comté de Dorset, jointe au continent par un banc de galets; belle carrière de pierre, port militaire. || *Ciment de Portland*, ciment hydraulique artificiel fabriqué en calcinant un mélange de craie et de vase argileuse et qui, durci, ressemble au calcaire de Portland. — **Dér.** *Portlandien, portlandienne*.

PORTLANDIEN, IENNE (*Portland*), *adj.* Se dit d'un étage géologique (sable et calcaire) de l'oolithe supérieure situé entre l'argile de Kimmeridge et le purbeck.

PORT-LOUIS, 3159 hab. Ch.-l. de c., arr. de Lorient (Morbihan); port à l'embouchure du Blavet.

PORT-LOUIS ou **PORT-NORD-OUEST**, 100 000 hab., v. et port, ch.-l. de l'île Maurice.

PORT-MAHON. (V. *Mahon*.)

PORTO ou **OPORTO**, 105 838 hab., v. et port du Portugal, près de l'embouchure du Douro. — *Sm.* Vin renommé : *Du porto*, du vin de Porto.

PORTO-FERRAJO, 5 000 hab., ch.-l. de l'île d'Elbe.

PORTOR (*porte + or*). Mot employé comme adjectif. Se dit d'un marbre à veines jaunes sur fond noir.

PORTO-RICO, l'île la plus orientale des grandes Antilles (à l'Espagne), cap. San Juan.

PORTO-VECCHIO, 2 844 hab. Ch.-l. de c., arr. de Sartène (Corse).

PORTRAIRE (l. *pro*, en avant + *trahere*, tirer), *vt.* Représenter une personne par la peinture, le dessin, la sculpture. — **Gr.** Ce verbe se conjugue comme *Traire*. — **Dér.** *Portrait, portraitiste, portraiture*.

PORTRAIT, *spm.* de *portraire*. Image d'une personne faite au moyen de la peinture, du dessin, de la sculpture, etc. || *Portrait en pied*, qui représente une personne entière debout ou assise. — Fig. Personne qui ressemble beaucoup à une autre : *Cette enfant est le portrait de son père*. || Description de l'extérieur ou du caractère d'une personne : *Le portrait de Platon par Barthélemy*. || Description d'une chose quelconque : *Le portrait des mœurs du XVIIIe siècle*.

PORTRAITISTE, *sm.* Peintre de portraits.

PORTRAITURE, *sf.* Portrait. (*vx.*)

PORT-ROYAL-DES-CHAMPS, célèbre abbaye de femmes située près de Chevreuse (Seine-et-Oise), et détruite par Louis XIV en 1710. Quelques pieux et savants hommes, parents des religieuses, se retirèrent en 1636 dans une dépendance de cette abbaye, où ils fondèrent un établissement d'instruction. Ils étaient jansénistes. Les principaux furent : les deux Arnauld, le Maistre de Sacy, Nicole, Claude Lancelot, Pascal, etc. Racine fut leur élève.

PORT-SAÏD, 16 560 hab., ville et port de la basse Égypte, à l'entrée septentrionale du canal de Suez.

PORT-SAINTE-MARIE, 2 318 hab. Ch.-l. de c., arr. d'Agen (Lot-et-Garonne).

PORTSMOUTH, 127 989 hab., le plus beau port de l'Angleterre sur la Manche, comté de Southampton.

PORT-SUR-SAÔNE, 1 760 hab. Ch.-l. de c., arr. de Vesoul (Haute-Saône).

PORTUGAIS, AISE, *adj. 2 g.* Qui est du Portugal. ‖ Habitant de ce pays. — *Sm.* La langue du Portugal, l'une des langues romanes.

PORTUGAL (du l. *portus callæciæ,* port de la Galice, anc. nom de Porto), *sm.* Superficie : 92 075 kilom. carrés (avec les Açores et Madère); population (1881) : 4 708 178 hab., 51 par kilom. carré. Le royaume de Portugal est comme une province de l'Espagne située sur sa côte occidentale; il a la forme d'un quadrilatère régulier, borné au N. par la Galice, à l'E. par le royaume de Léon, l'Estramadure, l'Andalousie; au S. et à l'O. par l'océan Atlantique. Il est compris entre 36° 56′ et 42° 10′ de latitude N.; entre 8° 35′ et 11° 50′ de longueur O. Le sol est volcanique et souvent agité par des tremblements de terre, dont le plus désastreux fut celui de 1755. Au point de vue géologique, le sol du Portugal est formé, au N. du Tage, par les terrains granitiques qui s'étendent sur le bord de la mer jusqu'au S. de Porto, et par le terrain silurien qui couvre l'E. de cette région et projette une sorte de bec qui se termine à l'O. de cette même ville de Porto. Un îlot silurien, affectant la forme d'un trapèze, s'étend depuis le Tage jusqu'au S. de Porto; à peu près au milieu se dresse la ville de Coïmbre. Au S.-O. de ce lambeau dévonien se trouve un massif de terrain crétacé; il en est séparé par un ruban de terrain jurassique commençant un peu au N. d'Abrantès et allant aboutir, presque en ligne droite, à Aveiro. A l'O., c'est la mer qui limite ce terrain crétacé; à l'E., c'est la rive droite du Tage. Lisbonne, établie au S. de ce sol crétacé, est environnée de roches granitiques, dévoniennes et jurassiques. Sur la rive gauche du Tage domine le terrain miocène. La partie méridionale du Portugal est à peu près composée comme sa partie septentrionale. Une masse granitique, de forme triangulaire, a sa base appuyée sur la rive droite de la Guadiana, tandis que son sommet s'avance au N.-O. d'Évora. Ce massif granitique constitue la sierra d'Ossa. Le reste du territoire portugais, au S. d'une ligne allant de Béja à la mer, est constitué en majeure partie par le silurien, à l'exception du cap Saint-Vincent, qui est jurassique. Les côtes ont plus de 900 kilom. de longueur; seul, le Tras os Montes n'est pas baigné par la mer. Au N., les rivages sont bas; jusqu'aux caps Carvoeiro et Roca ils sont bordés de dunes qui arrêtent les eaux et forment des marais comme dans nos Landes (lagune d'Aveiro); les rochers coupent parfois la ligne des dunes à l'embouchure du Tage, entre les caps Roca et Espichel, dans la baie de Sétubal, sur les côtes de l'Alemtejo. Le cap Saint-Vincent est un récif inaccessible; mais, le long des Algarves, la ligne des sables est au niveau de la mer. Les montagnes de l'Espagne occidentale se continuent en Portugal par des terrasses d'un niveau inférieur qui lui constituent, malgré les apparences, une frontière naturelle et ont sauvegardé son indépendance. Ce sont, du N. au S., les contreforts des Pyrénées de Galice, les sierras d'Estrella, de Lousa et les collines de Cintro entre le Douro et le Tage; les sierras de San Mamède (1 025 mètres); d'Ossa, de Malhão, de Monchique (900 mètres) entre le Tage et la Guadiana, à l'angle méridional de la péninsule.

En Portugal finissent les fleuves de l'Espagne : le Minho, la Limai, le Cavado, le Duero, grossi de l'Esla, du Sabor, de la Coa. Le *Tage* ne devient navigable qu'en Portugal, et forme devant Lisbonne la magnifique rade, dite *mer de la Paille.* La *Guadiana* entre en Portugal après Badajoz et finit entre Ayamonte (Espagne) et Castro-Marino (Portugal). Le climat du Portugal est tempéré par l'influence du *Gulf-stream,* mais pluvieux; il tombe parfois 5 mètres d'eau par an dans le pays compris entre le

PORTUGAL

CLOITRE DE BELEM

Duero et le Minho et dans le Beïra; l'Algarve a un climat tropical. Le Portugal comprend 6 provinces, formant 17 districts, sans compter les 3 des Açores et celui de Madère. Ces districts, administrés par un gouverneur, assisté d'une *junte,* se subdivisent en 108 *arrondissements* électoraux, puis en 288 *concelhos* ou conseils de canton. — *Provinces et villes principales* : — **Minho** (3 distr.) : *Porto,* 105 838 hab., deuxième ville du royaume, exportation de vins, oranges, huiles, avec son faubourg de *Villanova da Gaya; Braga,* 20 000 hab., armes; *Viana, Povoa de Varzim,* ports de pêche. — **Tras os Montes** (2 districts) : *Bragance,* ville forte, *Villareal,* grand dépôt de *portwine,* expédié en Angleterre; *Chaves,* eaux minérales. — **Beïra** (5 distr.) : *Coïmbre,* anc. cap. du royaume, université; *Aveiro,* marais salants; *Viseu,* grande foire; *Almeida,* place forte en face de Ciudad Rodrigo. — **Estremadoure** (3 distr.) : **Lisbonne** (Lisbôa), 243 010 habitants, capitale, à l'embouchure du Tage, bon port, beaux monuments érigés depuis le tremblement de terre de 1755; commerce actif; *Belem,* place forte, cloître célèbre, beaux jardins; *Cintra,* palais royal; *Vimeiro, Torres Vedras, Leiria, Mantres, Sétubal, Abrantès, Peniche.* — **Alemtejo** (3 distr.) : *Evora, Portalègre, Elvas,* armes et canons; *Beja,* antiquités romaines. — **Algarve** (1 distr.) : *Faro,* port, exportations d'oranges; *Loulé,* mines d'argent; *Monchique,* eaux thermales; *Lagos,* port; *Sagres,* port, observatoire de l'infant Henri le Navigateur. (Voir la carte au mot *Espagne.*)

Colonies. — En *Afrique* : les îles du Cap-Vert, Saint-Honoré, du Prince, Ajuda; les territoires d'Angola, Benguela, Loanda, Mossamédès, du Mozambique avec Sofala et Quelimane; en *Asie* : Goa et Diu dans l'Hindoustan; Macao, sur les côtes de Chine; en *Océanie* : l'île de Timor. Les Portugais englobent dans le territoire de la métropole Madère et les Açores.

Géographie économique. — Le fer se trouve à Évora et à Elvas; le cuivre, dans l'Alemtejo; le plomb, à Aveiro; le marbre, le granit, l'ardoise abondent; mais mines et carrières sont mal exploitées. Les plateaux sont couverts de landes; les vallées sont fertiles; la vigne est la principale richesse du pays; Villanova da Gaya, en face de Porto, n'est qu'un immense cellier d'où l'on expédie le portwine et le sherry (jerez), véritable ou fabriqué, un des vins obligés de toute table anglaise de la noblesse ou de la bourgeoisie. On élève des chevaux (race d'Alter) dans l'Alemtejo, des vers à soie près de Porto; des abeilles dans le Beïra; le bassin d'Aveiro, le Duero sont très poissonneux. L'industrie est peu développée; on tisse le lin, le coton et la laine à Coïmbre et à Lisbonne; les dentelles à Peniche et Viana.

Les Portugais descendent d'Ibères et de Celtes dits Lusitaniens, mélangés depuis aux Romains, Suèves, Castillans, Arabes, Français, nègres. Le portugais est une des langues romanes, et il est très voisin du castillan.

Histoire. — Le Portugal, la *Lusitanie* des anciens, fut peuplé par les mêmes races et passa par les mêmes péripéties que les autres régions de l'Espagne. C'est un Français, Henri le Jeune, fils d'un duc de Bourgogne, descendant des Capétiens, qui a donné au Portugal son indépendance. Il vint en Castille secourir Alphonse VI contre les Maures. En récompense, ce roi lui donna la main de sa fille Thérèse, avec le territoire situé entre Minho et Mondégo, érigé en comté de Portugal (1094). Son fils Alphonse Ier Henriquez (1114-1185), enleva Lisbonne aux Arabes, battit 5 rois maures et 300 000 musulmans à Ourique (1139) et étendit sa domination jusqu'à l'Algarve. Denis fonda l'université de Lisbonne, transférée à Coïmbre, l'une des plus célèbres de l'Europe. A la mort de Ferdinand Ier (1385), dont la fille unique avait épousé un roi de Castille, les Portugais proclamèrent roi Jean Ier, grand maître d'Aviz, descendant illégitime de la dynastie bourguignonne. Jean Ier triompha des Castillans à Aljubarrota (1385), lança les Portugais resserrés sur leur étroit territoire dans la voie des conquêtes coloniales et des découvertes maritimes et enleva Ceuta d'assaut. Son troisième fils, Henri le Navigateur, se retira à Sagres, près du cap Saint-Vincent. Là, entouré de savants juifs, de géographes marocains, il fonda un collège et un observatoire, il traça des cartes, combina des explorations et dirigea pendant un demi-siècle les navigateurs portugais vers l'Afrique équatoriale; il fit de Lisbonne un marché plus florissant que ceux de Gênes et de Venise. Sous Jean II (1481-1495), Barthélemy Diaz atteignit le cap des Tempêtes, dit depuis de Bonne-Espérance; sous Emmanuel le Fortuné, en 1497, Vasco de Gama doubla ce cap et aborda aux Indes. Le grand poète Camoens illustra par ses Lusiades le capitaine et sa conquête. A la même époque Alvarez Cabrol touchait au Brésil. Malgré les d'Albuquerque et les d'Almeida, ces colonies, trop étendues pour leur étroite métropole, tombèrent bientôt en décadence, puis en ruine; Sébastien fut vaincu et tué par les Marocains à Alcazar-Quibri (1578). La rude main de Philippe II s'appesantit sur le Portugal et lui enleva sa liberté en même temps que son empire colonial passait aux Hollandais. La guerre de Trente ans et l'alliance de la France rétablit sur le trône la maison de Bragance (1640); Jean IV et Alphonse VI recouvrèrent le Brésil et les colonies d'Afrique; mais leurs sujets négligèrent l'agriculture pour l'exploitation des mines du *Miñas Geraes*. En 1703, l'ambassadeur anglais, sir John Methuen, conclut avec Pedro II un traité de commerce qui fit du Portugal, comme de la Hollande, une chaloupe à la remorque du grand vaisseau de la Grande-Bretagne. Sous Joseph Ier, le marquis de Pombal (1750-1777) chassa les jésuites et compromit ses réformes par sa précipitation et son despotisme. Durant la Révolution et l'Empire, le Portugal suivit la politique anglaise; de là partirent quelques-uns des premiers coups qui ébranlèrent la fortune de Napoléon Ier. Junot capitula à Cintra, Masséna mit bas les armes devant Wellington à Torres Vedras; Jean VI, réfugié à Rio de Janeiro, laissa gouverner à sa place le maréchal anglais Beresford; son retour en 1821 prépara la guerre civile entre ses fils don Miguel, le don Carlos du Portugal, et don Pedro, premier empereur du Brésil. Enfin le parti constitutionnel l'emporta et la fille de don Pedro, doña Maria da Gloria, régna sans être inquiétée, de 1833 à 1853. Les *pronunciamientos* et les insurrections militaires furent moins nombreuses sous ses deux fils Pedro V (1861) et don Luis, issus du second mariage de cette reine avec Ferdinand de Saxe-Cobourg. Ce dernier prince a épousé en 1862 Maria Pia, fille de Victor-Emmanuel. On le voit, les Portugais sont les rivaux des Espagnols par leur passé; dans le présent, ils les égalent en qualités physiques et morales; c'est la seule race européenne qui puisse s'établir sous les tropiques presque sans acclimatation : leurs métis ont visité l'Afrique australe avant Stanley et Livingstone : les *paulistas* des Miñas Geraes sont les plus beaux et les plus intelligents des Brésiliens.

***PORTULACÉES** ou **PORTULACACÉES** (l. *portulaca*, le *pourpier*), *sfpl.* Famille de végétaux dicotylédones dont les espèces sont répandues dans toutes les régions du globe. Leurs tiges et leur feuilles sont charnues, et ces dernières sont opposées, à l'exception des supérieures, qui sont éparses. La fleur est à peu près régulière et hermaphrodite. Elle se compose d'un réceptacle en forme de coupe et dont les bords relevés portent un calice de deux sépales. La corolle a deux ou six pétales disposés sur des verticilles de deux pièces chacun et alternant entre eux. L'androcée possède un nombre variable d'étamines dont les filets sont quelquefois soudés avec les pétales. L'ovaire, surmonté d'un style, à 3 ou à 5 divisions, est composé de 3 à 5 carpelles; quelquefois il devient uniloculaire parce que les cloisons se détruisent. Les ovules sont anatropes et placés sur un placenta central. Le fruit est une capsule, uniloculaire, renfermant plusieurs graines. Tantôt il s'ouvre au moyen d'un couvercle, tantôt la déhiscence est loculicide. Les graines possèdent un albumen. Les Portulacées ne jouissent pas de propriétés très énergiques. Un grand nombre d'entre elles sont des plantes potagères. Tels sont les pourpiers et certains genres de l'Inde et de la Polynésie dont on mange les feuilles. Le *calandrinia tuberosa* fournit aux habitants de la Sibérie des renflements de la racine qui sont comestibles. Les tiges de plusieurs espèces d'aizoon renferment de la soude en abondance, et servaient en Espagne à la fabrication de cet alcali. D'autres Portulacées sont employées, dans l'Inde, pour combattre les maladies de poitrine ou du foie. Les Portulacées se rapprochent des Saxifragées par leur ovaire à loges imparfaites, et des Paronychiées à cause de leur placenta central libre. — **Une portulacée,** *sf.* Une plante quelconque de la famille des Portulacées.

PORTULAN (ital. *portulano* : du l. *portus*, port), *sm.* Livre contenant la description hydrographique des ports et des côtes.

PORTUMNUS, dieu des ports chez les anciens Romains.

PORT-VENDRES (*Portus Veneris,* port de Vénus), 3 003 hab., arr. de Céret (Pyrénées-Orientales); port sur la Méditerranée; vins de Rancio.

PORUS, roi indien d'au delà de l'Hydaspe, qui, vaincu par Alexandre le Grand (327 av. J.-C.) et interrogé sur la manière dont il devait être traité, répondit : *En roi.* Alexandre lui rendit ses États.

POSAGE (*poser*), *sm.* Action de poser.

POSE, *svf.* de *poser.* Action de poser, de mettre en place : *La pose de la première pierre d'un monument,* cérémonie qu'on fait en la posant. ‖ Attitude : *Une pose gracieuse.*

POSÉ, ÉE (*poser*), *adj.* Établi : *Cette proposition étant posée.* ‖ Qui jouit de la considération publique : *Homme bien posé.* ‖ Rassis, sérieux : *Caractère, air posé.* ‖ *Écrire à main posée,* lentement. — **Syn.** (V. *Tranquille.*)

POSÉMENT (*posée* + sfx. *ment*), *adv.* Sans précipitation.

POSEN, 68 318 hab., ville forte de l'ancienne Pologne, capitale du grand-duché de même nom, aujourd'hui à la Prusse.

POSER (l. *pausare*), *vt.* Mettre sur quelque chose : *Poser les pieds sur un tabouret.* ‖ Mettre dans la situation convenable : *Poser une sonnette.* ‖ Fixer une pierre ou une poutre à la place qu'elle doit occuper : *Poser une ferme de charpente.* ‖ *Poser une brique de champ,* sur sa face la plus étroite. ‖ Écrire un chiffre, un nombre. ‖ Se débarrasser de : *Poser son chapeau.* — Fig. *Poser les armes,* faire la paix ou une trêve. ‖ Énoncer : *Poser une question.* ‖ Établir : *Poser un principe.* ‖ Supposer : *Poser que cela soit.* ‖ Procurer de la considération : *Cet acte l'a posé.* — *Vi.* Être appuyé sur : *La voûte pose sur les piliers.* ‖ Prendre une attitude pour se faire dessiner ou peindre : *Cet Italien pose dans un atelier.* ‖ Composer ses attitudes pour produire de l'effet. — **Se poser,** *vr.* Être posé. ‖ Se placer, se mettre. ‖ S'ériger en : *Se poser en victime.* — **Dér.** *Pose, posé, posée, posément, poseur* 1, *poseur* 2, *poseuse, posage, positif,* etc., *position.* Même famille : *Posture.* — **Comp.** *Apposer, apposition; composer,* etc.; *déposer,* etc.; *exposer,* etc.; *imposer,* etc.; *opposer,* etc.; *reposer,* etc.; *supposer,* etc.; *transposer,* etc.; *postposer, postposition.*

1. **POSEUR** (*poser*), *sm.* Ouvrier en bâtiment qui fixe les matériaux à leur place.

2. **POSEUR, EUSE** (*poser*), *s.* Personne qui compose ses attitudes pour se faire remarquer. (Néol.)

POSIDONIUS (133-49 av. J.-C.), philosophe stoïcien qui était en même temps historien, astronome, géographe. Il visita l'Italie, l'Espagne, la Gaule, puis ouvrit à Rhodes une école où il eut pour élèves Cicéron et Pompée. Il ne reste malheureusement de ses nombreux ouvrages que des fragments qui donnent de précieux renseignements sur la Gaule.

POSITIF, IVE (l. *positivum*), *adj.* Réel, certain : *Un fait positif.* ‖ Fondé sur l'observation et l'expérience : *Les sciences positives.* ‖ Qui recherche ce qui est utile, substantiel. ‖ Matériel : *Les biens positifs.* ‖ Qui s'attache à la certitude, l'exactitude : *Esprit positif.* ‖ *Droit positif,* le droit écrit, par opposition au droit naturel. ‖ *Quantité positive,* celle qui est précédée ou est supposée précédée du signe plus +. ‖ *Électricité positive,* celle qui se développe quand on frotte le verre. ‖ *Le pôle positif d'une pile,* celui qui correspond au zinc dans la pile de Volta, et au charbon dans celle de Bunsen, et où se rendent les acides dans les décompositions chimiques. ‖ *Philosophie positive,* celle qui n'admet comme certains que les faits fournis par l'observation et l'expérience. — **Le positif,** *sm.* Ce qui est réel, certain, matériel, utile. ‖ Celui des trois degrés de comparaison qui est exprimé par l'adjectif même : *Juste est au positif* **(Gr.).** ‖ Le petit clavier des grandes orgues. — **Dér.** *Positivement, positivisme, positiviste.*

POSITION (l. *positionem*), *sf.* Lieu où une personne, une chose est placée : *La position d'une ville.* ‖ Orientation d'un édifice. ‖ Attitude : *Position gênante.* ‖ Terrain

POSITION
DU CAVALIER

choisi pour y placer des troupes : *Une forte position.* ‖ *Position du cavalier,* se dit de l'assiette du cavalier, de la manière dont il est placé à cheval. Le cavalier aura le corps droit, sans raideur; il sera bien assis sur sa selle, la main à hauteur du coude, la pointe du pied ne dépassant pas le genou. — Fig. Condition sociale, état heureux ou malheureux : *Il a une belle position.* — **Syn.** (V. *Situation.*) — **Comp.** *Déposition.*

POSITIVEMENT (*positive* + sfx. *ment*), *adv.* D'une manière certaine. ‖ Avec précision.

***POSITIVISME** (*positif*), *sm.* Système de la philosophie positive créé par Auguste Comte.

***POSITIVISTE** (*positif*), *adj. 2 g.* Qui appartient à la philosophie positive. — *S. 2 g.* Partisan de cette philosophie.

POSNANIE, ancien palatinat de Pologne, Capitale Posen.

POSSÉDÉ, ÉE (part. pas. de *posséder*), *s.* Personne dont le démon s'est emparé. — Fig. Personne dont les gestes, les actes sont désordonnés.

POSSÉDER (l. *possidere*), *vt.* Avoir à soi : *Posséder une ferme, un emploi.* ‖ Jouir de : *Posséder la vie éternelle.* ‖ *Posséder quelqu'un,* l'avoir chez soi, jouir de sa présence : *Nous voudrions vous posséder.* ‖ *Posséder l'esprit de quelqu'un,* le gouverner à son gré. ‖ *Posséder les bonnes grâces de quelqu'un,* en être aimé, favorisé. ‖ Savoir une chose à fond : *Posséder les mathématiques.* ‖ Maîtriser : *Sachons posséder notre langue.* ‖ *Le démon le possède,* il s'est emparé de son corps. ‖ Captiver, fasciner : *L'avarice le possède.* — **Se posséder,** *vr.* Être la propriété. ‖ Être maître de soi : *Cet homme se possède bien.* — **Gr.** Le vieux français disait *posseoir*; ce n'est qu'au XIVe siècle que la forme *possider*, puis *posséder*, fut mise en usage. — **Dér.** *Possession, possessionnel, possessionnelle, possesseur, possessif, possessoire.* — **Comp.** *Déposséder, dépossession.*

POSSESSEUR (l. *possessorem*), *sm.* Celui qui possède.

POSSESSIF (l. *possessivum*), *adj. m.* Qui exprime la possession : *Adjectif, pronom possessif.* — **Gr.** Les adjectifs possessifs se déclinaient dans le vieux français. Les accusatifs de cette déclinaison : *mon, ton, son, ma, ta, sa, mes, tes, ses,* sont seuls passés dans la langue moderne; toutefois le nominatif masculin singulier *mes* est resté dans le composé *messire,* formé de *mes* et de *sire.*

Notre, votre, leur, nos, vos servaient à la fois pour le singulier et pour le pluriel; les trois premiers, *notre, votre, leur,* étaient de vrais génitifs pluriels de pronoms signifiant *de nous, de vous, d'eux, d'elles*; les deux derniers, *nos, vos,* étaient des accusatifs pluriels employés comme compléments d'après l'ancienne construction.

Dans le vieux français on disait *leur bien*, c'est-à-dire *le bien d'eux*, et *leur* (sans *s*) *biens*, c'est-à-dire *les biens d'eux*. C'est que *leur*, dérivé des génitifs latins *illorum, illarum*, étant pronom pluriel *par nature*, il n'y avait nul besoin de lui donner la marque du pluriel. L'addition de *s* faite par la langue moderne est tout à fait illogique.

L'ancienne langue n'employait jamais *mon, ton, son* pour *ma, ta, sa* devant un nom féminin commençant par une voyelle ou par un *h* muet. Elle disait, en élidant l'*a* : *m'âme* pour *ma âme*; *t'espée* pour *ta épée*, *s'humeur* pour *sa humeur*. Ce ne fut qu'au XIVe siècle que l'on substitua *mon, ton, son* à *ma, ta, sa* devant une voyelle ou un *h* muet. C'est un véritable solécisme, mais qu'on ne saurait plus détruire aujourd'hui. L'ancienne façon de parler, cessant d'être comprise, donna naissance à *ma mie* pour *m'amie*, c'est-à-dire *mon amie*, et à *mamour* pour *m'amour*, c'est-à-dire *mon amour* (caresse, flatterie). — *Sm.* Mot qui exprime la possession.

POSSESSION (l. *possessionem*,) *sf.* Faculté de jouir actuellement d'une chose : *Entrer en possession d'un héritage*. ‖ *Possession d'état*, notoriété qui résulte d'une suite non interrompue d'actes faits par la même personne en une même qualité. ‖ Les terres possédées par un particulier, le territoire possédé par un État : *Les possessions françaises en Afrique*. ‖ *Être en possession de faire une chose*, en avoir la liberté, l'habitude. ‖ *Être en possession de l'estime publique*, en jouir pleinement. ‖ État d'une personne dont le corps est possédé par un démon.

***POSSESSIONNEL, ELLE** (*possession*), *adj.* Qui marque la possession : *Acte possessionnel*.

POSSESSOIRE (l. *possessorium*), *adj. 2 g.* Qui a rapport à la possession. ‖ *Action possessoire*, celle qu'on intente pour être maintenu ou rétabli dans la possession. — *Sm.* La propriété d'un bien immobilier. (Dr.)

POSSIBILITÉ (l. *possibilitatem*), *sf.* Qualité de ce qui est possible.

POSSIBLE (l. *possibilem* : de *posse*, pouvoir), *adj. 2 g.* Qui peut être, qui peut se faire : *Cela est possible*. — *Sm.* Tout ce qui peut se faire : *Faire son possible*. — Au possible, *loc. adv.* Autant que possible, extrêmement. — **Possible**, *adv.* Peut-être (vx).— **Dér.** *Possibilité*.

POST (l. *post*), préfixe signifiant *après*.

***POSTAL, ALE** (*poste* 1), *adj.* Qui a rapport aux postes aux chevaux ou aux lettres : *Routes postales. Convention postale*.

POSTCOMMUNION (l. *post*, après + *communion*), *sf.* Prière que le prêtre récite à la messe immédiatement après celle qui est appelée *communion*.

POSTDAM, 50 877 hab. Ville forte du Brandebourg (Prusse); séjour de plusieurs des rois de Prusse.

POSTDATE (l. *post*, après + *date*), *sf.* Date fausse et postérieure à la vraie date d'une lettre, etc. — **Dér.** *Postdater*.

POSTDATER (*postdate*), *vt.* Dater un écrit d'un temps postérieur à celui où il a été fait.

1. **POSTE** (l. *posita*, chose placée), *sf.* Établissement placé de distance en distance, le long des routes, et où l'on tient des chevaux à la disposition des voyageurs. — Les postes, établies dès une haute antiquité dans les grands empires de l'Orient, furent également organisées par les Romains. La Gaule en fut naturellement pourvue, et cette institution survécut à la domination romaine. Les voyageurs munis d'ordres spéciaux trouvaient, de distance en distance, des chevaux tout sellés. Cette institution subsista jusqu'à l'époque où furent abandonnées les voies romaines. C'est Louis XI qui, par une ordonnance du 19 juin 1464, rétablit *la poste aux chevaux*. Il fit placer, sur tous les grands chemins du royaume, de quatre en quatre lieues, des relais où l'on trouvait des chevaux légers toujours prêts à être montés. Les fonctionnaires chargés de ce service étaient désignés sous le nom de *maîtres tenant les chevaux courants pour le service du roi*, et ils étaient placés sous les ordres d'un *grand maître des coureurs de France*. Mais le public n'était pas appelé à jouir du bénéfice de cette institution : le roi ou l'État seuls pouvaient en faire usage, et ce n'est que sous Charles IX que les particuliers furent appelés à s'en servir. De son côté, l'Université avait fondé des *messageries* qui transportaient les paquets, et c'était par son intermédiaire que le public envoyait les lettres. Mais pendant les premières années du règne de Louis XIII la poste aux chevaux fut autorisée à porter les lettres et, en 1672, les messageries de l'Université furent supprimées et firent retour au domaine royal, moyennant une indemnité que l'État eut à payer aux anciens employés. Louvois, en qualité de surintendant des postes, publia, en 1673, un tarif qui fixait le prix du transport des dépêches proportionnellement à la distance à parcourir. Les postes rendaient déjà à cette époque de grands services et, à la veille de la Révolution, en 1788, elles étaient pour l'État une source importante de revenus. ‖ *Maître de poste*, le chef de l'un des anciens relais de poste, et où l'on trouvait des chevaux. ‖ La manière de voyager avec des chevaux de poste. ‖ *Courir la poste*, courir sur des chevaux de poste ou en chaise de poste. — Fig. Marcher très vite, faire une chose trop précipitamment. ‖ Mesure de chemin égale à deux lieues : *Faire six postes par jour*. ‖ Administration publique chargée du transport ainsi que de la distribution des lettres à domicile et réunie aujourd'hui à l'administration des télégraphes. ‖ Le courrier qui porte les lettres : *La poste vient d'arriver*. ‖ *A Paris, grande poste*, celle qui porte les lettres destinées aux provinces et à l'étranger. ‖ *Petite poste*, celle qui distribue les lettres à destination de la ville. ‖ *Poste restante*, mot qu'on écrit sur l'adresse d'une lettre pour avertir que le destinataire viendra la réclamer au bureau de poste. ‖ Maison, bureau où les lettres sont confiées à la poste et d'où elles sont distribuées à domicile : *Porter une lettre à la poste*. — A sa poste, *loc. adv.* A sa disposition, à sa convenance. — **Dér.** *Postal, postale, postillon, postes*. Même famille : *Postiche*.

2. **POSTE** (l. *positum*, placé), *sm.* Lieu où quelqu'un, particulièrement un militaire, a été placé par son chef, et d'où il ne doit pas s'éloigner. ‖ *Poste avancé*, le plus près de l'ennemi. ‖ *Poste d'honneur*, le plus périlleux. ‖ Position occupée par des troupes : *Enlever plusieurs postes à l'ennemi*. ‖ Corps de garde. ‖ Les soldats qui sont dans le corps de garde : *Relever les postes*. ‖ Fonction, emploi : *Il a un poste d'ambassadeur*. — **Dér.** *Poster*.

POSTER (*poste* 2), *vt.* Placer quelqu'un dans un lieu : *Poster des chasseurs*. ‖ Placer en sentinelle. ‖ Placer un corps de troupes dans un lieu pour y combattre, le défendre ou y observer l'ennemi. — **Se poster**, *vr.* Se placer en un lieu.

POSTÉRIEUR, EURE (l. *posteriorem*), *adj.* Qui vient après dans l'ordre des temps : *Date postérieure*. ‖ Qui est derrière : *La partie postérieure d'une maison*. — *Sm.* Le derrière. — **Dér.** *Postérieurement, postériorité*. Même famille : *A posteriori, posthume*.

POSTÉRIEUREMENT (*postérieure* + sfx. *ment*), *adv.* Après.

POSTERIORI (À) (ml.), *loc. adv.* En conséquence de ce qui précède. ‖ *Démonstration à posteriori*, faite en remontant de l'effet à la cause. ‖ *Méthode à posteriori*, la méthode expérimentale. — **Gr.** On ne devrait pas mettre d'accent sur *a*; car ce n'est pas la préposition *à*, mais bien la préposition latine *a, ab*.

POSTÉRIORITÉ (l. *posterioritatem*), *sf.* État d'une chose postérieure à une autre.

POSTÉRITÉ (l. *posteritatem*), *sf.* Suite de ceux qui descendent des mêmes parents : *La postérité de Charlemagne*. ‖ Tous les hommes qui naîtront après une génération donnée : *Travailler pour la postérité*.

POSTES (*poste* 1), *sfpl.* Enroulement d'architecture qui consiste en un enroulement courant.

POSTFACE (l. *post*, après + *face*), *sf.* Avertissement placé à la fin d'un livre.

POSTHUME (l. *posthumus*, fausse orthographe de *postumus*, superlatif de *posterus*), *adj. 2 g.* Né après la mort de son père : *Fils posthume*. ‖ Qui paraît, qui survient après la mort de la personne dont il est question : *Ouvrage posthume, gloire posthume*.

POSTHUME, l'un des trente tyrans qui se disputèrent l'empire romain sous le règne de Gallien; il posséda la Gaule et l'Espagne et fut massacré par ses soldats en 267 à Mayenne.

POSTHUMIUS (Aulus), consul romain, puis dictateur qui remporta sur les Latins la victoire du lac Régille (496 av. J.-C.).

POSTHUMIUS ALBINUS, consul de Rome, l'an 321 av. J.-C., fut pris avec son armée par les Samnites dans le défilé des Fourches Caudines.

POSTICHE (ital. *posticcio*, forme abrégée de *apposticcio* : du l. *positus*, placé), *adj. 2 g.* Fait et ajouté après coup : *Ornement postiche*. ‖ Qui est artificiel et tient lieu d'une chose naturelle : *Cheveux, dents postiches*. — Fig. Simulé : *Austérité postiche*. ‖ Qui n'est pas ce qu'il semble ou ce qu'il dit être : *Général postiche*. ‖ Qui ne convient pas au lieu où on l'a placé.

POSTILLON

POSTILLON (*poste* 1), *sm.* Homme qui conduit les chevaux d'une chaise de poste ou les chevaux de devant d'un carrosse.

***POSTPLIOCÈNE** (l. *post*, après + *pliocène*), *adj. 2 g.* et *sm.* Autre nom du terrain quaternaire. (Géol.)

***POSTPOSER** (l. *post*, après + *poser*), *vt.* Placer après.

***POSTPOSITION** (l. *post*, après + *position*), *sf.* Nom par lequel on désigne la préposition dans les langues où cette espèce de mot se place toujours après son complément : *L'osque, l'ombrien, le basque ont des postpositions*.

POSTSCÉNIUM [poste-cé-ni-ome] (ml.), *sm.* La partie située derrière la scène d'un théâtre antique.

POST-SCRIPTUM [post'-scriptome] (ml., écrit après), *sm.* Ce qu'on ajoute à la fin d'une lettre après la signature. Ce mot s'écrit en abrégé *P.-S.* — *Pl. des post-scriptum*.

POSTULANT, ANTE (l. *postulantem*), *s.* Celui, celle qui demande, qui sollicite avec instance : *Il y a beaucoup de postulants pour cet emploi*. ‖ Personne qui demande à entrer, à être admise dans une communauté religieuse. ‖ Autrefois, avocat dans l'exercice de ses fonctions.

***POSTULAT** ou **POSTULATUM** (ml., ce qui est demandé), *sm.* Proposition que l'on demande à l'adversaire d'admettre comme vraie, au commencement d'une discussion philosophique. ‖ Proposition de géométrie qui paraît évidente, mais dont il n'existe pas de démonstration en règle. ‖ *Postulatum d'Euclide*, celui qui consiste à admettre qu'une perpendiculaire et une oblique à une même droite doivent se rencontrer.

POSTULATION (l. *postulationem*), *sf.* Action d'un avocat qui soutient les intérêts d'une partie devant un tribunal. (Dr.) (vx.)

POSTULER (l. *postulare*), *vt.* Demander instamment, solliciter. — *Vi.* S'occuper de l'affaire d'un plaideur en parlant d'un avocat. — **Dér.** *Postulant, postulante, postulation, postulat, postulatum*.

POSTURE (l. *positura*), *sf.* Attitude commode.

POT (l. *potum*, boisson), *sm.* Vase de terre

ou de métal. (V. *Poterie.*) — Fig. *Payer les pots cassés,* des dommages et intérêts. ‖ *Tourner autour du pot,* ne pas aborder franchement une question. — Fig. *Découvrir le pot aux roses,* le secret, le mystère d'une intrigue. ‖ *Pot à,* destiné à contenir une chose : *Pot à confiture.* ‖ *Pot de,* qui contient actuellement : *Un pot d'eau.* — Fig. *Pot au noir,* danger dont on est menacé. (V. *Pluie,* t. II, p. 1020, col. 1.) ‖ *Pot de chambre,* vase de nuit. ‖ Ancienne mesure qui contenait deux pintes. ‖ Marmite où l'on prépare le bouillon de viande. — Fig. *Mettre la poule au pot,* être dans une position aisée. ‖ *Pot pourri,* mélange de viande et de légumes cuits ensemble. — Fig. Morceau de musique composé de divers airs populaires. ‖ Ouvrage littéraire composé de matières variées. ‖ *Pot à feu,* pièce d'artifice en forme de vase et rempli de fusée. ‖ Casque qui ne couvrait que le sommet de la tête. — **Dér.** *Potée, potin, potier, poterie, potiche, potage, potager, potagère, potable.* — **Comp.** *Dépoter, dépotage, dépotement, dépotoir ; empoter, empoté, empotée, empotage ; rempoter, rempoté, rempotage ; pot-au-feu, pot-de-vin, pot pourri.* — Même famille : *Potion, potable* etc.

POT (Philippe) (1428-1494), favori de Philippe le Bon, qui fut plus tard conseiller et chambellan de Louis XI.

POTABLE (l. *potabilem* : de *potare,* boire), *adj. 2 g.* Qu'on peut boire sans répugnance. (V. *Or.*) ‖ *Eau potable,* eau qui a les qualités requises pour servir de boisson. (V. *Eau.*)

POTAGE (*pot*), *sm.* Soupe quelconque. ‖ *Pour tout potage,* pour tout aliment, pour tout avantage.

POTAGER, ÈRE (*pot*), *adj.* Employé comme légume : *Plante potagère.* — *Sm.* Jardin destiné à la culture des légumes.

***POTAMOT** (dm. de *potamogéton* : du g. ποταμός, fleuve + γείτων, voisin), *sm.* Genre de plantes monocotylédones de la famille des Potamées, voisines des Joncacées. Les potamots vivent dans les eaux douces ; ils ont des fleurs hermaphrodites, réunies en épi, et construites sur le type 4 : périanthe à quatre divisions ; quatre étamines ; ovaire composé de quatre carpelles. Leurs feuilles sont alternes, à l'exception de celles des divisions de la tige, qui sont opposées. Il en existe, aux environs de Paris, un assez grand nombre d'espèces qui sont toutes aquatiques.

POTASSE (allem. *pottasche,* cendre de pot, c'est-à-dire cendre de plantes calcinée dans des pots), *sf.* Hydrate de protoxyde de potassium, généralement connu sous le nom de *potasse caustique.* Cette substance est un corps solide, d'un blanc laiteux, clair. Il a pour densité 2,1. Au rouge sombre, la potasse fond et commence même à se volatiliser. Elle est très soluble dans l'alcool. Elle est si soluble dans l'eau, qu'elle est *déliquescente.* En présence de l'air elle se liquéfie, et elle absorbe de l'acide carbonique en formant du carbonate de potasse, déliquescent lui-même. La potasse *se dissout* dans la moitié de son poids d'eau chaude ; par refroidissement elle abandonne des cristaux de KO,5HO, qui produisent du froid lorsqu'on les dissout dans l'eau. La *solution* de potasse caustique ramène au bleu la teinture de tournesol préalablement rougie par un acide ; elle brunit le papier coloré au moyen de la teinture de curcuma ; elle fait virer au vert la couleur du sirop de violettes. Ce sont là des réactions caractéristiques des alcalis. La potasse est en effet un alcali très puissant. Comme la soude, elle *neutralise les acides.* La solution de potasse caustique est onctueuse ; à son contact la peau devient visqueuse, s'écaille et se dissout insensiblement. L'*action sur les muqueuses* est bien plus violente encore. La solution de potasse corrode rapidement les intestins. En cas d'*empoisonnement,* on administrera des boissons acidulées, de l'eau vinaigrée, par exemple. La potasse est très soluble aussi dans l'alcool. Il faut éviter de fondre de la potasse dans des récipients de verre ou de porcelaine ; la silice de ces substances se combinerait avec cet alcali pour former un silicate fusible, et le récipient ne tarderait pas à être percé. La *potasse à la chaux* est de la potasse caustique qu'on a préparée en décomposant une solution de carbonate de potasse par de la chaux éteinte, en décantant, en évaporant la *lessive de potasse* ainsi obtenue, en fondant et coulant le résidu. La *potasse à l'alcool* n'est autre que le produit précédent, séparé des impuretés qu'il contenait grâce à sa solubilité dans l'alcool. La solution de potasse ne précipite ni par l'hydrogène sulfuré, ni par le sulfhydrate d'ammoniaque. L'acide tartrique, l'acide perchlorique et le sulfate d'alumine produisent, dans cette dissolution, des précipités blancs cristallins ; l'acide hydrofluosilicique donne un précipité qui est blanc également, mais gélatineux. Le bichlorure de platine produit peu à peu un précipité jaune cristallin. L'acide picrique donne, lui aussi, un précipité jaune cristallin. La potasse est employée dans la préparation de l'acide oxalique (V. ce mot) par la sciure de bois. Additionnée de chaux vive et fondue, elle constitue la *pierre à cautère,* employée en médecine.

POTASSIUM (*potasse* + sfx. *ium*), *sm.* Métal de la première famille, blanc et brillant comme l'argent, très mou, très fusible, très volatil, doué d'affinités très énergiques, très répandu dans la nature ; mais seulement à l'état de combinaison. Son équivalent et son poids atomique sont 39,11 ; son point de fusion est situé vers 62°, son point d'ébullition vers 700°. Le potassium se combine directement avec presque tous les métalloïdes. Pour le combiner avec l'oxygène de l'air, il suffit de le chauffer un peu. Le potassium se ternit rapidement dans l'air humide par formation d'hydrate et de carbonate de potasse, l'air contenant toujours de l'acide carbonique en quantité plus ou moins grande. Pour éviter cette combinaison on conserve le potassium dans de l'huile de naphte. Le potassium décompose l'eau à la température ordinaire. Il se forme de la potasse. L'hydrogène s'enflamme, sous l'influence de la chaleur dégagée. A la fin de la réaction, la potasse s'enfonce subitement dans l'eau ; il faut *prendre garde* à la brusque projection de liquide *caustique,* qui se produit à ce moment. Le potassium chasse l'oxygène d'un grand nombre de combinaisons, pour se combiner avec ce métalloïde. Le potassium a été isolé de la potasse, en 1807, par le chimiste anglais Davy. (V. *Électricité,* t. I, p. 535, col. 2.) En 1808, Gay-Lussac et Thénard ont obtenu le potassium en soumettant de la potasse caustique à l'action d'une haute température, en présence du fer. Cette réaction n'est pas exempte de danger d'explosion. Du reste, cette méthode n'est pas industrielle. Depuis 1825, on prépare le potassium en décomposant le carbonate de potasse par le charbon à une haute température :

$$KO,CO^2 + 2C = K + 2CO$$

Carbonate de potasse. — Charbon. — Potassium. — Oxyde de carbone.

POT-AU-FEU (*pot + au + feu*), *sm.* Viande qu'on fait bouillir avec de l'eau, des légumes et des assaisonnements dans la marmite pour en faire du bouillon. — Pl. *des pot-au-feu.*

POTCHEFSTROM, 1 500 hab. Ancienne capitale des Boërs du Transvaal, dans l'Afrique australe.

POT-DE-VIN (*pot + de + vin*), *sm.* Présent en argent que l'on donne au delà du prix qui a été convenu pour un marché : *Recevoir un pot-de-vin.* — Pl. *des pots-de-vin.*

POTE (peut-être d'une racine, *pot* signifiant *arrondi?*) *adj. f.* Se dit d'une main grasse ou enflée. — **Dér.** *Potelé, potelée.*

POTEAU (vx fr. *postel* : bl. *postellum* : l. *postem,* poteau), *sm.* Pièce de charpente posée verticalement pour soutenir un plancher, etc. ‖ *Poteau indicateur,* celui qui est planté le long d'une route, dans une forêt pour indiquer le chemin. — **Dér.** *Potelet.*

POTÉE (*pot*), *sf.* Le contenu d'un pot : *Une potée de vin.* ‖ Grand nombre. ‖ Poudre formée d'un mélange d'oxyde de plomb et d'oxyde d'étain employée pour polir les glaces, le marbre.

POTÉES (les), 833 hectares. Forêt domaniale des Ardennes, peuplée de chênes et de bois blanc, et aménagée en taillis sous futaie. (Xe conservation. Châlons-sur-Marne.)

POTELÉ, ÉE (*pote*), *adj.* Gros et plein : *Joue potelée.*

POTELET (dm. de *poteau*), *sm.* Petit poteau qu'on place dans un pan de bois sous un appui de croisée, au-dessus du linteau d'une porte.

POTEMKIN (1736-1791), favori de Catherine II, impératrice de Russie, provoqua le partage de la Pologne et conquit la Crimée.

POTENCE (l. *potentia,* puissance, force), *sf.* Béquille (vx). ‖ Règle pour mesurer la taille des hommes et des animaux. ‖ Poteau semblable à une croix qui n'aurait qu'un seul bras à l'extrémité duquel est suspendue une corde pour pendre les condamnés. ‖ Le supplice de la pendaison. — Fig. *Gibier de potence,* un scélérat. ‖ Pièce de bois ou de fer adaptée obliquement à un poteau, et servant à soutenir une poutre. ‖ Support en fer d'un balcon.

POTENCE EN FER

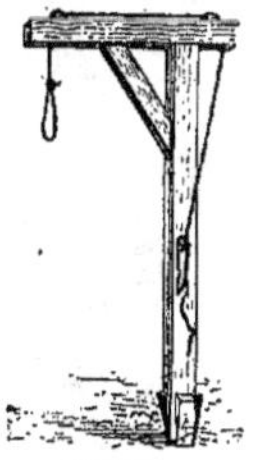

POTENCE INSTRUMENT DE SUPPLICE

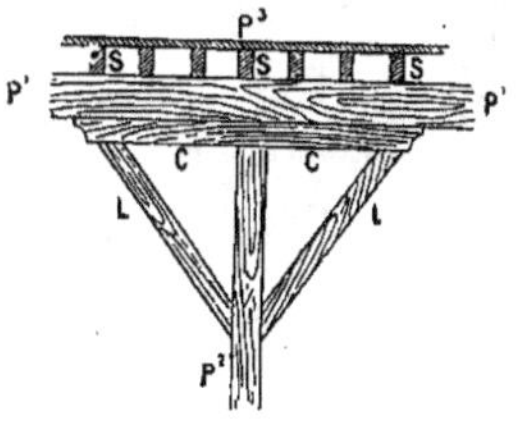

POTENCE CHARPENTE

P'. Poutre. — P². Poteau. — P³. Parquet. — S. Solives. C. Chapeau ou semelle. — L. Liens.

POTENTAT (bl. *potentatum,* souveraineté : *potentem,* puissant), *sm.* Prince souverain qui se rend redoutable par son despotisme. — Fig. *Trancher du potentat,* affecter une importance qu'on n'a pas.

POTENTIEL, ELLE (l. *potentialem,* protection, puissance), *adj.* Dont la force est à l'état latent. ‖ L'énergie mécanique d'un corps, c'est-à-dire son aptitude à produire un travail mécanique, est dite *potentielle* quand elle est en réserve et qu'elle n'agit pas encore : telles sont l'énergie d'une masse soutenue à une certaine hauteur, l'énergie d'une chaudière fermée, pleine d'une vapeur sous tension, l'énergie d'un ressort tendu. Cette expression est opposée à *énergie dynamique,* ou énergie qui se manifeste, qui agit, comme par exemple l'énergie d'une masse qui tombe, de la vapeur qui repousse un piston, d'un ressort qui se détend en produisant un travail. ‖ Relativement à un certain point de l'espace, le *potentiel électrique,* d'un corps électrisé très petit, isolé, est, dans le cas d'une charge positive, *le nombre d'unités de travail* ou *ergs,* qui seraient nécessaires pour qu'une unité d'électricité, le *coulomb,* repoussée par le corps en question jusqu'à l'infini où la répulsion devient nulle, fût ramenée jusqu'au point considéré ; dans le cas d'une charge négative, c'est, non plus le travail dépensé, mais le travail obtenu. Le potentiel en un point du conducteur lui-même est la résultante des forces électriques émanant de ses autres points. L'unité de potentiel, d'après une décision du congrès des électriciens de 1881, est le potentiel d'un conducteur tel qu'il faut dépenser 10 millions d'ergs pour y amener de l'infini un coulomb. L'unité de différence de potentiel est le *volt*. (V. ce mot.) La *différence de potentiel* entre deux points est la cause qui met en mouvement l'électricité; c'est ce que l'on appelle la *force électro-motrice*. En effet, lorsque sur un conducteur deux points sont à des potentiels différents, l'électricité s'écoule du corps dont le potentiel est le plus élevé vers le corps dont le potentiel est le plus bas. On a été amené à comparer cet écoulement à celui des liquides, et à assimiler les différences de potentiel à des différences de niveau. Dans cet ordre d'idées, on a cherché un zéro, et, comme toute charge électrique, mise en contact avec la terre y disparaît et se trouve absorbée en quelque sorte, on a dit : le zéro du potentiel est le potentiel de la terre; un potentiel plus élevé que celui de la terre est un potentiel positif; un potentiel plus bas est un potentiel négatif. De même, en géographie, on indique la hauteur d'une nappe liquide au-dessus ou au-dessous du niveau de la mer. Le potentiel en un point d'un corps électrisé est la différence de potentiel entre ce point et la terre. || Qui n'agit qu'au bout d'un certain temps : *Cautère potentiel*. || Qui exprime seulement la possibilité de l'action : *Particule potentielle* (**Gr.**) — *Sm.* Mode des verbes sanskrits et grecs nommé aussi *optatif*.

***POTENTILLE** (bl. *potentilla*, petite puissance), *sf.* Genre de plantes dicotylédones du groupe des Rosacées. On peut dire que les *potentilles* sont des roses dont la coupe réceptaculaire ne s'est point étranglée en forme de bouteille, mais est restée largement ouverte. La fleur des potentilles est jaune et composée d'un calicule de quatre folioles, d'un calice de cinq sépales et d'une corolle à pétales arrondis. Les carpelles du pistil sont petits et secs. Les potentilles ont une souche donnant naissance à des tiges rampantes. Parmi les espèces que l'on trouve aux environs de Paris, nous citerons : 1° La *potentille ansérine* (*potentilla anserina*), appelée vulgairement *herbe aux oies, argentine*. (V. ce mot.) 2° La *quinte-feuille* (*potentilla reptans*), qui croît dans les pâturages, sur le bord des chemins et dans les lieux herbeux. La souche de cette espèce renferme du tanin. 3° La *tormentille* (*potentilla tormentilla*), que l'on rencontre dans les bruyères et les parties sèches des bois : les souches des potentilles renferment du tanin, aussi étaient-elles employées autrefois en décoction contre la diarrhée et la dysenterie.

POTENZA, 12000 hab. Ch.-l. d'arr. (circondario) de la province de Basilicate (Italie méridionale); évêché dans un district montagneux et sauvage, sur le chemin de fer de Naples à Reggio.

POTERIE (*potier*), *sf.* Vaisselle de terre. || Lieu où on la fabrique. || Tout ustensile de ménage en étain ou en fonte : *La poterie d'étain fut en usage au moyen âge.* || Se dit aussi des objets en terre cuite qui entrent dans la construction des voûtes, le remplissage des planchers. On désigne encore ainsi les tuyaux de cheminée, les conduites d'eau en terre cuite, etc. || L'art du potier. — Les vases les plus anciens que l'on connaisse datent de l'époque magdalénienne. Ce sont des espèces de petits godets creusés dans des morceaux de granit, de quartzite ou de grès; quelques-uns même sont en silex; mais toujours la cavité est faite sur la face la plus plane du fragment de roche. La vraie poterie de terre n'apparaît en Europe qu'à l'époque robenhausienne. Les vases sont grossièrement faits et n'ont subi qu'une cuisson incomplète, la surface seule ayant subi l'action du feu. L'intérieur de la pâte est noirci par du charbon ou du noir de fumée, et renferme de petits fragments anguleux de diverses roches ou de coquilles destinés à donner de la consistance à l'ouvrage. Ces vases n'ont point de pied; le fond, arrondi extérieurement, ne saurait les tenir à terre s'ils n'étaient calés. Ils devaient être suspendus au moyen de cordes passant dans des trous pratiqués dans des mamelons ou dans des anses. Les ornements qu'ils présentent sont généralement simples et exécutés avec l'ongle ou le doigt. Cependant il en est dont les motifs sont plus riches et ont été tracés avec des instruments spéciaux. Ces ornements sont des assemblages de lignes droites parallèles, des points, des cercles concentriques, des triangles placés à la suite les uns des autres, etc. A l'époque morgienne, la poterie est encore grossière; cependant le progrès se fait sentir, et les formes élégantes ne manquent pas. Les potiers de l'âge du bronze ne connaissent pas encore l'usage du tour. Cependant la pâte de leurs vases est plus fine et plus régulière. Les objets se tiennent encore mal debout. On en trouve de toutes dimensions. Les ornements sont aussi plus variés et figurent souvent une croix. Il en est qui sont incrustés de lamelles d'étain. L'invention du *tour à potier* permit de varier la forme et d'atteindre l'élégance et la régularité. Les plus anciennes *poteries tournées* ont été extraites par Mariette des tombeaux de Memphis. Alors, l'ouvrier traça sur ses vases des dessins géométriques en brun-rouge ou noir; ou, par l'*engobage*, il introduisit dans l'argile une matière colorante résistant à la cuisson. Des poteries plus ornées ont été découvertes dans la Cyrénaïque et la Phénicie; mais elles n'ont ni glaçure, ni vernis, et sont connues des céramistes sous le nom de *poteries tendres mates*. Il existe un second genre de poteries, celui des *poteries tendres lustrées*, dont la glaçure est à base de silice rendue fusible par l'introduction d'un alcali, potasse ou soude, constamment colorée par un oxyde métallique. Tels sont les *canopes*, vases funéraires des Égyptiens. Les poteries grecques, aux formes si harmonieuses, sont recouvertes d'un beau lustre noir, poli et brillant, dessinant, en silhouette, sur le fond, des ornements et des figures d'hommes ou d'animaux dont les vêtements et les muscles sont indiqués par des lignes finement gravées en creux. Les Grecs ont été imités par les Étrusques et les Romains, dont les poteries sont dites improprement *samiennes*. Les Gaulois ont connu l'emploi du tour; mais leurs poteries sont faites de matières grossières mal corroyées. Les vases sont généralement noirs, la pâte en est poreuse et fragile; cependant ils sont bien galbés. Tout autre était la poterie des Romains, qui était rouge, fine, luisante et présentait de riches ornements en saillie. Les Gallo-Romains imitèrent leurs vainqueurs dans cette branche d'industrie. Ils fabriquaient des jarres (*dolia*), des amphores au ventre renflé, terminées par une base très étroite, quelquefois pointue, que l'on engageait dans un anneau de terre cuite formant support; elles avaient généralement deux anses insérées sur le col et l'épaulement. Mais les invasions germaines bouleversèrent tout dans les Gaules. Aussi les poteries de l'époque mérovingienne rappellent-elles celles des peuples barbares. Les vases ont perdu l'élégance de leurs formes; leur pâte n'est plus ni fine, ni serrée; leur ornementation s'est appauvrie, et ne se compose plus guère que de cordons circulaires ou de dessins géométriques imprimés en creux sur la terre humide, et avant la cuisson. A ces deux genres de poteries succède celui des *poteries tendres vernissées*, recouvertes d'un vernis vitreux, à base de plomb, et colorées par un oxyde métallique aux tons riches et variés. Cette fabrication, d'origine assyrienne et phénicienne, se répandit en Europe, après la première croisade, par l'intermédiaire des Maures, dont les chefs-d'œuvre céramiques se voient encore en Espagne. Dès le XIIe siècle, apparaît dans le midi de la France et dans les riches cités du Nord la poterie émaillée d'une grande finesse et dans la pâte de laquelle se trouvent encastrés des émaux. Ce genre de fabrication s'applique non seulement à des vases, mais encore à des carreaux. A partir du XIIIe siècle, on confectionna des objets en pâte rouge ou jaune émaillée au moyen d'un émail transparent rouge, vert ou noir verdâtre. Ces poteries sont, en outre, ornées de gravures non colorées par l'émail; mais ce n'est qu'à partir du XVe siècle que les ornements en relief commencent à être en usage. A la fin du XVe siècle apparaissent les *grès cérames* (V. *Grès*), en même temps que les *poteries tendres émaillées*, ou *faïences italiennes* (V. *Faïence*). La *porcelaine* (V. ce mot) des Chinois et des Japonais inspire la porcelaine tendre ou française du XVIIe siècle, la porcelaine dure ou saxonne du XVIIIe siècle, après la découverte du kaolin.

POTERNE (vx fr. *posterle* : du l. *posterula*, galerie secrète), *sf.* Porte voûtée pratiquée sous les remparts d'une place pour faire des sorties secrètes. || Voûte sous un quai aboutissant à la rivière.

POTESTATIF, IVE (l. *potestativum*), *adj.* Se dit d'une condition, d'un contrat subordonné à la volonté d'un des contractants. (Dr.)

POTHIER (1699-1772), célèbre jurisconsulte français, professeur de droit à l'Université d'Orléans, auteur d'une édition des *Pandectes* classée méthodiquement et éclaircie par des notes.

POTHIN (SAINT), apôtre des Gaules, premier évêque de Lyon, martyrisé dans cette ville sous Marc-Aurèle en 177. Fête, 2 juin.

POTHUAU (LOUIS-GUILHEM DE), amiral, né à la Martinique en 1815, mort en 1882. Il se distingua en Crimée et lors de la défense de Paris (1870-71); ministre de la marine de 1871 à 1873, et de 1875 à 1879, il activa les constructions navales et la fabrication des canons d'acier.

POTI, port de la Caucasie russe, sur la mer Noire; tête du chemin de fer de Tiflis.

POTICHE (*pot*), *sf.* Grande bouteille de terre cuite. || Vase en porcelaine de Chine ou du Japon. || Vase en verre à l'intérieur duquel on a collé un papier peint.

POTIDÉE. Ville fondée par les Corinthiens sur l'isthme qui rattache la presqu'île de Pallène à la Chalcidique. Prise par les Athéniens pendant la guerre du Péloponèse, Potidée fut détruite par Philippe.

POTIER (*pot* + sfx. *ier*), *sm.* Fabricant, marchand de pots en argile ou en étain.

POTIER DE BLANCMESNIL (NICOLAS) (1578-1635), président au Parlement de Paris, dévoué à Henri IV et à Louis XIII. — POTIER DE GESVRES (LOUIS) (1630), son frère, secrétaire des finances, du Conseil, puis d'État. — POTIER DE NOVION (NICOLAS) (1618-1697), académicien. Ses malversations l'obligèrent de donner sa démission de premier président au Parlement de Paris. — POTIER DE NOVION (ANDRÉ) (1731), son petit-fils, premier président en 1723, mort en 1731.

POTIN (*pot*), *sm.* Alliage de cuivre, d'étain et de plomb dont on fit des monnaies aux époques gauloise et gallo-romaine.

POTION (l. *potionem*, boisson), *sf.* Médicament liquide que les malades prennent par cuillerées.

POTIRON (populairement *poturon*; dh. de *paturin*), *sm.* Nom de plusieurs champignons comestibles. || Nom vulgaire de la *citrouille commune* (*cucurbita maxima*), dont la tige est très longue, grimpante et pourvue de fortes vrilles. Ses feuilles, en cœur, sont rudes au toucher. Son fruit, jaune, globuleux, à côtes, parvient à des dimensions énormes; il atteint quelquefois jusqu'à 100 kilogrammes. Sa chair est ferme, d'un grain assez fin, mais fade et peu sucrée. Elle sert à confectionner des potages et des tartes. On en peut extraire de l'alcool. L'origine des potirons est encore incertaine; mais on incline à penser qu'ils nous viennent de l'Amérique, où ils auraient été cultivés par les indigènes. Ce qui semble corroborer cette opinion, c'est que l'on en a trouvé des graines dans le cimetière d'Ancon. Quoi qu'il en soit, les potirons sont des plantes des pays chauds et on doit les cultiver en conséquence : il faut les faire germer sur couche ou sous cloche, puis les habituer peu à peu au grand air, et les placer toujours à une exposition chaude. Il existe un grand nombre de variétés de poti-

POTIRON

rons, parmi lesquelles nous citerons : 1° Le *potiron jaune gros*, le plus gros de tous et le plus cultivé aux environs de Paris. Son fruit est très déprimé, d'un jaune rosé avec des broderies sur la peau. 2° Le *potiron d'Espagne*, dont le fruit, de moyenne grosseur, a une peau lisse et très dure. Sa chair est peu aqueuse et de meilleure qualité que celle de la variété précédente. 3° Le *potiron turban*, appelé encore *giraumont*. (V. ce mot.) 4° Le *potiron de Valparaiso*, à fruit ovoïde, blanc rosé, et dont la chair est très fine et très sucrée. 5° Le *potiron pain du pauvre* donne des fruits de moyenne grosseur, dont la chair est épaisse, d'un beau jaune et très farineuse.

POTOCKI (LES). Grande famille opposée aux Czartoriski durant les partages de la Pologne.

POTOMAC, fleuve des États-Unis, entre le Maryland et la Virginie, dont la navigation est gênée par des chutes. Le Potomac se jette dans l'Atlantique. 590 kilom.

***POTOROO** ou **POTOROU** (*x*), *sm.* Genre de mammifères marsupiaux de l'ordre des Poëphages, et que l'on désigne encore sous le nom de *kangourous-rats*. (V. tome II, page 201.) — Pl. *des potoroos* ou *potorous*.

POTOSE, montagne de la Bolivie dont les mines d'argent furent les plus riches du monde.

POTOSI, 22580 hab. Ville de la Bolivie.

POT POURRI (*pot* + *pourrir*), *sm.* Morceau de musique composé de différents airs connus. — Fig. Livre, ouvrage d'esprit formé de divers morceaux assemblés sans ordre.

POTSDAM, 50877 hab. Ville du Brandebourg; château où résida Frédéric II.

POTT (PERCIVAL) (1713-1788), chirurgien anglais. || *Mal de Pott*, maladie qui déforme la colonne vertébrale.

POTTER (PAUL) (1625-1654), peintre hollandais, auteur du *Jeune Taureau*, de la *Vache se mirant dans l'eau*, du *Paysage avec vaches et porcs*, au musée de la Haye.

POU (vx fr. *paou*, *péouil* : bl. *pediculum*; petit pou), *sm.* Genre d'insectes aptères vivant en parasites dans les cheveux, sur le corps de l'homme et des animaux. Le corps des poux est aplati, un peu transparent, de couleur grisâtre et taché de noir. Il est mou vers le milieu, tandis que ses bords sont un peu coriaces. La tête porte en avant une petite bosse où est logé un suçoir qui, lorsqu'il est déployé, a la forme d'un tube terminé par six petits crochets recourbés en arrière; l'intérieur de l'appareil renferme quatre soies appliquées les unes contre les autres. C'est au moyen de ce rostre que les poux percent l'épiderme et tirent leur nourriture du corps des animaux sur lesquels ils vivent. Leurs pattes sont terminées par un onglet qui, en se repliant sur une petite saillie, constitue une sorte de pince avec laquelle ils se fixent sur les cheveux. Les poux sont ovipares et ne subissent pas de métamorphoses. Leurs œufs, appelés vulgairement *lentes*, ont la forme d'une petite poire et éclosent au bout de cinq ou six jours. On détruit ces parasites, qui, pour le dire en passant, sont surtout l'apanage de la malpropreté, au moyen de la poudre de staphisaigre que l'on répand dans les cheveux, ou bien avec un onguent mercuriel, des frictions de benzine ou d'essence de térébenthine, etc. Il existe une espèce de pou désignée sous le nom de *pou des malades*, et qui occasionne la phtiriasis. Ce parasite est d'un jaune pâle et détermine une démangeaison insupportable. Il se multiplie, en outre, avec une rapidité prodigieuse. On assure que plusieurs personnages célèbres, parmi lesquels on compte Platon, Sylla, Hérode, Philippe II d'Espagne, etc., sont morts de cette maladie. Aujourd'hui, cette affection ne sévit plus que dans les pays où la population est malheureuse et sale; mais jamais ces animaux ne se développent spontanément. — Fig. *Chercher des poux dans la tête de quelqu'un*, lui faire une mauvaise querelle. — **Dér.** *Pouilleux*, *pouilleuse*, *pouiller*, *pouillerie*. — **Comp.** *Épouiller*.

POUACRE (vx fr. *pouagre* : l. *podagrum*, goutteux), *adj.* et *s. 2 g.* Sale, vilain. — **Db.** *Podagre*.

POUAH ! *interj.* Exprimant le dégoût.

POUANCÉ, 3502 hab. Ch.-l. de c., arr. de Segré (Maine-et-Loire). Hauts fourneaux, forges, fonderies.

POUCE (vx fr. *polce* : du l. *pollicem*), *sm.* Le plus court et le plus gros des doigts de la main qui est opposable aux autres doigts. || Se dit quelquefois du plus gros orteil. — Fig. *Se mordre les pouces d'une chose*, s'en repentir. || *Mettre les pouces*, céder après avoir résisté. || *Manger sur le pouce*, à la hâte. || *Tourner ses pouces*, être oisif. || *Y mettre les quatre doigts et le pouce*, prendre ses aliments malproprement. — Fig. Agir sans ménagement. || Ancienne mesure égale à la douzième partie du pied = 0m,027. — Fig. *N'avoir pas un pouce de terre*, ne posséder aucun immeuble. || *Pouce d'eau* ou *de fontainier*, quantité d'eau qui s'écoule en une minute par un orifice rond d'un pouce de diamètre ouvert un pouce au-dessous du niveau du liquide d'un réservoir et qui équivaut à environ 13 litres. — **Dér.** *Poucet*, *poucettes*, *poucier*. — **Comp.** *Pousse-pieds*.

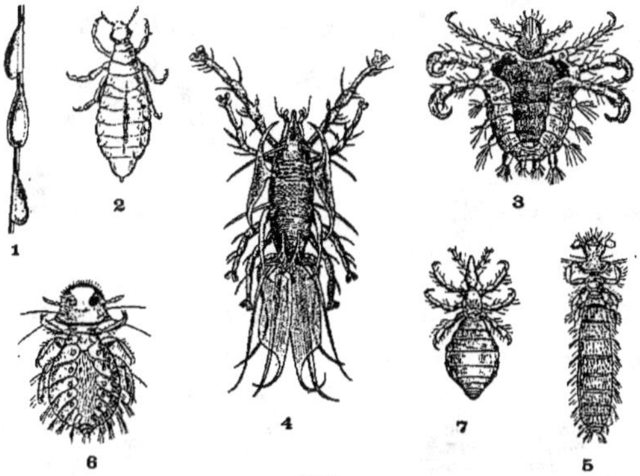

POUX

1. Pou lente (grossissement de 12 diam.). — 2. Pou de l'homme (grossissement de 12 diam.). — 3. Pou du pubis (grossissement de 15 diam.). — 4. Pou du calao (grossissement de 15 diam.). — 5. Pou du cochon d'Inde (grossissement de 10 diam.). — 6. Pou de perdrix (grossissement de 10 diam.). — 7. Pou de singe (grossissement de 10 diam.).

POUCET (dim. de *pouce*), *sm.* || *Petit Poucet*, personnage nain d'un conte de fées de Perrault.

POUCETTES (*pouce*), *sfpl.* Chaînette avec laquelle on attache ensemble les deux pouces d'un prisonnier.

POUCHET (FÉLIX), naturaliste, né à Rouen en 1800, mort en 1872.

POUCIER (*pouce* + sfx. *ier*), *sm.* Sorte de dé que certains ouvriers se mettent au pouce. || Petite bascule qui sert à soulever le battant d'un loquet.

POU-DE-SOIE (altération de *padoue-soie*), **POUT-DE-SOIE** ou **POULT-DE-SOIE**, *sm.* Étoffe de soie à gros grains unie et sans lustre.

POUDING [pou-dingue], (de l'angl. *pudding* : du gaélique *putag*, *putagan*, boudin), *sm.* Plum-poudding.

POUDINGUE (db. de *pouding*), *sm.* Roche formée par la réunion de fragments roulés de roches diverses et soudés entre eux par un ciment naturel. — **Syn.** *Conglomérat* ou *agglomérat* sont deux termes de valeur égale qui désignent la généralité des roches visiblement composées de débris de dimensions inégales et réunis sans ordre. Un *poudingue* est un conglomérat dont les fragments ont été roulés et sont liés par un ciment naturel; dans la *brèche*, au contraire, les fragments unis par un ciment naturel n'ont pas été roulés et sont anguleux.

POUDRE (vx fr. *puldre* : l. *pulverem*, poussière), *sf.* Poussière. — Fig. *Jeter de la poudre aux yeux*, éblouir, tromper par ses discours, par son charlatanisme. || *Mettre, réduire en poudre*, détruire, ruiner, anéantir. — Fig. *Mettre en poudre un raisonnement*, le réfuter de point en point. || Substance qu'on a réduite en très petites parcelles : *Café, tabac en poudre*. || Amidon pulvérisé dont on se servait pour blanchir les cheveux. || Matière pulvérulente, qu'on met sur l'écriture pour la sécher. || Médicament réduit en petites parcelles : *Poudre vermifuge*. || *Poudre* ou *poudre à canon*, mélange de 6 parties de salpêtre, 2 de charbon et 1 de soufre qui produit, en s'enflammant, un volume énorme de gaz dont la force expansive est employée pour lancer des projectiles. || *Poudre de guerre, de chasse, de mine*. On croit que c'est au XIIIe ou au XIVe siècle qu'on a commencé d'employer la poudre comme agent explosif. Pour lancer un projectile aussi loin que possible, une poudre doit être complètement brûlée au moment précis où le projectile quitte le canon de l'arme. La rapidité de combustion dépend de la grosseur des grains et de celle des interstices entre les grains. La fabrication de la poudre est un monopole de l'État; il est défendu d'en faire, d'en vendre ou d'en introduire en France sans autorisation. Si la poudre à canon, la poudre de chasse et les autres poudres similaires produisent, en brûlant, une grande quantité de gaz (4000 fois leur volume environ), c'est qu'elles sont constituées par un mélange de matières très combustibles et d'une matière très comburante. On conçoit que l'on peut faire varier les matières combustibles et la matière comburante sans cesser d'obtenir une grande production de gaz. Aussi existe-t-il un grand nombre de poudres dont le mode d'action est semblable à celui de la poudre à canon, bien que les substances dont elles sont formées soient, en totalité ou en partie, différentes des ingrédients dont est constituée la poudre susdite. Le salpêtre, par exemple, est quelquefois remplacé par le chlorate de potasse, qui, du reste, provoque plus facilement des explosions par le choc et qui en conséquence donne des poudres d'un maniement plus dangereux. Il y a des poudres dont le mode d'action est différent. Elles renferment, parmi leurs éléments, une substance capable de dégager de la chaleur par elle-même, tandis qu'elle se décompose en corps gazeux. De ce nombre sont le *coton-poudre* ou *fulmi-coton*, la *nitro-glycérine*, etc. (V. ces mots ainsi que *Pyroxyle* et *Dynamite*.) Il en résulte une dilatation bien plus considérable des produits gazeux de la réaction et, par suite, une force de projection bien plus considérable. En outre, toutes ces diverses modifications peuvent être opérées les unes avec les autres. Il en résulte une telle variété, que l'énumération seule de toutes les poudres actuelles exigerait un volume entier, lequel, du reste, existe. La *mélinite* est un mélange d'acide picrique et de coton-poudre; elle se fabrique en Angleterre sous le nom de *lyddite*. La *roburite* renferme de la nitrochloronaphtaline et du salpêtre. La *dynamite gélatineuse* est un mélange de nitro-glycérine, de coton-poudre et d'acide picrique. La *romite* enfin est composée de nitrate d'ammoniaque, de nitro-naphtaline, de paraffine, de chlorate de potasse et de carbonate d'ammoniaque. Ces divers produits conviennent principalement pour faire sauter des rocs ou charger des obus. Quelquefois on augmente la force de ces mélanges en les additionnant d'eau qui, en vertu de son incompressibilité, transmet instantanément la commotion dans toute la masse. || *Il n'a pas inventé la poudre,* c'est un homme d'un esprit très borné. || *Homme vif comme la poudre,* excessivement vif, qui s'emporte, s'enflamme aisément. — Fig. *Mettre le feu aux poudres,* provoquer le dénouement d'une affaire de conséquence. || *Poudre fulminante,* qui détone au plus léger choc, au moindre frottement. Ex. : les fulminates d'or, de mercure, le picrate de potasse, etc. — **Conspiration des poudres,** tramée en 1603, en Angleterre, par quelques catholiques pour faire sauter Jacques Ier et tout le parlement au moyen d'une mine. — **Dér.** *Poudrer, poudrette, poudreux, poudreuse, poudrier, poudrière, poudrerie, poudroyer.* — Même famille : *Pulvériser,* etc.; *poussière,* etc.; *pousse* 2, etc.

POUDRER (*poudre*), *vt.* Couvrir de poudre d'amidon : *Poudrer ses cheveux.* — **Se poudrer,** *vr.* Se mettre de la poudre d'amidon sur les cheveux.

POUDRERIE (*poudrier*), *sf.* Fabrique de poudre pour les armes à feu.

POUDRETTE (dm. de *poudre*), *sf.* Engrais pulvérulent, de couleur brune, composé d'excréments humains desséchés, qui active puissamment la végétation, mais dont l'effet est de courte durée.

POUDREUX, EUSE (*poudre*), *adj.* Couvert de poussière.

POUDRIER (*poudre*), *sm.* Petite boite où l'on met la poudre pour sécher l'écriture. || Celui qui fabrique la poudre à canon.

POUDRIÈRE (*poudrier*), *sf.* Anciennement, fabrique de poudre à canon. || Le magasin à poudre dans une forteresse. || Poire à poudre. || Petite boîte où l'on met la poudre pour sécher l'écriture.

POUDROYER (*Poudre*), *vt.* Couvrir de poussière. — *Vi.* S'élever en poussière : *Le soleil poudroie,* il rend visible les poussières qui flottent dans l'air.

1. **POUF,** onomatopée. Le bruit sourd que fait un corps en tombant. — (Pop.) *Faire un pouf,* ne pas payer ce qu'on doit à un marchand. — *Adj. inv.* Se dit d'une pierre qui s'égrène quand on la taille : *Ce marbre est pouf.* — **Dér.** *Pouf* 2, 3, *pouffer.*

2. **POUF** (db. de *puff*), *sm.* Annonce, réclame charlatanesque.

3. **POUF,** *sm.* Ancienne coiffure de femme d'une extrême complication. || Sorte de canapé cylindrique.

POUFFER (*pouf* 1), *vi.* Éclater, pouffer de rire.

POUGATSCHEFF (Yemelka), Cosaque du Don qui, sous Catherine II, se fit passer pour Pierre III et fut exécuté à Moscou en 1775.

POUGENS (1755-1833), fils naturel du prince de Conti, libraire et imprimeur, auteur du *Trésor des origines de la langue française,* et d'immenses travaux manuscrits sur notre langue.

POUGUES-LES-EAUX, 1 564 hab. Ch.-l. de c., arr. de Nevers (Nièvre). Eaux minérales alcalines gazeuses (15 mai-1er octobre). Ch. de fer P.-L.-M.

POUILLE (LA) (l. *Apulia*), l'ancienne Apulie, sur le littoral S.-E. de l'Adriatique, ancien royaume de Naples.

POUILLÉ (l. *polyptycha*), *sm.* État détaillé des biens possédés par un évêché, une abbaye. — **Db.** *Polyptyque.*

POUILLER (*pou*), *vt.* Accabler de reproches injurieux : *Pouiller quelqu'un.*

***POUILLERIE** (*pou,* pour *pouil*), *sf.* Grande pauvreté. || Lieu malpropre.

POUILLES (sv. de *pouiller*), *sfpl.* Reproches outrageants.

POUILLET (Claude), physicien, né à Cuzance (Doubs) en 1791, mort en 1868.

POUILLEUX, EUSE (vx fr. *pouil,* pou), *adj.* et *s.* Qui a des poux. — Fig. Un misérable. (V. *Champagne.*)

***POUILLIER** (*pou* pour *pouil*), *sm.* Mauvaise auberge.

POUILLON, 3195 hab. Ch.-l. de c., arr. de Dax (Landes). Sources thermales boueuses. Ch. de fer du Midi.

***POUILLOT** (dm. du l. *pullum,* petit d'un animal), *sm.* Genre d'oiseaux insectivores de l'ordre des Passereaux, dont le plumage est verdâtre en dessus et jaune en dessous. Les pouillots sont, avec les roitelets et les troglodytes, les plus petits oiseaux de l'Europe. Ils placent leur nid au pied d'un buisson, d'un arbuste, sur le bord d'un fossé ou sous une touffe d'herbe, et ils le composent de feuilles tombées, de brins d'herbes et de mousse. Ils pondent, dans ce nid, ovale ou sphérique, cinq ou six œufs blancs recouverts de petites taches de couleur foncée. Les pouillots sont des oiseaux extrêmement utiles pour l'homme. Toujours en mouvement, ils nettoient nos arbres des chenilles, des larves, des insectes et des mouches qui les rongent. On en connaît plusieurs espèces, savoir : 1° Le *pouillot filis,* auquel Buffon a donné le nom de *chantre,* et qui est très répandu dans toute l'Europe jusqu'au-delà du cercle arctique. Il est de passage en France depuis le mois d'avril jusqu'à la fin d'août; il habite d'abord les futaies; mais, à mesure que la saison s'avance, il se rapproche de nos jardins. 2° Le *pouillot véloce,* appelé encore *fauvette colybie,* est commun en France, en Allemagne, en Hollande, en Suisse et en Italie. Il ne reste chez nous que pendant cinq ou six mois; cependant quelques individus passent l'hiver en Provence, près des lieux humides, où ils chassent les moucherons. 3° Le *pouillot siffleur* ou *sylvicole* se distingue des deux précédents en ce qu'il a le dessous de la queue d'un blanc nacré. Il est également commun en France et en Allemagne, mais il demeure moins longtemps dans nos contrées. 4° Le *pouillot bonelli* ou *natterer* ressemble beaucoup à l'espèce précédente, mais habite de préférence le midi de l'Europe.

POUILLOT

POUILLY-EN-AUXOIS ou **EN MONTAGNE,** 1 160 hab. Ch.-l. de c., arr. de Beaune (Côte-d'Or). Sur le canal de Bourgogne. Ciment romain.

POUILLY-SUR-LOIRE, 3 100 hab. Ch.-l. de c., arr. de Cosne (Nièvre). Vins blancs très estimés. Ch. de fer d'Orl.

POULAILLE (*poule* + *aille*), *sf.* Toute la volaille d'une basse-cour.

POULAILLER (*poulaille*), *sm.* Petit bâtiment où on loge les poules. Il doit être exposé au levant, adossé à un four ou à une cuisine, bien carrelé, crépi intérieurement avec soin et tenu très propre. || Galerie la plus élevée d'un théâtre, ordinairement très incommode. || Marchand de volaille.

POULAIN (bl. *pullanum :* de *pullus,* petit d'un animal), *sm.* Jeune cheval. || Forte échelle à échelons concaves pour charger les tonneaux sur une voiture, ou les décharger. — **Dér.** *Pouliche, poulinière.*

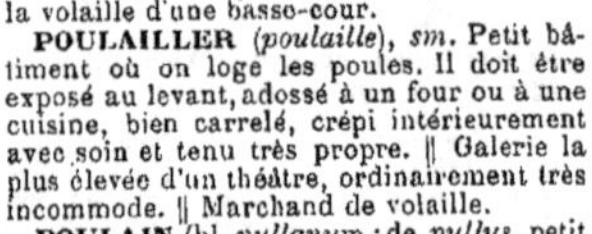
POULAIN

POULAINE (de *Poulanne,* peau de Pologne?) *sf.* Peau de Pologne. || *Souliers à la poulaine,* chaussure usitée au moyen âge et terminée, en avant, par une pointe recourbée d'une longueur démesurée. Les *chaussures à la poulaine* ou les *poulaines* furent en usage depuis le commencement du règne de Charles V jusque vers 1430. On les voit encore figurées sur les miniatures du xve siècle, mais ce sont là des exceptions. || Pointe qui est à l'avant d'un navire.

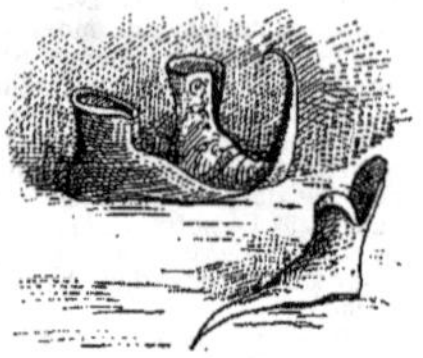
POULAINE
(SOULIER A LA)

POULARDE (*poule*), *sf.* Jeune poule engraissée.

POULE (l. *pulla :* du l. *pullus,* petit d'un animal), *sf.* La femelle du coq. — Le coq et la poule sont des oiseaux de l'ordre des Gallinacés originaires de l'Asie, où ils sont répandus ainsi qu'en Malaisie. Ils paraissent dériver du coq de Bankiva, bien que celui-ci ne puisse être considéré comme la souche primitive de toutes nos espèces de poules. Ni les Hébreux ni les anciens Égyptiens n'ont connu la poule, et il n'en est pas fait mention dans la Bible. Au contraire, cet oiseau était très anciennement domestiqué dans l'Inde et la Perse, et c'est de ce dernier pays que la poule fut apportée en Grèce. Homère et Hésiode n'en parlent pas non plus; mais Aristote assure que, vers le milieu du ive siècle avant notre ère, les Grecs possédaient trois variétés de poules. De la Grèce, la poule fut importée en Italie, où elle fut très appréciée des Romains, et Caton l'Ancien, dans son *Traité sur l'agriculture,* parle de l'engraissement de cet oiseau. La poule n'a pas le plumage aussi brillant que celui du coq; la crête qui surmonte sa tête est aussi moins forte et moins charnue. Ses jambes ne sont point armées de l'éperon acéré qui se voit à celles du mâle, et sa voix est beaucoup moins bruyante. Sous notre climat, les poules pondent dès le mois de février, tandis que dans le midi de la France elles commencent un mois plus tôt. On peut cependant obtenir une ponte d'hiver en les enfermant dans une chambre chaude et en leur donnant comme nourriture des grains de tournesol, du chènevis ou du sarrasin. Lorsqu'une poule a pondu 20 œufs environ, elle demande à couver; mais si l'on a soin de les lui enlever tous les jours, elle continue à donner des œufs jusqu'au moment de la mue, qui est pour elle un moment critique. Il est des poules qui font un œuf tous les jours; mais celles qui en donnent 16 à 18 chaque mois sont considérées comme bonnes pondeuses. Lorsque l'on veut engraisser un jeune coq ou une jeune poule, il faut mettre l'animal dans une épinette ou simplement dans un tonneau placé dans un lieu obscur et lui donner de la nourriture en abondance; mais le mieux est de recourir à l'*entonnement,* qui consiste à introduire un petit entonnoir dans le gosier de l'oiseau et à y verser une bouillie assez épaisse faite de farine d'orge, d'œuf, de beurre et de lait. Les poules aiment la chaleur et craignent l'humidité, surtout lorsqu'elles couvent; aussi est-il convenable de placer leur habitation près d'une étable et de l'exposer au soleil levant. Nos poules domestiques comprennent : I° Des races de petite taille dont la meilleure est la *poule de Bentham,* grosse comme une perdrix, bonne pondeuse, bonne couveuse, à chair excellente. II° Des races de taille moyenne dont font partie : la *poule de Padoue,* dite autrefois *pompadour* ou *pandoure,* introduite en France par le roi Stanislas, haute sur pattes, ayant une très belle huppe, pesant jusqu'à 4 kilogrammes, et dont la chair est délicate, la ponte abondante, mais qui ne couve pas; la *poule de Houdan,* qui a cinq doigts à chaque patte, une huppe rejetée en arrière, un plumage bariolé blanc et noir, précoce, féconde, robuste, facile à élever, médiocre couveuse, s'engraissant très vite, et à chair excellente ; la *poule de la Flèche*, sans huppe, haute sur pattes, à plumage noir, dont on fait les *poulardes* dites *du Mans*; la *poule de Crèvecœur*, de grande taille, d'un beau noir, qui pond des œufs très gros, prend facilement la graisse, mais n'est pas bonne couveuse et est difficile à élever. III° Des races de grande taille comprenant : les *poules russes*, à plumage jaunâtre; les *poules cochinchinoises*, introduites en Europe en 1844 par la reine Victoria, délicates dans leur jeunesse, mais très rustiques plus tard, bonnes pondeuses et couveuses par excellence, dont la ponte dure toute l'année, mais dont la chair ne vaut pas celle des races de moyenne taille; les *poules brahmapoutra*, plus belles que les cochinchinoises, dont elles ne sont peut-être qu'une variété. — Fig. *Poule mouillée*, personne qui manque de résolution, de courage. || *Tuer la poule aux œufs d'or*, sacrifier un grand profit éventuel pour un mince profit actuel. || *Plumer la poule sans la faire crier*, dépouiller quelqu'un avec assez d'adresse pour qu'il ne s'en plaigne pas. || *Chair de poule*, peau grenue comme celle d'une poule plumée. || Femelle de certains oiseaux : *Poule faisane, poule pintade.* || *Poule d'Inde*, la dinde. || *Poule de Barbarie*, la pintade. || *Poule d'eau*, oiseau de l'ordre des Echassiers habitant le bord des rivières et des étangs, ayant le dos d'un brun olivâtre, le reste du corps d'un bleu d'ardoise avec quelques taches blanches. La poule d'eau vit d'insectes, d'herbes, de graines de plantes aquatiques. Elle se cache tout le jour dans les roseaux et ne sort que le matin et le soir; sa chair est peu estimée. || A divers jeux, l'ensemble des mises des joueurs qui doit appartenir au gagnant. || Figure de contredanse. — **Dér.** *Poulet, poulette, poularde, poulaille, poulailler.* Même famille que *Poulain, poussin, poussinière, pouillot.* — **Comp.** *Pourpier, poule d'eau.*

POULE D'EAU

POULET (dm. de *poule*), *sm.* Le petit d'une poule. || *Poulet d'Inde*, jeune dindon. — Fig. Billet de galanterie.

POULETTE (dm. de *poule*), *sf.* Jeune poule. — Fig. et terme d'amitié, jeune fille. || *Sauce poulette*, ou *à la poulette*, faite avec de la farine, du beurre et d'un jaune d'œuf, et assaisonnée avec du sel, du poivre et un filet de vinaigre.

POULICHE (du l. *pullum*, petit d'un animal), *sf.* Jeune jument jusqu'à trois ans.

POULIE (anglo-saxon *pullian*, tirer), *sf.* Rondelle ou cylindre de bois ou de métal, de peu d'épaisseur, mobile autour d'un axe central supporté par une *chape*, et ayant son pourtour creusé d'une gorge qui reçoit une corde. La poulie sert à élever les fardeaux. Ceux-ci sont attachés à l'une des extrémités de la corde, tandis que l'on tire à l'autre. Pour que la poulie soit en équilibre, il faut que la puissance soit égale à la résistance. En effet, soit AP la puissance et BQ la direction de la résistance. Du point O, centre de la poulie, menons les droites OA et OB perpendiculaires à AP et BQ. La ligne AOB peut être considérée comme un levier coudé dont la condition d'équilibre est donnée par l'équation :

$$AP \times OA = BQ \times OB.$$

Mais OA est égal à OB; donc alors BQ devra égaler AP. || On appelle *poulie fixe* celle dont la chape est fixe, et *poulie mobile* celle dont la chape est mobile. || Un assemblage de poulies s'appelle *moufle*. (V. *Moufle* 2.)

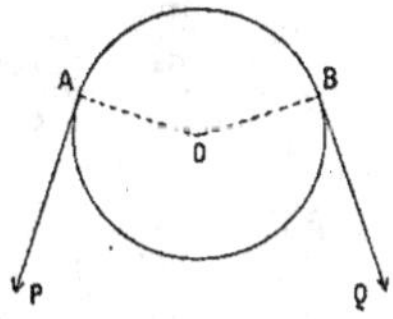

POULIE

POULINIÈRE, *adj.* et *sf.* Jument destinée à produire des poulains.

POULIOT (l. *pulegium*, herbe aux puces), *sm.* La *menthe pouliot* (*mentha pulegium*), plante de la famille des Labiées. (V. *Menthe*, tome II, page 567.)

POULES

1. Poule Houdan. — 2. Poule la Flèche. — 3. Poule Crèvecœur. — 4. Poule Cochinchine. 5. Poule Dorking. — 6. Poule de la Bresse.

POULO CONDOR (îles), dépendance de la Cochinchine française; lieu de déportation pour les Annamites.

POULPE (db. de *polype*), *sm.* Genre de mollusques céphalopodes dont le corps, mou, ovoïde et sans coquille, est contenu en partie dans un manteau en forme de sac. La tête, relativement volumineuse, est entourée par huit bras ou tentacules munis de ventouses. Ces bras servent d'organes de locomotion et d'organes de préhension. A la base et au milieu de ces bras, s'ouvre la bouche armée de deux mandibules dures et cornées avec lesquelles l'animal broie l'enveloppe des crustacés dont il se nourrit. Les poulpes sont essentiellement aquatiques et marins; aussi respirent-ils par deux branchies symétriques en forme de feuille de fougère, et placées entre le corps et le manteau. Comme les seiches, ils sécrètent une liqueur d'un noir foncé, qu'ils répandent dans l'eau quand ils sont poursuivis par un ennemi. Ils ont, en outre, la faculté de changer instantanément de couleur et de prendre la teinte du milieu où ils se trouvent. Lorsque la mer les a abandonnés sur le rivage, ils se traînent au moyen de leurs bras et gagnent des crevasses très étroites, où ils se fixent avec leurs ventouses. Il est alors extrêmement difficile de les arracher. D'autres fois, ils s'élancent avec rapidité d'un côté à l'autre de la flaque où ils sont emprisonnés. Les poulpes sont unisexués, et leurs œufs, assez gros, sont réunis en grappes que l'on désigne sous le nom de *raisin de mer*. Les poulpes se rencontrent sur les côtes des mers de la zone tempérée et de la zone tropicale. Quelques espèces atteignent 0m,60. Leur chair, quoique dure, est mangée par les habitants des côtes. (V. *Pieuvre*.)

POULPE

POULS [pou], (l. *pulsum*), *sm.* Battement des artères qui se fait surtout sentir vers le poignet. Le pouls est produit par chaque contraction du ventricule gauche du cœur; le doigt le sent lorsque l'artère repose sur un plan osseux, particulièrement au poignet. Les *pulsations* (V. ce mot) sont de 65 à 75 par minute chez l'adulte en santé; leur nombre augmente dans la fièvre, après une course rapide, pendant la digestion; elles diminuent après la saignée, dans la syncope et l'agonie; elles s'arrêtent avec la mort. || *Pouls veineux*, reflux accidentel du sang de l'oreillette droite dans les veines cave et jugulaire. — Fig. *Tâter le pouls à quelqu'un*, sonder ses dispositions.

POUMON (l. *pulmonem*), *sm.* Organe de la respiration aérienne contenu dans la poitrine et composé de deux moitiés dont chacune s'appelle un *poumon*. Les poumons se trouvent, pour ainsi dire, suspendus dans la poitrine. Ils sont enveloppés d'une membrane mince et lisse qui tapisse également les parois internes du thorax, et que l'on nomme la *plèvre*. Les deux poumons communiquent avec l'air atmosphérique par l'intermédiaire de la *trachée-artère*. Inférieurement, celle-ci se divise en deux tubes nommés *bronches* (Voir la figure au mot *Bronches*), dont chacun va se distribuer dans l'intérieur d'un poumon. Les bronches se divisent en branches dont le calibre va en diminuant à mesure que les anastomoses deviennent plus nombreuses. Les dernières subdivisions portent à leur extrémité une sorte de petite pyramide de substance spongieuse que l'on appelle *lobule pulmonaire*; ces lobules sont tous indépendants les uns des autres. La *bronche lobulaire* se ramifie dans l'intérieur du lobule et donne naissance à des lobules secondaires qui constituent ce que l'on nomme les *conduits alvéolaires*. Ceux-ci sont relativement larges, et leur parois présentent de petites élevures, en forme de vésicules et appelées *alvéoles pulmonaires* ou *cellules aériennes*. La paroi de l'alvéole est formée par une membrane lisse dont la face interne est recouverte par un lacis de vaisseaux capillaires sanguins sur lesquels s'étend un épithélium pavimenteux. C'est dans ces alvéoles que s'opère l'*hématose*, c'est-à-dire la transformation du sang veineux en sang artériel. Les poumons sont l'apanage des mammifères, des oiseaux, des reptiles et de certains mollusques tels que l'escargot. Chez les poissons les poumons sont remplacés par les branchies, et la *vessie natatoire* de ces animaux est considérée aujourd'hui comme un *poumon rudimentaire*. Le poumon gauche est divisé en deux lobes par une profonde scissure; au contraire le poumon droit est partagé en trois lobes : un lobe supérieur, un lobe médian et un inférieur. — **Dér.** *Poumonique*. — **Comp.** *S'époumoner*. Même famille : *Pulmoné, pulmonée, pulmonaire, pulmonie, pulmonique*.

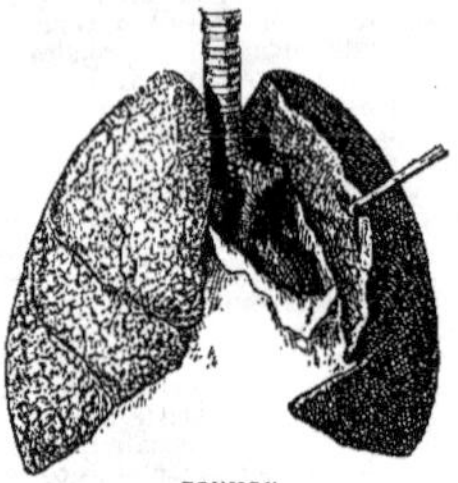

POUMON

POUNAH, 70 000 hab., ville sur la Bihma, affluent de la Krischna, anc. capitale des Mahrattes, place forte des Anglais dans l'Inde.

POUPARD (l. *pupum*, petit garçon), *sm*. Enfant au maillot. || Grosse poupée qui représente un enfant. — **Gr.** Même famille : *Poupart, poupée, pupin, pupine, poupon, pouponne*.

POUPART (*poupard*), *sm*. Le crabe tourteau, comestible.

POUPE (l. *puppem*), *sf*. L'arrière d'un navire. — Fig. *Avoir le vent en poupe*, prospérer, être en faveur.

POUPÉE (dérivé du l. *pupa*, petite fille), *sf*. Petite figure humaine de carton, de bois, de cire, etc., qui sert de jouet aux enfants. || Personne fort parée. — Fig. *Faire sa poupée d'une personne, d'une chose*, se plaire à l'embellir. || Petite figure en plâtre qui sert de but dans les tirs au pistolet. || Paquet de filasse dont on garnit un fuseau. (V. *poupard*.)

POUPIN, INE (l. *pupum*, jeune garçon), *adj*. et *s*. Qui a une toilette affectée. — **Db:** *Poupon*.

POUPON, ONNE (db. de *poupin*), *s*. Petit garçon, petite fille qui a le visage plein et potelé. — **Db.** *Poupin*.

POUQUEVILLE (1770-1838), médecin et historien français, fait prisonnier par les Turcs au retour de l'expédition d'Égypte, consul à Janina, puis à Patras, auteur d'un *Voyage en Grèce*, d'une *Histoire de la régénération de la Grèce*, etc.

***POUR,** préfixe venant du l. *pro* et qui forme des mots français en leur donnant un sens de perfection. Ex. : *Pourchasser*. (V. *Pro*.)

POUR (l. *pro*, en avant, au lieu de), *prép*. A l'intention de, en faveur de : *Quêter pour les pauvres*. || Dans le but de, afin de : *Travailler pour vivre*. || En prévoyance de : *Provisions pour l'hiver*. || A destination de : *Partir pour la campagne*. || A l'adresse de : *Cette lettre est pour toi*. || En considération de : *Faites cela pour moi*. || Envers : *L'amour d'une mère pour ses enfants*. || Contre : *Onguent pour la brûlure. Sa haine pour l'injustice*. || Eu égard à : *Le temps est beau pour la saison*. || A, en, chez : *C'est un chagrin pour moi*. || En la place de, au lieu de : *Répondre pour un autre*. || En échange de : *Feu pour feu*. || Comme, en qualité de : *On le laissa pour mort*. || En correspondance exacte avec : *Traduire mot pour mot*. || *Pour toute récompense*, comme unique récompense. || Pendant une durée future de : *J'ai du travail pour une semaine*. || A la date de : *C'est pour demain*. || Quant à : *Pour moi, je suis content*. || Malgré, nonobstant : *Il est savant pour son âge*. || *Être pour* : 1° Être de nature à : *Cela n'est pas pour vous nuire*. 2° Être sur le point de : *Je suis pour partir*. || Parce que : *Il est puni pour avoir désobéi*. || *Pour héroïque qu'il soit*, quelque héroïque qu'il soit (vx). — *Sm*. Ce qui est favorable : *Le pour et le contre*. — POUR QUE, *loc. conj*. Afin que : *Écrivez-lui pour qu'il vienne*. — POUR PEU QUE, *loc. conj*. || Si peu que : *Pour peu qu'il s'ingénie, il réussira*. — **Comp.** *Pourboire*.

POURBOIRE (*pour* + *boire*), *sm*. Ce que l'on donne à un cocher, un ouvrier, etc., en sus de son salaire. — Pl. *des pourboires*.

POURÇAIN (SAINT-), 5106 hab. Ch.-l. de c., arr. de Gannat (Allier), sur la Sioule.

POURCEAU (l. *porcellum* : dim. de *porcus*, porc), *sm*. Porc. — Fig. *Un pourceau d'Épicure*, un homme plongé dans les plaisirs des sens.

POURCHASSER (pfx. *pour* + *chasser*), *vt*. Poursuivre avec ardeur.

POURFENDEUR (pfx. *pour* + *fendeur*), *sm*. Celui qui pourfend.

POURFENDRE (pfx. *pour* + *fendre*, *vt*. Fendre de haut en bas d'un coup de sabre. (V. *Fendre*.)

POURLANS (FORÊT DE). 666 hect. Forêt domaniale de Saône-et-Loire, peuplée de chênes et de charmes, dont le régime forestier est la conversion des taillis en futaies. (XVIIe conservation, Mâcon.)

POURPARLER (pfx. *pour* + *parler*), *sm*. Conversation pour affaires entre plusieurs personnes. — Pl. *des pourparlers*.

POURPIER (vx fr. *pourpied* : du l. *pulli pedem*, pied de poulet), *sm*. Plante dicotylédone de la famille des *Portulacées*, originaire de l'Europe et de l'Asie occidentale, et qui a été très anciennement cultivée. Elle est remarquable par ses feuilles et ses tiges charnues, succulentes. Les tiges sont couchées, très ramifiées et portent de petites fleurs jaunes régulières et hermaphrodites, construites sur le type 2. (V. *Portulacées*.) Le pourpier se rencontre dans les endroits sablonneux et dans les jardins; il est comestible et ses feuilles se mangent surtout en salade; leur saveur est à la fois fade et salée, et les porcs en sont très friands. Toute la plante renferme un mucilage qui la fait employer en cataplasmes émollients.

POURPIER VERT

POURPOINT (part. pas. du vx fr. *pourpoindre*, piquer à travers, broder), *sm*. Ancien vêtement des hommes qui couvrait le corps depuis le cou jusqu'à la ceinture. Le pourpoint était en usage dès la fin du XIIIe siècle; mais les hommes du peuple seuls le portaient. Ce n'est qu'au XVe siècle qu'il remplaça le corset et la cotte; et il ne fut tout à fait à la mode qu'à partir de 1440. C'était alors un vêtement élégant, serré à la taille, avec ou sans manches. Celles-ci étaient souvent d'une couleur différente de celle du corsage. Il était lacé par devant ou par derrière. Il continua à être en usage pendant le XVIe siècle et ne fut remplacé par le justaucorps qu'après Henri IV. || *Tirer un coup à brûle-pourpoint*, à bout portant. — Fig. *Dire une chose à brûle-pourpoint*, dire en face quelque chose de dur, de désobligeant.

1. POURPRE (l. *purpura*), *sf*. Matière colorante d'un rouge intense que les anciens tiraient d'un mollusque, et qui est remplacée aujourd'hui par la cochenille. || Couleur rouge : *La pourpre des bruyères*. || Étoffe teinte en pourpre. || La dignité des consuls, des empereurs, des hauts fonctionnaires romains. || *La dignité royale*, revêtir la pourpre. || *La pourpre romaine*, la dignité de cardinal. — *Sm*. Rouge foncé qui tire sur le violet. — *Adj*. *Devenir pourpre de colère*. — **Dér.** *Pourpré, pourprée, empourpré*. Même famille : *Purpurin, purpurine*.

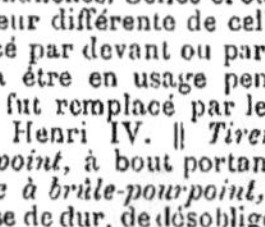

POURPRE

2. POURPRE (*pourpre* 1), *sm*. Maladie de la peau caractérisée par de petites taches rouges.

POURPRE DE CASSIUS. (V. *Or*.)

POURPRÉ, ÉE (*pourpre* 1), *adj*. Qui a la couleur de la pourpre.

POURPRIS (part. pass. de *pourprendre*, prendre dans son pourtour), *sm*. Enceinte, enclos, demeure. || Poét. *Les célestes pourpris*, le paradis.

POURQUOI (*pour* 1 + *quoi*), *conj*. Pour quelle chose, pour quelle cause : *Voilà pourquoi je suis venu*. || Pour lequel, pour laquelle, avec un nom de chose : *Dites-moi la raison pourquoi vous n'avez pas obéi*. — *Adv. interr*. Pour quelle raison, pour quelle cause : *Pourquoi partez-vous?* — *Le pourquoi*, la cause, le motif : *Expliquer le pourquoi d'une chose*. — Pl. *des pourquoi*.

POURRI, *spm*. de *pourrir*. La partie pourrie d'une chose : *Ôter le pourri d'un fruit*.

***POURRIDIÉ** (dér. de *pourrir*), *sf*. Petit champignon qui détruit les noyers dans certaines régions de la Haute-Marne.

POURRIR (l. *putrere*), *vi*. Se décomposer sous l'influence de l'air, de l'humidité, de la chaleur et d'un ferment, en parlant des animaux et des végétaux morts : *Les choux qui pourrissent exhalent une odeur infecte*. — Fig. Croupir dans un lieu, dans une fonction : *Il pourrira dans cette petite place*. || Rester dans une condition déplorable : *Pourrir dans la misère*. — *Vt*. Faire pourrir : *La pluie a pourri le raisin*. — **Se pourrir**, *vr*. Devenir pourri. — **Gr.** Ce verbe est inchoatif. — **Dér.** *Pourriture, pourrissage, pourrissoir, pourri*. Même famille : *Putride, putréfier*.

POURRISSAGE (dér. de *pourrir*), *sm*. Opération qui consiste à faire tremper dans l'eau les chiffons à transformer en papier.

POURRISSOIR (dér. de *pourrir*), *sm*. Lieu où on met pourrir les chiffons pour en faire du papier.

POURRITURE (vx fr. *purreture*, dér. de *pourrir*), *sf*. État de ce qui est pourri. || *Pourriture d'hôpital*, gangrène qui survient aux plaies et aux ulcères des malades dans les hôpitaux. || Cachexie aqueuse, clavelée, maladie épizootique qui attaque les bêtes à laine dans les lieux humides. Elle est produite par des vers de l'ordre des Trématodes, *fasciola hepatica, distoma lanceolatum*, qui se logent dans les canaux hépatiques. *Remède* : Donner comme aliment des galettes fortement salées faites de farine de lupin et d'un peu de suie de cheminée. || *Pourriture des végétaux*, maladie due à un *bacterium* qu'on trouve d'abord dans les racines, puis dans toute la plante et qui se communique aux autres végétaux par inoculation. *Remède* : exposer la plante à une température de + 52° à + 55°, nocive pour le parasite.

POURSUITE (part. passé primitif de *poursuivre*, au fém.), *sf*. Action de courir après quelqu'un : *Se mettre à la poursuite d'un voleur*. — Fig. Démarches, efforts que l'on fait pour obtenir quelque chose : *Être à la poursuite de la fortune*. || Procédure entreprise pour obtenir le payement d'une créance, la réparation d'un dommage, la punition d'un crime.

POURSUIVANT (part. prés. de *poursuivre*), *sm*. Celui qui fait des démarches pour obtenir une chose, qui attaque quelqu'un en justice.

POURSUIVRE (l. *prosequi* mis à l'actif), *vt*. Courir après quelqu'un, après un animal pour l'atteindre : *Poursuivre un lièvre*. || Importuner, tourmenter, persécuter : *Le remords poursuit le criminel*. || Faire des démarches pour obtenir une chose : *Poursuivre une place*. || Continuer une chose commencée : *Poursuivre son travail*. || Assigner quelqu'un en justice : *Poursuivre un débiteur*. — **Se poursuivre,** *vr*. Être continué : *Le procès se poursuit*. — **Dér.** *Poursuivant, poursuite*.

POURTANT (*pour* + *tant*, pour tout cela), *adv*. Cependant, néanmoins.

POURTOUR (*pour* + *tour*), *sm*. La longueur de la ligne qui entoure une surface, qui fait le tour d'un objet : *Le pourtour d'un jardin, d'un arbre*.

POURVOI (dér. de *pourvoir*), *sm*. Action de déférer en jugement, un arrêt administratif devant la cour de cassation ou le conseil d'État pour le faire casser : *Pourvoi en grâce*. (V. *Recours*.)

POURVOIR (*pour* + *voir*), *vi*. Prendre les

dispositions nécessaires pour qu'une chose ait lieu. || Fournir ce qui est nécessaire, suppléer à ce qui nous manque : *Pourvoir à l'éducation de ses enfants.* || *Pourvoir à un bénéfice, à un emploi,* l'accorder à quelqu'un. — *Vt.* Nommer à une fonction, à un emploi : *Pourvoir un officier d'un commandement.* || Établir par un mariage, par quelque emploi : *Il lui reste à pourvoir sa fille.* || Munir, garnir : *Pourvoir une flotte de vivres.* || Orner, douer : *Le ciel l'a pourvu d'esprit.* — **Se pourvoir,** *vr.* Se munir, se garnir. || Former un pourvoi : *Se pourvoir en cassation.* — **Gr.** Se conjugue comme *voir* excepté : au passé défini : je pourvus, tu pourvus, il pourvut, n. pourvûmes, v. pourvûtes, ils pourvurent ; au futur : je pourvoirai ; cond. je pourvoirais ; à l'imp. du subj. : que je pourvusse, qu'il pourvût, que n. pourvussions. — **Dér.** *Pourvoirie, pourvoyeur, pourvu, dépourvu, pourvoi.* — **Comp.** *Pourvu que.* Même famille que *Providence, provision,* etc.

POURVOIRIE (dér. de *pourvoir*), *sf.* Magasin où l'on met les provisions que les pourvoyeurs doivent fournir.

POURVOYEUR, EUSE (dér. de *pourvoir*), *s.* Celui, celle qui fournit. — *Sm.* Le fournisseur des vivres d'une maison.

POURVU QUE (part. passé de *pourvoir* + *que*), *loc. conj.* En cas que, à condition que.

POUSCHKINE (Alexandre) (1799-1837), poète russe, auteur de *Rousslan et Lioudmila,* poème lyrique tiré des légendes populaires ; *la Fontaine de Bakhtchi-Seraï,* écho des drames du harem tatar ; *Poltava,* poème ; *Boris Godounof,* tragédie.

***POUSSA** ou **POUSSAH** (m. chinois), *sm.* Magot de carton supporté par une demi-sphère qui est mobile et que les enfants s'amusent à faire osciller. — Fig. Homme très gros.

1. **POUSSE,** *svf.* de *pousser.* Petite branche qui pousse sur les arbres au printemps et en août. || Apparition de nouvelles dents, de nouvelles plumes. || Maladie presque incurable des chevaux, caractérisée par la gêne et l'irrégularité de la respiration. || Maladie du vin qui le rend trouble et est causée par le développement de filaments d'une extrême ténuité. *Remède :* les collages et les soutirages répétés.

2. ***POUSSE** (lat. *pulvis,* poussière), *sf.* Déchet pulvérulent qu'éprouvent certaines substances. — **Dér.** *Poussier, poussière, poussiéreux, poussiéreuse.* — **Comp.** *Épousseter,* etc. Même famille que *Poudre.*

***POUSSE-CAFÉ,** *sm.* Petit verre d'eau-de-vie servi après le café.

***POUSSE-CAILLOUX,** *sm.* Surnom populaire du soldat d'infanterie.

POUSSÉE, *spf.* de *pousser.* Action de pousser ; son résultat. || *Vous avez fait là une belle poussée,* une entreprise malheureuse ou ridicule. || Effort horizontal que le poids d'une voûte exerce de dedans en dehors sur les murs qui la soutiennent. || Pression qu'un liquide exerce de bas en haut sur un corps qu'on y plonge. || Pression, souvent considérable, que les terres exercent sur un mur de soutènement.

POUSSE-PIEDS (*pousse* + *pieds*), *sm.* Nom vulgaire de l'anatife.

POUSSER (l. *pulsare*), *vt.* Oter une personne ou une chose de sa place avec force et brusquerie. — Fig. *Pousser du coude, du genou,* avertir de prendre garde. || Faire reculer ou avancer. || Mouvoir un corps en le jetant ou en le frappant. || *Pousser les moulures,* les former sur le bois ou le plâtre. (Technique.) || *Pousser une botte,* porter un coup de pointe. (Escrime.) — Fig. Attaquer, presser par des paroles. || Exhaler de la poitrine, de la bouche : *Pousser des cris, des soupirs.* || Porter plus loin : *Pousser une promenade, un voyage.* — Fig. *Pousser l'histoire de Russie jusqu'à nos jours.* — *Pousser la sincérité, la bonté jusqu'à...* — *Pousser un travail.* — *Pousser une personne* (avancer sa fortune). — *Pousser un élève* (le faire progresser). || Presser la course d'un animal : *Pousser un cheval.* — Fig. *Pousser à bout quelqu'un,* l'irriter, le réduire au silence dans une discussion. — On dit encore : *Pousser à bout la patience de quelqu'un.* || *Pousser le feu,* l'activer. || *Pousser les vaches au lait,* activer leur lactation durant un an au lieu de six ou sept mois. (Technique.) || Produire des branches, en parlant des végétaux. — *Vi.* S'efforcer de déplacer. || *Pousser à la roue,* aider. || *Pousser au large,* éloigner du bord, en parlant d'une embarcation. (Marine.) || Battre des flancs, en parlant d'un cheval poussif. || Croître, en parlant des végétaux. || Paraître, en parlant des dents. || Ternir les couleurs avoisinantes : *La terre d'ombre pousse beaucoup.* (Peint.) || *Pousser au noir,* devenir noir. || Devenir malade de la pousse, en parlant du vin. — **Se pousser,** *vr.* Être continué avec activité. || Avancer, faire fortune. || *Se pousser de nourriture,* manger beaucoup. — **Dér.** *Pousse* 1, *poussée, poussette, poussif.*

POUSSETTE (*pousser*), *sf.* Jeu d'enfant consistant à pousser deux épingles jusqu'à ce qu'elles se rencontrent en croix ; celle qui est sur l'autre gagne le coup.

POUSSIER (*pousse* 2), *sm.* Poussière qui reste au fond d'un sac de charbon. || Tout déchet pulvérulent analogue.

POUSSIÈRE (*pousse* 2), *sf.* Terre desséchée et réduite en très petites parcelles : *Le vent soulève la poussière.* — Fig. *Mordre la poussière,* être tué dans un combat. || *Réduire en poussière,* détruire, anéantir. || *La poussière du greffe, de l'école,* le greffe, l'école, regardés comme méprisables à cause de la poussière qui s'y trouve. || État du corps de l'homme après sa mort : *Respectons la poussière de nos ancêtres.* || *Poussière fécondante,* le pollen des plantes. — Les poussières transportées par les vents dans l'atmosphère sont de trois espèces : *poussières minérales, poussières organiques mortes, poussières organiques vivantes.* — *Poussières minérales,* elles sont le plus souvent d'origine volcanique : en 1815, lorsque, dans l'île de Sumbawa (îles de la Sonde), le volcan Timboro éclata comme un obus, les cendres furent portées à 1400 kilomètres sur les côtes de Bornéo et de l'Australie ; en 1834, les cendres du volcan Coseguina (Amérique centrale) atteignirent Carthagène des Indes et la Jamaïque ; lorsque les paysans de la Campine brûlent les bruyères de leurs landes, les cendres vont obscurcir le ciel de la Westphalie. — *Poussières organiques mortes,* les graines de cryptogames, le pollen, les insectes en suspension dans l'air, qui tombent sur le sol, entraînés par les pluies. (V. *Pluie de sang, Soufre,* etc.) — *Poussières organiques vivantes.* (V. *Microbe.*)

***POUSSIÉREUX, EUSE** (*poussier*), *adj.* Couvert de poussière, comparable à la poussière.

POUSSIF, IVE (*pousser*), *adj.* Malade de la pousse : *Cheval poussif.* || Un gros homme qui respire difficilement.

POUSSIN (vx fr. *polcin* : l. *pullicenum,* petit poulet), *sm.* Poulet récemment sorti de l'œuf. — Fig. Un jeune enfant. — **Dér.** *Poussinière.*

POUSSIN (Nicolas) (1594-1665), le plus grand peintre de l'école française. Il passa presque toute sa vie à Rome et y mourut. Auteur du *Déluge,* des *Bergers d'Arcadie,* de *Diogène jetant son écuelle,* etc. (Musée du Louvre). Il a du dessin, de l'expression ; le coloris seul lui a manqué ; c'est le peintre de la pensée.

POUSSINIÈRE (*poussin*), *sf.* La constellation des Pléiades. || Sorte de boîte chauffée par l'eau dans laquelle on nourrit pendant huit jours les poussins obtenus par l'incubation artificielle.

POUTRE (vx fr. *poltre,* jument : bl. *pullitrum,* poulain), *sf.* Grosse pièce de bois équarrie qui soutient les solives d'un plancher. || Grosse pièce de fer, composée d'une âme verticale et de deux tables horizontales en tôle, reliées au moyen de cornières. || *Poutre en treillis,* poutre dont l'âme se compose d'une série de barreaux en fer entre-croisés. || *Poutre armée,* poutre composée de deux ou de plusieurs pièces de bois superposées et réunies entre elles par des coins et des frettes. — **Dér.** *Poutrelle.*

POUTRELLE (dm. de *poutre*), *sf.* Petite poutre.

POUTROYE (LA), 2048 hab. Ancien c. de l'arr. de Colmar (Haut-Rhin) ; auj. à l'Allemagne, qui l'appelle *Schnierlach.*

1. **POUVOIR** (vx fr. *pooir* : bl. *potere*), *vt.* et *i.* Avoir la faculté de, être en état de : *L'homme peut exprimer ses pensées par la parole.* || Être admis à : *Les faillis ne peuvent voter.* || Avoir la propriété de, être suffisant pour, en parlant des choses : *Le cresson peut guérir le scorbut.* || *N'en pouvoir plus,* être épuisé de fatigue, à bout de forces. || *Ne pouvoir mais d'une chose,* n'en être pas cause, n'y être pour rien. || *Ne pouvoir que ne...,* ne pouvoir s'empêcher de : *Je ne puis que je ne vous blâme.* || Avoir assez de crédit, d'autorité pour réaliser une chose : *Il n'a pu m'obtenir cette place.* || Marque le souhait avec le subjonctif : *Puisse le ciel nous exaucer !* — *V. impers.* Il y a possibilité que : *Il pourra pleuvoir aujourd'hui.* — **Se pouvoir,** *vr.* Être possible : *Cela ne se peut pas.* — **Gr.** Je peux ou je puis, tu peux, il peut, n. pouvons, v. pouvez, ils peuvent ; je pouvais, je pus, n. pûmes, v. pûtes, ils purent ; je pourrai, je pourrais ; pas d'impér. Que je puisse ; que je pusse ; qu'il pût, que n. pussions ; pouvant ; pu, inv.

2. **POUVOIR** (inf. de *pouvoir* 1), *sm.* Faculté de faire une chose : *Le pouvoir de remettre les péchés.* || *Avoir une personne ou une chose en son pouvoir,* pouvoir en disposer à son gré. || *Avoir une chose en son pouvoir,* la posséder. || Droit qu'un autre nous accorde pour agir en son nom : *Donner pouvoir à un mandataire.* || Acte par lequel on confère à un autre le droit qu'on a de faire une chose : *J'ai envoyé un pouvoir à mon notaire.* || Droit de commander à quelqu'un : *Le pouvoir paternel.* || L'exercice du droit de gouverner l'État : *S'emparer du pouvoir.* || Celui ou ceux qui gouvernent l'État : *Flatter le pouvoir.* || Les trois pouvoirs de l'État : *Le pouvoir législatif, le pouvoir exécutif, le pouvoir judiciaire.* (V. ces mots.) || *Division des pouvoirs,* attribution de chacun des trois pouvoirs publics à des personnes spéciales. || Ascendant, crédit, influence : *Exercer un grand pouvoir sur l'opinion publique. Le pouvoir de l'éloquence.* || Capacité légale de faire une chose : *Un fou n'a pas le pouvoir de tester.*

POUYASTRUC, 544 hab. Ch.-l. de c., arr. de Tarbes (Hautes-Pyrénées).

POUZAUGES, 3308 hab. Ch.-l. de c., arr. de Fontenay-le-Comte (Vendée). Ch. de fer de l'État.

POUZZOLANE (dér. de *Pouzzoles*), *sf.* Terre exploitée en carrière aux environs de Pouzzoles, formée de lave désagrégée par les eaux, qui fournit un excellent mortier et qui servit dans l'antiquité à construire des amphithéâtres, des temples, des villas, des môles et des bassins. || Gangue qui se forme dans les laitiers des hauts fourneaux ; pulvérisée et mélangée à la chaux, elle forme un ciment hydraulique comparable à celui de Portland.

POUZZOLES (l. *puteolos*), 17270 hab. Port du golfe de Baïa (*Pozzuoli*), près des ruines de Cumes. Carrières de terre volcanique ou *pouzzolane.* Évêché dans le *compartimento* de Campanie, province de Naples ; dans l'antiquité, elle faisait grand commerce avec l'Égypte et l'Orient ; aux environs, on visite la *Solfatare.* (V. ce mot.)

POYAS (monts). Prolongement des monts Ourals qui se termine au cap Waïgatz, entre l'Europe et l'Asie.

POYET (Guillaume) (1474-1548), chancelier de France, né aux Granges (Maine-et-Loire). Il rendit la célèbre ordonnance de Villers-Cotterets pour la réformation de la justice (1539), mais il fut dégradé pour avoir comploté contre l'amiral Chabot de Brion (1545).

POZZO DI BORGO (comte) (1764-1842), Corse de naissance, adversaire de Paoli et de la famille Bonaparte, successivement ambassadeur de Russie à Paris et à Londres.

***PRÂCRIT** (sanscrit *prâkrita,* inférieur, imparfait), *sm.* Dialecte populaire de l'Inde, usité à côté du sanscrit, langue religieuse et littéraire. Il nous a été conservé par le drame indien (*Sakountala*), dont les personnages subalternes parlent le *prâcrit.* Parmi les idiomes *prâcrits,* il faut citer le *magadhi,* parlé et écrit dans le pays de Magadha (le Bahar, vallée du Gange) jusqu'au IIIe siècle avant notre ère. Du *magadhi* dérive le *pâli* (V. ce mot), qui servit à propager le bouddhisme de Ceylan à la Mongolie, et devint la langue liturgique de près de 600 millions d'hommes.

PRADELLES, 1963 hab. Ch.-l. de c., arr. du Puy (Haute-Loire).

PRADES, 3816 hab. S.-préf. Pyrénées-Orientales, à 1050 kilom. de Paris. Ch. de fer du Midi.

PRADES, 1428 hectares dont 390 déboisés. Forêt domaniale de l'Ariège, peuplée de hêtres et de sapins.

PRADIER, sculpteur, membre de l'Institut, né à Genève en 1794, mort en 1852; auteur des *Grâces*, des *Muses* de la Fontaine-Molière, etc.

PRADO, *sm.* Promenade de Madrid. ‖ Par allusion, nom à Paris du *Jardin Bullier*.

PRADON, mauvais poète tragique qu'une cabale opposa en 1677 à Racine à propos de sa *Phèdre*. (M. en 1698.)

PRADT (Dominique Dufour, abbé de) (1759-1837), aumônier de Napoléon Ier, archevêque de Malines, diplomate et publiciste. « De Pradt, » a dit Napoléon, « mérite qu'on lui donne le nom d'une fille de joie, qui prête son corps à tout le monde pour de l'argent. »

PRAGMATIQUE (l. *pragmaticum*, qui a rapport aux affaires), *adj.* et *sf. La pragmatique sanction* ou *la pragmatique*, ordonnance faite par le pouvoir civil pour réglementer certains points d'administration et de discipline ecclésiastique. On cite pour la France deux pragmatiques : celle de saint Louis (mars 1269), dont l'authenticité est plus que contestable, et celle de Charles VII, rendue à Bourges (1438), qui reproduit certains articles du concile de Bâle, restreint les pouvoirs du saint siège sur l'Église de France, et fut abolie par le Concordat de 1516. ‖ Disposition d'un souverain concernant ses États ou sa famille : pragmatique sanction de l'empereur Charles VI (1713), par laquelle ce prince assurait à sa fille Marie-Thérèse l'hérédité de ses États.

PRAGUE, 177026 hab. Cap. de la Bohême; pont célèbre sur la Moldau; université; archevêché. (V. *Défenestration*.)

PRAGUERIE, révolte des grands vassaux et du Dauphin, depuis Louis XI, contre Charles VII (1440), par allusion aux agissements des hussites dans Prague.

PRAHECQ, 1112 hab. Ch.-l. de c., arr. de Niort (Deux-Sèvres). Ch. de fer de l'État.

PRAIRIAL (*prairie*), *sm.* Neuvième mois du calendrier républicain (20 mai-18 juin). *Journée du 1er prairial an III* (20 mai 1795), durant laquelle les faubourgs de Paris envahirent la Convention, massacrèrent le député Féraud, malgré le sang-froid du président Boissy d'Anglas; les thermidoriens furent cependant vainqueurs des Jacobins; les *derniers montagnards* (Romme, Soubrany, Goujon, Bourbotte, etc.) furent arrêtés et condamnés à mort.

PRAIRIE (bl. *pratarial*, de *pratum*, pré), *sf.* Terrain couvert de plantes destinées à être pâturées sur place ou à être converties en foin pour les bestiaux. ‖ *Prairie naturelle*, celle où poussent des graminées qui y vivent indéfiniment. Les prairies naturelles occupent le fond des vallées, les pentes et les plateaux des terrains imperméables. ‖ *Prairie artificielle*, prairie temporaire ensemencée de plantes légumineuses (luzerne, trèfle, sainfoin, etc.), qui réussissent surtout dans les terres argileuses des climats humides et permettent de multiplier le bétail. (V. *Irrigation, Graminées, Luzerne*, etc., etc.) — Poét. et Fig. *L'émail des prairies*, les fleurs qui les embellissent. — **Dér.** *Prairial*.

PRAIRIES (Région des), immense étendue herbeuse des États-Unis, comprise dans le bassin formé par les Alleghanys et les premiers contreforts des montagnes Rocheuses. Ces prairies se rencontrent surtout dans l'Illinois et ressemblent à la *puszta* hongroise, aux steppes russes; jadis recouvertes par les eaux du lac Michigan, elles ressemblent à une mer d'herbes dont les bouquets d'arbres seraient les îles; mais bientôt elles n'existeront plus que dans les récits de Cooper; l'arpenteur américain les partage en damiers rectilignes que bouleverse la charrue de l'émigrant. (V. *Plaine*.)

PRALINAGE (*praliner*), *sm.* Opération qui consiste à enrober d'un engrais semi-liquide les semences des végétaux ou les racines des arbres avant de les semer ou de les planter.

PRALINE, *sf.* Amandes qu'on a fait rissoler dans du sucre, ainsi dites parce qu'un sommelier du maréchal du Plessis Praslin inventa ce bonbon (XVIIe siècle). — **Dér.** *Pralinage, praliner*.

PRALINER (*praline*), *vt.* Faire rissoler dans le sucre. ‖ Opérer le pralinage.

PRAME (angl. *prame*, holl. *praam*), *sm.* Navire de charge à fond large et plat.

PRASLIN (Renault de Choiseul, duc de) (1712-1785), cousin du duc de Choiseul, ministre des affaires étrangères, puis de la marine sous Louis XV. — Praslin (Charles, duc de Choiseul), 1805-1847, pair de France qui assassina, le 17 août 1847, sa femme, fille du général Sébastiani. Il s'empoisonna ensuite dans la prison du Luxembourg.

***PRATICABILITÉ** (*praticable*), *sf.* Qualité d'une chose praticable.

PRATICABLE (*pratiquer*), *adj. 2 g.* Qu'on peut mettre en usage : *Procédé praticable*. ‖ Où l'on peut passer : *Le chemin n'est pas praticable*. — Fig. Avec qui il est facile de vivre : *Cet homme n'est pas praticable*. — *Smp.* Les *praticables*, décor, non pas seulement figuré, qu'on peut traverser. (Théâtre.)

PRATICIEN (*pratique*), *sm.* Homme très entendu en affaires judiciaires. ‖ Ouvrier sculpteur qui ébauche, d'après la maquette, la statue que le maître achève. ‖ Celui qui s'est plus occupé de la pratique de son art que de la théorie : *Un médecin praticien*.

PRATIQUANT, ANTE (*pratiquer*), *adj.* Se dit de celui ou de celle qui observe les pratiques de sa religion.

1. **PRATIQUE** (forme latine de *practicum* : g. πρακτικός, actif), *sf.* L'application de la théorie, des principes d'une science, d'un art : *Joindre la pratique à la théorie*. ‖ Exécution de ce que l'on a projeté : *Passer à la pratique d'un dessin*. ‖ Accomplissement : *La pratique d'un devoir*. ‖ *Mettre en pratique*, mettre à exécution. ‖ Méthode, procédé pour faire une chose : *L'épellation est une mauvaise pratique pour apprendre à lire*. ‖ Usage, coutume, façon d'agir : *Les pratiques des étrangers nous choquent souvent*. ‖ Expérience, habitude des choses : *Avoir la pratique de l'enseignement*. ‖ Routine : *Apprendre une langue par pratique*. ‖ Vogue commerciale. ‖ Client : *Cet épicier a beaucoup de pratiques*. ‖ Manière de procéder devant les tribunaux ou dans les actes que font les avoués, les huissiers, les notaires : *Entendre les termes de pratique*. ‖ Liberté de débarquer et de communiquer avec les gens du lieu, accordée à ceux qui sont sur un navire abordant dans un port : *Obtenir la libre pratique*. ‖ Fréquentation d'une personne. — *Sfpl.* Accomplissement d'actes extérieurs relatifs au culte : *Des pratiques de dévotion*. ‖ Menées, intelligences secrètes avec des gens d'un parti contraire : *Entretenir des pratiques avec une ville assiégée*.

2. **PRATIQUE** (l. *practicus*, agissant), *adj. 2 g.* Qui met à exécution, qui apprend à exécuter : *Enseignement pratique*. ‖ *Homme pratique*, qui a une grande expérience, qui entend bien ses intérêts. ‖ Habituel, journalier : *Chose d'une utilité pratique*. — *Sm.* Pilote qui connaît certains parages et y a souvent navigué. (Marine.) — **Dér.** *Pratique* (*sf.*) *pratiquer, praticable, praticien, pratiquement, praticabilité, pratiquant, pratiquante*. — **Comp.** *Impraticable*.

3. **PRATIQUE** (esp. *platica*, conversation entre marionnettes à l'aide du *pito*), *sf.* Petit instrument de buis ou de fer-blanc que les joueurs de marionnettes se mettent dans la bouche pour changer leur voix.

PRATIQUEMENT (*pratique* 2 + sfx. *ment*), *adv.* Selon la pratique.

PRATIQUER (*pratique* 1), *vt.* Mettre en pratique : *Pratiquer la vertu*. ‖ Exercer : *Pratiquer la médecine*. ‖ Fréquenter : *Ne pratiquons que les gens de bien*. ‖ Tâcher de gagner à ses intérêts, provoquer à trahir. ‖ *Pratiquer des intelligences*, s'en ménager dans le parti contraire. ‖ Établir sans causer de gêne : *Pratiquer un escalier dans l'intérieur d'un mur*. ‖ Faire : *Pratiquer un trou, une saignée*. ‖ *Pratiquer un chemin, un sentier*, le frayer. — **Se pratiquer**, *vr.* Être mis en pratique.

PRATS-DE-MOLLO, 2630 hab. Ch.-l. de c., arr. de Céret (Pyrénées-Orientales). Place de guerre.

PRAUTHOY, 664 hab., arr. de Langres (Haute-Marne). Chemin de fer de l'Est.

PRAXITÈLE (360-280 av. J.-C.), le plus célèbre sculpteur grec après Phidias. On croit avoir au Louvre des copies de son *Cupidon* de Thespies et de sa *Vénus* de Gnide.

PRAYSSAS, 1478 hab. Ch.-l. de c., arr. d'Agen (Lot-et-Garonne).

PRÉ (l. *præ*), préfixe qui signifie *avant*.

PRÉ (l. *pratum*), *sm.* Prairie naturelle. ‖ *Pré-aux-Clercs*, vaste prairie sur l'emplacement de laquelle a été bâti depuis le faubourg Saint-Germain à Paris, qui servait de promenade aux écoliers et de lieu de rendez-vous pour les duels. — Fig. *Aller sur le pré*, se battre en duel. — *Pré-salé* (V. ce mot). — **Gr.** Dans l'ancien français, *prael* était l'accusatif, tandis que *preaus* servait de nominatif. — **Dér.** *Prairie, prairial*.

***PRÉADAMITE** (*pré* + *Adam*), *sm.* Tout homme qui, suivant une secte calviniste, aurait vécu avant Adam. ‖ Sectaire qui admettait l'existence des préadamites.

PRÉALABLE (*pré* + *aller*), *adj. 2 g.* Qui doit être dit, fait, examiné avant qu'on s'occupe d'autre chose. ‖ Dans les assemblées délibérantes, la *question préalable*, résolution que prend l'assemblée de ne pas délibérer sur une proposition qui vient d'être faite. — *Sm.* Ce qui doit être dit ou fait avant tout autre chose. — Au préalable, *loc. adv.* Avant tout.

PRÉALABLEMENT (*préalable* + sfx. *ment*), *adv.* Avant tout.

PRÉAMBULE (l. *præambulum*, qui précède), *sm.* Discours, écrit servant d'introduction à ce que l'on va dire ou faire. ‖ *Le préambule d'une loi*, exposition des motifs qui la font proposer. ‖ Discours qui ne va point au fait, inutile.

PRÉAMENEU (Félix Bigot de), l'un des rédacteurs du *Code civil*, ministre des cultes sous Napoléon Ier, né à Redon en 1750, mort en 1825.

***PRÉARYAQUE,** *adj. 2 g.* ou ***PRÉARYEN, ENNE,** *adj.* Antérieur aux Aryaques ou Aryens. (V. *Aryas*.)

PRÉAU (dim. supposé *pratellum*, du l. *pratum*), *sm.* Espace découvert au milieu d'un cloître, d'une prison. ‖ Salle de récréation pour les élèves d'une école, et où ils se mettent en rang pour entrer en classe.

PRÉAULT (Augustin), sculpteur, né à Paris en 1809, mort en 1879; auteur de la *Famine* (bas-relief); *Gilbert mourant à l'hôpital*, la *Misère*, *Charlemagne* (statue colossale), *Marceau*, le *Silence* (au Père-La Chaise), etc.

PRÉBENDE (bl. *præbenda*, chose à fournir), *sf.* Autrefois portion des biens ou revenus ecclésiastiques assignés à certains membres du clergé, dans les églises cathédrales et collégiales. Parfois, comme à Chartres, les prébendes étaient réservées aux laïques. ‖ *Prébende préceptoriale*, destinée au maître qui instruisait gratuitement les enfants. ‖ *Prébende théologale*, affectée à un docteur en théologie qui prêchait le dimanche et faisait trois cours publics par semaine. ‖ Aujourd'hui, traitement d'un chanoine. ‖ Dignité de chanoine. — **Dér.** *Prébendé, prébendée, prébendier*.

PRÉBENDÉ, ÉE (*prébende*), *adj.* et *s.* Qui jouit d'une prébende.

PRÉBENDIER (*prébende* + sfx. *ier*), *sm.* Chanoine qui a une prébende.

PRÉCAIRE (l. *precarium*, obtenu par prière), *adj. 2 g.* Qui ne subsiste ou ne s'exerce que par tolérance, par permission révocable, avec incertitude, avec dépendance : *Autorité, fortune précaire*. ‖ Dont la valeur est très contestable : *Preuve précaire*. — *Sm.* Bien dont on ne jouit que par le bon plaisir d'un autre. Sous les Mérovingiens, l'Église, pour ne pas laisser ses terres en friche, les louait à des fermiers, par le *contrat de précaire*, analogue à l'emphytéose. (V. ce mot.) — **Dér.** *Précairement.* Même famille que *Prière*.

PRÉCAIREMENT (*précaire* + sfx. *ment*), *adv.* D'une manière précaire.

PRÉCAUTION (l. *præcautionem*), *sf.* Mesure prise d'avance pour éviter un mal : *Prendre ses précautions.* || Circonspection : *Parler avec précaution.* || *Précautions oratoires,* ménagements que prend un orateur pour se concilier la bienveillance des auditeurs. — **Dér.** *Précautionner, précautionneux, précautionneuse.* (V. *Caution.*)

PRÉCAUTIONNER (*précaution*), *vt.* Avertir qu'on ait à prendre garde. — **Se précautionner,** *vr.* Prendre ses précautions : *Se précautionner contre la pluie.*

***PRÉCAUTIONNEUX, EUSE** (*précaution*), *adj.* Qui prend des précautions.

PRÉCÉDEMMENT (*précédent* + sfx. *ment*), *adv.* Auparavant.

PRÉCÉDENT, ENTE (l. *præcedentem*), *adj.* Qui est immédiatement avant : *L'année précédente.* — *Sm.* Usage déjà établi, exemple antérieur : *Un fait sans précédents.*

PRÉCÉDER (*pré* + l. *cedere*, marcher), *vt.* Marcher devant : *Précéder quelqu'un.* || Être, avoir lieu auparavant : *La fondation de Rome précéda celle de Marseille, Henri III précéda Henri IV.* || Être supérieur. — *Vi.* Se trouver immédiatement avant. || Occuper un rang plus élevé : *Précéder en dignité.* — **Dér.** *Précédent, précédente, précédemment.*

PRÉCEINTE (*pré* + *ceint*), *sf.* Ceinture d'épais bordages qui entoure un navire à la hauteur de chaque pont.

PRÉCEPTE (l. *præceptum*), *sm.* Recommandation, règle : *Un précepte moral.* || Commandement : *Les préceptes du Décalogue.* — **Dér.** *Précepteur, préception, préceptoral, préceptoral, préceptorial, préceptoriat.*

PRÉCEPTEUR (*précepte*), *sm.* Celui qui instruit, qui enseigne : *Les Grecs furent les précepteurs du genre humain.* || Celui qui est chargé de l'éducation et de l'instruction d'un enfant : *Fénelon fut le précepteur du duc de Bourgogne.*

***PRÉCEPTION** (l. *præceptionem*), *sf.* Nom par lequel on désigne certaines lettres que donnaient les rois francs, et en vertu desquelles les lois n'étaient pas appliquées.

PRÉCEPTORAL, ALE (*précepteur*), *adj.* Qui est propre au précepteur : *Gravité préceptorale.*

PRÉCEPTORAT (*précepteur*), *sm.* Fonction de précepteur.

***PRÉCEPTORIAL, ALE** (*préceptoriat*), *adj.* Qui est propre au préceptoriat.

***PRÉCEPTORIAT** (*précepteur*), *sm.* Prébende affectée à un maître de grammaire. || Préceptorat (vx).

PRÉCESSION (l. *præcessionem*), *sf.* *La précession des équinoxes,* révolution que les points équinoxiaux exécutent sur l'équateur céleste en sens inverse du mouvement du soleil sur l'écliptique en 26 ans. Elle a été découverte par Hipparque (V. ce mot). Par le fait de la *précession,* ce ne sont pas toujours les mêmes groupes étoilés, les mêmes constellations qu'on aperçoit durant les nuits de chaque saison. Dans un espace de 25 870 ans, les constellations actuelles d'hiver deviendront des constellations d'été et réciproquement.

PRÊCHE, *sm.* de *prêcher.* Sermon d'un ministre protestant. || Lieu où les protestants s'assemblent pour l'exercice de leur religion. — Fig. La religion protestante.

PRÊCHER (l. *prædicare*), *vt.* Annoncer la parole de Dieu par des sermons. || *Prêcher le carême,* prêcher dans une même église pendant tout le carême. || Instruire par des sermons : *Prêcher les Gentils.* — Fig. *Prêcher d'exemple,* être le premier à faire ce que l'on conseille aux autres. || *Prêcher dans le désert,* ne persuader personne. || Recommander : *Prêcher l'économie.* || *Prêcher malheur,* annoncer sans cesse quelque chose de fâcheux. || Poursuivre de ses remontrances : *Prêcher un prodigue.* || Louer, vanter : *Prêcher ses hauts faits.* — **Se prêcher,** *vr.* Être prêché : *La Passion se prêche le Vendredi saint.* || Se faire à soi-même des remontrances. — **Dér.** *Prêche, prêcheur.* Même famille : *Prédicateur, prédicant, prédication, prédicable,* etc.

PRÊCHEUR (l. *prædicatorem*), *sm.* Par dérision, prédicateur. || Celui qui se plaît à réprimander : *Il fait le prêcheur.* || *Prêcheur* ou *frère prêcheur,* religieux de l'ordre de Saint-Dominique. — **Db.** *Prédicateur.*

***PRÊCHI-PRÊCHA** [prê-chi-prê-cha], locution ironique qui s'applique à des rabâchages ou à des discours ridicules.

PRÉCIEUSE (*précieux*), *sf.* A l'origine, femme d'esprit, délicate dans ses manières et son langage. || Aujourd'hui, femme pédante, affectée dans ses paroles et ses façons.

PRÉCIEUSEMENT (*précieuse* + *ment*), *adv.* Comme une chose à laquelle on attache beaucoup de prix. || A la manière des précieuses.

PRÉCIEUX, EUSE (l. *pretiosum* : *pretium,* prix), *adj.* Qui est de grand prix : *Étoffe précieuse.* || *Pierres précieuses,* diamant, rubis, émeraude, saphir, topaze, etc. — Fig. A quoi l'on tient extrêmement. || Qui est d'une grande utilité : *Sa vie est précieuse à l'État.* || *Les moments sont précieux,* il n'y a pas un seul instant à perdre. || Qui nous est cher : *Ce souvenir m'est précieux.* || Affecté : *Des manières précieuses.* — **Le précieux,** *sm.* Affectation pédante. — **Dér.** *Préciosité, précieuse, précieusement.* De la même famille que *Prix,* etc.

***PRÉCINCTION** (l. *præcinctionem*), *sf.* Large couloir qui, dans les théâtres ou amphithéâtres romains, régnait tout autour de l'édifice au sommet de chaque étage de gradins et sur lequel régnaient les vomitoires.

PRÉCIOSITÉ (*précieux*), *sf.* Affectation dans les manières et dans le langage.

PRÉCIPICE (l. *præcipitium* : de *præceps,* qui tombe la tête la première), *sm.* Espace vide, très profond et à bords escarpés : *Chemin bordé de précipices.* — Fig. Grand malheur, grande disgrâce, grand danger : *Les hautes positions sont entourées de précipices.* **Dér.** *Précipiter, précipité, précipitant, précipitamment, précipitation.* Même famille que *Cap, chef,* etc.

PRÉCIPITAMMENT (*précipitant* + sfx. *ment*), *adv.* Avec précipitation.

PRÉCIPITANT (*précipiter*), *sm.* Corps qui dans une dissolution forme un précipité. (Ch. anc.)

PRÉCIPITATION (l. *præcipitationem*), *sf.* Extrême vitesse, trop grande hâte : *Sa précipitation l'a fait tomber.* || Empressement excessif et dangereux que l'on met à former un dessein, à dire ou à faire quelque chose : *Il ne faut rien entreprendre avec précipitation.* || Phénomène par lequel un corps solide abandonne un liquide dans lequel il était dissous par l'addition ou la soustraction d'un autre corps, et se dépose au fond du vase sous forme de poudre, de cristaux, de flocons : *La précipitation de l'oxyde de fer par l'ammoniaque.*

PRÉCIPITÉ, ÉE, part. pas. de *précipiter.* Jeté de haut en bas. || Escarpé : *Les flancs précipités des Alpes.* || Poussé, entraîné. || Fait à la hâte. || Qui a de la précipitation, qui agit sans réflexion. — *Sm.* La partie solide qui se dépose dans une dissolution lorsqu'on y verse un corps qui amène une décomposition dans le corps dissous : *Lorsqu'on verse de l'azotate d'argent dans une dissolution de sel marin il se forme un précipité de chlorure d'argent.* || *Précipité blanc,* le protochlorure de mercure, obtenu en versant de l'acide chlorhydrique ou du chlore dans une dissolution d'azotate de protoxyde de mercure; il est plus actif que le calomel. || *Précipité rouge* ou *précipité per se,* l'oxyde de mercure qui se forme lorsqu'on chauffe du mercure dans un matras. Ce corps, qui est un violent poison, porte en chimie les noms de *deutoxyde,* de *bioxyde* et de *peroxyde* de mercure. On l'emploie en médecine dans le traitement des ophthalmies. Les habitants des campagnes s'en servent pour détruire les poux. || *Précipité jaune* ou *turbith minéral,* sous-sulfate de mercure, connu déjà de Basile Valentin, et qui était très employé dans le traitement des maladies syphilitiques. || *Précipité vert,* le carbonate de cuivre.

PRÉCIPITER (l. *præcipitare*), *vt.* Jeter d'un lieu élevé dans un lieu bas, profond : *Précipiter les assaillants du haut du rempart.* — Fig. Causer à quelqu'un un grand malheur. || *Précipiter dans un abîme de maux.* || *Précipiter dans le tombeau,* causer la mort. || Faire aller très vite : *Le torrent précipite ses ondes.* || Hâter, rendre rapide : *Précipiter ses pas.* || Exécuter avec précipitation : *Précipiter une affaire.* || Faire qu'un corps dissout se sépare d'un liquide dissolvant et tombe au fond du vase : *Précipiter le plâtre contenu dans l'eau.* (Chim.) — **Se précipiter,** *vr.* Se jeter du haut en bas, s'élancer : *Se précipiter dans les bras de quelqu'un.* || S'exposer : *Se précipiter dans le danger.* || S'adonner avec ardeur à : *Se précipiter dans la spéculation.* || Se hâter : *Il faut agir sans se précipiter.* || Se déposer au fond d'une dissolution : *Le sel se précipite dans l'eau de mer.* — **Dér.** *Précipitant, précipité, précipitation.*

PRÉCIPUT (l. *præcipuum*), *sm.* Ce qu'un héritier prélève en sus de ses cohéritiers en vertu d'une disposition testamentaire. || *Préciput conventionnel,* clause d'un contrat de mariage par laquelle l'époux survivant prélève sur la communauté, avant tout partage, une certaine somme ou certains biens mobiliers.

1. **PRÉCIS** [pré-si] (*précis* 2), *sm.* Sommaire, abrégé : *Précis d'histoire de France.*

2. **PRÉCIS, ISE** (l. *præcisum* : *præ,* devant + *cædere,* couper), *adj.* Exprimé nettement : *Ordre précis.* || Où il n'entre rien de superflu : *Discours précis.* || Fixe, déterminé : *A midi précis.* — **Dér.** *Préciser, précis* 1, *précision, précisément.*

PRÉCISÉMENT (*précise* + sfx. *ment*), *adv.* Exactement. || Dans les réponses, oui, tout juste : *Le croyez-vous? — Précisément.*

PRÉCISER (*précis* 2), *vt.* Exprimer nettement : *Préciser un ordre.* || Fixer : *Préciser une date.*

PRÉCISION (l. *præcisionem*), *sf.* Grande exactitude : *S'exprimer avec précision.* || Régularité : *Manœuvrer avec précision.* || Justesse : *Partager une ligne avec précision.*

PRÉCITÉ, ÉE (*pré* + *cité*), *adj.* Cité précédemment.

PRÉCOCE (l. *præcocem,* de *præ,* d'avance + *coquere,* cuire), *adj.* 2 *g.* Mûr avant la saison : *Raisin précoce.* || Qui produit plutôt que ses congénères : *Poirier précoce.* || Plus avancé que l'âge ne le comporte : *Enfant, esprit précoce.* || Fait avant le temps convenable : *Entreprise précoce.* || Se dit d'un animal qui, par une alimentation intensive, donne un rapport considérable et anticipé. L'éleveur lui fournit une nourriture concentrée, riche en albumine, potasse, acide phosphorique; uni à la sélection, cet entraînement alimentaire a produit des types spéciaux, comme le bœuf de Durham, le cheval de course. Le sang des abattoirs, cuit, séché et broyé, accroît du triple le poids des jeunes moutons et du double celui de leur laine. (Zootechnie.) — **Dér.** *Précocité.* Même famille : *Coq* 2, *cuisine, queux.*

PRÉCOCITÉ (*précoce*), *sf.* Qualité de ce qui est précoce. || Apparition anticipée de l'âge adulte chez les animaux. (Zootechnie.)

PRÉCOMPTER (*pré* + *compter*), *vt.* Compter avant tout les sommes à déduire.

PRÉCONÇU, UE (*pré* + *conçu*), *adj.* Formé, imaginé prématurément.

PRÉCONISATION (*préconiser*), *sf.* Acte d'un cardinal, du pape déclarant en plein consistoire qu'un ecclésiastique nommé évêque par son gouvernement a toutes les qualités requises.

PRÉCONISER (dérivé du l. *præco, præconis,* crieur public), *vt.* Procéder à la préconisation d'un évêque. || Louer, vanter extrêmement : *Préconiser un remède.* — **Dér.** *Préconiseur, préconisation.*

PRÉCONISEUR (*préconiser*), *sm.* Celui qui loue à l'excès.

PRÉCURSEUR (*pré* + l. *cursorem,* coureur), *sm.* Celui qui vient avant quelqu'un pour en annoncer la venue : *Saint Jean-Baptiste fut le précurseur de N.-S. J.-C.* Homme célèbre qui prépare la voie à un autre plus grand que lui, à une idée nouvelle : *Képler fut le précurseur de Newton.* || *Précurseur* *de l'homme,* être qui, d'après de Mortillet, aurait vécu, à l'époque tertiaire, sur les alluvions lacustres des terrains miocènes. — *Adj.* Qui annonce d'avance : *Le vent précurseur de l'orage.*

PRÉCY-SOUS-THIL, 822 hab. Ch.-l. de c., arr. de Saumur (Côte-d'Or).

PRÉDÉCÉDER (*pré + décéder*), *vi.* Mourir avant un autre. (V. *Décéder.*) — **Dér.** *Prédécès, prédécesseur.*

PRÉDÉCÈS (*pré + décès*), *sm.* La mort de quelqu'un arrivant avant la mort d'un autre.

PRÉDÉCESSEUR (l. *prædecessorem,* de *præ + decedere,* sortir de vie, de charge), *sm.* Celui qui a précédé quelqu'un dans un emploi, une dignité. — *Pl.* Tous ceux qui ont vécu avant nous.

PRÉDESTINATION (l. *prædestinationem*), *sf.* Décision par laquelle Dieu a, de toute éternité, résolu de fournir à un homme les moyens de faire son salut. (Théologie.) ‖ Déroulement fatal des événements : *Les musulmans croient à la prédestination.* (V. *Calvinisme, Jansénisme.*) Ces deux sectes, exagérant les idées de saint Augustin, croient que la grâce est accordée aux uns et refusée aux autres, à leur venue en ce monde; les bonnes actions ne sauraient modifier ce jugement, préconçu par Dieu, qui devient ainsi un Christ aux bras étroits, qui n'est pas mort pour tous les hommes.

PRÉDESTINÉ, ÉE (*prédestiné*), *adj.* et *s.* Destiné par Dieu au bonheur éternel, choisi par Dieu de toute éternité pour faire de grandes choses.

PRÉDESTINER (*pré + destiner*), *vt.* Destiner de toute éternité au salut. ‖ Destiner de toute éternité à faire de grandes choses, en parlant de Dieu : *Dieu destina Cyrus pour être le libérateur de son peuple.* ‖ Appeler d'avance à une éventualité inévitable : *Sa naissance le prédestinait au trône.* — **Dér.** *Prédestination, prédestiné.*

PRÉDÉTERMINANT, ANTE (*prédéterminer*), *adj.* Qui prédétermine.

PRÉDÉTERMINATION (*pré + détermination*), *sf.* Action de Dieu sur la volonté humaine.

PRÉDÉTERMINER (*pré + déterminer*), *vt.* Agir sur la volonté humaine en parlant de Dieu. — **Dér.** *Prédétermination, prédéterminant.*

PRÉDICABLE (l. *prædicabilem*), *adj 2 g.* Qui peut être l'attribut d'un sujet : *Le terme mammifère est prédicable de homme.*

PRÉDICAMENT (l. *prædicamentum*), *sm.* Prédicat, catégorie dans laquelle un objet peut être rangé. ‖ Réputation : *Être en bon prédicament* (vx).

PRÉDICANT (l. *prædicantem*), *sm.* Ministre protestant (en mauvaise part). — **Dér.** *Prédicateur, prédication.*

***PRÉDICAT** (l. *prædicatum,* annoncé), *sm.* Attribut : *Le prédicat d'une proposition* (vx). — **Dér.** *Prédicable, prédicament.*

PRÉDICATEUR (l. *prædicatorem*), *sm.* Celui qui annonce en chaire la parole de Dieu, celui qui prêche une doctrine quelconque.

PRÉDICATION (l. *prædicationem*), *sf.* Action de prêcher, d'annoncer la parole de Dieu, sermon.

PRÉDICTION (l. *prædictionem*), *sf.* Action de prédire, la chose qui a été prédite : *Les prédictions météorologiques.*

PRÉDILECTION (*pré + dilection*), *sf.* Préférence d'affection, goût très vif pour une chose : *Avoir de la prédilection pour l'étude.*

PRÉDIRE (l. *prædicere*), *vt.* Annoncer d'avance qu'une chose future aura lieu : *Les prophètes ont prédit la venue de J.-C.* ‖ Annoncer d'après des données sûres qu'une chose aura lieu : *Prédire une éclipse.* (V. *Médire.*) — **Gr.** Ce verbe se conjugue comme *Médire.* — **Dér.** *Prédiction.*

PRÉDISPOSANT, ANTE (*prédisposer*), *adj.* Qui prédispose ou peut prédisposer : *La cause prédisposante d'une maladie.*

PRÉDISPOSER (*pré + disposer*), *vt.* Préparer à être dans tel ou tel état : *Un séjour humide prédispose à la scrofule.* — **Dér.** *Prédisposition, prédisposant.*

PRÉDISPOSITION (*prédisposer*), *sf.* Aptitude du corps, de l'esprit à être dans tel ou tel état : *Il a une prédisposition à l'hémorrhagie.* ‖ *Prédisposition morbide individuelle,* effet patent ou secret dû au tempérament, au sexe, à l'âge, à la race, préparant un individu à l'invasion d'une maladie. Ainsi les Celtes ont une prédisposition à la fièvre typhoïde qui tend à prendre en basse Bretagne un caractère endémique. (Méd.)

PRÉDOMINANCE (*prédominer*), *sf.* Action de ce qui prédomine : *La prédominance des vents d'ouest rend notre climat pluvieux.*

PRÉDOMINANT, ANTE (*prédominer*), *adj.* Qui prédomine.

PRÉDOMINER (*pré + dominer*), *vi.* Avoir une influence prépondérante, prévaloir : *Les idées les plus justes ne prédominent pas toujours.* — **Dér.** *Prédominance, prédominant.*

PRÉÉMINENCE (l. *præeminentia*), *sf.* Supériorité donnée par la dignité, le rang qu'on occupe : *Les préfets ont la prééminence sur les sous-préfets.*

PRÉÉMINENT, ENTE (l. *præeminentem*), *adj.* Qui est au-dessus des autres choses de même nature : *Chez cet homme de bien la charité est prééminente.* — **Dér.** *Prééminence.*

PRÉEMPTION (*pré* + l. *emptionem,* achat), *sf.* Droit d'acheter ou de revendiquer un objet avant tout autre acheteur : *Quand un terrain exproprié n'est pas affecté à l'usage auquel on le destinait, l'ancien propriétaire a le droit de préemption sur ce terrain.* ‖ *Droit de préemption,* droit qu'a la douane d'acheter au prix déclaré des marchandises pour lesquelles le possesseur a fait une déclaration trop faible.

PRÉ-EN-PAIL, 3235 hab. Ch.-l. de c., arr. de Mayenne (Mayenne). Ch. de fer de l'O.

PRÉÉTABLIR (*pré + établir*), *vt.* Établir avant toute autre chose.

PRÉEXISTANT, ANTE (*préexister*), *adj.* Qui existe avant un autre être.

PRÉEXISTENCE (*pré + existence*), *sf.* Existence antérieure à une autre.

PRÉEXISTER (*pré + exister*), *vi.* Exister avant. — **Dér.** *Préexistant, préexistence.*

PRÉFACE (l. *præfatio* : de *præ,* avant + *fari,* parler), *sf.* Discours qu'un auteur met en tête d'un livre pour donner certains renseignements ou éclaircissements au lecteur. ‖ Ce qu'on dit pour préparer un auditeur à recevoir une communication : *User de préface avec quelqu'un.* ‖ Partie de la messe qui précède le canon : *Le chant de la préface.*

PRÉFECTORAL, ALE (*préfet*), *adj.* Qui émane d'un préfet : *Arrêté préfectoral.* ‖ Qui appartient à une préfecture : *Administration préfectorale.*

PRÉFECTURE (l. *præfectura,* de *præfectus,* mis à la tête), *sf.* Nom de plusieurs charges publiques chez les Romains. ‖ Chacune des quatre grandes divisions établies dans l'empire romain par Constantin : *Préfecture* d'Orient, d'Illyrie, d'Italie, des Gaules. ‖ Aujourd'hui, fonction de préfet, sa durée. ‖ Hôtel, bureaux du préfet : *Aller à la préfecture.* ‖ Territoire administré par un préfet et qui correspond toujours à un département. ‖ Ville où réside le préfet : *Laon est une préfecture.* ‖ *Préfecture maritime,* chef-lieu des cinq arrondissements maritimes de la France, ou cet arrondissement : Cherbourg, Brest, Lorient, Rochefort, Toulon; fonctions d'un préfet maritime; son hôtel, ses bureaux. ‖ *Préfecture de police,* emploi du préfet de police, hôtel où sont ses bureaux.

PRÉFÉRABLE (*préférer*), *adj. 2 g.* Qui mérite d'être préféré : *La mort est préférable au déshonneur.*

PRÉFÉRABLEMENT (*préférable* + sfx. *ment*), *adv.* Par préférence.

PRÉFÉRENCE (*préférer*), *sf.* Action d'estimer, d'apprécier une personne, une chose plus qu'une autre, de la choisir à l'exclusion d'une autre : *Donner la préférence au vin de Bourgogne.*

PRÉFÉRER (pfx. *pré* + l. *ferre,* porter), *vt.* Avoir de la préférence pour : *Préférer la retraite aux plaisirs du monde.* — **Dér.** *Préférence, préférable, préférablement.*

PRÉFET (l. *præfectum,* mis à la tête), *sm.* Celui qui, chez les Romains, était à la tête d'une préfecture. ‖ *Préfet du prétoire,* le commandant de la cohorte prétorienne, garde des empereurs romains. ‖ *Préfet de la chambre sacrée,* grand chambellan de l'empereur d'Orient. ‖ Aujourd'hui, fonctionnaire placé à la tête d'un département comme administrateur de ce département et agent du pouvoir central. ‖ *Préfet de police,* magistrat préposé à la sûreté publique pour le département de la Seine. ‖ *Préfet maritime,* officier général, amiral chargé de l'administration d'un arrondissement maritime. ‖ *Préfet des études,* celui qui, dans certaines institutions libres ou ecclésiastiques, veille au bon ordre et à la police de l'établissement. — **Dér.** *Préfecture, préfectoral, préfectorale.* **Comp.** *Sous-préfet, sous-préfecture.*

1. **PRÉFIX, IXE** (pfx. *pré* + l. *fixus,* fixé), *adj.* Fixé d'avance, déterminé. — **Dér.** *Préfixe, préfixer, préfixion.*

2. **PRÉFIXE** (*préfixe* 1), *sm.* Syllabe placée au commencement d'un mot et avant la racine pour modifier le sens de celle-ci. Les préfixes sont ou des prépositions, ou des particules inséparables. Les principaux préfixes sont : *ab, abs, àv, a,* qui expriment l'éloignement; *ad, vers; anti, ante, anté; bis, bi; com, con, col; contra, contro, contre; dés, dé; dis; ex; in; mes, mé; pro; sub,* etc.

PRÉFIXER (pfx. *pré + fixer*), *vt.* Fixer d'avance, faire précéder d'un préfixe.

PRÉFIXION (*préfixer*), *sf.* Action de fixer d'avance un temps, un délai. (Dr.)

***PRÉFLORAISON** (pfx. *Pré + floraison*), *sf.* Manière dont les pièces des différents verticilles d'une fleur sont disposées dans le bouton. La préfloraison du calice et la préfloraison de la corolle peuvent appartenir à des types différents : par exemple les sépales peuvent être placés sur un même cercle et se toucher seulement par leurs bords, tandis que les pétales peuvent être disposés sur une spirale et se recouvrir latéralement les uns les autres. Dans d'autres cas, les pièces du calice et de la corolle sont disposées sur une même spirale indéfinie. Dans d'autres cas encore, les sépales forment une spirale dirigée dans un certain sens, tandis que les pétales constituent une spirale qui s'enroule dans un sens opposé. Lorsque les pièces d'un verticille sont placées sur un même cercle et qu'elles se touchent par leurs bords sans se recouvrir, la préfloraison en est dite *valvaire.* Dans les verticilles composés de cinq pièces, la préfloraison est *quinconciale* lorsqu'il y a deux pièces extérieures, deux pièces intérieures et une pièce dont la moitié est recouverte par une des pièces externes et dont l'autre moitié, au contraire, recouvre une des deux pièces internes. La préfloraison quinconciale est désignée encore sous les noms de *préfloraison imbricative* ou *imbriquée.* On la remarque surtout dans la corolle des plantes dicotylédones. La *préfloraison convolutive* est aussi très fréquente, et n'est qu'une variété de la précédente; elle a lieu quand les pétales de la corolle sont très grands et se recouvrent complètement les uns les autres. Dans d'autres circonstances, les pièces du verticille qui présentent la préfloraison convolutive sont disposées en spirales et chaque pièce, étant recouverte par la précédente dans sa moitié longitudinale, recouvre la suivante de la même manière. Quand le pétale supérieur d'une fleur est plus grand que les autres, qu'il est plié dans le sens de sa longueur et qu'il recouvre tous les autres pétales, on a la préfloraison *vexillaire.* Cette préfloraison se présente surtout chez les Papilionacées.

***PRÉFOLIATION** ou **PRÉFOLIAISON** (pfx. *pré* + l. *folium,* feuille), *sf.* Disposition et arrangement des feuilles dans le bourgeon. La préfoliaison est dite *valvaire,* quand les feuilles, verticillées et planes, se touchent par leurs bords; *apprimée,* quand les feuilles planes sont appliquées face à face l'une contre l'autre. La préfoliation est dite *imbriquée* lorsque des feuilles planes, verticillées en spirale, se recouvrent les unes les autres.

PREGEL, *sf.* Fleuve de la Prusse orientale, qui arrose Kœnigsberg et tombe dans le Frische-Haff (mer Baltique).

PRÉHENSILE (l. *préhension*), *adj. 2 g.*

Qui sert à prendre, à saisir : *La main est l'organe préhensile par excellence.* (Zool.)

PRÉHENSION (l. *præhensionem*), *sf.* Action de prendre avec la main ou avec la bouche : *La préhension des aliments.* — **Dér.** (V. *Prendre.*)

***PRÉHISTOIRE** (pfx. *pré* + *histoire*), *sf.* L'étude des époques qui ont précédé les temps sur lesquels l'histoire fournit des enseignements. Étude devenue accessible grâce à l'anthropologie et à l'archéologie. — **Dér.** *Préhistorique.*

PRÉHISTORIQUE (pfx. *pré* + *historique*), *adj.* Qui touche à la *préhistoire.* ‖ Antérieur aux temps historiques. Les *races préhistoriques* ne nous sont connues que par les rares vestiges trouvés en fouillant le sol; dans leur histoire, on remplace les dates par l'indication des espèces animales contemporaines de ces races, ou par l'état de l'industrie humaine à la même époque; là, tout est relatif : on dit qu'un gisement est plus ancien qu'un autre, mais on ignore le nombre des siècles durant lequel il s'est formé. L'archéologie préhistorique a été étudié en France, en Belgique, en Suisse, dans la vallée du Rhin, en Angleterre, en Italie, en Portugal, dans les États scandinaves; c'est donc d'après des renseignements incomplets qu'on décrit les races préhistoriques. L'homme paraît avoir vécu à l'époque miocène; c'est ce que semblent démontrer les silex taillés préalablement brûlés ou étonnés au feu découverts par l'abbé Bourgeois à Thenay, au S. de Blois, dans l'étage aquitanien; d'autres vestiges de l'existence d'un être intelligent ont été recueillis dans les faluns de Pouancé, à l'O. d'Angers : ce sont des os incisés d'*halithérium*, animal fossile de la famille des *Lamantins.* Comme on n'a pour l'époque tertiaire que des preuves de l'industrie humaine, on ne sait quelle race habitait alors le globe. C'est dans le terrain quaternaire seulement que l'on a retrouvé des ossements humains. (V. *Tertiaire* et *Quaternaire.*)

PREHNITE (*Prehn*, nom d'homme), *sm.* Composé cristallin de silice, d'alumine et de chaux rapporté du Cap par le colonel Prehn.

PREISLER, nom d'une famille de peintres et graveurs de Nuremberg qui vécut au XVIIIe siècle.

PRÉJUDICE (l. *præjudicium*, jugement anticipé), *sm.* Tort, dommage. ‖ *Au préjudice de sa réputation*, contre sa réputation. ‖ *Sans préjudice de*, sans faire tort à, sans renoncer à : *Sans préjudice de ses droits.* — **Dér.** *Préjudiciel, préjudicielle, préjudiciaux, préjudicier, préjudiciable.* Même famille : *Préjuger*, etc.

PRÉJUDICIABLE (*préjudicier*), *adj. 2 g.* Qui fait tort.

PRÉJUDICIAUX (*préjudiciel*), *adj. mpl.* Se dit des frais de procédure qu'on doit payer avant de se pourvoir contre un jugement.

PRÉJUDICIEL, ELLE (l. *præjudicialem*), *adj.* Qui doit être jugé en premier lieu : *Question préjudicielle*, question secondaire qui doit être jugée avant la contestation principale.

PRÉJUDICIER (*préjudice*), *vt.* Faire du tort : *Cela préjudicie à mes intérêts.*

PRÉJUGÉ, *spm.* de *préjuger.* Ce qui a été jugé auparavant dans un cas semblable. ‖ Circonstance, apparence d'après laquelle on prévoit comment finira une affaire : *Les préjugés nous sont contraires.* ‖ Opinion adoptée sans examen : *Les préjugés sont un obstacle au progrès.*

PRÉJUGER (pfx. *pré* + *juger*), *vt.* Rendre sur un point secondaire un jugement qui influe sur la décision de la question principale. ‖ Juger, décider sans avoir examiné suffisamment : *Préjuger une question.* ‖ Prévoir par conjecture : *Autant que je puis préjuger.* — **Dér.** *Préjugé.*

PRÉLART (*x*), *sm.* Toile goudronnée dont on couvre des marchandises pour les préserver des intempéries.

PRÉLASSER (SE) (*prélat*), *vr.* Affecter un air de dignité, de gravité qui convient à un prélat.

PRÉLAT (l. *prælatum*, mis en avant : de *præ*, en avant + *latus*, porté), *sm.* Évêque, abbé qui porte la crosse et la mitre. ‖ Ecclésiastique de la cour du pape ayant droit de porter le violet. — **Dér.** *Prélasser (se), prélature, prélation.*

PRÉLATION (l. *prælationem*), *sf.* Droit par lequel les enfants sont maintenus, de préférence à d'autres, dans les charges paternelles. ‖ Droit pour le bailleur d'acquérir le premier ce que le preneur voulait aliéner.

PRÉLATURE (*prélat*), *sf.* Dignité de prélat, l'ensemble des ecclésiastiques de la cour de Rome qui ont l'habit violet.

PRÊLE (ital. *asperella*, dm. du l. *asper*, à cause de sa rude tige), *sf.* Genre de plantes cryptogames de la famille des Équisétacées qui croissent dans les lieux humides, et sont répandues dans toutes les contrées du globe, à l'exception de l'Australie. Ces plantes ont un port tout particulier qui les distingue à première vue. Les prêles sont des plantes vivaces, et se composent d'un rhizome rameux qui s'étend dans le sol humide à une profondeur variable pouvant atteindre 1 mètre et plus. Ce rhizome présente tantôt une surface hérissée de poils bruns, tantôt une surface dépourvue de poils et même lisse. Il se renfle à certains de ses entre-nœuds et forme des tubercules ovoïdes, de la grosseur d'une noisette, et remplis d'amidon. Ces tubercules, isolés ou réunis en chapelet, donnent plus tard naissance à de nouvelles tiges. De place en place le rhizome dresse certains de ses rameaux qui, formés dès l'automne, dans toutes ses parties, se développent rapidement au printemps suivant et donnent ces tiges que l'on désigne vulgairement sous le nom de *queues de cheval.* C'est à cette croissance rapide que les entre-nœuds des branches aériennes doivent la propriété de se désarticuler sous le moindre effort. Ces tiges, cylindriques articulées, sont généralement munies au niveau des nœuds de rameaux verticillés, et en outre chacun de ces points donne naissance à une gaine membraneuse dentée que l'on croit formée par des feuilles soudées. Les tiges sont de deux sortes, les unes fertiles, les autres stériles. Les premières ne sont jamais vertes, se développent les premières, n'ont pas de verticilles de rameaux et se dessèchent dès que l'épi est mûr. Les tiges stériles, au contraire, sont vertes, possèdent des verticilles de rameaux et persistent jusqu'à l'hiver. Les sporanges des prêles croissent sur des feuilles disposées en verticilles nombreux et rapprochés au sommet des tiges. Il existe un assez grand nombre d'espèces de prêles. Parmi elles nous citerons : la *prêle des champs*, appelée vulgairement *queue de rat* (*equisetum arvense*), commune dans les champs humides et sur le bord des rivières; *la prêle d'hiver* (*equisetum hyemale*), appelée encore *prêle des tourneurs*, et qui croît sur le bord des étangs et des tourbières. La tige des prêles renferme beaucoup de silice; aussi l'emploie-t-on à polir le bois.

PRÊLE

PRÉLEGS (pfx. *pré* + *legs*), *sm.* Legs qui doit être délivré avant tout partage. — **Dér.** *Préléguer.*

PRÉLÉGUER (pfx. *pré* + *léguer*), *vt.* Faire un ou plusieurs prélegs. (V. *Léguer.*)

***PRÊLER** (*prêle*), *vt.* Frotter avec la prêle : *Prêler une anche de clarinette.*

PRÉLÈVEMENT (*prélever*), *sm.* Action de prélever.

PRÉLEVER (pfx. *pré* + *lever*), *vt.* Prendre avant tout partage une certaine portion sur un total : *Prélever la dîme sur une récolte.* — **Dér.** *Prélèvement.*

PRÉLIMINAIRE (pfx. *pré* + *liminaire*), *adj. 2 g.* Qui précède le sujet principal et sert à l'éclaircir. ‖ *Articles préliminaires*, ceux qui, dans une négociation, doivent être réglés en premier lieu. — *Sm.* Introduction. ‖ Ce qui sert de base à un arrangement : *Les préliminaires de la paix.* — **Dér.** *Préliminairement.*

PRÉLIMINAIREMENT (*préliminaire* + sfx. *ment*), *adv.* Avant d'entrer en matière.

PRÉLUDE, *svm.* de *préluder.* Sons qu'on produit pour s'essayer à l'exécution d'un morceau de musique. ‖ Improvisation musicale. — Fig. Ce qui sert comme de préparation à une chose : *Ce premier succès fut le prélude de beaucoup d'autres.*

PRÉLUDER (pfx. *pré* + l. *ludere*, jouer), *vi.* Essayer sa voix, son instrument avant d'exécuter un morceau de musique. ‖ Se livrer à l'improvisation musicale. — Fig. Faire une chose pour se préparer à une autre plus importante : *Préluder à la carrière du barreau par des études sérieuses.* — **Dér.** *Prélude.*

PRÉMATURÉ, ÉE (l. *præmaturatum*), *adj.* Mûr avant la saison : *Fruit prématuré.* — Fig. Qui arrive avant le temps ordinaire : *Mort prématurée.* ‖ Plus développé que l'âge ne le comporte : *Esprit prématuré.* ‖ Qu'il n'est pas encore temps d'entreprendre : *Essai prématuré.* — **Dér.** *Prématurément, prématurité.*

PRÉMATURÉMENT (*prématurée* + sfx. *ment*), *adv.* Avant le temps convenable.

PRÉMATURITÉ (pfx. *pré* + *maturité*), *sf.* Qualité de ce qui est prématuré.

PRÉMÉDITATION (l. *præmeditationem*), *sf.* Action de réfléchir à une chose avant de l'exécuter, de combiner les moyens d'exécuter un crime : *En justice, la préméditation est une circonstance aggravante.*

PRÉMÉDITER (l. *præmeditari*), *vt.* Réfléchir sur une chose avant de l'exécuter. ‖ Projeter : *Préméditer un crime.* — **Dér.** *Préméditation.*

PRÉMERY, 2395 hab. Ch.-l. de c., arr. de Cosne (Nièvre). Forges. Ch. de fer P.-L.-M.

PRÉMICES (l. *primitiæ* : de *primus*, premier), *sfpl.* Les premiers produits de la terre, du bétail : *Offrir à Dieu les prémices de la moisson.* — Fig. Les premières productions de l'esprit. ‖ Commencement : *Les prémices du règne de Néron furent heureuses.*

PREMIER, IÈRE (l. *primarium*), *adj.* Qui précède tous les autres par rapport à l'ordre, au lieu, au temps, à la qualité, etc. : *La première page d'un livre. Le premier village que nous rencontrâmes. Le premier homme. Le volney est le premier vin de Bourgogne.* ‖ *La cause première*, Dieu. ‖ *Matières premières*, les productions naturelles non encore façonnées par l'homme. ‖ *Le premier venu*, celui qui arrive le premier. — Fig. Une personne, une chose quelconque prise au hasard : *S'adresser au premier venu.* ‖ Qui est devant, en avant : *Passer le premier.* ‖ Qui surpasse tous les autres par le rang, l'importance, le mérite, etc : *Le premier poète du siècle.* ‖ Indispensable avant tout : *Les premières nécessités de la vie.* ‖ Qui avait été auparavant, qu'on avait déjà eu : *Samson recouvra sa première force.* ‖ Qui n'est qu'à l'état rudimentaire : *Les premières notions d'une science.* ‖ *Nombre premier*, nombre qui n'est divisible que par lui-même et par l'unité. ‖ *Nombres premiers entre eux*, qui n'ont pas d'autres diviseurs communs que l'unité. — *Sm. Le premier*, l'étage d'une maison immédiatement au-dessus du rez-de-chaussée ou de l'entresol. ‖ *Jeune premier*, acteur qui joue les rôles d'amoureux. ‖ *Battre un premier*, battre aux champs. (Mus.) — *Sfpl. Les premières*, les loges d'un théâtre réputées les meilleures. — Adv. *Premièrement* (vx.). — **Dér.** *Premièrement.* — **Comp.** *Premier-dessus, premier-né.* Même famille : *Prémices.*

PREMIER-DESSUS (*premier* + *dessus*), *sm.* Premier soprano. (Mus.)

PREMIÈREMENT (*première* + sfx. *ment*), *adv.* En premier lieu, d'abord.

PREMIER-NÉ. (V. *Né.*)

PRÉMISSES (l. *præmissa*, chose mise en avant), *sf.* Chacune des deux premières propositions d'un syllogisme, la majeure et la mineure, dont on déduit la troisième ou conclusion. (V. *Syllogisme.*)

PRÉMONTRÉ (l. *præmonstratum*), village de Laon (Aisne), où saint Norbert établit en 1119 l'ordre des chanoines réguliers de Saint-Augustin. En 1789, il possédait en France 24 abbayes régulières et 49 abbayes commendataires. — *Sm.* **Un prémontré,** un membre de cet ordre.

PRÉMUNIR (l. *præmunire*), *vt.* Précautionner contre. — **Se prémunir,** *vr.* Se précautionner contre : *Se prémunir contre la pluie.*

PRENABLE (*prendre*), *adj*, *2 g.* Qui peut être pris : *Ville prenable.* — Fig. Qui peut être gagné, corrompu : *Homme prenable.* || Qui peut être avalé.

PRENANT, ANTE (*prendre*), *adj.* Organisé pour saisir les objets : *La queue prenante des sapajous.* || *La partie prenante,* la personne qui reçoit une somme d'un comptable.

PRENDRE (l. *prendere*, contraction de *prehendere*), *vt.* Saisir avec la main : *Prendre un bâton.* || *Prendre les armes,* s'armer soit pour se défendre ou pour attaquer, soit pour faire l'exercice, etc. || *Prendre quelqu'un aux cheveux,* le saisir par les cheveux. — Fig. *Prendre l'occasion aux cheveux,* en profiter. || *Ne savoir par où prendre quelqu'un,* ne savoir comment lui parler, parce qu'il est susceptible ou insensible. || Au jeu de paume : *Prendre la balle au bond,* la relancer avant qu'elle ait touché le sol. — *Fig.* Saisir vivement et à propos une occasion. — Fig. *Prendre le tison par où il brûle,* prendre une affaire par le côté le plus ardu. — Fig. *Prendre la mouche,* se fâcher sans motif suffisant. || *Prendre la clef des champs,* se sauver, s'évader. — Fig. *Prendre une affaire en main,* la diriger, s'en occuper. || *Prendre en main les intérêts de quelqu'un,* défendre ses intérêts. || Saisir un objet avec un instrument : *Prendre du feu avec une pincette.* || *Prendre la lune avec les dents,* entreprendre une chose impossible. || Endosser un vêtement : *Prendre son paletot.* || *Prendre le voile, le froc, la cuirasse,* se faire religieux, moine, soldat. || Emporter par nécessité ou par précaution : *Prendre son parapluie.* || Enlever par force et en cachette, dérober : *Prendre des poules à son voisin.* — Poét. *Prendre les jours, la vie de quelqu'un,* le faire mourir. || Arrêter, emprisonner : *Prendre un voleur.* || *Prendre son bien où on le trouve,* s'en emparer en quelque lieu qu'il soit. || Lever des troupes : *On a pris tous les jeunes gens de cette classe.* || S'emparer d'une ville : *Le duc de Guise prit Calais en 1558.* || Faire prisonnier : *Ce général a pris 2 000 hommes à l'ennemi.* || S'emparer de : *Il prit deux canons.* || Saisir à l'aide d'un piège : *Prendre des lapins au collet.* — Fig. *Se laisser prendre au piège,* se laisser duper. — Fig. *Prendre un homme,* s'emparer de son esprit, de son cœur. || *Prendre quelqu'un par son faible,* flatter son défaut habituel, sa passion dominante. || Saisir à l'improviste : *Je l'ai pris au moment où il me volait.* || *Prendre quelqu'un au saut du lit,* aller chez lui de grand matin. || Manger, boire : *Prendre un verre de vin.* || Faire usage d'une chose : *Prendre un bain, du tabac.* || *Prendre la poudre d'escampette,* s'enfuir. || *Prendre l'air,* se promener dans un lieu découvert. — Pop. *Prendre l'air,* s'évader. || *Prendre le frais,* se mettre dehors pour respirer un air frais. || *Prendre du repos,* cesser de travailler. || Attraper un mal contagieux : *Prendre la peste, la fièvre.* || Acquérir : *Prendre de l'embonpoint, de la graisse, du ventre.* || *Prendre des forces,* devenir plus fort. || *Prendre de l'âge,* vieillir. || *Prendre son vol,* s'envoler. || *Prendre la fuite,* se sauver. || Contracter une habitude : *Prendre les mœurs des sauvages.* || *Le prendre haut* ou *le prendre sur le haut ton,* parler fièrement. || Se donner un nom, un titre : *Prendre le titre de marquis.* || *Prendre des libertés,* agir trop librement. || Exiger un prix : *Ce cocher prend deux francs à l'heure.* || *C'est à prendre ou à laisser,* choisissez, mais décidez-vous pour l'un ou pour l'autre. || Accepter, recevoir : *Prendre les ordres de quelqu'un. Prendre les leçons d'un maître.* || Extraire, tirer : *Ce passage est pris dans Racine.* || Engager, louer quelqu'un sous conditions : *Prendre un valet de chambre.* || *Prendre femme,* se marier. || Aller rejoindre : *J'irai vous prendre chez vous.* || Donner l'hospitalité : *Prendre un malheureux chez soi.* || *Prendre sur,* retrancher à une chose : *J'ai pris deux heures sur mon sommeil pour travailler.* || Se charger de : *Je prendrai cette somme en dépôt.* || Soutenir : *Il a pris parti pour moi.* || Se fixer dans ou sur : *Prendre un logement. Prendre ses quartiers d'hiver.* || Choisir, se décider pour : *Quelle fleur prenez-vous?* || S'engager dans : *Prenez la grande route.* || *Prendre à droite, à gauche,* aller à droite, à gauche. || *Prendre à travers champs,* s'avancer dans la campagne sans suivre aucun chemin tracé. — Fig. *Prendre à travers les choux,* aller tout droit à son but. || *Prendre les devants,* partir avant quelqu'un. || Interpréter : *Il a mal pris mon explication.* || *A le bien prendre,* en donnant une bonne interprétation. || *Prendre une chose pour soi,* se l'attribuer : *J'ai pris cette injure pour moi.* || *Prendre une chose à la lettre, au pied de la lettre,* l'expliquer selon le sens littéral. || Se procurer : *Prendre des renseignements.* || Remettre à une autre époque : *Prendre du temps pour payer une dette.* || *Prendre son temps,* ne pas se presser. || *Prendre la hauteur d'un astre,* mesurer la hauteur de cet astre au-dessus de l'horizon. || Au jeu, *Prendre sa revanche,* jouer une seconde partie pour tâcher de se racquitter de ce que l'on a perdu. — *Fig.* Regagner un avantage qu'on avait perdu. || *Prendre le change,* se dit des chiens qui quittent les traces d'une bête pour suivre celles d'une autre. (Chasse.) — Fig. *Prendre le change sur une chose,* s'y tromper. || *Prendre le large,* gagner la haute mer. || *Prendre la mer,* s'embarquer. || *Prendre à,* accepter comme. || *Prendre à témoin,* invoquer le témoignage de quelqu'un. || *Prendre à partie,* attaquer en justice un homme qui n'était pas d'abord notre adversaire. || *Prendre un juge à partie,* se plaindre en justice d'un juge. || *Prendre une chose à cœur,* s'en affecter vivement. || *Prendre une personne pour une autre,* croire qu'une personne en est une autre. — Fig. *Prendre quelqu'un pour un autre,* le juger autrement qu'il n'est en réalité. || *Prendre un homme pour une dupe,* le considérer comme un homme facile à tromper. || *Prendre quelqu'un pour dupe,* le tromper. || *Prendre que,* supposer que : *Prenons que je n'ai rien dit.* || *Prendre,* suivi d'un nom commun, forme des locutions dont la plupart expriment un commencement d'action ou d'état. Telles sont les locutions : *Prendre racine, prendre feu, prendre date, prendre fait et cause,* etc. || *Prendre pied,* s'établir solidement. — *Vi.* S'enraciner : *Le micocoulier n'a pas pris.* || Produire un effet : *Le vésicatoire a bien pris.* || Produire une impression trop forte : *Ce ragoût prend à la gorge.* || S'épaissir : *La pâte est bien prise.* || Se cailler : *Le lait prend.* — *V. imp.* Se dit alors de ce qui contribue à un bon ou à un mauvais résultat : *Il lui prendra mal de songer si peu à ses affaires.* — **Se prendre,** *vr.* Être saisi au piège : *Le lapin se prend au collet.* || Être captivé, séduit : *Il s'est pris de pitié.* || *Se prendre pour,* prendre sa propre personne pour une autre. || Être employé : *Ce mot est pris au sens figuré.* — À TOUT PRENDRE, *loc. adv.* En considérant, en compensant le bien et le mal. — AU FAIT ET AU PRENDRE, *loc. adv.* Au moment de l'exécution. — **Gr.** Je prends, tu prends, il prend, nous prenons, vous prenez, ils prennent ; je pris, tu pris, etc.; je prenais, tu prenais, etc. ; je prendrai, tu prendras, etc. ; je prendrais, etc. ; prends, prenons, prenez ; que je prenne, que tu prennes, qu'il prenne ; que nous prenions, que vous preniez, qu'ils prennent ; que je prisse, que tu prisses, qu'il prît, etc. ; prenant ; pris, prise. — **Dér.** *Prenant, pris, prise, preneur, preneuse, prenable.* — **Comp.** *Apprendre,* etc. ; *appréhender,* etc. ; *comprendre,* etc. ; *entreprendre,* etc. ; *imprenable,* etc. ; *reprendre,* etc. ; *surprendre,* etc. Même famille : *Préhension, préhensile, prison, prisonnier, prisonnière ; emprisonner.*

PRENELAY (MONT). Point culminant des montagnes du Morvan (868 mètres).

PRÉNESTE, ancienne ville du Latium, à l'E. de Rome, aujourd'hui *Palestrina.*

PRENEUR, EUSE (*prendre*), *s.* Celui, celle qui prend, qui a coutume de prendre : *Un preneur de tabac.* || Celui qui prend à bail un immeuble.

PRÉNOM (l. pfx. *pré* + *nom*), *sm.* Le nom qui précédait le nom de famille chez les Romains : *Le prénom de César était Caius.* || Nom de baptême, qui, au moyen âge, était le véritable nom ; le nom de famille n'était considéré que comme surnom.

PRÉNOTION l. (*prænotionem*), *sf.* Action de connaître d'avance. || Connaissance superficielle qu'on a d'une chose.

PRÉOCCUPATION (l. *præoccupationem*), *sf.* État d'un esprit tellement possédé de certaines idées, qu'il n'en peut plus concevoir de contraires : *Examiner une question sans préoccupation.* || État d'un esprit tellement absorbé par un objet, qu'il ne prête aucune attention aux autres.

PRÉOCCUPER (l. *præoccupare*), *vt.* Rendre l'esprit incapable d'examiner sérieusement, de changer d'idée : *Il lui a préoccupé l'esprit.* || Absorber l'esprit au point de rendre inattentif à tout autre chose : *Cette affaire me préoccupe.* — **Se préoccuper,** *vr.* Concevoir une prévention : *L'esprit faible se préoccupe aisément.* — **Gr.** Ne dites pas : *Je me préoccupe de cette affaire,* mais : *Je m'occupe.* — **Dér.** *Préoccupation.*

PRÉOPINANT (pfx. *pré* + *opinant*), *sm.* Celui qui opine, qui parle avant un autre.

PRÉOPINER (pfx. *pré* + *opiner*), *vi.* Opiner avant quelqu'un. — **Dér.** *Préopiner.*

PRÉORDONNER (pfx. *pré* + *ordonner*), *vt.* Disposer à l'avance.

PRÉPARATEUR (*préparer*), *sm.* Celui qui prépare quelque chose. || Celui qui prépare les expériences qu'un professeur doit faire dans un cours, les objets qu'il doit montrer aux auditeurs : *Un préparateur de chimie, d'histoire naturelle.*

PRÉPARATIF (*préparer*), *sm.* Action de déterminer, de rassembler les choses nécessaires à l'exécution d'un projet : *Commencer les préparatifs d'un dîner.*

PRÉPARATION (l. *præparationem*), *sf.* Action de préparer, de se préparer. || *Préparation à la communion,* méditation que l'on fait avant de communier. || Étude, méditation à laquelle on se livre avant de faire un discours, une leçon : *Parler sans préparation.* || Action, manière de préparer certaines choses pour les employer ou les conserver : *La préparation des peaux.* || Manipulations que l'on fait pour réaliser une expérience de physique ou de chimie, pour composer un médicament. || Médicament composé : *Le vin antiscorbutique est une bonne préparation.* || *Préparation anatomique,* partie disséquée, fraîche ou sèche, conservée pour l'étude.

PRÉPARATOIRE (l. *præparatorium*), *adj.* *2 g.* Qui prépare à quelque chose : *École préparatoire de médecine.* || *Question préparatoire,* torture que l'on faisait subir à un accusé, avant jugement, en manière d'interrogatoire.

PRÉPARER (pfx. *pré* + l. *parare,* disposer), *vt.* Faire ce qui est nécessaire pour rendre une chose propre à l'usage auquel on la destine : *Préparer un mets.* || Faire les opérations, les manipulations nécessaires pour obtenir une substance chimique : *Préparer du chlore.* || *Préparer un discours,* en disposer le plan, déterminer les choses qu'on dira. || Prendre les dispositions nécessaires pour atteindre un certain but : *Préparer une expédition.* || Agir sur l'esprit de quelqu'un pour le disposer à une chose : *On le prépara à cette fatale nouvelle.* || Faire le travail nécessaire pour acquérir certaines connaissances : *Préparer un examen.* || Causer, ménager un effet à venir : *Préparer une surprise, de grands malheurs.* — **Se préparer,** *vr.* Être préparé. || Prendre ses dispositions pour : *Se préparer à partir.* || Méditer, étudier avant de parler, de subir une épreuve. || Commencer à se former : *Un orage se prépare.* — **Dér.** *Préparation, préparateur, préparatif, préparatoire.*

PRÉPONDÉRANCE (*prépondérant*), *sf.* Supériorité de poids : *La prépondérance d'un plateau de balance.* — Fig. Supériorité d'autorité, d'influence.

PRÉPONDÉRANT, ANTE (pfx. *pré* + l. *pondus,* génitif *ponderis,* poids), *adj.* Qui a plus de poids qu'un autre. — Fig. Qui a plus d'autorité, d'influence : *Ministre prépondérant.* || Qui doit l'emporter : *En cas de partage la voix du président est prépondé-*

rante. — **Dér.** *Prépondérance.* Même famille que *Poids*, etc.

PRÉPOSÉ, ÉE (*préposer*), *adj.* A qui une charge, une fonction a été confiée. — *Sm.* Employé : *Les préposés de l'octroi.*

PRÉPOSER (pfx. *pré* + *poser*), *vt.* Investir de l'autorité nécessaire pour faire une chose : *Préposer un officier au commandement d'un navire.* || Ajouter un préfixe au commencement d'un mot. — **Dér.** *Préposé, préposée, préposition, prépositif, prépositive, prépositivement.* Même famille : *Prévôt*, etc.

PRÉPOSITIF, IVE (l. *præpositivum*), *adj.* Qui se met au commencement d'un mot : *Particule prépositive* ou *préfixe.* || Qui fait l'office d'une préposition. || *Locution prépositive*, ensemble de plusieurs mots qui équivalent à une préposition : Ex. *Vis-à-vis de.*

PRÉPOSITION (l. *præpositionem*), *sf.* Terme de grammaire. Mot invariable exprimant le rapport d'un terme avec un autre. — On peut classer les prépositions en cinq classes, d'après les rapports exprimés : 1° *Manière* (avec, de, hors, malgré, par, outre, sans, selon...). — 2° *Temps* (avant, après, depuis, dès, durant...). — 3° *Lieu* (à, chez, de, dans, devant, derrière, en, entre, sur, sous, vers...). — 4° *Tendance* ou *éloignement* (à, contre, envers, pour, jusque...). — 5° *Cause* ou *origine* (de, par, pour). — La préposition sert à indiquer le complément des substantifs, des adjectifs, les régimes indirects ou circonstanciels des verbes.

PRÉPOSITIVEMENT (*prépositive* + sfx. *ment*), *adv.* A la manière d'une préposition.

PRÉPOTENCE (pfx. *pré* + l. *potentia*, puissance), *sf.* Pouvoir excessif.

PRÉROGATIVE (l. *prærogativa*, interrogée d'abord), *sf.* A Rome, la centurie qui votait la première. || Aujourd'hui fig. pouvoir, droit exceptionnel attaché à une dignité : *La noblesse jouissait de prérogatives importantes.* || Faculté dont un être animé jouit exclusivement : *L'homme a la prérogative de la raison.*

PRÈS (l. *pressum*, serré contre), *adv.* Dans le voisinage : *Je demeure tout près.* — A BEAUCOUP PRÈS, *loc. adv.*, tant s'en faut. — A PEU PRÈS, *loc. adv.*, presque. — DE PRÈS, *loc. adv.*, à une faible distance, tout contre : *Surveiller quelqu'un de près*, le surveiller rigoureusement. — A CELA PRÈS, *loc. adv.*, cela excepté, sans s'arrêter à cela. — AU PLUS PRÈS, *loc. adv.*, dans une direction qui s'écarte très peu de celle du vent : *Gouverner au plus près* (Mar.). — PRÈS DE, *loc. adv.*, dans le voisinage de : *Être près de la ville.* || Sur le point de : *Être près de mourir.* — **Comp.** *Après, presque.*

PRÉSAGE (l. *præsagium* : *præ*, en avant + *sagire*, avoir les sens délicats), *sm.* Signe par lequel on juge de l'avenir : *On regarde ce présage comme heureux.* || Conjecture tirée d'un tel signe : *Je conçois de là un heureux présage.* — **Dér.** *Présager.*

PRÉSAGER (l. *présage*), *vt.* Annoncer une chose à venir : *Cette chaleur présage l'orage.* || Conjecturer ce qui doit arriver : *Je ne présage rien de bon.*

PRÉ-SALÉ (*pré* + *salé*), *sm.* Pâturage situé près de la mer et imprégné de la salure de celle-ci. || Mouton nourri dans ce pâturage. || Sa viande, qui est d'excellente qualité : *Un gigot de pré-salé.* — Pl. *des prés-salés.*

***PRÉSANCTIFIÉ ÉE** (pfx. *pré* + *sanctifié*), *adj.* Sanctifié d'avance : *Hostie présanctifiée.* || *Messe des présanctifiés*, celle qu'on dit le Vendredi saint avec une hostie consacrée la veille.

PRESBOURG, 48 000 hab.; en hongrois *Pozsony*; ancienne capitale de la Hongrie; ch.-l. de comitat de la Hongrie cisdanubienne; archevêché; soieries, eaux-de-vie, cuirs, tabac. — Traité signé entre l'Autriche et la France en 1805 après Austerlitz et en vertu duquel l'Autriche cédait Venise à la France.

PRESBYTE (g. πρεσβυτής, vieillard), *adj.* et *s.* 2 *g.* Qui voit mieux de loin que de près à cause de l'aplatissement du cristallin, habituel chez les vieillards : *Devenir presbyte. Les presbytes doivent se servir de lunettes à verres convexes.* (V. *Œil, Lunette.*) — **Dér.** *Presbytie, presbytisme.* Même famille que *Presbytère*, etc.; *prêtre*, etc.

PRESBYTÉRAL, ALE (*presbytère*), *adj.* Qui appartient au prêtre. || *Maison presbytérale*, la maison du curé.

PRESBYTÈRE (g. πρεσβυτέριον), *sm.* Maison destinée à loger le curé d'une paroisse. — **Dér.** *Presbytéral, presbytérale, presbytérianisme, presbytérien, presbytérienne.*

PRESBYTÉRIANISME ou **PRESBYTÉRANISME** (*presbytérien*), *sm.* Doctrine introduite en Écosse par Knox, disciple de Calvin; comme son maître, il croit à l'égalité complète des chrétiens, n'admet que des ministres et des anciens pour diriger l'Église et rejette l'institution des évêques. || Secte des presbytériens.

PRESBYTÉRIEN, IENNE (*presbytère*), *s.* Membre de l'Église presbytérienne. || Qui a rapport au presbytérianisme : *L'Église presbytérienne.*

PRESBYTIE (*presbyte*), *sf.* Vue du presbyte, confuse de près, nette de loin.

PRESCIENCE (l. *præscientia*), *sf.* Connaissance que Dieu possède des choses à venir.

PRESCOTT (WILLIAM), historien américain, devenu aveugle comme Augustin Thierry à force de travail, auteur d'une *Histoire de Ferdinand et d'Isabelle*, d'une *Histoire de la conquête du Mexique*; d'une *Histoire de la conquête du Pérou*, d'une *Histoire de Philippe II*, inachevée (1796-1859).

PRESCRIPTIBLE (*prescription*), *adj.* 2 *g.* Sujet à la prescription : *Dette prescriptible* (Dr.). — **Comp.** *Imprescriptible.*

PRESCRIPTION (l. *præscriptionem*), *sf.* Ordonnance, précepte : *Les prescriptions de la loi.* || *Prescription médicale*, l'ordonnance d'un médecin. || Disposition de la loi en vertu de laquelle, passé un certain temps, on ne peut plus être poursuivi en justice, on devient propriétaire d'un bien dont on avait la jouissance, ou l'on se trouve libéré d'une dette. || Temps passé lequel la prescription est acquise. Il y a prescription après 10 ans pour les crimes; après 3 ans pour les délits; après un an pour les contraventions; après 30 ans pour la possession d'un immeuble; après 5 ans pour le paiement d'une rente annuelle ou des intérêts d'une somme prêtée; après 2 ans pour le paiement des avoués; après un an pour le salaire des médecins, apothicaires, huissiers, maîtres de pension, domestiques loués à l'année et les factures des marchands; après 6 mois pour ce qu'on doit aux maîtres donnant des leçons au mois, aux hôteliers et traiteurs, aux ouvriers et gens de travail.

PRESCRIRE (pfx. *pré* + l. *scribere*, écrire), *vt.* Enjoindre, ordonner, imposer : *La loi prescrit aux enfants de nourrir leurs parents infirmes.* || Délivrer une ordonnance de médecin : *Prescrire un médicament.* || Acquérir une propriété ou se libérer d'une dette par prescription. — Fig. Effacer. — **Se prescrire**, *vr.* Être ordonné. || Se perdre par prescription : *Les droits des mineurs ne se prescrivent pas.* — **Dér.** *Prescription, prescriptible.*

PRÉSÉANCE (pfx. *pré* + *séance*), *sf.* Droit de prendre place au-dessus de quelqu'un; de le précéder.

PRÉSENCE (l. *præsentia*), *sf.* État d'une personne qui se trouve, se montre ou séjourne dans un lieu marqué : *On constata sa présence dans l'assemblée.* || *La présence réelle*, le corps, le sang, l'âme et la divinité de Jésus-Christ présents dans l'Eucharistie. || *Droit de présence*, rétribution accordée à un membre d'une association qui assiste à une assemblée de celle-ci. || Aspect, vue : *La présence de quelqu'un.* || *La présence de Dieu*, son ubiquité. || *Se mettre en la présence de Dieu*, considérer qu'il voit nos pensées, nos actions. || Existence d'un corps dans un certain lieu : *La présence des aérolithes dans l'espace.* || Interposition d'une substance dans une autre : *Constater la présence d'un poison dans un cadavre.* — EN PRÉSENCE, *loc. adv.* En vue l'un de l'autre : *Être en présence.* || Se préparer à la lutte en parlant des armées, des factions, des partis. — Fig. *Présence d'esprit*, faculté que quelqu'un possède d'être toujours maître de lui, de parler ou d'agir au mieux de ses intérêts.

1. **PRÉSENT, ENTE** (l. *præsentem* : de *præ* + *esse*, être), *adj.* Qui est dans le lieu dont on parle : *Il était présent à la bataille.* || Que l'on voit, qui est à côté de soi : *Interrogez les personnes présentes.* — Fig. Que l'on croit voir encore : *J'ai ce spectacle présent à la mémoire.* — Fig. *Avoir l'esprit présent*, se posséder bien. || Avoir la conception prompte, la repartie vive. || *Avoir la mémoire présente*, se rappeler sur-le-champ ce que l'on a vu ou lu. || Qui est du temps où nous sommes : *Le siècle présent.* || Qui opère sur-le-champ : *Remède présent* (vx). — **Dér.** *Présent* 2 et 3, *présenter, présentation, présentable, présentateur, présentatrice, présentement.* — **Comp.** *Représenter, représentation*, etc.

2. **PRÉSENT** (*présent* 1), *sm.* Le moment, le temps où l'on est : *Le présent, comparé au passé et à l'avenir, n'est qu'un point.* || Temps du verbe exprimant un état ou une action actuelle. — *Smpl. Les présents*, les personnes présentes. — A PRÉSENT, POUR LE PRÉSENT, *loc. adv.* Maintenant.

3. **PRÉSENT** (l. *præsentem*), *sm.* Chose présentée, don : *Un présent magnifique.* || Tout avantage dont on est doué en naissant. || Chacun des biens naturels : *Les présents de Cérès*, les moissons. || *Les présents de Pomone*, les fruits. || *Un présent du ciel*, personne, chose qui nous est très précieuse. — **Syn.** Le *don* est la chose donnée gratuitement; la *gratification* est un don en argent fait à un employé; le *présent* est un don que l'on *présente*; le *cadeau* est un don que l'on envoie.

PRÉSENTABLE (*présenter*), *adj.* 2 *g.* Qu'on peut présenter, qui peut se présenter.

PRÉSENTATEUR, TRICE (*présenter*), *s.* Celui, celle qui introduit quelqu'un dans une société. || Qui a le droit de présenter à une place, à un bénéfice.

PRÉSENTATION (*présenter*), *sf.* Action de présenter : *Billet payable à présentation*, quand on le présente. || *La Présentation de la Vierge*, fête que l'Église célèbre le 21 novembre en mémoire du jour où la Vierge fut présentée dans le temple de Jérusalem par ses parents. || *Présentation à la cour*, cérémonie qui consiste à présenter au roi et à sa famille ceux qui ont droit à cet honneur. || Action d'introduire quelqu'un dans une société. || Droit de présenter quelqu'un pour remplir une place.

PRÉSENTEMENT (*présente* + sfx. *ment*), *adv.* Actuellement, à l'instant même.

PRÉSENTER (l. *præsentare*), *vt.* Approcher une chose de quelqu'un pour qu'il s'en serve : *Présenter une chaise.* || Offrir un don : *Présenter un bouquet.* || *Présenter un billet*, le porter à l'échéance chez celui qui doit le payer. || *Présenter la main à quelqu'un*, lui tendre la main. || *Présenter les armes*, porter le fusil en avant pour honorer un officier supérieur. || *Présenter une pétition*, l'adresser à quelqu'un. || *Présenter une personne*, l'introduire en présence de quelqu'un et dire qui elle est. || *Présenter quelqu'un dans une maison*, l'y introduire. || *Présenter un enfant au baptême*, le porter à l'église pour qu'on le baptise. || *Présenter à un emploi*, désigner celui à qui cet emploi doit ou peut être donné. || Mettre sous les yeux : *Présenter un plan.* || Exposer : *Présenter les difficultés d'une affaire.* || Être susceptible de procurer : *Ce pays présente des ressources.* || Être accompagné de : *Cela présente des difficultés.* || Diriger, tourner vers : *Présenter le flanc à l'ennemi.* || Mettre en avant pour menacer : *Présenter la baïonnette.* — Fig. *Présenter la bataille*, tâcher d'amener l'ennemi à combattre. || Essayer si une pièce de bois ou de fer ira bien avant de la poser à demeure. — **Se présenter**, *vr.* Paraître devant quelqu'un. || Avoir un certain maintien : *Ce jeune homme se présente bien.* || Faire visite. || Apparaître : *Le village se présenta à nos regards.* — Fig. *Cette affaire se présente bien*, il semble qu'elle réussira. — *Vr.* et *impers.* Survenir : *Si l'occasion se présente.*

PRÉSERVATEUR, TRICE (*préserver*), *adj.* Qui préserve : *Moyen préservateur.*

PRÉSERVATIF, IVE (*préserver*), *adj.* Qui a la vertu de préserver. — Sm. *Remède préservatif.* || Ce qui préserve en général.

PRÉSERVATION (*préserver*), *sf.* Action, moyen de préserver.

PRÉSERVER (l. *præservare*), *vt.* Garantir d'un mal, d'un accident qui menace : *Pré-*

server quelqu'un d'une épidémie. || *Préserver les fruits de la gelée.* — **Se préserver**, *vr.* Se garantir d'un mal dont on est menacé. — **Dér.** *Préservateur, préservatif, préservation.*

PRÉSIDENCE (*président*), *sf.* Action, droit de présider. || Fonction de président, sa durée. || Fonction du magistrat investi du pouvoir exécutif dans une république. || Division administrative de l'Inde.

PRÉSIDENT (l. *præsidentem*), *sm.* Celui qui préside un tribunal, une assemblée, une réunion, et en dirige les débats : *Le président de la chambre des députés.* || (V. *Mortier.*)|| Celui qui préside à un concours, à un examen, à la soutenance d'une thèse. || Chef éligible du pouvoir exécutif dans une république : *Le président de la République est élu pour sept ans par l'assemblée nationale.*

PRÉSIDENTE (*président*), *sf.* Celle qui préside une assemblée. || Femme d'un président.

***PRÉSIDENTIEL, ELLE** (*président*), *adj.* Qui a rapport au président d'une république : *Pouvoir présidentiel.*

PRÉSIDER (pfx. *pré* + l. *sedere*, être assis), *vi.* Avoir la direction de, veiller à : *Dieu préside à nos destinées.* || *Présider à un concours.* — *Vt.* et *i.* Être à la tête d'une assemblée pour y maintenir l'ordre, en diriger les débats, y recueillir les voix et proclamer les résolutions : *Présider la chambre des députés, un tribunal.* — **Dér.** *Président, présidente, présidence, présidentiel, présidentielle, présides.* Même famille : *Présidial* 1, *présidial* 2, *présidiale.*

PRÉSIDES (esp. *presidios*, garnisons), *smpl.* Nom de quatre forteresses espagnoles (Ceuta, Penõn de Velez, Peñon de Alhucemas, Melilla), sur la côte du Maroc, où l'Espagne déporte des condamnés de droit commun et des détenus politiques.

1. **PRÉSIDIAL** (l. *præsidialem* : de *præses*, président), *sm.* Tribunal civil ou criminel, analogue à nos tribunaux de première instance; ces présidiaux, établis par Henri II en 1551, jugeaient sans appel jusqu'à 250 livres tournois en capital et 10 livres en revenu; d'abord au nombre de 32, ils s'étendirent à tous les bailliages et sénéchaussées après l'ordonnance de Moulins (1566). || Lieu où il siégeait. || Territoire formant sa circonscription.

2. **PRÉSIDIAL, ALE** (*présidial* 1), *adj.* Qui relève d'un présidial, qui en émane. — Mpl. *Présidiaux.*

PRESLE. (V. *Prêle.*)

PRESLES (Raoul de), traducteur pour Charles V de la *Cité de Dieu* de saint Augustin, auteur d'un *Traité de la puissance ecclésiastique et séculière*, abrégé du *Songe du Vergier* (1314-1383).

PRÉSOMPTIF, IVE (l. *præsumptivum*), *adj.* Se dit de tout héritier naturel d'une personne, et principalement de celui qui est appelé à hériter du trône.

PRÉSOMPTION (l. *præsumptionem*), *sf.* Conjecture, opinion fondée sur des faits, des commencements de preuve. || Ce qui en justice est supposé vrai, par provision, tant que le contraire n'est pas prouvé : *Pour un accusé non condamné, il y a présomption d'innocence.* || Opinion trop avantageuse de soi-même : *La présomption nous perd souvent.* — **Syn.** La *présomption* est une opinion fondée sur la réalité des faits; la *conjecture* n'est établie que sur des probabilités.

PRÉSOMPTUEUSEMENT (*présomptueuse* + sfx. *ment*), *adv.* Avec présomption.

PRÉSOMPTUEUX, EUSE (l. *præsumptuosum*), *adj.* Qui annonce de la présomption : *Air présomptueux.* — *Adj.* et *s.* Qui a une trop bonne opinion de lui-même : *Un jeune présomptueux.*

PRESQUE (*près* + *que*), *adv.* A peu près.

PRESQU'ÎLE (*presque* + *île*), *sf.* Terre entourée par la mer de tous les côtés, excepté un qui la relie au continent : *La presqu'île de Quiberon.*

***PRESSAGE** (*presser*), *sm.* Action de presser. || Emploi de la presse.

PRESSAMMENT (*pressant* + sfx. *ment*), *adv.* D'une manière pressante.

PRESSANT, ANTE (*presser*), *adj.* Qui serre. || Qui insiste sans relâche : *Solliciteur pressant.* || Vif et continu : *Prière pressante.* || Difficile à réfuter : *Argument pressant.* || Qui ne souffre aucun délai : *Ordre pressant.*

PRESSE, *svf.* de *presser.* Machine qui sert à presser, à tenir une chose extrêmement serrée. || Machine pour imprimer les feuilles d'un livre, les estampes, etc. || *Mettre un livre sous presse*, le faire imprimer. || *Faire gémir la presse*, publier beaucoup de livres en parlant d'un auteur. || L'imprimerie, ses produits. || *Liberté de la presse*, le droit d'imprimer un ouvrage sans qu'il soit soumis à une censure préalable. || *La presse périodique*, les journaux. || Multitude de personnes qui se pressent : *La presse était grande à cette fête.* || *Il n'y a pas de presse à faire telle chose* : peu de personnes se soucient de la faire. — **Fig.** Situation fâcheuse. || Pression morale. || Multiplicité de travaux urgents. || Enrôlement forcé de matelots en Angleterre. — **Dér.** *Pressier.*

Presse d'imprimerie. Il a été déjà parlé de la *presse à bras* et des *machines* au mot imprimerie; nous ne ferons ici que compléter cet article. La presse à bras de Gutenberg ne fut modifiée qu'à la fin du XVIIIe siècle. Les Didot remplacèrent la *platine* à deux reprises par une platine de fonte ou de cuivre recouvrant tout le marbre et n'exigeant plus qu'un coup de barreau. Vers 1817, lord Stanhope, voulant faire imprimer un ouvrage de physique, imagina une presse en métal qui imprimait d'un seul coup les *formes* les plus grandes et rendait le travail de l'ouvrier plus rapide au moyen d'un système de leviers puissants. Cependant c'est à un compatriote de Martin Luther, Frédéric Kœnig (1774-1833), que revient l'honneur d'avoir inventé la machine à *platine*, bientôt transformée en machine à *retiration*, imprimant simultanément les deux côtés de la feuille. La machine à *platine* servit à l'impression du *Times*, et tira jusqu'à 800 feuilles en une heure. Nappier en Angleterre, Gaveaux, Marinoni et Derriey en France transformèrent sa découverte; au lieu de machines à platine et à cylindre, on eut des machines rotatives. La *table de chariot* est remplacée par des cylindres; la machine Marinoni, avec sept ouvriers seulement, tire 24 000 numéros de journal à l'heure; le *clichage*, en multipliant les empreintes, permet de tirer la même composition sur 24 machines à la fois, soit 144 000 numéros à l'heure. Le clichage est l'empreinte prise sur la composition avec du blanc d'Espagne et du papier, ou de la gélatine. Le procédé *Martin* permet d'amplifier les types en les plongeant dans l'eau chaude où ils se dilatent, de les diminuer en les trempant dans l'eau froide, où ils se contractent. On obtient ainsi une matrice, où l'on coule du métal qui vaut la composition primitive.

Presse hydraulique, *sf.* Appareil qui fonctionne d'après le principe de l'égale transmission des pressions dans les liquides, et qui sert à exercer des pressions considérables par l'intermédiaire de deux pistons, l'un plus petit sur lequel on applique la force, l'autre plus grand la recevant multipliée par un facteur qui est égal au quotient de la seconde surface par la première. Le principe de l'égale transmission des pressions est celui-ci : Étant considérée, dans un liquide, une portion plane, prise pour unité de surface, si l'on vient à exercer une pression normalement et uniformément sur cette surface, la pression transmise sur une surface plane quelconque prise à l'intérieur du liquide, ou sur son pourtour, ou sur sa surface, sera égale au produit de la pression par l'étendue de cette dernière surface. Au moyen de la presse hydraulique, on utilise ce principe pour produire, avec de petites forces, des effets mécaniques considérables. Ainsi, avec une charge de 1 kilogramme placée sur le petit piston, on peut faire équilibre à une charge de 1000 kilogrammes placée sur le grand piston, pourvu que le rapport de la surface du petit piston à la surface du grand soit de 1 à 1000. Il va sans dire que la surface de chaque piston est égale à la surface de l'eau sur laquelle repose cet organe. Les deux corps de pompe communiquent l'un avec l'autre par l'intermédiaire d'un tuyau étroit. Le bout supérieur du grand piston est muni d'un plateau sur lequel on place les objets à soulever ou à presser. D'autre part, le bâti de l'appareil est relié à un plateau fixe qui termine ce bâti par en haut et contre lequel les objets à comprimer sont pressés par le plateau mobile. Il ne faudrait pas croire, en voyant ces effets énormes produits par des forces très petites, que la presse hydraulique crée de la force. Non. Ce que l'on gagne en force, on le perd en vitesse, car pour élever d'un centimètre le large piston chargé de 1 000 kilogrammes, en exerçant un effort d'un kilogramme sur le piston étroit, il faut faire parcourir à celui-ci un chemin 1 000 fois plus considérable qu'à celui-là, puisque l'eau qui passe du corps de pompe étroit dans le corps de pompe large pour y occuper une surface 1 000 fois plus grande, ne peut le faire qu'à la condition d'y avoir une hauteur 1 000 fois plus petite. Il faudrait donc, dans le cas pris ici pour exemple, faire parcourir 1 000 centimètres au petit piston. On tourne cette difficulté en donnant 1 000 coups de piston au lieu d'un seul et en maintenant, au moyen d'une soupape convenablement disposée, l'élévation d'un millième de centimètre donnée au grand piston par chaque abaissement du petit. La presse hydraulique a été inventée par Pascal. Elle n'est entrée dans la pratique qu'à partir du moment où

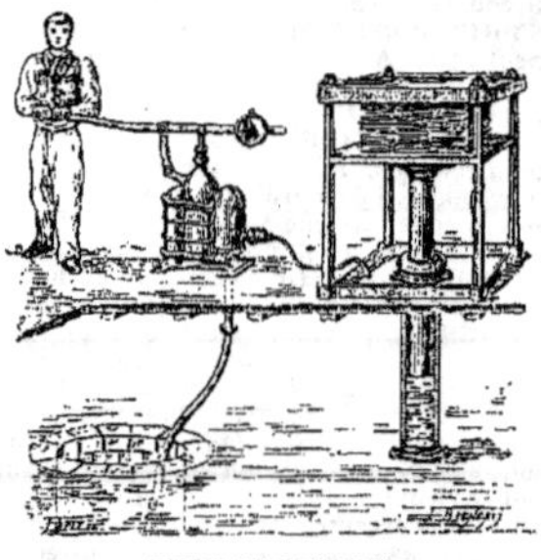

PRESSE HYDRAULIQUE

Bramat a eu l'idée d'interposer, entre le piston et le corps de pompe, tout en haut de ce dernier, et horizontalement, ce que l'on appelle un *cuir embouti*, qui représente la moitié supérieure d'un anneau de cuir, dont la moitié inférieure aurait été enlevée. La presse hydraulique a beaucoup d'usages dans l'industrie. On s'en sert, par exemple, pour mettre en balles les substances qui seraient encombrantes à cause de leur volume, telles que le foin, le coton, etc. On l'emploie, dans la fabrication des huiles, pour broyer les graines oléagineuses; dans l'industrie sucrière pour comprimer la pulpe de betterave. Les ingénieurs essayent les chaudières des machines à vapeur en les soumettant à une pression hydraulique. On a même recours à la pression hydraulique pour soulever des navires. Les plates-formes qui servent à cet usage sont connues sous le nom de *docks flottants*. En résumé, on emploie la presse hydraulique dans tous les cas où l'on a à exercer une pression considérable, sans avoir besoin d'une grande vitesse.

Presse périodique. La première publication périodique et politique qui ait paru en notre pays est la *Gazette de France* du médecin Renaudot (1631), encouragée par Richelieu, qui y collabora et lui communiqua des dépêches de généraux et d'ambassadeurs. En 1605, sous Henri IV, avait paru le *Mercure français*, imitation du *Mercure anglais* (1588), qui fut le premier journal de la Grande-Bretagne. Dans un royaume où les livres eux-mêmes étaient expurgés par 168 censeurs, les écrits périodiques furent toujours insignifiants : le *Journal de Trévoux* et le *Journal de Verdun* furent publiés en 1704; le *Mercure de France* succéda au *Mercure galant*, qui avait précédé la *Muse historique* de Loret en 1724; le *Journal de Genève* parut en 1772; le *Journal* *de Bruxelles*, en 1774; le *Journal de Paris* (1777) fut la première feuille quotidienne. Les *Nouvelles ecclésiastiques* (1728) étaient imprimées clandestinement parce qu'elles étaient jansénistes; le *Courrier de l'Europe* (1776) venait de Londres; les *Annales politiques et littéraires* de Linguet parurent en 1780; le *Journal des Savants* ne s'occupait que de science et de littérature; la *Gazette des Tribunaux* fut fondée en 1777; le *Journal des Dames*, en 1759; le *Courrier de la Mode* ou *Journal du Goût*, en 1768; le *Journal des Théâtres*, en 1776. La Constituante décréta la liberté de la presse : « Tout citoyen peut parler, écrire, imprimer librement, sauf à répondre de l'abus de cette liberté dans les cas déterminés par la loi. » (Const. de 1791, art. 11.) Mais ceux-là seuls eurent le droit d'écrire qui défendaient le parti dominant. Les feuilles les plus répandues étaient : les *Révolutions de Paris*, rédigées par Prudhomme; l'*Orateur du peuple*, de Fréron; les *Révolutions de France et de Brabant*, de Camille Desmoulins, qui fut ensuite perfectionné dans le *Vieux Cordelier*; l'*Ami du peuple*, de Marat; le *Père Duchêne*, si ordurier, publié par Hébert. Les royalistes ne pouvaient guère leur opposer que les *Actes des Apôtres*. L'Empire imposa silence aux publicistes, réduisit le nombre des journaux comme celui des imprimeurs et des libraires. Il fallut alors se contenter de 13 journaux, parmi lesquels le *Moniteur universel*, le *Journal de Paris* et le *Journal des Débats*, devenu le *Journal de l'Empire*. La Restauration fut assez hostile à la presse; cependant la loi de 1819, due à l'initiative de M. de Serre, satisfit les libéraux en supprimant la censure et l'autorisation préalable, en attribuant au jury la connaissance des délits de presse. Mais les droits de poste et de timbre étaient encore fort élevés : 0,10 cent. pour le timbre, 0,05 cent. pour la poste. Le *Constitutionnel*, qui avait alors le tirage le plus élevé, et comptait 20000 abonnés, réalisait une recette brute de 1133000 fr. par an, payait à l'État 450000 francs pour le timbre et 230000 francs pour la poste. Sous la monarchie de Juillet, la presse jouit d'une véritable liberté; elle en abusa et excita à l'émeute, à l'assassinat de Louis-Philippe, qui avait déclaré à son avènement : « Il n'y aura plus de délit de presse. » L'attentat de Fieschi fut l'occasion de la loi de septembre 1835, qui élevait le cautionnement et l'échelle des pénalités, en assimilant à de vrais crimes l'excitation à des crimes contre la sûreté de l'État. Elle ne nuisit pas au développement des journaux, puisque en 1836 Émile de Girardin fonda la *Presse* et Dutacq le *Siècle*. Girardin imagina le roman-feuilleton et le *Siècle* tint la France entière sous le charme en publiant les *Trois Mousquetaires*, *Vingt Ans après*, le *Vicomte de Bragelonne*, d'Alexandre Dumas. D'autres journaux imaginèrent les *primes*; le *Bien-Être* assurait à ses abonnés un enterrement de seconde classe, au cas d'un décès, avec une indemnité de 100 francs pour la veuve et les héritiers. Le format de l'*Époque*, qui est celui de nos journaux actuels, parut démesuré; on ne pensait d'ailleurs qu'aux abonnés et l'acheteur au numéro devait le payer de 0,25 à 0,50 cent. Le *Charivari*, fondé par Philipon en 1832, donna le branle aux journaux à caricatures. La *Revue des Deux-Mondes*, créée par Buloz en 1831, a pu être considérée comme le vestibule de l'Académie, car elle a eu pour collaborateurs presque tous les écrivains illustres de notre époque. La seconde République abolit le timbre et abrogea les lois de septembre 1835. Les journaux se multiplièrent, comme à l'aurore de la Révolution : il y eut une *République rouge* et même une *République napoléonienne*; le *Père Duchêne* fut ressuscité et la *Mère Duchêne*, le *Petit-Fils du père Duchêne* virent le jour. Le père Lacordaire lui-même prit part au mouvement et dirigea l'*Ère nouvelle*. Mais l'Assemblée législative vota la loi de 1850, qui exigeait la signature des articles, un timbre de 0,05 cent. pour les journaux de Paris et de 0,02 cent. pour les journaux de province. Le coup d'État du 2 décembre aggrava encore la situation de la presse française. Le système inauguré par le décret organique de février 1852 est le plus dur qu'elle ait subi depuis l'abolition de la censure. Le cautionnement fut de 50000 francs à Paris, de 25000 francs dans les grandes villes, de 15000 dans les petites. Le timbre fut de 0,06 cent. dans la capitale, de 0,03 cent. dans les départements. Aucun journal ne pouvait être publié sans autorisation préalable. S'il était frappé de deux *avertissements* en deux ans, il était suspendu; s'il était deux fois condamné par les tribunaux, il était supprimé. D'ailleurs, le pouvoir exécutif pouvait toujours le supprimer par mesure de sûreté générale. Au droit d'*avertissement*, les ministres et les préfets ajoutaient le droit de *communiqué*, sous prétexte de réponse; ils inséraient en tête du journal une longue note officielle. Le *Figaro* mérita un *communiqué* de ce genre pour avoir écrit que les réverbères d'un boulevard n'étaient pas allumés à telle heure. On saisit un livre des plus modérés, l'*Histoire des princes de Condé*, par le duc d'Aumale (1865). En 1867, une lettre de l'empereur annonça la loi du 12 mai 1868, d'après laquelle les journalistes seraient jugés par les tribunaux correctionnels et non plus par le gouvernement; ceux-ci furent si rigoureux, qu'en six mois ils prononcèrent pour 122000 francs d'amendes et huit années de prison. La troisième République supprima le timbre, le cautionnement, l'obligation de la signature. La loi de 1875 ne retint que les délits de diffamation contre toute personne, d'offense contre le Président ou les Chambres, les fausses nouvelles, la provocation au crime ou son apologie. La loi du 29 juillet 1881 fut encore plus libérale; elle supprima les *délits de presse*; il n'y eut plus que des délits de droit commun, commis par voie de la presse et soumis au jury. Depuis 1860, la presse a visé surtout au bon marché. Émile de Girardin fit l'essai, avec la *Liberté*, du journal à 0,10 cent. Moïse Millaud fonda, en 1863, le *Petit Journal*, spécimen du *journal à un sou*, qui ne tirait alors qu'à 60000 exemplaires et atteint maintenant plus d'un million de numéros quotidiens. Le télégraphe et le téléphone permettent aux 1700 journaux de province de renseigner leur clientèle avant l'arrivée des feuilles parisiennes.

PRESSE (db. de *pêche*), *sf.* Pêche dont la chair blanche adhère au noyau.

PRESSÉ, ÉE, (*presser*), *adj.* Comprimé : *Citron pressé.* || Serré : *En rangs pressés.* || Poursuivi, attaqué vivement, acculé : *Pressé par l'ennemi.* || Tourmenté : *Pressé par la soif.* || Désireux, empressé : *Pressé d'en finir.* || *Être pressé d'argent*, en avoir le plus grand besoin. || Qui a hâte : *Pressé de partir.* || *Affaire pressée*, dont il faut s'occuper immédiatement. || *Lettre pressée*, qui doit être remise le plus tôt possible à son adresse. || Concis : *Style pressé.*

***PRESSÉE** (*spf.* de *presser*), *sf.* Action de presser. || La quantité de fruits que l'on presse à la fois. || Le suc qu'elle produit.

PRESSENTIMENT (*pressentir*), *sm.* Prévision confuse et instinctive d'une chose à venir : *Avoir le pressentiment d'un malheur prochain.*

PRESSENTIR (pfx. *pré* + *sentir*), *vt.* Prévoir instinctivement et confusément : *Pressentir un échec.* || Tâcher de découvrir l'opinion, les dispositions d'une personne : *Il faudra pressentir le médecin.*

PRESSER (l. *pressare*), *vt.* Serrer, comprimer : *Presser un citron.* || Exercer une pression : *L'air presse le corps humain.* — Fig. *Presser un argument*, en tirer toutes les conséquences possibles. || Rapprocher, rendre moins lâche : *Presser les rangs.* || Rendre concis : *Presser son style.* || Harceler, attaquer sans répit : *Presser l'ennemi.* || Obliger, contraindre, réclamer un paiement avec instance : *Presser un débiteur.* || Pousser, exciter à faire une chose : *On le presse de consentir.* || Aiguillonner, tourmenter : *La faim me presse.* || Hâter : *Presser son départ.* — *Vi.* Exiger un prompt remède, une prompte solution : *L'affaire presse.* — **Se presser,** *vr.* Former une masse serrée : *On se presse autour de l'orateur.* || Se hâter : *Pressez-vous.* || S'attaquer mutuellement et sans ménagement. — **Dér.** *Pressant, pressante, pressé, pressée, pression, pressis, pressoir, pressier, pressage, pressamment, pressurer, pressure*, etc. — **Comp.** *Compresse*, etc.; *dépresser, dépression.*

PRESSIER (*presse*), *sm.* Ouvrier imprimeur qui manœuvre la presse.

PRESSIGNY-LE-GRAND, 1774 hab. Ch.-l. de c., arr. de Loches (Indre-et-Loire). Station préhistorique de la pierre polie, où l'on trouve une immense quantité de nucléus de silex d'un jaune de cire. Ch. de fer d'Orl.

PRESSION (l. *pressionem*), *sf.* Action de presser. || Poussée qu'un gaz exerce sur les corps avec lesquels il est en contact. || *Pression atmosphérique* ou *barométrique*, celle que l'air exerce à la surface des corps et qui est mesurée par la hauteur de la colonne de mercure dans le baromètre ($0^m,76$ au niveau de la mer). || Poussée exercée par un liquide sur les parois du vase qui le contient. Elle ne dépend que de la distance du point considéré de la paroi à la surface libre du liquide. || *Machine à vapeur à basse pression*, celle dans laquelle la tension de la vapeur égale à peu près la pression atmosphérique. || *Machine à moyenne pression*, où la tension de la vapeur ne dépasse pas 4 atmosphères. || *Machine à haute pression*, où la pression de la vapeur dépasse 4 atmosphères. — Fig. Contrainte : *Exercer une pression sur les électeurs.*

PRESSIS (*presser*), *sm.* Jus de viandes. || Sucs d'herbes obtenus par la pression.

PRESSOIR (l. *pressorium*), *sm.* Machine avec laquelle on presse le moût du raisin,

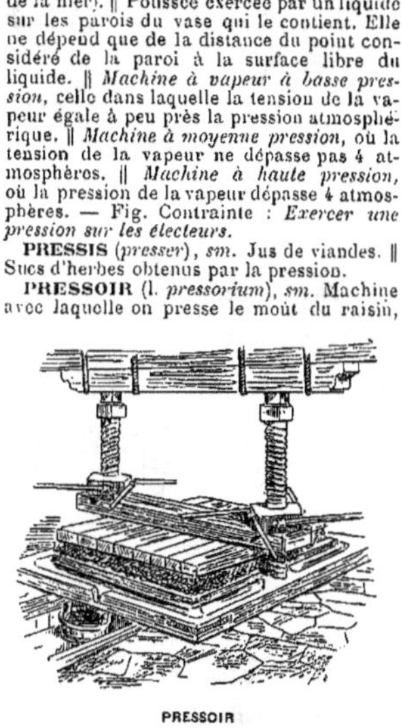

PRESSOIR

POUR EXTRAIRE L'HUILE

la pulpe des pommes, des olives, etc., pour obtenir du vin, du cidre, de l'huile, etc. || Bâtiment où cette machine est installée.

PRESSURAGE (*pressurer*), *sm.* Action de pressurer au pressoir. || Vin fourni par le marc déjà égoutté et fortement pressuré.

***PRESSURE** (*presser*), *sm.* Action d'empointer des aiguilles ou des épingles.

PRESSURER (l. *pressura*, action de presser), *vt.* Soumettre le raisin, les fruits, à l'action du pressoir pour en obtenir une liqueur. || Comprimer un fruit avec la main pour en faire sortir le jus : *Pressurer un citron.* — Fig. Épuiser par les impôts : *Pressurer un pays.* || *Pressurer quelqu'un*, lui soutirer de l'argent ou autre chose. — **Dér.** *Pressurage, pressureur.*

PRESSUREUR (*pressurer*), *sm.* Ouvrier qui fait mouvoir un pressoir.

PRESTANCE (l. *præstantia*, supériorité), *sf.* Bonne mine accompagnée de dignité et de gravité : *Une belle prestance.*

PRESTANT (l. *præstantem*, qui l'emporte), *sm.* Jeu de l'orgue sur lequel s'accordent tous les autres. — **Dér.** *Prestance.* Même famille : *Prestation.*

PRESTATION (l. *præstationem*), *sf.* Fourniture. || *Prestation en nature*, journées de travail, au nombre de trois au plus, que tout contribuable d'une commune rurale peut être obligé de faire pour l'entretien des chemins vicinaux. La prestation peut être acquittée en argent. || *Prestation de serment*, action de prêter serment.

PRESTE (ital. *presto*), *adj. 2 g.* Prompt, adroit, agile. — *Adv.* Vite. — **Gr.** Même famille que *Prêt.* — **Dér.** *Prestement, prestesse.*

PRESTEMENT (*preste* (prête) + *ment*), *adv.* Promptement, adroitement, agilement.

PRESTESSE (ital. *prestezza*), *sf.* Vivacité, adresse, agilité.

PRESTIDIGITATEUR (ital. *presto*, prompt + l. *digitus*, doigt), *sm.* Escamoteur.

PRESTIDIGITATION (*prestidigitatem*), *sf.* L'art du prestidigitateur.

PRESTIGE (l. *præstigium*), *sm.* Illusion attribuée à la magie, à la sorcellerie : *Les prestiges des magiciens.* ‖ Illusion produite par un moyen naturel : *Les prestiges de la fantasmagorie.* — Fig. Illusion opérée sur l'esprit par les productions de la littérature, des arts : *Les prestiges de la poésie.* — Fig. Influence comparée à un prestige : *Le prestige de la gloire.* — **Dér.** *Prestigieux, prestigieuse.*

PRESTIGIEUX, EUSE (l. *præstigiosum*), *adj.* Qui opère des prestiges : *Habileté prestigieuse.* ‖ Qui tient du prestige : *Monument prestigieux.*

PRESTO, PRESTISSIMO (mot ital.), *adv.* Vite, très vite. (Mus.) — **Dér.** *Preste.*

PRESTON, 102283 hab., en 1887, ville d'Angleterre, comté de Lancastre; tissus de coton et de lin.

PRESTON (William), typographe, correcteur de l'imprimerie royale de Londres, vénérable de la loge de l'*Antiquité*, auteur du *Calendrier du franc-maçon*, d'*Éclaircissements sur la franc-maçonnerie*; né à Édimbourg en 1742, mort en 1818.

PRÉSUMABLE (*présumer*), *adj. 2 g.* Qu'on peut présumer, conjecturer : *Chose présumable.*

PRÉSUMÉ, ÉE (*présumer*), *adj.* Qui paraît admissible, censé, réputé : *Un accusé est présumé innocent jusqu'au prononcé du jugement.*

PRÉSUMER (pfx. *pré* + l. *sumere*, prendre), *vt.* Regarder comme probable d'après certains indices : *On présume que le centre de la terre est liquide et a une très haute température.* — *Vi.* Avoir trop bonne opinion : *Présumer trop de ses forces.* — **Se présumer**, *vr.* Etre présumé. — **Dér.** *Présumé.* — **Syn.** *Présumer*, c'est prendre d'avance une opinion. ‖ *Conjecturer*, c'est se faire une opinion fondée sur des probabilités. ‖ *Augurer*, c'est deviner l'avenir en faisant intervenir les choses cachées.

PRÉSUPPOSER (pfx. *pré* + *supposer*), *vt.* Supposer préalablement. — **Dér.** *Présupposition.*

PRÉSUPPOSITION (*présupposer*), *sf.* Supposition préalable.

PRÉSURE (vx fr. *presure*, action de prendre), *sf.* Matière acide, grisâtre, qu'on obtient en raclant la caillette d'un jeune veau non sevré, et dont on se sert pour faire cailler le lait. (V. *Pepsine.*)

PRÊT, *svm.* de *prêter.* Action de prêter de l'argent ou autre chose : *Prêt à intérêt*, qui rapporte intérêt. ‖ Somme prêtée : *Un prêt considérable.* Argent qu'on remet aux soldats tous les cinq jours pour les menus besoins.

PRÊT, ÊTE (l. *præstum*, *adj.* Disposé à, préparé à : *Je suis prêt à vous suivre.* — **Gr.** Les auteurs du XVIIe et du XVIIIe siècle ont souvent employé *prêt à* et *prêt de* dans le même sens que *sur le point de.*

2. **PRÊT**, *svm.* de *prêter.* Action de prêter une somme d'argent, une chose quelconque. ‖ *Prêt gratuit*, sans intérêt demandé par le prêteur. ‖ *Prêt à intérêt*, fait à condition que le débiteur servira des intérêts. ‖ *Prêt usuraire*, où l'intérêt stipulé est exagéré, a les caractères de l'usure. ‖ Somme prêtée. ‖ En terme de bibliothécaire, permission d'emporter un livre, un manuscrit à domicile. ‖ Solde de dix jours avancée jadis au soldat par le roi, entre deux montres ou revues. ‖ Aujourd'hui, somme payée tous les cinq jours aux sous-officiers et soldats. (V. *Intérêt.*)

PRETANTAINE ou **PRETENTAINE** (*x*), *sf.* Usité dans : *Courir la pretantaine*, courir çà et là, pour le mal plus que pour le bien.

PRÉTENDANT, ANTE (*prétendre*), *s.* Celui, celle qui aspire à une chose. — *Sm.* Prince qui prétend avoir des droits à un trône occupé par un autre. ‖ Homme qui aspire à la main d'une femme. — **Le Prétendant**, nom par lequel on désigne le chevalier de Saint-Georges, fils de Jacques II, et Charles-Édouard, petit-fils du même roi.

PRÉTENDRE (l. *prætendere : de præ*, avant + *tendere*, tendre), *vt.* Réclamer comme un droit : *Prétendre une part à un héritage.* ‖ Aspirer à : *Prétendre à une place.* ‖ Soutenir, affirmer : *Il prétend avoir raison.* ‖ Avoir l'intention de : *Je prétends vous faire ce cadeau.* ‖ Vouloir, exiger : *Je prétends que vous obéissiez.* — **Dér.** *Prétendant, prétendu, prétendue, prétention, prétentieux, prétentieuse.*

PRÉTENDU, UE (*prétendre*), *adj.* Qui passe ou se fait passer pour ce qu'il n'est pas : *Un prétendu médecin.* ‖ *La religion prétendue réformée*, expression par laquelle on désignait le protestantisme. — *S.* Futur époux, future épouse : *Voilà ma prétendue.*

PRÊTE-NOM (*prêter* + *nom*), *sm.* Celui qui passe pour le chef d'une entreprise, en a toute la responsabilité, mais n'est que le représentant du véritable chef, qui demeure inconnu. — Pl. *des prête-noms.*

PRÉTENTIEUX, EUSE (*prétention*), *adj.* Où il y a de la recherche, de l'affectation : *Langage prétentieux.* ‖ Qui est affecté dans ses manières, ses paroles : *Homme prétentieux.*

PRÉTENTION (dér. du l. *prætentum*, supin de *prætendere*, prétendre), *sf.* Droit que l'on croit avoir à l'obtention d'une chose : *Avoir des prétentions à un héritage.* ‖ *Il a de belles prétentions*, il compte sur des héritages. ‖ Réclamation illégitime : *Je ne céderai pas à vos prétentions.* ‖ Intention, volonté : *Je n'ai pas la prétention de vous imposer mes opinions.* ‖ Ambition de se faire distinguer : *Avoir des prétentions à l'esprit.* ‖ *Homme sans prétentions*, simple et modeste. — **Dér.** *Prétentieux.*

PRÊTER (l. *præstare*), *vt.* Fournir, procurer : *Prêter secours.* ‖ *Prêter main-forte*, appuyer par la force l'exécution des ordres de la justice, aider. — Fig. *Prêter la main à une chose*, aider à la faire. ‖ *Prêter l'oreille*, écouter attentivement. ‖ *Prêter serment*, Faire serment devant quelqu'un. ‖ *Prêter son nom*, autoriser quelqu'un à se servir de notre nom en quelque occasion, jouer le rôle de prête-nom. ‖ *Prêter son crédit*, en user pour rendre service à quelqu'un. ‖ *Prêter son ministère à quelqu'un*, s'employer pour lui. ‖ Donner une chose à condition qu'on la rende : *Prêter de l'argent.* ‖ *Prêter à la petite semaine*, pour un temps très court et à un taux exorbitant. ‖ *On ne prête qu'aux riches*, on prête sans difficulté à celui qui a le moyen de rendre. — Fig. On attribue volontiers une chose à celui qu'on croit capable de la faire. ‖ *Prêter le flanc à l'ennemi*, se mettre dans une position où l'on peut être attaqué par le flanc. — Fig. *Prêter le flanc*, donner prise sur soi. ‖ *Prêter le collet à quelqu'un*, le provoquer à combattre, lui tenir tête. ‖ Attribuer : *On lui prête des desseins extravagants.* ‖ Donner sujet : *Prêter à la plaisanterie.* — *Vi.* Etre extensible : *Cette étoffe prête.* — **Se prêter**, *vr.* Etre prêté, se laisser aller, céder momentanément à : *Se prêter aux fantaisies d'un enfant.* ‖ Consentir par complaisance : *Se prêter à un accommodement.* — **Dér.** *Prêt 2, prêteur 1, prêteuse.* — **Comp.** *Prête-nom.*

PRÉTÉRIT (l. *præteritum*), *sm.* Temps du verbe qui exprime le passé. On l'appelle plutôt *passé* ou *parfait.* — **Dér.** *Prétérition.*

PRÉTÉRITION (l. *præteritionem*) ou **PRÉTERMISSION** (l. *prætermissionem*), *sf.* Figure de rhétorique par laquelle un orateur déclare qu'il ne parlera pas d'une chose au moment même où il y insiste.

1. **PRÉTEUR** (l. *prætorem*), *sm.* Magistrat qui rendait la justice dans Rome ou qui gouvernait une province romaine. — **Dér.** *Prétoire, prétorien, prétorienne, préture.*

2. **PRÊTEUR, EUSE** (*prêter*), *adj.* et *s.* Se dit de celui, de celle qui prête de l'argent.

PRÉTEXTAT (saint), archevêque de Rouen (555-586), maria, malgré les canons de l'Église, le second fils de Chilpéric, Mérovée, dont il était le parrain, avec Brunehaut, sa tante; il fut déposé, rétabli, puis assassiné par ordre de Frédégonde. Fête, 24 février.

1. **PRÉTEXTE** (l. *prætextum*), *sm.* Motif feint qu'on allègue pour cacher le motif réel qui fait agir : *Un prétexte plausible.* — Sous prétexte de, *loc. prép.*, par feinte de : *Sous prétexte d'ignorance.* ‖ Sous prétexte que, *loc. conj.*, en feignant que. — **Dér.** *Prétexter.*

2. **PRÉTEXTE** (l. *prætexta : de præ*, par devant + *texta*, tissée), *adj.* et *sf.* Robe blanche bordée d'une large bande de pourpre dont se revêtaient les principaux magistrats, les sénateurs romains. ‖ Longue robe blanche bordée par le bas d'un peu de pourpre que portaient les jeunes patriciens de 13 à 17 ans.

PRÉTEXTER (*prétexte*), *vt.* Prendre pour prétexte : *Prétexter une indisposition.*

PRETINTAILLE (*x*), *sf.* Ornement découpé qui se mettait sur les robes des femmes au XVIIIe siècle. — Fig. Accessoire. — **Dér.** *Pretintailler.*

PRETINTAILLER (*pretintaille*), *vt.* Garnir de pretintailles.

PRÉTOIRE (l. *prætorium*), *sm.* Partie d'un camp romain où était établie la tente du général. ‖ Tribunal, demeure du préteur. ‖ Auj. tribunal où siège le juge de paix.

PRÉTORIEN, IENNE (l. *prætorianum*), *adj.* Qui appartient au préteur, à la garde des empereurs romains. — *Sm.* Soldat de la garde des empereurs romains. — Fig. Membre d'une milice qui dispose du gouvernement d'un pays.

PRÊTRAILLE (*prêtre* + suffixe péjoratif *aille*), *sf.* Mot par lequel on désigne injurieusement le corps des ecclésiastiques.

PRÊTRE (vx fr. *prestre* : l. *presbyter* : g. πρεσβύτερος, plus vieux), *sm.* Ministre de la religion. ‖ Membre du clergé catholique qui a le pouvoir de dire la messe et d'administrer les sacrements ‖ *Prêtre habitué*, attaché au service d'une paroisse sans être rétribué par l'État. — **Dér.** *Prêtresse, prêtrise, prêtraille.* — **Comp.** *Prêtre-Jean.* Même famille : *Presbyte.*

PRÊTRE-JEAN, personnage imaginaire qui, au moyen âge, désigna le souverain des Hindous convertis par saint Thomas, et, au XVIe siècle, le négus d'Abyssinie.

PRÊTRESSE (*prêtre*), *sf.* Femme attachée au service du culte dans un temple du paganisme.

PRÊTRISE (*prêtre*), *sf.* Ordre sacré qui dans l'Église catholique confère le pouvoir de dire la messe et d'administrer les sacrements. ‖ Le sacerdoce.

PRÉTURE (*préteur*), *sf.* Charge de préteur. ‖ Durée des fonctions du préteur.

PREUILLY, 2106 hab. Ch.-l. de c., arr. de Loches (Indre-et-Loire).

PREUVE (l. *proba*, échantillon), *sf.* Ce qui établit la vérité d'un fait, d'une proposition : *Preuve convaincante.* — Fig. *Faire ses preuves*, montrer ce dont on est capable. ‖ Pièces justificatives à la fin d'un ouvrage. — Fig. Marque, témoignage : *Donner des preuves d'affection.* ‖ Opération d'arithmétique faite pour vérifier l'exactitude d'une opération préalable : *La preuve de la multiplication.*

PREUX (du radical l. *prod*, qui est dans *prodesse*, être utile), *adj.* et *sm.* Brave, vaillant : *Un preux chevalier. Un ancien preux.* — **Dér.** *Prouesse.*

PRÉVALOIR (l. *prævalere*), *vi.* L'emporter sur un adversaire, l'emporter : *La vérité prévaut tôt ou tard sur l'erreur.* — **Se prévaloir**, *vr.* Tirer avantage : *Se prévaloir d'un aveu.* — **Gr.** Ce verbe se conjugue comme *valoir*, excepté au pr. du subj. : que je prévale, que tu prévales, qu'il prévale; que n. prévalions, que v. prévaliez, qu'ils prévalent.

PRÉVARICATEUR (l. *prævaricatorem*), *adj.* et *sm.* Coupable de prévarication : *Juge prévaricateur.*

PRÉVARICATION (l. *prævaricationem*), *sf.* Action de trahir la cause, les intérêts de quelqu'un qu'on est obligé de soutenir. ‖ Action de manquer aux devoirs de sa charge.

PRÉVARIQUER (l. *prævaricari*, dévier), *vi.* Trahir la cause, les intérêts de quelqu'un qu'on est obligé de soutenir. ‖ Manquer aux devoirs de sa charge. — **Dér.** *Prévaricateur, prévarication.*

PRÉVENANCE (*prévenant*), *sf.* Action d'exécuter les désirs de quelqu'un avant qu'il les ait manifestés; de faire ce qu'on présume devoir plaire à quelqu'un.

PRÉVENANT, ANTE (*prévenir*), *adj.* Qui a, qui témoigne de la prévenance. ‖ Qui dispose favorablement : *Mine prévenante.*

PRÉVENIR (l. *prævenire*), *vt.* Arriver avant un autre : *Prévenir quelqu'un à un rendez-vous.* ‖ Faire le premier ce qu'un autre voulait faire. ‖ Devancer : *Les froids ont prévenu l'hiver.* ‖ Prendre les devants pour détourner quelque chose qui menace : *Prévenir un danger.* ‖ *Prévenir une objection,* la réfuter avant qu'on la fasse. — Fig. Faire d'avance et spontanément ce qui sera utile ou agréable à quelqu'un : *Il a prévenu mes désirs.* ‖ Influencer : *On l'a prévenu contre moi.* ‖ Informer : *Vous me préviendrez de ce qu'on aura fait.* — **Se prévenir,** *vr.* Faire assaut de prévenances, s'informer mutuellement, concevoir des préventions. — **Dér.** *Prévenant, prévenante, prévenance, prévenu, prévenue, prévention, préventif, préventive, préventivement.*

PRÉVENTIF, IVE (*prévention*), *adj.* Qui a pour but d'empêcher quelque mal d'arriver : *Mesure préventive.* ‖ *Détention préventive,* celle qu'on fait subir à un prévenu.

PRÉVENTION (l. *præventionem*), *sf.* Action de devancer, d'aller au devant. ‖ Droit qu'avait un juge de connaître d'une affaire dont il avait été le premier saisi. ‖ Opinion non motivée que l'on se forme sur quelqu'un ou sur quelque chose: *Avoir des préventions contre une doctrine.* ‖ État d'un prévenu.

PRÉVENTIVEMENT (*préventive* + sfx. *ment*), *adv.* D'avance. ‖ En qualité de prévenu : *Être détenu préventivement.*

PRÉVENU, UE (*prévenir*), *adj.* Devancé. ‖ Qui a des préventions. ‖ Informé. — **S.** Personne soupçonnée d'un délit ou d'un crime et contre laquelle la justice procède à une instruction, avant de la mettre en accusation.

PRÉVISION (pfx. *pré* + *vision*), *sf.* Conjecture : *Ma prévision était juste.*

PRÉVOIR (l. *prævidere*), *vt.* Juger par avance qu'une chose doit arriver : *Prévoir le mauvais temps.* ‖ Prendre d'avance des mesures pour conjurer un danger : *Tout a été prévu.* — **Se prévoir,** *vr.* Être prévu. — **Gr.** Se conjugue comme *Voir* excepté au fut., et au cond. : je *prévoirai,* je *prévoirais.* — **Dér.** *Prévoyant, prévoyante, prévoyance.*

PRÉVOST (CONSTANT) (1787-1856), géologue français opposé à la théorie des cataclysmes généraux ; il proposa d'expliquer les anciens phénomènes géologiques par les causes actuelles.

PRÉVOST D'EXILES (L'ABBÉ) (1697-1763), romancier français, auteur de *Manon Lescaut.*

PRÉVÔT (vx fr. *prevost* : l. *præpositum,* préposé), *sm.* Titre de divers magistrats et officiers de l'ancienne monarchie française dont les plus notables étaient : *Le prévôt de l'hôtel* ou *grand prévôt,* qui jugeait les officiers de la maison du roi. ‖ Officier de justice subordonné aux baillis dans les provinces. ‖ *Le prévôt des marchands,* chef de l'administration municipale, sous l'ancien régime à Lyon, à Paris. ‖ *Le prévôt des maréchaux,* commandant de la maréchaussée. ‖ *Le prévôt de Paris,* magistrat d'épée, chef du tribunal du Châtelet, à qui était confié la juridiction en première instance de la capitale. ‖ Aujourd'hui, *grand prévôt,* commandant de la gendarmerie d'une armée, assisté de simples prévôts qui commandent la gendarmerie d'une division. ‖ *Prévôt de salle,* subordonné d'un maître d'armes, chargé de donner des leçons d'escrime. — **Dér.** *Prévôtal, prévôtale, prévôtalement, prévôté.*

PRÉVÔTAL, ALE (*prévôt*), *adj.* Qui concerne la juridiction du prévôt. ‖ *Cour prévôtale,* tribunal exceptionnel jugeant sans appel les causes politiques.

PRÉVÔTALEMENT (*prévôtale* + sfx. *ment*), *adv.* Sans appel, par jugement d'un prévôt d'armée.

PRÉVÔTÉ (*prévôt*), *sf.* Dignité, fonction, juridiction du prévôt. ‖ Territoire sur lequel s'exerçait son autorité, lieu où il siégeait.

PRÉVOYANCE (*prévoir*), *sf.* Faculté de prévoir. ‖ Ensemble des précautions que l'on prend pour assurer l'avenir.

PRÉVOYANT, ANTE (*prévoir*), *adj.* Qui devine ce qui doit arriver et prend des mesures pour l'avenir : *Homme prévoyant.* ‖ Qui dénote de la prévoyance : *Mesure prévoyante.*

PRIAM, dernier roi de Troie, fils de Laomédon, époux d'Hécube, père d'Hector, de Pâris, de Cassandre, de Créuse, etc., égorgé

PRIMATICE

DÉCORATION DE LA GALERIE FRANÇOIS Ier, PALAIS DE FONTAINEBLEAU

par Pyrrhus lors de la prise de la ville par les Grecs.

PRIAPE, fils de Bacchus et de Vénus, dieu des jardins.

PRIÉ, ÉE (*prier*), *adj.* Invoqué, invité : *Repos prié,* auquel on est invité avec quelque cérémonie. — *Sm.* Un convié.

PRIE-DIEU (*prier* + *Dieu*), *sm.* Sorte de pupitre au bas duquel est un marchepied sur lequel on s'agenouille pour prier Dieu. — Pl. *des prie-Dieu.*

PRIER (l. *precari*), *vt.* Autrefois, adresser une demande à quelque divinité du paganisme. ‖ Aujourd'hui, s'adresser à Dieu pour lui demander quelque grâce. ‖ Demander à la Vierge, aux saints d'intercéder pour nous auprès de Dieu. ‖ Demander par grâce : *Je vous prie de m'écouter.* ‖ *Se faire prier,* faire des difficultés avant d'accorder une chose qui ne nous coûte guère. ‖ *Je vous prie,* formule de politesse. ‖ Inviter, convier : *Prier quelqu'un à dîner.* — **Gr.** Je prie, n. prions ; je priais, n. priions. — **Dér.** *Prié, priée, prière.* — **Comp.** *Prie-Dieu.*

PRIÈRE (bl. *præcaria*), *sf.* Demande qu'on adresse à Dieu, à la Vierge, aux saints : *Une fervente prière.* ‖ Demande faite avec soumission et à titre de grâce : *On vous accordera cela à mes prières.* ‖ *Les Prières,* déesses allégoriques des anciens, filles de Jupiter qu'on représentait boiteuses et marchant à la suite de l'Injure pour réparer les maux qu'elle avait commis.

PRIESTLEY (1733-1804), théologien, philosophe et chimiste anglais qui découvrit l'oxygène en 1774 et fut forcé de s'exiler en Amérique.

PRIEUR (l. *priorem,* le premier), *sm.* Supérieur de certains monastères dont la dignité et les fonctions étaient les mêmes que celles d'un abbé. ‖ *Prieur commendataire,* laïque ou ecclésiastique séculier, protecteur d'un prieuré, jouissant du tiers des revenus de celui-ci, mais n'ayant aucune autorité sur les religieux ; on lui opposait le *prieur conventuel et régulier.* ‖ *Grand prieur,* chevalier de l'ordre de Malte jouissant d'un bénéfice de l'ordre : *Le grand prieur de Champagne.* ‖ Religieux qui, dans quelques abbayes célèbres, comme celle de Cluny, avait la première dignité après l'abbé. — **Dér.** *Prieure, prieuré.* Même famille : *Primaire, premier, première, primat,* etc. ; *primates.*

PRIEUR DE LA CÔTE-D'OR (1763-1832), conventionnel, membre du comité de salut public et du conseil des Cinq-Cents, l'un des fondateurs de l'École polytechnique et du système décimal.

PRIEUR DE LA MARNE (1760-1827), conventionnel, membre du comité de salut public, mort à Bruxelles.

PRIEURE (*prieur*), *sf.* Supérieure d'un couvent de religieuses.

PRIEURÉ (*prieur*), *sm.* Communauté religieuse dirigée par un prieur ou une prieure. ‖ Maison où elle est établie. ‖ Église qui s'y trouve. ‖ Maison du prieur.

PRIMAIRE (l. *primarium*), *adj.* Qui est du premier degré en commençant : *École primaire.* (V. *École* et *Enseignement*). ‖ *Terrains primaires,* les plus anciens terrains de sédiment (laurentien, cambrien, silurien, dévonien, carbonifère, permien). (Géol.)

PRIMAT (l. *primatem* : de *primus,* premier), *sm.* Prélat qui exerçait une certaine juridiction sur les archevêques et les évêques d'un territoire. Il y avait en France trois primats : *Primat des Gaules,* l'archevêque de Lyon ; *primat d'Aquitaine,* l'archevêque de Bourges ; *primat de Normandie,* l'archevêque de Rouen. — **Dér.** *Primatial, primatiale, primatie.*

PRIMATE (l. *primates* : de *primus,* premier), *smpl.* Ordre de mammifères comprenant l'homme et les singes.

PRIMATIAL, ALE (*primat*), *adj.* Qui appartient au primat.

PRIMATICE (LE) (1504-1570), de son nom Francesco Primaticio, célèbre peintre, sculpteur et architecte italien qui vécut en France sous le règne de François Ier, Henri II, François II et Charles IX, décora la galerie de Henri II à Fontainebleau.

PRIMATIE [pri-ma-cie] (*primat*), *sf.* Dignité de primat. ‖ Territoire soumis à la juridiction d'un primat. ‖ Siège de cette juridiction.

PRIMAUTÉ (l. *fictif primalitatem* : de *primus,* premier), *sf.* Premier rang, prééminence : *La primauté du pape sur tous les évêques catholiques.* ‖ Avantage qu'on a d'être le premier à jouer aux cartes, aux dés.

1. **PRIME** (l. *primum*), *adj. 2 g.* Premier (vx). — DE PRIME ABORD, *loc. adv.* En pre-

mier lieu. — *Sm.* Signe usité en algèbre pour distinguer 2 quantités corrélatives représentées par la même lettre *a* et *a'*. — **Gr.** De la même famille que *Prime* 2, 3, 4; *primat*, etc.; *primate, prieur*, etc. — **Dér.** *Primer, primeur, primerole, primicier, primicérial, primitif, primitivement, primo.* — **Comp.** *De prime saut, prime-saut, primesautier, prime-sautière, primerose, primidi, primipilaire* ou *primipile, primogéniture, primordial, primordiale, primordialement, primulacées, prince, printemps*, etc.

2. **PRIME** (l. *prima*, s.-ent. *hora*, la première heure), *sf.* Premier office de la journée dans l'Église catholique : *Chanter prime.*

3. **PRIME** (*prime* 1), *sf.* Première position du tireur, en escrime, après avoir croisé l'épée.

4. **PRIME** (*prime* 1), *sf.* La laine la plus fine : *Prime de Ségovie.*

5. **PRIME** (angl. *premium* : du l. *præmium*, récompense), *sf.* Somme que paye annuellement ou une fois pour toutes celui qui fait assurer une propriété, une récolte, une marchandise, etc. ‖ Somme accordée par l'État, les comices agricoles, etc., à titre d'encouragement à l'agriculture, à l'élevage des bestiaux, à la pêche maritime, à l'exportation des produits français, etc. ‖ Livres, objets donnés par l'administration d'un journal pour multiplier les abonnements. ‖ En terme de bourse, excédent du cours de la rente, des actions, obligations, etc., sur leur valeur au pair. ‖ Indemnité que l'acheteur doit payer au vendeur dans un marché libre et à terme pour annuler son opération. ‖ *Réponse des primes*, décision que prend l'acheteur lors de l'échéance. ‖ Jeu où l'on donne quatre cartes et où celui qui les a de couleurs différentes gagne la prime.

PRIME ABORD (DE). (V. *Prime* 1.)

PRIMER (*prime* 1), *vi.* Tenir la première place au jeu de paume. — Fig. Avoir la supériorité, l'avantage sur les autres : *Primer sur ses concurrents.* — *Vt. Primer quelqu'un*, le surpasser. ‖ *Primer quelqu'un en hypothèque*, avoir une hypothèque supérieure à la sienne.

***PRIMEROLE** (*prime* 1), *sf.* La primevère.

***PRIMEROSE** (*prime* 1 + *rose*), *sf.* La passe-rose ou rose trémière.

PRIME SAUT (DE) (*prime* 1 + *saut*), *loc. adv.* Du premier effort, subitement, tout d'un coup. — **Dér.** *Prime-sautier, prime-sautière.*

PRIME-SAUTIER, IÈRE (*prime-saut*), *adj.* Qui prend une détermination, un parti immédiatement et sans délibérer : *Esprit prime-sautier.* — Pl. *prime-sautiers.*

PRIMEUR (*prime* 1), *sf.* L'époque où une espèce de légume, de fruit commence à être bonne à manger : *Les pois sont chers dans leur primeur.* — Fig. Commencement. ‖ Tout fruit, tout légume obtenu par une culture forcée et avant la saison où il mûrit naturellement : *Les primeurs sont moins bonnes que les légumes, les fruits qui viennent dans leur temps.*

PRIMEVÈRE (*prime* 1 + l. *ver*, printemps), *sm.* Printemps (vx fr.). *Sf.* Genre de plantes dicotylédones de la famille des Primulacées (V. *Primulacées*) et dont les espèces, indigènes de l'Europe, sont cultivées comme plantes d'ornement. Les principales d'entre elles sont : 1° *La primevère commune* (*primula officinalis*), appelée encore *coucou, coqueluchon, brayette*, qui se trouve fréquemment dans les bois, les prairies, les lieux herbeux. Ses fleurs sont jaunes, petites, et la culture en a obtenu des variétés jaune foncé, jaune orange ou rouge. 2° *La primevère élevée* (*primula elatior*), dont la corolle d'un jaune pâle est souvent marquée à la gorge d'un cercle jaune foncé que les horticulteurs désignent sous le nom d'*œil*. La culture en a obtenu un grand nombre de variétés ayant le limbe de la corolle brun, velouté, noir, carmin foncé, feu, jaune orange, etc. Ces variétés s'obtiennent au moyen de semis. Pour en avoir de belles touffes il faut les multiplier de graines semées aussitôt la maturité dans une terre franche, légère, fraîche et ombragée. Les variétés de choix doivent être couvertes pendant l'hiver avec de la paille sèche. 3° *La primevère à grandes fleurs* (*primula grandiflora*), à corolle d'un jaune pâle, et que l'on rencontre dans les prairies humides et les lieux frais des bois. Cette espèce est très fréquemment cultivée dans les jardins, où elle a donné des variétés à fleurs jaunes, purpurines, pourpres, roses, lilas ou blanches. Il arrive souvent que le calice devient pétaloïde. 4° *La primevère auricule* (*primula auricula*), appelée encore *oreille d'ours*, qui est originaire des Alpes. C'est une plante vivace à souche basse, à feuilles ovales, épaisses et dentées. Du milieu de ces feuilles naît une hampe simple, haute 0m,08 à 0m,15, que termine une ombelle de fleurs tubulées à limbe étalé. La variété la plus recherchée est l'*auricule des amateurs*, qui possède une hampe forte, ne pliant pas sous le poids des fleurs. Celles-ci ont une corolle *complète*, c'est-à-dire ornée au centre de la gorge par les anthères des étamines qui doivent entourer le pistil à la hauteur du limbe. Ces anthères ont reçu des jardiniers le nom de *paillettes*, le pistil celui de *clou*, et la gorge celui d'*œil*. La gorge doit présenter un cercle parfait, jaune ou blanc, et s'étendre sur la moitié de la corolle, tandis que le reste du limbe doit être occupé par une couleur vive et veloutée. Les plus recherchées ont un œil blanc ou jaune. On connaît une seconde variété d'auricule : la *poudrée* ou *anglaise*, qui se reconnaît à ce que toute la plante est blanchâtre; ses fleurs ont un œil blanc, qui, au lieu d'être rond, est pentagonal. La corolle est panachée de brun, de vert olive, etc. Il faut que l'*oreille d'ours* soit cultivée dans une terre franche et exposée au levant ou au nord. On la multiplie par la séparation des pieds après la floraison, ou de graines en automne, et même en hiver dans de la terre de bruyère. 5° *La primevère de la Chine* (*primula sinensis*), appelée encore *primevère candélabre*, parce que ses fleurs sont ordinairement disposées en plusieurs verticilles à la partie supérieure des pédoncules. Cette espèce a produit des variétés à fleurs blanches, roses doubles, blanches doubles, cuivrées, panachées, blanches à œil brun, etc. Elle doit être cultivée en serre tempérée et dans de la terre de bruyère.

PRIMHORN (l. *primus* + angl. *horn*, corne), *sm.* Instrument de musique militaire, inventé en 1873 par le bohémien Cerveny, rival du fabricant Sax.

PRIMICÉRIAT (*primicier*), *sm.* Dignité, office de primicier.

PRIMICIER (l. *primicerium*), *sm.* Au moyen âge, dignitaire d'un chapitre dirigeant le clergé inférieur, ordinairement le sous-diacre. ‖ Avant 1789, premier dignitaire d'un chapitre suppléant l'évêque, le doyen des chanoines. ‖ Aujourd'hui, le premier chantre d'une cathédrale, d'une église. On dit aussi *princier*. — **Dér.** *Primicériat.*

PRIMIDI (l. *prima*, premier + *dies*, jour), *sm.* Le premier jour de la décade dans le calendrier républicain.

***PRIMINE** (l. *primus*, premier), *sf.* Enveloppe extérieure de la jeune graine.

PRIMIPILAIRE ou **PRIMIPILE** (l. *primum*, premier + *pilum*, javelot), *sm.* Premier centurion du premier manipule des *triaires* dans une légion romaine. Il veillait sur l'aigle et commandait en l'absence du tribun.

PRIMITIF, IVE (l. *primitivum*), *adj.* Considéré dans son état le plus ancien : *La primitive Église*, l'Église telle qu'elle était dans les premiers siècles du christianisme. ‖ Le plus ancien. ‖ *Terrains primitifs*, terrains de cristallisation (V. *Primaire*). (Géol.) ‖ *Mot primitif*, et s., *un primitif*, mot au delà duquel on ne peut remonter étymologiquement et qui a formé des dérivés : *grain* est le primitif de *grange, grenier, granit, grenade*, etc. ‖ *Couleurs primitives*, chacune des sept couleurs principales de l'arc-en-ciel. (V. *Prisme*.)

PRIMITIVEMENT (*primitive* + sfx. *ment*), *adv.* A l'origine.

PRIMO (ml.), *adv.* Premièrement.

PRIMOGÉNITURE (l. *primum*, premier + *genitura*, engendrement), *sf.* Qualité d'aîné : *Droit de primogéniture*, droit d'aînesse.

PRIMORDIAL, ALE (l. *primordialem* : de *primordium*, commencement), *adj.* Le plus ancien. ‖ *Feuilles primordiales*, celles qui apparaissent les premières dans la jeune plante. ‖ D'où le reste procède : *Le bourgeon est l'état primordial de la branche.* — **Dér.** *Primordialement.*

PRIMORDIALEMENT (*primordiale* + sfx. *ment*), *adv.* A l'origine.

PRIMULACÉES (l. *primula*, primevère), *sfpl.* Famille de plantes dicotylédones dont les espèces sont presque toutes des herbes annuelles ou vivaces que l'on rencontre de préférence dans les régions tempérées de l'hémisphère boréal, surtout de l'Europe et de l'Asie et s'élevant volontiers sur les hautes montagnes, et d'espèces arborescentes qui habitent les contrées chaudes du globe. La tige d'un certain nombre de Primulacées reste en grande partie cachée sous terre, et alors les feuilles se groupent en une rosette radicale; dans d'autres genres, au contraire, la tige se développe au-dessus du sol et porte des feuilles alternes opposées ou verticillées. Ces feuilles sont le plus souvent entières et toujours dépourvues de stipules. Les fleurs sont solitaires ou disposées en ombelles à l'extrémité d'une hampe; ou bien encore elles naissent à l'aisselle de feuilles ou de bractées. La fleur des Primulacées est formée d'un calice tubuleux à cinq divisions; d'une corolle en entonnoir, en roue, en cloche, et composée d'un même nombre de divisions que celui du calice. Ces pétales alternent avec les sépales. Les étamines sont en nombre égal à celui des sépales. Un caractère qui distingue nettement les Primulacées des autres familles végétales, c'est que leurs étamines sont toujours alternes avec les sépales et, par conséquent, opposées aux pétales. Dans certains genres, il existe, entre le verticille d'étamines et la corolle, un verticille de petits filaments qui ne sont pas autre chose que des staminodes, lesquels alternent avec les étamines. Les anthères sont à deux loges et introrses. L'ovaire est toujours uniloculaire et présente un placenta central portant plusieurs ovules. Le fruit est une capsule s'ouvrant dans toute sa longueur par plusieurs valves; dans d'autres cas, c'est une pyxide. Parmi les genres qui composent la famille des Primulacées, nous citerons : les primevères, les cyclamens, les lysimaques, les mourons; les glaux, qui manquent de corolle et croissent sur les bords de la mer et dans les lieux salés de l'Europe et de l'Asie; les cauris, à fleurs irrégulières et qui habitent le bassin méditerranéen; les samolus, les ardisia, arbustes à feuilles entières, alternes et sans stipules, qui croissent généralement sur les montagnes de l'ancien et du nouveau monde; les embelia, arbres de l'Asie tropicale, à tige souvent grimpante; les myrsines, dont les fleurs sont régulières et unisexuées; ce sont des arbres ou des arbustes qui vivent dans les contrées chaudes des deux continents; les mœsa, arbres de l'Inde et de l'Afrique; les jacquinia, les theophrasta et les clavija, arbres de l'Amérique du Sud; les ægicera, arbrisseaux à feuilles alternes, croissant dans l'Inde à l'abri des mangliers. Les Primulacées renferment un principe âcre et volatil; leur racine possède une substance amère et résineuse qui les faisait employer autrefois en médecine.

PRINCE (l. *principem* : de *primus*, premier + *capere*, prendre), *sm.* Celui qui possède une souveraineté ou qui est d'une famille souveraine. ‖ *Prince du sang*, celui qui, par ses ancêtres masculins, appartient à une maison royale ou impériale. ‖ *Monsieur le prince*, le premier prince du sang en France. ‖ *Le Prince Noir*, le prince de Galles, fils d'Édouard III. ‖ *Vivre en prince*, somptueusement. — Fig. *Être bon prince*, d'humeur accommodante. ‖ *Le prince*, le souverain du pays dont on parle. ‖ Le gouvernement dans un état républicain. ‖ Celui qui, sans être de maison souveraine, possède des terres qui ont le titre de principauté ou celui à qui un souverain a conféré ce titre : *Le prince de Wagram.* ‖ *Les princes de l'Église*, les cardinaux. ‖ *Le prince des apôtres*, saint Pierre. ‖ *Le prince des ténèbres*, le démon. — Fig. Le premier en mérite, en talent : *Le prince des orateurs*, Démosthène. ‖ *La légion romaine, les *princes, principes*, les soldats qui, malgré leur nom, formaient la seconde ligne de l'ordre en quinconce, derrière les *hastaires*, devant les *triaires*. — **Dér.** *Princesse, principicule, principion, princier, princière*. Même famille : *Princeps, principe*, etc.

PRINCE-ALBERT, PRINCE-DE-GALLES (TERRES DU). Noms de terres arctiques, au N. de l'Amérique.

PRINCEPS [prin-cep-se] (ml., le premier), *adj. f. Édition princeps*, la première édition d'un auteur ancien. — **Dér.** *Principal, principale, principalement, principauté, principalité, principalat.*

PRINCESSE (*prince*), *sf.* Fille ou femme de prince. || Femme qui gouverne un État.

PRINCIER, IÈRE (*prince*), *adj.* Qui appartient à un prince, à une princesse : *Luxe princier*.

PRINCIPAL, ALE (l. *principalem* : de *princeps*, premier), *adj.* Le plus considérable en son genre : *Le principal commis d'un bureau.* || *La principale chose d'un acte.* || *Principal locataire*, celui qui prend une maison à loyer pour la sous-louer en tout ou en partie. (V. *Proposition.*) — *Sm.* Ce qu'il y a de plus important : *Le principal est d'être en bonne santé.* || Le fond d'une affaire judiciaire. || Le capital d'une rente, d'une dette. || Directeur d'un collège communal, médecin en chef d'un hôpital militaire. — **Dér.** *Principalement, principalat.*

PRINCIPALAT (*principal*), *sm.* Fonction de principal d'un collège.

PRINCIPALEMENT (*principale* + sfx. *ment*), *adv.* Surtout, particulièrement.

PRINCIPALITÉ (*principal*), *sf.* La fonction de principal dans un collège.

PRINCIPAT (l. *princeps*, prince), *sm.* Dignité de prince. || La dignité impériale, chez les Romains.

PRINCIPAUTÉ (l. *principalitatem*), *sf.* Dignité de prince. || Terre à laquelle est attaché le titre de prince : *La principauté de Monaco.* || *Les principautés*, le troisième chœur des anges.

PRINCIPAUTÉS DANUBIENNES. (V. *Roumanie.*)

PRINCIPE (l. *principium*), *sm.* Cause première. || Origine, commencement : *Dieu est le principe de toutes choses.* || *Dès le principe*, dès le commencement. || Cause, source, mobile : *L'égoïsme est le principe d'une foule d'actions.* || Ce qui constitue les choses matérielles : *Les atomes sont les principes des corps.* || *Principe immédiat*, chaque substance qui existe toute formée dans les animaux ou dans les végétaux, comme la fécule. || Toute force naturelle agissant sur les corps : *La chaleur est un principe.* || Chacune des lois fondamentales d'un art, d'une science : *Les principes de la mécanique.* || *Principe d'Archimède*, loi d'hydrostatique d'après laquelle tout corps plongé dans un liquide ou dans un gaz perd une partie de son poids égal au poids du fluide qu'il déplace. || Livre contenant les notions élémentaires d'une science : *Principes de physique.* || Proposition que l'on regarde comme vraie et sur laquelle on s'appuie pour établir d'autres propositions : *En partant d'un faux principe on arrive à de fausses conséquences.* || Maxime, règle de morale, de conduite : *On lui a inculqué de bons principes.* — *Pl.* Idées saines en morale, en religion : *Un homme sans principes.* || *Les deux principes*, la cause primitive du bien et la cause du mal dans la doctrine de Zoroastre et dans celle des Manichéens.

PRINCIPE (île do). Colonie portugaise, près de la côte du Gabon.

PRINCIPICULE (dm. de *prince*), *sm.* Prince dont le pouvoir, l'influence sont presque nuls.

***PRINCIPION** (dm. de *prince*), *sm.* Souverain d'un très petit État.

PRINTANIER, IÈRE (*printemps*), *adj.* Du printemps : *Jour printanier.* || Qui s'épanouit au printemps : *Fleur printanière.* || *Étoffe printanière*, étoffe légère dont on s'habille au printemps.

PRINTEMPS (vx fr. *prim* pour *prime* 1 + *temps* = le premier temps de l'été), *sm.* Saison qui commence vers le 21 mars, finit vers le 21 juin et est signalée dans nos climats par la reprise de la végétation. || Poét., année de la jeunesse : *Il comptait quinze printemps*, il avait quinze ans. — Fig. La jeunesse : *Regretter le printemps de la vie.* — **Dér.** *Printanier.*

***PRIODONTE** (g. πρίων, scie + ὀδούς, génitif ὀδόντος, dent), *sm.* ou TATOU GÉANT, mammifère édenté de l'Amérique du Sud. (V. *Tatou.*)

PRIOR (MATTHEW), le Boileau des Anglais; comme diplomate, il fut l'un des négociateurs des traités d'Utrecht (1664-1721).

PRIORI (À) (l. *a*, de + *priori*, qui est avant), *loc. adv.* En partant d'un principe que l'on admet tout d'abord comme évident : *Raisonner à priori.* || *Système à priori*, créé par l'imagination, sans avoir observé les faits, sans en tenir compte. Dans le système de Kant, *notions à priori*, notions premières, comme la cause, la substance, l'étendue, l'espace, indépendantes de l'expérience.

PRIORITÉ (l. *prioritatem* : de *prior*, qui est avant), *sf.* Antériorité par rapport au temps : *Priorité d'hypothèque.* || Qualité de ce qui doit précéder une chose qui doit être discutée avant elle : *L'ordre du jour pur et simple a la priorité sur un ordre du jour motivé.*

PRIPETZ, rivière de la Russie d'Europe, affluent du Dniepr, qui traverse les marais de Pinsk, les plus vastes de l'Europe.

***PRIPRIS** (*x*), *sm.* Nom des savanes noyées de la Guyane française.

PRIS, ISE (l. *prensum*), *adj.* Atteint de : *Pris de fièvre.* || *Pris par les yeux*, séduit par la vue. || *Taille bien prise*, bien proportionnée. || Caillé : *Lait pris.*

***PRISABLE** (*priser* 1), *adj. 2 g.* Dont on doit faire cas.

PRISCIEN, grammairien latin du VIe siècle.

***PRISCILLIANISME**, hérésie de Priscillien, consistant en une sorte de manichéisme.

PRISCILLIEN, hérésiarque espagnol du IVe siècle; mis à mort à Trèves (384), malgré les efforts de saint Martin. — **Dér.** *Priscillianisme.*

PRISE, *spf.* de *prendre*. Action de prendre, de s'emparer : *La prise d'une ville.* || Action de prendre un vaisseau à l'ennemi. || Chose prise. || Vaisseau pris à l'ennemi : *Amener une prise dans un port.* || Facilité de prendre, de saisir : *Ce vase n'offre point de prise.* || *Avoir prise sur quelqu'un*, avoir sujet de le critiquer. || *Lâcher prise*, quitter ce qu'on tenait. — Fig. Cesser une lutte, rendre malgré soi ce qu'on a pris. || Dispute, querelle, lutte : *En venir aux prises avec quelqu'un.* || *Prise de corps*, action d'arrêter un homme en vertu d'un acte du juge. || *Prise d'armes*, action de se mettre sous les armes pour un service; rébellion à main armée. || *Prise d'eau*, action de détourner l'eau d'une rivière, d'un étang, etc., pour en faire usage. || Permission que l'on accorde de détourner l'eau. || L'eau ainsi détournée. || La quantité d'un médicament que l'on prend en une fois. || Coagulation. || Solidification d'une substance pâteuse : *La prise du plâtre est rapide.* || *Prise de tabac*, pincée de tabac en poudre que l'on introduit dans ses narines. — **Dér.** *Priser* 2, *priseur* 2, *priseuse.*

PRISÉE (*priser* 1), *sf.* Action de fixer le prix des objets qui doivent être vendus aux enchères : *La prisée est faite par un commissaire-priseur.*

1. **PRISER** (l. *pretiare*), *vt.* Évaluer le prix d'une chose, en faire l'estimation : *Priser des tableaux.* || Tenir en grande considération, estimer, louer : *On prise beaucoup cet orateur.* — **Dér.** *Prisée, priseur* 1, *prisable.*

2. **PRISER** (*prise*), *vi.* Introduire de la poudre de tabac dans ses narines.

PRISEUR (*priser* 1), *sm.* Celui qui estime les objets qui doivent être vendus aux enchères publiques : *Commissaire-priseur.*

PRISEUR, EUSE (*priser* 2), *s.* Personne qui prend du tabac en poudre.

PRISMATIQUE (*prisme*), *adj. 2 g.* Qui a la forme d'un prisme : *Le basalte se fendille en colonnes prismatiques.*

PRISME (g. πρίσμα, chose sciée), *sm.* Polyèdre dont deux faces, appelées *bases*, sont des polygones quelconques égaux et parallèles et dont toutes les autres faces sont des parallélogrammes dont deux côtés opposés appartiennent à chacune des bases : *Prisme triangulaire, pentagonal.* L'ensemble des faces du prisme, autres que les bases, constitue sa *surface latérale* ou *convexe*.

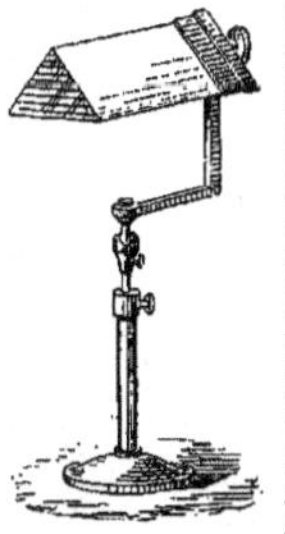

PRISME

L'intersection de deux faces contiguës s'appelle une *arête* du prisme. On dit qu'un prisme est *droit* quand ses arêtes sont perpendiculaires aux plans des bases; on dit qu'il est *oblique* quand ses arêtes sont obliques sur le plan des bases. On appelle *hauteur* d'un prisme la droite perpendiculaire abaissée d'un point de l'une des bases sur l'autre. On obtient le volume d'un prisme quelconque en multipliant la surface d'une de ses bases par sa hauteur. || On appelle *tronc de prisme* ou *prisme tronqué* le corps obtenu en coupant toutes les arêtes d'un prisme par un plan non parallèle à ses bases. (V. *Tronc.*) || *Prisme triangulaire* ou *prisme*, morceau de verre, de cristal ou de toute autre matière transparente ayant la forme d'un prisme triangulaire, et qui décompose dans les sept couleurs de l'arc-en-ciel les faisceaux de lumière blanche qui le traversent. (V. *Spectre solaire.*) — Fig. *Voir les choses à travers un prisme*, les considérer suivant ses préjugés, ses passions. — **Dér.** *Prismatique.*

PRISON (l. *prensionem*, action de prendre), *sf.* Local où l'on enferme les accusés, les condamnés, etc. || *Prison d'État*, celle où l'on enferme les condamnés pour crimes contre l'État. — Fig. *Cette maison est une prison*, elle est sombre et triste. || Emprisonnement : *Être condamné à six mois de prison.* || Chez les Romains, les prisons (*carceres*) avaient trois étages; le premier était un cachot noir et souterrain, en forme de coupole; on y pénétrait par une ouverture circulaire, pratiquée à la clef de voûte; c'était un lieu d'exécution et non de détention. L'étage intermédiaire était au niveau du sol, de forme cubique et ne recevait l'air que par une ouverture pratiquée dans le plafond; on y enfermait les condamnés aux fers (*custodia arcta*, surveillance étroite), les criminels à exécuter. Au dessus était la prison commune (*custodia communis*), où les détenus, soumis à un régime moins sévère, prenaient l'air au dehors et se livraient à divers exercices. A Herculanum, lors des premières fouilles, ces divisions étaient visibles. A Rome, la prison était adossée au mont Capitolin; c'était originairement une construction (*tullianum*) au-dessus d'une source jaillissante (*tullius*), ce qui la fit attribuer à Servius Tullius; plus tard, on en fit le *carcer Mamertinus*, sous Ancus Martius. Les deux étages inférieurs décrits plus haut s'y voient encore. Dans le *tullianum*, cachot voûté décrit par Salluste, furent exécutés les complices de Catilina, Jugurtha, Vercingétorix. Saint Pierre baptisa son geôlier avec l'eau de la source qui jaillissait à ses pieds. Aussi, depuis le XVe siècle, on en a fait un

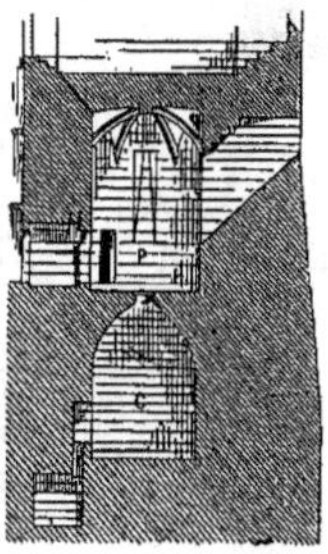

PRISON

DANS UNE TOUR DU CHATEAU DE PIERREFONDS

P. Prison. — C. Cachot.

sanctuaire dit *San Pietro in Carcere*. Les prisons pour les esclaves (*ergastula*) étaient plutôt des ateliers de travail forcé. Les Francs, comme les autres tribus germaniques, ne connaissaient que le talion ou la *vendetta*; il n'y avait donc pour le meurtrier ni vindicte publique, ni prison préventive. Le moyen âge reprit la coutume romaine en l'exagérant : les prisonniers furent alors si malheureux, que l'Église en parle à chaque instant dans ses oraisons et recommande de les secourir. Les seigneurs les enfermaient, à la base de leurs donjons, dans des cachots sans air et sans lumière. Parfois, comme à Pierrefonds, on les faisait disparaître dans des fosses profondes, les *oubliettes* (V. ce mot). Le moine rebelle était mis dans l'*in pace* (V. ce mot). Dans les prisons royales, le patient était chargé de colliers, de ceintures, de chaînes de fer. Là, dans une humide obscurité, la vermine, les rats, la faim préparaient l'œuvre de la mort. Louis XI avait importé d'Italie des cages de fer où l'on ne pouvait se tenir ni debout ni couché. Sous le règne de Charles V, Hugues Aubriot, prévôt de Paris, avait construit la *Bastille* (V. ce mot); mais elle était réservée aux prisonniers d'État, aux aristocrates de la geôle, qui coûtaient au roi 20 livres par jour. Pour entrer au Châtelet, il n'était pas besoin de *lettre de cachet* (V. ce mot). Souvent le détenu y était amené sans papiers et gardé indéfiniment. Le sol des cellules était détrempé par les crues de la Seine. La nourriture était insuffisante et insalubre. Les registres d'écrou ne datent que de Louis XIV. L'ordonnance de 1717 commande de changer la paille tous les quinze jours ou tous les mois. Cependant les geôliers bâtonnaient les détenus ou les faisaient mordre par leurs chiens. Malesherbes, sous Louis XVI, mit un terme aux exactions de ces brutes vénales et s'inquiéta de l'amélioration morale des détenus, en les encourageant à la lecture. Il y avait alors à Paris sept prisons principales : le grand et le petit Châtelet, la Conciergerie, le For-l'Évêque (rue Saint-Germain-l'Auxerrois), l'Abbaye, la prison Saint-Éloi (rue Saint-Paul), la prison Saint-Martin (rue Saint-Martin). La Bastille, le donjon de Vincennes, l'hospice de Bicêtre étaient réservés aux prisonniers d'État. Sous le régime de la Terreur, les suspects arrêtés furent si nombreux, qu'on transforma en geôles les couvents désaffectés, comme Saint-Lazare, Sainte-Pélagie, les Carmes, les Madelonnettes. Napoléon Ier, par un décret de mars 1810, établit huit prisons d'État : les châteaux de Saumur, Ham, If, Lanskrow, Pierre-Châtel, Fénestrelle, Campiano, Vincennes.

Depuis la Constituante, on distingue : 1° les *maisons d'arrêt*, où le prévenu attend son jugement; 2° les *prisons pénales criminelles*, divisées en maisons de force et bagnes; 3° les *prisons pénales correctionnelles*; 4° les *maisons de correction*, destinées aux enfants âgés de moins de douze ans, détenus à la demande de leurs parents; 5° les *maisons centrales*, comme Clairvaux, créées par Napoléon Ier en 1810. Malgré ce classement rationnel, le détenu était encore exploité par le geôlier; il n'était nourri par l'État qu'au cas d'indigence, couchait sur une paille infecte et partageait le lit d'infirmerie avec deux ou trois autres malades. Sous la Restauration, la *Société des prisons* (1819) supprima les punitions barbares, diminua les agglomérations, renouvela la literie. C'était là une amélioration matérielle; la monarchie de Juillet songea au moral des prisonniers corrompus les uns par les autres. La réforme, pour supprimer cette promiscuité, reposa sur deux principes : séparer les catégories de criminels; isoler chaque détenu et le ramener au bien par le travail et les réflexions solitaires; c'est l'origine du *système cellulaire*. Le préfet Delessert l'appliqua en 1838 aux jeunes détenus de la *Petite Roquette*; en 1840, aux criminels adultes de la *Grande Force*. La loi de 1844 l'étendit à toutes les prisons; mais le manque d'argent n'a pas permis de le mettre partout en pratique. En 1850, la *prison de Mazas* fut élevée sur un plan tout nouveau. On compte encore à Paris le *Dépôt de la préfecture* (de police); la *Conciergerie* (du Palais de Justice); la *Grande Roquette*, où sont les cellules des condamnés à mort; la *prison de la Santé* ou des *Madelonnettes*, construite dans l'ancien enclos de la *Charbonnerie*. Ce vaste édifice, œuvre de M. Vaudremer, a une superficie de 20 000 mètres carrés et a coûté 6 000 000 de francs. Ajoutons encore *Saint-Lazare*, prison des femmes; *Sainte-Pélagie*, prison des journalistes; le *Cherche-Midi*, prison des militaires. Dans les maisons d'arrêt, le travail, obligatoire, est donné tantôt à l'entreprise, tantôt à la régie. Ce dernier régime est préférable, car l'entre-

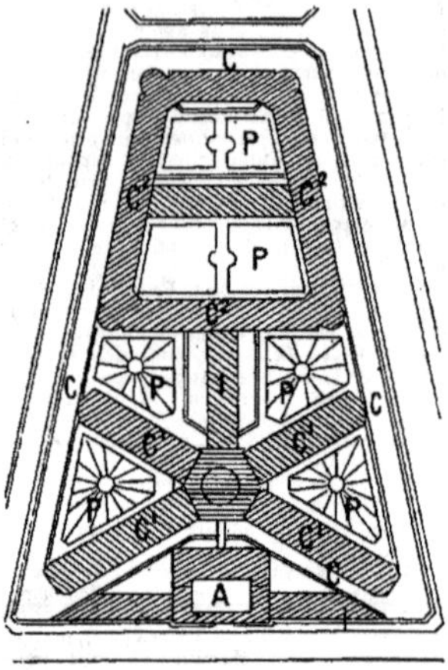

PRISON

DE LA RUE DE LA SANTÉ A PARIS

C. Chemin de ronde. — A. Cour de l'administration. — C'. Cellules des prévenus. — P. Préaux cellulaires. — I. Infirmerie. — C². Quartier des condamnés comprenant ateliers, promenoirs, réfectoires et dortoirs.

preneur enlève au détenu la moitié de son salaire. — **Dér.** *Prisonnier, prisonnière.*

PRISONNIER, IÈRE (*prison*), *s.* Celui, celle qui est en prison ou qu'on vient d'arrêter pour y mettre. || *Prisonnier d'État*, celui qui est enfermé pour quelque action contraire à la sûreté de l'État. || *Prisonnier de guerre*, celui qui a été pris à la guerre. — **Syn.** Le *captif* est l'individu pris à la guerre; le *prisonnier* est celui qui est retenu en prison; l'*esclave* est le captif dont on a fait un serviteur.

PRISREND, 35 000 hab. Ville de l'Albanie septentrionale, sur le Drin blanc; anc. *Justiniana prima*; forteresse célèbre au moyen âge.

PRISSE D'AVENNES (Achille-Constant-Émile (1807-1879), savant égyptologue français, d'origine anglaise. En 1826, il combattit pour l'indépendance de la Grèce et entra plus tard au service de Méhémet-Ali. Pendant son séjour en Égypte, il recueillit de nombreuses antiquités dont il fit don à nos musées. Il est l'auteur d'écrits sur l'art égyptien.

PRIVAS, 7600 hab., préf. (Ardèche), à 600 kilom. de Paris. Ch. de fer P.-L.-M.

PRIVAT (SAINT-), 1311 hab. Ch.-l. de c., arr. de la Corrèze (Tulle).

PRIVAT (SAINT-), village près de Metz, où Bazaine livra aux Allemands (18 août 1870) un combat à la suite duquel il se retira sous les murs de Metz. Ce combat est dit encore de Gravelotte et d'Amanvillers.

PRIVATIF, IVE (*priver*), *adj.* Qui exprime la privation d'une qualité : *Particule privative.* En français *in* est un préfixe privatif : *Injuste, informe.* || *A privatif*, préfixe qui exprime *la privation* en grec et dans certains mots français : *anormal, aptère.* (**Gr.**) — **Dér.** *Privativement.*

PRIVATION (l. *privationem*), *sf.* Action de priver ou de se priver volontairement. || Manque, absence, perte d'un bien, d'un avantage : *La privation de la vue.* || Manque des choses nécessaires. || *Vivre de privations*, manquer de beaucoup de choses nécessaires.

PRIVATIVEMENT (*privative* + sfx. *ment*), *adv.* Exclusivement.

PRIVAUTÉ (l. fictif *privalitatem* : de *privus*, privé), *sf.* Familiarité extrême ou excessive.

1. **PRIVÉ, ÉE** (du l. *privatus*, particulier), *adj.* Qui n'exerce aucun emploi public : *Homme privé.* || Particulier, exclusif à une personne et dont le public n'a pas à s'occuper : *La vie privée.* || *Faire une chose de son autorité privée*, sans en avoir reçu l'ordre de personne, de son chef. || Apprivoisé : *Corbeau privé.* || Familier : *Il est trop privé avec ses maîtres.*

2. **PRIVÉ** (*privé* 1), *sm.* Lieux d'aisances.

PRIVÉMENT (*privée* + sfx. *ment*), *adv.* Particulièrement, individuellement, familièrement.

PRIVER (l. *privare*), *vt.* Oter à quelqu'un une chose qu'il possède. || Lui interdire quelque chose. || L'empêcher de jouir d'une chose : *Priver de la liberté.* || *Priver de congé.* || Apprivoiser. — **Se priver,** *vr.* S'ôter à soi-même une chose que l'on a. || S'abstenir : *Se priver de la promenade.* || Devenir apprivoisé. — **Dér.** *Privé* 1 et 2, *privation, privatif, privative, privativement, privément.*

PRIVILÉGE (l. *privilegium*, loi faite pour un seul individu), *sm.* Droit, avantage accordé à un ou plusieurs individus et interdit au public : *Le titulaire d'un brevet d'invention a le privilège de l'exploiter.* || Acte concédant un privilège. || Droit, avantage attaché à une condition sociale, à une fonction publique, à une corporation : *La noblesse n'a plus de privilèges.* || Droit dont jouissent certains créanciers d'être payés avant tous les autres et même avant les créanciers hypothécaires. || Don naturel du corps ou de l'esprit : *Il a le privilège d'une excellente vue.* || Liberté d'action ou de parole que l'on tolère chez certaines personnes : *La vieillesse donne des privilèges.* — **Dér.** *Privilégié, privilégier, privilégiaire.*

PRIVILÉGIAIRE (*privilège*), *adj. 2 g.* Qui a le caractère d'un privilège.

PRIVILÉGIÉ, ÉE (*privilège*), *adj.* et *s.* Qui jouit d'un privilège. || *Créancier privilégié*, celui qui a droit d'être payé avant les autres. || *Créance privilégiée*, celle qui doit être éteinte avant toutes les autres. || *Créances privilégiées*, frais de justice, de dernière maladie, frais funéraires, salaires des gens de service, fournitures de subsistances faites au débiteur et à sa famille pendant les six derniers mois, loyers et fermages des immeubles. — Fig. Qui a reçu de la nature quelque don particulier : *Un génie privilégié.* || A qui l'on tolère certaines libertés : *Il est privilégié dans cette maison.*

***PRIVILÉGIER** (*privilège*), *vt.* Gratifier d'un privilège.

PRIX (l. *pretium*), *sm.* Valeur d'une chose. || Ce qu'on paye en l'achetant. || *Juste prix*, prix modéré. || *Prix fait*, le prix ordinaire ou le prix convenu d'une chose, marché à forfait. || *Prix fixe*, prix fixé d'avance par le marchand et dont il n'y a rien à rabattre. || *Prix fixe*, maison de commerce où l'on vend les marchandises à un prix déterminé et écrit sur les objets mis en vente. || *Chose hors de prix*, excessivement chère. || *Chose qui n'a point de prix*, d'une très grande valeur. || *Mettre la tête d'un homme à prix*, promettre une somme d'argent à qui le tuera. — Fig. Ce que l'on sacrifie pour obtenir un avantage : *Obtenir la victoire au prix de son sang.* || Mérite d'une personne. || Excellence d'une chose : *Le prix du temps.* || Récompense : *Le prix d'un service rendu.* || Salaire, punition : *Il a reçu le prix de son crime.* || Ce que l'on promet de donner à celui qui réussira le mieux dans un exercice du corps ou de l'esprit : *Le prix de la course. Les prix décernés par l'Académie.* || *Le prix de Rome.* || Livre donné comme récompense dans les écoles, les collèges, aux élèves qui ont fait les meilleures compositions : *Le prix d'excellence.* — A tout prix, *loc. adv.* A n'importe quel prix. — Fig. Malgré tout. —

Au prix de, *loc. prép.* En comparaison de. — **Syn.** *Au prix de.* (V. *Auprès de*) — **Dér.** *Priser.* — **Comp.** *Apprécier*, etc.; *déprécier*, etc.; *mépriser*, etc.

PROBABILISME (l. *probabilem*, qu'on peut approuver), *sm.* Doctrine théologique, qui enseigne qu'en matière de morale, on peut, sans pécher, suivre une opinion non formellement condamnée, mais favorable à ses intérêts, de préférence à une autre opinion plus désintéressée. || Variété du scepticisme, admis par Arcésilas et la Nouvelle Académie, qui, sans rien affirmer, admettaient des degrés de vraisemblance.

PROBABILITÉ (l. *probabilitatem*), *sf.* Apparence de vérité : *On ne peut condamner un accusé sur des probabilités.* || *Calcul des probabilités*, partie des mathématiques qui apprend à calculer le nombre des chances qu'il y a pour qu'une chose s'accomplisse. || Probabilisme.

PROBABLE (l. *probabilem*, de *probare*, prouver), *adj. 2 g.* Qui a une apparence de vérité : *Cette opinion n'est pas probable.* || Qu'il est raisonnable de supposer : *Ce fait est probable.* || *Opinion probable*, celle qui est fondée sur des raisons de quelque importance, par un auteur grave. (Théol.) — *Sm.* Ce qui est probable : *On préfère le certain au probable.* — **Dér.** *Probabilité, probabilisme, probablement.*

PROBABLEMENT (*probable*+sfx. *ment*), *adv.* Selon ce qui est probable.

PROBANT, ANTE (l. *probantem*), *adj.* Qui prouve : *Raison probante, fait probant.*

PROBATION (l. *probationem*), *sf.* Noviciat religieux. || Temps d'épreuve que possède quelquefois le noviciat.

PROBATIQUE (g. προβάτον, mouton), *adj. f. La piscine probatique de Jérusalem*, celle où on lavait les animaux destinés au sacrifice.

PROBATOIRE (l. *probatorium*), *adj. 2 g.* Propre à prouver : *Acte probatoire.* || Propre à constater la capacité d'un étudiant.

PROBE (l. *probum*), *adj. 2 g.* Qui a de la probité : *Homme probe.* — **Dér.** *Probité.*

PROBITÉ (l. *probitatem*), *sf.* Attention scrupuleuse que l'on apporte à ne point faire de tort à son prochain, à remplir envers lui tous les devoirs de la justice et de la morale.

PROBLÉMATIQUE (g. προβληματικός), *adj. 2 g.* Sur quoi l'on ne peut se prononcer faute de raisons suffisantes : *Opinion problématique.* || Dont on peut douter : *Nouvelle problématique.* || Suspect : *Conduite problématique.*

PROBLÉMATIQUEMENT (*problématique*+sfx. *ment*), *adv.* D'une manière problématique.

PROBLÈME (g. πρόβλημα, chose mise en avant), *sm.* Question que l'on propose et qui doit être résolue d'après les principes de la science : *Problème d'arithmétique, de géométrie.* || Proposition susceptible de plusieurs solutions : *Un problème de morale.* || Tout ce qui est difficile à comprendre, à expliquer. || *Cet homme est un problème*, sa conduite est inexplicable. — **Dér.** *Problématique, problématiquement.*

PROBOSCIDE (l. *proboscidem*, museau), *sf.* La trompe de l'éléphant. || La trompe de divers insectes. — **Dér.** *Proboscidien.*

***PROBOSCIDIEN** (*proboscide*), *sm.* Mammifère pachyderme ongulé dont le nez est prolongé en forme de trompe : la famille des Proboscidiens comprend les plus grands mammifères terrestres : dinothériums, mastodontes (fossiles), éléphants (fossiles et encore vivants). (V. *Eléphant, Mammouth*, etc.)

PROBUS, empereur romain (276 à 282), qui repoussa les Germains de la Gaule et fit planter des vignes dans ce pays. Il fut massacré par ses soldats à Sirmium.

PROCAS, roi légendaire d'Albe la Longue, père de Numitor et d'Amulius.

PROCÉDÉ, *spm.* de *procéder*, manière d'agir envers quelqu'un : *Procédé délicat.* || Manière de faire une opération : *Un procédé ingénieux.* || Rondelle de cuir garnissant le bout d'une queue de billard. — *Pl.* Bons procédés : *Il use de procédés.*

PROCÉDER (l. *pro*, en avant + *cedere*, marcher), *vi.* Commencer à s'occuper de : *Procéder à l'examen d'une affaire.* || Agir de telle ou telle manière : *Procéder par ordre.* || Intenter, instruire une action judiciaire : *Procéder contre quelqu'un.* || Tirer son origine : *Le français procède du latin.* — **Dér.** *Procédé, procédure, procédurier.* Même famille : *Procès, processif, procession*, etc.

PROCÉDURE (*procéder*), *sf.* Manière de procéder en justice : *Entendre la procédure.* || Instruction judiciaire d'un procès : *Procédure régulière.* || Tous les actes faits dans une instance en justice : *La procédure sera nulle.* || Le code de *procédure civile* promulgué en 1806 contient 1042 articles divisés en deux parties : 1° *Procédure devant les tribunaux* (5 livres) : justice de paix; — tribunaux inférieurs; — cours d'appel; — voies extraordinaires pour attaquer les jugements; — exécution des jugements. — 2° *Procédures diverses* (3 livres) : saisies, séparation de corps et de biens, interdiction; — ouverture d'une succession; — arbitrages. On a dû modifier ce code sur la vente des biens immeubles appartenant aux mineurs, les partages et licitations, la saisie immobilière. — **Dér.** *Procédurier, procédurière.*

PROCÉDURIER, IÈRE (*procédure*), *adj.* Qui s'entend en procédure. || Qui aime la chicane. — *s.* Personne qui aime la chicane.

PROCÈS (l. *processum*, marche, développement), *sm.* Prolongement d'un organe : *Le procès ciliaire.* || Progrès (*vx*). || Recours à un tribunal pour la solution d'un différend. — Fig. *Faire le procès à quelqu'un*, le désapprouver. || *Faire le procès à une chose*, soutenir qu'elle est mauvaise. — Fig. *Gagner, perdre son procès*, réussir, échouer. || *Sans forme de procès*, sans façons, sans formalités. || Toutes les écritures relatives à un procès. || *Procès-verbal.* (V. *Procès-verbal.*) — **Dér.** *Processif, processive.* Même famille : *Procéder.*

PROCESSIF, IVE (*procès*), *adj.* Qui aime les procès.

PROCESSION (l. *processionem*), *sf.* Marche solennelle faite dans l'église ou au dehors par le clergé et le peuple qui font entendre des chants pieux : *La procession du saint Sacrement.* || Longue file de personnes qui marchent en ordre. — **Dér.** *Processionnaire, processionnal, processionnel, processionnelle, processionnellement.*

***PROCESSIONNAIRE** (*procession*), *adj.* et *s.* Se dit de chenilles du genre *bombyx* qui ont le corps couvert de poils piquants et donnent naissance à de petits papillons grisâtres. Ces chenilles vivent en troupes nombreuses sur les chênes et les pins. Vers le soir elles quittent leur nid, où elles vivent en société, et se mettent en quête de nourriture. Pour cela, elles se rangent en file d'abord sur un seul rang, puis sur deux, trois, etc. Les poils dont ces chenilles sont couvertes se détachent facilement et causent, lorsqu'ils s'enfoncent dans la peau de l'homme, de vives démangeaisons. Les processionnaires font des dégâts considérables dans les forêts.

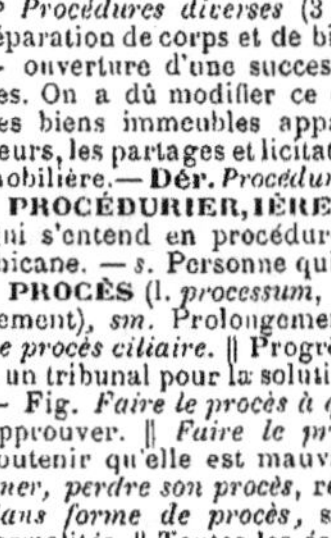

PROCESSIONNAIRES

PROCESSIONNAL (*procession*), *sm.* Livre de plain-chant dont on se sert dans les processions.

PROCESSIONNEL, ELLE (*procession*), *adj.* Qui a rapport à une procession.

PROCESSIONNELLEMENT (*processionnelle*+sfx. *ment*), *adv.* En procession.

PROCÈS-VERBAL (*procès* + *verbal*), *sm.* Rapport officiel, constatant une contravention ou un délit, rédigé par un agent de la police judiciaire, un garde champêtre, ou toute autre personne commissionnée et assermentée. || Rapport résumant les actes principaux d'une séance d'assemblée publique, de société savante, rédigé d'ordinaire par le secrétaire de cette assemblée, de cette société et lu à la séance suivante, adopté après vote. Tout agent détenant une portion de la police judiciaire a le droit de dresser *procès-verbal* de contravention. En voici la liste : procureurs de la République et leurs substituts; juges d'instruction; juges de paix; commissaires de police (mais non leurs agents, qui ne rédigent que des rapports); maires et adjoints; gendarmes; gardes de Paris; gardes champêtres, gardes forestiers; préposés des douanes; préposés des contributions indirectes; employés des octrois; ingénieurs, conducteurs, piqueurs, cantonniers des ponts et chaussées; agents voyers; gardes du génie et des fortifications; préposés de l'administration des postes; vérificateurs des poids et mesures; employés des bureaux de garantie; agents de la navigation; gardes-pêche; gardes-rivières; gardes-canaux; gardes-digues; inspecteurs du travail des enfants dans les manufactures; agents et arpenteurs forestiers; gardes-ventes. — **Gr.** Plur. *Procès-verbaux.*

PROCHAIN, AINE (*proche*), *adj.* Qui est à une faible distance : *La ville prochaine.* || Qui arrivera bientôt, en parlant du temps, d'une chose : *La semaine, la moisson prochaine.* || Immédiat (philosophie) : *Cause prochaine.* — **Sm.** *Le prochain*, autrui. || Tous les autres hommes et chacun d'eux en particulier : *Aimons notre prochain.*

PROCHAINEMENT (*prochaine* + sfx. *ment*), *adv.* Dans peu de temps.

PROCHE (l. *propius*, plus près), *adv.* Près : *Il demeure ici proche.* || Proche ou Proche de, *prép.* Tout près de : *Proche le marché.* — *adj. 2 g.* Voisin : *Les maisons proches de la place.* || Qui arrivera bientôt. || Qui est de notre famille. — Smpl. *Nos proches*, nos parents. — **Dér.** *Prochain, prochaine, prochainement.* — **Comp.** *Approcher, rapprocher, reprocher.*

PROCHRONISME (g. πρὸ, avant + χρόνος, temps), *sm.* Action d'assigner à un fait une date antérieure à celle où il a eu lieu.

PROCIDA, 14000 hab., petite île volcanique du golfe de Naples voisine d'Ischia.

PROCIDA (Jean de), médecin de l'empereur Frédéric II et de son fils Manfred; organisa la conspiration des Vêpres siciliennes (1282); m. en 1299.

PROCLAMATION (l. *proclamationem*), *sf.* Action de proclamer. || Publication solennelle. || Écrit contenant ce que l'on veut porter à la connaissance du public : *Rédiger une proclamation.*

PROCLAMER (l. *pro*, en avant + *clamer*), *vt.* Déclarer en public, à haute voix et avec solennité : *Proclamer un roi, une ordonnance.* — Fig. Divulguer, publier : *On proclamait sa gloire.* — **Se proclamer**, *vr.* Se déclarer hautement. — **Dér.** *Proclamation.*

PROCLITIQUE (g. πρὸ, en avant + κλίνειν, joncher), *adj.* et *sm.* Se dit d'un mot privé de l'accent tonique. En français, les articles, les pronoms, les prépositions, etc., sont proclitiques.

***PROCLIVE** (l. *pro*, en avant + *clivus*, pente), *adj. 2 g.* Incliné en avant. — **Dér.** *Proclivité.*

***PROCLIVITÉ** (*proclive*), *sf.* Inclinaison en avant.

PROCLUS DE BYZANCE (412-485), philosophe néoplatonicien, qui développa les doctrines de Plotin dans l'école d'Athènes. Il se disait prêtre de l'univers et tenta une interprétation mystique des traditions païennes.

PROCONSUL (l. *pro*, pour + *consul*), *sm.* Consul sortant de charge, qui était pourvu du gouvernement d'une province. — Fig. Homme qui gouverne tyranniquement et arbitrairement un pays. — **Dér.** *Proconsulat, proconsulaire.*

PROCONSULAIRE (l. *proconsularem*), *adj. 2 g.* Qui appartient au proconsul. || *Province proconsulaire*, gouvernée par un proconsul.

PROCONSULAT (l. *proconsulatum*), *sm.* Dignité, charge du proconsul, sa durée.

PROCOPE, historien byzantin du VIe siècle, auteur d'une *Histoire des guerres de Justinien* et d'une *Histoire secrète* de son temps.

PROCRÉATION (l. *procreationem*), *sf.* Génération.

PROCRÉER (l. *procreare*), *vt.* Engendrer. — **Gr.** Ce verbe se conjugue comme *Créer.* — **Dér.** *Procréation.*

PROCRIS (Πρόκρις, la rosée), fille d'Erechthée, roi d'Athènes, femme de Céphale, tuée par lui involontairement. Dans ce mythe, *Procris* représente la rosée et Céphale le soleil qui la dissipe.

PROCURATEUR (l. *procuratorem*), *sm.* Magistrat qui administrait les biens d'un empereur romain dans une province et y levait les impôts destinés au fisc. || *Procurateur de Saint-Marc*, chacun des neuf magistrats de la république de Venise qui administrait les biens de l'église de Saint-Marc, ceux des orphelins et des gens qui mouraient ab intestat. — **Db.** *Procureur.*

PROCURATION (l. *procurationem*), *sf.* Pouvoir donné par quelqu'un à un autre d'agir en son nom. — *La procuration* est l'acte par lequel une personne donne à autrui le pouvoir d'agir pour elle, en son nom, et se multiplie ainsi dans les lieux les plus divers, sans se déplacer. La procuration, verbale ou écrite, doit être acceptée par le mandataire; elle est gratuite ou salariée, générale ou spéciale; elle prend fin par la révocation ou la renonciation du mandataire; par la mort, l'interdiction du mandant. — Dans le commerce la procuration est souvent dite *commission.* || Acte notarié qui confère ce pouvoir.

PROCURER (l. *procurare*), *vt.* Faire obtenir à quelqu'un : *Procurer un emploi.* || Faire en sorte qu'une personne ait une chose dont elle a besoin : *Procurer des vivres.* || Être la cause de : *Ce médicament lui procure un grand soulagement.* — *Se procurer*, obtenir par ses efforts. — **Dér.** *Procureur, procuration, procurateur.*

PROCUREUR, PROCURATRICE (l. *procuratorem*), *sm.* Celui qui a pouvoir d'agir au nom d'un autre : *Un procureur fidèle.* || Mot par lequel on désignait autrefois un avoué. || *Procureur général*, magistrat qui exerce les fonctions du ministère public près d'une cour supérieure (cour d'appel, cour de cassation, cour des comptes). || *Procureur de la République*, chef du parquet établi auprès de chaque tribunal de première instance. || Religieux chargé des intérêts pécuniaires de son ordre. — **Db.** *Procurateur.*

PROCUREUSE (*procureur*), sf. La femme d'un procureur. (Fam.)

PROCUSTE ou **PROCRUSTE** (Προκρούστης), *sm.* Brigand de l'Attique qui étendait les passants sur un lit de fer, tiraillait les membres de ceux qui étaient plus petits que ce lit et les coupaient à ceux qui étaient plus grands. Thésée lui infligea le même supplice. (Myth.) — Fig. *Mettre sur le lit de Procuste*, accommoder selon son bon plaisir.

***PRO DEO** (ml., pour Dieu), *loc. adv.* Gratuitement.

PRODICUS DE CÉOS, sophiste, disciple de Protagoras (vᵉ siècle av. J.-C.).

PRODIGALEMENT (*prodigalité*), *adv.* Avec prodigalité.

PRODIGALITÉ (l. *prodigalitatem*), *sf.* Acte, caractère du prodigue. — *Pl.* Libéralités, dépenses excessives. — **Dér.** *Prodigalement.*

PRODIGE (l. *prodigium*), *sm.* Chose surprenante, extraordinaire : *Faire des prodiges.* || Miracle. || Personne, chose qui excelle dans son genre en bien ou en mal : *Cet homme est un prodige de science. Ce monument est un prodige de l'art. Un prodige d'avarice.* — **Dér.** *Prodigieux, prodigieuse, prodigieusement.*

PRODIGIEUSEMENT (*prodigieuse* + sfx. *ment*), *adv.* D'une manière prodigieuse, extraordinairement.

PRODIGIEUX, EUSE (l. *prodigiosum*), *adj.* Qui tient du prodige, extraordinaire : *Mémoire prodigieuse.* || Qui est d'une grosseur, d'une taille extraordinaire : *Chien prodigieux.*

PRODIGUE (l. *prodigum*), *adj.* et *s. 2 g.* Qui fait des dépenses excessives. — Le *prodigue*, peu ménager de son patrimoine, peut être assisté d'un conseil judiciaire. || Qui ne ménage pas : *Être prodigue de remontrances, de ses peines.* || *Enfant prodigue*, jeune homme qui, comme le personnage de la parabole de l'Evangile, retourne à la maison paternelle après une longue absence et une vie de débauches. — **Dér.** *Prodiguer, prodigalité, prodigalement.*

PRODIGUER (*prodigue*), *vt.* Dépenser avec excès, donner avec profusion : *Prodiguer ses biens.* || Ne pas ménager : *Prodiguer ses forces.* — **Se prodiguer**, *vr.* Etre prodigué. || Se montrer dans toutes les réunions.

PRODITOIREMENT, (l. *proditorem*, traître), *adv.* En trahison.

PRODROME (g. πρόδρομος, qui court en avant), *sm.* Introduction à l'étude d'une science. || Malaise qui précède et annonce une maladie.

PRODUCTEUR, TRICE (l. *productorem*), *adj.* Qui produit : *La cause productrice des phénomènes électriques.* — *Sm.* Celui qui, par son travail, crée des produits industriels : *Les grands producteurs d'un pays.* (Econ. pol.)

PRODUCTIF, IVE (l. *productivum*), *adj.* Qui produit. || *Force productive*, qui supporte beaucoup. || *Terre productive*, qui procure de grands bénéfices. || *Commerce productif.*

PRODUCTION (l. *productionem*), *sf.* Action d'exhiber : *Faire la production d'un testament.* || Action de produire, de donner naissance : *La production de la chaleur par le frottement.* || Toute chose produite par la nature, l'art, l'esprit : *Le diamant est une production naturelle. Une production littéraire.* || Ce que produisent le sol et l'industrie d'un pays : *La consommation est en raison de la production.* Les sociétés coopératives de *production* ont pour objet d'acheter des matières, de les façonner, de les vendre et de transformer l'ouvrier en entrepreneur.

PRODUIRE (l. *pro*, en avant + *duire*), *vt.* Montrer, faire connaître : *Produire son opinion.* || Introduire : *Produire un jeune homme dans le monde.* || Exhiber : *Produire des titres.* || *Produire des témoins*, les faire entendre en justice. || Présenter par écrit en justice ses moyens de défense avec les pièces justificatives : *Produire au greffe.* || Donner naissance : *L'éléphant ne produit qu'un petit.* — Fig. *La Grèce a produit des artistes incomparables.* || Faire croître, rapporter : *La Beauce produit beaucoup de blé.* || Fabriquer, créer par le travail : *La Suède produit d'excellents fers.* || Composer : *Produire un poème.* || Procurer un revenu, un bénéfice : *Cette place produit 10 000 francs.* || Causer : *Les marais produisent la fièvre.* — **Se produire**, *vr.* Etre produit, se montrer, se faire connaître honorablement. — **Gr.** Ce verbe se conjugue comme *conduire.* — **Dér.** *Produit, producteur, productrice, productif, production.* — **Comp.** *Reproduire.*

PRODUIT, *spm.* de *produire.* Toute production de l'agriculture, de l'industrie : *Produit manufacturé.* || Profit, bénéfice, rapport, récolte : *Le produit d'un capital, d'une place, d'une terre.* || Ce qui résulte d'une opération naturelle ou artificielle : *Produit volcanique, chimique.* || Résultat d'une multiplication : *36 est le produit de 12 par 3.*

PROÉMINENCE (*proéminent*), *sf.* Etat de ce qui est proéminent : *La proéminence du nez.* || Partie proéminente : *Proéminence charnue.*

PROÉMINENT, ENTE (l. *proeminentem*), *adj.* Qui dépasse les parties environnantes : *L'homme a le nez proéminent.* — **Dér.** *Proéminence.*

PROFANATEUR, TRICE (l. *profanatorem*), *s.* Celui, celle qui profane les choses saintes.

PROFANATION (l. *profanationem*), *sf.* Action de profaner les choses saintes : *La profanation d'une église.* || Abus d'une chose rare et précieuse : *Faire une profanation de son talent.*

PROFANE (l. *profanum*), *adj. 2 g.* Qui ne concerne pas la religion : *L'histoire profane.* || Qui est contre le respect qu'on doit aux choses sacrées : *Action profane.* — *S. 2 g.* Celui qui ne respecte pas les choses de la religion || Celui qui, chez les anciens, n'était pas initié aux mystères. — Fig. Celui qui n'a aucune connaissance d'un art, d'une science. — **Dér.** *Profaner, profanation, profanateur.*

PROFANER (l. *profanare*), *vt.* Traiter avec irrévérence les choses de la religion, les employer à des usages profanes : *Profaner les vases sacrés.* — Fig. Faire un mauvais usage d'une chose rare et précieuse, la rendre méprisable : *Profaner sa plume.*

PROFÉRER (l. *pro*, avant + *ferre*, porter), *vt.* Prononcer distinctement : *Proférer des injures.*

PROFÈS, ESSE (l. *professum*), *adj.* et *s.* Celui, celle qui a prononcé les vœux par lesquels on s'engage dans un ordre religieux || *Maison professe*, celle où résident les profès. — **Dér.** *Professer, professeur, profession, professionnel, professoral, professorat.*

PROFESSER (l. *professum*, qui a déclaré), *vt.* Avouer publiquement, reconnaître hautement : *Professer le christianisme, une opinion.* || Exercer : *Professer un métier.* || Enseigner publiquement : *Professer les mathématiques.* — **Se professer**, *vr.* Etre enseigné publiquement.

PROFESSEUR (l. *professorem*), *sm.* Celui qui enseigne, donne des leçons dans une école : *Professeur de chimie.* — Celui qui fait étalage de ses opinions : *Un professeur d'athéisme.* — **Gr.** N'a pas de féminin.

PROFESSION (l. *professionem*), *sf.* Déclaration publique et solennelle qu'on fait de sa croyance, d'un sentiment habituel : *Faire profession d'une religion*, être de cette religion, la pratiquer. || Faire profession d'une chose, s'en vanter, s'en targuer : *Faire profession de générosité.* || *Profession de foi*, déclaration publique de sa croyance religieuse, de ses opinions politiques : *La profession de foi d'un candidat.* || Art, métier : *Profession de médecin, de menuisier.* — Les *professions* entraînent des inégalités au point de vue des maladies et de la mortalité; la civilisation a créé des *professions* dangereuses, propres à elle seule : le travail du mercure et du plomb, les mines, les allumettes, le piquage des meules, le tissage. Mais les décès ne sont pas en raison directe du labeur qu'impose la profession; ainsi en en Angleterre, sur 1 000 vivants, les domestiques ne comptent que 12 décès, tandis que leurs maîtres, nobles et rentiers, en comptent 25. || *Joueur de profession*, qui a l'habitude invétérée du jeu. || Action de prononcer les trois vœux de pauvreté, d'obéissance et de chasteté pour être admis dans un ordre religieux.

* **PROFESSIONNEL, ELLE** (*profession*), *adj.* Qui a rapport à une profession, qui en dépend : *Ecole professionnelle*, celle où on prépare à exercer un ou plusieurs métiers. (Néol.)

PROFESSO (EX). (V. *Ex professo.*)

PROFESSORAL, ALE (*professeur*), *adj.* Qui appartient, qui convient à un professeur : *Devoirs professoraux.*

PROFESSORAT (*professeur*), *sm.* Emploi de professeur. Temps pendant lequel on est professeur.

***PROFIL** (*pro*, pour + l. *filum*, fil), *sm.* Le contour et les traits du visage vu de côté : *Il est plus aisé de représenter une tête de profil que de face.* || Coupe verticale d'un édifice, d'un membre d'architecture, faite perpendiculairement à sa face principale : *Le profil d'une corniche.* || Coupe verticale d'un terrain faite dans une direction quelconque. || *Profil en long*, dessin profilant la configuration d'un terrain le long d'une route, d'un canal, d'un chemin de fer, etc., avec l'indication des paliers, pentes et rampes. || *Profil en travers*, se dit des coupes transversales représentant le terrain naturel et les terrassements à exécuter pour

PROFIL

P. Profil romain. — P¹. Profil XIIᵉ siècle. — P². Profil d'un arc double au XVᵉ siècle.

le percement d'une route, d'un canal ou d'une voie ferrée. — **Dér.** *Profiler.*

PROFILER (*profil*), *vt.* Représenter en profil. — **Se profiler**, *vr.* Être profilé.

PROFIT (l. *profectum*, avancement), *sm.* Gain, bénéfice : *Les associés partagent le profit.* ‖ Avantage, utilité : *Mettre à profit.* ‖ Employer utilement : *Mettre le temps à profit.* ‖ *Faire du profit*, s'user lentement, être d'un usage économique : *Cet habit m'a fait du profit.* ‖ Avantage intellectuel ou moral, progrès : *Étudier avec profit.* — *Pl.* Petites gratifications faites aux gens de service et aux employés. ‖ *Profits et pertes*, sommes que l'on gagne ou perd d'une manière tout à fait imprévue. ‖ Compte du grand-livre où l'on inscrit ces sommes. — **Dér.** *Profitable, profitablement, profiter.*

PROFITABLE (*profit*), *adj.* 2 *g.* Avantageux, utile.

PROFITABLEMENT (*profitable* + sfx. *ment*), *adv.* Avantageusement, utilement.

PROFITER (*profit*), *vi.* Obtenir un gain, un bénéfice : *J'ai profité à ce marché.* ‖ Tirer avantage : *J'ai profité d'un avis.* ‖ Procurer un gain, un bénéfice : *Son argent lui profite.* ‖ Être utile : *Cet exemple lui a profité.* ‖ Faire des progrès : *Profiter en science.* ‖ Prendre de l'accroissement, venir bien : *Le bétail profite. Les arbres profitent dans cette forêt.*

PROFOND, ONDE (l. *profundum*), *adj.* Dont le fond est éloigné du bord. ‖ Qui pénètre fort avant : *Blessure profonde.* ‖ Qui forme une masse très épaisse : *Eau profonde.* ‖ Dont la longueur est très considérable par rapport à la largeur : *Grotte profonde.* — Fig. Difficile à comprendre, à découvrir : *Théorie profonde. Mystère profond.* ‖ Qui connaît à fond : *Esprit profond.* ‖ *Profond scélérat*, scélérat retors, consommé. ‖ Excessif, extrême : *Nuit profonde.* — **Dér.** *Profondément, profondeur.* — **Comp.** *Approfondir.*

PROFONDÉMENT (*profonde* + sfx. *ment*), *adv.* Bien avant. ‖ Avec une grande pénétration. ‖ Extrêmement.

PROFONDEUR (*profond*), *sf.* Distance de l'orifice au fond d'une cavité : *La profondeur d'un puits.* ‖ Hauteur. ‖ Distance de l'entrée à la partie opposée : *La profondeur d'un bâtiment.* ‖ Distance du premier rang au dernier rang d'une troupe. — Fig. Qualité de ce qui est difficile à comprendre, à découvrir : *La profondeur d'un dessein.* — Fig. Puissance perspicace : *Une grande profondeur d'esprit.*

PRO FORMA (ml.), *loc. adv.* Pour la forme.

***PROFUS, USE** (l. *profusum*), répandre abondamment), *adj.* Qui se répand en abondance : *Les phtisiques ont des sueurs profuses.* — **Dér.** *Profusément, profusion.*

PROFUSÉMENT (l. *profuse* + sfx. *ment*), *adv.* Avec profusion.

PROFUSION (l. *profusionem*), *sf.* Excès de libéralités, de dépenses. — Fig. *Louer à profusion*, à l'excès.

PROGÉNITURE (l. fictif *progenitura*), *sf.* Les descendants d'un homme, d'un animal.

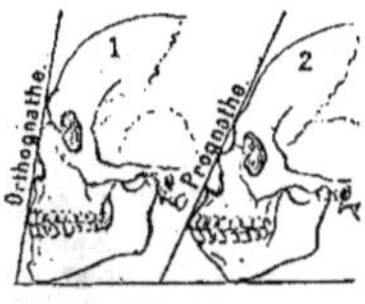

PROGNATHE

PROGNATHE (g. προ, en avant + γνάθος, mâchoire), *sm.* Qui a les mâchoires, les dents saillantes et dirigées en avant : *Les nègres sont prognathes.* Le contraire de *prognathe* est *orthognate*, qui s'applique à une mâchoire verticale et aux dents également verticales : *Les Européens sont généralement orthognates.* (V. *Orthognathe.*) — **Dér.** *Prognathisme.*

PROGNATHISME (*prognathe*), *sm.* Qualité de celui, de ce qui est prognathe. Dans les races humaines le prognathisme est un caractère d'infériorité.

PROGNÉ (Πρόκνη), fille de Pandion, roi d'Athènes ; pour se venger de son mari Térée qui avait outragé sa sœur Philomèle (V. ce mot), elle lui servit les membres de son fils Itys ; elle fut changée en hirondelle.

PROGRAMME (g. πρόγραμμα), *sm.* Écrit qu'on affiche ou distribue pour faire connaître d'avance les détails d'une cérémonie, les conditions d'un concours. — Fig. Exposition sommaire du système politique que l'on se propose de suivre.

PROGRÈS (l. *progressum*, marche en avant), *sm.* Mouvement en avant. ‖ Accroissement, extension : *Les progrès d'un incendie.* ‖ Développement : *Les progrès de l'âge.* ‖ Augmentation d'intensité : *Les progrès d'une maladie.* ‖ Suite d'avantages, de succès : *Les progrès de l'ennemi.* ‖ Perfectionnement intellectuel ou moral : *Son esprit fait des progrès.* ‖ Développement successif de la civilisation, des sciences, des arts, etc. : *Un partisan du progrès.* — **Dér.** *Progresser, progressif, progressive, progression, progressiste, progressivement.*

***PROGRESSER** (*progrès*), *vi.* Faire des progrès. (Néol.)

PROGRESSIF, IVE (*progrès*), *adj.* Qui caractérise la marche en avant. ‖ Qui a lieu peu à peu : *La croissance progressive d'un végétal.* ‖ Qui se développe, augmente, fait des progrès : *Vitesse progressive.* ‖ Susceptible de se perfectionner : *La nature progressive de l'homme.* ‖ Qui croît plus que proportionnellement : *Impôt progressif.*

PROGRESSION (l. *progressionem*), *sf.* Marche en avant. ‖ Suite non interrompue. ‖ Intensité croissante : *On remarque dans cette phrase une belle progression d'idées.* ‖ On nomme *progression arithmétique* ou *par différence* une suite de nombres tels que chacun d'eux est égal au précédent augmenté d'une quantité constante appelée la *raison* de la progression. Par exemple, les nombres

3, 7, 11, 15, 19, 23, etc.,

forment une progression arithmétique dont la raison est 4. Chaque nombre d'une progression arithmétique s'appelle un *terme* de cette progression.

Problème. — *Trouver un terme de rang quelconque dans une progression arithmétique.*

Soit la progression

5, 8, 11, 14, 17, 20, 23, etc.

Nous voyons que le second terme 8 de cette progression égale 5 + 3, c'est-à-dire le premier terme plus la raison. Le troisième terme 11 égale 8 + 3, c'est-à-dire le second terme plus la raison. On peut écrire cela autrement : à la place du second terme 8, on peut mettre sa valeur qui égale le premier terme plus la raison. Par cette substitution on a : Le troisième terme 11 = 5 + 3 + 3 = le premier terme + deux fois la raison. En continuant de la même manière, on verrait facilement que le quatrième terme 14 est égal au troisième terme plus la raison, ou encore au premier terme plus trois fois la raison, et ainsi de suite pour les termes suivants. Par exemple, le vingtième terme serait égal au premier augmenté de dix-neuf fois la raison ; le centième terme serait égal au premier augmenté de 99 fois la raison. En un mot, *dans une progression arithmétique, un terme de rang quelconque est égal au premier terme augmenté du produit de la raison par le nombre des termes qui précèdent celui que l'on considère.* Cette phrase exprime un résultat important que nous allons écrire beaucoup plus brièvement à l'aide des signes employés en arithmétique et en ayant en outre recours aux conventions suivantes : 1° Nous conviendrons de représenter par la lettre D un terme de rang quelconque ; cette lettre D est la première du mot *dernier*, qui, pour nous, signifiera le dernier terme que l'on aura en vue dans la progression arithmétique. 2° Nous représenterons par la lettre *n* le rang du dernier terme que l'on considère. Il résulte de là que ce dernier terme se trouve précédé de $(n-1)$ autres termes de la progression. 3° Enfin, nous désignerons le premier terme de la progression par P et la raison de la même progression par R. Grâce à l'emploi de ces notations, la phrase précédente pourra s'écrire :

$$D = P + R \times (n-1).$$

Telle est la formule fondamentale dans la théorie des progressions arithmétiques.

Problème. — *Trouver la raison d'une progression arithmétique, connaissant son premier terme, un autre terme que l'on considère momentanément comme le dernier, et le rang que cet autre terme occupe.*

Pour résoudre ce problème, nous partirons de la formule :

$$D = P + R \times (n-1).$$

Cette formule est une égalité ; si nous retranchons une même quantité P à ses deux membres, il viendra :

$$D - P = P + R \times (n-1) - P,$$

ou, en supprimant les quantités P et −P qui se détruisent au second membre :

$$D - P = R + (n-1).$$

A présent, si nous divisons par $(n-1)$ les deux membres de cette dernière égalité, nous aurons :

$$\frac{D-P}{n-1} = R.$$

Ce résultat montre que *pour avoir la raison, il faut soustraire le premier terme du dernier et diviser le reste par le nombre des termes que l'on considère, ce nombre ayant été préalablement diminué d'une unité.* Par exemple, la raison d'une progression arithmétique dont le premier terme est 8, le dernier 33 et le nombre des termes 6, sera représentée par :

$$R = \frac{33-8}{6-1} = 5.$$

Définition. — *Insérer* entre deux quantités données un certain nombre de *moyens différentiels*, c'est placer entre ces quantités des nombres qui forment avec elles une seule et unique progression arithmétique. Par exemple, insérer entre 7 et 25 cinq moyens différentiels, c'est trouver cinq nombres compris entre 7 et 25 et formant avec eux une progression arithmétique non interrompue dont 7 soit le premier terme et 25 le dernier.

Problème. — *Insérer entre 7 et 25 cinq moyens différentiels.*

D'après la définition, il faut trouver 5 nombres compris entre 7 et 25, et formant avec ceux-ci une progression arithmétique. Il sera facile d'établir cette progression dès que l'on en connaîtra la raison. Or, nous possédons toutes les données nécessaires à la détermination de cette dernière, car nous connaissons le premier terme 7 de la progression et son dernier terme 25 ; de plus, comme il devra y avoir cinq termes entre 7 et 25, il en résulte qu'en tenant compte de 7 et de 25, la progression arithmétique demandée contiendra en tout 5 + 2 ou 7 termes. Ainsi son dernier terme 25 sera précédé de 6 autres termes.

Dès lors, on aura la raison de cette progression en appliquant la formule déjà trouvée :

$$R = \frac{D-P}{n-1}.$$

Dans le cas qui nous occupe, il faudra faire :

$$D = 25,\ P = 7 \text{ et } n = 7.$$

Ces substitutions donneront :

$$R = \frac{25-7}{7-1} = 3.$$

La raison demandée étant 3, on aura la progression suivante :

7, 10, 13, 16, 19, 22, 25,

et les cinq moyens différentiels cherchés sont :

10, 13, 16, 19 et 22.

Remarque. — Si l'on demandait d'insérer en général *n* moyens différentiels entre deux quantités données, le nombre des termes de la progression, en y comprenant ces deux quantités, serait $n+2$; par suite il y aurait avant le dernier terme $n+2-1$ ou $n+1$ termes et la raison s'obtiendrait au moyen de la formule :

$$R = \frac{D-P}{n+1}.$$

On démontrerait facilement que : *Si entre tous les termes d'une progression arithmétique on insère un même nombre de moyens différentiels, toutes les progressions partielles ainsi obtenues, mises à la suite les unes des autres, ne formeront qu'une seule et unique progression arithmétique.*

Définition. — Dans une progression arithmétique, le premier terme et le dernier que l'on considère sont appelés les *extrêmes* de la progression.

Théorème. — *Dans toute progression arithmétique, la somme de deux termes également éloignés des extrêmes est égale à la somme des extrêmes.*

On vérifie facilement par le calcul l'énoncé de ce théorème. Ainsi dans la progression

$$7, 11, 15, 19, 23, 27$$

dont les extrêmes sont 7 et 27, il est aisé de s'assurer que l'on a

$$11 + 23 = 7 + 27$$
$$15 + 19 = 7 + 27$$

Problème. — *Trouver la somme des termes d'une progression arithmétique.*

Soit la progression arithmétique

$$5, 8, 11, 14, 17, 20, 23, 26.$$

Il s'agit de trouver la somme

$$5 + 8 + 11 + 14 + 17 + 20 + 23 + 26$$

de ses termes sans en faire l'addition. Pour cela, représentons cette somme par S. Si nous l'écrivons une première fois absolument comme nous venons de le faire, puis une seconde fois en plaçant les nombres qui la composent dans un ordre inverse, nous aurons les deux égalités suivantes :

$$S = 5 + 8 + 11 + 14 + 17 + 20 + 23 + 26$$
$$S = 26 + 23 + 20 + 17 + 14 + 11 + 8 + 5$$

Si nous ajoutons ces égalités membre à membre, nous en obtiendrons une nouvelle dont le premier membre sera évidemment 2 S. Quant au second membre, on pourra l'avoir en additionnant par colonnes verticales les nombres qui composent chacun des seconds membres des deux égalités précédentes, et en réunissant ensuite les totaux de ces additions partielles. La première à effectuer sera celle de 5 + 26. Son total représentera donc la somme P + D des deux extrêmes 5 et 26 de notre progression arithmétique. Dans la seconde addition, on trouve 8 et 23, c'est-à-dire deux termes également éloignés des extrêmes. D'après un théorème précédent, leur somme égalera la somme des extrêmes ou P + D. Il est aisé de voir que la somme des deux nombres 11 et 20, qui entrent dans la troisième addition partielle, est encore égale à P + D, et qu'il en est ainsi pour toutes les additions partielles suivantes. On conclut de là que le second membre de la nouvelle égalité est égal à la quantité (P + D) répétée autant de fois qu'il y a d'additions partielles, ou bien encore autant de fois qu'il y a de termes dans la progression arithmétique; car il est visible que le nombre des additions partielles ne diffère pas de celui des termes de la progression. Si donc nous représentons par n le nombre des termes de la progression, la somme des totaux de toutes les additions partielles vaudra $(P + D) \times n$. Ainsi la nouvelle égalité sera

$$2 S = (P + D) \times n.$$

Si l'on divise ses deux membres par 2, on trouve :

$$S = \frac{(P + D) \times n}{2}.$$

De là on conclut la pratique suivante : *Pour avoir la somme des termes d'une progression arithmétique, ajoutez ensemble son premier et son dernier terme, multipliez le total par le nombre des termes de la progression et prenez la moitié du produit.*

On nomme *progression géométrique* ou *par quotient* une suite de nombres tels que chacun d'eux est égal au précédent multiplié par une quantité constante appelée la *raison* de la progression.

Par exemple, les nombres

$$2, 6, 18, 54, 162, \text{ etc.},$$

forment une progression géométrique dont la raison est 3. Chaque nombre d'une progression géométrique s'appelle un terme de cette progression.

Remarque. — Autrefois on écrivait les progressions géométriques en plaçant ce signe (∺) devant le premier terme de la progression et en mettant deux points (:) entre tous les autres. On appelle *progression géométrique croissante* celle dont la raison est plus grande que l'unité. La progression 2, 6, 18, etc., est une progression géométrique croissante. On appelle *progression géométrique décroissante* celle dont la raison est moindre que l'unité. La progression

$$24, 12, 6, 3, \frac{3}{2}, \text{ etc.},$$

dont la raison est $\frac{1}{2}$, est une progression géométrique décroissante.

Problème. — *Trouver un terme de rang quelconque dans une progression géométrique.*

Soit la progression

$$4, 12, 36, 108, 324, \text{ etc.}$$

Nous voyons que le second terme 12 de cette progression égale 4×3, c'est-à-dire le premier terme multiplié par la raison. Le troisième terme 36 égale 12×3, c'est-à-dire le second terme multiplié par la raison. On peut écrire cela autrement : à la place du second terme 12, on peut mettre sa valeur qui égale le premier terme multiplié par la raison. Par cette substitution on a :

Le troisième terme $36 = 4 \times 3 \times 3 =$ le premier terme $\times$ la raison au carré.

En continuant de la même manière, on verrait facilement que le quatrième terme 108 est égal au troisième terme multiplié par la raison ou encore au premier terme multiplié par le cube de la raison, et ainsi de suite pour les termes suivants. Par exemple, le 20e terme serait égal au premier multiplié par la 19e puissance de la raison; le 100e terme serait égal au premier multiplié par la 99e puissance de la raison. En un mot, *dans une progression géométrique, un terme de rang quelconque est égal au premier terme multiplié par une puissance de la raison déterminée par le nombre des termes qui précèdent celui que l'on considère.*

Si nous représentons par P le premier terme de la progression; par D son dernier terme; par R sa raison, et par n le nombre des termes de cette même progression, on aura la formule :

$$D = P \times R^{n-1}.$$

Problème. — *Trouver la raison d'une progression géométrique, connaissant son premier terme, un autre terme que l'on considère momentanément comme le dernier, et le rang que cet autre terme occupe.*

Pour résoudre ce problème, nous partirons de la formule :

$$D = P \times R^{n-1}.$$

Cette formule est une égalité; si nous divisons ses deux membres par une même quantité P, il viendra :

$$\frac{D}{P} = R^{n-1}.$$

A présent, si nous extrayons la racine $(n-1)^{me}$ des deux membres de cette dernière égalité, nous aurons :

$$\sqrt[n-1]{\frac{D}{P}} = R.$$

Ce résultat montre que pour avoir la raison, *il faut diviser le dernier terme par le premier et extraire du quotient la racine du degré indiqué par le nombre des termes qui précèdent le dernier que l'on considère.*

Par exemple, la raison d'une progression géométrique dont le premier terme est 4, le dernier 108 et le nombre des termes 4, sera représentée par :

$$R = \sqrt[3]{\frac{108}{4}} = 3.$$

Définition. — *Insérer* entre deux quantités données un certain nombre de *moyens proportionnels*, c'est placer entre ces quantités des nombres qui forment avec elles une seule et unique progression géométrique.

Problème. — *Insérer entre 2 et 128 deux moyens proportionnels.*

D'après la définition, il faut trouver deux nombres compris entre 2 et 128 et formant avec ceux-ci une progression géométrique. Il sera facile d'établir cette progression dès que l'on en connaîtra la raison. Or, nous possédons toutes les données nécessaires à la détermination de cette dernière; car nous connaissons le premier terme 2 de la progression, et son dernier terme 128; de plus, comme il devra y avoir deux termes entre 2 et 128, il en résulte qu'en tenant compte de 2 et de 128, la progression géométrique demandée contiendra en tout 2 + 2 ou 4 termes. Ainsi son dernier terme 128 sera précédé de trois autres termes. Dès lors on aura la raison de cette progression en appliquant la formule déjà trouvée :

$$R = \sqrt[n-1]{\frac{D}{P}}$$

Dans le cas qui nous occupe, il faudra faire

$$D = 128, P = 2 \text{ et } n = 4.$$

Ces substitutions donneront :

$$R = \sqrt[3]{\frac{128}{2}} = 4.$$

La raison demandée étant 4, on aura la progression suivante :

$$2, 8, 32, 128.$$

et les deux moyens proportionnels cherchés sont 8 et 32.

Remarque. — Si l'on demandait d'insérer en général n moyens proportionnels entre deux quantités données, le nombre des termes de la progression, en y comprenant ces deux quantités, serait $n + 2$; par suite, il y aurait avant le dernier terme $(n + 2 - 1)$ ou $n + 1$ termes, et la raison s'obtiendrait par la formule

$$R = \sqrt[n+1]{\frac{D}{P}}.$$

On démontrerait facilement que :

Si entre tous les termes d'une progression géométrique on insère un même nombre de moyens proportionnels, toutes les progressions partielles ainsi obtenues, mises à la suite les unes des autres, ne formeront qu'une seule et unique progression géométrique.

Définition. — Dans une progression géométrique, le premier terme et le dernier que l'on considère sont appelés les *extrêmes* de la progression.

Théorème. — *Dans toute progression géométrique, le produit de deux termes également éloignés des extrêmes est égal au produit des extrêmes.*

On vérifie facilement par le calcul l'énoncé de ce théorème. Ainsi dans la progression :

$$3, 9, 27, 81, 243, 729$$

dont les extrêmes sont 3 et 729, il est aisé de s'assurer que l'on a :

$$9 \times 243 = 3 \times 729$$
$$27 \times 81 = 3 \times 729$$

Nous allons passer à la démonstration générale de cette vérité. Auparavant remarquons que, de quelque manière que l'on fragmente une progression géométrique, chacune des progressions partielles obtenues considérée isolément forme à elle seule une progression à laquelle on peut appliquer toutes les formules que nous avons déjà établies. Cela bien entendu, figurons-nous une progression géométrique commençant par P. A la suite de P viendront d'autres termes quelconques. Puis nous considérerons un terme X occupant le neuvième rang à partir du premier terme et ce premier terme compris. Après X il y aura encore des termes qui n'auront pour nous aucune importance; mais nous nous arrêterons à un terme Y occupant un rang quelconque à partir de X. Enfin, après Y, viendra une nouvelle série de termes dont le dernier D sera le $n^{ième}$ depuis Y. De la sorte les termes qui attireront notre attention dans la progression géométrique seront placés les uns par rapport aux autres comme on le voit ci-dessous :

P..... X..... Y..... D.

De plus, il est évident, d'après les suppositions précédentes, qu'entre P et X, il y a autant de termes qu'entre Y et D. En un mot, X et Y sont également éloignés des extrêmes P et D. Nous allons prouver que s'il en est ainsi, on devra avoir :

$$X \times Y = P \times D.$$

En effet, puisqu'une suite quelconque de termes appartenant à une progression géométrique peut être considérée comme une progression isolée, considérons celle de ces progressions qui commence à P et finit à X. D'après une formule précédente, pour la valeur de son dernier terme X, nous aurons :

$$X = P \times Rn - 1\ (1).$$

Maintenant, dans notre progression totale, considérons une autre progression partielle commençant au terme Y et finissant au terme D. Pour la valeur de D, nous aurons, toujours d'après la même formule :

$$D = Y \times Rn - 1\ (2).$$

Si nous divisons membre à membre l'égalité (2) par l'égalité (1), nous en obtiendrons une nouvelle qui sera :

$$\frac{D}{X} = \frac{Y}{P}.$$

Car au second membre le facteur $Rn - 1$, commun au numérateur et au dénominateur, pourra être supprimé. La dernière égalité obtenue est une proportion. Or dans toute proportion le produit des moyens est égal au produit des extrêmes, donc ici on aura :

$$X \times Y = P \times D$$

Problème. — *Trouver le produit des termes d'une progression géométrique.*

Soit la progression géométrique

3, 6, 12, 24, 48, 96.

Il s'agit de trouver le produit :

$$3 \times 6 \times 12 \times 24 \times 48 \times 96$$

de ses termes sans effectuer les multiplications. Représentons ce produit par p. Si nous l'écrivons une première fois absolument comme nous venons de le faire, puis une seconde fois en rangeant les facteurs qui le composent dans un ordre inverse, nous aurons les deux inégalités suivantes :

$$p = 3 \times 6 \times 12 \times 24 \times 48 \times 96$$
$$p = 96 \times 48 \times 24 \times 12 \times 6 \times 3.$$

Si nous multiplions ces inégalités membre à membre, nous en obtiendrons une nouvelle dont le premier membre sera évidemment $p2$. Quant au second membre, on pourra l'avoir en multipliant par colonnes verticales les facteurs qui composent chacun des seconds membres des deux égalités précédentes, et en multipliant ensuite les uns par les autres les produits partiels obtenus. La première multiplication partielle à effectuer sera celle de 3 par 96. Son produit représentera donc le produit $P \times D$ des deux extrêmes 3 et 96 de notre progression géométrique. Dans la seconde multiplication partielle, on aura pour facteurs 6 et 48, c'est-à-dire deux termes également éloignés des extrêmes. D'après un théorème précédent, leur produit égalera le produit des extrêmes ou $P \times D$. Il est aisé de voir que le produit des deux facteurs 12 et 24 qui entrent dans la troisième multiplication partielle est encore égal à $P \times D$, et qu'il en est ainsi pour toutes les multiplications partielles suivantes. On conclut de là que le second membre de la nouvelle égalité est égal à la quantité $(P \times D)$ prise comme facteur autant de fois qu'il y a de multiplications partielles, ou bien encore autant de fois qu'il y a de termes dans la progression géométrique; car il est visible que le nombre des multiplications partielles ne diffère pas de celui des termes de la progression. Si donc nous représentons par n le nombre des termes de la progression, tous les produits des multiplications partielles multipliés les uns par les autres vaudront $(P \times D)n$. Ainsi, la nouvelle égalité sera

$$p2 = (P \times D)n.$$

Si l'on extrait la racine carrée des deux membres, il en résultera l'égalité ci-dessous :

$$p = \sqrt[2]{(P \times D)n}.$$

De là on conclut la pratique suivante : *Pour avoir le produit des termes d'une progression géométrique, multipliez ensemble les deux termes extrêmes, élevez leur produit à la puissance indiquée par le nombre des termes de la progression, et extrayez la racine carrée du résultat.*

Problème. — *Trouver la somme des termes d'une progression géométrique.*

Soit la progression géométrique

5, 10, 20, 40, 80, 160.

Il s'agit d'avoir la somme de tous les termes sans être obligé de les additionner. Au-dessous de l'égalité

$$S = 5 + 10 + 20 + 40 + 80 + 160\ (1),$$

écrivons celle-ci, qui est évidente, puisque la raison vaut 2 :

$$R = 2\ (2).$$

En multipliant membre à membre les égalités (1) et (2), on aura pour résultat la nouvelle égalité suivante :

$$S \times R = 10 + 20 + 40 + 80 + 160 + 320\ (3).$$

Si maintenant on retranche membre à membre l'égalité (1) de l'égalité (3), il viendra :

$$(S \times R) - S = 320 - 5.$$

Le second membre de cette égalité peut encore s'écrire autrement : car 320 est la même chose que 160×2 et équivaut par conséquent à $D \times R$; en outre 5 est le premier terme P de la progression. On a donc :

$$(S \times R) - S = (D \times R) - P.$$

Le premier membre de cette dernière égalité peut à son tour être représenté autrement. En effet, il indique que la quantité S doit être ajoutée d'abord R fois à elle-même et qu'ensuite on doit retrancher S du résultat. Cela revient évidemment à n'ajouter la quantité S que $(R - 1)$ fois à elle-même. Ainsi $(S \times R) - S$ est la même chose que $S \times (R - 1)$, de sorte que l'on a l'égalité :

$$S \times (R - 1) = (D \times R) - P.$$

Si l'on divise ici les deux membres par $(R - 1)$, on trouve :

$$S = \frac{(D \times R) - P}{R - 1}.$$

On conclut de là *que pour avoir la somme des termes d'une progression géométrique, il faut multiplier le dernier terme par la raison, retrancher le premier terme du produit obtenu et diviser le reste par la raison diminuée d'une unité.*

Par exemple pour avoir la somme

5 + 10 + 20 + 40 + 80 + 160

de la progression géométrique mentionnée plus haut, il faudra, dans la formule que l'on vient d'établir, faire $D = 160$, $P = 5$ et $R = 2$. Par la substitution de ces valeurs on trouvera :

$$S = \frac{(1660 \times 2) - 5}{2 - 1} = 315.$$

Remarque. — Dans le cas d'une progression géométrique décroissante, la raison R étant plus petite que l'unité, le premier membre $(S \times R)$ de l'égalité (3) sera moindre que le premier membre S de l'égalité (1). Il s'ensuit que l'égalité (1) ne pourra plus être soustraite de l'égalité (3). La soustraction de ces deux égalités ne sera possible que si on l'effectue dans l'ordre inverse, c'est-à-dire si l'on soustrait membre à membre l'égalité (3) de l'égalité (1). On obtiendra de la sorte :

$$S - (S \times R) = P - (D \times R).$$

Cela peut encore s'écrire :

$$S \times (1 - R) = P - (D \times R),$$

d'où l'on tire en divisant les deux membres par $(1 - R)$:

$$S = \frac{P - (D \times R)}{1 - R}.$$

Telle est la formule qui donne la somme des termes d'une progression géométrique décroissante.

Problème. — *Trouver la somme des termes d'une progression géométrique décroissante que l'on suppose prolongée indéfiniment.*

Il est évident qu'un terme d'une progression géométrique décroissante a une valeur d'autant moindre qu'il occupe un rang plus élevé. Il résulte de là que le dernier terme d'une telle progression supposée prolongée indéfiniment, diffère infiniment peu de zéro, et que par conséquent on peut lui attribuer cette dernière valeur sans commettre aucune erreur. Lors donc que l'on voudra avoir la somme des termes d'une progression géométrique décroissante, que l'on supposera prolongée indéfiniment, il suffira de poser $D = 0$ dans la formule que l'on a trouvée tout à l'heure. Par exemple la somme des termes de la progression

$$1, \frac{1}{2}, \frac{1}{4}, \frac{1}{8}, \text{ etc...}$$

prolongée indéfiniment sera :

$$S = \frac{1 - \left(0 \times \frac{1}{2}\right)}{1 - \frac{1}{2}} = 2.$$

***PROGRESSISTE** (*progrès*), *s.* et *adj. 2 g.* Partisan du progrès. ‖ Favorable à la cause du progrès : *Journal progressiste.* (Néol.)

PROGRESSIVEMENT (*progressive* + sfx. *ment*), *adv.* D'une manière progressive.

PROHIBÉ, ÉE (pp. de *prohiber*), *adj.* Défendu : *Commerce prohibé.* ‖ *Armes prohibées*, que la police défend de porter. ‖ *Degré prohibé*, degré de parenté auquel la loi défend de se marier.

PROHIBER (l. *prohibere*), *vt.* Défendre, interdire. — **Dér.** *Prohibé, prohibée, prohibitif, prohibition.*

PROHIBITIF, IVE (l. *prohibitum*, dér. de *prohibitum*, supin de *prohibere*), *adj.* Qui défend, interdit, restreint. ‖ Qui défend ou restreint l'importation d'une marchandise : *Système prohibitif.*

PROHIBITION (l. *prohibitionem*), *sf.* Défense, interdiction. ‖ Défense d'importer une marchandise étrangère. — En économie politique, la *prohibition*, plus absolue que le système protecteur, est opposée au libre échange. Elle était appliquée au XVIIIe siècle par les Espagnols à leurs colonies; le dictateur Francia tenta de les imiter au Paraguay, de 1811 à 1840.

PROIE (l. *præda*), *sf.* Animal qu'une bête carnassière saisit pour s'en nourrir : *Devenir la proie du lion.* ‖ *Oiseau de proie.* (V. *Oiseau, Rapace.*) ‖ Butin fait à la guerre : *Les Gaulois trouvèrent dans Rome une riche proie.* ‖ Toute chose dont on s'empare avec violence, rapacité : *Ces tableaux furent la proie des brocanteurs.* ‖ *Être en proie à*, être maîtrisé par : *Être en proie à l'ambition.* ‖ Subir les attaques de : *Être en proie à la calomnie.* ‖ *Être, devenir la proie de*, tomber au pouvoir de. ‖ Etre détruit par : *La ville fut la proie des flammes.* — **Syn.** (V. *Butin.*)

***PROJECTIF, IVE**, *adj. 2 g.* Qui a la propriété de projeter : *La force projective.*

PROJECTILE (l. *pro*, en avant + *jacere*, jeter), *adj. 2 g.* Capable de lancer : *La force projectile de la poudre.* — *Sm.* Tout corps pesant lancé dans l'espace par l'action d'une force. ‖ Engin meurtrier lancé par une arme à feu : *Les bombes, les obus, les boulets, les balles, etc., sont des projectiles.*

PROJECTION (l. *projectionem*), *sf.* Action de jeter, de lancer un corps pesant. ‖ Action de jeter une poudre quelconque par cuillerée dans un creuset chauffé. ‖ Représentation géométrique d'un corps sur un plan faite d'après certaines conventions. ‖ Représentation sur le papier de la surface de la terre ou d'une partie de cette surface. ‖ *Projection orthogonale d'un point sur un plan*, le pied de la perpendiculaire abaissée de ce point sur ce plan. ‖ *Projection d'une ligne sur un plan*, l'ensemble des pieds des perpendiculaires abaissées de tous les points de la ligne sur ce plan. ‖ *Plan de projection*, celui sur lequel on projette des points, des lignes. ‖ *Projection perspective*, celle que l'on obtient en représentant un objet tel qu'on le verrait d'un point donné, appelé *point de vue*, sur un plan également donné, supposé transparent et nommé *plan du tableau.* Parmi les projections perspectives, la plus avantageuse est la *projection stéréographique.* Soit le point O pris comme point de vue, et PQ le plan du tableau. La *projection stéréographique* d'un point quelconque M (fig. 1) est le point *m* où la droite OM menée de M au point de vue perce le plan PQ. Nous allons compléter ici ce que nous avons dit aux mots *Cartes, Mappemonde, Mercator,* etc., touchant la construction des cartes géographiques.

I. **Projection orthographique sur l'équateur.** — Soit EFE' (fig. 2) le plan de l'équateur, P et P' les deux pôles de la terre. Il est évident que la projection du pôle P sur l'équateur sera le point O, centre de l'équateur; que la projection d'un méridien quelconque PFP' perpendiculaire au plan de l'équateur sera un rayon OF de l'équateur. On démontrerait également que l'angle dièdre que font entre eux deux méridiens quelconques, PEP' et PFP' par exemple, est égal à l'angle EOF que font entre elles leurs projections. En outre, un parallèle quelconque KL aura pour projection un cercle de même rayon et dont le centre sera celui de l'équateur. Ainsi le point M, appartenant au parallèle KL et au méridien PFP', se projettera en N à l'intersection du rayon OF et du cercle qui a pour diamètre AB. Cela étant, voici comment on construit la carte de l'hémisphère boréal : on décrit un cercle EDE'C (fig. 3) représentant l'équateur; on trace la ligne EE' qui est le premier méridien. De chaque côté de cette ligne, on partage la circonférence de l'équateur en parties égales représentant chacune un certain nombre de degrés, 30, par exemple. On a ainsi les points marqués 30, 60, 90, etc. En joignant ces points de division au centre M de l'équateur, on obtiendra les méridiens de 30, 60, 90, etc., degrés. Pour avoir les parallèles, on s'y prendra de la manière suivante : imaginons que l'on veuille trouver le parallèle de 60 degrés, on joindra par une ligne droite le point F au point F'. Cette ligne coupera EE' au point H; le cercle décrit avec le point M pour centre, et MH pour rayon sera la projection du parallèle demandé. On agirait de même pour avoir la projection de tout autre parallèle.

II. **Projection sur l'horizon.** — La projection sur l'horizon est une projection stéréographique. Elle repose sur les principes suivants que l'on établit en géométrie descriptive : 1° *La projection stéréographique d'une tangente en un point d'une courbe est une tangente à la projection stéréographique de cette courbe en un point correspondant.* 2° *Les projections stéréographiques de deux courbes tracées sur la sphère se coupent sous le même angle que ces courbes elles-mêmes.* 3° *La projection stéréographique d'un cercle tracé sur la sphère est un autre cercle qui a pour centre la projection du sommet du cône circonscrit à la sphère suivant le cercle proposé.* Dans la projection sur l'horizon, on prend pour tableau l'*horizon mathématique* du lieu que l'on doit placer au centre de la carte, c'est-à-dire le plan perpendiculaire au rayon vecteur allant du centre de la terre au lieu donné. Le plan du tableau sera un grand cercle de la sphère NOMO' (fig. 4), ayant pour centre le point A, qui est le lieu que l'on veut placer au centre de la carte. La droite MN est la projection du méridien passant par le point A. Le point de vue est l'extrémité de la perpendiculaire au plan de l'horizon et passant par A. Rabattons le méridien MN sur le plan de la carte en le faisant tourner autour de sa trace XX'. Le point de vue viendra se placer en O, et l'axe de la terre prendra la direction PP'. Les rayons visuels menés du point de vue aux deux pôles se rabattront suivant les lignes

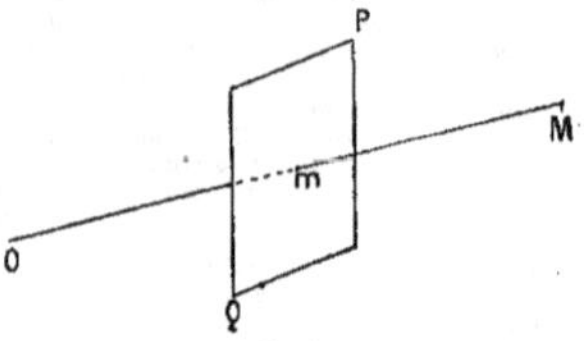

Fig. 1.
PROJECTION STÉRÉOGRAPHIQUE

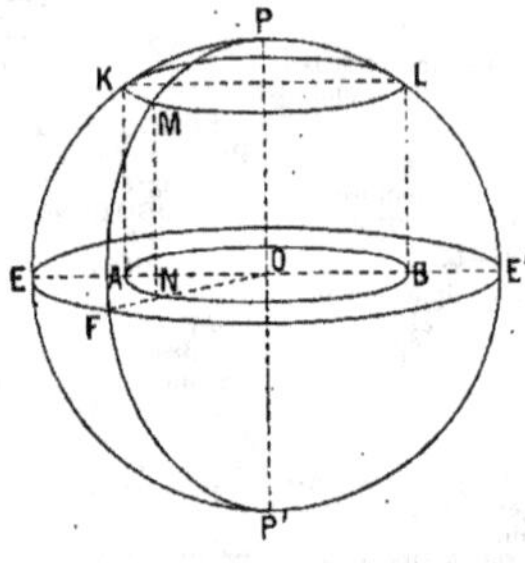

Fig. 2.
PROJECTION ORTHOGRAPHIQUE
SUR L'ÉQUATEUR

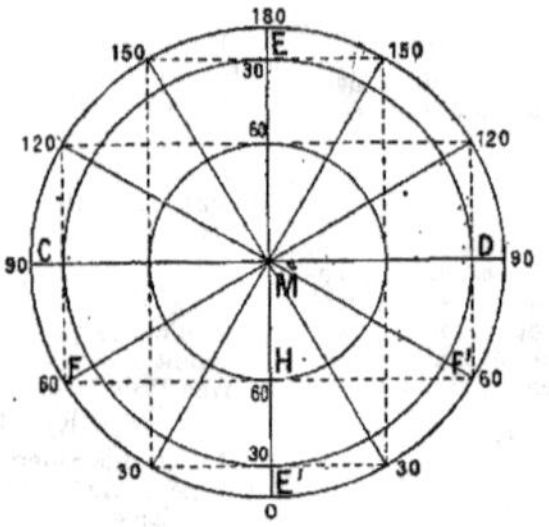

Fig. 3.
PROJECTION
CONSTRUCTION DE LA CARTE DE L'HÉMISPHÈRE BORÉAL

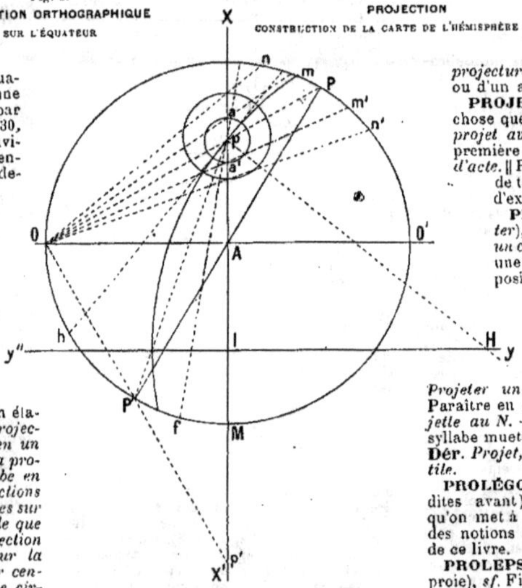

Fig. 4.
PROJECTION

OP et OP' et donneront pour projection des pôles les points *p, p'*. Nous allons maintenant chercher la projection d'un parallèle. Pour cela, sur la circonférence du tableau, à partir du point P et de chaque côté de ce point on porte des arcs de 10°. On a de la sorte les points *m, n,* etc., *m', n',* etc. Si l'on veut avoir le parallèle de 10°, on joindra par des lignes droites le point O aux points *m* et *m'*. Les points *a, a'* où ces deux droites coupent le méridien MN seront les projections de deux points diamétralement opposés du parallèle qui est à 10° du pôle. Pour avoir la projection de ce parallèle, il suffira donc de décrire un cercle sur *a a'* comme diamètre. On agira de la même manière pour obtenir la projection de tous les autres parallèles. Reste à tracer les méridiens. Remarquons que ces cercles, passant par les points P et P', leurs projections devront également passer par *p* et *p'*; il en sera de même des tangentes aux méridiens en ces mêmes points PP'. En outre, les projections de ces tangentes feront entre elles des angles égaux à ceux des tangentes elles-mêmes. Par conséquent, si les méridiens que l'on veut tracer font entre eux des angles de 10°, on mènera par le point *p* une série de droites faisant entre elles des angles de 10°; la première de ces droites *pf* fera un angle de 10° avec MN. Les projections des méridiens auront pour tangentes les droites telles que *pf,* etc. Il sera alors facile de les tracer puisqu'elles passent par *p* et *p'*, leurs centres seront sur la perpendiculaire menée sur le milieu I de *pp'* et sur la perpendiculaire menée au point *p* et aux droites telles que *pf.* Ainsi, par exemple, pour avoir le méridien dont *ph* est la tangente, on mènera à cette ligne la perpendiculaire *p*H, et du point H, où cette ligne coupe la droite IY, pris comme centre avec H*p* comme rayon, on décrira un arc de cercle qui sera la projection demandée. On agira de même pour tous les autres méridiens.

PROJECTURE (l. *projectura*), *sf.* Saillie d'une moulure ou d'un autre ornement d'architecture.

PROJET (svm. de *projeter*), *sm.* Toute chose que l'on se propose de faire : *Un projet aventureux.* ‖ Première pensée, première rédaction d'un écrit : *Projet d'acte.* ‖ Plan d'un travail de maçonnerie, de terrassement que l'on se propose d'exécuter. — **Syn.** (V. *But.*)

PROJETER (l. *pro,* en avant + *jeter*), *vt.* Lancer en avant : *Projeter un corps dans l'air.* ‖ Faire prendre une certaine direction, une certaine position : *Le soleil projette l'ombre des corps. On projette sur un drap l'image des dessins de la lanterne magique.* ‖ Faire la projection d'un point, d'une ligne, d'un corps sur un plan. ‖ Méditer de faire : *Projeter un voyage.* — **Se projeter,** *vr.* Paraître en avant : *A midi l'ombre se projette au N.* — **Gr.** On double *t* devant une syllabe muette : Je projette, n. projetons. — **Dér.** *Projet, projection, projecture, projectile.*

PROLÉGOMÈNES (g. προλεγόμενα, choses dites avant), *smpl.* Longue introduction qu'on met à la tête d'un livre et contenant des notions nécessaires pour l'intelligence de ce livre.

PROLEPSE (g. πρὸ, d'avance + λῆψις, proie), *sf.* Figure de rhétorique qui consiste à réfuter d'avance les objections possibles de l'adversaire.

PROLÉTAIRE (l. *proletarium* : de *proles,* lignée), *sm.* Citoyen romain de la dernière classe, très pauvre, et qui n'était utile à l'État que par le service militaire de ses enfants. ‖ Aujourd'hui, citoyen indigent. — **Dér.** *Prolétariat.*

PROLÉTARIAT (*prolétaire*), *sm.* Condition de prolétaire. ‖ La classe des prolétaires.

PROLIFÈRE (l. *proles,* lignée + *ferre,* porter), *adj. 2 g.* Se dit d'un organe végétal donnant naissance d'une manière anormale à un organe de même nature. || *Rose prolifère*, qui porte d'autres petites roses.

PROLIFIQUE (l. *proles*, lignée + *facere*, faire), *adj. 2 g.* Qui a la faculté d'engendrer, qui féconde.

PROLIXE (l. *prolixum* : de *pro*, en avant + *laxum*, étendu), *adj. 2 g.* Trop long, qui délaye trop les pensées : *Orateur, discours, style prolixe.* — **Dér.** *Prolixement, prolixité.*

PROLIXEMENT (*prolixe* + sfx. *ment*), *adv.* D'une manière prolixe.

PROLIXITÉ (l. *prolixitatem*), *sf.* Défaut de l'orateur, du discours prolixe.

PROLOGUE (g. πρὸ, avant + λόγος, discours), *sm.* Poésie ou musique qui sert d'introduction à une pièce de théâtre. || Préface d'un livre.

PROLONGATION (*prolonger*), *sf.* Le temps qu'on ajoute à celui que devrait durer une chose : *Une prolongation de congé.*

PROLONGE, *svf.* de *prolonger.* Cordage pour rattacher une pièce de canon à son avant-train. || Chariot à munitions employé autrefois dans les parcs d'artillerie.

PROLONGEMENT (*prolonger*), *sm.* Continuation d'une portion d'étendue : *Le prolongement d'une rue, d'un mur.*

PROLONGER (l. *prolongare*), *vt.* Faire durer plus longtemps : *Prolonger la vie.* || Rendre une chose étendue plus longue. || *Prolonger une avenue.* || *Prolonger un vaisseau*, le faire avancer en le mettant flanc à flanc contre un autre en marche. — **Se prolonger**, *vr.* Etre prolongé. — **Gr.** *g* devient *ge* devant *a, o* : nous prolongeons. — **Dér.** *Prolonge, prolongation, prolongement.*

PROMENADE (*promener*), *sf.* Action de se promener : *Faire une promenade.* || *Promenade militaire*, marche dans les environs d'une ville pour exercer les soldats. || Lieu où l'on se promène : *Promenade ombragée.*

PROMENER (vx fr. *pourmener* : du l. *prominare*), *vt.* Mener çà et là pour faire prendre de l'exercice ou récréer : *Promener un enfant.* || *Promener un cheval*, le faire marcher lentement. — Fig. Diriger çà et là : *Promener la vue sur un paysage.* || Porter toujours en soi : *Promener son chagrin.* || Transporter : *Ce fleuve promène ses eaux boueuses.* — **Se promener**, *vr.* Marcher pour prendre de l'exercice ou se récréer. || Passer d'une pensée à l'autre : *Son imagination se promène sans cesse.* || Se diriger çà et là : *La vue se promène sur un vaste horizon.* || Couler en serpentant : *Un ruisseau se promène dans la prairie.* — **Gr.** (V. *Mener.*) — **Dér.** *Promenade, promeneur, promenoir.*

PROMENEUR, EUSE (*promener*), *s.* Celui, celle qui promène quelqu'un, qui se promène, qui aime à se promener.

PROMENOIR (*promener*), *sm.* Lieu couvert pour la promenade.

PROMESSE (bl. *promissa*, pp. fém. de *promittere*), *sf.* Déclaration faite de vive voix ou par écrit et par laquelle on s'engage à dire ou à faire quelque chose. || *Avoir la promesse de quelqu'un*, avoir reçu de lui une promesse. || Billet sous seing-privé par lequel on s'engage à payer une somme d'argent. || La *promesse* de vente équivaut à la vente quand il y a consentement réciproque des deux parties sur la chose et sur le prix (Code civil, art. 1589).

PROMÉTHÉE (sanskrit *pramâthyus*, celui qui allume le feu du sacrifice en frottant deux bâtons l'un contre l'autre), fils de Japet et de Clymène qui déroba le feu du ciel, le donna aux hommes. Jupiter, pour le punir, le fit enchaîner par Vulcain sur un rocher du Caucase où un vautour rongeait son foie toujours renaissant. Hercule le délivra de ce supplice. (Myth.) || *Prométhée enchaîné*, titre d'une tragédie d'Eschyle.

PROMETTEUR, EUSE (*promettre*), *s.* Celui, celle qui promet légèrement ou sans intention de tenir sa promesse.

PROMETTRE (l. *promittere*), *vt.* Faire une promesse : *Promettre monts et merveilles*, promettre beaucoup plus qu'on ne peut ou ne veut tenir. || Annoncer, prédire : *L'almanach nous promet du beau temps.* — *Vi.* Faire concevoir de grandes espérances : *Cet enfant promet beaucoup.* — **Se promettre**, *vr.* Espérer : *Se promettre du plaisir.* || Prendre une ferme résolution : *Il s'est bien promis de ne plus recommencer.* — **Gr.** *Mettre.* — **Dér.** *Promesse, promis, promise, promission.*

PROMIS, ISE (pp. de *promettre*), *adj.* Qu'on s'est engagé à donner. || *Terre promise*, le pays de Chanaan, promis par Dieu au peuple juif. — Fig. Contrée très fertile. — S. Fiancé, fiancée.

PROMISCUITÉ (l. *promiscuitatem*), *sf.* Mélange confus de personnes de toutes conditions.

PROMISSION (l. *promissionem*), *sf.* Promesse. || *Terre de promission*, la terre promise. — Fig. Pays très fertile, délicieux.

PROMONTOIRE (l. *promontorium*), *sm.* Cap très élevé.

PROMOTEUR (lat. fict. *promotorem*, de *promotum*, supin de *promovere*, pousser en avant), *sm.* Celui qui s'applique à faire réussir une affaire. || Qui met une chose en train : *Un promoteur de discorde.* || Celui qui fait la fonction du ministère public devant un tribunal ecclésiastique.

PROMOTION (l. *promotionem*), *sf.* Action d'élever plusieurs personnes à la fois à la même dignité, au même grade : *Une promotion de cardinaux, d'officiers.*

PROMOUVOIR (l. *promovere*), *vt.* Élever à une dignité. — **Dér.** *Promu, promoteur, promotion.*

PROMPT, OMPTE [pron.] (l. *promptum*), *adj.* Qui se fait, qui a lieu en un instant : *Un prompt succès.* || Qui passe vite : *Prompt comme l'éclair.* || Rapide : *Prompt à la course.* || Diligent, qui ne perd point de temps : *Prompt à rendre service.* || Qui comprend, devine sur-le-champ : *Esprit prompt.* || Qui s'emporte aisément : *Un homme prompt, mais bon.* — **Dér.** *Promptement, promptitude.*

PROMPTEMENT [pron-te-man] (*prompte* + sfx. *ment*), *adv.* Avec promptitude.

PROMPTITUDE [pron-ti-tude] (l. *promptitudinem*), *sf.* Disposition de l'esprit qui fait qu'on se met à l'œuvre sur-le-champ : *Montrer de la promptitude.* || *Promptitude de l'esprit*, aptitude à comprendre immédiatement. || Disposition à se mettre en colère : *La promptitude est un défaut.* || Mouvement de colère : *On lui reproche ses promptitudes.* — **Syn.** (V. *Vitesse.*)

PROMU, UE (pp. de *promouvoir*), *adj.* et *s.* Élevé à une dignité, à un grade.

PROMULGATION (l. *promulgationem*), *sf.* Publication d'une nouvelle loi faite dans les formes requises. || Mode d'après lequel la loi est portée à la connaissance des citoyens et devient obligatoire pour eux. Cette promulgation résulte de l'insertion des lois ou décrets au *Journal officiel* ou au *Bulletin des Lois*; ils deviennent ainsi obligatoires, à Paris, un jour franc après promulgation; dans les départements, un jour franc après que le numéro du journal qui les contient est parvenu aux chefs-lieux d'arrondissement.

PROMULGUER (l. *promulgare*), *vt.* Publier une nouvelle loi avec les formalités requises. — **Dér.** *Promulgation.*

PRONAOS (g. πρὸ, en avant + ναὸς, temple), *sm.* Portique construit au-devant de la façade d'un temple ancien.

PRONATEUR (l. *pronare*, incliner en avant), *adj. m.* Se dit de chacun des deux muscles de l'avant-bras qui servent à exécuter le mouvement de pronation. — **Dér.** *Pronation.*

PRONATION (l. *pronare*), *sf.* Mouvement par lequel on tourne la main de façon que la paume regarde la terre. || Position d'un malade couché sur le ventre.

PRÔNE (l. *præconium*, publication), *sm.* Instruction chrétienne familière que le curé fait le dimanche à la messe paroissiale. || *Recommander quelqu'un au prône*, le recommander aux prières ou aux charités des fidèles. — Fig. S'en plaindre à ses supérieurs pour le faire punir. || Fig. Remontrance faite à quelqu'un. — **Dér.** *Prôner, prôneur, prôneuse.*

PRÔNER (*prône*), *vt.* Faire le prône. — Vanter à l'excès : *Ses amis le prônent.* || *Faire de longues remontrances.* — **Se prôner**, *vr.* Se vanter soi-même ou l'un l'autre.

PRÔNEUR (*prône*), *sm.* Prêtre qui fait le prône. — Fig. **Prôneur, euse**, celui, celle qui loue avec excès. || Grand parleur qui aime à faire des remontrances.

PRONOM (l. *pronomen* : de *pro*, au lieu de + *nomen*, nom), *sm.* Mot qui tient la place d'un nom. Ex. : *Je, tu, il, elle, celui, ce, qui, que, se, soi.* Il y a cinq espèces de pronoms : 1° Les *pronoms personnels* (*je, tu, il*...), qui désignent les personnes (V. ce mot) et le rôle de ces personnes dans la proposition. Les deux premières personnes viennent des personnes correspondantes en latin. Les pronoms de la troisième personne ont été faits sur des démonstratifs latins (V. les étymologies accompagnant la nomenclature de ces pronoms dans le corps du dictionnaire). 2° Les *pronoms démonstratifs* (*ce, celui, cela*...), qui désignent la personne ou la chose dont on parle. Ce sont, pour la plupart, des composés de *ecce* (voici, voilà) et de *hic* (celui-ci), de *ille* (celui-là). 3° Les *pronoms possessifs* (*le mien, le tien, le nôtre*...), qui se substituent au nom pour marquer la possession. Les mots latins qui les ont formés (*meum, nostrum*, etc.) étaient plutôt adjectifs que pronoms. 4° Les *pronoms relatifs*, qui tiennent lieu d'un nom ou d'un pronom et l'unissent au membre de phrase suivant (*qui, que, quoi, lequel*...). Ils viennent de relatifs latins (*qui, quæ, quod*), d'adjectifs (*qualem*), d'adverbes (dont = *de unde*, d'où). 5° Les *pronoms indéfinis*, qui désignent d'une manière vague et générale une personne ou une chose (*on, chacun, autrui, rien*...). Ils viennent de noms latins (*rien* = *rem* et signifiaient au moyen âge *quelque chose*; *personne* = *personam*), d'adjectifs (*nul* = *nullum*), de pronoms (*quiconque* = *quicunque*). Les langues primitives n'ont pas de pronoms et le même nom y est répété autant de fois qu'il est utile au discours. — **Dér.** *Pronominal, pronominale, pronominalement.*

PRONOMINAL, ALE (l. *pronominalem*), *adj.* Qui appartient au pronom ; qui a certains caractères du pronom ; qui en dérive. || *Adjectifs pronominaux* : les adjectifs possessifs, *mon, ton, son*, etc. ; les adjectifs démonstratifs, *ce, cet*, etc. ; certains adjectifs indéfinis, *quelque, nul*, etc. Ils sont formés par les pronoms et s'y rapportent par leur signification. || *Verbe pronominal*, verbe réfléchi qui se conjugue avec deux pronoms de la même personne, l'un sujet, l'autre complément direct : *Je me flatte.*

PRONOMINALEMENT (*pronominale* + sfx. *ment*), *adv.* En guise de pronom. || A la manière d'un verbe pronominal.

1. **PRONONCÉ**, *spm.* de *prononcer*. Décision du tribunal prononcée à l'audience.

2. **PRONONCÉ, ÉE** (*prononcer*), *adj.* Fortement marqué : *Des traits prononcés.* — Fig. *Caractère prononcé*, ferme et décidé.

PRONONCER (l. *pronuntiare*), *vt.* Déclarer une chose en vertu de l'autorité dont on est revêtu : *Prononcer un jugement.* || Réciter, débiter : *Prononcer un discours.* || Exprimer les lettres, les syllabes, les mots par des sons : *Prononcer mal les r.* || Faire entendre une langue avec l'accent convenable : *Il prononce bien l'anglais.* — *Vi.* Émettre une décision, un jugement : *Les experts ont prononcé.* || Ordonner. || Faire connaître sa manière de voir, son sentiment : *Prononcer sur une question.* — **Se prononcer**, *vr.* Être prononcé : *En français un d final se prononce comme un t devant une voyelle ou un h muet : Un grand esprit.* || Faire connaître sa pensée, son intention : *Il s'est prononcé franchement dans cette affaire.* — **Dér.** *Prononcé, prononcée, prononciation.*

PRONONCIATION (l. *pronuntiationem*), *sf.* Action de prononcer un jugement. || Manière de réciter, de débiter, de faire entendre les lettres, les syllabes : *Une prononciation sonore.* || Manière dont on marque l'accent tonique, dont on fait sentir les longues et les brèves : *La prononciation picarde.* — L'étude de la prononciation rentre dans l'étude de la *phonétique* ou science des sons. Les mots français venant de mots latins correspondants, il y faut considérer trois éléments : l'*accent tonique* (V. ce mot), la *quantité*, la *position*. On ne trouve en français rien qui ressemble à la quantité latine. Nous disons que *a* est bref dans *patte* et long dans *pâle ;* ce serait précisément le contraire en latin, où *a* de *patte*, suivi de deux consonnes, serait long par *position*. Ici, il n'y a pas différence de quantité, mais de timbre, c'est-à-dire de qualité. Cependant, nous retrouvons les effets de cette quantité ; ainsi *e* long et accentué du latin devient *oi* (*tela*, toile), tandis que *e* bref et accentué devient *ie* (*ferum*, fier). La position des voyelles avant ou après la syllabe accentuée est une autre source de modifications (V. *Accent*). Les voyelles en position latine, c'est-à-dire suivies de deux consonnes, se conservent le plus souvent intactes en français (*arcum*, arc).

L'histoire de la prononciation française, si elle était achevée, nous rendrait moins dédaigneux de l'accent des provinciaux et des paysans. Ainsi *oi*, qui provient de *e* long latin (*legem*, loi), et de *i* bref (*fidem*, foi), se prononçait à Paris, au XVIe siècle, *oé*, *oué* dans les hautes classes et *oa* dans le peuple. Cette prononciation dura jusqu'à la Révolution. A la cour de Louis XIV, on prononçait *coueffe* (coiffe), *bouete* (boîte), *moué* (moi), *foué* (foi), comme dans les campagnes de Seine-et-Oise. De là les deux vers de Boileau qui ne rimaient pas seulement à l'œil :

Durant les premiers temps du Parnasse françois (*françoués*)
Le caprice tout seul faisait toutes les lois (*louès*).

La Fayette, le seul homme qui, avec Charles X et d'après ce souverain lui-même, n'avait pas changé depuis 1789, criait, en 1830, du haut du balcon du Palais-Royal : Vive le *roué!* La prononciation en *oua*, qui était celle du bas peuple parisien, avait pris le dessus par l'influence des clubs et des réunions populaires.

PRONOSTIC (g. προγνωστικόν, indice de ce qui doit arriver), *sm.* Conjecture de ce qui doit arriver : *Vos pronostics sur le temps se sont vérifiés.* || Signe sur lequel on fonde un pronostic : *Ce pronostic trompe rarement.* || Ce que le médecin prévoit sur l'issue d'une maladie : *Un pronostic fâcheux.* || Prévision d'un astrologue. — **Dér.** *Pronostiquer, pronostiqueur.*

PRONOSTIQUER (*pronostic*), *vt.* Faire un pronostic. || Servir de pronostic : *Le coucou pronostique le printemps.*

PRONOSTIQUEUR (*pronostic*), *sm.* Faiseur de pronostics.

***PRONUNCIAMENTO** ou **PRONUNCIAMIENTO** (m. esp.), *sm.* Insurrection soudaine des troupes en Espagne et dans les républiques espagnoles d'Amérique : elles se prononcent contre le gouvernement.

PROPAGANDE (l. *de propaganda fide*, de la foi à propager), *sf.* Congrégation établie à Rome pour la propagation de la foi. || Toute association ayant pour but de propager une opinion religieuse ou politique, de préparer une réforme, une révolution : *La propagande protectionniste.* || *Faire de la propagande*, tâcher de propager une croyance, une opinion. — **Dér.** *Propagandiste.*

PROPAGANDISTE (*propagande*), *sm.* Membre de la Propagande. || Celui qui fait de la propagande en faveur d'une opinion, d'un parti.

PROPAGATEUR (l. *propagatorem*), *sm.* Celui qui propage la foi, une opinion. — **Propagateur, trice**, *adj. 2 g.* Qui propage : *Zèle propagateur.*

PROPAGATION (l. *propagationem*), *sf.* Multiplication par de nombreuses naissances : *La propagation des rats.* || Développement, progrès, extension : *La propagation d'une idée, d'une épidémie.* || Manière dont le son, la lumière et la chaleur se transmettent de proche en proche.

PROPAGER (l. *propagare*), *vt.* Multiplier au moyen des naissances. — Fig. Répandre, étendre : *Propager les connaissances.* — **Se propager**, *vr.* Se multiplier par des naissances. || Se répandre. || Se transmettre de proche en proche. — **Dér.** *Propagande, propagandiste, propagateur, propagation.*

PROPENSION (l. *propensionem*), *sf.* Tendance à se rapprocher de. — Fig. Penchant, inclination : *Propension à l'étude.*

PROPERCE (52-14 av. J.-C.), poète élégiaque latin, ami de Virgile et d'Ovide, favori de Mécène.

PROPHÈTE (l. *propheta* : du g. προφήτης : de πρό, avant + φάω, je dis), *sm.* Chez les Hébreux, homme inspiré de Dieu et qui prédisait l'avenir. || *Les quatre grands prophètes*, Isaïe, Jérémie, Ézéchiel et Daniel. || *Les treize petits prophètes*, Baruch, Osée, Joël, Amos, Abdias, Jonas, Michée, Nahum, Habacuc, Sophonie, Oggée, Zacharie et Malachie. || *Le roi prophète*, David. — Fig. *Voici la loi et les prophètes*, voici une autorité à laquelle il faut se soumettre (cette locution vient de ce que saint Jérôme donne le nom de *loi* aux 5 livres de Moïse, et de *prophètes* aux livres des prophètes). || *Nul n'est prophète en son pays*, on a moins d'influence dans son pays qu'ailleurs. || Homme qui prétendait recevoir des révélations des faux-dieux : *Les prophètes de Baal.* || Titre donné par les musulmans à Mahomet : *Le tombeau du Prophète.* — Fig. Celui qui par conjecture ou par hasard annonce ce qui doit arriver. || *Prophète de malheur*, homme qui n'annonce que des choses désagréables. — **Dér.** *Prophétesse, prophétie, prophétique, prophétiquement, prophétiser.*

PROPHÉTESSE (l. *prophetissa*), *sf.* Celle qui prédit l'avenir par inspiration divine : *La prophétesse Débora.*

PROPHÉTIE (l. *prophetia*), *sf.* Prédiction faite sous l'inspiration de Dieu. || Chose prédite par un prophète. || Recueil des prédictions d'un prophète : *La prophétie d'Isaïe.* || Chose annoncée par un oracle païen. || Toute prédiction faite par des gens qui croient ou prétendent connaître l'avenir : *Les prophéties de Nostradamus.* — Fig. Annonce d'un événement futur faite par conjecture ou par hasard.

PROPHÉTIQUE (l. *propheticum*), *adj. 2 g.* Qui rend prophète : *Inspiration prophétique.* || Qui appartient au prophète : *Esprit prophétique.* || Qui tient du prophète : *Parole prophétique.*

PROPHÉTIQUEMENT (*prophétique* + sfx. *ment*), *adv.* En prophète.

PROPHÉTISER (l. *prophetizare*), *vt.* Prédire l'avenir par l'inspiration de Dieu : *Ézéchiel prophétisa la ruine du Tyr.* — Fig. Prévoir et dire d'avance ce qui doit arriver : *On vous avait prophétisé ce résultat.*

PROPHYLACTIQUE (g. πρό, d'avance + φυλακτικός, qui préserve), *adj. 2 g.* Qui est employé d'avance, préservé d'une maladie : *Remède prophylactique.* — Fig. Qui préserve de quelque chose de fâcheux : *Mesure prophylactique.*

***PROPHYLAXIE** (g. προφυλάσσειν, préserver), *sf.* Partie de la médecine qui enseigne à se préserver des maladies. — **Dér.** *Prophylactique.*

PROPICE (l. *propitium*), *adj. 2 g.* Qui protège, qui excuse : *Que Dieu nous soit propice.* || Favorable : *Vent propice.* — **Dér.** *Propitiateur, propitiation, propitiatoire.*

***PROPITIATEUR** [pro-pi-cia-teur] (l. *propitiatorem*), *sm.* Celui qui rend propice.

PROPITIATION [pro-pi-cia-tion] (l. *propitiationem*), *sf.* Ce que l'on fait pour rendre propice. || *Sacrifice de propitiation*, celui qu'on offre à Dieu pour le rendre propice.

PROPITIATOIRE [pro-pi-cia-toire] (l. *propitiatorium*), *adj. 2 g.* Qui a la vertu de rendre propice : *Victime propitiatoire.* — *Sm.* Table d'or placée sur l'arche d'alliance.

PROPOLIS (g. πρόπολις, résine d'abeilles ; mot à mot, construction antérieure : de πρό, avant + πόλις, ville), *sf.* Cire rougeâtre avec laquelle les abeilles bouchent les fentes de leur ruche.

PROPONTIDE (g. πρό, en avant + πόντος, mer), ancien nom de la mer de Marmara, qui précède le *Pont-Euxin.*

PROPORTION (l. *proportionem*), *sf.* Juste rapport qui existe entre les dimensions des parties d'un tout, entre chacune de ces parties et ce tout : *Les membres du corps humain sont en proportion avec le tronc.* || Convenance, juste rapport entre les choses : *Faire des dépenses en proportion de son revenu.* || Réunion de deux rapports qui donnent le même quotient ou de deux fractions égales. — *Pl.* Dimensions : *Ce navire présente d'immenses proportions.* — A PROPORTION, EN PROPORTION, PAR PROPORTION, *loc. adv.* Proportionnellement. — A PROPORTION DE, EN PROPORTION DE, *loc. prép.* Par rapport à, eu égard à. — TOUTE PROPORTION GARDÉE, *loc. adv.* En tenant compte des différences qui existent entre les personnes, les choses que l'on compare. On appelle proportion la réunion de deux fractions égales. On peut encore dire qu'une proportion est la réunion de deux divisions qui donnent le même quotient. Pour écrire une proportion, on écrit sur une même ligne horizontale les deux fractions qui la composent, et on met entre elles le signe =. Ex. : $\frac{5}{6} = \frac{10}{12}$. Autrefois, on écrivait très mal les proportions : on en plaçait les quatre termes sur une même ligne horizontale ; entre les deux termes de chaque rapport on mettait deux points (:), et entre les deux rapports on en mettait quatre (: :). La proportion précédente se serait écrite :

$$5 : 6 :: 10 : 12.$$

On peut lire une proportion de plusieurs manières. Soit la proportion $\frac{5}{6} = \frac{10}{12}$. 1° On peut dire : *cinq sixièmes égalent dix douzièmes.* 2° On peut dire : *cinq contient six*

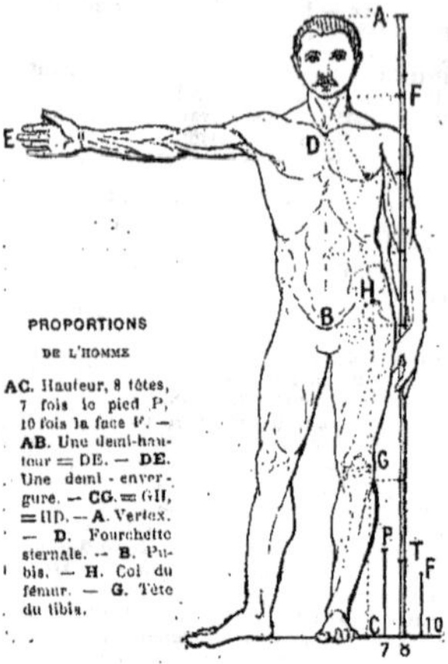

PROPORTIONS
DE L'HOMME

AC. Hauteur, 8 têtes, 7 fois le pied P, 10 fois la face F. — **AB.** Une demi-hauteur = DE. — **DE.** Une demi-envergure. — **CG.** = GH, = HD. — **A.** Vertex. — **D.** Fourchette sternale. — **B.** Pubis. — **H.** Col du fémur. — **G.** Tête du tibia.

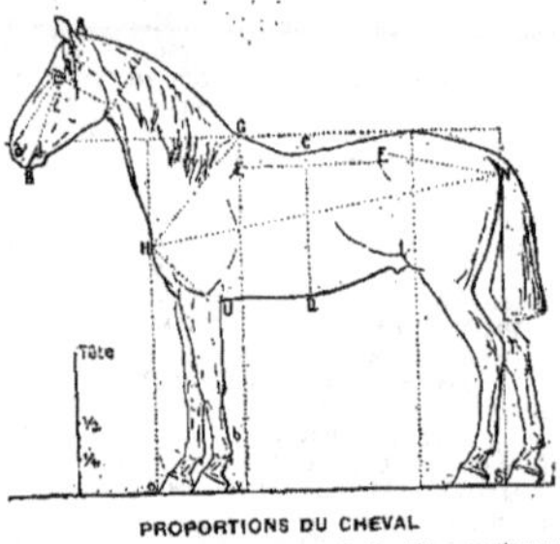

PROPORTIONS DU CHEVAL

AB. unité de mesure, longueur de la tête, se retrouve dans **CD**, épaisseur de l'animal. Du sommet du garrot à la pointe du bras **GH** (épaule). Du sol **S** à la pointe du jarret **T** et de **T** au pli du grasset **I**. De l'extrémité supérieure de l'épaule (angle dorsal) **E** à **F** pointe de la hanche. Du sternum **U** au boulet **b** ; au-dessus de celui-ci, pour les grands chevaux, au milieu et au bas, pour les petits. — On nomme *taille* du cheval, ou sa hauteur, la distance **VG** interceptée sur la verticale du sol au garrot. — La *longueur* se prend de la pointe du bras **H** à la pointe de la fesse **N**, et, dans notre exemple, représente 2 têtes 1/2. **VG** = **HN**, c'est-à-dire que l'animal est inscrit dans un carré. La croupe **FN** est toujours moins longue que la tête ; elle se mesure du point **A**-nuque aux coins des lèvres **L**. La hauteur de la tête, à hauteur de l'œil, est la moitié de sa longueur. — L'amplitude d'un pas complet est généralement de la longueur du cheval, de **O** à **S**.

autant de fois que dix contient douze; ou bien 5 divisé par 6 égale 10 divisé par 12. 3° On peut dire d'une manière abrégée : 5 sur 6 égale 10 sur 12. Autrefois on la disait d'une manière différente : les deux points s'énonçaient *est à*, et les quatre points s'énonçaient *comme*. La proportion précédente se lisait donc : *cinq est à six comme dix est à douze.*

Définitions. — Chacune des fractions qui composent une proportion s'appelle souvent un *rapport*. La fraction de gauche est le *premier rapport*, et la fraction de droite est le *second rapport*. On peut remarquer une fois pour toutes que les mots *fraction, quotient, rapport* ont la même signification. Le numérateur du premier rapport s'appelle le *premier terme* de la proportion; son dénominateur en est le *second terme*. Le numérateur du second rapport s'appelle le *troisième terme* de la proportion, et son dénominateur en est le *quatrième terme*. Dans la proportion $\frac{5}{6}=\frac{10}{12}$, 5 est le premier terme, 6 le second, 10 le troisième et 12 le quatrième. Les deux numérateurs des deux fractions s'appellent les *antécédents* de la proportion. Les deux dénominateurs en sont les *conséquents*. Le premier et le quatrième terme d'une proportion s'appellent les *extrêmes*. Le second et le troisième s'appellent les *moyens*. Dans la proportion précédente, 5 et 10 sont les antécédents, 6 et 12 les conséquents. 5 et 12 sont les extrêmes et 6 et 10 les moyens.

PROPORTIONNALITÉ (l. *proportionalitatem*), *sf*. Condition des qualités qui sont proportionnelles entre elles.

PROPORTIONNÉ, ÉE (*proportionner*), *adj. 2 g*. Qui va bien avec. || Qui convient à : *Sa fortune est proportionnée à son rang.* || *Corps bien proportionné*, dont les parties ont les dimensions convenables.

PROPORTIONNEL, ELLE (*proportionalem*), *adj. 2 g*. Se dit d'une quantité variable. || Liée avec une autre, de telle sorte que si celle-ci devient un certain nombre de fois plus grande, la première devient ce même nombre de fois plus grande ou plus petite : *Le prix d'une pièce d'étoffe est proportionnel à sa longueur.* || *Moyen proportionnel*, nombre qui forme les deux moyens d'une proportion : *Dans* $\frac{4}{8}=\frac{8}{16}$ *8 est moyen proportionnel.* || *Moyenne proportionnelle entre deux droites*, troisième droite telle qu'elle est contenue dans la première autant de fois qu'elle contient la seconde. (V. *Ligne* et *Moyenne*.)

PROPORTIONNELLEMENT (*proportionnelle* + sfx. *ment*), *adv*. En proportion. || Dans une proportion donnée.

PROPORTIONNÉMENT (*proportionné* + sfx. *ment*), *adv*. D'une manière proportionnée.

PROPORTIONNER (l. *proportionare*), *vt*. Rendre proportionnel : *Proportionner le salaire au travail.* — **Se proportionner**, *vr*. Être proportionnel. || Se mettre à la portée : *Se proportionner à l'intelligence de ses auditeurs.*

PROPOS (*svm.* de *proposer* : du l. *propositum*, chose placée devant), *sm*. Résolution que l'on prend : *Il a le ferme propos de se corriger.* || Sujet dont on s'occupe : *Revenons à notre propos.* || Choses dites dans la conversation. || Paroles inutiles ou médisantes : *Dédaigner les propos.* || Premières propositions relativement à une affaire : *Des propos d'accommodement.* || *Propos interrompus*, sorte d'amusement de société. — A PROPOS, *loc. adv.* A point : *Parler à propos.* — A PROPOS DE, *loc. prép.* Au sujet de. — A TOUT PROPOS, *loc. adv.* A chaque instant. — HORS DE PROPOS, *loc. adv.* Sans raison, sans motif. — DE PROPOS DÉLIBÉRÉ, *loc. adv.* Avec préméditation. — **Dér.** *Proposer, proposant, proposable, proposition.*

PROPOSABLE (*proposer*), *adj. 2 g*. Qui peut être proposé.

PROPOSANT (*proposer*), *sm*. Celui qui propose. || Celui qui étudie pour devenir pasteur protestant.

PROPOSER (pfx. *pro* + *poser*), *vt*. Soumettre à l'examen, à la délibération, à la décision : *Proposer une question.* || *Proposer un sujet*, donner une matière à traiter par écrit. || Offrir : *Proposer une place, un prix.* || *Proposer quelqu'un pour un emploi*, l'indiquer comme capable de le remplir. || *Se proposer de faire une chose*, prendre la résolution de la faire. — *Vi*. Former un projet. — **Se proposer**, *vr*. Être proposé, s'offrir pour faire une chose. — **Dér.** *Propos, proposant, proposable, proposition.*

PROPOSITION (l. *propositionem*), *sf*. Chose soumise à l'examen, à la délibération : *Faire une proposition à l'assemblée.* || Chose proposée pour conclure un arrangement, une affaire : *Une proposition de paix.* || Discours qui affirme ou nie : *Proposition inadmissible.* || Énonciation d'un jugement comprenant le sujet, le verbe et l'attribut. Ex. : *La terre est ronde.* || *Proposition indépendante*, celle qui possède par elle-même un sens complet. Ex. : *Le soleil luit pour tout le monde.* || *Proposition principale*, celle qui ne dépend d'aucune autre, mais qui n'acquiert un sens complet que par l'adjonction d'une nouvelle proposition. — *Proposition subordonnée* ou *dépendante*, celle qui dépend d'une proposition principale, dont elle complète le sens. Dans *Une île est une terre qui est entourée d'eau de tous côtés*, la proposition principale est *une île est une terre*, et la proposition subordonnée, *qui est entourée d'eau de tous côtés.* — *Proposition incidente*, proposition subordonnée intercalée dans une autre proposition : L'éruption du Vésuve, *qui eut lieu en 79*, engloutit Pompéi, Stabies et Herculanum. || *Proposition pleine*, toute proposition qui contient le sujet, le verbe, l'attribut et leurs dépendances. Ex. : *La terre est ronde.* || *Proposition elliptique*, toute proposition dans laquelle il y a un ou plusieurs mots de sous-entendus. Ex. : *Qui trop embrasse mal étreint.* || *Proposition implicite*, celle qui est exprimée par un seul mot ou bien une proposition dans laquelle le verbe et l'attribut sont exprimés par un seul mot. Ex. : *Obéiras-tu? Oui.* On considère *oui* comme une proposition implicite équivalente à *j'obéirai; il parle* est considéré comme implicite parce qu'on admet, contrairement à la réalité, que *il parle* est mis pour *il est parlant*; par conséquent, les propositions renfermant un verbe attributif sont considérées, quoique à tort, comme des propositions implicites. || *Proposition explicite*, celle dans laquelle le sujet, le verbe et l'attribut sont exprimés chacun par un mot séparé. Ex. : *Jeanne d'Arc fut la libératrice de la France.* || *Proposition explétive*, celle dans laquelle l'une des parties essentielles ou complétives se trouve exprimée deux fois. Ex. : *Mon* frère et *moi, nous* visiterons l'Italie. Toute proposition renfermant un verbe intransitif employé impersonnellement est explétive en français; car, à la rigueur, le sujet peut être considéré comme exprimé deux fois. Ex. : *Il est tombé de la neige.* || *Proposition participe*, proposition remplaçant une proposition subordonnée et ayant son verbe au participe. Ex. L'*hiver approchant*... *Les parts étant faites.* || Vérité qui peut être démontrée : *Les théorèmes, les problèmes de géométrie sont des propositions.* || Partie d'un discours dans laquelle l'orateur fait connaître le sujet qu'il va traiter.

PROPRE (l. *proprium*), *adj. 2 g*. Qui appartient à : *La couleur noire de la peau est propre au nègre.* || *Le sens propre d'un mot*, son sens naturel et primitif. || *Le mouvement propre d'un astre*, son mouvement réel par rapport à son mouvement apparent. || *La Grèce propre*, la partie de la Grèce au N. du Péloponèse. || Exact : *Voici ses propres paroles.* || Apte : *Être propre aux affaires.* || Convenable pour : *Cet exemple est propre à nous instruire.* || Qui peut servir pour : *Terrain propre à la culture des légumes.* || *Le mot propre*, celui qui seul rend exactement la pensée. || Bienséant, qui n'a pas l'air négligé : *Il est pauvre, mais propre.* || Net, exempt d'ordures, de taches : *Une table bien propre.* — *Sm*. Caractère distinctif : *La raison est le propre de l'homme.* || Le sens propre d'un mot. || Immeuble dont on a hérité. || Toute propriété : *Avoir une chose en propre.* || *Propre du temps, des saints*, ce qu'il y a de particulier dans l'office divin de chaque jour, dans l'office de la fête de chaque saint. — **Dér.** *Propret, propreté, propriété, propriétaire, proprement.* — **Comp.** *Approprier, impropre, impropriété.*

PROPREMENT (*propre* + sfx. *ment*), *adv*. Précisément, exactement : *C'est proprement mon opinion.* || Dans le sens propre : *Mot employé proprement.* || *Proprement dit*, dans le sens exact et rigoureux : *L'agriculture proprement dite ne comprend ni l'horticulture ni la sylviculture.* || Avec bienséance, convenablement : *Je suis proprement meublé.* || Avec une certaine perfection : *Réciter une leçon proprement.* || Avec propreté : *Faire la cuisine proprement.*

PROPRET, ETTE (autref. *propet* : dm. de *propre*), *adj.* et *s*. Qui est d'une propreté minutieuse, méticuleuse.

PROPRETÉ (*propre*), *sf*. Manière convenable de s'habiller, d'être meublé, d'apprêter : *La propreté dans l'habillement.* || Qualité de ce qui n'a ni ordures ni saletés : *La propreté est presque une vertu* (Fénelon).

PROPRÉTEUR (l. *proprætorem* : de *pro*, avant, et *prætor*, préteur), *sm*. Ancien préteur. || Celui qui dans une province romaine exerçait les fonctions de préteur sans en avoir le titre.

PROPRIÉTAIRE (l. *proprietarium* : de *proprius*, propre), *s. 2 g*. Celui, celle à qui appartient exclusivement un immeuble, un objet quelconque : *Le propriétaire d'un champ, d'un cheval.* || Celui qui loue une maison qui lui appartient : *Discussion entre un locataire et son propriétaire.*

PROPRIÉTÉ (l. *proprietatem*, de *proprius*, propre), *sf*. Ce qui appartient nécessairement à une chose et sans quoi elle n'existerait pas : *L'étendue, l'impénétrabilité sont des propriétés de la matière.* || *Propriété physique*, la cause de chaque phénomène physique que nous présentent les corps. Ex. : *Mobilité, fusibilité, sonorité*, etc. || *Propriété chimique*, toute cause par laquelle la composition d'un corps peut être modifiée. || Action particulière qu'un corps exerce sur nos organes : *Les propriétés nutritives de la viande. La propriété soporifique de la belladone.* || Caractère distinctif : *La salure est la propriété de l'eau de mer.* || Convenance parfaite d'un mot, du style avec la pensée à exprimer. || Le droit en vertu duquel une chose appartient exclusivement à quelqu'un : *Céder la jouissance d'une propriété.* Les dispositions légales relatives à la propriété sont au livre II du Code civil, subdivisé en quatre titres : 1° De la distinction des biens ; 2° De la propriété ; 3° De l'usufruit, de l'usage, de l'habitation ; 4° Des servitudes ou services fonciers. La propriété s'acquiert ou se transmet par *succession*, par *donation entre vifs* ou *testament*, par l'effet des *obligations* et par *prescription*. || Toute chose que l'on a à soi et dont on peut user et disposer à son gré. || *Propriété immobilière* (V. *Immeuble*); *propriété mobilière* (V. *Meuble*). || *Propriété littéraire, artistique, industrielle*, le droit que possèdent, en littérature, un artiste, un industriel et ses héritiers pendant un certain temps de jouir et de disposer de ses œuvres, de ses inventions (V. *Brevets d'invention*). || Bien-fonds, en terres ou maisons : *Acheter une propriété.* — **Dér.** *Propriétaire.*

PROPRIO MOTU (DE). (V. *Motu proprio*.) Se dit surtout des brefs que le pape rédige et signe sans consulter les cardinaux.

PROPULSEUR (l. *propulsorem*, qui pousse en avant), *adj.* et *sm*. Se dit de tout organe de machine qui imprime un mouvement en avant. — **Dér.** *Propulsion.*

***PROPULSION** (*propulseur*), *sf*. Action de pousser en avant.

PROPYLÉE (g. πρὸ, en avant + πύλη, porte), *sm*. Vestibule à colonnes de temples et autres édifices anciens. — *Pl.* Célèbre vestibule de l'Acropole d'Athènes.

PROQUESTEUR (l. *proquæstorem*), *sm*. Celui qui faisait fonction de questeur dans une province, après l'avoir exercée dans Rome.

PRORATA (l. *pro*, pour + *rata*, sous-ent. *parte*, pour la part fixée), *sm*. Quote-part. — AU PRORATA, *loc. adv.* Proportionnellement à la somme donnée et reçue. — Pl. *des prorata.*

PROROGATIF, IVE (l. *prorogativum*), *adj. 2 g.* Qui proroge.

PROROGATION (l. *prorogationem*), *sf.* Prolongation du temps, délai. || Acte par lequel le pouvoir exécutif suspend les séances des chambres et en fixe la reprise à un jour déterminé.

PROROGER (l. *prorogare*), *vt.* Prolonger le temps pris ou accordé pour une chose : *Proroger les pouvoirs d'un fonctionnaire.* || Décréter la prorogation des chambres. — **Se proroger**, *vr.* Décider sa propre prorogation : *L'assemblée s'est prorogée.* — **Gr.** *g* devient *ge* devant *a, o* : nous prorogeons. — **Dér.** *Prorogatif, prorogation.*

PROSAÏQUE (l. *prosaicum*), *adj. 2 g.* Propre à la prose : *Expression prosaïque.* — Fig. Qui manque d'idéal, commun, matériel : *Existence prosaïque.* (Néol.) — **Dér.** *Prosaïquement.*

PROSAÏQUEMENT (*prosaïque* + sfx. *ment*), *adv.* D'une manière prosaïque.

PROSAÏSER (*prose*), *vi.* Écrire en prose. — *Vt.* Rendre commun, terre à terre.

PROSAÏSME (*prosaïser*), *sm.* Manque de vraie poésie dans les vers. — Fig. Manque d'élévation. || Attachement aux appétits brutaux.

PROSATEUR (bl. *prosatorem*), *sm.* Auteur qui écrit en prose.

PROSCÉNIUM (l. *pro*, en avant + *scena*, scène), *sm.* Espace occupé par la scène et l'avant-scène dans les théâtres antiques.

PROSCRIPTEUR (l. *proscriptorem*), *sm.* Celui qui proscrit.

PROSCRIPTION (l. *proscriptionem*), *sf.* Condamnation à mort sans formes judiciaires et que chacun pouvait mettre à exécution. || Mesure illégale et violente prise contre les personnes en temps de troubles civils. — Fig. Abolition : *La proscription d'un usage.*

PROSCRIRE (l. *proscribere*), *vt.* Frapper de proscription, de mesures illégales et violentes. || Chasser, bannir, abolir, défendre, condamner : *Proscrire l'emploi d'un mot.* — **Se proscrire**, *vr.* Se frapper mutuellement de proscription. — **Gr.** Ce verbe se conjugue comme *Écrire*. — **Dér.** *Proscrit, proscrite, proscription, proscripteur.*

PROSCRIT, ITE (p. pas. de *proscrire*), *adj.* et *s.* Frappé de proscription. || Banni pour cause politique. — Fig. Défendu : *Chose proscrite.* || Banni de l'usage : *Terme proscrit.*

PROSE (l. *prosa*), *sf.* La façon de parler ordinaire, non assujettie ni à la mesure, ni à la cadence, par opposition aux vers : *Discours écrit en prose.* || Hymne d'église en latin et en vers rimés qui se chante à la messe les jours de grande fête avant l'évangile. — **Dér.** *Prosaïque, prosaïquement, prosaïser, prosaïsme, prosateur.*

PROSECTEUR (l. *prosectorem* : du pfx. *pro* + *secare*, couper), *sm.* Celui qui fait les préparations anatomiques dont un professeur se sert dans ses leçons.

PROSÉLYTE (g. προσήλυτος, nouveau venu), *s. 2 g.* Autrefois païen converti à la religion juive. || Aujourd'hui, personne qui a quitté une religion pour en embrasser une autre. — Fig. Personne nouvellement ralliée à une doctrine. — **Dér.** *Prosélytisme.*

PROSÉLYTISME (*prosélyte*), *sm.* Zèle à faire des prosélytes.

PROSERPINE (l. *proserpina*), fille de Jupiter et de Cérès; fut ravie par Pluton dans les prairies d'Enna, en Sicile; devint la femme de ce dieu et la reine des Enfers.

PROSNA. Rivière de la Pologne, affluent de la Wartha; elle arrose Kalisch.

PROSODIE (g. προσῳδία, accompagnement du chant), *sf.* Prononciation des mots conforme à l'accent et à la quantité. || Ensemble des règles relatives à la quantité des syllabes et à la composition des vers en grec et en latin. || Livre contenant ces règles. (V. *Versification*.) — **Dér.** *Prosodique.*

PROSODIQUE (l. *prosodicum*), *adj. 2 g.* Qui appartient, qui a rapport à la prosodie : *Accent prosodique*, l'accent tonique.

PROSOPOPÉE (g. προσωποποιΐα, personnification), *sf.* Figure de rhétorique par laquelle l'orateur fait parler ou agir dans son discours un être imaginaire, une personne morte ou absente, un être inanimé : *Une belle prosopopée.*

PROSPECTUS (ml., vue), *sm.* Annonce d'un livre, d'un établissement commercial donnant des renseignements sur le contenu de ce livre, la nature de cet établissement.

PROSPER D'AQUITAINE (saint), (403-465), prêtre à Marseille auteur d'un poème latin *Contre les ingrats*, adversaire des semi-pélagiens.

PROSPÈRE (l. *prosperum* : de *pro*, avant + *sperare*, espérer), *adj. 2 g.* Favorable : *Destin prospère.* || Heureux : *État prospère.* — **Dér.** *Prospérer, prospérité.*

PROSPÉRER (l. *prosperare*), *vi.* Être favorisé par la fortune : *Cette nation prospère.* || Acquérir de la vigueur : *La luzerne prospère dans les terres argileuses.* || Réussir : *Son commerce prospère.*

PROSPÉRITÉ (l. *prosperitatem*), *sf.* État, situation prospère : *On a des amis dans la prospérité.* — *Pl.* Suite d'événements heureux.

PROSTERNATION (*prosterner*), *sf.* Action de se prosterner.

PROSTERNEMENT (*prosterner*), *sm.* Action de se prosterner. || État d'une personne prosternée.

PROSTERNER (l. *prosternere*), *vt.* Faire qu'on s'incline jusqu'à terre en signe d'adoration, de supplication ou de respect : *Les victoires d'Alexandre prosternèrent l'Asie à ses pieds.* — **Se prosterner**, *vr.* S'incliner jusqu'à terre en signe d'adoration, de supplication ou de respect. — Fig. *Se prosterner devant quelqu'un*, reconnaître son extrême supériorité. — **Dér.** *Prosternation, prosternement.*

PROSTHÈSE (g. πρὸς, vers + θέσις, action de placer), *sf.* Addition d'une lettre inorganique au commencement d'un mot : *L'e est une prosthèse dans estomac* (en latin *stomachum*). (Gr.)

PROSTITUER (l. *prostituere*, exposer devant), *vt.* Corrompre profondément, avilir, déshonorer : *Prostituer son talent.* — **Se prostituer**, *vr.* Se corrompre, s'avilir, se déshonorer. — **Dér.** *Prostitution.*

PROSTITUTION (l. *prostitutionem*), *sf.* Corruption profonde, débauche. — Fig. Trafic des choses les plus respectables.

PROSTRATION (l. *prostrationem*), *sf.* Anéantissement complet des forces. || Extrême abattement. (Morale.)

PROSTYLE (g. πρὸ, en avant + στῦλος, colonne), *sm.* Édifice antique dont la façade n'était formée que de colonnes.

PROSTYLE

PROTAGONISTE (g. πρῶτος, premier + ἀγωνιστής, athlète ou acteur), *sm.* Acteur qui joue le principal rôle dans une pièce de théâtre.

PROTAGORAS (480-420 av. J.-C.), célèbre sophiste grec; né à Abdère, il enseigna à Athènes. || Titre d'un dialogue de Platon dont ce sophiste est un des personnages.

PROTASE (g. πρὸ, en avant + τάσις, action d'étendre), *sf.* Exposition du sujet d'une pièce de théâtre en vers.

PROTATIQUE (g. προτατικός), *adj. 2 g.* Qui a rapport à la protase.

PROTE (g. πρῶτος, premier), *sm.* Directeur des travaux dans une imprimerie.

PROTÉACÉES (*Protée*), *sfpl.* Famille de plantes dicotylédones comprenant des arbres de petite taille, des arbrisseaux ou des herbes. Les végétaux qui composent cette famille habitent l'Afrique australe, l'Amérique du Sud, l'Australie et l'Asie méridionale. Quelques-unes de ces espèces sont spéciales à Madagascar, à l'île de Van-Diemen, à la Nouvelle-Zélande. Les feuilles des Protéacées sont toujours vertes, alternes, entières ou déchiquetées en lanières et dépourvues de stipules. Les fleurs, hermaphrodites, sont groupées en épis, en grappes, en capitules, et forment quelquefois une fleur composée qu'entoure un involucre persistant. Cette fleur se compose d'un calice coriace, coloré, composé de quatre sépales soudés inférieurement en tube, ou bien entièrement distincts; de quatre étamines opposées aux sépales et dont une avorte quelquefois. Les filets de ces étamines sont très courts et leurs anthères sont biloculaires. Puis, vient un rang de glandes alternant avec sépales. L'ovaire est libre, sessile, et surmonté d'un style filiforme que termine un stigmate unique, quelquefois échancré. L'ovaire n'a qu'une seule loge contenant tantôt un seul ovule, tantôt deux, tantôt un plus grand nombre disposé sur deux rangs. Ces ovules sont anatropes et ont leur micropyle toujours tourné en bas. Tantôt le fruit est indéhiscent, c'est alors une noix, une samare ou drupe qui renferme une ou deux graines; tantôt il est déhiscent et forme un follicule qui renferme une seule graine; mais généralement il contient plusieurs graines dont les enveloppes externes se soudent et forment une cloison qui sépare le fruit en deux loges. Les Protéacées sont voisines des Légumineuses, principalement des Cæsalpinies. Les espèces arborescentes donnent un bon bois de chauffage, qui est aussi employé pour les constructions. L'écorce de certaines d'entre elles passe pour astringente et est employée contre la diarrhée; les fleurs du *banksia* et de certains *protea* produisent un miel recherché des indigènes du Cap et de l'Australie comme aliment. Les graines d'autres espèces sont mangées comme les châtaignes tant au Cap qu'au Chili. Mais c'est surtout comme plantes d'ornement que les Protéacées sont cultivées et recherchées; néanmoins, leur vogue a diminué depuis le commencement du siècle. — **Une protéacée**, *sf.* Une plante quelconque de la famille des Protéacées.

PROTECTEUR, TRICE (l. *protectorem*), *s.* Celui, celle qui protège les faibles, qui prend soin des intérêts d'une personne, qui favorise le progrès d'une chose : *Un puissant protecteur.* || Titre sous lequel Cromwell gouverna l'Angleterre de 1653 à 1658. — *Adj.* Qui sert à protéger : *Enveloppe protectrice.* || *Système protecteur*, système qui consiste à interdire ou à frapper d'un droit considérable l'importation des marchandises dans un pays. || Propre à un protecteur : *Un air protecteur.*

PROTECTION (l. *protectionem*), *sf.* Action de protéger, de prendre soin des intérêts de quelqu'un, de favoriser son avancement : *Il a de puissantes protections.* || Mauvais système d'économie politique qui consiste à favoriser l'industrie nationale soit en lui accordant des primes, soit en frappant de droits considérables l'importation des marchandises étrangères. Le système contraire est dit *libre-échange*. On l'appelle aussi *colbertisme*, du nom du grand ministre qui l'appliqua à la France. Il consistait à ne recevoir, à l'importation, que les matières premières, et à charger de droits très lourds les produits manufacturés étrangers, similaires de notre industrie; à l'exportation, au contraire, on interdisait la sortie des produits bruts pour ne laisser circuler que les produits ouvrés. Ce système étant alors celui de nos voisins les Anglais et les Hollandais, devait être imité en France; d'ailleurs, il s'agissait d'implanter dans le pays l'industrie qui lui manquait et qui pouvait devenir une source ultérieure de richesses; mais ce n'était là qu'un état provisoire et accidentel, et non un état normal et définitif; on a donc eu tort de le prolonger, avec des palliatifs insuffisants et des retours de rigueur désastreux, jusqu'aux traités de commerce de 1860. — **Dér.** *Protectionniste, protectionnisme.*

***PROTECTIONNISME** (*protection*), *sm.* Le système de la protection en économie politique.

PROTECTIONNISTE (*protection*), *sm.* Partisan du protectionisme.

PROTECTORAT (*protecteur*), *sm.* La dignité, le gouvernement de Cromwell en Angleterre. || Rôle d'un gouvernement qui en protège un autre plus faible.

PROTÉE (g. Πρωτεύς : de πρῶτος, le premier-né, le plus vieux de la mer), *sm.* Fils de l'Océan et de Téthys, dieu marin, gardien des troupeaux de Neptune, c'est-à-dire des phoques et des monstres marins. Il fallait le surprendre et le lier durant son sommeil pour l'obliger à révéler l'avenir; mais, avant de se soumettre, il effrayait son interrogateur par des métamorphoses en arbre, feu, fontaine, etc. || Homme qui change facilement de caractère et d'opinion. (V. *Caméléon*.) || *Protée des philosophes*, le mercure. (Alchimie.) || Genre de batraciens, ainsi nommé de ses transformations : le *protée anguiforme*, qui habite les eaux des grottes et des cavernes, reste toujours à l'état de têtard, une fois qu'il est né, dans ces antres obscurs. L'absence de lumière arrête son évolution et, pendant longtemps, il a été pris pour une espèce distincte, alors qu'il n'était qu'une espèce non développée. On en trouve dans les lacs souterrains de la Carniole. C'est la larve d'une espèce de salamandre qui ne se transforme jamais. (V. ce mot et *Axolote*.) || Genre de plantes dicotylédones de la famille des Protéacées, originaires du cap de Bonne-Espérance. Ce sont des arbustes ou des arbrisseaux de moyenne taille à feuilles lancéo-lées-linéaires, dont les fleurs, panachées de pourpre, de jaune, de blanc, etc., s'épanouissent en automne. Les protées doivent être cultivées en serre tempérée ; on les reproduit de graines, de boutures ou de marcottes. On en connaît plusieurs espèces parmi lesquelles nous citerons : 1° La *protée élégante* (*protea speciosa*), dont les fleurs sont réunies de manière à former une houppe terminale d'un violet noirâtre. 2° La *protée à fleurs en peloton* (*protea glomerata*), bel arbrisseau à fleurs roussâtres et blanches à l'intérieur, velues à l'extérieur. 3° La *protée lagopède* (*protea lagopus*), joli arbrisseau dont les fleurs, disposées en épis, sont rouges en dedans, blanches au dehors, et s'épanouissent en juin. 4° La *protée à fleurs en épis* (*protea spicata*), qui donne en mai des fleurs blanches disposées en épis. 5° La *protée à feuilles de pin* (*protea pinifolia*), dont les fleurs, d'un jaune pâle, ont des pétales longs et filiformes et sont d'un bel effet. — **Dér.** *Protéine, protéique, protéacées.*

PROTÉE

PROTÉGÉ, ÉE (*protéger*), *s.* Personne ayant un protecteur qui prend soin de ses intérêts et favorise son avancement.

PROTÉGER (l. *pro*, par devant + *tegere*, couvrir), *vt.* Prendre la défense d'une personne, d'une chose : *Protéger les opprimés.* || Prêter appui : *Protéger les lettres.* || Prendre soin des intérêts de quelqu'un, favoriser son avancement. || Garantir : *Protéger les arbres contre la gelée.* — **Gr.** *g* devient *ge* devant *a, o.* — **Dér.** *Protégé, protégée, protection, protectionniste, protectionnisme, protecteur, protectrice, protectorat.*

PROTÉINE (g. πρωτεῖα, première + sfx. *ine*), *sf.* Matière que l'on obtient par précipitation, en traitant un albuminate de soude par un acide. Aux diverses matières protéiques correspondent les protéines.

PROTÉIQUE (g. πρῶτος, premier + *ique*), *adj. 2 g.* Synonyme de *albuminoïde*. (V. ce mot.)

***PROTÈLE** (g. πρό, devant + τελέειν, complet), *sm.* Genre de mammifères carnivores, voisins des hyènes, et que l'on rencontre dans les pays qui entourent le cap de Bonne-Espérance. Ils ont trente dents : les incisives et les canines sont semblables à celles des hyènes ; mais les molaires sont représentées par de petites lames pointues si espacées les unes des autres, qu'elles ne s'engrènent pas lorsque l'animal ferme la bouche. Ces dents tombent facilement. Le protèle se creuse des terriers dans lesquels il reste tout le jour, ne sortant que la nuit pour aller à la recherche de sa nourriture, qui consiste, assure-t-on, en petits lézards, en sauterelles et en insectes de toutes espèces.

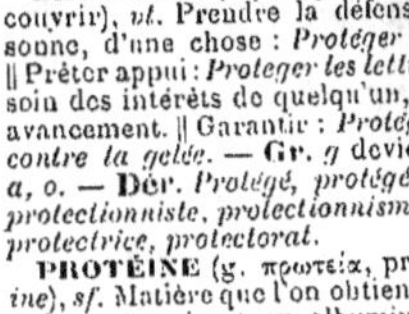

PROTÈLE

PROTESTANT, ANTE (*protester*), *s.* Nom donné d'abord aux luthériens qui protestèrent, en 1529, contre la décision de la diète de Spire, et étendu depuis aux calvinistes et aux autres sectes nées de la Réforme. — *Adj.* Propre aux protestants : *Religion protestante.* || Qui pratique le protestantisme : *Pays protestant.*

PROTESTANTISME (*protestant* + sfx. *isme*), *sm.* La croyance des églises protestantes. || L'ensemble des peuples, des pays protestants.

PROTESTATION (l. *protestationem*), *sf.* Déclaration publique que l'on fait de ses sentiments, de sa volonté : *Faire des protestations de fidélité.* || Promesses formelles : *Protestation de dévouement.* || Déclaration solennelle énonçant qu'on n'adhère pas à une chose ou qu'on la considère comme illégale. || Écrit qui contient cette déclaration.

PROTESTER (l. *protestari*), *vt.* Assurer, promettre positivement et publiquement : *Protester qu'on est innocent.* || Faire un protêt : *Protester un billet.* — *Vi.* Donner l'assurance d'une chose : *Protester de sa bonne foi.* || Faire une protestation contre : *Protester contre une élection.* — **Dér.** *Protêt, protestant, protestante, protestantisme, protestation.* Même famille que *Tester, attester, contester*, etc.

PROTÊT (vx fr. *protest*), *svm.* de *protester*. Acte par lequel le porteur d'une lettre de change ou d'un billet à ordre fait constater le refus d'acceptation ou de paiement du tiré. — Le protêt doit être fait par un huissier ou un notaire le *lendemain* du jour de l'échéance au domicile du tiré. Au cas d'une fausse indication de domicile, le protêt est précédé d'un acte de perquisition où l'huissier qui instrumente déclare n'avoir pu découvrir l'endosseur ou le tiré. Le protêt a pour effet de conserver au porteur son recours contre le tiré et les endosseurs. Quand le protêt n'est pas fait dans le délai voulu, le porteur perd son recours contre les endosseurs. L'acte de protêt contient : la transcription littérale de la lettre de change, de l'acceptation, des endossements et des recommandations qui y sont indiquées ; la sommation d'en payer le montant. Il énonce : la présence ou l'absence d'un payeur ; les motifs du refus de payer ; l'impuissance ou le refus de signer. Les huissiers doivent laisser copie exacte du protêt et l'inscrire, à son jour et à son ordre, sur un registre coté et paraphé.

***PROTHALLE** ou **PROTHALLIUM** (g. πρό, avant + θαλλός, branche), *sm.* Sorte de mycélium provenant de la germination d'une spore de fougère, de prêle, et qui produit des organes de fructification donnant naissance à des fougères et des prêles véritables.

PROTHÈSE (g. πρό, à la place + θέσις, action de mettre), *sf.* Opération chirurgicale qui consiste à remplacer un organe, une partie du corps par une pièce artificielle : *Prothèse dentaire*, pose de dents artificielles.

***PROTHORAX** (pfx. *pro* + *thorax*), *sm.* Anneau du thorax des insectes qui est le plus voisin de la tête. (V. *Insecte*.)

PROTHORAX

PROTO (g. πρῶτος). Préfixe qui signifie premier.

PROTOCANONIQUE (pfx. *proto* + *canonique*), *adj. 2 g.* Se dit des livres de la Bible qui étaient reconnus pour canoniques avant même qu'on eût formulé des canons.

PROTOCARBONÉ (*hydrogène*), *sm.* Le composé de carbone et d'hydrogène, le moins riche en carbone ou le plus riche en hydrogène, parmi tous les composés de ces deux éléments. En parlant de la richesse en carbone ou en hydrogène, nous voulons dire celle qui est indiquée par la composition centésimale ou, d'une façon générale, celle de la proportion de l'un ou de l'autre de ces éléments par rapport au poids total ; nous ne voulons pas parler du nombre d'équivalents pour lequel ils entrent dans cette combinaison. L'hydrogène protocarboné a pour formule C^2H^4. C'est un gaz qui sort de la vase des marais, quand on la remue. Il sort des fissures de sol en plusieurs endroits, par exemple, dans le département de l'Isère et en grande quantité sur le littoral de la mer Caspienne. L'hydrogène protocarboné forme la plus grande partie du mélange gazeux connu sous le nom de *grisou*. (V. ce mot.) Le gaz de l'éclairage, pendant la période du milieu de la préparation, est formé presque exclusivement d'hydrogène protocarboné. Ce gaz est incolore, à peine odorant, dépourvu de saveur. La densité par rapport à l'air est 0,559 ; le litre d'air pèse $1^{gr},293$; par suite, le litre d'hydrogène protocarboné pèse $1^{gr},293 \times 0,559 = 0^{gr},723$. L'hydrogène protocarboné a été liquéfié par M. Cailletet. Ce corps peut se combiner avec l'oxygène en formant de l'acide carbonique et de l'eau. Le chlore peut *se substituer* à l'hydrogène, en totalité ou en partie. L'hydrogène protocarboné est le type des *hydrocarbures saturés*, c'est-à-dire de ceux auxquels on ne peut pas ajouter de l'hydrogène, ce qui implique qu'on ne peut pas lui ajouter de chlore sans élémination d'une quantité d'hydrogène correspondante. (V. *Gaz* et *Grisou*.) — **Syn.** *Gaz des marais, formène, méthane.*

***PROTOCARBURE** (*proto* + *carbure*), *sm.* La combinaison la moins riche en carbone qu'un corps simple peut former avec le carbone. — **Dér.** *Protocarburé.*

***PROTOCARBURÉ, ÉE** (*protocarbure*), *adj.* Qui forme du protocarbure.

***PROTOCHLORURE** (pfx. *proto* + *chlorure*), *sm.* La combinaison la moins riche en chlore qu'un corps simple peut former avec le chlore. || Par abus : *Protochlorure de mercure*, le calomel. — **Dér.** *Protochloruré.*

***PROTOCHLORURÉ, ÉE** (*protochlorure*), *adj.* Qui forme un protochlorure.

PROTOCOLE (g. πρωτόκολλον, le premier feuillet collé d'un livre), *sm.* Au moyen âge, registre collé où l'on inscrivait les actes publics. || Recueil de modèles d'actes publics : *Le protocole des huissiers, des notaires.* || Formulaire auquel se conforment les princes, les chefs d'administration en écrivant une lettre. || Registre des délibérations, des actes d'un congrès, d'une diète. || Procès-verbal d'une conférence diplomatique ; ce que cette conférence a décidé.

PROTOGÈNES, peintre grec, né à Caune, en Carie ; contemporain d'Apelle ; 336 av. J.-C.

***PROTOGINE** (g. πρῶτος, premier + γένεα, origine), *sm.* ou **granit talqueux**. Roche formée d'un mélange de quartz, de feldspath et de talc ou silicate de magnésie. En se décomposant, le protogine donne naissance au kaolin. Cette roche forme le sommet du mont Blanc.

***PROTOIODURE** (pfx. *proto* + *iodure*), *sm.* Combinaison la moins riche en iode des combinaisons qu'un même corps simple peut former avec l'iode.

***PROTOMARTYR** (pfx. *proto* + *martyr*), *sm.* Surnom donné à saint Étienne, le premier martyr du christianisme.

PROTONOTAIRE (pfx. *proto* + *notaire*), *sm.* Titre de douze prélats de la cour de Rome qui ont la prééminence sur les notaires apostoliques ; ils sont les secrétaires des consistoires publics et expédient les actes dans les causes importantes.

***PROTOPLASMA** (pfx. *proto* + *plasma*), *sm.* Substance molle, albuminoïde, contenue dans les cellules naissantes des animaux et des végétaux et aux dépens de laquelle se forment les matières qui apparaissent ultérieurement dans la cellule.

***PROTOPLASMIQUE** (*protoplasma* + sfx. *ique*), *adj. 2 g.* Qui est de la nature du protoplasma.

***PROTOSULFURE** (pfx. *proto* + *sulfure*), *sm.* Combinaison la moins riche en soufre des combinaisons qu'un même corps simple peut former avec l'iode.

PROTOTYPE (pfx. *proto* + *type*), *sm.* Type original : *Premier modèle d'une chose.* — Fig. Parfait modèle.

PROTOSYNCELLE (pfx. *proto* + *syncelle*), *sm.* Vicaire d'un patriarche ou d'un évêque de l'Église grecque.

PROTOXYDE (g. πρῶτος, premier + *oxyde*), *sm.* L'oxyde formé d'un métal et d'oxygène et qui est le plus pauvre de tous en oxygène. (V. *Oxyde, Nomenclature.*)

***PROTOZOAIRE** (pfx. *proto*+g. ζωάριον, animalcule), *adj.* 2 *g.* et *sm.* Se dit de tous les animaux dont la structure est extrêmement simple. ‖ Se dit en zoologie d'un embranchement d'animaux très répandus dans la nature et qui vivent dans les eaux douces ou marines, dans la terre humide et en parasites dans le corps des animaux. Ce sont les protozoaires qui, les premiers, ont apparu sur notre globe. Leur organisation est très rudimentaire. Ils comprennent les Infusoires, les Grégarines, les Rhizopodes, les Amides et les Monères.

PROTUBÉRANCE (*protubérant*), *sf.* Saillie, éminence : *Les protubérances du cerveau.*

PROTUBÉRANT, ANTE (l. *protuberare* : de *pro* + *tuber*, bosse), *adj.* Qui fait saillie.

PROTUTEUR (pfx. *pro* + *tuteur*), *sm.* Le mari d'une tutrice. ‖ Celui qui gère les biens qu'un mineur a dans une colonie.

PROU (du l. *prod*, contenu dans *prodesse*, être utile), *adv.* Assez, beaucoup. ‖ *Ni peu ni prou*, ni peu ni beaucoup.

PROUDHON (Jean-Baptiste-Victor) (1758-1838), célèbre jurisconsulte né en Franche-Comté; doyen de la Faculté de droit de Dijon.

PROUDHON (Pierre-Joseph) (1809-1865), de la famille du précédent. Célèbre publiciste, économiste et révolutionnaire socialiste; né à Besançon.

PROUE (vx fr. *proe* : de l'ital. *proda*), *sf.* L'avant d'un navire.

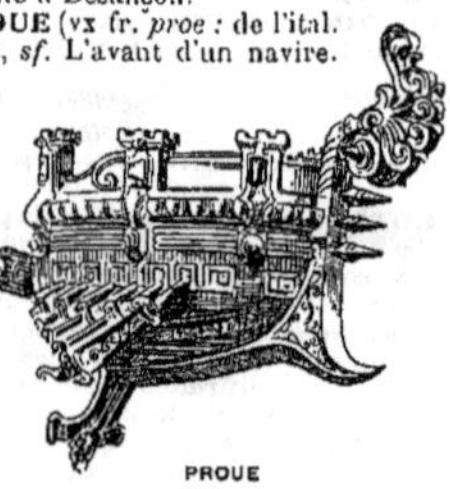

PROUE

PROUESSE (*preux*), *sf.* Action héroïque, valeur guerrière. — Fig. Action extravagante, folie, excès : *Vous avez fait là une belle prouesse.*

PROUST (1755-1826), chimiste français, prouva que les corps se combinent dans des proportions déterminées et découvrit le sucre de raisin.

***PROUVABLE** (*prouver*), *adj.* 2 *g.* Qui peut être prouvé.

PROUVER (l. *probare*), *vt.* Établir la vérité d'une chose par raisonnement, document : *Prouver que la terre est ronde.* ‖ Faire voir, manifester : *Prouver son dévouement.* — **Se prouver**, *vr.* Être prouvé. — **Dér.** *Prouvable.* — **Comp.** *Approuver*, etc.; *désapprouver*, etc.; *éprouver*, etc.; *improuver, improuvable; réprouver*, etc.

PROVÉDITEUR (ital. *provvedere*, pourvoir), *sm.* Inspecteur d'un service public ou commandant d'une province, d'une place de guerre, d'une flotte, dans l'ancienne république de Venise.

PROVENANCE (*provenant*), *sf.* Production d'un pays importée dans un autre : *Marchandise de provenance anglaise.* — Fig. Origine : *Le mot chiffre est de provenance arabe.*

***PROVENANT, ANTE** (*provenir*), *adj.* Qui provient. — **Dér.** *Provenance.*

PROVENÇAL, ALE (*Provence*), *adj.* Qui appartient, qui est propre à la Provence : *Cuisine provençale.* — S. Personne née en Provence, qui y habite. — *Sm. Le provençal*, langue littéraire de la Provence du XIe au XIVe siècle, dite aussi langue limousine (*lengua de Lemosi*), langue catalane, et par conséquent synonyme de *langue doc*; patois parlé actuellement en Provence. — *Sf.* Sauce piquante obtenue en faisant revenir sur le feu un mélange d'huile d'olive, d'échalottes, d'ails, de champignons hachés, ajoutant un peu de farine, puis bouillon, vin blanc et assaisonnement.

PROVENCE (l. *provincia*, s.-ent. *romana*, la Province Romaine). Ancienne province de France (Bouches-du-Rhône, Basses-Alpes, Var, partie de Vaucluse et Alpes-Maritimes); climat délicieux, sol aride, culture de l'olivier, miel, vers à soie, fruits du Midi; conquise par les Romains dès l'an 125 av. J.-C.; capitale Aix; réunie à la France en 1487. — **Dér.** *Provençal, provençale.*

PROVENDE (db. de *prébende*), *sf.* Provision de vivres (vx). ‖ Ration pour les bestiaux composée de racines fourragères fraîches et hachées, mêlées avec du son.

PROVENIR (l. *pro* + *venir*), *vt.* Venir de, émaner de, résulter de : *Cet accident provient de sa négligence.* — **Gr.** Ce verbe se conjugue avec *être.* — **Dér.** *Provenant, provenance.*

PROVERBE (l. *proverbium*), *sm.* Vérité morale exprimée en peu de mots et citée souvent dans la conversation. Ex : *La vérité sort de la bouche des enfants.* — Fig. *Passer en proverbe*, être cité souvent. ‖ Petite comédie de société qui est le développement d'un proverbe qu'on laisse deviner aux spectateurs. ‖ *Les Proverbes de Salomon*, recueil de règles concernant la vie pratique, composé par Salomon sous forme de sentences, et faisant partie de l'Ancien Testament. — **Dér.** *Proverbial, proverbiale, proverbialement.*

PROVERBIAL, ALE (l. *proverbialem*), *adj.* Qui est de la nature du proverbe. ‖ Qui a passé en proverbe : *Sa probité est proverbiale.*

PROVERBIALEMENT (*proverbial* + sfx. *ment*), *adv.* D'une manière proverbiale.

PROVIDENCE (l. *providentia* : de *providere*, prévoir), *sf.* La sagesse infinie par laquelle Dieu conserve et gouverne le monde. ‖ En philosophie, l'acte par lequel Dieu infiniment bon et aimant procure le bien du monde. ‖ Dieu considéré comme réglant tout ce qui arrive dans l'Univers. — Fig. *Être la providence de quelqu'un*, lui procurer ce dont il a besoin, contribuer à son bonheur. — **Dér.** *Providentiel, providentielle, providentiellement.*

PROVIDENCE, 104857 hab.; port sur l'Atlantique; l'une des deux capitales de Rhode-Island (États-Unis). Son nom, ceux des rues (de la Tempérance, de la Charité), ses nombreuses églises indiquent l'esprit piétiste de ses fondateurs.

PROVIDENTIEL, ELLE (*Providence*), *adj.* De la Providence : *Main providentielle.* Qu'on doit attribuer à la Providence : *Événement providentiel.* (Néol.)

***PROVIDENTIELLEMENT** (*providentielle* + sfx. *ment*), *adv.* D'une manière providentielle.

***PROVIGNAGE** (*provin*), *sm.* Marcottage de provins. (V. *Provigner.*)

PROVIGNEMENT (*provin*), *sm.* Action de provigner.

PROVIGNER (*provin*), *vt.* Opérer le marcottage d'un jeune sarment de vigne ou *provin.* Pour faire cette opération, on creuse, au pied du cep qui porte le provin, une fosse d'environ 0^m,40 de profondeur, au fond de laquelle on couche le provin après l'avoir plié doucement sans le rompre; on le recouvre de quelques centimètres de terre en relevant hors de la fosse son extrémité libre. On achève de remplir la fosse avec du fumier. Le provignage s'exécute en automne ou au moment de la taille, par un temps doux, quand le vent est au sud, le ciel couvert et à la suite d'une petite pluie. — *Vi.* Être multiplié par le marcottage. — Fig. Se multiplier, se propager.

PROVIN (l. *propaginem*), *sm.* Jeune sarment de vigne propre à faire une marcotte. — **Dér.** *Provigner, provignement, provignage.*

PROVINCE (l. *provincia* : de *provincere*, vaincre auparavant), *sf.* Tout pays que les Romains avaient conquis hors de l'Italie, qu'ils avaient assujetti aux lois romaines et qui était administré par un gouverneur romain : *La Gaule fut réduite en province romaine par Jules César.* ‖ Division territoriale dans certains États : *On partageait autrefois la France en 32 provinces.* (V. *France*, t. Ier, p. 746 et suiv.) ‖ Les habitants d'une province : *Cette province se souleva.* ‖ Tout le territoire de la France à l'exception de Paris : *Une ville de province.* ‖ *Il a un air de province*, il n'a pas encore pris le langage, les manières de la capitale. ‖ *Province ecclésiastique*, tout le pays soumis à la même métropole : *La province de Lyon.* ‖ L'ensemble des couvents d'un même ordre religieux qui étaient soumis au même supérieur. ‖ *Les Sept Provinces-Unies*, l'ancienne république de Hollande. — **Dér.** *Provincial, provinciale, provincialat, provincialement, provincialisme.*

PROVINCIAL, ALE (l. *provincialem*), *adj.* Qui appartient à une province : *États provinciaux.* ‖ Qui dénote un habitant de la province : *Langage provincial.* — S. Personne qui est née, qui habite dans une province et est étrangère aux usages de Paris : *On le prend pour un provincial.* — *Sm.* Supérieur général de plusieurs couvents appartenant à un même ordre. — *Sf. pl. Les Provinciales* ou les *Lettres provinciales*, titre d'un opuscule de Pascal contre les jésuites, qui parut en 1656 et 1657.

PROVINCIALAT (*provincial*), *sm.* Charge de provincial d'un ordre religieux. ‖ Sa durée.

PROVINCIALEMENT (*provinciale* + sfx. *ment*), *adv.* D'une manière provinciale.

PROVINCIALISME (*provincial* + sfx. *isme*), *sm.* Accent, façon de parler particuliers à une province.

PROVINS, 8240 hab. S.-préf. (Seine-et-Marne). Nombreux édifices du moyen âge : donjon, dit *Tour de César*, appelé encore *Tour-le-Roi*, ou *Notre-sire-le-Roi* (milieu du XIIe siècle) avec faces du XVe; l'église de *Saint-Quiriace* (XIIe et XIIIe), de *Saint-Ayoul.* Fontaine monumentale (XIIe siècle). Ruines imposantes de remparts des XIIe et XIIIe siècles; porte de *Jouy* et de Saint-Jean (XIII siècle). Maisons du XIIIe siècle. Grange aux Dîmes (*Forcadas*), XIIe siècle. Ancien palais des comtes de Champagne transformé d'abord en tribunal, puis en collège, avec chapelle du XIIe siècle. Hôtel *Vauluisant* (XIIIe siècle), etc. Eaux ferrugineuses. Grand commerce de blé. Culture des roses rouges dites de *Provins* et avec les pétales desquelles on fait des conserves et le *miel rosat* (V. ce mot). Ch. de f. de l'E.

PROVISEUR (l. *provisorem*), *sm.* Autrefois, celui qui était à la tête d'un grand établissement d'instruction : *Richelieu était proviseur de la maison de Sorbonne.* ‖ Aujourd'hui, celui qui dirige un lycée. — **Dér.** *Provision, provisionnel, provisionnelle, provisionnellement, provisoire, provisoirement, provisorat.*

PROVISION (l. *provisionem*), *sf.* Ce qu'un tribunal adjuge préalablement à une partie en attendant le jugement définitif : *Provision alimentaire.* ‖ Somme qui, par décision d'un tribunal, doit être prélevée sur les biens d'une personne pour être affectée à la nourriture d'une autre personne. ‖ Somme mise en réserve pour le paiement d'une lettre de change. ‖ Droit de pourvoir à un bénéfice ecclésiastique : *Lettres de provision* ou *provisions.* ‖ Acte conférant une charge publique, un bénéfice ecclésiastique. ‖ Tout ce qu'on amasse d'avance pour subvenir à ses besoins alimentaires ou autres : *Une provision de viande salée.* ‖ *Faire ses provisions*, acheter les choses nécessaires à la vie. — Fig. Grande quantité : *Il a une provision d'habits.* — Par provision, *loc. adv.* Provisoirement, en attendant.

PROVISIONNEL, ELLE (*provision*), *adj.* Fait par provision, en attendant un règlement définitif : *Convention provisionnelle.*

PROVISIONNELLEMENT (*provisionnelle* + sfx. *ment*), *adv.* Par provision.

PROVISOIRE (de *provisum*, supor. de *providere*, pourvoir), *adj.* 2 *g.* Rendu par provision : *Sentence provisoire.* ‖ Choisi, établi, institué en attendant quelque chose de définitif : *Logement provisoire.* ‖ *Gouvernement provisoire*, celui qui, après une révolution, exerce le pouvoir en attendant l'établissement d'un gouvernement régulier : *Le gouvernement provisoire de 1848.* — *Sm.* Ce qui n'est que provisoire : *Le provisoire dure souvent très longtemps.*

PROVISOIREMENT (*provisoire* + sfx. *ment*), *adv.* Par provision, en attendant.

PROVISORAT (*proviseur*), *sm.* Dignité. || Fonction de proviseur. || Sa durée.

PROVOCATEUR, TRICE (l. *provocatorem*), *adj.* et *s.* Qui provoque : *Agent provocateur,* agent secret de la police qui se mêle aux mécontents, feint de partager leurs idées et les excite contre le gouvernement.

PROVOCATION (l. *provocationem*), *sf.* Excitation. || Action de proposer un duel à quelqu'un. || Chose qui excite.

PROVOQUER (l. *provocare*), *vt.* Exciter, inciter : *Provoquer à la révolte.* || Agir de façon à irriter quelqu'un et à s'attirer des représailles de sa part : *Il n'a frappé que parce qu'on l'a provoqué.* || Causer : *La bourrache provoque la sueur.* — **Se provoquer,** *vr.* Se faire l'un à l'autre des provocations. — **Dér.** *Provocation, provocateur.*

. ***PROXÈNE** (g. πρὸ, *en faveur de* + ξένος, *étranger*), *sm.* Dans l'antiquité, citoyen d'une ville grecque mandataire d'une autre ville auprès de ses concitoyens et chargé de loger ses ambassadeurs.

PROXIMITÉ (l. *proximitatem* : de *proximus,* très proche), *sf.* Voisinage : *Avoir une chose à sa proximité,* dans son voisinage. || Parenté : *La proximité du sang.* — **A PROXIMITÉ DE,** *loc. prép.* Dans le voisinage de.

PRUDE (l. *provida,* qui prévoit), *adj.* et *sf.* Se dit d'une femme qui affecte une vertu revêche et ombrageuse. || Se disait autrefois des hommes, dans le même sens. — **Dér.** *Pruderie.* — **Comp.** *Prud'homme, prud'homie.*

PRUDEMMENT (*prudent* + sfx. *ment*), *adv.* Avec prudence.

PRUDENCE (l. *prudentia*), *sf.* Vertu qui nous porte à nous abstenir des paroles et des actions qui pourraient nous nuire : *Se conduire avec prudence.*

PRUDENCE, poète latin et chrétien, auteur de *Cantiques,* d'*Hymnes,* de la *Psychomachia* ou *Combat de l'âme* (348-405).

PRUDENT, ENTE (l. *prudentem,* contraction de *providentem,* prévoyant), *adj.* Qui s'abstient des paroles ou des actions qui pourraient lui nuire : *Homme prudent.* || Qui marque de la prudence : *Conduite prudente.* — **Syn.** *Avisé* se dit d'un esprit naturellement fin; *circonspect* se dit d'une personne qui est sur ses gardes; *prudent* s'applique à une personne qui met en quelque sorte de la science dans sa conduite, qui prévoit les événements et y conforme sa vie. — **Dér.** *Prudemment, prudence.* — **Comp.** *Imprudent,* etc.

PRUDERIE (*prude*), *sf.* Affectation hautaine d'une sagesse puérile. || Femme qui se sent blessée des moindres libertés.

1. **PRUD'HOMIE** (*prud'homme*), *sf.* Probité doublée de sagesse.

2. **PRUD'HOMME** (l. *providum,* prévoyant + *homme*), *sm.* Homme probe et prudent. || Homme expérimenté dans certaines choses. || *Conseil des prud'hommes,* sorte de tribunal analogue à celui des juges de paix, composé de patrons et d'ouvriers élus en nombre égal par leurs pairs et institué pour concilier et juger les contestations entre maîtres et ouvriers. Cette utile institution, d'abord spéciale à la ville de Lyon, n'existe en France que dans 107 villes manufacturières; ailleurs les causes de la compétence des conseils de prud'hommes sont portées devant les juges de paix.

PRUDHON (1760-1823), célèbre peintre français, auteur de la *Justice et la Vengeance divines poursuivant le Crime.* (Musée du Louvre.)

PRUNE (l. *prunum*), *sf.* Fruit à noyau oblong, à chair succulente et à peau lisse, dont il existe un grand nombre d'espèces et de variétés (V. *Prunier*). — **Dér.** *Prunier, pruneau, prunelle, prunellier, prunelaie.*

PRUNEAU (vx fr. *prunel* : dm. de *prune*), *sm.* Prune séchée au four qui peut se conserver longtemps et est légèrement laxative.

PRUNELAIE (*prunelle*), *sf.* Terrain planté de pruniers.

PRUNELLE (dm. de *prune*), *sf.* Très petite prune de saveur âpre que produit l'épine noire ou prunellier et dont on fait dans les campagnes une boisson fermentée. || Pupille de l'œil. || *Conserver une chose comme la prunelle de ses yeux,* la conserver très précieusement.

PRUNELLI, 571 hab. Ch.-l. de c., arr. de Corte (Corse).

PRUNELLIER (*prunelle* + sfx. *ier*), *sm.* Espèce du genre prunier appelée encore *prunier sauvage* et *épine noire,* et connue des botanistes sous le nom de *prunus spinosa.* (V. *Prunier.*) C'est un arbrisseau épineux que l'on rencontre communément dans les haies, et dont les fruits globuleux, bleuâtres, d'une saveur acerbe, étaient employés jadis à faire un extrait nommé *acacia nostras.* La gelée adoucit leur saveur âpre, et aujourd'hui on les emploie dans les campagnes à faire une boisson qui rappelle le cidre, et à colorer les vins de médiocre qualité; les noyaux de ces drupes, macérés dans l'eau-de-vie, lui communiquent un goût exquis. L'écorce du prunellier est amère, astringente et fébrifuge; elle renferme beaucoup de tanin et peut être employée au tannage des peaux.

PRUNIER (*prune* + sfx. *ier*), *sm.* Genre de plante dicotylédone du groupe des Rosacées et de la section des Amygdalées qui croissent dans les régions tempérées et un peu chaudes de l'hémisphère boréal. Ce sont des arbres ou des arbustes à feuilles simples, alternes entières ou dentées en scie et munies de stipules. On trouve souvent de petites glandes à la base de ces feuilles. Les fleurs blanches se composent d'un calice à cinq sépales; d'une corolle à cinq pétales insérées sur la gorge du calice. L'androcée compte vingt étamines environ. Au centre de la fleur se trouve un pistil unique dont l'ovaire est uniloculaire et surmonté d'un style que termine un stigmate. Le fruit est une drupe charnue, renfermant un noyau non rugueux. La culture a obtenu un nombre considérable de variétés de pruniers qui peuvent être rapportés à trois races : 1° Le *prunier domestique* (*prunus domestica*). C'est un arbre ou un arbuste élevé, non épineux et dont les jeunes rameaux sont glabres; les fleurs naissent en même temps que les feuilles; le fruit est penché, oblong et d'une saveur douce. Cette espèce est originaire de l'Anatolie, de la région au sud du Caucase et de la Perse septentrionale. Dans toutes les autres contrées où l'on rencontre cette race elle est subspontanée; on n'en a trouvé aucune trace dans les palafittes de la Suisse, de la Savoie et de l'Italie, et son introduction en Europe ne paraît pas remonter au delà de deux mille ans. 2° Le *prunier proprement dit* (*prunus insititia*), arbre ou arbuste élevé, non épineux, dont les jeunes rameaux sont pubescents; les fleurs naissent en même temps que les feuilles; le fruit, d'une saveur douce, est penché, globuleux ou légèrement ellipsoïdal. Cette variété paraît originaire de la région située au midi du Caucase et dans la Turquie d'Europe, bien qu'elle existe à l'état sauvage dans le midi de l'Europe. Elle était connue des anciens Grecs et l'on en a trouvé des noyaux dans les cités lacustres de la Suisse. 3° Le *prunellier* (*prunus spinosa*), arbuste très épineux dont les rameaux pubescents sont étalés à angle droit. Les fleurs de cette plante s'épanouissent avant la naissance des feuilles; le fruit est dressé, rond et d'une saveur acerbe. Cette dernière espèce paraît être originaire de l'Europe; car on en trouve des noyaux dans les palafittes de la Suisse. Les hommes de cette époque faisaient probablement cuire ces petits fruits noirs et acerbes avant de les manger. Les deux premières races ont donné naissance à une infinité de variétés parmi lesquelles il nous suffira de citer : La *prune d'Agen, d'Ente,* appelée encore *datte violette, robe de serpent,* qui est la meilleure pour la fabrication des pruneaux et qui est employée à cet usage dans les cantons de Clairac et de Sainte-Livrade. Ces pruneaux sont connus dans le commerce sous le nom de *pruneaux d'Agen.* La *prune Brignolles,* à chair jaune très sucrée, et avec laquelle on fait les pruneaux dits de Brignolles. La *prune de damas* donnant des fruits d'excellente qualité. Le *prunier mirabelle* à fruits jaunes et avec lesquels ont fait d'excellente confiture. Le *prunier de Monsieur,* dont les fruits sont gros, violets, mûrissent à la fin de juillet. Le *prunier quetsche* avec les fruits violets duquel on fait des pruneaux. Le *prunier de Reine-Claude,* dont on possède un grand nombre de sous-variétés, et qui donne des fruits excellents. Le *prunier Sainte-Catherine,* à fruits abondants, ovales, jaunes et sucrés, et avec lesquels ont fait les meilleurs pruneaux. Aussi cette variété est-elle très cultivée dans la vallée de la Loire, où ses fruits sont employés à la fabrication des pruneaux de Tours. Le *prunier* n'est pas très difficile sur la qualité du terrain, il se développe à peu près partout à la condition toutefois que le sol ne soit ni argileux, ni marécageux, ni trop sablonneux. Ce qui lui convient le mieux c'est une bonne terre franche et légère, où ses racines traçantes peuvent trouver leur nourriture. L'exposition du levant ou du midi est celle qui lui convient le mieux; il peut, du reste, être cultivé en plein vent ou en espalier. La prune est un aliment agréable et sain; mais sa chair aqueuse est peu nutritive; prise en excès c'est un laxatif qui peut même déterminer des diarrhées opiniâtres. On fait avec les prunes des confitures, des marmelades, des pruneaux, etc. On les conserve aussi dans l'eau-de-vie, et en faisant fermenter leur pulpe ou en retire, par la distillation, les liqueurs alcooliques connues sous les noms de *raki* et de *zwetschenwasser.* Le bois du prunier est dur, bien veiné, d'un grain serré et peut recevoir un beau poli. On avive sa couleur en le faisant séjourner dans un lait de chaux. Ce bois laisse exsuder une gomme analogue à la gomme arabique, mais qui est plus foncée et que l'on désigne sous le nom de *gomme de pays.*

PRUNIER

PRURIGINEUX, EUSE (l. *pruriginosum*), *adj.* Qui cause des démangeaisons. (Méd.)

PRURIGO (ml. signifiant démangeaison), *sm.* Éruption de la peau caractérisée par de petites élevures, et causant des démangeaisons insupportables. *Traitement :* Bains frais, simples ou savonneux; boissons adoucissantes.

PRURIT (l. *pruritum* : de *prurire,* démanger), *sm.* Vive démangeaison; parfois chatouillement agréable. || *Prurit de dentition,* sensation qui pousse les enfants à se frotter les mâchoires avec leurs doigts, quand ils font leurs dents. — **Dér.** *Prurigo.*

PRUSIAS, nom de trois rois de Bithynie dont le second (190-148 av. J.-C.), pour plaire aux Romains, consentit à leur livrer Annibal, qui s'empoisonna pour prévenir ce dessein.

PRUSSE (allem. *Preussen*), 28 318 470 hab., superficie : 348 354 kilom. carrés. Royaume de l'Allemagne du Nord, le plus étendu de l'empire allemand (*Deutschland*), depuis ses guerres contre le Danemark en 1864, contre l'Autriche en 1866. Elle est bornée au N. par la mer du Nord, le Jutland, la mer Baltique; à l'E. par la Courlande et la Russie polonaise dont la sépare une frontière artificielle coupant le Niémen, la Vistule, la Wartha; au S., par les monts Sudètes et ceux des Géants, bornes de la Silésie autrichienne et de la Bohême; par le royaume de Saxe, la Thuringe, la Bavière, la Hesse; à l'E., par l'Alsace-Lorraine, le grand-duché de Luxembourg, la Belgique, les Pays-Bas, jusqu'au golfe du Dollart et l'embouchure de l'Ems. Elle est située entre 49°10' et 55°30' de latitude N.; entre 3°40' et 20°30' de longitude E. La température moyenne de Berlin (+ 8°,81') et de Posen (+ 7°,71') est presque celle des villes de l'Allemagne du Sud (Ratisbonne + 8°,6'; Munich + 7°,25'). Les côtes de l'empire allemand, sauf les rivages de l'Oldenbourg et du Mecklembourg et les environs de Brême, Hambourg et Lubeck, appartiennent à la Prusse. Les côtes de la mer du Nord (600 kilom.) sont bordées de marécages et de tourbières. Pour les défendre contre les assauts de la mer, les Frisons de l'Allemagne, comme ceux de la Hollande, ont dû élever des digues, hautes de 6 à 12 mètres. L'embouchure de l'Ems forme le golfe de Dollart, avec Emden. Dans la baie de la Jade, sur un territoire acheté à l'Oldenbourg en 1853 par la Prusse, est bâti l'arsenal de Wilhelmshafen où, sous l'abri des canons Krupp, travaillent 10000 ouvriers dans des chantiers de 2 lieues de circonférence. L'embouchure du Weser a pour port Bremerhaven, plus mouvementé que Brême, endormie près de ses docks. C'est de là que partent chaque année 60000 émigrants, avides de la liberté américaine, dégoûtés du militarisme obligatoire. Dans l'estuaire de l'Elbe, Cuxhaven remplace les bassins de Hambourg et d'Altona, souvent obstrués par les glaces. Au large, le rocher d'Helgoland, « cette pierre de la patrie allemande », surveille à la fois le Weser et l'Elbe, depuis que les Anglais l'ont enlevé aux Danois en 1808. Dans le Sleswig-Holstein se trouve le port de Conningen, à l'embouchure de l'Eider. Les côtes de la mer Baltique (1500 kilom.) ont des fiords norwégiens à Düppel et Flensbourg; Kiel, l'équivalent de Wilhemshaven sur la Baltique, est défendu par les batteries de Friedrichsort et a 10 mètres de tirant d'eau. Au delà de Lubeck et du Mecklembourg (avec les ports de Wismar et Rostock), les côtes de la Poméranie et de la Prusse propre ressemblent à celles de notre Languedoc. Dans les sables, on recueille l'ambre, résine des pins pétrifiés. Les trois golfes, Pommersche-haff, Frische-haff, Kurische-haff, sont presque des étangs derrière les flèches de sable (*Nehrungen*) qui les séparent de la pleine mer. On y relève l'île de Rugen, où était adorée la déesse *Hertha* (la terre, la Cybèle germaine); Stralsund, où débarqua Gustave-Adolphe; Stettin, le débouché de l'Oder; Dantzig, plus riche et plus commerçante quand elle était hanséatique; Kœnigsberg, la ville prussienne par excellence, fière de son université et du philosophe Emmanuel Kant. Au point de vue géologique, la Prusse est une immense plaine d'alluvions marécageuses qui, sur plus de 400000 kilom carrés, va des bouches du Rhin à la Russie centrale. Les montagnes n'apparaissent guère qu'au sud, dans les provinces récemment conquises. A gauche du Rhin se trouvent l'*Eiffel* aux cratères éteints, et le *Hunsrück*. A droite est le Taunus, riche en vignobles dans la partie appelée le *Rheingau*. Du Teutoburgerwald de Westphalie, nous arrivons au Harz dont le sommet du Brocken est fréquenté peut-être par les sorcières, mais surtout par les touristes de Berlin, Magdebourg et Hambourg. Les monts des Géants (*Reisengebirge*) et les Sudètes font partie du quadrilatère de Bohême. La Prusse n'a que le cours moyen ou inférieur des cours d'eau qui descendent de la ligne de partage des eaux européennes. C'est le Rhin *héroïque* de Bingen à Bonn, avec ses burgs démantelés, ses couvents abandonnés, ses rocs vêtus de vignes; il baigne ensuite Coblentz, Cologne, Düsseldorf et Wesel, et reçoit à gauche la Moselle; puis viennent l'Ems, le Weser, grossi de l'Aller, l'Elbe depuis sa sortie de Bohême, avec ses affluents, la Saale et le Havel, qui reçoit la Sprée, la rivière berlinoise, l'Oder, grossi de la Wartha, qui reçoit la Prosna; la Vistule, autrichienne aux sources, russe en son cours moyen, prussienne aux embouchures, image de la Pologne démembrée; ajoutons le bas cours du Niémen. La Prusse est divisée en douze provinces, subdivisées en régences ou départements (*Regierungs-Bezirken*), qui se partagent en cercles ou arrondissements (*Kreise*); les communes sont groupées en cantons ou bailliages (*Anet*) : I. **Prusse rhénane** (*Rhein-provinz*), égalant pour l'industrie et la population (161 hab. par kilom. carré) la Belgique, les environs de Lille et le comté de Lancastre; 5 régences : *Trèves* (33019 hab.), vieille ville romaine; *Aix-la-Chapelle* (95725 hab.), tombeau de Charlemagne; *Coblentz* (31669 hab.), citadelle la plus forte du Rhin; *Cologne* (239510 hab.), métropole commerciale du Rheinland; cathédrale dont le clocher est le monument le plus élevé du monde après la tour Eiffel; *Düsseldorf* (115190 hab.), qui est célèbre par son école de peinture et écoule les produits des districts de la Wipper et de la Ruhr. Villes principales : *Saarlouis*, patrie de Ney; *Saarbrück*, où eut lieu le premier engagement dans la guerre de 1870-1871; *Bacharach*, entrepôt des vins du Rheingau; *Solingen*, armes blanches; *Elberfeld*, centre de l'industrie cotonnière; *Barmen*, filatures de lin; *Essen*, fameux par l'usine Krupp; *Crefeld*, soieries; *Bonn*, université. II. **Hesse-Nassau**, conquise en 1866; 3 régences : *Cassel*, ancienne capitale du royaume de Westphalie; *Wiesbaden*, eaux thermales; *Francfort-sur-le-Mein* (154513 hab.), jadis ville libre et siège de la Confédération, patrie d'origine des Rothschild. Les empereurs d'Allemagne se faisaient autrefois couronner dans son hôtel de ville ou *Ræmer*. III. **Westphalie**; 3 régences : *Munster, Minden, Arnsberg*; villes principales : *Paderborn*, ville romaine reconstruite par Charlemagne; *Dortmund*, houilles et cotonnades. IV. **Hanovre**, conquis en 1866; 6 régences : *Hanovre*, université; filatures et fonderies; *Hildesheim*, ancienne abbaye; *Luneboury, Stade, Osnabrück, Aurick*; villes principales *Göttingen*, université; *Klaustahl*, dans le Harz, école où se forment les meilleurs mineurs du globe. V. **Saxe** (*Sachsen*); 3 régences : *Magdebourg, Merseboury, Erfurth*; villes principales *Bismarck*, berceau de la famille de ce nom; *Eisleben*, patrie de Luther; *Sommerda*, fabrique de fusils Dreyse; *Nordhausen*, acide sulfurique; *Wittenberg*, ancienne université où professa Luther; *Halle*, université actuelle. VI. **Brandebourg** (*Brandenburg*), noyau de la monarchie; 3 régences : *Berlin* (1315287 hab.), capitale du royaume comme de l'empire d'Allemagne; université, industries nombreuses; grand commerce. L'origine de cette splendeur est due à 6000 calvinistes français, chassés par la révocation de l'édit de Nantes : *Potsdam* (V. ce mot); *Francfort-sur-l'Oder*; villes principales *Brandebourg, Charlottenbourg, Tüstrin, Spandau*. VII. **Schleswig-Holstein**, conquis en 1864; 1 régence : *Schleswig*; villes principales *Kiel, Altona, Flensbourg*, etc. (V. la description des côtes). VIII. **Silésie** (*Schlesien*); 3 régences : *Breslau* (299640 hab.), université, centre industriel; *Liegnitz, Oppeln*; villes principales *Schweidnitz*, cotons; *Glogau*, cartes de géographie; *Kœnigehütte*, ville d'industrie toute récente; *Neisse*, forteresse. IX. **Posnanie**; 2 régences; *Posen*; forteresse; foires; culture du tabac; *Bromberg*; sucre, vinaigres, toiles; villes principales *Schwerin, Lissa*. — X. **Poméranie** (*Pommern*); 3 régences : *Stettin*, port de Berlin; *Stralsund*; *Kœslin*; ville principale *Swinemünde*, avant-port de Stettin; *Stargard*, foires. XI. **Prusse occidentale** (*West-Preussen*); 2 régences : *Dantzig*; *Marienwerder*; villes principales : *Elbing, Marienbourg, Stargard, Thorn*. — XII. **Prusse orientale** (*Ast-Preussen*); 2 régences : *Kœnigsberg*; *Gumbinnen*; villes principales : *Pillau* et *Memel*, ports; *Eylau* et *Friedland*, batailles de Napoléon Ier; *Tilsitt*, traité du même empereur avec le tzar Alexandre. A ces provinces, ajoutons la principauté de *Hohenzollern* (Sigmaringen et Hechingen); près de Hechingen, entre Neckar et Rhin, est le manoir patrimonial des rois de Prusse, datant du XIIe siècle comme leur famille. Sur la porte est sculpté leur aigle noir avec la devise *vom Fels im Meer* (du rocher jusqu'à la mer); ils y ont été fidèles, puisque de la forêt Noire ils sont descendus aux bords de la Baltique et de la mer du Nord.

Géographie économique. — Les *houilles* de la Prusse rhénane, des bassins de la Ruhr et de la Saar, produisent plus de 35 millions de tonnes annuelles valant plus de 200 millions de francs; il y a des *tourbes* et du *pétrole* dans le Brandebourg. On cultive surtout le seigle, le tabac, la pomme de terre; les régions sablonneuses sont plantées de pins. Les chevaux et les moutons pullulent en Prusse. Les chemins de fer atteignent près de 25000 kilom. La ligne de Paris à Pétersbourg par Aix-la-Chapelle, Cologne, Minden, Hanovre, Brunswick, Magdebourg, Berlin, Custrin, Thorn y est comprise tout entière. Le roi, souverain constitutionnel, est assisté pour le pouvoir exécutif d'un conseil des ministres et d'un conseil d'État; et pour le pouvoir législatif, d'une Chambre des seigneurs et d'une Chambre des représentants. Tout Prussien est incorporé à 20 ans dans l'armée; il sert 3 ans dans l'armée active, 4 ans dans la réserve, 5 ans dans la *landwehr* et 10 ans dans le *landsturm*. L'armée active, la réserve et la landwehr forment un effectif de 1638000 hommes y compris le *landsturm*. Cet effectif monte à 3368000 hommes.

La Prusse, cette Macédoine de l'Allemagne, a été créée de toutes pièces par le travail opiniâtre de ses habitants et l'énergie patiente des Hohenzollern. En 1170, ils reçurent de Frédéric Barberousse le burgraviat héréditaire de Nuremberg; en 1415, Sigismond, ayant besoin d'argent pour réunir le concile de Constance, vendit à Frédéric de Hohenzollern l'électorat de Brandebourg. En 1527, Albert de Brandebourg, grand maître de l'ordre Teutonique, embrassa la Réforme et sécularisa les terres de son ordre, qui furent réunies au Brandebourg en 1618. Le *grand électeur*, Frédéric Guillaume, à qui nous devons tout, disait Frédéric II, acquit une partie du duché de Clèves, la Poméranie occidentale, Magdebourg, fut l'allié de la France durant la guerre de Trente ans; puis son ennemi durant celle de Hollande et recueillit en 1685 les huguenots bannis par Louis XIV. Son fils, Frédéric III, devint roi sous le nom de Frédéric Ier par la coupable indulgence de l'Autriche. A ce prince bon, mais fastueux, succéda Frédéric Ier, le *roi caporal*, qui menait à coups de bâton son fils (Frédéric II), sa famille et son armée; il racola par l'Europe les hommes de 6 pieds, forma un trésor militaire et donna à cette monarchie soldatesque sa vraie consigne : *Nicht raisonniren* (ici l'on ne raisonne pas). Frédéric II l'unique (*der Einzige*) trompa en même temps le roi Louis XV et le roi Voltaire, enleva la Silésie à Marie-Thérèse, tenta de démembrer la Suède et conçut l'odieux partage de la Pologne. Son neveu, Frédéric-Guillaume II, acheva cette œuvre, mit la main sur Thorn, Dantzig, Varsovie, et se hâta de signer la paix de Bâle avec les républicains français qu'il avait pu apprécier à Valmy. Frédéric-Guillaume III fut humilié à Tilsitt par Napoléon, qui lui enleva la moitié de ses États; mais Stein, Hardenberg, Scharnhorst donnèrent au royaume l'égalité civile, les libertés locales, le service militaire pour tous. La Prusse se releva à Leipzig, durant la campagne de France, à Waterloo (Blücher) et fut reconstituée par les traités de 1815 en deux tronçons, l'un dans le bassin du Rhin, l'autre dans ceux de l'Elbe, l'Oder et de la Vistule. La Prusse prépara l'unité politique de l'Allemagne par l'union douanière du *Zollverein*; Frédéric-Guillaume IV, faible d'esprit, dut octroyer une charte à ses sujets révoltés en 1848 et céder le pouvoir à son frère Guillaume Ier, roi en 1861. Celui-ci se laissa guider par son ministre Otto de Bismarck-Schœnhausen, qui disait : « C'est par le sang et par le fer et non par des discours que les États grandissent. » C'est ainsi qu'il s'empara du Schleswig-Holstein en 1864, du Hanovre, de la Hesse-Nassau, de Francfort en 1866; de l'Alsace-Lorraine en 1870. Le 28 janvier 1871, dans la galerie des glaces de Versailles, Guillaume fut proclamé empereur d'Allemagne héréditaire. L'année 1888 a vu sa mort, le règne éphémère de son fils Frédéric, l'avénement de son petit-fils Guillaume II. Sous ces rudes souverains, l'Allemagne oublie les maximes de Kant et répète avec l'école de Hegel : La force fait le droit (*die Macht macht gemacht*). (Pour la carte, V. *Allemagne*.) — **Dér.** *Prussien., prussienne, prussique, prussiate.*

***PRUSSIATE** (*Prusse* + sfx. chimique *ate*), *sm.* Tout corps formé par la combinaison du cyanogène avec un métal. || *Prussiate jaune de potasse*, le cyano-ferrure de potassium.

PRUSSIEN, IENNE (*Prusse*), *adj.* Qui

appartient à la Prusse. || *Sm.* Habitant de ce pays. || Poêle en forme de cheminée.

PRUSSIQUE (*Prusse* + sfx. chimique *ique*), *adj. m.* Se dit d'un acide auquel Scheele donna ce nom, parce qu'il l'avait retiré du bleu de Prusse. Son nom, conforme aux règles de la nomenclature, est *acide cyanhydrique*. (V. ce mot.)

PRUTH, 820 kilom. Rivière servant de frontière entre la Moldavie roumaine et la Bessarabie russe; arrosant Czernowitz, Jassy; passant près de Kichinew; affluent de gauche du Danube.

PRYTANE (g. πρυτανίς), *sm.* L'un des principaux magistrats de certaines républiques grecques. || Titre de chacun des cinquante sénateurs qui présidaient à tour de rôle le sénat d'Athènes. — **Dér.** *Prytanée.*

PRYTANÉE (g. πρυτανεῖον), *sm.* Édifice où siégeaient les prytanes. || A Athènes, palais des prytanes, où l'on recevait les ambassadeurs étrangers, et où l'on accordait une retraite honorable à ceux qui avaient bien mérité de la patrie. || Aujourd'hui, le collège militaire de la Flèche.

PSALLETTE (g. ψάλλειν, faire vibrer les cordes d'un instrument), *sf.* Lieu où l'on exerce les enfants de chœur d'une cathédrale. || La maîtrise d'une église. — **Dér.** *Psaltérion.*

PSALMISTE (l. *psalmista*), *sm.* Auteur de psaume. || *Le Psalmiste*, David.

PSALMODIE (l. *psalmodia*), *sf.* Manière de chanter ou de réciter les psaumes. — Fig. Déclamation, récitation monotone.

PSALMODIER (*psalmodie*), *vi.* Réciter des psaumes sans inflexion de voix et toujours sur la même note. — Fig. Réciter, déclamer d'une façon monotone.

PSALTÉRION (l. *psalterium*), *sm.* Instrument de musique à cordes des anciens || Aujourd'hui, instrument de musique de forme triangulaire, muni de treize cordes, les unes d'acier, les autres de laiton, que l'on touche avec une petite baguette de fer ou un petit bâton recourbé.

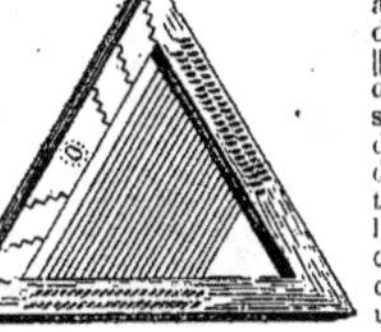

PSALTÉRION

PSAMMÉNIT ou **PSAMMÉTIQUE Ier**, roi d'Égypte, de 676 à 615 av. J.-C. Fondateur de la XXVIe dynastie, rendit le pays florissant, permit à des Grecs d'Ionie et de Carie de s'y établir, et ouvrit le commerce de l'Égypte aux étrangers.

PSAMMÉNIT ou **PSAMMÉTIQUE III**, dernier roi de la XXVIe dynastie égyptienne, vaincu, pris et mis à mort par Cambyse (525 av. J.-C.).

PSAUME (vx fr. *salme, saume* : l. *psalmum* : du g. ψάλλειν, faire vibrer les cordes d'un instrument), *sm.* Cantique sacré chez les Hébreux. || *Psaumes de David*, les cent cinquante psaumes composés par le roi David ou qui lui sont attribués. || *Psaumes de la pénitence, psaumes pénitentiaux*, les sept psaumes que l'Église recommande de réciter à ceux qui implorent le pardon de leurs péchés. — **Dér.** *Psautier, psalmiste, psaltérion.* — **Comp.** *Psalmodie, psalmodier.*

PSAUTIER (vx fr. *saume, sautier*, l. *psalterium*), *sm.* Recueil des psaumes de David. || Voile dont certaines religieuses se couvrent la tête et les épaules.

***PSEUDO** (g. ψεῦδος, mensonge), préfixe qui signifie *faux.*

***PSEUDOMORPHOSE** (g. ψεῦδος, mensonge + μορφή, forme), *sf.* Cristallisation d'une substance minéralogique sous une forme étrangère. Ce phénomène peut se produire sous divers genres d'influences mécaniques. Les cristaux pseudomorphiques n'ont pas le même clivage que ceux qui ont prêté leurs formes à la matière adventive.

PSEUDONYME (pfx. *pseudo* + g. ὄνυμα, nom), *adj. 2 g.* Se dit d'un auteur qui écrit sous un nom supposé. || *Livre pseudonyme*, dont l'auteur a pris un faux nom. — *Sm.* Faux nom que prend un auteur.

PSILORITY, ancien Ida, point culminant de l'île de Candie (2331 mètres), cette montagne a 100 kilomètres de circuit.

***PSITT**, interjection pour appeler, pour imposer silence.

PSKOW ou **PLESKOW**, 10000 hab., ville de Russie sur le lac Peïpous; république célèbre au moyen âge; lin et forêts.

***PSORA**, *sm.* ou **PSORE** (g. ψώρα, gale), *sf.* Nom de diverses maladies de la peau. || La gale. — **Dér.** *Psorique.* — **Comp.** *Antipsorique.*

PSORIQUE (*psore*), *adj. 2 g.* Qui est de la nature de la psore ou de la gale. || *Remède psorique*, employé contre la gale.

PSYCH et **PSYCHO** (g. ψυχή), préfixe qui signifie *âme.*

***PSYCHÉ** (g. ψυχή, âme), sf. Jeune fille qu'on représentait avec des ailes de papillon. Elle épousa l'Amour, qu'elle ne devait visiter que la nuit et sans le regarder; mais, enfreignant cette défense, elle vint avec une lampe d'où tomba une goutte d'huile. L'Amour, réveillé, disparut, et Psyché ne le retrouva qu'après bien des années. Psyché figure l'Aurore, qui disparaît au lever du soleil. Sa légende est l'origine de la Belle et la Bête. (Myth.) — *Sf.* Grande glace qui tourne dans un châssis autour de deux pivots horizontaux et dans laquelle on peut se voir en pied. — **Dér.** *Psychique.* — **Comp.** *Psychologie, psychologique, psychologiste, psychologue, psychopompe.*

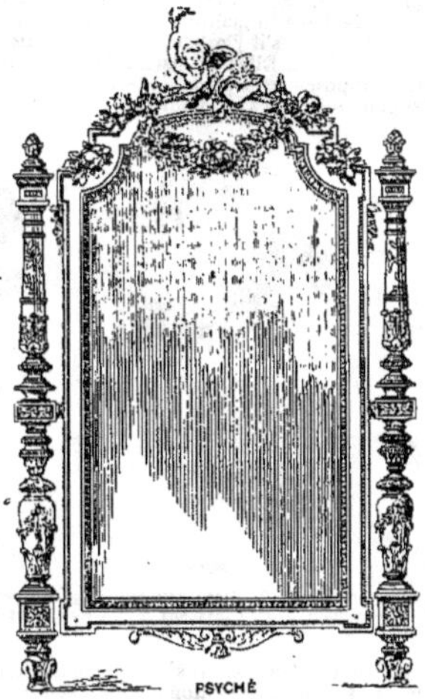

PSYCHÉ
STYLE LOUIS XVI

PSYCHIQUE (g. ψυχικός), *adj. 2 g.* Qui a rapport à l'âme, à ses facultés.

PSYCHOLOGIE (pfx. *psycho* + g. λόγος, science), *sf.* Partie de la philosophie qui a pour objet l'étude de l'âme humaine et de ses facultés. La psychologie est *subjective*, quand elle se borne à l'étude des facultés du sujet, du philosophe qui s'observe par la conscience; elle est *objective*, quand le philosophe veut vérifier les résultats trouvés en lui, par l'histoire, témoignage des facultés passées chez nos ancêtres, par le langage, témoignage des facultés présentes chez nos ancêtres, par la comparaison de l'homme à l'animal, etc.; elle est *rationnelle*, quand elle développe la théorie de la raison et s'enquiert de la valeur des notions de cause première, cause finale, raison suffisante, espace, temps. Les philosophes anglais du XIXe siècle (Stuart-Mill, Herbert Spencer, Reid) et leurs contemporains en France (Jouffroy, Garnier, Taine, Ribot) se sont occupés surtout de *psychologie.*

PSYCHOLOGIQUE (*psychologie*), *adj. 2 g.* Qui appartient, qui a rapport à la psychologie.

PSYCHOLOGISTE [psi-ko-lo-giste] ou **PSYCHOLOGUE** (*psychologie*), *sm.* Philosophe qui étudie spécialement la psychologie.

***PSYCHOPOMPE** (*psycho* + g. πομπός, qui conduit), *adj. m.* Qui mène les âmes des morts aux enfers : *Mercure ou Hermès psychopompe.*

PSYLLE

PSYLLE (g. Ψύλλοι, peuple de Libye), *sm.* Charlatan qui apprivoise et manie des serpents. || Espèce d'insectes hémiptères.

PTÉRO (g. πτερόν), préfixe qui signifie *aile.*

PTÉRODACTYLE (pfx. *ptéro* + g. δάκτυλος, doigt), *sm.* Genre de reptiles sauriens, volants, fossiles pourvus de deux membranes semblables à celles de la chauve-souris, et dont on trouve les débris dans les terrains liasique et jurassique.

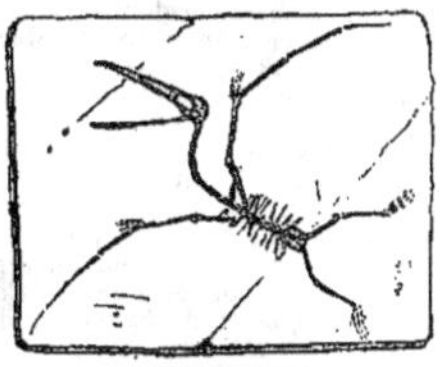

PTÉRODACTYLE
INCRUSTÉ

***PTÉROPODE** (pfx. *ptéro* + g. πους, génitif ποδός, pied), *sm.* Ordre de mollusques marins nageant au moyen de deux membranes en forme d'ailes placées aux deux côtés de la bouche. (V. *Mollusque.*)

PTÉROPODE

PTOLÉMAÏS, ancienne Acca, ville et port de Phénicie, sur la Méditerranée; aujourd'hui Saint-Jean-d'Acre.

PTOLÉMÉE, nom de tous les rois d'Égypte de la dynastie des Lagides : PTOLÉMÉE Ier, *Soter* (*Sauveur*), ou Lagus, roi de 323 à 285 av. J.-C., général macédonien, qui avait reçu l'Égypte en partage à la mort d'Alexandre. Il conquit la Cyrénaïque, Chypre et le S. de la Palestine. — PTOLÉMÉE II, Philadelphe (285-247 av. J.-C.), second fils du précédent, lutta contre ses frères révoltés et administra sagement l'Égypte. Sous son règne, la Bible fut traduite en grec par les *Septante.* — PTOLÉMÉE III, Évergète (*Bienfaisant*) (247-222 av. J.-C.). Fils du précédent, envahit la Babylonie et la Perse, secourut les Grecs contre les Macédoniens. — PTOLÉMÉE IV, Philopator, fils du précédent (222-205 av. J.-C.), se souilla de meurtres, repoussa Antiochus le Grand à Raphia (216 av. J.-C.). — PTOLÉMÉE V, Épiphane (*l'Illustre*), fils du précédent (205-181 av. J.-C.), dont la tutelle, après de nombreuses révoltes, fut confiée au sénat romain; il mourut empoisonné. — PTOLÉMÉE VI, Philométor (*qui aime sa mère*), fils du précédent (181-146 av. J.-C.), prisonnier des Syriens de 176 à 166 av. J.-C., sauvé d'une invasion d'Antiochus par l'intervention de Popilius Lænas; mort de ses blessures en combattant contre les Syriens. — PTOLÉMÉE VII, *Physcon* (le ventru), frère de Philométor, régent pendant sa captivité; partagea ensuite le pouvoir avec lui; seul roi de 146 à 117 av. J.-C., après le meurtre de son neveu Eupator. — PTOLÉMÉE VIII, Soter II ou Lathyre (*pois chiche*), fils du précédent (117-81 av. J.-C.); fut chassé par une insurrection et ne recouvra le trône qu'au bout de dix-huit ans. — PTOLÉMÉE IX ou ALEXANDRE Ier, deuxième fils de Ptolémée VII, gouverna pendant l'exil de Ptolémée VIII, périt dans un combat naval contre celui-ci. — PTOLÉMÉE X, ALEXANDRE II, fils du précédent, placé sur le trône par Sylla, après la mort de Ptolémée VIII, égorgé après un an de règne de 81 à 80 av. J.-C. — Ptolémée XI *Aulètès (joueur de flûte)* (80 à 52 av. J.-C.), fils naturel de Ptolémée VIII, écrasa l'Egypte d'impôts. — Ptolémée XII, *Dyonisos* (Bacchus), fils aîné du précédent (52 à 48 av. J.-C.), épousa à treize ans sa propre sœur, la fameuse Cléopâtre, qui en avait dix-sept, consentit au meurtre de Pompée, fut détrôné par César en faveur de Cléopâtre, et périt en tentant de recouvrer sa couronne. — Ptolémée XIII, *l'Enfant*, frère du précédent, associé par César à sa sœur Cléopâtre, comme époux et comme roi de 48 à 44 av. J.-C., mort empoisonné. — Ptolémée XIV, ou Césarion, fils de César et de Cléopâtre, roi de 42 à 30 av. J.-C., tué par ordre d'Octave.

PTOLÉMÉE CÉRAUNOS (*la foudre*), fils aîné de Ptolémée Ier, Soter, quitta l'Égypte à l'avénement de Ptolémée Philadelphe, se fit proclamer roi de Macédoine et de Thrace (284 av. J.-C.), et périt en 280 dans une bataille contre les Gaulois qui venaient d'envahir son royaume.

PTOLÉMÉE (Claude) (IIe siècle), dernier et célèbre représentant de l'astronomie grecque, dont les observations sont accusées d'inexactitudes systématiques. Il vécut en Égypte et est auteur d'un ouvrage d'astronomie connu sous les noms de *Composition mathématique* et d'*Almageste*, d'une *Géographie* très précieuse, d'un traité d'optique, etc.

***PTOMAÏNE** (g. πτῶμα, je vole + sfx. chimique *ine*), *sf.* Nom générique de divers alcaloïdes, huileux, incolores, *volatils*, d'odeurs très différentes, excessivement vénéneux, qui se produisent pendant la putréfaction des tissus animaux.

PTYALINE [pti-a-line] (g. πτύαλον, crachat + sfx. chimique *ine*), *sf.* Matière organique blanche qui concourt à la formation de la salive et lui donne la propriété de transformer l'amidon en sucre. La ptyaline se dissout dans l'eau, dans l'alcool faible, dans la glycérine. Elle est azotée, mais non albuminoïde. La salive n'en contient pas 2 p. 100. La ptyaline se décompose à 60°. (V. *Diastase, Salivaire.*)

PTYALISME (g. πτυαλισμός), *sm.* Sécrétion excessive de salive.

PUAMMENT (*puant* + sfx. *ment*), *adv.* Avec puanteur.

PUANT, ANTE (*puer*), *adj.* Qui pue. — *Sm. Fig.* Homme d'une vanité choquante.

PUBÈRE (l. *puberem*), *adj. 2 g.* Qui est arrivé à l'âge de puberté. — **Dér.** *Puberté.*

PUBERTÉ (l. *pubertatem*), *sf.* L'âge où l'on cesse d'être enfant. || *Age de puberté*, celui où il est permis de se marier (quinze ans pour les filles; dix-huit ans pour les garçons).

***PUBESCENCE** (*pubescent*), *sf.* Existence de poils fins et courts à la surface d'un corps.

PUBESCENT, ENTE (l. *pubescentem*), *adj.* Qui porte des poils fins et courts : *Tige pubescente.* (Bot.)

PUBLIC, IQUE (l. *publicum* : de *populus*, peuple), *adj.* Qui appartient à tout un peuple : *Les revenus publics.* || Qui concerne tout un peuple : *L'intérêt public.* || *La chose publique*, l'État. || *L'autorité publique*, l'ensemble des fonctionnaires et des magistrats. || *Personnes publiques*, les fonctionnaires et les magistrats. || *Vie publique*, les actions que font les fonctionnaires, les magistrats en remplissant leur charge. || *Droit public*, la science de la politique et de l'organisation de l'État. Il prend le nom de droit constitutionnel, administratif ou criminel, selon qu'il a pour but la constitution, l'administration ou la conservation de l'État. || Qui est à l'usage de tout le monde : *Place publique.* || Qui est su de tout le monde : *Cette nouvelle est devenue publique.* || Où tout le monde a le droit d'assister : *Séance, cours public.* — *Sm.* Le peuple en général : *Avis au public.* || Nombre plus ou moins considérable de personnes qui assistent à un spectacle, à une assemblée, etc. : *Un public nombreux et choisi.* — En public, *loc. adv.* A la vue de tout le monde. — **Dér.** *Publicain, publication ; publiciste, publicité, publier, publiquement.*

PUBLICAIN (l. *publicanum*), *sm.* Chez les Romains, celui à qui était affermé le recouvrement des impôts. || Dans l'Évangile, les *publicains*, les percepteurs des impôts, odieux aux Juifs. — *Fig.* Homme qui fait toutes sortes d'opérations financières.

PUBLICATION (l. *publicationem*), *sf.* Action de rendre public, de porter une chose à la connaissance de tout le monde. || Action de faire paraître un livre, un journal. || *Publications de mariage*, annonces faites à la porte de la mairie et indiquant que deux personnes ont l'intention de se marier. Le mariage civil doit être précédé de deux publications faites à 8 jours d'intervalle, dans le but de faire connaître le projet d'union et de provoquer, s'il y a lieu, les oppositions à la célébration. Elles consistent dans une affiche apposée à la porte de la Mairie, dans les communes où sont domiciliées les parties,

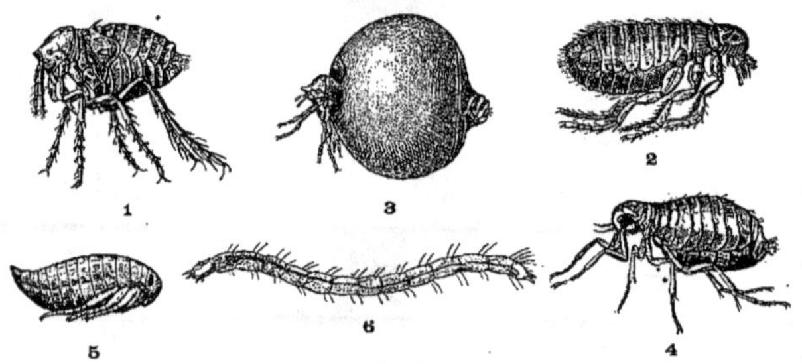

PUCES

1. Puce pénétrante ou chique non fixée. — 2. Puce commune. — 3. Puce pénétrante ou chique fixée. 4. Puce de chat. — 5 Puce (nymphe). — 6. Puce de chat (larve).

où elles résident depuis six mois, où habitent les personnes devant donner leur consentement au mariage.

PUBLICISTE (*public*), *sm.* Celui qui écrit sur le droit public, sur la politique.

PUBLICITÉ (*public*), *sf.* Qualité de ce qui est à l'usage de tous, de ce qui est su de tout le monde, de ce qui a lieu en public : *La publicité des débats judiciaires.*

PUBLICOLA (Publius Valérius), l'un des fondateurs de la république romaine, collègue de Brutus dans le consulat; il plut tellement au peuple par ses condescendances, qu'il en reçut le surnom de *Publicola*, ami du peuple.

PUBLIER (l. *publicare*), *vt.* Rendre public, porter à la connaissance de tout le monde : *Publier une loi.* || Proclamer, vanter, célébrer : *Publier les bienfaits de Dieu.* || Faire imprimer un écrit pour le vendre : *Publier un journal.* — **Se publier**, *vr.* Être publié.

PUBLIQUEMENT (*publique* + sfx. *ment*), *adv.* En public.

PUBLIUS SYRUS, poète latin contemporain de Jules César, composa des comédies burlesques ou *mimes*, dont on a extrait des sentences morales que nous possédons.

PUCE (vx fr. *pulce* : l. *pulicem*), *sf.* Genre de petits insectes de l'ordre des Aptères, dont le corps, ovale et comprimé, est recouvert d'une peau cornée qui fait entendre un bruit sec lorsqu'on écrase l'animal. La puce est d'un brun marron; son corps est formé de 12 segments : trois appartiennent au corselet, sept à l'abdomen. Sa tête est très petite et porte deux antennes cylindriques composées chacune de quatre articles. Les yeux sont simples, ronds et grands relativement à la taille de l'animal. La bouche se compose de palpes portées sur une lamelle foliacée; de deux petites lames, dentées sur les deux bords, servant à la puce à piquer la peau de ses victimes, et enfin d'une gaine renfermant ces deux lames. La puce a des pattes longues, fortes et épineuses; celles de la paire postérieure se font surtout remarquer par leur taille; aussi ces petits êtres peuvent-ils faire des sauts prodigieux. Les puces pondent de 8 à 12 œufs blancs, ovoïdes, lisses et visqueux qu'elles déposent dans les fentes des parquets, sur de la laine ou dans le linge sale. En même temps, la femelle dépose de petits grains noirâtres qui sont du sang desséché qui doit servir de première nourriture aux jeunes larves. Celles-ci sortent de l'œuf au bout de 4 ou 5 jours en été, et de 11 en hiver. Ces larves sont dépourvues de pattes; elles sont de couleur blanche et se filent, au bout d'une quinzaine de jours, une petite coque soyeuse, mince et blanchâtre. Quinze jours plus tard, l'insecte parfait quitte sa demeure. Les puces vivent, comme chacun le sait, en parasites sur l'homme; chaque espèce animale a la sienne propre. Elles sont très communes en Europe et dans le nord de l'Afrique et vivent surtout dans les endroits malpropres. Il en existe une autre espèce, commune dans les parties chaudes de l'Amérique et qui est connue sous les noms de *chique, chigue, tique, tunga* et *punque.* Cette puce s'introduit sous la peau des orteils et amène la formation d'une petite vésicule au milieu de laquelle elle pond ses œufs. Si l'on n'a pas le soin d'extraire cette ampoule, il se formé une ulcération qui amène promptement la gangrène. Aussi les habitants des contrées où ces insectes abondent se font-ils examiner les pieds, tous les deux jours, par des enfants, dont la vue perçante sait découvrir la petite tumeur qui, si elle est bien enlevée, doit éclater à la flamme d'une bougie. — *Fig. Avoir la puce à l'oreille*, être inquiet touchant quelque affaire. — *Adj. inv.* Qui est d'un brun semblable à celui de la puce : *Robe puce.* — **Dér.** *Puceron.* — **Comp.** *Épucer.*

PUCEAU (l. *pullicellum* : de *pullus*, jeune garçon), *sm.* Jeune garçon vierge. (Pop.). — **Dér.** *Pucelle, pucelage.* — **Comp.** *Dépuceler.*

PUCELAGE (*pucelle*), *sm.* État d'un homme ou d'une femme vierge. (Pop.)

PUCELLE (bl. *pullicella*, dm. de *pulla*, jeune fille), *sf.* Jeune fille : *La Pucelle d'Orléans*, Jeanne d'Arc.

PUCERON (dm. de *puce*), *sm.* Genre de très petits insectes hémiptères composé d'une foule d'espèces qui se multiplient avec une rapidité effrayante et dont chacune, spéciale à un arbre fruitier ou autre, à une plante, s'attache aux feuilles ou aux jeunes tiges, épuise leur sève en produisant des nodosités, des plissements, des bosselures et même des galles. Presque tous les pucerons émettent un liquide sucré dont les fourmis sont très friandes. Ce liquide se répand sur les feuilles et les tiges où il forme un miellat sur lequel se propage un champignon nommé *morphée* ou *fumagine*, qui nuit aux plantes en empêchant leur respiration. On détruit les pucerons en coupant et brûlant en janvier et février les bouts des branches où ils ont déposé leurs œufs, en aspergeant les végétaux d'eau de chaux phéniquée ou en les badigeonnant d'un lait de chaux mêlé d'acide phénique. Les pucerons les plus nuisibles sont : *Le puceron lanigère*, d'un rouge lie de vin, qui attaque les pommiers et qui, couvert d'un abondant duvet cireux imperméable, est très difficile à détruire. Les lotions au sulfate de cuivre, à l'alcool ou à l'esprit-de-bois sont les plus efficaces contre cet insecte. Le *puceron des racines* s'en prend aux racines des graminées. Le *puceron troglodyte* vit sur les racines des Composées, artichauts, laitues, etc. On le détruit en arrosant le sol avec une dissolution de sulfate de fer (vitriol vert), de sulfo-carbonate de potasse, de feuille de noyer, etc., additionnée d'un peu de sel marin.

PUDDLAGE (*puddler*), *sm.* Méthode d'affinage de la fonte blanche, par le contact d'une flamme oxydante coopérant avec de l'oxyde de fer, sous l'influence d'une agitation mécanique. L'oxyde de fer se compose en partie de battitures. On y ajoute des scories dont les bases se combinent avec l'acide phosphorique résultant de la combustion du phosphore retenu dans la fonte blanche. Quant à l'oxyde de carbone, qui est produit par l'action de l'oxygène de l'air mêlé à la flamme et par l'action de l'oxygène des battitures sur le carbone de la fonte, il se dégage tel quel ou bien il brûle en donnant de petites flammes bleues. L'agitation mécanique est produite soit par un ringard manœuvré à la main, soit par une sole tournante en fonte. Celle-ci présente tour à tour, à l'air, des secteurs égaux, qui s'oxydant, pour être immédiatement après recouverts par la fonte en fusion, contribuent eux-mêmes à l'oxydation du carbone. A la fin on réunit le métal en une boule pâteuse, la *loupe*, que l'on porte sous un marteau mécanique qui la cingle et exprime les scories. On termine l'opération par le *corroyage* entre des cylindres cannelés.

PUDDLER (ang. *to puddle*, rendre trouble, corroyer), *vt.* Procéder au puddlage. — **Dér.** *Puddlage, puddleur.*

PUDDLEUR, *adj.* et *sm.* Ouvrier qui opère le puddlage.

PUDEUR (l. *pudorem*), *sf.* Honte honnête causée par la crainte d'offenser la décence, la modestie. || Retenue, modestie qui empêche de dire, d'entendre ou de faire certaines choses sans embarras : *Se louer sans pudeur.* || Chasteté : *attentat à la pudeur, outrage public à la pudeur.* || *Homme sans pudeur,* qui ne rougit de rien. — **Dér.** *Pudicité, pudique, pudiquement, pudibond.* — **Comp.** *Impudeur, impudicité, impudique, impudiquement.*

PUDIBOND, ONDE (l. *pudibundum*), *adj.* Qui a, qui marque une pudeur extrême : *Air pudibond.*

PUDICITÉ (l. *pudicitatem*), *sf.* Vertu qui fait craindre d'offenser la pureté.

PUDIQUE (l. *pudicum*), *adj. 2 g.* Qui a ou qui indique de la pudicité.

PUDIQUEMENT (*pudique* + sfx. *ment*), *adv.* D'une manière pudique.

PUEBLA (LA) DE LOS ANGELOS, 112 000 hab., ville forte sur le plateau du Mexique, prise par les Français en 1863 après le combat de San Lorenzo; fabriques de châles et d'écharpes; couvents riches et nombreux.

PUER (l. *putere*), *vi.* Exhaler une très mauvaise odeur. — Fig. *Cela lui pue au nez,* il en est très dégoûté. — *Vt. Puer le vin, l'ail,* exhaler le vin, l'ail. || *Puer le musc,* exhaler une odeur de musc si forte, qu'elle incommode. — **Dér.** *Puant, puanteur.* — **Comp.** *Empuantir, empuantissement.*

PUÉRIL, ILE (l. *puerilem* : de *puer*, enfant), *adj.* Qui appartient à l'enfant : *Age puéril.* || *Civilité puérile,* titre d'un vieux livre pour apprendre la civilité aux enfants. || Qui est au niveau des capacités de l'enfance : *Discours puéril.* — **Dér.** *Puérilement, puérilité.*

PUÉRILEMENT (*puérile* + sfx. *ment*), *adv.* D'une manière puérile.

PUÉRILITÉ (l. *puerilitatem*), *sf.* État qui rappelle l'enfance. || Acte, discours pareil à ceux des enfants : *Débiter des puérilités.*

PUERPÉRAL (l. *puerpera*, femme en couches), *adj. 2 g.* Relatif à l'accouchement : *Fièvre puerpérale,* fièvre qui attaque les femmes en couches. On la prévient par un traitement prophylactique. On la cure par le sulfate de quinine, l'alcool et les vésicatoires.

PUERTO-PRINCIPE, ville située dans l'intérieur de Cuba, capitale de la province centrale.

***PUFF** [pouf] (m. ang., *bulle de savon*), *sm.* Mensonge de charlatan.

PUFFENDORF (1632-1694), célèbre publiciste et historien allemand, professa en Suède à l'université de Lund, puis se fixa à Berlin, auteur du *Droit de la nature et des gens,* d'une *Introduction à l'histoire des Européens,* etc.

PUGET (Pierre) (1622-1694), célèbre peintre, architecte et sculpteur français, né à Marseille, auteur du *Milon de Crotone,* du bas-relief d'*Alexandre et Diogène*, de l'*Andromède.*

PUGET-THÉNIERS, 1 215 hab., s.-pf. des Alpes-Maritimes, à 826 kilom. de Paris.

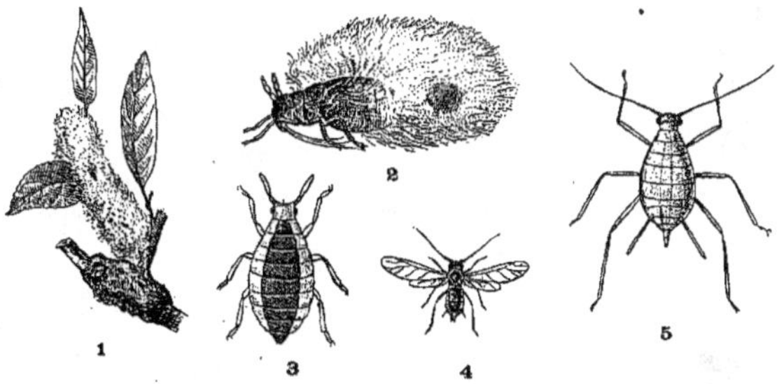

PUCERONS

1. Puceron lanigère. — 2. Puceron lanigère. — 3. Puceron des racines. — 4. Puceron du rosier (mâle). 5. Puceron du rosier (femelle).

PUGILAT (*pugilatum*), *sm.* Combat à coups de poing en usage dans les exercices gymnastiques des anciens. — **Dér.** *Pugiliste.*

***PUGILISTE** (*pugilat*), *sm.* Celui qui se livre au pugilat.

PUÎNÉ, ÉE (*puis*+*né*), *adj.* et *s.* Né après un de ses frères ou une de ses sœurs.

PUIS (l. *post*), *adv.* de temps ou de lieu. Ensuite, derrière. — Et puis, *loc. adv.* D'ailleurs, au reste. *Loc. interr.* Et après cela?

PUISAGE (*puiser*), *sm.* Action de puiser. || Droit de puiser de l'eau au puits, à la fontaine d'autrui. Il ne s'acquiert que par *titre*, jamais par la possession, même immémoriale. La servitude de puiser entraîne le droit de passage.

PUISARD (*puits*), *sm.* Sorte de puits ordinairement bâti en pierres sèches et destiné à absorber les eaux qui sans cela resteraient à la surface du sol.

***PUISATIER** (*puits*), *sm.* Ouvrier qui creuse les puits.

PUISAYE (Joseph, comte de) (1754-1827), général, organisateur du soulèvement fédéraliste en Normandie (1793), organisa à Londres l'affaire de Quiberon (1795).

PUISEAUX, 1 941 hab., c. de Pithiviers (Loiret). Ch. de fer de P.-L.-M.

PUISER (*puits*), *vt.* Plonger un vase dans une masse liquide pour en prendre une portion : *Puiser de l'eau à la rivière.* — Fig. *Puiser dans la bourse de quelqu'un,* lui emprunter de l'argent chaque fois qu'on en a besoin. — Fig. Prendre comme à une source : *Puiser du courage dans son désespoir. Puiser une pensée dans un auteur.* — **Se puiser,** *vr.* Être puisé. — **Dér.** (V. *Puits.*)

***PUISETTE** (*puiser*), *sf.* Grande cuiller pour puiser.

PUISQUE (*puis*+*que*), *conj.* Par la raison, par le motif que. — **Gr.** *Donc* peut s'intercaler entre *puis* et *que* : *Puis donc que vous le voulez.*

PUISSAMMENT (*puissant* + sfx. *ment*), *adv.* D'une manière puissante. || Extrêmement : *Puissamment riche.*

PUISSANCE (*puissant*), *sf.* Autorité, pouvoir : *Une puissance absolue.* || *Avoir une personne, une chose en sa puissance,* pouvoir en disposer à son gré. || *La femme est en puissance de mari,* elle ne peut passer un acte, ni disposer d'un bien sans y être autorisée par son mari. || *Puissance paternelle,* droit naturel confirmé par la loi, qui donne aux père et mère la surveillance de leurs enfants, la jouissance et l'administration des biens de ceux-ci. Cette autorité dure jusqu'à la majorité ou l'émancipation de l'enfant. Mais celui-ci, affranchi de la puissance paternelle, est encore soumis par la loi, comme par la religion et la morale, aux auteurs de ses jours. « L'enfant, à tout âge, doit honneur et respect à ses père et mère. » (Cod. civ., art. 371.) || *Puissance du glaive,* le droit de prononcer la peine de mort. || Domination, empire : *La Grèce passa sous la puissance des Romains.* || État indépendant : *L'Angleterre est une puissance maritime.* || Pouvoir de faire une chose : *Je n'ai pas la puissance de vous secourir.* || Influence : *La puissance de l'exemple.* || Faculté de l'âme, propriété : *L'aimant a la puissance d'attirer le fer.* || Efficacité : *La puissance d'un médicament.* || Condition de ce qui n'est pas, mais pourrait être : *Passer de la puissance à l'acte.* || Force mouvante : *A l'aide d'un levier convenable une puissance quelconque peut équilibrer une résistance quelconque.* || Pouvoir grossissant d'un instrument d'optique : *La puissance d'un télescope.* || Épaisseur : *La puissance d'une couche de terre.* || Le produit qu'on obtient en multipliant une quantité un certain nombre de fois par elle-même : *8 est la troisième puissance de 2.* — Pl. *Les puissances,* les détenteurs du pouvoir. || Les anges qui composent le sixième chœur. || *Les puissances célestes,* les anges en général. || *Les puissances des ténèbres, de l'enfer,* les démons.

PUISSANT (Louis) (1769-1843), savant mathématicien français, auteur d'un traité de géodésie.

PUISSANT, ANTE (bl. *possentem* ppr. de *posse*, pouvoir), *adj.* Qui a beaucoup de pouvoir : *Un puissant roi.* || Capable de produire un effet considérable : *Une puissante diversion.* || Extrêmement riche : *Un puissant capitaliste.* || Remarquable par le nombre et la force : *Une puissante marine.* || Qui a beaucoup d'embonpoint : *Devenir puissant.* — Pl. *Les puissants de la terre,* les grands, les riches. — **Dér.** *Puissamment, puissance.* — **Comp.** *Impuissant, impuissante, impuissance.*

PUITS (l. *puteus*), *sm.* Trou cylindrique dont la surface intérieure est revêtue d'un mur en maçonnerie et que l'on creuse jusqu'au niveau de la première nappe d'eau souterraine afin d'en tirer de l'eau au besoin. Pour construire un puits, on commence par faire un trou en ayant soin de maintenir les terres au moyen de pièces de bois très solides afin d'éviter les éboulements. Autant que possible, *on doit employer du bois neuf.* Lorsqu'on est arrivé à la profondeur voulue, on place au fond du puits un disque en bois de chêne percé en son milieu d'un trou circulaire dont le diamètre est égal à celui du puits. Ce disque s'appelle un *rouet.* On élève ensuite sur ce rouet un mur en pierres liées avec un mortier de chaux. Quelques puisatiers avaient la coutume de placer derrière ce mur des fascines de chêne et d'établir, jusqu'à la hauteur du niveau de l'eau, le mur, en pierres sèches alternant avec des lits de mousse; mais cette manière de construire les puits est aujourd'hui abandonnée. Lorsque l'on veut descendre dans un puits

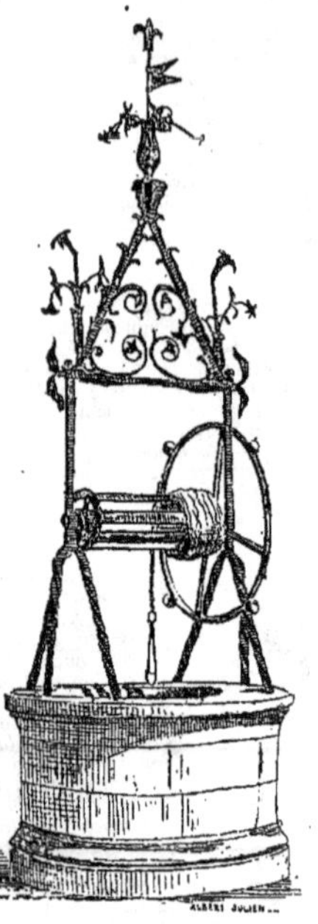

PUITS RENAISSANCE
EN FER FORGÉ, A TOULOUSE

déjà ancien, il est bon de s'assurer si l'air qu'il contient est respirable. Pour s'en assurer, on descend, au moyen d'une corde, une chandelle allumée; si celle-ci s'éteint, il faut se garder d'y faire descendre un ouvrier. On doit alors procéder à l'assainissement du puits. Pour cela, on commence par verser dans son intérieur de l'*eau de chaux*

PUITS
A VENISE

que l'on fait tomber en pluie au moyen d'une pompe d'arrosoir. On vérifie ensuite si une bougie allumée peut continuer à y brûler. Si oui, un homme peut s'y aventurer, en prenant toutefois les plus grandes précautions. Si, au contraire, la bougie s'éteint, on doit établir à l'orifice du puits un feu qui détermine un courant ascensionnel de l'air du puits et amène ainsi dans l'intérieur de celui-ci un air nouveau et respirable. || *Puits artésien*, trou pratiqué dans la terre au moyen de la sonde, d'une profondeur souvent très considérable et du fond duquel une eau plus ou moins chaude jaillit jusqu'à la surface du sol et même au dessus. Le puits artésien de Grenelle, à Paris, a 548 mètres de profondeur. Les eaux qu'il donne viennent des couches du gault (terrain crétacé inférieur de la Champagne). Dans le Sahara algérien, on fore le sol jusqu'à la nappe d'eau sous-jacente qui rejaillit à la surface et permet la formation d'une oasis artificielle. L'eau des puits artésiens est tiède, si bien qu'aux environs de Stuttgard on s'en est servi pour un bassin de natation fréquenté, même en hiver. || Trou vertical par lequel on descend dans une mine et l'on remonte les produits de celle-ci. A l'orifice de certains de ces puits sont installées des machines à vapeur qui sont destinées à l'aération de la mine. — **Fig.** *Un puits de science*, un homme extrêmement savant. || *Le puits de l'abîme*, l'enfer. — **Dér.** *Puiser, puisard, puisage, puisette, puisatier.*

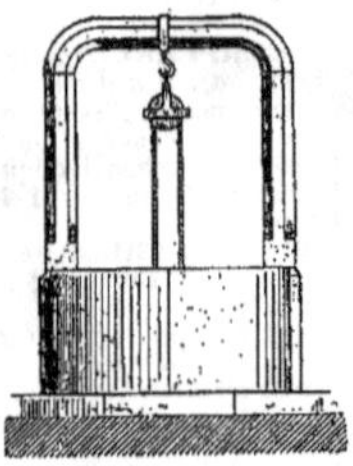

PUITS
A CARCASSONNE (XIVe SIÈCLE)

PUJOLS, 726 hab. Ch.-l. de c., arr. de Libourne (Gironde).

PULCHÉRIE (399-453), fille de l'empereur Arcadius et d'Eudoxie, sœur de Théodose II, gouverna pour lui l'empire d'Orient et, à sa mort (450), épousa l'empereur Marcien, avec qui elle régna trois ans.

PULCI (1432-1487), poète florentin, auteur du *Morgante Maggiore*, poème héroï-comique.

***PULICAIRE** (l. *pulicaris*, s.-ent. *herba*, herbe aux puces : de *pulex*, puce), *sf.* Genre de plantes dicotylédones de la famille des Composées, dont les fleurons de la circonférence sont femelles, ligulés et beaucoup plus longs que les fleurons du centre, qui sont hermaphrodites. Il en existe, aux environs de Paris, deux espèces : 1° La *pulicaire commune* (*pulicaria vulgaris*), plante annuelle, haute de 1 à 6 décimètres, que l'on rencontre dans les fossés, sur les berges des rivières ou le bord des chemins humides. Ses fleurs, jaunes, s'épanouissent de juillet à septembre. 2° La *pulicaire dysentérique* (*pulicaria dysenterica*), appelée vulgairement *herbe de Saint-Roch*, est vivace et haute de 4 à 8 décimètres. Elle croît sur le bord des eaux, dans les lieux marécageux. Ses feuilles sont tomenteuses en dessous. Ses fleurs sont également jaunes, et les fleurons de la circonférence dépassent de beaucoup ceux du centre. Toutes les parties de cette plante ont une saveur âcre, un peu aromatique et amère; elles sont toniques et astringentes, et on les employait autrefois contre la diarrhée et la dysenterie. Ces deux espèces sont rangées par quelques botanistes dans le genre *inula*.

PULICAIRE

PULLNA, ville de Bohême, eaux purgatives riches en sulfate de soude.

PULLULATION (l. *pullulationem*), *sf.* Multiplication rapide et abondante : *La pullulation des pucerons.*

PULLULER (l. *pullulare* : de *pullulus*, rejeton), *vi.* Multiplier rapidement et en abondance. — Fig. Se répandre, se propager beaucoup en parlant des doctrines des esprits dangereux. — **Dér.** *Pullulation.*

PULMONAIRE (l. *pulmonarem*), *adj.* Qui appartient au poumon : *Artère pulmonaire*, artère qui porte du ventricule droit du cœur aux poumons le sang veineux, tandis que les *veines pulmonaires* ramènent au cœur le sang artériel. || Qui affecte le poumon : *Catarrhe pulmonaire*, bronchite. — *Sf.* Genre de plantes dicotylédones de la famille des Borraginées, dont les tiges, dressées, naissent d'une souche épaisse et portent des feuilles couvertes de taches brunes. Les fleurs sont assez grandes, d'abord rouges, puis violettes, et enfin bleues. Ce genre ne renferme, aux environs de Paris, qu'une espèce, la *pulmonaire officinale* (*pulmonaria officinalis*), appelée vulgairement *herbe au lait de Notre-Dame*, que l'on rencontre communément dans les buissons et les clairières des bois. Cette plante, qui fleurit d'avril à juin, est employée dans les campagnes contre les maladies de poitrine, à cause des taches que présentent ses feuilles et qui, au dire des anciens, ressemblaient à un poumon malade. Elle est aujourd'hui délaissée, car elle ne renferme qu'un mucilage. Dans quelques contrées de l'Europe, elle est considérée comme plante potagère. — **Pulmonaire des marais**, la *gentiana pneumonanthe*, plante de la famille des Gentianées, à fleurs bleues, très grandes. — **Pulmonaire des Français**, l'*hieracium murorum* des botanistes, plante dicotylédone de la famille des Composées, à fleurs jaunes et qui vit dans les endroits humides et sur les vieux murs.

PULMONAIRE
TACHETÉE

PULMONIE (l. *pulmonem*), *sf.* Synonyme de pneumonie (V. ce mot), de phtisie pulmonaire. — **Dér.** *Pulmonique, pulmonaire.*

PULMONIQUE (l. *pulmonem*, poumon), *adj.* et *s. 2 g.* Qui est malade des poumons.

PULPE (l. *pulpa*), *sf.* La chair molle des fruits et de certaines racines : *Pulpe de betteraves.* || Toute matière qui a l'aspect d'une bouillie. — **Dér.** *Pulpeux, pulpeuse.*

PULPEUX, EUSE (*pulpe*), *adj.* Formé de pulpe. || Semblable à une pulpe.

PULSATIF, IVE (l. *pulsare*, frapper), *adj.* Qui produit la même sensation qu'une pulsation dans une partie enflammée, gencive, tumeur, etc.

***PULSATILLE** (du l. *pulsare*, frapper), *sf.* Plante dicotylédone de la famille des Renonculacées, du genre anémone, et que l'on appelle encore *coquelourde, coquerelle, herbe au vent.* C'est l'*anemone pulsatilla* des botanistes. Toutes les parties de cette plante sont couvertes de longs poils soyeux. Ses fleurs sont très grandes et d'un bleu lilas ou violet passant quelquefois au rouge. Ses sépales sont couverts de poils. La coquelourde croît sur les pelouses découvertes, dans les bois sablonneux et sur les coteaux calcaires.

PULSATION (l. *pulsationem*), *sf.* Battement : *Les pulsations du pouls.* || Battements qui répondent aux pulsations artérielles et se font sentir dans les parties malades. — **Dér.** *Pulsatif, pulsatille.* Même famille : *Pousser*, etc. ; *répulsif, répulsion*, etc.

***PULTACÉ, ÉE** (l. *puls*, génitif *pultis*, bouillie), *adj.* Qui a la consistance d'une bouillie.

PULTAWA, 35 000 hab., ville de Russie, ch.-l. du gouvernement de même nom ; grandes foires. Victoire de Pierre le Grand sur Charles XII, roi de Suède (1709).

PULTNEY (Richard), botaniste anglais, membre de la Société Royale de Londres, 1730-1801.

***PULVÉRATEUR, TRICE** (l. *pulverare*, couvrir de poussière), *adj.* Qui a l'habitude de se rouler dans la poussière : *La poule est un oiseau pulvérateur.* — **Dér.** *Pulvérin, pulvérisable, pulvérisateur, pulvérisation, pulvériser, pulvérulence, pulvérulent.*

***PULVÉRIN** (ital. *polverino*), *sm.* Poudre à canon très fine. ‖ Poire où l'on met cette poudre. ‖ Eau réduite en une espèce de poussière.

***PULVÉRISABLE** (*pulvériser*), *adj. 2 g.* Qui peut être pulvérisé.

***PULVÉRISATEUR** (*pulvériser*), *sm.* Instrument pour pulvériser. ‖ Petite machine de compression pour réduire en gouttelettes très fines un liquide médicamenteux qu'on fait respirer aux malades.

PULVÉRISATION (*pulvériser*), *sf.* Action de réduire en poudre. ‖ Résultat de cette action. ‖ Action de faire passer une eau minérale par le pulvérisateur.

PULVÉRISER (l. *pulverisare*), *vt.* Réduire en poudre : *Pulvériser du sucre.* — Fig. Réduire à néant. ‖ Réfuter victorieusement : *Pulvériser un raisonnement.* ‖ Faire passer de l'eau par le pulvérisateur. — **Syn.** (V. *Broyer.*) — **Dér.** *Pulvérisation, pulvérisable, pulvérisateur, pulvérateur, pulvératrice, pulvérin, pulvérulent, pulvérulente, pulvérulence.* Même famille : *Poudrer*, etc.

***PULVÉRULENCE** (*pulvérulent*), *sf.* État de ce qui est pulvérulent.

PULVÉRULENT, ENTE (l. *pulverulentum*), *adj.* Couvert d'une poudre très fine. ‖ Qui est à l'état de poudre fine.

***PUMA** (mot péruvien), *sm.* ou COUGUAR, mammifère carnassier, indigène de l'Amérique, où on le rencontre de la Patagonie jusqu'au Canada; c'est le *lion américain.* Il a le corps allongé, svelte et bas sur jambes. Son pelage présente une couleur uniforme, d'un vert gris olivâtre sans taches ni raies. Sa tête est petite et est ornée de yeux magnifiques. La taille du couguar atteint 1ᵐ,3. Néanmoins, cet animal est aussi lâche que cruel : il n'attaque jamais ni le bœuf, ni le cheval, ni le mulet et fuit devant l'homme et les chiens; mais il fait une chasse incessante aux animaux de taille moyenne, tels que les singes, les pécaris, les tatous, les chèvres, les moutons, etc., qu'il se plaît à égorger pour se repaître de leur sang, car il ne mange pas leur chair. Aussi, l'homme cherche-t-il à le détruire par tous les moyens qui sont en son pouvoir : on le prend au lasso; on lui tend des pièges, on le chasse au moyen de flèches empoisonnées avec du curare, etc. Pour échapper à ses ennemis, le puma grimpe sur les arbres et saute de branche en branche, ou bien il traverse les cours d'eau à la nage. Il fait d'ailleurs des sauts prodigieux. Les Indiens mangent sa chair, qui est blanche et ferme. Comme il est d'un naturel timide et craintif, il peut être apprivoisé, et alors il se conduit comme un chat d'humeur douce; cependant, il ne peut s'habituer à voir les volailles picorer dans les basses-cours, et de temps en temps, son amour pour le sang se réveillant, il égorge les malheureuses gallinacées.

PUMA

PUMICIN (p. ê. dérivé de *pumicem*, ponce), *sm.* Huile de palme.

***PUNA** (mot espagnol), *sm.* Malaise dit encore *mareo*, mal de *sorroche, veta.* ‖ Abattement et mal de cœur causés par la raréfaction de l'air dans l'ascension ou la traversée des Andes. Les aventuriers espagnols, ayant éprouvé ce mal en découvrant des mines d'antimoine, l'attribuèrent aux vapeurs de ce métal (*sorroche* en esp.). C'est un véritable empoisonnement causé par l'acide carbonique qui se fabrique en excès dans les poumons par la respiration et les efforts musculaires; durant la guerre du Mexique, le 95ᵉ de ligne ayant passé les Cumbres à 2000 mètres de hauteur, avec le sac trop chargé, les hommes furent pris d'hémorrhagies cérébrales. Le plus souvent, il y a étourdissement, nausée, vomissement, syncope, voire mort, comme pour les aéronautes Sivel et Crocé-Spinelli.

PUNAIS, AISE (vx fr. *put*, puant + sfx. *nais*), *adj.* Fétide. — *Adj.* et *s.* Qui rend par le nez une odeur infecte : *Un punais.* Dans le *Roman de Renart*, c'est le nom du putois. — **Dér.** *Punaise, punaisie.*

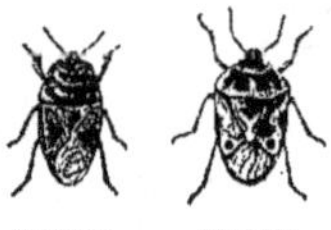

PUNAISE NOIRE — PUNAISE ORNÉE

PUNAISE (*punais*), *sf.* Groupe d'insectes hémiptères à corps très plat, ayant une odeur infecte, auquel appartiennent : 1° La *punaise des lits*, rouge, sans ailes, pouvant vivre deux ans sans nourriture, suçant le sang des hommes, se cachant le jour dans les fentes des murs et des meubles, que l'on tue en insufflant dans ces trous de refuge de la poudre de pyrèthre non éventée. Mais ce qui est préférable, c'est de répandre sur les parties des bois de lits qui en sont infectés de l'alcool, et d'y mettre le feu; ce procédé réussit très bien, car il tue œufs et insectes parfaits. On a prétendu que la punaise des lits était un présent de l'Amérique; il n'en est rien. Les anciens la connaissaient. Seulement ce vilain insecte n'est connu en Amérique que depuis le xviᵉ siècle. 2° Le *tingis* ou *tigre du poirier*, brun, volant, piquant en septembre la face inférieure des feuilles, qu'il faut couper le soir et brûler aussitôt. 3° La *punaise noire*, présentant quatre taches blanches, très nuisible aux légumes et aux jeunes pousses des arbres fruitiers. 4° La *punaise des légumes*, d'un bleu bronzé avec taches rouges ou blanches, qui fait périr les feuilles des crucifères. 5° La *punaise ornée* ou *des choux*, noire et rouge, à odeur très infecte, criblant les choux de piqûres. 6° La *punaise grise* et la *punaise verte des jardins*, qui communiquent aux fruits une odeur répugnante. Les six dernières espèces de punaises doivent être recueillies et écrasées. ‖ Petit clou à tête plate, en cuivre ou en fer, dont se servent les ingénieurs ou les architectes pour fixer leur papier sur la planche à dessiner.

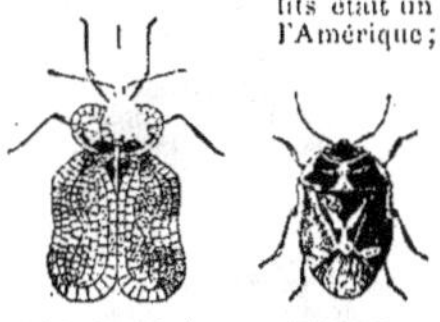

PUNAISE TIGRÉE DU POIRIER — PUNAISE DES LÉGUMES

PUNAISES À PAPIER

PUNAISIE (*punais*), *sf.* L'ozène ou maladie du punais.

PUNCH (ponche)(mot ang. : du persan *panj*, cinq), *sm.* Boisson formée d'un mélange de thé, d'eau-de-vie, de sucre, de cannelle et de citron qu'on a fait brûler.

PUNIQUE (l. *punicum* : de *pœnum*, carthaginois), *adj. 2 g.* Qui appartient, qui est spécial aux Carthaginois. ‖ *Foi punique*, mauvaise foi. ‖ *Guerres puniques.* (V. *Guerre.*)

PUNIR (l. *punire* : de *pœna*, peine), *vt.* Infliger la peine due à un crime, une faute : *Punir un coupable.* ‖ Réprimer par un châtiment : *Punir le vol.* ‖ Faire expier : *Il me punit des libéralités que je lui ai faites.* — **Se punir**, *vr.* Être puni. ‖ S'infliger une peine à soi-même, l'un à l'autre. — **Dér.** *Punition, punissable, punisseur.*

PUNISSABLE (*punir*), *adj. 2 g.* Qui mérite d'être puni.

PUNISSEUR (*punir*), *adj.* et *sm.* Qui punit.

PUNITION (l. *punitionem*), *sf.* Action de punir. ‖ Châtiment imposé pour un crime, une faute : *La punition doit être proportionnée à la faute.* ‖ Peine disciplinaire infligée à un écolier.

1. PUPILLAIRE (*pupille* 1), *adj. 2 g.* Qui appartient au pupille.

2. PUPILLAIRE (*pupille* 2), *adj. 2 g.* Qui appartient à la pupille de l'œil.

PUPILLARITÉ (*pupillaire* 1), *sf.* Temps pendant lequel un enfant est pupille.

1. PUPILLE (l. *pupilla*, proprement petite fille), *sf.* Ouverture ronde ou ovale qui se trouve dans l'œil au milieu de l'iris, et au travers de laquelle on aperçoit le fond noir de l'œil. Le nom vulgaire est prunelle. (V. *Œil.*) — **Dér.** *Pupillaire* 1.

2. PUPILLE (l. *pupillum*, dim. de *pupus*, petit garçon), *s. 2 g.* Enfant mineur à qui l'on a nommé un tuteur. ‖ Un élève par rapport à son gouverneur ou à son précepteur. ‖ *Les pupilles de la garde*, très jeunes gens, presque tous enfants trouvés, qui formaient un régiment de la garde de Napoléon Iᵉʳ. ‖ *Pupilles de la marine*, établissement créé à Brest par décret du 15 nov. 1862 et destiné aux orphelins d'officiers mariniers et de matelots, âgés de 7 à 12 ans. — **Dér.** *Pupillaire* 2.

PUPITRE (l. *pulpitum*, estrade), *sm.* Tablette inclinée, en bois ou en fer forgé, munie inférieurement d'un rebord, portée sur un pied et sur laquelle on pose des livres, des cahiers de musique, etc. : *Un pupitre d'église.* ‖ Sorte de boîte dans laquelle on range des papiers, des livres, dont la face supérieure est inclinée pour qu'on puisse y placer son papier pour écrire commodément.

PUR, PURE (l. *purum*), *adj.* Qui est sans mélange : *Or pur. Race pure.* ‖ Qui n'est point altéré, vicié, corrompu : *Air pur.* ‖

Lumière pure, très vive. || *Ciel pur,* sans nuage. || Dont le contact ne souille pas : *Les Juifs partageaient les animaux en purs et impurs.* || Que rien ne trouble, ne ternit : *Une joie pure.* || Chaste, sans tache, sans souillure, sans altération : *Une conscience pure.* || *Mathématiques pures,* celles qui étudient les propriétés des grandeurs sans en faire des applications à la mécanique, à la physique, etc. || *Donation pure et simple,* sans aucune restriction ni réserve. || Exempt : *Vin pur de tout mélange.* || Correct et élégant : *Langage pur. Les contours purs d'un dessin.* — **Gr.** *Pur,* devant un nom ou précédé de *tout,* marque l'exclusion de tout ce qui est étranger à la chose dont il s'agit : *Les anges sont de purs esprits; c'est la pure vérité.* — En pure perte, *loc. adv.* Sans aucune compensation, inutilement. — En pur don, *loc. adv.* Se dit d'un don fait sans condition.— **Dér.** *Pureau, purement, pureté, purisme, puriste, puritain, puritaine, puritanisme.* — **Comp.** *Impur, impure, impureté, impurement.*

PURE (Michel de), prédicateur, écrivain précieux, victime de Boileau (1634-1680).

PUREAU (*pur*), *sm.* Partie d'une tuile, d'une ardoise placée sur un toit, qui n'est pas recouverte par la tuile, l'ardoise qui est immédiatement au-dessus.

PURÉE (du l. *porrum,* porreau. D'autres le font venir du l. *purare, découler, dégoutter*), *sf.* Sorte de bouillie faite de graines de pois, de lentilles, etc., de navets, d'oignons, de pommes de terre, etc. || *Purée de gibier,* viande de gibier réduite en bouillie.

PUREMENT (*pure*+sfx. *ment*), *adv.* Dans l'état d'innocence. || Correctement et élégamment. || *Purement et simplement,* sans réserve ni condition.

PURETÉ (l. *puritatem*), *sf.* Qualité de ce qui est pur et sans mélange : *La pureté d'un métal.* || Exemption d'altération, de corruption, de souillure : *La pureté de l'eau.* || Innocence, chasteté : *La pureté du cœur.* || Correction, élégance de la diction, des traits d'un dessin.

PURGATIF, IVE (l. *purgativum*), *adj.* Qui purge : *La manne est purgative.* — *Sm.* Médicament qui purge le corps : *Prendre un purgatif.*

PURGATION (l. *purgationem*), *sf.* Action de purger. || Médicament qui purge : *Une purgation énergique.*

PURGATOIRE (l. *purgatorium*), *sm.* Lieu où vont pour un temps les âmes des justes qui n'ont pas entièrement satisfait à la justice de Dieu avant de mourir. — Fig. *Faire son purgatoire en ce monde,* y souffrir beaucoup.

PURGE, *svf.* de *purger.* Nettoyage. || Médicament purgatif. || *Purge,* levée des hypothèques dont un immeuble est grevé.

PURGER (l. *purgare*), *vt.* Nettoyer, débarrasser : *Purger l'or de tout alliage. Purger la mer de pirates.* || Délivrer de souillures, de vices : *Purger son âme du péché.* || Épurer : *Purger ses passions.* || Justifier d'un reproche : *Purger sa conduite.* || *Purger son bien de dettes,* acquitter toutes ses dettes. || *Purger une hypothèque,* la faire lever. || *Purger sa contumace,* se constituer prisonnier pour se faire juger contradictoirement. || Procurer des selles au moyen d'un médicament pris par la bouche : *Le médecin l'a purgé.* — **Se purger,** *vr.* Devenir exempt d'impuretés. || Se justifier. || Prendre un purgatif. — **Dér.** *Purge, purgation, purgatif, purgative, purgatoire.* — **Comp.** *Repurger.*

PURIFIANT, ANTE (*purifier*), *adj.* Qui rend pur.

PURIFICATION (l. *purificationem*), *sf.* Action de débarrasser une substance de ce qu'elle contient d'impur et d'étranger : *La purification du sel marin.* || Ablutions prescrites par diverses religions. || *Purifications légales,* les cérémonies par lesquelles les Juifs se purifiaient conformément à la loi de Moïse. || *Purification,* fête que l'Église célèbre le 2 février en l'honneur de la sainte Vierge et en mémoire de ce qu'elle se présenta au temple de Jérusalem pour être purifiée après la naissance de J.-C.

PURIFICATOIRE (bl. *purificatorium*), *sm.* Linge avec lequel le prêtre essuie le calice après avoir communié, en disant la messe.

PURIFIER (l. *purum,* pur + *facere,* faire), *vt.* Rendre pur : *Purifier l'air.* || Débarrasser de la présence de tout corps étranger : *Purifier un métal.* || Débarrasser de ce qui est contraire à l'innocence, à la vertu, à l'honnêteté : *Purifier son cœur. Purifier les mœurs.* — **Se purifier,** *vr.* Devenir pur ou plus pur. || S'acquitter des purifications légales, en parlant des Juifs. — **Dér.** *Purifiant, purifiante, purification, purificatoire.*

PURIFORME (l. *pus,* génitif *puris,* pus + *forme*), *adj. 2 g.* Qui ressemble à du pus : *Crachat puriforme.* (Méd.)

PURIN (du l. *pus,* génitif *puris,* pus, ordure), *sm.* Liquide brun qui se sépare du fumier, et est un bon engrais. On le recueille dans un trou dit *fosse à purin.* — **Dér.** *Puriner, purot.*

***PURINER** (*purin*), *vt.* Arroser avec du purin.

PURISME (*pur*), *sm.* Affectation de correction grammaticale dans le langage, le style.

PURISTE (*pur*), *sm.* Celui qui affecte une grande sévérité de mœurs. || Celui qui, en parlant ou en écrivant, porte à l'excès la correction grammaticale.

PURITAIN, AINE (ang. *puritan:* de *purus,* pur), *s.* Toute personne faisant partie d'une secte presbytérienne très rigide qui prétendait pratiquer la religion la plus pure. Cette secte naquit en Angleterre et en Écosse sous Marie Tudor. Persécutée par les premiers Stuarts, elle émigra en Amérique. — Fig. — Personne qui, en morale, en littérature, en politique, affecte des principes excessivement austères. — Adj. *Un ministre puritain. Une vertu puritaine.*

PURITANISME (*puritain*), *sm.* Doctrine, secte des puritains.— Fig. Rigorisme excessif.

***PUROT** (*purin*), *sm.* Citerne où l'on recueille le purin.

***PURPURA** (ml., de la couleur pourpre de la peau), *sm.* État hémorrhagique de la peau, caractérisé par des pétéchies ou des ecchymoses, dans la pustule maligne, le scorbut, la tuberculose, etc. — **Dér.** *Purpurin, purpurine.*

PURPURIN, INE (l. *purpurinum*), *adj.* Qui approche de la couleur de pourpre.

PURPURINE (*purpurin*), *sf.* Bronze moulu qui s'applique à l'huile et au vernis. || Principe colorant de la garance ($C^{28}H^{8}O^{10}$).

PURULENCE (l. *purulentia*), *sf.* Qualité de ce qui est purulent.

PURULENT, ENTE (l. *purulentum*), *adj.* Qui a la nature du pus. || Qui ressemble à du pus : *Crachats purulents.*

PURUS, 11 à 1200 kilom., affluent de droite du fleuve des Amazones, exploré par Chandless.

PUS (l. *pus*), *sm.* Humeur grisâtre ou jaunâtre de consistance crémeuse, d'une odeur nauséabonde, fétide, qui se forme dans les plaies ou les abcès. — **Dér.** *Purin, puriner, purot, purulence, purulent, purulente, pustule, pustuleux, pustuleuse.*

PUSEY (Edward-Bouverie), théologien anglais, né en 1800, professeur d'hébreu à l'université d'Oxford et chanoine de Christ-Church. Dans de petits traités (*Tracts of the Times,* 1833), il attaqua l'Église anglicane « sans traditions et asservie à l'État ». Il préconisa même l'invocation des saints, le culte de Marie, le célibat des prêtres, l'organisation monacale, la liturgie romaine. Suspendu en 1843 pour avoir prêché sur la transsubstantiation, il se rétracta par une lettre adressée à l'évêque de Londres. — **Dér.** *Puséysme, puséyste.*

*** PUSÉYSME** (*Pusey*), *sm.* Secte protestante fondée par Pusey, et qui tend à se rapprocher du catholicisme.

***PUSÉYSTE** (*Pusey*), *s. 2 g.* Personne qui a embrassé le puséysme.

PUSILLANIME (l. *pusillum,* petit + *animum,* esprit), *adj. 2 g.* Qui a l'âme faible et craintive : *Homme pusillanime.* || Qui annonce une âme faible et craintive : *Conduite pusillanime.* — **Dér.** *Pusillanimité.*

PUSILLANIMITÉ (l. *pusillanimitatem*), *sf.* Faiblesse d'esprit. || Excessive timidité. || Manque de courage.

PUSSORT (1615-1697), jurisconsulte, oncle de Colbert. Il travailla aux codes de procédure civile (1667), de procédure criminelle (1670).

PUSTERTHAL, vallée du Tyrol, arrosée par l'Eysach et la Rienz, affluents du haut Adige, très visitée par les touristes.

PUSTULE (l. *pustula :* de *pus,* génitif *puris,* pus), *sf.* Petite tumeur qui survient à la peau et finit par suppurer. || *Pustule maligne,* le charbon. — **Dér.** *Pustuleux, pustuleuse.*

PUSTULEUX, EUSE (*pustule*), *adj.* Accompagné de pustules. || Qui a la forme d'une pustule.

***PUSZTA,** nom donné à la plaine hongroise traversée par la Theiss; elle est ainsi célébrée par le poète Petœfi : « C'est toi que j'aime, ô Puszta, image de l'infini, paradis de mon âme; la haute terre, arrondie en montagne, est un gros livre aux feuillets trop nombreux; toi, basse terre où nul mont ne s'élève, livre ouvert, on peut te parcourir; ô steppe, je vois en toi la liberté. »

PUTAIN (vx fr. *pute:* du l. *pūtidus,* puant), *sf.* Femme de mauvaise vie. (Pop.)

PUTANGES, 656 hab. Ch.-l. de c., arr. d'Argentan (Orne).

PUTASSIER (*putain*), *sm.* Celui qui fréquente les femmes de mauvaise vie. (Pop.)

PUTATIF, IVE (l. *putativum*), *adj.* Qui est réputé être ce qu'il n'est pas. *Mariage putatif;* mariage contracté de bonne foi par les deux époux ou par l'un d'eux; dans leur pensée (*putare*), il était valable, mais, en réalité, il est nul. Ce mariage, par fiction légale, est considéré comme valable jusqu'au jour du jugement.

PUTEAUX, 15736 hab. (cant. de Courbevoie, arr. de Saint-Denis), sur la Seine. Corroieries, teintureries, impression sur étoffes, produits chimiques. Ch. de fer de l'O.

***PUTIET** (du l. *putere,* puer), *sm.* ou **putier.** Espèce du genre Cerisier, qui doit son nom à l'odeur désagréable que répandent les parties vertes de la plante lorsqu'elles ont été froissées. On l'appelle encore vulgairement *merisier à grappes* et *bois-joli;* c'est le *prunus padus* des botanistes. C'est un arbrisseau à rameaux étalés, à feuilles glabres et à fleurs petites, odorantes et disposées en longues grappes cylindriques donnant des fruits ronds noirs ou rouges et de la grosseur d'un pois, et dont la saveur est acerbe et amère. Cet arbrisseau se trouve à l'état spontané dans le N. et l'E. de la France et sur les parties élevées du Centre et du Midi. On le plante dans nos parcs. Son écorce, amère et astringente, a été proposée comme succédané du quinquina. || *Le Putiet de Virginie* (*prunus rubra*) est une espèce voisine de la précédente, qui nous vient de l'Amérique du Nord; c'est aussi un arbrisseau d'ornement. Il a des feuilles finement dentées; ses fleurs sont plus petites que celles du *putiet.*

PUTIPHAR ou **PÉTÉPHRA,** officier de Pharaon qui acheta Joseph aux marchands ismaélites et le fit mettre en prison sur une fausse accusation de sa femme.

PUTOIS (l. *putere,* puer), *sm.* Genre de mammifères carnivores du groupe des *Mustélidés* et qui, comme ces derniers, ont le corps allongé et bas sur pattes; celles-ci sont même plus courtes que celles de la martre. Les putois n'ont que 34 dents au lieu de 38 que possèdent les martres; car il leur manque une prémolaire de chaque côté des mâchoires. Ils se distinguent encore de leurs congénères en ce qu'ils ont les glandes puantes de l'anus beaucoup plus développées. On les reconnaît aussi à leur robe : les putois ont les côtés et le dos plus clairs que le ventre, tandis que les belettes sont plus foncées sur le dos et plus claires sous le ventre; la couleur des visons est uniforme. Le *putois* (*putorius fœtidus*) est un animal plus

PUTOIS

petit que la fouine, mais il a à peu près les mêmes mœurs que cette dernière. Comme elle, il aime le voisinage des habitations et est détesté des fermiers à cause des ravages qu'il fait dans les poulaillers. C'est un animal nocturne. Cependant le putois est moins à redouter que la fouine, car il ne tue généralement que quelques individus. Il fait des réserves qui, en se décomposant, répandent une odeur infecte qui vient s'ajouter à celle qu'exhale son corps. On le dit très friand de reptiles, grenouilles, lézards, couleuvres. La morsure des vipères ne l'incommode pas. Il fait aussi une chasse très active aux rats, aux souris et aux hamsters. Son habitat est à peu près le même que celui de la fouine, mais il demeure de préférence dans les contrées tempérées et s'avance moins vers le Nord. En été, il se loge dans les trous des rochers, ou dans les vieux troncs d'arbres; en hiver, au contraire, il se réfugie dans nos granges. Sa fourrure, qui est d'un brun noirâtre en dessous et d'un brun jaunâtre sur le dos et les flancs, n'a pas la valeur de celle de la martre : bien que le duvet en soit aussi fin et aussi touffu, les poils sont plus longs et plus rudes; cette fourrure répand, en outre, une odeur désagréable. Les meilleures peaux sont tirées d'Allemagne et surtout des hauts plateaux de la Bavière. || La fourrure du putois : *Un marchand de putois.*

PUTRÉFACTION (l. *putrefactionem*), *sf.* Décomposition des matières animales et végétales privées de vie, accompagnée d'un dégagement de gaz fétides; c'est une fermentation. Pour que la putréfaction ait lieu il faut des germes de microbes anaérobies principalement, avec un certain degré de chaleur et l'humidité. En supprimant l'une de ces trois causes on conserve les corps organiques. On doit à M. Pasteur d'importants travaux sur la putréfaction. D'après cet illustre savant, la putréfaction des liquides se divise de la manière suivante. Au commencement, il se développe des organismes microscopiques, notamment des bactéries, qui absorbent l'oxygène dissous et qui préparent la matière à l'invasion d'animalcules microscopiques, nommés vibrions, lesquels ne peuvent vivre que dans un milieu exempt d'oxygène. Ces vibrions décomposent la matière organique azotée en divers produits assez complexes, que les bactéries, intervenant à leur tour, réduisent en combinaisons plus simples, telles que l'eau, l'acide carbonique, l'ammoniaque. || État d'une matière putréfiée. (V. *Conservation, Conserve, Dessiccation, Fumage, Glace, Salaison, Désinfectant, Désinfection, Ptomaïne.*)

PUTRÉFAIT, AITE (l. *putrefactum*), *adj.* Qui est en putréfaction.

PUTRÉFIER (l. *putrem*, pourri + *facere*, faire), *vt.* Faire pourrir. — **Se putréfier**, *vr.* Se pourrir. — **Gr.** Je putréfie, n. putréfions; je putréfiais, n. putréfiions; que je putréfie, que n. putréfiions. — **Dér.** *Putréfaction, putréfait.* Même famille : *Putride, putrescible, putrescibilité, imputrescible.*

***PUTRESCIBILITÉ** (*putrescible*); *sf.* Qualité de ce qui peut se pourrir.

PUTRESCIBLE (l. *putrescere*, se pourrir), *adj. 2 g.* Qui peut se pourrir.

PUTRIDE (l. *putridum*, pourri), *adj. 2 g.* Qui présente les phénomènes de la putréfaction : *Fermentation putride.* || Produit par la putréfaction : *Miasmes putrides.* || *Fièvre putride*, caractérisée par l'extrême fétidité de l'haleine et des excréments du malade. (V. *Typhus.*) — **Dér.** *Putridité.*

PUTRIDITÉ (*putride*), *sf.* État de ce qui est putride.

PUTUMAYO, ou **IÇA**, affluent de gauche du fleuve des Amazones, long de 11 à 1 200 kilomètres.

PUY (l. *podium*, base, butte), *sm.* Eminence, montagne conique. || *La chaîne des Puys*, montagnes d'Auvergne entre les vallées de l'Allier et de la Sioule, composées d'environ 50 cônes ou puys, qui sont d'anciens volcans et dont le *puy de Dôme* fait partie. La chaîne des Puys ou des monts d'Auvergne se partage en trois groupes, au S. celui du *Cantal*, au centre celui des *monts Dore*, au N. celui des *monts Dômes.* 1° Le massif du Cantal est constitué par neuf ou dix cônes volcaniques, le Plomb du Cantal (1 858 mètres), le puy Brunet (1 806 mètres), le puy de la Tourte (1 707 mètres), le puy de Chavaroche (1 787 mètres), le puy Mary (1 787 mètres), « la plus belle cime, dit M. de Lanoye, qu'il soit donné à l'homme d'escalader entre la vallée du Rhône et les Pyrénées. » Ce massif de 150 kilom. de tour comprenait, à l'époque tertiaire, plusieurs grands bassins lacustres, entre autres celui d'Aurillac; il est aujourd'hui traversé par le tunnel du Lioran. 2° Le groupe des monts Dore, bien connu par ses eaux thermales, a pour point culminant le puy de Sancy (1 886 mètres), mont le plus élevé de la France centrale. Autour de lui se pressent le Luguet (1 555 mètres), le Cézallier (1 478 mètres), le puy Ferrand (1 846 mètres); au-dessus d'épaisses forêts se dressent des cônes aigus, noirs et arides. Au pied du puy de Montchal (1 411 mètres), est le lac Pavin, qui remplit à demi la coupe d'un cratère éteint. 3° Le groupe des monts Dômes est régulier et orienté du S. au N.; on y relève le puy de la Vache, dont le cratère, profond de 153 mètres, a vomi deux vastes coulées de lave, ou *cheires*; l'une a barré le cours de la Veyre et formé le beau lac d'Aydat. A l'extrémité de l'autre est le plateau de Gergovie, où Vercingétorix fut victorieux de César; puis vient le mont le plus haut du groupe, le puy de Dôme (1 465 mètres), que couronnait un temple dédié à Mercure Dumiate. Citons encore, parmi ces 50 volcans éteints, le puy de Pariou et celui de la Nugère, avec les carrières de Volvic, dont la lave, violette, noircit quand on l'expose à l'action de l'air.

PUY (LE) ou **LE PUY-EN-VELAY**, 19 031 hab. Préf. (Haute-Loire), à 588 kilom. de Paris. Evêché. Ch. de fer P.-L.-M.

PUY-DE-DÔME (DÉPART. DU), 795 051 hect.; 570 964 hab. (V. carte, p. 63). Département du centre de la France, ainsi nommé non pas du point culminant du plateau central, qui est le mont Dore, mais de la cime volcanique qui semble dominer la plaine de la Limagne, et que l'on distingue le mieux de Clermont-Ferrand. Il a été formé en majeure partie de la *basse Auvergne*, subdivisée en *comté d'Auvergne* (vallée de la Dore, arr. d'Ambert et de Thiers), en *dauphiné d'Auvergne* (vallée de l'Allier, arr. d'Issoire) et en *Limagne* (vallée de l'Allier, arr. de Clermont et de Riom); plus du sixième du département, au N., a été emprunté au *Bourbonnais*; 1 800 hectares au S.-E. proviennent du *Lyonnais* et du *Forez*. Il est borné au N. par le département de l'Allier; à l'E. par celui de la Loire; au S. par les départements du Cantal et de la Haute-Loire; à l'O. par les départements de la Corrèze et de la Creuse. Sa plus grande longueur, du Cher à l'Ance du Nord, est de 140 kilomètres; sa largeur moyenne est de 82 kilomètres; il est compris entre 0°45' et 1°45' de longitude E.; entre 45°15 et 46°20' de latitude N.

Le département du Puy-de-Dôme, le plus élevé de la France centrale, est incliné du S. au N. et formé principalement de trois vallées : celle de l'Allier au centre; celle de la Sioule, son affluent de gauche; et celle de la Dore, son affluent de droite; c'est une haute pyramide, dominant le cours supérieur de la Loire et dont trois faces descendent vers la Dordogne, le Cher et l'Ance du Nord. Entre la Sioule et l'Allier sont les deux massifs septentrionaux de la chaîne des Puys (V. ce mot), celui du *mont Dore* et celui des *monts Dômes*. Le groupe volcanique des monts Dore est constitué par des masses bizarrement contournées de trachytes et de basaltes, reposant elles-mêmes sur le granit ou le gneiss. Le massif des monts Dore est un nœud hydrographique : aussi ses flancs sont-ils creusés de nombreuses vallées pittoresques et encaissées, comme celle des *Bains du mont Dore*, et qui sont parcourues par des torrents s'écoulant dans toutes les directions. Parmi les points les plus élevés qui se dressent dans la partie S. de cette chaîne se rangent le *puy de Sancy* (1 886 mètres), point culminant du plateau central; le *puy Ferrand* (1 846 mètres); le pic pointu de l'*Aiguillier* (1 517 mètres); le *puy de Cacadogne*. Par le *Cézallier* (1 478 mètres), et le *signal du Luguet* (1 555 mètres), sommets non volcaniques, le massif se relie au Cantal. Toute cette région est couverte de lacs qui ont comblé d'anciens cratères : le riant lac *Chambon*, au pied du *Tartaret;* le sombre lac *Pavin*, sur les flancs du *puy de Montchal;* le lac de *la Landie*, si poissonneux; le lac *Chauvet*, le plus vaste de la contrée et que l'on a utilisé pour la pisciculture; le lac de *Montcineyre*, situé à une altitude de 1 174 mètres, et qui est sans écoulement apparent. Entre les lacs de *Guéry* et de *Servière* se dressent la *roche Sanadoire* (1 288 mètres) et la *roche Tuillière* (1 296 mètres), *dykes de basalte*, qui rivalisent avec les *orgues de la roche Vendeix* (1 131 mètres). Les eaux thermales du *mont Dore*, de *la Bourboule*, de *Saint-Nectaire* témoignent encore de la puissance des éruptions passées; elles sont visitées par les baigneurs de juin à septembre. Les *monts Dore* sont liés aux monts Dômes par des plateaux nus et froids. Ces derniers, moins élevés que les monts Dore, sont des volcans quaternaires qui ont percé les trachytes et les basaltes tertiaires; ils forment une bande de 62 cônes, alignés du N. au S. sur 30 kilomètres de longueur et 5 de largeur; ils ont troué les basaltes, et étalé sur eux leurs pyramides de scories, leurs cratères et leurs courants de lave dits *cheires* (de cheoir, chute, coulée). Au nombre de ces pics se trouvent, en allant du S. au N., le *puy de la Vache*, duquel descendent vers l'E. deux vastes coulées de lave : l'une a barré la vallée de la *Veyre* et a ainsi donné naissance au beau lac d'*Aydat*; l'autre a formé les plateaux de *la Serre* et de *Gergovie*, où Vercingétorix triompha de César. Le *puy de Dôme* (1 465 mètres) était autrefois couronné par un temple de Mercure Dumiate et porte depuis 1876 un observatoire; à son flanc N. est accolé le *Petit puy de Dôme* (1 268 mètres), dont le cratère régulier et tapissé de verdure est dit *Nid de la Poule*. Le voisinage de ces deux cimes a donné lieu au dicton d'Auvergne :

Si Dôme était sur Dôme,
On verrait les portes de Rome.

Puis viennent le *puy de Côme* avec ses deux cratères (1 465 mètres), voisin des mines de plomb de *Pontgibaud;* le *puy de Pariou* (1 210 mètres) dont l'ancien cratère a 310 mètres de diamètre; le *puy de la Nugère* (994 mètres), dont les flancs sont tapissés par une coulée de lave d'où l'on extrait la pierre noire de *Volvic*, avec laquelle ont été bâties Clermont-Ferrand et Riom. Le sol s'abaisse au N. de cette dernière ville, qui n'est déjà plus qu'à 35 mètres au-dessus des mers, et l'on cesse d'y rencontrer des volcans éteints. Les montagnes s'abaissent aussi à mesure que l'on se rapproche de la rive gauche de l'Allier, puisque Issoire n'est qu'à 399 mètres d'altitude.

Entre l'Allier et la Dore se trouve un plateau boisé qui atteint 1 094 mètres au *signal de Lair*, près de *Saint-Germain-l'Herm*. Au-delà de la Dore, la *chaîne granitique du Forez* sépare le bassin de la Loire de celui de l'Allier; mais tandis que les monts du Forez s'abaissent en pentes douces et verdoyantes vers le *Lignon*, ils sont abrupts et sauvages sur le flanc auvergnat; leurs plus hauts sommets sont la cime chauve de *Pierre-sur-Haute* (1 640 mètres), du *pic de Procher* (1 543 mètres), du *puy Gros* (1 434 mètres); ils se continuent au N. par le massif des *Bois-Noirs*, couronnés par de sombres forêts de pins, de hêtres et de sapins, que domine le *puy de Montoncel* (1 292 mètres), haute pyramide triangulaire qui se dresse à la limite de trois provinces, l'Auvergne, le Bourbonnais, le Forez. La haute vallée de la Dore est l'ancien pays de Livradois (cant. Ambert); plus adonnée aux industries du papier, des toiles, des dentelles qu'à l'agriculture, elle a de la peine à nourrir ses habitants, dont une partie émigre chaque hiver; elle présente cependant de jolis vallons secondaires, comme celui de la *Durolle*, où la pittoresque ville de *Thiers* s'étage sur les flancs du *Besset*. La grasse *Limagne* est un ancien bassin lacustre, épuisé par l'Allier, large de 20 kilomètres au N. de Clermont, de 1 à 2 kilomètres seulement entre Clermont et Issoire; les vignes des coteaux servent à couper les vins du Midi; les blés de la plaine sont transformés en pâtes alimentaires; les betteraves alimentent de nombreuses sucreries; au N.-O., le puy de Dôme partage avec la Creuse les tristes plateaux du *Combrailles*; au S.-O., le plateau de

DÉPARTEMENT DU PUY-DE-DÔME

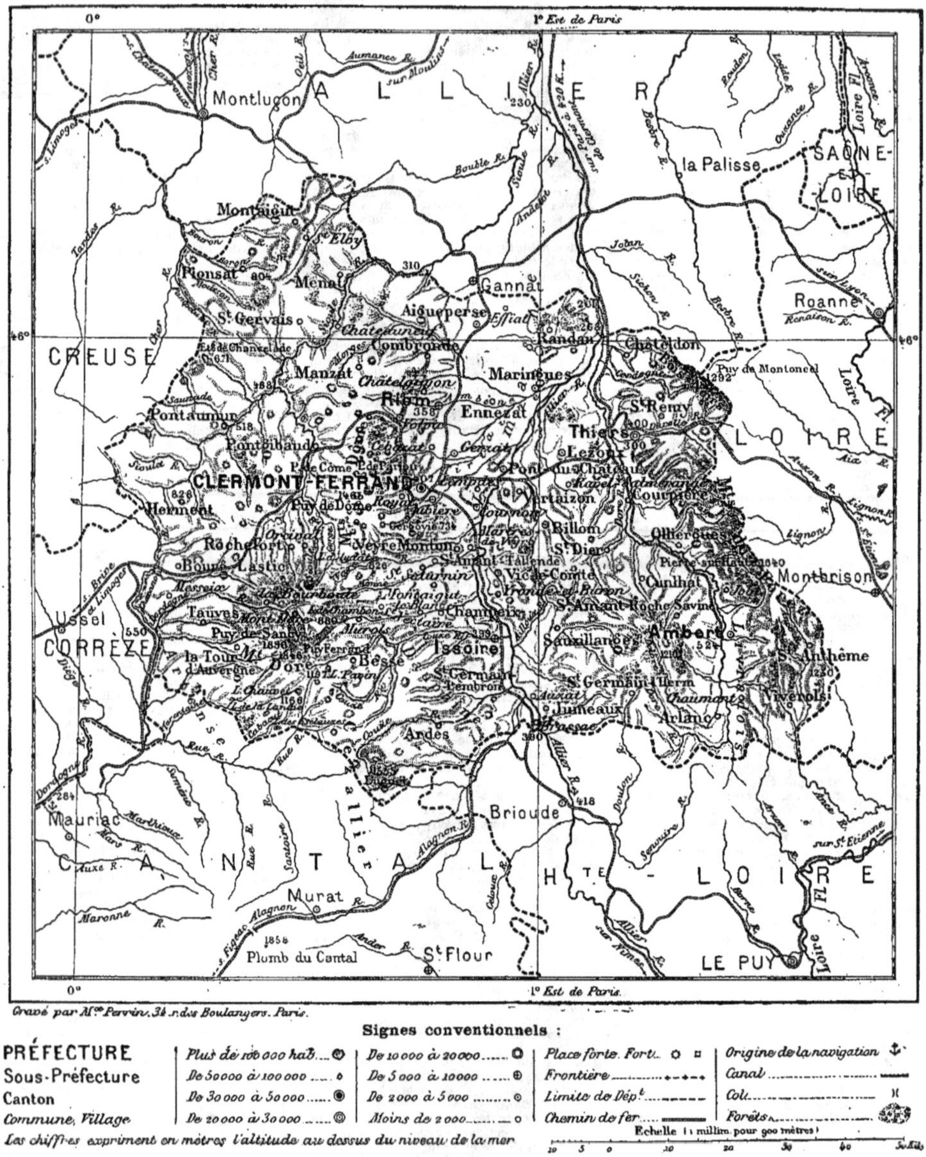

l'*Artense* limite le département et réunit le mont Dore au Cantal.

L'*Allier* et ses affluents arrosent la plus grande partie du Puy-de-Dôme; plus puissant et plus long que la Loire, quand il lui apporte ses eaux, l'Allier entre de la Haute-Loire dans le Puy-de-Dôme à *Brassac*, dont le bassin houiller (210 000 tonnes) est le onzième de France, devient navigable près d'*Issoire*, fière de son église romane, passe à *Pont-du-Château* (ruines du château de Canillac) et sort du département après son confluent avec la Dore. Il reçoit, à gauche : 1° L'*Alagnon*, dont presque tout le cours est dans le Cantal. 2° Les *Couzes* (nom générique signifiant torrent), qui sont au nombre de trois : la *couze d'Ardes*, qui descend du Luguet; la *couze Pavin*, qui sort du lac Pavin, traverse *Besse-en-Chandess* et *Issoire*; la *couze de Chambon*, naît à l'O. du lac Chambon qu'elle traverse, passe au pied des châteaux ruinés de *Murols*, de *Montaigut-le-Blanc*, et arrose Champeix. 3° La *Veyre*, grossie de la *Monne*, sort du lac d'Aydat et passe non loin de *Saint-Amant-Tallende* et de *Veyre-Monton*. 4° La *Morges* est surtout importante par son affluent, le *Bedat*, qui prend naissance au puy de la Nugère, arrose *Volvic*. Le *Bedat* reçoit à droite la *Tiretaine*, qui traverse *Royat* et *Clermont-Ferrand*; à gauche l'*Ambène*, qui passe à *Riom*. 5° La *Sioule*, écoulement souterrain du *lac de Servière*, baigne *Pontgibaud*, coule près de *Menat* et entre dans le département de l'Allier. Elle reçoit : à gauche, le *Sioulot*, qui arrose *Orcival* (église du XIe siècle); le *Sioulet*, qui arrose *Pontaumur*, au confluent de la *Saunade*; la *Bouble*, qui passe aux houillères de *Saint-Eloy*, non loin de *Montaigut-en-Combrailles* et coule ensuite dans le département de l'Allier. A droite, la *Sioule* ne reçoit guère que le ruisseau de *Gorge*, qui tombe des cascades de *Saliens*. Les affluents de droite de l'Allier sont : 1° l'*Eau-Mère*, qui passe à Sauxillanges; presque à son confluent avec l'Allier l'*Eau-Mère* est grossie de l'*Ailloux*; 2° la *rivière de Margnat*, recevant le ruisseau qui arrose *Billom*; 3° la *Dore*, qui descend des hauteurs qui environnent *Saint-Germain-en-l'Herm*, coule d'abord au S.-E., décrit un arc de cercle et se dirige ensuite vers le N., arrose *Ambert*, *Olliergues*, *Courpière*, recevant à gauche la *Dolore*, qui passe à *Arlanc*; à droite, la *Faye*, la *Durolle*, qui baigne *Thiers*, la *Cerdogne*, qui vient du *puy de Montoncel*. Des monts du Forez, le département envoie directement à la Loire le haut cours de l'*Arzon* et de l'*Ance du Nord*. Au *Cher*, qui lui sert de limite pendant quelques kilomètres, il fournit les torrents du *Pampeluze*, du *Mousson*, du *Boron*; à la Dordogne, descendent du mont Dore le *Chavanon*, la *Burande* et la *Rue*, grossie de la *Tarantaine*.

Le département du Puy-de-Dôme appartient au climat du plateau central, qui est dur et sans transitions entre le chaud et le froid, comme celui des Vosges. Il se rapproche donc des climats continentaux, ce qui est dû à son altitude. Le baromètre ne monte à Clermont-Ferrand qu'à 727mm,835, tandis qu'à Paris il s'élève à 757mm,639. La température moyenne est de + 11°; à Clermont cette même température s'élève à + 13°,89. Les nuits et les matinées sont souvent froides. Dans les vallées la neige reste peu sur le sol; mais dans la montagne elle dure six à sept mois, d'octobre à avril. Les pluies sont plus abondantes dans la plaine : la hauteur annuelle des pluies est de 0m,51, à Clermont et de 0m,80 à Ambert; c'est presque la moyenne de la France entière, 0m,77. Le vent dominant est celui qui souffle de l'O., et, comme celui du S.-O, il amène la pluie. Les vents du N. et du N.-O. sont froids et déterminent, au printemps, des gelées funestes aux arbres fruitiers, si nombreux dans les vallées.

Les terrains granitiques constituent les trois quarts du sol du département du Puy-de-Dôme. Les deux massifs des monts Dore et des monts Dômes qui se dressent dans la partie O. sont recouverts par les produits des volcans, dont les dernières éruptions ont dû avoir lieu à l'époque actuelle. La plaine de la *Limagne*, connue de tout le monde par sa fertilité, est le fond d'un ancien lac où se sont déposées les couches miocènes et des lambeaux d'alluvions modernes. La haute vallée de la Dore, formant le petit pays de *Livradois*, est constituée par les mêmes alluvions. Le terrain carbonifère est représenté dans le Puy-de-Dôme par les houillères de Brassac, exploitées depuis le XIIe siècle et qui fournissent des houilles grasses servant à la fabrication du coke, des charbons de forge et des houilles maigres que l'on mêle au goudron pour confectionner des briquettes utilisées dans le chauffage des machines à vapeur. A l'O. du département, et sur une ligne droite commençant à Mauriac (Cantal) et se dirigeant sur Moulins (Allier), se trouve une série de dépôts carbonifères qui, dans le Puy-de-Dôme, sont au nombre de cinq. Le plus important est celui de *Montaigut*, exploité à *Saint-Éloy*, *Vernade*, *Youx*, et qui atteint au centre du bassin une puissance de 15 mètres. Un peu au S., on rencontre d'abord le gîte d'anthracite de Combrailles, puis les houillères de Messeix et Singles.

Les montagnes du département du Puy-de-Dôme recèlent de nombreux filons métallifères. Près des hameaux de la Brousse et de Praval, commune de *Pontgibaud*, se trouvent des mines de galène argentifère. Ce même minerai existe dans d'autres localités : à Miremont, Saurier, Saint-Amant-Roche-Savine, Olmet, Singles, etc., etc. Les gisements de Gelles, Perpezat, Heume-l'Église, Saint-Gervais, etc., outre le plomb, contiennent du cuivre. L'arsenic, mêlé à l'argent, se rencontre à Saint-Sauves et à Auzat-le-Luguet. On trouve l'or et l'argent sur le territoire des communes de Tauves, la Tour, Bagnols, Rodde. Des mines de fer sont exploitées à Meisseix; des mines d'antimoine, à Meisseix, Auzat-le-Luguet, Perpezat, Saint-Sauves, etc. Les environs de Sauvagnat donnent du cuivre et Chabetoux du sulfate de baryte. Riom, Lussat, Chamalières, Malentrat, Pont-du-Château, etc., fournissent du bitume. Le sol renferme de l'alun à Boudes. On exploite des mines de tripoli au mont Dore, qui possède aussi des mines d'alun et de soufre. Le Puy-de-Dôme fournit aussi des pierres précieuses : améthyste (Vernet, Châteauneuf, Champagnat-le-Jeune, etc.), de l'hyacinthe (puy de la Tache), des rubis (Manzaly, Saint-Pardoux) de l'opale, de la calcédoine, des agates. Volvic est connu pour ses carrières de lave dont les produits ont la dureté du marbre et sont employés depuis le XIIIe siècle à la construction. On rencontre des carrières de pierre bleue à Montpensier, de plâtre à Saint-Maurice. Sur d'autres points du département, il y a de la marne; le puy de Dôme est composé de dormite.

Les sources minérales sont nombreuses dans le département. Les plus importantes sont : 1° Celles du *mont Dore*. On en compte huit dont la plus abondante est la source Bertrand. Leurs eaux, dont la température est de 45°, renferment du carbonate de soude et de l'arséniate de soude. Les malades y viennent de tous les points de l'Europe du 15 juin au 14 septembre. Elles sont surtout recommandées contre les affections des voies respiratoires. 2° Les eaux de la *Bourboule*, bicarbonatées sodiques, et dont la température s'élève à 52°. 3° Les eaux thermales de *Saint-Nectaire-le-Haut* et de *Saint-Nectaire-le-Bas*, chlorurées sodiques, ferrugineuses et gazeuses. 4° Les sources de *Saint-Allyre*, à Clermont, dont les eaux incrustantes ont formé, sur la Térétaine, deux ponts. Près de Clermont se voit la source froide du Puy-de-la-Paix, riche en bitume, et celles de *Royat*. On trouve également des sources minérales à *Châteauneuf*, à *Châtelguyon-les-Bains*, à *Rouzat*, *Châteldon*, etc., etc.

Au point de vue agricole, le Puy-de-Dôme se divise en trois zones. I° La plaine (250 à 400 mètres d'altitude) comprend la *Limagne* (vallée de l'Allier) et le *Livradois* (vallée de la Dore). La Limagne, « diaprée de la verdure de ses prairies et de l'or de ses moissons », produit du blé, des betteraves, du chanvre, des noix, des pommes dites *de bateau* à Paris, des abricots, du vin de médiocre qualité. II° La seconde zone (400 à 1 200 mètres d'altitude) produit du sarrasin, du seigle et de l'orge. III° La troisième zone (au-dessus de 1 200 mètres) est la région des pâturages et des forêts, fréquentes surtout dans les arrondissements d'Ambert et de Thiers.

L'agriculture du département du Puy-de-Dôme est en progrès, et le sol fertile de la Limagne donne des blés durs qui sont employés à la fabrication des pâtes alimentaires. On cultive, en outre, le seigle, l'orge, l'avoine et le sarrasin. La pomme de terre n'est pas plus délaissée que la betterave, qui sert à fabriquer le sucre, notamment à Bourdon. Le chanvre est un produit important qui est transformé en toiles très recherchées. L'E. et l'O. du département possèdent de vastes pâturages qui s'étendent sur le flanc des montagnes et qui nourrissent des vaches, dont le lait sert à faire des fromages connus sous le nom de *fourme*. Ces vaches sont sous la garde d'un vacher; tout le jour, elles errent sur la montagne; mais, le soir, elles se rassemblent autour de la hutte du berger; cet abri se nomme *buron*, dans les monts Dore, et *jasserie*, dans les montagnes qui dominent le Livradois. Le Puy-de-Dôme cultive aussi la vigne et fournit du vin rouge et du vin blanc, dont la moitié environ est exportée. Les pommes de la Limagne sont de bonne qualité et se conservent très bien; aussi s'exportent-elles dans la plus grande partie de l'Europe. Il en est de même des poires, des pêches, des abricots, des cerises. Riom et Clermont sont renommés pour leurs fruits confits et leurs pâtes d'abricots.

On élevait autrefois dans l'Auvergne une très bonne race de chevaux à poil gris de fer et haute de taille; mais il y a avantage pour le cultivateur de cette contrée à produire des mulets ou des bêtes bovines. Celles-ci peuvent être divisées en trois groupes : 1° La race de *Besse* et de *Brione*, branche de celle de Salers. 2° La race *ferrandaise*, répandue dans la Limagne et sur les montagnes de l'O. avoisinant Rochefort et Lataux. 3° La race *forézienne*, des environs d'Ambert et de Thiers.

Les moutons sont élevés sur les parties des montagnes où ne peuvent atteindre les bovidés. La chaîne du puy de Dôme nourrit une race connue sous le nom de *rava*, qui se contente de maigres pâturages, mais donne une laine grossière. On l'a croisée avec les races du Quercy. Les porcs sont de races mêlées; celle qui domine est blanche et de grande taille; puis, viennent les porcs noirs et blancs élevés dans les forêts du Bourbonnais. Dans ces dernières années, on a introduit des porcs anglais.

Les nombreux étangs que l'on rencontre dans l'O. du département nourrissent la carpe, la tanche, la perche et le brochet. Le lac Pavin a été peuplé de truites, et les ruisseaux qui descendent des montagnes en contiennent aussi un grand nombre. Une école de pisciculture a été établie à Clermont et fournit des truites, des saumons et de l'ombre aux propriétaires qui veulent peupler leurs cours d'eau.

L'industrie du département est de deux espèces : 1° celle dont la matière première est fournie par la montagne et qui comprend, outre l'exploitation des mines et carrières, la grosse *coutellerie* de Thiers et la fabrication des fromages d'Auvergne; 2° celle qu'alimentent les produits de la plaine et qui comprend les *papeteries* de Thiers, de Chamalières, d'Ambert; les *camelots* de Cunlhat; les *dentelles* d'Arlanc; les *étamines* d'Olliergues; les *filatures* de Billom et de Sauxillanges; les *poteries* d'Issoire; les *mégisseries* de Riom; les *pâtes d'abricots* et les *semoules* de Clermont.

Huit chemins de fer traversent le département; ce sont ceux de Saint-Germain-des-Fossés à Nîmes, de Clermont à Saint-Etienne, de Clermont à Tulle, de Montluçon à Largnac, de Montluçon à Gannat, de Lapeyrouse aux houillères de Saint-Eloy, de Vertaizon à Billom, de Saint-Germain-des-Fossés à Ambert. La densité de la population (72 hab. par kilom. car.) est presque la densité moyenne de la France (73 hab.). Le département est peuplé par les descendants des Arvernes, Celtes comme les bas Bretons, bruns, trapus, brachycéphales; ils sont rudes, mais francs, et vont à la fortune par le labeur et l'économie. Lors de la conquête romaine, ils furent, sous Vercingétorix, les derniers défenseurs de l'indépendance gauloise, victorieux un instant sur le plateau de Gergovie; l'un des leurs, Critognat, proposa dans Alésia de se repaître de la chair des vieillards pour prolonger la résistance. Plus tard, la légion de l'*Alouette*, qui avait sur son casque cet oiseau aux ailes éployées, comptait beaucoup d'Arvernes qui firent, avec César, le tour de la Méditerranée. Sous Auguste, Clermont, dit *Augustonemetum*, eut sur le puy de Dôme son grand temple de Vasso ou Mercure, pour lequel Zénodore sculpta une statue colossale, célèbre dans l'antiquité. Saint Austremoine y prêcha le christianisme en 250; lors de la lutte contre Waifer et Pépin le Bref, Clermont fut incendié. L'Auvergne formait déjà un comté vassal du duché d'Aquitaine, que les deux mariages d'Éléonore firent passer successivement sous la suzeraineté du roi de France, puis sous celle de l'Angleterre. En 1155, des querelles féodales amenèrent le morcellement du pays en *terre d'Auvergne* (cap. Riom), réunie au domaine par la mort de Louise de Savoie (1531); en *dauphiné d'Auvergne* (ville princip. Issoire), réuni en 1527 par confiscation sur le connétable de Bourbon; en *comté d'Auvergne* (cap. Vic-le-Comte), qui appartint à la maison de la Tour d'Auvergne, aux Valois, et enfin à la couronne (1610). Les évêques de Clermont possédaient leur ville épiscopale à titre de comté, tandis que Montferrand, siège de la juridiction royale, en fut séparé jusqu'en 1731. Le Puy-de-Dôme a vu naître le chancelier Michel de l'Hospital, Blaise Pascal, le poète Delille, le général Desaix et les *derniers Montagnards*, Romme et Soubrany.

Le Puy-de-Dôme appartient au 13e corps d'armée (Clermont-Ferrand), à la cour d'appel de Riom, à l'Académie de Clermont-Ferrand; il forme l'évêché de Clermont-Ferrand, suffragant de Bourges. Il comprend cinq arrondissements : 50 cantons, 469 communes. — Chef-lieu : *Clermont-Ferrand*, évêché. — S.-Préf. *Riom, Thiers, Ambert, Issoire*.

PUY-DE-DÔME, mont de nature volcanique, sans cratère, de la chaîne des Puys, à l'O. et près de Clermont-Ferrand. Donne son nom à un département. (V. *Puy*.)

PUY-LAURENS, 4945 hab. Ch.-l. de c., arr. de Lavaur (Tarn).

PUY-L'ÉVÊQUE, 2270 hab. Ch.-l. de c., arr. de Cahors (Lot). Ch. de fer d'Orléans.

PUYMIROL, 1313 hab. Ch.-l. de c., arr. d'Agen (Lot-et-Garonne).

PUYSÉGUR (MARQUIS DE) (1655-1743), maréchal de France sous Louis XV. — PUYSÉGUR (COMTE DE) (1727-1807), fils du précédent, ministre de la guerre en France en 1788.

PYDNA, capitale de l'ancienne Macédoine, sur le golfe Thermaïque. Victoire de Paul-Émile sur Persée (168 av. J.-C.)

PYGARGUE (g. πυγή, croupe + ἀργός, blanc), *sm.* Genre d'oiseaux de l'ordre des Rapaces, de la famille de l'Aigle, et qui se distingue de ce dernier animal en ce que ses tarses sont emplumés seulement à la partie supérieure. Les serres du pygargue sont très puissantes, et sa vue est si perçante, que du haut des airs il aperçoit les poissons qui nagent à la surface de l'eau : il se précipite alors sur sa proie avec une rapidité surprenante et manque rarement son coup. Les deux espèces principales de pygargue sont : 1° Le *pygargue d'Europe* ou *orfraie* (V. ce mot), qui habite les régions froides du globe, et est de passage chez nous en automne et au printemps parce qu'il suit les bandes d'oies qui émigrent vers le S. ou retournent vers le N. Le pygargue vit surtout de poissons; mais ceux qui ont pour habitat les steppes de la Russie se nourrissent de rongeurs, d'oiseaux, etc. 2° Le *pygargue à tête blanche*, appelé encore *aigle à tête blanche*, se rencontre surtout dans l'Amérique du Nord et niche sur le sommet des arbres élevés. Son genre de vie est à peu près le même que celui de l'espèce précédente; mais, plus fort qu'elle, il parvient à capturer

PYGARGUE

des phoques; c'est cependant un animal peu courageux, car il fuit devant les attaques incessantes du roitelet. Le pygargue à tête blanche a été pris comme emblème par les États-Unis d'Amérique.

PYGMALION, sculpteur de Chypre, s'éprit d'une statue de Galatée qu'il avait faite, obtint que Vénus l'animât et l'épousa.

PYGMALION, roi de Tyr, frère de Didon, assassina Sichée, mari de cette dernière, fut empoisonné par sa femme Astarbé.

PYGMÉE (g. πυγμᾶιος : de πυγμή, mesure de 0m,338). Nom donné par les anciens à un peuple imaginaire d'Afrique dont la taille n'était que d'une coudée, qui combattait contre les grues et coupait le blé avec une cognée. (Myth.) — Fig. Individu de très petite taille. || Homme infime ou sans mérite qui s'attaque à quelqu'un de puissant ou d'illustre.

PYLADE, roi de Phocide, fidèle ami d'Oreste dont il épousa la sœur Electre. — Fig. Ami intime et inséparable.

PYLÔNE (g. πυλών, grande porte), *sm.* Ensemble de deux massifs de maçonnerie en forme de pyramides quadrangulaires tronquées qui flanquait la porte placée en avant des vestibules à colonnes des anciens temples égyptiens. On admire surtout en Égypte les pylônes du Ramesseum de Louqsor, des ruines de Karnak, du temple d'Edfou.

PYLONE

PYLORE (g. πυλωρός, portier : de πύλη, porte + ὤρα, garde), *sm.* Orifice droit et inférieur de l'estomac (V. ce mot), qui le met en communication avec la partie de l'intestin dite duodénum. — **Dér.** *Pylorique*.

PYLORIQUE (*pylore*), *adj.* 2 *g.* Qui appartient, qui a rapport au pylore.

PYLOS, nom de trois anciennes villes du Péloponèse respectivement situées en Elide, en Triphylie et en Messénie et dont chacune prétendait avoir été la capitale de Nestor.

PYRACANTHE (g. πῦρ, feu + ἄκανθα, épine), *sf.* ou **buisson ardent**. Plante d'ornement, du midi de la France et qui appartient au genre cratœgus de la famille des Rosacées. C'est un arbrisseau épineux, à feuilles ovales lancéolées presque persistantes; ses fleurs, qui s'épanouissent en mai, sont blanches, teintées de rose, et donnent naissance à des fruits d'un rouge de feu qui produisent un très joli effet à l'automne.

PYRALE (g. πυραλίς), *sf.* Genre de petits papillons nocturnes, dont une espèce, la pyrale de la vigne, d'un roux fauve, ayant sur chaque aile supérieure quatre bandes transversales brunes et qui, à l'état de chenille, cause parfois de grands ravages dans les vignes. Ces chenilles tournent les feuilles en cornets dont elles rongent l'intérieur et où elles demeurent couchées depuis leur sortie de l'œuf jusqu'à leur dernière métamorphose. D'autres espèces de pyrales habitent nos vergers et y causent des dégâts.

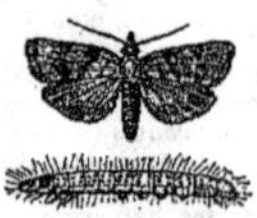

PYRALE DE LA VIGNE

PYRAME, jeune homme de Babylone qui se tua, croyant à tort que sa fiancée Thisbé avait été dévorée par un lion. Celle-ci, ne voulant pas lui survivre, se tua également.

PYRAMIDAL, ALE (l. *pyramidalem*), *adj.* Qui est en forme de pyramide. — *Sf.* Campanule qui s'élève en forme de pyramide. (Bot.)

PYRAMIDE (g. πυραμίς, gâteau conique offert aux morts, par le latin *pyramidem*), *sf.* Volume polyédrique ayant pour base un polygone quelconque et pour faces latérales des triangles dont les sommets aboutissent en un même point, qui est le *sommet de la pyramide*. On appelle *hauteur* de la pyramide la perpendiculaire H abaissée du sommet sur le plan de la base. La pyramide peut être triangulaire, quadrangulaire, pentagonale, etc. Le volume d'une pyramide s'obtient en multipliant le tiers de sa base par sa hauteur. || *Tronc de pyramide*, le volume qui reste quand, après avoir coupé une pyramide par un plan parallèle à sa base, on enlève la petite pyramide qui résulte de cette section. Le volume d'un tronc de pyramide est égal à la somme de trois pyramides ayant pour hauteur commune celle du tronc, pour bases respectives la base inférieure du tronc, sa base inférieure et une moyenne proportionnelle entre ces deux bases. || Monument ayant la forme d'une pyramide régulière, à base rectangulaire. Les trois pyramides, considérées comme une des merveilles du monde ancien, sont celles qu'élèvent sur le plateau de Gizeh, pour leur servir de tombeaux, trois rois de la IVe dynastie, Kléops, Khéphren et Mykérinos. Ils les construisirent près de Memphis, sur la rive gauche du Nil. La plus haute, celle de Kléops, s'élève à 147 mètres, sur une base de 232 mètres; sa masse est de 2560000 mètres cubes. Elle n'est pas cependant le plus haut monument du globe; elle est dépassée par la tour Eiffel, l'obélisque de Washington, le Munster de Cologne, le clocher de la cathédrale de Rouen et celui de Strasbourg. La pyramide de Khephren est haute de 138 mètres; celle de Mykérinos de 66. Toutes les trois sont orientées avec une telle précision, qu'elles pourraient servir de gnomons pour déterminer les solstices, les équinoxes, la durée de l'année solaire. Autrefois on ne voyait pas, comme aujourd'hui, les assises de leurs gradins, parce qu'elles avaient un revêtement de pierre poli, brillante comme le marbre. Elles ne sont pas d'ailleurs les seuls monuments de ce genre. Entre la basse Égypte et le delta du Nil, on en compte une centaine, divisées en 4 groupes, ceux d'Aboukir, de Gizeh, de Sakkara et de Daschour. Plus hauts parfois que la pyramide de Mykérinos, ces monuments sont faits de briques crues qui tombent en ruines. Ils sont construits sur le revers oriental du plateau montagneux qui sépare le Nil du désert de Libye, si bien qu'on a pu y voir une continuation artificielle de la chaîne libyque, destinée à arrêter les sables du désert. Les Chaldéens imitèrent les Égyptiens : la tour de Babel était une pyramide à sept terrasses, consacrées chacune à un dieu différent et peinte de la couleur propre à ce dieu. — *Bataille des Pyramides*, celle que gagna le général Bonaparte sur les Mamelouks, le 21 juillet 1798. — Forme donnée par les horticulteurs à des arbres en plein vent. — **Dér.** *Pyramidal, pyramidale, pyramider*.

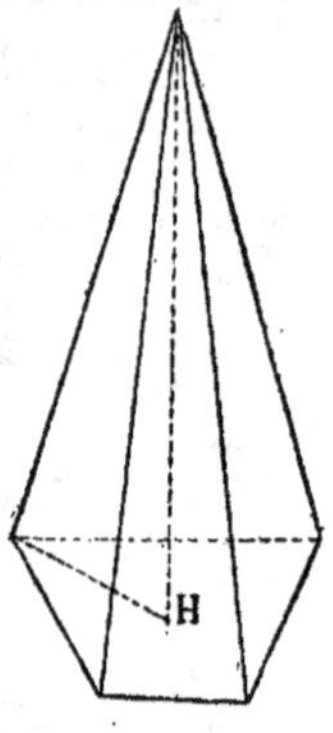

PYRAMIDE

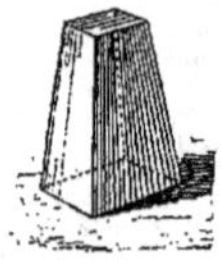

PYRAMIDE TRONQUÉE

PYRAMIDER (*pyramide*), *vi.* Former la pyramide. || Être disposé en pyramide.

PYRÉNÉEN, ENNE, *adj.* Des Pyrénées.

PYRÉNÉES (CHAINE DES). Massif de montagnes s'étendant en ligne droite et parallèlement à l'équateur du cap Creus sur la côte O. de la Méditerranée au cap Finistère qui se projette dans l'océan Atlantique. Cette chaîne a une longueur de 800 kilomètres et une largeur moyenne de 120. Les Pyrénées se divisent en *Pyrénées océaniques* ou *espagnoles* et *Pyrénées continentales* ou *françaises*. — I. **Pyrénées espagnoles**. Du cap Finistère au col de Goritty, elles se subdivisent en Pyrénées galiciennes, asturiennes, et biscayennes; elles sont plus basses, mais plus sauvages et moins abordables que les Pyrénées françaises; elles dépassent la limite des neiges éternelles aux sommets de la Peña de Peñaranda (3 362 mètres), de la Peña de Peñamarella (2885 mètres). Elles sont coupées par deux cols principaux : celui de Pajarès, de Léon à Oviedo; celui de Piedrahita, de Lugo à Astorga. Elles sont riches en houille, en fer et en marbre. On y montre aux patriotes la caverne de Cavadonga, où se réfugia Pélage après la défaite des Goths sur la Guadalète. — II. **Pyrénées françaises**. Cette chaîne s'étend sur 450 kilomètres de la mer de Biscaye à la Méditerranée, barrant l'isthme qui unit les régions française et hispanique. Elle est composée, en majeure partie, de schistes calcaires appartenant à la période paléozoïque; elle contient encore au N. et à l'E. des granits; elle est bordée au N. par une bande de terrain crétacé qui la relie aux terrains crétacés des plaines voisines. Elle forme deux grandes arêtes qui, de la Navarre et de la Catalogne, vont au-devant l'une de l'autre et se rapprochent, sans se rejoindre, au val d'Arran; elle ressemble au Caucase, par la direction de son axe, la hauteur de ses cols (2 000 mètres en moyenne); de loin, elle découpe sur le ciel une série de dents aiguës, comme les sierras (l. *serra*, scie) de la péninsule. Les cols y sont dits *ports*, car ce ne sont le plus souvent que des passes par lesquelles les hardis contrebandiers *portent* leur pacotille d'un versant à l'autre. Au centre de la chaîne sont des cirques semblables aux montagnes lunaires, nommés par les indigènes *oules* (l. *olla*, marmite). Les Pyrénées françaises se subdivisent en Pyrénées occidentales, centrales et orientales. — 1° *Pyrénées occidentales*, du col de Goritty au mont Perdu. On y relève la montagne de la *Rhune* (900 mètres), dont l'impératrice Eugénie aimait à prendre le surnom dans ses voyages incognito; le pic d'Orhy (2 016 mètres), le pic d'Anie (2 504 mètres), le pic du Midi d'Ossau (2885 mètres), qui domine la belle vallée d'Ossau, visitée par les baigneurs des Eaux-Bonnes et des Eaux-Chaudes; le pic du Midi de Bigorre (2 877 mètres), avec son observatoire dû à la persévérance du général de Nansouty. Après le Grand Vignemale (3 290 mètres), voisin de Cauterets et du lac de Gaube, viennent les beaux cirques d'Estaubé, de Troumouse, de Gavarnie, d'où jaillit en cascade le gave du Pau; au-dessus l'on aperçoit le Casque du Marboré (3 006 mètres), et la Brèche de Roland (2897 mètres), ouverte, d'après la légende, par la Durandal du neveu de Charlemagne. Les plus hauts sommets, le Cylindre du Marboré (3 327 mètres), le mont Perdu (3 352 mètres), escaladé par Ramond en 1802, le Posets (3 367 mètres), sont en Espagne. Les trois cols principaux de cette section sont : le col de Maya, au pied de la Rhune, entre Pampelune et Bayonne; le col de Roncevaux, dit aussi d'Ibañeta, à travers le val Carlos, entre Pampelune et Saint-Jean-Pied-de-Port; le col de Canfranc ou de Somport (*Summus Portus*), au pied du pic d'Aspe, de Jacca à Oloron. — 2° *Pyrénées centrales*, du mont Perdu au pic de Carlitte, les Pyrénées ressemblent aux Alpes Pennines par leur constitution géologique et leurs glaciers; elles envoient leurs eaux à la Garonne, qui jaillit du sol à l'admirable *Goueil de Joueou* (œil de Jupiter); audessus est le massif du mont Maudit ou Maladetta avec le pic du Milieu (3 354 mètres), et le Néthou (3 404 mètres), point culminant du massif pyrénéen. Au delà de la Garonne et sur le revers du N.-E. du val d'Arran se dressent la pique d'Estats (3 140 mètres), le mont Calm (3 080 mètres), et la belle pyramide du mont Vallier (2839 mètres). En avant s'étendent les Petites Pyrénées, dont on visite les entonnoirs calcaires et les grottes du Mas-d'Azil. Les forêts sont encore parcourues par l'ours et l'isard. Les deux cols principaux sont celui d'Oo, avec son laquet bleu, et celui de Venasque, qui débouchent à Bagnères-de-Luchon. — 3° *Pyrénées orientales*, du pic de Carlitte au cap Creus. Elles envoient vers la France quatre ramifications : les Corbières orientales, les Corbières occidentales, le massif du Canigou, isolé entre le Tech et le Tet (2785 mètres); les monts Albères, ainsi nommés de leur blancheur, jusqu'au cap Creus, tandis que les Pyrénées propres finissent à la pointe Cerbère. Les plus hauts sommets sont : le Carlitte (2 921 mètres), le Puigmal (2 909 mètres), le pic des Treize-Vents (2 763 mètres). Les cols principaux sont celui de Puymorens, qui contourne le Carlitte, de Foix à Puigcerda, par la république d'Andorre; le col de la Perche, de Puigcerda à Mont-Louis, et le col du Pertus de Girone et Figuières à Perpignan.

PYRÉNÉES (BASSES-) (DÉPART. DES), 762 266 hect., 432 999 hab. (V. carte p. 67). Département formant exactement l'angle sud-ouest de la France. Il est compris entre 2° 15′ et 4° 09′ de longitude O. et entre 42° 45′ et 43° 50′ de latitude N. Il tire son nom des Pyrénées occidentales, dont l'altitude décroît à mesure que l'on se rapproche de l'Océan, et qui sont par conséquent plus *basses* dans cette partie de la France. Il a été formé en 1790 du *Béarn* propre, qui en fournit les deux tiers; du *pays basque*, subdivisé en *Soule* et *Labourd*; de la *basse Navarre*, dont les principales vallées sont celles de *Cize* et de *Baïgorry*. Sa plus grande longueur est de 146 kilomètres de l'E. à l'O., de Castéide-Doat (canton de Montaner) à Hendaye. Sa plus grande largeur est de 90 kilomètres du N. au S., de Sault-de-Navailles (canton d'Orthez) à Somport (port de Canfranc). Il est borné au N. par le département du Gers et celui des Landes; à l'E. par celui des Hautes-Pyrénées, dont il enveloppe complètement cinq communes en deux enclaves (Luquet, Gardères, Séron, Escaunets, Villenave); au S. et au S.-O. par l'Aragon et la Navarre espagnole, dont le sépare à peu près la crête des Pyrénées, sauf au val d'Iraty, où la France empiète sur l'Espagne, qui, à son tour, possède le haut du *gave d'Aspe* et les vallées d'affluents de la *Nive* et de la *Nivelle*. La basse Bidassoa est seule franco-espagnole; à l'O., la limite est le golfe de Biscaye ou de Gascogne. Le département forme une pyramide dont la base serait un quadrilatère et dont le sommet est au pic de Mourrous, près de celui du Midi d'Ossau. Il appartient presque entièrement au bassin de l'Adour, à l'exclusion de la Nivelle et de la Bidassoa, petits fleuves côtiers, et de quelques affluents de l'Èbre. Les Pyrénées occidentales, par elles-mêmes ou leurs contreforts, servent de limite au bassin de l'Adour et de ses affluents. Elles appartiennent au département depuis le pic de Mourrous (2 977 mètres) et forment sa limite méridionale. A partir de ce point, on rencontre, en s'avançant vers l'O. : le *pic du Midi d'Ossau* (2885 mètres), remarquable par sa double pointe et ses flancs escarpés; il est séparé du *pic d'Aspe* (1 632 mètres) par le col de Canfranc; les monts du pays basque, moins élevés, dont les neiges fondent en été et dont les sommets les plus importants sont : les pics d'*Anie* (*Ahuñemendi*, mont du Chevreau en langue basque), (2 504 mètres); d'*Orhy* (2 016 mètres); des *Escaliers* (1 418 mètres); de *Leiçar-Atheca* (1 409 mètres); du *Mondarrain* (750 mètres); de la *Rhune* ou *Larrun* (900 mètres). Sur des contreforts perpendiculaires à la chaîne principale, dirigés du S. au N., sont des sommets presque égaux en hauteur à ceux de l'arête principale; ce sont les pics d'*Ereçu*, entre Oloron et Mauléon, le pic d'*Andarte* (1 632 mètres), le pic de *Gabizos* (2 051 mètres). Les ports (V. *Chaîne des Pyrénées*) ne sont souvent que des passes de contrebandiers où dans les tourmentes « le fils n'attend pas son père ». On y trouve cependant des cols plus accessibles, tels sont ceux de Maya, de Roncevaux ou d'Ibañeta, que défend Saint-Jean-Pied-de-Port, de Somport ou de Canfranc, barré par le fort d'Urdos. Les vallées principales, séparant ces contreforts septentrionaux, sont, de l'E. à l'O., celles de l'Ousse, du gave de Pau, d'Ossau, d'Aspe, de Barétous, de Josbaig, de Soule, de Cize, de Baïgorry, d'Ossès, de la Nive et de la Nivelle. Les sommets des Pyrénées sont formés par les terrains de transition (cambrien, silurien, dévonien), entrecoupés, surtout à l'O., par le trias. On remarque dans les départements deux massifs de terrains cristallins : l'un situé à l'E. et qui constitue le pic du Midi d'Ossau; l'autre au S. de la bastide de Clarence. La pente septentrionale, et qui s'étend jusqu'au gave d'Oloron, est composée par le crétacé inférieur. Le reste du département appartient aux terrains miocène et pliocène; le fond de certaines vallées étant formé par des alluvions modernes. Au N., s'étalent en éventail, sur un plateau à peine raviné par les rivières, les débris des moraines des anciens glaciers. Les cours d'eau qui en descendent et que nous allons décrire rongent les coteaux de leur rive droite taillés à pic, tandis que la rive gauche s'abaisse en pente douce jusqu'aux eaux des rivières. Les côtes, de l'embouchure de l'Adour à celles de la Bidassoa ne sont plus bordées de dunes comme sur le littoral des Landes. Sans doute, une grande dune barra l'entrée de l'Adour de 1260 à 1579 et l'obligea de se déverser dans la mer, à travers l'étang de Soustons, au lieu dit Vieux-Boucau (*vieille bouche*); mais, au delà de la barre de la rivière fort améliorée par les travaux modernes, les côtes, fort rapprochées des Pyrénées, se découpent en baies rocheuses, où des vagues énormes, venues sans obstacle des rivages d'Amérique, montent à l'assaut des plages, en balayant tout ce qui s'en approche. On y relève sur l'Adour le port de Bayonne, avec son faubourg de Saint-Esprit; c'est le seul point de relâche depuis Arcachon. Biarritz a des rochers pittoresques et une plage fort renommée. Guéthary est un village de ces pêcheurs basques que n'effraye pas la *mer Sauvage*. Saint-Jean-de-Luz, défendu par le port de Socoa, ne voit plus ses marins s'embarquer pour la pêche de la baleine sur les côtes de Terre-Neuve, ou fonder, comme les Dieppois, des comptoirs en Guinée. Hendaye, aux bords de la Bidassoa, enrichi par ses eaux-de-vie, riant au soleil, regarde à l'autre bord Fontarabie, fière de ses ruines.

L'Adour n'appartient au département que depuis son confluent avec le gave de Pau, qui lui apporte plus d'eau que lui-même n'en roule; il reçoit, sur sa rive gauche, des affluents qui, la plupart, ne finissent pas dans le département. Ce sont le Larcis, grossi des deux Lées; le Gabas, qui vient du pic du Midi d'Ossau; le Luy, formé de la réunion des deux Luy de France et de Béarn; le gave de Pau qui entre dans le département au-dessus de Bétharram, sanctuaire délaissé pour celui de Lourdes; il passe à Coarraze, où fut élevé Henri IV, à Pau, où il naquit dans le château de Gaston Phébus, à Orthez, qui vend les jambons de Bayonne, à Peyrehorade. Il est accru sur sa gauche du gave d'Oloron, qui arrose Navarreux (chevaux renommés), Salies (eaux chaudes), grossi à son tour du gave d'Ossau (Eaux-Bonnes et Eaux-Chaudes), du gave d'Aspe et de la Saison ou gave de Mauléon. Puis viennent la Bidouze et la Nive qui, au débouché du port de Roncevaux, arrose Saint-Jean-Pied-de-Port. La Nive, dernier affluent, finit à Bayonne. La Nivelle se termine directement à Saint-Jean-de-Luz, comme la Bidassoa à Hendaye; cette dernière rivière entoure l'île des Faisans, où fut signé le traité des Pyrénées. L'Iraty a sa source en France et va alimenter l'Èbre. La plaine appartient par les Landes du Pont-Long, Montanerès, au Béarn, dont la partie montagneuse est constituée par les vallées d'Ossau et d'Aspe. Le pays basque présente des montagnes dans le pays de Soule et des coteaux abaissés dans le Labourd. Le sol de la plaine est argilo-calcaire, friable, rougi par l'oxyde de fer; il est riche en vignes et en blés; mais il n'est pas exploité comme il devrait l'être. De grandes landes, comme celles de Pont-Long, près de Pau, dites *touyaas*, couvrent près de 317 000 hectares de leurs fourrés d'ajoncs, de fougères et de bruyères diverses au milieu desquels croissent des chênes « tauzins ». Les paysans béarnais ne veulent pas défricher ces landes; ils en utilisent les plantes pour engraisser leurs champs et comme litière pour leurs bestiaux; elles sont parfois plus étendues et coûtent plus cher que les terrains de rapport. Le *maïs*, dont on fait une sorte de pain dit *méture*, est le fond de l'alimentation rustique. Le Béarn a des vins paillets, parmi lesquels le plus estimé est celui de Jurançon, près de Pau. D'après la légende, le grand-père de Henri IV lui en mit une goutte sur

DÉPARTEMENT DES BASSES-PYRÉNÉES

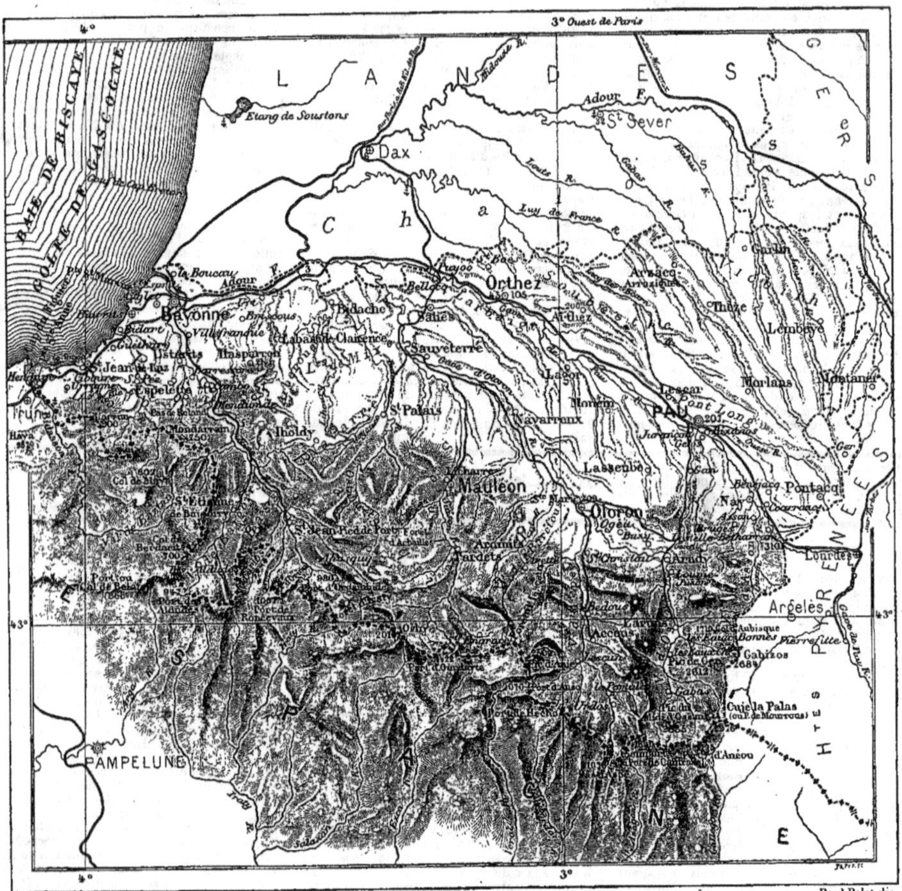

Signes conventionnels :

PRÉFECTURE	*Plus de 100 000 hab.*	*De 10 000 à 20 000*	*Place forte. Fort.*	*Origine de la navigation*
Sous-Préfecture	*De 50 000 à 100 000*	*De 5 000 à 10 000*	*Frontière*	*Canal*
Canton	*De 30 000 à 50 000*	*De 2 000 à 5 000*	*Limite de Dépᵗ*	*Col*
Commune, Village	*De 20 000 à 30 000*	*Moins de 2 000*	*Chemin de fer*	*Forêts*

Echelle (1 millim. pour 900 mètres) 10 5 0 10 20 30 40 50 Kil.

Les chiffres expriment en mètres l'altitude au dessus du niveau de la mer.

les lèvres à sa naissance. La région était autrefois couverte de forêts; mais la négligence des usagers et les défrichements les ont fait disparaître. Seules, les forêts de Gabas et d'Iraty méritent ce nom; encore la plus grande partie de cette dernière est-elle sur le versant espagnol.

Les chevaux des environs de Navarreux sont petits, étroits de formes, pleins de feu; ils servent à la remonte de la cavalerie légère et ont une variété rustique dans les chevaux basques. Les vaches de Barétous sont petites, mais bonnes laitières, comme celles de Lourdes, ce qui est rare et fort apprécié dans la région pyrénéenne. Les porcs, au corps trapu, aux soies presque noires, aux oreilles droites, ont été célébrés par Taine dans son *Voyage aux Pyrénées*; ils sont nombreux surtout autour d'Orthez, qui prépare les jambons de Bayonne. Les brebis, les chèvres remplacent par leur lait celui des vaches, qui fait un peu défaut. Les basses-cours sont riches en volaille.

Le feldspath des environs de Bayonne et

le kaolin de Louhossoa (canton d'Espelette) sont recherchés des porcelainiers. Le cuivre est exploité à Baïgorry, le fer à Bégossé, le plomb à la montagne d'Avre (commune de Laruns); mais l'exploitation minérale la plus importante est celle des salines de Briscous et de Salies. Par des trous de sonde de 30 à 50 mètres, les pompes amènent l'eau salée à la surface; elle est répandue sur des fascines qui se couvrent d'une croûte de sel. Les sources minérales sont moins importantes que celles des Hautes-Pyrénées; cependant les *Eaux-Bonnes* et les *Eaux-Chaudes* peuvent être comparées aux grandes stations thermales. La pierre de taille fait défaut; la plupart des églises sont construites avec les galets recueillis dans le lit des gaves. Bayonne a des fabriques de chocolats; Nay foule les bérets dont se coiffent les Basques; Oloron tisse les ceintures rouges avec lesquelles ils se serrent la taille. Les fabriques d'espadrilles, dont la semelle est de jute de l'Inde tressé et l'empeigne de toile, se rencontrent un peu partout. Orthez a des tanneries et une papeterie; Nay envoie des chapelets à Lourdes et à Bétharram. Le climat est fort doux, loin de la montagne; il est si salubre, que Pau, comme Nice, Pise et Alger, est fréquenté par les Anglais, les Américains et les Russes valétudinaires qui viennent chercher là une température moyenne de 20°, sans excès de froid ni de chaud, de sécheresse ni d'humidité. Dans tout le département, d'ailleurs, l'hiver est peu sensible et les froids de courte durée. Le printemps est pluvieux; mais, dit le proverbe gascon, « jamais pluie au printemps ne passe pour mauvais temps. » L'été est chaud, mais tempéré par les brises de mer et le voisinage des montagnes. La région appartient, du reste, au climat girondin. Aussi les lieux habités s'élèvent-ils fort haut dans la montagne. Gabas et Paillette, 1 500 mètres; Goust, 954 mètres; Aas, 787 mètres; Eaux-Bonnes, 780 mètres; Eaux-Chaudes; 673 mètres; Pau est à 205 mètres; Bayonne à 45 mètres au-dessus du niveau de la mer. Le département est traversé par cinq lignes de chemins de fer, appartenant à la Compagnie du Midi : de Bordeaux en Espagne par Bayonne, Biarritz, Saint-Jean-de-Luz, Hendaye; de Toulouse à Bayonne par Pau et Orthez; de Bayonne à Biarritz; de Pau à Laruns et Oloron-Sainte-Marie; de Puyso à Saint-Palais avec embranchement sur Tarbes.

Le nord du département est peuplé par les Béarnais, les compatriotes de Henri IV. Le S.-O. du département, Labourd, basse Navarre et Soule, est habité par les Basques ou Euscariens, descendants des anciens Ibères, race la plus vieille des Gaules, qui s'appellent entre eux *Eskualdunacs* (hommes à la main adroite). Cette population de montagnards, qui n'ont pas l'air de paysans, a de la souplesse et de la distinction dans les mouvements; le visage, correct, brille de joie et d'intelligence. Le Basque aime l'indépendance jusqu'au fanatisme. Il s'expatrie, et va dans le Venezuela, l'Uruguay, la République Argentine, qui comptent maintenant plus de Basques que la France elle-même. Dans certains villages, c'est une véritable fuite; le propriétaire part, insouciant et alerte, laissant sa récolte sur pied. On reconnaît là les descendants de ces marins qui, au moyen âge, allaient jusqu'à Terre-Neuve harponner la baleine. Leur dialecte agglutinant ne ressemble à aucune langue européenne; ils peuvent modifier les formes à l'infini pour marquer les temps et les circonstances.

A l'époque gauloise, le département était habité par les *Tarbelli* (vers Orthez), les *Sibyllates* (pays de Soule), les *Osquidates* (vallées d'Ossau, d'Aspe et de Barétous); les *Penarni* (Lescar); les *Monesi* (Moneins); les *Preciani* (Rechacq); les *Lassunni* (Lassuns). Sous Auguste, il fut englobé dans la Novempopulanie (Aquitaine IIIe), cap. Eauze (dans le Gers), sur le territoire des six cités de Dax, Bayonne, *Benarnum* (Lescar), Avre, Oloron, Tarbes. Après la chute de l'empire d'Occident, il fit partie du royaume des Visigoths jusqu'en 567, puis des royaumes mérovingiens d'Orléans, Soissons et Bourgogne. Sous les Carlovingiens, il dépendit du royaume d'Aquitaine; puis la féodalité l'emporte sur le pouvoir central et on voit apparaître le vicomté de Béarn en 819, la Navarre royale en 840, le vicomté de Dax en 980; le vicomté d'Oloron en 1004; de Montaner en 1032; de Labourd en 1059; d'Arberone, en 1080; d'Ossau avant le XIIe siècle; de Soule en 1120; de Baïgorry en 1108. A la fin du moyen âge, le Béarn devint la possession des comtes de Foix, puis de la maison d'Albret, à laquelle Ferdinand le Catholique enleva en 1512 le royaume de Navarre jusqu'aux Pyrénées et ne laissa que la basse Navarre. En 1589, à l'avènement de Henri IV, le Béarn, converti au calvinisme par Jeanne d'Albret, demanda le maintien de ses privilèges. En 1620, sous le ministère de Luynes, le Béarn voulut faire cause commune avec les protestants soulevés par Rohan et Soubise, il fut alors réuni au domaine royal. En 778, au col de Roncevaux, les Vascons, révoltés, écrasèrent l'arrière-garde de Charlemagne, commandée par son neveu Roland. Ce fut l'origine de notre premier poème épique, la *Chanson de Roland*. En 1814, Soult, qui devait être plus heureux devant Toulouse, fut battu à Orthez par l'armée de Wellington.

Le département appartient au 18e corps d'armée (Bordeaux); à la cour d'appel de Pau; à l'Académie de Bordeaux; il forme le diocèse de Bayonne, suffragant d'Auch. Il est divisé en cinq arrondissements, 40 cantons et 558 communes. — Chef-lieu : *Pau*. — S.-préf. *Bayonne*, *Mauléon*, *Oloron*, *Orthez*.

PYRÉNÉES (HAUTES-) (DÉPARTEMENT DES). 449161 hect., 234825 hab. (V. carte, p. 69.) Il a été formé en 1790 de la plus grande partie de la Bigorre, des quatre vallées d'Aure, Neste, Magnoac et Barousse, d'une partie du Nébouzan, de l'Astarac, et de la Rivière-Basse (dépendance de l'Armagnac). Il tire son nom de ses montagnes qui croissent de hauteur en se rapprochant du massif de la Maladetta. Il a quelques enclaves englobées et énumérées dans le département des Basses-Pyrénées; sans les efforts de Barrère, né à Tarbes, il eût été partagé entre le Gers, la Haute-Garonne et les Basses-Pyrénées, et porta d'abord le nom de département de l'*Adour*. Situé au S.-O. de la France entre 42°20' et 44°30' de latitude N., 1°50' et 2°40' de longitude O.; sa plus grande longueur est de 100 kilomètres; sa plus grande largeur de 60 kilomètres; il a la forme d'un quadrilatère. Il est borné au N. par le département du Gers; à l'E. par celui de la Haute-Garonne; à l'O. par celui des Basses-Pyrénées; au S. par la chaîne des Pyrénées, qui le sépare de l'Espagne. Il n'a de limites naturelles qu'au S., et quelques cours d'eau le séparent, sur de faibles étendues, des départements voisins. La constitution géologique du département est fort simple; des granits, élevés en massifs et en îlots, forment la crête principale des Pyrénées et sont comme enchâssés dans les terrains de transition qui constituent des roches, schisteuses pour la plupart. Au N. de ces terrains anciens se trouve une bande de terrain jurassique traversant tout le département de l'O. à l'E.; mais elle est si étroite, que Bagnères-de-Bigorre est sur sa limite septentrionale, tandis que Campan est sur son bord méridional; néanmoins elle s'épanouit un peu sur la rive droite de la Neste. Au jurassique succède le crétacé inférieur; il forme aussi une bande étroite commençant sur la rive gauche de la Neste, traversant le département de l'E. à l'O. et se continuant dans le département des Basses-Pyrénées à la hauteur de Saint-Pé. Au delà du crétacé inférieur, le sol des Hautes-Pyrénées appartient au miocène et au pliocène. Le fond des vallées est miocène à l'exception toutefois de celle de l'Adour qui est formée par les alluvions modernes. Le département des Hautes-Pyrénées peut être divisé en trois régions distinctes : les montagnes, le plateau de Lannemezan; la plaine de l'Adour et de ses affluents. Dans la région des montagnes, des Basses-Pyrénées à la Haute-Garonne, les pics croissent de hauteur et deviennent plus imposants; ce sont : le pic de Balaïtous (3140 mètres); le Grand Vignemale (3298 mètres); autour du cirque de Gavarnie, cette merveille des Pyrénées, se dressent : le pic Blanc (2686 mètres), le pic de Gabiétou (3033 mètres); le Taillon (3146 mètres); le Casque du Marboré (3006 mètres), entre lesquels apparaît la Brèche de Roland (2807 mètres), qu'aurait ouverte le héros légendaire avec sa fameuse Durandal. Viennent encore autour du cirque de Gavarnie : les Tours (3018 mètres), le pic du Marboré (3253 mètres), le Cylindre du Marboré (3327 mètres) et le mont Perdu (3352 mètres), tout au delà de l'arête centrale, sur le flanc espagnol. Au cirque de Gavarnie font suite ceux d'Estaubé et de Troumouse, dont le plus haut sommet est la Munia (3150 mètres); plus loin on relève encore le pic de Batoa (3035 mètres), et celui des Gourgs-Blancs (3114 mètres), entre les Hautes-Pyrénées et la Haute-Garonne. Des contreforts se détachent vers le N. de la chaîne principale; l'un porte le pic de Gabizos (2639 mètres), le pic Moulle (2051 mètres), en séparant les vallées d'Ossau et de Cauterets; mais les monts de Bigorre, entre l'Adour et la Neste, sont encore plus remarquables : c'est là que se trouvent le pic de Cambieil (3175 mètres), le pic Long (3194 mètres), pic de Néouvieille (3092 mètres), où le contrefort se bifurque, envoyant d'un côté le pic du Midi de Bigorre (2875 mètres) et de l'autre le pic d'Arbizon (2832 mètres). Autour du pic du Midi sont les trois vallées de Campan, de Luz, de Barèges, avec le col difficile du Tourmalet (2122 mètres). Les ports ou cols principaux entre la France et l'Espagne sont ceux de la Peyre-Saint-Martin, de Marcadau, de Gavarnie, de Pinède, du Plan, d'Aigues-Tortes, dépassant tous 2500 mètres de hauteur. Du pic d'Arbizon se détache un chaînon qui porte le pic d'Arneille et s'abaisse brusquement au plateau de Lannemezan (577 à 660 mètres). Cette vaste lande est à peine couverte de bruyères; elle est plissée par une multitude de vallées plus petites qui se déploient en éventail et servent de lit aux affluents de l'Adour et de la Garonne; ce plateau dénudé et dépeuplé du N.-E. contraste avec la richesse des plaines de la Bigorre au N.-O; là les champs de blé et de maïs alternent avec les vignes, les bois de chênes et de hêtres; de gros villages, comme Ossun, alignent sur près d'un kilomètre leurs maisons couvertes de chaume ou d'ardoise. Ce n'est pas à proprement parler une plaine, mais plutôt une série de coteaux et de vallons parallèles.

Au point de vue hydrographique, la région orientale du département appartient au bassin de la Garonne par la Neste et les rivières qui sillonnent le plateau de Lannemezan; à l'O. s'étend le bassin de l'Adour, avec la haute vallée du gave de Pau. La Neste descend sous le nom de Neste de Couplan du pic de Néouvieille et se grossit du ruisseau du Plan, des torrents ou *Nestes* de Mondany, de Rioumajou et de Louron; elle reçoit les eaux du lac d'Orédon destinées par les ingénieurs à régulariser son cours au moyen d'un barrage; plus haut, à Sarrancolin, elle est saignée par un canal d'irrigation au profit du plateau de Lannemezan, puis elle tourne brusquement à l'E. et rejoint la Garonne à la limite du département; sa vallée est fort encaissée et ses eaux coulent avec une vitesse de 0^m,90 à 1^m,80 par seconde. Avant la Neste, la Garonne reçoit encore dans le département le ruisseau d'Ourse, qui descend de la vallée de Barousse. Plus haut, le plateau de Lannemezan envoie vers le grand fleuve une série de rivières qui divergent d'une façon régulière comme les branches d'un éventail; ce sont la Save, la Gesse, la Gimone, l'Arrats, le Gers, la Grande Baïse, la Petite Baïse, la Baïsolle, la Losse. Ces rivières seraient à sec en été, si le canal de Sarrancolin, dérivé de la Neste, ne venait les alimenter près de leur source, avec un débit de 8 mètres cubes par seconde. L'*Adour* se forme au col de Tourmalet et du pic de l'Arbizon de deux ruisseaux, le Pailole et le Gripp, dans la vallée de Campan, où il reçoit les eaux du vallon de Lesponne;

celui-ci, par un tunnel artificiel, communique avec le fond du lac Bleu, qui sert de régulateur à l'Adour; il verse, en été, par une succession de cascades, une masse liquide de 2 mètres cubes d'eau par seconde, qui suffit aux usines de Bagnères et de Tarbes, et aux irrigations de la vallée. L'Adour sort du département à la hauteur de Castelnau-Basse-Rivière; ce n'est plus alors un beau et riche torrent, dont les eaux abonnantes bondissent autour des roches qui l'embarrassent; il n'offre plus, dans la plaine de Tarbes, qu'un lit encombré de graviers, entre lesquels serpentent quelques minces filets d'eau. La principale dérivation de l'Adour, dite *canal*

DÉPARTEMENT DES HAUTES-PYRÉNÉES

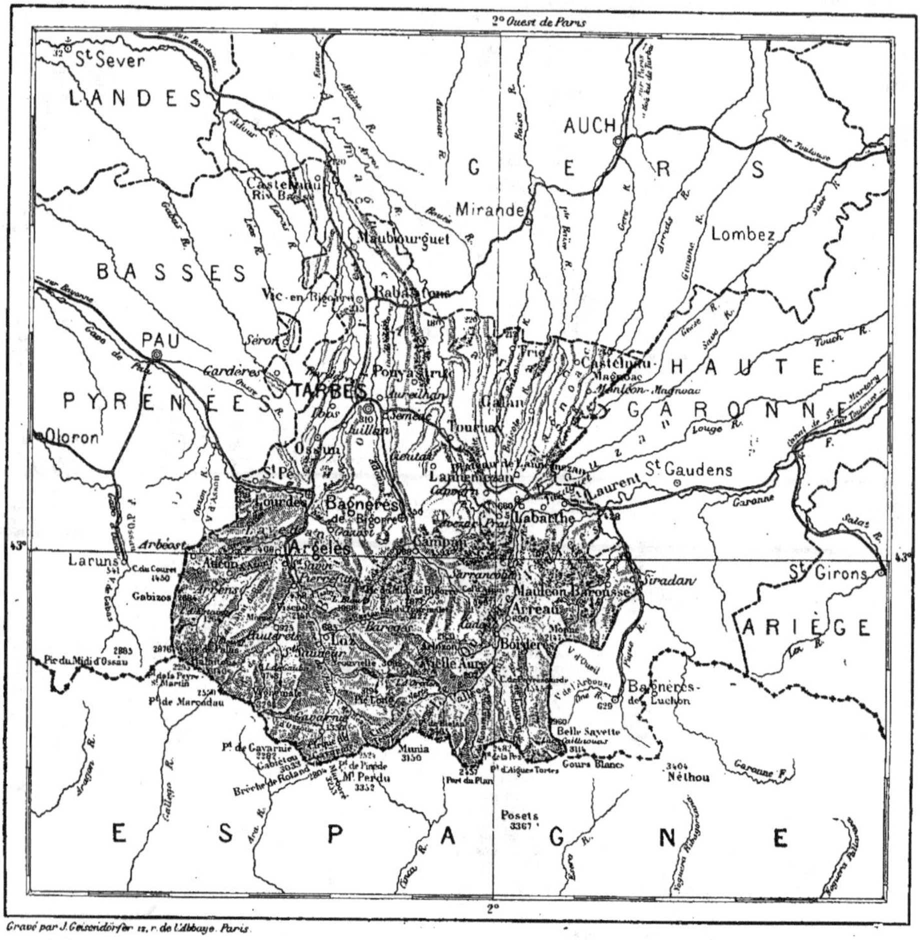

Gravé par J. Geisendörfer 12, r. de l'Abbaye. Paris.

Signes conventionnels :

PRÉFECTURE	*Plus de 100 000 hab.*	*De 10 000 à 20 000*	*Place forte. Fort*	*Origine de la navigation*
Sous-Préfecture	*De 50 000 à 100 000*	*De 5 000 à 10 000*	*Frontière*	*Canal*
Canton	*De 30 000 à 50 000*	*De 2 000 à 5 000*	*Limite de Dépᵗ*	*Col*
Commune, Village	*De 20 000 à 30 000*	*Moins de 2 000*	*Chemin de fer*	*Forêts*

Les chiffres expriment en mètres l'altitude au dessus du niveau de la mer.

Echelle (1 millim. pour 900 mètres) 10 5 0 10 20 30 40 50 Kil.

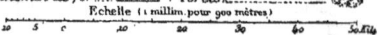

d'Alaric, s'amorce sur la rivière à Pouzac et en suit la rive droite jusqu'à Rabastens; elle entretient dans la vallée une constante humidité qui fait pousser, dans les champs de maïs, des tiges dépassant la hauteur d'un homme. Sur cette même rive droite, l'Adour reçoit le Lhéris, l'Estéous, l'Arros, qui détourne l'Adour à gauche et le fait couler parallèlement à la latitude. Les affluents de la rive gauche sont les ruisseaux de la Gaillette et de l'Ossouet, les rivières de l'Echez et du Louet; plus loin on rencontre le Bergons, le Larcis, le Lées et le Gabas, qui sortent bientôt du département; enfin le gave de Pau, rivière la plus abondante du pays, où elle est nommée simplement Gave. Elle descend du cirque de Gavarnie par une cascade de 422 mètres, l'une des plus belles du monde, passe sous des ponts de neige, traverse Gavarnie; après les rochers du Chaos, il pénètre dans la vallée de Gèdre, s'apaise dans celle de Luy, et se divise en mille bras dans la vallée d'Argelès, dont les prairies s'étendent sur une longueur de 9 kilomètres environ. Le pic d'Aliau rejette son lit à l'E., l'oblige à contourner le massif où s'élève le fort de Lourdes, passe devant la grotte si célèbre dans le monde catholique, et sort du département à Saint-Pé. Il reçoit à droite le gave de Héas; la Barada, qui sert de déversoir au lac du même nom; le Bastan, alimenté par les eaux du lac d'Oncet; le Nès; l'Ousse, qui reçoit les eaux du lac de Lourdes et quitte bientôt le département. A gauche, les affluents du gave de Pau sont le gave d'Ossoué, qui descend du Vignemale; le gave d'Aspe, le gave de Cauterets, grossi des eaux du lac de Gaube par un gave secondaire, le gave d'Azun.

Les Hautes-Pyrénées sont situées au centre de la zone tempérée; elles appartiennent au climat girondin; le printemps est doux, mais pluvieux; l'été sec et orageux; l'automne long et tempéré; l'hiver n'est rigoureux que dans les montagnes, à Cauterets, à Barèges, sur le plateau de Lannemezan. Il tombe par an, à Tarbes, de 0m,80 à 0m,90 de pluie; à Gavarnie, plus de 2 mètres. Les vents dominants sont ceux qui soufflent de l'O. et du N.-O.; le vent du midi, si redouté dans toute la région méditerranéenne, amène les orages. L'observatoire du pic du Midi, occupé depuis 1874 par le général de Nansouty, a donné de précieux résultats au point de vue météorologique.

Les habitants sont laboureurs dans la plaine et pâtres dans les landes et les montagnes. Les céréales forment le tiers du revenu annuel du sol; on y cultive le froment, le seigle, l'orge, l'avoine, le lin, le maïs, le petit millet, le sarrasin, la pomme de terre et la vigne. Celle-ci donne de 200 à 250 000 hectolitres de vin par an; les crus les plus estimés sont ceux de Sauveterre et de Madiran. Le maïs est cultivé avec succès autour de Tarbes, que les plaisants ont surnommé *Tarbes les maïs*. Les *haricots* de Tarbes sont estimés à l'égal de ceux de Soissons, et les *pois* de la vallée d'Aure sont très recherchés. Les prairies naturelles se rencontrent surtout dans les vallées de l'Adour et du gave de Pau. Les essences forestières sont le hêtre, le châtaignier, le chêne, le bouleau; on a dû reboiser le pays, dont les forêts, trop éclaircies, avaient transformé le climat. Les vallées les mieux ombragées sont celles d'Aure, des Gaves, de Cauterets, d'Azun; les plus grandes forêts sont celles de Trescouts (2 580 hectares), de Bagnères-de-Bigorre (1 780 hectares), de Campan (1 342 hectares). Les bœufs de la plaine de Tarbes sont estimés, et les petites vaches de Lourdes fournissent un lait très abondant. Le lait est transformé en beurre très estimé que l'on exporte, et en fromages qui sont consommés dans le pays. Tarbes possède un superbe établissement d'étalons pour la reproduction des chevaux dits de race tarbaise, qui servent à la remonte de la cavalerie légère, comme ceux de Navarrenx. Ils appartiennent aux races arabes et anglo-arabe. Les moutons appartiennent à la race du pays et donnent une laine très grossière. Les troupeaux de la montagne vont au loin l'hiver chercher leur nourriture; quant à ceux de la plaine, ils sont réunis après la moisson et mis au parc. Les rivières sont très poissonneuses; les plus estimés sont les anguilles, les brochets et surtout les truites saumonées qui remontent jusqu'aux lacs les plus élevés.

Les marbres, qui, au temps de Louis XIV, ont servi à embellir Versailles et les Trianon, ne sont sérieusement exploités que depuis le premier empire; ils viennent de Campan, Sarrancolin, Lourdes, et sont mis en œuvre à Bagnères-de-Bigorre. Des ardoisières sont ouvertes dans presque toutes les basses vallées du pays; les plus estimées sont celles de Lourdes et de Labassère. Au point de vue industriel, nous citerons les tricots de Montréjeau, les draps d'Ancizan, les laines de Luz, les poteries de Bagnères, les tanneries et papeteries de Tarbes. Le département a des mines de fer, de nickel, de plomb, de cuivre, de cobalt, de manganèse; mais elles sont inexploitées. Il n'est pas de région où les sources d'eaux minérales soient aussi nombreuses et aussi riches; il suffira de citer Barèges, Bagnères-de-Bigorre, Cauterets, Saint-Sauveur, Capvern, Cadéac, Siradan, Sainte-Marie. Trois lignes de chemins de fer, appartenant à la compagnie du Midi, desservent le département : de Bayonne à Toulouse par Lourdes et Tarbes; de Bordeaux à Tarbes; d'Agen à Tarbes; deux tronçons remontent, l'un de Lourdes sur Pierrefitte, l'autre de Tarbes sur Bagnères-de-Bigorre; la ligne de Montréjeau à Luchon a 7 kilomètres sur le territoire du département.

Le département presque entier appartient aux Bigourdans, rarement blonds, le plus souvent noirs de cheveux, de taille moyenne (1m,66). Le patois bigourdan est une des formes principales du gascon; il supprime la consonne à la troisième personne du parfait, emploie *y* pour *j* et *b* pour *v*; il se subdivise en quatre sous-dialectes : 1° de la plaine de Tarbes; 2° du Rustan et du Magnoac; 3° du Lavedan (Arrens, Argelès, Cauterets, Luz, Campan); 4° de la vallée d'Aure.

A l'époque gauloise, la Bigorre était habitée par les *Elusates* (Eauze) et par les *Bigerriones* ou *Bigerri*, dont la capitale *Bigorra* serait Cieutat (arr. de Bagnères). Ils luttèrent contre César, se soulevèrent encore au temps d'Auguste, puis furent englobés dans la Novempopulanie ou IIIe Aquitaine. Les auteurs latins citent souvent la cape de laine beige que portent encore les pâtres des hauts vallons. Les Suèves, Vandales et Alains ravagèrent le département, qui fit partie du royaume des Wisigoths, puis de celui des Francs; il entra dans le duché d'Aquitaine, eut à souffrir des incursions des sarrasins au temps de Charles Martel, et fut soumis à des Carlovingiens jusqu'en 877. Louis le Débonnaire établit en 820 comte de Bigorre, Donat Loup, fils de Loup Centulle, duc de Gascogne; il eut pour successeur Wandrégisille, petit neveu du fameux duc Hunald; mais la liste des comtes de Bigorre ne commence qu'avec Raymond, mort après 947. Bernard II, vers 1097, fit rédiger les coutumes du pays sous le nom de *Fors de Bigorre*. L'hérésie albigeoise agita la contrée au XIIe siècle, après la mort d'Eskivat de Chabanais (1283), le comté fut séquestré par le roi d'Angleterre, puis par Philippe le Bel, qui donna le nom de comte de Bigorre à son troisième fils, Charles le Bel. En 1360, le désastreux traité de Brétigny donna la Bigorre à Édouard III, roi d'Angleterre, qui en fit don à Jean II de Grailly, dépouillé par Charles V en 1374. Le comté fut alors donné à Jean Ier, comte d'Armagnac, puis à Gaston Phébus, comte de Foix, qui n'en put prendre possession. Rendu en 1425, par arrêt du Parlement, à Jean de Grailly, comte de Foix, il suivit les destinées du Béarn et fut réuni à la couronne en 1607. Le chiffre de la population moyenne est de 56 habitants par kilomètre carré, tandis qu'il est de 72 pour la France entière; cela tient à ce que la montagne ne saurait être habitée.

Le département des Hautes-Pyrénées appartient au 18e corps d'armée (Bordeaux), à la cour d'appel de Pau, à l'Académie de Toulouse; il forme le diocèse de Tarbes, suffragant d'Auch. Il comprend trois arrondissements, 26 cantons et 480 communes. Ch.-l. *Tarbes*, évêché. — S.-préf. *Argelès*, *Bagnères-de-Bigorre*.

PYRÉNÉES-ORIENTALES (DÉPARTEMENT DES), 412211 hect., 211 187 hab. (V. Carte p. 71). Département côtier, le plus méridional de la France du S.-E., qui tire son nom de sa situation par rapport aux Pyrénées, dont la partie orientale le sépare de la Catalogne. Il a été formé en 1790 : 1° Du *Roussillon* divisé en Roussillon proprement dit, *Conflent*, *Capsir*, vallée de *Carol*, *Vallespir*, *Cerdagne française*. 2° D'une partie du *Razès* languedocien, les pays de *La Tour*, *Sournia* et *Fenouillet*. C'est l'un de nos plus petits départements; sa plus longue diagonale du pic Nègre (val d'Andorre) au cap Béar est de 120 kilomètres; sa plus grande largeur est de 56 kilomètres du col de las Falgueras à la frontière de Catalogne jusqu'à Saint-Antoine de Galamus, aux limites de l'Aude. Il est compris entre 42° 20' 25" et 42° 56' de latitude; entre 0° 50' 20" de longitude E. et 0° 36' 40" de longitude O. Il est borné au N. par les départements de l'Ariège et de l'Aude; à l'E. par la Méditerranée; au S. par la Catalogne, à l'O. par le val d'Andorre.

Le département comprend trois régions : les Pyrénées, avec leurs contreforts, et les Corbières; la plaine formée par le cours inférieur des rivières; les côtes de la Méditerranée. Les Pyrénées centrales dressent aux limites du val d'Andorre et de l'Ariège le pic Nègre (2 812 mètres) et le pic de Campcardos (2 910 mètres), séparés par le col de Puymorens du puy de Carlitte (2 921 mètres), où commencent réellement les Pyrénées orientales. Celles-ci forment deux sections parallèles, dirigées de l'O.-S.-O. à l'E.-N.-E. et séparées par le col d'Arès. Dans la première section, dite par les Espagnols *Sierra de Cadiz*, on relève le Puigmal (2 909 mètres), le puy de Sègre (2 795 mètres), le pic du Géant (2 881 mètres), le pic de Costabona (2 464 mètres). Au col d'Arès, les Pyrénées orientales prennent le nom de monts Albères jusqu'à la pointe de Cerbère, en France, et jusqu'au cap Creus, en Espagne; ce nom leur vient de la blancheur de leurs arêtes et de leurs pentes; leur plus haut sommet, le Raz-Mouchet, ne dépasse pas 1 440 mètres. Les cols des Pyrénées orientales sont plus accessibles et moins élevés que ceux du reste de la chaîne; le col de Puymorens (1 931 mètres), relie par une route carrossable Foix et Puigcerda; le col de la Perche (1 622 mètres), par lequel Urgel et Puigcerda communiquent avec Mont-Louis, Prades et Perpignan; le col d'Arès (1 500 mètres), de la vallée du Ter à celle du Tech, mène de Barcelone à Céret par Prats-de-Mollo; le col du Pertus (290 mètres) est la route de Figuières à Perpignan, elle passe au fort de Bellegarde et au Boulou sur le Tech, célèbre camp retranché d'où Dugommier délogea les Espagnols en 1794. Au nord se détachent trois contreforts principaux de l'E. à l'O : le premier part du pic de Costabona, entre le Tech et le Tet et porte le mont Canigou (2 785 mètres), que son isolement fait paraître plus élevé et qui a passé longtemps pour la plus haute cime des Pyrénées; elle n'y vient qu'au treizième ou quinzième rang; cette pyramide grisâtre, dont les flancs sont couverts d'éboulis et de ravins, ressemble à l'Etna. Les Corbières orientales entre le Tet, l'Aude et l'Agly forment un épais massif de roches âpres et arides, aux gorges profondes et peu accessibles; elles sont plus difficiles à franchir que les Pyrénées orientales; c'est pourquoi elles ont été la limite méridionale de la France jusqu'à la conquête du Roussillon par Louis XIII en 1642; leurs plus hauts sommets sont le pic de Madres (2 471 mètres), la Montagne-Rase (1 845 mètres), le Bugarach (1 231 mètres), le roc Paradet (908 mètres); le col de Jau (*Jovis*, Jupiter), route de Molitg à Roquefort, est haut de 1 513 mètres; au col Saint-Louis (687 mètres), passe la route de Perpignan à Carcassonne; ces montagnes s'étendent sur les pays de La Tour, Fenouillet, Sournia, dépendances anciennes du Languedoc. Le troisième contrefort est celui des Corbières occidentales entre l'Aude et l'Ariège; elles ne comprennent dans les Pyrénées orientales que le puy de Prigue (2 810 mètres), le pic de Terrès (2 554 mètres) et le col des Hares (1 600 mètres).

A la base des Corbières s'étend l'étang de *Salses*; de là, jusqu'au cap Creus, le département a 65 kilomètres de côtes sur la Méditerranée. Elles sont d'abord plates et sablonneuses, séparées de la mer par un cordon de sable qui arrête les eaux de l'intérieur et forme des étangs analogues à ceux du littoral landais; leur eau est saumâtre et les terres qui les environnent, dites *salanques*, doivent être irriguées et fécondées par le limon des rivières. Ces étangs communiquent avec la mer par des canaux dits *graus* (espagnol *grao*, du latin *gradum*, passage); ils sont bordés de marais salants dont le sel est recueilli et dressé en petites pyramides blanches. En se dirigeant plus au S., on trouve après l'étang de Salses, dont les deux tiers (5400 hect.) sont dans le département, le port de *Barcarès*, l'embouchure de l'*Agly* avec *Saint-Laurent-de-la-Salanque*; l'étang du *Bourdigoul* formé par le ruisseau de Torreilles; l'embouchure du Tet, près de Canet; l'étang de *Saint-Nazaire* (2200 hect.) alimenté par le Réart; le petit étang de *Saint-Cyprien*, l'embouchure du Tech. Après Argelès-sur-Mer la côte devient rocheuse, comme celle du golfe de Gascogne autour de Biarritz; bordée par un contre-fort des Albères, elle se découpe en promontoires hardis et en baies charmantes; après Collioure, renommé pour ses vins liquoreux, vient Port-Vendres (*Portus Veneris*), dont la rade, sûre et profonde, est la meilleure de la côte jusqu'à Marseille; aussi sert-il d'entrepôt militaire entre la France et l'Algérie; il est défendu par le fort Saint-Elme. Après le cap Béar (203 mètres), s'ouvre le port de Banyuls, qui exporte, comme Collioure, des vins renommés; le cap Cerbère est le dernier promontoire français.

Le département appartient surtout au versant de la Méditerranée par les trois bassins côtiers du Tech, du Tet et de l'Agly. Entre les Pyrénées et le Tech tombent dans la mer: la rivière de *Banyuls*; le Ravaner, qui finit à Collioure; la rivière de Sorède arrosant Argelès avant de tomber dans la mer. Le Tech descend du pic de Castabona, traverse le Vallespir (*Vallis aspera*, âpre vallée), arrose Prats-de-Mollo, Arles-sur-Tech, Amélie-les-Bains, Céret, dont le pont est fort curieux, Boulou, et finit près d'Elne. Il reçoit à gauche le *Ferrer*, qui vient du Canigou, et

DÉPARTEMENT DES PYRÉNÉES-ORIENTALES

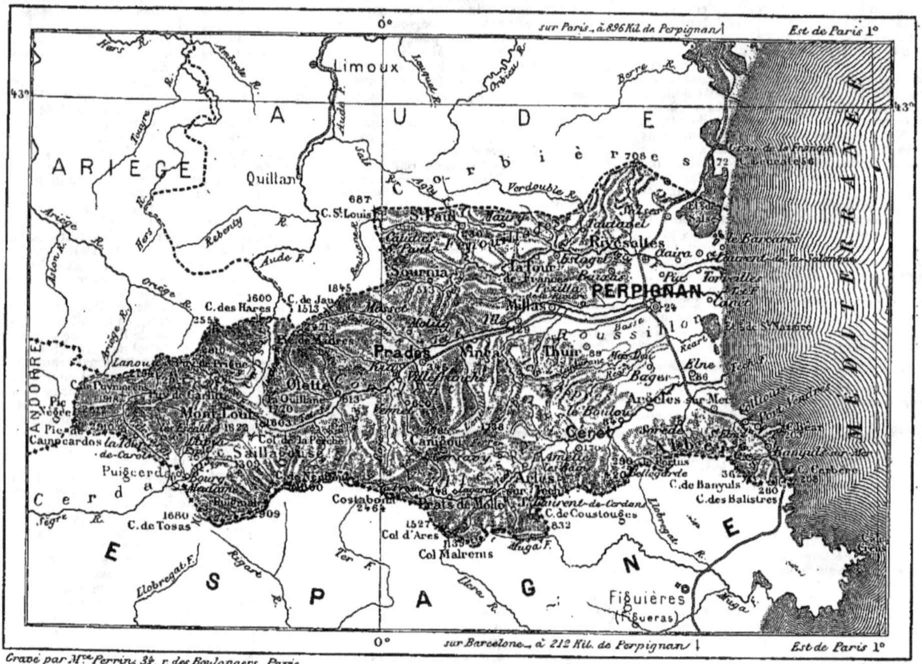

Gravé par Mme Perrin, 34, r. des Boulangers, Paris.

Signes conventionnels :

PRÉFECTURE	Plus de 100 000 hab.	De 10 000 à 20 000	Place forte. Fort	Origine de la navigation
Sous-Préfecture	De 50 000 à 100 000	De 5 000 à 10 000	Frontière	Canal
Canton	De 30 000 à 50 000	De 2 000 à 5 000	Limite de Dép^t	Col
Commune, Village	De 20 000 à 30 000	Moins de 2 000	Chemin de fer	Forêts

Les chiffres expriment en mètres l'altitude au dessus du niveau de la mer.

Échelle (1 millim. pour 900 mètres) 10 5 0 10 20 30 40 50 Kil.

à droite, le *Mondony*, qui forme une cascade à Amélie-les-Bains. Au-dessus du Tech, le *Réart*, grossi de la *Cantarane*, traverse des *garrigues* couvertes d'ajoncs et alimente l'étang de Saint-Nazaire. Puis vient le Tet, rivière la plus importante du département; elle descend du puy de Prigue, traverse le Conflent et le Roussillon, arrosant la forteresse de Mont-Louis, Villefranche, Prades, Millas, Perpignan et Canet. Le Tet reçoit à gauche la *Grave*, alimentée par des lacs et le marécage de la Bouillouse, où l'on pourrait, à l'aide d'un bassin de retenue cubant 20 millions de mètres, régler le cours de la rivière; la *Roja*; la *Lentilla* qui vient du Canigou, le Boulès, terrible après les orages, et la *Basse*, qui traverse Perpignan. A droite, le Tet est grossi de la *Castillane*, venue du col de Jau. En remontant au N., on trouve le ruisseau de *Toreilles*; puis l'*Agly*, qui prend sa source dans le département de l'Aude au roc de Bugarach et entre dans les Pyrénées-Orientales au-dessus de Saint-Paul de Fenouillet; il arrose les vignobles d'Estagel (patrie d'Arago), Rivesaltes et Saint-Laurent de la Salanque; il reçoit à droite la *Boulzane* et la *Désix*, et à gauche le *Verdouble*. Sur le versant espagnol des Pyrénées, le département possède encore les sources de la *Muga*, où les Français furent victorieux des Espagnols en 1794, mais perdirent Dugommier; la Muga va grossir le *Llobregat*. La *Sègre*, affluent de l'Èbre, descend du pic de Sègre, coule dans la Cerdagne française et entre en Espagne auprès Bourg-Madame. Elle est grossie à gauche de l'*Aravo*, qui sort du lac de *Lanoux*, le plus étendu des Pyrénées, traverse le val Carol et sort de France au-dessus de Puigcerda. Sur le territoire des Pyrénées-Orientales sont encore les sources de l'Ariège, qui descend du pic Nègre, et le haut cours de l'Aude, qui traverse le Capsir. Aucun département ne possède des canaux d'irrigation aussi considérables que celui des Pyrénées-Orientales. On en compte 18 dans le bassin du Tet, 22 dans ceux du Tech et de l'Agly. Les plus anciens sont ceux de *Millas* (1163) et de *Perpignan* (1172). Ils sont malheureusement presque à sec en juillet et en août, mois où leurs eaux seraient si nécessaires; voilà pourquoi l'on a songé au réservoir de la Bouillouse. L'administration départementale a, en outre, acheté en 1877 les montagnes de Carlitte, où les *laquets* sont nombreux.

Les parties S. et O. du département sont formées par des massifs granitiques entre lesquels s'intercalent des lambeaux de terrain de transition. Le N. est composé par le crétacé inférieur. Les vallées inférieures du Tech, du Tet, de l'Agly, etc., et qui constituent la plaine du Roussillon, sont formées par les alluvions modernes.

Le département des Pyrénées-Orientales est sur la limite du climat méditerranéen et du climat girondin. La chaleur est celle des provinces espagnoles; mais elle est tempérée dans la plaine par une brise de mer qui rafraîchit l'air. La température moyenne de Perpignan est de 15° 21' centigrades; le thermomètre ne descend en hiver qu'à 4 degrés au-dessous de 0; on cultive en pleine terre l'oranger, le citronnier, le grenadier; l'aloès, enfermé ailleurs en serres chaudes, sert à clore les propriétés. Le nombre moyen des jours de pluie est de 70; l'épaisseur de la couche annuelle des pluies est de 0m,70 sur la côte, de 1 mètre au massif de Carlitte. Les vents les plus fréquents sont la *marinade* (S.-S.-E.), vent humide; la *tramontane* (N.-N.-O.), sec et violent comme le mistral; de l'Espagne souffle parfois le *sirocco;* du nord vient le *gargal*.

Les céréales, dépiquées et foulées aux pieds des chevaux lors de la moisson, prospèrent dans le Vallespir, le Conflent et surtout dans la Cerdagne; mais la récolte est parfois insuffisante pour la consommation locale. Le pays est surtout abondant en vins qui rappellent ceux d'Espagne. Un tiers est bu sur place, le reste est exporté ou converti en eau-de-vie. Les crus les plus estimés sont les muscats de Rivesaltes (*maccabeo*, malvoisie), premiers vins de liqueur de l'Europe; les *grenaches* de Banyuls-sur-Mer, de Cosperons, de Collioure; les vins rouges, dits de *Rancio*, des mêmes contrées, sont chargés en couleur et très riches en alcool. Malheureusement, depuis 1884, le phylloxéra a envahi près de 20 000 hectares de vignobles sur 75 000. L'olivier tend à disparaître, parce que l'huile en est trop forte et presque rance, ce qui tient à ce qu'on laisse pourrir l'olive avant de la soumettre au pressoir. Les truffes de Montferrer valent celles du Périgord. Les principales essences forestières sont le pin, le sapin, le mélèze, le hêtre, le châtaignier, le frêne; les plus belles forêts sont sur les monts Albères et les contreforts du Canigou.

Les chevaux de la Cerdagne descendent des étalons royaux d'Aranjuez, en Espagne. Malgré leur gracieuse allure, la solidité de leur pied et leur résistance à la fatigue, on préfère les mulets pour le travail des champs. Les moutons et les chèvres prospèrent le mieux parmi les animaux domestiques. La race bovine est peu nombreuse et les animaux de travail sont engraissés pour la boucherie quand ils commencent à vieillir. L'apiculture a toujours été en honneur dans le Roussillon, et c'est de là que nous vient le miel dit de *Narbonne*. La sériciculture est surtout développée dans l'arrondissement de Perpignan, où les éleveurs s'occupent surtout de produire la graine *cellulaire*, c'est-à-dire des œufs non infectés par les maladies qu'a étudiées M. Pasteur. Le département est très giboyeux; autour du Canigou et du pic de Carlitte, on rencontre encore des isards.

Le minerai de fer abonde sur les pentes orientales du Canigou, au Vernet, dans la vallée de Carol. Dans le Vallespir, le fer est obtenu par la *méthode catalane* et fondu dans un creuset de forge. On n'exploite pas le cuivre de Prats-de-Mollo, l'argent du Conflent, ni les sables aurifères du Tech et du Tet. Les carrières de marbre blanc de Baixas, Tautavel et Estagel ont été abandonnées; on pourrait y substituer l'exploitation du beau granit rose des monts Albères. Il y a dans le département plus de 40 sources d'eaux minérales et des établissements thermaux ont été construits à Amélie-les-Bains, près d'Arles, au Vernet, à la Preste, près de Prats-de-Mollo, à Vinça, aux Escaldas, à Molitg, au Boulou. Cette dernière station balnéaire est le Vichy du Midi. Ces eaux sont le plus souvent sulfureuses. Au point de vue industriel, citons le papier à cigarettes (*papier Job*) de Perpignan; les manches de fouet en bois de micocoulier, appelés *perpignans* dans le commerce; les bouchons de liège de Collioure; les cuirs tannés de Prades. Deux chemins de fer, appartenant au réseau du Midi, sillonnent le département, celui de Narbonne à Perpignan et à Barcelone, par Argelès, Collioure, Port-Vendres, Banyuls; celui de Perpignan à Prades. Le département est presque une terre espagnole. Les Catalans qui le peuplent en grande partie sont vifs dans leurs actions et exubérants dans leurs discours, énergiques au travail, âpres au gain, désireux de fortune; ils ont l'esprit ouvert au progrès matériels et moraux et sont le plus souvent partisans des idées libérales. Le dialecte catalan supprime de nombreuses voyelles, multiplie les consonnes et les *s*, ce qui lui donne beaucoup de rudesse. Sous l'influence du français et du languedocien, il s'est éloigné de la langue de Barcelone.

Le Roussillon fut habité à l'époque gauloise par les Volces Tectosages. Sous la domination romaine, il fut englobé dans la Gaule narbonnaise, puis fut conquis par les Wisigoths (462), par les Sarrasins (720) et par Pépin le Bref (760), qui l'adjoignit à l'Aquitaine. Du IXe au XIIe siècle, il eut des comtes qui tenaient le pays à titre de bénéfice et qui se rendirent ensuite héréditaires. Le dernier d'entre eux, Guinard, légua ses domaines en 1172 à Alphonse, roi d'Aragon. Jean II d'Aragon l'engagea pour 200 000 écus à Louis XI, qui le perdit en 1473, mais le recouvra en 1476. Le Roussillon fut alors français jusqu'en 1493, mais Charles VIII, pressé de conquérir l'Italie, le restitua avec la Cerdagne à Ferdinand le Catholique. En 1542, François Ier en tenta inutilement la conquête, qui fut entamée par Louis XIII en 1639, et terminée en 1642 par la prise de Perpignan et de Salses. La possession nous en fut confirmée par le traité des Pyrénées en 1659. L'obstination des commissaires espagnols fit une enclave de la ville de Llivia aux sources de la Sègre. En 1793 et 1794, le Roussillon fut le théâtre de la lutte entre les armées de Dugommier et de Ricardos. La paix de Bâle lui rendit la tranquillité.

Le **val d'Andorre,** qui dépend à la fois de la France et de l'évêque d'Urgel, n'est plus sous la tutelle administrative du préfet de l'Ariège, mais de celui des Pyrénées-Orientales. Dans cette minuscule république, le pouvoir législatif appartient à un conseil général de 24 membres, dits *consuls*, nommés pour quatre ans par les chefs de famille, et renouvelés annuellement par quart. Trois d'entre eux viennent prêter serment tous les deux ans entre les mains du préfet, à Perpignan. Le pouvoir exécutif appartient au *premier syndic,* nommé à vie par le conseil général; il est assisté d'un *second syndic,* de deux *viguiers*, l'un pour la France, l'autre pour l'évêque d'Urgel, et d'un juge civil nommé alternativement par l'un des deux suzerains. La république d'Andorre paye un tribut annuel de 891 francs à l'évêque, de 960 francs à la France. Ce petit État s'intitule officiellement *Vallée et souveraineté d'Andorre*, est long de 28 kilomètres du N. au S., large de 25 kilomètres de l'E. à l'O., et s'étend sur 50 000 hectares. Les habitants, au nombre de 10 000, sont répartis dans 6 paroisses subdivisées en 24 hameaux ou *suffragances*. Le droit d'aînesse y est encore en usage. Les Andorrans ne récoltent pas assez de froment pour leur consommation; ils élèvent des moutons et exploitent une mine de fer. Leurs principaux revenus proviennent de la contrebande et de la tenue d'une maison de jeu. Le val d'Andorre, qui comprend les monts Rialp et Doncla, est traversé par l'Embalire, affluent de droite de la Sègre. Les bourgs principaux sont ceux d'*Andorre* et de *San Julian de Lorian*.

Le chiffre de la population moyenne du département des Pyrénées-Orientales est de 50 habitants par kilomètre carré, tandis qu'il est de 73 pour la France entière.

Le département des Pyrénées-Orientales appartient au 16e corps d'armée (Montpellier); à la cour d'appel et à l'académie de Montpellier; il forme l'évêché de Perpignan, suffragant d'Alby. Il comprend 3 arrondissements, 17 cantons et 231 communes. — Ch.-lieu *Perpignan*. — S.-Préf. *Céret, Prades.*

PYRÈTHRE (g. πυρέθρον), *sm.* Genre de plantes dicotylédones de la famille des Composées dont les fleurons de la circonférence sont femelles, blancs et ligulés, tandis que ceux du centre sont hermaphrodites, tubuleux et jaunes. La principale espèce de ce genre est le *pyrethrum parthenium*, vulgairement désignée sous le nom de *matricaire, espargoutte, œil de soleil*. C'est une plante vivace à tiges dressées et ramifiées et pouvant atteindre jusqu'à 0m,80. Toutes les parties de la plante répandent une odeur aromatique et ont une saveur chaude, âcre et amère; aussi le pyrèthre est-il employé comme tonique stimulant et emménagogue. Il est recommandé contre la leucorrhée. Ses sommités fleuries sont administrées en décoction. Sa racine, réduite en poudre fine, sert à tuer les punaises. Le pyrèthre fleurit de juin à août et se trouve assez communément au voisinage des habitations et sur les décombres. Il existe un assez grand nombre d'autres espèces de pyrèthres qui sont cultivées comme plantes d'ornement; tels sont : 1° Le *pyrèthre grisonnant*, originaire de l'Asie Mineure, dont les fleurs ressemblent à celles de la *reine-marguerite*. Le feuillage, finement découpé, peut former des gazons serrés qui se développent dans les plus mauvaises terres. 2° Le *pyrèthre de Chine*, ou *chrysanthème* à grandes fleurs, qui est très cultivé en Chine dans les jardins, et a produit un grand nombre de variétés. 3° Le *pyrèthre des Indes*, ou *chrysanthème des Indes*, ou *pompon*, cultivé en pots, que l'on rentre dans une orangerie bien éclairée, où elles donnent des fleurs jusqu'à Noël. Cette espèce a donné aussi un grand nombre de variétés.

PYREXIE (g. πύρεξις), *sf.* Fièvre.

PYRGOS, 8 800 hab.; cap. de l'Elide; peuplée d'Albanais adonnés au commerce, à la pêche, à la viticulture.

PYRIQUE (du g. πῦρ, feu), *adj. 2 g.* Qui a rapport au feu d'artifice.

PYRITE (g. πῦρ, feu + sfx. *ite*), *sf.* Ce nom a été appliqué d'abord au fer sulfuré jaune. On croit que c'est à cause de la propriété qu'il a de faire feu sous le choc du briquet, propriété qui l'a fait employer, avant le silex, comme pierre à fusil. La pyrite est un bisulfure de fer naturel, d'un beau jaune laiton, cristallisé en formes qui dérivent du cube. La pyrite raye le feldspath et est cinq fois aussi lourde que l'eau. Son éclat est tel que les anciens Péruviens en faisaient des miroirs. Ce même éclat a souvent fait prendre la pyrite pour de l'or par les personnes qui n'étaient pas au courant de la minéralogie. Il est vrai que quelquefois la pyrite contient de l'or; mais cet or paraît n'être qu'un élément accidentel; il est probablement interposé dans les cristaux; c'est ce qui expliquerait la présence de l'or dans les terrains d'alluvions de l'Ariège, du Salat, de la Garonne, etc., cours d'eau qui cependant ne rencontrent pas de filons aurifères dans les montagnes d'où ils descendent. La pyrite, au feu d'oxydation du chalumeau, dégage une odeur sulfureuse, se transforme en sulfure noir, puis en peroxyde rouge. Traitée par l'acide azotique, elle se dissout en laissant un dépôt de soufre. — **Dér.** *Pyriteux, pyriteuse.*

PYRITEUX, EUSE (*pyrite*), *adj.* Qui contient de la pyrite.

PYRMONT, 2 100 hab. Ville d'Allemagne (Westphalie). Source minérale ferrugineuse, alcaline, acidulée. (1er juin-1er septembre.)

***PYRO** (g. πῦρ, πυρὸς), préfixe qui signifie feu.

***PYROGALLATE** (*pyrogallique* + sfx. chimique *ate*), *sm.* Tout sel formé par la combinaison de l'acide pyrogallique avec une base.

***PYROGALLIQUE** (pfx. *pyro+gallique*), *adj. m.* Se dit d'un acide qui se produit dans la décomposition de l'acide gallique par la chaleur, et qui se trouve aussi dans le goudron de bois. Cristallisé, il se présente sous forme de minces aiguilles blanches, qui fondent à 115° et qui se subliment à 210°. Ce corps se dissout dans deux fois et demie son poids d'eau; l'alcool et l'éther le dissolvent en bien plus grande proportion. Il a une saveur amère. La solution alcaline d'acide pyrogallique absorbe l'oxygène de l'air. Ce fait est la base d'une méthode d'analyse de ce mélange gazeux. L'acide pyrogallique réduit facilement les sels d'argent et d'or; c'est en raison de cette propriété qu'il agit, en photographie, comme révélateur, c'est-à-dire qu'il fait apparaître la décomposition des sels d'argent, déjà préparée par l'exposition de la plaque à la lumière. — **Dér.** *Pyrogallate.*

***PYROGÉNÉ** (pfx. *pyro* + g. γεννάω, j'engendre), *adj. m.* On appelle *produits pyrogénés* les corps qui se forment par l'action de la chaleur sur les matières organiques.

***PYROLACÉES** (*pyrole*), *sfpl.* Famille de plantes dicotylédones à fleurs régulières, hermaphrodites, blanches, disposées en grappes dressées, composées d'un calice à cinq sépales soudés à la base; d'une corolle à cinq pétales libres, hypogynes et caducs. Les étamines, au nombre de dix, ont leurs filets indépendants et leurs anthères biloculaires, extrorses, s'ouvrant par des trous situés à la base. Ces anthères basculent et se rejettent vers l'intérieur de la fleur dès que celle-ci s'est épanouie. L'ovaire, supère, est formé de cinq carpelles et renferme cinq loges qui contiennent plusieurs graines. Ces ovules sont anatropes, insérés dans l'angle interne de chaque loge. Chacune des graines a un albumen. Le fruit est une capsule à déhiscence loculicide. Les feuilles des Pyrolacées sont simples, coriaces et n'ont pas de stipules. Les Pyrolacées ne sont que des Ericacées dont les pétales de la corolle ne sont pas soudés entre eux. — *Sf.* **Une pyrolacée**, une plante quelconque de la famille des Pyrolacées.

***PYROLE** (de *pyrus*, poirier), *sf.* Genre de plantes dicotylédones de la famille des Pyrolacées, dont elle est le type. La principale espèce est la *pyrole à feuilles rondes* (*pyrola rotundifolia*), appelée vulgairement *verdure d'hiver*, que l'on trouve dans les bois montueux. — **Dér.** *Pyrolacées.*

PYROLIGNEUX (pfx. *pyro* + *ligneux*), *sm.* Se dit de l'*acide pyroligneux.* (V. *Vinaigre.*)

***PYROLUSITE** (g. πῦρ, feu + λύσις, décomposition), *sf.* Minéral gris clair, qui se présente le plus souvent, non sous forme de cristaux, mais sous forme de concrétions, de stalactites, de masses terreuses, ou de paquets d'aiguilles entrelacées. C'est du bioxyde de manganèse. On a souvent, dans les mines, à doser la quantité de bioxyde de manganèse qui se trouve dans une pyrolusite plus ou moins pure. On a recours, pour cela, à une réaction fondée sur ce que 87 parties de bioxyde de manganèse, en présence d'une quantité suffisante d'acide oxalique, donnent 88 parties (en poids) d'acide carbonique. Pour réaliser cette réaction, on mélange la pyrolusite avec de l'oxalate neutre de potasse et de l'acide sulfurique.

PYROMÈTRE (g. πυρός, génitif: de πῦρ, feu + μέτρον, mesure), *sm.* Instrument servant à mesurer des températures très élevées. Un des pyromètres les plus connus est celui de Brongniart. La température la plus élevée qu'il permette d'apprécier est 1 500°. Cet appareil, dont les indications ne sont du reste qu'approximatives, se compose d'une règle de fer reposant dans une rainure, sur une plaque de porcelaine, d'une règle de porcelaine placée au bout de la règle de fer vers l'extrémité de la plaque, enfin d'un levier coudé placé au bout de la règle de porcelaine et commandant une aiguille qui est mobile sur un cadran gradué. La plaque de porcelaine et la plus grande partie de la règle de porcelaine sont placées dans le four dont on veut surveiller la température; une partie de cette règle de porcelaine traverse la paroi du four; l'extrémité de la règle en question et le cadran restent en dehors. La dilatation du fer et de la porcelaine, sous l'influence de la chaleur, explique le jeu de cet appareil.

PYROMÉTRIE, *sf.* Science de la mesure des hautes températures. (V. *Pyromètre.*)

PYROMÉTRIQUE, *adj.* Qui a rapport à la pyrométrie.

***PYROPHORE** (pfx. *pyro* + φέρω je porte), *sm.* Produit spontanément inflammable, grâce à la propriété qu'il a de condenser de l'air dans ses pores et de déterminer ainsi une compression, accompagnée d'une élévation de température.

***PYROPHORIQUE** (*pyrophore* + sfx. chimique *ique*), *adj. 2 g.* Le fer pyrophorique est du fer pulvérulent, spontanément inflammable, préparé par réduction du sesquioxyde de fer, au moyen de l'hydrogène, au-dessous du rouge.

***PYROPHOSPHATE** (*pyrophosphorique*, avec transformation de *ique* en *ate*), *sm.* Tout sel formé par la combinaison de l'acide pyrophosphorique avec une base. Parmi les pyrophosphates, les uns ont pour formule $(2MO), PhO^5$, les autres MO, HO, PhO^5. Dans ces formules, M représente un métal quelconque. Tous les pyrophosphates, sauf ceux de soude, sont insolubles.

***PYROPHOSPHORIQUE** (pfx. *pyro* + *phosphorique*), *adj. m.* Se dit d'un acide, $PhO^5, 2HO$, qui se forme par la calcination de l'acide phosphorique ordinaire, ou acide orthophosphorique, $PhO^5, 3HO$. Cet acide est soluble dans l'eau et cristallisable. Sa solution dans l'eau reconstitue peu à peu $PhO^5, 3HO$. Au rouge sombre il se transforme en acide métaphosphorique PhO^5, HO. L'acide pyrophosphorique en solution dans l'eau ne coagule pas l'albumine, ce qui le distingue de l'acide métaphosphorique, mais non de l'acide orthophosphorique. Il donne, avec l'azotate d'argent, un précipité blanc, soluble dans un excès de réactif, tandis que l'orthophosphate donne un précipité jaune, et le métaphosphate un précipité blanc, soluble dans un excès de réactif.

***PYROSCAPHE** (pfx. *pyro* + g. σκάφη, barque), *sm.* Bateau à vapeur.

PYROTECHNIE (pfx. *pyro* + g. τέχνη, art), *sf.* Art de préparer et d'employer les mélanges servant pour les feux d'artifice, pour les fusées à signaux ou à projectiles incendiaires, pour les bombes et obus incendiaires, etc. Ces mélanges sont constitués au moyen de poudre et de substances très inflammables. Les étoiles sont dues à du charbon de bois dur et à des métaux combustibles, tels que la limaille de fer, la grenaille de zinc. (Pour les feux de Bengale, V. *Feu.*) — **Dér.** *Pyrotechnique.*

PYROTECHNIQUE (*pyrotechnie*), *adj. 2 g.* Qui appartient, qui a rapport à la pyrotechnie.

PYROXÈNE (pfx. *pyro* + ξένος, étranger), *sm.* Les pyroxènes sont des roches cristallines, analogues à l'amphibole, mais offrant un aspect plus vitreux, avec une couleur moins vive, et se clivant autrement. Les pyroxènes sont des silicates de chaux, de magnésie ou de protoxyde de fer; quelquefois de ces trois bases à la fois. Il y a plusieurs espèces de pyroxènes. Le *diopside* contient de la chaux et de la magnésie; la *sahlite* contient, en plus, du protoxyde de fer; l'*augite* renferme, en plus de ce que contient la sahlite, du protoxyde de manganèse et de l'alumine.

***PYROXYLE** (pfx. *pyro* + ξύλον, bois), *sm.* Produit ayant, selon Payen, la même composition que le fulmi-coton et la pyroxyline, mais doué de propriétés chimiques différentes. — **Dér.** *Pyroxiline.*

***PYROXYLINE** (pfx. *pyro* + ξύλον, bois), *sf.* (V. *Fulmi-coton.*) La pyroxyline sèche est très instable; un faible choc, une légère élévation de température suffit pour en provoquer la détonation. Souvent elle détone spontanément, quelquefois même à 45°.

PYRRHA. (V. *Deucalion.*)

1. **PYRRHIQUE** (g. πυῤῥίχος, inventé par Pyrrhus, fils d'Achille), *sf.* Danse que les anciens exécutaient en tenant des armes dans les mains. Elle était d'origine dorienne et s'exécutait au son de la flûte sur une mesure rapide; les danseurs simulaient l'attaque, la défense, enfin tous les mouvements d'un combat singulier.

2. ***PYRRHIQUE** (*pyrrhique* 2), *sm.* Pied composé de deux brèves. ‖ Vers dont la plupart des pieds sont des pyrrhiques.

PYRRHON (336 av. J.-C.), philosophe grec qui suivit Alexandre en Asie et fut grand prêtre d'Elis. Selon lui, le sage doit suspendre son jugement; tout est donc indifférent, sauf la vertu par laquelle on arrive à l'absence des passions (*apathie*) et au repos inaltérable (*ataraxie*). Cette doctrine défigurée a été considérée comme le septicisme absolu ou doute universel. Les disciples de Pyrrhon furent: Timon, Ænésidème, Sextus Empiricus. — **Dér.** *Pyrrhonien, pyrrhonienne, pyrrhonisme.*

PYRRHONIEN, IENNE (*Pyrrhon*), *adj.* et *s.* Qui doute de tout.

PYRRHONISME (*Pyrrhon*), *sm.* Le doute sur toute chose. ‖ Le doute de Pyrrhon. ‖ Habitude ou affectation de douter de tout.

PYRRHUS (g. πυῤῥός, roux), ou *Néoptolème*, fils d'Achille et de Déidamie, assista au siège de Troie, égorgea Priam, eut pour sa part de butin Andromaque, épousa Hermione, fonda un royaume en Épire et fut assassiné à Delphes par Oreste. (Myth.)

PYRRHUS, roi d'Épire, conquit un instant la Macédoine, entreprit en Italie une expédition malheureuse contre les Romains et fut tué par une vieille femme en entrant vainqueur dans Argos (315-272 av. J.-C.).

PYTHAGORE (fin du VIe s. av. J.-C.), né à Samos, célèbre philosophe et mathématicien grec qui alla s'établir dans la Grande-Grèce, découvrit le théorème du carré de l'hypoténuse, inventa, dit-on, la table de multiplication qui porte son nom et la règle de trois; enseigna la métempsycose, le mouvement de la terre et des planètes autour du soleil, créa le mot de *philosophe*, essaya de moraliser les peuples, fonda des établissements où ses disciples vivaient en commun, recommanda l'abstinence des viandes. Sa philosophie tendait à l'idéalisme. — **Dér.** *Pythagoricien, pythagoricienne, pythagorique, pythagorisme, pythagoriser.*

PYTHAGORICIEN, IENNE (*Pythagore*), *adj.* Qui a rapport à la philosophie de Pythagore. — *S.* Sectateur de Pythagore.

PYTHAGORIQUE (*Pythagore*), *adj. 2 g.* Qui appartient à Pythagore ou à sa doctrine. ‖ *Diète pythagorique*, l'abstinence de viande.

***PYTHAGORISER** (*Pythagore*), *vi.* Pratiquer la doctrine de Pythagore.

PYTHAGORISME (*Pythagore*), *sm.* Système philosophique de Pythagore et de ses disciples. Ils croyaient que les nombres régissent le monde, sont la seule réalité et constituent la pensée. L'âme est un nombre qui se meut lui-même, la vertu est une harmonie; la justice un rapport de réciprocité, l'amitié un rapport d'égalité: les nombres ont leur origine dans une unité infinie qui est Dieu.

PYTHÉAS (IVe s. av. J.-C.), célèbre astronome et navigateur grec de Marseille, voyagea dans les mers du N. de l'Europe; il avait composé une description de l'Océan et un *Périple* que nous ne connaissons que par des extraits de Strabon et de Pline.

PYTHIAS (de Πυθώ, contrée de la Phocide où était Delphes.) (V. *Damon.*)

PYTHIE (g. Πυθία: de Πυθώ, contrée de la Phocide où était Delphes), *sf.* Prêtresse qui rendait les oracles d'Apollon à Delphes. — **Dér.** *Pythien, pythienne; python, pythiques, pythonisse.*

PYTHIEN, IENNE (Πύθιος), *adj.* Qui a rapport à la Pythie. — *Adj. m.* Surnom d'Apollon.

PYTHIQUES (g. πυθικός), *adj.* Se disait des jeux que les Grecs célébraient tous les ans à Delphes en l'honneur d'Apollon.

PYTHON (πύθων), *sm.* Serpent monstrueux qui habitait sur le Parnasse, près de Delphes et qu'Apollon tua à coups de flèches. (Myth.) ‖ Genre de serpents gigantesques propres à l'ancien monde, ainsi nommé parce qu'il dépasse les autres en grandeur. Ces serpents atteignent une longueur de 20 à 22 pieds et n'ont d'égaux, en dimension, que les boas américains. Ils vivent dans les lieux boisés et humides et ne sont pas venimeux.

PYTHON

Ils s'établissent près des endroits où les animaux viennent se désaltérer. Ils s'accrochent à quelque arbre par leur queue et font osciller leur corps ou restent immobiles en embuscade, lovés comme la vipère. Ils saisissent et broient dans leurs replis des gazelles et des chevreuils; ils imbibent de leur salive cette masse informe qui paraît si peu en proportion avec leur corps, et l'engloutissent, grâce à leurs mâchoires dilatables, à l'absence de sternum et de fausses côtes. Durant cette pénible déglutition, ils avancent leur glotte entre les branchies de leurs mâchoires pour que la respiration ne soit pas interrompue. On trouve des pythons en Afrique, dans l'Inde, dans les îles de la Sonde, aux Moluques, en Australie. On y peut rattacher les *morélies*, les *liasis*, les *nardoa* des îles de la Sonde, de l'Australie. Les *pythons* proprement dits sont de six espèces : *python de Seba* (Afrique tropicale); *python de Natal* (Cafrerie); *python royal* (Sénégambie); *python molure* (Malabar, Java); *python réticulé* (Java); *python améthyste* (Amboine). || Nom des devins, des nécromanciens et des magiciens dans les Septante et la Vulgate. || La constellation du Dragon.

PYTHONISSE (l. *pythonissa*, fém. de *python*, qui, dans la Vulgate, signifie magicien), *sf.* La pythie de Delphes. — Fig. Devineresse.

PYXIDE (g. πύξις, boîte : de πύξος, buis), *sf.* Capsule ou fruit sec qui, s'ouvrant par une fente circulaire, détermine la chute d'un opercule. Ex. : Les fruits de la jusquiame, du mouron rouge. || Boîte ronde à couvercle conique dans laquelle on enfermait les hosties, au moyen âge; elle était suspendue au-dessus de l'autel et n'y reposait qu'au moment de la consécration.

PYXIDE

CHÂTEAU DE PAU

LAC DES QUATRE-CANTONS — CHAPELLE DE GUILLAUME TELL

Q

Q [*ku*, suivant l'ancienne épellation, *ke*, suivant la nouvelle], *sm*. Dix-septième lettre de l'alphabet et la treizième des consonnes. Consonne gutturale ténue ou forte qui est le koppa de l'alphabet dorien de Cumes et le kopt des Phéniciens et signifie *nœud*. Elle est toujours suivie de *u*; mais cette dernière lettre avait en latin la valeur d'un *v*; en sorte que *qu* était l'équivalent de *cv* et alternait avec *c* ou *q*. En français, la lettre *q* est restée, mais *v* a disparu dans la plupart des cas. Au moyen âge, *qui* se prononçait et s'écrivait *ki*. Encore aujourd'hui *q* se prononce comme un *k* dans *quatre* (*katre*), *querir* (*kerir*), etc. Le français moderne a fait de nouveau usage de *qu* devant un *a*. C'est ainsi que l'on écrit et prononce *quadrupède, aquatique*, etc. *Qu* latin initial est resté dans **qu***arante* (**qu***adraginta*); **qu***atre* (*quatuor*); **qu***estion* (**qu***æstio*); **qu***erelle* (**qu***erela*); **qu***i* (**qu***i*, **qu***is*); **qu***int*, **qu***inte* (**qu***intus*); etc. Cependant *qu* remplace le *c* latin dans *cadre* (**qu***adrum*); *carré* (**qu***adratum*); *carême* (**qu***adragesima*); *casser* (**qu***assare*); *car*, **qu***are*, **qu***eux* de *co***qu***us*, etc. **Qu** devient sifflant devant **e** et **i** dans : *cinq* (**qu***inque*); *cinquante* (**qu***inquagenta*); **c***ercelle* ou **sa***rcelle* (**qu***er***qu***edula*); **ch***acun* (**qu***isque unus*); **ch***êne*, ancien français **qu***esne* (**qu***ernus*). A l'intérieur d'un mot **qu** persiste aussi dans : *on***qu***es* (*un***qu***am*); *on***qu***es* (*ali***qu***od*); mais il s'adoucit quelquefois quand il est placé entre deux voyelles. C'est ainsi que *æ***qu***alis* a donné *é***g***al*; *a***qu***a*, *ai***g***uë*; *a***qu***ila*, *ai***g***le*; *A***qu***itania*, Guyenne. **Q** tombe tandis que *u*, qui l'accompagne, se trouve formé en *v*. Ex. : *Suivre*, de *se***qu***ere* (bl. *severe*); *eve* (eau), de *a***qu***a*. Il se transforme aussi en sifflant, comme dans *cuisine*, de *co***qu***ina*; **qu** remplace aussi un *c*, comme dans *car***qu***ois* venant du bl. *tarcasia*, étui à flèches, casque, ital. *casco*, etc. A la fin des mots *qu* ne se montre que sous la forme *q*, comme dans *cin***q** venant du latin *quin***qu***e*. Dans *co***q**, le *q* remplace le *c* de *coccum*. Il faut observer que *qu* latin n'étant pas autre chose que le *c*, si ce groupe n'a pas subi les mêmes modifications que lui, cela tient à ce que, au moment où *c* s'est changé en *ch* devant la voyelle *a*, le *u* se faisait encore sentir. ‖ Dans la numération romaine Q valait 500. ‖ Marque des monnaies frappées à Perpignan.

QUADES [cou-ades]. Ancien peuple germain, allié des Marcomans, qui habitait au N. du Danube entre la Bohême et le Gran, affluent du Danube; ils envahirent plusieurs fois la Pannonie sous les empereurs et semblent s'être confondus avec les Suèves à la fin du IVe siècle.

QUADRA-ET-VANCOUVER, île du Pacifique, dépendance de la Colombie anglaise, près des côtes de l'Amérique anglaise, en face de l'embouchure du Fraser. Elle a 400 kilom. de longueur, 36 300 kilom. carrés de superficie et 25 000 hab.

QUADRAGÉNAIRE [koua-dra-gé-nai-re] (l. *quadragenarium*), *adj. 2 g.* et *s.* Qui contient quarante unités. ‖ Qui est âgé de quarante ans.

QUADRAGÉSIMAL, ALE [koua-dra-gé-si-mal] (l. *quadragesimalem*), *adj.* Qui appartient au carême : *Jeûne quadragésimal.*

QUADRAGÉSIME [koua-dra-gé-sime] (l. *quadragesima*, s.-ent. *dies*, le quarantième jour), *sf.* Carême, ce mot n'est usité que dans cette locution : *Le dimanche de la Quadragésime* ou *la Quadragésime*, le premier dimanche de carême. — **Dér.** *Quadragésimal, quadragésimale.*

QUADRANGULAIRE [koua-dran-gulaire] (l. *quadrangulum* + sfx. *aire*), *adj. 2 g.* Qui a quatre angles et par conséquent quatre côtés : *Figure quadrangulaire*, un quadrilatère. — *Prisme, pyramide quadrangulaire*, dont la base est un quadrilatère.

QUADRAT [ka-drat] (l. *quadratum*, carré), *sm.* La position de deux planètes qui sont éloignées l'une de l'autre d'un quart de cercle. (V. *Cadrat.*) — **Dér.** *Quadratin, quadrature, quadratrice.*

QUADRATIN (dm. de *quadrat*), *sm.* (V. *Cadratin.*)

QUADRATRICE [koua-dra-tri-ce], du l. *quadrator*, tailleur de pierres), *sf.* Courbe d'aspect parabolique inventée par le géomètre grec Dinostrate, contemporain de Platon, pour parvenir à la quadrature du cercle.

1. QUADRATURE [koua-dra-tu-re] (l. *quadratura*, un carré), *sf.* Problème de géométrie qui consiste à construire un carré équivalent à une surface dont le contour est curviligne. ‖ Évaluation d'une surface terminée par des lignes courbes. — Fig. *C'est la quadrature du cercle*, c'est un problème insoluble, parce que le carré et le cercle sont des quantités incommensurables. ‖ Aspect de deux astres distants l'un de l'autre de 90° sur la sphère céleste.

2. QUADRATURE [ka-dra-tu-re], *sf.* (V. *Cadrature.*)

***QUADRI**, préfixe signifiant *quatre fois.*

QUADRIENNAL, ALE (l. *quadriennalem*), *adj.* Qui revient tous les quatre ans. ‖ Qui dure quatre ans.

QUADRIFIDE [koua-dri-fi-de] (l. *quadrifidum*, fendu en quatre), *adj. 2 g.* Qui a quatre divisions. (Bot.)

***QUADRIFOLIÉ, ÉE** [koua-dri-fo-lié] (*quadri + folié*), *adj.* Dont les feuilles sont verticillées par quatre. (Bot.)

QUADRIGE [koua-dri-ge] (l. *quadriga*), *sm.* Char romain à deux roues et traîné par quatre chevaux attelés de front, deux au timon et deux en volée. On l'employait dans les courses du Cirque et dans les triomphes.

QUADRIGE

QUADRIGE
LE RETOUR D'HÉLÈNE. COLLECTION CAMPANA (MUSÉE DU LOUVRE)

***QUADRIJUMEAUX** (pfx. *quadri + jumeaux*), adj. mpl. *Tubercules quadrijumeaux*, les quatre petites éminences arrondies qui existent sur la moelle allongée au-dessous de la glande pinéale.

QUADRILATÈRE [koua-] (pfx. *quadri* + l. *latus*, génitif *lateris*, côté), *sm.* Polygone qui a quatre côtés. || Territoire qui a la forme d'un quadrilatère et qui est défendu par quatre places fortes : *Le quadrilatère vénitien*, autrefois protégé par Mantoue, Vérone, Legnago et Peschiera, aujourd'hui sans importance, puisque l'Autriche ne domine plus l'Italie.

QUADRILLAGE (*quadrille*), *sm.* Assemblage de carreaux.

QUADRILLE [ka-dri-ll'] (ital. *quadriglia*), *sf.* Troupe de cavaliers d'un même parti et habillés de la même manière qui figuraient dans un tournoi, un carrousel. — *Sm.* Groupe de quatre danseurs et de quatre danseuses ayant un costume différent de celui des autres groupes de danseurs dans un ballet. || Nombre pair de couples qui exécutent des contredanses dans un bal. || Contredanse. Le quadrille ancien comprenait six figures : pantalon (6/8), été (2/4), poule (6/8), trenitz (2/4), pastourelle (2/4), finale (2/4). Le quadrille à la cour ou *lancier* a cinq figures : la dorset, la victoire, le moulinet, la visite, finale à la cour. || L'ensemble des morceaux de musique qu'on joue dans une contredanse. — **Dér.** *Quadrillé, quadrillée, quadrillage.*

***QUADRILLÉ, ÉE** (*quadrille*), *adj.* Partagé en petits carreaux par des lignes droites : *Papier, étoffe quadrillée.*

***QUADRILOBÉ, ÉE** [koua-dri-lo-bé] (pfx. *quadri + lobe*), *adj.* Partagé en quatre lobes : *Feuille quadrilobée.*

***QUADRILOCULAIRE** [koua-dri-lo-cu-lai-re] (pfx. *quadri* + l. *loculus*, case), *adj. 2 g.* Partagé en quatre loges : *Fruit quadriloculaire.* (Bot.)

QUADRINÔME [koua-dri-nô-me] (pfx. *quadri* + g. νομός, partage), *sm.* Quantité algébrique composée de quatre termes. Ex : $a - b + c - d$.

***QUADRIPARTITE** [koua-dri-par-ti-te] (pfx. *quadri* + l. *partitum*, partagé), *adj. 2 g.* Qui est à quatre divisions très profondes : *Feuilles quadripartites.* (Bot.)

***QUADRIPONCTUÉ, ÉE** [koua-dri-ponc-tué], *adj.* Marqué de quatre points colorés. (Entom.)

***QUADRIRÈME** [koua-dri-rè-me] (l. *quadriremem*), *sf.* Navire des anciens dont on n'a pas une idée exacte. Il n'avait pas quatre rangs de rames superposés ; mais chaque rame était manœuvrée par quatre rameurs, placés les uns en face des autres ; deux menaient la *vogue* (marche en avant) et deux autres la *scie* (marche en arrière).

***QUADRISYLLABE** [koua-dri-syl-la-be] (*quadri+syllabe*), *sm.* Mot composé de quatre syllabes. — **Dér.** *Quadrisyllabique.*

***QUADRISYLLABIQUE** (*quadrisyllabe*), *adj. 2 g.* Composé de quatre syllabes.

QUADRIVIUM [koua-dri-vi-om'] (ml. *carrefour*), *sm.* Le cours supérieur des études au moyen âge, comprenant l'arithmétique, la géométrie, la musique et l'astronomie.

***QUADRU** (ml.), préfixe qui signifie *quatre.*

QUADRUMANE [koua-dru-mane] (pfx. *quadru* + l. *manum*, main), *adj. 2 g.* et *sm.* Se dit des singes qui, aux quatre membres, ont le pouce opposable aux quatre doigts. En réalité, ils n'ont que deux mains ; on leur a donné ce nom à l'époque où l'on croyait que le caractère distinctif de la main était que le pouce est opposable aux autres doigts. (V. *Main, Pied, Singe.*)

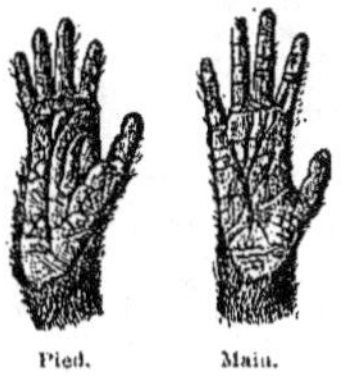

QUADRUMANE

QUADRUPÈDE [koua-dru-pè-de] (sfx. *quadru + pedem*, pied), *adj. 2 g.* et *sm.* Se dit d'un animal qui a quatre pieds.

QUADRUPLE [koua-dru-ple] (l. *quadruplum*), *adj. 2 g.* Qui vaut quatre fois autant : *Poids quadruple d'un autre.* || *Quadruple alliance*, alliance entre quatre États. (V. *Alliance.*) || *Quadruple croche*,  note qui vaut le quart d'une croche. — *Sm.* Quatre fois autant : *Vendre un objet au quadruple de sa valeur.* || Monnaie d'or espagnole, double de la pistole et valant 81 fr. 51. — **Dér.** *Quadrupler.*

QUADRUPLER (l. *quadruplare*), *vt.* Rendre quatre fois plus grand : *Quadrupler son revenu.* — *Vi.* Devenir quatre fois plus grand : *La valeur de cette propriété a quadruplé.*

QUAI [ké] (néerlandais *kaai*, digue le long d'un fleuve ; kym. *cae*, enclos), *sm.* Levée de terre revêtue de maçonnerie ou de pierre de taille, établie le long d'une rivière qui traverse une ville. || Levée analogue autour des bassins d'un port, où se font l'embarquement et le débarquement des marchandises. || Trottoir de débarquement dans les chemins de fer. — **Dér.** *Quayage.*

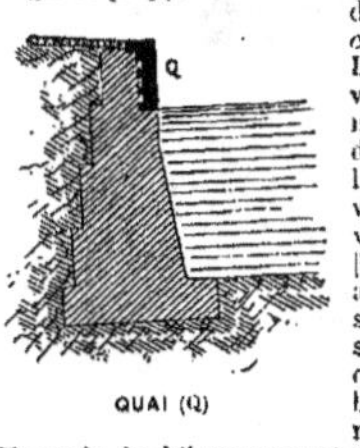

QUAI (Q)

QUAIAGE. (V. *Quayage.*)

QUAKER, QUACRE, ou **QUAKRE, ESSE** [koua-kr'] (all. *quaker*, trembleur), *s.* Membre d'une secte protestante fondée en 1647 en Angleterre par un cordonnier nommé Fox, et développée par William Penn. Les quakers, répandus en Angleterre, et surtout aux États-Unis, rejettent la hiérarchie ecclésiastique, les sacrements, n'ont point de pasteurs, et croient que tout homme peut être directement inspiré de l'esprit divin. Dans leurs réunions, quand l'un d'eux s'imagine ressentir l'inspiration manifestée par un tremblement, il se lève, prend la parole, et est écouté comme l'interprète du Christ. Les quakers ne prêtent pas serment devant les tribunaux, refusent le service militaire, ne se découvrent devant personne, tutoient tout le monde, portent des habits fort simples et sans boutons, sont de mœurs très pures ; ils sont généralement très riches et très bienfaisants. — **Dér.** *Quaquerisme.*

***QUALIFIABLE** [ka-li-fi-a-bl'] (*qualifier*), *adj. 2 g.* Qui peut être qualifié.

QUALIFICATEUR [ka-li-fi-ca-téur] (*qualifier*), *sm.* Théologien attaché au tribunal de l'inquisition, et chargé de prononcer sur la nature et la gravité des faits déférés à ce tribunal.

QUALIFICATIF, IVE [ka-li-fi-ca-tif] (*qualifier*), *adj.* Qui exprime la qualité. — *Sm.* Mot qui donne une qualité à un être : *Bon* est un qualificatif. (V. *Adjectif.*)

QUALIFICATION (*qualifier*), *sf.* Attribution d'une qualité, d'un titre : *Donner à quelqu'un la qualification d'excellence.*

QUALIFIÉ, ÉE (*qualifier*), *adj.* Dont la nature ou l'importance est spécifiée. || *Vol qualifié*, commis avec des circonstances aggravantes. || Qui a des titres de noblesse : *Les personnes les plus qualifiées d'une ville*, les plus considérables.

QUALIFIER (l. *qualis*, quel + *facere*, faire), *vt.* Énoncer la qualité qui convient à une personne, à une chose : *On le qualifie de fripon.* || Exprimer la qualité : *L'adjectif qualifie le nom.* || Attribuer un titre, une qualité à une personne : *On le qualifie de monseigneur.* — **Se qualifier**, *vr.* S'attribuer un titre, une qualification : *Se qualifier médecin.* — **Dér.** *Qualifié, qualifiée, qualification, qualifiable, qualificatif, qualificative.* — **Comp.** *Inqualifiable.*

***QUALITATIVE** (*qualité*), *adj. f.* Se dit de l'analyse chimique qui se borne à déterminer la nature des éléments d'un composé.

QUALITÉ (l. *qualitatem* : de *qualis*, quel), *sf.* Ce qui fait qu'une chose est d'une certaine manière, est douée de certaines propriétés. || Propriété dont une chose est douée : *La dureté est une qualité du diamant.* || Disposition naturelle bonne ou mauvaise du corps ou de l'esprit : *L'honnêteté est la première des qualités.* || Bonne qualité : *Cet homme a beaucoup de qualités.* || *Ce vin a de la qualité*, il a de la force et du bouquet. || Noblesse distinguée : *Une personne de qualité.* || Titre attaché à la naissance, à la dignité, à la fonction, à la profession : *La qualité de député.* || Titre qui rend habile à exercer un droit : *La qualité de créancier.* || En procédure civile, nom, profession, demeure des parties ; leurs conclusions et les points de fait ou de droit qui doivent être insérés dans la rédaction d'un jugement. || Avoir qualité pour faire une chose, avoir le droit de la faire. — En qualité de, *loc. prép.* Comme, à titre de : *Agir en qualité de tuteur.* — — **Syn.** (V. *Condition.*) — **Dér.** *Qualitative.*

QUAND (l. *quando*), *adv. de temps.* Dans quel temps : *Quand viendrez-vous ?* — *Conj.* Lorsque, au moment où : *Vous me préviendrez quand vous partirez.* || Quoique, alors même que : *Quand vous le voudriez, vous ne le pourriez pas.* || *Quand et quand*, avec, en même temps (vx).

QUANQUAM [kouan-kouam] (ml. *quoique*), *sm.* Harangue latine que prononçait autrefois un jeune écolier à l'ouverture d'une thèse et qui commençait ordinairement par le mot *quanquam.*

QUANQUAM, *sm. Cancan.* (V. ce mot.)

QUANT, ANTE (l. *quantum*, combien grand), *adj.* Combien grand. || *Toutes et quantes fois que, toutes les fois que*, autant de fois que (vx). — **Dér.** *Quantième, quantitatif, quantitative, quantité.*

QUANT À (l. *quantum*, relativement à), *loc. prép.* Relativement à, pour ce qui est de : *Quant à lui, il n'est pas coupable.* || *Tenir son quant-à-soi* ou *son quant-à-moi*, prendre un air réservé, hautain.

QUANTIÈME (*quant + ième*, suffixe marquant le rang), *adj. 2 g.* A quel rang, à quel numéro d'ordre : *Le quantième cet élève est-il en composition ?* (vx). — *Sm.* Le numéro d'ordre du jour : *A quel quantième du mois sommes-nous ?*

***QUANTITATIF, IVE** (*quantité*), *adj.* Qui exprime la quantité. (Gr.). — *Analyse chimique quantitative*, celle qui a pour but dé déterminer le poids de chacun des éléments qui entrent dans un composé.

QUANTITÉ [kan-ti-té] (l. *quantitatem*), *sf.* Tout ce qui, étant susceptible d'accroissement ou de diminution, peut être compté ou mesuré : *Deux quantités égales.* || *Quantité négative,* celle qui est précédée du signe moins (—). || *Quantité imaginaire,* le symbole qui représente la racine carrée imaginaire d'une quantité négative. Ex. : $\sqrt{-1}$. C'est la racine carrée d'une quantité négative. || Grand nombre : *Une quantité de personnes.* || Abondance : *Une grande quantité de vivres.* || *La quantité d'une syllabe,* sa qualité de longue ou de brève. — **Dér.** *Quantitatif, quantitative.*

***QUAQUERISME** (koua-que-ris-me) (*quaker*), *sm.* La religion des quakers.

1. **QUARANTAINE** (*quarante*), *sf.* Nombre de quarante ou environ : *Une quarantaine de personnes.* || *La sainte quarantaine,* le carême. || L'âge de quarante ans : *Il atteint la quarantaine.* || Séjour plus ou moins long que sont obligés de faire dans un lazaret les personnes, les effets, les marchandises qui arrivent d'un pays où règne une maladie épidémique contagieuse. Autrefois la quarantaine durait quarante jours ; aujourd'hui on l'abrège selon les circonstances. (V. *Lazaret.*) || *Quarantaine-le-roi,* trêve de quarante jours instituée par un édit de saint Louis à Pontoise (1245), ordonnant une trêve de quarante jours, obligatoire pour les parents de l'agresseur et de l'offensé, sous peine de mort contre le délinquant ; les parties seules pouvaient recourir à la force ou à la décision des tribunaux.

2. **QUARANTAINE,** *sf.* ou **QUARANTAIN** (*quarante*), *sm.* Nom vulgaire de la *mathiole,* plante crucifère d'ornement dite aussi *giroflée des jardins* ou *violier.* || Variété de pomme de terre dite aussi *parmentière jaune* Kidney, lisse, hâtive.

QUARANTAINE

(GIROFLÉE)

QUARANTE (l. *quadraginta*), *adj. num. inv. des 2 g.* Quatre fois dix. || *Les prières de* ou *des quarante heures* ou les *quarante-heures,* prières que l'on récite dans les calamités publiques et dans le jubilé devant le saint sacrement, qui reste exposé pendant quarante heures. || *Les quarante* de l'Académie française ou les *Quarante,* les quarante membres qui composent l'Académie française. || *Le trente et quarante,* jeu de hasard qui se joue avec des cartes. — *Sm.* Le nombre, le numéro quarante, l'ensemble des chiffres qui le représentent. || *Quarante-cinq centimes,* impôt sur le total des quatre contributions directes, décrété par le Gouvernement provisoire, le 16 mars 1848 ; il sauva la France de la banqueroute, mais compromit la République. — **Dér.** *Quarantaine* 1 et 2, *quarantain, quarantième.*

QUARANTIÈME (*quarante*), *adj. num. ord.* Qui occupe le rang indiqué par le nombre quarante : *Être dans sa quarantième année.* — *Sm.* La quarantième partie d'un tout.

QUARDERONNER (*quart de rond*), *vt.* Orner d'un quart de rond. || Abattre les arêtes d'une marche d'escalier, d'une pièce de bois pour y faire un quart de rond.

QUARRÉ, QUARRÉMENT, QUARRER, QUARRURE. (V. *Carré,* etc.)

QUARRÉ-LES-TOMBES, 2101 hab. Ch.-l. de c., arr. d'Avallon (Yonne).

1. **QUART** (l. *quartum*), *sm.* Chacune des 4 parties égales dans lesquelles un tout est partagé : *Le quart d'une pomme.* || Autrefois, la quatrième partie d'un boisseau, d'une aune : *Un quart de blé.* || Petit tonneau contenant la moitié d'une feuillette. || *Quart d'heure,* la quatrième partie d'une heure. — Fig. Un moment : *Passer un mauvais quart d'heure,* éprouver quelque chose de fâcheux. — Fig. *Le quart d'heure de Rabelais,* le moment où il faut payer son écot ; tout moment pénible. || Quart d'heure : *Cette horloge sonne le quart.* || *Quart d'écu,* ancienne monnaie d'argent que l'on commença à frapper sous Henri III, qui valut d'abord 15 ou 16 sous et ensuite davantage. Elle cessa d'être en cours sous Louis XIV ; elle portait le chiffre IIII. || *Quart de cercle,* instrument de mathématiques et d'astronomie consistant en un quart de cercle de cuivre divisé en degrés, minutes et secondes, pourvu d'une alidade ou d'une lunette, et dont on se sert on mer ou sur le terrain pour mesurer les angles. || *Quart de rond,* moulure convexe dont le profil forme le quart d'une circonférence. (V. *Moulure.*) || *Quart de soupir,* silence ayant la durée d'une double croche. || *Quart de vent,* rumb de vent. || *Quart de conversion,* mouvement qu'on fait exécuter aux soldats pour prendre une position de face perpendiculaire à celle qu'ils avaient auparavant. || Durée de quatre heures pendant laquelle une partie de l'équipage garde le bâtiment et fait toutes les manœuvres nécessaires. || L'ensemble des marins qui font le quart. || *Les trois quarts,* la plus grande partie : *Il flâne les trois quarts du temps.* — **Dér.** *Quart* 2, *quarte, quartaut, quarteron, quarteronne, quartier, quartenier, quartidi, quartinier.* — **Comp.** *Quartier-maître.*

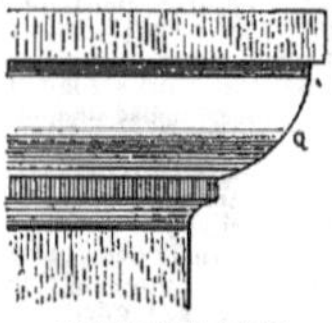

QUART DE ROND (Q)

2. **QUART, ARTE** (l. *quartum,* quatrième), *adj. num. ord.* Quatrième (vx). || *Fièvre quarte,* dont l'accès revient tous les quatre jours.

QUARTAUT (bl. *quartale*), *sm.* Petit tonneau de capacité variable.

QUARTE (*quart* 2), *sf.* Ancienne mesure de capacité qui valait 2 pintes. || Unité de temps qui est le soixantième de la tierce. || Intervalle musical composé de 2 tons et demi. Ex. : *do-fa.* || Manière de tenir le fleuret à l'escrime, en portant le poignet en dehors. || Quatre cartes de même couleur qui se suivent au piquet.

QUARTENIER (bl. *quartanerium*), *sm.* Autrefois, commandant de la milice bourgeoise dans un quartier de Paris ou d'une autre grande ville ; il était chargé en outre de certaines fonctions de police et d'administration.

1. **QUARTERON** (*quart* 1 + sfx. diminutif *eron*), *sm.* Ancien poids qui valait le quart de la livre : *Un quarteron de beurre.* || Le quart de 100 c'est-à-dire 25, quand il s'agit de choses qui se vendent au 100 : *Un quarteron de noix.*

2. **QUARTERON, ONNE** (*quart* 1), *s.* Personne née d'une blanche et d'un mulâtre, ou d'une mulâtresse et d'un blanc.

QUARTIDI [kouar-ti-di] (l. *quartum,* quatrième + *diem,* jour), *sm.* Le quatrième jour de la décade républicaine.

QUARTIER (l. *quartarium* : de *quartus,* quart), *sm.* Le quart de certains objets : *Un quartier de pommes, de veau.* || Temps qui s'écoule entre deux phases de lune consécutives : *Le premier quartier,* celui qui commence à la nouvelle lune. || Portion, quelque chose d'un tout. || *Bois de quartier,* bois à brûler fendu en quatre. || *Quartier de lard,* longue pièce de lard levée sur le dos d'un porc. || Très gros morceau de pierre extrait de la carrière. || *Donner quartier à une pièce de bois, à une pierre de taille,* la faire tourner autour d'une de ses arêtes pour la placer sur une face perpendiculaire à celle sur laquelle elle repose actuellement. || Pièce de cuir formant le derrière d'un soulier. || Chacune des parties distinctes d'une ville : *Le quartier des Tuileries à Paris.* || Ses habitants : *Le quartier est en émoi.* || Voisinage, cantonnement, campement d'une troupe. || Ville non fortifiée où il y a une garnison : *Quartier général,* logement du général en chef et de son état-major pendant une campagne, une expédition. || *Quartier d'hiver,* lieu où logent les troupes pendant l'hiver. || Temps qui s'écoule entre deux campagnes. || Salle d'étude dans un collège. || Chaque trimestre de l'année pendant lequel un fonctionnaire est de service. || Montant d'un des quatre termes annuels d'un loyer, d'une pension, d'une rente : *Les pensions se payent par quartier.* || Chaque partie d'un écu d'armoiries divisé en quatre parties égales. || Chaque degré de descendance dans une famille noble. || Promesse de la vie ou d'un traitement favorable que l'on fait à l'ennemi vaincu. — Fig. *Demander quartier,* demander d'être traité avec clémence. — A QUARTIER, *loc. adv.* A part. (Terme vieilli.) — **Comp.** *Quartier-maître.*

QUARTIER-MAÎTRE (*quartier* + *maître*), *sm.* Officier d'état-major préposé à la comptabilité d'un corps de troupes. (Dans ce sens ce mot est tombé en désuétude.) || Officier marinier dont le grade correspond à celui de caporal.

QUARTINIER. (V. *Quartenier.*)

***QUARTO** [kouar-to] (ml. ablatif de *quartus*), *adv.* Quatrièmement. (V. *In-quarto.*)

QUARTZ [kouartz] (allem. *Quarz,* même sens), *sm.* Roche translucide, incolore ou colorée, présentant une cassure conchoïdale ; formée de silice à peu près pure. Le quartz raye le verre et l'acier ; il fait feu sous le choc du briquet. (V. *Pierre à fusil.*) Il est

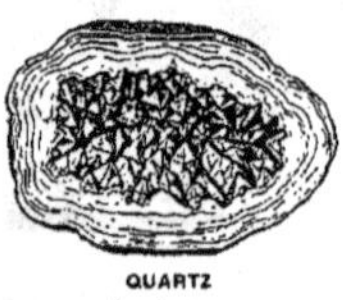

QUARTZ

GÉODE

QUARTZ

AGATE

infusible au chalumeau. Ce caractère le distingue du feldspath, avec lequel une dureté à peu près égale et quelquefois l'aspect de certaines variétés de quartz pourraient le faire confondre. Chauffé avec du carbonate de soude, le quartz se dissout en un verre clair. Les acides, sauf l'acide fluorhydrique, ne l'attaquent pas. La lessive de soude, chaude, n'attaque que très peu le quartz, même pulvérisé. Le quartz est l'une des substances les plus répandues dans la nature. Il appartient à tous les âges ; il admet tous les modes de formation et toutes les conditions de gisement. Le quartz se trouve en fragments dans les terrains secondaires, tertiaires et quaternaires. Il se rencontre en filons dans les terrains primaires. Le *quartz hyalin* ou *cristal de roche* est du quartz cristallisé. L'*agate* peut être considérée comme une variété de quartz. (V. *Cristal* et *Agate.*) — **Dér.** *Quartzeux, quartzite.* — **Comp.** *Quartzifère.*

QUARTZ

CRISTALLISÉ

QUARTZEUX, EUSE [kouar-tzeu] (*quartz* + sfx. *eux*), *adj.* Qui est de la nature du quartz.

QUARTZIFÈRE (*quartz* + l. *ferre,* porter), *adj. 2 g.* Qui contient du quartz : *Terrain quartzifère.*

QUARTZITE (*quartz* + sfx. *ite*), *sf.* Roche de silice grenue et mêlée parfois de parcelles de mica qui lui donnent une structure schisteuse. Les grains qui constituent cette roche sont si intimement soudés les uns aux autres, que, quand on brise la roche, la cassure traverse les grains eux-mêmes. La couleur est tantôt blanchâtre, tantôt verdâtre, tantôt noirâtre, etc. La quartzite s'emploie comme moellons ou se taille soit en pierres de construction, soit en pavés.

1. **QUASI** [ka-si] (ml.), *adv.* Presque. — **Dér.** *Quasiment.* — **Comp.** *Quasi-contrat, quasi-délit, quasi-légitimité, quasiment, quasimodo, quasi-restauration.*

2. **QUASI** [ka-si] (*quasi* 1), *sm.* Morceau de bœuf, de vache ou de veau dans la cuisse, qui n'est ni la queue, ni le rognon. De là son nom.

QUASI-CONTRAT (*quasi* + *contrat*), *sm.* Fait volontaire par lequel plusieurs personnes se trouvent obligées les unes envers les autres sans avoir contracté d'engagement. || La gestion volontaire et sans mandat des affaires d'autrui. || *Un payement fait par erreur constitue un quasi-contrat.*

QUASI-DÉLIT (*quasi* + *délit*), *sm.* Tout fait commis sans intention de nuire et qui cause des dommages à autrui; l'auteur, à l'abri de la loi pénale, n'en est que civilement responsable. — Pl. *des quasi-délits.*

***QUASI-LÉGITIMITÉ** (*quasi* + *légitimité*), *sf.* La famille des princes d'Orléans.

***QUASIMENT** (*quasi* + sfx. *ment*), *adv.* Presque; ce mot ne s'emploie que dans les livrets d'opéra-comique.

QUASIMODO [ka-zi-mo-do] (l. *quasimodo*, les deux premiers mots de l'introït de la messe du jour), *spf.* Le premier dimanche après Pâques.

***QUASI-RESTAURATION** (*quasi* + *restauration*), *sf.* Le gouvernement de Louis-Philippe Ier.

QUASSIA AMARA [kouassia] (ml.), *sm.*, ou **QUASSIE AMÈRE**, *sf.*, ou Bois DE SURINAM, arbrisseau de la famille des Rutacées, dont la racine, très amère, vient de la Guyane; c'est un médicament tonique (8 grammes pour un litre d'eau) contre la chlorose et la dyspepsie.

QUASSIA AMARA

***QUATER** (ml.), *adv.* Quatre fois.

QUATERNAIRE [koua-ter-nai-re] (l. *quaternarium*), *adj.* 2 *g.* Qui vaut quatre. || Qui est divisible par 4. || *Substance quaternaire*, composée de 4 corps simples. (Chim.) || *Terrain quaternaire*, étage géologique compris entre le terrain pliocène et les terrains récents. || C'est à l'époque quaternaire que l'homme apparait sur la terre, non pas tel qu'il est aujourd'hui, mais ayant une organisation si voisine, qu'on ne peut le ranger en dehors du genre. Cette période géologique est aussi caractérisée par une faune mammalogique terrestre, qui est un mélange d'espèces éteintes et d'espèces encore vivantes. Elle renferme, en outre, des espèces propres aux pays chauds, telles que l'éléphant d'Afrique, l'*elephas antiquus*, l'hippopotame, le *rhinoceros Merkii*, etc., et des espèces qui ne vivent que dans les pays froids ou tempérés, comme le bœuf musqué, le renne, le saïga, le glouton, le bouquetin, le chamois, la marmotte, le *rhinoceros tichorhinus*, l'*ursus spelæus*, etc. Ce que l'on observe sur les mammifères a lieu aussi pour les mollusques. C'est ainsi que l'on trouve à la base du quaternaire la *cyrena fluminalis*, coquille qui ne se rencontre plus qu'en Syrie et en Égypte. De même, l'*unio littoralis* vivait en Angleterre à l'époque qui fait l'objet de cet article, tandis qu'aujourd'hui ce même mollusque ne se rencontre plus qu'en France. La flore fournit les mêmes indications : certaines parties du N. de la France, la Celle-sous-Moret, par exemple, présentent des plantes qui ne vivent que dans les pays chauds, tandis que le Wurtemberg donne des mousses du Groenland. De ces faits on conclut que le quaternaire s'est composé de deux périodes, l'une chaude, l'autre froide. Pendant cette seconde période, l'humidité était très grande et les glaciers de nos hautes montagnes ont envahi un grand nombre de nos vallées. C'est ainsi que le glacier du Rhône allait jusqu'à Lyon. La mer Glaciale s'étendait sur tout le N. de l'Europe, couvrant de ses eaux glacées la moitié de la Russie, la Prusse, etc. Le sol de la France a subi pendant la première période quaternaire un mouvement d'affaissement qui a coïncidé avec une température chaude, mais très humide. C'est à cette époque que les grandes vallées, creusées à l'époque tertiaire, ont été comblées par des masses énormes d'alluvions. Puis, un mouvement d'exhaussement s'est manifesté, et la période froide a commencé. Et alors les dépôts d'alluvions ont été corrodés par les eaux des fleuves; ceux-ci se sont mis à creuser leurs anciens lits, laissant sur le flanc des coteaux qui limitent leurs vallées, et à différentes hauteurs, des témoins de leur passage. Le quaternaire a été divisé par M. de Mortillet en quatre époques, qui sont, en commençant par la plus ancienne : 1° le *chelléen*, chaud et humide; 2° le *moustérien*, froid et humide; 3° le *solutréen*, qui vit la température s'adoucir; et 4° le *magdalénien*, dont la température fut froide et sèche. (V. chacun de ces mots.)

QUATERNE [ka-ter-n'] (l. *quaternum*), *sm.* Quatre numéros pris ensemble à la loterie et tous gagnant en même temps. || Quatre numéros sortis au loto et placés sur la même ligne.

QUATORZE [ka-tor-ze] (l. *quatuordecim*), *adj. num. card.* 2 *g.* Dix plus quatre. — Fig. *Chercher midi à quatorze heures*, chercher des difficultés où il n'y en a pas. || Quatorzième : *Page quatorze, Louis XIV.* — *Sm.* Le nombre, le numéro 14. || Le quatorzième jour d'une période : *Le 14 du mois, de la lune.* || Au piquet, 4 as, 4 rois, 4 dames, 4 valets ou 4 dix qu'un joueur a dans son jeu, ce qui lui fait compter 14 points : *Un quatorze d'as.* — **Dér.** *Quatorzième, quatorzièmement.*

QUATORZIÈME (du lat. *quatuordecimum*), *adj. num. ord.* 2 *g.* Dont le rang, dans une série, est marqué par le nombre 14. — *S.* 2 *g.* Qui occupe le quatorzième rang : *Cet écolier a été le quatorzième en composition.* — *Sm.* La quatorzième partie d'un tout.

QUATORZIÈMEMENT (*quatorzième* + sfx. *ment*), *adv.* En quatorzième lieu.

QUATRAIN [ka-trin] (*quatre*), *sm.* Petite pièce de poésie qui n'a que 4 vers. || Quatre vers faisant partie d'un sonnet, d'une stance.

QUATRE [ka-tr'] (l. *quatuor*), *adj. num. ord. pl. des* 2 *g. et inv.* Deux fois 2. — Fig. *Se mettre en quatre*, faire tout son possible pour rendre service. — *Faire le diable à quatre*, faire beaucoup de bruit, causer beaucoup de désordre, se démener beaucoup. || *Il faut le tenir à quatre*, c'est un fou, un furieux, un homme emporté. || *Se tenir à quatre*, faire un grand effort sur soi-même. || *Comme quatre*, beaucoup, excessivement : *Manger comme quatre.* || *Entre quatre yeux*, tête à tête. || *Descendre, faire une chose quatre à quatre*, très vite || *A quatre pas d'ici*, à un petit nombre de pas, très près. || Quatrième : *Page quatre. Henri IV.* — *Sm.* Le nombre, le numéro quatre. || Le chiffre qui représente le nombre 4. || Le quatrième jour d'une période : *Le quatre du mois, de la lune.* — **Dér.** *Quatrain, quatrième, quatrièmement.* — **Comp.** *Quatriennal, quatre-temps* et tous les mots composés dont le premier élément est *quatre.*

QUATRE-BRAS (LES), hameau du Brabant (Belgique); à 4 kilom. S. de Genappe. Victoire des Français commandés par Ney sur les Anglais (16 juin 1815).

QUATRE-CANTONS (LAC DES), lac de Suisse entouré par les quatre cantons de Schwitz, Uri, Unterwalden et Lucerne. Il est rempli par les eaux de la Reuss, qui y entre près de Fluelen; il a une superficie de 107 kilom. carrés, une altitude de 437 mètres, une profondeur maximum de 150 mètres, et une moyenne de 100 mètres; il a des contours sinueux; il est encaissé entre de hautes montagnes, dominé par le Righi et le Pilate; il longe l'Axenberg et baigne les stations de Brunnau, Kössen, Vitznnacht et Lucerne.

QUATREFAGES (JEAN DE), né en 1810, naturaliste, membre de l'Académie des sciences, auteur de *Recherches sur le système nerveux*, l'*Embryogénie*, les *Organes des sens* et la *Circulation des annélides* et d'ouvrages sur l'anthropologie.

QUATREMÈRE (ÉTIENNE-MARC) (1782-1857), savant orientaliste français, professeur d'hébreu au Collège de France.

QUATREMÈRE DE QUINCY (1755-1848), savant archéologue français, auteur de travaux sur les beaux-arts.

QUATRE-NATIONS. (V. *Nation.*)

QUATRE-TEMPS (*quatre* + l. *tempus*, saison), *smpl.* Les trois jours de jeûne et d'abstinence (mercredi, vendredi, samedi) que l'Église prescrit au commencement de chaque saison de l'année.

QUATRE-VINGTIÈME (*quatre* + *vingtième*), *adj. num. ord.* 2 *g.* Dont le rang, dans une série, est marqué par le nombre 80 : *La quatre-vingtième partie d'un tout.* || Chacune des parties d'un tout divisé en quatre-vingts parties égales. — *Sm.* *Le quatre-vingtième*, la quatre-vingtième partie. — *S.* 2 *g.* Personne, chose qui occupe le quatre-vingtième rang dans une série.

QUATRE-VINGTS (mot formé par imitation de la numération celtique où l'on compte par vingtaine et non par dizaine), *adj. num.* 2 *g.* Quatre fois 20 : *Quatre-vingts ans.* — **Gr.** On écrit *quatre-vingt* sans *s* quand le mot est suivi d'un autre nombre qu'on lui ajoute : *Quatre-vingt-dix francs.* — *Quatre-vingt* ne prend pas non plus de *s* quand il est mis pour *quatre-vingtième.* || Quatre-vingtième : *Page quatre-vingt. L'an mille sept cent quatre-vingt.* || *Quatre-vingt-neuf*, pour 1789. || La première année de la Révolution française : *Quatre-vingt-treize*, pour 1793.

QUATRIÈME (*quatre*), *adj.* 2 *g.* Qui, dans une série, occupe le rang marqué par le nombre 4. — *Sm.* Le quatrième étage d'une maison : *Monter au quatrième.* — *Sf.* Dans les collèges, classe qui est la quatrième en descendant depuis et y compris la rhétorique : *Faire sa quatrième.* || Au piquet, 4 cartes de même couleur qui se suivent. — *S.* 2 *g.* Personne, chose qui a le quatrième rang dans une série. — **Dér.** *Quatrièmement.*

QUATRIÈMEMENT (*quatrième* + sfx. *ment*), *adv.* En quatrième lieu.

QUATRIENNAL, ALE, *adj.* (V. *Quadriennal.*)

***QUATRILLION** (*quatre* + *trillon*), *sm.* Mille trillions.

QUATUOR (ml. *quatre*), *sm.* Morceau de musique pour quatre voix ou quatre instruments. || Dans la musique de chambre, morceau en forme de sonate composé pour deux violons, un alto et un violoncelle; parfois le piano remplace l'un des violons.

QUAYAGE [ké-ia-ge] (*quai*), *sm.* Droit qu'on paye pour déposer ou mettre en vente des marchandises sur un quai.

1. **QUE** (l. *quem, quam, quod*), *pr. rel.* ou *conj.* 2 *g.* et 2 *nombres*, employé toujours comme complément direct. Lequel, laquelle, lesquels, lesquelles : *Le pays que nous avons parcouru.* || Le *e* s'élide devant une voyelle : *L'eau qu'il a bue.* || *N'avoir que faire de quelqu'un, de quelque chose*, n'en avoir pas besoin. Pendant lequel, laquelle, etc. : *Le jour que vous vîntes.* — *Pr. interrog.* Quelle chose : *Que cherchez-vous?* || Pour quelle chose, à quelle chose : *Que sert de se fatiguer?*

2. **QUE** (l. *quam*), *adv.* Combien : *Que Dieu est bon!*

3. **QUE** (l. *quod*), *conj.* Unit à une proposition principale une proposition subordonnée qui lui sert de complément direct : *J'espère que tu seras content.* || *Que* précède un verbe au subjonctif exprimant le souhait, le commandement, l'imprécation, le consentement, le blâme, etc. : *Qu'il réussisse!* || Afin que : *Venez que je vous parle.* || Sans que : *Il ne sort pas qu'il ne lui arrive quelque chose.* || Lorsque : *A peine étais-je sorti qu'il entra.* || De peur que : *Descendez, qu'on ne vous le commande.* || Avant que : *Je n'irai point que tout ne soit prêt.* || Si bien que. || Soit que : *Qu'il le veuille ou non.* || *Que*, corrélatif de *tel, quel, même, autre*; des adverbes, des

comparatifs : *Telle est sa bonté, qu'il pardonne toujours. Il est plus savant que sage.* || *Que si*, si. || *Que* entre dans une foule de locutions conjonctives : *Afin que, lorsque, puisque*, etc. || *Si j'étais que de vous*, si j'étais à votre place. — NE QUE, *loc. adv.* Seulement.

QUÉBEC, 62446 hab. Capitale du bas Canada, autrefois siège du gouvernement canadien, dépossédée depuis quelques années par Ottawa, sur la rive gauche du Saint-Laurent. Archevêché catholique, évêché anglican, port de commerce. Bois, potasse, sucre d'érable, farine. On y parle encore français avec l'accent bas normand.

QUEENSLAND (*terre de la reine*), colonie australienne détachée de la Nouvelle-Galles du S. en 1859. Superficie, 1730721 kilom. car. Habitants, 366940. Elle s'étend des limites de la Nouvelle-Galles du S. au cap York. Comme les autres colonies australiennes, elle est riche en bêtes à cornes et surtout en moutons, près de 300000 ; mais elle a pour caractère propre son climat et ses productions tropicales, bananiers, orangers, cannes à sucre, cotonniers. Les colons ont dû faire appel aux coolies chinois, aux engagés des Nouvelles-Hébrides, de la Nouvelle-Calédonie, des îles Loyalty ; la capitale, Brisbane, a 73000 habitants avec ses faubourgs ; elle est enveloppée par les replis de la rivière qui lui a donné son nom et communique par chemins de fer avec l'intérieur. Rockhampton, sur le Fitz-Roy, est la deuxième ville de la colonie avec 11000 hab. ; c'est de là qu'en 1862, le célèbre *squatter* (proprement personne qui prend les terres d'autrui) Jardine partit pour Somerset, près du cap York, poussant devant lui ses troupeaux. La ville de Cooktown, sur l'Endeavon, a été fondée en 1873 et est devenue fort active, grâce aux mines d'or du Palmer-River. Près du cap York, Thursday-Islam (île du Jeudi) est le centre de l'industrie perlière dans les mers de Torrès.

QUEENSTOWN, 12000 hab. Avant-port de Cork en Irlande ; paquebots pour New-York et la Nouvelle-Orléans.

QUEICH, affluent du Rhin (rive gauche), passe à Landau et finit à Gemersheim.

QUEL, QUELLE (l. *qualem*), *adj. ind.* Exprime la qualité, l'espèce, la nature, l'ordre, le rang d'une personne ou d'une chose et s'emploie surtout dans les phrases interrogatives : *Il ne sait pas quel homme vous êtes.* — *Quelle réponse a-t-il faite?* — *A quelle heure viendra-t-il?* || Dans les exclamations, comme grand : *Quel désordre! quelle éloquence!* — **Comp.** *Quelconque, quellement, quelque, quelquefois, quelqu'un, quelqu'une.*

QUELCONQUE (l. *qualemcumque*), *adj. ind.* N'importe lequel, laquelle, lesquels, lesquelles : *Prêtez-moi un livre quelconque.*

QUÉLEN (HYACINTHE-LOUIS DE) (1778-1839), archevêque de Paris (1821-1839), membre de l'Académie française.

QUELLEMENT (*quelle* + sfx. *ment*), *adv.* Usité dans *Tellement quellement*, ni bien ni mal, mais plutôt mal.

QUELQUE (*quel* + *que*), *adj. ind. 2 g.* Un ou plusieurs entre un plus grand nombre : *Quelques personnes doutent de cette nouvelle.* || Un petit nombre, une petite quantité : *Cela ne coûte que quelques francs.* || N'importe quel : *Quelque réprimande qu'on lui fasse.* — *Adv.* A quelque degré que : *Quelque savant qu'il soit.* || Environ, à peu près : *Il y a quelque cinquante ans.* || *Quelque peu*, un peu. — **Gr.** Il faut toujours écrire *quel que* en deux mots devant le verbe *être* et alors *quel* s'accorde avec le sujet du verbe : *Quelle que soit votre frayeur.* || *Quelque chose*, signifiant *une chose*, est masculin : *M'apprendrez-vous quelque chose de nouveau?* || *Quelque chose*, signifiant *quelle que soit la chose*, est féminin : *Quelque chose que vous ayez dite, on vous pardonne.*

QUELQUEFOIS (*quelque* + *fois*), *adv.* De fois à autre ; parfois.

QUELQU' UN, UNE (*quelque* + *un*), *pr. ind.* Un, une entre plusieurs : *Quelqu'un vous appelle.* — Pl. *Quelques-uns, quelques-unes*, un certain nombre pris dans un nombre plus grand : *Quelques-uns des blessés sont morts.* — *Pr. ind. 2 g.* Une personne qu'on ne nomme pas : *Quelqu'un m'a dit que...*

QUÉMANDER (du vx fr. *quémand* ou *caimand*, origine inconnue), *vi.* Mendier. — *Vt.* Solliciter bassement et avec instance : *Quémander une place.* — **Dér.** *Quémandeur, quémandeuse.*

SAINT-QUENTIN

HÔTEL DE VILLE

QUÉMANDEUR, EUSE (*quémander*), *s.* Celui, celle qui quémande.

QU'EN-DIRA-T-ON, *sm.* Les appréciations plus ou moins malveillantes du public : *Se moquer du qu'en-dira-t-on.* — Pl. *des qu'en-dira-t-on.*

***QUENELLE** (dér. de *quenne*, dent en vx fr. ; chose à mâcher), *sf.* Chacune des boulettes qu'on met dans une tourte ou un pâté chaud. Elle consiste en un mélange pilé et assaisonné, formé par parties égales de rouelle de veau finement hachée et tamisée, de panade tamisée et de beurre. On peut substituer à la rouelle de la chair de volaille, de gibier ou de poisson.

QUENOTTE (dm. du vx fr. *quenne*, dent, du vieil islandais *kenna*, mâchoire), *sf.* Dent de petit enfant.

QUENOUILLE (bl. *conucula*, pour *colucula*, dm. de *colus*, quenouille), *sf.* Bâton entouré vers le haut de filasse de lin ou de chanvre, de laine, etc., dont les femmes se servent pour filer. — **Fig.** *Maison tombée en quenouille*, dont une fille est devenue héritière. || Filasse qui garnit une quenouille. || Chacune des colonnes qui sont aux quatre coins des lits à baldaquin et à dossier, comme celui de Louis XIV à Versailles. || Arbre fruitier en plein vent dont le branchage, pointu en haut et en bas, a la forme d'un double cône. — **Dér.** *Quenouillée.*

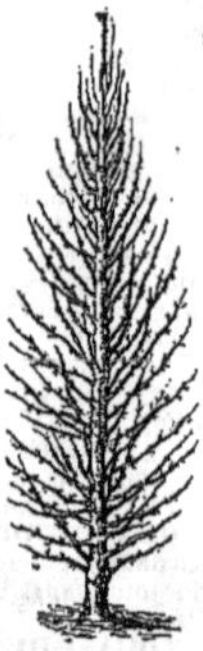

QUENOUILLE

(POIRIER)

QUENOUILLÉE (*quenouille*), *sf.* La filasse qui garnit une quenouille.

QUENTIN (saint), apôtre du Vermandois et de l'Amiénois, martyr en 287. Fête le 31 octobre.

QUENTIN (SAINT-), 47353 hab. S.-préf. Aisne, à 154 kilomètres de Paris, sur la Somme, à la tête du canal qui porte son nom. Ville ouverte, elle résista aux Prussiens en 1871, sous la direction d'Anatole de la Forge. Lycée ; nombreuses fabriques de tissus de laine et de coton ; sucre de betterave, distilleries. Ch. de fer du N.

QUÉRABLE (*querir*), *adj. 2 g.* Se dit d'une rente ou d'une redevance que le créancier doit aller chercher. (Dr.)

QUERCÉTINE, *sf.* Matière colorante, pulvérulente, cristalline, jaune citron, à reflet vert, laquelle se forme lorsqu'on fait bouillir une solution de quercitrin avec de l'acide sulfurique. Elle ne se dissout guère dans l'eau, mais elle se dissout parfaitement dans l'alcool, dans les alcalis, dans l'acide acétique chaud.

***QUERCITRIN** [ker-ci-trin], *sm.* Substance cristalline jaune, extraite de l'écorce du quercitron et employée dans la teinture. Cette substance ne se dissout que faiblement dans l'eau froide ou dans l'éther ; elle est plus soluble dans l'eau bouillante, dans l'alcool, très soluble dans l'ammoniaque. La décoction de quercitrin devient plus foncée en présence des alcalis, plus claire en présence de l'alun ; l'acétate de plomb, les chlorures d'étain, les sels de fer troublent la solution ; l'acide acétique fait disparaître le trouble. Le quercitrin sert principalement pour teindre et imprimer les indiennes. Quelquefois aussi on l'emploie pour teindre la laine.

***QUERCITRIQUE**, *adj. 2 g.* Acide quercitrique, synonyme de quercitrin.

QUERCITRON (l. *quercus*, chêne + citron), *sm.* Grand chêne de la Pensylvanie (États-Unis), dont l'écorce sert à teindre en jaune.

QUERCITRON

QUERCY (*Cadurcensis pagus*, pays des Cadurques), ancien comté de la Guyenne, formant aujourd'hui le département du Lot et une partie de Lot-et-Garonne. Il se divisait en *haut Quercy*, cap. Cahors, et en *bas Quercy*, cap. Montauban.

QUERELLE (l. *querela*, plainte), *sf.* Échange de violents reproches et même de coups entre plusieurs personnes. || *Querelle d'Allemand*, suscitée sans motif. || *Embrasser la querelle de quel-*

qu'un, prendre son parti. ‖ Antagonisme, lutte entre deux États : *La querelle de Rome et de Carthage.* — **Dér.** *Quereller, querelleur, querelleuse.*

QUERELLER (*querelle*), *vt.* Faire querelle à quelqu'un, gronder, réprimander : *Quereller un domestique.* — **Se quereller,** *vr.* Échanger de violents reproches : *Ils se sont querellés.*

QUERELLEUR, EUSE (*querelle*), *adj.* et *s.* Qui fait, qui cherche souvent querelle aux gens.

QUERETARO, 28 000 hab. Ville du plateau mexicain, au N.-O. de Mexico. Évêché; c'est là que fut fusillé l'empereur Maximilien le 19 juin 1867.

QUÉRIGUT, 675 hab. Ch.-l. de c., arr. de Foix (Ariège).

QUÉRIR (vx fr. *querre* : l. *quærere*, chercher), *vt.* Chercher dans le dessein d'amener, d'apporter. — **Gr.** Ce verbe ne s'emploie qu'à l'infinitif et avec les verbes *aller, venir, envoyer* : *Aller quérir la garde.*

QUESNAY (François) (1694-1774), médecin de Louis XV, l'un des fondateurs de l'économie politique, chef de l'école des physiocrates. Il réclama la liberté du travail et du commerce; soutint à tort que l'agriculture seule est productive, tandis que le commerce et l'industrie n'ajoutent pas à la somme des richesses.

QUESNEL (le père) (1634-1719), prêtre de l'Oratoire, chef du jansénisme après la mort d'Arnauld, auteur de *Réflexions morales* condamnées par la bulle *Unigenitus*.

QUESNOY (LE), 3765 hab. Ch.-l. de deux cantons de l'arr. d'Avesnes (Nord); place forte. Ch. de fer du N.

QUESNOY-SUR-DEÛLE, 5064 hab. Ch.-l. du cant. de Lille (Nord).

QUESTEMBERT, 4131 hab. Ch.-l. du cant. de Vannes (Morbihan). Ch. de fer d'Orl. et de l'O.

QUESTEUR [kues-teur] (l. *quæstorem*), *sm.* Ancien magistrat romain chargé de l'administration des finances. ‖ Membre chargé de surveiller l'emploi des sommes affectées au fonctionnement d'une assemblée législative : *Les questeurs de la Chambre des députés.* — **Dér.** *Questure.*

QUESTION [kes-tion] (l. *quæstionem* : de *quærere*, chercher), *sf.* Demande que l'on fait pour avoir des renseignements sur quelque chose : *Il m'accabla de questions.* ‖ Interrogation que l'on adresse à un écolier, à un candidat pour connaître son savoir. ‖ Point d'art ou de science qu'il s'agit d'élucider par l'examen, la discussion : *Une question d'histoire.* ‖ *Cela ne fait pas question*, ne soulève aucun doute. ‖ *Il est question de*, il s'agit de. ‖ On parle de : *Il est question d'établir un chemin de fer.* ‖ *Mettre en question*, mettre en péril : *Sa conduite met sa fortune en question.* ‖ *Demander la question préalable dans une assemblée délibérante*, demander qu'une question ne soit pas discutée. ‖ *Les ministres ont posé la question de cabinet sur cette proposition*; ils ont déclaré qu'ils donneraient leur démission si elle n'était pas acceptée. ‖ La torture que l'on faisait autrefois subir à un accusé pour qu'il fît des aveux, ou à un condamné pour qu'il nommât ses complices. — *La question préparatoire*, appliquée à un accusé, fut abolie en 1780, et la *question préalable*, appliquée à un condamné, en 1789. — **Dér.** *Questionner, questionneur, questionneuse, questionnaire.*

QUESTIONNAIRE (l. *quæstionarium*, bourreau), *sm.* Celui qui faisait subir la question aux accusés ou aux condamnés. ‖ Recueil ou liste de questions à adresser à un élève, à un candidat.

QUESTIONNER (*question*), *vt.* Poser des questions, interroger. — **Se questionner,** *vr.* Se poser mutuellement des questions.

QUESTIONNEUR, EUSE (*question*), *adj.* et *s.* Qui fait continuellement des questions : *Un questionneur insupportable.*

QUESTURE (l. *quæstura*), *sf.* Dignité, fonction de questeur. ‖ Sa durée. ‖ Le bureau des questeurs d'une assemblée.

QUÊTE (l. *quæsita* : de *quærere*, chercher), *sf.* Action de chercher : *Se mettre en quête d'une chose.* ‖ Action de demander et de recueillir des secours, de l'argent pour une église, pour une œuvre de piété, pour les pauvres. — **Dér.** *Quêter, quêteur, quêteuse.*

QUÊTER (*quête*), *vi.* Faire la quête. — *Vt.* Chercher à obtenir : *Quêter des louanges, des suffrages.*

QUÊTEUR, EUSE (*quête*), *s.* Celui, celle qui quête.

QUETTEHOU, 1297 hab. Ch.-l. de c., arr. de Valognes (Manche).

1. **QUEUE** (l. *cauda*), *sf.* Prolongement postérieur du corps des animaux faisant suite à la colonne vertébrale et la terminant : *La queue d'un cheval, d'un renard.* ‖ L'ensemble des grandes plumes implantées dans le croupion d'un oiseau. ‖ L'extrémité postérieure et amincie du corps des reptiles et des poissons. ‖ Partie d'un végétal qui supporte une feuille, une fleur ou un fruit : *La queue d'une rose.* ‖ Partie qui dépasse par en bas le corps d'une lettre : *La queue du p, du q.* ‖ Manche : *La queue d'une poêle.* ‖ Traînée de lumière qui suit le corps d'une comète. ‖ Faisceau de longs cheveux attachés avec un cordon et couvert d'un ruban roulé en spirale que les hommes portaient autrefois sur la nuque. ‖ La partie de derrière d'une robe, d'un manteau qui traîne par terre : *Une robe à queue.* ‖ Long bâton en forme de tronc de cône avec lequel on pousse les billes au jeu de billard. ‖ Extrémité de certaines choses : *La queue d'un bois, d'un étang.* ‖ Fin : *La queue de l'hiver.* ‖ La fin d'une troupe, d'un cortège : *La queue d'un régiment.* ‖ Suite de personnes qui attendent leur tour pour entrer dans un théâtre, dans un bureau. ‖ *Queue d'aronde*, tenon plus large à l'extrémité qu'au collet au moyen duquel une planche, une pièce de charpente s'emboîte dans une mortaise de même forme. (V. *Aronde.*) — Fig. et Fam. *A la queue leu leu*, jeu d'enfants qui consiste à marcher à la suite les uns des autres. Se dit aussi de personnes qui viennent les unes après les autres. — Ici *leu* signifie *loup*, et l'expression est une modification de *à la queue le leu*, à la queue le loup. — **Hom.** *Queue* 2, *queux* 1 et 2. — **Dér.** *Queuter, quoailler.* — **Comp.** *Queue-de-cheval, queue-de-rat.*

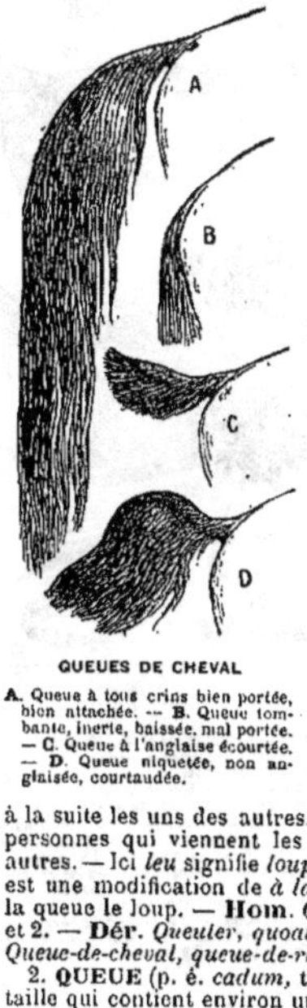

QUEUES DE CHEVAL

A. Queue à tous crins bien portée, bien attachée. — **B.** Queue tombante, inerte, baissée, mal portée. — **C.** Queue à l'anglaise écourtée. — **D.** Queue niquetée, non anglaisée, courtaudée.

2. **QUEUE** (p. ê. *cadum*, tonneau), *sf.* Futaille qui contient environ un muid et demi, c'est-à-dire deux barriques (460 litres).

QUEUE-DE-CHEVAL (*queue* + *de* + *cheval*), *sf.* La prêle des marais. (V. *Prêle.*) — Pl. *des queues-de-cheval.*

QUEUE-DE-RAT (*queue* + *de* + *rat*), *sf.* Lime ronde terminée en pointe et servant à agrandir les trous. — Pl. *des queues-de-rat.*

***QUEUE FOURCHUE,** *sf.* Insecte lépidoptère, dit aussi *bombyx vinule.* Il est de couleur grise; le corselet est à points noirs; les ailes à bandes et ondes noires en zigzag. Le mâle est plus petit que la femelle; les points noirs du corselet imitent assez bien le masque d'un singe. On trouve la chenille au printemps sur les jeunes tiges du peuplier noir; elle est verte avec deux taches dorsales brunes, l'une triangulaire, l'autre losangique, bordées de jaune et de lilas. Le corps se termine par deux tuyaux d'où sortent, quand on les touche, deux appendices membraneux rouges, avec lesquels la chenille se défend contre l'ichneumon.

QUEUSSI-QUEUMI (*que si* [soi], *que mi* [moi], pour lui comme pour moi), *loc. adv.* Absolument de même.

QUEUTER (*queue*), *vi.* Pousser d'un seul coup les deux billes avec une queue de billard.

1. **QUEUX** (l. *cotem*), *sf.* Pierre à aiguiser (vx.)

2. **QUEUX** (l. *coquus*), *sm.* Cuisinier (vx).

QUI [ki] (l. *qui*), *pr. rel.* ou *conj.* 2 *g.* et *sm.* Unissant une proposition subordonnée à la principale. ‖ Lequel, laquelle, lesquels, lesquelles : *On récompense les enfants qui se montrent dociles.* ‖ Dans les interrogations, quelle personne : *Qui soutiendra le contraire?* ‖ Celui qui, celle qui : *Qui vivra verra.* ‖ *Qui*, répété, est distributif et signifie les uns..., les autres : *Ils s'enfuirent, qui d'un côté, qui de l'autre.* ‖ *Qui que ce soit*, quelque personne que ce soit. — **Gr.** 1° *Qui* étant du même nombre et de la même personne que son antécédent, celui-ci détermine le nombre et la personne du verbe dont *qui* est sujet : *Moi qui suis malade, vous qui êtes économes.* 2° *Qui*, complément d'une préposition, ne peut représenter que des personnes ou des choses personnifiées. Ne dites pas : *Les objections à* qui *j'ai répondu*, mais auxquelles *j'ai répondu.*

QUIA (À) [kui-ia] (ml. *parce que*), *être à quia*, être réduit à ne pouvoir répondre. — Fig. Être ruiné ou près de mourir. ‖ *Mettre à quia*, réduire quelqu'un à ne pouvoir répondre. — Fig. Le ruiner, causer sa perte, sa mort.

QUIBERON, 2922 hab. Ch.-l. de c., arr. de Lorient (Morbihan), dans la presqu'île de même nom, défendue par le fort Penthièvre; les émigrés, débarqués par la flotte anglaise en juin 1795, commandés par Puisaye, Sombreuil et d'Hervilly, y furent faits prisonniers par Hoche le 16 juillet et fusillés à la chartreuse d'Auray du 1er au 25 août. Ch. de fer d'Orl.

QUIBUS [kui-buss] (ml., *de quoi*, dans la locution *Il a de quoi*), *sm.* Argent monnayé : *Avoir du quibus*, être riche. (Pop.)

QUICHAS ou **QUICHOUAS,** *sf.* Race de l'Amérique du S., qui, avec les Aymaras, a peuplé le Pérou et la Bolivie. Sous leurs chefs, les Incas, ils soumirent au XIe siècle les Aymaras et furent eux-mêmes vaincus par Pizarre et ses compagnons.

***QUICHÉ,** *sm.* L'une des langues américaines que parlent les indigènes du Guatémala.

***QUICHUA,** *sm.* La principale langue des indigènes du Pérou.

QUICONQUE (l. *quicumque*), *pr. ind. m. sg.* La personne quelconque qui : *Quiconque désobéira sera puni.* — **Gr.** *Quiconque* désignant spécialement une femme est féminin, et l'adjectif qui s'y rapporte se met au féminin : *Quiconque est mère est disposée à l'indulgence pour ses enfants.*

QUIDAM [ki-dan] (*ml.*), *sm.* Homme dont on ne connaît pas ou dont on ne veut pas dire le nom, mais que l'on méprise.

QUIDDITÉ [ku-id-dité] (lat. scolastique *quidditatem* : de *quid*, quoi), *sf.* L'essence d'une chose, en scolastique.

QUIET, ÈTE [kui-iè] (l. *quietum*), *adj.* Tranquille. — **Dér.** *Quiétisme, quiétiste, quiétude.* — **Comp.** *Inquiet, inquiète, inquiétude.*

QUIÉTISME [kui-é-tisme] (*quiet*), *sm.* Erreur de certains mystiques qui font consister la perfection chrétienne dans l'état d'une âme qui s'anéantit pour s'absorber en Dieu, dans l'inertie de toutes ses facultés et dans une indifférence complète pour ce qui lui arrive. Prêché par Molinos en 1675, condamné par Innocent XI en 1687, le quiétisme reparut, un peu mitigé, avec Mme Guyon et Fénelon dans le livre des *Maximes des Saints*, et fut condamné de nouveau par Innocent XII, en 1699. Fénelon se rétracta aussitôt.

QUIÉTISTE [kui-é-tis-t'] (*quiet*), *adj.* 2 *g.* Qui caractérise le quiétisme : *Doctrine quiétiste.* — *s.* 2 *g.* Personne imbue des erreurs du quiétisme.

QUIÉTUDE [kui-é-tu-de] (l. *quietudinem*),

sf. État d'un esprit tempéré, serein et tranquille : *Vivre dans une douce quiétude*. — **Syn.** (V. *Tranquillité*.)

QUIÉVRAIN, 2 848 hab., bourg du Hainaut (Belgique), dans le Borinage. Mines de houille; douane belge, sur le ch. de fer du Nord.

QUIGNON [ki-gnon] (*dér.* de *coin*), *sm*. Gros morceau de pain.

QUILIMANE, 3 000 hab., port du Mozambique portugais, à l'embouchure du Zambèze.

QUILLAGE [ki-llage] (*quille*), *sm*. Droit que payait autrefois un navire marchand étranger, la première fois qu'il entrait dans un port français.

QUILLAN, 2463 hab., canton de Limoux, (Aude.) Ch. de fer du Midi. Col servant de route entre Foix et Perpignan.

1. **QUILLE** [ki-ill] (VHA. *kiol*), *sf*. La carène d'un navire. — **Dér.** *Quillage*.

2. **QUILLE** (VHA. *kegil*), *sf*. Chacun des neuf morceaux de bois à peu près coniques formant les pièces d'un jeu qui consiste à les dresser sur le sol et à les abattre en lançant une boule. — Fig. *Être reçu comme un chien dans un jeu de quille*, être très mal reçu. — **Dér.** *Quiller, quillette, quillier*.

QUILLEBEUF, 1 501 hab. Ch.-l. de c., arr. de Pont-Audemer (Eure), port de commerce sur l'estuaire de la Seine.

QUILLER (*quille* 2), *vi*. Lancer une quille en prenant la boule pour but afin de savoir ceux qui seront ensemble ou celui qui jouera le premier. || Redresser les quilles abattues.

QUILLETTE (dm. de *quille* 2), *sf*. Bouture d'osier.

QUILLIER (*quille* + sfx. *ier*), *sm*. L'ensemble des 9 quilles. || L'espace carré dans lequel on les dresse.

QUILOA, 10 000 hab., port de la côte orientale d'Afrique, sur la côte de Zanguebar et appartenant au Portugal.

QUIMPER-CORENTIN, 17171 hab., pf. du Finistère, au confluent de l'Odet et du Ster, évêché, à 680 kilom. de Paris. Ch. de fer d'Orl. La cathédrale, dédiée à Saint-Corentin, a une chapelle absidale du XIIIe siècle; mais l'ensemble de l'édifice est du XVe siècle (1410-1477). Les deux flèches de pierre (75 mètres) ont été élevées de nos jours à l'aide d'une souscription d'un sou par an et par tête, dite le *sou de Saint-Corentin*, qui a produit 154 437 francs.

QUIMPERLÉ, 7 156 hab., s.-pf. du Finistère, au confluent de l'Ellé et de l'Isolle. Ch. de fer de l'O.

QUINA [ki-na], *sm*. (V. *Quinquina*.)

QUINAIRE [kui-] (l. *quinarium*), *adj. 2 g*. Divisible par 5 (vx). — *Numération quinaire*, celle dont la base est 5. || Dont les pièces sont au nombre de cinq en botanique : *Verticille quinaire*. — *Sm*. La plus petite des monnaies en or ou en argent des anciens Romains.

QUINAUD, AUDE (vx fr. *quine*, grimace faite avec les cinq doigts, *quinos digitos*), *adj*. Confus, honteux d'avoir eu le dessous.

QUINAULT (1635-1688), poète lyrique français, auteur d'opéras dont le meilleur est *Armide*. Il composa la partie chantante de la *Psyché* de Molière.

QUINCAILLE (vx fr. *clincaille, cliquaille*, de *cliquer*, résonner), *sf*. Toutes sortes d'ustensiles de ménage ou d'objets en fer ou en cuivre. — Fig. Monnaie de cuivre. — **Dér.** *Quincaillier, quincaillerie*.

QUINCAILLERIE [kin-kail-le-rie] (*quincaille*), *sf*. Marchandises consistant en quincaille.

QUINCAILLIER (*quincaille*), *sm*. Marchand de quincaille.

QUINCONCE [kin-kon-ce] (l. *quincuncem*), *sm*. Plantation d'arbres, de pieux, disposés en échiquier, c'est-à-dire offrant toujours, de quelque côté qu'on se place, des allées égales et parallèles. Les trois lignes de la légion à manipules (de Camille à Marius) étaient rangées en *quinconce*, de la façon suivante (chaque astérisque représentant un manipule).

I. *Hastaires*	*	*	*	*	*	*	*	*	*
II. *Princes*	*	*	*	*	*	*	*	*	*
III. *Triaires*	*	*	*	*	*	*	*	*	*

Toute ligne forcée par l'ennemi rentrait dans les intervalles laissés par la ligne suivante. L'affaire était grave et presque désespérée, quand les triaires devaient croiser le *pilum* (*res ad triarios redit*; les triaires vont donner). La cavalerie, les frondeurs et les vélites étaient aux deux ailes. — **Dér.** *Quinconcial, quinconciale*.

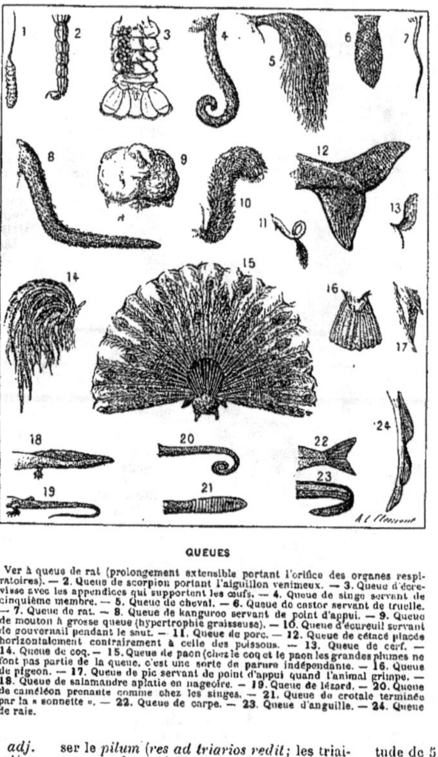

QUEUES

1. Ver à queue de rat (prolongement extensible portant l'orifice des organes respiratoires). — 2. Queue de scorpion portant l'aiguillon venimeux. — 3. Queue d'écrevisse avec les appendices qui supportent les œufs. — 4. Queue de singe servant de cinquième membre. — 5. Queue de cheval. — 6. Queue de castor servant de truelle. — 7. Queue de rat. — 8. Queue de kanguroo servant de point d'appui. — 9. Queue de mouton à grosse queue (hypertrophie graisseuse). — 10. Queue d'écureuil servant de gouvernail pendant le saut. — 11. Queue de porc. — 12. Queue de cétacé placée horizontalement contrairement à celle des poissons. — 13. Queue de cerf. — 14. Queue de coq. — 15. Queue de paon (chez le coq et le paon les grandes plumes ne font pas partie de la queue, c'est une sorte de parure indépendante. — 16. Queue de pigeon. — 17. Queue de pic servant de point d'appui quand l'animal grimpe. — 18. Queue de salamandre aplatie en nageoire. — 19. Queue de lézard. — 20. Queue de caméléon prenante comme chez les singes. — 21. Queue de crotale terminée par la « sonnette ». — 22. Queue de carpe. — 23. Queue d'anguille. — 24. Queue de raie.

QUINCONCIAL ALE (*quinconce*), *adj*. Disposé en quinconce.

QUINCY, 1 527 hab., bourg aux environs de Meaux (Seine-et-Marne). Carrières de plâtre.

QUINDÉCEMVIRS [kuin-] (l. *quindecim*, quinze + *vir*, homme). Nom de quinze magistrats romains préposés à la garde des livres sibyllins et chargés de la célébration des jeux séculaires et de l'accomplissement de certaines cérémonies religieuses.

QUINE [ki-n'] (l. *quini*, cinq par cinq), *sm*. Coup de dé qui amène deux 5 au trictrac. || Numéros pris ensemble à la loterie et qui doivent sortir au même tirage pour qu'on gagne. — Fig. *Un quine à la loterie*, une chance, un avantage très rare. || Ligne horizontale de cinq numéros qui, étant tous marqués, font gagner une partie de loto.

QUINET (Edgar) (1803-1875), professeur au Collège de France, membre de la Constituante et de la Législature de 1848 à 1852, ami et collaborateur de Michelet, auteur d'*Ahasvérus*, la *Révolution*, etc.

QUINGEY, 945 hab., c. de Besançon (Doubs).

QUININE (*quina*), *sf*. Alcaloïde très amer qu'on extrait du quinquina dont il est le principe actif et qui, combiné avec l'acide sulfurique, forme le sulfate de quinine, remède des fièvres intermittentes et autres affections périodiques. Il existe deux variétés de sulfate de quinine : le sulfate neutre et le sulfate acide. Le premier a pour formule

$$C^{40}H^{24}Az^{2}O^{4},2HO,\quad S^{2}O^{6}+16HO,$$

le second

$$2(C^{40}H^{24}Az^{2}O^{4},2HO)S^{2}O^{6}+14HO.$$

Le sulfate neutre étant très soluble, est assez souvent employé en injections sous-cutanées. Le sulfate basique exige, pour se dissoudre, 750 fois son propre poids d'eau froide. Il est moins amer que le précédent. On le prescrit non seulement contre la fièvre intermittente, mais, de plus, on l'ordonne à haute dose contre la fièvre typhoïde et le rhumatisme. A haute dose il ralentit la circulation. A trop haute dose, il devient vénéneux. A faible dose, il accélère les battements du cœur et élève la température. Il est doué de propriétés antiputrides. Il arrête le développement des moisissures.

***QUINIQUE**, *adj. masc.* (V. *Kinique*.)

QUINOLA [ki-no-la], *sm*. Le valet de cœur au jeu de reversis. Ce nom doit venir du jeu de cartes espagnoles (tarots, jeu d'épées et de bâtons).

***QUINQU** ou **QUINQUE** (l. *quinque*), pfx. qui signifie *cinq*.

QUINQUAGÉNAIRE [kuin-koua-jé-nai-r'] (l. *quinquagenarium*), *adj*. et *s*. Âgé de 50 ans.

QUINQUAGÉSIME [kuin-koua-jé-si-m'] (l. *quinquagesimum*, cinquantième), *spf*. Le dimanche qui précède le premier dimanche de carême, et qui est le cinquantième jour avant Pâques.

QUINQUE (ml. *cinq*), *sm*. Morceau de musique à 5 parties (vx). Ne s'emploie plus depuis 1820.

QUINQUENNAL, ALE [kuin-kuen-nal] (l. *quinque* + *annus*, année), *adj*. Qui dure 5 ans : *Charge quinquennale*. || Qui se fait tous les 5 ans : *Le recensement quinquennal de la population*.

QUINQUENNIUM [kuin-kuen-ni-ome] (*quinque* + l. *annus*, année), *sm*. Dans les anciennes universités, cours d'étude de 5 ans, dont 2 en philosophie et 3 en théologie.

***QUINQUÉPARTITE** (*quinque* + l. *partitus*, partagé), *adj. 2 g*. A cinq divisions profondes : *Feuille quinquépartite*.

QUINQUERCE [kuin-kuerce] (l. *quinque* + *ars*, art), *sm*. Le nom romain du pentathle.

QUINQUÉRÈME [kuin-kué-rè-me] (*quinque*, l. *remus*, rame), *sf*. Navire des anciens ayant cinq étages de rameurs ou cinq rameurs à chaque rame. (V. *Quadrirème*.)

QUINQUET [kin-kè] (nom du premier fabricant, qui vécut vers 1800), *sm*. Sorte de lampe à double courant d'air.

QUINQUINA [kin-ki-na] (pér. *kinakina*, écorce des écorces), *sm*. Genre d'arbres du Pérou et d'autres parties de l'Amérique du Sud. — **Famille des Quinquinas**. Les végétaux qui composent la petite famille des Quinquinas sont tellement voisins des Rubiacées, que la plupart des botanistes ne les considèrent que comme une division de ce dernier groupe de végétaux. Bien que la fleur des quinquinas soit pour ainsi dire identique à celle des rubiacées, leur fruit se distingue néanmoins de celui de cette dernière famille par des caractères constants, quoique d'une importance secondaire. Ainsi, chez les quinquinas, le pistil se compose encore d'un ovaire infère surmonté d'un style dont l'extrémité se divise en deux branches stygmatiques. Mais cet ovaire, qui a deux loges comme celui des rubiacées, se distingue de ce dernier en ce que, sur la cloison de séparation des deux loges, on voit un gros placenta chargé d'ovules anatropes. Le fruit est une *capsule*, c'est-à-dire qu'il a pour enveloppe une membrane mince qui se dessèche au moment de la maturité. Cette membrane s'ouvre alors de la base au sommet en deux pièces ou valves. Un tel mode d'ouverture du fruit a reçu la dénomination de *déhiscence septicide*. Les graines sont *ailées*, ce qui indique qu'elles sont pourvues d'un rebord qui en dépasse notablement la périphérie. Sous leurs enveloppes on trouve un albumen dans lequel est un embryon droit. Le genre *Quinquina*, en latin *Cinchona*, renferme des arbres qui croissent dans la Cordillère des Andes, entre le 10e degré de latitude N. et le 19e degré de latitude S. Ces végétaux semblent donc particuliers au climat de la zone torride. Mais si l'on considère qu'on les rencontre à des altitudes très diverses et à une hauteur au-dessus du niveau de la mer qui varie de 1 000 à 3 000 mètres, on comprendra qu'il serait peut-être possible de les acclimater dans des zones plus tempérées. Les feuilles des quinquinas sont simples, opposées, et munies de stipules. D'après les beaux travaux de M. Weddell, on compte aujourd'hui onze espèces, dont les écorces sont parvenues pour la plupart à une très grande célébrité, grâce à leurs propriétés médicinales. Depuis longtemps déjà, ces écorces sont regardées comme le meilleur spécifique que l'on possède pour combattre les fièvres, surtout celles qui sont intermittentes. Elles ont en outre des propriétés toniques et antipériodiques dont la médecine est arrivée à faire les plus heureuses applications. D'après certains auteurs, les vertus fébrifuges des quinquinas auraient été connues des indigènes du Pérou dès l'antiquité la plus reculée. D'autres racontent de la manière la plus poétique la façon dont ces merveilleuses propriétés se seraient tout d'un coup révélées aux naturels. Ils disent qu'un Péruvien s'étant désaltéré pendant un accès de fièvre à une source dans laquelle plongeaient les branches d'un quinquina, fut délivré de son mal et publia le secret de sa guérison. A en croire les auteurs espagnols, la manière dont les vertus médicinales du quinquina auraient été communiquées aux Européens ne serait pas moins merveilleuse : ils racontent qu'une fièvre intermittente étant venue à sévir contre les Espagnols, sanguinaires dominateurs du Pérou, les indigènes voyaient leurs tyrans frappés du terrible fléau sans leur révéler le remède qui les eût délivrés de leurs oppresseurs. Cependant un jeune Péruvien qui aimait la fille du gouverneur, la voyant sur le point de succomber, lui fit prendre en secret plusieurs doses de quinquina. Ses démarches furent épiées, et le remède découvert. Mais, d'après l'illustre Alexandre de Humboldt, qui résida longtemps dans la patrie des quinquinas, il y aurait beaucoup à rabattre de ces légendes poétiques. En effet, le célèbre voyageur assure que les indigènes

QUEUE FOURCHUE

ignorent complètement les propriétés fébrifuges des quinquinas. Toutefois, un fait demeure acquis à l'histoire : c'est qu'en 1638 la comtesse del Cinchon, femme du vice-roi du Pérou, tourmentée depuis longtemps par

QUINQUINAS

1, 2. Fleur et graine (cinchona calisaya). — 3. Fruits (cinchona succirubra).
4. Rameau florifère (cinchona officinalis). — 5. Rameau fructifère (cinchona officinalis).

une fièvre rebelle, fut sauvée par un corrégidor de Loxa, qui lui administra du quinquina. La comtesse, de retour en Espagne, vers 1640, y apporta de l'écorce salutaire et en distribua à plusieurs personnes. Cette circonstance fit donner au nouveau médicament le nom de *poudre de la comtesse*. Environ dix années plus tard, les jésuites de Rome reçurent d'Amérique une provision considérable d'écorce de quinquina pulvérisée. Ils mirent cette substance en vogue sous le nom de *poudre des Jésuites*. Enfin, en 1676, un médecin anglais nommé Talbot en vendit le secret à Louis XIV à la suite d'une guérison obtenue sur la personne du Dauphin, fils du roi. Le monarque, malgré l'opposition des médecins du temps, favorisa la propagation du nouveau remède. Longtemps encore, il fut administré seulement sous forme de poudre; mais, en 1820, deux habiles chimistes, Pelletier et Caventou, reconnurent dans les écorces des quinquinas les deux principes actifs de ces végétaux. Ce sont deux alcaloïdes auxquels ils donnèrent les noms de *quinine* et de *cinchonine*. La *quinine* a pour formule $C^{38}H^{24}Az^{2}O^{4}$; quant à la *cinchonine*, elle a pour expression $C^{38}H^{24}Az^{2}O^{2}$. Aujourd'hui la cinchonine est presque inusitée; mais la quinine est devenue le médicament le plus habituel et l'un des plus importants que possède l'art de guérir. On l'extrait surtout du quinquina jaune. Comme la quinine est très peu soluble dans l'eau, on l'emploie sous forme de sel, principalement à l'état de sous-sulfate ou sulfate bibasique. Le genre *Cinchona* renferme, comme nous l'avons déjà dit, onze espèces. Chez toutes l'écorce paraît douée de propriétés fébrifuges. La partie de cette écorce désignée sous le nom de *liber* est riche en quinine, tandis que celle que l'on connaît sous le nom d'enveloppe herbacée contient surtout de la cinchonine. L'espèce la plus riche en quinine est le *cinchona calisaya*, dont il existe un grand nombre de variétés. Dans la pratique médicale, on estime surtout celles dont l'épiderme est recouvert d'un lichen de 3 à 5 millimètres d'épaisseur. On distingue trois principales sortes de quinquinas : le gris, le rouge et le jaune, réputé le meilleur. Le *vin de quinquina*, fortifiant, se prépare en faisant macérer pendant huit jours 30 grammes de quinquina jaune concassé dans un mélange de 60 grammes d'alcool et de 1 000 grammes de vin rouge.

QUINT [kin] (l. *quintum*), *adj. m.* Cinquième, en parlant de souverains du même nom : *Charles-Quint, Sixte-Quint.*

QUINTAINE (l. *quintana*, petite place dans un camp pour les exercices militaires), *sf.* Action de frapper le quintan. ‖ Poteau contre lequel on s'exerçait avec la lance ou le javelot. — Fig. Homme qu'on prend pour plastron.

QUINTAL (ar. *quintâr*, poids de 100), *sm.* Autrefois poids de 100 livres, aujourd'hui *quintal métrique*, poids de 100 kilogrammes dans le commerce en gros.

QUINTAN (autre forme de quintaine), *sm.* Autrefois mannequin représentant un homme armé d'un bâton ou d'un fouet, qu'un cavalier s'exerçait à frapper avec une lance; quand celui-ci le faisait maladroitement, il recevait du mannequin un coup sur le dos. — **Dér.** *Quintaine.*

1. **QUINTE** [kin-te] (l. *quinta*, cinquième), *s. f.* Intervalle qui existe entre deux notes de musique séparées par trois autres. Ex. : *Do-sol.* ‖ Sorte de gros violon qu'on nomme aussi *alto* ou *viole.* ‖ Cinq cartes de même couleur qui se suivent au piquet. ‖ La cinquième manière de tenir l'épée à l'escrime.

— **Dér.** *Quinte* 2, *quinteux, quinteuse.* Même famille : *Quintette.* — **Comp.** *Quintefeuille, quintessence, quintessencier, quintidi, quintuple, quintupler.* — **Hom.** *Quint, quinte* 2.

2. **QUINTE** (l. *quinta,* qui revenait toutes les cinq heures), *sf.* Violent accès de toux. — Fig. Caprice, mauvaise humeur qui prend tout d'un coup. — **Dér.** *Quinteux, quinteuse.*

QUINTE-CURCE, historien latin, probablement du deuxième siècle, auteur d'une histoire d'Alexandre le Grand, qui ressemble à un roman.

QUINTEFEUILLE (pr. *quinque,* feuille : l. *quinque,* cinq + feuille), *sf.* La potentille rampante, plante rosacée à fleurs jaunes qui a une feuille composée de 5 folioles. || Rosace divisée en cinq lobes et sculptée en creux ou en relief sur les murailles dans l'ornementation du style ogival ou gothique. Elle caractérise la période rayonnante et flamboyante de ce style.

QUINTEFEUILLE

QUINTESSENCE (l. *quinta,* cinquième + *essence*), *sf.* La substance éthérée de la scolastique. — Fig. Ce qu'il y a de plus subtil, de plus fin dans une chose. || Ce qu'il y a de meilleur dans une chose quelconque, dans une œuvre littéraire : *Extraire la quintessence d'un livre.* || Tout le profit qu'on peut tirer d'une entreprise. — **Dér.** *Quintessencier.*

QUINTESSENCIER (*quintessence*), *vt.* Subtiliser, raffiner.

QUINTETTE [kin-tet'] ou **QUINTETTO** (m. ital. cinquième), *sm.* Morceau de musique à 5 parties. — Pl. *des quintetti.*

QUINTEUX, EUSE (*quinte* 2), *adj.* Sujet à caprices, à des accès subits de mauvaise humeur : *Vieillard quinteux.*

QUINTIDI [kin-ti-di] (l. *quintus,* cinquième + *dies,* jour), *sm.* Le cinquième jour de la décade républicaine.

QUINTILIEN (vers 42-127), célèbre professeur d'éloquence à Rome, auteur de l'*Institution oratoire* en 12 livres.

QUINTIN, 3319 hab. Ch.-l. de c., arr. de Saint-Brieuc (Côtes-du-Nord).

QUINTINIE (JEAN DE LA), horticulteur, directeur général des jardins fruitiers et potagers de Louis XIV (1626-1688).

***QUINTO** (ml. *quinto loco,* en cinquième lieu), *adv.* Cinquièmement.

QUINTUPLE [kuin-tu-ple] (l. *quintuplum*), *adj.* 2 *g.* Qui vaut cinq fois autant. — *Sm.* Ce qui vaut cinq fois autant. — **Dér.** *Quintupler.*

QUINTUPLER (*quintuple*), *vt.* Rendre cinq fois plus grand.

QUINZAINE (*quinze*), *sf.* Nombre de quinze ou environ : *Une quinzaine de francs.* || Espace de quinze jours ou de deux semaines : *Remettre une affaire à quinzaine.* || *La quinzaine de Pâques,* le temps qui s'écoule depuis le dimanche des Rameaux jusqu'à celui de Quasimodo. || Livre qui contient les offices que l'Église célèbre pendant ce temps.

QUINZE (l. *quindecim*), *adj. num. ord.* 2 *g.* Dix plus cinq. || Quinzième : *Louis XV.* — *Sm.* Le nombre, le numéro 15. || Les chiffres qui le représentent. || Le quinzième jour d'une période : *Le quinze du mois, de la lune.* — **Dér.** *Quinzaine, quinzième, quinzièmement.* — **Comp.** *Quinze-vingts.*

QUINZE-VINGTS (quinze fois vingt), *smpl.* Hôpital fondé à Paris entre les rues de Rohan et de Beaujolais par saint Louis en 1254 pour trois cents chevaliers à qui les Sarrasins avaient crevé les yeux, et où l'on admit de bonne heure toutes sortes d'aveugles. — S. *Un quinze-vingt,* un aveugle qui est à l'hôpital des Quinze-Vingts.

QUINZIÈME (l. *quindecimum*), *adj. ord.* 2 *g.* Dont le rang est marqué par le nombre 15. — *Sm.* La quinzième partie d'un tout. — *S.* 2 *g.* Personne, chose qui occupe le quinzième rang.

QUINZIÈMEMENT (*quinzième* + sfx. *ment*), *adv.* En quinzième lieu.

QUIPOS [ki-pô], *smpl.* Ficelles de diverses couleurs auxquelles les Péruviens du temps des Incas faisaient des nœuds de plusieurs sortes pour leur tenir lieu d'écriture. Le *quipo* ou *quipu* consiste en une corde principale à laquelle sont attachés des fils de différentes longueurs et de différentes couleurs. La couleur, la manière de faire les nœuds, de disposer ces fils en mailles ou en

QUOAÏTA

touffes, la distance à laquelle ils se trouvaient de la corde principale et leur éloignement relatif les uns des autres, tout avait une signification. A chaque quipu était attaché un gardien ou interprète, et c'est par ce moyen qu'on tenait les comptes publics. Le *wampun,* dans l'Amérique septentrionale, ressemblait quelque peu au quipu, qu'on retrouvait aussi avec certaines modifications en Polynésie. Un de ces quipus, conservé par le principal collecteur des contributions à Hawaï, îles Sandwich, est une corde à nœuds ayant de 400 à 500 brasses de longueur, se subdivisant en districts et en familles. Une tradition chinoise

QUIPOS

(MEXIQUE)

indique qu'on employait aussi en Chine une corde à nœuds pour rappeler les événements.

QUIPROQUO [ki-pro-ko] (l. *quid pro quod,* prendre un *quid* pour un *quod*), *sm.* Méprise. — Pl. *des quiproquos.*

QUIRINAL (MONT) [kui-ri-nal] (*Quirinus*). L'une des sept collines de Rome, située à l'extrémité N.-O. de la ville et sur laquelle a été bâti le palais actuel.

QUIRINUS, *sm.* Dieu de la guerre chez les Sabins, identifié plus tard à Romulus.

QUIRITES, *sm.* Nom des Sabins de Cures que prirent ensuite les Romains après le mélange des deux peuples, mais qui avait le sens de *citoyens* et non celui de *soldats.*

***QUISCALE**, *sm.* Oiseau de la famille des Sturnidées, dans l'ordre des Passereaux ; il habite l'Amérique du Nord de la baie d'Hudson aux Antilles. Comme le corbeau, il vit à la lisière des bois, d'où il se répand dans les champs et les prairies pour déterrer des vers et aussi pour saccager les plantations de bananes et de maïs ; il suit le laboureur, comme la pie, pour happer les larves que déterre la charrue. Le *quiscale versicolor* a les couleurs du prisme ; les reflets les plus brillants, bleus, pourpres, violets, verts, dorés, se jouent sur un noir velouté ; son bec, plus long que la tête, et ses pieds sont d'un noir mat.

QUISSAC, 1532 hab. Ch.-l. de c., arr. du Vigan (Gard). Ch. de fer de P.-L.-M., château où naquit le fabuliste Florian.

QUITO 80000 hab. Capitale de la république de l'Équateur, entre les deux cratères du Pichincha, volcan de la Cordillère des Andes. On l'a comparé à un nid d'hirondelle maçonné à l'orifice d'une cheminée. Évêché.

QUITTANCE [kitans'] (bl. *quietantia,* action d'apaiser), *sf.* Écrit que l'on remet à quelqu'un, et par lequel on déclare qu'on a reçu de lui une somme d'argent. — **Dér.** *Quittancer.*

QUITTANCER (*quittance*), *vt.* Constater sur une facture, un mémoire, etc., par un écrit signé, qu'on en a reçu le montant.

QUITTE (bl. *quitum,* libre : du l. *quietus,* tranquille), *adj.* 2 *g.* Qui a payé ce qu'il devait : *Je suis quitte envers vous.* || Sur quoi il n'est rien dû : *Domaine quitte de toute dette.* || *Être quitte envers quelqu'un,* avoir fait pour lui ce qu'exigeait la reconnaissance. || *Je le tiens quitte de son obséquiosité,* je l'en dispense, car elle m'est à charge. || *Jouer quitte ou double,* jouer une dernière partie qui exonérera le perdant ou doublera le gain du gagnant. || *Être quitte à quitte,* ne se devoir plus rien de part ni d'autre. || Exempt, débarrassé : *Être quitte de tout souci.* — **Dér.** *Quitter, quittance, quittancer.* Même famille : *Quitus.* — **Comp.** *Inquiet,* etc.

QUITTER (*quitte*), *vt.* Tenir quitte, exempter : *Je vous quitte de ce que vous me devez.* || Abandonner, renoncer à : *Quitter un métier.* || *Quitter la partie,* convenir que l'on a perdu au jeu avant que la partie soit finie. — Fig. Se désister. — Fig. *Quitter la vie,* mourir. || *Quitter le monde,* se faire religieux. || Laisser quelqu'un en quelque endroit : *Il m'a quitté à l'entrée de la ville.* || Se séparer, s'éloigner de : *Quitter ses parents.* || Se retirer d'un lieu : *Quitter son pays.* || S'écarter de : *Quitter le grand chemin.* — Fig. *Quitter le droit chemin,* s'écarter de son devoir. || Cesser d'être avec : *Ce livre ne me quitte pas.* || Lâcher : *Celui qui tombe ou se noie ne quitte plus la personne qui tente de le secourir.* — Fig. *Quitter prise,* abandonner un dessein. || Se dévêtir de : *Quitter son manteau.* — **Se quitter**, *vr.* Être quitté. || Se séparer l'un de l'autre.

QUITUS [kui-tu-ce] (dans les chartes pour *quietus,* tranquille), *sm.* Acte par lequel un comptable est déchargé de toute responsabilité relativement à un certain compte.

QUI-VA-LÀ ou **QUI VA LÀ**, *interj.* Cri d'une personne qui entend un bruit inquiétant et veut en connaître la cause.

QUI-VIVE ou **QUI VIVE?** *interj.* Cri d'une sentinelle, d'une patrouille qui entend du bruit, qui aperçoit une personne ou une troupe. — *Sm.* État d'une personne qui se tient sur ses gardes : *Être sur le qui-vive.*

QUOAILLER (*queue* 1), *vi.* Remuer continuellement la queue, en parlant d'un cheval.

***QUOAÏTA, QUOATA, COAÏTA**, *sm.* Singe noir et à queue prenante, de l'Amérique du Sud. Il appartient au genre Sapajou ou Atèle (g. ἀτελής, imparfait), ainsi nommé par Geoffroy Saint-Hilaire, parce que les mains antérieures n'ont que quatre doigts; la queue est calleuse à sa partie inférieure; les membres sont très grêles. L'animal est doux, mélancolique, craintif et paresseux; sa voix est une sorte de sifflement doux et flûté. Tantôt il marche en s'appuyant sur ses poings fermés; tantôt il fait des sauts considérables; mais le plus souvent il se borne à changer de place en étendant ses longs membres, ou sa queue, cinquième membre, plus puissant que les autres. Pour franchir une rivière, ils s'attachent les uns aux autres et forment une chaîne dans laquelle chaque individu tient à la queue du précédent; dès qu'il devient possible à l'un d'eux d'atteindre un arbre de l'autre rive, il s'y accroche et tire à lui tous ses camarades. Le quoaïta peut demeurer longtemps la tête et les membres pendants. Dans nos pays, il s'enroule de sa queue pour se protéger du froid; mais il meurt bien vite, car la température semble toujours le faire souffrir. Le quoaïta habite la Guyane; son pelage est entièrement noir et sa face a la couleur du mulâtre. Il est long de 2/3 de mètre, non compris la queue, plus longue que le corps.

QUOI (l. *quid*), *pr. rel. conj.* 2 *g. et* 2 *nombres* qui s'emploie seulement en parlant des choses et presque exclusivement comme complément d'une préposition. Il représente soit un mot indéfini comme *ce, chose, point*; soit une proposition tout entière. Ex : *C'est ce à quoi je n'ai pas pensé. Il a désobéi, en quoi il a eu tort.* ‖ *Quoi que*, quelque chose que : *Quoi que vous fassiez.* ‖ *Pr. interr.*, quelle chose : *A quoi vous décidez-vous?* ‖ *De quoi*, ce qu'il faut pour : *Il a de quoi vivre.* ‖ *Quoi faisant*, en faisant cela. ‖ *Un je ne sais quoi*, quelque chose d'indéfinissable. ‖ *Quoi!* ou *Eh quoi!* Interj. qui marque l'étonnement, l'indignation : *Quoi! vous osez parler ainsi.* — **Gr.** Au XVIIe siècle, on se servait de *quoi* pour représenter tous les noms de choses, tant au singulier qu'au pluriel. On pouvait dire : *Ce sont des projets à quoi il n'est pas permis de s'arrêter.*

QUOIQUE (*quoi* + *que*), *conj.* de *subordination.* Bien que : *Je l'ai secouru, quoiqu'il ne le méritât pas.* — **Gr.** On peut sous-entendre le verbe *être* avec *quoique* : *Quoique malade, il a voulu se lever.*

QUOLIBET [ko-li-bè] (l. *quod* + *libet*, ce qui plaît), *sm.* Mauvais jeu de mots, plaisanterie ou injure grossière.

QUOTE (l. *quotum*, en quel nombre), *adj. f.* Usité dans *quote-part*, la part que chacun doit payer ou recevoir dans la répartition d'une somme totale : *Payer sa quote-part d'un dîner.*

QUOTIDIEN, IENNE (l. *quotidianum* : de *quotus*, chaque + *dies*, jour), *adj.* De chaque jour : *Journal quotidien.* ‖ *Notre pain quotidien*, ce qui suffit journellement à nos besoins. — **Dér.** *Quotidiennement, quotidienneté.*

QUOTIDIENNEMENT (*quotidienne* + sfx. *ment*), *adv.* Chaque jour.

***QUOTIDIENNETÉ** (*quotidien*), *sf.* État de ce qui a lieu tous les jours.

QUOTIENT [ko-ci-an] (l. *quotiens*, combien de fois), *sm.* Le résultat d'une division ou le nombre qui exprime combien de fois une quantité en contient une autre : *5 est le quotient de 20 par 4.*

QUOTITÉ (l. *quotum*, en quel nombre), *sf.* Le montant d'une quote-part. ‖ *Quotité disponible*, portion de biens dont on peut disposer entre vifs ou par testament. — La quotité disponible ne peut dépasser la *moitié* des biens du disposant s'il laisse un enfant; le *tiers*, s'il en laisse deux; le *quart*, s'il en laisse trois ou un plus grand nombre. ‖ *Impôt de quotité*, tout impôt dont le rapport dépend du nombre variable des personnes ou des objets qui en sont frappés chaque année. ‖ *Quotité du cens*, la somme annuelle qu'il fallait payer à titre d'impôts pour être électeur sous la Restauration et le gouvernement de Juillet.

QUIMPER — LA CATHÉDRALE

ROME

VUE PRISE DES BORDS DU TIBRE — LE PONT SAINT-ANGE ET LE MÔLE ADRIEN

R

R [*erre*, selon l'ancienne épellation, *sf.*; *re*, selon la nouvelle] (vingtième lettre de l'alphabet phénicien, représentant le mot *resch*, signifiant *tête*, qui est le sens du signe hiéroglyphique égyptien. Cette lettre est devenue le ρ (rho), dix-septième lettre de l'alphabet grec et le **r** du latin; de cette dernière langue, elle a passé dans le français), *sm.* Dix-huitième lettre de l'alphabet français, consonne linguale ténue et l'une des quatre liquides. — Dans le passage du latin au français, la consonne **r** reste inaltérée au commencement des mots. Ex. : *Ranunculum*, *renoncule*; *rectorem*, *recteur*; *ruga*, *rue*, etc... Il en est de même de *r* médial lorsqu'il est placé entre deux voyelles. Ex. : *Corona*, *couronne*; *æramen*, *airain*; *coraticum*, *courage*; *devorare*, *dévorer*; *coquere*, *cuire*; *cura*, *cure*; *curiosum*, *curieux*, etc... Dans cette position, le *r* tombe dans un seul cas : celui de *prora*, *proue*. Dans certains mots, **r** se change en **s**, mais cette permutation n'avait pas lieu dans l'ancien français; c'est ainsi que *besicle*, *chaise*, *poussière* sont pour *bericle*, *chaire*, *pourrière*. R latin, placé entre deux voyelles, devient quelquefois **l** en français, comme dans *peregrinum*, *pèlerin*; *paraveredum*, *palefroi*, etc... R remplace aussi un l primitif, comme dans *apostolum*, *apôtre*; *epistola*, *épître*, *ulmum*, *orme*; *capitulum*, *chapitre*, *titulum*, *titre*, etc... R final reste intact. Ex. : *Carum*, *cher*; *chorum*, *chœur*; *cadere*, *choir*; *aurum*, or; *clinare*, *cligner*, etc... Un mot fait exception à cette règle : c'est *altare*, *autel*, où l remplace l'*r* primitif. Les désinences latines *ĕra*, *ăre*, *ĭri* sont tombées dans les mots français *chiche*, *cicĕra*; *Oise*, *Isăra*; *Trèves*, *Trevĭri*. R suivi d'une consonne se maintient toujours, excepté dans quelques cas particuliers. C'est ainsi que *arborem* a donné *arbre*; *arbitrum*, *arbitre*; *arbutum*, *arbousier*; *serpentem*, *serpent*; *corpus*, corps; *servum*, serf; *servitudo*, *servitude*; *largum*, large; *furca*, *fourche*; *tardum*, *tard*; *curtum*, *court*; *urtica*, *ortie*; *arma*, *arme*; *carnalem*, *charnel*; *merula*, *merle*. Cependant **rl** se changeait, dans l'ancien français, en deux **l** (**ll**) par assimilation de **r** à **l** : on disait : *paller* pour *parler*, *huller* pour *hurler*. R latin se change en **u** dans *Arvernia*, *Auvergne*, qui est pour *Alvergne*. R devant un **s** subsiste généralement. Ex. : *Cursarium*, *coursier*; *ursus*, *ours*. Quelquefois il tombe devant cette même lettre, *s*. Ex. : *dorsum*, *dos*; *sursum*, *sus*; *persica*, *pêche*; mais ce changement avait déjà lieu en latin. **RR** tantôt persiste comme dans *terra*, *terre*; *ferrare*, *ferrer*; *corrigere*, *corriger*, etc...; dans d'autres cas, il se réduit à **r** comme dans *currere*, *courir*. Il est évident qu'à la fin des mots, deux **r** latins se simplifient en un seul. Ex. : *Turrem*, *tour*; *carrum*, *char*, etc... **R** latin, précédé d'une consonne, devient quelquefois l; ainsi *fragare* a donné *flairer*; *cribrum*, *crible*; Souvent il y a métathèse, c'est-à-dire transposition de **r** : dans ce cas, il est principalement attiré par la consonne initiale. C'est ainsi que l'on a eu les mots français *brebis* pour *berbis*; *breuvage* pour *bevrage*; *fromage* pour *formage*; *tremper* pour *temprer*; *troubler* pour *tourbler*; *fatras* pour *fartas*. Dans nos campagnes, on dit encore *fremer* pour *fermer*; *erbut* pour *rebut*; *erlaver* pour *relaver*; mais, dans d'autres circonstances, **r**, placé après l'initiale d'un mot, est mis plus loin par les paysans. Ex. : *Forment* pour *froment*; *cocodrile* pour *crocodile*. Un **r** inorganique s'est introduit dans quelques mots par raison d'euphonie; parmi les vocables qui présentent cette épenthèse, nous citerons : *fronde* pour *fonde*; *chanvre* pour *chanve*; *encre* pour *enque*; *perdrix*, du l. *perdicem*; *pimprenelle*, de l'italien *pimpinella*; *fanfreluche* pour *fanfeluche*; *velours* pour *velous*. || **R** est la marque des monnaies frappées à Perpignan. || En grec le **P** (rho) a conservé sa forme primitive; mais, en latin, pour le distinguer du **P**, il fallut lui ajouter une queue (R). La même nécessité n'existait pas en grec, où le **P** latin était représenté par Π. || Dans les livres d'église, ℟ veut dire *réponse*; dans une ordonnance de médecin, ce même caractère signifie *recipe*, prenez. || Dans la numération romaine, R valait 80; lorsqu'il portait un trait au-dessus ($\overline{R}$), il valait 80 000. || R veut dire *révérend*, **RP**, *révérend père*. En chimie, **R*b*** représente le *rubidium*; **R*h***, le *rhodium*; **R*u***, le *ruthenium*.

RAAB, 280 kilom., rivière de l'Autriche-Hongrie, affluent de droite du Danube; il écoule les eaux du lac Neusiedel.

RAAB, en hongrois **GYOR**, 20 981 hab., ville forte de Hongrie, au confluent du Raab et du Danube. Evêché.

RABÂCHAGE (*rabâcher*), *sm.* Ce qu'on dit quand on rabâche. || Défaut de celui qui rabâche.

RABÂCHER (*x*), *vi.* et *t.* Répéter plusieurs fois et sans nécessité ce qu'on a déjà dit. — **Dér.** *Rabâchage*, *rabâcherie*, *rabâcheur*, *rabâcheuse*.

RABÂCHERIE (*rabâcher*), *sf.* Discours, écrit où abondent les répétitions inutiles.

RABÂCHEUR, EUSE (*rabâcher*), *s.* Celui, celle qui rabâche.

RABAIS, *svm.* de *rabaisser.* Action de rabaisser. ‖ Diminution d'une somme, d'une valeur, du prix d'une marchandise : *Acheter un meuble au rabais.* ‖ *Adjudication au rabais,* celle dans laquelle on charge d'une entreprise celui qui s'offre de l'exécuter au plus bas prix.

RABAISSEMENT (*rabaisser*), *sm.* Action de rabaisser, de diminuer.

RABAISSER (pfx. *re* + *abaisser*), *vt.* Mettre plus bas : *Rabaisser le verre d'une lampe.* ‖ *Rabaisser la voix,* parler moins fort. — Fig. *Rabaisser le caquet de* ou *à quelqu'un,* le réduire au silence, le confondre par de bonnes raisons. ‖ Diminuer : *Rabaisser le prix d'une marchandise.* ‖ Estimer au-dessous de la valeur : *Rabaisser le mérite de quelqu'un.* — Fig. Amoindrir, humilier : *Rabaisser le pouvoir, l'orgueil de quelqu'un.* — **Se rabaisser,** *vr.* Se mettre plus bas. ‖ Se déprécier mutuellement. — **Dér.** *Rabais, rabaissement.* — **Syn.** (V. *Abaisser.*)

RABAN-MAUR (776-856). Professeur à l'abbaye de Saint-Martin de Tours, abbé de Fulda, puis évêque de Mayence, auteur d'ouvrages de piété et d'enseignement.

RABASTENS, 1 241 hab. Ch.-l. de c., arr. de Tarbes (Hautes-Pyrénées.) Ch. de fer du Midi.

RABASTENS, 4985 hab. Ch.-l. de c., arr. de Gaillac (Tarn.) Ch. de fer d'Orl.

RABAT, *svm.* de *rabattre.* Morceau rectangulaire de toile blanche et fine qui autrefois tenait lieu de cravate et retombait sur la poitrine. ‖ Pièce analogue que portent les gens de robe, les professeurs. ‖ Morceau de toile noire divisé en deux portions oblongues, bordées de blanc, que les ecclésiastiques portent sous le cou. ‖ Action de rabattre le gibier.

RABAT, 25 000 hab. Port du Maroc contigu à celui de Salé; tapis renommés.

RABAT-JOIE (*rabattre* + *joie*), *sm.* Tout ce qui vient subitement troubler la joie qu'on éprouve. — Fig. et *s. 2 g.* Personne triste, sévère, renfrognée. — Pl. *des rabat-joie.*

***RABATTAGE** (*rabattre*), *sm.* Action de couper une ou plusieurs branches vieilles ou malades d'un arbre pour qu'il en pousse de nouvelles.

RABATTEMENT (*rabattre*), *sm.* Action de faire tourner un plan autour de son intersection avec l'un des deux plans de projection jusqu'à ce qu'il coïncide avec celui-ci. (Géom. descrip.)

***RABATTEUR** (*rabattre*), *sm.* Celui qui rabat le gibier dans une chasse.

RABATTRE (*re* + *abattre*), *vt.* Abaisser : *Rabattre son collet.* ‖ *Rabattre un coup à l'escrime,* empêcher qu'il ne porte. — Fig. *Rabattre les coups,* apaiser, concilier. ‖ Aplatir : *Rabattre une couture.* ‖ *Rabattre une récolte,* y faire passer le rouleau. ‖ *Rabattre une ornière,* la remplir avec de la terre prise sur les bords. ‖ *Rabattre un arbre,* en opérer le rabattage. ‖ *Rabattre le gibier,* le pousser vers l'endroit où sont les chasseurs. — Fig. Abaisser, réprimer : *Rabattre l'orgueil de quelqu'un.* ‖ Abaisser le prix d'une chose : *Le marchand n'en veut rien rabattre.* ‖ Retrancher quelque chose sur une somme que l'on doit payer : *On rabattra cela sur vos gages.* — *Vi.* Atténuer, se relâcher de : *Il a rabattu de ses prétentions.* ‖ Prendre subitement une autre route : *Vous rabattrez à main droite.* — **Se rabattre,** *vr.* Etre rabattu. ‖ Marcher tout d'un coup dans une autre direction. ‖ Changer soudain de propos : *Se rabattre sur la pluie et le beau temps.* ‖ Se contenter de : *Faute de gibier, nous nous rabattîmes sur le gigot.* — **Dér.** *Rabat, rabattu, rabattue, rabattage, rabattement, rabatteur.* — **Comp.** *Rabat-joie.*

RABATTU, UE (*rabattre*), *adj.* Abaissé, diminué. ‖ *Tout bien compté et rabattu,* tout bien examiné.

RABAUT-SAINT-ÉTIENNE (1743-1793), ministre protestant, membre de la Constituante et de la Convention, girondin; décapité en 1793.

RABBANISTE, *sm.* (V. *Rabbiniste.*)

RABBI (m. héb., mon maître, mon seigneur), *sm.* Titre que l'on donne à un docteur juif en lui adressant la parole. — **Dér.** *Rabbin, rabbinique, rabbinisme, rabbiniste, rabbinage.*

RABBIN [ra-bin] (*rabbi*), *sm.* Docteur de la religion juive. ‖ Docteur qui tient lieu de prêtre dans une communauté israélite. ‖ *Grand rabbin,* le chef d'un des cinq consistoires israélites, établis à Nancy, Bordeaux, Marseille et Lyon. Le consistoire central de Paris a aussi son grand rabbin, intermédiaire entre le ministère des cultes et les consistoires départementaux.

RABBINAGE (*rabbin*), *sm.* Par dérision, étude qu'on fait des livres des rabbins.

RABBINIQUE (*rabbin*), *adj. 2 g.* Particulier aux rabbins. ‖ *Caractères rabbiniques,* les lettres rondes qu'emploient les rabbins en écrivant. ‖ *Langue rabbinique,* l'hébreu vulgaire que les israélites parlent entre eux.

RABBINISME (*rabbin*), *sm.* La doctrine des rabbins.

RABBINISTE (*rabbin*), *sm.* Celui qui suit ou qui étudie la doctrine des rabbins.

RABDOLOGIE ou **RHABDOLOGIE** (g. ῥάβδος, baguette + λόγος, compte), *sf.* L'art de calculer à l'aide de petites baguettes sur lesquelles sont écrits les nombres simples.

RABDOMANCIE ou **RHABDOMANCIE** (g. ῥάβδος, baguette + μαντεία, divination), *sf.* Prétendue divination qui se fait avec une baguette et au moyen de laquelle on croit pouvoir découvrir les sources, les trésors. (V. *Divinatoire.*)

RABELAIS (François) (1483-1553), médecin, avocat et savant universel qui fut curé de Meudon. Il est l'auteur des romans satiriques et licencieux de *Gargantua* et de *Pantagruel.* ‖ *Le quart d'heure de Rabelais,* le moment de payer son écot. ‖ Tout moment critique. — **Dér.** *Rabelaisien, rabelaisienne.*

***RABELAISIEN, IENNE** (*Rabelais*), *adj.* Conforme à la manière de Rabelais. ‖ *Rire rabelaisien,* moqueur et cynique.

RABÊTIR (pfx. *re* + *abêtir*), *vt.* Rendre bête, stupide. — *vi.* Devenir chaque jour plus bête, plus stupide. — **Syn.** (V. *Abêtir.*)

RABIOLE ou ***RABIOULE,** *sf.* Chou-rave. ‖ Grosse rave semblable au navet.

RABIQUE (l. *rabies,* rage), *adj. 2 g.* Qui caractérise, qui cause la rage : *Virus rabique.*

1. **RÂBLE** (*x*), *sm.* La partie inférieure de la colonne vertébrale des animaux de boucherie, du lièvre, du lapin avec la chair qui y tient : *Un râble de lièvre.* — **Dér.** *Râblé, râblée, râblu, râblue.*

2. **RÂBLE** (l. *rutabulum*), *sm.* Fourgon de boulanger dont le manche est de bois et le fer recourbé. — **Dér.** *Râbler.*

***RÂBLÉ, ÉE** ou **RÂBLU, UE** (*râble* 1), *adj.* Qui a le râble épais.

***RÂBLER** (*râble* 2), *vt.* Remuer avec un râble.

***RABOBINER** (pfx. *re* + *à* + *bobiner*), *vt.* Raccommoder grossièrement.

RABONNIR (pfx. *re* + *abonnir*), *vt.* Rendre meilleur. — *vi.* Devenir meilleur : *Ce vin a rabonni.*

RABOT, *svm.* de *raboter,* outil pour aplanir le bois, consistant en un ciseau enchâssé, au moyen de coins dans un bloc de bois ayant la forme d'un parallélipipède. ‖ Sorte de béquille à long manche pour remuer la chaux que l'on éteint.

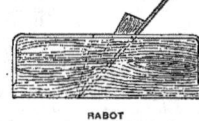

RABOT

***RABOTAGE** (*rabot*), *sm.* Action de raboter à l'aide d'une machine ou d'un étau-limeur les pans coupés des embrases, les portions comprises entre les tourillons d'une bouche à feu.

RABOTER (db. de *rabouter*), *vt.* Aplanir avec le rabot. — Fig. Corriger, polir une œuvre littéraire. — **Dér.** *Rabot, raboteur, raboteux, raboteuse, rabotage.*

RABOTEUR (*raboter*), *sm.* Ouvrier menuisier qui fait les moulures des bois apparents.

RABOTEUX, EUSE (*raboter*), *adj.* Plein de nœuds, inégal, en parlant du bois. ‖ Couvert d'aspérités : *Chemin raboteux.* — Fig. *Style raboteux,* style rude.

RABOUGRI, IE (*rabougrir*), *adj.* Qui pousse mal et reste de petite taille : *Arbre rabougri.* — Fig. *Homme rabougri,* mal conformé ou de petite taille.

RABOUGRIR (*x*), *vt.* Rendre rabougri : *Le voisinage de la mer rabougrit les arbres.* — *vi.* Devenir rabougri. — **Dér.** *Rabougri, rabougrie.*

RABOUILLÈRE (angl. *rabbit,* lapin), *sf.* Terrier que creusent les lapins pour y faire leurs petits.

***RABOUTER** (pfx. *re* + *à* + *bout*), *vt.* Unir ensemble deux morceaux de fer.

RABOUTIR (pfx. *re* + *à* + *bout*), *vt.* Coudre bout à bout deux morceaux d'étoffe.

RABROUER (pfx. *re* + *à* + *brave,* au sens de violent), *vt.* Accueillir très mal, ou avec une extrême rudesse : *Cet homme nous a rabroués.* — **Dér.** *Rabroueur, rabroueuse.*

***RABROUEUR, EUSE** (*rabrouer*), *s.* Celui, celle qui a l'habitude de rabrouer les gens.

***RACA** (m. syriaque), terme d'injure (*imbécile*) usité chez les Juifs à l'époque de J.-C.

RACAHOUT (m. ar. *Raqâout*), *sm.* Préparation alimentaire faite de cacao, de fécule, de gland doux, de farine de riz, de sucre, de vanille, et que l'on regarde à tort comme très nutritive et réconfortante.

RACAILLE (angl. *rack,* chien + sfx. péjoratif *aille*), *sf.* La plus vile populace. — Fig. Rebut.

RACAN (Honorat de Bueil, marquis de) (1589-1670), poète bucolique français, disciple de Malherbe, auteur des *Bergeries,* des *Sept Psaumes de la pénitence,* d'*Odes sacrées.*

RACCOMMODAGE (*raccommoder*), *sm.* Travail que l'on fait pour remettre en bon état une chose détériorée : *Le raccommodage d'un habit.*

RACCOMMODEMENT (*raccommoder*), *sm.* Réconciliation de gens qui s'étaient brouillés.

RACCOMMODER (pfx. *re* + *accommoder*), *vt.* Remettre en bon état : *Raccommoder un meuble.* ‖ Remettre dans un état plus convenable : *Raccommoder sa coiffure.* ‖ Rendre prospère ce qui ne l'était pas : *Raccommoder ses affaires.* — Fig. Réparer : *Raccommoder une sottise.* ‖ Réconcilier : *Raccommoder des amis brouillés.* — **Se raccommoder,** *vr.* Être raccommodé, se réconcilier. — **Dér.** *Raccommodement, raccommodage, raccommodeur, raccommodeuse.* — **Syn.** (V. *Accorder.*)

RACCOMMODEUR, EUSE (*raccommoder*), *s.* Celui, celle qui fait profession de raccommoder un objet spécial : *Un raccommodeur de faïence.*

RACCORD (pfx. *re* + *accord*), *sm.* Travail exécuté pour relier et faire cadrer ensemble deux parties voisines, mais non contiguës d'un même ouvrage, ou de deux ouvrages dont l'un est neuf et l'autre ancien : *Le raccord d'une aile de bâtiment avec la façade.*

RACCORDEMENT (*raccorder*), *sm.* Action de faire des raccords. ‖ Travail exécuté pour établir la continuité de deux terrains dont le niveau est différent. ‖ Branche de chemin de fer qui relie deux voies ferrées différentes. ‖ Jonction de deux tuyaux de calibres différents au moyen d'un tambour. ‖ *Courbe de raccordement,* celle qui relie deux lignes à chacune desquelles elle est tangente. ‖ Réunion des courbes et des alignements sur les routes et les voies ferrées; sur les routes, les courbes sont raccordées avec les parties droites par des paraboles; sur les chemins de fer, on emploie l'arc de cercle. Dans les déclivités, les paliers, pentes et rampes des railways sont raccordés par une succession de plans inclinés ayant chacun 6 mètres de long, pour chaque différence de pente d'un millimètre.

RACCORDER (pfx. *re* + *accorder*), *vt.* Faire un raccord. — **Se raccorder,** *vr.* Être raccordé. — **Dér.** *Raccord, raccordement.*

RACCOURCI, IE (*raccourcir*), *adj.* Rendu plus court. — Fig. *Frapper à bras raccourci,* très fort. || Trop court : *Cou raccourci.* || Abrégé : *Narration raccourcie.* — *Sm.* Reproduction d'une chose dans des dimensions moindres : *L'âne est un raccourci du cheval.* || Représentation peinte d'un objet placé dans une position qui le fait paraître plus court : *Ce peintre excelle dans les raccourcis.* (Peint.) || Résumé, abrégé. — EN RACCOURCI, *loc. adv.* Sommairement.

RACCOURCIR (*re* + *accourcir*), *vt.* Rendre plus court : *Raccourcir un pantalon.* — *Vi.* et **Se raccourcir**, *vr.* Devenir plus court : *Ses jours raccourcissent, se raccourcissent.* — **Dér.** *Raccourci, raccourcie, raccourcissement.*

RACCOURCISSEMENT (*raccourcir*), *sm.* Action de raccourcir ; son résultat.

RACCOUTREMENT (*raccoutrer*), *sm.* Action de raccoutrer ; son résultat.

RACCOUTRER (pfx. *re* + *accoutrer*), *vt.* Raccommoder. || Recoudre. — **Dér.** *Raccoutrement.*

RACCOUTUMER (SE) (pfx. *re* + *accoutumer*), *vr.* Reprendre une habitude qu'on avait perdue : *Se raccoutumer à la mer.*

RACCROC [ra-cor], *sm.* de *raccrocher.* A certains jeux, coup heureux où il y a plus de chance que d'habileté.

RACCROCHER (pfx. *re* + *accrocher*), *vt.* Accrocher de nouveau : *Raccrocher un tableau.* || Recouvrer au moyen d'un expédient : *Raccrocher son argent.* — *Vi.* Faire un ou des raccrocs. — **Se raccrocher**, *vr.* Saisir une chose et s'y cramponner pour éviter un danger : *Se raccrocher à une branche pour ne pas se noyer.* || Entreprendre une chose pour regagner ce qu'une autre avait fait perdre. — Fig. S'attacher à quelqu'un pour en être secouru : *Se raccrocher à un protecteur.* — **Dér.** *Raccroc.*

RACE (VHA. *reiza*, ligne), *sf.* L'ensemble des personnes qui descendent d'un même ancêtre : *La France a eu trois races royales.* || Chacune des générations d'hommes qui se succèdent : *Les traditions se transmettent de race en race.* || Classe d'hommes qui ont mêmes occupations, mêmes habitudes, mêmes goûts : *La race des fripons est irascible.* || Catégorie d'individus qui ont le même défaut : *La race des fripons.* || *Race de vipères*, gens très méchants. || Variété d'une espèce animale ou végétale dont les caractères distinctifs se transmettent d'une génération à la suivante. || *La race blanche*, l'ensemble des hommes qui ont la peau blanche. || *La race percheronne*, les chevaux percherons. || *La race charolaise*, les bœufs du Charolais. || *La race humaine*, les hommes. || *La race de Japhet* (Poét.), les hommes en général. || *Les races futures*, la postérité. *Animal de race*, qui appartient à une bonne race. || *Bon chien chasse de race*, les enfants ont les mêmes qualités, les mêmes aptitudes que les parents. (V. *Brachycéphale, Dolichocéphale.*) — Au point de vue anthropologique et ethnologique, race a deux sens très différents : I. Au sens *anthropologique*, il désigne un groupe d'hommes ayant de commun : 1° des *caractères physiques* ou *anatomiques* (teinte des yeux et de la peau, couleur des cheveux, taille, forme du crâne) ; 2° des *caractères physiologiques* (durée de la vie, aptitude à l'acclimatation) ; 3° des *caractères pathologiques* (les Nègres sont indemnes de la fièvre jaune et des maladies de foie, si funeste aux Européens). Chaque enfant apporte en naissant ces caractères anthropologiques, soit purs, soit mélangés, mais toujours indélébiles. II. Au sens *ethnologique*, la race embrasse de nombreux caractères : les langues, les lois et les coutumes ; les rites aux grandes époques de la vie (naissance, mariage et mort) ; le tatouage, la mutilation des dents, du nez et des oreilles, etc. ; la déformation artificielle du crâne ; les armes, les ustensiles de ménage, les canots, les maisons, l'alimentation, les productions musicales, artistiques, littéraires et scientifiques ; l'anthropophagie ; le *tabou*, qui interdit temporairement l'usage d'une chose et qui est propre aux Polynésiens ; l'habitude de fumer le tabac, l'opium ou le chanvre ; l'orientation des morts dans leurs sépultures ; les monuments de ces sépultures ; les croyances religieuses. Ce sont là les traits distinctifs d'un peuple, c'est-à-dire d'une agglomération d'hommes vivant dans le même pays, unis par un lien politique. Mais ces caractères ne sont pas ineffaçables, comme les caractères anthropologiques.

RACHAT (pfx. *re* + *achat*), *sm.* Action de racheter. || *Le rachat d'une rente*, le payement que l'on fait d'une somme fixe pour être délivré de l'obligation de payer une rente à quelqu'un. || *Faculté de rachat.* Permission pour le vendeur de racheter la chose vendue, moyennant remboursement à l'acquéreur du prix des frais du contrat et des dépenses utiles qui ont amélioré la chose vendue. || Délivrance qu'on obtient d'un captif, d'un prisonnier en payant une rançon. || Rédemption : *Le rachat du genre humain par N.-S. J.-C.*

RACHEL, fille de Laban et femme de Jacob, mère de Joseph et de Benjamin.

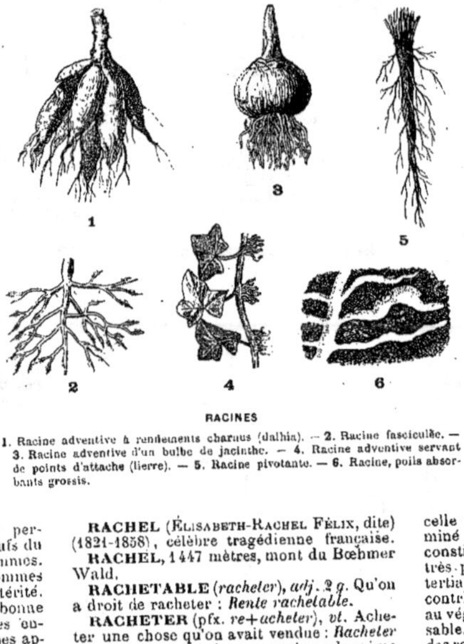

RACINES

1. Racine adventive à renflements charnus (dalhia). — 2. Racine fasciculée. — 3. Racine adventive d'un bulbe de jacinthe. — 4. Racine adventive servant de points d'attache (lierre). — 5. Racine pivotante. — 6. Racine, poils absorbants grossis.

RACHEL (ÉLISABETH-RACHEL FÉLIX, dite) (1821-1858), célèbre tragédienne française.

RACHEL, 1447 mètres, mont du Bœhmer Wald.

RACHETABLE (*racheter*), *adj.* 2 *g.* Qu'on a droit de racheter : *Rente rachetable.*

RACHETER (pfx. *re*+*acheter*), *vt.* Acheter une chose qu'on avait vendue : *Racheter une propriété.* || Acheter une chose de même nature que celle qu'on avait vendue ou qu'on n'a plus : *Il vend sa maison pour en racheter une autre.* || *Racheter une rente*, payer une somme fixe pour n'avoir plus à servir cette rente. || *Racheter un prisonnier*, payer une rançon pour qu'il devienne libre. || Opérer la rédemption des hommes en parlant de N.-S. J.-C. || Autrefois, *racheter un conscrit, un soldat*, payer une somme pour qu'il soit exempté du service militaire. — Fig. Faire une chose pour s'en faire accorder une autre : *Racheter sa vie par une trahison.* || Compenser, faire pardonner ou oublier : *Il rachète ses défauts par son obligeance.* — **Se racheter**, *vr.* Être racheté. || Payer pour être exempté de quelque chose. || Être compensé. — **Dér.** *Rachat, rachetable.*

RACHIDIEN, IENNE (*rachis*), *adj.* Qui appartient, qui a rapport à la colonne vertébrale.

RACHIS (g. ῥάχις), *sm.* La colonne vertébrale. || Le pédoncule principal d'un épi, d'une grappe. (Bot.) — **Dér.** *Rachidien, rachidienne, rachitis, rachitique, rachitisme.*

RACHITIQUE (*rachis*), *adj.* et *s.* 2 *g.* Atteint de rachitisme : *Enfant rachitique.* || *Plante rachitique*, rabougrie.

RACHITISME ou **RACHITIS** (*rachis*), *sm.* Arrêt de développement chez les enfants, caractérisé surtout par le ramollissement, la courbure des os et le gonflement des articulations. Le rachitisme est moins fréquent chez le nègre que chez le blanc, parce que ses os sont plus riches en phosphate de chaux. — *Remède* : Huile de foie de morue, habitation saine, air pur, insolation, bains aromatiques. || La maladie appelée aussi *nielle du blé.* (V. *Nielle* 3.)

RACINAGE (*racine*), *sm.* Décoction de racine d'écorce, de feuilles de noyer ou de brou de noix employée dans la teinture. || Dessin figurant des racines et ornant quelquefois la couverture des livres.

RACINAL (*racine*), *sm.* Toute lambourde fixée horizontalement sur les têtes des pieux d'un pilotis et supportant la plate-forme sur laquelle est établie une construction hydraulique.

RACINE (bl. *radicina* : de *radicem*, racine), *sf.* La partie inférieure d'un végétal, ordinairement souterraine, qui s'allonge par en bas et puise dans le sol les principes alimentaires. || *Fruits pendants par racines*, les récoltes encore sur pied. Elles sont considérées comme immeubles. — Fig. *Prendre racine*, se fixer ou rester longtemps quelque part, s'affermir, se développer, prendre de la consistance. || *Racines alimentaires*, celles qui servent à la nourriture de l'homme : *Racines fourragères*, celles qui servent à la nourriture des bestiaux. || *Racines médicinales*, celles qui sont employées comme médicament. — La racine d'un végétal, quelque temps après avoir pris naissance, émet des jets que l'on nomme *racines secondaires.* Celles-ci, à leur tour, donnent naissance à des subdivisions qui sont des *racines tertiaires*, et ainsi de suite. Ces subdivisions, naissant les unes des autres, sont de plus en plus petites ; à la fin, on arrive à des filaments si minces, que leur ensemble peut être comparé à une chevelure humaine. Ces filaments, considérés en masse, forment ce que l'on appelle le *chevelu*, et chacun d'eux, pris séparément, est une *radicule.* Ce qui distingue la tige de la racine, c'est que cette dernière est toujours dépourvue d'*yeux.* On appelle *racine pivotante* celle qui a la forme d'un cône allongé, terminé par une pointe très fine. Ce cône, qui constitue la *racine principale*, n'émet qu'un très petit nombre de racines secondaires et tertiaires et a seul de l'importance, puisqu'elle contribue presque exclusivement à procurer au végétal la nourriture qui lui est indispensable. Le chêne, le navet, la carotte, etc., ont des racines pivotantes. On appelle *racine fasciculée* celle qui donne naissance à des ramifications secondaires, partant toutes de sa partie supérieure. Quant à la portion inférieure de la racine principale, elle s'atrophie bientôt et disparaît complètement. Les racines secondaires se divisent à leur tour en racines tertiaires, celles-ci en racines du quatrième ordre, et ainsi de suite, jusqu'à ce qu'on arrive aux *radicules*, qui constituent le chevelu. Les plantes qui possèdent une racine pivotante vont chercher très profondément dans le sol les sucs dont la plante a besoin pour vivre ; au contraire, les ramifications de la racine fasciculée rampent à une petite distance de la surface du sol et puisent les éléments nutritifs de la plante au sein des couches superficielles. Il existe une troisième sorte de racines particulières à certaines plantes et que l'on nomme *racines adventives.* Elles naissent à une hauteur plus ou moins considérable sur la partie de la tige exposée à l'air ; elles apparaissent en des points tout à fait indéterminés, et aucun indice ne révèle d'avance les endroits où elles se montreront plus tard. Les racines adventives s'allongent de haut en bas et tendent à gagner le sol. Quand elles y parviennent, elles s'enfoncent à une profondeur plus ou moins considérable et grossissent rapidement. Celles qui restent flottantes dans l'air sont, en général, moins volumineuses; cependant, elles contribuent dans une certaine mesure à l'alimentation du végétal. Les plantes à racines adventives sont assez nombreuses; tels sont, par exemple, le *vaquois utile*, la *vanille*, le *figuier des pagodes*, le *blé*, l'*orge*, le *chiendent*, le *lierre*, la *primevère*, etc. Les racines adventives se développent surtout aux points de la tige qui se trouvent en contact avec la terre humide. Aussi rien n'est plus facile que d'en faire naître sur la tige d'un végétal. C'est sur leur formation que sont basés le *marcottage* et le *bouturage*. (V. *Marcottage*.) || *Racine annuelle*, celle qui appartient à une plante qui naît, fructifie et meurt dans l'espace d'une année (haricot, blé). || *Racine bisannuelle*, celle qui appartient à une plante dont la durée de la vie est de deux ans (carotte, betterave). || *Racine vivace*, celle qui dure un nombre indéterminé d'années en produisant des tiges qui se développent et meurent tous les ans. || *Racine ligneuse*, racine vivace surmontée d'une tige qui vit autant d'années qu'elle. (V. *Tige*.) || Marbrures faites avec le noir de racine (ferrailles macérées dans le vinaigre ou la bière), sur la couverture de certains livres. || La partie par laquelle certains organes tiennent au reste du corps : *La racine d'une dent*. || *Racine d'un nerf*, le point par lequel il tient au cerveau ou à la moelle épinière. || Filet qu'un cor, une verrue, un cancer émet dans la profondeur des tissus : *Arracher la racine d'un cor*. — Fig. Pied d'une montagne : *La racine des Alpes*. || Commencement, source, principe : *Couper le mal dans sa racine*. || Mot indécomposable qui sert à former des composés et des dérivés : *Mont est la racine de montagne, monture*. || *Racine démonstrative ou pronominale*, tout pronom démonstratif. **(Gr.)** || Nombre qui étant multiplié une ou plusieurs fois par lui-même reproduit un nombre donné. || *Racine carrée*, le nombre qui, multiplié par lui-même, reproduit un nombre donné : *5 est la racine carrée de 25*.

Pour extraire la racine carrée d'un nombre entier, partagez-le en tranches de deux chiffres en commençant par la droite (la dernière tranche de gauche pourra n'avoir qu'un seul chiffre). Puis, extrayez la racine carrée du plus grand carré exact contenu dans la première tranche de gauche. Écrivez cette racine à l'endroit où vous placeriez le diviseur dans une division, et retranchez son carré de la première tranche du nombre donné. Tirez un trait horizontal sous la partie de la racine déjà trouvée; doublez-la; écrivez ce double à l'endroit où vous placeriez le quotient dans une division; abaissez à côté du reste que vous venez d'obtenir la seconde tranche du nombre donné; séparez un chiffre sur la droite du nombre qui en résulte; divisez la partie laissée à gauche de ce chiffre par le double de la partie de la racine déjà trouvée; mettez à la droite de ce nombre le quotient que vous obtiendrez, et multipliez la quantité qui en résultera par ce même quotient. Si vous obtenez un produit égal ou inférieur au nombre formé par le dividende que vous venez d'employer suivi du chiffre dont vous avez fait abstraction, le quotient de votre dernière division est le second chiffre de la racine; écrivez-le à droite du premier. Si, au contraire, le produit obtenu surpasse le nombre dont on vient de parler, diminuez successivement le quotient d'une unité jusqu'à ce que cela n'ait plus lieu. Du dividende suivi du chiffre dont on avait fait abstraction, soustrayez le produit du quotient par le double de la partie trouvée de la racine suivi de ce même quotient. A côté du reste, abaissez la troisième tranche du nombre. Séparez un chiffre sur la droite de la quantité qui en résulte, et divisez la partie à gauche de ce chiffre par le double de la partie déjà trouvée de la racine, double que vous aurez préalablement écrit au-dessus du nombre de même nature déjà employé. Vérifiez comme précédemment le second quotient que vous obtiendrez, et continuez ainsi jusqu'à ce que la dernière tranche du nombre proposé ait été abaissée.

Voici un exemple qui éclaircira ce qu'il pourrait y avoir d'obscur dans ce qui précède :

Soit à extraire la racine carrée de 39 478 652. On partage ce nombre en tranches de deux chiffres en commençant par la droite. Le plus grand carré exact contenu dans la dernière tranche de gauche, 39, est 36 dont la racine est 6. On écrit 6 à l'endroit où on placerait le diviseur dans une division. On retranche 36 de 39. A côté du reste 3 on abaisse la tranche suivante 47. Cela donne le nombre 347. Séparant le 7 qui termine 347 on obtient 34. On double 6; on a ainsi 12, que l'on place à l'endroit où l'on écrirait le quotient dans une division. On divise 34 par 12; on a pour quotient 2. On écrit 2 à côté de 12 et on multiplie le nombre 122 qui en résulte par le quotient 2. On a pour produit 244, nombre inférieur à 347. 2 est le second chiffre de la racine. On l'écrit à côté du premier chiffre 6. De 347 on ôte 244. A côté du reste 103 on abaisse la tranche suivante 86, on a ainsi le nombre 10386. Séparant le chiffre 6 sur sa droite, il reste vers la gauche 1 038. On double 62, ce qui donne 124, que l'on écrit au-dessous de 122. On divise 1 038 par 124, ce qui donne pour quotient 8. On écrit 8 à la droite de 124, ce qui fait 1248. On multiplie 1 248 par 8. On a pour produit 9984, nombre inférieur à 10 386. On écrit 8 à la racine à la droite de 62, et on retranche 9984 de 10 386. Il reste 402. A droite de 402 on abaisse la dernière tranche du nombre donné, laquelle est 52. Sur la droite de 40252 qu'on obtient ainsi, on sépare le chiffre 2; il reste vers la gauche 4 025. On double 628. Ce double est 1 256. On divise 4 025 par 1 256, on a pour quotient 3. On écrit ce chiffre 3 à droite de 1 256, ce qui donne 12563. On multiplie ce nombre par 3; le produit 37 689 étant inférieur à 40 252, on porte le chiffre 3 à la racine, à droite de 628. On retranche 37 689 de 40 252; il reste 2 563. A cause de ce reste, le nombre proposé 39 478 652 n'est pas un carré parfait. La racine exacte, à moins d'une unité, est 6 283. On dispose les calculs de la manière suivante :

39 47.86.52	6283
36	122 × 2 = 244
34.7	1248 × 8 = 9984
24 4	12563 × 3 = 37689
10 38.6	
9 98 4	
0 40 25.2	
37 68 9	
2 56 3	

La racine carrée d'un nombre décimal s'obtient de la même manière que celle du nombre entier composé des mêmes chiffres; il suffit seulement de séparer par une virgule un nombre de chiffres décimaux égal à la moitié du nombre de ceux qui se trouvent dans le nombre décimal donné. Comme, dans la pratique du calcul, on a souvent besoin de la racine carrée des nombres 2, 3 et 5, nous donnons ci-dessous la valeur de ces racines :

$$\sqrt[2]{2} = 1,414213;$$

$$\sqrt[2]{3} = 1,732050807568;$$

$$\sqrt[2]{5} = 2,236067.$$

|| *Racine cubique*, le nombre qui, multiplié deux fois par lui-même, reproduit un nombre donné : *4 est la racine cubique de 64*. —

Pour extraire la racine cubique d'un nombre entier, partagez-le en tranches de trois chiffres en commençant par la droite (la dernière tranche de gauche pourra n'avoir qu'un ou deux chiffres). Puis extrayez la racine cubique du plus grand cube exact contenu dans la première tranche de gauche. Écrivez cette racine à l'endroit où vous placeriez le diviseur dans une division, et retranchez son cube de la première tranche de gauche du nombre donné. Tirez un trait horizontal sous la partie de la racine déjà trouvée; faites-en le triple carré; écrivez ce triple carré à l'endroit où vous placeriez le quotient dans une division; abaissez à côté du reste que vous venez d'obtenir la seconde tranche du nombre donné, séparez deux chiffres sur la droite du nombre qui en résulte; divisez la partie laissée à gauche de ces deux chiffres par le triple carré de la partie de la racine déjà trouvée. Puis vérifiez l'exactitude du quotient obtenu et pour cela : 1° Multipliez le triple carré de la partie de la racine déjà trouvée par ce quotient et ajoutez deux zéros; 2° faites le carré du quotient, et multipliez-le par le triple de la partie de la racine déjà trouvée et ajoutez un zéro; 3° faites le cube du quotient; 4° enfin, ajoutez ensemble les trois résultats précédemment obtenus. Si vous avez une somme égale ou inférieure au nombre formé par le dividende que vous venez d'employer suivi des deux chiffres dont vous aviez fait abstraction, le quotient de votre dernière division est le second chiffre de la racine. Écrivez-le à droite du premier. Si, au contraire, la somme obtenue surpasse le nombre dont on vient de parler, diminuez successivement le quotient d'une unité jusqu'à ce que cela n'ait plus lieu. Du dividende, suivi des deux chiffres dont on avait fait abstraction, soustrayez la somme dont on a parlé ci-dessus. A côté du reste, abaissez la troisième tranche du nombre; séparez deux chiffres sur la droite de la quantité qui en résulte, et divisez la partie à gauche de ces deux chiffres par le triple carré de la partie déjà trouvée de la racine, triple carré que vous aurez préalablement écrit au-dessous du nombre de même nature déjà employé. Vérifiez comme précédemment le second quotient que vous obtiendrez et continuez ainsi jusqu'à ce que la dernière tranche du nombre proposé ait été abaissée.

Exemple : Soit à extraire la racine cubique de 76459832146. On partage ce nombre en tranches de trois chiffres en commençant par la droite. Le plus grand cube exact contenu dans la dernière tranche de gauche 76 est 64, dont la racine est 4. On écrit 4 à l'endroit où on placerait le diviseur dans une division. On retranche 64 de 76. A côté du reste 12, on abaisse la tranche suivante 459. Cela donne le nombre 12459. Séparant le nombre 59 qui termine 12459 on obtient 124. On forme le triple carré de 4. On a ainsi 48 que l'on place à l'endroit où l'on écrirait le quotient dans une division. On divise 124 par 48. On a pour quotient 2. On multiplie 48 par 2, ce qui donne 96. On écrit deux zéros à la droite de 96. On a de la sorte 9600. On multiplie le carré de 2, qui est 4, par 3 fois 4 ou 12. On obtient le nombre 48, à la droite duquel on met un zéro, ce qui fait 480. On forme le cube de 2, qui est 8. Ajoutant ensemble 9600, 480 et 8, on a pour somme 10088, que l'on retranche de 12459. Le reste est 2371, et le chiffre 2 du dernier quotient étant un chiffre de la racine, on l'écrit à côté du premier chiffre 4, ce qui donne 42. A la suite du reste 2371, on écrit la troisième tranche 832 du nombre proposé. On sépare deux chiffres sur la droite du nombre que l'on obtient de la sorte; on forme le triple carré de 42. C'est 5292. On divise 23718 par 5292; on a pour quotient 4. On multiplie 5292 par 4. Le produit est 21168, que l'on fait suivre de deux zéros. Cela fournit le nombre 2116800. On multiplie le carré de 4, qui est 16, par le triple de 42 ou 126. On a pour produit 2016. Ajoutant à ce produit un zéro, on obtient 20160; on fait le cube de 4, qui est 64. En additionnant ensemble 2116800, 20160 et 64, on a pour somme 2137024, nombre inférieur à 2371832. Le dernier quotient 4 est donc un chiffre de la racine. On l'écrit à droite de la partie déjà trouvée 42. On retranche 2137024 de 2371832, et à la droite du reste 234808 on abaisse 146, dernière tranche du nombre proposé. On sépare deux chiffres sur la droite du nombre qui en résulte; on forme le triple carré de la partie trouvée de la racine, c'est 539328. On écrit ce nombre sous 5292. On divise 2348081 par 539328; le quotient est 4. On multiplie 539328 par 4; le produit est 2157312; on écrit deux zéros sur sa droite; l'on a 215731200; on multiplie le carré de 4, qui est 16, par 1272, triple de 424; à la droite du produit 20352 on ajoute un zéro, ce qui fait 203520; on forme le cube de 4, qui est 64. On ajoute ensemble les trois nombres 215731200, 203520 et 64. La somme 215934784 étant inférieure à 234 808 146, le chiffre 4 appartient à la racine et on l'écrit à droite de 424, ce qui donne 4244. On retranche 215934784 de 234808140 et l'on a pour reste 18873362. L'opération est terminée. A cause du reste, le nombre proposé n'est pas un cube parfait et la racine cubique, à moins d'une unité, est 4244. Voici le type du calcul :

76 459 832 146	4244
64	48. (9600 + 480 + 8) = 10088
12 459	
10 088	
2 371832	5292. (2116800 + 20160 + 64 = 2137024
2 137024	
234808146	539328. (215731200 + 203520 + 64) = 215934784
215934784	
18873362	

Dér. *Raciner, racinage, racinal.* — **Comp.** *Déraciner*, etc.; *enraciner*, etc. Même famille : *Radical*, etc.; *radicelle, radicule, radicant, radis.*

RACINE (JEAN) (1639-1699), né à la Ferté-Milon, élève de Port-Royal, célèbre poète tragique français qui fut par excellence le peintre des passions humaines, auteur de : *Andromaque* (1667), *Britannicus* (1669), *Bérénice* (1671), *Bajazet* (1672), *Mithridate* (1673), *Iphigénie en Aulide* (1675), *Phèdre* (1677), *Esther* (1689), *Athalie* (1691) et de la comédie des *Plaideurs*(1668).—**Dér.** *Racinien.*

RACINE (LOUIS) (1692-1763), fils du précédent, auteur des poèmes didactiques de la *Grâce* et de la *Religion.*

* **RACINER** (*racine*), *vt.* Teindre avec le racinage. || Marbrer la couverture d'un livre. — *Vi.* Commencer à émettre des racines : *Cette bouture racine.*

***RACINIEN, IENNE** (*Racine*), *adj.* Qui imite l'harmonie du style de Racine.

RACK, *sm.* (V. *Arack.*)

***RACLAGE** (*racler*), *sm.* Action de racler, d'éclaircir un taillis.

***RACLÉE**, *spf.* de *racler.* Volée de coups. (Pop.).

RACLER (vx fr. *rascler*, du bl. *rasiculare*, fait sur : *rasus*, rasé), *vt.* Enlever avec un corps rude ou tranchant quelques parties de la surface d'une chose : *Racler un bâton, une allée.* — Fig. *Ce vin racle le gosier*, il a une saveur âpre. || *Racler une mesure de grain*, enlever avec la racloire tout ce qui dépasse les bords. || *Racler du violon*, en jouer mal. || Eclaircir un taillis. — **Dér.** *Racleur, racloir, racloire, raclure, raclée, raclage.*

RACLEUR (*racler*), *sm.* Celui qui racle. || Mauvais joueur de violon ou d'un autre instrument à cordes.

RACLOIR (*racler*), *sm.* Outil pour racler.

RACLOIRE (*racler*), *sf.* Planchette qu'on passe sur une mesure pleine de grains pour faire tomber tout ce qui excède les bords.

RACLURE (*racler*), *sf.* Parcelles qu'on enlève de la surface d'un corps quand on le racle.

RACOLAGE (*racoler*), *sm.* Action de racoler. || Métier de racoleur.

RACOLER (pfx. *re* + *accoler*), *vt.* Autrefois, enrôler des soldats de leur plein gré ou par la ruse. — Fig. Recruter des partisans. — **Dér.** *Racolage, racoleur.*

RACOLEUR (*racoler*), *sm.* Celui qui fait le métier de racoler. — Les racoleurs étaient de vieux sergents que les capitaines de compagnie envoyaient dans les campagnes et les villes pour recruter des hommes à bas prix. Bien souvent, au temps de Louvois lui-même, ils engagèrent des jeunes gens de quinze ans. Les ordonnances étant devenues plus sévères au XVIIIe siècle, les racoleurs devinrent plus rusés; ils se promenaient à Paris sur le quai aux Fleurs et le Pont-Neuf, en portant de longues perches chargées de victuailles; ils dressaient des estrades et rassemblaient les badauds au son des fifres et des tambours; derrière eux flottaient des drapeaux avec le vers de Voltaire :

Le premier qui fut roi fut un soldat heureux.

Les recrues se laissaient entraîner dans des *fours*, bouges où on les grisait et où on leur faisait signer des engagements, sans leur donner de prime. Ils étaient de là menés en prison, puis conduits à leurs régiments, comme des forçats aux galères. Au lieu des bals, du vin, de la bonne chère promise, ils mangeaient du pain de son, couchaient à trois sur une paillasse, revêtaient des uniformes en haillons et, pour la moindre peccadille, subissaient la peine des baguettes ou de l'estrapade. (V. ce mot.)

***RACONTABLE** (*raconter*), *adj.* Qui peut être raconté.

* **RACONTAGE** (*raconter*), *sm.* Cancan. || Bavardage. || Récit fait pour amuser. (Néol.)

RACONTER (pfx. *re*+*à*+*conter*), *vt.* Dire comment une chose s'est passée : *Raconter une anecdote.* || *En raconter*, parler longuement en exagérant. — **Dér.** *Raconteur, raconteuse, racontage.*

RACONTEUR, EUSE (*raconter*), *s.* Celui, celle qui aime à raconter.

RACORNIR (pfx. *re*+*à*+*corne*), *vt.* Donner à une chose la consistance de la corne : *La marche racornit la plante des pieds.* || Rendre dur et coriace : *La chaleur racornit le parchemin.* — Fig. Rendre étroit, mesquin : *Cette habitude racornit l'esprit.* — *Vi.* et **Se racornir**, *vr.* Devenir dur et coriace. — Fig. Devenir étroit, mesquin. — **Dér.** *Racornissement.*

RACORNISSEMENT (*racornir*), *sm.* État de ce qui est racorni.

RACQUITTER (pfx. *re* + *acquitter*), *vt.* Faire regagner ce qu'on avait perdu au jeu : *Ce coup m'a racquitté.* — **Se racquitter**, *vr.* Regagner ce qu'on avait perdu au jeu. || Se dédommager : *Je me suis racquitté de ses impertinences.*

RADAGAISE, chef des Suèves qui envahit l'Italie sous le règne d'Honorius; vaincu et pris par Stilicon, il fut décapité (405).

RADCLIFFE (ANNE) (1764-1823), romancière anglaise, composa beaucoup de romans (*les Mystères d'Udolphe*) dont la terreur est le principal ressort.

RADE (v. norrois *reida*, armement d'un vaisseau), *sf.* Portion de mer enfermée en partie par des terres et où les vaisseaux peuvent mouiller à l'abri de certains vents : *La rade de Brest.* || *Mettre en rade*, sortir du port. — **Dér.** *Rader* 1.

RADEAU (bl. *ratellum* : dm. de *ratis*, bateau), *sm.* Embarcation consistant en une sorte de plancher fait de pièces de bois liées ensemble et sur laquelle on tente souvent de se sauver après un naufrage. || Train de bois à brûler que l'on fait descendre à flot sur une rivière. || Les radeaux sont des corps flottants formés par la réunion de matériaux d'une pesanteur spécifique inférieure à celle de l'eau, comme les troncs d'arbres, les poutres, les tonneaux, les outres gonflées, les caisses goudronnées, etc. Le génie emploie les radeaux comme piles flottantes portant le tablier d'un pont au passage d'une rivière. Les radeaux de tonneaux ont été employés par les Allemands au siège de Strasbourg pour franchir le fossé plein d'eau d'une lunette. Les radeaux d'outres ont servi aux Anglais dans la guerre d'Espagne en 1809; les radeaux, avec cylindres de caoutchouc gonflés, ont été usités durant la guerre de sécession américaine.

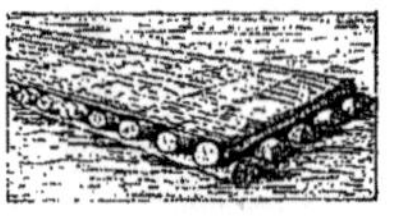

RADEAU PHÉNICIEN

RADEGONDE (sainte) (521-587), fille d'un roi de Thuringe, vaincu par Clotaire Ier. Ce roi la fit élever et l'épousa; mais elle s'échappa du domicile conjugal, se fit religieuse et construisit le monastère de Sainte-Croix de Poitiers. Fête le 13 août.

1. **RADER** (*rade*), *vt.* Mettre un navire en rade.

2. **RADER** (l. *radere*, raser), *vt.* Passer la racloire sur une mesure de grain, de sel, etc. — **Dér.** *Radeur, radoire.*

RADETZKY (1766-1858), feld-maréchal autrichien qui vainquit Charles-Albert à Custozza en 1848, à Novare en 1849 et s'empara de Venise après un long siège.

RADEUR (*rader* 2), *sm.* Mesureur de sel, de grain.

***RADIAIRE** (l. *radium*, rayon), *adj.* 2 *g.* Disposé en rayons. (V. *Échinodermes.*)

* **RADIAL, ALE** (l. *radius*), *adj.* Qui a rapport au radius : *Muscle radial. Artère radiale.*

RADIANT, ANTE (l. *radiantem*, qui rayonne), *adj.* Qui envoie des rayons dans tous les sens : *Lumière radiante.*

1. **RADIATION** (bl. du XVIe siècle *radiare*, rayer), *sf.* Action de rayer un article d'un compte, une partie d'un écrit; d'effacer sur une liste le nom d'une personne : *La radiation d'une inscription hypothécaire*, son annulation.

2. **RADIATION** (l. *radiationem*), *sf.* Rayonnement de lumière, de chaleur. || Intensité des rayons trop ardents du soleil; les animaux et les végétaux en sont protégés par la vapeur d'eau en suspension dans l'air. — La radiation solaire se manifeste par quatre séries d'effets : 1° *radiation lumineuse* ou sensation de lumière; 2° *radiation calorifique* ou sensation de chaleur; 3° *radiation phosphorogénique*, qui rend certains corps lumineux (sulfures de calcium, de baryum) sous l'influence des rayons solaires; 4° *radiation chimique*, qui modifie profondément les corps bruts et organisés (absorption de l'acide carbonique et dégagement d'oxygène sous l'influence des rayons solaires).

RADICAL, ALE (l. *radicalem* : de *radicem*, racine), *adj.* Qui appartient à la racine : *Fibres radicales*, les divisions les plus grêles des racines. || *Feuilles radicales*, celles qui naissent dans le voisinage des racines. — Fig. Qui appartient nécessairement à une chose : *La pesanteur est une propriété radicale des corps.* || Complet, absolu : *Réforme, guérison radicale.* || Qui caractérise la démocratie la plus avancée : *L'opinion radicale.* || *Vice radical*, celui qui en produit d'autres. || Qui appartient à la racine d'un mot : *Lettre, syllabe radicale.* || *Signe radical* ($\sqrt{\ }$), celui qu'on place devant une quantité dont il faut extraire une racine d'un certain degré. || *Quantité radicale*, celle qui est sous le signe radical.

Ex. : $\sqrt[3]{2}$.

Radical, *sm.* La partie d'un mot qui est composée de la racine et d'un suffixe de dérivation et qui précède la désinence : dans nous *chantons*, le radical est *chanto*, la racine *chant* et la terminaison *ns* **(Gr.)**. || *Sm.*, Radical, celui qui en politique n'admet pas de compromis ni de temporisations et qui va droit au but, sans tenir compte des faits contingents. Ce mot prend naturellement, selon les époques, un sens particulier.

Radical. — L'élément électro-positif d'un composé chimique binaire : *Les métaux sont les radicaux des oxydes, les métalloïdes autres que l'oxygène sont les radicaux des oxacides.*

Radical organique. — Groupement organique qui, dans les réactions chimiques, se comportent comme un corps simple : Ex. *Le cyanogène* C^2Az, comparable aux métalloïdes de la famille du chlore, et le cacodyle $(C^2H^3)^2Az$, qui se comporte comme un métal. Les *radicaux organiques* ne sont pas tous susceptibles d'exister par eux-mêmes, en dehors des combinaisons chimiques, plus complexes, dans lesquelles on a reconnu leur existence. Ces radicaux agissent comme des éléments, se combinent avec les éléments, sont capables de les remplacer ou d'être remplacés par eux dans les combinaisons chimiques, et, d'autre part, se combinent entre eux ou peuvent se remplacer, conformément à leur nature chimique et au rôle qui leur appartient. Ainsi l'ammonium, AzH^4 joue le rôle d'un métal, tandis que le cyanogène joue le rôle d'un halogène. Au point de vue de la *théorie des radicaux*, la chimie organique pourrait être définie la chimie des radicaux organiques composés. Les radicaux organiques se comportent, dans les réactions, comme les éléments. Ainsi, prenons l'éthyle, radical qui a pour formule C^4H^5 et qui a, comme le potassium, un oxyde, un hydrate, un sulfate, un bisulfate, un chlorure, un bromure, un sulfure, un sulfhydrate de sulfure, etc. Cet éthyle et la potasse sont capables de se remplacer réciproquement. Représentons l'éthyle par É. On peut, dans des conditions convenables, produire la réaction suivante :

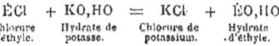

ÉCl	+ KO,HO	= KCl	+ ÉO,HO
Chlorure d'éthyle.	Hydrate de potasse.	Chlorure de potassium.	Hydrate d'éthyle.

D'autre part :

KCy +	HCl	= KCl	+ HCy
Cyanure de potassium.	Acide chlorhydrique.	Chlorure de potassium.	Acide cyanhydrique.

La théorie des radicaux a été entrevue par Lavoisier et par Berzélius, elle a été confirmée par Liebig et Dumas, ainsi que par Wœhler. Elle se lie intimement à l'histoire du développement de la chimie organique. (V. *Éthyle, Éthylène, Méthyle, Cyanogène, Ammonium.*)

RADICALEMENT (*radicale* + sfx. *ment*), *adv.* Dans la racine. ‖ Complètement : *Cela est radicalement faux.*

*** RADICALISME** (*radical*), *sm.* En politique, opinion, parti des radicaux.

RADICANT, ANTE (l. *radicantem*, qui pousse des racines), *adj.* Se dit d'une tige couchée ou grimpante qui émet des racines adventives. (Bot.)

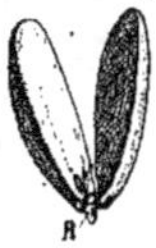

RADICULE
R, Amande.

*** RADICELLE** (bl. *radicella* : dm. de *radicem*, racine), *sf.* Chacune des racines secondaires les plus grêles. (Bot.)

RADICULE (l. *radicula*, petite racine), *sf.* La partie de la plantule qui formera plus tard la racine.

RADIÉ, ÉE (l. *radiatum*), *adj.* Dont les parties sont disposées comme les rayons d'une roue autour de l'axe. — **Les Radiées**, *sfpl.* Tribu de la famille des Composées dont la grande marguerite est le type. (V. *Composées.*)

1. **RADIER** (*x*), *sm.* Sol artificiel en bois

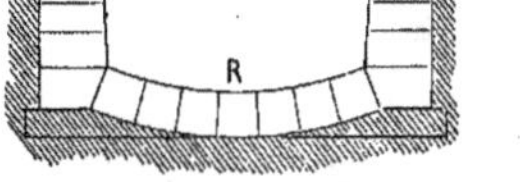

RADIER (R)

ou en maçonnerie sur lequel on établit une construction hydraulique.

2. *** RADIER** (l. *radiare*), *vi.* Rayonner. (Néol.)

3. **RADIER** (db. de *rayer*), *vt.* Effacer sur une liste, sur un registre : *Radier une inscription hypothécaire.* — **Dér.** *radiation* 1, *radieux.*

RADIEUX, EUSE (l. *radiosum* : de *radius*, rayon), *adj.* Qui émet des rayons de lumière dans tous les sens : *Astre radieux.* — Fig. Qui manifeste la joie, le contentement : *Homme, visage radieux.*

RADIS (l. *radicem*, racine, raifort), *sm.* Plante de la famille des Crucifères, originaire de la Chine, dont la racine alimentaire a une saveur piquante et qui comprend deux variétés principales : *Le petit radis rose et le gros radis noir.* La fleur du radis est blanche ou violette : son fruit est une silique assez courte. Les plantes qui composent ce genre sont cultivées dans les jardins, et leurs racines comestibles sont mangées crues. Toute la plante a des propriétés antiscorbutiques. L'écorce du radis noir, râpée et appliquée sur la peau, y exerce une action semblable à celle de la farine de moutarde. Les graines du radis sont oléagineuses.

RADIUS [ra-di-u-ce] (ml. *rayon*), *sm.* Celui des deux os longs de l'avant-bras qui correspond au pouce. (V. *Squelette.*) — **Dér.** *Radiaire, radial, radiale, radiant, radiante, radiation* 2, *radié, radiée, radier* 2, *radieux, radieuse, raie, rais, rayon*, etc.

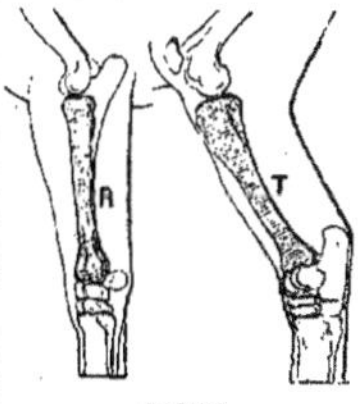

RADIUS
R Églantant le tibia T.

***RADJAH** ou **RAJAH** (m. sk.), *sm.* Titre de chacun des princes de l'Hindoustan tributaires des Anglais.

RADJPOUTES. Race habitant le *Radjpoutana* (20 000 000 entre l'Indus et le Gange) et formée d'un mélange d'Aryens et de Djats touraniens; le poète Tchand a célébré en 200 000 vers leurs luttes contre les musulmans envahisseurs et le Grand Mogol. Les Radjpoutes occupent le désert de Thaw; leurs villes principales sont Djeipour, près d'un grand lac salé, et Djodpour (150 000 hab.), capit. du Marwar, l'une des plus belles villes de l'Inde avec ses palais et ses étangs bordés de jardins.

RADOIRE (*rader* 2), *sf.* Instrument pour rader le sol.

RADOTAGE (*radoter*), *sm.* Discours sans suite, dénué de bon sens. ‖ État de celui qui radote : *Tomber dans le radotage.*

RADOTER (vx fr. *redoter* : pfx. *re* + fl. *doten*, radoter), *vi.* Tenir des propos insensés qui dénotent un affaiblissement de l'esprit : *Ce vieillard radote.* — Fig. et fam. Parler d'une manière irréfléchie. — **Dér.** *Radoterie, radotage, radoteur, radoteuse.*

RADOTERIE (*radoter*), *sf.* Manière d'être de celui qui radote. ‖ Propos du radoteur.

RADOTEUR, EUSE (*radoter*), *s.* Celui, celle qui radote.

RADOUB, *svm.* de *radouber*. Réparation faite au corps d'un navire.

RADOUBER (pfx. *re* + *adouber*), *vt.* Faire des réparations au corps d'un navire. — **Se radouber**, *vr.* Être radoubé. — Fig. Recouvrer la santé. ‖ Réparer une perte. — **Dér.** *Radoub.*

RADOUCIR (pfx. *re* + *adoucir*), *vt.* Rendre plus doux : *Le vent du sud a radouci la température.* — Fig. Rendre plus traitable, plus pacifique : *Les flatteries radoucissent les gens les plus irrités.* — **Se radoucir**, *vr.* Devenir plus doux. — **Dér.** *Radoucissement.*

RADOUCISSEMENT (*radoucir* + sfx. *ment*), *sm.* Action de radoucir. ‖ État de celui, de ce qui est devenu plus doux.

RADZIWIL, ancienne famille polonaise, originaire de Lithuanie, dont plusieurs membres furent palatins de Vilna, et dont l'un, Charles, tenta vainement d'empêcher le partage de la Pologne en 1772.

RAFALE (pfx. *re* + *affaler*), *sf.* Coup de vent subit, violent et de peu de durée. — **Dér.** *Rafalé.*

***RAFALÉ** (*rafale*), *adj.* et *s.* 2 *g.* Appauvri, abaissé par la misère, mal mis. (Mot inventé par nos prisonniers sur les pontons anglais, vers 1806.)

RAFFERMIR (pfx. *re* + *affermir*), *vt.* Rendre plus ferme, plus robuste, plus inébranlable : *Raffermir les chemins, la santé, les dents.* — **Se raffermir**, *vr.* Devenir plus ferme, etc. — **Dér.** *Raffermissement.*

RAFFERMISSEMENT (*raffermir*), *sm.* Action de raffermir. ‖ État de ce qui est raffermi.

RAFFINAGE (*raffiner*), *sm.* Opération qui consiste à débarrasser une substance des matières étrangères qui en altèrent la pureté : *Le raffinage du sucre.* — Pour raffiner la cassonade blanche, qui vient de la Martinique ou de l'île Bourbon, on la chauffe avec de l'eau de chaux; on écume; on ajoute du sang de bœuf délayé, on fait bouillir et on filtre sur le noir animal. Le sucre cristallisé est ensuite *serré*, c'est-à-dire revêtu d'argile détrempée, qui lui cède son eau et le transforme en sirop; cette masse sirupeuse devient le pain de sucre. Le jus de betterave est traité à peu près de même, on le terre dans des moules d'argile, puis on le débarrasse de sa mélasse dans des *turbines*. (V. *Sucre.*)

RAFFINÉ, ÉE (*raffiner*), *adj.* Purifié : *Sucre raffiné.* ‖ *Fromage raffiné*, qui a acquis un goût plus fin par la fermentation. — Fig. Qui est d'une perfection outrée : *Politesse raffinée.* ‖ Qui est d'une extrême finesse : *Esprit raffiné.* — *Sm.* Homme très fin, très entendu, très habile.

RAFFINEMENT (*raffiner*), *sm.* Action de raffiner, de purifier. — Fig. Finesse extrême, subtilité : *Les raffinements de la chicane.* ‖ Recherche affectée de ce qu'il y a de plus délicat : *Les raffinements de la table.*

RAFFINER (pfx. *re* + *affiner*), *vt.* Rendre plus fin, plus pur : *Raffiner le sucre.* — Fig. Rendre plus parfait, plus délicat : *Raffiner le goût.* — *Vi.* Renchérir en fait de subtilités : *Raffiner sur le point d'honneur.* ‖ Faire des progrès : *On a raffiné dans l'étude des langues.* — **Se raffiner**, *vr.* Devenir plus fin, plus expérimenté, plus savant : *Se raffiner dans son métier.* — **Dér.** *Raffiné, raffinée, raffinerie, raffineur, raffinement, raffinage.*

RAFFINERIE (*raffiner*), *sf.* Établissement industriel où l'on raffine le sucre.

RAFFINEUR (*raffiner*), *sm.* Celui qui raffine le sucre.

RAFFOLER (pfx. *re* + *affoler*), *vi.* Se passionner follement pour quelqu'un ou pour quelque chose : *Raffoler des voyages.*

***RAFFOLIR** (pfx. *re* + *à* + *fol*), *vi.* Devenir fou (vx).

***RAFISTOLAGE** (*rafistoler*), *sm.* Action de rafistoler.

RAFISTOLER (pfx. *re* + *affistoler*, piper, tromper), *vt.* Raccommoder ce qui est en très mauvais état. — **Dér.** *Rafistolage.*

1. **RAFLE** (*rafler*), *sf.* Grappe de raisin dépouillée de ses grains, dite aussi *râpe*.

2. **RAFLE**, *svf.* de *rafler*. Action d'enlever en totalité : *Les voleurs ont fait une rafle dans cette maison.* ‖ Coup de dés dans lequel tous les dés amènent le même point. ‖ Filet d'oiseleur ou de pêcheur.

RAFLER (MHA *reffen*, saisir promptement), *vt.* Enlever tout avec rapidité. ‖ S'emparer lestement d'une chose. — **Dér.** *Rafler* 1 et 2. — **Comp.** *Érafler, éraflement, éraflure.*

RAFRAÎCHIR (pfx. *re* + *à* + *fraichir*), *vt.* Rendre frais. ‖ Abaisser la température : *La pluie rafraichit l'air.* ‖ Apaiser la soif : *L'eau de Seltz rafraichit.* ‖ Lâcher le ventre : *Les pruneaux rafraichissent.* ‖ *Rafraichir la mémoire de quelqu'un*, rappeler une chose à son souvenir. ‖ Réparer : *Rafraichir un toit.* ‖ Rendre à une chose son premier éclat : *Rafraichir une couleur.* ‖ Couper l'extrémité : *Rafraichir les cheveux, les racines d'une plante.* ‖ Rétablir par le repos et une bonne nourriture : *Rafraichir des troupes.* — *Vi.* Devenir plus frais. — **Se rafraichir**, *vr.* Devenir plus frais : *L'air se rafraichit.* ‖ Se rétablir par le repos et une bonne nourriture. ‖ Boire un coup. — **Dér.** *Rafraichissant, rafraichissement, rafraichissoir.*

RAFRAÎCHISSANT, ANTE (*rafraichir*), *adj.* Qui procure de la fraicheur : *Vent rafraichissant.* ‖ Qui apaise la soif : *Boisson rafraichissante.* ‖ Qui relâche le ventre : *Les épinards sont rafraichissants.* — **Un rafraichissant**, *sm.* Un remède qui relâche le ventre.

RAFRAÎCHISSEMENT (*rafraichir*), *sm.* Action d'abaisser la température. ‖ Ce qui rafraichit le corps. ‖ Effet de ce qui rafraichit : *Cette tisane procure du rafraichissement.* ‖ Recouvrement de forces par le repos et un bon régime. — Fig. Soulagement : *Trouver un rafraichissement à ses peines.* — *Pl.* Boissons, friandises servies dans une fête, une soirée, etc.

***RAFRAÎCHISSOIR** (*rafraichir*), *sm.* Réfrigérant d'un appareil de distillation. C'est un vaisseau de bois rempli d'eau au travers duquel passe le serpentin de l'alambic. ‖ Vase où l'on met refroidir les boissons, etc.

RAGAILLARDIR (pfx. *re* + *à* + *gaillard*), *vt.* Rendre gaillard ou plus gaillard.

RAGATZ, 1 996 hab. Village du canton de Saint-Gall, célèbre par ses bains que fréquentent annuellement plus de 50 000 étrangers.

RAGE (l. *rabiem* : du g. *ῥέμβω*, tourner sur soi-même), *sf.* Maladie virulente, autrefois toujours mortelle, perturbatrice du système nerveux, susceptible de se développer par contagion, et jamais spontanément chez le chien, le loup, le renard, le chat, en général tous les animaux qui la communiquent par une morsure à l'homme et aux animaux en déposant dans la plaie de la salive empoisonnée. Le chien malade de la rage est triste, perpétuellement agité, cache sa tête entre sa poitrine et ses pattes de devant; il a la queue pendante, la gueule béante, d'où sort une langue blanche ou enflammée et d'où découle une bave filante; il entre en fureur à la vue d'un autre chien et cherche à le mordre; sa voix est changée et ses hurlements deviennent rauques et comme s'il aboyait à la lune. C'est une grande erreur de croire que le chien enragé fuit toujours l'eau et les aliments : il boit et mange souvent presque jusqu'à la mort et même il avale toute sorte de substances qui ne sont pas des aliments. Il a souvent de violentes convulsions, auxquelles succède un affaissement complet, puis la mort. Chez l'homme mordu par un chien enragé les premiers signes de la rage apparaissent quelquefois déjà au bout de 20 jours ou même plus tôt, ordinairement au bout de 30 à 40 jours, parfois après plusieurs mois et même un an, deux ans et plus. Contrairement à ce qui a lieu pour le chien, l'homme enragé a horreur des boissons, dont la seule vue le met en furie; il ne peut avaler aucun aliment, sa salive est parfois excessive, il a des hallucinations, de terribles convulsions. A la fin, l'affaissement survient et il meurt asphyxié. Autrefois on cautérisait la plaie avec un fer rouge le plus tôt possible, mais toujours dans les 24 heures qui suivaient la morsure. Aujourd'hui on a recours à la méthode d'inoculation imaginée par l'illustre Pasteur. On croyait autrefois que seule la bave du chien enragé contenait le virus de la rage. M. Pasteur constata, par de nombreuses expériences, que le siège du virus rabique, loin d'être exclusivement dans la bave, est dans la matière cérébrale, que la moelle épinière dans toute sa longueur peut être rabique et que les nerfs eux-mêmes peuvent contenir le virus de la rage. Ce grand point acquis, M. Pasteur se demanda si l'on ne pouvait pas soit atténuer, soit exalter ce virus. C'était là, comme le dit l'auteur du livre intitulé : *M. Pasteur, histoire d'un savant par un ignorant*, une première base d'observations capitales. C'est au vulgarisateur des travaux de M. Pasteur que nous empruntons les détails suivants : A la mort d'un chien enragé, M. Pasteur, avec l'aide de M. le Dr Roux, son collaborateur, en fit l'autopsie et, prenant une parcelle de la moelle rabique, trépana un lapin en lui inoculant sous la dure-mère ce fragment de moelle. Après une durée d'incubation de quinze jours, le lapin mourut. En inoculant le virus de ce premier lapin à un second, puis à un troisième et ainsi de suite par ce même mode de trépanation, il se manifesta bientôt chez ces lapins une tendance de plus en plus accusée dans la diminution de la durée d'incubation de la rage. Au bout de vingt à vingt-cinq passages de lapin à lapin, les durées d'incubation furent de huit jours; puis, après une nouvelle série prolongée de passages successifs, ces durées ne furent plus que de sept jours seulement. Au quatre-vingt-dixième passage, c'est à peine si la durée d'incubation fut d'un peu moins de sept jours. Dans de telles conditions, le virus rabique se tenait donc identique à lui-même pendant un temps fort long. Une première obscurité était dissipée. On avait un virus d'une virulence fixe. Était-il possible maintenant de trouver une méthode susceptible de modifier cette virulence? Après des expériences infinies, M. Pasteur eut l'idée de suspendre dans une série de flacons — dont l'air était entretenu à l'état sec par des fragments de potasse déposés au fond du vase — un peu de moelle rabique fraîche de lapin mort de rage après les sept jours réglementaires d'incubation. La virulence de ces moelles en dessiccation se modifia. Plus le temps passait sur ces moelles, plus il agissait jusqu'à éteindre tout à fait la virulence. On délaya un fragment d'une de ces moelles dans du bouillon stérilisé, et on l'inocula sous la peau des chiens à l'aide d'une seringue de Pravaz, en commençant par une moelle vieille de quinze jours, et en remontant de moelle en moelle rabique jusqu'à la moelle très virulente, placée depuis un jour seulement en flacon. Les chiens, soumis à ces séries d'inoculations progressives, devinrent réfractaires à la rage. On leur injecta ensuite le virus le plus virulent; on les fit mordre à pleine gueule par des chiens enragés : ils résistèrent. Ainsi traités, on aurait pu en toute tranquillité lâcher hors de leur cage tous ces coureurs de faubourgs amenés de la fourrière au laboratoire. Mais on les maintint, bien entendu, dans leur réclusion à perpétuité. Une seconde expérience plus importante encore restait à faire. Était-il possible, après s'être opposé à l'effet des morsures à *venir*, de combattre par le même traitement les effets des morsures *reçues?* La méthode eut encore un plein succès.

Une commission scientifique fut nommée pour contrôler les faits. M. Pasteur lui offrit une foule de chiens de tout âge et de toute race réfractaires à la rage. Si importants que fussent de tels progrès dans l'étiologie et la prophylaxie de la rage, ils n'apparaissaient encore à M. Pasteur que comme des acquisitions précieuses, mais insuffisantes. Ce qu'il voulait, c'était que cette méthode préventive pût s'appliquer un jour à un homme mordu par un chien enragé. « Et cependant, disait-il, quelque rassuré que je puisse être par les résultats sur des chiens, je sens que le jour où je tenterai l'inoculation sur l'homme, la main me tremblera. »

Un accident, survenu en Alsace, brusqua ses atermoiements. Le 4 juillet 1885, un petit enfant alsacien, Joseph Meister, avait été mordu si grièvement, qu'il semblait presque fatalement condamné à mourir de la rage. Sur les conseils d'un médecin inquiet devant la gravité de telles morsures, Joseph Meister, accompagné de sa mère, vint demander aide et secours à M. Pasteur.

Plein d'angoisses à l'idée de tenter sur cet enfant une application de sa méthode, M. Pasteur alla dire à M. Vulpian et au docteur Grancher, professeur à la Faculté de médecine, la situation qui se présentait à lui face à face.

M. Vulpian et M. Grancher vinrent immédiatement voir le petit Joseph Meister; ils examinèrent ses blessures et, d'un commun accord, conseillèrent à M. Pasteur d'essayer sur cet enfant la méthode qui avait constamment réussi pour les chiens.

Cette première tentative fut couronnée de succès. Après Meister, ce fut un berger du Jura, Jupille, qui vint suivre ce traitement de vaccination contre la rage.

M. Pasteur communiqua en octobre 1885 à l'Académie des sciences ces faits d'une si grande importance. De toutes parts, des personnes mordues par des chiens enragés accoururent au laboratoire de l'École normale. Les savants du monde entier se préoccupèrent de contrôler les expériences qui avaient amené M. Pasteur à cette découverte admirable, selon le mot de M. Vulpian. Répondant à des attaques d'une extrême violence, M. Vulpian ajoutait : « Grâce à M. Pasteur, cette maladie épouvantable, la rage, qui était le type des maladies incurables, peut être prévenue, empêchée, presque à coup sûr. La méthode est scientifique au premier chef; elle est efficace à un degré inespéré; enfin, elle ne présente aucun danger. »

Une commission anglaise, nommée le 12 avril 1886, et composée des médecins et des savants les plus célèbres de l'Angleterre, mit plus d'une année à contrôler tous les faits qui servent de base à la méthode : le développement du virus rabique dans la moelle des animaux morts de la rage, la transmission de ce virus par passages successifs de lapin à lapin, puis la possibilité soit de protéger d'avance, à l'aide d'inoculations vaccinales, des animaux sains contre des morsures ultérieures d'animaux enragés, soit d'empêcher dans ceux qui avaient été mordus l'explosion de la rage, et enfin l'application de cette méthode à l'homme et la valeur de son efficacité, tel fut ce long programme d'expériences et d'enquêtes. La conclusion du rapport de la commission anglaise fut une expression de confiance entière et unanime.

Aujourd'hui s'élève rue Dutot, 25, l'Institut Pasteur. Une souscription publique, qui a produit plus de 2 500 000 francs, a permis de construire d'immenses laboratoires consacrés non seulement à la prophylaxie de la rage, mais encore à l'étude des maladies virulentes et contagieuses. — Fig. Douleur très violente : *Une rage de dents.* ‖ Penchant désordonné, irrésistible : *Il a la rage du jeu.* ‖ Violent transport de colère, de dépit, de haine, etc. : *Ne pouvoir maîtriser sa rage.* ‖ *Faire rage*, bouleverser tout, faire des efforts extraordinaires. — A LA RAGE, *loc. adv.* A l'excès, avec frénésie : *Aimer les truffes à la rage.* — **Dér.** *Rager, rageur, rageuse.* — **Comp.** *Enrager, enragé, enragée, enrageant, enrageante, enragement.*

RAGER (*rage*), *vi.* Être en fureur. ‖ Éprouver un grand dépit, une vive contrariété.

RAGEUR, EUSE (*rage*), *s.* Celui, celle qui rage souvent.

RAGEUSES, 714 hect. Forêt domaniale de l'Yonne, peuplée de chênes, de hêtres et de charmes.

RAGLAN (LORD) (1788-1855), général en chef de l'armée anglaise dans l'expédition de Crimée; il mourut du choléra avant la fin du siège de Sébastopol.

RAGLE, *sm.* Mot usité dans l'expression *ragle des neiges.* Hallucination épidémique observée en Laponie par les grands froids, dans les moments de misère et de mauvaise alimentation.

1. **RAGOT, OTE** (*x*), *adj.* Trapu. — *Sm.* Homme ou animal trapu. ‖ Sanglier de 2 ans. — **Dér.** *Ragotin.*

2. **RAGOT** (ang. *rack?*), *sm.* Crochet de fer fixé au limon d'une charrette et auquel s'accroche l'avaloire.

3. **RAGOT** (*x*), *sm.* Bavardage décousu. ‖ Récit invraisemblable. (Pop.) — **Dér.** *Ragoter.*

RAGOTER (*ragot* 3), *vi.* Grogner, murmurer sans raison contre quelqu'un. (Pop.)

***RAGOTIN** (*ragot* 1, personnage du *Roman comique* de Scarron), *sm.* Homme contrefait et ridicule.

RAGOÛT, *svm.* de *ragoûter.* Mets appétissant, composé de plusieurs substances et d'une sauce relevée : *Un ragoût de mouton.* — Fig. Ce qui excite les désirs, ce qui allèche : *La nouveauté est un puissant ragoût.*

RAGOÛTANT, ANTE (*ragoûter*), *adj.* Appétissant. — Fig. Qui plaît à la vue : *Visage ragoûtant.*

RAGOÛTER (pfx. *re + à + goût*), *vt.* Remettre en appétit : *Ragoûter un malade.* — Fig. Réveiller le désir. — **Se ragoûter,** *vr.* Être ragoûté. — **Dér.** *Ragoût, ragoûtant, ragoûtante.*

RAGRAFER (pfx. *re + agrafer*), *vt.* Agrafer de nouveau.

RAGRANDIR (pfx. *re + agrandir*), *vt.* Rendre plus grand. — **Se ragrandir,** *vr.* Devenir plus grand.

RAGRÉER (pfx. *re+agréer*), *vt.* Repasser le marteau et le fer sur le parement d'un mur neuf pour enlever les bavures et cacher les joints. ‖ Rajeunir l'aspect d'une construction en y opérant des regrattages, des ravalements, etc. — **Dér.** *Ragrément.*

RAGRÉMENT (*ragréer*), *sm.* Action de ragréer.

RAGUÉ, ÉE (*raguer*), *adj.* Altéré, écorché : *Câble ragué.* (Mar.)

***RAGUER** (angl. *rag*, lambeau), *vt.* Déchirer par le frottement. — **Se raguer,** *vr.* Se déchirer par le frottement. — **Dér.** *Ragué, raguée.*

RAGUSE, 15 000 hab. Port et ch.-l. de cercle en Dalmatie (Autriche), érigé en duché par Napoléon Ier pour Marmont. Victoire de Molitor sur les Russes en 1806.

RAHAB, femme de Jéricho qui cacha dans sa maison les espions de Josué.

RAÏA (mot turc, troupeau), *sm.* Tout sujet ottoman qui n'est pas musulman; ce mot a le sens méprisant de *chien.*

RAIDE ou **ROIDE** (l. *rigidum*), *adj. 2 g.* Qu'on emploie difficilement : *Barre de fer raide.* ‖ Très tendu : *Corde raide.* ‖ Qui manque de souplesse : *Collet raide.* — Fig. Inflexible, opiniâtre, sévère : *Un homme raide.* ‖ Qui est d'une montée difficile : *Escalier raide.* ‖ Rapide : *Le cours du Rhône est très raide.* — *Adv.* Vite, sur le coup : *Il a été tué raide.* — **Dér.** *Raidir, raideur, raidillon.*

RAIDEUR ou **ROIDEUR** (*raide*), *sf.* Manque de flexibilité, de souplesse : *La raideur d'une barre de fer.* ‖ Grande tension : *La raideur d'une corde.* — Fig. Fermeté inébranlable. ‖ Grande sévérité : *La raideur du caractère.* ‖ Rapidité : *Lancer une pierre avec raideur.* ‖ Pente considérable : *La raideur d'un escalier.*

RAIDILLON ou **ROIDILLON** (*raidir*), *sm.* Partie en pente rude d'un chemin. — Fig. Homme d'un caractère raide.

RAIDIR ou **ROIDIR** (*raide*), *vt.* Rendre raide. ‖ Tendre avec force : *Raidir le bras.* — Fig. Rendre inflexible, opiniâtre : *Son procédé m'a raidi.* — *Vi.* Devenir raide : *Les corps raidissent par la gelée.* — **Se raidir,** *vr.* Devenir raide. — Fig. Tenir ferme. — Ne point se départir de ses résolutions.

1. **RAIE** (bl. *radia*, pour *radius*, rayon), *sf.* Ligne fine tracée avec une pointe, une plume, un crayon, etc. ‖ Ligne plus épaisse qu'on voit sur certaines étoffes, sur la robe de certains animaux. ‖ Séparation des cheveux sur le haut de la tête. ‖ Dépression rectiligne : *La raie du dos.* ‖ *Raie du spectre,* ligne noire ou colorée qui apparaît dans le spectre que fournit une lumière. Le spectre de chaque métal est constitué par une raie lumineuse qui correspond à une raie noire dans le spectre solaire; c'est par la comparaison de ces deux espèces de raies, dite analyse spectrale, qu'on a pu se rendre compte de la composition du soleil.

2. **RAIE** (bl. *riga* : de *rigare,* arroser), *sf.* Sillon.

3. **RAIE** (l. *raia*), *sf.* Genre de poissons de mer de l'ordre des Chondroptérygiens et de la famille des Sélaciens. Ce sont des poissons cartilagineux dont le corps est tellement aplati de haut en bas, qu'il a la forme d'un disque terminé par une queue longue et grêle. Les deux yeux sont placés sur la face dorsale, tandis que les branchies sont situées sur la face ventrale. Les raies sont des animaux ovipares, leurs œufs ont la forme d'un rectangle terminé par de longues pointes à chacun de ses angles. Les raies se rencontrent surtout dans les eaux de l'Océan; cependant certaines espèces vivent dans les grands fleuves de l'Amérique. Les raies marines habitent généralement la haute mer; très peu sont des espèces littorales; elles préfèrent les fonds de sable ou vaseux. Elles peuvent atteindre des dimensions considérables, et l'on a pêché des individus qui atteignaient plusieurs mètres de largeur. Elles ont les nageoires pectorales très développées, tandis que les ventrales sont très petites. La peau des raies, lisse et mince, est toujours enduite d'une abondante mucosité produite par des glandes situées sur la tête et sur les ailes. Cette peau est hérissée de pointes plus ou moins fines; elle offre, en outre, des espèces de plaques, armées d'épines recourbées, et que l'on nomme les *boucles des raies.* Ces boucles sont plus grosses et plus abondantes chez les mâles que chez les femelles. On remarque aussi des épines placées sur un ou plusieurs rangs le long de la colonne vertébrale, sur les arcades sourcilières non loin des yeux et près des évents. La peau de certaines espèces est recouverte de granulations calcaires; aussi en usant celles-ci, en obtient-on un parchemin d'une très grande solidité, qui prend un très beau poli et que l'on connaît sous le nom de *galuchat.* La mer Rouge et la côte de Malabar fournissent un grand nombre de ces peaux de raies. La chair des raies est recherchée, bien qu'elle ne soit pas très estimée.

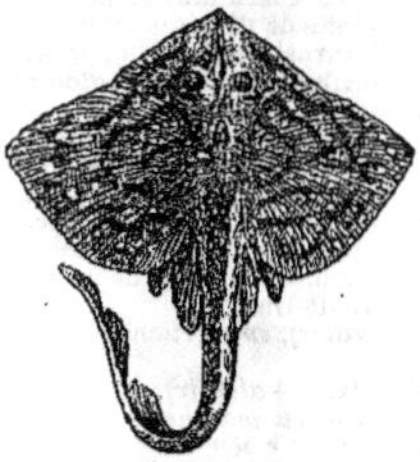

RAIE BOUCLÉE

FACE DORSALE

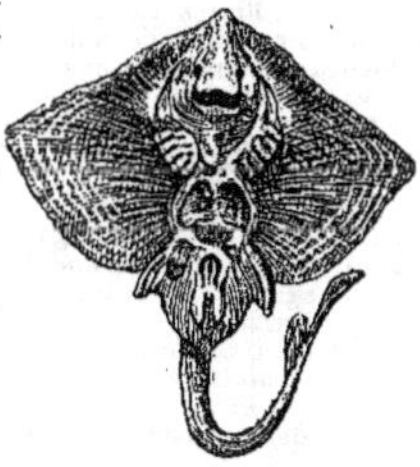

RAIE BOUCLÉE

FACE VENTRALE

RAIFORT (vx fr. *rais,* racine + *fort*), *sm.* Le cran de Bretagne ou raifort sauvage, espèce du genre Cochléaria, crucifère qui a une grosse racine pivotante, employée en médecine comme antiscorbutique et stimulante. On l'appelle encore *cranson, cran des Anglais, moutarde des capucins,* etc. (V. *Cran.*) ‖ *Raifort cultivé,* le radis.

RAIFORT

***RAIL** [rèl, ou raill] (mot angl., barrière), *sm.* Barre de fer sur laquelle roulent les trains de chemin de fer, les tramways, etc. Rail à gorge, à patin, à double champignon. — Pour donner de la stabilité aux rails, on les fixe sur des pièces de bois longitudinales (*longrines*) ou transversales (*traverses*), ou sur des dés de pierre ou de maçonnerie espacés les uns des autres. Pour éviter le tassement du sol, on y étend du sable et des graviers incompressibles, dits *ballast,* qui recouvrent les traverses ou les longrines. Aux États-Unis, on ne met pas de *ballast* et les traverses sont à nu sur le sol. Pour résister à l'écrasement, le rail doit être un rectangle évidé ou un double T, ce qui revient au même, en mécanique. Mais ces formes théoriques sont mauvaises à cause de leurs arêtes vives et de leurs angles rentrants; on les a donc transformées en *rail à double champignon* encastré dans des coussinets et maintenu par des coins de bois. Ce rail pouvait se retourner, quand il était usé sur un bord; mais il se déprimait rapidement à la place des coussinets et détériorait les bandages des roues. On le remplaça donc par le *rail à patin* ou *vignole,* du nom de son inventeur, qui avait plus de stabilité; la forme du champignon diffère pour chaque compagnie de chemin de fer, comme pour chaque pays. Seules, la compagnie du Midi, l'Angleterre, les Indes anglaises sont restées fidèles au rail à double champignon. La longueur des rails est de 5 à 8 mètres; leur poids, par mètre courant, est de 35 à 37 kilogrammes. On fabrique maintenant les rails en acier Bessemer, parce que cette dernière matière s'use moins rapidement; sur le chemin de fer du Nord, en effet, les rails de fer doivent être remplacés après le passage de 20 000 000 de tonnes, tandis que les rails d'acier sont à peine usés après une circulation totale de 80 000 000 de tonnes; ces rails en acier Bessemer sont d'ailleurs plus élastiques et moins sujets à la rupture; le profil de leur champignon a été modifié de différentes manières. La largeur entre deux rails est à peu près identique chez toutes les nations européennes; elle est comprise entre 1m,44 et 1m,45. La Russie et l'Espagne font exception; la première a adopté une largeur de 1m,523, et la seconde une largeur de 1m,736; elles paraissent ainsi vouloir faire obstacle aux invasions étrangères. Même famille : *Radius, rayon.* — **Comp.** *Railway, dérailler, déraillement.*

RAILLER (bl. *radiculare,* racler), *vt.* Tourner en ridicule : *Railler quelqu'un.* — *Vi.* Plaisanter : *Dites-vous cela en raillant?* — **Se railler,** *vr.* Se moquer : *Se railler de tout.* ‖ Plaisanter. — **Dér.** *Railleur, railleuse, raillerie.* — **Comp.** *Érailler, éraillé, éraillée, éraillement, éraillure.*

RAILLERIE (*railler*), *sf.* Action de tourner en ridicule : *Une cruelle raillerie.* ‖ Plaisanterie : *Entendre la raillerie.* ‖ Être habile à railler. *Entendre raillerie,* ne pas s'offenser des railleries. ‖ *Ne pas entendre raillerie sur une chose,* ne pas souffrir qu'on en parle légèrement. ‖ *Raillerie à part,* sérieusement. — **Syn.** (V. *Brocard.*)

RAILLEUR, EUSE (*railler*), *adj.* Enclin à la raillerie : *Caractère railleur.* ‖ Qui est un indice de raillerie : *Mine railleuse.* — *S.* Celui, celle qui aime à railler.

***RAILWAY** [rél-oué] (ang. *rail* + *way,* chemin), *sm.* Chemin de fer. — Pl. *des railways.*

RAIMONDI (Marc-Antoine), graveur des plus beaux tableaux de Raphaël, dont il était l'ami (1488-1546).

RAIMONDI (Pietro) 1786-1853, compositeur et professeur éminent. Auteur d'un triple oratorio intitulé *Joseph,* formé de trois oratorios différents pouvant s'exécuter séparément ou simultanément.

RAINCEAU. (V. *Rinceau.*)

RAINE (l. *rana*), *sf.* Grenouille (vx).

RAINETTE

1. **RAINETTE** (dim. de *raine*), *sf.* Petite grenouille verte qui vit sur les arbres.

2. **RAINETTE.** (V. *Reinette.*)

RAINURE (vx fr. *rain,* du VHA. *rain,* bord), *sf.* Petite entaille rectiligne pratiquée dans l'épaisseur d'une pièce de bois ou de fer pour recevoir une languette ou servir de coulisse.

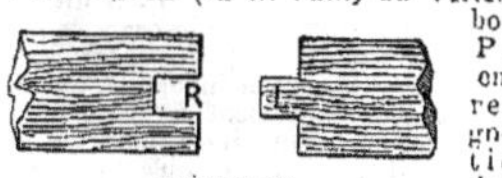

RAINURE (R)

LANGUETTE (L)

RAIPONCE, ***RAPONCE** ou ***REPONCE** (du l. *rapa,* rave), *sf.* Plante de la famille des Campanulacées dont les fleurs, disposées en une panicule terminale, ont la forme d'une coupe et sont d'une couleur violette. La tige de la raiponce est dressée et porte des feuilles entières, sessiles, membraneuses, molles, glabres ou pubescentes. Cette tige atteint de 50 à 80 centimètres. La raiponce a une racine pivotante,

RAIPONCE

charnue et blanche, d'une saveur douce et agréable qui la fait cultiver comme plante alimentaire. On la mange surtout en salade. Cette plante est indigène de l'ancien monde, et on la rencontre sur la lisière des bois, sur le bord des chemins, dans les fossés, les prairies et les pâturages.

RAIRE ou **RÉER** (bl. *ragire*), *vi.* Bramer.

RAIS (l. *radius*, rayon), *sm.* Rayon : *Les rais du soleil.* || Barre d'une roue qui relie le moyeu aux jantes. || *Rais de cœur*, ornement peint ou sculpté ordinairement sur la moulure appelée *talon*, et qui se compose de fleurons ou de feuilles d'eau et de fers de lance. (Archit.). || *Rais d'une étoile*, ses pointes, en blason (vx).

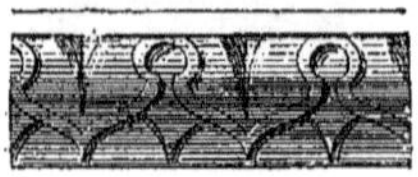

RAIS

RAISIN (l. *racemum*), *sm.* Fruit de la vigne dont on fait le vin. (V. *Vigne.*) || *Raisin d'ours*, l'arbousier. || *Grand raisin*, sorte de papier qu'on emploie dans les éditions de luxe, ainsi nommé d'une grappe de raisin qui était autrefois sa marque. — **Dér.** *Raisiné.*

RAISINÉ (*raisin*), *sm.* Confiture de raisin ou de poire.

RAISON (l. *rationem*), *sf.* Faculté par laquelle l'homme connaît, juge et se conduit : *La raison est le privilège de l'homme.* || En philosophie, faculté de concevoir le nécessaire, l'universel, l'absolu, le parfait; elle étudie les sept principes de cause première, cause finale, raison suffisante, substance, ordre et loi, espace, temps. || *Principe de raison suffisante*, ainsi exprimé en philosophie : rien n'existe qui ne doive avoir sa raison d'être; on en extrait trois autres principes, bases de la logique : le principe d'identité (ce qui est, est); le principe de contradiction (ce qui est, est; ce qui n'est pas, n'est pas); le principe d'exclusion des milieux (une chose est ou elle n'est pas. || *Perdre la raison*, devenir fou, faire, dire quelque chose contraire au bon sens. || *Un être de raison*, qui n'existe que dans notre imagination. Ex. : *Un fleuve de lait.* || Bon sens, justesse d'esprit : *Sa conduite est contraire à la raison.* || *Parler raison*, parler raisonnablement, se montrer raisonnable, accommodant. || Ce qui est de devoir, d'équité, de justice : *La raison veut que l'inférieur obéisse au supérieur.* || *Mettre quelqu'un à la raison*, le contraindre à agir d'une certaine manière. || *Avoir raison*, dire, faire une chose conforme à l'équité, à la justice, au droit, au devoir : *Il prétend avoir toujours raison.* || *Donner raison à quelqu'un*, donner son assentiment à ce qu'il dit ou fait. || *Entendre raison*, acquiescer à ce qui est juste et raisonnable. || *Il n'entend pas raison sur ce point*, il est inflexible, intraitable, il se pique aisément à ce sujet. || *Comme de raison*, comme il est juste. || *Pour servir ce que de raison*, pour qu'on en fasse l'usage qu'il conviendra. || *Se faire une raison*, se soumettre à la nécessité. || Explication, justification : *Rendre raison de sa conduite.* || Succès d'une demande : *J'aurai raison de mes prétentions.* || Réparation d'un affront, d'une injure : *Demander raison d'une offense.* || *Demander raison à quelqu'un*, lui proposer un duel. || Argument, preuve : *Convaincre par de fortes raisons.* || Sujet, cause, motif : *Pour quelle raison faites-vous cela?* || *A plus forte raison*, pour un motif plus impérieux. || *Raison d'État, de famille*, les considérations d'intérêts qui dictent la conduite d'un état, d'une famille. || Rapport, quotient de deux nombres. || *Raison sociale*, en termes de commerce, les noms des associés énoncés et rangés de la manière qu'il a été convenu dans l'acte d'association : *A. Colin et Cie.* — A TELLE FIN QUE DE RAISON, *loc. adv.* Dans le but d'en faire usage plus tard. — A RAISON DE, *loc. prép.* A proportion de, moyennant : *A raison de trois francs le mètre.* — EN RAISON DE, *loc. prép.* En proportion de, en considération de : *On lui pardonne en raison de son inexpérience.* — CULTE DE LA RAISON, décrété par la Commune de Paris, sur le rapport du procureur général Chaumette, célébré pour la première fois le 10 nov. 1793 (20 brumaire an II), dans Notre-Dame, transformée en *Temple de la Raison*. La femme de l'imprimeur Momore représentait la déesse. Robespierre envoya à l'échafaud Chaumette et les hébertistes et remplaça ce culte par celui de l'Être suprême. — **Dér.** *Raisonner, raisonnement, raisonnable, raisonnablement, raisonneur, raisonneuse.* — **Comp.** *Arraisonner, déraisonner*, etc.

RAISONNABLE (l. *rationabilem*), *adj. 2 g.* Doué de raison : *Nous avons une âme raisonnable.* || Qui agit suivant la raison, le droit, l'équité : *Une personne raisonnable.* || Qui se montre résigné. || Conforme à la raison, à l'équité : *Conduite raisonnable.* || Suffisant, convenable : *Prix raisonnable.* || Qui est au-dessus du médiocre : *Fortune raisonnable.*

RAISONNABLEMENT (*raisonnable*+sfx. *ment*), *adv.* Avec raison. || Équitablement, suffisamment, convenablement. || Passablement, d'une manière au-dessus du médiocre : *Travailler raisonnablement.*

RAISONNEMENT (*raisonner*), *sm.* Faculté, action de raisonner : *Avoir le raisonnement juste.* || Opération de l'esprit par laquelle la considération d'une ou plusieurs vérités amène à en affirmer une autre. On distingue le raisonnement *déductif* ou *syllogisme*, qui va du général au particulier; le raisonnement *inductif*, qui va du particulier au général; le raisonnement *analogique*, qui va du semblable au semblable. || Démonstration : *Raisonnement irréfutable.* || Réplique, excuse, difficulté qu'on apporte à faire une chose : *Cessez vos raisonnements.*

RAISONNER (*raison*), *vi.* Se servir de sa raison : *Raisonner bien.* || Faire un raisonnement : *Raisonner par induction, par syllogisme.* || Chercher, alléguer des motifs, des arguments, des preuves : *Raisonner sur le libre arbitre.* || Faire des objections, des répliques pour se dispenser d'obéir : *Obéissez sans raisonner.* || *Faire raisonner* ou *arraisonner un navire*, envoyer auprès d'un navire une chaloupe chargée de lui demander ses passe-ports et de lui faire rendre compte de sa route.

RAISONNEUR, EUSE (*raison*), *s.* Celui, celle qui raisonne, qui fait des raisonnements. || Personne qui importune par de longs, de mauvais raisonnements. || Personne qui a l'habitude de répliquer, de faire des objections. || Personnage de comédie dont le langage est celui du moraliste.

RAJAH, *sm.* (V. *Radjah.*)

RAJEUNIR (pfx. *re*+*à*+*jeune*), *vt.* Faire redevenir jeune : *On croyait que la fontaine de Jouvence rajeunissait.* || Faire paraître jeune : *Son costume le rajeunit.* || Dire quelqu'un plus jeune qu'il n'est : *En me donnant quarante ans, vous me rajeunissez.* || Redonner de la vigueur : *On rajeunit un arbre en en coupant quelques branches.* || Faire paraître nouveau ce qui est vieux : *Rajeunir un mot.* — *Vi.* Redevenir jeune. || Paraître plus jeune qu'auparavant. || Reprendre la vigueur de la jeunesse. — **Se rajeunir**, *vr.* Se donner l'air jeune, se dire plus jeune qu'on ne l'est réellement. — **Dér.** *Rajeunissant, rajeunissante, rajeunissement.*

***RAJEUNISSANT, ANTE** (*rajeunir*), *adj.* Qui rajeunit.

RAJEUNISSEMENT (*rajeunir* + sfx. *ment*), *sm.* Action de rajeunir. || État de celui qui est ou paraît rajeuni. || Action de redonner de la vigueur à un vieil arbre à fruit en coupant les branches épuisées par la production ou en le greffant de nouveau.

***RAJOUTER** (pfx. *re* + *ajouter*), *vt.* Ajouter de nouveau.

RAJUSTEMENT (*rajuster* + sfx. *ment*), *sm.* Action de rajuster. || Son résultat.

RAJUSTER (pfx. *re*+*ajuster*), *vt.* Ajuster de nouveau, remettre en bon état : *Rajuster sa coiffure.* || *Rajuster des poids, des mesures*, les rendre de nouveau conformes à l'étalon, après qu'ils ont cessé de l'être. || Réconcilier. — **Se rajuster**, *vr.* Être rajusté. || Remettre en bon ordre ses vêtements, ses ajustements. || Se réconcilier. — **Dér.** *Rajustement, rajusteur.*

RAJUSTEUR (*rajuster*), *sm.* Ouvrier qui remet en état, qui rajuste des poids, des instruments de pesage, de mesurage, etc.

***RAKI**, *sm.* Liqueur des Turcs très alcoolique, fabriquée avec raisin, pruneaux, blé, poires, anis, cannelle, girofle, roses, oranges amères. — **Comp.** *Mastic de Chio.*

RAKOCZY (FRANÇOIS), prince de Transylvanie, défenseur de la nationalité hongroise de 1706 à 1711, né en 1671, mort en 1735 à Rodosto, sur les bords de la mer de Marmara. || *Marche de Rakoczy*, chant national des Hongrois. Au retour de la malheureuse bataille de Zsibo (10 novembre 1705), le prince l'entendit jouer par le tzigane Michel Barna qui, en son honneur, la nomma *marche de Rakoczy*. Un oncle de Barna, le « beau Zinka », la joua dans ses courses à travers la Hongrie. Vaczek, chanoine de Jaszo, la nota. Sur ce thème qu'il retrouva, l'organiste de la cour de Vienne, M. Ruziczka (1758-1823), composa la version actuelle; celle-ci a été arrangée pour orchestre par Berlioz et par Liszt.

***RÂLANT, ANTE** (*râle*), *adj.* Qui râle.

RÂLE, *svm.* de *râler.* Genre d'oiseaux échassiers, à longs doigts, ayant les mœurs et les habitudes des poules d'eau et auxquels appartiennent le *râle d'eau*, excellent gibier, et le *râle des genêts*, insectivore utile, qui fréquente les vignes du midi de la France. Les râles des genêts vivent solitaires ou dans la société des cailles qu'ils accompagnent dans leurs migrations. Aussi les a-t-on appelés les *rois des cailles*. C'est vers la fin de l'été que leur chair atteint toute sa saveur. Les râles se construisent un nid assez grossier au milieu des joncs et des roseaux et ils y déposent de 6 à 8 œufs; les petits courent aussitôt qu'ils sont nés et ils se développent très vite; ils se nourrissent surtout de vers et d'insectes. Leur vol est lourd et c'est surtout par la course qu'ils évitent le chasseur. || Bruit rauque qui accompagne le souffle respiratoire chez les personnes à l'agonie. || Bruit morbide qu'on entend en auscultant la poitrine de personnes atteintes de diverses maladies.

RALE

RALEIGH (WALTER) (1552-1618), favori de la reine Élisabeth d'Angleterre, colonisa la Virginie, contribua à la destruction de l'invincible Armada, prépara la conquête de la Guyane, fut sous Jacques Ier emprisonné douze ans à la Tour de Londres, relâché, puis décapité. On lui attribue l'introduction de la pomme de terre en Angleterre.

RALEIGH, 3000 hab. Capitale de la Caroline du Nord (États-Unis).

RÂLEMENT (*râler*), *sm.* Action de râler. || Râle.

RALENTIR (pfx. *re*+*alentir*), *vt.* Rendre plus lent : *Ralentir sa marche.* || Rendre moins intense : *Ralentir son ardeur.* — *Vi.* et **Se ralentir**, *vr.* Devenir plus lent, moins intense, moins actif. — **Dér.** *Ralentissement.*

RALENTISSEMENT (*ralentir*), *sm.* Diminution de vitesse, d'intensité, d'activité.

RÂLER (angl. *rattle*), *vi.* Faire entendre des râles au moment de l'agonie. — **Dér.** *Râle, râlement.*

RALINGUE (holl. *raa*, vergue+*leik*, cordage), *sf.* Corde dont on borde une voile de navire. — **Dér.** *Ralinguer.*

RALINGUER (*ralingue*), *vt.* Garnir une voile de ses ralingues. || Mettre une ralingue latérale de la voile dans le lit du vent, pour louvoyer et naviguer vent debout.

RALLIEMENT ou **RALLÎMENT** (*rallier*), *sm.* Réunion de troupes mises en fuite ou dispersées, de navires qui se sont séparés après avoir navigué de conserve. || Mot que l'on donne à la suite du mot d'ordre. || *Signe* *de ralliement*, signe dont conviennent pour se reconnaître ceux qui font partie d'une armée. || Signe auquel se reconnaissent les membres d'un parti, d'une secte. || *Point de ralliement*, le lieu où les soldats d'une armée, les membres d'une secte, d'une société doivent se réunir.

RALLIER (pfx. *re* + *allier*), *vt.* Rassembler, réunir après une dispersion. || Rallier une armée. — Fig. *Rallier les esprits*, les mettre d'accord. || *Rallier un navire*, le rejoindre. || *Rallier la terre*, s'en approcher. — Fig. Gagner à un parti, à une opinion : *Gagner les dissidents*. — **Se rallier**, *vr.* Se réunir. || Se rattacher à une opinion, à un parti, à un gouvernement. — **Dér.** *Ralliement.*

RALLONGE, *svf.* de *rallonger*. Ce qui sert à rallonger une chose. || Chacune des planches que l'on peut mettre entre les deux extrémités d'une table à coulisses.

RALLONGEMENT (*rallonger*), *sm.* Action de rallonger. || Son résultat.

RALLONGER (pfx. *re* + *allonger*), *vt.* Rendre une chose plus longue. — *Vi.* Devenir plus long. — **Dér.** *Rallonge, rallongement.*

RALLUMER (pfx. *re* + *allumer*), *vt.* Allumer de nouveau : *Rallumer le feu*. — Fig. Rendre plus vif, plus ardent, plus intense : *Rallumer les colères*. || Faire recommencer : *Rallumer la guerre*. — **Se rallumer**, *vr.* S'allumer de nouveau. || Devenir plus vif, plus intense, plus ardent. || Recommencer.

1. **RAMA**, petite ville de la tribu de Benjamin, résidence du juge Samuel.

2. **RAMA**, héros hindou ayant beaucoup d'affinités avec l'Hercule grec et regardé comme la 7e incarnation de Vichnou. Dans le poème épique dit *Râmâyana*, le héros Rama poursuit sa femme Sita que lui a ravie un roi de Lanka (Ceylan). Le poème met en mouvement les dieux, tous les êtres, tous les éléments pour faire triompher Rama, qui retrouve enfin Sita; mais il doute de la fidélité de son épouse, et celle-ci, désespérée, monte sur le bûcher; c'est le plus bel endroit du poème.

RAMADAN ou **RAMAZAN** (ar. *ramadan*, mois de la grande chaleur), *sm.* Le 9e mois de l'année musulmane consacré au jeûne.

RAMAGE (*rame* 1 + sfx. *age*), *sm.* Rameau, branchage (vx). || Représentation de branches, de feuilles sur une étoffe : *Étoffe à grands ramages*. || Chant des oiseaux perchés sur les rameaux des arbres. || Anciennement, droit de faire du bois dans les forêts privées et publiques. — Fig. Babil des enfants. || Discours dénué de sens. — **Dér.** *Ramager.*

RAMAGER (*ramage*), *vi.* Faire entendre un ramage en parlant des oiseaux.

RAMAIGRIR (pfx. *re* + *amaigrir*), *vt.* Faire redevenir maigre. — *Vi.* Redevenir maigre. — **Dér.** *Ramaigrissement.*

***RAMAIGRISSEMENT** (*ramaigrir*), *sm.* Action de ramaigrir. || État de celui qui est ramaigri.

RAMAS, *svm.* de *ramasser*. Assemblage d'objets de peu de valeur. || Réunion de personnes méprisables.

RAMASSAGE (*ramasser*), *sm.* Action de ramasser.

RAMASSE (*rame* 1 + sfx. *asse*), *sf.* Traîneau pour descendre des montagnes couvertes de neige.

RAMASSÉ, ÉE (*ramasser*), *adj.* Trapu, massif, robuste : *Homme ramassé.*

RAMASSER (pfx. *re* + *amasser*), *vt.* Recueillir çà et là : *Ramasser du bois*. || Relever ce qui est tombé à terre : *Ramasser sa canne*. || Ramasser une personne après qu'elle est tombée à terre. || Former une collection : *Ramasser des coquilles*. || Réduire à un moindre volume : *Ramasser son corps*. || Réunir : *Ramasser des troupes*. || Réunir pour quelque effort extraordinaire : *Ramasser ses forces*. || Recueillir une personne abandonnée ou misérable. — **Se ramasser**, *vr.* Être rassemblé. || Former un rassemblement. || Se relever après une chute. || Se pelotonner : *Le hérisson se ramasse*. || Se concentrer : *Se ramasser en soi-même*. — **Dér.** *Ramas, ramassé, ramassée, ramasseur, ramasseuse, ramassis, ramassage.*

RAMASSEUR, EUSE (*ramasser*), *s.* Celui, celle qui ramasse.

RAMASSIS (*ramasser*), *sm.* Assemblage de choses amassées au hasard : *Ramassis de chiffons*. || Broutilles ramassées dans les bois. || Réunion de personnes méprisables : *Un ramassis de bandits.*

RÂMÂYANA, *sm.* Immense poème épique sanskrit qui retrace les aventures de Rama. (V. ce mot.)

RAMAZAN. (V. *Ramadan*.)

RAMBERT (SAINT-), 3409 hab. Ch.-l. de c., arr. de Belley (Ain). Ch. de fer P.-L.-M.

CHATEAU DE RAMBOUILLET

RAMBERT (SAINT-), 2800 hab. Ch.-l. de c., arr. de Montbrison (Loire). Ch. de fer P.-L.-M. La Loire y devient navigable.

RAMBERVILLERS, 5541 hect. Forêt domaniale des Vosges, peuplée de sapins, de hêtres et de pins.

RAMBERVILLERS, 5691 hab. Ch.-l. de c., arr. d'Épinal (Vosges). Filatures de laines; fabriques de draps, lainages, toiles, coutils, poterie, tanneries, scieries hydrauliques. Ch. de fer de l'E.

RAMBOUILLET, 5633 hab. S.-préf. (Seine-et-Oise), près de la forêt du même nom, à 48 kilom. de Paris. Ancien château royal d'où Charles X partit en 1830 pour l'exil. Ch. de fer de l'O.

RAMBOUILLET, 5704 hect. Forêt domaniale du département de Seine-et-Oise, peuplée de chênes et de diverses espèces de pins, aménagée en taillis sous futaie. A la forêt de Rambouillet se rattachent les forêts de *Saint-Léger* (4406 hect.), des *Yvelines* (28794) et de *Saint-Arnault* (9094), de l'*Ouïe* (4874). (1re conservation, Paris.)

RAMBOUILLET (HÔTEL DE), situé dans l'ancienne rue Saint-Thomas du Louvre à Paris, résidence de Charles d'Angennes, marquis de Rambouillet. Là, sa femme Catherine de Vivonne-Pisani convia les courtisans honnêtes et délicats que dégoûtait l'amour sénile de Henri IV pour la princesse de Condé, Charlotte de Montmorency. Elle les réunissait dans sa « chambre bleue », tapissée de velours bleu qu'encadraient des bordures brochées d'or. L'alcôve, haute et profonde, formait une seconde pièce, séparée de la première par une balustrade basse en bois doré derrière laquelle s'élevait un large lit à colonnes. Étendue toute parée sur ce lit, comme on le serait aujourd'hui sur un sopha, la maîtresse du logis recevait ses visites et présidait à la conversation sans se déplacer. Ses amis intimes passaient la balustrade et s'établissaient à ses côtés dans la *ruelle*; les autres restaient en dehors. Les principaux personnages prenaient des fauteuils, les moindres des *placets* (tabourets carrés) et les jeunes hommes étendaient à terre leurs manteaux de velours ou de soie pour causer avec les dames, assis à leurs pieds. La princesse de Condé, le grand Condé son fils, la duchesse de Longueville, le duc de la Rochefoucauld (auteur des *Maximes*), les maréchaux de Schomberg et d'Albret, le duc de Montausier, le comte de Guiche, le rude Arnauld d'Andilly et le galant Arnauld de Corbeville, les comtesses de la Fayette et de la Suze, Mlle de Scudéry, deux bourgeoises d'esprit, Mmes Cornuel et Pilou, les belles demoiselles Angélique Paulet, du Vigean qu'aima Condé et qui se fit religieuse, de Brienne, de Montmorency-Bouteville, les marquises de Sablé et de Sévigné furent les hôtes assidus de l'hôtel de Rambouillet, au temps de sa splendeur (1629-1648). Parmi les écrivains, les premiers habitués furent Voiture, Racan, Malherbe, qui donna à la marquise le nom romanesque d'*Arthénice* (anagramme de Catherine); puis Balzac, Vaugelas, Gombaud, Segrais, Boisrobert, d'Ablancourt, Chapelain, Sarrazin, Conrart, Mairet, Patru, Godeau, Fléchier, Rotrou, Scarron, Benserade, Desmarets, Colletet, Georges de Scudéry, La Calprenède; Bossuet y prêcha un soir à 16 ans, ce qui fit dire à Voiture qu'il n'avait entendu prêcher ni si tôt ni si tard. Corneille y lut *Polyeucte*. Le duc de Montausier y offrait à sa fiancée Julie d'Angennes, fille de la marquise, la fameuse *Guirlande* (1641). Vingt-neuf fleurs y avaient été peintes sur vélin par Nicolas Robert. Le célèbre calligraphe Jarry avait écrit, au-dessous de chaque fleur, un madrigal qui s'y rapportait. Les troubles de la Fronde, la mort du marquis en 1652 firent fermer le salon de la marquise, qui mourut elle-même en 1665. Sa fille, devenue duchesse de Montausier, mourut en 1671. Fléchier, dans son oraison funèbre, célébra cette « cour choisie, nombreuse sans confusion, modeste sans contrainte, savante sans orgueil, polie sans affectation. » On alla alors aux mercredis de Ménage et aux samedis de Mlle de Scudéry; mais ce n'était plus le même grand monde, ni le même esprit excellent. La province voulut avoir ses *Précieuses*. Chapelle décrit les précieuses de Montpellier qu'il reconnut à « leurs petites mignardises et à leur parler gras. » Ce sont ces précieuses dégénérées qui s'appelaient entre elles « chères » et affectaient la pruderie pour paraître honnêtes, que Molière attaqua en 1659 dans les *Précieuses ridicules*, ébauche des *Femmes savantes*. Desmarets leur avait porté les premiers coups dans sa comédie des *Visionnaires* (1638).

RAMBOUR (*Rambures*, localité du canton de Gamaches, Somme), *sm.* Nom de deux variétés de pomme : le *rambour d'été* à fruit très gros dont l'épiderme jaune blanc est lavé de rouge clair, mûr en octobre; le *rambour d'hiver*, à fruit gros, aplati, vert jaunâtre clair, tiqueté et rayé de rouge sang.

1. **RAME** (l. *rama*, branche), *sf*. Branche sèche que l'on fiche en terre pour soutenir des haricots, des pois et d'autres plantes grimpantes. — **Dér.** *Rame* 2, *ramer* 1, *ramé, ramée, rameau, ramilles, ramon, ramener, ramonage, ramoner, ramure, ramée, ramette* 1, *rameux, rameuse, ramier* 1 et 2, *ramereau*. — **Comp.** *Ramifier, ramification*.

2. **RAME** (*rame* 1), *sf*. Longue pièce de bois plate par le bout qu'on plonge dans l'eau, ronde par le bout que l'on tient et dont on se sert pour faire mouvoir une embarcation. ‖ Instrument qui sert à tendre les pièces de drap dans un séchoir. ‖ Outil du faïencier pour remuer la terre de ses baquets. — **Dér.** *Ramer* 2, *rameur*.

3. **RAME** (vx fr. *raime*, de l'ar. *rizma*, ballot), *sf*. Réunion de 20 mains de papier. — **Dér.** *Ramette* 2.

RAMÉ, ÉE (*ramer*), *adj*. Soutenu par une rame : *Haricots ramés*. ‖ *Boulets ramés*, deux boulets, ou moitiés de boulets joints par une barre ou une chaîne de fer, et dont on chargeait autrefois les canons.

RAMEAU (vx fr. *ramel* : du bl. *ramellum*, dm. de *ramus*, branche), *sm*. Petite branche d'arbre. — Fig. *Présenter le rameau d'olivier*, offrir ou demander la paix. ‖ *Le dimanche ou le jour des Rameaux*, le dimanche d'avant Pâques où l'on bénit des rameaux de buis à la messe en commémoration de l'entrée de J.-C. dans Jérusalem. ‖ Chacune des subdivisions d'une veine, d'une artère, d'un nerf. ‖ Chaîne secondaire de montagnes qui se détache d'une chaîne principale. ‖ Chaque subdivision d'une branche de la même famille : *Le rameau des Valois-Angoulême*. ‖ Subdivision d'une secte, d'une science : *Un rameau du protestantisme*.

RAMEAU (Jean-Philippe), 1683-1764), célèbre compositeur de musique, né à Dijon, auteur d'un traité d'harmonie, précieuse création d'un véritable *Système* et de nombreux opéras. *Castor et Pollux* et *Dardanus* sont les plus célèbres.

RAMÉE (bl. *ramata*, de *ramus*, branche), *sf*. Couvert de verdure, formé de branches entrelacées naturellement ou artificiellement : *Se promener sous la ramée*. ‖ Branches coupées et encore garnies de leurs feuilles.

RAMÉE (LA). (V. *Ramus*.)

***RAMENDER** (pfx. *re* + *amender*), *vt*. Amender de nouveau un champ. ‖ Baisser le prix d'une marchandise. — *Vi*. Subir une baisse de prix : *Le blé ramende*.

RAMENER (pfx. *re*+*amener*), *vt*. Amener de nouveau: *Ramener un accusé devant le juge*. ‖ Déterminer le retour : *Le printemps ramène les beaux jours*. ‖ Faire revenir avec soi : *Le berger ramène son troupeau*. ‖ Rapporter en s'en retournant : *Aller à la ville et en ramener des provisions*. ‖ Tirer à soi une chose, la remettre dans sa position ordinaire : *Ramener la couverture sur sa poitrine*. ‖ *L'ennemi ramena notre cavalerie*, il la força de fuir jusqu'au lieu d'où elle était partie pour attaquer. — Fig. Faire revenir à une chose dont on s'était écarté : *Ramener au devoir*. ‖ Prendre pour principe ou pour but : *Ramener tout à ses intérêts*. ‖ Faire dépendre de : *Ramener une question à une autre*. ‖ Faire renaître, rétablir : *Ramener la sécurité*. — **Se ramener**, *vr*. Dépendre de. ‖ Avoir pour principe, pour but. — *Sm*. Opération du dressage qui consiste à agir sur les muscles supérieurs de l'encolure du cheval de façon à lui amener la tête dans la position verticale, en gardant les jambes légèrement près pour contenir l'arrière-main. Selon Baucher, la chose principale du dressage c'est le ramener; pour y arriver, on fait sentir progressivement l'appui du mors en tendant les rênes et en rendant, alternativement, pour ne pas provoquer de résistance. L'assouplissement de l'animal sera complet lorsqu'il suffira d'un léger appui de la main pour maintenir et ramener la tête en faisant céder les vertèbres de l'encolure afin de l'arrondir. Un cheval ramené, répondant immédiatement à l'effet des rênes et des jambes du cavalier, sera ce qu'on appelle *dans la main*, car il aura compris la position qu'on lui impose entre les éperons, qui tendent à le porter en avant, et la main agissant pour l'arrêter. — **Gr.** Ce verbe se conjugue comme *mener*. (V. ce mot.)

LE RAMENER

RAMENTEVOIR (pfx. *re* + *ad mentem habere*, avoir à l'esprit), *vt*. Remettre en mémoire (vx).

RAMEQUIN (allem. *rham*, crème + sfx. flamand *kin*), *sm*. Gâteau fait d'une pâte très légère à laquelle on a incorporé du fromage.

1. **RAMER** (*rame* 1), *vi*. Ficher des rames au pied des haricots, des pois, etc.

2. **RAMER** (*rame* 2), *vi*. Agir avec les rames pour faire marcher une embarcation.

RAMEREAU (dm. de *ramier*), *sm*. Jeune ramier.

RAMERUPT, 529 hab. Ch.-l. de c., arr. d'Arcis-sur-Aube (Aube).

RAMESSÉION, monument égyptien de Thèbes, dit par les Grecs tombeau d'Osymandias; il rappelle les victoires de Ramsès II ou Sésostris sur les Khétas de la Syrie. Il a été ruiné par Cambyse; du colosse de Ramsès, il ne reste que la tête et un pied long de 4 mètres.

1. **RAMETTE** (*rame* 1), *sf*. Forme d'imprimerie servant à composer les ouvrages d'une seule page, comme affiche, etc.

2. **RAMETTE** (*rame* 3), *sf*. Rame de papier à lettres.

RAMEUR (*rame* 2), *sm*. Celui qui manie l'aviron.

RAMEUX, EUSE (l. *ramosum*), *adj*. Qui se subdivise en plusieurs branches : *Tige rameuse*. ‖ Qui présente des ramifications : *Filon rameux*.

RAMEY (Claude) (1754-1838) et Ramey (Étienne) (1796-1852), fils du précédent, statuaires français.

***RAMIE** ou **RAMIÉ** (*x*), *sf*. Espèce du genre *Bœhmeria*, plante dicotylédone de la famille des Urticacées, composée d'arbustes à feuilles opposées ou alternes et dont les fleurs sont disposées en glomérules accompagnés de bractées courtes et scarieuses. La ramie est originaire de la Chine et est connue des Anglais sous le nom de *Chinagrass*. On la cultive en grand dans tout l'archipel Indien, au Mexique, à Cuba, en Russie, dans la France méridionale et en Algérie pour ses fibres, qui donnent une matière textile d'une très grande finesse et qui, à l'état sec, sont plus résistantes que le meilleur chanvre et presque aussi souples que la soie.

1. **RAMIER** (*rame* 1), *sm*. Gros pigeon sauvage d'un plumage gris bleuâtre avec un petit croissant blanc de chaque côté du cou; il séjourne dans les taillis ou sur les lisières des forêts et est très nuisible aux cultures, dont il dévore les graines. (V. *Pigeon*.) — **Dér.** *Ramereau*.

2. ***RAMIER** (*rame* 1), *sm*. Tas de branches coupées destinées à être converties en fagots.

RAMIFICATION (*ramifier*), *sf*. L'ensemble des rameaux dans lesquels se subdivise la tige d'un végétal. ‖ Disposition qu'ils affectent. ‖ Chaque rameau. ‖ L'ensemble des artères, des veines, des filets nerveux dans lesquels une artère, une veine plus grosse ou un nerf se subdivise. ‖ Tout mode de division analogue à celui des rameaux d'un végétal. — Fig. Les ramifications d'une secte, d'un complot, d'une science, etc.

RAMIFIER (SE) (l. *ramus*, branche + *ficare*, faire), *vr*. Se diviser en plusieurs branches.

RAMILLES (dm. de *rame* 1), *sfpl*. Très petites branches.

RAMILLIES, village de Belgique au S.-E. de Louvain, où Marlborough, à la tête des Anglais et des Allemands, battit, en 1706, les Français commandés par Villeroi.

***RAMINAGROBIS** ou **ROMINAGROBIS** (*x*), *sm*. Nom que l'on donne au chat par plaisanterie.

***RAMOINDRIR** (pfx. *re* + *amoindrir*), *vt*. Amoindrir de nouveau.

RAMOITIR (pfx. *re* + *à* + *moite*), *vt*. Rendre moite. — **Se ramoitir**, *vr*. Devenir moite.

RAMOLLI, IE (*ramollir*), *s*. Personne dont l'intelligence s'est affaiblie, par allusion au ramollissement du cerveau. (Pop.)

RAMOLLIR (pfx. *re*+*amollir*), *vt*. Rendre mou : *La chaleur ramollit le beurre*. — Fig. Affaiblir, rendre efféminé : *Ramollir le courage, les mœurs*. — **Se ramollir**, *vr*. Devenir mou. ‖ S'affaiblir. ‖ Devenir efféminé, hébété. — **Dér.** *Ramolli, ramollie, ramollissant, ramollissante, ramollissement*.

RAMOLLISSANT, ANTE (*ramollir*), *adj*. Qui ramollit, qui relâche, en parlant des remèdes.

***RAMOLLISSEMENT** (*ramollir*), *sm*. État de ce qui est ramolli. ‖ Maladie dans laquelle un organe se transforme en une sorte de pulpe: *Ramollissement du cerveau, de la moelle épinière*. — Les artères cervicales s'oblitèrent chez les rhumatisants et les vieillards; les éléments nerveux du cerveau se gangrènent alors sur une étendue plus ou moins grande; le malade est frappé d'apoplexie par hémorrhagie cérébrale, si le mal est aigu; s'il est chronique, il est atteint de paralysie et d'hémiplégie. Les os, la muqueuse de l'estomac peuvent aussi se ramollir.

RAMON (*rame* 1 + sfx. *on*), *sm*. Balai (vx). — **Dér.** *Ramoner, ramonage, ramoneur*.

RAMONAGE (*ramon*), *sm*. Action de ramoner.

RAMONDENS, 1728 hect. Forêt domaniale des Pyrénées-Orientales, peuplée de chênes et de hêtres.

RAMONER (*ramon*), *vt*. Détacher en grattant ou balayant la suie qui est dans le tuyau d'une cheminée.

RAMONEUR (*ramon*), *sm*. Ouvrier qui ramone les cheminées.

RAMPANT, ANTE (*ramper*), *adj*. Qui rampe : *Animal rampant*. ‖ Dont la tige est couchée sur le sol : *Plante rampante*. — **Fig.** Soumis et obséquieux à l'excès devant les riches, les puissants : *Caractère rampant*. ‖ Qui est l'indice d'un esprit rampant: *Manières rampantes*. ‖ *Style rampant*, trivial et sans élévation. ‖ Incliné : *Voûte rampante*. ‖ *Arc rampant*, le cintre des arcades destinées à soutenir les rampes. Son profil est formé le plus souvent par deux arcs qui se raccordent. En voici le tracé : soient AC, BD les deux droites limitant l'ouverture de l'arcade et AB la tangente au cintre. Sur le milieu M de AB élevez la perpendiculaire MK ; tracez les bissectrices BH, AE des deux angles A et B. Du point H où la première bissectrice coupe MK, menez à BD la perpendiculaire

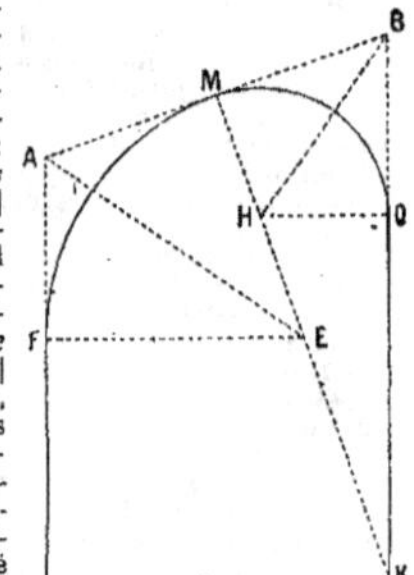

RAMPANT

HO; du point E où la seconde bissectrice coupe la même droite MK, menez sur AC la perpendiculaire EF. On aura HO égal à HM et EF égal à EM. Du point H avec HM pour rayon, décrivez l'arc de cercle MO; du point E avec EF pour rayon, décrivez l'arc de cercle FM. La réunion de ces deux arcs donne le profil du cintre. Ils se raccordent au point M; de plus, MO se raccorde avec la droite OD et MF avec la droite FC. — *Sm.* Toute partie inclinée d'un ouvrage de maçonnerie, de menuiserie.

RAMPE, *svf.* de *ramper.* L'ensemble des marches d'un escalier comprises entre deux paliers. || Balustrade à hauteur d'appui établie du côté du vide d'un escalier : *Se tenir à la rampe.* || Portion inclinée d'un chemin. Les rampes des voies ferrées augmentent la résistance à la traction et par suite diminuent la vitesse. La limite d'emploi pratique des locomotives a lieu sur des rampes de 36 à 40 millimètres. Sur les rampes de 40 à 50 millimètres, elles ne remorquent guère qu'une charge égale à leur poids. Il faut aussi éviter de faire coïncider les fortes rampes avec les courbes de petit rayon; une rampe raide et courte est franchie plus facilement, en vitesse acquise, qu'une pente douce et longue. La plus forte rampe des chemins de fer français est celle d'Étampes, qui atteint le plateau de la Beauce par une pente longue de 6300 mètres et inclinée de 8 millimètres par mètre. || Sol incliné tenant lieu d'escalier. || La pente d'une montagne. || Rangée de lumières placée sur le devant de la scène d'un théâtre à l'endroit où il y avait autrefois une balustrade.

RAMPEMENT (*ramper*), *sm.* Action de ramper.

RAMPER (bas all. *rapen,* s'accrocher), *vi.* Se traîner sur le ventre en parlant des serpents, des vers, etc. : *La couleuvre rampe.* || Être couché sur le sol en parlant de la tige d'une plante. || Se traîner sur le ventre en parlant de l'homme et des quadrupèdes : *Entrer dans une grotte en rampant.* || Être construit en pente : *Cette voûte rampe.* — **Fig.** Vivre dans une humble condition. || Être soumis et obséquieux à l'excès devant les riches, les puissants. || Être trivial, sans élévation, en parlant d'un auteur, du style. — **Dér.** *Rampant, rampe, rampement, rampin.*

RAMPIN (*ramper*), *adj. m.* Se dit d'un cheval dont le bord supérieur de la pince est plus avancé que l'inférieur.

RAMSÈS, nom de seize rois d'Égypte des XIXe et XXe dynasties, dont les plus célèbres furent : RAMSÈS II MÉIAMOUN ou SÉSOSTRIS, de la XIXe dynastie, qui régna soixante-sept ans, fut en guerre avec les Éthiopiens et les Syriens, éleva une foule de monuments et exécuta d'immenses travaux d'utilité publique. — RAMSÈS III de la XXe dynastie, qui régna trente-deux ans, repoussa les invasions des Libyens et des peuples de l'Asie Mineure et dirigea une expédition maritime contre l'Arabie.

RAMURE (*rame* 1), *sf.* L'ensemble des branches d'un arbre. || Le bois d'un cerf, d'un daim.

RAMUS (PIERRE, dit LA RAMÉE) (1515-1572), fut dans sa jeunesse domestique au collège de Navarre, où il passait les nuits à étudier, devint professeur de philosophie et d'éloquence au Collège de France en 1551; attaqua vigoureusement la philosophie d'Aristote, embrassa le protestantisme et fut égorgé à la Saint-Barthélemy.

RANCART (pfx. *re* + *écart* [?]), *sm.* Usité dans *mettre au rancart,* mettre de côté, au rebut.

RANCE (l. *rancidum*), *adj.* 2 *g.* Se dit d'un corps gras qui, en absorbant l'oxygène de l'air et en dégageant des acides gras, a acquis une odeur forte et une saveur piquante et désagréable : *Beurre rance.* || Qualité que prend l'eau-de-vie en vieillissant; elle devient plus douce en même temps qu'elle diminue en force. — **Dér.** *Rancio, rancir, rancissure, rancidité.*

RANCE, fleuve côtier de France, passe à Dinan et se jette à l'O. près de Saint-Malo. 80 kilomètres.

RANCÉ (ARMAND LE BOUTHEILLIER, abbé de), (1626-1700), aumônier du duc d'Orléans; il renonça aux plaisirs en 1657, réforma l'abbaye de la Trappe à Soligny, près Mortagne, et lui appliqua la règle de Cîteaux.

***RANCHE** (l. *ramicem,* pieu, bâton), *sf.* Échelon d'un rancher. — **Dér.** *Rancher.*

RANCHER (*ranche*), *sm.* Échelle composée d'un seul montant traversé par des échelons.

RANCIDITÉ (l. *rancidum,* rance), *sf.* Qualité d'un corps rance.

RANCIO (m. esp. *rance,* vieux), *adj.* et *sm.* Se dit d'un vin rouge d'Espagne, qui prend, en vieillissant, la couleur de l'ambre.

RANCIR (*rance*), *vi.* et **Se rancir,** *vr.* Devenir rance.

RANCISSURE (*rancir*), *sf.* État d'un corps rance.

***RANCŒUR** ou **RANCUEUR** [ran-keur], (l. *rancorem*), *sf.* Haine cachée que l'on garde dans le cœur (vx). — **Gr.** Ce mot a le même sens que *rancune,* mais il appartient au style élevé.

RANÇON (vx fr. *raençon* : du l. *redemptionem*), *sf.* Somme qu'on paie pour le rachat d'un captif, d'un prisonnier de guerre, d'un navire capturé par un pirate. — **Db.** *Rédemption.* — **Dér.** *Rançonner, rançonnement, rançonneur, rançonneuse.*

RANÇONNEMENT (*rançon*), *sm.* Action de rançonner, d'exiger d'une chose un prix exorbitant.

RANÇONNER (*rançon*), *vt.* Fixer la rançon qu'on exige d'un prisonnier, d'un navire : *Les Sarrasins rançonnèrent saint Louis à un million de besants.* || Se dit des gens de guerre qui exigent par force ce qu'on ne leur doit point : *Rançonner une commune.* || Exiger de quelqu'un un prix trop élevé d'une chose : *Cet aubergiste rançonne les voyageurs.*

RANÇONNEUR, EUSE (*rançonner*), *s.* 2 *g.* Celui, celle qui exige d'une chose plus que celle-ci ne vaut.

RANCUNE (vx fr. *rancure* : du l. *rancorem,* rancune, dans saint Jérôme), *sf.* Ressentiment invétéré. — SANS RANCUNE, *loc. adv.* Oublions notre dissentiment. — **Dér.** *Rancunier.*

RANCUNIER, IÈRE (*rancune*), *adj.* et *s.* Qui garde rancune : *Caractère rancunier.*

RANDAN, 1811 hab. Ch.-l. de c., arr. de Riom (Puy-de-Dôme).

RANDERS, 13400 hab. Port du Jutland danois; ganterie renommée.

RANDON (JACQUES COMTE) (1795-1871), maréchal de France, gouverneur de l'Algérie, où il conquit la Kabylie (1857), ministre de la guerre lors de l'expédition d'Italie (1859).

***RANDON** (dér. du vx fr. *rade,* rapide), *sm.* Violence, impétuosité (vx). — **Dér.** *Randonnée.*

RANDONNÉE (*randon*), *sf.* Circuit que parcourt le cerf lancé par les chasseurs.

RANG (vx fr. *renc* : du VHA. *hring,* cercle), *sm.* Ensemble de personnes, de choses, placées sur une même ligne : *Un rang d'arbres.* || File de soldats alignés les uns à côté des autres : *Serrer les rangs.* || *Se mettre sur les rangs,* se présenter pour lutter dans un tournoi. — **Fig.** Briguer un emploi. || Place réservée à une personne, à une chose d'après sa qualité : *Être au premier rang par droit d'ancienneté.* || Chaque classe de la société : *Personne de haut rang.* || Degré de mérite, d'affection, d'estime : *Être au premier rang des poètes.* || *Mettre au rang de,* au nombre de : *Grégoire de Tours a été mis au rang des saints.* || Autrefois degré d'importance d'un navire : *Vaisseau de premier rang,* à trois ponts; *vaisseau de second rang,* à deux ponts. — **Dér.** *Ranger, rangé, rangée, rangement, rangeur, rangeuse.* — **Comp.** *Arranger, arrangeant, arrangeante, arrangement, déranger, dérangement.*

RANGÉ, ÉE (*ranger*), *adj.* Où l'on est en rang : *Bataille rangée.* || Mis en place : *Livres rangés.* || Mis en bon ordre : *Appartement bien rangé.* || *Homme rangé,* qui a de l'ordre, une bonne conduite.

RANGÉE, *spf.* de *ranger,* ensemble de choses placées sur une même ligne : *Une rangée de boutons.*

RANGEMENT (*rang*), *sm.* Action de ranger.

RANGER (*rang*), *vt.* Mettre en rang : *Ranger des chaises.* || Placer dans un certain ordre : *Ranger les livres d'une bibliothèque.* || Serrer : *Rangez cet argent.* || Mettre chaque meuble à sa place dans un appartement : *Ranger une chambre.* || Écarter, déplacer pour rendre le passage libre. || Mettre au nombre de : *On range Diogène parmi les philosophes.* — **Fig.** Attirer à : *Ranger quelqu'un à son opinion.* || Recruter pour : *Nous le rangerons à notre parti.* || Contraindre : *Ranger un écolier au devoir.* || Soumettre : *Ranger un pays sous sa domination.* || Naviguer le long de : *Ranger une côte.* — **Se ranger,** *vr.* Se mettre en rang ou dans un certain ordre. || *Se ranger sous les drapeaux d'un chef,* embrasser son parti. || *Se ranger à l'opinion de quelqu'un,* l'adopter. || *Se ranger du parti, du côté de quelqu'un,* embrasser son parti. || S'écarter pour laisser passer. || Se soumettre à. || Tenir une conduite plus régulière : *Ce jeune fou commence à se ranger.* — **Syn.** (V. *Arranger.*)

RANGEUR, EUSE (*ranger*), *s.* 2 *g.* Celui, celle qui range, qui aime à ranger.

RANGOUN, 25000 hab. Port de la Birmanie anglaise, aux bouches de l'Iraouaddy.

RANIMER (pfx. *re* + *animer*), *vt.* Faire revivre un mort. || Faire revenir d'un évanouissement : *Ce cordial l'a ranimé.* || Rendre le mouvement, la vigueur : *Ranimer un membre paralysé, une plante.* || Redonner du courage : *Ce succès ranima les troupes.* — Rendre plus actif, plus vif, plus énergique, plus intense : *Ranimer le feu, la conversation.* — **Se ranimer,** *vr.* Revenir à la vie, au sentiment. — **Fig.** Devenir plus vif, plus intense.

RANNEQUIN ou **RENKIN** (1644-1708), mécanicien, constructeur de la machine de Marly (1675-1682).

RANTZAU (JOSIAS, COMTE DE) (mort en 1650), d'origine danoise, maréchal de France, défendit Saint-Jean de Losne en 1636, fut blessé soixante fois et perdit successivement un œil, une jambe, une oreille et un bras; de là ce vers de son épitaphe :

Et Mars ne lui laissa rien d'entier que le cœur.

RANZ DES VACHES (all. *ranz,* course), *sm.* Air pastoral suisse originaire de Fribourg, dont l'audition poussait à la désertion les soldats suisses au service de la France.

RAON-L'ÉTAPE, 3973 hab. Ch.-l. de c., arr. de Saint-Dié (Vosges). Ch. de fer de l'E.

RAOUL, duc de Bourgogne, roi de France de 923 à 936, après Robert, duc de France, contre le carlovingien Charles le Simple; lutta avec vigueur contre les Normands et chassa les Hongrois de l'E. de la France.

RAOUT. (V. *Rout.*)

RAPACE (l. *rapacem*), *adj.* 2 *g.* Avide de proie vivante : *L'aigle est rapace.* — **Fig.** Enclin à s'emparer du bien d'autrui : *Homme rapace.* — *Smpl.* **Les rapaces,** les oiseaux de proie. Les *rapaces* ou *accipitres* sont caractérisés par la mandibule supérieure du bec, qui est aiguë et crochue; par leurs tarses que terminent quatre ongles acérés et rétractiles formant les *serres*; par leurs ailes très grandes. Ils sont dits communément *oiseaux de proie* et se divisent en *diurnes* et *nocturnes.*

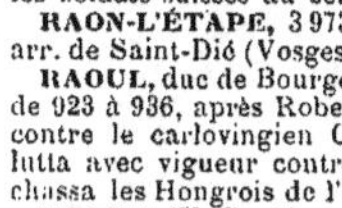

RAPACE
TÊTE DE FAUCON

Rapaces diurnes. — Le *messager, secrétaire* ou *serpentaire* fait la transition entre les échassiers et les oiseaux de proie; il s'attaque aux petits mammifères et aux reptiles des plaines de l'Afrique australe; il a sur la tête une huppe dirigée en arrière qui ressemble à la plume fichée derrière l'oreille d'un écrivain public. Viennent ensuite les *sarcorhamphes* ou *vautours* du nouveau monde, parmi lesquels on distingue le *condor* des Andes, le *catharte* pape ou roi des vau-

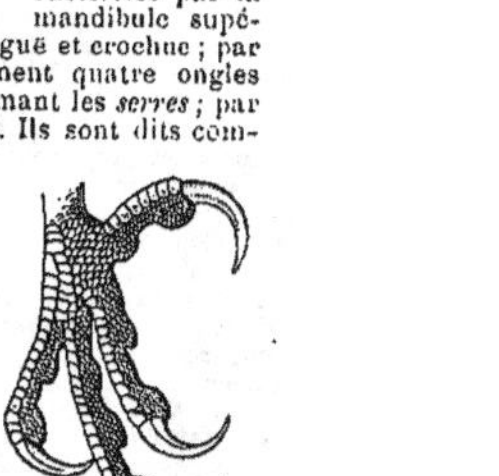

RAPACE
PATTE DE FAUCON

tours, l'*urubu* (V. ces mots). Une troisième section comprend la majorité des *rapaces diurnes* subdivisés en familles : 1° Les *falconidés*, qui, malgré leur petite taille, ont les serres robustes et les ailes longues et effilées. Ils volent rapidement à travers les airs et s'attaquent à de gros mammifères. Les rois et les barons féodaux ont tiré parti de ces instincts belliqueux et employé ces oiseaux dans leurs chasses. (V. *Faucon* et *Fauconnerie*.) On y distingue le *faucon pèlerin*, le *faucon de Barbarie*, le *faucon hobereau*, le *gerfaut*, la *cresserelle*, etc. 2° Les *polyboridés*, comprenant les genres *caracara* et *hyéter*; ils habitent l'Amérique et se repaissent de cadavres. 3° Les *milvidés* (l. *milvus*), aux pattes moins robustes que les faucons. On y distingue les *milans* (V. ce mot), qui souvent vivent en parasites aux dépens d'autres rapaces et leur enlèvent leur proie; les *élanes*; les *leptodons* ou *becs en croc*; les *buses bondrées*, qui mangent les abeilles, les reptiles, les petits rongeurs. 4° Les *circidés* ou *busards*, qui ont le bec plus court et les pattes plus longues que le milan; leur plumage passe du roux ou du brun au bleu cendré pâle. On y remarque le *busard harpaye*, le *busard Saint-Martin*, le *busard Montagu*. 5° Les *astaridés*, comprenant les *autours* et les *éperviers*; ils font la guerre aux rongeurs, mais encore aux pigeons et oiseaux de basse-cour. 6° Les *butéonidés*, qui ont la tête assez grosse par rapport au corps; leur bec comprimé est largement fendu jusque sous les yeux. On y remarque la *buse commune*, l'*archibuse pattue*, la *harpie féroce*, forte comme un aigle, de l'Amérique méridionale. 7° Les *circaëtidés*, qui ont pour types l'*aigle Jean-le-Blanc*, du bassin méditerranéen, et l'*aigle bateleur*, de l'Afrique. 8° Les *aquilidés* ou *aigles*, qui sont de grande taille, mais rappellent les buses par leurs traits généraux. Les uns, comme l'*aigle impérial*, l'*aigle fauve*, fréquentent les rochers inaccessibles et les steppes arides. D'autres vivent au bord des fleuves et des rivières, comme l'*aigle pêcheur* d'Europe, l'*aigle à tête blanche* des États-Unis. 9° Les *gypaëtidés*, qui ressemblent plutôt aux vautours qu'aux aigles; ils ont une forte taille et vivent de chair morte. Le *gypaète barbu* se tient sur les cimes des Alpes et des Pyrénées. 10° Les vautours, souvent plus grands que les aigles, mais qui n'ont pas leur force musculaire. Ils se repaissent de charognes et sont protégés en Asie Mineure, au Mexique, où le service de la voirie laisse à désirer. A la Vera Cruz, le meurtre d'un vautour *zopilote* est passible d'une amende de 75 piastres.

Rapaces nocturnes. — Ils restent cachés durant le jour dans les troncs d'arbres et les vieux édifices. Ils ne se mettent en chasse qu'après le coucher du soleil; leur vol est silencieux; leurs grands yeux, comme ceux des chats, distinguent les oisillons et les petits mammifères endormis. On a tort de les considérer comme des oiseaux de mauvais augure et malfaisants. Les chouettes et les hiboux, éminemment utiles, se repaissent de souris et de mulots. Ils forment trois familles : 1° Les *strigidés*, aux pattes grêles, au plumage blanchâtre, caractérisés par l'*effraie commune*. 2° Les *bubonidés*, parmi lesquels on remarque les *grands ducs*, les *petits ducs*, les *chevêches*. 3° Les *syrmidés*, où l'on range les *hiboux* et les *chouettes*. — **Dér.** *Rapacité*.

RAPACITÉ (l. *rapacitatem*), *sf.* Avidité avec laquelle un animal se jette sur sa proie : *La rapacité du vautour*. — Fig. Avidité de s'emparer du bien d'autrui : *La rapacité des usuriers*.

***RÂPAGE** (*râper*), *sm.* Action de râper.

RAPATELLE (*x*), *sf.* Toile de crin dont on fait des tamis, des sacs, etc.

RAPATRIAGE (*rapatrier*), *sm.* Rapatriement. || Action de réconcilier.

***RAPATRIEMENT** (*rapatriement*), *sm.* Renvoi dans sa patrie d'un marin, d'un soldat, d'un individu quelconque par les soins du consul de sa nation.

RAPATRIER (pfx. *re* + *à* + *patrie*), *vt.* Faire rentrer un individu dans sa patrie : *Rapatrier des troupes, des prisonniers.* || Réconcilier : *Rapatrier deux adversaires.* — **Se rapatrier**, *vr.* Rentrer dans sa patrie, se réconcilier. — **Gr.** Je rapatrie, nous rapatrions; je rapatriais, nous rapatriions; que je rapatrie, que nous rapatriions. — **Dér.** *Rapatriage, rapatriement*.

***RAPATRONNAGE** (pfx. *re*+*à*+*patron*), *sm.* Action de rapprocher un tronc d'arbre de la couche d'où il a été coupé pour vérifier si l'un vient bien de l'autre.

1. **RÂPE**, *svf.* de *râper*. Plaque de métal ordinairement bombée, couverte d'aspérités produites par les bavures de trous pratiqués à sa face postérieure et servant à réduire en poudre du sucre, de la muscade, etc. || Grosse lime plate ou demi-ronde couverte de petites pointes.

2. **RÂPE** (all. *rappe*, grappe), *sf.* Rafle (V. ce mot. — **Dér.** *Râpé* 1.

1. **RÂPÉ** (*râpe* 2), *sm.* Boisson faite d'eau et de marc de raisin ou d'eau et de raisin non écrasé.

2. **RÂPÉ, ÉE** (*râper*), *adj.* Usé jusqu'à la corde : *Habit râpé*.

RÂPER (vx fr. *rasper* : VHA. *raspôn*, *ramasser, ratisser*), *vt.* Réduire en poudre avec une râpe : *Râper du fromage.* || User la surface d'un corps avec la lime appelée râpe. — **Dér.** *Râpe* 1, *râpé* 2, *râpage, râpure*.

RAPETASSER (pfx. *re* + *apetasser* : du bl. *pitacium*, morceau de papier), *vt.* Raccommoder grossièrement et avec des pièces disparates : *Rapetasser un habit*.

RAPETISSER (pfx. *re* + *à* + *petit*), *vt.* Rendre plus petit : *Rapetisser une chambre.* || Faire paraître plus petit : *Les verres concaves rapetissent les objets.* || *vi.* et **Se rapetisser**, *vr.* Devenir plus petit.

RAPHAËL (mot hébr., remède de Dieu), l'un des sept archanges; il accompagna le jeune Tobie dans son voyage.

RAPHAËL SANZIO (1483-1520), né à Urbino (Italie), le peintre le plus accompli de l'école romaine, qui peignit pour Jules II et Léon X les loges et les chambres du Vatican (*Dispute du saint Sacrement, École d'Athènes, Parnasse, Héliodore chassé du Temple, Délivrance de saint Pierre, Incendie du Borgo*, etc.). Il peignit pour François Ier, roi de France, *Saint Michel terrassant le démon*, et mourut en travaillant à *la Transfiguration*, chef-d'œuvre du peintre, et peut-être de la peinture. Il peignit aussi de nombreuses Saintes Familles, où il usa souvent de *la Fornarina* comme modèle; il visait surtout à la grâce et à la sereine beauté.

***RAPHANIE** (l. *raphanus*), *sf.* Maladie convulsive observée en Danemark, en Suède et en Allemagne et attribuée par Linné aux graines d'une plante du genre Radis, la *ravenelle* (*raphanus raphanistrum*), souvent associée à l'orge.

***RAPHÉ** (g. ῥαφή, couture), *sm.* Ligne saillante qui va du hile à la chalaze d'une graine. (V. *Graine, Ovule*.) || En anatomie, la petite éminence qui sépare le périné et le scrotum en deux parties latérales, et aux deux lignes saillantes qui s'étendent le long de la surface du corps calleux.

RAPIDE (l. *rapidum*), *adj.* 2 *g.* Qui possède une grande vitesse : *Torrent rapide.* || Qui est ou semble de courte durée : *Des instants rapides.* || Qui a une pente très forte : *Montée rapide.* — Fig. Qui est fait très vite : *Travail rapide.* || Qui conçoit ou exécute en peu de temps : *Esprit, conquérant rapide.* || Pressé et entraînant : *Style rapide.* — *Sm.* Chute d'eau causée par une brusque variation de niveau dans le lit d'un fleuve : *Les rivières d'Afrique sont pleines de rapides.* Les rapides sont ainsi nommés de ce que le courant du fleuve y devient plus rapide, par la pente du lit, les récifs qui l'embarrassent, les rives qui se rapprochent. La plupart des rivières ont des rapides dans leur cours supérieur ou bien à leur embouchure lorsque celle-ci est embarrassée par les alluvions. Les plus beaux sont ceux des fleuves d'Amérique. Humboldt a décrit les *raudales* de Maypures sur l'Orénoque; le Paraná, au *salto* de Maracayu, passe d'un lit de 4200 mètres de large dans un canal de 60 mètres, incliné de 60 degrés. On peut encore citer les rapides du Madeira, du Huallaga, de Ucayali. Dans l'Amérique du N., les plus célèbres sont ceux du Saint-Laurent, entre le lac Ontario et Montréal. En Europe, les fleuves ayant un moindre débit, les rapides sont moins imposants; citons cependant les *porogs* du Dniepr, les rapides du Shannon, au-dessus de Limerick (Irlande); ceux de la Dordogne, en amont de Bergerac, aux sauts du Grand-Toret. || Se dit aussi d'un train *express* qui va plus vite que tous les autres : *Prendre le rapide.* — **Dér.** *Rapidement, rapidité*.

RAPIDEMENT (*rapide* + sfx. *ment*), *adv.* Avec rapidité, d'une manière rapide.

RAPIDITÉ (l. *rapiditatem*), *sf.* Qualité de ce qui est rapide : *La rapidité d'un cours d'eau, du temps, d'une pente, d'un travail, du style*, etc. — **Syn.** (V. *Promptitude*.)

RAPIÉCER (pfx. *re*+*à*+*pièce*), *vt.* Raccommoder en mettant des pièces : *Rapiécer des draps.* — **Dér.** *Rapiéceter, rapiécetage*.

RAPIÉCETAGE (*rapiécer*), *sm.* Action de rapiéceter. || Chose rapiécetée.

RAPIÉCETER (*rapiécer*), *vt.* Mettre pièce sur pièce ou beaucoup de petites pièces : *Rapiéceter un meuble.* — **Gr.** *Ce* devient *cè* devant une syllabe muette : Je rapiécète.

RAPIÈRE (*râpe* avec un sens péjoratif?) *sf.* Longue épée à lame très effilée, triangulaire ou taillée en carrelet et qui servait principalement dans les duels. Elle fut surtout en usage pendant le XVIe siècle et le commencement du XVIIe siècle. Elle possédait une garde en corbeille et des quillons droits; sa coquille, très convexe du côté de l'ennemi, était percée de trous destinés à briser l'épée adverse lorsque sa pointe y pénétrait. Les rapières les plus renommées sont celles d'Espagne et d'Italie. Aujourd'hui on dit en mauvaise part : *Un traîneur de rapière*.

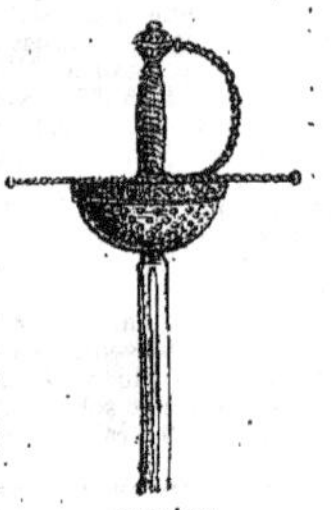

RAPIÈRE

RAPIN (pour *raspin*, râpeur), *sm.* Jeune élève dans un atelier de peinture. — Fig. Mauvais peintre.

RAPIN (NICOLAS) (1540-1608), grand prévôt de la connétablie, l'un des auteurs de la *Satire Ménippée* : on lui doit les harangues de *Monsieur de Lyon* et du *Docteur Rose*, avec quelques épigrammes qui terminent le pamphlet.

RAPINE (l. *rapina*), *sf.* Action de prendre de vive force. || Toute chose prise de vive force. || Pillage, concussion, détournement : *Vivre de rapines.* — **Dér.** *Rapiner, rapinerie, rapineur, rapineuse*.

RAPINER (*rapine*), *vi.* S'approprier quelque chose en abusant de son emploi.

***RAPINERIE** (*rapine*), *sf.* Action de rapiner (vx).

RAPINEUR, EUSE (*rapine*), *s.* Celui, celle qui rapine.

***RAPOINTIR** (pfx. *re* + *à* + *pointe*), *vt.* Refaire une pointe émoussée ou cassée.

RAPP (1772-1821), général français, soutint glorieusement dans Dantzig un siège contre les Russes (1813).

RAPPAREILLER (pfx. *re*+*appareiller*), *vt.* Joindre à une chose une ou plusieurs choses pareilles : *Rappareiller des rideaux.*

RAPPARIER (pfx. *re* + *apparier*), *vt.* Ajouter à un objet un autre objet semblable pour former la paire : *Rapparier une boucle d'oreille.*

RAPPEL, *svm.* de *rappeler*. Action de faire revenir : *Le rappel d'un ambassadeur, des exilés.* || *Rappel à l'ordre*, action de rappeler à l'ordre un orateur qui a dit des choses inconvenantes. || Batterie de tambour pour rassembler les soldats. || Complément de payement d'appointements ou d'un compte qui n'avait pas été vérifié.

RAPPELER (pfx. *re*+*appeler*), *vt.* Appeler de nouveau. || Ordonner, permettre de revenir : *Rappeler un ambassadeur, des exilés.* || Obliger à revenir : *Mes affaires me rappellent à la ville.* || *Rappeler à la vie*, faire revenir à la vie. || Faire revenir à une chose dont on s'était écarté : *Rappeler à l'ordre, à la question,* etc. || Remettre en mémoire : *Rappeler à quelqu'un ses promesses.* || Ressembler un peu à : *Le pays de Galles rappelle la Suisse.* || *Rappeler ses esprits, ses sens,* se remettre d'un grand trouble, d'un évanouissement. — *Vi.* Battre le rappel. — **Se rappeler,** *vr.* Se recommander au souvenir de quelqu'un. — **Gr.** Ce verbe se conjugue comme *appeler.* — **Dér.** *Rappel.*

RAPPERSCHWYL, 2637 hab. Ville et lac de Suisse (cant. de Zurich), pont de chemin de fer en bois, le troisième du monde pour la longueur (1604 mètres), remplacé depuis 1878 par une digue de 931 mètres.

***RAPPOINTIS** (pfx. *re + à + pointe*), *sm.* Morceau de fer pointu qu'on enfonce dans le bois pour retenir un ouvrage en plâtre.

RAPPORT, *svm.* de *rapporter.* Action de rapporter. || *Rapport à succession,* action par laquelle tout héritier, même bénéficiaire, qui accepte une succession, rapporte à ses cohéritiers ce qu'il a reçu du défunt, par donation entre vifs. Le rapport est dû pour l'établissement (dot, achat d'un fond de commerce), le payement des dettes, mais non pour les frais de nourriture, entretien, éducation, apprentissage, équipement, noces et présents d'usage. Le rapport est fait en nature, c'est-à-dire en biens égaux et de même espèces pour les immeubles. Les meubles, l'argent sont rapportés *en moins prenant,* c'est-à-dire en prenant une part plus petite dans ces meubles et cet argent. || *Terres de rapport,* celles qu'on a prises dans un lieu pour les porter dans un autre. || *Pièces de rapport,* petites plaques de diverses couleurs juxtaposées pour former un dessin : *Une marqueterie est faite de pièces de rapport.* || Gaz qui remontent de l'estomac dans la bouche : *Des rapports acides.* || Revenu, produit d'une exploitation : *Le rapport d'une place, d'une ferme.* || *Arbres en plein rapport,* qui produisent le plus de fruit qu'il est possible. || Affirmation, dire, récit, témoignage : *Croire au rapport de quelqu'un.* || Récit fait pour nuire, délation : *On a fait un rapport contre vous.* || Compte que l'on rend d'une mission : *Les éclaireurs ont fait leur rapport.* || Avis motivé que quelqu'un rédige sur une question politique, judiciaire, etc. : *Le rapport du budget. Le rapport des experts.* || Conformité, ressemblance plus ou moins grande : *Leurs caractères sont en rapport.* || Harmonie, proportion entre les parties d'un tout : *La hauteur et la longueur de cet édifice sont en rapport.* || Liaison, dépendance : *La quantité de pluie en un lieu donné est en rapport avec l'altitude.* || Relation des hommes entre eux : *J'ai avec lui des rapports agréables.* || Manière dont un mot en modifie un autre : *La préposition exprime le rapport qui existe entre deux mots.* **(Gr.)** || Nombre qui exprime combien de fois une quantité en contient une autre : *Le rapport de 36 à 12 est 3;* le rapport est donc le quotient de la première quantité par la seconde, si celle-ci est prise pour unité. L'égalité de deux rapports constitue une *proportion* (V. ce mot). Les rapports s'écrivent comme les fractions : $\frac{47}{8}$, et dans les anciens ouvrages 47 : 8; 47 est le numérateur ou antécédent; 8 est le dénominateur ou conséquent; la théorie des rapports est identique à celle des fractions. — PAR RAPPORT, *loc. prép.* Quant à ce qui regarde, en comparaison de : *La France est petite par rapport à la Russie.* || A cause de : *Faites cela par rapport à moi.* — **Syn.** Deux choses ont de l'*analogie* quand il y a entre elles une simple ressemblance dans l'une quelconque de leurs propriétés. Deux choses ont *rapport* l'une à l'autre quand il existe entre elles une sorte de liaison soit de motif, d'hypothèse ou de conséquence.

RAPPORTABLE (*rapporter*), *adj. 2 g.* Se dit de ce qu'un héritier doit rapporter à une succession. || Qui doit être attribué à : *Que de maux sont rapportables à la guerre!*

RAPPORTER (pfx. *re + apporter*), *vt.* Apporter de nouveau. || Porter une chose du lieu où elle est au lieu où elle était auparavant : *Rapporter des livres dans une bibliothèque.* || Apporter d'un lieu d'où l'on vient : *Rapporter des provisions du marché.* || *Rapporter de la gloire,* en acquérir. || Apporter, au chasseur le gibier tué, en parlant d'un chien. || Ajouter une chose comme complément : *Rapporter des terres.* || Procurer un profit, un revenu : *Cette maison rapporte beaucoup.* || Faire le récit de ce qu'on a vu, entendu ou appris : *Rapporter un événement.* || Annoncer : *Rapportez-lui cette nouvelle.* || Faire un récit qui peut nuire à autrui, une délation. || Citer : *Rapporter un passage de Cicéron.* || Faire un rapport sur une question politique, judiciaire, etc. : *Ce juge rapportera ma cause.* || Diriger vers une fin, vers un but : *Rapporter toutes nos actions au salut.* || Attribuer : *On rapporte la destruction de Pompéi à une éruption du Vésuve.* || Prendre comme terme de comparaison : *Rapporter les mesures étrangères au mètre.* || Annuler : *Rapporter un décret.* — **Se rapporter,** *vr.* Se juxtaposer sans vide : *Les pièces de cette mosaïque se rapportent bien.* || Avoir de la conformité, de la ressemblance : *Nos opinions se rapportent.* || Avoir rapport à : *Ceci se rapporte à ce qui a été dit précédemment.* || *S'en rapporter à quelqu'un,* le prendre pour arbitre, avoir confiance en lui. || *S'en rapporter à quelque chose,* y ajouter foi. — **Dér.** *Rapport, rapportable, rapporteur, rapporteuse.*

RAPPORTEUR, EUSE (*rapporter*), *s.* Celui, celle qui fait des rapports nuisibles à autrui. — *Sm.* Celui qui fait le rapport sur un projet de loi, un procès, etc. || *Officier rapporteur,* celui qui fait les fonctions de juge d'instruction et d'accusateur public près d'un conseil de guerre. || Demi-cercle de laiton ou de corne divisé en degrés et dont on se sert pour mesurer les angles.

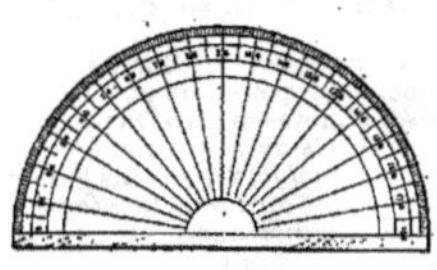

RAPPORTEUR

RAPPRENDRE (pfx. *re + apprendre*), *vt.* Apprendre de nouveau ce qu'on a su. Ce verbe se conjugue comme *Prendre.*

RAPPROCHEMENT (*rapprocher*), *sm.* Action de rapprocher; son résultat. — Fig. Préliminaire de réconciliation. || Action d'associer des idées, des faits pour les comparer : *Établir un rapprochement entre les Carthaginois et les Anglais.*

RAPPROCHER (pfx. *re + approcher*), *vt.* Approcher de nouveau. || Mettre plus près : *Rapprochez cette chaise.* || *Rapprocher les distances,* rendre moins long le temps qu'on met à aller d'un lieu dans un autre, à correspondre ensemble : *Le télégraphe rapproche les distances.* || Mettre sur le pied de l'égalité : *Le savoir rapproche les conditions.* || Faire paraître plus proche : *Le télescope rapproche les objets.* || Concentrer une dissolution. (Chim.) || Disposer à la bienveillance, à l'union : *Le malheur rapproche les hommes.* || Rendre voisin ou semblable : *L'ivrognerie rapproche l'homme de la brute.* || Associer deux idées, deux faits pour les comparer. — **Se rapprocher,** *vr.* Approcher plus près. || Devenir plus voisin. || Se réconcilier. || Être presque semblable : *Cette copie se rapproche du modèle.* — **Dér.** *Rapprochement.*

RAPSODE ou **RHAPSODE** (g. ῥάπτειν, coudre + ᾠδή, chant), *sm.* Nom donné chez les Grecs à celui qui parcourait les villes en chantant des fragments des poésies d'Homère. — **Dér.** *Rapsoder, rapsodie, rapsodiste.*

***RAPSODER** ou **RHAPSODER** (*rapsode*), *vt.* Raccommoder grossièrement.

RAPSODIE ou **RHAPSODIE** (g. ῥαψῳδία), *sf.* Épisode des poèmes d'Homère que chantaient les rhapsodes. — Fig. Mauvaise composition littéraire.

RAPSODISTE ou **RHAPSODISTE** (*rapsode*), *sf.* Mauvais auteur.

RAPT [rapte] (l. *raptum*), *sm.* Enlèvement d'une personne par violence ou par séduction.

RÂPURE (*râper*), *sf.* Ce qu'on enlève en râpant ou en grattant : *Râpure de pomme de terre.*

RAQUETTE (dm. du bl. *racha* : ar. *raha,* paume de la main), *sf.* Instrument pour jouer à la paume ou au volant, composé d'un manche et d'une baguette formant un ovale dans l'intérieur duquel sont tendues en échiquier des cordes à boyau. || Appareil qu'on s'attache aux pieds pour marcher sur la neige. — **Dér.** *raquettier.*

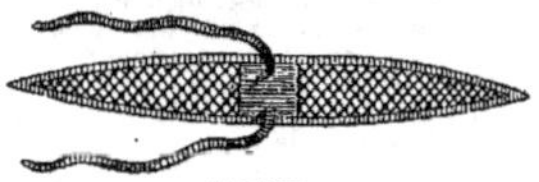

RAQUETTE
POUR MARCHER SUR LA NEIGE

RAQUETTIER (*raquette*), *sm.* Fabricant de raquettes.

RARE (l. *rarum*), *adj. 2 g.* Qui n'est pas commun. || Qui se trouve difficilement : *Oiseau rare. Plante rare.* || Supérieur, extraordinaire, de grande valeur : *Esprit rare.* || Singulier, bizarre : *Sa conduite est rare.* || Clairsemé : *Blé rare.* || *Vous devenez rare,* on vous voit peu souvent. || Peu dense : *L'air est rare sur les montagnes.* || Très lent : *Pouls rare.* — **Dér.** *Rarement, rareté, rarissime.* — **Comp.** *Raréfier, raréfiant, raréfiante, raréfaction, raréfactif, raréfactive, raréfiable.*

RARÉFACTIF, IVE (*raréfier*), *adj.* Qui a la propriété de raréfier.

RARÉFACTION (l. *rare + factum,* supin du l. *facere,* faire), *sf.* Action de raréfier. || État de ce qui est raréfié. || Diminution du poids d'un gaz sans qu'il y ait diminution de l'espace qu'il occupe; la raréfaction est alors produite par une diminution de pression. La raréfaction d'un gaz consiste dans le nouvel arrangement moléculaire qu'il prend lorsque, pour une cause quelconque, il occupe un plus grand espace que précédemment, sa masse restant constante. De deux forces, l'une attractive, l'autre répulsive, qui agissent sur les molécules d'un gaz, c'est la force répulsive qui l'emporte. De sorte que, si un plus grand espace est offert à une masse gazeuse, les molécules s'écarteront d'elles-mêmes. Cette dilatation n'est autre chose qu'une *raréfaction* : un même volume, une même capacité contient maintenant un nombre moindre de molécules. Une augmentation de température ou un abaissement de température suffisent pour faire dilater une masse de gaz, pour la *raréfier.* L'expression *un litre d'air* ne peut par suite présenter à l'esprit l'idée d'une quantité définie, si l'on n'a soin d'ajouter sous quelle pression et à quelle température on le prend.

L'air atmosphérique va en se *raréfiant* à mesure qu'on s'élève : sa densité diminue. Cette raréfaction provient de ce que la pression supportée par chaque tranche se trouve diminuée du poids de celle qu'on abandonne au-dessous de soi. L'atmosphère, malgré sa transparence, intercepte sensiblement la lumière et la réfléchit; mais, quand on arrive à une hauteur où l'air est beaucoup raréfié, on ne reçoit guère que la lumière qui vient directement du soleil, et l'observateur placé à l'ombre peut voir les étoiles en plein midi.

La pression atmosphérique diminue à mesure qu'on s'élève, car on laisse au-dessous de soi des couches d'air qui n'exercent plus leur poids sur nous. La pression diminuant de plus en plus, permet à l'air de se dilater, de se *raréfier.* Par conséquent en même temps que décroît la pression barométrique, l'air se raréfie.

C'est la raréfaction de l'air qui permet à l'eau de monter dans les pompes, qui amorce le siphon, qui détermine le jeu de la fontaine intermittente de Sturnius, qui fait s'élever les montgolfières dans l'espace, qui interdit de gonfler entièrement les aérostats au départ. Elle est appliquée également dans les tubes pneumatiques qui servent au transport des dépêches; on l'emploie aussi, dans un quartier de Paris, pour la distribution de la force motrice à domicile.

Des décharges électriques à travers une enceinte contenant un gaz raréfié produisent des lueurs diffuses dont la coloration est violette dans l'air, bleue dans l'acide carbonique, blanchâtre dans l'oxygène, rouge dans l'hydrogène, etc. Dans la chambre barométrique la lueur verdâtre est due à la présence de vapeurs mercurielles. L'électricité ne parait pas pouvoir traverser le vide absolu.

L'air raréfié exerce une action des plus sensibles sur l'organisme des animaux. Dans les Andes et sur l'Himalaya, au Pérou et en Bolivie, on compte des millions d'hommes vivant à une altitude supérieure à 3 000 mètres, limite à laquelle se fait sentir le *mal des montagnes.* On trouve même des villages au delà de 4 000 mètres. Les hommes qui vivent à ces hauteurs sont assurément dans des conditions fort différentes de celles qui se rencontrent sur le bord de la mer. Aussi les races d'hommes qui habitent ces hautes régions ont-elles la capacité thoracique plus développée que celles qui habitent au niveau des mers. Cette plus grande capacité est acquise par les générations successives qui vont habiter sur ces montagnes. A 5 500 mètres, un litre d'air pèse juste moitié moins qu'au niveau de la mer; à 3 300 mètres, un tiers moins; à 2 300 mètres, un quart moins.

Paul Bert, qui fait autorité dans cette question, déclare que les habitants des grandes hauteurs sont, malgré les apparences de la santé, presque tous anémiques. Mais sans parler des influences lentes, progressives, exercées sur les générations successives, il faut signaler les accidents manifestes qu'amène chez les hommes et les animaux le changement brusque et considérable du niveau et par suite de la densité de l'air et de la pression barométrique.

L'air raréfié accélère la respiration et la circulation; la congestion des organes périphériques qui en résulte est suivie d'hémorrhagies. Une chaleur incommode se fait sentir à la peau; les sécrétions glandulaires semblent suspendues; on éprouve un sentiment de faiblesse générale et d'apathie complète. En imposant une grande activité aux poumons et au cœur, on prédispose ces organes à l'inflammation. Pour combattre ces inconvénients, ces dangers, Paul Bert conseille de respirer de l'air *suroxygéné.* Il recommande à partir, de 5 à 6 000 mètres, d'établir une relation directe et forcée entre la bouche et des ballonnets d'oxygène. Une semblable précaution aurait sauvé le *Zénith* de toute catastrophe.

Par la respiration d'un air suroxygéné on pourrait effectuer l'ascension de la plus haute montagne du globe, le mont Everest (*Gaurisankar*), dont le sommet atteint 8 840 mètres. Paul Bert a pu atteindre, sans encombre, la pression de 248 millimètres qui correspond à cette prodigieuse hauteur. Or, à ce niveau, Glaisher est tombé inanimé au fond de sa nacelle; et 200 mètres moins haut, Crocé-Spinelli et Sivel ont succombé.

On raréfie l'air et les autres gaz contenus dans une enceinte au moyen de la machine pneumatique, qui a été décrite. La loi de la raréfaction est exprimée par la formule :

$$H_n = \left(\frac{V}{V+v}\right)^n H,$$

dans laquelle H exprime la pression initiale de l'air atmosphérique dans le récipient, H_n sa pression après n coups de piston, V la capacité du récipient et v la capacité du corps de pompe. Cette machine permettrait théoriquement de se rapprocher autant qu'on voudrait du vide absolu, sans qu'on pût toutefois l'atteindre. Mais l'intervalle qui existe toujours entre le piston et la base inférieure du corps de pompe, l'*espace nuisible,* assigne à la raréfaction une limite exprimée par $\frac{u}{v}$ H, où u désigne la capacité de l'espace nuisible, v la capacité du corps de pompe, et H la pression atmosphérique.

En tenant compte de cette cause perturbatrice, l'*espace nuisible,* la loi de la raréfaction s'exprime alors par la formule :

$$H_n = \left(\frac{V}{V+v}\right)^n H + \frac{u}{v}\left[1 - \left(\frac{V}{V+v}\right)^n\right] H.$$

Si l'on ne tient pas compte de l'espace nuisible, on fait $u = 0$ dans cette formule, qui se réduit alors à la première.

D'autre part, pour déduire la limite de H^n, qui exprime le pouvoir raréfiant de la machine, il suffira de faire, dans les deux termes du deuxième membre, $n = \infty$; il vient (car une fraction portée à la puissance infinie vaut 0) : $H^n = \frac{u}{v}$ H, valeur déjà trouvée.

Babinet, par une disposition peu compliquée, recule la limite de la raréfaction jusqu'à la valeur $\frac{u^2}{v^2}$ H. Comme $\frac{u}{v}$ est plus petite que 1, $\frac{u^2}{v^2}$ est toujours plus petit que $\frac{u}{v}$.

Pour obtenir une raréfaction encore plus reculée, Geissler eut l'idée de renouveler l'expérience de Torricelli autant de fois que possible ; le mercure, en quittant et envahissant tour à tour la chambre barométrique, ferait l'office du piston dans le corps de pompe.

Ensuite Sprengel fit le vide dans le récipient en utilisant l'écoulement et la pression du mercure. || État de ce qui s'est raréfié.

RARÉFIABLE (*raréfier*), *adj. 2 g.* Qui est susceptible de se raréfier.

RARÉFIANT, ANTE (*raréfier*), *adj.* Qui raréfie, qui dilate.

RARÉFIER (l. *rarum*, rare, + l. *facere*, faire), *vt.* Écarter les molécules d'un gaz de façon à le rendre moins dense : *La chaleur raréfie les gaz.* — **Se raréfier,** *vr.* Diminuer de densité en augmentant de volume. — **Gr.** Je raréfie, n. raréfions; je raréfiais, n. raréfiions; que je raréfie, que n. raréfiions.

RAREMENT (*rare* + sfx. *ment*), *adv.* Peu souvent.

RARETÉ (l. *raritatem*), *sf.* Qualité de ce qui est peu abondant, peu commun : *La rareté des denrées.* || Chose qui n'arrive pas souvent : *C'est une rareté de vous voir.* || Objet rare et curieux : *Un cabinet de raretés.* || Faible densité : *La rareté de l'air sur les montagnes.*

RARISSIME (l. *rarissimum*), *adj. 2 g.* au *superl.* Très rare.

1. ***RAS** ou **ROUS,** mot arabe signifiant *tête* et désignant en géographie les caps ou les montagnes : *Seba Rous* (cap Boujaroun en Algérie); *Ras Adar* (cap Bon en Tunisie); *Ras Detjem, Ras Gama* (montagnes de l'Abyssinie).

2. **RAS, RASE** (l. *rasum*, rasé), *adj.* Coupé, tondu de près : *Cheveux ras.* || Dont le poil est fort court : *Peau rase.* || *En rase campagne,* dans une plaine unie. (V. *Table.*) || *Mesure rase,* rempli d'une chose qui n'en dépasse pas les bords. || *Vaisseau ras,* à bords peu élevés ou privé de mâts. — *Sm.* Étoffe croisée, unie et sans poil. — AU RAS DE, *loc. prép.* Au niveau de : *L'eau est venue au ras du quai.* — **Dér.** *Raser, rasant, rasante, rasement, rasade, rasoir, rasibus.* — **Comp.** *Araser, arasement, arases.*

3. **RAS** (vx fr. *rat*, l. *ratem*, radeau), *s. m.* Sorte de radeau ou de plate-forme flottante, servant aux ouvriers dans les ports pour des réparations des navires.

4. **RAS DE MARÉE.** (V. *Raz.*)

RASADE (*raser*), *sf.* Verre plein jusqu'aux bords : *Boire une rasade de vin.*

RASANT, ANTE (*raser*), *adj.* Qui rase la terre : *Le vol rasant de l'hirondelle.* || Qui est à fleur de terre : *Fortification rasante.* || Horizontal : *Tir rasant.* || *Ligne de défense rasante,* droite qui, partant d'un bastion, rase la face du bastion voisin.

RASCHI (Salomon), le plus célèbre des rabbins français, né à Troyes en 1040, mort en 1105.

RASEMENT (*raser*), *sm.* Action de couper ras; de démolir jusqu'au niveau du sol : *Le rasement d'une fortification.* || Usure lente des incisives du cheval, du bœuf.

RASER (*ras* 2), *vt.* Couper le poil très près de la peau. || Couper la barbe avec un rasoir : *Ce perruquier rase bien.* || Abattre un édifice presque au niveau du sol : *Raser une maison.* || *Raser un navire,* en couper les mâts ou une partie des œuvres mortes. || Passer tout près : *La balle lui rasa le visage.* — *Vi.* Avoir les incisives usées : *Ce cheval rase.* — **Se raser,** *vr.* Se faire la barbe. || Se tapir le plus près possible de terre en parlant du gibier.

RASIBUS (*ras* 2), *adv.* Tout près. (Pop.)

RASOIR (*raser*), *sm.* Sorte de couteau d'acier à tranchant très fin pour couper la barbe. A l'époque de la pierre, les rasoirs étaient faits de silex ou d'obsidienne et même d'agate. Ces instruments permettaient de couper les cheveux et la barbe. Ce n'est qu'à l'époque du bronze qu'apparaissent des rasoirs avec lesquels on pouvait couper la barbe au niveau de la peau. Ils étaient en bronze, et cette dernière matière a été longtemps employée à leur fabrication, même pendant l'âge du fer.

RASPAIL (FRANÇOIS) (1794-1877), chimiste, ardent défenseur des idées républicaines, membre de la Constituante de 1848, propagateur du camphre contre les maladies à microbes; auteur de la *Réforme pénitentiaire,* du *Manuel de la Santé,* rédacteur en chef de l'*Ami du Peuple.*

RASSADE (ital. *razzare*), *sf.* Grains de verre ou d'émail qu'on vend aux sauvages en guise de perle.

RASSASIANT, ANTE (*rassasier*), *adj.* Qui rassasie.

RASSASIEMENT (*rassasier*), *sm.* État d'une personne qui a mangé assez pour n'avoir plus faim. — *Fig.* Satiété résultant de la satisfaction d'un désir.

RASSASIER (pfx. *re* + vx fr. *assasier* : d'un type l. fictif *ad satiare*), *vt.* Faire manger assez pour apaiser complètement la faim et éteindre l'appétit : *On l'a rassasié de pâté.* — *Fig.* Apaiser les désirs, les passions en les satisfaisant : *On ne peut rassasier un avare.* || Satisfaire jusqu'à la satiété, jusqu'au dégoût : *On le rassasia de spectacle.* — **Se rassasier,** *vr.* Apaiser complètement sa faim en mangeant. || Apaiser ses désirs, ses passions en les satisfaisant. || Se satisfaire jusqu'à la satiété. — **Dér.** *Rassasiant, rassasiante, rassasiement.*

***RASSE** (bl. *rassa*, faix), *sf.* Panier pour mesurer le charbon dont on charge un haut fourneau.

RASSEMBLEMENT (*rassembler*), *sm.* Action de rassembler des choses éparses, des troupes. || Grands concours de personnes, attroupement : *Dissiper les rassemblements.*

RASSEMBLER (pfx. *re* + *assembler*), *vt.* Assembler de nouveau : *Rassembler des troupes dispersées.* || Réunir ce qui était épars : *La poule rassemble ses poussins.* || *Rassembler des troupes,* en former une armée. || Rajuster ensemble les pièces démontées d'un ouvrage de charpente, de menuiserie. || *Rassembler ses idées,* les grouper. || *Rassembler ses forces,* déployer toute son énergie. — **Se rassembler,** *vr.* Se réunir ensemble. — **Dér.** *Rassemblement.*

RASSEMBLER, *sm.* Le cheval étant assoupli et ramené, on le *rassemble,* c'est-à-dire qu'on arrive, par une opposition bien graduée de la main et des jambes, à lui rapprocher les appuis antérieurs du centre

LE RASSEMBLER

de gravité; en même temps qu'on le fait asseoir sur les hanches en ramenant ses jambes sous lui. L'animal ainsi placé, avec la tête verticale, est disposé de façon à observer tout ce que lui commandera le cavalier. — **Syn.** (V. *Assembler.*)

RASSEOIR (pfx. *re* + *asseoir*), *vt.* Asseoir de nouveau. || Replacer : *Rasseoir une statue sur son piédestal.* || Remettre dans une situation normale, calmer : *Rasseoir ses esprits.* — **Se rasseoir,** *vr.* Se remettre sur son siége. || S'épurer par le repos : *Ce vin s'est rassis.* — Ce verbe se conjugue comme *asseoir.* — **Dér.** *Rassis, rassise.*

RASSÉRÉNER (pfx. *re* + *à* + *serein*), *vt.* Rendre calme et satisfait : *Ma venue le rasséréna.* — **Se rassénérer,** *vr.* Redevenir serein : *Le ciel s'est rasséréné.* — **Gr.** *Ré* devient *rè* devant une syllabe muette, excepté au futur et au conditionnel : Je rassérène; je rassérénerai, je rassérénerais.

RASSIS, ISE (*rasseoir*), *adj.* Qui n'est plus tendre, en parlant du pain. — Fig. Calme, mûri par la réflexion : *Un homme rassis.* — **Syn.** (V. *Tranquille.*)

RASSORTIMENT (*rassortir*), *sm.* Action de rassortir. || Nouvel assortiment de marchandises.

RASSORTIR (pfx. *re* + *assortir*), *vt.* Assortir de nouveau. — **Comp.** *Rassortiment.*

RASSOTER (pfx. *re*+*à*+*sot*), *vt.* Rendre épris de : *On l'a rassoté de musique.* — **Se rassoter,** *vr.* S'éprendre de.

RASSURANT, ANTE (*rassurer*), *adj.* Propre à rassurer : *Nouvelle rassurante.*

RASSURER (pfx. *re* + *assurer*), *vt.* Rendre tranquille, plein de sécurité : *Rassurer les esprits.* || Raffermir : *Rassurer son autorité.* || Consolider : *Rassurer une muraille.* — **Se rassurer,** *vr.* Se tranquilliser, reprendre sa sécurité. || *Le temps se rassure,* il se remet au beau. — **Dér.** *Rassurant, rassurante.*

RASTADT, 12219 hab. Ville du grand-duché de Bade au S.-O. de Carlsruhe, où furent signés les préliminaires de la paix de Bade (1713 et 1714); où Moreau battit les Autrichiens en 1796, et où se tint en 1799, en vue de la paix entre la France et l'Allemagne, un congrès qui n'aboutit point, et à l'issue duquel deux plénipotentiaires français furent assassinés.

***RASTRAL** (l. *rastrum,* herse), *sm.* Instrument pour tracer les portées de musique.

***RASURE** [ra-zur] (*raser*), *sf.* Action de faire la barbe.

RAT (VHA. *rato*), *sm.* Genre de petits mammifères rongeurs ayant la même dentition que les *hamsters,* mais qui sont dépourvues d'abajoues. En outre les plis de la voûte du palais vont d'une série dentaire à l'autre. Leur queue est longue, annelée et écailleuse, et ne présente que des poils peu nombreux.

RAT

Parmi les rats, on distingue les suivants : 1° Le *rat noir* dont le corps a 0,16 de longueur, tandis que la queue en a 19. Il a le museau pointu et il est d'un brun noir sur le dos et un peu plus clair sur le ventre. Jusque vers 1727, nous ne possédions en Europe que le rat noir, qui a fait avec nous le tour du monde et s'est introduit partout, aussi bien sous les tropiques qu'aux pôles. Il a été détruit par le *surmulot,* venu d'Asie, et qui est plus fort que lui. (V. *Surmulot.*) C'est un rongeur qui s'attaque à tout, mangeant du pain, de la paille, du bois, etc. 2° Le *rat d'eau* qui atteint la taille du rat noir et a son pelage.

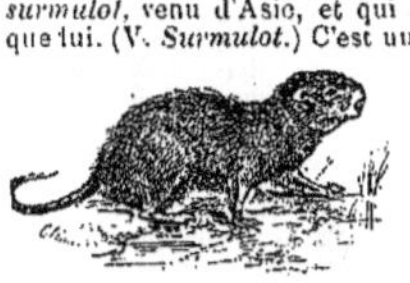

RAT D'EAU

Il s'en distingue néanmoins par une grosse tête et tronquée en avant, des oreilles courtes, larges et arrondies, et par sa queue, qui est beaucoup moins longue. Le rat d'eau vit dans le voisinage des rivières et des ruisseaux, sur le bord desquels il creuse des galeries souterraines. C'est un animal très carnassier, qui nage et plonge très bien. Il existe en Afrique une autre espèce du genre, le *rat strié,* dont le pelage est gris fauve sur le dos, et marqué de stries longitudinales d'un brun noir, tandis que le ventre est blanc. (V. *Surmulot, Mulot, Campagnol,* etc. || *Rat des champs,* le campagnol des champs. || *Rat d'eau,* le campagnol amphibie. — Fig. Caprice, fantaisie : *Il a un rat dans la tête.* || *Prendre un rat,* rater en parlant des armes à feu. || *Rat de cave,* employé des contributions indirectes. || Mince bougie en forme de corde qu'on allume pour descendre à la cave. — **Dér.** *Rate* 2, *raton, ratier, ratière, rater.* — **Comp.** *Ratopolis.*

RATAFIA (*x*), *sm.* Nom de beaucoup de liqueurs de table composées de fruits, de fleurs, de racines, d'épices infusés dans de l'eau-de-vie sucrée. Le ratafia des Antilles se tire des résidus de canne à sucre, dont on a déjà extrait le rhum ; il lui est inférieur. Pl. *des ratafias.*

***RATANHIA** (mot péruvien), *sm.* Sous-arbrisseau du Pérou et de l'Amérique tropicale, de la famille des Polygalées, dont la racine est un excellent astringent. — Dose : Ce médicament se prend à la dose de 1 gr. à 1 gr. 50 ; mais il est préférable de le prendre en infusion, en décoction ou en extrait.

RATATINÉ, ÉE (*ratatiner*), *adj.* Contracté. || *Personne ratatinée,* rapetissée par l'âge, la maladie. || *Fruit ratatiné,* ridé, flétri.

RATATINER (SE) (*x*), *vr.* Se contracter. || Se raccourcir.

***RATATOUILLE** (poitevin *ratatouiller*), couvrir de boue), *sf.* Mauvais ragoût.

1. **RATE** (hollandais, *rate,* rayon de miel), *sf.* Organe mou, spongieux, d'un rouge violet, situé dans la moitié gauche du ventre, au-dessus du diaphragme, entre la grosse courbure de l'estomac et les fausses côtes, où se forment, dit-on, les globules rouges du sang. La rate se gonfle dans les fièvres intermittentes. Les anciens croyaient que c'était dans cet organe que s'accumulait ce qu'ils appelaient la bile noire.

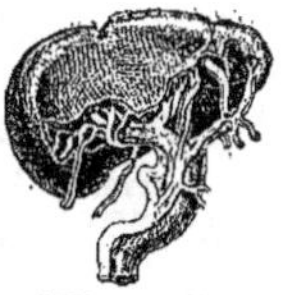

RATE DE L'HOMME AVEC SES VAISSEAUX

|| *Ne pas se fouler la rate,* ne travailler guère. || *Désopiler, dilater, épanouir la rate,* faire rire, réjouir. || *Sa rate fonce,* il est de très mauvaise humeur. — **Dér.** *Ratelle.* — **Comp.** *Dérater,* etc.

*2. **RATE** (*rat*), *sf.* Femelle du rat. (La Font.) || Nom par lequel on désigne en Saintonge les dents de lait. (Dans ce sens, ce mot se met toujours au pluriel.)

RÂTEAU (vx fr. *rastel* : l. *rastellum*), *sm.* Instrument d'agriculture et de jardinage, à dents de fer ou de bois, semblable à un peigne muni d'un long manche, servant à ramasser le fourrage, à herser les plates-bandes, nettoyer les allées, etc. — **Dér.** *Râteler, râtelée, râtelier, râtelage, râteleur.*

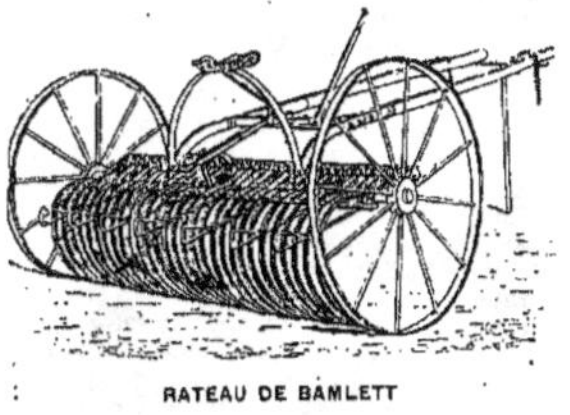

RATEAU DE BAMLETT

***RATEL** (dm. de *rat*), *sm.* Genre de mammifères carnivores du groupe des Blaireaux. Les ratels sont des animaux à jambes courtes et fouisseuses; leur fourrure, longue et grossière, est divisée en deux parties; l'une d'un gris clair, presque blanc, couvre le dos depuis la tête jusqu'à la queue, qui est courte; la seconde partie est noire et s'étend sur le cou, les flancs et les pattes. Ce sont des animaux nocturnes qui, le jour, habitent des terriers d'où ils ne sortent que la nuit pour aller à la recherche de leur nourriture, qui consiste en miel, en oiseaux, souris, tortues et limaces; ils ne dédaignent pas non plus les fruits. Ils sont surtout friands des nids d'abeilles et de bourdons. Les ratels sont des animaux gais et espiègles, qui, dans la cage de nos jardins zoologiques, courent et font une culbute lorsqu'ils arrivent dans un coin qu'ils ont choisi pour cet exercice. Ils ont la propriété de répandre une odeur infecte lorsqu'ils sont attaqués.

RATEL

Il existe deux espèces de ratels; l'une, petite, que l'on rencontre dans l'Afrique méridionale et centrale (*ratel du Cap*), et une seconde, un peu plus grande, qui atteint 70 centimètres de longueur environ et habite les Indes orientales.

***RÂTELAGE** (*râteau*), *sm.* Action de râteler.

RÂTELÉE (*râteler*), *sf.* Ce que l'on peut ramasser en un seul coup de râteau.

RÂTELER (vx fr. *rasteler* : de *rastel,* râteau), *vt.* Ramasser, herser, gratter avec le râteau. — **Gr.** *l* se double devant une syllabe muette : Je râtelle, nous râtelons.

RÂTELEUR, EUSE (*râteler*), *s.* Personne qu'on occupe à râteler les foins.

RÂTELIER (vx fr. *rastel,* râteau), *sm.* Espèce d'échelle appliquée horizontalement et obliquement au-dessus de l'auge contre le mur d'une écurie, d'une étable avec lequel elle est en contact par son chevron inférieur, et où l'on met le fourrage pour les chevaux, les bœufs. — Fig. *Manger à plus d'un râtelier,* vivre de plusieurs emplois, aux dépens de plusieurs personnes. || Supports en bois où l'on dépose les fusils et les armes à feu. || Râtelier d'armes. — **Prov.** Quand il n'y a plus de foin au râtelier, les chevaux se battent. Quand deux époux ont dissipé leur fortune, ils se disputent. || Planche fixée sur les côtés d'un établi et où l'on place les outils à manche. || Chacune des deux rangées de dents. || *Râtelier artificiel,* ensemble de dents artificielles.

***RATELLE** (dm. de *rate*), *sf.* La rate (vx). || Maladie de la rate. || Nom vulgaire du péritoine.

RATER (*rat*), *vi.* Ne pas partir en parlant d'une arme à feu : *Mon fusil a raté.* — *Vt.* Manquer de tuer : *Rater un lièvre.* — Fig. Ne pas venir à bout de, ne pas obtenir : *Rater une place.*

RATIER, IÈRE (*rat*), *adj.* Qui chasse le rat : *Chien ratier.* — Fig. Qui a des caprices : *Femme ratière.*

RATIER GRIFFON

RATIÈRE (*rat*), *sf.* Piège à rats.

***RATIFICATIF, IVE** (*ratifier*), *adj.* Qui ratifie.

RATIFICATION (bl. *ratificationem*), *sf.* Acte par lequel une personne approuve et confirme ce qui a été fait en son nom : *La ratification d'un contrat.* || Écrit contenant cet acte.

RATIFIER (l. *ratum,* confirmé + *facere,* faire), *vt.* Approuver et confirmer ce qu'a fait un mandataire : *Ratifier un traité.* — Fig. Donner un plein assentiment : *L'opinion ratifie le choix de ce ministre.* — **Dér.** *Ratification, ratificatif.*

RATINE (*ratiner*), *sf.* Étoffe de laine croisée dont le poil apparaît en dehors frisé de manière à former de petits grains. — *vt.*

RATINER (vx fr. *ratin,* fougue?), *vt.* Friser les poils d'une ratine. — **Dér.** *Ratiné.*

***RATIOCINATION** (l. *ratiocinationem*), *sf.* Raisonnement.

***RATIOCINER** (l. *ratiocinari*), *vt.* Raisonner. — **Dér.** *Ratiocination.*

RATION (l. *rationem,* mesure), *sf.* Portion de vivres distribuée chaque jour par tête aux soldats, aux marins, aux membres d'une communauté, aux animaux domestiques, etc. La ration du soldat en temps de paix se détaille ainsi : pain, 750 grammes;

pain de soupe, 700 grammes; viande (non désossée), 300 grammes; légumes frais, 400 grammes; légumes secs, 300 grammes; sel, 16 grammes; les jours de revues, de services extraordinaires, 25 centilitres de vin ou 6 centilitres d'eau-de-vie. En guerre, le soldat reçoit: biscuit, 735 grammes; viande fraîche, 300 grammes réduite par la cuisson à 125 grammes (à défaut bœuf salé, 250 grammes, ou lard, 200 grammes); riz ou légumes secs, 30 à 60 grammes; sel, 16 grammes; sucre, 21 grammes; café, 16 grammes; vin, 25 centilitres, ou eau-de-vie, 6 centilitres. || *Ration d'entretien*, celle qui est nécessaire pour qu'un animal domestique n'engraisse, ni ne dépérisse. || *Ration de travail*, la quantité de vivres qu'un cheval, un bœuf, etc., doit consommer, chaque jour pour travailler sans s'affaiblir, et qui est plus considérable que la ration d'entretien. || *Mettre à la ration*, ne donner chaque jour à un homme, à un animal, qu'un poids fixe d'aliments, sans avoir égard à son appétit. — **Dér.** *Rationner, rationnement.*

RATIONAL (l. *rationale*), *sm.* Carré d'étoffe que le grand prêtre des Juifs portait sur la poitrine. Il était dit *rational du jugement*, et portait ces deux mots : *doctrine et vérité.*

RATIONALISME (*rationnel*), *sm.* Système des philosophes qui dédaignent les données des sens et de l'expérience, pour n'admettre que les idées et vérités premières, fournies par la raison.

RATIONALISTE (*rationnel*), *adj.* et *s.* 2 *g.* Qui appartient au rationalisme, qui le professe : *Un philosophe rationaliste.*

***RATIONALITÉ** (*rationnel*), *sf.* Qualité de ce qui est rationnel.

RATIONNEL, ELLE (l. *rationalem*), *adj.* Qui est un produit de l'entendement humain. || Fondé sur la raison ou le raisonnement : *Mécanique rationnelle.* || *Horizon rationnel*, plan mené perpendiculairement à la verticale par le centre de la sphère céleste, et partageant celle-ci en deux hémisphères. || *Traitement médical rationnel*, fondé sur l'anatomie, la physiologie et la pathologie. (V. *Quantité.*) || Conforme à la raison : *Procédé rationnel*, se dit en mathématiques d'une expression algébrique qui ne contient pas de radicaux. — **Dér.** *Rationnellement, rationalisme, rationaliste, rationalité.*

RATIONNELLEMENT (*rationnelle* + sfx. *ment*), *adv.* D'une manière rationnelle.

RATIONNEMENT (*rationner*), *sm.* Action de rationner.

RATIONNER (*ration*), *vt.* Régler les rations pour que les vivres durent un temps déterminé : *On rationne les habitants d'une ville assiégée.*

RATISBONNE, 36 024 hab., ville de Bavière sur la rive droite du Danube; ancien évêché. La diète de l'empire y siégea de 1663 à 1806. Elle fut prise en 1809 par Napoléon Ier, qui y fut légèrement blessé.

RATISSAGE (*ratisser*), *sm.* Action de ratisser ou de racler.

RATISSER (vx fr. *rater*, gratter), *vt.* Oter en raclant la superficie d'une chose : *Ratisser des carottes.* || Passer le rateau sur : *Ratisser une allée.* — **Dér.** *Ratissage, ratissoire, ratissure.*

RATISSOIRE (*ratisser*), *sf.* Lance de fer tranchante qui se manœuvre avec un manche ou deux mancherons, et qu'on enfonce d'un centimètre dans le sol pour couper les mauvaises herbes des allées. || Anciennement, instrument servant à gratter une porte et à s'annoncer dans un intérieur. La chambre de Louis XIV à Versailles n'avait pas de *ratissoire*; on s'annonçait à l'huissier en grattant du peigne à perruque.

RATISSURE (*ratisser*), *sf.* Ce qu'on enlève en ratissant.

RATON (dm. de *rat*), *sm.* Petit rat. L'un des noms donnés au chat par La Fontaine parce qu'il chasse les rats. || Genre de mammifères plantigrades du nouveau monde, ayant la taille du renard et auquel appartiennent le *raton laveur* de l'Amérique du Nord et le *raton crabier* de l'Amérique du Sud. || Terme d'amitié qu'on emploie en s'adressant à un jeune enfant.

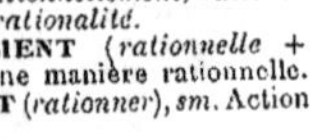

RATON

***RATOPOLIS** (*rat* + g. πόλις, ville), *sf.* La capitale imaginaire des rats dans La Fontaine.

RATTACHAGE, *sm.* Action de rattacher.

RATTACHER (pfx. *re* + *attacher*), *vt.* Attacher de nouveau : *Rattacher un chien.* || Attacher : *Rattacher la vigne.* — Fig. Rendre attaché : *Cela le rattache à l'existence.* || Relier : *Rattacher une question à une autre.* — **Se rattacher**, *vr.* Être attaché. || Se relier. — **Dér.** *Rattachage.*

RATTEINDRE (pfx. *re* + *atteindre*), *vt.* Rattraper. || Rejoindre quelqu'un qui a pris les devants. — Ce verbe se conjugue comme *atteindre.*

RATTRAPER (pfx. *re* + *attraper*), *vt.* Prendre au piège une seconde fois. || Ressaisir : *Rattraper un prisonnier.* || Recouvrer ce qu'on avait perdu : *Rattraper son argent.* || Rejoindre quelqu'un qui a pris les devants : *Partez, je vous rattraperai.* — **Se rattraper**, *vr.* S'accrocher à. || Regagner ce qu'on avait perdu.

RATURE (vx fr. *rater*, effacer), *sf.* Trait de plume qu'on passe sur ce qu'on a écrit pour l'annuler. Toute rature dans un acte doit permettre de compter le nombre de mots sur lesquels elle s'étend. Le nombre des mots raturés est indiqué en marge de l'acte et paraphé par les parties. — **Dér.** *Raturer.*

RATURER (*rature*), *vt.* Racler le dessus d'une peau. — Annuler en faisant des ratures : *Raturer une phrase.*

RAUCH (1777-1857), célèbre sculpteur allemand, auteur des monuments de Frédéric le Grand à Berlin, de Blücher à Breslau, etc.

RAUCITÉ (l. *raucitatem*), *sf.* Qualité d'un son rauque.

RAUCOURT, 1 645 hab. Ch.-l. de c., arr. de Sedan (Ardennes). Ch. de fer de l'E.

RAUCOURT (Mlle) (1756-1815), tragédienne dont les funérailles à Saint-Roch amenèrent presque une émeute, en janvier 1815.

RAUQUE (l. *raucum*), *adj.* 2 *g.* Rude et comme enroué : *Voix rauque.* — **Dér.** *Raucité.*

RAVAGE (*ravir*), *sm.* Dégât fait avec violence et rapidité par les hommes, les animaux, les éléments : *Les ravages de l'ennemi, de la tempête.* || Mortalité causée par une épidémie : *Les ravages du choléra.* || Désordre moral : *Les ravages des passions.* — **Dér.** *Ravager, ravageur.*

RAVAGER (*ravage*), *vt.* Faire du ravage.

RAVAGEUR (*ravage*), *sm.* Celui qui ravage. || Celui qui lave les vases et sables de la Seine pour en tirer la ferraille.

RAVAILLAC (François) (1578-1610), l'assassin de Henri IV; ce maître d'école d'Angoulême n'était qu'un visionnaire exalté.

RAVAISSON (Félix), philosophe français, membre de l'Institut.

RAVALEMENT (*ravaler*), *sm.* Crépi ou en moellons. || Abatage de la pierre de taille pour exécuter les murs d'une façade, profils, etc. Travail qui consiste à faire ce crépi. Enduit dont on recouvre la surface d'un mur — Fig. Action de déprécier, d'avilir.

RAVALER (pfx. *re* + *avaler*), *vt.* Rabaisser, rabattre : *Ravaler son capuchon* (vx). || Avaler de nouveau : *Ravaler sa salive.* — Fig. *Ravaler ses paroles*, se retenir au moment de dire quelque chose. || Couper toutes les branches d'un arbre fruitier en ne laissant que le tronc. || Aplanir une terre labourée. || Faire le ravalement d'un mur. — Fig. Déprécier, rabaisser : *Ravaler le mérite.* — **Se ravaler**, *vr.* Se rabaisser, s'avilir. — **Syn.** (V. *Abaisser.*) — **Dér.** *Ravalement.*

RAVAUDAGE (*ravauder*), *sm.* Raccommodage de vieux habits. || Besogne mal faite. || Bavardage.

1. **RAVAUDER** (pfx. *re* + bl. *advalidare*, renforcer), *vt.* Raccommoder à l'aiguille. || *Ravauder des bas*, y remettre des talons ou des pieds entiers. — *Vi.* Aller et venir en rangeant les effets, les meubles dans une maison. || Faire des commérages. — **Dér.** *Ravaudage, ravaudeur, ravaudeuse.*

2. * **RAVAUDER** (vx fr. *ravaut*, fanfaron), *vt.* Maltraiter en paroles, fatiguer de propos impertinents. — **Dér.** *Ravauderie.*

RAVAUDERIE (*ravauder* 2), *sf.* Discours, écrit frivole et décousu.

RAVAUDEUR, EUSE (*ravauder*), *s.* Personne qui raccommode des bas, de vieux habits. — Fig. Personne qui ne dit que des balivernes.

RAVE (l. *rapa*), *sf.* Espèce de chou dont la racine, grosse, charnue, aplatie, est alimentaire et fourragère. || Dans plusieurs provinces, navets. || En Forez : *Petites raves*, radis. — **Dér.** *Ravier, ravière.*

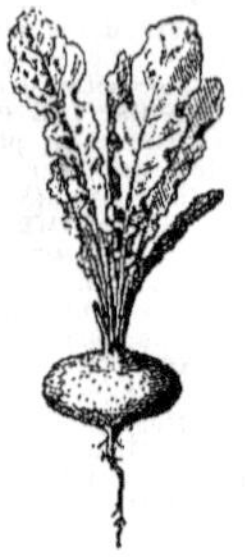

RAVE

RAVELIN (ital. *rivellino*), *sm.* Demi-lune. (Fort.)

RAVENNE, 20 334 hab. Ville d'Italie, au S. du Pô, à 9 kilom. de l'Adriatique, dont elle fut un port. Archevêché; autrefois capit. d'un exarchat de même nom que Pépin le Bref donna au Saint-Siège en 755 et qui fut l'origine des États de l'Eglise. Gaston de Foix y gagna, en 1512, sur les Espagnols et les troupes de Jules II, une bataille où il fut tué.

***RAVIER** (*rave*), *sm.* Petit plat de faïence en forme de nacelle dans lequel on sert sur la table des radis, des cornichons et autres hors-d'œuvre.

***RAVIÈRE** (*rave*), *sf.* Terrain semé de raves.

RAVIGNAN (Gustave Delacroix de) (1795-1858), prédicateur et jésuite; on a imprimé ses conférences prêchées à Toulouse et à Notre-Dame de Paris.

RAVIGOTE, *sm.* de *ravigoter.* Sauce piquante verte faite de vinaigre, de velouté, de cerfeuil, de civette, de pimprenelle, d'estragon hachés menu, de poivre, de sel et liée avec du beurre frais.

RAVIGOTER (pour *ravigorer* : pfx. *re* + *à* + *vigueur*), *vt.* Redonner de la vigueur. — **Se ravigoter**, *vr.* Reprendre de la vigueur. — **Dér.** *Ravigote.*

RAVILIR (pfx. *re* + *avilir*), *vt.* Rendre vil et méprisable. — **Se ravilir**, *vr.* Devenir vil et méprisable.

RAVIN (*ravine*), *sm.* Lit étroit et profond qu'un cours d'eau s'est creusé. || Chemin creux.

RAVINE (db. de *rapine*, en l. *rapina*, rapine, action d'enlever), *sf.* Torrent d'eau de pluie qui se précipite avec impétuosité d'un lieu élevé. || Ravin. || Nom des torrents à la Guadeloupe : *Ravine l'Espérance, ravine Saint-Ignace.* — **Dér.** *Ravin, raviner, ravinement.*

RAVINEMENT (*ravine*), *sm.* Action de raviner, son résultat.

RAVINER (*ravine*), *vt.* Dévaster par une ravine : *L'orage a raviné les champs.* || Creuser des ravins.

RAVIR (l. *rapere*), *vt.* Enlever de force : *L'aigle peut ravir des enfants.* — Fig. Oter : *Ravir à quelqu'un l'honneur d'une découverte.* || Enlever par le trépas en parlant de la Providence, du destin : *Cette épouse fut ravie à son mari.* — Fig. Charmer, transporter de joie, de plaisir, d'admiration : *Cette musique nous ravit.* — A ravir, *loc. adv.* Merveilleusement. — **Dér.** *Ravissant, ravissante, ravissement, ravisseur.* Même famille : *Ravine*, etc., *ravage, ravageur, ravager.* — **Syn.** (V. *Arracher.*)

RAVISEMENT (*raviser*), *sm.* Action de se raviser.

RAVISER (SE) (pfx. *re* + *aviser*), *vr.* Changer d'avis.

RAVISSANT, ANTE (*ravir*), *adj.* Qui enlève de force : *Loup ravissant.* — Fig. Qui charme, qui transporte de joie, de plaisir, d'admiration : *Un pays ravissant.*

RAVISSEMENT (*ravir*), *sm.* Action d'enlever de force : *Le ravissement de Proserpine.* || État d'un esprit transporté de joie, d'admiration : *Le ravissement d'une mère qui revoit son fils.* || Extase : *Le ravissement de saint Paul.* || L'état de saint Paul enlevé au troisième ciel.

RAVISSEUR (*ravir*), *sm.* Celui qui enlève avec violence.

RAVITAILLEMENT (*ravitailler*), *sm.* Action de ravitailler : *Le ravitaillement d'une forteresse.* ‖ Action de remplacer les munitions consommées par le soldat sur le champ de bataille. — L'adoption du fusil à répétition, qui permet de brûler plus de cartouches en moins de temps, a donné de l'importance à ce point de tactique. Voici comment l'Allemagne l'a résolu (l'instruction française de 1884 y ressemble beaucoup). Les 80 cartouches portées par les hommes sont remplacées par celles que contiennent les voitures à cartouches amenées à 1 000 pas de la ligne de combat par l'intermédiaire de 2 ou 3 pourvoyeurs de compagnie. Les adjudants de bataillon ravitaillent les voitures à l'aide du premier échelon des colonnes de munitions de corps d'armée qui s'approvisionne au deuxième, lequel se rend aux colonnes du parc de munitions. Le fantassin dispose ainsi de 173 cartouches en Allemagne, de 175 en France ; il faudrait porter ce nombre à plus de 200, dont 110 dans le sac de chaque homme ; mais c'est chose facile, puisque les nouvelles cartouches ont été réduites de 11 à 8 millimètres en longueur.

RAVITAILLER (pfx. *re* + *avitailler*), *vt.* Pourvoir de vivres, de munitions une place assiégée ou une armée en campagne qui commençait à en manquer. — **Se ravitailler,** *vr.* Être réparé, pourvu d'agrès neufs, en parlant d'un vaisseau. — **Dér.** *Ravitaillement.*

RAVIVER (*re* + *aviver*), *vt.* Rendre plus vif. ‖ *Raviver le feu, des couleurs.* ‖ *Raviver une plaie,* la rendre vermeille. — Fig. Rendre plus intense : *Raviver la colère.* — **Se raviver,** *vr.* Devenir plus vif.

RAVOIR (pfx. *re* + *avoir*), *vt.* Avoir de nouveau : *Il a vendu cette terre, il veut la ravoir.* ‖ Recouvrer : *Je veux ravoir ce que j'ai prêté.* — **Se ravoir,** *vr.* Recouvrer ses forces. (Usité seulement à l'infinitif.)

RAWLINSON (George) (1815), érudit, très versé dans l'histoire ancienne, traducteur d'Hérodote, auteur des *Quatre Grandes Monarchies de l'ancien monde oriental.*

***RAYAGE** (*rayer*), *sm.* Action de rayer une pièce de canon. — On pratique d'abord à la bouche du canon deux amorces, dont l'une indique la hauteur des cloisons en relief, l'autre celle des rayures. Le canon est ensuite placé sur un banc et parfaitement centré. On trace alors une première rayure, en partant du bas de l'âme, les tourillons étant horizontaux. Les rayures s'exécutent successivement, parfois 2 à 2. Comme les rayures sont à pas variable, le canon est immobile, tandis qu'on imprime à l'outil les deux mouvements de translation et de rotation.

RAYÉ, ÉE (*rayer*), *adj.* Où l'on a fait des raies : *Verres rayés.* ‖ Qui porte des raies : *Le pelage rayé du zèbre.* ‖ *Fusil ou canon rayé,* dont la paroi intérieure du canon est sillonnée de rainures droites ou en spirale. ‖ *Canon rayé.* (V. *Canon*, II, p. 196, c. 3.)

RAYER (l. *radiare*), *vt.* Faire des raies : *Le diamant raye le verre.* ‖ Passer un trait de plume pour annuler l'écriture : *Rayer un compte.* ‖ Tracer des rayures (V. ce mot) dans un canon. ‖ *Rayer à quelqu'un sa pension,* la lui supprimer. — Fig. *Rayez cela de vos papiers,* ne comptez pas sur cela. — **Se rayer,** *vr.* Être rayé. — **Dér.** *Rayé, rayée, rayage, rayure.*

RAY-GRASS

RAY-GRASS [ré-gras'] (m. ang. *herbe à raies*), *sm.* L'ivraie vivace employée pour former les gazons dans les jardins, et consommée comme fourrage lorsqu'elle commence à fleurir. Elle exige des terres fraîches, profondes, bien fumées, et un climat humide, elle est très nourrissante, mais un peu dure. ‖ *Ray-grass d'Italie,* l'ivraie d'Italie, très bonne plante fourragère exigeant le même sol et le même climat que la précédente. ‖ *Ray-grass de France,* l'avoine élevée qui fournit un fourrage médiocre.

RAYMOND, nom de sept comtes de Toulouse, parmi lesquels : Raymond IV (1042-1105) dit de *Saint-Gilles,* l'un des chefs de la première croisade, qui s'établit en Palestine. — Raymond VI (1156-1222), contre qui fut prêchée la croisade des Albigeois ; fut un instant dépouillé de ses États par Simon de Montfort, mais les reconquit bientôt en partie. — Raymond VII (1197-1249), fils du précédent, combattit contre Amaury de Montfort, mais fut obligé de se soumettre à l'autorité du roi de France, après une nouvelle croisade organisée par Blanche de Castille.

RAYNAL (l'abbé) (1713-1796), né à Saint-Geniez (Aveyron), du parti philosophique, auteur de l'*Histoire philosophique et politique des établissements des Européens dans les Indes,* où il attaque la religion et le despotisme, ce qui le fit exiler de France pendant sept ans.

RAYNAL (David), né à Paris le 26 février 1840, député et homme d'État français qui occupa le ministère des travaux publics dans le cabinet du 14 novembre et présidé par Gambetta.

RAYNOUARD (1761-1836), membre de l'Académie française, auteur de la tragédie des *Templiers* (1805), d'une *Grammaire romane,* d'un *Lexique roman,* et de nombreux travaux sur les troubadours.

RAYON (vx fr. *rais,* rayon ; du l. *radius*), *sm.* Filet rectiligne de lumière émanant d'un corps lumineux : *Les rayons du soleil.* (V. *Réflexion.*) — Fig. Émanation, lueur, apparence : *Rayon de sagesse, d'espérance.* ‖ Rais d'une roue. ‖ *Rayon médullaire,* filet de moelle allant du centre d'une tige ligneuse d'une dicotylédone à la circonférence. ‖ Droite menée du centre à un point de la circonférence : *Tous les rayons d'une circonférence sont égaux.* ‖ Droite menée du centre à un point de la surface de la sphère : *Le rayon terrestre est de 6 377 398 mètres à l'équateur et de 6 356 080 au pôle.* ‖ *Rayon de miel,* gâteau de cire dont les cellules contiennent du miel. ‖ Tablette fixée horizontalement dans une armoire, une bibliothèque ou contre un mur et sur laquelle on range des livres, du linge, etc. ‖ Rainure rectiligne faite sur le sol avec un bâton pointu et dans laquelle on plante des végétaux, où l'on sème des graines. — **Dér.** *Rayonner, rayonné, rayonnée, rayonnant, rayonnante, rayonnement.* — Même famille que *Radius, rais.*

RAYONNANT, ANTE (*rayonner*), *adj.* Qui émet des rayons de lumière : *Astre rayonnant.* — Fig. Qui ressent, qui exprime une joie extrême : *Visage rayonnant.* ‖ *Rayonnant de gloire,* qui vient d'acquérir une gloire immense. ‖ *Calorique rayonnant,* celui qu'un corps chaud émet en tous sens dans l'espace. ‖ *Pouvoir rayonnant,* se dit de la faculté qu'ont les corps d'émettre, selon leur nature, plus ou moins de calorique rayonnant.

RAYONNÉ, ÉE (*rayonner*), *adj.* Disposé comme les rayons d'une roue. — **Les rayonnés,** *smpl.* Les radiaires ou *Échinodermes.* (V. ce mot.)

RAYONNEMENT (*rayonner*), *sm.* Action de rayonner, de se propager d'un centre suivant des lignes divergentes : *Le rayonnement de la chaleur.* On appelait autrefois *chaleur rayonnante* celle qui se transmettait d'un corps chaud à un corps froid en traversant l'espace. On distinguait la chaleur lumineuse de la chaleur obscure. L'expérience de Rumfort montrait que l'une et l'autre traversaient le vide ; mais ces deux chaleurs ne diffèrent que par la réfrangibilité et, pour le physicien contemporain, la chaleur et la lumière sont deux effets distincts d'une seule cause. Dans l'étude du rayonnement, on distingue : 1° la *transmission de la chaleur ;* 2° la *chaleur et le corps à échauffer ;* 3° l'*émission de la chaleur.* — 1° *Transmission de la chaleur.* Les corps sont *diathermanes* et laissent passer la chaleur, ou *athermanes* et l'arrêtent. Le verre n'est diathermane que pour les chaleurs lumineuses ; il est athermane pour les chaleurs obscures. C'est sur cette propriété que sont construites les serres. L'espace couvert par un châssis vitré s'échauffant plus par les rayons solaires qu'un espace découvert, parce qu'il emmagasine la chaleur obscure ; il en est de même pour la vapeur d'eau : elle ne laisse point passer la chaleur obscure. Aussi, le refroidissement nocturne est plus grand lorsque l'atmosphère est sans nuage ; il est moindre lorsqu'un rideau de vapeur d'eau s'oppose à la déperdition de chaleur obscure que le sol rayonne vers l'espace. — 2° *La chaleur et le corps à échauffer.* La chaleur est *réfléchie* comme la lumière, quand elle tombe sur un corps poli. L'inflammation d'un fragment d'amadou placé au foyer d'un miroir concave sur lequel se réfléchissent les rayons solaires le prouve pour la chaleur lumineuse. Les miroirs conjugués de Leslie le prouvent pour la chaleur obscure. La chaleur peut être *diffuse* comme la lumière ; si, dans une chambre obscure, on reçoit un faisceau de rayons solaires sur du papier, du blanc de céruse, un métal dépoli, la pile thermo-électrique indique la présence de la chaleur à l'endroit éclairé par diffusion. — 3° *Émission de la chaleur.* Tout corps chaud émet des rayons caloriques dont la refrangibilité varie avec la température. Jusqu'à 500 degrés, ces radiations sont obscures, mais se rapprochent peu à peu des radiations visibles du spectre. Vers 600 degrés, les radiations sont à la fois caloriques et lumineuses. Leslie imagina, pour étudier l'émission de chaleur, d'user d'un cube métallique rempli d'eau bouillante et recouvert sur ses quatre faces de substances diverses. Il trouva ainsi que la chaleur émise par un corps variait avec la nature de sa surface. Le noir de fumée est le corps qui rayonne le mieux ; il sert de terme de comparaison pour étudier le rayonnement des autres corps. Les corps rugueux émettent plus facilement la chaleur que les corps polis ; voilà pourquoi on use de récipients en métal poli pour ralentir le refroidissement (théières d'argent, calorimètres, etc.). ‖ *Rayonnement terrestre,* émission de chaleur par la terre vers les espaces planétaires, qui amène l'abaissement nocturne de la température. Les espaces célestes ont une température de 100 degrés au-dessous de zéro. La surface de la terre se refroidirait donc indéfiniment jusqu'à ce qu'elle eût atteint cette température ambiante, si l'action des rayons solaires ne s'y opposait. Ainsi, durant le jour, la température varie avec l'intensité des rayons solaires et le rayonnement, c'est-à-dire la différence entre la chaleur émise et la chaleur reçue, devient plus fort au lever et au coucher du soleil. La différence entre la température des nuits et celle des jours est moins grande dans les pays tempérés que sous les tropiques ; voilà pourquoi les Écossais ont les jambes nues en hiver, tandis que les Arabes sont chargés de vêtements de drap et de longs manteaux de laine. Plus les corps émettent de chaleur, plus leur refroidissement est grand et rapide. C'est le cas de l'herbe des prés dont la vapeur d'eau se transforme alors en givre (V. *Gelée blanche*), tandis que la température de l'air libre est de 7 à 8 degrés. — Fig. Animation des traits du visage produite par la joie.

RAYONNER (*rayon*), *vi.* Émettre des rayons en tous sens. — Fig. Exprimer la joie la plus vive : *Son visage rayonne.* ‖ Être disposé comme les rayons d'une roue : *Plusieurs routes rayonnent de ce carrefour.* — Fig. Faire sentir son action à une certaine distance tout autour de soi : *Paris rayonne sur toute la France.*

RAYURE (*rayer*), *sf.* La façon dont une étoffe est rayée : *Une belle rayure.* ‖ Raie faite sur un corps par un autre plus dur. ‖ Rainure faite dans l'intérieur du canon d'une arme à feu. Pour atténuer la résistance que l'air oppose à la trajectoire des projectiles oblongs, on a dû donner à ceux-ci un mouvement de rotation autour de leur grand axe, par l'un des deux procédés suivants : 1° On ménage dans l'âme de la pièce des rainures hélicoïdales, dites *rayures* et destinées à guider le projectile sur lequel se trouvent placées des parties saillantes, dites *ailettes,* qui s'engagent dans les *rayures.* 2° Dans le second système, les *rayures* hélicoïdales de la pièce sont en relief et pénètrent dans l'enveloppe extérieure du projectile, faite d'un métal moins dur que celui de la bouche à feu. C'est surtout par le profil des rayures que les types de canons modernes diffèrent entre eux.

RAZ (bas breton *raz*, tourbillon, remous), *sm*. Détroit où règne un violent courant de marée, comme ceux que l'on remarque : à la pointe du Raz; au cap Blanchard, entre Aurigny et le cap de la Hougue, qui met les navires en dérive, d'où son nom de *passage de la Déroute*; au Maelstrom, situé au S. de l'île Moskoé, dans les Loffoden; au *Coire-breacain* (chaudière de la mer tachetée), dans les Hébrides, entre Jura et Sbarba, dont la vitesse horaire est de 20 kilomètres. ‖ *Raz de marée*, soulèvement extraordinaire de la mer. En 1783, lors du tremblement de terre des Calabres, la mer soulevée engloutit 12000 personnes à Scylla et à Messine, dont les palais bordant le port furent en partie démolis. En 1692, durant un tremblement de terre, le Port-Royal de la Jamaïque fut couvert par 10 mètres d'eau et la frégate *Swan* vint s'échouer sur un toit. En 1883, lors de l'éruption du volcan Krakatou, dans le détroit de la Sonde, la mer frémit sur tout le globe et l'ébranlement se propagea en 13 heures jusqu'au cap de Bonne-Espérance. Une vague de 36 mètres de hauteur rasa Andjer dans l'île de Java et Telokh-Betong dans Sumatra. Un bateau à vapeur fut lancé dans l'intérieur des terres; seul, dans ces parages, le gardien d'un phare, haut de 40 mètres, demeura sain et sauf et vit à peine la vague passer sous sa lanterne.

RAZ (POINTE DU), cap de Bretagne en face de l'île de Sein; longue presqu'île granitique, sans arbres, qui s'élève à 80 mètres de hauteur à pic, au-dessus d'une mer sans cesse bouillonnante.

RAZZIA [rad-zia] (ar. *rhazial*), *sf*. Incursion faite sur un territoire ennemi pour enlever des troupeaux, du grain, etc. (Néol.)

1. **RE** ou **RÉ** (l. *red*, re). Préfixe qui se met devant un verbe et exprime la répétition, le rétablissement dans le premier état, l'augmentation, la rétrogradation, la réaction ou la réciprocité, l'échange.

2. **RÉ** (V. *Fa* et *Note*), *sm*. Nom de la seconde note de la gamme d'*ut* et du signe qui la représente. — On sait que Guy d'Arezzo donna leurs noms aux six notes du plain-chant, jusqu'alors désignées par les premières lettres de l'alphabet (comme c'est encore l'usage en Angleterre et en Allemagne). Ces noms sont empruntés à une hymne latine en l'honneur de saint Jean-Baptiste, qu'il faisait souvent réciter à ses élèves :

UT queant laxis REsonare fibris
MIra gestorum FAmuli tuorum,
SOLve polluti LAbri reatum,...

La note Si ne fut admise que plus tard.

3. **RÉ** ou **RHÉ**, 14809 hab., île française de l'Atlantique faisant partie du département de la Charente-Inférieure et formant les cantons de *Saint-Martin* et d'*Ars*. Marais salants, vins. — La citadelle de Saint-Martin, commandée par Thoiras, se défendit vaillamment contre les Anglais en 1627.

RÉA, *sm*. Rouet d'une poulie. (Mar.)

RÉACTIF, IVE (l. *reactum*, supin de *reagere*, réagir + sfx. *if*), *adj*. Qui réagit. — *Sm*. Corps dont on se sert pour reconnaître la présence ou la nature d'une substance : *La teinture de tournesol est le réactif des acides*. ‖ En chimie, substance de propriétés connues, dont on se sert pour déterminer l'identité de substances inconnues, d'après la façon dont la première agit sur elles. La plupart des réactifs sont des solutions d'acides, de bases et de sels dans l'eau. On emploie aussi, notamment pour l'analyse au chalumeau, des réactifs solides. L'eau dont on se sert pour préparer les solutions est de l'*eau distillée*. Elle doit être dépourvue de couleur, d'odeur et de saveur; elle ne doit laisser aucun résidu quand on l'évapore. Il faut en vérifier la pureté, d'après les essais suivants. Si elle contient de la chaux, il se produira dans sa masse un nuage avec l'oxalate d'ammoniaque; si elle contient du plomb, du cuivre ou du fer, etc., elle précipitera par le sulfhydrate d'ammoniaque; si elle contient de l'acide sulfurique, ou du plâtre ou d'autres sulfates, elle prendra une apparence laiteuse quand on y versera du chlorure de baryum; si elle renferme un chlorure, tel que du sel de cuisine, elle donnera avec le nitrate d'argent un précipité ayant l'aspect du fromage blanc. Parmi les acides employés comme réactifs, il faut citer en première ligne l'*acide sulfurique* étendu de cinq fois son poids d'eau. Pour le préparer, on verse peu à peu, avec précaution, l'acide sulfurique dans l'eau. (Ne pas faire l'inverse.) On laisse refroidir, car la combinaison qui s'est faite entre l'eau et l'acide a développé de la chaleur. Quelquefois, il se forme un sédiment de sulfate de plomb. Dans ce cas, on décante. On sera, en tout cas, dispensé de cette manipulation, si l'on a eu soin de prendre de l'acide sulfurique ne laissant pas de résidu par l'évaporation. Une autre combinaison du soufre, employée comme réactif, est une solution d'*hydrogène sulfuré* ou d'*acide sulfhydrique*. (V. *Sulfhydrique*.) Généralement on emploie l'hydrogène sulfuré à l'état gazeux, en le préparant au moment de s'en servir. La solution d'*acide azotique* se prépare au moyen de 1 partie d'acide commercial concentré et de 5 parties d'eau. Les impuretés que contient quelquefois l'acide azotique du commerce sont l'acide sulfurique et l'acide chlorhydrique. Il faut prendre un acide qui se volatilise entièrement par évaporisation. L'*acide chlorhydrique* se prépare au moyen de 1 partie d'acide concentré et de 5 parties d'eau. L'acide chlorhydrique employé ne doit pas laisser de résidu par évaporisation. Les impuretés que contient quelquefois l'acide du commerce sont des matières organiques et du fer qui le colorent en jaune, de l'acide sulfurique et de l'acide azotique. On prépare la solution de *potasse* en dissolvant 1 partie de potasse caustique dans 20 parties d'eau. Les impuretés que peut contenir la potasse du commerce sont des sulfates, des chlorures, des carbonates, de la silice et de l'alumine. On prépare la solution d'*ammoniaque* en dissolvant 1 partie d'ammoniaque concentrée dans 5 parties d'eau. La solution doit être incolore et ne pas laisser de résidu par évaporation. Pour préparer l'*eau de chaux*, on prend de la chaux qu'on vient d'éteindre et on l'agite avec de l'eau; on filtre. Parmi les sels, nous citerons le *carbonate de potasse* (1 partie pour 4 parties d'eau). Les impuretés les plus fréquentes sont les sulfates, les chlorures, la silice et l'alumine. Le *ferrocyanure de potassium* : 1 partie pour 12 parties d'eau. Le *phosphate de soude* à deux équivalents de base : 1 partie pour 10 parties d'eau. Veiller à ce qu'il ne contienne ni sulfates, ni carbonates. L'*hyposulfite de soude* : 1 partie pour 4. Le *chlorhydrate d'ammoniaque* (sel ammoniac) : 1 partie pour 8. Il doit se volatiliser complètement quand on le chauffe. Ne doit pas contenir de fer. (S'il en contenait, la solution noircirait par le sulfhydrate d'ammoniaque.) L'*oxalate d'ammoniaque*. Il ne doit pas laisser de résidu quand on le chauffe. Le *sulfhydrate d'ammoniaque*. (V. *Sulfhydrique*.) L'*azotate de baryte* : 1 partie dans 15 parties d'eau. Veiller à ce qu'il ne contienne pas de plomb. Le *sulfate de chaux*, en solution claire. Le *chlorure de calcium* : 1 partie dans 5 parties d'eau. L'*azotate d'argent* : 1 partie dans 20 parties d'eau. Le *bichlorure de platine* contenant de l'acide chlorhydrique libre. L'*azotate de cobalt* en solution assez concentrée pour être franchement rouge. Il y a un réactif général pour les acides et pour les bases : c'est le *papier de tournesol* de teinte sensible, c'est-à-dire d'un violet pâle. Les acides solubles en font virer la couleur au rouge, les bases la font virer au bleu.

RÉACTION (pfx. *ré* + *action*), *sf*. Action exercée par un corps sur un autre qui vient d'agir sur lui : *La réaction d'un mur sur une balle élastique*. ‖ Action d'un corps qui rend apparents les caractères distinctifs d'un autre : *La réaction de l'amidon sur l'iode*. ‖ Le résultat de l'action mutuelle des deux corps. (*Chim*.) ‖ Résistance d'un organe à l'action d'un remède ou d'une cause de maladie, ou action d'un organe sur un autre. (*Physiol*.) ‖ Action de passer d'une opinion à une autre toute contraire : *Une réaction littéraire*. ‖ Tout ce que fait un parti, qui d'opprimé devient oppresseur : *La réaction royaliste de 1815*. ‖ Le parti qui en France est opposé à celui de la Révolution.

Réaction chimique. — Phénomène chimique qui se produit au contact de deux substances. On distingue entre les *réactions par la voie humide* et les *réactions par la voie sèche*. Les premières sont celles qui se produisent entre des solutions, dans l'eau ou dans les acides; les secondes sont celles qui ont lieu entre les corps chauffés. Les premières sont le plus généralement employées dans les laboratoires de chimie pour déterminer l'identité de corps inconnus au moyen de corps connus, dits réactifs. Nous avons donné, à propos de chaque corps, ses réactions caractéristiques. Il ne nous reste qu'à les résumer en indiquant les *réactions générales*, auxquelles on a recours lorsqu'on se trouve en présence d'une matière absolument inconnue, pour reconnaître le corps ou les corps qui la constituent, c'est-à-dire pour opérer l'*analyse qualitative d'un mélange*. Pour être soumise au traitement analytique, il faut que cette matière soit soluble dans l'eau ou dans les acides. Si elle ne l'est pas, on commence par la désagréger en la traitant à chaud par des fondants appropriés. Le premier réactif auquel on ait recours est généralement l'hydrogène sulfuré. Avant de l'employer, il faut avoir soin d'acidifier la solution et de la chauffer légèrement. On fait alors passer dans le liquide un courant de gaz hydrogène sulfuré, jusqu'à refus. Ce réactif précipite l'arsenic, l'antimoine, l'étain, l'or, le platine, le molybdène, le sélénium, le tellure, le mercure, le plomb, l'argent, le bismuth, le cuivre, le cadmium. *On filtre*. Les sulfures des premiers éléments ci-dessus, jusqu'au tellure inclusivement, sont solubles dans le sulfhydrate d'ammoniaque. On peut donc les dissoudre tous ensemble, en chauffant le précipité avec du sulfhydrate d'ammoniaque. *On filtre* de nouveau. On traite la liqueur filtrée pour séparer l'arsenic, l'antimoine, etc., au moyen de leurs réactions spéciales. Restent, sur le filtre, des sulfures insolubles dans le sulfhydrate d'ammoniaque. On traite séparément cette partie insoluble pour trouver ce qu'elle renferme. Il s'agit maintenant de reprendre le liquide qui baignait le précipité formé par l'hydrogène sulfuré, liquide qui a été séparé par la première filtration. On traite ce liquide par l'ammoniaque et le sulfhydrate d'ammoniaque, en présence du chlorhydrate d'ammoniaque. Il se forme un précipité qui contient le nickel, le cobalt, le fer, l'uranium, le zinc, le manganèse, le thallium, à l'état de sulfures, l'oxyde de chrome, l'alumine, la glucine, des borates, des phosphates, des oxalates terreux et des fluorures. *On filtre*. Les corps qui viennent d'être nommés restent sur le filtre. On les reprend ensuite pour les séparer les uns des autres. Nous ne pouvons entrer ici dans le détail des réactions au moyen desquelles on obtient ces résultats. La liqueur filtrée contient les terres alcalines et les alcalis. On sépare le premier groupe du second par le phosphate de soude, après avoir décomposé le sulfhydrate d'ammoniaque par l'acide chlorhydrique et ajouté de l'ammoniaque jusqu'à réaction alcaline.

Au nombre des réactions par la voie sèche se trouvent les réactions que l'on peut produire à l'aide du chalumeau, soit par la simple action de la flamme, réductrice ou oxydante, soit en faisant intervenir quelques réactifs, et en se servant des colorations que divers métaux communiquent à la perle de borax, à la perle de sel de phosphore ou à la flamme. Certaines réactions au chalumeau sont assez sensibles pour servir même à opérer des dosages. Ainsi on peut doser l'or et l'argent après les avoir réduits par le chalumeau. Le dosage de ces deux métaux, à l'aide du chalumeau, a été porté à sa dernière perfection par un chimiste italien, M. Frederic Craveri. En se servant d'un micromètre de son invention, il arrive à mesurer des boutons d'argent ou d'or qui ne pèsent que 1 dix-millionième de gramme.

Le chalumeau n'est pas indispensable pour produire, avec de petites quantités de matière, les réactions à haute température. On peut se servir tout simplement de la flamme du bec de gaz de Bunsen. En tenant la matière, au moyen d'un fil de platine ou d'amiante, dans la flamme oxydante, on peut obtenir sur un tesson de porcelaine tenu plus haut des enduits d'oxydes volatils; on transforme ensuite ces oxydes en iodures en les exposant à des vapeurs d'acide iodhydrique; l'enduit d'iodure à son tour peut se transformer en sulfure; il n'y a qu'à diriger dessus un courant d'air chargé de sulfhydrate d'ammoniaque. De même, on obtiendra, au moyen de la flamme réductrice et de la matière posée au bout d'un fil d'amiante, des enduits de métaux ou de métalloïdes volatils. D'autres métaux se réduisent sur une allumette carbonisée et imprégnée de carbonate de soude. Ces réactions, excessivement sensibles, peuvent servir à compléter et à contrôler l'analyse par la voie humide. Elles n'exigent qu'un petit outillage dont on trouvera la description dans la traduction, par M. Ch. Baye, du *Précis d'analyse qualitative, voie humide et réactions de la flamme selon Bunsen*, par le Dr Vincenz Wartha.

RÉACTIONNAIRE (*réaction*), *adj.* 2 *g.* Qui caractérise la réaction : *Idée réactionnaire.* — *S.* Partisan de la réaction.

READING, 32 000 hab., cap. du Berkshire (Angleterre). Toiles, rubans, fabrique de biscuits Palmers connus dans le monde entier.

***RÉADJUDICATION** (pfx. *ré* + *adjudication*), *sf.* Nouvelle adjudication.

***RÉADMETTRE** (pfx. *ré*+*admettre*), *vt.* Admettre de nouveau. — **Dér.** *Réadmission.*

***RÉADMISSION** (pfx. *ré*+*admission*), *sf.* Nouvelle admission.

RÉAGIR (pfx. *ré* + *agir*), *vi.* Agir en sens contraire d'une action reçue. — Fig. Résister à : *Réagir contre une tendance funeste.* ‖ Produire une réaction chimique : *Le chlore réagit sur les composés hydrogénés.* — **Dér.** *Réactif, réaction, réactionnaire.*

***RÉAIMANTER** (pfx. *ré* + *aimanter*), *vt.* Aimanter de nouveau.

RÉAJOURNEMENT (*réajourner*), *sm.* Action d'ajourner de nouveau.

RÉAJOURNER (pfx. *ré* + *ajourner*), *vt.* Ajourner de nouveau. — **Dér.** *Réajournement.*

1. **RÉAL, ALE** (dh. de *royal*), *adj.* Royal. ‖ *Galère réal*, la principale des galères du roi. ‖ *La Réale*, *sf.* Galère réservée au roi et aux princes du sang et, en leur absence, au général des galères. Elle est représentée au t. Ier, p. 778. — Même famille que *Royal.*

2. **RÉAL**, *sm.* ou **RÉALE** (esp. *real*, royal), *sf.* Monnaie espagnole en argent qui vaut 25 centimes. — Pl. *des réaux* (*m.*) ou des *réales* (*f.*). Le paysan bas breton compte encore par réaux : il ne dit pas *un franc*, mais *pewar real*, quatre réaux.

REALEJO, bon port du Nicaragua sur l'océan Pacifique; beaux chantiers.

RÉALGAR (ar. *rehdj-al-ghar*, poudre de caverne), *sm.* Le sulfure rouge d'arsenic. C'est un minéral rouge aurore, translucide et quelquefois transparent, doué d'un éclat résineux, composé de soufre et d'arsenic, et ayant pour formule AsS. Sa cassure est vitreuse. Ce corps est tendre au point d'être rayé par l'ongle; il est assez fragile pour qu'on puisse l'écraser sous les doigts. Il cristallise en prismes obliques, à base rhombe. Sa densité est 3,55. Ce minéral, exposé à la lumière, se désagrège peu à peu en une poudre d'un rouge jaunâtre. Le réalgar volatilisé est jaune foncé ou rouge. Ce minéral, chauffé sur le charbon, fond et brûle avec une flamme d'un jaune blanc, en dégageant des vapeurs très vénéneuses. L'eau régale l'attaque et laisse du soufre; la lessive de potasse chaude l'attaque et laisse un sous-sulfure brun foncé. On emploie rarement le réalgar naturel; mais on emploie, notamment pour la peinture à l'huile, un produit artificiel que l'on obtient en fondant ensemble du soufre et de l'acide arsénieux.

RÉALISABLE (*réaliser*), *adj.* 2 *g.* Susceptible d'être réalisé : *Projet réalisable.*

RÉALISATION (*réaliser*), *sf.* Action de réaliser. ‖ *Cause de réalisation*, celle qui, dans un contrat de mariage, exclut de la communauté tout ou partie des meubles. Elle est usitée lorsque l'un des conjoints n'a que des meubles qui tomberaient dans la communauté, tandis que l'autre n'a que des immeubles qu'il conserve en propre. Elle maintient l'égalité entre les époux sous le rapport financier.

RÉALISER (bl. *realis*, réel), *vt.* Rendre réel, accomplir : *Réaliser ses promesses.* ‖ Supposer à un être abstrait une existence réelle. ‖ *Réaliser sa fortune* ou *réaliser*, échanger ce que l'on possède contre de l'argent comptant. — **Se réaliser**, *vr.* Devenir réel. ‖ Être fait, être accompli. — **Dér.** *Réalisable, réalisation, réalisme, réaliste.*

RÉALISME (*réaliser*), *sm.* Doctrine philosophique du moyen âge qui consistait à regarder les idées abstraites comme des êtres réels, et était opposée au *nominalisme;* c'était la doctrine de saint Anselme et de Guillaume de Champeaux. ‖ Opinion des artistes et des littérateurs contemporains qui veulent qu'on représente la nature telle qu'elle est et sans y introduire l'idéal. (Néol.)

RÉALISTE (*réel*), *sm.* Partisan du réalisme en philosophie, en littérature et dans les beaux-arts. — *Adj.* La doctrine réaliste.

RÉALITÉ (bl. *realis*, réel), *sf.* Existence réelle. ‖ Chose réelle : *Prendre une image pour la réalité.* ‖ L'état vrai et exact des choses : *Sachons envisager la réalité.* — EN RÉALITÉ, *loc. adv.* Réellement.

RÉALMONT, 3 022 hab. Ch.-l. de c., arr. d'Albi (Tarn).

RÉAPPARITION (pfx. *ré* + *apparition*), *sf.* Action d'apparaître de nouveau.

RÉAPPEL (*sm.* de *réappeler*), *sm.* Second appel.

RÉAPPELER (pfx. *ré* + *appeler*), *vt.* Recommencer l'appel. ‖ Interjeter un nouvel appel en justice. — **Dér.** *Réappel.*

RÉAPPOSER (pfx. *ré* + *apposer*), *vt.* Apposer de nouveau. — **Dér.** *Réapposition.*

RÉAPPOSITION (pfx. *ré* + *apposition*), *sf.* Action d'apposer de nouveau.

RÉASSIGNATION (pfx. *ré* + *assignation*, *sf.* Seconde assignation devant un juge.

RÉASSIGNER (pfx. *ré* + *assigner*, *vt.* Assigner de nouveau. — **Dér.** *Réassignation.*

***RÉASSURANCE** (pfx. *ré* + *assurance*), *sf.* Acte par lequel l'assureur fait assurer par d'autres les effets qu'il a assurés; de son côté l'assuré peut faire assurer le coût de l'assurance. La prime de réassurance peut être moindre ou plus forte que celle de l'assurance.

***RÉASSURER** (pfx. *ré* + *assurer*), *vt.* Faire une réassurance. — **Dér.** *Réassurance, réassureur.*

***RÉASSUREUR** (*réassurer*), *sm.* Celui qui réassure.

RÉATTELER (pfx. *ré* + *atteler*), *vt.* Atteler de nouveau.

REATU (IN) [ré-a-tu]. Expression latine qui s'employait dans cette phrase de palais : *Être in reatu*, être accusé et prévenu d'un crime.

RÉAUMUR (1683-1757), célèbre physicien et naturaliste français, donna son nom à un thermomètre et fit de remarquables observations sur les insectes.

REBAIS, 1 247 hab. Ch.-l. de c., arr. de Coulommiers (Seine-et-Marne). Culture de l'osier.

REBAISSER (pfx. *re*+*baisser*), *vt.* Baisser de nouveau.

REBANDER (pfx. *re*+*bander*), *vi.* Bander de nouveau un arc, un ressort. ‖ Mettre un nouveau bandage à une blessure.

REBAPTISANTS (*rebaptiser*), *smpl.* Les chrétiens qui, au IIIe siècle, soutenaient qu'il fallait rebaptiser ceux qui avaient été baptisés par des hérétiques. ‖ Les anabaptistes.

REBAPTISER (pfx. *re*+*baptiser*), *vt.* Baptiser de nouveau. — **Dér.** *Rebaptisants.*

RÉBARBATIF, IVE (pfx. *re* + *barbe*), *adj.* Repoussant comme quelqu'un qui a une barbe extraordinaire. ‖ Bourru : *Homme, visage rébarbatif.* — **Gr.** On ne dit plus *rébarbaratif.*

REBÂTIR (pfx. *re* + *bâtir*), *vt.* Bâtir de nouveau. — **Se rebâtir**, *vr.* Être rebâti.

REBATTRE (pfx. *re* + *battre*), *vt.* Battre de nouveau : *Rebattre un matelas*, refaire un matelas après en avoir battu et cardé la laine. ‖ *Rebattre un tonneau*, en resserrer les douves en frappant sur les cerceaux pour les rapprocher de la bonde. — Fig. Répéter plusieurs fois d'une manière fatigante : *Rebattre une histoire aux oreilles de quelqu'un.* — **Dér.** *Rebattu, rebattue.*

REBATTU, UE (*rebattre*), *adj.* Trop souvent répété : *Un proverbe rebattu.* ‖ *Être rebattu, avoir les oreilles rebattues d'une chose*, être fatigué d'en entendre parler.

REBAUDIR (pfx. *re* + *ébaudir*), *vt.* Encourager les chiens par des caresses. — *Vi.* Relever la queue en parlant des chiens.

REBEC ou **RUBÈBE** (vx fr. *rebebe*; de l'ar. *rabâl*), *sm.* Violon à trois cordes avec archet. Ménage fait venir le mot de l'arabe *rebab*, désignant un instrument analogue; d'autres lui donnent pour origine le mot *reber* (violon). Le rebec est très ancien, il servait au moyen âge dans les noces avec le tambourin à escorter les mariés. Autrefois, on employait l'expression proverbiale de *tête de rebec* à propos d'un laid visage, parce que la volute du manche de cet instrument était généralement ornée d'une tête grotesque.

REBEC

RÉBECCA, fille de Bathuel, femme d'Isaac, mère d'Esaü et de Jacob.

REBELLE (l. *rebellem* : du pfx. *re* + *bellum*, guerre), *adj.* 2 *g.* Qui se révolte contre une autorité légitime : *Troupes rebelles.* ‖ *Les esprits rebelles*, les démons. — Fig. Qui ne se soumet pas à une puissance morale : *Penchant rebelle à la volonté.* ‖ Qui ne cède pas aux remèdes : *Maladie rebelle.* ‖ Dont on n'est pas maître : *Langue rebelle.* ‖ Qui ne fond pas facilement : *Métal rebelle.* — *S.* 2 *g.* Une personne révoltée : *Punir les rebelles.* — **Dér.** *Rébeller, rebellion.*

RÉBELLER (SE) (*rebelle*), *vr.* Se révolter. ‖ Ne pas obéir.

RÉBELLION (l. *rebellionem*), *sf.* Révolte. ‖ Action de s'opposer par la force à l'exécution des ordres de la justice : *Acte de rébellion.* ‖ Résistance avec violences et voies de fait envers les officiers ou agents chargés d'exécuter les lois, les actes de l'autorité publique, les mandements de justice. Elle est considérée comme crime ou délit, selon les circonstances de l'accomplissement; elle est plus ou moins sévèrement punie, selon qu'elle est l'acte de moins de 3 personnes, de 3 à 20 personnes, de plus de 20 personnes, armées ou sans armes.

REBÉNIR (pfx. *re* + *bénir*), *vt.* Bénir de nouveau.

REBÉQUER (SE) (pfx. *re* + *bec*), *vr.* Répondre d'une manière inconvenante à un supérieur (*vx*). — **Gr.** *Bé* devient *bè* devant une syllabe muette, excepté au futur et au conditionnel : Je rebèque; je rebéquerai, je rebéquerais.

REBER (NAPOLÉON-HENRI) (1807-1880). Compositeur distingué et professeur. Il était membre de l'Académie des beaux-arts et professeur au Conservatoire.

REBIFFER (SE) (pfx. *re* + *biffe*, étoffe), *vr.* Refuser d'acquiescer, d'obéir.

***REBINAGE** (pfx. *re* + *binage*), *sm.* Second binage.

***REBINER** (pfx. *re* + *biner*), *vt.* Biner de nouveau. — **Dér.** *Rebinage.*

REBLANCHIR (pfx. *re* + *blanchir*), *vt.* Blanchir de nouveau.

REBOISEMENT (*reboiser*), *sm.* Action de reboiser : *Le reboisement ne ferait pas cesser les inondations.*

REBOISER (pfx. *re* + *boiser*), *vt.* Planter des arbres dans un terrain où il y avait déjà ou un bois : *On reboise les pentes des montagnes pour en empêcher le ravinement.* — **Dér.** *Reboisement.*

REBONDI, IE (*rebondir*), *adj.* Arrondi par la graisse : *Ventre rebondi.* ‖ Convexe et élastique : *Coussin rebondi.*

REBONDIR (pfx. *re* + *bondir*), *vi.* Faire un ou plusieurs bonds : *L'avalanche rebondit* *de rocher en rocher.* — **Dér.** *Rebondi, rebondie, rebondissant, rebondissante, rebondissement.*

***REBONDISSANT, ANTE** (*rebondir*), *adj.* Qui rebondit.

REBONDISSEMENT, *rebondir*), *sm.* Action d'un corps qui rebondit.

REBORD (pfx. *re+bord*), *sm.* Bord élevé et saillant d'un objet : *Le rebord d'un puits, d'une assiette.* || Bord replié, renversé : *Le rebord d'une manche.* — **Dér.** *Reborder.*

REBORDER (*rebord*), *vt.* Mettre un nouveau bord : *Reborder un paletot.*

REBOTTER (pfx. *re+botter*), *vt.* Botter de nouveau. — **Se rebotter**, *vr.* Remettre ses bottes.

REBOUCHER (pfx. *re+boucher*), *vt.* Boucher de nouveau : *Reboucher une bouteille.* — **Se reboucher**, *vr.* S'obstruer : *Ce tuyau se rebouche.*

REBOUILLIR (pfx.*re+bouillir*),*vi.* Bouillir de nouveau.

REBOUL (Jean) (1796-1864), né à Nîmes, poète et boulanger, constituant de 1848.

1. **REBOURS** (bl. *reburrum*, hérissé), *sm.* Le contre-poil d'une étoffe. || Le contraire d'une chose : *Son raisonnement est le rebours du bon sens.* — A rebours, au rebours, *loc. adv.* A contre-poil. || En sens contraire : *Interpréter tout à rebours.* — **Dér.** *Rebours* 2.

2. **REBOURS, OURSE** (bl. *reburrum*, hérissé), *adj.* Peu traitable. || Bourru.

***REBOUTER** (pfx. *re + bouter*), *vt.* Remettre les entorses, les luxations, les fractures sans être médecin. — **Dér.** *Rebouteur, rebuter.*

REBOUTEUR (*rebouter*), *sm.* Celui qui, sans être médecin, fait le métier de remettre les entorses, les luxations, les fractures : *Il ne faut pas se fier aux rebouteurs.*

REBOUTONNER (pfx. *re + boutonner*), *vt.* Boutonner de nouveau. — **Se reboutonner**, *vr.* Reboutonner son vêtement.

REBRIDER (pfx. *re+brider*), *vt.* Brider de nouveau.

REBROCHER (pfx. *re + brocher*), *vt.* Brocher de nouveau.

REBRODER (pfx.*re+broder*), *vt.* Broder sur ce qui est déjà brodé. || Refaire une broderie.

REBROUSSEMENT (*rebrousser*), *sm.* Action de rebrousser. || État de ce qui rebrousse. || *Point de rebroussement*, endroit où une courbe s'arrête brusquement pour repartir dans une autre direction.

REBROUSSER (vx fr. *rebrosser*, du pfx. *re + brosser*), *vt.* Relever les cheveux, les poils en sens contraire de leur inclinaison naturelle. — Fig. *Rebrousser chemin*, retourner tout à coup en arrière. — *Vi.* Retourner sur ses pas. || Ne pas pénétrer, en parlant d'un instrument tranchant : *Un os fait rebrousser le glaive.* — **Se rebrousser**, *vr.* Ne pas pénétrer. — A rebrousse poil, *loc. adv.* A contre-poil, à contre-sens. — **Dér.** *Rebroussement.*

REBUFFADE (ital. *rabbuffo*), *sf.* Mauvais accueil. || Refus accompagné de paroles dures ou outrageantes : *Essuyer des rebuffades.*

RÉBUS [ré-bu-ce] (ml. emprunté au titre d'une satire que publiaient au carnaval les basochiens picards : *De rebus quæ geruntur*, des choses qui se font), *sm.* Représentation d'un mot, d'une phrase par des figures ou des signes dont les noms correspondent pour le son à ce mot, à cette phrase. Ex. : G les O K C. J'ai les os cassés. || Équivoque, mauvais jeu de mots, mauvaise plaisanterie.

REBUT, *svm.* de *rebuter*. Refus d'accueillir. || Action de repousser : *Essuyer des rebuts.* || Ce dont on ne veut point. || Ce qu'il y a de plus mauvais : *Marchandise de rebut.* || *Mettre une chose au rebut*, ne plus vouloir en faire usage.

REBUTANT, ANTE (*rebuter*), *adj.* Décourageant : *Besogne rebutante.* || Déplaisant, outrageant : *Accueil rebutant.*

REBUTER (db. de *rebouter*), *vt.* Mal accueillir ou refuser d'accueillir : *Rebuter un solliciteur.* || Ne pas vouloir accepter : *Rebuter une pièce de monnaie.* || Décourager, dégoûter : *La difficulté de l'entreprise le rebute.* || Déplaire, choquer : *Sa mine rebute.* — **Se rebuter**, *vr.* Se décourager. — **Dér.** *Rebut, rebutant, rebutante, rebouter, rebouteur.*

RECACHER (pfx. *re + cacher*), *vt.* Cacher de nouveau. — **Se recacher**, *vr.* Se cacher de nouveau.

RECACHETER (pfx. *re + cacheter*), *vt.* Cacheter de nouveau une lettre qui a été décachetée. — **Gr.** Ce verbe se conjugue comme *Cacheter.*

RÉCALCITRANT, ANTE (*récalcitrer*), *adj.* et *s.* Qui résiste avec humeur, opiniâtreté : *On punira les récalcitrants.*

RÉCALCITRER (pfx. *re* + l. *calcitrare*, ruer), *vi.* Ruer. — Fig. Résister avec opiniâtreté.

RÉCAMIER (Mme) (1777-1849), femme célèbre par sa beauté et dont le salon à l'Abbaye au Bois et à Paris était fréquenté par les hommes de lettres les plus célèbres, surtout par Chateaubriand.

RÉCAPITULATION (l. *recapitulationem*), *sf.* Court résumé. || Examen rétrospectif de ce qu'on a pensé, dit ou fait : *Faire la récapitulation de son voyage.*

RÉCAPITULER (l. *recapitulare*), *vt.* Résumer, redire, passer en revue sommairement : *Récapituler ce qu'on a fait dans la journée.* — **Dér.** *Récapitulation.*

RECARDER (pfx. *re+carder*), *vt.* Carder de nouveau.

RÉCARÈDE Ier, roi des Wisigoths de 586 à 601, épousa une fille de Sigebert et de Brunehaut, conserva la Septimanie malgré les attaques de Gontran, et décida son peuple à abjurer l'arianisme en 587.

***RECARRELER** (pfx. *re + carreler*), *vt.* Carreler de nouveau. || Raccommoder des souliers, des bottes. — **Gr.** Ce verbe se conjugue comme *Carreler.*

RECASSER (pfx. *re + casser*), *vt.* Casser de nouveau un objet raccommodé.

RECÉDER (pfx. *re+céder*), *vt.* Céder à quelqu'un ce qu'on tenait de lui. || Revendre ce qu'on vient d'acheter.

RECEL, *svm.* de *receler*. Action de celui qui reçoit en dépôt des choses qu'il sait avoir été dérobées, ou qui donne retraite à des coupables. Les héritiers qui recèlent les effets d'une succession n'y peuvent plus renoncer, ni profiter du bénéfice d'inventaire. Les individus qui recèlent des choses détournées ou obtenues par un crime ou par un délit, sont punis comme complices dudit crime ou délit. Ceux qui ont recélé des espions ou des soldats ennemis sont punis de mort. La loi punit encore ceux qui recèlent des insoumis, des criminels, des cadavres d'individus tués. Celui qui, dans l'intérêt d'un failli, recèle une partie de ses meubles ou immeubles est, comme le banqueroutier frauduleux, passible des travaux forcés à temps.

RECELÉ, *spm.* de *receler*. Action de receler les effets d'une société, d'une succession.

RECÈLEMENT (*receler*), *sm.* Action de receler.

RECÉLER (pfx. *re + celer*), *vt.* Cacher, renfermer, contenir : *L'Australie recèle des mines d'or.* || Garder et cacher chez soi une chose que l'on sait avoir été volée. || Cacher chez soi des personnes à qui la loi défend de donner asile : *Recéler un proscrit.* — **Gr.** *Cé* devient *cè* devant une syllabe muette, excepté au futur et au conditionnel : Je recèle; je recélerai, je recélerais. — **Dér.** *Recel, recélé, recèlement, receleur, receleuse.*

RECÉLEUR, EUSE (*receler*), *s.* Personne qui cache chez elle des objets qu'elle sait avoir été volés ou quelqu'un à qui la loi défend de donner asile.

RÉCEMMENT (*récent* + sfx. *ment*), *adv.* Depuis peu, dernièrement.

RECENSEMENT (*recenser*), *sm.* Opération administrative qui a pour but de déterminer le nombre des habitants d'un pays, celui de chaque espèce de bestiaux, des suffrages que chaque candidat a obtenus dans une élection, etc. En France, le premier recensement général eut lieu en 1800; l'opération fut renouvelée en 1805, 1820 et 1831; depuis cette date il a lieu tous les cinq ans; l'administration fait relever le sexe, l'état civil, l'âge, le culte, la nationalité, les infirmités extérieures. Le chiffre de la population sert à établir la contribution des portes et fenêtres et, celle dite mobilière, la patente fixe, le droit d'entrée sur les boissons, le nombre des députés à élire par département. La population totale, qui était, en 1881, de 37 672 048 habitants, s'est élevée en 1886 à 38 218 903 habitants; dans ce dernier total les étrangers figuraient pour 1 115 214 habitants. || Nouvelle vérification de comptes, de marchandises.

RECENSER (l. *recensere*), *vt.* Faire un recensement : *Recenser les votes.* — **Dér.** *Recensement, recension, recenseur.*

***RECENSEUR** (*recenser*), *sm.* Celui qui est chargé de faire un recensement.

***RECENSION** (l. *recensionem*), *sf.* Comparaison d'une édition d'un auteur ancien avec les manuscrits. || Texte fixé par un critique.

RÉCENT, ENTE (l. *recentem*), *adj.* Qui a été fait ou est arrivé il y a peu de temps : *Blessure récente, événement récent.* || *Avoir la mémoire récente d'une chose*, s'en souvenir comme si elle venait d'avoir lieu. — **Dér.** *Récemment.*

RECEPAGE (*receper*), *sm.* Action de receper; son résultat.

RECEPÉE (*receper*), *spf.* de *receper*. La partie d'un bois qui a été recepé.

RECEPER (pfx. *re+cep*), *vt.* Couper la tige d'un arbre fruitier ou d'une essence de bois blanc au-dessus du collet de la racine pour lui faire produire une tige plus droite, plus vigoureuse et surtout pour gagner du temps. — **Gr.** *Ce* devient *cè* devant une syllabe muette : Je recèpe, je recèperai. — **Dér.** *Recepée, recepage.*

RÉCÉPISSÉ (l. *recepisse*, avoir reçu), *sm.* Écrit par lequel on reconnaît avoir reçu des papiers, des pièces, de l'argent, etc. — Pl. *des récépissés.*

RÉCEPTACLE (l. *receptaculum*: de *recipere*, recevoir), *sm.* Lieu, cavité où se rassemblent des choses venues de divers endroits : *Une citerne est le réceptacle des eaux pluviales.* || Se dit d'un endroit où se réunissent des personnes : *Cette caverne est un réceptacle de bandits.* || L'extrémité plus ou moins élargie du pédoncule et sur laquelle sont insérées les diverses parties d'une fleur. (Bot.)

***RÉCEPTEUR** (l. *receptorem*), *sm.* Appareil de télégraphie électrique ou optique, destiné à recevoir les signaux envoyés par la manipulation.

RÉCEPTION (l. *receptionem*), *sf.* Action de recevoir un paquet, une lettre, des marchandises, etc. || *Accuser réception d'une lettre*, avertir l'auteur qu'on l'a reçue. || Manière dont on reçoit une personne, accueil : *Une réception cordiale.* || Action de recevoir à jour fixe plusieurs personnes à la fois, avec un certain cérémonial : *Les réceptions ont lieu tous les lundis à la présidence.* || Cérémonie par laquelle une personne est installée dans une charge ou reçue dans une société : *La réception d'un nouvel académicien.* || Action d'accepter, de jouer une nouvelle pièce de théâtre. || Vérification et acceptation d'un travail fait par adjudication : *La réception d'un pont.*

RECERCLER (pfx. *re + cercler*), *vt.* Action de remettre des cerceaux : *Recercler un tonneau.*

RECETTE (l. *recepta*, chose reçue), *sf.* Ce qui est reçu en argent, en papier monnaie, en effets commerciaux, etc. : *Faire une bonne recette.* || Action de recevoir de l'argent, des valeurs, etc., au nom de quelqu'un : *Un commis de recette.* || Fonction de celui qui, dans chaque département, recevait les contributions dues à l'État avant la création des trésoriers-payeurs généraux; son bureau. || *Recette générale*, le bureau où est centralisé le produit des contributions d'un département. || *Recette particulière*, le bureau où est centralisé le produit des contributions d'un arrondissement. || Formule d'un médicament : *La recette du vin antiscorbutique.* || Procédé pour faire une chose : *Recette pour faire des confitures.* || Méthode pour se conduire en affaires, dans le monde : *Enseignez-moi une recette pour devenir riche.*

RECEVABILITÉ (*recevable*), *sf.* Qualité de ce qui est recevable : *La recevabilité d'une réclamation.*

RECEVABLE (*recevoir*), *adj. 2 g.* Que sa qualité rend acceptable, admissible : *Les Français sont recevables à tous les emplois.* || *Être déclaré non recevable dans sa demande,* voir sa demande repoussée par un tribunal comme étant inadmissible légalement.

RECEVEUR, EUSE (*recevoir*), *s.* Celui, celle qui reçoit de l'argent, des denrées pour le compte du gouvernement ou d'un particulier. || *Receveur général,* le fonctionnaire préposé autrefois à une recette générale, résidant au chef-lieu du département; un décret du 21 novembre 1865 a réuni les fonctions distinctes de *receveur général* et de *payeur* pour les confier à un seul fonctionnaire dit *trésorier-payeur général.* (V. *Trésorier.*) || *Receveur particulier,* le fonctionnaire préposé à une recette particulière. || *Receveur des contributions,* percepteur. || *Receveur de l'enregistrement et des domaines,* celui qui est chargé de recevoir les droits dus pour l'enregistrement d'un acte. || *Receveur municipal,* agent chargé des recettes et des dépenses dans une commune; cette fonction est remplie par le percepteur ou par un agent spécial, si le conseil municipal le demande.

RECEVOIR (l. *recipere*), *vt.* Accepter, prendre ce qui est donné, offert, fourni, envoyé : *Recevoir un cadeau, une satire, une lettre.* || Être payé de ce qui est dû : *Recevoir le montant d'une facture, ses appointements.* || Être favorisé d'une chose : *Il a reçu du ciel une grande intelligence. Recevoir des compliments.* || Être atteint de : *Recevoir une blessure, une injure.* || Être élevé à une charge, une dignité, s'en voir conférer les insignes : *Recevoir le chapeau de cardinal.* || Être celui à qui l'on transmet : *Recevoir un ordre, de l'instruction.* || Subir, éprouver : *Recevoir des modifications.* || Se soumettre : *Recevoir des lois.* || Tirer, emprunter, faire venir de : *Cette chambre reçoit son jour du plafond. La France reçoit du blé d'Odessa.* || Servir de réceptacle : *Ce bassin reçoit l'eau des gouttières.* || Saisir, intercepter, retenir : *Recevoir un blessé dans ses bras.* || Agréer : *Recevoir des excuses.* || Admettre comme vrai, convenable : *Cela est reçu partout.* || Admettre chez soi : *Il est reçu dans cette maison.* || Accueillir : *On l'a mal reçu.* || *Recevoir visite,* être visité par quelqu'un. || Offrir un refuge chez soi : *Recevoir un proscrit.* || Admettre dans un corps, une société, à un grade : *Il fut reçu bachelier.* || Être considéré comme jouissant d'un droit : *Être reçu à réclamer.* || Installer dans une charge, une dignité avec le cérémonial habituel. || Procéder à la réception d'un travail fait par adjudication : *Recevoir un chemin de fer.* — **Se recevoir,** *vr.* Être reçu. — **Gr.** Radical *recev* devant une syllabe sonore; *reçoiv* devant une syllabe muette ou une consonne : Je reçois, tu reçois, il reçoit, n. recevons, v. recevez, ils reçoivent; je recevais; je reçus, n. reçûmes, v. reçûtes; je recevrai; reçois, recevons, recevez; que je reçoive, que tu reçoives, qu'il reçoive, que n. recevions, que v. receviez, qu'ils reçoivent; que je reçusse, qu'il reçût; recevant; reçu, ue. — **Dér.** *Reçu* 1, 2 et 3, *récépissé, recevable, recevabilité, receveur, receveuse, recette, réception, réceptacle, récipé, récipient, récipiendaire.*

RECEY-SUR-OURCE, 931 hab. Ch.-l. de c., arr. de Châtillon (Côte-d'Or). Ch. de fer de l'E.

RECEZ (l. *recessum,* retraite), *sm.* Procès-verbal des délibérations de l'ancienne diète germanique, ou d'une convention diplomatique au moment de se séparer.

***RÉCHABITES** [ré-ka-bite], sorte de moines juifs qui habitaient sous des tentes, ne buvaient point de vin, ne cultivaient point la terre.

RÉCHAMPIR (pfx. *re* + *échampir*), *vt.* Échampir.

RECHANGE (*svm.* de *rechanger*), *sm.* Se dit d'objets qu'on tient en réserve pour remplacer au besoin d'autres objets semblables : *La pointe de rechange d'un compas.* || Prix du change, d'une retraite. || Les rechanges d'un navire.

***RECHANGER** (pfx. *re* + *changer*), *vt.* Changer de nouveau. — **Se rechanger,** *vr.* Être rechangé. || Changer de vêtements. — **Dér.** *Rechange.*

RÉCHAPPER (pfx. *re*+*échapper*), *vi.* Se tirer d'un grand péril, d'une maladie. — *Vt.* Tirer d'un grand péril, d'une maladie : *Le médecin a réchappé son malade.*

RECHARGEMENT (*recharger*), *sm.* Action de recharger une voiture, de remettre du caillou sur un chemin macadamisé, du ballast sur une voie ferrée.

RECHARGER (pfx. *re* + *charger*), *vt.* Imposer de nouveau une charge. || Charger de nouveau une arme à feu : *Recharger son fusil.* || Faire une nouvelle charge contre l'ennemi. || Faire le rechargement d'une route, d'un chemin de fer. || Ajouter du fer à un outil, à un organe usé d'une machine : *Recharger une pioche.* || Hacher et refaire à neuf les parties détériorées d'un plafond, d'un enduit. — **Se recharger,** *vr.* Reprendre son fardeau. — **Dér.** *Rechargement.*

RECHASSER (pfx. *re* + *chasser*), *vt.* Mettre à la porte de nouveau. || Repousser d'un lieu dans un autre : *Rechasser ses chiens dans la basse-cour.* — *Vi.* Aller de nouveau à la chasse.

RÉCHAUD, *svm.* du vx fr. *réchauder.* Sorte de chaufferettes pour les mains et les pieds. || Ustensile en métal ou en terre chauffé intérieurement qu'on met sur la table

RÉCHAUD

pendant le repas et sur le couvercle duquel on pose les plats pour les tenir chauds. || Fumier frais dont on borde une couche de jardin pour la réchauffer.

***RÉCHAUFFAGE** (*réchauffer*), *sm.* Action de réchauffer.

***RÉCHAUFFÉ,** *spm.* de *réchauffer.* Vieillerie qu'on veut faire passer pour une nouveauté : *C'est du réchauffé.*

RÉCHAUFFEMENT (*réchauffer*), *sm.* Action de réchauffer. || Fumier frais dont on borde une couche de jardin.

RÉCHAUFFER (pfx. *re* + *échauffer*), *vt.* Chauffer ce qui était refroidi : *La poule réchauffe ses poussins.* || *Réchauffer une couche de jardin,* y mettre du fumier neuf. — Fig. Ranimer : *Réchauffer les courages.* — **Se réchauffer,** *vr.* Se chauffer le corps, se ranimer. — **Dér.** *Réchauffé, réchauffement, réchauffage, réchauffoir.*

RÉCHAUFFOIR (*réchauffer*), *sm.* Partie d'un poêle de salle à manger où l'on fait réchauffer les plats apportés de la cuisine.

RECHAUSSER (pfx. *re* + *chausser*), *vt.* Chausser de nouveau : *Rechausser un enfant.* || Remettre de la terre au pied d'un arbre, d'une plante. || *Rechausser un mur,* en refaire ou en consolider le pied. — **Se rechausser,** *vr.* Remettre ses chaussures.

RÊCHE (allem. *resche,* rude, cassant), *adj. 2 g.* Apre au goût : *Vin rêche.* || Rude au toucher : *Étoffe rêche.* — Fig. Bourru : *Homme rêche.* — **Dér.** *Rechigner, rechigné.*

RECHERCHE, *svf.* de *rechercher.* Action de rechercher : *La recherche d'une plante, de la vérité.* || Remplacement des tuiles qui manquent sur un toit. || Enquête judiciaire ou autre : *Faire une recherche sur un vol. La recherche de la paternité est interdite.* || Raffinement : *S'habiller avec recherche.* — *Pl.* Travaux de science ou d'érudition.

RECHERCHÉ, ÉE (*rechercher*), *adj.* Avec qui tout le monde désire se lier : *Homme recherché.* || Où il entre du raffinement : *Toilette recherchée.* || Empreint d'affectation : *Style recherché.*

RECHERCHER (pfx. *re* + *chercher*), *vt.* Chercher de nouveau. || Chercher avec soin : *Franklin rechercha la cause des orages.* || Tâcher de découvrir l'auteur d'un délit, d'un crime : *On recherche le coupable.* || Faire une enquête sur l'avis de quelqu'un. || Tâcher d'obtenir, de se procurer : *Rechercher la fortune.* || *Rechercher une femme en mariage,* faire des démarches pour l'épouser. || Désirer de connaître quelqu'un, de se lier avec lui : *Il recherche les savants.* — **Se rechercher** *vr.* Désirer de faire connaissance ensemble. — **Dér.** *Recherche, recherché, recherchée.*

RÉCHICOURT-LE-CHÂTEAU, 973 hab., ancien cant. de Sarrebourg (Meurthe). Aujourd'hui à l'Allemagne, qui l'appelle *Rixingen.* Ch. de fer de Nancy à Strasbourg.

RECHIGNÉ, ÉE (*rechigner*), *adj.* Peu avenant : *Mine rechignée.*

RECHIGNER (*rêche*), *vi.* Témoigner de la répugnance, de la mauvaise humeur en faisant la mine : *Rendre service sans rechigner.*

RECHOIR (pfx. *re* + *choir*), *vi.* Tomber de nouveau. — **Gr.** Ce verbe se conjugue comme *Choir.* — **Dér.** *Rechute.*

RECHUTE (anc. p. pass. de *rechoir*), *sf.* Seconde ou nouvelle chute. || Réapparition d'une maladie qu'on croyait guérie. || Retour à la même faute, à la même habitude vicieuse.

RÉCIDIVE (l. *recidivum,* qui retombe), *sf.* Réapparition d'une maladie complètement guérie après un temps quelquefois très long. || Action de retomber dans la même faute, dans le même crime : *On punit plus sévèrement une récidive.* — La récidive suppose une plus grande perversité, exige par suite une punition plus forte. Pour les contraventions, il n'y a récidive que si un premier jugement pour contravention a été rendu dans les 12 mois et dans le même ressort. Pour les crimes et délits, la récidive existe toujours. Comme la criminalité croissait d'une façon alarmante par la constance des récidives, l'opinion a reçu satisfaction par la loi du 27 mai 1885 qui prononce, dans des cas déterminés, la relégation (V. ce mot) des récidivistes. — **Dér.** *Récidiver, récidiviste.*

RÉCIDIVER (*récidive*), *vi.* Réapparaître en parlant d'une maladie. || Commettre la même faute, le même crime une seconde fois.

RÉCIDIVISTE (*récidive*), *sm.* Celui qui commet de nouveau un délit, un crime pour lequel il a déjà été condamné.

RÉCIF, RESCIF ou **RESSIF** (ar. *rasif,* chaussée dans l'eau, sur un chemin), *sm.* Chaîne de rochers situés à fleur d'eau dans la mer.

RÉCIPÉ (l. *recipe,* prends), *sm.* Ordonnance de médecin autrefois rédigée en latin et débutant par ce mot, ainsi abrégé, ℞. — Pl. *des récipés.*

RÉCIPIENDAIRE (l. *recipiendarium*), *sm.* Celui qu'on reçoit dans une compagnie avec une certaine solennité : *A l'Académie française, les récipiendaires font un discours de réception.*

RÉCIPIENT (l. *recipientem,* qui reçoit), *sm.* Vase destiné à recevoir le produit d'une distillation ou d'une volatilisation : *Le récipient d'un alambic.* || Cloche en verre posée sur le plateau d'une machine pneumatique et dans laquelle on fait le vide.

RÉCIPROCITÉ (l. *reciprocitatem*), *sf.* Caractère de ce qui est réciproque : *Une réciprocité d'affection.*

RÉCIPROQUE (l. *reciprocum*), *adj. 2 g.* Qui va dans un sens, puis dans l'autre : *Le mouvement réciproque d'un piston.* || *Termes réciproques,* équivalents. Ex. : *Singe* et *quadrumane.* || *Propositions réciproques,* qui sont telles que le sujet de la première peut devenir l'attribut de la seconde et l'attribut de la première le sujet de la seconde. Ex. : L'Afrique est la partie du monde la moins connue, la partie du monde la moins connue est l'Afrique. || Inverse : *En raison réciproque.* || Mutuel : *Jalousie réciproque.* || *Verbe réciproque,* verbe pronominal qui exprime l'action mutuelle de plusieurs sujets les uns sur les autres. Ex. : *Ces hommes se battent.* — *Sf.* La proposition inverse d'une autre. — **Dér.** *Réciproquement, réciprocité.*

RÉCIPROQUEMENT (*réciproque* + sfx. *ment*), *adv.* Inversement, mutuellement.

RÉCIT, *svm.* de *réciter.* La narration d'un fait : *Récit intéressant.* || Éloge : *Faire un grand récit de quelqu'un.* || Solo. (Mus.)

RÉCITANT, ANTE (*réciter*), *adj.* Se dit d'une voix qui chante seule, d'un instrument qui joue seul. (Mus.)

RÉCITATEUR (l. *recitatorem*), *sm.* Celui qui récite.

RÉCITATIF (*réciter*), *sm.* Chant non mesuré qui ne diffère de la parole qu'en ce que chaque syllabe est prononcée sur le ton d'une note de la gamme. On distingue le *recitativo obligato*, récitatif obligé, entremêlé de retournelles et de symphonies, *obligeant* le chanteur et l'orchestre à une mutuelle attention; 2° le *recitativo parlante* ou *secco*, récitatif parlant ou sec, qu'accompagnent seulement la basse et le piano, et qui est usité dans l'opéra bouffe italien; 3° le *recitativo stromentato*, le récitatif instrumental, perfectionné par Gluck, adopté par Rossini et les compositeurs français, jusqu'à l'apparition de Robert-le-Diable (1831).

RÉCITATION (l. *recitationem*), *sf.* Action de réciter.

RÉCITER (l. *recitare*), *vt.* Prononcer à haute voix un morceau de prose ou de vers que l'on sait par cœur : *Prononcer un discours.* ‖ Raconter : *Réciter une histoire.* ‖ Exécuter un récitatif. — **Se réciter**, *vr.* Être récité, raconté. — **Dér.** *Récit, récitant, récitante, récitateur, récitatif, récitation.*

RÉCLAMANT, ANTE (*réclamer*), *s.* Celui, celle qui présente en justice une réclamation.

RÉCLAMATION (l. *reclamationem*), *sf.* Action de réclamer : *Une réclamation juste.*

1. **RÉCLAME**, *svm* de *réclamer.* Cri, signe pour faire revenir au lieu ou sur le poing un oiseau dressé pour la chasse.

2. **RÉCLAME**, *svf.* de *réclamer.* Mot qu'on imprimait autrefois au bas d'une page et qu'on répétait au commencement de la page suivante. ‖ En plain-chant, partie des répons que l'on reprend après le verset. ‖ Petit article inséré dans le corps d'un journal et non parmi les annonces pour faire l'éloge d'un livre, d'un médicament, d'une marchandise. ‖ Tout moyen extraordinaire de publicité qu'on emploie pour donner de la vogue à une marchandise.

RÉCLAMER (pfx. *re* + *clamare*, crier), *vi.* Parler hautement contre : *Réclamer sur une décision.* ‖ Protester, revenir contre quelque acte : *Réclamer contre une extorsion de signature.* ‖ *Vt.* Demander instamment, implorer : *Réclamer l'indulgence.* ‖ Demander une chose à laquelle on a des droits : *Réclamer un essaim d'abeilles.* ‖ Rendre nécessaire : *Ce mal réclame un prompt remède.* ‖ Intervenir pour qu'on rende la liberté à une personne arrêtée. — **Se réclamer**, *vr.* *Se réclamer de quelqu'un*, dire qu'on peut se recommander d'elle. — **Dér.** *Réclamant, réclamante, réclame 1 et 2, réclamation.*

RECLOS, 1922 hect. Forêt domaniale de Meurthe-et-Moselle, peuplée de sapins, de hêtres et de chênes.

RECLOUER (pfx. *re*+*clouer*), *vt.* Clouer de nouveau.

RECLURE (l. *recludere*), *vt.* Renfermer quelqu'un et l'empêcher de communiquer avec qui que ce soit. — **Se reclure**, *vr.* Se renfermer et ne voir personne. — **Gr.** Usité seulement à l'infinitif et aux temps composés. — **Dér.** *Reclus, recluse, reclusion, reclusionnaire.*

RECLUS, USE (l. *reclusum*), *adj.* et *s.* Qui vit renfermé et sans communiquer avec personne. ‖ Qui ne sort point et ne veut voir personne.

RECLUS (Élisée), né en 1830 à Sainte-Foy-la-Grande (Gironde), l'un des plus célèbres géographes de notre temps. Disciple de Karl Ritter, dont il suivit les leçons à l'université de Berlin; familier avec presque toutes les langues de l'Europe, il a parcouru de 1852 à 1857 l'Angleterre, l'Irlande, les États-Unis, l'Amérique centrale et la Nouvelle-Grenade. Outre son *Voyage à la Sierra Nevada de Sainte-Marthe*, on lui doit *la Terre*, traité de géographie physique, et la *Nouvelle Géographie universelle.*

RECLUSION ou **RÉCLUSION** (*reclus*), *sf.* État d'une personne renfermée : *Ordonner la reclusion d'un aliéné.* ‖ Peine inflictive et infamante d'une durée de cinq à dix ans, qui consiste à être enfermé dans une maison de force et à y être employé à certains travaux. Elle emporte la dégradation civique, l'interdiction légale et la surveillance de la haute police pendant toute la vie.

***RECLUSIONNAIRE** ou **RÉCLUSIONNAIRE** (*reclusion*), *s. 2 g.* Personne condamnée à la reclusion.

RECOGNER (pfx. *re* + *cogner*), *vt.* Cogner de nouveau.

RÉCOGNITIF (du l. *recognitum*; reconnu), *adj. m. Acte récognitif*, acte par lequel on reconnaît une obligation, en rappelant le titre qui l'a créée.

***RÉCOGNITION** (l. *recognitionem*), *sf.* Action de reconnaître.

RECOIFFER (pfx. *re*+*coiffer*), *vt.* Coiffer une seconde fois. ‖ Réparer le désordre d'une coiffure. — **Se recoiffer**, *vi.* Réparer le désordre de sa coiffure.

RECOIN (pfx. *re* + *coin*), *sm.* Coin plus caché, moins en vue. — Fig. Ce qu'il y a de plus caché : *Les recoins de la conscience.*

RÉCOLEMENT (*récoler*), *sm.* Autrefois, action de récoler les témoins. ‖ Aujourd'hui, vérification : *Faire le récolement d'un inventaire.*

RÉCOLER (l. *recolere*, passer en revue), *vt.* Autrefois, rappeler à sa mémoire. ‖ Lire à des témoins leurs dépositions pour savoir s'ils y persistent. ‖ Aujourd'hui, vérifier. — **Dér.** *Récolement.*

RÉCOLLECTION (l. *recollectionem* : de *recolligere*, recueillir), *sf.* Action par laquelle on se recueille en soi-même (vx).

RECOLLEMENT (*recoller*), *sm.* Action de recoller.

RECOLLER (pfx. *re*+*coller*), *vt.* Coller de nouveau. — **Se recoller**, *vr.* Être recollé. — **Dér.** *Recollement.*

RÉCOLLET (l. *recollectum*, recueilli). Religieux de l'ordre de Saint-François réformé, lequel fut introduit en France en 1592.

RÉCOLLIGER (SE), (l. *recolligere*, se recueillir), *vr.* Se recueillir en soi-même. — **Gr.** *G* devient *ge* devant *a* et *o.* — **Dér.** *Récollection.*

***RECOLORATION** (pfx. *re*+*colorer*), *sf.* Action de recolorer.

***RECOLORER** (pfx. *re*+*colorer*), *vt.* Colorer de nouveau. ‖ Faire reparaître une couleur effacée. (V. *Encre.*) — **Se recolorer**, *vr.* Reprendre ses anciennes couleurs.

RÉCOLTE (l. *recollecta*, part. fém. de *recolligere*, recueillir), *sf.* Action de recueillir et de rentrer les produits des champs, des jardins, etc. ‖ Les produits ainsi recueillis : *Une récolte de fruits.* ‖ *Récolte améliorante*, dont les débris engraissent le sol. ‖ *Récolte épuisante*, qui épuise le sol de ses principes nutritifs. ‖ *Récolte dérobée*, celle qui dans le courant de l'année est obtenue sur un sol qui a déjà fourni une autre récolte : Ex. Les navets. ‖ *Récolte sarclée*, récolte de plantes qui réclament des sarclages et des binages. — Fig. Action de recevoir, de rassembler certaines choses : *Une récolte de fossiles.* — **Dér.** *Récolter.*

RÉCOLTER (*récolte*), *vt.* Faire une récolte. — Fig. Recueillir : *Récolter des coups.* — **Se récolter**, *vr.* Être récolté.

RECOMMANDABLE (*recommander*), *adj. 2 g.* Qui mérite d'être recommandé; estimable : *Personne recommandable.*

RECOMMANDATION (*recommander*), *sf.* Action de recommander quelqu'un : *Donner une lettre de recommandation.* ‖ Ce qui rend digne d'être recommandé : *Sa probité est une recommandation en sa faveur.* ‖ Conseils pressants : *Suivez mes recommandations.* ‖ *Avoir une chose en recommandation*, l'apprécier beaucoup (vx).

RECOMMANDER (pfx. *re* + *commander*), *vt.* Prier d'intervenir en faveur de quelqu'un, de lui être favorable : *Recommander un ami au ministre.* ‖ *Recommander quelqu'un au prône*, le recommander aux prières, aux charités des paroissiens en faisant le prône. — Fig. En dire du mal, le desservir. ‖ Prier d'avoir soin de : *Je vous recommande mon affaire.* ‖ Rendre digne d'être recommandé : *Son activité le recommande à l'avancement.* ‖ Conseiller fortement : *Recommander la prudence.* — **Se recommander**, *vr.* Réclamer la protection, l'assistance, la bienveillance de quelqu'un. — Fig. *Se recommander à tous les saints du paradis*, implorer tout le monde. ‖ *Se recommander de quelqu'un*, invoquer son témoignage, dire qu'on en est connu. ‖ Être recommandable : *Le mérite se recommande de lui-même.* — **Dér.** *Recommandation, recommandable.*

RECOMMENCEMENT (pfx. *re* + *commencement*), *sm.* Action de recommencer.

RECOMMENCER (pfx. *re* + *commencer*), *vt.* Commencer de nouveau à faire ce qu'on a déjà fait : *Recommencer un travail.* ‖ *Recommencer de plus belle*, faire de nouveau une chose avec plus d'ardeur que la première fois. — *Vi.* Faire, dire, souvenir, commencer de nouveau : *Le froid recommence.* — **Dér.** *Recommencement, recommenceur, recommenceuse.*

RECOMMENCEUR, EUSE (*recommencer*), *s.* Celui, celle qui recommence.

RÉCOMPENSE, *svf.* de *récompenser.* Don qu'on fait à quelqu'un qui a bien agi ou a rendu un service : *Une récompense méritée.* — En morale, la récompense est le plaisir obtenu à la suite d'une action bonne ou vertueuse, par cela seul qu'elle est bonne ou vertueuse; ce n'est ni une faveur injuste, ni un salaire utile, mais un don mérité dont l'ensemble compose les sanctions de la loi morale. ‖ Châtiment : *La mort fut la récompense de son crime.* ‖ Dédommagement : *Cet officier reçut une pension en récompense de ses blessures.* — EN RÉCOMPENSE, *loc. adv.* En revanche, par compensation.

RÉCOMPENSER (pfx. *re* + *compenser*), *vt.* Donner une récompense. ‖ Châtier. ‖ Dédommager. ‖ *Récompenser le temps perdu*, en réparer la perte par son activité. — **Se récompenser**, *vr.* Se dédommager. — **Dér.** *Récompense.*

RECOMPOSER (pfx. *re* + *composer*), *vt.* Composer de nouveau. ‖ Reformer un corps après l'avoir séparé en ses éléments : *Recomposer l'eau.* (Chim.) — **Dér.** *Recomposition.*

RECOMPOSITION (pfx. *re* + *composition*), *sf.* Action de recomposer.

RECOMPTER (pfx. *re* + *compter*), *vt.* Compter une seconde fois : *Recompter une somme d'argent.*

RÉCONCILIABLE (*réconcilier*), *adj. 2 g.* Qui peut être réconcilié.

RÉCONCILIATEUR, TRICE (l. *reconciliatorem*), *s.* Celui, celle qui réconcilie.

RÉCONCILIATION (l. *reconciliationem*), *sf.* Action de faire cesser la brouille qui existait entre des personnes amies : *Réconciliation sincère.* ‖ Cérémonie par laquelle un hérétique converti est admis au sein de l'Église. ‖ Nouvelle bénédiction d'une église profanée.

RÉCONCILIER (l. *reconciliare*), *vt.* Faire cesser la brouille qui existait entre des personnes amies. ‖ *Réconcilier avec*, détruire les préventions qui existaient contre : *Cette heureuse navigation me réconcilie avec les voyages sur mer.* ‖ *Réconcilier un hérétique*, l'admettre comme membre de l'Église. ‖ *Réconcilier une église*, la rebénir après qu'elle a été profanée. — **Se réconcilier**, *vr.* Redevenir ami après une brouille. ‖ Se réconcilier avec soi-même. ‖ Apaiser les reproches de sa conscience. ‖ *Se réconcilier avec Dieu*, lui demander pardon de ses péchés. — **Dér.** *Réconciliation, réconciliateur, réconciliatrice, réconciliable.* — **Comp.** *Irréconciliable, irréconciliablement.* — **Syn.** (V. *Accorder*).

RÉCONDUCTION (pfx. *re* + l. *conducere*, prendre à loyer), *sf.* Renouvellement d'un bail. ‖ *Tacite réconduction*, continuation de jouissance d'un immeuble aux mêmes conditions au delà du terme fixé par le bail.

RECONDUIRE (pfx. *re* + *conduire*), *vt.* Accompagner quelqu'un qui s'en retourne : *Il est tard, je vous reconduirai.* ‖ Accompagner par civilité jusqu'à la porte une personne dont on a reçu la visite. ‖ Chasser, repousser en maltraitant : *Reconduire l'ennemi l'épée dans les reins.* — **Dér.** *Reconduite, réconduction.*

RECONDUITE, *svf.* de *reconduire*, action de reconduire.

RÉCONFORT, *svm.* de *réconforter.* Consolation, secours.

RÉCONFORTATION (*réconforter*), *sf.* Action de réconforter.

RÉCONFORTER (pfx. *re* + *conforter*), *vt.* Rendre plus fort : *Le vin réconforte.* — **Se réconforter**, *vr.* Être réconforté. — **Dér.** *Réconfort, réconfortation.*

RECONNAISSABLE (*reconnaître*), *adj. 2 g.* Facile à reconnaître.

RECONNAISSANCE (*reconnaissant*), *sf.* Action de s'apercevoir qu'une personne, une chose est la même qu'une telle qu'on a déjà vue : *La reconnaissance d'un cadavre.* || La reconnaissance est l'un des éléments de la mémoire; se rappeler, c'est concevoir une idée et la reconnaître; c'est percevoir un état de conscience qui est la répétition d'un état antérieur et savoir qu'il se répète, c'est avoir dans le présent la connaissance du passé. La réminiscence, souvenir incomplet, n'implique pas cette reconnaissance, qui n'existe que dans le souvenir proprement dit. || Constatation du nombre, de l'état de certains objets : *Faire la reconnaissance des lieux.* || A la guerre, action d'examiner les accidents de terrain, la situation de l'ennemi : *Pousser une reconnaissance.* — Les Américains ont eu les premiers l'idée d'employer les trains blindés dans les reconnaissances militaires. Durant la guerre de sécession, des blockhaus mobiles, remorqués par des locomotives, allaient reconnaître la position et la force de l'ennemi. De même, lors du siège de Paris, une locomotive blindée circulait sur le viaduc du Point-du-Jour et observait assez loin la vallée de la Seine. Lors de l'expédition anglaise en Égypte contre Arabi Pacha, le major du génie Wallace organisa un train composé d'un truc qui faisait éclater les pétards semés par l'ennemi; d'un wagon blindé de plaques d'acier et portant des mitrailleuses et de trois autres wagons blindés avec sacs à terre portant le matériel; la locomotive blindée était suivie de wagons à l'épreuve de la balle, montés par des soldats et des matelots armés de fusils à répétition. Wallace, avec ce train, réussit à refouler les avant-postes des Égyptiens. Dans les guerres futures, de semblables trains pourront être utilement formés pour compléter les reconnaissances de cavalerie. || Les soldats qui vont en reconnaissance : *Une forte reconnaissance.* || Action de découvrir en naviguant des côtes, des rades qui n'étaient pas connues. || Signaux de reconnaissance. || Ensemble de marques ou de pavillons servant aux navires d'un même pays ou de pays alliés à reconnaître leur nationalité en temps de guerre. (Mar.) || Voyage d'exploration. || Écrit par lequel on constate qu'on a reçu telle somme, tel objet. || Action d'admettre la légitimité, l'existence légale d'un gouvernement, d'un ordre religieux : *La reconnaissance de la Belgique par les Hollandais.* || Aveu : *La reconnaissance d'une faute.* || Affection et dévouement que fait naître un bienfait reçu : *Le manque de reconnaissance est l'indice d'un esprit vil.*

RECONNAISSANT, ANTE (*reconnaître*), *adj.* Qui a de la reconnaissance pour un bienfait, un service rendu. — **Dér.** *Reconnaissance.*

RECONNAÎTRE (pfx. *re* + *connaître*), *vt.* S'apercevoir qu'une personne, une chose est la même qu'une telle que l'on connaît : *Reconnaître un ami, l'écriture de quelqu'un.* || Constater d'après quelque signe, quelque indice, l'identité d'une personne, d'une chose qu'on n'a jamais vue : *Reconnaître quelqu'un d'après son portrait.* || Parvenir à découvrir l'existence, la vérité d'une chose : *Reconnaître l'innocence d'un accusé.* || Admettre comme vrai, comme incontestable : *Reconnaître l'immortalité de l'âme.* || Observer : *Reconnaître les lieux.* || Constater : *Reconnaître les dispositions de quelqu'un.* || Faire une reconnaissance militaire : *Reconnaître l'ennemi, un défilé.* || *Reconnaître une patrouille*, s'assurer qu'elle n'est point ennemie. || *Reconnaître une île, une terre*, en déterminer la situation. || Explorer des contrées, des eaux inconnues : *Reconnaître les sources du Nil.* || Considérer comme son supérieur, son souverain légitime : *La ligue ne reconnaissait pas Henri IV.* || *Reconnaître un gouvernement*, déclarer qu'on le regarde comme légitime. || *Reconnaître un enfant*, déclarer par acte authentique qu'on en est le père ou la mère. || Avouer : *Reconnaître son erreur.* || Se montrer reconnaissant pour : *Savoir reconnaître un service.* — **Se reconnaître**, *vr.* Trouver son image, sa ressemblance dans un miroir, un portrait. — Fig. Retrouver ses sentiments, ses opinions dans un autre : *Il se reconnaît dans son fils.* || Se rappeler tout à coup la topographie d'un lieu où l'on était déjà venu : *Avez-vous pu vous reconnaître dans la forêt?* || Être reconnaissable : *L'âge d'un cheval se reconnaît aux dents.* || S'avouer : *Se reconnaître coupable.* || Se remettre d'un trouble. || Réfléchir à ce qu'on doit faire : *Laissez-moi le temps de me reconnaître.* — **Dér.** *Reconnaissant, reconnaissable, reconnaissance.*

RECONQUÉRIR (pfx. *re* + *conquérir*), *vt.* Conquérir de nouveau. — Fig. Regagner, recouvrer : *Reconquérir la confiance.*

***RECONSOLIDER** (pfx. *re*+*consolider*), *vt.* Consolider de nouveau.

***RECONSTITUANT, ANTE** (*reconstituer*), *adj.* Qui rend la force, la santé. — *Sm.* Un reconstituant.

***RECONSTITUER** (pfx. *re*+*constituer*), *vt.* Reconstituer de nouveau. || Rétabli en force, en santé. — **Dér.** *Reconstituant, reconstituante, reconstitution.*

RECONSTITUTION (pfx. *re* + *constitution*), *sf.* Action de reconstituer. || Acte par lequel on crée une rente en faveur d'une personne à la condition qu'elle acquittera une autre rente dont on est débiteur.

RECONSTRUCTION (pfx. *re* + *construction*), *sf.* Action de reconstruire.

RECONSTRUIRE (pfx. *re* + *construire*), *vt.* Rebâtir : *Reconstruire une maison.* — **Dér.** *Reconstruction.*

RECONVENTION (pfx. *re* + *convention*), *sf.* Demande qu'un défendeur oppose en justice à la demande de la partie adverse. — **Dér.** *Reconventionnel, reconventionnelle, reconventionnellement.*

RECONVENTIONNEL, ELLE (*reconvention*), *adj.* Qui a le caractère d'une reconvention : *Demande reconventionnelle.*

***RECONVENTIONNELLEMENT** (*reconventionnelle* + pfx. *ment*), *adv.* D'une manière reconventionnelle.

RECOPIER (pfx. *re* + *copier*), *vt.* Transcrire de nouveau.

RECOQUILLEMENT (*recoquiller*), *sm.* Action de recoquiller. || État de ce qui est recoquillé.

RECOQUILLER (pfx. *re* + *coquille*), *vt.* Relever sur les bords en forme de coquille. — **Se recoquiller**, *vr.* Prendre la forme d'une coquille. || Se rouler par les bords : *Les feuilles sèches se recoquillent.* — **Dér.** *Recoquillement.*

1. **RECORDER** (l. *recordare* : de *re* + *cor*, génitif *cordis*, cœur), *vt.* Répéter souvent une chose qu'on apprend et qu'on a apprise par chœur : *Recorder sa leçon.* || *Recorder quelqu'un*, lui faire la leçon sur ce qu'il doit dire. — **Se recorder**, *vr.* Se rappeler ce qu'on doit dire ou faire. || *Se recorder avec quelqu'un*, se concerter avec lui. — **Dér.** *Recors.*

2. ***RECORDER** (pfx. *re* + *corde*), *vt.* Refaire une corde défaite. || Entourer d'une corde.

RECORRIGER (pfx. *re* + *corriger*), *vt.* Corriger de nouveau.

RECORS (vx fr. *records*, qui se souvient : de *recorder*), *sm.* Individu qui accompagnait un huissier pour lui servir de témoin et lui prêter main-forte au besoin. || Un aide de la police. — **Gr.** Le *s* de ce mot est la marque du nominatif; la forme accusative était *recort.*

RECOUCHER (pfx. *re* + *coucher*), *vt.* Coucher de nouveau : *Recoucher une bouteille.* — **Se recoucher**, *vr.* Se remettre au lit après qu'on l'a quitté.

RECOUDRE (pfx. *re* + *coudre*), *vt.* Coudre une chose décousue ou déchirée. — Fig. Réunir des choses disparates.

***RECOULER** (pfx. *re*+*couler*), *vi.* Couler de nouveau.

RECOUPE, *svf.* de *recouper*. Déchet résultant d'une étoffe que l'on taille pour en faire un vêtement. || Ce qu'on ôte à une pierre que l'on taille. || Remoulage provenant d'un mélange de céréales.

RECOUPEMENT (*recouper*), *sm.* Retraite faite à chaque assise de pierre pour rendre plus solide la base d'une construction.

RECOUPER (pfx. *re* + *couper*), *vt.* Couper de nouveau. || Mélanger des vins différents. — *Vi.* Couper les cartes une seconde fois. — **Dér.** *Recoupe, recoupette, recoupement.*

RECOUPETTE (dm. de *recoupe*), *sf.* Troisième farine qu'on obtient en moulant le son des recoupes.

RECOURBER (pfx. *re* + *courber*), *vt.* Courber de nouveau une chose déjà courbée. || Rendre courbe l'extrémité d'un objet. — **Se recourber**, *vr.* Être recourbé. || Se replier en rond.

RECOURIR (pfx. *re* + *courir*, *vi.* Courir de nouveau ou en rétrogradant. || Rechercher l'aide de quelqu'un : *Recourir à un protecteur.* || Faire usage de : *Recourir aux moyens énergiques.* — **Dér.** *Recours.*

RECOURS (l. *recursum*), *sm.* Demande de secours : *J'ai recours à vous.* || Refuge : *Dieu est mon recours.* || Droit qu'on a d'assigner quelqu'un pour en obtenir des garanties ou une indemnité. || Pourvoi : *Recours en cassation.* || *Recours en grâce*, demande de grâce ou de commutation de peine adressée au chef du pouvoir exécutif.

RECOUSSE (du bas latin *recutere*, enlever, reprendre), *sf.* Rescousse (vx).

RECOUVRABLE (*recouvrer*), *adj. 2 g.* Qui peut être recouvré.

RECOUVRANCE (*recouvrer*), *sf.* Action de recouvrer, de secourir.

1. **RECOUVREMENT** (*recouvrir*), *sm.* Action de recouvrir : *Le recouvrement du sol par les eaux.* || Saillie d'une pierre, d'une tuile, d'une planche sur une autre.

2. **RECOUVREMENT** (*recouvrer*), *sm.* Action de rentrer en possession d'une chose perdue, égarée : *Le recouvrement d'un droit.* || Action de recevoir une somme due : *Faire des recouvrements.* || Créance à recouvrer.

RECOUVRER (l. *recuperare*), *vt.* Rentrer en possession d'une chose perdue. || Recevoir une somme due, percevoir un impôt. — **Dér.** *Recouvrable, recouvrance, recouvrement 2.* — **Comp.** *Irrécouvrable.*

RECOUVRIR (pfx. *re*+*couvrir*), *vt.* Couvrir de nouveau : *Recouvrir une maison.* || Couvrir : *La neige recouvre la campagne.* — Fig. Dissimuler sous : *Recouvrir un refus de beaux prétextes.* — **Se recouvrir**, *vr.* Être recouvert, refermé : *Cette plaie se recouvre.* — **Dér.** *Recouvrement.*

RECRACHER (pfx. *re*+*cracher*), *vt.* Cracher de nouveau. || Recracher ce que l'on avait dans la bouche.

RÉCRÉANCE (vx fr. *recroire*, confier de nouveau), *sf.* Jouissance provisoire d'un bien, d'un bénéfice. || *Lettres de récréance*, celles qu'un ambassadeur rappelé remet au souverain auprès duquel il était accrédité, ou celles que ce dernier remet à l'ambassadeur rappelé par son prince.

RÉCRÉATIF, IVE (*récréer*), *adj.* Qui récrée.

RÉCRÉATION (l. *recreationem*), *sf.* Délassement d'un travail. || Temps pendant lequel on se livre à ce délassement : *Les heures de récréation.* — *Sfpl.* Livre où l'on expose les parties amusantes d'une science. — **Syn.** (V. *Amusement.*)

RECRÉER (pfx. *re* + *créer*), *vt.* Faire renaître une institution qui avait disparu. — **Gr.** Ce verbe se conjugue comme *Créer.*

RÉCRÉER (l. *recreare*), *vt.* Ranimer : *Le vin récrée les esprits.* || Réjouir : *Récréer la vue.* || Délasser : *Une occupation récrée d'une autre.* — **Se récréer**, *vr.* Se délasser. || Se divertir. — **Dér.** *Récréation, récréatif, récréative.*

RÉCRÉMENT (l. *recrementum*, excrément), *sm.* Substance étrangère mêlée à une autre substance. || Produit d'une glande mêlé au sang. — **Dér.** *Récrémenteux, récrémenteuse, récrémentielle.*

RÉCRÉMENTEUX, EUSE ou **RÉCRÉMENTIEL, ELLE** (*récrément*), *adj.* Se dit du produit d'une glande qui vient à se mêler avec le sang.

RECRÉPIR (pfx. *re* + *crépir*), *vt.* Crépir de nouveau : *Recrépir un mur.* || Donner air de jeunesse : *Recrépir son visage.*

***RECRÉPISSAGE** (*recrépir*), *sm.* Action de recrépir.

RECREUSER (pfx. *re* + *creuser*), *vt.* Creuser de nouveau. || Rendre plus profond.

RÉCRIER (SE) (pfx. *re* + *écrier*), *vr.* Pousser une exclamation de surprise, d'admiration, de protestation : *Se récrier contre une proposition.* — **Gr.** Bien que ce verbe soit intransitif, le part. *récrié* s'accorde toujours avec *se* : *Elles se sont récriées.*

RÉCRIMINATION (*récriminer*), *sf.* Reproche par lequel on repousse un reproche : *Se défendre par des récriminations.*

RÉCRIMINATOIRE (*récriminer*), *adj.* 2 *g.* Qui contient une ou des récriminations : *Paroles récriminatoires.*

RÉCRIMINER (pfx. *re* + *criminari*, accuser), *vi.* Répondre à des accusations, à des reproches par d'autres accusations, d'autres reproches. — **Dér.** *Récrimination, récriminatoire.*

RÉCRIRE (pfx. *re* + *écrire*), *vt.* Ecrire de nouveau ce qu'on a déjà écrit : *Récrire une pièce de vers.* — Fig. Recommencer une composition littéraire qu'on juge défectueuse. — *Vi.* Écrire une nouvelle lettre ou répondre à une lettre : *J'ai reçu de ses nouvelles, je lui récrirai.*

RECROÎTRE (pfx. *re* + *croître*), *vi.* Pousser de nouveau. ‖ Augmenter de nouveau. — **Dér.** *Recrue.*

RECROQUEVILLER (SE) (altération de *recoquiller*, avec l'idée de *croc*), *vr.* Se crisper, se ratatiner : *Les feuilles se recroquevillent en se desséchant.*

RECROTTER (SE) (pfx. *re* + *crotter*), *vt.* Se crotter de nouveau.

RECRU, UE (vx fr. *recreue*, harassé, fatigué; anc. part. de *recroire*, du bl. *recredere*, s'avouer vaincu), *adj.* Excessivement fatigué : *Rentrer recru.* — **Dér.** *Recréance.*

RECRUDESCENCE (l. *recrudescere*, devenir plus violent), *sf.* Redoublement d'intensité : *La recrudescence du froid, d'une maladie.*

RECRUE, *spf.* de *recroître.* Autrefois, nouvelle levée de soldats faite pour remplir les vides de l'armée. ‖ Action de faire une nouvelle levée de soldats. ‖ Aujourd'hui, soldat nouvellement incorporé : *Envoyer les recrues au feu.* — Fig. Personne qui s'adjoint à une compagnie, à un parti : *S'enrichir de recrues.*

RECRUTEMENT (*recruter*), *sm.* Action de recruter. (V. *Service militaire.*) — Par la loi du 15 juillet 1889, le recrutement ou la levée des jeunes gens ayant 20 ans accomplis se fait, après le tirage au sort, par canton et sur une liste arrêtée et signée par le conseil de revision. Cette liste comprend, par ordre de numéros de tirage : 1° les conscrits propres au service, non classés dans les catégories suivantes; 2° ceux qui ne font qu'un an pour raisons de famille (orphelins, soutiens de famille, etc.); 3° ceux qui ne font qu'un an à titre conditionnel (instituteurs, universitaires, ecclésiastiques, etc.); 4° les engagés volontaires; les inscrits maritimes; 5° les ajournés; 6° les jeunes gens classés dans les services auxiliaires; 7° ceux exclus par suite de condamnation. Cette liste est revisée au chef-lieu du département par le conseil de revision assisté de deux membres du conseil général; on décide alors des demandes de dispense et des sursis d'appel.

RECRUTER (vx fr. *recluter*, rapiécer : du vx fr. *clut*, norois *klutr*, morceau d'étoffe, chiffon), *vt.* Lever de nouveaux soldats : *Recruter une armée.* — Fig. Attirer dans une société, dans un parti : *Recruter des adhérents.* — **Se recruter,** *vr.* S'adjoindre des recrues, se compléter par des recrues. — **Gr.** Ce mot a été introduit en français au XVIIe siècle. — **Dér.** *Recrutement, recruteur.*

RECRUTEUR (*recruter*), *sm.* Celui qui fait des recrues. — Adj. *Officier recruteur.*

RECTA (ml., en droite ligne), *adv.* Ponctuellement : *Payer recta.*

RECTANGLE (bl. *rectiangulum*), *adj.* 2 *g.* Qui a un angle droit : *Triangle rectangle.* ‖ Qui a tous ses angles droits : *Parallélogramme rectangle.* ‖ Dont toutes les faces sont des rectangles : *Parallélipipède rectangle.* — *Sm.* Un rectangle, un quadrilatère qui a 4 angles droits et ses côtés opposés égaux et parallèles deux à deux. On obtient la surface d'un rectangle en multipliant sa base par sa hauteur. — **Dér.** *Rectangulaire.*

RECTANGULAIRE (*rectangle*), *adj.* 2 *g.* Qui a la forme d'un rectangle : *Bâtiment rectangulaire.* ‖ Qui se coupe à angle droit : *Droites rectangulaires.*

1. **RECTEUR** (l. *rectorem*), *sm.* Directeur. ‖ Autrefois, chef d'une université. ‖ Aujourd'hui, chef d'une académie. Il est assisté d'autant d'inspecteurs d'académie qu'il y a de départements dans la circonscription. Il est président du conseil académique. L'académie de Paris est administrée par un vice-recteur. Le ministre de l'instruction publique, dit autrefois grand maître de l'université, est le recteur honoraire de cette académie. ‖ En Bretagne, curé d'une paroisse. — **Dér.** *Recteur, rectrice, rectoral, rectorale, rectorat.* Même famille : *Rectum.*

2. **RECTEUR, TRICE** (l. *rectorem*), *adj.* Qui dirige : *Pennes rectrices,* les grandes plumes de la queue des oiseaux qui servent à diriger le vol. ‖ Autrefois : *Esprit recteur,* les principes odorants des plantes.

RECTIFIABLE (*rectifier*), *adj.* 2 *g.* Qui peut être rectifié.

***RECTIFICATEUR** (*rectifier*), *sm.* Celui qui rectifie. ‖ Appareil pour rectifier les liqueurs.

RECTIFICATIF, IVE (*rectifier*), *adj.* Qui rectifie.

RECTIFICATION (*rectifier*), *sf.* Action de rendre droit : *La rectification d'une rue.* ‖ Action de corriger, de rendre juste : *La rectification d'un compte.* ‖ Action de purifier un liquide par une nouvelle distillation. ‖ *Rectification d'un acte de l'état civil.* Correction d'un acte de l'état civil, parce que les noms ont été mal orthographiés, parce que les prénoms ont été omis ou transposés. Pour ces rectifications, on s'adresse, par le ministère d'un avoué, au tribunal de l'arrondissement au greffe duquel les registres en double sont déposés. ‖ Modification d'un article inséré dans un journal. D'après la loi sur la presse de 1881, le gérant est tenu d'insérer gratuitement, en tête du premier numéro à paraître, les rectifications que lui adresse un dépositaire de l'autorité publique, au sujet des actes de sa fonction qui auraient été inexactement rapportés par ledit journal. La rectification ne pourra dépasser le double de l'article incriminé. Le refus, de la part du journal, entraîne une amende.

RECTIFIER (l. *rectum*, droit + *facere*, faire), *vt.* Rendre droit : *Rectifier une route.* ‖ Corriger, rendre exact : *Rectifier un compte, une affirmation.* ‖ Purifier par une nouvelle distillation : ‖ *Purifier de l'alcool.* ‖ Trouver une ligne droite qui lui soit égale en longueur : *Rectifier une courbe.* — **Se rectifier,** *vr.* Etre rendu droit, exact. — **Dér.** *Rectifiable, rectificateur, rectificatif, rectificative, rectification.*

RECTILIGNE (l. *rectum*, droit + *ligne*), *adj.* 2 *g.* Qui est en ligne droite : *Direction rectiligne.* ‖ Terminé par des lignes droites : *Figure rectiligne.* ‖ Très correct : *Conduite rectiligne.* (Néol.)

RECTITUDE (l. *rectitudinem* : de *rectus*, droit), *sf.* Qualité de ce qui est en ligne droite : *La rectitude d'un alignement.* — Fig. Qualité de ce qui est conforme à la saine raison, à la morale, à la règle : *La rectitude de l'esprit, de la conduite.*

RECTO (l. *recto*, sous-ent. *folio*, à la feuille droite), *sm.* La première page d'un feuillet, la seconde étant le verso. — Pl. *des rectos.*

RECTORAL, ALE (*recteur*), *adj.* Qui appartient au recteur.

RECTORAT (*recteur*), *sm.* Dignité, fonction du recteur. ‖ Durée de cette fonction.

RECTUM [rec-tome] (ml. droit), *sm.* Le dernier des trois gros intestins, dont la direction est presque droite et qui aboutit à l'anus. (V. la fig. au mot *Intestin.*) — **Comp.** *Rectiligne, rectifier,* etc. Même famille : *Recteur, régir,* etc.

1. **REÇU,** *spm.* de *recevoir.* Écrit sous-seing privé par lequel on constate qu'on a été payé d'une somme, qu'on a pris livraison d'un objet : *Donner un reçu des intérêts, d'un paquet.*

2. **REÇU** (*recevoir*), *sm.* Constatation de l'action de recevoir : *Reçu 10 francs.*

3. **REÇU, UE** (*recevoir*), *adj.* Accepté, goûté de tout le monde, consacré par l'usage : *Opinion, habitude reçue.*

RECUEIL, *svm.* de *recueillir.* Ensemble de pièces imprimées ou manuscrites de même nature, d'estampes, de morceaux de musique, etc. : *Un recueil de chansons.*

RECUEILLEMENT (*recueillir*), *sm.* Action de réunir des choses ensemble. — Fig. Action d'appliquer son esprit à une seule chose : *Prier avec recueillement.* ‖ État d'une personne qui n'applique son esprit qu'à une seule chose.

RECUEILLI, IE (*recueillir*), *adj.* Dont l'esprit n'est appliqué qu'à une seule chose : *Personne recueillie.*

RECUEILLIR (pfx. *re* + *cueillir*), *vt.* Récolter : *Recueillir du blé.* — Fig. *Recueillir du fruit d'une chose,* tirer profit de cette chose. ‖ Devenir possesseur par héritage : *Recueillir une succession.* ‖ Recevoir ce qui tombe, ce qui coule, ce qui découle : *Recueillir l'eau de pluie, de la résine.* ‖ Ramasser, rassembler des choses dispersées : *Recueillir les œuvres d'un peintre.* ‖ *Recueillir les suffrages,* les compter. ‖ *Recueillir ses idées,* les coordonner. ‖ *Recueillir ses esprits,* appliquer son esprit à l'examen d'une seule chose. ‖ *Recueillir ses forces,* se préparer à user de toutes ses forces pour faire une chose. ‖ Graver dans sa mémoire ce que l'on entend dire : *Recueillir un propos.* ‖ Réunir pour former un recueil, une collection : *Recueillir des plantes.* ‖ Accueillir chez soi, donner asile : *Recueillir un orphelin.* — **Se recueillir,** *vr.* Etre récolté, rassemblé. ‖ Appliquer son esprit à une seule chose. — **Dér.** *Recueilli 1, recueillie, recueil, recueillement.*

RECUIRE (pfx. *re* + *cuire*), *vt.* Cuire de nouveau : *Recuire des confitures.* ‖ Chauffer une substance et la laisser ensuite refroidir lentement : *Recuire le verre, la fonte.* — **Se recuire,** *vr.* Être recuit. Ce verbe se conjugue comme *Cuire.* — **Dér.** *Recuit* 1 et 2, *recuite* 1 et 2.

1. **RECUIT,** *spm.* de *recuire* ou **RECUITE,** *spf.* de *recuire.* Opération qui consiste à remettre au feu un ouvrage de porcelaine, de verre, de fonte, etc., puis à le faire refroidir lentement pour le rendre moins cassant.

2. **RECUIT, ITE** (*recuire*), *adj.* Cuit de nouveau. ‖ Extrêmement cuit. ‖ Épaissi, échauffé, en parlant des humeurs du corps humain (vx).

RECUL, *svm.* de *reculer.* Mouvement en arrière. ‖ *Le recul d'un canon.* Mouvement en arrière de la pièce et de son affût pendant le tir, causé par la pression exercée sur la culasse par les gaz qui se développent au moment où on enflamme la poudre. ‖ *Recul du cœur,* d'après certains médecins, mouvement en arrière du cœur, lors de la propulsion du sang dans les artères.

RECULADE (*reculer*), *sf.* Mouvement d'une personne, d'une chose qui recule. — Fig. Action de rétracter des paroles prononcées ou de mettre plus de modération dans ce que l'on fait.

RECULÉ, ÉE (*reculer*), *adj.* Éloigné : *Parents reculés. Époque reculée.*

RECULÉE, *spf.* de *reculer.* Espace qui permet de se reculer.

RECULEMENT (*reculer*), *sm.* Action de reculer : *Le reculement d'une voiture.* — Fig. Action de reporter plus loin : *Le reculement des frontières.* ‖ Action de remettre à plus tard : *Le reculement d'un paiement.* ‖ Large courroie horizontale qui embrasse comme une ceinture les fesses du cheval limonier et contre laquelle il s'appuie lorsqu'il recule.

RECULER (pfx. *re* + *culer*), *vt.* Tirer ou pousser en arrière : *Reculez votre chaise.* ‖ Reporter plus loin : *Reculer les bornes d'un champ.* — Fig. Éloigner du but, de la solution d'une affaire : *Cet échec l'a reculé.* ‖ Retarder : *Reculer une fête.* ‖ Reporter à une date antérieure : *Reculer un événement historique.* — *Vi.* Aller en arrière : *La locomotive recule.* ‖ Aller mal : *Ses affaires reculent.* ‖ Se retirer devant l'ennemi, devant un adversaire : *L'armée recula.* ‖ Faire une reculade. ‖ Devenir moindre : *La civilisation recule quelquefois.* ‖ Différer : *Il recule de partir.* — **Se reculer,** *vr.* Aller en arrière. ‖ Se retirer de côté. ‖ Être reporté plus loin. ‖ Être remis à plus tard. — **Dér.** *Reculé, reculée, recul, reculement, reculade.* — **Comp.** *A reculons.*

RECULET (MONT), 1717 mètres, point culminant du Jura.

RECULONS (À) (*recul* + sfx. *ons*), *loc. adv.* En allant en arrière : *Marcher à reculons.*

RÉCUPÉRER (l. *recuperare;* db. de *recouvrer*), *vt.* Recouvrer : *Récupérer ses frais.* — **Se récupérer**, *vr.* Se dédommager : *Se récupérer de ses pertes.*

***RÉCURAGE** (*récurer*), *sm.* Action de récurer.

RÉCURER (pfx. *re+écurer*), *vt.* Nettoyer : *Récurer les casseroles.* — **Dér.** *Récurage.*

RÉCURRENT, ENTE (l. *recurrentem*, qui court en arrière), *adj.* Qui revient vers son point de départ : *Canal récurrent*, branche du canal pancréatique. ‖ *Artères récurrentes* du bras, de la jambe, celles qui semblent remonter au tronc qui est leur commune origine. ‖ Réflexe : *Sensibilité récurrente.* ‖ *Série récurrente*, celle dont chaque terme est formé de plusieurs termes précédents d'après une loi constante. (Alg.)

RÉCUSABLE (*récuser*), *adj.* 2 *g.* Qui peut être récusé : *Témoin récusable.* ‖ A qui ou à quoi l'on ne peut se fier : *Écrivain, autorité récusable.*

RÉCUSATION (l. *recusationem*), *sf.* Action de récuser. — Les juges de paix et les juges peuvent être récusés pour cause d'alliance, de parenté ou de procès avec les parties. Les motifs de récusation sont à peu près les mêmes pour les témoins et les experts au civil; mais si la récusation est rejetée, l'expert peut exiger des dommages et intérêts. Les prud'hommes sont récusés, si leurs affaires ou leur parenté tiennent à la cause; l'arbitre n'est récusé que pour une cause nouvelle survenue depuis le compromis. Au criminel, l'accusé, son avocat, le procureur général ont le droit de récuser tel juré qu'il leur plaît, sans énoncer de motifs, jusqu'à ce qu'il soit sorti de l'urne 12 noms de jurés non récusés. En matière d'expropriation, l'administration et chaque personne à exproprier peuvent récuser deux jurés.

RÉCUSER (l. *recusare*), *vt.* Refuser d'accepter quelqu'un comme juge, juré, témoin, expert, etc., parce qu'on le soupçonne de partialité : *On peut récuser un juge parent ou allié de l'une des parties.* ‖ Refuser de s'en rapporter à quelqu'un, à une autorité, à un témoignage. — **Se récuser**, *vr.* Refuser de juger une cause, de décider une question : *Cet expert se récuse.* — **Dér.** *Récusation, récusable.*

RÉDACTEUR (l. *redactum*, supin de *redigere*, rédiger), *sm.* Celui qui rédige : *Le rédacteur d'un journal, d'un rapport.* — Fém. *Rédactrice.* (Néol.)

RÉDACTION (l. *redactum*, supin de *redigere*, rédiger), *sf.* Action de rédiger : *La rédaction d'un bail.* ‖ Teneur d'une chose rédigée : *Une mauvaise rédaction.* ‖ L'ensemble des rédacteurs d'un journal : *Une déclaration de la rédaction.* ‖ La salle où ils travaillent : *Aller à la rédaction.*

REDAN (vx fr. *redent :* de *re+dent*), *sm.* Ouvrage de fortification qui a la forme d'un angle saillant vers la campagne. ‖ Surélévation qu'on est obligé de donner de distance en distance à la crête d'un mur établi sur un terrain en pente pour que les assises soient de niveau entre deux de ces distances. (V. *Redent.*)

RÉDARGUER [re-dar-gué] (l. *redarguere*), *vr.* Blâmer, critiquer (vx).

REDDITION (l. *redditionem*), *sf.* Action de rendre : *Reddition d'une ville,* action de la remettre à une armée qui l'assiège. ‖ *Reddition d'un compte,* action de le présenter pour qu'il soit vérifié et approuvé.

REDÉFAIRE (pfx. *re+défaire*), *vt.* Défaire de nouveau.

REDEMANDER (pfx. *re+demander*), *vt.* Demander de nouveau : *On redemandera cet acteur.* ‖ Demander une chose donnée ou prêtée : *Redemander un livre.*

1. **RÉDEMPTEUR** (l. *redemptorem,* dans saint Jérôme), *sm.* N.-S. J.-C., qui a racheté les hommes de son sang.

2. **RÉDEMPTEUR, TRICE,** *adj.* Qui a racheté les hommes : *Le bois rédempteur,* la croix. — **Dér.** *Rédemptoriste.*

RÉDEMPTION (l. *redemptionem,* rachat), *sf.* Le rachat du genre humain par J.-C. mort sur la croix. ‖ Autrefois, la *rédemption des captifs,* rachat des chrétiens devenus esclaves des musulmans. ‖ *Pères de la Rédemption,* religieux de l'ordre de la Trinité ou de celui de la Merci, fondés, le premier en 1200 et le deuxième en 1228 pour le rachat des captifs. — **Db.** *Rançon.*

***RÉDEMPTORISTE** (*rédempteur*), religieux de l'ordre de la Trinité ou de l'ordre de la Merci.

***REDENT** (anc. forme de *redan*), *sm.* Nom des découpures de pierre en forme de dents qui subdivisent les compartiments limités par les meneaux des fenêtres gothiques. Quelquefois ils sont terminés par un ornement représentant des feuilles, des

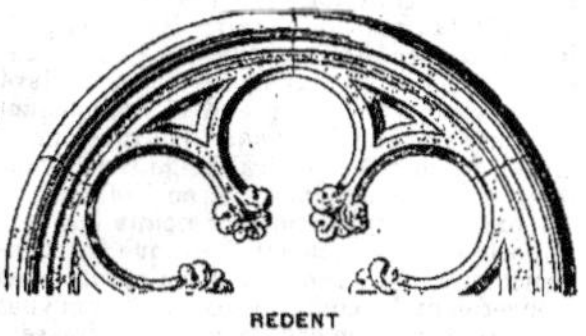

REDENT
(ARCHITECTURE)

têtes, etc. On connaît deux sortes de *redents :* les *redents simples,* qui apparaissent vers le commencement du XIIIe siècle, et les *redents redentés,* se composant d'un profil fait de deux arcs qui se raccordent et qui ne se voient guère qu'à partir de 1240. (V. *Meneaux.*)

REDESCENDRE (pfx. *re+descendre*), *vi.* Descendre de nouveau. ‖ Commencer à descendre après avoir atteint une certaine hauteur : *Le baromètre redescend.* — *Vt.* Placer encore plus bas : *Il faut redescendre ce lustre.* ‖ Regagner le bas d'une montée que l'on avait gravie : *Redescendre un escalier.*

REDEVABLE (*redevoir*), *adj.* 2 *g.* et *s.* 2 *g.* Qui n'a pas payé tout ce qu'il devait : *Il m'est encore redevable de 100 francs.* ‖ Qui est débiteur. — Fig. Qui a obligation à quelqu'un : *Il est redevable de la vie à son médecin.* ‖ Qui a de certains devoirs à remplir envers quelqu'un : *Les fonctionnaires sont redevables au public.*

REDEVANCE (*redevant*), *sf.* Rente. ‖ Toute somme que l'on doit payer à des époques fixes.

REDEVANCIER, IÈRE (*redevance* + sfx. *ier*), *s.* Personne tenue de payer une redevance.

REDEVENIR (pfx. *re + devenir*), *vi.* Devenir de nouveau : *Redevenir malade.*

REDEVOIR (pfx. *re+devoir*), *vt.* Devoir à quelqu'un après avoir arrêté son compte avec lui. — **Dér.** *Redevance, redevancier, redevancière, redevable.*

RÉDHIBITION (l. *redhibitionem*), *sf.* Annulation prononcée sur la demande de l'acheteur d'une chose que quelqu'un a vendue sans en faire connaître les défauts secrets.

RÉDHIBITOIRE (l. *redhibitorium*), *adj.* 2 *g.* Qui permet d'exercer la rédhibition ‖ *Vices* ou *cas rédhibitoires,* les défauts cachés qui entraînent l'annulation de la vente d'un animal domestique. Ils le rendent impropre à l'usage auquel il était destiné, ou diminuent tellement cet usage, que l'acheteur ne l'aurait pas acquis ou n'en aurait donné qu'un moindre prix s'il les avait connus. Ce sont : 1° pour le cheval, l'âne et le mulet : *la fluxion périodique des yeux, l'épilepsie, la morve, le farcin, les vieilles courbatures, l'immobilité, la pousse, le cornage chronique, le tic sans usure des dents, les hernies inguinales intermittentes, la boiterie intermittente par suite de vieux mal.* 2° Pour l'espèce bovine : *la phtisie pulmonaire* ou *pommelière, l'épilepsie,* etc.; 3° pour l'espèce ovine : *la clavelée, le sang de rate;* 4° pour l'espèce porcine, *la ladrerie.* — Fig. *Cas rédhibitoire,* circonstance qui dispense de remplir un devoir.

RÉDIGER (l. *redigere*), *vt.* Résumer par écrit. ‖ Mettre par écrit le plus clairement et dans le meilleur ordre possible : *Rédiger le procès-verbal d'une séance.* ‖ *Rédiger un journal,* en composer les articles de fond, en être le rédacteur en chef. — **Dér.** *Rédacteur, rédactrice, rédaction.*

RÉDIMER (SE) (l. *redimere,* racheter), *vr.* Se racheter, se débarrasser : *Se rédimer d'une rente.*

REDINGOTE (angl. *riding coat,* habit pour monter à cheval), *sf.* Vêtement d'homme composé d'un corsage et d'une jupe complète, ouverts sur le devant dans toute leur longueur.

REDIRE (pfx. *re + dire*), *vt.* Dire de nouveau. ‖ Dire une même chose plusieurs fois : *Il redit sans cesse cette maxime.* ‖ Répéter ce qu'un autre a dit : *Cet écho redit trois fois les paroles.* ‖ Poét., raconter. ‖ Rapporter ce qu'on a entendu dire : *Ne vous fiez pas à lui, il redit tout.* ‖ Blâmer, critiquer : *Il trouve toujours à redire.* — **Se redire**, *vr.* Être redit. Ce verbe se conjugue comme *Dire.* — **Dér.** *Redite, rediseur, rediseuse.*

REDISEUR, EUSE (*redire*), *s.* Personne qui répète souvent la même chose. ‖ Personne rapporteuse.

REDITE, *spf.* de *redire.* Action de redire souvent la même chose.

REDON, 6428 hab. S.-préf. (Ille-et-Vilaine), à 438 kilom. de Paris. Port sur la Vilaine, à la jonction du canal de Nantes à Brest. Ch. de fer d'Orl. et de l'O.

REDONDANCE ou **RÉDONDANCE** (*redondant*), *sf.* Emploi de paroles inutiles.

REDONDANT, ANTE ou **RÉDONDANT, ANTE** (*redonder*), *adj.* Employé inutilement, en parlant des paroles : *Expression redondante.*

REDONDER ou **RÉDONDER** (l. *red* ou *re + unda;* onde), *vi.* Être employé inutilement, en parlant des paroles. ‖ Être trop rempli de : *Ce livre redonde de citations.* — **Dér.** *Redondant, redondante* ou *rédondant, rédondante, redondance.*

REDONNER (pfx. *re + donner*), *vt.* Donner de nouveau la même chose. ‖ Donner même pour la première fois à quelqu'un une chose qu'il avait déjà eue : *Le bon air lui redonna la santé.* — *Vi.* S'abandonner de nouveau à : *Il redonne dans ses extravagances.* — **Se redonner**, *vr.* Se donner, s'abandonner, se livrer de nouveau à : *Se redonner au travail.*

REDORER (pfx. *re + dorer*), *vt.* Dorer de nouveau.

***REDORMIR** (pfx. *re + dormir*), *vi.* Dormir de nouveau.

REDOUBLÉ, ÉE (*redoubler*), *adj.* Plus multiplié et plus intense : *Coups redoublés.* ‖ *Pas redoublé,* une fois plus rapide que le pas ordinaire. — Morceau de musique sur le rythme du pas redoublé. (V. *Rime.*) ‖ *Parfait redoublé,* parfait grec ou latin dans lequel est redoublée la première syllabe de la racine.

REDOUBLEMENT (*redoubler*), *sm.* Augmentation de fréquence, d'intensité : *Un redoublement de colère.* ‖ Répétition de la première syllabe de la racine au commencement du parfait ou du présent de certains verbes grecs ou latins.

REDOUBLER (pfx. *re + doubler*), *vt.* Rendre plus multiplié, plus intense : *Redoubler ses menaces.* ‖ Mettre une nouvelle doublure : *Redoubler un habit.* — *Vi.* Devenir plus multiplié, plus intense : *La pluie redouble.* ‖ Employer beaucoup plus de : *Redoubler de soins.* — **Se redoubler**, *vr.* Devenir redoublé. — **Dér.** *Redoublé, redoublée, redoublement.*

***REDOUL** ou **ROUDOU** (provenç. *rodor*), *sm.* Arbrisseau dicotylédone de la famille des Rutacées, que l'on cultive en Espagne et en Italie. On fait sécher les jeunes branches couvertes de feuilles et on les convertit en une poudre qui sert pour le tannage des peaux. Les Anciens se servaient des fruits de cet arbuste comme condiment. Cette plante, qui croît de préférence dans les terrains desséchés et au milieu des rochers, vit à l'état spontané aux Canaries, à Madère, dans la région méditerranéenne, sur les bords de la mer Noire, dans le midi du Caucase, dans la région de la mer Caspienne et en Perse. Toutes les parties de la plante sont vénéneuses, et ses plantes, que l'on mêle quelquefois au séné, ont déterminé des accidents graves. Le redoul est encore connu sous le nom de *coriaire* ou de *sumac des teinturiers.* (V. *Sumac.*)

REDOUTABLE (*redouter*), *adj. 2 g.* Qui est fort à craindre : *Guerrier, maladie redoutable.*

REDOUTE (db. de *réduit*), *sf.* Petit fort qui n'a pas d'angle rentrant et est complètement fermé. || Endroit public où l'on danse. || Bal paré et masqué, en dehors de la saison du carnaval.

REDOUTÉ (Pierre-Joseph) (1759-1840), célèbre peintre de fleurs, né en Belgique, fixé à Paris où il peignit avec Van Spaendonck les plantes du cabinet du roi.

REDOUTER (pfx. *re* + *douter*), *vt.* Craindre fort : *Redouter de mourir.* — **Dér.** *Redoutable.*

***REDOWA** (bohémien *rejdowák*), *sf.* Danse nationale des Bohémiens, qui ne s'y livrent que le jour de la fête du village. Elle est encore dite *redowaska;* elle est analogue à la mazurka, qui est d'origine polonaise.

REDRESSEMENT (*redresser*), *sm.* Action de redresser, de rectifier, de réparer : *Le redressement d'une erreur, d'un grief.*

REDRESSER (pfx. *re* + *dresser*), *vt.* Rendre droit ce qui ne l'est plus : *Redresser une tringle.* || Remettre dans une situation verticale : *Redresser un arbre.* || Ériger de nouveau : *Redresser une statue.* || Rendre juste, exact : *Redresser le jugement.* || Corriger : *Redresser une erreur.* || Réparer : *Redresser un tort.* — **Se redresser**, *vr.* Redevenir droit, vertical. || Être rendu juste. || Être corrigé, réparé. — **Dér.** *Redressement, redresseur.*

REDRESSEUR (*redresser*), *sm.* Celui qui redresse. || *Redresseur de torts,* chevalier qui courait le pays pour délivrer les opprimés et punir les crimes. — Fig. Celui qui a la manie de corriger, de régenter les autres.

***RÉDUCTEUR, TRICE** (l. *reductorem*), *adj.* Qui peut décomposer un oxyde en s'emparant de son oxygène : *Corps réducteur.* (Chim.)

RÉDUCTIBLE (du l. *reductus*, réduit), *adj. 2 g.* Qui peut ou doit être diminué : *Rente réductible.* || Qui peut être remis en place : *Fracture réductible.* || Qui peut être ramené à : *Des forces concourantes sont toujours réductibles à une seule.* || *Oxyde réductible par la chaleur,* celui qui peut être décomposé en ses éléments par la chaleur.

RÉDUCTIF, IVE (l. *reductum*, réduit), *adj.* Qui a la propriété de décomposer. (Chim.)

RÉDUCTION (l. *reductionem*), *sf.* Action de ramener une chose à son état primitif, de remettre en place : *Réduction d'une fracture.* || Action d'isoler le métal que contient un oxyde, un chlorure, un sulfure, etc. (Chim.) || Remplacement d'une figure géométrique par une autre semblable, mais plus petite. || Représentation d'un objet dans des dimensions moindres : *La réduction d'un tableau.* || Transformation d'un certain nombre d'unités en d'autres équivalentes : *La réduction des toises en mètres.* || *Réduction à l'absurde,* mode de raisonnement qui consiste à prouver une proposition en montrant qu'il est absurde d'admettre qu'elle ne soit pas exacte. || Action de diminuer, son résultat : *La réduction des impôts.* || La demande en réduction d'impôt est adressée au sous-préfet et portée devant le conseil de préfecture, et, en appel, devant le conseil d'État ; elle doit être formée dans les trois mois qui suivent la publication des rôles; si elle vise une cote supérieure à 30 francs, elle est présentée sur papier timbré. || Action de subjuguer, de soumettre. Son résultat : *La réduction d'un pays en province romaine.*

RÉDUIRE (l. *reducere*, ramener), *vt.* Remettre les choses dans leur état naturel : *Réduire une fracture.* || Isoler le métal contenu dans un oxyde, un chlorure, un sulfure, etc. : *Réduire le fer par l'hydrogène.* || Remplacer une figure géométrique par une autre semblable, mais plus petite. || Copier un objet en lui donnant des dimensions moindres : *Réduire une carte géographique.* || Transformer un certain nombre d'unités en d'autres équivalentes : *Réduire les lieues en kilomètres.* || *Réduire une fraction à sa plus simple expression,* l'exprimer par un numérateur et un dénominateur qui soient les plus petits possible. || *Réduire un triangle en un carré,* construire un carré ayant même surface que ce triangle. || Changer la forme, l'état des choses : *Réduire le blé en farine.* — Fig. *Réduire en poudre un raisonnement,* le réfuter complètement. || Restreindre : *Réduire ses prétentions.* || Diminuer : *Réduire le prix du pain.* || Mettre dans une situation plus ou moins fâcheuse : *Réduire à la misère.* || Contraindre : *Réduire à obéir.* || Dompter, soumettre : *Réduire des rebelles.* — **Se réduire**, *vr.* Se mettre soi-même dans une situation moindre : *Se réduire au strict nécessaire.* || Se transformer en : *L'eau s'est réduite en vapeur.* || Être décomposé. || Être diminué : *Ce liquide s'est réduit en bouillant.* Ce verbe se conjugue comme *Conduire.* — **Dér.** *Réduit, réduction, réducteur, réductrice, réductible, redoute.*

RÉDUIT, *spm.* de *réduire.* Retraite, petit logement : *Habiter un réduit.* || Recoin, cachette. || Petit ouvrage de fortification élevé à l'intérieur d'un plus grand et dans lequel on peut se retrancher quand l'ouvrage principal a été pris. Le général belge Brialmont, malgré la répugnance de nos ingénieurs français, recommande, aux points les plus importants des secteurs d'attaque, la construction de forts renfermant un *réduit* où se trouveraient des coupoles masquées aux vues de l'extérieur, armées de canons cuirassés; les forts d'arrêt auraient aussi de ces *réduits* à coupole, mais ils ne seraient plus triangulaires, et leurs côtés seraient portés à six.

RÉDUPLICATIF, IVE (du pfx. *re* + *duplicare*, doubler), *adj.* Qui exprime l'action de faire de nouveau : **Re** *est un préfixe réduplicatif.* — *Sm.* Mot qui exprime la réitération : Reconquérir *est le réduplicatif de* conquérir.

RÉDUPLICATION (l. *reduplicationem*), *sf.* Répétition d'une syllabe, d'une lettre. || Figure qui consiste à exprimer deux ou plusieurs fois un ou plusieurs mots pour donner plus d'énergie à la pensée. Ex. : *Moi, moi, dis-je, et c'est assez.*

RÉÉDIFICATION (*réédifier*), *sf.* Action de réédifier.

RÉÉDIFIER (pfx. *ré* + *édifier*), *vt.* Rebâtir. — **Gr.** Je réédifie, n. réédifions ; je réédifiais, n. réédifiions. — **Dér.** *Réédification.*

RÉÉDITER (pfx. *re* + *éditer*), *vt.* Faire une nouvelle édition de : *Rééditer un livre.* — **Dér.** *Réédition.*

*** RÉÉDITION** (*rééditer*), *sf.* Nouvelle édition.

RÉEL, ELLE (l. *realem* : de *res*, chose), *adj.* Qui existe véritablement : *Une joie réelle.* || *Offres réelles,* qui se font en argent comptant. || *Action réelle,* c'est celle par laquelle le demandeur agit contre le détenteur de la chose qu'il réclame, ou sur laquelle il prétend avoir un droit réel, tel qu'une servitude. Par cette action, on poursuit la chose, et si l'on agit contre le possesseur, c'est que la chose est inanimée; au cas d'aliénation, on continuera donc la poursuite contre le nouveau détenteur de la chose aliénée. — *Sm.* Ce qui est réel. — **Dér.** *Réellement, réaliser, réalisable, réalité, réalisme, réaliste.* — **Comp.** *Irréalisable.*

RÉÉLECTION (*réélire*), *sf.* Action d'élire de nouveau : *La réélection d'un député.*

RÉÉLIGIBLE (*réélire*), *adj. 2 g.* Qui peut être réélu.

RÉÉLIRE (pfx. *ré* + *élire*), *vt.* Élire de nouveau : *Réélire un président.* — **Dér.** *Réélection, rééligible.*

RÉELLEMENT (*réel* + sfx. *ment*), *adv.* Véritablement.

*** RÉEMPLOI** (pfx. *ré* + *emploi*), *sm.* Action d'employer de nouveau : *Réemploi de vieilles traverses sur une voie ferrée.*

***RÉENGAGEMENT** (*réengager*), *sm.* Action de s'engager de nouveau.

***RÉENGAGER** (pfx. *ré* + *engager*), *vt.* Faire faire un nouvel engagement. — **Se réengager**, *vr.* Faire un nouvel engagement. — **Dér.** *Réengagement.*

***RÉENSEMENCEMENT** (*réensemencer*), *sm.* Action de réensemencer.

***RÉENSEMENCER** (pfx. *ré* + *ensemencer*), *vt.* Ensemencer de nouveau. — **Dér.** *Réensemencement.*

RÉER. (V. *Raire.*)

RÉEXPÉDIER (pfx. *ré* + *expédier*), *vt.* Expédier de nouveau. — **Dér.** *Réexpédition.*

RÉEXPÉDITION (*réexpédier*), *sf.* Action de réexpédier.

RÉEXPORTATION (*réexporter*), *sf.* Action de réexporter.

RÉEXPORTER (pfx. *ré* + *exporter*), *vt.* Transporter hors d'un État des marchandises qui y avaient été réexportées. — **Dér.** *Réexportation.*

RÉFACTION (pfx. *re* + *faire*), *sf.* Réduction de prix que l'acheteur a droit d'exiger sur des marchandises qui n'ont pas la qualité requise.

REFAIRE (pfx. *re* + *faire*), *vt.* Faire une chose qu'on a déjà faite : *Refaire une course.* || Réparer : *Refaire une route.* || Rendre bien portant : *Refaire un malade.* || Tromper (Pop.). — *Vi.* Recommencer : *Si c'était à refaire.* || Redonner des cartes quand elles ont été mal données. — **Se refaire**, *vr.* Rétablir sa santé. || Réformer son caractère. — **Dér.** *Refait, réfaction, réfection, réfectoire.*

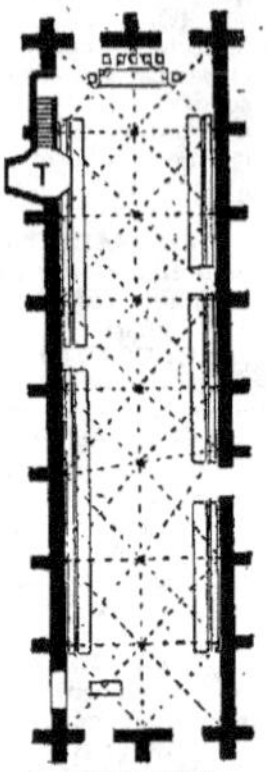

RÉFECTOIRE

DE L'ANCIEN PRIEURÉ DE SAINT-MARTIN DES CHAMPS A PARIS, ACTUELLEMENT CONSERVATOIRE DES ARTS ET MÉTIERS.

T. Tribune.

REFAIT, *spm.* de *refaire.* Au jeu, coup ou partie qu'il faut recommencer. || Le nouveau bois du cerf.

REFAUCHER (pfx. *re* + *faucher*), *vt.* Faucher de nouveau.

RÉFECTION (l. *refectionem* : de *reficere*, refaire), *sf.* Réparation. || Repas dans les communautés religieuses. || Rétablissement des forces par une alimentation convenable.

RÉFECTOIRE (bl. *refectorium* : de *reficere*, refaire), *sm.* Salle où l'on prend ses repas en commun dans les couvents, les collèges, etc.

REFEND, *svm.* de *refendre.* Gros mur formant une séparation intérieure dans un bâtiment. || *Bois de refend,* bois scié dans le sens des fibres, c'est-à-dire en long.

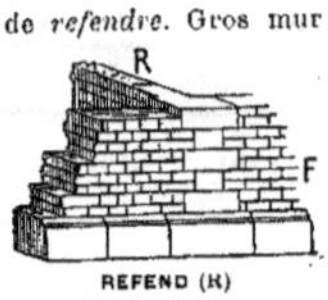

REFEND (R)

F. Mur de face.

REFENDRE (pfx. *re* + *fendre*), *vt.* Fendre de nouveau. || Scier en long. || Débiter une grosse pièce de bois pour en faire des solives, des chevrons, etc. || Diviser l'ardoise en feuillets. — **Dér.** *Refend.*

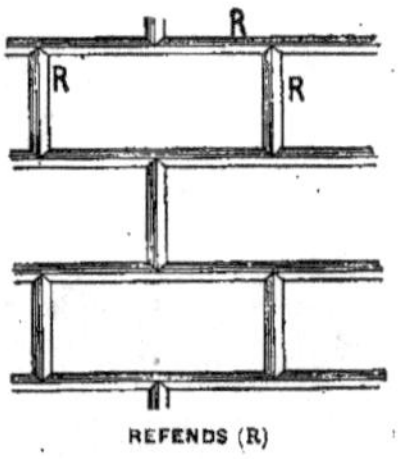

REFENDS (R)

REFENDS, *smpl.* Canaux verticaux et horizontaux que l'on taille sur les pierres à l'emplacement des joints et qui concourent à l'ensemble de la décoration.

RÉFÉRÉ, *spm.* de *référer.* Recours adressé au président du tribunal de première instance pour faire juger provisoirement et rapidement une affaire urgente : *Obtenir un référé.* — Assignation est donnée directement pour l'audience spéciale tenue aux jour et heure indiqués par le tribunal. Le président peut même permettre d'assigner à sa demeure et sur l'heure, même les jours fériés. La décision qui intervient est dite *ordonnance de référé;* elle est exécutoire par provision, avec ou sans caution. Elle n'est pas sujette à opposition, mais elle peut être attaquée par la voie de l'appel, dans la quinzaine de la signification.

RÉFÉRENCE (*référer*), *sf.* Renvoi d'un article à un autre, d'une chose à une autre : *Histoire pleine de références aux mémoires* *contemporains.* || Personne qu'un individu désigne comme pouvant donner des renseignements sur son compte : *Présenter de bonnes références.*

RÉFÉRENDAIRE (l. *referendarium* : de *referre*, rapporter), *sm.* Nom de douze officiers ministériels dits *référendaires au sceau de France*, chargés au ministère de la justice de percevoir des droits de sceau dans les demandes de changement ou addition de nom, de naturalisation, de dispenses pour mariage, d'admission à domicile, d'autorisation de service à l'étranger, de réintégration dans la qualité de Français. || *Grand référendaire*, fonctionnaire de l'ancienne monarchie française chargé d'apposer le sceau royal sur les actes. || *Grand référendaire de la chambre des pairs*, membre qui apposait le sceau de cette chambre sur les actes émanés d'elle, qui avait la garde de ses archives et de son palais. Il y avait sous l'empire un grand référendaire du Sénat. || *Conseillers référendaires à la cour des comptes*, magistrats de cette cour chargés de faire les rapports sur les pièces de comptabilité qu'ils ont vérifiées. Ils donnent leur avis, mais n'ont pas voix délibérative.

* **REFERENDUM** (ml. participe futur passif de *referre*, rapporter), *sm.* Se dit de l'action de soumettre à la sanction populaire une loi préalablement votée par le parlement. || Action de faire voter directement par le peuple une loi, une mesure, etc. (Néol.)

RÉFÉRER (l. *referre*), *vt.* Rattacher : *Référer un principe à un autre.* || Attribuer : *On réfère à ce général l'honneur de la victoire.* || *Référer le serment à quelqu'un*, déclarer qu'on s'en rapporte au serment de quelqu'un qui voulait s'en rapporter au nôtre. — *vi.* Faire rapport : *On en référera au tribunal.* — **Se référer**, *vr.* Se rattacher à, s'en rapporter : *Je m'en réfère à votre avis.* — **Gr.** *Fé* devient *fè* devant une syllabe muette, excepté au futur et au conditionnel. — **Dér.** *Référé, référence, référendaire.*

REFERMER (pfx. *re*+*fermer*), *vt.* Fermer de nouveau : *Ouvrir et refermer la porte.* || *Refermer une plaie*, en rapprocher les bords pour qu'elle se cicatrise. — **Se refermer**, *vr.* Être refermé.

REFERRER (pfx. *re* + *ferrer*) *vt.* Ferrer de nouveau : *Referrer un cheval.*

REFEUILLETER (pfx. *re*+*feuilleter*), *vt.* Feuilleter de nouveau : *Refeuilleter un livre.* Ce verbe se conjugue comme *Feuilleter.*

REFFYE (VERCHÈRE DE), général d'artillerie mort en 1880, inventeur de canons de 5 et de 7 en bronze, à volée allongée, à culasse mobile, imaginés en 1870 pour résister aux canons d'acier des Allemands; cette invention a été perfectionnée par les colonels de Lahitolle et de Bange.

RÉFLÉCHI, IE (*réfléchir*), *adj.* Renvoyé par une surface : *Lumière réfléchie.* || Dont la partie supérieure est renversée : *Pétale réfléchi.* (Bot.) || *Pronom réfléchi*, le pronom *se, soi.* || *Verbe réfléchi*, celui qui exprime une action faite et reçue par le sujet : Ex. *Je me flatte.* || Fait ou dit avec réflexion : *Conduite réfléchie.* || Qui se détermine, qui agit avec réflexion : *Homme réfléchi.* || *Conscience réfléchie*, acte par lequel on concentre son attention sur ce qu'on ressent intérieurement, au lieu de l'éprouver sans y prendre garde.

RÉFLÉCHIR (l. *reflectere*), *vt.* Renvoyer dans un milieu comme par un ressort : *Un miroir réfléchit la lumière.* — *vi.* Rejaillir, être renvoyé. — Fig. Penser longuement et sérieusement. *Réfléchir à ce que l'on fera.* — **Se réfléchir**, *vr.* Être renvoyé. || Se courber en dehors. — **Dér.** *Réfléchi, réfléchie, réfléchissant, réfléchissante, réfléchissement, reflet, refléter, réflexe, réflecteur, réflectif, réflective, réflexion, réflexible, réflexibilité.* — **Comp.** *Irréfléchi, irréflexion.*

RÉFLÉCHISSANT, ANTE (*réfléchir*), *adj.* Qui renvoie la lumière, le son, la chaleur : *Surface réfléchissante.*

RÉFLÉCHISSEMENT (*réfléchir*), *sm.* Rejaillissement, rebondissement.

RÉFLECTEUR (*refléter*), *sm.* Miroir métallique destiné à renvoyer la lumière dans un endroit sombre. — *Adj. m.* Qui réfléchit la lumière : *Miroir réflecteur.*

* **RÉFLECTIF, IVE** (*refléter*), *adj.* Suggéré par la réflexion : *Idée réflective.*

REFLET, *svm.* de *refléter*, rejaillissement de la lumière ou de la couleur d'un corps sur un autre : *Les reflets d'un vitrail.* — Fig. Transmission affaiblie : *La littérature latine est un reflet de celle des Grecs.*

REFLÉTER (l. *reflectere*), *vt.* Renvoyer la lumière, la couleur : *La lune reflète les rayons du soleil.* — Fig. Transmettre partiellement. — **Se refléter**, *vr.* Être reflété. — **Gr.** *Flé* devient *flè* devant une syllabe muette, excepté au futur et au conditionnel. — **Dér.** *Reflet, réflexe, réflexion, réflecteur, réflectif, réflective, réflexible, réflexibilité.*

REFLEURIR (pfx. *re*+*fleurir*), *vi.* Fleurir de nouveau. — Fig. Reprendre de l'éclat : *Les arts refleurirent au XVI*e *siècle.* — **Dér.** *Refleurissement.*

* **REFLEURISSEMENT** (*refleurir*), *sm.* Action de refleurir.

RÉFLEXE (l. *reflexum*, réfléchi), *adj. 2 g.* Qui se fait par réflexion : *Vision réflexe.* || Se dit d'un mouvement involontaire du corps ou d'une partie du corps causé par une sensation dont nous n'avons pas conscience. || *Mouvement, action réflexe*, c'est-à-dire succédant directement à une impression interne ou externe, sans l'intervention de la pensée, ni de la volonté; tel est l'éternuement qui succède au chatouillement des narines; d'après Claude Bernard, la rougeur et la pâleur sont des actions réflexes, dont le cœur, par ses mouvements plus ou moins rapides, est la véritable cause; il y est aidé par le système des nerfs vaso-moteurs, chargés de dilater et de comprimer les vaisseaux sanguins. La surprise, la peur retardent la circulation : de là vient la pâleur; le plaisir, les émotions douces et flatteuses la précipitent; de là vient la rougeur.

RÉFLEXIBILITÉ (*réflexible*), *sf.* Propriété que possèdent la lumière, la chaleur, le son, les corps élastiques de se réfléchir.

RÉFLEXIBLE (du l. *reflexum*, réfléchi), *adj. 2 g.* Doué de la propriété de se réfléchir.

RÉFLEXION (l. *reflexionem*), *sf.* Phénomène lumineux expliqué plus loin. || Fig. Opération intellectuelle qui est un mode de l'attention, travail de l'esprit analysant certaines idées, les comparant, les ramenant à l'unité, ou se saisissant lui-même dans son action vivante. Le principe de la réflexion est la raison. || Action de réfléchir : *La réflexion rend sage.* || Pensée de l'esprit qui réfléchit : *Une réflexion profonde.*

Réflexion de la lumière. — Phénomène qui consiste en ce que tout rayon de lumière qui tombe sur une surface polie est renvoyé par cette surface suivant une nouvelle direction. Les lois de la réflexion ont été exposées au mot *Miroir.* L'appareil de Silbermann donne de ces lois une vérification grossière; une vérification plus précise est fournie par les observations astronomiques faites au moyen du théodolite et d'un bain de mercure. L'œil, dans une certaine position, ne peut voir dans un miroir qu'une région déterminée de l'espace; cette région est le *champ* du miroir. La réflexion peut aussi se produire à la surface des corps transparents, tels que l'eau, le verre, etc.; mais ces corps ne réfléchissent qu'une partie de la lumière incidente, l'autre partie est *réfractée.* La proportion de lumière réfléchie augmente avec l'angle d'incidence. Une observation de ce genre peut être faite sur une vitre placée dans un lieu éclairé. Si un faisceau solaire est reçu sur une surface *non polie*, sur un mur blanc, la surface éclairée devient visible de tous les points de la chambre; cette surface renvoie donc des rayons lumineux *dans toutes les directions.* C'est ce qui constitue la *réflexion irrégulière* ou la *diffusion.* Chacune des aspérités du corps *non poli* doit être considérée comme formée par une infinité de petites surfaces planes diversement orientées, et, par suite, réfléchissant la lumière en tous sens. C'est grâce à la réflexion diffuse que nous distinguons, pendant le jour, les objets qui nous environnent, et même ceux qui ne reçoivent pas directement la lumière solaire. Quand le ciel est pur, les objets qui sont éclairés par le soleil renvoient de la lumière aux autres objets; les objets placés à l'ombre reçoivent alors une lumière adoucie, mais généralement assez considérable. Quand le ciel est couvert, les nuages diffusent la lumière qui leur arrive; dans ce cas, c'est encore la lumière du soleil qui éclaire les objets situés à la surface de la terre, mais elle leur parvient dans toutes les directions, de sorte qu'ils ne peuvent plus produire d'ombres. Un miroir de verre étamé présente, en réalité, deux surfaces capables de réfléchir la lumière : la *face antérieure* du verre, et le *tain*, qui est appliqué sur sa face postérieure; aussi ces miroirs donnent-ils généralement des images multiples. Les glaces *sans tain* peuvent être employées à donner des images très colorées et très brillantes, quand les objets qu'elles reflètent sont vivement éclairés, et qu'en même temps l'espace qui les entoure, plongé dans une obscurité relative, reçoit peu ou point de lumière diffuse. Tel est le principe des apparitions fantastiques connues au théâtre sous le nom de *spectres*, et qu'on a utilisées avec succès dans les drames.

Deux miroirs parallèles font apercevoir un nombre illimité d'images quand un objet est placé entre eux. *Deux miroirs faisant entre eux un angle*, fournissent en général un grand nombre d'images d'un même objet. Ces images sont toujours situées sur une circonférence ayant pour centre le point lumineux, et pour rayon la distance de ce point à l'intersection des miroirs. On trouve que, si l'angle des miroirs est contenu *un nombre pair* (2 *n*) *de fois* dans quatre angles droits, le nombre des images est égal à (2*n* — 1); l'œil aperçoit donc 2*n* fois le point lumineux, savoir : une fois directement et (2*n* — 1) fois par réflexion. Par exemple, si l'angle vaut 60°, on aperçoit l'objet 6 fois $\left(\frac{360}{60}=6\right)$; pour 90°, 4 fois $\left(\frac{360}{90}=4\right)$.

Le *kaléidoscope*, imaginé par le physicien anglais Brewster, est une application de ces miroirs inclinés. Les *miroirs plans* sont utilisés en photographie dans un instrument appelé *porte-lumière*. Le *miroir magique* est une combinaison de deux miroirs plans inclinés de façon à réfléchir les images d'objets séparés du spectateur par des obstacles. On s'en est servi, sous le nom de *polémoscope*, pour observer dans un siège les mouvements extérieurs de l'ennemi, tout en restant abrité derrière un parapet. Par ce même principe, un physicien en plein vent montrait, il y a quelques années, sur le quai du Louvre, la façade de l'Institut au travers d'un énorme pavé.

Les *miroirs cylindriques* ou *coniques, convexes* ou *concaves*, produisent des images où les dimensions des objets sont altérées dans divers sens; mais la réflexion des rayons lumineux s'opère toujours suivant les lois rigoureuses que nous avons constatées. On peut construire des dessins bizarres et difformes, dans lesquels l'œil n'aperçoit plus aucune figure déterminée. Ces dessins sont pourtant tels que, réfléchis dans de pareils miroirs, leurs images soient une représentation fidèle d'objets connus. On donne le nom d'*anamorphose* à ce phénomène. On trouve chez les opticiens des tableaux dont les lignes et les couleurs ont été combinées pour produire des images régulières de paysages, de personnages, d'animaux, etc., quand on place au centre du tableau le miroir cylindrique ou conique pour lequel ce miroir a été construit.

Réflexion de la chaleur rayonnante. — Lorsqu'un rayon calorifique rencontre une surface parfaitement polie, il éprouve une *réflexion* semblable à celle de la lumière, et assujettie aux mêmes lois. On vérifie ces lois au moyen de l'appareil de Melloni. Mais on peut aussi en obtenir une nouvelle vérification en constatant que des rayons calorifiques, réfléchis par une surface courbe, se comportent comme les rayons lumineux. Si, au foyer d'un miroir sphérique concave, on place de l'amadou et que l'on dirige l'axe du miroir vers le centre du soleil, les rayons calorifiques du soleil sont parallèles à cet axe, vont se concentrer au foyer du miroir et enflamment l'amadou. Tels étaient les *miroirs ardents* des anciens. Soient les *miroirs conjugués* A et A' : au foyer F de l'un on place une bougie, et au foyer F' de l'autre, la boule d'un thermomètre qui accuse immédiatement une élévation de température. Si en F on place une corbeille métallique remplie de charbons ardents, de l'amadou ou du coton-poudre, placé en F', s'enflamme. L'expérience peut d'ailleurs être faite à l'aide d'un seul miroir : on place la source de chaleur et le corps combustible, sur l'axe principal en des points qui servent de foyers conjugués.

Le *pouvoir réflecteur* d'une surface déterminée est le rapport de la quantité de chaleur réfléchie à la quantité de chaleur incidente. La valeur du pouvoir réfléchissant varie sous l'influence des mêmes causes qui changent la grandeur du pouvoir émissif : 1° le poli des surfaces; 2° la nature de la chaleur incidente; 3° l'inclinaison du rayon qui vient frapper le miroir. Les substances mates, telles que le blanc de céruse, les métaux dépolis, lorsqu'elles reçoivent de la chaleur dans une direction déterminée, ne la réfléchissent pas dans une direction unique ; ils en renvoient une partie dans toutes les directions. Ce résultat constitue la *réflexion irrégulière* ou *diffusion*.

Réflexion apparente du froid. — Dans les *miroirs conjugués,* au foyer F' on place le réservoir d'un thermomètre, et, au foyer F, un ballon de verre contenant de la glace : le thermomètre indiquera un abaissement de température. Cette expérience, célèbre dans la science, semble admettre l'existence du *rayon frigorifique*. En réalité, tous les corps rayonnent de la chaleur, mais pour chacun d'eux la quantité de chaleur émise est d'autant plus grande que la température du corps est plus élevée. En tenant compte de l'*équilibre mobile de température,* on trouvera que le thermomètre reçoit finalement moins de chaleur qu'il n'en perd : il doit donc éprouver un abaissement de température, ainsi que l'indique l'expérience.

Réflexion du son. — Si les ondes sonores, émanées d'un point A, rencontrent un obstacle, un plan rigide, par exemple, elles reviennent sur leurs pas; il se produit une série d'ondes réfléchies se propageant en sens inverse des ondes directes. De sorte qu'un individu placé en avant de l'obstacle entend la reproduction du son primitif comme s'il émanait cette fois d'un centre A' de vibration, placé en arrière du plan qui fait obstacle, et dans une position *symétrique* de celle de A. En général, on appelle *rayon sonore* la ligne suivant laquelle le son se propage, ou bien la ligne droite qui joint le point où le son se produit, à l'oreille de l'observateur. Dans le cas d'un obstacle fixe placé sur le trajet des ondes, on dit que le *rayon sonore réfléchi* fait, avec la normale à la surface, un angle égal à l'angle que fait le *rayon sonore incident* avec la même normale. On le prouve aisément en répétant l'expérience des *miroirs conjugués*. Un son faible, le tic-tac d'une montre, quand il est produit au foyer de l'un des miroirs, se fait entendre directement au foyer de l'autre, quoique la distance des deux surfaces réfléchissantes soit de plusieurs mètres. Un phénomène analogue se produit dans une des salles du Conservatoire des Arts et Métiers : deux personnes placées à deux angles opposés de la salle, et tournées vers le mur, peuvent causer entre elles à voix basse, sans que leur conversation soit entendue des personnes qui se trouvent dans l'intervalle. Ce phénomène est dû à la réflexion du son sur les parois de la voûte.

Le *porte-voix* et le *cornet acoustique* sont des applications de ces principes.

Un des cas les plus remarquables de la réflexion du son est celui de l'*écho*. (V. le mot *Écho*, et pour d'autres phénomènes, V. *Renforcement* et *Résonance*.)

REFLUER (l. *refluere*, même sens), *vi.* Retourner vers le lieu d'où il a coulé, en parlant d'un fluide : *Le sang reflue vers le cœur.* — Fig. Se répandre en sens inverse d'une première expansion : *Les Gaulois refluèrent plusieurs fois sur l'Orient.* ‖ Se répandre d'un lieu dans un autre : *Les Arabes refluèrent sur l'Occident.* — **Dér.** *Reflux.*

REFLUX (pfx. *re+flux*), *sm.* Mouvement régulier de la mer qui se retire du rivage après le flux. Il est dit aussi *jusant*. (V. *Marée*.) — Fig. Retour en arrière d'une grande multitude : *Le reflux de la foule.*

REFONDRE (pfx. *re+fondre*), *vt.* Fondre de nouveau : *Refondre une cloche.* — Fig. Refaire en perfectionnant : *Refondre une loi.* ‖ Changer le caractère, les mœurs, les habitudes : *On ne peut refondre une race.* — **Se refondre,** *vr.* Être refait avec plus de perfection. ‖ Changer son caractère. — **Dér.** *Refonte.*

REFONTE (anc. spf. de *refondre*), *sf.* Action de refondre : *La refonte des monnaies.* ‖ Action de refaire en perfectionnant : *La refonte du Code.* ‖ Se dit de la mise au pilon du vieux papier pour en faire de nouveau. (Techn.)

RÉFORMABLE (*réformer*), *adj. 2 g.* Qui peut ou doit être réformé.

RÉFORMATEUR, TRICE (l. *reformatorem*), *s.* Celui, celle qui réforme : *Lycurgue fut le réformateur de Sparte.* ‖ *Les réformateurs,* les promoteurs du protestantisme.

RÉFORMATION (l. *reformationem*), *sf.* Rétablissement dans l'ancienne forme ou dans une meilleure forme : *La réformation de l'orthographe.* ‖ Suppression : *La réformation des abus.* ‖ *Charte de réformation,* acte législatif, publié à Coulaines, par lequel Charles le Chauve rendait à tous les ordres de l'État l'exercice de leurs droits légitimes, faisait quelques concessions à l'aristocratie et restituait aux églises les biens qu'elles avaient perdus. ‖ *Instrument de réformation,* acte politique par lequel la bourgeoisie de Schaffhouse recouvra ses droits, en 1716. ‖ Les changements que les protestants ont faits à la doctrine et à la discipline de l'Église catholique. La *Réformation,* dite plus souvent *Réforme,* a eu pour occasion la corruption des mœurs dans le haut clergé à la fin du xve siècle et au début du xvie. Mais la vie d'Alexandre VI, de son fils César Borgia, la vente des indulgences pour reconstruire Saint-Pierre de Rome ne suffisent pas à expliquer ce mouvement. L'imprimerie venait d'être inventée; l'Inde, reconnue; l'Amérique, découverte; la culture des arts et des lettres éveillait l'inquiète activité des esprits qui pensèrent à renouveler, avec le reste, la religion traditionnelle. Déjà la doctrine de Pierre de Vaud avait suscité la guerre des Albigeois; les prédications d'Arnaud de Brescia, en Italie, de Wiclef, en Angleterre, de Jean Hus, en Bohême, avaient été arrêtées par des supplices. Des orthodoxes eux-mêmes, saint Bernard, Gerson, Pierre d'Ailly, avaient demandé la revision de la discipline. Le fils d'un pauvre mineur saxon, qui, dans sa jeunesse, avait chanté aux portes des riches « pour gagner le pain du bon Dieu », le moine augustin Martin Luther, parla haut le premier et osa tout. Dès 1517, il s'indignait avec éloquence contre la vente des indulgences, affermées à l'archevêque électeur de Mayence, sous-louées aux banquiers Fugger, débitées de village en village par le dominicain Tetzel. En 1520, Luther était excommunié comme hérétique pour avoir attaqué la suprématie du pape, les vœux monastiques, le célibat des prêtres, les dignités ecclésiastiques, la possession des biens temporels par le clergé, le culte des saints et des reliques, l'existence du purgatoire, les commandements de l'Église, la confession, la messe, la communion sous une seule espèce, la présence réelle du corps de Jésus-Christ dans l'hostie consacrée. Luther, à son tour, brûla à Wittenberg, le 10 décembre 1520, la bulle de Léon X qui l'excommuniait, les décrétales et décisions des papes ses prédécesseurs, le *Corps de droit canon* et la *Somme* de saint Thomas d'Aquin. La moitié de l'Allemagne défendit par les armes les doctrines du moine rebelle, aidé par le doux et persuasif Mélanchthon.

En France, dès le règne de Louis XII, Guillaume Briçonnet, abbé de Saint-Germain-des-Prés, puis évêque de Meaux, chercha, avec Lefèvre d'Étaples et Guillaume Farel, le moyen de régénérer l'Église, sans se séparer d'elle; il répandit dans son diocèse la traduction en langue vulgaire des Évangiles, et fut encouragé par Louise de Savoie et Marguerite de Navarre, la mère et la sœur de François Ier. Louise de Savoie, dans son *Journal*, est aussi virulente qu'un réformateur. La Réforme eut son premier martyr dans un pauvre cardeur de Meaux, Jean Le Clerc, battu de verges et marqué au front d'un fer rouge (1523). Metz brûla un ermite de saint Augustin, Jean Châtelain, en 1524; à Paris, Jacques Pauvant, l'un des auxiliaires de Briçonnet, fut traité de même en 1525. La guerre des paysans et des anabaptistes en Allemagne, la mutilation d'une statue de la Vierge dans le quartier Saint-Antoine, en 1528, amenèrent le supplice de Louis de Berquin. Mais les *Christaudins* se multipliaient, malgré les bûchers que l'on allumait et les langues que l'on coupait. En 1535, l'*Institution chrétienne* de Calvin se répandit en France et vint les encourager. Le supplice des Vaudois (1545), à Cabrières et à Mérindol, les édits de Châteaubriant (1551) et d'Écouen (1559) augmentèrent encore le nombre des calvinistes qui, au début des guerres de religion, comptaient 2500 églises et trouvaient un appui près du trône, dans la maison de Bourbon.

Dans la Suisse allemande, le réformateur fut Ulrich Zwingle (1484-1531), qui fonda la *religion évangélique,* sorte de calvinisme prématuré, qui admet l'évangile comme seule règle de foi et ne conserve la cène que comme symbole. Dans la Suisse française, Guillaume Farel, puis Calvin, fondèrent une semblable doctrine à Genève (1541-1564); mais le supplice de Michel Servet, médecin portugais, qui niait le dogme de la Trinité, montra que Calvin ne comprenait pas la tolérance.

En Suède, Gustave Wasa établit au concile d'Œrebro la doctrine luthérienne, en maintenant la hiérarchie et les cérémonies catholiques; en Danemark, la diète d'Odensée (1527) proclama la liberté de conscience, la suppression du célibat ecclésiastique et la nomination des évêques par le roi.

L'Angleterre se sépara de l'Église romaine sous Henri VIII en 1531, fut calviniste sous Édouard VI (1547-1553), retourna au catholicisme sous Marie Tudor, dite la Sanglante, de 1553 à 1558; enfin, Élisabeth se proclama chef de l'Église anglicane et fit adopter par les Chambres le *bill des 39 articles* (1559) qui admettait les doctrines du calvinisme, tout en conservant la hiérarchie épiscopale, la liturgie et les prières catholiques, traduites en anglais. En Écosse, John Knox, disciple de Wishart, brûlé à Édimbourg en 1546, adopta la doctrine de Calvin et la fit adopter à son tour par le Parlement d'Écosse, en 1560, sous le nom de *presbytérianisme*. (V. ce mot.)

Les Pays-Bas hollandais, qui devaient être au xviie siècle le refuge des libres penseurs, furent facilement gagnés au calvinisme par Guillaume le Taciturne, et le synode de Dordrecht, présidé par Diodati (1618), y fixa cette doctrine.

Depuis le xviie siècle, la doctrine anabaptiste, qui souleva une jacquerie en Allemagne avec Thomas Münzer (1523), a été réformée par Simonide Memnon, qui recommande à ses disciples de pratiquer la fraternité et leur défend de porter les armes. Au xviiie siècle, John Wesley (1703-1784) institua le *méthodisme* qui, par ses idées sur la grâce et la prédestination, se rapproche du calvinisme; mais il s'en distingue par une ardeur de prosélytisme qui, jusque-là, n'avait appartenu qu'au catholicisme. John Wesley, son frère Charles et Georges Whitefield réunirent à leurs sermons vingt et trente mille auditeurs; Thomas Olivers parcourut la Grande-Bretagne en missionnaire ambulant, et fit, dit-on, 100000 milles anglais (30000 lieues) sur le même cheval; James Haire fut à la fois soldat et missionnaire dans l'armée anglaise; John Baxter catéchisa les Caraïbes, et le docteur Thomas Coke fut surnommé l'apôtre des noirs et le saint Xavier des Antilles. — **Syn.** (V. *Amendement*.)

RÉFORME, *svf.* de *réformer*. Rétablissement dans l'ancienne forme ou dans une meilleure forme : *La réforme du calendrier.* ‖ *La réforme des abus,* leur suppression. ‖ La religion protestante. ‖ Rétablissement de l'ancienne règle dans un ordre religieux :

La réforme de la Trappe. || *Réforme électorale*, modification de la loi électorale ayant pour but d'accorder le droit de voter à un plus grand nombre de citoyens. || Amélioration des mœurs, de la conduite : *Se mettre à la réforme.* || Licenciement partiel des troupes. || *Congé de réforme*, donné à un soldat reconnu impropre au service. || Mise hors de service d'un certain nombre de chevaux de l'armée, de certains objets d'équipement militaire. || L'ensemble des chevaux réformés. || Diminution du nombre des employés d'une administration. || Diminution des dépenses d'un ménage. — **Syn.** (V. *Amendement.*)

RÉFORMÉ, ÉE (*réformer*), *adj.* Mis au rebut : *Habit réformé.* || *Religieux réformé*, soumis à la réforme introduite dans son œuvre. || *Religion réformée*, le protestantisme. — *Smpl.* Les protestants.

REFORMER (pfx. *re*+ *former*), *vt.* Former de nouveau : *Reformer une société qui s'était dissoute.* || Remettre en bon ordre de bataille : *Reformer les colonnes d'attaque.* — **Se reformer**, *vr.* Être reformé. || Se remettre en bon ordre de bataille.

RÉFORMER (l. *reformare*), *vt.* Rétablir dans l'ancienne forme ou dans une forme meilleure : *Réformer les finances.* || Rendre plus parfait, plus moral : *Réformer les mœurs.* || *Réformer un ordre religieux*, y rétablir l'ancienne règle. || Retrancher ce qui est nuisible ou de trop : *Réformer le luxe.* || *Réformer son train, sa dépense, sa maison*, les diminuer. || *Réformer les troupes*, en diminuer l'effectif. || *Réformer des chevaux*, les retirer du service comme n'y étant plus propres. || *Réformer un soldat*, lui donner son congé pour cause d'infirmités ou de maladie. — **Se réformer**, *vr.* Devenir plus parfait, plus moral. || Être supprimé. — **Dér.** *Réformé, réformée, réforme, réformation, réformateur, réformatrice, réformable, réformiste.*

* **RÉFORMISTE** (*réformer*), *sm.* Partisan d'une réforme politique, électorale. — *Adj. 2 g.* Qui appartient aux réformistes, qui en émane : *Réunion réformiste.*

***REFORTIFIER** (pfx. *re* + *fortifier*), *vt.* Fortifier de nouveau. || Rendre encore plus fort.

REFOUILLEMENT (*refouiller*), *sm.* Action de donner plus de relief à une sculpture en évidant davantage les creux. || Évidement pratiqué dans une pierre pour en faire une auge, un châssis de regard, une margelle de puits, etc.

REFOUILLER (pfx. *re* + *fouiller*), *vt.* Fouiller de nouveau. || Évider plus profondément les creux d'une sculpture. || Pratiquer un évidement dans une pierre. — **Dér.** *Refouillement.*

REFOULEMENT (*refouler*), *sm.* Action de refouler. || Son effet.

REFOULER (pfx. *re* + *fouler*), *vt.* Fouler de nouveau. || Enfoncer et bourrer la charge d'un canon avec le refouloir. || Faire refluer : *Refouler les eaux d'une rivière au moyen d'un barrage.* || Pousser une multitude en arrière : *Refouler une invasion.* — *Vi.* Refluer, retourner en arrière. || *Refouler le courant, la marée*, avancer contre le courant, la marée. (Mar.) — **Dér.** *Refoulement, refouloir.*

REFOULOIR (*refouler*), *sm.* Cylindre de bois porté par un manche et servant à bourrer les canons qui se chargent par la bouche.

RÉFRACTAIRE (l. *refractarium*, rebelle), *adj. 2 g.* Rebelle. || *Prêtre réfractaire*, celui qui, sous la Révolution, avait refusé de prêter serment à la constitution civile du clergé. || *Conscrit réfractaire*, et subst. : *Un réfractaire*, qui se soustrait au service militaire. || Qui ne fond que très difficilement et à une température excessivement élevée : *Le charbon est très réfractaire.* || Terre réfractaire avec laquelle on fait des briques pour la construction des fours, etc.

RÉFRACTER (bl. *refractare*, briser), *vt.* Faire dévier de sa direction un rayon lumineux qui passe d'un milieu dans un autre : *Un prisme de verre réfracte inégalement les couleurs qui composent la lumière blanche du soleil.* — **Se réfracter**, *vr.* Dévier en passant d'un milieu dans un autre : *Les couleurs du spectre solaire se réfractent inégalement.* — **Dér.** *Refrain, réfraction, réfractaire, réfractif, réfractive, réfrangible, réfrangibilité, réfringent.*

RÉFRACTIF, IVE (*réfracter*), *adj.* Qui produit la réfraction : *Le pouvoir réfractif d'un corps.*

RÉFRACTION (l. *refractionem* : du supin *refractum*, du l. *refringere*, briser), *sf.* Changement de direction que subit un rayon lumineux quand il pénètre obliquement d'un milieu dans un autre, de densité différente, par exemple de l'air dans l'eau ou dans le verre.

Le *plan d'incidence* est le plan mené par le rayon incident et par la droite qui, passant par le point d'incidence, est perpendiculaire à la surface de séparation. L'*angle d'incidence* (*i*) est l'angle que forme le rayon incident avec cette normale ; l'*angle de réfraction* (*r*) est l'angle que forme le rayon réfracté avec la normale. Lorsque l'angle de réfraction est plus petit que l'angle d'incidence, on dit que le second milieu est plus *réfringent* que le premier ; dans le cas contraire, on dit qu'il est moins *réfringent*. En général, de deux corps transparents, le plus dense est aussi le plus réfringent ; cette règle offre pourtant quelques exceptions.

L'*œil* placé *au-dessus* de la surface libre *d'une eau tranquille*, dans une position qui lui permette de recevoir des rayons lumineux émis par des points placés dans l'eau, voit en général ces points, non pas dans leur position réelle, mais dans une position plus voisine de la surface du liquide. C'est ainsi que le fond du vase paraît relevé, qu'une *pièce de monnaie*, d'abord invisible quand le vase est vide, devient visible quand on a versé de l'eau dans le vase. Un *bâton*, en partie plongé dans l'eau, paraît brisé au point où il pénètre dans le liquide, la partie immergée paraît relevée vers la surface. Les rayons émis par les astres, en nous parvenant au travers de l'atmosphère, dont les couches successives vont en croissant de densité à mesure qu'on se rapproche du sol, éprouvent une série de réfractions dont chacune a pour effet de les rapprocher de la normale. Finalement, l'astre paraît plus rapproché de la direction de la verticale ou du zénith qu'il ne l'est en réalité. De là vient que l'on voit le soleil avant son lever réel, et qu'on l'aperçoit encore après son coucher réel.

Les *lois de la réfraction*, énoncées et démontrées par Descartes, sont : 1° le rayon réfracté reste dans le plan d'incidence ; 2° le rapport du sinus de l'angle d'incidence (*i*) au sinus de l'angle de réfraction (*r*) est constant pour les mêmes milieux, quelle que soit la valeur de l'angle d'incidence. Ce rapport constant (*n*) est l'*indice de réfraction* de la deuxième substance par rapport à la première. Pour l'air et l'eau,

$$n = \frac{4}{3}.$$

Si le rayon incident passe du second milieu dans le premier,

$$n' = \frac{r}{i};$$

Ainsi pour l'eau et l'air

$$n = \frac{3}{4}.$$

Lorsqu'on place une lame de verre à faces parallèles entre l'œil et un objet éloigné, comme une étoile, la direction dans laquelle on voit cet objet n'est pas changée. Chaque rayon émergent est parallèle au rayon incident dont il provient. Il en résulte ce principe du *retour inverse des rayons lumineux* : en général, si, en traversant des milieux déterminés, un rayon lumineux suit une certaine route, un rayon se propageant en sens inverse suit *la même route* que le premier.

Quand la lumière passe d'un milieu dans un autre plus réfringent, il existe un *rayon réfracté limite* : aucun rayon réfracté ne pourra s'écarter de la normale plus que le rayon *limite* ; ce rayon réfracté *limite* correspond au rayon incident qui *rase* la surface de séparation des deux milieux. En outre, l'intensité des rayons réfractés est toujours moindre que celle des rayons incidents correspondants, la quantité de lumière *réfléchie* augmentant avec l'angle d'incidence. A mesure qu'on s'éloigne de la normale vers le rayon réfracté *limite*, l'intensité lumineuse des rayons réfractés décroît.

Réflexion totale. — Réciproquement, lorsque des rayons se présentent pour passer d'un milieu dans un autre milieu *moins réfringent*, dans certains cas ce passage devient impossible. Lorsque, par exemple, le rayon incident, passant de l'eau dans l'air, atteint une inclinaison égale à celle du rayon que dans le cas inverse nous avons appelé *inclinaison* ou *angle limite*, le rayon qui émerge dans l'air *rase* la surface de l'eau. Et si l'inclinaison du rayon incident augmente, le rayon, après avoir atteint la surface, ne passe plus dans l'air, mais retourne dans l'eau, en se réfléchissant suivant les lois ordinaires de la réflexion. Il en résulte qu'au delà de cette inclinaison d'incidence, aucune parcelle de lumière émise ne passera dans l'air ; cette lumière reviendra *en entier* dans l'eau : on obtient l'effet de la *réflexion totale*. Cette dénomination vient de ce que la lumière de tout rayon incident se transforme en deux parties : l'une transmise au rayon réfracté, l'autre renvoyée au rayon réfléchi, qui existe toujours. Si la réfraction ne s'effectue plus, la lumière appartient en totalité au rayon réfléchi : on a obtenu la réflexion totale. La réflexion totale surpasse en *éclat* toutes les réflexions que l'on obtiendrait directement, par exemple, à la surface du mercure ou des métaux polis. Un exemple consiste à remplir d'eau un verre à boire que l'on tient de façon que la surface du liquide soit au-dessus de l'œil. Lorsqu'on regarde obliquement la partie inférieure de cette surface, elle paraît plus brillante que de l'argent poli et semble avoir un éclat métallique. La partie inférieure d'un objet qui plonge dans l'eau se voit réfléchie *comme* par un *miroir*. Un *effet curieux de la réflexion totale* est celui de l'illumination d'une gerbe liquide. On emplit d'eau un vase cylindrique percé à sa partie inférieure d'un orifice par où le liquide s'écoule sous forme de jet parabolique. A l'opposé de l'orifice d'écoulement, par une ouverture que ferme une glace, on projette un faisceau de lumière intense concentré à l'aide d'une lentille. Le faisceau tombe à l'intérieur de la gerbe liquide sous une incidence oblique, qui dépasse l'angle limite. Il se *réfléchit totalement* une première fois ; puis, à cause de la courbure du jet, une deuxième, puis une troisième fois, etc., et indéfiniment. L'interposition de glaces diversement colorées permet de varier à volonté l'aspect de cette sorte de *fontaine lumineuse*. A l'Exposition du Champ de Mars (1889), on remplace le jet plein par un jet annulaire à l'intérieur duquel arrive le faisceau lumineux. On constate qu'il est possible d'éclairer une veine de 22 centimètres de diamètre sur une hauteur de 4 mètres et demi. L'appareil est composé de deux troncs de cône en métal, emboîtés l'un dans l'autre et portant des prolongements cylindriques ; la section elliptique est celle qui a donné les meilleurs résultats et qui a été définitivement adoptée pour les ajutages. Le phénomène de la réflexion totale explique comment un *prisme* de verre isocèle et rectangle, adapté *à l'ouverture du volet* d'une chambre obscure, intercepte toute lumière et laisse la chambre dans la plus complète obscurité. C'est par ces principes que s'explique l'emploi des prismes dits à *réflexion totale*. Par la *réflexion totale* on explique le phénomène du *mirage*. (V. ce mot.)

Réfraction au travers des prismes. — On désigne, en optique, sous le nom de *prisme*, un milieu transparent, limité par deux faces planes faisant entre elles un certain angle. On appelle *angle réfringent* l'angle dièdre formé par ces deux faces. La *base du prisme* est la région opposée à l'arête de cet angle. On appelle *section principale* une *section droite* faite perpendiculairement à l'arête réfringente. Pour plus de simplicité, on suppose que les rayons incidents sont dans le plan d'une section principale. Lorsqu'on introduit un faisceau de rayons solaires dans une chambre obscure, et qu'on le reçoit sur un prisme placé de manière que l'axe du faisceau lumineux soit dans le plan d'une section principale, on observe que les rayons émergents sont *déviés* vers la base du prisme. En outre, si l'on reçoit le faisceau émergent sur un écran, on obtient une image *allongée* et *colorée* des couleurs de l'arc-en-ciel. De ces divers effets, le premier, la *déviation*, doit d'abord être étudié. L'autre dépend de la décomposition de la lumière (il sera traité au mot *Spectre*).

L'*angle de déviation* est l'angle que forme le rayon émergent avec le prolongement du rayon incident. Lorsqu'on regarde un objet au travers d'un prisme, cet objet paraît déplacé *vers l'arête* du prisme. La grandeur de la déviation dépend, d'une part, de la nature du prisme; d'autre part, de la valeur de l'angle réfringent. La déviation passe par un *minimum* qui correspond au cas où l'incidence est telle que l'angle d'émergence soit égal à l'angle d'incidence. On peut obtenir une relation simple entre la valeur de la *déviation minimum*, l'angle du prisme, et son indice de réfraction. Il en résulte un moyen pour déterminer les indices de réfraction.

Double réfraction. — Le phénomène que présente un rayon lumineux qui, en pénétrant dans certains cristaux, se dédouble en deux rayons d'où résultent deux images du point qui émet ce rayon. Les *cristaux* appartenant à d'autres systèmes que le système cubique sont dans ce cas. Ce sont des corps *biréfringents*. On peut prendre comme type le *spath d'Islande*, qui est du carbonate de chaux tout à fait pur. Tombant sur ces substances, la lumière, en passant dans le prisme, se divise en deux faisceaux distincts, qui émergent dans des directions différentes. Les cristaux à un axe ne sont pas les seules substances biréfringentes. Un corps transparent parfaitement homogène et non cristallisé étant donné, si l'on fait varier par un procédé quelconque (compression ou flexion dans une seule direction), la distance des molécules se modifie de manière à produire autour d'un point du corps une série d'élasticités différentes et l'on fait acquérir à cette substance quelques-unes des propriétés d'un milieu biréfringent. On obtient par la double réfraction deux images : l'*image ordinaire* et l'*image extraordinaire*. Tout se passe comme si la première image était vue à travers une lame de verre ou de toute autre substance à réfraction simple, tandis que la seconde est soumise, quant à sa formation, à des lois différentes.

***RÉFRACTOMÈTRE** (l. *refractum* : de *refringere*, briser + g. μέτρον, mesure), *sm*. Appareil d'optique destiné à déterminer l'indice de réfraction des corps liquides. Le *réfractomètre* Amagat, spécial pour l'essai des vins, permet de déterminer très rapidement et très exactement la richesse du vin en alcool et en extrait. MM. Amagat et Ferdinaud Jean ont utilisé la réfraction pour l'étude des huiles; l'appareil qu'ils emploient est un *oléoréfractomètre*, constitué par deux cuves prismatiques, placées l'une dans l'autre, intercalées entre une lunette et son collimateur. Ces cuves laissent passer la lumière. La grande étant remplie avec une huile type et la cuve intérieure avec l'huile à essayer, la réfraction est indiquée sur une échelle placée dans la lunette en avant de l'oculaire; une simple lecture de la déviation du rayon lumineux sur l'échelle de l'oléoréfractomètre permet de caractériser une huile et d'en reconnaître la pureté.

REFRAIN (*sym*. du vx fr. *refraindre* : du l. *refringere*, briser), *sm*. L'ensemble des mots que l'on répète à la fin de chaque couplet d'une chanson, etc. — Fig. Ce qu'une personne répète à chaque instant dans la conversation : *Il en revient toujours à son refrain*.

RÉFRANGIBILITÉ (*réfrangible*), *sf*. Propriété que possède tout rayon lumineux de dévier de sa direction en ligne droite quand il pénètre obliquement d'un milieu dans un autre de densité différente.

RÉFRANGIBLE (du l. *refringere*, briser), *adj. 2 g*. Qui dévie plus ou moins de sa direction lorsqu'il pénètre obliquement d'un milieu dans un autre, en parlant d'un rayon lumineux : *Les différentes couleurs du spectre solaire sont inégalement réfrangibles*. — **Dér**. *Réfrangibilité*.

REFRAPPER (pfx. *re* + *frapper*), *vt*. Frapper, battre de nouveau.

REFRÉNER (l. *refrenare*, dompter), *vt*. Réprimer : *Refréner ses désirs*.

RÉFRIGÉRANT, ANTE (l. *refrigerare*, refroidir), *adj*. Qui produit un refroidissement considérable. ‖ *Mélange réfrigérant*, mélange de substances qui produit un abaissement considérable de température. — Les plus usités de ces mélanges sont : 1° un mélange de 2 parties de glaces pilées et de 1 de sel marin produisant un froid de — 20°; 2° un mélange de 8 parties de sulfate de soude et 5 d'acide chlorhydrique (— 16°); 3° un mélange de 3 parties de sulfate de soude et de 2 d'acide azotique hydraté (— 26°); 4° un mélange de 4 parties de chlorure de calcium hydraté et 3 de neige (— 50°). C'est avec le 2° et le 3° de ces mélanges qu'on obtient de la glace en été. ‖ Rafraîchissant : *Sirop réfrigérant*. — **Un réfrigérant**, *sm*. Corps qui refroidit. ‖ Cylindre dans lequel plonge le serpentin d'un alambic et qu'on fait traverser par un courant d'eau froide.

RÉFRIGÉRATIF, IVE (du l. *refrigerare*, refroidir), *adj*. Qui rafraîchit. — *Sm*. Remède rafraîchissant.

RÉFRIGÉRATION (l. *refrigerationem*), *sf*. Refroidissement. (V. *Frigorifique* et *Frigorifère*.)

RÉFRINGENT, ENTE (l. *refringentem*), *adj*. Qui dévie, qui réfracte les rayons lumineux : *L'air, l'eau, le verre sont des milieux réfringents*.

***REFRISER** (pfx. *re* + *friser*), *vt*. Friser de nouveau. — *Vi*. Redevenir frisé. — **Se refriser**, *vr*. Refaire sa frisure.

REFROGNEMENT ou **RENFROGNEMENT** (*refrogner* ou *renfrogner*), *sm*. Action de se refrogner.

REFROGNER ou **RENFROGNER** (anc. fr. *refroigner*, plisser), *vt*. Froncer la peau du front, du visage en signe de mécontentement, de chagrin. — **Se refrogner** ou **se renfrogner**, *vr*. Devenir renfrogné. — **Dér**. *Refrognement* ou *renfrognement*.

REFROIDIR (pfx. *re* + *froid*), *vt*. Rendre froid : *L'orage a refroidi l'air*. — Fig. Rendre moins ardent, moins actif : *Cet accident refroidit son zèle*. — *Vi*. et **Se refroidir**, *vr*. Devenir froid : *Le potage a refroidi*. — Fig. Devenir moins ardent, moins actif. — **Gr. Refroidir**, *vi*. Se conjugue avec *avoir* pour exprimer l'action, et avec *être* pour exprimer l'état. — **Dér**. *Refroidissement*. — Même famille que *Froid*.

REFROIDISSEMENT (*refroidir*), *sm*. Abaissement de la température d'un corps : *Le refroidissement de l'air*. ‖ *Refroidissement nocturne*. (V. *Rayonnement*.) — Fig. Diminution d'amitié, de zèle, etc. : *Il y a entre eux du refroidissement*. ‖ Indisposition causée par un froid subit.

REFUGE (l. *refugium*), *sm*. Lieu où l'on se retire pour être en sûreté : *Un refuge sûr*. ‖ Asile pour les indigents. — Fig. Appui, protecteur : *Vous êtes mon refuge*. ‖ Excuse, échappatoire : *Chercher des refuges*. ‖ *Refuge gaulois*, lieu entouré de remparts, ordinairement situé sur une éminence, et où les populations gauloises non armées se réfugiaient en cas de guerre (ex. : Alésia, Gergovie). ‖ *Église de refuge*, au moyen âge, église dans laquelle était à l'abri des poursuites de la justice le criminel qui pouvait se réfugier (ex. : la basilique de Saint-Martin de Tours). — **Syn**. (V. *Asile*.) — **Dér**. *Réfugier (se)*, *réfugié*, *réfugiée*.

RÉFUGIÉ, ÉE (*refuge*), *s*. Celui, celle qui a fui son pays pour échapper à des poursuites politiques : *Un réfugié espagnol*. ‖ *Les réfugiés*, les protestants qui quittèrent la France après la révocation de l'édit de Nantes.

RÉFUGIER (SE) (*refuge*), *vr*. Se retirer dans un lieu, auprès de quelqu'un où l'on sera en sûreté. — Fig. Sortir d'embarras par : *Se réfugier dans l'équivoque*.

REFUIR (pfx. *re* + *fuir*), *vi*. Revenir sur ses pas afin de donner le change, en parlant d'une bête poursuivie par les chasseurs. — **Dér**. *Refuite*.

REFUITE (pfx. *re* + *fuir*), *sf*. Trajet que fait une bête chassée. ‖ Endroit où une bête a coutume de passer quand on la chasse. — *Pl*. Ruses d'une bête qu'on chasse. — Fig. Retardements calculés d'une personne qui ne veut pas terminer une affaire : *User de refuites*.

REFUS, *sym*. de *refuser*. Action de refuser : *Éprouver un refus*. ‖ Ce qu'un autre a refusé : *Ne pas vouloir du refus d'un autre*.

REFUSER (du l. *refusare*, fréquentatif de *refundere*, refouler, repousser, rejeter), *vt*. Ne pas accepter ce qui est offert : *Refuser un cadeau*. ‖ Ne pas accorder ce qui est demandé : *Refuser son consentement*. ‖ Ne pas vouloir faire ce qui est ordonné : *Refuser d'obéir*. ‖ *Refuser la porte à quelqu'un*, ne pas lui permettre d'entrer. ‖ Ne pas vouloir de quelqu'un, de quelque chose : *Refuser une place*. ‖ Ne pas donner : *Le ciel lui a refusé le génie*. ‖ *Se refuser une chose*, s'en priver : *Se refuser tout plaisir*. — *Vi*. Répugner : *Il ne refuse à aucune besogne*. — **Se refuser**, *vr*. Être refusé. ‖ *Se refuser à une chose*, ne pas vouloir la faire, ne pas s'y livrer. — **Dér**. *Refus*.

RÉFUTABLE (*réfuter*), *adj. 2 g*. Qui peut être réfuté.

RÉFUTATION (l. *refutationem*), *sf*. Discours ou écrit par lequel on réfute. ‖ La sixième partie d'un discours, celle par laquelle on détruit les preuves, les objections de l'adversaire. (Rhét.)

RÉFUTER (l. *refutare*), *vt*. Prouver qu'une chose n'est pas vraie, qu'un raisonnement est défectueux, qu'une objection n'est pas fondée : *Réfuter une opinion*. ‖ *Réfuter un livre, un auteur*, établir que ce qui est avancé dans ce livre, par cet auteur, est inexact. — **Dér**. *Réfutation*, *réfutable*.

REGAGNER (pfx. *re* + *gagner*), *vt*. Gagner ce qu'on avait perdu : *Regagner son argent*. ‖ Compenser une perte par un gain quelconque : *Regagner un manque de récolte par la vente de bestiaux*. — Fig. Obtenir de nouveau : *Regagner l'estime de ses concitoyens*. ‖ *Regagner du terrain*, marcher en avant après avoir reculé devant l'ennemi. — Fig. Reprendre l'avantage, prospérer de nouveau. ‖ Rejoindre, ratteindre : *Regagner l'armée*. ‖ Retourner, rentrer dans un lieu : *Regagner sa demeure*. — **Se regagner**, *vr*. Être regagné. — **Dér**. *Regain* 2.

1. **REGAIN** (pfx. *re* + VHA. *Weida*, nourriture, herbe), *sm*. Le fourrage provenant des coupes d'une prairie naturelle ou artificielle autres que la première.

2. **REGAIN**, *sym*. de *regagner*. Nouvelle efflorescence : *Un regain de jeunesse*.

RÉGAL, *sym*. de *régaler* 1. Autrefois, fête, cadeau, gratification. ‖ Aujourd'hui, festin, grand repas, mets exquis : *Le poisson est un régal pour moi*. — Fig. Divertissement : *Donner à quelqu'un le régal de la comédie*.

RÉGALADE (*régaler* 1), *sf*. Régal. ‖ Manière de boire en versant la boisson dans la bouche sans que le vase touche les lèvres : *Boire à la régalade*. ‖ Feu vif et clair qu'on allume pour réchauffer promptement quelqu'un qui arrive. (Fam.)

***RÉGALAGE** (*régaler* 2), *sm*. Opération qui consiste à étendre les terres d'un remblai (ponts et chaussées). (V. *Régalement*.)

RÉGALANT, ANTE (*régaler* 1), *adj*. Réjouissant, divertissant.

1. **RÉGALE** (l. *regalem*, royal), *sm*. Un des jeux de l'orgue qui ne renferme que des anches sans tuyaux ou des tuyaux très courts : il est dit *voix humaine* et se trouve à l'unisson de la trompette. ‖ Instrument de musique ancien, dit encore *échelette*, composé de bâtons de bois sonores, juxtaposés et de grandeur décroissante, qu'on touchait avec une boule d'ivoire emmanchée. On l'appelle aujourd'hui *xylophone*.

2. **RÉGALE** (l. *regalem*, royal), *sf*. Droit que les rois de France avaient avant 1789 de jouir des revenus d'un évêché pendant la vacance du siège et de pourvoir aux bénéfices qui venaient à vaquer pendant ce temps-là. — **Dér**. *Régale* 1 et 3, *régalien*, *régalienne*, *régaliste*.

3. **RÉGALE** (l. *regalem*, royal), *adj. f*. *Eau*

régale, mélange d'acide chlorhydrique et d'acide azotique, qui a la propriété de dissoudre l'or; appelé autrefois le *roi des métaux*.

RÉGALEMENT (*régaler* 2), *sm*. Travail fait pour aplanir un terrain. || Répartition d'une taxe entre des contribuables. || Action de rendre égales les parts d'une succession.

1. **RÉGALER** (pfx. *re* + vx fr. *galer*, se réjouir), *vt*. Donner une fête, un cadeau à quelqu'un (vx). || Divertir, réjouir : *Régaler d'un concert*. || Donner un grand repas : *Régaler ses amis*. || En mauvaise part, maltraiter : *Régaler de coups*. — **Se régaler**, *vr*. Se divertir. || Manger d'un mets dont on est friand. || Faire un bon repas. || Se payer un régal les uns aux autres. — **Dér.** *Régal, régalant, régalade*.

2. **RÉGALER** (pfx. *re*+*égaler*), *vt*. Faire le régalement. — **Dér.** *Régalage, régalement*.

RÉGALIEN, IENNE (l. *regalem*, royal), *adj*. Qui appartient au roi, aux princes souverains : *Droits régaliens*. Les principaux droits régaliens étaient ceux de battre monnaie, de rendre justice, de lever des impôts, de faire la guerre.

RÉGALISTE (*régale* 2), *sm*. Celui que le roi avait pourvu d'un bénéfice pendant la vacance d'un siège épiscopal.

REGARD, *svm*. de *regarder*. Attention : *Cet événement fixera le regard de la postérité*. || Action de diriger volontairement la vue sur un objet : *Un regard pénétrant*. || Deux portraits peints de telle sorte qu'ils semblent se regarder : *Se faire peindre en regard*. || Ouverture en forme de puits destinée à faciliter la visite d'un aqueduc, d'un égout, etc. — EN REGARD, *loc. adv*. Vis-à-vis. — AU REGARD DE, *loc. prép*. Par rapport à, en comparaison de.

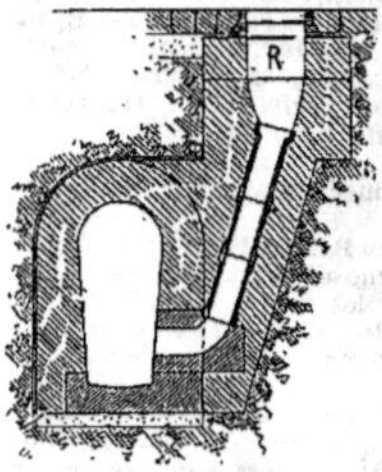

REGARD D'ÉGOUT (R)

REGARDANT, ANTE (*regarder*), *adj*. Qui regarde de trop près aux choses. || Trop ménager : *Il ne faut pas être regardant*.

REGARDER (pfx. *re* + *garder*), *vt*. Avoir des attentions, de l'estime pour quelqu'un : *Vous êtes regardé ici*. || Diriger volontairement la vue sur : *Regarder les passants*. || *Se faire regarder*, se donner en spectacle. || Considérer avec attention : *Regardez ce que vous avez à faire*. || *Regarder comme*, juger. || Réputer : *On le regarde comme un fou*. || Être en face de, du côté de : *Cette maison regarde le levant*. || Concerner, toucher : *Cette affaire me regarde*. — Vi. *Regarder à*, faire attention à : *Regardez au parti que vous prendrez*. || *Y regarder à deux fois*, réfléchir à ce qu'on va faire. || *Il n'y faut pas regarder de trop près*, il faut être indulgent. || Fixer la vue sur : *Regarder dans un puits*. — **Se regarder**, *vr*. Contempler sa propre personne. || Se contempler mutuellement. || *Se regarder comme*, se croire : *Se regarder comme sauvé*. || Être vis-à-vis : *Ces deux maisons se regardent*. — **Syn.** (V. *Examiner*.) — **Dér.** *Regard, regardant, regardante*.

REGARNIR (pfx. *re*+*garnir*), *vt*. Garnir de nouveau.

RÉGATE (ital. *regatta*, émulation), *sf*. Course d'embarcations qui se disputent le prix de la vitesse.

*REGAYOIR (*x*), *sm*. Sorte de peigne à grosses dents dans lequel on passe la filasse de lin ou de chanvre pour le nettoyer.

REGAZONNEMENT (*regazonner*), *sm*. Action de regazonner.

REGAZONNER (pfx. *re* + *gazonner*), *vt*. Revêtir de gazon un terrain qui en avait été couvert précédemment. — **Dér.** *Regazonnement*.

REGEL, *svm*. de *regeler*. Gelée nouvelle. || Phénomène par lequel deux morceaux de glace fondante appliqués l'un sur l'autre se soudent par solidification de la couche liquide qui en mouille les surfaces. C'est par un phénomène de regel que l'on peut comprimer la neige en une pelote dure.

REGELER (pfx. *re* + *geler*), *vi*. et *v. imp*. Geler de nouveau : *L'étang a regelé. Il regèle*. — *Vt*. Faire geler de nouveau. || Recouvrir d'une couche de glace. — **Se regeler**, *vr*. Être gelé de nouveau. — **Gr.** Ce verbe se conjugue comme *Geler*. — **Dér.** *Regel*.

RÉGENCE (*régent*), *sf*. Dignité, charge de la personne qui gouverne un État pendant la minorité ou l'absence du souverain : *La régence de Blanche de Castille*. || Temps que dure cette dignité. — Bien que la loi salique exclue les femmes du trône de France, les reines, plus souvent que les hommes, ont exercé la régence, depuis l'avènement des Capétiens. Baudouin, comte de Flandre, fut régent durant la minorité de Philippe Ier, de 1060 à 1067. Suger et Raoul, comte de Vermandois, furent régents durant la croisade de Louis VII (1147-1149). Isabelle, femme de Philippe-Auguste, de concert avec le cardinal de Champagne, administra le royaume durant la croisade de son mari (1190-1192). Blanche de Castille fut régente durant la minorité de saint Louis, de 1226 à 1236; elle gouverna encore le royaume durant la première croisade de son fils, jusqu'à sa mort en 1252. Lors de la deuxième croisade de ce roi (1269-1270), les régents furent le sire de Nesle et Mathieu de Vendôme, abbé de Saint-Denis. Philippe VI de Valois fut un instant régent, à la mort de son cousin Charles IV, dont la femme accoucha d'une fille; il monta dès lors sur le trône. Charles V, dauphin et duc de Normandie, fut régent durant la captivité de Jean le Bon, fait prisonnier à la bataille de Poitiers (1350), jusqu'au traité de Brétigny (1360). Louis, duc d'Anjou, fut régent durant la minorité de Charles VI, qui fut proclamé majeur à douze ans, mais n'aurait dû l'être qu'à quatorze. Durant les dernières années de ce règne, le dauphin Charles (depuis Charles VII) fut proclamé régent par les Armagnacs, tandis que les partisans des Anglais et des Bourguignons reconnaissaient la régence du duc de Bedford. Anne de Beaujeu, fille de Louis XI, fut régente durant la minorité de son frère Charles VIII (1483-1484). En réalité, elle exerça le pouvoir jusqu'au mariage du roi avec Anne de Bretagne (1491). Son mari, le sire de Beaujeu, fut régent durant l'expédition de Charles VIII en Italie (1494-1495). Louise de Savoie, mère de François Ier, fut deux fois régente, lors de la campagne de Marignan (1515), après la prise du roi à Pavie (1525-1526). Catherine de Médicis, régente durant la minorité de Charles IX (1560-1563), exerça de fait le pouvoir durant la fin du règne et la plus grande partie de celui de Henri III. Marie de Médicis fut déclarée régente lors de l'assassinat de Henri IV et gouverna pour Louis XIII jusqu'à la chute du maréchal d'Ancre. Anne d'Autriche, mère de Louis XIV, ne fut légalement régente que de 1643 à 1651; mais, en réalité, elle dirigea les affaires jusqu'à la mort de Mazarin (1661). Philippe, duc d'Orléans, fut proclamé régent sans conditions par le Parlement en 1715, à la mort de Louis XIV. Son gouvernement, qui dura jusqu'en 1723, est dit proprement *Régence*. (Voir ci-après.) Louis XVIII se donna le titre de régent depuis la mort de Louis XVI (1793) jusqu'à celle de Louis XVII (1795). Marie-Louise fut proclamée deux fois régente par Napoléon Ier, durant les campagnes de 1813 et de France (1814). L'impératrice Eugénie fut aussi régente durant la campagne de 1859 et au début de la guerre de 1870. || Absol., le temps pendant lequel le duc Philippe d'Orléans gouverna la France au nom de Louis XV mineur (1715-1723). Ce personnage que Louis XIV appelait un fanfaron de vices et auquel sa mère, la princesse Palatine, reconnaissait toutes les qualités, sauf celle de s'en servir, donna par ses mœurs et sa politique un démenti complet au règne précédent. Son gouvernement fut une réaction générale contre celui qui avait précédé. Dans les *mœurs*, le Régent, entouré de ses roués, fit montre d'une dissolution inouïe et d'une incrédulité cynique. Les jansénistes sortirent de prison; le jésuite Letellier fut exilé; on songea même à rétablir l'édit de Nantes. Dans la *politique intérieure*, il supprima les secrétaires d'État pour donner satisfaction à la noblesse et les remplaça par la *Polysynodie*, c'est-à-dire par sept conseils, composés chacun de dix grands seigneurs : on eut ainsi 70 ministres au lieu de 7. Pour rembourser une dette de 3 milliards et demi, il préféra le système de l'Écossais John Law à la banqueroute proposée par Saint-Simon. Law voulut organiser le crédit par la création d'un papier-monnaie qui aurait suppléé au numéraire métallique, facilité les opérations commerciales et augmenté la richesse publique. Mais il crut à tort que les banques pouvaient émettre du papier-monnaie sans en proportionner la quantité à leur réserve métallique. A sa banque devenue royale en 1718, s'ajoutèrent le privilège de la fabrication des monnaies, l'administration des fermes générales. Mais il eut le tort d'y ajouter la Compagnie des Indes. Quand les agioteurs ne crurent plus aux richesses supposées de la Louisiane, ils voulurent tous être remboursés et ce fut la chute du système (1720). Law avait fait comprendre la puissance du crédit; mais il avait donné le goût des spéculations immorales. Au même temps, la peste de Marseille enlevait près de 100 000 personnes à la Provence. Au dehors, le Régent, oublieux de la guerre de la succession d'Espagne, s'allia à l'Angleterre, à l'Autriche, à la Hollande, pour contrecarrer les projets d'Alberoni, ministre de Philippe V. Il fit même un instant la guerre au petit-fils de Louis XIV. Conseillé par Dubois, son *drôle*, qu'il laissa parvenir au cardinalat et à l'archevêché de Cambrai, il eut le tort de dédaigner l'alliance russe que lui proposa Pierre le Grand. Usé par le vice, il mourut d'apoplexie en décembre 1723. || Nom par lequel on désignait les États de Tripoli et d'Alger et même celui de Tunis, avant l'établissement du protectorat français. || Fonction de régent dans un collège.

RÉGÉNÉRATEUR, TRICE (du l. *regenerare*, régénérer), *adj. s*. Qui régénère : *Prendre une mesure régénératrice*.

RÉGÉNÉRATION (l. *regenerationem*), *sf*. Reproduction d'une partie détruite d'un animal ou d'un végétal : *La régénération d'un os, du cristallin*. — Fig. Réformation, renouvellement : *La régénération d'un peuple*. || Renaissance spirituelle par le baptême.

RÉGÉNÉRER (l. *regenerare*), *vt*. Reproduire une partie détruite du corps d'un animal ou d'un végétal : *Le périoste régénère un os enlevé*. || Faire naître à la vie spirituelle : *Le baptême régénère*. || Réformer, améliorer, renouveler : *Régénérer les mœurs*. — **Se régénérer**, *vr*. Être régénéré. — **Gr.** *né* devient *nè* devant une syllabe muette, excepté au futur et au conditionnel. — **Dér.** *Régénération, régénérateur, régénératrice*.

REGENSBURG, nom allemand de Ratisbonne.

RÉGENT, ENTE (l. *regentem* : de *regere*, gouverner), *adj*. et *s*. Personne qui gouverne un État pendant la minorité ou l'absence du souverain. — Absol. *Le Régent*, Philippe duc d'Orléans, ou Georges IV, régent d'Angleterre durant la démence de son père Georges III (1811-1820). — *Sm*. Nom d'un magnifique diamant de la couronne de France acheté par Philippe d'Orléans au père de Pitt. || Titre de chacun des membres du conseil général de la Banque de France. || Autrefois, celui qui enseignait dans un collège. || Aujourd'hui, professeur dans un collège communal. — **Dér.** *Régence, régenter*.

RÉGENTER (*régent*), *vi*. Enseigner, professer en qualité de régent. — Fig. Faire le maître, vouloir commander partout : *Il se met à régenter*. — *Vt*. Soumettre à ses lois : *La grammaire qui sait régenter jusqu'aux rois*. (MOLIÈRE.)

REGGIO, 24 000 hab. (avec les faubourgs, 50 000 hab.), ville du N. de l'Italie, au S. du Pô, sur le Crostolo; évêché; ch.-l. de province dans le *compartimento* de l'Emilie. —

Reggio fut le ch.-l. du départ. français du Crostolo (roy. d'Italie), puis fit partie du duché de Modène (1814-1859). — (V. *Oudinot.*)

REGGIO, 36936 hab., ville du S.-O. de l'Italie, sur le détroit de Messine; archevêché; chef-lieu de la Calabre-Ultérieure.

1. **RÉGICIDE** (du l. *rex*, roi, gén. *regis* + *cædes*, meurtre), *sm.* L'assassin d'un roi : *Le régicide Ravaillac.* || Nom par lequel on désigna tout conventionnel qui avait voté la mort de Louis XVI. — *Adj.* Qui accomplit, qui prépare le meurtre d'un roi : *Main, doctrine régicide.*

2. **RÉGICIDE** (*régicide* 1), *sm.* Assassinat d'un roi : *Commettre un régicide.*

RÉGIE, *spf.* de *régir.* Administration d'un bien par un ou des employés responsables. || *Travaux publics en régie*, ceux que l'État fait exécuter à son compte. || Perception directe des impôts par l'État, sans l'intermédiaire de fermiers ou traitants. || Administration chargée de percevoir les impôts indirects sur le tabac, les poudres, les cartes, etc. || Ses bureaux, son personnel : *La régie a fait un procès.*

RÉGILLE (lac), petit lac du Latium à l'E. de Rome, desséché en 1855, sur les bords duquel Postumius défit les Latins et détruisit tout espoir de retour des Tarquins (496 av. J.-C.).

REGIMBEMENT (*regimber*), *sm.* Action de regimber.

REGIMBER (vx fr. *regiber* : même racine que *gibier*), *vi.* Ruer sous l'éperon, l'aiguillon, au lieu d'avancer : *Ce cheval regimbe.* — Fig. Résister. || Refuser d'obéir.

RÉGIME (l. *regimen*), *sm.* Action de diriger. || Système de gouvernement : *Régime féodal, monarchique, républicain.* || *L'ancien régime*, le gouvernement de la France avant 1789. || *Le nouveau régime*, le gouvernement de la France depuis 1789. || La manière d'administrer certains établissements publics, les communautés religieuses : *Le régime des prisons, des hôpitaux.* || Mode suivant lequel sont possédés et régis les biens des époux pendant le mariage. || *Régime de la communauté légale*, celui des époux qui se marient sans contrat ou qui, dans leur contrat, déclarent accepter ce régime, où l'on distingue trois sortes de biens : les biens propres du mari, ceux de la femme et les biens appartenant en commun aux deux époux, savoir : tous les meubles, les immeubles acquis pendant le mariage et tous les revenus, même ceux qui restent propres à l'un des époux. || *Régime dotal.* (V. *Dotal.*) || Manière de vivre à laquelle on se conforme au point de vue de l'alimentation et de l'hygiène : *Un régime frugal.* || Manière de vivre prescrite par un médecin, qui consiste à ne prendre que peu de nourriture, à choisir judicieusement ses aliments et à ne négliger aucun soin hygiénique : *Vivre de régime.* || Tout complément grammatical considéré par rapport à sa forme : *Régime direct, indirect, circonstanciel, etc.* || Manière dont se fait l'écoulement d'une eau courante : *Régime régulier, torrentiel.* || Grappe de fleurs ou de fruits très allongée et très volumineuse à l'extrémité d'un rameau de palmier, de bananier : *Un régime de bananes.* || *Régime des vents, des courants*, manière dont se comportent les vents, les courants dans une certaine partie du globe.

RÉGIMENT (l. *regimentum*, direction), *sm.* Corps de troupes commandé par un colonel, composé de plusieurs bataillons subdivisés en compagnies : *Un régiment d'infanterie.* || Se dit également de la réunion de plusieurs escadrons de cavalerie ou batteries d'artillerie sous les ordres d'un colonel. — Les régiments ne datent, en France, que de la seconde moitié du XVIe siècle. Les six régiments les plus anciennement organisés et dits pour cette raison *vieux* ou *grands vieux*, étaient ceux de *Picardie*, de *Champagne*, de *Navarre* et de *Piémont*, créés en 1562, de *Normandie* (1616), de *la Marine* (1627). Après eux venaient les six *petits vieux* dits de *La Tour du Pin*, de *Bourbonnais*, d'*Auvergne*, de *Monaco*, de *Mailly*, du *Roi*. Ces régiments conservaient toujours leur dénomination; les autres portaient le nom d'une province, de leur colonel. A cause de leur origine, il étaient encore dits : *Royal des Vaisseaux*, *Royal-Italien*, *Saxe-Allemand.* En 1791, on décréta que les régiments ne seraient plus désignés que par un numéro d'ordre, ce qui, depuis, a été une règle constante. La cavalerie ne fut organisée en régiments qu'en 1635; le nom de ces régiments indiquait leur chef (du roi, de la reine, colonel et général, mestre de camp général), leur origine et leur composition (*Royal-Allemand*, *Royal-Cravate* ou *Croate*, *Royal-Carabiniers*). Le *Royal-Artillerie* datait de 1695. — Fig. Grande multitude : *Un régiment de pauvres.* — **Dér.** *Régimentaire.* — **Comp.** *Enrégimenter.*

RÉGIMENTAIRE (*régiment*), *adj.* 2 *g.* Qui appartient à un régiment : *École régimentaire*, établie dans chaque régiment pour apprendre aux soldats à lire, à écrire et à compter.

***REGINGLETTE** (mot picard *gingler*, ruer), *sf.* Piège pour prendre les petits oiseaux et dans lequel une branche pliée fait l'office d'un ressort.

RÉGION (l. *regionem*, direction), *sf.* Grande étendue de pays : *Les régions septentrionales.* || *La région des bois, la région des neiges*, la partie d'une montagne recouverte de bois ou de neige. || Portion de la voûte céleste. || Nom des différentes couches de l'atmosphère : *Les hautes régions de l'air.* || Suivant les anciens : *La région du feu, la région éthérée*, la partie la plus élevée de l'air. || Degré, point où l'on s'élève dans une science : *Les plus hautes régions des mathématiques.* || Position sociale : *Les hautes régions du pouvoir.* || Portion de la surface du corps ou d'un organe : *La région de la poitrine.* || *Régions agricoles* de la France. (V. *France:* Agriculture, t. I, p. 735.) || *Régions arctiques* et *antarctiques.* (V. la carte au mot *Pôle*, t. II, pp. 1032 et 1033.) — La région arctique est constituée par l'océan Glacial du Nord et bornée par les côtes septentrionales de l'Europe, de l'Asie et de l'Amérique; du Groenland à la Norvège l'océan Glacial communique largement avec l'Atlantique; on n'y rencontre que l'Islande, l'île Jean-Mayen et le Spitzberg. C'est par cette voie, préconisée par le géographe Petermann, que les Autrichiens Payer et Weyprecht atteignirent en 1874 les terres du Prince-Rodolphe et de François-Joseph au 80° et 83° de latitude N. Du cap Nord en Europe au cap oriental en Asie, on relève la péninsule de Kola, habitée par les Lapons, la mer Blanche vue par Willoughby dès 1553, la double île de la Nouvelle-Zemble et la mer de Kara. Là commencent les rivages d'Asie côtoyés jusqu'au détroit de Behring en 1878-1879 par le professeur Nordenskiœld et son navire *la Véga.* Le long de ce passage du N.-E., la mer creuse les embouchures de l'Obi, de l'Yénisséi, de la Léna; la presqu'île de Taïmyr et le cap Tchélíouskine subissent les froids les plus rigoureux de notre hémisphère. Au large s'étendent les îles Liakoff, dont la principale, Kotelnoï, est connue par ses gisements d'ivoire fossile et ses mammouths ensevelis et conservés sous la glace; puis vient la terre de Wrangel, que le Français Lambert, tué à Buzenval en 1871, voulait longer pour atteindre le pôle. Du détroit de Behring au détroit de Davis, les îles et les glaces obstruent le fameux passage du N.-O., exploré au XVIe siècle par Frobisher et Davis, au XIXe par Parry, Ross et Franklin. En 1850, Mac Clure parvint à entrer par le détroit de Lancastre et celui de Barrow dans la baie de Melville, entre les terres de Melville, Victoria, Boothia-Félix; de là par le détroit de Banks, il gagna la mer de Behring et constata à la fois l'existence et l'inutilité commerciale du passage du N.-O. Entre la terre de Baffin et l'immense Groenland s'ouvre un long chenal par lequel Parry, Kane, Hayes, Hall ont essayé d'atteindre le pôle sur la côte N.-O. du Groenland. L'officier Markham, compagnon de l'Anglais Nares, s'éleva le plus au N. de tous les explorateurs par 83° 20' (12 mai 1876). Bien que le pôle du froid soit en Sibérie, les derniers explorateurs n'ont pas aperçu la mer libre de glaces qu'avait aperçue l'Américain Kane. Partout les *banquises* barrent la route; de ces banquises se détachent des *ice-bergs*, montagnes de glace hautes de 50 mètres, qui parfois écrasent les navires.

Les régions antarctiques sont bien moins connues que l'océan Glacial du Nord. Elles paraissent être occupées par un grand continent recouvert d'une croûte glacée. Ses *banquises* et ses *ice-bergs* s'avancent jusqu'à 34° de latitude sous forme de falaises escarpées. Au S. du cap Horn, les glaces sont entraînées vers le N.-E.; en fondant, elles refroidissent l'atmosphère et la chargent de brouillards qui gênent la navigation : on dit alors que la mer *fume.* Cook reconnut la Nouvelle-Georgie du Sud par 71°. Le baleinier Weddell s'avança au delà des Orcades du S. par 74° 15'. Dumont d'Urville reconnut les terres de Louis-Philippe et d'Adélie entre 1838 et 1840; enfin James Ross pénétra jusqu'à la terre Victoria, découvrit sur l'île Franklin deux volcans en activité auxquels il donna le nom de ses deux navires, l'*Erebus* et la *Terror.* Il atteignit en février 1842 la latitude de 78° 20', qui n'a pas été dépassée. — **Dér.** *Régional.*

RÉGIONAL, ALE (*région*), *adj.* Qui appartient à une région du territoire : *Concours régional d'agriculture.*

RÉGIR (l. *regere*), *vt.* Diriger, gouverner : *Régir l'État, un diocèse.* || Administrer, gérer : *Prendre quelqu'un pour régir ses biens.* || Exiger l'emploi de tel complément, de tel cas, de tel mode (**Gr.**) : Quoique *régit toujours le subjonctif. Les verbes transitifs latins régissent toujours l'accusatif.* — **Syn.** (V. *Gouverner.*) — **Dér.** *Régent, régente, régenter, régence, régie, régisseur.* Même famille : *Régiment, régimentaire, roi, reine, royal*, etc.; *régale*, etc.; *règle*, etc.

RÉGISSEUR (*régir*), *sm.* Celui qui administre un bien, un établissement : *Un régisseur de théâtre.*

REGISTRE ou **REGÎTRE** (bl. *registrum* : du l. *regesta*, choses reportées), *sm.* Livre où l'on inscrit les actes, les affaires de chaque jour. || *Registres de l'état civil*, ceux où l'on inscrit dans chaque mairie les naissances, mariages, décès et adoptions. — Fig. *Tenir registre de tout*, remarquer très exactement tout ce qui arrive et s'en souvenir. || *Cet homme est sur mes registres*, je me souviendrai du bien ou du mal qu'il m'a fait. || *Registres d'orgue*, barres de bois que l'on tire pour faire jouer les différents jeux d'un orgue. || Plaque de métal adaptée à l'ouverture d'un fourneau, au tuyau d'un poêle, et au moyen de laquelle on peut intercepter plus ou moins cette ouverture et régler le courant d'air. || Correspondance que les lignes des deux pages d'un feuillet ont l'une avec l'autre. (Imprimerie.) — *Bon registre*, l'exactitude de cette correspondance. || *Mauvais registre*, le défaut de cette correspondance. || *Faire le registre*, placer l'une pour l'autre les deux pages d'un feuillet de façon que les lignes correspondent exactement. — **Dér.** *Registrer.* — **Comp.** *Enregistrer, enregistrement, enregistrable, enregistreur.*

REGISTRER (*registre*), *vt.* Enregistrer (vx).

***RÉGLAGE** (*régler*), *sm.* Action de régler le papier, de disposer une horloge, une montre, une machine à vapeur ou tout autre instrument pour qu'ils marchent régulièrement. || Action de régler la ligne de mire d'un canon, laquelle doit être parallèle à l'axe de la pièce. || *Réglage du tir*, action de régler le tir d'une batterie, de déterminer la hausse à employer pour que les projectiles lancés par les différentes pièces viennent se grouper autour du but à battre de manière à produire le plus grand effet possible. On y parvient en observant les points de chute d'un certain nombre d'obus et en corrigeant méthodiquement les hausses successivement employées pour ce tir d'essai. Pour les bouches à feu de siège et de place, on se sert des tables et planchettes de tir, des distances repérées, des postes téléphoniques, etc.

RÈGLE (l. *regula*), *sf.* Instrument long, droit et plat, en bois ou en métal, dont on se sert pour tracer des lignes droites. — Fig. Tout ce qui sert à diriger, à conduire : *Observer les règles du devoir.* — Bon ordre : *Rétablir la règle dans une maison.* || Exemple, modèle : *Sa conduite me sert de règle.* || Ce que prescrit la loi, la coutume, l'usage :

Les règles de la politesse. || *Se mettre en règle,* se conformer aux prescriptions de la loi, de la coutume, de l'usage. || Principes, méthodes, préceptes que l'on doit suivre dans les sciences, les arts, les jeux, etc. : *Travailler, étudier, jouer suivant les règles. Les règles de la grammaire, de la versification.* || Opération d'arithmétique : *Les quatre premières règles,* l'addition, la soustraction, la multiplication et la division. || *Règle de trois,* problème d'arithmétique qui consiste, étant données trois quantités connues, à en trouver une quatrième inconnue liée avec elles par la proportionnalité. (V. *Trois.*) || Statuts que doivent observer les membres d'un ordre religieux : *La règle de Saint-Benoît.* || *Règle de société.* (V. *Société.*) || *Règle de mélange,* opération qui a pour but de *mélanger* dans des proportions déterminées des substances de même nature, mais de prix différents.

La *règle de mélange* présente deux cas principaux :

PREMIER CAS. — *Étant donnés les prix de plusieurs quantités de même nature, mais de qualités différentes, trouver le prix d'une unité résultant du mélange de ces quantités.*

Soit à résoudre le problème suivant :

On mélange ensemble trois qualités de blé, savoir : 75 hectolitres à 38 francs l'hectolitre, 100 hectolitres à 40 francs et 80 hectolitres à 42 francs. On demande le prix d'un hectolitre du mélange.

Si l'on fait la somme de tous les hectolitres qui doivent entrer dans le mélange, on trouve que cette somme égale 75+100+80, ou 255 hectolitres.

Maintenant il est facile de déterminer le prix de revient de ce mélange, car :

75 hectolitres à 38 francs l'un font 2 850 francs; 100 hectolitres à 40 francs l'un font 4 000 francs; 80 hectolitres à 42 francs l'un font 3 360 francs.

Tout le mélange revient donc à 2850 + 4 000 + 3 360, c'est-à-dire à 10 210 francs. Si les 255 hectolitres dont se compose le mélange coûtent 10 210 francs, un seul hectolitre coûtera 255 fois moins, c'est-à-dire $\frac{10210}{255}$ ou 40 fr. 039. Tel est le prix d'un hectolitre du mélange.

DEUXIÈME CAS. — *Étant donnés le nombre des unités dont sera composé un mélange formé d'une denrée de deux qualités différentes, ainsi que le prix de l'unité pour chaque qualité; trouver combien il devra entrer d'unités de l'une et de l'autre qualité dans le mélange.*

Soit à résoudre le problème suivant :

Avec du blé à 32 francs l'hectolitre et du blé à 40 francs l'hectolitre, on veut former un mélange de 360 hectolitres revenant à 38 francs l'hectolitre; combien faudra-t-il faire entrer dans ce mélange d'hectolitres de blé de chaque qualité?

Nous donnerons deux méthodes pour la solution de ce problème.

Première méthode. — Chaque fois que l'on prend un hectolitre de blé au tas à 32 francs pour le porter au tas du mélange, on gagne 6 francs; de même, chaque fois que l'on prend un hectolitre de blé au tas à 40 francs, pour le porter au tas du mélange, on perd 2 francs. Il résulte de là cette double conséquence : si l'on prend au tas à 32 francs deux hectolitres pour les porter au tas du mélange, on gagnera 6 × 2, ou 12 francs; si l'on prend au tas à 40 francs six hectolitres pour les porter au tas du mélange, on perdra 2 × 6, ou 12 francs. En exécutant l'une après l'autre les deux opérations que nous venons d'indiquer, le gain et la perte se compenseront et chaque hectolitre du mélange reviendra juste à 38 francs. Il est bien évident que c'est de la sorte qu'il faudra opérer jusqu'à ce qu'on ait obtenu les 360 hectolitres du mélange. Chaque fois on apportera en tout 2 + 6, ou 8 hectolitres. Autant de fois 360 contiendra 8 et autant de fois il faudra renouveler ce manège. 360 contient 8 quarante-cinq fois : donc il faudra apporter 45 fois deux hectolitres à 32 francs et 45 fois six hectolitres à 40 francs. En d'autres termes, les 360 hectolitres du mélange se composeront de 90 hectolitres de blé à 32 francs et de 270 hectolitres de blé à 40 francs.

Deuxième méthode. — Chaque fois que l'on apporte un hectolitre de blé à 32 francs au tas du mélange, on gagne 6 francs; si donc on prenait au tas à 32 francs les 360 hectolitres qui doivent former le mélange, on gagnerait 360 fois 6 francs, ou 2 160 francs. Comme on ne doit rien gagner du tout, on ne devra pas procéder de cette façon. En supposant qu'on l'ait fait tout d'abord, voici comment on réparera l'erreur commise : On enlèvera du tas du mélange un certain nombre d'hectolitres de blé à 32 francs et on les remplacera par autant d'hectolitres à 40 francs. Or, chaque fois que l'on substituera un hectolitre à un autre, on diminuera le gain primitif de 6 + 2, ou 8 francs; donc, autant de fois 2 160 francs contiendront 8 francs et autant il faudra substituer d'hectolitres de blé à 40 francs. En divisant 2 160 par 8, on aura un quotient indiquant le nombre des hectolitres à 40 francs qui doivent entrer dans le mélange. Ce nombre est 270; par conséquent, le nombre des hectolitres à 32 francs qui resteront au mélange sera 360 — 270, ou 90.

La RÈGLE D'ALLIAGE n'est pas autre chose que la règle de mélange appliquée au cas particulier où les matières mélangées, ou plus exactement combinées entre elles, sont des métaux. Les métaux les plus usités sont l'or, l'argent, le cuivre, le plomb, l'étain, le zinc et l'antimoine. On appelle *alliage* le résultat de la combinaison de plusieurs métaux entre eux. On obtient un alliage en fondant ensemble les différents métaux qui doivent en faire partie. On désigne sous le nom de *lingot* une quantité quelconque d'un métal ou d'un alliage. Les principaux alliages sont : 1° Le *bronze,* formé de cuivre et d'étain. On en forgeait des armes dans l'antiquité. Chez les modernes, le bronze sert à fabriquer les canons, les cloches et une foule d'objets d'art. 2° Le *laiton* ou *cuivre jaune,* composé de cuivre et de zinc. Cet alliage, si communément employé de nos jours, était connu des anciens sous le nom d'*orichalque.* 3° La *soudure des plombiers,* formée de plomb et d'étain. 4° Les *caractères d'imprimerie,* dans lesquels entrent l'antimoine et le plomb. 5° Les *alliages d'or,* formés d'or et de cuivre. 6° Les *alliages d'argent,* formés d'argent et de cuivre. On appelle *titre* d'un alliage d'or, la quantité d'or pur que contient un kilogramme de cet alliage. En France, la monnaie d'or est au titre de *neuf cent millièmes,* titre que l'on représente en chiffres par 0,900. Cela signifie qu'un kilogramme de l'alliage composant la monnaie d'or contient 900 grammes d'or pur et 100 grammes de cuivre. La monnaie d'argent est également au titre de *neuf cent millièmes;* il faut entendre par là qu'un kilogramme de monnaie blanche contient neuf cents grammes d'argent pur et 100 grammes de cuivre. La règle d'alliage donne lieu à huit problèmes différents que nous allons résoudre les uns après les autres.

Problème I. — *Le laiton ou cuivre jaune est formé de 75 parties de cuivre et de 25 de zinc; on paie le cuivre 2 francs le kilogramme et le zinc 1 fr. 20 le kilogramme. On demande le prix d'un kilogramme de laiton.*

Il résulte de la composition du laiton que 100 kilogrammes de cet alliage contiennent 75 kilogrammes de cuivre et 25 kilogrammes de zinc. Or 75 kilogrammes de cuivre à 2 francs le kilogramme font 2 × 75, ou 150 francs. 25 kilogrammes de zinc à 1 fr. 20 le kilogramme font 30 francs. Les 100 kilogrammes de laiton coûtent donc 150 + 30, c'est-à-dire 180 francs. Si 100 kilogrammes de laiton coûtent 180 francs, un seul kilogramme coûtera 100 fois moins ou $\frac{180}{100}$, ou, en effectuant, 1 fr. 80.

Problème II. — *On fond ensemble 150 grammes d'un lingot d'or au titre de 0,900, et 100 grammes d'un autre lingot d'or au titre de 0,920. Quel est le titre du nouveau lingot résultant de cet alliage?*

Le premier lingot d'or est au titre de 0,900. Cela veut dire que 1 000 grammes de ce lingot contiennent 900 grammes d'or pur; s'il en est ainsi, un seul gramme contiendra 1 000 fois moins d'or, c'est-à-dire $\frac{900}{1000}$, ou 0 gr. 9. Un gramme d'alliage contenant 0 gr. 9 d'or pur, 150 grammes en renfermeront 150 fois plus ou 0,9 × 150, ou encore 135 grammes. Le second lingot d'or est au titre de 0,920. Cela veut dire que 1 000 grammes de ce lingot contiennent 920 grammes d'or pur; s'il en est ainsi, 1 gramme contiendra 1 000 fois moins d'or, c'est-à-dire $\frac{920}{1000}$, ou 0 gr. 92. Un gramme d'alliage contenant 0 gr. 92 d'or pur, 100 grammes en renfermeront 100 fois plus ou 0,92 × 100, ou encore 92 grammes. Le nouvel alliage est formé de 150 grammes au titre de 0,900 et de 100 grammes au titre de 0,920 : il contient donc en tout 150+100, c'est-à-dire 250 grammes de matière. Ces 250 grammes renferment, d'après ce que l'on vient de voir, 135 + 92 grammes d'or pur, c'est-à-dire 227 grammes. Le problème que nous avons maintenant à résoudre est celui-ci :

250 grammes d'alliage renferment 227 gr. d'or pur; combien y aura-t-il d'or pur dans 1 000 grammes d'alliage?

Pour trouver la réponse à cette question, on dira : Si 250 grammes d'alliage contiennent 227 grammes d'or pur, un seul gramme en contiendra 250 fois moins ou $\frac{227}{250}$; 1 000 grammes d'alliage, au lieu d'un seul, renfermeront 1 000 fois plus d'or pur ou

$$\frac{227 \times 1\,000}{250}.$$

En effectuant les opérations, on trouve 908 grammes. Ce résultat montre que 1 000 grammes du nouvel alliage renferment 908 grammes d'or pur. C'est ce que l'on exprime en disant que ce nouvel alliage est au titre de 0,908.

Problème III. — *On fond 850 grammes d'argent pur avec 500 grammes d'un alliage d'argent et de cuivre au titre de 0,950. Quel est le titre d'un nouvel alliage?*

Il est évident que 850 grammes d'argent pur renferment la même quantité d'argent. Quant au lingot d'argent et de cuivre, comme il est au titre de 0,950, cela veut dire que 1 000 grammes de ce lingot contiennent 950 grammes d'argent pur. Puisqu'il en est ainsi, un seul gramme contiendra 1 000 fois moins d'argent, c'est-à-dire $\frac{950}{1000}$ ou 0,95. Un gramme d'alliage contenant 0,95 d'argent pur, 500 grammes en renfermeront 500 fois plus, ou 0,95 × 500, ou encore 475 grammes. Le nouvel alliage d'argent et de cuivre est donc formé de 850 grammes d'argent pur et de 500 grammes au titre de 0,950. Il contient donc en tout 850 + 500, c'est-à-dire 1 350 grammes de matière. Ces 1 350 grammes renferment, d'après ce que l'on vient de voir, 850 + 475 grammes d'argent pur, c'est-à-dire 1 325 grammes. Le problème à résoudre est donc ramené au suivant :

1 350 grammes d'alliage renferment 1 325 grammes d'argent pur; combien y aura-t-il d'argent pur dans 1 000 grammes d'alliage?

Pour trouver la réponse à cette question, on dira : Si 1 350 grammes d'alliage contiennent 1 325 grammes d'argent pur, un seul gramme en contiendra 1 350 fois moins, ou $\frac{1325}{1350}$; 1 000 grammes d'alliage, au lieu d'un seul, renfermeront 1 000 fois plus d'argent pur, ou

$$\frac{1\,325 \times 1\,000}{1\,350}.$$

En effectuant les opérations, on trouve 981 gr. 481481... Ce résultat montre que 1 000 grammes du nouvel alliage renferment 981 gr. 481481... d'argent pur. C'est ce que l'on exprime en disant que ce nouvel alliage est au titre de 0,981 481 481...

Problème IV. — *Dans quel rapport faut-il allier un lingot d'or au titre de 0,900 et un autre lingot d'or au titre de 0,750 pour avoir un troisième lingot au titre de 0,840?*

Puisque 1 000 grammes du premier lingot contiennent 900 grammes d'or pur, un seul gramme de ce même lingot contiendra

1 000 fois moins d'or pur, ou $\frac{900}{1000}$, ou encore 0 gr. 9. Si donc on prend 1 gramme de ce lingot pour le fondre avec 1 gramme de celui qui doit entrer dans l'alliage demandé, on apportera 0 gr. 900 — 0 gr. 840 d'or de trop, c'est-à-dire 0 gr. 60. Puisque 1 000 grammes du second lingot contiennent 750 grammes d'or pur, un seul gramme de ce même lingot contiendra 1 000 fois moins d'or pur ou $\frac{750}{1000}$, ou encore 0 gr. 75. Si donc on prend un gramme de ce second alliage pour le fondre avec 1 gramme du premier, on apportera à l'alliage demandé 0 gr. 84 — 0 gr. 75 d'or de moins, c'est-à-dire 0 gr. 09. On conclut de là qu'en apportant à l'alliage demandé 9 grammes du premier alliage d'or, on introduira 0 gr. 06 × 9 d'or de trop, et qu'en apportant au même alliage 6 grammes du second alliage d'or, on introduira 0 gr. 09 × 6 d'or en moins. Or il est évident que les deux produits 0,06 × 9 et 0,09 × 6 sont égaux. D'où il suit que pour obtenir le lingot demandé, il faudra fondre ensemble 9 grammes du premier lingot et 6 du second ou, d'une manière plus générale, des quantités de ces mêmes lingots qui soient entre elles dans le rapport de 9 à 6 ou bien encore dans celui de 3 à 2.

Problème V. — *Combien faut-il allier de grammes d'un lingot d'or au titre de 0,900 et d'un autre lingot d'or au titre de 0,750 pour avoir 2 500 grammes d'un troisième lingot d'or au titre de 0,840?*

Il résulte du problème précédent que, pour avoir le lingot demandé, il faudra fondre ensemble les deux lingots donnés dans le rapport de 9 grammes à 6 grammes ou dans celui de 3 grammes à 2 grammes. Adoptons ces deux derniers nombres. Chaque fois que l'on fondra 3 grammes du premier lingot avec 2 grammes du second, on obtiendra 5 grammes du lingot qu'il s'agit de se procurer. Il faudra répéter cette opération jusqu'à ce que l'on ait 2 550 grammes. Cela revient à dire qu'on la renouvellera autant de fois que 2 550 grammes contiennent 5 grammes, c'est-à-dire 510 fois. Puisque chaque fois on apporte 3 grammes du premier lingot, on en apportera en tout 3 grammes × 510, ou 1 530 grammes. De même, puisque chaque fois on apporte 2 grammes du second lingot, on en apportera en tout 2 grammes × 510, ou 1 020 grammes. Ainsi on devra fondre ensemble 1 530 grammes du premier lingot et 1 020 grammes du second.

Problème VI. — *Dans quel rapport faut-il allier un lingot d'or au titre de 0,840 et de l'or pur pour élever le titre d'un lingot résultant à 0,920?*

D'après l'énoncé, 1 000 grammes du premier lingot contiennent 840 grammes d'or pur; par conséquent, un seul gramme de ce même lingot contiendra 1 000 fois moins d'or pur, ou $\frac{840}{1000}$, ou encore 0 gr. 84. Si donc on prend 1 gramme de ce lingot pour le fondre avec 1 gramme de celui qui doit entrer dans l'alliage demandé, on apportera 0 gr. 920 — 0 gr. 840 d'or de moins, c'est-à-dire 0 gr. 08. Puisque 100 grammes d'or pur contiennent la même quantité d'or, il est évident qu'un gramme d'or pur contiendra un gramme d'or. Ainsi, chaque fois que l'on prendra un gramme d'or pur pour le joindre au lingot qui devra entrer dans l'alliage demandé, on apportera 1 gramme — 0 gr. 92 d'or de trop, ou 0 gr. 08. On conclut de là qu'en apportant à l'alliage demandé un gramme du lingot au titre de 0 gr. 840, on introduira 0 gr. 08 × 1 d'or de moins et qu'en apportant au même alliage 1 gramme d'or pur, on introduira 0 gr. 08 × 1 d'or de trop. Or il est évident que les deux produits 0 gr. 08 × 1 et 0 gr. 08 × 1, sont identiques. D'où il suit que, pour obtenir le lingot demandé, il faudra fondre ensemble 1 gramme du lingot au titre de 0 gr. 840 et 1 gramme d'or pur.

Problème VII. — *Un orfèvre a 1 200 grammes d'un lingot d'or au titre de 0,840. Combien doit-il ajouter d'or pur pour en élever le titre à 0,920?*

Il résulte du problème précédent que le lingot au titre de 0 gr. 840 et l'or pur doivent être fondus ensemble dans le rapport de 1 à 1 : donc, aux 1200 grammes de l'alliage donné, il faudra joindre 1 200 grammes d'or pur.

Problème VIII. — *Un orfèvre a 2 000 grammes d'un lingot d'argent au titre de 0,900; combien doit-il y ajouter de cuivre pour en abaisser le titre à 0,800?*

Chaque fois que l'orfèvre prend 1 gramme du lingot d'argent pour l'introduire dans l'alliage demandé, il met de trop 0 gr. 1 d'argent; chaque fois qu'il prend 1 gramme de cuivre pour l'introduire dans l'alliage demandé, il met de moins 0 gr. 800 d'argent. On conclut de là qu'en apportant à l'alliage 8 grammes du lingot d'argent on introduit 0 gr. 1 × 8 d'argent de trop, et qu'en apportant au même alliage 1 gramme de cuivre pur on introduira 0 gr. 8 × 1 d'argent de moins. Or il est évident que les deux produits, 0,1 × 8 et 0,8 × 1, sont égaux. D'où il suit que, pour obtenir le lingot demandé, il faudra fondre ensemble 8 grammes du lingot donné et 1 gramme de cuivre pur. Il en résulte qu'aux 2000 grammes du lingot d'argent il faudra joindre 250 grammes de cuivre pur. — **Dér.** *Réglé, réglée, régler, réglet, réglette, règlement* 1 et 2, *réglementer, réglementaire, réglementation, réglage, régleur, réglure.* — **Comp.** *Dérégler*, etc.

RÉGLÉ, ÉE (*régler*), *adj.* Où l'on a tracé des lignes équidistantes avec la règle : *Papier réglé.* ‖ Soumis à une règle : *Vie réglée.* ‖ Où règne le bon ordre : *Maison bien réglée.* ‖ Arrangé pour marquer exactement les heures : *Pendules bien réglées.* ‖ Terminé, conclu : *C'est une affaire réglée.* ‖ Uniforme : *Pouls réglé.* ‖ *Des bois en coupe réglée*, dont on coupe tous les ans une partie déterminée. ‖ *Troupes réglées*, celles qui composent l'armée permanente. ‖ *Surface réglée*, se dit d'une surface qui peut être engendrée par le mouvement d'une droite dans l'espace. Ex. : *Le cône est une surface réglée.* (Math.)

RÈGLEMENT (*régler*), *sm.* Action de fixer, de déterminer : *Un règlement de frontière.* ‖ Action d'imposer ou de s'imposer des règles : *Un règlement de vie.* ‖ Ordonnance qui prescrit ce que l'on doit faire : *Règlement de police.* ‖ L'ensemble des prescriptions auxquelles doit se soumettre tout membre d'une assemblée délibérante : *Le règlement de la Chambre des députés.* ‖ Indication de l'ordre, des exercices, des travaux qui se font dans une école, une manufacture, une communauté religieuse. ‖ *Règlement de compte*, vérification et approbation définitive d'un compte. ‖ *Règlement d'un mémoire*, action de vérifier et de réduire au besoin le prix de chaque article du mémoire d'un entrepreneur en bâtiments. — **Dér.** *Réglementer, réglementation, réglementaire.*

RÉGLÉMENT (*réglée* + sfx. *ment*), *adv.* D'une manière réglée, invariable : *Il se couche réglément à 10 heures.*

RÉGLEMENTAIRE (*règlement*), *adj. 2 g.* Qui est de la nature d'un règlement. ‖ Qui appartient au règlement. ‖ Conforme au règlement : *Tenue réglementaire.*

RÉGLEMENTATION (*règlement*), *sf.* Action de réglementer.

RÉGLEMENTER (*règlement*), *vt.* Multiplier abusivement les règlements. — *Vt.* Faire des règlements sur : *Réglementer la chasse.*

RÉGLER (l. *regulare* : de *regula*, règle), *vt.* Tracer des lignes avec la règle sur le papier : *Régler un cahier.* — Fig. Assujettir à une règle : *Régler sa conduite.* ‖ Diriger : *Que le bon sens règle vos paroles.* ‖ Mettre en bon ordre : *Régler ses affaires.* ‖ Maintenir dans de certaines bornes : *Régler sa dépense.* ‖ *Régler une montre*, la mettre à l'heure, en état d'aller bien. ‖ Arranger, fixer définitivement : *Régler l'emploi de son temps.* — **Se régler**, *vr.* Être réglé. ‖ Se modérer, mettre de l'ordre dans sa vie. ‖ *Se régler sur quelqu'un*, le prendre pour modèle. ‖ S'astreindre. — **Gr.** *ré* devient *rè* devant une syllabe muette, excepté au futur et au conditionnel : je règle, nous réglerons.

RÉGLET (dm. de *règle*), *sm.* Filet, en terme d'imprimerie. ‖ Petite moulure plate autour d'un panneau, d'un compartiment. ‖ Instrument servant à vérifier si une planche a été bien dégauchie.

REGLETTE (dm. de *règle*), *sf.* Petite règle de bois ou de fonte servant, dans l'imprimerie, à former des garnitures.

RÉGLEUR (*régler*), *sm.* Ouvrier qui règle le papier de musique, les registres, etc.

RÉGLISSE (l. *liquiritia* : du g. γλυκύρριζα : de γλυκύς, doux + ῥίζα, racine. Ce mot est pour *légrisse*), *sf.* Genre de plantes dicotylédones de la famille des Légumineuses, de la tribu des Lotées, dont une espèce, la *réglisse officinale* (*glycyrrhiza glabra*), est très intéressante pour nous. C'est une grande et belle plante, spontanée dans les régions les plus méridionales de l'Europe, en Sicile, dans l'ancien royaume de Naples et en Espagne. Elle est souvent cultivée dans les jardins comme espèce officinale. Sa racine ou *rhizome* est cylindrique, brunâtre en dehors, jaune en dedans, et elle acquiert une grande longueur. Elle émet des tiges droites et fermes, hautes d'un mètre ou davantage. Elle a des feuilles composées de 13 à 15 folioles ovales et un peu visqueuses. De l'aisselle de ces feuilles partent des pédoncules terminés chacun par un épi de fleurs violacées. La gousse ou légume est glabre, c'est-à-dire dépourvue de poils. La racine ou rhizome de la réglisse contient une grande quantité d'une substance de saveur sucrée appelée *glycyrrhizine*. C'est à cette matière que la réglisse doit ses propriétés adoucissantes et pectorales. En faisant macérer dans l'eau froide la racine de réglisse, on obtient un liquide sucré presque complètement dépourvu d'âcreté. Au contraire, en faisant bouillir dans l'eau la même racine, on obtient une autre liqueur également sucrée, il est vrai, mais beaucoup plus âcre. C'est cependant de cette dernière manière que l'on prépare le plus souvent la tisane de réglisse. A Paris, la décoction de racine de réglisse se vend l'été dans les rues comme boisson rafraîchissante sous le nom de *coco*. L'extrait aqueux des racines est vulgairement connu sous les noms de *suc de réglisse* et de *jus de réglisse*. On le prépare surtout dans les Calabres et en Catalogne. C'est de là qu'il nous arrive sous la forme d'une matière solide, noire, en bâtons longs de 12 à 15 centimètres et enveloppés dans une feuille de laurier. Cet extrait est toujours très impur; il est préparé dans des chaudières de cuivre que l'on racle à la fin de l'opération; ce procédé a pour effet d'y mêler du charbon et quelquefois une assez notable quantité de cuivre. Il y a donc nécessité de le purifier avant d'en faire usage. Le suc de réglisse, mêlé avec de la gomme, du sucre et des aromates, constitue des pâtes et des tablettes d'une saveur agréable et dont on se sert souvent pour combattre les rhumes. On fait de la réglisse une immense consommation. Aussi l'a-t-on nommée à bon droit le sucre du pauvre; elle forme la tisane ordinaire des hôpitaux; il est regrettable que la glycyrrhizine ne puisse pas subir la fermentation alcoolique. La saveur sucrée de la racine de réglisse se retrouve, mais affaiblie, chez quelques autres légumineuses, qui peuvent, en conséquence, lui servir de succédanées. Tels sont, entre autres, l'*astragalus glycyphyllos*, *réglisse sauvage*, *réglisse bâtarde*, à fleurs jaune verdâtre, et le *trifolium alpinum*, nommé vulgairement pour cette raison *réglisse de montagne*.

***RÉGLURE** (*régler*), *sf.* Action de régler le papier. ‖ Manière dont le papier est réglé.

RÉGNANT, ANTE (*régner*), *adj.* Qui règne : *Le roi régnant.* ‖ *Maison, famille régnante*, celle dont le chef règne. — Fig. Dominant : *La mode régnante.* ‖ *Maladie régnante*, qui frappe à la fois un grand nombre de personnes.

REGNARD (JEAN-FRANÇOIS) (1655-1709), le plus grand comique du XVIIe siècle après Molière. Il fit de longs voyages, alla jusqu'en Laponie et fut quelque temps captif à Constantinople. De ses comédies, toutes en vers, les meilleures sont : le *Joueur* (1696), les *Ménechmes* (1705), le *Légataire universel* (1708).

REGNAUD, dit DE SAINT-JEAN-D'ANGÉLY (COMTE) (1794-1870), maréchal de France.

REGNAULT (HENRI-VICTOR) (1810-1874), célèbre physicien français, célèbre par la précision de ses travaux. Il fut directeur de la manufacture de Sèvres. — Son fils, HENRI REGNAULT (1843-1871), peintre connu par une *Exécution à l'Alhambra*, un *Portrait du général Prim*, une *Salomé*; tué au combat de Buzenval le 19 janvier 1871.

RÈGNE (l. *regnum*), *sm.* Gouvernement d'un souverain : *Le règne d'un roi, d'un empereur, d'un prince, d'un duc.* || Domination, autorité, influence, vogue, crédit : *Le règne des lois, de la raison, de la mode.* || Chacune des trois grandes divisions dans lesquelles on range tous les corps : *Le règne minéral, le règne végétal et le règne animal.* || *Règne inorganique,* les minéraux. || *Règne organique,* l'ensemble des végétaux et des animaux. — On admet aujourd'hui un autre règne, celui des *protistes,* êtres organisés qui ne sont ni des végétaux ni des animaux, mais tiennent des uns et des autres. — **Dér.** *Régner, régnant, régnante.* — **Comp.** *Régnicole.*

RÉGNER (l. *regnare*), *vi.* Gouverner un État en qualité de souverain, roi, empereur, prince, duc, etc. || Gouverner le monde, en parlant de Dieu. || Avoir la suprématie : *L'Angleterre règne sur les mers.* || Avoir une autorité, une influence dominante : *C'est l'opinion qui règne dans les temps modernes.* || Être en vogue, en crédit : *Cet usage règne en province.* || Exister, durer plus ou moins longtemps : *Le froid règne plus ou moins longtemps.* || Se dit d'une maladie qui atteint à la fois un grand nombre de personnes : *La fièvre typhoïde règne dans ce pays.* || Souffler invariablement dans une même direction : *Le vent du S.-O. règne depuis longtemps.* || S'étendre le long de : *Un balcon règne autour de l'appartement.* — **Gr.** *ré* devient *rè* devant une syllabe muette, excepté au futur et au conditionnel.

RÉGNICOLE [rég-ni-colo] (l. *regnum,* royaume + *colere,* habiter), *adj.* et *s. 2 g.* Tout habitant, naturel d'un royaume, considéré comme ayant certains droits que lui confère sa nationalité : *Les régnicoles sont traités plus favorablement que les étrangers.*

RÉGNIER (MATHURIN) (1573-1613), poète satirique français. Neveu de Desportes, il fut l'ennemi de Malherbe. Au jugement de Boileau, il connut le mieux, avant Molière, les mœurs et le caractère des hommes.

RÉGNIER DE LA BRIÈRE (F.-J.-PHILOCLÈS) (1807-1885), comédien français. Ayant débuté en 1831, il devint sociétaire de la Comédie-Française en 1835 et prit sa retraite en 1872.

RÉGNIER-DESMARAIS (1632-1713), littérateur et grammairien français qui publia la première édition du Dictionnaire de l'Académie française (1694).

REGONFLEMENT (*regonfler*), *sm.* Action de gonfler de nouveau : *Le regonflement d'un ballon.* || Accumulation de l'eau arrêtée par un obstacle.

REGONFLER (pfx. *re* + *gonfler*), *vt.* Gonfler de nouveau. — *Vi.* Devenir enflé de nouveau. || Éprouver un regonflement. — **Se regonfler**, *vr.* Devenir regonflé. — **Dér.** *Regonflement.*

REGORGEMENT (*regorger*), *sm.* Action de ce qui regorge : *Le regorgement d'une rivière.*

REGORGER (pfx. *re* + *gorger*), *vi.* Rendre par la gorge. — Fig. *Faire regorger,* faire restituer par quelqu'un ce qu'il s'était indûment approprié. || Déborder : *La rivière regorge.* || Être tout plein d'un liquide, en parlant d'un lieu : *Depuis l'inondation cette maison regorge d'eau.* — Fig. Avoir, contenir une grande abondance d'une chose : *Sa grange regorge de blé.* || Être fort abondant : *Les denrées regorgent sur le marché.* — **Gr.** Le *g* prend un *e* devant *a, o* : n. regorgeons. — **Dér.** *Regorgement.*

***REGOÛTER** (pfx. *re* + *goûter*), *vt.* Goûter de nouveau : *Regoûtez ce vin.* — *Vi.* Faire un second goûter.

REGRAT, *svm.* de *regratter.* Vente en détail et de seconde main de certaines denrées : *Autrefois le regrat du sel, des grains, du charbon était considérable.*

REGRATTAGE (*regratter*), *sm.* Action de regratter, surtout un bâtiment.

REGRATTER (pfx. *re* + *gratter*), *vt.* Gratter de nouveau. || Enlever avec le marteau et la ripe la superficie d'un bâtiment en pierre de taille pour le faire paraître neuf. — *Vi.* Rabattre de petites sommes sur un mémoire, une facture. — **Dér.** *Regrat, regrattage, regrattier, regrattière, regratterie.*

REGRATTERIE (*regratter*), *sf.* Commerce des regrattiers. || Les marchandises qu'ils débitent.

REGRATTIER, IÈRE (*regratter*), *s.* Celui, celle qui vend en détail et de la seconde main des denrées de peu de valeur. — Fig. Celui qui a l'habitude de rabattre de petites sommes sur un compte. || Compilateur.

***REGRÉER** (pfx. *re* + *gréer*), *vt.* Réparer le gréement d'un navire.

***REGREFFER** (pfx. *re* + *greffer*), *vt.* Greffer de nouveau.

***RÉGRESSION** (l. *regressionem*), *sf.* Figure de mots nommée encore conversion. (V. *Converse.*)

REGRET, *svm.* de *regretter.* Déplaisir d'avoir perdu ou de n'avoir pu obtenir une chose : *Éprouver un regret.* || Chagrin que cause la mort, la perte d'une personne. || Déplaisir d'avoir fait ou de n'avoir pas fait une chose : *Avoir un grand regret de sa faute.* || Déplaisir léger ou profond : *J'ai regret qu'il ne m'ait pas accompagné.* — *Pl.* Plaintes, lamentations : *Se consumer en regrets.* — A REGRET, *loc. adv.* Avec répugnance.

REGRETTABLE (*regretter*), *adj. 2 g.* Qui mérite d'être regretté : *Personne, perte regrettable.*

REGRETTER (pfx. *re* + goth. *gretan,* plaindre), *vt.* Éprouver du regret d'une chose : *Regretter sa jeunesse, le temps perdu.* || S'affliger de la mort, de la perte d'une personne : *Regretter ses parents.* || *Regretter son argent,* être fâché d'une emplette, d'une dépense qu'on a faite. — **Dér.** *Regret, regrettable.*

***REGRIMPER** (pfx. *re* + *grimper*), *vi.* et *vt.* Grimper de nouveau.

***REGROS** (pfx. *re* + *gros*), *sm.* Grosse écorce dont on fait le tan.

***REGUINDER** (pfx. *re* + *guinder*), *vt.* Guinder de nouveau.

RÉGULARISATION (*régulariser*), *sf.* Action de régulariser; son résultat : *La régularisation d'un compte.*

RÉGULARISER (du l. *regularis*), *vt.* Rendre régulier ce qui ne l'était pas. || *Régulariser sa position,* obtenir une autorisation, un permis en règle. — **Se régulariser**, *vr.* Devenir régulier.

RÉGULARITÉ (du l. *regularis,* régulier), *sf.* Qualité de ce qui se fait toujours de la même manière : *La régularité du mouvement diurne.* || Uniformité : *La régularité du pouls.* || Symétrie : *La régularité d'un bâtiment.* || *La régularité d'une figure de géométrie,* l'égalité de tous ses côtés entre eux et de tous ses angles entre eux. || Exacte proportion : *La régularité du visage.* || Conformité à la loi, à la règle : *La régularité d'une procédure.* || Observance des lois de la morale : *La régularité de la conduite.*

1. RÉGULATEUR (du l. *regula,* règle), *sm.* Appareil adapté à une machine pour en rendre le mouvement uniforme ou régulier : *Le balancier est le régulateur d'une horloge.* || Sorte d'horloge à poids et sans sonnerie qui sert à régler d'autres horloges. || *Régulateur à force centrifuge,* celui qu'on adapte à une machine à vapeur pour régulariser l'introduction de la vapeur dans le corps de la pompe.

2. RÉGULATEUR, TRICE (du l. *regula,* règle), *adj.* et *s.* Qui sert de règle. || Qui règle. || *Marché régulateur du prix des grains,* celui dont les cours s'imposent aux autres marchés.

***RÉGULATION** (l. fictif *regulationem,* fait sur *regulatum,* supin de *regulare*), *sf.* Action régulatrice dans le mouvement des moulins à vent, des machines à vapeur.

RÉGULE (l. *regulum,* petit roi), *sm.* Métal ou alliage cassant (vx). || Métal à l'état pur (vx).

RÉGULIER, IÈRE (l. *regularem*), *adj.* Qui s'accomplit toujours de la même manière : *La marche régulière du soleil.* || Uniforme : *Pouls régulier.* || Qui présente de la symétrie : *Édifice régulier.* || *Polygone régulier,* celui qui a tous ses côtés et tous ses angles égaux. || *Polyèdre régulier,* celui qui a toutes ses faces égales et régulières et ses angles égaux. || *Corolle régulière,* celle dont tous les pétales ont la même forme et la même dimension. || Bien proportionné : *Cet homme a des traits réguliers.* || Conforme à la loi, à la règle, à la morale, dans ses façons de procéder : *Conduite régulière.* || Exact, ponctuel. || *Le clergé régulier,* l'ensemble des ecclésiastiques qui appartiennent à des ordres religieux et sont soumis à une règle, par opposition au clergé ordinaire, dit séculier. — **Dér.** *Régularité, régulariser, régulateur* 1 et 2, *régulatrice, régulièrement.* — **Comp.** *Irrégulier,* etc.

RÉGULIÈREMENT (*régulière* + sfx. *ment*), *adv.* D'une manière régulière. || Exactement. || Uniformément. || Ponctuellement.

REGULUS (MARCUS ATILIUS), général romain, deux fois consul (267 et 256 av. J.-C.). Fait prisonnier par les Carthaginois et envoyé par eux à Rome pour proposer l'échange des prisonniers, il conseilla au Sénat de refuser, et retourna à Carthage où, suivant une tradition, on l'aurait fait périr dans d'affreuses tortures.

RÉHABILITATION (*réhabiliter*), *sf.* Rétablissement d'une personne frappée de déchéance dans ses anciens droits : *La réhabilitation d'un failli, d'un condamné.* — La demande en réhabilitation pour les individus qui ont été condamnés pour une peine afflictive ou infamante ne peut être formulée que 5 ans après le jour de la libération. Cette demande doit être adressée au procureur de la République de l'arrondissement. Elle est examinée par la chambre d'accusation de la Cour d'appel, qui donne un avis motivé; si celui-ci est favorable, il est transmis au ministère de la justice sur le rapport duquel le président de la République statue. Des lettres de réhabilitation sont alors expédiées à la Cour d'appel qui a donné l'avis et copie authentique en est envoyée au tribunal qui a prononcé la condamnation, afin qu'elle soit mise en marge de la minute de l'arrêt ou du jugement de la condamnation. (Dr.)

RÉHABILITER (pfx. *ré* + *habiliter*), *vt.* Rétablir une personne déchue dans ses anciens droits, dans ses prérogatives : *Réhabiliter un failli.* || *Réhabiliter la mémoire d'un homme,* déclarer qu'il a été condamné à tort. — Fig. Faire recouvrer l'estime publique : *Cet acte de courage l'a réhabilité.* — **Se réhabiliter**, *vr.* Obtenir sa réhabilitation. — Fig. Recouvrer l'estime publique. — **Dér.** *Réhabilitation.*

RÉHABITUER (pfx. *ré* + *habituer*), *vt.* Faire reprendre une habitude perdue. — **Se réhabituer**, *vr.* Reprendre une habitude perdue.

REHAUSSEMENT (*rehausser*), *sm.* Action de rehausser : *Le rehaussement d'une maison.*

REHAUSSER (pfx. *re* + *hausser*), *vt.* Hausser davantage : *Rehausser un mur.* || Relever : *Rehausser le courage de quelqu'un.* || Augmenter : *Rehausser le prix du pain.* — Fig. Faire paraître davantage : *Sa toilette rehaussait sa beauté.* || *Rehausser d'or ou de soie des ouvrages de tapisserie,* en augmenter la beauté en y mêlant de l'or et de la soie. — Fig. *Rehausser le mérite d'une action.* || Épicer plus fortement : *Rehausser une sauce.* — Fig. Rendre plus apparent : *Sa modestie rehausse son mérite.* — **Se rehausser**, *vr.* Être rehaussé. — **Dér.** *Rehaussement, rehaut.*

REHAUT, *svm.* de *rehausser.* Retouches ou hachures brillantes exécutées pour faire ressortir les figures, les ornements, les moulures, certaines parties d'une peinture.

REIBELL (FÉLIX) (1795-1867), ingénieur qui termina, en 1853, après quinze années de travaux, la digue de Cherbourg commencée en 1783.

REICHA (ANTOINE) (1770-1836), professeur de contrepoint au Conservatoire, auteur d'un *Traité de mélodie,* créateur des *quintetti* d'instruments à vent. Il était membre de l'Institut.

REICHENBERG, 28 000 hab., ville de Bohême. Fabriques de draps et lainages; centre d'un district manufacturier qui embrasse Kratzau, Gabel, Zwickau, Reichstadt.

REICHSHOFFEN, 3084 hab., village du Bas-Rhin (canton de Niederbronn), aujourd'hui dans la Basse-Alsace. Bataille du 6 août 1870, dite aussi de *Frœschwiller* ou de *Wœrth,* où le maréchal de Mac-Mahon essaya, avec 35000 hommes, de tenir tête aux 140000 hommes du prince royal de Prusse. C'est dans les rues de Morsbronn que chargèrent les cuirassiers légendaires de Reichshoffen; ils appartenaient à la brigade Michel et à la division de Lartigue.

REICHSTADT (DUC DE). (V. *Napoléon II.*)

REID (MAYNE). (V. *Mayne Reid.*)

REID (THOMAS) (1710-1786), professeur et pasteur protestant, chef de l'école philosophique écossaise.

REIGNIER, 1854 hab. Ch.-l. de c., arr. de Saint-Julien (Haute-Savoie); ch. de fer de P.-L.-M.

REIKIAVIK, 3000 hab., port sur la côte S.-O. de l'Islande et capit. de cette île. Évêché luthérien; siège de l'*althing* ou assemblée nationale.

REILLANNE, 1360 hab. Ch.-l. de c., arr. de Forcalquier (Basses-Alpes).

REILLE (COMTE) (1775-1860), général français qui se signala dans les guerres de la Révolution et de l'Empire et fut nommé maréchal de France en 1847.

***REILLÈRE** (vx fr. *reille,* règle), *sf.* Conduit amenant l'eau sur la roue d'un moulin.

RÉIMPORTATION (*réimporter*), *sf.* Action d'importer de nouveau ce qui avait été exporté.

RÉIMPORTER (pfx. *ré*+*importer*), *vt.* Importer de nouveau. — **Dér.** *Réimportation.*

RÉIMPOSER (pfx. *ré*+*imposer*), *vt.* Soumettre à une nouvelle imposition pour cause d'insuffisance d'une première taxe : *Réimposer une commune.* — **Dér.** *Réimposition.*

RÉIMPOSITION (pfx. *ré*+*imposition*), *sf.* Établissement d'un supplément de taxe.

RÉIMPRESSION (*ré*+*impression*), *sf.* Action de réimprimer. ‖ Livre, écrit réimprimé.

RÉIMPRIMER (pfx. *ré* + *imprimer*), *vt.* Imprimer de nouveau. — **Se réimprimer,** *vr.* Être réimprimé. — **Dér.** *Réimpression.*

REIMS, 97903 hab. S.-préf. (Marne), archevêché, à 172 kilom. de Paris; ch. de fer de l'E. Magnifique cathédrale du XIIIe siècle où étaient sacrés les rois de France; son portail est une véritable dentelle d'architecture. Ruines romaines. Immense commerce de laine, filatures, vins de Champagne. — Capit. des Rémois à l'époque gauloise.

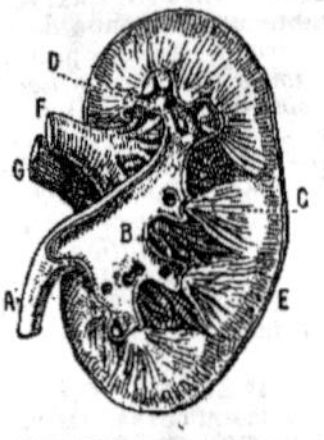

REIN DE L'HOMME (coupé)

A. Bassinet. — B. Gouttière. — C. Section des cônes urinifères. — D. Calice. — E. Substance corticale. — F. Artère rénale. — G. Veine rénale.

REIN (l. *renem*), *sm.* Nom de deux glandes d'un rouge brun situées profondément dans l'abdomen de chaque côté des vertèbres lombaires; elles sécrètent l'urine et sont appelées vulgairement *rognons.* — *Pl.* Partie inférieure du dos : *Avoir mal aux reins.* — Fig. *Poursuivre quelqu'un l'épée dans les reins,* le presser vivement de conclure une affaire. ‖ L'épine du dos, au point de vue de la force et de la souplesse : *Des reins vigoureux.* — Fig. *Avoir les reins forts,* être riche, influent; pouvoir faire une grande dépense. ‖ *Reins de voûte,* espace compris entre un plan vertical qui s'élèverait de la naissance de l'extrados d'une voûte et un plan horizontal, tangent au sommet de cet extrados. — **Dér.** *Reinté.* — **Comp.** *Éreinter, éreintement.*

REIN

CORPUSCULE GROSSI MONTRANT LES VAISSEAUX

RÉINCORPORER (pfx. *ré* + *incorporer*), *vt.* Incorporer de nouveau.

REINE (l. *regina*), *sf.* La femme d'un roi. ‖ Femme qui gouverne un royaume comme le ferait un roi : *La reine Victoria.* ‖ *La reine du ciel, des anges,* la sainte Vierge. ‖ *La reine du bal, de la fête,* celle pour qui l'on donne le bal, la fête. — Fig. La personne, la chose la plus excellente en son genre : *La rose est la reine des fleurs. La charité est la reine des vertus.* ‖ La pièce du jeu des échecs la plus importante après le roi. ‖ *La reine des abeilles,* la femelle unique qui se trouve dans une ruche d'abeilles. ‖ *La reine-des-prés,* la spirée ulmaire. ‖ *Reine blanche,* nom donné aux veuves des rois de France, parce qu'elles devaient porter le deuil de leurs maris en vêtements blancs, durant le reste de leur vie. — **Comp.** *Reine-Claude, reine-marguerite.* — **Hom.** *Raine, renne, rêne.*

REINE (LA), 1310 hect., forêt domaniale de Meurthe-et-Moselle, peuplée de chênes et de charmes.

REINE-CHARLOTTE (ARCHIPEL DE LA), dans la Colombie anglaise, sur les côtes du Pacifique.

REINE-CLAUDE [-glaude] (*la reine Claude,* femme de François Ier), *sf.* Variété de prune, à chair verdâtre, dont le goût et le parfum sont exquis. — Pl. *des reines-Claude.*

REINE-MARGUERITE (*reine* + *marguerite*), *sf.* L'aster de la Chine, plante composée. ‖ Nom vulgaire de la grande marguerite. — Pl. *des reines-marguerites.*

REINETTE ou **RAINETTE** (dm. de *raine,* grenouille), *sf.* Nom d'un grand nombre de variétés de pommes à couteau à peau jaune et tachetée de rouge et de gris, d'un goût excellent : *La reinette de Canada.* ‖ Instrument de chirurgie vétérinaire servant à creuser des *rainures* dans la corne des animaux onguiculés.

RÉINSTALLATION (*réinstaller*), *sf.* Action de réinstaller.

RÉINSTALLER (pfx. *ré* + *installer*), *vt.* Installer de nouveau. — **Dér.** *Réinstallation.*

REINTÉ, ÉE (*rein*), *adj.* Qui a les reins larges, forts et élevés en forme d'arc : *Chien reinté.*

RÉINTÉGRANDE (l. *redintegrandum,* qui doit être réintégré), *sf.* Demande qu'une personne fait en justice pour être réintégrée dans la possession d'un bien dont elle a été dépouillée par force.

RÉINTÉGRATION (l. *redintegrationem*), *sf.* Action de réintégrer. ‖ Son résultat.

RÉINTÉGRER (l. *redintegrare* : de *red* + *integrum,* entier), *vt.* Rendre entier de nouveau : *La nature réintègre une patte mutilée de l'écrevisse.* ‖ Rétablir une personne dans la possession d'une chose dont elle avait été dépouillée : *Réintégrer un proscrit dans la possession de ses droits, de ses biens.* ‖ *Faire réintégrer des meubles,* les faire remettre dans le lieu d'où ils avaient été enlevés. ‖ Rétablir une personne dans son emploi, ses fonctions : *Réintégrer un sous-préfet.* — **Se réintégrer,** *vr.* Être réintégré. — **Dér.** *Réintégrande, réintégration.*

RÉINVENTER (pfx. *ré*+*inventer*), *vt.* Inventer de nouveau.

***RÉINVITER** (pfx. *ré*+*inviter*), *vt.* Inviter de nouveau.

REIS (ar. *raïs,* chef), *sm.* Titre de plusieurs officiers ou dignitaires de l'empire turc. ‖ *Reis effendi,* ministre des affaires étrangères en Turquie.

REISSIGER (CHARLES-THÉOPHILE) (1798-1859), compositeur allemand, fondateur du Conservatoire de La Haye. Il est l'auteur du morceau de piano connu sous le titre de : *Dernière Pensée de Weber.*

***RÉITÉRATIF, IVE** (*réitérer*), *adj.* Qui réitère.

RÉITÉRATION (l. *reiterationem*), *sf.* Action de réitérer.

RÉITÉRER (pfx. *re* + l. *iterare,* renouveler), *vt.* Faire de nouveau une chose qui a déjà été faite : *Réitérer une question.* — **Se réitérer,** *vr.* Être réitéré. — **Dér.** *Réitération, réitératif, réitérative.*

REÎTRE ou **RÊTRE** (all. *Reiter,* cavalier), *sm.* Au XVIe siècle, soldat de la cavalerie allemande, au service des protestants, durant les guerres de religion : *Un régiment de reîtres.* — Fig. *Un vieux reître,* un homme de sac et de corde.

REJAILLIR (pfx. *re* + *jaillir*), *vi.* Revenir en sens inverse après un choc, rebondir : *La balle frappe le mur et rejaillit.* ‖ Jaillir, en parlant des liquides : *Son sang rejaillit sur le mur.* — Fig. Retomber sur : *La bonté en rejaillira sur vous.* — **Dér.** *Rejaillissement.*

REJAILLISSEMENT (*rejaillir*), *sm.* Action, mouvement de ce qui rejaillit.

REJET, *svm.* de *rejeter.* Action de rejeter. ‖ Chose rejetée. ‖ La terre qu'on rejette sur le bord d'un fossé que l'on creuse. ‖ Report d'une partie de compte sur un autre chapitre de ce compte ou sur un autre compte. ‖ Un ou plusieurs mots achevant le sens que l'on rejette au vers suivant. ‖ Refus d'admettre : *Le rejet d'une demande.* ‖ Action de mettre au rebut. ‖ Chose mise au rebut. ‖ Nouvelle pousse d'une plante, d'un arbre : *Rejet vigoureux.* ‖ Rejeton. ‖ Piège, analogue à la reginglette (V. ce mot), pour prendre les bécasses.

REJETABLE (*rejeter*), *adj. 2 g.* Qui doit être rejeté.

***REJÉTEAU** [re-jè-tô] (*rejette* + *eau*), *sm.* Moulure à la partie inférieure du bois d'une porte, d'une fenêtre pour rejeter les eaux pluviales au dehors.

REJETER (pfx. *re* + *jeter*), *vt.* Jeter de nouveau. ‖ Repousser, renvoyer : *Rejeter la balle.* ‖ Jeter une chose dans l'endroit d'où on l'avait tirée : *Rejeter de petits poissons dans la rivière.* ‖ Jeter dehors, pousser hors de soi : *La mer Baltique rejette de l'ambre sur ses côtes. L'estomac de cet homme rejette tout ce qu'il mange.* ‖ Produire de nouvelles pousses : *Le saule étêté rejette beaucoup de branches.* ‖ Mettre dans un lieu ce qu'on a ôté d'un autre : *Rejeter la terre d'un fossé dans le champ voisin.* ‖ Imputer, mettre sur le compte de : *Rejeter la défaite sur l'impéritie d'un général.* ‖ *Rejeter une faute sur quelqu'un,* l'en accuser pour se disculper. ‖ Refuser d'admettre, d'opérer : *Rejeter un projet de loi, une offre.* ‖ Écarter, éloigner : *Cela nous rejette de notre but.* — **Se rejeter,** *vr.* Se porter en arrière : *Se rejeter au fond de sa voiture.* ‖ Faire une digression, traiter un sujet au lieu d'un autre : *L'orateur s'est rejeté sur des lieux communs.* ‖ S'excuser : *Pour se justifier, il s'est rejeté sur la faiblesse humaine.* — **Dér.** *Rejet, rejeton, rejetable, rejetoir.* — **Comp.** *Rejéteau.*

***REJETOIR** (*rejeter*), *sm.* Piège. (V. *Rejet.*)

REJETON (dm. de *rejet*), *sm.* Nouvelle pousse d'une plante, d'un arbre : *Ce prunier provient d'un rejeton.* — Fig. Enfant, descendant : *Le dernier rejeton d'une race.*

REJOINDRE (pfx. *re*+*joindre*), *vt.* Réunir des parties qui avaient été séparées : *Rejoindre les bords d'une plaie.* ‖ Aller retrouver : *Rejoindre son régiment.* ‖ Réunir des personnes : *L'intérêt les a rejoints.* — **Se rejoindre,** *vr.* Être rejoint. ‖ Se retrouver ensemble : *Nous nous rejoindrons à Paris.*

***REJOINTOIEMENT** ou ***REJOINTOYEMENT** (*rejointoyer*), *sm.* Action de rejointoyer.

REJOINTOYER (pfx. *re* + *jointoyer*), *vt.* Refaire les joints d'une vieille maçonnerie en les remplissant d'un nouveau mortier. — **Dér.** *Rejointoyement* ou *rejointoiement.*

REJOUER (pfx. *re* + *jouer*), *vi.* et *vt.* Jouer de nouveau : *Rejouer une comédie, un morceau de musique.*

RÉJOUI, IE (*réjouir*), *adj.* Gai et de bonne humeur. — *S.* : *Un gros réjoui.*

RÉJOUIR (pfx. *ré*+*jouir*), *vt.* Pénétrer de joie : *Cela me réjouit.* ‖ Impressionner agréablement : *Ce parterre réjouit la vue.* ‖ *Le vin réjouit le cœur,* il égaie et réconforte. ‖ Divertir : *Ce spectacle nous réjouit.* — **Se réjouir,** *vr.* Ressentir de la joie. ‖ Se divertir. ‖ Se faire un plaisir : *Je me réjouis de vous voir.* ‖ Éprouver une vive satisfaction : *Je me réjouis de votre succès.* — **Dér.** *Ré-*

joui, réjouie, réjouissant, réjouissante, réjouissance.

RÉJOUISSANCE (*réjouissant*), *sf.* Démonstration de joie : *Faire une grande réjouissance.* — Fig. Les os qu'un boucher ajoute à la viande qu'il vend en les faisant payer au prix de celle-ci. ‖ Fête publique.

RÉJOUISSANT, ANTE (*réjouir*), *adj.* Qui réjouit : *Aventure réjouissante.*

RELÂCHANT, ANTE (*relâcher*), *adj.* Qui purge légèrement.

1. **RELÂCHE,** *svf.* de *relâcher.* Interruption d'une occupation : *Travailler sans relâche.* ‖ Cessation momentanée d'un état pénible, douloureux : *Souffrance sans relâche.* ‖ Suspension temporaire de représentations théâtrales : *Il y a aujourd'hui relâche au théâtre.* — Sans relâche, *loc. adv.* Continuellement.

2. **RELÂCHE,** *svm.* de *relâcher.* Séjour qu'un navire en voyage fait dans un port pour éviter le gros temps, se ravitailler et faire reposer l'équipage, ou pour toute autre cause : *Courte relâche.* ‖ Port où ce séjour a lieu.

RELÂCHÉ, ÉE (*relâcher*), *adj.* Qui n'est pas assez austère : *Homme relâché. Morale relâchée.*

RELÂCHEMENT (*relâcher*), *sm.* État d'une chose qui n'est plus aussi tendue et resserrée : *Le relâchement des cordes d'un violon.* ‖ *Relâchement de ventre,* faible diarrhée. ‖ Tendance de la température à s'adoucir : *Le relâchement du froid.* ‖ Diminution de zèle dans l'accomplissement de ses devoirs : *Cet écolier montre du relâchement dans ses études.*

1. **RELÂCHER** (pfx. *re* + *lâcher*), *vt.* Rendre moins tendu, moins resserré : *L'humidité relâche les tentures.* — Fig. *Relâcher l'esprit,* le délasser. ‖ Adoucir : *La chute de la neige relâche la température.* ‖ Rendre moins austère, moins sévère, moins strict : *Relâcher la discipline.* ‖ Rendre moins intense. ‖ Céder sur ses droits, ses intérêts : *Relâcher de ses prétentions.* ‖ Rendre libre : *Relâcher un prisonnier.* — *Vi.* Devenir moins exigeant : *Relâcher de ses droits.* ‖ Faire relâche dans un port. — **Se relâcher,** *vr.* Se détendre. ‖ Devenir moins zélé, moins austère. ‖ Céder de ses droits, de ses prétentions. — **Dér.** *Relâchant, relâchante, relâché, relâchée, relâche* 1 et 2, *relâchement.*

RELAIS, *svm.* de *relaisser.* Chevaux frais postés de distance en distance qui prennent les voyageurs à la place de ceux qu'ils quittent. ‖ Chiens postés de même pour la chasse du cerf, du sanglier, du loup, etc. — Fig. Habit de rechange. ‖ Lieu où est posté un relais : *On dînera au premier relais.* ‖ Station de poste. ‖ Terrain qu'abandonne une rivière sur ses bords, ou la mer sur ses rivages ; atterrissement. — Ces alluvions sont dites *lais* et *relais.* Le *lais* est l'accroissement insensible d'une rive par l'accumulation des terres qu'y dépose le courant ; le *relais* est la portion du lit que l'eau laisse à sec en se retirant d'une rive pour se porter à l'autre. Les lais et relais appartiennent au propriétaire de la rive, à la charge d'y laisser place pour le *marchepied* ou *chemin de halage,* selon que le cours d'eau est flottable ou navigable. Les relais de mer, par droit d'accession, appartiennent à l'État, qui en dispose à sa convenance. ‖ Distance que parcourt un terrassier en transportant à la brouette les terres d'une fouille. ‖ Appareil pour faire fonctionner le récepteur du télégraphe Morse. — **Dér.** *Relayer.*

***RELAISSER (SE)** (pfx. *re*+*laisser*), *vr.* S'arrêter. — **Dér.** *Relais.*

RELANCER (pfx. *re* + *lancer*), *vt.* Lancer de nouveau. ‖ Faire repartir une bête chassée qui se repose : *Relancer le cerf.* — Fig. *Relancer quelqu'un,* l'aller trouver pour le presser de faire une chose ou le rabrouer. — **Gr.** *c* prend une cédille devant *a, o* : nous relançons. — **Dér.** *Relancis.*

***RELANCIS** (*relancer*), *sm.* Parties neuves refaites dans un vieux mur en creusant dans les parties faibles des trous que l'on bourre de moellons et de mortier.

RELAPS, APSE (l. *relapsum,* retombé), *adj.* et *s.* Qui est retombé dans l'hérésie après l'abjuration. ‖ *Hérétique relaps,* qui commet de nouveau le même péché.

RÉLARGIR (pfx. *re* + *élargir*), *vt.* Rendre plus large. — **Dér.** *Rélargissement.*

***RÉLARGISSEMENT** (*rélargir*), *sm.* Action de rélargir.

RELATER (l. *relatum,* chose rapportée), *vt.* Exposer. ‖ Mentionner : *Relater un fait dans un procès-verbal.* — **Dér.** *Relation, relatif, relative, relativement, relativité.* — **Comp.** *Corrélation, corrélatif, corrélative, corrélativement.*

RELATIF, IVE (l. *relativum*), *adj.* Qui a rapport à : *Allusion relative à un événement.* ‖ Qui dépend des circonstances : *La valeur relative d'un objet.* ‖ Contingent : *Un être relatif.* ‖ *Pronom relatif,* celui qui lie une proposition subordonnée à un nom ou pronom précédent dont il tient la place. Ex. : *Qui, que, quoi, dont, lequel.* ‖ *Mouvement relatif,* se dit, en mécanique, du mouvement que possède un corps par rapport à un autre corps également en mouvement, et supposé immobile : *Le mouvement relatif d'un satellite par rapport à sa planète est un cercle.* — **Dér.** *Relativement.*

RELATION (l. *relationem*), *sf.* Dépendance d'une personne, d'une chose par rapport à une autre : *Il y a une relation entre la longueur des jours et la latitude.* ‖ Liaison commune, correspondance entre des personnes : *Se mettre en relation avec quelqu'un.* ‖ Récit : *La relation d'un voyage.* ‖ *Fonctions de relation,* celles qui mettent l'animal en rapport avec les autres êtres et le monde extérieur. Elles s'exercent au moyen des organes des sens (toucher, vue, ouïe, odorat, goût), du système nerveux (cerveau et nerfs), des organes de la locomotion (os et muscles). ‖ Situation d'un organe par rapport à un autre. (Anatomie.)

RELATIVEMENT (*relative* + sfx. *ment*), *adv.* Par rapport à. ‖ D'une manière relative, dépendante.

***RELATIVITÉ** (*relatif*), *sf.* Qualité de ce qui est relatif, contingent. (Philos.)

RELAVER (pfx. *re* + *laver*), *vt.* Laver de nouveau.

RELAXATION (l. *relaxationem*), *sf.* Relâchement des muscles, des nerfs. ‖ Action de remettre un prisonnier en liberté.

RELAXER (l. *relaxare*), *vt.* Mettre en liberté : *Relaxer un prisonnier.* — **Dér.** *Relaxation.*

RELAYER (*relais*), *vt.* Travailler à la place de quelqu'un, afin qu'il se repose : *Une équipe d'ouvriers relaye l'autre toutes les six heures.* — *Vi.* Prendre des relais de chevaux frais : *Louis XVI devait relayer à Varennes.* — **Se relayer,** *vr.* Travailler, être de service alternativement. — **Gr.** Ce verbe se conjugue comme *Payer.*

RELÉGATION (l. *relegationem*), *sf.* Chez les Romains, bannissement mitigé par la conservation des droits civils et politiques. ‖ Aujourd'hui, internement perpétuel, sur le territoire des colonies ou possessions françaises, des récidivistes endurcis, par application de la loi du 27 mai 1885 et du décret du 26 novembre suivant.

RELÉGUER (pfx. *re* + l. *legare,* envoyer), *vt.* Condamner à la relégation. ‖ Envoyer demeurer dans un lieu, dans un pays retiré : *Sous Louis XIV et sous Louis XV, le Parlement de Paris fut relégué à Pontoise.* ‖ Mettre à l'écart : *Reléguer un tableau au grenier.* — **Se reléguer,** *vr.* Se mettre à l'écart. ‖ Aller vivre à l'écart. — **Dér.** *Relégation.*

RELENT (pfx. *re* + l. *lentum,* visqueux), *sm.* Mauvais goût, mauvaise odeur qu'une viande contracte dans un lieu humide.

RELEVAILLES (*relever*), *sfpl.* Cérémonie dans laquelle le prêtre bénit une femme qui revient pour la première fois à l'église après ses couches.

***RELEVANT, ANTE** (*relever*), *adj.* Qui dépend de : *Le diocèse de Beauvais est relevant de l'archevêché de Reims* (vx).

RELEVÉ, ÉE (*relever*), *adj.* Dispensé d'accomplir. ‖ Relevé d'un vœu, d'un serment. ‖ *Ouvrage relevé en bosse,* ornement de sculpture ou de broderie se détachant en saillie d'un fond uni auquel il adhère. ‖ Fortement épicé : *Sauce relevée.* — Fig. Qui occupe, qui indique un haut rang social : *Condition relevée.* ‖ Noble, magnanime, généreux : *Sentiment relevé.* — *Sm.* Service, mets qui en remplace un autre sur la table : *Un relevé de potage.* ‖ Tableau statistique : *Le relevé des naissances.* ‖ Extrait des articles d'un compte, d'un inventaire, etc. ‖ Fer à cheval ayant déjà servi et replacé avec de nouveaux clous.

RELEVÉE, *spf.* de *relever.* Le temps de l'après-midi : *A une heure de relevée* (vx).

RELÈVEMENT (*relever*), *sm.* Action de relever : *Le relèvement d'une colonne.* ‖ Rétablissement d'une personne, d'une chose dans l'état d'où elle était déchue : *Voir le relèvement de sa fortune.* ‖ Relevé : *Faire le relèvement des dépenses.* ‖ Détermination de l'azimut magnétique ou vrai d'un point par rapport à une station ou à un navire, c'est-à-dire le gisement de ce point par rapport à la station ou au navire : *Prendre le relèvement d'une île, d'un sommet, d'un phare, etc.*

RELEVER (pfx. *re* + *lever*), *vt.* Remettre debout ce qui gisait à terre : *Relever un cheval, une statue, une chaise.* ‖ Remettre une chose dans sa position naturelle : *Relever une voiture renversée.* ‖ Retrousser : *Relever son manteau, ses cheveux.* ‖ Rendre plus haut : *Relever un mur.* — Fig. *Relever la tête,* reprendre de l'assurance, de l'audace. ‖ Rétablir ce qui était en ruine : *Relever un édifice.* — Fig. Tirer de l'abaissement : *Relever quelqu'un. Relever sa fortune.* ‖ Ranimer : *Relever le courage.* ‖ Rendre plus considéré : *Cette action le relève.* ‖ Rendre plus grand : *Cela relève sa gloire.* ‖ Rendre plus épicé : *Relever un ragoût.* — Fig. Rendre plus attrayant : *Des traits d'esprit relèvent sa narration.* ‖ Faire paraître davantage, donner plus d'éclat : *La parure relève une personne. La modestie relève le mérite.* ‖ Louer, faire valoir : *Relever le désintéressement de quelqu'un.* ‖ Faire remarquer : *Relever les beautés d'un livre.* ‖ *Relever quelqu'un,* lui répondre vertement. ‖ Compulser, prendre copie, dresser le tableau, la liste : *Relever une inscription, le chiffre des naissances.* ‖ Déterminer le gisement d'un objet : *Relever un écueil au N.-N.-E.* ‖ Relayer quelqu'un dans son travail, remplacer une sentinelle, une troupe par une autre : *Relever la garde.* ‖ Faire succéder, à table, un service, un mets à un autre. ‖ Libérer d'un engagement, dispenser d'accomplir une promesse : *Relever d'un vœu, d'un serment.* — *Vi.* Dépendre : *La gendarmerie relève du ministre de la guerre.* ‖ *Relever de maladie,* en sortir. — **Se relever,** *vr.* Se remettre debout, se redresser : *Cette plante, courbée par le vent, se relève.* ‖ Quitter le lit pour un instant : *Se relever plusieurs fois la nuit.* ‖ Être rebâti après avoir été ruiné : *Lisbonne se releva après le tremblement de terre de 1755.* ‖ Sortir de l'abaissement, de la décadence : *La Grèce se relève.* ‖ Se ranimer : *Son courage se relève.* ‖ Reconquérir la considération, l'estime publique. ‖ Se relayer. — **Dér.** *Relevant, relevante, relevé, relevée, relief, relèvement, releveur, relevailles.*

RELEVEUR (*relever*), *sm.* Se dit de tout muscle dont la fonction est de relever par instant une partie du corps : *Le releveur de la paupière.*

RELIAGE (*relier*), *sm.* Action de relier un tonneau.

RELIEF, *svm.* de *relever.* Saillie d'un objet qui se détache sur un fond uni : *Des lettres en relief.* ‖ Ouvrage de sculpture relevé en bosse. — Un ornement de sculpture est *en relief,* quand il fait saillie sur le nu d'une muraille ou du champ qu'il occupe ; il est *en bas relief,* lorsque la saillie est peu considérable ; il est *en haut relief,* quand cette saillie est considérable ; enfin, il est *en ronde bosse,* quand il est détaché et libre. ‖ Saillie apparente d'un objet peint : *Cette figure a beaucoup de relief.* ‖ Apparence plus avantageuse résultant d'un contraste : *L'ignorance de l'un donne du relief au savoir de l'autre.* ‖ Considération que procure une dignité, la fortune, une bonne action, etc. : *Son éloquence lui donne du relief.* ‖ Ce qui reste d'un mets qui a été servi à table : *Des reliefs d'ortolan.* ‖ Droit de mutation payé par le vassal au suzerain d'un fief.

***RELIEN** (pfx. *re* + *lien*), *sm.* Poudre à tirer, grossièrement écrasée, non tamisée.

RELIER (pfx. *re* + *lier*), *vt.* Lier de nouveau : *Relier une gerbe.* || Coudre ensemble les feuilles d'un livre et y mettre une couverture solide. || Remettre des cerceaux à un tonneau, une cuve. || Unir par des voies de communication : *Relier deux villes ensemble.* || Mettre en relation : *Le commerce relie les peuples.* — **Se relier**, *vr.* Être en relation avec : *Toute vérité se relie à un axiome.* — **Gr.** Ce verbe se conjugue comme *Lier.* — **Dér.** *Relieur, relieuse, reliure, reliage, relien.*

RELIEUR, EUSE (*relier*), *s.* Personne qui relie les livres.

RELIGIEUSEMENT (*religieuse* + sfx. *ment*), *adv.* Avec religion. || Exactement, scrupuleusement : *Accomplir religieusement ses promesses.*

RELIGIEUX, EUSE (l. *religiosum*), *adj.* Qui appartient à la religion : *Cérémonie religieuse.* || Qui est dans l'esprit de la religion : *Conduite religieuse.* || Pieux, qui observe les préceptes de la religion : *Homme religieux.* || Exact, scrupuleux : *Se montrer religieux observateur des convenances.* || Qui appartient à un ordre de moines, à une congrégation : *L'habit religieux.* — S. Celui, celle qui fait partie d'un ordre monastique : *Les religieux bénédictins.* — **Dér.** *Religieusement.*

RELIGION (l. *religionem*), *sf.* L'ensemble des croyances de l'homme touchant la divinité et des pratiques qui découlent de ces croyances : *La religion catholique.* — Les religions se divisent en trois grandes catégories : 1° les *religions monothéistes,* qui n'admettent qu'un seul Dieu ; 2° les *religions dualistes,* qui admettent l'existence de deux principes égaux en puissance, l'un pour le bien, l'autre pour le mal ; 3° les *religions polythéistes,* qui admettent l'existence de plusieurs dieux ; elles se subdivisent : en *sabéisme,* adoration des astres ; en *fétichisme,* adoration des animaux ou des objets inanimés ; en *chamanisme,* culte des esprits ; en culte des héros ou des ancêtres, etc. En dehors de ces trois sections, certaines religions, comme celles de Confucius et de Lao-Tsé, pratiquées en Chine et au Japon, ne font aucune part au surnaturel et peuvent être dites *rationalistes* ou *philosophiques.*

Voici le tableau des religions et de leurs sectes principales, avec le nombre approximatif de ceux qui les professent :

RELIGIONS MONOTHÉISTES

I. JUDAÏSME OU MOSAÏSME.

Talmudistes ou Rabbinistes, Caraïtes.	6 000 000

II. CHRISTIANISME.

Catholicisme :		
Église latine, du rite latin.		195 000 000
Églises unies, du rite oriental :		
a. Église grecque-unie. . .	4 500 000	5 000 000
b. Église arménienne-unie.	50 000	
c. Église syrienne-unie. . .	100 000	
d. Église maronite. . . .	300 000	
e. Église chaldéenne-unie.	45 000	
f. Église copte-unie. . . .	5 000	
TOTAL (catholicisme). . .		200 000 000

Protestantisme :	
Luthéranisme.	40 000 000
Calvinisme.	10 000 000
Église helvétique ou zwinglienne. . .	1 200 000
Église d'Écosse ou presbytérienne. .	6 000 000
Église anglicane ou épiscopale. . . .	25 000 000
Sectes protestantes (anabaptistes, frères moraves, remontrants, indépendants, puritains, presbytériens dissidents, quakers, méthodistes ou wesleyens, mormons, etc.).	14 800 000
TOTAL (protestantisme). . .	97 000 000
Églises grecques orthodoxes :	
Église de Constantinople.	9 240 000
Église de Grèce.	1 442 000
Église de Serbie.	1 350 000
Église de Roumanie.	4 530 000
Église serbo-croate.	6 500 000
Église russe.	60 000 000
Sectes grecques.	500 000
Sectes russes ou *raskolniks* (vieux croyants, *molokani, skoptsi,* etc.) .	4 000 000
TOTAL (églises grecques orthodoxes). .	87 562 000
Église arménienne ou *grégorienne*. . .	3 950 000
Églises monophysites :	
Église copte.	150 000
Église éthiopienne ou d'Abyssinie. .	4 000 000
TOTAL (églises monophysites). . .	4 150 000
TOTAL GÉNÉRAL du christianisme :	392 682 000

III. MAHOMÉTISME OU ISLAMISME.

Sounnites des quatre rites orthodoxes : Hanéfites (Arabes, Turcs, Turcomans) ; Châfeyites (Égyptiens) ; Malékites (Berbères, Maures, Arabes d'Afrique) ; Hanbalites (Hindous, Malais).	158 000 000
Chiytes (Persans, Arabes de l'Yémen).	8 000 000
Sectes mahométanes (Druses, Yézides, Wahabites, Soufis, Bâbis, Sikhs ou Nanékites, etc.)	6 000 000
TOTAL (mahométisme). . .	172 000 000
TOTAL GÉNÉRAL du monothéisme . .	570 662 000

RELIGIONS DUALISTES

Mazdéisme : Guèbres ou Parsis . . .	120 000

RELIGIONS POLYTHÉISTES

I. BRAHMANISME.	180 000 000
II. BOUDDHISME.	400 000 000
III. CHAMANISME (CULTE DES ESPRITS).	10 000 000
IV. SINTOÏSME (CULTE DES HÉROS). . .	20 000 000
V. IDOLATRIE OU FÉTICHISME.	100 000 000
TOTAL (religions polythéistes). . .	710 000 000

RELIGIONS PHILOSOPHIQUES
OU NATURALISTES

I. RELIGION DE CONFUCIUS.	75 000 000
II. RELIGION DE LAO-TSÉ (DU TAO). . .	100 000 000
TOTAL (religions philosophiques). . .	175 000 000

TOTAL GÉNÉRAL : 1 455 782 000

Le *judaïsme* domine dans la famille hébraïque (race sémite) ; le *catholicisme* est cultivé par les familles de la race indo-européenne qui ont adopté les langues néo-latines et par la race ibérique ; le *protestantisme* est propre à la race germanique ; le culte *grec-orthodoxe* est celui de la famille slave, des rameaux hellénique et pélasgique ; le culte *arménien* domine dans le rameau arménien de la famille iranienne ; le culte *monophysite* est celui de la famille kouschite de la race éthiopienne.

L'*islamisme orthodoxe* domine chez les Arabes, les Égyptiens, les Berbères, les Abyssins, les Tartares de race tartaro-finnoise, dans le Caucase, chez les nègres takrouriens et dans la famille saouahéli de race cafre ; le schisme des Chiytes est tout persan ; les sectes mahométanes sont nombreuses, surtout en Syrie.

Le *mazdéisme* n'a plus qu'un petit nombre de sectateurs dans la famille iranienne.

Le *brahmanisme* domine chez les Hindous et dans la famille dravidienne de race chinoise. Le *bouddhisme* est la religion dominante des Thibétains, Indo-Chinois, Coréens, de la race mongole, d'une partie des Chinois et des Japonais.

Le *chamanisme* est pratiqué par les barbares de race mongole et finnoise, par la famille samoyède.

Enfin, on considère comme *idolâtres* ou *fétichistes* ceux qui, dans les races jaunes et noires, n'ont pas encore embrassé l'une des religions susénumérées.

Les religions de Confucius et du Tao plaisent à l'esprit pratique des Chinois. || *La religion prétendue réformée, la religion réformée* ou *la religion,* le calvinisme. || Foi, croyance, piété, dévotion : *Il a de la religion.* || Pieux, scrupuleux respect : *La religion du serment.* || *Se faire une religion d'une chose,* s'en faire une obligation indispensable. || *Surprendre la religion de quelqu'un,* le tromper. || Ordre monastique : *La religion de Saint-Benoît* (vx). || État des personnes qui appartiennent à un ordre monastique, à une congrégation : *Entrer en religion.* — (V. *Guerres de religion.*) — **Dér.** *Religionnaire, religieux, religieuse, religieusement, religiosité.* — **Comp.** *Coreligionnaire, irréligion,* etc. — (Pour la France religieuse, V. la carte p. 124.)

RELIGIONNAIRE (*religion*), *s. 2 g.* Calviniste (vx).

RELIGIOSITÉ (l. *religiositatem*), *sf.* Scrupule en matière de religion (vx). || Sentiment que l'on a de la divinité, mais qui ne se traduit pas par l'adoption d'un culte déterminé. (Néol.)

RELIQUAIRE (*relique*), *sm.* Boîte, vase ou coffret où l'on conserve des reliques. — Les premiers reliquaires ont été les *châsses,* les coffres à mettre les corps saints, de forme oblongue, avec un couvercle ou toit à deux égouts, en bâtière. Il est surtout parlé de châsses à la fin du IXe siècle, lorsque les églises durent pourvoir à la sûreté de leurs corps saints, déposés dans les cryptes et les confessions, sous les autels. Des processions de clercs et de moines, menacés par la fureur des Normands, emportaient d'une église à l'autre, souvent à de grandes distances, les ossements des saints déposés à la hâte dans des châsses de menuiserie. Quand on n'eut plus à craindre la violence des barbares, on continua à laisser les reliques dans des châsses qui devinrent alors des objets de luxe. Les plus anciennes sont du Xe siècle. Nous savons par les documents qu'elles étaient en bois, recouvert de lames d'or et d'argent, travaillées au repoussé, avec incrustations de pierreries, entremêlées de dessins en filigrane. Les châsses du XIe siècle sont de bronze plein, revêtu de lames d'or et d'argent, incrustées d'émaux et de pierreries. Le coffre a la forme d'une église sans bas côtés, dont les clôtures sont ornées d'arceaux comme les autels et les tombeaux du temps. Au XIIe siècle, ces arceaux se détachent en plein relief et abritent des statues et figures d'orfèvrerie ; les archivoltes et les intervalles des arcades sont ornées d'émaux et de médaillons ; au sommet de chaque côté court une corniche. Le soubassement, parfois fort riche, n'est souvent qu'une base simple portée par quatre griffes de lion ; le toit est en métal découpé ; sa ligne faîtière est ornée de pommes de cristal. Il reste peu de ces

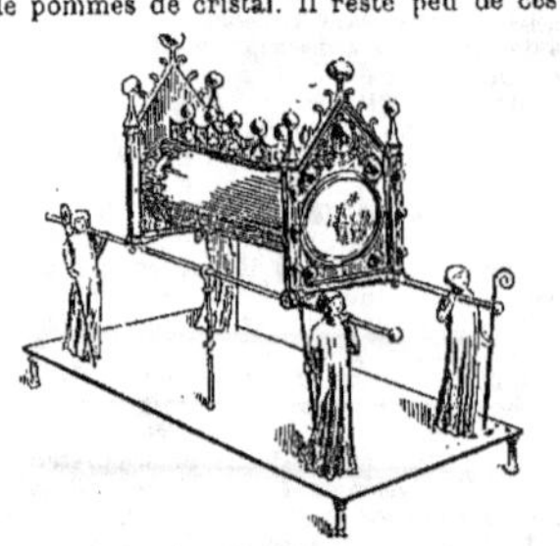

RELIQUAIRE
FIN DU XIVe SIÈCLE (MUSÉE DE CLUNY)

reliquaires qui ont tenté la cupidité à toutes les époques ou qui ont servi de ressources dans les moments extrêmes. On peut citer, comme châsses de l'époque romane, celle de saint Potentien au Louvre, celle de la cathédrale à Aix-la-Chapelle. Au XIIIe siècle, la châsse de Saint-Taurin d'Évreux est de la plus riche orfèvrerie. La châsse devient alors un édifice gothique, aux colonnes grêles, aux arcades brisées, avec festons et pinacles ; au XVe siècle, l'imitation de l'église est poussée si loin, que la châsse a un clocher travaillé à jour, avec clochetons, pyramidions, arcs-boutants aux angles et aiguille au sommet.

Pour les petites reliques, il y avait une multitude d'autres récipients, dits proprement *reliquaires.* Souvent c'est un édicule semblable aux châsses avec toit en bâtière : il est d'ivoire, de bois orné de feuilles de métal, d'émaux de Limoges ou champlevés. D'autres reliquaires figurent le membre auquel appartenait la relique ; un morceau de crâne, d'os maxillaire, sera conservé dans un *chef,* dans un buste. Le plus ancien chef est du IXe siècle et est conservé dans le trésor de Sainte-Foy-la-Grande. Ces chefs étaient faits au repoussé et martelés sur une carcasse de bois ou de métal ; on ne commence à les fondre qu'au XIIIe siècle. On trouve encore des bras, des mains, des pieds que l'orfèvre habille avec luxe, mettant sur le buste des chlamydes ou des chasubles ; aux bras, des manches ornées ; aux pieds, des bas de robe. Au XIIIe siècle se répandit l'usage des phylactères ou *filatiers,* conçus comme les ciboires en forme de pyramides montées sur pied. C'est une superposition de petites galeries romanes, avec un couvercle orné d'écailles. On usa, au même temps, des *monstrances*

FRANCE RELIGIEUSE

Gravé par Mme Perrin, 34, rue des Boulangers, Paris.

Signes conventionnels :

ARCHEVÊCHÉS .... ⊙	*Monastères* .... (M)	*Frontières* ....
Evêchés .... •	*Trappes* .... (T)	*Limites des Archevêchés* ....
Pèlerinages .... ▾	*Chartreux* .... (C)	— *des Évêchés* ....

Échelle de $\frac{1}{6.000.000}$

0 — 100 — 200 — 300 Kil.

(ostensoirs), dont le récipient est un tube de cristal, permettant de voir la relique; l'amortissement est alors plus aigu; le pied est à côtés et à pans coupés. Plus tard, le récipient est entouré de contreforts qui se terminent en clochetons; dans les intervalles sont des niches ornées de statuettes. Si le tube de cristal est horizontal, le phylactère devient une petite châsse, une *fierte*, portée sur un brancard par de petits personnages. Cette espèce de reliquaire était fort goûtée au XIVe siècle et au XVe. — *Reliquaire* est parfois synonyme de *charnier*, d'*ossuaire*. (V. ces mots.) L'un des plus beaux reliquaires de la fin du XVe siècle est la châsse de sainte Ursule (V. t. Ier du *Dict.*, p. 240), conservée dans l'hôpital Saint-Jean de Bruges. Le reliquaire a la forme d'un édifice à pignons, long de 1m,30, haut de 0m,66 avec toiture gothique. Les deux flancs sont divisés en six compartiments, larges chacun d'environ 0m,20, séparés par de petits piliers et ornés d'autant de petits tableaux à l'huile, peints par Memling, représentant des sujets tirés de la légende de sainte Ursule et des onze mille vierges. Ce reliquaire fut commandé à Memling en 1480; l'artiste fit deux fois le voyage de Cologne, termina son œuvre avant 1486; mais elle ne fut exposée qu'en 1489. Dans la première scène, sainte Ursule, fille d'un roi chrétien de la Grande-Bretagne, débarque à Cologne devant la cathédrale inachevée et la porte « Bayen-Thurm ». Au deuxième plan du même tableau, sainte Ursule, assise dans une maison, reçoit d'un ange l'ordre de se rendre à Rome. Dans la deuxième scène, la princesse aborde à Bâle; dans la troisième, elle arrive à Rome; la quatrième figure son retour à Bâle; la cinquième, le massacre de ses compagnes à Cologne; dans la sixième, sainte Ursule elle-même va être transpercée par la flèche d'un soldat. Le plus remarquable de ces tableaux est la réception de sainte Ursule à Rome par le pape. C'est là, d'ailleurs, la plus belle œuvre sortie du pinceau de Memling.

RELIQUAT [re-li-ka] (l. *reliquatum*), *sm.* Ce qui reste dû sur un compte. ‖ Reste d'une maladie non entièrement guérie : *Un reliquat de rhume.* — **Dér.** *Reliquataire.*

RELIQUATAIRE (*reliquat*), *s. 2 g.* Personne qui doit un reliquat de compte.

RELIQUE (l. *reliquiæ*, restes), *sf.* Ce qui reste du corps d'un saint, de ses habits ou autres objets à son usage. — Le culte des reliques a pour origine les pratiques des chrétiens durant les persécutions du IIIe siècle. Ils célébraient le banquet eucharistique, dans les catacombes, sur le tombeau de quelque martyr. Pour continuer cette coutume, l'autel des basiliques fut superposé ou contigu à la sépulture d'un martyr : *Missæ celebrentur super corpora martyrum* (que les messes soient célébrées sur les corps des martyrs). Mais il ne faut pas prendre ce texte dans un sens trop étroit; l'Église a admis, à la place de corps saint, la relique, représentation symbolique du corps. Tant d'églises étaient consacrées au même saint, qu'on ne pouvait loger son corps dans chacune d'elles; on se contenta donc d'objets ayant reposé sur le tombeau du saint, de pièces de ses vêtements. C'est le cas des églises dédiées à saint Pierre; il a suffi, pour les consacrer, d'une pièce d'étoffe déposée sur le tombeau de saint Pierre de Rome. La relique placée dans un reliquaire (V. ce mot) était déposée sous l'autel. Il en fut ainsi jusqu'au Xe siècle. A cette époque, les Normands détruisirent tant de reliques, qu'on admit la représentation abrégée de celles-ci. L'autel put alors être consacré, sans être superposé à un cercueil ou simulacre de cercueil; il suffisait d'en introduire une parcelle dans la table ou le massif que couvrait la table de l'autel. Ainsi, dans un bloc, on perçait avec la vrille un trou dans lequel on introduisait un fragment de relique, un pan de vêtement; le trou était ensuite clos à la cire et au mortier. Le culte des reliques a été institué par le pape saint Grégoire le Grand. Les reliques se multiplièrent en Occident après la prise de Constantinople par les croisés en 1204. Ils les rapportèrent dans les églises de leurs diocèses, qui célébrèrent alors de nombreuses translations. C'est de cette époque que datent les vierges byzantines, dites vierges noires, qu'on révère à Dijon, à Chartres. C'étaient des statues de bois noirci par le temps, représentant la Vierge assise, l'Enfant Jésus dans les bras. On a supprimé la statuette de l'enfant, habillé pompeusement la mère, qui, maintenant, semble être debout. Saint Louis rapporta de Terre Sainte des morceaux de la vraie croix et la couronne d'épines pour lesquels il fit bâtir la Sainte-Chapelle. ‖ Ce qui reste des instruments de la passion de Jésus-Christ ou d'un martyr. ‖ *Garder une chose comme une relique*, soigneusement. ‖ *N'avoir pas foi aux reliques de quelqu'un*, n'avoir pas confiance en lui. ‖ Poét. Ce qui reste de quelque chose de grand, de vénérable : *Une relique de l'antiquité.* — **Dér.** *Reliquaire, reliquat, reliquataire.*

RELIRE (pfx. *re* + *lire*), *vt.* Lire de nouveau. — **Se relire**, *vr.* Être relu. ‖ Valoir la peine d'être relu. ‖ Relire ce qu'on a écrit.

RELIURE (*relier*), *sf.* Travail qui consiste à coudre un livre, à en consolider le dos et à y mettre une couverture. ‖ Ouvrage qui résulte de ce travail. — La reliure a pour but de protéger les livres ou les manuscrits par une couverture résistante, autrefois de bois, aujourd'hui de carton. Le relieur débroche le volume, en collationne les feuilles, replie celles qui auraient été mal pliées, intercale les cartes et les tableaux; puis il divise le volume en cahiers qu'il bat sur le marbre à l'aide d'un marteau à tête convexe : les cahiers ainsi battus sont réunis et mis sous presse. Le volume passe aux mains de la couseuse; ensuite il est inséré entre deux feuilles de carton fixées au dos du volume à l'aide des cordes de couture dites *nerfs*, les tranches sont rognées et égalisées; celles-ci sont alors jaspées, marbrées, dorées, etc. Le haut et le bas du dos sont ornés de *tranchefiles*, cordonnets de soie multicolores. Le dos est recouvert de peau ou de parchemin, et les plats de papier, de maroquin, de toile, de satin, etc. On colle à l'intérieur les feuilles de garde; on imprime en or le titre au dos, que l'on orne à l'aide de fers, après l'avoir préalablement poli. Une reliure élégante doit être solide et légère et permettre d'ouvrir le volume sans le casser.

L'un des livres les plus anciennement reliés est un psautier anglo-saxon du IXe siècle de la collection Slow. Il est lié avec des courroies de cuir, revêtu de planches de chêne, aux coins protégés par des plaques de cuivre. Plusieurs manuscrits de nos bibliothèques portent encore au dos un anneau de fer d'où partait une chaîne pour les attacher au pupitre sur lequel on en faisait lecture. Mais bientôt on fut plus soigneux de ces volumes que rendaient si précieux la calligraphie et la miniature. Les bréviaires, les missels, les bibles furent reliés en velours, en bois, aux ornements d'or et d'argent repoussés, incrustés de pierres précieuses. Il y avait dans chaque monastère un *scriptorium* où travaillaient les *relieurs* avec les copistes. L'imprimerie, en multipliant les livres, en abaissa la valeur; on ne songea plus à les revêtir d'un habit qui aurait coûté plus cher que leur contenu, et les premiers incunables sont reliés en cuir, en bois, comme le psautier de Slow. Les Allemands et les Hollandais employaient de préférence la peau de truie, qui était très fine, mais où les nervures du dos formaient d'énormes saillies. Les livres de luxe étaient enveloppés de velours « tanné », de couleur brune. Le roi de Hongrie, Mathias Corvin, qui possédait plus de 50000 volumes, employa le premier le maroquin pour ses reliures. Les relieurs français du XVIe siècle se distinguèrent par leur goût exquis : on se dispute encore dans les ventes les volumes ayant appartenu à Jean Grolier, trésorier de François Ier, ou au président de Thou. Au XVIIe siècle, les livres et les manuscrits de la bibliothèque de Louis XIV furent reliés le plus souvent en maroquin plein. Dans les traités qu'il conclut avec les Algériens, il faisait stipuler, comme tribut, la fourniture de maroquins rouges qui ne servaient qu'à ses reliures. Au XVIIIe siècle, les plus célèbres relieurs furent les Padeloup, les Derome; dans la première partie du XIXe siècle, Bozérian, Thouvenin, puis Simier, Bauzonnet, Keller, auxquels ont succédé de nos jours Trautz-Bauzonnet, Capé, etc. En Angleterre, Robert Payne affectionnait le maroquin olivâtre, dit *maroquin à la vénitienne*. Comme curiosité, citons « la Constitution de la République française en 1793 », ayant appartenu à Villenave et reliée en *peau humaine*; la couleur était celle du veau fauve, avec trois filets d'or sur les plats.

L'enveloppe du livre nous amène à parler du livre lui-même. Le livre, primitivement écrit sur écorce (*liber*), puis sur papyrus, sur parchemin (*Pergamena charta*, peau préparée à Pergame), fut d'abord un rouleau (*volumen*), enveloppant une tige de bois cylindrique et semblable à nos cartes murales. Un ouvrage comprenait parfois plusieurs de ces rouleaux qu'on enfermait ensemble dans une *capsa* (caisse), boîte ronde analogue à un carton de modiste. Mais ces rouleaux étaient fort incommodes. Pour les mémoires (*commentarii*), pour les comptes ou *livres de maison*, on usa de *codices*, coupés et assemblés comme les livres de nos jours. Aux temps barbares et au moyen âge, on continua donc, mais à rebours, les traditions antiques. Les comptes furent transcrits sur rouleaux de peau ou tablettes de cire. Les livres et traités furent écrits sur des *codices*, aux feuillets de parchemin, de papier de coton, puis de papier de chiffon. Comme le parchemin était rare et coûtait cher, on grattait souvent l'ancienne écriture pour transcrire sur ces vieilles peaux un traité nouveau. Le manuscrit devenait alors un *palimpseste*. C'est sur un palimpseste, sous les actes du concile de Chalcédoine, que le cardinal Angelo Maï a pu déchiffrer la *République* de Cicéron. Parfois l'on employait le parchemin teint en pourpre et l'encre d'argent, comme pour la Bible d'Ulphilas, dite *Codex argenteus*, conservée à Upsala, si précieuse pour l'étude du gothique.

L'on peut restreindre le sens du mot *livre*, l'opposer au manuscrit et n'y voir qu'un ouvrage gravé ou imprimé. Les premiers ouvrages gravés ou *xylographes* ont été obtenus à l'aide de planches entaillées d'une gravure et de sa légende. On enduisait la planche d'encre, on y appliquait la feuille, que l'on brossait ensuite avec un frottoir ou un tampon. On avait ainsi une série de planches toutes placées au recto d'un feuillet, que l'on plissait en éventail, comme le sont les livres chinois. La tranche s'est usée avec le temps; entre les deux pages gravées, l'on voit le verso et le recto restés en blanc. Ces livres étaient dits *libri pauperum* (livres des pauvres), non qu'ils fussent destinés aux pauvres, car ils coûtaient fort cher, mais ils étaient à l'usage des *pauvres d'esprit*, qui considéraient la gravure, s'ils ne savaient pas lire la légende. Plus tard, la gravure diminua et fit place au texte qui remplit toute la page. Dans cette catégorie de xylographes, on trouve des grammaires latines ou provençales, dites *Donats*, du nom d'un auteur latin. Ce n'étaient pas là des livres obtenus, à l'aide de caractères mobiles, sous l'action de la presse. Cette double invention est sortie d'un seul jet du cerveau de Gutenberg; c'est par là qu'il mérite notre respect, car son but ne fut pas de « répandre la lumière ». Il ne songeait qu'à contrefaire les manuscrits calligraphiés, dont le prix était rémunérateur, mais dont l'exécution était fort longue. Il reproduisit donc tous les caractères extérieurs des manuscrits, initiales ornées, titres courants, réclames, paginations par feuillets et par cahiers. On peut s'en rendre compte par l'examen de la *Bible Mazarine*, ainsi nommée parce que l'un des exemplaires conservés est à la Bibliothèque Mazarine; elle a 42 lignes à la page; chaque page a 2 colonnes et les meilleurs imprimeurs de nos jours tiendraient à honneur de l'avoir composée. Ce n'était pas la première œuvre de Gutenberg et de ses associés Furst et Scheffer. Déjà, en 1454, ils avaient imprimé à Mayence des *Lettres d'indulgence*. Les premiers livres imprimés en

France sont sortis d'une cave de la Sorbonne, où travaillaient, en 1470, Ulrich Gering, Michel Friburger et Martin Crantz. En 1474, William Caxton imprimait en Angleterre un traité du jeu d'échecs. Ce sont là les plus célèbres parmi les imprimeurs d'*incunables*, dits ainsi du mot latin *incunabula*, berceau. Au XVIe siècle, le livre devint une œuvre artistique avec les Elzevir en Hollande, les Alde à Venise, les Estienne en France. Sébastien Cramoisy fut le premier imprimeur du roi Louis XIII. Sous la haute protection de Richelieu, il imprima en 1640 une *Imitation de Jésus-Christ*, dont les caractères auraient été fondus au XVIe siècle par Claude Garamond, qui imagina des types grecs pour François Ier. Au XVIIIe siècle, on aimait la fantaisie : Caraccioli fit imprimer, avec des encres de quatre teintes, son *Livre des quatre couleurs*; le *Livre à la mode* portait la livrée du printemps et des perroquets : les caractères étaient de couleur verte. De nos jours, la stéréotypie, imaginée par P. Didot, a été l'origine du clichage. La gravure et l'illustration du livre ont transformé l'imprimeur en un artiste dont le goût est la maîtresse qualité. Par le choix des encres, du papier, du caractère, par le tirage des gravures, il illustre, dans les deux sens, un auteur qui, parfois, ne s'y attendait guère.

RELIZANE, 3900 hab., ville de la province d'Oran; ch. de fer. Culture du coton.

RELOCATION (pfx. *re* + *location*), *sf.* Action de prendre ou donner de nouveau une chose à loyer. ‖ Action de sous-louer.

***RELOUAGE** (*relouer* 1), *sm.* Temps où le hareng fraie, au mois de décembre.

1. **RELOUER** (pfx. *re* + *louer*), *vt.* Prendre ou donner de nouveau à loyer. ‖ Souslouer. — **Dér.** *Relocation, relouage.*

2. **RELOUER** (pfx. *re* + *louer*), *vt.* Louer de nouveau.

RELUIRE (pfx. *re* + *luire*), *vi.* Briller en réfléchissant la lumière : *Les feux de ce lustre reluisent.* — Fig. Paraître avec éclat : *L'esprit reluit dans ses discours.* — **Dér.** *Reluisant, reluisante, reluiseau.*

RELUISANT, ANTE (*reluire*), *adj.* Qui reluit : *Une cuirasse reluisante.*

***RELUISEAU** (*reluire*), *sm.* Nom vulgaire de la gesse, dite encore pois aux lièvres.

RELUQUER (anc. sax. *lockjan*, regarder), *vt.* Lorgner curieusement du coin de l'œil. — Fig. *Il reluque cette place*, il désirerait beaucoup l'obtenir.

***RELUSTRER** (pfx. *re* + *lustrer*), *vt.* Donner un nouveau lustre.

REMÂCHER (pfx. *re* + *mâcher*), *vt.* Mâcher une seconde fois : *Le bœuf remâche ses aliments.* — Fig. Repasser plusieurs fois dans son esprit : *Remâcher une pensée.*

***REMAILLER** (pfx. *re* + *mailler*), *vi.* Enlever entièrement l'épiderme de la peau destinée à être chamoisée. Les peaux remaillées sont des chamois très fins.

RÉMALARD, 1743 hab. Ch.-l. de c., arr. de Mortagne (Orne).

REMANIEMENT ou **REMANÎMENT** (*remanier*), *sm.* Action de remanier; son résultat. — Fig. Action de modifier une phrase, un écrit : *Soumettre un discours à des remaniements.*

REMANIER (pfx. *re* + *manier*), *vt.* Manier de nouveau. — Fig. Modifier une œuvre littéraire : *Remanier un livre.* — **Dér.** *Remaniement* ou *remanîment.*

REMARIER (pfx. *re* + *marier*), *vt.* Marier de nouveau. — **Se remarier,** *vr.* Se marier de nouveau.

REMARQUABLE (*remarquer*), *adj.* 2 *g.* Digne d'être remarqué : *Invention remarquable.*

REMARQUABLEMENT (*remarquable* + sfx. *ment*), *adv.* D'une manière remarquable.

REMARQUE, *svf.* de *remarquer.* Action de remarquer : *Faire une remarque judicieuse.* ‖ Observation, note : *Mettre une remarque en marge d'un livre.* ‖ Titre de certains ouvrages : *Les Remarques de Vaugelas sur la langue française.*

REMARQUER (pfx. *re* + *marquer*), *vt.* Marquer de nouveau : *Remarquer du linge démarqué.* ‖ Faire attention à : *Remarquer un édifice.* ‖ Distinguer parmi plusieurs personnes ou plusieurs choses : *On l'a beaucoup remarqué à la soirée.* — **Se remarquer,** *vr.* Être remarqué. — **Dér.** *Remarque, remarquable, remarquablement.*

***REMASTIQUER** (pfx. *re* + *mastiquer*), *vt.* Mastiquer de nouveau : *Remastiquer des carreaux.*

***REMBALLAGE** (pfx. *re* + *emballage*), *sm.* Action de remballer.

***REMBALLER** (pfx. *re* + *emballer*), *vt.* Remettre en ballot des marchandises qu'on avait déballées. — **Dér.** *Remballage.*

REMBARQUEMENT (*rembarquer*), *sm.* Action de rembarquer ou de se rembarquer.

REMBARQUER (pfx. *re* + *embarquer*), *vt.* Embarquer de nouveau : *Rembarquer des troupes.* — **Se rembarquer,** *vr.* Se remettre en mer. — Fig. Se risquer de nouveau dans une affaire hasardeuse. — **Dér.** *Rembarquement.*

REMBARRER (pfx. *re* + *en* + *barrer*), *vt.* Repousser vigoureusement : *Rembarrer l'ennemi.* — Fig. *Rembarrer quelqu'un*, blâmer ses paroles, repousser ses propositions avec vigueur ou indignation.

REMBLAI, *svm.* de *remblayer.* Élévation artificielle en terre qui a pour objet de combler un vide ou de mettre une route, une voie ferrée de niveau avec des ponts plus élevés. ‖ Talus d'arrière d'une terrasse. ‖ La terre ainsi apportée.

***REMBLAVER** (pfx. *re* + *emblaver*), *vt.* Ensemencer de nouveau un champ quand le premier ensemencement n'a pas réussi. — **Dér.** *Remblavure.*

***REMBLAVURE** (*remblaver*), *sf.* Terre emblavée deux fois.

REMBLAYER (pfx. *re* + *en* + bl. *bladum*, blé; V. *Déblayer*), *vt.* Apporter des terres pour exhausser le sol ou combler un creux. — **Gr.** Se conjugue comme *Déblayer.* — **Dér.** *Remblai.*

REMBOÎTEMENT (*remboîter*), *sm.* Action de remboîter; son résultat : *Le remboîtement de la cuisse.*

REMBOÎTER (pfx. *re* + *emboîter*), *vt.* Remettre à sa place ce qui était déboîté : *Remboîter un os, un tendon.* — **Se remboîter,** *vr.* Être remis à sa place. — **Dér.** *Remboîtement.*

***REMBOURRAGE** (*rembourrer*), *sm.* Action de rembourrer. ‖ La matière avec laquelle on rembourre.

REMBOURREMENT (*rembourrer*), *sm.* Action de rembourrer; son résultat.

REMBOURRER (pfx. *re* + *en* + *bourrer*), *vt.* Garnir de bourre, de laine, de crin, etc. : *Rembourrer un fauteuil.* — **Dér.** *Rembourrement, rembourrage.*

REMBOURSABLE (*rembourser*), *adj.* 2 *g.* Qui doit ou peut être remboursé : *Rente remboursable.*

REMBOURSEMENT (*rembourser*), *sm.* Action de rendre à quelqu'un une somme qu'il a payée pour nous. ‖ Payement d'une somme que l'on doit : *Remboursement d'une rente.* ‖ Action de se libérer d'une rente en en payant le capital.

REMBOURSER (pfx. *re* + *en* + *bourse*), *vt.* Rendre à quelqu'un l'argent qu'il a déboursé pour nous : *Rembourser un prêt.* ‖ Remettre à quelqu'un le prix d'un objet qu'il nous cède. ‖ Dédommager d'une perte dont on est cause : *Je vous rembourserai le dégât.* ‖ Faire le remboursement d'une rente. — **Se rembourser,** *vr.* Prélever une créance sur l'argent qu'on a entre les mains. — **Dér.** *Remboursement, remboursable.*

REMBRANDT (Paul) (1606-1674), peintre hollandais qui excella dans le clair-obscur et dont les gravures à l'eau-forte sont très précieuses. On cite de lui la *Ronde de nuit*, la *Leçon d'anatomie* (musées d'Amsterdam et de La Haye), de nombreux portraits.

REMBRUNI, IE (*rembrunir*), *adj.* Devenir brun, plus brun. — Fig. Sombre et triste : *Visage rembruni.*

REMBRUNIR (pfx. *re* + *en* + *brun*), *vt.* Rendre brun ou plus brun. — Fig. Assombrir, attrister : *Cette nouvelle l'a rembruni.* — **Se rembrunir,** *vr.* Devenir plus brun, plus sombre, plus triste. — **Dér.** *Rembruni, rembrunie, rembrunissement.*

REMBRUNISSEMENT (*rembrunir*), *sm.* État de ce qui est rembruni, de ce qui s'est rembruni : *Le rembrunissement d'un tableau.*

REMBUCHEMENT (*rembucher*), *sm.* Rentrée du cerf dans son fort. — Le *faux rembuchement* est une ruse de la bête qui, faisant quelques pas seulement dans son fort, revient tout court sur elle pour se placer dans un autre fort.

REMBUCHER (pfx. *re* + *embucher*, bl. *imboscare*), *vt.* Faire rentrer dans le bois la bête que l'on chasse. — **Se rembucher,** *vr.* Rentrer dans le bois : *Le cerf se rembucha.* — **Dér.** *Rembuchement.*

REMÈDE (l. *remedium*), *sm.* Tout ce qui est réputé propre à guérir quelque mal. ‖ *Remède spécifique*, qui guérit une maladie spéciale. ‖ *Remède secret*, qui n'est pas inscrit au codex et dont la composition n'est pas connue. ‖ Lavement. ‖ *Le remède est pire que le mal*, il cause plus de douleur que la maladie; au fig., il fera empirer la situation. — Fig. Ce qui sert à guérir les peines morales : *Le travail est un remède contre l'ennui.* — Fig. Tout ce qui sert à prévenir, à adoucir ou à faire cesser un inconvénient, un malheur : *La patience est un grand remède dans l'adversité.* — **Dér.** *Remédier, remédiable.* — **Comp.** *Irrémédiable, irrémédiablement.*

REMÉDIABLE (*remédier*), *adj.* 2 *g.* A quoi l'on peut remédier.

REMÉDIER (l. *remediare*), *vi.* Apporter remède : *Remédier à une maladie, au désordre.* — **Gr.** Je remédie, n. remédions; je remédiais, n. remédiions; je remédierai; que n. remédiions.

***REMEIL** (pfx. *re* + *mouiller*), *sm.* Courant d'eau qui ne se couvre pas de glace en hiver, et où les bécasses se retirent.

REMÊLER (pfx. *re* + *mêler*), *vt.* Mêler de nouveau : *Remêler les cartes.*

REMEMBRANCE (db. de *remémorer* : vx fr. *remembrer*, se souvenir), *sf.* Souvenir (vx).

REMÉMORATIF, IVE (*remémorer*), *adj.* Qui sert à rappeler la mémoire, le souvenir.

REMÉMORER (l. *rememorare*), *vt.* Remettre en mémoire : *Il a remémoré ses exploits.* ‖ Faire souvenir de : *Remémorer quelqu'un de sa promesse.* ‖ *Se remémorer une chose*, s'en souvenir. — **Dér.** *Remémoratif, remémorative.*

REMENER (pfx. *re* + *mener*), *vt.* Mener de nouveau : *Remener un enfant au spectacle.* ‖ Mener quelqu'un, un animal au lieu où il était auparavant : *Remener un cheval à l'écurie.*

REMERCIEMENT ou **REMERCÎMENT** (*remercier*), *sm.* Paroles que l'on prononce pour témoigner sa reconnaissance : *Un chaud remerciement.*

REMERCIER (pfx. *re* + vx fr. *mercier*, merci), *vt.* Exprimer sa reconnaissance par des paroles : *Remercier un bienfaiteur.* ‖ Refuser honnêtement : *On lui offrait un secours, mais il a remercié.* ‖ Congédier, révoquer honnêtement : *Remercier un employé.* — **Se remercier,** *vr.* Rendre grâce à soi-même. ‖ Se congédier mutuellement. — **Dér.** *Remerciement* ou *remercîment.*

RÉMÉRÉ (pfx. *re* + l. *emere*, acheter), *sm.* Faculté que se réserve un vendeur de rentrer en possession de la chose vendue en dédommageant l'acheteur de tous ses déboursés dans un délai qui, selon la loi, ne peut excéder cinq ans : *Vente à réméré, avec faculté de rachat.*

***REMESURER** (pfx. *re* + *mesurer*), *vt.* Mesurer de nouveau.

REMETTRE (pfx. *re* + *mettre*), *vt.* Mettre une chose dans le lieu où elle était auparavant : *Remettre un livre dans la bibliothèque.* ‖ Mettre de nouveau : *Remettre à la voile.* ‖ *Remettre devant les yeux, sous les yeux*, représenter, faire penser à : *Je lui ai remis sous les yeux sa conduite passée.* ‖ *Se remettre quelqu'un, le visage de quelqu'un*, le reconnaître. ‖ Remboîter, raccommoder : *Remettre une jambe cassée.* ‖ Mettre entre les mains de quelqu'un ce qui lui appartient ou lui est destiné : *Je lui ai remis son parapluie. Remettre une lettre.* ‖ Faire recommencer : *On l'a remis à l'*A B C. ‖ Se dessaisir de, renoncer à, donner sa démission : *Le maire a remis son écharpe.* ‖ Confier : *On lui avait remis le soin de veiller à notre sûreté.* ‖ Renvoyer à un autre temps : *Remettre la signature d'un contrat.* ‖ Rétablir dans l'état primitif : *Remettre un appartement en état.* || *Remettre bien ensemble,* réconcilier. || Rendre la santé, les forces : *L'air de la campagne a remis ce malade.* || Faire cesser la frayeur, l'émotion, le trouble : *On ne pouvait le remettre de sa frayeur.* || Pardonner, annuler : *Remettre une offrande, une amende, les péchés.* — **Se remettre,** *vr.* Se mettre de nouveau : *Se remettre à table.* || *Se remettre quelqu'un, quelque chose,* s'en rappeler le souvenir. || Se livrer de nouveau à : *Se remettre au travail.* || Être retardé : *Cela ne peut se remettre.* || *S'en remettre à quelqu'un d'une chose,* se confier à lui, compter sur lui pour qu'il l'exécute. || Recouvrer la santé, les forces : *Le malade commence à se remettre.* || Redevenir beau : *Le temps se remet.* || Cesser d'éprouver : *Se remettre de sa frayeur.* || Se réconcilier : *Se remettre bien ensemble.* || Être pardonné : *Vos péchés vous sont remis.* — **Gr.** Ce verbe se conjugue comme *Mettre.* — **Dér.** *Remise, remiser, remisage, remiseur, remisier, rémittent, rémittente, rémittence, rémission, rémissible, rémissionnaire.*

REMEUBLER (pfx. *re*+*meubler*), *vt.* Garnir de nouveau de meubles : *Remeubler un appartement.* — **Se remeubler,** *vr.* Se pourvoir de nouveau de meubles.

REMI (saint), archevêque de Reims de 461 à 533 ; baptisa Clovis. Fête le 1er octobre.

***RÉMIGE** (l. *remigem,* rameur), *sf.* Se dit des grandes et fortes pennes de l'extrémité de l'aile des oiseaux. Elles sont au nombre de quatre à six, inégales et plus fortes que les autres.

RÉMINISCENCE (l. *reminiscentia*), *sf.* Idée, notion qui revient à l'esprit et qu'on ne se souvient plus d'avoir eue autrefois. || Souvenir vague : *J'ai une réminiscence de ce lieu.* || Pensée, expression d'un auteur qu'on emploie croyant l'avoir trouvée soi-même : *Livre plein de réminiscences.*

REMIREMONT, 8756 hab. S.-préf. (Vosges), à 415 kilom. de Paris ; ch. de fer de l'E. Calicot, toile ; fromage de Gérardmer (géròmé).

REMISAGE (*remise*), *sm.* Action de remiser : *Le remisage d'une voiture.*

REMISE, *spf.* de *remettre.* Action de mettre entre les mains. || Livraison : *Remise de marchandises, de lettres.* || Envoi d'argent ou d'effets de commerce qu'un négociant fait à son correspondant. || Somme que l'on abandonne à quelqu'un chargé d'un recouvrement, d'une commission : *Faire une remise de 2 pour 100.* || Rabais qu'un libraire accorde à certaines personnes sur le prix fort de ses ouvrages. || Grâce, annulation totale ou partielle d'une peine : *On lui fit remise de l'amende.* || Délai, retardement, renvoi à une époque postérieure : *La remise d'une vente à l'encan.* || *Remise d'impôt,* dégrèvement partiel ou total de l'impôt, à la suite d'un sinistre qui a fait perdre au contribuable sa récolte, sa maison, etc. || *Remise de la dette,* renonciation tacite ou expresse du créancier à ses droits. Elle résulte de la remise au débiteur de son titre original sous seing privé, de la grosse de ce titre, etc. || Lieu où le gibier va se reposer après avoir été lancé une première fois. || Petit bouquet de bois laissé au milieu des champs cultivés pour servir d'abri au gibier. || Bâtiment, hangar pour mettre les voitures à couvert. — *Sm. Un remise,* voiture de louage qui ne stationne pas sur la voie publique.

REMISER (*remise*), *vt.* Placer sous une remise : *Remiser une voiture.* — **Se remiser,** *vr.* Gagner une remise, en parlant du gibier.

***REMISEUR** (*remiser*), *sm.* Celui qui loue des remises pour les voitures.

***RÉMISIER** (*remise*), *sm.* Commis d'agent de change qui apporte des affaires et reçoit une remise sur le courtage exigé du client.

RÉMISSIBLE (l. *remissibilem*), *adj. 2 g.* Pardonnable : *Faute rémissible.*

RÉMISSION (l. *remissionem,* renvoi), *sf.* Pardon : *La rémission des péchés.* || La grâce accordée à un condamné : *Obtenir la rémission de sa peine.* || Indulgence, miséricorde : *Il dut payer sans rémission.* || Diminution temporaire de l'intensité d'une maladie : *Éprouver une rémission de sa fièvre.*

RÉMISSIONNAIRE (*rémission*), *sm.* Condamné gracié.

***RÉMITTENCE** (*rémittent*), *sf.* Diminution temporaire de l'intensité d'une maladie, de ses symptômes.

RÉMITTENT, ENTE (l. *remittentem*), *adj.* Coupé par des rémissions : *Fièvre rémittente.* — **Dér.** *Rémittence.*

***RÉMIZ** (*z*), *sf.* ou ***PENDULINE,** *sf.* La mésange rémiz. (V. *Mésange.*) C'est un oiseau que l'on rencontre en Russie, en Bohême, en Hongrie, en Silésie, dans certaines parties de l'Allemagne, en Italie et dans tout le midi de la France. Cet oiseau se nourrit d'insectes, de chenilles et de semences de plantes aquatiques.

***REMMAILLAGE** (*remmailler*), *sm.* Action de remmailler.

***REMMAILLER** (pfx. *re* + *en*+*maille*), *vt.* Refaire les mailles détruites d'un ouvrage en tricot : *Remmailler des bas.*

REMMAILLOTER (pfx. *re* + *emmailloter*), *vt.* Emmailloter de nouveau.

REMMANCHER (pfx. *re* + *emmancher*), *vt.* Munir d'un nouveau manche : *Remmancher un balai.*

REMMENER (pfx. *re*+*emmener*), *vt.* Emmener ce qu'on avait amené.

***RÉMOIS, OISE** (*Reims*), *adj.* et *s.* Qui est de Reims : *Les fabriques rémoises.* || Habitant de Reims. — **Les Rémois,** ancien peuple de la Gaule Belgique dont la capitale était *Durocortorum,* aujourd'hui Reims.

RÉMOLADE, *sf.* (V. *Rémoulade.*)

REMOLE (db. de *remous*), *sf.* Tournant d'eau quelquefois dangereux pour les navires. (V. *Remous.*)

***REMONDER** (pfx. *re*+*monder*), *vt.* Nettoyer de nouveau.

REMONTAGE (*remonter*), *sm.* Action d'ajuster ensemble les pièces d'un mécanisme : *Le remontage d'un fusil.* || Action de mettre une horloge, une montre en état de marcher. || Action de remettre à des bottes des empeignes et des semelles. || L'ouvrage qui en résulte. || Action de mêler une eau-de-vie avec une autre eau-de-vie plus forte.

REMONTE, *svm.* de *remonter.* Action de remonter un cours d'eau : *Le halage est plus dispendieux à la remonte.* || Le poisson qui remonte les cours d'eau pour frayer. || Action de fournir de nouveaux chevaux à la cavalerie. || L'achat des chevaux nécessaires pour remonter la cavalerie : *Aller en remonte.*

REMONTER (pfx. *re*+*monter*), *vi.* Monter de nouveau : *Remonter en voiture.* || *Remonter sur l'eau,* revenir à la surface de l'eau après s'y être enfoncé. — Fig. Redevenir riche, puissant, considéré. — Fig. *Remonter sur sa bête,* prospérer de nouveau après avoir subi des pertes. || Se diriger vers la source d'un cours d'eau : *Les eaux d'un fleuve ne remontent pas vers leur source.* || *Le baromètre remonte,* la hauteur de la colonne de mercure augmente. || *Le soleil remonte,* il se rapproche du zénith. — Fig. *La rente remonte,* on en paie les titres plus cher. — Fig. *Les actions de cet homme remontent,* il commence à recouvrer de l'aisance, de la faveur, du crédit. || *Sa goutte remonte,* elle se porte des articulations vers quelque organe intérieur. || S'élever plus haut après être descendu : *Le ballon remonte.* — Fig. Dater de : *Les armées permanentes remontent à Charles V.* || *Cette famille remonte à Charlemagne,* il est prouvé que Charlemagne est un de ses aïeux. || Reprendre les choses de plus loin en traitant un sujet : *Grégoire de Tours, dans son* Histoire, *remonte jusqu'à Adam.* || Rechercher, exposer l'origine, le principe d'une chose : *Remonter de l'effet à la cause.* || Aller de bas en haut : *L'escarpolette remonte.* — *Vt.* Gravir de nouveau : *Remonter la colline.* || Se diriger vers la source d'un cours d'eau en naviguant dessus ou en le côtoyant : *Remonter la Seine, la Loire.* || *Remonter la cavalerie,* lui donner de nouveaux chevaux. || Équiper, munir, garnir de nouveau d'ustensiles, de choses nécessaires : *Remonter une fabrique, un magasin.* || Faire le remontage d'un mécanisme, de chaussures, etc. : *Remonter une horloge, des bottes.* || Tirer de l'abattement : *Remonter le courage.* — Fig. *Remonter la tête de quelqu'un,* dissiper ses alarmes, le ramener à la raison. || *Remonter de l'eau-de-vie,* y mêler de l'eau-de-vie plus forte. — **Se remonter,** *vr.* Sortir de l'abattement. || Se pourvoir d'une nouvelle monture, des choses nécessaires. — Fig. Reprendre ses forces, prospérer de nouveau. — **Dér.** *Remonte, remontage, remontoir.*

REMONTOIR (*remonter*), *sm.* Mécanisme à l'aide duquel on remonte une montre et on la met à l'heure sans avoir besoin de l'ouvrir.

REMONTRANCE (*remontrant*), *sf.* Observation critique que l'on fait à quelqu'un sur ses actions, ses projets, sa conduite : *Une utile remontrance.* || Avertissement qu'un père donne à son enfant, un supérieur à son inférieur pour tâcher de le corriger. — *Pl.* Observations présentées au roi par le Parlement de Paris pour désapprouver une loi, un édit, signaler un abus, etc. Il était obligé d'enregistrer les édits royaux qui n'avaient force de loi qu'après leur publication ; il prit l'habitude de donner des conseils et de présenter des observations sur ces édits ; la coutume fut enfin considérée comme un droit : de là, ces luttes obstinées du Parlement contre la royauté au XVIIIe siècle, à propos de questions religieuses et de jansénisme.

REMONTRANT (*remontrer*), *adj.* et *sm.* Sectateur d'Arminius en Hollande, en Angleterre et aux États-Unis.

REMONTRER (pfx. *re* + *montrer*), *vt.* Montrer de nouveau. || Dire à quelqu'un ce qu'on croit propre à l'éclairer, à le remettre dans la bonne voie. — *Vi.* Être plus instruit que : *Cet enfant vous en remontrerait.* || Prétendre faire la leçon : *C'est gros Jean qui remontre à son curé,* c'est un ignorant qui veut instruire plus savant que lui. — **Dér.** *Remontrant, remontrance.*

RÉMORA (l. *remora,* retard), *sm.* Poisson de la Méditerranée du genre *pilote,* semblable à un maquereau. Sa tête est recouverte d'un disque qui lui permet d'adhérer aux corps étrangers. Il suit les vaisseaux, et les anciens lui attribuaient le pouvoir d'en arrêter la course. — Fig. Obstacle, retardement. (V. *Pilote.*) — Pl. *des rémoras.*

REMORDRE (pfx. *re* + *mordre*), *vt.* et *vi.* Mordre ou attaquer de nouveau. — Fig. *N'y vouloir plus remordre,* être rebuté d'une chose et ne plus vouloir s'en occuper. — **Dér.** *Remords.*

REMORDS (vx fr. *remors,* anc. p. de *remordre*), *sm.* Reproche que l'on se fait à soi-même d'avoir mal agi et chagrin qu'on en ressent : *Être bourrelé de remords.*

REMORQUAGE (*remorquer*), *sm.* Action de remorquer.

REMORQUE (vx fr. *remolque :* du l. *remulcum,* câble pour remorquer), *sf.* Câble qui rattache un bateau, un navire à celui qui le remorque. — Fig. *Se mettre à la remorque de quelqu'un,* se laisser diriger par lui. — **Dér.** *Remorquer, remorquage, remorqueur, remorqueuse.*

REMORQUER (*remorque*), *vt.* Se dit d'un navire qui en traîne un autre derrière lui, d'une locomotive qui tire des wagons.

REMORQUEUR (*remorquer*), *sm.* Navire à vapeur qui en traîne un autre, pour remonter une rivière ou sortir d'un port.

REMORQUEUSE (*remorquer*), *sf.* Se dit d'une locomotive envoyée pour remorquer un train de chemin de fer en détresse.

REMOTIS (A) [ré-mo-ti-çe] (ml), *loc. adv.* A l'écart.

***REMOUCHER** (pfx. *re* + *moucher*), *vt.* Moucher de nouveau.

REMOUDRE (pfx. *re* + *moudre*), *vt.* Moudre de nouveau. — **Gr.** Ce verbe se conjugue comme *Moudre.* — **Dér.** *Remous, rémoulade* ou *rémolade, remoulage.*

RÉMOUDRE (pfx. *re* + *émoudre*), *vt.* Émoudre de nouveau. — **Dér.** *Rémouleur.*

REMOUILLER (pfx. *re* + *mouiller*), *vt.* Mouiller de nouveau. — *Vi.* Mouiller au port où l'on avait fait escale auparavant. (Mar.) — **Dér.** *Remoil.*

RÉMOULADE (de *remoulu,* pp. de *remoudre*), *sf.* Sauce piquante faite d'échalote, corfeuil, ciboule, pointe d'ail hachés très fin, sel, poivre, le tout délayé avec de la moutarde, de l'huile et du vinaigre.

***REMOULAGE** (*remoudre*), *sm.* Son de premier choix qui provient de la mouture du gruau.

RÉMOULEUR (*rémoudre*), *sm.* ou GAGNE-PETIT. Ouvrier qui s'installe dans les rues pour aiguiser les couteaux, les ciseaux, etc.

RÉMOULEUR

REMOULINS, 1350 hab. Ch.-l. de c., arr. d'Uzès (Gard). Ch. de fer de P.-L.-M.

REMOUS (vx fr. *remols, svm.* du vx fr. *remoldre*, remoudre), *sm.* Retour sur elle-même que l'eau, déplacée par la marche d'un navire, fait à l'arrière du gouvernail. || Rejaillissement en arrière de l'eau qui a frappé le rivage de la mer. || Contrecourant formé à chaque bord d'une rivière rapide ou le long des arches d'un pont par les molécules liquides qui se dirigent pendant quelques instants vers la source, après avoir frappé l'obstacle. || Mouvements produits sur les eaux par la rencontre de deux courants de directions contraires ou obliques.

REMPAILLAGE (*rempailler*), *sm.* Action de rempailler, de garnir une chaise de nouvelle paille. || Ouvrage qui en résulte.

REMPAILLER (pfx. *re* + *empailler*), *vt.* Garnir une chaise, un siège de nouvelle paille. — **Dér.** *Rempaillage, rempailleur, rempailleuse.*

REMPAILLEUR, EUSE (*rempailler*), *s.* Celui, celle qui rempaille les chaises.

***REMPAQUETER** (pfx. *re* + *empaqueter*), *vt.* Remettre en paquet : *Rempaqueter des marchandises.* — **Gr.** On double le *t* devant une syllabe muette.

REMPARER (SE) (pfx. *re*+*emparer*), *vr.* S'emparer de nouveau. || Ériger de nouveau un obstacle pour se garantir d'une attaque. — **Dér.** *Rempart.*

REMPART (vx fr. *rempar, svm.* de *remparer*), *sm.* Autrefois, haute et épaisse muraille flanquée de tours dont on entourait une ville, une forteresse, pour la protéger contre les attaques de l'ennemi. || Aujourd'hui, massif de terre qui ne dépasse pas le niveau du sol, revêtu ordinairement à l'extérieur d'un mur en maçonnerie, entouré d'un large fossé, formant l'enceinte d'une ville, d'une forteresse et garni d'artillerie pour défendre l'approche de la place. De nos jours, on divise les fortifications : en *tranchées-abris*, pour les tirailleurs isolés; en *ouvrages de campagne*, pour deux ou trois compagnies; en *constructions permanentes*, forts à coupole (V. *Réduit*) rasant le sol, à peine visibles, semblables à un monitor à tourelles échoué en pleine terre. — Fig. Ce qui sert de défense : *Faire à quelqu'un un rempart de son corps.*

REMPLAÇANT, ANTE (*remplacer*), *sm.* Toute personne qui en remplace une autre dans une fonction, un travail. || Autrefois, celui qui remplaçait un jeune homme appelé au service militaire.

REMPLACEMENT (*remplacer*), *sm.* Action de remplacer une chose par une autre; son résultat : *Le remplacement d'un mobilier.* || Action de faire succéder une personne à une autre dans une fonction, un travail : *Le remplacement d'un ministre.* || Action de fournir un homme à l'armée pour tenir lieu d'un conscrit qui s'était exonéré du service militaire : *Le remplacement a été aboli par la loi du 27 juillet 1872.* || Le remploi d'un bien. (V. *Remploi.*)

REMPLACER (pfx. *re* + *en* + *place*), *vt.* Tenir la place d'une personne, d'une chose : *Les becs de gaz remplacent les réverbères.* || Succéder à quelqu'un dans une fonction, une occupation : *Il a remplacé le contremaître de cette fabrique.* || Autrefois, servir dans l'armée à la place d'un conscrit. || Substituer une personne à une autre dans une fonction, une occupation : *On remplacera ce professeur.* || Faire le remploi d'un bien. — **Se remplacer**, *vr.* Être remplacé. || Se succéder alternativement : *Le jour et la nuit se remplacent.* — **Gr.** Ce verbe se conjugue comme *Placer.* — **Dér.** *Remplaçant, remplaçante, remplacement.*

REMPLAGE (du vx fr. *rempler*, remplir), *sm.* Action d'ajouter du vin pour remplir un tonneau qui n'est pas tout à fait plein. || Pierres, moellons ou briques posés en blocage entre les deux parements en pierre de taille d'un mur. || Maçonnerie faite à sec entre un mur de revêtement et une terrasse.

1. **REMPLI** (pfx. *re*+*en*+*pli*), *sm.* Pli que l'on fait pour rétrécir ou raccourcir une étoffe sans la couper. || Ce qu'on laisse d'étoffe pour faire une couture.

2. **REMPLI, IE** (*remplir*), *adj.* Plein, qui abonde en quelque chose : *Cour remplie de volaille.* || Uniquement préoccupé de : *Un homme rempli de son opinion.* || *Homme rempli de lui-même*, qui a une trop haute opinion de ses capacités.

REMPLIER (pfx. *re* + *en* + *plier*), *vt.* Faire un rempli. — **Dér** *Rempli* 1.

1. **REMPLIR** (*rempli* 1), *vt.* Faire un rempli. || *Remplir du point, de la dentelle*, y refaire à l'aiguille les fleurs rompues ou y en ajouter de nouvelles. || *Remplir un canevas*, faire des points à l'aiguille pour le couvrir.

2. **REMPLIR** (pfx. *re*+*emplir*), *vt.* Emplir de nouveau ce qui a été vidé. || Rendre plein : *Remplir une cruche.* || *Remplir une quittance*, écrire ce qui manquait à l'endroit qu'on y avait laissé en blanc. || *Remplir un blanc-seing*, écrire un billet, un acte sur un billet signé d'avance. — Fig. *Remplir une place*, occuper une charge, un emploi : *Il remplira bien cette fonction.* — Fig. Être abondant dans un lieu : *La fumée remplit la chambre.* || Ajouter ce qu'il faut pour compléter : *Remplir les vides faits dans un bataillon.* || Rendre pénétré au plus haut degré : *Remplir quelqu'un de joie.* — Fig. Durer pendant un certain temps : *Les querelles religieuses remplirent le* XVI*e siècle.* || Exécuter : *Remplir ses devoirs.* || Accomplir : *Remplir les vœux de quelqu'un.* || Satisfaire : *Cette nouvelle remplit nos espérances.* || *Remplir l'idée qu'on s'est faite d'une personne, d'une chose*, réaliser tout ce qu'on s'en promettait. || Rassasier : *Cette nourriture remplit.* — **Se remplir**, *vr.* Être empli de nouveau. || Devenir plein. || Être pénétré de. — **Dér.** *Rempli 2, remplie, remplage, remplissage, remplisseuse.*

REMPLISSAGE (*remplir*), *sm.* Action de remplir. || Remplage. || Ouvrage que fait la remplisseuse. — Fig. Tout ce qu'on fait pour passer le temps. || Tout ce qu'on ajoute de superflu dans un écrit : *Il y a beaucoup de remplissage dans ce discours.*

REMPLISSEUSE (*remplir*), *sf.* Ouvrière qui remplit, raccommode du point, de la dentelle.

REMPLOI, *svm.* de *remployer.* Achat que l'on fait d'un immeuble pour en remplacer un autre qu'on a vendu. Cette opération a surtout lieu quand il s'agit de biens dotaux.

REMPLOYER (pfx. *re* + *employer*), *vt.* Employer de nouveau. — **Gr.** Ce verbe se conjugue comme *Ployer.* — **Dér.** *Remploi.*

REMPLUMER (pfx. *re* + *en* + *plume*), *vt.* Regarnir de plumes. — **Se remplumer**, *vr.* Se recouvrir de nouvelles plumes, en parlant des oiseaux. — Fig. Reprendre de l'embonpoint. — Fig. Redevenir aisé, riche.

REMPOCHER (pfx. *re*+*empocher*), *vt.* Remettre dans sa poche.

REMPOISSONNEMENT (*rempoissonner*), *sm.* Action de rempoissonner. || Son résultat.

REMPOISSONNER (pfx. *re* + *en* + *poisson*), *vt.* Repeupler de poisson une pièce d'eau, un cours d'eau. — **Dér.** *Rempoissonnement.*

REMPORTER (pfx. *re*+ *emporter*), *vt.* Reprendre et rapporter d'un lieu ce qu'on y avait apporté : *Remportez ces marchandises qui ne me conviennent point.* || Enlever d'un lieu : *On le remporta mourant.* || Obtenir, gagner : *Remporter un prix, la victoire.*

REMPOTAGE (*rempoter*), *sm.* Action de mettre une plante d'un pot dans un autre.

REMPOTER (pfx. *re*+*empoter*), *vt.* Mettre une plante dans un pot, la changer de pot. — **Dér.** *Rempotage.*

REMSCHEID, 33 986 hab., v. de la Prusse rhénane, district de Dusseldorf. Forges, aciéries, mines de fer.

REMUAGE (*remuer*), *sm.* Action de remuer.

REMUANT, ANTE (*remuer*), *adj.* Qui remue, qui bouge sans cesse : *Enfant remuant.* — Fig. Actif, entreprenant, propre à exciter des troubles, des dissensions : *Esprit remuant.*

REMUE-MÉNAGE (*remuer* + *ménage*), *sm.* Dérangement, déplacement de meubles ou d'autres objets. — Fig. Trouble, désordre, tumulte subit. — Pl. *des remue-ménage.*

REMUEMENT ou **REMÛMENT** (*remuer*), *sm.* Action de remuer ou de se remuer. — Fig. Changement, agitation, bouleversement : *Il y eut du remuement dans la nation.*

REMUER (pfx. *re*+*muer*), *vt.* Faire mouvoir : *Le chien remue la queue.* || *Remuer de la terre*, la transporter d'un lieu dans un autre. — Fig. *Remuer beaucoup d'argent*, faire un grand négoce. || *Remuer l'argent à la pelle*, être excessivement riche. || *Remuer ciel et terre*, recourir à tous les moyens possibles pour réussir. — Fig. Pousser à la révolte : *Remuer le peuple.* || Émouvoir, toucher : *Cela remue les entrailles.* — *Vi.* Faire des mouvements, changer de place : *Cet enfant remue toujours.* — Fig. Ourdir des intrigues, des complots, tenter une sédition, se mettre en révolte : *Cette faction remue. Le peuple veut remuer.* — **Se remuer**, *vr.* Exécuter des mouvements : *Je ne peux plus me remuer.* || Faire toutes sortes de démarches et d'efforts pour réussir : *On n'obtient rien sans se remuer.* || Essayer de se révolter. || Être excité, s'émouvoir. — **Dér.** *Remuant, remuante, remuement, remueuse, remuage.* — **Comp.** *Remue-ménage.*

REMUEUSE (*remuer*), *sf.* Femme qui berce et nettoie les enfants des princes et les change de langes.

REMUGLE ou **REMEUGLE** (pfx. *re* + vx fr. *meugle*, du l. *mucor*, moisissure), *sm.* Odeur que contracte un objet longtemps renfermé.

RÉMUNÉRATEUR, TRICE (l. *remuneratorem*), *adj.* et *s.* Qui récompense, qui procure du profit : *Travail rémunérateur.*

RÉMUNÉRATION (l. *remunerationem*), *sf.* Récompense, salaire : *La rémunération du travail.*

RÉMUNÉRATOIRE (*rémunérer*), *adj.* 2 *g.* Qui tient lieu de récompense : *Legs rémunératoire.*

RÉMUNÉRER (l. *remunerare*), *vt.* Récompenser, payer généreusement : *Rémunérer le dévouement.* — **Gr.** *né* devient *nè* devant une syllabe muette, excepté au futur et au conditionnel : je rémunère, je rémunérerai. — **Dér.** *Rémunérateur, rémunératrice, rémunération, rémunératoire.*

RÉMUS, l'un des deux héros éponymes de Rome, frère de Romulus, tué par ce dernier, d'après la tradition.

RÉMUSAT (ABEL DE) (1788-1832), savant orientaliste français, professeur de chinois au Collège de France.

RÉMUSAT (CHARLES, COMTE DE) (1797-1875), écrivain et homme d'État français, ministre des affaires étrangères sous la présidence de M. Thiers. Membre de l'Institut (1846).

***REMUSELER** (pfx. *re* + *museler*), *vt.* Museler de nouveau.

REMUZAT, 595 hab. Ch.-l. de c., arr. de Nyons (Drôme).

REMY (SAINT-), 5813 hab. Ch.-l. de c., arr. d'Arles (Bouches-du-Rhône), l'ancienne *Glanum*; arc de triomphe et mausolée romains. Ch. de fer de P.-L.-M.

REMY-EN-BOUZEMONT (SAINT-), 800 hab. Ch.-l. de c., arr. de Vitry-le-François (Marne).

REMY-SUR-DUROLLE (SAINT-), 5569 hab. Ch.-l. de c., arr. de Thiers (Puy-de-Dôme).

RENÂCLER (vx fr. *renasquer,* renifler), *vi.* Faire du bruit en retirant son haleine par le nez, en parlant d'un cheval irrité ou effrayé; par extension, s'applique aux hommes irrités, qui imitent le cheval. — *Fig.* et pop. Manifester de la répugnance à faire une chose.

RENAISSANCE (*renaissant*), *sf.* Nouvelle naissance. ‖ Réapparition : *La renaissance du printemps.*

La Renaissance, c'est-à-dire le renouvellement des lettres et des arts par l'étude de l'antiquité, à la fin du xve siècle et au xvie, est due à trois causes : 1° à la découverte de l'imprimerie, qui répandit les œuvres des anciens et permit à tous de les étudier; 2° à la découverte des nombreux manuscrits retrouvés dans les couvents et publiés par les érudits (ainsi le Pogge découvrit, à Saint-Gall : Quintilien, Columelle, Vitruve, le poème de Lucrèce, des comédies de Plaute, des discours de Cicéron); 3° à l'arrivée en Italie de savants Grecs, chassés de Constantinople par la conquête ottomane, tels que Constantin et Jean Lascaris, le cardinal Bessarion, Chalcondyle, le premier éditeur d'Homère. Ce goût de l'antiquité poussa les souverains à protéger les savants, à fonder des académies, des universités, des bibliothèques. A Rome, les protecteurs des lettres furent les papes Pie II, Léon X, Jules II. A Florence, Laurent de Médicis s'entourait d'Ange Politien, de Marsile Ficin, de Jean Lascaris. C'était l'époque de Pic de la Mirandole (1453-1494), qui savait le grec, le latin, l'hébreu, le chaldéen, même la magie et l'astrologie et discutait à 23 ans de tout ce que l'on savait alors. En France, François Ier fonde, sur les conseils de Guillaume Budé, le Collège de France (1530) où l'on enseignait tout ce qui était nouveau ou devait conduire à des sciences nouvelles, le grec, l'hébreu, les langues orientales, la médecine, les mathématiques, la philosophie. C'est là qu'enseignèrent Vatable, Danès, Postel, Ramus. En même temps que les manuscrits, on découvrait des statues, telles que le Laocoon, que les artistes imitèrent, avant de se livrer à leur propre inspiration. Des inventions nouvelles secondèrent cette renaissance artistique. Paolo Ucello découvrit la perspective; Jean Van Eyck, la peinture à l'huile; Finiguerra, la gravure sur cuivre; Verrochio et Pollaolo, l'anatomie et le modelé.

Renaissance littéraire italienne. — La langue italienne, la plus proche du latin parmi les langues néo-latines, produit des chefs-d'œuvre, même avant la Renaissance, avec Dante (*Divine Comédie*), Pétrarque (*Canzoni*), Boccace (*Décaméron*). Au xvie siècle, l'Italie produit deux grands poètes épiques : l'Arioste, auteur du *Roland furieux,* le Tasse, auteur de la *Jérusalem délivrée.* Deux prosateurs sont à la hauteur de ces poètes : Machiavel (le *Prince, Discours sur Tite-Live*) et Guichardin (*Histoire de Florence*).

Renaissance artistique italienne. — Dans l'architecture, Brunelleschi, créateur du style de la Renaissance, élève la coupole de Sainte-Marie des Fleurs, à Florence. Le Bramante commence Saint-Pierre qu'achève Michel-Ange Buonarotti, génie universel qui fut supérieur en architecture, sculpture (le *Moïse*), peinture (*Jugement dernier*), poète (sonnet à la *Nuit*), ingénieur (défense de Florence en 1530). Dans la sculpture, les grands noms sont ceux de Ghiberti (portes du baptistère de Florence), Donatello (Saint Marc), Benvenuto Cellini (Persée coupant la tête de la Méduse). Dans la peinture, Cimabué et Giotto s'éloignent, dès le xiiie siècle, des conventions byzantines. Quatre écoles se développent ensuite : 1° École naturaliste de Florence avec Masaccio, Léonard de Vinci, Andrea del Sarto, Fra Bartolomeo, ami de Savonarole. 2° École romaine, que distingue la perfection du dessin avec Raphaël et son maître, le Pérugin et ses élèves, Jules Romain, le Primatice, le Caravage. 3° École lombarde, où dominent la grâce et la tendresse, avec le Corrège, le Parmesan. D'eux dérive au xviie siècle l'école bolonaise avec les Carrache, le Guide, l'Albane, le Dominiquin. 4° École vénitienne, remarquable par la richesse du coloris, avec Jean Bellini, maître du Giorgione et du Titien, le Tintoret, Paul Véronèse. Dans la gravure, la première planche sur cuivre de Tomaso Finiguerra est un *Couronnement de la Vierge* (1452); il eut pour successeur Raimondi de Bologne, Albert Durer de Nuremberg. Dans la musique, le compositeur le plus remarquable est Palestrina (*Stabat, Miserere*).

Renaissance littéraire en France. — Par l'effet des guerres d'Italie, la Renaissance pénètre en France sous Charles VIII, Louis XII et François Ier. Le goût du moyen âge a d'abord quelque influence sur Clément Marot, Marguerite de Valois, Mellin de Saint-Gelais; mais l'érudition enseignée au Collège de France triomphe avec Joachim du Bellay, dont la *Deffense* et *Illustration de la langue françoise* est le manifeste de la pléiade composée de Ronsard, du Bellay, Jodelle, Belleau, Baïf, Dorat, Pontus de Thyard. Ces poètes, parfois un peu pédantesques, formèrent du Bartas, Desportes, d'Aubigné et Mathurin Régnier. La prose fut plus originale ou plus simple avec Rabelais, Calvin, Théodore de Bèze, Amyot, la Boétie, Montaigne, Brantôme et Blaise de Montluc. (V. les articles consacrés à chacun de ces noms dans le Dictionnaire.)

Renaissance artistique en France. — Elle comprend deux époques : dans la première, sous Louis XII et François Ier, dominent les artistes italiens : Fra Giacondo, amené d'Italie par le cardinal d'Amboise, construisit le château de Gaillon, en s'aidant d'artistes français comme Pierre Fain, auteur du portique transporté à l'École des beaux-arts; mais les frères Leroux, constructeurs de Saint-Maclou et du palais de justice de Rouen, protestaient en y conservant le gothique flamboyant. Sous François Ier, la faveur est aux peintres italiens, Léonard de Vinci, le Primatice, le Rosso. Ce sont aussi des architectes italiens qui, à Fontainebleau, ont construit le cours du Cheval blanc, de la Fontaine ovale. La sculpture est déjà toute française avec Michel Columb (mausolée de François II à Nantes); avec Roulland Leroux (tombeau du cardinal d'Amboise à Rouen). La deuxième époque est plus purement française. Sans doute on discute sur l'origine italienne des châteaux d'Amboise, d'Azay-le-Rideau, de Chenonceaux; mais la plus admirable fantaisie de l'époque, le château de Chambord, est de Pierre Nepveu, né à Blois. Au même temps, Pierre Lescot commençait le Louvre; Philibert Delorme élevait à Lyon, sa ville natale, la façade de l'église Saint-Nizier, donnait les plans des châteaux d'Anet et de Meudon, dessinait le mausolée de François Ier à Saint-Denis et commençait les Tuileries. Avec son ami, Jean Bullant, il éleva le château d'Écouen pour le connétable de Montmorency. La sculpture française est aussi originale avec le calviniste Jean Goujon, auteur des portes de Saint-Maclou de Rouen (sculpture sur bois), des bas-reliefs de la cour du Louvre, de la fontaine des Innocents, du château d'Anet, des cariatides du Louvre, du buste de Coligny, de la *Diane chasseresse.* Germain Pilon mêla la tradition païenne à l'inspiration chrétienne dans les mausolées de Guillaume du Bellay et de Henri II. Son chef-d'œuvre est le groupe des *Trois Grâces.* Dans la peinture, Jean Fouquet, peintre de Louis XI, du *Jugement du duc d'Alençon* à Munich, est le fondateur de notre école; mais il fut dépassé par Jean Clouet, portraitiste des Valois, et par Jean Cousin, le Michel-Ange français (vitraux de la *Sibylle consultée par Auguste,* de la *Légende de saint Eutrope* à Sens; vitraux du *Jugement dernier* à la chapelle de Vincennes; tableau du *Jugement dernier* au Louvre). A ces grands noms, il faut ajouter Bernard Palissy, aussi attaché à sa foi calviniste qu'à ses « rustiques figulines ». Son dévouement héroïque à l'art, ses admirables faïences ne le sauvèrent pas de la Bastille.

Renaissance en Europe. — La Renaissance eut son centre principal en France; mais, de là, elle rayonna sur l'Europe : 1° En *Espagne,* Michel Cervantès écrit le *Don Quichotte,* roman immortel, traduit dans toutes les langues. Lope de Vega, poète tragique, eut l'honneur d'inspirer Corneille. Mariana et Herrera ne sont pas des historiens à dédaigner. Dans les arts, les constructeurs de l'Escurial imitent l'Italie. Au xviie siècle seulement apparaîtront Velasquez, Murillo, Goya et Zurbaran. 2° En *Portugal,* le Camoens chanta dans *les Lusiades* la gloire de ses compatriotes et les exploits de Vasco de Gama. 3° Aux *Pays-Bas,* l'école de peinture flamande est représentée par Jean Van Eyck, Memling (V. *Châsse* et *Reliquaire*), Quentin Metsys, Pourbus. Hans Bol et Breughel échappent heureusement à l'imitation italienne. Holbein, qui a vécu en Angleterre, est Flamand par ses portraits d'Érasme et de Thomas Morus, par l'*Adoration des Mages.* 4° En *Angleterre,* le premier poète est Geoffroy Chaucer (1328-1400); il fraya la route à l'un des plus grands génies dramatiques du monde, à William Shakspeare. 5° L'*Allemagne* ne peut guère citer qu'Albert Durer, Lucas, Cranach. La Réforme, en proscrivant le culte des images, arrêta le développement des arts plastiques. Les instincts artistiques de la race se rejetèrent sur la musique. Enfin, la Renaissance, en développant l'esprit d'examen, fit progresser le droit, la politique, les sciences et la philosophie. Dans le *droit,* le jurisconsulte Alciat fonde l'école de Bourges; Cujas approfondit le droit romain; Hotman et Bodin s'occupent surtout de politique. Dans la *médecine,* Vésale crée l'anatomie et Ambroise Paré est le père de la chirurgie. Dans les *sciences exactes,* Viète applique l'algèbre à la géométrie. Copernic découvre le véritable système planétaire et met le soleil à la place de la terre, au centre de l'univers. En *philosophie* et en *théologie,* Ramus oppose les idées de Platon aux théories scolastiques; Reuchlin, Ulric de Hutten préparent les voies à Luther et à Calvin. Mais ils sont tous dépassés par Érasme et par Rabelais. Érasme, dans l'*Éloge de la Folie,* fit la satire des conditions humaines, blâma les désordres des prélats catholiques, mais condamna en même temps les violences de Luther. Rabelais alla plus loin : il se moqua des érudits lourdauds par une obscurité comique; il sut être éloquent, en paraissant fantaisiste. Il indiqua, comme en se jouant, les grandes réformes de l'avenir.

Architecture de la Renaissance. — Dans les monuments religieux du xvie siècle, les architectes semblent vouloir conserver le plus grand nombre de traits possible de l'architecture flamboyante. Philibert Delorme, l'un des apôtres de la Renaissance, recommande, dans son traité d'architecture, de bâtir les églises selon la façon d'autrefois. Le plan est toujours une croix latine avec chapelles latérales, aux bas-côtés et au chœur; mais les voûtes sont compliquées. A la clef de voûte de l'ogive, on ajoute deux clefs de voûtes secondaires; on les réunit à la première par des *liernes.* Les clefs surajoutées sont reliées elles-mêmes aux naissances des doubleaux et formerets par des tiercerons. Des trois nœuds de voûtes descendent des clefs pendantes, admirablement sculptées, qui semblent menacer la tête du spectateur, mais sont maintenues à l'intrados par de solides crampons de fer. Les voûtes des bas-côtés sont caissonnées et en plein cintre; les piliers de la nef sont remplacées par des colonnes qui naissent du sol même de l'édifice. Les fenêtres sont également en plein cintre. Parmi les monuments bâtis à cette époque, nous mentionnerons l'église de Saint-Eustache et de Saint-Étienne du Mont, à Paris. Saint-Nicolas des Champs est la dernière église gothique de Paris. Saint-Paul, Saint-Louis de la rue Saint-Antoine, qui lui succède en date, a été construite, par le jésuite Doras, dans le goût italien. Dans les châteaux, on conserve encore les tours et les courtines du moyen âge; mais les fossés sont transformés en bassins et viviers pour les carpes. Les tours ne sont plus que des cages d'escalier (Chambord, Amboise). Les courtines se transforment en corps de bâtiment. Dans l'architecture civile, les monuments sont trop nombreux, trop originaux pour être minutieusement décrits; qu'il nous suffise de citer l'hôtel du Bourg-Théroulde à Rouen. On admire les châteaux qui bordent les rives de la Loire, Chenonceaux, Ussé, Chaumont, Azay-le-Rideau, etc.

RENAISSANT, ANTE (*renaître*), *adj.* Qui renaît, qui apparaît de nouveau : *Les beaux jours renaissants.*

RENAÎTRE (pfx. *re* + *naître*), *vi.* Naître de nouveau : *Les anciens croyaient que le phénix renaissait de ses cendres.* || *Renaître à la vie*, se guérir d'une maladie dangereuse. || *Renaître par le baptême, par la pénitence*, recouvrer l'état de grâce. || Pulluler à la place d'animaux de même nature qui sont morts ou qu'on a détruits : *On a beau exterminer les hannetons, il en renaît toujours.* || Repousser : *L'herbe broutée, les cheveux coupés renaissent.* — Fig. Reparaître, se raviver : *Le jour renaît. Mes espérances renaissent.* — **Gr.** Ce verbe se conjugue comme *naître.* — **Dér.** *Renaissant, renaissante, renaissance.*

RÉNAL, ALE (l. *ren*, rein), *adj.* Qui appartient, qui a rapport aux reins : *Nerf rénal, calculs rénaux.*

RENAN (Joseph-Ernest), néc en 1823. Philologue et érudit français, membre de l'Académie française et de l'Académie des inscriptions, administrateur du Collège de France. Né à Tréguier, diocèse de la basse Bretagne, le plus fécond en poètes populaires, il se destina d'abord à l'état ecclésiastique et étudia la théologie au séminaire de Saint-Sulpice. Mais son esprit, très respectueux de la religion, s'était émancipé et ne pouvait plus admettre la tradition catholique; il renonça à la prêtrise et chercha, dans les leçons privées, le moyen de poursuivre ses études. Reçu le premier à l'agrégation de philosophie en 1848, il mérita le prix Volney par un mémoire devenu *Histoire générale et Systèmes comparés des langues sémitiques.* Puis il s'occupa de philosophie arabe, avec *Averroès et l'Averroïsme.* Une mission en Syrie (1860) lui inspira la *Vie de Jésus*, où l'ampleur et la poésie du style font regretter peut-être que l'auteur n'ait pas cru à la divinité de son héros. Ce fut l'origine de persécutions injustes contre M. Renan, qui ne fut qu'à grand'peine réintégré dans sa chaire du Collège de France, admis à l'Académie française, décoré de la Légion d'honneur. Ce livre n'était cependant que la préface d'une *Histoire des origines du christianisme*, qui a été continuée par les *Apôtres, Saint Paul, l'Antechrist, l'Église chrétienne*, etc. M. Renan a encore composé plusieurs ouvrages pleins de fantaisie et d'imagination, comme les *Dialogues philosophiques, Caliban, suite de la Tempête*, etc. Il y faudrait ajouter de nombreux articles parus dans les *Débats*, le *Temps*, la *Revue des deux mondes*, qui ont fait de M. Renan un « essayiste » incomparable. Comme orientaliste, il a traduit le *Livre de Job*, le *Cantique des Cantiques*; il est profondément versé dans l'épigraphie phénicienne et hébraïque, il a collaboré avec M. Leclerc à l'histoire littéraire de la France au XIVe siècle.

RENAN (SAINT-), 1758 hab. Ch.-l. de c., arr. de Brest (Finistère).

1. **RENARD** (*renart*, contraction de *Reginhart*, nom propre, d'origine germanique, signifiant *bon au conseil*, et substitué dans la *Chanson du Renard* à *goupil*, ancien nom de l'animal), *sm.* Genre de mammifères carnassiers de la famille des Chiens, et qui se distinguent des loups en ce qu'ils ont la pupille ovale ou même en fente. La dentition des renards est à peu près la même que celle des loups; cependant les dents, bien qu'en même nombre, sont plus grêles et plus effilées; les canines surtout se font remarquer par leur forme allongée et très recourbée. En outre, la rangée dentaire n'est pas continue : il existe un intervalle assez large entre la canine et la première molaire. Les jambes des renards, plus courtes que celles des autres genres de la famille, sont terminées par des pieds semblables à ceux des chiens : ceux de devant ont cinq doigts, tandis que ceux de derrière n'en possèdent que quatre. La tête des renards se termine en avant par un museau conique et très pointu. Leur queue est longue et touffue, et leur corps exhale en général une odeur forte et fétide. Les renards, bien qu'aussi forts que les chacals, ne s'attaquent pas à des animaux qui peuvent leur résister. Aussi ne vivent-ils que de petits mammifères, tels que rats, souris, campagnols, lapins, lièvres, etc. Ils mangent aussi des reptiles et des insectes et ne dédaignent pas les fruits et les baies. On les dit même très friands du raisin. Ils ne se repaissent jamais de charognes, à moins qu'ils ne soient trop pressés par la faim. Dans ce dernier cas, ils poussent la hardiesse jusqu'à s'attaquer à de jeunes chevreuils. C'est surtout au printemps que le renard est à redouter pour nos basses-cours; c'est qu'alors ses petits sont sevrés, et qu'il doit leur procurer une abondante nourriture. Le renard vit dans des terriers qu'il sait se creuser lui-même. Ceux-ci sont composés d'une chambre, où la femelle donne naissance à ses petits, et où il se retire tout le jour pour dormir; car il ne chasse que la nuit. Ce terrier possède toujours plusieurs issues. Parfois il s'installe dans un terrier creusé par le blaireau ou par des lapins; et l'on affirme même qu'il vit quelquefois avec ces derniers en assez bonne intelligence. La ruse de ces animaux est proverbiale. Leur vie est solitaire, et les mâles n'habitent que peu de temps avec les femelles; ils se réunissent aussi à deux pour chasser un lièvre, et ils aiment à habiter les uns à côté des autres. Les renards n'aboient ni ne hurlent ; ils *glapissent.* Parmi les espèces qui composent ce genre, nous mentionnerons : 1° Le *renard ordinaire* (*vulpes vulgaris*), dont la robe, noirâtre lorsqu'il vient de naître, devient jaune et passe au jaune roux avec une raie plus foncée le long de la colonne vertébrale. C'est un animal des régions tempérées et même froides des deux hémisphères. La fourrure de ces animaux la plus recherchée est celle qui provient des individus tués en hiver et dans les régions froides. Le renard est fin et rusé; et bien qu'il soit très redouté des habitants des campagnes dont il dévaste quelquefois les basses-cours, il nous rend aussi de grands services en débarrassant nos champs d'une quantité innombrable de petits mammifères rongeurs dont il fait sa proie. Sa démarche n'est pas la même, suivant qu'il ne redoute aucun danger ou qu'il ne se sent pas en sûreté; il court et saute admirablement; il rampe aussi très bien lorsqu'il veut s'emparer d'une proie ou gagner une retraite. On a cherché à l'apprivoiser; mais sa voix plaintive et l'odeur infecte qu'il répand ont fait abandonner les tentatives de domestication. 2° Le *renard polaire.* (V. *Isatis.*) 3° Le *renard du Sahara*, le plus petit du genre en même temps que le plus gracieux, et qui est connu des Arabes sous le nom de *fennec.* (V. ce mot.) 4° Le *renard des Pampas*, que l'on rencontre dans toute l'Amérique du Sud, de la Patagonie à la Guyane, et qui, sur les Cordillères, habite les régions situées jusqu'à 3000 mètres d'altitude. Il est connu des indigènes sous le nom d'*aguarachay*, est bas sur pattes et habite les terriers que se sont creusés les tatous. Il est aussi désigné sous le nom de *renard tricolore.* Il se nourrit de petits mammifères et d'oiseaux, mais s'attaque aussi aux agneaux et aux jeunes vigognes. Son pelage est très variable et prend toutes les teintes, depuis le brun noirâtre jusqu'au blanc en passant par le rouge rouille et le gris. C'est un animal très rusé, et les indigènes l'apprivoisent quelquefois pour la chasse, car il a l'odorat très fin. 5° Le *renard de Tartarie*, appelé aussi *corsac*, a une taille moins forte que celle de notre renard; sa fourrure, très épaisse, est rousse en été, tandis qu'en hiver, elle est d'un gris clair sur le dos et blanche sous le ventre; il a, en outre, une tache plus claire sur l'œil. Cette fourrure est estimée par les Chinois. Le corsac, vivant dans les steppes de l'Asie centrale et septentrionale, se nourrit de tout ce qu'il rencontre; il ne se creuse pas de terriers et gît où il peut. A certaines époques, il entreprend de grandes migrations à travers les steppes, et poursuit les nuées de sauterelles dont il fait alors sa nourriture. — Fig. Homme très rusé : *Un fin renard.* || La peau du renard. — Fig. *Coudre la peau du renard à celle du lion*, joindre la finesse à la force. || Petite fente par laquelle s'échappe et se perd l'eau d'un bassin, d'un réservoir, d'un canal. || Instrument en forme de crochet, servant à traîner les pièces de bois. — **Dér.** *Renarde, renardeau, renarder, renardier, renardière, renardie.*

RENARD

2. ***RENARD** (du holl. *rekenaar*, calculateur), *sm.* Petite pelote de bois sur laquelle on a dessiné la rose des vents.

RENARDE (*renard*), *sf.* La femelle du renard.

RENARDEAU (dm. de *renard*), *sm.* Jeune renard.

***RENARDER** (*renard*), *vi.* Ruser.

***RENARDIE** (*renard*), *sf.* Action de renard. — Fig. Ruse, astuce (vx).

RENARDIER (*renard*), *sm.* Celui qui attrape les renards.

RENARDIÈRE (*renard*), *sf.* Tanière du renard.

RENAU D'ÉLICAGARAY dit le *Petit Renau* (1652-1719), marin français, inventeur des galiotes à bombes.

RENAUD DE MONTAUBAN, l'aîné des quatre fils Aymon, et l'un des héros du *Roland Furieux* de l'Arioste; il a donné son nom à une chanson de geste.

RENAUDIE (Godefroy de la), gentilhomme calviniste, chef de la conjuration d'Amboise en 1560.

RENAUDIN (1757-1809), amiral, commandant du vaisseau *le Vengeur*, qui sombra durant le combat du 13 prairial an II (1er juin 1794).

RENAUDOT (Théophraste) (1584-1653), médecin français, fonda, en 1631, la *Gazette de France*, le plus ancien de nos journaux.

RENCAISSAGE ou ***RENCAISSEMENT** (*rencaisser*), *sm.* Action de mettre des arbres ou des arbustes dans une nouvelle caisse. (Jard.)

RENCAISSER (pfx. *re* + *en* + *caisse*), *vt.* Mettre une plante dans une nouvelle caisse : *Rencaisser des orangers.* || Remettre en caisse : *Rencaisser une somme.* — **Dér.** *Rencaissement, rencaissage.*

***RENCHAÎNER** (pfx. *re* + *enchaîner*), *vt.* Enchaîner de nouveau. || Remettre à la chaîne : *Renchaîner un chien.*

RENCHEN, 2500 hab. Ville du grand-duché de Bade, victoire de Moreau sur les Autrichiens en 1796.

RENCHÉRI, IE (*renchérir*), *adj.* et *s.* Qui fait le difficile, le dédaigneux.

RENCHÉRIR (pfx. *re* + *enchérir*), *vt.* Mettre à un prix plus cher : *Renchérir sa marchandise.* — *Vi.* Devenir plus cher : *Le pain renchérit.* — Fig. Ajouter à ce que disent où font les autres : *Il renchérit sur les éloges qu'on vous donne.* — **Dér.** *Renchéri, renchérie, renchérissement.*

RENCHÉRISSEMENT (*renchérir*), *sm.* Augmentation de prix.

RENCOGNER (pfx. *re* + *en* + *cogner*), *vt.* Pousser, serrer quelqu'un dans un coin. — **Se rencogner**, *vr.* Se mettre dans un coin.

RENCONTRE, *svf.* de *rencontrer.* Action d'aller au-devant de quelqu'un qui vient : *Aller à la rencontre d'un ami.* || Hasard qui fait qu'on trouve fortuitement une personne, une chose : *Une heureuse rencontre.* || *Marchandise de rencontre*, d'occasion. || Ce qui arrive quand des corps viennent à se choquer, à se réunir : *La rencontre de deux billes de billard.* || Combat de deux corps de troupes qui se rencontrent fortuitement. || Duel prémédité ou non : *Une rencontre entre ces deux hommes est inévitable.* || *Rencontre des voyelles*, juxtaposition de deux ou plusieurs voyelles formant hiatus. Ex. : Il y a eu. || Occasion, conjoncture : *Que pouvais-je faire en cette rencontre?* || Trait d'esprit, bon mot : *Une spirituelle rencontre.* || *Point de rencontre*, se dit en géométrie du point où deux courbes se coupent. Le nombre des points de rencontre d'une droite et d'une courbe est égal au degré de cette courbe. Le nombre des points de rencontre de deux courbes est égal au produit de leurs degrés, ces points de rencontre pouvant être réels ou imaginaires.

RENCONTRER (pfx. *re+en+contre*), *vt.* Trouver par hasard ou en cherchant : *Rencontrer un ami.* || *Rencontrer les yeux de quelqu'un,* le regarder au moment où il nous regarde. || Choquer : *Un train de chemin de fer en a rencontré un autre.* || Obtenir par chance : *Rencontrer la solution d'un problème.* || Deviner : *Rencontrer juste.* || Conjecturer bien ou mal. — *Vi.* Découvrir la piste du gibier, en parlant des chiens. || Dire ou faire d'inspiration ce qu'il fallait : *Rencontrer admirablement.* — **Se rencontrer,** *vr.* Se trouver inopinément en présence. || Avoir la même pensée sur un même sujet : *Nos opinions se rencontrent.* || En venir aux mains, se battre en duel. || Exister, paraître, être trouvé : *Le désintéressement se rencontre rarement.* — **Dér.** *Rencontre.*

RENCORSER (pfx. *re + en + corps*), *vt.* Mettre un corsage neuf à une robe.

RENDANT, ANTE (*rendre*), *s.* Celui, celle qui rend un compte.

RENDEMENT (*rendre*), *sm.* Ce que produit une matière travaillée, une exploitation : *Le rendement du blé.*

RENDETTER (SE) (pfx. *re+endetter*), *vr.* Contracter de nouvelles dettes après avoir acquitté les anciennes.

RENDEZ-VOUS (*rendre + vous*), *sm.* Convention que font des personnes de se trouver ensemble à un moment donné, dans un lieu déterminé : *convenir d'un rendez-vous.* || Le lieu où l'on convient de se trouver ensemble. || Lieu où certaines personnes ont coutume de se réunir : *La Bourse est le rendez-vous des gens de finance.*

RENDORMIR (pfx. *re + endormir*), *vt.* Faire dormir de nouveau. — **Se rendormir,** *vr.* Recommencer à dormir.

***RENDOSSER** (pfx. *re + endosser*), *vt.* Se mettre de nouveau sur le dos, se revêtir de nouveau : *Rendosser l'uniforme.*

RENDOUBLER (pfx. *re + en + doubler*), *vt.* Remplier un vêtement pour le raccourcir.

RENDRE (l. *reddere*), *vt.* Remettre une personne, un objet à son propriétaire : *Rendre un prisonnier. Rendre de l'argent prêté.* || *Rendre à quelqu'un son amitié,* la lui accorder de nouveau après la lui avoir retirée. || *Rendre le reste d'une pièce de monnaie,* garder la somme qui est due sur cette pièce et remettre le surplus. || *Rendre un paquet, une lettre,* les remettre à destination. || *Rendre réponse à quelqu'un,* lui faire, lui transmettre la réponse qu'il attend. || Porter, conduire, voiturer : *Rendre des marchandises à destination.* || *Rendre de l'ouvrage,* le remettre achevé pour qui on l'a fait. || S'acquitter de : *Rendre ses respects à quelqu'un.* || *Rendre service,* obliger. || Payer de retour : *Rendre la pareille.* || Faire recouvrer : *Rendre la vue à un aveugle.* || Remettre en possession de : *Rendre quelqu'un en liberté.* || Faire, devenir : *Sa découverte le rendit célèbre.* || Produire, rapporter : *Ce pré rend tant de bottes par hectare.* || Laisser découler : *Le pin rend de la térébenthine.* || Exhaler : *La rose rend une odeur agréable.* || Produire un son. || Rejeter par les voies naturelles du corps : *Rendre de la bile.* — Fig. *Rendre l'âme,* mourir. — Fig. *Rendre gorge,* restituer par force ce dont on s'était emparé. — Fig. *Un cordage rend quand on le tire.* (Mar.) || *Rendre la main à un cheval,* ne plus lui faire sentir la bride. || Remettre dans les mains, au pouvoir de quelqu'un : *L'ennemi nous rendit la ville.* || Livrer. — Fig. *Rendre les armes,* s'avouer vaincu. || Représenter, exprimer : *Rendre bien sa pensée.* || *Rendre raison d'une chose,* expliquer pourquoi on la fait, pourquoi elle a lieu. || *Rendre raison à quelqu'un,* se battre en duel avec lui. || *Rendre la justice,* l'administrer. || *Rendre justice à quelqu'un,* reconnaître ses droits, son mérite. || *Rendre compte d'une chose,* en donner l'explication. || Traduire : *Rendre une phrase mot pour mot.* — *Vi.* Aboutir, mener à : *Ce chemin rend à la ville.* — **Se rendre,** *vr.* Être rendu : *Chose donnée ne se rend plus.* || Se transporter en un lieu : *Se rendre à la ville.* || Aboutir, déboucher dans : *Les fleuves se rendent à la mer.* || Se faire, devenir ce qu'on n'était pas : *Se rendre catholique.* || Se soumettre : *La ville se rendit.* || Céder : *Se rendre aux volontés d'autrui.* || N'en pouvoir plus : *Se rendre de fatigue.* — **Gr.** Je rends, tu rends, il rend, n. rendons, v. rendez, ils rendent; je rendais; je rendis; je rendrai; je rendrais; rends, rendons, rendez; que je rende; que je rendisse; rendant; rendu, ue. — **Dér.** *Rendant, rendante, rendu, rendue, rendement.* — **Comp.** *Rendez-vous.*

RENDU, UE (*rendre*), *adj.* Remis à destination : *Ce vin rendu à Paris coûte 160 francs.* || Arrivé où l'on voulait aller : *Nous voilà rendus à la maison.* || Exprimé, représenté, copié exactement, traduit : *Sentiment, dessin bien rendu.* || Fatigué, harassé : *Je suis rendu.* — *Sm.* Action de rendre la pareille : *C'est un bon rendu.* || Reproduction, expression exacte : *Un rendu saisissant.*

RÊNES À L'ALLEMANDE — RÊNES À LA FRANÇAISE — RÊNES À L'ANGLAISE

B. Rêne de bride. — F. Rêne de filet ou bridon.

RENDU (AMBROISE-MARIE-MODESTE), organisateur de l'instruction primaire en France (1778-1860), a créé 47 écoles normales; auteur de nombreux ouvrages d'enseignement.

RENDU (JEANNE-MARIE) (1787-1856), supérieure de la Société de Saint-Vincent de Paul, connue sous le nom de *Sœur Rosalie,* chevalier de la légion d'honneur en 1854.

***RENDUIRE** (pfx. *re + enduire*), *vt.* Enduire de nouveau, recouvrir totalement d'un enduit.

RENDURCIR (pfx. *re + endurcir*), *vt.* Rendre plus dur. — **Se rendurcir,** *vr.* Se rendre, devenir plus dur.

RÊNE (bl. *retina* du l. *retinere,* retenir), *sf.* Courroie de la bride d'un cheval. — Fig. Direction, gestion, administration : *Prendre les rênes du gouvernement, de l'État.* — **Dér.** *Rêner.* — **Hom.** *Renne, raine, reine.*

RENÉ D'ANJOU, dit le *Bon roi René* (1408-1480), descendant de Charles de Valois, fils de Philippe III le Hardi, duc d'Anjou, de Lorraine et de Bar, comte de Provence. Antoine de Vaudemont lui enleva la Lorraine en 1431; mais il fut appelé au royaume de Naples en 1435 par le testament de Jeanne II; il en fut chassé par Alphonse d'Aragon en 1442, et revint vivre en Provence, cultivant la peinture et la poésie, favorisant les lettres et les arts. — RENÉ II, duc de Lorraine en 1473; dépouillé par Charles le Téméraire, il revint l'attaquer après les désastres de Granson et de Morat et gagna, en 1477, la bataille de Nancy, où fut tué le Téméraire. Mort en 1508.

RENÉE DE FRANCE (1510-1579), seconde fille de Louis XII et d'Anne de Bretagne; rentrée en France après la mort d'Hercule II duc de Ferrare, son époux, elle se fit calviniste. L'une de ses filles fut Léonor d'Este, qui inspira au Tasse une si vive passion.

RENÉGAT, ATE (bl. *renegatus,* du pfx. *re* et *negare,* nier), *s.* Celui, celle qui a renié la religion chrétienne pour en embrasser une autre et particulièrement le mahométisme. — Fig. Celui qui, par intérêt, change d'opinion, de parti.

***RÊNER** (*rêne*), *vt.* Mettre les rênes à un cheval.

RÉNETTE ou **RAINETTE** (*rainer*), *sf.* Instrument dont se servent les vétérinaires et les maréchaux pour entailler le sabot du cheval. || Lame d'acier à branches recourbées, dont les charpentiers et les bourreliers se servent pour faire des rainures sur le bois ou le cuir, et donner la voie aux scies. — **Dér.** *Rénetter.*

RÉNETTER (*rénette*), *vt.* Entailler le sabot du cheval avec la rénette.

RENFAÎTAGE (*renfaîter*), *sm.* Action de renfaîter. || Ouvrage qui en est le résultat.

RENFAÎTER (pfx. *re + en + faîte*), *vt.* Refaire, raccommoder le faîte d'un toit. — **Dér.** *Renfaîtage.*

RENFERMÉ (*renfermer*), *sm.* Mauvaise odeur que contracte un objet trop longtemps enfermé, un appartement qui n'a pas été ouvert depuis longtemps : *Cette chambre sent le renfermé.*

RENFERMER (pfx. *re + enfermer*), *vt.* Enfermer de nouveau. || Enfermer, détenir, mettre en prison : *Renfermer un aliéné.* — Fig. Ne point faire paraître : *Renfermer ses peines.* — Fig. Comprendre, contenir : *Cette ville renferme de beaux monuments.* — Fig. Restreindre, imposer des bornes : *Renfermer une discussion dans des limites infranchissables.* — **Se renfermer,** *vr.* Être renfermé; rester enfermé : *Se renfermer dans sa maison.* — Fig. *Se renfermer en soi-même,* se livrer à la méditation. || Se restreindre, se borner : *Se renfermer dans son sujet.* — **Dér.** *Renfermé.*

***RENFILER** (pfx. *re + enfiler*), *vt.* Enfiler de nouveau : *Renfiler son aiguille.*

RENFLAMMER (pfx. *re+enflammer*), *vt.* Enflammer de nouveau. — **Se renflammer,** *vr.* Recommencer à brûler avec flamme : *Ce tison se renflamme.* — Fig. S'éprendre de nouveau.

RENFLEMENT (*renfler*), *sm.* État de ce qui est renflé : *Le renflement de la terre à l'équateur.* || Partie d'un objet plus grosse que les parties avoisinantes : *Cette tige présente plusieurs renflements.* || Augmentation insensible du diamètre d'une colonne depuis la base jusqu'au tiers de la hauteur du fût.

RENFLER (pfx. *re + enfler*), *vi.* Augmenter de grosseur par imbibition : *Les haricots renflent dans l'eau.* — *Vt.* Rendre plus gros, plus fort : *Renfler le dos, la voix.* — **Se renfler,** *vr.* Devenir renflé. — **Dér.** *Renflement.*

RENFLOUAGE (*renflouer*), *sm.* Action de renflouer.

***RENFLOUEMENT** (*renflouer*), *sm.* Résultat du renflouage.

RENFLOUER (pfx. *re + en + flot*), *vt.* Remettre à flot un navire échoué. — **Gr.** Ce mot, d'origine normande, d'après l'amiral Willaumez, ne se trouve dans les dictionnaires que depuis 1825. — **Dér.** *Renflouage, renflouement.*

RENFONCEMENT (*renfoncer*), *sm.* Action de renfoncer; son résultat. || Évidement de peu de profondeur pratiqué sur le parement d'un mur. || Effet de perspective qui fait paraître enfoncées et éloignées certaines parties d'une décoration de théâtre.

RENFONCER (pfx. *re + enfoncer*), *vt.* Enfoncer de nouveau. || Enfoncer plus avant. || Faire commencer ou retenir sur les autres une ligne d'imprimerie. — **Se renfoncer,** *vr.* Être renfoncé. — **Dér.** *Renfoncement.*

RENFORCÉ, ÉE (*renforcer*), *adj.* Rendre plus fort : *Étoffe renforcée,* plus épaisse que les étoffes de la même espèce. || Qui a de l'aisance et fait l'important : *Paysan renforcé.* || *Un sot renforcé,* un homme très sot.

RENFORCEMENT (*renforcer*), *sm.* Action de renforcer. || Effet de cette action. —

Renforcement du son. Augmentation de l'intensité du son émis, produite par répercussion entre des surfaces très rapprochées. Le renforcement se produit, par exemple, quand on parle dans un appartement dont les murs ne sont éloignés que de quelques mètres. Les sons renvoyés par les murs succèdent presque immédiatement aux sons directs; ils nous paraissent alors se produire en même temps.

RENFORCER (pfx. *re+en+force*), *vt.* Rendre plus fort : *Renforcer un mur. Renforcer une garnison.* || *Renforcer la dépense,* l'augmenter. || *Renforcer la voix,* lui donner plus d'intensité. — **Se renforcer,** *vr.* Devenir plus fort, plus habile : *Se renforcer dans les mathématiques.* — **Gr.** *C* prend une cédille devant *a, o* : Je renforce, n. renforçons. — **Dér.** *Renforcé, renforcée, renfort, renforcement, renforcir.*

***RENFORCIR** (pfx. *re+enforcir*), *vt.* Rendre plus fort. — *Vi.* Devenir plus fort : *Ce jeune homme renforcit.*

RENFORMIR (pfx. *re + en + forme*), *vt.* Redresser en faisant un crépissage plus ou moins épais, une surface que l'on veut enduire. — **Dér.** *Renformis.*

RENFORMIS (*renformir*), *sm.* Action de renformir.

RENFORT, *svm.* de *renforcer.* Tout ce qui sert à augmenter la force : *Un renfort de troupes.* || *Cheval de renfort,* celui qu'on ajoute à l'attelage dans les endroits difficiles. || Épaulement ménagé au collet d'un tenon pour le consolider. (Charp.) || Pièce de fer que l'on soude à une autre au point où celle-ci a besoin d'être fortifiée. || *Renfort de potage,* les mets qu'on servait avec le potage. — Fig. *Pour renfort de potage,* par surcroît, pour comble de folie. (Molière.)

***RENFOUIR** (pfx. *re + enfouir*), *vt.* Enfouir de nouveau.

RENFROGNER (SE). (V. *Refrogner.*)

RENGAGEMENT (*rengager*), *sm.* Action de se rengager, surtout dans l'armée. L'article 63 de la loi du 15 juillet 1889 stipule que des *rengagements* peuvent être reçus pour deux, trois ou cinq ans au plus. Ces rengagements ne peuvent être reçus que pendant le cours de la dernière année de service sous les drapeaux, dans l'armée de terre, après six mois de service seulement dans les troupes coloniales. Les rengagements sont renouvelables jusqu'à une durée totale de 15 années de service effectif; ils donnent droit à une haute paye, et dans certains cas à une prime et à une première mise d'entretien. Ces avantages pécuniaires ont pour objet le maintien dans les cadres inférieurs de l'armée de gradés ayant l'habitude et la pratique du service. Le rengagement des sous-officiers est régi par une loi spéciale du 18 mars 1889. (V. *Sous-Officier.*)

RENGAGER (pfx. *re + engager*), *vt.* Engager de nouveau. || Introduire de nouveau : *Rengager quelqu'un dans une affaire.* || Entreprendre de nouveau : *Rengager une discussion, un procès.* || Mettre de nouveau en gage : *Rengager ses bijoux.* — **Se rengager,** *vr.* Être introduit, entrepris de nouveau. || Contracter un nouvel engagement : *Se rengager dans l'armée.* — **Dér.** *Rengagement.*

RENGAINE (vieux refrain *Turlututu rengaine*), *sf.* Banalité. || Moyen usé, trop connu : *Laissez là vos rengaines.*

RENGAINER (pfx. *re + engainer*), *vt.* Remettre dans la gaine, dans le fourreau. || Absol. Remettre l'épée dans le fourreau : *La troupe a rengainé.* — Fig. S'abstenir de dire ou d'achever : *Rengainer son compliment.* || Taire ce qu'on voulait dire.

***RENGORGEMENT** (*rengorger*), *sm.* Action, attitude de celui qui se rengorge.

RENGORGER (SE) (pfx. *re + engorger*), *vr.* Avancer la gorge et retirer un peu la tête en arrière, pour se donner meilleure grâce ou un air de fierté : *Le paon se rengorge.* — Fig. Faire l'important. — **Dér.** *Rengorgement.*

RENGRAISSER (pfx. *re+engraisser*), *vt.* Faire redevenir gras : *Rengraisser un animal.* — *Vi.* Redevenir gras. — **Se rengraisser,** *vr.* Reprendre l'embonpoint qu'on avait perdu.

RENGRÉGEMENT (*rengréger*), *sm.* Augmentation : *Un rengrégement de maux* (vx).

RENGRÉGER (pfx. *re + en +* vx fr. *greindre,* plus grand), *vt.* Rendre plus grand, en parlant du mal : *Rengréger sa peine.* — **Se rengréger,** *vr.* Devenir plus grand (vx). — **Gr.** *Gré* devient *grè* devant une syllabe muette, excepté au futur et au conditionnel. — **Dér.** *Rengrégement.*

RENGRÈNEMENT (*rengréner*), *sm.* Action de rengréner.

RENGRÉNER (sfx. *re + engrener*), *vt.* Remettre sous le balancier une monnaie mal frappée ou qui ne peut être bien frappée du premier coup. || Moudre de nouveau un grain mal moulu. || Faire engrener avec une seconde roue. — **Gr.** *Gré* devient *grè* devant une syllabe muette, excepté au futur et au conditionnel. — **Dér.** *Rengrènement.*

***RENHARDIR** (pfx. *re + enhardir*), *vt.* Rendre de la hardiesse, du courage. || *Se renhardir,* devenir plus hardi.

***RENI,** *svm.* de *renier,* action de renier.

RENIABLE (*renier*), *adj. 2 g.* Qu'on est porté à renier : *Tous mauvais cas sont reniables.*

RENIEMENT ou **RENÎMENT** (*renier*), *sm.* Action de renier : *Le reniement de saint Pierre.*

RENIER (pfx. *re + nier*), *vt.* Déclarer qu'on ne connaît point une personne, une chose, quoiqu'on les connaisse : *Saint Pierre renia trois fois son divin maître.* || *Renier quelqu'un pour son ami,* refuser de le reconnaître en cette qualité. || Renoncer à : *Renier ses doctrines.* || Devenir renégat : *Renier Dieu.* || Jurer le nom de Dieu. || *Moine renié,* qui a renoncé à ses vœux et à son habit. — **Gr.** V. *Nier.* — **Dér.** *Reni, reniement, reniable, renieur, renégat, renégate.*

RENIER (CH.-ALPH.-LÉON), archéologue français, membre de l'Institut (1809-1886).

RENIEUR (*renier*), *sm.* Celui qui renie, qui blasphème.

RENIFLEMENT (*renifler*), *sm.* Action de renifler.

RENIFLER (pfx. *re+nifler:* du bas allem. *nif,* nez), *vi.* Retirer, en aspirant un peu fort, l'humeur ou l'air qui est dans les narines. — Fig. Manifester de la répugnance pour : *Ce cheval renifle sur l'avoine.* — *Vt.* Flairer en reniflant : *Renifler un parfum.* — **Dér.** *Reniflement, reniflerie, renifleur, renifleuse.*

RENIFLERIE (*renifler*), *sf.* Action, habitude de renifler.

RENIFLEUR, EUSE (*renifler*), *s.* Celui, celle qui renifle.

***RÉNIFORME** (l. *ren,* rein + *forme*), *adj. 2 g.* Qui a la forme ovale d'un rein.

RÉNITENCE (*rénitent*), *sf.* Caractère de ce qui est rénitent. || État des corps solides qui résistent à d'autres corps ou réagissent avec une force égale à celle qui agit sur eux.

RÉNITENT, ENTE (l. *renitentem*), *adj.* Qui résiste à la pression en parlant des tumeurs. (Méd.) || Qui résiste. — **Dér.** *Rénitence.*

***RENIVELER** (pfx. *re + niveler*), *vt.* Niveler de nouveau. — **Dér.** *Renivellement.*

***RENIVELLEMENT** (*reniveler*), *sm.* Action de niveler de nouveau.

RENKIN. (V. *Rannequin.*)

RENNE (suéd. *ren*), *sm.* Animal voisin du cerf, de l'ordre des Ruminants, qu'on trouve dans le N. de l'Europe, de l'Asie et de l'Amérique au delà du cercle polaire; son bois est aplati en forme de palmes larges et dentelées; celles qui se développent en avant et au-dessus de la tête leur servent à enlever la neige qui recouvre la terre. La femelle possède aussi des bois, mais ils sont plus petits que ceux du mâle. Les Lapons l'ont domestiqué et il leur tient lieu de bête de trait, de bête à lait, d'animal de boucherie. || Près de Tromsö (Norvège), des Lapons qui émigrent durant l'été de Karesuando, en Suède, possèdent 4 à 5000 rennes, mais n'en montrent que quelques centaines dans un enclos (rengjœrde), où ils les réunissent pour les traire. Le lait de renne est très gras, un peu fort et se coupe avec de l'eau. On ne trait ces cerfs que deux fois la semaine; les Lapons s'en emparent en leur jetant un lasso autour des cornes. Quand le renne marche, ses jambes craquent avec un bruit de décharge électrique. || *Age du renne,* époque préhistorique correspondant à celle de la Madeleine et pendant laquelle le renne était très commun en France. Aux grottes des Eyzies, sur la Vézère, un dessin au trait, sur plaque, représente un combat de rennes; un manche de poignard sculpté représente un renne allongé. Le bois du renne servait à fabriquer des lances, des dards, des flèches, des poinçons, des aiguilles, etc.

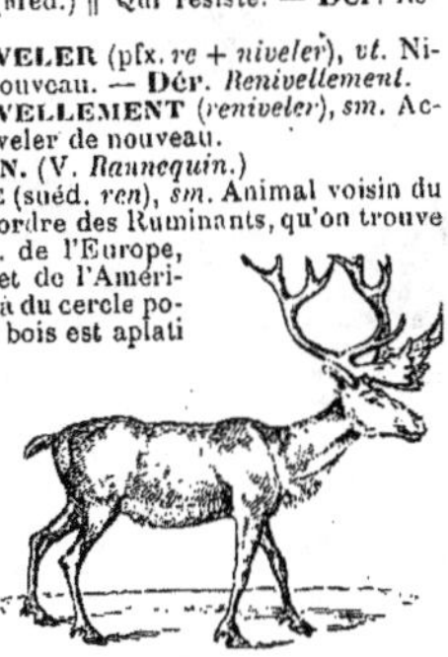

RENNE

RENNES, 66139 hab. Préf. (Ille-et-Vilaine), à 373 kilom. de Paris, au confluent de l'Ille et de la Vilaine, archevêché, cour d'appel, académie. Fabriques de toile, tannerie, corroierie, miel, beurre, etc. Ch. de fer de l'O.

RENNES, 2959 hect. Forêt domaniale de l'Ille-et-Vilaine, peuplée de chênes, de hêtres et de bouleaux, aménagée en futaie. (XXIIIe conservation, Rennes.)

***RENOIRCIR** (pfx. *re+noircir*), *vt.* Noircir de nouveau.

RENOM, *svm.* de *renommer.* Opinion que le public a d'une personne, d'une chose : *Jouir d'un bon, d'un mauvais renom.* || Célébrité : *Personne, produit de renom.* — **Syn.** (V. *Réputation.*)

RENOMMÉ, ÉE (*renommer*), *adj.* Nommé, élu de nouveau : *Député renommé.* || Qui a du renom : *La ville de Reims est renommée pour ou par ses fabriques de lainage.*

RENOMMÉE, *spf.* de *renommer.* Célébrité qui résulte de ce qu'une personne, une chose est connue de beaucoup de monde : *La renommée d'un général, d'un fromage.* || *Bonne renommée vaut mieux que ceinture dorée,* l'estime publique vaut mieux que la richesse. || La voix publique qui divulgue les événements : *Apprendre quelque chose par la renommée.* || *Commune renommée,* bruit courant. (Dr.) A défaut d'inventaire, lors de la dissolution de la communauté, la femme peut faire la preuve du mobilier non inventorié par la commune renommée ; cette preuve est interdite au mari. || Être mythologique et allégorique représenté sous la forme d'une femme ailée qui embouche la trompette, et à laquelle on attribue le rôle de publier en tous lieux les événements. — **Syn.** (V. *Fameux.*)

RENOMMÉE

BOIS SCULPTÉ ET DORÉ XVIIe SIÈCLE, PALAIS DE VERSAILLES.

RENOMMER (pfx. *re+nommer*), *vt.* Nommer, élire de nouveau : *Renommer un député.* || Nommer avec éloge, vanter : *On le renomme pour son habileté.* — **Se renommer,** *vr.* Être vanté : *Se renommer de quelqu'un,* s'en recommander, s'appuyer sur ce qu'on le connaît. — **Dér.** *Renom, renommée, renommé.*

RENONCE, *svf.* de *renoncer.* Au jeu de cartes, absence d'une certaine couleur dans son jeu.

RENONCEMENT (*renoncer*), *sm.* Action de renoncer, surtout aux plaisirs et aux vanités du monde : *Le renoncement à soi-même, de soi-même.* || Désintéressement absolu.

RENONCER (l. *renuntiare*), *vi.* Refuser de faire valoir ses droits sur : *Renoncer à une succession.* || Faire l'abandon d'une possession, d'une prétention, d'un désir, d'une affection : *Renoncer aux honneurs.* — Fig. *Renoncer au monde;* se faire religieux. || Mettre une carte d'une autre couleur que celle qui est jouée : *Renoncer à cœur.* — *Vt.*

Renier, désavouer, ne vouloir plus reconnaître pour : *Je le renonce pour mon parent.* || *L'oiseau a renoncé son nid,* il l'a totalement abandonné. — **Gr.** *ç* prend une cédille devant *a, o* : n. renonçons, je renonçais. — **Dér.** *Renonce, renoncement, renonciataire, renonciateur, renonciatrice, renonciation.*

***RENONCIATAIRE** (*renoncer*), *s.* 2 *g.* Personne en faveur de laquelle on renonce.

***RENONCIATEUR, TRICE** (*renoncer*), *s.* Celui, celle qui renonce.

RENONCIATION (l. *renuntiationem*), *sf.* Action de renoncer, de faire abandon des droits qu'on a sur une chose. || Acte dans lequel on formule cet abandon : *Renonciation à une succession.* La femme, demeurant étrangère à la gestion de la communauté qu'administre le mari, la loi lui permet d'y renoncer pour se soustraire aux conséquences de cette gestion. Elle se soustrait ainsi au payement des dettes, mais elle perd tout droit sur les objets tombés de son chef dans la communauté; elle peut retirer seulement les linges et les hardes à son usage. La veuve doit, en ce cas, faire dresser inventaire dans les trois mois et déclarer, au greffe du tribunal de première instance dans un nouveau délai de 40 jours, son intention de renoncer. Les héritiers peuvent aussi renoncer à une succession, s'ils n'ont disposé d'aucune des valeurs successibles, s'ils n'ont rien diverti ou recélé dans la succession. On peut revenir sur une renonciation dans les trente ans qui suivent l'ouverture d'une succession. Il n'en est pas de même de l'acceptation.

RENONCULACÉES (*renoncule*), *sfpl.* Famille de végétaux dicotylédones composée de plantes herbacées, vivaces, plus rarement annuelles, et qui a été créée par Linné. Les Renonculacées ont des feuilles alternes et dépourvues de stipules à leur base; ces feuilles sont en outre plus ou moins découpées. Leurs fleurs sont construites sur le type **5**; le calice est composé de 5 sépales libres qui tombent presque aussitôt après l'épanouissement de la fleur; la corolle est formée de 5 pétales également libres et alternant avec les sépales. Ces pétales portent à leur base une glande nectarifère. Puis vient un grand nombre d'étamines, 50 ou 60. Celles-ci sont insérées sur un réceptacle qui a la forme d'un cône; elles sont en outre disposées en spirale. Chaque étamine est composée d'un filet surmonté d'une anthère biloculaire, extrorse ou latérale. Au centre de la fleur, on trouve un nombre variable de carpelles indépendants les uns des autres et disposés également en spirale sur le réceptacle. Le pistil est constitué par un ovaire surmonté d'un petit style que termine un stigmate très allongé. L'ovaire est uniloculaire. Dans quelques genres, les pièces du périanthe persistent autour du fruit, tandis qu'au contraire elles tombent dans d'autres; la corolle de certains genres, tels que le bouton-d'or, est régulière et double très facilement; dans d'autres genres, au contraire, comme dans l'aconit, les pétales sont irréguliers. Il existe même une plante qui présente sur certains pieds des pétales plans et réguliers, tandis que d'autres individus possèdent une corolle formée de pétales en cornet : c'est l'*ancolie.* Les renonculacées sont répandues sur toute la terre; mais elles sont abondantes surtout dans les régions froides et dans les régions tempérées de l'hémisphère boréal. On les rencontre particulièrement en Europe, depuis les bords de la Méditerranée jusqu'aux régions arctiques. Elles sont moins communes dans l'Amérique du Nord et plus rares encore dans l'Asie tempérée. Elles sont assez nombreuses dans l'hémisphère austral; mais entre les tropiques, elles ne se montrent guère qu'à des hauteurs qui tempèrent le climat. Presque toutes les renonculacées renferment un suc excessivement âcre et irritant qui fait de quelques-unes d'entre elles un poison énergique. Ce suc est disséminé dans toutes les parties de la plante, tige, feuilles, et graines; mais ce principe vénéneux est volatil. Aussi les bestiaux qui paissent dans les prairies où il y a des renonculacées ne touchent pas à ces plantes tant qu'elles sont fraîches et sur pied. Mais après qu'elles ont été coupées et desséchées, elles constituent un excellent fourrage dont les animaux sont très friands. Les graines renferment aussi un principe aromatique presque toujours uni au principe âcre. C'est pourquoi quelques-unes de ces graines sont employées en guise de condiment. La famille des Renonculacées a été partagée en cinq tribus qui sont : 1° la tribu des *clématidées*; 2° la tribu des *anémones*; 3° la tribu des *renoncules*; 4° la tribu des *ellébores*; 5° la tribu des *pivoines.* La famille des Renonculacées est très proche des *dilléniacées,* celles-ci étant rarement dépourvues d'un arille qui, au contraire, fait défaut dans les renonculacées. Ces dernières sont intimement reliées aux *berbéridées* et par suite aux *papavéracées*; elles sont également voisines des *alismacées.* Enfin elles se relient aux rosacées par les *potentilles.*

RENONCULE (l. *ranunculus,* petite grenouille), *sf.* Genre de plantes dicotylédones, de la famille des Renonculacées (V. ce mot), comprenant des plantes vivaces herbacées, à feuilles entières, dentées ou diversement divisées. Les fleurs sont jaunes ou blanches, suivant les espèces, et se composent d'un calice à cinq divisions, d'une corolle à cinq pétales dont l'onglet porte une glande nectarifère. Ces pétales doublent facilement par la culture; les étamines sont nombreuses et disposées en spirale. Le gynécée compte un grand nombre d'ovaires également placés en spirale sur un réceptacle conique. Chaque pistil se transforme en un akène. Parmi les espèces de renoncules, nous citerons : 1° la *renoncule âcre* (*ranunculus acris*), connue encore sous le nom de *bassinet,* de *bouton-d'or,* de *clair-bassin,* commune dans les prairies et les lieux herbeux de toute la France. On la cultive dans les jardins, où ses fleurs, d'un jaune doré et comme recouvertes d'un vernis, doublent aisément. Ses feuilles, appliquées fraîches sur la peau, y déterminent une vive rubéfaction; elles sont même quelquefois employées pour ce motif, surtout en Islande, en guise de cantharides; 2° la *renoncule des champs* (*ranunculus arvensis*), appelée aussi *bassinet des champs,* est très commune dans toutes les moissons et dans les champs cultivés. Ses fleurs sont assez petites et les carpelles, au nombre de quatre à huit, sont chargés sur les faces latérales de pointes épineuses, 3° la *renoncule langue* (*ranunculus lingua*), connue du vulgaire sous le nom de *grande douve,* que l'on rencontre dans les endroits herbeux, sur le bord des rivières et dans les marais tourbeux. La corolle de cette plante est grande et les carpelles sont lisses. 4° la *renoncule flammette* (*ranunculus flammula*), désignée aussi sous le nom de *petite douve,* commune dans les lieux humides, les fossés et le bord des mares. Les fleurs possèdent un calice pubescent et une corolle assez petite; des carpelles lisses et ne présentant un rebord comprimé que d'un seul côté; 5° la *renoncule aquatique* (*ranunculus aquatilis*) ou *grenouillette,* plante des eaux tranquilles, à fleurs blanches, à feuilles multiséquées; 6° la *renoncule scélérate* (*ranunculus sceleratus*), plante annuelle, commune dans les étangs, les fossés et les lieux fangeux. La corolle de la fleur de cette plante possède des pétales à peine aussi longs que les sépales du calice; 7° la *renoncule thora* (*ranunculus thora*), indigène dans les Alpes et les Pyrénées, redoutée des pâtres de ces montagnes à cause des effets funestes qu'elle produit sur les bestiaux qui en mangent. On assure que les anciens Gaulois empoisonnaient leurs flèches en les trempant dans le suc de ces plantes. — **Dér.** *Renonculacées.*

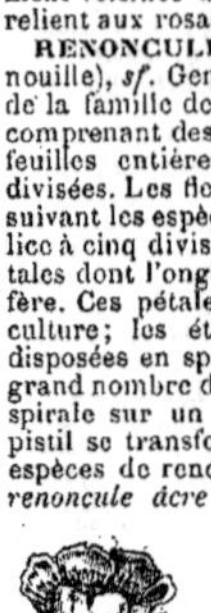

RENONCULE

RENOUÉE (*renouer*), *sf.* Genre de plantes polygonées à tige noueuse, auquel appartiennent : le sarrasin ou blé noir, la bistorte aux racines astringentes, la *renouée* des teinturiers, la persicaire, dont les feuilles, semblables à celles du pêcher, sont vulnéraires et antiseptiques; la *renouée* poivre d'eau ou piment aquatique, la traînasse, etc. (V. ces mots.)

RENOUÉE

RENOUEMENT ou **RENOÛMENT** (*renouer*), *sm.* Action de renouer, de rétablir : *Le renouement d'une alliance.*

RENOUER (pfx. *re* + *nouer*), *vt.* Nouer une chose dénouée : *Renouer une jarretière.* || Nouer pour l'ornement : *Des cheveux renoués de fleurs.* || Attacher deux fils ensemble par un nœud. — Fig. Renouveler, rétablir : *renouer une alliance.* || Absol. Redevenir amis : *Ils ont renoué.* || *Renouer la conversation,* la reprendre après qu'elle a été interrompue. — **Se renouer,** *vr.* Être renoué. — **Dér.** *Renouée, renouement, renoueur, renoueuse.*

RENOUEUR, EUSE (*renouer*), *s.* Rebouteur, rebouteuse.

RENOUVEAU (pfx. *re* + *nouveau*), *sm.* Le printemps (vx).

RENOUVELABLE (*renouveler*), *adj.* 2 *g.* Qui peut être renouvelé : *Billet renouvelable.*

RENOUVELER (pfx. *re* + *nouvel*), *vt.* Remplacer une chose vieillie par une autre nouvelle et de même nature : *Renouveler un attelage.* || Remplacer une personne par une autre : *Renouveler ses domestiques.* || Rendre plus fort : *Ce souvenir renouvelle mes peines.* || Modifier dans le sens du progrès : *Renouveler le gouvernement, les mœurs.* || Faire sentir de nouveau : *Renouveler la douleur.* || *Renouveler un souvenir,* le rappeler à la mémoire. || *Renouveler un édit,* le publier de nouveau, le remettre en vigueur. || Faire reparaître, revivre : *Renouveler une mode.* || Régénérer en J.-C. || Recommencer, faire de nouveau : *Renouveler une querelle. Renouveler connaissance.* || Rétablir : *Renouveler une alliance.* — *Vi.* Redevenir plus intense. || Acquérir plus de capacité pour : *Renouveler d'appétit.* — **Se renouveler,** *vr.* Être renouvelé. || Être fait de nouveau. — **Gr.** On double *l* devant une syllabe muette : Je renouvelle, n. renouvelons. — **Dér.** *Renouvelable, renouvellement.* — Même famille : *Renouveau, rénovation, rénovateur, rénovatrice.*

RENOUVELLEMENT (*renouveler*), *sm.* Recommencement : *Le renouvellement de l'année.* || Rétablissement d'une chose dans son premier état ou dans un état meilleur : *Le renouvellement d'un mobilier.* || Action de faire du nouveau : *Le renouvellement de bail.* || *Renouvellement d'un billet,* remplacement d'un billet échu par un billet à échoir. || Accroissement : *Renouvellement de zèle.* || Réitération : *Le renouvellement des promesses du baptême.*

RENO-VALDIEU, 1571 hect. Forêt domaniale de l'Orne, peuplée de chênes, de hêtres et de pins, aménagée en futaie. (XVe conservation, Alençon.)

RÉNOVATEUR, TRICE (*rénovation*), *adj.* et *s.* Qui renouvelle, modifie dans le sens du progrès : *Bacon fut le rénovateur de la méthode expérimentale.*

RÉNOVATION (l. *renovationem* : du pfx. *re* + *novare,* rendre nouveau), *sf.* Action de faire de nouveau : *La rénovation d'un contrat.* || Réitération : *La rénovation d'un vœu.* || Transformation en mieux : *La rénovation des mœurs.* — **Dér.** *Rénovateur, rénovatrice.*

RENSEIGNEMENT (*renseigner*), *sm.* Indice, instruction qui sert à faire connaître quelqu'un ou quelque chose : *Demander des renseignements sur quelqu'un, sur une affaire.*

RENSEIGNER (pfx. *re* + *enseigner*), *vt.* Enseigner de nouveau. || Donner des renseignements : *On me renseigna bien.* — **Se renseigner,** *vr.* Prendre des renseignements. — **Dér.** *Renseignement.*

***RENSEMENCEMENT** (*rensemencer*), *sm.* Action de rensemencer; son résultat.

***RENSEMENCER** (pfx. *re+ensemencer*), *vt.* Ensemencer de nouveau. — **Gr.** Ce verbe se conjugue comme *ensemencer.* — **Dér.** *Rensemencement.*

RENTAMER (pfx. *re + entamer*), *vt.* Entamer de nouveau, recommencer : *Rentamer une discussion.*

RENTE (anc. part. passé de *rendre*), *sf.* Revenu annuel : *Vivre de ses rentes.* || La somme que reçoit annuellement celui qui a affermé un bien, ou qui en a transporté la propriété à un autre sans en toucher le prix. || L'intérêt que reçoit annuellement celui qui a donné ou prêté une somme d'argent à un autre. || *Rente perpétuelle,* l'intérêt annuel d'un capital que le créancier ne peut exiger, mais qui est remboursable au gré du débiteur. Le législateur n'a pas voulu que les successions fussent grevées de dettes inaliénables. || *Constitution de rente,* l'acte qui établit une rente perpétuelle. || *Rente viagère,* celle qui s'éteint à la mort du créancier et qui est due à celui-ci pour l'aliénation en faveur du débiteur d'une somme d'argent, d'une chose mobilière appréciable ou d'un immeuble : *Le taux des rentes viagères n'est pas limité par la loi.* Elle n'est pas rachetable, le constituant ne peut, à moins d'une convention formelle, s'en libérer en offrant de rembourser le capital et en renonçant à la répétition des arrérages qu'il a payés. Elle est rangée dans la catégorie des biens meubles par la détermination de la loi. || *Rentes* ou *rentes sur l'État,* les sommes payées annuellement par le gouvernement pour les intérêts des emprunts publics et inscrites au Grand Livre de la dette publique : *Acheter de la rente 3 p. 100, 4 1/2 p. 100.* || Les rentes sur l'Etat se désignent par le taux de l'intérêt qu'elles rapportent. L'on distingue actuellement le 3, le 3 amortissable en 75 ans, créé par la loi du 11 juin 1878, le 4 et le 4 1/2 p. 100 créé par la loi du 27 avril 1883 par conversion du 5 p. 100 qui a été remboursé. On distingue les *rentes nominatives* et les *rentes au porteur.* Les premières sont inscrites au Grand Livre avec le nom de leur propriétaire. Quant aux autres, le nom du possesseur ne figure nulle part. L'Etat paie la rente à celui qui présente le coupon échu. Ces derniers titres peuvent donc circuler comme des billets de banque; tandis que la cession d'un titre nominatif est soumise à des formalités. Le prix du titre de rente varie chaque jour d'après la situation intérieure ou extérieure des affaires publiques; c'est ce qu'on appelle le *cours de la rente.* La vente et l'achat des titres se fait à Paris, par l'intermédiaire des *agents de change,* dans un local dit *Bourse.* Ceux-ci perçoivent, pour frais de commission, 1/8 pour 100 du capital employé, c'est-à-dire 12 centimes 1/2 par 100 francs. Quand le cours de la rente est égal à sa valeur nominale, on dit qu'elle est au pair. Les rentes sur l'État sont considérées comme biens meubles. || *Animaux de rente,* ceux qu'on élève sans les faire travailler et seulement pour tirer un revenu de leurs produits, tels que lait, beurre, fromage, viande, toison, etc. || *Rente du sol,* le produit net du sol. (Éc. pol.) — **Dér.** *Renter, renté, rentée, rentier, rentière.*

RENTÉ, ÉE (*rente*), *adj.* Qui a des rentes.

RENTER (*rente*), *vt.* Constituer une rente en faveur d'un hôpital, d'une communauté, d'une maison d'éducation, etc.

***RENTERRER** (pfx. *re + enterrer*), *vt.* Enterrer de nouveau.

RENTIER, IÈRE (*rente*), *s.* Celui, celle qui possède des rentes sur l'État ou sur un particulier. || Bourgeois qui, sans rien faire, vit de ses revenus.

RENTOILAGE (*rentoiler*), *sm.* Action de rentoiler.

RENTOILER (pfx. *re+entoiler*), *vt.* Remplacer la toile usée d'une dentelle, d'un point, etc., par une toile neuve en conservant les broderies de l'ancienne toile. || Remplacer la toile d'un tableau par une toile neuve, sans détériorer la peinture, par des procédés particuliers. || Soutenir et conserver la toile d'un tableau en la collant sur une toile neuve. — **Dér.** *Rentoilage.*

RENTRAÎNER (pfx. *re + entraîner*), *vt.* Entraîner de nouveau.

RENTRAIRE (pfx. *re+en+traire,* tirer), *vt.* Coudre ensemble deux morceaux, deux lambeaux d'étoffe, de telle sorte que la couture ne paraisse pas. — **Gr.** Ce verbe se conjugue comme *Traire.* — **Dér.** *Rentraiture, rentrayage, rentrayeur, rentrayeuse.*

RENTRAITURE (*rentraire*), *sf.* Couture de ce qui est rentrait.

1. **RENTRANT** (*rentrer*), *sm.* Celui qui prend la place du joueur qui a perdu.

2. **RENTRANT, ANTE** (*rentrer*), *adj.* *Angle rentrant,* angle d'un polygone dont l'ouverture regarde l'espace qui est extérieur à ce polygone. || *Courbe rentrante,* complètement fermée. Ex. : Le cercle, l'ellipse.

***RENTRAYAGE** (*rentraire*), *sm.* Action de rentraire; son résultat.

RENTRAYEUR, EUSE (*rentraire*), *s.* Celui, celle qui fait des rentraitures.

RENTRÉE, *spf.* de *rentrer.* Action de rentrer : *La rentrée du berger à la ferme.* || Action d'enlever les récoltes des champs et de les serrer dans des bâtiments : *La rentrée des foins.* || Le retour du gibier dans le bois au point du jour après qu'il a passé la nuit en plaine : *Le chasseur se met à l'affût, attendant la rentrée.* || Reprise des audiences d'un tribunal, des travaux scolaires, des séances parlementaires après les vacances. || Réapparition sur le théâtre d'un acteur qui n'avait pas joué depuis longtemps. || Perception d'un revenu, de l'impôt; recouvrement d'une somme : *La rentrée des contributions se fait bien.* || Les cartes que l'on prend dans le talon à la place de celles qu'on a écartées : *Une belle rentrée.* || Reprise d'une partie, d'un instrument de musique après un silence.

RENTRER (pfx. *re + entrer*), *vi.* Entrer après être sorti : *Il ne fait que sortir et rentrer.* — Fig. *Faire rentrer quelqu'un dans la poussière, dans la poudre,* l'annihiler. || S'emboîter, s'enfoncer les unes dans les autres en parlant des choses : *Une série de poids qui rentrent les uns dans les autres.* — Fig. *Rentrer dans son bon sens,* revenir dans son bon sens. || *Rentrer dans son devoir,* s'y soumettre. || *Rentrer dans l'ordre,* s'assujettir de nouveau à ce que l'ordre exige. || *Rentrer en soi-même,* faire réflexion sur soi-même. || Être contenu, renfermé : *Cela rentre dans mes attributions.* || Revenir : *Rentrer du travail.* || Éprouver de nouveau : *Rentrer dans le doute.* || Se remettre à, reprendre une fonction, recommencer : *Rentrer au service.* || *Rentrer en fureur,* devenir de nouveau furieux. — Fig. *Rentrer en danse,* rentrer dans une affaire, un embarras dont on était sorti. || Faire sa rentrée, en parlant d'un tribunal, d'une école, d'une assemblée délibérante, d'un acteur. || *Rentrer dans,* ou *en,* recouvrer : *Rentrer dans son bien.* — Fig. *Rentrer dans les bonnes grâces de quelqu'un,* recouvrer son amitié, sa faveur, sa protection. || Etre touché, perçu : *L'argent nous rentre.* || Passer de l'extérieur à l'intérieur : *Les dartres peuvent rentrer.* || Etre prises au talon, en parlant de cartes : *Il m'est rentré deux as.* || Former un enfoncement : *Entre la pointe Saint-Matthieu et le cap Ortegal, l'Océan rentre dans les terres.* — *Vt.* Porter dedans ce qui était dehors : *Rentrer la moisson, des plantes.* — **Dér.** *Rentrant, rentrante, rentrée.*

***RENTR'OUVRIR** (pfx. *re+entr'ouvrir*), *vt.* Entr'ouvrir de nouveau.

RENTY, 728 hab. Village du Pas-de-Calais, où Charles-Quint fut battu par les troupes de Henri II le 13 août 1554.

***RENVELOPPER** (*re + envelopper*), *vt.* Envelopper de nouveau.

***RENVENIMER** (pfx. *re + envenimer*), *vt.* Envenimer de nouveau. — **Se renvenimer,** *vr.* Devenir plus envenimé.

***RENVERGUER** (pfx. *re + en + vergue*), *vt.* Enverguer une voile de nouveau. (Mar.)

***RENVERSABLE** (*renverser*), *adj. 2 g.* Qui peut être renversé.

***RENVERSANT, ANTE** (*renverser*), *adj.* Qui rend confondu, stupéfait. (Néol.)

RENVERSE (À LA) (svf. de *renverser*), *loc. adv.* Sur le dos et le visage en haut : *Tomber à la renverse.*

RENVERSÉ, ÉE (*renverser*), *adj.* Qui est ou paraît à l'envers : *Il se forme dans la chambre noire une image renversée des objets.* || Tombé ou jeté par terre : *Mur renversé.* || Confondu, stupéfait : *Vous voilà tout renversé.* — Fig. *Cervelle renversée,* dérangée, troublée, extravagante. || Altéré, défait, qui exprime un trouble profond : *Visage renversé.*

RENVERSEMENT (*renverser*), *sm.* Retournement d'un objet de haut en bas : *Le renversement d'une image.* || Direction en sens contraire : *Le renversement d'un courant, du vent.* || *Le renversement d'une fraction, d'un rapport,* le remplacement du premier terme par le second et du second par le premier. || Inversion dans la phrase. || Intervention de l'ordre des sons composant les accords, de manière à substituer aux notes graves les notes aiguës et réciproquement. (Mus.) || Bouleversement, dérangement, désordre : *Le renversement d'un parterre.* — Fig. Le contrepied du bon sens, de la moralité : *Le renversement des idées.* || Insanité, trouble : *Le renversement de l'esprit.* || Action de jeter par terre; état de ce qui est jeté par terre : *Le renversement d'un obélisque.* — Ruine, destruction totale : *Le renversement de Carthage, d'un gouvernement.*

RENVERSER (pfx. *re* + vx fr. *enverser,* retourner : de *envers*), *vt.* Retourner un objet de haut en bas : *Renverser un sablier, les armes.* || Bouleverser, déranger : *Renverser les livres d'une bibliothèque.* — Fig. *Renverser l'esprit de* ou *à quelqu'un,* lui inspirer des idées extravagantes, le troubler. — Fig. Rendre confondu, étonné, stupéfait : *Cette nouvelle le renversa.* || Jeter par terre, faire tomber : *Renverser la table, du bouillon.* || *Renverser l'ennemi,* le battre. || Abattre, détruire : *Renverser un édifice.* — Fig. Mettre fin à : *Renverser un gouvernement.* — *Vi.* Perdre l'équilibre, tomber : *Prenez garde que la bouteille ne renverse.* — **Se renverser,** *vr.* Se mettre sur le dos, se pencher en arrière, tomber : *La voiture se renversa.* || Se jeter mutuellement par terre. — **Dér.** *Renversant, renversante, renversé, renversée, renversement, renverse, renversable.* — **Syn.** (V. *Abattre.*)

RENVI, *svm.* de *renvier.* Ce que l'on met, à certains jeux de cartes, par-dessus l'enjeu.

***RENVIDAGE** (*renvider*), *sm.* Action de renvider.

***RENVIDER** (pfx. *re + en + vider*). (V. *Dévider*), *vt.* Envider le fil sur la broche en rapprochant du rouet le chariot qui porte les bobines. — **Dér.** *Renvidage.*

RENVIER (pfx. *re* + l. *invitare,* inviter), *vi.* Mettre une certaine somme par-dessus l'enjeu. — Fig. Renchérir sur. — **Dér.** *Renvi.*

RENVOI, *svm.* de *renvoyer.* Envoi d'une chose à la personne qui l'avait envoyée : *Le renvoi d'un paquet.* || Action d'ôter à quelqu'un sa charge, son emploi, son service : *Le renvoi d'un commis.* || Action de renvoyer une proposition, une demande à ceux qui doivent l'examiner, un procès au tribunal qui doit en connaître. || Remise, ajournement : *Le renvoi d'une cause à huitaine.* || Marque qui dans un livre, un écrit renvoie le lecteur à ce qui est écrit sous une marque identique. || Marque qui dans un écrit indique une addition faite en marge du texte ou au bas de la page. || Cette addition même. || En musique, signe indiquant qu'il faut reprendre le morceau à partir d'un signe semblable qui précède.

RENVOYER (pfx. *re + envoyer*), *vt.* Envoyer de nouveau : *Je lui ai renvoyé le commissionnaire que je lui avais déjà dépêché.* || Faire reporter à quelqu'un une chose qu'on tenait de lui : *Renvoyer un parapluie.* || *Renvoyer un présent,* le refuser. || Faire retourner quelqu'un au lieu d'où il venait : *Renvoyer son escorte.* || Répercuter, réfléchir : *Ce rocher renvoie le son.* — Fig. *Renvoyer la balle à quelqu'un,* lui répliquer vivement. — Fig. Attribuer à un autre ce qu'on nous attribue : *Je lui en renvoie tout le mérite.* ||

Congédier, chasser, révoquer : *Renvoyer des troupes, un domestique.* || Adresser une personne à quelqu'un ou à quelque chose, en quelque endroit, pour qu'elle se renseigne : *On m'a renvoyé au chef de bureau.* || Remettre à un autre temps : *Ne renvoie à demain que ce que tu ne peux faire aujourd'hui.* || Renvoyer une proposition, une demande, un procès à ceux qui doivent en connaître : *La Chambre a renvoyé cette pétition au ministre.* || *Renvoyer un accusé,* l'acquitter. || *Renvoyer un plaideur de sa demande,* la lui refuser par jugement. — **Gr.** Ce verbe se conjugue comme *Envoyer.* — **Dér.** *Renvoi.*

RENWEZ, 1697 hab. Ch.-l. de c., arr. de Mézières (Ardennes). Ch. de fer de l'E.

RÉOCCUPATION (*réoccuper*), *sf.* Action d'occuper de nouveau.

RÉOCCUPER (pfx. *ré* + *occuper*), *vt.* Occuper de nouveau : *Réoccuper une position stratégique.* — **Dér.** *Réoccupation.*

RÉOLE (LA), 4343 hab. S.-préf. de la Gironde, à 643 kilom. de Paris, sur la rive droite de la Garonne. Ch. de fer du Midi.

RÉORCHESTRER (pfx. *ré* + *orchestrer*), *vt.* Orchestrer de nouveau.

RÉORDINATION (pfx. *ré* + *ordination*), *sf.* Action de réordonner.

RÉORDONNER (pfx. *ré* + *ordonner*), *vt.* Ordonner de nouveau. || Conférer le sacrement de l'ordre à celui qui l'avait déjà reçu indûment. — **Dér.** *Réordination.*

***RÉORGANISATEUR, TRICE** (*réorganiser*), *adj.* et *s.* Qui réorganise.

RÉORGANISATION (*réorganiser*), *sf.* Action d'organiser de nouveau; son résultat : *La réorganisation d'une société.*

RÉORGANISER (pfx. *ré*+*organiser*), *vt.* Organiser de nouveau : *Réorganiser l'armée.* — **Se réorganiser,** *vr.* Être l'objet d'une meilleure organisation. — **Dér.** *Réorganisateur, réorganisatrice, réorganisation.*

***RÉORTHE** (l. *retorta*, retordue), *sf.* Lien de saules, de menues branches pour attacher des gerbes, un fagot.

RÉOUVERTURE (pfx. *ré*+*ouverture*), *sf.* Action de rouvrir un théâtre, un établissement fermé depuis quelque temps.

REPAIRE (*sbm.* du vx fr. *repairer :* du l. *repatriare,* retourner chez soi), *sm.* Retraite. || Lieu où se retirent les voleurs, les brigands, les bêtes féroces, malfaisantes.

REPAÎTRE (pfx. *re*+ *paître*), *vi.* Manger, prendre son repas.— *Vt.* Faire manger, nourrir : *Repaître les animaux domestiques.* — Fig. Amuser, leurrer : *On le repaît d'espérances.* || Repaître ses yeux d'un spectacle : *Le regarder avec avidité.* — **Se repaître,** *vr.* Se nourrir, s'amuser, se leurrer soi-même. — **Gr.** Je repais, tu repais, il repaît, n. repaissons, v. repaissez, ils repaissent; je repaissais; je repus, tu repus, il reput, n. repûmes, v. repûtes, ils repurent; je repaîtrai; je repaîtrais; repais, repaissons, repaissez; que je repaisse, que n. repaissions; que je repusse, qu'il repût, que n. repussions; repaissant; repu, repue.

RÉPANDRE (pfx. *re*+*épandre*), *vt.* Laisser tomber un liquide, une poudre : *Répandre du vin, du sel.* || *Répandre du sang,* blesser ou tuer. || *Répandre son sang,* être blessé, mourir pour une cause qu'on regarde comme sacrée. || Disperser de tous côtés : *Le soleil répand sa lumière. La rose répand son parfum.* || Distribuer abondamment : *Répandre ses bienfaits.* || Parer de : *Cet auteur répand un grand charme sur ce qu'il raconte.* || Inspirer au loin : *Répandre la terreur.* || Parler à la connaissance du public, propager : *Répandre une nouvelle, l'Évangile, des erreurs.* — **Se répandre,** *vr.* Être répandu, publié, propagé. || Envahir en troupes désordonnées : *Les barbares se répandirent sur l'empire romain.* || *Se répandre dans le monde,* fréquenter les sociétés. || Proférer avec profusion : *Se répandre en injures et récriminations.* — **Dér.** *Répandu, répandue.*

RÉPANDU, UE (*répandre*), *adj.* Qui a cours, accrédité en beaucoup de lieux : *Opinion, erreur très répandue.* || *Homme fort répandu,* qui fréquente beaucoup de monde, qui va souvent dans la société.

RÉPARABLE (*réparer*), *adj. 2 g.* Qui peut se réparer.

REPARAÎTRE (pfx. *re* + *paraître*), *vi.* Paraître de nouveau. — **Gr.** Ce verbe se conjugue comme *Paraître.*

RÉPARATEUR, TRICE (l. *reparatorem*), *adj.* et *s.* Qui répare : *Gouvernement réparateur.*

RÉPARATION (l. *reparationem*), *sf.* Travail qui est fait ou qu'il faut faire pour réparer une chose : *La réparation d'une chemise, d'un vêtement.* || Travaux d'entretien qu'on fait aux maisons : *Les grosses réparations sont à la charge du propriétaire.* || *Réparations locatives,* celles qui incombent aux locataires; elles visent les cheminées (âtres et tablettes); le bas des murailles jusqu'à hauteur d'un mètre; le carrelage des chambres; les gonds et serrures des portes; les vitres fêlées ou cassées. || Tout procédé auquel on recourt pour que quelqu'un pardonne l'injure, l'offense qu'on lui a faite : *Accepter une réparation.* || *Réparations civiles,* dommages-intérêts accordés à un accusé contre la personne qui l'a injustement dénoncé.

RÉPARER (*reparare*), *vt.* Remettre en bon état, raccommoder : *Réparer un édifice, un habit.* || Rétablir : *Réparer sa fortune, ses forces.* || Détruire l'effet de, faire oublier : *Réparer sa faute.* || *Réparer une offense,* en faire réparation. || *Réparer un dommage,* dédommager celui qui en a souffert. || *Réparer le temps perdu,* redoubler de travail pour faire vite ce qu'on avait négligé de faire. — **Se réparer,** *vr.* Être réparé. — **Dér.** *Réparation, réparable, réparateur, réparatrice.*

REPARLER (pfx. *re* + *parler*), *vi.* Parler de nouveau. — **Se reparler,** se réconcilier après une brouille.

***REPARTAGER** (pfx. *re* + *partager*), *vt.* Faire un nouveau partage.

REPARTIE, *spf.* de *repartir,* réplique, réponse : *Avoir la repartie prompte.*

REPARTIR (pfx. *re* + *partir*), *vt.* Répliquer. || Répondre sur-le-champ. — **Gr.** Se conjugue avec *avoir.* — *Vi.* Partir de nouveau. || Retourner. — **Gr.** Se conjugue avec *être.*

RÉPARTIR (pfx. *re* + *partir*), *vt.* Partager, distribuer : *Répartir les impôts.* — **Se répartir,** *vr.* Être réparti. — **Gr.** Ce verbe est inchoatif et se conjugue comme *Finir.* — **Dér.** *Répartition, répartissable, répartiteur.*

***RÉPARTISSABLE** (*répartir*), *adj. 2 g.* Qui peut et doit être réparti.

RÉPARTITEUR (*répartir*), *sm.* Celui qui est chargé de répartir. || Chacun des cinq membres de la commission chargé de faire la répartition des impôts directs entre les contribuables d'une commune.

RÉPARTITION (pfx. *re* + *partition*), *sf.* Partage, distribution : *La répartition des biens d'une succession.* || Division de l'écu en plusieurs parties. (Blas.)

REPAS (pfx. *re* + vx fr. *past,* nourriture), *sm.* Nourriture que l'on prend chaque jour à certaines heures réglées (déjeuner, dîner, goûter, souper). || Nos ancêtres ne faisaient guère que deux repas par jour, comme l'indique le proverbe : « Lever à six, dîner à neuf, souper à trois, coucher à neuf font vivre d'ans nonante-neuf. » Au XVIIe siècle, la cour dînait à onze heures du matin; on soupait vers cinq heures; on comblait l'intervalle avec des *collations,* et le grand roi, gros mangeur, se faisait servir son *en-cas* pour la nuit. Cet en-cas était composé d'un ou de deux poulets entiers. L'usage s'en conserva jusqu'au temps de Louis XVIII. Vers la fin du XVIIIe siècle, le dîner fut reporté entre deux et cinq heures. Les soupers, commencés tard, se prolongèrent durant la nuit, si bien que le déjeuner devint une simple collation. || Festin : *Repas de noce.*

REPASSAGE (*repasser*), *sm.* Action de passer de nouveau, d'aiguiser un instrument tranchant, de repasser le linge.

REPASSER (pfx. *re* + *passer*), *vi.* Passer de nouveau : *Repasser par le même chemin.* || Revenir dans un lieu d'où l'on était parti : *Après être venu en France, cet Anglais repassa en Angleterre.* || Revenir en idée sur quelque chose : *Repasser souvent sur sa jeunesse.* — *Vt.* Traverser de nouveau : *Repasser un pont.* || Transporter de nouveau : *Le batelier nous repassera.* || Aiguiser un instrument tranchant : *Repasser un rasoir.* || *Repasser une montre,* mettre toutes les pièces d'une montre en état de fonctionner. || *Repasser des cuirs,* leur donner un nouvel apprêt. || *Repasser du linge,* passer dessus un fer chaud pour le rendre plus uni. — Fig. *Repasser une chose dans sa mémoire,* se la remettre dans sa mémoire : *Je repasse tout ce qui m'est arrivé.* || Répéter plusieurs fois une chose apprise par cœur : *Repasser sa leçon.* || Examiner soigneusement, calculer de nouveau : *Repasser un compte.* — **Se repasser,** *vr.* Pouvoir être repassé au fer : *Cette étoffe se repasse bien.* — **Gr.** *Repasser, vi.* Se conjugue avec *avoir* quand il exprime l'action et avec *être* quand il exprime l'état. — **Dér.** *Repassage, repasseur, repasseuse.*

***REPASSEUR** (*repasser*), *sm.* Rémouleur.

REPASSEUSE (*repasser*), *sf.* Ouvrière qui repasse le linge.

REPAVER (pfx. *re* + *paver*), *vt.* Paver de nouveau.

REPAYER (pfx. *re* + *payer*), *vt.* Payer de nouveau.

REPÊCHER (pfx. *re* + *pêcher*), *vt.* Retirer ce qui était tombé à l'eau : *Repêcher quelqu'un qui se noie.*

REPEINDRE (pfx. *re* + *peindre*), *vt.* Peindre de nouveau : *Repeindre une boiserie.* — Fig. **Se repeindre,** *vr.* Se représenter à l'esprit : *Se repeindre un événement.* — **Dér.** *Repeint, repeinte.*

REPEINT, EINTE (*repeindre*), *adj.* Où l'on a appliqué, après coup, de nouvelles couleurs. — **Un repeint,** *sm.* L'endroit d'un tableau où l'on a appliqué, après coup, de nouvelles couleurs.

REPENSER (pfx. *re*+*penser*), *vi.* Penser de nouveau. || Réfléchir plus profondément sur quelque chose : *Je repenserai à ce que vous me proposez.*

REPENTANCE (*repentant*), *sf.* Douleur que l'on ressent de ses péchés.

REPENTANT, ANTE (pp. de *repentir*), *adj.* Qui se repent de ses péchés : *Un pécheur repentant.*

REPENTI, IE (*repentir*), *adj.* Qui s'est repenti. — *Sfpl. Les Repenties,* maison religieuse où des femmes se renferment ou sont renfermées pour faire pénitence.

1. REPENTIR(SE) (pfx. *re*+vx fr. *pentir :* du l. *pœnitere,* se repentir), *vr.* Éprouver une véritable douleur, un véritable regret de ses fautes, de ses péchés : *Se repentir de ses folies.* — **Gr.** Verbe non inchoatif. Je me repens, tu te repens, il se repent; n. nous repentons, v. v. repentez, ils se repentent; je me repentais; je me repentis; je me repentirai; je me repentirais; repens-toi, repentons-nous, repentez-vous; que je me repente, qu'il se repente, que je me repentisse, qu'il se repentît; repentant; repenti, ie. — **Dér.** *Repentir 2 repentant, repentante, repenti, repentie, repentance.*

2. REPENTIR (inf. de *repentir*), *sm.* Douleur, regret que l'on éprouve de ses fautes, de ses péchés : *Un profond repentir.* || Trace d'un premier trait qu'on a corrigé. (Peint.)

REPERCER (pfx. *re* + *percer*), *vt.* Percer de nouveau. || Découper un ouvrage d'orfèvrerie qui doit avoir des jours.

RÉPERCUSSIF, IVE (*répercuter*), *adj.* et *sm.* Se dit d'un médicament topique qu'on applique sur une partie du corps pour faire refluer sur une autre partie les humeurs dont la première est engorgée.

RÉPERCUSSION (l. *repercussionem*), *sf.* Renvoi, réflexion : *La répercussion d'un son.* || Déplacement d'un mal, qui d'extérieur devient intérieur. || Action d'un médicament répercussif. || En musique, première entrée de chacune des parties d'une fugue.

RÉPERCUTER (pfx. *re* + *percuter*), *vt.* Renvoyer, réfléchir : *Cette voûte répercute les sons.* || Faire rentrer dans le corps une humeur qui tendait à sortir. — **Se répercuter,** *vr.* Être répercuté. — **Dér.** *Répercussion, répercussif, répercussive.*

REPERDRE (pfx. *re*+ *perdre*), *vt.* Perdre de nouveau. || Perdre ce qu'on avait gagné : *Reperdre sa fortune.* || Faire perdre de nouveau son chemin à quelqu'un. — **Se reperdre**, *vr.* Perdre de nouveau son chemin.

REPÈRE (*sum.* du l. *reperire,* trouver), *sm.* Marque linéaire que l'on fait aux diverses pièces d'un assemblage afin de pouvoir les ajuster sans tâtonnement : *Tracer des repères sur les tubes d'une lunette d'approche.* ‖ Marque analogue faite sur un mur, un jalon, une mire, etc., pour indiquer ou retrouver un niveau, un alignement, etc. ‖ Chacun des piquets que les terrassiers enfoncent dans le sol pour fixer la hauteur d'un déblai ou d'un remblai. ‖ Plaque indiquant la hauteur d'un lieu au-dessus de la mer. — Ces plaques sont généralement rondes, fixées sur un mur, une pile de pont, un monument public, etc. Elles sont scellées de manière à ce que le dessus soit à la hauteur indiquée sur la plaque ; ainsi, la cote 43,236 indique que le dessus de la plaque est à 43m,236 au-dessus du niveau de la mer. ‖ *Point de repère,* repère. — **Dér.** *Repérer, répertoire.*

REPÈRE

***REPÉRER** (*repère*), *vt.* Tracer des repères. — **Se repérer**, *vr.* Prendre des points de repère.

RÉPERTOIRE (l. *repertorium :* de *reperire,* trouver), *sm.* Inventaire, recueil, catalogue disposé de telle sorte qu'on puisse trouver aisément les matières qu'il contient : *Un dictionnaire est le répertoire des mots d'une langue.* — **Fig.** Personne qui sait énormément de choses et peut donner des renseignements sur toutes sortes de sujets : *Cet homme est un répertoire vivant.* ‖ Titre de certains recueils : *Répertoire de jurisprudence.* ‖ L'ensemble des pièces dont on donne de temps en temps des représentations sur un théâtre : *Le répertoire du Théâtre-Français.* ‖ En comptabilité, livre où sont classés par ordre alphabétique les noms des comptes du grand livre. ‖ En droit, registre timbré sur lequel les notaires, greffiers, huissiers, etc., doivent inscrire sommairement et à leur date les actes qu'ils reçoivent ou rédigent.

***REPESER** (pfx. *re+peser*), *vt.* Peser de nouveau.

RÉPÉTAILLER (fréq. de *répéter*), *vt.* Répéter trop souvent la même chose.

RÉPÉTER (pfx. *re*+l. *petere,* demander), *vt.* Dire ce qu'on a déjà dit soi-même : *Caton répétait sans cesse qu'il fallait détruire Carthage.* ‖ Redire ce qu'un autre a dit : *Les enfants répètent ce qu'ils entendent dire.* ‖ Faire de nouveau : *Répéter une expérience.* ‖ Rapporter par délation ce qu'on a entendu. ‖ Réfléchir : *L'écho répète les sons.* ‖ S'exercer à dire ou à faire plusieurs fois la même chose en particulier, pour la dire ou la faire ensuite en public : *Répéter une comédie.* ‖ Refaire en particulier à un élève en la développant une leçon à laquelle il a assisté avec ses condisciples : *Répéter un élève, les mathématiques.* ‖ Redemander, revendiquer : *Répéter une créance, un droit.* ‖ Reproduire symétriquement : *Répéter un ornement à droite et à gauche.* — **Se répéter**, *vr.* Etre redit. ‖ Recommencer les mêmes histoires. ‖ Reproduire souvent les mêmes idées, les mêmes tournures : *Cet auteur se répète trop.* ‖ Avoir lieu souvent : *Cela se répète tous les jours.* ‖ Etre réfléchi, reproduit symétriquement. — **Gr.** *Pé* devient *pè* devant une syllabe muette excepté au futur et au conditionnel : Je répète ; je répéterai. — **Dér.** *Répétition, répétiteur, répétailler.*

RÉPÉTITEUR (l. *repetitorem*), *sm.* Celui qui explique à des élèves la leçon d'un professeur et les interroge sur cette leçon. ‖ Maître d'étude. — Adj. m. *Cercle répétiteur,* cercle gradué à l'aide duquel on mesure les angles avec une grande précision. (Astr.)

RÉPÉTITION (l. *repetitionem*), *sf.* Redite, retour du même mot, de la même idée : *Discours plein de répétitions.* ‖ Action de redire, de répéter ce qu'un autre a dit. ‖ *Pendule, montre à répétition,* qui sonne de nouveau les heures quand on pousse un ressort. ‖ Figure de rhétorique qui consiste à employer plusieurs fois le même mot, la même tournure. **Ex.** : *Jérusalem, Jérusalem, qui tues les prophètes!* ‖ Réitération : *La*

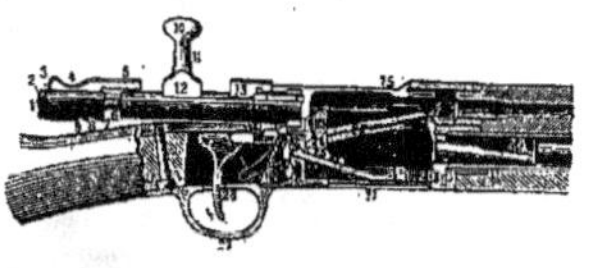
ARME A RÉPÉTITION
FUSIL LEBEL
VUE DU MÉCANISME, L'AUGET RELEVÉ
1. Tête. — 2. Cordons molletés. — 3. Crête. — 4. Gorge. — 5. Renfort. — 6. Collet. 7. Cran de départ. — 8. Cran de repos. — 9. Cran de l'abattu. — 10. Pommeau. — 11. Levier. — 12. Renfort du levier. — 13. Renfort antérieur. — 14. Tête. — 15. Butée de la culasse mobile. — 16. Tête. — 17. Bras. — 18. Bras coudé. — 19. Œil. — 20. Tenon d'attache. — 21. Plaque. — 22. Cartouche en place. — 23. Queue. — 24. Gradin. — 25. Tranche inférieure. — 26. Fente. — 27. Pontet.

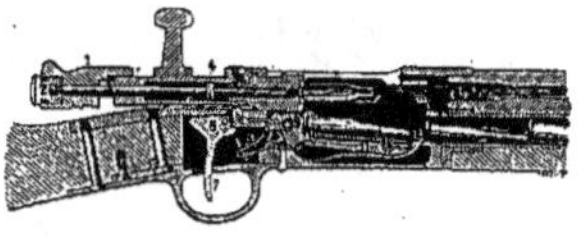
ARME A RÉPÉTITION
VUE DU MÉCANISME AU MOMENT DE L'EXTRACTION
1. Coude. — 2. Manchon. — 3. Tige. — 4. Embase. — 5. Méplat. — 6. Corps de la détente. — 7. Queue. — 8. Cran de repos. — 9. Œil. — 10. Talon. — 11. Auget. — 12. Bras. — 13. Bec.

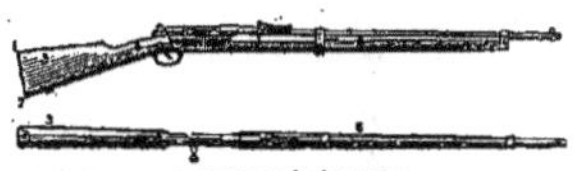
ARME A RÉPÉTITION
1. Talon de la crosse. — 2. Bec de la crosse. — 3. Crosse. — 4. Poignée. — 5. Entement latéral. — 6. Fût.

ARME A RÉPÉTITION
MONTURE DE LA BAÏONNETTE DU FUSIL LEBEL
1. Douille. — 2. Croisière. — 3. Virole. — 4. Quillon. 5. — Logement du poussoir. — 6. Poignée.

répétition d'une action. ‖ Leçon particulière faite pour développer ce qui a été enseigné dans une leçon commune. ‖ Action d'essayer en particulier ce qu'on exécutera plus tard en public : *Cette tragédie est en répétition.* ‖ Reproduction, copie : *La répétition d'un tableau.* ‖ Action de redemander, de revendiquer en justice ce qui a été payé sans être dû. ‖ **Armes à répétition,** armes à feu avec lesquelles on peut tirer plusieurs coups de suite sans avoir à interrompre le tir pour charger l'arme. Comme type d'arme à répétition, nous donnons ici le fusil Lebel adopté pour l'armée française en 1886, avec lequel on peut tirer dix coups sans recharger.

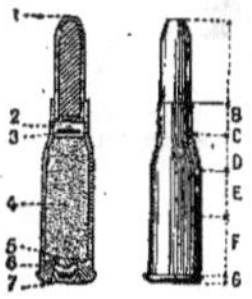

Coupe. Profil.
ARME A RÉPÉTITION
CARTOUCHE (MODÈLE 1886)
COUPE : 1. Méplat de la balle. — 2. Rondelle de carton. — 3. Bourre. — 4. Poudre. — 5. Évents. — 6. Enclume. — 7. Couvre-amorce.
PROFIL : A. Balle. — B. Collet. — C. Étranglement. — D. Raccordement. — E. Premier cône postérieur. — F. Deuxième cône postérieur. — G. Bourrelet.

***REPÉTRIR** (pfx. *re+pétrir*), *vt.* Pétrir de nouveau. — Fig. *Repétrir quelqu'un,* réformer son caractère, ses habitudes.

REPEUPLEMENT (*repeupler*), *sm.* Action de repeupler d'hommes, d'animaux, de végétaux.

REPEUPLER (pfx. *re + peupler*), *vt.* Peupler de nouveau un pays dépeuplé : *Les enfants de Noé repeuplèrent la terre.* ‖ *Repeupler un parc, un étang,* y remettre du gibier, du poisson. ‖ *Repeupler une forêt,* y planter des arbres aux endroits où il en manque. — **Dér.** *Repeuplement.*

REPIC (pfx. *re+pic*), *sm.* Action de compter quatre-vingt-dix au piquet quand on peut compter trente points dans son jeu avant de jouer, et que l'adversaire ne compte rien.

REPIQUAGE (*repiquer*), *sm.* Action de planter à demeure un jeune végétal qui a poussé des semis : *Repiquage de salades.* ‖ Action d'enlever les pavés cassés ou enfoncés d'une chaussée, pour les remplacer par d'autres.

REPIQUER (pfx. *re + piquer*), *vt.* Piquer de nouveau. ‖ Piocher la surface d'un chemin pour en remplir les trous ou bomber la chaussée. ‖ Faire un repiquage de jeunes plants. — **Dér.** *Repiquage.*

RÉPIT (vx fr. *respit :* du l. *respectum,* réflexion), *sm.* Délai, relâche : *Accorder du répit à un débiteur.*

***REPLACEMENT** (*replacer*), *sm.* Action de replacer.

REPLACER (pfx. *re + placer*), *vt.* Remettre en place : *Replacer un tableau.* — **Se replacer**, *vr.* Être replacé.

***REPLAIDER** (pfx. *re + plaider*), *vi.* Plaider de nouveau.

***REPLANIR** (pfx. *re + plan*), *vt.* Passer le rabot, le racloir sur un ouvrage de menuiserie pour le terminer. — **Dér.** *Replanissage.*

***REPLANISSAGE** (*replanir*), *sm.* Action de replanir. ‖ Opération qui consiste à aplanir toutes les frises d'un parquet. (Menuis.)

REPLANTER (pfx. *re + planter*), *vt.* Planter une seconde fois : *Replanter un poirier, un terrain.*

REPLÂTRAGE (*replâtrer*), *sm.* Réparation superficielle d'un bâtiment faite avec du plâtre. — Fig. Tentative peu fructueuse faite pour réparer quelque chose : *Le replâtrage d'un livre, d'une faute.* ‖ Réconciliation peu sincère, peu durable.

REPLÂTRER (pfx. *re + plâtrer*), *vt.* Renduire de plâtre. — **Fig.** Chercher à pallier : *Replâtrer une sottise.* — **Dér.** *Replâtrage.*

REPLET, ÈTE (l. *repletum,* rempli), *adj.* Qui a trop d'embonpoint, en parlant de l'homme : *Personne replète.* — **Dér.** *Réplétif, réplétion.*

***RÉPLÉTIF** (*replet*), *adj.* Qui sert à remplir.

RÉPLÉTION (l. *repletionem*), *sf.* Surcharge d'aliments : *Son estomac souffre d'une réplétion.* ‖ Surabondance de sang, d'humeur : *Souffrir de réplétion.*

REPLEUVOIR (pfx. *re + pleuvoir*), *vi.* et *imper.* Pleuvoir de nouveau. — **Gr.** Ce verbe se conjugue comme *Pleuvoir.*

REPLI, *svm.* de *replier.* Pli doublé : *Le repli d'une étoffe.* ‖ Sinuosité : *Les replis du serpent, d'un cours d'eau.* — Fig. Ce qu'il y a de plus caché, de plus secret : *Les replis de la ruse, du cœur humain.*

REPLIEMENT. (V. *Reploiement.*)

REPLIER ou **REPLOYER** (pfx. *re + plier*), *vt.* Plier une chose qui avait été dépliée : *Replier une serviette.* ‖ Faire rétrograder en bon ordre : *Le général replia ses troupes.* ‖ Courber une ou plusieurs fois : *Replier une branche.* — **Se replier**, *vr.* Être plié. ‖ Former des sinuosités : *Le serpent, le fleuve se replie.* ‖ Rétrograder en bon ordre : *L'armée se replia.* — Fig. Recourir à de nouveaux biais : *Le fourbe sait se replier.* ‖ *Se replier sur soi-même,* se recueillir, réfléchir sur soi-même. — **Dér.** *Repli, repliement, reploiement.*

RÉPLIQUE, *svf.* de *répliquer.* Réponse à la réponse faite par la partie adverse : *Cet avocat brille dans la réplique.* ‖ Réponse à ce qui a été dit ou écrit : *Une réplique victorieuse.* ‖ Les derniers mots que dit un acteur avant que son interlocuteur prenne la parole : *Être attentif à la réplique.*

RÉPLIQUER (l. *replicare,* dire), *vt.* Répondre ce qui a été répondu par celui à qui l'on parle : *L'avocat va répliquer.* ‖ Répondre : *Répliquer à des reproches.* ‖ Répondre peu respectueusement, faire des objections au lieu de se taire et d'obéir : *Obéissez sans répliquer.* — **Dér.** *Réplique.*

***REPLISSER** (pfx. *re* + *plisser*), *vt.* Plisser de nouveau.

REPLOIEMENT ou **REPLIEMENT** (*replier*), *sm.* Action de se reployer : *Le reploiement d'un poste.*

REPLONGER (pfx. *re*+*plonger*), *vt.* Plonger de nouveau. — Fig. Remettre dans, ramener à : *Replonger dans le deuil, dans la barbarie.* — *Vi.* S'enfoncer de nouveau dans l'eau. — **Se replonger**, *vr.* S'enfoncer de nouveau dans l'eau. — Fig. Se livrer entièrement et de nouveau à : *Se replonger dans la mollesse.*

REPLOYER. (V. *Replier.*)

REPNIN (1734-1801), général et diplomate russe, qui prit une grande part aux partages de la Pologne.

REPOLIR (pfx. *re* + *polir*), *vt.* Polir de nouveau. — Fig. Faire de nouvelles corrections à un ouvrage littéraire.

RÉPONDANT (*répondre*), *sm.* Celui qui soutient un examen public, qui soutient une thèse. || Celui qui répond la messe. || Caution, garant : *Avoir un répondant.*

RÉPONDRE (vx. fr. *respondre* : du l. *respondere* : du pfx. *re* + *spondere*, promettre), *vt.* Faire une réponse de vive voix ou par écrit : *Répondre quelques mots.* || *Répondre une pétition,* écrire au bas la décision que l'on prend au sujet de cette pétition. || *Répondre la messe,* prononcer à haute voix les paroles qu'on doit dire en servant la messe. — *Vi.* Faire une réponse : *Répondre à une question, à une lettre.* || Parler à ceux qui appellent, qui frappent à la porte, qui se présentent. || Émettre un son, un cri. || Faire un signal qui sert de réponse à un autre son, à un autre cri, à un autre signal. || Répliquer : *Ce domestique a l'habitude de répondre.* || Subir un examen. || Écrire à une personne de qui l'on a reçu une lettre : *Mon parent m'a écrit, je lui répondrai.* || Réfuter par paroles ou par écrit : *Répondre à une critique.* || Réaliser les espérances qu'on a fait concevoir : *Son discours n'a pu répondre à nos attentes.* || Faire de son côté ce qu'on doit, payer de retour : *Répondre à l'affection d'un ami.* || Servir de caution, de garant : *Il achètera un fonds, si je réponds pour lui.* || Etre caution, garant de quelqu'un, de quelque chose confié à notre garde. || *Répondre de soi,* être sûr de soi-même. || Aboutir en quelque endroit : *Ce chemin répond à la rivière.* || S'étendre jusqu'à, en parlant d'un bruit : *La sonnette répond dans ma chambre.* || Se faire sentir par communication : *Sa douleur lui répond au coude.* || Former le pendant, être vis-à-vis : *Les fenêtres des deux façades se répondent.* || Etre à l'unisson, satisfaire à : *La modestie répond à son mérite.* || L'issue de cet événement a répondu à nos espérances. — **Dér.** *Répondant, répons, réponse, responsable, responsabilité, responsal, responsif, responsive, responsion.* — **Comp.** *Irresponsable, irresponsabilité, irresponsablement.*

RÉPONS (anc. pp. m. de *répondre*), *sm.* Passage de l'Écriture qui se récite ou se chante dans les offices, surtout après les leçons, les versets et les chapitres. || Signe d'imprimerie (℟.), dont on fait précéder un répons dans les livres de plain-chant.

RÉPONSE (anc. pp. fém. de *répondre*), *sf.* Ce qu'on dit pour satisfaire à une demande, à une question. || Réfutation : *Faire une réponse à une brochure.* || Lettre par laquelle on répond à une autre lettre : *J'attends votre réponse.* — **Dér.** *Responsable,* etc.; *responsif, responsive.*

REPORT, *svm.* de *reporter.* Action de reporter un total, une somme en tête de la somme ainsi reportée. || Page suivante d'un compte. || Opération de bourse qui consiste à se procurer de l'argent en vendant un titre au comptant au prêteur et en le lui rachetant immédiatement à terme avec un bénéfice convenu. || Bénéfice provenant du *report* : celui qui emprunte l'argent *se fait reporter;* celui qui le prête *reporte.* || Opération qui consiste à graver sur métal un dessin et à reporter cette gravure sur pierre, afin d'en permettre le tirage par les appareils lithographiques ordinaires.

***REPORTAGE** (*reporter*), *sm.* Métier de reporter.

1. **REPORTER** (pfx. *re*+*porter*), *vt.* Porter une chose à l'endroit où elle était auparavant : *Reporter un plat à la cuisine.* || Transporter ailleurs : *Reporter une note à la fin d'un livre.* || *Reporter et se faire reporter.* (V. *Report.*) — **Se reporter**, *vr.* Se transporter par la pensée à un temps antérieur : *Se reporter aux années de son enfance.* — **Dér.** *Report, reporter* 2.

2. **REPORTER** [re-por'teur] (mot angl.), *sm.* Celui qui, dans un journal, rend compte des faits divers, des tribunaux, des séances des académies, des fêtes et cérémonies.

REPOS, *svm.* de *reposer.* Cessation de mouvement, de travail : *Avoir besoin de repos.* || Sommeil : *Perdre le repos.* || *Le repos éternel,* l'état des âmes qui sont en paradis. — Fig. *Troubler le repos des morts,* violer leur sépulture, offenser leur mémoire. || *Champ de repos,* le cimetière. || Tranquillité, calme complet de l'âme : *Avoir l'esprit en repos.* — Fig. *Dormir en repos sur une affaire,* n'en concevoir aucune inquiétude. || Exemption de troubles, de violences, de séditions dans un État : *La France goûte le repos.* || État d'un corps qui est immobile. || État d'une arme à feu dont le chien n'est ni abattu, ni bandé. || La césure dans les vers. (V. *Césure.*) || Le silence de la valeur d'une pause, qui survient à la fin d'une phrase musicale. || Pause que l'on fait en parlant à haute voix. || Dans un livre, passage propre à délasser le lecteur. || Attitude d'une figure représentée immobile. || Lieu propre à se reposer : *Il y a du repos dans le jardin.* || Palier d'escalier. — **Syn.** (V. *Tranquillité.*)

REPOSÉ, ÉE (*reposer*), *adj.* Qui n'a pas été remué depuis quelque temps et dont les particules solides se sont précipitées : *Vin reposé.* — Fig. *Esprit reposé,* calme, de sang-froid. — A TÊTE REPOSÉE, *loc. adv.* Mûrement et avec réflexion.

REPOSÉE, *spf.* de *reposer.* Lieu où une bête fauve se repose pendant le jour.

REPOSER (pfx. *re*+*poser*), *vt.* Tenir dans l'immobilité : *Reposer ses membres.* — Fig. *Reposer ses yeux sur un objet,* les y arrêter avec plaisir. || *Cela repose la vue,* la délasse. || Procurer du calme : *Le silence repose la tête.* — *Vi.* Dormir : *Il a bien reposé la nuit.* || Être dans un état de tranquillité : *Il ne dort pas, il repose.* || Être déposé, placé respectueusement : *Son corps repose dans ce tombeau.* || Être établi, appuyé sur : *Ce phare repose sur le granit.* — Fig. *Cette conjecture repose sur une multitude d'indices.* || N'être pas remué, se clarifier, en parlant d'un liquide : *Laisser reposer du vin.* — **Se reposer**, *vr.* Cesser de travailler, rester immobile pour se délasser : *Cette terre se repose,* elle est en jachère. || S'arrêter avec plaisir sur un objet en parlant de la vue, de l'imagination : *La vue se repose sur un site agréable.* — Fig. *Se reposer sur quelqu'un,* avoir confiance en lui. — Fig. *Se reposer sur quelqu'un d'une chose,* s'en remettre à lui pour l'accomplissement de cette chose. — **Dér.** *Repos, reposé, reposée, reposoir.*

REPOSOIR (*reposer*), *sm.* Lieu propre à

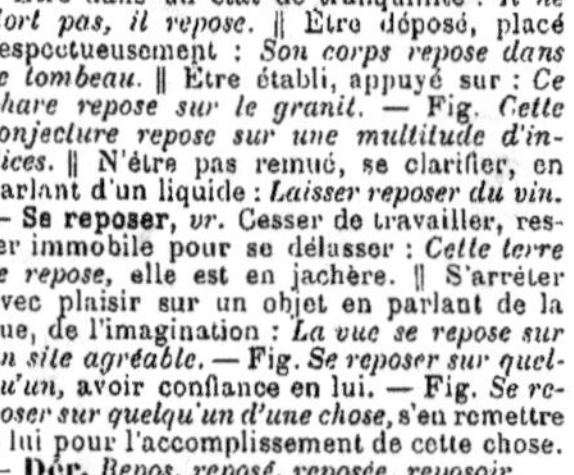

REPOSOIR

DU XIIIe SIÈCLE, ROUTE DE REIMS A SOISSONS

se reposer. || Autel qu'on élève dans les lieux où passe la procession le jour de la Fête-Dieu pour y faire reposer le saint sacrement. || Édifice construit sur le bord d'une route pour servir aux voyageurs d'asile et d'oratoire. Ils sont assez nombreux en Italie. En France, on ne peut citer que celui qu'on rencontre à Fismes, sur la route de Soissons à Reims. Il date du XIIIe siècle et a été remanié au XVIe siècle. Au-dessus de la porte est un crucifix abrité par le prolongement des dalles de la toiture; sur le linteau est une niche pour un fanal; deux autres niches plus grandes à droite et à gauche abritaient des statues aujourd'hui brisées; la porte ne fermait qu'au loquet; les fenêtres étaient munies de barreaux de fer. L'intérieur, voûté d'ogive, abrite un petit oratoire.

REPOUSSANT, ANTE (*repousser*), *adj.* Qui inspire de l'aversion, du dégoût : *Visage repoussant.*

REPOUSSÉ, *spm.* de *repousser.* Œuvre en relief exécutée à coups de marteau dans une plaque de métal. Au moyen âge, les statuettes, les vases d'or et d'argent, les reliquaires (v. ce mot), les bas-reliefs ont été travaillés au *repoussé.* || Ornements faits en relief sur des métaux, au moyen d'un ciselet dit *repoussoir,* qui sert à relever les parties préalablement enfoncées par la ciselure.

REPOUSSEMENT (*repousser*), *sm.* Action de repousser en parlant d'une arme à feu.

REPOUSSER (pfx. *re*+*pousser*), *vt.* Rejeter, renvoyer : *Repousser la balle.* || Faire reculer quelqu'un avec effort : *Repousser un agresseur. Repousser l'ennemi.* || Ne pas accueillir : *Repousser une demande.* || Écarter, détourner, rejeter loin de soi : *Repousser un soupçon.* || Réfuter : *Repousser la calomnie.* || Inspirer du dégoût, de l'aversion : *Ses manières repoussent les gens.* || Produire de nouveaux organes : *Cet arbre repousse des feuilles.* — *Vi.* Exercer une pression qui fait reculer : *Ce ressort, ce fusil repousse.* || Pousser, croître de nouveau : *L'herbe repousse.* — **Se repousser**, *vr.* Se faire reculer mutuellement : *Les pôles de même nom des aimants se repoussent.* — **Dér.** *Repoussant, repoussante, repoussé, repoussement, repoussoir.*

REPOUSSOIR (*repousser*), *sm.* Cheville de fer sur laquelle on frappe pour faire sortir une autre cheville de son trou. || Long ciseau en fer dont les tailleurs de pierre se servent pour pousser les moulures. || Poinçon employé par le gainier pour poser de petits clous dans les parties anguleuses d'un ouvrage. || Tige d'acier emmanchée d'ivoire, qui sert à arracher les racines des dents. || Objet peint avec vigueur sur le devant d'un tableau pour faire paraître les autres objets plus éloignés. — Fig. Personne, chose dont le voisinage en met une autre en relief.

RÉPRÉHENSIBLE (l. *reprehensibilem* : de *reprehendere,* reprendre), *adj.* 2 *g.* Digne de blâme : *Personne, action répréhensible.*

***RÉPRÉHENSIF, IVE** (l. fictif *reprehensivum,* comp. angl. *reprehensive*), *adj.* Personne qui mérite la réprimande. (V. ce mot.) (Néol.)

RÉPRÉHENSION (l. *reprehensionem*), *sf.* Action de reprendre, de réprimander, de blâmer.

REPRENDRE (pfx. *re* + *prendre*), *vt.* Prendre de nouveau : *Reprendre la plume.* || S'emparer de nouveau d'une position qu'on avait perdue : *Reprendre une ville.* || *Reprendre un chemin,* le suivre de nouveau après l'avoir quitté. — Fig. *Reprendre le dessus,* regagner l'avantage qu'on avait perdu; se rétablir après une longue maladie. || *On ne m'y reprendra plus,* je ne m'exposerai plus au même danger. || Prendre ce qu'on avait donné : *Reprendre un cadeau.* — Fig. *Reprendre sa parole,* retirer une promesse qu'on avait faite. || Aller trouver quelqu'un pour l'emmener : *Je vous reprendrai chez notre ami.* || Continuer ce qui avait été interrompu : *Reprendre un travail.* || *Reprendre une histoire de plus haut,* la raconter en remontant à une époque antérieure. || *Reprendre les choses de plus haut,* remonter à des vérités antérieures, aux premiers principes. || *Reprendre une tragédie,* la remettre au théâtre. || *Reprendre un mur,* le réparer. || *Reprendre une construction en sous-*

œuvre, en reconstruire la base après avoir soutenu le reste par des étançons. || Faire une reprise à une étoffe : *Reprendre des bas.* || Recouvrer : *Reprendre ses forces. Reprendre courage.* || Être atteint de nouveau par : *Sa fièvre, sa folie l'a repris.* || *Reprendre ses esprits,* revenir d'un grand trouble, d'un évanouissement. — Fig. *Reprendre haleine,* se reposer un instant. || Censurer, réprimander, blâmer : *Reprendre un écolier.* || Blâmer, critiquer, trouver à redire : *Reprendre la conduite de quelqu'un.* || *Reprendre une faute,* la signaler en la corrigeant. — *Vi. Il reprit, reprit-il,* il continua ainsi. || Prendre racine de nouveau après avoir été transplanté : *Cet arbuste a bien repris.* || Se renfermer, se joindre en parlant des blessures, des chairs : *Les chairs reprennent.* || Se rétablir d'une maladie : *Ce malade reprend.* || Obtenir un meilleur succès que par le passé : *Cette tragédie a repris.* || Recommencer : *La pluie a repris.* || Se couvrir de nouveau de glace : *La rivière a repris.* || Survenir de nouveau, en parlant d'une maladie : *La fièvre lui a repris.* — **Se reprendre,** *vr.* Être pris de nouveau. || Se refermer en parlant des plaies. || S'éprendre de nouveau : *Se reprendre d'amitié pour quelqu'un.* || Revenir sur une faute de langage qu'on a commise et la corriger : *Il s'est repris plusieurs fois en parlant.* — **Dér.** *Repris, reprise, repriser, repriseuse, répréhensif, répréhensive, répréhension, répréhensible, représaille.* — **Comp.** *Irrépréhensible, irrépréhensiblement.*

REPRÉSAILLE (ital. *ripresaglia,* de *ripreso,* repris), *sf.* Tout ce qui se fait quand, à la guerre, on rend la pareille à l'ennemi qui a commis des atrocités et violé le droit des gens. || Confiscation des biens appartenant aux nationaux d'un État qui a méconnu ou violé les droits d'un autre État ; embargo, blocus, retenue des personnes, etc. || Fig. Tout ce que fait quelqu'un quand il traite une personne comme celle-ci l'a traité : *User de représailles,* rendre la pareille. — **Gr.** S'emploie plus souvent au pluriel qu'au singulier.

REPRÉSENTANT (*représenter*), *sm.* Celui qui représente une personne, une société commerciale, une nation, et a reçu d'elle des pouvoirs pour agir en son nom : *Le représentant d'une maison de commerce.* || *Le représentant de la France à Londres,* l'ambassadeur de France. || Citoyen nommé par élection à une assemblée législative. || *Représentant du peuple,* membre de la Convention ; conventionnel en mission ; membre des assemblées constituante et législative en 1848 et 1849. || Celui qui tient ses droits à une succession d'une personne prédécédée.

REPRÉSENTATIF, IVE (*représenter*), *adj.* Qui a la propriété de représenter : *L'argent est le signe représentatif de biens naturels.* || *Gouvernement représentatif,* celui dans lequel la nation élit des députés qui votent l'impôt et concourent à la confection des lois.

REPRÉSENTATION (l. *repræsentationem*), *sf.* Action de mettre devant les yeux : *Exiger la représentation d'un billet.* || Équivalent conventionnel : *L'argent est la représentation des richesses naturelles.* || Image, figuration, dessin : *La représentation d'un paysage. La représentation d'un objet dans l'esprit.* || Action de représenter une pièce de théâtre : *La représentation d'*Athalie. || Train de vie d'une personne : *Ce fonctionnaire est astreint à une grande représentation.* || Action de celui qui, dans une succession, tient la place d'un des héritiers qui est décédé et duquel il est lui-même héritier. — La loi règle l'ordre des successions d'après l'affection du défunt ; elle appelle le parent le plus proche à succéder, parce qu'elle a pensé que le défunt y était plus attaché qu'à des parents plus éloignés. Ce n'est pas toujours exact ; mais le défunt aurait pu manifester ses préférences par un testament. Le droit de représentation dérive de la même idée : la loi suppose que, si un fils meurt, le père reporte sur les descendants de son enfant l'affection qu'il lui témoignait. De même, si l'on perd un frère ou une sœur, celui qui les perd est supposé reporter son affection sur les descendants de ce frère, de cette sœur. La représentation a lieu à l'infini dans la ligne directe descendante ; les arrière-petits-fils peuvent représenter dans la succession de leur bisaïeul leur aïeul prédécédé. En ligne collatérale, la représentation s'arrête aux enfants, aux descendants des frères et sœurs. En ligne ascendante, il n'y a pas représentation ; l'ascendant le plus proche exclut l'ascendant le plus éloigné. Dans tous les cas, le partage s'opère par souche ; si une même souche a produit plusieurs branches, la subdivision se fait encore par souche dans chacune de ces branches ; les membres de la même branche partagent par tête. || Objection, remontrance faite à quelqu'un avec égards et mesure : *Accepter docilement des représentations.* || *Représentation nationale,* l'ensemble des députés, des sénateurs, etc., élus par la nation ou par une partie de la nation pour faire les lois et voter les impôts.

REPRÉSENTER (pfx. *re* + *présenter*), *vt.* Présenter de nouveau : *Ne me représentez plus ce mets.* || Mettre devant les yeux : *Représenter sa patente.* || *Représenter quelqu'un,* le remettre entre les mains de ceux qui l'avaient confié à notre garde, le faire comparaître en personne. || *Représenter un dépôt,* le remettre à celui qui l'avait confié. || Reproduire l'image d'un objet : *Cette glace représente des images fidèles.* || Figurer par la sculpture, la peinture, le dessin, etc : *Ce tableau représente une bataille.* — Fig. Exprimer, peindre par le récit, le discours : *Fénelon nous représente le bonheur des justes dans les Champs-Élysées.* || Jouer une pièce de théâtre devant des spectateurs : *On représentait hier le* Misanthrope. || Jouer un rôle dans une pièce de théâtre : *Cet acteur représente les pères nobles.* || Mettre dans l'esprit, rappeler le souvenir : *Ce pays me représente celui où je suis né.* || *Se représenter une chose,* se mettre cette chose dans l'esprit, s'en rappeler le souvenir. || Être le symbole de : *Les sept vaches grasses du rêve de Pharaon représentaient sept années d'abondance.* || Tenir lieu d'une ou de plusieurs personnes en qualité de mandataire : *Un ambassadeur représente une nation.* || Faire remarquer, remontrer : *On lui représenta qu'il avait tort.* — *Vi.* Tenir une conduite qui sied bien à la position qu'on occupe : *Ce ministre représente bien.* || Recevoir beaucoup de monde, faire noblement les honneurs de chez soi. || Imposer le respect par sa figure, son maintien, sa démarche. — **Se représenter,** *vr.* Se présenter de nouveau : *S'il se représente, je l'éconduirai.* || Être figuré, décrit : *Un lever du soleil peut-il se représenter ?* || Redevenir présent à l'esprit : *Cette réflexion se représente souvent à ma pensée.* — **Dér.** *Représentant, représentation, représentatif, représentative.*

RÉPRESSIF, IVE (l. *repressum*), *adj.* Qui a pour but de réprimer : *Mesure répressive.*

RÉPRESSION (bl. *repressionem*), *sf.* Action de réprimer : *La répression d'une sédition.*

RÉPRIMABLE (*réprimer*), *adj. 2 g.* Qui doit ou peut être réprimé.

RÉPRIMANDE (l. *reprimenda,* chose blâmable), *sf.* Sévère remontrance adressée à un inférieur par son supérieur. || Peine disciplinaire, avec ou sans publicité, qu'appliquent, pour certains manquements, les conseils de discipline, les chambres des notaires ou des avoués, les conseils académiques ou enfin le conseil supérieur de l'Université. — **Dér.** *Réprimander.*

RÉPRIMANDER (*réprimande*), *vt.* Adresser une réprimande : *Réprimander un écolier.* — **Syn.** (V. *Blâmer.*)

RÉPRIMANT, ANTE (*réprimer*) *adj.* Qui réprime. || Capable de réprimer.

RÉPRIMER (l. *reprimere*), *vt.* Empêcher l'extension, le développement d'une chose : *Réprimer la fièvre.* || Arrêter par des châtiments ou des menaces : *Réprimer une révolte.* || Refréner, empêcher d'éclater : *Réprimer sa colère.* — **Se réprimer,** *vr.* Être réprimé. || S'imposer un frein à soi-même. — **Dér.** *Réprimant, réprimante, répression, réprimable, répressif, répressive, réprimande, réprimander.*

REPRIS (*reprendre*), *adj.* et *sm.* *Repris de justice.* Celui qui a déjà subi une ou plusieurs condamnations. (V. *Relégation.*)

REPRISE, *spf.* de *reprendre.* Action de prendre de nouveau : *La reprise d'une citadelle.* || Continuation de ce qui a été interrompu : *La reprise d'un travail, d'un procès.* || Action de rejouer une pièce de théâtre : *La reprise d'une comédie.* || Recommencement après une interruption : *La reprise du froid.* || *Reprise de manège,* action de recommencer la leçon. || *Reprise d'une manœuvre,* action de recommencer une manœuvre, un exercice militaire. || Refrain d'un couplet, vers qui se répète dans un rondeau, une ballade. || Partie d'un morceau de musique qui doit être exécutée deux fois de suite. || La seconde partie d'un air. || Signes indiquant une reprise musicale. || Réparation des

REPRISE MUSICALE

parties dégradées d'un mur. || Action de raccommoder une étoffe déchirée : *Faire une reprise à une robe.* || Développement de nouvelles racines sur un végétal transplanté : *La reprise de cet arbuste est certaine.* || L'orpin, *reprise* (V. *Orpin*). — *Pl.* Ce que chaque époux ou son héritier a le droit de prélever avant tout partage sur les biens de la communauté lorsqu'elle vient à se dissoudre par la mort. Chaque époux ou son héritier prélève : 1° ses biens personnels qui ne sont point entrés en communauté, s'ils existent en nature, ou ceux qui ont été acquis en remploi ; 2° le prix des immeubles aliénés durant la communauté, dont remploi n'aurait pas été fait ; 3° les indemnités dues par la communauté. Les prélèvements de la femme s'exercent avant ceux du mari ; le mari ne peut exercer ses reprises que sur les biens de la communauté. || *Clause de reprise d'apport franc et quitte.* Dans un contrat de mariage, il est permis à la future de stipuler qu'elle reprendra son apport, franc et quitte de toutes dettes, en renonçant à la communauté. De cette manière, la femme conserve le droit de prendre part aux bénéfices de la communauté, sans courir la chance de contribuer au payement des dettes. — **Dér.** *Repriser, repriseuse.*

REPRISER (*reprise*), *vt.* Raccommoder une étoffe déchirée : *Repriser un fichu.*

*REPRISEUSE** (*reprise*), *sf.* Ouvrière qui fait des reprises.

RÉPROBATEUR, TRICE (l. *reprobatorem*), *adj.* Qui exprime la réprobation : *Paroles réprobatrices.*

RÉPROBATION (l. *reprobationem*), *sf.* Action de désapprouver, de rejeter : *La réprobation d'une doctrine.* || Blâme : *S'exposer à la réprobation publique.*

REPROCHABLE (*reprocher*), *adj. 2 g.* Qui mérite des reproches : *Conduite reprochable.* || Qu'on peut récuser : *Témoin, témoignage reprochable.*

REPROCHE, *sm.* de *reprocher.* Ce qu'on dit à une personne pour lui témoigner sa désapprobation, son mécontentement : *Un sanglant reproche.* || *Les reproches de la conscience,* les regrets que l'on éprouve de s'être mal comporté. || *Un homme sans reproche,* à qui l'on ne peut rien reprocher. — *Pl.* Les raisons qu'on allègue pour récuser un témoin. — Sans reproche, *loc. adv.* Sans prétendre faire des reproches.

REPROCHER (bl. *repropiare,* rapprocher : du pfx. *re* + *prope,* proche), *vt.* Exprimer à une personne son mécontentement au sujet de quelque chose de blâmable qu'on lui attribue : *On lui reproche son ingratitude.* || *Reprocher un service à quelqu'un,* lui rappeler qu'on lui a rendu un service qu'il a oublié. || *Reprocher la nourriture à quelqu'un,* l'accuser de trop manger. || *Se reprocher une chose,* se faire à soi-même des reproches au sujet de cette chose ou s'en abstenir. || *Reprocher des témoins,* alléguer des raisons pour les récuser. — **Dér.** *Reproche, reprochable.* — **Comp.** *Irréprochable, irréprochablement.*

REPRODUCTEUR, TRICE (pfx. *re* +

producteur), *adj*. Qui sert à reproduire : *Les étamines et le pistil sont les organes reproducteurs des végétaux.* — *Sm.* Animal domestique destiné à reproduire l'espèce. Dans l'élève des végétaux et des animaux, on doit tenir compte de l'hérédité, de la variabilité des espèces, du transformisme. La variabilité est certaine pour les espèces végétales; l'horticulteur obtient des fleurs doubles, compliquées, brillantes et colorées; des fruits plus gros et plus savoureux, la nature ne fournit qu'un canevas sur lequel l'homme brode à son tour; il arrive donc à constituer une variété qui, aux caractères généraux et spécifiques, ajoute certains caractères accessoires. Mais ces variétés nouvelles doivent être entretenues et renouvelées par l'art; la forme primitive revient lorsque la plante est laissée à l'état sauvage. De même, dans les espèces animales, l'homme peut créer ou détruire des instincts par l'élevage, le dressage, l'acclimatation, la domestication. A l'origine, les chevaux ne trottaient pas naturellement; c'est là pour eux une allure acquise; de nos jours cependant les poulains trottent de naissance, et cette allure leur est naturelle. C'est l'homme qui a fait le cheval de labour à la large encolure, et le cheval anglais au long cou, aux membres grêles; d'un côté, l'éleveur est parvenu au maximum de puissance musculaire et de l'autre au maximum de rapidité. Le chien sauvage ne se serait pas avisé de tomber en arrêt devant le lièvre et la perdrix; cette habitude, formée par le dressage, perpétuée par la reproduction, est cependant devenue un instinct; aujourd'hui les petits chiens de chasse, avant apprentissage, arrêtent et rapportent. Les canards sauvages, nés dans une basse-cour, s'enfuient vers leur étang natif, si on ne les retient en mue; mais si l'on veille sur les œufs de ces premiers captifs, si l'on retient de même leurs petits, la troisième génération forme des canards domestiques. Ainsi la reproduction donne à l'animal un instinct nouveau qui se rapproche de l'intelligence humaine et se fixe par hérédité.

REPRODUCTIBILITÉ (*reproductible*), *sf.* Faculté d'être reproduit : *La reproductibilité d'un phénomène.*

REPRODUCTIBLE (pfx. *re + productible*), *adj. 2 g.* Qui peut être reproduit.

REPRODUCTIF, IVE (pfx. *re+productif*), *adj.* Qui reproduit : *Force reproductive.*

REPRODUCTION (pfx. *re+production*), *sf.* Action de reproduire : *La reproduction d'un phénomène.* || Action par laquelle les animaux, les végétaux donnent naissance à des êtres qui leur ressemblent. || Tout moyen artificiel de faire pousser un végétal par bouture, marcotte, etc. || Organe qui se forme en remplacement d'un organe mutilé ou détruit d'un animal : *Les pattes d'écrevisses sont souvent des reproductions.* Spallanzani a coupé et recoupé jusqu'à six fois les pattes et la queue d'une salamandre; six fois ces organes ont repoussé; les nageoires pectorales de certains poissons repoussent en six semaines. || Action d'éditer, de publier de nouveau une œuvre littéraire ou artistique : *La reproduction d'un livre est interdite.*

REPRODUIRE (pfx. *re + produire*), *vt.* Produire de nouveau : *La patrie reproduira des défenseurs.* || Faire repousser : *Cette terre reproduira sans cesse des chardons.* || Montrer, présenter, répéter : *Reproduire une observation.* || Faire un objet qui ressemble à un autre : *Reproduire un buste.* || Imprimer, publier un fragment, un article extrait d'une autre composition littéraire : *Reproduire un article du journal.* — **Se reproduire**, *vr.* Être produit de nouveau, répété. || Pousser de nouveau : *La mauvaise herbe se reproduit souvent.* || Donner naissance à un être organisé semblable. || *Se reproduire dans le monde*, fréquenter de nouveau le monde, la société. — **Dér.** *Reproduction, reproducteur, reproductrice, reproductible, reproductibilité, reproductif, reproductive.*

RÉPROUVABLE (*réprouver*), *adj. 2 g.* Qu'on doit ou qu'on peut réprouver.

RÉPROUVÉ, *spm.* de *réprouver*, celui qui ira ou est déjà en enfer : *Les tourments des réprouvés.* || Celui qui est mis hors de la société.

REPROUVER (pfx. *re + prouver*), *vt.* Prouver de nouveau.

RÉPROUVER (l. *reprobare*), *vt.* Désapprouver, rejeter, condamner : *L'Église réprouve cette croyance.* || Destiner de toute éternité à la damnation. — **Dér.** *Réprouvé, réprobation, réprobateur, réprobatrice, réprouvable.*

REPS (*x*), *sm.* Étoffe épaisse et à côtes, de soie, de laine ou de satin.

***REPTATION** (l. *reptationem*), *sf.* Action de ramper.

REPTILE (l. *reptilem* : de *repere*, ramper), *adj. 2 g.* Qui rampe : *Animal reptile.* — *Sm.* Tout animal vertébré, ovipare, à sang froid, qui, dès sa naissance, respire l'air en nature et dont la respiration est incomplète en ce sens que c'est un mélange de sang noir et de sang rouge qui circule dans les artères. Dans le grand embranchement des *Vertébrés*, les reptiles occupent l'échelon immédiatement supérieur aux poissons, auxquels ils sont reliés par les batraciens. D'un autre côté, les reptiles se rattachent aux oiseaux, auxquels ils sont inférieurs en organisation.

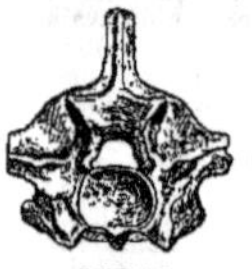

REPTILE
VERTÈBRE DE PYTHON

Les partisans de la théorie de l'évolution progressive des êtres admettent que la classe des oiseaux est née d'une transformation des reptiles. Les plus anciens reptiles dont on a retrouvé les restes dans les couches terrestres datent des époques carbonifère et permienne, c'est-à-dire de la partie supérieure des terrains primaires. Ils ont commencé à se développer pendant le cours de l'époque carbonifère, ont pris peu à peu de l'extension pendant les époques permienne et triasique et ont prédominé dans le jurassique. La forme des reptiles est entièrement variable et peut être ramenée à trois types : 1° celui des *lézards*, caractérisé par un corps allongé terminé par une queue généralement très longue, et supporté par quatre pattes très basses. 2° Le type des *tortues* dont la forme est ramassée et la queue très courte. 3° Le type des *serpents*, dont le corps, extrêmement allongé, présente une forme plus ou moins cylindrique. Il est en outre terminé par une queue également très longue. Les serpents n'ont point de membres. Le crâne des reptiles est formé par un très grand nombre de pièces osseuses; la capacité crânienne est très petite et est proportionnée au faible volume du cerveau qu'elle contient. La mâchoire inférieure se compose de plusieurs pièces et elle s'articule avec le crâne par l'intermédiaire d'un os particulier et mobile qui n'est qu'un démembrement de l'os temporal et que l'on appelle l'*os carré*. La mâchoire supérieure est généralement immobile, excepté chez les serpents, où elle peut exécuter certains mouvements. La tête des reptiles est peu mobile sur la colonne vertébrale, avec laquelle elle ne s'articule que par un seul condyle. Les côtes sont extrêmement nombreuses et elles garnissent non seulement la poitrine, mais encore l'abdomen. Les *serpents* (V. ce mot) ne possèdent ni sternum, ni membres; mais par contre le nombre des côtes est plus grand que dans le type des lézards. Ces côtes sont en outre flottantes, c'est-à-dire que leurs extrémités antérieures sont libres et ne se rattachent ni entre elles, ni avec aucun os médian. Le squelette des *tortues* (V. ce mot) présente de grandes anomalies dans les os du tronc. Lorsque les reptiles sont pourvus de membres, les os de ces organes ne diffèrent pas essentiellement de ceux des membres des mammifères; ils sont terminés par des espèces de mains dont la disposition est variable. Les pattes de lézard, par exemple, sont terminées par des doigts minces et garnis d'ongles qui permettent à ces animaux de grimper. Les vertèbres des reptiles présentent la plus grande analogie avec celles des poissons. Les *plésiosaures* et les *ichthyosaures* des temps géologiques avaient les extrémités des membres terminés en palettes qui faisaient l'office de rames; le *ptérodactyle*, qui vivait à la même époque, était un reptile volant : ses membres antérieurs étaient terminés par cinq doigts, dont quatre conformés à peu près comme les doigts des mammifères; le cinquième, extrêmement développé, avait une longueur égale à deux fois celle du tronc et était rattaché aux quatre premiers par un épanouissement de la peau qui constituait une sorte d'aile.

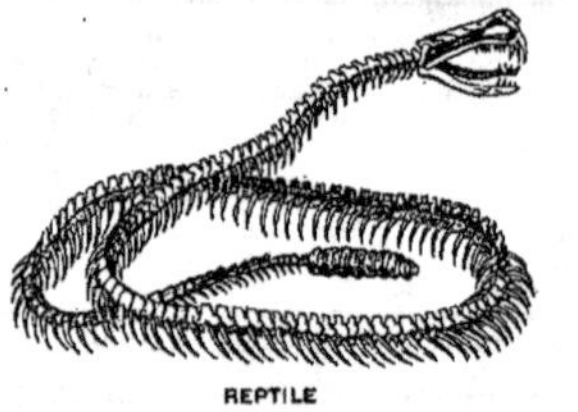

REPTILE
SQUELETTE DE CROTALE

Chez les reptiles, la circulation du sang ne s'opère pas comme chez les mammifères et les oiseaux : leur cœur est formé de deux oreillettes et d'un ventricule. Aussi est-ce un mélange de sang veineux et de sang artériel qui arrose toutes les parties du corps. Les crocodiliens font exception à cette règle, leur cœur étant formé de deux oreillettes et de deux ventricules. Mais de l'angle supérieur et interne du ventricule droit part un gros vaisseau qui va s'anastomoser avec la branche descendante de l'aorte et introduire dans ce tronc artériel du sang veineux. Il en résulte que la partie antérieure du corps des crocodiles (V. ce mot) est baignée par du sang rouge, tandis qu'au contraire c'est un mélange de sang rouge et de sang noir qui circule dans la partie postérieure de leur corps. Il existe, du reste, une transition entre le cœur des reptiles proprement dits et celui des crocodiles : chez le serpent python, par exemple, les deux ventricules sont séparés par une cloison munie d'une valvule qui fonctionne de telle sorte que le sang noir et le sang rouge ne peuvent se mêler dans la cavité inférieure du cœur.

La respiration des reptiles est peu active : aussi ces animaux peuvent-ils être privés d'air pendant un temps plus ou moins long. Chez certains d'entre eux, cette respiration s'effectue dans une certaine mesure par la peau. Néanmoins, cette *respiration cutanée* ne peut remplacer entièrement la respiration pulmonaire, et ce qui s'y oppose, c'est la nature écailleuse de la peau chez la plupart des animaux de cette classe. L'activité de la respiration dépend aussi, chez eux, de la température; en hiver, elle est très peu active et est même quelquefois totalement suspendue; en été, au contraire, elle est plus énergique et atteint alors son maximum d'intensité. L'organisation des poumons des reptiles est beaucoup plus simple que chez les mammifères. Les cellules de ces poumons sont en petit nombre et relativement très grandes, ce qui fait que la surface respiratoire est moins considérable. Il résulte de là que la quantité d'oxygène dissoute dans le sang est beaucoup moins considérable; par suite, la combustion est amoindrie. Comme conséquence, la quantité de vapeur d'eau et d'acide carbonique exhalée est incomparablement moins abondante. Il y a donc moins de perte de substances dues à la respiration, et c'est pour cette cause que certains reptiles peuvent vivre très longtemps sans prendre aucune nourriture. Le mélange du sang veineux et du sang artériel fait que la chaleur animale n'est pas constante chez les reptiles; la température intérieure de leur corps est à peu près égale en tout temps à celle de l'air environnant. Elle passe donc par des alternatives de chaud et de froid marqués; en hiver, cette température s'abaisse assez pour rendre toute digestion impossible. Les reptiles tombent alors dans un état de torpeur et de somnolence que l'on peut comparer au sommeil hivernal de certains mammifères. Le corps des reptiles n'est pas partagé en deux cavités par un diaphragme, ce qui amène des modifications dans la manière de respirer; les tortues, par exemple, avalent l'air par un mécanisme analogue à celui de la déglutition.

La plupart des reptiles sont essentiellement carnivores; ils avalent leur proie sans la mâcher, la mobilité de leur mâchoire inférieure favorisant cette manière d'avaler. Aussi peuvent-ils engloutir dans leur tube intestinal des animaux plus gros qu'eux. Le tube digestif des reptiles ne présente pas les divisions bien tranchées que l'on rencontre chez les mammifères. La particularité la plus remarquable de leur appareil digestif consiste dans l'existence de glandes à venin que possèdent plusieurs serpents. (V. *Serpent.*)

Les sens des reptiles sont généralement très obtus; chez eux, l'oreille externe manque complètement, et l'oreille moyenne est loin d'être organisée comme chez les animaux supérieurs. Elle communique par une large ouverture avec l'arrière-bouche, et elle ne présente pas de chaîne d'osselets. Les yeux sont à peu près conformés comme ceux des mammifères, mais très souvent ils sont dépourvus de paupières. Chez les serpents, le globe de l'œil est entièrement recouvert par la peau, qui s'amincit assez à cet endroit pour devenir transparente. Cette disposition donne au regard de ces animaux une fixité extraordinaire, qui a été remarquée de tous temps et a donné lieu aux croyances les plus erronées.

La classe des Reptiles se partage en quatre ordres, qui sont : 1° les *chéloniens* ou *tortues;* 2° les *crocodiliens;* 3° les *sauriens;* 4° les *ophidiens.* (V. chacun de ces mots.) — Fig. Homme qui emploie des moyens bas et vils pour s'avancer ou pour nuire. — **Gr.** Même famille que *Reptation.*

REPU, E (*repaître*), *adj.* Qui a satisfait sa faim. ‖ Qui a satisfait sa convoitise. — *Sm.* Nom injurieux donné aux membres de la Chambre sous Louis-Philippe : *Les repus du centre.*

RÉPUBLICAIN, AINE (*république*), *adj.* Qui appartient à la république : *Constitution républicaine.* ‖ Qui chérit la république : *Ame républicaine.* ‖ Qui est en faveur de la république : *Opinion républicaine.* — S. Citoyen, citoyenne d'une république : *Les républicains des États-Unis.* ‖ Partisan du gouvernement républicain : *Un républicain éprouvé.* ‖ Oiseau de l'ordre des Passereaux (*loxia socia*), qui, en Afrique, vit en république et dont le nid est fort curieux (V. t. II, p. 720, col. 3).

RÉPUBLICAIN

***RÉPUBLICAINEMENT** (*républicaine* + sfx. *ment*), *adv.* D'une manière républicaine.

***RÉPUBLICANISER** (*républicain*), *vt.* Rendre républicain. ‖ Changer en république : *Les Français républicanisèrent le royaume de Naples en 1799.*

RÉPUBLICANISME (*républicain*), *sm.* Qualité, opinion du républicain.

***REPUBLIER** (pfx. *re* + *publier*), *vt.* Publier de nouveau, rééditer un ouvrage.

RÉPUBLIQUE (l. *res* + *publica*, la chose publique), *sf.* Autrefois le pouvoir de l'État, le gouvernement en général. ‖ Aujourd'hui forme de gouvernement dans laquelle le pouvoir exécutif est confié à un ou plusieurs magistrats élus et non héréditaires, et où tous les citoyens ou une classe de citoyens nomment les membres temporaires des assemblées législatives ou administratives. ‖ État dont le gouvernement est une république. ‖ *République fédérative,* association d'États républicains qui se subordonnent à un gouvernement central et régulateur. Ex. : La Suisse, les États-Unis d'Amérique. — Les *républiques unitaires,* c'est-à-dire ne constituant qu'un seul État, sont, par ordre de date :

En *Europe :* la république d'**Andorre**, vassale et tributaire de la France et de l'évêque d'Urgel, dont l'indépendance remonte au règne de Louis le Débonnaire ; — la république de **Saint-Marin**, en Italie, remontant au xe siècle. Naguère les villes libres et hanséatiques de **Hambourg, Brême et Lübeck**. La **République française**, dont la constitution actuelle date du 25 février 1875.

En *Afrique :* la république de **Libéria**, colonie fondée en 1822 par des nègres affranchis des États-Unis, indépendante depuis 1847 ; — l'**État libre du fleuve Orange**, fondé en 1834, dont la constitution, proclamée en 1854, a été revisée en 1866.

En *Amérique :* la république de **Haïti**, ancienne colonie française qui a proclamé son indépendance après une révolte des nègres en 1791 ; — la **République dominicaine**, ancienne colonie espagnole, indépendante depuis 1844 ; — les cinq républiques de l'Amérique centrale : **Guatemala, Honduras, Nicaragua, San Salvador, Costa Rica**, anciennes colonies espagnoles, unies par un lien fédéral jusqu'en 1839, aujourd'hui entièrement indépendantes les unes des autres ; — la république de l'**Équateur**, formée en 1830 du partage de la république de Colombie, révoltée contre l'Espagne en 1811 ; — la république du **Pérou**, indépendante de l'Espagne depuis 1821, dont la constitution date de 1858 et a été modifiée en 1860 ; — la république de **Bolivie**, nommée autrefois Haut Pérou, indépendante depuis 1825 ; — la république du **Chili**, indépendante depuis 1810, dont la Constitution date de 1833 ; — la République du **Paraguay**, indépendante depuis 1811, dont la constitution actuelle date de 1870 ; — la république de l'**Uruguay** ou **Banda orientale**, indépendante depuis 1825, dont la constitution date de 1829.

Les *républiques fédératives*, c'est-à-dire composées de plusieurs États, unis par un lien indissoluble d'alliance offensive et défensive, par une représentation commune à l'étranger, sont, en *Europe :* la **Suisse** ou **Confédération helvétique**, organisée définitivement par le pacte fédéral de Zurich, en 1815 et dont la constitution actuelle date de 1874 ; — en *Amérique :* les **États-Unis d'Amérique**, dont l'indépendance a été proclamée le 4 juillet 1776, et dont la constitution a été votée par le Congrès le 17 décembre 1787 ; — la république du **Mexique**, dont l'indépendance a été proclamée en 1810 et la dernière constitution votée en 1857 ; — les **États-Unis de Colombie**, appelés jusqu'en 1860 Confédération de la Nouvelle-Grenade ; elle avait été formée en 1830 par le partage de la république de Colombie ; la constitution actuelle date de 1863 ; — les **États-Unis de Venezuela**, démembrés aussi de la Colombie ; jusqu'en 1803, ils ont formé une république unitaire ; leur dernière constitution date de 1874 ; — la **République Argentine** ou **Provinces-Unies du Rio de la Plata**, établie en 1811 et dont la dernière constitution, votée en 1858, a été revisée en 1860. ‖ *République démocratique,* celle où tous les citoyens participent au gouvernement. ‖ *République oligarchique,* celle où un petit nombre seulement de citoyens ont part au gouvernement. ‖ *République aristocratique,* celle dans laquelle l'aristocratie seule exerce le pouvoir. ‖ *République française,* gouvernement sous lequel a vécu la France : du 21 septembre 1792 au 18 mai 1804 (convention, directoire, consulat) ; 2° du 24 février 1848 au 1er décembre 1852 ; 3° depuis le 4 septembre 1870. La république actuelle est régie par la constitution du 24 février 1875. ‖ La *République chrétienne,* l'ensemble des États chrétiens. — Fig. La *République des lettres,* la classe des gens de lettres. — **Dér.** *Républicain, républicaine, républicainement, républicaniser, républicanisme.*

***RÉPUDIABLE** (*répudier*), *adj. 2 g.* Qui peut ou doit être répudié.

RÉPUDIATION (l. *repudiationem*), *sf.* Action de renoncer à une chose : *La répudiation d'une succession, d'une doctrine.* ‖ Action de renvoyer légalement sa femme.

RÉPUDIER (l. *repudiare*), *vt.* Rejeter, repousser, renoncer à : *Répudier une opinion, une succession.* ‖ Renvoyer sa femme suivant les formes légales : *Louis VII répudia la reine Eléonore.* — **Gr.** Je répudie, n. répudions, je répudierai ; que je répudie ; que n. répudions. — **Dér.** *Répudiation, répudiable.*

RÉPUGNANCE (l. *repugnantia*), *sf.* Aversion, dégoût pour quelque chose : *Il montre de la répugnance au travail.* ‖ Impossibilité qui fait que deux choses ne peuvent aller ensemble : *Il y a répugnance entre la liberté et l'esclavage.* — **Syn.** (V. *Haine.*)

RÉPUGNANT, ANTE (*répugner*), *adj.* Contraire, opposé : *Idées répugnantes au bon sens.* ‖ Qui cause du dégoût : *Nourriture, odeur répugnante.*

RÉPUGNER (pfx. *re*, contre + *pugnare*, combattre), *vi.* Être plus ou moins opposé, contraire, en parlant des choses : *Cette proposition répugne à la raison.* ‖ Éprouver de la répugnance pour : *Je répugne à adopter ce parti.* ‖ Inspirer de la répugnance : *Ces mots me répugnent.* — **Dér.** *Répugnant, répugnante, répugnance.*

REPULLULER (pfx. *re* + *pulluler*), *vi.* Renaître en grande quantité : *Les topinambours repullulent,* dans un champ où on en a cultivé.

RÉPULSIF, IVE (de *repulsum :* de *repellare*, chasser), *adj.* Qui repousse : *L'action répulsive de l'électricité positive sur la négative.* — Fig. *Un abord répulsif.*

RÉPULSION (l. *repulsionem :* de *repellere*, repousser), *sf.* Force qui fait que deux corps ou les molécules d'un corps se repoussent mutuellement. ‖ Son résultat : *Il y a répulsion entre les pôles de même nom de deux aimants.* ‖ Aversion instinctive qu'on ressent pour quelqu'un : *Cet homme m'inspire une vive répulsion.* — **Dér.** *Répulsif, répulsive.*

REPURGER (pfx. *re* + *purger*), *vt.* Purger, nettoyer, corriger de nouveau.

RÉPUTATION (l. *reputationem,* compte, considération), *sf.* Opinion que le public a d'une personne : *Jouir d'une bonne réputation.* ‖ Bonne réputation : *Il a terni sa réputation.* ‖ Croyance que l'on a de la supériorité, de l'excellence d'une chose parmi toutes les choses de même espèce : *Les eaux-de-vie de cognac sont en grande réputation.* — **Syn.** *Réputation* est littéralement ce que l'on pense de quelqu'un ; le *renom* est ce qu'on en publie ; la *célébrité* est l'éloge qu'on en fait ; la *considération* est l'estime dont il jouit.

RÉPUTÉ, ÉE (*réputer*), *adj.* Considéré comme : *Tout accusé est réputé innocent jusqu'au prononcé du jugement.*

RÉPUTER (pfx. l. *re* + *putare*, penser), *vt.* Présumer, croire, regarder comme : *Je le répute incapable de cette action.* — **Se réputer,** *vr.* Se croire. — **Dér.** *Réputé, réputée, réputation.*

REQUÉRABLE (*requérir*), *adj. 2 g.* Que le créancier doit aller chercher lui-même : *Somme requérable* (vx).

REQUÉRANT, ANTE (*requérir*), *adj.* et *s.* Qui demande en justice : *Le tribunal déboute le requérant.*

REQUÉRIR (l. *requirere*), *vt.* Aller chercher : *Requérir la gendarmerie.* ‖ Prier de quelque chose : *Je vous requiers de m'écouter.* ‖ Sommer : *La justice le requit d'ouvrir.* ‖ Demander quelque chose en justice : *Le procureur requiert l'application de la loi.* ‖ Demander, exiger avec un nom de chose pour sujet : *Cette opération requiert des mains habiles.* — **Gr.** Anc. inf. *requerre ;* e devient *ie* ou *iè* devant une désinence muette : Je requiers, tu requiers, il requiert, n. requérons, v. requérez, ils requièrent ; je requérais ; je requis ; je requerrai ; je requerrais ; requiers, requérons, requérez ; que je requière, que tu requières qu'il requière ; que n. requérions, que v. requériez, qu'ils requièrent ; que je requisse ; qu'il requît ; requérant ; requis, ise. — **Dér.** *Requérant, requérante, requis, requise, réquisition, réquisitionnaire, réquisitionnement, réquisitionner, réquisitoire, réquisitorial, requête, requêter, requérable.*

REQUESENS (DON LUIS DE ZUNIGA), gouverneur des Pays-Bas pour l'Espagne, après le duc d'Albe, de 1573 à 1576, date de sa mort. Il essaya de faire oublier la dureté de son prédécesseur.

REQUÊTE (vx fr. *requeste :* du l. *requisita,* chose demandée), *sf.* Demande par écrit adressée à qui de droit, surtout à un tribunal. || Demande verbale, prière : *Avoir égard à la requête de quelqu'un.* || *Requête civile,* voie extraordinaire à laquelle il est permis de recourir, dans certains cas, pour obtenir la cassation d'un jugement rendu en dernier ressort. Cette requête est dite civile parce qu'elle doit être respectueuse pour les magistrats; elle doit être accompagnée de la consultation de trois avocats; dix cas y donnent ouverture, parmi lesquels les principaux sont : le dol personnel de l'adversaire, la découverte de pièces décisives, retenues par son fait; la fausseté des pièces produites, etc. Si la requête civile est rejetée, celui qui l'a présentée est condamné à l'amende, à des dommages et intérêts. || *Maître des requêtes,* autrefois, membre d'un tribunal dit des *requêtes de l'hôtel* qui connaissait des causes des officiers de la couronne; le Parlement avait aussi ses maîtres des requêtes, dits *du palais;* aujourd'hui, chacun des membres chargés du rapport des affaires au conseil d'État. || A la cour de cassation, *section des requêtes,* celle qui statue sur l'admission ou le rejet des requêtes en cassation. || Sonnerie de chasse pour rappeler les chiens qui ont perdu la voie.

REQUÊTER (pfx. *re + quêter*), *vt.* Sonner pour rappeler les chiens qui ont perdu la voie. (Chas.)

REQUIEM [re-kui-ème] (ml., repos), *sm.* Prière que l'Église fait pour les morts; elle tire son nom du mot qui la commence. || Partie de la messe des morts mise en musique : *Messe de requiem,* messe dite pour le repos de l'âme d'un mort. || Messe des morts en musique : *Le requiem de Mozart.* — **Dér.** *Requin.*

***REQUIESCAT IN PACE** (ml., à la fin du psaume *De profundis,* qu'il repose en paix), *sm.* Cachot où l'on enfermait pour toujours les moines rebelles; synonyme de *in pace.* || Modulations pour le verset *requiescat in pace* dans une messe de *requiem* chantée en musique.

REQUIN (db. de *requiem*), *sm.* Gros poisson de mer, à squelette cartilagineux, de l'ordre des Sélaciens et du genre squale, que l'on rencontre dans presque toutes les mers, notamment dans la Méditerranée et l'océan Atlantique. Leur corps, en forme de fuseau, atteint quelquefois des dimensions considérables; on a pêché de ces animaux qui avaient 10 mètres de longueur. Leur bouche est armée de dents fortes et pointues, et, comme la mâchoire inférieure est moins longue que la supérieure, l'animal est obligé, pour saisir une proie placée au-dessus de lui, de se renverser sur le dos. Le requin est un excellent nageur et il est doué d'une force prodigieuse. Il est très redouté des marins à cause de sa voracité. On retire du foie de ces poissons une huile dont les propriétés sont les mêmes que celles de l'huile de foie de morue.

REQUIN

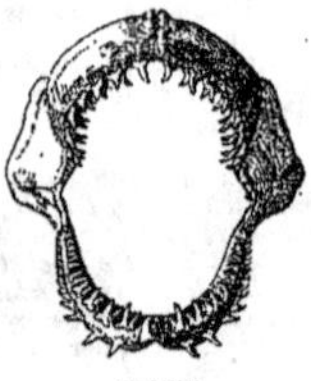

REQUIN

MACHOIRE

REQUINQUER (SE) (pfx. *re* + l. *quinquare,* nettoyer), *vr.* Se parer plus qu'il ne convient, en parlant des vieilles femmes. || Se parer d'une manière affectée.

REQUIS, ISE (part. passé de *requérir*), *adj.* Exigé, nécessaire : *Avoir les qualités requises.*

RÉQUISITION (l. *requisitionem*), *sf.* Action de requérir. || Demande faite à l'audience sur un incident. || Conclusions présentées par le ministère public. || Demande d'hommes, de chevaux, de vivres, etc. pour l'armée faite par l'autorité publique dans des cas extraordinaires. L'absence d'une réglementation sérieuse, en matière de réquisition militaire, avait amené de fâcheux inconvénients dans la dernière guerre. Cette lacune a été comblée par la loi du 3 juillet 1877 et du 9 avril 1878; les dispositions essentielles visent les conditions générales dans lesquelles s'exerce le droit de réquisition; les prestations à fournir; le logement et le cantonnement; l'exécution des réquisitions; le règlement des indemnités; les réquisitions relatives aux chemins de fer; les réquisitions de l'autorité maritime; les dispositions relatives aux chevaux, mulets et voitures nécessaires à la mobilisation; les grandes manœuvres. || Demande de même nature faite par une armée dans un pays ennemi. || Levée de tous les citoyens français de 18 à 25 ans décrétée par la Convention le 23 août 1793. — **Dér.** *Réquisitionnaire.*

***RÉQUISITIONNAIRE** (*réquisition*), *sm.* Soldat levé en vertu du décret de réquisition de la Convention.

***RÉQUISITIONNEMENT** (*réquisition*), *sf.* Action de réquisitionner.

***RÉQUISITIONNER** (*réquisition*), *vi.* Faire des réquisitions militaires.

RÉQUISITOIRE (bl. *requisitorium*), *sm.* Écrit ou discours par lequel l'organe du ministère public requiert d'un tribunal la condamnation d'un accusé. — Fig. Écrit, discours contenant de graves accusations contre une personne, une doctrine, un parti : *Les Provinciales de Pascal sont un réquisitoire.* — **Dér.** *Réquisitorial.*

RÉQUISITORIAL, ALE (*réquisitoire*), *adj.* Qui tient de la requête, du réquisitoire.

REQUISTA, 3 347 hab. Ch.-l. de c., arr. de Rodez (Aveyron).

***RESALUER** (pfx. *re + saluer*), *vt.* Saluer de nouveau.

***RESARCELÉ, E** (*recercelé*), adj. Se dit d'une croix et d'une bande garnies d'une orle vers les bords. (Blas.)

***RESARCLER** (pfx. *re + sarcler*), *vt.* Sarcler de nouveau.

***RESAUCER** (pfx. *re + saucer*), *vt.* Saucer de nouveau.

RESCIF. (V. *Récif.*)

RESCINDABLE (*rescinder*), *adj.* Soumis à la rescision. (Dr.)

RESCINDANT (*rescinder*), *sm.* Demande d'annulation d'un acte, d'un jugement. (Dr.)

RESCINDER (pfx. l. *re + scindere,* couper), *vt.* Casser, annuler un acte, un partage, un jugement. (Dr.) — **Dér.** *Rescindant, rescindable; rescision, rescisoire.*

RESCISION (l. *rescissionem*), *sf.* Annulation d'un contrat, d'un partage, d'un échange, d'une vente, d'une transaction, par suite d'erreur, de fraude, de lésion. || Section superficielle d'une partie molle, des amygdales. (Chir.)

RESCISOIRE (l. *rescissorium*), *sm.* Le point qui reste à juger après l'annulation d'un acte, d'un jugement.

RESCOUSSE (pfx. *re* + l. *excussa,* secousse), *sf.* Reprise d'une personne, d'une chose enlevée par force. || Aide, secours : *Venir à la rescousse de quelqu'un.* || Reprise faite sur l'ennemi dans les vingt-quatre heures d'un navire marchand capturé; le propriétaire doit payer à l'État le tiers de sa valeur.

RESCRIPTION (l. *rescriptionem*), *sf.* Mandat de paiement. || Nom donné, en 1795, aux billets d'État substitués aux assignats et dont l'hypothèque était établie sur les domaines nationaux.

RESCRIT (l. *rescriptum*), *sm.* Réponse des empereurs romains aux questions de droit qui leur étaient adressées par les gouverneurs de provinces, les juges, les particuliers. || Bulle ou monitoire d'un pape, d'un empereur.

RÉSEAU (vx fr. *resel,* bl. *reticellum,* dm. de *rete,* filet), *sm.* Petit rets. || Tissu à mailles de fil, de soie en forme de filets : *Envelopper ses cheveux d'un réseau.* || Entrelacement de veines, d'artères, de fibres, de nerfs, etc. || Ensemble des routes, des chemins de fer qui mettent en communication les localités d'un pays : *Le réseau des chemins de fer français.* || *Réseau de triangles,* l'ensemble des triangles qu'on trace sur la surface d'un pays pour en lever la carte. || *Moulures en réseau,* entrelacs, nattes qui ornent les parements des murailles. — **Dér.** *Résille.*

RÉSECTION (l. *resectionem* : de *resecare,* couper), *sf.* Action de couper l'extrémité d'un os malade ou d'un fragment d'os fracturé avec la scie. (Chir.) || *Résection nerveuse,* opération dans laquelle on met à nu un cordon nerveux, dans un point déterminé de son parcours, pour en enlever une partie plus ou moins étendue. Elle est surtout usitée dans les névralgies périphériques rebelles.

RÉSÉDA (l. *reseda* : de *resedare,* calmer), *sm.* Genre de plantes dicotylédones de la famille des Résédacées, composé de plantes annuelles ou bisannuelles dont les tiges, hautes de 5 à 12 décimètres, portent des feuilles alternes, simples, entières ou divisées profondément sur les côtés; ces feuilles sont munies de stipules très petites qui ressemblent à des glandes. Leurs fleurs, disposées en grappes terminales, se composent d'un calice de 4 à 7 sépales souvent inégaux, d'une corolle d'un même nombre de pétales alternant avec les pièces du calice. Les pétales supérieurs sont plus grands que les inférieurs, et divisés en lanières étroites. L'androcée est formé d'un nombre d'étamines variant entre 10 et 40, placées sur un disque hypogyne. Le pistil se compose d'un ovaire allongé en ovale que terminent supérieurement trois pointes; ce pistil est formé de trois à six carpelles et d'autant de placentaires pariétaux. Le fruit est une capsule ovale ou oblongue, anguleuse et terminée au sommet par trois lobes. Parmi les espèces de ce genre, les plus importantes sont : 1° La *gaude* (*reseda luteola*), appelée encore *herbe à jaunir.* C'est une plante herbacée, indigène dans toute l'Europe et que l'on rencontre de préférence dans les lieux sablonneux, les friches, le long des chemins et sur le bord des fossés. On la cultive dans le midi de la France et en Normandie, principalement dans le canton d'Elbeuf, aux environs de Pont-de-l'Arche et de Louviers, ainsi que dans la Thuringe, la Bavière, la Saxe, le Wurtemberg et l'Angleterre, à cause de la belle couleur jaune que l'on extrait de ses tiges. On la sème en juin et en juillet et on la récolte un an après. C'est surtout dans la partie supérieure de la plante et dans les enveloppes du fruit que se trouve le principe colorant, nommé par Chevreul *lutéoline.* C'est une substance solide dont les cristaux, transparents et jaunes, se présentent sous la forme d'aiguilles. Quand la lutéoline est très pure, les cristaux sont incolores; mais ils prennent la teinte jaune dès qu'ils se trouvent en contact avec l'air ou avec une substance oxydante; ainsi, quand ils sont mélangés avec du bichromate de potasse, les cristaux de lutéoline acquièrent une teinte jaune intense qui se fixe très bien sur les tissus. La lutéoline est peu soluble dans l'eau et très soluble dans l'alcool; l'acide sulfurique la dissout également sans altération. Le perchlorure de fer donne à sa dissolution une belle couleur verte. La gaude est une substance très précieuse en teinture à cause de la solidité et de la beauté du jaune qu'elle communique aux tissus alunés. Dans ces dernières années, on lui a substitué le *quercitron,* qui ne lui est pas toujours supérieur; néanmoins, la gaude est toujours préférée pour la teinture des laines et des soies. On prépare aussi avec cette plante une très belle laque jaune, employée dans la peinture et la fabrication des papiers peints. 2° Le *réséda odorant* (*reseda odorata*), appelé encore vulgairement *herbe mauve, herbe d'amour,* originaire de l'Égypte et de la Barbarie et que l'on cultive dans les jardins à cause de la suave odeur que répandent ses

RÉSÉDA

fleurs. || La couleur du réséda : *Une robe réséda.* — **Dér.** *Résédacées.*

***RÉSÉDACÉES** (*réséda*), *sfpl.* Famille de végétaux dicotylédones dont le *réséda* est le type. (V. *Réséda.*) Cette famille renferme des plantes herbacées, quelquefois des sous-arbrisseaux ou des arbrisseaux, originaires de l'Europe méridionale, de l'Asie centrale et occidentale et de l'Afrique septentrionale. Les Résédacées sont voisines des *crucifères* dont elles ont le port, la saveur; elles en possèdent à peu près la graine et l'embryon, n'en différant surtout que par leur androcée, leur gynécée et leur fruit. Elles sont aussi très rapprochées des *capparidées.* Les tiges de toutes les résédacées renferment une matière colorante jaune. — **Une Résédacée,** *sf.* Une plante quelconque de la famille des Résédacées.

RÉSÉQUER (l. *resecare,* couper), *vt.* Faire la résection d'un os. (Chir.) — **Dér.** *Résection.*

RÉSERVATION (*réserver*), *sf.* Action de réserver. || Les droits qu'on s'est réservés dans un acte.

RÉSERVE, *spf.* de *réserver.* Action de réserver. || Faire donation de son bien sous réserve du revenu. || Choses réservées : *Réserve légale,* portion de biens que la loi déclare non disponibles et réserve à certains héritiers. (V. *Quotité disponible.*) || Partie du contingent militaire laissée dans ses foyers. — D'après la loi du 15 juillet 1889, la réserve de l'armée active est composée de tous les hommes qui ont accompli les 3 ans de service prescrits pour l'armée active; ces hommes doivent rester 7 ans dans la réserve; ils sont assujettis, pendant ce temps, à prendre part à deux manœuvres, chacune d'une durée de 4 semaines; en cas de mobilisation, ils sont tenus de rejoindre leur corps. La réserve de l'armée territoriale comprend les hommes de 36 à 45 ans qui ont accompli les 6 ans de service prescrits pour l'armée territoriale; les hommes de la réserve de l'armée territoriale ne sont assujettis à aucune période de manœuvre. || Troupe qu'un général en chef réserve en arrière des troupes engagées dans une bataille pour les lancer au besoin contre l'ennemi; on dit aussi *corps de réserve.* || *Cadre de réserve,* celui sur lequel sont portés les officiers généraux arrivés à un certain âge. || Portion de bois qu'on laisse croître en futaie. || Canton que se réserve le possesseur d'une chasse. || Substance qu'on applique sur certaines parties des tissus qu'on veut teindre afin de préserver ces parties de la teinture, de les réserver en blanc ou dans la couleur du fond. || — Fig. Attention qu'on apporte à éviter de dire ou de faire ce qui pourrait compromettre : *S'exprimer avec réserve.* — A LA RÉSERVE DE, *loc. prép.* A l'exception de. — EN RÉSERVE, *loc. adv.* A part, de côté. — SANS RÉSERVE, *loc. adv.* Sans exception. — SOUS TOUTES RÉSERVES, *loc. adv.* En réservant tous ses droits sur les choses non spécifiées. || Sans garantie : *Le journal publie cette nouvelle sous toutes réserves.*

RÉSERVÉ, ÉE (*réserver*), *adj.* Qui est attentif à éviter de dire ou de faire ce qui pourrait le compromettre : *Jeune homme réservé.* || *Cas réservé,* se dit de tout péché qui ne peut être absous que par l'évêque ou le pape.

RÉSERVER (pfx. l. *re* + *servare,* garder), *vt.* Retenir quelque chose d'un tout ; *Il a loué sa maison, mais il s'y est réservé un appartement.* || Garder pour un autre temps, pour un autre usage, pour une autre occasion : *Réserver une partie de son revenu.* || *Se réserver à faire* ou *de faire quelque chose,* attendre le moment favorable pour le faire. || Destiner : *Le père réserve son fonds de commerce à son fils.* — **Se réserver,** *vr.* Ne pas se compromettre, se ménager. — **Dér.** *Réservé, réservée, réserve, réserviste, réservation, réservoir.*

RÉSERVISTE (*réserve*), *sm.* Homme de la réserve de l'armée active ou de la réserve de l'armée territoriale.

RÉSERVOIR (*réserver*), *sm.* Lieu fait exprès pour y tenir certaines choses en réserve. || Cavité où l'on amasse l'eau destinée à être distribuée pour différents usages. || Bassin plein d'eau où l'on conserve du poisson. || Toute cavité du corps où s'amasse un liquide de l'économie : *Le réservoir de la bile,* la vésicule biliaire. *Le réservoir des larmes,* le sac lacrymal.

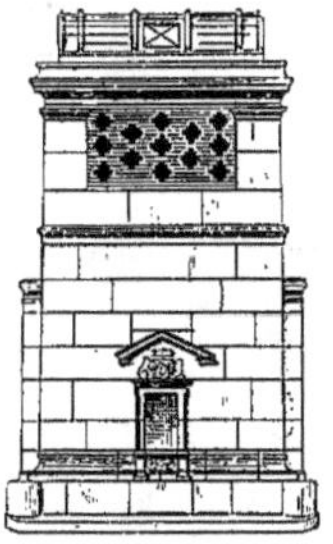

RÉSERVOIR

RÉSIDANT, ANTE (*résider*), *adj.* Qui réside.

RÉSIDENCE (*résident*), *sf.* Demeure ordinaire d'une personne : *Une belle résidence.* Elle n'est pas, en droit, synonyme de domicile; le domicile est indépendant de l'habitation ; il ne s'acquiert point et ne se perd point avec elle; la résidence, au contraire, est un simple fait; on réside où on est et tant qu'on y est. On n'a qu'un domicile; mais on peut avoir plusieurs résidences. || Séjour obligé d'un fonctionnaire dans une localité déterminée : *Un notaire est tenu à la résidence.* || Le lieu qu'habite ordinairement un prince, un seigneur : *Chantilly était la résidence des Condés.* || Emploi d'un résident auprès d'un prince.

RÉSIDENT (l. *residentem*), *sm.* Chargé d'affaires d'un gouvernement étranger.

RÉSIDER (l. *residere,* du pfx. *re* + *sedere,* être assis), *vi.* Avoir sa demeure dans une localité : *Il réside à Lyon.* || Demeurer dans le lieu où l'on exerce une fonction : *Cette charge oblige à résider.* — Fig. Exister dans : *En France, la souveraineté réside dans l'ensemble des citoyens.* — Fig. Consister en : *Le vrai courage ne réside pas dans la témérité.* — **Dér.** *Résidant, résidante, résidence, résident, résidu.*

RÉSIDU (l. *residuum*), *sm.* Le restant d'un compte, d'une somme. || Les matières qui restent après qu'on a obtenu le produit en vue duquel a été faite une préparation chimique ou industrielle : *Les tourteaux sont les résidus de la fabrication de l'huile.*

RÉSIGNANT (*résigner*), *sm.* Celui qui se démet d'une charge, d'un bénéfice en faveur de quelqu'un (vx).

RÉSIGNATAIRE (*résigner*), *sm.* Celui en faveur duquel une personne a résigné une fonction, un bénéfice.

RÉSIGNATION (l. *resignationem*), *sf.* Abandon en faveur de quelqu'un : *Ce père a fait résignation de ses biens à ses enfants.* || Démission (vx). — Fig. Soumission à la volonté de Dieu, à son sort : *Montrer de la résignation dans le malheur.*

RÉSIGNÉ, ÉE (*résigner*), *adj.* Qui se soumet à la volonté de Dieu, à son sort : *Se montrer résigné.*

RÉSIGNER (l. *resignare,* enlever le sceau), *vt.* Renoncer à une chose en faveur de quelqu'un. || Donner sa démission d'une fonction, d'une dignité, d'un bénéfice ecclésiastique : *Résigner la couronne.* — **Se résigner,** *vr.* Se soumettre : *Se résigner à la volonté de la Providence.* — **Dér.** *Résignant, résigné, résignée, résignation, résignataire.*

RÉSILIATION (*résilier*), *sf.* Annulation d'un acte : *Résiliation de bail.*

RÉSILIEMENT ou **RÉSILÎMENT** (*résilier*), *sm.* Annulation.

RÉSILIER (l. *resilire,* sauter en arrière), *vt.* Annuler, casser un contrat : *Résilier un traité.* — **Dér.** *Résiliation, résiliement, résilîment.*

RÉSILLE [*ll* mouillé] (vx fr. *résel,* réseau), *sf.* Sorte de filet dont on s'enveloppe les cheveux.

RÉSINA, 13 000 hab. Ville d'Italie bâtie sur l'emplacement d'Herculanum.

***RÉSINAGE** (*résine*), *sm.* Exploitation de la résine.

RÉSINE (l. *resina*), *sf.* Produit secrété par certains végétaux, généralement mou au moment de sa production, mais se prenant bientôt en une masse dont la couleur est généralement comprise entre le jaunâtre et le brun, nettement différenciée des gommes par ses propriétés chimiques. Les résines sont formées de carbone, d'hydrogène et d'oxygène, ce qui les rend très inflammables; elles sont insolubles dans l'eau, solubles dans l'alcool, dans les huiles grasses et éthérées et plus ou moins dans les alcalis. Les résines ne conduisent pas l'électricité, mais elles peuvent acquérir, par le frottement, l'électricité négative. Elles sont fusibles et combustibles. Les résines, comme les baumes, se trouvent surtout dans les parties périphériques des plantes; elles sont quelquefois renfermées dans des cellules spéciales; quelquefois elles coulent au dehors; souvent elles prennent pendant cette exsudation la forme *globulaire.* Les résines ont de nombreux *emplois.* Elles servent à fabriquer des vernis, des mastics, des « cires à cacheter », enfin des savons qui sont utiles sur mer, car l'eau salée ne les précipite pas. (Pour les diverses résines, V. leurs noms : *Ambre, Colophane, Copal, Laque, Sandaraque, Sang-dragon.* Pour les applications, V. *Cire à cacheter, Glu marine, Mastic, Savon.* Pour *Résine pyrogénée,* V. *Goudron,* 1er paragraphe.) || *Résine animée* ou *animé,* résiné qui découle du tronc du *courbaril,* arbre de la famille des légumineuses césalpinées et qui croît à la Guyane. Cette substance ressemble à la résine *copal,* et l'une de ses variétés est connue sous le nom d'*ambre blanc.* — **Dér.** *Résiner, résineux, résineuse, résinier, résinage, résinéone, résinite.* — **Comp.** *Résinifère, résinoïde.*

***RÉSINÉINE, RÉSINÉONE** ou **RÉSINONE** (*résine*), *sf.* On appelle ainsi des produits impurs obtenus par la distillation sèche de la colophane. Ce sont des hydrocarbures; ils ont un aspect huileux.

***RÉSINER** (*résine*), *vt.* Enduire de résine. || Récolter la térébenthine.

RÉSINEUX, EUSE (l. *resinosum*), *adj.* Qui produit la résine : *Les arbres résineux, pins, sapins,* etc. || Qui rappelle la résine : *Odeur résineuse.* || *Fluide résineux, l'électricité résineuse,* l'électricité qui se développe quand on frotte un bâton de résine, de cire, etc.; elle est synonyme d'électricité négative.

***RÉSINGUE** ou **RÉSINGLE** (pfx. *re* + l. *cingulum,* ceinture), *sf.* Branche de fer ou d'acier pointue et pliée par un bout, arrondie et courbée par l'autre dont on se sert pour redresser les boîtes de montres.

***RÉSINIER** (*résine* + sfx. *ier*), *sm.*, ou **Bursière.** Genre de plantes dicotylédones de la famille des Térébinthacées, composé d'arbres propres aux régions tropicales du globe. Une des espèces de ce genre, désignée sous le nom vulgaire de *gommard, gommier, résinier d'Amérique,* donne la résine appelée *chibou* ou *cachibou,* qui est expédiée en Europe et sert quelquefois à falsifier la résine élémi. L'écorce du résinier d'Amérique est employée à la Nouvelle-Grenade comme diurétique, et son bois sert à faire des tonneaux dans lesquels on envoie le sucre en Europe. Une autre espèce de résinier fournit la *résine caragne* des Antilles.

***RÉSINIFÈRE** (*résine* + l. *ferre,* porter), *adj. 2 g.* Qui produit de la résine.

***RÉSINITE** (*résine*), *sf.* Variété de quartz ou de calcédoine, qui a l'aspect de la résine ou de la poix.

***RÉSINOÏDE** (*résine* + g. εἶδος, forme), *adj.* et *s. masc.* Se dit des corps qui ont l'aspect ou les propriétés de la résine. || *Résinoïde d'iris,* substance aromatique que l'on extrait de la poudre de racine d'iris et que l'on emploie dans la préparation de l'amidon à la violette. C'est une substance blanchâtre qui a la consistance du miel.

RÉSIPISCENCE (l. *resipiscentia :* du pfx. *re* + *sapere,* être sage), *sf.* Action de reconnaître sa faute et de s'amender : *Venir à résipiscence.*

RÉSISTANCE (l. *resistentia*), *sf.* Propriété qu'a un corps de ne pas céder à l'action d'un autre corps : *La résistance du diamant à la taille.* — Fig. *Pièce de résistance,* morceau de viande où il y a beaucoup à manger. || *Résistance des solides,* force avec laquelle ils résistent au choc, à la pression, à la traction, à la rupture. || Force appliquée à une machine et dont l'effet doit être annulé ou surpassé par celui d'une autre force dite puissance, agissant en sens contraire. (V. *Force*.) ‖ Obstacle, difficulté : *Éprouver de la résistance à marcher contre le vent.* ‖ Action de se défendre contre une attaque : *Faire une vigoureuse résistance.* ‖ Opposition aux volontés, aux vues d'un autre : *Cette proposition rencontrera de la résistance.* ‖ Emploi de la force contre les agents de l'autorité : *Il ne se laissa pas arrêter sans résistance.*

RÉSISTANT, ANTE (*résister*), *adj.* Qui résiste à l'action d'un autre corps. ‖ Solide : *Étoffe résistante.* ‖ Dur à la fatigue : *Homme résistant.*

RÉSISTER (l. *resistere*, se tenir debout contre), *vi.* Ne pas céder à l'action d'un autre corps : *Le granit ne résiste pas à la vague.* ‖ Ne pas être traversé par : *Le blindage des vaisseaux résiste aux boulets.* ‖ Se défendre contre une attaque : *Résister à l'ennemi.* — Fig. S'opposer aux volontés, aux vues de quelqu'un : *Résister aux prières.* ‖ Supporter la peine, le travail : *Ces soldats résistent à la marche.* ‖ Durer très longtemps : *Cet habit résiste à l'usure.* — **Dér.** *Résistant, résistante, résistance.*

RÉSOLU, UE (l. *resolutum*, délié), *adj.* Annulé : *Contrat résolu.* ‖ Où il n'y a plus rien d'inconnu : *Question résolue.* ‖ Qu'on est décidé à faire : *Promenade résolue.* ‖ Déterminé, hardi, qui n'a peur de rien : *Homme résolu.* ‖ Inébranlable : *Résolu dans ses convictions.*

RÉSOLUBLE (l. *resolubilem*), *adj. 2 g.* Que l'on peut résoudre : *Problème résoluble.* ‖ Qui peut être annulé : *Traité résoluble.*

RÉSOLUMENT (*résolue* + sfx. *ment*), *adv.* Fermement. ‖ Hardiment, intrépidement : *Combattre résolument.*

RÉSOLUTIF, IVE (l. *resolutum*, délié), *adj.* et *sm.* Qui dissipe les engorgements, les tumeurs : *Médicament résolutif.*

RÉSOLUTION (l. *resolutionem*), *sf.* Décomposition d'un corps en ses éléments. ‖ Transformation : *La résolution du brouillard en pluie.* ‖ Guérison d'un engorgement, d'une tumeur, sans opération ni suppuration. ‖ Abattement des forces, cessation des contractions musculaires : *L'anesthésie détermine la résolution des membres.* ‖ Annulation : *La résolution d'un bail.* ‖ Décision d'une question, d'une difficulté. ‖ *Résolution d'une équation*, détermination des valeurs des inconnues de cette équation. ‖ Chute d'un intervalle ou d'un accord affecté de dissonance sur un intervalle ou un accord consonant. (Mus.) ‖ Dessein que l'on forme : *Prendre la résolution de bien travailler.* ‖ Fermeté, courage : *Montrer de la résolution.* ‖ *Homme de résolution*, qui exécute avec fermeté ce qu'il a entrepris. — **Comp.** *Irrésolution.*

RÉSOLUTOIRE (l. *resolutorium*), *adj.* Qui produit l'annulation d'un acte : *Clause résolutoire.*

RÉSOLVANT, ANTE (*résoudre*), *adj.* et *sm.* Propre à dissiper un engorgement, une tumeur : *Remède résolvant.* (Méd.)

RÉSONANCE (*résonnant*), d'après l'Acad., ou **RÉSONNANCE**, *sf.* Bruit dans lequel se transforme un son qui se prolonge. ‖ Propriété qu'ont certains corps, certaines salles de prolonger les sons en les réfléchissant. — C'est une répercussion confuse du son. Le manque de netteté est ce qui distingue la résonance de l'*écho* et du *renforcement*. (V. ces mots.) Tandis que le renforcement se produit dans les locaux aux murs rapprochés, la résonance se fait entendre surtout dans certaines salles un peu vastes : chacun des sons produits semble alors se continuer avec les échos qui lui succèdent et peut même arriver à se confondre avec les sons suivants. Cet effet est tellement manifeste dans certaines salles, que la parole y devient difficilement intelligible; les syllabes successives se confondent les unes avec les autres en une sorte de bourdonnement. On parvient à faire disparaître cet inconvénient, au moins en partie, en disposant le long des murs des draperies qui amortissent les vibrations et rendent la salle moins sonore. Dans nos salles de théâtre, les résonances sont amoindries par tous les détails d'architecture qui interrompent la régularité des murs : par les galeries, les colonnades, les balcons, etc.

***RESONGER** (pfx. *re* + *songer*) *vi.* Songer de nouveau.

RÉSONNANT, ANTE (*résonner*), *adj.* Qui a de la résonnance : *Cette voûte est trop résonnante.* ‖ Qui rend un son intense : *Voix résonnante.*

***RÉSONNATEUR** (*résonner*), *sm.* Instrument inventé par Helmholtz pour analyser les sons. Il est constitué par une sphère creuse avec deux ouvertures, l'une pour recueillir les sons extérieurs, l'autre surmontée d'un appendice qu'on introduit dans l'oreille ou qu'on met en communication avec une capsule manométrique. Une flamme, placée devant la capsule s'agite ou reste en repos selon que le résonnateur parle ou non. On peut le faire parler en soufflant sur le bord de l'orifice qui n'a pas d'appendice; l'on reconnait ainsi le son qui lui est propre et sous l'influence duquel il peut vibrer; plus la sphère est petite, plus le son est aigu. Si on émet dans le voisinage de cet appareil une note à l'unisson de la sienne, il résonne et la renforce; si elle est plus aiguë ou plus grave, il reste muet. Avec une série de résonnateurs échelonnés, on peut donc analyser les sons complexes.

RÉSONNEMENT (*résonner*), *sm.* Résonance d'un édifice.

RÉSONNER (pfx. *re* + *sonner*), *vi.* Renvoyer le son, retentir : *Cette salle résonne bien.* ‖ Produire un son intense : *La trompette résonne.* — Fig. *Tout résonne du bruit de ses exploits*, on vante partout ses exploits. — **Dér.** *Résonnant, résonnante, résonance, résonnateur, résonnement.*

RÉSORBER (ppl. *re* + l. *sorbere*, boire), *vt.* Faire rentrer dans la circulation le sang, l'humeur qui s'était accumulée dans une cavité naturelle ou accidentelle du corps. ‖ Absorber de nouveau. — **Se résorber**, *vr.* Rentrer, pénétrer dans la circulation générale : *Le pus s'est résorbé.* — **Dér.** *Résorption.*

RÉSORCINE, *sf.* Substance qui se produit lorsqu'on fond de la potasse en présence de résines ou de certains autres corps. La résorcine $C^{12}H^6O^4$ fournit un grand nombre de dérivés employés en teinture. Elle est employée, en chirurgie, comme antiseptique.

RÉSORPTION (du l. *resorptum*, résorbé), *sf.* Rentrée d'une humeur, d'une partie du sang dans la circulation générale. ‖ Nouvelle absorption.

RÉSOUDRE (l. *resolvere*, délier), *vt.* Désagréger, décomposer un corps en ses éléments : *La putréfaction résout les chairs en carbone, en sels et en gaz.* ‖ Changer : *La chaleur résout l'eau en vapeur.* ‖ Annuler : *Résoudre un bail.* ‖ Prononcer sur une question, un cas douteux : *Résoudre un embarras, une difficulté.* ‖ Prendre la détermination de faire une chose : *La guerre fut résolue.* ‖ *Résoudre quelqu'un*, le déterminer à : *On ne put le résoudre à fuir.* — *Vi.* Prendre la résolution de : *Il résolut de partir.* — **Se résoudre**, *vr.* Se désagréger, se décomposer, se changer en : *L'eau se résout en vapeur.* ‖ Prendre la résolution de : *Se résoudre à céder.* — **Gr.** Rad. *résolv.* Je résous, tu résous, il résout, n. résolvons, v. résolvez, ils résolvent; je résolvais; je résolus; je résoudrai; je résoudrais; résous, résolvons, résolvez; que je résolve; que je résolusse, qu'il résolût; résolvant; résolu, résolue et RÉSOUS. Le part. *résous* ne s'emploie que dans le sens de) *changé, transformé* : *Brouillard résous en pluie.* — **Dér.** *Résolu, résolue, résoluble, résolument, résolutif, résolutive, résolution, résolutoire, résolvant, résolvante, résous.*

***RESOUPER** (pfx. *re* + *souper*), *vi.* Souper une seconde fois.

RÉSOUS. (V. *Résoudre.*)

RESPECT (l. *respectum*, regard jeté en arrière), *sm.* Considération, égard, relation (vx). ‖ Recueillement qu'on éprouve en présence d'une personne, d'une chose qui impose : *Le respect des choses saintes.* ‖ Marque de déférence : *Témoigner du respect aux magistrats.* ‖ *Sauf votre respect*, sans que cela vous choque, vous offense. ‖ Civilités : *Agréez mes respects.* ‖ *Tenir en respect*, contenir, imposer, inspirer la crainte : *Une armée tient les vaincus en respect.* ‖ *Respect humain*, crainte qu'on a de déplaire aux hommes et qui rend souvent pusillanime. — **Dér.** *Respecter, respectable, respectueux, respectueuse, respectivement, respectif, respective, respectueusement.* — **Comp.** *Irrespectueux, irrespectueuse, irrespectueusement.* — Même famille que *Spectre*, etc.

***RESPECTABILITÉ** (mot angl. francisé : *respectability*; respectable), *sf.* Qualité d'une personne, d'une chose respectable.

RESPECTABLE (*respect*), *adj. 2 g.* Qui impose, qui exige le respect : *Personne, image respectable.* — **Dér.** *Respectabilité.*

RESPECTER (*respect*), *vt.* Avoir du respect pour : *Respecter la vieillesse.* — Fig. Ne pas détériorer, épargner : *Respecter un monument, la vie de ses semblables.* ‖ Ne pas troubler : *Respecter la retraite, le silence de quelqu'un.* — **Se respecter**, *vr.* Se conduire décemment, honnêtement. ‖ Avoir du respect l'un pour l'autre.

RESPECTIF, IVE (du l. *respectus*, point de vue), *adj.* Particulier, individuel à chaque membre d'un corps, à chaque unité d'une collection par rapport aux autres : *Les soldats regagnèrent leurs foyers respectifs. Les propriétés respectives des corps.* — **Dér.** *Respectivement.*

RESPECTIVEMENT (*respective* + sfx. *ment*), *adv.* D'une manière respective.

RESPECTUEUSEMENT (*respectueuse* + sfx. *ment*), *adv.* Avec respect.

RESPECTUEUX, EUSE (de *respectus*, point de vue), *adj.* Qui montre du respect : *Enfant respectueux.* ‖ Qui marque du respect : *Lettre respectueuse.* ‖ Se dit des actes que les hommes âgés de plus de vingt-cinq ans et les femmes âgées de plus de vingt et un ans notifient à leurs parents, lorsqu'ils refusent de consentir à leur mariage, pour leur demander ce consentement. — **Dér.** *Respectueusement.* (V. *Mariage.*)

RESPIRABLE (*respirer*), *adj. 2 g.* Qu'on peut respirer : *Air respirable.*

***RESPIRATEUR** (*respirer*), *sm.* Petit appareil composé de différentes couches de fils d'argent qu'on ajuste devant la bouche, pour échauffer l'air, chez les personnes atteintes de bronchites chroniques.

RESPIRATION (l. *respirationem*), *sf.* L'action de respirer, c'est-à-dire d'introduire dans ses poumons de l'air dont l'oxygène revivifie le sang et de rejeter dans l'atmosphère de l'acide carbonique, de la vapeur d'eau, de l'azote et la partie de l'oxygène non absorbée : *La respiration est une combustion lente qui s'accomplit dans la profondeur de tous nos organes.* La respiration est un échange de gaz au travers de membranes; la combustion lente des tissus organiques produit des résidus gazeux dont ils ont besoin d'être débarrassés, en même temps qu'ils empruntent à l'air extérieur le gaz comburant, l'oxygène. — Dans le règne animal, la combustion intérieure s'effectue aux dépens du carbone des tissus et donne un résidu d'acide carbonique qui se dissout dans le sang veineux et est porté vers le cœur droit. Si le cœur ramenait ce sang dans les artères, il y aurait excès d'acide carbonique dans les tissus et les cellules, arrêt de la combustion, en un mot, *asphyxie.* Mais les minces membranes des organes respiratoires laissent passer les gaz, selon les lois de l'*osmose*; et, tandis qu'une partie de l'acide carbonique s'échappe dans l'air, l'oxygène le remplace et se fixe sur les globules sanguins. Cet échange de gaz est un phénomène physique, tandis que la combustion des tissus est un phénomène chimique. — *Respiration pulmonaire.* Elle est propre aux mammifères, aux oiseaux, aux reptiles. (V. *Poumons.*) — *Respiration branchiale.* Elle est propre aux poissons. (V. ce mot, t. II, p. 1029, col. 3). — *Respiration trachéale.* Elle est propre aux insectes. (V. ce mot, t. II, p. 76, col. 1 et 2). — *Respiration cutanée.* Même chez les animaux dont la respiration semble exclusivement pulmonaire, la peau sert aux échanges gazeux nécessaires pour entretenir la vie. Si l'on couvre la peau d'un animal d'un enduit imperméable, il meurt asphyxié lentement, bien que ses poumons fonctionnent encore régulièrement. La respiration cutanée des batraciens peut suppléer à la respiration pulmonaire. Si l'on extirpe les poumons d'une grenouille, elle vit encore un jour, parce que l'échange d'air et d'acide carbonique se fait par le réseau de la branche cutanée de l'artère pulmonaire. Chez les lernées, sortes de crustacés, chez les zoophytes protozoaires, la respiration est uniquement cutanée. — *Respiration végétale*. Les plantes respirent comme les animaux, c'est-à-dire en absorbant l'oxygène de l'air et en dégageant de l'acide carbonique et de l'eau. Jusqu'à ces derniers temps, on appelait à tort *respiration des plantes* un phénomène de nutrition consistant en ce que, sous l'influence de la lumière, les feuilles et les autres parties vertes des végétaux absorbent l'acide carbonique de l'air, le décomposent pour s'en approprier le carbone et le dégagent dans l'atmosphère devenu libre. La plante immobile n'a besoin que d'un faible calorique pour entretenir la lente oxydation nécessaire à sa vie. Ici, il n'y a plus combustion, mais réduction; la plante capte l'acide carbonique de l'air, le décompose en oxygène et en carbone, s'assimile le carbone pour le transformer en cellulose, tissu ligneux, sucre, amidon, mais elle laisse l'oxygène s'échapper dans l'air. La faculté respiratoire de la plante dépend de son âge, de la saison, de l'exposition, de la température, du nombre de *stomates*, des feuilles. Si l'on examine au microscope l'épiderme d'une feuille, on reconnaît que la surface lisse et presque imperméable est entrecoupée de nombreuses ouvertures ou petites bouches; ce sont les *stomates*; chacune donne accès dans une lacune du parenchyme, dite chambre respiratoire. C'est dans cette cavité que s'opèrent les échanges gazeux de la respiration. — *Respiration des fruits*. Absorption d'une certaine quantité d'oxygène, avec élimination d'une égale quantité d'acide carbonique qu'on remarque dans les fruits bien mûrs. L'acide carbonique formé est plus grand en pleine lumière que dans l'obscurité, et croît avec la température. Dans la période de décomposition, la quantité d'acide carbonique s'accroît.

RESPIRATOIRE (*respirer*), *adj*. Qui sert, qui a rapport à la respiration : *Appareils respiratoires*, les poumons, les branchies, les trachées. ‖ *Aliments respiratoires*. (V. *Aliment*.)

RESPIRER (pfx. l. *re*+*spirare*, souffler), *vi*. Introduire l'air dans ses poumons par aspiration, puis repousser l'air modifié qu'ils contiennent : *Au lieu de respirer par des poumons, beaucoup d'animaux, poissons, crustacés, la plupart des mollusques respirent par des branchies; d'autres, les insectes, par des trachées*. ‖ Vivre : *Il fit le bien tant qu'il respira*. ‖ Apparaître, briller dans : *Le patriotisme respire dans toutes ses actions*. ‖ Prendre quelque relâche après de grandes peines, un travail pénible : *Respirons un moment*. — *Vt*. Introduire par aspiration dans ses poumons : *Respirer un bon air, du chloroforme*. ‖ Exhaler : *La rose respire un parfum délicieux*. ‖ Annoncer, manifester : *Tout ici respire la joie*. ‖ Désirer ardemment : *Il ne respire que la vengeance*. — **Se respirer**, *vr*. Être respiré. — **Dér**. *Respirable, respirateur, respiration, respiratoire*. — **Comp**. *Irrespirable*.

RESPLENDIR (l. *resplendere*), *vi*. Briller d'un vif éclat : *Le soleil resplendit*. — Fig. *Son visage resplendit de joie*. — **Dér**. *Resplendissant, resplendissante, resplendissement*.

RESPLENDISSANT, ANTE (*resplendir*), *adj*. Qui resplendit.

RESPLENDISSEMENT (*resplendir*), *sm*. Grand éclat résultant de la réflexion de la lumière : *Le resplendissement du diamant*.

RESPONSABILITÉ (*responsable*), *sf*. Obligation de répondre de ses actions, de celles des autres ou d'être garant de quelque chose : *Le titre de père impose une lourde responsabilité*. ‖ Caractère des personnes qui peuvent et doivent rendre compte de leurs actions, c'est-à-dire s'en reconnaître les auteurs et en supporter les conséquences. On distingue la *responsabilité légale* ou sociale, qui nous oblige à rendre compte aux tribunaux des infractions aux lois positives, et la *responsabilité morale*; celle-ci n'est plus l'œuvre des conventions humaines, mais une conséquence de notre nature. Devant Dieu, notre conscience et celle de nos semblables, nous sommes responsables de toutes nos actions, dans la mesure où elles sont moralement bonnes ou mauvaises. Le principe de la responsabilité est la liberté; on n'est responsable que des actions librement voulues, dont on a pris l'initiative, auxquelles on donne son consentement. Ainsi les choses et les animaux, dénués de liberté morale, sont irresponsables; l'enfant n'est pas responsable des actes que lui commandent ses parents; le fou n'est pas responsable des actes commis pendant ses accès. La liberté physique est une condition de la responsabilité, si elle est une condition de la volonté; la contrainte matérielle entraîne l'irresponsabilité : « A l'impossible nul n'est tenu. » Cependant, au point de vue légal, la volonté ne suffit pas; il faut, pour être responsable, un commencement d'exécution : au point de vue moral, l'intention vaut le fait. La responsabilité morale entraîne encore la connaissance du bien et du mal; l'ignorance invincible et involontaire entraîne l'irresponsabilité; mais la responsabilité augmente avec les progrès de l'instruction et de la civilisation. La loi civile n'admet pas cette ignorance, trop facile à invoquer : « Nul n'est censé ignorer la loi. » ‖ *Responsabilité civile*, obligation de réparer, au moyen d'une indemnité pécuniaire, le préjudice résultant d'un fait dont on est l'auteur direct ou indirect. On est responsable de sa négligence, de son imprudence; les parents répondent de leurs enfants mineurs, habitant avec eux; le maître, de son domestique; le patron, de son ouvrier ou de son apprenti; l'instituteur, de ses élèves. On est encore responsable des dommages causés par un animal égaré ou échappé, par la ruine d'un bâtiment mal construit ou mal entretenu.

RESPONSABLE (du l. *responsa*, réponse), *adj*. 2 *g*. Qui doit répondre de ses actions, de celles des autres, ou doit être garant de quelque chose : *Il est responsable du dépôt qu'on lui a confié*. — **Dér**. *Responsabilité*. — **Comp**. *Irresponsable, irresponsablement, irresponsabilité*.

***RESPONSAL** (l. *responsum*, supin du l. *respondere*, répondre), *sm*. L'apocrisiaire de pape, c'est-à-dire celui qui répondait en son nom à l'empereur sur les affaires concernant spécialement l'Église.

RESPONSIF, IVE (l. *responsivum*), *adj*. Qui contient une réponse : *Mémoire responsif*. (Dr.)

RESSAC (part. verbal du vx fr. *resacher*, retirer, de *sac*), *sm*. Retour impétueux des vagues vers le large après qu'elles ont frappé une côte, un rocher. ‖ Petit navire expédié, avant l'hiver, de Terre-Neuve au port de départ, avec des huiles, des langues de morue, etc.

RESSAIGNER (pfx. *re* + *saigner*), *vt*. Faire une nouvelle saignée : *Ressaigner un malade*. — *Vi*. Couler de nouveau en parlant du sang : *Sa blessure ressaigne*.

RESSAISIR (pfx. *re* + *saisir*), *vt*. Saisir de nouveau ce qu'on a laissé échapper : *Le chat a ressaisi la souris*. ‖ Reprendre possession : *Chacun peut ressaisir son bien où il le trouve*. — **Se ressaisir**, *vr*. Saisir de nouveau, reprendre : *Se ressaisir de l'autorité*.

RESSASSER (pfx. *re* + *sasser*), *vt*. Tamiser de nouveau : *Ressasser du plâtre*. ‖ Examiner minutieusement : *Ressasser un compte*. — Fig. Répéter continuellement : *Il ressasse la même chose*. — **Dér**. *Ressasseur*.

***RESSASSEUR** (*ressasser*), *sm*. Celui qui ressasse, qui répète continuellement les mêmes choses.

RESSAUT (pfx. *re* + *saut*), *sm*. Toute partie d'une construction qui forme saillie ou recul sur les parties voisines : *Le ressaut d'un mur*. ‖ Différence de niveau entre deux plans horizontaux contigus. — Fig. Passage brusque d'une idée à une autre.

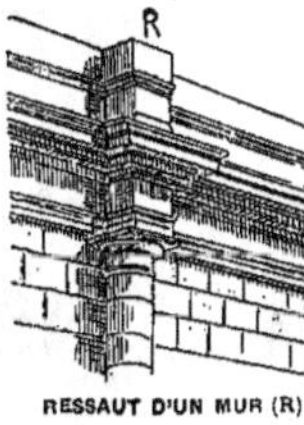

RESSAUT D'UN MUR (R)

RESSAUTER (pfx. *re* + *sauter*), *vt*. et *i*. Sauter de nouveau. — *Vi*. Former un ressaut. — **Dér**. *Ressaut*.

***RESSAYER** (pfx. *re* + *essayer*), *vt*. Essayer de nouveau : *Essayer* un instrument, un habit.

***RESSELLER** (pfx. *re* + *seller*), *vt*. Seller de nouveau une monture.

RESSEMBLANCE (*ressemblant*), *sf*. Similitude entre les traits, la physionomie, le caractère des personnes : *Le père et le fils ont une grande ressemblance*. ‖ Similitude de forme, de propriétés entre les choses : *Il y a de la ressemblance entre le lamier blanc et l'ortie*. ‖ Conformité entre l'imitation d'un objet et cet objet : *La ressemblance de ce portrait est frappante*.

RESSEMBLANT, ANTE (*ressembler*), *adj*. Qui ressemble : *Figures ressemblantes*.

RESSEMBLER (pfx. *re* + *sembler*), *vi*. Avoir de la ressemblance avec : *La baleine ressemble à un poisson. Ce portrait, cette copie ressemble à l'original*. ‖ *Cela ne ressemble à rien*, cela est nouveau, original, ou cela est d'un goût bizarre, excentrique, détestable. — **Se ressembler**, *vr*. Avoir de la ressemblance l'un avec l'autre : *Ces deux jumeaux se ressemblent*. ‖ *Les jours se suivent et ne se ressemblent pas*, la prospérité succède à l'infortune, ou réciproquement. ‖ *Se ressembler comme deux gouttes d'eau*, parfaitement. ‖ *Qui se ressemble s'assemble*, les gens qui ont les mêmes goûts, le même caractère, les mêmes défauts se recherchent mutuellement. — **Dér**. *Ressemblant, ressemblante, ressemblance*.

RESSEMELAGE (*ressemeler*), *sm*. Action de ressemeler. ‖ Son résultat.

RESSEMELER (pfx. *re* + *semelle*), *vt*. Mettre de nouvelles semelles à de vieilles chaussures : *Ressemeler des bottes, des bas*. — **Gr**. On double *l* devant une syllabe muette : Je ressemelle, n. ressemelons; je ressemellerai. — **Dér**. *Ressemelage*.

RESSEMER (pfx. *re* + *semer*), *vt*. Semer de nouveau : *Ressemer du blé*. — **Se ressemer**, *vr*. Être semé de nouveau. — **Gr**. Ce verbe se conjugue comme *Semer*.

***RESSENCE** (pfx. *re* + *essence*), *sf*. Se dit de l'huile que l'on obtient par une seconde expression du marc d'olive.

RESSENTI, IE (*ressentir*), *adj*. Se dit des contours, des parties que le peintre, le sculpteur, etc., a reproduits avec vigueur : *Les muscles de cette statue sont bien ressentis*.

RESSENTIMENT (pfx. *re* + *sentiment*), *sm*. Action de ressentir. ‖ Réapparition bénigne d'un mal, d'une douleur : *Un ressentiment de fièvre*. ‖ Souvenir d'une offense, d'une injure avec désir de s'en venger : *Craignez son ressentiment*.

RESSENTIR (pfx. *re* + *sentir*), *vt*. Sentir, éprouver : *Ressentir une douleur*. ‖ Être sensible à : *Ressentir une injure*. ‖ Être animé de : *Ressentir de l'affection, de la haine pour quelqu'un*. ‖ Porter la marque : *Cela ressent l'enfance de l'art*. — **Se ressentir**, *vr*. Être senti, perçu. *Son mécontentement se ressent dans son langage*. ‖ Sentir quelque reste d'un mal qu'on a eu : *Je me ressens de mon rhumatisme*. ‖ Éprouver les conséquences, l'influence d'une chose bonne ou mauvaise : *Je me ressentirai longtemps de ses bienfaits. Le peuple se ressent de la dernière guerre*. ‖ *Se ressentir d'un tort, d'une injure*, s'en souvenir avec amertume et désirer de se venger. — **Dér**. *Ressenti, ressentie, ressentiment*.

RESSERREMENT (*resserrer*), *sm*. Action par laquelle une chose est resserrée : *Le resserrement des artères, des veines capillaires*. — Fig. *Le resserrement de l'argent*, les difficultés que font les capitalistes pour prêter leurs fonds dans les moments de panique.

RESSERRER (pfx. *re* + *serrer*), *vt.* Remettre un objet dans l'endroit où il est ordinairement serré : *Resserrer la vaisselle.* ‖ Serrer davantage ce qui s'est relâché : *Resserrer un nœud.* — Fig. Rendre moins étendu : *Resserrer le lit d'une rivière par des digues.* ‖ *Resserrer une ville assiégée,* faire en sorte que rien ne puisse y entrer ni en sortir. ‖ *Resserrer un prisonnier,* le garder plus étroitement. ‖ Rendre le ventre moins libre : *Les coings resserrent le ventre.* ‖ Abréger : *Resserrez votre discours.* — Fig. Rendre plus intime : *Cet événement resserra leur amitié.* — Fig. Rendre moins vaste, moins magnanime : *L'ingratitude resserre le cœur.* — **Se resserrer,** *vr.* Devenir plus serré, moins étendu, moins magnanime, moins généreux. ‖ Diminuer sa dépense. ‖ *L'argent se resserre,* on craint d'en prêter. — **Dér.** *Resserrement.*

***RESSERVIR** (pfx. *re* + *servir*), *vi.* Servir de nouveau.

RESSIF. (V. *Récif.*)

RESSONS-SUR-MATZ, 915 hab. Ch.-l. de c., arr. de Compiègne (Oise). Ch. de fer du Nord.

1. **RESSORT,** *svm.* de *ressortir* 1. L'élasticité dont jouissent certains corps : *Le ressort de l'air n'a pas de limites.* ‖ Fil, ruban ou morceau de métal courbé ou roulé en spirale et doué de la propriété de reprendre sa première situation quand on cesse de le tirer ou de le comprimer : *Le ressort d'une montre. Sommier à ressorts. Les ressorts d'une voiture. Un peson est un ressort.* ‖ *Ressort de montre,* ressort plié en spirale et enfermé dans le tambour ou barillet des petites pendules, des montres portatives. Cette invention date de la fin du xve siècle ou du commencement du xvi e siècle. Derham dit avoir vu une montre qui avait appartenu à Henri VIII, roi d'Angleterre, né en 1491, mort en 1547. Dès lors le ressort spiral était attaché par son extrémité extérieure au tambour tournant et par son autre extrémité à l'arbre ou axe immobile de ce tambour. C'est la disposition des montres du temps de Charles IX et de Henri III. Comme le ressort moteur perd de sa force à mesure qu'il se détend, dans une semblable montre, la marche est d'abord précipitée, puis se ralentit. Pour y remédier on a imaginé la fusée, cône entouré d'une rainure en hélice, sur laquelle s'engrène une chaîne articulée, fixée d'autre part au barillet ; quand la montre est montée, la chaîne est entraînée de la fusée au barillet. Ainsi la chaîne se déroule sur une circonférence de plus en plus grande et le ressort, qui se détend, agit sur un levier plus long ; c'est ainsi que les mouvements, plus réguliers, deviennent isochrones. Vers 1674, Pierre Leroy imagina d'appliquer au balancier des pendules un ressort vibrant ; les oscillations furent ainsi régularisées et ramenées à l'isochronisme. ‖ *Ce corps fait ressort,* il est élastique et se comporte comme un ressort métallique. — Fig. *Cette personne ne se remue que par ressort,* ses manières, ses mouvements manquent de naturel. ‖ *Cette personne n'agit que par ressort,* qu'après avoir été poussée, conseillée. — Fig. Toute cause de mouvement : *Les ressorts du monde.* ‖ Force dirigeante : *Les ressorts du gouvernement.* ‖ Toute cause d'action, mobile, motif : *L'intérêt est l'un des principaux ressorts de nos actes.* ‖ Activité, force, énergie : *Donner du ressort à l'estomac, à l'esprit.* ‖ Moyen dont on se sert pour faire réussir un dessein, une affaire : *Quels ressorts a-t-il mis en jeu pour parvenir à la fortune ?* ‖ *Faire jouer tous ses ressorts,* employer tous les moyens dont on dispose.

2. **RESSORT,** *spm.* de *ressortir* 2. Étendue de pays soumis à la juridiction d'un tribunal : *Le ressort d'une cour d'appel, d'un tribunal de première instance.* ‖ Compétence : *Cette affaire est du ressort de la cour d'assises.* ‖ *Jugement en premier ressort,* susceptible d'appel. ‖ *Jugement en dernier ressort,* définitif et sans appel. — Fig. *Être du ressort de,* être du domaine, de la compétence de : *La recherche des mines est du ressort du géologue.* — *Cela n'est pas de mon ressort,* ce n'est pas à moi d'en juger.

1. **RESSORTIR** (pfx. *re* + *sortir* 1), *vi.* Devenir plus apparent par contraste : *Le noir ressort sur le jaune.* ‖ *Faire ressortir,* rendre plus apparent : *Les défauts de l'un font ressortir les qualités de l'autre.* ‖ Sortir de nouveau : *Il ressortait de prison pour la troisième fois.* ‖ Sortir après être entré : *On l'a vu dans la salle, mais il est ressorti.* — **Dér.** *Ressort* 1. — **Gr.** Ce verbe se conjugue comme *Sortir.*

2. **RESSORTIR** (pfx. *re* + *sortir* 2), *vi.* Être du ressort et de la compétence d'une juridiction ou d'un tribunal : *Le tribunal de première instance de Compiègne ressortit à la cour d'appel d'Amiens. Cette affaire ressort au conseil des prud'hommes.* — **Gr.** V. inchoatif : Je ressortis, tu ressortis, il ressortit, n. ressortissons, v. ressortissez, ils ressortissent ; je ressortissais ; ressortissant. — **Dér.** *Ressort* 2, *ressortissant, ressortissante.*

RESSORTISSANT, ANTE (*ressortir* 2), *adj.* Qui ressortit à une juridiction, à un tribunal.

RESSOUDER (pfx. *re* + *souder*), *vt.* Souder de nouveau, refaire une soudure. — **Se ressouder,** *vr.* Se rejoindre avec.

RESSOURCE (pfx. *re* + *source*), *sf.* Ce à quoi l'on a recours pour se tirer d'embarras : *La fuite fut la seule ressource des ennemis.* — Fig. *Un homme de ressource,* habile à trouver des expédients, des moyens de réussir. ‖ Argent dont on peut disposer : *Être à bout de ressources.* ‖ Denrées. *Pays de ressources,* où les denrées abondent. ‖ Forces militaires : *Les ressources de la France.*

1. **RESSOUVENIR** (pfx. *re* + *souvenir*), *vi.* et *impers.* Revenir à la mémoire : *Il m'en ressouvient.* — **Se ressouvenir,** *vr.* Se remettre en mémoire : *Se ressouvenir du nom d'une personne.* ‖ *Je m'en ressouviendrai,* je m'en vengerai. ‖ *Vous vous en ressouviendrez,* vous en serez puni. ‖ Songer, considérer, faire réflexion : *Ressouvenez-vous que vous devez m'obéir.*

2. **RESSOUVENIR** (inf. de *ressouvenir* 1), *sm.* Idée que l'on conserve ou que l'on se rappelle d'une chose passée : *Un vague ressouvenir.* ‖ Ressentiment d'une douleur corporelle : *Cette maladie m'a laissé du ressouvenir.*

RESSUAGE (*ressuer*), *sm.* Action, état d'un corps qui ressue. ‖ Liquation. ‖ Action de battre au martinet une loupe de fer pour en faire sortir le laitier. ‖ Action de dégager du cuivre argentifère, après liquation, les dernières portions de plomb et autres métaux qu'il peut contenir.

RESSUER (pfx. *re* + *suer*), *vi.* Suer de nouveau. ‖ Exhaler son humidité intérieure : *Cet enduit ressue.* ‖ Opérer la liquation. ‖ Battre une loupe de fer. — **Dér.** *Ressuage.*

RESSUI, *svm.* de *ressuyer.* Lieu où les bêtes fauves, le gibier se retirent pour se sécher après la pluie ou la rosée.

***RESSUIEMENT** (*ressuyer*), *sm.* Diminution de l'humidité naturelle des grains, d'une terre, etc.

***RESSUIVRE** (pfx. *re* + *suivre*), *vi.* Suivre de nouveau.

***RESSURE.** (V. *Résure.*)

RESSUSCITEMENT (*ressusciter*), *sm.* Action de ressusciter. ‖ Résultat de cette action.

RESSUSCITER (l. *ressuscitare*), *vt.* Faire revivre un mort : *Jésus-Christ ressuscita Lazare.* ‖ Faire recommencer, faire renaître : *Ressusciter une querelle, une opinion.* ‖ Réconforter : *Ce vin me ressuscite.* — *Vi.* Revenir de la mort à la vie : *Notre-Seigneur Jésus-Christ ressuscita le troisième jour.* — **Dér.** *Ressuscitement.*

RESSUYER (pfx. *re* + *essuyer*), *vt.* Sécher : *Laisser ressuyer un enduit.* — **Se ressuyer,** *vr.* Se sécher. — **Gr.** Ce verbe se conjugue comme *Essuyer.* — **Dér.** *Ressui, ressuiement.*

RESTANT, ANTE (*rester*), *adj.* Qui reste. ‖ *Poste restante.* (V. *Poste.*) — *Sm.* Reste.

RESTAUR, *svm.* de *restaurer.* (V. *Ristorne.*)

RESTAURANT, ANTE (*restaurer*), *adj.* Qui répare les forces : *Nourriture restaurante.* — *Sm.* Ce qui répare les forces : *La viande, le vin sont des restaurants.* ‖ Établissement où l'on peut prendre son repas en payant : *Dîner au restaurant.*

RESTAURATEUR, TRICE (l. *restauratorem*), *sm.* Celui, celle qui répare, qui reconstruit : *Viollet-le-Duc est le restaurateur du château de Pierrefonds.* — Fig. Celui, celle qui rétablit, remet en vogue, relève de la décadence : *François Ier fut le restaurateur des lettres.* ‖ Celui qui tient un restaurant : *Le restaurateur Véfour.*

***RESTAURATIF, IVE** (*restaurer*), *adj.* En médecine, qui a la vertu de restaurer.

RESTAURATION (l. *restaurationem*), *sf.* Réparation, reconstruction : *La restauration d'un tableau, d'une église.* — Fig. Rétablissement : *La restauration de la discipline.* ‖ Rétablissement d'une ancienne dynastie sur le trône : *La restauration des Stuarts en Angleterre en 1660, des Bourbons en France en 1814.* ‖ En Angleterre, la période qui embrasse les règnes de Charles II et de Jacques II (1660-1668). ‖ En France, celle qui répond du règne de Louis XVIII et de Charles X (5 avril 1814-29 juillet 1830). ‖ *Première Restauration,* du 5 avril 1814 au 20 mars 1815. ‖ *Deuxième Restauration,* du 24 juin 1815 au 29 juillet 1830. ‖ *La Restauration,* le gouvernement de Louis XVIII et de Charles X.

RESTAURER (l. *restaurare*), *vt.* Réparer, reconstruire : *Restaurer un tableau, un édifice.* ‖ Remettre en bon état, en vigueur : *Restaurer les forces, la santé, l'estomac.* — Fig. Rétablir, faire prospérer de nouveau : *Restaurer les arts, le commerce.* ‖ Remettre sur le trône : *Restaurer une dynastie.* — **Se restaurer,** *vr.* Rétablir ses forces par une bonne alimentation. — **Dér.** *Restaurant, restaurante, restaurateur, restauratrice, restauration, restauratif, restaurative.*

RESTAUT (Pierre) (1696-1764), grammairien français, dont le livre a été souvent réimprimé.

RESTE, *svm.* de *rester.* La partie encore subsistante d'un tout qui n'est plus intact : *Le reste d'un pâté, d'une famille.* ‖ Ce qui est redû sur une somme : *Je vous paierai le reste plus tard.* ‖ *Être en reste avec quelqu'un,* lui redevoir de l'argent. — Fig. *Ne pas demander son reste,* se retirer promptement et sans rien dire, après avoir été maltraité ou de peur de l'être. ‖ Le résultat d'une soustraction. ‖ *Reste d'une division,* résultat que l'on obtient en retranchant du dividende le produit du diviseur par le quotient. — Fig. Ce qui demeure d'une qualité physique ou morale : *Un reste de beauté, de courage.* ‖ Ce qui manque pour compléter un récit, une action : *Je vous raconterai le reste une autre fois.* ‖ *Et le reste,* et toutes les autres choses de même nature : *Avoir bon souper, bon gîte et le reste.* ‖ Ce que quelqu'un a refusé ou abandonné : *Je ne veux pas de vos restes.* ‖ *Faire son reste,* mettre au jeu tout l'argent qu'on a devant soi. — Fig. *Jouir de son reste,* recourir à ses dernières ressources, s'acquitter mal d'une fonction que l'on va perdre. ‖ A la paume, au volant : *Donner le reste à quelqu'un,* lui pousser la balle, le volant de telle sorte qu'il ne puisse le renvoyer. — Fig. *Je lui ai donné son reste,* je l'ai battu, corrigé, surpassé. — *Pl.* Ce qui reste d'un repas. ‖ La dépouille mortelle d'une personne. — De reste, *loc. adv.* Plus qu'il n'est nécessaire : *Avoir de l'argent de reste.* — Au reste, du reste, *loc. adv.* Au surplus, d'ailleurs.

RESTER (l. *restare*), *vi.* Demeurer au lieu de s'en aller : *Restez avec moi.* ‖ Être de surplus, de reste : *L'honneur lui reste.* ‖ S'emploie impersonnellement dans ce sens : *Il lui reste de la fortune.* ‖ *Reste à savoir,* il reste à savoir. ‖ Demeurer dans tel ou tel état, telle ou telle situation : *Il reste toujours malade.* ‖ Demeurer dans la mémoire des hommes, dans l'usage : *Ce poème, cette mode restera.* ‖ *Rester sur la place,* être tué sur le champ de bataille. ‖ *Son père lui reste,* il a son père encore vivant. ‖ *En rester à,* se borner à, s'arrêter à : *Il n'en restera pas à ce premier succès ; j'en suis resté à ce chapitre.* ‖ Être situé : *L'île restait à notre droite.* (Mar.) — **Dér.** *Restant, restante, rester.*

RESTIF DE LA BRETONNE (1734-1806). Mauvais, mais très fécond romancier français, auteur du *Pied de Fanchette*, du *Paysan perverti*, etc.

***RESTIPULER** (pfx. *re* + *stipuler*), *vi.* Stipuler une seconde fois.

RESTITUABLE (*restituer*), *adj. 2 g.* Que l'on doit rendre : *Somme restituable.* || Qui peut être remis en possession d'un bien aliéné : *Les mineurs sont restituables dans certains cas.*

RESTITUER (l. *restituere*), *vt.* Rétablir, remettre en son premier état : *Restituer le texte d'un auteur.* || *Restituer un monument ruiné ou détruit,* en faire le plan d'après certaines indications. || Rendre ce qui a été pris ou ce qui est possédé indûment : *Restituer un objet volé.* — **Se restituer**, *vr.* Etre restitué. — **Dér.** *Restitution, restituable, restituteur.*

***RESTITUTEUR** (*restituer*), *sm.* Personne qui restitue une chose indûment détenue.

RESTITUTION (l. *restitutionem*), *sf.* Rétablissement d'une chose en son premier état. || Action de rendre ce que l'on a pris ou ce que l'on possède indûment.

RESTOUT (JEAN) (1692-1768), peintre français, neveu et élève de Jouvenet, auteur d'un *Christ guérissant le paralytique*, d'*Alexandre et son Médecin* (musée du Louvre). Son fils, JEAN-BERNARD (1732-1797), peintre, 1er prix en 1756, membre de l'Académie en 1765.

RESTREINDRE (l. *restringere*), *vt.* Resserrer. — Fig. Diminuer : *Restreindre l'autorité d'un chef.* || Imposer des bornes plus étroites, contenir : *Restreindre la licence.* — **Se restreindre**, *vr.* Se borner à : *Se restreindre au nécessaire.* || Absol. Diminuer sa dépense. — **Gr.** Ce verbe se conjugue comme *Étreindre.* — **Dér.** *Restrictif, restrictive, restriction, restringent, restringente.*

RESTRICTIF, IVE (du l. *restrictum*, resserré), *adj.* Qui restreint, qui limite : *Mesures restrictives.*

RESTRICTION (l. *restrictionem*), *sf.* Condition qui restreint, réserve : *Consentir sans restriction.* || *Restriction mentale,* réserve que l'on fait par la pensée, mais que l'on n'exprime pas dans le but de tromper celui à qui l'on parle.

RESTRINGENT, ENTE (l. *restringentem*), *adj.* Astringent : *Médicament restringent.*

RÉSULTANT, ANTE (*résulter*), *adj.* Qui résulte. — *Sf.* Force unique produisant le même effet que plusieurs forces, soit concourantes, soit parallèles. (V. *Force.*) (Méc.)

RÉSULTAT (*résulter*), *sm.* L'effet d'une action, d'une cause. || La conséquence d'un principe. || Ce qui s'ensuit d'une délibération : *La découverte de l'imprimerie eut pour résultat la vulgarisation des connaissances.* || Le nombre qu'on obtient finalement en exécutant une opération d'arithmétique.

RÉSULTER (l. *resultare*, sauter en arrière), *vi.* Etre produit par, s'ensuivre, découler de : *La fièvre résulte des émanations miasmatiques des marais. Mille erreurs peuvent résulter d'un faux principe.* — **Gr.** Usité seulement à l'inf. et à la 3e pers. du sing. et du pl. de chaque temps. — **Dér.** *Résultant, résultante, résultat.*

RÉSUMÉ, *spm.* de *résumer.* Récapitulation, exposition sommaire : *Le résumé d'une théorie.* || Précis, abrégé : *Un résumé d'histoire de France.* — AU RÉSUMÉ, EN RÉSUMÉ, *loc. adv.* En récapitulant. || Finalement.

RÉSUMER (pfx. l. *re*, de nouveau + *sumere*, prendre), *vt.* Formuler en peu de mots ce qu'il y a d'essentiel dans un discours, un écrit : *Résumer une leçon.* — **Se résumer**, *vr.* Reprendre en peu de mots ce qu'on vient de dire. — **Dér.** *Résumé.*

***RÉSUMPTE** (l. *resumpta*, pour *thesis resumpta*, thèse reprise), *sf.* Thèse que doit soutenir un docteur en théologie qui a au moins sept ans de doctorat pour pouvoir présider aux thèses. — **Dér.** *Résumpté.*

***RÉSUMPTÉ** (*résumpte*), *adj. m.* Se dit d'un docteur qui a soutenu sa résumpte.

***RÉSUPINÉ, ÉE** (pfx. l. *re*, de nouveau + *supinum*, couché sur le dos), *adj.* Dont la partie ordinairement supérieure regarde en bas et l'inférieure en haut : *Pétale résupiné.*

***RÉSURE** (*x*), *sf.* Rogue, œufs de morue salés, dont on se sert pour la pêche de la sardine.

RÉSURRECTION (l. *resurrectionem*), *sf.* Retour de la mort à la vie. — Fig. Guérison surprenante inopinée. || Vitalité que reprend une chose en décadence : *La résurrection des études.* — **Dér.** *Résurrectionniste.*

***RÉSURRECTIONNISTE** (*résurrection*), *sm.* Malfaiteur anglais qui déterre un cadavre pour le livrer à l'anatomiste.

RETABLE (vx fr. *restaule* : du l. *restabilis*, fixé contre), *sm.* Sorte de dossier en bois ou en pierre posé sur une table d'autel

RETABLE

EN BOIS SCULPTÉ ET DORÉ AVEC DEUX PEINTURES, COMMENCEMENT DU XVIe SIÈCLE

(Exposition de Tours.)

parallèlement à la longueur de celle-ci et sur lequel est sculpté un bas-relief. C'est un massif construit derrière l'autel, qu'il relie à la tour placée près dudit autel au ve siècle, puis derrière au xie siècle, pour y conserver, sous un clocher de fausse architecture, les reliques les plus précieuses de l'église. Sur cette table oblongue, qui débordait souvent la largeur de l'autel, on étalait les reliquaires, les monstrances et les ostensoirs. Parfois, la tour aux reliques enveloppe le retable, sur les côtés duquel des gradins sont pratiqués pour faire voir aux fidèles tout le trésor. Au xiiie siècle, les retables construits en pierre furent comme de petites cryptes, closes de toutes parts par des arcades à jour, et pouvant contenir plusieurs corps saints, plusieurs sarcophages. Au xive siècle et au xve, on n'orna plus de sculptures en bas-relief le devant du retable; on préféra revêtir ce mur de tableaux à volets, se développant ou se fermant à volonté; ces diptyques, ces triptyques qu'on n'ouvrait que durant les offices, eurent bientôt jusqu'à dix feuillets; puis, de la fin du xve au début du xvie siècle, on préféra la sculpture; on eut alors un édicule à trois frontons; dans la pièce du milieu était d'ordinaire représentée la crucifixion; les pièces latérales, à deux ou trois étages, représentaient d'autres scènes de la passion. La surface était en ronde-bosse; les derniers plans étaient en bas-relief. Parmi les monuments les plus remarquables en ce genre citons : 1o Le grand retable d'albâtre de la cathédrale de Tarragone, sculpté vers 1420 par Guillem de la Mota et Pedro Juan. 2o Le retable de Poissy, l'une des plus curieuses pièces du musée du Louvre; cette pièce en os avec encadrements de marqueterie a été exécutée par les ordres de Jean de Berri, frère de Charles V, et de sa seconde femme, Jeanne de Boulogne, qui s'y sont fait représenter assistés de leurs patrons. 3o Le retable de Champdeuil (Seine-et-Marne), conservé aujourd'hui au musée de Cluny; cette œuvre, à demi française, à demi allemande, s'éloigne du moyen âge et annonce la renaissance.

RÉTABLIR (pfx. *re*+*établir*), *vt.* Établir de nouveau : *Rome après la chute des décemvirs rétablit le consulat.* || Remettre une personne, une chose dans son premier état ou dans un meilleur état : *Rétablir un prince sur le trône. Rétablir une statue renversée.* || *Rétablir un passage d'un auteur,* le remettre dans l'état où il était, avant d'avoir été altéré par les copistes. || Rendre à la santé : *Les eaux de Vichy l'ont rétabli.* — **Se rétablir**, *vr.* Etre remis en bon état : *Sa fortune se rétablit.* || Recouvrer la santé : *Le malade se rétablit.* — **Dér.** *Rétablissement.*

RÉTABLISSEMENT (*rétablir*), *sm.* Action de rétablir. || État d'une personne, d'une chose rétablie : *Le rétablissement d'une fête.* || Absol. Retour à l'état de santé : *J'irai vous voir après mon rétablissement.*

RETAILLE, *svf.* de *retailler.* Ce qu'on retranche d'une chose en la façonnant.

RETAILLER (pfx. *re* + *tailler*), *vt.* Tailler de nouveau : *Retailler sa plume, un arbre.* — **Dér.** *Retaille.*

RÉTAMAGE (*rétamer*), *sm.* Action de rétamer. || L'ouvrage qui en résulte : *Un bon rétamage.*

RÉTAMER (pfx. *re*+ *étamer*), *vt.* Étamer de temps en temps : *Rétamer des casseroles.* — **Dér.** *Rétamage, rétameur.*

RÉTAMEUR (*rétamer*), *sm.* Ouvrier ambulant qui rétame.

RETAPER (pfx. *re*+ *taper*), *vt.* Renfoncer en frappant : *Retaper un clou.* || *Retaper un chapeau,* le remettre à neuf; autrefois en retrousser les bords contre la forme.

RETARD, *svm.* de *retarder.* Caractère de ce qui a lieu trop tard : *Arriver en retard.* || *Le retard d'une horloge,* état d'une horloge qui ne marque pas une heure assez avancée. || *Le retard d'une pendule, d'une montre,* la partie du mécanisme qui sert à en accélérer ou à en ralentir le mouvement.

RETARDATAIRE (*retarder*), *adj. et s. 2 g.* Qui est en retard pour payer ses contributions. || Qui ne se rend pas à temps au régiment. || Qui arrive trop tard : *Les retardataires paieront l'amende.*

RETARDATEUR, TRICE (*retarder*), *adj.* Qui ralentit le mouvement d'un corps : *Le frottement est une force retardatrice.*

RETARDATION (*retarder*), *sf.* Ralentissement du mouvement d'un corps. (Méc.)

RETARDEMENT (*retarder*), *sm.* Action de retarder : *Le retardement d'un voyage.* || État de ce qui est, ou se fait en retard : *Le retardement d'un train de chemin de fer.* || Ralentissement : *Le retardement d'un mouvement.*

RETARDER (l. *retardare*), *vt.* Remettre une chose à plus tard : *Retarder son départ.* || Empêcher de partir immédiatement : *La pluie m'a retardé.* || Empêcher d'avancer : *Les mauvais chemins nous ont retardés.* || Ralentir : *La paresse retarde les progrès de cet écolier.* || *Retarder une horloge,* faire qu'elle marque une heure moins avancée ou qu'elle aille moins vite. || Retarder une note consonante d'un accord par une note prise dans l'accord précédent. — *Vi.* Différer. ‖ Aller trop lentement, en parlant d'une horloge : *La lune retarde tous les jours de trois quarts d'heure,* elle se lève chaque jour trois quarts d'heure plus tard que la veille. — **Dér.** *Retard, retardation, retardement, retardataire, retardateur, retardatrice.*

RETÂTER (pfx. *re* + *tâter*), *vt.* Tâter de nouveau. — Fig. Chercher de nouveau à connaître la pensée secrète de quelqu'un : *On tâte ou retâte en vain cet homme taciturne.* — *Vi.* Revenir à une chose, s'y exposer de nouveau : *Il a subi une punition, il n'en veut plus retâter.*

RETEINDRE (pfx. *re* + *teindre*), *vt.* Teindre de nouveau. — **Gr.** Ce verbe se conjugue comme *Teindre.*

RETENDRE (pfx. *re* + *tendre*), *vt.* Tendre de nouveau.

RETENIR (pfx. *re* + *tenir*), *vt.* Tenir de nouveau. ‖ Garder par devers soi ce qui est à un autre : *Retenir le bien d'autrui.* ‖ Conserver toujours : *Retenir le pouvoir, une habitude.* ‖ Réserver : *En louant ma maison, j'ai retenu un appartement.* ‖ *Les juges ont retenu la cause,* ont décidé qu'il leur appartenait de la juger. ‖ *Retenir 0,* le réserver pour le reporter à la colonne suivante d'une addition. (Arith.) ‖ Prélever, déduire d'une somme : *Retenir l'escompte.* ‖ S'assurer d'avance et par précaution la libre disposition d'une chose : *Retenir une place à la diligence.* ‖ Tenir, arrêter : *Ce barrage retient l'eau.* ‖ Faire rester : *La maladie le retient au lit.* ‖ Ne pas laisser aller : *Mon ami m'a retenu.* ‖ Soutenir pour empêcher de tomber : *Retenez cette tringle.* ‖ Empêcher qu'une chose n'ait lieu : *Il allait tomber à l'eau, mais on l'a retenu.* ‖ Empêcher, réprimer : *Retenir sa colère.* ‖ Garder dans sa mémoire : *Retenir une pièce de vers.* — **Se retenir,** *vr.* S'arrêter avec effort : *Se retenir en glissant.* ‖ S'accrocher à quelque chose pour ne pas tomber : *Se retenir à la rampe.* ‖ Se réprimer, se modérer : *Il l'aurait tuée s'il ne s'était retenu.* ‖ Rester gravé dans la mémoire : *Les vers se retiennent mieux que la prose.* — **Dér.** *Retenu, retenue, rétention, rétentif, rétentive, retentum, rétentionnaire.*

***RETENTER** (pfx. *re* + *tenter*), *vt.* Tenter de nouveau; faire de nouveaux essais.

***RÉTENTIF, IVE** (*rétention*), *adj.* Qui a la vertu de retenir.

RÉTENTION (l. *retentionem*), *sf.* Action de retenir, de réserver. ‖ *La rétention d'une cause,* décision par laquelle un tribunal se reconnaît compétent pour juger cette cause ou par laquelle une cause est maintenue au rôle et dans son rang. ‖ *Droit de rétention,* droit que possède dans certains cas un créancier de retenir un objet appartenant au débiteur pour sûreté de sa créance. L'artisan peut retenir la matière travaillée en remboursant la valeur de la matière, si la main-d'œuvre surpasse de beaucoup cette valeur; le cohéritier qui rapporte un immeuble à une succession, peut le retenir jusqu'au paiement des impenses et améliorations; le créancier peut retenir le gage jusqu'à entière libération de son débiteur; le dépositaire garde le dépôt jusqu'à complet paiement de son dû. ‖ *Rétention d'urine,* maladie dans laquelle l'urine ne peut sortir de la vessie qu'avec difficulté, par suite de la paralysie de la vessie, d'une tumeur qui fait obstacle, d'une inflammation des canaux urinaires.

RÉTENTIONNAIRE (*rétention*), *sm.* Celui qui retient ce qui appartient à autrui. (Dr.)

RETENTIR (pfx. *re* + vx fr. *tentir,* résonner : du l. *tinnitire* pour l. *tinnitare,* tinter), *vi.* Rendre, renvoyer un son éclatant : *L'écho retentit de ses cris.* — Fig. *Tout retentit du bruit de ses hauts faits,* on les loue, on les célèbre partout. ‖ Produire un bruit éclatant : *Le tonnerre retentit.* — Fig. Impressionner vivement : *Le bruit de la terre qui retombe sur un cercueil retentit dans les cœurs.* — **Dér.** *Retentissant, retentissante, retentissement.*

RETENTISSANT, ANTE (*retentir*), *adj.* Qui retentit : *Grotte retentissante.*

RETENTISSEMENT (*retentir*), *sm.* Son renvoyé avec éclat : *Le retentissement du tonnerre dans les montagnes.* — Fig. *Cet événement a eu un grand retentissement,* il a impressionné vivement l'opinion.

RETENTUM [re-tin-tome] (ml., chose retenue), *sm.* Autrefois article contenu dans un arrêt criminel, mais que les juges tenaient secret : *L'arrêt portait que le coupable serait roué vif, mais contenait ce retentum qu'il serait étranglé auparavant.* ‖ Réserve *in petto* faite dans l'intention de tromper, par une personne qui traite une affaire.

RETENU, UE (*retenir*), *adj.* Prudent, circonspect : *Homme retenu. Conduite retenue.* ‖ *Cheval retenu,* celui qui ne part pas franchement et se fait trop solliciter pour aller en avant.

RETENUE, *spf.* de *retenir.* Cordage servant à retenir un objet qui pourrait se renverser. ‖ Réservoir d'eau. ‖ Espace entre deux écluses, où l'eau est retenue. ‖ *Retenue de chasse,* bassin d'un port fermé par une écluse qu'on ouvre à marée basse pour que le courant entraîne le galet et le sable qui obstruent l'entrée du port. ‖ Somme qu'on retient sur un traitement, une rente, un salaire : *Les employés de l'État subissent une retenue du vingtième de leur traitement.* ‖ Privation de récréation ou de promenade infligée à un écolier : *Cet élève est souvent en retenue.* — Fig. Qualité de celui qui sait se contenir, prudence, circonspection : *Agir avec retenue.*

RÉTIAIRE

RETERÇAGE ou **RETERSAGE** (*retercer*), *sm.* Action de retercer.

RETERCER ou **RETERSER** (pfx. *re* + *tercer*), *vt.* Tercer de nouveau. — **Dér.** *Reterçage* ou *retersage.*

RETHEL, 7403 hab., sous-préf. Ardennes, à 211 kilom. de Paris; filatures de laine, sucreries, fabrique de tissus légers, mérinos, ch. de fer de l'E.

RÉTIAIRE [ré-ciai-re] (l. *retiarium* : de *rete,* filet), *sm.* Gladiateur qui en combattant cherchait à envelopper son adversaire, un *secutor* le plus souvent, dans un filet. C'était là son arme distinctive; il portait en outre une fourche à trois dents; mais il n'avait pas d'armure défensive. Si son adversaire se dégageait et échappait à son trident, il s'enfuyait en essayant de ramasser son filet pour le lancer de nouveau.

RÉTICENCE (l. *reticentia* : du pfx. *re* + *tacere,* taire), *sf.* Omission volontaire d'une chose qu'on devrait dire. ‖ La chose même qu'on a omise : *Une réticence perfide.* — Figure de rhétorique par laquelle celui qui parle interrompt soudain le développement d'une idée, pour passer à une autre, tout en laissant clairement entendre ce qu'il supprime. Ex. : *Je devrais sur l'autel où ta main sacrifie, Te... mais du prix qu'on m'offre il faut me contenter.* (Athalie à Joad.)

RÉTICULAIRE (*réticule*), *adj. 2. g.* En forme de réseau.

***RÉTICULE** (l. *reticulum,* petit filet), *sm.* Petit réseau dans lequel les dames romaines serraient leurs cheveux. ‖ Anneau portant des fils très déliés de soie, d'araignée ou de platine qui se croisent perpendiculairement; on le place dans une lunette astronomique ou dans une lunette tenant lieu d'alidade pour pouvoir mesurer un angle avec précision, ou déterminer exactement l'heure du passage d'un astre au méridien. — **Dér.** *Réticulé, réticulée, réticulaire.*

RÉTICULE

RÉTICULÉ, ÉE (l. *reticulatum*), *adj.* Se dit d'un appareil en forme de réseau fort usité dans l'architecture, à la fin de l'empire romain et durant l'époque mérovingienne. Dans ce système, les pierres taillées en petits cubes reposent sur une de leurs arêtes et non sur un de leurs côtés; l'appareil ne forme d'ailleurs que revêtement; l'intérieur de la muraille est rempli de blocage. ‖ Se dit de porcelaines chinoises à double paroi ajourée; l'enveloppe externe, finement découpée, laisse apercevoir, le plus souvent, à travers les réseaux d'une décoration délicate, des dessins peints à l'oxyde de cobalt sur la paroi interne, qui est tout à fait indépendante de la première et avec laquelle elle ne se relie que par le bord supérieur.

RÉTIERS, 3198 hab. Ch.-l. de c., arr. de Vitré (Ille-et-Vilaine). Ch. de fer de l'O.

RÉTIF, IVE (du l. *restare,* résister, regimber), *adj.* Qui s'arrête ou recule au lieu d'avancer, en parlant des bêtes de monture : *Cheval rétif.* — Fig. Difficile à conduire, à persuader : *Enfant, caractère rétif.* ‖ Qui fonctionne mal ou ne fonctionne pas : *Sa langue est rétive.* — **Dér.** *Rétiveté.*

***RÉTIFORME** (l. *rete,* filet + *forme*), *adj.* Qui a la forme d'un réseau, en histoire naturelle.

***RÉTINACLE** (l. *retinaculum*), *sm.* (Crochet qui retient les graines des Acanthacées aux parois du fruit. ‖ Disque visqueux sur lequel s'insère le caudicule des *Orchidées.* (V. ce mot.) (Bot.)

***RÉTINAIRE** (*rétine*), *adj.* Qui tient à la rétine.

***RÉTINASPHALTE** (g. ῥητίνη, résine + asphalte), *sf.* La rétinite.

RÉTINE (du l. *rete,* filet), *sf.* Membrane qui tapisse la choroïde à l'intérieur du globe de l'œil; formée par l'épanouissement du nerf optique et sur laquelle les images des objets viennent se peindre renversées. (V. *Œil,* t. II, p. 780, col. 1.) — **Dér.** *Rétinaire, rétinite* 2. — Même famille que *Rétinacle, rétinerve,* etc.

***RÉTINERVE** (l. *rete,* filet + *nerf*), *adj.* En botanique, se dit des feuilles à nervures réticulées.

1. ***RÉTINITE** (g. ῥητίνη, résine), *sf.* Roche volcanique d'un vert noirâtre, d'un aspect à la fois résineux et vitreux. — **Dér.** *Rétinitique.* — **Comp.** *Rétinoïde, rétinasphalte.*

2. **RÉTINITE** (*rétine* + sfx. méd. *ite*), *sf.* Inflammation de la rétine.

***RÉTINITIQUE** (*rétinite*), *adj.* Qui tient de la rétinite.

***RÉTINOÏDE** (g. ῥητίνη), *sm.* Excipient pharmaceutique composé de l'union de résines entre elles ou avec de la cire.

RETIRADE (*retirer*), *sf.* Retranchement qu'on faisait autrefois en dedans d'un rempart et où l'on se retirait pour se défendre quand le rempart était pris.

RETIRATION (*retirer*), *sf.* Action d'imprimer le verso d'une feuille de papier, déjà imprimée d'un côté.

RETIRÉ, ÉE (*retirer*), *adj.* Qui vit dans la retraite : *C'est un homme retiré.* ‖ Qui n'exerce plus sa profession : *Notaire retiré.* ‖ Solitaire : *Vie, demeure retirée.*

RETIREMENT (*retirer*), *sm.* Action de retirer, de reprendre. ‖ État de rigidité d'un muscle.

RETIRER (pfx. *re* + *tirer*), *vt.* Tirer de nouveau. ‖ Tirer vers soi, ramener en arrière : *Retirer la main.* ‖ *Retirer un mot,* prier de regarder comme nul un mot qui vous est échappé. ‖ Tirer une personne, une chose d'où elle était : *Retirer un élève du collège, un seau d'un puits.* ‖ Dégager : *Retirer des effets du mont-de-piété.* — Fig. *Retirer sa parole,* annuler une promesse qu'on avait faite. ‖ Extraire : *On retire du sucre de la betterave.* ‖ Arracher à, sauver, préserver de : *Retirer quelqu'un de son erreur, du péril.* ‖ Priver de : *Retirer sa protection.* ‖ Donner asile : *Retirer chez soi un orphelin.* ‖ Percevoir, tirer un profit : *Il retire chaque année 10 000 francs de cette propriété.* ‖ Obtenir, recueillir : *Il retira de grands avantages de cette entreprise. Il retira une grande gloire de ce fait d'armes.* — *Vi. La mer retire,* elle est dans le reflux. — **Se retirer,** *vr.* S'en aller, s'éloigner d'un lieu : *Souffrez que je me retire.* — Fig. *Se retirer de quelqu'un,* cesser de le fréquenter. ‖ Rentrer chez soi : *Il se retira de bonne heure du concert. Se retirer dans sa chambre.* ‖ Cesser d'exercer sa profession : *Se retirer du commerce.* ‖ Quitter un lieu pour aller habiter dans un autre :

Se retirer à la campagne. || Battre en retraite : *L'armée se retira en bon ordre.* || Se réfugier : *A l'approche de l'ennemi, les Gaulois se retiraient dans leurs oppidums.* || Se contracter, se raccourcir : *Cette étoffe se retire quand elle est lavée.* || Rentrer dans son lit après avoir débordé : *La rivière se retire.* — **Dér.** *Retiré, retirée, retirement, retirade, retiration, retirons, retirure.*

***RETIRONS** (*retirer*), *spm.* Flocons de laine restant dans un peigne après un premier peignage.

***RETIRURE** (*retirer*), *sf.* Creux dans une pièce d'étain jetée au moule.

***RÉTIVETÉ** ou **RÉTIVITÉ** (*rétif*), *sf.* Défaut d'un animal rétif.

***RÉTOIRE** (*x*), *sm.* Nom que les vétérinaires donnent aux caustiques qui n'exercent leur action que quelque temps après leur application.

***RETOISER** (pfx. *re* + *toiser*), *vt.* Toiser de nouveau.

***RETOMBE,** *svf.* de *retomber; feuille de retombe,* feuille appliquée en un point déterminé d'un plan, d'un dessin, auquel elle tient par un côté; elle reproduit la partie même du dessin qu'elle recouvre, avec quelques modifications, afin qu'on puisse choisir entre deux projets.

RETOMBÉE, *spf.* de *retomber,* la partie des voussoirs qui forme la naissance d'une voûte, d'une arcade reposant sur un mur, un chapiteau, etc.; elle pourrait se soutenir sans cintre en supposant que la voûte fût détruite ou non achevée.

RETOMBÉE

RETOMBER (pfx. *re* + *tomber*), *vi.* Tomber de nouveau. || Tomber après s'être élevé : *La vague retombe.* || Pendre, en parlant de draperies, de cheveux : *Ses cheveux retombent sur ses épaules.* — Fig. Être attaqué de nouveau d'une maladie qui semblait guérie : *Retomber en paralysie.* || Être remis dans; ramené à : *Retomber dans la misère.* || Se laisser aller de nouveau à : *Retomber dans l'ivrognerie.* || Se détourner d'un ennemi pour en attaquer un autre : *Après la bataille de Ligny, Napoléon retomba sur les Anglais.* || Être la même chose que : *Cela retombe dans ce que je vous ai dit.* || Être soumis de nouveau à : *Cette ville retomba au pouvoir de l'ennemi.* || Peser sur : *Cette perte retombera sur moi.* || Être imputable à : *La honte en retombera sur lui.* — **Dér.** *Retombe, retombée.*

***RETONDEUR** (pfx. *re* + *tondeur*), *sm.* Ouvrier qui retond.

RETONDRE (pfx. *re* + *tondre*), *vt.* Tondre de nouveau. — **Dér.** *Retondeur.*

*** RETORDAGE** ou **RETORDEMENT** (*retordre*), *sm.* Action de retordre. || Son résultat.

***RETORDERIE** (*retordre*), *sf.* Atelier pour le *retordage.*

***RETORDEUR** (*retordre*), *sm.* Ouvrier qui retord les fils.

***RETORDOIR** (*retordre*), *sm.* Machine pour le retordage.

RETORDRE (pfx. *re* + *tordre*), *vt.* Tordre de nouveau. || Tordre deux ou trois brins de ficelle ensemble. — **Gr.** Ce verbe se conjugue comme *Tordre.* — **Dér.** *Retors, retorse, retordement, retorderie, retordage, retordeur, retordoir, rétorsif, rétorsive, rétorsion, rétorsoir, retorte, retortiller*

***RÉTORQUABLE** (*rétorquer*), *adj. 2 g.* Qui peut être rétorqué.

RÉTORQUER (l. *retorquere,* même sens), *vt.* Retourner contre un adversaire les preuves, les raisonnements dont il s'est servi. — **Se rétorquer,** *vr.* Être rétorqué.

RETORS, ORSE, (ancien part. passé de *retordre*), *adj.* Retordu plusieurs fois : *Fil retors.* — Fig. Fin, rusé, artificieux, machiavélique : *Homme retors.*

***RÉTORSIF, IVE** (*rétorsion*), *adj.* Qui contient une rétorsion.

RÉTORSION (*retors*), *sf.* Action de retourner contre un adversaire les preuves, les raisonnements dont il s'est servi. || Application aux étrangers résidant en France du traitement qu'ils nous imposent dans leur pays.

***RÉTORSOIR** (*retors*), *sm.* Retordoir.

RETORTE, (l. *retorta,* chose retordue), *sf.* Cornue (vx). || Vases en tôle de fer servant à la fabrication du gaz d'éclairage.

***RETORTILLER** (pfx. *re* + *tortiller*), *vi.* Tortiller de nouveau. || Répéter souvent les mêmes idées.

RETOUCHE, *svf.* de *retoucher.* Action de repeindre ou de corriger certaines parties d'un tableau. || Son résultat. || Action de repasser le burin dans les tailles à demi usées d'une gravure.

RETOUCHER (pfx. *re* + *toucher*), *vi.* Toucher de nouveau à. || Faire des retouches, des corrections : *Retoucher à un travail.* — *Vt.* Améliorer, corriger : *Retoucher un ouvrage, un poème.* — **Dér.** *Retouche.*

***RETOUPER** (pfx. *re* + allem. *topf,* pot), *vt.* Réparer une poterie mal cuite, mal tournée.

RETOUR (pfx. *re* + *tour*), *sm.* Changement de direction très prononcé : *Le chemin fait un retour.* || Action de revenir : *Pendant mon retour.* || *Être sur son retour,* prêt de partir pour revenir. — Fig. *Être sur le retour,* commencer à baisser, à décliner, à vieillir. || Arrivée au lieu d'où l'on était parti : *Au retour du voyage.* || *Être de retour,* être revenu. || *Retour de noce,* repas qu'on donne à des mariés quelques jours après leur mariage. || Rentrée dans la patrie : *Le retour des exilés.* || Rentrée dans les emplois : *Le retour d'un ministre.* — Fig. *Retour à Dieu,* conversion d'un pécheur. || *Faire un retour sur soi-même,* faire de sérieuses réflexions sur sa conduite. || Renvoi d'une lettre de change non payée et protestée au tireur. || *Compte de retour,* compte des frais occasionnés par ce renvoi. || *Retour sans frais,* clause des lettres de change, par laquelle le porteur peut se dispenser des poursuites judiciaires, au cas de non paiement à l'échéance. || Encoignure d'un bâtiment. || Angle formé par deux constructions dont l'une est en saillie sur l'autre : *Il y a une aile en retour de la façade.* || *Retour d'équerre,* encoignure formant un angle droit. || Renouvellement d'une chose périodique : *Le retour de l'hiver.* || Recommencement qui suit une interruption : *Être de retour au travail.* || Changement dans la marche des affaires : *Un retour de fortune.* || *Un retour de l'opinion,* ce qui arrive quand la disposition des esprits redevient favorable à quelqu'un, à quelque chose. || *Retour de l'âge,* moment où les forces, les facultés commencent à baisser. || Ce qu'on ajoute à une chose que l'on troque contre une autre, pour rendre le troc égal : *J'ai changé mon cheval contre le sien, mais il m'a donné du retour.* || Réciprocité de sentiments, de services : *Je paie son amitié de retour.* || Tentative de réconciliation. || Attribution aux ascendants de tout ou partie de la succession d'un descendant : *A sa mort, cette propriété fera retour à ses parents.* || *Choc en retour.* (V. *Choc.*) — SANS RETOUR, *loc. adv.* Pour toujours, définitivement.

***RETOURNAGE** (*retourner*), *sm.* Action de retourner des boyaux.

RETOURNE, *svf.* de *retourner.* Carte qu'on retourne à certains jeux après avoir donné les cartes, et qui devient la couleur de l'atout.

***RETOURNEMENT** (*retourner*), *sm.* Action de tourner dans un autre sens. || En géométrie, polyèdre symétrique obtenu par le rabattement autour d'une arête. || Action de retourner un rail. || Vérification d'une lunette, d'un quart de cercle, par l'observation d'une étoile fort rapprochée du zénith.

RETOURNER (pfx. *re* + *tourner*), *vt.* Tourner en sens contraire : *Retourner du foin, des javelles.* || *Retourner une carte,* la tourner de façon qu'on en voie la figure. || *Retourner un habit,* le refaire en mettant l'envers en dehors. || Tourner en arrière : *Retourner la tête.* || Bêcher, labourer : *Retourner le sol.* || *Retourner de la luzerne,* la labourer pour l'extirper du champ. — Fig. *Retourner quelqu'un,* lui faire changer d'avis, d'opinion : *Cette lecture l'a retourné.* — Fig. *Je l'ai tourné et retourné dans tous les sens,* j'ai pris tous les moyens possibles pour le convaincre, le déterminer. || *Retourner une traite,* la renvoyer non payée au tireur. — *Vi.* Revenir : *Retourner dans son pays, à l'âge d'or.* || Reprendre une occupation interrompue : *Retourner au travail.* || Revenir à une chose dont on s'était écarté : *Retournons à ce que je disais tout à l'heure.* || Redevenir la propriété de : *Ce domaine retournera à cette famille.* — **Se retourner,** *vr.* Regarder en arrière : *Quand on l'appela, il se retourna.* || Se tourner d'un autre côté. || Prendre d'autres mesures, un autre parti : *Il faudra se retourner pour sortir d'embarras.* || *S'en retourner,* s'en aller. — **Dér.** *Retourne, retournage, retournement, retournure.*

***RETOURNURE** (*retourner*), *sf.* Seconde trempe donnée à une chandelle à la baguette.

RETRACER (pfx. *re* + *tracer*), *vt.* Tracer de nouveau ou autrement : *Il faudra retracer cette ligne.* || Représenter à l'esprit, raconter, décrire : *Retracer l'histoire d'une nation.* || *Se retracer,* se remettre une chose présente à l'esprit : *Se retracer son village.* — **Se retracer,** *vr.* Être retracé, rappelé dans la mémoire : *Cette mort se retrace toujours à mon esprit.* — **Dér.** *Retracement.*

***RÉTRACTABLE** (*rétracter*), *adj.* Qui peut ou doit être rétracté.

RÉTRACTATION (l. *retractationem*), *sf.* Action de renier, de désavouer une chose qu'on a faite, pensée ou écrite : *Signer la rétractation de ses erreurs.*

RÉTRACTER (l. *retractare*), *vt.* Déclarer qu'on renie, qu'on désavoue une chose qu'on a faite, pensée, dite ou écrite : *Rétracter des paroles injurieuses.* — **Se rétracter,** *vr.* Faire la rétractation de : *Se rétracter de ce qu'on vient de dire.* || Se raccourcir. (Méd.) — **Dér.** *Rétractation, rétractable, rétractile.*

RÉTRACTILE (du l. *retractum,* retiré), *adj. 2 g.* Qui peut se raccourcir, rentrer en dedans : *Les griffes du chat sont rétractiles. Force rétractile.* — **Dér.** *Rétractilité.*

RÉTRACTILITÉ (*rétractile*), *sf.* Qualité de ce qui est rétractile.

RÉTRACTION (l. *retractionem*), *sf.* Raccourcissement, contraction d'un organe : *La rétraction du bras.*

***RETRADUIRE** (pfx. *re* + *traduire*), *vt.* Traduire de nouveau.

RETRAINDRE (l. *retrahere*), *vt.* (V. *Retreindre.*)

RETRAIRE (l. *retrahere,* retirer), *vt.* Exercer un retrait. (Dr.) — **Dér.** *Retrait* 1 et 2, *retraite* 1 et 2, *retraité, retraitée, retraiter, retrayant, retrayante, rétractilité, rétraction, retraindre, retreindre, retreinte.*

1. **RETRAIT,** *spm.* de *retraire.* Action de retirer : *Faire le retrait d'une somme placée chez un banquier.* || *Retrait d'un projet de loi,* acte par lequel le gouvernement renonce à faire discuter par les assemblées législatives un projet de loi qu'il leur avait présenté. || *Retrait d'emploi,* mesure disciplinaire qui consiste à priver un officier de son emploi pour un temps indéterminé. || Droit qu'a tout héritier de ne pas admettre au partage d'une succession un individu à qui un autre héritier a cédé ses droits sur cette succession. L'héritier qui veut user du retrait doit rembourser le cessionnaire au lieu et place duquel il est subrogé. || *Retrait lignager,* (V. *Lignager.*) || *Retrait litigieux,* faculté pour celui qui a cédé un droit litigieux de s'en faire tenir quitte par le concessionnaire, moyennant remboursement du prix, des frais et des intérêts. || Diminution du volume d'un corps par l'effet du refroidissement ou de la dessiccation : *L'argile chauffée éprouve un retrait.* || Phénomène qui consiste en ce que la mer dans certains parages s'éloigne peu à peu des côtes en abandonnant une partie de son lit, qui devient un nouveau rivage. (V. *Relai.*)

2. **RETRAIT, AITE** (*retraire*), *adj.* Se dit d'une portion d'héritage reprise par droit

de retrait. || Contracté par le refroidissement ou la dessiccation. || Se dit des grains qui mûrissent sans se remplir.

1. **RETRAITE**, *spf.* de *retraire*. Action de se retirer : *Une prompte retraite.* || Marche en arrière, d'une armée battue ou trop faible : *La retraite de Russie.* || *Battre en retraite*, se retirer en arrière en parlant d'une armée. — Fig. Céder. || Rentrée obligatoire des militaires dans leur caserne à une heure fixe de la soirée. || Signal pour rentrer ainsi donné par le tambour ou la trompette : *Battre, sonner la retraite.* || Rentrée des eaux débordées dans leur lit. || Action de se retirer du monde, des affaires, d'un emploi : *Songer à la retraite.* || État d'une personne qui s'est retirée du monde, des affaires pour vivre à la campagne : *Soupirer après la retraite.* || Le lieu où une personne s'est ainsi retirée : *Une paisible retraite.* || Action de se renfermer dans un lieu pour s'y livrer à des exercices de piété : *Son confesseur lui a conseillé une retraite.* || Lieu de refuge : *Une retraite sûre.* || Lieu où se cachent des gens mal intentionnés : *Une retraite de voleurs.* || Emploi tranquille ou pension accordée à un employé, un militaire retiré du service : *Être mis à la retraite.* || Rente payée par l'État, à titre de rémunération, pour des services civils ou militaires. Une partie de cette retraite est reportée sur la tête de la veuve du serviteur ou de ses enfants mineurs. Tout fonctionnaire entrant au service de l'État, pour avoir droit à la retraite, abandonne le premier douzième de son traitement, puis 5 0/0 de son traitement annuel. La retraite est acquise après 25 ou 30 années de service. || *Caisse des retraites*, qui fournit les fonds pour payer les retraites. De nos jours les caisses des retraites n'existent plus aux ministères de la guerre et de la marine ; les pensions sont directement payées par le Trésor. || *Caisse nationale des retraites pour la vieillesse*, caisse créée en 1850 et réorganisée en 1886 pour constituer, à l'âge de cinquante ans ou à un âge plus avancé, au choix du déposant, une rente viagère dont le maximum est fixé à 1 200 francs. || Diminution progressive de bas en haut de l'épaisseur d'un mur qui a du fruit. || Diminution d'un mur vertical, qui a lieu d'étage en étage. || Diminution de volume d'un corps par le refroidissement ou la dessiccation.

2. **RETRAITE** (*retraire*), *sf.* Traite faite par le porteur d'une lettre de change impayée et protestée sur le tireur ou l'un des endosseurs, pour rentrer dans ses déboursés. || Lettre de change qu'un négociant ou banquier tire sur un autre qui vient d'en tirer une sur lui.

RETRAITÉ, ÉE (*retraite* 1), *adj.* Qui a obtenu une pension de retraite : *Officier retraité.*

***RETRAITER** (*retraite*) *vt.* Mettre à la retraite.

RETRANCHEMENT (*retrancher*), *sm.* Action d'ôter quelque partie d'un tout : *Le retranchement d'un couplet dans une chanson.* || Suppression : *Le retranchement d'une pension.* || Diminution de dépense : *Ce retranchement lui permit de payer ses dettes.* || Réduit ménagé dans une chambre, un appartement. || Obstacle naturel, ouvrage de fortification qui protège contre les attaques de l'ennemi ; il consiste généralement en un fossé, derrière lequel s'établissent des parapets, des talus : *L'armée éleva des retranchements.* — Fig. Refuge, moyen de défense, argumentation : *Forcer quelqu'un dans ses derniers retranchements*, détruire ses plus fortes raisons.

RETRANCHER (pfx. *re* + *trancher*), *vt.* Oter quelque chose d'un tout : *Retrancher des branches d'un arbre ou à un arbre.* || Supprimer : *Retrancher un jour de congé, une dépense.* || Protéger en élevant des retranchements : *Retrancher un camp.* — **Se retrancher**, *vr.* Diminuer ses dépenses. || Se restreindre à : *Se retrancher à ne plus boire de vin.* || Construire devant soi des retranchements : *L'ennemi se retrancha.* || Occuper une position favorable à la défense : *Se retrancher sur une montagne.* — Fig. *Se retrancher dans*, se défendre uniquement par : *Il se retrancha dans un silence absolu.* — **Dér.** *Retranchement.*

RETRANSCRIRE (pfx. *re* + *transcrire*), *vt.* Transcrire de nouveau.

RETRAVAILLER (pfx. *re* + *travailler*), *vi.* Travailler de nouveau : *Retravailler à une machine.* — *Vt.* Modifier un ouvrage par un nouveau travail : *Retravailler un discours.*

RETRAVERSER (pfx. *re*+*traverser*), *vt.* Traverser de nouveau.

RETRAYANT, ANTE (*retraire*), *s.* Celui celle qui exerce un retrait. (Dr.)

RÊTRE (V. *Reître.*)

RÉTRÉCI, IE (*rétrécir*), *adj.* Étroit, barré : *Esprit rétréci.*

RÉTRÉCIR (pfx. *re*+*étrécir*), *vt.* Rendre plus étroit : *Rétrécir un habit, une allée.* — Fig. Rendre moins pénétrant, moins apte à comprendre : *Ce genre d'éducation rétrécit l'esprit.* — *Vi.* Devenir plus étroit : *La toile rétrécit au blanchissage.* — **Se rétrécir**, *vr.* Devenir plus étroit, moins capable de comprendre. — **Dér.** *Rétréci, rétrécie, rétrécissement, rétrécisseur, rétrécisseuse.*

RÉTRÉCISSEMENT (*rétrécir*), *sm.* Action de rendre moins large, plus serré. || État de ce qui est rétréci : *Le rétrécissement d'une étoffe, de l'esprit.*

***RÉTRÉCISSEUR, EUSE** (*rétrécir*), *s.* 2 *g.* Ouvrier, ouvrière qui fait métier de rétrécir les vêtements dans les ateliers de retouche.

* **RETREINDRE** (*restreindre*), *vt.* Diminuer le volume ou le diamètre d'une pièce de métal emboutie. — **Dér.** *Retreinte.*

***RETREINTE**, *svf.* de *retreindre.* Action de retreindre.

RETREMPER (pfx. *re* + *tremper*), *vt.* Tremper de nouveau : *Retremper du linge dans la lessive. Retremper une lame d'acier.* — Fig. Rendre plus ferme, plus vigoureux : *Le malheur retrempe l'homme.* — **Se retremper**, *vr.* Devenir plus ferme, plus vigoureux.

***RETRESSER** (pfx. *re* + *tresser*), *vt.* Tresser de nouveau.

RÉTRIBUER (du l. *re* + *tribuere*, accorder), *vt.* Donner à quelqu'un le salaire, la récompense qu'il mérite : *Rétribuer un professeur.* — **Gr.** Ce verbe se conjugue comme *Attribuer.* — **Dér.** *Rétribution, rétributeur.*

***RÉTRIBUTEUR** (*rétribuer*), *sm.* Celui qui rétribue.

RÉTRIBUTION (l. *retributionem*), *sf.* Salaire, récompense d'un travail, d'un service rendu.

***RETRIER** (pfx. *re* + *trier*), *vt.* Trier de nouveau les chiffons pour la pâte à papier.

***RÉTRILLER** (pfx. *re* + *étriller*), *vt.* Étriller de nouveau un cheval.

RETRO, préfixe latin exprimant un mouvement en arrière, la répétition d'une action.

RÉTROACTIF, IVE (pfx. *rétro* + *actif*), *adj.* Qui s'applique aux choses passées : *La loi n'a pas d'effet rétroactif.* — **Dér.** *Rétroactivité, rétroactivement.*

RÉTROACTION (pfx. *rétro* + *action*), *sf.* Le résultat d'une action rétroactive.

RÉTROACTIVEMENT (pfx. *rétro* + *activement*), *adv.* D'une manière rétroactive.

RÉTROACTIVITÉ (pfx. *rétro*+*activité*), *sf.* Qualité de ce qui est rétroactif.

***RÉTROAGIR** (pfx. *rétro*+*agir*), *vi.* Agir d'une manière rétroactive. — **Dér.** *Rétroactif, rétroactive, rétroaction, rétroactivement, rétroactivité.*

RÉTROCÉDANT, ANTE (*rétrocéder*), *s.* Celui, celle qui fait une rétrocession.

RÉTROCÉDER (pfx. *rétro* + *céder*), *vt.* Faire la rétrocession de : *Rétrocéder une créance.* — **Dér.** *Rétrocédant, rétrocédante, rétrocessif, rétrocessive, rétrocession, rétrocessionnaire.*

RÉTROCESSIF, IVE (*rétrocéder*), *adj.* Qui constitue une rétrocession : *Convention rétrocessive.*

RÉTROCESSION (*rétrocéder*), *sf.* Action de rétrocéder un droit, une propriété à la personne de laquelle on le tient : *Faire la rétrocession d'une créance.* — **Dér.** *Rétrocessionnaire.* — **Syn.** de *Métastase.* Se dit de la disparition d'une maladie externe qui est remplacée par l'affection d'un organe interne.

RÉTROCESSIONNAIRE (*rétrocession*), *s.* 2 *g.* La personne à laquelle on fait une rétrocession.

***RÉTROFLÉCHI, IE** (pfx. *rétro* + *fléchi*), *adj.* Qui se courbe en arrière. (Bot.)

***RÉTROFLEXION** (pfx. *rétro* + *flexion*), *sf.* Inflexion en arrière.

RÉTROGRADATION (l. *retrogradationem*), *sf.* Action de revenir en arrière. || Mouvement apparent d'une planète qui paraît aller dans un sens contraire à celui dans lequel le soleil parcourt les signes du zodiaque. || *Rétrogradation des équinoxes.* (V. *Précession.*) — Fig. Retour vers les institutions, les usages, les croyances du passé : *Le système astronomique de Tycho-Brahé fut une rétrogradation.*

RÉTROGRADE (pfx. l. *rétro* + l. *gradi*, marcher), *adj.* 2 *g.* Qui va en arrière : *Marche rétrograde.* || *Mouvement rétrograde*, celui d'un corps qui se meut en sens contraire de son mouvement antérieur. || Qui va ou qui paraît aller en sens contraire du mouvement du soleil, en parlant des astres. — Fig. Qui tend à ramener aux constitutions, aux croyances du passé : *Loi rétrograde.* — **Dér.** *Rétrograder, rétrogradation, rétrogression.*

RÉTROGRADER (l. *retrogradare*), *vi.* Retourner en arrière : *L'armée rétrograda.* || Remonter d'un terme, d'une série au précédent, et ainsi de suite : *Quelques savants étudient les terrains géologiques en rétrogradant, c'est-à-dire en allant des plus nouveaux aux plus anciens.* || Se mouvoir en sens inverse du mouvement du soleil, en parlant des astres. — Fig. Revenir à l'ancien état de choses. || Être moins avancé en quelque chose qu'auparavant : *Cet écolier, au lieu de faire du progrès, rétrograde.*

***RÉTROGRESSION** (pfx. *rétro* + *gression*), *sf.* Mouvement en arrière. (Néol.)

***RÉTROÏTION** (pfx. l. *retro*, en arrière + *ire*, aller), *sf.* Se dit en médecine des dents rejetées en arrière par leurs voisines.

***RETROMPER** (pfx. *re* + *tromper*), *vt.* Tromper de nouveau.

***RÉTROPENNÉ** (pfx. *rétro*+*penné*), *adj.* En Botanique, s'emploie pour une feuille pennée, dont chaque foliole se prolonge sous le point d'insertion du pétiole.

***RETROQUER** (pfx. *re* + *troquer*), *vi.* Troquer de nouveau.

RÉTROSPECTIF, IVE (l. *retrospicere*, regarder en arrière), *adj.* Qui regarde en arrière : *Coup d'œil rétrospectif.* || Qui a rapport à des événements passés : *Examen rétrospectif.* (Néol.) — **Dér.** *Rétrospectivement.*

RÉTROSPECTIVEMENT (*rétrospective* + sfx. *ment*), *adv.* D'une manière rétrospective.

***RETROTTER** (pfx. *re* + *trotter*), *vi.* Se remettre à trotter.

***RETROUBLER** (pfx. *re* + *troubler*), *vt.* Troubler de nouveau.

***RETROUER** (pfx. *re*+*trouer*), *vt.* Trouer de nouveau.

***RETROUSSAGE** (*retrousser*), *sm.* Quatrième façon donnée à la vigne, environ un mois avant la vendange.

RETROUSSÉ, ÉE (*retrousser*), *adj.* Relevé : *Nez retroussé*, dont le bout est un peu relevé.

RETROUSSEMENT (*retrousser*), *sm.* Action de retrousser ; son résultat.

RETROUSSER (pfx. *re* + *trousser*), *vt.* Replier de bas en haut la partie inférieure d'un vêtement de façon que l'envers apparaisse. || Relever le bas d'un vêtement : *Retrousser son manteau.* || Relever vers le haut : *Retrousser ses cheveux.* — **Se retrousser**, *vr.* Relever le bas de ses vêtements. — **Dér.** *Retroussé, retroussée, retroussement, retroussis, retroussage.*

RETROUSSIS (*retrousser*), *sm.* La partie relevée des bords d'un chapeau dit à la Henri IV. || La partie des basques d'un uniforme qui était semblable à la doublure. || Revers de bottes.

RETROUVER (pfx. *re* + *trouver*), *vt.* Trouver de nouveau : *Retrouver une plante rare.* || Se rencontrer avec une personne dont on n'avait plus de nouvelles : *Retrouver un ami.* || Trouver ce que l'on avait perdu, oublié : *Retrouver ses lunettes.* — Fig. Recouvrer : *Retrouver la santé.* ‖ Trouver l'équivalent : *Cet orphelin a retrouvé un père et une mère.* — Fig. Reconnaître : *On ne retrouve pas Corneille dans ses dernières tragédies.* — **Se retrouver**, *vr.* Être retrouvé : *L'honneur perdu ne se retrouve plus.* ‖ Être de nouveau : *Se retrouver dans la misère.* ‖ Se rencontrer après s'être perdu de vue : *Ils se sont retrouvés à l'étranger.* ‖ Reconnaître où l'on est, après s'être égaré : *Le voyageur eut de la peine à se retrouver.* ‖ Se reconnaître : *On ne se retrouve pas dans ce désordre.* ‖ Recouvrer son sang-froid : *Je me retrouve enfin.*

RETS (l. *retis*), *sm.* Filet pour prendre du poisson, des oiseaux. — Piège, artifice : *Il nous a pris dans ses rets.* — **Gr.** Même famille que *Réseau, rétine*, etc.

***RETUS, USE** (l. *retusum*, même sens), *adj.* Se dit, en histoire naturelle, des organes très obtus, qui paraissent comme écrasés.

RETZ, ancien petit pays de Bretagne, au S. de la basse Loire; ch.-l. *Machecoul*, villes principales : *Pornic, Paimbœuf.*

RETZ (CARDINAL DE). (V. *Gondi.*)

RETZ (GILLES DE LAVAL, SEIGNEUR DE) (1396-1440), maréchal de France, célèbre par un procès qui dévoila d'abominables pratiques de sorcellerie et le meurtre de près de 200 enfants. Il fut supplicié près de Nantes.

REUCHLIN (JEAN) (1455-1522), célèbre hébraïsant et helléniste allemand. Par ses sarcasmes dirigés contre les moines, dans les *Litteræ obscurorum virorum* (Lettres des hommes noirs), il prépara la Réforme. — **Dér.** *Reuchlinien.*

***REUCHLINIEN** (*Reuchlin*), *adj.* Se dit de la prononciation du grec introduite par Reuchlin; elle représente celle des Grecs modernes par opposition à la prononciation érasmienne, encore usitée dans les lycées et colléges.

REUMONT (ALFRED DE), né en 1808 à Aix-la-Chapelle, auteur de travaux sur l'histoire et les artistes d'Italie (*M.-A. Buonarotti, Andrea del Sarto, Benvenuto Cellini, Ganganelli*, etc.).

RÉUNI, IE (*réunir*), *adj.* Droits *réunis*, ce qu'on nomme aujourd'hui les contributions indirectes.

RÉUNION (pfx. *ré* + *union*), *sf.* Action de rejoindre ce qui avait été séparé; son résultat : *La réunion des fragments d'un papier déchiré.* ‖ Action par laquelle on amène au contact les parties séparées d'une plaie; elle est immédiate et de *première intention* quand on peut réunir sans suppuration et *médiate* ou par *seconde intention* dans l'autre cas. ‖ Adjonction à un domaine d'une partie qui en avait été démembrée. ‖ Adjonction d'une nouvelle possession : *La réunion de la Franche-Comté à la France.* ‖ Action de rassembler ce qui est épars; son résultat : *La réunion de plusieurs corps d'armée.* ‖ Assemblée de personnes : *Une réunion d'électeurs.* ‖ Convocation : *La réunion d'un congrès.* ‖ *Droit de réunion*, droit accordé aux citoyens de se réunir pour traiter de matières politiques, économiques, sociales, etc. Les réunions publiques sont libres, ainsi que le déclare en termes exprès la loi du 30 juin 1881. Elle peuvent avoir lieu, sans autorisation préalable, après une déclaration signée de deux personnes, déposée aux mains du préfet de police à Paris, des préfets, des sous-préfets ou maires dans les départements. La déclaration fait connaître s'il s'agit d'une conférence, d'une discussion publique ou d'une réunion électorale; celle-ci ne peut être tenue sur la voie publique, ni se prolonger au delà de onze heures du soir. Les clubs politiques, présidés par un comité d'associés, se réunissant d'une façon périodique et constante, n'admettant à délibérer que les membres de l'association, demeurent interdits. Chaque réunion doit avoir un bureau composé de trois personnes au moins. Un fonctionnaire de l'ordre administratif ou judiciaire assiste à la réunion et la dissout sur réquisition du bureau, après collisions ou voies de fait. — Fig. Réconciliation.

RÉUNION (ILE DE LA), 251 100 hect.; 163 881 hab. (V. carte p. 151). Autrefois *Bourbon.* Colonie française de l'océan Indien, l'une des Mascareignes, à 140 lieues à l'E. des côtes de Madagascar, entre 52° 55' et 53° 12' de longitude E., entre 20° 50' et 21° 20' de latitude S. Par la voie de la Méditerranée, du canal de Suez et de la mer Rouge, la Réunion est à 1770 lieues de Marseille; ce trajet s'effectue en 24 jours. L'île a la forme d'une ellipse de 71 kilomètres de longueur sur 51 de largeur, sans grandes saillies, ni grandes échancrures. Elle est de formation volcanique et se divise en deux massifs, deux cônes juxtaposés, que relie la plaine des Cafres. D'étroites plaines de galets et d'alluvions se montrent à l'issue des gorges; partout ailleurs les escarpements commencent au bord de la mer et gagnent par des pentes régulières les plateaux de l'intérieur, dont l'altitude moyenne est de 1 600 mètres. Le massif occidental, dit des *Salazes*, à cause d'une vague ressemblance avec les *salazes* ou broches de bois dont usent les indigènes pour rôtir les viandes, a pour point culminant le piton des *Neiges* (3 069 mètres), le *Grand Bénard* (2 092 mètres), et le *Gros Morne.* Ils séparent les deux vastes cirques de *Cilaos* et de *Salazie*, formés à l'époque moderne par l'affaissement des assises inférieures du sol. En novembre 1875, sans le moindre tremblement de terre précurseur, une partie du piton des Neiges et du Gros Morne s'écroula dans le cirque de Salazie et recouvrit sous des débris, hauts de 40 à 60 mètres, 150 hectares de terrain. Le village du *Grand Sable* fut enseveli, une rivière large de 150 mètres fut barrée et des plantations, avec arbres et maisons, glissèrent de la roche jusque dans la plaine. Cette catastrophe n'avait pas été produite par une secousse volcanique, mais par l'action des eaux pluviales sur des terrains perméables. Le massif oriental forme un cirque dit le *Grand Enclos*, au centre duquel s'élèvent le piton *Bory* (2 625 mètres) et le piton de la *Fournaise*, moins haut de 100 mètres, et qui sert encore de cheminée d'éruption; en se penchant au bord du cratère, large de 150 mètres, on aperçoit des roches brunes en fusion, mêlées à des laves ardentes. Les éruptions, à peu près triennales, envoient jusqu'à la mer des laves abondantes qui forment souvent de petits promontoires. Le plateau des *Cafres* se continue à l'E. par la plaine des *Merles* et à l'O. par celle des Palmistes. Trois grandes vallées s'ouvrent autour du piton des Neiges; de là s'échappent, dans des gorges encaissées, des rivières non navigables, ressemblant aux torrents des Alpes; ce sont : la rivière *Dumas* ou du *Mât*, venue de Salazie; la rivière des *Galets*, descendue de Mafate, et le Saint-Étienne, qui sillonne le plateau des Cafres. Les rivières des *Marsouins* et de l'*Est* arrosent la plaine des Palmistes; celle des Remparts longe les bords ou *remparts* du massif du *Grand Brûlé.* Les principaux étangs sont ceux du *Champ Borne*, du *Gol*, de *Saint-Paul*, etc. Les sources de Salazie, de Cilaos, de Mafate sont chaudes et sulfureuses, fort abondantes et analogues aux eaux de Vichy; les malades y accourent, même de l'île Maurice; il y a aussi des sources ferrugineuses froides à Gonnefoy, à Laferrière, à Saint-François. Les côtes, bordées de sables, de galets, de laves ou de falaises, ne présentent aucun abri. Les seuls écueils sont les rochers du *Cousin* et de la *Marianne*, à *Sainte-Suzanne*, signalés par le phare de Bel-Air. Les caps principaux sont : le cap *Bernard*, à Saint-Denis; la pointe *Rouge*, près de l'anse des *Cascades;* la pointe de la *Table*, près de Saint-Philippe; la pointe des *Galets*, près de Saint-Paul, où la compagnie Lavalley, avec la garantie d'un intérêt annuel de 2 millions, a ouvert en 1886 un port régulièrement desservi par les paquebots des Messageries maritimes. De la plaine à la montagne, l'île présente des climats variés; il y a deux saisons : la saison chaude ou *hivernage*, de novembre à avril, caractérisée par la chaleur, les cyclones et les grandes pluies; la saison sèche, *belle saison* ou hiver, de mai à octobre, pendant laquelle souffle le vent alizé du S.-E., toujours sec. La température moyenne de Saint-Denis est de 25 degrés; le givre couvre parfois le sol et le thermomètre descend à 12 degrés; il s'élève jusqu'à 34 ou 36 degrés en février. Les cyclones ou tempêtes tournantes règnent de janvier à mars; les ras de marée ont lieu dans la belle saison. Saint-Denis reçoit en moyenne chaque année 1 246 millimètres d'eau; à Saint-Benoît, il est tombé en une seule année 5 686 millimètres. La partie nord de l'île est dite du *Vent* parce qu'elle reçoit les ouragans qui soufflent du N.-O.; la partie sud est dite *Sous-le-Vent* parce qu'elle est du côté opposé à celui d'où viennent les cyclones; celui du 28 février 1860 est demeuré célèbre; celui de 1868 démolit, dans les Mascareignes, 2 893 cases et 20 188 cabanes.

Le sol convient surtout à la culture de la canne à sucre, du café, des épices, de la vanille. La principale production de l'île est le sucre; l'abolition de l'esclavage en 1848 faillit la compromettre; mais 60 000 coolies hindous et chinois remplacèrent les nègres, et la production sucrière monta de 9 800 000 kilogrammes en 1849 à 38 000 000 kilogrammes en 1866; toutefois le sol s'est épuisé à produire sans repos et sans engrais; aussi l'exportation n'a été que de 31 847 149 kilogrammes en 1886. Le café, originaire de Moka, introduit dans la colonie par les efforts de Duforgerais-Grenier en 1817, constituait autrefois l'une des plus riches cultures de l'île; mais les ouragans, les insectes, l'épuisement du sol, la concurrence de Ceylan, de Java, du Brésil, de l'Amérique centrale lui ont beaucoup nui : la récolte, qui avait été de 1 129 750 kilogrammes en 1832, est descendue à 170 000 kilogrammes en 1887. Les épices, girofles, muscade, poivre, introduites en 1770 par Pierre Poivre, naturaliste lyonnais, sont tombées de 869 000 kilogrammes en 1835 à 28 000 kilogrammes en 1880. La vanille les a remplacées et son exportation a atteint près de 70 000 kilogrammes en 1887. On a tenté de distiller pour la parfumerie le géranium, l'ylang-ylang, le patchouli, l'héliotrope. La vigne n'a pas réussi; l'oranger et le citronnier ont été ravagés par le papillon des Aurantiacées; le tabac n'est pas cultivé en grand; mais le quinquina est acclimaté dans le cirque de Salazie; on y compte près de 30 000 arbres, dont on utilise l'écorce. Dans les forêts de l'île, on trouvait autrefois la natte, le bois puant, le bois de fer, le bois d'olive, le bois de bassin, le kamaka, le bois de pomme, le bois d'ébène, le bois de benjoin, le bois rouge; mais elles ont été défrichées avec tant d'imprévoyance qu'elles se sont transformées en fourrés, en *maquis* presque impénétrables; à l'altitude de 1 400 mètres poussent, sur le flanc des montagnes, de petits bambous dits *calumets.* On essaye de reconstituer le bois avec le filao de Madagascar, qui donne un bon bois de chauffage; on tente aussi de prévenir les fièvres intermittentes par des plantations d'eucalyptus. L'île, de soulèvement récent, n'a qu'une faune très réduite; les chevaux sont importés; les bœufs sont expédiés de Madagascar; les rares *cabris* réfugiés sur les hauteurs descendent des chèvres que les premiers navigateurs portugais abandonnèrent dans l'île. Les tortues de terre couvraient autrefois certaines plages; mais les chasseurs les ont exterminées. Pour défendre les plantations contre les sauterelles, Poivre acclimata les martins et les merles de la Chine; malheureusement des couleuvres, d'origine malgache, envahissent les nids de ces oiseaux et menacent de les exterminer sur diverses plages, particulièrement à la ravine des Sables. Des sables noirs, formés par le désagrégement des laves et des basaltes, sont très riches en oxyde de fer magnétique titanifère; ils fourniraient 100 000 tonnes de minerai pur, mais le charbon manque pour les traiter. L'importation européenne nuit à l'industrie locale, qui est bornée à la fabrication de sacs tressés en lanières de « pandanus vacoa » pour le transport du sucre. Une route carrossable qui dessert tous les points du littoral et a 232 kilomètres de longueur, fait le tour de l'île; une route transversale va de Saint-Pierre à Saint-Benoît; le pont débarcadère en fer de Saint-Denis est aussi élégant que celui de Madras. Un chemin de fer à voie étroite, commencé en 1879, achevé en 1882, se déroule sur une longueur de 126 kilomètres de Saint-Benoît à Saint-Pierre, par Saint-Denis

LA RÉUNION ET MAURICE

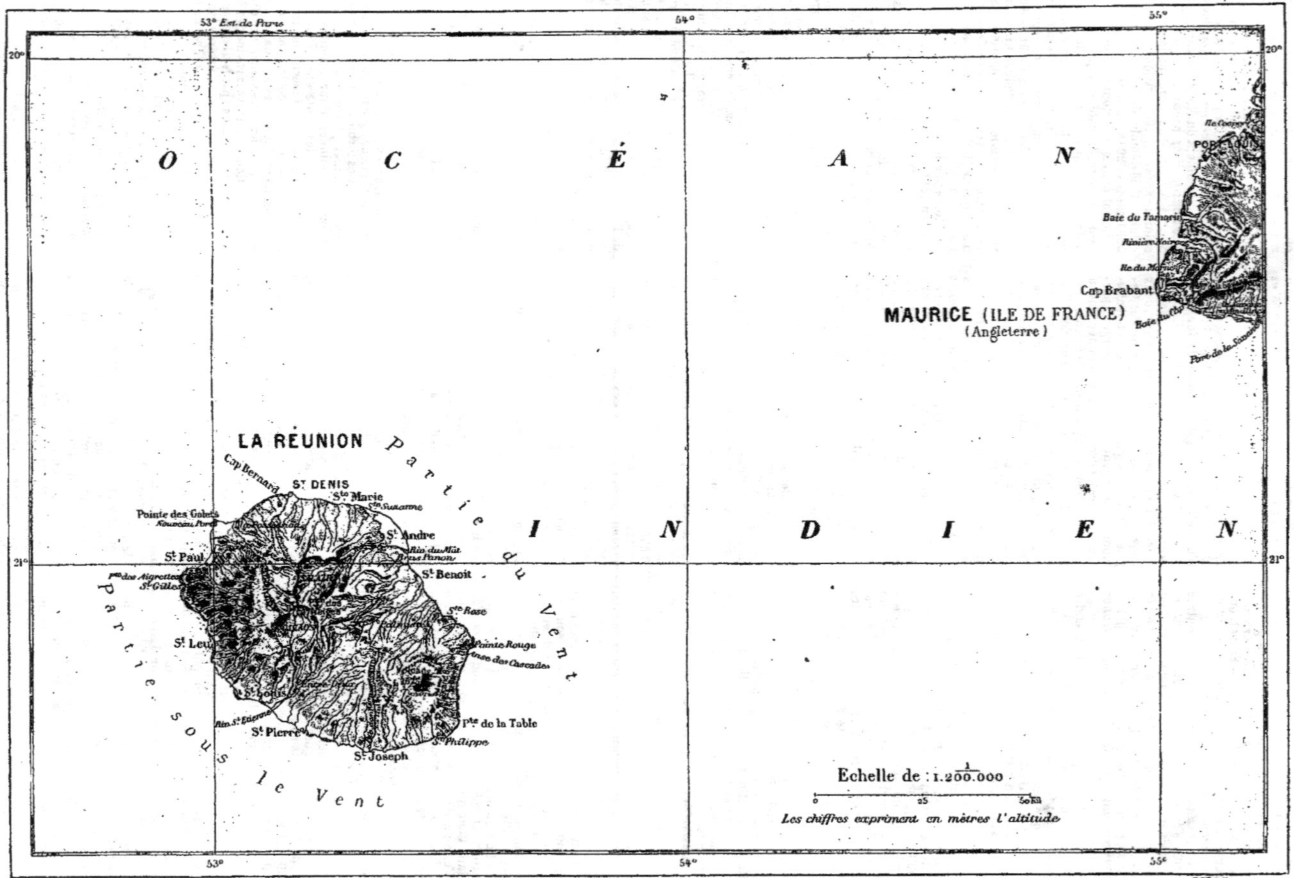

Gravé par R. Hausermann

et le nouveau port de la pointe des Galets. La ligne compte 12 stations et 3 haltes.

Découverte en 1505 par le Portugais don Pedro de Mascarenhas, qui n'y fonda aucun établissement, l'île fut visitée en 1598 par les Hollandais, en 1613 par les Anglais. En 1638, Salomon Gaubert en prit possession au nom de Louis XIII; en 1649, Étienne de Flacourt lui donna le nom de *Bourbon*. Elle fut concédée en 1664 à la Compagnie des Indes orientales, comme dépendance de Madagascar; en 1735, elle fut réunie à Maurice ou Ile de France, où siégeait le gouvernement. En 1764, les deux îles furent replacées sous l'autorité directe du roi. Elles furent prises en 1810 par les Anglais, qui ne nous restituèrent que Bourbon, le 6 avril 1815. Appelée *Bourbon* sous la monarchie, *Bonaparte* sous le premier empire, l'île a pris le nom de la *Réunion* sous la république et le second empire. Elle est la patrie des poètes Bertin, Parny et Leconte de Lisle. La colonisation ne commença qu'en 1663, à l'arrivée du Français Payen et de quelques serviteurs nègres; des Saintongeais, des Bretons, des Normands les rejoignirent; ces colons, presque nus, se contentaient de patates, de tortues, d'ignames. Le climat était si salubre, que les naissances l'emportaient sur les décès; le nombre des enfants par ménage était d'un tiers plus élevé qu'en France. On y compte aujourd'hui 120 532 créoles, qui se divisent en Blancs ayant gardé les traditions de l'ancienne noblesse et menant la vie des planteurs, et en Petits-Blancs, qui ont conservé les coutumes des premiers colons; avides d'indépendance, beaux, braves, ils cultivent de petites fermes sur les plateaux et sont d'intrépides marcheurs. Les nègres, affranchis en 1848, au nombre de 60 000, étaient Malgaches, Cafres ou Mozambiques; c'est encore à ces races qu'appartient une bonne part des immigrants (15 000 environ en 1887); mais les Hindous les dépassent presque de moitié (25 000). Les Chinois ont quitté la Réunion pour Maurice; quelques Arabes se livrent au commerce des grains.

La Réunion est représentée au parlement par un sénateur et deux députés; la haute administration est confiée à un gouverneur, assisté d'un directeur de l'intérieur, d'un vice-recteur, d'un chef du service administratif, d'un chef du service intérieur, d'un inspecteur des services administratifs. Ces chefs de service, avec deux habitants notables, forment le *conseil privé* du gouverneur; un conseil général de 36 membres, élus par le suffrage universel, a les mêmes attributions que ceux de France. Saint-Denis, résidence du gouvernement, possède encore un lycée et est le siège d'un évêché.

La Réunion est divisée en deux arrondissements: celui du *Vent*, chef-lieu Saint-Denis (30 000 hab.), et celui *Sous-le-Vent*, chef-lieu Saint-Pierre (25 000 hab.). Dans ce même arrondissement sont deux ports importants: Saint-Paul (24 000 hab.) et Saint-Benoît (20 000 hab.). Parmi les seize communes organisées, citons Salazie, Saint-Leu, Saint-Louis, Saint-Joseph, Saint-André, Sainte-Suzanne, Sainte-Marie.

RÉUNIR (pfx. *ré* + *unir*), *vt.* Rejoindre ce qui a été désuni, séparé : *Réunir les lèvres d'une plaie.* || Faire communiquer ensemble : *Un pont réunit les deux rives du fleuve.* — Fig. Faire agir d'un commun accord, réconcilier : *L'intérêt les a réunis.* || Adjoindre à un tout une partie qui en avait été démembrée. || Adjoindre pour la première fois : *Louis XI réunit le Roussillon à la France.* || Rassembler : *Réunir des troupes.* — **Se réunir**, *vr.* Être réuni. || Se joindre ensemble pour former un seul tout : *La Marne et la Seine se réunissent.* || S'assembler. || Agir d'un commun accord. || Coopérer : *Toutes les circonstances se réunissaient en sa faveur.* — **Dér.** *Réuni, réunie, réunion, réunissage, réunisseuse.*

***RÉUNISSAGE** (*réunir*), *sm.* Opération par laquelle on réunit les fils dans une manufacture de cotons.

***RÉUNISSEUSE** (*réunir*), *sf.* Machine pour réunir les fils.

REUS, 28 000 hab., ville d'Espagne (Catalogne); vins, eaux-de-vie, fruits, soie, toiles peintes.

1. **REUSS**, rivière torrentielle de Suisse; elle descend du Saint-Gothard, passe au Trou d'Uri, au Pont du Diable, à Andermatt, tête du tunnel du Saint-Gothard, près du plateau du Grütli, où fut donné le signal de l'indépendance helvétique. La Reuss forme le lac des Quatre-Cantons et se jette dans l'Aar; elle reçoit les eaux des lacs de Zug et de Morgarten.

2. **REUSS**, nom de deux principautés d'Allemagne entre la Thuringe et le royaume de Saxe. Ces deux principautés appartiennent à une même famille : la branche aînée a pour capitale Greitz (55 904 hab.); la branche cadette règne à Schleiz (110 598 hab.); de cette dernière dépend Géra, *le petit Leipzig*, avec 34 152 hab.

RÉUSSI, IE (*réussir*), *adj.* Bien exécuté : *Dessin réussi.*

RÉUSSIR (pfx. *ré* + vx fr. *ussir, issir*, sortir), *vi.* Sortir, résulter, avoir une issue bonne ou mauvaise (vx). || Avoir un bon résultat : *Cette affaire a réussi.* || Croître, venir bien : *La vigne a réussi dans ce terrain.* — *Vt.* Exécuter bien : *Réussir une statue.* (Beaux-Arts.) — **Dér.** *Réussi, réussie, réussite.*

RÉUSSITE (anc. part. passé fém. de *réussir*), *sf.* Issue, résultat : *Quelle sera la réussite de cette affaire?* || Heureux succès : *Féliciter quelqu'un de sa réussite.* || Combinaison de cartes qu'exécute une personne superstitieuse dans la pensée d'en tirer un présage.

REVACCINATION (*revacciner*), *sf.* Action de revacciner.

REVACCINER (pfx. *re* + *vacciner*), *vt.* Vacciner de nouveau une personne. — **Dér.** *Revaccination.*

REVALENTA (l. *ervum*, ers + *lentem*, lentille), ou REVALESCIÈRE (l. *revalescere*, revenir en santé), *sf.* Farine de lentilles aromatisée que des charlatans vendent comme un analeptique propre à guérir tous les maux.

REVAL ou **REVEL**, 51 277 hab., capitale de l'Esthonie russe; station navale, chantiers, de construction, arsenal, fonderie de canons et de cloches; distilleries; lin; sel; céréales; commerce de bœufs.

REVALIDATION (pfx. *re* + *validation*), *sf.*, nouvelle validation.

REVALIDER (pfx. *re* + *valider*), donner une nouvelle validité. — **Dér.** *Revalidation.*

REVALOIR (pfx. *re* + *valoir*), *vt.* Rendre la pareille en bien ou en mal, mais surtout en mal.

REVANCHE, *svf.* de *revancher.* Action de rendre la pareille en bien ou en mal. || Partie que joue celui qui perd au jeu pour se racquitter : *Jouer la revanche.* || Absolument, *la revanche*, la prochaine guerre entre la France et l'Allemagne. — EN REVANCHE, *loc. adv.* Par compensation.

REVANCHER (pour *revenger*), *vt.* Défendre une personne qui est attaquée, prendre son parti : *Revancher un camarade.* — **Se revancher**, *vr.* Se défendre. || Rendre la pareille : *Se revancher d'une injure.* — **Dér.** *Revanche, revancheur.*

REVANCHEUR (*revancher*), *sm.* Celui qui défend quelqu'un.

RÊVASSER (*rêve* + sfx. péj. *asser*), *vi.* Avoir de nombreuses rêveries pendant un sommeil agité : *Rêvasser toute la nuit.* || Penser vaguement à quelque chose. — **Dér.** *Rêvasserie, rêvasseur.*

RÊVASSERIE (*rêvasser*), *sf.* Action de rêvasser. || État de celui qui rêvasse. — Fig. Ensemble d'idées pareilles à celles qu'on a dans un rêve.

RÊVASSEUR (*rêvasser*), *sm.* Celui qui rêvasse.

***REVAUTRER** (pfx. *re* + *vautrer*), *vi.* Vautrer de nouveau. — **Se revautrer**, *vr.* Se vautrer de nouveau, en parlant des sangliers, des porcs.

RÊVE (dér. de *rage ?*), *sm.* Assemblage involontaire d'images ou d'idées sans suite qui se présentent à l'esprit pendant le sommeil : *Un rêve affreux.* Les rêves sont généralement de courte durée. Ils sont dus à ce que toutes les parties du cerveau n'étant pas endormies, celles qui sont éveillées continuent à penser sans le concours de celles qui sont plongées dans le sommeil. De là l'incohérence des pensées qui caractérise les rêves. — Fig. Succès, bonheur inespéré. || Projet, idée chimérique. || Désir, espérance : *Un rêve de gloire.* — **Dér.** *Rêver, rêveur, rêveuse, rêverie, rêvasser, rêvasserie, rêvasseur.* — **Comp.** *Rêve-creux.*

REVÊCHE (ital. *revescio* : du l. *reversus*, retourné), *adj. 2 g.* Difficile à travailler : *Pierre revêche.* || Âpre au goût : *Pomme revêche.* — Fig. Peu traitable, rébarbatif : *Homme revêche.* — *Sf.* Autrefois, étoffe de laine commune, sergée, foulée, souple, spongieuse, très résistante, qui sert à fabriquer des flotres.

***RÊVE-CREUX** (*rêver* + *creux*), *sm.* Songe-creux; qui a des idées vagues et le cerveau creux.

RÉVEIL, *svm.* de *réveiller.* Cessation de sommeil. || Batterie de tambour, sonnerie de trompette pour faire lever les soldats. — Fig. *Le réveil de la nature*, le printemps. || *Le réveil de l'aurore*, le point du jour. — Fig. Grande activité succédant à la torpeur : *Le réveil de l'opinion.* || Réveille-matin.

***RÉVEILLÉE** (*réveiller*), *sf.* Temps durant lequel on travaille sans interruption dans une fabrique de glaces.

RÉVEILLE-MATIN (*réveiller* + *matin*), *sm.* Petite horloge qui sonne pendant un certain temps pour réveiller à l'heure sur laquelle on a mis l'aiguille en se couchant. || Tout bruit qui réveille de bonne heure. || Le coq. — Fig. *Agréable, fâcheux réveille-matin*, bonne, mauvaise nouvelle. || Espèce d'euphorbe commune dans les jardins et pleine d'un suc laiteux et âcre. (V. *Euphorbe.*) — Pl. *des réveille-matin.*

RÉVEILLER (pfx. *ré* + *éveiller*), *vt.* Faire cesser de dormir. || *Réveiller quelqu'un d'une léthargie*, l'en tirer. — Fig. Exciter de nouveau, ranimer : *Réveiller les courages.* || Faire renaître : *Réveiller une idée, un souvenir.* — **Se réveiller**, *vr.* Cesser de dormir. — Fig. Se ranimer : *Mon attention se réveille.* — **Dér.** *Réveil, réveillon, réveillée, réveilleur.* — **Comp.** *Réveille-matin.*

***RÉVEILLEUR** (*réveiller*), *sm.* Autrefois, garde de nuit, veilleur; il parcourait les rues en annonçant les heures : « Il est onze heures sonnées; réveillez-vous, gens qui dormez; priez Dieu pour les trépassés. » || Religieux chargé de réveiller ses confrères pour aller chanter ténèbres. || Oiseau dit aussi *cassican réveilleur.*

RÉVEILLON (*réveiller*), *sm.* Repas extraordinaire qui se fait vers le milieu de la nuit, surtout dans celle de Noël.

REVEL, 5 529 hab. Ch.-l. de c., arr. de Villefranche (Haute-Garonne). Ch. de fer du Midi.

REVEL, port militaire de la Russie, sur la côte S. du golfe de Finlande; capitale de l'Esthonie : grains, bois, lin, chanvre, cuir, poissons. (V. *Reval.*)

RÉVÉLATEUR, TRICE (l. *revelatorem*), *s.* Celui, celle qui révèle un complot, une association criminelle. — Adj. *Indice révélateur.* || Substance chimique qui permet d'en découvrir une autre dans une analyse. Ex. : Le tournesol est le révélateur des acides et des bases : il rougit en présence des acides, et bleuit en présence des bases.

RÉVÉLATION (l. *revelationem*), *sf.* Action de faire connaître une chose cachée : *La révélation d'un secret.* — La révélation d'un secret est un délit que peuvent commettre les personnes dépositaires par état des secrets d'autrui : médecins, chirurgiens, pharmaciens, ecclésiastiques, notaires, avocats, agents de change. Des dommages-intérêts peuvent être demandés par ceux qui ont souffert de ces indiscrétions. || Toute inspiration par laquelle Dieu fait connaître quelque chose à un homme : *Les prophètes ont eu des révélations.* || Chose révélée : *Les révélations de Saint-Jean.* || *La religion révélée*, par opposition à la religion naturelle.

RÉVÉLÉ, ÉE (*révéler*), *adj. 2 g.* Communiqué par Dieu aux hommes. || *Religion révélée*, le judaïsme, le christianisme.

RÉVÉLER (l. *revelare*, ôter le voile, du pfx. *re* + *velum*, voile), *vt.* Faire savoir à quelqu'un une chose inconnue et secrète : *Révéler un secret.* || Faire connaître aux hommes, en parlant de Dieu : *Dieu révéla l'avenir aux prophètes.* — **Se révéler**, *vr.* Devenir connu.

| Apparaître : *Un génie s'est révélé.* — **Gr.** *Vé* devient *vè* devant une syllabe muette, excepté au futur et au conditionnel : Je révèle, n. révélons; je révélerai, je révèlerais. — **Dér.** *Révélé, révélée, révélation, révélateur, révélatrice.*

1. **REVENANT** (*revenir*), *sm.* Esprit qu'on suppose revenir de l'autre monde : *Avoir peur des revenants.*

2 **REVENANT, ANTE** (*revenir*), *adj.* 2 *g.* Qui revient, qui repousse. — Fig. Avenant, qui plait : *Figure revenante.*

REVENANT-BON (*revenant + bon*), *sm.* Profit, avantage auquel on ne s'attendait pas. ‖ L'argent qui reste à un comptable après qu'il a rendu ses comptes. — Pl. *des revenants-bons.*

***REVENDAGE** (*revendre*), *sm.* Métier de revendeur ‖ Action de revendre.

REVENDEUR, EUSE (*revendre*), *s.* Celui, celle qui achète pour revendre. ‖ *Revendeuse à la toilette,* femme qui va offrir dans les maisons des hardes, des bijoux à vendre.

***REVENDICATEUR** (*revendiquer*), *sm.* Celui qui revendique.

REVENDICATION (*revendiquer*), *sf.* Action de revendiquer. ‖ Réclamation de ce que l'on regarde comme un droit. — Trois sortes de revendications sont admises en matière de faillite : 1° celle des effets de commerce; 2° celle des marchandises consignées à titre de dépôt pour être vendues au compte du propriétaire; 3° celle des marchandises vendues au failli, mais non payées. ‖ *Saisie-revendication,* acte par lequel celui qui prétend un droit de propriété, de possession légale ou de gage, sur une chose mobilière possédée par un tiers, met cette chose sous la main de la justice jusqu'à ce qu'il ait été statué sur le droit réclamé par le saisissant.

REVENDIQUER (pfx. l. *re* + l. *vindicare,* réclamer), *vt.* Réclamer une chose qui nous appartient et qui est dans les mains d'un autre : *Revendiquer un héritage.* — **Dér.** *Revendication, revendicateur.*

REVENDRE (pfx. *re* + *vendre*), *vt.* Vendre ce que l'on a acheté : *Revendre une propriété.* — Fig. *Avoir d'une chose à revendre,* en avoir abondamment. — Fig. *En revendre à quelqu'un,* être assez fin pour le tromper. — **Dér.** *Revente, revendeur, revendeuse, revendage.* — **Comp.** *Revenez-y.*

***REVENEZ-Y** (impér. de *revenir* + *y*), *sm.* Mets dont on aime à manger plusieurs fois de suite ‖ Recommencement, renouvellement : *Un revenez-y d'affection.*

REVENIR (pfx. *re* + *venir*), *vi.* Venir de nouveau. ‖ *Revenir à la charge,* retourner au combat après un échec. — Fig. Insister de nouveau. ‖ Retourner au lieu d'où l'on était parti : *Revenir au logis.* — Fig. *Revenir au giron de l'Église,* redevenir catholique. — Fig. *Revenir sur l'eau,* redevenir riche, considéré. ‖ Paraître de nouveau : *Les beaux jours reviennent.* ‖ Croître de nouveau : *Les cheveux revinrent à Samson.* ‖ Apparaître après la mort : *On croyait qu'il revenait des esprits dans ce vieux château.* ‖ Causer des rapports en parlant d'aliments : *L'ail me revient.* ‖ Redevenir présent à l'esprit : *Son nom me revient.* ‖ Etre répété, cité souvent : *Cette idée revient plusieurs fois dans ses écrits.* ‖ Etre rapporté : *Cet avis me revient de divers côtés.* ‖ Recommencer à dire ou à faire la même chose : *Je vous pardonne, mais n'y revenez plus.* ‖ Reprendre un sujet dont on s'était écarté, en causant ou en écrivant : *Revenons à la question.* — Fig. *Revenir à ses moutons,* reparler d'une chose à laquelle on tient beaucoup. ‖ Etre rétabli dans l'état antérieur : *Revenir en son bon sens.* ‖ *Revenir à soi,* reprendre connaissance après un évanouissement. ‖ Se remettre à une occupation interrompue : *Revenir à ses études.* ‖ *Revenir d'une maladie,* en guérir. ‖ *En revenir de loin,* guérir d'une maladie très dangereuse. — Fig. Échapper à un grand péril. ‖ N'être plus en proie à : *Revenir de sa frayeur.* ‖ Sortir de, renoncer à : *Revenir de ses égarements.* ‖ *Revenir sur le compte de quelqu'un,* en concevoir une meilleure opinion. ‖ S'apaiser, se réconcilier : *Quand il s'est fâché, il ne revient jamais.* ‖ Résulter à l'avantage ou au désavantage de : *Quel profit vous en reviendra-t-il?* ‖ Etre en harmonie avec : *L'ameublement revient bien avec la tenture.* ‖ Etre conforme : *Son avis revient au nôtre.* ‖ Plaire : *Son caractère me revient.* ‖ *Revenir à,* coûter : *Cette maison revient à 60 000 francs.* ‖ *Faire revenir de la viande,* la soumettre à un commencement de cuisson. — **Dér.** *Revenant, revenante, revenu, revenue, revenoir, revenure.* — **Comp.** *Revenant-bon, revenez-y.*

***REVENOIR** (*revenir*), *sm.* Lame d'acier ou de cuivre très mince, dont les bords sont pliés, sur laquelle les horlogers mettent les pièces d'acier pour les recuire ou leur faire prendre la couleur bleue.

REVENTE (anc. p. pas. fém. de *revendre*), *sf.* Nouvelle vente. ‖ *Objet de revente,* qui n'est plus neuf. ‖ *Revente à la folle enchère,* nouvelle vente d'un bien dont le premier adjudicataire n'a pas payé le prix.

***REVENTER** (pfx. *re* + *venter*), *vt.* En marine, porter le vent dans la voile, en amurant l'un des bords.

REVENU, *spm.* de *revenir.* L'argent qu'on reçoit annuellement d'une propriété, d'un emploi, d'une pension, d'une constitution de rente, etc. : *Avoir un beau revenu.* ‖ *Revenus publics* ou *revenus de l'État,* l'argent que l'État retire annuellement des contributions ou de ses propriétés.

REVENUE, *spf.* de *revenir.* Le chemin qu'on fait en s'en retournant. ‖ Le bois qui repousse après qu'on a fait une coupe dans un taillis.

***REVENURE** (*revenir*), *sf.* Nouvelle pousse de la vigne après une gelée.

RÊVER (*rêve*), *vi.* Faire des rêves en dormant. ‖ Avoir le délire : *La fièvre le fait rêver.* ‖ Dire des choses déraisonnables : *Rêvez-vous de me faire cette proposition.* ‖ Etre distrait. ‖ Se laisser aller à des idées incohérentes et vagues : *Il ne fait que rêver.* ‖ Penser, méditer profondément : *Rêver à la solution d'un problème.* — *Vt.* Voir en rêve : *Quelle chose avez-vous rêvée?* ‖ *Vous avez rêvé cela,* on ne peut croire ce que vous dites. ‖ Rechercher : *Je rêve une combinaison.* ‖ Désirer ardemment : *Rêver la gloire.* — **Gr.** *Rêver* exige la préposition *de* quand il signifie *faire un rêve* et la préposition *à* quand il signifie *méditer.* L'accent circonflexe provient d'un *s* inorganique.

RÉVERBÉRANT, ANTE (*réverbérer*), *adj.* Qui jouit de la propriété de réverbérer.

RÉVERBÉRATION (l. *reverberationem*), *sf.* Réflexion de la lumière, de la chaleur par un corps qui ne les absorbe pas : *La réverbération des rayons du soleil.*

RÉVERBÈRE, *svm.* de *réverbérer.* Miroir ordinairement en métal qui sert à réfléchir la lumière ou la chaleur. ‖ Grande lanterne qu'on plaçait dans les rues, avant l'emploi du gaz et de l'électricité, pour les éclairer pendant la nuit et dans l'intérieur de laquelle est un miroir réfléchissant. — Sartine, lieutenant de police, imagina en 1769 de substituer à la bougie ou à la chandelle une lampe avec réflecteur; le *réverbère,* suspendu au milieu de la rue à une vingtaine de pieds au-dessus du sol, descendait au moyen d'une poulie. Sartine porta le nombre des réverbères parisiens à 3500; sous Napoléon, il y en avait 5500; sous la Restauration, en 1821, il y en avait 6300, un peu avant l'introduction du gaz. ‖ Durant la révolution, *mettre à la lanterne,* c'était pendre un homme à la place du réverbère. *Fourneau à réverbère.* (V. *Fourneau.*)

RÉVERBÉRER (pfx. *re* + l. *verberare,* frapper), *vt.* Renvoyer, réfléchir la lumière ou la chaleur : *Le soleil réverbère ses rayons sur cette muraille.* — *Vi.* Être réfléchi sur. — **Gr.** *bé* devient *bè* devant une syllabe muette, excepté au futur et au conditionnel : il reverbère; il réverbérera. — **Dér.** *Réverbérant, réverbérante, réverbère, réverbération.*

***REVERCHER** (du l. *revertere,* retourner), *vt.* Remplir avec le fer à souder les trous d'une poterie d'étain.

***REVERDIE** (*reverdir*), *sf.* Grande marée survenant au plein ou au défaut de la lune (usité en Bretagne).

REVERDIR (pfx. *re* + *verdir*), *vt.* Repeindre en vert. — *Vi.* Redevenir vert : *Les champs reverdissent.* — Fig. Se ranimer, paraître rajeuni : *Cet homme reverdit.* — **Dér.** *Reverdie, reverdissement, reverdoir.*

REVERDISSEMENT (*reverdir*), *sm.* Action de reverdir. ‖ État de ce qui reverdit.

***REVERDOIR** (autre infinitif de *reverdir*), *sm.* Petite cuve usitée dans les brasseries et munie d'une pompe à chapelet.

RÉVÉREMMENT (*révérent* + sfx. *ment*), *adv.* Avec révérence.

RÉVÉRENCE (l. *reverentia*), *sf.* Respect craintif : *On ne parle des choses saintes qu'avec révérence.* ‖ *Sauf révérence, révérence parler,* en parlant par révérence, formule qu'on emploie pour s'excuser de dire des choses qui pourraient choquer. ‖ Titre d'honneur qu'on donnait aux religieux qui étaient prêtres : *Votre Révérence.* ‖ Salut que l'on fait en s'inclinant et en pliant les genoux : *Faire la révérence.* ‖ *Tirer sa révérence,* saluer. — Fig. S'en aller, refuser de faire une chose. — **Dér.** *Révérencier, révérencielle, révérencieux, révérencieuse, révérencieusement.*

RÉVÉRENCIELLE (*révérence*), *adj. f.* *Crainte révérencielle,* respect, mêlé de crainte, dû par un enfant à ses père et mère. (Théol.)

***RÉVÉRENCIER** (*révérence*), *vi.* Faire la révérence (vx).

RÉVÉRENCIEUSEMENT (*révérencieuse* + sfx. *ment*), *adv.* D'une manière révérencieuse.

RÉVÉRENCIEUX, EUSE (*révérence*), *adj.* Qui affecte de faire quantité de révérences : *Homme révérencieux.* ‖ Humble et cérémonieux : *Compliment révérencieux.*

RÉVÉREND, ENDE (l. *reverendum*), *adj.* Titre qu'on donne aux religieux et aux religieuses et signifiant qui doit être révéré : *Mon révérend père.*

RÉVÉRENDISSIME (superl. de *révérend*), *adj.* 2 *g.* Très révérend. — Titre d'honneur qu'on donne aux cardinaux, aux archevêques, aux évêques et aux généraux d'ordre religieux.

RÉVÉRER (pfx. l. *re* + *vereri,* craindre), *vt.* Honorer avec révérence : *Révérer un sanctuaire, des reliques, la vertu.* — **Gr.** *vé* devient *vè* devant une syllabe muette, excepté au futur et au conditionnel : Je révère, n. révérons; je révérerai. — **Dér.** *Révérend, révérende, révéremment, révérendissime, révérence, révérencier, révérencielle, révérencieux, révérencieuse, révérencieusement.* — **Comp.** *Irrévérent, irrévérente, irrévéremment, irrévérence, irrévérencieux, irrévérencieuse, irrévérencieusement.*

RÊVERIE (*rêver*), *sf.* Idée chimérique, extravagante : *Les rêveries des phalanstériens.* ‖ Délire causé par une maladie. ‖ État de l'esprit occupé d'idées vagues : *Se plaire dans la rêverie.* ‖ Pensées riantes ou tristes auxquelles se laisse aller l'imagination : *De sombres rêveries.*

***REVÉRIFIER** (pfx. *re* + *vérifier*), *vi.* Vérifier de nouveau.

***REVERNIR** (pfx. *re* + *vernir*), *vt* Vernir de nouveau.

REVERQUIER, *sm.* (V. *Revertier.*)

REVERS (l. *reversum,* retourné), *sm.* La face ou le côté d'un objet qui est opposé au côté qui attire le plus l'attention ou qui est le plus en vue : *Le revers de la main,* la surface opposée à la paume. ‖ *Coups de revers* ou *un revers,* coup porté de gauche à droite. — Fig. *Revers de fortune* ou *revers,* accident qui change une bonne situation en une mauvaise : *Éprouver des revers.* ‖ *Les revers d'un habit,* les deux pointes d'un habit qui sont rabattues sur la poitrine. ‖ *Revers de botte,* pièce de cuir fixée au haut de la tige d'une botte et qui se rabat de façon à montrer son envers. ‖ *Revers d'une monnaie, d'une médaille,* la face opposée à celle qui porte l'empreinte d'une tête. — Fig. *Le revers de la médaille,* les défauts, les inconvénients d'une personne, d'une chose. ‖ *Revers de pavé,* la partie inclinée du pavé d'une rue, depuis les maisons jusqu'au ruisseau. ‖ *Le revers de la tranchée,* le côté qui est tourné vers la campagne. ‖ *Le revers du fossé,* le bord extérieur à l'enceinte. ‖ *Battre une troupe à revers* ou *de revers,* la battre en flanc ou par derrière. — **Dér.** *Réversal, réversale, réversion, reversi, reversis, réversible, réversibilité.*

RÉVERSAL, ALE (l. *reversum : de revertere*, retourner), *adj.* Se dit d'un acte par lequel on fait une concession en retour d'une autre.

***REVERSEAU** (*reverser + eau*), *sm.* Synonyme de *rejeteau.* (V. ce mot.)

REVERSEMENT (*reverser*), *sm.* Transbordement. ‖ Retour en arrière de la marée d'un courant.

REVERSER (pfx. *re + verser*), *vt.* Verser de nouveau : *Reverser à boire.* ‖ Transborder. ‖ Verser un liquide dans le vase qui le contenait auparavant : *Reverser de l'huile dans la burette.* ‖ Retrancher un article d'un compte pour le reporter à un autre compte. — **Dér.** *Reversement, réversion, revers, réversible, réversibilité, reversi, reversis, réversal, réversale, reversoir, reverchier, revertier.* — **Comp.** *Reverseau.*

REVERSI ou **REVERSIS** (*reverser*), *sm.* Jeu de cartes où gagne celui qui fait le moins de levées et où le valet de cœur qu'on nomme le *quinola* est la carte principale. ‖ Coup qui consiste à faire toutes les levées et qui procure par exception le gain de la partie.

RÉVERSIBILITÉ (*réversible*), *sf.* Qualité de ce qui est réversible.

RÉVERSIBLE (*reverser*), *adj. 2 g.* Qui, des mains de l'usufruitier, doit passer dans celles du propriétaire ou d'une autre personne : *Rente réversible.*

RÉVERSION (l. *reversionem*, retour), *sf.* Droit en vertu duquel les biens dont une personne a disposé en faveur d'une autre, lui reviennent quand celle-ci meurt sans enfants. ‖ Retour d'un hybride, au type de l'un des ancêtres primitifs, après un certain nombre de générations.

***REVERSOIR** (*reverser*), *sm.* Barrage par-dessus lequel l'eau tombe en cascade.

REVERTIER (l. *revertere*). Jeu de jaquet où l'on fait faire aux dames le tour du trictrac.

***REVESTIAIRE** (*revêtir*), *sm.* Vestiaire d'une sacristie (vx).

REVÊTEMENT (*revêtir*), *sm.* Tout ce qui recouvre : *Un revêtement de verdure.* ‖ Placage de plâtre, de mortier, de ciment, de bois, de stuc, de dalles en marbre ou en pierre, etc., exécuté sur un mur pour le décorer ou le rendre plus solide. ‖ Mur dont on revêt les terres d'un talus, d'une terrasse, d'un ouvrage de fortification, etc. ‖ Dispositif en fascinage, gazon, sac à terre destiné à soutenir les terres des talus dans les ouvrages de fortification passagère.

REVÊTIR (pfx. *re + vêtir*), *vt.* Pourvoir de vêtements : *Revêtir les pauvres.* ‖ Mettre un vêtement sur soi ou sur quelqu'un, surtout un vêtement de cérémonie : *Revêtir un évêque de ses vêtements pontificaux.* — Fig. Pourvoir d'un titre, d'une dignité, d'une autorité : *On revêtit l'envoyé du titre d'ambassadeur.* — Fig. Prendre, se donner telle apparence, telle ou telle qualité : *Protée revêtait toutes les formes d'animaux.* ‖ Mettre sur un acte tout ce qu'il faut pour le rendre valable : *Diplôme revêtu du sceau de l'Université.* ‖ Orner : *Revêtir ses pensées d'un style pompeux.* ‖ Présenter sous un déguisement : *Revêtir l'erreur des apparences de la vérité.* ‖ Recouvrir, enduire : *Revêtir l'intérieur d'une citerne d'une couche de béton.* ‖ Faire un revêtement. — **Se revêtir,** *vr.* Mettre un vêtement sur son corps. ‖ S'attribuer une dignité, une autorité, prendre telle ou telle apparence, telle ou telle qualité. (V. *Vêtir.*) — **Dér.** *Revêtu, revêtue, revêtement, revestiaire.*

REVÊTU, UE (*revêtir*), *adj.* Habillé, paré. — Fig. *Un gueux revêtu,* un homme de bas étage devenu riche et arrogant. ‖ Recouvert, orné, pourvu.

RÊVEUR, EUSE (*rêve*), *adj.* et *s.* Qui s'adonne à des rêveries, à des idées chimériques : *Esprit rêveur.* ‖ Qui marque la rêverie : *Mine rêveuse.*

***REVIDAGE** (*revider*), *sm.* Action de revider. Ce mot est employé dans l'argot des ventes publiques.

***REVIDER** (pfx. *re+vider*), *vt.* Partager entre les brocanteurs associés le surplus que l'un d'entre eux a payé aux enchères pour enlever un objet à un bourgeois. Le revidage est souvent remplacé par la revision. Les marchands associés achètent les objets exposés à un taux dérisoire; puis ils font entre eux une enchère nouvelle et secrète; celui qui acquiert l'objet ainsi revendu paie le prix primitif plus la surenchère. Revidage et revision sont interdits par la loi.

REVIENT ou **Prix de revient** (3e pers. sing. ind. prés. de *revenir*), *sm.* La dépense qu'exige la fabrication d'un objet.

REVIGNY, 1 810 hab. Ch.-l. de c., arr. de Bar-le-Duc (Meuse). Ch. de fer de l'E., à la jonction des lignes de Paris à Nancy, de Saint-Dizier et de Sainte-Menehould.

REVIRADE (*revirer*), *sf.* Action de revirer.

REVIREMENT (*revirer*), *sm.* Action de revirer. ‖ Action de s'acquitter de ce que l'on doit à une personne, en lui cédant une de ses créances. — Fig. Changement du tout au tout dans l'opinion, la conduite : *Un revirement de l'opinion publique.*

REVIRER (pfx. *re + virer*), *vi.* Virer de bord, virer de nouveau. — *Revirer de bord,* changer de parti. — **Dér.** *Revirement, revirade.*

REVISABLE (*reviser*), *adj. 2 g.* Qui peut être revisé : *Constitution revisable.*

REVISER (pfx. *re + viser*), *vt.* Examiner de nouveau une loi, un règlement pour le modifier : *Reviser le code pénal.* — **Dér.** *Revision, revisable, reviseur.*

REVISEUR (*reviser*), *sm.* Celui qui examine une loi, un règlement après un autre : *Un reviseur de comptes.*

REVISION ou **RÉVISION** (pfx. *re + vision*), *sf.* Action de reviser. ‖ Nouvel examen d'un compte. ‖ Remaniement de la constitution dans une république. ‖ Revidage en terme de brocanteur. (V. *Revider.*) ‖ *Revision d'un procès,* examen qu'un tribunal supérieur fait d'une cause jugée définitivement afin de modifier ou d'annuler le jugement s'il y a lieu. La revision peut être demandée en matière criminelle, lorsque, après une condamnation pour homicide, la prétendue victime est reconnue existante; lorsque deux accusés ont été condamnés séparément pour un même crime ou délit; lorsqu'un des témoins entendus a été condamné depuis pour faux témoignage. En matière correctionnelle, la revision ne peut être demandée que par un condamné à l'emprisonnement et à la perte des droits civils. La cour de cassation, après réception de la demande, renvoie l'affaire devant un nouveau tribunal ou juge ellemême au fond, au cas d'un décès, d'une contumace, d'un défaut, de prescription. L'affaire Lesurques, qui a inspiré le drame du *Courrier de Lyon,* est un exemple célèbre des demandes en revision. ‖ *Conseil de revision,* celui qui est chargé de prononcer sur les opérations du recrutement, les réclamations auxquelles elles peuvent donner lieu, les causes d'exemption et de dispense, l'aptitude des conscrits pour le service militaire. Ce conseil, qui se réunit au chef-lieu de chaque canton, est composé du préfet, ou à son défaut du secrétaire général de la préfecture, d'un conseiller de préfecture, d'un conseiller général et d'un conseiller d'arrondissement autres que ceux élus par le canton, d'un officier général ou supérieur. Il est assisté d'un membre de l'intendance, du commandant de recrutement et d'un médecin militaire. Le maire de chaque commune est présent et peut être entendu dans ses observations; le sous-préfet assiste aux séances tenues dans son arrondissement (V. *Recrutement*). ‖ *Conseil de revision,* tribunal permanent, institué dans chaque région de corps d'armée et dans chaque arrondissement maritime, chargé de reviser les jugements des conseils de guerre au point de vue de la procédure.

REVISITER (pfx. *re + visiter*), *vt.* Visiter de nouveau.

***REVIVAL** (mot angl., *renouvellement*), *sm.* Assemblée religieuse, usitée surtout chez les quakers d'Amérique; les pasteurs y prononcent des discours et donnent ensuite la parole aux fidèles qui se croient agités par l'Esprit saint.

REVIVIFICATION ou **RÉVIVIFICATION** (*revivifier*), *sf.* Action de faire réapparaître les phénomènes de la vie suspendue dans un animal ou une plante. (V. *Reviviscence.*) ‖ Action d'isoler un métal qui fait partie d'une combinaison binaire. (Chim.) ‖ Opération au moyen de laquelle le noir animal qui a servi à décolorer le sirop de sucre est remis en état de servir de nouveau.

REVIVIFIER ou **RÉVIVIFIER** (l. *revivificare* : du pfx. *re + vivificare*, vivifier), *vt.* Vivifier de nouveau, ranimer. ‖ Communiquer une nouvelle vigueur. ‖ Isoler un métal d'une combinaison binaire dont il fait partie : *Revivifier le mercure.* (Chim.) — **Gr.** Ce verbe se conjugue comme *Vivifier.* — **Dér.** *Revivification.*

***RÉVIVISCENCE** (l. *reviviscere*, revivre), *sf.* Faculté qu'ont certains animaux et certaines plantes de recommencer à se nourrir, à digérer, etc., après dessiccation. Les *rotifères,* les petits vers appelés *tardigrades* et d'autres infusoires sont célèbres par leur faculté de reviviscence apparente. On peut les dessécher pendant cinquante-cinq jours dans une étuve dont la température est maintenue à + 100°; une goutte d'eau ranime toutes les manifestations organiques qu'on croyait éteintes. Les rotifères ne jouissent pas seuls de ce privilège; on le trouve également chez d'autres êtres; c'est ainsi qu'une fougère, gardée par Vilmorin dans un herbier où elle avait été séchée, a, sous l'influence de l'humidité, repris sa forme; elle a vécu et a continué à se développer régulièrement. Des cryptogames desséchés pendant deux semaines de séjour dans l'air raréfié et dans une étuve à + 70°, ont pu, sous l'influence de l'humidité, reprendre leur aspect ordinaire. Tous les *microbes* que les travaux de M. Pasteur nous font pressentir ou connaître, comme les agents du charbon bactéridien, de la fièvre jaune, du choléra, perdent par la sécheresse la puissance vitale que leur rend l'humidité. Ainsi le retour de la pluie, après une longue sécheresse, rallume une épidémie qui paraissait éteinte.

***REVIVISCENT, ENTE** (l. *reviviscentem*), *adj.* Qui est sujet à la reviviscence.

REVIVRE (du pfx. *re + vivre* : du l. *revivere*), *vi.* Revenir à la vie. — Fig. Avoir son existence continuée en quelque sorte par l'existence d'un autre : *Ce père revit dans un autre.* ‖ Reprendre une nouvelle vigueur : *Je commence à revivre.* ‖ Ranimer, renouveler, remettre en vogue, en usage, rétablir : *Faire revivre une mode.* ‖ *Faire revivre les couleurs,* leur rendre leur éclat primitif. — **Dér.** *Reviviscent, reviviscente, reviviscence, revivifier, revivification.*

***RÉVOCABILITÉ** (*révocable*), *sf.* Qualité de ce qui est révocable. (Néol.)

RÉVOCABLE (l. *revocabilem*), *adj. 2 g.* Qui peut être révoqué, destitué, annulé : *Fonction, donation révocable.*

RÉVOCATION (l. *revocationem*), *sf.* Action de révoquer, d'annuler : *La révocation d'un testament.* Les donations entre vifs ne peuvent être révoquées que dans trois cas : 1° si les conditions sous lesquelles elles ont été faites ne sont pas exécutées; 2° en cas d'ingratitude du donataire; 3° en cas de survenance d'enfant au donateur. En matière de mandat, le mandant peut révoquer sa procuration quand bon lui semble et contraindre, au besoin, le mandataire à lui remettre l'écrit qui la renferme; mais cette révocation doit être notifiée aux tiers avec lesquels le mandataire pourrait traiter. Le changement de volonté chez le testateur amène la révocation d'un testament; elle est expresse, en vertu d'un testament postérieur ou tacite, par les dispositions d'un second testament contraires à celles du premier. ‖ *Révocation de l'édit de Nantes,* édit publié par Louis XIV, le 17 octobre 1685, et qui annulait l'édit rendu à Nantes par Henri IV le 13 avril 1598, lequel accordait aux protestants la liberté de conscience et l'exercice public de leur culte, excepté dans les résidences royales. Les calvinistes ne pouvaient trouver grâce devant le despotisme de Louis XIV, qui ne voulait qu'un roi, une loi, une foi. D'ailleurs, depuis l'édit de grâce ou paix d'Alais (1629), la condition des protestants était bien changée. Mazarin, qui disait d'eux : « Le petit troupeau broute de mauvaises herbes, mais il paie bien, » leur avait enlevé la libre admissibilité aux charges. Les protestants s'étaient rejetés sur le commerce et l'industrie, et Colbert tenait en estime cette population intelligente, laborieuse, paisible, qui contribuait à l'honneur et à la richesse du pays. Quand le crédit de ce grand ministre diminua, le chancelier Le Tellier, son fils Louvois, le confesseur du roi, le père La Chaise et Mme de Maintenon flattèrent le penchant du vieux roi vers l'autorité et la dévotion. On commença par la douceur, par la conversion de hauts personnages, tels que Turenne; on continua par la corruption, en instituant la caisse des conversions que tenait un ancien protestant, Pellisson, en 1676. Enfin, on usa de la violence : des dragons, « missionnaires bottés », furent envoyés dans les Cévennes, occupèrent les maisons des récalcitrants et les brutalisèrent jusqu'à ce qu'on obtînt leur conversion; de là le nom de *dragonnades* donné à ces exécutions. Louis XIV, persuadé qu'il n'y avait plus d'hérétiques en son royaume, rapporta l'édit de Nantes. Les calvinistes, déclarés rebelles et relaps, furent envoyés aux galères; 200 000, plus heureux, franchirent la frontière. Parmi eux étaient le vieux maréchal de Schomberg, Ruvigny, devenu comte de Galloway, qui servirent la coalition contre Louis XIV; les savants Bayle et Denis Papin. Un faubourg de Londres fut peuplé d'ouvriers en soie; en Prusse, ils pavèrent et éclairèrent Berlin. La France approuva Louis XIV; seul Saint-Simon s'éleva contre l'odieux de cet acte; il a écrit une belle page sur « le spectacle prodigieux de ce peuple proscrit, nu, errant, sans crime. »

RÉVOCATOIRE (l. *revocatorium*), *adj.* Qui révoque : *Édit révocatoire.*

REVOICI, REVOILÀ (pfx. *re* + *voici*, *voilà*), *prép.* Voici, voilà de nouveau. — **Gr.** Ces prépositions sont toujours précédées de leur complément, qui est un des pronoms : *me, te, nous, vous, le, la, les, en : Le revoici encore.*

REVOIR (pfx. *re* + *voir*), *vt.* Voir de nouveau : *Certaines comètes ont été revues plusieurs fois.* || Retourner dans un lieu où l'on a déjà séjourné : *Revoir sa patrie.* — Fig. Examiner de nouveau : *Revoir un compte.* || Soumettre à une revision : *Revoir un procès.* — **Se revoir**, *vr.* Se retrouver de nouveau ensemble après une séparation. — *Sm.* Usité dans *Au revoir*, formule d'adieu. — A REVOIR, *loc. adv.* Sujet à un nouvel examen, à correction. — **Dér.** *Revu, revue.* — **Comp.** *Revoici, revoilà.*

***REVOITURER** (pfx. *re* + *voiturer*), *vi.* Voiturer de nouveau.

REVOLER (pfx. *re* + *voler*), *vi.* Voler de nouveau. || Retourner quelque part en volant ou avec promptitude. — *Vt.* Dérober de nouveau le même objet. — **Dér.** *Revolin.*

REVOLIN (*revoler*), *sm.* Effet du vent réfléchi et renvoyé par un obstacle. (Mar.)

RÉVOLTANT, ANTE (*révolter*), *adj.* Qui révolte, qui choque, qui indigne : *Conduite révoltante.*

RÉVOLTE (ital. *rivolta*, action de faire *volte : re* + *volte*), *sf.* Soulèvement, rébellion contre l'autorité légitime : *Une révolte des soldats.* || Résistance, désobéissance à un supérieur : *La révolte d'un fils contre son père.* — Fig. Entraînement irrésistible : *La révolte des passions.* — **Dér.** *Révolter, révoltant, révoltante, révolté, révoltée.*

RÉVOLTÉ, ÉE (*révolte*), *adj.* et *s.* Qui est en état de révolte : *Peuple révolté. Punir les révoltés.* || Choqué, indigné : *Vous me voyez révolté de ses procédés.*

RÉVOLTER (*révolte*), *vt.* Déterminer à la révolte : *La conduite odieuse des décemvirs révolta les Romains.* || Choquer excessivement, indigner : *Cette action me révolte.* — **Se révolter**, *vr.* Se mettre en état de révolte. — Fig. S'indigner : *Je me révolte de toute injustice.*

RÉVOLU, UE (l. *revolutum*), *adj.* Qui finit par le retour au point de départ, en parlant des astres : *Le cours de la lune est révolu en un mois.* || Achevé, complet, accompli, en parlant d'une période de temps : *Il a quarante ans révolus.* — **Dér.** *Révolution, révoluté, révolutée, révolutif, révolutive.* — Même famille : *Volume*, etc.

***RÉVOLUTÉ, ÉE** (l. *revolutum*, retourné), *adj.* Qui est roulé en dehors et en dessous. (Bot.)

RÉVOLUTIF, IVE (du l. *revolutum*, retourné), *adj.* Qui est roulé en dehors et en dessous. (Bot.)

RÉVOLUTION (l. *revolutionem*), *sf.* Retour d'une planète, d'un astre au point de départ : *La durée de la révolution de la planète Jupiter est de douze ans.* || *Révolution sidérale*, temps que la lune met pour parcourir la voûte céleste et revenir en conjonction avec une même étoile; elle est exactement de 26 j. 7 h. 43 m. 11 s., 5. || Mouvement d'une ligne qui tourne autour d'un axe immobile et engendre à la fois une surface et un solide dits *surface, solide de révolution* : *Une sphère est produite par la révolution d'une demi-circonférence autour de son diamètre.* || Chacun des tours d'une roue. — Fig. Commotion morale, violente et subite : *Sa désobéissance m'a causé une révolution.* || Changement dans l'état de la société, des opinions, des personnes : *Le triomphe du christianisme fut une grande révolution.* || Changement de gouvernement opéré par une révolte triomphante. || En Angleterre, *révolution de 1649*, celle qui coûta la vie à Charles Ier, amena la république et le protectorat de Cromwell. — *La révolution de 1688*, qui chassa les Stuarts et mit sur le trône Guillaume III d'Orange. || En France : *La révolution de 1789*, dite aussi *la Révolution française* ou *la Révolution*, celle qui consacra dans ce pays les principes de la liberté civile, de l'égalité, des droits et de la souveraineté du peuple. || *La révolution de juillet 1830*, celle qui détrôna la branche aînée des Bourbons au profit de la branche cadette et mit sur le trône Louis-Philippe Ier. (V. *Deuxième Restauration.*) || *La révolution de février 1848*, celle qui détrôna Louis-Philippe et installa la seconde république. || En Suède, révolution de 1772, qui consolida le gouvernement de Gustave III. En Hollande, révolution de 1572, dirigée par Guillaume le Taciturne contre Philippe II. En Belgique, la révolution de 1830, contrecoup de la révolution de juillet en France; en Allemagne, en Prusse, en Autriche et en Hongrie, la révolution de 1848; en Pologne, celles de 1831 et de 1860, mouvements demeurés inutiles contre l'autocratie russe; en Piémont, à Naples, en Sicile, les révolutions de 1822, 1848, 1860, entreprises pour chasser les Autrichiens et établir l'unité italienne; en Espagne, les révolutions militaires de 1820 à Cadix, de 1836 à la Granja, de 1868 avec le général Prim. || *Les révolutions du globe*, la série des changements quelquefois brusques, mais le plus souvent très lents, qui ont modifié, depuis l'origine, le relief de la surface de la terre, ainsi que la distribution des mers et des continents. — **Dér.** *Révolutionner, révolutionnaire, révolutionnairement.*

RÉVOLUTIONNAIRE (*révolution*), *adj.* et *s. 2 g.* Qui accepte et défend les principes de la révolution de 1789 : *Les révolutionnaires français.* || Conforme aux principes de la Révolution française : *Doctrine révolutionnaire.* || Qui aspire, qui tend à faire triompher partout les idées de la Révolution française : *Il y a dans tous les États d'Europe un parti révolutionnaire.*

RÉVOLUTIONNAIREMENT (*révolutionnaire* + sfx. ment), *adv.* D'après les procédés des révolutionnaires français.

RÉVOLUTIONNER (*révolution*), *vt.* Agiter en propageant les principes de la Révolution : *Révolutionner un pays.* — Fig. Changer de fond en comble : *Révolutionner l'industrie.* — Fig. Bouleverser le moral d'un individu : *Cette nouvelle l'a révolutionné.* (Néol.)

REVOLVER [ré-vol-vère] (m. angl. : de *to revolve*, retourner), *sm.* Pistolet à un seul canon et plusieurs chambres dont chacune, au moyen d'un engrenage, vient successivement s'adapter à ce canon unique, ce qui permet un tir très rapide. Le plus généralement les chambres sont percées dans un cylindre ou barillet au nombre de 6; en agissant sur le mécanisme on fait tourner le barillet. Les premiers revolvers étaient à tir intermittent, c'est-à-dire qu'après chaque coup il fallait armer le chien; aujourd'hui on ne fabrique plus guère que des revolvers à tir continu, avec lesquels il suffit de presser sur la détente pour armer le chien et faire partir le coup.

Les pistolets tournants des XVe, XVIe et XVIIe siècles, dont on trouve des spécimens dans toutes les collections d'armes, peuvent être considérés comme de véritables revolvers; mais c'est d'Amérique qu'est venue en Europe la mode du revolver, arme de défense personnelle par excellence. Le premier modèle de revolver est dû au colonel américain Colt, qui lui fit subir de nombreux perfectionnements de 1837 à 1851; cette arme rendit de grands services aux pionniers de l'Amérique dans leur lutte contre les Indiens. Plusieurs autres modèles furent encore imaginés dans lesquels le chargement s'effectuait par la bouche; ces armes n'étaient pas d'un maniement commode et n'offraient pas une sécurité suffisante. Le premier, l'armurier français Lefaucheux imagina de construire un revolver tirant une cartouche à culot métallique et à broche semblable à celle qu'il employait pour ses fusils de chasse. Le revolver Lefaucheux avec cartouche à broche, adopté en 1858 par la marine française, fut remplacé en 1870 par un autre du même modèle tirant une cartouche métallique à percussion centrale. Depuis lors, tous les nouveaux modèles de revolver qui ont été imaginés sont à percussion centrale : tel est le revolver modèle 1873 en usage dans l'armée française. Dans les modèles perfectionnés que l'on fabrique maintenant, une fois les 6 coups tirés, les étuis vides, au lieu d'être chassés un à un à la main, sont rejetés tous à la fois à l'aide d'un extracteur automatique. Presque tous les revolvers en usage aujourd'hui dans les armées européennes pour l'armement de la cavalerie ont un calibre à peu près égal à celui de l'ancien fusil d'infanterie (11 millimètres environ). Ceux que l'on trouve dans le commerce sont surtout du calibre de 9 ou 7 millimètres. On leur donne le plus souvent des dimensions telles qu'on puisse les mettre aisément dans la poche. On fabrique peu de revolvers en France, la plupart de ceux que l'on met en vente sont de fabrication belge, anglaise et surtout américaine, et beaucoup, vendus à bon marché, n'offrent pas toutes les garanties désirables.

REVOLVER COLT

REVOMIR (pfx. *re* + *vomir*), *vt.* Vomir ce qu'on avait déjà vomi. || Vomir de nouveau. || Vomir ce qu'on a avalé : *Revomir une médecine.* — Fig. Rejeter ce qui avait été englouti : *Le gouffre de Malström revomit des débris de naufrages.*

RÉVOQUER (l. *revocare*), *vt.* Priver d'une fonction pour cause de mécontentement : *Révoquer un préfet.* || Annuler : *Révoquer un ordre, un testament.* || *Révoquer en doute*, mettre en doute. — **Dér.** *Révocation, révocable, révocabilité, révocatoire.*

REVOULOIR (pfx. *re* + *vt. vouloir*), Vouloir de nouveau. || En vénerie, se dit d'un chien qui refuse de marcher sur d'anciennes traces. **Gr.** Ce verbe se conjugue comme *Vouloir.*

***REVOYAGER** (pfx. *re* + *voyager*), *vi.* Recommencer un voyage; se mettre en route.

***REVOYEUR** (pfx. *re* + *voie*), *sm.* Bateau muni d'une machine et qui sert à récurer un canal.

REVU, UE (*revoir*), *adj.* Vu, examiné de nouveau, amendé.

REVUE, *spf.* de *revoir.* Action de revoir. || *Des gens de revue*, qui ont occasion de se trouver souvent ensemble. || Inspection exacte : *J'ai fait la revue de toute la maison.* || Inspection de troupes rangées en bataille et que l'on fait ensuite défiler. || Titre de certains écrits périodiques : La *Revue des*

Deux Mondes. || Pièce de théâtre où l'on déroule sous les yeux du spectateur les faits les plus piquants de l'année écoulée; elle nage dans la fantaisie, comme la féerie, et ne peut se passer de changements à vue.

***RÉVULSER** (*révulsion*), *vt.* Opérer la révulsion. (Méd.)

***RÉVULSEUR** (*révulsion*), *sm.* Instrument muni de fines aiguilles avec lesquelles on pique la peau; on applique ensuite sur celle-ci un irritant qui produit instantanément une éruption de petits boutons.

RÉVULSIF, IVE (*révulsion*), *adj.* Propre à détourner d'un organe ce qui y causerait une maladie : *Saignée révulsive.* — *Sm.* Remède, procédé révulsif : *Les vésicatoires, les sinapismes sont des révulsifs.*

RÉVULSION (l. *revulsionem*), *sf.* Action de détourner d'un organe le sang ou les humeurs qui peuvent y occasionner une maladie. — **Dér.** *Révulsif, révulsive, révulser, révulseur.*

REWBELL (J.-B.) (1746-1810), député aux États généraux de 1789, membre de la Convention et premier président du Directoire.

REYBAUD (Louis) (1799-1879), littérateur français, membre de l'Académie française, auteur de *Jérôme Paturot*, etc.

REYER (Louis-Étienne-Ernest Rey dit), compositeur français, né à Marseille le 1er décembre 1823; nommé membre de l'Académie des beaux-arts (1876) en remplacement de Félicien David. Disciple de Berlioz, il lui succéda comme critique musical au *Journal des Débats*. Ses œuvres principales sont : le *Selam, Maître Wolfram,* la *Statue,* qui consacra sa réputation en 1861, *Erostrate, Sigurd, Salammbô.*

REYNAUD (Jean) (1806-1863), ingénieur des mines, philosophe et publiciste français, fut disciple de Saint-Simon et représentant du peuple à l'Assemblée constituante de 1848. Auteur de *Terre et Ciel.*

REYNOLDS (1723-1792), célèbre peintre anglais que ses compatriotes mettent au premier rang à cause de ses portraits de *Mistress Harley, Mistress Siddons, lady Spencer, Nelly O'Brien,* etc. Il est aussi connu par ses tableaux d'histoire.

REZ [ré] (db. de *ras*), *prép.* Tout contre, au niveau de : *Rez pied, rez terre,* au niveau du sol. Même famille que *Ras.* — **Comp.** *Rez-de-chaussée.*

REZ-DE-CHAUSSÉE (*rez + de + chaussée*), *sm.* La superficie d'un sol qui est au même niveau que la chaussée voisine. || Niveau du sol : *Le mur que l'on construit n'est élevé que jusqu'au rez-de-chaussée.* || L'ensemble des pièces d'une maison qui sont de plain-pied avec le sol environnant et qui supportent les étages. — Pl. *des rez-de-chaussée.*

REZONVILLE, 2000 hab.; village de la Moselle (auj. Alsace-Lorraine) à 15 kilom. de Metz, célèbre par un combat entre les Français et les Allemands (16 août 1870); on l'appelle encore combat de Mars-la-Tour.

1. ***RHA,** nom ancien du Volga.

2. ***RHA,** le soleil en égyptien. Il était la créature la plus brillante du Tout-Puissant et comme le corps vivant de la divinité.

***RHABDITIS TERRICOLA** (ml.; le premier vient du g. ῥαβδὸς, verge; le second signifie habitant la terre), *sf.* Nom donné à une anguillule terrestre, voisine de celle qui détermine la *diarrhée de Cochinchine.* Cette dernière maladie est causée par l'*anguillula stercoralis,* petit ver qui mesure un millimètre de long sur quatre centièmes de millimètre de largeur, et vit dans l'intestin de l'homme, où il produit des ravages amenant la mort. C'est surtout par les légumes arrosés d'eau contenant des matières fécales que cette maladie se propage. Le *bétel* que mâchent les indigènes les préserve de cette affection. Le meilleur remède à employer pour détruire ces parasites est l'huile de foie de morue et le lait.

RHABDOLOGIE et **RHABDOMANCIE.** (V. *Rabdologie* et *Rabdomancie.*)

RHABILLAGE (*rhabiller*), *sm.* Réparation, mise à neuf et nettoyage de toutes les parties d'une montre. — Fig. Affaire, ouvrage qu'on a essayé de raccommoder sans succès.

RHABILLER (pfx. *re + habiller*), *vt.* Raccommoder. || *Rhabiller une meule de moulin,* en dresser au marteau la surface triturante. — Fig. Rectifier ce qu'une chose a de défectueux, pallier. || Habiller une seconde fois. || Pourvoir de nouveaux vêtements : *Rhabiller ses domestiques.* — **Se rhabiller,** *vr.* Remettre des habits qu'on avait ôtés. || Se procurer des habits neufs. — **Dér.** *Rhabillage, rhabilleur, rhabilleuse.*

RHABILLEUR, EUSE (*rhabiller*), *s.* Celui, celle qui raccommode, qui cherche à pallier une faute, à réconcilier. || Rebouteur. || Horloger, armurier, chaudronnier qui ne font que des réparations.

***RHABITER** (pfx. *re + habiter*), *vt.* Habiter de nouveau.

***RHABITUER** (pfx. *re + habituer*), *vt.* Habituer de nouveau. — **Se rhabituer,** *vr.* S'habituer de nouveau.

RHADAMANTE, fils de Jupiter et d'Europe, frère de Minos et l'un des trois juges des Enfers. (Myth.)

RHADAMISTE, époux de Zénobie, sœur de Mithridate, roi d'Arménie qu'il détrôna, mort assassiné, an 52 ap. J.-C.

***RHAGADIOLE** (g. ῥαγάδιον, petite crevasse), *sm.* Genre de plantes dicotylédones, appartenant à la famille des Composées, à la tribu des Chicoracées. Deux espèces, les *rhagadiolus edulis* et *stellatus,* que l'on trouve dans la région méditerranéenne, se mangent comme plante pathogène aux environs de Montpellier.

RHAGÈS, ville de l'ancienne Médie où habitait Gabélus, débiteur de Tobie.

***RHAMNÉES** ou ***RHAMNACÉES** (du l. *rhamnus,* nerprun), *sfpl.* Famille de plantes dicotylédones comprenant des arbres ou des arbustes dont les feuilles sont simples, alternes, rarement opposées, quelquefois petites ou nulles. Les Rhamnées se rencontrent dans les deux hémisphères : un certain

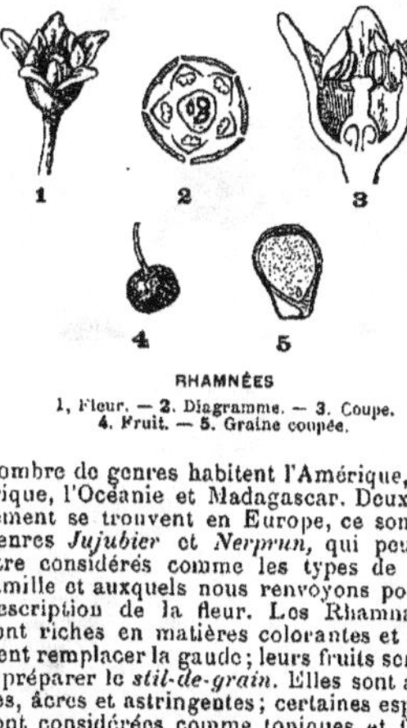

RHAMNÉES

1, Fleur. — 2. Diagramme. — 3. Coupe. 4. Fruit. — 5. Graine coupée.

nombre de genres habitent l'Amérique, l'Afrique, l'Océanie et Madagascar. Deux seulement se trouvent en Europe, ce sont les genres *Jujubier* et *Nerprun,* qui peuvent être considérés comme les types de cette famille et auxquels nous renvoyons pour la description de la fleur. Les Rhamnacées sont riches en matières colorantes et peuvent remplacer la gaude; leurs fruits servent à préparer le *stil-de-grain.* Elles sont amères, âcres et astringentes; certaines espèces sont considérées comme toniques et fébrifuges, tandis que d'autres sont des purgatifs. Ces dernières ont l'inconvénient d'irriter la muqueuse intestinale et de donner de violentes coliques. On administre les baies de la *bourgène* (V. *Nerprun*) sous la forme de sirop. L'écorce des nerpruns est si âcre, qu'on l'emploie dans le traitement de la gale de l'homme et des animaux. Certaines espèces sont employées par les naturels de la Polynésie à la guérison des blessures; d'autres fournissent des feuilles que l'on prend en Chine à l'instar du thé. Des fruits du *gouania domingensis* on extrait un suc employé aux Antilles comme stomachique et tonique; le bois de la même plante sert à fabriquer des cure-dents qui, dit-on, raffermissent les gencives (?). La racine rougeâtre du *ceanothus americanus* est considérée par les Peaux-Rouges de l'Amérique du Nord comme un puissant astringent et est employée contre la fièvre, les angines, les aphtes, la syphilis et la dysenterie; les feuilles de cette espèce servent à préparer une infusion digestive connue sous le nom de *thé du New-Jersey.* Indépendamment de leurs fruits, certaines espèces de jujubiers (V. ce mot) fournissent des feuilles et une écorce dont les propriétés amères et astringentes sont utilisées pour combattre la fièvre, la syphilis, etc. Leurs graines sont oléagineuses, et la décoction des noyaux du *jujubier soporifère,* indigène de la Chine septentrionale, est un calmant assez énergique. Le bois des rhamnées indigènes est généralement de médiocre qualité; il sert cependant à faire du charbon, qui entre dans la confection de la poudre à canon. Les Mongols fabriquent leurs dieux avec le bois du *rhamnus lycioïdes.* Dans nos provinces méridionales, on emploie celui de la bourgène pour faire des talons de galoches et des allumettes. D'autres espèces de cette famille ont un bois résineux qui sert à faire, au Cap, des essieux, des jougs et des tonneaux. Les épines du *discaria toumatou* servent d'aiguilles à tatouer aux habitants de la Nouvelle-Zélande. Enfin, plusieurs rhamnées sont des plantes d'ornement; elles sont recherchées à cause de leur feuillage persistant et de leurs fleurs odorantes. Les Rhamnées sont voisines des Rosacées, des Célastracées et des Ilicinées. — **Une rhamnée,** *sf.* Une plante quelconque de la famille des Rhamnées.

RHAMNUS

***RHAMNINE** (du l. *rhamnus*), *sf.* Matière colorante, d'un beau jaune d'or et d'un aspect cristallin, extraite des baies du nerprun des teinturiers.

***RHAMNUS** (g. ῥάμνος), *sm.* Nom scientifique du nerprun. (V. ce mot.)

***RHAMNUSIE** (l. *Rhamnusium,* de Rhamnonte en Attique), *sf.* Genre de Coléoptères dont une espèce se rencontre sur le saule, l'orme et les marronniers.

RHAPONTIC (*Rha,* le Volga + *ponticum,* du Pont), *sm.* Plante dicotylédone de la famille des *Polygonées.* (V. *Rhubarbe.*)

RHAPSODE, RHAPSODER, RHAPSODIE, RHAPSODISTE. (V. *Rapsode, rapsoder, rapsodie, rapsodiste.*)

RHAMNUSIE

***RHAPSODOMANCIE** (*rhapsode* + g. μαντεία, divination), *sf.* Divination par les poëtes, soit en ouvrant un livre au hasard et interprétant le passage sur lequel on tombe, soit en jetant des dés sur un assemblage de vers écrits sur une table.

RHÉA SYLVIA, fille de Numitor, nièce d'Amulius et mère de Romulus et de Rémus.

RHÉE (g. Ῥέα), fille d'Uranus et de la Terre, et femme de Saturne, qui fut identifiée avec Cybèle. (Myth.)

RHEEDE (Drakenstein van), gouverneur anglais du Malabar, qui fit rassembler, dessiner et publier à ses frais le *Hortus malabaricus* (1678-1703).

***RHEEDIA** (*Rheede,* nom propre), *sf.* Genre de plantes dicotylédones de la famille des Clusiacées. Ce sont des arbres de l'Amérique tropicale; on en a trouvé aussi à Madagascar et dans l'Afrique orientale et tropicale. Le fruit de l'une des espèces, le *rheedia lateriflora,* est une baie sucrée et aromatique. On en fait aux Antilles des conserves et des boissons.

***RHÉINE** (l. *rheum,* rhubarbe), *sf.* Matière colorante jaune que l'on extrait de la racine de rhubarbe et du rhapontic. On la trouve encore dans le lichen des murailles. Elle devient rouge pourpre en la mêlant aux alcalis. — **Dér.** *Rhéique.*

***RHÉIQUE** (*rhéine*), *adj.* Qui tient de la rhéine : *Acide rhéique.*

***RHÉNAN, ANE** (du l. *Rhenus,* le Rhin), *adj.* Des bords du Rhin. — **Province rhénane** ou **du Rhin,** la partie la plus occidentale de la Prusse, au S. de la Westphalie, montueuse et boisée. Mines de plomb, cuivre, zinc, mercure, fer, grès, argile plastique, vin, etc. — Capit. *Coblentz*, villes principales : Dusseldorf, Cologne, Aix-la-Chapelle, Trèves.

***RHÉOMÈTRE** (g. ῥεῖν, couler + μέτρον, mesure), *sm.* Instrument pour mesurer la force des courants de la pile. (V. *Galvanomètre.*)

***RHÉOPHORE** (g. ῥεῖν, couler + φορός, qui porte), *sm.* Nom de chacun des deux fils métalliques qui font communiquer les deux pôles d'une pile. (V. *Electrode.*)

***RHÉOSTAT** (g. ῥεῖν, couler + στάτης, qui arrête), *sm.* Appareil qui, en augmentant ou diminuant la longueur d'un circuit, augmente ou diminue l'intensité d'un courant électrique.

***RHÉOTOMIE** (g. ῥεῖν, couler + τομή, section), *sm.* Pièce des appareils d'induction électro-voltaïque, servant à interrompre ou rétablir le courant dans les appareils d'éclairage.

RHÉSUS (g. Ῥῆσος), roi de Thrace, allié des Troyens, célèbre par ses chevaux blancs que prirent Ulysse et Diomède après l'avoir égorgé. (Myth.) — *Sm.* Espèce de singe qui habite les bords du Gange, et est connu sous le nom de *bunder;* c'est le *macacus rhesus* des naturalistes. Il est assez gros, et son pelage, assez épais sur le dos, est verdâtre en haut, tandis qu'il est blanchâtre sur le ventre ; la face, les mains et les pieds ont une teinte rouge cuivreux.

RHÈTES (*Rhétie*), *sm.* Hab. de l'anc. Rhétie.

RHÉTEUR (l. *rhetorem* : g. ῥήτωρ : de ἐρῶ, je parle), *sm.* Professeur d'éloquence chez les anciens. || Aujourd'hui, mauvais orateur qui cache le vide des pensées sous l'enflure du style. — **Dér.** *Rhétorique, rhétoricien.*

RHÉTIE, contrée de l'ancienne Germanie, au N. de la vallée du Pô (canton des Grisons, Vorarlberg, Tyrol), conquise par les Romains l'an 15 av. J.-C., sous Auguste, qui y fonda *Augusta Vindelicorum* (Augsbourg). — **Dér.** *Rhètes, rhétique.*

***RHÉTIQUE** (*Rhétie*), *adj. 2 g.* De la Rhétie. || *Alpes rhétiques*, partie des Alpes centrales qui s'étend du mont Bernardino au pic des Trois-Seigneurs, à travers le canton des Grisons et le Tyrol ; elles servent en partie de frontières à l'Italie.

RHÉTORICIEN (*rhétorique*), *sm.* Celui qui sait la rhétorique. || Écolier de la classe de rhétorique.

RHÉTORIQUE (l. *rhetorica* : du g. ῥητωρική, l'art du rhéteur), *sf.* L'art de bien dire, de persuader par la parole. La rhétorique comprend trois parties : l'*invention*, c'est-à-dire la conception du sujet et des matériaux qu'il comporte ; la *disposition* de ces matériaux dans un ordre judicieux ; l'expression des pensées sous une forme élégante, c'est-à-dire l'*élocution*. || *Figures de rhétorique*, formes particulières du langage qui donnent de la force ou de la grâce au discours. || Dans les collèges, la classe où l'on enseigne la rhétorique, placée entre la seconde et la philosophie. || Traité de rhétorique : *La Rhétorique d'Aristote*. — Fig. Tout moyen auquel on recourt pour persuader : *Dépenser toute sa rhétorique pour convaincre quelqu'un.* || En mauvaise part, discours pompeux, mais vide de sens.

RHIGAS (1753-1798), poète et patriote grec, l'un des promoteurs de l'indépendance hellénique. Il fut livré aux Turcs par les Autrichiens et noyé dans le Danube.

***RHIGOLÈNE** (g. ῥῖγος, frisson), *sm.* Éther hydrocarburé extrait du pétrole ; il est très léger, très volatile, bout à 38 degrés et s'enflamme très facilement. Par son extrême volatilité, il produit un refroidissement intense et subit. Il vaut mieux que l'éther pour refroidir la peau, mais il est très inflammable.

RHIN (irlandais *riair*, la mer : l. *Rhenum*, allem. *Rhein*). Fleuve d'Europe, formé en Suisse par la réunion des Rhin postérieur (*Hinter Rhein*) et antérieur (*Vorder Rhein*) ; le premier descend du glacier de Rheinwalds et le second du flanc nord du mont Saint-Gothard, à une altitude de 2558 mètres ; ils se réunissent à Reichenau, dans les Grisons. Le fleuve coule au N. jusqu'à Mayenfeld, longe le seuil de Sargans, où il prenait autrefois la direction de la Linth et de la Limmat, et entre dans le lac de Constance (Boden See), près de Rheineck ; il sort du lac à Stein, coule à l'O., forme entre Schaffhouse et Laufenbourg une belle chute de 20 mètres, et sépare la Suisse du grand-duché de Bade. A Bâle, le Rhin tourne au N. et traverse un grand bassin lacustre qu'il a épuisé ; il passe à Vieux-Brisach, près de Strasbourg et, jusqu'à Mannheim, où il reçoit le Neckar ; il sépare l'Alsace-Lorraine et la Bavière rhénane du

LE RHIN
À GUTENFELS

grand-duché de Bade et du Wurtemberg. Il incline alors à l'O. et, de Worms à Mayence, il traverse la Hesse. A Mayence, il reçoit le Main (Mein) et coule à l'O. jusqu'à Bingen ; cette partie est dite *cours héroïque* du Rhin, à cause des *burgs* démantelés ou restaurés qui couronnent les collines de la vallée ; le fleuve tourne ensuite au N.-O., passe à Coblentz, Bonn, Cologne, Dusseldorf ; à Wesel, il entre en Hollande, et à Emmerich, il se divise en Wahal, qui se confond avec la Meuse à Gorcum, et en Leck, auquel l'Yssel est relié par l'ancien canal de Drusus et duquel se détache le Vieux Rhin avec sa dérivation, le Vecht. Les principaux affluents du Rhin sont, à droite : la Kinzig, le Neckar, le Mein, la Lahn, la Sieg, la Ruhr et la Lippe ; à gauche, la Thur, l'Aar (grossie de la Reuss), l'Ill (qui a donné son nom à l'Alsace, *Ellsass*), la Moselle et la Meuse, souvent regardée comme un fleuve spécial. De Coire à Bâle, la navigation est embarrassée par des roches, des rapides et la chute de Laufon ; de Bâle à la mer, le Rhin porte des paquebots et de grandes barques ; les navires de plus fort tonnage peuvent remonter jusqu'à Cologne. Le grand canal du Nord le met en communication avec la Meuse et la Nèthe, affluent de l'Escaut ; le canal du Rhône au Rhin le relie à la Saône. En Bavière, il communique avec le Danube par le Mein, réuni à l'Altmuhl, au moyen du canal Louis. Le fleuve est long d'environ 1 500 kilomètres ; la superficie du bassin est de plus de 250 000 kilomètres carrés. Il donne son nom à trois cercles du grand-duché de Bade, à une province de Hesse, à une province de Bavière, à une province de Prusse (V. ce mot), et naguère à deux départements français. — Dans son *cours héroïque*, le Rhin passe à Caub, que domine le château de Gutenfels, détruit par ordre de Napoléon Ier en 1805. Dans un îlot s'élève le *Pfalz*, donjon construit pour assurer le péage du Rhin. C'est là que les Prussiens et les Russes commandés par Yorck passèrent le fleuve, dans la nuit du 1er janvier 1814.

RHIN (BAS-), 455 345 hect., 610 607 hab., en 1866, ancien département du N.-E. de la France, partie N. de l'Alsace entre le Rhin et les Vosges ; sol très fertile, forêts, céréales, légumes, houblon, chanvre, lin. — Ch.-l. Strasbourg. S.-préf. Schlestadt, Saverne, Wissembourg. Il a été cédé en 1871 à l'Allemagne, qui l'a divisé en huit cercles. (V. *Alsace-Lorraine.*)

1. **RHIN (HAUT-)**, 410 771 hect., 373 305 hab., en 1866 ; ancien département du N.-E. de la France, partie S. de l'Alsace, cédé presque entièrement à l'Allemagne en 1871. Forêts, céréales, pommes de terre, tabac, industrie très développée, tissus de coton et de laines, toiles peintes, usines à fer, horlogerie, produits chimiques, papier de tenture. — Ch.-l. Colmar. S.-préf. Mulhouse ; et Belfort, resté à la France. Les Allemands ont divisé ce département en six cercles.

Territoire de Belfort, 61 014 hect., 79 758 hab. (V. carte au t. I, p. 48) ; il tire son nom de la forteresse de Belfort, qui surveille la « trouée » du même nom, entre le Jura et les Vosges. Il a été formé en 1871 d'un lambeau du département du Haut-Rhin, annexé en grande partie à l'Allemagne. Cette partie de l'Alsace était dite *Sundgau*, faisait partie du comté de Ferrette et dépendit jusqu'au XVIIe siècle de la principauté de Montbéliard. C'est la plus petite unité territoriale de la France, après le département de la Seine. Sa plus grande longueur du N. au S. est de 45 kilomètres entre le ballon d'Alsace et la commune de Croix ; entre les communes de Châtenois et de Suarce, de l'E. à l'O., sa plus grande largeur est de 22 kilomètres. Belfort est situé par 47° 38' 13" de latitude N. et par 4° 31' 44" de longitude E. ; le territoire est borné au N.-E. et à l'E. par l'Alsace-Lorraine, c'est-à-dire par l'Allemagne ; au S. et au S.-E. par le canton de Berne en Suisse ; à l'O. par la Haute-Saône ; au N. par le département des Vosges. Ce territoire forme une plaine ondulée comprise entre le ballon de Giromagny au N. et les dernières crêtes du Jura au S. ; à l'E. on descend sans obstacle du bassin de la Saône dans celui de l'Ill ; la ligne de partage de ces deux bassins est exactement suivie par la frontière allemande. C'est là ce qui constitue la fameuse *trouée de Belfort*, dite encore, mais à tort, *col de Valdieu*. Au N. et à l'O. les Vosges méridionales ou hautes Vosges accidentent le territoire. Leur point culminant est le *Ballon d'Alsace* (1 257 mètres) ou de Giromagny, entouré de plaines à l'E., au S., à l'O. ; par ce contraste, il paraît plus élevé qu'il ne l'est réellement, comme le Canigou dans les Pyrénées. Il s'arrondit en forme de dôme, sans ressembler toutefois à un aérostat ; les vents violents ne permettant pas aux arbres d'y croître, il est recouvert de broussailles et de pelouses verdoyantes dites *chaumes*, où les bruyères et les myrtilles sont surtout abondantes. Du ballon d'Alsace se détachent quatre contreforts principaux ; le premier, vers le N.-O., constitue les monts Faucilles ; le deuxième, vers le N.-E., continue les Vosges ; les deux derniers descendent vers le S. et forment la vallée de Giromagny, sur le territoire de Belfort. Le rameau occidental est court, mais présente de hauts sommets : le ballon de Saint-Antoine (1 001 mètres), la planche des Belles-Filles (1 150 mètres), le mont Saint-Jean (815 mètres). Le rameau oriental sépare la vallée de Giromagny de celle de Massevaux en Alsace ; on y relève le signal des Plaines (1 091 mètres), le Bærenkopf (1 105 mètres), la montagne des Boulles (800 mètres) ; puis viennent le Salbert (647 mètres), la forêt d'Arsot ; les collines qui ont servi à fortifier Belfort (la Miotte, la Justice). Au S., près de la frontière suisse, la forêt de Florimont, à 512 mètres d'altitude, est le commencement du Jura.

Le territoire de Belfort fait partie du bassin du Rhône ; il est arrosé par l'*Allaine*, affluent du Doubs, qui a sa source, en Suisse, au mont Terrible. Sur le territoire, son cours est emprunté par le canal du Rhône au Rhin. L'Allaine reçoit à gauche le ruisseau de *Saint-Dizier* et la *Cavatte* ; à droite la rivière de *Saint-Nicolas*, qui vient du Bærenkopf, et la *Savoureuse* qui arrose Belfort et descend du ballon d'Alsace. Les principaux étangs sont ceux de Malsaucy et de Sermamagny, près des sources de la Savoureuse ; non loin de Belfort se trouve le grand étang de la Forge. Le climat vosgien et le climat rhodanien, quoique bien différents, règnent tous deux sur ce territoire ; Belfort et les sommets des Vosges ont des hivers longs et rigoureux, de brusques écarts de température ; le sous-sol imperméable entretient l'humidité ; la couche d'eau qui tombe chaque année sur la partie du territoire qui appartient au climat vosgien est de 0m,80 à 1 mètre. Sur le reste du territoire règne le climat rhodanien, moins rude, moins brusque, remarquable par la beauté de l'été et la douceur de l'automne ; la hauteur moyenne annuelle des pluies n'y est plus que de 0m,60 à 0m,80. La ville de Belfort se trouve à la limite N. du terrain jurassique. Au N.-O. le territoire est constitué par un massif de grès rouge au delà duquel se trouve un lambeau du terrain devonien. A l'E. le territoire est formé par le terrain pliocène. On rencontre aussi des granits, des gneiss, des schistes et du porphyre. Les principales cultures du territoire, dans les cantons de Delle et de Fontaine, sont le blé et la pomme de terre ; la production des choux croît d'année en année ; ils servent à fabriquer la choucroute dite de Strasbourg ; la culture du tabac y est aussi autorisée. Mais la plus grande richesse du département a sa source dans l'exploitation des forêts qui couvrent un tiers du territoire ; les principales sont celles de Malvaux, de la Grande-Roche, d'Uliise, de la Beucinière, d'Auxelles, de la Chapelle, de Châtenois, de Florimont, etc. ; on y trouve le hêtre, le chêne, l'épicéa, le sapin, le mélèze, le bouleau, le charme et le frêne. On n'exploite plus à Giromagny les gisements, qui renferment du cuivre, du plomb, de l'argent, du cobalt, du zinc, de l'arsenic ; mais la société des forges d'Audincourt utilise le minerai de fer de Châtenois et de Vaulnaveys-le-Bas. Les grès rouges de Saint-Germain et d'Offémont sont expédiés par le canal du Rhône au Rhin. Les sources minérales d'Offémont ne sont pas utilisées, mais servent de moteur à la forge de Belfort. L'industrie cotonnière, concentrée dans les cantons de Giromagny et de Belfort, occupe 10 000 ouvriers. L'industrie métallurgique a pour centres Beaucourt et Grandvillars, qui fabriquent de la quincaillerie. Belfort a aussi des scieries et des fabriques de bonneterie. Le territoire de Belfort est traversé par cinq chemins de fer : de Paris à Bâle ; de Dôle à Belfort ; de Belfort à Delle et à Porrentruy ; de Montbéliard à Delle ; de Bas-Evette à Giromagny. Il est encore sillonné par le canal du Rhône au Rhin. (V. ce mot.)

Depuis la perte de Metz et de Strasbourg, Belfort est le principal boulevard de notre frontière de l'E. ; située sur la Savoureuse, la ville domine la Trouée qui porte son nom, ainsi que les voies de communication, Mulhouse-Vesoul et Epinal-Besançon. Trois chaînes de hauteurs venant de l'E. entourent la ville. Celle du milieu se dresse en rocs perpendiculaires et escarpés ; celle du nord suit le cours de la Woivre et de la Savoureuse ; le mont Salbert et le mont Vaudois descendent en pentes douces vers la Savoureuse. Avant la guerre, la fortification de Belfort comprenait le corps de place, l'ouvrage à cornes de l'Espérance et la citadelle, avec le camp retranché formé par les forts de la *Justice*, de la *Miotte*, des *Barres*. Pendant la guerre on organisa le fort *Bellevue* au S.-O., les Hautes-Perches au S., les Basses-Perches au S.-E. Autour de l'enceinte et des petits forts, maintenant démantelés, on a créé une nouvelle ceinture de forts dont le développement est d'environ 35 kilom. Au pied du château ou de la Roche de Belfort, un lion gigantesque de granit rose rappelle l'héroïque résistance de Denfert-Rochereau.

Ce territoire, habité par les Belges avant César, fit partie de la grande Séquanaise sous l'Empire romain et fut envahi par les Alamans. Au temps où se forma l'Alsace (*Ellsass*, vallée de l'Ill), Belfort devint le centre et la capitale du Sundgau (*Sundgovia*, *Suetensis pagus*), que se disputèrent les comtes de Ferrette et les princes de Montbéliard. Réuni au comté de Ferrette au XIVe siècle, le Sundgau fut enlevé aux Autrichiens par les Suédois (1632 et 1634) et par les Français (1636). Belfort devint le chef-lieu d'un bailliage et l'une des sept subdélégations de l'intendance d'Alsace. Vauban y appliqua pour la première fois, en 1687, son système de tours bastionnées. Cette ville ne se rendit aux alliés, en 1814, qu'après 113 jours de siège ; le général Lecourbe s'y défendit victorieusement en 1815 ; il fut imité, on sait avec quelle héroïque ténacité, par Denfert-Rochereau, en 1870-1871. En 1821, les colonels Pailhès et Caron, membres de la société secrète les *Amis de la Vérité*, tentèrent, à Belfort, de rétablir la république et la Constitution de l'an III ; mais cette conspiration militaire avorta et coûta la vie au colonel Caron.

Le territoire de Belfort n'est pas régi par un préfet, mais par un *administrateur* ; il est divisé en 6 cantons comprenant 106 communes ; il ressortit au 7e corps d'armée (Besançon), à la cour d'appel, à l'académie et à l'archevêché de Besançon.

***RHINACANTHUS** (g. ῥίν, génitif ῥινός, nez + ἄκανθα, épine), *sm.* Genre de plantes dicotylédones de la famille des Acanthacées dont une espèce, le *rhinacanthus communis*, a dans l'Inde la réputation d'un contre-poison énergique. Ses racines fraîches et ses feuilles, pilées avec du suc de limon, sont employées contre les dartres.

***RHINALGIE** (g. ῥίν, nez + ἄλγος, douleur), *sf.* Douleur ayant son siège au nez.

***RHINANTHE** (g. ῥίν, génitif ῥινός, nez + ἄνθος, fleur), *sm.* Genre de plantes dicotyledones, de la famille des Scrofularinées, auquel appartient le *rhinanthe crête de coq*, à fleur jaune, à calice vésiculeux blanchâtre, commun dans les prairies. Cette plante, appelée encore *cocrête*, *croquette*, a été préconisée comme résolutive et sudorifique.

***RHINENCHYTE** (g. ῥίν, nez + ἐν, dans + χέειν, verser), *sm.* Instrument pour faire des injections dans le nez.

1. **RHINGRAVE** (allem. *Rhein*, le Rhin + *graf*, comte), *sm.* Comte du Rhin, ancien titre de quelques princes allemands, des juges, des gouverneurs des villes allemandes baignées par le Rhin. — **Dér.** *Rhingrave* 2, *rhingraviat*.

2. **RHINGRAVE** (*Rhingrave*), *sf.* Espèce d'ancienne culotte très ample attachée par le bas avec des rubans.

*** RHINGRAVIAT** (*Rhingrave*), *sm.* Charge, dignité de rhingrave.

***RHINITE** (g. ῥίν, nez + sfx. médical *ite*, indiquant inflammation), *sm.* Coryza.

RHINOCÉROS (g. ῥίν, ῥινός, nez + κέρως, corne), *sm.* Genre de grands mammifères périssodactyles des parties chaudes de l'ancien continent ; ils se reconnaissent à ce qu'ils ont sur le nez une ou deux cornes de matière fibreuse, pleines. Ces cornes sont des dépendances de la peau et n'ont aucun rapport avec le squelette. Les rhinocéros sont des animaux difformes ; leur corps est massif, terminé en arrière par une queue courte ; il est recouvert d'une peau épaisse, non garnie de poils ; les jambes sont courtes, tordues et terminées par trois doigts peu apparents. La tête est de taille médiocre, comparée à celle du corps tout entier ; les oreilles ont la forme de cornets ; le front est creux ; les yeux sont petits et placés sur le côté. Les naseaux sont forts, relevés et supportent la corne dont nous avons déjà parlé. La bouche est énorme et les lèvres sont épaisses ; la supérieure est renflée et recouverte d'une peau tendre ; elle est allongée en son milieu en un prolongement qui sert à l'animal pour saisir sa nourriture. Les os du squelette sont lourds et trapus, et ils présentent des arêtes musculaires extrêmement accusées. Les mâchoires sont énormes ; les canines font toujours défaut : aussi existe-t-il une barre considérable entre les molaires et les inci-

RHINOCÉROS

sives. Chez les rhinocéros des époques géologiques, les incisives étaient, dans chaque mâchoire, au nombre de quatre ou même de six, tandis que chez les rhinocéros actuels on n'en trouve que deux dans chaque moitié des mâchoires, celles de la paire extérieure étant plus petites et tombant les premières. Les incisives de la mâchoire supérieure sont très comprimées; celles de la mâchoire inférieure sont coniques, presque horizontales et dirigées en avant. Toutes ces incisives tombent sans être remplacées, aussi il est des espèces où, à l'état adulte, on ne trouve que deux incisives en haut et quatre en bas; d'autres où il n'y a que deux incisives à la mâchoire inférieure; d'autres, enfin, qui ne possèdent pas d'incisives et chez lesquelles les gencives sont devenues dures et résistantes. Les rhinocéros ont sept molaires de chaque côté de la mâchoire, les supérieures étant beaucoup plus fortes que les inférieures; elles présentent deux collines transversales, séparées du côté interne par une vallée étroite. Les molaires de la mâchoire inférieure sont plus longues que larges et ont deux croissants, entourés d'émail, placés l'un derrière l'autre et dont la concavité est tournée en avant. La tête étant petite, le cerveau est peu volumineux; aussi les rhinocéros sont-ils des animaux peu intelligents, et leur caractère est farouche, capricieux. Néanmoins, ils ne sont pas féroces et n'attaquent jamais que lorsqu'ils se croient menacés. Ce sont des animaux pour ainsi dire nocturnes, qui passent tout le jour à dormir à l'abri du soleil, qu'ils redoutent beaucoup. Ils recherchent les endroits humides et aiment à se baigner et à se vautrer dans la boue, afin d'échapper à la piqûre des insectes.

On divise les rhinocéros en deux sections, savoir : 1° Le *rhinocéros d'Asie,* qui a environ 4 mètres de longueur et 2 mètres de hauteur. Ses incisives sont persistantes; il a une ou deux cornes et sa peau est divisée en un certain nombre de plaques ou boucliers. Sa corne, longue d'au moins 50 centimètres, est recourbée en arrière et sa lèvre supérieure est très développée. Les espèces de cette section se rencontrent dans l'Inde, en Chine, à Siam et en Cochinchine. Java nourrit un rhinocéros unicorne, et Sumatra et la presqu'île de Malacca une autre espèce qui a deux cornes et sert de transition entre les espèces asiatiques et les espèces africaines. 2° Les *rhinocéros d'Afrique,* possédant tous deux cornes, placées l'une derrière l'autre et dont l'antérieure, plus longue, mesure jusqu'à 1 mètre, ont des incisives caduques, la peau moins épaisse, formant des plis mous et ne présentant pas de bouclier. Cette peau est d'un brun foncé tirant sur le noir. Les espèces de cette seconde section habitaient jadis tout le continent africain jusqu'au Cap, mais elles ont été refoulées vers le Nord. Les rhinocéros sont très redoutés à cause des grands dégâts qu'ils causent dans les cultures. Leur chair, que l'on dit délicate, est recherchée des indigènes des pays où on les rencontre. Les rhinocéros étaient représentés aux époques géologiques par trois genres, savoir : 1° Le *rhinoceros etruscus,* contemporain de l'*elephas meridionalis* et qui est propre au pliocène. On trouve à Saint-Prest, par exemple, ses os mêlés à ceux de ce dernier éléphant. 2° Le *rhinoceros Merckii,* compagnon de l'éléphant antique, est propre au chelléen ou quaternaire inférieur et était organisé, comme l'*etruscus* du pliocène, pour vivre dans des climats doux, chauds même. On a trouvé ses os à Levallois-Perret, à Grenelle et à Montreuil. 3° Le *rhinoceros tichorhinus* ou à *narines cloisonnées,* ainsi nommé parce que les os du nez se recourbent en avant pour s'unir aux intermaxillaires de la mâchoire supérieure qui portent les incisives; en outre, la cloison qui sépare les deux narines, au lieu d'être cartilagineuse, s'est ossifiée. Cette espèce est contemporaine du *mammouth* et se trouve à l'époque moustérienne. Par ses différents caractères et ses doubles cornes, le *tichorhinus* se rapproche des espèces africaines; néanmoins, il était organisé pour vivre dans les pays froids : c'est ce que montre sa peau, lisse, recouverte d'une fourrure composée de poils mous et de soies rudes. Pallas découvrit, en 1772, dans les glaces de la Sibérie, un pied de devant et un pied de derrière de *rhinoceros tichorhinus* encore recouverts de peau. Depuis on en a trouvé d'autres débris dans les boues et les sables gelés des rives de plusieurs cours d'eau de la Sibérie. Les os de cet animal se rencontrent communément dans les alluvions, mais sont rares dans les cavernes. || *Rhinocéros de mer,* le narval. || En entomologie, insecte coléoptère connu des naturalistes sous le nom d'*oryctes nasicornis.* C'est un des plus grands scarabées d'Europe, dont le corps, long d'environ 40 millimètres, de forme allongée, est d'un brun rougeâtre. Le mâle porte sur le dessus de la tête une corne recourbée qui lui a fait donner son nom. Il vit dans le tan, le terreau, dans les troncs cariés des vieux chênes. Sa larve, qui ressemble à celle du hanneton, ronge d'abord les feuilles pourries et les détritus végétaux; mais plus tard elle s'attaque aux jeunes racines et aux parties ligneuses des végétaux. Aussi fait-elle beaucoup de mal aux arbres. Cette larve passe l'hiver dans un trou qu'elle s'est percé profondément dans la terre et dont elle a poli avec soin les parois. Elle sort de sa loge au printemps, transformée en insecte parfait, et s'envole vers le soir à la recherche d'une femelle. Celle-ci n'a pas de cornes sur la tête, mais seulement un tubercule pointu.

RHINOCÉROS BICORNE

RHINOCÉROS
ORYCTES NASICORNIS

***RHINOLOPHE** (g. ῥίν nez, + λόφος, crête), *sm.* Genre de chauve-souris ayant sur le nez une crête membraneuse semblable à un fer à cheval; la plupart de ses espèces se trouvent en Asie, en Afrique, en Malaisie et en Australie. En France, on trouve les *rhinolophes grand fer à cheval,* aux environs de Paris, dans les carrières abandonnées, où elles vivent en bandes de plusieurs centaines d'individus des deux sexes. Les femelles, qui donnent naissance à un ou deux petits, se réunissent à quelques-unes de leurs compagnes pour élever leur famille; elles ne recherchent la société des mâles que quand les jeunes sont en état de pourvoir à leur subsistance. Ces animaux sont nocturnes et se nourrissent d'insectes.

RHINOLOPHE

***RHINONÉCROSIE** (g. ῥίν, nez + νέκρωσις, nécrose), *sf.* Nécrose de la cloison des fosses nasales, remarquée chez les ouvriers qui travaillent à la fabrication des chromates.

RHINOPLASTIE (g. ῥίν, génitif ῥινός, nez + πλάσσειν, façonner), *sf.* Opération de chirurgie qui a pour but de refaire le nez quand il a été détruit. On applique, de nos jours, une méthode venue de l'Inde, où l'amputation du nez était un supplice souvent infligé. On taille sur le front un lambeau suffisant, en ayant soin de conserver un pédicule inférieur pour la nutrition de ce lambeau. On le rabat sur le nez dont la plaie est avivée; on l'y maintient par des bandelettes agglutinatives et un bandage approprié, jusqu'à cicatrisation.

***RHINOPOME** (g. ῥίν, génitif ῥινός, nez + πῶμα, opercule), *sm.* Espèce de chauve-souris du groupe des Phyllostomes, possédant des appendices cutanés soutenus par de petits feuillets cartilagineux, placés sur le nez, et qui sont le siège d'un toucher très délicat. Le *Rhinopome à petites feuilles* (*rhinopoma microphyllum*) habite l'Égypte, dans les cavernes naturelles et les catacombes. Les individus de cette espèce sont si nombreux, qu'ils incommodent les explorateurs des monuments égyptiens en volant autour d'eux et en déposant, sur le sol, leurs excréments, qui répandent une odeur des plus désagréables. Les ailes du rhinopome sont assez longues et d'un gris de souris; leurs oreilles sont moyennes et les ouvertures du nez peuvent être fermées comme chez les animaux plongeurs.

RHINOPOME

***RHINOSCOPIE** (g. ῥίν, ῥινός, nez + σκοπέω, j'observe), *sf.* Procédé opératoire qui consiste à examiner la cavité pharyngo-nasale au moyen d'un miroir.

RHIPHÉES (MONTS) ou HYPERBORÉENS, montagnes imaginaires qui, selon les anciens, bordaient le fleuve Océan à l'extrême N. de l'Europe.

***RHIPITÈRES** (g. ῥιπίς, éventail + πτερόν, plume). Nom donné à un groupe d'insectes que certains naturalistes réunissent aux *diptères,* d'autres aux *névroptères,* d'autres encore aux *coléoptères.* Les individus de ce groupe sont de petite taille; le mâle diffère essentiellement de la femelle. Ces dernières sont toujours dépourvues d'yeux et de pattes et vivent en parasites sur les guêpes, les polystes, etc. Il en est de même des larves, qui sont très agiles et munis de trois paires de pattes. Les mâles, au contraire, sont toujours libres; leur tête a deux gros yeux, leurs pattes sont au nombre de 6; ils possèdent 4 ailes, dont les deux antérieures sont très petites et ressemblent un peu aux balanciers des diptères. Les postérieures, au contraire, sont très grandes et se replient, en éventail, comme celles des orthoptères.

RHIZO, g. ῥίζα, pfx. qui signifie *racine.*

***RHIZOCTONE** (pfx. *rhizo* + g. κτείνειν, tuer), *sm.* Genre de champignons souterrains parasites, auxquels appartiennent le *rhizoctone du safran,* formé de petits filets bleuâtres qui portent des tubercules et font périr les bulbes de cette plante, et le *rhizoctone de la luzerne,* à filets rougeâtres qui enveloppent la racine et l'étouffent. On arrête les dégâts des rhizoctones en circonscrivant au moyen d'une tranchée profonde la partie du champ infestée.

***RHIZOME** (g. ῥίζα, racine), *sm.* Tige souterraine et horizontale de certaines plantes, qui s'allonge par un bout, tandis qu'elle se détruit par l'autre. Les carex, les glaïeuls ont des rhizomes. — Les tubercules de la pomme de terre, du topinambour, du dahlia sont des rhizomes courts.

***RHIZOPHAGE** (g. ῥίζα, racine + φάγω, je mange), *sm.* Qui se nourrit de racines.

RHIZOPHORACÉES ou **RHIZOPHORÉES** (*rhizophore*), *sfpl.* Famille de plantes dicotylédones composée d'arbres et d'arbustes, à feuilles opposées, munies de stipules coriaces et très entières. Leurs fleurs, fixées sur des pédoncules terminaux ou axillaires, se composent d'un calice accompagné souvent à sa base d'une bractée en forme de coupe, et composé de 4 sépales; la corolle compte un même nombre de pétales alternes, plus longs que les sépales et dont le bord est souvent découpé en fines lanières. Les étamines sont au nombre de 8, quelquefois rangées sur deux verticilles dont l'un est superposé aux sépales et l'autre aux pétales, ces dernières étant plus longues que les autres. Quelquefois ces étamines sont disposées sur un seul verticille; alors il y en a deux inégales opposées à chaque pétale. Le gynécée se compose d'un ovaire creusé de deux loges; il est surmonté d'un style court terminé par deux lobes stigmatiques très petits. Dans l'angle interne de chaque loge se trouve un placenta supportant deux ovules anatropes. Le fruit est coriace, indéhiscent et ne renferme qu'une seule graine. Celle-ci est dépourvue d'albumen, mais son embryon charnu est entouré d'une matière molle qui en joue le rôle. Les rhizophorées se rencontrent dans toutes les régions tropicales du globe; elles vivent généralement sur le bord des eaux, où elles se maintiennent au moyen de racines adventives. La famille des Rhizophorées est voisine des *Myrtacées*, des *Lythrariées* et des *Cornacées*. (V. *Manglier* et *Palétuvier*.)

RHIZOPHORE(g. ῥίζα, racine + φέρω, je porte), *sm.* Nom botanique du genre *Manglier* (V. ce mot et *Palétuvier*). — **Dér.** *Rhizophorées.*

***RHIZOPODES** (g. ῥίζα, racine + πούς, génitif ποδός, pied), *sm.* L'une des classes de l'embranchement des Protozoaires, composée d'animaux aquatiques et qui présentent un grand nombre de formes élégantes et étranges. Les espèces les plus belles et les plus variées se rencontrent dans la mer. Leur corps émet des prolongements rétractiles auxquels ils doivent leur nom. Ces sortes de pieds, rentrant et sortant alternativement, font que ces animaux changent continuellement de forme et d'aspect. Quelques-uns d'entre eux, comme les *actinophrys*, que l'on trouve dans la vase de nos étangs, sont nus; mais d'autres sont enveloppés d'une sorte de carapace, qui est siliceuse chez les *Radiolaires*, et calcaire (carbonate de chaux) chez les *Foraminifères*. Le squelette des radiolaires présente les formes géométriques les plus variées et les plus gracieuses : sphères émettant de sa surface des fils ténus et allongés de silice; sphères emboîtées les unes dans les autres et reliées entre elles par des rayons fins et délicats; casques, corbeilles, croix, sabliers, etc., etc. Les radiolaires vivent à la surface de la mer ou non loin de cette surface, et ils extraient des eaux marines la silice qu'elles renferment. Lorsqu'ils viennent à mourir, leur squelette microscopique tombe au fond de la mer, qu'ils finissent par exhausser, tant le nombre de ces animaux est considérable. Ils ont joué un rôle analogue dans les périodes géologiques antérieures; les environs d'Oran sont formés par un amoncellement de leurs détritus. Les foraminifères présentent aussi une grande diversité de forme et de structure; seulement leur squelette est composé de carbonate de chaux. (V. *Foraminifères*, t. I, p. 702, col. 3.)

***RHIZOPOGON** (g. ῥίζα, racine + πώγων, barbe), *sm.* Genre de champignons gastéromycètes, voisin des truffes, caractérisé par un réceptacle sessile, arrondi, lisse, de couleur jaune ou rougeâtre. Il est fixé au sol par des fibres coriaces qui l'entourent à peu près complètement. Ce champignon, que l'on appelle vulgairement *truffe blanche*, croît presque à la surface du sol, dans les friches et les bois des terrains sablonneux. Il exhale une odeur nauséabonde; néanmoins quelques personnes le recherchent comme aliment. Sa chair est ferme, blanche et présente des veines rougeâtres; les sangliers en sont très friands. On le rencontre dans le Languedoc et jusque sous le climat de Paris.

***RHIZOSTOME** (g. ῥίζα, racine + στόμα, bouche), *sm.* Genre d'animaux marins, de la classe des Cœlentérés. Ce sont des méduses dont on rencontre deux espèces dans les mers d'Europe; l'une d'elles, le *rhizostome Aldrovandi*, vit dans la Méditerranée, tandis que l'autre, le *rhizostome Cuvieri*, se trouve dans l'océan Atlantique. Ces deux espèces sont pourvues d'organes qui sécrètent un liquide vénéneux qui agit sur notre peau à la manière des orties. (V. *Méduse*.)

***RHIZOTOME** (g. ῥίζα, racine + τομή, section), *sm.* Instrument pour couper les racines. ‖ Nom sous lequel on désignait autrefois les herboristes.

RHODANIEN, IENNE (l. *Rhodanus*, le Rhône), *adj.* Qui appartient au Rhône, à son bassin. ‖ Nom donné par Ern. Chantre à l'âge du bronze; il correspond à l'époque *larnaudienne* ou du marteleur, et à l'époque *morgienne* ou du fondeur, de M. de Mortillet. (V. ces mots.) ‖ *Climat rhodanien*, le climat continental du bassin du Rhône. (V. *France*, t. I, p. 731, col. 2.)

RHODES, 30 000 hab., dont 21 000 Grecs; île volcanique turque de la Méditerranée, sur la côte S.-O. de l'Anatolie, fertile en olives et fruits de toutes sortes, mais mal cultivée. Elle fut possédée de 1309 à 1522 par les chevaliers de Saint-Jean de Jérusalem, qui prirent le nom de *chevaliers de Rhodes* et qui en furent expulsés par Soliman II. Elle exporte en Angleterre des éponges, de la vallonnée et d'anciennes poteries. La capitale, Rhodes, a 15 000 hab.; on y remarque l'ancien hôpital des chevaliers de Saint-Jean. Le tremblement de terre de 1863 détruisit le Palais du grand maître, 2 000 maisons et coûta la vie à de nombreux habitants. (V. *Colosse*.) Le pacha de Rhodes a sous sa juridiction les îles Sporades.

RHODES-ISLAND, 276 528 hab., le plus petit État du N. de l'Union américaine, sur l'Atlantique, ainsi nommé de l'île de Rhodes, qui en fait partie, dans la baie de Narraganset. Ses deux capitales sont alternativement Providence et Newport. Le sol de cet État est plat, excepté au N.-O.; il est arrosé par deux rivières, le *Paotucket* et le *Paotuxet*. Il jouit d'un très beau climat et les terres sont fertiles en céréales et en pommes de terre. On y élève des chevaux et du bétail; on y exploite des mines de houille, de fer, de cuivre et de marbre. L'industrie des cotons, des lainages et des cuirs est florissante. Il exporte des cotons, de la viande salée, des mouvements de montre, qui en ont presque détruit la fabrication à Genève et à Besançon.

RHODEZ. (V. *Rodez*).

***RHODIOLE** (g. ῥόδον, rose), *sm.* L'orpin à odeur de rose (*sedum rhodiola*), plante du midi de la France et qui croît dans les endroits frais et sur les rochers. Son rhizome, épais et charnu, exhale, lorsqu'il est frais, une odeur agréable. La rhodiole est cultivée comme plante d'ornement; ses fleurs, qui s'épanouissent au mois de juin, sont petites et rougeâtres.

***RHODIQUE** (*rhodium*), *adj.* Se dit d'un acide composé d'oxygène et de rhodium.

RHODIUM (g. ῥόδον, la rose), *sm.* Métal précieux qu'on trouve dans la mine de platine; il a l'aspect de l'aluminium et donne des solutions salines d'un beau rouge; il a été découvert par Wollaston en 1803. — **Dér.** *Rhodique.*

***RHODIZONATE DE POTASSIUM** (g. ῥοδίζω, je suis semblable à une rose), *sm.* Corps que l'on extrait de l'acide rhodizonique et est constitué par de petits cristaux à reflets métalliques, vert bleuâtre; quelquefois cette préparation se présente sous la forme d'une poudre rouge kermès ou rouge cochenille.

***RHODIZONIQUE** (*acide*), (g. ῥοδίζω), je suis semblable à une rose), *adj.* Se dit d'un acide qui prend naissance lorsqu'on dissout dans l'eau la combinaison d'oxyde de carbone et de potassium. Cette dernière substance s'obtient dans la préparation du potassium; elle se présente sous la forme d'une poudre noire, amorphe, inaltérable dans l'air et dans l'oxygène sec; mais dès que l'humidité intervient, elle absorde de l'oxygène et de l'eau en très grande quantité. Cette oxydation détermine un grand dégagement de chaleur; aussi la masse peut-elle prendre feu et donner lieu à de violentes explosions.

RHODODENDRON [ro-do-din-dron] (g. ῥόδον, rose, δένδρον, arbre), *sm.* Genre de plantes dicotylédones de la famille des Éricinées. Il se compose d'arbrisseaux qui croissent sur les hautes montagnes de l'hémisphère septentrional, immédiatement au-dessus de la zone des forêts. Ce sont des arbustes toujours verts dont les feuilles sont entières et pétiolées. Les fleurs sont ordinairement disposées en corymbe et les bourgeons floraux sont enveloppés d'écailles. Cette fleur se compose d'un calice de cinq sépales; d'une corolle en entonnoir ou en roue, et plus ou moins irrégulière. L'androcée est formé de dix étamines disposées sur deux verticilles, l'un superposé au calice, l'autre à la corolle. Les anthères de ces étamines s'ouvrent par deux trous placés à la partie supérieure. L'ovaire a cinq et dix loges et est surmonté d'un style filiforme que termine un stigmate en boule. Le fruit est une capsule à cinq valves et à déhiscence septicide. Les *rhododendrons*, appelés vulgairement *rosages*, ont été introduits dans les jardins comme plantes d'ornement. On les cultive en plein air, en terre de bruyère ou dans le sable; mais le sol doit être humide et l'exposition que ces plantes préfèrent est le nord ou l'est. On les multiplie de graines, de marcottes ou de greffes. On en compte un grand nombre d'espèces qui ont fourni d'innombrables variétés. Parmi les espèces nous citerons : 1° Le *rhododendron ferrugineux* ou *laurier des Alpes*, à fleurs d'un rose rouillé. 2° Le *rhododendron pontique* (*rhododendron ponticum*), originaire de l'Asie Mineure, à fleurs pourpre violacé ou blanches. 3° Le *rhododendron à fleurs de jasmin*, arbrisseau originaire de la presqu'île de Malacca, dont les belles fleurs blanches, en ombelle, ressemblent à celles du jasmin blanc. 4° Le *rhododendron de Java*, à feuilles parsemées en dessous de petites paillettes brunes, et dont les fleurs sont d'un jaune jonquille rehaussé de taches rouge foncé; les étamines rouges se détachent sur un fond d'or, tandis que l'entrée du tube de la corolle est orné d'une étoile

RHODODENDRON

de couleur rose. 5° Le *rhododendron de Catawba* (*rhododendron catawbiense*), ainsi nommé du fleuve qui arrose la Caroline, et sur les rives duquel il a été trouvé, a de très belles fleurs d'un rose tendre. 6° Le *rhododendron du Caucase*, à feuilles cotonneuses en dessous et à fleurs blanches ou rose pâle. Les différentes variétés de rhododendrons ont été classées par les horticulteurs en quatre classes, qui sont : : 1° les *rhododendrons de Catawba*; 2° les *rhododendrons du Caucase*; 3° les *rhododendrons pontiques*; 4° enfin, les *rhododendrons hybrides*. Cette dernière catégorie renferme un assez grand nombre de variétés, qui proviennent, comme son nom l'indique du reste, de l'hybridation de différentes espèces.

***RHODOMÈLE** (g. ῥόδον, rose + μέλι, miel), *sm.* Miel rosat. ‖ Préparation de roses et de pulpes de coing.

***RHODONITE** (g. ῥόδον, rose), *sm.* Substance formée de manganèse, de silice et d'oxygène; elle est transparente, couleur rose, fleur de pêcher ou rose rouge. On en connaît plusieurs variétés, parmi lesquelles nous citerons la rhodonite de l'Oural, utilisée pour la fabrication de vases d'ornement, dont une sous-variété, d'un rose plus clair, se rencontre dans les Pyrénées.

RHODOPE, chaîne de montagnes de l'ancienne Thrace (Turquie d'Europe), qui est aujourd'hui le Despoto-Dag (montagnes des prêtres); il est célèbre dans la mythologie comme ayant été la demeure d'Orphée.

***RHODORA** (g. ῥόδον, rose). Genre de plantes dicotylédones de la famille des Éricacées, dont une espèce, le *rhodora du Canada* (*rhodora canadensis*), est un arbuste de 70 centimètres à 1m,30 de hauteur, garni de feuilles ovales et de fleurs de taille moyenne, de couleur pourpre, à odeur de rose et qui s'épanouissent avant les feuilles. Cette plante se cultive en terre de bruyère dans une situation ombragée.

***RHODYMÉNIE** (g. ῥόδον, rose + ὑμήν, membrane). *sf.* Genre d'algues à fronde plate, membraneuse, rose ou rouge, sans nervures. On l'a identifié au *fucus saccharinus* des Irlandais, et il constitue pour les peuples du N. de l'Europe un aliment excellent. Les Irlandais et les Écossais le mangent sous le nom de *duillisg* ou de *dulce*.

RHOMBE (l. *rhombum*), *sm.* Le losange géométrique. ‖ Genre de poissons marins acanthoptérygiens de la famille des Scombres, voisin du maquereau, de l'espadon, etc. et dont plusieurs espèces vivent dans l'océan Atlantique, sur les côtes de l'Amérique. ‖ Le genre de poissons pleuronectes comprenant la barbue, le turbot. — **Comp.** *Rhomboïde, rhomboïdal, rhomboïdale, rhomboèdre.*

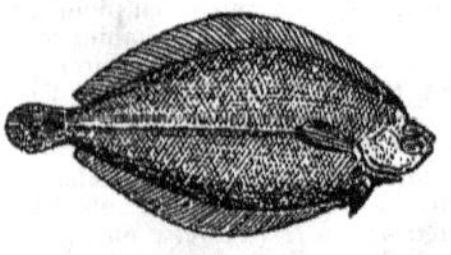

RHOMBE

RHOMBOÈDRE (*rhombe* + g. ἕδρα, face), *sm.* Parallélipipède dont toutes les faces sont des losanges : *Le spath d'Islande cristallise en rhomboèdres.* Il diffère du prisme quadrangulaire en ce que les faces sont égales, semblables et disposées symétriquement autour d'un axe passant par deux angles solides opposés.

RHOMBOÏDAL, ALE (*rhomboïde*), *adj.* Qui a la forme d'un rhomboèdre; se dit de certains poissons en zoologie; de certaines feuilles en botanique.

RHOMBOÏDE (g. ῥόμβος, rhombe + εἶδος, forme), *sm.* Ancien nom du parallélogramme. ‖ Muscle du dos qui s'étend des apophyses épineuses des vertèbres dorsales au bord interne de l'omoplate.

***RHONCHUS** ou **RONCHUS** (ml. : du g. ῥόγχος), *sm.* Synonyme de râle, en médecine; ronflement bruyant de la respiration dans certaines maladies cérébrales avec paralysie du pharynx, du voile du palais.

RHÔNE (l. *Rhodanum*), *sm.* 860 kilom. dont 520 en France, fleuve grand et rapide qui prend sa source dans le glacier de la Furca, à une altitude de 2 530 mètres et dans un massif granitique. Il se dirige presque en ligne droite au S.-O., sur un sol d'abord granitique, puis jurassique; dans cette première partie de son cours, il arrose Sion dans le Valais. A Martigny, il se heurte contre des roches granitiques, qui lui impriment une direction N.-O., faisant avec la première un angle de 90 degrés, et creuse son lit à travers une succession de roches jurassiques, granitiques et crétacées inférieures. Il joint le lac de Genève en aval de Saint-Maurice, entre Villeneuve et le Bouveret. Le Rhône traverse le lac dans toute son étendue et il y mêle parfaitement ses eaux; néanmoins, celles du lac sont assez transparentes, pour que l'on voie, dans certains endroits, les herbes du fond onduler sous l'effort du flot. En quittant Genève, il coule sur des terrains de formation récente et de l'époque miocène qui, recouverts autrefois par les eaux, formaient, avec le lac, une mer intérieure. Le lac de Genève, tel qu'il est aujourd'hui, sert de régulateur au Rhône, et lorsque celui-ci se trouve gonflé par la fonte des neiges, le lac retient la moitié environ des eaux d'inondation. Aussi le cours moyen du Rhône, de Genève à Lyon, est-il ainsi protégé contre une crue subite; mais l'Arve, qui se jette dans le fleuve en aval de Carouge, détruit en partie ce pouvoir modérateur ; les digues qui ont été construites autrefois le long de l'Arve, tout en sauvegardant les rives de ce cours d'eau, précipitent ses eaux. Pour enrayer le mal, il faudrait établir, en aval du confluent de l'Arve et du Rhône, un barrage gigantesque qui permettrait de régulariser le débit de ce fleuve. En aval du confluent de l'Arve, le Rhône est dominé par de hautes terrasses, et, à son entrée sur le sol français, il s'engage dans un défilé placé entre le Jura, qui s'élève sur sa rive droite à une altitude de 1 624 mètres, et le mont Vuache ou Chaumont, dont l'altitude est d'environ 1 111 mètres : c'est le défilé de Bellegarde, défendu par le fort de l'Écluse. Le Rhône coule ses eaux d'un vert intense dans une gorge profonde, et un peu plus bas il vient se heurter contre un bloc de calcaire gris détaché des montagnes voisines; il se précipite alors dans une sorte d'entonnoir, où ses eaux disparaissent au milieu de roches éboulées, et son lit mesure seulement 10 mètres, là où il est le plus large, et 4 ou 5 dans les parties les plus étroites. C'est là ce qu'on appelle la *perte du Rhône*. Quelques mètres plus bas, le Rhône reparaît dans une fissure, et il est grossi des eaux que lui amène la cascade de la Valserine, qui elle-même se perd dans une faille aussi grande que celle du Rhône. A cet endroit on a établi, à quelques mètres au-dessus de la perte du Rhône, un canal de dérivation, dont la première partie, longue de 175 mètres, large de 15 à 18 mètres et profonde de 2m,50, est à ciel ouvert; la seconde partie est faite d'un tunnel creusé dans le roc, long de 535 mètres, large de 8 à 9, haut de 6m,80. A leur sortie de ce tunnel, les eaux du Rhône et celles de la Valserine sont amenées dans des turbines, dont le mouvement de rotation est communiqué, au moyen de roues dentées, à un axe horizontal, qui transmet la force motrice à des usines que l'on a établies à Bellegarde. A partir de cette dernière localité, le Rhône prend la direction du S. et longe le revers oriental du grand Colombier (1 446 mètres), qui constitue les dernières terrasses du Jura. Dans cette partie de son cours, il arrose Seyssel et reçoit les Usses et le Fier. Cette dernière rivière sert de déversoir au lac d'Annecy. En aval de sa jonction avec ce dernier affluent, le lit du Rhône, large de plusieurs kilomètres, est divisé en canaux innombrables qui se déplacent sans cesse et qui coulent autour de bancs de sable et d'îles couvertes de saules. Cet endroit, appelé le *bassin de Culoz*, est formé par le lit d'un ancien lac, qui a été comblé par les alluvions modernes déposées par les eaux du lac du Bourget. Celles-ci s'écoulent aujourd'hui dans le Rhône par le canal de Savière; sur les rives du grand fleuve s'étalent les marais de Lavours et de Chautagne, formés par des flaques d'eaux croupissantes au milieu desquelles se trouvent des forêts de joncs, hantées par des canards sauvages. En quittant le bassin de Culoz, le Rhône coule entre des terrains jurassiques et crétacés inférieurs en décrivant des méandres que lui imposent les roches; puis, à l'endroit où il reçoit le Guier, descendu des montagnes de la grande Chartreuse, il tourne brusquement au N. O. et s'insinue dans une faille établie dans l'oolithe moyenne et l'oolithe inférieure et débouche dans la plaine de l'Ain constituée par des alluvions modernes. Il fait de nouveau un angle aigu, longe la base du Jura occidental, tourne à l'E., reçoit l'Ain, forme un lacis de canaux qui changent de place chaque jour et qui serpentent autour de nombreuses îles. Dans cette première partie de son cours, le Rhône présente un lit mi-partie fluvial, mi-partie lacustre. A Lyon, il vient butter contre la base des collines granitiques qui composent les Cévennes et ses eaux prennent la direction du S., après avoir reçu la Saône. Sur sa rive droite, il côtoie les montagnes granitiques des Cévennes jusqu'à la Voulte. A partir de cet endroit, les hauteurs qui dominent sa rive droite sont surtout composées de terrain crétacé inférieur jusque près de Tarascon. Sa rive gauche, au contraire, est constituée par des terrains pliocènes, des alluvions modernes et des terrains miocènes qu'encadrent, au loin, les terrains crétacés inférieurs des derniers contreforts des Alpes françaises. A partir de Viviers, il coule dans une plaine qui fut autrefois un bras de mer. Dans cette seconde partie de son cours, le lit du Rhône est embarrassé par des écueils, par des îles couvertes de saules, et son courant est si rapide, que ce second fleuve de France ne peut être utilisé aujourd'hui pour la navigation. De Lyon à la mer, il arrose Vienne, Saint-Vallier, Tournon, Valence, la Voulte, passe non loin de Montélimar, baigne Viviers, Bourg-Saint-Andéol, Pont-Saint-Esprit, Cadrousse, Roquemaure, Avignon, en amont duquel le fleuve entoure de ses bras des îles nombreuses, reçoit la Durance, passe à Aramon, à Vallabrègues, Beaucaire, Tarascon et Arles, où il se divise en deux branches principales qui embrassent l'île de la Camargue. La branche orientale est connue sous le nom de *Grand Rhône* et limite à l'O. la plaine de la Crau. Le grand Rhône joint la mer à l'O. du golfe de Fos. La branche occidentale est appelée le *Petit Rhône* et vient se jeter dans la Méditerranée, au golfe des Saintes-Maries (V. *Camargue* et *Crau*). Le Rhône reçoit, sur sa rive droite, l'Ain, la Saône, l'Ardèche et le Gard; à gauche il est grossi par l'Arve, les Usses, le Fier, le Guier, l'Isère, la Drôme et la Durance. — **Dér.** *Rhodanien, rhodanienne.*

RHÔNE (DÉPART. DU), 279 039 hect., 772 912 hab. (V. carte, p. 162). Département du S.-E. de la France, ainsi nommé du fleuve qui arrose Lyon. Il a été formé en 1793 de la partie orientale du département de Rhône-et-Loire, créé en 1790, et divisé en deux départements : Loire, ch.-l. Montbrison (aujourd'hui Saint-Étienne); Rhône, ch.-l. Lyon; il comprend la majeure partie du Lyonnais et une partie du Beaujolais. Il est compris entre 45° 26' 40'' et 46° 18' 15'' de latitude N.; entre 1° 54' 30'' et 2° 33' de longitude E. Il est borné au N. par le département de Saône-et-Loire; à l'E. par les départements de l'Ain et de l'Isère; au S. et à l'O. par le département de la Loire. Sa plus grande longueur du N. au S. est de 93 kilomètres; sa plus grande largeur, de l'E. à l'O., à la hauteur de Lyon, est de 46 kilomètres. Le sol du département est formé, au S., par des terrains granitiques; au N. de Lyon, et aux environs de Villefranche, se trouve un massif jurassique au N.-O. duquel sont des porphyres rouges et des roches quartzifères qui s'étendent jusqu'au delà de Monsols. A l'O. de ce dernier massif se trouvent des terrains siluriens au milieu desquels gisent des roches granitiques et porphyriques. Le département du Rhône est montagneux et parcouru du N. au S. par deux massifs de hauteurs : l'un à l'O., les monts du Lyonnais; l'autre, au N.-O., les monts du Beaujolais. Ces deux chaînes de collines se relient en quelque sorte à la pointe N.-O. du département et forment au mont Rigaud (1 012 mètres) un nœud hydrographique qui envoie des cours d'eau dans toutes les directions. Entre les deux massifs montagneux coule une petite rivière, affluent de la Saône, l'Azergues, qui commence au mont Rigaud, se dirige au S.-E., et à la hauteur de Châtillon-d'Azergues tourne brusquement à l'E., remonte vers le N. et se jette dans la Saône à Anse. La partie du Rhône comprise entre la Saône et l'Azergues présente des hauteurs qui vont en s'abaissant du N. au S. et de l'E. à l'O., pour former entre Belleville et Villefranche la plaine de la Saône. La partie O. du département présente au N. de Tarare des hauteurs de 360 mètres; mais si l'on s'avance vers l'O., l'altitude augmente et elle atteint même 1 004 mètres au mont Boussière. La montagne se continue dans le S. du département et atteint à son angle S.-O. 950 mètres. Au N. de Lyon se trouve le mont d'Or, qui s'élève à 625 mètres. En résumé le sol de ce département est incliné du couchant au levant.

La plupart des cours d'eau appartiennent aux bassins du Rhône et de la Saône; quelques-uns cependant descendent vers la Loire. Le Rhône entre dans le département un peu après avoir reçu l'Ain, se dirige à l'O., passe sous les ponts de Lyon, entre les faubourgs des Brotteaux et de la Guillotière, reçoit la Saône à l'extrémité de la presqu'île de Perrache et tourne au S. Il coule alors, avec la rapidité d'un cheval au galop, au pied des coteaux d'Oullins, de Saint-Genis-Laval, devant la ville enfumée de Givors, baigne la base du mont Pilat, sépare le département de celui de l'Isère et en sort au-dessous de Condrieu.

Le Rhône ne reçoit dans le département que des affluents de droite. Le plus important est la Saône, qui joint le Rhône à Lyon, séparant Lyon, la Croix-Rousse et Perrache des faubourgs de Vaise et de Fourvière. En aval de Lyon, le Rhône reçoit en outre deux petits ruisseaux, l'*Yzeron* et le *Garon*. La Saône reçoit la Mouvaise, l'Ardière, la Vauxonne, le Morgan, qui descendent des montagnes de Beaujolais, et l'Azergues venant, comme nous l'avons dit, du Rigaud. La partie O. du département est arrosée par des cours d'eau qui n'y ont guère que leur cours supérieur et qui se jettent dans la Loire. Le climat du département est dit *rhodanien* parce qu'il s'étend à la vallée de la Saône et à celle du Rhône. La température moyenne est à Lyon de + 11° pour l'année entière, + 21°,11 pour l'été, et + 2°,3 pour l'hiver. La hauteur moyenne des pluies est de 78 centimètres à Lyon, de 100 sur les montagnes, entre le Gier et la Brévenne, de 80 dans le reste du département. Les brouillards sont épais au bord des cours d'eau, surtout à Lyon. Cependant ce climat convient à la vigne, qui prospère sur les coteaux du Beaujolais, au mûrier qu'on cultive au S. de Lyon, au maïs qu'on récolte dans la plaine. Les

DÉPARTEMENT DU RHÔNE

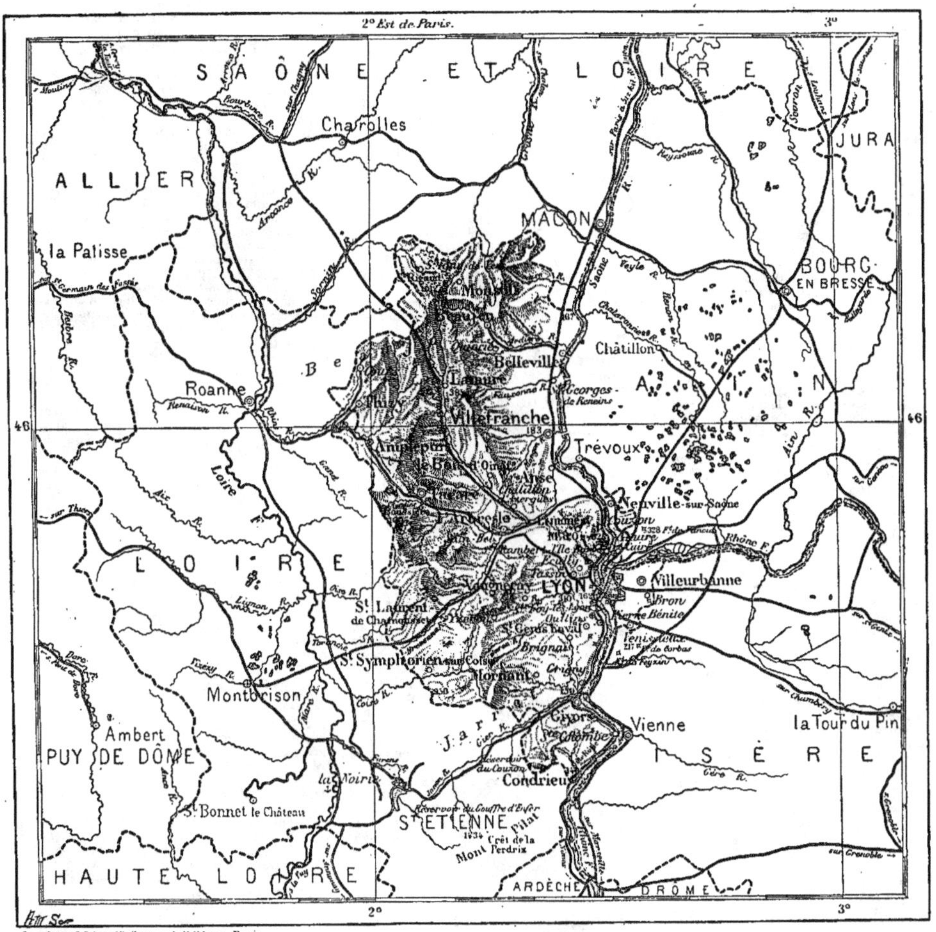

Gravé par J. Geisendörfer, 11 r. de l'Abbaye. Paris.

Signes conventionnels :

PRÉFECTURE
Sous-Préfecture
Canton
Commune, Village

Plus de 100 000 hab. — *De 50 000 à 100 000* — *De 30 000 à 50 000* — *De 20 000 à 30 000*
De 10 000 à 20 000 — *De 5 000 à 10 000* — *De 2 000 à 5 000* — *Moins de 2 000*
Place forte. Fort — *Frontière* — *Limite de Dépt* — *Chemin de fer*
Origine de la navigation — *Canal* — *Col* — *Forêts*

Les chiffres expriment en mètres l'altitude au dessus du niveau de la mer.

Echelle (1 millim. pour 900 mètres) 10 5 0 10 20 30 40 50 Kil.

vents dominants sont ceux du N. et du S.; à Villefranche cependant, ce sont les vents de l'O. et du N. qui se font le plus sentir.

Le bassin houiller de Saint-Étienne se continue dans le département du Rhône et la houille est exploitée à Givors, à Saint-Romain-en-Gier, à Saint-Genis, Sainte-Foy-l'Argentière; on extrait de l'anthracite à Amplepuis; le plomb argentifère se trouve à Monsols, Chenelette, Beaujeu; le cuivre vient de Chevinay et de Chessy, où la mine de Baronnat est l'une des plus importantes de France; mais les pyrites sont surtout employées pour la fabrication de l'acide sulfurique; il y a du manganèse à Saint-Julien, près Villefranche. Les carrières de l'Arbresle et de Limonest sont renommées, même hors du département; la cathédrale de Lyon a été construite avec la pierre d'Anse. Le marbre est exploité à Bully, où jaillissent des eaux minérales froides carbonatées, ferrugineuses, sulfureuses.

Le département est peu boisé; la plus grande forêt est celle d'*Ajoux;* le bois d'*Alix* a été en grande partie défriché et planté de vignes. On doit reboiser le massif du Pilat et les flancs des monts du Beaujolais et du Lyonnais. Le sol, pierreux et sablonneux, est peu fertile; cependant dans les plaines de Vénissieux et de la Saône les céréales sont cultivées en grand. Aux environs de Villefranche on récolte le chanvre, le colza, la pomme de terre; il y a des prairies naturelles dans les vallées de l'Azergues et de la Brévenne, bien que l'on doive faire venir les bœufs des départements voisins; dans le canton de Limonest, le lait des chèvres est transformé en fromages du mont d'Or, recherchés même sur les tables parisiennes. La plus importante culture est celle de la vigne, qui se pratique dans le Beaujolais et donne des produits très estimés et très recherchés; le mûrier n'est plus cultivé que dans l'arrondissement de Villefranche; quant aux marrons dits de Lyon, ils viennent des départements voisins. Les races bovines du département appartiennent, dans l'arrondissement de Lyon, aux races bressane, franc-comtoise, suisse; dans l'arrondissement de Villefranche, à la race charolaise. Les bêtes à laine sont généralement de race commune. Le département nourrit aussi des chevaux de trait, des ânes, des mulets, des porcs; il possède aussi un grand nombre de ruches.

Le Rhône est adonné surtout à l'industrie de la soierie que les Italiens y ont importée au XVe siècle, mais qui ne s'est développée qu'au temps de Colbert; Lyon était alors et reste encore la première ville du monde pour la fabrication des soieries. Ce monopole a été pourtant ébranlé par la révocation de l'édit de Nantes, par les troubles de la Révolution. Les ouvriers portèrent à l'étranger les secrets de la fabrication; Milan, Zurich, Crefeld en Allemagne, Macclesfield en Angleterre, font encore à Lyon une sérieuse concurrence. Mais la ville garde son rang par sa préoccupation de l'instruction professionnelle, qui fait de l'ouvrier un artiste plein de goût. Lyon achète pour 400 millions de soies et exporte pour plus de 500 millions d'articles; elle a plus de 125000 métiers. Certaines nuances, comme le rose, le vert-pomme, le bleu pâle, ne sont obtenues que là; les satins y ont une fraîcheur délicate, un velouté inimitable. La population ouvrière a aussi sa physionomie spéciale; groupés à la Guillotière, aux Brotteaux, à la Croix-Rousse, les *canuts* reçoivent le modèle du fabricant et travaillent à la pièce, dans leur domicile, sur leurs propres métiers. La passementerie et la teinturerie y entretiennent aussi un grand nombre d'artisans. A Lyon, on trouve également des fabriques de papiers peints, les plus importantes de France après celles de Paris; la ville a de nombreuses usines pour les produits chimiques. Les peluches et le velours, les mousselines et les indiennes imprimées sont tissées à Tarare; les cotonnades viennent de Thizy, les couvertures de Cours; la verrerie est aussi florissante. Le département est traversé par 15 chemins de fer: de Paris à Lyon et à la Méditerranée; de Paris à Lyon par le Bourbonnais; de Lyon à Bourg (la gare est à la Croix-Rousse, reliée au centre de Lyon par un chemin de fer funiculaire: *la Ficelle*); de Lyon à Grenoble; de Lyon à Saint-Étienne; de Lyon à Nîmes; de Lyon à Genève; de Belleville à Beaujeu; de Lyon à Montbrison; de Lyon à Trévoux; de Saint-Victor à Thizy; de Lyon à Saint-Genis-d'Aoste; de Lyon à Vaugneray; de Craponne à Mornant; enfin le chemin de fer de Fourvière.

Avant la conquête romaine, le Lyonnais était habité par les Ségusiaves, alliés tantôt des Arvernes et tantôt des Éduens. Après les campagnes de César, le consul Lucius Munatius Plancus fonda Lyon et y établit des Allobroges chassés de Vienne. Auguste en fit la capitale de la Lyonnaise et même de la Gaule; Claude, Néron, Trajan, Adrien, Antonin le Pieux la favorisèrent; les premiers martyrs de la Gaule, saint Pothin et sainte Blandine, y furent suppliciés. La ville fut saccagée par Attila et depuis comprise dans le premier royaume de Bourgogne. Après la ruine de ce royaume, le Lyonnais eut des comtes amovibles, puis héréditaires; en lutte avec les archevêques, ils se retirèrent dans le Forez. Les archevêques, d'abord vassaux des empereurs d'Allemagne, se soumirent à Philippe le Bel, qui, en 1310, réunit le Lyonnais à la couronne. Pendant les guerres de religion, Lyon prit parti pour la Ligue; en 1793, elle se souleva contre la Convention, qui la fit assiéger, comme Toulon; Collot d'Herbois y exerça de cruelles représailles, et la cité, qui devait être détruite, reçut le nom de *Commune affranchie*. Depuis, Lyon a été ensanglantée par les terribles insurrections de 1831, 1834 et 1849. La commune de 1871 y eut aussi son contre-coup.

Le département comprend 2 arrondissements, 19 cantons et 133 communes. — Ch.-l. Lyon. S.-préf. Villefranche. Le département du Rhône appartient à la cour d'appel, à l'académie et à l'archevêché de Lyon; il est divisé entre 4 corps d'armée: le 7e (Besançon), le 8e (Bourges), le 13e (Clermont-Ferrand), et le 14e (Lyon).

RHÔNE AU RHIN (CANAL DU) ou de l'EST, commencé en 1783, achevé en 1834; 349 kilom., joint la Saône à l'Ill et fait communiquer le bassin du Rhône avec celui du Rhin; il commence à Saint-Symphorien, près Saint-Jean-de-Losne, passe à Dôle, Besançon, Baume-les-Dames, Montbéliard, traverse le col de Valdieu, atteint l'Ill à Dannemarie, passe à Mulhouse, Neuf-Brisach et finit en amont de Strasbourg.

RHÔNE-GEBIRGE, chaîne de l'Allemagne centrale, en partie volcanique, entre les bassins du Weser et du Mein.

***RHOPALIQUE** (g. ῥόπαλον, massue qui grossit de la poignée à la tête), *adj.* Se dit d'un vers grec ou latin formé d'une suite de mots dont chacun a une syllabe de plus que le précédent; le premier est toujours un monosyllabe.

*** RHOTACISME** ou **ROTACISME** (g. ῥωτακίζειν, employer souvent le ῥῶ, r), *sm.* Prononciation vicieuse de la lettre *r;* nom savant du grasseyement.

***RHUBARBARINE** (*rhubarbe*), *sf.* Synonyme de *rhéine.* (V. ce mot.)

RHUBARBE (*Rha*, le Volga + l. *barbarum*, barbare), *sf.* Genre de plantes dicotylédones de la famille des Polygonées à feuilles très grandes dont une espèce, la *rhubarbe de Chine* ou *palmée*, a une racine très grosse, jaune, amère, tonique qui, réduite en une poudre, constitue un léger purgatif. Ce genre est formé de grandes plantes herbacées, qui croissent principalement dans l'Asie moyenne. De leur rhizome épais et charnu s'élève une tige droite cannelée; leurs feuilles sont grandes, plus ou moins découpées; leurs petites fleurs, jaunâtres ou verdâtres, forment de nombreuses grappes paniculées. On distingue dans ce genre la *rhubarbe palmée*, la *rhubarbe de France* ou *rhapontic*, la *rhubarbe groseille*. Le rhizome de la rhubarbe palmée est connu dans le commerce sous le nom de *rhubarbe de la Chine*, qui nous vient par mer, et sous celui de *rhubarbe de Moscovie*, qui nous vient par terre et par caravanes. Celle-ci est supérieure à toutes les autres espèces parce que le gouvernement russe en surveille le triage et la manipulation. Les Russes vont l'acheter sur les lieux et l'apportent à Kiatkha, en Sibérie, en face de Mai-Matchin; la rhubarbe est triée, mondée et grattée; puis, on traverse chaque fragment d'une ficelle, pour les suspendre au vent et à l'ombre afin d'en hâter la dessiccation. On procède d'une manière analogue en Chine, mais avec moins de soin. On fait avec les feuilles une sorte de confiture. Elle renferme une résine volatile. — Fig. *Passez-moi la rhubarbe, je vous passerai le séné*, faisons-nous des concessions mutuelles, ayons l'un pour l'autre des complaisances intéressées. — **Dér.** *Rhubarbarine.*

RHUBARBE

RHUM (ar. *rum :* du sanscrit *roma*, eau), *sm.* Eau-de-vie tonique obtenue par distillation du jus de canne mélangé avec la mélasse fermentée : *Le meilleur rhum est celui de la Jamaïque.* Il doit marquer 26 degrés.

RHUMATIQUE (*rheumaticum*), *adj. 2 g.* Rhumatismal.

RHUMATISANT, ANTE (*rhumatisme*), *adj.* et *s.* Qui a des rhumatismes.

RHUMATISÉ, ÉE (*rhumatisme*), *adj.* Qui a des rhumatismes.

RHUMATISMAL, ALE (*rhumatisme*), *adj.* Qui est causé par le rhumatisme. || Qui accompagne le rhumatisme : *Fièvre rhumatismale.*

RHUMATISME (l. *rheumatismus :* du g. ῥεῦμα, fluxion), *sm.* Douleurs qui ont leur siège dans les muscles ou les articulations, qui ne sont accompagnées ni d'inflammations, ni de fièvre. || *Rhumatisme articulaire*, inflammation aiguë ou chronique des articulations accompagnée d'une forte fièvre et compliquée d'une altération particulière du sang. — **Dér.** *Rhumatisant, rhumatisante, rhumatisé, rhumatisée, rhumatismal, rhumatismale.*

RHUME (g. ῥεῦμα, fluxion), *sm.* Inflammation de la membrane muqueuse des bronches accompagnée de toux, d'enrouement, d'expectoration. || *Rhume négligé*, commencement de plusieurs espèces de phtisie. || *Rhume de cerveau* ou *coryza*, inflammation de la membrane muqueuse qui tapisse les narines et détermine un écoulement abondant de mucus nasal. — **Dér.** *Rhumatique.*

RHUNE, montagne de 900 mètres à la frontière de l'Espagne et de la France, vers la Bidassoa, dans les Pyrénées occidentales.

RHUS (g. ῥοῦς), *sm.* Nom scientifique du sumac.

***RHYAS** (g. ῥυάς), *sm.* Écoulement continuel de l'humeur lacrymale.

***RHYNCHÉE** (g. ῥύγχος, bec), *sf.* Genre de la famille des Bécasses, de l'ordre des Échassiers, caractérisé par un bec plus long que la tête, assez grêle, un peu renflé vers le bout; à mandibule supérieure lisse et courbée à la pointe, sillonnée sur les côtés, plus longue que l'inférieure; par des narines latérales et linéaires; par des tarses médiocres, nus, réticulés; par des ailes courtes et une queue de faible dimension composée de douze rectrices. Les Rhynchées forment la transition entre les Bécasses et les Chevaliers; elles paraissent avoir les mœurs des bécassines, et se font chasser comme les râles; la *rhynchée jaspée* habite Java, Pondichéry, la Chine, le cap de Bonne-Espérance; la *rhynchée Saint-Hilaire* a le plumage brun, tacheté de jaune, de roux et de blanc.

RHYNCHÉE

***RHYNCHITE** [rin-ki-te] (g. ῥύγχος, bec), *sm.* Nom générique de charançons très nuisibles que l'on subdivise en *rouleurs de feuilles, coupe-bourgeons et perceurs de fruits.* Les premiers, dits *lisettes, bêches, bec-mares*, entaillent le pédoncule des feuilles et les roulent en forme de cigare pour y déposer un œuf; ils comprennent : le *rhynchite vert du bouleau*, attaquant le bouleau, le hêtre, l'aune, le charme, etc., le *rhynchite bleu du peuplier;* le *rhynchite vert*, surnommé *urbec, diableau* ou *velours vert*, très nuisible aux vignes, aux poiriers, aux bouleaux, aux hêtres. On s'en débarrasse en coupant et brûlant les feuilles roulées, en tendant, le matin, sous les arbres des draps où l'on fait tomber les insectes engourdis en ramassant ceux-ci et en les brûlant. Les *femelles des coupe-bourgeons* pondent leurs œufs dans

RHYNCHITE CONIQUE

les bourgeons, puis incisent la branche, qui se flétrit. Ils comprennent le *rhynchite conique* bleu foncé avec des antennes noires et le *rhynchite de l'alliaire*, qui attaquent les poiriers, pruniers et abricotiers. Il faut enlever et brûler les rameaux flétris, ramasser et brûler les insectes le matin. Les *femelles des perceurs de fruits* perforent le jeune fruit pour y pondre et entaillent le pédoncule, ce qui fait tomber le fruit. A cette classe appartiennent le *rhynchite cuivré*, qui dévaste les pruniers, et le *rhynchite Bacchus*, qui nuit beaucoup aux poiriers et aux pommiers. On les combat en ramassant et brûlant les fruits tombés.

RHYNCHITE CUIVRÉ

***RHYNCHOTE** (g. ῥύγχος, bec), *sm.* Oiseau de l'ordre des Gallinacés appelé vulgairement *tinamou*; il est caractérisé par un bec médiocre, grêle, presque droit, déprimé, à pointe obtuse et arrondie, à mandibule supérieure élargie en dessus; les narines sont percées au milieu du bec; les tarses sont assez allongés; les ailes courtes et concaves; la queue, également courte, à dix rectrices. On les appelle *tinamous* en Guyane, *pezus* au Brésil, *ynambus* au Paraguay. En domesticité, ils restent toujours farouches; à l'état libre, ils vivent en petites troupes, se tapissent, quand on les menace, et courent plus qu'ils ne volent, car ils ont l'allure saccadée des perdrix. Ils aiment les hautes herbes, les bois fourrés, et font entendre, le matin et le soir, un cri de rappel, sorte de sifflement tremblant et plaintif. Ils vivent de graines, de fruits, d'insectes et de petits vermisseaux. Leurs œufs sont violets ou vert-pré; les petits abandonnent la mère dès leur naissance.

RHYNCHOTE

***RHYNCOPHORE** (g. ῥύγχος, trompe + φορός, qui porte), *sm.* Genre de l'ordre des Coléoptères tétramères, de la famille des Curculionides gonatocères; ils ont les caractères de la calandre; on en compte 12 espèces habitant, sauf une, l'Amérique et l'Asie; ce sont de grands insectes noirs et veloutés marqués de taches et de lignes rougeâtres. Ils vivent sur les palmiers.

RHYNCOPHORE

RHYTHME. (V. *Rythme.*)
RHYTHMIQUE. (V. *Rythmique*).
***RHYTIDOME** (g. ῥυτίδωμα, peau ridée), *sm.* Couche de tissu cellulaire située entre l'enveloppe herbacée et le liber, dans certains arbres, comme le cerisier.
***RHYTIDOSIS** (g. ῥυτίδωσις, frottement), *sf.* Atrophie de la cornée.
RHYTON (g. ῥυτόν), *sm.* Corne à boire, de laquelle on laissait la liqueur couler à travers un trou percé à l'extrémité inférieure, jusque dans la bouche de celui qui buvait.
RIAILLÉ, 2 382 hab. Ch.-l. de c., arr. d'Ancenis (Loire-Inférieure).
RIANS, 2 319 hab. Ch.-l. de c., arr. de Brignoles (Var). Ch. de fer du S. de la France.
RIANT, ANTE (*rire*), *adj.* Qui rit : *Nous le vîmes riant.* ‖ Qui annonce la gaieté : *Visage riant.* ‖ Qui plaît aux yeux ou à l'esprit : *Une riante vallée. Des idées riantes.*
***RIAULE** (vx fr. *rieule*, du l. *regula*), *sf.* Outil de mineur composé d'un morceau de fer battu de la longueur de 15 à 20 centimètres, finissant dans le haut par un tuyau en écrou propre à recevoir un long manche de bois.
RIAZAN ou **RAZAN**, 20 000 hab.; chef-lieu d'un gouvernement russe, arrosé par l'Oka, non loin de Moscou; elle possède un kremlin et de nombreuses églises.
RIBAMBELLE (*x*), *sf.* Longue suite : *Une ribambelle d'enfants.*

RIBAUD, AUDE (vx fr. *ribalt*, du bl. *ribaldus*, enfant perdu de l'armée, bandit), *adj.* et *s.* Impudique. ‖ Qui a des mœurs déréglées. — *Smpl.* Nom, sous Philippe-Auguste, de soldats qu'on appela plus tard *enfants perdus.* Ils avaient un chef dit *roi des ribauds*, qui avait la surveillance des vagabonds et des filous, la police de la maison du prince, etc. Son nom disparut sous le règne de Charles VII et ses fonctions passèrent au grand prévôt de l'hôtel. — **Dér.** *Ribauder, ribauderie, ribaudaille.* — **Comp.** *Ribaudequin.*
***RIBAUDAILLE** (*ribaud*), *sf.* Troupe de ribauds (vx).
***RIBAUDEQUIN** (*ribaud*), *sm.* Anciennement, arc long de douze pieds, qui tenait lieu de fusil de rempart et lançait un javelot capable de tuer plusieurs hommes. ‖ On a aussi donné ce nom à la réunion de plusieurs petits canons placés sur une charrette qui, au moyen âge, constituaient une sorte d'artillerie légère de campagne.
***RIBAUDER** (*ribaud*), *vi.* Faire le ribaud.
RIBAUDERIE (*ribaud*), *sf.* Action de ribauds. ‖ Mauvaises mœurs.
RIBAULT (J. de), navigateur français du XVIe siècle, chargé par Coligny de coloniser la Floride, où il fut tué, ainsi que ses compagnons, par les Espagnols (1565).
***RIBE** (b. all. *repe*, instrument pour briser), *sf.* Moulin à moule conique pour broyer le chanvre.
RIBEAUVILLÉ, 6 010 hab. Ancien cant. de l'arr. de Colmar (Haut-Rhin), aujourd'hui aux Allemands, qui l'appellent *Rappoltsweiler.*
RIBÉCOURT, 688 hab. Ch.-l. de c., arr. de Compiègne (Oise). Ch. de fer du N.
RIBEMONT, 3 129 hab. Ch.-l. de c., arr. de Saint-Quentin (Aisne). Ch. de fer du N.
RIBERA (Joseph) ou **l'Espagnolet** (1588-1656), célèbre peintre espagnol; il réussit surtout dans les massacres, les supplices, les tortures; ses tableaux principaux sont : à Madrid, le *Martyre de saint Janvier, Ixion sur la roue*, une *Mater dolorosa;* à Paris, une *Adoration des Bergers.*
RIBÉRAC, 4 047 hab. S.-préf. de la Dordogne, sur le Drôme, église calviniste, à 520 kilomètres de Paris. Ch. de fer d'Orl.
***RIBES** (ar. *ribâs*), *sm.* Espèce de groseiller; arbrisseau d'ornement.
RIBIERS, 1 057 hab. Ch.-l. de c., arr. de Gap (Hautes-Alpes).
***RIBLAGE** (*ribler*), *sm.* Action de ribler.
***RIBLER** (all. *reiben*, frotter), *vt.* Aiguiser deux meules l'une contre l'autre, en introduisant dans l'interstice de l'eau et du sable pour les polir. — **Dér.** *Riblage.*
*** RIBLETTE** (suéd., *reppling*, tranche), *sf.* Mince tranche de viande grillée.
RIBLEUR (*ribaud*), *sm.* Celui qui court les rues la nuit.
***RIBLON** (du suédois *reppling*, tranche de viande, de fromage), *sm.* Morceau de fer ou d'acier hors de service.
***RIBORD** (portug. *resbordo*), *sm.* Bordage de la carène d'un bâtiment au-dessus du gabord; les ribords s'étendent jusqu'à un mètre et demi environ près de la flottaison. — **Dér.** *Ribordage.*
RIBORDAGE (*ribord*), *sm.* Dommage que cause un navire qui en aborde un autre dans un port. ‖ Indemnité payée en réparation de ce dommage.
RIBOTE (*ribaud*), *sf.* Excès de boisson. ‖ Excès de table. (Pop.) — **Dér.** *Riboter, riboteur, riboteuse.*
RIBOTER (*ribote*), *vi.* Faire ribote. (Pop.)
RIBOTEUR, EUSE (*ribote*), *s.* Celui, celle qui aime à riboter. (Pop.)
RICANEMENT (*ricaner*), *sm.* Action de ricaner.
RICANER (vx fr. *recaner, rechaner, recaigner*, grincer des dents), *vi.* Rire à demi par sottise ou en se moquant : *Il ne fait que ricaner.* — **Dér.** *Ricanement, ricanerie, ricaneur, ricaneuse.*
RICANERIE (*ricaner*), *sf.* Action de ricaner.
RICANEUR, EUSE (*ricaner*), *s.* Celui, celle qui ricane. — *Adj.* Qui annonce le ricanement : *Air ricaneur.*
***RICARDEAU** (*Ricard*, forme de *Richard*), *sm.* Coquille de Saint-Jacques ou pèlerine, qui entre dans des hachis fort estimés. (Cuisine.)

RIC-À-RIC (*x*), *loc. adv.* Avec une exactitude rigoureuse : *Je fus payé ric-à-ric.*
***RICCIE** (du nom propre *Ricci*), *sf.* Genre de végétaux cryptogames de la famille des Hépatiques. Ces plantes forment sur la terre des étoiles d'un vert glauque, plus ou moins intense. Elles vivent parfois dans les lieux inondés et nagent à la surface des eaux.
RICCOBONI (Mme) (1713-1792), romancière française, auteur des *Lettres de Fanny Butler.*
RICEYS (LES), 2 691 hab. Ch.-l. de c., arr. de Bar-sur-Aube (Aube), composé de trois bourgs : Haut-Riceys, Bas-Riceys et Riceys-Haute-Rive. Vins renommés.
RICHARD (*riche* + sfx. péjoratif *ard*), *sm.* Celui qui a beaucoup de biens. ‖ Homme de bas étage qui a fait fortune. ‖ Genre de coléoptères dits aussi buprestes, remarquables par leurs belles couleurs et qui vivent sur les bouleaux. Leurs espèces sont abondantes dans les pays chauds.
RICHARD Ier, Cœur de lion, fils de Henri II Plantagenet et d'Éléonore de Guyenne, roi d'Angleterre de 1189 à 1199; il entreprit la troisième croisade avec Philippe-Auguste et l'empereur Frédéric Ier, *Barberousse*; il fut à son retour jeté par une tempête en Dalmatie, retenu prisonnier par Léopold d'Autriche et l'empereur Henri VI, et ne recouvra la liberté qu'en payant une forte rançon. Après avoir vaincu son frère Jean-sans-Terre, qui pendant son absence s'était emparé du pouvoir, il attaqua Philippe-Auguste et fut tué au siège du château de Chalus en Limousin. — Richard II, fils du célèbre *Prince Noir* et petit-fils d'Édouard III; fut roi d'Angleterre de 1377 à 1399 et pendant sa minorité comprima la révolte des Lollards que commandait le forgeron Wat-Tyler. Détrôné une première fois en 1387 par son oncle le duc de Glocester, il ressaisit le pouvoir; mais il fut détrôné de nouveau par son cousin le duc d'Hereford, fils du duc de Lancastre, qui le fit emprisonner et assassiner, et lui succéda sous le nom de Henri IV. — Richard III, quatrième fils de Richard duc d'York; n'étant encore que duc de Glocester, il se fit nommer régent d'Édouard V et de Richard d'York, fils d'Édouard IV, enferma ces deux jeunes princes dans la tour de Londres où on les assassina par son ordre. Ce meurtre lui assura la couronne d'Angleterre de 1483 à 1485; mais bientôt attaqué par Henri Tudor de Richemond (depuis Henri VII), il périt en combattant contre celui-ci à Bosworth. Richard III fut un des plus cruels tyrans qui aient existé.
RICHARD-LENOIR (François Richard, dit) (1765-1840), célèbre industriel français qui, associé avec Lenoir, établit les premières manufactures pour le filage et le tissage du coton.
RICHARDSON (Samuel) (1689-1761), célèbre romancier anglais, auteur de *Paméla*, de *Clarisse Harlowe* et de sir *Charles Grandison.*
RICHARDSON (James) (1806-1851), voyageur anglais, agent de sociétés bibliques, qui mourut au Bournou, dans un voyage d'exploration de l'Afrique centrale entrepris avec Barth et Overweg.
***RICHARDSONIE** (*Richardson*, nom propre), *sf.* Genre de plantes dicotylédones de la famille des Rubiacées, qui croît au Brésil et fournit une espèce d'ipécacuanha.
RICHARD-TOLL, 340 hab.; fort du Sénégal; pépinière célèbre près de Saint-Louis.
RICHE (all. *reich*), *adj.* 2 *g.* Qui possède de grands biens. ‖ *Riche comme Crésus*, entièrement riche. ‖ *Faire un riche mariage*, épouser une femme très riche. ‖ *Un riche parti*, jeune homme ou jeune fille très riche, qui est à marier. — Fig. Doué d'une qualité à très haut degré : *Il est riche en talents.* ‖ Fertile : *Une riche vallée.* ‖ Qui abonde en : *Un musée riche en tableaux.* — Fig. *Une langue riche*, abondante en mots et en tournures. ‖ Magnifique, de grand prix : *Un riche appartement.* ‖ Fécond en idées, en images : *Cet auteur a traité un sujet très riche.* ‖ Couvert d'ornements précieux par la matière ou le travail : *Un riche entablement.*

|| Qui est de fantaisie : *pain riche*. || Qui se coagule facilement, qui est de couleur vermeille, en parlant du sang. — *Sm.* Homme riche : *Un mauvais riche*. — *Le mauvais riche*, homme dont il est parlé dans une parabole de l'Évangile. || *Un mauvais riche*, un homme très riche qui ne fait pas de bien à son prochain. — **Dér.** *Richard, richement, richesse, richissime.* — **Comp.** *Enrichir.*

RICHELET (Pierre) (1631-1698), grammairien français, auteur d'un dictionnaire souvent réimprimé.

RICHELIEU, 2471 hab. Ch.-l. de c., arr. de Chinon (Indre-et-Loire), ruines d'un château bâti par Richelieu. Ch. de fer de l'État.

RICHELIEU (Armand-Jean du Plessis, cardinal et duc de) (1585-1642), l'un des plus grands hommes d'État de la France, évêque de Luçon en 1607, devient en 1615 aumônier de Marie de Médicis, qui le fit nommer ministre de la guerre et qu'il réconcilia plusieurs fois avec Louis XIII. Nommé premier ministre, il poursuivit avec une vigueur inflexible trois grands buts : la ruine du protestantisme en tant que parti politique, l'abaissement des grands seigneurs et celui de la maison d'Autriche. Il atteignit le premier par la prise de la Rochelle, boulevard du protestantisme (1628). Pour abattre les restes de la féodalité il fit mettre à mort : Chalais, accusé d'avoir conspiré contre le roi ; les comtes de Montmorency-Bouteville et des Chapelles, qui avaient enfreint un édit contre les duels ; le duc de Montmorency, qui s'était révolté de concert avec Gaston d'Orléans ; Cinq-Mars, favori du roi, qui avait conclu un traité avec la cour d'Espagne et le jeune de Thou, ami de ce dernier. Afin de frapper la maison d'Autriche, Richelieu s'allia aux princes protestants d'Allemagne et à Gustave-Adolphe, roi de Suède ; il intervint dans la guerre de Trente ans et, au moment de sa mort, les armées françaises étaient victorieuses. Habile administrateur, Richelieu réforma les finances, créa les intendants de provinces, dota la France d'un grand nombre de colonies, fonda l'Académie française, le Jardin des Plantes, agrandit la Sorbonne, où il établit le collège du Plessis, et bâtit le Palais-Cardinal, depuis Palais-Royal. On lui reprocha de n'avoir pas toujours respecté les formes de la justice dans sa lutte contre la noblesse.

RICHELIEU (duc de) 1696-1788), arrière-petit-neveu du précédent par les femmes ; il fut connu d'abord par le dérèglement de ses mœurs et sa liaison avec Voltaire, servit avec éclat dans les armées françaises, contribua au gain de la bataille de Fontenoy (1745), fit lever aux Autrichiens le siège de Gênes (1748), et fut nommé en récompense maréchal de France ; il prit Port-Mahon au début de la guerre de Sept ans (1756), remporta à Closterseven un avantage qui força le duc de Cumberland à déposer les armes et conquit le Hanovre. Mme de Pompadour mit fin à sa carrière militaire ; il ne s'occupa plus que du gouvernement de la Guyenne. — Armand Emmanuel de Vignerod du Plessis, duc de Richelieu (1766-1822), petit-fils du précédent ; il émigra à la Révolution, vécut longtemps à la cour de Russie, où il jouit de la faveur d'Alexandre Ier, qui le nomma gouverneur d'Odessa ; sous Louis XVIII, il devint ministre des affaires étrangères et président du conseil, et obtint que les armées étrangères évacuassent notre territoire avant l'époque stipulée ; démissionnaire en 1818, il fut encore président du conseil des ministres de 1818 à 1821.

RICHEMENT (*riche* + sfx. *ment*), *adv.* D'une manière riche, magnifiquement, extrêmement.

RICHEMOND (Henri Tudor, comte de). (V. Henri VII, roi d'Angleterre.)

RICHEMONT (Arthur de Bretagne, comte de) (1393-1458) ; connétable de France sous Charles VII, il lutta avec Jeanne d'Arc et Dunois contre les Anglais et gagna sur ces derniers la bataille de Formigny (1450). En 1457, il devint duc de Bretagne sous le nom d'Arthur III.

RICHEPANSE (1770-1802), général français qui décida le gain de la bataille de Hohenlinden et fut nommé en 1802 gouverneur de la Guadeloupe, où il mourut de la fièvre jaune.

RICHER (Jean), savant français, membre de l'Académie des sciences, 1666, auteur de la découverte qui révéla la première preuve de l'aplatissement du globe. Mort en 1696.

RICHERAND (1779-1840), célèbre chirurgien français, connu surtout par sa *nosographie chirurgicale.*

RICHESSE (*riche*), *sf.* Possession de grands biens, de grandes sommes d'argent : *La richesse d'un banquier.* || *Richesse publique*, le produit du sol, de l'industrie et du commerce d'un État (Écon. pol.) || Abondance de productions naturelles : *La richesse d'un territoire, d'une mine.* || Tout moyen de gagner sa vie : *La science fait toute sa richesse.* || Grande valeur d'un objet due au prix de la matière dont il est fait ou à la perfection du travail : *La richesse d'un ameublement, d'une parure.* — Fig. *La richesse d'une langue*, l'abondance des mots, des expressions, des tournures dont elle dispose. || L'éclat, la perfection d'une œuvre d'art : *La richesse d'un tableau.* — *Pl.* De grands biens : *Acquérir des richesses.* || Objets de grande valeur : *Les richesses du musée du Louvre.*

RICHISSIME (*riche* + désinence du superl. lat. *issimum*), *adj. superl.* Extrêmement riche.

RICHMOND, 63803 hab., dont 27832 de couleur. Ville des États-Unis, capit. de la Virginie, fut de 1862 à 1865 la capitale des États sécessionnistes du S.

RICHTER (Hans), chef d'orchestre autrichien, né à Raab (Hongrie) le 4 avril 1843. Ami et admirateur de Richard Wagner, il a surveillé et dirigé la mise à la scène de la plupart de ses œuvres.

RICHTER (Jean-Paul) (1763-1825), littérateur allemand connu en France sous le nom de *Jean-Paul :* auteur de romans philosophiques ou politiques ; c'était aussi un grand musicien.

RICIMER, général romain, Suève d'origine, qui pendant dix-huit ans mit sur le trône et déposa à son gré les empereurs d'Occident. Mort en 472.

RICIN (l. *ricinum*), *sm.* Végétal dicotylédone monoïque de la famille des Euphorbiacées, qui dans l'Inde et l'Afrique, dont il est originaire, forme un arbre assez élevé, mais qui, sous le climat de Paris, n'est plus qu'une herbe annuelle. Sa graine fournit une huile purgative dite *huile de ricin*. Cette plante est connue vulgairement sous le nom de *palma Christi*. Elle peut redevenir arborescente en Provence et en Andalousie ; mais, dans nos jardins, le ricin commun n'est qu'une plante herbacée annuelle, à tige droite, arrondie, fistuleuse, glauque et rougeâtre ; ses feuilles sont peltées, palmées, à sept ou neuf lobes lancéolés, aigus, dentés, glabres, portées sur de longs pétioles ; elles sont accompagnées chacune d'une stipule solitaire et opposée au pétiole, membraneuse, concave et aiguë au sommet. L'huile de ricin est un peu délaissée par les médecins, parce qu'elle est difficile à administrer et inégale dans son action. Le ricin est cultivé comme plante d'ornement ; il a même repris faveur depuis l'introduction en Europe de vers à soie, qui se nourrissent de sa feuille. — **Dér.** *Ricine, ricinée, ricinine, ricinique, ricinule.* — **Comp.** *Ricinélaïdine, ricinélaïdique.*

RICIN COMMUN

***RICINÉ, ÉE** (*ricin*), *adj.* Mélangé d'huile de ricin.

***RICINÉLAÏDINE** (*ricin* + g. ἔλαιον, huile), *sf.* Produit obtenu en faisant passer un courant de bioxyde d'azote dans l'huile de ricin.

***RICINÉLAÏDIQUE** (*ricinélaïdine*), *adj.* Se dit d'un acide qui se présente sous la forme d'aiguilles blanches, et que l'on obtient en saponifiant la ricinélaïdine par la potasse.

***RICININE** (*ricin*), *sf.* Alcaloïde extrait de la graine de ricin ; c'est une substance d'un blanc grisâtre, poisseuse, très soluble dans l'eau et les acides, peu soluble dans les huiles, insoluble dans l'alcool et l'éther.

***RICINIQUE** (*ricin*), *adj.* Se dit d'un acide qui se produit en saponifiant l'huile de ricin.

***RICINULE** (*ricin*), *sf.* Genre de mollusques gastéropodes de petite taille dont les espèces vivent dans la mer des Indes, en Chine, aux Philippines, en Australie et dans l'océan Pacifique.

RICOCHER (*x*), *vi.* Faire des ricochets. — **Dér.** *Ricochet.*

RICOCHET, *svm* de *ricocher*. Bond que fait une pierre plate et légère jetée obliquement sur la surface de l'eau : *Cet enfant s'amuse à faire des ricochets.* || *Tirer le canon à ricochet*, en pointant haut, ce qui fait faire plusieurs bonds au boulet lorsqu'il retombe. — Fig. Suite d'événements dont chacun est la conséquence du précédent.

RICORD (Philippe), célèbre chirurgien français, membre de l'Académie de médecine, né en 1800.

***RICTUS** (ml.), *sm.* Ouverture de la bouche.

RIDE, *svf.* de *rider*. Pli du front, du visage, des mains, qui est ordinairement l'effet de l'âge : *Le chagrin produit des rides.* || Pli léger à la surface de l'eau. || Grand pli de terrain. (Géol.) || Rides lumineuses dont est sillonnée la surface du soleil ; on les appelle encore *lucules, corrugations.*

RIDÉ, ÉE (*rider*), *adj.* Qui porte des rides : *Front ridé.* || Ratatiné, flétri : *Pomme ridée.*

RIDEAU (vx fr. *ridel*, étoffe plissée, dm. de *ride*), *sm.* Étoffe au haut de laquelle sont attachés des anneaux qui peuvent couler sur une tringle et qui sert à cacher ou à couvrir quelque chose : *Un rideau de fenêtre, de lit.* L'autel des basiliques chrétiennes était entouré de rideaux faits d'étoffes précieuses que l'on tirait au moment de la consécration et de la communion du célébrant. || *Tirer le rideau*, ouvrir ou fermer un rideau. — Fig. *Tirer le rideau sur une chose*, n'en plus parler. — Fig. *Se tenir derrière le rideau*, diriger une affaire sans que personne s'en aperçoive. || La toile qu'on lève ou qu'on baisse au théâtre pour montrer ou pour cacher la scène au spectateur. || Petite élévation de terre derrière laquelle se cachent et s'abritent des troupes. || Arbres ou arbrisseaux plantés en ligne pour produire de l'ombre ou pour rompre la violence des vents : *Un rideau de peupliers.* || Tout ce qui borne la vue ou sert à cacher : *Un rideau de nuages, de troupes.*

***RIDÉE** (*rider*), *sf.* Filet pour prendre les alouettes.

RIDELLE (vx fr. *rizelle* et *rudelle*), *sf.* Assemblage de bâtons à claire-voie en forme de râtelier, qui constitue chaque côté d'une charrette. || Brin de chêne en grume.

RIDER (MHA. *riden*, plisser), *vt.* Produire des rides : *L'âge, la maladie, le chagrin rident le visage.* — Fig. *Le vent ride la surface de l'eau*, y cause de légères ondulations. — **Se rider**. *vr.* Devenu ridé. — **Dér.** *Ride, ridé, ridée, rideau.* Même famille : *Ridelle.* — **Comp.** *Dérider.*

1. **RIDICULE** (l. *ridiculum :* de *ridere*, rire), *adj. 2 g.* Dont il y a lieu de se moquer : *Homme, habillement ridicule.* — *S. 2 g.* Homme, femme ridicule. — *Sm.* Ce qu'il y a de ridicule dans une personne ou dans une chose : *Se croire parfait est le comble du ridicule.* || Tourner, traduire quelqu'un en ridicule : *Faire voir aux autres ce qu'il y a de ridicule dans sa personne, ses actions, ses discours.* || Les actes, les discours par lesquels on fait rire les autres aux dépens de quelqu'un : *Manier l'arme du ridicule.* — **Dér.** *Ridiculement, ridiculiser, ridiculité.*

2. ***RIDICULE** (corruption de *réticule*), *sm.* Petit sac à ouvrage que les dames portaient à la main sous le Directoire.

RIDICULEMENT (*ridicule* 1 + sfx. *ment*), *adv.* D'une manière ridicule.

RIDICULISER (*ridicule* 1), *vt.* Tourner en ridicule. — **Se ridiculiser**, *vr.* Se rendre ridicule.

RIDICULITÉ (*ridicule*), *sf.* Qualité de ce qui est ridicule : *Il ne sent pas la ridiculité de sa conduite.* || Action, parole ridicule : *Cette ridiculité fait hausser les épaules.*

RIÈBLE (*x*), *sm.* Le gratteron. (V. ce mot.)

RIEL (Louis), représentant des métis d'origine française dans le Manitoba canadien ; en 1869 et 1870, il dirigea la résistance contre les Anglais qui voulaient créer des fermes nouvelles sur la rivière Rouge. Il dut se réfugier aux États-Unis ; mais il en revint en 1885, souleva les colons des bords du lac Winnipeg et battit deux fois les milices anglaises ; fait prisonnier à Batoche, le 15 mai, il fut pendu à Regina, le 16 novembre 1885 ; beaucoup de Français avaient inutilement réclamé la grâce du condamné.

RIEN (l. *rem*, chose), *pr. ind. m.* Quelque chose : *Si rien peut le décider, ce sera l'espoir du gain.* ‖ Avec *ne*, nulle chose : *Cela ne fait rien*, cela n'est d'aucune importance. ‖ *Cela ne ressemble à rien*, cela est très mal fait ou extravagant. ‖ *Ne compter pour rien*, regarder comme insignifiant, sans valeur. ‖ *Cette affaire ne tient à rien*, elle est à peu près conclue. ‖ *Cet homme ne fait rien*, il reste oisif, il n'a pas d'emploi. ‖ Par contagion, c'est-à-dire par l'influence du voisinage ordinaire de *ne* et de *rien*, nulle chose : *Dieu a fait le monde de rien.* ‖ Peu de chose : *Il a eu cette propriété pour rien.* — *Cela s'est réduit à rien.* — *Sm.* Le néant : *Par la volonté de Dieu le rien est devenu l'univers.* ‖ Peu de chose : *Un rien l'effraye.* — *Smpl.* Choses sans importance, bagatelles : *S'amuser à des riens.* — Comme si de rien n'était, *loc. adv.* Comme si cela n'était pas arrivé. — En moins de rien, *loc. adv.* En très peu de temps. — **Gr.** La préposition *de* doit précéder un adjectif qualifiant *rien* : *Rien de nouveau.*

RIENZI (Nicolas Gabrino, dit) (1310-1354), fils d'un cabaretier de Rome et ami de Pétrarque ; il souleva le peuple en 1347 pendant le séjour des papes à Avignon et rétablit la république romaine. Attaqué par la noblesse, abandonné par la populace révoltée de ses hauteurs, il se réfugia auprès de l'empereur Charles IV et fut livré par celui-ci à Clément VII qui le tint emprisonné à Avignon. En 1354, Innocent VI le chargea de gouverner Rome en son nom ; mais ayant encore abusé du pouvoir, Rienzi fut tué dans une émeute. Ce personnage a servi de sujet à un opéra de Richard Wagner.

RIESEN-GEBIRGE (*montagnes des géants*), chaîne de montagnes, l'un des côtés du quadrilatère de Bohême, qu'il sépare de la Silésie, et se continue au S.-E. par les monts Sudètes.

RIETI, 16 800 hab. Ville d'Italie dans le *compartimento* d'Ombrie ; province de Pérouse ; évêché ; draps et cuirs. En 1719 les Français y battirent les Napolitains.

***RIEUMAJOU**, 165 hab. Village de l'Hérault, dans l'arrondissement de Saint-Pons, à 2 kilomètres de Salueta ; eaux minérales, bicarbonatées calciques, ferrugineuses gazeuses.

RIEUMES, 2 124 hab. Ch.-l. de c., arr. de Muret (Haute-Garonne). Ch. de fer du Midi.

RIEUPEYROUX, 3 122 hab. Ch.-l. de c., arr. de Villefranche (Aveyron).

RIEUR, EUSE (*rire*), *s.* Celui, celle qui rit, qui aime à rire. ‖ Qui a l'habitude de railler. ‖ *Avoir les rieurs de son côté*, avoir pour soi l'approbation du plus grand nombre. ‖ *Muscle rieur* appelé encore *risorius de Santorini*, attirant en arrière l'angle des lèvres et concourant ainsi à la production du rire ou du sourire. ‖ Épithète que l'on donne à certains oiseaux qui imitent le rire de l'homme. — *Sm.* Nom vulgaire de l'oiseau dit *tacco*. — *Sf.* Nom vulgaire de la mouette.

RIEUX, 1 847 hab. Ch.-l. de c., arr. de Muret (Haute-Garonne), ancien évêché, belle cathédrale du xive siècle. Ch. de fer du Midi.

RIEUX (Jean de) (1342-1417), maréchal de France sous Charles VI.

RIEZ, 2 333 hab. Ch.-l. de c., arr. de Digne (Basses-Alpes), ancien évêché. Ruines romaines.

RIFF (LE), massif montagneux qui, de l'Atlas, s'avance dans la plaine du Maroc bordant la Méditerranée. Il sert d'asile à des Berbères qui pillent les navires échoués et sont en lutte séculaire avec les Espagnols des *presidios*.

***RIFFER** (all. *raffen*, arracher), *vt.* Égratigner, écorcher. — Même famille : *Rifle* (vx).

1. **RIFLARD** (*rifler*), *sm.* Rabot analogue à la demi-varlope et dont le fer est arrondi au milieu ; il sert à dégrossir et à blanchir les planches. ‖ Lame mince en métal montée sur un manche court dont les maçons se servent pour couper et ébarber les ouvrages de plâtre. ‖ Grosse lime pour dégrossir les métaux. ‖ Laine la plus grosse et la plus longue d'une toison.

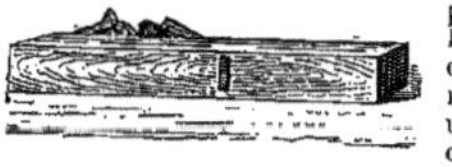

RIFLARD

2. **RIFLARD** (*Riflard*, personnage qui dans la *Petite Ville*, comédie de Picard, paraît en scène avec un énorme parapluie), *sm.* Vieux parapluie.

***RIFLE** (mot angl.), *sm.* Carabine à long canon et à balle forcée, employée dans l'armée anglaise.

***RIFLER** (db. de *râfler*), *vt.* Égratigner, écorcher. — Fig. Enlever, voler. ‖ Aplanir avec le riflard (vx). — **Dér.** *Riflard 1, rifloir.* Même famille : *Rifler, rifle.*

***RIFLOIR** (*rifler*), *sm.* Lime. (V. *Riflard.*)

RIGA, 175 332 hab. Ville et port de la Russie d'Europe sur la Dwina, ch.-l. du gouvernement de Livonie. Commerce d'exportation, bois de construction, chanvre, lin, céréales, peaux. Donne son nom à la partie de la mer Baltique, dite *golfe de Riga* ou de *Livonie*. Avant-port fortifié de Dunamünde.

1. **RIGAUD** (Hyacinthe) (1659-1743), peintre de portraits surnommé le *Van Dyck français* ; il a peint Louis XIV et Bossuet.

2. **RIGAUD** (nom propre), *sm.* Nom vulgaire du rouge-gorge.

RIGAUDON ou **RIGODON** (*Rigaud*, inventeur), *sm.* Ancienne danse très vive. ‖ Air à deux temps sur lequel on la danse. ‖ Tout air vif. ‖ L'un des pas de la danse ordinaire.

***RIGAULT DE GENOUILLY** (1807-1873), amiral français, l'un des fondateurs de la colonie de Cochinchine, où il prit Saïgon en 1859 ; il commanda l'escadre de la Baltique en 1870.

***RIGEL** (arabe *ridjl*, pied), *sm.* Étoile de première grandeur dans le pied occidental d'Orion.

RIGHI (1 875 mèt.), montagne de Suisse entre les lacs de Zug et de Lucerne, formant l'extrémité d'une branche des Alpes de Glaris et du haut de laquelle on embrasse un splendide panorama.

RIGIDE (l. *rigidum*), *adj. 2 g.* Qui ne plie pas : *Tige de fer rigide.* ‖ Qui est d'une sévérité inflexible : *Un censeur rigide.* ‖ Qui s'attache scrupuleusement et étroitement aux dogmes d'une religion, aux opinions d'une secte : *Un stoïcien rigide.* — **Db.** de *Raide.* — **Dér.** *Rigidement, rigidité.*

RIGIDEMENT (*rigide* + sfx. *ment*), *adv.* Avec rigidité.

RIGIDITÉ (l. *rigiditatem*), *sf.* La rigidité d'une barre de fer. ‖ Raideur : *La rigidité des membres.* ‖ *La rigidité cadavérique*, phénomène se manifestant après la mort, par le durcissement des muscles et un léger raccourcissement ; cette rigidité dure plusieurs heures. Dans les morts violentes, elle se manifeste tard et dure longtemps. ‖ Sévérité inflexible : *La rigidité d'un juge.*

RIGNAC, 2 109 hab. Ch.-l. de c., arr. de Rodez (Aveyron).

RIGNY (comte de) (1783-1835), vice-amiral français, qui commanda l'escadre française à la bataille de Navarin, fut ministre de la marine de 1831 à 1834, des affaires étrangères de 1834 à 1835, et ambassadeur à Naples.

*** RIGOLAGE** (*rigole*), *sm.* Action de faire couler l'eau dans des rigoles ; de planter le thym, le buis, etc., dans de petites tranchées.

RIGOLE (vx fr. *rigot* : bl. *rigora, rigulus*, du bl. *rigus*, ruisseau, du l. *rigare*, arroser), *sf.* Canal étroit creusé dans la terre ou dans la pierre pour l'écoulement des eaux. ‖ Petite tranchée faite pour planter des bordures de buis, de thym, etc. : *Planter en rigole.* ‖ Très petit ruisseau. — **Dér.** *Rigolage.*

*** RIGOLER** (du l. *ridiculus*, ridicule), *vi.* Se divertir, s'amuser bruyamment. ‖ **Se rigoler**, *vr.*, se divertir. (Pop.) — **Dér.** *Rigoleur.*

*** RIGOLEUR** (*rigoler*), *sm.* Ouvrier qui préfère le cabaret à l'établi. (Pop.)

RIGORD, chroniqueur mort en 1207, auteur d'une histoire de Philippe-Auguste.

RIGORISME (l. *rigorem*, rigueur), *sm.* Observance affectée des préceptes de la religion ou de la morale. — **Dér.** *Rigoriste.*

RIGORISTE (*rigorisme*), *s. 2 g.* Celui, celle qui pratique le rigorisme. — *Adj. Secte rigoriste.*

RIGOUREUSEMENT (*rigoureuse* + sfx. *ment*), *adv.* Avec rigueur. ‖ Strictement.

RIGOUREUX, EUSE (l. *rigorosum*), *adj.* Qui fait sévèrement respecter ses droits. ‖ Qui ne souffre aucune infraction à la règle : *Créancier, fonctionnaire rigoureux.* ‖ Sévère, difficile à supporter : *Châtiment rigoureux.* ‖ Très froid : *Hiver rigoureux.* ‖ *Diète rigoureuse*, abstinence presque complète d'aliments. ‖ Inattaquable : *Démonstration rigoureuse.* ‖ Évident : *Preuve rigoureuse.*

*** RIGUET** (sanscr. *vrihi*, riz), *sm.* Nom du seigle en Dauphiné.

RIGUEUR (l. *rigorem*), *sf.* Dureté, sévérité : *Agir avec rigueur.* ‖ Austérité : *Les rigueurs de la pénitence.* ‖ *Tenir rigueur à quelqu'un*, ne pas lui pardonner. ‖ Intensité du froid : *La rigueur du climat.* ‖ Grande exactitude : *La rigueur d'un raisonnement.* ‖ Sévérité minutieuse que l'on met à appliquer la loi, la règle : *Il sera poursuivi selon la rigueur des lois.* ‖ *Règle de rigueur*, que l'on est strictement obligé d'observer. — A la rigueur, *loc. adv.* Avec une extrême sévérité, strictement ; sans adoucissement ; dans la mesure strictement nécessaire : *A la rigueur, il est capable de subir l'examen.* — **Dér.** *Rigoureux, rigoureuse, rigoureusement, rigorisme, rigoriste.*

RIHOULT-CLAIRMARAIS, 1 168 hect. Forêt domaniale du Pas-de-Calais, peuplée de chênes, de hêtres, etc.

***RILKA** (mot russe), *sf.* Vielle des paysans russes.

RILLETTES (dm. du vx fr. *rille*, morceau de porc), *sfpl.* Mélange fondu et bien amalgamé de hachis de porc rôti et de graisse : *Des rillettes de Tours.*

***RILLONS** (dm. de l'ancien français *rille*, morceau de porc), *smpl.* Petit morceau de porc ou d'oie que l'on a mis sur le feu dans une casserole pour en extraire la graisse.

RIMAILLER (péjoratif de *rimer*), *vi.* Faire de mauvais vers. — **Dér.** *Rimaillerie, rimailleur.*

RIMAILLEUR (*rimailler*), *sm.* Celui qui fait de mauvais vers.

*** RIMAILLERIE** (*rimailler*), *sf.* Mauvais vers, dignes d'un rimailleur. (Néol.)

RIME (db. de *rythme*), *sf.* Uniformité de sons dans la terminaison de deux mots, de deux vers. ‖ *Rime féminine*, celle qui se termine par une syllabe muette. Ex. : **Faire, téméraire.** ‖ *Rime masculine*, celle qui ne se termine pas par une syllabe muette. Ex. : **cassé, versé.** ‖ *Rimes plates* ou *suivies*, celles qu'on observe dans un morceau de poésie présentant deux vers masculins consécutifs, régulièrement suivis de deux vers féminins auxquels succèdent aussitôt deux vers masculins, et ainsi de suite. ‖ *Rimes croisées*, rimes masculines et féminines mêlées et entrelacées ; la fable du Chêne et du Roseau, dans La Fontaine, en est un exemple. ‖ *Rimes redoublées*, un certain nombre de rimes semblables qui se suivent sans interruption. ‖ *Rime riche*, celle qui résulte non seulement de l'uniformité de son, mais encore de l'uniformité de la consonne qui précède ce son, dite *consonne d'appui*. Ex. : **Drapeau, troupeau.** ‖ *Rime suffisante*, celle dans laquelle le même son est suivi de la même consonne, mais précédé de consonnes différentes. Ex. : **Accord** et **bord.** ‖ *Rime pauvre*, celle qui résulte seulement de l'unité de son, la consonne d'appui n'étant pas la même. Ex. : **Imprudent, content.** — La rime est, dans notre versification, une question capitale. De toutes les langues romanes, le français seul n'a pu avoir des vers sans rime. Les vers latins présentaient déjà quelque chose d'analogue à la rime : ce sont les pieds de même mesure qui terminaient les vers. Tels sont : le *dactyle* et le *spondée* de l'hexamètre, et les deux *anapestes* du pentamètre. C'est sans doute à cause de cette règle de la prosodie latine que les trouvères et les troubadours s'efforçaient de faire un très grand nombre de vers possédant la même rime. Du reste, nos plus anciens poèmes ne sont pas rimés. La rime y est remplacée par l'*assonance* ou rime imparfaite. Dès le XIIIe siècle, Thibaut de Champagne et quelques poètes contemporains emploient déjà dans leurs poésies un mélange régulier des rimes masculines et féminines. Au XIVe siècle, Octavien de Saint-Gelais suivit cet exemple et entrelaça les rimes masculines et féminines; mais c'était pour sa propre satisfaction, et les poètes qui vinrent après lui ne se conformèrent pas à cette loi. Marot lui-même, dans certaines de ses pièces, mit jusqu'à douze vers masculins de suite. Ce furent Ronsard et son école qui posèrent comme règle formelle l'alternance des rimes masculines et féminines. — *Pl.* Vers : *Mettre en rimes,* mettre en vers. — **Dér.** *Rimer, rimeur, rimailler, rimaillerie, rimailleur.*

RIMER (*rime*), *vi.* Former une rime : **Eternel** *rime avec* **solennel.** — Fig. *Ces deux choses ne riment pas ensemble,* n'ont aucun rapport. || *Cela ne rime à rien,* ne signifie rien. || Trouver des rimes : *Ce poète rime bien.* || Faire des vers : *Il s'est mis à rimer.* — *Vt.* Mettre en vers : *Rimer une fable.*

RIMEUR (*rimer*), *sm.* Celui qui fait des vers. || Mauvais poète. || Poète qui n'emploie que des rimes très riches.

* **RIMEUX, EUSE** (l. *rimosum* : de *rima,* fente), *adj.* Qui a des fentes, en botanique.

RIMINI, 37000 hab., l'ancien Ariminum, ville d'Italie près de l'Adriatique, dans le *compartimento* d'Émilie, province de Forli; soieries, évêché. (V. *Françoise de Rimini.*)

RINÇAGE (*rincer*), *sm.* Action de rincer ou de laver à l'eau claire les objets qu'on vient de savonner.

RINCEAU (vx fr. *rincel* : du l. *ramicellum,* petite branche), *sm.* Ornement de sculpture ou de peinture représentant un enroulement de branches, garnies de fruits ou de feuilles d'acanthe, enroulées et profondément décou-

RINCEAUX

pées. — On rencontre les rinceaux, dans l'architecture antique, sur les frises corinthiennes ou composites; ils sont aussi sculptés sur les monuments du moyen âge; ils deviennent très élégants à l'époque de la Renaissance.

***RINCE-BOUCHE** (*rincer* + *bouche*), *sm.* Bol d'eau chaude aromatisée qui sert à se rincer la bouche et le bout des doigts après le repas. — Pl. *des rince-bouche.*

RINCÉE, *spf.* de *rincer.* Volée de coups : *Il a reçu une rincée.* (Pop.)

RINCEMENT (*rincer*), *sm.* Action de rincer.

RINCER (scandinave *hreinda,* nettoyer), *vt.* Nettoyer en lavant avec de l'eau et en frottant. || *Rincer du linge,* le passer dans l'eau claire après qu'il a été savonné. || Pop. *Il a été bien rincé,* bien mouillé, bien battu ou réprimandé. — **Gr.** *C* prend un cédille devant *a, o.* — **Dér.** *Rincée, rincement, rinçage, rinçoir, rinçure.* — **Comp.** *Rince-bouche.*

***RINÇOIR** (*rincer*), *sm.* Vase contenant l'eau qui sert à rincer.

RINÇURE (*rincer*), *sf.* Eau avec laquelle on a rincé un verre, une bouteille. || *De la rinçure,* du vin où l'on a mis trop d'eau.

RINFORZANDO (mot ital.), *adv.* En renforçant. || Signe qui, dans un morceau de musique, indique qu'il faut passer du piano au forte en renforçant progressivement le son (< *rf.*).

* **RING** (mot angl., *cercle*), *sm.* Aux courses, lieu réservé pour le pesage des jockeys, dit aussi enceinte du pesage. — **Dér.** *Ringard, ringage, ringlet.*

* **RINGAGE** (angl. *ring*), *sm.* Grattage à l'aide du ringard.

RINGARD (ang. *ring,* cercle), *sm.* Sorte de fourgon dont l'extrémité opposée au manche est recourbée, et avec lequel on remue le charbon dans les machines ou la matière fondue dans les hauts fourneaux.

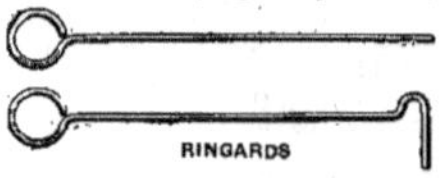

RINGARDS

* **RINGLET** (mot anglais, dm. de *ring*), *sm.* Longues boucles de cheveux dites aussi repentirs, tombant des deux côtés de la figure.

***RIO,** mot espagnol qui signifie *rivière.*

RIOBAMBA, chef-lieu de la province du Chimborazo, dans la république de l'Équateur (Amérique du S.).

RIO COLORADO (*fleuve coloré*), 1200 kil., fleuve de l'O. des États-Unis formé par la réunion de la rivière Verte et de la Grande-Rivière, issues des montagnes Rocheuses et qui se jette dans la mer Vermeille. || Fleuve du Texas tributaire du golfe du Mexique, 750 kilomètres.

RIO DE LA PLATA. (V. *Plata.*)

RIO DO JANEIRO (*Rivière de Janvier*), 300000 hab. Capitale du Brésil, magnifique port de l'océan Atlantique sur la baie de Rio do Janeiro. Grand commerce d'exportation. Les premiers explorateurs prirent la baie pour une rivière; de là vient son nom. Les habitants s'appellent encore *Fluminenses,* du l. *flumen,* fleuve. Le port est dominé par un amphithéâtre grandiose de montagnes que dominent le Corcovado et la Gabia et se termine au Pão d'Assucar (*pain de sucre*). Cependant les rues sont étroites, même la rue d'Ouvidor, la plus commerçante de la ville. Le service de la voirie est surtout fait par les vautours *urubus;* de là des épidémies fréquentes de fièvre jaune (*vomito negro*); des tramways sillonnent les rues; dans les quartiers voisins du port se pressent des nègres et négresses de taille colossale. On monte par un chemin de fer en lacet à *Petropolis,* palais de l'empereur, le Versailles brésilien.

RIO GRANDE DEL NORTE, 2500 kilom., fleuve de l'Amérique du Nord qui prend sa source aux États-Unis, dans le Colorado, sépare les États-Unis du Mexique et se jette dans le golfe du Mexique.

RIO GRANDE DO NORTE, 233979 hab., province la plus orientale du Brésil. Cap. Natal.

RIO GRANDE DO SUL, 434813 hab., province la plus méridionale du Brésil. Cap. Porto Alegre. On y trouve de nombreux colons belges et italiens.

RIOM, 10309 hab. S.-préf. (Puy-de-Dôme); cour d'appel, à 433 kilom. de Paris.

RIOM-ÈS-MONTAGNE, 2790 hab. Ch.-l. de c., arr. de Mauriac (Cantal). Bestiaux, chevaux, fromages.

RION, fleuve de Russie, ancien Phasis, sorti du Caucase central, finissant à Poti sur la mer Noire.

RIO NEGRO, 1300 kilom., affluent de l'Amazone. — **Rio Negro,** fleuve de l'Amérique du S., tributaire de l'Atlantique et séparant la république Argentine de la Patagonie.

RIO NUÑEZ, rivière d'Afrique, au S. de la Sénégambie, sur laquelle est le comptoir français de Boké (peaux, arachides, sésame, ivoire, poudre d'or); c'est de Boké que René Caillié partit en 1826 pour aller visiter Tombouctou.

RIOTER (dm. de *rire*), *vi.* Sourire par moquerie (vx). — **Dér.** *Rioteur, rioteuse,*

RIOTEUR, EUSE (*rioter*), *s.* Celui, celle qui ne fait que rioter (vx).

RIOTTE (VHA *riban,* frotter?), *sf.* Querelle, dispute (vx).

RIOUPÉROU, 2033 hect. Forêt domaniale de l'Isère, peuplée de sapins, d'épicéas et de hêtres.

RIOZ, 1011 hab. Ch.-l. de c., arr. de Vesoul (Haute-Saône).

RIPAILLE, 32 hab., village de l'arrondissement de Thonon (Haute-Savoie), sur le lac de Genève, avec les ruines d'un château, résidence de Victor-Amédée VIII, duc de Savoie, élu pape sous le nom de Félix V; il s'y retira en 1449 pour s'y livrer aux plaisirs de la table. — *Sf.* Bonne chère. || *Faire ripaille,* faire grande chère. — **Dér.** *Ripailleur.*

RIPAILLEUR (*ripaille*), *sm.* Celui qui fait ripaille.

RIPE, *svf.* de *riper.* Outil de tailleur de pierre en forme de truelle, recourbé et dentelé, servant à donner à la pierre le dernier poli. || Auge dans laquelle se meut une meule.

* **RIPEMENT** (*ripe*), *sm.* Bouillonnement des eaux marines produit par la rencontre de deux courants sous-marins.

RIPER (allem. *rippen,* frotter), *vt.* Ratisser avec la ripe. || Se dit en marine des cordages et des amarres qui viennent à glisser l'un contre l'autre. — **Dér.** *Ripe, ripement.*

RIPON, chute par laquelle le Nil s'échappe du lac Victoria, dans le pays d'Ougando.

RIPE

RIPOPÉE (espagnol *arropé,* de l'arabe *roubout* ou *ribab,* médecine, db. de *rob*), *sf.* Mélange que les cabaretiers font de différents restes de vins. || Mélange de liqueurs, de sauces. — Fig. Ouvrage écrit, composé d'idées communes ou incohérentes.

RIPOSTE (vx fr. *risposte,* de l'ital. *risposta,* réponse), *sf.* Réponse vive faite sur-le-champ pour repousser une raillerie. || Action du cheval qui répond à un châtiment par la ruade ou le cabrer. || Prompte represaille. — **Dér.** *Riposter.*

RIPOSTER (*riposte*), *vi.* Répondre vivement et sur-le-champ pour repousser une raillerie. || Repousser vivement une agression en usant de représaille. || En escrime, parer et porter immédiatement une botte.

RIPUAIRE (bl. *ripuarius* : de *ripa,* rive), *adj. 2 g.* et *s.* Se dit des Franks établis sur les bords du Rhin et du Weser, dans la Germanie première et la Belgique, à l'époque de Clovis. — **Loi des Francs Ripuaires,** texte de loi barbare rédigé par les ordres de Thierry I, revisé sous Dagobert. Cette revision, divisée en 89 ou 91 titres, nous est seule parvenue; elle est d'un latin plus pur, d'une rédaction plus nette que la loi salique; elle admet la preuve écrite, principe contraire aux idées germaniques; elle réprime la haute trahison; c'est là évidemment un emprunt fait à la législation romaine.

RIQUET (1604-1680), baron de Bonrepaux, ingénieur qui creusa le canal du Midi faisant communiquer l'océan Atlantique avec la Méditerranée.

***RIQUET** (nom propre), *sm.* Grillon.

***RIQUET À LA HOUPPE,** personnage difforme d'un conte de Perrault. — Fig. *Un bossu.*

RIQUEWIHR, 1677 hab., village de l'Alsace-Lorraine appelé par les Allemands *Reichenweier;* ses vignobles produisent le célèbre *riesling* chanté par les poètes alsaciens.

RIQUIER (saint), abbé de Centule en Ponthieu, mort vers 645.

***RIQUIQUI** (*x*), *sm.* Eau-de-vie. (Pop.)

1. **RIRE** (l. *ridere*), *vi.* Faire, sous l'influence d'une impression gaie ou agréable, un

mouvement involontaire et particulier de la bouche, souvent accompagné d'éclats de voix inarticulés. || *Rire aux larmes*, à un tel point, que les larmes coulent des yeux. || *Rire à gorge déployée, comme un fou*, d'une manière extraordinaire. || *Pâmer, étouffer, mourir, crever de rire*, rire au point d'en éprouver de la douleur. || *Faire mourir de rire*, faire rire jusqu'à incommoder. || Exciter la moquerie : *C'est à mourir de rire*, c'est très ridicule. — Fig. *Rire du bout des dents, des lèvres, rire jaune*, faire semblant de rire quand on est mortifié, quand on enrage. — Fig. *Rire sous cape, dans sa barbe*, éprouver une satisfaction maligne qu'on cherche à cacher. || *Avoir le mot pour rire*, savoir dire des choses plaisantes qui provoquent l'hilarité. || Charmer la vue, l'esprit : *Tout rit dans ce séjour*. — *Ce projet rit à mon imagination*. || Être favorable : *La fortune, l'occasion lui rit*. || Se divertir, se réjouir : *Plus on est de fous, plus on rit*. || Se moquer : *Rire de quelqu'un, de quelque chose*. || *Rire au nez de quelqu'un*, se moquer de lui en face. || *Prêter à rire*, fournir un sujet de moquerie. || *Vous me faites rire*, vous dites des choses déraisonnables, ridicules. || Badiner, ne pas parler ou ne pas agir sérieusement : *Vous dites, vous faites cela pour rire*. || Ne pas se soucier, ne pas tenir compte de, être indifférent à : *Cet enfant rit des punitions*. — **Prov.** RIRA BIEN QUI RIRA LE DERNIER, c'est un tort qu'un tel se flatte de l'emporter sur moi. || TEL QUI RIT VENDREDI, DIMANCHE PLEURERA (Racine, *Plaideurs*), la douleur peut succéder subitement à la joie. — **Se rire**, *vr*. Se moquer de : *Il se rit de moi*. || Ne tenir aucun compte de, ne pas craindre : *Je me ris de vos menaces*. — **Gr.** Rad. *ri* : Je ris, tu ris, il rit, n. rions, v. riez, ils rient; je riais, tu riais, il riait, n. riions, v. riiez, ils riaient; je ris, n. rîmes; je rirai; je rirais; ris, rions, riez; que je rie, que tu ries, qu'il rie, que n. riions, que v. riiez, qu'ils rient; que je risse, qu'il rît; riant; ri. Se conjugue avec *avoir*. — **Dér.** *Rire* 2, *rieur, rieuse, rioter, rioteur, rioteuse; risible, risiblement, risibilité, ris* 1, *risée, risette, riser*. — **Comp.** *Dérision, dérisoire; sourire* 1 et 2.

2. **RIRE** (infinitif de *rire*), *sm*. Action de rire. || *Un fou rire*, un rire qu'on ne peut comprimer. || *Rire sardonique*, mouvement convulsif des lèvres et des muscles de la face qui se produit dans certaines maladies; il tire son nom de la sardonie ou renoncule scélérate, qui croît abondamment en Sardaigne et produisait, dit-on, chez ceux qui en mangeaient, un mouvement convulsif de la face, exprimant le rire. Ce rire, dit parfois *cynique*, parce qu'on montre les dents comme un chien irrité, peut n'affecter qu'un côté de la face; la bouche reste à demi ouverte et la salive coule sur le menton. — *Rire inexpressif*, celui de l'imbécile. — *Rire bruyant*, celui du fou furieux. — D'après Darwin, le rire, que l'on range ordinairement dans les signes du langage naturel, présenterait déjà quelque chose d'artificiel. Dans les rudes combats des temps préhistoriques, l'homme accompagnait ses mouvements d'une mimique destinée à épouvanter son adversaire; de là ce branlement de la tête, ce grincement des dents, ces regards dédaigneux et provocateurs, que le philosophe anglais compare aux gestes et façons de deux chiens qui se mordent et se battent. Cette mimique est devenue, chez l'homme, habituelle et héréditaire; bien qu'offensive, elle accompagne une conversation paisible et sérieuse. Le rire, au contraire, ne présenterait rien d'actif et proviendrait seulement de la détente des traits. Mais, pour un observateur consciencieux, le rire est autre chose qu'un ensemble d'actions réflexes; la volonté est maîtresse du sourire; toutefois, dans le rire violent, dit inextinguible, le diaphragme mis en mouvement continue quelque temps ses contractions et dilatations; de là résulte le *rire* qui vous amène à vous *tenir les côtes*.

1. **RIS** (l. *risum*), *sm*. Action de rire. — *Smpl.* **Les Ris**, divinités des anciens qui présidaient à la gaieté et étaient représentées sous les traits de jeunes enfants. — **Dér.** *Risée, risette, risiblement, risibilité, risible*.

2. **RIS** (danois *riv*), *sm*. Portions de la partie supérieure ou inférieure d'une voile disposées pour permettre de réduire la surface de cette voile quand le vent augmente de force. Une voile peut avoir un, deux, trois ou quatre ris. || *Prendre un ris*, replier une partie de la voile sur la vergue, entre la ralingue et une bande de ris. (Mar.) — **Dér.** *Riser, risse, risseau*.

3. **RIS** (vx fr. *risée*, fressure), *sm*. Corps glanduleux placé dans la poitrine, sous la gorge du veau, qui correspond au thymus dans l'espèce humaine et fournit un mets délicat.

RISBAN (all. *rissbank*, banc d'arrachement), *sm*. Terre-plein garni de canons pour la défense d'un port.

***RISBERME** (all. *riss*, arrachement + *berme*), *sf*. Ouvrage exécuté au delà et au-devant de la jetée d'un port ou d'une construction pour s'opposer à l'action des eaux. Les risbermes sont faites de fascines maintenues par des plançons et chargées de blocs de pierre. || Retraite garnie de fascines. (Fort.)

RISCLE, 1867 hab. Ch.-l. de c., arr. de Mirande (Gers). Ch. de fer du Midi.

RISÉE (*ris* 1), *sf*. Grand éclat de rire que poussent en même temps plusieurs personnes pour se moquer. || Moquerie : *Être exposé à la risée publique*. || Un objet de risée : *Être la risée de tout le monde*. || Augmentation subite de la force du vent; petite rafale. (Mar.)

***RISER** (*ris* 2), *vt*. Amener une voile, pour qu'elle ait moins de prise au vent; on dit généralement *Ariser une voile*.

RISETTE (dm. de *ris* 1), *sf*. Petit ris gracieux d'un enfant.

RISIBILITÉ (*risible*), *sf*. Faculté de rire : *L'homme seul possède la risibilité*. || Qualité de ce qui est risible.

RISIBLE (l. *risibilem*), *adj. 2 g*. Qui a la faculté de rire : *Une méprise risible*. || Digne de moquerie : *Prétention risible*.

RISIBLEMENT (*risible* + sfx. *ment*), *adv*. D'une façon risible.

RISQUABLE (*risque* + sfx. *able*), *adj. 2 g*. Où il y a des risques à courir : *Entreprise risquable*. || Qu'on peut risquer avec quelque chance de succès : *Attaque risquable*.

RISQUE (esp. *riesgo*; port. *risco*; de l'arabe *rizq*, chance), *sm*. Péril possible : *Courir risque de la vie*. || *Entreprendre une chose à ses risques et périls*, en se résignant à ce qui pourra en advenir. || *Risques locatifs*, ensemble des dangers que court un immeuble par cas fortuit, force majeure, vice de construction, communication avec une maison voisine, incendie. — *Loc. prép.* AU RISQUE DE, en s'exposant à : AU RISQUE DE PÉRIR. — *Loc. adv.* À TOUS RISQUES, à tout hasard. — **Dér.** *Risquer, risquable*. — **Comp.** *Risque-tout*.

RISQUER (*risque*), *vt*. Exposer à un péril possible : *Risquer sa vie, sa fortune*. || *Risquer le tout pour le tout*, courir les plus grands risques pour tâcher de se tirer d'affaire. || S'exposer aux fâcheuses conséquence de : *Risquer l'assaut*. — **Se risquer**, *vr*. S'exposer à un péril possible.

***RISQUE-TOUT** (*risquer* + *tout*), *sm*. Homme hardi et téméraire.

***RISSE** (*ris* 2), *sf*. Cordage pour attacher une embarcation sur le pont d'un navire.

***RISSEAU** (*ris* 2), *sm*. Sorte de filet, dit aussi épervier. (V. ce mot.)

1. **RISSOLE**, *svf*. de *rissoler*. Sorte de beignet fait de viande hachée.

2. ***RISSOLE** (*ris* 2?), *sf*. Grand filet à mailles serrées, usité en Provence pour la pêche des anchois.

RISSOLER (dm. vx fr. *risser*; danois *riste*, rôtir), *vt*. Faire cuire ou rôtir un mets jusqu'à ce qu'il prenne une couleur dorée. — Fig. Hâler : *Le soleil m'a rissolé*. — **Se rissoler**, *vr*. Prendre une couleur dorée par l'effet d'un commencement de cuisson. — **Dér.** *Rissole* 1, *rissolette*.

***RISSOLETTE** (*rissoler*), *sf*. Rôtie de pain garnie de viandes hachées qu'on fait passer au four.

RISTITCH (JEAN), né en 1831 à Kragoulevatz, homme d'État serbe, qui représenta le prince Miloch à Constantinople, fit partie du conseil de régence pendant la minorité du roi Milan. Il est partisan de la Russie; depuis l'abdication du roi Milan, il fait de nouveau partie du conseil de régence du jeune prince Alexandre.

RISTORI (ADÉLAÏDE), célèbre actrice italienne, née en 1821. Elle joua d'abord en Italie, se maria au marquis Capranica del Grillo (1847), et quitta la scène. Mais ayant donné une représentation de bienfaisance, l'accueil qu'elle reçut du public fut si chaleureux, que l'amour de l'art l'emportant sur toutes les considérations de famille, elle rentra au théâtre et parcourut le monde entier.

RISTORNE ou **RISTOURNE** (ital. *ristorno*), *sf*. Ce que paie un assuré pour faire annuler son contrat d'assurance maritime, quand il renonce à une expédition d'objets assurés avant le départ du navire, ou quand il apprend que des articles assurés par lui l'étaient déjà par son correspondant.

1. **RIT** ou **RITE** (l. *ritum*), *sm*. Ordre prescrit par les cérémonies d'une religion : *Le rite de l'Église grecque, le rite romain*. — Les rites diffèrent suivant les croyances; ainsi l'Église romaine n'a pas les rites de l'Église grecque; avant l'adoption générale de la liturgie romaine en France, le rite de Paris différait de celui de Lyon. — *Pl.* Les cérémonies d'un culte : *Assister aux rites sacrés*. || *Congrégation des rites*, siégeant à Rome et chargée de fixer dans toute l'étendue du monde catholique les cérémonies ecclésiastiques et les canonisations. Elle approuve les propres de chaque diocèse et accorde parfois de nouveaux offices. Elle a été instituée par la bulle *Immensa Dei* de Sixte-Quint (1587). Elle est composée du cardinal préfet, d'un *monsignor* secrétaire, du sous-secrétaire, des consulteurs et de quelques employés. Elle a aussi des avocats, un promoteur de la foi, un protonotaire apostolique, un assesseur. — **Dér.** *Rituel, ritualisme, ritualiste*.

***RITE** (*x*), *sf*. Charrue sans oreilles ou sans versoir, dans laquelle le soc est remplacé par une lame de fer transversale qui ameublit la terre sans la retourner. — **Dér.** *Riter*.

***RITER** (*rite* 2), *vt*. Labourer avec la rite.

RITOURNELLE (italien *ritornello*, refrain), *sf*. Petit morceau de musique instrumentale qui précède ou suit un chant. — **Fig.** Propos que l'on répète souvent, idée que l'on ressasse.

RITSCHL (1806-1876), philologue allemand, auteur de travaux remarquables sur la grammaire et la métrique de Plaute.

RITTER (1779-1859), célèbre géographe allemand, auteur de la *Géographie dans ses rapports avec la nature et l'histoire de l'homme*.

***RITUALISME** (*rite*), *sm*. Tendance religieuse de l'Église anglicane, ainsi définie par Gladstone : « Disposition à modifier les formes et le cérémonial du culte suivi par la majorité de la nation anglaise, dans le dessein préconçu de les rapprocher des formes et du cérémonial propres à l'Église romaine. »

RITUALISTE (*rituel*), *sm*. Auteur qui écrit sur les rites.

RITUEL (l. *ritualis*, sous-entendu *liber*, livre; livre des rites), *sm*. Livre qui contient les prières, les cérémonies en usage dans l'administration des sacrements, les formules de bénédictions, d'exorcismes, etc., c'est-à-dire toutes les parties du culte catholique, autres que la messe renfermée dans le *missel*. || Formulaire d'une association religieuse antique : les Tables eugubines, déchiffrées par M. Bréal, sont un rituel comprenant des instructions sur les auspices, les sacrifices, un formulaire de prières. Il en est de même du chant des frères arvales, autre texte primitif de la langue romaine.

RIVAGE (bl. *ripaticum* : de *ripa*, rive), *sm*. La terre qui forme le bord de la mer, d'un lac, d'un cours d'eau : *Les rivages de la Méditerranée, de la Seine*. || Poét. *Le noir, le sombre rivage*, les bords du Styx, les abords des Enfers. (Myth.) || *Descendre aux sombres rivages*, mourir. || Pays, contrées : *Parcourir de lointains rivages*.

RIVAL, ALE (l. *rivalem*, riverain), *adj.*

Concurrent, compétiteur : *L'emporter sur son rival.* ‖ Personne comparable à une autre pour le mérite, les talents : *Un rival de Virgile*, un excellent poète. — *Adj. Deux nations rivales.* — **Dér.** *rivaliser, rivalité.*

RIVALISER (*rival*), *vi.* Disputer de talent, de mérite, de puissance, d'importance avec quelqu'un ou quelque chose. ‖ Approcher d'une personne, l'égaler : *Eschine prétendait rivaliser avec Démosthène. La flotte des États-Unis rivalise avec la flotte anglaise.*

RIVALITÉ (l. *rivalitatem*), *sf.* Concurrence, compétition. ‖ Lutte pour la suprématie : *La rivalité des candidats. La rivalité de Rome et de Carthage.*

RIVAROL (ANTOINE, COMTE DE) (1754-1801), spirituel écrivain français qui, au début de la Révolution, soutint le parti de la cour dans un journal intitulé : *Les Actes des Apôtres.* Il est l'auteur d'un *Discours sur la langue française*, introduction d'un vaste dictionnaire qu'il avait projeté; il émigra et mourut à Berlin.

RIVE (l. *ripa*), *sf.* Le bord d'un fleuve, d'une rivière, d'un ruisseau, d'un étang, d'un lac : *La rive droite d'une rivière*, celle qui est à droite d'une personne qui descend le cours de l'eau. — *La rive gauche*, la rive opposée. ‖ *La rive d'un bois*, la lisière d'un bois. ‖ *La rive d'un four*, le bord d'un four. — *Pain de rive*, pain cuit au bord du four, plus doré que le reste de la fournée. ‖ Faces latérales d'un pavé. (Voirie.) — **Dér.** *Rivet* 2, *rivage, rivière, riviérette, riverain* 1, *riverain* 2, *riveraine, riviéreux, riviéreuse, rivoyeur.* — **Comp.** *Arriver, arrivée, arrivage; dériver* 1. — **Syn.** (V. *Bord.*)

RIVE-DE-GIER, 14 383 hab. Ch.-l. de c., arr. de Saint-Étienne (Loire), sur le Gier et le canal de Givors. Mines de houille très importantes. Constructions de machines à vapeur. — Forges, fabrique d'acier, four pour la fabrication du coke, verreries, filatures de laine, moulinage de soie, etc. Ch. de fer de P.-L.-M.

***RIVELAINE** (*x*), *sf.* Marteau des mineurs employé dans les houillères.

***RIVEMENT** (*river*), *sm.* Action de river.

RIVER (danois *rive*, aplatir), *vt.* Rabattre et aplatir la pointe d'un clou, l'extrémité d'une cheville, d'une goupille, etc., qui traverse un objet. — Fig. *River son clou à quelqu'un*, lui répondre vertement et de façon à ce qu'il ne puisse répliquer. — Fig. Fixer solidement : *River les fers, les chaînes de quelqu'un*, le rendre plus dépendant, assurer la durée de son esclavage. — **Dér.** *Rivement, rivet, riveter, rivetier, riveur, rivoire, rivure.* — **Comp.** *Dériveter.*

1. **RIVERAIN** (*rivière*), *sm.* Celui qui habite sur le bord d'une rivière, d'un lac : *Les riverains de la Loire.* ‖ Celui qui a une propriété le long d'une rue, d'un chemin, d'une forêt. ‖ Se dit des échassiers qui vivent d'ordinaire au bord des rivières, des étangs, de la mer.

2. **RIVERAIN, AINE** (*riverain* 1), *adj.* Qui habite ou qui est situé sur le bord d'une rivière, d'un lac, d'une rue, d'une forêt : *Propriétaire riverain. Les terres riveraines d'une forêt.*

RIVERINA. Riche district de la Nouvelle-Galles du Sud en Australie, dit encore *Mésopotamie australienne*, arrosé par le Darling; capitale Deniliquin (4 000 hab.).

RIVESALTES, 6 235 hab. Ch.-l. de c., arr. de Perpignan (Pyrénées-Orientales). Centre du commerce des vins du Roussillon. Ch. de fer du Midi. — *Sm.* Nom d'un cépage à raisin noir dit aussi *grenache.* ‖ Nom d'un vin muscat récolté à Rivesaltes.

RIVES-SUR-FURE, 2 983 hab. Ch.-l. de c., arr. de Saint-Marcellin (Isère). Forges, fonderies, tissus de soie. Ch. de fer de P.-L.-M.

RIVET

1. **RIVET** (*river*), *sm.* Petit boulon pour réunir plusieurs pièces de fer superposées. On l'introduit dans une série de trous percés dans ces pièces et, après l'avoir fait rougir au feu, on en rabat l'extrémité sans tête de manière à former un clou à deux têtes qui ne peut plus sortir et qui en se refroidissant serre encore davantage les pièces de fer les unes contre les autres; la tête aplatie du rivet est dite *goutte de suif.*

2. ***RIVET** (*rive*), *sm.* Bord d'un toit se terminant à un pignon. ‖ Pointe du clou

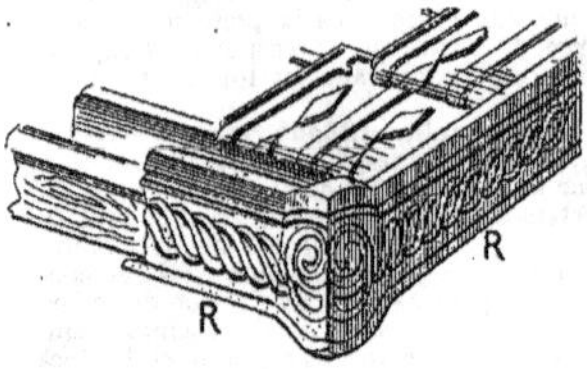

RIVET

rabattue ou *rivée* paraissant sur le sabot après le ferrage; on nomme aussi *rivets* les bords d'un fer à cheval.

RIVET DE LA GRANGE (ANTOINE DOM) (1683-1749), savant bénédictin qui composa les neuf premiers volumes de l'*Histoire littéraire de la France.*

***RIVETER** (*rivet*), *vt.* Fixer avec des rivets.

***RIVETIER** (*river*), *sm.* Outil de cordonnier pour fabriquer des œillets de métal.

***RIVEUR** (*river*), *sm.* Ouvrier chargé d'enfoncer des rivets dans les rails et les coussinets, sur les chemins de fer.

RIVIÈRE (bl. *riparia* : du l. *ripa*, rive), *sf.* Cours d'eau naturel, plus ou moins large et profond, navigable ou non, qui se jette dans un fleuve, dans une autre rivière ou dans un lac : *Cette rivière est guéable en plusieurs endroits.* Les rivières se divisent en rivières navigables et flottables, rivières non navigables ni flottables. Les premières dépendent du domaine public : les rivières *navigables* portent bateaux sur une partie plus ou moins étendue de leur cours et sont considérées comme des chemins. Les rivières *flottables* transportent des radeaux et des trains de bois; si elles ne peuvent charrier que des bûches isolées, elles sont dites *flottables à bûches perdues.* Les rivières navigables font partie de la grande voirie; la police réglementaire en appartient à l'autorité administrative, qui en laisse la police répressive aux conseils de préfecture. Les riverains, soumis aux droits de servitude et de halage, peuvent être contraints par l'État de contribuer aux travaux d'entretien. Les rivières qui ne sont ni navigables ni flottables n'appartiennent ni à l'État, ni aux particuliers; les riverains peuvent donc en user, à condition de contribuer à frais communs aux travaux qui empêchent le débordement ou la perte des eaux. La police, le curage, l'amélioration ressortissent au ministère des travaux publics. — Fig. *Porter de l'eau à la rivière*, porter en un lieu des choses qui s'y trouvent en abondance. — Rendre plus riche une personne qui l'est déjà. ‖ *Les petits ruisseaux font les grandes rivières*, de petites sommes réunies en font une grande. ‖ *La rivière de Gênes*, les côtes de la Méditerranée dans l'ancien État de Gênes. — Fig. *Une rivière de diamants*, collier formé d'une chaîne de chatons dans chacun desquels est enchâssé un diamant. — **Dér.** *Riviérette, riviéreux, riviéreuse.*

RIVIÈRE (HENRI), né en 1824, capitaine de vaisseau, un des écrivains les plus distingués de notre temps, auteur de nombreux romans dont le plus parfait est *Pierrot et Caïn*, d'une *Histoire de la marine au* XVIIIe *siècle*, collaborateur de la *Revue des Deux Mondes*, commandant des troupes expéditionnaires au Tonkin, tué devant Hanoï par les Pavillons-Noirs, en 1883.

***RIVIÉRETTE** (dm. de *rivière*), *sf.* Petit cours d'eau; synonyme de ruisseau.

***RIVIÉREUX, EUSE** (*rivière*), *adj.* Se dit des faucons qui peuvent chasser les oiseaux de rivière.

***RIVOIRE** (*river*), *sf.* Outil tranchant d'acier trempé qui sert à couper et river des pointes et des clous.

RIVOLI. Village d'Italie sur un plateau de la Vénétie qui domine l'Adige, célèbre par la victoire que les Français, commandés par Bonaparte, remportèrent sur les Autrichiens, commandés par Alvinzi, les 14 et 15 janvier 1797, et qui valut à Masséna le titre de duc de Rivoli.

***RIVOYEUR** (*rive*), *sm.* Marinier qui navigue sur les bords d'un fleuve ou de ses affluents.

***RIVULAIRE** (l. *rivulum*, petit ruisseau), *adj. 2 g.* Qui vit, qui croît dans les ruisseaux ou sur leurs bords : *Animal, plantes rivulaires.*

RIVURE (*river*), *sf.* Travail qui consiste à faire un rivet. ‖ Petit rivet. ‖ Broche qui réunit les deux ailes d'une fiche de charnière.

RIXDALE ou **RISDALE** (all. *reichsthaler*, écu de l'empire), *sf.* Monnaie d'argent de plusieurs États du N. de l'Europe : *La rixdale* de Suède valait 5 fr. 75, celle de Danemark 5 fr. 66; mais depuis 1873-1875 les deux royaumes du N. ont pris pour unité la *krona* (couronne); la rixdale de Hollande vaut 5 fr. 25.

RIXE (l. *rixa*), *sf.* Querelle accompagnée d'injures, de menaces et quelquefois de coups : *Rixe de soldats et de bourgeois.* ‖ Discussion orageuse.

RIZ (ital. *riso* : du l. *oriza*), *sm.* ‖ Genre de plantes monocotylédones de la famille des Graminées, dont la seule espèce, le *riz cultivé* (*oryza sativa*), est originaire de la Chine et de l'Asie méridionale, de la Chine au Bengale. Le riz sauvage croît à l'état spontané dans le pays des Circars, sur les bords des lacs; les grains en sont recherchés par les riches indigènes, mais on ne le sème pas parce qu'il produit peu de grains. Dans la cérémonie instituée 2800 av. J.-C. par l'empereur Chin-Nong, en l'honneur de l'agriculture, le riz devait être semé par l'empereur lui-même. De la Chine, la culture passa dans l'Inde au moins vers le temps de l'invasion des Aryas. De là elle gagna la Bactriane, la Babylonie, la Suside et la basse Syrie. Il n'était pas connu des Égyptiens des premières dynasties. Les Garamantes, qui habitaient une oasis située au S. de Carthage, le cultivaient déjà du temps de Strabon. Ce sont les Arabes qui ont introduit le riz en Espagne; et ce n'est qu'en 1468 qu'on le cultiva pour la première fois aux environs de Pise, en Italie. Quant aux cultures de la Louisiane, elles sont récentes. Le riz cultivé (*oryza sativa*) nourrit de ses grains plus de la moitié des habitants de notre planète, et l'emporte par là en utilité sur le froment. Son chaume, cylindrique et glabre, est haut d'un mètre environ; ses feuilles, lancéolées, sont glabres et rudes; son inflorescence consiste en une panicule serrée, dans laquelle des épillets pédicules sont disposés en grappes lâches sur chaque rameau; ces épillets sont uniflores et présentent quatre glumes membraneuses.

RIZ

Les variétés cultivées du riz sont très nombreuses. Le riz se plaît dans les terres humides ou marécageuses; on doit donc le cultiver dans des champs recouverts d'une couche d'eau, où la plante plonge sans être submergée. De là résulte pour les pays de rizières une insalubrité qui influe sur la santé des habitants; mais, en retour, cette culture permet l'utilisation des marécages qui, sans elle, seraient perdus pour le laboureur. En Chine, on transforme la terre à ensemencer en vase; on la retourne avec une charrue attelée d'un buffle; on y sème le grain trempé dans l'eau depuis trente jours; puis, il faut arroser la jeune plante d'eau de chaux, éclaircir la plantation, sarcler les mauvaises herbes, maintenir l'humidité du sol. Enfin, au bout de quatre mois, le riz mûr est coupé à la faucille; on apporte les gerbes dans un moulin, où un système de pilons détache le grain de la glumelle ou balle, qui l'enveloppe. Dans l'Amérique du Nord, la culture du riz s'est surtout développée au XVIIIe siècle, et le riz de la Caroline est considéré comme supérieur. En Italie, les rizières de la vallée du Pô ont nécessité la construction de canaux et de levées que Léonard de Vinci réparait déjà au XVIe siècle. Dans la province de Valence, en Espagne, la récolte du riz se fait dans l'eau; on a essayé récemment de l'acclimater dans la Camargue, et les rizières y couvrent déjà plusieurs centaines d'hectares. Le riz convient aux pays intertropicaux, où la nourriture n'a pas besoin d'être très substantielle; il est riche en fécule, mais presque dépourvu de gluten, c'est-à-dire de matière azotée. La paille de riz, dite *paille d'Italie*, sert à fabriquer des chapeaux de dames. || Le grain même. || *Eau de riz*, tisane rafraîchissante et employée contre la diarrhée, et que l'on prépare en faisant bouillir 20 grammes de riz dans un litre d'eau. || *Poudre de riz*. Le riz, trempé dans l'eau, concassé dans un mortier de bois avec un pilon de marbre, est séché à l'étuve, puis pilé dans un mortier de fer et passé au tamis de soie. Cette poudre est un remède contre certaines inflammations cutanées; elle préserve aussi du hâle; mais, comme elle est peu adhérente, on la mélange alors de bismuth et de lycopode. || *Papier de riz*, papier fabriqué en Chine avec la moelle de l'arbre à pain, ou avec des tiges de jeunes bambous ramollies par leur séjour dans l'eau, broyées ensuite dans un mortier de pierre. — **Dér.** *Rizière*. — **Comp.** *Riz-pain-sel*.

***RIZE** (mot turc), *sm*. Ancienne monnaie de compte turque, valant 15 000 ducats.

RIZIÈRE (*riz*), *sf*. Terrain marécageux, inondable à volonté, où l'on cultive le riz et d'où s'exhalent des miasmes délétères qui causent des fièvres intermittentes et des engorgements abdominaux; la population qui avoisine les rizières et les ouvriers qui y travaillent sont décimés par la mort avant quarante ans. Pour y remédier, on a proposé l'emploi du *riz de montagne*, qui croît sans l'intervention de l'eau en Chine et dans les îles de la Sonde; mais il n'a pas réussi dans la vallée du Pô.

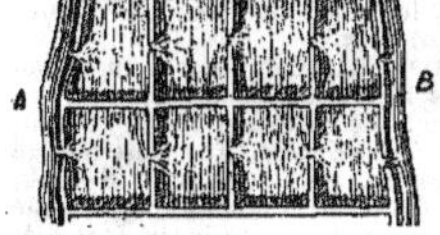

RIZIÈRE

L'EAU ARRIVE PAR LE CANAL *A* ET SORT PAR LE CANAL *B*.

***RIZ-PAIN-SEL** (*riz* + *pain* + *sel*, mots en tête des colonnes d'états de subsistance), *sm*. Sobriquet donné par les soldats aux employés du service des vivres, par les marins aux commis aux vivres.

RIZZIO (DAVID), musicien italien, secrétaire de Marie Stuart, assassiné en 1566, sous les yeux de cette reine, par ordre de Darnley.

ROANNE, 30 402 hab. S.-préf. (Loire), à 448 kilomètres de Paris, où la Loire devient navigable. Plomb, anthracite, vins. || Filature de lin et de coton. || Fabrique d'étoffes. Ch. de fer de P.-L.-M.

ROAST-BEEF [ro-sbif]. (V. *Rosbif*.)

1. **ROB** (ar. *robb*, gelée de fruits), *sm*. Suc d'un fruit quelconque cuit en consistance de miel. — *Rob de sureau*, fait avec les baies du sureau écrasées dans les mains afin de ne pas briser les graines. On concentre le suc au bain-marie. C'est un sudorifique à la dose de 2 à 8 gr. — *Rob de belladone*, on extrait le suc des fruits bien mûrs et on procède comme pour le sureau. — *Rob de Laffecteur*, composé de salsepareille 16 gr., séné, fleurs de bourrache, de rose, muscade, semence d'anis, 1 gr. de chaque, que l'on fait digérer pendant 6 heures dans 8 litres d'eau. On passe; l'on ajoute 16 gr. de sucre et autant de miel, et l'on concentre jusqu'à consistance d'un sirop épais.

2. **ROB** ou **ROBRE** (ang. *rubber* : de *to rub*, frotter), *sm*. L'ensemble de deux parties liées au jeu de whist.

***ROBAGE** (*robe*), *sm*. Opération qui consiste à envelopper le cigare de sa feuille extérieure ou robe.

ROBBIA (LUCA DELLA), sculpteur florentin du XVe siècle, inventeur des bas-reliefs en terre cuite émaillée.

ROBE (*svf*. du vx fr. *rober*, dépouiller, voler : de l'all. *rauben*), *sf*. Long vêtement de dessus des anciens et des Orientaux. || Nom qu'on donne quelquefois à la toge. || Long vêtement à manches que portent les femmes : *Une robe de soie*. || *Robe de chambre*, longue robe que l'on porte chez soi en déshabillé. || Vêtement officiel des juges, des professeurs. || Profession de juge : *Entrer dans la robe*, dans la magistrature. || Le corps des juges : *L'esprit de la robe*. || Autrefois, *Juge de robe courte*, les prévôts, les maréchaux qui jugeaient l'épée au côté. || Avec l'adj. poss., la profession des ecclésiastiques, des religieux : *C'est un prêtre, il faut respecter sa robe*. || *Jésuite de robe courte*, séculier que l'on suppose affilié à la Société de Jésus ou qui en prend la défense. || Le pelage, le plumage de certains animaux considérés quant à la couleur : *Deux chevaux de même robe*. || L'enveloppe de certains légumes, de certains fruits : *La robe d'un oignon, d'un haricot*. — **Dér.** *Robin* 1, *robage, robelage, rober, robeuse*. — **Comp.** *Dérober*.

***ROBELAGE** (*robe*), *sm*. Action de rober.

ROBENHAUSEN, petit hameau de la commune de Wetzikon, canton de Zurich (Suisse). Dans un marais s'étendant de ce hameau au petit lac de Pfæfficon, l'exploitation de la tourbe a fait découvrir une riche station de la pierre polie; on en a exhumé de nombreux instruments en pierre et en os, des débris de poterie, des vases entiers, des ossements faisant connaître les animaux sauvages et domestiques d'alors, des graines, des étoffes, des filets et des fruits carbonisés, des objets en bois conservés dans la tourbe. Cette station a pour caractère particulier les habitations sur pilotis et le polissage plus parfait des instruments en pierre. (V. *Lacustre, Néolithique*.) — **Dér.** *Robenhausien, robenhausienne*.

***ROBENHAUSIEN, IENNE** (*Robenhausen*), *adj*. Nom tiré de la station néolithique de Robenhausen (V. ce mot) et appliqué par M. de Mortillet à toute la période néolithique.

***ROBER** (*robe*), *vt*. Retirer la première écorce et le cœur de la racine de garance.

ROBERT, nom de plusieurs princes et souverains parmi lesquels : ROBERT *le Fort*, duc de Paris en 861, ancêtre des Capétiens, tué en 866 en combattant contre les Normands. — ROBERT Ier, deuxième fils du précédent, roi de France de 922 à 923, tué dans une bataille que lui livra Charles le Simple. — ROBERT II, *le Pieux*, fils de Hugues-Capet, roi de France de 997 à 1031, fut forcé de répudier Berthe et épousa Constance de Toulouse, qui le rendit fort malheureux; il était très charitable et aimait à chanter au lutrin. — ROBERT *le Vieux*, troisième fils de Robert le Pieux, fut le chef de la première branche des ducs de Bourgogne qui s'éteignit en 1361. Mort en 1075. — ROBERT Ier, dit le *Magnifique* ou le *Diable*, duc de Normandie de 1028 à 1035, père de Guillaume le Conquérant; il mourut à Nice au retour d'un pèlerinage à Jérusalem. — ROBERT II, COURTE-HEUSE (*courte cuisse*), fils aîné de Guillaume le Conquérant, duc de Normandie en 1087; il prit part à la première croisade, où il se couvrit de gloire et mourut en 1134, prisonnier de son frère, Henri Ier, roi d'Angleterre. — ROBERT GUISCARD, *l'Avisé*, fils de Tancrède de Hauteville, seigneur normand, conquit le sud de l'Italie sur les empereurs grecs, enleva la Sicile aux Sarrasins, se fit proclamer duc de la Pouille, de Calabre et de Sicile. Mort en 1085. — ROBERT III D'ARTOIS (1287-1342), arrière-petit-fils du précédent, disputa le comté d'Artois à sa tante Mahaut; débouté de sa demande, il se réfugia en Angleterre auprès d'Edouard III et l'engagea à revendiquer la couronne de France. — ROBERT D'ANJOU, dit *le Sage*, petit-fils de Charles d'Anjou, frère de saint Louis, roi de Naples de 1309 à 1343, protecteur de Pétrarque et de Boccace. — ROBERT DE COURTENAY, empereur latin de Constantinople de 1219 à 1228. — ROBERT Ier, BRUCE, qui affranchit l'Ecosse du joug des Anglais, et s'en fit proclamer roi en 1306. Mort en 1329. — ROBERT II, STUART, petit-fils de Robert Ier, roi d'Ecosse de 1370 à 1390, fut l'allié de la France. — ROBERT III, STUART, fils du précédent, roi d'Ecosse de 1390 à 1406.

ROBERT (HUBERT) (1733-1808), peintre d'architecture et de paysage, né à Paris.

ROBERT (LÉOPOLD) (1794-1835), célèbre peintre, né dans le canton de Neufchâtel, élève de Gérard et de David, auteur de scènes de mœurs italiennes; il se donna la mort à Venise.

ROBERT DE LUZARCHES, architecte français du XIIIe siècle, né à Luzarches (Seine-et-Oise) et qui donna, vers 1220, les plans de la cathédrale d'Amiens.

ROBERT DE VAUGONDY (1688-1766), petit-fils du géographe Nicolas Sanson, lui-même géographe de Louis XV et auteur d'un grand atlas universel contenant 108 cartes (1758). — Son fils, Didier (1723-1786), fut géographe de Louis XV et de Stanislas Leczinski, puis censeur royal.

ROBERT-FLEURY (JOSEPH-NICOLAS), né en 1797, peintre, membre de l'Institut, auteur de *Charles-Quint au monastère de Saint-Just*, de la *Judecca de Venise*, etc. — ROBERT-FLEURY (TONY), peintre, fils du précédent, auteur du *Dernier Jour de Corinthe*, de *Pinel, médecin en chef de la Salpêtrière en 1795*, etc.

ROBERT-HOUDIN (1805-1871), prestidigitateur français, fils d'un horloger, dont les automates ont été médaillés aux expositions. Sa réputation est devenue presque européenne, et tous les enfants connaissent le théâtre auquel il a laissé son nom.

ROBERT-MACAIRE. (V. *Macaire*.)

***ROBERT (SAUCE-)** (nom de l'inventeur), *sf*. Sauce piquante où entrent des oignons hachés, du beurre, du vinaigre, de la moutarde.

ROBERTSON (WILLIAM) (1721-1793), historien anglais, d'origine écossaise, auteur d'une *Histoire de l'Écosse sous Marie Stuart et Jacques VI*, d'une *Histoire du règne de Charles-Quint* et d'une *Histoire d'Amérique*.

ROBERVAL (GILLES-PERSON DE) (1602-1675), célèbre géomètre français, professeur au Collège de France, injuste adversaire de Descartes; il a donné son nom à une balance dont on fait aujourd'hui grand usage.

Balance Roberval, balance à deux fléaux, connue depuis longtemps, mais dont l'usage ne s'est répandu que depuis une trentaine d'années environ. Voici le principe sur lequel elle repose. Soit ABEF (fig. 1) un parallélogramme articulé à ses quatre sommets, et placé dans un plan vertical; de plus, supposons que ses côtés AF et BE sont verticaux et mobiles autour de deux points O et O' placés sur une même verticale. La ligne OO' sera donc parallèle aux deux droites AF et BE.

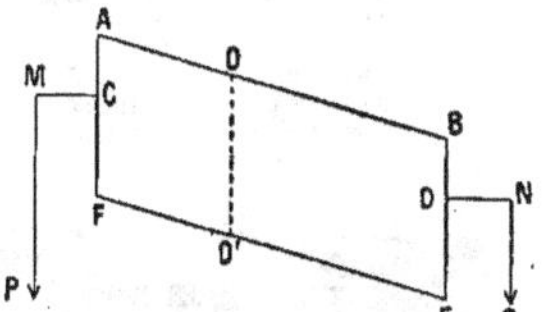

BALANCE ROBERVAL

Fig. 1.

Prenons deux points quelconques, M et N liés invariablement l'un à AF, par une droite horizontale MC et le second à BE, par une droite ND, également horizontale. Si l'on fait mouvoir le parallélogramme tous les points qui composent ce système, y compris les points M et N, s'élèveront ou s'abaisseront d'une même quantité. Il est évident qu'alors les points M et C s'élèveront ou s'abaisseront d'une quantité égale. Par suite, les points M et A parcourront dans le sens vertical des chemins égaux; il en sera de même des points N et B. Cela étant, supposons que l'on applique aux points M et N deux forces P et Q qui se fassent équilibre. On démontre en mécanique que la somme des travaux virtuels de ces forces P et Q est égale à zéro, car les travaux des réactions exercées par les axes aux points O et O' sont nuls aussi; et pour qu'il y ait équilibre la somme totale des travaux des forces appliquées au parallélogramme doit être nulle. Si donc, nous représentons par a et b, les déplacements élémentaires exécutés par M et N, ou, ce qui revient au même, par A et B, on aura :

$$P \times a = Q \times b;$$

d'où
$$\frac{P}{Q} = \frac{b}{a}.$$

Le déplacement étant infiniment petit, les points A et B décriront des arcs semblables qui seront proportionnels à leurs rayons, c'est-à-dire à OA et OB. De plus ces petits arcs étant perpendiculaires à AB font des angles égaux avec la verticale. Par conséquent leur projection sur cette verticale sera proportionnelle aux arcs et par suite aux rayons. On pourra donc écrire la proportion :

$$\frac{b}{a} = \frac{OB}{OA}.$$

La comparaison de cette dernière proportion avec la précédente fournit la suivante :

$$\frac{P}{Q} = \frac{OB}{OA}.$$

Ce qui montre que les forces P et Q agissent de la même manière que si elles étaient appliquées en A et en B, extrémités du levier AB, mobile autour du point O. Les points M et N étant quelconques, la proportion précédente s'applique à n'importe quels points, pourvu qu'ils soient invariablement liés au système.

C'est sur le principe précédent qu'est fondée la construction de la balance de Roberval.

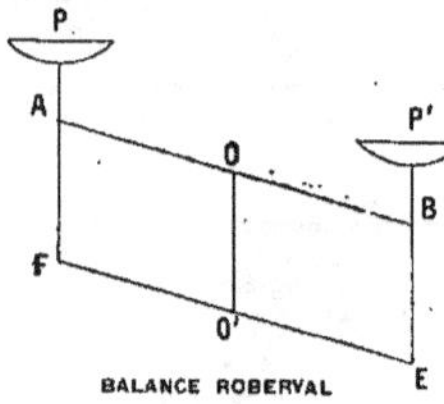

BALANCE ROBERVAL

Fig. 2.

val. Les points O et O' (fig. 2) sont placés au milieu des côtés AB et FE du parallélogramme; de la sorte, pour qu'il y ait équilibre, il faut que les forces P et P' soient égales. De plus, on place les plateaux de la balance sur le prolongement de FA et de EB. Ce genre de balance est avantageux en ce que l'opérateur n'est pas gêné par les chaînes qui, dans les balances ordinaires, soutiennent les pla-

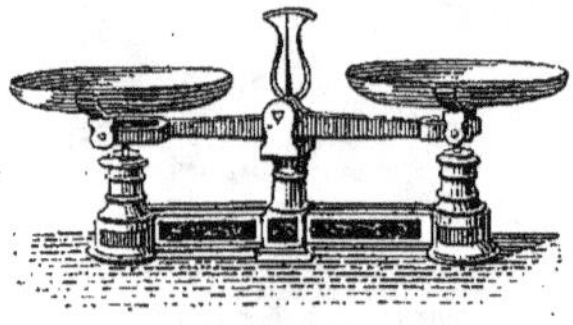

BALANCE ROBERVAL

Fig. 3.

teaux; cependant, elle ne s'est répandue que depuis peu de temps parce que le frottement des articulations la rendait peu sensible. On est parvenu à lui donner cette sensibilité de la manière suivante : Le fléau supérieur est suspendu de la même manière que celui des balances ordinaires; les côtés AF et BE sont suspendus à l'aide de couteaux semblables; ils sont terminés inférieurement par une sorte d'étrier muni d'un couteau tourné vers le haut, tandis que le fléau inférieur EF est terminé à chacune de ses extrémités par deux couteaux dirigés en sens inverses et qui viennent se poser sur le couteau de l'étrier.

ROBESPIERRE (Isidore-Maximilien de) (1759-1794), né à Arras, se fit recevoir avocat et fut député de sa ville natale aux États généraux de 1789, puis député de Paris à la Convention, l'un des chefs de la Montagne; il poussa l'Assemblée à juger ou à condamner Louis XVI. Il contribua puissamment à la chute des Girondins, entra au comité de Salut public, qu'il domina pendant tout le temps de la Terreur; mais il fit condamner à mort les Hébertistes ainsi que Danton; décrété d'accusation le 9 thermidor an II (27 juillet 1794) et mis hors la loi, il fut pris avec ses partisans à l'Hôtel de ville, essaya de se donner la mort et porta le lendemain sa tête sur l'échafaud. En politique, Robespierre était disciple de Rousseau; il est devenu, suivant l'expression de Napoléon, le *bouc émissaire de la Révolution*. — Robespierre (Augustin-Bon-Joseph de), dit *le Jeune* (1764-1794), avocat, frère du précédent, membre de la Convention, remplit diverses missions dans les départements, fut commissaire à l'armée d'Italie, et périt avec son frère sur l'échafaud. — **Dér.** *Robespierrisme, robespierriste.*

***ROBESPIERRISME** (*Robespierre*), *sm.* Doctrine politique de Robespierre.

***ROBESPIERRISTE** (*Robespierre*), *sm.* Conventionnel du parti de Robespierre. ‖ Révolutionnaire qui admet les idées de Robespierre.

***ROBEUSE** (*robe*), *sf.* Ouvrière qui prépare la robe ou feuille extérieure du cigare dans les manufactures de tabac.

1. **ROBIN** (*robe*), *sm.* Terme de mépris qu'on appliquait aux gens de robe ou de loi.

2. **ROBIN** (variante de *Robert*), *spr.* qui entre dans quelques locutions : *Toujours souvient à Robin de ses flûtes*, on revient aisément à ses anciennes habitudes. ‖ *Il fit comme Robin à la danse*, il fit du mieux qu'il put. ‖ Nom de berger dans la poésie bucolique. — *Un plaisant Robin*, un bouffon méprisable. ‖ Surnom du mouton.

ROBIN (Charles) (1821-1885), membre de l'Académie de médecine et de l'Académie des sciences; il a refondu avec Littré le dictionnaire de médecine de Nysten.

ROBIN (Vespasien) (1579-1661), botaniste français, directeur du Jardin des Plantes sous Louis XIII; il introduisit en France le robinier faux acacia. — **Dér.** *Robinier.*

***ROBINE** ou **ROUBINE** (*x*), *sf.* Canal de communication des étangs salés du Languedoc avec la mer, dit encore *grau*.

ROBINET (*Robin, le mouton*, les premiers robinets ayant la forme d'une tête de mouton?), *sm.* Appareil destiné à retenir ou à faire couler à volonté un liquide contenu dans un réservoir, un tuyau; il se compose d'un tuyau fixe appelé *cannelle* et d'une clé, sorte de bouchon percé perpendiculairement à son axe et qui peut tourner dans un trou vertical pratiqué dans la cannelle. ‖ La clef même du robinet. ‖ *Robinet à vis*, dont la clef est remplacée par une soupape manœuvrée par une tige à vis, permettant de régler le débit du liquide à volonté. ‖ *Robinet à repoussoir, — à flotteur, — à rodage, — d'arrêt, — de vidange.* — **Fig.** *Un robinet d'eau tiède*, un homme qui parle avec une grande facilité, mais qui ne dit que des banalités. ‖ *Robinet de Babinet* (du nom de son inventeur, Babinet), nom que porte un robinet dont la clef est percée de trois ouvertures à angle droit, correspondant à trois branches en forme de **T** dont est composée la cannelle. Ce robinet est très employé en physique, pour mettre en communication deux quelconques des trois branches, indépendamment de la troisième, ou les trois branches à la fois, principalement dans les machines pneumatiques. — **Dér.** *Robine, robinetier.*

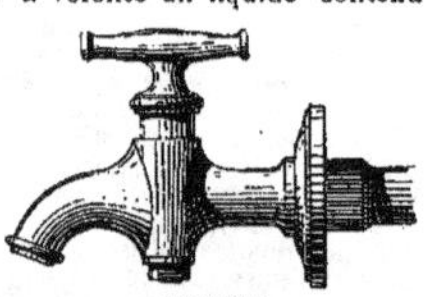

ROBINET

***ROBINETIER** (*robinet*), *sm.* Fabricant de robinets.

ROBIN-HOOD, célèbre chef d'*outlaws* (hors la loi, proscrits), qui vivait sous Richard Cœur de Lion, et s'était réfugié dans la forêt de Sherwood (Nottingham). Il mourut en 1247. Un grand nombre de ballades anglaises célèbrent ses exploits et le roman *Ivanhoe* de Walter Scott a rendu son nom populaire en France.

ROBINIER (dédié à *Vespasien Robin*), *sm.* Le faux acacia, bel arbre de la famille des Légumineuses, appelé vulgairement *acacia* et dont la croissance est très rapide. Il réussit dans les terrains les plus mauvais, s'ils ne sont pas crayeux; il aime mieux les sables secs que le sol humide; il s'élève rapidement jusqu'à 20 ou 25 mètres, avec une circonférence de 2 mètres, à hauteur d'homme. Son bois, d'une belle nuance jaune veinée, est utilisé par les tourneurs, les ébénistes et les menuisiers; les arsenaux de la marine en fabriquent de grosses chevilles dites *gournables*. Dans les jardins d'agrément, son feuillage d'un vert clair s'associe agréablement aux arbres d'un vert plus foncé; mais il ne faut pas trop le multiplier, parce que ses racines traçantes étoufferaient les végétaux avoisinants. Les espèces d'agrément les plus cultivées sont le *robinier en boule*, dit aussi sans épines, le *robinier visqueux*, le *robinier hérissé*. (V. *Acacia*.)

ROBINIER

ROBINSON CRUSOÉ, héros d'un roman de l'Anglais Daniel de Foë, paru en 1719, sous le titre : *The Life and Prising adventures of Robinson Crusoë.* Foë s'est inspiré des aventures du matelot écossais Selkirk, abandonné dans l'île Juan Fernandez, que Saintine a exposées avec sincérité et élégance dans son livre *Seul!* — Comme le héros de ces aventures tient toujours un parasol ouvert, le parapluie est dit parfois *robinson*.

ROBIQUET (1780-1840), chimiste français qui contribua au progrès de la chimie organique.

***ROBLOT** (dm. de *Robert*), *sm.* Nom vulgaire des petits maquereaux.

ROBOAM ou **REHABEAM**, fils et successeur de Salomon, provoqua par sa tyrannie le schisme des dix tribus; régna de 962 à 946 av. J.-C. sur le royaume de Juda formé les tribus de Juda et de Benjamin. En punition de son impiété Jérusalem fut prise par Sésac ou Sheshonq, roi d'Égypte.

ROBORATIF, IVE (l. *roborare*, fortifier), *adj.* Fortifiant; se dit en médecine des composés de fer, de manganèse.

ROBRE. (V. *Rob.*)

ROB-ROY (Robert Mac Gregor Campbell, dit), montagnard et brigand écossais, mort en 1743; héros d'un des romans de Walter Scott.

***ROBURITE** (l. *robur*, chêne, force), *sf.* Substance explosive découverte par le docteur allemand Charles Roth; analogue à la mélinite et à la dynamite, elle aurait été expérimentée en Angleterre en 1887; elle est formée du mélange jaunâtre de deux substances, ne faisant explosion que sous l'influence d'une amorce de fulminate, mais ne donnant ni étincelles, ni flammes; elle n'est pas altérée par l'humidité, et la dessiccation lui rend toute sa puissance. On devrait donc l'employer dans les mines de charbon où se dégage le *grisou*, puisque son usage est sans danger au milieu des gaz et mélanges détonants.

ROBUSTE (l. *robustum* : de *robur*, force), *adj. 2 g.* Fort, vigoureux. ‖ Homme vigoureux : *Santé robuste.* ‖ Se dit des animaux et des plantes. — **Dér.** *Robustement, robustesse, roburite.*

ROBUSTEMENT (*robuste* + sfx. *ment*), *adv.* Fortement, vigoureusement.

***ROBUSTESSE** (*robuste*), *sf.* Qualité de ce qui est robuste. (Néol.)

1. **ROC** (bl. *rupicum* : de *rupes*, roche), *sm.* Masse de pierre très dure qui tient à la terre. — Fig. *Ferme comme un roc*, très ferme. — Fig. *Bâtir sur le roc*, fonder une chose qui durera longtemps. — **Dér.** *Roche, rocher, rocaille, rocailleur, rocailleux, rocailleuse, roccelle, rococo.* — **Comp.** *Dérocher, dérochage, enrocher, enrochement.*

2. **ROC** (pers. *rokh*, chameau monté par des archers), *sm.* Ancien nom de la tour au jeu des échecs. — **Dér.** *Roquer.*

ROCAILLE (*roc* + pfx. péj. *aille*), *sf.* Sol composé de petites pierres. ‖ Ouvrage d'architecture rustique fait de pierres irrégulières, réunies avec du mortier, dans lequel on implante des coquillages, des cailloux, des éclats de marbre de couleur : *Une grotte de rocaille.* ‖ Genre de petits meubles à la mode sous Louis XV et dont l'extérieur imite les constructions en rocaille : *Une pendule de rocaille.* ‖ Grains percés pour les chapelets. — *Adj. Le genre rocaille.* — **Dér.** *Rococo.*

ROCAILLEUR (*rocaille*), *sm.* L'ouvrier spécial qui exécute des ouvrages en rocaille.

ROCAILLEUX, EUSE (*rocaille*), *adj.* Formé de petites pierres, de petits cailloux : *Terrain rocailleux.*

ROCAMBEAU, cercle en fer, avec croc, servant dans une embarcation à maintenir une vergue contre son mât pendant que l'on hisse ou que l'on amène la voile.

ROCAMBOLE (all. *rocken*, seigle + *bollen*, bulbe), *sf.* ou **Echalotte d'Espagne.** Espèce d'ail spontané dans la région méditerranéenne et dont les fleurs sont entremêlées de bulbilles; sa saveur est moins forte que celle de l'ail ordinaire. — Fig. Ce qu'il y a de plus piquant dans une chose. — Grossière plaisanterie.

***ROCCELLE** (dm. de l'ital. *rocca*, rocher), *sf.* Genre de lichens connus dès la plus haute antiquité et employés de tout temps comme matière tinctoriale. Une des espèces de ce genre est l'orseille.

ROCH (saint), né à Montpellier en 1295, distribua à l'âge de vingt ans ses biens aux pauvres et alla en Italie (1315) soigner les pestiférés. Atteint du fléau, il s'enfuit de l'hôpital de Plaisance et se retira dans une solitude où le découvrit le chien du gentilhomme Gothard. Guéri par les soins de cet homme, saint Roch retourna dans sa patrie; il y fut pris pour un espion et jeté dans un cachot, où il mourut (1327). On ne sait quand il a été canonisé. Fête le 16 août. — Fig. *C'est saint Roch et son chien*, se dit de deux personnes qui ne se quittent jamais.

***ROCHAGE** (*roche* 2), *sm.* Action de rocher. ‖ Projection de gouttes d'argent fondu due à un dégagement d'oxygène, avec production de rugosités semblables à des végétations, sur le métal solidifié (or, platine, palladium, argent).

ROCHAMBEAU (COMTE DE) (1725-1807), général français envoyé en 1780 avec six mille hommes au secours des colonies américaines révoltées contre la métropole; avec Washington et La Fayette, il força le général Cornwallis à capituler dans Yorktown (1781). Lors de la paix de Versailles, en 1783, il fut créé maréchal de France, commanda un instant l'armée du Nord en 1791 et fut condamné à mort pendant la Terreur; le 9 thermidor le sauva. — Son fils, JOSEPH (1750-1813), soumit en 1792 les noirs révoltés de Saint-Domingue; chassa les Anglais de la Martinique (1793), fit avec Leclerc l'expédition de Saint-Domingue, succéda à celui-ci comme général en chef, fut obligé de capituler devant les insurgés et se rendit prisonnier des Anglais. Rendu à la liberté en 1811, il périt à la bataille de Leipzig.

ROCHDALE, 70 000 hab. Ville du comté de Lancaster; fabriques de lins et cotonnades.

1. **ROCHE** (bl. *rupea* : de *rupes*, roche), *sf.* Roc peu enfoncé dans la terre et quelquefois isolé. ‖ *Eau de roche*, eau très limpide qui sort d'une roche. — Fig. *Cœur de roche*, cœur dur, insensible. ‖ Ban le plus dur d'une carrière. ‖ En géologie, toute masse minérale, solide ou meuble, faisant partie de l'écorce du globe : *Le granit, le calcaire, l'argile, le sable sont des roches.* ‖ Exhaussement du fond de la mer formant écueil : *Un banc de roche.* ‖ *Roche plutonienne, cristalline ou d'origine ignée*, toute roche formée par le refroidissement des matières minérales fondues qui se trouvent dans l'intérieur du globe. Ex. : Le granit. ‖ *Roche volcanique* ou *éruptive*, qui provient de la solidification des matières vomies par les volcans. Ex. : Trachyte, balsalte, lave. ‖ *Roche neptunienne, aqueuse* ou *sédimentaire*, formée par les particules de matières qui se déposent au fond des eaux. Ex. : La craie. ‖ *Roche métamorphique*, roche sédimentaire qui s'est cristallisée sous l'influence de la chaleur dégagée par une roche plutonienne ou sous celle développée par la pression, le frottement. Ex. : Le marbre. ‖ *Roche schisteuse*, formée d'un assemblage de minces feuillets. Ex. : L'ardoise. ‖ *Roche d'émeraudes, de topazes*, etc., contenant des émeraudes, des topazes, etc. ‖ *Turquoise de la vieille roche*, tirée d'une mine ancienne. — Fig. *Un homme de la vieille roche*, d'une probité, d'une vertu antique. ‖ *Noblesse de vieille roche*, noblesse ancienne. ‖ *Amis de la vieille roche*, amis sûrs, éprouvés. ‖ *Cristal de roche*, le quartz. (V. *Tarpéienne.*) ‖ *Roche à feu*, composition incendiaire comprimée fortement de manière à former une masse compacte, résistante et à combustion assez lente, qui était fort en usage autrefois. — Les géologues nomment *roche* un minéral ou un assemblage de minéraux dont la masse est assez considérable pour composer une partie du globe terrestre. Dans les caractères généraux des roches, on doit considérer la composition, le gisement, le mode de formation, la structure. — **Dér.** *Rocher* 1, *rocheux, rocheuse.*

2. **ROCHE** (ar. *Rakka*, la ville d'Edesse), *sf.* Borax impur. ‖ *Alun de roche*, alun en masse transparente, dit aussi *alun de Syrie.* — **Dér.** *Rochage, rocher* 2, *rochoir.*

ROCHE-BERNARD (LA), 1 317 hab. Ch.-l. de c., arr. de Vannes (Morbihan). Ardoisières.

ROCHECHOUART, 4 327 hab. S.-préf. Haute-Vienne, à 435 kilomètres de Paris. Ch. de fer d'Orléans.

ROCHE-DERRIEN (LA), 4 126 hab. Ch.-l. de c., arr. de Lannion (Côtes-du-Nord). Ardoisières, tanneries.

ROCHEFORT, 506 hab. Ch.-l., de c., arr. de Dôle (Jura). Ch. de fer de P.-L.-M.

ROCHEFORT-EN-TERRE, 637 hab. Ch.-l. de c., arr. de Vannes (Morbihan). Ardoisières; monuments mégalithiques.

ROCHEFORT-MONTAGNE, 1 531 hab. Ch.-l. de c., arr. de Clermont (Puy-de-Dôme).

ROCHEFORT-SUR-LOIRE, 2 100 hab., village du canton de Chalonnes-sur-Loire. Houille, vins blancs renommés.

ROCHEFORT-SUR-MER, 31 256 hab. S.-préf. (Charente-Inférieure), préf. maritime (IVe arrondissement), port militaire et marchand; arsenal, hôpital de la marine l'un des plus beau de l'Europe. Écoles d'hydrographie et de médecine navale. — Musée maritime, muséum d'histoire naturelle, jardin botanique. Commerce de poisson salé, vins, eaux-de-vie, etc., distilleries, vinaigreries, fabriques de chronomètres. Ch. de fer de l'État.

ROCHEFOUCAULD. V. *La Rochefoucauld.*

ROCHEJAQUELEIN. V. *La Rochejaquelein.*

ROCHELLE (LA), 28 329 hab. Préf. (Charente-Inférieure), à 467 kilom. de Paris; archevêché, église consistoriale calviniste; port sur l'Océan en face de l'île de Ré; ch. de fer de l'Etat. Lycée, école d'hydrographie et de navigation. — Musée et arsenal d'artillerie. — Pêche de la morue. Préparation des sardines à l'huile. Constructions et armements maritimes. Grand commerce d'eaux-de-vie, sel, poisson, huîtres, céréales, bois de construction, magnifique établissement de bains de mer. Ancienne place d'armes des calvinistes, prise par le cardinal de Richelieu en 1628 après 13 mois de siège. Quatre grandes tours s'élèvent dans le voisinage du port; l'une, celle de la Lanterne, portait jadis le « Gros Cierge ou massif flambeau » qui guidait les navires durant la tempête; deux autres tours dites de la Chaine, à l'entrée du port d'échouage, soutenaient la chaine qui barrait le passage aux vaisseaux. On a creusé à La Pallice, en face de la pointe de Sablonceaux, un port plus vaste, plus abordable et mieux abrité que celui de la Rochelle. ‖ *Conspiration des quatre sergents de la Rochelle*, complot libéral qui éclata dans l'armée en 1822 et qui avait, parmi ses chefs, 4 sergents du 45e de ligne : Raoulx, Bories, Goubin et Pomiers, qui furent exécutés à Paris.

LA ROCHELLE

ROCHEMAURE, 1 125 hab. Ch.-l. de c., arr. de Privas (Ardèche), sur le Rhône. Aux environs, ancien volcan du Chenavari et la Chaussée-des-Géants, colonnade de prismes basaltiques. Ch. de fer de P.-L.-M.

1. **ROCHER** (*roche* 1), *sm.* Roc très élevé, très escarpé et terminé en pointe. — Fig. *Un rocher, un cœur, une âme de rocher*, une personne dure, insensible. — *Parler aux rochers*, à des gens qui sont indifférents à ce qu'on leur dit. ‖ *Parler à faire fendre les rochers*, avec une éloquence émouvante. ‖ Petit îlot dans la mer. ‖ Portion très dure de l'os temporal dans laquelle est creusée l'oreille. ‖ Genre de gastéropodes pectinibranches de la famille des Canalifères, analogues aux *murex*. Le corps est ovale, en-

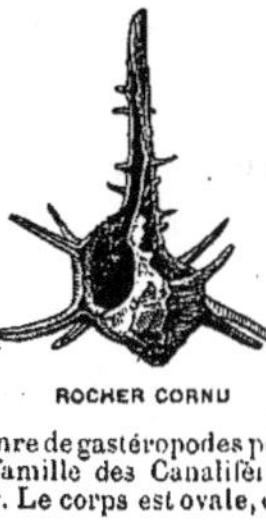

ROCHER CORNU

veloppé dans un manteau dont le bord droit est garni de lobes de forme variable; son pied est ovale, assez court; les yeux sont situés à la base externe des tentacules, qui sont longs, coniques, contractiles et rapprochés; la bouche est pourvue d'une longue trompe extensible, armée de petites dents. Certaines espèces de ce genre se rencontrent dans la Méditerranée, tandis que d'autres habitent la mer des Indes.

2. ***ROCHER** (*roche* 2), *vt.* Environner de borax les parties qu'on veut souder. — *Vi.* Être projeté par suite d'un dégagement d'oxygène, en parlant de l'argent fondu. ‖ Mousser, en parlant de la bière. — *Sm.* Mousse qui s'étend sur la bière quand elle commence à fermenter.

ROCHERS (LES), ancien château de Mme de Sévigné, à 6 kilom. S.-E. de Vitré (Ille-et-Vilaine).

ROCHESERVIÈRE, 2129 hab. Ch.-l. de c., arr. de La Roche-sur-Yon (Vendée).

1. **ROCHESTER**, 22000 hab. (Angleterre), port du comté de Kent, près de l'embouchure de la Medway.

2. **ROCHESTER**, 103000 hab., ville de l'État de New-York (États-Unis), au S. du lac Ontario.

ROCHE-SUR-FORON (LA), 3355 hab. Ch.-l. de c., arr. de Bonneville (Haute-Savoie).

ROCHE-SUR-YON (LA), 11773 hab. Préf. (Vendée), à 493 kilom. de Paris, ville appelée Napoléon-Vendée sous l'Empire et Bourbon-Vendée sous la Restauration et Louis-Philippe.

1. **ROCHET** (dm. du VHA. *hroch*, robe), *sm.* Surplis à manches étroites, garni de riches dentelles, porté par les évêques, les abbés des monastères et certains chanoines.

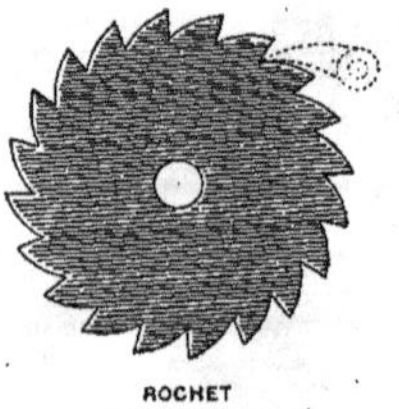

ROCHET
ROUE A ROCHET

2. **ROCHET** (VHA. *rocco*, fuseau), *sf.* Bobine pour dévider la soie, etc. ‖ *Roue à rochet*, roue à dents inclinées, dans lesquelles s'engage un cliquet, pour ne permettre le mouvement que dans un sens.

ROCHETTE (LA), 2493 hab. Ch.-l. de c., arr. de Chambéry (Savoie). Mines d'argent, de plomb, de fer; usines métallurgiques.

ROCHEUX, EUSE (*roche* 1), *adj.* Couvert de rochers. — *Monts Rocheux* ou *Montagnes Rocheuses*, grande chaîne de montagnes qui traverse du N.-O. au S.-O. la partie O. de la Nouvelle-Bretagne et des États-Unis, et sépare le versant de l'Atlantique de celui du Pacifique.

1.***ROCHIER** (all. *rauh*, rude), *sm.* Espèce de roussette qu'on trouve dans les mers d'Europe. C'est un poisson cartilagineux, dont la peau, couverte d'aspérités, sert à polir.

2.***ROCHIER** (*x*), *sm.* Émerillon ayant dépassé l'âge de quatre ans.

***ROCHOIR** (*roche* 2), *sm.* Petite boîte de métal contenant le sel à souder dont usent les ouvriers en métaux.

ROCK (ar. *rokh*), *sm.* Oiseau fabuleux de la taille d'un cheval, dont parlent les *Mille et une Nuits.* C'est peut-être un souvenir de l'*épiornis.* (V. ce mot.)

ROCOCO (mot de la même racine que *rocaille*), *adj. inv.* et *sm.* Genre d'architecture et d'ameublement du XVIIIe siècle, caractérisé par des lignes recourbées, la profusion des ornements et l'emploi de la rocaille. ‖ *Genre, style rococo.* — Fig. Tout ce qui est passé de mode et de mauvais goût: *Tomber dans le rococo.*

ROCOU (galibi *rucu*, rouge), *sm.* Matière colorante d'un rouge orangé, ayant l'apparence d'une pâte grasse et onctueuse et préparée avec la pulpe du *rocouyer.* La solution dans l'eau est rouge brunâtre, les solutions dans l'alcool, dans l'éther ou dans les alcalis sont jaune orangé. Le rocou sert à teindre le lin, le coton, la soie; il entre dans la composition de certaines couleurs à l'eau ou à l'huile; on l'emploie pour colorer certains vernis, ainsi que des emplâtres et des onguents, le cirage, les huiles, les graisses, le beurre, le fromage. Il porte encore les noms de *urucu, onoto, achote* (Colombie), *arnotto* (Orléans), d'où le nom de *terra Orleana*). — **Dér.** *Rocouer, rocouyer.*

ROCOUER (*rocou*), *vt.* Teindre en rouge orange avec du rocou.

ROCOUYER (*rocou*), *sm.* Arbre de la famille du tilleul, exploité dans l'Amérique du Sud, au Mexique, dans la Guyane française et dans les îles des Indes orientales pour la préparation du rocou. Le fruit est une capsule dont l'extérieur, membraneux et celluleux, est gorgé de granulations jaunes ou rougeâtres, constituant la substance tinctoriale du *rocouyer.* L'arbre, originaire de la Guyane et de l'Amérique du Sud, atteint 2 mètres dans les serres; dans son pays natal, il est deux ou trois fois aussi grand, élégant, touffu au sommet. Ses feuilles sont cordiformes, à sommet acuminé, penninervés. Ses fleurs sont d'une belle couleur rosée. Pour obtenir la matière colorante, on écrase les granulations déjà citées et on les délaye dans l'eau chaude; quand elles ont fermenté sur leur marc, on en fait une pâte solide débitée en pains de 1 à 2 kilogrammes. Une tribu de la Guyane qui se barbouille de teinture de roucou est dite *roucouyenne.*

ROCOUYER
(Fleur).

ROCOUYER
(Fruit).

ROCROI, 3172 hab. S.-préf. (Ardennes), à 264 kilom. de Paris, place de guerre. Célèbre victoire du duc d'Enghien (grand Condé) sur les Espagnols commandés par le comte de Fuentès (19 mai 1643).

***ROD** (mot angl.), *sm.* Mesure agraire anglaise, valant environ 25 mètres carrés.

RODAGE, action de roder. Mot employé pour désigner les robinets ordinaires, composés d'une cannelle et d'une clef tronconique, et les distinguer des robinets perfectionnés: *Robinet à rodage.*

RODE (Jacques-Pierre-Joseph) (1774-1830), violoniste célèbre et compositeur de talent. Ses concertos sont aujourd'hui classiques. Rode fut professeur au Conservatoire de Paris lors de la création de cet établissement.

1. **RÔDER** (l. *rotare*, tourner: de *rota*, roue), *vi.* Aller çà et là sans nécessité ou dans l'intention d'épier, de prendre: *Le renard rôde autour des basses-cours.* — Un bâtiment rôde sur son ancre, lorsque, étant mouillé, et retenu d'un seul côté, il porte sa proue tantôt à tribord, tantôt à bâbord. — **Dér.** *Rôdeur.*

2. ***RODER** (l. *rodere*, ronger), *vt.* User à l'émeri deux pièces de métal, ou de cristal, pour qu'elles s'emboîtent exactement. ‖ User le goulot intérieur d'un flacon et son bouchon de verre extérieur pour qu'ils s'adaptent exactement.

RODER (Vicenzo), verrier de la fabrique de Murano, qui, au XVIe siècle, imagina les premiers miroirs de Venise.

RODERIC ou **RODRIGUE**, dernier roi des Wisigoths d'Espagne, tué, lors de l'invasion des Arabes, à la bataille de Xérès de la Frontera, en 711.

RÔDEUR (*rôder* 1), *sm.* Celui qui rôde.

RODEZ ou **RHODEZ**, 15375 hab. Préf. (Aveyron), évêché, à 607 kilom. de Paris, sur une colline dominant l'Aveyron; belle cathédrale du XIIIe au XVIe siècle. Ch. de fer d'Orl.

RODNEY (1717-1792), amiral anglais, souvent vainqueur des escadres françaises aux Antilles durant la guerre de l'indépendance américaine.

RODOGUNE, fille de Mithridate, roi des Parthes, qui épousa, en 141 av. J.-C., Démétrius Nicator, roi de Syrie et fut en lutte avec Cléopâtre, première femme de ce prince. Elle est l'héroïne d'une tragédie de Corneille, à laquelle elle donne son nom.

***RODOIR** (*roder* 2), *sm.* Instrument pour roder, usité dans la cristallerie.

RODOLPHE Ier DE HABSBOURG, empereur d'Allemagne de 1273 à 1291, fondateur de la maison d'Autriche. — Rodolphe II, fils de Maximilien II et de Marie d'Autriche, fille de Charles-Quint, empereur d'Allemagne de 1576 à 1611; il ne s'occupa que de physique, d'alchimie et d'astronomie, attira Tycho-Brahé à sa cour, fut battu par les Turcs en Hongrie, laissa son frère Mathias s'emparer de la Hongrie, de l'Autriche et de la Moravie et sévit contre les protestants.

RODOMONT (ital. *Rodomonte*, qui roule les montagnes, personnage de l'Arioste), *sm.* Fanfaron qui se vante d'actes de bravoure pour se faire valoir ou se faire craindre. — **Dér.** *Rodomontade.*

RODOMONTADE (*rodomont*), *sf.* Vanterie, fanfaronnade.

RODOSTO, 23000 hab., port sur la mer de Marmara, à peu de distance de Constantinople.

RODRIGUE DE BIVAR. V. *Cid* (*le*).

RŒDERER (comte de) (1754-1835), économiste français, qui protégea Louis XVI au 10 août; seconda Bonaparte au 18 Brumaire, jouit de la faveur impériale, et fut créé pair de France en 1832.

RŒMER (Olaüs) (1644-1710), astronome danois, qui mesura le premier la vitesse de la lumière.

RŒSKILDE, 5000 hab., ancienne capitale du Danemark sur un fiord de l'île de Seeland.

ROETTIERS (Jacques) (1707-1784), orfèvre et graveur en médailles; la vaisselle qu'il exécuta pour la Dauphine, bru de Louis XV, le grand surtout de table, qu'il fournit en 1749 à l'électeur de Cologne, établirent son renom.

ROGATION (l. *rogationem*, demande), *sf.* Projet de loi qu'on présentait à l'adoption du peuple romain. — *Sfpl.* Processions et prières publiques que fait l'Église pour les biens de la terre, pendant les trois jours d'abstinence qui précèdent l'Ascension. — **Dér.** *Rogatoire.*

ROGATOIRE (l. *rogare*, demander), *adj.* 2 *g.* *Commission rogatoire*, commission qu'un juge adresse à un juge d'un autre ressort, pour que celui-ci fasse une enquête ou quelque acte de procédure.

ROGATON (l. *rogatum*, demande), *sm.* Supplique, placet. ‖ Petit ouvrage littéraire de rebut. ‖ Bruit courant. ‖ Friandise. ‖ Reste de viande. ‖ Mets qu'on a déjà servi.

ROGER (Gustave-Hippolyte) (1815-1879), artiste lyrique remarquable. A l'Opéra-Comique, il créa la *Sirène*, la *Part du Diable*, *Haydée*, etc., et à l'Opéra, le *Prophète*, l'*Enfant prodigue*, le *Juif errant*, etc. Un accident de chasse l'ayant privé du bras droit, il se consacra à l'enseignement et fut nommé professeur au Conservatoire en 1868.

ROGER Ier (1031-1101), douzième fils de Tancrède de Hauteville, qui aida son frère Guiscard à conquérir la Calabre, enleva aux Sarrasins la Sicile dont il devint comte (1061). — Roger II (1093-1154), premier roi normand des Deux-Siciles, sous le règne duquel le mûrier et la canne à sucre furent introduits en Sicile.

ROGER-BONTEMPS (membre d'une famille du Vivarais), *sm.* Personne de belle humeur qui aime la bonne chère et vit sans souci.

ROGLIANO, 1542 hab. Ch.-l. de c., arr. de Bastia (Corse).

ROGNAGE (*rogner*), *sm.* Action de rogner.

ROGNE (vx fr. *roigne*: du l. *robiginem*, croûte, rouille), *sf.* Gale invétérée. — **Dér.** *Rogneux, rogneuse.*

ROGNE-PIED (*rogner* + *pied*), *sm.* Instrument dont se servent les maréchaux pour couper la corne qui déborde le fer d'un cheval ou pour enlever les parties de corne qu'ils ont fait éclater en enfonçant des clous. — Pl. *des rogne-pied.*

ROGNER (vx fr. *roogner*, couper les cheveux en rond : du vx fr. *roond*, rond), *vt.* Retrancher quelque chose sur la longueur ou le pourtour d'un objet : *Rogner un bâton, les feuillets d'un livre.* — Fig. *Rogner les ongles à quelqu'un,* diminuer ses profits, son pouvoir. — Fig. *Rogner les ailes de quelqu'un,* l'empêcher d'agir, d'obtenir une position plus élevée. — Fig. Ôter à une personne une partie de ce qui lui appartient : *Rogner les droits, le traitement de quelqu'un.* — **Dér.** *Rognage, rogneur, rogneuse, rognure, rognonner.* — **Comp.** *Rogne-pied.*

ROGNEUR, EUSE (*rogner*), *s.* Celui, celle qui rogne, surtout les pièces de monnaie.

ROGNEUX, EUSE (*rogne*), *adj.* Qui a la rogne : *Un âne rogneux.*

ROGNON (bl. *renionem* : de *ren*, rein), *sm.* Le rein d'un animal : *Un rognon de veau.* || Petits amas de matières minérales qu'on trouve au milieu de couches de nature différente, ainsi nommés lorsqu'ils sont solides, d'une forme plus ou moins arrondie et comme étranglée en divers points. Ainsi l'on trouve des rognons de silex dans le calcaire des falaises de Normandie.

ROGNONNER (fréquentatif de *rogner*), *vi.* Gronder, grommeler entre ses dents.

ROGNURE (*rogner*), *sf.* Ce qu'on enlève quand on rogne quelque chose : *Rognure d'ongle.* — Fig. et Pl. Matériaux qu'on avait préparés pour un grand ouvrage littéraire et qu'on n'a pas employés.

ROGOMME (*x*), *sm.* Eau-de-vie ou autre liqueur forte. || *Voix de rogomme,* voix enrouée, propre aux buveurs.

1. **ROGUE** (bas bret. *rok* ou *rog*, fier), *adj.* 2 *g.* Arrogant et rude.

2. **ROGUE** (all. *rogen*), *sf.* Frai de poisson. || Œufs de poisson salé, surtout de morue, dont on use comme d'un appât pour pêcher les sardines. — **Dér.** *Rogué, roguée.*

***ROGUÉ, ÉE** (*rogue* 2), *adj.* Se dit d'un poisson qui contient des œufs.

ROHAN, 555 hab. Ch.-l. de c., arr. de Ploërmel (Morbihan).

ROHAN, ancienne et illustre famille de France qui tirait son nom du vicomté de Rohan (Morbihan), descendait des ducs de Bretagne et se subdivisa en branches de *Guéménée*, de *Montbazon*, de *Soubise*, de *Gié*, de *Chabot* et à laquelle appartiennent : HENRI DUC DE ROHAN (1579-1638), fut sous Louis XIII le chef du parti protestant, dont il soutint plusieurs fois les intérêts par les armes. Il se réfugia à Venise, fut ensuite ambassadeur en Suisse, dirigea une expédition malheureuse dans la Valteline, et fut blessé mortellement à Rheinfelden auprès de Bernard de Saxe-Weimar. — LOUIS, CHEVALIER DE ROHAN (1635-1674), fameux par ses aventures scandaleuses, décapité à Paris pour avoir tenté de livrer Quillebeuf aux Hollandais. — ARMAND GASTON DE ROHAN (1674-1749), cardinal et évêque de Strasbourg, membre du conseil de régence sous Louis XV. — Le prince LOUIS DE ROHAN (1734-1803), cardinal, évêque de Strasbourg et grand aumônier de France, subit, sous Louis XVI, une éclatante disgrâce pour s'être laissé duper par la comtesse de Valois dans l'affaire du collier. — ROHAN CHABOT (DUC DE) et PRINCE DE LÉON (1788-1833), émigra dès son enfance, fut successivement chambellan de Napoléon Ier, officier des mousquetaires sous Louis XVIII, archevêque d'Auch, puis de Besançon, et enfin cardinal.

***ROHART** (nordique *hrossvalr*, cheval-baleine), *sm.* Ivoire du morse et de l'hippopotame.

ROHAULT (JACQUES) (1620-1675), physicien français, auteur d'un traité de physique qui fut longtemps classique, ami de Molière.

ROHRBACH, ou **RORBACH,** 960 hab., anc. canton de Sarreguemines (Moselle), aujourd'hui à l'Allemagne.

ROHRBACHER (L'ABBÉ) (1789-1856), historien ecclésiastique français, auteur d'une grande *Histoire universelle de l'Église catholique.*

ROI (l. *regem*), *sm.* Titre du chef d'un grand nombre d'États. || *Roi absolu,* qui ne relève que de Dieu. || *Roi constitutionnel,* dont les ministres sont responsables, et qui a accordé une charte à ses sujets. || *Le roi du ciel, le roi des rois,* Dieu. || *Le Grand Roi,* le souverain de la Perse ancienne ou Louis XIV. || *Roi des Romains,* le successeur désigné d'un empereur d'Allemagne. || *Le roi très chrétien,* le roi de France. || *Le roi catholique,* le roi d'Espagne. || *Le roi très fidèle,* le roi de Portugal. || *Vivre en roi,* somptueusement. || *Un morceau de roi,* un mets délicieux. || *Un plaisir du roi,* très vif. || *Servir le roi,* être soldat. — Fig. *La maison du roi,* les officiers attachés à son service. || *La maison militaire du roi,* les troupes préposées à la garde de sa personne et de sa demeure. || *La bouche de roi,* les officiers qui apprêtaient son manger ; on les appelait encore *cuisine-bouche.* || *L'ordre du roi,* l'ordre de chevalerie de Saint-Michel. || *Les ordres du roi,* ceux de Saint-Michel et du Saint-Esprit. || *Le livre des Rois,* les quatre livres de l'Ancien Testament qui contiennent la liste des souverains juifs depuis Samuel jusqu'à la 45e année de la captivité de Babylone. || *Le roi du festin,* chez les anciens, convive désigné par le sort pour présider un festin. || *La fête des Rois,* l'Épiphanie, où les rois mages vinrent saluer le Christ au berceau. || *Faire les Rois,* dîner, souper en famille ou avec des amis, la veille de l'Épiphanie, pour partager un gâteau dit *gâteau des Rois,* dans lequel il y a une fève. — *Roi de la fève,* celui à qui échoit la part de ce gâteau qui contient la fève. || *Roi d'armes,* autrefois le chef des hérauts d'armes portant le nom de *Montjoie.* || *Roi du bal,* celui qui donne un bal ou pour qui on le donne. || Autrefois chef de certaines corporations : *Le roi de la basoche,* celui qui présidait la juridiction des clercs de la basoche. — *Le roi de l'oiseau,* celui des tireurs d'arbalète, ou d'arc, qui abat l'oiseau. — *Le roi des arbalétriers, des archers, des barbiers, de l'épinette* (fête célébrée à Lille le mardi gras), *des marchands* (prévôt des marchands à Paris et à Lyon), *des ménétriers, des merciers, des violons.* De là la fréquence des noms *Roi* et *Leroi.* || L'animal regardé comme le plus noble de tous : *Le roi des animaux,* le lion. — *Le roi des oiseaux,* l'aigle. || *Le roi de la création,* l'homme. || La principale figure de chaque couleur aux jeux de cartes : *Le roi de carreau ; le roi de bâtons.* || La principale pièce du jeu des échecs. — **Dér.** *Roitelet, royal, royale, royalement, royale, royaume, royauté, royaliser, royalisme, royaliste.*

ROIDE, ROIDEUR, ROIDILLON, ROIDIR. (V. *Raide, Raideur, Raidillon, Raidir.*)

ROISEL, 1 722 hab. Ch.-l. de c., arr. de Péronne (Somme). Ch. de fer du N.

ROITELET (dim. du vx fr. *roietel*, dér. du vx fr. *roiet*, dm. de *roi*), *sm.* Roi d'un très petit État. || Le plus petit oiseau de l'Europe, de la famille des becs-fins et de l'ordre des passereaux, caractérisé par un bec court, grêle, droit ; des narines placées à la base du bec et recouvertes par deux petites plumes raides et dirigées en avant. Les tarses sont nus et grêles. Les roitelets ont le dessus du corps d'un vert olive ; les ailes sont noires avec des taches blanches et jaunes. Le dessus de la tête est jaune orangé et le dessous de la gorge est gris clair, tandis que le ventre est d'un bleu d'ardoise. Les roitelets vivent par couple ; mais ils se réunissent le plus souvent par bandes et chassent de conserve avec les mésanges et les sitelles. Ils habitent de préférence la lisière des bois et se perchent volontiers sur les grands arbres, tels que ormes, chênes, pins, sapins, etc., mais ils ne dédaignent pas les arbustes, et ou les voit se reposer aussi sur les genévriers, les taillis de chênes verts, etc. Ils se nourrissent d'insectes qu'ils attrapent au vol ou qu'ils picorent sur les branches des arbres. Leur nid est rond et composé de fine mousse, de cocons de chenille et du duvet des chardons. Ils le placent généralement à l'extrémité d'une branche ; mais c'est surtout sur les arbres verts qu'on les trouve de préférence. La femelle y dépose 6 ou 8 œufs d'un rose pâle et de la grosseur d'un pois. Les roitelets sont vifs et toujours en mouvement. Ils ne redoutent point la présence de l'homme et celui-ci peut les approcher de très près, puisque la meilleure manière de leur faire la chasse est de les prendre au moyen d'une baguette longue de 1 mètre et demi environ et au bout de laquelle on a mis de la glu. La chair de ces petits oiseaux est très délicate ; et malgré leur exiguïté on en prend une très grande quantité aux environs de Nuremberg qui sont vendus à la ville voisine. Néanmoins, on les recherche plutôt à cause de leur gentillesse et de leur chant, qui est aussi harmonieux, quoique plus faible, que celui du serin des Canaries. L'Europe nourrit deux espèces de roitelets, ce sont : 1° Le *roitelet ordinaire*, qui habite toute l'Europe ainsi que l'Asie ; on le rencontre en France, surtout en hiver. Il a sur la tête une tache jaune en avant et orangé en arrière qu'entoure une bande noire. 2° Le *roitelet triple bandeau*, qui vit également dans toute l'Europe, en Algérie et dans l'Amérique du Nord. Il a sur les côtés de la tête, autour des yeux, trois bandes noires entourant des bandes jaunes. Le dessus de la tête est orangé. En général, les couleurs de son plumage sont plus éclatantes que celles de l'espèce précédente. || Le troglodyte, semblable au roitelet, confondu avec lui, habite durant l'été les bois ; en hiver, il se rapproche des maisons et fait entendre son léger chant, quand la neige et le givre couvrent la terre. Il niche dans les buissons et sous les toits de chaume.

ROITELET

***RÔLAGE** (*rôle*), *sm.* Action de mettre le tabac en rôles dans les manufactures.

ROLAND, paladin dont les poètes ont fait un neveu de Charlemagne, d'une taille et d'une force extraordinaire et qui aurait été tué en 778 à Roncevaux, en ramenant d'Espagne l'arrière-garde de l'armée. || *La Chanson de Roland*, poème héroïque en vers français de dix syllabes, qui célèbre les exploits et la mort de Roland, et aurait été composé au XIe siècle. Le texte le plus ancien de cette chanson a été découvert et transcrit par M. Francisque Michel, dans un manuscrit du XIIe siècle, conservé à Oxford. La *Chanson de Roland*, la plus intéressante de nos chansons de geste, rentre dans la *matière* (sujet) de France et dans le *cycle* carolingien ; M. G. Pâris a pu dire d'elle que c'était « une sorte d'Iliade, dont la forme est moins parfaite que celle d'Homère, mais dont la pensée est plus haute ». Elle a pour sujet le retour de Charlemagne de son expédition d'Espagne et la défaite de l'arrière-garde de son armée, commandée par son neveu Roland, dans le col de Roncevaux. La voici résumée à grands traits : Départ de Ganelon, envoyé à Saragosse, pour traiter avec le roi Marsile ; conseil de ce souverain maure ; délibération des pairs de Charlemagne ; trahison de Ganelon ; bataille ; Roland sonne de l'oliphant ; l'archevêque Turpin bénit les compagnons du héros qui vont mourir et meurt à son tour ; Olivier et Roland, jadis si terribles adversaires, rivalisent d'amitié et de prouesses ; des anges assistent à leurs derniers instants ; le ciel s'obscurcit ; la terre tremble ; « c'est le grand deuil pour la mort de Roland » ; Charlemagne regrette son neveu et revient à Aix-la-Chapelle ; là, se place un épisode digne de Virgile : ce sont les derniers instants de la belle Aude, qui meurt à la seule pensée d'épouser un autre homme que Roland ; enfin Ganelon est supplicié.

ROLAND DE LA PLATIÈRE (JEAN-MARIE) (1732-1793), économiste et homme politique français chez qui se réunissaient, souvent les Girondins ; deux fois ministre de l'intérieur dans le ministère girondin, il donna sa démission après la mort de Louis XVI ; fut décrété d'accusation avec les autres Girondins, alla se cacher à Rouen et se donna la mort en apprenant l'exécution de sa femme. — JEANNE-PHLIPPON, DAME ROLAND (1754-1793), femme du précédent dont elle fut l'inspiratrice ; amante enthousiaste des républiques antiques et habile écrivain, elle fut arrêtée après le 31 mai 1793, condamnée à mort par le tribunal révolutionnaire et monta sur l'échafaud avec un grand courage, le 9 novembre 1793.

RÔLE (l. *rotulum*, rouleau), *sm.* Autrefois une ou plusieurs feuilles de papier, de parchemin, collées bout à bout et sur lesquelles on écrivait des actes, des titres. || Aujourd'hui, en termes de pratique, un feuillet ou deux pages d'écriture : *Ce clerc fait des rôles.* || Liste, catalogue : *Le rôle des contributions.* || *Rôle d'équipage,* liste des hommes employés à bord d'un navire; elle est dressée par le commissaire de l'inscription maritime pour les navires du commerce et fait foi de l'engagement du capitaine et des gens de l'équipage. || En Angleterre, *rôles du parlement,* registres manuscrits de cette assemblée. || Liste des contribuables. || Boudin de tabac roulé plusieurs fois sur lui-même, pour être mâché ou chiqué. || Bois de chauffage façonné en rondins. || Tableau sur lequel, au palais, on inscrit les causes dans l'ordre où elles doivent être plaidées : *Rayer une affaire du rôle.* — Fig. *A tour de rôle,* chacun à son tour, à son rang : *Faire la lecture à tour de rôle.* || Ce que doit réciter un acteur dans une pièce de théâtre : *Distribuer le rôle d'une pièce aux comédiens.* || Le personnage représenté par l'acteur : *Le rôle de Polyeucte.* || *Créer un rôle,* être le premier à le jouer. || Impression que l'on produit dans la société. || Manière dont on s'acquitte d'une commission : *Le rôle de délateur est odieux.* || Effet que l'on produit, influence : *Jouer un grand rôle. Le rôle des engrais est considérable en agriculture.* — **Dér.** *Rôlet, rouleau, rôler.* — **Comp.** *Contrôle, contrôler, contrôleur; enrôler, enrôlé, enrôlement, enrôleur.*

RÔLER (*rôle*), *vi.* Copier des rôles; ce mot est pris en mauvaise part.

RÔLET (dm. de *rôle*), *sm.* Petit rôle. || *Être au bout de son rôlet,* ne savoir plus que dire ni que faire.

***ROLLE** (*x*), *sm.* Genre d'oiseaux voisins des rolliers, dont le plumage est bleu et vert d'eau, et que l'on rencontre dans les îles de la Malaisie. On ne connaît pas leurs mœurs; cependant on suppose qu'ils se nourrissent de baies et d'insectes. — **Dér.** *Rollier.*

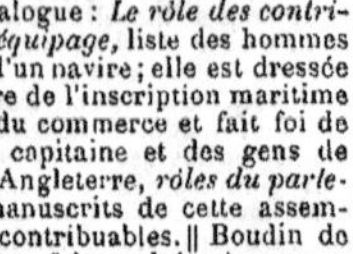

ROLLE VIOLET

***ROLLIER** (*rolle*), *sm.* Genre d'oiseaux conirostres, très voisins des geais dont ils diffèrent à peine. Le rollier est un très bel oiseau dont le plumage se rapproche beaucoup de celui du martin-pêcheur. Il se distingue des corbeaux en ce que les plumes qui garnissent la partie antérieure du front sont disposées de telle sorte que les narines ne sont recouvertes qu'à moitié. Les plumes de la tête et le dessous du cou sont d'un beau bleu; celles du dos sont rouge brique. L'extrémité antérieure des ailes est d'un bleu violet. La première rectrice de chaque côté de la queue est plus longue que les autres plumes de celle-ci. Ces deux rectrices sont en outre terminées par une tache noire. Le bec est droit, et plus ou moins renflé à sa base; la mandibule supérieure est recourbée vers la pointe. Le rollier est un oiseau de passage; il quitte l'Afrique vers le milieu d'avril et est alors très répandu en Algérie. Un petit nombre de ces oiseaux traverse la Méditerranée et vient s'établir en France. Le rollier habite les forêts les plus solitaires du Midi et de l'Est, et fait son nid dans les trous des vieux murs, dans les creux des vieux arbres, dans les crevasses des rochers, etc. La femelle pond de quatre à sept œufs d'un blanc lustré. Bien que d'un caractère très sauvage, on peut les apprivoiser quand ils sont pris jeunes; ils s'élèvent de la même manière que les pies et les geais, et alors ils sont aussi braillards et aussi voraces que ces derniers. Le rollier se nourrit d'escargots; mais ses mets favoris sont les œufs du rossignol et de la tourterelle. Il mange aussi des vers et des insectes. Il a l'habitude de jeter sa proie en l'air, et il la rattrape avec beaucoup d'adresse; aussi lorsqu'il est en captivité lui jette-t-on des boules de viande et de fromage qu'il saisit très bien au passage. A l'approche de l'hiver, il émigre et se dirige au midi vers le cap de Bonne-Espérance.

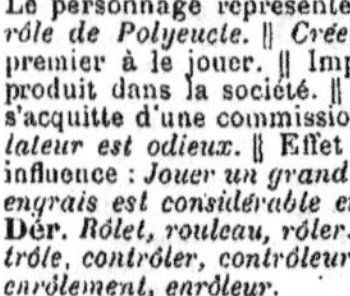

ROLLIER

ROLLIN (Charles) (1661-1741), recteur de l'Université de Paris et professeur au Collège de France, ami des solitaires de Port-Royal, qu'il soutint de sa bourse et de ses écrits après leur dispersion; il est auteur d'un *Traité des études,* d'une *Histoire ancienne* et d'une *Histoire romaine,* continuée par Crevier; il eut pour la jeunesse un dévouement tout paternel.

ROLLON, pirate normand qui, après avoir exercé en France de grands ravages, se convertit au christianisme, épousa Gisèle, fille de Charles le Simple et par le traité de Saint-Clair-sur-Epte (911) fut mis en possession de la Normandie, dont il fut le premier duc de 912 à 931 et dans laquelle il fit régner la sécurité.

ROMAGNE, ancienne province des États de l'Église, sur la côte de l'Adriatique. Ch.-l. Bologne; villes principales : Ravenne, Rimini, Forli. Dans le nouveau royaume d'Italie, la Romagne a formé plusieurs provinces du *compartimento territoriale* d'Émilie, ainsi nommé de l'ancienne voie Émilienne.

ROMAIN (saint), évêque de Rouen en 626, mort en 638.

1. ROMAIN, AINE (l. *romanum*), *adj.* Qui appartenait à l'ancienne Rome : *Droit romain. Armée romaine.* || *Citoyen romain,* celui qui jouissait des mêmes droits civils et politiques que les natifs de Rome. || *Chiffres romains,* les caractères ou lettres par lesquels les Romains représentaient les nombres : I (1), II (2), III (3), IV (4), V (5), VI (6), VII (7), VIII (8), IX (9), X (10), L (50), C (100), D (500), M (1000); I devant un nombre le diminue d'une unité IX (9); X le diminue de dix : XL. Au moyen âge, la numération romaine fut un peu modifiée; ainsi 1354 (MCCCLIV) s'écrivait MIIIcLIV. On a reproché à cette numération de rendre les calculs compliqués et difficiles; mais on ignorait alors le calcul mental et on procédait un peu à la façon des Romains, qui usaient de l'abaque; des Russes, qui se servent de chapelets. Ainsi, les vérificateurs des comptes usaient de jetons placés sur un tapis quadrillé aux cases blanches et noires, qui représentaient les unités de différents ordres; à chaque somme appelée, on déplaçait les jetons et il ne pouvait y en avoir plus de neuf sur chaque case; au dernier déplacement, on faisait le total, qui seul était inscrit. || Qui appartient à la Rome moderne : *L'Église romaine,* l'Église catholique (V. *Église,* t. Ier, p. 521, col. 3). Le pape n'a reçu ce nom dans la chancellerie romaine qu'au xve siècle; antérieurement, il était dit Sainteté, Serviteur des serviteurs de Dieu. Sa cour était composée par les cardinaux, qui, dans leurs divers comités, résolvaient les questions soumises au saint-siège. Si le pape, successeur de saint Pierre, tient les clefs des portes de l'Église, les cardinaux en sont les gonds (*cardines*). Il y a trois classes de cardinaux : évêques, prêtres, diacres. Les cardinaux-évêques doivent être évêques; mais pour les cardinaux prêtres et diacres, le titre et le rang dans le sacré-collège est indépendant du rang qu'ils ont dans l'Église. Ainsi l'archevêque de Rouen pourra être cardinal-prêtre. En 1585, Sixte-Quint décida qu'il y aurait 70 cardinaux, dont 6 évêques, 50 prêtres et 14 diacres; mais ce n'a pas été une règle absolue; il y a eu jusqu'à 73 cardinaux-prêtres et 20 cardinaux-diacres. Les cardinaux-évêques tirent leur nom des six évêchés de la Campagne Romaine et sont dits *suburbicaires;* ce sont ceux d'Ostie; de Porto, hameau voisin d'Ostie; de Sabine; de Préneste ou Palestrina; de Tusculum ou de Frascati; d'Albano. Les courtisans du pape sont habillés de violet comme les évêques et portent le titre de *Monsignor;* mais ils ne sont qu'évêques *in partibus;* ils ont emploi de secrétaires dans les différentes congrégations. Les ambassadeurs du pape auprès des puissances étrangères portent le nom de légats, ou légats *a latere* (placés aux côtés du pape), pour mieux montrer qu'ils ont une mission expresse et de confiance. En France, les registres du légat ne le suivent pas à Rome, sa mission terminée; ainsi les papiers de la légation du cardinal Consalvi sont restés en France, après la rédaction du Concordat de 1801. Le légat a pour privilège honorifique de faire porter la croix haute devant lui; l'évêque, dans le diocèse duquel il est entré, ne peut plus employer ce signe de juridiction, ni revêtir l'étole. — Fig. Qui rappelle l'austérité, le dévouement, le patriotisme des anciens Romains : *Un courage romain.* || A la romaine, loc. adv. A la manière des Romains. — *S.* Personne originaire de l'ancienne Rome ou de la Rome moderne. — Fig. *C'est un Romain,* un homme probe et austère, un bon patriote. || *Les derniers des Romains,* ceux qui, avec Brutus et Cassius, défendirent la cause de la République. — **Dér.** *Romain* 2, *romaine* 2, *roman, romane, romance, romancero, romancier, romand, romande, romanesque, romanesquement, romantique, romantiquement, romantisme.* Même famille : *Romaïque.*

2. ROMAIN (l. *romanum*), *sm.* Caractère d'imprimerie : *Le gros romain. Le petit romain.* || Dans chaque corps, le caractère dont les traits sont perpendiculaires à la ligne, par opposition à l'*italique,* dont les traits sont inclinés.

ROMAIN-DE-COLBOSC (SAINT-), 1751 hab. Ch.-l. de c., arr. du Havre (Seine-Inférieure).

1. ROMAINE (vx fr. *romman:* de l'ar. *rommâna,* poids, balance et fruit du grenadier), *sf.* Toute balance qui a deux bras inégaux et un poids unique mobile sur le plus long bras, et faisant équilibre à l'objet que l'on doit peser. C'est un levier de la première espèce et qui se compose d'un fléau AB (fig. 1) dont les deux bras sont inégaux. Ce fléau est suspendu en O sur des couteaux qui permettent de négliger les frottements. A l'extrémité A sont attachées des chaînes qui supportent un

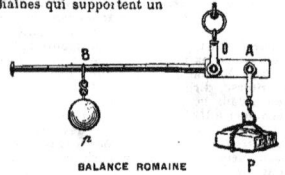

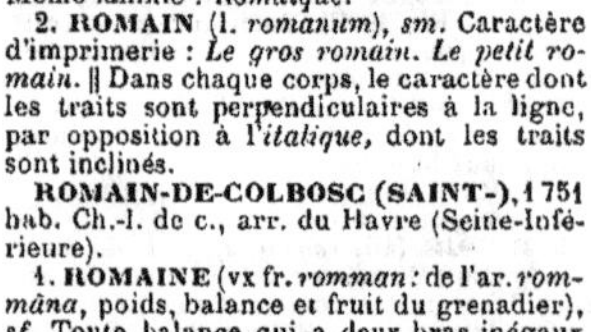

BALANCE ROMAINE
Fig. 1.

plateau dans lequel on place l'objet que l'on veut peser. Un curseur, muni d'un poids p, peut se mouvoir facilement sur le grand bras du levier. Celui-ci est divisé en parties égales, et à côté de chacune des divisions est un chiffre qui indique le poids auquel le curseur et son poids p font équilibre. Tout l'appareil doit être construit de telle sorte que le centre de gravité du fléau se trouve sur la verticale passant par son point de suspension O, et à une petite distance au-dessous de ce point O. Si l'on représente par P le poids du corps à peser, les conditions d'équilibre sont données par la formule :

$$P \times OB = p = OA$$

d'où l'on tire :

$$P = p \times \frac{OA}{OB}.$$

Les quantités p et OB étant constantes, le poids P est proportionnel à la distance qui existe entre le point de suspension O et celui où le curseur se trouve quand l'équibre a lieu. Pour graduer l'appareil on détermine le point du grand bras de levier où le curseur fait équilibre à un kilogramme, et l'on porte cette distance sur le grand bras du levier autant de fois qu'il peut la contenir; chacune de ces divisions est divisée en dix parties égales, indiquant les dixièmes de kilogramme, c'est-à-dire les hectogrammes.

Balance de Quintenz. Cette balance, appelée ainsi du nom de son inventeur, est très employée dans le commerce, dans les gares de chemins de fer pour peser les bagages ou des fardeaux très lourds. Elle est aussi désignée sous le nom de *bascule*. Elle se compose d'un plateau AB (fig. 2 et 3) dont le bord antérieur se relève en BC afin d'amortir les chocs qui pourraient briser le mécanisme de la machine. Ce plateau, relié à une pièce D et faisant corps avec elle, s'appuie d'une part en E sur un levier FG au moyen d'un couteau; d'autre part, il est relié en H, par l'intermédiaire d'un anneau, à une tringle verticale HK qui s'appuie en K sur le levier horizontal LN. De même le levier FG reposant sur un couteau F s'articule en G avec une deuxième tringle verticale GL s'appuyant sur l'extrémité L du levier LN, mobile autour du point M. A l'autre extrémité N du levier LN est suspendu un plateau destiné à recevoir des poids. Un petit appareil, placé en arrière de N, sert à voir si la bascule est en équilibre. Il est composé de deux espèces d'aiguilles dont l'une *c* est placée sur le levier LN et se meut par conséquent avec lui, tandis que l'autre *b* est fixe et attachée au moyen

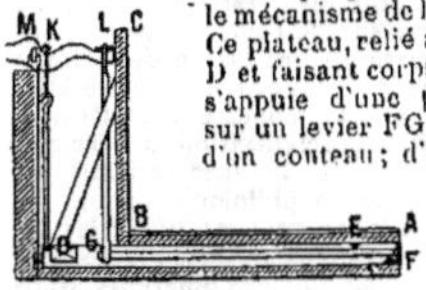

BALANCE DE QUINTENZ

Fig. 2.

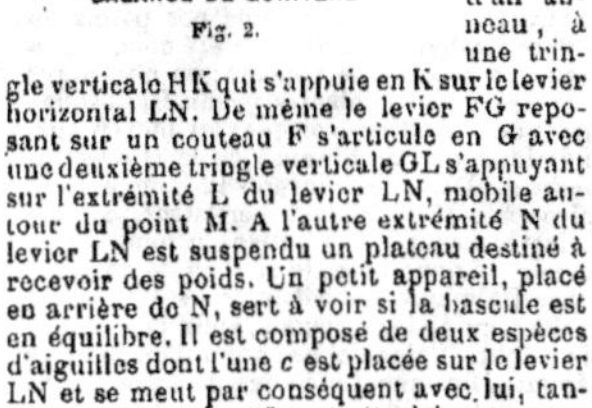

BALANCE DE QUINTENZ

Fig. 3.

d'une tringle de fer à la partie antérieure de la balance. Lorsque celle-ci est en équilibre, les deux aiguilles sont en regard l'une de l'autre. Si elle ne le sont pas, on ajoute des poids dans un petit vase placé au-dessus des chaînes du plateau P et cela jusqu'à ce que les deux aiguilles soient en face l'une de l'autre. La bascule est contruite de telle sorte que le rapport qui existe entre EF et GF est le même qu'entre KM et LM. Par exemple si EF est le cinquième de GF, KM sera le cinquième de LM; de plus KM est le dixième de MN. Cela étant, supposons que, le plateau ne portant aucun corps, le levier LN soit en équilibre. Plaçons alors sur le plateau AB un fardeau Q; le poids de ce corps se répartira sur les points E et H. Par suite, la pression exercée, par le corps Q en H, sera transmise, au moyen de la tringle HK, au point K du levier LN. De même, la partie du poids Q, agissant en E, transmettra, par l'intermédiaire du levier FG, une pression cinq fois plus petite sur l'extrémité G de la tringle GL, pression qui sera transmise, sans changer de valeur, en L, et produira ainsi le même effet qu'une force cinq fois plus grande appliquée en K. On conclut de là que le levier LN se trouve dans les mêmes conditions que si le poids Q était appliqué en K, et que pour lui faire équilibre il faudra placer dans le plateau P un poids dix fois plus petit. Cela étant, il est facile de se servir de cette balance: on commence par la mettre en équilibre au moyen de poids placés dans la petite cuvette *a*. Lorsque les deux aiguilles dont nous avons parlé plus haut sont bien en face l'une de l'autre, on met le corps à peser sur le plateau AB; on lui fait équilibre au moyen de poids placés dans le plateau P. On multiplie par 10 le nombre représenté par ces poids et le produit obtenu est le poids du corps Q. Quelquefois le levier LN est remplacé par une *romaine* et le poids des corps à peser est indiqué sur la tige de cette romaine par les positions indiquées par le curseur qui sert alors de poids.

2. **ROMAINE** (l. *romana*), *sf.* Variété de laitue cultivée, rapportée au XVIe siècle d'Avignon, où siégeait la cour pontificale ou *romaine;* elle est dite encore *chicon;* les trois variétés maraîchères, *blonde, verte, grise,* se coiffent naturellement, mais, en les liant, on les obtient mieux pommées et plus blanches.

ROMAÏQUE (g. ῥωμαϊκός, romain, puis grec de l'empire d'Orient), *adj. 2 g.* Qui appartient à la race grecque. — *Sm.* La langue grecque du moyen âge, et aussi le grec moderne. — *Sf.* La danse nationale des Grecs modernes.

***ROMAL** (*x*), *sm.* Tissu de soie orné de raies, de losanges ou de carreaux.

1. **ROMAN** (*roman* 2), *sm.* Narration vraie ou feinte écrite en vieux langage, soit en vers, soit en prose : *Le roman de la Table ronde. Le roman de Renard. Le roman de la Rose.* ‖ Toute histoire feinte écrite en prose où l'auteur cherche à exciter l'intérêt par la singularité des aventures ou par le tableau des mœurs et des passions : *Les romans de le Sage, de Walter Scott, de Fenimore Cooper.* ‖ *Roman historique,* dont le fond est tiré de l'histoire. ‖ *Roman de mœurs,* qui fait la peinture des mœurs. ‖ *Roman d'aventures,* dont l'intérêt réside surtout dans un enchaînement compliqué d'aventures. ‖ *Roman poétique,* écrit en prose dans un style poétique. Ex. : *Le* Télémaque. *Les* Incas *de Marmontel.* ‖ *Héros de roman,* le personnage le plus important d'un roman. — Fig. Homme qui affecte d'agir et de parler à la manière des héros de roman. ‖ Séries d'aventures extraordinaires; récit dénué de vraisemblance : *Sa vie est un roman.* ‖ Fausse conception : *L'horreur de la nature pour le vide était un roman.* — Le roman tire son nom des premiers récits d'aventures qui, en France, furent écrits en *roman,* c'est-à-dire en langue vulgaire. Ce fut toujours chez nous un des genres littéraires les plus goûtés; les Grecs ne l'ont cultivé que par exception. La femme, principale inspiratrice des aventures de romans, vivait retirée dans le gynécée, ne jouait pas de rôle dans la société et n'y avait aucune influence. Les écrits dits romans grecs sont peu nombreux, mélangés de faits historiques et divisés en deux catégories : 1° *hellénique,* avec les *Fables milésiennes* d'Aristide de Milet (IIe siècle avant J.-C.), et le roman de *Daphnis et Chloé,* attribué à Longus (Ve siècle), supérieur aux *Idylles* de Théocrite comme peinture de la vie pastorale, popularisé par la traduction de Jacques Amyot; 2° *orientale,* avec les *Aventures de Théagène et de Chariclée,* attribuées à Héliodore, évêque de Tricca (IVe siècle), lues en cachette par Racine à Port-Royal; *Leucippe et Clitophon,* d'Achille Tatius (IIIe siècle). A Rome, lorsque la vie publique se fut éteinte, le goût pour les tableaux de mœurs et les aventures fictives se répandit rapidement; au lieu de citoyens s'intéressant aux affaires de l'Etat, il n'y eut plus que des particuliers qui cherchaient à remplir leurs loisirs par des lectures frivoles. Les deux plus illustres romanciers d'alors furent Pétrone et Apulée. Pétrone, favori, puis victime de Néron, a composé le *Satyricon,* mélange de prose et de vers comme les *Ménippées* de Varron : c'est un roman comique où les mœurs du temps sont peintes avec une crudité révoltante et où la raillerie des ridicules de Claude est peut-être une flatterie à l'adresse de Néron. Le fragment le plus important est le *Festin de Trimalcion,* satire déguisée des repas de Claude. Apulée, originaire d'Afrique, a composé les *Métamorphoses* ou l'*Ane d'Or,* où le jeune Lucius veut se transformer en oiseau, se trompe de fiole et devient âne. En mangeant des roses, il redevint homme et raconta les misères de sa vie à quatre pattes; c'est une satire de la société chrétienne au IIe siècle; il attaque surtout l'immoralité des prêtres païens; on y trouve aussi la légende de Psyché, qui a si heureusement inspiré La Fontaine. Au moyen âge, les lettrés goûtaient peu les sévères beautés de la littérature antique; ils préféraient ce qui excitait la curiosité et plaisait à l'imagination. Ils furent donc sympathiques aux romans de la décadence gréco-romaine, dont l'inspiration simple et bizarre, la prétention à la vérité historique étaient bien conformes à l'esprit du moyen âge. Ils imitèrent l'histoire fabuleuse d'Alexandre le Grand, par le faux Callisthène, et deux romans grecs, contrefaçons de l'*Iliade* qui paraissaient plus authentiques que l'œuvre d'Homère : l'un était un journal du siège, tenu par le Phrygien Darès, assiégé dans la ville; l'autre était des mémoires sur la guerre, rédigés par le Crétois Dictys, un des assiégeants; c'est là l'origine du roman de Troie, par le poète tourangeau Benoît de Saint-More. On transforma de même l'*Enéide* de Virgile, la *Thébaïde* de Stace, la *Pharsale* de Lucain, les *Métamorphoses* d'Ovide. Puis les lettrés s'adressèrent directement aux romans byzantins, qui les charmaient par leur couleur orientale. C'est ainsi que l'*Histoire des sept sages* eut une grande vogue. C'est un roman indien, où, pour perdre ou sauver un jeune prince injustement accusé par sa marâtre, on raconte durant sept jours des histoires dont les récits sont absolument opposés. Les légendes de saints ne sont au fond que des romans; la plus curieuse est celle des saints Barlaam et Josaphat, qui n'est autre chose que l'histoire du Bouddha : Çâkya Mouni, devenu Josaphat, est converti au christianisme par le saint ermite Barlaam. On eut bien de la peine à faire comprendre aux clercs du XIIIe siècle qu'ils adoraient le prophète d'une religion rivale. Les croisades mirent les Francs et les Grecs en relations directes, et les romans byzantins passèrent en français par la tradition orale; tels sont *Flore et Blanchefleur,* la *chantefable* délicieuse d'*Aucassin et Nicolette, Parténopéus de Blois, Cléomadès.* Tous ces romans, écrits en vers de huit syllabes, rimant deux à deux, ont pour sujet l'amour, d'abord contrarié, mais enfin triomphant. Les Normands, mis en rapport avec les Bretons d'Angleterre après l'expédition de Guillaume le Conquérant, furent frappés de l'habileté de leurs bardes, de l'excellence de leur musique et de l'abondance de leurs traditions. Ils apprirent à goûter Arthur, vainqueur des Saxons en douze combats; Merlin, transformation de Myrddhin, poète, sorcier et prophète chez les Gallois; ils connurent la Table ronde, autour de laquelle s'asseyaient en parfaite égalité les meilleurs chevaliers de la cour d'Arthur et la recherche par ces preux du Saint-Graal, coupe où Joseph d'Arimathie recueillit le sang de Jésus-Christ. C'est l'origine du roman de *Brut* (à cause de *Brutus,* prétendu héros éponyme des Bretons) et de ces nombreux *lais* que Marie de France, établie en Angleterre, a traduits en vers aimables et simples. Les plus célèbres de ces lais sont ceux de *Lanval,* chevalier aimé d'une fée qui finit par l'emmener avec elle; d'Ywenec, origine de l'*Oiseau Bleu;* de *Bisclavret,* histoire de loup-garou; de *Guingamor,* séjour d'un chevalier au pays des fées, etc. Puis viennent les romans sur Tristan, prince de Léonnais ou du pays de Galles, dont les aventures sont analogues à celles de Thésée; ses amours avec Iseut, princesse d'Irlande, sont contrariées, et il meurt de chagrin, à Carhaix, en Bretagne. Plus tard Chrétien de Troyes, inspiré par la comtesse Marie de Champagne, fait de Lancelot du Lac, d'Yvain et de Perceval des chevaliers courtois, selon l'idéal du XIIe siècle. La collection de ces romans, écrits en vers, puis remaniés en prose, est énorme; c'est de là que vient cette teinte chevaleresque et galante dont l'imagination a longtemps enveloppé le moyen âge. A ces romans d'origine byzantine ou celtique, il faut adjoindre les romans d'aventures, qu'on peut subdiviser de la manière suivante : 1° romans d'origine bretonne, comme le *Châtelain de Coucy,* le *Comte d'Ar-*

tois; 2° romans à demi celtiques et byzantins, parmi lesquels on cite *Blancandin* et *Guillaume de Palerne;* 3° romans occidentaux, dont le sujet est à peu près vraisemblable, comme la *Châtelaine de Vergy;* 4° romans d'histoire ou de légende nationale, comme *Mélusine, Robert le Diable, Richard Cœur de Lion;* 5° romans plaisants, tels que *Trubert,* qui fait le niais et dupe tout le monde; 6° romans à tiroir, dans le genre de celui intitulé *les Sept Sages de Rome.* 7° Le *Roman de Renard* a pour origine la lutte sourde ou déclarée du loup, plus fort, contre le *goupil* (renard), plus fin et moins naïf; dans cette « épopée animale », les héros deviennent des hommes et portent des noms propres; la donnée primitive est perdue et s'est divisée en plusieurs branches : le *Pèlerinage de Renard,* le *Jugement de Renard,* imaginé par Gœthe, le *Couronnement de Renard, Renard le Nouvel* et *Renard le Contrefait.* 8° Enfin citons le *Roman de la Rose,* commencé par Guillaume de Lorris, achevé par Jean Clopinel ou de Meung : le héros du roman veut cueillir une rose, c'est-à-dire conquérir le cœur d'une jeune fille enfermée dans un jardin; le poème, galant avec Guillaume de Lorris, devient frondeur avec Jean de Meung, le Voltaire du moyen âge, qui déjà lève la tête contre les prêtres et contre les rois.

A la Renaissance, on prend en dégoût les romans de chevalerie; ils ne retrouvent quelque regain de curiosité qu'avec l'*Amadis des Gaules,* traduit de l'espagnol, par Herberay des Essarts (1540). Cependant le peuple aimait toujours les géants, les enchanteurs et le surnaturel, avec moins de galanterie amoureuse et plus de liberté gauloise. Le roman fut donc satirique comme l'œuvre de Jean de Meung; mais, comme les bûchers flambaient partout pour les libres parleurs et les libres penseurs, Rabelais dut cacher sous les bouffonneries d'un buveur la « foi profonde » qui était en lui. Il inspira les *Contes d'Eutrapel* de Noël du Fail et les *Dialogues satiriques* de Jacques Tahureau. Au XVIIe siècle, l'influence espagnole ramena au goût du roman pastoral ou chevaleresque avec l'*Astrée de d'Urfé,* le *Grand Cyrus,* la *Clélie* et autres œuvres interminables de Mlle de Scudéry; celle-ci y peint, sous des noms fictifs, les plus hauts personnages de la société du temps, et pousse au plus haut degré l'*anatomie* du cœur humain. A côté de cette peinture idéale de l'humanité, se place le roman *réaliste* ou *naïf,* qui ne dédaigne pas les mœurs les plus vulgaires et les plus basses de la société, avec le *Francion* de Sorel, le *Roman comique* de Scarron, le *Roman bourgeois* de Furetière. Cyrano de Bergerac, dans son *Histoire comique des Etats et Empires de la Lune et du Soleil,* a placé, dans un cadre imaginaire, la satire de ses contemporains. La *Princesse de Clèves,* de Mme de la Fayette (1678), inaugure la réforme du genre : aux inventions extraordinaires, aux passions extravagantes, au style emphatique, l'auteur substitue une action très simple, une analyse exacte des sentiments les plus vrais, une langue sobre et pure. Le *Télémaque* de Fénelon met à la portée des jeunes intelligences les beautés d'Homère et de Virgile. Lesage et Montesquieu écrivent *Gil Blas* et les *Lettres persanes,* pour railler les travers et les vices de leur temps. Voltaire (*Candide*), Diderot (*Jacques le Fataliste*), et Jean-Jacques Rousseau (*Emile*), usent du roman, parfois avec trop de liberté, pour préparer la Révolution. Depuis, le roman est devenu un genre classique avec *Corinne* de Mme de Staël, les *Martyrs* de Chateaubriand, *Adolphe* de Benjamin Constant. Le roman historique, inauguré par Walter Scott, a inspiré le *Cinq-Mars* d'Alfred de Vigny et les œuvres innombrables d'Alexandre Dumas, dont le style est plein de verve et l'imagination intarissable. Balzac, dans sa *Comédie humaine,* habille d'un mauvais style des créations puissantes qui ont inspiré quelquefois MM. Zola et Daudet. Les héros de George Sand sont trop poétiques, quand ils habitent les champs et parfois trop socialistes quand ils viennent à la ville. A l'étranger, les imaginations ont été séduites aussi par le roman; l'Espagne a le *Don Quichotte* de Cervantès, vrai chevalier du moyen âge, rendu ridicule par le contraste du monde qui l'entoure. En Angleterre, Daniel de Foë écrit *Robinson Crusoë;* Swift imite Cyrano de Bergerac dans les *Voyages de Gulliver;* Richardson compose *Clarisse Harlowe;* Walter Scott rajeunit le roman historique, fait aimer l'Ecosse celtique et féodale, au point d'être traduit en toutes les langues; Dickens, toujours avec honnêteté, nous fait connaître la vie populaire anglaise, parfois bien triste. En Amérique, Fenimore Cooper nous transporte au milieu des Indiens et des Trappeurs du Canada; Edgar Poë nous intéresse par ses histoires fantastiques; Bret Harte est plein d'humour et de fantaisie. En Allemagne, le *Werther* de Gœthe est resté comme un type et l'idéal d'une génération avide d'art et de liberté. Les Russes ont Pouckhine, Tourguenef, Tolstoï; est-il besoin d'énumérer nos contemporains, Victor Hugo, Lamartine, Alexandre Dumas fils, Stendhal, Théophile Gautier, Mérimée (*Colomba*), Edmond About, Gustave Flaubert, de Goncourt, Cherbuliez, les deux Daudet, Emile Zola? Enfin Jules Verne a créé le roman scientifique. Depuis qu'Emile de Girardin a mis à la mode le roman feuilleton, chaque jour tout journal, grand ou petit, sert une tranche d'un ou de plusieurs romans à ses nombreux lecteurs. Les romans se multiplient ainsi par milliers et les romanciers s'appellent légion; mais, trop souvent, oublient que leur œuvre est artistique; ils ils n'y voient plus qu'un produit industriel. — **Dér.** *Romanesque, romanesquement, romantique, romantiquement, romantisme.* — **Syn.** (V. *Fable.*)

2. **ROMAN, ANE** (db. de *romain*), *adj.* Se dit des sept langues issues du latin au commencement du moyen âge : portugais, espagnol, provençal ou langue d'oc, italien, roumanche, français ou langue d'oïl, et valaque : *Chaque langue romane a sa phonétique particulière.* — *Sm.* Langue unique issue du latin que Raynouard supposait à tort avoir été parlée du Xe au XIIIe siècle dans tous les pays où se parlent aujourd'hui les langues romanes. ‖ Style d'architecture qui fut en usage du Ve au XIIe siècle et caractérisé par des arcades en plein cintre, des proportions massives, des chapiteaux différents d'une colonne à l'autre et décorés de dessins géométriques peu feuillés, d'animaux fantastiques, de figures grimaçantes et d'ornements bizarres : Ex. L'église Saint-Germain des Prés à Paris. (V. *Basilique, Église,* etc.)

Romanes (langues). — On appelle *langues romanes* le latin modifié dans les temps modernes, suivant les lieux. La *lingua romana* fut d'abord la langue officielle de tous ceux dont l'édit de Caracalla avait fait des citoyens romains; puis ce fut la langue des Romains vaincus, opposés aux barbares envahisseurs; enfin les barbares eux-mêmes empruntèrent cette langue, plus savante et plus civilisée que la leur, si bien qu'au IXe siècle la langue romane, transformation du dialecte que parlaient au IVe siècle les soldats et les paysans, s'opposait au tudesque et était définitivement constituée par les *Serments de Strasbourg* (842). Depuis lors le roman désigne aussi bien la langue d'oc des troubadours que la langue d'oïl des trouvères; *romançar* signifie traduire en provençal; *romancier* signifie traduire en français; les Espagnols eux-mêmes ont le mot *romancero.* C'est donc une erreur de la part de Raynouard que d'avoir fait *roman* synonyme de *provençal,* et d'avoir restreint au midi de la France un mot qui s'applique à tous les pays de domination romaine.

Les Romains avaient soumis les Grecs, mais n'avaient pu leur imposer leur langue, que les hautes classes délaissèrent pour adopter l'idiome des vaincus et en faire leur langue littéraire au temps de Plutarque, de Lucien et de Marc-Aurèle. Le grec n'a donc rien perdu et il s'est parlé du XIe au XVe siècle en Sicile, en Sardaigne, en Corse, au S. de l'Italie. Le latin, au contraire, n'a étendu son domaine que vers le Danube, dans l'Illyrie, la Rhétie, la Norique, la Mésie et la Dacie Trajane. En Espagne et en Gaule, le latin n'a pu entamer la partie de la Novempopulanie, occupée par les Basques; dans la grande Bretagne, il a dû être parlé jusqu'au mur d'Adrien, mais il a quitté l'île avec les Romains et a même perdu en Gaule toute la petite Bretagne, romanisée sous l'empire, reconquise au celtique par l'émigration des Bretons venus d'Angleterre. Les découvertes des Portugais et des Espagnols ont depuis donné aux langues romanes le Mexique, l'Amérique centrale et l'Amérique du Sud; le français se maintient dans une partie du Canada, dans la Louisiane, à Saint-Domingue, autour d'une partie des côtes d'Afrique; mais c'est là un avenir bien restreint, quand on songe à l'immensité de l'empire colonial anglais, à la puissance croissante de l'Union Américaine, à l'émigration continue des Allemands, à la robuste jeunesse de la Russie, la dernière initiée à la civilisation européenne.

La délimitation des langues romanes est assez délicate, car en philologie, comme en histoire naturelle, on peut multiplier les familles et les genres; eu outre les limites, très précises entre deux idiomes différents (français et allemand), sont assez vagues entre deux dialectes frères, comme nos patois du midi et l'italien. — L'Italie a été conquise la première à la langue romane; on n'y trouve plus trace des dialectes primitifs : osque, étrusque, sabellien, volsque; au moyen âge, le dialecte toscan, à cause de la *Divine Comédie* de Dante, est devenu la langue littéraire; à côté cependant persistent, comme dialectes oraux : le vénitien, le lombard, le romain, le napolitain, le sicilien, le corse.

Les Dalmates, les Albanais de Macédoine parlent un dialecte roman; enfin la Roumanie (Moldo-Valachie) use aussi d'un dialecte néo-latin fortement mélangé de slave; le latin n'y date pas de Trajan, mais des Valaques que les Hongrois et les Bulgares y appelèrent au XIIe siècle du midi de la Thrace. Si on laisse de côté ces pays orientaux, la limite du roman est dans le Trentin; Trieste et l'Istrie sont italiens de langue, bien qu'autrichiens de fait; de là, le roman occupe le midi du Tyrol, une partie de la vallée de l'Inn, suit les Alpes du Saint-Gothard au mont Rosa, passe par Sion et Fribourg et atteint le lac de Neuchâtel; dans l'Engadine, il est dit *ladin;* en Suisse, il est dit *roumanche.*

Du lac de Neuchâtel au ballon d'Alsace, les limites de la langue romane sont celles du territoire français; dans le pays de Montbéliard et sur le territoire de Belfort, on a toujours parlé français; depuis le Ballon d'Alsace, la limite passe par Sainte-Marie-aux-Mines, Sénones, le mont Donon, s'infléchit à l'O., passe à quelque distance de Château-Salins, coupe la Moselle entre Metz et Thionville, atteint Arlon dans le Luxembourg belge et passe au S. d'Aix-la-Chapelle, bien qu'à Neuss, près Düsseldorf, la langue usuelle soit le français; Liège est en pays wallon. Un peu au nord commence la ligne de démarcation du flamand et du français, qui se dirige au S. d'Hazebrouck et de Dunkerque, laisse Saint-Omer au français et atteint la côte entre Calais et Gravelines.

L'Espagne est romane tout entière, sauf au voisinage des Pyrénées; il y a là une région, grande par l'étendue, petite par la population, où l'on ne parle que le basque. Celui-ci perd devant l'espagnol, comme l'affirment des témoignages historiques et des noms de lieux. En France, la limite part de Bayonne, suit le gave d'Oloron, atteint les Pyrénées et s'arrête à Saint-Jean-de-Luz. En Espagne, on peut distinguer, comme dialectes, le catalan, le valencien, le castillan, langue littéraire depuis Cervantès; le galicien, qui a de nombreuses analogies avec le portugais; malgré la séparation politique des deux pays, il y a moins de différence entre l'espagnol et le portugais qu'entre le provençal et le français.

En France, il n'y a plus de dialectes écrits mais des patois oraux. La limite entre la langue d'oc et la langue d'oïl part de Rochefort, passe par Saintes, Cognac, Rochechouart, Limoges, Clermont-Ferrand, Montbrison, Vienne, entre Chambéry et Grenoble et atteint le mont Cenis. Les dialectes de lisière sont autant du nord que du sud; les gens de l'Aunis et de la Saintonge tiennent à la fois de la Guyenne et du Poitou; du limousin à l'auvergnat la distance n'est pas grande; cependant, dans le val d'Aoste jusqu'à Ivrée, la langue est plutôt provençale qu'italienne; de Narbonne à Perpignan, la différence est encore plus tranchée. Quant aux dialectes du Midi, ils ont été embrassés sous les noms de langue *catalane*, langue *limousine*, langue *provençale*. Cette dernière dénomination est la plus usitée; langues d'*oïl*, d'*oc*, de *si* viennent de la manière d'exprimer l'affirmation en français du Nord, du Sud, en italien.

A l'O., les limites de la langue romane ne sont pas celles du français; le breton, qui au moyen âge a dû se parler jusqu'à Rennes et à Vitré, est encore parlé autour de Guérande, au Croisic et au Pouliguen, dans la Loire-Inférieure, dans tout le Finistère, dans une partie du Morbihan et des Côtes-du-Nord; la limite des deux langues part de la mer, entre Guingamp et Saint-Brieuc, Pontivy et Loudéac, à l'O. de Redon. En deçà les dialectes bretons se divisent, d'après les anciens évêchés, en *trécorois* (Tréguier), le plus fécond en poésies populaires; en *léonnois* (Saint-Pol-de-Léon), le plus pur et le plus rapproché du gallois; en *cornouaillais* (Cornouailles, cant. de Quimper); en *vannetais* (Vannes). Les principaux dialectes de la langue d'oïl sont: le français de l'Ile-de-France, le normand, le picard et le bourguignon; on y peut distinguer encore le lorrain, le champenois et l'angevin. Les colons canadiens ont conservé l'accent du bas Maine et de la Normandie; à l'île de la Réunion, l'accent est plutôt celui des Saintongeois. — **Dér.** *Roman* 1, *romance* 1, *romand, romande, romaniser, romaniste.*

1. **ROMANCE** (*roman* 2), *adj. f.* S'est dit du prétendu idiome roman, intermédiaire entre le latin et les langues néo-latines (vx). — **Dér.** *Romance 2, romancero, romancier.*

2. **ROMANCE** (*romance* 1), *sf.* Toute ancienne histoire touchante, composée en petits vers simples et naïfs faits pour être chantés. || Toute chanson tendre ou mélancolique. || L'air d'une romance. — La *romance*, variété de la chanson, s'en distingue cependant: elle n'est pas écrite sur des airs connus, mais elle se chante sur une mélodie spécialement écrite pour les paroles; le musicien y tient donc plus de place que le poète. La romance a fait la réputation de plusieurs compositeurs modernes, tels que de Beauplan, Panseron, Clapisson, Grisar, Loïsa Puget. Le plus fécond librettiste de romances fut Barateau, qui en édita trois mille; citons encore G. Lemoine, mari de Loïsa Puget. La romance vise au sentiment et tombe souvent dans une fadeur langoureuse. Après les troubadours et les trouvères, elle fut oubliée. Lulli, au XVIIe siècle, la remit à la mode; le XVIIIe siècle nous a laissé des airs encore populaires: *Ma tendre musette; Il pleut, il pleut, bergère; Que ne suis-je la fougère!* Au XIXe siècle, on a composé les romances plaintives des *Hirondelles, Pauvre Jacques, Fleuve du Tage*. Chateaubriand n'a pas dédaigné de composer la romance *Combien j'ai douce souvenance* sur un air entendu en Auvergne.

ROMANCERO [ro-man-cé-ro] (mot espagnol: de *romance* 1), *sm.* Ancien petit poème héroïque espagnol partagé en strophes: *Le romancero du Cid*. || Recueil d'anciennes poésies françaises. — Le *romancero* espagnol est une poésie populaire; au contraire le *cancionero* est l'œuvre d'un poète de profession. Dans le *romancero*, qui tient lieu aux Espagnols de nos chansons de geste, on distingue les romances chevaleresques, tirées des livres de chevalerie; les romances historiques, qui ont leur origine dans les annales de l'Espagne; les romances mauresques, à demi chevaleresques et historiques; les romances lyriques, où l'on trouve des idylles, des satires, des élégies; les romances mythologiques, où l'on transforme en chrétiens des héros grecs ou romains.

ROMANCIER (*romance* 1), *sm.* Auteur qui compose des romans.

*__ROMAND, ANDE__ (*roman* 2), *adj.* Se dit des parties de la Suisse où l'on parle le français ou le roumanche.

ROMANÈCHE, 2254 hab., commune de l'arr. de Mâcon (Saône-et-Loire). Mines de manganèse. — Vins renommés: Thorins, Moulin-à-Vent, etc. Ch. de fer de P.-L.-M.

ROMANÉE-CONTI, village de l'arr. de Beaune (Côte-d'Or), célèbre vignoble de la côte de Nuits. — Sm. *Romanée*, l'excellent vin de Romanée-Conti.

ROMANESQUE (*roman* 1), *adj. 2 g.* Qui tient du roman: *Style romanesque*. || Étrange, merveilleux, fabuleux: *Aventures romanesques.* — S. *Le romanesque.*

ROMANESQUEMENT (*romanesque* + sfx. *ment*), *adv.* D'une manière romanesque.

ROMANIE. (V. *Roumanie*.)

*__ROMANISER__ (*roman* 2), *vt.* Faire prévaloir l'influence romaine. || Écrire en caractères romains l'arabe et le persan.

*__ROMANISTE__ (*roman* 2), *sm.* Savant qui étudie l'histoire ou les langues des peuples néo-latins.

ROMANOV ou **ROMANOFF.** Famille qui régna sur la Russie de 1613 à 1762, et dont *Michel Romanov* fut le premier czar de 1613 à 1645. C'est à cette famille qu'appartient Pierre le Grand.

ROMANS, 14733 hab. Ch.-l. de c., arr. de Valence (Drôme), sur l'Isère. Grand séminaire; commerce de draps, soies, bestiaux, cuirs, truffes. Ch. de fer de P.-L.-M.

ROMANSHORN, port suisse sur le lac de Constance, en relations avec l'Autriche, la Bavière et le Wurtemberg.

ROMANTIQUE (*roman*), *adj. 2 g.* S'est dit pour romanesque. || Pittoresque comme les paysages décrits dans les poèmes, les romans: *Site romantique*. || Qui caractérise, qui cultive le genre de littérature où l'on rejette les règles classiques pour faire accueil aux sentiments mélancoliques, aux rêveries des peuples du Nord: *Genre, auteur romantique.* — *Sm.* Caractère d'un paysage romantique. || Le genre littéraire romantique. || *Les classiques et les romantiques*, les partisans de la littérature classique et de la littérature romantique. — **Dér.** *Romantiquement, romantisme.*

*__ROMANTIQUEMENT__ (*romantique* + sfx. *ment*), *adv.* D'une manière romantique.

ROMANTISME (*romantique*), *sm.* Système, école littéraire des écrivains romantiques. — Le romantisme prit naissance vers 1814. Il faisait accueil aux sentiments mélancoliques et aux rêveries propres aux peuples du Nord. Il professa une sorte d'admiration pour la nature extérieure, fit vibrer jusqu'à l'excès la corde de la sensibilité; mais il eut le mérite de ramener chez nous le sens historique depuis trop longtemps absent de nos compositions. La lutte des romantiques et des classiques fut surtout très vive de 1814 à 1830.

ROMARIN (l. *rosmarinum*: de *ros*, rosée + *marinum*, marin), *sm.* Arbuste dicotylédone, aromatique, très ramifié, de la famille des Labiées, à feuilles linéaires, persistantes, blanches et cotonneuses en dessous, vertes et chagrinées en dessus, à fleur d'un bleu pâle un peu violacé, qui croît dans les lieux arides de la région méditerranéenne et dont on extrait une essence entrant dans la préparation de l'eau de Cologne. Autrefois elle formait la base d'une eau de toilette fort recherchée, dite *Eau de la Reine de Hongrie*, qui passait pour conserver la fraîcheur du teint et la douceur de la peau. En médecine, on administre les sommités fleuries en infusion. Le romarin doit ses propriétés stimulantes à une essence particulière; c'est une huile camphrée, de saveur chaude et qui dépose des cristaux d'un camphre spécial. L'essence de romarin entre dans la composition de certains liniments et de baumes. Cette plante est souvent cultivée dans les jardins. || *Romarin sauvage*, le *lédon*, plante dicotylédone de la famille des Éricinées. (V. *Lédon*.)

ROMARIN

ROMBERG (Bernard), célèbre violoncelliste, naquit à Dinklage en 1770 et mourut à Hambourg en 1841. Les *concertos* qu'il écrivit pour son instrument sont encore beaucoup joués.

ROME (*Roma*, de la racine sanscrite *sru*, couler; le nom ancien du Tibre était *Rumon* ou *Roumon*; *Roma* signifie donc la ville du fleuve), 273268 hab. Capitale de la catholicité et du royaume d'Italie. Elle est située par 41°53'54" de latitude N., et 10°39'20" de longitude E. de Paris, dans une plaine ondulée et volcanique, s'étendant sur une longueur de 135 kilomètres depuis le cap Linaro, au S. de Civita Vecchia, jusqu'au cap Circeo; et sur une largeur de 40 kilomètres entre les Apennins et la mer. La ville occupe les deux rives du Tibre, cours d'eau le plus considérable de la péninsule italienne, à 25 kilomètres de son embouchure dans la Méditerranée. On a commencé depuis peu à fortifier Rome, en l'entourant de forts détachés qui forment une enceinte de près de 50 kilomètres. L'ancien mur de la ville, construit en briques, est long de 22 à 23 kilomètres, et haut de 17 mètres. Commencé par Aurélien, achevé par Probus, entre 271 et 276, il a été restauré par Honorius, Théodoric, Bélisaire, Narsès et différents papes. La ville a 12 portes, dont la plus importante est celle du *Peuple*, d'où part la grande route qui conduit dans le N. et l'E. de l'Italie et qui traverse le Tibre sur le pont *Molle*. Viennent ensuite les portes *Salara, Pia, Saint-Laurent, Majeure, Saint-Jean; Saint-Sébastien*, donnant accès sur la voie Appienne; *Saint-Paul*. Sur la rive droite du Tibre sont les portes *Portese, Saint-Pancrace, Cavaleggieri* et *Angélique*. Le Tibre atteint Rome après un cours de 300 kilomètres, et la traverse du N. au S. Ses eaux sont jaunes; c'est encore le Tibre fauve (*flavus Tiberis*) d'Horace. Il est large de 60 mètres, profond de 6 à 7 mètres et peut monter jusqu'à 10 mètres en temps de crue. On a commencé à le canaliser; mais il ne met plus, comme autrefois, la capitale de l'empire en communication avec l'Italie centrale et les provinces d'outre mer. Il entre dans Rome près du Monte-Pincio, contourne le Vatican, baigne l'ancien Champ de Mars et le Capitole, et passe devant l'Aventin. Sur la rive droite est la partie la moins ancienne et la moins étendue de la ville. Elle se divise en deux quartiers: au N. le Borgo (bourg), autour de Saint-Pierre et du Vatican, réuni à Rome en 852 par le mur de Léon IV; au S. le Trastevere (au delà du Tibre), entre le Janicule et le fleuve, poste avancé de Rome contre les Étrusques, faubourg très populeux du temps d'Auguste. Ces deux quartiers communiquent par la *via della Longara*, tracée sous Sixte-Quint. Six ponts relient les deux rives du Tibre: le pont neuf de la Ripetta, le pont Saint-Ange, en face du château Saint-Ange (ancien mausolée d'Hadrien); le pont suspendu Leonino; le pont Sisto; le pont S. Bartolomeo, qui traverse l'île Saint-Barthélemy; le pont de' Quattro Capi, entre cette île et la rive gauche; le pont *Rotto* (rompu), en aval de cette même île.

La ville proprement dite, ou Rome ancienne, s'étend dans une plaine de la rive gauche du Tibre, qui est l'ancien Champ de Mars, et sur les collines qui l'entourent. C'est surtout cette plaine qui est habitée, tandis que les célèbres collines de la Rome antique sont presque désertes. On comptait dans l'enceinte de la ville sept collines, d'où le surnom donné à Rome de « ville aux sept collines ». La plus petite, mais la plus importante dans l'histoire, est celle où était construit le Capitole, haute de 50 mètres au-dessus du niveau de la mer; elle est à peu près au centre de la ville antique, s'étend du S.-O. au N.-E. et se termine par deux sommets. Celui du S.-O., le plus rapproché du Tibre, est dominé par le palais Caffarelli. Au N.-E. est l'église Sainte-Marie d'*Ara Cœli*; au N.-E.-E., le Quirinal (42 mètres), séparé du Capitole par une vallée que les travaux de Trajan ont encore approfondie. Au N., un vallon, où se trouve la place Barberini, sépare le Quirinal du *Pincio*, qu'on appelait autrefois *Collis Hortorum*, colline des jardins, et qui n'était pas dans l'enceinte. A l'E. du Quirinal est le Viminal (54 mètres), bien moins étendu. Le Pincio et le Viminal ne sont que des ramifications de l'Esquilin (75 mètres), qui va jusqu'au Cœlius : il porte l'église de Sainte-Marie Majeure, l'église Saint-Pierre-aux-Liens et les ruines des Thermes de Titus. Au S.-E. du Capitole est le Palatin (51 mètres), colline isolée ayant la forme d'un quadrilatère irrégulier et portant les ruines du palais impérial. Le vallon qui sépare le Capitole du Palatin est l'ancien Forum. Plus au S. et près du Tibre est l'Aventin (46 mètres), séparé du Palatin par un vallon où s'étendait le grand Cirque; sur l'Aventin ont été bâties les églises Sainte-Sabine et Sainte-Balbine. A l'E. de l'Aventin, la longue colline du Cœlius porte Saint-Grégoire et Saint-Étienne-le-Rond; le Colisée s'étend entre le Cœlius, le Palatin et l'Esquilin; le palais de Latran est à l'E., près du mur d'enceinte, entre le Cœlius et l'Esquilin. Cette immense enceinte, qui abritait autrefois 2 millions d'habitants, est presque aujourd'hui déserte; sur le Palatin, l'Aventin, le Cœlius, il n'y a pas de rues populeuses, mais des murs qui entourent des clos où croît la vigne; c'est de nos jours seulement qu'on a bâti sur l'Esquilin. La ville du moyen âge et des temps modernes est séparée par le Corso, qui va de la porte du Peuple à la place de Venise. Les étrangers se pressent sur les flancs du Pincio et du Quirinal; à l'O., le long du Tibre, des rues étroites et sales sont le centre du petit commerce. Avant l'annexion au royaume d'Italie, les couvents occupaient un septième du terrain bâti et possédaient un huitième du reste.

Rome fut, dit-on, fondée en 753 par Romulus sur le mont Palatin; c'était la Rome carrée, *Roma quadrata*, dont Tacite parle dans ses *Annales* et dont les substructions ont été découvertes de nos jours. Plus tard, les Sabins s'établirent sur le Quirinal; les deux cités étaient unies par les institutions politiques et avaient en commun le *Forum*, dominé par le Capitole et son temple de Jupiter. Servius Tullius engloba ces trois collines, avec l'Esquilin et le Cœlius, d'une enceinte dont il subsiste encore de nombreux vestiges. Sous les Tarquins, la ville s'étendit aux sept collines; ces derniers rois construisirent le grand cirque, entre le Palatin et l'Aventin, et la *cloaca maxima* (grand égout), dont on admire encore les voûtes, et qui servit à dessécher les marécages du Forum.

Durant les premières luttes de la république contre Véies et les Gaulois, Appius Claudius donna à Rome son premier aqueduc et sa première chaussée (*aqua, via Appia*). Quand Rome eut triomphé de Carthage et fut devenue la capitale du monde, elle perça ses remparts de tous côtés, et se couvrit d'îlots (*insulæ*) de maisons hautes et légères, près desquelles les grands construisaient leurs palais; dès 184, M. Porcius Caton lui donnait sa première basilique; Pompée construisit un théâtre en pierre; les rues furent pavées de ces larges dalles de lave qu'on admire encore sur la voie Appienne. Il ne reste cependant de cette longue époque que le *tabularium* (archives), et des tombeaux, entre autres ceux de Bibulus et de Cécilia Métella.

Auguste trouva une ville de tuf, de tuiles et laissa après lui une ville de marbre; du règne de cet empereur datent le Champ de Mars, le Panthéon, les thermes d'Agrippa, le théâtre de Marcellus, le mausolée d'Auguste, la basilique d'Auguste, le forum d'Auguste, le temple de *Mars Ultor* (Mars vengeur). L'empereur construisit plus de 82 temples, divisa Rome en 14 régions, et créa des gardes de nuit pour éteindre les incendies. Du Palatin à l'Esquilin, au-dessus du Colisée, Néron construisit la Maison Dorée, avec des bassins et des jardins, dont il ne reste que des pans de muraille insignifiants. Les Flaviens élevèrent le Colisée, considéré depuis comme le symbole de la puissance romaine, les thermes de Titus sur l'Esquilin, et l'arc de triomphe construit après la prise de Jérusalem. Au milieu du forum de Trajan se dresse l'élégante colonne Trajane, dont les bas-reliefs furent ensuite appliqués à l'arc de Constantin. L'art romain était alors à son apogée; mais la décadence commence sous Adrien avec le temple de Vénus et de Rome, avec le mausolée de cet empereur, aujourd'hui château Saint-Ange. Bientôt cette décadence s'accentue et Rome perd la moitié de sa population. Cependant, comme il entrait dans la politique impériale de développer les travaux publics, nous admirons encore la colonne de Marc-Aurèle, l'arc de triomphe de Septime-Sévère, les thermes de Caracalla, le temple du Soleil d'Aurélien, les vastes thermes de Dioclétien. Les barbares frappent aux portes de l'empire, et Rome doit s'entourer de murailles, comme aux premiers temps de la république, alors qu'elle luttait contre les Èques et les Volsques. Les dernières ruines antiques sont la basilique, les thermes, l'arc de triomphe de Constantin; ces deux derniers monuments portent son nom, mais sont dus à son compétiteur Maxence.

Constantin, qui n'aimait pas les traditions païennes, transporta sa capitale à Byzance. Rome, réduite au rang de métropole provinciale, ne fut plus ornée de nouveaux monuments; les anciens mêmes commencèrent à se dégrader. Une religion nouvelle, le christianisme, avait cependant grandi dans les catacombes de Saint-Calixte, Sainte-Nérée et Achillée, Saint-Prétextat, Sainte-Agnès. L'édit de Milan (313) mit fin aux persécutions, et les constructions religieuses purent commencer. Saint Clément, troisième successeur de saint Pierre, aurait édifié la basilique de Saint-Pudentienne; Calixte Ier aurait commencé Sainte-Marie du Trastevere; Urbain Ier aurait élevé Sainte-Cécile, Saint-Alexis, Sainte-Prisca, sur l'Aventin. Constantin passe aussi pour avoir fondé les basiliques de Latran, de Saint-Pierre, de Saint-Paul-hors-les-murs, de Sainte-Croix de Jérusalem, de Sainte-Agnès-hors-les-murs, de Saint-Laurent-hors-les-murs, de Saint-Pierre et Saint-Marcellin; mais ce n'est vrai que pour la basilique de Latran. Toutes ces vieilles basiliques sont près des portes et des murs d'enceinte, parce que le paganisme dominait dans l'intérieur de la ville et rejetait dans les faubourgs les sectateurs du nouveau culte. Cependant, l'autel de la Victoire est retiré de la salle du Sénat en 382; une loi de Justinien (408) enlève à l'antique religion tous ses domaines. Dès lors, Rome fut divisée en 28 paroisses, au-dessus desquelles étaient sept églises patriarcales, paroisses universelles: Saint-Jean de Latran, Saint-Pierre, Saint-Paul, Saint-Laurent, Sainte-Marie Majeure, Sainte-Croix de Jérusalem, Saint-Sébastien, au-dessus des catacombes de la voie Appienne. C'étaient là les « sept églises de Rome » que visitaient les pèlerins d'Occident. Les pillages des Goths d'Alaric et des Vandales de Genséric, les guerres entre les barbares et l'empire d'Orient réduisirent Rome à un état de désolation qu'elle connaîtra de nouveau durant le séjour des papes à Avignon. Cependant, les papes Léon le Grand et Grégoire le Grand relèvent un peu la ville éternelle, y construisant de nouvelles églises, de nouveaux couvents. Mais la Rome antique fut considérée comme une immense carrière, où Charlemagne faisait prendre des colonnes et des sculptures pour Aix-la-Chapelle; les marbres les plus précieux étaient convertis en chaux ou réduits à de vils usages. Au retour des papes d'Avignon, sous Grégoire XI, Rome commença à retrouver sa splendeur passée; Nicolas V, Jules II, Léon X l'embellissent et rebâtissent Saint-Pierre du Vatican; Sixte-Quint lui donne sa physionomie actuelle : l'Acqua Felice, l'escalier d'Espagne, la via Sistina, la place Saint-Jean de Latran, l'obélisque de la place Saint-Pierre, la restauration de la colonne Trajane et de la colonne de Marc-Aurèle sont ses œuvres.

Rome, transformée en république (1798), fit partie de l'empire français de 1809 à 1814. La république y fut rétablie en 1849; mais les Français ramenèrent Pie IX en 1850, et y tinrent garnison jusqu'en 1870. Le 20 septembre de cette même année, les troupes italiennes pénétrèrent dans la ville après un bombardement de cinq heures; depuis, Rome est la capitale de l'Italie.

Sur les hauteurs de l'E. et du N.-E., sur l'Esquilin et le Viminal, sur l'emplacement de l'ancien camp des prétoriens, s'élèvent chaque jour de hautes bâtisses, s'allongent les larges rues de la Rome nouvelle. Les grands espaces qui s'étendent entre Sainte-Marie Majeure et Saint-Jean de Latran ont perdu leur solitude; bientôt les rues nouvelles seront tracées jusqu'aux vieux quartiers pour arriver au Tibre, qui sera bordé de quais. Sur la rive droite, au N. de la cité Léonine, d'autres quartiers commencent à sortir de terre. Cependant Rome n'est plus qu'un centre factice dans l'Italie; la puissance militaire, l'avenir commercial sont, au N., dans le Piémont, la Lombardie et la Vénétie; avec sa noblesse indolente et sa pauvre bourgeoisie, Rome n'atteindra jamais la richesse et la population de Naples; c'est une ville du passé; ce n'est pas une cité de l'avenir.

Campagne romaine. — La campagne de Rome, bornée au N. par la forêt Ciminienne, à l'O. par la mer, au S. par les monts Albains, à l'E. par les Apennins de Sabine, présente des montagnes aux beaux contours, des plaines désertes et arides, mais couvertes des ruines de l'antiquité et du moyen âge. Cette campagne, autrefois envahie par la mer, doit son origine à une révolution volcanique; on y trouve la lave, le tuf, le péperin. Les anciens cratères y sont nombreux; les plus importants sont ceux des monts Albains, de Baccano, de Vico dans la forêt Ciminienne, du lac de Bracciano. Sur la côte, les alluvions de la mer ont formé un cordon de dunes qui a ensablé les ports et retenu les eaux de l'intérieur; ce qui était aux origines de Rome les plaines Pontines, est devenu les marais Pontins, séjour de la fièvre et de la malaria. De la péninsule d'Orbitello au roc de Terracine, sur une longueur de 208 kilomètres, il n'y a d'autre abri que le petit port de Civita Vecchia. La population des communes situées à moins d'une lieue de la mer ne se monte pas en tout à 31 000 habitants. La campagne n'est pas plus animée; des monts Albains au S. à la crête isolée du Soracte (686 mètres) au N., on ne voit pas d'arbres; il y a peu de maisons, quelques champs cultivés, mais de vastes pâturages; les piles des aqueducs ruinés s'allongent dans la direction de Saint-Pierre; là seulement, dans la zone étroite du *suburbio* (banlieue), se montrent des habitations et des cultures.

L'*Agro romano*, dont l'étendue est de 212 000 hectares, est constitué par des sillons creusés dans le tuf et encaissant les ruisseaux qui, des monts Albains, descendent vers le Tibre; le fleuve lui-même, rejeté par le mont Janicule sur sa rive droite, a rongé et raviné le plateau de sa rive gauche : les éminences et les promontoires qui ont résisté aux eaux constituent les sept collines. La campagne romaine, malgré le mauvais air, serait assez fertile, si elle était partagée entre de petits propriétaires. Mais les grandes propriétés, les *latifundia*, qui ont perdu l'Italie impériale, causent encore aujourd'hui sa ruine. Le sol est livré à bail, pour neuf ans, à des entrepreneurs, dits *mercanti di campagna*, qui le sous-louent pour la pâture de 500 000 moutons, auxquels sont mélangés des troupeaux de buffles et de chevaux. Pour trouver des maisons et des cultures, il faut lever les yeux vers les terrasses d'Albano et de Castel Gandolfo; on plaint alors, avec Gœthe, les femmes d'Albe, qui durent quitter leurs bois de châtaigniers et de chênes verts pour les tristes bords du Tibre. Aux yeux des voyageurs non prévenus, la campagne romaine ressemble aux plaines nues de la Castille, aux environs de Madrid ou de l'Escurial; c'est que, sur les deux régions, a pesé trop longtemps la lourde et triste main de l'Inquisition. Les paysans de la campagne romaine, qui vivent au milieu des buffles et des chevaux, se font remarquer par leurs éperons, leurs grandes guêtres de cuir, leur large manteau couleur de brouillard, leur petit chapeau de feutre et leur longue lance à pointe de fer (*il pungolo*), qui leur sert pour aiguillonner les troupeaux. Les montagnards, dits *ciocari*, à cause de leurs sandales, ont les jambes enveloppées de bandes de toile.

Le Latium (l. *latus*, large plaine) forme un *compartimento territoriale*, divisé en cinq provinces : 1° Celle de Rome, avec Castel Gandolfo, villa pontificale bâtie sur les ruines de celle de Pompée; Ostie, port ensablé et désert; Fiumicino, port à l'embouchure du Tibre; Genzano, près du lac Némi; Albano, Frascati (*Tusculum*), Tivoli (*Tibur*), Palestrina (*Préneste*). 2° Province de Civita Vecchia (*Centum Cellæ*), avec Corneto (*Tarquinies*), antiquités étrusques, peintures murales, acropole. 3° Province de Viterbe, au pied du mont Cimino, avec Bolsena (*Vulsinii*); Montefiascone, vins renommés; Civita Castellana, tombeaux étrusques. 4° Province de Velletri, avec le port de Terracine (*Anxur*). 5° Province de Frosinone, avec Alatri, Anagni, évêché, restes de murs cyclopéens.

Les Romains plaçaient à leurs origines des dieux et des héros : Janus, Saturne, Picus, Faunus; Évandre, qui bâtit Pallantium sur le Palatin; Énée, qui s'établit à Lavinium; son fils Ascagne ou Jules, à Albe la Longue, et, parmi ses douze successeurs, Procas, ses deux fils Numitor et Amulius. Enfin Romulus et Rémus, fils de Mars et de la Vestale Rhéa Sylvia, fille elle-même de Numitor, Romulus et Rémus, exposés sur le Tibre, étaient recueillis par le berger Faustulus et par sa femme Acca Laurentia et allaités par une louve sous le figuier Ruminal. Ils rétablissaient sur le trône leur grand-père Numitor, obtenaient de lui le pays entre le Tibre et la route d'Albe, et ouvraient un asile pour les vagabonds au pied du Capitolin. Romulus ayant compté 12 vautours au ciel, alors que son frère Rémus n'en voyait que 6, donnait son nom à Rome (753).

Telle est la légende; en réalité, Rome est une colonie latine, fondée au VIIIe siècle par les Latins, les Sabins et les Étrusques; l'aristocratie ou patriciat habitait la cité sacrée du Palatin (*la Rome carrée*); la plèbe séjournait dans l'asile du Capitolin; les patriciens, divisés en trois tribus, formaient une caste sociale, militaire et sacerdotale, le *populus* (peuple), tandis que les populations vaincues, transplantées dans Rome, composaient la plèbe (*plebs*). Durant la période traditionnelle (753-509), où Niebuhr ne voyait qu'un résumé de compositions épiques, la ville aux *sept* collines compta *sept* rois : Romulus (753-716) enlève les Sabines, réunit les Sabins de Tatius à ses guerriers et disparut mystérieusement; Numa, Sabin de Cures (715-673), évita la guerre et organisa la religion; Tullus Hostilius (673-640) transplanta les Albains dans Rome à la suite d'une guerre illustrée par le combat des trois Horaces et des trois Curiaces; Ancus Martius (640-616) fortifia le Janicule et étendit le territoire de Rome jusqu'à la mer; Tarquin l'Ancien (615-578) fit de Rome une ville étrusque; Servius Tullius (578-534) établit une nouvelle constitution et divisa la population en trois classes, d'après la fortune plutôt que la naissance. Enfin, Tarquin le Superbe (534-509) fit de Rome la première cité du Latium, mais gouverna en tyran grec; à la suite de l'attentat de Sextus sur Lucrèce, l'aristocratie le chassa de Rome, l'année même où Athènes se délivrait de la tyrannie d'Hippias et d'Hipparque, fils de Pisistrate.

De 509 à 264, les plébéiens luttent à l'intérieur contre les patriciens; à l'extérieur, Rome, qui ne comprenait encore qu'une petite partie du Latium, de l'Étrurie et de la Sabine, fait la conquête de l'Italie péninsulaire. La plèbe obtint en 493 l'établissement des tribuns du peuple, qui n'étaient pas des démagogues, mais les ambassadeurs inviolables (*sacrosancti*) des plébéiens riches de l'Aventin près des patriciens du Palatin; après la création des décemvirs et la rédaction de la *loi des Douze Tables* (451-449), l'égalité civile fut complète. La plèbe arriva à l'égalité politique par l'exercice des différentes magistratures, questure, consulat, censure, préture et dictature (421-337); enfin, quand elle eut obtenu le droit de faire partie du corps des pontifes et des augures (300), l'égalité religieuse fut elle-même constituée, et le patriciat ne fut plus qu'un nom. La société romaine fut ainsi divisée en trois classes inégales : la *noblesse*, reste du patriciat; l'*ordre équestre*, composé de riches familles se livrant à l'agriculture, au commerce et à la banque, mais ne ressemblant plus aux cavaliers de l'époque primitive; la *plèbe*, formée des pauvres et d'une classe moyenne restreinte. En fait, la noblesse et la richesse sont maîtresses du pouvoir; la censure, qui juge des mœurs et de la fortune des citoyens, arrête au seuil du pouvoir l'homme honnête, mais sans patrimoine. Au dehors, durant la même période, Rome est d'abord prise par l'Étrusque Porsenna, roi de Clusium, malgré les brillantes légendes de Clélie, d'Horatius Coclès, de Mucius Scævola; elle prend sa revanche contre les Latins au lac Régille, soumet les Sabins, les Herniques, les Èques, les Volsques et les Aurunces, et détruit la grande ville de Véies (395). Mais les Gaulois, qui avaient envahi la péninsule ibérique et devaient descendre dans la péninsule hellénique, pénètrent dans l'Ombrie et l'Étrurie, battent les Romains à l'Allia (390), incendient Rome, mais ne peuvent escalader le Capitole. Camille les battit et les dispersa; pour cacher leurs défaites, les Romains imaginèrent les légendes de Manlius Torquatus et de Valérius Corvus. Cependant les Gaulois les avaient tellement épouvantés, que pour eux seuls ils réservèrent la levée en masse (*tumultus gallicus*). Ils reprirent ensuite la conquête de l'Italie, et de 343 à 290, usèrent dans trois guerres les forces des montagnards samnites : les légions durent lutter contre le Latium, l'Étrurie et la Campanie révoltés; elles passèrent sous le joug aux Fourches Caudines (321); après les batailles du lac Vadimon, de Sentinum et d'Aquilonie, les Samnites durent se soumettre (290). Rome battit ensuite les Lucaniens et les Bruttiens, voisins de Tarente, qui appela à son secours Pyrrhus, roi d'Épire; celui-ci fut vainqueur à Héraclée et à Asculum, grâce à sa tactique savante et à ses éléphants; il passa en Sicile, au lieu de remonter au N.; à son retour, il fut battu à Bénévent (275) et les Romains pénétrèrent dans Tarente (272). L'Italie avait été conquise, sans un grand général ni un grand homme, par de lourds paysans, disciplinés comme leurs bœufs de labour, frappant sur l'ennemi comme sur la glèbe, n'ayant peur ni de la fatigue, ni de la mort. Ils savaient d'ailleurs bien garder ce qu'ils avaient conquis, à l'aide de colonies, de forteresses, de voies militaires; ils divisaient, pour mieux les dominer, les Italiens, vaincus, en *sujets* et en *alliés*.

Dans la deuxième partie de la période républicaine (264-201), les nobles et les riches demeurent tout-puissants; ils achètent les suffrages aux comices centuriates, composent les classes à leur gré par l'intermédiaire du censeur, et s'entourent de créatures dites *clientèle*. Au dehors, Rome lutte contre Carthage; dans la première guerre punique (264-241), les Romains conquièrent la Sicile, sont vainqueurs sur mer, avec Duilius, à Myles et à Ecnome, pénètrent en Afrique, où Régulus est pris par le Lacédémonien Xanthippe; puis reviennent dans la Sicile; malgré les efforts d'Hamilcar, la bataille maritime des îles Egates fait perdre à Carthage la Sicile (241). Rome organise alors sa conquête, soumet la Corse et la Sardaigne et lutte contre les Gaulois Cisalpins, dans la vallée du Pô; elle avait soumis l'Istrie, quand éclate la seconde guerre punique (219-201), lutte d'un grand homme contre un grand peuple. Hannibal, fils d'Hamilcar, pille Sagonte en 219, traverse l'Espagne, le midi de la Gaule et franchit les Alpes au mont Genèvre (218); avec une armée réduite de moitié, il bat les Romains au Tessin, à la Trébie, rallie les Gaulois Cisalpins et s'empare de l'Italie péninsulaire avec leur aide. Il est vainqueur au lac Trasimène, mais il ne peut prendre Rome ni soulever l'Italie centrale; au midi il est plus heureux : il remporte la grande victoire de Cannes, soulève Capoue et Syracuse en sa faveur. Cependant les Romains triomphent de Philippe, roi de Macédoine, prennent Syracuse, sous la direction de Marcellus; se maintiennent en Espagne et arrêtent sur les bords du Métaure Hasdrubal, qui venait au secours d'Hannibal. Celui-ci se cantonne dans le Bruttium, d'où les Romains l'arrachent en transportant la guerre en Afrique. Il est battu par Scipion et le Numide Massinissa à Zama (202); Carthage renonce à toutes ses possessions hors d'Afrique, livre ses éléphants, ses navires de guerre et paye tribut (201).

Dans la troisième partie de la période républicaine (201-30), Rome poursuit d'abord les alliés d'Hannibal : Philippe, roi de Macédoine, battu aux Cynoscéphales; Antiochus, roi de Syrie, vaincu aux Thermopyles et à Magnésie; les Etoliens achètent la paix; Philopœmen, chef de la ligue Achéenne, est mis à mort; Hannibal s'empoisonne pour ne pas être livré aux Romains par Prusias, roi de Bithynie (183). Après des luttes difficiles en Espagne et dans la Cisalpine, Rome reprend la conquête de la Macédoine; Persée, battu par Paul Émile à Pydna (168), est promené dans Rome, derrière le char du triomphateur. Métellus réduit ce royaume en province (146), tandis que Mummius triomphe de la ligue Achéenne, entre dans Corinthe et fait de la Grèce une province romaine. Caton l'Ancien excite Massinissa contre Carthage; Scipion Émilien débarque en Afrique, bloque la ville durant trois ans et la détruit de fond en comble (146). Après cette troisième guerre punique, il passe dans l'Espagne révoltée et réduit l'héroïque Numance par la famine (133). Pour faire communiquer l'Espagne et l'Italie, les Romains forment la province de Gaule transalpine et fondent Narbonne (125). En Afrique, le roi numide Jugurtha, qui ne voyait dans Rome qu'une ville à vendre, achète les généraux envoyés contre lui; mais il est battu par Métellus et pris par Marius. Tranquille au midi, Rome est menacée au nord par l'invasion des Cimbres et des Teutons, vaincus par Marius à Aix (102), à Verceil (101). Mithridate, roi de Pont, conquiert l'Asie Mineure et soulève la Grèce; mais Sylla prend Athènes et triomphe des Asiatiques à Chéronée et à Orchomène; Lucullus bat le roi d'Arménie Tigrane, allié de Mithridate; Pompée oblige Mithridate à se tuer, entre dans Jérusalem, et réduit en provinces romaines le Pont, la Cilicie, la Syrie (63), auxquels il faut ajouter la Bithynie réduite en 75. César conquiert la Gaule en huit campagnes (58 à 51), rejette le germain Arioviste au delà du Rhin, pénètre dans la Grande-Bretagne, bat Indutiomare, Ambiorix, Vercingétorix. Ce noble et loyal Arverne, vainqueur devant Gergovia, fut obligé de se rendre à Alesia; certes ce fort et généreux Gaulois méritait un autre vainqueur que ce Romain chauve et épileptique, pâli par la débauche. Les défenseurs d'Uxellodunum (puy d'Issolu) furent renvoyés dans leurs foyers, les deux poings coupés. Cependant les Gaulois ne tinrent pas rancune au conquérant de leur pays; ils formèrent la légion de l'*Alouette*, si gaie et si valeureuse, et s'en allèrent verser le sang romain à Pharsale, en Egypte, en Afrique, en Espagne dans des guerres civiles qui, pour eux, étaient une guerre nationale. — Au dedans, durant cette longue période (201-30), les petits propriétaires étaient décimés par la guerre, ruinés par la concurrence des esclaves et finissaient par disparaître. En vain, Caton l'Ancien et Scipion Emilien essayent de relever cette classe moyenne, ils sont empêchés par les dédains de la noblesse et l'hostilité de la populace, ramas d'affranchis oisifs qui ne parlent plus le latin; Caius et Tibérius Gracchus, qu'on a tort de représenter comme des démagogues communistes, imaginent de distribuer aux plébéiens une partie des terres conquises affermées aux patriciens; ces deux tribuns du peuple, mal soutenus par ceux qu'ils voulaient aider, sont massacrés, l'un en 133, l'autre en 121. Les prolétaires aiment mieux entrer dans l'armée où les appelle Marius que d'aller labourer la terre; quant aux Italiens, peu satisfaits des tentatives des tribuns Saturninus et Drusus, ils commencèrent la guerre sociale; ils obtinrent enfin le droit de cité par la loi Plantia Papiria (89). Le régime républicain n'existait plus que de nom; les armées songeaient à donner à leurs chefs le pouvoir; c'est là l'origine de la lutte entre Marius et Sylla; ce dernier finit par vaincre son compétiteur et rendit au sénat toute sa puissance au détriment de la plèbe, des chevaliers, des Italiens. Après la mort de Sylla (78), Pompée et Crassus triomphent de Lépidus en Italie, de Sertorius en Espagne, des esclaves de Spartacus; au dedans, ils rendent le pouvoir judiciaire à la classe financière des chevaliers et font la fortune de Cicéron, en lui permettant d'attaquer le questeur patricien Verrès (70). Le grand orateur fait échouer les projets de Catilina, ambitieux sans honneur et sans scrupule, qui n'était peut-être que le prête-nom de César. Celui-ci forme avec Pompée et Crassus un gouvernement illégal, dit triumvirat (60); la mort de Crassus (53), les agitations du tribun Clodius font de César l'ennemi de Pompée. César chasse son rival d'Italie, le bat à Pharsale en Thessalie (48), le poursuit en Égypte, où Pompée est assassiné; César, vainqueur en Égypte, en Afrique (*Thapsus*), en Espagne (*Munda*), délivré de Caton d'Utique, de Labiénus et de Cnéus Pompée, est proclamé dictateur à vie et

CAMPAGNE ROMAINE

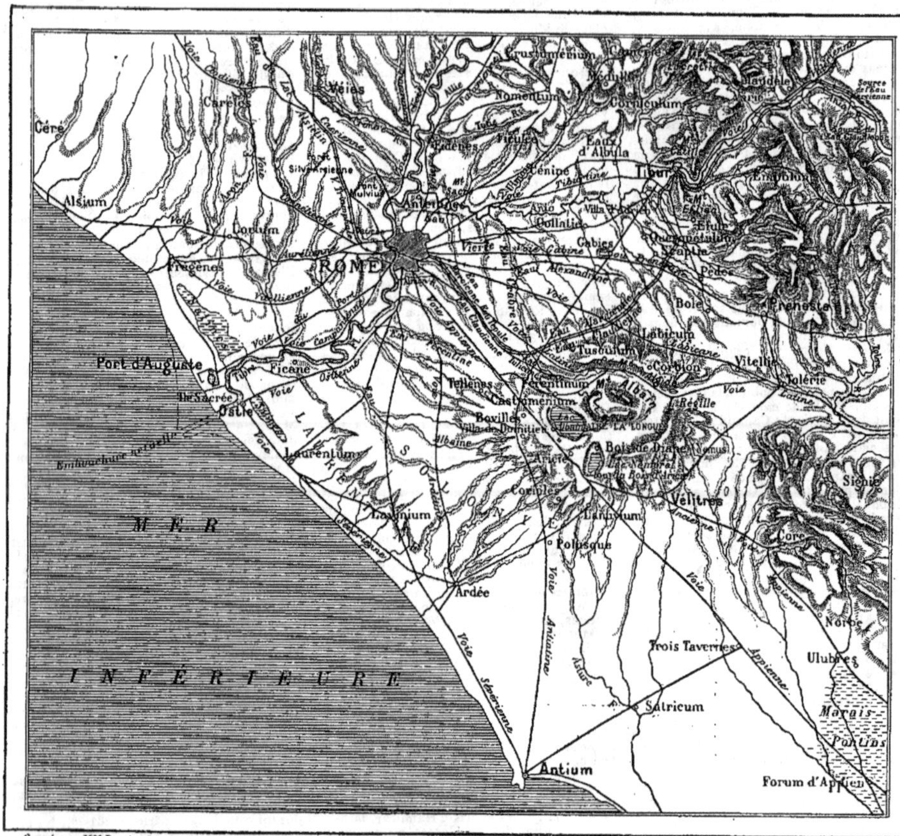

Gravé par M.me Perrin, 34, rue des Boulangers. — Paris.

Echelle de $\frac{1}{500.000}$

0 5 10 15 20 25 Kil.

réorganise par la loi municipale (*lex Julia municipalis*) les cités de l'Italie et des provinces, auxquelles il donne, par une sorte de décentralisation, l'autonomie administrative. Mais il est assassiné en 44 par Cassius et Brutus, qui ne peuvent rétablir la forme républicaine et préparent, sans le vouloir, le triumvirat d'Octave, Antoine et Lépide. Moins généreux que César, ceux-ci proscrivent leurs ennemis et mettent à mort l'honnête Cicéron. Brutus et Cassius, battus à Philippes, se donnent la mort. Octave et Antoine deviennent alors rivaux : l'un domine en Italie et triomphe de Sextus Pompée; l'autre se laisse dominer par Cléopâtre, est battu par les Parthes; il perd enfin la bataille navale d'Actium et se donne la mort (31-30).

A la république succède alors l'empire : Auguste (30 av. J.-C. — 14 ap. J.-C.) organise son despotisme par la *lex regia de imperio* (loi royale sur le gouvernement), dont les historiens ne parlent pas; il concentre tous les pouvoirs dans ses mains : le commandement en chef des armées (*imperator*), le tribunat, le proconsulat ou gouvernement des provinces, la préfecture des mœurs ou censure, le souverain pontificat ou domination religieuse; les comices acclament les candidats de l'empereur et le sénat n'est plus qu'un conseil d'État avec voix consultative. Auguste réorganisa ensuite l'Italie et les provinces; il créa une armée permanente pour lutter contre la Germanie barbare, qu'il aurait voulu rendre romaine comme la Gaule; les légions de Varus furent détruites en 12 après J.-C. Tibère, successeur d'Auguste (14-37), envoya Drusus et Germanicus venger ce désastre au delà du Rhin; mais, préoccupé de l'ambition de son favori Séjan et absorbé par les querelles du palais, il oublia ces barbares qui, au IVe siècle, compromirent, par leur invasion, l'avenir de la civilisation et détruisirent l'empire romain. Caligula, Claude, Néron appartiennent encore à la famille d'Auguste; Galba, Othon et Vitellus, usurpateurs militaires, font heureusement place à Vespasien et à Titus, dont les mérites sont effacés par la tyrannie de Domitien. A ces trois Flaviens succèdent les Antonins. Nerva rétablit l'ordre dans l'État; Trajan (98-117) conquiert la Dacie et bat les Parthes; Hadrien (117-138) centralise l'administration, multiplie les bureaux et les fonctionnaires, parcourt en touriste son empire; de la Grande-Bretagne à l'Égypte; Antonin recherche le bonheur de son peuple plus que la gloire militaire; Marc-Aurèle, stoïcien couronné (161-180), arrête aux frontières les barbares qui cherchaient à pénétrer dans l'empire.

La décadence commence avec Commode, fils de Marc-Aurèle, et de 180 à 268 deux empereurs ont seuls fait quelque bien : Septime-Sévère et Alexandre-Sévère. A la fin de cette période, les usurpateurs se multiplient et, bien qu'ils ne soient qu'une vingtaine, ils sont dits les *trente tyrans*.

De 268 à 395, l'empire se relève sous Aurélien et Probus, vainqueurs des Alamans en Gaule et en Italie; Dioclétien (284-305) imagine la *tétrarchie*, qui donnait à l'empire deux Augustes (lui-même et Maximien), avec deux Césars (Galère et Constance Chlore). Il bat les envahisseurs francs, alamans, burgondes; il triomphe des bagaudes, paysans gaulois soulevés; il perfectionne la centralisation imaginée par Hadrien; mais il a le tort de persécuter les chrétiens. Constantin (306-337), fils de Constance Chlore, se débarrasse de ses compétiteurs Galère, Sévère, Maximin, Maxence, Licinius, et oppose aux superstitions grossières de l'Orient la pure morale du christianisme. L'édit de Milan (313) proclame l'égalité des cultes; le concile de Nicée (325) rédige le *symbole* dit *des apôtres* et arrête les progrès de l'arianisme; l'*esclavage*, servitude personnelle, est remplacé par le *servage*, servitude territoriale. L'empire est divisé en quatre préfectures (Orient, Illyrie, Italie, Gaule); comme pour unir l'Europe à l'Asie, Constantin se transporte à Constantinople. Julien a le tort de vouloir restaurer le paganisme (361-363). Théodose (379-395) établit les Wisigoths dans la Mésie et la Thrace, réunit l'empire d'Occident à l'empire d'Orient (395). Après lui, les auxiliaires barbares établis aux frontières résistent à leurs compatriotes, qui voudraient pénétrer dans l'empire, mais se rendent indépendants des fonctionnaires romains; enfin, en 476, l'empire d'Occident disparaît avec Romulus Augustule. — Fig. L'Église catholique. || *Tout chemin mène à Rome*, on peut atteindre son but par les moyens les plus divers. || *Je l'irai dire à Rome*, on vient de dire une chose extraordinaire, impossible. — **Dér.** *Romain, romaine*, etc.; *Romulus*, etc.; *Romanie, Roumélie, Romélie*.

ROME-DE-TARN (SAINT-), 1506 hab. Ch.-l. de c., arr. de Saint-Affrique (Aveyron).

***ROMÉINE** (*Romé* + sfx. *ine*; ce minéral a été dédié à Romé de l'Isle), *sf*. Minéral cristallisant en octaèdres très petits, d'un jaune de miel ou d'un rouge hyacinthe et qui est un antimonite de chaux. On le trouve mêlé à du minerai de manganèse à Saint-Marcel (Piémont).

***ROMESTECQ** (angl. *rump*, croupion + *stake*, piquet), *sm*. Jeu de piquet, augmenté des six, avec lequel jouent deux, quatre ou six personnes.

ROMEYER, forêt domaniale de la Drôme, peuplée de sapins, de hêtres, de chênes rouvres, de pins sylvestres et de pins à crochets. 894 hectares.

ROMILLY-SUR-SEINE, 6938 hab. Ch.-l. de c., arr. de Nogent-sur-Seine (Aube). Bonneterie. Ch. de fer de l'Est.

ROMME (GILBERT) (1750-1795), conventionnel du parti de la Montagne qui contribua à l'établissement du télégraphe aérien, à l'adoption du calendrier républicain. Condamné à mort par une commission militaire pour participation à l'insurrection du 1er prairial an III, il se poignarda au moment de monter à l'échafaud; il fut imité par Goujon, Duquesnoy, Bourbotte, Soubrany; on les appelle dans l'histoire les *derniers montagnards*.

ROMSDAL

VALLÉE DE LA RAUMA (NORVÈGE)

ROMORANTIN, 7545 hab. S.-préf. (Loir-et-Cher), à 218 kilom. de Paris. Ancienne capitale de la Sologne; manufactures de draps; céréales. Ch. de fer de l'État.

ROMPEMENT (*rompre*), *sm*. Usité dans : *Rompement de tête*, fatigue causée par un grand bruit, un discours importun, une forte application.

***ROMPIS** (*rompre*), *sm*. Arbres dont les branches maîtresses ont été rompues par le vent. (Eaux et forêts.)

ROMPRE (l. *rumpere*), *vt*. Mettre en morceaux : *Le vent a rompu cet arbre*. || *Se rompre le cou*, se tuer ou se blesser grièvement dans une chute. || *Rompre le pain*, faire la cène, la communion. || Autrefois, *rompre un criminel*, lui casser les os des bras et des jambes avec une barre de fer. || *Rompre une lance, la lance dans un tournois*, la briser en luttant. — Fig. *Rompre une lance avec quelqu'un*, disputer en règle avec lui. — Fig. *Rompre une lance pour quelqu'un*, prendre son parti contre une personne qui en dit du mal. || *Rompre en visière à quelqu'un*, briser une lance dans la visière de son casque. — Fig. Lui dire en face et brusquement des choses désobligeantes. || Détruire par un labour une culture permanente : *Rompre une luzerne*. — Fig. *Rompre ses fers, ses chaînes*, s'évader de prison, se rendre libre. || *Rompre la glace*, la casser pour cheminer plus aisément. — Fig. Prendre l'initiative dans une affaire, et surmonter les premières difficultés. || Faire cesser la froideur, l'embarras qui règne au début d'une entrevue, d'une réunion. — Fig. *Rompre la tête, les oreilles à quelqu'un*, faire un bruit qui l'incommode, l'importuner par ses discours. || Harasser : *Cette course m'a rompu*. || *Se rompre la tête à une chose*, se fatiguer en tentant de vains efforts pour la faire. || *Rompre les chemins*, les détériorer, les rendre impraticables : *La pluie a rompu la route*. || *Rompre un corps de troupes*, l'obliger à reculer en désordre. || *Rompre les rangs*, ne plus les garder. — Fig. Congédier, faire cesser : *Rompre une assemblée*. || Arrêter, faire dévier le mouvement d'un corps : *Rompre le cours de l'eau*. || Amortir : *Rompre le choc des vagues*. || Empêcher de réussir, d'avoir lieu : *Rompre un projet, un mariage*. || Mettre fin à : *Rompre une trêve, un entretien*. || Annuler : *Rompre un marché*. || Interrompre : *Rompre un tête-à-tête, le sommeil de quelqu'un*. || *Rompre le silence*, faire du bruit, commencer à parler. || Ne pas accomplir : *Rompre son serment, ses engagements*. || *Rompre le jeûne*, ne pas l'observer, manger après avoir jeûné. || Dresser, accoutumer : *Rompre quelqu'un aux affaires, à l'obéissance*. — *Vi*. Se casser, se briser : *Les arbres rompent de fruits*. || *Rompre d'une semelle*, reculer. || Cesser toute relation d'amitié : *J'ai rompu avec lui*. — **Se rompre**, *vr*. Se casser. || Être interrompu. || Dévier de la ligne droite. || Être amorti, annulé, dérangé, détruit. || *Se rompre au travail*, s'y accoutumer. — A TOUT ROMPRE, *loc. adv*. Tout au plus (vx), avec enthousiasme : *Applaudir à tout rompre*. — **Dér.** *Rompu, rompue, rompement, rompis, rompure, rupture, roture*, etc.; *route, routin, routier* 1 et 2, *routine, routiner, rouliné, routinée, routinier, routinière; routinièrement; rout, roulailler*. — **Comp.** *Déroute*, etc.; *interrompre*, etc. — **Syn.** (V. *Casser*.)

ROMPU, UE (*rompre*), *adj*. Détérioré, impraticable à : *Chemin rompu*. || Haché et sans harmonie : *Style rompu*. || *Nombre rompu*, une fraction (vx). || Harassé : *Rompu de fatigue*. || Exercé, accoutumé : *Rompu aux affaires*. || *A bâtons rompus*. (V. *Bâton*.)

***ROMPURE** (*rompre*), *sf*. Endroit où la lettre se rompt. || Action de la rompre, dans une fonderie de caractères.

ROMSDAL, ou *vallée de la Rauma*, l'une des régions les plus célèbres de la Norvège. La Rauma, grossie de l'Ulvaa, y forme la belle chute de Slettafos.

***ROMSTECK**. (V. *Rumsteck*.)

ROMULUS (de *Roma*, ville du fleuve. *Romulus* signifie l'enfant de la ville du fleuve), frère de Rémus, fils de Rhéa Sylvia, petit-fils de Numitor et neveu d'Amulius, qui fit exposer les deux frères sur le Tibre; suivant la légende, une louve les allaita d'abord; puis ils furent élevés par le berger Faustulus et sa femme Acca Laurentia. Devenus grands, ils tuèrent Amulius, replacèrent Numitor sur le trône d'Albe et fondèrent Rome en 753. Quand il s'agit de donner un nom à cette ville, une querelle survint entre eux; Romulus tua Rémus et gouverna seul. Sous son règne eurent lieu l'enlèvement des Sabines et la réunion des Sabins aux Romains. On raconte que Romulus fut enlevé par Mars pendant un orage, mais il fut plutôt assassiné par les sénateurs (714 av. J.-C.).

ROMULUS AUGUSTULE, dernier empereur romain d'Occident, déposé en 476 par Odoacre, roi des Hérules, qui prit le titre de roi d'Italie.

RONCE (l. *rumicem*, dard), *sf.* Genre d'arbustes dicotylédones sarmenteux, armé d'aiguillons, du groupe des Rosacées, auxquels appartiennent : 1° le framboisier (V. ce mot) ; 2° la *ronce commune*, dont les fruits, noirs, sont dits *mûres de ronce*. La fleur de la *ronce* est composée d'un calice à 5 divisions ne recouvrant pas les carpelles ; d'une corolle à 5 pétales ; d'un grand nombre d'étamines ; les carpelles sont aussi très nombreux et réunis sur un réceptacle ordinairement conique et charnu. Les carpelles se transforment en drupes renfermant un petit noyau osseux, et dont la réunion forme la *mûre*. Les tiges sont sarmenteuses et portent des feuilles palmatilobées ou composées. 3° La *ronce velue*, dont toutes les parties sont recouvertes de poils glanduleux rougeâtres qui sécrètent un liquide visqueux et odorant. Cette plante jouit aux Etats-Unis d'une grande réputation comme astringente. 4° La *ronce du Canada*, ou de *Virginie*, dont la racine est employée comme astringente. 5° La *ronce bleue*, dont les fruits, noirs, sont recouverts d'une efflorescence glauque, possède les mêmes propriétés que la ronce commune. 6° La *ronce arctique* est considérée par les populations du N. de l'Europe et de la Sibérie comme un bon antiscorbutique. En outre on confectionne avec son écorce, qui est très aromatique, une boisson théiforme très estimée. 7° Enfin la *ronce arbrisseau*, dont les fleurs doublent quelquefois par la culture. Son fruit est désigné sous les noms vulgaires de *mûre de renard*, *meuron*, *moule*. Cette espèce est cultivée comme plante d'ornement, et l'on en a obtenu un très grand nombre de variétés. Avec les feuilles légèrement astringentes et toniques on prépare une décoction employée en gargarisme. Les *mûres de ronce* sont de couleur pourpre très foncée ; arrivées à maturité, elles sont agréables à manger, mais peu recherchées, parce qu'on les accuse, *à tort*, de donner les fièvres. On prépare aussi avec ces fruits d'excellentes confitures. — **Dér.** *Ronceraie, roncier*.

RONCE (Fleur).

RONCE (Fruit).

***RONCERAIE** (*ronce*), *sf.* Lieu où poussent beaucoup de ronces.

RONCEVAUX, vallée et village de la Navarre espagnole dans les Pyrénées occidentales, célèbres par la défaite de l'arrière-garde de Charlemagne et la mort de Roland en 778.

RONCHAMP, 3414 hab., canton et arr. de Lure (Haute-Saône). Houillère, fabriques de scies et ressorts. Ch. de fer de l'E.

***RONCIER** (*ronce*), *sm.* Touffe de ronces.

***RONCIN** (bl. *roncinum*), *sm.* Autrefois, cheval de charge, par opposition à destrier, cheval de guerre.

***RONCINÉ, ÉE** (l. *runcina*, rabot), *adj.* Se dit des feuilles incisées sur les côtés, de telle sorte que le sommet des incisions est recourbé en dedans ; telle est la feuille du *pissenlit*.

1. ROND (*rond* 2), *sm.* Cercle : *Un rond de carton.* || Anneau dans lequel on met une serviette de table pliée. || *Rond de jambe*, demi-cercle qu'on décrit avec la jambe en dansant. — En rond, *loc. adv.* En formant un rond, s'asseoir en rond.

2. ROND, ONDE (vx fr. *roond* : l. *rotundum*), *adj.* Qui a la forme d'un cercle, d'une boule. || Dont la base est un cercle : *Table ronde.* || *Tête ronde*, puritain, partisan de Cromwell. || *Figures de ronde-bosse*, entièrement isolées et ne tenant pas à un fond comme celle d'un bas-relief. || Cylindrique : *Bâton rond.* || *Les trois corps ronds*, le cylindre, le cône et la sphère. || *Fil rond*, un peu retordu. || *Toile ronde*, faite de fils ronds. || *Bourse ronde*, bien garnie d'argent. || *Fortune ronde*, suffisante. || *Homme rond comme une boule*, gros et court. — Fig. *Homme rond*, franc, qui agit sans façon. || *Rond en affaires*, accommodant et expéditif. || *Voix ronde*, pleine et égale. || *Nombre, compte rond*, où il n'entre pas de fractions : *La lune est en nombre rond 49 fois plus petite que la terre.* — **Dér.** *Rond* 1, *rondon, rondache, ronde*, 1, 2, 3, *rondelle, rondeau, rondelet, rondelette, rondies, rondelettes, rondelettine, rondement, rondeur, rondier, rondin, rondiner, rotonde, rotondité.* — **Comp.** *Ronde-bosse, arrondir, arrondissement, rond-point.*

RONDA, 20000 hab. Ville d'Espagne dans la province de Grenade, au milieu de montagnes sauvages, à plus de 1000 mètres d'élévation ; fabriques d'armes.

RONDACHE (*rond* + sfx. *ache*), *sf.* Bouclier circulaire dit *roiele, rouele, targe reonde* aux XIIe et XIIIe siècles ; la rondache proprement dite n'avait que 0m,30 de diamètre et servait pour combattre à pied ; elle était de cuir bouilli ou de fer. Plus tard, on plaça

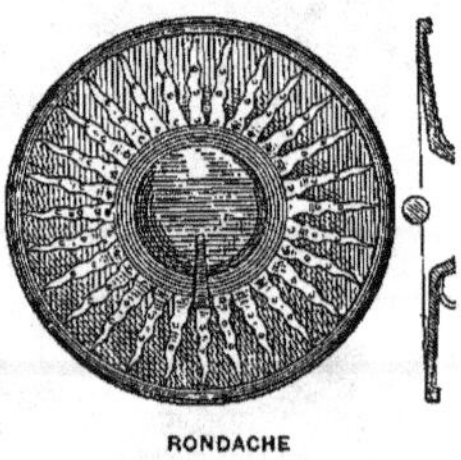

RONDACHE

FIN XVe SIÈCLE

à l'*umbo*, ou bosse centrale de ce bouclier, un crochet de fer recourbé, qui permettait de briser l'épée de l'adversaire, quand elle s'y engageait. Ensuite on suspendit à ce brise-lame une lanterne, dont on s'éclairait dans les rondes nocturnes. Vers le XVIe siècle, on donna aux rondaches les formes les plus diverses ; elles étaient façonnées en *bras à parer*, ou munies extérieurement d'un petit canon qui partait par un ressort. En Orient, les Circassiens, les Persans, les Chinois, presque jusqu'à notre époque, ont usé de la *rondache*, couverte en peau de rhinocéros, ou de fer damasquiné. || *Feuille en rondache*, feuille peltée.

1. RONDE (*rond* 2), *sf.* Visite de nuit faite dans une ville, un camp, autour d'une place forte pour s'assurer si les sentinelles veillent, inspecter les corps de garde, etc. || *Officier de ronde*, qui fait la ronde. || *Ronde major*, faite par le major de la place. || *Chemin de ronde*, saillie qui existait derrière les créneaux à la partie supérieure des remparts du moyen âge ; chemin pratiqué autour d'une prison. || Visite de nuit des employés de la douane ou de l'octroi. || La troupe ou le militaire qui fait la ronde. — Fig. *Faire la ronde, sa ronde*, faire une tournée autour d'un jardin, d'une maison, etc., visiter toutes les parties d'un logis. || *Faire la ronde*, passer une chose de main en main. || Chanson qu'une personne chante seule et dont tous répètent le refrain en dansant en rond : *Une ronde villageoise.* Les rondes que les mères et les gouvernantes apprennent aux enfants sont celles que Mme de Sévigné écoutait déjà avec plaisir : *Nous n'irons plus au bois ; la Boulangère ; Il était une bergère ; la Tour, prends garde ; Ah ! mon beau château ; Guilleri ; la Mère Bontemps ; le Pont d'Avignon ; Meunier, tu dors ; Savez-vous planter les choux ?...* Les troubadours appelaient ronde une poésie où, de deux en deux couplets, un vers était répété ; c'était le dernier vers d'un couplet qui commençait le couplet suivant. || Troupes de personnes qui dansent en rond en se tenant par la main. — A la ronde, *loc. adv.* Alentour : *Être connu à 10 lieues à la ronde.* || *Boire à la ronde*, l'un après l'autre.

2. RONDE (*rond* 2), *sf.* La plus longue note de musique (○), celle qui a le plus de valeur ; elle équivaut à quatre noires ou deux blanches et tient toute la mesure à quatre temps.

3. RONDE (*rond* 2), *sf.* Sorte d'écriture à gros pleins, aux caractères presque perpendiculaires à la ligne.

1. RONDEAU (*rond* 2), *sm.* Petite poésie particulière à la langue française contenant 13 vers sur 2 rimes disposés en 2 stances de 5 vers séparées par un tercet. On ajoute comme refrain au tercet et à la dernière stance les premières paroles du rondeau. Le rondeau, anciennement *rondel*, se composait, sans distinction de stances ou de couplets, de huit vers, dont le premier est répété au quatrième vers et les deux premiers répétés à la fin. Au XVe siècle, le rondeau est formé de trois couplets, dont le second et le troisième se terminent, en guise de refrain, par la répétition du premier ou des deux premiers vers de la pièce. Le premier couplet est toujours un quatrain ; le troisième couplet compte cinq ou six vers ; le total varie donc de 12 à 14. Les plus jolis rondeaux du XVe siècle sont ceux de Charles d'Orléans ; tout le monde connaît celui qui débute ainsi : « Le Tems a laissé son manteau, de vent, de froidure et de pluye. » Le *rondeau redoublé* s'obtient en ajoutant deux couplets, composés comme le second et le troisième, ce qui donne deux quatrains et deux sixains. Au XVIe siècle, le rondeau est réduit à treize vers. Au rondeau se rattache le *pantoum* des romantiques, composé de stances de quatre vers en nombre indéterminé, à rimes entrelacées. || Air de musique dont le motif se répète plusieurs fois.

2. RONDEAU (*rond*), *sm.* Outil de potier, d'opticien, d'horloger, de pâtissier. || En Normandie, rouleau pour écraser les mottes.

***RONDE-BOSSE** (*ronde* + *bosse*), *sf.* Dans les arts du dessin, travail en plein relief, se détachant complètement du fond.

1. RONDELET, ETTE (dm. de *rond* 2), *adj.* Que l'embonpoint rend potelé : *Visage rondelet.* || *Fortune rondelette*, assez considérable.

2. RONDELET (*rondelet* 1), *sm.* Outil de bourrelier, baguette pour enfoncer la bourre.

***RONDELETTE** (*rondelet* 1), *sf.* Cordonnet de soie à deux bouts très tordus, qu'on emploie en passementerie et dont le périmètre est tout à fait cylindrique ; si le cordonnet est très fin, il est dit *rondelettine.* || Lierre terrestre.

RONDELETTES (*rondelet*), *sfpl.* Toiles à voiles fabriquées en Bretagne.

***RONDELETTINE** (*rondelette*), *sf.* Fil de soie formé de deux bouts très tordus.

RONDELLE (dm. de *rond* 2), *sf.* Petite plaque ronde de fer, de cuivre, de plomb, de cuir, etc., percée dans le milieu. || Outil de fer dont se servent les maçons pour gratter et finir les moulures. || Petit cône d'acier dans lequel on enfilait la hampe de la lance, pour masquer la main droite qui tenait le bois. || Garde d'épée. || Double pièce ronde, percée au milieu, appliquée dans les tuyaux pour en rendre l'adhérence parfaite. || *Rondelle fusible*, faite d'un alliage très fusible et pouvant céder à la vapeur d'une chaudière, au cas où les soupapes ne fonctionneraient plus.

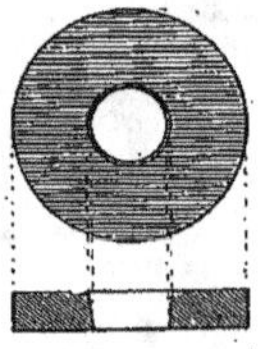

RONDELLE

RONDEMENT (*ronde* + sfx *ment*), *adv.* Uniformément, promptement. — Fig. D'une manière expéditive, franchement, sans façon.

RONDEUR (*rond* 2), *sf.* Qualité de ce qui est rond, sphérique ou cylindrique : *La ron-*

deur de la terre n'est pas parfaite. || Harmonie coulante du style. — Fig. Franchise, simplicité de manières : *J'estime la rondeur de cet homme.*

***RONDIER** (*rond*), *sm.* Arbre de la famille des Palmiers qu'on trouve aux Maldives ; il fournit une espèce de sucre et une liqueur fermentée d'un goût agréable.

***RONDIES** (*rond*), *sfpl.* Cylindres servant à arrondir les tables de plomb destinées à faire des tuyaux.

RONDIN (*rond* 2), *sm.* Morceau de bois de chauffage qui est rond. || Gros bâton. || Cylindre de bois pour fabriquer des tuyaux de plomb. || Sapin écorcé et dégrossi.

RONDINER (*rondin*), *vt.* Battre quelqu'un à coups de rondin.

RONDON (*rond* 2), *sm.* Terme de fauconnerie usité dans l'expression *Foudre en rondon,* qui se dit lorsque l'oiseau tombe avec impétuosité sur sa proie.

ROND-POINT (*rond + point*), *sm.* Chevet demi-circulaire d'une église ; abside. || Grande place ronde à laquelle aboutissent plusieurs chemins ou avenues : *Le rond-point des Champs-Élysées à Paris.* — Pl. *des ronds-points.*

RONFLANT, ANTE (*ronfler*), *adj.* Sonore : *Voix ronflante.* — Fig. Harmonieux et boursouflé et vide d'idées : *Phrases ronflantes.* || *Promesses ronflantes,* grandes et vaines promesses.

***RONFLE,** *svf.* de *ronfler*, anciennement *renvier.* Ancien jeu de cartes, usité encore dans l'O., semblable à la triomphe.

RONFLEMENT (*ronfler*), *sm.* Bruit qui accompagne quelquefois la respiration d'une personne qui dort et est produit par la vibration du voile du palais. Le reniflement sonore, entendu chez quelques personnes respirant par le nez, est le résultat de l'ébranlement de l'air au niveau du plancher des fosses nasales et des cornets ; il ne doit pas être confondu avec le ronflement.

RONFLER (prov. *ronflar ;* ital. *ronfiare :* du l. *re + inflare*), *vi.* Faire des ronflements. — Fig. Faire un bruit prolongé : *Cette toupie ronfle. Le canon ronfle.* — **Dér.** *Ronflant, ronflante, ronfle, ronflement, ronfleur, ronfleuse.*

RONFLEUR, EUSE (*ronfler*), *s.* Celui, celle qui ronfle, qui a l'habitude de ronfler.

RONGE, *svm.* de *ronger.* Action de ruminer : *Le cerf fait le ronge.* (Vénerie.)

RONGÉ, ÉE (*ronger*), *adj.* Miné, consumé par la maladie : *Rongé d'ulcères.* || Tourmenté : *Rongé de remords.*

RONGEANT, ANTE (*ronger*), *adj.* Qui ronge, mine, consume, tourmente : *Des chagrins rongeants.* || En teinture, produit employé pur, sur une étoffe uniformément teinte, dans une opération préliminaire, en enlevant la couleur à certaines places, de façon à produire des dessins.

***RONGE-BOIS** (*ronge + bois*), *sm.* Le cossus, papillon de nuit dont la chenille, de grande taille et brune, s'introduit dans la partie inférieure des troncs de saule, de peuplier, de tilleul, d'orme, de chêne, et y creuse des galeries qui affaiblissent beaucoup les arbres ; il faut fouiller l'aubier avec une pointe de fer et tuer les chenilles. — Pl. *des ronge-bois.*

***RONGE-MAILLE** (*ronge + maille*), *sm.* Mot par lequel La Fontaine désigne le rat.

***RONGEMENT** (*ronger*), *sm.* Action de ronger. || État d'une chose rongée.

RONGER (vx fr. *rungier :* du bl. *rodicare :* de *rodere,* ronger), *vt.* Couper à plusieurs reprises avec les dents, les mandibules : *Les chiens rongent les os.* — Fig. *Donner un os à ronger à quelqu'un,* lui procurer un emploi qui l'aide à vivre, lui accorder une légère faveur pour se débarrasser de ses importunités, lui susciter un embarras qui l'empêche de nuire. || *Ce cheval ronge son frein,* il le mord. — Fig. *Ronger son frein,* cacher son dépit. || User lentement par le bord, entamer, miner, désagréger, détruire : *La mer ronge ses bords, la rouille ronge le fer.* — Fig. Inquiéter, tourmenter : *La jalousie le ronge.* — Fig. Consumer le bien d'autrui : *Cet avoué ronge ses clients.* — *Vi.* Détruire les couleurs. — **Se ronger,** *vr.* Être rongé. || Se tourmenter. — **Dér.** *Ronge, rongé, rongée, rongeant, rongeante, rongement, rongeur, rongeuse.* — **Comp.** *Ronge-bois, ronge-maille.*

RONGEURS, *smpl.* Ordre de mammifères dont les genres et les espèces sont très variés et très nombreux. Ils sont généralement de petite taille, et leur conformation ne présente rien de bien remarquable. Leur cerveau est peu volumineux et les circonvolutions font presque toujours défaut. Le tube digestif présente cette particularité que le cœcum est très développé ; chez certaines espèces, sa capacité est plus grande que celle de l'estomac. Ce qui distingue les rongeurs des autres classes de mammifères, c'est la dentition. Les mâchoires de ces animaux sont très allongées en avant et portent à leurs extrémités antérieures deux incisives seulement. Ces incisives ne possèdent jamais de racines et peuvent, par conséquent, s'allonger indéfiniment. Elles sont en outre enchâssées dans des alvéoles très grandes qui s'étendent parfois jusque sous les molaires. Elles ont la forme d'un arc de cercle et sont cannelées dans le sens de la longueur ; elles sont recouvertes, sur la face extérieure, d'une couche d'émail dont la teinte varie du jaune au rouge. Ces incisives s'allongeraient indéfiniment, — et ce phénomène peut se produire accidentellement, par exemple quand l'une d'elles vient à être brisée, celle qui lui fait face prend des dimensions considérables, — si elles ne s'usaient chaque jour par le frottement. Cette usure donne à leur extrémité la forme d'un ciseau dont l'action est si semblable à celle de cet instrument, que les archéologues ont été amenés à discuter si des traces laissées sur des bois fossiles avaient été faites par une main humaine aidée d'un instrument de pierre ou bien produites par les dents d'un rongeur. La famille des lapins offre cette particularité que derrière les incisives il s'en trouve deux plus petites servant de talon. (V. *Lapin.*) Les canines font absolument défaut chez les rongeurs ; aussi existe-t-il un large espace entre les incisives et les molaires ; c'est ce que l'on appelle la *barre.* Le nombre des molaires est très réduit, puisque leur nombre varie de deux à six dans chaque branche des mâchoires. Leurs formes sont identiques et on ne peut distinguer les molaires des prémolaires. Néanmoins l'étude de leur développement montre qu'il y a toujours trois vraies molaires, et que celles qui sont situées en avant ont pris la place des dents de lait. Du reste, ces dernières présentent chez quelques espèces un phénomène assez curieux : le cochon d'Inde, par exemple, perd ses dents de lait avant la naissance et vient au monde avec sa dentition définitive. Les rongeurs qui ont *trois molaires* n'ont pas de dents de lait en naissant ; ceux qui en ont *quatre*, ont une prémolaire ; et ceux qui ont *cinq* molaires, remplacent deux prémolaires. Les molaires des rongeurs peuvent, au point de vue de leur structure, être ramenées à un petit nombre de types, rattachés les uns aux autres par des formes de passages. C'est ainsi qu'il existe : 1° des molaires sans racines, et par suite dont la croissance est continue ; la partie de ces dents cachée dans l'alvéole est semblable à celle qui est au-dessus des gencives : 2° des molaires ayant une couronne et une racine distinctes. Mais entre ces deux types, il y a des intermédiaires chez lesquels on remarque une obstruction plus ou moins complète de la racine. Il existe même des genres chez lesquels la différenciation entre la couronne et la racine ne se montre qu'avec l'âge : dans la jeunesse, point de différence entre la racine et la couronne, tandis que la même dent, considérée à un âge plus avancé, offre une différence entre les deux parties de cet organe. Quant à leur structure interne, les dents des rongeurs sont formées soit par des cylindres entourés d'émail et ayant quelque analogie avec celles de certains édentés, soit par des tubercules qui rapprochent ces animaux des insectivores ou des omnivores. Dans d'autres cas, la dent présente un ou plusieurs plis verticaux d'émail, ou bien encore des lamelles réunies entre elles par du cément.

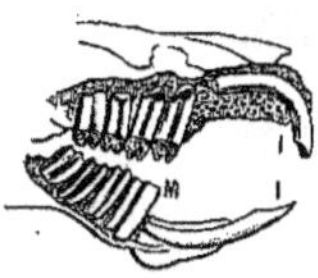

RONGEUR

MACHOIRE DE COCHON D'INDE

M. Molaire. — I. Incisives.

RONGEUR

MACHOIRE D'ÉCUREUIL

Nous n'entrerons pas dans le détail du squelette des rongeurs ; nous dirons seulement que ceux qui se servent de leurs membres antérieurs comme organes de préhension, ont toujours la clavicule développée, tandis que ceux qui ne se servent de ces membres que pour marcher ou courir, ont la clavicule nulle ou rudimentaire. Les doigts sont généralement libres et terminés par des ongles plus ou moins acérés. Une seule famille, celle des cochons d'Inde, possède de véritables sabots.

Les rongeurs se rencontrent dans toutes les parties du globe, aussi bien sous l'équateur que dans les pays froids. Bien que dépourvus de moyens de défendre leur existence, ils n'en sont pas moins nombreux, trop nombreux, on peut dire ; cela tient à la prodigieuse facilité avec laquelle ils se reproduisent et se développent. L'Amérique du Sud est la partie de notre globe qui en présente le plus grand nombre d'espèces. L'Europe et l'Afrique en recèlent aussi, mais en moins grande quantité. L'Australie, Madagascar en sont très pauvres ; il en est de même des Indes orientales et des îles de la Sonde.

On divise les Rongeurs en neuf familles, savoir : 1° la famille des *Sciuridés* (écureuils, marmottes) ; 2° celle des *Loirs* (loirs proprement dits, muscardins, castors) ; 3° la famille des *Muridés* (rats taupes, cricets, rats, campagnols) ; 4° celle des *Gerboises* (gerboise, pédète, etc.) ; 5° celle des *Porcs-épics* (porc-épic, athérure, couy, coypou) ; 6° la famille des *Octodontes* (dégou, etc.) ; 7° celle des *Chinchillidés* (chinchilla, lagidium, viscache) ; 8° celle des *Subongulés* (agouti, paca, mara, cobaye, cabiai) ; 9° enfin, la famille des *Léporides* (lièvre, lapin).

***RONRON** (onomatopée), *sm.* Bruit continu que le chat tire de sa gorge pour marquer le contentement. — Fig. Bruit monotone comparé au ronron du chat.

***RONRONNER,** *vi.* Faire le ronron.

RONSARD (PIERRE DE) (1524-1585). Page du duc d'Orléans, fils de François Ier, puis de Jacques Stuart, roi d'Écosse, il devint sourd et s'enferma au collège Coqueret pour y étudier les langues anciennes avec Jean de Baïf, Jodelle, Belleau, du Bellay, sous la direction de Jean Daurat. Ce vieil humaniste poussa Ronsard à sa réforme poétique, qu'on peut ramener à quatre points principaux : 1° formation d'une langue poétique distincte de la prose ; mais le français répugne aux inversions des langues antiques et aux épithètes redondantes, dites homériques ; 2° création de rythmes nouveaux : Ronsard a varié les formes de la strophe, et, avant Malherbe, il a donné de la grâce aux chutes de ses stances ; 3° introduction de la mythologie dans notre poésie : ici encore, Ronsard fut initiateur et Malherbe imitateur ; dans la *Jeune Captive* d'André Chénier, il y a encore de la mythologie ; 4° introduction de nouveaux genres littéraires : Ronsard a essayé de nous donner une épopée avec la *Franciade ;* il a essayé de l'ode pindarique et réussi dans l'ode horatienne ; ses sonnets et ses élégies ne sont pas sans valeur ; autour de lui, Belleau composa des idylles ; Jodelle, des tragédies et des comédies. C'est à du Bartas, et non à Ronsard, qu'il faut reprocher d'avoir parlé en français, grec et latin ; Ronsard recommandait seulement d'enrichir le français par des mots empruntés aux dialectes provinciaux et de procéder par *provignement.* Protégé par Marguerite, sœur de Henri II, Ronsard fut le poète favori de Marie Stuart et de Charles IX.

ROOS (PHILIPPE) (1655-1705), dit *Rosa de Tivoli*, peintre d'animaux, de paysages : *Mouton dévoré par un loup,* au Louvre.

ROQUE (Gilles de la) (1597-1686), généalogiste, héraldiste, auteur de traités sur le blason et la noblesse.

ROQUEBRUSSANNE (LA), 740 hab. Ch.-l. de c., arr. de Brignolles (Var).

ROQUECOURBE, 1 841 hab. Ch.-l. de c., arr. de Castres (Tarn). Fabriques considérables de bonneterie à l'aiguille.

ROQUEFAVOUR, hameau de la commune d'Aix (Bouches-du-Rhône), sur la vallée de l'Arc. Magnifique aqueduc construit de 1842 à 1846, qui conduit à Marseille les eaux de la Durance. Ch. de fer de P.-L.-M.

ROQUEFORT, 1 296 hab. Bourg de Saint-Affrique (Aveyron). — *Sm.* Fromage de lait de brebis qui tire son nom de cette localité et acquiert ses qualités exceptionnelles des caves profondes où on le fait séjourner. Ces caves sont taillées dans le calcaire et toujours parcourues par un air froid. Les veines d'un bleu verdâtre que l'on voit dans la pâte de ce fromage sont dues à des champignons microscopiques.

ROQUEFORT-DE-MARSAN, 1 719 hab. Ch.-l. de c., arr. de Mont-de-Marsan (Landes). Forêts de pins. Ch. de fer du Midi.

1. **ROQUELAURE** (Antoine de) (1560-1625), officier très dévoué à Henri IV; il se trouvait dans le carrosse de ce prince lors de son assassinat par Ravaillac et fut nommé maréchal de France en 1615. — Roquelaure (duc de) (1617-1683), fils du précédent, célèbre par son esprit et son caractère bouffon. — Roquelaure (duc de) (1658-1738), fils du précédent, maréchal de France.

***ROQUELAURE** (nom propre), *sm.* Manteau fermé sur le devant par des boutons du haut jusqu'en bas. Le roquelaure a fait place à la redingote.

***ROQUELLE** (allem. *rocken*, fuseau), *sf.* Gros roquet ou bobine horizontale de 8 à 10 centimètres de diamètre, employée dans le moulinage de la soie.

ROQUEMAURE, 2 666 hab. Ch.-l. de c., arr. d'Uzès (Gard), sur le Rhône. Eaux-de-vie et huile d'olive, soie, vins estimés. Ch. de fer de P.-L.-M.

ROQUENTIN (*roc* 1), *sm.* Autrefois vieux militaire en retraite; ils furent institués par François Ier qui les plaça sur les *rocs*, dans les châteaux et citadelles. || Couplets satiriques. || Chanteur de ces couplets. || Aujourd'hui, vieillard ridicule.

ROQUER (*roc* 2), *vi.* Aux échecs, déplacer simultanément le roi et la tour, en posant celle-ci à côté du roi et en faisant sauter le roi à la case voisine de celle qu'occupe la tour.

ROQUESTÉRON (LA), 450 hab. Ch.-l. de c., arr. de Puget-Théniers (Alpes-Maritimes).

1. **ROQUET** (dm. de *roch*, chien de saint Roch), *sm.* Variété de petit chien à tête ronde, à poil ras, à oreilles petites, presque pendantes, très attaché et très fidèle à son maître, criard et hargneux. — Fig. Homme hargneux.

2. **ROQUET** (allem. *rocken*, fuseau), *sm.* Petite bobine grosse et courte qu'on emploie dans les guindres ou dévidoirs de soie pour envider le fil d'or. || Fusée de guerre. — **Dér.** *Roquette* 2, *roquetin*, *roquille*.

***ROQUETIN** (dm. de *roquet*), *sm.* Petite bobine qui reçoit le trait ou filet du fil d'or ou d'argent; celle qui reçoit le fil aplati s'appelle *roquetin de lame*.

1. **ROQUETTE** (l. *eruca*), *sf.* Plante dicotylédone de la famille des Crucifères, voisine du genre chou, de la région méditerranéenne, à fleurs blanches ou jaunes, velue, antiscorbutique, et dont on mêle les feuilles à la salade.

2. ***ROQUETTE** (*rocken*, fuseau), *sf.* Petit roquet, petite bobine.

ROQUETTE BONNEVAL, 672 hect. Forêt domaniale de l'Aveyron, peuplée de hêtres.

ROQUEVAIRE, 3 436 hab. Ch.-l. de c., arr. de Marseille (Bouches-du-Rhône). Houille, vins muscats et cuits. Ch. de fer de P.-L.-M.

1. **ROQUILLE** (*x*), *sf.* Ancienne petite mesure pour le vin égale au quart du setier.

2. ***ROQUILLE** (*x*), *sf.* Sorte de confitures d'écorce d'oranges.

RÖRAAS, 2 000 hab. Ville de Norvège; mine de cuivre, ouverte en 1645, produisant annuellement 280 000 kilogrammes de cuivre affiné.

***RORAGE** (l. *ros*, rosée), *sm.* Rouissage du chanvre, du lin sur le sol; ce procédé consiste à laisser les tiges de ces plantes étendues pendant plusieurs jours sur un pré et exposées à la rosée, qui les pénètre et sépare les fibres textiles des parties inutiles.

***RORIFÈRE** (l. *ros*, génitif *roris*, rosée + *ferre*, porter), *adj.* Qui retient, qui envoie, qui appelle la rosée.

***RORQUAL** (suédois *raudhr*, rouge + *quael*, baleine), *sm.* Mammifère marin de

RORQUAL

l'ordre des Cétacés et de la famille des Mysticètes qui peut atteindre jusqu'à 35 mètres de longueur. Cet animal, dont l'habitat est situé dans les mers septentrionales de l'Europe, se rencontre fréquemment sur les côtes nord de la Norvège; mais quelques individus descendent jusque dans la Méditerranée, sur les rivages de laquelle ils viennent échouer quelquefois. Il a la tête relativement courte; le corps, en fuseau, est noir sur le dessus, tandis qu'il est blanc par-dessous; il présente des plis ventraux d'un noir bleuâtre. Sa nageoire caudale est très large et a la forme d'une demi-lune; ses pectorales sont plates et courtes. Le rorqual est un animal extrêmement agile: il fait à la surface de la mer des bonds prodigieux et frappe, avec sa nageoire caudale, les eaux avec tant de force qu'il produit un bruit semblable à celui d'un coup de canon. Le rorqual se nourrit principalement de poissons et consomme notamment beaucoup de harengs.

RORSCHACH, 4 368 hab. Port de la Suisse sur le lac de Constance.

***ROS** (radical de *roseau*), *sm.* Appareil horizontal disposé comme une échelle très serrée, et dans lequel passent tous les fils de la chaîne du métier, qui se trouvent ainsi conserver toujours leur position respective. — **Dér.** *Roseau, roselière.*

ROSA (mont), 4 687 mètres, au pic Dufour; l'un des sommets des Alpes Pennines entre le Valais et l'Italie; massif le plus grandiose des Alpes.

ROSA (Pietro-Andrea), archéologue italien, né vers 1815, correspondant de l'Institut, auteur d'une *carte topographique du Latium*; il descend du peintre Salvator Rosa.

ROSA (Salvator) (1615-1673), célèbre peintre italien, né près de Naples; il fut en même temps poète satirique et musicien; il excella à peindre des batailles, des scènes de brigandages, des sites sauvages.

ROSA BONHEUR. (V. *Bonheur*.)

ROSACE (l. *rosacea*, de rose), *sf.* Ornement d'architecture consistant en feuillages groupés symétriquement et inscrits dans un cercle; au milieu est une sorte de bouton d'où partent les feuilles; les rosaces se placent surtout dans les caissons des voûtes et les plafonds. || Nom donné souvent aux roses ou fenêtres circulaires des églises. — **Dér.** *Rosacé, rosacée.*

ROSACÉ, ÉE (l. *rosaceum*, de rose), *adj.* Disposé comme les pétales d'une rose: *Fleur rosacée.*

ROSACÉES (*rosacé*), *sfpl.* Groupe de végétaux dicotylédones formé d'un nombre considérable d'espèces réparties sur toute la surface du globe. Les plantes de cette famille sont des herbes, des arbrisseaux ou des arbres dont les feuilles sont le plus souvent alternes et généralement composées; de plus, elles sont accompagnées de stipules. La fleur, régulière dans le plus grand nombre des cas, est portée sur un réceptacle en forme de coupe; celle-ci se creuse tellement dans quelques genres, qu'elle ressemble à une bouteille. Dans d'autres genres ce réceptacle se relève au centre en une sorte de bosse. Elle est composée d'un calice persistant à 5 sépales libres ou soudés en tubes dans une étendue variable. Ces sépales sont quelquefois accompagnés de stipules se soudant deux à deux et constituant un calicule dont les divisions alternent avec celles du calice. La corolle est composée de 5 pétales, plus rarement 4, et insérés sur un disque plus ou moins épais. A l'encontre du calice, les pièces de la corolle sont caduques. L'androcée compte un nombre indéfini d'étamines libres et implantées sur le même disque que la corolle. Leurs anthères sont biloculaires et introrses et s'ouvrent par deux fentes longitudinales. Le gynécée est formé de carpelles libres en nombre variable ou de carpelles soudés donnant naissance à un ovaire à plusieurs loges. L'embryon droit n'a pas d'albumen et sa radicule est dirigée vers le hile.

Le groupe des Rosacées a été partagé en 5 ordres, tribus ou sous-familles, qui sont: 1° l'ordre des *Spiræacées*; 2° l'ordre des *Pomacées*; 3° l'ordre des *Rosées*; 4° l'ordre des *Alchémillées*; et 5° enfin, l'ordre des *Sanguisorbées*. (V. ces mots.)

La distribution géographique des Rosacées s'étend sur presque toute la surface du globe. On en trouve depuis la Laponie jusqu'à la Nouvelle-Zélande, et les genres les plus nombreux, comme les *potentilles*, les *fraisiers*, les *ronces*, les *pommiers*, les *poiriers*, les *geum*, les *roses*, les *cratægus*, etc., sont aussi ceux que l'on rencontre partout. Il est cependant des genres qui sont propres à certaines régions: il en est que l'on ne rencontre qu'en Chine ou au Japon; d'autres, dans l'Amérique du Sud; d'autres encore dans les Andes. Nos arbres fruitiers, qui presque tous appartiennent à cette famille végétale, sont originaires de la Perse et ont été transplantés un peu partout. Seul l'*icaquier* est originaire de l'Amérique équatoriale et a été trouvé aussi à l'état spontané dans l'Afrique centrale.

Les Rosacées fournissent un grand nombre de produits à l'industrie, à la médecine, à l'économie domestique et à l'horticulture. Ces plantes sont toutes plus ou moins astringentes et renferment du tanin, qui fait employer certaines d'entre elles au tannage des peaux ou à la teinture en noir. Cette même substance les fait employer en médecine contre la diarrhée ou les hémorrhagies. L'écorce du bois de *quillai* (bois de Panama) contient une substance savonneuse utilisée à détacher les étoffes de laine et de soie. Nos arbres fruitiers, tels que pruniers et abricotiers, lorsqu'ils sont vieux, laissent couler de leurs troncs une gomme appelée *gomme de France* ou *nostros*, qui est imparfaitement soluble dans l'eau, mais s'y renfle beaucoup et n'est plus employée aujourd'hui que dans la chapellerie. Les semences du coing renferment un mucilage abondant usité en médecine comme adoucissant et dans les arts comme agglutinatif. Beaucoup de Rosacées renferment de l'acide cyanhydrique et quelques-unes sont, à cause de cela, des poisons redoutables. Un grand nombre de végétaux de cette famille exhalent une odeur agréable due à une huile essentielle. Tout le monde a entendu parler de l'essence de roses si connue des Orientaux, qui la désignent sous le nom d'*atar* et d'*ather* de roses et qu'ils nous envoient le plus souvent falsifiée. (V. *Rosier*.) Les spirées, les benoîtes, etc., exhalent aussi de suaves odeurs. Les graines des amandiers donnent une huile comestible; celles de l'abricotier de Briançon fournissent aussi une huile douce désignée sous le nom d'*huile de marmotte* et qui sert aux mêmes usages que l'huile d'olive. La plupart de nos fruits sont produits par des arbres appartenant aux divers ordres de cette famille. Enfin, le bois du poirier, celui de l'alisier, etc., sont employés par l'ébénisterie et la tabletterie. Nous ne parlerons pas des innombrables variétés de roses qui font l'ornement de nos jardins et de nos parcs. (V. *Rosier*.)

La famille des Rosacées est très voisine de celle des Renonculacées, dont elle ne diffère que parce que les étamines sont périgynes, c'est-à-dire situées au-dessus de l'ovaire, par l'absence de l'albumen et la présence des stipules. Elle se rapproche des Saxifragées; les Rosacées ont aussi par les Pyrées des affinités avec les Rhumnacées; les Prunées sont parentes des Légumineuses. — **Une Rosacée**, *sf.* Une plante quelconque de la famille des Rosacées.

1. **ROSAGE** (*rose*), *sm.* Le rhododendron.

2. ***ROSAGE** (*roser*), *sm.* Action de verser dans de l'eau du savon blanc, du sel d'étain et de l'acide azotique pour donner de la vivacité et de l'éclat à une teinture.

ROSAIRE (*rose* 1), *sm.* Grand chapelet composé de quinze dizaines d'Ave, chacune précédée d'un Pater et que l'on récite à l'honneur de la Vierge.

ROSALBA CARRIERA (DAME), 1675-1757, auteur de portraits au pastel, réunis en grand nombre au musée de Dresde.

***ROSALBIN** (*rose* 2 + l. *album*, blanc), *sm.* Nom d'un perroquet d'Australie.

***ROSALIE** (nom de chanteuse), *sf.* Phrase musicale répétée plusieurs fois sur les cordes qui sont un degré plus haut ou plus bas.

***ROSANILINE** (*rose* + *aniline*), *sf.* Base incolore qu'on prépare avec l'aniline et dont la plupart des sels sont d'une belle couleur rouge cramoisi.

ROSANS, 770 hab. Ch.-l. de c., arr. de Gap (Hautes-Alpes).

ROSARIO, 42 000 hab., port sur le Parana dans la république Argentine, qui a été, à diverses reprises, la capitale de ce pays.

ROSAS, né en 1793, élevé au milieu des *gauchos* de la Pampa, passa sa vie à cheval et les armes à la main. Devenu dictateur en 1829, il osa tenir tête aux cabinets de France et d'Angleterre, et fut aussi habile dans sa politique extérieure que féroce dans ses procédés de gouvernement. Il fit périr plus de 22 000 personnes, poussa l'orgueil jusqu'à faire donner son nom à un mois de l'année et exigea que les habitants de Buenos-Ayres saluassent son portrait. Un jour sa fille Manuelita ayant été raillée par quelques dames de la ville, celles-ci durent s'atteler à une voiture, où monta Manuelita, et la traînèrent à travers les principales rues de la capitale. Renversé par Urquiza, Rosas se réfugia en Angleterre; il vivait encore en 1861.

ROSAT (l. *rosatum*, vin rosat), *adj. 2 g.* Se dit de compositions où il entre des roses rouges: *Miel, vinaigre, huile, onguent rosat.* — La *pommade rosat* ou *pommade à la rose* est employée contre les gerçures des lèvres. (V. *Pommade*.)

***ROSÂTRE** (*rose 2 g.* + sfx. péjoratif *âtre*), *adj.* Qui est d'un vilain rose: *Étoffe rosâtre.*

ROSBACH, village de la Saxe prussienne, près de Corbetha, où Frédéric le Grand défit (5 novembre 1757) l'armée de l'empire allemand, aidée de vingt mille Français commandés par Soubise.

ROSBECQUE ou **ROOSEBEKE**, village de la Flandre occidentale (Belgique), sur la route de Roulers à Ypres, où Charles VI, roi de France, vainquit (27 novembre 1382) les Flamands commandés par Philippe Arteveld, qui fut tué dans la bataille.

ROSBIF (ang. *roast*, rôti + *beef*, bœuf), *sm.* Morceau de bœuf que l'on rôtit; il est placé au-dessus du filet et composé de plusieurs côtelettes réunies.

ROSCELIN, chanoine de Compiègne, philosophe scolastique du XIe siècle. Chef des nominalistes, qui ne voyait dans les idées générales que de purs noms, il fut condamné en 1092 au concile de Soissons.

ROSCIUS (QUINTUS) (129-62 av. J.-C.), célèbre acteur romain, qui donna des leçons de déclamation à Cicéron. Il ne faut pas le confondre avec *Roscius d'Amérie*, pour qui plaida ce grand orateur.

ROSCIUS D'AMÉRIE (SEXTUS), fils d'un riche citoyen d'Amérie, assassiné à Rome, l'an de cette ville 671. Cicéron le défendit contre un affranchi de Sylla, Chrysogonus, qui l'avait dépouillé de ses biens et l'accusait de parricide (an de Rome 673).

ROSCOË (WILLIAM), 1752-1831, littérateur anglais, auteur des vies de Léon X et de Laurent de Médicis.

ROSCOFF, 4365 hab., petit port de France, sur la Manche, arr. de Morlaix (Finistère); culture de primeurs (oignons, artichauts, choux-fleurs, asperges) expédiées à Paris, en Angleterre, Hollande; figuier gigantesque; laboratoire maritime de la Faculté des sciences de Paris. Ch. de fer de l'O.

***ROSCONNE** (*x*), *sf.* Toile de lin blanche qui se tisse en Bretagne.

1. **ROSE** (l. *rosa*), *sf.* Nom de la fleur des diverses espèces de rosiers, dont les pétales sont odoriférants et d'un rose plus ou moins foncé, blanc ou jaune. ‖ *Rose sauvage* ou *rose de chien*, la fleur de l'églantier. ‖ *Rose à cent feuilles*, grosse rose très double, d'un parfum suave, très commune dans les jardins, qui sert à faire l'essence de roses et l'eau de roses. ‖ *Rose de Damas* ou *des quatre saisons*, à pétales peu colorés. ‖ *Rose de Provins* ou *de France*, à pétales très rouges, veloutés, dont on fait des conserves, qui entrent dans la composition du miel rosat et dans beaucoup de préparations astringentes. ‖ *Eau de roses*, eau distillée sur des roses. — Fig. *Être sur des roses, sur un lit de roses*, jouir d'une grande félicité. ‖ *Point de roses sans épines*, point de plaisirs sans mélange de quelques peines. ‖ *Voir tout couleur de rose*, voir tout en beau. ‖ *Découvrir le pot aux roses*, un secret, une machination que quelqu'un cachait soigneusement. ‖ *Roman de la Rose*, poème allégorique, parfois satirique, plus souvent galant, écrit toujours avec art. Cet ouvrage fut commencé par Guillaume de Lorris, vers 1237, continué par Jean de Meung, dit Clopinel ou le Boiteux, mort en 1305. Au XVIe siècle, le *Roman de la Rose* était fort goûté, mais de nos jours on n'y voit qu'une longue et ennuyeuse allégorie en 22 000 vers. Le héros du poème, l'*Amant*, raconte qu'en songe il a vu, dans un délicieux jardin, pour la première fois de sa vie, une femme. Il veut aller à elle, mais ceux dont elle était entourée, amis ou parents, s'opposent à ce premier mouvement. De mauvaises passions, l'avarice, la haine, la tristesse, l'envie, la papelardie ou hypocrisie, la pauvreté les faisaient agir. L'amant déçu parvient cependant à captiver le cœur de la jeune fille; puis il s'empare de sa personne, en usant de toutes les séductions, en employant toutes les qualités qui assureront son triomphe. Guillaume de Lorris fait de la jeune fille un bouton de rose; elle a pour duègnes l'avarice, l'envie et la pauvreté et pour dame de compagnie Oiseuse (l'oisiveté), beauté fort occupée de toilette: Jean de Meung a fait entrer dans ce frêle cadre son érudition confuse et sa passion de nouveauté; il fait la satire du clergé, des femmes, des rois. ‖ *La rose d'or*, rose artificielle en or que le pape bénit le quatrième dimanche de carême et envoie à quelque prince ou princesse. ‖ *La Rose blanche et la Rose rouge*, les factions d'York et de Lancaster, en Angleterre. (V. *Guerre*.) ‖ *Bois de rose, de Rhodes* ou *de Chypre*, nom de plusieurs bois des pays chauds du Levant et des Canaries, à odeur de rose, de couleur rouge dont on fait des objets de tabletterie ou dont on plaque les meubles. ‖ La coloration du visage mêlée de blanc et d'incarnat: *Voyez les roses de son teint.* ‖ *Des lèvres de rose*, vermeilles. ‖ Nom de diverses plantes dont la fleur est comparable à la rose. ‖ *Rose d'Inde*, plante de la famille des Composées, du genre *Tagetes*, appelée aussi *œillet d'Inde*. ‖ *Rose de la Vierge*, le narcisse poétique. ‖ *Rose de serpent*, l'ellébore fétide. ‖ *Rose de Noël*, l'ellébore noir, cultivée dans les jardins, dont les fleurs sont grandes et à sépales d'un blanc rosé. ‖ *Rose trémière*, l'*althæa rosea*, plante de la famille des Malvacées, du genre Guimauve, cultivée dans les parterres. On l'appelle encore vulgairement *rose de Damas, rose de mer, rose d'outre-mer*. ‖ *Rose de Chine*, l'*hibiscus rosa sinensis*. ‖ *Rose du ciel*, plante de la famille des Caryophyllées, originaire du Levant, du genre Lychnis. C'est le *lychnis cœli rosa*, dont on a obtenu plusieurs variétés à fleurs blanches, roses ou blanc rosé. ‖ *Rose changeante* ou *de Cayenne*, l'*hibiscus mutabilis*, à grandes fleurs solitaires blanches, puis roses. ‖ *Rose du Japon*, l'*hortensia* et le *camelia japonica*. ‖ *Rose de Sainte-Marie*, la coquelourde. ‖ *Rose du safran*, la fleur du safran. ‖ *Rose de Jéricho*, nom vulgaire de la jérose (*anastatica hierochuntina*. (V. *Jérose*.) ‖ *Diamant en rose*, taillé en facettes pointues par dessus, et plat par dessous. ‖ Grande fenêtre ronde subdivisée par des meneaux et garnie de beaux vitraux, qui se trouve à la façade de la grande nef, au-dessus de la porte occidentale, et au-dessus des portails latéraux de beaucoup d'églises du moyen âge. Cette ouverture a pour origine l'*oculus* de la basilique chrétienne, qui s'ouvrait sur le pignon élevé au-dessus de la porte d'entrée principale. Pendant le XIe siècle, les roses, appelées encore *roues*, sont d'un emploi assez rare, et leurs dimensions sont toujours exiguës, puisque leur diamètre varie entre 0m,50 et 1 mètre, et l'intérieur de la baie n'est pas divisé par un châssis de pierre. Ce n'est que pendant le siècle suivant, c'est-à-dire dans le cours du XIIe, que l'école laïque, s'emparant de ce motif d'ornementation, donna à la rose des dimensions de plus en plus grandes et en partagea le vide au moyen de meneaux auxquels on fixa

ROSE DE JÉRICHO

ces splendides verrières que nous admirons encore aujourd'hui. Au commencement du XIIe siècle on construisit de ces ouvertures dans les parties supérieures des édifices qu'elles servaient à éclairer. Le vide circulaire était alors partagé en huit parties par autant de rayons de pierre s'appuyant sur un *œil* également en pierre, qui occupait le centre de la fenêtre. Ces rayons et la circonférence de cet œil étaient recouverts de sculptures; ils supportaient, en outre, les vitraux, lorsqu'il y en avait, au moyen de pitons engagés dans la pierre. Pendant la seconde moitié du XIIe siècle, les proportions des roses augmentent beaucoup et leur place est marquée, dès cette époque, au-dessus de la porte occidentale des églises, aux extrémités des transepts et quelquefois même au centre de l'abside ou du chevet. Dans ce dernier cas, la rose surmonte deux fenêtres. La rose des transepts et celle du pignon principal s'ouvrent sous les voûtes et en sont comme la projection. Le nombre des compartiments du vide, aussi bien que celui des rayons, est généralement de douze ou d'un multiple de ce nombre. Dans les roses qui ont été construites pendant la seconde moitié du XIIe siècle, les vides se trouvent sur les axes de la roue; les axes principaux sont les deux diamètres, l'un vertical, l'autre

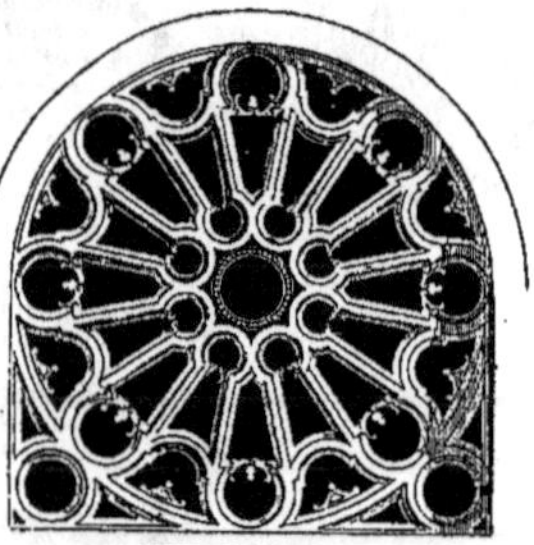

ROSE RENAISSANCE
ÉGLISE SAINTE-CLOTILDE AUX ANDELYS (EURE)

horizontal, qui passent par le centre de la *réonde verrière*. Telle est, par exemple, la rose qui orne la façade occidentale de Notre-Dame de Mantes, et qui se compose d'un œil central dont la couronne est très renforcée et sur laquelle s'appuient deux rangées de colonnettes, l'une intérieure, l'autre extérieure. Les chapiteaux et les bases de ces colonnes sont tournés vers la circonférence extérieure de la rose. Les compartiments sont terminés par des demi-cercles que supportent les colonnettes. Dès la première moitié du XIIIe siècle, les colonnettes sont placées sur les axes de la rose, et leurs bases et leurs chapiteaux sont tournés vers le centre de la rose. Les compartiments sont en forme d'ogive trilobée. Telle est déjà la rose qui occupe la façade occidentale de Notre-Dame de Paris (vers 1220), qui a 9^m,60 de diamètre et dont les jours extérieurs sont au nombre de 24, tandis que ceux qui s'appuient directement sur l'œil ne sont qu'au nombre de 12. On voit aussi dans les constructions de moindre importance, et notamment dans les églises rurales, des roses d'un diamètre beaucoup moins considérable, composées d'un œil central autour duquel est une rangée de cercles très redentés et séparés par des trèfles. Les roses, qui ont pris naissance dans l'Ile-de-France, se répandirent aussi en Champagne; mais là, elles vinrent se projeter dans les arcs doubleaux de la voûte; au-dessous de la rose, il se trouva alors un espace ajouré, ayant la forme d'un triangle dont les côtés sont des arcs de cercles. Cette disposition se voit à la cathédrale de Reims. Dans la seconde moitié du XIIIe siècle, on adopta un autre tracé : la rose fut inscrite dans un carré au-dessous duquel était une galerie de fenêtres. Les écoinçons inférieurs seuls étaient ajourés; les supérieurs, au contraire, étaient aveugles. C'est sur ce modèle qu'ont été construites les superbes roues des transepts de Notre-Dame de Paris, dont l'intérieur est rempli par un réseau de pierre composé de douze compartiments en ogive et redentés selon le style alors en usage. Ces roses datent de 1257. Un peu plus tard, la rose fut en quelque sorte absolument indépendante de la voûte. Les formerets vinrent s'arrêter à une certaine distance du pignon, et constituèrent ainsi des espèces d'arcs doubleaux, et la rose, toujours inscrite dans un carré, eut ses écoinçons supérieurs, aussi bien que ses inférieurs, ajourés. Comme type de ce dernier genre, nous citerons la rose de la sainte Chapelle du château de Saint-Germain en Laye, qui fut édifiée vers 1240. Elle se compose de douze compartiments, et chacun de ceux-ci se divise en deux baies plus petites, qui reposent sur le grand cercle de la rose; chacun de ces petits jours est fermé du côté du centre par un trèfle composé de trois arcs de cercle et supporte une rosace renfermant elle-même six demi-cercles très redentés. Les quatre écoinçons sont ajourés par une rosace, semblable aux précédentes, et flanquée de deux trèfles. Cette rose, du plus bel effet, avait été recouverte de plâtre sous le règne de Louis XIV, et elle fut retrouvée par M. Millet, qui s'empressa de la dégager des prétendus embellissements dont on l'avait recouverte. Pendant les guerres qui ensanglantèrent notre pays au XIVe siècle, on construisit peu de monuments importants. Cependant, les maîtres de l'œuvre cherchèrent à prévenir la déformation qu'amenait souvent le déplacement des rayons des roses. Ils imaginèrent de ne plus faire concourir les charges vers le centre de l'œil. Ils y parvinrent à l'aide d'étrésillons en décharge, qui donnèrent des roses dont l'intérieur est très tourmenté et s'adapte parfaitement au style dit *flamboyant*, qui allait naître avec le XVe siècle. Comme exemple de cette sorte de rose, nous mentionnerons celle qui orne la façade occidentale de Saint-Nicaise de Reims et celle percée dans le pignon du transept septentrional de la cathédrale d'Amiens. Cette dernière rose, édifiée vers 1325, est engendrée par un pentagone, et ses compartiments ne tendent plus vers le centre, mais aux angles de ce pentagone formant œil. A partir du XIVe siècle, ce fut ce système qui prévalut; et les roses qui furent construites pendant tout ce siècle et pendant le XVe substituèrent aux lignes droites des rayons d'arcs de cercles. On eut alors ces belles roses aux formes contournées et dont les compartiments ressemblent à des flammes. Il est inutile d'ajouter que leur tracé est purement géométrique et que le principe du raccordement joue le rôle principal. Parmi les roses de cette époque, nous citerons celle qui fut reconstruite au XVe siècle et qui décore le pignon occidental de la sainte Chapelle de Paris. Nous ajouterons que les roses furent en quelque sorte propres à l'Ile-de-France et à la Champagne. On en voit cependant à la cathédrale de Chartres; mais la Bourgogne usa peu de ce motif d'architecture; celles qui furent élevées par ses architectes sont généralement de petites dimensions. Il en fut de même dans les autres provinces de la France. || *Rose des vents*, compas, ensemble de trente-deux rayons par lesquels on partage la circonférence de l'horizon afin de pouvoir estimer en mer la direction du vent. || La droite d'intersection du méridien et de l'horizon est la *méridienne* du lieu. La droite d'intersection de l'équateur et de l'horizon est perpendiculaire à la *méridienne*. On nomme cette dernière intersection la *perpendiculaire*. La méridienne est désignée par les lettres N, S, indiquant les directions du N. ou septentrion et du S. ou du midi; et la perpendiculaire par les lettres E, O indiquant les directions de l'E. ou orient, et de l'O. ou occident. Ces quatre points sont les *points cardinaux*, chacun des quatre angles droits formés par la méridienne et la perpendiculaire est divisé en deux parties égales. Les extrémités des bissectrices ainsi menées portent les noms de *nord-est* (N.-E.), *sud-est* (S.-E.), *sud-ouest* (S.-O.), *nord-ouest* (N.-O.). D'autres bissectrices donnent de nouveaux points compris entre ces derniers. Ces points sont dits : N.-N.-E. entre le nord et le nord-est; E.-N.-E. entre l'est et le nord-est, etc. De nouvelles bissectrices donnent les nouveaux points intermédiaires : N. 1/4 N.-E. entre le nord et le nord-nord-est; le point N.-E. 1/4 N. entre le nord-est et

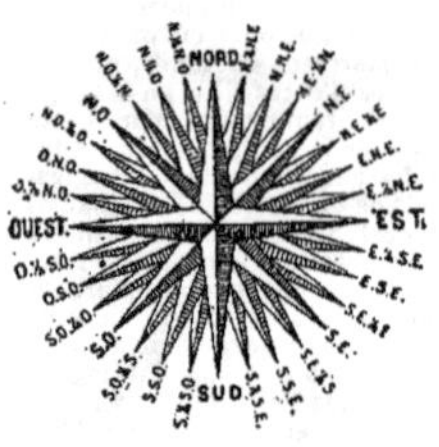

ROSE DES VENTS

le nord-nord-est; le point N.-E. 1/4 E. entre le nord-est l'est-nord-est; le point E. 1/4 N.-E. entre l'est et l'est-nord-est., etc. Ces divisions forment la *rose des vents*, qui sert aux marins à indiquer la direction du vent. — **Dér.** *Rosace, rosacé, rosacée, rosage* 1, *rosaire, rosat, rose* 2, *rosé, rosée, roséine, roselet, roselier, roséole, roseraie, rosette* 1, 2, *rosier, rosière, rosiériste, rosir, rosoir, rosolique*. — **Comp.** *Rosalbin*.

2. **ROSE** (l. *rosa*), *adj*. 2 *g*. Qui est de la couleur de la rose : *Des écharpes roses*. — *Sm*. La couleur de la rose : *Un rose tendre*. — **Dér.** *Rosé, rosée, rosir, roséine, roselet, roselier, roséole, rosolique, rossane, rosâtre, roselite, rosellane*.

ROSÉ, ÉE (*rose* 1), *adj*. Qui est d'un rose pâle.

ROSEAU (vx fr. *rosel* : dm. du goth. *raus*, jonc), *sm*. Genre de la famille des Graminées auquel appartiennent la *canne de Provence* et le *roseau à balai* qui croît dans les lieux marécageux. — Fig. *Un roseau qui plie à tous vents*, un homme sans fermeté. || Bûches empilées en travers l'une sur l'autre à chaque bout d'une pile de bois; on les appelle aussi grillons. || Baguette dans les cannelures des colonnes gothiques, dites aussi *rudenture*.

ROSEAU

ROSE-CROIX (d'un All. nommé ROSENKREUTZ), *sf*. Secte d'illuminés qui compta beaucoup d'adhérents en Allemagne au commencement du XVIIe siècle et dont les membres prétendaient posséder un pouvoir surnaturel. — *Sm*. Un membre de cette secte. || Grade dans la franc-maçonnerie, immédiatement au-dessus de celui de maître. — Pl. *des rose-croix*.

ROSÉE (spf. du vx fr. *roser*, qui est dans *arroser*), *sf*. Gouttelettes d'eau qui couvrent, après les nuits calmes et sereines, les corps placés à découvert sur la surface du sol. Lorsqu'en hiver, les carreaux de vitre de nos appartements sont en contact, d'un côté avec une atmosphère confinée, chaude et humide, et de l'autre avec l'air extérieur, dont la température est beaucoup plus basse, on remarque qu'il se forme, sur la face du carreau placée à l'intérieur de la salle échauffée, une sorte de buée qui va s'épaississant de plus en plus et qui ôte momentanément à la lame de verre sa transparence habituelle. C'est la vapeur d'eau contenue dans l'atmosphère confinée qui est venue se condenser en partie à la surface d'un corps refroidi par son contact avec l'air extérieur. L'air n'était pas saturé à la température initiale qu'il possédait; mais la couche de cet air, qui touche la lame refroidie, prend elle-même une température décroissante, et il arrive un moment où la force élastique de la vapeur qui s'y trouvait contenue devient égale à la force élastique maximum qui convient à la température de la lame. A partir de ce moment, la sursaturation arrive, si le refroidissement se poursuit, et la vapeur se condense sur le corps avec lequel elle est en contact. Cette observation rend compte des phénomènes de la rosée. Pendant le jour, les corps terrestres, échauffés par l'action directe des rayons solaires, acquièrent une température supérieure à celle de l'air. Quand le soleil a disparu à l'horizon, ces corps, dont le pouvoir émissif est beaucoup plus grand que celui de l'air, rayonnent de la chaleur vers les espaces célestes et se refroidissent beaucoup plus que l'atmosphère qui les entoure. Deux thermomètres placés dans une prairie, l'un en contact avec l'herbe, l'autre à 1 mètre au-dessus du sol, indiquent quelquefois, pendant une nuit de printemps, un excès de température de l'air sur celle du sol, égal à 7 ou 8 degrés. Sur les feuilles des plantes, sur la surface de la terre, devra donc s'opérer une condensation de vapeur, comme cela a lieu sur les carreaux de vitre dans l'exemple cité plus haut. La cause du refroidissement est différente, mais la raison pour laquelle s'effectuent les dépôts de rosée est la même dans les deux cas. Cette théorie explique toutes les circonstances qui influent sur le dépôt de la rosée : 1° Les corps dont le pouvoir émissif est plus grand se recouvrent d'une plus grande quantité de rosée parce que leur refroidissement est plus intense. 2° Quand la surface du corps est abritée et qu'une partie du ciel lui est cachée, le dépôt de rosée est faible; car, si le corps perd toujours de sa chaleur par un rayonnement continu dans toutes les directions, il lui en est restitué, du moins du côté de l'abri, une quantité supérieure à celle qu'enverrait le ciel s'il était découvert. 3° Lorsque le ciel est couvert d'épais nuages, ces nuages forment abri et on n'observe aucun dépôt de rosée. 4° Lorsque l'air est serein, le dépôt de rosée est abondant et même le refroidissement peut devenir tel que la température descende au-dessous de zéro. Cette circonstance se présente fréquemment pendant les nuits claires du printemps; alors les plantes gèlent et il se dépose aussi de la *gelée blanche*. 5° Lorsque l'air est un peu agité, le dépôt de rosée est abondant; mais, si le vent est fort, les courants d'air, en renouvelant à chaque instant la masse gazeuse voisine du sol empêchent le refroidissement des couches inférieures et le dépôt ne peut avoir lieu. Les *gelées blanches* peuvent avoir des effets désastreux sur la première végétation du printemps, comme les primeurs des jardins et surtout les bourgeons de la vigne. C'est notamment dans la première quinzaine de mai que les gelées tardives sont redoutables dans nos pays. Les habitants de la campagne, ayant observé avec beaucoup de justesse que les gelées blanches n'ont lieu que par un ciel pur et *lorsque la lune brille*, ont attribué à cet astre inoffensif la destruction des bourgeons naissants qui deviennent *roux* en se fanant dans la journée suivante. De là, le nom de *lune rousse*, qui a été donné à la lune d'avril, c'est-à-dire à celle qui commence en avril pour se terminer en mai. Cette théorie de la rosée est due au physicien anglais Wells. Toutefois le dépôt de rosée n'est pas seulement dû aux rayonnement nocturne, mais aussi à une autre influence révélée par M. Jamin : celle de l'*évaporation* dont l'effet n'est pas moindre que celui du rayonnement et souvent le dépasse. Plusieurs faits viennent à l'appui de cette opinion. On sait que l'herbe des prairies se recouvre de beaucoup plus de rosée que le sol nu placé dans le voisinage. On remarque, dans les soirées d'automne et de printemps, que lorsqu'on descend du haut d'une colline dans la vallée on éprouve subitement, en arrivant au bas du coteau, une sensation de froid très prononcée, qui s'accentue notablement quand la vallée est sillonnée par un cours d'eau. On a pu aussi constater qu'à l'époque des gelées printanières ce sont toujours les bas-fonds qui sont plus fortement atteints. La *vigne* gèle souvent à la base du coteau pendant la nuit, tandis qu'elle résiste à la partie supérieure. Il y a ici plusieurs causes agissantes : d'abord l'évaporation plus active qui a lieu dans les fonds humides, puis le *déversement de l'air* qui, rendu plus dense parce qu'il est refroidi, descend du sommet de la colline, où le rayonnement nocturne est très intense, et s'épanche dans la vallée. Il forme là comme un véritable lac, une sorte de masse fluide stagnante dont les couches inférieures se renouvellent sans cesse par l'envoi continu de l'air refroidi qui vient de la région supérieure. Cette action est tellement marquée, qu'on peut facilement, le lendemain du désastre, délimiter sur le flanc du coteau la portion qu'atteignait la zone d'air refroidi au-dessous de zéro. Les derniers ceps gelés que l'on rencontre en gravissant la pente se trouvent tous sur une ligne à peu près parallèle à la ligne de faîte, quand celle-ci est horizontale. On a remarqué qu'une rosée abondante est un signe de beau temps. — Fig. *Tendre comme la rosée*, très tendre : *Cette salade est tendre comme la rosée.*

***ROSÉES** (*rose* 1), *sfpl.* L'un des cinq ordres ou tribus dans lesquels se partage la famille des Rosacées. La fleur des Rosées possède un réceptacle très concave, non soulevé au centre; elle n'a point de calicule. Le calice et la corolle sont construits sur le type 5; les étamines sont nombreuses. Le fruit est sec et enveloppé par la coupe réceptaculaire devenue charnue. Cette tribu renferme les benoites, les roses, les potentilles, les aigremoines, etc. — **Une Rosée,** *sf.* Une plante quelconque de la tribu des Rosées.

***ROSÉINE** (*rose*), *sf.* Produit rouge obtenu en traitant le sulfate d'aniline par le peroxyde de plomb.

***ROSELET** (*rose* 2), *sm.* Belette à queue noire, de couleur rousse ou jaunâtre.

1. ***ROSELIER** (*roseau*), *adj. m.* Se dit des marais où il y a beaucoup de roseaux.

2. ***ROSELIER** (*rose* 2), *sm.* Substance qu'on rencontre dans le minerai d'argent.

***ROSELITE** (*rose* 2), *sf.* Minéral d'un beau rose fleur de pêcher que l'on a trouvé à Schneeberg, en Saxe, sur du quartz. C'est un arséniate hydraté de cobalt et de calcium.

***ROSELLANE** (*rose* 2), *sf.* Substance minérale d'un rose pâle, en petits grains que l'on trouve dans certains calcaires. C'est de l'anorthite altérée ou impure.

ROSELLEN (Henri) (1811-1876), pianiste français, auteur d'une *Rêverie* longtemps populaire dans les salons.

ROSÉOLE (*rose*), *sf.* Ensemble de petites taches rouges à la peau, accessoire d'affections internes plus ou moins graves. (Méd.)

***ROSER** (*rose* 2), *vt.* Opérer le rosage, en teinturerie. — **Dér.** *Rosée, rosage.*

ROSERAIE (*rose* 1), *sf.* Terrain planté de rosiers.

1. **ROSETTE** (*rose* 1), dm., *sf.* Petite rose. || Ensemble de plusieurs cercles de feuilles étagés et rapprochés les uns des autres, étalés sur le sol, terminant une tige souterraine, et du centre desquels s'élève la hampe qui porte les fleurs. Ex. : la joubarbe. (Bot.) || Ornement de sculpture ou de broderie en forme de rose. || Nœud de ruban en forme de rose. || Bouton fait de ruban rouge et en forme de petite coupe que les officiers de la légion d'honneur portent au-dessus de leur croix ou à la boutonnière. || Réseau en fil avec lequel une lingère bouche un petit trou qu'un accident a causé dans le linge. || Petit cadran placé sur la platine d'une montre et muni d'une aiguille.

2. **ROSETTE** (*rose* 1), *sf.* Encre rouge faite avec du bois de Brésil. || Craie colorée en rouge qui sert à peindre. || *Cuivre de rosette* ou *rosette*, le cuivre rouge pur; on le trouve dans le commerce sous forme de plaques circulaires ou de gâteaux.

ROSETTE, 16200 hab. Ville de la basse Égypte, sur la rive gauche de la branche occidentale du Nil et à 10 kilom. de son embouchure.

ROSETTE (Pierre de). En 1799, durant l'expédition de Bonaparte, le capitaine du génie Bouchard reçut l'ordre d'élever une redoute au fort de Saint-Julien : pendant les travaux, les ouvriers trouvèrent une pierre qui a depuis permis aux savants de déchiffrer les hiéroglyphes. Cette pierre, tombée aux mains des Anglais en 1800, est aujourd'hui exposée au musée Britannique. Cette inscription comprend trois textes à la suite l'un de l'autre : le premier en caractères *hiéroglyphiques*, tels qu'ils sont écrits sur les monuments; le second, en caractères *démotiques*, tels qu'on les voit sur les papyrus; et le troisième, en grec. Le texte grec était un décret des prêtres égyptiens en l'honneur de Ptolémée Épiphane, qui régna de 204 à 181 av. J.-C.; on supposa donc que les deux autres textes étaient la répétition de ce décret, et on essaya de traduire les textes égyptiens à l'aide du texte grec. Le Suédois Akerblad fixa plusieurs lettres du texte démotique, et l'Anglais Thomas Young fixa cinq lettres du texte hiéroglyphique; mais le texte demeurait inexpliqué. Le Français François Champollion *le Jeune* trouva en 1821 la véritable méthode pour déchiffrer cette fameuse inscription. Il partit de l'idée que l'ancienne langue des Égyptiens pouvait être recherchée dans la langue copte, qui est encore la langue liturgique des chrétiens d'Égypte. Champollion fit donc une grammaire du copte et s'en servit pour classer les noms géographiques de l'ancienne Égypte, puis pour déchiffrer l'inscription de Rosette. Il établit ainsi que les Égyptiens n'avaient pas une écriture sacrée pour les prêtres et une écriture profane pour le vulgaire, mais trois espèces d'écriture : *hiéroglyphique*, pour les inscriptions gravées, *hiératique* ou *cursive*, pour les papyrus, *démotique* ou *expédiée*, pour le commerce.

ROSETTI (Constantin), né en 1816, poète, publiciste et homme d'État roumain. Mort en 1885.

ROSHEIM, 3602 hab. Anc. c. Schelestadt (Bas-Rhin), auj. en Alsace-Lorraine, près du couvent de Saint-Odile.

ROSIER (*rose* + sfx. *ier*), *sm.* Genre d'arbustes dicotylédones du groupe des Rosacées et de la tribu des Rosées. Les végétaux qui composent ce genre sont renommés par la magnificence et le parfum de leurs fleurs. Ils sont disséminés sur la plus grande partie de la surface du globe. Ce sont des arbustes presque toujours armés d'aiguillons. On sait que ces organes sont, comme les poils, des productions de l'épiderme. Ils diffèrent des épines qui ne sont autre chose que des bractées des feuilles ou des rameaux avortés. (V. *Aiguillon, Épine.*) Tous les rosiers portent des feuilles composées pennées : ainsi les lobes de leurs feuilles ou folioles sont rangés par paires de chaque côté de la nervure médiane. En outre celle-ci, elle-même, est terminée par une foliole. Les stipules que l'on voit au bas des pétioles ont des dimensions considérables. Les fleurs des rosiers sont, ou solitaires à l'extrémité des rameaux, ou rapprochées en groupes plus ou moins compacts; ces fleurs ont reçu un nom spécial, celui de *roses*. Elles sont généralement très grandes, surtout dans les rosiers cultivés; leur couleur varie beaucoup; elle tire le plus souvent sur le rose. Leur calice se compose de cinq sépales munis de prolongements ou lobes latéraux. Après le calice de la rose, on trouve une corolle de cinq pétales de couleurs diverses suivant les espèces et même suivant les variétés. Parfois ces pétales sont *unguiculés*, c'est-à-dire terminés inférieurement par des onglets. En dedans de la corolle, on voit de nombreuses étamines qui entourent les sommets des styles. Enfin, au fond de la coupe réceptaculaire qui a pris la forme d'une bouteille, il y a un grand nombre de carpelles : ce sont autant d'akènes osseux couverts de poils rudes du côté opposé à l'insertion du style. A l'époque de la maturité, les parois de la coupe réceptaculaire deviennent plus ou moins charnues et succulentes, et on les regarde communément, mais tout à fait à tort, comme les fruits du rosier. Ces parois sont même comestibles dans certaines espèces; elles reçoivent alors le nom de *cynorrhodons*. Le nombre des espèces de rosiers décrites jusqu'à ce jour s'élève à plus de deux cents. Ces espèces ont en outre donné naissance à une quantité prodigieuse de variétés; ces dernières s'élèvent aujourd'hui à plusieurs milliers; et entre les mains des horticulteurs, leur nombre s'accroît tous les jours dans une progression effrayante. Parmi les plus belles et les plus utiles de ces espèces nous nous contenterons de citer les suivantes :

1. Le *rosier des chiens* (*rosa canina*) est connu vulgairement sous le nom d'*églantier sauvage;* c'est un arbrisseau de 1 à 3 mètres, commun dans les bois, les haies et les buissons. Ses carpelles, comme ceux du rosier rouillé, surmontent une espèce de pied qui les égale en longueur. Les aiguillons des tiges d'un certain âge sont robustes et presque égaux entre eux; ils se terminent brusquement par une pointe recourbée. Les feuilles ont de 5 à 7 folioles qui ont leurs dents supérieures presque *conniventes.* Les fleurs du *rosa canina* sont blanches ou d'un blanc rosé, d'une odeur suave, solitaires ou disposées en corymbe. Dans le bouton, les sépales du calice, profondément lobés, dépassent de beaucoup la corolle; ils se réfléchissent après la floraison et tombent avant la maturité. La coupe réceptaculaire, appelée encore *fruit* ou *cynorrhodon,* présente la forme d'un fuseau; elle est d'un beau rouge à la maturité, mais ne devient pulpeuse qu'après les premières gelées. Le *rosier des chiens* est commun dans toute la France; il a été aussi nommé, non point par dédain pour ses fleurs simples, mais parce que sa racine a été autrefois préconisée contre la rage. Le *rosier des chiens* est une espèce médicinale; ses jeunes feuilles peuvent être prises en infusion comme le thé; ses akènes sont employés à l'intérieur comme vermifuges. Enfin, ses fruits ou cynorrhodons servent à la préparation d'excellentes confitures; seulement il faut avoir soin de débarrasser la pulpe des poils roides qui recouvrent les akènes et qui irriteraient fortement la gorge. On fait encore avec les cynorrhodons une conserve astringente, antiputride, usitée pour combattre les diarrhées chroniques. Il n'est pas rare de voir se développer sur ses organes des excroissances chevelues que l'on ne saurait mieux comparer qu'à un paquet de mousse et auxquelles on donne le nom de *bédéguars.* Ces bédéguars proviennent de la piqûre d'un très petit insecte hyménoptère appelé le *cynips de la rose* (*cynips rosæ*). (V. *Cynips.*) Les bédéguars qui entourent les tiges du *rosier des chiens* ont souvent le volume d'une pomme; ils semblent formés d'une immense quantité de filaments dont plusieurs ont leurs extrémités libres et plus ou moins ramifiées. Lorsqu'on coupe ces masses en travers, on trouve au centre un noyau pierreux creusé de petites loges, dont chacune renferme une larve de cynips. Quand la femelle du cynips est sur le point de pondre, elle pratique à l'aide d'une tarière qui termine l'extrémité de son abdomen de petites entailles sur la tige du rosier, et dans chacune de ces fentes elle dépose un œuf. Elle y verse en même temps une liqueur particulière qui fait affluer la sève en ce point et provoque ainsi la formation d'une excroissance. Grâce à cette disposition, les larves, à la sortie de l'œuf, trouvent un logement tout construit. Le petit animal suce, pour se nourrir, les parois de sa demeure, et par cette succion, il détermine un nouvel afflux de sève: ce qui a pour effet d'augmenter les dimensions du bédéguar. Cependant, au bout d'un certain temps, la larve du cynips se métamorphose en nymphe ou chrysalide; puis elle devient insecte parfait. Alors, ce dernier pratique dans la paroi du bédéguar une ouverture circulaire par laquelle il s'échappe de son berceau. Au moyen âge, les bédéguars étaient l'objet de croyances superstitieuses; on leur attribuait des propriétés curatives surprenantes; ils constituaient aux yeux du vulgaire un médicament diurétique, anthelminthique et antiscrofuleux. De nos jours même, dans certaines campagnes, on s'imagine qu'un bédéguar placé sous le lit procure un profond sommeil.

2° Le *rosier rouillé* (*rosa rubiginosa*) est encore connu sous les noms vulgaires d'*églantier odorant, églantier rouge, rosier à odeur de reinette.* C'est un arbrisseau de 1 à 2 mètres formant un buisson touffu. Les anciennes tiges sont couvertes d'aiguillons inégaux, les uns robustes, coniques et recourbés, les autres grêles, droits et presque cylindriques. Les feuilles ressemblent à celles du *rosa canina,* seulement les dents supérieures de leurs folioles ne sont pas conniventes; de plus, la face inférieure des dites feuilles est couverte de petites glandes couleur de rouille et très odorantes. Leur parfum est assez analogue à celui de la pomme de reinette. Les pétales de la corolle sont ordinairement d'un rose vif. Ces pétales sont, en outre, odorants. Le fruit, presque sphérique, est d'un rouge foncé à la maturité. Le *rosier rouillé* est commun sur les coteaux arides, au bord des chemins, le long des haies et dans les buissons.

3° Le *rosier des champs* (*rosa arvensis*) se distingue des deux espèces précédentes par ses carpelles sessiles, par ses feuilles d'un vert blanchâtre en dessous, par son calice dont les divisions ne dépassent pas la corolle dans le bouton, par sa corolle grande et d'un blanc pur, enfin par ses styles soudés en une colonne qui atteint la hauteur des étamines. Le *rosa arvensis* est très commun sur la lisière des bois, au sommet des collines incultes et le long des haies.

4° Le *rosier pimprenelle* (*rosa pimpinellifolia*) est un arbrisseau de 5 à 20 décimètres formant un buisson bas et touffu. Sa tige est couverte d'aiguillons droits, très inégaux et très grêles. Ses feuilles, d'un vert pâle en dessous, se composent de 5 à 9 folioles très petites. Les fleurs sont odorantes, à pétales blancs, offrant, surtout à leur base, une légère coloration jaune. Les divisions du calice ne dépassent pas la corolle dans le bouton. Les styles, distincts, sont plus courts que les étamines. Les fruits ont un peu la forme d'une nèfle et deviennent d'un rouge brun à la maturité. Le *rosier pimprenelle* se plaît sur les coteaux arides et sablonneux.

ROSE
PIMPRENELLE

5° Le *rosier églantier* (*rosa eglanteria*) est un arbrisseau de 1 à 3 mètres de hauteur. Sa tige est armée d'aiguillons semblables à ceux de l'espèce précédente. On le reconnaît aisément à ses fleurs d'un beau jaune et exhalant une odeur de punaise. Son fruit globuleux est rouge à la maturité. On le cultive comme plante d'ornement.

6° Le *rosier français* (*rosa gallica*) est encore désigné vulgairement sous les noms de *rose rouge* et de *rose de Provins.* Il croît spontanément dans les haies de toute la France. Sa tige est armée d'aiguillons inégaux. Les feuilles, généralement composées de 3 à 5 folioles, sont pubescentes à la face inférieure. Les fleurs, très grandes et d'un rouge pourpre, sont peu odorantes lorsqu'elles sont fraîches; mais elles acquièrent par la dessiccation une odeur des plus suaves. Le fruit est presque globuleux et très coriace. C'est principalement à ce dernier caractère qu'on distingue le *rosier français* du *rosier à cent feuilles.* L'espèce qui nous occupe est une plante médicinale. Elle constitue la *rose rouge* ou *rose officinale* des pharmaciens. Ses pétales, séchés le plus rapidement possible, sont employés comme astringents et toniques. On les administre à l'extérieur en infusion dans l'eau, le vin et l'eau-de-vie; ils forment alors des lotions excitantes qui favorisent la cicatrisation des ulcères. Ces pétales servent, en outre, à la préparation de la conserve de roses et du miel rosat. Le *rosier français* était autrefois cultivé en grand aux environs de Provins (Seine-et-Marne). C'est sans doute à cette circonstance qu'on doit l'un de ses noms vulgaires.

ROSE
DE PROVINS

7° Le *rosier à cent feuilles* (*rosa centifolia*) est trop répandu partout pour que nous en donnions une description détaillée. Il doit son nom à la grande facilité avec laquelle ses fleurs doublent sous l'influence de la culture. Il a produit déjà un grand nombre de variétés, et on en obtient tous les jours de nouvelles. Parmi ces variétés, nous citerons le *rosier à cent feuilles commun,* remarquable par ses grandes fleurs parfumées et d'un rose délicat; le *rosier à cent feuilles changeant,* dont le bouton est d'un rouge pourpre, et la fleur épanouie d'un blanc pur; le *rosier à feuille de chou* ou *de laitue,* que caractérisent ses folioles très grandes et irrégulièrement boursouflées; les *roses mousseuses,* remarquables par les filaments verts qui recouvrent le pédoncule et le calice, et qui ressemblent à de la mousse dont on aurait garni ces organes; le *rosier à cent feuilles pompon* que distingue sa taille naine ainsi que la petitesse de ses feuilles et de ses fleurs; le *rosier œillet,* dont les pétales se terminent inférieurement par un onglet assez long, tandis qu'ils sont rétrécis et tridentés au sommet; enfin le *rosier à cent feuilles apétales,* dans lequel la corolle avorte complètement. La culture de la rose à cent feuilles commune produit quelquefois des anomalies très intéressantes et donne des roses *prolifères,* c'est-à-dire des roses du sein desquelles s'élancent un ou plusieurs axes pouvant à leur tour se charger de fleurs. Les étamines se transforment aussi très facilement en pétales et produisent ces fleurs doubles qui font l'ornement des jardins et les délices des amateurs. Les pétales de la rose à cent feuilles sont employés en médecine et dans la parfumerie. Ils fournissent, par une distillation appropriée, soit l'*eau de roses,* qui est un collyre astringent, soit l'*essence de roses,* qui sert de cosmétique. On obtient l'eau de roses en plaçant dans un alambic de l'eau avec une certaine quantité de pétales de roses, et en distillant à la vapeur jusqu'à ce qu'on ait retiré un poids d'eau égal à celui des pétales employés. L'essence de roses se prépare dans le Levant. C'est une huile volatile d'odeur suave, de couleur jaune et de consistance butyreuse. Dans le commerce, l'essence de roses est quelquefois mélangée par fraude avec l'essence de géranium. Voici comment on peut découvrir la falsification: on met un peu de l'essence suspectée sur un verre de montre, et sur un autre verre à côté, on dépose un peu d'iode. On recouvre les deux verres d'une même cloche. Si l'on a affaire à de l'essence de rose pure, il n'y a pas de changement dans la couleur. Si, au contraire, les essences de roses et de géranium se trouvent mêlées, le produit qui en résulte ne tarde pas à noircir.

ROSE
MOUSSEUSE

8° Le *rosier de Damas* (*rosa damascena*) est originaire de la Syrie. Sa tige est armée d'aiguillons coniques forts et nombreux. Les sépales du calice sont déjetés en dessous dans la fleur épanouie. Les pétales sont plus ou moins grands et diversement colorés suivant les variétés. Les plus belles de ces variétés sont appelées *rosiers des quatre saisons.*

9° Le *rosier toujours vert* (*rosa sempervirens*) se reconnaît facilement à ses feuilles coriaces et persistantes. Ses pétales sont blancs ou couleur de chair. Ils peuvent servir à la préparation de l'essence de roses. Le rosier toujours vert est une espèce indigène du midi et du sud-ouest de la France.

10° Le *rosier indien* (*rosa indica*) est un arbrisseau toujours vert, armé d'aiguillons courbés en faux. Ses feuilles sont composées de folioles coriaces et luisantes. Il a fourni plusieurs variétés; les principales sont: le *rosier thé,* dont les fleurs ont une odeur de thé très prononcée; le *rosier de la Chine,* que distingue la couleur rouge intense de ses pétales. Enfin, le *rosier du Bengale*, cultivé aujourd'hui dans tous les jardins.

ROSE DE BENGALE

11° Le *rosier musqué* (*rosa moschata*), qu'on croit provenir du nord de l'Afrique, est aisément reconnaissable à ses pétales blancs terminés par un onglet jaune et très odorants. Il a fourni plusieurs belles variétés. On en peut extraire de l'essence de roses.

12° Le *rosier cannelle* (*rosa cinnamomea*) est un arbrisseau de 5 à 10 décimètres, couvert d'aiguillons grêles et droits ou tout à fait inerme. Il est caractérisé par la dilatation des stipules qui accompagnent les fleurs des rameaux florifères, dilatation qui contraste avec l'état des stipules appartenant aux rameaux non florifères; car ces dernières ont leurs bords connivents et sont presque tubuleuses. Les fleurs sont roses et ordinairement solitaires. Leurs sépales portent à leur sommet un appendice linéaire qui dépasse longuement la corolle dans le bouton. Le fruit est globuleux et d'un rouge orangé à la maturité. Plusieurs botanistes, entre autres de Candolle, regardent le *rosier de mai* comme une variété du *rosier cannelle*. Les *églantiers* ou *rosiers sauvages* que l'on veut transporter dans les jardins doivent être âgés d'au moins deux ou trois ans. Leur écorce doit être d'un gris vert et légèrement rugueuse. Il faut les replanter dès qu'ils sont arrachés afin que les racines ne soient ni desséchées par le hâle ni altérées par la gelée. C'est surtout l'*églantier long* ou *rose de Chine* qu'il faut choisir parce que sa végétation est très vigoureuse. Il est toujours préférable de planter à l'automne et de ne fumer la terre qu'avec du fumier consommé. Le rosier se greffe comme les autres arbres, c'est-à-dire en *écusson* ou en *fente*. La greffe a lieu soit au mois de mai à l'*œil poussant*, soit l'automne à *œil dormant*. Cependant la greffe en fente s'exécute en mars et en avril. Cette dernière est préférable à la greffe en écusson parce que l'on obtient la même année des têtes très grosses. Les rosiers se taillent dans les premiers jours du mois de mars. Les rosiers sont attaqués par deux sortes d'insectes : 1° par de petites chenilles qui se cachent dans les feuilles où elles s'enroulent. Pour les détruire, il suffit de presser entre ses doigts le cornet qui les renferme; 2° par une espèce de puceron. C'est là son ennemi le plus redoutable. On le détruit au moyen de la fumée de tabac. Les horticulteurs ont partagé les innombrables variétés de rosiers en huit sections : 1° les *rosiers thé*, 2° les *rosiers bengale*; 3° les *rosiers noisette*; 4° les *rosiers île Bourbon*; 5° les *rosiers hybrides remontants*; 6° les *rosiers Portland*, appelés encore *rosiers perpétuels* ou des *quatre saisons*; 7° les *rosiers remontants* dont l'origine et le caractère sont variés; 8° les *rosiers non remontants*.

ROSIÈRE (*rose*), *sf*. La jeune fille qui, dans certains villages, est désignée chaque année pour recevoir, comme prix de sagesse, une couronne de roses blanches et une petite dot. L'institution de la Rosière, établie à Salency (Oise) en 535 par saint Médard, évêque de Noyon, est aujourd'hui en vigueur dans un grand nombre de localités, et surtout aux environs de Paris.

ROSIÈRES, 2635 hab. Ch.-l. de c., arr. de Montdidier (Somme). Ch. de fer du N.

***ROSIÉRISTE** (*rosier*), *sm*. Horticulteur qui cultive spécialement les roses.

***ROSIR** (*rose* 2), *vi*. Devenir rose, en parlant du teint.

ROSNY, 691 hab. Village à 7 kilom. O. de Mantes (Seine-et-Oise), sur la Seine. Château où naquit Sully. Ch. de fer de l'O.

***ROSOIR** (*rose* 1), *sm*. Outil pour percer une rose dans la table d'un luth, d'une lyre, d'un clavecin.

ROSOLIQUE, *adj. 2 g*. Se dit d'un acide dérivé du phénol et constituant une matière rouge fournissant elle-même des dérivés employés en teinture. L'acide rosolique peut être considéré comme un excellent réactif de l'acide carbonique libre. En effet, l'acide rosolique est décoloré par la solution de ce gaz dans l'eau; il ne l'est pas par les solutions de bicarbonates.

ROSPA ET SORBA, 768 hect. Forêt domaniale de la Corse, peuplée de pins laricios.

ROSPORDEN, 1742 hab. Ch.-l. de c., arr. de Quimper (Finistère). Ch. de fer d'Orl.

ROSS (JOHN) (1777-1856), navigateur anglais, célèbre par ses voyages au pôle arctique, de 1818 à 1833. Il découvrit la baie de Melville et la presqu'île Boothia; bloqué quatre hivers de suite dans les glaces, il dut abandonner son navire la *Victoire*, en août 1833; il fut retrouvé et sauvé par l'*Isabelle*. — JAMES CLARK ROSS (1800-1862), neveu du précédent, fit avec lui et avec Parry des voyages au pôle nord, alla en 1848 à la recherche de sir John Franklin, détermina la position du pôle magnétique boréal, fit de 1839 à 1844 trois expéditions dans le voisinage du pôle sud et découvrit la terre de Victoria.

***ROSSANE** (ital. *rosso*, roux), *sf*. Lapins et lapereaux coupés par quartiers, lardés, et sautés à la casserole.

ROSSE (all. *ross*, cheval), *sf*. Cheval sans forces ou usé qui ne peut plus faire aucun service.

ROSSÉ, ÉE, p. p. de *rosser*. Qui a été violemment battu.

***ROSSÉE**, spf. de *rosser*, volée de coups.

ROSSER (picard *roissier*), *vt*. Battre quelqu'un violemment, comme s'il était un cheval. — **Dér.** *Rossé, rossée, rosser*.

ROSSEEUW SAINT-HILAIRE (EUGÈNE), né en 1805, membre de l'Institut (Académie des sciences morales et politiques), auteur d'une *Histoire d'Espagne*, depuis les origines jusqu'à la mort de Ferdinand VII.

ROSSET (JOSEPH) (1706-1786), sculpteur en ivoire. — ROSSET (FRANÇOIS), mort en 1820, peintre de la manufacture de Sèvres.

ROSSI (COMTE) (1787-1848), jurisconsulte, économiste et diplomate, né à Carrare. Professeur de droit à l'université de Bologne, il fut obligé de quitter l'Italie en 1815, à cause de son attachement au parti français; il alla résider à Genève, puis à Paris (1833), où il se fit naturaliser Français. Il devint alors professeur d'économie politique au Collège de France et à l'École de droit, fut membre de l'Académie des sciences et de la Chambre des pairs, et enfin ambassadeur à Rome, où il contribua à l'élection de Pie IX. En 1848, celui-ci lui ayant confié le ministère de l'intérieur, Rossi fut assassiné par un fanatique en se rendant à l'Assemblée.

ROSSI (J.-B. DE) (né en 1822), archéologue italien, qui a renouvelé par l'archéologie l'histoire des antiquités chrétiennes et relevé dans les catacombes plus de 12 000 inscriptions.

ROSSIGNOL (vx fr. *lossignol* : l. *lusciniolus* : dm. de *luscinia*), *sm*. Genre de petits oiseaux de l'ordre des Passereaux, caractérisé par un bec fin, en forme d'alène, de couleur brune, rouge dans certaines espèces, dont la mandibule supérieure est échancrée sur les bords et recourbée à l'extrémité libre. La mandibule inférieure, au contraire, est entière et droite. Les narines ont la forme d'une ellipse, et sont recouvertes d'une membrane. La bouche est très fendue, et les muscles du larynx sont beaucoup plus développés que dans aucune autre espèce. Le dessus de la tête, le cou, les ailes, le dos et le croupion sont d'un brun roux, tandis que la gorge et le ventre sont blanchâtres. La queue est d'un brun rouge et arrondie. Les tarses sont grêles, jaunes et couverts en dedans d'une seule écaille cannelée. Les doigts sont terminés par des ongles recourbés et pointus. Le rossignol est un oiseau migrateur : il arrive chez nous vers la fin du mois de mars ou au commencement d'avril et nous quitte d'assez bonne heure; car il émigre dans les premiers jours d'août et son passage est terminé vers le 5 septembre. Il se dirige alors vers l'E. et va passer l'hiver en Égypte, en Hongrie, en Asie Mineure, et dans les îles grecques. Les mâles précèdent toujours les femelles d'une quinzaine de jours, afin de choisir le canton où ils devront s'établir, et en chasser les autres oiseaux qui pourraient leur faire concurrence. Les rossignols sont des oiseaux très querelleurs : ils cherchent d'abord à vaincre leurs adversaires par le chant, et, lorsque ceux-ci ne veulent pas s'avouer vaincus en s'éloignant du lieu de la lutte, ils se jettent les uns sur les autres et entreprennent un combat corps à corps dans lequel l'un des deux champions laisse souvent la vie. Le vaincu émigre et va cacher loin de là la honte de sa défaite. Le rossignol vit solitaire et habite les frais ombrages; il aime le voisinage des ruisseaux et des prairies; les allées des parcs solitaires et tranquilles lui sont agréables, car il aime à se faire entendre des habitants du château et à les charmer par ses chants mélodieux. Il niche à terre ou près du sol, au milieu des pervenches ou dans la mousse, sur des buissons de houx, de hêtre ou dans les charmilles. Son nid est composé de feuilles mortes, qu'il presse et stratifie avec soin; mais jamais il ne tapisse le berceau de sa jeune couvée avec du crin ou des plumes. La femelle pond cinq œufs d'un vert olive foncé avec une tache blanche au gros bout. Elle ne fait généralement qu'une couvée, et encore les petits quittent-ils le nid de bonne heure. Le mâle ne prend pas part à l'incubation; mais, perché sur une branche voisine du nid, il chante pour charmer d'abord la mère, et ensuite pour apprendre à ses petits les mélodies de son répertoire. Le chant d'un rossignol parfait se compose habituellement de vingt-quatre strophes; mais tous les oiseaux de ce genre ne possèdent pas le même degré de perfection artistique que, du reste, les individus acquièrent par l'exercice, et l'on peut dire par l'*étude*. Parmi les rossignols, il en est qui chantent la nuit et sont appelés *nocturnes*, tandis que d'autres ne se font entendre que le jour et sont qualifiés de *diurnes*. Aussi quelques amateurs poussent-ils la cruauté jusqu'à crever les yeux du pauvre artiste au moyen d'un fil de fer chauffé au blanc. D'autres, moins barbares, pratiquent ce que l'on appelle la *mise au trou* : cette pratique consiste à enfermer, pendant deux mois environ, l'oiseau dans un endroit très sombre et d'où on le sort pour l'exposer à la vive lumière du soleil. Aussitôt le petit captif entonne sa chanson d'allégresse et salue ainsi le retour de l'astre du jour. Du reste, les rossignols en cage chantent beaucoup plus que ceux qui sont en liberté, car ils n'ont pas, comme ces derniers, à se préoccuper de la recherche de leur nourriture. Celle-ci consiste en insectes, en petits vers, en larves de toutes sortes; cependant, ils mangent volontiers des groseilles, des mûres et des baies de sureau. A ceux qui sont en cage, on donne des œufs durs, du cœur de bœuf haché et mêlé à de la mie de pain blanc. On ajoute à cet ordinaire trois ou quatre *vers de farine* (*tenebrio molitor*) par jour. Les poètes de tous les temps ont chanté le rossignol, et cet oiseau a été recherché avec passion par les amateurs, qui sacrifiaient au plaisir de le posséder des sommes considérables. La passion du rossignol était endémique dans la famille des Césars, et l'on raconte que l'impératrice Agrippine paya un de ces oiseaux six mille sesterces (1 500 fr.), et l'on assure que des rossignols du Japon atteignirent le double de cette somme. La chair du rossignol est un excellent manger, et lorsqu'ils sont gras, c'est-à-dire vers la fin

ROSSIGNOL

de l'été, ils sont aussi estimés que les ortolans ou les becs-figues. On connaît trois espèces de rossignols : 1° Le *rossignol ordinaire*, qui a fait jusqu'ici le sujet de cet article. 2° Le *rossignol philomèle*, qui se distingue de l'espèce précédente par son plumage un peu plus foncé et plus terne. Il habite surtout l'Allemagne et se rencontre rarement en France, où il vit dans les bois et le long des ruisseaux. 3° Le *rossignol du Japon*, dont le plumage vert olive est mêlé de jaune et de rouge et dont le bec est rouge de sang. C'est un animal très farouche; lorsqu'il est en compagnie d'autres oiseaux, il leur arrache les plumes une à une. Il aime, du reste, à se nourrir de matières animales : foie, mouches, insectes, vers de farine, etc.; mais il aime aussi les fruits, les oranges surtout. — Fig. *Une voix de rossignol*, pure et très flexible. || (Iron.) *Un rossignol d'Arcadie*, un âne. || Petit sifflet en écorce que les enfants détachent du bois vert, au moment de la sève. || Crochet propre à ouvrir toutes sortes de serrures et dont les voleurs font souvent usage. || Livre ou marchandise démodés qu'on ne peut plus vendre. || Coin de bois introduit dans une mortaise trop longue pour serrer le tenon. || Bobine évidée en longueur, portant la grosse soie dont on fait la lisière de l'étoffe. — **Dér.** *Rossignoler, rossignolet.*

ROSSIGNOL (Jean-Pierre), né en 1804, membre de l'Institut (Académie des inscriptions), professeur de langue et de littérature grecques au Collège de France.

ROSSIGNOLER (*rossignol*), *vi.* Imiter le chant du rossignol.

***ROSSIGNOLET** (dm. de *rossignol*), *sm.* Jeune rossignol.

ROSSINANTE (esp. *rocin*, haridelle), *sm.* Nom du cheval de don Quichotte. — *Sf.* Cheval maigre et efflanqué. || Rosse.

ROSSINI (Gioacchino) (1792-1868), le plus illustre des compositeurs italiens du XIXe siècle et l'un des plus grands qui aient jamais existé. Rossini a écrit une soixantaine d'opéras, parmi lesquels il suffit de citer : *Otello*, *Moïse*, le *Siège de Corinthe*, le *Barbier de Séville*, le *Comte Ory* et enfin *Guillaume Tell*, son chef-d'œuvre. Il composa en outre : un *Stabat Mater*, une *Petite Messe solennelle*, des cantates, des mélodies, etc. Après *Guillaume Tell*, le maître s'arrêta dans sa prodigieuse carrière. Il avait alors trente-sept ans.

ROSSO (LE) (1496-1541), célèbre peintre et architecte florentin que François Ier appela en France et qui décora la grande galerie du château de Fontainebleau. Il eut pour rival haineux le Primatice et s'empoisonna de désespoir, après avoir injustement accusé de vol son ami Pellegrino; auteur d'une *Visitation*, d'un *Christ au Tombeau* que l'on voit aujourd'hui au Louvre.

ROSSOLIS (l. *ros solis*, rosée du soleil), *sm.* Liqueur faite d'eau-de-vie, de sucre, de roses rouges, de fleurs d'oranger, de cannelle et de clous de girofle. || Genre de plantes dicotylédones de la famille des Droséracées qui croissent dans les prairies tourbeuses et dont les feuilles sont couvertes de poils rougeâtres que terminent des glandes transparentes, semblables à de petites gouttes d'eau. Les feuilles des plantes de ce genre sont radicales et toujours disposées en rosette. Lorsqu'un insecte vient à se poser sur l'une d'elles, les poils qui la recouvrent se rabattent sur lui. Il est bientôt couvert du

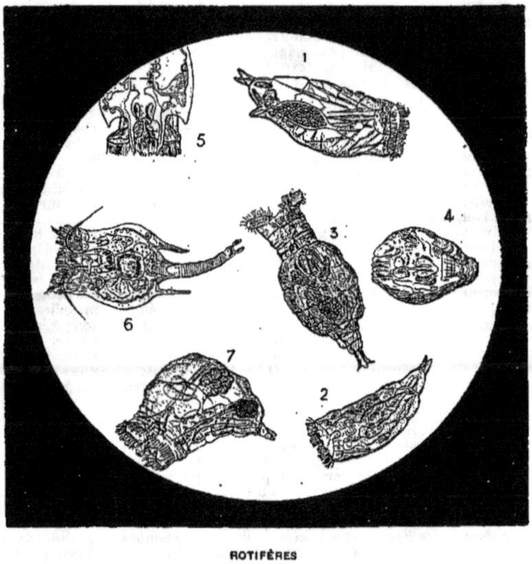

ROTIFÈRES

1. Hydalina senta mâle. — 2. Hydalina senta femelle. — 3. Rotifère commun à l'état humide. — 4. Rotifère commun à l'état de dessiccation. — 5. Noteus quadricornis. — 6. Brachionus Bakeri. — 7. Notomata copeus.

liquide que ces poils sécrètent et il est digéré. Les matières animales déposées artificiellement sur ces feuilles subissent le même sort. Les *rossolis* ou *drosera* sont des plantes *carnivores*.

***ROSTELLE** (l. *rostellum*, petit bec : dm. de *rostrum*, bec), *sm.* Prolongement semblable à un bec. — **Dér.** *Rostellé, rostellée.*

***ROSTELLÉ, ÉE** (*rostelle*). Qui a la forme d'un rostelle.

ROSTOCK, 39 356 hab. Capitale du Mecklembourg-Schwerin, port sur la Warnow, à 16 kilom. de la Baltique; université; patrie de Blücher; avant-port de *Warnemünde*.

ROSTOPCHIN (1765-1826), général russe, gouverneur de Moscou en 1812, qui prépara l'incendie de cette ville lors de l'entrée des Français, en ordonnant à Voronenko de brûler, après son départ, les magasins d'eaux-de-vie et les barques chargées d'alcool.

ROSTRAL, ALE (l. *rostralem* : de *rostrum*, bec, éperon de navire), *adj.* Dont le fût est orné d'éperons de navires : *Colonnes rostrales* : la première, dite de Duilius, fut érigée à Rome en l'honneur de ce consul, qui le premier remporta une victoire navale sur les Carthaginois (261 av. J.-C.). On la conserve au Capitole, avec une partie de l'inscription de la base, énumérant le nombre des vaisseaux pris à l'ennemi, le butin recueilli. M. Garnier a donné la forme de colonnes rostrales aux lampadaires placés sur les flancs du Grand Opéra. || *Couronne rostrale*, couronne d'or garnie d'ornements en forme d'éperons de navires que l'on décernait à Rome à l'amiral qui avait détruit une flotte ennemie et peut-être au matelot monté le premier à l'abordage. Elle figure sur les médailles d'Agrippa, vainqueur à Actium.

ROSTRE

ROSTRE (l. *rostrum*, bec), *sm.* Suçoir des insectes hémiptères. || Siphon qui termine antérieurement l'ouverture de certaines coquilles univalves. || Éperon à triple pointe dont était garni l'avant des navires de guerre des anciens. — Smpl. *Les rostres*, la tribune aux harangues, placée à Rome au milieu du forum et dont la base était ornée de rostres de navires pris aux Volsques d'Antium dans la guerre latine. — **Dér.** *Rostral, rostrale, rostré, rostrée, rostelle, rostellé, rostellée.*

***ROSTRÉ, ÉE** (*rostre*), *adj.* Qui a la forme d'un bec, en histoire naturelle.

ROSTRENEN, 2162 hab. Ch.-l. de c., arr. de Guingamp (Côtes-du-Nord).

1. **ROT** (l. *ructum*), *sm.* Gaz qui remonte de l'estomac et sort de la bouche avec bruit. (Vulg.) — **Dér.** *Roter.*

2. **RÔT**, *svm.* de *rôtir*, viande rôtie à la broche. || Dans les festins, service qui suit immédiatement celui des potages, des entrées. || Repas : *Achevons tout notre rôt.* (La Fontaine.)

3. ***RÔT**, *sm.* (V. *Ros.*)

***ROTACÉ, ÉE** (l. *rota*), *adj.* Qui a la forme de roue. (Bot.)

ROTANG ou **ROTIN** (mal. *ratan*), *sm.* Genre de palmier de l'Inde et de la Malaisie dont la tige, très grêle, semblable à une corde, longue quelquefois de 300 mèt., enlaçant les arbres à la manière des lianes, sert à faire des cannes dites joncs de l'Inde, des cravaches, des cordes très résistantes; divisée en lanières, elle est employée à garnir les chaises dites *cannées*. Une espèce de rotang fournit le sang-dragon. (V. la figure au mot *Rotin*.)

ROTATEUR, TRICE (l. *rotatorem* : de *rotare*, faire pirouetter), *adj.* Qui fait tourner. — *Adj.* et *sm.* Se dit d'un muscle qui fait tourner un organe autour de son axe : *Le rotateur de l'œil, de la mâchoire.* — Smpl. *Les Rotateurs*, classe d'animaux microscopiques de l'embranchement des Protozoaires, et dont la bouche est garnie de cils vibratiles.

***ROTATIF, IVE** (du l. *rotare*, tourner), *adj.* Qui fait tourner ou qui tourne. || *Presse rotative.* (V. *Presse* et *Imprimerie*.)

ROTATION (l. *rotationem*), *sf.* Mouvement d'un corps qui tourne autour d'une ligne droite dite *axe de rotation* : *La rotation diurne de la terre.* Les divers points de la surface de la terre participent à des degrés divers au mouvement général de rotation de l'O. à l'E.; plus ils sont éloignés de l'axe, et plus leur mouvement est rapide; celui-ci, nul au pôle, est le plus grand possible à l'équateur. La terre, accomplissant sa révolution en 86 164 secondes, le chemin fait dans le même temps par un point pris à la surface sera égal à 360 fois la valeur en mètres du degré du parallèle correspondant à ce point. Ainsi, à la latitude de 42 degrés (sud de la France), la vitesse par seconde est de 344 mètres; à Paris, dont la latitude exacte est 48° 50′ 47″, la vitesse est de 307 mètres par seconde; au N. de la France, par 51°, elle n'est plus que de 292 mètres. || Mouvement d'un organe qui tourne autour de son axe. || Succession des cultures que l'on fait croître dans un même champ. (V. *Assolement*.)

ROTATOIRE (du l. *rotare*, tourner), *adj. 2 g.* Qui constitue une rotation : *Mouvement rotatoire.* || *Pouvoir rotatoire*, propriété que possèdent certaines substances cristallines de dévier plus ou moins le plan de polarisation de la lumière (V. *Polarisation*), mais toujours de la même quantité pour la même substance. C'est grâce à ce *pouvoir rotatoire* que dans une analyse chimique on peut découvrir certaines substances, ou les distinguer les unes des autres.

ROTE (l. *rota*, roue), *sf.* Tribunal d'appel de la cour pontificale, composé de douze docteurs appelés *auditeurs de rote*, pris dans les quatre nations d'Italie, de France, d'Espagne et d'Allemagne; il décide des causes concernant la discipline ecclésiastique et autrefois, prononçait sur les procès civils importants des États de l'Église. || Instrument de musique du moyen âge semblable à la vielle. — **Dér.** *Rotateur, rotatrice, rotacé, rotacée, rotatif, rotative, rotation, rotatoire.* — **Comp.** *Rotifère.*

ROTER (*rot* 1), *vi.* Faire un rot. (Vulg.)

ROTHARIS, roi arien des Lombards de 636 à 652, qui publia le code lombard en 643.

ROTHSCHILD, famille de célèbres banquiers israélites dont la maison fut fondée par Meyer Anselme, de Francfort-sur-le-Mein (1742-1812); il eut dix enfants, dont cinq fils établis à Paris, Vienne, Londres, Naples et Francfort; ils ne séparèrent jamais leurs intérêts, et le baron James fut le dernier survivant de ces frères qui se sont perpétués par leurs fils. — Rothschild (le baron Mayer Alphonse-James de), fils du baron Edmond, membre de l'Académie des beaux-arts depuis 1885.

ROTHIÈRE (LA), 102 hab., village de l'arr. de Bar-sur-Aube (Aube), où les Alliés firent subir un échec à Napoléon Ier (1er février 1814).

RÔTI, *spm.* de *rôtir*. Toute viande rôtie.

RÔTIE, *spf.* de *rôtir*. Tranche de pain grillée : *Une rôtie au beurre.* || Tartine.

ROTIFÈRE (l. *rota*, roue + *ferre*, porter), *adj.* et *sm.* Se dit d'un genre d'animaux microscopiques de l'embranchement des Protozoaires, qui vit sur les mousses des toits, perd momentanément la vie par la dessiccation, et la recouvre lorsqu'il vient à pleuvoir.

ROTIN (db. de *rotang*), *sm.* Autre nom du genre rotang. || Canne faite d'une tige de rotang.

ROTIN

RÔTIR (vx fr. *rostir* : du VHA. *rostjan*), *vt.* Faire cuire de la viande à la broche, dans le four ou sur le gril : *Rôtir un gigot, du poisson.* || Faire cuire dans la braise, dans des cendres chaudes : *Rôtir des marrons.* || Chauffer d'une manière incommode : *Ce feu rôtit les jambes. Le soleil nous rôtit.* || Désorganiser par la chaleur comme le ferait la gelée : *En mai, le soleil levant rôtit les bourgeons.* — *Vi.* Être en train de rôtir, cuire à la broche, etc. : *Le poulet rôtit.* || Être exposé à une chaleur trop vive : *On rôtit au soleil.* — **Se rôtir**, *vr.* Être rôti. || Se chauffer de trop près. — **Dér.** *Rôt* 2, *rôti, rôtie, rôtissage, rôtisserie, rôtisseur, rôtisseuse, rôtissoire.*

***RÔTISSAGE** (*rôtir*), *sm.* Action de faire rôtir.

RÔTISSERIE (*rôtir*), *sf.* La boutique d'un rôtisseur.

RÔTISSEUR, EUSE (*rôtir*), *s.* Celui, celle qui vend des viandes rôties ou des viandes préparées pour être rôties.

RÔTISSOIRE (*rôtir*) ou **Cuisinière**, *sf.* Demi-cylindre de fer-blanc dans lequel on met la viande embrochée pour la faire rôtir.

ROTONDE (ital. *rotonda*, chose ronde), *sf.* Édifice de forme ronde avec un toit en coupole. Certaines allégories religieuses, comme le culte du soleil, imposaient, chez les Grecs et les Romains, la forme ronde à quelques temples, comme celui d'Esculape à Épidaure, construit par Polyclète. Quand le temple n'était composé que d'une simple colonnade à jour surmontant une coupole, il était dit *monoptère;* s'il était fermé par un mur et entouré de colonnes, il était dit *périptère;* c'est le cas du temple de Vesta à Tivoli, dit aussi de la Sibylle, bâti sur un rocher au-dessus des fameuses cascatelles. Cet édicule rond a été souvent imité par les architectes modernes, quand ils avaient à construire des belvédères. A Paris ou aux environs, on peut citer ceux des Buttes-Chaumont, du lac de Saint-Mandé, du Jardin des Plantes. Une troisième forme est celle du temple rond pseudo-périptère, comme le monument choragique de Lysicrate à Athènes, dit encore lanterne de Diogène. Le temple était rond et avait ses colonnes engagées dans le mur circulaire; ce monument avait été reproduit dans le parc de Saint-Cloud; mais, comme les Allemands en auraient pu faire un observatoire, il fut renversé par le canon du Mont-Valérien, le 14 octobre 1870. L'édifice le plus beau et le mieux conservé de la Rome antique est encore une rotonde : c'est le Panthéon d'Agrippa, érigé en 27 avant J-C. (V. la figure au t. II, p. 885). Ce temple rond, surmonté d'une coupole, haut de 43 mètres, avait un vestibule de 16 colonnes corinthiennes en granit; les murs étaient couverts de plaques de marbre; il était consacré aux dieux de la race des Jules, dont les statues colossales étaient placées dans des niches, ainsi que celles d'Auguste et d'Agrippa dans les vestibules. Les cariatides étaient l'œuvre de Diogène d'Athènes. Détruit en partie sous Titus, le Panthéon fut rétabli par Domitien, puis brûlé de nouveau par la foudre sous Trajan. Hadrien le restaura. Constance II fit enlever la toiture de bronze doré; Urbain VIII, en 1632, enleva à son tour la décoration en bronze du vestibule et le défigura par des clochers; de là, ce dicton : *Quod non fecere Barbari, fecere Barberini* (ce que les Barbares n'ont pas fait, les Barberini [famille d'Urbain VIII] l'ont fait). Boniface II, en 609, avait fait du Panthéon une église dite *Sancta Maria ad Martyres*, puis Sainte-Marie de la Rotonde; c'est là que repose Raphaël Sanzio. Les chrétiens affectionnèrent aussi pour leurs églises la forme ronde ou octogonale; mais ils ne s'inspirèrent pas du Panthéon d'Agrippa, ils imitèrent l'édifice que Constantin fit ériger à Jérusalem sur l'emplacement du Saint-Sépulcre. A cause de la multitude des pèlerins qui venaient visiter le tombeau, on réserva, au bout de la basilique, à la place de l'abside, une vaste enceinte ronde environnée de portiques que l'on ne recouvrit pas; Chosroès détruisit cet édifice en 614; Héraclius le fit reconstruire, moins somptueux et moins vaste, mais avec les mêmes dispositions. Il fut alors de mode, en Occident, d'élever des églises semblables à celle du Saint-Sépulcre; le pape Simplice construisit, à Rome, sur le mont Cœlius, l'église Saint-Étienne, dont la rotonde seule subsiste avec trois enceintes concentriques; le cercle intérieur a 17 ou 18 mètres de diamètre; il n'est pas voûté, mais plafonné et, par surcroît de précaution, deux grosses colonnes se dressent au centre et portent les fermes du comble. Au VIe siècle, Ravenne, qui appartenait encore aux empereurs d'Orient, eut un saint-sépulcre, en forme d'octogone, couvert d'une coupole portée par huit gros piliers, entouré d'une galerie voûtée d'arête. La primitive église de Saint-Germain l'Auxerrois, que les Normands ruinèrent, ressemblait à celle de Ravenne. Charlemagne fit construire la cathédrale d'Aix-la-Chapelle sur ce même plan : c'est un octogone, voûté en coupole, enveloppé d'une figure à 16 côtés. Vers le XIe siècle, les architectes romans reprirent ce plan à Nimègue, à Ottmarsheim dans la haute Alsace; on le retrouve même dans l'Aude, à Rieux-Minervois. La merveille du genre était Saint-Bénigne de Dijon, construite en 1001 par l'abbé Guillaume, et détruite à la Révolution. Il y avait encore des saints-sépulcres à Bourges, à Déols près Châteauroux, à Charroux en Poitou; mais ces grandes églises ont été détruites. A Neuvy Saint-Sépulcre, dans le Cher, subsiste encore une église formée d'une nef avec deux bas-côtés et une rotonde débordant la nef, posée sur sept piles. L'église Sainte-Croix de Quimperlé était aussi un saint-sépulcre. Les églises élevées sur un plan octogonal sont dites églises de Templiers, bien qu'elles aient appartenu aux Hospitaliers, et se trouvent surtout dans les cimetières; ce sont des octogones sans galeries; le côté oriental donne entrée sur une travée et une abside; le pan occidental est précédé d'une travée formant entrée. On voit encore des édifices semblables à Metz, dans la citadelle, à Laon, à Montmorillon; dans cette dernière localité, l'église est à deux étages, le rez-de-chaussée est occupé par un ossuaire; on a voulu en faire un *hypostase d'Isis*, bas-relief représentant une Visitation de la Vierge. Toutes ces églises sont de la période romane, si riche par les conceptions et l'imagination des artistes. || Sorte de kiosque composé d'une coupole supportée par des colonnes. || Compartiment qui était sur le derrière d'une diligence : *Les voyageurs de la rotonde.* — **Dér.** *Rotondité.*

ROTONDE
MONUMENT CHORAGIQUE DE LYSICRATE A ATHÈNES RESTITUÉ. DIT LANTERNE DE DIOGÈNE DANS LE PARC DE SAINT-CLOUD, DÉTRUIT LE 14 OCTOBRE 1870.

ROTONDITÉ (l. *rotunditatem*), *sf.* Qualité d'une chose ronde : *La rotondité de la terre.* || État d'une personne grosse et courte.

***ROTOQUAGE** (*rotoquer*), *sm.* Rétablissement de la marque d'une futaie coupée. (Eaux et forêts.)

***ROTOQUER** (*retoucher*), *vt.* Faire le rotoquage.

ROTROU (Jean de) (1609-1650), poète tragique et comique français, né à Dreux, ami de Corneille auquel il donna l'idée de puiser dans le théâtre espagnol le sujet du *Cid*. Ses plus belles tragédies sont *Saint-Genest, Wenceslas, Cosroès*. Molière lui emprunta quelques traits de sa comédie des *Sosies*. Maire de sa ville natale, il mourut, victime de son dévouement, durant une épidémie.

***ROTROUENGE** (prov. *retroencha*), *sf.* Chanson de trouvère et de troubadour, et dont chaque strophe est terminée par un refrain; telle est la chanson que Richard Cœur de Lion, prisonnier en Allemagne, envoya aux siens pour se rappeler à eux; beaucoup ont un caractère plaisant, satirique ou politique et ont été composées, à Arras, durant le XIIIe siècle.

ROTTERDAM, 193 658 hab., dont un quart catholiques et 7 000 juifs, deuxième ville du royaume des Pays-Bas, sur la rive droite de la Meuse, au confluent de la Rotte (*Rotterdam*, digue de la Rotte). Elle est traversée par une multitude de canaux dits *grachten* ou *havens*, assez profonds pour que les vaisseaux venant des Indes puissent y pénétrer. Les communications entre les différents quartiers de la ville, qu'on a pu surnommer la *Venise du Nord*, s'effectuent au moyen de ponts tournants ou de ponts-levis; 7 000 navires y importent annuellement le café, le sucre, le riz, le tabac, le thé, les épices; aux environs, Schiedam a des distilleries de genièvre et Feyenoord fabrique des machines. Sur le grand marché se dresse la statue d'Érasme, né à Rotterdam en 1467, mort à Bâle en 1536 (son nom hollandais était *Gerrit Gerritsz*). L'église Saint-Laurent a un grand orgue qui égale presque celui de Harlem pour l'étendue et la puissance du son; le musée Boymans est riche en tableaux des écoles flamande et hollandaise.

ROTULE (l. *rotula*, petite roue), *sf*. Os court et arrondi, à face antérieure bombée, et situé en avant de l'articulation du genou. La face antérieure est convexe et rugueuse; la postérieure présente supérieurement une surface ovalaire articulée avec le fémur et divisée par une crête verticale en deux facettes excavées.

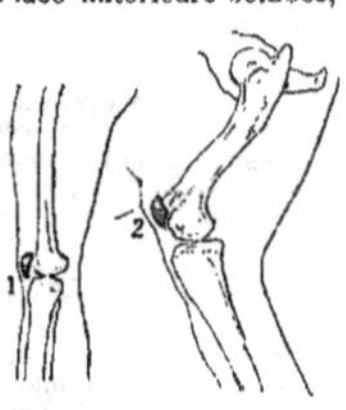

ROTULES
1. Rotule de l'homme. — 2. Rotule du cheval.

ROTURE (l. *ruptura*, labourage, défrichement), *sf*. Autrefois terrain défriché. || Terre dont le propriétaire était roturier et payait une redevance au seigneur. || Etat d'une personne ou d'un héritage qui n'est pas noble : *Terre en roture. Naître dans la roture*. || L'ensemble des roturiers : *La roture payait l'impôt*. || Infériorité morale : *Le mérite avili vit l'honneur en roture*. (Boileau.) — **Dér.** *Roturier, roturière, roturièrement*.

ROTURIER, IÈRE (*roture*), *adj*. et *s*. Qui n'est pas noble : *Famille roturière. Plusieurs ministres de Louis XIV furent des roturiers*.

ROTURIÈREMENT (*roturière* + sfx. *ment*), *adv*. A la manière des roturiers. || Sans distinction, sans élévation (vx).

ROTY (Louis), graveur en médailles, membre de l'Académie des beaux-arts.

1. **ROUABLE** (*roue*), *adj*. 2 *g*. Digne d'être roué.

2. ***ROUABLE** (l. *rutabulum*), *sm*. Outil pour récolter le sel.

ROUAGE (*roue*), *sm*. L'ensemble des roues d'une machine : *Le rouage d'une horloge*. || Une roue ou tout autre organe d'une machine : *Le rouage principal*. || Au moyen âge, droit de transport. — Fig. Partie intégrante d'une administration : *Les rouages de la police*.

ROUAN, ANNE (vx fr. *roan* : ital. *roano*), *adj*. Qui est mélangé de gris, de blanc et de bai, en parlant de la couleur des poils du cheval : *Cheval rouan. Robe rouanne*.

1. **ROUANNE** (*roue*), *sf*. Outil de fer en demi-cône creux, dont on use pour commencer le trou d'un tuyau de pompe. || Instrument dont se servent les tonneliers et les employés des contributions indirectes pour marquer les tonneaux. || Renette de charpentier. — **Dér.** *Rouanner, rouannette*.

2. ***ROUANNE** (*x*), *sf*. Étoffe de coton très forte, à côtes de plusieurs couleurs, servant à faire des ceintures.

ROUANNER (*rouanne*), *vt*. Marquer avec la rouanne.

ROUANNETTE (dim. de *rouanne* 1), *sf*. Sorte de petit ciseau dont le taillant est remplacé par deux pointes, et qu'emploient les charpentiers pour tracer des cercles dans la marque des bois.

***ROUANT** (*roue*), *adj. m*. Se dit en blason du paon qui fait la roue.

ROUARIE (Armand de la) (1756-1793), organisateur d'une association royaliste en Bretagne (1792); elle précéda le soulèvement des Vendéens et des Chouans, et fut dénoncée à l'Assemblée législative.

ROUBAIX, 100 299 hab., divisé en deux cantons, Roubaix est et Roubaix ouest, arr. de Lille, Nord, sur le nouveau canal de la Marcq, grande ville, industrie du fil et des tissus de laine et de coton. Ch. de fer du N.

***ROUBB** (mot turc), *sm*. Monnaie d'argent valant 0 fr. 45 en Turquie.

***ROUBLARD** (*rouble* + sfx. péjoratif *ard*), *sm*. Richard possédant beaucoup de roubles. || Chevalier d'industrie, habile à extorquer l'argent d'autrui. || Boursier ou écrivain habile, dans l'argot des coulissiers et des journalistes. Ce mot est vulgaire, mais très employé.

ROUBLE (du russe *roubili*, couper dans une barre d'argent), *sm*. Monnaie d'argent de la Russie valant 4 francs. || *Rouble d'or*, monnaie valant 5 fr. 02. || *Rouble papier*, monnaie de compte valant 1 fr. ou 1 fr. 10.

ROUBO (André) (1759-1791), menuisier, auteur de la coupole qui couvrait la Halle au blé; il a écrit l'*Art du menuisier*, l'*Art du layetier*, le *Traité de la construction des théâtres et des machines théâtrales*.

ROTTERDAM
LE BOERENSTEIGER

ROUCHE (db. de *ruche*), *sf*. Carcasse d'un navire sur le chantier.

ROUCHER (Jean-Antoine) (1745-1794), poète français mort sur l'échafaud, pendant la Révolution, auteur du poème didactique les *Mois*.

ROUCOU, ROUCOUER, ROUCOUYER. (V. *Rocou, rocouer, rocouyer*.)

ROUCOULANT, ANTE (*roucouler*), *adj*. Qui roucoule.

ROUCOULEMENT (*roucouler*), *sm*. Le bruit que font les pigeons, les tourterelles en roucoulant.

ROUCOULER (onomatopée), *vi*. Faire entendre un murmure sourd et un peu rauque en parlant des pigeons, des tourterelles. — *Vt*. Chanter à demi-voix : *Roucouler une romance*. — **Dér.** *Roucoulant, roucoulante, roucoulement*.

ROUDON ou **RODOUL.** (V. *Redoul*.)

ROUE (l. *rota*), *sf*. Disque plein ou percé de part en part d'ouvertures en forme de secteurs, et pouvant tourner autour d'un axe ou essieu qui passe par son centre : *Les roues d'une voiture*. Les roues primitives étaient des disques pleins; mais bientôt elles furent formées des mêmes membres que de nos jours : moyeu, rayons ou rais, jantes et bandes. Depuis le développement des voies ferrées, les roues des wagons et des locomotives ont dû être construites d'une façon plus savante et méritent une explication détaillée. Leur particularité la plus remarquable est d'être solidaires avec leur essieu; celui-ci fait en effet partie de la roue, et tourne dans les coussinets, tandis que dans les voitures l'essieu est fixe, et la roue tourne autour de lui. Cette solidarité de la roue et de son essieu est indispensable dans les chemins de fer afin d'éviter les déraillements. Les roues des wagons ont un diamètre de 0m,90 à 1m,05; elles se divisent en quatre catégories : 1° *A rais et jantes en fer*, avec moyeu en fonte; c'est la disposition la plus ancienne et la plus usitée, parce qu'elle est la plus économique. 2° *A rais, fonte et moyeu en fer forgé*, ces roues sont moins lourdes par la suppression du moyeu en fonte, mais elles ont l'inconvénient de coûter plus cher. 3° *Roues pleines ou à disques*. Les deux catégories de roues précédentes agissent par leurs rais, comme les ailes d'un ventilateur, soulèvent la poussière et projettent les fragments incandescents du foyer de la machine. On a donc substitué, surtout en Angleterre, aux rais un disque plein en bois. Quelquefois aussi les intervalles des rais ont été remplis par des blocs de bois ou des plaques de tôle. 4° *Roues en papier* pressé, avec bandes d'acier ou de fonte, expérimentées en Amérique. Les roues de fonte sont les plus sûres et cassent rarement; les roues d'acier sont d'une lente usure et d'une dureté très grande; les roues à disques ménagent les rails. Les roues des locomotives sont plus fortes et d'un diamètre plus grand que celles des wagons. Elles sont en fer et quelquefois en acier. Elles sont au nombre de six ou huit, y compris les *roues motrices*, généralement plus grandes que les autres, afin d'obtenir une vitesse plus grande, et couplées au moyen de bielles, au nombre de deux, quatre ou six, pour rendre la puissance de traction plus considérable; elles sont directement mises en mouvement par la machine; les autres sont les *roues porteuses*. Les roues motrices sont confectionnées d'une façon spéciale parce qu'elles agissent comme roues de support et comme poulies sur lesquelles s'enroulerait une corde

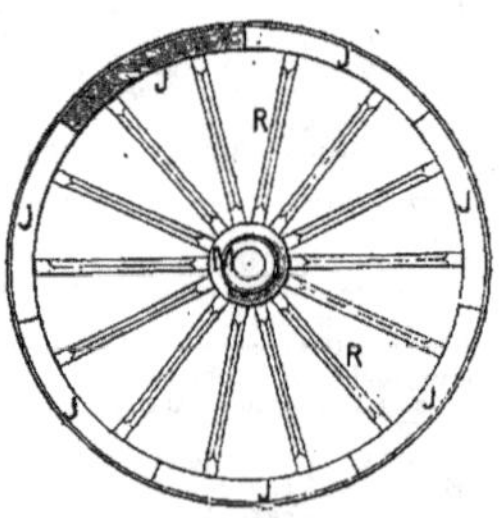

ROUE D'UNE VOITURE
JJ. Jantes. — R. Rais. — M. Moyeu.

ayant pour tension l'effort de la traction. Les roues à disque plein sont usitées pour les machines; elles sont alors en acier fondu et d'une seule pièce. Dans les locomotives routières, il y a deux roues porteuses à l'arrière-train, et deux roues motrices à l'avant-train ; celles-ci, dans les machines Cail, sont folles sur l'essieu, en fonte, avec couronne dentée intérieure de fonte d'acier. Elles reçoivent une garniture en bois et en tôle, qui résiste à trois mois de service journalier. — Fig. *Pousser à la roue,* aider à la réussite d'une affaire. — Fig. *Mettre des bâtons dans les roues,* susciter des obstacles. || *Cela sert comme une cinquième roue à un carrosse,* ne sert absolument à rien. || *Faire la roue,* étaler les plumes de sa queue, en parlant du paon, du dindon. — Fig. Se pavaner : *Cet homme fait trop la roue.* || *Roue de gouvernail,* dont les rayons se prolongent au delà de la jante pour pouvoir être saisis par la main du timonier; par un système de chaînes et de roues à galets, elle agit sur la barre et l'incline à bâbord ou à tribord. Dans un grand navire, il y a plusieurs roues de gouvernail, qui sont placées sur la passerelle, dans les batteries, etc., au cas d'un gros temps ou d'accident. || Organe de machine en forme de roue servant à transmettre ou à recevoir le mouvement : *Roue dentée,* dont la surface cylindrique, qui en forme l'épaisseur, est armée de dents destinées à engrener avec celles d'une autre roue.

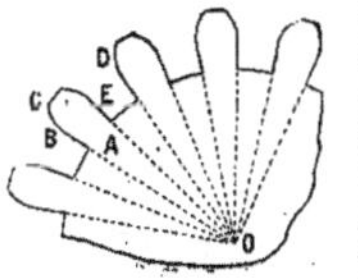

ROUE DENTÉE
Fig. 1.

Imaginons deux cylindres placés de telle sorte qu'ils soient tangents l'un à l'autre et puissent se mouvoir autour de leurs axes immobiles; si l'on vient à imprimer un mouvement de rotation à l'un d'eux la pression qu'il exercera sur la surface de l'autre, au point de tangence, fera tourner celui-ci en sens contraire. Mais le mouvement de rotation imprimé au second par le premier cesserait dès que les deux cylindres ne seraient plus maintenus suffisamment rapprochés. C'est pour remédier à cet inconvénient que l'on a garni la circonférence des deux cylindres de saillies ou *dents* séparées entre elles par des intervalles à peu près égaux à l'épaisseur de chaque dent. Dans les roues dentées bien construites, on doit réduire la largeur des dents de un douzième de leur épaisseur afin de donner du jeu. Les dents de l'une des roues se placent, ou, comme on dit, *engrènent* dans les intervalles correspondants de la seconde roue et chacune d'elles presse ainsi sur la dent voisine qui se trouve en regard. Ce qui a lieu pour l'une des roues dentées a également lieu pour l'autre. Le nombre des dents des deux roues

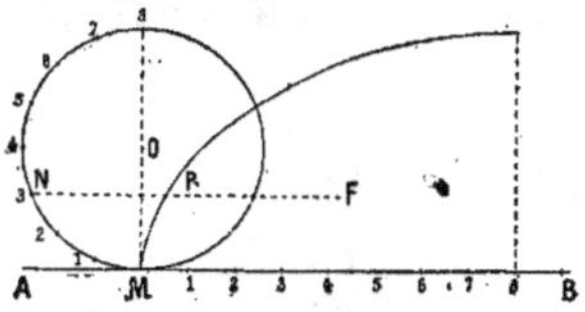

ROUE DENTÉE
Fig. 2.

sont entre eux dans le même rapport que les longueurs des deux circonférences et, par suite, dans le même rapport que leurs rayons. On appelle *cercles primitifs* les deux cercles tangents sur lesquels sont implantées les dents. On désigne sous le nom de *pas* de la roue dentée l'espace composé d'un intervalle et d'une dent pris sur le cercle primitif. Ainsi l'espace **BA** (fig. 1) est le pas de la roue dentée; il est formé de l'épaisseur **AD** de la dent et de **DB**, longueur du vide qui sépare deux dents consécutives. Les dents sont évidemment toutes semblables entre elles, et leur profil se compose, de chaque côté, d'une partie courbe qui est la *face* et d'une partie droite que l'on nomme le *flanc.* On démontre en cinématique que la partie courbe ou *face* est soit un arc de *cycloïde,* soit un arc d'*épicycloïde,* soit une développante de cercle. Nous allons donc, avant d'indiquer comment on trace le profil d'une dent de roue, dire la manière de tracer ces courbes par points.

I. **Cycloïde.** On sait que cette courbe est engendrée par un point d'un cercle roulant, sans glisser sur une droite. Soit **AB** (fig. 2) une droite fixe, **O** un cercle tangent en **M**. Imaginons que le cercle roule sur **AB**; la courbe engendrée par le point **M** sera une cycloïde. Pour construire cette courbe, on partage la circonférence en un certain nombre de parties égales assez petites pour que la corde et l'arc sous-tendu soient égaux entre eux. On porte alors ces parties sur la droite **AB** à partir du point **M**. Pour avoir un point de la courbe, le point **N** qui correspond au numéro 3, par exemple, on mènera la droite **NF** parallèle à **AB**; puis avec **MN** pour rayon et le point 3 pour centre, on décrira un arc de cercle coupant **NF** en

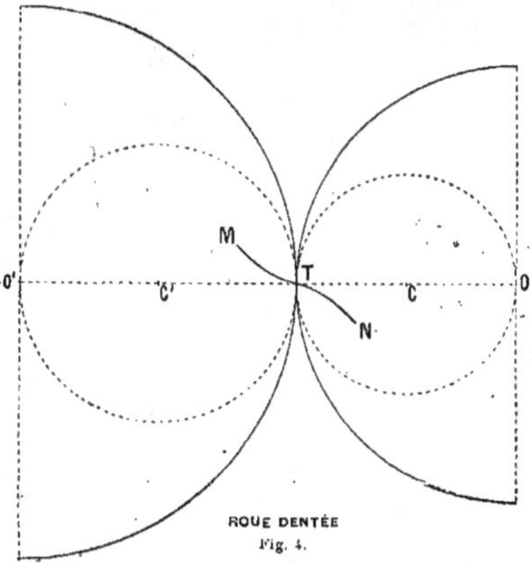

ROUE DENTÉE
Fig. 4.

un point **P** qui appartiendra à la cycloïde. On déterminera de la même manière un aussi grand nombre de points que l'on voudra, on les joindra par un trait continu et la courbe obtenue sera la cycloïde demandée. On peut, au lieu de développer la circonférence **O** sur la droite **AB**, calculer la longueur ($2\pi R$) de cette circonférence en fonction du rayon, porter cette longueur sur **AB** et la partager en un même nombre de parties égales que la circonférence. On numérotera ces divisions et l'on agira comme précédemment.

II. **Épicycloïde.** On appelle *épicycloïde* la courbe engendrée par un point d'une circonférence qui roule sur une autre circonférence. Soit **O** (fig. 3) une circonférence fixe et **C** une circonférence roulant sur la première. Le point **M**, pris sur la circonférence **C**, et au point de tangence des deux circonférences, prendra, lorsque cette dernière circonférence roulera sur **O**, différentes positions dont la réunion formera la courbe désignée sous le nom d'*épicycloïde.* Nous allons montrer comment on obtient un point quelconque de cette courbe. Pour cela on partage, à partir du point **M**, la circonférence **C** en un nombre de parties égales assez petites pour que chacune d'elles puisse être considérée comme une ligne droite. On reporte ces parties sur la circonférence **O** et l'on met un numéro à chacune de ces divisions. Supposons que l'on veuille avoir le point de l'épicycloïde correspondant à un point marqué 5 sur la circonférence **C**. Pour cela, du point **O** pour centre et avec **O5** comme rayon, décrivons un arc de cercle;

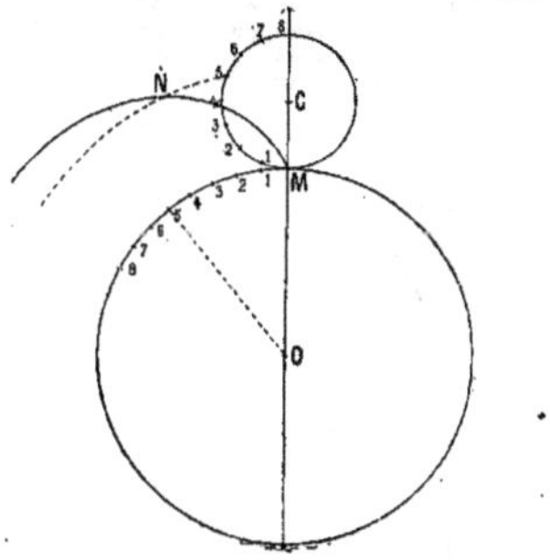

ROUE DENTÉE
Fig. 3.

puis avec le point 5 de la circonférence **O** comme centre et avec **M5** pour rayon, décrivons un second arc de cercle coupant le premier en un point **N** qui appartiendra à l'épicycloïde. On déterminera de la même manière un certain nombre de points, on les joindra par un point continu et la ligne obtenue sera l'épicycloïde demandée.

Maintenant que nous savons tracer une cycloïde et une épicycloïde, nous allons dire comment on dessine le profil d'une dent d'une roue dentée. Soient **O** et **O'** (fig. 4) les centres des cercles primitifs de deux roues à engrenage cylindrique : **T** est le point où ces deux cercles sont tangents. Sur **OT** et **O'T** comme diamètres, décrivons deux cercles, **C** et **C'**. La face épicycloïdale **TM** de la dent de la roue **O** sera décrite par le cercle **C'** roulant sur le cercle primitif **O**; de même la face épicycloïdale **TN** de **O'** sera engendrée par le cercle **C** roulant sur **O'**. Quant au flanc de ces dents, il est formé par le rayon de chacun des cercles **O** et **O'**. On donne au vide qui existe entre les deux dents consécutives la profondeur nécessaire pour que la saillie de chaque dent puisse s'y loger. Il est évident que le profil d'une dent est le même des deux côtés, et qu'il suffit de faire rouler les circonférences génératrices, tantôt dans un sens, tantôt dans l'autre, pour avoir le profil complet de la dent.

Dans l'*engrenage droit,* c'est-à-dire dans le cas d'une roue dentée et d'une crémaillère, on commence par tracer les dents de la roue. La *face* de chaque dent est une développante de cercle. Celle-ci se trace d'une

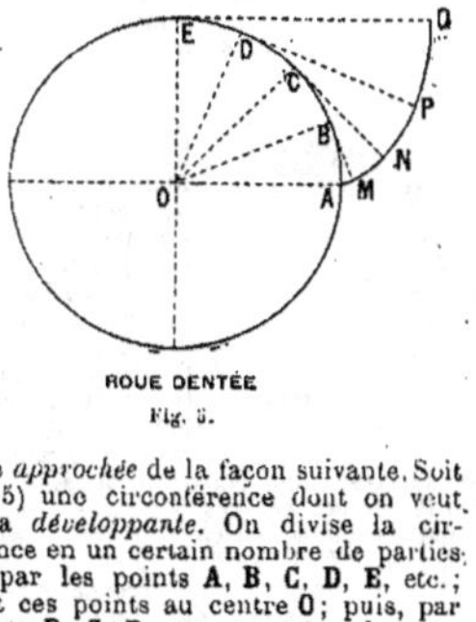

ROUE DENTÉE
Fig. 5.

manière *approchée* de la façon suivante. Soit **O** (fig. 5) une circonférence dont on veut avoir la *développante.* On divise la circonférence en un certain nombre de parties égales par les points **A, B, C, D, E,** etc.; on joint ces points au centre **O**; puis, par les points **B, C, D,** etc., on mène des tangentes à la circonférence. Ensuite, du point **B** comme centre, avec **BA** pour rayon, on décrit un arc de cercle qui coupe la tangente en **B** au point **M**; du point **C** comme centre, avec **CM** pour rayon, on décrit un second arc de cercle coupant la tangente en **C** au point **N**; et ainsi de suite. C'est la développante *approchée* du cercle primitif de la roue dentée

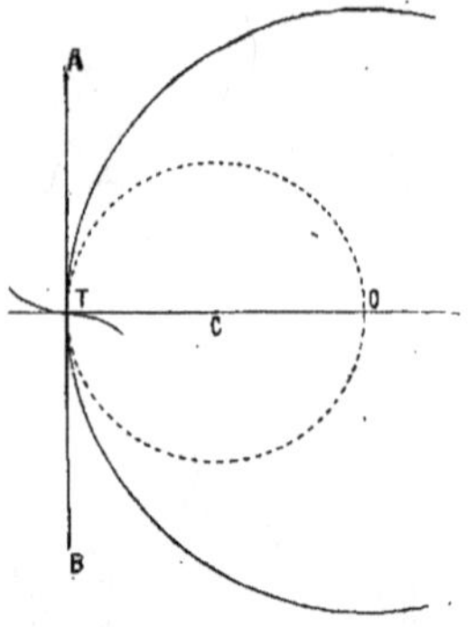

ROUE DENTÉE
Fig. 6.

qui forme la face de chacune de ses dents. Le flanc de ces mêmes dents est le rayon de la roue elle-même. Quant à la face de la dent de la crémaillère, elle est engendrée par la cycloïde obtenue en faisant rouler la circonférence décrite sur le rayon du cercle primitif de la roue sur la *droite primitive* de la crémaillère. Cette *droite primitive* n'est pas autre chose que la tangente **AB** (fig. 6) menée en **T** à la circonférence primitive **O**. Quant au flanc de la dent de la crémaillère, il est formé par une perpendiculaire à **AB** et au point où la face naît sur cette dernière ligne.

La portion de courbe qui forme la face de la dent est toujours d'un développement assez faible pour qu'on puisse la confondre avec un arc de cercle. Aussi, dans la pratique, a-t-on remplacé ces courbes par des arcs de cercle. Lorsque les dents sont petites et nombreuses, on substitue à l'épicycloïde un arc de cercle ayant pour centre la naissance de la dent suivante et pour rayon la corde qui sous-tend le pas de la roue dentée. Ainsi, par exemple, si **AB** (fig. 7) est le pas d'une roue dentée, si **AD** est l'épaisseur de la dent, pour avoir la face de l'une des dents, avec **B** pour centre et **AB** pour rayon, on décrira un arc de cercle; puis de **E** pour centre, on en décrira un second qui formera la face opposée de la même dent. Mais, nous le répétons, ce procédé n'est employé que quand les dents sont petites et que leur nombre est considérable. Dans les autres circonstances, on agit comme suit. Soient **O** et **O'** (fig. 8) les centres de deux circonférences primitives, et **T** leur point de tangence. Par le point **T**, menons une ligne **PN** qui peut être prise au hasard; mais il est préférable que cette ligne fasse avec **TO** un angle **PTO** égal à 75°. Du point **O**, abaissons sur **PN** la perpendiculaire **OM** et avec **OM** pour rayon et **O** pour centre décrivons une circonférence. Celle-ci sera le lieu des centres des faces des dents de notre roue, et le rayon de ces faces sera la droite **MT**. Il suffira alors, des points de division de la circonférence primitive indiquant l'épaisseur des dents, avec **MT** pour rayon, de décrire de petits arcs de cercle qui couperont le cercle **M** en des points qui seront les centres des faces.

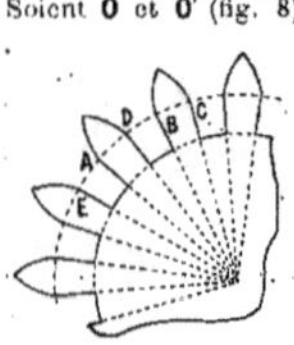

ROUE DENTÉE
Fig. 7.

Ce dernier moyen est généralement employé dans les usines françaises; la face de la dent est courbe, tandis que le flanc est une ligne droite formée par le rayon de la circonférence primitive qui aboutit à la naissance de la dent. Les industriels anglais préfèrent donner au profil des dents une surface composée par le raccordement de deux arcs de cercle, qui ont par conséquent même tangente à la naissance de la dent. De la sorte, la face et le flanc sont curvilignes. Voici comment on opère.

Soient **A** et **B** (fig. 9) les centres des circonférences primitives de deux roues dentées, et **T** leur point de tangence. Par ce point **T**, menons une droite **QT** indéfinie et faisant avec la ligne des centres **AB** un angle **QTA** égal à 75°. Au point **T**, menons une perpendiculaire à **QT** et portons deux longueurs égales quelconques **TK** et **TK'**, mais qui néanmoins soient plus petites que le rayon de la plus petite des circonférences primitives. Joignons **BK** et **AK'** et prolongeons ces deux droites jusqu'à la rencontre de **QT**, ce qui détermine les points **Q** et *q*. De plus,

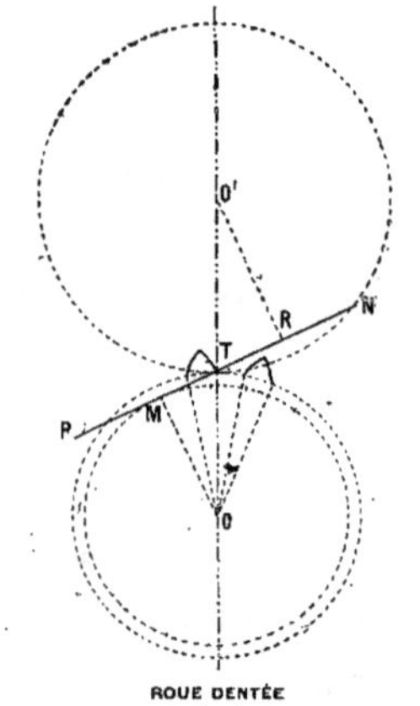

ROUE DENTÉE
Fig. 8.

joignons **AK** et **BK'**; ces deux droites coupent **Q***q* aux points **P** et *p*. Le point **P** est le centre de courbure des *faces* de la roue **A**, et **Q** est le centre de courbure des *flancs* de la roue **B**. Il faut maintenant trouver les rayons de courbure. Pour cela, sur la circonférence primitive de **A**, prenons un point *m* tel que sa distance au point **T** soit égale à la moitié du pas, et du côté opposé à **P** et à **Q**. **P***m* est le rayon des faces de la roue **A**, et **Q***m* le rayon des flancs de la roue **B**. Les circonférences décrites avec **AP** et **A***q* pour rayons et **A** pour centre seront le lieu géométrique des différents centres de courbures. Il sera alors facile de tracer le profil des dents de **A**. La face sera tracée avec **P***m* pour rayon et au point **P**, pris pour centre; le flanc sera tracé avec *qn* pour rayon et un point **F** pris comme centre sur la circonférence **A***q*. On fera des constructions semblables pour déterminer les rayons et les centres des faces et des flancs des dents de la roue dentée **B**. Cette manière de tracer le profil des dents, employée en Angleterre, est due à M. Willis, qui a imaginé un instrument appelé *odontographe* et avec lequel on détermine les rayons et les centres des faces et des flancs.

Les dents ne doivent pas, pour pénétrer dans les intervalles qui séparent deux dents,

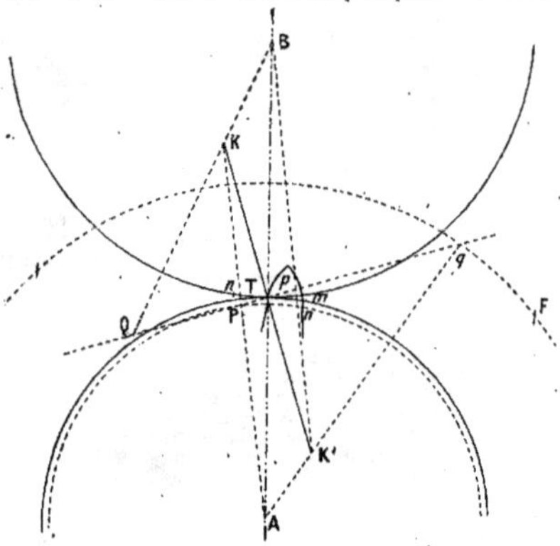

ROUE DENTÉE
Fig. 9.

être trop longues; aussi coupe-t-on leur extrémité. Pour avoir le point où cette section doit être faite, on abaisse de la naissance **B** d'une dent de la roue opposée (fig. 10), une perpendiculaire sur le flanc **OD** de la dent suivante de la même roue; soit **BD** cette perpendiculaire. Avec **O'D** pour rayon et **O'** pour centre on décrit une circonférence qui limitera toutes les dents de la roue dentée dont **O'** est le centre. On agira d'une manière analogue pour la roue **O**. Quant aux vides, on les limitera en décrivant une circonférence qui se rapprochera le plus possible de l'extrémité de la dent tronquée de la roue opposée. || *Roue à rochet*, munie de dents aiguës et inclinées entre lesquelles peut pénétrer un levier dit *rochet* ou *cliquet*. (V. *Rochet*.) || *Roue à eau* ou *hydraulique*, mobile autour d'un axe horizontal et dont la circonférence est munie de palettes ou d'augets auxquels la poussée ou le poids de l'eau imprime un mouvement qui se communique à la roue. Ex.: La *grande roue d'un moulin à eau; les roues d'irrigation des Égyptiens et des Chinois.* || *Roue à potier*. (V. *Tour*.) || Nom donné parfois aux roses des églises. (V. *Rose*.) || *Roue de fortune*, tambour en forme de roue où l'on enferme les numéros d'une loterie pour les tirer au sort. — Fig. *La roue de la fortune*, les changements qui surviennent dans la condition d'un homme. || *Être au haut* ou *au bas de la roue*, dans une extrême prospérité ou une extrême infortune. || Autrefois, *supplice de la roue*, usité en France du XVIe au XVIIIe siècle; il consistait à coucher le patient sur quatre soliveaux assemblés en X, à rompre

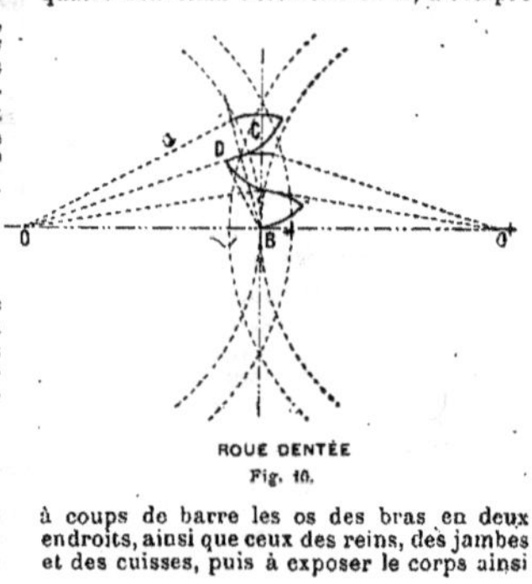

ROUE DENTÉE
Fig. 10.

à coups de barre les os des bras en deux endroits, ainsi que ceux des reins, des jambes et des cuisses, puis à exposer le corps ainsi disloqué autour d'une roue qu'on faisait tourner. Les condamnés, recommandés au bourreau, recevaient d'abord un coup de barre sur la poitrine, ce qui les tuait sur-le-champ: *Cartouche fut condamné à la roue.* — Fig. *Être sur la roue,* souffrir excessivement, au physique ou au moral. — **Dér.** *Rouelle, rouet, rouer, roué, rouée, rouerie, rouable, rouant, rouage, rouanne* 1, *rouanner, rouannette, rotule; rouler, roulette,* etc.

ROUE HYDRAULIQUE HORIZONTALE

ROUÉ, ÉE, *sp.* de *rouer.* Littéralement, qui mérite le supplice de la roue. ‖ Personne très débauchée ou capable de toutes les infamies : *C'est un roué.* Ce nom désigne particulièrement les compagnons de plaisir du Régent, Philippe d'Orléans. Au XVIe siècle on aurait dit *rompu* (même sens) : *Ce bon rompu de Louis XI.*

ROUELLE (l. *rotella :* dm. de *rota,* roue), *sf.* Tranche ronde : *Une rouelle de citron.* ‖ *Rouelle de veau,* tranche de la cuisse d'un veau coupée en travers. ‖ Nom donné au bouclier rond au moyen âge. (V. *rondache.*)‖ Rondelle de drap mi-partie blanche et rouge, que les Juifs portaient sur l'épaule au moyen âge, comme signe distinctif et infamant.

ROUELLE (1703-1770), chimiste français qui obtint de grands succès comme démonstrateur au Jardin des Plantes, et fut le maître de Lavoisier.

ROUEN (l. *Rothomagus*), 107163 hab. Métropole de la seconde Lyonnaise sous les Romains, ancienne capitale de la Normandie, dixième ville de France pour la population, chef-lieu du département de la Seine-Inférieure, sur la rive droite de la Seine, entre l'Aubette et le Robec, à 136 kilomètres de Paris; ch. de fer de l'O. avec deux gares, dont l'une au faubourg Saint-Sever; ch. de fer d'Orl. pour Elbeuf; ch. de fer du N. pour Amiens; quartier général du 3e corps d'armée; archevêché; cour d'appel; succursale de la Banque de France. Rouen n'est plus la *ville aux vieilles rues* chantée par Victor Hugo; elle a démoli, sans pitié, pour ouvrir la rue Thiers et la rue Jeanne d'Arc, des maisons pittoresques et de curieuses églises; cependant elle reste encore, après Paris, la ville de France la plus riche en monuments, parmi lesquels il faut citer au premier rang: la cathédrale, commencée à la fin du XIIe siècle et terminée en 1477; elle renferme deux chefs-d'œuvre de la Renaissance, les tombeaux de Louis de Brézé et du cardinal d'Amboise; le clocher de fonte, haut de 150 mètres, est, après la tour Eiffel, l'obélisque de Washington (169 mètres) et les tours de Cologne (156 mètres), le monument le plus haut du monde; l'église Saint-Ouen est un des chefs-d'œuvre du gothique rayonnant; l'église Saint-Maclou (XVe siècle) est fière de ses portes sculptées par Jean Goujon; citons encore les églises Saint-Patrice, Saint-Godard, Saint-Vincent, Saint-Éloi, cette dernière réservée au culte protestant. Le palais de justice, construit par Louis XII pour l'Échiquier de Normandie, est un chef-d'œuvre où l'art gothique se mêle à celui de la Renaissance; l'hôtel du Bourg-Théroulde est orné de curieux bas-reliefs représentant l'entrevue du *camp du Drap d'or* entre François Ier et Henri VIII. La tour de la Grosse Horloge (V. la gravure) a été construite en 1389; au sommet est la *cloche d'argent,* qui sert de beffroi et sonne encore le couvre-feu; la voûte de la Grosse Horloge, qui passe au-dessus de la rue pour relier la tour à l'ancien hôtel de ville, a été construite en 1511; elle est ornée sur chaque face par un grand cadran et par des sculptures représentant un berger avec des moutons; les mères le montrent à leurs enfants, en disant : Voici le bonhomme Rouen. Dans un angle, au-dessous de la voûte, est la fontaine de la Grosse Horloge (1732), représentant le fleuve Alphée et la nymphe Aréthuse. La tour de la Pucelle, où Jeanne d'Arc fut emprisonnée, a été démolie; mais le donjon ou grosse tour subsiste encore et a été restauré. Citons encore la Halle aux toiles avec le monument de la Fierte (châsse) de Saint-Romain; le théâtre des Arts, le cours Boïeldieu; la place du Vieux-Marché, où fut brûlée Jeanne d'Arc; le pont de pierre, que domine la statue de Corneille; le nouveau pont, en pierre et en fer, entre la rue Grand-Pont et le faubourg Saint-Sever. Rouen possède encore un beau musée-bibliothèque, un musée de céramique, un jardin des plantes; elle a une école préparatoire de médecine, une école secondaire des sciences et des lettres, une académie des sciences, belles-lettres et arts. On a pu dire que Paris, Rouen, le Havre ne formaient qu'une ville dont la Seine était la grand'rue; le chenal de la Seine approfondi permet aux vaisseaux calant 5 mètres et demi d'accoster les quais de Rouen, qui devient ainsi l'arrière-port du Havre. Elle a remplacé pour nous Mulhouse, et fabrique à bon marché des cotonnades répandues par tout le monde sous le nom de *rouenneries;* Barentin, Maromme, Malaunay, Sotteville, Darnétal, Quévilly, où un seul établissement emploie plus de 1000 ouvriers, forment avec Rouen un vaste atelier de fabrication. On file et on tisse encore à Rouen le coton, le lin, la laine. C'est aussi un port de transit entre Paris et les pays du Nord (Angleterre, villes hanséatiques, Suède et Norwège); depuis l'invasion du phylloxera, les vins d'Espagne et de Portugal s'empilent sur les quais pour être dirigés de là sur Bercy par les chemins de fer ou par les bateaux. — L'ancienne céramique rouennaise, si remarquable par la beauté de l'émail, la pureté et l'intensité des couleurs, la perfection du décor, est encore très recherchée; les uns préfèrent le décor à lambrequins, en camaïeu bleu du XVIIe siècle; d'autres recherchent le décor rayonnant, fleuronné, à ferronnerie ou le décor à la corne, qui fut le plus répandu; il est formé par une sorte de corne d'abondance d'où s'échappent des tiges de fleurs accompagnées d'insectes et de papillons où le jaune et le rouge dominent; la *corne* est simple ou double, tronquée ou non tronquée, et les peintres rouennais l'ont variée à l'infini. C'est à Rouen, dans le faubourg Saint-Sever, que Louis Poterat imagina en 1673 d'imiter la porcelaine dure de Chine au moyen d'une pâte dite *porcelaine tendre.* — Rouen, capitale des *Veliocasses,* avant l'arrivée des Romains, métropole de la Lyonnaise seconde, fit partie du royaume de Neustrie; pillée par les Northmans en 841, prise par Rollon en 876, elle devint capitale du duché en 912, après le traité de Saint-Clair-sur-Epte. Elle se rendit en 1204 à Philippe-Auguste, qui venait d'enlever la Normandie à Jean sans Terre. Elle tomba au pouvoir du roi d'Angleterre, Henri V, en 1418, après une résistance héroïque que dirigea Alain Blanchard. Jeanne d'Arc y fut brûlée sur la place du Vieux-Marché en 1431; la ville fut prise par les catholiques sur les protestants en 1562, après un siège durant lequel Antoine de Bourbon, roi de Navarre, fut mortellement blessé. Henri IV assiégea vainement la ville en 1592; il fut repoussé par le gouverneur Villars Brancas, aidé d'Alexandre Farnèse. Durant la guerre de 1870-1871, le général de Manteuffel et le duc de Mecklembourg occupèrent Rouen durant 229 jours, et la soumirent à de dures réquisitions, à d'indignes traitements. Rouen est la patrie de Pierre et Thomas Corneille, de leur neveu Fontenelle, des poètes Benserade et Pradon, du compositeur Boïeldieu, des peintres Jouvenet et Géricault, du navigateur Cavelier de la Salle, du journaliste Armand Carrel. — **Dér.** *Rouennais, rouennaise, rouennerie.*

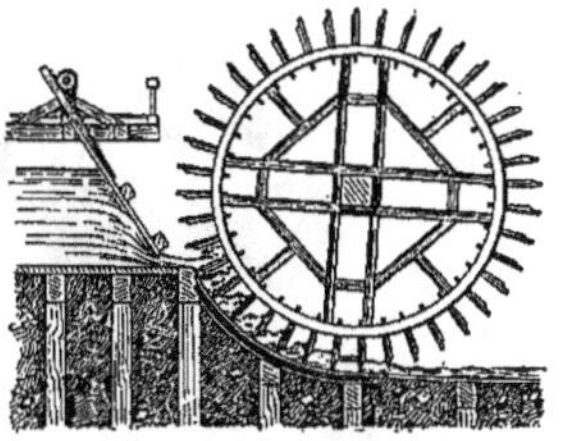

ROUE HYDRAULIQUE A AUBES PLANES

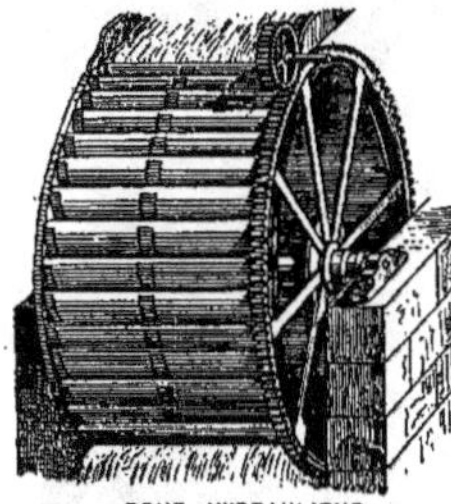

ROUE HYDRAULIQUE A AUGETS

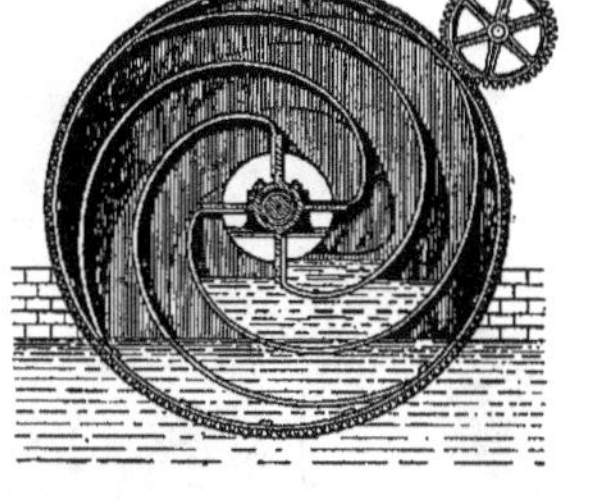

ROUE TURBINE

ROUENNAIS, AISE (*Rouen*), *adj.* et *s.* Qui est de Rouen. ‖ Habitant de cette ville.

ROUENNERIE (*Rouen*), *sf.* Toiles de coton, peintes ou non, fabriquées à Rouen ou imitées de celles qu'on y fabrique : *Marchand de rouennerie.*

ROUER (*roue*), *vt.* Punir du supplice de la roue. ‖ Écraser sous les roues d'une voiture. ‖ *Rouer un câble,* le plier en rond. — Fig. *Rouer de coups,* battre excessivement. — Fig. Harasser : *Être roué de fatigue.*

ROUERGUE (l. *Rhutenicum*), ancien pays de France, dans la Guyenne, habité à l'époque gauloise par les Ruthènes, borné par l'Auvergne, le Gévaudan, le Languedoc et le Quercy; il a formé le département de l'Aveyron, une petite partie du Tarn-et-Garonne; cap Rodez.

ROUERIE (*rouer*), *sf.* Action, tour de roué : *On aperçut sa rouerie.*

ROUET (dm. de *roue*), *sm.* Machine à roue et à bobine, qui sert à filer et tordre le fil; elle est mue par une pédale ou par une manivelle. ‖ Autrefois, petite roue d'acier qui en tournant à frottement sur une pierre à feu sous l'action d'un ressort enflammait la charge d'une arquebuse, d'un mousquet, etc. ‖ Roue dentée placée sur l'arbre d'un moulin et engrenant avec les fuseaux de la lanterne. ‖ Assemblage circulaire de madriers établi au fond de la fouille d'un puits et sur lequel on pose la première assise de la maçonnerie. ‖ Meule à polir usitée dans la fabrication des aiguilles. ‖

Garniture mise aux serrures pour éviter qu'elles ne soient crochetées; ce sont de petits cercles posés de champ sur le palustre autour de la broche centrale, et qui entrent dans les crans correspondants du panneton.

***ROUETTES** (vx fr. *reorte :* du bl. *retorta,* chose tordue), *sfpl.* Espèces de hart dont on fait des liens. (Eaux et forêts.)

***ROUF, ROUFLE** (angl. *roof,* toit), *sm.* Petit logement élevé en saillie sur le pont d'un paquebot, analogue à la dunette et servant de cuisine. || Couverture du poste placé à l'avant du navire pour le logement de l'équipage.

ROUFFACH, 3691 hab., anc. canton de l'arr. de Colmar (Haut-Rhin), aujourd'hui à l'Allemagne; patrie du maréchal Lefebvre, duc de Dantzick.

***ROUFFE** (vx fr. *roïfe :* du VHA. *rof,* escarre, croûte), *sf.* Gale éphémère des enfants à la mamelle. || Écume de la levure de bière qu'on a essayé de substituer à cette levure elle-même pour opérer la fermentation.

1. **ROUGE** (l. *rubeum*), *adj. 2 g.* Qui est de la couleur du sang : *Vin rouge.* || *Fer rouge,* devenu rouge par l'action du feu. || *Un rouge bord,* un verre de vin plein jusqu'aux bords. || Extrêmement roux : *Cheveux rouges.* || *Méchant comme un âne rouge,* très méchant. || *La race rouge* ou les *Peaux-Rouges,* les indigènes de l'Amérique du Nord. (V. *Boulet, Drapeau.*) — Adv. *Se fâcher tout rouge,* très sérieusement. — *Sm.* La couleur rouge : *Un rouge éclatant.* || *Rouge sombre, rouge-cerise, rouge-blanc,* trois nuances du rouge caractérisant trois températures de plus en plus élevées, par lesquelles passe le fer quand on le chauffe. || Nom de diverses matières colorantes rouges : *Le rouge d'aniline.* || Les couleurs rouges employées en peinture sont formées d'ocre, colorées par des oxydes de fer calcinés et pulvérisés qui donnent des tons foncés. L'oxyde de plomb et les combinaisons du mercure, comme le *minium* (protoxyde de plomb), le *cinabre,* le *vermillon* (sulfure de mercure), procurent des colorations vives et intenses. || *Rouge d'Andrinople, rouge des Indes* ou *rouge turc,* belle couleur obtenue avec la garance et avec laquelle on teint le coton en écheveau. Cette magnifique couleur, déjà connue du temps d'Alexandre, resta pendant longtemps la propriété des teinturiers du Levant, et ce n'est que vers 1750 ou 1760 qu'elle fut mise en pratique par les industriels de Rouen. || *Rouge d'Angleterre, rouge à polir* ou *rouge de Prusse,* le colcothar. (V. ce mot.) || *Rouge d'Almagra* ou d'*Almagné,* pyrites de fer altérées à l'air, servant à polir les glaces, les grosses pièces de fer, à colorer le tabac, différents mets, peindre les maisons, marquer les moutons, etc. Il y en a un gisement aux environs de Murcie (Espagne). || *Rouge de Berlin,* matière colorante extraite des bois du Brésil, de Fernambouc et qui est encore désignée dans le commerce sous les noms de *laques cramoisies, en boule de Venise, de Vienne, de Florence,* etc. || *Rouge de chica,* matière colorante extraite des feuilles du *bignonia chica,* originaire de l'Amérique méridionale. Cet extrait, appelé *chica,* mêlé à de la graisse de crocodile, sert aux naturels des bords de l'Orénoque, de la Guyane et du Brésil à se teindre le corps. || *Rouge de France,* ocre rouge. (V. *Ocre.*) || *Rouge de houque,* extrait des glumes du sorgho sucré. || *Rouge de Lyon,* l'un des noms du rouge d'aniline ou fuchsine. || Fard rouge, à base de carthame, de carmin ou d'orcanette, très employé aux XVIIe et XVIIIe siècles : *Se mettre du rouge sur les joues.* || Coloration rouge que prend le visage par un afflux subit du sang à la peau causé par la honte, la pudeur, la colère : *Le rouge lui monte au visage.* || *Voir rouge,* être saisi de fureur, comme si le sang montait aux yeux. || Républicain des plus avancés, partisan du drapeau rouge. (Pop.) || *Ce dindonneau a deux mois, il prend* ou *pousse le rouge,* les caroncules de sa tête et son cou deviennent rouges. — **Dér.** *Rouge 2, rougir, rougi, rougie, rougissant, rougissante, rouget, rougette, rougel, rougeur, rougeaud, rougeor, rougeoyer, rougeole, rougissure, roujot.* — **Comp.** *Rouge-aile, rouge-gorge, rouge-noir, rouge-queue; dérougir.*

ROUEN

LA GROSSE HORLOGE

2. **ROUGE** (*rouge 1*), *sm.* Le canard souchet, qui a les pieds rouges.

ROUGE (MER), ou **golfe Arabique,** golfe allongé de la mer des Indes, entre l'Arabie et l'Égypte, long de 2250 kilom., large de 200 ou 300, communiquant avec la Méditerranée par le canal de Suez. (V. ce mot.) On a fait plusieurs hypothèses pour expliquer ce nom de mer « Rouge » ou « Égyptienne »; il faut l'entendre au sens de Torride à cause de la rougeur du ciel qui se reflète sur la mer, de l'éclat éblouissant des rochers qui forment la côte, de l'air brûlant qu'on y respire. D'après d'autres commentateurs, le nom viendrait des hommes *rouges,* Pounts ou Phéniciens, qui habitaient les côtes. En tout cas, ce n'est pas la couleur des algues ou des coraux qui est l'origine de ce nom. La salure en est extrême. La chaleur, très grande en été, hâte l'évaporation superficielle des eaux que ne renouvellent ni les pluies du ciel, ni les eaux des torrents côtiers. Une tranche d'eau de 7 mètres d'épaisseur est ainsi enlevée à la mer Rouge, et soixante années suffiraient à en faire un *chott* marécageux, si des courants, venus de la mer des Indes, ne venaient réparer ces pertes. Les voyageurs redoutent beaucoup la haute température de ce couloir durant les traversées d'été. Les côtes sont bordées de roches madréporiques à fleur d'eau, d'îles qui se multiplient aux abords du détroit de Bab el Mandeb. Deux golfes la terminent au N., le golfe de Suez et celui d'Akabah, qui embrassent la péninsule du mont Sinaï (2602 mètres). Le golfe d'Akabah est couvert par l'île de Tiran et d'autres îlots moins étendus. Le ras (cap) Abou Mohammed limite au S. la péninsule du Sinaï. Le littoral n'étant pas profondément découpé, les navires ne trouvent qu'un abri peu sûr dans les ports de Yambo, Djeddah, Gounfoundeh, Hali, Loheiyah, Hodeida et Moka. Djeddah, ville fortifiée, est le port de la Mekke; elle manque presque totalement d'eau et le thermomètre peut y monter jusqu'à 55 degrés; mais, bien que la rade soit mauvaise, des milliers de pèlerins, venus d'Égypte et du fond de l'Afrique, y abordent au moment du Rhamadan. La population, de 15 à 18000 habitants, est composée d'éléments hétérogènes et animée d'un fanatisme ombrageux. Yambo est l'escale de Médine, comme Djeddah est celle de la Mekke. Les îles sont peu importantes; cependant les îles Foursan, en face du port de Djazzan, ont des dattiers, des sources et un mouillage dans Foursan-el-Kebir, où l'on pêche le corail et les perles. L'île de Kemaran, au S.-O. de Loheiyah, a un bon port que l'Angleterre a occupé; viennent ensuite l'île Zougour et l'île Périm, clef du golfe Arabique, qui partage en deux passes le détroit de *Bab el Mandeb* (porte de l'affliction) et commande la mer des Indes. Périm a 5500 mètres de long sur 1800 de large; la passe de Menheli, qui la sépare de l'Arabie, est large de 3200 mètres. Bien qu'elle n'ait pas d'eau douce, les Anglais l'ont occupée en 1857, y ont construit un phare, des batteries et des casernes. La France a acquis récemment, en face de Périm, le massif volcanique du cap Bab el Mandeb, avec le territoire de Cheik Saïd, que M. Soleillet définissait un Gibraltar français; mais, comme la Grande-Bretagne a acquis la plupart des actions du canal de Suez et possède Aden au delà de Périm, la mer Rouge est un lac anglais.

En Afrique, les côtes de la mer Rouge appartiennent à l'Egypte; mais, depuis le soulèvement du Mahdi, la possession du littoral méridional est assez précaire. Les îles sont assez nombreuses : l'Égypte possède celle de Schedouan, Massaouah, Havakil; l'Angleterre a les îles Dahlak; la France, les îles Dessi. Les ports principaux sont ceux de Kosséir (ancien Myos Hormos),

MER ROUGE

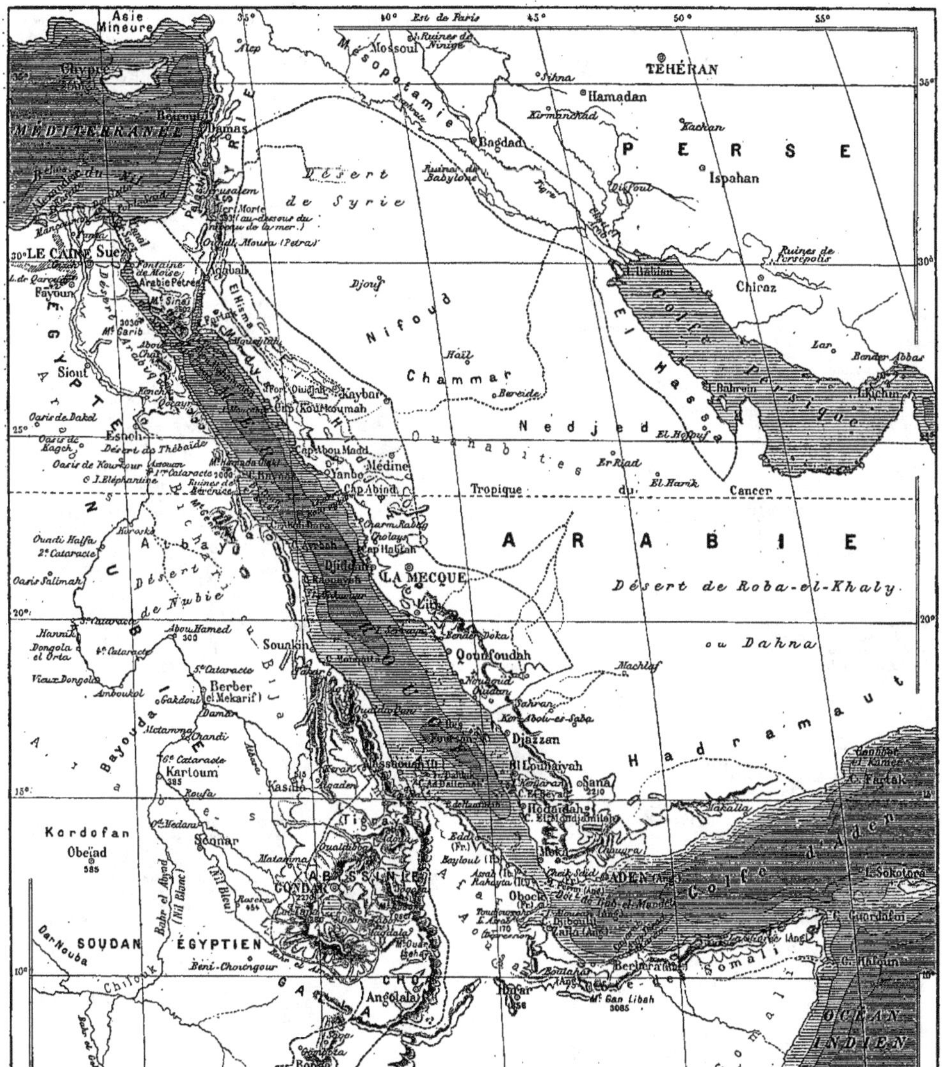

Signes conventionnels :

Possessions européennes { françaises .... (Fr.) / anglaises .... (Ang.) / italiennes .... (It.)

CAPITALES .... ◉
Villes importantes .... •
Autres villes .... ∘

Limites d'États ---------

Les chiffres expriment en mètres l'altitude au-dessus du niveau de la mer.

Teintes des fonds marins:

de 0m à 200m — de 200m à 1000m — de 1000m à 2000m — au-dessous de 2000m

Échelle : $\frac{1}{16.400.000}$

0 100 200 300 400 800 1200 Kil.

de Bérénice, de Souakin et de Massaouah, aux Égyptiens. Les Italiens se sont établis dans l'anse d'Assab, bordée de bancs de sable, à 40 milles de Périm, à 150 milles d'Aden. Le territoire, qui a 3 milles de diamètre, manque d'eau potable. Massaouah, voisine des ruines d'Adulis, cédée par les Turcs au khédive en 1865, est à 440 kilom. de Souakin, à 1 890 de Suez, à 2043 du Caire. Une île forme devant la ville un canal large de 600 mètres servant de mouillage. Bien que la chaleur y soit étouffante, l'île sert de débouché aux caravanes d'Abyssinie, du Sennaar, de Goudar, du Kordofan et du Darfour; de là les marchandises gagnent l'Orient par Kosséir, Suez, Djeddah ou Aden. Un service de paquebots dessert trois fois par mois la côte entre Suez et Massaouah. Souakin (2 000 habitants) est dans une île séparée de la côte par un chenal de 200 mètres, embarrassé par des bancs de sable. Souakin est reliée à Berber (aujourd'hui au Mahdi) sur le Nil par une route de caravanes; elle expédie à Djeddah du beurre fondu. C'est par Souakin que les Anglais essayent de gagner Khartoum, si longtemps défendue par Gordon. Bérénice, au pied du mont Hamada Olaki (2000 mètres), à 800 kilom. de Suez, 650 de Souakin, 500 de Kosséir, a un vaste port, d'un difficile abord à cause des récifs madréporiques. C'était, au temps des Ptolémées, un des centres principaux du commerce égyptien. Une route de caravanes la relie à Edfou. Kosséir (2500 habitants), à 500 kilom. de Suez, manque d'eau potable, mais jouit d'un climat salubre. Une route de caravanes relie cette ville à Keneh. Dans la mer Rouge, les vents dominants sont celui du N.-O. pendant huit mois et celui du N.-E. pendant quatre mois; le chenal ayant en son milieu de 1 000 à 2000 mètres de profondeur, la navigation est assez facile quand on ne s'approche pas des côtes. Au delà du détroit de Bab el Mandeb, la France possède, sur la côte des Çomalis, le port d'Obock, qui est le pendant d'Aden, sur la côte d'Arabie. (V. t. II, p. 760 du dictionnaire.) En outre, nous possédons *Edd*, situé plus au N. (V. la carte, p. 198.)

ROUGE (RIVIÈRE), 2400 kilom. Grande rivière des États-Unis, affluent de droite du Mississipi. || Rivière qui sépare aux États-Unis le Minnesota du Dakota, arrose le Manitoba canadien et se jette dans le lac Winnipeg.

ROUGÉ, 2811 hab. Ch.-l. de c., arr. de Châteaubriant (Loire-Inférieure).

ROUGÉ (EMMANUEL DE) (1811-1873), membre de l'Académie des inscriptions, professeur au Collège de France, auteur d'une *Chrestomathie égyptienne.*

***ROUGE-AILE** (*rouge* + *aile*). *sm.* Mauvis ou grive. — Pl. *des rouges-ailes.*

ROUGEÂTRE (*rouge* + sfx. péjoratif *âtre*), *adj. 2 g.* Qui tire sur le rouge : *Ciel rougeâtre.* — *Sm.* Espèce d'agaric bulbeux. || Tortue d'Amérique.

ROUGEAUD, AUDE (*rouge* + sfx. *aud*), *adj.* et *s.* Qui a naturellement le visage très rouge : *Un gros rougeaud.* (Pop.)

ROUGE-GORGE (*rouge*+*gorge*), *sm.* Petit oiseau insectivore de l'ordre des Passereaux, remarquable par son plumage gris brun en dessus, blanc en dessous et rouge tendre ou jaune verdâtre sous la gorge; il ressemble au merle, s'apprivoise facilement et est très utile à l'homme parce qu'il détruit beaucoup d'insectes. Il est d'ailleurs assez familier et s'approche volontiers du bûcheron aussi bien que des habitations. — Pl. *des rouges-gorges.*

ROUGE-GORGE

ROUGEMONT, 1154 hab. Ch.-l. de c., arr. de Baume-les-Dames (Doubs).

***ROUGE-NOIR** (*rouge* + *noir*), *sm.* Nom vulgaire du gros-bec ou pinson royal.

ROUGEOLE (dm. de *rouge*), *sf.* Phlegmasie cutanée, précédée et accompagnée de fièvre, coryza, larmoiement et toux, caractérisée par l'apparition de petites taches rouges, proéminentes sur la peau; elle s'attaque surtout aux enfants, qui ne l'ont ordinairement qu'une fois. La rougeole est une éruption qui se fait à la peau, sur la conjonctive, sur la pituitaire et sur les bronches. Comme la variole, elle était inconnue des Grecs et des Romains et a été importée en Europe au VIIIe siècle par les Sarrasins. Elle vient de l'Inde, de la Malaisie, du Japon, où on la nomme *fakisa.* Ce sont les Européens qui l'ont apportée en Amérique. Dans l'armée et chez les adultes, elle devient grave et épidémique. Importée aux îles Féroé en 1781, elle atteignit tous les habitants et en fit périr un grand nombre. En 1875, elle a décimé la population des îles Viti, comme la peste la plus redoutable. Bien qu'elle ait fait le tour du monde, elle paraît préférer les pays froids. — Traitement : Garantir du refroidissement, boissons sudorifiques. || Le mélampyre des champs.

***ROUGEOR** (*rouge* + *or*), *sm.* Poisson du genre spare dont les nageoires et les pectorales sont nuancées d'or.

***ROUGEOYER** (*rouge*), *vi.* Prendre une teinte rougeâtre (mot employé par V. Hugo).

ROUGE-QUEUE (*rouge* + *queue*), *sm.* Nom de deux oiseaux insectivores, très voisins des rouges-gorges : le *rossignol des murailles,* à front blanc, et le *rouge-queue tithys,* qui a la gorge et la poitrine noires. — Pl. *des rouges-queues.*

ROUGE-QUEUE

1. ***ROUGET, ETTE** (dm. de *rouge*), *adj.* Un peu rouge.

2. **ROUGET** (dm. de *rouge*), *sm.* Poisson marin, du genre mulle, rouge sur le dos et argenté sous le ventre, qu'on trouve surtout dans la Méditerranée, et dont la chair est très estimée. || L'un des noms du *surmulet.* (V. ce mot.) || Nom donné à Paris au trigle ou grondin. || Le lepte automnal. (V. ce mot.) || Variété de pomme à cidre. || *Rouget du porc,* maladie infectieuse désignée encore sous les noms d'*érysipèle malin,* de *mal rouge,* de *fièvre entérique,* de *pneumo-entérite* et de *choléra des porcs.* Cette maladie est contagieuse et caractérisée par une éruption cutanée, par des ulcérations de la valvule iléo-cœcale et du côlon, par des péritonites, des pleurésies, etc. Elle est due à la présence d'un micrococcus. M. Pasteur en a atténué les effets en cultivant ce micro-organisme dans du sang de lapin. (V. *Microbe.*) Les porcs des races perfectionnées sont plus exposés à cette maladie que les autres. On a eu recours à la vaccination, qui détermine chez les animaux une maladie dont ils ne meurent pas, et leur donne une immunité qui dure une année et permet ainsi de les élever.

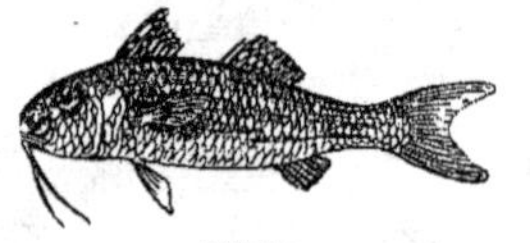

ROUGET

ROUGET DE L'ISLE (1760-1836), né à Lons-le-Saulnier, officier du génie, qui, étant en garnison à Strasbourg en 1792, composa les paroles et le chant de la *Marseillaise.* (V. ce mot.) — La dernière strophe de la *Marseillaise* (Nous entrerons dans la carrière...) est de Marie-Joseph Chénier. L'organiste wurtembergeois Hamma aurait, dit-on, retrouvé l'air de la *Marseillaise* dans un manuscrit de 1776, au *Credo* de la 4e *missa solemnis* de Holtzmann, maître de chapelle de l'électeur palatin, de 1770 à 1790, né à Meersburg, sur le lac de Constance.

ROUGETTE (*rouget*), *sf.* La roussette à cou rouge (ptérope rubrical), chauve-souris frugivore de l'île Bourbon et de Madagascar.

ROUGEUR (*rouge* 1), *sf.* Couleur rouge : *La rougeur du ciel au coucher du soleil.* || Coloration rouge qui survient subitement au visage sous l'impression d'un vif sentiment de honte, de colère, de plaisir, etc. : *La rougeur lui monta au visage.* || Tache rouge sur la peau.

ROUGI, IE (*rougir*), *adj.* Rendu rouge. || *Eau rougie,* à laquelle on a mêlé un peu de vin.

ROUGIR (*rouge*), *vt.* Rendre rouge. || Teindre en rouge : *Rougir les carreaux d'un plancher.* — Fig. *Rougir ses mains de sang,* assassiner, exercer de sanglantes proscriptions. — *Vi.* Devenir rouge : *Les cerises commencent à rougir.* || Avoir le visage subitement rouge par l'effet d'une impression morale : *Rougir de honte.* — Fig. Avoir honte, être confus : *Vous devriez rougir de votre conduite.* || *Faire rougir,* inspirer de la honte.

ROUGISSANT, ANTE (*rougir*), *adj.* Qui devient rouge.

***ROUGISSURE** (*rouge* 1), *sf.* Maladie du fraisier. || Teinte du cuivre rouge.

ROUHER (EUGÈNE) (1814-1884), ministre d'État, puis président du Sénat sous Napoléon III; homme de confiance de ce prince et de l'impératrice Eugénie.

ROUI, *spm.* de *rouir.* Rouissage. || *Viande sentant le roui,* qui a pris un mauvais goût en cuisant dans un vase malpropre.

ROUILLAC, 2100 hab. Ch.-l. de c., arr. d'Angoulême (Charente).

ROUILLE (bl. *rubigila* : de *rubigo,* rouille), *sf.* Matière pulvérulente d'un rouge brun qui est un hydrate de sesquioxyde de fer, et qui se forme à la surface et aux dépens de ce métal, sous l'influence de l'oxygène et de l'humidité de l'air : *La rouille ronge le fer.* — Pour enlever des taches de rouille sur le linge, on les mouille et on les frotte avec de l'acide oxalique. || Ancien nom générique des oxydes : *Rouille du cuivre,* le vert-de-gris. || Sel de fer liquide, de couleur marron foncé, qu'on prépare en grand à Lyon pour la teinture des soies en noir. — Fig. Traces d'ignorance, de grossièreté : *Il faut se débarrasser de la rouille des siècles barbares.* || Maladie qui apparaît au printemps sur les feuilles, les tiges, les glumes et les glumelles des céréales, sous la forme de très petites aspérités qui, d'abord, soulèvent l'épiderme, puis finissent par le déchirer et par répandre une poussière abondante, jaunâtre, rougeâtre ou noirâtre. Cette maladie est due à plusieurs champignons très petits de la tribu des Urédinées et du genre *puccinie* ou *rouille,* tels que la *rouille linéaire,* la *rouille vraie,* la *grosse rouille,* la *rouille des glumes.* La *rouille linéaire* forme sur les feuilles des taches brunes, puis noires, qui se multiplient pendant toute la belle saison, émettant sous forme de poussière noire des corps reproducteurs ou spores qui se ressèment sur les feuilles et les tiges de la plante pour produire de nouvelles puccinies. Vers la fin de la saison, ces puccinies donnent naissance à de nouveaux corps reproducteurs, différents des premiers, les *téleutospores,* qui restent inertes sur le chaume pendant tout l'hiver pour végéter au printemps suivant et développer de nouveaux organes reproducteurs dits *sporidies.* Les sporidies ne peuvent germer sur les céréales, mais, transportées par le vent, elles s'attachent à la face inférieure des feuilles des épines-vinettes et émettent dans l'épaisseur de leur parenchyme un mycélium appelé *æcidium,* qui apparaît sous la forme de petites bosses jaunes et donne naissance à deux sortes de corps reproducteurs, savoir : des *spermogonies,* qui engendrent des sporidies reproduisant sur l'épine-vinette de nouveaux æcidiums et des spores qui, disséminées par le vent, vont former sur les céréales de nouvelles puccinies qui recommencent le cycle que nous venons de décrire. L'épine-vinette est donc en quelque sorte la nourrice de la puccinie, dont les métamorphoses sont bien autrement extraordinaires

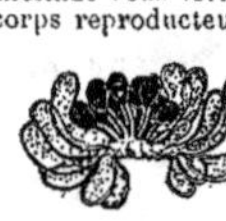

ROUILLE DU ROSIER

que celles des insectes. La *rouille vraie*, qui émet une poussière d'un jaune orangé, vit sur l'avoine et a deux plantes nourrices, la *bourdaine* et le *nerprun purgatif*. La *grosse rouille*, qui répand aussi une poussière orangée et marque les feuilles et les tiges de taches ovales, n'a pas encore été assez étudiée pour que l'on découvrît sa plante nourrice. La *rouille des glumes* s'attache à l'intérieur des glumes et des glumelles et est tout aussi mal connue. Une autre *rouille*, dite *puccinia straminis*, a pour plantes nourricières de son æcidium l'*anchora italica* et le *lycopsis arvensis*. Le développement de toutes les rouilles est favorisé par l'humidité. Il résulte des faits précédents que, pour atténuer les ravages des rouilles, il faut drainer les terres, arracher les épines-vinettes qui croissent dans le voisinage des céréales, et détruire les plantes adventices qui, infestant les moissons, pourraient être les nourrices de certaines puccinies dont on ne connaît pas encore les æcidiums. — **Dér.** *Rouiller, rouillé, rouillée, rouilleux, rouilleuse, rouillure.* — **Comp.** *Dérouiller, dérouillement; enrouiller, enrouillement.*

ROUILLÉ, ÉE (*rouiller*), *adj.* Recouvert de rouille : *Épée rouillée.* || Attaqué par la rouille des céréales : *Blé rouillé.* — Fig. Affaibli, amoindri faute d'exercice : *Vous me voyez rouillé sur les mathématiques.*

ROUILLÉ (Antoine, comte de), (1680-1761), ministre de la marine et des affaires étrangères sous Louis XV. Il essaya de réorganiser notre flotte au début de la guerre de Sept ans.

ROUILLER (*rouille*), *vt.* Déterminer la formation d'une couche de rouille : *L'humidité rouille le fer.* || Occasionner l'apparition de la rouille des céréales : *Le voisinage des épines-vinettes rouille le blé.* — Fig. Altérer, affaiblir faute d'exercice : *Le temps rouille les souvenirs.* — **Se rouiller**, *vr.* Devenir rouillé. — Fig. S'affaiblir, désapprendre : *On se rouille dans l'oisiveté.*

ROUILLEUX, EUSE (*rouille*), *adj.* Qui a la couleur de la rouille.

ROUILLURE (*rouille*), *sf.* Effet de la rouille.

ROUIR (holl. *roten*, faire pourrir), *vt.* Faire macérer pendant quelques jours une plante textile, lin ou chanvre, dans une eau dormante pour en détacher plus aisément la filasse : *Rouir le chanvre.* — *Vi.* Etre soumis au rouissage : *Du lin roui dans cette mare.* — **Dér.** *Roui, rouissage, rouissoir, routoir.*

ROUISSAGE (*rouir*), *sm.* Action de faire rouir une plante textile. Le rouissage du chanvre rend l'eau malsaine pour l'homme et les animaux, tue les poissons et répand dans l'air des miasmes très dangereux. Il doit être fait loin des habitations et il est défendu de le pratiquer dans les eaux courantes; le rouissage à la vapeur devrait être préféré à tout autre.

***ROUISSOIR** (*rouir*), *sm.* Lieu où on fait rouir le lin ou le chanvre.

ROUJAN, 1704 hab. Ch.-l. de c., arr. de Béziers (Hérault). Mines de houille. Ch. de fer du Midi.

***ROUJOT** (*rouge*), *sm.* Écureuil des Indes orientales dont les parties supérieures sont d'un roux marron, tandis que les inférieures sont jaunes.

ROULADE (*rouler*), *sf.* Action de rouler du haut en bas : *Il a fait une roulade.* || Ensemble de notes d'agrément que la voix exécute avec rapidité sur une seule syllabe : *Cette cantatrice excelle dans les roulades.*

ROULAGE (*rouler*), *sm.* Action de rouler. || Facilité de rouler. || Chemin excellent pour le roulage des voitures. || Transport des marchandises au moyen de voitures : *Le roulage a presque disparu depuis l'établissement des chemins de fer.* || Vers 1846, le prix du transport des marchandises par roulage était de 20 centimes par tonne et par kilomètre; de nos jours, le prix est de 1 centime et demi sur les canaux, de 3 à 5 centimes sur les chemins de fer, par petite vitesse. Le roulage ordinaire parcourait 25 à 30 kilomètres par jour; le roulage accéléré, dont les prix étaient doubles, parcourait, en un jour, 50 à 60 kilomètres; les messageries (ou diligences), qui prenaient 1 franc ou 1 fr. 20 par tonne et par kilomètre, faisaient 150 à 180 kilomètres par jour. On voit quels progrès ont été accomplis en quarante ans, puisque un train de marchandises fait 20 kilomètres à l'heure, et qu'un train express en parcourt de 50 à 60. || Établissement où l'on se charge de ce transport : *Mettre une caisse au roulage.* || Action de faire passer le rouleau sur une terre récemment labourée ou ensemencée pour briser les mottes ou tasser le sol.

ROULANS, 4027 hab. Ch.-l. de c., arr. de Baume-les-Dames (Doubs).

ROULANT, ANTE (*rouler*), *adj.* Qui roule. || *Matériel roulant*, les locomotives et les wagons d'une voie ferrée. || Qui roule aisément : *Carrosse bien roulant* (vx). || Où les voitures roulent aisément : *Chemin roulant.* || *Chaise roulante*, voiture à deux roues traînée par un cheval de brancard et par un ou deux chevaux de côté (vx). || *Feu roulant*, fusillade continue. — Fig. *Un feu roulant d'épigrammes*, nombreuses épigrammes lancées coup sur coup.

ROULEAU (dm. de *rôle*), *sm.* Feuille de papier, de parchemin, laine, étoffe roulée sur elle-même : *Un rouleau de papier de tenture.* — Fig. *Être au bout de son rouleau*, ne savoir plus que dire, avoir épuisé toutes ses ressources. || Pile de pièces de monnaie de même valeur : *Un rouleau d'or.* || Fiole cylindrique : *Un rouleau de sirop.* || Bâton bien cylindrique dont se servent les pâtissiers pour étendre la pâte. || Morceau de bois qu'emploient les carriers, les tailleurs de pierre, les charpentiers, pour déplacer de lourds fardeaux. || Lourd cylindre de fonte traîné par des chevaux ou une locomotive dont on se sert pour écraser les pierres dont on vient de charger une route macadamisée. || Lourd cylindre en bois dur, en pierre ou en fonte tournant dans un cadre ou à l'extrémité d'un brancard que traînent des animaux et dont les cultivateurs se servent pour briser les mottes ou tasser la terre fraîchement remuée; sa surface est quelquefois armée de dents. || Cylindre de bois ou de fonte recouvert d'une enveloppe molle faite le plus souvent de colle et de mélasse; on l'enduit d'encre, qu'il dépose sur les formes d'imprimerie en roulant à leur superficie. || *Rouleau à revernir*, cylindre en bois muni de poignées, garni de cuir, recouvert d'un vernis spécial, qu'on passe à la surface d'un cuivre déjà gravé; le vernis, sans pénétrer dans les tailles, ne recouvre que les surfaces planes et permet de faire mordre à nouveau. || Synonyme de banderole, phylactère. || Enroulements de volute décorant une console vue de face. (Archit.) || Serpent non venimeux de l'Inde et de l'Amérique du Sud, se rapprochant du boa par sa conformation. || *Rouleaux des morts*, rouleaux de parchemin au moyen desquels les communautés religieuses du moyen âge annonçaient aux autres couvents du même ordre la mort d'un membre, d'un bienfaiteur.

ROULÉE, *spf.* de *rouler.* Une volée de coups. (Pop.)

***ROULEFEU** (*rouler* + *feu*), *sm.* Cylyndre de métal contenant du charbon allumé et servant à sécher l'entrepont. (Mar.)

ROULEMENT (*rouler*), *sm.* Mouvement de ce qui roule. || *Roulement d'yeux*, action de tourner les yeux de côté et d'autre. || Ensemble de plusieurs notes différentes chantées d'une même haleine : *Faire de beaux roulements.* || Bruit uniforme et continu produit par un ou plusieurs tambours. || Bruit prolongé du tonnerre. || *Fonds de roulement*, argent destiné aux dépenses courantes. || *Roulement de fonds*, circulation rapide d'une somme d'argent. (Commerce.) — Fig. Action de se remplacer alternativement dans certains travaux, comme ceux des hauts fourneaux, certaines fonctions : *Dans les travaux qui ne sont jamais interrompus, on établit un roulement d'ouvriers.*

ROULER (l. *rotulare* : *rotula*, petite roue), *vt.* Faire qu'un corps parcoure un certain espace en même temps qu'il tourne sur lui-même : *Rouler un tonneau.* || *Rouler carrosse*, avoir un carrosse à soi. || Diriger rapidement de côté et d'autre : *Rouler les yeux.* — Fig. Réfléchir sur : *Rouler de vastes projets.* || Mettre en rouleau : *Rouler une carte géographique.* || Ecraser, aplanir la terre avec le rouleau. — Fig. Battre, confondre, tromper : *Rouler quelqu'un.* — *Vi.* Avancer en tournant sur soi-même : *L'avalanche roule sur le flanc de la montagne.* || *Les larmes lui roulent dans les yeux*, il est près de pleurer. || Etre animé d'un mouvement de rotation : *La porte roule sur ses gonds.* || Éprouver du roulis : *Le navire roule.* || Aller çà et là sans se fixer nulle part : *Il a roulé par toute la France.* || Se passer, avoir lieu : *Vous voyez comme tout roule ici.* || Produire un bruit prolongé : *Le tonnerre roule.* — Fig. *Rouler sur l'or et sur l'argent*, être fort riche. || Être l'objet de sérieuses réflexions : *Mille projets lui roulent dans l'esprit.* || Avoir pour objet : *La discussion roula sur la politique.* || *L'affaire roule sur lui*, il en est l'agent principal. || *Tout roule sur lui dans cette maison*, il y est chargé de toutes les affaires. — Fig. Passer alternativement d'une personne à une autre en parlant d'une occupation, d'une fonction : *Le commandement de l'armée romaine roulait chaque jour d'un consul à l'autre.* — Fig. Trouver moyen de subsister : *Avec ce secours il roulera quelque temps.* — **Se rouler**, *vr.* Se tourner de côté et d'autre étant couché, accroupi : *Les poules se roulent dans la poussière.* — **Dér.** *Roulant, roulante, roulée, roulet, roulette, roulon, rouleau, roulement, rouleur, rouleuse, roulade, roulage, roulis, roulier, roulière, rouloir, roulotte, roulure.* Même famille : *Roue, rôle, rouleau*, etc. — **Comp.** *Dérouler, déroulement, enrouler, enroulement; crouler, croulant, croulante, croulement, croulier, croulière, roulefeu.*

ROULERS, 16800 hab. Ville de Belgique (Flandre occidentale); grand commerce de toiles; le 13 juillet 1794, les Français, commandés par Pichegru et Macdonald, y battirent les Autrichiens de Clerfayt; ce fut le prélude de la brillante victoire de Fleurus.

***ROULET** (dm. masc. du vx fr. *roule*, rouleau), *sm.* Fuseau de bois dur pour fouler les chapeaux.

1. ROULETTE (bl. *rotella*, petite roue), *sf.* Petite roue adaptée à chaque pied d'un meuble et servant à le faire rouler : *Un fauteuil à roulettes.* — Fig. *Cela va comme sur des roulettes*, admirablement bien. || Long ruban pour mesurer des longueurs, et qui s'enroule autour d'un petit cylindre enfermé dans une boîte. || Les courbes engendrées par un cercle qui roule sur une autre ligne. Telles sont, par exemple, la cycloïde, l'épicycloïde, etc. || Petits disques d'acier trempé, crénelés, à dents plus ou moins aiguës, fixés tantôt parallèlement, tantôt perpendiculairement à un manche. On les passe à plusieurs reprises sur le vernis d'un cuivre gravé, pour tracer des séries de points, que l'on peut croiser en tous sens; le grain est plus ou moins fort, selon que l'instrument frotte le vernis avec plus ou moins de vigueur. || Genre de mollusques gastéropodes, à coquille lisse, blanche en dessous, rose en dessus et présentant des lignes noirâtres, onduleuses et rapprochées. On rencontre surtout ce genre dans la mer des Indes; on en a signalé une espèce dans la Méditerranée.

2. ROULETTE (*roulette* 1), *sf.* Jeu de hasard, consistant en un plateau tournant au centre d'un tapis vert et portant 76 cartes numérotées en rouge et en noir, et correspondant à 76 cartes du tapis. Une bille d'ivoire, lancée sur ce plateau, détermine le gain ou la perte en se plaçant dans telle ou telle case et sur telle ou telle couleur. La roulette, prohibée en France, ne se joue plus qu'à Monaco, où le minimum des enjeux est de 5 francs, et le maximum de 6000 francs.

ROULEUR (*rouler*), *sm.* Ouvrier qui roule des tonneaux, qui transporte des terres à la brouette, qui va travailler d'atelier en atelier, qui roule les étuis et les cartouches dans les ateliers de pyrotechnie. || Navire qui a un fort roulis. || Le rhynchite vert qui roule les feuilles de la vigne. — *Smp.* Famille de papillons nocturnes dont les ailes sont roulées au repos.

ROULEUSE (*rouler*), *sf.* Toute chenille

qui se loge dans une feuille roulée pour faire sa coque, et notamment la chenille de la pyrale de la vigne.

ROULIER (*rouler*), *sm.* Voiturier conduisant les chariots qui transportent les marchandises. — **Dér.** *Roulière.*

***ROULIÈRE** (*roulier*), *sf.* Blouse de roulier.

ROULIS [rou + li] (*rouler*), *sm.* Balancement qu'un navire exécute alternativement de droite à gauche et de gauche à droite.

ROULOIR (*rouler*), *sm.* Outil avec lequel le cirier roule les bougies, les cierges sur une table. || Rouleau du métier à bas. || Cylindre ou calandre pour effacer les plis de la toile qu'on apprête.

***ROULON** (*rouler*), *sm.* Petit barreau d'un râtelier. || Petit balustre d'un banc d'église.

***ROULOTTE** (*rouler*), *sf.* Voiture, dans l'argot des voleurs. || *Voleur à la roulotte*, celui qui essaye d'enlever les colis placés sur un fiacre ou un camion, pendant que ces voitures roulent.

***ROULOUL** (m. malais), *sm.* Oiseau de l'ordre des Gallinacés de Malacca, voisin de la perdrix et du faisan; son plumage est vert en dessus et violet en dessous; il porte une belle huppe noire et rouge. C'est un oiseau d'un caractère farouche qui habite de préférence les forêts de la presqu'île de Malacca et de Sumatra. On l'a aussi rencontré à Java.

***ROULURE** (*rouler*), *sf.* État d'une chose roulée. || Maladie des arbres qui consiste en ce que leurs couches concentriques se disjoignent et restent écartées les unes des autres: *Le bois atteint de roulure ne peut être ni débité en planches, ni employé comme charpente.*

ROUMAIN, AINE (db. de *romain*), *adj.* Qui appartient à la Moldo-Valachie. — *Sm.* Le *roumain* ou *valaque*, la langue de la Moldo-Valachie, issue du latin.

***ROUMANCHE** (*roman*), *sm.* Dialecte d'origine romane parlé dans le canton des Grisons, par 40000 personnes environ de l'Oberland, des vallées d'Oberhalbstein, de Schams, etc. Nous en donnerons une idée par des inscriptions relevées dans le cimetière de Pontresina, sur la route du Bernina: *Quia reposan nos chers genitors*, ici reposent nos chers parents. — *Naschien ils 26 avuost 1831, mort ils 10 schner 1850*, né le 26 août 1831, mort le 10 janvier 1850. — *Alla memoria da nossa virtuosa ed amada mamma N., morta a Zurich ils 18 avuost 1871 nell'etad d'ans 63 et seguond sia giavusch sepelida quia il di 19 seguaind, inua gia reposaiva sia bun bap N.* A la mémoire de notre mère vertueuse et aimée, morte à Zurich le 15 août 1871, à l'âge de 63 ans, et inhumée ici selon ses vœux, le 19 suivant, où reposait déjà son bon père N. Dans la langue du pays, romanche se dit *rumonsch.*

ROUMANIE, 5376000 hab.; 131401 kilom. carrés; principauté érigée en royaume en 1881. Située au S.-E. de l'Europe, dans la péninsule des Balkans, la Roumanie est bornée au N. et au N.-O. par les Alpes de Transylvanie et les Carpathes, qui la séparent de la Hongrie, et par une limite artificielle au delà de laquelle sont la Bukowine et la Gallicie; à l'E., du côté de la Russie, elle est limitée par le Pruth jusqu'à son confluent avec le Danube et par le bras de Kilia, aux embouchures de ce fleuve; au S. par le Danube, des Portes de Fer jusqu'à Silistrie et par une ligne conventionnelle qui laisse la Dobroudja à la Roumanie et va de Silistrie à Jilanluk, sur la mer Noire. Le royaume est compris entre 20° 20' et 37° 16' de longitude E.; entre 43° 40' et 48° 50' de latitude N. Le climat est continental et influencé par les vents froids venus de la Russie; la température peut tomber en hiver à — 30° et monter, en été, à + 45°; à Bucharest, la moyenne est + 8°; sur le Danube, les brouillards et la gelée interrompent la navigation dès le mois de novembre; le delta et les plaines basses, inondés en mars, sont un foyer de fièvres paludéennes. La Roumanie possède, sur la mer Noire, les côtes de la Dobroudja de Kilia à Jilanluk, avec l'île des Serpents, au large. Les ports principaux sont, dans le delta du Danube, Kilia, Soulina, Saint-Georges; au delà on relève Kustendje, Tusla et Mangalia. Les Carpathes orientales envoient dans la Roumanie des contreforts dont les pentes sont raides et abruptes; parmi ces monts on cite celui du Siebenburgen, qui sépare la Moldavie, dans les bassins du Sereth et du Pruth, de la Valachie, dans le bassin du Danube. Les sommets principaux des Carpathes roumaines sont: le Caraïman (2650 mètres), le Negoï (2554 mètres), le Parangon (2587 mètres), la Piâtra (2255 mètres), la Toutana (2079 mètres). La passe principale est celle de la Tour rouge. Dans les Carpathes moldaves, le Pionalu (2255 mètres) domine les monts de Neamtu; au S. du massif d'Hagymos s'ouvre la passe d'Oijtos. Toutes les rivières descendent des monts de Transylvanie et des Carpathes, pour finir au Danube. Ce fleuve, après avoir franchi les portes de fer d'Orsowa, pénètre en Roumanie et coule dans son quatrième et dernier bassin. Durant 125 lieues, il sépare le royaume de la Bulgarie et coule lentement, dans un lit divisé en plusieurs bras par des îles et des bancs de sable, entre les marécages de la Roumanie et les rochers escarpés de la Bulgarie; il est large de 600 mètres, et parfois de 15 ou 20 kilomètres. Les villes principales du rivage roumain sont: en face de Widdin, Calafat, dont le nom a pour origine les *calafati* (calfats), venus d'Italie pour construire les navires; Turnu Magurele, en face de Nicopoli; Simnitza, devant Sistova; Giurgevo, en face de Routschouk; Oltenitza, en face de Tourtoukai. A Rassova, ville bulgare, le Danube remonte au N., arrose Braïla et Galatz, siège de la commission européenne du Danube, reprend la direction de l'E. à l'O., et se divise à Toultsha en plusieurs branches pour former un delta. Ces trois branches sont celles de Kilia, Soulina, la seule aisément navigable, et Saint-Georges. Le Danube forme alors des lacs, tels que ceux de Rasim et Sinoje, et de grandes îles, couvertes de roseaux, comme celles de Leti et de Dranow. Les affluents roumains du Danube sont remarquables par leur parallélisme; ce sont: le Schyl, qui arrose la plaine de Craïova; l'Aluta, qui prend sa source au revers des Carpathes, franchit le défilé de la Tour rouge et finit en face de Nicopoli; l'Arjisch, qui passe à Pitesti et Olenitza et a pour affluent principal la Dimbovitza, qui arrose Bucharest; la Jalomitza, grossie de la Prahova et séparée du Danube par les steppes sans arbres et sans eau de Baragan; le Sereth, grossi de la Moldawa, arrose des forêts et des pâturages en amont de Galatz; il est grossi de la Bistritza, qui vient de la Bukovine, de la Putna, qui arrose Fokschani, et du Buseo; le Pruth sépare la Moldavie de la Bessarabie, aujourd'hui russe, et reçoit le Bahlui, qui passe à Jassy.

La Roumanie est divisée en 32 districts, dont 2 pour la Dobroudja et le delta du Danube. Chaque district est administré par un préfet et divisé en arrondissements, qui ont à leur tête un sous-préfet. Les communes ont une municipalité et un maire, nommés par le roi, un conseil municipal élu, si l'agglomération comprend moins de 1000 familles. — **Petite Valachie** (du Banat de Temeswar à l'Aluta); 5 districts. Villes: Turnu Severin, sur le Danube, ruines du pont de Trajan et de la tour de Sévère; Craïova, 23000 hab., lycée, centre agricole; Kalafat, construction de navires; Caracal, la ville de Caracalla; Tergou Jyul, avec les salines d'Oknamare; Rimnik-Valcka, avec les vignobles de Dragaschan. — **Grande Valachie** (de l'Aluta au Danube); 12 districts. Villes: Slatina, Zimnitza, Giurgevo, 21000 hab., port de Bucharest sur le Danube, communication entre les chemins de fer roumains et celui de Bulgarie de Routschouk à Varna; Bucharest, 221000 hab., en roumain Bucuresci, capitale du royaume, archevêché, université, fonderies de canons, fabrique d'armes; tabac; imprimerie; de loin, cette ville a grand air; mais, à part la voie principale sans cesse parcourue par les équipages et les voitures, la capitale roumaine présente des rues non pavées, boueuses et tortueuses; Braïla, 28000 hab., entrepôt maritime des céréales de la Valachie; Piteschti, 15000 hab.; Ploiesti, 33000 hab.; Rimnik Sarrat, au milieu des vignobles et des jardins; Kimpina, Slanik, salines. — **Moldavie** (de la Bukovine au bas Danube); 13 districts. Villes: Botoschani, 40000 hab., grand marché de bestiaux; Jassy, 90000 hab., capitale, au revers du mont Copo; université, cour d'appel, archevêché, centre agricole; Berlad, 27000 hab., commerce de grains; Galatz, 80000 hab., près du lac de Bratysch, port franc, la plus florissante escale du Danube roumain, siège de la commission internationale du Danube; station terminale des paquebots de la compagnie danubienne; Faltitchéni, 15000 hab., vente de bétail et de chevaux; Piatra, 20000 hab., bois; Fokshani, 20000 hab., vignobles. — **Dobroudja** (delta du Danube), 2 districts. Ce pays a été donné à la Roumanie par le traité de Berlin (1878), en échange de la Bessarabie cédée aux Russes; ces marécages insalubres, où le choléra décima l'armée française en 1855, sont loin de valoir la Bessarabie, riche et très bien cultivée. Villes: Toultcha, 19000 hab., commerce de céréales, poisson salé, bois; Soulina, où 12000 navires franchissent annuellement la barre du Danube navigable; Kustendjé ou Costantza, sur la mer Noire, ainsi nommée de Constantine, sœur de Constantin, près de Tomi, où fut exilé Ovide; Tchernavoda, tête de ligne du chemin de fer de Kustendjé; au S. se voit le rempart construit en 377, sous l'empereur Valens, par le maître de la milice Trajan, pour arrêter les Goths. La population de la Dobroudja est très mélangée; on y trouve des Turcs, des Arabes, des Tartares musulmans, des Roumains, des Grecs, des Bulgares, des Russes; des juifs, des Alsaciens dévoués à la France; des Allemands, qui ont émigré de Bessarabie pour ne pas servir la Russie; la Dobroutscha est si riche en foins, qu'on en peut tirer 100000 quintaux sur une surface de 10 kilom. de côté.

La seule exploitation minérale est celle du sel gemme, monopole de l'État, qui produit environ 5200000 francs par an. La Roumanie produit surtout du froment qui est exporté, du maïs avec lequel les paysans font la mamaliga, bouillie analogue à la polenta italienne; du seigle, de l'orge, de l'avoine, du millet, du colza, des pommes de terre, des pois, des betteraves, du tabac, du lin. Parmi les arbres fruitiers, le prunier réussit surtout; la viticulture donne des vins secs et muscats. Les grands crus sont ceux de Dragaschan en Valachie, de Kotnar et d'Odobeschti en Roumanie. Les abeilles fournissent 600000 kilogrammes de miel et 100000 kilogrammes de cire. Les forêts, mal cultivées, couvrent un sixième du territoire; les essences principales sont le chêne et le sapin. Les chevaux moldaves sont renommés; les porcs sont nombreux en Valachie, et les bœufs et les vaches sont mal soignés; les moutons donnent beaucoup de laine pour l'exportation. L'industrie est presque nulle dans les campagnes. Dans les villes, on peut citer les industries de luxe de Bucharest, des distilleries, des brasseries allemandes, des tanneries et des minoteries. La richesse de la Roumanie n'enrichit pas les Roumains; le pays est exploité par des étrangers, qui commanditent le commerce, l'industrie et même l'agriculture. La population est intelligente, mais indolente. Dans les exploitations agricoles des environs de Bucharest, on est obligé de recourir à des engagés bulgares. Les sept huitièmes de la population sont d'origine roumaine et parlent une langue néo-latine. Nous avons dit quelle était leur origine à l'article *Langues romanes* et comment on pouvait les rattacher aux Valaques de la Roumélie; on y trouve aussi 200000 Tziganes, 85000 Slaves et plus de 400000 juifs qui, au temps du prince Michel Stourdza, ont exploité la Moldavie comme ils font de la Galicie; ils y accaparent tout le trafic, exploitent les cabarets et les petites industries et transforment le paysan mal avisé en un débiteur insolvable. La langue vulgaire est fort mélangée de slave et de turc. Les journaux y mêlent des mots nouveaux tirés du latin, selon les règles de la philologie, mais compris seulement des classes lettrées. L'enseignement primaire est gratuit et obligatoire; l'enseignement secondaire est donné dans 6 lycées et 18 gymnases; souvent les jeunes gens font leurs études à l'étranger, particulièrement à Paris. L'enseignement supérieur possède les deux universités de Bucharest et de Jassy. Ces deux villes ont aussi deux archevêques du rite grec, desquels dépendent six évêques; il y a un évêque romain à Bucharest. La législation civile et criminelle a pour base les codes français; le service militaire est obligatoire de 21 à 46 ans (3 ans dans l'armée active, 5 ans dans la réserve, 15 ans dans l'armée territoriale et 6 ans dans sa réserve); les dispensés payent une taxe annuelle de 100 ou 200 francs. Sur le pied de guerre, l'armée compte 200 000 hommes. Le drapeau, disposé comme le nôtre, est bleu, jaune et rouge. L'unité monétaire est le *leu*, divisé en 100 *bani* et vaut 1 franc. Les lignes principales de chemins de fers sont celle de Braïla à Ploiesti, Bucharest, Slatina, Craiova, Turnu-Severin, Orsova (Hongrie); celle de Ploiesti à Kronstadt (Transylvanie); celle de Bucharest à Giurgevo et Zimnitza; celle de Galatz à Jassy par Suczawa en Autriche; celle de Galatz à Bender (Russie). La Roumanie a été adjointe en 1882 aux sept puissances signataires du traité de Paris qui ont déclaré libre la navigation du Danube et l'ont depuis améliorée entre Soulina et Galatz. La monarchie est constitutionnelle et héréditaire dans la famille du prince Charles de Hohenzollern Sigmaringen, roi depuis 1881. La constitution de 1866 a institué deux chambres : un sénat de 70 membres, nommés pour 8 ans et renouvelés par moitié tous les quatre ans par les électeurs riches et propriétaires, comprenant les collèges électoraux des villes et des campagnes; une chambre des députés de 175 membres, nommés pour 4 ans par les propriétaires fonciers, les commerçants payant un impôt de 29 francs, les professeurs, les pensionnaires de l'Etat. La liste civile du roi est de 1 200 000 francs; il a 8 ministres : intérieur; instruction et cultes; affaires étrangères; finances; agriculture, commerce et domaines; justice; guerre; travaux publics.

La Roumanie, occupée d'abord par les Gètes, reçut des colons romains, après la conquête de la Dacie par Trajan, comme après la chute de l'empire romain. Les habitants, pour échapper aux invasions, se réfugièrent dans les Carpathes. Ils redescendirent dans la plaine au XIIIe siècle sous Radou Negro (Rodolphe le Noir), au XIVe siècle sous Dragoch, et fondèrent les deux principautés distinctes de Moldavie et de Valachie. Ils furent indépendants jusqu'en 1716. Les plus illustres de leurs princes furent Wlad le Diable, Etienne le Grand et Michel le Brave, qui tinrent en échec les Hongrois, les Bulgares et les Polonais, mais durent payer un tribut à la Porte. En 1711, le prince de Moldavie, Cantemir, s'allia avec le tzar Pierre le Grand, qui dut capituler sur les bords du Pruth. Les Turcs occupèrent alors les forteresses roumaines et remplacèrent le gouvernement des boiards indigènes par celui des Grecs du Phanar, fonctionnaires vils et corrompus. Le pays partagea depuis les destinées de la Turquie et subit le contre-coup de ses défaites; l'Autriche lui enleva la Bukovine au traité de Belgrade (1739). La Russie prit la Bessarabie par le traité de Bucharest en 1812. Une trentaine d'hospodars grecs se succédèrent ou alternèrent dans le gouvernement de ces principautés; ils se rendirent si impopulaires, que les Roumains ne voulurent pas s'associer au mouvement d'Alexandre Ypsilanti et de Vladimirescu (1821), tenté en faveur des Grecs. Les Turcs rendirent aux Roumains leurs hospodars indigènes; après le traité d'Andrinople (1829), jusqu'en 1834, le général Kissilef administra le pays, qui fut alors placé sous le protectorat de la Russie et nomma des hospodars à vie. Michel Stourdza fut élu en Moldavie; Alexandre Ghika, en Valachie; il eut pour successeur Georges Bibesco (1843). En 1848, Bibesco, trop ami des Russes, fut chassé de Bucharest, qui proclama la république; Turcs et Russes occupèrent alors la Valachie. Le traité de Balta-Liman (1849) rendit au sultan la nomination des hospodars. Grégoire Ghika fut nommé en Moldavie; Stirbey, frère de Bibesco, fut intronisé en Valachie. La guerre de Crimée favorisa les principautés; les *capitulations* du moyen âge furent rétablies, et la Moldavie s'agrandit d'une partie de la Bessarabie. Enfin, les deux provinces, déjà rapprochées par le traité douanier de 1847, furent réunies en 1750 par l'élection commune du colonel Couza, comme hospodar. Celui-ci, ne pouvant s'entendre avec l'assemblée, se fit proclamer dictateur et, par décrets, institua la loi rurale, l'autonomie de l'Église roumaine, le système décimal, l'instruction obligatoire, la promulgation du code civil, etc. Un complot militaire l'obligea de s'exiler en 1866. Une constituante fut alors réunie; elle songea à élire un prince Bonaparte, puis le comte de Flandre, frère du roi de Belgique; enfin, l'habileté de la diplomatie allemande fit proclamer Charles de Hohenzollern Sigmaringen, de la famille royale de Prusse (1870). La Roumanie n'oublia pas cependant ce qu'elle devait à la France, et son gouvernement nous témoigna ses sympathies durant la malheureuse guerre de 1870-71. En 1877, les Roumains auraient voulu rester neutres dans la guerre entre les Russes et les Turcs; mais l'Europe refusant de garantir leur neutralité, ils durent prendre part à la lutte; ils se conduisirent bravement et contribuèrent au gain de la bataille de Plevna. Les Russes les en récompensèrent assez mal. Au traité de Berlin (1878), ils enlevèrent à leurs alliés la Bessarabie pour ne leur laisser que les marais de la Dobroudja. L'indépendance complète du pays ayant été reconnue, le prince Charles a pris le titre de roi en 1881.

ROUMARE, 4 064 hect. Forêt domaniale de la Seine-Inférieure, peuplée de chênes, de hêtres, de charmes, de bois blancs et de pins.

***ROUMAVAGE** (du l. *Romanum*, fête avec indulgence romaine), *sm*. Nom donné à la fête patronale, placée sous l'invocation d'un saint, dans les bourgs et les villages de Provence.

ROUMÉLIE ORIENTALE, 816 000 hab.; 35 900 kil. car. Le traité de Berlin a fait de cette province bulgare un gouvernement particulier; elle jouit de l'autonomie administrative, sous la suzeraineté politique et militaire du sultan, qui nomme un gouverneur pour cinq ans. En fait, la Roumélie suit les destinées de la Bulgarie; dans la dernière guerre de cette principauté contre la Serbie (1886), la Porte a refusé d'occuper la Roumélie. La province est limitée au N. et à l'E. par les Balkans et l'Emineh Balkan, où l'on remarque la passe de Chipka entre Tirnova et Kazanlik, témoin de la résistance désespérée des Turcs en 1877-1878; la passe de Demir Kapu entre Choumla et Andrinople; celle de Nadir Derbent entre Varna et Andrinople. Au S. et à l'O., la limite est le Rhodope ou Despoto Dagh (montagnes des prêtres), à cause des nombreuses chapelles et des couvents que les Turcs y trouvèrent après la conquête. La frontière coupe ensuite la Maritza, principal fleuve du pays; la Tundja, son affluent, et atteint la mer Noire, dont la principauté possède les côtes jusqu'au delà du cap Emineh, avec le port de Bourgas. Une gendarmerie indigène de 5 000 hommes maintient la police dans cette province, dont le budget est de 74 millions de piastres turques. Villes : chef-lieu Philippopoli (Félibé en turc, Plovdi en bulgare), 25 000 hab.; vignobles, soieries, cotonnades, rizières; Tatar Bazardjick, 10 000 hab., eaux thermales; Kazanlik, 10 000 hab., essence de roses; Slivno, 12 000 hab., draps, armes, soieries; Bourgas (Arcadiopolis), 5 000 hab., port, vignes, terre de pipe, beurre, fromage. La Roumélie produit par an 1650 kilogrammes d'essence de roses, dans la seule vallée de Kazanlik; or, il faut 3 200 kilogrammes de roses pour donner 1 kilogramme d'essence; on peut juger par là de l'intensité de cette culture; la province produit encore 300 000 hectolitres de vin et 470 000 kilogrammes de tabac. Elle a 400 000 bêtes à cornes, dont 60 000 buffles; les chevaux nourris dans les pâturages de la vallée de la Maritza ont une réputation méritée, mais sont en petit nombre. Deux chemins de fer traversent la principauté; l'un vient de Sofia; entre dans le pays à Stchiman, passe à Philippopoli, en sort à Mustapha Pacha pour gagner de là Andrinople et Constantinople; l'autre s'embranche sur le premier à Tirnova et remonte jusqu'à Jamboli.

ROUMÉLIE TURQUE (*Roumili*), possession immédiate de la Turquie, divisée en vilayet de Constantinople et Thrace méridionale. (V. *Turquie*.)

***ROUMI** (*Rome*), *sm*. Nom donné par les Arabes et les musulmans aux chrétiens.

ROUMOIS (*pagus Rothomensis, Rothomagensis*), pays de la haute Normandie, entre la Seine et la Rille, dont la capitale était Rouen; villes principales : Elbeuf, Pont-Audemer, Quillebeuf.

1. **ROUPIE** (vx fr. *rupie, roupye* : du bl. *ropida*), *sf*. Humeur qui découle des narines et pend par gouttes au bout du nez, surtout chez les personnes qui prisent du tabac. — **Dér**. *Roupieux, roupieuse*.

2. **ROUPIE** (persan *roûpiya* : du sanscrit *rûpya*, argent), *sf*. Monnaie d'or ou d'argent de l'Inde et de la Perse. La roupie d'or vaut 38 fr. 72 dans l'Inde; 36 fr. 75 en Perse. La roupie d'argent vaut 2 fr. 40 dans l'Inde et 2 fr. 45 en Perse. || Unité de poids dans les Indes, représentant 11 gr. 500.

ROUPIEUX, EUSE (*roupie* 1), *adj*. et *s*. Qui a souvent la roupie au nez.

***ROUPILLE** (esp. *ropilla*, dm. de *ropa*, robe), *sf*. Manteau dont les Espagnols s'enveloppaient pour dormir en faction. — **Dér**. *Roupiller, roupilleur, roupilleux*.

ROUPILLER (*roupille*), *vi*. Sommeiller à demi. (Fam.)

• **ROUPILLEUR, EUSE**, *s*. Celui, celle qui roupille souvent.

ROURE. (V. *Rouvre*.)

***ROUSSABLE** (*roux*), *sm*. Local où l'on suspend les harengs par la tête pour les fumer.

***ROUSSAILLIER** (*roux*), *sm*. Arbre à fruit d'Algérie, dont les fruits, semblables à des cerises, ont un peu le goût de la térébenthine.

ROUSSANNE (*roux*), *sf*. Cépage qui produit les vins blancs de l'Ermitage (Drôme).

ROUSSÂTRE (*roux* + sfx. péjoratif *âtre*), *adj*. *2 g*. Qui tire sur le roux : *Eau roussâtre*.

ROUSSE (Aimé), né en 1816, avocat, membre de l'Académie française depuis 1880.

ROUSSEAU (vx fr. *roussel*, dm. de *roux*), *adj*. et *sm*. Se dit d'un homme qui a les cheveux roux.

ROUSSEAU (Jean-Baptiste) (1671-1741), né à Paris, fils d'un cordonnier qu'il eut le tort de renier publiquement, poète lyrique français, auteur d'odes sacrées et d'odes profanes, créateur de la cantate. Banni de France en 1712 pour des couplets satiriques qu'il n'avait peut-être pas composés, il vécut successivement en Suisse chez le comte du Luc, ambassadeur français, près du prince Eugène de Savoie, à Vienne, et enfin à Bruxelles, où il mourut.

ROUSSEAU (Jean-Jacques), né en 1712, à Genève; mort en 1778, à Ermenonville. Fils d'un horloger, il reçut une éducation superficielle, et tenta d'embrasser diverses carrières, sans se fixer dans aucune, car il cherchait toujours un idéal auquel il ne pouvait atteindre. Laquais, séminariste, précepteur, il oublia le dévouement et les sacrifices de Mme de Warens pour venir à Paris, au milieu de financiers aimables, mais licencieux, Dupin, d'Epinay, d'Holbach; Diderot essaya de le pousser; il fut alors commis, caissier, secrétaire d'ambassade à Venise. En 1749, il publia son Discours sur les arts et les sciences, couronné par l'Académie de Dijon; il y attaquait avec une éloquence hardie, mais paradoxale, les bienfaits de la civilisation. Il était en vue; Voltaire disait du mal de lui; la cour applaudissait son opéra du *Devin du Village* et Louis XV se le faisait présenter. Mais Rousseau, avide

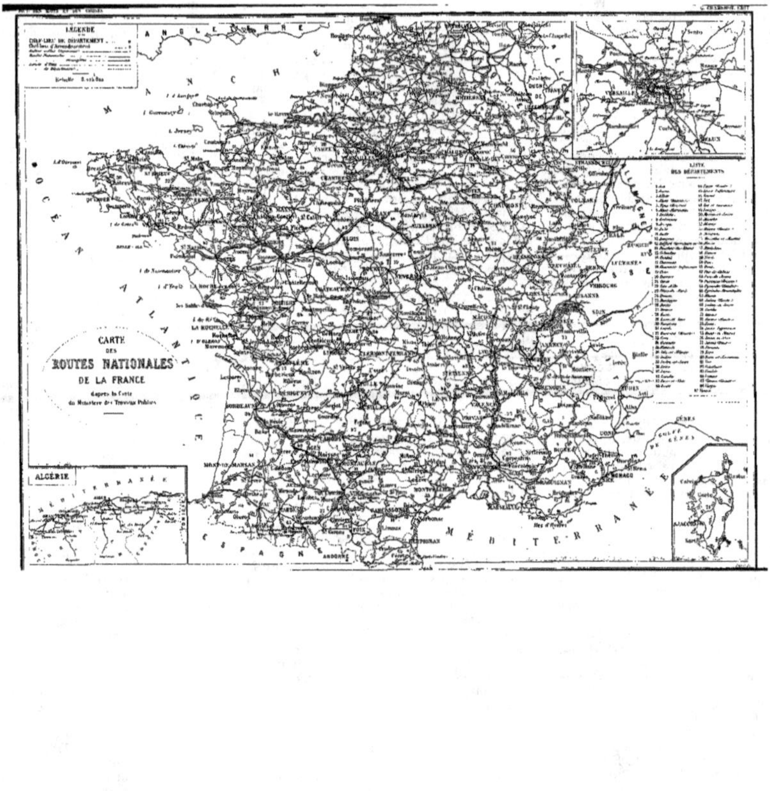
CARTE DES ROUTES NATIONALES DE LA FRANCE
d'après la Carte du Ministère des Travaux Publics
LÉGENDE
MANCHE
OCÉAN ATLANTIQUE
ALGÉRIE
ESPAGNE
MÉDITERRANÉE
LISTE DES DÉPARTEMENTS

d'indépendance comme tous les misanthropes, rompit en visière à la société et vécut dès lors en banni et en persécuté. Il retourna au protestantisme, qu'il avait abjuré, se réfugia à Genève, à Neuchâtel, puis en Angleterre; revint en France et mourut à Ermenonville, où l'avait recueilli M. de Girardin. Dans son *Contrat social* (1756), dans son *Émile* (1762), il est le précurseur de la Révolution et proclame le principe de la souveraineté du peuple; il n'en a malheureusement pas défini la nature et n'en a pas tracé les limites; il l'a admise comme infaillible; il l'a étendue à la conscience et à la religion; enfin il aurait voulu qu'elle fût directement exercée par la nation elle-même. Mais sa *Profession de foi du vicaire savoyard* ramena au spiritualisme un siècle qui allait jusqu'au matérialisme; en se promenant au bord des lacs de la Suisse, en contemplant les glaciers des Alpes et leurs neiges éternelles, il trouva ces couleurs qui ont rajeuni l'art et la littérature. Aux phrases courtes et hachées, mises à la mode par la Bruyère et Voltaire, succède un style large et périodique, bien qu'un peu déclamatoire; l'imagination de Rousseau se passionne et il nous ramène au respect de Dieu par l'amour de la nature.

ROUSSEAU (THÉODORE) (1812-1867), peintre paysagiste français; il a souvent peint les sites de la forêt de Fontainebleau.

ROUSSELET (dm. du vx fr. *roussel*, dm. de *roux*), *sm*. Sorte de poire d'été comprenant comme variété le *rousselet hâtif*, le *gros rousselet*, le *rousselet de Reims*, dont le fruit est petit, d'un vert-feuille mêlé de pourpre, d'un arome pénétrant, d'une chair juteuse, bon à mettre à l'eau-de-vie et à faire sécher.

***ROUSSEROLLE** (*roux*), *sf*. Nom d'oiseaux bruns roux insectivores dits *fauvettes des roseaux* (rousserolles tardoïdes), *effarvatte*, *verderolle*. La rousserolle, ou fauvette des roseaux, a le plumage d'un beau roux en dessus; elle se plaît dans les endroits humides, le long des fleuves; le mâle chante souvent la nuit, mais d'une façon moins agréable que la fauvette.

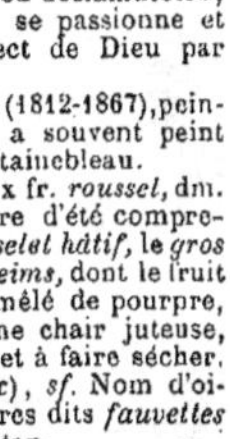
ROUSSEROLLE

ROUSSES (LES), 2941 hab. Village de l'arr. de Saint-Claude (Jura). Place de guerre de première classe, sur la route de Genève à Besançon. Horlogerie, lunetterie, fromageries.

ROUSSET (CAMILLE), né en 1821, membre de l'Académie française, auteur d'une *Histoire de Louvois*, de travaux sur l'Algérie et la guerre de Crimée, etc.

***ROUSSET** (dm. masc. de *roux*), *sm*. Nom vulgaire de la fourmi rouge.

ROUSSETTE (dm. fém. de *roux*), *sf*. Genre de poissons chondroptérygiens, de la famille des Squales, dits vulgairement *chiens de mer*. Leur peau, dite *chagrin*, est employée dans la gainerie et par les menuisiers et les ébénistes pour polir le bois. || *Grande roussette*, le chien de mer. || *Petite roussette*, le chat marin. || Genre de chauve-souris frugivore de grandes dimensions et qui habite la Malaisie, la Polynésie et l'Afrique. || L'*accenteur mouchet* ou *traine-buisson*, dont le plumage est roussâtre. || Variété de poire dite aussi *poire du Quessoy*.

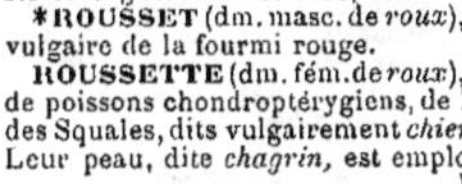
ROUSSETTE

ROUSSEUR (*roux*), *sf*. La couleur rousse. || Tache rousse sur la peau : *Avoir des rousseurs*. (V. *Éphélide*.) On fait passer les taches de rousseur du visage en les lavant avec une solution de borate de soude.

1. **ROUSSI** (Russie), *sm*. Cuir de Russie, d'une odeur forte, teint en rouge ou en brun (vx).

2. ***ROUSSI**, *spm*. de *roussir*, mauvaise odeur que répand une substance organique qui commence à brûler.

***ROUSSIER** (*roux*), *sm*. Minerai de fer de couleur rousse qui renferme du sable et qu'on trouve dans le grès du bassin de Paris, près de Pontoise.

ROUSSILLON (*Ruscinensis comitatus*), ancienne province de France composée du Roussillon propre et de la Cerdagne française, formant aujourd'hui le département des Pyrénées-Orientales, conquise en 1642, réunie à la France en 1659 par le traité des Pyrénées. Cap. *Perpignan*. — *Vins du Roussillon*, très alcooliques et très chargés en couleur.

ROUSSILLON, 1485 hab. Ch.-l. de c., arr. de Vienne (Isère). — *Edit de Roussillon*. Edit rendu à Paris, par Charles IX, en janvier 1563; le 39e article ordonne de dater les actes publics et particuliers, en commençant l'année au 1er janvier et non plus à Pâques, comme on faisait au moyen âge; il est nommé édit de Roussillon, parce qu'on y ajouta une déclaration, datée de Roussillon en Dauphiné, le 9 août 1564. Il ne fut exécuté d'une manière générale qu'à partir de 1567.

ROUSSIN (vx fr. *runcin*, roncin : du bl. *runcinum*), *sm*. Cheval vigoureux, épais et de moyenne taille, pour la charrue et la charrette. — Fig. *Un roussin d'Arcadie*, un âne.

ROUSSIN (BARON) (1781-1854), amiral français, membre de l'Académie des sciences et du bureau des Longitudes, força l'entrée du Tage en 1831, fut ambassadeur à Constantinople (1832-1834) et ministre de la marine (1840).

ROUSSIR (*roux*), *vt*. Rendre roux : *En mai le soleil roussit quelquefois les bourgeons*. — *Vi*. Devenir roux. — **Se roussir**, *vr*. Devenir roux ou rousse : *Cette viande se roussit*.

ROUSTAM, ROUSTEM. Personnage héroïque et fabuleux de la Perse, qui aurait vécu 600 ans avant J.-C. Les Kurdes mêlent, dans leurs chants, son nom à ceux d'Isfendyar (Mardonius) et d'Iskender (Alexandre).

ROUT [rout] ou **RAOUT** [raoute] (m. angl., signifiant assemblée : du vx fr. *route*, compagnie de soldats), *sm*. Nombreuse assemblée de gens du grand monde : *Un brillant raout*.

ROUTAILLER (*route*), *vt*. En vénerie, poursuivre une bête avec un limier, afin de la faire tirer par les chasseurs.

ROUTE (anc. pp. f. de *rompre* : *voie, route*, établie en perçant une forêt, en rompant le sol), *sf*. Grande allée percée dans une forêt. || Chemin pratiqué pour aller d'un lieu à un autre : *Une belle route*. || *Route nationale*, établie aux frais de l'État. || *Route départementale*, établie aux frais du département. || *La grande route* ou *la grand'route*, la route la plus importante d'une région. — Fig. *Suivre la grande route dans une affaire*, employer les mêmes moyens que tout le monde. || Direction qu'il faut suivre par terre ou par mer pour se rendre dans un lieu donné : *Prendre la route de Bretagne*. — *La route de Londres aux Indes par l'isthme de Suez*, en parlant d'un navire. || *Faire fausse route*, prendre volontairement ou par erreur une direction différente de celle qu'il faudrait suivre; employer des moyens qui éloignent du but que l'on se propose. || Itinéraire et étapes prescrits à un corps de troupes ou à un soldat isolé qui voyage. || *Feuille de route*, écrit contenant l'indication de ces itinéraires et de ces étapes qu'on remet aux militaires qui vont en voyage et qui leur tient lieu de passeport. || Courbe que décrit un astre : *La route du soleil*. || Trajet d'un cours d'eau : *Un fleuve qui traverse un pays granitique se grossit sur sa route de nombreux torrents*. — Fig. Les moyens qu'on emploie pour atteindre un certain but : *Prendre une bonne route pour faire fortune*. — Les Grecs ont fait très peu de routes : la voie sacrée d'Athènes à Eleusis est une exception et ne pourrait d'ailleurs être comparée aux voies romaines. Celles-ci, au contraire, étaient construites comme pour durer éternellement; au milieu était une chaussée, pavée de gros blocs irréguliers, assujettis sur trois couches superposées de gravier, de blocaille, et de fragments de briques. De chaque côté était un trottoir élevé, flanqué de pierres en bordure, que reliaient des blocs cunéiformes, servant de montoirs. Ces routes furent restaurées à l'époque barbare; c'est le cas des *chemins de Brunehaut*, qu'on voit dans les plaines du Nord; le terrain s'est affaissé autour de ce blocage résistant, qui forme à l'horizon comme un remblai continu. Au moyen âge, les routes furent mal entretenues; les rues de Paris elles-mêmes ne commencèrent à être pavées que sous Philippe-Auguste. Sully, sous Henri IV, fut le premier qui pava les routes et planta sur les côtés des ormes que les paysans appellent encore *rosny*. Sous Colbert, le pavage devint général; le contrôleur Orry traça notre premier réseau routier de 1730 à 1736; les ingénieurs prenaient alors par le plus court, franchissant les coteaux de la base à la cime, pour redescendre sur l'autre flanc. De nos jours, ces *côtes* paraissent infranchissables et l'on préfère contourner la base de la colline par une pente plus longue, mais plus douce. Ce système, aujourd'hui universel, a été appliqué d'abord, dans l'île Bourbon, par l'ingénieur Partiot. On doit regretter que ces belles et larges routes, admirées de l'étranger, aient été construites au moyen de la corvée, c'est-à-dire par des journées de travail et de charroi exigées du paysan. Le Directoire imagina de mettre sur les routes des péages, comme en Angleterre; mais ils furent bien vite abolis; enfin, la loi du 21 mai 1836 classa les routes en trois catégories, suivant les administrations chargées de leur entretien : 1° *routes nationales*, larges de 10 à 14 mètres, entretenues aux frais de l'État par l'administration des ponts et chaussées; 2° *routes départementales*, larges de 8 à 10 mètres, construites et entretenues aux frais des départements et des arrondissements par les agents-voyers; 3° *chemins vicinaux*, larges de 6 à 8 mètres, entretenus par le budget des communes, les subventions de l'État et du département, les prestations en nature; ces chemins sont eux-mêmes subdivisés en chemins de grande communication, chemins d'intérêt commun et chemins vicinaux ordinaires. On distingue encore les routes stratégiques ouvertes depuis 1833, en Bretagne, en Vendée, dans le Maine et l'Anjou, pour rendre ces pays plus accessibles aux armées; les routes agricoles ouvertes dans les Landes, les Dombes, la Brenne, la Sologne; les routes forestières qui permettent d'exploiter les forêts de la Corse; les routes thermales qui mènent aux eaux minérales des Hautes et Basses-Pyrénées. — **Dér.** *Routin, routine, routier* 2, *routier, routière, routiner, routinier, routinière, routailler*. — **Hom.** *Rout*.

1. **ROUTIER, IÈRE** (*route*), *adj*. Où les routes sont bien marquées : *Carte routière*. || Qui roule sur les routes ordinaires : *locomotive routière*. — *Sm*. Livre qui sert de guide aux navigateurs et contient tous les renseignements nécessaires sur les côtes, les mouillages, les récifs, etc.

2. **ROUTIER** (*route*), *sm*. Homme qui sait bien les chemins. — Fig. *Un vieux routier*, celui qu'une longue expérience a rendu habile, rusé.

3. ***ROUTIER** (vx fr. *route*, compagnie de 100 gendarmes), *sm*. Au moyen âge, soldat qui faisait partie de certaines troupes légères ou de bandes de pillards. On en trouve déjà dans les armées de Philippe-Auguste; durant la guerre de Cent ans, ils furent surnommés *écorcheurs, grandes compagnies, retondeurs, tard-venus*.

***ROUTIN**, (dm. masc. de *route*), *sm*. En vénerie, petit sentier dans les bois.

ROUTINE (dm. de *route*), *sf*. Habileté que donne une longue pratique : *Avoir la routine du calcul*. || Moyen empirique qu'on emploie pour faire ou apprendre quelque chose : *Résoudre un problème par routine*. || L'usage qui règne depuis très longtemps de faire toujours une chose de la même manière : *Suivre la routine*. || Habitude invétérée : *Il ne peut renoncer à ses routines*.

ROUTINER (*routine*), *vt*. Dresser quelqu'un à faire une chose par routine : *On l'a routiné à calculer*.

ROUTINIER, IÈRE (*routine*), *s*. Celui, celle qui agit par routine. — *Adj*. Qui est conforme, qui se conforme à la routine : *Procédé, esprit routinier.*

ROUTOIR (*rouir*), *sm.* Mare où l'on fait rouir le chanvre. (V. *Rouissage.*)

ROUTOT, 890 hab. Ch.-l. de c., arr. de Pont-Audemer (Eure).

ROUTSCHOUK, 26 000 hab., ville de Bulgarie, sur les bords du Danube; industrie active aux mains d'ouvriers allemands et hongrois; pipes, tuyaux d'ambre, tabac, poteries, maroquins, mousselines.

ROUVERIN (vx fr. *rouvelent :* du l. *ruber*, rouge ?), *sm.* Se dit d'une espèce de fer rempli de gerçures, qui se travaille aisément à froid, mais qui se casse lorsqu'il est rougi au feu.

***ROUVET** (*x*), *sm.* Nom vulgaire de l'osyris, petit arbuste à fleurs vertes, odorantes, donnant des fruits rouges de la grosseur d'une petite cerise; on le trouve dans le nord de l'Afrique; on fait des balais avec ses rameaux.

ROUVIEUX (all. *rufe,* croûte), *sm.* Gale qui attaque le haut de l'encolure du cheval, près de la crinière, ou le dos du chien. — **Gr.** *Roux-vieux* est une mauvaise orthographe.

***ROUVRAIE** (*rouvre*), *sf.* Lieu planté de chênes rouvres. Le bois de Boulogne s'appelait autrefois *forêt de Rouvraie.*

ROUVRAY, 3340 hect. Forêt domaniale de la Seine-Inférieure, peuplée de chênes, de hêtres, de pins, etc.

ROUVRE ou **ROURE** (l. *robur,* chêne), *sm.* Le chêne à glands sessiles, moins élevé que le chêne pédonculé. — **Dér.** *Rouvraie, roburite.*

ROUVRE

ROUVRIR (pfx. *re* + *ouvrir*), *vt.* Ouvrir de nouveau : *Rouvrir la porte.* — Fig. *Rouvrir la plaie, la blessure de quelqu'un,* renouveler son chagrin. — **Se rouvrir,** *vr.* S'ouvrir de nouveau.

ROUX, ROUSSE (l. *russum :* de *rubere*, être rouge), *adj.* Qui est d'un rouge tirant sur le jaune : *Personne rousse,* qui a les cheveux roux. ‖ *Beurre roux,* chauffé jusqu'à ce qu'il devienne roux. ‖ *Vents roux* ou *roux vents,* vents d'avril, froids et secs, qui roussissent les jeunes bourgeons. ‖ *Lune rousse.* (V. *Lune.*) — *S.* Celui, celle qui a les cheveux roux. — *Sm.* La couleur rousse : *Un roux ardent.* ‖ Sauce qu'on obtient en faisant fondre du beurre, ajoutant de la farine et laissant le mélange sur le feu jusqu'à ce qu'il prenne une teinte rousse. ‖ *Sf.* En argot, *la rousse,* la police. — **Dér.** *Roussir, roussi* 2, *rousset, roussette, rousselet, rousseau, rousseur, roussier, rousserolle, roussâble, roussanne, roussâtre, roussaillier.* Même famille : *Rouge,* etc. ; *rouverin, rouvet ; rutilant,* etc. ; *rubis, rubicond, rubican, rubrique,* etc. ; *rubéfier, rubéfaction ; rubace, rubescent ; rubiacées ; Rubicon ; rubidium.*

ROUX (1780-1854), célèbre chirurgien français, élève et ami de Bichat.

ROVÈRE (DE LA), famille italienne qui donna à l'Église les papes Sixte IV et Jules II et dont trois membres furent ducs d'Urbin.

ROVEREDO, 11 000 hab. Ville du Tyrol (Autriche), sur l'Adige, où Bonaparte battit les Autrichiens (4 septembre 1796). Soies, tanneries, vins.

ROVIGNO, 11 000 hab., ville autrichienne de la province d'Istrie; port de pêche et de commerce.

ROVIGO, 11 460 hab. Ville d'Italie sur l'Adige; capitale de la Polésine. Le général Savary reçut de Napoléon Ier le titre de duc de Rovigo.

ROVILLE, 279 hab. Village de l'arrondissement de Nancy (Meurthe-et-Moselle), où Mathieu de Dombasle créa en 1822 une ferme modèle et une école d'agriculture.

ROXANE, fille du satrape perse Oxyarte, qu'Alexandre le Grand épousa et dont il eut un fils, Alexandre Aigos, qui lui succéda en Macédoine, et que Cassandre fit mettre à mort, ainsi que Roxane, en 311 av. J.-C.

ROXELANE, femme de Soliman II, mère de Bajazet II et de Sélim II, morte en 1557.

ROXOLANS, ancien peuple de la Sarmatie qui habitait entre le Borysthène et le Tanaïs.

ROY (COMTE) (1765-1847), pair de France, ministre des finances de 1819 à 1821 et pendant le ministère Martignac.

ROYA, torrent qui descend du col de Tende, finit à Vintimille dans la Méditerranée et sépare la France de l'Italie depuis 1860.

ROYAL, ALE (l. *regalem :* de *rex,* roi), *adj.* Qui appartient au roi : *Autorité royale.* ‖ Qui émane du roi : *Clémence royale.* ‖ *Maison royale,* l'ensemble des princes et des princesses du sang royal. ‖ *Famille royale.* les enfants et petits-enfants du roi régnant. ‖ *Prince royal,* l'héritier présomptif du trône. *Son Altesse royale* (S. A. R.), titre de certains princes et de certaines princesses. ‖ *Lettres royaux,* émanées de l'autorité royale (ici *royaux* est aux fém. pl., les *adj.* en *al* ayant autrefois la même forme pour les deux genres). ‖ Qui est sous la protection du roi : *Musée royal.* ‖ *Cour royale,* ancien nom des cours d'appel. ‖ *Route royale,* ancien nom des routes nationales. ‖ Digne d'un roi : *Magnificence royale.* — **Les royaux,** *smpl.* Les troupes qui combattaient pour le roi durant les guerres de religion. — **Dér.** *Royale, royalement, royalisme, royaliste, royaume, royauté ; régale* 1, 2, 3, *régalien, régalienne, régaliste.*

ROYALE (*royal*), *sf.* Touffe de barbe qu'on laisse pousser sous la lèvre inférieure, ainsi dite de Louis XIII, qui s'amusa un jour à raser ses officiers et à ne leur laisser qu'un bouquet de barbe au menton.

ROYALEMENT (*royale* + sfx. *ment*), *adv.* D'une manière royale. ‖ Avec magnificence.

ROYALISME (*royal* + sfx. *isme*), *sm.* Le parti du roi. ‖ Attachement pour la royauté.

ROYALISTE (*royal* + sfx. *iste*), *adj.* et *s. 2 g.* Qui est dévoué à la royauté : *Officier royaliste.* ‖ Qui marque de l'attachement pour la royauté : *Opinion royaliste.*

ROYAN, 6702 hab. Ch.-l. de c., arr. de Marennes (Charente-Inférieure), ch. de fer de l'État, port à l'embouchure de la Gironde, bains de mer très fréquentés; pêche de la sardine, construction de navires marchands. — *Sm.* Nom de la sardine pêchée à Royan.

ROYAT, 1111 hab. Village près de Clermont-Ferrand (Puy-de-Dôme). Eaux thermales alcalines. Grotte célèbre. Ch. de fer d'Orléans.

ROYAUME (vx fr. *royalme :* bl. *regalimen*), *sm.* État gouverné par un roi : *Le royaume d'Italie.* ‖ *Le Royaume-Uni,* l'Angleterre avec l'Écosse et l'Irlande. ‖ *Le royaume des cieux,* le paradis. ‖ *Le sombre royaume,* les enfers des anciens. ‖ *Je ne ferais pas cela pour un royaume,* je ne le ferais pas à aucun prix.

ROYAUMONT. Village, près de Viarmes (Seine-et-Oise), où était une célèbre abbaye de l'ordre de Cîteaux, fondée par saint Louis en 1227. — *Bible de Royaumont,* recueil de figures de la Bible avec explication publié (1694) par le janséniste Nicolas Fontaine sous le pseudonyme *Royaumont.*

ROYAUTÉ (bl. *regalitatem :* de *regalis,* royal), *sf.* Dignité de roi : *Usurper la royauté.* — D'après Aristote, les anciens rois de la Grèce et de l'Italie étaient des prêtres; c'est même ce texte qui a inspiré la *Cité antique* de Fustel de Coulanges. D'après la tradition, Romulus fonda la science augurale et Numa institua les flamines pour vaquer aux rites en l'absence des rois. La constitution de la monarchie sortit elle-même des règles du culte, et celui-là était roi qui fondait une cité et y installait un foyer. Plus tard, le souverain fut électif, et son autorité fut tempérée par celle des grandes familles, qui finirent par le renverser. Il est curieux de voir à la même date (509 av. J.-C.) les Tarquins expulsés de Rome et Hippias chassé d'Athènes. Chez les Germains, les rois étaient encore électifs, mais toujours choisis dans la même famille, par exemple celle des Merowigs, pour les Francs-Saliens. Rien ne ressemblait moins à un souverain oriental que ce Clovis, chef de bande, bravé par l'un des siens au sac de Soissons; il n'était ni roi de France, ni roi de Gaule; lui-même se considérait comme un gouverneur militaire au service des empereurs. Il n'en fut pas ainsi de ses successeurs; ils agirent en monarques absolus, ne tenant leur couronne que de Dieu et voulurent être respectés à l'égal des empereurs romains. La Neustrie, civilisée à la romaine, se fit à ce nouveau régime; mais l'Austrasie, demeurée plus barbare, ne put s'y soumettre. C'est ce qui explique l'usurpation de Pépin le Bref et la substitution des Carolingiens aux Mérovingiens. La royauté dut s'allier au clergé. La formule *Rex Francorum Dei gratia* (roi des Francs par la grâce de Dieu) parut dans les actes, et le pouvoir temporel se soumit au pouvoir spirituel, qui devait renverser Louis le Débonnaire en 833. Sous la troisième race, la royauté prend un caractère abstrait, elle se transmet de mâle en mâle (*loi salique*) et par ordre de primogéniture. Le signe que le roi prend en main les affaires est le sacre; mais il ne peut être sacré avant sa majorité. Celle-ci n'est fixée qu'à partir de Charles V (13 ans révolus). Avant cette époque, la reine mère était tutrice, mais la régence n'était point fixée par des règles. L'autorité du roi s'exerçait dans les limites de son royaume. Dans le royaume, jusqu'au XIVe siècle au moins, le roi n'avait pas seul le pouvoir législatif et judiciaire, ni le droit de lever des impôts. La loi civile était la coutume qu'il ne pouvait changer; la loi politique devait être approuvée par les barons réunis en conseil; la justice était rendue sans appel par les barons dans leurs domaines, comme par le roi dans le sien. Philippe le Bel usurpa tous les pouvoirs et adopta la maxime des légistes : « Si veut le roi, si veut la loi. » Sur son domaine, au contraire, le roi était maître absolu; il vivait des revenus qu'il en tirait, sans avoir de possessions particulières; aussi ce domaine était inaliénable, sauf par échange, apanage et engagement. Depuis Philippe le Bel, la royauté crût en puissance et en absolutisme. François Ier se vantait d'avoir mis la royauté « hors de page », c'est-à-dire de l'avoir enlevée aux mains des pages pour la faire grande fille. Louis XIV écrivait dans ses Mémoires : Les rois sont les lieutenants de Dieu sur la terre et le devoir de quiconque est né sujet est d'obéir sans discernement. Le débonnaire Louis XVI s'écriait lui-même : « C'est légal, parce que je le veux. » A celui qui disait : « L'Etat, c'est moi, » la nation osa dire en 1789 : « L'Etat, c'est nous. » Le pouvoir personnel fut détruit et l'héritier des Bourbons ne fut plus que le premier des fonctionnaires, inviolable sans doute, mais entouré de ministres responsables; il ne put désormais faire la loi, lever l'impôt, déclarer la guerre, conclure des traités, sans le concours et le contrôle d'une assemblée élue par ses anciens sujets.

ROYBON, 1947 hab. Ch.-l. de c., arr. de Saint-Marcelin (Isère).

ROYE, 3888 hab. Ch.-l. de c., arr. de Montdidier (Somme). Ch. de fer du Nord.

ROYER-COLLARD (1763-1845), professeur de philosophie et homme d'État français, fut le chef des doctrinaires. (V. ce mot.) Royaliste libéral, il combattit à la tribune comme député les lois antilibérales présentées par la Restauration. Il était en philosophie partisan de l'idéalisme écossais et de Thomas Reid.

ROYÈRE, 2286 hab. Ch.-l. de c., arr. de Bourganeuf (Creuse).

ROZIÈRE (THOMAS DE), né en 1820, membre de l'Institut (Académie des inscriptions), sénateur, ancien élève de l'École des chartes.

ROZOY-EN-BRIE, 1531 hab. Ch.-l. de c., arr. de Coulommiers (Seine-et-Marne).

ROZOY-SUR-SERRE, 1445 hab. Ch.-l. de c., arr. de Laon (Aisne). Ch. de fer du Nord.

RU (vx fr. *riu,* rui : l. *rivum,* ruisseau), *sm.* Ruisseau : *Le ru de Roanne* (Oise). ‖ Partie d'un ruisseau élargie de main d'homme. — **Gr.** Même famille que *Rive, riverain, rival, rivière, ruisseau,* etc.

RUADE (*ruer*), *sf*. Action de défense d'un cheval, d'un mulet, d'un âne qui lance en l'air avec fureur ses deux pieds de derrière

RUADE

en baissant la tête et le cou dans l'intention de frapper. On dit détacher, tirer, lancer, allonger la ruade. — Fig. Brutalité inattendue.

RUAPEHOU, point culminant (2 800 mètres) de l'île Nord (Ika-na-Mawi) de la Nouvelle-Zélande.

RUBACE ou **RUBACELLE** (du l. *rubrum*, rouge), *sf*. Variété de topaze rouge, de couleur claire, ressemblant au rubis; elle a peu de valeur. || Variété de quartz hyalin, gercée et colorée artificiellement en rouge au moyen du pourpre de Cassius, pour imiter le rubis; elle est dite aussi *rubacelle*.

RUBACELLE. (V. *Rubace*.)

RUBAN (bl. *rubanus*, texte de 1367), *sm*. Bande d'étoffe en soie, en fil, etc., qui sert pour la parure : *Un nœud de ruban*. || Bout de ruban que porte à la boutonnière une personne décorée d'un ordre de chevalerie : *Le ruban de la Légion d'honneur*. || Ornement de sculpture qui imite un ruban enroulé autour d'une baguette. — *Ruban d'eau*, plante monocotylédone monoïque qui croît dans les ruisseaux et qui a de très larges feuilles. || Poisson de l'ordre des Acanthoptérygiens, remarquable par son corps allongé et aplati sur les côtés; il atteint un mètre et demi de long et se trouve dans la Méditerranée, dans l'Atlantique jusque sur les côtes d'Irlande. A Marseille on le nomme *roudgeole*. — **Dér.** *Rubaner, rubané, rubanée, rubanier, rubanerie, rubanière*. — **Comp.** *Enrubanner*.

RUBAN

***RUBANÉ, ÉE** (*ruban*), *adj*. Qui présente des bandes en forme de ruban : *La gangue rubanée d'un minerai*.

***RUBANER** (*ruban*), *vt*. Garnir de rubans.

RUBANERIE (*ruban*), *sf*. Profession de rubanier. || Commerce de rubans.

RUBANIER, IÈRE (*ruban*), *s*. Celui, celle qui fait ou vend du ruban.

RUBARBE. (V. *Rhubarbe*.)

RUBÉFACTION (*rubéfier*), *sf*. Rougeur que produit sur la peau un médicament irritant.

RUBÉFIANT, ANTE (*rubéfier*), *adj*. Se dit d'un médicament qui cause la rubéfaction. — *Sm*. Médicament rubéfiant : Les sinapismes et les emplâtres de poix de Bourgogne, etc., sont des rubéfiants.

RUBÉFIER (l. *rubefacere*), *vt*. Rendre rouge, enflammer par l'application d'un rubéfiant. — **Dér.** *Rubéfiant, rubéfiante, rubéfaction*.

***RUBELLE** (dm. de *rubrum*, rouge), *sf*. Variété de vigne à feuilles rouges et à raisin noir.

***RUBELLITE** (dm. de *rubrum*, rouge), *sf*. Autre nom de la pierre précieuse dite tourmaline. (V. ce mot.)

RUBEN, fils aîné de Jacob et de Lia, détourna ses frères de tuer Joseph, et donna son nom à l'une des douze tribus d'Israël, située à l'E. de la mer Morte.

RUBENS (Pierre-Paul) (1577-1640), célèbre peintre flamand dont les œuvres, aussi nombreuses qu'importantes, se distinguent par l'énergie du dessin et la vigueur du coloris. Il vécut à Anvers et peignit en une série de tableaux allégoriques l'histoire de Marie de Médicis. Son chef-d'œuvre est la *Descente de Croix*, triptyque qui se trouve dans la cathédrale d'Anvers. Rubens est né à Cologne, où son père s'était réfugié durant la tyrannie du duc d'Albe; mais Anvers le revendique, à juste titre, comme le plus illustre de ses enfants. Élève d'Otto Venius, Rubens alla compléter son éducation artistique en Italie, et visita Mantoue, Venise, Milan, Gênes, Florence, Bologne et Naples. Il mena de front l'art et la diplomatie et fut attaché à la cour du duc de Mantoue, puis à celle de l'archiduc Albert et de l'infante Isabelle. De Madrid, il se rendit à Londres comme ambassadeur, et réconcilia l'Espagne et l'Angleterre. Sa vie ne fut qu'une suite de triomphes; son imagination, puissante et féconde, lui permit d'exécuter sans efforts ces innombrables tableaux qui ornent tous les musées d'Europe. Il eut pour élèves Jordaens, Van Thulden, Diepenbeck, et surtout Van Dyck.

***RUBESCENT, ENTE** (l. *rubescentem* : de *rubescere*, commencer à rougir), *adj*. Qui commence à rougir.

RUBIACÉES (l. *rubia* : de *ruber*, rouge), *sfpl*. Famille de plantes dicotylédones dont les feuilles sont opposées ou verticillées. Elles sont accompagnées de stipules qui sont semblables aux feuilles. Ces dernières se reconnaissent à ce qu'il se développe une tige dans leur aisselle. Dans les Rubiacées de nos pays, dans le gratteron, par exemple, la tige est carrée et les arêtes sont hérissées de petits poils raides et recourbés vers le bas qui permettent à la plante de s'attacher aux végétaux environnants et de s'élever ainsi à des hauteurs relativement considérables. Les fleurs de nos Rubiacées indigènes sont blanches ou jaunes et toujours très petites. Pour l'étudier, on commence par enlever la corolle avec une aiguille. Cette corolle est gamopétale et composée de quatre pétales qui, à l'origine, étaient libres, mais se sont soudés dans la suite. Les étamines sont au nombre de quatre et soudées à la corolle comme cela a lieu toutes les fois que cette dernière est gamopétale. Le calice est formé d'un tube soudé intimement au gynécée et son limbe se réduit à quatre petites éminences arrondies que l'on ne saurait apercevoir à l'œil nu. Ces sépales alternent avec les pétales. Le tube du calice est recouvert de poils et présente un sillon qui dessine la ligne suivant laquelle se soudent les deux ovaires. Quand on a enlevé la corolle et que l'on regarde à la loupe ce qui reste de la fleur, on aperçoit, au-dessus du calice, un petit godet ou plutôt une petite coupe du milieu de laquelle sortent les deux styles. Cette petite coupe n'est pas autre chose que le bord du torus ou générateur des étamines. Les deux styles sont terminés chacun par une petite tête qui est le stigmate. Les styles commencent à se souder à l'endroit où ils s'enfoncent dans la coupe, et cette soudure se continue jusqu'à leur extrémité inférieure. Les ovaires qui les terminent sont aussi intimement soudés; néanmoins, ils sont parfaitement distincts à cause du sillon profond qui règne dans le pourtour de la soudure. Chaque ovaire est une petite baie très peu succulente, et son intérieur ne renferme qu'une seule graine courbée en forme de croissant et attachée à un placentaire très épais et charnu qui s'étend tout le long de l'angle interne de l'ovaire. A la maturité, les crochets qui recouvrent les deux ovaires ont considérablement grandi et sont devenus très robustes. Très souvent l'un des ovaires ne se développe point, et alors on prendrait le fruit, réduit à une seule feuille carpellaire, pour un akène. Les Rubiacées exotiques se distinguent de nos Rubiacées indigènes en ce que chaque ovaire renferme plusieurs graines. La famille des Rubiacées se divise en trois sections : 1° Les *Shérardiées*, dont les plantes se reconnaissent à leur fruit sec, partagé en deux akènes, et aux extrémités stigmatiques de deux styles, lesquels offrent l'aspect d'une petite boule. A cette section appartiennent les genres *Sherardia, Aspérule, Galium* (caille-lait), *Garance* et *Vaillantia*. 2° La section des *Phyllidées*, caractérisée par un fruit sec, se divisant en deux akènes, et par des extrémités stigmatiques terminées non en boule, mais en pointe. Les Phyllidées sont des arbrisseaux des Canaries, à feuilles simples, verticillées et accompagnées chacune de deux stipules. 3° Les *Coffæées*, dont le fruit est une drupe analogue à la cerise. Les stigmates ne sont pas arrondis en boule, mais terminés en pointe ou en lamelles. Les principaux genres de cette tribu sont le *Café* et le *Céphélide ipécacuanha*. Les *Sureaux*, les *Lonicérées*, les *Adoxa*, les *Caprifoliacus* ont été rattachés aux Rubiacées, ainsi que les *Portlandiées* et les *Zonicérées*. Un très grand nombre des végétaux qui composent alors ce groupe sont des arbres ou des arbrisseaux. La moitié des genres environ appartiennent à l'ancien monde; quelques

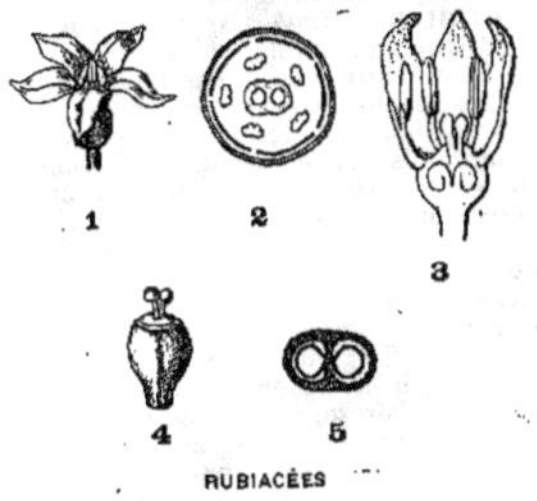

RUBIACÉES

1. Fleur. — 2. Diagramme. — 3. Fleur (coupe). 4. Pistil. — 5. Ovaire (coupe).

genres ne se trouvent que sous les tropiques, notamment à Madagascar et au Mexique; cependant certains d'entre eux s'élèvent assez haut sur les montagnes. Les Rubiacées sont très voisines des Cornacées et se rapprochent beaucoup des Logoniacées dont elles ne diffèrent que par leur ovaire, qui est supère au lieu d'être infère. Elles ont aussi certaines analogies avec les Composées.

Les Rubiacées sont très riches en produits utiles. Certaines d'entre elles donnent des substances tinctoriales. Parmi elles on cite la garance, le sureau, les aspérules, etc.; d'autres sont riches en matières astringentes qui les rendent toniques et fébrifuges; elles fournissent le *kino* et le *gambir*. Quelques Rubiacées sont des purgatifs drastiques et d'autres des évacuants énergiques; parmi ces dernières on mentionne les différentes sortes d'ipécacuanha. Quelques Rubiacées sont aromatiques et fournissent des essences. Tels sont les aspérules, le chèvrefeuille, l'adoxa moschatellina, des galium, etc.; mais il en est aussi qui possèdent une odeur désagréable et fétide se rapprochant beaucoup de celle des Valérianées. Il en est qui donnent des fruits; mais ils sont peu estimés des Européens. Enfin, les tiges des Rubiacées arborescentes n'ont un bois que de médiocre qualité. Cependant les *nauclea* et les *ouroupuria* ont un bois très dur et incorruptible, qui pourrait être utilisé à l'instar du buis. Le bois d'une espèce de lonicera est employé à fabriquer des dents de herse et des peignes de tisserand. Un grand nombre de plantes de ce groupe sont cultivées dans les jardins à cause de la beauté de leurs fleurs. — **Une Rubiacée**, *sf*. Une plante quelconque de la famille des Rubiacées.

RUBICAN (bl. *rubricantem*, rougeâtre), *adj. m*. Se dit d'un cheval noir, bai ou alezan dont la robe est parsemée de poils blancs, mais pas en assez grande quantité pour l'empêcher d'être d'une seule couleur dont on fait suivre l'énoncé du mot *rubican*. — *Sm*. La couleur de la robe d'un cheval rubican.

RUBICON, petit fleuve tributaire de l'Adriatique, séparant la Gaule cisalpine de l'Italie et qu'il était défendu aux généraux romains de franchir avec une armée pour pénétrer en Italie. César le passa en 49 av. J.-C., et commença la guerre civile qui finit à Pharsale. (C'est aujourd'hui le Pisciatello, qui passe non loin de Céséna, et se jette directement dans la mer.) — Fig. *Passer le Rubicon*, prendre un parti hasardeux, irrévocable.

RUBICOND, ONDE (l. *rubicundum*), *adj.* Qui est d'un rouge vermeil : *Visage rubicond.*

RUBIDIUM (l. *rubidum*, rouge brun), *sm.* Métal alcalin de la première famille, analogue au potassium, découvert en 1860, par Bunsen et Kirchhoff, dans les minerais dont on extrait la lithine, au moyen de l'analyse spectrale qui en révèle la présence par deux raies rouges. Sa densité est 1516 ; dans les formules chimiques on le représente par Rb. Le rubidium n'existe qu'en petite quantité dans la nature. Il se trouve dans certaines plantes, telles que le tabac et la betterave. On le rencontre aussi dans des eaux minérales ; par exemple, celles de Bourbonne-les-Bains, de Vichy, du Mont-Dore.

***RUBIETTE** (*rubis*), *sf.* Nom sous lequel on désigne une famille d'oiseaux de l'ordre des Passereaux voisins des becs-fins et au nombre desquels on range les *rouges-gorges*, les *rouges-queues*, les *gorges bleues* et les *calliopes*. Ils ont le bec fin, assez court, les yeux grands, les tarses longs, effilés et à peu près recouverts par une plaque écailleuse. Leur queue, longue et élargie vers l'extrémité, est très mobile. Les mœurs des rubiettes se rapprochent beaucoup de celles des merles : comme eux elles ont de la vivacité et de la gloutonnerie ; leur chant est flûté, mais il est empreint de mélancolie et même de tristesse. La société de leurs congénères leur est désagréable ; aussi ne voit-on jamais deux rouges-gorges, par exemple, habiter le même lieu ; et si la chose se produit par hasard, ce ne sont que combats et luttes sans fin. Ils aiment, au contraire, la présence de l'homme ; on les voit s'aventurer jusque dans les habitations, et même ils sont assez hardis pour se poser sur la main de celui qui leur donne à manger. Leur régime se compose de vers, de petits insectes, de larves ou même de baies qu'elles avalent avec gloutonnerie. Les noyaux des baies et les parties des insectes qu'elles ne peuvent digérer sont emmagasinés dans leur gésier et rejetés plus tard en pelotes. Les rubiettes sont des oiseaux migrateurs, et elles commencent à nous quitter vers le mois de septembre. Les espèces les plus intéressantes sont : 1° La *rubiette rouge-gorge*, très répandue en Europe. 2° La *rubiette rouge-queue*, que l'on rencontre en Europe, en Asie et en Afrique et qui est surtout très commune sur les Pyrénées et les Alpes. 3° La *rubiette*, ou *rossignol des murailles*, à gorge d'un beau noir et à queue rouge, qui vit dans l'ancien continent, et est très commune en France. 4° La *rubiette gorge-bleue*, à dos brun et dont la gorge bleue présente au centre une tache blanche. Cette espèce se rencontre communément dans toute l'Europe ; on la voit en France au printemps et à l'automne. Une variété à tache rousse sous la gorge se trouve en Sibérie. 5° La *rubiette calliope*, dont la gorge est d'un rouge brillant, le dos brun et le ventre blanc. Elle habite le Kamtschatka, le Japon et la Sibérie.

***RUBIGINEUX** (l. *rubiginosum*), *adj.* Qui est plein de rouille. ‖ Qui a la couleur de la rouille.

RUBINE (*rubis*), *sf.* Ancien nom des sulfures de couleur rouge : *Rubine d'arsenic*, sulfure d'arsenic.

RUBINI (Jean-Baptiste) (1795-1854), le plus célèbre ténor de son temps. Il avait commencé par être choriste à la Scala de Milan. Après avoir obtenu de grands succès sur les principales scènes italiennes, il débuta à Paris en 1825, où il fit fureur dans la *Lucia*, *Otello*, la *Sonnambula*, le *Pirate*, etc. Il excita le même enthousiasme à Londres et à Saint-Pétersbourg. Rubini abandonna le théâtre en 1845.

RUBINSTEIN (Antoine), pianiste et compositeur, né le 30 novembre 1829 à Wechwotynez (Moldavie). Rubinstein est considéré comme le plus grand virtuose de notre époque. Comme compositeur, il a abordé tous les genres avec succès et son œuvre est déjà considérable. — **Rubinstein** (Nicolas), pianiste remarquable, frère du précédent, né en 1835 à Moscou, mort à Paris en 1881. En 1859, il fonda la Société musicale de Moscou et en dirigea les concerts symphoniques chaque année.

RUBIS (esp. *rubi* : du l. *ruber*, rouge), *sm.* Pierre précieuse, très transparente, rouge, mais présentant généralement des reflets laiteux, plus dure que toutes les autres gemmes, sauf le diamant, plus dense que toutes sans exception, ayant pour élément essentiel l'alumine. Les joailliers distinguent, par ordre de beauté décroissante : le *rubis oriental* ou *corindon rouge*, qui est d'un beau rouge sang de bœuf, couleur qu'il doit à de l'oxyde de fer et qui a la double réfraction ; le *rubis spinelle*, d'un rouge ponceau dû à de l'oxyde de chrome, gemme bien moins rare, surtout dans les gros échantillons, bien moins dure, ou moins dense, ne présentant que la réfraction simple, n'ayant pas de reflets laiteux ; enfin le *rubis balais*, d'un rouge clair, groseille, quelquefois même d'un rouge violet ou vineux, moins dur encore que le précédent et contenant plus de magnésie, n'ayant jamais de reflets laiteux. Le rubis se rencontre au Pégou et à Ceylan, etc. En Bretagne, on le trouve dans les sables de la côte de Piriac. Le rubis se taille en brillant à degrés. MM. de Senarmont, Daubrée, Sainte-Claire Deville, Gaudin, Boblique, Frémy ont reproduit artificiellement le rubis. — Fig. *Faire rubis sur l'ongle*, vider son verre de façon à ce qu'il n'y reste plus qu'une seule goutte de vin qui, versée sur l'ongle, offre l'apparence d'un rubis. — Fig. *Rubis sur l'ongle*, exactement : *Payer rubis sur l'ongle.* ‖ Bouton rouge qui vient quelquefois au nez, au visage. ‖ *Rubis d'arsenic* ou *rubine*, le réalgar. ‖ *Rubis blanc*, le corindon hyalin. ‖ *Rubis de Bohême*, le grenat. ‖ *Rubis du Brésil*, les topazes rouge et brûlée. ‖ *Rubis jaune*, la topaze. ‖ *Rubis de Sibérie*, la tourmaline rouge. ‖ *Rubis occidental*, le quartz hyalin rose. ‖ *Rubis vert*, l'émeraude. — **Dér.** *Rubine.*

RUBRICATEUR (*rubrique*), *sm.* Calligraphe du moyen âge qui enluminait de vermillon, qui *rubriquait* les initiales des manuscrits.

RUBRIQUE (l. *rubrica*, sanguine, crayon rouge), *sf.* La sanguine dont les anciens chirurgiens se servaient pour étancher le sang. ‖ La craie rouge des charpentiers. ‖ Titre de page ou de chapitre qu'on écrivait en lettres rouges dans les manuscrits et les livres de droit. ‖ Titre, date indiquant le lieu d'où une nouvelle est venue : *Cet événement est sous la rubrique de Rome.* — Fig. Vieux procédé, pratique ancienne : *Recourir à une vieille rubrique.* ‖ Ruse, détour, finesse : *Vous ne connaissez pas ses rubriques.* — *Sfpl.* Notes écrites en lettres rouges dans le missel et dans le bréviaire, et indiquant la manière de célébrer l'office divin. — **Dér.** *Rubriquer, rubricateur.*

***RUBRIQUER** (*rubrique*), *vt.* Orner un livre, un manuscrit de rubriques.

RUBRUQUIS (Guillaume de Ruysbræck, dit), cordelier, voyageur du XIIIe siècle ; il fut envoyé par saint Louis en Tartarie et visita le khan des Mogols.

RUCHE (vx fr. *rouque*, *rucque*, *rusche* : bas breton *rusken*, écorce), *sf.* Sorte de petite cabane où les abeilles vivent en société. On distingue : 1° *La ruche commune*, d'une seule pièce, en osier ou en paille, consistant en une espèce de cloche renversée sur une tablette en bois supportée par des pieds. Dans le midi de la France, on la fait avec la partie extérieure de l'écorce du liège ou avec des planches. Dans ce dernier cas, elle a la forme d'une petite armoire. 2° *La ruche à chapiteau*, composée d'une partie inférieure en forme de tronc de cône et d'un toit en chapiteau en forme de calotte, superposée à la partie inférieure et qu'on peut enlever à volonté. C'est dans ce chapiteau que les abeilles déposent leur miel le plus pur. C'est la plus commode à manier. 3° *La ruche à hausses*, composée de plusieurs cylindres superposés et partagés intérieurement en étages séparés par des planchers à claire-voie établis au niveau des différentes hausses. Quelquefois la ruche à hausses se termine par un chapiteau. On peut, quand on le juge nécessaire, enlever une ou plusieurs hausses pour prendre le miel qu'elles contiennent. Toutes les espèces de ruches doivent être recouvertes d'un capuchon en paille et pourvues d'une petite ouverture à la partie inférieure. — Les ruches à miel sont rangées dans la catégorie des biens immeubles par destination. Même, en cas de saisie légitime, une ruche ne peut être déplacée qu'en décembre, janvier et février. La saisie n'est permise qu'au profit du fournisseur des abeilles ou du propriétaire de la ferme. Le vol d'une ruche est puni d'un emprisonnement de trois mois à un an. ‖ L'ensemble des abeilles qui logent dans une ruche : *Une ruche nombreuse.* ‖ Piège en osier pour prendre le poisson. ‖ Tuiles disposées en piles pour recevoir le naissin, en ostréiculture. ‖ Bande plissée de tulle, de dentelle servant à orner différentes parties de la toilette des dames : *Robe garnie de ruches.* — **Dér.** *Ruchée, rucher* 1 et 2.

RUCHE COMMUNE

RUCHE À HAUSSES

***RUCHÉE** (*ruche*), *sf.* L'ensemble des abeilles qui habitent une même ruche. ‖ Ce qu'une ruche produit en cire et en miel.

1. **RUCHER** (*ruche*), *sm.* Emplacement où les ruches sont installées les unes à côté des autres. C'est tantôt un endroit découvert et tantôt un hangar en forme d'appentis. Un rucher doit être établi à l'ombre d'une haie ou d'arbres élevés, jamais contre un mur ; il doit être à l'abri des grands vents, et l'ouverture des ruches doit être tournée à l'E.

2. ***RUCHER** (*ruche*), *vt.* Plisser une bande de tulle, de dentelle.

RÜCKERT (Frédéric) (1789-1866), poète très populaire en Allemagne, auteur des *Sonnets cuirassés*, parmi lesquels on remarque l'*Allemagne géante*, le *Chant du Cosaque en hiver*, et de nombreux recueils de poésies orientales.

RUDÂNIER, IÈRE (*rude* + *ânier*), *adj.* Qui est rude à ceux à qui il parle, qui les rabroue. (Molière.)

***RUDBECKIE** (dédié au botaniste *Rudbeck*), *sf.* Genre de plantes dicotylédones de la famille des Composées, dont on cultive plusieurs espèces comme plantes d'ornement. Ce sont : 1° La *rudbeckie laciniée*, à fleurs jaunes, répandue dans l'Amérique du Nord, depuis le Canada jusqu'en Virginie, où elle croît le long des fossés. 2° La *rudbeckie digitée*. 3° La *rudbeckie éclatante*, dont les fleurs de la circonférence sont d'un jaune vif, tandis que celles du centre sont d'un pourpre noir. Ces plantes se cultivent en pleine terre ; on les multiplie de semis dans un sol léger ou par la division des pieds.

RUDE (l. *rudem*), *adj. 2 g.* Peu ou point façonné, grossier, sans politesse : *Un peuple rude, des mœurs rudes.* ‖ Âpre au toucher : *Brosse rude.* ‖ Âpre au goût : *Vin rude.* ‖ Raboteux, difficile à gravir : *Chemin, montée rude.* ‖ Qui cause de la fatigue : *Métier rude.* ‖ Désagréable à voir, à entendre : *Figure, voix rude.* ‖ Difficile à prononcer : *Mots rudes.* ‖ Qui manque d'harmonie : *Style rude.* ‖ Violent, impétueux : *Coup rude.* ‖ Très froid : *Hiver rude.* — Fig. *Les temps sont rudes*, il y a peu de travail et beaucoup de misère, de souffrances. ‖ *Une rude épreuve*, une situation critique. ‖ *Une rude tentation*, à laquelle il est difficile de résister. ‖ *Cela me paraît rude*, est difficile à croire. || Dur, très sévère : *Un maître rude.* || *Être rude aux pauvres gens,* les traiter avec dureté, avec hauteur. || Rigide, austère : *Le règlement est rude.* || Redoutable : *Un rude adversaire.* — **Dér.** *Rudement, rudesse, rudoiement, rudoyer, rudiste, rudiment, rudimentaire.* — **Comp.** *Rudânier, rudânière.*

RUDE (François) (1784-1855), sculpteur, auteur de l'*Invasion*, grand bas-relief de l'arc de triomphe de l'Étoile, des statues du maréchal Ney (Observatoire), de Godefroy Cavaignac, etc.

RUDEMENT (*rude*+sfx. *ment*), *adv.* Avec rudesse, avec violence, avec dureté : *Traiter rudement quelqu'un.* || Rigoureusement. || Beaucoup : *Il mange rudement.* (Pop.)

RUDENTÉ, ÉE (l. *rudentem*, cordage), *adj.* Se dit d'un pilastre, d'une colonne dont les cannelures sont remplies de rudentures dans leur tiers inférieur. — **Dér.** *Rudenter, rudenture.*

***RUDENTER** (*rudente*), *vt.* Travailler des ornements dits rudentures dans les colonnes.

RUDENTURE (*rudente*), *sf.* Sorte de baguette plane ou arrondie dont on remplit souvent les cannelures d'une colonne jusqu'au tiers de leur hauteur.

RUDÉRAL, ALE (l. *rudera*, décombres), *adj.* Qui pousse au milieu des décombres : *Plante rudérale.*

***RUDÉRATION** (l. *ruderationem*), *sf.* Pavage en rocaille. || Enduit grossier appliqué sur une muraille.

RUDESSE (*rude*), *sf.* Qualité de ce qui est rude, âpre au toucher, au goût, désagréable à voir, à entendre : *La rudesse de la peau, de la voix.* || Température très froide : *La rudesse de l'hiver.* — Fig. Ce qu'il y a de blessant dans le caractère, les manières : *Accueillir quelqu'un avec rudesse.* || Action, parole qui choque, qui offense : *Dire des rudesses.*

RUDIMENT (l. *rudimentum*, apprentissage), *sm.* Premières notions d'un art, d'une science (dans ce sens, usité seulement au pluriel) : *Les rudiments de la peinture.* || Grammaire très élémentaire d'une langue et particulièrement de la langue latine : *Le rudiment de Lhomond.* || Ce qui constitue un organe au moment où il commence à se former et à devenir visible : *Le bulbe dentaire est le rudiment de la dent.* || Ce qui persiste d'un organe qui ne s'est pas développé : *La fleur du néflier présente le rudiment d'une cinquième étamine.* — **Dér.** *Rudimentaire.*

RUDIMENTAIRE (*rudiment*), *adj. 2 g.* Qui est à l'état naissant : *Civilisation rudimentaire.*

***RUDISTE** (*rude*), *sm.* Genre de mollusques lamellibranches fossiles, à deux valves inégales, remarquables par leur rugosité. On en trouve de nombreuses espèces dans les terrains crétacés de l'Europe méridionale, dans la péninsule Ibérique, dans les Alpes, en Turquie et en Égypte.

***RUDOIEMENT** ou **RUDOYEMENT** (*rudoyer*), *sm.* Action de rudoyer.

RUDOLSTADT, 9000 hab., ville d'Allemagne ; capitale de la principauté de Schwarzbourg-Rudolstadt.

RUDOYER (*rude*), *vt.* Traiter rudement soit en actions, soit en paroles : *Rudoyer un enfant, un animal.* — **Gr.** Je rudoie, n. rudoyons ; je rudoyais, n. rudoyions ; je rudoyai ; je rudoierai ; je rudoierais ; que je rudoie, que n. rudoyions ; que je rudoyasse ; rudoyant ; rudoyé, ée. — **Dér.** *Rudoiement.*

RUE DES JARDINS

1. **RUE** (l. *ruta*), *sf.* Plante dicotylédone, de la famille des Rutacées, presque ligneuse, à fleurs jaunes, d'une odeur forte et repoussante, dont les feuilles ont un goût âcre et amer, et qui jouit de diverses propriétés médicinales. A l'extérieur on l'emploie comme rubéfiant contre la gale. C'est un vermifuge, et elle est usitée dans les campagnes comme emménagogue. Il est bon d'être prudent dans son emploi ; car elle agit sur l'utérus et détermine des avortements. || *Rue des murailles,* la fougère appelée encore *asplénie.* || *Rue des prés,* le pigamon jaune. || *Rue des chiens,* la scrofulaire canine.

2. **RUE**, 2677 hab. Ch.-l. de c., arr. d'Abbeville (Somme). Fabrique de sucre. Ch. de fer du Nord.

3. **RUE** (l. *ruga*, ride, sillon), *sf.* Chemin bordé de chaque côté de maisons et de murs dans une ville, un bourg, un village. || *La grand'rue ou la grande rue,* la plus large et la plus fréquentée d'une localité. || *Cette nouvelle court les rues,* elle est connue de tout le monde. || *Vieux comme les rues,* extrêmement vieux. || *Les rues en sont pavées,* se dit d'une chose très commune. || L'ensemble des habitations d'une rue : *Toute la rue logera des militaires.* — **Dér.** *Ruelle, rueller.*

***RUÉE** (*ruer*), *sf.* Amas de paille destiné à être transformé en fumier. (Agric.)

RUEIL ou **RUEL**, 9364 hab., bourg de l'arr. de Versailles (Seine-et-Oise), château construit par Richelieu et château de la Malmaison. Dans l'église, tombeaux de l'impératrice Joséphine et de la reine Hortense. Ch. de fer de l'Ouest.

RUELLE (dm. de *rue*), *sf.* Petite rue. || Espace compris entre un lit et la muraille. — Au XVIIe siècle, chambre à coucher, alcôve d'une dame de qualité, servant de salon : *Une ruelle d'après les dessins de Lepautre.* (V. *Hôtel de Rambouillet.*) — Fig. *Style de ruelle,* prétentieux. || *Briller dans les ruelles,* dans la conversation des dames. — **Dér.** *Rueller.*

RUELLE, 2797 hab., village de l'arr. d'Angoulême (Charente), usines à fer, moulin à poudre, fonderie de canons pour la marine, papeterie de Villemont. Ch. de fer de l'État.

RUELLER (*ruelle*), *vt.* *Rueller la vigne,* y creuser de petits chemins entre les rangs de ceps.

RUER (l. *ruere*, jeter à terre), *vt.* Jeter avec impétuosité : *Ruer des pierres.* || *Ruer de grands coups,* frapper de grands coups (vx). — *Vi.* Jeter une pierre (vx). || Lancer une ruade. || Avoir l'habitude de lancer une ruade : *Ce cheval rue.* — **Se ruer**, *vr.* Se jeter impétueusement sur quelqu'un ou sur quelque chose : *Se ruer sur l'ennemi, sur des aliments.* — **Dér.** *Rué, ruée, ruade, rueur, rueuse.*

RUEUR, EUSE (*ruer*), *adj.* Qui a l'habitude de ruer.

RUFFEC, 3589 hab. S.-préf. (Charente), à 398 kilom. de Paris. Truffes, terrines de foie gras et de perdreaux, fromages de lait de chèvre. Ch. de fer de l'État.

RUFFIEUX, 959 hab. Ch.-l. de c., arr. de Chambéry (Savoie).

RUFIEN ou **RUFIAN** (racine germanique *hruf, ruf,* impureté, gale), *sm.* Homme débauché qui vit avec des femmes de mauvaise vie et en procure aux libertins.

RUFIN, Gallo-Romain, jurisconsulte, ministre de Théodose Ier et tuteur d'Arcadius, que Stilicon fit assassiner en 395.

RUFUS (Festus ou Sextus), historien latin de la fin du IVe siècle de notre ère.

RUGEN, 50000 hab., île prussienne de la Baltique sur la côte de la Poméranie, où la déesse Hertha (la Terre) était particulièrement adorée. — Tertres funèbres et autres antiquités germaniques. Ch.-l. *Bergen.*

RUGGIERI (Côme), Florentin, astrologue de Catherine de Médicis. Mort en 1615.

***RUGINATION** (*rugine*), *sf.* Action de racler avec la rugine.

RUGINE (du l. *ruga*, qui fait des rides en raclant), *sf.* Instrument dont les chirurgiens se servent pour gratter les os. — **Dér.** *Ruginer, rugination.*

RUGINER (*rugine*), *vt.* Racler un os avec la rugine.

RUGIR (l. *rugire*), *vi.* Pousser des rugissements : *Le lion rugit.* || Pousser des cris de fureur : *Rugir de colère.* || Produire un bruit comparable à un rugissement : *Le torrent rugit.* — **Dér.** *Rugissant, rugissante, rugissement.*

RUGISSANT, ANTE (*rugir*), *adj.* Qui rugit.

RUGISSEMENT (*rugir*), *sm.* Le cri de plusieurs animaux féroces, du genre chat, tels que le lion, le tigre, la panthère, etc. — Fig. Cri de fureur.

RUGLES, 1794 hab. Ch.-l. de c., arr. d'Évreux (Eure), sur la Rille. Fonderie, laminoirs, tréfileries de laiton, quincaillerie ; fabriques importantes de clous, fil de fer, aiguilles, épingles. Ch. de fer de l'Ouest.

RUGOSITÉ (l. *rugositatem*), *sf.* Ride, saillie raboteuse : *Les rugosités d'un os.*

RUGUEUX, EUSE (l. *rugosus* : de *ruga*, ride), *adj.* Qui a des rides, des saillies linéaires et raboteuses : *Surface rugueuse.* — **Dér.** *Rugosité.*

RUHMKORFF, constructeur d'instruments de physique, inventeur de la bobine d'induction qui porte son nom. Mort en 1877.

RUHR, affluent de droite du Rhin, traversant un district riche en houille, arrosant Essen et la fabrique des canons Krupp.

RUILÉE (*ruiler*), *sf.* Bordure saillante de plâtre qui termine les deux versants d'un toit du côté du pignon.

***RUILER** ou **RUILLER** (vx fr. *ruile* ou *riule* : de *regula*, règle), *vt.* Mettre du plâtre dans une tranchée. — **Dér.** *Ruilée.*

RUINE (l. *ruina* : de *ruere*, s'écrouler), *sf.* Écroulement, destruction d'un bâtiment, d'une construction. || *Ce mur menace ruine,* il est près de s'écrouler. || *Battre en ruine,* détruire : *Battre en ruine les remparts d'une place.* — Fig. Réfuter, faire déchoir, mettre fin à : *Battre en ruine une doctrine.* || Les débris, les restes d'un édifice qui a été abattu ou s'est écroulé : *Les ruines d'une ville. Une ruine pittoresque. Les ruines de Palmyre.* || Tableaux représentant des ruines agencées dans un paysage de convention : *Des ruines d'Hubert Robert.* — Fig. Destruction, disparition d'une chose quelconque : *La ruine du paganisme.* || Fin, décadence : *La ruine d'un empire, d'une institution.* || Perte de la fortune : *Marcher à sa ruine.* || Perte de l'honneur, du crédit, du pouvoir : *La ruine d'un ministre.* — Fig. Ce qui cause la destruction d'une chose : *L'intempérance est la ruine de la santé.* || Ce qui occasionne une grande dépense : *Le luxe est une ruine.* — **Dér.** *Ruiner, ruiné, ruinée, ruineux, ruineuse, ruineusement.*

RUINÉ, ÉE, *adj.* Dont il ne reste que des débris. — Fig. Détériorer : *Santé ruinée.* || Dont les forces sont usées : *Ruiné par le travail.* || Qui a perdu sa fortune : *Banquier ruiné.*

1. **RUINER** (*ruine*), *vt.* Détruire, démolir : *Ruiner un palais.* || Détériorer, ravager : *La rouille ruine les blés.* || Faire perdre la santé, les forces, la fortune, l'honneur, le crédit, etc. : *Cette faillite l'a ruiné. Ruiner la réputation de quelqu'un.* || Rendre sans valeur : *Ruiner une hypothèse.* || Faire déchoir, anéantir : *Ruiner la marine d'un État.* — **Se ruiner**, *vr.* Tomber en ruine. || Perdre sa santé, ses forces, sa fortune, sa réputation, etc. — **Syn.** (V. *Abattre.*)

2. ***RUINER** (*ruiler*), *vt.* Entailler les solives et les poteaux d'une charpente. — **Dér.** *Ruinure.*

RUINES, 960 hab. Ch.-l. de c., arr. de Saint-Flour (Cantal).

RUINEUSEMENT (*ruineuse*+sfx. *ment*), *adv.* D'une manière ruineuse.

RUINEUX, EUSE (l. *ruinosum*), *adj.* Qui menace ruine : *Mur ruineux.* || Qui occasionne des dépenses excessives : *Train de maison ruineux.*

RUINURE (*ruiner* 2), *sf.* Entaille que font les charpentiers dans les poteaux ou dans les solives pour recevoir la maçonnerie.

RUISDAEL ou **RUYSDAEL** (1636-1681), hollandais, peintre de paysages et de marines.

RUISSEAU (vx fr. *ruissel* : bl. *rivicellus*, dm. de *rivus*, ruisseau), *sm.* Cours d'eau de peu de largeur : *Un ruisseau qui serpente.* — Les ruisseaux sont la propriété des riverains ; leur peu d'importance les rendant impropres à rendre des services publics, ils sont consi-

dérés comme l'accessoire du fonds sur lequel ils coulent. — Fig. *Les petits ruisseaux font les grandes rivières,* de petites sommes ajoutées ensemble en font une grande. ‖ Le lit d'un petit ruisseau : *Curer un ruisseau.* ‖ L'eau qui coule au milieu ou sur les deux côtés d'une rue. — Fig. *Chose qui traîne dans le ruisseau,* chose commune, triviale. ‖ *Nouvelle ramassée dans le ruisseau,* qui provient de la plus vile populace. — Fig. Tout liquide qui coule en abondance : *Faire couler des ruisseaux de sang.* — **Dér.** *Ruisseler, ruisselant, ruisselante, ruisselet, ruisson.* Même famille que *Ru,* etc.

RUISSELANT, ANTE (*ruisseler*), *adj.* Qui ruisselle.

RUISSELER (vx fr. *ruissel,* ruisseau), *vi.* Couler comme l'eau d'un ruisseau : *La sueur ruisselle de son front.* — Fig. Abonder : *Les pierreries ruissellent sur ses habits.* ‖ Etre couvert d'un liquide qui coule : *Les murs ruissellent d'humidité.*

***RUISSELET** (dm. de *ruissel,* ruisseau), *sm.* Un tout petit ruisseau.

***RUISSON** (*ruissel*), *sm.* Canal pour vider un marais salant.

***RULE BRITANNIA** (m. anglais), chant national anglais, composé par Thomas Arne, avec musique d'Hændel.

RULHIÈRE (1735-1791), historien français, secrétaire du baron de Breteuil quand il était ambassadeur de France à Saint-Pétersbourg, auteur d'une Histoire de l'anarchie et du démembrement de la Pologne et d'Anecdotes sur la révolution de Russie en 1762.

RUMB [ron-be] (vx fr. *rum* : hol. *ruim,* espace), *sm.* L'angle compris entre deux des trente-deux principales directions devents que considèrent les navigateurs sur la boussole; chaque rumb est de 11°15'.

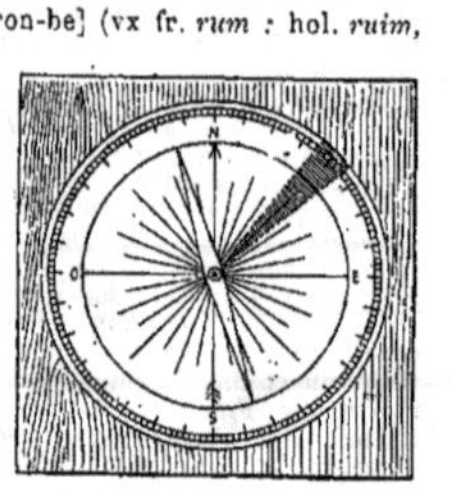

RUMB

***RUMEN** [ru-mène] (ml. gosier), *sm.* La panse des ruminants. — **Dér.** *Ruminer, ruminant, ruminante, ruminal, rumination.*

RUMEUR (l. *rumorem*), *sf.* Bruit sourd et général qui est un signe de mécontentement et de disposition à un soulèvement : *La ville est en rumeur.* ‖ Bruit qui s'élève tout à coup à la nouvelle d'un événement, d'un accident imprévu : *Sa mort causa de la rumeur.* ‖ Bruit confus de plusieurs voix : *Il y eut une rumeur dans l'assemblée.* ‖ Réunion des opinions ou des soupçons du public contre quelqu'un : *La rumeur publique l'accuse de ce meurtre.* ‖ Bruits qui courent dans le public : *Il court sur son compte de sinistres rumeurs.*

***RUMEX** (ml. *dard*), *sm.* Nom botanique du genre Patience.

RUMFORD (COMTE DE) (1753-1814), physicien et philanthrope, né aux États-Unis; ministre de la guerre en Bavière; il fit des recherches sur la chaleur, inventa un thermoscope et un calorimètre. (V. *Thermomètre.*) ‖ *Soupe, cheminée à la Rumford.*

RUMIGNY, 813 hab. Ch.-l. de c., arr. de Rocroi (Ardennes).

RUMILLY, 3981 hab. Ch.-l. de c., arr. d'Annecy (Haute-Savoie); petit séminaire, école normale d'institutrices. Ch. de fer de P.-L.-M.

RUMILLY, 2286 hect. Forêt domaniale de l'Aube, peuplée de chênes et de charmes.

***RUMINAL** (l. *ruminalem : de rumen,* mamelle), *sm.* Figuier en bronze ombrageant le groupe de Romulus et de Rémus sur le forum.

RUMINANT, ANTE (*ruminer*), *adj.* Qui rumine : *Animal ruminant.* — *Sm.* Tout animal faisant partie de l'ordre des Ruminants. — **Les Ruminants,** *smpl.* Ordre de mammifères, caractérisé par la conformation de leurs dents et de leur estomac et le développement d'appendices osseux qui se développent sur la tête. Les ruminants sont des mammifères ongulés : leurs membres sont terminés par deux doigts ayant chacun un sabot; un peu au-dessus se voient deux ergots latéraux qui sont des doigts rudimentaires. Les incisives de la mâchoire supérieure font toujours défaut, et sont remplacées par un revêtement calleux du bord de la mâchoire. Les canines manquent aussi, en sorte que la mâchoire présente toujours une barre. La mâchoire inférieure porte huit incisives rangées en demi-cercle et placées presque horizontalement. Les canines n'existent pas non plus à cette mâchoire parce qu'elles se sont, en quelque sorte, assimilées aux incisives. Les Ruminants étant des animaux exclusivement herbivores, leurs molaires sont organisées pour broyer l'herbe dont ils se nourrissent. Ces molaires sont formées de deux demi-cylindres accolés l'un à l'autre et dont la surface triturante montre leur entourage d'émail. Ceux-ci dessinent deux croissants qui, dans la mâchoire supérieure, tournent leur convexité en dedans de la bouche, tandis qu'à la mâchoire inférieure, ils la tournent en dehors. Les dents devant triturer les aliments, la mâchoire inférieure est animée d'un mouvement de va-et-vient qui s'exécute dans un plan horizontal. Aussi l'articulation de cette mâchoire inférieure se fait-elle au moyen d'une sorte de poulie allongée et arrondie dans le sens transversal.

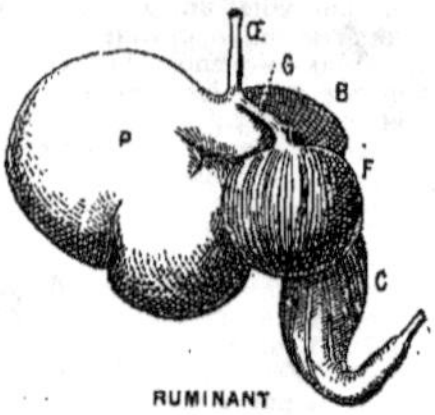

RUMINANT
ESTOMAC
Œ. Œsophage. — G. Gouttière œsophagienne. — B. Bonnet. — F. Feuillet. — C. Caillette. — P. Panse. — I. Intestin.

La plupart des Ruminants présentent sur la tête des appendices osseux qui ont reçu le nom de *cornes* ou de *bois.* Ce sont surtout les mâles qui possèdent ces excroissances, la femelle de certains genres en étant totalement dépourvue. Ces appendices présentent trois conformations. Dans la première, qui s'observe chez la girafe, les cornes consistent en une loupe osseuse qui se développe sur le milieu du front et donne naissance de chaque côté à deux cornes placées sur le bord de l'occiput et entre les deux oreilles. Celles-ci possèdent deux noyaux osseux soudés aux os du crâne. Tout cet appareil est recouvert par la peau. C'est cette corne de la girafe qui, en se transformant, a donné naissance aux cornes et aux bois. La corne proprement dite se compose d'un noyau osseux recouvert par un épiderme durci qui a la forme d'une gaine et a la même composition que les ongles et les sabots. La corne est creuse à sa base, et peut se détacher assez facilement du cornillon; mais elles sont permanentes. Les bois ont une conformation différente : à l'angle postérieur et supérieur des os frontaux se développent deux apophyses qui se terminent par une partie élargie en plateau; celui-ci est formé de perles osseuses dont l'ensemble a reçu le nom de *meule* ou de *cercle de pierrure.* C'est sur ce plateau que se développe une exostose recouverte de peau. Quand le bois a atteint sa croissance, la peau tombe : il s'est transformé en un os mort. Dans la jeunesse, les bois sont simples; on les désigne alors sous le nom de *dagues* ; mais chaque fois qu'ils sont remplacés, ils donnent naissance à un petit prolongement qu'on appelle un *andouiller.* Tels sont les bois des cervidés. Dans cette famille, les mâles seuls en sont pourvus; les rennes font cependant exception à cette règle.

Mais ce qui distingue surtout les Ruminants de tous les autres mammifères, c'est la disposition de leur appareil digestif. Chez eux l'organe de la chymification se compose de quatre poches que l'on peut grouper deux à deux; ce sont la *panse* et le *bonnet,* le *feuillet* et la *caillette.* La panse, nommée aussi *herbier,* est la plus vaste des quatre poches stomacales. C'est là que les aliments viennent s'entasser, comme à la hâte, après que l'animal les a avalés pour la première fois. C'est dans la panse que l'œsophage aboutit directement; ce tube se continue sous la forme d'un canal fendu, aux bords épais et charnus, et va se terminer au feuillet et à la caillette. Le *bonnet* est plus petit que la panse et présente des parois gaufrées; c'est dans son intérieur que les aliments, en sortant de la panse, viennent se mouler petit à petit en pelotes peu considérables. Une fois que ce moulage est opéré, le bonnet et l'œsophage se contractent et font remonter les pelotes jusque dans la bouche, où elles sont de nouveau mâchées et imbibées de salive. Elles se transforment par là en une pâte molle et très fluide. Cette seconde mastication constitue ce que l'on nomme la *rumination,* phénomène qui distingue essentiellement les Ruminants de tous les autres mammifères. Quand les aliments ont subi la rumination, ils descendent de nouveau dans l'œsophage, traversent la partie supérieure de la panse en suivant l'espèce de gouttière dont nous avons parlé. Celle-ci, en se contractant, les empêche de tomber dans la panse et elle les conduit dans le feuillet. Ce troisième estomac est ainsi appelé parce que sa paroi intérieure est garnie de replis longitudinaux semblables aux feuillets d'un livre. Du feuillet, les aliments vont tomber dans la *caillette,* qui est la seule poche où s'opère la chymification; c'est là seulement que l'on trouve du suc gastrique. Ce quatrième estomac a été appelé *caillette* parce qu'il a la propriété de faire cailler le lait, et c'est avec la paroi interne de la caillette du veau que l'on prépare la présure. Le lait et les autres liquides absorbés par les Ruminants passent immédiatement dans le feuillet et dans la caillette, sans jamais pénétrer dans la panse ni le bonnet; car ces substances ne sont pas assez lourdes pour faire ouvrir la gouttière qui forme l'œsophage. Du reste, la *panse* et le *bonnet* sont presque à l'état rudimentaire chez les jeunes Ruminants, et ils n'augmentent de volume qu'à mesure que ces animaux passent du régime lacté au régime herbivore.

Les Ruminants n'ont apparu sur la terre qu'à l'époque de l'éocène moyen; ils se sont développés dans les époques suivantes, et c'est dans les couches du pliocène et du quaternaire que l'on a trouvé les plus grands bois. Les animaux du groupe des cervidés se rencontrent dans le monde entier à l'exception de l'Afrique proprement dite et de l'Australie. Les espèces qui habitent l'Amérique, hormis le cerf, le renne et l'élan, qui viennent de l'ancien monde, sont différentes de celles de notre continent. Les cavicornes ne se rencontrent pas dans l'Amérique du Sud, et l'Amérique du Nord est pauvre en formes animales de ce groupe. Les chèvres et les moutons sont originaires de l'Europe et de l'Asie. Quant aux bovidés et aux antilopes, ils sont originaires de l'ancien monde, et les troupeaux qui parcourent aujourd'hui les plaines de l'Amérique du Sud sont le résultat des importations dues aux Européens. La girafe est propre à l'Afrique comme le chameau l'est à l'Asie centrale.

RUMINATION (*ruminer*), *sf.* Action de ruminer les aliments.

RUMINER (l. *ruminare : de rumen,* gosier), *vt.* En parlant des ruminants, faire remonter de la panse dans la bouche pour les mâcher, puis les avaler de nouveau, les aliments qui ont été mâchés et avalés une première fois : *Le bœuf se couche pour ruminer.* — Fig. Méditer sur une chose, la tourner et retourner dans son esprit : *Ruminer un projet.* — **Dér.** *Ruminant, rumination.*

RUMMEL, 150 kilom. Torrent de l'Algérie qui passe à Constantine et se jette dans l'Oued-el-Kébir, après avoir formé les bains et les cascades de Sidi Mecid.

***RUMSTECK** (mot angl. *rump-steak*, tranche de la culotte), *sm.* Pièce de viande qui occupe la croupe du bœuf le long de la colonne vertébrale, entre les fausses côtes et la région dite *culotte.*

***RUN** (mot angl.), *sm.* Étendue de pâturage accordé aux *squatters* australiens pour y paître leurs moutons.

RUNES (suéd. *rûna*, lettre ancienne), *sfpl.* Caractères d'écriture dont se servaient les anciens Scandinaves et avec lesquels sont écrites des inscriptions qu'on voit sur des rochers de la Scandinavie. « Les Germains consultent le sort, dit Tacite, au moyen de petites branches d'arbres sur lesquelles on grave certains signes et qu'on jette pêle-mêle sur un linge blanc. On les prend ensuite au hasard, par trois fois, en succession diverse, et la combinaison des signes sert à formuler les présages. » Ces signes sont les *runes* retrouvées en Scandinavie, en Allemagne et en Angleterre, mais longtemps ignorées du vulgaire. Elles furent probablement reçues des Grecs ou des Romains par les chefs et les prêtres des tribus germaniques, réservées à la classe dominante et considérées comme le symbole de la mythologie païenne. Bien que l'évêque goth Ulfilas ait mêlé dans sa traduction de la Bible les caractères grecs et romains avec les *runes*, celles-ci ne furent transcrites qu'au IXe siècle par le soin de quelques annalistes; et ce n'est qu'au XIIe, à la chute du paganisme, qu'elles apparurent enfin publiquement sur les monuments funéraires. Elles présentent un alphabet régulier, originairement de seize lettres, conservées scrupuleusement en Suède, mais qui, diversement modifiées, s'élèvent à vingt en Danemark, à vingt-six en Allemagne, à trente en Angleterre. Toutes ont des noms significatifs et certains chants traditionnels leur assignent un ordre bizarre. Mais en rétablissant leur série, en distinguant parmi elles les lettres primitives et les dérivées, on ne peut douter un instant de leur origine gréco-latine, et par conséquent phénicienne. — **Dér.** *Runique.*

RUNIQUE (*runes*), *adj. 2 g.* Qui a rapport aux runes : *Alphabet runique.* || Écrit primitivement en runes : *Poésie runique.*

RUNJEET-SINGH (1762-1840), chef des Seikhs, conquérant sur les Anglais du Lahore et du Pendjab, dit *le Vieux Lion des cinq fleuves.* Il s'empara de Moultan, de Kachemire, de Peichawer et, à l'aide du général Allard, organisa une armée de 80000 hommes, avec 350 canons.

RUOLZ-MONTCHAL (COMTE DE), né en 1810, mort avant 1870, chimiste français, inventeur de la galvano-plastie, 1841.— *Sm. Ruolz*, tout objet en laiton ou en métal blanc, revêtu par la galvanoplastie d'une couche d'argent.

RUPEL, rivière qui réunit presque toutes les eaux de la Belgique centrale, formée par la réunion de la Senne, de la Dyle et de la Nèthe et affluent de l'Escaut.

RUPERT (PRINCE) (1619-1682), fils de Frédéric V, électeur de Bavière et d'Élisabeth, fille aînée de Jacques Ier d'Angleterre; il combattit pour Charles Ier contre le Long-Parlement, et fut nommé amiral par Charles II. Il était physicien et on lui attribue l'invention de la gravure à demi-teinte.

***RUPIA** (mot ital. : du g. ῥύπος, ordure), *sm.* Affection de la peau caractérisée par de petites bulles dont la base est d'un rose vif, qui se dessèchent en croûtes noires et minces.

***RUPICOLE** (l. *rupem*, roche + *colere*, habiter), *adj. 2 g.* Qui habite les rochers. *Sm.* Genre d'oiseau de l'ordre des Passereaux, qui habitent l'Amérique tropicale et l'Océanie. Ils sont remarquables par leurs couleurs variées et éclatantes et par la huppe qu'ils portent sur la tête. Les Rupicoles sont de la grosseur du pigeon et vivent dans les fentes des rochers.

***RUPTOIRE** (du l. *rumpere*, rompre), *adj. 2 g.* Se dit des médicaments qui, comme le cautère, produisent sur la peau une solution de continuité.

RUPTURE (l. *ruptura* : de *rumpere*, rompre), *sf.* Action de rompre. || État d'une chose rompue : *La rupture d'un anévrisme.* — Fig. Division qui survient entre des personnes unies par un traité, par l'amitié. || Annulation d'un traité, d'un acte : *La rupture de la paix, d'une société.* || *Rupture d'un mariage*, rupture d'un projet de mariage. || Interruption, cessation : *La rupture des négociations.* || Action de quitter, d'abandonner : *La rupture des rangs, d'un projet.* || En peinture, action de mélanger les couleurs sur la palette. || *Rupture de ban*, délit que commet un individu soumis à la surveillance de la haute police, lorsqu'il se rend dans un lieu qu'il lui est interdit d'habiter.

RURAL, ALE (l. *ruralem* : de *rus*, génitif *ruris*, campagne), *adj.* Qui appartient, qui a rapport à la campagne : *Propriété rurale.* || *Code rural*, décret de l'Assemblée constituante (28 septembre 1791), réglementant tout ce qui concerne les biens et usages ruraux ainsi que la police rurale. Cette loi célèbre consacrait la liberté du sol, la liberté de culture, l'égalité des charges, l'inviolabilité privée et abolissait les droits de parcours et de vaine pâture. Mais elle était devenue insuffisante à cause des changements dans l'état des campagnes et des progrès accomplis. En attendant la promulgation d'un code rural que rédige le Sénat, la Chambre, depuis 1881, a rendu des lois sur les chemins ruraux, les chemins et sentiers d'exploitation, la mitoyenneté des clôtures, les plantations, les droits de passage, les vices rédhibitoires des animaux.

RUREMONDE, ROERMOND, 10000 hab., ville de la Gueldre (Pays-Bas) où Jourdan battit les Autrichiens en octobre 1794.

RURIK *le Pacifique*, chef scandinave de la tribu des Varègues qui, appelé par les Slaves de Novogorod, régna sur eux de 865 à 879, sous le titre de grand-duc, et donna à sa principauté le nom de *Russie.*

RUSE, *svf.* de *ruser.* Détours que fait le gibier pour échapper aux chiens. || Moyen dont on se sert pour tromper : *Réussir par ruse.* || *Ruse de guerre*, stratagème pour tromper l'ennemi. || *Ruses innocentes*, petites finesses auxquelles on recourt dans une bonne intention. || *Ruses de l'Enfer*, pensées que le démon inspire à l'homme pour le faire tomber dans le péché.

RUSÉ, ÉE (*ruser*), *adj.* et *s.* Qui sait inventer des ruses. || *Un rusé compère*, un homme fin et artificieux. || Qui annonce de la ruse : *Mine rusée.*

RUSER (vx fr. *reüser*, db. de *récuser*), *vi.* Faire des détours pour échapper aux chiens, en parlant du gibier. || Recourir à la ruse : *Homme habile à ruser.* — **Dér.** *ruse, rusé, rusée, ruseur.*

***RUSEUR** (*ruser*), *sm.* Celui qui emploie la ruse par habitude.

***RUSMA** (turc *khorozma*, du g. χρῖσμα, fard), *sm.* Préparation épilatoire employée par les Orientaux.

RUSSE, *adj.* et *s. 2 g.* Qui appartient à la Russie. || Qui en provient : *Poules russes.* || Habitant de la Russie. — *Sm.* La langue que parlent les Russes et qui appartient au rameau des langues slaves.

RUSSEL (WILLIAM) (1639-1683), membre de la Chambre des communes d'Angleterre, qui fut impliqué dans un complot contre la vie de Charles II et périt sur l'échafaud. Sous Guillaume III, la Chambre des lords réhabilita sa mémoire. — EDWARD RUSSEL (1651-1727), parent du précédent, qui embrassa le parti de Guillaume III contre Jacques II, gagna sur Tourville la bataille de la Hague (1692), et partagea sous la reine Anne la disgrâce de Malborough. — LORD JOHN RUSSEL (1792-1878), homme d'État anglais, qui fut l'un des chefs du parti whig.

RUSSEY (LE), 1327 hab. Ch.-l. de c., arr. de Montbéliard (Doubs).

RUSSIE (de *Ros*, nom d'un canton suédois, patrie de Rurik; ou de *Rouss*, nom du pays de Kiev, sur le Dniépr); possessions d'Europe : 5363646 kilom. carrés; 91917867 hab. (V. la carte, p. 211). Empire qui occupe toute l'Europe orientale et la rattache à l'Asie. La Russie est comprise entre 38°40′ et 70°15′ de latitude N.; entre 16°40′ et 60° de longitude E. Elle est bornée au N. par l'océan Glacial arctique, du fleuve Kara au golfe de Varanger; à l'O. par la Tana, le Muonio et la Tornéa, qui la séparent de la Suède et de la Norvège; par la mer Baltique jusqu'à Polangen; par une ligne conventionnelle qui coupe le Niémen, la Vistule, le Dniestr et suit le Pruth, en laissant au delà l'empire d'Allemagne, l'Autriche-Hongrie et la Roumanie; au S. par la mer Noire, depuis les bouches du Danube; par le Caucase; à l'E. par la mer Caspienne, le fleuve et les monts Ourals, limite plus conventionnelle que réelle, car Ekaterinenbourg, au delà de l'Oural, est compris dans la Russie d'Europe. La Russie, au contraire de l'Europe occidentale, qui est si accidentée, est une immense plaine, au sol uniforme; le plateau de Valdaï, source du Volga, ne dépasse pas 300 mètres. Des fleuves, au cours immense, vont se jeter dans des mers, gelées en hiver, d'une navigation difficile. Ces steppes, intermédiaires entre l'Europe et l'Asie, se prêtent aux mouvements et aux invasions des hordes nomades. La Russie n'a donc pas de montagnes, mais des collines assez basses. Le plateau central de Valdaï, d'où rayonnent les autres chaînes, a pour point culminant le Popowa-gora (351 mètres). La ligne de partage des eaux y est si peu marquée, que la Duna, le Dniépr et le Volga entremêlent leurs sources dans des lacs et des marécages et ont été facilement réunis par des canaux. Cette communauté d'origine de ses fleuves a fait l'unité de la Russie. Au N., les collines d'Olonetz séparent le bassin de l'Onéga de celui de la mer Blanche. Au S., les collines de Pologne vont rejoindre les Karpathes. Entre l'océan Glacial et le bassin du Volga, le plateau d'Uvalli s'élève à 250 mètres. Au S.-E., des ondulations courent entre le Don et le Volga, serrant le grand fleuve de leurs falaises sablonneuses. De l'île de Vaigatch à Orenbourg l'Oural se divise en trois parties que séparent des brèches, routes d'Europe en Sibérie. Dans la partie méridionale, au N. d'Orenbourg, le plus haut sommet est le mont Iremel (1536 mètres); la partie centrale, riche en or, platine, argent, malachite, fer et houille, atteint 1633 mètres au Denejkin-Kamen. Dans la partie septentrionale, pays des Ostiaks et des Samoyèdes, le plus haut sommet est le Töll-Pos Is (1688 mètres). De la presqu'île d'Apchéron, dans la Caspienne, à celle de Taman, dans la mer Noire, le Caucase, semblable aux Pyrénées par sa conformation, forme une barrière plus haute que le mont Blanc, car le mont Elbrouz atteint 5661 mètres, et le Kazbek 5043 mètres. Le Caucase ne forme pas une chaîne unique, mais une série de plusieurs chaînes, tantôt parallèles, tantôt obliques, enfermant des bassins et des cratères; la crête centrale est granitique; les chaînes parallèles au N. et au S. sont calcaires. Aux extrémités sont les sources thermales et les fontaines de naphte, aussi riches à Bakou que les gisements de pétrole de la Virginie. Les deux routes principales qui entament cette chaîne sont celle de l'Ingur, au pied de l'Elbrouz, gardée au S. par Koutaïs, et celle du Dariel, au pied du Kazbek, entre Tiflis et Mozdok, gardée au N. par Vladikavkas, forteresse qui surveille les Circassiens s'ils étaient tentés de renouveler la révolte de Schamyl. Au delà du détroit d'Iénikalé, le Caucase se continue en Crimée par une chaîne calcaire qui atteint 1661 mètres au Tchatir-Dagh. Au N. de cette chaîne règne le climat des steppes russes. Au S., sur une étroite corniche, on se croirait à Nice ou à Gênes, à cause de la douceur du climat, des vignobles, des productions méridionales.

La Russie, grande comme la moitié de l'Europe, n'a que 8000 kilom. de côtes, tandis que celles des autres terres européennes se déroulent sur 25000 kilomètres; on voit par là combien elle est massive et compacte, bien qu'elle ait accès sur quatre mers, l'océan Glacial, la mer Baltique, la mer Noire et la mer Caspienne.

Les côtes de l'océan Glacial se découpent en golfes et en presqu'îles nettement dessinés: les golfes de la Petchora et de Tcheskaïa, la presqu'île de Kanin; au large sont les îles de Vaigatch, Kalgouév, de la Novaïa-Zembia (Nouvelle-Zemble), découverte par Willoughby en 1553. La mer Blanche, moins froide, peu profonde et très poissonneuse, se ramifie en quatre golfes : de Mezen, d'Arkhangel, d'Onéga et de Kandalaskaïa. Arkhangel, bâtie en bois, a un commerce assez actif de sapins du Nord et d'huile de poisson. A l'entrée du golfe d'Onéga sont les îles Solovetskoï, avec un monastère vénéré des Russes du N., qui souvent s'y soumettent à un servage volontaire de 3 à 5 ans. De la mer Blanche au golfe de Varanger, la péninsule de Kola est habitée par les Lapons. Sur la mer Baltique, le golfe de Bothnie sort peu à peu du soin des eaux, tandis que les côtes du golfe de Finlande s'y enfoncent; la mer gèle en hiver à la hauteur des îles d'Aland, et de la côte russe on peut alors gagner à pied Stockholm. Les ports principaux sont Tornéa, Uléaborg, Vasa, Nystad, Abo, ancienne capitale de la Finlande. Dans le golfe de Finlande, on relève Helsingfors, capitale de la province, avec la forteresse de Sweaborg; puis viennent les trois places fortes de Kymmengard, Ruotehensolm et Frederikshamm, la commerçante Viborg et Saint-Pétersbourg, à l'embouchure de la Néva (V. t. II, p. 963). La ville est défendue par la forteresse de Kronstadt; elle est entourée des résidences impériales de Tzarskoësélo, Peterhof, Oranienbaum. Au delà, Revel est le port avancé de Pétersbourg, souvent obstrué par les glaces; plus à l'O. se trouvent les îles de Dago et d'Œsel; au port de Pernau, s'ouvre le golfe de Riga avec la grande ville de ce nom et où se jette la Duna. Le dernier port russe de la Baltique est Polangen.

Les côtes de la mer Noire, fréquemment gelées ou battues par la tempête, sont, du Danube à la Crimée, bordées de *limans*, anciens golfes fermés par des flèches de sable, riches en salines. Les ports sont Ismaïl-Toultchkov et Kilia, à l'embouchure du Danube; Akerman et Ovidiopol, à l'embouchure du Dniestr; Odessa, ville neuve fondée par le duc de Richelieu, rivale de Chicago pour l'exportation des blés; Nikolaïev, port de guerre à l'embouchure du Bug; Kherson, port ensablé à l'embouchure du Dniépr : le Bug et le Dniépr ne forment qu'un liman. La Crimée tient à la Russie par l'isthme de Pérékop, plat et marécageux, communiquant avec la mer Putride, sorte de liman séparé de la mer d'Azov par la flèche d'Arabat. Autour de cette presqu'île sont Sébastopol, qui se relève lentement de ses ruines; Eupatoria, Balaklava, noms célèbres dans la campagne de Crimée; Kertch et Iénikalé, qui gardent l'entrée de la mer d'Azov. Là s'élèvent Azov, ville déchue; Taganrog, second port d'exportation du blé après Odessa; Marioupol et Berdiansk, villes de commerce habitées par des Grecs. Sur la mer Noire sont les ports d'Anapa, Soukhoum-Kalé, Poti et Batoum, récentes acquisitions de la Russie, dont l'avenir commercial et militaire ne sont pas encore bien déterminées.

La mer Caspienne, qui est à 26 mètres audessous de la mer Noire, communiquait autrefois avec elle par le Manytch, alimenté par le Kalaüs; elle s'étendait même jusqu'à Saratov, sur le Volga; elle a pour ports principaux : Gouriep, à l'embouchure de l'Oural; Astrakan, à l'embouchure du Volga; Derbent, au pied du Caucase. Les eaux, très douces à l'embouchure des fleuves, sont très salées dans les golfes tels que celui de Karaboghas.

Les fleuves qui se jettent dans l'océan Glacial et la mer Blanche traversent des tourbières et des plaines marécageuses dites *toundras;* ce sont : la Kara, la Petchora, le Mezenc, la Dvina, l'Onéga et la Tana. Dans la mer Baltique, l'Uléa, le Kumo, la Kymmen et la Saïma écoulent une partie de la région lacustre de la Finlande. Le lac Onéga envoie ses eaux par le Svir dans le lac Ladoga (18120 kilom. carrés), qui est le plus grand de l'Europe, et nourrit des phoques dans ses eaux et à la Néva pour déversoir. Le lac Ladoga reçoit encore, par le Volkhov, les eaux du lac Ilmen. Le lac Peïpous, formé de deux petits lacs qui s'assèchent peu à peu, s'écoule dans le golfe de Finlande par la Narva et dans celui de Riga par l'Embach. La Duna descend du Valdaï, coule parallèlement au Dniépr et forme ainsi un long couloir qu'ont suivi Charles XII et Napoléon pour se diriger sur Moscou. Le Niémen finit en Prusse et reçoit la Vilia, la rivière de Vilna. La Vistule n'a en Russie que son cours moyen; elle reçoit à gauche la Pilica, à droite le Wieprz et le Bug. La Warta, grossie de la Prosna, est aussi polonaise à ses sources.

Dans la mer Noire, les cours d'eau de la Russie sont : le Pruth, affluent du Danube, qui, depuis 1878, le sépare de la Roumanie; le Dniestr, le Bug, le Dniépr, coupé par des rapides ou *porogues*, grossi à droite de la funèbre Bérésina, du Pripet, du Térétov; à gauche, de la Desna, la fertile rivière des Terres Noires. Le Don, qui finit dans la mer d'Azov, est grossi, à gauche, du Donetz, qui traverse un riche bassin houiller; à droite, du Voronej. ‖ Le Kouban s'écoule dans d'immenses marécages qui s'étendent entre la mer Noire et la mer d'Azov. Dans la mer Caspienne se jette le plus grand fleuve de l'Europe, le Volga, long de 3800 kilomètres, artère vitale de la Russie. Il commence en pleine Europe et finit aux portes de l'Asie; ses rives sont plates jusqu'à Simbirsk : là, le fleuve heurte un massif calcaire qu'il traverse à Samara; cette chaîne calcaire, haute de 300 mètres, l'accompagne sur sa rive droite, qui est continuellement minée, s'effrite et s'éboule. La rive gauche, délaissée par le fleuve, qui, à cause du mouvement de la terre, se déplace vers l'ouest, est très marécageuse; à Tzaritzine, le Volga se jette dans la mer par 72 bouches. A droite, il reçoit l'Oka, grossie de la Moskova, célèbre dans la campagne de Russie, et de la Kliasma; la Sura; à gauche, le Volga reçoit la Mologa et la Cheksna, communiquant par canaux avec les lacs Ladoga et Onéga; la Kostroma et la puissante Kama, qui traverse la riche région de l'Oural; la Kama elle-même est grossie de la Viatka et de la Biélaïa. Trois autres fleuves se jettent dans la Caspienne : l'Oural, la Kouma et le Terek.

Au point de vue géologique, le sol russe n'est pas seulement horizontal dans ses couches superficielles, mais encore dans ses couches souterraines, où les roches superposées conservent un parallélisme régulier sur d'immenses espaces. Entre la mer Blanche et la Néva se retrouvent les granits et les gneiss de la péninsule scandinave; de là, jusqu'au cœur de l'Asie centrale, au S. et à l'E., s'étendent les roches paléozoïques et carbonifères; ensuite viennent les assises du nouveau grès rouge, avec les formations permiennes qui ont tiré leur nom de l'immense gouvernement de Perm et s'étendent vers la base de l'Oural, entre les steppes des Kirghiz et les bords de l'océan Glacial. Des strates jurassiques longent au S. ces étendues permiennes et forment un triangle irrégulier qui s'amincit peu à peu des toundras du Nord aux rives du Volga. Plus au S., les formations crétacées, tertiaires et modernes se sont déposées autour d'un plateau de granit qui traverse obliquement la région des steppes méridionales. Par la partie superficielle du sol, la Russie forme deux régions distinctes : celle où les glaces mouvantes ont laissé la trace de leur passage et celle où ne se rencontrent ni blocs erratiques, ni argiles glaciaires. Toute la Russie du Nord, moins la base de l'Oural, était sous ces masses d'eau cristallisées qui, à l'époque glaciaire, couvraient l'Écosse, la Norwège, la Suède et la Finlande; ces blocs erratiques, parmi lesquels on peut citer celui qui sert de piédestal à la statue de Pierre le Grand à Pétersbourg et celui qui recouvre le tombeau de Napoléon aux Invalides, n'ont pas été transportés par les glaces, mais sont les restes de gigantesques moraines. Aux Terres Noires du Sud s'arrêtent les limites des anciens glaciers; là, le sol végétal, depuis de longues périodes géologiques, est formé par la décomposition des gazons.

Le climat de la Russie est essentiellement continental; les hautes montagnes de la Norwège arrêtent l'influence du courant du Gulf Stream et des vents d'ouest; l'uniformité de cette vaste plaine fait que les vents glacés du N. la balayent jusqu'à ses extrémités méridionales, sans aucun obstacle, tandis que les vents continentaux de l'E., après avoir traversé l'Asie, sont brûlants en été et glacés en hiver. Le contraste entre les saisons est ainsi très accentué; entre la mer d'Azov et la mer Caspienne, le thermomètre descend en hiver à — 30° et remonte en été à + 40°. Les pluies sont rares dans l'Ouest, la hauteur est de 0m,60 par an; dans le Sud, elle n'est que de 0m,40.

La Russie peut être placée par les économistes, à côté des États-Unis, au nombre des « pays jeunes » et pleins d'avenir. Elle n'intéresse encore l'Europe que par sa puissance militaire et politique; mais son agriculture, son industrie et son commerce n'ont pas encore montré toutes leurs facultés productives. En Russie, au contraire de l'Europe occidentale, les zones de culture, au lieu de s'accentuer par leurs différences du N. au S., contrastent davantage de l'E. à l'O., selon que l'on s'éloigne plus ou moins de la mer. Les terres de la Russie se ramènent à deux groupes généraux. D'abord la région des forêts (*polessia*), qui occupe la Russie du N., du centre, de l'O. et touche Kiev au S. Elle est limitée vers l'océan Glacial par les marécages des *toundras*. Dans cette zone, l'hiver dure six mois; le sol, caché par la neige durant 200 jours, ne produit que peu de froment; l'orge et le seigle rendent davantage; la culture industrielle est celle du lin. Ensuite vient la région des steppes, des Karpathes à l'Oural, plus plate que la précédente, se divisant en trois bandes : la Terre Noire, les steppes fertiles, les steppes salins. La zone des Terres Noires ou *tchernoziom* est limitée au N. par une ligne traversant Jitomir, Toula, Kazan, Oufa; au S. par une autre ligne traversant Kichinev, Ekaterinoslav, Saratov, Orenbourg. C'est une *Beauce gigantesque*, deux fois grande comme la France. Le terreau qui la recouvre est épais de 0m,50 à 1 mètre, et parfois de 5 mètres; composé de marne et d'argile grasse, il est très riche en azote, et n'a besoin ni de fumure ni d'engrais; il est si meuble, que les arbres y sont déracinés par le moindre vent; le *moujick*, privé de bois de chauffage, le remplace par la bouse de vache desséchée. Ce pays suffit à la nourriture de toute la Russie et aux exigences d'une vaste exportation européenne. La région des steppes, de même nature que le Tchernoziom, n'en diffère que par la mise en œuvre. C'est une terre riche, mais sauvage, où les herbes, hautes de 2 à 3 mètres, cachent le cheval avec son cavalier; on y pratique l'élève comme dans les pampas de l'Amérique du Sud. Enfin, les steppes salins, entre l'Oural et le Don, sont couverts de lacs et d'efflorescences salines et constituaient autrefois le lit de la Caspienne. Là, les Kirghiz, obligés à la vie nomade, élèvent des chameaux et ont de grands troupeaux de moutons; sur 400000 kilom. carrés, on trouve à peine 1 million et demi d'habitants; mais en se rapprochant du Volga les riverains exploitent le sel, pêchent et fument l'esturgeon, dont les œufs sont la base du *caviar*. Nous avons déjà dit que certaines régions de la Crimée, plus privilégiées que le reste de la Russie, jouissent du climat de Nice et de Gênes.

Les forêts de la Russie couvrent 200 millions d'hectares, dont la moitié appartient à l'État. Les essences principales sont : au N., le *pin sylvestre*, le *bouleau*, le *sapin*, l'*aune*, le *tremble*, le *mélèze*; au centre, on trouve surtout le *chêne*, le *tilleul*, l'*orme* et l'*érable*. Le Caucase a de magnifiques bois de *chênes* et de *hêtres*; le *buis*, mal exploité, tend à disparaître. D'ailleurs, le déboisement fait des progrès rapides, parce que les constructions sont faites en majeure partie de rondins empilés et de planches; il faut 300 millions de stères pour chauffer chaque hiver une population de 100 millions d'individus; enfin, l'industrie n'ayant pas de houille en quantité suffisante, la remplace par le bois.

La production annuelle et moyenne des céréales est de 600 millions d'hectolitres; on considère la récolte comme mauvaise, si elle ne donne que 550 millions d'hectolitres; le froment est surtout cultivé dans les Terres Noires, la Pologne, entre le Pruth et le Don; le seigle, sans domaine déterminé,

RUSSIE

Gravé par Mme Perrin, 34, r. des Boulangers. Paris. *Petit, sc.*

Signes conventionnels :

		Chefs-lieux de Gouvernement
Ville ayant plus de 500.000 habitants	▫	♁
— — — 100.000 —	⊚	♁
— — — 50.000 —	◎	♁
Ville — — 20.000 —	▫	♁
Ville ayant moins de 20.000 —	∘	♁

Frontière ---------

Les chiffres expriment en mètres l'altitude au dessus du niveau de la mer.

Échelle de : $\frac{1}{21.000.000}$

0 250 500 750 1000 Kil.

se cultive partout, parce qu'il résiste aux intempéries; l'avoine est la céréale des pauvres pays du N.; l'orge se rencontre surtout au centre; le maïs vient de Bessarabie. Le seigle est la base de l'alimentation du peuple, qui en tire l'eau-de-vie et le *kvas,* boisson nationale. La pomme de terre est surtout cultivée dans la Pologne et les provinces baltiques. Les vignobles les plus importants sont en Bessarabie, en Crimée et en Mingrélie; les cépages plantés viennent de France, d'Espagne et de Hongrie; mais les vignerons russes sont peu experts. Dans la Crimée on trouve aussi le prunier, le pommier, le poirier, le noyer et l'amandier. Le gouvernement de Kharkov est le centre des cultures betteravières; on y trouve des plantations de 1000 à 2000 hectares d'un seul tenant. La Russie est le seul pays d'Europe, avec la Hollande, qui produise du lin en quantité supérieure à sa consommation; elle en approvisionne l'Angleterre, la France et l'Allemagne, à si bas prix, que l'on renonce peu à peu à cultiver cette plante. Ce lin, qui vient des provinces baltiques, de Iaroslav, de Kostroma, des pays entre Kharkov et la mer Noire, est souvent de qualité médiocre. Le chanvre est une culture bien meilleure; Pétersbourg exporte celui de Koursk, Orel, Toula, Kalouga, Riazan; Riga expédie celui de Kovno, Vilna, Smolensk, Mohilev. Le tabac est principalement cultivé par les colons allemands de la Crimée, de la Volhynie, de l'Ukraîne, de la Bessarabie et de la Mingrélie; le tournesol de Saratov donne une huile de belle qualité. La Russie est, avec les États-Unis, le pays le plus riche de l'univers en animaux domestiques; malgré la rigidité des hivers et les difficultés de l'élevage, on compte 27 millions de bêtes à cornes dans les steppes, les *Terres Noires,* la Livonie, la Courlande, autour de Smolensk, Novgorod, Iaroslav. Ces bestiaux, assez mal soignés, sont souvent décimés par le typhus. L'élevage des chevaux est mieux entendu; on en compte environ 19 millions. Les races indigènes dites orlof, rostoptchine, ont été croisées avec les races arabes, persanes et anglaises; on a obtenu ainsi d'excellents trotteurs; les petits chevaux tartares font la force de la cavalerie irrégulière dans l'armée russe. Les moutons ont décru un peu en nombre; de 50 millions, ils sont tombés à 49; mais l'extension de la petite culture n'en est pas la cause; elle vient des épizooties, de la multitude même des bêtes réunies au nombre de 400000 sur un seul domaine; les Kirghiz n'élèvent le mouton que pour sa graisse et donnent sa chair aux porcs. Ces porcs sont au nombre de 20 millions dans la Petite Russie et dans les steppes; le gouvernement d'Astrakhan a 40000 chameaux. Les ruches d'abeilles sont très nombreuses en Ukraîne. Les Russes chassent l'ours pour dépecer sa fourrure, et le loup pour s'en défendre; ces loups, au nombre de plus de 200000, dévorent par an près d'un million de têtes de bétail, et tuent plus de 150 personnes. La mer Blanche est très poissonneuse; mais les deux tiers du poisson consommé (esturgeon, saumon), viennent du Volga et de la Caspienne. On rencontre la houille à Kalouga, dans l'Oural, en Pologne; elle est surtout exploitée dans le bassin du Donetz, vers Voronej, Kharkov et Taganrog, où elle produit par an 1700000 tonnes de bon charbon. Dans les gouvernements d'Orel, Koursk, Tver, Novgorod, la couche de tourbe a 7 à 14 mètres de profondeur; mais l'abondance des essences forestières la fait négliger. Le naphte est surtout exploité à Bakou dans la presqu'île d'Apchéron, où des puits temporaires ont donné en un jour 600 tonnes d'huile minérale; le pétrole se trouve encore à Tiflis, dans les presqu'îles de Taman et de Kertch. L'expédition se fait surtout par Batoum, qui a des réservoirs de 200 millions de litres. Ce pétrole sert à chauffer les trains qui, de Mickailov, sur la Caspienne, vont à Samarkand, dans le Turkestan. Dans l'Oural, Perm, Ekaterinenbourg, Nijni-Taguilsk exploitent le platine, le plomb, le cuivre et le fer. Le fer vient de Finlande et du gouvernement de Perm; le zinc se trouve en Pologne; les mines de l'Oural ont donné en quarante ans plus de 2 milliards et demi d'or, qu'on rencontre principalement sur le versant asiatique; le sel est produit par les limans de la mer Noire. Les Russes commencent à exploiter les granits de Finlande et les pierres précieuses de l'Oural; l'industrie métallurgique n'est développée qu'à Toula, qui fabrique des *samovars* et des armes blanches. Les cuirs de Russie, dont l'odeur particulière est due à l'huile de bouleau noir, avec laquelle on les prépare, viennent de Moscou, Pétersbourg et Kazan, où l'on donne aux cuirs toutes sortes de couleurs, par l'emploi ingénieux de certaines écorces. Moscou est le centre de l'industrie lainière et des soies; Iaroslav travaille les tapis. La zone industrielle de la Russie a pour centre industriel Moscou, et pour centre commercial Nijni-Novgorod; elle s'étend donc entre la région des forêts au N. et la région des *Terres Noires* au S. La première voie ferrée de la Russie date de 1843; l'empereur Nicolas tira un trait de plume entre Saint-Pétersbourg et Moscou, et les ingénieurs, dans leurs tracés, durent respecter cette ligne droite; aujourd'hui, les lignes rayonnent de Moscou vers Varsovie; Odessa, la Crimée, Vladikavkas, Orenbourg, Perm, Ekaterinenbourg, Iaroslav et Vologda; de Saint-Pétersbourg part la ligne de Finlande; c'est donc à l'O. et au S. qu'on trouve surtout des voies ferrées. Les canaux, commencés par Pierre le Grand, se multiplient, grâce à l'horizontalité du pays: entre la Néva et le Volga, le canal de l'Impératrice-Marie va de Ribink à l'Onéga par la Cheksna; celui de Tikhvine, par la Mologa, mène au lac Ladoga; celui de Vyschni-Volotchok aboutit au lac Ilmen; les canaux de Catherine et de Kubinskoïe unissent la Dvina et le Volga; le Niémen communique avec la Vistule par le canal d'Augustov: les canaux Oginski et Royal unissent la Baltique au Dniépr; entre le Don et l'Oka est le canal d'Ivanov. La circulation et les échanges n'étant possibles que durant les étés, qui sont très courts, les Russes se donnent rendez-vous dans les foires, dont la plus célèbre est celle de Nijni-Novgorod, fondée au début du siècle; elle se tient au mois d'août et donne lieu à des transactions qui atteignent ensemble 500 millions. Parmi les 200000 marchands qui se pressent dans la ville, les Boukhares apportent des peaux; les Persans, des tapis, des soieries et du riz; les Chinois, leurs thés de la Caravane, spécialement préparés pour les *barbares* (c'est-à-dire les Européens); les Indiens y étalent les châles du Cachemire. Mais les foires décroissent, parce que les Russes étendent leurs voies ferrées vers l'Orient, s'éloignent ainsi de la concurrence européenne et se rapprochent des centres de production.

Sur les 91 millions d'habitants que compte la Russie d'Europe, plus de 65 millions sont Slaves et se divisent en trois familles: *Russes Blancs, Petits Russes, Grands Russes.* Les Grands Russes, mélangés de Finnois, habitent la Russie centrale du Dniépr à Kazan; les Petits Russes, moins persévérants, mais plus intelligents que les précédents, habitent dans les bassins du Dniestr et du Dniépr. Les Polonais ne sont pas séparés des Petits Russes par la race, mais par la langue, l'histoire et la religion; la noblesse a tenu seule en ce pays pour l'indépendance; le paysan asservi a vu dans les Russes des libérateurs; comme la bourgeoisie est aux trois quarts juive, elle n'avait rien à faire dans cette lutte de nationalités. Les Russes Blancs forment la transition entre les Grands et les Petits Russes; ils habitent la rive droite du Dniépr et sont attaqués par la *plique polonaise.* Les Bulgares et les Serbes de la Bessarabie peuvent se rattacher aux groupes précédents.

Les Lithuaniens sont plus flegmatiques et plus persévérants que les Polonais; leur langue est plus rapprochée du sanscrit que le grec et le latin. Les Lettes de la Courlande et de la Livonie semblent n'être qu'une tribu des Lithuaniens. Les Finnois de la Finlande, de l'Esthonie et de la Livonie ne sont plus des Slaves: ils se divisent en Karéliens, les plus grands des Russes; en Tavastes, trapus comme les Lapons; en Esthes de l'Esthonie. Les Lapons, petits de taille, bruns de peau, nomades pour la plupart, vivent, comme en Suède, de leurs troupeaux de rennes.

On rattache aux Finnois les peuples des montagnes de l'Oural: Tchérémisses, Tchouvaches, Votaks, etc. Les Tartars, autour de Kazan, représentent le rameau turc; ils sont beaux et robustes, honnêtes, voués au négoce. Les Cosaques ou Bachkirs sont nomades et pasteurs; les Kirghiz sont frères de ceux d'Asie; les Samoyèdes et les Kalmouks représentent les Mongols; les juifs sont au nombre de 3 millions dans la Pologne et l'Ukraîne; les Allemands ne comptent que pour 1 million dans la population; mais ils sont très influents dans l'armée, l'administration, la cour. Les Roumains, en Bessarabie, sont au nombre de près d'un million. Tous ces peuples, avec leur costume national et les traits caractéristiques de leur physionomie, figurent, à Moscou, dans le musée Dachkof.

Les *kourganes* (V. ce mot) ou *tumuli* de la Russie prouvent que la région était déjà habitée à l'époque néolithique; au moyen âge l'arrivée des Varègues normands venus de Suède eut pour résultat la création du duché de Russie, par Rurik, maître de Novgorod. Cent ans plus tard, Vladimir Ier, qui dominait à Kiev, envoya des flottes de pirates menacer Constantinople et se convertit au christianisme avec ses sujets (972-1015). Jusqu'au XIIIe siècle, Kiev fut la cité dominante en Russie. Au même temps, la ligue hanséatique fondait dans la région de la Baltique les républiques de Pskov et de Novgorod; l'invasion mogole détruisit tous ces États et le tzar de Moscou fut tributaire de la Horde d'Or du Kaptchak, qui résidait entre Kazan et Astrakan. Ivan le Grand (1462-1505) chassa les Tartars, humilia les Lithuaniens, étendit ses domaines du Dniépr à l'Oural, et fut surnommé le *rassembleur de la terre russe.* Vassili Ivanovitch, Ivan le Terrible continuèrent son œuvre et durent lutter contre les Tartars, les Polonais, les Chevaliers Teutoniques et la Sibérie; mais la Russie fut retardée dans ses progrès par les troubles que souleva le faux Dmitri, par des luttes malheureuses en Pologne, par des dissensions intestines. Pierre le Grand enleva aux Suédois les provinces baltiques, y fonda Saint-Pétersbourg en 1703 et tourna vers l'Europe l'attention de ses sujets, qui jusque-là s'était trop portée vers l'Asie; à sa mort, son empire touchait à l'océan Glacial et à la Baltique: l'œuvre de ses successeurs, d'Élisabeth et de Catherine II, fut de s'avancer le long de la mer Noire jusqu'au Danube en repoussant les Turcs, de prendre une part de la Pologne pour se rapprocher de l'Europe centrale. Alexandre Ier, malgré les efforts de Napoléon, occupa la Finlande et la Bessarabie. Après l'expédition de Crimée, la Russie subit un temps d'arrêt, mais la dernière guerre contre les Turcs et le traité de Berlin l'ont rapprochée du Danube; les États nouveaux fondés au delà, Serbie, Bulgarie, Monténégro, voient dans le *tzar blanc* de Moscovie un chef religieux et militaire.

Le tzar est un souverain autocrate et absolu; il consulte le conseil d'État, mais prend la décision qu'il lui plaît; le sénat n'est qu'une commission législative peu gênante pour l'autorité du monarque, qui est souverain en matière de religion, préside le saint synode, est comme un pape pour 55 millions de fidèles. Les Finlandais sont protestants et ont un semblant de constitution; les Polonais sont catholiques; il y a 2 millions de musulmans dans le sud de l'Empire. A coté de la noblesse héréditaire des boïards, Pierre le Grand a constitué la noblesse de service; à chaque degré de la hiérarchie civile et militaire, dite *tchine,* correspond un titre de noblesse, personnelle pour les grades inférieurs, héréditaire pour les grades supérieurs. Alexandre II a aboli le servage et par là mérité la reconnaissance des paysans (moujiks); mais la bourgeoisie, écartée du pouvoir, s'impatiente, conspire et forme des sociétés secrètes.

L'armée russe, réorganisée par la loi de 1874, compterait, en temps de guerre, 3 millions d'hommes et 400000 chevaux; la flotte compte 225 vaisseaux et 30000 marins.

La Russie d'Europe, si on laisse de côté la Transcaucasie, comprend trois parties : I. La Russie d'Europe, subdivisée en 48 gouvernements, partagés en 6 régions : 1° La *Grande Russie*, autour de Moscou, dans une plaine grande comme quatre fois la France ; 2° La *Russie orientale*, dans le bassin moyen et inférieur du Volga, avec les gouvernements de Kazan, Saratov, Orenbourg et Perm ; 3° La *Petite Russie* et l'*Ukraine*, sur le Dniépr, autour de Kiev ; 4° La *Russie méridionale*, conquise sur les Turcs, s'étendant le long de la mer Noire, avec Odessa, Kherson, Sébastopol ; 5° La *Russie occidentale* avec les provinces lithuaniennes et quelques lambeaux de la Pologne ; 6° Les *provinces baltiques*, avec la Courlande, la Livonie, l'Esthonie. II. Le royaume de Pologne, sur la Vistule et autour de Varsovie. III. La Finlande, qui, nous l'avons dit, jouit d'une certaine autonomie. — La Russie a 10 villes au-dessus de 100 000 hab. ; la capitale est Saint-Pétersbourg (930 000 hab.). Moscou, sur la Moskova, sous-affluent du Volga, a 730 000 hab. ; ville sainte des Russes, elle est devenue leur centre industriel et s'est relevée de l'incendie de 1812. Varsovie (450 000 hab.) est une ville de transition entre l'Orient et l'Occident, c'est un grand centre agricole ; nous avons parlé d'Odessa (240 000 hab.) ; de Riga (175 000 hab.) ; les villes les plus peuplées sont ensuite Kazan et Saratov sur le Volga, Kharkov dans la Russie méridionale, Kiev sur le Dniépr, Kichinev en Bessarabie. Hors d'Europe, la Russie possède la Transcaucasie, une grande partie du Turkestan, la Sibérie (ces pays sont étudiés spécialement à leur ordre alphabétique). En voyant ce grand empire s'étendre ainsi de la Vistule à la mer de Behring, on se remet en mémoire le faux testament de Pierre le Grand qui poussait ses successeurs vers Constantinople, et le mot de Napoléon Ier à Sainte-Hélène doit être rappelé : « Dans soixante ans, l'Europe sera républicaine ou cosaque. »

***RUSSIEN, IENNE** (*Russie*), *adj.* et *s.* S'est dit pour Russe.

***RUSSULE** (l. *russula*, rouge), *sf.* Genre de champignons hyménomycètes de la famille des Agarics, dont le chapeau charnu, d'abord convexe, s'étale et se déprime même ; les feuillets, quoique rigides, sont fragiles, ont l'apparence de la cire et ne renferment pas de suc laiteux. Le pédicule des russules est fort, uni, lisse et spongieux à l'intérieur ; ils sont dépourvus de volva. Ces champignons se développent sur le sol, mais ils se plaisent dans les bois. Leurs espèces sont nombreuses, et beaucoup d'entre elles sont vénéneuses. Il en est qui, au contraire, sont comestibles, très délicats à manger et par suite très recherchées. Parmi ces dernières, nous citerons la *russule alutacée*, connue en Lorraine sous le nom vulgaire de *fayssée*, et de *rougiou* à Nice ; la *russule cyanoxanthe*, appelée *charbonnier* dans l'E. de la France, et dont la chair blanche, cassante et rougeâtre sous la pellicule, est d'une saveur agréable ; la *russule délicate*, appelée en Lorraine *rouge* ou *cul-rouge*, dont le chapeau est d'un rouge violacé ; sa chair, ferme et cassante, est excellente à manger. La *russule vert-de-gris* a reçu un grand nombre de noms vulgaires. Dans le midi de la France, on l'appelle *palomet, berdanel, berdet, cruselo ;* dans l'E., *vert, cul-vert, vert-bonnet, Bise vraie ;* et *verdette*, en Normandie (Calvados). Les russules constituent la base de l'alimentation d'un grand nombre de paysans et de bûcherons.

RUSSY, 3183 hect. Forêt domaniale de Loir-et-Cher, peuplée de chênes, de hêtres et de charmes.

RUSTAUD, AUDE (vx fr. *ruste*, pour *rustre* + sfx. péjoratif *aud*), *adj.* et *s.* Qui a les manières, les mœurs du paysan. ‖ Impoli, grossier. ‖ *Un gros rustaud*, un gros paysan.

***RUSTICAGE** (*rustiquer*), *sm.* Une des opérations de la taille des pierres qui suit l'ébauchage et qui se fait avec un marteau bretté nommé *rustique*, ou avec la boucharde.

RUSTICITÉ (l. *rusticitatem* : de *rusticus*, rustique), *sf.* Extérieur campagnard. ‖ Manières de campagnard : *Sa rusticité ne déplait point.* ‖ Grossièreté, rudesse. ‖ *La rusticité de son langage.* ‖ Faculté que possède un animal, un végétal de résister aux influences fâcheuses du milieu où il vit : *La rusticité du seigle.*

***RUSTINE** (*rustre* 2), *sf.* Taque de fonte qui relie la partie postérieure du creuset à la sole du fourneau, où est préparé le minerai de cuivre.

RUSTIQUE (l. *rusticum* : de *rus*, campagne), *adj.* 2 *g.* Qui appartient aux manières de vivre de la campagne. — *Occupation rustique.* — *La Maison rustique*, livre qui traite de l'agriculture et de la manière de vivre à la campagne. — *Homme rustique.* ‖ Sauvage, sans art : *Lieu, habitation rustique.* ‖ *Banc rustique*, fait à l'imitation des sièges dont on se sert à la campagne. ‖ Qui résiste aisément aux influences fâcheuses du milieu : *Plantes rustiques.* ‖ Se dit d'un ouvrage de maçonnerie dans lequel les matériaux sont employés bruts : *Pont rustique.* ‖ *Latin rustique*, le latin corrompu qu'on parlait pendant les derniers siècles de l'empire d'Occident dans certaines provinces éloignées de Rome. — Fig. Rude, impoli, grossier : *Homme rustique.* — *Sm.* Habitant de la campagne. ‖ Instrument servant aux tailleurs de pierres pour ébaucher les moellons, les pierres de taille : *pierre taillée au rustique.* Style d'ornementation architectonique, dans lequel on décore les surfaces de vermiculures, où l'on affecte de laisser aux pierres des parements bruts. — **Dér.** *Rustiquement, rustiquer, rusticité, rusticage, rustre* 1, *rustaud, rustaude.*

RUSTIQUE (saint), compagnon de saint Denis, qui souffrit avec lui le martyre au IIIe siècle. Fête le 9 octobre. — **Saint Rustique**, évêque de Narbonne de 430 à 461.

RUSTIQUEMENT (*rustique* + sfx. *ment*), *adv.* A la façon de la campagne, grossièrement.

RUSTIQUER (*rustique*), *vt.* Travailler ou crépir la surface d'une construction de façon à lui donner une apparence rustique. ‖ *Rustiquer des pierres*, les travailler de manière à leur donner l'apparence des pierres brutes.

1. **RUSTRE** (pour le vx fr. *ruste* : du l. *rusticum*), *adj.* Très grossier : *Un air rustre.* — *Sm.* Homme fort grossier : *Avoir affaire à un rustre.*

2. ***RUSTRE** (all. *rutten*), *sm.* Losange ajouré d'un petit disque circulaire. (Blas.) — **Dér.** *Rustine.*

RUT (vx fr. *ruit*, sp. du vx fr. *ruire*, rugir : du bl. *rugere*, rugir), *sm.* Le temps des amours chez les bêtes fauves.

RUTABAGA (*x*), *sm.* Navet de Suède ou chou de Laponie, variété du chou-navet dont la racine, jaunâtre en dedans, à chair ferme et salubre, en forme de toupie, est cultivée pour la nourriture des bœufs et des moutons. Il fait produire beaucoup de lait et d'excellent beurre.

RUTABAGA

RUTACÉES (l. *ruta* : du g. ῥυτή : de ῥέω, couler), *sfpl.* Famille de plantes dicotylédones composées d'herbes, d'arbustes et d'arbres croissant dans les régions chaudes du globe. Leurs fleurs sont hermaphrodites pentamères ou tétramères. Les sépales du calice sont légèrement soudés à la base, et les pétales libres alternent avec les pièces du calice. L'androcée se compose de dix étamines disposées sur deux verticilles alternant entre eux et avec les pièces de la corolle et du calice. Le pistil se compose de cinq carpelles, à ovaires libres, à une seule loge surmontée d'un style d'abord libre et qui se soude un peu plus haut avec les autres pour former une colonne terminée par une petite dilatation qui constitue le stigmate. Chaque ovaire présente, à son angle interne, un placenta supportant un nombre indéfini d'ovules anatropes. Le fruit est formé de cinq valves ; celles-ci s'ouvrent à leur angle interne et supérieur. Les graines, nombreuses, possèdent un albumen charnu et huileux qui entoure chacun un gros embryon. La famille des Rutacées renferme des plantes amères, odorantes, toniques et stimulantes. Chez quelques-unes d'entre elles, comme la rue, cette dernière propriété est poussée à l'excès et la plante est dangereuse. D'autres Rutacées ont des graines sudorifiques, antispasmodiques et anthelminthiques. Quelques autres espèces sont usitées comme condiments ou comme plantes tinctoriales. D'autres encore, comme les Aurantiacées qui ont été réunies aux Rutacées, sont recherchées pour leurs fruits acides, et pour les essences que leur écorce contient. Les Rutacées sont très voisines des Géraniées, des Ochnacées et des Burseracées. On y a rattaché les Aurantiacées. — **Une Rutacée**, *sf.* Une plante quelconque de la famille des Rutacées.

RUTEBEUF, ancien poète satirique français qui florissait sous saint Louis ; il a publié des mystères, des satires, des fabliaux, tels que le *Testament de l'âne.*

***RUTÈLE** (l. *rutellum*, racloir), *sm.* Genre d'insectes coléoptères de l'Amérique tropicale, de forme presque carrée, ayant les mœurs du hanneton.

RUTH, femme moabite, bru de Noémi, qui après la mort de son époux vint avec sa belle-mère s'établir à Bethléem, où elle épousa Booz, dont elle eut un fils, Obed, qui fut l'un des ancêtres de David.

RUTHÈNES, peuplade gauloise qui habitait le Rouergue et avait pour capitale *Segodunum*, plus tard *Rutheni*, aujourd'hui Rodez.

RUTHÈNES ou **RUTHÉNIENS**, ancien peuple de la Russie habitant au S. du 51° de latitude et aujourd'hui fondus avec les Russes ; on les appelle encore Rusniaks ou Petits Russes. — Sm. *Le ruthène*, langue slave encore parlée en Russie.

***RUTHÉNIUM**, *sm.* Métal simple de couleur grisâtre, qui se trouve, ainsi que l'iridium, combiné à l'osmium dans les minerais de platine. Il a été découvert en 1846.

RUTHWEN, seigneur écossais qui s'empara de la personne du jeune Jacques VI, fils de Marie Stuart ; mais celui-ci s'échappa de ses mains, marcha contre lui à la tête de ses partisans et le fit mettre à mort (1582).

RUTILANT, ANTE (l. *rutilare*, briller), *adj.* Qui est d'un rouge brillant. ‖ *Gaz rutilant*, l'acide hypoazotique.

RUTILE (l. *rutilum*), *sm.* Oxyde de titane, de couleur rougeâtre qui se trouve dans les granits et les gneiss. C'est une substance dure et infusible.

RUTILIUS NUMATIANUS (Claudius), poète latin du Ve siècle, auteur d'un *Itinéraire* en vers élégiaques, préfet de Rome sous Honorius.

RUTLAND, le plus petit comté d'Angleterre, ch.-l. Oakham (3000 hab.).

RUTULES, ancien peuple du Latium, au S. de Rome, capitale Ardée. Suivant Virgile son roi Turnus aurait été tué par Énée.

RUYSCH (1638-1731), célèbre anatomiste hollandais qui perfectionna l'art des embaumements, et avait composé un beau musée anatomique que Pierre le Grand lui acheta en 1717.

RUYTER (Michel) (1607-1676), célèbre amiral hollandais qui se signala contre les corsaires barbaresques, lutta contre les flottes de Louis XIV et de Charles II, roi d'Angleterre, et mourut des blessures qu'il avait reçues en livrant à Duquesne dans les eaux de Catane une bataille qu'il perdit.

***RYACOLITHE** (g. ῥύαξ, génitif ῥύακος, cours d'eau + λίθος, pierre), *sm.* Variété de feldspath à éclat vitreux, à structure fendillée que l'on trouve dans les trachytes porphyroïdes.

***RYDER** (mot holl., *cavalier*), *sm.* Ancienne monnaie d'or hollandaise, valant 31 francs. ‖ Ancienne monnaie d'argent, valant 7 francs.

RYES, 416 hab. Ch.-l. de c., arr. de Bayeux (Calvados).

RYMER (Thomas) (1650-1713), historiographe de la couronne d'Angleterre, auteur d'un recueil les *Actes de Rymer*, formé de documents conservés à la *Tour de Londres*, précieux pour l'histoire de France et d'Angleterre au moyen âge.

***RYOTT** (arabe *ra'aiat*, sujets), *sm.* Nom des paysans dans l'Hindoustan.

RYSWICK, village de Hollande, près de la Haye, où fut signée en 1697 la *Paix de Ryswick*, défavorable à Louis XIV, qui rendait à l'Espagne ce qu'il avait conquis dans les Pyrénées, plusieurs places en Flandre, à l'Empire diverses forteresses sur le Rhin, la Lorraine à son duc et reconnaissait Guillaume III comme roi d'Angleterre; mais la possession de Strasbourg nous était assurée.

RYTHME ou **RHYTHME** (l. *rhythmum*: g. ῥεῖν, couler), *sm.* Harmonie qui résulte du mode de distribution des accents toniques dans une phrase : *Rythme lent, précipité.* || En musique, alternance de sons forts et de sons faibles. « Le rythme, disait Aristoxène, est l'ordre des temps. » Le temps, dans la métrique ancienne, est donc la mesure du mouvement rythmique. L'unité de temps est le *point*, durée de la note, de la syllabe, de la figure de danse la plus courte. La syllabe longue ordinaire, valant deux brèves, est le temps double. Le pied, qui fait connaître la nature du rythme, se composait de plusieurs syllabes dont l'une était marquée par une inflexion plus forte. Le temps fort s'appelait *basis* ou *thesis*, chez les Grecs, parce qu'on abaissait le pied et la main en le marquant; le temps faible se nommait *arsis*. Mais comme la voix s'élève avec le temps fort et s'abaisse avec le temps faible, les grammairiens appelèrent *arsis* le temps fort et *thesis* le temps faible. Les modernes se partagèrent entre ces deux systèmes, ce qui a compliqué l'étude, déjà bien difficile, de la métrique ancienne. Le rythme, dans les vers, n'a rapport qu'à la somme des temps, tandis que le mètre dépend de leur position relative. || En médecine, manière dont se succèdent les battements du pouls. — **Dér.** *Rythmique*.

RYTHMIQUE ou **RHYTHMIQUE** (*rythme*), *adj. 2 g.* Produit par le rythme : *Harmonie rythmique.* || *Vers rythmiques*, dont le mécanisme repose sur la distribution des accents toniques : *Les vers français sont des vers rythmiques.* — *Sf.* La partie de la grammaire qui traite du rythme des vers grecs et des vers latins.

CATHÉDRALE DE REIMS

VUE DE SÉVILLE

S

S [*esse*, suivant l'ancienne épellation; *se*, suivant la nouvelle épellation] (quinzième lettre de l'alphabet phénicien, occupant la place du *schin*; mais le nom de *s* paraît provenir d'une autre sifflante phénicienne, le *semech*, dont on ignore la signification; cette lettre est devenue le Σ (sigma), dix-huitième lettre de l'alphabet grec, et le **s** du latin, et elle a passé de cette dernière langue dans le français), *sf.*, dans l'ancienne épellation; *sm.*, dans la nouvelle épellation. Dix-neuvième lettre de l'alphabet français et la quinzième des consonnes. Consonne dentale sifflante forte. Dans le passage du latin au français la consonne dentale **s** subsiste au commencement des mots, comme dans *salvia*, *sauge*; *sanctus*, *saint*; *sententia*, *sentence*; etc. Il s'est transformé en **c** dans : *céleri* venant de σέλινον; *cercueil*, du vieux haut allemand *sarc*; *cidre* du l. *sicera*. S initial a été renforcé quelquefois par un *c* sifflant dans les derniers temps de la langue des Trouvères. C'est ainsi que l'on a eu au moyen âge *sçavoir*, qui n'a pas gardé le ç, et *scéel*, qui nous a donné *sceau*. Placé entre deux voyelles, **s** subsiste aussi, comme dans *poser*, de *pausare*; *oser*, de *ausare*; *faisan*, de *phasianus*; *trésor*, de *thesaurus*, etc. La syncope de *s* n'a pas lieu en français; cependant elle se présente dans les formes verbales comme *fissent*, venant de *fesissent* (*fecissent*) par l'intermédiaire *féissent*, et *presissent* (*prensissent*) par l'intermédiaire *preïssent*. Le **s** persiste aussi après une consonne; c'est ainsi que *pensare* a donné *penser* et *peser*; *versare*, *verser*; *pulsare*, *pousser*; etc. Le français a redoublé **s** quand il a fallu lui laisser le son fort qu'il a en latin. C'est ainsi que *designare* a donné *dessiner*. Lorsque **s** est placé devant une consonne et qu'il est précédé d'une voyelle, il tombe en français et la voyelle est allongée. On a de la sorte *asperum*, qui a donné *aspre*, puis *âpre*; *abissum*, *abisme*, *abîme*; *testa*, *teste*, *tête*; *fenestra*, *fenestre*, *fenêtre*; *vestire*, *vestir*, *vêtir*; etc. Dans d'autres cas, la voyelle *e* précédant le **s** s'accentue en même temps que cette dernière s'élide. Exemple : *Réponse* vient de *responsa*; *fétu*, de *festuca*; *bétail*, de *bestiale*; *nèfle*, de *mespilum*; *rétif*, de *restivum*. La même chose se produit lorsque dans le mot latin c'est un **i** qui se trouve devant le *s*. Alors cette voyelle **i** se transforme en *é* : ainsi, *détroit* vient de *districtum*; *métier*, de *ministerium*; *chrétien*, de *christianum*; *pétrin*, de *pistrinum*; etc. Le **s** latin persiste aussi lorsqu'il est suivi d'une consonne comme dans *asperge* (*asparagum*); *cadastre* (*capitastum*); *langouste* (*locusta*); *registre* (*registrum*); *juste* (*justum*); *obscur* (*obscurum*); *rustre* (*rusticum*); *rester* (*restare*); etc. Mais S disparaît complètement et sans laisser de traces dans certains mots comme *baume*, *compote*, *mouche*, *moule*, *muguet*, *poteau*, etc., venant respectivement de *balsamum*, *composita*, *musca*, *musculum*, *muscum* (*musc*), *postellum*, etc. Du reste, les lettres **x** et **ç**, qui deviennent **s** en français, subissent le même sort et disparaissent aussi dans les mots comme : *ajouter*, de *adjuxtare*; *amitié*, de *amicitatem*; *inimitié*, de *inimicitatem*; etc. S, placé entre deux consonnes, disparaît aussi dans certains cas; tel est *montrer*, qui vient de *monstrare*. Quelquefois le **s** placé devant un **t** se transformait en **r**; c'est ainsi que l'on eut au moyen âge : *varlet* pour *vaslet* (*valet*); *merler* pour *mesler* (*mêler*); *marle* pour *masle* (*mâle*); le premier *r* de *orfraie* a cette origine, puisque ce mot vient de *ossifraga*; de même, *Massilia* a fourni *Marseille*.

A la fin des mots **s** subsiste, mais il ne se prononce que dans quelques cas exceptionnels. Il provient le plus souvent du **s** latin précédent la syllabe atone qui tombe dans le passage du mot latin au mot français. (V. accent tonique.) C'est ainsi que l'on a : *cas* venant du latin *casum*; *ris*, de *risum*; etc. A la fin des mots **ss** se simplifie en *s* : ainsi *las* a pour origine *lassus*; *os*, *ossum*; *près*, *pressum*. Quelquefois aussi **ss** sont remplacés par **x** : *russus*, *roux*; *tussis*, *toux*. Quelques mots ont aussi gardé un **s** final : ce sont ceux qui, appartenant à la deuxième déclinaison du français du moyen âge, sont tirés du nominatif singulier. Tels sont : *fils* (*filius*), *fonds* (*fundus*), *lacs* (*laqueus*), *lis* (*lilius*), *puits* (*puteus*), *rets* (*retis*). Parmi les noms de cette provenance, il en est qui se terminent par une lettre parente de **s**, soit un **z** ou un **x** : *rasus* a donné *rez*; *nasus*, *nez*; *coquus*, *queux*; *latus*, *lez*. Du reste, **s** tenait la place des lettres *z* et *x* et l'on écrivait : *chevaus*, *jalous*, *rous*, *deus*, etc., pour *chevaux*, *jaloux*, *roux*, *deux*, etc. Lorsque **s** final est précédé d'un **t**, il se transforme souvent en **r**. Ex. : *adsatis* a donné *assez*. Enfin, chacun sait que **s** est la marque du pluriel en français et qu'il provient de l'accusatif pluriel.

Lorsque **s** est suivi d'une consonne, la règle générale est qu'il tombe. Ainsi **sc** se réduit à **c** ou à une consonne voisine : *episcopus* a fourni *évêque* ; *luscus*, *louche*; *musca*, *mouche*. Cependant, lorsque le groupe **sc** est suivi d'un **e** ou d'un **i**, il est remplacé par **ss** : *poisson* vient de *piscionem*; *croissant*, de *crescentem*; *rossignol*, de *lusciniolum*; *vaisseau*, de *vascellum*; etc. De même, pour les groupes **sp**, **st**, **sm**, **sn**, **sl**, **sr** ou **çr** : Exemples : *dépit* vient de *despectus*; *crêper*, de *crispare*; *vêpre*, de *vespera*; *soupçon*, de *suspicionem*; — *août*, de *augustus*; *goût*, de *gustus*; *tête*, de *testa*; *vêtir*, de *vestire*; *sexturius*, de *setier*; *poterne*, de *posterula*; *abîme*, de *abissimus*; *baptême*, de *baptisma*; *âne*, de *asinus*; *témoin*, de *testimonium*; — *île* (*isle*), de *insula*. Cette combinaison **sl** montre quelquefois le changement de **s en r**, comme dans *varlet*, devenu *valet* et venant de *vassaletum*, etc. (V. plus haut). Le groupe **sr** ou **çr** donne lieu à l'insertion d'un **t** ou d'un **d** entre les deux consonnes; puis, la lettre **s** disparaît, et cette disparition amène l'allongement de la voyelle précédente. C'est ainsi que *croître* (*croistre*) s'est formé de *crescere*; *naître* (*naistre*), de *nascere*; *être* (*estre*), de *esere*; *ancêtre* (*ancestre*), de *antecessor*; *titre* (*tistre*), de *texere*; *coudre*, de *cousuere*; *ladre*, de *lasarus*; etc. On comprend alors que les préfixes latins **dis** et **ex**, transformés en **dé** et **es** en français, se réduisent à **dé** et à **é** devant toute autre consonne que **s** : *despouille* a fourni *dépouillé*; *desfaire*, *défaire*; *desmeublé*, *démeublé*; *esveiller*, *éveiller*; *eschauder*, *échauder*, etc. Néanmoins, un certain nombre de mots, de facture ancienne, ont conservé *s* devant une consonne; tels sont : *chaste*, *rester*, *peste*, *geste*, *registre*, *juste*, *langouste*, *rustre*, *triste*, *obscur*.

Le français, aussi bien que les autres langues romanes, est rebelle aux groupes initiaux **sc**, **sp** et **st**; mais, ne voulant pas sacrifier l'un des deux éléments, ces langues ont recours à un artifice : elles introduisent un *e* prosthétique au commencement des mots commençant par l'un des groupes de consonnes ci-dessus énumérés. C'est ainsi que l'on a eu : *eschelle*, *échelle* (*scala*); *escandle*, *esclandre* (*scandalum*); *eschevau*, *écheveau* (*scapellus*); *escient* (*scientem*); *escole*, *école* (*schola*); *escrire*, *écrire* (*scribere*); *escueil*, *écueil* (*scopulus*); *escuelle*, *écuelle* (*scutella*); *escu*, *écu* (*scutum*); *espars*, *épars* (*sparsus*); *espée*, *épée* (*spatha*); *espice*, *épice*, *espèce* (*species*); *espi*, *épi* (*spicum*); *espine*, *épine* (*spina*); *espais*, *épais* (*spissus*); *esprit* (*spiritus*); *espous* *époux* (*sponsus*); *establir*, *établir* (*stabilire*); *estat*, *état* (*status*); *estoile*, *étoile* (*stella*); *esternuer*, *éternuer* (*sternutare*); *estomac* (*stomachus*); *estrenne*, *étrenne* (*strena*); *estreindre*, *étreindre* (*stringere*); *estroit*, *étroit* (*strictus*); *estude*, *étude* (*studium*); *estoupe*, *étoupe* (*stuppa*). On sait que ce mode de formation est encore en usage dans le peuple, où l'on dit *estatue* pour *statue* (*statua*); *espécial* pour *spécial* (*specialis*). Du reste, le français a traité les mots grecs d'une manière analogue, témoin *esmeraude*, *émeraude*, du grec σμάραγδος; *esmeril*, *émeri*, du grec σμύρις. Il résulte de là que les mots du français actuel commençant par *sc*, *sp* ou *st* sont de formation récente et ne se trouvent pas dans le langage du moyen âge. Tels sont : *stérile*, *studieux*, *station*, *scène*, *sceptre*, *spectre*, etc. La règle générale de *e* prosthétique devant **sc**, **sp**, **st** souffre aussi quelques exceptions; mais alors l'une des deux consonnes du groupe est éliminée. Exemples : *pâmer*, de *spasmus*; *tain* (db. de *étain*), de *stannum*, etc.; *saison*, de *stationem*; *sablière* (charpente) pour *stablière*, *sabot*, d'un radical all. *stap*; *souche*, all. *stok*; *saccade*, ital. *staccare*, détacher, etc.

La lettre **s**, placée entre deux voyelles, se prononce comme **z** : *rasoir*, excepté dans certains mots composés, comme *asymptote*, *préséance*, *vraisemblable*. A la fin des mots, **s** se prononce **z** quand le mot suivant commence par une voyelle ou un **h** muet : *Je vais à Paris*. **SS** se prononce comme **s** simple : *assassin*. On ajoute un **s** de liaison à la deuxième personne du singulier de l'impératif des verbes de la 1re conjugaison devant *y* et le pronom *en* : *touches-y*; *manges-en la moitié*. || Abréviations : **S.**, *sud*; **S. A.**, *Son Altesse*; **S. E.**, *Son Excellence*, *Son Éminence*; **S. S.**, *Sa Sainteté*; **S. V. P.**, *S'il vous plaît*; **S.**, *Saint*. || Marque des anciennes monnaies frappées à Reims. || S iliaque, S du côlon, partie de l'intestin, recourbée en S et logée dans la fosse iliaque.

SA (l. *sam*, forme archaïque de *suam*, dans Ennius), *adj. poss. f. sing.* de *son* : *Sa maison*.

***SAA** (mot algérien), *sm.* Mesure pour les grains, usitée dans l'Afrique septentrionale, et contenant environ 120 litres.

SAADI (1195-1296), poète persan qui combattit les Francs en Asie Mineure et la secte de Brahma dans l'Inde; auteur du *Gulistan* (jardin des roses); du *Boston* (jardin des fruits); du *Pend Nameh* (livre des conseils).

SAAL, rivière d'Autriche qui grossit la Salza, affluent de l'Inn.

SAALE, 400 kilom., affluent de gauche de l'Elbe en Allemagne. Elle arrose Hof, Schleiz, Saalfeld, noms célèbres dans la campagne de 1806; Rudolstadt, Iéna, Naumbourg, Weissenfels, Mersebourg, Halle, Bernbourg; elle reçoit l'Ilm (Weimar); l'Unstrütt (Langensalza); l'Elster (Géra, Lutzen, Leipzig).

SAALES, 1177 hab. Ancien canton de l'arr. de Saint-Dié (Vosges), auj. à l'Allemagne (Alsace-Lorraine). Comme dans tout l'ancien ban de la Roche, on y parle le français.

SAALFELD, 7000 hab. Ville d'industrie dans le duché de Saxe-Meiningen, où les Français battirent les Prussiens le 10 octobre 1806.

SAANE ou **SARINE**, rivière qui grossit l'Aar et arrose Fribourg en Suisse.

SAAR, **SAARBOURG**, **SAARBRÜCK**, etc. (V. *Sarre*, *Sarrebourg*, *Sarrebrück*, etc.)

SAARDAM ou **ZAANDAM**, 13000 hab., à 10 kilom. N.-O. d'Amsterdam, dans la province de Hollande; on y montre la cabane qu'habita Pierre le Grand en 1697, pendant son séjour dans le chantier de Mynheer Calf, où il voulait apprendre la construction navale; d'après la tradition, il aurait pris le nom de Pierre Michaelof et le costume de charpentier; de fait, il ne séjourna que huit jours à Saardam. Il est à noter que les expressions techniques de la marine russe sont encore empruntées au hollandais.

SAAR-UNION, 3248 hab., anc. canton de l'arr. de Saverne (Bas-Rhin), aujourd'hui à l'Allemagne. La ville est formée par les deux villages de Bockenheim et de Neu-Saarwerden.

1. **SABA**, ancienne ville de l'Arabie à l'ouest de Sana, dont on voit les ruines à Mareb. D'après la légende, la reine de Saba serait venue rendre hommage à Salomon. Les Éthiopiens ont fait de cette visite un épisode de leur histoire nationale.

2. **SABA**, 2149 hab., 12 kilom. carrés, petite île des Antilles appartenant aux Hollandais.

SABACON ou **SHABAK**, roi d'Éthiopie, petit-fils de Piankhi Meiamoun; il battit et brûla vif dans Saïs le roi d'Égypte Bocchoris, prit le titre et le cartouche des anciens rois et fonda, selon Manéthon, la XXVe dynastie. Après vingt ans de règne, Sabacon s'allia avec le roi de Gaza pour lutter contre le roi d'Assyrie, Sargon; mais il fut battu à Raphia (718) et se réfugia en Éthiopie.

***SABADILLINE** (esp. *sebadilla*, petite orge), *sf.* Alcaloïde tiré par Couerbe de la cévadille; ce corps a pour formule :

$$C^{42} H^{56} Az^{2} O^{26}.$$

SABANILLA, port de la Colombie ou Nouvelle-Grenade, près de l'embouchure de la Magdaleña, rival de Carthagène.

***SABAOTH**, transcription latine du mot hébreu *tsebaōth*, les armées, qui entre dans l'expression latine *Deus Sabaoth*, Dieu des armées.

SABATIER (Raphael) (1732-1811), chirurgien en chef de l'hôtel des Invalides, membre de l'Académie des sciences. — Sabatier (l'abbé Antoine) (1742-1817), écrivain connu par sa vénalité et son scepticisme politique, auteur d'un *Dictionnaire des vertus et des vices*, d'un *Dictionnaire de la littérature*.

***SABAYE** (arabe *chebec*, navire), *sf.* Cordage pour amarrer, hâler, remorquer une embarcation.

***SABAYON** (l. *sabaja*, bière), *sm.* Mélange de vin et de sucre, plus ou moins épais, qu'on introduit dans un entremets, une pâtisserie.

SABBAT (l. *sabbatum* : de l'hébreu *chabbath*, repos), *sm.* Le septième et dernier jour de la semaine des Juifs, consacré au repos et aux cérémonies du culte; il coïncide avec notre samedi. || Assemblée que les sorciers du moyen âge passaient pour tenir dans un lieu solitaire depuis minuit jusqu'au chant du coq; ils s'y rendaient, disait-on, barbouillés de suie, à cheval sur un manche à balai, pour y adorer le diable. || Grand vacarme accompagné de désordre : *Ces écoliers font leur sabbat*. — **Dér.** *Sabbataire*, *sabbatin*, *sabbatine*, *sabbatique*.

***SABBATAIRE** (*sabbat*), *sm.* Anabaptiste qui, comme les Juifs, observe le sabbat.

***SABBATHIEN** (*Sabbathius*, nom propre), *sm.* Sectaire du IVe siècle, qui, comme les Juifs, célébrait la pâque le quatorzième jour de la lune de mars.

***SABBATIN, INE** (*sabbat*), *adj.* Qui a trait au samedi : *Bulle sabbatine*, relative aux privilèges du scapulaire.

SABBATINI (Andrea) (1480-1545), peintre, élève de Raphaël, auteur d'une *Visitation*, aujourd'hui au musée du Louvre. — Sabbatini (Louis-Antoine), franciscain, compositeur, élève de Martini, mort en 1809.

SABBATIQUE (*sabbat*), *adj.* 2 *g.* Qui appartient, qui a rapport au sabbat. || *Année sabbatique*, chez les Juifs, chaque septième année durant laquelle les terres étaient en friche, les dettes non exigées, les esclaves mis en liberté.

SABÉEN, ENNE (du syriaque *tsaba*, ablution), *adj.* Qui a trait au sabéisme. — *Sm.* Sectateur du sabéisme. — **Dér.** *Sabéisme*.

SABÉISME (*sabéens*), *sm.* Nom donné à tort aux Guèbres ou Parsis, adorateurs du soleil et du feu, disciples de Zoroastre : la Perse en compte encore 8 ou 10000, souvent persécutés. || Secte chrétienne dite aussi nazaréens, mendaïtes, chrétiens de Saint-Jean. Elle mélangeait les idées des gnostiques à celles des Chaldéens et des Persans.

***SABELLE** (*sable*), *sf.* Genre d'annélides vivant dans une coquille tubuleuse formée de grains de sable, et qu'on trouve sur les rivages en masses agglomérées.

SABELLIANISME (*Sabellius*), *sm.* Doctrine de l'hérésiarque Sabellius, qui rejetait le dogme de la Trinité et n'y voyait que les trois actions diverses d'un même principe : le Père créait l'homme; le Fils le rachetait du péché originel; le Saint-Esprit introduisait en lui la grâce. Le concile d'Alexandrie (261) condamna cette doctrine; mais elle se maintint en Mésopotamie.

SABELLIEN, IENNE (*Sabellius*), *adj.* Qui admet et pratique le sabellianisme.

SABELLIEN, IENNE (l. *Sabellum*), *adj.* Ancien nom des Sabins, appliqué aussi aux Samnites. — **Dér.** *Sabellique*.

SABELLIQUE (l. *sabellicum*), *sm.* Dialecte de l'ombrien, mélangé d'osque, apparenté au latin et parlé par les Marses.

SABELLIUS. Hérésiarque du IIIe siècle, originaire de la Ptolémaïde. (V. *Sabellianisme*.) — **Dér.** *Sabellianisme*, *sabellien*, *sabellienne* 1.

SABIN, INE (l. *Sabinum*), *adj.* Qui appartient à l'ancienne Sabine. — *S.* Habitant de la Sabine : *Les mœurs des Sabins étaient rudes et austères*. Les Sabins appartenaient aux populations primitives de l'Italie. D'après la légende, les compagnons de Romulus, pour avoir des épouses, avaient enlevé de jeunes Sabines, sujettes du roi Tatius, qui, au lieu de faire la guerre aux

Romains, confondit son peuple avec eux. — *Sm.* Ancien dialecte italique absorbé par le latin. (V. *Sabellique.*) — **Dér.** *Sabine* 1, *sabine* 2.

SABINE (l. *Sabina*), *sf.* Territoire dit par les Romains *ager Sabinus;* il s'étendait au N.-E. de Rome, depuis le mont Soracte (*Saint-Oreste*), le Lucrétile (*Corrignaleto*), dans les vallées de l'Appennin, jusqu'au Picenum. Le pays, fort peuplé, avait peu de villes; toutefois, on peut y compter Cures, Réate, Amiternum, Fidenes, Nomentum, Tusculum (*Frascati*), Tibur (*Tivoli*), Sublaqueum (*Subiaco*). Les montagnards de la Sabine, endurcis par le défrichement de leur sol pierreux, furent les meilleurs soldats de Rome. Caton l'Ancien, le dernier des paysans romains, était un Sabin. Dans sa villa de Tusculum, il retournait la terre au milieu de ses esclaves, buvant un peu de vinaigre pour étancher sa soif. De nos jours, les touristes visitent avec attention les montagnes de la Sabine et font l'ascension du mont Gennaro.

SABINE (du pays des *Sabins*), *sf.* Espèce de genévrier dont les feuilles, d'une odeur et d'une saveur très désagréable, sont un violent poison. C'est un arbuste dioïque de la famille des Conifères, que l'on trouve dans les Alpes du Dauphiné, de l'Autriche et du Piémont. On le rencontre aussi dans les Pyrénées, en Espagne, en Italie, en Crimée et en Sibérie. Il y en a deux variétés : la *sabine mâle* ou à *feuilles de cyprès*, et la *sabine femelle* ou à *feuilles de tamarix;* cette dernière est plus petite. La sabine renferme une huile essentielle analogue à l'essence de térébenthine. La plante et son essence sont des stimulants et des abortifs énergiques. On les emploie aussi comme vermifuges.

SABINIEN ou **SAVINIEN** (saint), premier évêque de Sens, martyrisé au IIIe siècle.

SABINUS (Aulus), poète latin du Ier siècle avant J.-C., ami d'Ovide. — Sabinus (Julius). (V. *Éponine.*)

***SABIR** (corruption du mot *savoir*), *sm.* Mélange d'arabe, de français, d'espagnol et d'italien dont on fait usage dans le Levant, en Algérie dans les relations entre Arabes et Européens. On l'appelle encore *langue franque.*

***SABLAGE** (*sable*), *sm.* Action de jeter du sable dans les rues, pour rendre le pavé moins glissant.

1. SABLE (l. *sabulum*), *sm.* Poudre formée de petits grains de cristal de roche pur, parfois mélangés d'autres minéraux, provenant de la désagrégation des roches plutoniques, des quartz et feldspaths; elle se trouve en grandes masses à la surface et dans l'intérieur du sol. ‖ *Sable blanc*, composé presque exclusivement de cristal de roche pulvérisé. On l'emploie pour polir ou scier les roches dures, pour fabriquer le verre et les glaces, les mortiers, pour récurer les ustensiles de cuisine. ‖ *Sable ferrugineux*, mêlé d'oxyde de fer qui le colore en rouge, en brun, en jaune. ‖ *Sables mouvants*, ceux que le vent transporte d'un endroit dans un autre, dans lesquels le pied s'enfonce en marchant. — Fig. *Bâtir sur le sable*, entreprendre une chose sans employer les moyens propres à la faire réussir. ‖ *Bain de sable*, sorte de bain-marie où l'eau du premier vase est remplacée par du sable. ‖ Sablier (*vx*). ‖ Grain de gravelle. (Méd.) ‖ Moule fait de sable et d'argile, dans lequel les fondeurs coulent le métal : *Jeter en sable une statuette.* — Fig. *Jeter en sable un verre de vin*, le boire d'un seul trait.

Dans la zone des déserts, qui traversent l'ancien monde du Sahara d'Afrique au Gobi de la Chine, les sables sont très abondants. Le sol du Sahel, ou Sahara occidental est formé de graviers ou de sables à gros grains qui résistent sous le pied du chameau et forment des chaînes de monticules; mais souvent ces molécules arénacées, fines et ténues, sont poussées au S.-O. par les vents alizés en vagues semblables à celles de la mer; ces dunes mobiles atteignent les bords du Niger et du Sénégal et forment entre le cap Bojador et le cap Blanc des bancs, tels que celui d'Arguin, sur lequel se perdit la *Méduse.* Un autre courant aérien porte les sables au N.-E. et va combler les golfes de Gabès et de la Sidre, sur la Méditerranée. Dans le Dahna, au S.-E. de l'Arabie, sont des solitudes sablonneuses que nul voyageur n'a encore foulées. Au N. et à l'E., dans les Nefonds, visités par Palgrave, les sables ont une profondeur de 100 à 150 mètres. Cette nappe immense est sillonnée d'ondulations parallèles au méridien, causées probablement par le mouvement de la terre autour de son axe. Les sables mouvants se retrouvent sur le plateau d'Iran, dans le Turkestan, dans le désert de Thaw, au N. de l'Inde, dans le désert de Gobi, dont les sables jaunâtres sont parfois poussés jusque dans les rues de Pékin, si bien que cette couleur jaune est nationale en Chine.

Les sables marins comblent les anciens fiords, forment des flèches comme celle d'Arabat dans la mer d'Azov ou des cordons littoraux, comme ceux des côtes de Languedoc, dans la Méditerranée; ailleurs, ils s'entassent en bancs sous-marins comme ceux du Colbart et du Viarme entre la France et l'Angleterre, de la Bassure, devant Boulogne; ils aident aussi à la formation des deltas du Rhône, du Pô, du Nil, du Mississipi. Ils sont surtout curieux à étudier dans la formation des dunes de la mer du Nord et du golfe de Gascogne. Des bouches de l'Escaut au cap Gris-Nez, la mer laisse à sec, en se retirant, une grève de deux kilom., dite *estran*, dont les sables desséchés forment des dunes hautes de 20 mètres; on est parvenu à les arrêter, à l'aide de plantations d'oyat (*arundo arenaria*) dont les racines traçantes enserrent le sable comme dans un filet. De la pointe de Grave à l'embouchure de l'Adour, sur une longueur de 225 kilom., la côte est bordée de dunes bien plus hautes que celles de la Flandre maritime. Elles sont rangées, parallèlement au rivage, sur plusieurs lignes séparées par des vallées dites *lèdes;* elles occupent une largeur de 7 à 8 kilom., et atteignent parfois une hauteur de 75 à 80 m.; le sable, rarement mouillé par la pluie, rapidement desséché par le soleil et le vent d'ouest, est plus léger que celui du nord, s'accumule en plus grandes masses et marche avec plus de vitesse. Les dunes s'avançaient de 20 mètres par an et, dans quelques siècles, auraient atteint Bordeaux, quand l'ingénieur Brémontier trouva en 1787 le moyen de les fixer par des plantations de pins maritimes. Elles avaient envahi le vieux Soulac, dont le clocher perce seul au milieu des sables, et couvert, aux trois quarts, le bourg de Mimizan. — **Dér.** *Sablon, sabler, sableur, sableux, sableuse, sablage, sablier, sablière* 1, *sablerie, sabline; sablonner, sablonneux, sablonneuse, sablonnier, sablonnière; sabelle, sabline.* — **Comp.** *Désensabler, ensabler, ensablement.*

2. SABLE (vx fr. *sable*, martre zibeline : bl. *sabellum;* du russe *sobol*, martre zibeline), *sm.* Couleur noire, l'un des émaux du blason. Elle s'indique en gravure par des hachures noires perpendiculaires l'une à l'autre ou par de fines hachures blanches, laissant entre elles des points noirs, larges et disposés carrément. — **Dér.** *Zibeline.*

SABLE

SABLÉ, 6183 hab., cant. de l'arr. de la Flèche (Sarthe); marbres, anthracite; lainages, gants. Ch. de fer de l'O. — Seigneurie qui appartint aux de Laval, à Servien, aux Colbert.

SABLÉ (Madeleine de Souvré, marquise de), 1596-1678, amie de la Rochefoucauld, janséniste, auteur des *Maximes.*

SABLER (*sable* 1), *vt.* Recouvrir d'une couche de sable : *Sabler une allée.* ‖ Verser dans un moule le métal fondu : *Sabler une médaille.* — Fig. Boire tout d'un trait, comme le moule de sable reçoit le métal qu'on y jette : *Sabler du champagne.*

***SABLERIE** (*sable* 1), *sf.* Atelier d'une fonderie où l'on forme, où l'on répare les moules.

SABLES D'OLONNE (LES), 11 070 hab., s.-préf. de la Vendée; port fortifié sur l'Océan; à 479 kilom. de Paris. École d'hydrographie; bains de mer fréquentés; ch. de fer de l'État.

***SABLEUR** (*sable* 1), *sm.* Ouvrier fondeur qui fait ou répare les moules.

SABLEUX, EUSE (l. *sabulosus*), *adj.* Qui contient du sable.

SABLIER (*sable* 1), *sm.* Instrument formé de deux entonnoirs de verre opposés par la pointe et réunis entre eux par un col étroit, en sorte que l'un des deux étant rempli de sable, celui-ci s'écoule dans l'autre pendant un temps qui est toujours le même. On s'en sert en marine pour filer le loch (V. ce mot); en astronomie pour mesurer le passage d'un astre au zénith, en cuisine pour retirer à temps de l'eau bouillante les œufs dits *à la coque.* ‖ Petit vase, à couvercle en écumoire, contenant du sable dont on saupoudre l'écriture fraîche. ‖ Arbre de l'Amérique équatoriale, de la famille des Euphorbiacées, dont le fruit peut s'employer comme sablier. Les sabliers renferment un suc laiteux, âcre et vénéneux. Les graines jouissent des mêmes propriétés. Elles sont répandues dans l'espace par l'éclatement bruyant des coques. ‖ Portion de la machine à papier qui arrête les sables et les matières lourdes mêlés à la pâte.

SABLIER

LE TEMPS PORTANT UN SABLIER. - DESSIN DELL'ABATE. (MUSÉE DU LOUVRE)

1. SABLIÈRE (*sable* 1), *sf.* Terrain d'où l'on tire du sable.

2. SABLIÈRE (pour *stablière :* du l. *stabilis*), *sf.* Pièce de bois posée horizontalement à la base d'un pan de bois et destinée à porter l'extrémité des poteaux; il y en a une seconde à la partie supérieure; elle s'appelle *sablière haute*, tandis que l'autre est dite *sablière basse.*

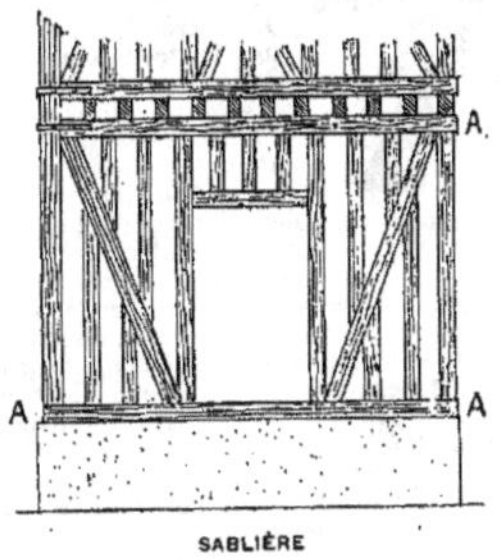

SABLIÈRE

A. Sablière basse. — **A'** Sablière haute.

SABLIÈRE (Marguerite Hessein, dame de la), morte en 1693, amie et protectrice de La Fontaine.

***SABLINE** (*sable* 1), *sf.* Genre de plantes dicotylédones herbacées de la famille des Caryophyllées; ses feuilles sont petites sans stipules; ses fleurs, blanches, sont réunies en cymes. On la rencontre dans les lieux secs et sablonneux. Elle sert à faire des bordures.

SABLON (l. *sabulonem*, gros sable), *sm.* Sable composé de quartz parfaitement pur et de couleur blanche; on en fait du cristal et on l'emploie à polir ou à nettoyer certaines substances.

SABLONNER (*sablon*), *vt.* Récurer avec du sablon. ‖ Jeter du sable fin sur le fer chaud, au moment de souder.

SABLONNEUX, EUSE (*sablon*), *adj.* Qui contient beaucoup de sable : *Sol sablonneux.*

SABLONNIER (*sablon*), *sm.* Marchand de sablon.

SABLONNIÈRE (*sablon*), *sf.* Carrière à sable.

SABORD (*x*), *sm.* Ouverture ou embrasure pratiquée dans le flanc d'un navire et par laquelle on tire le canon ; les sabords se ferment à l'aide d'un *mantelet*, panneau carré, avec ouverture ronde au centre. ‖ *Sabord de charge*, ouverture quadrangulaire à l'avant des navires suédois et norvégiens par laquelle on introduit les bois du Nord. En mer, ce sabord est calfaté et chevillé. ‖ *Faux sabord*, sabord imité par la peinture (noire et blanche) double. — **Dér.** *Saborder, sabordement.*

SABORD

***SABORDEMENT** (*sabord*), *sm.* Action de saborder.

***SABORDER** (*sabord*), *vt.* En marine, percer la coque d'un bâtiment échoué pour en tirer les marchandises. ‖ Percer un navire dans ses œuvres vives pour le couler.

SABOT (mot de la même famille que *savate*, it. *ciabata*, esp. *zapata*. Le slave a dans le même sens *sabogi*, chaussure ?), *sm.* Chaussure faite d'un seul morceau de bois creusé. La fabrication des sabots rentre dans les industries forestières, comme celle du charbon de bois. Les sabots ne sont pas toujours ces lourds blocs, dits *sabots à collet*, durcis au feu, bourrés de paille, que traînent les cavaliers de corvée dans les écuries des casernes ; on les façonne avec des bouts pointus, on les noircit, on les orne de brides vernies dans la Vendée et les Charentes. Dans l'Aveyron, on les sculpte en creux. Le sabot a joué son rôle dans notre histoire militaire ; il fut chaussé par les soldats de Charette, durant les guerres de Vendée et par les mobiles bretons du camp de Conlie, durant la campagne de la Loire (1870-1871). ‖ Ongle très épais qui entoure l'extrémité de chaque doigt des Pachydermes et des Ruminants : *Le pied du cheval n'a qu'un seul sabot.* ‖ Godet de métal où l'on introduit le pied d'un meuble, l'extrémité inférieure d'un pilot, la tête d'un arbalétrier. ‖ Rabot cintré pour découper les moulures courtes. ‖ Navette de passementier. ‖ Outil de bois avec coches à l'usage du cordier. ‖ Morceau de bois carré dans lequel s'emboîte l'extrémité du calibre des maçons et qui sert à le diriger le long de la règle, quand ils poussent des moulures. ‖ Plaque de fer à rebords et un peu courbe qu'on met sous l'une des roues d'une voiture dans une descente pour que cette roue ne fasse que glisser sans tourner. ‖ Petite toupie à tête plate et large que les enfants font pirouetter en la frappant avec un fouet. ‖ *Le sabot dort :* il tourne si vite, qu'il paraît immobile. — Fig. *Dormir comme un sabot*, dormir profondément, sans bouger, comme le sabot qui dort. ‖ *Sabot de Vénus*, le cypripède, orchidée à grandes fleurs dont le labelle jaune a la forme d'un sabot. — **Dér.** *Saboter, saboterie, sabotier, sabotière 1.*

SABOT DE CHEVAL

SABOTER (*sabot*), *vi.* Faire du bruit avec ses sabots. ‖ Jouer au sabot. ‖ Faire une besogne mal et vite, comme si l'on fouettait un sabot. (Pop.) — *Vt.* Garnir d'un sabot un pied de meuble, l'extrémité d'un pieu.

***SABOTERIE** (*sabot*), *sf.* Atelier de sabotiers.

SABOTIER (*sabot*), *sm.* Fabricant, marchand de sabots. ‖ Paysan chaussé de sabots. ‖ Nom des paysans de Beauce et de Sologne, soulevés contre Richelieu, comme les va-nu-pieds de Normandie.

1. SABOTIÈRE (*sabot*), *sf.* Espèce de danse, dite encore la *polichinelle*, parce que le rythme en est marqué par les sabots de Polichinelle.

2. *SABOTIÈRE (*saboter*. Littré en fait une corruption de *sarbotière*, pour *sorbetière*), *sf.* Vase de fer battu qui se place dans un petit baquet pour préparer des glaces ou des sorbets.

***SABOULAGE** (*sabouler*), *sm.* Action de sabouler.

SABOULER (*x*), *vt.* Houspiller, tirailler, secouer. — Fig. Réprimander vertement. — **Dér.** *Saboulage.*

SABRAN (Louis-Elzéar, comte de), né en 1774, mort en 1846, beau-fils du chevalier de Boufflers qui épousa sa mère en secondes noces, ami du prince de Ligne, de Mme de Staël, de Delille dont il annota le poème de l'*Imagination;* auteur de tragédies, d'articles critiques, etc.

SABRE (all. *säbel :* du russe *sabla;* hongrois *szablya*), *sm.* Arme d'estoc et de taille, dont la lame, le plus généralement recourbée, est tranchante du côté convexe ; tel est l'ancien sabre de la cavalerie légère (chasseurs, hussards), dit vulgairement *bancal;* dans les charges, il servait à sabrer, c'est-à-dire à frapper avec le tranchant. Le sabre de la cavalerie de ligne (dragons) et de la grosse cavalerie (cuirassiers) est dit *latte* et sert surtout à pointer, c'est-à-dire à piquer de la pointe l'adversaire. Le sabre de cavalerie légère nouveau modèle, actuellement en service, est également un sabre droit. Le sabre, arme d'origine orientale, a été introduit en France par les mercenaires hongrois, croates (cravates) et polonais. Les poignées des sabres orientaux sont parfois sculptées sur la dent de morse et l'ivoire, plus souvent taillées dans l'or, l'argent, les matières dures comme le jade, l'agate, le cristal de roche, avec applications de pierres précieuses. Ce n'est pas leur seul mérite : les lames, dites de *Damas*, sont aussi réputées que celles de Tolède ; on recherche surtout celles d'Assad-Allah d'Ispahan, qui vivait sous Abbas le Grand (1590-1628) ; il a donné son nom aux plus belles lames, et on dit en Orient un *assad-allah*, comme nous disons une *clamade*, un *andré-ferrare*. Ces armes, d'un genre très fin, d'une trempe éprouvée, sont faites du vieil acier des Indes, dont la trempe est perdue. Sur les lames on gravait des légendes telles que celle-ci : « Abbas Sarlahnaber a fabriqué le lion de Dieu. Il n'y a de prophète qu'Ali. Il n'y a de glaive que Joulfikar. » En perse, les sabres les plus réputés sont ceux du Chorassan ; on distingue encore les *damas noirs* de Constantinople, les *damas bilieux* (jaunâtres), les *damas gris;* dans quelques sabres, les évidements sont garnis de rubis ou de boules en acier glissant dans les rainures. Les sabres persans ou turcs sont tous courbes, à poignées assez simples ; la lame en fait tout le mérite. Dans l'Inde, on trouve des sabres droits, spatulés vers le bout, dits *kounda*. Les poignées des sabres hindous sont de petite dimension, avec une rondelle ou cuvette servant de pommeau, que surmonte souvent une tige recourbée. ‖ *Sabre-briquet*, à lame courte et courbe, à poignée de cuivre, qu'on donnait autrefois aux fantassins, aux artilleurs à pied, et qui est encore usité dans la marine. ‖ *Sabre d'abordage*, briquet avec large poignée de fer couvrant la main. ‖ *Sabre-poignard*, dit vulgairement *coupe-chou*, à lame droite à deux tranchants, donné aux soldats d'infanterie sous le second Empire. ‖ *Sabre-baïonnette*, arme qui a remplacé le sabre-poignard et la baïonnette, et peut s'adapter au fusil. ‖ *Coups de plat de sabre*, appliqués avec le plat du sabre. Cette punition, usitée dans l'armée prussienne, fut introduite en France par M. de Saint-Germain, ministre de la guerre sous Louis XVI ; mais les sergents chargés de l'appliquer s'y refusèrent ; l'un d'eux s'écria même, avec esprit, qu'il ne connaissait du sabre que le tranchant. ‖ *Traîneur de sabre*, soldat qui veut effrayer les bourgeois par sa brusquerie bruyante. ‖ *Sabre de bois*, latte d'Arlequin ; juron familier. ‖ Espèce de coquillage dit encore *couteau*. ‖ Poisson acanthoptérygien, très allongé, à nageoire dorsale, longue et épineuse, à écailles argentées, qu'on pêche dans la Méditerranée. — **Dér.** *Sabrer, sabreur.* — **Comp.** *Sabretache.*

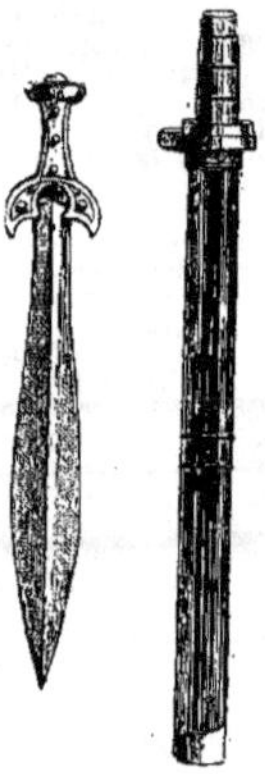

SABRES GAULOIS

SABRER (*sabre*), *vt.* Frapper avec le tranchant du sabre. — Fig. *Sabrer une besogne, une affaire*, la faire mal, avec précipitation et sans goût. ‖ Critiquer à tort et à travers.

SABRES, 2 545 hab., cant. de l'arr. de Mont-de-Marsan (Landes) ; minerai de fer, pins, résine.

SABRETACHE (all. *säbel*, sabre + *tasche*, poche), *sm.* Espèce de gibecière plate tenant au ceinturon par de longues courroies ; ce sac pendait à côté du sabre des hussards, des lanciers et des chasseurs et pouvait leur servir de poche.

SABRETACHE

SABREUR (*sabre*), *sm.* Militaire très brave, mais peu instruit dans son art. — *Fig.* Homme qui travaille aussi mal que vite.

***SABULAIRE** (l. *sabulum*), *adj. 2 g.* Qui séjourne dans le sable. (Zool.)

SABURRAL, ALE (*saburre*), *adj.* Couvert de saburre. ‖ Causé par la saburre : *État saburral de l'estomac.*

SABURRE (l. *saburra*, lest d'un navire), *sf.* Matières dont on s'imaginait que l'estomac était embarrassé par suite de mauvaise digestion. — **Dér.** *Saburral, saburrale.*

1. SAC (l. *saccum*), *sm.* Récipient cylindrique d'étoffe, de cuir, de papier, ouvert par le haut et fermé par le bas : *Sac à blé, à charbon*, pour mettre du blé, du charbon. — Fig. *Sac à charbon*, espace noir dans le ciel, sorte de trou où l'on n'aperçoit aucune étoile. ‖ *Sac de blé, de farine*, etc., plein de blé, de farine, etc. ‖ Sac où l'on enfermait les criminels au moyen âge, pour les jeter ensuite à l'eau. De ce supplice et de celui du gibet vient l'expression : *Gens de sac et de corde*, scélérats. ‖ Petit sac de grosse toile pour serrer de l'argent. ‖ *Passe de sacs*, retenue que le débiteur est autorisé à faire pour le prix des sacs, dans les payements en espèces. Elle est de 10 centimes par 1 000 fr. — Fig. *Prendre quelqu'un la main dans le sac*, le prendre en flagrant délit. ‖ *Sac de soldat*, havre-sac, sorte de valise, munie de deux bretelles qui passent sous les aisselles et le fixent au dos du fantassin ; il n'est réglementaire que depuis le xviiie siècle ; auparavant le soldat portait son manteau roulé en bandoulière, avec une musette au côté. Le sac, où sont rangés, selon des instructions officielles, des effets de rechange, des biscuits, des cartouches, pèse environ 30 livres. ‖ *Sac de marin*, sac de grosse toile, à fond cylindrique, avec œillets aux bords, dans lesquels passe une corde pour le fermer, le matelot y entasse ses effets de rechange. ‖ *Sac de voyageur*, analogue à celui de soldat, pour les artistes et les touristes. ‖ *Sac de nuit*, valise pour serrer des effets de toilette. ‖ *Sac à terre*, sac en forte toile de chanvre bien serrée, rempli de terre et employé pour la construction des batteries ou autres ouvrages de fortification. Ses dimensions, quand il est plein, sont 0m,50 de long, 0m,30 de large, 0m,20 d'épaisseur. On ne le remplit pas complètement et on n'y tasse pas la terre avant de le lier, afin qu'il n'éclate pas, une fois mis en place. || Enveloppe de maçonnerie faite autour d'une soute à poudre, sur un navire, pour la préserver. || *Sac de procès*, sac de grosse serpillière où l'on enfermait toutes les pièces d'un procès. On dit aujourd'hui *dossier*. — Fig. *C'est la meilleure pièce de son sac*, celle qui peut lui assurer le succès. || *Voir le fond du sac*, connaître, deviner ce qu'il y a de plus secret dans une affaire. || *Vider son sac*, dire tout ce qu'on a sur le cœur, dans une occasion donnée. || *Sac à ouvrage*, pochette à l'usage des dames qui brodent, cousent, font de la tapisserie. || Sac pour enfermer les quilles, après le jeu : *Ne laisser que le sac et les quilles*, ce qui est sans valeur, tout en emportant l'argent des enjeux. || Habit grossier dont on affublait les condamnés au feu, à une pénitence publique. || Longue robe dont se couvrent les confréries de pénitents quand ils se réunissent. || Réservoir de certaines glandes : *Sac lacrymal*. || Partie d'une hernie qui forme saillie au dehors. || Estomac, ventre (trivial) : *Remplir son sac*. — *Sac à vin*, ivrogne. || *Sac à malice*, poche à l'usage des escamoteurs; par extension, petite pochette de cuir où le soldat resserre son fil, ses aiguilles, son alène, la cire à giberne, etc. || *Sac de laine*, coussin sur lequel s'assoit le président de la Chambre des lords, le *speaker* de la Chambre des communes, en souvenir du moyen âge où l'Angleterre, riche en laines, les exportait en Flandre. || *Sac à papier*, juron poli, employé par euphémisme. — **Dér.** *Sac 2, sachet, sachette, sacoche, saccule, sacelle, sachée, sacculaire*. — **Comp.** *Sacciforme, ensacher*.

2. **SAC** (sv. du vx fr. *sacquer*, mettre en sac : du bl. *saccare*), *sm*. Pillage complet d'une ville : *Le sac de Rome par les soldats du connétable de Bourbon, en 1527*. — **Dér.** *Saccage, saccager, saccagement, saccageur*.

SACCADE (ital. *staccato*: de *staccare*, détacher), *sf*. Secousse qu'un cavalier donne à son cheval en lui tirant brusquement la bride. — *Fig*. Secousse que l'on donne à quelqu'un en le tirant. || Tout mouvement brusque : *Marcher par saccade*. || Dure réprimande. — **Dér.** *Saccader, saccadé, saccadée*.

SACCADÉ, ÉE (pp. de *saccader*), *adj*. Qui va par saccades. || Brusque et irrégulier : *Mouvement saccadé*. || Qui procède par phrases courtes et sans liaison : *Style saccadé*.

SACCADER (*saccade*), *vt*. Donner des saccades à un cheval.

SACCAGE (*sac* 2), *sm*. Désordre, bouleversement. || Amas confus. (Pop.) — **Dér.** *Saccager, saccagement, saccageur*.

SACCAGEMENT (*saccage* + sfx. *ment*), *sm*. Pillage complet.

SACCAGER, *vt*. Piller totalement : *Saccager une ville*. || Bouleverser tout quelque part : *Saccager un mobilier*. — **Gr.** *G* devient *ge* devant *a*, *o*. Nous saccageons, je saccageais.

***SACCAGEUR** (*saccager*), *sm*. Celui qui saccage.

SACCHARATE (l. *saccharum*, sucre), *sm*. Tout corps formé par la combinaison du sucre avec un oxyde : *Le saccharate de chaux est employé contre la diarrhée*.

***SACCHAREUX, EUSE** (du l. *saccharum*, sucre), *adj*. Qui est de la nature du sucre. (Chim.)

***SACCHARIDE** (l. *saccharum*, sucre + sfx. chimique *ide*), *sm*. Composé chimique résultant de l'action des acides organiques sur les sucres.

***SACCHARIFÈRE** (l. *saccharum*, sucre + *ferre*, porter), *adj*. *2 g*. Qui produit, qui contient du sucre : *Plante saccharifère*.

***SACCHARIFIABLE** (*saccharifier*), *adj*. *2 g*. Qui peut être saccharifié.

***SACCHARIFICATION** (*saccharifier*), *sf*. Conversion d'une substance en sucre : *Saccharification de l'amidon traité par l'acide sulfurique*. A la température de l'ébullition, l'acide sulfurique très étendu saccharifie la fécule. La diastase (V. ce mot) accomplit la saccharification d'environ 2 000 fois son poids d'amidon.

***SACCHARIFIER** (l. *saccharum*, sucre + *ficare*, faire), *vt*. Transformer en sucre. — **Dér.** *Saccharifiable, saccharification*.

***SACCHARIGÈNE** (l. *saccharum*, sucre + sfx. *gène*), *adj*. *2 g*. Se dit des corps tels que la fécule, la gomme, la cellulose, qui donnent du sucre en s'hydratant.

SACCHARIMÈTRE (l. *saccharum*, sucre + g. μέτρον, mesure), *sm*. Instrument avec lequel on détermine la quantité de sucre contenue dans un liquide, par la mesure, directe ou indirecte, du pouvoir rotatoire de cette solution. (V. *Polarisation*.) Un des saccharimètres les plus usités est celui de Soleil. L'appareil, vu extérieurement, se compose de deux parties : 1° un tube mobile, opaque, qui est destiné à recevoir la solution sucrée et dont chaque extrémité est fermée par une plaque de verre ; 2° un appareil optique, spécial, dont l'enveloppe, qui est cylindrique et en métal, est évidée à certaine distance des deux bouts, de manière à recevoir, quand il le faut, le tube mobile en question. L'appareil optique est muni à un des bouts d'une lunette de Galilée, permettant à l'opérateur d'observer nettement les images produites par l'appareil. Est-il nécessaire d'ajouter qu'il faut une lampe pour éclairer l'autre bout? La gaine métallique contient un ensemble de pièces optiques qui polarisent la lumière et qui, lorsqu'on manœuvre un bouton et une virole, agissent sur la lumière polarisée, de façon à faire apparaître, pour l'observateur, deux demi-disques lumineux, présentant une teinte pareille, qui est gris de lin et qui est dite *teinte sensible*. Au delà de la place réservée au tube à solution sucrée, il y a un système qu'on appelle le *compensateur* et qui est formé de deux pièces distinctes. D'abord, du côté du tube, une lame de quartz. Plus loin deux prismes de quartz rapprochés de manière à constituer une lame. L'un d'eux peut glisser sur l'autre, de telle sorte que l'épaisseur de la lame qu'ils forment est variable. On n'a qu'à tourner un bouton dans un certain sens, l'épaisseur de la lame augmente; à le tourner dans un autre sens, elle diminue. Lorsque les deux faces de contact se recouvrent complètement, on a une épaisseur moyenne qui est exactement égale à celle de la lame invariable. Quant à la manœuvre qui produit ce glissement, elle consiste simplement, pour l'opérateur, à tourner un bouton. Le glissement est rendu apparent par le déplacement d'un repère sur une règle portant deux échelles, l'une à droite, l'autre à gauche d'un zéro, lequel se trouve au milieu de la règle. Lorsque le repère est sur le zéro, les deux lames se recouvrent complètement, elles donnent l'épaisseur moyenne. Quand le repère se déplace dans un sens, l'épaisseur augmente; quand il se déplace dans l'autre sens, elle diminue.

Or, la lame invariable est formée de quartz dextrogyre, c'est-à-dire de quartz qui dévie à droite le plan de polarisation de la lumière. Les deux pièces mobiles qui constituent l'autre lame sont, au contraire, en quartz lévogyre, c'est-à-dire qui dévie à gauche le plan de polarisation de la lumière. L'action de cette lame est donc inverse de celle de la lame invariable. Lorsque la lame composée est à son épaisseur moyenne, son action annule celle de la lame invariable. Cette épaisseur moyenne est celle que la lame composée doit avoir au début d'une opération. Mais on vient à placer dans l'appareil le tube avec la solution sucrée. Que se passe-t-il alors? Si le sucre dissous dans l'eau est du sucre ordinaire, le plan de polarisation va tourner à droite; si c'est du glucose ou quelque autre sucre, le plan de polarisation va tourner à gauche. Dans un cas comme dans l'autre, l'effet, pour l'œil de l'opérateur appliqué à la lunette, sera la disparition de la teinte sensible et l'apparition de deux demi-disques, l'un d'une couleur, l'autre d'une autre. Pour rétablir l'équilibre et faire reparaître la teinte sensible, il faudra, si l'on a affaire à du sucre dextrogyre, augmenter l'épaisseur de la plaque composée. (Cette plaque est lévogyre, ne l'oublions pas.) Si, au contraire, le sucre dissous est lévogyre, il faudra diminuer l'épaisseur de la plaque composée. Déjà donc, d'après le sens dans lequel on devra tourner le bouton pour faire reparaître la teinte sensible, on reconnaîtra si le sucre est ou n'est pas du sucre ordinaire. Il se peut aussi que l'on soit en présence d'un mélange.

Supposons que l'on sache n'avoir affaire qu'à un seul sucre et qu'il s'agisse, pour le chimiste, de trouver la quantité de sucre contenue dans la solution. Ce problème est le plus fréquent que l'on ait à résoudre, dans l'industrie, au moyen du saccharimètre. Voyons maintenant comment l'instrument peut servir à cet usage. La plaque simple, invariable, a une épaisseur de 1 millimètre. La plaque composée a donc également cette épaisseur lorsque l'indicateur est au zéro. La division est telle que 100 divisions de déplacement correspondent à 1 millimètre d'augmentation ou de diminution dans l'épaisseur. Supposons que la solution sucrée nécessite, pour le rétablissement de la teinte sensible, une augmentation d'épaisseur, c'est-à-dire que le sucre soit du sucre ordinaire. Nous avons d'abord à nous demander quelle est la quantité de sucre nécessaire pour que le rétablissement de la teinte sensible exige toute l'épaisseur moyenne de la plaque composée. On a constaté, une fois pour toutes, que ce poids de sucre est de 16gr,471. Chaque centième de cette quantité de sucre n'exigera qu'un centième de cette épaisseur ou une division de l'échelle. On voit donc que chaque division correspond à 0gr,16471 de sucre. Autant on lira de divisions sur l'échelle, autant de fois la solution contiendra 0gr,16471 de sucre.

***SACCHARIMÉTRIE** (*saccharimètre* + sfx. *ie*) *sf*. Ensemble des procédés employés pour l'analyse du sucre.

***SACCHARIMÉTRIQUE** (*saccharimètre*), *adj*. *2 g*. Qui a rapport à la saccharimétrie.

SACCHARIN, INE (l. *saccharum*, sucre), *adj*. Qui contient du sucre. || Analogue au sucre. || Qui a rapport à l'extraction du sucre. *Industrie saccharine*.

***SACCHARINE** (*saccharin*), *sf*. Principe immédiat des végétaux qui contiennent du sucre.

***SACCHARIQUE** (l. *saccharum* + sfx. *ique*), *adj*. *2 g*. Se dit d'un acide organique qui ne cristallise pas et qui constitue un solide incolore et friable. Ce corps est déliquescent; c'est dire qu'il est très soluble dans l'eau. Il est soluble aussi dans l'alcool. Il est bibasique.

***SACCHARITE** (l. *saccharum* + sfx. chimique *ite*), *sm*. Silicate triple de chaux, de soude et d'alumine, qu'on trouve en Sibérie et qui est d'apparence grenue.

***SACCHAROÏDE** (l. *saccharum*, sucre + g. εἶδος, forme), *adj*. *2 g*. Se dit des substances qui ont l'apparence du sucre : *Marbre saccharoïde*.

SACCHAROKALI (l. *saccharum*, sucre + arabe, *kali*, soude), *sm*. Mélange de sucre et de bicarbonate de soude coloré par de la laque carminée qu'on emploie comme absorbant dans la cardialgie et le pyrosis.

***SACCHAROLÉ** (l. *saccharum*, sucre + *oleum*, huile), *sm*. Médicament qui renferme de l'huile et du sucre, ou du sucre et du miel.

***SACCHAROLOGIE** (l. *saccharum*, sucre + g. λόγος, discours), *sf*. Ouvrage qui traite du sucre, de son histoire, de sa préparation, etc.

***SACCHARORHÉE** (g. σάκχαρον, sucre + ῥεῖν, couler), *sf*. Glycosurie, diabète sucré.

***SACCHAROSE** (l. *saccharum* + sfx. *ose*), *sf*. Sucre de canne ou sucre de betterave, ou tout autre sucre ayant la même composition. Tel est le sucre du palmier *axa*, du sorgho, de l'érable, de la citrouille. Sa formule chimique est $C^{24}H^{22}O^{22}$.

SACCHARURE (l. *saccharum*, sucre), *sf*. Médicament de forme pulvérulente dans lequel la substance employée a été dissoute dans l'éther ou l'alcool et unie au sucre.

SACCHINI (ANTOINE-MARIE-GASPARD) (1734-1786), célèbre compositeur italien qui, en quatorze ans, ne produisit pas moins de cinquante opéras. Parmi ses ouvrages joués à Paris, il convient de citer *Rinaldo*, *Chimène*, *Dardanus*, et enfin *Œdipe à Colone*, son chef-d'œuvre.

***SACCIFORME** (l. *saccum*, sac + forme), *adj*. *2 g*. Se dit d'un anévrisme en forme de sac.

***SACCULAIRE** (*saccule*), *adj*. *2 g*. Qui a trait au saccule.

***SACCULE** (l. *sacculum*, petit sac), *sm.* Vésicule de l'oreille moyenne, tapissée d'otoconie, logée dans la fossette ronde du vestibule membraneux. — **Dér.** *Sacculaire.*

***SACELLE** (dm. de *sac*), *sm.* Fruit monosperme dont la graine est revêtue d'une enveloppe membraneuse.

***SACELLUM** (ml.), *sm.* Nom que portaient dans l'antiquité de petites enceintes rondes ou carrées, avec autel au centre, mais sans toiture; elles étaient dédiées à quelque divinité.

SACERDOCE (l. *sacerdotium* : de *sacerdos*, prêtre), *sm.* Ministère de celui qui applique et interprète les rites d'une religion établie. Chez les Égyptiens, les prêtres transmettaient aux initiés le culte d'un dieu unique et maintenaient parmi la foule le respect des animaux sacrés (bœuf Apis, crocodiles, ichneumons, etc.). Les Juifs eurent les Lévites, et les Perses, leurs mages. Chez les Grecs, il n'y avait pas de caste sacerdotale, mais les prêtres devaient être sains de corps et purs d'esprit. Les prêtresses étaient le plus souvent des jeunes filles. On connaît mal la hiérarchie et l'ordination chez les Grecs; parfois la fonction était héréditaire. Ainsi la *dadouquie* (dignité de porteur de torche dans les mystères d'Éleusis) demeura plus de 200 ans dans la famille de l'Athénien Callias. Les villes avaient de grands pontifes (ἀρχιερεύς). Les *parasites* prélevaient les dîmes dues aux temples. Les *néocores* ou *zacores* étaient chargés de les entretenir. Les vêtements des prêtres étaient le plus souvent longs et blancs; les prêtres des Euménides étaient habillés de pourpre; les prêtresses d'Artémis Brauronia portaient des robes couleur de safran. A Rome, les collèges de prêtres se divisaient en trois classes : I. Les pontifes, dieux de la patrie et du rit romain. II. Les décemvirs, dieux étrangers et du rit grec. III. Les augures, chargés de la divination. I. Le collège des pontifes comprenait lui-même quatre sortes de prêtres : 1° Les *pontifes*, ainsi nommés parce qu'ils avaient construit le pont Sublicius, veillaient à l'observation du culte et des lois religieuses, annonçaient les fêtes, réglaient le calendrier et rédigeaient des commentaires (*les Annales*), secs, mais précis, consultés par Tite-Live; ils avaient quelque ressemblance avec le collège des cardinaux; leur chef, le grand pontife, était nommé à vie. 2° Les *flamines* (de *flare*, inspirer) furent institués par Numa; il y avait trois flamines majeurs, nommés par le collège (dial ou de Jupiter, martial ou de Mars, quirinal ou de Romulus); et des flamines mineurs, élus par le peuple. 3° Les *vestales*, collège de six jeunes filles libres, chargées d'entretenir le feu sacré sur l'autel de Vesta; elles entraient dans l'ordre à l'âge de six ou dix ans et ne pouvaient contracter mariage durant 30 ans. La vestale coupable était enterrée vive près de la porte Colline : ce supplice fut infligé 13 fois durant l'histoire de Rome païenne. Les vestales, soustraites à la puissance paternelle, avaient des places d'honneur dans le cirque et sauvaient la vie du condamné qu'elles rencontraient par hasard. 4° Le *roi des sacrifices*. Les Romains, formalistes à l'égard des dieux, avaient supprimé le roi en politique, mais l'avaient maintenu en religion. II. Le *collège des décemvirs* fut institué par Tarquin le Superbe, après qu'il eut acheté les livres sibyllins. Sylla éleva leur nombre à quinze, et ils furent dits dès lors quindécemvirs. D'après les livres sibyllins, Rome devait durer 12 siècles parce que Romulus avait compté 12 vautours du haut du Palatin. Cette prophétie s'est, en quelque sorte, vérifiée (753 av. J.-C.). III. Le collège des *augures* chargés de découvrir l'avenir par le vol des oiseaux était composé de 3, de 9, puis de 15 patriciens et grands personnages le plus souvent revêtus de la prétexte, portant dans la main droite le *lituus* ou *bâton augural*. Les *saliens*, ou *flamines de Mars*, gardaient les douze *anciles* (boucliers sacrés), dont l'un était, dit-on, tombé du ciel dans le palais de Numa. Les *féciaux*, chargés de déclarer la guerre, étaient des sortes de hérauts sacrés. Les confréries, comme celles des *Luperques*, des frères *arvales*, étaient très nombreuses. Les chrétiens eux-mêmes purent se constituer en collèges funéraires et développèrent leur doctrine dans les Catacombes, sous le prétexte d'honorer leurs morts.

Les Gaulois de la Celtique, comme les Bretons des Iles-Britanniques, avaient leurs druides qui ne formaient pas une caste héréditaire, mais se recrutaient dans les autres classes de la société. (V. *Druides*.) Les Gallo-Romains adoptèrent la religion de leurs vainqueurs; il n'y eut donc plus, chez eux, de caste sacerdotale, et le prêtre n'y fut guère qu'un fonctionnaire public. Quand le christianisme remplaça le paganisme, il respecta, pour organiser son clergé, l'administration romaine : l'archevêque, *primat des Gaules*, prit place à Lyon, près du préfet des Gaules; les dix-sept métropoles, capitales des provinces, eurent chacune un archevêque; dans les 113 cités, il y eut des évêques. Ces évêques, (*episcopoi*) n'étaient que des surveillants, comme les prêtres (*presbuteroi*) n'étaient que des *anciens*. Bientôt l'évêque se sépara nettement des fidèles par l'onction et l'ordination; puis, comme la communauté chrétienne s'étendait, il autorisa ses prêtres à administrer tous les sacrements, sauf la confirmation et l'ordination. La classe des *clercs* ou gens d'Église se constitua à côté du reste des fidèles, dits *laïcs*. Ces clercs restaient dans les ordres mineurs : *acolytes, lecteurs, exorcistes, portiers*; ou ils prenaient des engagements irrévocables par les ordres majeurs : *sous-diacres, diacres, prêtres*. Jusqu'au Ve siècle, il y eut des *diaconesses*, consacrées par imposition des mains de l'évêque; à cette époque apparaissent les chanoines, prêtres entourant l'évêque, soumis à une règle (*canon*, d'où *canonici*, chanoines). Enfin, à côté de ce clergé *séculier*, qui vivait dans le *siècle*, le monde, s'établit un clergé *régulier*, soumis à une *règle*, pratiquant la vie de renonciation des premiers chrétiens, se consacrant à la prière, à l'étude, au travail manuel. Saint Martin fonda le monastère de Ligugé, près de Poitiers; saint Honorat établit celui des îles de Lérins. Ce furent les disciples de saint Benoît de Nursia (480-529), fondateur du célèbre monastère du Mont-Cassin, qui défrichèrent les forêts de la Gaule, résistèrent à la barbarie franque et sauvèrent l'avenir de la civilisation, en transcrivant les manuscrits des auteurs anciens. L'Irlande fut convertie par saint Patrick, né sur les côtes d'Armorique et vendu par des pirates à un chef du comté d'Antrim; les bénédictins irlandais vinrent à leur tour fonder des colonies chrétiennes en Gaule : saint Colomban fonda le monastère de Luxeuil; saint Gall fut l'apôtre de la Suisse; saint Wandrille catéchisa la Normandie; saint Willibrord, la Belgique et la Hollande. Aux temps féodaux, les ordres religieux se multiplient et forment deux grandes divisions : les *ordres bénédictins* et les *ordres mendiants*. 1° Les *Bénédictins* sont réformés au IXe siècle par saint Benoît d'Aniane, et ont pour principaux rejetons : l'*ordre de Cluny* (910); l'*ordre de Cîteaux* (1098); l'*ordre de Grandmont* (1076); les *chartreux de Saint-Bruno* (1084); l'*ordre de Clairvaux*, fondé par saint Bernard (1115); celui de *Fontevrault* (1100); les *Prémontrés* (1120); les *Trappistes* (1140); les *Petits Augustins* dits *Guillemites*, de leur fondateur Guillaume de Malaval. 2° Tandis que les Bénédictins vivaient en grands propriétaires, assez indépendants du saint-siège, les ordres mendiants furent institués pour défendre le pape contre les hérétiques albigeois; ils ne vivaient, en principe, que de quêtes et d'aumônes. Les quatre grands ordres mendiants sont : les *Dominicains* ou *Jacobins* (1215), fondés par saint Dominique; les *Franciscains*, créés par saint François d'Assise (1223); les *Carmes*, ramenés du mont Carmel par saint Louis; les *Grands Augustins*, institués en 1256. Des *Minimes*, les *Récollets* et les *Capucins*. D'autres ordres s'occupaient de racheter les captifs en pays musulmans : les *Lazaristes*, les *Mathurins*, fondés par saint Jean de Matha; les *Pères de la Merci*. Les ordres religieux militaires défendaient, les armes à la main, la terre sainte; c'étaient : les *Templiers*, les *Hospitaliers*, depuis chevaliers de Rhodes et de Malte. Au XVIe siècle, pour défendre l'Église romaine contre les luthériens et les calvinistes, furent institués les Théatins, les Barnabites, les Oblats, les Oratoriens de saint Philippe de Néris, introduits en France par le cardinal de Bérulle, et surtout la célèbre Compagnie de Jésus. Au XVIIe siècle se constituent, dans l'ordre des Bénédictins, les congrégations de Saint-Maur et de Saint-Vanne, si fécondes en érudits et en historiens remarquables. En 1680, le bienheureux J.-B. de la Salle fonde les *Frères des Écoles chrétiennes*, qui ont encore tant d'influence sur l'éducation populaire. Les congrégations religieuses de femmes alors constituées sont bien plus nombreuses : Carmélites, Capucines ou Filles de la Passion, Visitandines (saint François de Sales et Mme de Chantal); Feuillantines, Bernardines, Annonciades ou Filles bleues, Filles de Notre-Dame de la Miséricorde, Augustines, Filles de la Conception, religieuses du Saint-Sacrement ou de l'Adoration perpétuelle. D'autres ordres sont moins contemplatifs, comme les Madelonnettes, les Sœurs de charité ou Sœurs grises, fondées en 1633 par saint Vincent de Paul; les Ursulines, les Filles de la congrégation Notre-Dame, les Filles de la Croix, les Filles de l'Instruction chrétienne. Lors de la Révolution, la constitution civile du clergé divisa les prêtres en *réfractaires* et *assermentés*; le concordat de 1801 ramena l'union dans l'Église française. Quant au clergé régulier, la Constituante supprima les vœux perpétuels (1790), et la Législative (1792) abolit tous les ordres sans distinction. Depuis la Restauration, les congrégations religieuses se sont presque toutes reconstituées, avec autorisation du gouvernement; quelques-unes, n'ayant pas eu recours à cette autorisation, comme les Jésuites, Dominicains et Capucins, ont été poursuivies par les décrets de 1880. ‖ Chez les catholiques, prêtrise. ‖ Le corps ecclésiastique. — **Dér.** *Sacerdotal, sacerdotale.*

SACERDOTAL, ALE (l. *sacerdotalem*), *adj.* Qui touche au sacerdoce : *Ornements sacerdotaux.*

SACES ou **ÇAKÂ**, peuple de race touranienne habitant les plaines de la Tartarie, à l'O. de la Chine. Cyrus, malgré la résistance de leur roi Amorgès et de sa femme Sparéthra, les rendit ses tributaires; ils se révoltèrent contre Darius, fils d'Hystaspe (518), qui fit de leur pays une satrapie de son empire.

SACHÉE (*sac* 1), *sf.* Ce qu'un sac peut contenir : *Une sachée de pruneaux.*

***SACHEM** (mot indien, Amérique du Nord), *sm.* Vieillard qui, chez les Peaux-Rouges de l'Amérique du Nord, fait partie du conseil de la nation.

SACHET (dm. de *sac* 1), *sm.* Petit sac. ‖ Petit sac dans lequel on a mis une poudre aromatique ou astringente, et qu'on fait porter au cou d'un malade. ‖ Petit coussin contenant du vétyver, de la poudre d'iris, qu'on place au milieu du linge, des vêtements. ‖ Religieux de la Pénitence du Christ qui s'habillaient de sacs. (V. ce mot.) — **Dér.** *Sachette.*

***SACHETTE** (*sachet*), *sf.* Religieuse de l'ordre de la Pénitence du Christ.

SACHSE (Hans) (1494-1576), poète allemand et cordonnier, doyen des meistersingers (*maîtres-chanteurs*), auteur de tragédies, fables, contes, traductions de psaumes.

SACI (Louis-Isaac Lemaistre, dit de) (1613-1684), janséniste, traducteur de la Bible et de l'Imitation de Jésus-Christ. Neveu du grand Arnault, il fut l'un des solitaires de Port-Royal des Champs et prisonnier à la Bastille de 1666 à 1668.

SACILE, 5 369 hab., ville de l'Italie du N., sur la Livenza et le chemin de fer de Venise à Trieste, bataille de 1809 où le prince Eugène fut défait par les Autrichiens.

SACKEN (baron Osten), 1770-1837, général russe, fait prisonnier à Zurich en 1799, gouverneur de Paris en 1814.

SACOCHE (it. *saccocia*), *sf.* Assemblage de deux bourses de cuir réunies par une courroie, à l'usage des courriers, des voyageurs, etc. || Poches de cuir placées en avant de la selle d'ordonnance et destinées à recevoir les effets du cavalier. || Sac de peau ou de forte toile dans lequel les garçons de recette portent leur argent. || Argent contenu dans ce sac. || Flacon de verre pour le détail de l'eau d'oranger.

***SACOLÈVE** (mot oriental), *sm.* Navire du Levant, très recourbé, surtout vers l'arrière, qui est assez élevé; il a trois mâts d'une seule pièce, tendus par des livardes.

***SACOME** (l. *sacoma*, sorte de marbre), *sm.* Moulure en saillie; profil, calibre de cette moulure.

1. ***SACRAMENTAIRE** (l. *sacramentum*, sacrement), *sm.* Rituel de la primitive Église. || Livre d'Église dans lequel sont renfermées les cérémonies de l'administration des sacrements.

2. **SACRAMENTAIRE** (l. *sacramentum*, sacrement), *sm.* Nom collectif des hérétiques qui ont sur l'eucharistie des opinions contraires à celles des catholiques.

SACRAMENTAL, ALE ou **SACRAMENTEL, ELLE** (l. *sacramentum*, sacrement), *adj.* Essentiel pour la validité d'un sacrement : *Les paroles sacramentales de la consécration.* || Fig. Décisif pour la conclusion d'une affaire (familier) : *Le oui sacramentel du mariage.* — **Gr.** au *mpl.* : *Sacramentaux.* — **Dér.** *Sacramentaire* 1 *et* 2, *sacramentalement, sacramentellement.*

SACRAMENTALEMENT, ou **SACRAMENTELLEMENT**, (*sacramentale, sacramentelle* + sfx. *ment.*), *adv.* D'une manière sacramentelle.

SACRAMENTO (21 420 hab.), capitale de l'État de Californie (États-Unis); ville de commerce sur le Rio Sacramento et le chemin de fer du Transcontinental Pacifique, dans la région des mines d'or.

SACRAMENTO (*Rio*), rivière de la Californie, grossie du San Joaquin et d'un grand nombre de rivières; elle se jette dans la baie de San Francisco; son bassin est riche en terrains aurifères, exploités depuis 1848.

***SACRARIUM** (mot lat.), *sm.* Sacristie d'un temple antique où étaient conservés les vases et ustensiles sacrés.

1. **SACRE** (l. *sacrum*, cérémonie religieuse), *sm.* Cérémonie religieuse dans laquelle un roi est oint d'huile bénite et couronné : *Le sacre des rois de France avait lieu à Reims.* — Le sacre est le signe que le roi de France était en état de prendre le gouvernement de son royaume. Tous les formulaires du sacre le font remonter à Clovis, et on invoque le testament de saint Rémi. Mais nous avons de ce testament deux textes; le premier et le plus ancien, peut-être authentique, ne parle pas du sacre. Le deuxième, publié par Flodoard au xe siècle, est interposé, peut-être par le fait d'Hincmar : on aura confondu le sacre et le baptême. Sous la deuxième race, commence l'alliance du clergé et de la royauté. Pépin introduit la cérémonie du sacre, moins par religion que par politique, pour justifier son usurpation. Sous la troisième race, la cérémonie du sacre s'accomplit régulièrement, du vivant même du roi précédent, jusqu'à Philippe-Auguste. Elle ne soumettait pas le roi à la puissance ecclésiastique; elle en faisait une sorte d'évêque et lui donnait un caractère inamovible. Voici comment on procéda au sacre de Philippe Ier, du vivant de son père Henri, dans la cathédrale de Reims (1059) : L'archevêque dit d'abord la messe; après avoir lu l'épître, il harangua Philippe, qui fit profession de foi catholique, puis prononça le serment royal; alors l'archevêque l'*élu roi*, ce qui fut confirmé par les dignitaires ecclésiastiques, les grands feudataires, les chevaliers et le petit peuple. Ils crièrent trois fois : *Nous approuvons, nous voulons qu'il en soit ainsi.* Le prélat prit ensuite une parcelle de la *sainte ampoule*, apportée du ciel par une colombe, lors du baptême de Clovis par saint Rémi; il la délaya dans l'huile consacrée pour former le *saint chrême*; il en oignit neuf fois le prince, à la tête, à la poitrine, entre les épaules, aux épaules droite et gauche, aux jointures du bras droit et du bras gauche, aux paumes des deux mains. Puis Philippe fut revêtu de la dalmatique et du manteau royal; l'archevêque lui passa un anneau au doigt, lui plaça le sceptre dans la main droite et la main de justice dans la main gauche. Il prit enfin la couronne sur l'autel et la posa sur le front du roi, tandis que les pairs ecclésiastiques et laïques étendaient la main, comme pour la soutenir. Enfin Philippe alla s'asseoir sur son trône. La sainte ampoule fut brisée sur la place publique de Reims durant la Révolution; on en retrouva cependant un fragment pour sacrer Charles X, le 29 mai 1825. || Consécration d'un évêque.

2. **SACRE** (arabe *saqr*, épervier), *sm.* Grand oiseau de proie, du genre faucon, dit aussi gerfaut, employé autrefois à la chasse des buses, du héron, des milans. — Fig. Homme rapace et féroce, comme le gerfaut. — **Dér.** *Sacret.*

SACRÉ, ÉE (*sacrer*), *adj.* Destiné spécialement au culte divin : *Vases sacrés.* || Qui concerne la religion : *Ordres sacrés* (V. *Sacerdoce.* || *Livres sacrés*, ceux qui contiennent les écrits fondamentaux d'une religion comme l'Ancien et le Nouveau Testament des chrétiens; le Zend-Avesta des Parsis; les Védas des Hindous; le Coran des Musulmans; les Livres sibyllins des Romains. || *L'histoire sacrée*, l'histoire sainte; celle du peuple juif, par opposition à l'histoire profane. || *Le sacré collège*, le corps des cardinaux. || *Feu sacré*, celui qu'on entretenait perpétuellement à Rome sur l'autel de Vesta. — Fig. Zèle, dévouement, inspiration, génie : *Ce poète a le feu sacré.* || *Langue sacrée*, celle dans laquelle ont été écrits les livres sacrés : *L'hébreu est la langue sacrée des Juifs.* || Qui doit être vénéré : *Le sol sacré de la Patrie.* || Qu'on doit respecter : *Un droit sacré.* || A quoi l'on ne doit, ni l'on ne peut pas toucher : *Un dépôt sacré.* || Inviolable : *La personne du roi était sacrée.* || Qui appartient, a rapport au sacrum : *Les nerfs sacrés.* — *Sm.* Ce qui est sacré : *Distinguer le sacré du profane.*

SACRÉ-CŒUR (*sacré* + *cœur*), *sm.* Nom de deux fêtes catholiques : 1° *le Sacré-Cœur de Jésus* (vendredi après l'octave du saint sacrement); 2° *le Sacré-Cœur de Marie.* Elles furent instituées au XVIIe siècle sous l'inspiration de Marie Alacoque, visitandine du diocèse d'Autun, visionnaire, née en 1647, morte en 1690; elle fut secondée, à cet effet, par ses directeurs et surtout par le jésuite de la Colombière. En juillet 1873, l'Assemblée nationale vota l'érection, sur la colline de Montmartre, d'une basilique consacrée au sacré cœur de Jésus. Déjà, en juin, plus de 100 000 pèlerins avaient visité Paray-le-Monial, où était morte Marie Alacoque.

SACRÉ (MONT) [l. *Sacer Mons*], colline au N.-O. de Rome, à 4 kilom., de la *Porta Pia*, au delà du Teverone (*Anio*), sur la voie Nomentane; elle est célèbre par la retraite des plébéiens en 493 avant J-C.

SACRÉE (VOIE) [l. *Via sacra*], rue de Rome ancienne, sur le flanc S.-O. du Capitole, descendant vers le mont Palatin. Les triomphateurs la gravissaient pour monter au temple de Jupiter; le pavé s'en reconnaît encore de nos jours à la perfection du travail.

SACREMENT (l. *sacramentum*), *sm.* Acte de la religion chrétienne qui confère la grâce et sanctifie. L'Église catholique reconnaît sept sacrements : le baptême, la confession, l'eucharistie, la confirmation, le mariage, l'ordre et l'extrême-onction. || *Fréquenter les sacrements*, se confesser et communier habituellement. || *Les derniers sacrements*, le viatique et l'extrême-onction. || *Le saint sacrement*, l'eucharistie, l'ostensoir. — **Dér.** *Sacramentaire* 1 *et* 2, *sacramental, sacramentale, sacramentalement.*

1. **SACRER** (l. *sacrare*, rendre sacré), *vt.* Faire le sacre d'un roi, d'un évêque. — **Dér.** *Sacré, sacrée, sacre, sacrer, sacrement, sacramentaire* 1 *et* 2, *sacramental, sacramentale, sacramentel, sacramentelle, sacramentalement.* — **Comp.** *Sacrifice, sacrifier, sacrifiable, sacrificatoire, sacrificateur, sacrificature.*

2. **SACRER** (*sacrer* 1), *vi.* Blasphémer, jurer.

SACRET (*sacre* 2), *sm.* Le mâle du sacre. || Le tiercelet.

***SACRIFIABLE** (l. *sacrificare*, sacrifier), *adj.* 2 *g.* Qui peut être sacrifié.

SACRIFICATEUR (l. *sacrificatorem*), *sm.* Tout prêtre qui, chez les anciens, faisait des sacrifices dans le temple de Jérusalem ou dans les temples de polythéisme. || *Grand sacrificateur*, titre du grand prêtre des Hébreux choisi dans la famille d'Aaron, frère de Moïse. — A Rome, les assistants des prêtres dans les sacrifices étaient dits *cultrarii, popæ, victimarii.* Le *cultrarius* (de *culter*, couteau) coupait la gorge des victimes, porcs ou brebis; le *popa* conduisait les grandes victimes à l'autel et les abattait avec un maillet (*malleus*) ou avec le côté non tranchant de la hache (*securis*). || Pendant longtemps les ustensiles de pierre furent employés à cet usage. Du reste, les religions conservent pieusement les traditions. || Les *victimarii* allumaient le feu, préparaient les instruments nécessaires aux sacrifices et tenaient la victime par les cornes, au moment où le *popa* lui donnait le dernier coup.

SACRIFICATOIRE (l. *sacrificare*, sacrifier), *adj.* 2 *g.* Qui appartient au sacrifice.

SACRIFICATURE (l. *sacrificare*), *sf.* Dignité, fonction de sacrificateur.

SACRIFICE (l. *sacrificium*), *sm.* Chez les Hébreux et les anciens, offrande faite à la divinité d'un animal qu'on immolait ou de toute autre chose. || *Sacrifices humains*, ceux dans lesquels la victime est un homme. || *Le saint sacrifice*, la messe des catholiques, où la présence de Jésus-Christ dans l'eucharistie remplace la victime immolée sur l'autel. — *Fig.* Abandon d'un bien, d'un droit; dépense à laquelle on se résigne; privation que l'on s'impose : *Faire des sacrifices pour l'éducation de ses enfants.* || Détail négligé dans un tableau pour faire valoir le motif principal. — Préoccupé de la crainte de la mort et du respect de Dieu, l'homme a satisfait ces divinités jalouses par l'offrande d'êtres dont le sang ressemblait au sien; il a cru retarder sa mort, en la donnant à des êtres qui le précédaient au delà de la tombe. Les Aryens, plus respectueux qu'effrayés de la puissance divine, n'ont jamais abusé des sacrifices sanglants; de nos jours encore, les sectateurs de Brahma et de Bouddha répugnent à l'immolation d'êtres qui respirent; ils se contentent, même dans leur nourriture, de végétaux et de poissons. Les Égyptiens, peuple de laboureurs, amis et compagnons du bœuf qui tire la charrue, en firent un dieu pour ne pas l'immoler. Les Hébreux, longtemps captifs des Pharaons, adoptèrent ces usages et préférèrent les libations de vin, les offrandes d'huile, de sel et de farine aux sanglants holocaustes. Isaïe fait dire à Jéhovah : « Qu'ai-je besoin de la multitude de vos sacrifices? Je suis rassasié du sang des boucs et des génisses. » Les Phéniciens, si voisins des Juifs, ne connurent pas leur réserve et montrèrent une prédilection marquée pour les sacrifices humains, en l'honneur de Moloch et de Baal; il les transportèrent à Carthage, leur colonie, et de là peut-être en Gaule; la multitude d'hommes égorgés au Mexique avant l'arrivée de Fernand Cortez, les pratiques barbares du Dahomey à l'avènement d'un souverain sont les indices d'un état social basé sur la superstition la plus féroce. Les Gaulois, malgré la pure morale des druides, remplissaient de prisonniers de guerre des mannequins d'osier et les brûlaient tout vifs, en l'honneur du Très-Haut; ils ne croyaient pas être cruels, parce qu'ils n'avaient pas peur de la mort et s'emportaient parfois jusqu'au suicide religieux. Les Grecs distinguaient les sacrifices non sanglants, les sacrifices sanglants et les offrandes. Les sacrifices non sanglants, reflets des traditions aryennes, étaient les plus anciens; ils consistaient en prémices de la terre, en gâteaux, en miel, en pommes (μῆλα) qui, en jouant sur l'identité de prononciation, étaient des brebis. Les pauvres se contentaient de mouler dans la pâte un porc, un bœuf qu'ils offraient aux dieux; parfois on brûlait sur l'autel du bois de cèdre ou des parfums. Ces sacrifices étaient accompagnés de libations de lait, d'huile, de vin, d'eau (pour les Euménides, les Parques, les Muses et les Nymphes). Les Athéniens, si doux, si aimables, n'ont pas répugné aux sacrifices humains. Dans l'immolation des animaux, on tenait compte de l'âge, du sexe, de la couleur du poil; le porc, qui détruit les semences, était sacrifié à Cérès; le bouc, qui broute la vigne, était immolé à Bacchus. Les offrandes étaient conservées dans les temples, sans être brûlées ou détruites, comme les cheveux d'Achille et de Thésée, offerts au fleuve Sperchios ou à Apollon Délien.

Les Romains, au temps des rois, se contentaient d'offrir aux dieux des gâteaux, du lait, du vin, les premiers fruits de la terre; plus tard ils imitèrent les Étrusques, instituèrent les combats de gladiateurs pour apaiser les âmes des morts; ils immolèrent des taureaux (*victimæ*) ou des moutons (*hostiæ*). Celui qui offrait le sacrifice se rendait près des autels (*aræ*) en habits de fête. L'autel lui-même était orné de fleurs et garni de bandelettes (*vittæ*). Le héraut (*præco*) invitait le pontife à procéder religieusement à la cérémonie et le peuple à faire silence; puis les victimes étaient amenées, et, après les avoir examinées, on rejetait celles qui n'avaient pas les qualités requises; le pontife prononçait alors une prière répétée par les assistants et répandait sur la victime de l'eau de source, du vin, de la farine mêlée de sel: c'était là proprement l'*immolation*. Puis il l'encensait; il goûtait le vin et en donnait à boire à ceux qui offraient le sacrifice. Il coupait ensuite des poils sur le front de la victime et les jetait au feu. Se tournant vers l'Orient, il faisait passer le couteau de la tête à la queue de la victime, pour la rendre *macta*. Le victimaire demandait alors au pontife : Dois-je agir? Celui-ci répondait : *Agis*. Les bœufs étaient alors frappés de la hache; les veaux du maillet; les porcs et les moutons d'une hache de pierre; souvent encore le *cultrarius* les égorgeait. Le sang recueilli, mélangé de vin et de farine, était placé sur l'autel que l'on encensait. L'animal était ensuite dépecé pour le festin qui suivait le sacrifice, et les *haruspices* examinaient les entailles pour en tirer des présages. Dans les grands dangers, les Romains vouaient aux dieux du monde souterrain, *manibus telluriquе*, une victime expiatoire; c'est ce qu'ils appelaient *devotio*; tels furent le sacrifice de Curtius et le dévouement des Décius. On dévouait aussi à la destruction, après en avoir évoqué les dieux, les villes assiégées. Enfin on enterrait vivants un homme et une femme des nations que Rome croyait avoir à redouter. Dans la guerre contre les Boïens et les Insubres, après la bataille de Cannes, un Gaulois et une Gauloise, un Grec et une Grecque furent enterrés vifs dans un caveau, sous le *Forum boarium*.

SACRIFIER (l. *sacrificare*, de *sacrum*, sacré + *facere*, faire), *vt.* Faire un sacrifice : *Sacrifier un agneau*. — Fig. *Sacrifier aux Grâces*, s'efforcer de mettre de la grâce dans ses manières, ses discours, dans son style. ‖ *Sacrifier une chose à Dieu, à une personne*, renoncer à cette chose, pour l'amour de Dieu, de cette personne. ‖ *Sacrifier sa fortune pour un ami*. ‖ *Sacrifier une chose, une personne à une autre*, y renoncer dans l'intérêt de cet ami, pour conserver cette chose, cette personne : *Sacrifier sa fortune à l'honneur*.‖ *Sacrifier tout son temps à une chose*, l'y consacrer tout entier. ‖ *Sacrifier tout à ses intérêts*, préférer ses intérêts à tout. ‖ *Sacrifier quelqu'un*, lui faire perdre la vie, un bien quelconque en vue de l'avantage qu'on en retirera : *Le roi sacrifia ses ministres*. — **Se sacrifier**, *vr.* S'immoler : *Se sacrifier pour quelqu'un*, se dévouer entièrement à lui, souffrir tout pour l'amour de lui. — **Dér.** *Sacrifice, sacrifiable, sacrificateur, sacrificatoire, sacrificature.*

1. **SACRILÈGE** (l. *sacrilegium*), *sm.* Action impie faite en vue d'avilir une chose sacrée. ‖ Action de léser, d'outrager une personne vénérable et respectée : *C'est un sacrilège de battre son père*. — La violation des mystères, le vol des objets sacrés, la mutilation ou le renversement des statues des dieux étaient considérés comme des sacrilèges par les Grecs et les Romains, qui les punissaient de mort. Au moyen âge, le droit canonique distinguait trois espèces de sacrilèges : vol d'une chose sacrée dans un lieu sacré, vol d'une chose sacrée dans un lieu qui ne l'est pas, vol d'une chose profane dans un lieu consacré. La loi civile joignait à ces trois cas la profanation des églises, des couvents, des cimetières, des vases consacrés, des sacrements, des cérémonies et des personnes ecclésiastiques. Le roi étant sacré, tout attentat contre sa personne était un sacrilège. Les peines infligées étaient la mort par le supplice le plus cruel ou les galères à perpétuité. Au XVIIIe siècle, malgré le progrès des mœurs et de l'humanité, le chevalier de la Barre fut torturé, décapité, puis brûlé pour crime de sacrilège (1766). La Révolution fit rentrer le sacrilège dans les délits communs; mais, en 1825, le ministère Villèle fit voter par les deux Chambres une loi qui punissait de mort le vol avec effraction dans les églises et la profanation des vases sacrés. La Chambre des pairs repoussa une disposition aggravante, par laquelle le coupable aurait eu le poignet coupé avant d'être décapité comme un parricide. Cette loi fut abolie sous Louis-Philippe. Le blasphème était aussi considéré comme un sacrilège; saint Louis faisait percer la langue des blasphémateurs avec un fer brûlant. Au temps de la Fronde, le Parlement multipliait les condamnations par le gibet, la roue, la mutilation contre ceux qui blasphémaient Dieu, la Vierge et les saints. En 1686, une déclaration condamnait encore les soldats blasphémateurs au supplice décrété par saint Louis. A Marseille, le blasphémateur, enfermé dans un panier, était plongé dans la mer autant de fois qu'il avait blasphémé.

2. **SACRILÈGE** (l. *sacrilegium*), *adj. 2 g.* Qui commet un sacrilège : *Homme sacrilège*. ‖ Qui a le caractère d'un sacrilège : *Conduite sacrilège*. — *S. 2 g.* Personne qui commet un sacrilège. — **Dér.** *Sacrilègement.*

SACRILÈGEMENT (*sacrilège* 2 + sfx. *ment*), *adv.* En commettant un sacrilège.

SACRIPANT (ital. *sacripante*, rodomont; personnage de l'*Orlando inamorato* du Bojardo), *sm.* Rodomont, vaurien, chenapan.

SACRISTAIN (vx fr. *segretains, soucretain, secretan* : du bl. *sacrista*), *sm.* Qui est chargé de la garde des objets du culte, des vêtements pontificaux conservés dans la sacristie d'une église. — **Dér.** *Sacristie, sacristine.*

SACRISTIE (bl. *sacristia* : de *sacer*, sacré), *sf.* Bâtiment qui fait corps avec une église ou y est attenant, où sont déposés les vases, les ornements sacrés, et où le clergé s'habille pour officier. Les trésors de Notre-Dame de Paris, de l'abbaye de Saint-Denis sont exposés dans la sacristie. Parfois, ces sacristies, composées de salles voûtées, s'accusent à l'extérieur comme des chapelles latérales; parfois, elles ne sont composées que d'une ou de deux travées et se confondent dans l'ordonnance du monument. La basilique judiciaire des Romains, qui servait à la fois de tribunal et de bourse, se terminait par un hémicycle, origine de l'abside, accosté d'un *tabularium* ou greffe, et d'un *secretarium* ou cabinet du juge. Dans la basilique chrétienne, le *tabularium* servit d'archives et conserva les titres de propriété des basiliques; le *secretarium* prit le nom de *thesaurus* ou *gazophylacium*. On y plaçait les objets précieux, les joyaux, les vases d'or et d'argent servant à la célébration journalière du culte, les vêtements somptueux des jours de fête : ce fut l'origine de la sacristie.

SACRISTIE (S)

PLACE DE LA SACRISTIE DE LA SAINTE-CHAPELLE À PARIS. AUJOURD'HUI DÉMOLIE

S'. Sainte-Chapelle.

SACRISTINE (*sacristain*), *sf.* Religieuse qui, dans un couvent, a soin de la sacristie.

SACRO-SAINT, SACRO-SAINTE (l. *sacrosanctum*, inviolable), *adj.* Sacré et saint; auguste; très vénérable.

SACROVIR (Julius), chef des Éduens révoltés contre les Romains sous Tibère; il essaya avec le Trévire Julius Florus d'étendre ce soulèvement à toute la Gaule; mais il fut battu, près d'Autun, par Silius, et se donna la mort, 21 ap. J.-C.

SACRUM [sa-crome] (ml., os renfermé dans la partie de la victime offerte aux dieux, dans les sacrifices), *sm.* Os symétrique et triangulaire composé de cinq vertèbres soudées, placé à la partie postérieure du bassin et faisant suite à la colonne vertébrale.

SACY (Antoine-Isaac-Sylvestre, baron de) (1758-1838), orientaliste, professeur d'arabe à l'école des langues orientales, et de persan au Collège de France; auteur d'une grammaire et d'une chrestomathie arabes, ainsi que de nombreuses traductions. — Sacy (Samuel-Sylvestre de) (1801-1887), fils du précédent, membre de l'Académie française, rédacteur au *Journal des Débats*.

***SADE** (l. *sapidum*, qui a du goût), *adj. 2 g.* Agréable, gracieux (*vx*).

SADELER (Gilles) (1570-1629), graveur flamand, surnommé le *phénix de la gravure*.

***SADINET, ETTE** (dm. de *sade*), *adj.* Agréable, gracieux (*vx*).

SADOC, juif du IIIe siècle av. J.-C., fondateur de la secte saducéenne (V. *Saducéisme*), suivant quelques docteurs talmudistes. — **Dér.** *Saducéen, saducéisme.*

SADOLET (1477-1547), secrétaire de Léon X, évêque de Carpentras, cardinal; il dissuada François Ier de massacrer les Vaudois, et composa en latin des lettres, des opuscules, des poésies.

SADOWA, village de Bohême, proche de l'Elbe et de la forteresse de Kœniggrætz. Le 3 juillet 1866, la Ire armée prussienne, commandée par le prince Frédéric-Charles, et la IIe armée, sous les ordres du prince royal (empereur Frédéric III), y mirent en déroute les Austro-Saxons dirigés par le feld-maréchal Benedeck; cette grande défaite obligea l'empereur François-Joseph à signer les préliminaires de Nikolsbourg.

SADUCÉEN (héb. *zadukim*, les fils de Sadoc), *sm.* Sectaire juif, qui, comme le docteur Sadoc, niait l'immortalité de l'âme, en se fondant sur la loi de Moïse.

SADUCÉISME (*saducéen*), *sm.* Doctrine des saducéens; elle est ainsi exposée par l'historien Josèphe, au chapitre XII de la *Guerre des Juifs* : « Les saducéens nient absolument le destin, et croient que, comme Dieu est incapable de faire du mal, il ne prend pas garde à celui que les hommes font. Ils disent qu'il est en notre pouvoir de faire le bien ou le mal, selon que notre volonté nous porte à l'un ou à l'autre; et que, quant aux âmes, elles ne sont ni punies, ni récompensées dans un autre monde. Autant les pharisiens sont sociables et vivent en amitié avec les autres, autant les saducéens sont d'une humeur si farouche, qu'ils ne vivent pas moins rudement entre eux qu'ils feraient avec des étrangers. » Le Nouveau Testament leur reproche de nier la résurrection des morts et l'existence des anges.

SÆCKINGEN, 4000 hab., ancienne ville forestière sur le Rhin, entre Bâle et Schaffhouse; aujourd'hui dans le grand-duché de Bade.

SAËNS (SAINT-), 2394 hab., c. de l'arr. de Neufchâtel (Seine-Inférieure).

SAËNS (Charles-Camille, **Saint-**), compositeur et pianiste né à Paris le 9 octobre 1835. M. Saint-Saëns a abordé tous les genre avec une égale supériorité. Ses œuvres symphoniques, sa musique de chambre et ses oratorios : *Samson et Dalila* et le *Déluge*, sont connus dans toute l'Europe. Parmi ses opéras, nous citerons *Étienne Marcel*, *Proserpine* et enfin *Henri VIII*. M. Saint-Saëns a succédé à l'Institut à Reber.

SAETTE, *sf.* Sagette.

SAFRAN (vx fr. *safleur, saflor* : de l'ar. *za'feran*), *sm.* Plante monocotylédone du genre *Crocus* et de la famille des Iridées. Le safran est remarquable par ses grandes fleurs en entonnoir d'un violet pourpre ou lilas. (V. *Crocus*). On le considère comme originaire d'Orient, où il est cultivé depuis une haute antiquité. Les Romains préféraient celui qu'ils tiraient de Cilicie. De nos jours encore, c'est l'Asie Mineure, la Perse, le Cachemire qui en fournissent le plus. En Europe, on le cultive en Espagne, en Italie, en Grèce, en Allemagne et en France; dans cette dernière contrée, c'est surtout aux environs d'Avignon, en Normandie et dans le Gâtinais que sa culture est très répandue. Le safran exige une terre sablonneuse et légère dans laquelle on plante, du mois de juin au mois d'août, les bulbes, distants de 10 à 15 centimètres les uns des autres. Cette plante est cultivée pour les styles et les stigmates de ses fleurs, qui, lorsqu'ils ont été desséchés, constituent la substance appelée *safran*. Celui-ci se présente sous la forme de longs filaments d'un rouge brun, exhalant une odeur forte et aromatique, d'une saveur amère et chaude. Elle colore la salive en jaune, et est employée dans la teinture à cause de la matière colorante qu'elle renferme. Le safran est très usité comme condiment; en médecine, c'est un stimulant, un antispasmodique et un emménagogue. On le prescrit en poudre à la dose de 20 à 50 centigrammes. Lorsqu'on respire ses émanations en trop grande quantité, elles déterminent des maux de tête et un état apoplectique qui peut amener la mort. Les bulbes du safran sont attaqués par un champignon, le *rhizoctonia crocorum*, que les cultivateurs désignent sous le nom de la *mort*. Il se présente sous la forme de filaments de couleur violacée qui se développent au moment de la belle saison et déterminent le ramollissement des tubercules. Ce champignon est souvent accompagné d'une sorte d'ulcération appelée *tacon*. On se débarrasse de ces deux maladies en nettoyant les bulbes et en les faisant sécher. Les mulots, les lièvres, etc., sont très friands des bulbes du safran. Le safran renferme une substance colorante jaune appelée *safranine, polychoïte*, ou *crocine*, et une huile volatile de saveur âcre et brûlante. || *Safran jaune* ou *bâtard*, le carthame. || *Safran des Indes*, le curcuma. || *Safran de Mars*, préparation de carbonate de fer ou d'hydrate de peroxyde de fer, employée dans le pansement des ulcères chroniques. || *Safran métallique*, oxysulfure d'antimoine. || Partie extérieure du gouvernail qui se joint à la mèche; elle était autrefois peinte en jaune safran; les barques de rivières et les galiotes hollandaises ont conservé cet usage. — **Dér.** *Safraner, safrané, safranée, safre 2, safranier, safranière, safranine, safranum.*

SAFRAN

SAFRANÉ, ÉE (*safran*), *adj.* Qui a la couleur du safran. || Assaisonné, teint avec du safran.

SAFRANER (*safran*), *vt.* Assaisonner, teindre avec du safran.

***SAFRANIER** (*safran*), *sm.* Cultivateur de safran. || Banqueroutier (vx).

***SAFRANIÈRE** (*safran*), *sf.* Champ planté de safran.

*** SAFRANINE** (*safran*), *sf.* Matière colorante jaune du safran.

***SAFRANUM** (*safran*), *sm.* Fleurs de carthame apprêtées pour servir à la teinture.

1. **SAFRE** (*x*), *adj.* Qui se précipite sur la nourriture avec gloutonnerie. — **Dér.** *Safrerie.*

2. **SAFRE** (*safran*), *sm.* Oxyde impur de cobalt, résultant de la première épuration que subit ce métal, et qui, fondu avec du quartz et de la potasse, donne un verre bleu employé à divers usages. || Aiglette de mer, peinte sur l'écu héraldique les ailes éployées.

***SAFRERIE** (*safre* 1), *sf.* Avidité à manger.

SAGA (all. *sage*, légende : de *sagem*, dire : mot scandinave signifiant *récit*), *sf.* Nom donné aux recueils de traditions historiques et mythologiques des Scandinaves. Ce sont des récits naïfs, plus ou moins merveilleux, des exploits de guerriers célèbres, que les patients habitants de l'Islande, jaloux de conserver la mémoire de leurs ancêtres, se racontaient durant les longues nuits d'hiver. Quelques-uns de ces récits sont entremêlés de vers attribués à Bragi, scalde du IXe siècle et contemporain des événements qu'il raconte; tel est le Krakamal, légende de Ragnar Lodbrog, le chef des rois pirates, l'ancêtre des familles princières du Danemark, de la Suède et du Northumberland. D'autres, comme le Rigmal, sont l'exposition de la législation scandinave, qui divise les hommes en trois castes : *thræl*, serf; *karl*, homme libre; *iarl*, homme noble; tous descendent d'Heimdal, le dieu de l'arc-en-ciel, uni à Edda, Amma et Modir, mères primitives de tous les hommes. D'autres sagas racontent, comme l'Ynglinga, la succession des premiers chefs normands, ou comme la Vilkina, la Volsunga, les exploits des héros germaniques. Ces légendes se son continuées par les Kæmpviser et les Folkviser, ballades populaires du Danemark et de la Suède. Les chansons de geste françaises et le poème de Roland furent connus au XIIIe siècle des Norwégiens, par l'intermédiaire de l'Angleterre; ils les traduisirent fidèlement dans des sagas en prose.

SAGACE (l. *sagacem*), *adj.* 2 *g.* Qui a l'esprit perspicace et pénétrant. — **Dér.** *Sagacité.*

SAGACITÉ (l. *sagacitatem*), *sf.* Perspicacité, grande pénétration d'esprit.

SAGAIE. (V. *Zagaie.*)

***SAGAMITÉ** (mot indien), *sf.* Bouillie de farine de maïs dont se nourrissent les sauvages de l'Amérique septentrionale.

1. **SAGAN** (mot hébreu), *sm.* Vicaire du grand prêtre chez les Juifs.

2. **SAGAN**, 12500 hab., ville de la Silésie prussienne, sur la Bober, dans la régence de Breslau; draps et brasseries.

***SAGAPÉNUM** (gr. σαγάπηνον, *gomme séraphique*), *sm.* Gomme résine, d'odeur forte et alliacée, et aromatique, extraite du *ferula persica*, plante de la famille des Ombellifères, originaire de la Perse; c'est un antispasmodique employé contre plusieurs maladies du système nerveux. Il se présente sous la forme d'une masse brunâtre, transparente, mêlée d'impuretés. Ses propriétés se rapprochent de celle de l'assa fœtida et du galbanum. Il entre dans la composition de la thériaque et dans celle d'emplâtres, et notamment dans le diachylon gommé.

***SAGARD** ou ***SÇAGARD** (all. *sägen*, scier), *sm.* Ouvrier d'une scierie forestière. (Eaux et forêts.)

SAGE (l. *sapius*, sage), *adj.* 2 *g.* Qui a du savoir, des capacités (vx.). || Qui se conduit avec habileté : *Un sage financier.* || Qui a une bonne conduite, qui résiste à ses passions : *Cet homme devient sage.* || Qui n'est pas turbulent : *Enfant sage.* || Doux, obéissant, en parlant des animaux : *Mon cheval est sage.* || Qui jouit de son bon sens. || *Femme sage*, honnête, vertueuse. || Qui marque de la sagesse : *Un sage avis.* — *Sm.* Celui qui est sage : *Le sage est patient.* || *Le Sage*, le roi Salomon, à qui on attribue le livre de la *Sagesse* : *Le sage dit dans ses proverbes.* || *Les sept sages de la Grèce*, nom qu'on donna à des philosophes moralistes du VIe siècle avant Jésus-Christ et dont il y a plusieurs listes différentes; voici celle que l'on adopte le plus souvent : Thalès de Milet, Pittacus de Mitylène, Bias de Priène, Créobule de Lindos dans l'île de Rhodes; Myson, laboureur de Chen dans le mont Œta; Chilon, de Sparte; Solon, d'Athènes. On comptait parfois, à la place de Chilon, le tyran de Corinthe, Périandre. On attribuait aux sages certaines maximes célèbres : *Connais-toi toi-même. Rien de trop.* — **Dér.** *Sagement, sagesse.* — **Comp.** *Sage-femme.*

SAGE-FEMME (*sage*, habile + *femme*), *sf.* Femme autorisée, après examen, à pratiquer l'art des accouchements. Il existe deux diplômes de sage-femme : celui de 1re classe est valable dans toute la France; celui de 2me classe, valable seulement dans le département où l'examen a été subi.

SAGEMENT (*sage* + sfx. *ment*), *adv.* D'une manière sage.

***SAGÈNE** (mot russe), *sm.* Mesure de longueur russe équivalant à $2^m,133$; on l'emploie comme mesure agraire et de volume sous les dénominations de *sagène carré, sagène cube.*

***SAGÉNITE** (gr. σαγήνη, filet), *sf.* Variété du titane rutile, dont les aiguilles, déliées, sont réticulées, comme les mailles d'un filet.

***SAGERNE** (*x*), *sf.* Petit olivier du Languedoc, dont le fruit, violet noirâtre, donne une huile excellente. Cette variété d'olivier, appelée encore *salierne* ou *sayerne*, est sensible au froid.

SAGESSE (*sage*), *sf.* Lumières de l'esprit, capacités. || Clairvoyance due à une inspiration divine. *La sagesse est un don du Saint-Esprit.* || *La sagesse éternelle, incréée ou incarnée*, le Verbe, la deuxième personne de la Trinité. || Prudence et habileté dans la conduite de la vie : *Agir avec sagesse.* || Modération, retenue : *Avoir la sagesse de ne pas s'emporter.* || Qualité de l'enfant posé, docile : *Le prix de sagesse.* || Honnêteté, vertu. || *Le livre de la Sagesse*, un des livres de l'Ancien Testament, attribué à tort au roi Salomon; il lui est postérieur et rentre dans la série des hagiographes.

SAGETTE ou **SAETTE** (l. *sagitta*), *sf.* Flèche (vx). — **Dér.** *Sagittaire* 1 et 2, *sagittal, sagittale, sagitté, sagittée.*

SAGHALIEN ou **AMOUR**, 5000 kilomètres, grand fleuve de l'océan Pacifique, qui coule tout entier dans la Sibérie russe. Il est formé de la réunion de la Chilka et du Kerouloun, traverse des forêts de chênes, d'ormes et de sapins habitées par des tribus nomades, de verts pâturages cultivés par des colons russes ou chinois. Il reçoit à droite le Soungari, qui arrose la Mandchourie et l'Ousouri, déversoir du grand lac Khanka; il finit en aval du port de Nikolaïevsk, en face de la grande île de Tarakaï. || De la famille des Aïnos, qui peuplent le S. du Kamtchatka, les Saghaliens sont d'une taille moyenne, bien constitués, et tiennent du Russe. Le caractère le plus frappant de ces Aïnos est le développement extraordinaire du système pileux. Ils sont surtout chasseurs et pêcheurs.

SAGHALIEN

1. **SAGITTAIRE** (l. *sagittarium* : de *sagitta*, flèche), *sm.* Archer. L'une des constellations du zodiaque (♐) comprenant 31 étoiles, et figurée sous les traits du centaure Thiron s'apprêtant à lancer une flèche. || Le neuvième signe du zodiaque que le soleil semble parcourir du 20 novembre au 20 décembre. — Le Sagittaire est consacré à Hercule; il contient une nébuleuse elliptique dont le grand axe est d'environ 50″. Sur ce grand axe, entre les foyers et les deux sommets de l'ellipse se trouvent symétriquement placées deux étoiles doubles composées chacune de deux étoiles de dixième grandeur.

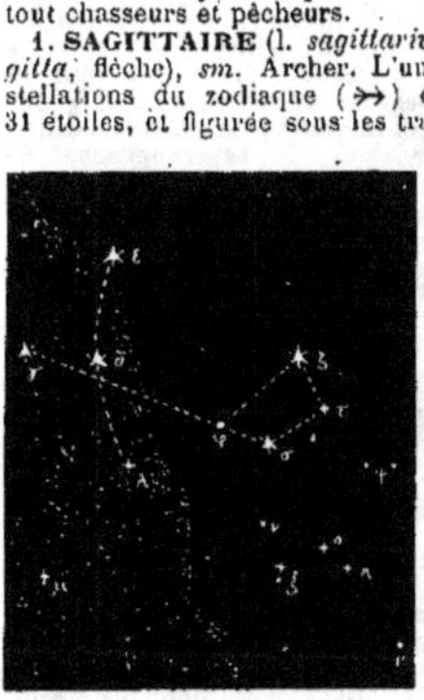

SAGITTAIRE (CONSTELLATION)

2. **SAGITTAIRE** (l. *sagitta*, flèche), *sf.* Genre de plantes monocotylédones de la

famille des Alismacées, auquel appartient la *fléchière* ou *flèche d'eau* naissant dans les rivières et les étangs, et dont les feuilles ont la forme d'un fer de flèche.

SAGITTAIRE

SAGITTAL, ALE (du l. *sagitta*, flèche), *adj*. Semblable à une flèche. || *Suture sagittale*, celle qui unit les deux pariétaux sur la partie antérieure et médiane du crâne.

SAGITTÉ, ÉE (du l. *sagitta*, flèche), *adj*. Qui a la forme d'un fer de flèche : *Feuille sagittée*.

SAGLIO (Edmond), académicien libre (inscriptions et belles-lettres), directeur, avec M. Daremberg, d'un dictionnaire d'antiquités romaines et grecques.

SAGONTE (l. *saguntum*), ancienne ville de la côte orientale d'Espagne, entre Tarragone et Carthagène. Alliée de Rome, elle fut prise et saccagée, après une résistance désespérée, par Hannibal (219), ce qui fut cause de la seconde guerre punique. Les Romains la reprirent neuf ans après. On en voit les ruines près de Murviedro. — Victoire du maréchal Suchet sur le général Blacke, le 25 octobre 1811. — **Dér.** *Sagontin, sagontine*.

***SAGONTIN, INE** (l. *saguntinum*), *adj.* et *s*. De Sagonte. Habitant de cette ville.

SAGOU (mot malais, *sâgou*), *sm*. Fécule alimentaire extraite de la moelle de plusieurs palmiers, notamment des *sagus rufia* et *farinifera* et du *cycas circinalis*. Cette substance s'extrait, comme toutes les fécules, en malaxant les parties végétales qui la renferment. A cet effet, on fend la tige du sagoutier dans le sens de sa longueur, on en retire le tissu cellulaire. On écrase celui-ci et on le délaye avec de l'eau qui entraîne le sagou; ce dernier est retenu sur un linge servant de filtre. Puis on le moule en granule en le faisant passer de force à travers un tissu un peu lâche, et on le fait sécher. Le sagou sert d'aliment dans les pays où on le récolte; chez nous, il est toujours d'un prix assez élevé, et le meilleur est celui qui nous vient des Moluques. On le donne aux malades comme analeptique dans du lait, du bouillon; sous l'influence de la chaleur, il se dissout peu à peu dans ces liquides. (V. *Sagoutier*.) — **Dér.** *Sagouier, sagoutier*.

SAGOUIER. (V. *Sagoutier*.)

SAGOUIN (*x*), *sm*. Genre de petits singes, à longue queue, qui habitent les forêts chaudes et humides du Brésil. Ils ont la tête, la figure, la gorge et les mains noires, le dos brun-rouge, et la queue grise. Leur dentition se rapproche de celle des ouistitis. Ce sont des animaux très gracieux et extrêmement légers qui attrapent leur nourriture au saut; celle-ci se compose de petits animaux. A l'état sauvage, ils vivent en familles peu nombreuses, et sont facilement domesticables. Dans ce dernier état, ils sont doux et aimables, et ronronnent à la manière des chats; le climat de l'Europe leur est funeste. Les Indiens chassent les sagouins pour leur chair, qui est assez estimée, et pour leur fourrure. Leur voix, retentissante et semblable à celle des chouettes, met les chasseurs sur leurs traces. — Fig. Homme malpropre. — *Sf.* **Sagouine**, femme malpropre.

SAGOUIN

SAGOUTIER ou **SAGOUIER** (*sagou*), *sm*. Genre de palmiers comprenant un petit nombre d'espèces croissant en Asie, en Afrique et dans l'Amérique tropicale, et dont la moelle renferme la fécule appelée *sagou*. On en connaît trois espèces principales, savoir : 1° Le *sagouier raphia* ou *roufia*, de hauteur médiocre et croissant dans l'Inde et en Afrique. 2° Le *sagouier de Rumphius*, que l'on rencontre aux Moluques et qui donne le sagou le plus estimé. 3° Le *sagouier pédonculé*, originaire de Madagascar, transporté à Bourbon, à l'île de France et à Cayenne.

SAGOUTIER

SAGUENAL, rivière du Canada, qui sert de déversoir au lac Saint-John et tombe dans le Saint-Laurent; ses eaux, limpides et glacées, coulent entre des parois granitiques de 300 mètres de haut.

SAGUM [sa-gome] (mot gaulois passé en latin), *sm*. Vêtement à l'usage des Romains, formé d'une pièce d'étoffe de laine quadrangulaire, qui se mettait sur les épaules et s'attachait avec une agrafe sur l'épaule droite, de façon à laisser le bras et le côté droits libres. Il était porté par les esclaves, les simples soldats, les bas-officiers. Le *sagum*, dont le diminutif était dit *sagulum*, présentait de nombreuses variétés : le *byrrhus* (étoffe grossière et raide); la *lacerna* (étoffe élégante et légère avec capuchon); la *læna* (laine longue et épaisse); l'*abolla* (double manteau de pourpre pour les princes et les grands); la *synthesis* (à l'usage des fêtes et des saturnales); la *pænula* (manteau des muletiers et des voyageurs); le *gausape* (manteau des femmes en temps de pluie).

SAHARA, 6 millions et demi de kilom. carrés. Grand désert de l'Afrique septentrionale, long de 4500 kilomètres de l'E. à l'O., et dont la largeur varie de 1500 à 1800 kilom. du N. au S., et égal en superficie aux deux tiers de l'Europe. Il est borné au N. par les derniers versants de l'Atlas, le plateau de Hamada et celui de Barka; au S., par les vallées du Sénégal et du Niger, le bassin du lac Tsad, le Ouadaï, le Darfour et le Kordofan; à l'O., par l'océan Atlantique de l'Oued Noun au pays des Trarza; à l'E. par la vallée du Nil. Ce n'est pas une plaine basse, ancien fond de mer desséchée; dans son ensemble, il est à 500 mètres au-dessus du niveau de la Méditerranée; le sol, caillouteux et dur, présente des hauteurs et des vallées. Le littoral du Sahara sur l'Atlantique est presque inaccessible; on y relève les caps Bojador et Blanc, le banc d'Arguin, sur lequel la Méduse se perdit en 1817. Bien que le Sahara fasse partie du cercle de déserts qui, du 20° au 30° de latitude nord, fait le tour de notre planète, il n'est stérile que parce qu'il n'y pleut pas. Les grès et les granits qui dominent dans la composition de son sol ne seraient pas plus rebelles à la végétation que ceux qui constituent les Vosges et le Plateau central de la France. Trois sols absolument différents se partagent, en effet, la surface du Sahara : le *Hamâda*, l'*Erg*, la *Sebkha* ou *Chott*. Le *Hamada* est formé d'un limon calcaire et durci; il est balayé par le vent, et la chaleur l'échauffe jusqu'à 40 ou 50°. Sans eau, sans végétation, il occupe de vastes étendues dans le Sahara méridional. L'*Erg* est composé d'immenses bas-fonds, envahis par des dunes de sable hautes de plus de 100 mètres, dont la surface ressemble à une mer solidifiée et marche dans la direction des vents alizés. La végétation de ces sables est variée; on y trouve à quelques pieds de profondeur des nappes d'eau qui fournissent aisément l'eau à des puits artésiens. Enfin, il y existe des dépressions sans écoulement remplies par les *sebkhas*, lagunes aux eaux saumâtres, recouvertes d'efflorescences salines.

Le Sahara a des montagnes et des plateaux; mais les vallées de ses fleuves sont presque toujours à sec. L'Atlas s'y continue, au delà de la dépression des Syrtes, par les monts de la Tripolitaine (Douïra, Nefousa, Gharian), dont l'altitude moyenne est de 700 mètres. Au S. de ces montagnes sont les plaines dites *serirs*, que dominent de l'E. à l'O. les plateaux isolés du Tibesti, du Hogghar, de l'Aïr et de l'Adrar. Les rivières sont l'*Igharghar*, le *Tafasset* et le *Balloul Basso* dans le Hogghar, et l'*oued* ou *enneri Ouddêno* dans le Tibesti. Dans la traversée du Sahara, les caravanes sont déçues par le mirage, souvent englouties par les sables que soulève le vent dit *simoun* ou *siroco*; les voyageurs, torturés par la soif, tuent leur chameau pour boire l'eau nauséabonde qu'il conserve dans son estomac. Le conducteur se guide d'après les étoiles ou les os blanchissants des hommes et des bêtes qui l'ont précédé. Les Touaregs, descendants des Berbères, sont les maîtres du Sahara; ces *pirates des sables* massacrent souvent les voyageurs (mission Flatters), dont ils se sont fait les guides; ils se couvrent la figure d'un masque noir pour se protéger du soleil, se drapent dans un burnous de laine blanche, et traversent le désert sur des dromadaires de course dits *méhari*. Ils sont *Touaregs*, c'est-à-dire délaissés ou abandonnés, parce que les Arabes les considèrent comme des musulmans fort tièdes; dans leurs oasis, les nobles exercent le pouvoir; la femme est l'égale de l'homme et non sa servante, comme chez les Arabes et les noirs; elle est d'ordinaire plus instruite que ses frères ou son mari. Au N. et à l'O., sont des tribus arabes, mêlées de noirs venus du Soudan. On divise arbitrairement le Sahara en Sahara central ou des Touaregs, Sahara occidental ou des Maures, Sahara oriental ou des Tibbous. Les oasis sont très nombreuses dans le Sahara et leur ensemble constitue une surface égale au tiers de celle du Sahara. Elles sont placées sur de longues lignes qui traversent le désert. Là croissent en abondance les nombreuses espèces de dattiers, dont les fruits servent à la nourriture de l'homme et des animaux domestiques; les abricotiers, les pêchers, les orangers, les grenadiers se développent sous leur ombre, et la vigne grimpe après leurs troncs. Les céréales, orge, maïs, froment, y donnent aussi leurs grains; le trèfle couvre les endroits que l'homme peut irriguer. Dans les dépressions du sol on trouve des dépôts de sel. Parmi les principales oasis, citons le Touat et le Tidikelt, sous le protectorat du Maroc; le Tidikelt, sur le plateau de Tademayt, a pour capitale Inçalah, où se réunissent les caravanes venues de Tombouctou et de l'Haoussa. L'Ahaggar, aussi étendu que l'Algérie, a pour villes principales Rhât et Idelès. L'Asben, sorte de Suisse africaine, a des montagnes hautes de 2000 mètres, couvertes de lianes, de palmiers et de mimosas; il forme la transition entre le Sahara et le Soudan, dont la végétation est luxuriante. Les villes principales sont Aghadès, Assoudi, Tin-Tellust. Dans l'Adrar, entre le Maroc et le Sénégal, la capitale est Chingetti; le sel extrait de la lagune d'Idjil est expédié à Tombouctou. — **Dér.** *Saharien, saharienne*.

SAHARIEN, IENNE (*Sahara*), *adj.* et *s*. Qui appartient au Sahara. || Habitant du Sahara.

SAHEL. La partie occidentale du Sahara, et dont le sol est formé par des graviers ou du sable à gros grains. || La colline à laquelle est adossée la ville d'Alger; elle est couronnée par le curieux monument bâti par Jules II et dit *Tombeau de la chrétienne*.

SAHLITE (la mine d'argent de Sahla, Suède), *sf*. Espèce de pyroxène d'un vert plus ou moins foncé.

***SAÏ** (mot américain), *sm*. Nom d'une espèce du genre Sajou, singe du nouveau monde, dont le pelage est brun sur le dos, et dont la chevelure, courte et raide, forme sur le dessus de la tête une sorte de calotte noire. Les Indiens les apprivoisent, et on en importe un grand nombre en Europe; mais ils sont sales et se frottent le corps avec leur urine ou toute autre matière âcre, telle que le tabac à priser.

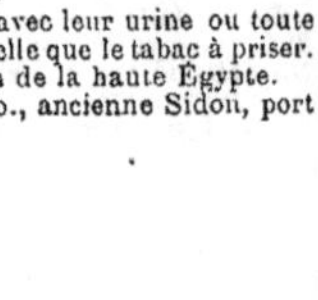

SAÏ

SAÏD, ancien nom de la haute Égypte.

SAÏDA, 10000 hab., ancienne Sidon, port

de Syrie, dans le sandjak de Beirout. — **Saïda**, 5400 hab., ville d'Algérie dans la province d'Oran; centre d'un district forestier riche en alfa.

SAÏD-PACHA (1822-1863), vice-roi d'Égypte, fils de Méhémet-Ali; il fut ami et protecteur de M. de Lesseps, et fit commencer le canal de Suez; en même temps, il rendait aux fellahs la liberté individuelle et le droit de propriété, et achevait le barrage du Nil.

1. **SAIE** (l. *sugam*), *sf.* Vêtement de dessous, descendant jusqu'aux genoux, fait d'étoffe grossière ou de peau que portaient les Gaulois et quelques autres peuples anciens; la blouse en serait la transformation. ‖ Serge dont les religieux se faisaient des chemises. (V. *Sagum.*) — **Dér.** *Sayon.*

2. ***SAIE** (l. *seta*, soie), *sf.* Brosse de poil de porc, à l'usage des orfèvres, pour nettoyer leur ouvrage.

***SAÏGA** (mot slave), *sm.* Espèce d'Antilope dont l'ère géographique s'étendait autrefois jusqu'aux Pyrénées, mais qui aujourd'hui est restreinte aux steppes de la Russie, de la Pologne à l'Altaï. Cet animal est remarquable par son nez arqué, très gros et qui pend jusque sur la bouche. La tête porte des cornes courtes et transparentes. Le pelage est gris sur le dos et sur les flancs, blanchâtre sur le front et le ventre et sa toison ressemble à celle du mouton. Le saïga vit en troupes assez nombreuses; c'est un animal craintif qui est facilement la proie des chasseurs parce qu'il se fatigue vite; sa chair est peu estimée à cause de la forte odeur de musc qu'elle exhale.

SAIGNANT, ANTE (*saigner*), *adj.* Qui dégoutte de sang: *Visage saignant.* ‖ *Viande saignante*, légèrement rôtie et dont le sang n'est pas altéré. — Fig. *Plaie saignante*, malheur récent. ‖ *Injure récente*, dont on ressent encore un cuisant chagrin.

SAIGNÉE, *spf.* de *saigner.* Ouverture qu'un médecin fait à une veine pour en tirer du sang. ‖ La quantité de sang qui est sortie par cette ouverture : *Une saignée abondante.* ‖ Le pli du bras opposé au coude, où l'on ouvre ordinairement la veine. — Fig. Dépense épuisante, extorsion : *Faire une saignée à sa bourse.* ‖ Rigole faite pour tirer de l'eau d'une rivière, d'un étang, etc.; l'irrigation des prairies se fait au moyen des saignées.

SAIGNEMENT (*saigner*), *sm.* Écoulement du sang : *Saignement de nez.* (V. *Hémorrhagie.*)

SAIGNER (l. *sanguinare*), *vi.* Perdre du sang. — Fig. *Saigner du nez*, manquer de résolution, de courage; manquer à un engagement pris. — Fig. Être douloureusement affecté : *Le cœur lui saigne.* — Fig. *La plaie saigne encore*, on garde un souvenir pénible d'un malheur, d'une injure. — *Vt.* Tirer du sang en ouvrant une veine : *Saigner un blessé.* ‖ *Saigner jusqu'au blanc*, au point de rendre très pâle. ‖ *Saigner la viande*, en faire sortir tout le sang qu'elle contient. ‖ Tuer une bête de boucherie : *Saigner un porc.* — Fig. Tirer, exiger de quelqu'un plus d'argent qu'il ne comptait en donner : *Les vainqueurs saignent les vaincus.* ‖ *Saigner un ruisseau, un étang*, en faire écouler une partie de l'eau par des rigoles. — **Se saigner**. *Vr.* Être saigné. — Fig. Donner tant qu'on en est gêné : *Ce père se saigne pour ses enfants.* — **Gr.** *Saigner au nez* n'est pas français. — **Dér.** *Saignant, saignante, saignée, saignement, saigneur, saigneux, saigneuse.* (V. *Sang.*)

SAIGNES, 593 hab., ch.-l. de cant. de l'arr. de Mauriac (Cantal). Houille. Ch. de fer d'Orl.

SAIGNEUR (*saigner*), *sm.* Médecin qui a la manie de saigner.

SAIGNEUX, EUSE (*saigner*), *adj.* Dégouttant de sang; taché de sang.

SAÏGON, 178300 hab. dont 2500 Européens; capitale de la Cochinchine française et chef-lieu de la province de Gia-Dinh. On y remarque le palais du gouverneur, la cathédrale, les casernes et les hôpitaux, le bassin de radoub. Son nom vient de deux mots annamites désignant un cotonnier que les Cambodgiens plantaient autour de leurs fortifications en terre; c'était la désignation de la ville chinoise de Cholon, transportée à Saïgon par l'erreur d'anciens géographes.

SAILLAGOUSE, 578 hab., ch.-l. de cant. de l'arr. de Prades (Pyrénées-Orientales).

SAILLANS, 1617 hab., ch.-l. de cant. de l'arr. de Die (Drôme). Pêches *alberges* expédiées à Paris.

SAILLANT, ANTE (*saillir*), *adj.* Qui sort, qui avance en dehors : *Toiture saillante.* ‖ *Angle saillant.* (V. *Angle.*) — *Sm.* Saillant d'un ouvrage de fortification : *Le saillant d'un bastion*, sommet d'un des angles supérieurs de ce bastion. — Fig. Ce qui brille et fixe l'attention dans les ouvrages d'art ou d'esprit : *Pensée saillante.* ‖ *Animal saillant*, qui est en pied. (Blas.)

SAILLIE, *spf.* de *saillir.* Élan de peu de durée : *Cette source ne coule que par saillie.* — Fig. Transport, fougue momentanée : *Une saillie de gaieté.* ‖ Trait d'esprit qui frappe et surprend : *Les saillies de Voltaire.* ‖ Éminence, bosse à la surface d'un objet : *La saillie du nez.* ‖ Avance que fait sur le nu des murs quelque partie d'un édifice : *La saillie d'un balcon, d'une enseigne.* ‖ Accouplement.

SAILLIR (l. *salire*, sauter), *vi.* Jaillir : *On vit jaillir une source.* ‖ Former une saillie. ‖ Dépasser en avant le nu d'un mur : *Cette enseigne saille trop sur la rue.* ‖ Paraître avoir du relief : *Les figures ne saillent pas assez dans ce tableau.* — **Gr.** Dans le sens de *jaillir*, il se conjugue : Je saillis, tu saillis, il saillit, n. saillissons, v. saillissez, ils saillissent; je saillissais; je saillis; j'ai sailli; je saillirai; je saillirais; saille, saillissons, saillissez; que je saillisse; saillissant. Dans tout autre sens il se conjugue : Il saille; ils saillent; il saillait; ils saillaient; il saillit, ils saillirent; il saillera; ils sailleront; il saillerait; ils sailleraient; pas d'impératif; qu'il saille, qu'ils saillent; qu'il saillît, qu'ils saillissent; saillant; sailli, ie. — **Dér.** *Saillant, saillante, saillie.* — **Comp.** *Assaillir, tressaillir.*

***SAÏMARI** (mot indien). Genre de singes du nouveau monde qui habitent les forêts de l'Amérique équatoriale, principalement dans celles des Guyanes. Ce sont des animaux très agiles et très vigilants; ils se réunissent en troupes nombreuses et chassent dans les broussailles, mais passent la nuit sur le sommet des plus hauts palmiers. Leur dentition se rapproche de celle des ouistitis, et ils vivent d'insectes, de petits oiseaux, de fruits et de bourgeons. Les Saïmaris sont très frileux : aussi dès que la température vient à baisser, ils se pressent les uns contre les autres et s'entourent le cou de leur queue, qui est très longue et très touffue. Ces petits singes (ils n'ont guère que 0m,38 de longueur) s'apprivoisent facilement, et les Indiens les laissent en liberté dans leurs cabanes qu'ils débarrassent de la vermine.

SAÏMARI

SAIN, AINE (l. *sanum*), *adj.* De bonne constitution : *Cet homme a le corps sain.* ‖ Qui est en bon état, qui n'est point gâté, en parlant des parties du corps, des fruits, des choses inanimées : *Ces poires sont saines. Cette charpente est saine.* ‖ Dont les facultés intellectuelles sont intactes : *Un esprit sain* ‖ Exact, judicieux, excellent : *Une idée saine.* ‖ Orthodoxe : *Une saine doctrine.* ‖ Favorable à la santé. *Un air sain.* ‖ *Sain et sauf*, sans avoir souffert en rien : *Revenir sain et sauf. Recevoir des marchandises saines et sauves.* — **Dér.** *Sainement, santé, sanitaire.* — **Comp.** *Sainbois, sainfoin; assainir, assainissement.*

SAINBOIS (*sain + bois*), *sm.* Le garou. (V. ce mot.) ‖ Son écorce qui, macérée dans le vinaigre, sert à faire des vésicatoires.

SAINDOUX (v. fr. *sain* : du bl. *sagimen*, graisse + *doux*), *sm.* Axonge, graisse de porc fondue.

SAINEMENT (*saine* + sfx. *ment*), *adv.* D'une manière saine : *Se nourrir sainement.* — Fig. Raisonnablement, judicieusement : *Penser sainement.*

SAINFOIN (*sain + foin*), *sm.* Genre de plantes dicotylédones de la famille des Légumineuses-Papilionacées. Ce genre renferme environ 40 ou 50 espèces, dont la plus remarquable est l'*esparcette cultivée* (*onobrychis sativa*), à laquelle les cultivateurs ont imposé des noms divers, suivant les localités. Les plus usités sont ceux de *sainfoin commun, bourgogne, foin de Bourgogne, fenasse, herbe éternelle, chèpre, pelagra, tête et crête de coq.* Cette plante croît spontanément dans le centre et le midi de la France, sur les coteaux secs, de nature crétacée. Elle est originaire de l'Europe tempérée et est spontanée au midi du Caucase, autour de la mer Caspienne et jusqu'au delà du lac Baïkal. De plus, elle est cultivée en grand et forme, concurremment avec la luzerne, la majeure partie de nos prairies artificielles. Ayant la propriété de végéter facilement dans les sols crayeux, elle fournit un excellent moyen de les modifier peu à peu en les améliorant, et elle finit à la longue par les transformer en terres à froment. C'est à son introduction que les provinces rhénanes doivent leur prospérité agricole. Le sainfoin commun n'a commencé à être cultivé en grand qu'à partir de la fin du XVIe siècle. Ses tiges, hautes et droites, produisent des épis de fleurs d'un rose roussâtre auxquelles succèdent des légumes hérissés de pointes et *monospermes*, c'est-à-dire ne contenant qu'une seule graine. ‖ *Sainfoin d'Espagne*, genre de plantes dicotylédones de la famille des Légumineuses-Papilionacées. L'espèce la plus intéressante de ce genre est l'*hedysarum coronarium*, désigné le plus souvent sous les noms de *sainfoin d'Espagne, sainfoin à bouquets, sulla.* C'est une belle plante reconnaissable à ses fleurs disposées en épis d'un rouge très vif et auxquelles succèdent des gousses droites et hérissées. Ces gousses sont, de plus, *articulées.* Cela signifie qu'elles sont divisées par des étranglements bien marqués en compartiments, ou loges, dont chacun renferme une graine. Le sainfoin d'Espagne est une plante bisannuelle, qui croît spontanément en Calabre, en Sicile et en Algérie, où elle forme d'excellents pâturages. Le sulla ne peut être cultivé en grand que dans la région des oliviers. C'est le marquis de Grimaldi qui, le premier, en 1766, fit connaître le sainfoin à bouquets aux agriculteurs de la Provence. On l'a depuis introduit dans nos jardins comme plante d'ornement, mais il ne peut supporter les grands froids de l'hiver.

SAINFOIN

SAINS, 700 hab., ancien ch.-l. de cant. de l'arr. d'Amiens (Somme), aujourd'hui remplacé par *Boves* (1871 hab.).

SAINS-RICHAUMONT, 2045 hab., ch.-l. de cant. de l'arr. de Vervins (Aisne).

1. **SAINT.** Les noms de lieu composés commençant par *saint* se trouvent au nom propre du saint. Ainsi *Saint-Quentin* se trouve à *Quentin (Saint-)*.

2. **SAINT, AINTE** (l. *sanctum*), *adj.* Employé uniquement dans les cérémonies religieuses : *Les saintes huiles.* ‖ Qui appartient à la religion : *Les saints mystères.* ‖ *Le saint-père*, le pape. ‖ *Le saint-siège*, la papauté, la cour de Rome. ‖ *Le saint-office*, l'inquisition. ‖ *Le saint-empire romain*, l'empire d'Allemagne jusqu'à la Révolution. ‖ *Les lieux saints*, ceux où s'accomplirent les mystères de la Rédemption : Nazareth, Bethléem, Jérusalem, etc. ‖ *La terre sainte*, la Palestine (V. ce mot). ‖ *Terre sainte*, cimetière bénit : *Être inhumé en terre sainte.* ‖ *Année sainte*, année du jubilé. ‖ Qui observe la loi de Dieu : *Un saint personnage.* ‖ Qui a été reçu au paradis, qui est canonisé : *Les saints apôtres. Notre saint patron.* ‖ Infiniment pur, souverainement parfait : *La sainte Trinité. Le Saint-Esprit* ou *l'Esprit-Saint.* ‖ Conforme à la loi de Dieu, à la piété : *Une vie sainte.* ‖ Sacré, vénérable : *La sainte hospitalité.* — S. Ce-

lui qui vit ou qui est mort fidèle à la loi de Dieu : *Les saints martyrs.* ‖ *La Saint-Jean,* le jour de la fête de saint Jean. ‖ *Saint-Eustache,* l'église dédiée à saint Eustache. ‖ *Le saint des saints,* chez les Juifs, la partie la plus sacrée et la plus reculée du tabernacle, puis du temple de Salomon, où l'arche était déposée. ‖ *Ne savoir à quel saint se vouer,* n'avoir plus à compter sur aucune ressource. ‖ *Comme on connaît les saints, on les honore,* on flatte ceux qu'on veut se rendre favorables. ‖ *Il vaut mieux s'adresser à Dieu qu'à ses saints,* il vaut mieux s'adresser à un supérieur qu'à ses subalternes. ‖ *Prêcher pour son saint,* louer une personne, une chose en vue d'un intérêt personnel. ‖ *Le saint du jour,* homme qui est à la mode ou en crédit depuis peu. ‖ *Découvrir saint Pierre pour couvrir saint Paul,* s'exposer à un inconvénient pour remédier à un autre; emprunter pour payer une dette.—**Gr.** *Saint* prend une majuscule et est suivi d'un trait d'union dans les noms composés désignant la fête d'un saint, un nom de lieu, le vocable d'une église : *La Saint-Mathieu, Saint-Cloud,* l'église *Saint-Sernin.* ‖ Les premiers saints de la Gaule furent les *martyrs* qui rendaient *témoignage* au Christ durant les persécutions des IIe et IIIe siècles, quand ils étaient torturés dans les prisons et livrés aux bêtes dans les cirques. Ils devinrent les *patrons* célestes des cités gauloises et comptèrent parmi leurs *clients* des nations entières. Tels furent saints Pothin et Irénée, premiers évêques de Lyon; saint Symphorien à Autun; saint Bénigne à Dijon; saint Saturnin ou Sernin à Toulouse; saint Martial à Limoges; saint Victor à Marseille; saints Crépin et Crépinien, à Soissons; saint Denis et ses compagnons suppliciés sur la colline de Montmartre. Plus tard, l'Église, voulant rendre un glorieux hommage aux hommes célèbres par leurs talents aussi bien que par leurs vertus ou leurs malheurs les canonisa, c'est-à-dire les rangea au nombre des saints, qui intercédaient auprès du Très-Haut en faveur des fidèles. Ces saints furent nationaux ou provinciaux : saint Martin de Tours protégeait la France entière; saint Denis surveillait les domaines du roi; saint Nicolas était Lorrain; saint André était Bourguignon; saint Michel était le protecteur des Français comme saint Georges était celui des Anglais. Dans les campagnes on vénérait des saints locaux : tels sont les saints de la Bretagne, anciens ermites venus d'Irlande, au culte desquels se sont ajoutées les superstitions gauloises : saint Édern, saint Beuzec, saint Guénolé, saint Brendan, abbé de Clonfert. Ces saints ont même des fonctions analogues à celles des petits dieux romains : saint Éloi guérit les chevaux; saint Sequayre, en Béarn, sèche le linge; enfin, dans les Dombes, on vénérait saint Guinefort, pauvre lévrier injustement tué par son maître. Bientôt le culte des saints passa à leurs reliques, à leurs ossements. On attribua à leurs reliques une puissance surnaturelle; c'est ainsi que saint Roch préservait de la peste; saint Mathurin, de la folie; saint Hubert, de la rage. La vie des saints, recueillie par les Bollandistes (V. *Bolland*), est pour l'histoire un recueil inépuisable où l'on trouve des documents du plus haut intérêt sur les mœurs et les coutumes du temps passé. — **Dér.** *Saintement, sainteté.* — **Comp.** Tous les mots commençant par *saint* ou *sainte* et devenus noms communs.

SAINT-AIGNAN. (V. *Aignan.*)

SAINT-AIGNAN (DUC DE) ET DE BEAUVILLIERS (FRANÇOIS HONORAT DE) (1607-1689), se distingua sous Louis XIII au siège de Landrecies et combattit la Fronde sous Louis XIV. Il protégea les gens de lettres et fut de l'Académie française. Son fils Paul, duc de Beauvilliers, fut gouverneur de Bourgogne et s'adjoignit Fénelon. Il remplit la même charge auprès du duc d'Anjou et de Berri.

SAINT-AMANT. (V. *Amant.*)

SAINT-AMANT (MARC-ANTOINE GÉRARD, SIEUR DE) (1594-1661), poète, membre de l'Académie française, auteur de *Moïse sauvé,* ridiculisé par Boileau.

SAINT-ANDRÉ. (V. *André.*)

SAINT-ANDRÉ (JACQUES D'ALBON, SEIGNEUR DE) (1505-1562), maréchal de France. Il signa la paix de Cateau-Cambrésis, forma, avec le connétable de Montmorency et le duc de Guise, un triumvirat catholique contre les calvinistes, et fut tué à la bataille de Dreux.

SAINT-ANDRÉ (JEAN BON, DIT) (1749-1813), pasteur calviniste, puis conventionnel du parti de la Montagne; organisateur de la marine, il assista au combat du 13 prairial an III livré par Villaret-Joyeuse et fut préfet de Mayence sous l'Empire.

SAINT-ANGE (ANGE FARIAU, DIT DE) (1747-1810), traducteur d'*Ovide* en vers français.

SAINT-ANGE (CHATEAU), ancien mausolée d'Hadrien à Rome, sur la rive droite du Tibre, converti en forteresse. Il est en marbre de Paros et a servi de tombeau aux empereurs jusqu'à Commode.

SAINT-ARNAUD (ARNAUD LEROY DE) (1801-1854), maréchal de France, ministre de la guerre au coup d'État du 2 décembre 1851, commandant en chef l'expédition de Crimée, mort peu de jours après la victoire de l'Alma.

SAINT-AUBIN. (V. *Aubin.*)

SAINT-AUBIN (AUGUSTIN DE) (1736-1807), graveur et dessinateur, membre de l'Académie de peinture.

SAINTE-CHAPELLE DE PARIS

SAINT-AUGUSTIN. (V. *Augustin.*)

SAINT-AUGUSTIN, *sm.* Ancien nom d'un caractère typographique dont le corps est de douze points environ. Il est ainsi nommé parce qu'il servit, en 1467, à imprimer la *Cité de Dieu,* de saint Augustin.

SAINT-CYR (L'ÉCOLE). (V. *Cyr.*)

SAINT-CYR (DEMOISELLE DE). Une des 250 jeunes filles élevées dans la maison de Saint-Cyr au Val de Gallie (Seine-et-Oise); elle fut fondée en 1686, sous le titre de Saint-Louis et la règle de Saint-Augustin, et dirigée d'abord par Mme de Maintenon. Les jeunes filles devaient faire preuve de quatre degrés de noblesse du côté paternel. L'établissement, supprimé à la Révolution, devint le *Prytanée français;* puis, sous Napoléon Ier, l'École spéciale militaire, qui l'occupe encore.

SAINT-CYR. (V. *Cyr.*)

SAINT-CYRAN (JEAN DUVERGIER DE HAURANNE, ABBÉ DE) (1581-1643), ami de Jansénius, adversaire des jésuites, maître du grand Arnaud, de Bignon, de Lemaistre de Saci. Richelieu le fit enfermer à Vincennes.

***SAINT-CYRIEN** (*Saint-Cyr*), *sm.* Élève de l'École spéciale militaire, établie à Saint-Cyr (Seine-et-Oise).

SAINT-DENIS. (V. *Denis.*)

SAINTE-ALLIANCE. Traité signé à Paris le 26 septembre 1815, après la bataille de Waterloo et les Cent-jours, par les souverains de l'Europe réunis en coalition permanente contre les revendications de leurs peuples. Le tzar Alexandre, alors sous l'influence de la mystique Mme de Krüdner, donna au traité une forme assez singulière; les souverains de Russie, de Prusse et d'Autriche, « se regardant comme frères en Jésus-Christ et confessant que la nation chrétienne, dont eux et leurs peuples font partie, n'a réellement d'autre souverain que Dieu, notre divin sauveur, s'engagent à demeurer unis par des liens indissolubles; ils se prêteront en toute occasion assistance et secours... Ils maintiendront leur résolution inébranlable de ne prendre pour règle de leur conduite que les préceptes de la religion sainte. » La France adhéra à cette alliance, qui prétendait surtout au maintien de l'ancien régime; lord Castlereagh, en Angleterre, lui donna son appui moral. A l'aide des congrès d'Aix-la-Chapelle, de Troppau, de Laybach et de Vérone, la Sainte-Alliance comprima les révolutions d'Italie et put intervenir en Espagne; mais cette expédition, entreprise par la France, fut sa dernière manifestation (1823-1832).

SAINTE-AULAIRE (FRANÇOIS DE BEAUPOIL, MARQUIS DE) (1643-1742), membre de l'Académie française. — SAINTE-AULAIRE (LOUIS DE BEAUPOIL, COMTE DE) (1778-1854), préfet sous l'Empire, député sous la Restauration; ambassadeur à Rome, Vienne et Londres sous Louis-Philippe; membre de l'Académie française; auteur d'une *Histoire de la Fronde* et de *Mémoires.*

SAINTE-BARBE (*sainte Barbe,* patronne des canonniers et des sapeurs-pompiers), *sf.* Endroit d'un vaisseau où on serrait autrefois la poudre et les ustensiles d'artillerie. ‖ Emplacement à bord d'un navire de guerre où l'on dépose des objets de service de l'artillerie et des petites armes.

SAINTE-BARBE (INSTITUTION), le plus ancien établissement d'instruction publique qu'il y ait en France; fondé en 1460, rétabli en 1798 par Victor de Lanneau, géré depuis 1841 par une société anonyme. L'école compte, parmi ses anciens élèves, saint Ignace de Loyola.

SAINTE-BEUVE (JACQUES) (1804-1869), ancien élève du lycée Charlemagne, membre de l'Académie française en 1845, maître de conférences à l'École normale en 1857, sénateur en 1865. Il publia un volume de vers, les *Consolations* (1830), un roman, *Volupté* (1834); mais son esprit critique se manifesta dans l'*Essai sur la poésie au XVIe siècle* (1828); se développa dans l'histoire de *Port-Royal* (1840-1860); s'épanouit dans les *Causeries du Lundi* et surtout dans les *Nouveaux Lundis,* recueils d'articles parus d'abord dans le *Constitutionnel,* le *National* et le *Temps.*

SAINTE-CHAPELLE. Chapelle du palais de justice de Paris, construite par Pierre de Montereau, sous le règne de saint Louis (1242-1248); elle est formée de deux chapelles superposées, et considérée comme le bijou du gothique. Elle a été restaurée par Duban, Viollet-le-Duc et Lassus, qui a donné les plans de la flèche en charpente couverte de plomb rehaussée de dorure. Chaque résidence royale avait sa *sainte chapelle* : telle était celle de Bourges; telle est encore celle de Vincennes.

SAINTE-CLAIRE. (V. *Claire.*)

SAINTE-CLAIRE DEVILLE (CHARLES) (1814-1877), géologue, professeur au Collège de France, membre de l'Académie des sciences, auteur de travaux sur les volcans. — SAINTE-CLAIRE DEVILLE (HENRI) (1818-1882), frère du précédent, membre de l'Académie des sciences, chimiste connu par ses travaux sur l'*aluminium,* la fusion des corps réfractaires, la dissociation des corps composés.

SAINTE-CROIX. (V. *Croix.*)

SAINTE-CROIX (GUILHEM DE CLERMONT-LODÈVE, BARON DE) (1746-1809), membre de l'Académie des inscriptions et belles-lettres, auteur de travaux sur Alexandre le Grand, les colonies anciennes, la Crète, les mystères du paganisme.

SAINTE-FOY (CHARLES-LOUIS *Pubereaux,* DIT) (1817-1877), chanteur et comédien du genre *Trial* qui obtint de grands succès à l'Opéra-Comique, où il fit presque toute sa carrière. Il créa des rôles importants dans *Giralda,* le *Caïd,* le *Pardon de Ploërmel,* le *Voyage en Chine,* etc.

SAINT-ELME. (V. *Elme.*)

SAINTE-LUCIE. (V. *Lucie.*)

SAINTE-LUCIE, *sm.* Le bois du *cesarus mahaleb.* (V. ce dernier mot.)

SAINTE-LUCIE

SAINTE-MARTHE. (V. *Marthe.*)

SAINTE-MARTHE (Scévole et Louis de), érudits, frères jumeaux, nés en 1571, morts le premier en 1650 et le second en 1656. Ils publièrent une histoire généalogique de la maison de France et un *Gallia Christiana* en 4 volumes. — Abel-Louis, fils de Scévole, général de l'Oratoire, collaborateur du *Gallia Christiana.* — Denis (1650-1725), général des bénédictins de Saint-Maur, a refondu le *Gallia Christiana* et en a fait un ouvrage tout nouveau.

SAINTE-MARTHE, *sm.* Le bois du *cæsalpinia echinata,* arbre de la famille des Légumineuses. Il tient le second rang parmi les bois du Brésil et ne vient qu'après le fernambouc. Il vient des forêts de Sainte-Marthe ou de la Sierra Nevada (Mexique). Sa coupe transversale a une forme étoilée et montre un aubier très épais.

SAINTEMENT (*sainte* + sfx. *ment*), *adv.* D'une manière sainte.

SAINTE NITOUCHE. (V. *Nitouche.*)

SAINTE-PALAYE (Jean-Baptiste de la Curne de) (1697-1781), membre de l'Académie française et des Inscriptions, auteur d'un *Glossaire de l'ancienne langue française,* dont il ne publia que le premier volume; son manuscrit, conservé à la Bibliothèque nationale, a été édité de 1876 à 1880.

SAINTES, 17 327 hab., s.-préf. de la Charente-Inférieure, à 464 kilomètres de Paris, ch. de fer de l'État, sur la Charente; cour d'assises; église calviniste; arc de triomphe de Germanicus, de l'an 21 ou 31; vestiges des bains et de l'amphithéâtre, église romane de Saint-Eutrope; cathédrale rebâtie au XVIe siècle; ancienne capitale des *Santones,* puis de la Saintonge; haras magnifiques; commerce d'eaux-de-vie. — Victoire de saint Louis sur Henri III, roi d'Angleterre, en 1242.

SAINTES (LES), 1 618 hab., 1 422 hect., groupe d'îlots, dépendant de la Guadeloupe, arr. de la Basse-Terre. Cet archipel, situé par 15° 54' de latitude nord et de 64° 1' 40" de longitude ouest, est à 12 kilomètres S. de la Guadeloupe. Il comprend deux îles principales: la Terre d'En-Haut et la Terre d'En-Bas, deux petites îles, le grand Ilet et l'ilet à Cabrits, et quatre îlots, la Coche, les Augustins, Redonde et le Pâté. — Café, poteries, pêches; dans l'ilet à Cabrits, maison de force et de correction.

SAINT-ESPRIT (ordre du). Ordre de chevalerie institué par un édit de Henri III, en date de décembre 1578. Ce prince lui donna ce nom en souvenir de la Pentecôte (30 mai 1574), jour où il avait succédé à son frère Charles IX. Henri III se proclama chef de l'ordre, dont la grande maîtrise fut unie à la couronne de France. Les chevaliers étaient revêtus, la veille de leur réception, de l'ordre de Saint-Michel, d'où leur nom de *chevaliers des ordres du roi;* les statuts, plusieurs fois modifiés, portèrent à cent le nombre des chevaliers; ils devaient être gentilshommes de nom et d'armes, au moins depuis leur bisaïeul, catholiques et âgés de 35 ans. La croix de l'ordre était d'or émaillée de blanc, avec une fleur de lis d'or dans chacun des angles de la croix, et dans le milieu une colombe d'argent; au revers était un saint Michel; elle se portait en écharpe au bout d'un ruban bleu céleste, d'où le nom de *cordon bleu* donné aux chevaliers. Le collier se composait de trois nœuds répétés d'un H, d'une fleur de lis de laquelle sortaient des flammes émaillées et d'un trophée d'armes. L'ordre a disparu avec la royauté légitime en 1830. (V. *Esprit.*)

SAINTETÉ (l. *sanctitatem*), *sf.* Qualité de celui ou de ce qui est saint. || *Sa Sainteté, Votre Sainteté,* titre de respect qu'on emploie en parlant du pape ou au pape.

SAINT-ÉVREMOND (Charles de Marquetel de Saint-Denis de) (1616-1703), écrivain célèbre par son esprit. Durant la Fronde, il servit les princes, puis la cause royale. Compromis par un pamphlet piquant sur la paix des Pyrénées découvert dans la cassette de Fouquet, il s'enfuit en Hollande, puis en Angleterre (1661-1662), où il fut pensionné par Charles II et Guillaume III. Épicurien et libre penseur, il était lié avec le comte de Gramont, Ninon de l'Enclos et La Fontaine; on cite surtout sa *Comédie des Académistes* (1650), la *Conversation du maréchal d'Hocquincourt avec le P. Canaye.*

SAINT-GALL. (V. *Gall* [*Saint-*].)

SAINT-GELAIS (Octavien de) (1466-1502), évêque d'Angoulême, poète, auteur du *Séjour d'honneur* et de la *Chasse d'amour.* — Mellin de Saint-Gelais, neveu ou fils naturel du précédent (1491-1558); poète de la cour de François Ier; ami de Clément Marot, il introduisit en France le sonnet italien.

SAINT-GERMAIN (nom propre), *sm.* Poire d'hiver, grosse, fondante, très sucrée.

SAINT-GERMAIN (Claude-Louis, comte de) (1707-1778), général qui se distingua durant la guerre de Sept ans et réorganisa l'armée danoise. Ministre de la guerre (1775) dans le ministère Turgot, sous Louis XVI, il dut se retirer pour avoir voulu introduire dans l'armée les coups de plat de sabre et la discipline prussienne.

SAINT-HILAIRE (Augustin Prouvensal de Saint-Hilaire, dit Auguste de) (1799-1853), botaniste et voyageur dans l'Amérique du Sud.

SAINT-HILAIRE (Geoffroy). (V. *Geoffroy.*)

SAINT-HILAIRE (Jules-Barthélemy), né en 1805, membre de l'Institut (Académie des sciences morales et politiques), ancien professeur au Collège de France, traducteur des œuvres d'Aristote; de 1871 à 1873, ancien secrétaire de M. Thiers, dont il a suivi les différentes évolutions politiques, en inclinant parfois un peu plus à gauche.

SAINT-HUBERTY (Antoinette-Cécile Clavel) (1756-1812), célèbre cantatrice de l'Opéra de Paris. En 1789 elle émigra à Londres, où elle épousa le comte d'Entraigues. Elle mourut assassinée ainsi que son mari.

SAINT-HURUGE (le marquis de), démagogue, qui prit part aux mouvements populaires de juillet 1789 au 10 août 1792; Robespierre le fit emprisonner comme dantoniste.

SAINTINE (Joseph-Boniface, dit) (1798-1865), écrivain dramatique et romancier; la plus connue de ses pièces est *l'Ours et le Pacha;* son roman *Picciola* a eu plus de quarante éditions.

SAINT-JUST (Louis-Antoine de) (1767-1794), conventionnel, l'un des chefs du parti de la Montagne; membre du comité de Salut public; avec son ami Robespierre et Lebas, il forma une sorte de triumvirat, qui dirigea les affaires jusqu'au 9 thermidor; il monta sur l'échafaud avec le plus grand courage.

SAINT-LAMBERT (Jean-François, marquis de) (1716-1802), auteur du poème des *Saisons,* membre de l'Académie française, collaborateur de l'Encyclopédie, ami de Mmes du Châtelet et d'Houdetot.

SAINT-LEU D'ESSERENT. (V. *Leu* [*Saint-*].)

SAINT-LOUIS (ordre de). (V. *Louis.*)

SAINT-MARC GIRARDIN (Marc Girardin, dit) (1801-1873), professeur de littérature française à la Sorbonne, membre de l'Académie française et de l'Assemblée nationale de 1871; son œuvre la plus estimée est son *Cours de littérature dramatique.*

SAINT-MARTIN (Louis-Claude de) (1743-1803), dit le *Philosophe inconnu,* spiritualiste illuminé et mystique, qui rapportait tout à Dieu.

SAINTONGE (*Santonia, Santonensis tractus*), province avec titre de comté, capitale Saintes (Charente-Inférieure). Elle était bornée au N. par le Poitou, au N.-O. par l'Aunis et la mer, au S. par le Bordelais, à l'E. par l'Angoumois, à l'O. par la Garonne; elle était divisée en haute Saintonge, capit. Saintes, avec le Brouageais et l'île d'Arvert; et en basse Saintonge, capit. Saint-Jean-d'Angely; elle est tout entière comprise dans le département de la Charente-Inférieure. Elle appartint successivement aux Wisigoths et aux Francs, fit partie du duché d'Aquitaine, et suivit enfin les destinées de la Guyenne. Confisquée par Philippe-Auguste, elle fut rendue par saint Louis au roi d'Angleterre Henri III (1259). Cédée aux Anglais par le traité de Brétigny (1360), elle fut reconquise par Charles V, puis par Charles VII (1451).

SAINT-PIERRE (Charles-Irénée Castel de) (1658-1743), dit *abbé de Saint-Pierre,* publiciste et philanthrope, membre de l'Académie française, auteur d'un *Projet de paix perpétuelle* (1713), d'un *Mémoire pour l'établissement d'une taille proportionnelle* (1717). Il fut l'un des fondateurs du *club de l'Entre-sol.*

SAINT-PIERRE (Eustache de). (V. *Eustache.*)

SAINT-PIERRE (Jacques-Hyacinthe, Bernardin de) (1737-1814), écrivain et disciple de Jean-Jacques Rousseau; comme ingénieur, il visita la Russie, la Pologne, la Saxe, passa à l'île de France, d'où il alla en excursion à l'île Bourbon et au Cap de Bonne-Espérance; ses *Études de la Nature* (1784), son roman de *Paul et Virginie* (1787), sont restés au nombre des chefs-d'œuvre de notre littérature.

SAINT-POL (Waleran III de Luxembourg, comte de) (1355-1415), connétable et gouverneur de Paris sous Charles VI; partisan du duc de Bourgogne, Jean sans Peur, il souleva en sa faveur la faction des bouchers que dirigeait l'écorcheur Caboche. — Saint-Pol (Jean de Luxembourg, de la branche de), neveu du précédent, gouverneur d'Arras et de Paris pour le roi d'Angleterre Henri VI, prit Jeanne d'Arc à Compiègne et la livra aux Anglais; mort en 1440. — Saint-Pol (Louis de Luxembourg, comte de) (1418-1475), neveu du précédent, connétable de France; il trahit à la fois Charles le Téméraire et Louis XI, qui le fit décapiter.

SAINT-PREST, 957 hab., com. de l'arr. et du cant. de Chartres (Eure-et-Loir); sablières et graviers du terrain pliocène, où J. Desnoyers découvrit en 1863 des ossements de rhinocéros et de l'*elephas meridionalis* (éléphant méridional), incisés par la main de l'homme aidée d'instruments en silex, lances et pointes de flèche. — **Dér.** *Saint-prestien, saint-prestienne.*

*** SAINT-PRESTIEN, IENNE** (*Saint-Prest*), *adj.* Se dit, en archéologie préhistorique, du pliocène supérieur, terrain quaternaire d'Europe, que caractérise la présence de trois espèces d'éléphants fossiles: *elephas meridionalis, elephas antiquus, elephas primigenius.*

SAINT-PRIEST (François-Emmanuel Guignard, comte de) (1735-1821), ambassadeur de France à Lisbonne, à Constantinople et en Hollande, de 1763 à 1787, ministre de l'intérieur au début de la Révolution; ministre de la maison de Louis XVIII durant l'émigration; pair de France en 1814.

SAINT-RÉAL (César Vichard, abbé de) (1639-1692), historiographe de la maison de Savoie; son *Histoire de la conjuration des Espagnols contre Venise,* admirablement écrite, n'est guère qu'un roman.

SAINT-SIÈGE. (V. *Saint.*)

SAINT-SIÈGE. Le concile du Vatican (1870) a fait du pape l'évêque universel de l'Eglise. Ses prérogatives sont de deux espèces: 1° *Primauté de juridiction;* le pape représente l'Eglise vis-à-vis de l'Etat et gouverne l'Eglise: « Nous enseignons et nous définissons comme un dogme divinement révélé que le Pontife romain, lorsqu'il parle du haut de sa chaire, c'est-à-dire lorsque, faisant fonctions de pasteur et de docteur de tous les chrétiens, il définit, de sa suprême autorité apostolique, la doctrine de la foi et des mœurs qui doit être tenue par l'Eglise universelle, jouit, par l'assistance divine, de l'infaillibilité dont le divin Rédempteur a voulu que son Eglise fût pourvue pour la définition de la doctrine de la foi et des mœurs; d'où il suit que les définitions de cette nature, émanées du souverain Pontife, sont irréformables par elles-mêmes (*ex sese*), et non par le consentement de l'Eglise (concile du Vatican, 4e session, 18 juillet 1870). » — *Primauté d'honneur*. Le titre de « pape » n'est autre chose que le nom de père. L'ancien français, par une erreur singulière, disait *la pape*. En Orient, seuls le pape de Rome et le patriarche d'Alexandrie se nomment παππᾶ, tandis que le nom des clercs est παππάτος. Il est encore dit *souverain pontife; apostoiles* (*apostolicus*), *vicaire de saint Pierre, vicaire de Jésus-Christ* ou *de Dieu*; Innocent III s'est seul attribué cette qualification; saint Grégoire Ier et ses successeurs ont pris le plus souvent dans leurs actes le titre de *serviteur des serviteurs de Dieu*. Les appellations de « saint », de « très saint père », de « votre sainteté », données autrefois à tous les évêques, sont réservées aujourd'hui au pape. Les insignes de la papauté sont : Le *pallium*, la tiare ou trirègne et le bâton droit, au contraire de la crosse des évêques, qui est recourbée; tandis que les cardinaux sont en rouge, les évêques en violet, le clergé séculier ou noir, le pape seul est vêtu de blanc; à son couronnement, il s'entend dire : « Recevez la tiare ornée de trois couronnes et sachez que vous êtes le père des évêques et des rois, le recteur du monde sur la terre, le vicaire de Notre-Sauveur Jésus-Christ, auquel est honneur aux siècles des siècles. » Les catholiques non souverains lui baisent le pied (*la mule*), en signe d'adoration; l'empereur lui tenait l'étrier. Comme le pape était le chef du temporel de l'Eglise, Pie IX a protesté contre la destruction de l'État pontifical dans l'Encyclique du 1er novembre 1870. On sait que la *loi des garanties* du 15 mai 1871 a réglé les droits de la personne papale et son administration spirituelle vis-à-vis de l'Italie. — Les lettres des papes se divisent en bulles et en brefs; les premières commencent ainsi : *Leo episcopus servus servorum Dei* (Léon, évêque, serviteur des serviteurs de Dieu). Les autres, de moindre importance, ont pour début : *Leo P. XIII* (Léon pape 13e). Les bulles sont munies d'un sceau pendant en plomb, portant d'un côté le profil de SS. Pierre et Paul, et au revers le nom du pape, avec son numéro d'ordre; les brefs sont cachetés en cire rouge d'une empreinte représentant S. Pierre jetant ses filets; voilà pourquoi les brefs sont dits « sous le sceau du pêcheur ». De nos jours, l'élection des papes est régie par la bulle de Grégoire XV, *Æterni pastoris* (1621). L'électorat est exercé par les cardinaux présents au lieu du vote; l'éligibilité est liée aux conditions nécessaires pour être évêque. Lélection a eu lieu dans le conclave, douze jours après la vacance : 1° *par acclamation* ou *quasi-inspiration*; 2° *par compromission*, c'est-à-dire par des délégués unanimement désignés; 3° *au scrutin*; les cédules portent ces mots : *Ego Bonifacius cardinalis Gaetanus* (2 cachets). *Eligo in summum Pontificem R. D. meum cardinalem Baronium* (2 cachets) : numéro et devise (Je, Boniface, cardinal Gaetano, élis comme souverain pontife mon révérend seigneur le cardinal Baronius). — Ainsi le nom de l'élu est visible, tandis que le nom et la devise de l'électeur sont scellés. Les noms des cardinaux désignés sont lus sans lever les cachets; puis les cédules sont enfilées et brûlées, si l'élection se fait au premier tour. L'*accessus* a pour but d'obtenir à un deuxième tour la majorité des deux tiers des voix, nécessaire à la nomination du souverain pontife. La cellule d'*accession* porte le mot : *Accedo R. D. meo D. cardinali*... (J'accède à révérend seigneur, monseigneur, le cardinal...). On ne peut accéder qu'à un des cardinaux qui ont eu au moins une voix au scrutin, et celui auquel on accède ne peut être celui auquel on a donné sa voix au scrutin; mais on peut écrire : *Nemini* (à personne). Les voix de l'accession sont ajoutées à celles du scrutin et le vote se fait à la majorité des deux tiers; la levée des cachets couvrant les devises garantit l'*accession*. L'élu, s'il accepte, change son nom et devient pape; s'il n'est pas évêque, il est consacré, puis bénit. Les grands Etats catholiques, l'Autriche, la France, l'Espagne, ont le droit de déclarer chacun un cardinal inéligible (*exclusiva*); l'exclusive était autrefois exercée par le cardinal protecteur de la nation; elle pourrait l'être aujourd'hui par un cardinal désigné avant l'entrée en conclave. Depuis saint Pierre, pape de 42 à 67, jusqu'à Léon XIII, élu comme successeur de Pie IX en 1878, la *hiérarchie catholique* compte 263 papes.

Comme les autres évêques, les papes furent d'abord élus par le peuple et le clergé, jusqu'à ce que les empereurs romains, s'étant faits chrétiens, s'attribuèrent le droit de confirmer leur choix, et Justinien et ses successeurs exigèrent même une somme d'argent pour leur accorder cette confirmation. Constantin Pogonat délivra l'Eglise de cette servitude en 681. Déjà saint Léon le Grand (440-461) avait, après le concile de Chalcédoine, affirmé la supériorité du siège de Rome sur ceux de Constantinople, d'Alexandrie et d'Antioche; il avait montré la puissance croissante de l'Eglise, en arrêtant aux portes de Rome Attila et Genséric. Saint Grégoire le Grand (591-604) poursuivit un triple but : S'affranchir de Constantinople, dominer sur l'Occident et convertir les Barbares païens. Il profita de la lutte entre l'exarque de Ravenne et la reine des Lombards Théodelinde, et s'assura une demi-indépendance. En 727, Luitprand donna au pape la ville de Sutri, qui fut le noyau des États de l'Eglise. Pépin le Bref, appelé en 753 par le pape Zacharie, mit fin à la suprématie des empereurs d'Orient et donna au saint-siège l'exarchat de Ravenne, origine du pouvoir temporel de la papauté. En 800, Léon III couronna empereur Charlemagne, à la fête de Noël, et créa ainsi le saint-empire romain.

Avec le moyen âge commence la lutte du saint-siège et de l'empire, subdivisée elle-même en deux périodes, la querelle des investitures (1073 à 1122) et la guerre de l'indépendance italienne (1152 à 1254). — Pour la *querelle des investitures*, V. le t. II du Dictionnaire, p. 100, col. 3. — Le concordat de Worms (1122) accordait au pape l'investiture temporelle; ce n'était qu'une trêve et non une paix définitive, puisque la question de prééminence n'était pas résolue. La lutte ne recommença cependant qu'après l'affermissement de la dynastie souabe en Allemagne et la formation, en Italie, de deux factions : les Gibelins (*Weiblingen*), amis de l'empereur et de l'aristocratie et les Guelfes (*Welf*), partisans de la papauté et de la démocratie. Comme la domination romaine avait laissé en Italie de fortes traditions de libertés municipales, les bourgeois l'emportèrent sur les seigneurs, et constituèrent de petites républiques, comme celles de Florence, Milan, Gênes et Venise, gouvernées par leurs consuls et le sénat. A Rome même, le moine Arnauld de Brescia, disciple d'Abélard, qui prêchait « la dictinction de la raison et de la foi », chassa le pape Innocent II et rétablit la république romaine. Cette révolution municipale, qui lésait à la fois la papauté et l'empire, réconcilia ces deux institutions : Frédéric Ier Barberousse passa les Alpes en 1152 pour rétablir le pape Adrien IV; Arnauld de Brescia fut brûlé et ses partisans massacrés. Mais l'accord ne fut que passager, parce que Frédéric Ier voulait dominer à la fois le pape et les républiques italiennes. Il revint en Italie en 1158, rasa Milan et fit proclamer par la diète de Roncaglia l'asservissement de l'Italie. Lors de sa troisième expédition (1166), le pape Alexandre III forma la *ligue lombarde* pour assurer l'indépendance des républiques italiennes. L'empereur, battu à Legnano (1176), conclut la trêve de Venise (1177), la paix de Constance (1183), qui ne lui laissaient en Italie qu'une suprématie honorifique. Innocent III (1198-1216) profita de la mort prématurée de Henri II et de la minorité de Frédéric II pour lui opposer en Allemagne Philippe de Souabe et Othon IV. Servi par l'éloquence et la popularité des ordres mendiants, franciscains et dominicains, il voulut élever la papauté au-dessus des rois et des empereurs « qui reçoivent tout leur éclat de l'autorité pontificale, comme la lune reçoit le sien du soleil. » Il reconstitua la ligue lombarde, envoya ses légats en Hongrie, en Pologne, en Espagne et en Norwège, obligea Philippe-Auguste de répudier Agnès de Méranie, mit en interdit les Etats de Jean sans Terre et le menaça de déposition. Ce prince se déclara vassal de l'Eglise et lui paya, outre le denier de Saint-Pierre, un tribut annuel de 1 000 livres sterling. Innocent III suscita encore la quatrième croisade et la guerre contre les Albigeois; mais, malgré cette toute-puissance apparente, l'empereur Frédéric II s'apprêtait à attaquer le pontife, qui mourut en 1216. Il affecta d'abord de se montrer humble fils de l'Eglise et prit part à la sixième croisade; mais il reconstituait le royaume des Deux-Siciles et établissait dans Lucera une colonie de 20 000 Sarrasins insensibles aux anathèmes du saint-siège. Le pape Grégoire IX reconstitua la ligue lombarde et opposa à l'empereur son propre fils Henri; mais les Guelfes furent écrasés sur terre à la bataille de Corte Nuova (1237) et sur mer à la Melloria (1241). Grégoire IX, indomptable, ne céda qu'à la mort. Innocent IV, élu par l'influence de Frédéric II, n'en continua pas moins la lutte avec une opiniâtreté que blâma saint Louis. Il dut se réfugier à Lyon, où il convoqua un concile et déclara son adversaire « hérétique, musulman, blasphémateur, parjure ». Les Italiens, déliés du serment de fidélité, battirent l'empereur à Parme (1248), et son fils Euzio Fossalta (1249); Frédéric II mourut à Firenzuola (1250) et Conrad IV ne lui survécut que quatre ans. Les papes profitèrent du *grand interrègne* (1250-1273), pendant lequel de nombreux compétiteurs se disputèrent la couronne impériale, pour poursuivre en Italie la ruine des Hohenstaufen, *cette race de vipères*. Urbain suscita contre Manfred, fils naturel de Frédéric II, qui avait conservé les Deux-Siciles, Charles d'Anjou, frère de saint Louis. Manfred fut tué à Grandella (1266); les derniers représentants des Hohenstaufen, Conradin et Frédéric d'Autriche, furent vaincus à Tagliacozzo (1268) et mis à mort par leur vainqueur impitoyable. Charles d'Anjou voulut à son tour reformer l'unité italienne contre le saint-siège, qui l'avait protégé; mais le massacre des Vêpres siciliennes le réduisit au royaume de Naples et à l'impuissance. La papauté triomphait. Au grand jubilé de l'an 1300, Boniface fit porter devant lui les ornements pontificaux, l'épée, le globe et le sceptre, attributs de la puissance temporelle, et la croix, symbole de la puissance spirituelle. Il entra alors en lutte avec le roi de France Philippe le Bel, *le fils aîné de l'Eglise*, au sujet de décimes extraordinaires dont il voulait exempter le clergé. Le pape, dans la bulle *Ausculta Fili*, déclara que la France était soumise au pape pour les affaires temporelles. Les États généraux de 1302 protestèrent avec le roi contre cette théorie; Guillaume de Nogaret se rendit dans Anagni pour appréhender au corps le souverain pontife, que Sciarra Colonna frappa au visage de son gantelet. Le vieillard mourut bientôt de douleur et de colère (1303); Benoît XI fut empoisonné à Pérouse (1304), et Clément V vint s'établir en 1309 à Avignon, dans le comtat Venaissin, où ses successeurs demeurèrent sous la main des rois de France jusqu'en 1378. Ce séjour de soixante et dix ans, appelé par les Italiens la *captivité de Babylone*, marque la renonciation de la papauté à la domination universelle, et l'émancipation définitive des puissances temporelles en face de la puissance spirituelle. Le saint-siège faillit même perdre Rome, où le tribun Rienzi rétablit un instant la république romaine (1347-1354). Enfin ce séjour dans Avignon fut l'origine du grand schisme d'Occident, qui affaiblit encore l'autorité morale de la papauté. Urbain VI, nommé en 1378 par le parti italien, retourna à Rome; mais les cardinaux français élurent Clément VII, qui continua de séjourner dans Avignon. Alors commença un schisme de soixante et dix ans qui favorisa les hérésies de Wiclef en Angleterre, de Jean Huss et de Jérôme de Prague, en Allemagne. Le concile de Pise, reuni en 1409, augmenta le désordre en créant un troisième pape. Le concile de Constance (1415) déposa les trois papes, envoya au bûcher Jean Huss et Jérôme de Prague, mais ne put réformer l'Eglise, malgré les efforts de Gerson, chancelier de l'université de Paris. Le concile de Bâle, en 1431, ranima le schisme en prétendant rétablir les élections canoniques; enfin, en 1448, Félix V, ancien duc de Savoie, abdiqua en faveur de Nicolas V, qui triompha en 1453 de la conspiration républicaine de Stefano Porcaro. Ses successeurs, Calixte III (1455-1458), Pie II (1458-1464), essayèrent d'armer la chrétienté contre les Turcs; mais leurs successeurs changèrent de politique; Sixte IV (1471-1484) inaugura le *népotisme* en donnant à ses neveux des chapeaux de cardinaux ou de hautes situations dans la curie romaine; Alexandre VI Borgia (1492-1503), malgré ses mauvaises mœurs, sa simonie, son affection aveugle pour son fils César Borgia, trompa Charles VII et conquit la Romagne; Jules II, plus diplomate et homme de guerre que bon ecclésiastique, voulut faire de l'État pontifical l'état dominant de l'Italie; délivrer la péninsule des barbares, c'est-à-dire des Français de Louis XII et des Espagnols de Ferdinand le Catholique; enfin constituer les Suisses en gardiens de la liberté italienne. Il forma la ligue de Cambrai contre Venise, qui fut défaite à Agnadel (1509), puis la retourna contre Louis XII sous le nom de Sainte-Ligue. A sa mort (1513), les Français avaient perdu Gaston de Foix et étaient malheureux dans le Milanais. Léon X transforma la Sainte-Ligue en ligue de Malines (1513); mais les Français, battus à Novare, revinrent en Italie avec François Ier et triomphèrent à Marignan (1515). Léon X perdit Parme et Plaisance par la convention de Viterbe et signa le concordat de 1516; jusqu'à sa mort en 1521, il s'occupa plus de la renaissance que des préludes de la réforme (V. ces mots), trempa un peu dans la rivalité naissante de François Ier et de Charles-Quint et mourut en 1521. Adrien VI fut à la dévotion de l'empereur, dont il avait été le précepteur; Clément VII vit Rome mise à sac par les soldats luthériens du connétable de Bourbon (1527); Paul III intervint entre François Ier et Charles-Quint et leur fit signer la trêve de Nice; mais il songea plus à la religion qu'à la politique, parce que la réforme avait gagné l'Allemagne, la Scandinavie, l'Angleterre et menaçait déjà les Pays-Bas. A l'hérésie, les papes opposèrent : 1° *De nouveaux ordres religieux*, tels que les Théatins, les Barnabites et les Jésuites, fondés en 1534 par Ignace de Loyola, Lainez, saint François-Xavier, approuvés en 1540 par Paul IV. 2° *Le concile de Trente* (1545-1563), qui fixa le dogme catholique, fortifia l'autorité du saint-siège et combattit toutes les hérésies. 3° *Des mesures vigoureuses*, comme la congrégation de l'Index et l'Inquisition, Paul IV (1555-1559) prit encore part à la lutte de la France contre la maison d'Autriche; mais saint Pie V (1565-1572) poursuivit avec ardeur les hérétiques et prépara la défaite des Turcs à Lépante (1570); Grégoire XIII (1572-1585) approuva le massacre de la Saint-Barthélemy et réforma le calendrier; Sixte-Quint (1585-1590) réorganisa les finances pontificales, extermina les brigands et embellit Rome. Le saint-siège préserva ainsi l'Italie de la réforme, suscita dans l'Allemagne méridionale une réaction efficace, et conserva au catholicisme plus de la moitié de l'Europe. Au XVIIe siècle, le pontificat d'Urbain VIII (Maffeo Barberini), de 1623 à 1644, fut signalé par la guerre des Barberini, ses neveux, contre les duchés de Castro, Ronciglione et Parme; cette lutte fut stérile et les troupes pontificales ne purent conserver leurs conquêtes. Innocent X (1644-1655) lança, le 30 mai 1653, la fameuse bulle *Cum occasione* qui condamnait cinq propositions extraites des livres de Jansénius; Alexandre VII (1655-1667) eut des difficultés avec Louis XIV à propos de sa garde corse; Innocent XI (1676-1689) lutta aussi contre le grand Roi à propos de la déclaration des Quatre Articles (1682) que le saint-siège ne voulut jamais reconnaître, de la régale, du droit d'asile (1687). Alexandre VIII (1691-1700) condamna, un peu à regret, le quiétisme et Fénelon; Clément XI (1700-21) condamna les jansénistes par la bulle *Vineam Domini* et la Constitution *Unigenitus*, qui mit aux prises le parlement de Paris et la royauté durant tout le XVIIIe siècle. Cependant la papauté se laissa gagner par les idées libérales : Benoît XIV (1740-1758) accepta la dédicace du *Mahomet* de Voltaire et Clément XIV (1769-1774) supprima la compagnie de Jésus. Pie VI (1774-1799) fut victime de la Révolution et mourut prisonnier de la république française à Valence; Pie VII (1799-1823) signa le concordat de 1802, couronna Napoléon Ier, et fut ensuite son prisonnier à Fontainebleau. Les papes du XIXe siècle sont : Léon XII (1823-1829); Pie VIII (1829-1831); Grégoire XVI (1831-1846); Pie IX (1846-1878), qui perdit son autorité temporelle, l'année même où était proclamé son infaillibilité spirituelle (1870). Léon XIII vit, comme son prédécesseur, enfermé dans le Vatican, sans user, durant l'été, de la villa de Castel-Gandolfo que lui a réservée la loi des garanties.

SAINT-SIMON (Louis de Rouvroy, duc de) (1675-1755), fils d'un favori de Louis XIII; peu aimé de Louis XIV, parce qu'il avait quitté le service militaire en 1702; il vécut à l'écart, dans la compagnie des ducs de Bourgogne, de Beauvilliers et de Chevreuse, occupé surtout de querelles de préséance et des privilèges des ducs et pairs. A la mort de Louis XIV, il eut l'oreille du duc d'Orléans, fit partie du conseil de Régence et fut envoyé comme ambassadeur à Madrid. Quand le duc de Bourbon devint ministre, il se retira dans ses terres pour rédiger ses mémoires. Le manuscrit sortit des mains de la famille pour devenir prisonnier d'État au ministère des affaires étrangères; cependant, Duclos et Marmontel en eurent connaissance. Choiseul les prêta à Mme Du Deffand; ils parurent par extraits, à partir de 1788, mais l'édition complète ne fut donnée qu'en 1829 et 1830; la dernière est celle de M. Chéruel. Saint-Simon excelle dans les portraits de grands personnages, dans les tableaux de la cour, à la mort des membres de la famille royale : il est alors plein d'éloquence et de coloris. Ses mémoires, malgré quelques incorrections, sont l'œuvre d'un écrivain de génie. C'était un homme fort austère, infatué de sa noblesse, violemment hostile aux parlements.

SAINT-SIMON (Claude-Henri, comte de) (1760-1825), de la famille du précédent, de la branche de Sandricourt, économiste, fondateur d'une secte socialiste; il prit part à la guerre d'Amérique (1779), se ruina par de fausses spéculations sur les biens nationaux, et fut dupé par son associé, le comte de Redern (1790-1797); il fonda alors cette école industrialiste qui voudrait réorganiser la société par le remaniement de la religion, de la famille et de la propriété, la généralisation des ressources communes et l'association des travailleurs. Découragé de son insuccès, il tenta de se suicider (1823), et ne perdit qu'un œil; il reprit alors courage et mourut entouré de nombreux disciples.

SAINT-SIMONIEN, IENNE (*Saint-Simon*), *s.* Partisan des doctrines économiques et religieuses du comte Claude-Henri de Saint-Simon. Les principaux saint-simoniens, soit du vivant du comte, soit après sa mort, furent Augustin Thierry, Auguste Comte, Olinde Rodrigues, Léon Halévy, Bazard, Enfantin, Buchez, Carnot, Michel Chevalier, Pierre Leroux, Jean Reynaud, E. Pereire, Félicien David, Guéroult, Charton. — *Adj.* Qui appartient à la doctrine de Saint-Simon : *L'école saint-simonienne.*

SAINT-SIMONISME (*Saint-Simon*), *sm.* Doctrine économique, sociale et religieuse, professée par le comte Claude de Saint-Simon et par ses adeptes; à cause de ses tendances naturalistes et fatalistes, elle a exercé une influence longue et secrète sur la philosophie de l'histoire et la philosophie sociale. Selon le saint-simonisme, la « chair, frappée au moyen âge d'un injuste anathème », doit être « réhabilitée »; le bien-être matériel doit être assuré dans la vie présente; enfin, comme a dit Condorcet, « le sort de la classe la plus malheureuse et la plus pauvre, de celle qui est vouée aux travaux matériels, doit être amélioré. » Saint-Simon croit que cette amélioration aura lieu d'après une loi de progrès nécessaire qui est la règle de l'histoire. Quant au moyen de réaliser la meilleure forme sociale, Saint-Simon le trouve dans l'organisation par voie d'autorité. La liberté est sans valeur à ses yeux, parce que l'univers physique est fatalement régi par des lois mathématiques, et que le mouvement des idées et des hommes est non moins fatal dans sa marche irrésistible. Saint-Simon prétendit successivement organiser la société par la science (d'où le positivisme), par l'industrie, enfin par une religion nouvelle capable de « forcer chacun de ses membres à suivre le précepte de l'amour du prochain. » Le prêtre, dans cette religion, devait « relier la chair et l'esprit et sanctifier l'une par l'autre. » La politique saint-simonienne aboutissait donc à une hiérarchie théocratique; l'humanité était divisée en trois classes, savants, artistes, industriels; et les membres, dans chaque classe, étaient hiérarchiquement soumis aux premiers des industriels, des savants et des artistes. Les chefs des classes devaient administrer les besoins matériels et intellectuels de la société, d'après cette formule de répartition : « A chacun suivant sa capacité, à chaque capacité suivant ses œuvres. » Enfin la femme recouvrait tous ses droits civils et politiques pour seconder le progrès général. Le saint-simonisme se rapprochait du communisme par la négation du droit d'hérédité et l'attribution de la justice distributive à l'autorité, qui juge de la capacité et des œuvres de chacun pour lui assigner sa fonction et sa rémunération. Les saint-simoniens arrivaient donc à supprimer la liberté et même à établir un despotisme déguisé. La société moderne, en effet, ne se propose pas de distribuer les choses d'après le mérite des personnes; elle se contente d'assurer l'égalité des libertés entre les contractants. Le saint-simonisme ramenait la société en arrière, au lieu de la faire progresser. Après la mort de Saint-Simon, les saint-simoniens prirent pour chef Enfantin, qui porta le nom de *Père;* comme il voulait faire de la femme l'égale de l'homme et constituer le *couple prêtre*, il y eut scission entre ses partisans et ceux de Jean Reynaud. Enfantin et ses fidèles se retirèrent à Ménilmontant pour y vivre en commun dans le travail et la prédication. Traduits en justice, le 27 août 1832, pour avoir violé la loi qui défendait les réunions de plus de vingt personnes, ils furent condamnés à la prison. L'association était dissoute; mais elle avait donné le branle au mouvement socialiste.

SAÏQUE (turc *châïqa*), *sf.* Sorte de navire dont les Grecs et les Turcs se servaient au XVIIe et au XVIIIe siècle.

SAÏS, ancienne capitale du Delta du Nil, en Égypte; séjour des princes de la XXIVe et de la XXVIe dynastie, alliée des Grecs, la seule qu'aient assez bien connue Hérodote et Diodore de Sicile, et qui commence à Psamétik. — Aujourd'hui village de Sa-el-Hadjar. — **Dér.** *Saïte.*

SAISI, IE (*saisir*), *adj.* Empoigné subitement. ‖ Sur quoi un huissier a pratiqué une saisie : *Meubles saisis.* ‖ Qui a encore sur soi : *On arrêta le voleur saisi de la montre volée.* ‖ Qui doit juger d'une affaire : *Le tribunal est saisi de la cause.* — *Fig.* Atteint subitement d'une maladie ou d'une émotion profonde : *Saisi de la fièvre. Saisi d'horreur.* — *Sm.* Le débiteur sur lequel l'huissier a fait une saisie. ‖ *Tiers saisi*, celui entre les mains duquel on a fait une opposition.

SAISIE, *spf.* de *saisir*. Acte par lequel un créancier, pour être payé, fait arrêter et mettre sous la main de la justice, par un huissier, les meubles ou les immeubles de son débiteur. ‖ *Saisie-arrêt* ou *opposition*, acte par lequel un créancier arrête entre les mains d'un tiers les sommes ou les effets mobiliers appartenant à son débiteur pour faire ordonner ensuite que les deniers ou le prix des effets lui soient remis en déduction de sa créance. Les objets saisis chez un tiers sont vendus par ordre du tribunal, et le prix en est distribué entre le saisissant et les ayants droit. Par des considérations d'utilité publique ou d'humanité, certains objets sont insaisissables; telles sont les pensions alimentaires. ‖ *Saisie-brandon*, saisie des fruits pendants par racines (V. *Brandon*). Elle ne peut être pratiquée que dans les six semaines précédant l'époque ordinaire de la maturité des fruits. ‖ *Saisie des rentes constituées sur particuliers.* A la différence des rentes dues par l'Etat, qui sont insaisissables, les rentes dues par des particuliers, sauf les rentes viagères et les pensions alimentaires, peuvent être saisies par les créanciers porteurs d'un titre exécutoire, qui, selon les cas, recourent à la saisie-arrêt ou à la saisie immobilière. ‖ *Saisie-exécution* ou *saisie mobilière*, la saisie des meubles du débiteur. La loi défend de saisir : les objets nécessaires au coucher du saisi et de ses enfants, les habits dont il est revêtu, les livres, machines et instruments nécessaires à sa profession jusqu'à concurrence de 300 fr.; les effets d'équipements militaire; les outils nécessaires à la profession de l'artisan; les farines et menues denrées nécessaires à la consommation du saisi et de sa famille pendant un mois; une vache ou trois brebis, ou deux chèvres avec la literie et la nourriture nécessaire à ces animaux pendant un mois. Avant de saisir, le créancier doit avertir son débiteur par un *commandement de payer*; vingt-quatre heures après, la saisie peut avoir lieu. Il doit être laissé un délai entre la saisie et la vente, qui n'a lieu qu'après des affiches et annonces dans un lieu public. ‖ *Saisie-gagerie*, saisie des effets et des fruits existant dans des bâtiments ruraux ou sur une terre, opérée à la demande du propriétaire, pour loyer ou fermages à lui dus. ‖ *Saisie immobilière*, celle des biens-fonds qui doit être précédée d'un commandement de payer et ne peut avoir lieu que 30 jours après. La vente se fait aux enchères, devant le tribunal de première instance. La loi du 2 juin 1881 dispose que la saisie immobilière transcrite cesse de produire son effet, si, dans les dix ans de la transcription, il n'est pas intervenu une adjudication mentionnée en marge. ‖ *Saisie mobilière*. (V. *Saisie-exécution*.) ‖ *Saisie-revendication*, acte par lequel celui qui prétend un droit de propriété, de possession légale ou de gage, met cette chose sous la main de la justice, jusqu'à ce qu'il ait été statué sur le droit réclamé par le saisissant. Elle est autorisée au cas de vol ou de perte d'un objet mobilier, pendant trois ans; en faveur du locateur à l'égard des meubles garnissant sa maison ou sa ferme; au profit du vendeur d'un meuble impayé, au cas de faillite. — Action par laquelle les employés des douanes, les fonctionnaires de la police, etc., s'emparent provisoirement des choses qui sont l'objet d'une contravention ou peuvent fournir la preuve d'un délit, d'un crime : *Saisie de tabac de contrebande*. ‖ Capture d'un navire neutre.

SAISINE (*saisir*), *sf.* Disposition de la loi en vertu de laquelle les biens d'un défunt appartiennent, dès l'instant de sa mort, à ses héritiers légitimes. La saisine a été imaginée, à l'époque féodale, pour soustraire les fiefs et les censives aux droits de relief et de rachat. Le vassal décédé était censé avoir mis en possession ses héritiers de sa succession, qui n'avaient plus à demander au seigneur de la leur délivrer. Tel est le sens de la maxime de droit coutumier : « Le mort saisit le vif, son hoir plus proche et plus habile à succéder. » ‖ Cordages, dits aussi *risses*, pour fixer une embarcation sur le pont d'un navire.

SAISIR (bl. *sacire*, s'approprier), *vt.* Empoigner brusquement et vigoureusement : *Saisir quelqu'un au collet*. ‖ Prendre en main un objet pour s'en servir ou le porter : *Le cavalier saisit la poignée de son sabre*. — Fig. *Saisir l'occasion*, en profiter pour agir. — *Saisir un prétexte*, le mettre en avant pour prendre une détermination ou se justifier. ‖ S'emparer militairement : *Dumouriez saisit les défilés de l'Argonne*. ‖ Rendre cohérent : *La flamme saisit la pâte*. — Fig. Apercevoir d'un coup d'œil : *Saisir le relief d'un terrain*. — Fig. Comprendre : *Saisir un raisonnement*. ‖ Assaillir, impressionner subitement et vivement, envahir : *Le froid, la fièvre, le désespoir l'a saisi*. ‖ Opérer une saisie judiciaire ou de police : *Saisir un mobilier, des marchandises de contrebande*. ‖ Rendre possesseur : *Un jugement l'a saisi de ce legs*. ‖ *Saisir un tribunal d'une affaire*, la lui déférer. — **Se saisir**, *vr.* Se prendre corps à corps. ‖ Éprouver une grande et subite émotion de joie, de douleur, etc. : *Il se saisit en apprenant cette nouvelle*. ‖ *Se saisir de*, se rendre maître, s'emparer de : *La justice se saisit des coupables*. ‖ *Se saisir d'une affaire*, s'en attribuer la connaissance, en parlant d'un tribunal. — **Dér.** *Saisie, saisissant, saisissante, saisine, saisissable, saisissement*. — **Comp.** *Dessaisir, dessaisissement, insaisissable*.

SAISISSABLE (*saisir*), *adj. 2 g.* Compréhensible. ‖ Qui peut être saisi judiciairement.

SAISISSANT, ANTE (*saisir*), *adj.* Qui cause un saisissement : *Nouvelle saisissante*. — *Adj. et s.* Qui fait faire une saisie : *Le saisissant, la saisissante*.

SAISISSEMENT (*saisir*), *sm.* Action de saisir. ‖ Effet du froid sur le corps. ‖ Toute impression subite et très vive : *Saisissement de joie, de douleur*.

SAISON (l. *stationem*, semaille, temps où l'on sème), *sf.* Chacune des quatre parties dans lesquelles on partage l'année. Les saisons sont déterminées par les deux équinoxes et les deux solstices. — Le *printemps* est le temps qui s'écoule depuis l'équinoxe du printemps jusqu'au solstice d'été; il dure environ 92 jours 21 heures. — L'*été* s'étend du solstice d'été à l'équinoxe d'automne; il dure environ 93 jours 14 heures. — L'*automne* commence à l'équinoxe d'automne, et finit au solstice d'hiver; il dure à peu près 89 jours 18 heures. — L'*hiver* est le temps qui s'écoule entre le solstice d'hiver et l'équinoxe du printemps; sa durée est environ de 89 jours 1 heure. On voit par les nombres cités que l'été est la saison la plus longue, que l'hiver est la plus courte, et que le printemps a plus de durée

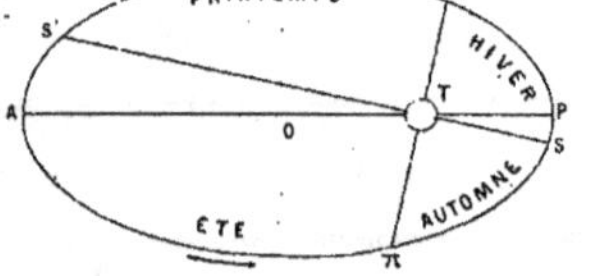

SAISONS

que l'automne. Cette inégalité est due à la forme elliptique de l'orbite solaire, et à la position que le grand axe occupe par rapport à la ligne des équinoxes et à celle des solstices. Soit, en effet, **PγAπ** la courbe que semble décrire le Soleil autour de la Terre **T** placée au foyer; le *segment* γ**A**π est plus grand que le *segment* π**P**γ; le Soleil, d'après la loi des aires, doit mettre plus de temps à parcourir le premier arc que le second; donc le printemps et l'été réunis doivent durer plus que l'automne et l'hiver. D'ailleurs, c'est en été que l'astre passe à l'apogée **A**; c'est en hiver qu'il passe au périgée **P**. On comprend comment cette disposition de la ligne des absides rend l'été plus long que le printemps, et l'hiver plus court que l'automne, puisqu'elle rend le secteur **S'T**π plus grand que le secteur γ**TS'**, et le secteur **PT**γ plus petit que le secteur π**TP**.

La distance du Soleil à la Terre ne varie pas fort sensiblement, et on peut regarder la quantité de chaleur que la Terre reçoit du Soleil, à un instant donné, comme étant constamment la même. Mais cette chaleur se perd par voie de rayonnement, et l'on observe que la température moyenne du globe reste stationnaire. Or la chaleur solaire se distribue fort inégalement à la surface de la Terre, aux diverses époques de l'année; elle varie pour un même lieu avec les saisons, et pour une même époque avec la latitude; car, pour un lieu déterminé, *la quantité de chaleur reçue dépend de deux causes : la hauteur du Soleil au-dessus de l'horizon* et *la durée de la journée*. On démontre, en physique, qu'en vertu des lois de la chaleur, cette quantité de chaleur, reçue sur une surface donnée, est proportionnelle au sinus de l'angle d'incidence, c'est-à-dire au sinus de la hauteur du Soleil au-dessus de l'horizon; et l'on comprend aussi que plus le jour est long, et plus, toutes choses égales d'ailleurs, elle doit être considérable. Après avoir examiné *comment varie la hauteur méridienne du Soleil* en un lieu déterminé de la Terre, aux diverses époques de l'année, on trouve les résultats suivants : Pour l'habitant de l'équateur, cette hauteur varie; elle commence par être de 90° (aux équinoxes, le Soleil passant au zénith) et finit par être de 66° 32′ 45″ (aux solstices). Cette hauteur du Soleil étant toujours considérable, la chaleur doit être fort intense sous l'équateur. Sous la zone torride, le Soleil passe aussi deux fois au zénith dans l'année. Les hauteurs méridiennes sont très grandes pendant le printemps et l'été, et elles le sont moins, sans cesser cependant d'être supérieures à 43° 5′, en automne et en hiver. C'est ce qui explique la forte température qui a lieu dans cette partie du globe, surtout pendant les deux premières saisons. Sous le tropique, au solstice d'été, le Soleil est au zénith; la hauteur va ensuite en diminuant depuis 90° jusqu'au solstice d'hiver, où elle descend à 43° 5′ 30″. La température doit donc y être moins élevée que dans le voisinage de l'équateur. Sous la zone tempérée, la plus grande hauteur a lieu au solstice d'été, la plus petite au solstice d'hiver, et elles sont *fonctions* de la latitude du lieu. Le Soleil s'élève moins haut que dans la zone torride; la température doit être plus tempérée. En outre, la hauteur n'est jamais nulle; mais elle est, à une même époque, d'autant plus faible que la latitude est plus grande; donc la température doit s'abaisser à mesure que l'observateur se rapproche du cercle polaire. Sous le cercle polaire boréal, de l'équinoxe au solstice d'été, la hauteur croît de 23° 27′ 15″ au double de cette valeur, et décroît ensuite en sens inverse, du solstice à l'équinoxe d'automne. Pour les deux autres saisons, elle continue à décroître jusqu'au solstice d'hiver, où elle devient nulle; puis elle reprend des valeurs comprises entre 0 et 23° 27′ 15″, du solstice à l'équinoxe. On voit donc que l'habitant du cercle polaire reçoit le maximum de chaleur au solstice d'été et qu'il n'en reçoit pas du tout au solstice d'hiver, que d'ailleurs il en reçoit moins que celui de la zone tempérée. Sous la zone glaciale, la hauteur est encore moindre, à toute époque, que sous le cercle polaire; mais, de plus, après l'équinoxe d'automne, lorsque la hauteur est nulle; à partir de ce moment jusqu'au solstice d'hiver, et du solstice jusqu'au moment où la déclinaison *D* redevient égale à 90° — la latitude, le Soleil ne paraît plus sur l'horizon. La température doit se ressentir fortement de cette absence, d'autant plus longue que la latitude du lieu est plus grande. Il est vrai que, par contre, vers le solstice d'été, le Soleil ne se couche pas dans ces régions; mais, comme il ne s'élève jamais à une grande hauteur, la longue durée du jour est loin de compenser sa faible élévation. Enfin, pour l'habitant du pôle, la latitude vaut 90°, et la hauteur égale la déclinaison du Soleil. Ainsi, le Soleil ne s'élève jamais au-dessus de l'horizon à une hauteur plus grande que 23° 27′ 15″, et, quoiqu'il reste visible pendant six mois consécutifs, on comprend que la température, même au solstice d'été, doit être fort basse; à plus forte raison en sera-t-il ainsi pendant les six mois de nuit. Il résulte de là que la *hauteur méridienne du soleil* diminue, pour une même époque de l'année, à mesure que la latitude augmente; par conséquent, la température doit s'abaisser à mesure que l'on s'avance vers des régions de plus en plus septentrionales. En outre, les saisons les plus chaudes doivent être le printemps et l'été; et les plus froides, l'automne et l'hiver. Enfin, à des époques également distantes d'un solstice, la déclinaison étant la même, les hauteurs méridiennes sont les mêmes pour un même lieu. On a raisonné dans l'hypothèse où l'observateur habite l'hémisphère boréal de la Terre. Pour l'habitant de l'hémisphère austral, les saisons sont interverties, ses hivers sont les étés du premier et inversement.

La *durée de la journée est la seconde cause des variations de la température.* Il semblerait que, pour un habitant de nos régions tempérées boréales, le solstice d'été devrait être l'époque de la température la plus élevée, et le solstice d'hiver celle de la température la plus basse, puisque c'est à ces époques que les deux causes ont l'influence la plus grande ou la plus faible. Il semblerait aussi qu'à des distances égales d'un solstice, la hauteur méridienne et la durée du jour redevenant les mêmes, la température devrait aussi redevenir la même : il devrait faire aussi chaud un mois avant le solstice d'été qu'un mois après, aussi froid au 20 novembre qu'au 20 janvier. Or, on sait qu'il n'en est pas ainsi, que l'été est plus chaud que le printemps, et l'hiver plus froid que l'automne. La cause de cette anomalie apparente est le temps que la terre met à s'échauffer sous l'action des rayons solaires, et à se refroidir par le rayonnement. Ainsi, après le solstice d'été, la terre, déjà échauffée par les longues journées de la fin du printemps, recevant encore de très grandes quantités de chaleur, continue à s'échauffer de plus en plus; mais, à mesure que l'été s'écoule, le rayonnement augmente, et il arrive un moment où le sol perd ainsi toute la chaleur qu'il reçoit; à partir de cet instant, les quantités de chaleur reçues allant toujours en décroissant, c'est le rayonnement qui l'emporte et la température diminue. Elle s'abaisse ainsi progressivement pendant le reste de l'été et pendant l'automne. Après le solstice d'hiver, le soleil remonte lentement vers l'équateur, la durée des jours augmente insensiblement; mais la faible augmentation de chaleur qui en résulte ne suffit pas pour contre-balancer les pertes produites par le rayonnement : la température continue donc à s'abaisser jusqu'à ce que le rayonnement, qui diminue, et la chaleur, qui croît, produisent des effets égaux et contraires. Bientôt le sol gagne plus qu'il ne perd, et la température commence à s'élever lentement et progressivement. C'est ainsi que le maximum et le minimum de la température de chaque année n'ont lieu qu'environ un mois après chaque solstice. C'est pour cela que l'été, profitant de la chaleur recueillie pendant le printemps, est plus chaud que cette dernière saison, précédée par l'hiver; et que l'hiver, à son tour, précédé de l'automne, est plus froid que cette saison, qui a suivi l'été. C'est par une raison analogue que le maximum de la température du jour n'a pas lieu à midi, mais vers deux heures de l'après-midi, tandis que le minimum a lieu vers deux heures du matin. Pourtant, en un lieu donné, les variations de la température ne présentent pas une régularité aussi absolue; elles subissent aussi l'influence d'*autres causes* : les vents, les chaînes de montagnes, la distribution des terres et des eaux à la surface du globe. On étudie ces dernières causes en météorologie.

Le soleil reste huit jours de plus au-dessus de l'équateur qu'au dessous. Nos saisons chaudes sont ainsi plus longues que nos saisons froides; c'est l'inverse pour nos antipodes. Pour cette raison, l'hémisphère boréal reçoit un peu plus de chaleur que l'hémisphère austral. D'un autre côté, le périgée a lieu en hiver, et l'apogée en été. Par suite, le soleil est plus près de nous au 1er janvier qu'au 1er juillet, ce qui rend nos étés un peu moins chauds et nos hivers un peu moins froids; c'est l'inverse dans l'autre hémisphère.

La variation de la température pour un lieu déterminé et celle de la durée du jour sont dues à l'obliquité de l'écliptique. Si l'écliptique était confondue avec l'équateur, le soleil chaque jour décrirait ce grand cercle, la température serait partout invariable; elle serait brûlante sous la zone torride, tempérée comme le printemps dans nos régions, glaciale aux pôles : c'est à peu près le cas de la planète Jupiter. ‖ Le moment de l'année où domine un certain état de l'atmosphère : *La saison pluvieuse. La saison sèche.* ‖ *La saison nouvelle,* le printemps. ‖ *L'arrière-saison,* la fin de l'automne et le commencement de l'hiver. ‖ *La belle saison,* la partie de l'année où l'on s'attend à avoir du beau temps. ‖ *La mauvaise saison,* la partie de l'année où l'on s'attend au mauvais temps. ‖ *La morte-saison,* l'époque où la terre ne produit rien. — Fig. Temps pendant lequel chôme une industrie. ‖ Temps de l'année où l'on se livre à un travail agricole spécial, où l'on recueille un produit agricole donné : *La saison des vendanges.* ‖ *La saison est avancée,* les fruits sont plus mûrs qu'ils ne le sont ordinairement à pareille époque. ‖ Le temps où une chose se fait le plus avantageusement : *C'est la saison d'acheter cette denrée.* ‖ Moment favorable : *Conseils hors de saison,* donnés à contretemps. ‖ Temps pendant lequel une eau minérale est la plus efficace : *La saison des eaux de Barèges dure du 1er juin au 15 septembre.* ‖ Chaque âge de la vie : *La saison des plaisirs,* la jeunesse; *la dernière saison, l'arrière-saison,* la vieillesse. — **Dér.** *Saisonnière.*

***SAISONNIÈRE** (*saison*), *adj. f.* Particulière à une saison : *Maladie saisonnière.*

SAISSAC, 1454 hab., ch.-l. de c. de l'arr. de Carcassonne (Aude).

SAISSET (Emile), 1813-1863, membre de l'Académie des sciences morales et politiques, philosophe, traducteur de Spinosa et de saint Augustin.

SAÏTE (*Saïs*), *adj. 2 g.* Qui est de Saïs; qui appartient aux dynasties établies en cette ville.

***SAJOU.** (Voir *Sapajou.*)

SAKALAVES, peuplade nomade de la côte occidentale de Madagascar; ils sont d'origine malaise et mélangés d'Arabes; comme ils étaient protégés par la France depuis 1842, ils ont été poursuivis par les Hovas; la France a dû intervenir en leur faveur, en 1883.

SAKALOU ou **SOKOTO,** 20 000 hab., capitale de l'Etat de Haoussa, entre la Rima, le Niger et la Bénoué, dans le Soudan central. La population est de race peule.

SAKARIA, ancien **SANGARIOS,** 600 kil., fleuve de l'Asie Mineure, qui descend de l'Elma-dagh, passe près d'Angora, et se jette dans la mer Noire, après un cours très sinueux. Parmi les nombreux affluents de ce fleuve, citons le Poursak (ancien Thymbres), qui passe à Kutaïeh.

***SAKI,** *sm.* Boisson enivrante qui contient de 18 à 25 pour 100 d'alcool, et qu'on obtient en Chine, au Japon, à Siam, en faisant fermenter le riz; elle ressemble à l'*orack.* ‖ Groupe de singes, nombreux en genres et en espèces, qui habitent les contrées que traversent le fleuve des Amazones et l'Orénoque. Leur régime se rapproche de celui des insectivores; certains d'entre eux ne se nourrissent même que d'insectes. Leur fourrure est peu touffue et leur queue, longue et bien garnie, leur sert pour se garantir le cou du froid. Ce sont des animaux de petite taille.

SAKI

***SAKIEH** (mot arabe), *sm.* Pompe à chapelet, mue par un buffle ou un âne, pour déverser l'eau du Nil dans une rigole et irriguer les cultures durant la saison sèche (Égypte).

SAKKARAH, village d'Egypte voisin de Gizeh; vaste nécropole et pyramide à degrés de Kô-Komé, élevée par Ouénéphès, roi de la première dynastie.

1. SALADE (*saler*), *sf.* Mets composé d'une ou de plusieurs herbes, d'un ou de plusieurs légumes, assaisonné avec du sel, du poivre, du vinaigre, de l'huile et parfois de la moutarde : *Salade de laitue, de mâche.* ‖ Herbe destinée à faire de la salade : *Cueillir une salade.* ‖ Fruits, viandes ou poissons assaisonnés comme une salade : *Salade de concombres, d'anchois, de volailles.* — *Salade d'oranges,* tranches d'oranges assaisonnées avec du sucre et de l'eau-de-vie. ‖ *Salade russe,* mélange de légumes, de homards et de crevettes fortement épicé. — **Dér.** *Saladier.*

2. SALADE (du lat. *cælata,* ciselée, sous-ent. *cassis,* casque), *sf.* Casque qui commença à être en usage dans les premières années du XIVe siècle et remplaça le bassinet. Il avait un couvre-nuque, une visière et une mentonnière dite *bavière;* à la partie supérieure, il était arrondi. (V. *Tête.*)

SALADE

***SALADERO** (mot espagnol), *sm.* Usine de la Plata et de l'Uruguay où l'on sale la viande des bœufs. Le plus vaste *saladero* de l'Uruguay est celui de Fray-Bentos (6000 hab.), ville fondée en 1859 par l'Allemand Giebert pour la préparation de l'extrait de viande, d'après la méthode du chimiste Liebig.

SALADIER (*salade* 1 + sfx. *ier*), *sm.* Plat où l'on sert la salade. ‖ Panier à jour dans lequel on secoue la salade après qu'elle a été lavée.

SALADIN (Malek-an-Nasz-Salah-Eddyn, dit), 1137-1193, l'un des plus grands souverains de l'Islam; vizir d'Adhed-Ledinillah, il mit fin au califat d'Egypte (1171), et fut le premier sultan ayoubite de la Syrie et de l'Egypte. Il s'empara de Jérusalem en 1187 et résista aux chrétiens commandés par Richard Cœur de Lion et Philippe-Auguste, lors de la IIIe croisade. — **Dér.** *Saladine.*

***SALADINE** (DÎME). Impôt du dixième établi dans deux assemblées de prélats, barons et seigneurs, convoquées à Paris, par Philippe-Auguste, roi de France, et au Mans, par Henri II, roi d'Angleterre (1188), sur les revenus et biens meubles de ceux qui ne prendraient point part à la troisième croisade contre Saladin. Cette dîme, perçue avec rigueur, produisit des sommes considérables; le clergé lui-même y fut soumis; seuls, les ordres de Cîteaux, des Chartreux, de Fontevrault et les léproseries en furent exemptés.

SALADO (Rio), 1 200 kilom., rivière de la République Argentine, qui descend du plateau de Salta et traverse les llaños de Tucuman; affluent de droite du Parana.

SALAGE (*saler*), *sm.* Anciennement, droit sur le sel. ‖ Action de saler; son résultat. ‖ Action d'imbiber d'un chlorure soluble ou d'eau salée une feuille pour épreuve photographique.

SALAIRE (l. *salarium,* argent donné aux soldats pour leur sel, *sal,* génitif *salis*), *sm.* Argent donné en payement d'un travail, d'un service : *Le salaire d'un ouvrier.* — Fig. Récompense ou châtiment : *Recevoir le salaire de son crime.* — Le travailleur, qui n'a que son travail pour vivre, ne peut attendre et perd le fruit de ce travail, si l'entreprise échoue. C'est contre ce double inconvénient que le salaire a été institué. D'un côté, c'est une avance qui permet de vivre sans attendre la répartition; de l'autre, c'est une assurance contre les risques de l'entreprise, même au cas de la perte absolue du capital engagé. Le prix du salaire varie, comme toute valeur, selon la loi de l'offre et de la demande. Plus le capital est considérable, plus la demande de travail augmente, plus les salaires sont élevés. Le sort du salaire est donc celui du capital : ce qui frappe le capital, frappe aussi le travail. — L'action des ouvriers, pour leur salaire, se prescrit en justice par six mois. — **Dér.** *Salariat, salarier, salarié, salariée.*

SALAISON (*saler*), *sf.* Action de saler une viande, des légumes, etc., pour les conserver longtemps : *La salaison d'un porc.* ‖ Viande ou poisson salé : *Les marins vivent surtout de salaisons.* — L'abus des salaisons engendre le scorbut. Les viandes salées perdent notablement de leur valeur nutritive; la *saumure* dans laquelle elles baignent leur fait quelquefois contracter des propriétés vénéneuses. (V. *Viande.*)

SALAMALEC (arabe *salem,* salut + *aleik,* sur toi), *sm.* Le salamalec ou salut des musulmans se fait : d'égal à égal no 1, en portant la main droite au turban, sans baisser la tête. Le no 2, avec plus de déférence, s'incline et laisse pendre le bras gauche le long du corps. N° 3, lorsqu'il y a grande inégalité de position, l'inférieur se courbe en fléchissant les genoux, de façon que la main droite touche la terre. ‖ Marques de politesse exagérées : *Faire des salamalecs.*

SALAMANDRE (l. *salamandra*), *sf.* Genre de batraciens à quatre pieds, à longue queue, sans écailles, doués de la propriété de reproduire un organe amputé ou mutilé. On y distingue la *salamandre maculée*, noire avec des taches jaunes et roses, qui habite les lieux humides des bois; le *triton* ou *lézard d'eau,* qui vit dans les eaux douces et stagnantes. Les pustules du corps de ces deux animaux contiennent un violent poison qui agit lorsqu'il est mêlé au sang ou introduit dans l'estomac. Les anciens s'imaginaient que la salamandre pouvait vivre au milieu du feu et même l'éteindre. La salamandre et les différentes espèces de tritons se rencontrent en Europe, et ils sont très communs en France. François Ier avait pour emblème une salamandre avec la devise : *Nutrisco et exstinguo*, j'y vis et je l'éteins (le feu). Ces salamandres sont très nombreuses aux châteaux de Fontainebleau, Saint-Germain et Chambord; on en remarque aussi aux croisillons du transept de la cathédrale de Beauvais.

SALAMANDRE

SALAMANQUE, 19492 hab., ville d'Espagne dans l'ancien royaume de Léon; université autrefois célèbre; pont romain de 17 arches sur le Tormès; beaux édifices des XVe et XVIe siècles. — Victoire de Wellington sur Marmont, le 22 juillet 1812, dite aussi des Arapiles.

SALAMINE, île grecque du golfe d'Egine, dite aujourd'hui Koulouri; d'après la légende, elle fut gouvernée par Télamon; durant la seconde guerre médique (480 av. J.-C.), la flotte grecque, commandée par Thémistocle, fut victorieuse des innombrables vaisseaux perses rassemblés par Xerxès dans le détroit qui sépare Salamine du continent. La tragédie des *Perses* d'Eschyle contient un récit de cette bataille. — Il ne faut pas confondre cette île avec *Salamine de Chypre*, où la flotte athénienne battit une flotte phénicienne en 449.

SALAMMBÔ, divinité des Babyloniens et des Assyriens, dont la fête était célébrée avec de grandes marques de deuil; on y voit un surnom de Vénus, remplissant l'âme de trouble et d'agitation.

SALANGA, SALANGANE (*salanga*, mot de Luçon), *sf.* Hirondelle des mers de la Chine, dont le nid, composé d'algues ayant subi une sorte de digestion, est comestible et sert à faire d'excellents potages. Les salanganes s'abritent dans des cavernes et fixent leurs nids sur leurs parois; elles les fixent aussi aux rochers qui bordent la mer. On rencontre ces oiseaux sur les côtes de la Chine, de Java et de Sumatra. (V. *Hirondelle* et *Nid*, t. II, p. 721.)

SALANGANE

***SALANGE** (*salant*), *sm.* Période durant laquelle on tire du sel des marais salants.

***SALANQUE** (l. *sal*, sel), *sf.* Nom, dans le Roussillon, des terres imprégnées de sel et voisines de la mer.

SALANT (*saler*), *adj. m.* D'où l'on tire le sel : *Marais salant. Puits salant.* — *Sm.* Terre voisine de la mer et recouverte d'efflorescences salines.

Les marais salants (V. la gravure *Marais*) ont été creusés dans les terrains bas des côtes de l'océan Atlantique pour recueillir le sel par l'évaporation des eaux de mer. Dans les marais salants on profite du phénomène des marées pour emmagasiner l'eau de mer à une hauteur supérieure au niveau moyen et l'on n'a pas besoin, comme dans les *salins* du Midi, de machines élévatoires; mais la fréquence des pluies et la diminution de la chaleur solaire y rendent la récolte fort précaire. Les principaux marais salants de la France se répartissent en cinq groupes : 1° Celui du Morbihan, au S. de Vannes : à Carnac, Sarzeau, Auray. 2° Celui de la Loire-Inférieure, de l'embouchure de ce fleuve à celle de la Vilaine : à Saint-Nazaire, au Pouliguen, au Croisic, au Bourg-de-Batz, à Guérande; ceux qui exploitent ces marais sont dits *paludiers*. Au delà de la Loire sont les marais de Bourgneuf-en-Retz. 3° Le groupe de la Vendée, dans l'île de Noirmoutiers : à Bouin, à Beauvoir, à Saint-Gilles, la Gachère et les Sables d'Olonne. 4° Le groupe de la Charente-Inférieure, à Marennes, Brouage, Arvert, la Tremblade, dans les îles de Ré (Ars et Saint-Martin) et d'Oléron (Saint-Pierre). 5° Le groupe de la Gironde : à Soulac, au Verdon, et sur le bord septentrional du bassin d'Arcachon. De la Loire à la Gironde, ceux qui exploitent les marais ne sont plus dits *paludiers*, mais *sauniers*.

1 3 2

SALAMALECS

Sur les côtes de la Charente-Inférieure, on choisit, pour faire le sel, un terrain bas dans un ancien relais de mer, et on le creuse au-dessus du niveau des marées basses. La terre extraite sert à former les chaussées qui divisent le marais en bassins. Le premier réservoir d'un marais s'appelle *jas* (*vasière*, dans la Loire-Inférieure); l'eau y arrive par un *chenal* ou *étier*, généralement navigable; le jas est séparé de la mer par une petite digue revêtue de pierres sèches. Cette digue est percée d'une ouverture, dite *varaigne*, fermée par une vertelle, comme une bonde d'étang. La *varaigne* est ouverte aux grandes marées de mars; on la ferme quand la mer baisse, et l'on retient ainsi les *jas* pleins d'eau. Cette eau passe, par des tuyaux de bois dits *couëts*, dans les réservoirs ou *conches* (*cobiers*, dans la Loire-Inférieure). Moins il y a d'eau dans la conche, plus elle s'échauffe. L'eau parcourt quatre fois la longueur de la conche en divers sens, puis entre dans le *mort* (*fares*, dans la Loire-Inférieure), par un canal de bois dit *âme d'eau*. Le mort est terminé par une élévation de terre appelée *bossis* ou *bosse*, qu'on sème parfois d'orge, et où le sel est entassé en *vaches* (meules allongées) ou *pilots* (meules coniques). Du *mort*, l'eau passe dans la *table* (*aderne*, en Loire-Inférieure), où elle séjourne plus longtemps et s'échauffe davantage; de là, elle passe dans les *méants* ou *muants*, par les *pertuis*. Ceux-ci sont formés de planchettes enfoncées dans le sol des marais et percés de plusieurs trous bouchés avec des chevilles. Quand l'eau manque dans les *muants*, on tire les chevilles en commençant par les plus hautes et en allant successivement aux plus basses, jusqu'à ce que la couche aqueuse soit d'épaisseur suffisante. Le *muant*, large de 7 mètres, est divisé, d'espace en espace, par de petites chaussées dites *croisées*. On laisse l'eau séjourner dans le *muant* jusqu'à ce que le temps soit propice pour faire le sel; on la fait entrer alors dans les *aires* jusqu'à la hauteur de 55 millimètres, par les *brassaux* et les *bouches d'aires;* ce sont de petites rigoles pratiquées entre les aires, avec l'instrument dit *palette*. Les *aires* ou *foyers* sont des carrés de 5 à 6 mètres de côté, où le sel se cristallise; leur nombre dépend de l'étendue du marais : quand il y en a une double rangée, avec *muants* entre deux, le marais est dit à *champ double*. Tous les petits chemins, toutes les chaussées ont leur nom particulier; les *vettes* sont les deux chemins bordant les *tables* du côté des *aires*. L'*anternau* sépare le *muant* des *aires;* la *vie* ou *vée* est la chaussée qui se dresse entre deux rangées d'aires; elle est un peu plus large que les autres; on y fait égoutter le sel tiré des aires par petits monceaux dits *pilots*. Les *croix* traversent et divisent les aires; le *lignon* est une double rangée d'aires; le *demi-lignon* se compose d'une rangée unique. On compte la valeur et le revenu des marais par *livres*, composées chacune de 20 aires. Chaque livre donnait, il y a vingt ou trente ans, un revenu de 30 francs environ. La chaleur solaire, les vents de N.-E. et de N.-O. déterminent l'évaporation de l'eau salée; au bout de 3 ou 4 heures, le fond des aires rougit et une écume apparaît à leur surface. Cette écume se dissipe peu à peu, et sur l'eau s'étend comme une mince glace de petits cristaux; ce sont des grains de sel en formation; on brise cette glace, qui se précipite au fond. Pour avoir du sel blanc, il faut enlever cette glace, comme la crème du lait; ce sel ainsi recueilli conserve pendant plus d'un an une odeur forte et agréable de violette; c'est le plus estimé de tous les sels connus.

Pour entasser le sel, le saunier rompt chaque jour le voile ou glace dont nous avons parlé, et le brosse dans les aires, pour que les grains se joignent et grossissent. Le sel égoutté sur la vée est porté sur les *bossis*; on l'y entasse en pilots recouverts de terre glaise mêlée de chaume, pour l'abriter contre les pluies de l'hiver.

Les principaux outils du saunier sont : La *bogue*, le *bouguet*, la *ferrée*, pour enlever les boues amassées durant l'hiver, couper les terres, dresser les marais; l'*étole*, dont le manche est dit *simoche*, sert à tirer la vase du marais qu'on lime; le *rouable*, formé d'une planche d'un mètre de long adaptée perpendiculairement à un long manche, sert à tirer le sel sur la *vée*. Les *essagères* sont employées à porter le sel des *vées* sur les *bosses*. On ne fait de sel que du solstice d'été au mois de septembre, par un temps sec et chaud; si la pluie survient, tout est gâté : il faut laisser égoutter l'eau douce, avant de reprendre, le travail; mais cet accident est rare, parce que les *sauniers* prévoient le temps, comme les marins. La production du sel est fort en décadence sur les côtes de l'Océan, à cause de la concurrence des *salins* de la Méditerranée et des *salines* de l'E.

***SALARIAT** (*salaire*), *sm.* Condition d'une personne qui vit de son salaire. (Néol.)

SALARIÉ, ÉE (pp. de *salarier*), *adj.* Se dit d'un ouvrier, d'un employé à qui l'on paye un salaire dont il vit.

SALARIER (*salaire*), *vt.* Payer un salaire à un ouvrier, à un employé, pour rémunérer son travail, son service.

SALARS ou **PONT DE SALARS,** 1310 hab., ch.-l. de c. de l'arr. de Rodez (Aveyron).

SALASSES, peuple celto-ligurien habitant

le val d'Aoste, dans les Alpes Pennines. Auguste l'incorpora dans la Gaule Cisalpine.

SALAUD, AUDE (sale + sfx. péjoratif *-aud*), *adj.* et *s.* Celui, celle qui est sale, malpropre. (Mot grossier et injurieux.)

SALBRIS, 2087 hab., ch.-l. de c. de l'arr. de Romorantin (Loir-et-Cher); ch. de fer d'Orl., combat du 7 déc. 1870 entre les troupes de Bourbaki et celles des Prussiens.

SALDÉ, 415 hab., fort sur la rive gauche du Sénégal, à l'une des extrémités de l'île Morfil; ch.-l. de cercle, arr. de Bakel.

SALE (VHA. *salo*, trouble, terne), *adj. 2 g.* Malpropre, plein d'ordures : *Linge, appartement sale.* || *Gris sale*, gris terne. — Fig. Contraire à la modestie : *Propos sales.* || Contraire à l'honneur, à la délicatesse, à la probité : *Conduite sale.* || Se dit, en peinture, des tons brouillés mal fondus, manquant de fraîcheur. — **Dér.** *Salement, saleté, salir, salissant, salissante, salisson, salissure, salaud, saligaud, saligaude.*

SALÉ, port du Maroc, annexe de celui de Rabat; autrefois repaire de corsaires très redouté.

SALÉ, ÉE (*saler*), *adj.* Qui contient du sel en dissolution. || *Eau salée, la plaine salée*, la mer. || Où on a mis trop de sel : *Mets salé.* || Que l'on conserve en y incorporant du sel : *Viande salée.* — Fig. Plein d'un esprit piquant. || Trop libre : *Épigramme salée.* || Excessif : *Punition salée.* (Pop.) — *Sm.* Viande de porc salée. || *Petit salé*, viande de porc nouvellement salée.

SALÉ (GRAND LAC), grand lac des États-Unis, de plus de 100 lieues de pourtour, sur le plateau de l'Utah. Les Mormons se sont établis sur ses bords et y ont fondé la *Great Salt-Lake city.* L'eau, comme celle de la mer Morte, en est si dense, que le corps d'un homme n'y peut sombrer. Il faut gravir le sommet des montagnes environnantes pour trouver du bois de chauffage.

***SALÈGRE** (l. *sal*, sel), *sm.* Gros morceau de sel provenant d'une saline que les fermiers suspendent dans une étable pour le faire lécher par leurs bêtes.

SALEICH, 1121 hect., dont 147 sont déboisés. Forêt domaniale de la Haute-Garonne, peuplée de hêtres et de chênes.

SALEIX, 1117 hect., dont 833 sont déboisés. Forêt domaniale de l'Ariège, peuplée de hêtres et de sapins.

SALEL (Hugues) (1504-1553), poète traducteur en vers des dix premiers livres de l'*Iliade.*

SALEM, le plus ancien nom de Jérusalem.

SALEM, 30000 hab., port du Massachusetts (États-Unis), qui arme pour la grande pêche.

***SALEM** (mot hindou), *sm.* Toile de coton unie, teinte en bleu foncé, qu'on fabrique dans l'Inde, ainsi qu'en France et en Angleterre, pour être expédiée dans l'Afrique occidentale.

SALEMBRIA, nom moderne du Pénée. (V. ce mot.)

SALEMENT (*sale* + sfx. *ment*), *adv.* D'une manière sale.

SALENCY, 723 hab., com. du cant. de Noyon, arr. de Compiègne (Oise), où chaque année se fait le couronnement d'une rosière, cérémonie instituée par saint Médard en 535.

SALENTE, ville de la Calabre fondée par Idoménée, exilé de Crète. C'est là que Fénelon a placé l'idéale république de son *Télémaque*, aussi chimérique que celle de Platon; les habitants, divisés en castes, s'y distinguaient par le costume. — **Dér.** *Salentins.*

SALENTINS, peuple de la Terre d'Otrante (Italie), regardé comme une colonie crétoise. Son territoire s'étendait des possessions de Tarente au promontoire Japygium. On y remarquait les villes d'*Uria*, de *Manduria*, de *Cælix*, de *Veretum*, de *Leuca*, de *Brundusium.*

SALEP (ar. *sahlab*, renard), *sm.* Le bulbe desséché de plusieurs espèces d'Orchidées parmi lesquelles se trouvent les *orchis mascula*, *morio, fusca, latifolia*, etc., et certains *ophrys*, tels que les *ophrys apifera, arachnites*, etc. Les tubercules nous arrivent de la Turquie, de l'Asie Mineure, de la Perse, etc.; on les fait bouillir longtemps dans l'eau jusqu'à ce qu'ils soient transformés en un mucilage transparent qui est composé presque exclusivement de gomme mêlée à une petite quantité d'amidon. On fait dessécher cette matière et on la réduit en granules irréguliers, semi-transparents, ayant l'apparence et la dureté de la corne, et de couleur jaunâtre. L'odeur du salep est faible et sa saveur est douce et mucilagineuse. Il renferme une substance semblable à la bassorine, du sel de cuisine et du phosphate de chaux. Il jouit dans tout l'Orient d'une grande réputation, et on le considère tout à fait à tort comme très nourrissant. En Europe, on le donne aux phtisiques et aux convalescents sous forme de potages, en bouillie ou en gelée.

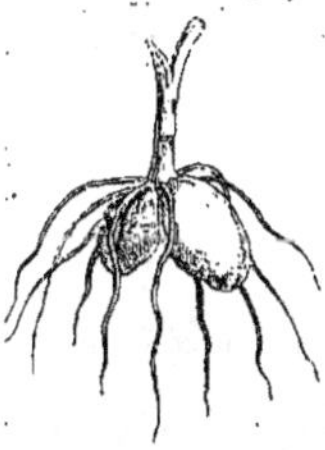

SALEP

SALER (l. *salare* : de *sal*, sel), *vt.* Assaisonner avec du sel. || *Saler le pot*, mettre du sel dans le pot-au-feu. || Frotter, recouvrir de sel, la viande crue, le poisson, etc., pour les conserver : *Saler un porc, des harengs.* — Fig. et Pop. Faire payer une marchandise très cher. — **Dér.** *Salant, salé, salée, saleur, saleuse, salade, salaison, salière, saloir, salure, saleron, salage.* — **Comp.** *Dessaler, salicole.*

SALERNE, 31249 hab., ch.-l. de la province de la Principauté Citérieure, dans le *compartimento* de Campanie; port ensablé; archevêché; université; filatures; foires; au S., ruines de Pæstum dans une solitude malsaine. Les princes normands y fondèrent au XIe siècle une école de médecine, célèbre au moyen-âge.

SALERNES, 2814 hab., ch.-l. de c. de l'arr. de Draguignan (Var); ch. de fer du S. de la France; fabriques de draps, chapeaux et faïences.

SALERON (*salière*), *sm.* Cavité de la salière où l'on met le sel.

SALERS, 1019 hab., ch.-l. de c. de l'arr. de Mauriac (Cantal); donne son nom à une race bovine fort répandue dans le midi de la France et célèbre par son aptitude à produire du travail, de la viande et du lait. Salers a conservé des maisons du moyen âge.

SALES (Louis, comte de) (1577-1654), frère aîné de saint François de Sales; défendit Annecy contre les Espagnols et Louis XIII et mourut en odeur de sainteté.

SALES. (V. *François de Sales.*)

SALES (Louis, comte de), frère du précédent.

SALETÉ (*sale*), *sf.* Qualité de ce qui est sale : *La saleté d'un taudis.* || Choses sales, ordures : *Enlever les saletés.* — Fig. Qualité de ce qui blesse la pudeur. || Parole, image qui blesse la pudeur.

SALETTE-FALLAVAUX (LA), 607 hab., cant. de Corps (Isère), village célèbre par le pèlerinage de N.-D. de la Salette; la Vierge y aurait apparu, le 19 septembre 1846, à deux petits bergers, Maximin et Mélanie.

SALEUR, EUSE (*saler*), *s.* Celui, celle qui sale le poisson.

SALFORD, 218658 hab., faubourg de Manchester, dans le comté de Lancastre; tissage du coton et de la soie.

***SALICACÉES** ou **SALICINÉES** (*saule*), *sfpl.* Famille de végétaux dicotylédones composée des deux genres *saule* et *peuplier.* Ce sont, comme chacun sait, des arbres ou des arbustes dont les feuilles sont alternes, assez étroites dans les saules, ovales dans les peupliers et accompagnées de deux stipules latérales. Leurs fleurs sont dioïques et disposées en chatons. Ceux-ci sont cylindriques et portent un grand nombre d'écailles à l'aisselle de chacune desquelles se trouve une fleur. La fleur mâle se compose, le plus souvent, de deux étamines à anthères biloculaires extrorses, et s'ouvrant par deux fentes longitudinales. Elles alternent avec deux glandes nectarifères. Certaines espèces de saules ont un nombre d'étamines pouvant varier entre deux et douze. Les fleurs femelles, également disposées en chatons, n'ont pas non plus de périanthe et se composent d'un ovaire supère entouré d'un disque; il ne renferme qu'une seule loge et présente deux placentas pariétaux sur lesquels s'insèrent plusieurs ovules. Ceux-ci sont anatropes. Le fruit est une capsule à déhiscence loculicide, renfermant plusieurs graines sans albumen, et entourées par de longs poils soyeux. Cette famille était autrefois une dépendance de celle des Amentacées; quelques botanistes la rapprochent des *Tamarix*, et considèrent les saules comme une forme réduite de ces derniers végétaux. Les Salicinées sont utiles surtout à cause de leur bois, qui fait partie des *bois blancs.* L'écorce de beaucoup d'espèces est employée à faire des liens, et les jeunes rameaux, flexibles et déliés, servent aux mêmes usages. L'écorce des Salicinées renferme la *salicine* et lui donne des propriétés qui l'ont fait employer contre les rhumatismes. Elle est aussi considérée comme fébrifuge. Ce sont surtout les saules qui jouissent de cette propriété; les peupliers la possèdent, mais à un degré plus faible. Le peuplier noir et celui du Canada sont recherchés pour leurs bourgeons qui laissent suinter une substance balsamique et résineuse recommandée à ceux qui ont la poitrine délicate. L'onguent *populeum* lui doit ses propriétés. Quelques espèces de peupliers sont employées dans la teinture; le duvet qui recouvre les semences des saules et des peupliers peut servir à fabriquer du papier, de la toile, des nattes, des chapeaux, etc. Le bois, découpé en fines lanières, sert à faire des tissus avec lesquels on confectionne des chapeaux.

SALICAIRE (l. *salix*, saule), *sf.* Genre de plantes dicotylédones de la famille des Lythrariées, dont une espèce, la *salicaire commune*, à fleurs purpurines en épis, à feuilles semblables à celles du saule, croît dans les lieux humides et a des propriétés astringentes.

SALICAIRE

SALICE, 549 hab., ch.-l. de c. de l'arr. d'Ajaccio (Corse).

***SALICINE** (l. *salix*, saule), *sf.* Substance blanche cristallisée, qui est le principe actif de l'écorce du saule. On l'obtient en épuisant l'écorce du saule par l'eau bouillante; on l'a employée contre les fièvres intermittentes légères. — **Dér.** *Salicinées, salicylate, salicyleux, salicylique, salicylal, salicylol.*

SALICOLE (l. *sal*, sel + *colere*, cultiver), *adj. 2 g.* Qui contient du sel : *Terrain salicole.* || Qui a rapport à l'extraction du sel : *Industrie salicole.*

SALICOQUE (*x*), *sf.* Crevette. (V. ce mot.)

SALICOR *sm.*, ou **SALICORNE** (*x*), *sf.* Ou *salicorne herbacée.* Genre de plantes dicotylédones de la famille des Chénopodées qui croissent sur les bords de la mer, et dont les cendres sont riches en soude. Les jeunes pousses se mangent en salade ou confites dans du vinaigre, et sont un excellent antiscorbutique dont on fait des conserves pour la marine.

***SALICULTURE** (l. *sal*, sel + *cultura*, culture), *sf.* Production du sel par l'exploitation des salines.

SALICYLAL (l. *salicis*, du saule + *aldéhyde*), *sm.* Liquide incolore, oléagineux, qui possède une odeur agréablement aromatique et une saveur brûlante. Il se trouve dans l'huile éthérée que l'on obtient en distillant avec de l'eau les fleurs de *spiræa ulmaria*, de *spiræa digitata, lobata, filipendula*, et de *crepis fœtida*, ainsi que les larves de *chrysomela populi.* Le salicylal peut être reproduit artificiellement par diverses méthodes. Formule $C^{14}H^{6}O^{4}$. On l'appelle aussi *acide salicyleux, hydrure de salicyle, aldéhyde salicylique.*

***SALICYLATE** (*salicine*), *sm.* Tout sel formé par la combinaison de l'acide salicylique et d'une base. Il existe des salicylates neutres et des salicylates basiques. || *Salicylate de soude*, saturation d'acide salicylique par le carbonate de soude; il a des propriétés antiseptiques et il est employé pour combattre la fièvre, la goutte, le rhumatisme.

***SALICYLEUX** (*salicine*), *adj.* *Acide salicyleux*, le salicylol.

SALICYLIQUE (l. *salicem*, saule + désinence chimique *ique*), *adj. 2 g.* Se dit d'un acide solide, incolore qui se dissout fort peu dans l'eau froide, mais davantage dans l'eau chaude, davantage encore dans l'alcool, l'éther, la benzine, le chloroforme, et qui est très employé pour combattre la fermentation et la putréfaction. Son emploi, même à faible dose, pour la conservation des matières alimentaires, est réputé dangereux. On se sert de l'acide salicylique dissous dans l'eau pour désinfecter les wagons à bestiaux. On traite avec succès par l'acide salicylique diverses maladies des animaux, telles que maladie aphteuse, sang de rate, diphtérie des poules, couvain des abeilles, etc. L'acide salicylique a été préconisé contre la goutte. Ce corps existe dans les fleurs de *spiræa ulmaria*, mais on ne se donne pas la peine de l'en extraire : on le prépare de toutes pièces en partant du phénol et de l'acide carbonique. L'acide salicylique a pour formule chimique $C^{14}H^{6}O^{6}$. Une des réactions les plus caractéristiques de l'acide salicylique est la coloration violette qui se développe en présence du sesquichlorure de fer.

***SALICYLOL** (*salicine*), *sm.* Acide blanc cristallisé, qu'on obtient en traitant le phénol, successivement, par la soude, l'acide carbonique et l'acide chlorhydrique.

SALIENS (l. *salii*, sauteurs : de *salire*, sauter), *adj.* et *smpl.* Flamines de Mars, au nombre de douze, chargés de garder les *anciles* ou *boucliers sacrés*, dont le premier, modèle des douze autres, était tombé du ciel dans le palais de Numa. Au mois de mars, ils faisaient une procession qui durait quatorze jours et dansaient en frappant leurs boucliers et en chantant les chants saliens.

SALIENS (*Sala*, rivière, aujourd'hui Yssel), *adj. mpl.* Nom des Francs qui habitèrent d'abord les rives de l'Yssel et que l'on croit retrouver aujourd'hui dans les Frisons. Constant leur permit en 342 de s'établir dans la Toxandrie (pays des *Tungri*), où ils furent bientôt maîtres de la contrée entre le Wahal et la Meuse. Julien les battit en 357, mais se contenta de leur imposer un tribut. Ils essayèrent d'arrêter la grande invasion; puis, avec Clodion, ils entrèrent dans l'empire et s'emparèrent de Tournai (437), de Cambrai (445). Avec leurs chefs Mérovée, Childéric et Clovis commence l'histoire de France.

SALIÈRE (l. *salariam*, de sel, pour le sel), *sf.* Vase où l'on met le sel qu'on sert sur la table : *Une salière renversée ne pronostique pas un malheur.* || Boîte de bois où l'on conserve le sel, et qu'on accroche à la cheminée pour la tenir sèchement. || Creux au-dessus des yeux des vieux chevaux. || Creux qu'on voit au-dessus des clavicules chez les personnes maigres.

SALIERI (ANTOINE) (1750-1825), compositeur italien de grand talent. Il écrivit quarante opéras et un nombre considérable de morceaux religieux. Ses ouvrages les *Danaïdes*, les *Horaces* et *Tarare* furent représentés à Paris.

SALIES-DE-BÉARN, 6147 hab., ch.-l. de c. de l'arr. d'Orthez (Basses-Pyrénées); sources salées (28 chaudières) donnant 9000 kilogrammes de sel par jour; bains salés; ch. de fer du Midi.

SALIES-DE-SALAT, 1008 hab., ch.-l. de c., de l'arr. de Saint-Gaudens (Haute-Garonne); ch. de fer du Midi; sources salées; faïencerie.

***SALIFÈRE** (l. *sal*, sel + *ferre*, porter), *adj. 2 g.* Qui contient du sel gemme ou du sel marin : *Terrain salifère.*

SALIFIABLE (*salifier*), *adj. 2 g.* Se dit de tout oxyde métallique qui peut se combiner avec un acide pour former un sel.

***SALIFICATION** (*salifier*), *sf.* Production chimique d'un sel ou d'un corps cristallisé (vx).

***SALIFIER** (l. *sal*, sel + *facere*, faire), *vt.* Transformer un oxyde en sel en le combinant avec un acide. (Chim.) — **Se salifier**, *vr.* Être transformé en sel. — **Dér.** *Salifiable, salification.*

SALIGAUD, AUDE (*sale*), *s.* Personne sale, malpropre. (Pop.)

SALIGÉNINE (l. *salix*, saule + γεννήσις, procréation), *sf.* Autre nom de la salicine.

SALIGNAC, 1304 hab., ch.-l. de cant. de l'arr. de Sarlat; truffes; fer hématite; château du XIIIe siècle qui appartint à la famille de Fénelon.

SALIGNON (l. *sal*, sel), *sm.* Pain fait avec l'eau d'une fontaine salée et qu'on met dans les colombiers pour attirer les pigeons.

SALIGOT (*saligaud*), *sm.* Nom vulgaire de la macre ou *trapa natans.*

1. SALIN, INE (l. *sal*, sel), *adj.* Qui contient du sel ou qui est un sel : *Substance saline.* || Qui a le caractère du sel : *Goût salin.* || Qui croît dans un sol où il y a du sel : *Plante saline.* — **Dér.** *Salin 2, salinage, saline, saliner, salinité.*

2. **SALIN** (l. *sal*, sel), *sm.* Marais salant des côtes de la Méditerranée, alimenté, non plus par la marée montante, mais par une machine élévatoire. Ces salins se répartissent entre six groupes : 1° celui du Var, avec les salins d'Hyères (port Pothuau), les salins des Pesquiers et des Ambiers (près Toulon); 2° le groupe des Bouches-du-Rhône, avec les salins des Martigues, de Foz et de la Camargue; 3° le groupe du Gard, avec les salins de Peccais et d'Aigues-Mortes; 4° le groupe de l'Hérault à Villeneuve, Frontignan, Villeroye, Bagnas; 5° le groupe de l'Aude à Estarac, Peyriac, Sigean; 6° le groupe des Pyrénées-Orientales à Cordes et à Durand. Ces salins sont divisés en compartiments dits *chauffoirs*, qui forment plusieurs séries de bassins : les *partènements extérieurs*, les *partènements intérieurs*, les *tables salantes* ou bassins de dépôt. Comme la récolte du sel ne se fait ici qu'une fois par an, le saunier surveille constamment ses réservoirs et pèse le degré des eaux avec l'aréomètre de Baumé. Le sel est enlevé des tables par blocs, réuni en *javelles*, puis entassé en *camelles*. Les propriétaires des *salins du Midi* étant constitués en compagnie, il leur est plus facile d'écouler leurs produits qu'aux petits sauniers de l'Aunis, aux paludiers de Guérande. Les salins de Setubal en Portugal, du lac Elton à l'embouchure du Volga, du Kara-Boghaz sur la mer Caspienne, du Grand Lac Salé, de la mer Morte, peuvent être rapprochés de nos exploitations du Midi. || Mélange brut de divers sels qu'on obtient en faisant évaporer la lessive des cendres végétales. Le *salin* des résidus de betteraves des sucreries est très riche en carbonate de potasse ou de soude. || Potasse brute, recueillie au fond des chaudières, après le lessivage des cendres.

***SALINAGE** (du l. *sal*, sel), *sm.* Opération qui consiste à faire cristalliser le sel.

SALINATOR (MARCUS LIVIUS), consul romain qui, l'an 207 av. J.-C., et avec l'aide de son collègue Claudius Néron, défit sur les bords du Métaure Hasdrubal, qui venait au secours de son frère Hannibal. Devenu censeur, Livius établit un impôt sur le sel, d'où son surnom de *Salinator*.

SALINE (*salin 1*), *sf.* Poisson salé : *Un marchand de saline* (vx). || Établissement où l'on fait évaporer l'eau contenue dans des marais salants ou des fontaines salées pour en extraire le sel : *La saline de Salins.* || Mine ou montagne de sel gemme : *La saline de Cordoue en Espagne.* || Les *salines* de France se trouvent en Franche-Comté, en Lorraine, dans les Basses-Pyrénées (Salies, Briscous, Villefranque). Les salines de Franche-Comté sont situées : dans le Jura, à Montmorot, près Lons-le-Saunier, et à Salins, dans la Haute-Saône, à Fallon et à Gouhenans. En Lorraine, citons, dans le département de Meurthe-et-Moselle, les salines de Varengéville, Saint-Nicolas, Rosières, Dombasle. Dans la Lorraine, devenue allemande depuis 1871, sont les salines de Sarralble, Moyenvic et Dieuze, la plus importante de toutes. Dans toutes ces salines, on fore un trou de sonde, on y amène de l'eau, qui est bien vite saturée, puis amenée à la surface à l'aide d'une pompe. Autrefois, cette eau était projetée sur des amas de fascines, dits *bâtiments de graduation*, où elle perdait de son eau pour se rapprocher du point de saturation; ces bâtiments ont été supprimés, parce qu'on préfère attendre la saturation complète de l'eau provenant du trou de sonde; l'eau salée est ainsi amenée des réservoirs, dits *bessoirs*, dans les *poêles*, où l'on obtient, suivant la durée de l'évaporation, du sel *fin-fin*, du sel *fin*, du sel *moyen* et du sel *gros*. Il y a aussi des salines en Angleterre, dans les comtés de Worcester et de Chester; en Autriche, dans les vallées du Maros et du Zamos, surtout en Galicie, à Wielicza et à Bochnia. Les salines de Wielicza sont les plus célèbres; le sel gemme y est traité, à la façon de la houille, et débité en briques, à l'usage de la Russie, qui a aussi des salines vers Ékaterinoslav.

***SALINELLE** (*sel*), *sf.* Source de boue. Les sources de boue dégagent des hydrocarbures. Elles se produisent lorsque des gaz de volcans rencontrent des sources chargées de sel, de plâtre, de calcaire et d'autres combinaisons salines.

SALINER (*salin*), *vi.* Extraire le sel contenu dans l'eau d'un marais salant (vx).

SALINIER (l. *salinarium*, de sel), *sm.* Ouvrier qui fabrique le sel. || Marchand de sel, dans le Midi. || Ouvrier qui extrait l'alcali des soudes.

***SALINITÉ** (*salin 1*), *sf.* Quantité moyenne du sel contenu dans l'eau de mer.

SALINS, 5833 hab., ch.-l. de cant. de l'arr. de Poligny (Jura), ch. de fer de P.-L.-M. Tribunal de commerce; place de guerre de 2e classe; pierre à chaux; carrières de gypse; fabrique de plâtre; commerce considérable de bois de sapin en grume pour la marine; vins rouges estimés; salines (69 000 quintaux annuels), alimentées par des sources, fournissant du sel à toute la Suisse; bains d'eaux-mères sodo-bromurées.

SALIQUE (l. *salicam*, qui appartient aux Francs Saliens), *adj. 2 g.* Qui appartient aux Francs Saliens. — *Loi salique*, loi des Francs Saliens, rédigée entre 400 et 430, quand ce peuple résidait sur les bords de l'Escaut. La première rédaction en tudesque ne nous est point parvenue; mais nous en connaissons trois rédactions latines : la première fut faite par Clovis de 480 à 486 et comprenait 65 titres. La deuxième revision, entreprise par Clovis et Clotaire II, contient 12 ou 13 titres de plus; Childebert II, sans rien modifier au début, y ajouta 15 ou 16 titres; enfin, Dagobert remania la loi entière en 99 chapitres. On possède en Europe 65 manuscrits de la loi salique; 16 de l'époque mérovingienne et 49 de l'époque carlovingienne. — *Terre salique*. Au titre 59 de la loi salique, il est dit que les femmes n'ont pas le droit de succéder des terres; elles sont exclues de cette succession par le sexe masculin venant au degré de frère. Dans le texte revisé au temps de Charlemagne, cette phrase est ainsi modifiée : *De terra vero salica in muliere nulla pertinet portio* (Aucune portion de la terre salique ne saurait être attribuée à une femme). On a voulu voir, dans *terre salique*, la terre entourant la *sala*, le domaine paternel. Mais les légistes du XIVe siècle ont interprété autrement ce mot *salica* et en ont fait le principe constitutif de la monarchie française, pour exclure les femmes de la succession au trône. On imagina, en effet, d'assimiler le royaume à la *terre salique*, en 1316, pour substituer Philippe V le Long, frère de Louis X le Hutin, à sa nièce Jeanne. Les états généraux abondèrent dans le sens des feudistes. *Le royaume des lis ne devait pas*, disait-on, *tomber en quenouille*, à cause du texte de l'Écriture, où il est dit que *les lis ne filent pas et que cependant ils sont vêtus avec plus de splendeur que Salomon dans toute sa magnificence.* C'était commettre un contre-sens et une faute de droit; puisque la coutume féodale avait aboli l'exclusion des femmes. Mais, au point de vue politique, c'était assurer dans l'avenir l'unité de la France et consolider notre nationalité, puisque la couronne ne pouvait plus par un mariage passer sur la tête d'un étranger.

SALIR (*sale*), *vt.* Rendre sale : *Salir ses vêtements.* ‖ Ternir une couleur, en rompre l'éclat par un mélange. (Peint.) — Fig. Déshonorer, ternir la réputation : *La fourberie reconnue salit l'homme.* — *Vr. Se salir*, se rendre sale; se déshonorer. — **Dér.** *Salissant, salissante, salisson, salissure.*

SALISBURY, 14 576 hab., ch.-l. du Wiltshire, dans l'Angleterre méridionale; évêché; cathédrale.

SALISSANT, ANTE (*salir*), *adj.* Qui salit : *Étoffe salissante.* ‖ Qui devient aisément sale : *Une étoffe blanche est toujours salissante.*

SALISSON (*salir*), *sf.* Femme, petite fille malpropre.

SALISSURE (*salir*), *sf.* Tout ce qui salit.

***SALITRE** (l. *sal*, sel), *sm.* Le sulfate de magnésie recueilli en Bolivie, dans le district de Caracolès.

SALIVAIRE (l. *salivarium*), *adj. 2 g.* Qui a rapport à la salive. ‖ *Glandes salivaires*, toutes les glandes qui, situées dans la bouche, secrètent la salive. Ces glandes sont les deux parotides, les deux sublinguales, les deux sous-maxillaires.

***SALIVANT, ANTE** (*saliver*), *adj.* Qui provoque la salivation.

SALIVATION (l. *salivationem*), *sf.* Écoulement excessif de la salive, occasionné par une maladie, par la mastication de certaines substances ou par l'action d'un médicament.

SALIVE (l. *saliva*), *sf.* Liquide incolore, inodore, insipide et un peu visqueux qui humecte la bouche, aide au goûter, à la mastication, à la déglutition; il résulte d'un mélange de diverses humeurs sécrétées par les glandes salivaires avec le mucus buccal. La salive est composée d'eau, de chlorures alcalins, de phosphate de soude, de sels de chaux et de magnésie et d'une matière azotée, la *diastase animale* ou *ptyaline*, qui a la propriété de transformer la fécule en glucose. — **Dér.** *Saliver, salivaire, salivant, salivante, salivation.*

SALIVER (l. *salivare*), *vi.* Rendre beaucoup de salive.

SALLANCHES, 2 081 hab., ch.-l. de cant. de l'arr. de Bonneville (Haute-Savoie), sur l'Arve; mine de zinc; filatures; belle vue du mont Blanc.

SALLE (bl. *sal* : du VHA. *sal*, maison, demeure), *sf.* Grande pièce dans un appartement. ‖ *Salle à manger*, pièce où la famille prend ses repas. ‖ *Salle d'armes*, galerie contenant des armes rangées en bon ordre, bien entretenues et d'une manière artistique; pièce où l'on donne des leçons d'escrime. ‖ *Salle de police*, pièce où l'on enferme les soldats pour les punir de fautes légères. ‖ Grand espace couvert, destiné à un usage public spécial : *Salle d'audience, de spectacle.* ‖ *Salle des pas perdus*, sorte de grand vestibule du Palais de Justice à Paris donnant accès aux diverses chambres. ‖ Partie d'un jardin plantée d'arbres qui forment un couvert : *La salle des marronniers.* ‖ *Salle capitulaire*, salle dépendant d'un ensemble de bâtiments religieux et affectée aux réunions du chapitre. ‖ *Salles d'asile*, établissements d'éducation pour les enfants des deux sexes, de deux à sept ans; elles sont appelées depuis 1881 *écoles maternelles*, et dirigées exclusivement par des femmes auxquelles on ne délivre plus le certificat d'aptitude à la direction des salles d'asile, mais qui sont munies du brevet de capacité élémentaire. L'enseignement y comprend : 1° Les premiers principes d'éducation morale; des connaissances sur les objets usuels; les éléments du dessin, de l'écriture et de la lecture; des exercices de langage; des notions d'histoire naturelle et de géographie. 2° Des exercices manuels. 3° Le chant et des mouvements gymnastiques. ‖ Public qui remplit une salle de spectacle. — **Dér.** *Salon, salonnier, salleran, sallerane.*

SALLÉ (Mlle), célèbre danseuse de l'Opéra, au XVIIIe siècle, qui, la première, se débarrassa des paniers.

***SALLERAN, ANE** (*salle*), *s.* Ouvrier, ouvrière qui, dans une papeterie, étend, trie et nettoie le papier sec.

SALLES (Jean-Baptiste) (1760-1794), médecin, membre de la Constituante et de la Convention; proscrit comme girondin; exécuté à Bordeaux.

SALLES-CURAN, 2 728 hab., ch.-l. de cant. de l'arr. de Millau (Aveyron).

SALLES-SUR-L'HERS, 1 052 hab., ch.-l. de cant. de l'arr. de Castelnaudary (Aude).

SALLO (Denis de) (1626-1669), conseiller au parlement de Paris, fondateur du *Journal des Savants*, dont le premier numéro parut le 5 janvier 1665.

SALLUSTE (Caius-Sallustius Crispus) (87-34 av. J.-C.), célèbre historien latin remarquable par la vigueur de son style semé d'archaïsmes. Il était issu d'une famille plébéienne d'Amiternum; il fut ami de Catilina, questeur, tribun du peuple, partisan de Clodius contre Milon, chassé du Sénat à cause de ses mœurs et de ses opinions démagogiques. Il entra dans le parti de César, qui le rétablit sur la liste des sénateurs, l'envoya comme préteur en Afrique, et le nomma même proconsul, lors de la guerre contre Juba. Salluste, concussionnaire avéré, ne fut sauvé que par l'influence de son protecteur. Avec le fruit de ses rapines, il fit bâtir sur le Quirinal une habitation somptueuse entourée de jardins, qui fut achetée par Auguste et devint la résidence des empereurs. Salluste avait écrit en cinq livres une histoire générale de Rome, de la mort de Sylla (78 av. J.-C. à l'an 67 av. J.-C.); il n'en reste guère que des harangues; mais nous avons sa *Conjuration de Catilina* et sa *Guerre de Jugurtha.*

SALM, château ruiné de l'Alsace-Lorraine, voisin de Schirmeck, sur les pentes du Donon. La maison de Salm, qui joua un rôle considérable dans l'histoire de la Lorraine et de l'Alsace, descendait d'une famille des Ardennes, dont un membre, le comte Hermann de Salm, s'établit dans les Vosges en 1090, et fut nommé *avoué* de l'abbaye de Senones par l'évêque de Metz. En 1598, le comté fut partagé entre le comte Jean IX et le rhingrave Frédéric. La part de Frédéric fut érigée en principauté impériale; la part du comte Jean IX fit retour à la Lorraine en 1751. La principauté fut alors délimitée; elle contenait 32 villages, 10 000 habitants et avait pour chef-lieu Senones. Elle disparut à la Révolution.

SALMACIS, fontaine de Carie, près d'Halicarnasse, qui passait pour amollir et efféminer ceux qui s'y baignaient.

SALMANASAR, nom de cinq rois d'Assyrie ou de Ninive. — Salmanasar II (860-825 av. J.-C.), prit et pilla deux fois Damas en Syrie et imposa un tribut aux rois d'Israël, de Phénicie, du pays des Philistins. — Salmanasar IV (727-722 av. J.-C.), ne put s'emparer ni de Tyr, ni de Samarie, capitale du royaume d'Israël; il fut renversé par Sargon, qui réduisit en captivité les Israélites.

SALM-DYCK (Constance de Théis, femme Pipelet, puis princesse de) (1767-1845), auteur de poésies, de tragédies, de romans, etc.

SALMIAC (l. *sal ammoniacus*), *sm.* Chlorhydrate d'ammoniaque qui se trouve, sous forme de croûtes menues, grisâtres, vaguement fibreuses, parmi les produits des volcans et des solfatares.

SALMIGONDIS (*salmis* + *conditus*, assaisonnement ?), *sm.* Ragoût composé de diverses viandes réchauffées. — Fig. Mélange de choses, d'idées disparates.

SALMIS (l. *salgama*, choses confites dans la saumure). Ragoût fait avec du gibier à plumes, des oies ou des canards préalablement rôtis. On découpe l'animal; on concasse la carcasse, on la met avec le cou dans une casserole avec du jambon, du lard, du thym, de l'échalote, poivre, sel, etc., du vin blanc. On fait réduire aux trois quarts; on passe et l'on ajoute du bouillon. Puis on met dans cette sauce la viande, et l'on fait chauffer le tout sans le faire bouillir; c'est un mélange de vin, de pain rôti, de beurre et d'épices. — **Dér.** *Salmigondis.*

SALM-KIRBOURG (Frédéric, prince de) (1746-1794), agent de la France en Hollande, lors du soulèvement de 1787, constructeur du palais de la Légion d'honneur à Paris, mort sur l'échafaud.

SALMON (Louis), graveur, né en 1837, élève d'Ingres et d'Henriquel Dupont; il a reproduit par le dessin, le burin et la gravure quelques-unes des œuvres capitales de Raphaël, Michel-Ange, Léonard de Vinci, Andrea del Sarto, etc.

SALMONÉE, frère de Sisyphe, fils d'Éole et petit-fils d'Hellen, roi de Thessalie, puis d'Élide, fondateur d'une ville qui porta son nom. Se prétendant le rival de Jupiter, il imitait le bruit du tonnerre en faisant rouler son char sur un pont d'airain, et lançait dans l'air des torches enflammées; Jupiter le précipita dans le Tartare.

***SALMONÉS** (l. *salmonem*, saumon), *smpl.* Famille de poissons de l'ordre des Malacoptérygiens abdominaux, dont le type est le saumon, et qui renferme les genres *éperlan, ombre*, etc.

SALO, 4 553 hab., ch.-l. de la province de Brescia (Italie), sur le lac de Garde; victoire du 31 juillet 1796 de Bonaparte sur Quasdanovitch.

SALOIR (*saler*), *sm.* Tinette où l'on met le sel. ‖ Tinette ou grand pot de grès où l'on conserve les viandes salées.

SALOMÉ (en héb. *la pacifique, la sainte*), morte en 72, fille d'Hérode-Philippe et d'Hérodiade. Suivant le Nouveau Testament, elle obtint de son oncle et mari, Hérode Antipas, la tête de saint Jean-Baptiste, qui lui fut présentée sur un plat (32).

SALOMÉ (Marie) (en héb. *la pacifique, la sainte*), femme de Zébédée, mère de saint Jacques le Majeur et de saint Jean l'Évangéliste; elle fut au nombre des femmes qui se proposaient d'embaumer le corps de Jésus-Christ, lorsqu'elles trouvèrent son sépulcre vide.

SALOMON (en héb. *le saint, le pacifique*), fils de David et de Bethsabée, troisième roi d'Israël, de 1008 à 978 av. J.-C. Sacré et proclamé du vivant de son père, il assura son pouvoir en faisant mettre à mort son frère Adonias et le commandant de l'armée Joab. Il étendit son empire du pays des Philistins à l'Euphrate et à l'Égypte; il était allié à Hiram, roi de Tyr; il épousa une princesse égyptienne et arma sur la mer Rouge une flotte montée par des matelots phéniciens. Sa grande œuvre fut la construction du Temple, construit sur le plan du *Tabernacle*, divisé en *Saint des Saints*, en *Sanctuaire* et en *Portique*. Pour couvrir les dépenses de ces grands travaux, Salomon imposa les tribus cananéennes qui vivaient sur le territoire d'Israël. Il partagea son royaume en douze arrondissements qui entretenaient chacun sa cour durant un mois. Les villes d'Hamath au N., de Tadmor à l'E., d'Elath au S., devinrent des entrepôts de commerce. Salomon envoyait tous les trois ans vers le pays d'Ophir, dans l'océan Indien, une flottille qui rapportait de l'or, de l'argent, des pierres et des bois précieux, des singes et des paons. Le roi avait un palais dans Jérusalem, une maison d'été sur le Liban, où il entretenait un harem; il permit même d'adorer Moloch et Astarté dans la ville sainte; l'esprit d'opposition des prophètes se réveilla et l'un d'eux, Ahija, prédit à un homme d'Éphraïm, Jéroboam, qu'il commanderait à dix tribus, tandis que le fils de Salomon ne régnerait plus que sur deux d'entre elles. Il est considéré comme l'auteur des *Proverbes*, du *Cantique des Cantiques*, de l'*Ecclésiaste* et même du *Livre de la Sagesse*. ‖ *Jugement de Salomon.* (V. *Jugement.*)

SALOMON (îles), archipel de la Mélanésie, découvert par Mendana en 1569; la plus grande de ces îles est *Isabella;* celle qui porte le piton le plus élevé est Guadalcanar (2440 mètres). Population de race noire ou papoue; girofliers, gingembre, citronniers. L'Angleterre, l'Allemagne et les États-Unis s'en disputent la possession.

SALON, 8 598 hab., ch.-l. de c. de l'arr. d'Aix (Bouches-du-Rhône); ch. de fer de P.-L.-M.; huiles; fruits; savonneries.

SALON (*salle*), *sm.* La pièce la plus grande et la mieux ornée d'un appartement, et où l'on reçoit la compagnie. ‖ *Salon à l'italienne*, salon d'une hauteur de deux étages, éclairé par un plafond vitré ou une coupole. ‖ Maison où l'on reçoit une compagnie choisie qui y vient en soirée pour causer, jouer, danser : *Les salons du* XVIIIe *siècle.* — Les salons du XVIIe siècle furent surtout littéraires : tel était celui de Conrart, origine de l'Académie, la *Chambre bleue d'Arthénice* (V. *Rambouillet*), les cercles de Mme de Sablé, de Mme de Chevreuse, de Mme Scarron (depuis Mme de Maintenon), de Mme de Bouillon, de Ménage et de Mlle de Scudéry. Au XVIIIe siècle, les salons, toujours fréquentés par les écrivains, furent ouverts par de grands seigneurs ou de riches financiers. Les deux plus célèbres étaient même deux petites cours : le Palais-Royal, résidence des ducs d'Orléans, et le Temple, demeure du comte de Conti. Jusqu'en 1750, la bonne société se réunissait à l'hôtel de Sully, où l'on recevait Voltaire, à l'hôtel de Duras, dans le salon de la maréchale de Villars et dans celui de Mme de Chauvelin. Depuis 1750, le premier salon de Paris fut celui de la maréchale de Luxembourg : c'est là que se forma cette société si gracieuse, si élégante qui apprit au reste de l'Europe l'art de la conversation et lui donna le ton de la bonne compagnie. La haute société fréquentait encore les salons de Mme de Beauvau, de la maréchale d'Anville, de la duchesse douairière d'Aiguillon, de la comtesse de Lamarck, de Mme de Ségur, de Mme de Brionne, de Mme de Mazarin, de la duchesse de Choiseul, de Mmes de Tessé, de Rochefort, d'Houdetot. Les réunions de Mme d'Épinay, de Mme du Deffand, de Mme de Tencin étaient plus littéraires ; on allait encore chez le financier Samuel Bernard et chez le gourmet Grimod de la Reynière. Au XIXe siècle, les deux salons les plus célèbres ont été ceux de Mme de Staël et de Mme Récamier. Sous le second Empire, on peut citer celui de la princesse Mathilde. || La bonne compagnie. || L'exposition des beaux-arts tenue en 1737 dans le *salon carré* du Louvre. Depuis cette époque on donne le nom de *salons* à diverses expositions de beaux-arts. || Aujourd'hui, bâtiment où cette exposition a lieu. || Cette exposition même. || *Salon annuel*, exposition des artistes vivants qui a lieu à Paris du 1er mai au 20 juin de chaque année. || *Salon triennal*, exposition organisée par l'État. La première a eu lieu en 1883. || *Salon des arts décoratifs*, exposition organisée à Paris du 15 avril au 1er juin, pour les œuvres d'art conçues au point de vue de l'enjolivement de nos demeures. || Compte rendu d'un salon : *Les salons de Diderot sont restés célèbres*. || *Faire le salon*, publier dans un journal, dans une revue, une critique des œuvres d'art exposées à un salon de Paris. — **Dér.** *Salonnier*.

SALONIQUE (la Thessalonique des Macédoniens, l'antique *Therma*), 80 000 hab., ville et port très commerçant de la Turquie d'Europe, sur le golfe du même nom, au delà de la Chalcidique, dans la Macédoine ; exportation de blé, orge, maïs, tabac, cotons, peaux ; fabriques de soieries et de tapis ; ville sale et insalubre. La majeure partie de la population est composée de juifs espagnols dont les ancêtres furent chassés par Ferdinand le Catholique. Reliée depuis peu par un chemin de fer à Belgrade, elle tend à devenir le point d'attache du commerce de l'Inde avec Suez. La politique allemande pousse l'Autriche vers Salonique, tandis que la Russie s'approche de Constantinople.

* **SALONNIER** (*salon*), *sm.* Critique d'art qui publie le compte rendu du Salon annuel dans un journal : *Le salonnier de la* Gazette des beaux-arts.

SALOPE (ang. *slop*, gâchis ?), *adj. 2 g.* Sale et malpropre. — *Sf.* Femme dépravée. (V. *Marie-salope*.) — **Dér.** *Salopement, saloperie, salopette*.

SALOPEMENT (*salope*), *adv.* Malproprement, salement. (Pop.)

SALOPERIE (*salope*), *sf.* Grande malpropreté. || Propos orduriers. || Marchandise de mauvaise qualité. || Ouvrage mal fait.

***SALOPETTE** (*salope*), *sf.* Pantalon de toile grossière que les ouvriers mettent sur leur culotte ordinaire pour ne pas la salir en travaillant.

SALORGE (l. *sal*, sel + *horreum*, magasin), *sm.* Amas de sel.

SALOUEN, grand fleuve de la Birmanie, traversant la région presque inconnue du Laos et finissant à peu de distance du Sittang, dans le golfe de Martaban.

SALOUM, rivière côtière du Sénégal, arrosant un royaume nègre du même nom, tributaire de la France.

***SALPE** (l. *salpa*, la *saupe*, espèce de dorade), *sf.* Genre de molluscoïdes de la classe des Tuniciers, qui présente l'important phénomène de la *génération alternative*. Chaque espèce présente deux sortes d'individus : les individus isolés donnant naissance, par bourgeonnement, à une agglomération d'êtres semblables entre eux ; chacun de ceux-ci à son tour pond des œufs qui, en se développant, reproduisent des individus isolés ; et ainsi de suite. Ces organismes, que l'on désigne encore sous le nom de *biphores*, sont abondants dans la Méditerranée et dans les mers équatoriales. Lorsque la mer est calme, ils s'approchent de sa surface, et ils répandent une lueur phosphorescente que tous les navigateurs ont observée pendant les nuits obscures.

SALPENSA, ville d'Espagne connue par la découverte d'une table de bronze sur laquelle est gravée une loi municipale, rédigée sous Domitien, entre 82 et 84, accordant à la ville une administration particulière indépendante du pouvoir central.

***SALPÊTRAGE** (*salpêtre*), *sm.* Formation de salpêtre dans les nitrières artificielles.

SALPÊTRE (l. *sal*, sel + *petræ*, de pierre), *sm.* L'azotate de potasse, sel blanc déflagrant, diurétique, vénéneux, qui entre pour les trois quarts dans la composition de la poudre à canon et qu'on ajoute en petite quantité au sel marin ou au sucre pour saler les viandes, dont il conserve la couleur rose. La préparation par les *nitrières artificielles* (V. cette expression) est abandonnée chez nous depuis qu'on prépare artificiellement le salpêtre en traitant l'azotate de soude par le chlorure de potassium et en précipitant par concentration le chlorure de sodium qui se forme par double décomposition. Un autre procédé artificiel consiste à traiter l'azotate de soude par le carbonate de potasse. Dans ce cas, le corps que l'on précipite est le salpêtre lui-même, et c'est par refroidissement à 38° que l'on opère cette séparation. (V. *Nitrate, Nitre, Nitrière, Nitrification*.) || Poét. La poudre à canon. — Fig. Personne extrêmement vive, prompte et pétulante : *Cet enfant est un salpêtre*. — **Dér.** *Salpêtrage, salpêtrer, salpêtrerie, salpêtreux, salpêtreuse, salpêtrier, salpêtrière*.

SALPÊTRER (*salpêtre*), *vt.* Mêler du salpêtre au sol d'un terrain, afin qu'étant fortement battu il devienne impénétrable à la pluie : *Salpêtrer une cour*. || Faire naître du salpêtre : *L'humidité salpêtre les murs*. — **Se salpêtrer**, *vr.* Être rongé par le salpêtre : *Les parois de cette cave se salpêtrent*.

***SALPÊTRERIE** (*salpêtre*), *sf.* Fabrique de salpêtre.

***SALPÊTREUX, EUSE** (*salpêtre*), *adj.* Qui contient du salpêtre.

SALPÊTRIER (*salpêtre*), *sm.* Ouvrier qui travaille à la fabrication du salpêtre.

SALPÊTRIÈRE (*salpêtre*), *sf.* Lieu où l'on fait du salpêtre. — A Paris, la *Salpêtrière*, hospice pour les femmes âgées, infirmes ou folles. Cet établissement hospitalier, le plus vaste de l'Europe, fut commencé sous Louis XIII pour servir d'arsenal. L'église, située au centre, a été construite sur les dessins de Libéral Bruant.

***SALPICON** (l. *sal*, sel + *pichon*, pot), *sm.* Ragoût composé de viandes coupées et mélangées de truffes et de champignons, assaisonnées de sel, vinaigre et poivre.

***SALPINGO-MALLÉEN** (g. σάλπιγξ, trompe d'Eustache + l. *malleus*, marteau), *adj. m.* Se dit en anatomie d'un muscle de l'oreille interne qui relie le marteau à la trompe d'Eustache.

***SALPINX** (g. σάλπιγξ), *sf.* Trompette des Grecs qui distinguaient : la trompette paphlagonienne longue avec une bouche de taureau ; la médique, avec une embouchure de jonc ; la gauloise ou *carnyx*, au son perçant, en métal fondu ; la tyrrhénienne, avec une embouchure en os, droite ou recourbée ; l'argienne, au son prolongé et puissant ; l'égyptienne ou *chnous*, servant dans les sacrifices.

***SALPLICAT** (mot japonais), *sm.* Vernis du Japon qui est mêlé d'or en poudre.

SALSE, *sm.* Volcan de boue. Ce nom vient de ce que les volcans de boue déposent des sels. On trouve des salses : en Sicile (la Macaluba, à 50 mètres de hauteur) ; dans la péninsule d'Apchéron, dans la péninsule de Taman (le salse de Prella, à 80 mètres de hauteur), à Turbako (près de Cartagena, en Colombie), à la pointe méridionale de Célèbes, etc. Les salses ne se rencontrent que dans les terrains d'où sortent des combinaisons, liquides ou gazeuses, d'hydrogène et de carbone, éruptions qui semblent indiquer qu'il se produit, à l'intérieur du sol, des décompositions de grandes masses de matières organiques. On pense que les poussées intérieures qui déterminent les éruptions sont occasionnées par des dislocations internes.

SALSEPAREILLE (esp. *zarza*, ronce + *Porillo*, nom du médecin qui, le premier, en fit usage), *sf.* Genre de plantes monocotylédones de la famille des Asparaginées, composé d'arbrisseaux sarmenteux à tiges grimpantes et dont les racines, longues de 1m,50 à 2 mètres, sont de la grosseur d'une plume d'oie et employées en médecine comme sudorifiques et dépuratives. La salsepareille est originaire de l'Amérique tropicale. On en compte plusieurs sortes commerciales, nommées d'après leur pays d'origine ; c'est ainsi que l'on a : 1° La *salsepareille Honduras* (*smilax sassaparilla*), croissant au Mexique et au Honduras. Ses tiges sont noueuses et garnies d'épines ; ses racines sont tachées par la terre qui y adhère. 2° La *salsepareille de la Jamaïque* (*smilax officinalis*) dont les racines, brunes, sont garnies de radicelles nombreuses. 3° La *salsepareille caraque* (*smilax syphilitica*), de la Colombie, riche en fécule, à racine d'un brun pâle, et dont la moelle est très volumineuse. 4° La *salsepareille du Pérou* (*smilax obliquata*). 5° La *salsepareille du Brésil* (*smilax papyracea*), originaire de la province de Para (Brésil), et qui nous est expédiée en bottes renfermant des racines de deux sortes, les unes minces, ligneuses, d'un brun noirâtre, les autres pleines et renfermant de l'amidon. || *Salsepareille de l'Inde*, racine de l'*hemidesmus indicus*, plante originaire de l'Inde, et de la famille des Asclépiadées. La racine, de longueur variable, est d'un brun jaunâtre et exhale une odeur aromatique ; sa saveur est amère. Elle est employée à peu près aux mêmes usages que la salsepareille ordinaire. || *Salsepareille indigène*, les rhizomes du carex des sables, que l'on a cherché à substituer à la salsepareille.

SALSEPAREILLE DE LA JAMAÏQUE (Smilax officinalis).

SALSIFIS (vx fr. *sercifi* : de l'ital. *sassefrica*), *sm.* Genre de plantes dicotylédones de la famille des Composées, dont la tige, le plus souvent glabre, porte des feuilles entières, étroites et allongées. Les fleurs, réunies en capitules, sont jaunes ou violettes, suivant les espèces, et se ferment avant midi. L'espèce la plus intéressante est le *salsifis blanc* (*tragopogon porrifolius*), plante bisannuelle, que l'on rencontre à l'état sauvage en Italie, en Dalmatie, en Grèce et même en Algérie. On ignore si les anciens cultivaient le salsifis, ou s'ils se contentaient de le recueillir dans les prés ; toujours est-il qu'Olivier de Serres, qui vivait au XVIe siècle, en parle comme d'une plante dont la culture a été introduite récemment dans le midi de la France. La racine du salsifis blanc est *blanche* et comestible ; on la mange cuite dans l'eau et assaisonnée, ou bien cuite à l'eau, puis frite dans la pâte. Ses feuilles sont aussi mangées en guise de

SALSIFIS BLANC

salade. Le salsifis blanc se sème à la volée ou mieux en rayons, en février, mars et avril. La terre doit être labourée profondément et de fumure non récente. On devra arroser en cas de sécheresse. La récolte se fait en automne jusqu'au printemps. || *Salsifis noir* ou *scorsonère d'Espagne*, genre de plantes dicotylédones voisin du précédent. Ce sont des herbes vivaces, à tige simple, rarement rameuse, revêtue d'un duvet floconneux. Les feuilles sont radicales, entières et lancéolées. La fleur est jaune. On cultive, pour sa racine comestible, la scorsonère d'Espagne, appelée vulgairement *salsifis noir* (*scorzonera hispanica*). Cette racine se distingue de celle du *salsifis blanc* par sa couleur noire, et parce qu'il faut attendre sa deuxième année pour la manger. La scorsonère se rencontre à l'état spontané en Espagne, dans le midi de la France, en Allemagne, dans la région du Caucase et en Sibérie. Elle n'est introduite dans nos jardins que depuis cent ou cent cinquante ans, et Olivier de Serres n'en fait pas mention. Une autre espèce, la *scorsonère délicieuse* (*scorzonera deliciosa*), croît en Sicile, où l'on confectionne avec sa racine, très sucrée, des bonbons et des sorbets.

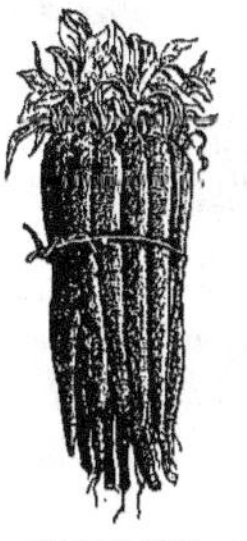

SALSIFIS NOIR OU SCORSONÈRE

SALSOLA-SODA. (V. *Soude.*)

***SALSUGINEUX, EUSE** (l. *salsuginem*, saumure), *adj.* Imprégné de sel marin. || Se dit des plantes qui croissent dans des terrains maritimes.

SALTA, 16000 hab., ch.-l. de province de la république argentine; évêché; elle est célèbre dans les guerres de l'indépendance.

SALTAIRE, usine modèle avec un village de 800 maisons et 4000 ouvriers, aux environs de Bradford (Angleterre); elle a été fondée en 1851 par Titus Salt, qui découvrit en 1832 la manière de tisser l'alpaga.

***SALTARELLE** (ital. *saltarella* : de *saltare*, sauter), *sf.* Danse vénitienne dont le mouvement est très vif.

SALTATION (l. *saltationem*, danse), *sf.* Art des anciens qui comprenait la danse, la pantomime, l'art oratoire et tout ce qui concernait l'expression par gestes.

***SALTIGRADES** (l. *saltus*, saut + *gradi*, marcher), *sfpl.* Tribu d'arachnides renfermant des araignées dont la démarche consiste en sauts saccadés et qui se jettent par bonds sur leur proie. Une de ces espèces, commune en France sur les murs, porte le nom de *saltique*.

SALTILLO, 12000 hab., ch.-l. de la province de Coahuila (Mexique).

SALTIMBANQUE (ital. *saltimbanco* : de *saltare*, sauter + *in*, sur + *banco*, banc), *sm.* Bateleur, charlatan des foires. — Fig. Bouffon de société, mauvais orateur qui fait des gestes outrés, et débite des plaisanteries déplacées.

***SALTIQUE** (l. *saltica*, qui danse), *sf.* Espèce d'araignée. (V. *Saltigrade.*)

SALUADE (*saluer*), *sf.* Action de saluer en faisant la révérence (vx).

SALUBRE (l. *salubrem* : de *salus*, salut, santé), *adj. 2 g.* Favorable à la santé : *Air, eau salubre.* — **Dér.** *Salubrité.*

SALUBRITÉ (l. *salubritatem*), *sf.* Qualité de ce qui est favorable à la santé : *La salubrité d'une côte.* || *Salubrité publique*, l'ensemble des mesures que prend l'administration pour conserver la santé publique : elles ont trait à la propreté des rues, l'éclairage, la surveillance des halles et marchés, la vente des comestibles, les falsifications et sophistications des aliments et des boissons, les inhumations, la construction des égouts, des canaux, des établissements publics, les prisons, les hôpitaux, les salles d'asile, les épidémies, les vaccinations. Dans chaque département, un conseil d'hygiène (V. ce mot) veille au maintien de la salubrité publique.

SALUCES, 15641 hab., ch.-l. d'arr. dans la province de Cuneo (Italie), au pied du mont Viso; évêché; fabriques. Ancienne capitale d'un marquisat qui releva des Dauphins de Viennois, puis des rois de France. Conquis avec le Piémont en 1536, il fut laissé à Henri II par le traité de Cateau-Cambrésis; Henri IV l'échangea contre la Bresse en 1601. Patrie de Silvio Pellico.

SALUER (l. *salutare*), *vt.* Donner à quelqu'un, en l'abordant, ou en le rencontrant, des marques extérieures de civilité, de déférence, de respect : *Les hommes saluent en ôtant leur chapeau et en s'inclinant.* || *Je vous salue, j'ai l'honneur de vous saluer*, se dit à quelqu'un que l'on aborde, ou à la fin d'une lettre. || *Aller saluer quelqu'un*, aller lui faire visite, lui rendre ses devoirs. || Donner des marques de respect en présence de certaines choses : *Saluer une croix, un autel.* || Donner des marques de civilité, de déférence, de respect, en parlant des troupes de terre et de la marine : *Un navire salue en tirant le canon; les officiers saluent de l'épée.* || Proclamer, en parlant des souverains de l'antiquité : *Posthume fut salué empereur par les légions des Gaules.* || *Saluer les balles, les boulets*, baisser la tête involontairement, quand ces projectiles sifflent aux oreilles. — **Se saluer,** *vr.* S'adresser l'un à l'autre un salut. — **Dér.** *Salut, salutiste, saluade, salutation, salutaire, salutairement; salubre, salubrité; salve, salvé.* — **Comp.** *Insalubre.*

SALURE (*saler*), *sf.* Qualité que le sel communique : *La salure de la mer.*

SALUT (l. *salutem*), *sm.* État d'une personne, d'une chose à laquelle rien ne nuit, que rien ne menace. || Santé. || Cessation de danger, sûreté : *Chercher son salut dans la fuite.* || La félicité dont jouissent les âmes dans le paradis : *Travailler à faire son salut.* || Le salut est considéré par les théologiens comme l'objet de la bonne nouvelle que Jésus est venu apporter au monde. La source du salut est placée en Dieu lui-même ou en Jésus-Christ, médiateur de ce salut, notre Sauveur. L'Evangile ne parle que d'un plan de salut; mais, à partir du XVIIe siècle, la théologie a cru devoir fixer la méthode du salut; on y arrive par cinq degrés : vocation, illumination, conversion, sanctification, union mystique; on les considère comme des effets du Saint-Esprit, auxquels correspondent différents états de notre âme. — Fig. *Sans cela point de salut*, c'est une condition indispensable au succès. || Action de saluer; paroles que l'on prononce en saluant : *Un salut affable.* || *Salut militaire*, celui que les militaires font à leur chef. || *Salut de mer*, les coups de canon tirés par un navire pour saluer le pavillon d'une nation ou un autre navire, pour rendre hommage à un ministre, à un amiral, à un évêque, etc., qui monte à bord ou quitte le bâtiment. || Terme qu'on emploie dans le préambule des lettres patentes, des lois, des bulles papales, des mandements épiscopaux, etc. : *A tous ceux qui les présentes verront, salut.* || Exclamation de respect, d'admiration : *Salut, ô ma patrie!* || Prières qu'on chante le soir ou après les complies dans les églises et qui se terminent par la bénédiction du saint sacrement ou du saint ciboire. || *Salut d'or*, monnaie au type de la salutation angélique, valant 11 à 12 francs, frappée par Charles VI et Henri VI, roi d'Angleterre. || *Armée du salut*, association religieuse et protestante, fondée en 1865, remaniée en 1878, par le pasteur wesleyen Booth et sa fille, Catherine Booth. L'organisation en est toute militaire avec des *maréchaux*, des *maréchales*, des *généraux* et *colonels* des deux sexes. Les femmes y prêchent plus que les hommes; les exercices spirituels y sont collectifs; les processions s'y exécutent avec des drapeaux, au bruit des tambours, au son des trompettes. On doit reprocher à l'armée du salut avec M. de Pressensé « un charlatanisme effréné dans le choix des moyens destinés à provoquer l'attention... Les charivaris les plus étranges sont réglés comme un papier de musique. » En Angleterre et en Amérique, l'association a fait de grands progrès; à Londres, elle a bâti l'un des plus vastes édifices connus; à Genève et à Paris, elle a eu moins de succès.

SALUTAIRE (l. *salutarem*), *adj. 2 g.* Utile pour la conservation de la santé, de la vie, des biens, de l'honneur, pour le salut de l'âme : *Médicament, avis salutaire.*

SALUTAIREMENT (*salutaire* + sfx. *ment*), *adv.* Utilement, avantageusement.

SALUTATION (l. *salutationem*), *sf.* Action de saluer. || *Salutation angélique*, prière à la Vierge, commençant par *Ave, Maria* (salut, Marie). La salutation angélique n'apparaît qu'au milieu du XIe siècle. A cette époque, Pierre Damien mentionne un clerc qui la récitait chaque jour. Eudes de Sully, évêque de Paris en 1196, recommande de la réciter entre le *Pater* et le *Credo*. La prière ne contenait d'abord que ces mots : « Je vous salue, Marie, pleine de grâce; le Seigneur est avec vous; vous êtes bénie entre toutes les femmes. » Une comtesse d'Avesnes y ajouta vers 1150 ces mots : « Et le fruit de vos entrailles est béni. » La seconde partie : « Sainte Marie, mère de Dieu, » etc., date de 1508. Au XIIIe siècle, on prit l'habitude de réciter trois fois 50 *ave*; c'est l'origine du rosaire.

***SALUTISTE** (*salut*), *s. 2 g.* Qui fait partie de l'armée du salut (V. ce mot). Qui en admet les doctrines et les procédés.

SALVADOR (JOSEPH) (1796-1873), historien israélite, auteur de travaux estimés sur les institutions de Moïse, la doctrine de Jésus-Christ, la domination romaine en Judée et la ruine de Jérusalem.

SALVADOR, 18097 kilom.car., 482422 hab., l'une des cinq républiques de l'Amérique centrale, limitée au N. et à l'E. par la république de Honduras, à l'O. par le Guatemala, au S. par le Pacifique; État le plus petit, mais le plus peuplé de l'Amérique centrale, dominé par le volcan Izalco et arrosé par *la Lempa*; capit. *San Salvador*; ports principaux : *la Libertad, la Union; Trinidad*, dans une région riche en or et en fer; *la Libertad* sert aux exportations du Guatemala.

***SALVADORE** (*Salvador*, nom de pays), Genre de plantes dicotylédones de la famille des Célastracées. Une des espèces de ce genre, le *salvadora persica*, est un arbuste dont l'écorce est usitée comme vésicante; ses feuilles sont purgatives.

SALVAGE (de *salvare*, sauver), *sm.* Sauvetage : *Droit de salvage.* (Mar.) (vx.)

SALVAGNAC, 1765 hab., ch.-l. de cant. de l'arr. de Gaillac (Tarn).

SALVANDY (NARCISSE, COMTE DE) (1795-1856), membre de l'Académie française, deux fois ministre de l'instruction publique sous Louis-Philippe, de 1837 à 1839 et de 1845 à 1848; auteur d'une histoire de Pologne avant et sous Sobieski.

SALVANOS [sal-va-noss'] (l. *salva*, sauve + *nos*, nous), *sm.* Bouée de sauvetage.

***SALVATELLE** (bl. *salvatella* : de *salvare*, sauver), *sf.* Veine de la surface dorsale des doigts de la main, d'où elle remonte à la partie intérieure de l'avant-bras; là elle prend le nom de *veine cubitale postérieure*. Les anciens croyaient que l'ouverture de cette veine était souveraine contre les affections du foie.

SALVATION (l. *salvationem*), *sf.* Action de mener au salut de l'âme. (Théol.) — *Sfpl. Salvations de témoins*, réponses aux reproches formulés contre les témoins, dans l'ancien droit.

SALVATOR ROSA. (V. *Rosa.*)

SALVE (l. *salve*, porte-toi bien, formule de salutation), *sf.* Nombreux coups de canons et de fusils tirés ensemble en signe de joie ou en l'honneur de quelqu'un. || Plusieurs coups de canons tirés successivement pour le même motif : *Une salve de 21, de 101 coups de canon.* || *Une salve d'applaudissements*, applaudissement simultané d'un grand nombre de personnes dans une assemblée.

SALVÉ (ml., salut), *sm.* Antienne ou prière à la Vierge commençant par ces deux mots : *Salve, Regina* (salut, ô Reine); elle se compose de sept lignes inégales du IXe ou du XIe siècle. La dernière ligne, *O clemens, o pia, o dulcis virgo Maria* (ô clémente, ô pieuse, ô douce vierge Marie), est de saint Bernard. Pergolèse et Haydn ont pris ce chant pour texte de compositions fort estimées. || Le chant ou la musique de cette antienne : *Le salvé des oratoriens.*

SALVETAT-PEYRALÈS (LA), 3 571 hab., ch.-l. de c. de l'arr. de Rodez (Aveyron).

SALVETAT-SUR-AGOUT (LA), 3601 hab., ch.-l. de c. de l'arr. de Saint-Pons (Hérault). Fabriques de molletons et flanelles.

SALVIAC, 1 907 hab., ch.-l. de c. de l'arr. de Gourdon (Lot). Tanneries.

SALVIATI (JEAN) (1498-1553), neveu de Léon X, cardinal, évêque de Ferrare, zélé protecteur des lettres et des arts; il fut envoyé par le saint-siège près de Charles-Quint pour obtenir la mise en liberté de François Ier.

SALVIATI (F. ROSSI DE) (1510-1563), peintre, protégé du cardinal Salviati, dont il prit le nom; élève d'Andrea del Sarto; auteur d'*Adam et Ève chassés du paradis* (Musée du Louvre).

SALVIEN (390-424), écrivain ecclésiastique latin, issu d'une noble famille gauloise; il convertit sa femme au christianisme, se retira au monastère de Lérins et fut ordonné prêtre à Marseille. On a de lui un *Traité contre l'avarice*, des lettres et un *Traité du gouvernement de Dieu.*

SALZACH, 260 kilom., rivière des États autrichiens; elle descend du pic des Trois-Seigneurs, arrose Salzbourg, est grossie de l'Alm et du Saalach et se jette dans l'Inn par sa rive droite.

SALZBACH ou mieux **SASBACH**, village du grand-duché de Bade, près d'Achern; obélisque de 12 mètres de haut en l'honneur de Turenne, qui y fut tué le 27 juillet 1675.

SALZBOURG, 20 400 hab., capit. du duché de Salzbourg, ancienne *Juvavia*, ville bâtie en amphithéâtre, au pied du Hohen, sur les deux rives de la Salzach, dans un site ravissant. Conservatoire de musique dit *Mozarteum*, en l'honneur de Mozart, né dans cette ville. — **Duché de Salzbourg**, ancien archevêché dont le titulaire était primat de Germanie et prince de l'empire. Aujourd'hui province de l'Autriche-Hongrie (152 000 hab.), divisée en deux cercles, celui de *Salzbourg* et celui de *Zell*, bains dans le Zillerthal; villes principales : *Hallein* (4 000 habitants), salines de Dürrenberg, dans le Pongau; *Gastein*, sources thermales. Traité de 1865 entre la Prusse et l'Autriche pour se partager leurs conquêtes sur le Danemark; *Rastadt*; *Kriml*, cascades de la Krimlache. — **Alpes de Salzbourg**, massif de montagnes qui se détache des Alpes Rhétiques au pic des Trois-Seigneurs et court entre la Salzach et l'Inn.

SALZE. (V. *Salse.*)

SALZKAMMERGUT, région montagneuse de l'Autriche-Hongrie, sur les confins de la Styrie et du territoire de Salzbourg; 17 500 hab., 680 kilom. carrés; elle est arrosée par la Traun, sillonnée de vallées verdoyantes, renfermant 45 lacs, les plus beaux de l'Autriche : Kammer See, Trauner See; lacs de Gmunden et de Hallstadt. Au milieu du pays sont les célèbres bains d'Ischl. Les salines donnent par an 5 à 600 000 quintaux de sel, à Ebensee, Aussée, Ischl, etc.

SAMADEN, 757 hab., anc. *Samodum*, ch.-l. de la haute Engadine, dans le canton des Grisons.

SAMAKOW, 10 000 hab., ville de Bulgarie importante par ses mines de fer.

SAMALA, 6 000 hab., ch.-l. de départ. dans la république de Guatémala; café, cacao, sucre.

SAMANA, port de la république dominicaine (Haïti) dans la presqu'île et sur la baie du même nom; port franc de la compagnie de Panama.

SAMARA, 50 000 hab., ch.-l. de gouvernement de la Russie orientale, sur la rive gauche du Volga et le chemin de fer de Moscou à Orenbourg; peaux; foires fréquentées.

SAMARCANDE. (V. *Samarkand.*)

***SAMARE** (l. *samara*, semence d'orme), *sf.* Fruit sec, indéhiscent, muni d'un ou deux appendices en forme d'ailes membraneuses : *Le fruit de l'orme est une samare.*

SAMARIE, ville fondée par Omri au N.-O. de Sichem et du mont Ebal, dans la Palestine, sur les terres de Shemer, d'où le nom le Shimrôn. Placée sur une colline élevée, bien pourvue d'eau, Shimrôn devint pour le royaume d'Israël ce que Jérusalem était pour celui de Juda, une capitale et un centre de résistance. Elle fut assiégée par Benhadar II, roi de Damas, par Salmanasar V, roi d'Assyrie et détruite par Saryoukin (722 av. J.-C.). L'humble bourg de Sébastieh (Sebaste) a remplacé Samarie relevée par les Hébreux au retour de leur captivité et détruite dans leur lutte contre Vespasien. — **Samarie**, contrée de la Palestine moyenne, entre la Galilée au N. et la Judée au S.; capit. Samarie. — **Dér.** *Samaritain, Samaritaine.*

SAMARITAIN, AINE (*Samarie*), *s.* 2 *g.* Nom du peuple formé d'un mélange d'Israélites et de Cuthéens, venus du centre de l'Asie en Palestine après la conquête du royaume d'Israël et qui habitait la Samarie. || Secte juive dont il reste encore des membres à Naplouse; ils n'admettent de l'Ancien Testament que le Pentateuque. || *Le bon Samaritain*, personnage d'une parabole de l'Évangile. — Fig. Homme très charitable et très humain. — *Sm.* Idiome sémitique parlé en Samarie. — *Dialecte samaritain*, dialecte hébraïque qui, vers la fin du VIIIe siècle avant notre ère, s'est formé du mélange de l'hébreu avec la langue araméenne, ce qui fait qu'on le considère quelquefois comme un dialecte de cette dernière langue; il s'est altéré par l'introduction de mots étrangers aux idiomes sémitiques, surtout de mots grecs; il est parlé encore aujourd'hui par 30 ou 40 familles à l'O. du Jourdain et au N. de Jérusalem. — *Alphabet samaritain* ou *hébraïque*, écriture la plus ancienne des Hébreux, dite *brisée*. Elle dérive du phénicien (V. *Syriaque*) et l'on admet que les Hébreux s'en sont servis jusqu'à la captivité en Babylone.

SAMARKAND, 35 000 hab., la Samaracanda des historiens grecs, capitale du cercle de Zarafchan, dans le Turkestan russe; visitée par Alexandre, fut la résidence préférée de Tamerlan. Les voyageurs ont célébré les ruines éblouissantes qu'elle renferme; les montagnes verdoyantes qui l'entourent. C'est surtout une ville de plaisir, parce que la route du commerce de l'Inde passe par Balk et Boukhara. Une forteresse sépare la ville russe de la ville indigène; bazar bien aménagé; fabriques de soieries, de velours, d'aiguières.

SAMARSKITE, *sf.* Minéral constituant souvent des plaques polygonales d'un noir de velours et d'un éclat semi-métallique, opaques. Leur diamètre peut dépasser celui d'une pièce de 0 fr. 50. Elles contiennent de l'acide niobique, du sesquioxyde d'urane, du protoxyde de fer, etc. Elles se trouvent à Miask dans les monts Oural.

SAMATAN, 2 325 hab., ch.-l. de c. de l'arr. de Lombez (Gers). Cuirs et teintureries.

***SAMBAC** (arabe *zanbaq*, jasmin blanc), *sm.* Arbrisseau dit encore *jasmin d'Arabie*, *champak* de la famille des Magnoliacées et que l'on cultive dans toute l'Asie tropicale pour ses fleurs, qui exhalent un parfum exquis et dont on extrait une essence aussi recherchée que l'essence de rose. On parsème aussi les appartements de ces fleurs. L'écorce de cette plante est amère et tonique; ses feuilles, réduites en poudre, sont employées contre les arthrites.

***SAMBAQUIS** (mot brésilien), *smpl.* Nom des Kjoekkenmoeddings ou débris de cuisine, sur les côtes du Brésil; ils sont surtout formés de coquilles d'huîtres mêlées à des cendres, des charbons, des fruits carbonisés et des instruments en pierre. Les lits de coquilles sont séparés par des dépôts pierreux.

SAMBLANÇAY (JACQUES DE BEAUNE, BARON DE) (1465-1527), habile surintendant des finances sous Charles VIII, Louis XII et François Ier, accusé faussement de concussion par la régente Louise de Savoie, dont il n'avait pas voulu favoriser les malversations, pendu au gibet de Montfaucon. Sa mémoire fut réhabilitée. Une épigramme de Clément Marot sur son supplice l'a rendu célèbre.

SAMBOR, 11 800 hab., dans la Galicie autrichienne; salines, toiles.

SAMBRE, 200 kilom., dont 156 navigables, affluent de gauche de la Meuse qui descend des Ardennes près de la Capelle, arrose Landrecies et Maubeuge en France, Charleroi en Belgique, et se jette dans la Meuse à Namur. Des canaux l'unissent à l'Oise et à l'Escaut; elle reçoit la grande Helpe, qui passe à Avesnes.

SAMBRE-ET-MEUSE, ancien département de France formé en 1801 du comté de Namur et d'une partie de l'évêché de Liège; ch.-l. Namur. Il nous fut enlevé en 1814. — *Armée de Sambre-et-Meuse*, célèbre armée de la Révolution, commandée par Jourdan, victorieuse à Fleurus (1794).

SAMBUCO, 874 hect. Forêt domaniale de la Corse, peuplée de pins maritimes et de chênes verts.

***SAMBUQUE** (l. *sambuca*), *sf.* Sorte de harpe à quatre cordes inventée par Ibycus et employée par les anciens. || Grosse échelle portée sur un chariot, terminée supérieurement par une plate-forme dont les anciens usaient pour monter à l'assaut.

***SAMCHOU** (mot chinois), *sm.* Nom donné à diverses boissons alcooliques usitées en Chine, composées avec du riz, du sorgho, des poires, des coings ou du raisin.

***SAME** (allem. *samen*, frai, fretin), *sm.* Poisson de mer voisin du muge, qui remonte les fleuves de France au printemps.

SAMEDI (l. *sabbati dies*, jour du sabbat), *sm.* Le septième jour de la semaine correspondant au sabbat des Juifs; chez les anciens, il était consacré à Saturne. || *Le samedi saint*, la veille de Pâques.

SAMER, 2 158 hab., ch.-l. de c. de l'arr. de Boulogne (Pas-de-Calais), ch. de fer du Nord.

***SAMIEL** (ar. *samm*, empoisonner), *sm.* Autre nom du simoun. (V. ce mot.)

SAMIEN, IENNE (*Samos*), *adj.* et *s.* De Samos; habitant de cette île, *adj. f.* *Terre samienne*, terre blanche et gluante, venant de l'île de Samos, et employée autrefois en médecine.

***SAMIT** (allem. *sammet*, velours), *sm.* Étoffe vénitienne lamée d'or et d'argent, dont on faisait des oriflammes et des draperies d'ameublement, au moyen âge.

SAMNITE (l. *Samnitem*), *adj.* et *s.* 2 *g.* Qui était du Samnium; habitant de ce pays. || *Gladiateur samnite*, armé, comme les soldats samnites, d'un casque fermé avec des ailes des deux côtés, un bouclier, un jambart à la jambe gauche, et un brassard au bras droit, non protégé par le bouclier.

SAMNIUM [sam-ni-ome], contrée de l'Italie centrale située dans l'Apennin. Ce nom ne désigne pas un pays déterminé, mais la région occupée par les peuples de race sabellienne établis au S. de la Sabine, de l'Ombrie, du Picenum, à l'E. du Latium et de la Campanie, au N. de l'Apulie et de la Lucanie; elle était arrosée par le *Sagrus*, le *Trinius*, le *Tifernus* et le *Frento*. Le nom générique, en osque *Savinium* ou *Sabinium*, en latin *Samnium*, en grec Σαύνιον, parait dérivé de la pique ou σαύνιον que portaient les guerriers (?) Les Samnites envoyèrent d'abord sous le nom de printemps sacrés de nombreuses colonies dans l'Italie centrale et méridionale. Ils luttèrent avec acharnement contre les Romains durant quarante ans. (V. *Rome.*) Dans la guerre punique, ils passèrent du côté d'Hannibal. Durant la guerre sociale, ils luttèrent encore avec acharnement contre les Romains.

SAMO, nom moderne de l'île de Samos. (V. ce mot.)

SAMOA (ILES), archipel de la Polynésie, à l'O. de Taïti, formé de sept îles dont la principale est *Savaï*. Les habitants, au nombre de 35 000, sont d'excellents navigateurs. Les Allemands les ont prises sous leur protectorat; mais l'Angleterre et les États-Unis protestent contre cette occupation.

SAMOENS, 2 523 hab., ch.-l. de c. de l'arr. de Bonneville (Haute-Savoie).

SAMOLE (l. *samolum*), *sm.* Genre de plantes dicotylédones de la famille des Primulacées. Ce sont des herbes à tiges dressées, ramifiées et hautes de 0m,10 à 0m,50.

Les feuilles sont glabres, les radicules disposées en rosettes. Les fleurs, groupées en une grappe terminale, sont blanches. Une espèce, le *samolus Valerandi*, appelée vulgairement *mouron d'eau*, est assez commune aux environs de Paris, et se rencontre dans les fossés, les lieux humides et marécageux. L'ancienne pharmacopée l'employait comme apéritif, vulnéraire et antiscorbutique.

SAMOS, aujourd'hui **SAMO,** 468 kilom. carrés; 42000 hab., presque tous grecs orthodoxes. L'une des îles Sporades, dans l'Archipel, près des côtes de l'Asie Mineure: elle forme depuis 1832 une principauté tributaire de la Porte, gouvernée par un bey chrétien, assisté d'un sénat de 4 membres. L'île est dominée par le massif de Kerki (1750 mètres). Le détroit de Tigani (2 kilomètres) la sépare du promontoire de Mycale, cap. *Vathy*, sur la côte occidentale. Vins, fruits, légumes; exploitation d'argile blanche dite *terre samienne.* On en fabriquait des poteries, décorées en rouge, et très célèbres dans l'antiquité. L'île, consacrée à Junon, est la patrie probable de Pythagore; Canaris y brûla une partie de la flotte égyptienne.

SAMOSATE, aujourd'hui *Scempsat,* en Syrie, ancienne capitale de la Comagène. Patrie de Lucien.

SAMOTHRACE, 170 kilomètres carrés; 1800 hab., aujourd'hui **SAMOTHRAKI,** l'une des Sporades turques, dans l'Archipel, dépendant de la Macédoine. L'île est dominée par le Phengari (1680 mètres). Forêts de chênes, céréales; mais point de port. On y célébrait les mystères de Cérès, de Proserpine et des dieux Cabires. Le roi de Macédoine Percée s'y réfugia après la défaite de Pydna.

SAMOUSSY, 1348 hect. Forêt domaniale du département de l'Aisne, peuplée de chênes, de charmes et de bois blanc.

***SAMOVAR** (mot russe), *sm.* Bouillotte russe en forme d'urne de cuivre, traversée par un tube; on remplit l'urne d'eau et le tube de charbons incandescents. L'eau bouillante sert à la préparation du thé.

SAMOYÈDES, *s. 2 g.* Famille de la race boréale, occupant actuellement le N.-E. de la Russie d'Europe, le N.-O. de la Sibérie, en contact avec les Ostiaks et les Russes, qui l'ont refoulée vers le N. Elle ne compte que 20000 individus, considérés comme des Mongols brachycéphales, peut-être mélangés de Finnois. La taille des hommes est de 1m,59; celle des femmes de 1m,48; les cheveux sont noirs et droits; la barbe, rare. Le visage est large et plat; l'œil petit et bridé; le nez écrasé; les pommettes saillantes; le cou court; le corps trapu. On les divise, d'après les dialectes, en plusieurs tribus: 1° Les *Youraks*, qui se nomment eux-mêmes *Khossovos* (mâles), et habitent entre le golfe de Tcherskaïa et l'embouchure de l'Iénisséi. Les *Tavghis*, voisins des Tongounses, dans la presqu'île de Tamour. 3° Les *Tourali*, sur la Kama, de Perm à Tobolsk. 4° Les *Yénisséins*, dont la tribu la plus méridionale est celle des *Soyots*, vers le confluent de l'Angara et de l'Iénisséi. Ils sont nomades et ne s'occupent guère que de l'élevage du renne. Ils se disent chrétiens, prennent plaisir à sonner les cloches. Le Nouveau Testament a été traduit dans leur langue; mais en secret ils adorent encore les *khegs*, pierres bizarres devant lesquelles les prêtres ou *tadibeys* immolent des rennes. Le tadibey, comme le *chaman*, converse avec les esprits à l'aide d'un tambour et d'un bâton de magie; il se frappe la tête pour tomber en extase et se laboure de coups de couteau, dès que les dieux chefs lui sont apparus. L'île sainte des Samoyèdes est l'île de Vaïgatch. Quatre cent vingt idoles y entouraient le méchant Vésako, aux sept visages, mari de la terre Khadako, la *mère puissante*. Les missionnaires russes les ont renversées; mais, d'après Nordenskjold, les sacrifices continuent dans une caverne du voisinage, où sont cachés les débris des statues sacrées. L'abus de l'eau-de-vie décime et démoralise ces peuplades, autrefois poursuivies furieusement par les Russes, qui les marquaient ou les coupaient en deux. Ils ne peuvent plus recourir au commerce *muet;* autrefois, quand un Samoyède avait besoin de pelleteries ou de denrées, il allait les prendre dans le *tchoum* d'un compatriote et laissait en échange un morceau de bois à sa marque; mais le traitant russe prend tout et ne laisse rien. Leur territoire de pâture est envahi; ils doivent même vendre par avance leurs rennes pour obtenir de la farine et de l'eau-de-vie. Cependant ils ont des poètes qui s'inspirent de l'épopée de Kalevala et chantent durant les nuits, les yeux voilés par une main, tandis que de l'autre ils agitent une flèche baissée vers la terre. Les Samoyèdes enterrent leurs morts, achètent leurs femmes à leurs parents et les tiennent dans une condition fort inférieure.

SAMOYÈDE

***SAMPANG** (mot chinois), *sm.* Nom sur le littoral chinois d'une embarcation légère avec laquelle on accoste les steamers pour débarquer les passagers.

***SAMPI** (g. σαμπῖ), caractère grec, réunion du σ et du π, employé dans la numération et valant 900 (ϡ).

SAMPIETRO (D'ORNANO) (1497-1567), colonel général des Corses, père du maréchal d'Ornano; il arracha un instant la Corse aux Génois, mais fut assassiné.

SAMSON, XIIe siècle av. J.-C.; douzième juge d'Israël, célèbre par sa force prodigieuse qui résidait dans ses cheveux. Il fut livré par sa femme Dalila aux Philistins, ses implacables ennemis, qui lui crevèrent les yeux. Il se vengea en ébranlant l'une des colonnes du temple de Dagon, à Gaza. L'édifice, en s'écroulant, causa la mort de Samson, mais aussi celle d'un grand nombre de Philistins.

SAMSON (JOSEPH-ISIDORE), né à Saint-Denis le 2 juillet 1793. Comédien français et auteur dramatique. Débuta le 11 avril 1826. Retiré le 31 mars 1863, mort le 29 mars 1871. Professeur éminent; il eut pour élèves Rachel, les deux Brohan, Mme Plessy, Mlle Favart, etc. Ses principaux ouvrages sont : *la Belle-Mère et le Gendre, la Famille Poisson, l'Art théâtral.*

SAMUEL, 1132-1043 av. J.-C.; quatorzième et dernier juge d'Israël. Né sur le territoire de Benjamin, il souleva les Israélites, les ramena au culte de Jéhovah, chassa les Philistins et s'établit à Rama, d'où son influence s'étendit sur tout Israël. Il institua des confréries de prophètes pour interpréter la loi et indiquer les volontés de Jéhovah. Les Israélites demandèrent un roi; Samuel les en dissuada; néanmoins il sacra Saül, qui demeura son ennemi. Plus tard il sacra aussi David.

SAN, affluent de droite de la Vistule qui descend du mont Sloïczek, traverse la haute Gallicie et finit au-dessous de Sandomir.

SANA, 30000 hab., capitale de l'Yémen, dans l'Arabie turque; ville propre et salubre à 2130 mètres d'altitude; frais jardins; beaux palais; cinquante mosquées; place forte, voisine des ruines de Marcle ou Saba, reliée par des routes au littoral.

SANADON (NOEL) (1676-1733), jésuite, poète latin, traducteur d'Horace, précepteur du prince de Conti.

SAN-ANTONI, *sm.* Nom par lequel on désigne un cépage des Pyrénées-Orientales.

***SANAS** (mot oriental), *sm.* Toile de coton des Indes.

SAN-BENITO [sann-béni-tô] (mot esp. *saint Benoit*, habit des bénédictins), *sm.* Casaque jaune, dont l'inquisition d'Espagne faisait revêtir ceux qu'elle avait condamnés à être brûlés vifs.

SAN-BLAS, port de l'isthme de Panama, sur l'océan Atlantique. Il n'est qu'à 50 kilomètres de l'océan Pacifique, tandis qu'on en compte 56 de Colon (Aspinwall) à Panama.

SANCERGUES, 1154 hab., ch.-l. de cant. de l'arr. de Sancerre (Cher).

SANCERRE, 3792 hab. S.-préf. du Cher, sur la Loire, à 204 kilomètres de Paris; ch. de fer P.-L.-M. Vins et marbres. Sancerre eut des comtes issus de la maison de Champagne jusqu'au XIVe siècle; puis, elle appartint aux maisons d'Auvergne, de Bourbon-Montpensier, de Bueil et de Condé. Au XVIe siècle, elle embrassa la réforme et soutint un siège de neuf mois (1573) contre La Châtre, alors gouverneur du Berry.

SANCERRE (LOUIS DE) (1342-1402), maréchal, connétable de France, compagnon d'armes de du Guesclin et de Clisson; il chassa les Anglais du Périgord.

SANCHE, nom de quatre rois de Castille et de sept rois de Navarre, parmi lesquels : SANCHE II *le Fort*, roi de Castille (1065-1073), qui compta le Cid parmi ses capitaines. — SANCHE III *le Grand*, roi de Navarre (1001-1035); il réunit sous son sceptre presque toute l'Espagne chrétienne. — SANCHE VII, roi de Navarre (1194-1234), il adopta pour héritier D. Jayme, roi d'Aragon; mais celui-ci renonça à la couronne, qui passa à Blanche, sœur de Sanche, épouse de Thibaut IV, comte de Champagne.

SANCHEZ (FRANÇOIS), en latin **SANCTIUS** (1523-1601), grammairien célèbre, auteur de la *Minerva, seu de causis linguæ latinæ,* qui a servi de base aux travaux de Port-Royal et de Lhomond.

SANCHEZ (THOMAS) (1551-1610), jésuite et célèbre casuiste espagnol, auteur des *Vœux domestiques*, d'un *Traité du mariage.*

SANCHONIATON, prêtre phénicien de date incertaine qui avait écrit une *Théologie phénicienne* et une *Physique d'Hermès;* des fragments du premier ouvrage ont été conservés par Eusèbe dans sa *Préparation évangélique.*

SANCIR (prov. *sumsir :* de *submergere,* couler?), *vi.* Se dit d'un navire qui coule bas en plongeant son avant le premier.

SANCOINS, 4706 hab., ch.-l. de cant. de l'arr. de Saint-Amand (Cher); chaudronnerie, taillanderie; ch. de fer d'Orl.

SANCTIFIANT, ANTE (*sanctifier*), *adj.* Qui rend saint.

SANCTIFICATEUR (l. *sanctificatorem*). *adj.* et *sm.* Qui sanctifie. ‖ *Le sanctificateur,* le Saint-Esprit.

SANCTIFICATION (l. *sanctificationem*), *sf.* Action de rendre saint. ‖ Effet que produit la grâce sur le fidèle. ‖ Célébration : *La sanctification des dimanches et des fêtes.*

SANCTIFIER (l. *sanctificare : de sanctus,* saint + *facere,* faire), *vt.* Rendre saint, sacré, respectable : *La grâce sanctifie. Le travail sanctifie l'existence.* ‖ Porter à la sanctification par de bons exemples : *Sa piété sanctifie la paroisse.* ‖ Louer : *Que le nom de Dieu soit sanctifié.* ‖ Célébrer religieusement : *Sanctifier le dimanche.* — **Se sanctifier,** *vr.* Devenir saint : *Il commence à se sanctifier.* — **Dér.** *Sanctifiant, sanctifiante, sanctificateur, sanctification.*

SANCTION (l. *sanctionem : de sancire,* établir), *sf.* Acte par lequel un roi constitutionnel donne son approbation à une loi votée par les Chambres, ce qui rend cette loi exécutoire. ‖ Peine ou récompense édictée dans une loi pour en assurer l'exécution : *Une sévère sanction pénale.* ‖ Approbation : *Je donne ma sanction à ce que vous avez fait.* Les philosophes, s'appuyant sur le principe de responsabilité, appellent *sanctions de la loi morale* les principaux effets qui suivent l'obéissance ou la désobéissance au devoir : 1° Nos actes ont une *sanction physique* ou *naturelle* dans leurs conséquences bonnes ou mauvaises; la tempérance prolonge la vie; la paresse mène à l'insuccès. 2° La société récompense ou punit certains actes par des honneurs ou des châtiments, qui constituent la *sanction légale.* 3° L'opinion frappe ceux que le code ne peut atteindre par l'estime ou le mépris, ce qui est la *sanction sociale.* Mais ces trois sanctions sont insuffisantes par quelque endroit : l'intempérance ne mène pas toujours à la maladie; l'honnête homme peut être injustement condamné ou méprisé. Seule la *sanction morale* ou *intérieure* est complète et suffisante ; elle récompense l'homme juste par la satisfaction du devoir accompli ; elle poursuit le méchant par le remords, au sein du bonheur qu'il n'a pas mérité. — **Dér.** *Sanctionner.*

SANCTIONNER (*sanction*), *vt.* Donner la sanction, approuver, confirmer : *L'usage a sanctionné cette expression.*

SANCTUAIRE (l. *sanctuarium*), *sm.* Edifice ou enceinte consacrée à la divinité. ‖ Le saint des saints, partie du temple de Jérusalem où était déposée l'arche. ‖ La partie considérée comme la plus sainte d'un temple grec ou latin et où était conservée la statue du dieu, dite *cella.* ‖ La partie du chœur d'une église où est le maître-autel. — Fig. L'Église, le sacerdoce : *Les vertus du sanctuaire.* ‖ Lieu uniquement consacré à une chose. ‖ *Le sanctuaire des lois,* lieu où l'on rend la justice. ‖ Lieu où la vertu règne souverainement : *Le sanctuaire de l'innocence.* ‖ Asile inviolable. ‖ Compagnie fermée à tout étranger.

***SANCTUS** (ml. *saint*), *sm.* Partie de la messe qui vient après la préface et qui commence par le mot *sanctus* répété trois fois : *Sanctus, sanctus, sanctus, Dominus, Deus sabaoth* (saint, saint, saint est le Seigneur, le Dieu des armées). ‖ Le chant ou la musique du *Sanctus : Le sanctus de Meyerbeer.*

SANCUS (de *sancire,* sanctionner), l'Hercule des Sabins, dieu qui présidait chez les Romains à la ratification des actes notariés pour leur donner plus de force. Il était rangé parmi les dieux *Semones,* et avait une chapelle sur le Quirinal.

***SANCY** (nom propre), *sm.* Nom d'un diamant de la couronne de France, aujourd'hui en Russie, ayant appartenu à Nicolas Harlay de Sancy, qui l'engagea en 1589 pour acheter une garde suisse à Henri III.

SANCY (Puy de), 1886 mètres, ancien volcan de la chaîne des monts Dores (V. *Puy-de-Dôme*) ; point culminant du plateau central.

SANCY (Nicolas Harlay de) (1546-1620), diplomate, surintendant des finances sous Henri III et Henri IV. Comme il changea trois fois de religion, d'Aubigné l'a raillé dans la *Confession catholique de Sancy.* Il posséda le diamant dit le *Sancy* (V. ce mot.)

SAND (Charles-Louis) (1795-1820), étudiant allemand, affilié à la Société du *Tugendbund* (alliance de la Vertu) ; il assassina le poète Kotzebue, le 23 mars 1819, parce que celui-ci correspondait secrètement avec le tzar Alexandre ; il crut ainsi préparer l'avenir de la patrie allemande ; il fut décapité à Mannheim le 20 mai 1820.

SAND (Armantine-Lucile-Aurore Dudevant, dite George) (1804-1877), romancière, petite-fille du fermier général Dupin de Francueil, protecteur de J.-J. Rousseau et d'une fille du maréchal de Saxe ; elle tira son pseudonyme de la première syllabe du nom de son ami Jules Sandeau. Elle a peint les mœurs des paysans du Berri dans la *Mare au Diable,* la *Petite Fadette, François le Champi.* Citons encore *Mauprat,* les *Beaux Messieurs de Bois-Doré.* En politique, elle partageait les idées de Lamennais et de Pierre Leroux. Elle a aussi donné au théâtre de nombreuses pièces, parmi lesquelles le *Marquis de Villemer* a le mieux réussi.

SANDAL ou **SANTAL** (ar. *sandal :* du sanskrit, *tchandana*), *sm.* Nom de trois bois aromatiques, provenant d'arbres indigènes du S. de l'Asie et des îles de l'Océanie et de l'Afrique australe, savoir : 1° Le *santal blanc,* grand et bel arbre de 8 à 12 mètres de hauteur que l'on rencontre surtout dans l'Inde, dans les îles de l'archipel Indien, particulièrement à Timor. Son écorce est brune et ses feuilles sont oblongues et terminées en pointe au sommet. Les fleurs, jaunes au moment de leur épanouissement, prennent une teinte rougeâtre dès qu'elles sont exposées à la lumière du soleil ; elles sont petites et réunies en grappes terminales. Cet arbre se plaît dans les lieux montueux, secs et découverts. Son bois, jaune et odorant, est très recherché des Orientaux, qui en font des meubles, des coffrets, des ornements et même des amulettes. Ils le recherchent aussi comme parfum, et ils en font une pâte dont ils s'enduisent la peau lorsqu'ils ont très chaud. Ils le considèrent comme un stimulant et un sudorifique. On en retire, par la distillation, une huile essentielle limpide, de couleur légèrement ambrée, de saveur d'abord douce, puis âcre et amère, et dont la formule est $C^{10}H^{16}$. Cette essence est employée en médecine aux mêmes usages que le copahu à la dose de 4 à 7 grammes par jour. On l'administre en capsules renfermant de 0gr,40 à 0gr,50 d'essence. 2° Le *santal citrin,* bel arbre de la même famille que le précédent, et nommé encore *santal de Freycinet* (*santalum Freycinetianum*) ; il croît aux îles Sandwich ; ses feuilles sont lancéolées ; ses fleurs sont grandes, roses et disposées en grappes terminales. Le bois du *santal citrin* est plus aromatique que celui du *santal blanc :* il peut recevoir un beau poli ; aussi est-il très recherché pour la fabrication d'ouvrages de marqueterie. Il est aussi employé comme parfum, et on le brûle dans les temples en l'honneur des dieux et dans les appartements. 3° Le *santal rouge* est fourni par une espèce du genre *pterocarpus,* de la famille des Légumineuses-Papilionacées. Ce sont de grands et beaux arbres des régions tropicales dont une espèce, le *pterocarpus santalinus,* vit à Timor, à Ceylan, dans la presqu'île de Malacca, etc. Le bois, d'un beau rouge, appelé *santal rouge des Indes orientales,* possède une saveur astringente et une odeur légèrement aromatique ; réduit en poudre, il est employé dans la confection des eaux dentifrices. On s'en sert aussi dans la teinture. On en extrait une glucoside, la *ptérocarpine,* substance cristalline, blanche, donnant avec les alcalis une solution jaune nommée *santal.* On en retire aussi la *santaline* ou *acide santalique,* qui se présente en petits cristaux rouges à reflets verts, un peu solubles seulement dans l'alcool et l'éther, auxquels ils donnent une teinte rouge-feu ; cette matière est soluble dans les alcalis et l'ammoniaque et leur communique une couleur rouge-pourpre.

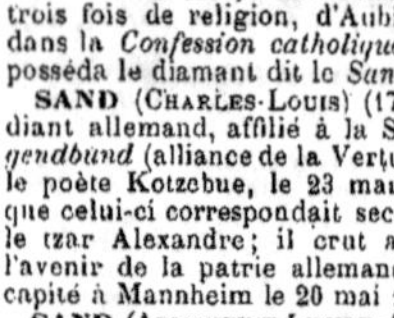

SANTAL

SANDALE (l. *sandalium*), *sf.* Chaussure des anciens, consistant en une semelle de cuir, garnie de courroies, s'attachant sur le cou-de-pied. ‖ Chaussure analogue de certains religieux. ‖ Gros bâteau plat servant au transport dans la Méditerranée.

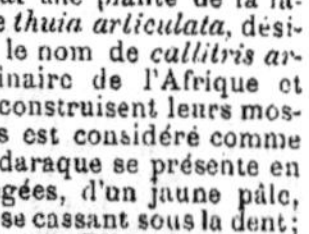

SANDALE

***SANDARACINE** (*sandaraque*), *sf.* Mélange de deux des résines qui composent la sandaraque.

SANDARAQUE (l. *sandaraca :* du g. σανδαράκη, désignant un sulfure rouge d'arsenic), *sf.* Résine produite par une plante de la famille des Conifères, le *thuia articulata,* désigné aujourd'hui sous le nom de *callitris articulata,* arbre originaire de l'Afrique et avec lequel les Turcs construisent leurs mosquées et dont le bois est considéré comme indestructible. La sandaraque se présente en larmes ovoïdes allongées, d'un jaune pâle, quelquefois brunes et se cassant sous la dent ; cette cassure est vitreuse. Elle dégage une odeur agréable et sa saveur est âcre. Les Arabes l'employaient pour la fabrication des vernis. De nos jours elle entre dans la composition de ces substances et sa poudre sert à empêcher de boire le papier que l'on a gratté. La sandaraque est formée de trois résines différentes qui se distinguent par leur degré de solubilité dans l'alcool, l'éther et l'essence de térébenthine. ‖ *Sandaraque d'Allemagne,* résine verdâtre extraite du genévrier commun (*juniperus communis*).

SANDEAU (Jules) (1811-1883), membre de l'Académie française ; ami et collaborateur de George Sand, auteur des romans le *Docteur Herbeau, Mlle de la Seiglière, Madeleine,* la *Roche aux mouettes,* etc. Au théâtre, il a collaboré au *Gendre de M. Poirier* d'Émile Augier.

***SANDER** (all. *sand,* sable), *sm.* Poisson acanthoptérygien voisin de la perche par sa conformation ; il habite les eaux douces d'Allemagne ; sa chair est estimée.

***SANDERLING** (mot angl.), *sm.* Oiseau de l'ordre des Échassiers, à plumage cendré en dessus, blanc en dessous, qui habite les côtes et se nourrit d'insectes marins ; il se trouve sur les côtes de Hollande et d'Angleterre.

***SANDIX, SANDYX** (g. σάνδυξ, vermillon), *sm.* Rouge minéral ou végétal, employé comme teinture dans les étoffes.

SANDJACK ou **SANGIAC** (turc *sandjâq,* étendard), *sm.* Nom de chacune des divisions administratives de l'empire ottoman, dites aussi *liva,* subdivision de l'*elayet* ou *vilayet.* Le territoire comprend 43 *elayets* et 143 *sandjacks* ; ceux-ci se subdivisent en *casas* (arrondissements), englobant plusieurs *nahiès* (cantons ou communes). Les administrateurs des sandjacks sont dits *moutessarifs.* — **Dér.** *Sandjiakat.*

SANDJIAKAT ou **SANJIACAT** (*sandjack*), *sm.* Titre du gouverneur d'un *sandjack.*

***SANDRE** (de l'all. *sander, zander*), *sm.* Poisson de l'ordre des Acanthoptérygiens et de la famille des Perches, qui habite les rivières de l'Allemagne, de la Russie, de la Suède et de l'Italie, mais que l'on ne rencontre pas en France.

SANDWICH (John Montagu, comte de) (1718-1792), diplomate, ministre plénipotentiaire au congrès d'Aix-la-Chapelle, en 1748 ; trois fois premier lord de l'Amirauté ; il a donné son nom aux îles Sandwich, et au mets dit *sandwich.*

SANDWICH (îles), ainsi nommées du comte de Sandwich. (V. *Hawaii.*)

***SANDWICH** [san-doui-tche] (le comte de Sandwich), *sf.* Sorte de mets composé de deux tranches de pain, beurrées, très minces, entre lesquelles on place une tranche encore plus mince de jambon ou d'autre viande froide.

SANÉ (Jacques, baron) (1748-1821), ingénieur des constructions navales, qui donna les plans pour la construction des vaisseaux à trois ponts et à voiles. Le plus beau était l'*Océan,* de 118 canons.

SAN-FRANCISCO, 234150 hab., dont 20000 Chinois, grand port de Californie (États-Unis), sur le Pacifique, à l'embouchure du Sacramento et du San-Joaquin, en relations avec le Japon, l'Australie et les îles Sandwich ; nombreuses fabriques ; exportation d'or, d'argent et de blé. (V. *Francisco.*)

SANG (l. *sanguis*), *sm.* Liquide rouge ou rouge brun, légèrement alcalin, visqueux, opaque, d'une odeur fade et de saveur salée, qui coule dans les artères et dans les veines des animaux vertébrés. Pour cette raison, le sang a été appelé une *chair coulante ;* mais cette désignation ne saurait lui convenir entièrement, puisque c'est de sa masse que différentes glandes de l'organisme en extraient les substances, telles que la salive, la bile, l'urine, la sueur, etc., etc. Le nom de *milieu intérieur,* que Claude Bernard lui a assigné, lui convient mieux, puisque c'est dans le sang que les éléments anatomiques vont puiser les corps qui sont nécessaires à leur existence. Si l'on ouvre une artère d'un animal vivant et qu'on en laisse écouler le sang dans un vase dont la température est voisine de 0°, ce sang se décomposera en deux parties : 1° L'une solide, qui tombera au fond du vase et que l'on désigne sous le nom de *cruor.* Examiné au microscope, on voit que le cruor est formé d'éléments figurés auxquels on a donné le nom de *globules du sang.* (V. *Globule.*) 2° D'une partie liquide appelée *liquor,* que l'on peut séparer du cruor par la décantation. Si, au contraire, le vase dans lequel on recueille le sang qui s'écoule de l'artère est à une température de 15° environ, le sang se sépare encore en deux parties, l'une solide, formée des globules sanguins enlacés dans les mailles de filaments de fibrine qui s'est solidifiée. Cette masse solide prend le nom de *caillot.* La seconde partie est liquide, et constitue le *sérum du sang.*

Le *sérum* est donc du *liquor* privé de fibrine; et le *caillot* est du *cruor*, auquel s'est jointe la fibrine. On peut encore décomposer d'une autre manière le sang dans ses éléments histologiques. Si l'on bat, avec un petit balai formé de brins d'osier, le sang à mesure qu'il s'échappe du vaisseau sanguin, la fibrine se déposera sur ce balai en longs filaments; le reste du sang se séparera en deux parties : les globules qui formeront le *cruor*, et un liquide qui sera le *sérum*. Ce qui précède nous montre que le sang se compose de *globules du sang*, de *fibrine* et de *sérum*. (V. chacun de ces mots.)

Le sang joue le double rôle de liquide nourricier et de liquide épurateur. D'une part, recevant les produits de la digestion (V. ce mot) et l'oxygène de l'air, il devient propre à entretenir les organes; d'autre part, il recueille dans les divers points du corps les produits inutiles, et il les transporte aux organes chargés de leur élimination. Le sang a, en outre, pour office de répartir la chaleur dans tout le corps. Sa température est, chez l'homme, de 38°; chez les oiseaux, de 40° à 44°; celle du sang des animaux à sang froid est de quelques degrés plus élevée que celle du milieu où ces animaux vivent.

Le sang circule sans cesse dans les artères et les veines. Celui qui coule dans les artères, ou *sang artériel*, est rouge vermeil, tandis que celui qui est charrié dans les veines, dit *sang veineux*, est *rouge brun*. L'odeur du sang varie un peu chez les différents animaux : elle est plus forte chez le mâle que chez la femelle; l'acide sulfurique l'exalte. Sa saveur est légèrement salée, et il présente une réaction alcaline due à la soude qu'il contient. Sa densité moyenne est 1,055. La quantité de sang de l'homme est d'environ le douzième de son poids et de quatre litres et demi à peu près.

Lorsque l'on place sur le porte-objet du microscope la patte d'une grenouille, on voit que le sang circule continuellement dans les vaisseaux; l'on peut même, par ce simple examen, constater sa composition; car on s'aperçoit qu'il est formé par un liquide incolore appelé *plasma*, dans lequel nagent des globules en nombre immense. Ces globules sont microscopiques; la plupart sont rouges; mais on en observe aussi un certain nombre qui sont incolores. Sorti des vaisseaux qui le renferment, le sang se coagule, et au bout de 10 à 30 heures il forme un caillot assez compact, d'où le sérum s'échappe. Dans 1 000 grammes de sang, il y a 130 grammes de caillot et 870 grammes de sérum. Les 130 grammes du caillot renferment 3 grammes de fibrine; 2 grammes d'hématosine, et 125 grammes de matières albumineuses.

Les 870 grammes de sérum contiennent 790 d'eau, 70 grammes d'albumine et 10 grammes de gaz (oxygène, azote, acide carbonique), de matières grasses et phosphorées, de chlorures de sodium et de potassium, de carbonates de soude, de chaux, de magnésie, de sulfate de potasse, de lactate de soude, etc., etc.

La coagulation du sang est due à la fibrine; car si l'on bat le sang avec un petit balai, on voit la fibrine s'y attacher, et le sang a perdu la faculté de se coaguler. Dans le sang vivant, la fibrine se trouve soit en dissolution, soit en suspension. Les solutions concentrées de sulfate de soude ont la propriété d'empêcher la coagulation du sang, et c'est au moyen de ce sel que l'on étudie le *sérum*. (V. ce mot.) Les corps gras contenus dans le sang sont : la *stéarine*, la *margarine* et la *cholestérine*, ainsi que les acides gras correspondants, c'est-à-dire les *acides stéarique*, *margarique* et *cholestérique*. Il ne renferme que des traces d'*oléine* et d'*acide oléique*. Le sang veineux est plus riche en corps gras que le sang artériel; et le sang de la veine-porte en contient plus que celui de tout autre vaisseau. Les corps gras augmentent pendant la digestion.

Le glucose n'existe qu'en proportion très faible dans le sérum; mais cette proportion augmente pendant la digestion, lorsque la nourriture est très féculente. Le sang des veines hépatiques en renferme beaucoup, tandis que celui de la veine-porte en contient à peine. On sait que cette matière se trouve en quantité notable dans le sang des individus atteints du diabète. Le caillot est rouge, élastique et formé, comme nous l'avons dit plus haut, de fibrine et de globules; il retient toujours un cinquième environ de son volume de sérum. Dans certains états maladifs, la séparation du caillot et du sérum n'a pas lieu; dans d'autres, le caillot est riche en fibrine, et celle-ci forme alors une couche superficielle nommée *couenne*.

Les globules rouges du sang de l'homme et des mammifères sont de petits disques légèrement renflés sur les bords et enveloppés, croit-on, d'une membrane fine, incolore et élastique. Ils se gonflent dans l'eau et deviennent sphériques, tandis qu'ils se contractent lorsqu'ils sont mis en contact avec le sucre et les liqueurs alcalines.

Indépendamment des globules rouges, le sang renferme encore deux sortes de corpuscules. L'espèce la plus abondante est formée par de petits corps appelés *globules blancs* ou *leucocytes*. Ils sont sphériques et composés d'une matière gélatineuse dans laquelle flottent de petits noyaux arrondis. La seconde sorte de corpuscules est composée de corps peu nombreux, appelés *globulins* ou *hématoblastes*; ce sont de petits noyaux sphériques qui ont environ un trois-centième de millimètre de diamètre. Lorsque l'on fait dissoudre les globules rouges dans l'eau et qu'on fait ensuite évaporer la liqueur, il se dépose des cristaux dont la forme varie avec chaque espèce d'animaux. Ainsi, par exemple, le sang de l'homme et des carnivores donne des cristaux prismatiques; celui de l'écureuil, des cristaux rhomboédriques; celui du chat, des prismes à base triangulaire; celui de la souris et du cochon d'Inde abandonne des cristaux tétraédriques. Ces cristaux sont formés par une matière albuminoïde à laquelle on a donné le nom d'*hématocristalline*. Cette dernière substance se transforme, sous l'influence des acides ou des alcalis, en *hématosine* et en *globuline*, matière albuminoïde analogue à la substance qui forme le cristallin de l'œil.

Les gaz contenus dans le sang à l'état normal sont : l'*acide carbonique*, qui forme à lui seul les *deux tiers* de la masse gazeuse dissoute dans le sang; l'oxygène et l'azote, qui entrent chacun pour moitié dans le troisième tiers. C'est sans doute au carbonate de soude qu'il renferme que le sang doit la propriété d'absorber une si grande quantité d'acide carbonique : il se forme alors du bicarbonate de soude.

La composition du sang est modifiée par certaines maladies. Ainsi, dans l'anémie, le

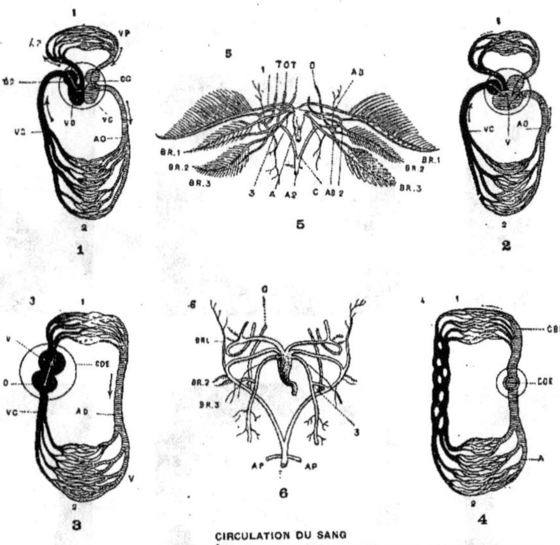

CIRCULATION DU SANG

Fig. 1. HOMME : **AP**. Artère pulmonaire. — **VP**. Veines pulmonaires. — **OD**. Oreillette droite du cœur. — **OG**. Oreillette gauche. — **VD**. Ventricule droit. — **VG**. Ventricule gauche. — **VC**. Veines caves. — **AO**. Artère aorte. — **1**. Petite circulation. — **2**. Grande circulation.

Fig. 2. REPTILE : **VC**. Veines caves. — **V**. Ventricule unique. — **AO**. Artère aorte. — **1**. Petite circulation. — **2**. Grande circulation.

Fig. 3. POISSON : **V**. Ventricule. — **O**. Oreillette. — **COE**. Cœur. — **VC**. Veines caves. — **AD**. Artère dorsale. — **1**. Petite circulation. — **2**. Grande circulation.

Fig. 4. CRUSTACÉ : **CBC**. Canaux branchiaux cardiaques. — **COE**. Cœur. — **A**. Artères. — **1**. Petite circulation. — **2**. Grande circulation.

Fig. 5. BATRACIEN JEUNE : **A**. Artère qui part du ventricule unique du cœur et se divise en six branches **AB** qui se rendent aux trois paires de branchies et s'y ramifient. — **BR**. Les branchies dans lesquelles on voit se distribuer les artères branchiales et naître les veines branchiales **VB** qui reçoivent le sang après son passage à travers les lamelles des branchies; celles des deux dernières paires de branchies se réunissent pour fournir de chaque côté un vaisseau **C** qui en s'anastomosant à son tour avec celui du côté opposé, forme l'artère aorte ventrale ou artère dorsale **A 2**, laquelle se dirige en arrière et distribue le sang à la plus grande partie du corps. La veine branchiale de la première paire de branchies se recourbe en avant et porte le sang vers la tête **TT**. — **1**. Petite branchie anastomotique extrêmement fine qui unit l'artère et les veines branchiales entre elles à la base de la première branchie et qui, en s'élargissant plus tard, permettra au sang de passer du premier de ces vaisseaux dans le second sans traverser la branchie. — **2**. Petite branche anastomotique qui établit le passage de la même manière entre l'artère et la veine des branchies de la seconde paire. — **3**. Vaisseau qui en se réunissant avec un filet situé plus en dedans, joint également l'artère et la veine des branchies postérieures. — **O**. Artère orbitaire. — **AP**. Artères pulmonaires rudimentaires.

Fig. 6. BATRACIEN ADULTE : **O**. Artère orbitaire; **BR 1**, **BR 2**, **BR 3**, branchies; **AP**, artères pulmonaires. — **3**. Vaisseau qui en se réunissant avec un filet situé plus en dedans joint également l'artère et la veine des branches postérieures. Les mêmes parties chez l'animal parfait sont indiquées par les mêmes lettres; les vaisseaux qui dans le têtard se rendaient aux deux branchies de la seconde paire se continuent maintenant avec l'aorte par l'intermédiaire des branches anastomotiques et constituent ainsi les deux crosses aortiques.

nombre des globules rouges diminue, tandis que celui des globules blancs augmente. Dans le choléra et le typhus, les globules prennent des formes irrégulières et se soudent les uns aux autres. Dans le typhus, le sang renferme du carbonate d'ammoniaque produit par la transformation de l'urée. De plus, il ne rougit plus au contact de l'oxygène; il en est de même dans la dernière période de la phtisie. La quantité de fibrine du sang augmente dans le mal de Bright et les affections cancéreuses. Cette même fibrine diminue, au contraire, dans le typhus, le scorbut et lorsque l'alimentation est insuffisante. Le sang cesse de se coaguler dans les maladies des voies respiratoires, l'asphyxie, dans les empoisonnements par l'acide cyanhydrique, l'acide sulfhydrique, l'ammoniaque et les narcotiques. L'albumine diminue dans les pertes de sang, les suppurations prolongées, l'albuminurie, l'hydropisie, les fièvres paludéennes, le typhus, etc. Dans le choléra, le sang est épais et ressemble à de la gelée de groseille; les globules et l'albumine abondent, mais le sérum est plus rare et pauvre en sels. Nous ne reviendrons pas ici sur la circulation du sang chez les différentes classes d'animaux ; nous renvoyons le lecteur aux mots *Circulation*, *Cœur*, *Mammifère*, *Oiseau*, *Crocodile*, *Grenouille*, *Mollusque*, *Poumon*, *Branchie*, *Poisson*, etc., etc. Mais nous donnons des figures schématiques de la circulation dans ces diverses classes.

Le sang, considéré comme aliment, est peu nourrissant. Cependant, dans certains pays, par exemple en Suède et en Italie, on le mange cuit. Il y a beaucoup à rabattre touchant l'efficacité des bains et des douches de sang, aussi bien que du sang avalé liquide et sortant de la veine d'un animal. Le sang est employé dans les sucreries et dans les raffineries pour la clarification des sirops de sucre; il agit alors par la grande quantité d'albumine qu'il contient. (V. *Globule*, *Sérum*, *Fibrine*, *Albumine*, etc., etc.) || *Sang rouge*, le sang des artères, le seul assimilable. || *Sang noir*, le sang des veines, qui se transforme en sang rouge dans les poumons au contact de l'oxygène de l'air. || *Sang blanc*, celui des mollusques, des crustacés et des insectes. — La lymphe. || *Animaux à sang chaud*, les mammifères et les oiseaux. || *Animaux à sang froid*, les reptiles, les batraciens, les poissons et tous les animaux à sang blanc. || *Se battre au premier sang*, se battre en duel à condition que le

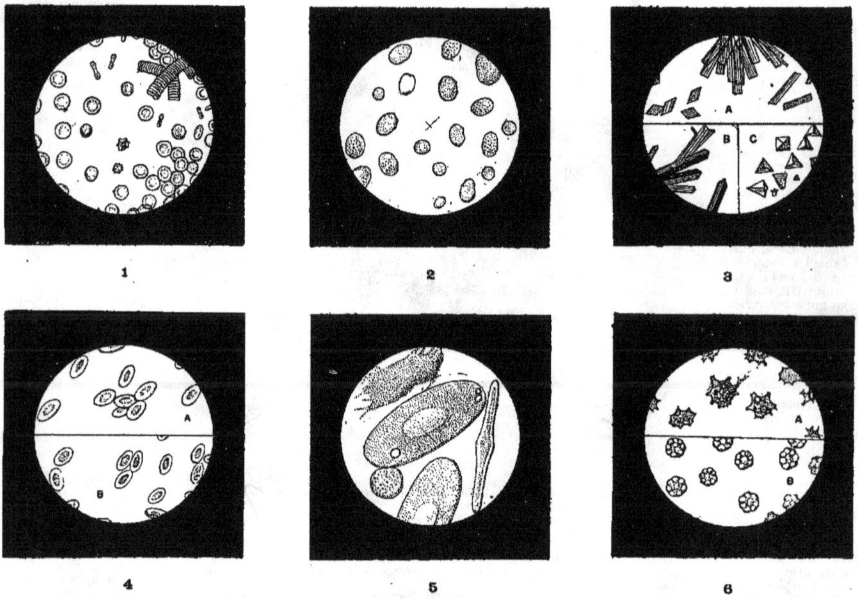

SANG

DIMENSIONS DES GLOBULES SANGUINS

Fig. 1 : Globules rouges du sang de l'homme (7 à 8 millièmes de millimètre. — Fig 2 : Globules blancs (même échelle que les globules rouges). — Fig. 3 : A. Cristaux d'hémoglobine du sang de l'homme. — B. Cristaux d'hémoglobine du sang du chat. — C. Cristaux d'hémoglobine du saug du cochon d'Inde. — Fig. 4 : A. Globules du sang d'oiseau (18 à 19 millièmes de millimètre). — B. Globules du sang de chameau (8 millièmes de millimètre). — Fig. 5 : Globules du sang de grenouille (55 millièmes de millimètre). — Fig. 6 : A. Globules incolores de l'anodonte. — B. Globules du sang de limace.

combat cessera dès qu'un des deux adversaires aura été blessé. || *Mettre quelqu'un tout en sang*, lui faire des blessures qui le couvrent de sang. — Fig. *Suer sang et eau*, faire tous ses efforts. || *Cela rafraîchit le sang*, cela rassérène l'esprit. || *Se faire du bon sang*, éprouver du contentement. || *Se faire du mauvais sang*, être inquiet, de mauvaise humeur. || *Cela fait bouillir le sang*, cela impatiente excessivement. || *Le sang lui bout dans les veines*, il est plein de fougue, d'énergie. || *Cela allume le sang*, cela irrite au dernier point. || *Cela glace le sang*, cela cause un grand effroi. || *Le sang lui monte à la tête*, sa colère est près d'éclater. || *Avoir du sang dans les veines*, être d'un caractère énergique, résolu. || *Je n'avais plus une goutte de sang dans les veines*, j'étais saisi d'effroi, d'horreur. || *Répandre*, *verser le sang*, donner la mort à une ou plusieurs personne. || *Être altéré de sang*, être avide de meurtres, de massacres. || *Faire couler le sang*, être cause d'une guerre, d'une rixe sanglante. || *Mettre un pays à feu et à sang*, le dévaster par des incendies, des massacres. || *Payer une chose de son sang*, être mis à mort pour l'avoir faite. || *Laver une injure dans le sang*, blesser ou tuer l'auteur de cette injure. || *Je donnerais pour lui le plus pur de mon sang*, par affection pour lui je ne reculerais devant aucun sacrifice. || *Baptême de sang*, le martyre qu'on a souffert sans avoir reçu le baptême. || *S'engraisser du sang du peuple*, le dépouiller injustement de ce qui lui est nécessaire pour sa subsistance. — Fam. : *Les liens du sang*, ceux de la famille. || *Prince du sang*, les princes de la maison régnante. || Les enfants par rapport à leur père et à leur mère : *Se sacrifier pour son sang*. || *Droit du sang*, le droit que donne la naissance. || *La voix*, *la force du sang*, les sentiments innés d'affection qu'on a pour ses parents. || Race : *Le sang nègre*. || *Mélange de sang*, croisement de race. || *Le sang est beau dans ce pays*, la population en est belle et bien faite. || *Cheval de pur sang* ou *un pur sang*, cheval de race noble qui a toutes les qualités et pas un seul défaut. — Pl. *des pur sang* : *Les chevaux arabes et les chevaux de course anglais sont seuls qualifiés de pur sang*. || *Demi-sang*, cheval né d'un pur sang et d'un cheval ordinaire. — Pl. *des demi-sang*. — **Gr.** Devant une voyelle ou un *h* muet le *g* se lie et se prononce comme un *k*. Ex. : Un *san-k-illustre*; *san-***k-e-eau**; *san-***k-humain**. — **Dér.** *Sanglant*, *sanglante*, *sanguin*, *sanguine*; *sanguinaire*, *sanguinarine*, *sanguinelle*, *sanguinole*, *sanguinolent*, *sanguinolente*; *sanguenie*, *sanguenite*. — **Comp.** *Sangris*, *sangsue*, *sanguification*, *sanguisorbe*; *ensanglanter*; *sang-de-rate*, *sang-de-dragon*, *sang-froid* (?).

***SANG-DE-RATE** (*sang* + *de* + *rate*), *sm.* Maladie contagieuse des bêtes à laine connue encore sous les noms de *charbon* *bactéridien,fièvre charbonneuse.* (V. *Charbon,* t. I, p. 234, col. 1.)

SANG-DRAGON ou **SANG-DE-DRAGON** [san-de-dra-gon] (*sang + de + dragon*), *sm.* Nom vulgaire du *rumex sanguineus,* appelé encore *patience rouge,* plante dicotylédone de la famille des Polygonées, dont les tiges et les nervures des feuilles sont d'un rouge de sang. Elle jouit des mêmes propriétés que la *patience;* elle se rencontre dans les lieux humides des bois et est cultivée dans les jardins. On la trouve aussi à l'état spontané dans les basses-cours et les rues des villages. ‖ Nom de plusieurs résines de provenances différentes, savoir : 1° Le *sang-dragon des Canaries,* produit par le *dracœna draco,* plante de la famille des Liliacées. Cette résine se présente en morceaux secs, durs, d'une couleur rouge brun ou rouge sang, de saveur astringente; sa poudre est rouge. Cette espèce, qui exsude des crevasses du tronc de la plante à l'époque des plus grandes chaleurs, ne se trouve plus dans le commerce. 2° Le *sang-dragon d'Amboine,* fourni par les fruits d'un palmier, le *calamus draco,* petit arbre épineux de la Malaisie; c'est une résine d'un rouge brun, à cassure luisante et rouge; sa poudre est également rouge. On le trouve dans le commerce en boules, en baguettes enveloppées dans des feuilles de palmier ou en masses renfermant des débris de toutes sortes. Cette sorte de sang-dragon est obtenue en exposant les fruits à l'action de la vapeur d'eau, qui détermine la sortie de la résine. Les Malais retirent aussi le sang-dragon en soumettant ces mêmes fruits à l'ébullition dans l'eau; mais la résine ainsi obtenue est de qualité inférieure. 3° Le *sang-dragon de Java,* produit par un arbre de la famille des Légumineuses, le *pterocarpus draco,* est dur, fragile, d'un rouge vif; il est inodore et n'a pas de saveur. Il est en fragments lisses et enveloppés dans les feuilles de l'arbre. Ces différentes espèces de sang-dragon sont des astringents et des hémostatiques. Ils entrent dans la composition des poudres et des alcoolats dentifrices, ainsi que dans des eaux hémostatiques. Ils servent également à la fabrication des vernis et à celle des couleurs.

SANG-FROID (*sang + froid*), *sm.* Calme de l'âme, présence d'esprit : *Conserver son sang-froid.* — DE SANG-FROID, *loc. adv.* En ayant toute sa présence d'esprit, sans être excité ou aveuglé par quelque passion. — **Gr.** Il est probable qu'il faudrait écrire *sens froid* comme on écrit *sens rassis;* mais il paraît que les grammairiens philosophes en ont décidé autrement. Mme de Sévigné a écrit *sens froid;* il est vrai que d'Aubigné a dit *sang-froid* et que Froissard orthographie *sens* pour *sang.*

SANGIAC, SANGIACAT. (V. *Sandjack, Sandjackat.*)

SAN-GIORGIO (ANTONIO), mort en 1534; architecte qui transforma le mausolée d'Adrien, à Rome, en une forteresse, dite le château de Saint-Ange.

SANGLADE (*sangler*), *sf.* Grand coup de sangle, de fouet.

SANGLANT, ANTE (l. *sanguilentum,* sanguinolent), *adj.* Taché, souillé de sang : *Un linge sanglant.* ‖ *Mort sanglante,* survenue par écoulement de sang. ‖ *Combat sanglant,* dans lequel beaucoup de sang a coulé. ‖ *Plaie sanglante,* qui saigne encore. — Fig. Douleur, injure toute récente. ‖ Qui a la couleur du sang : *La lueur sanglante d'un incendie.* ‖ Qui fait couler le sang, meurtrier : *Tyrannie sanglante.* ‖ Qui doit faire couler le sang : *Un sanglant projet.* ‖ Lugubre, terrifiant : *Une sanglante nouvelle.* ‖ Très offensant, outrageant : *Une sanglante injure.*

SANGLE (vx fr. *cengle;* du l. *cingula,* ceinture), *sf.* Large bande de cuir ou de forte toile qui sert à ceindre, à serrer. ‖ *La sangle d'une selle,* la sangle qui passe sous le ventre du cheval, et qui, fixée à la selle par ses deux bouts, la maintient sur le dos de l'animal. ‖ Bande de forte toile dont on garnit le châssis d'un lit, d'un fauteuil. ‖ *Lit de sangle.* (V. *Lit.*) ‖ Bricole de porteur d'eau. — **Dér.** *Sanglon, sangler, sanglade.*

SANGLER (*sangle*), *vt.* Ceindre, serrer avec une sangle : *Sangler un cheval.* — Fig. *Sangler un coup de poing, un soufflet,* etc., le donner avec force. — **Se sangler,** *vr.* Se serrer avec une sangle.

SANGLIER (db. de *singulier : de singularem,* sous-ent. *porcum = porc solitaire*), *sm.* Le porc sauvage, espèce dont le domaine est très grand puisqu'il s'étend sur toute l'Asie et l'Europe depuis la région méditerranéenne jusque vers les pays froids du Nord. Les races de sangliers sont très nombreuses et l'on peut dire que presque chaque contrée a la sienne qui lui est propre. Ce qui augmente encore le nombre de ces races, c'est que le cochon retourne très facilement à l'état sauvage et reprend tous les attributs des sangliers. Celui de nos contrées a la tête en forme de pyramide allongée; le front est plat et le groin, très épais, est armé en arrière de défenses épaisses et tranchantes. Les oreilles sont petites et dressées. Le corps, couvert de soies rudes et noirâtres qui prennent la forme d'une crinière sur le cou, est supporté par des pattes assez courtes et terminé par une queue roulée sur elle-même et dont le bout porte un pinceau. La mâchoire supérieure compte six incisives tranchantes, implantées dans les os intermaxillaires, qui sont très étroits. A la suite se trouvent deux canines, une de chaque côté, très fortes et dirigées en dehors et en haut. Puis viennent sept molaires : la première prémolaire est petite et comprimée latéralement; les trois suivantes sont inégales et leur volume va en augmentant à mesure que l'on se rapproche des vraies molaires. Celles-ci sont au nombre de trois et la longueur de la dernière est égale à celle des deux précédentes réunies. Les molaires sont formées de mamelons recouverts de sillons et de nombreux plis. La mâchoire inférieure compte également six incisives tranchantes à leur extrémité libre et dirigées horizontalement en avant. Les canines sont fortes, longues et recourbées en forme d'arc. Leur extrémité présente une face d'aiguisement provenant du frottement qui s'opère entre elle et la canine supérieure. Cette canine sert de défense à l'animal : c'est là une arme redoutable. La première prémolaire est très petite, appliquée contre la canine à laquelle elle sert en quelque sorte de talon, et séparée des autres par une barre assez large. Quant aux autres molaires, elles forment une série continue. Aujourd'hui les sangliers ne sont plus, chez nous, qu'à l'état sporadique, car on ne les rencontre plus guère que dans les parcs où on les conserve pour la chasse. C'est, du reste, un grand bien pour l'agriculture, car ces animaux dévastent en une seule nuit de nombreuses récoltes; ils s'attaquent surtout aux champs de pommes de terre. La chair du sanglier adulte, celle des individus qui ont plus de deux ans, est dure et coriace; au contraire, celle des marcassins est très bonne et la hure est très recherchée.

SANGLIER

SANGLIER
INSIGNE GAULOIS

Le sanglier, transformé par la domestication, a donné le *porc,* dont la viande joue un rôle si important dans l'alimentation de l'espèce humaine. Il a été importé chez nous à l'époque robenhausienne, bien que l'on rencontre une espèce, le *sanglier des tourbières (sus palustris),* dans les couches quaternaires; mais, comme toutes nos races domestiques, le cochon nous vient de l'Orient. C'est, du reste, du croisement de notre sanglier sauvage, du sanglier des tourbières, de ceux des Indes et des îles de la Sonde et peut-être aussi du potamachère que viennent nos porcs domestiques améliorés par une longue et patiente sélection. (V. *Porc.*) ‖ La chair du sanglier, considérée comme aliment : *Manger du sanglier.* ‖ Le sanglier fut l'emblème de certains peuples gaulois, et un grand nombre d'entre eux le placèrent sur leurs monnaies. (V. *Monnaie,* t. II, p. 638, col. 1.) — **Le sanglier de Calydon,** sanglier monstrueux qui ravageait les environs de Calydon en Étolie et qui fut blessé par Atalante et tué par Méléagre. (Myth.)

***SANGLON** (*sangle*), *sm.* Petite sangle. ‖ En marine, sorte de varangue.

SANGLOT, *svm.* de *sangloter.* Bruit qui sort de la bouche d'une personne en proie à un violent chagrin; il est causé par un mouvement convulsif du diaphragme, chassant l'air contenu dans la poitrine.

SANGLOTER (l. *singultare*), *vi.* Pousser des sanglots. — **Dér.** *Sanglot.*

***SANGRIS** (*sang + gris*), *sm.* Thé au vin; boisson aromatique usitée aux Antilles, qui renferme du vin de Madère, du thé, du sucre, du jus de citron, de la cannelle, etc.

SANGSUE (l. *sanguisuga : de sanguis,* sang + *sugere,* sucer), *sf.* Genre d'annélides de l'ordre des Hirudinées, dont l'espèce la plus intéressante, la *sangsue médicinale,* est utilisée pour extraire du sang aux malades. Ce sont des vers plats, qui ont deux faces : une face dorsale, le plus souvent de couleur verte avec des raies rouges; et une face ventrale, unie, de couleur jaune ou vert-bouteille. Ces animaux sont formés de 95 anneaux, terminés à l'une de leurs extrémités par une sorte de disque assez large muni d'une ventouse au moyen de laquelle ils se fixent au corps et qui leur sert d'organe de locomotion. L'extrémité antérieure de la sangsue est également pourvue d'une ventouse au fond de laquelle se trouvent trois mâchoires en demi-cercle et munies de dents plus ou moins nombreuses. La sangsue se fixe sur le corps du malade au moyen de sa ventouse postérieure, et avec sa ventouse antérieure elle soulève la peau en faisant le vide, et perce avec ses dents la partie soulevée. Elle n'a plus alors qu'à sucer le sang qui va tomber dans son estomac. Une sangsue peut ainsi absorber 10 grammes de sang; alors elle est *gorgée* et tombe d'elle-même; mais la blessure qu'elle a faite continue de saigner et laisse échapper encore une quantité du liquide nourricier égale à celle qu'elle a sucée. On arrête cette hémorrhagie en appliquant sur la morsure un petit morceau d'amadou. Le tube digestif des sangsues n'est pas simple comme chez les lombrics, mais il présente de larges culs-de-sac latéraux, où le sang vient s'emmagasiner. Au moment de la ponte, la peau de la sangsue laisse suinter un liquide visqueux, qui possède la propriété de se durcir à l'air et forme une sorte de cocon jaunâtre et spongieux dans lequel elle dépose ses œufs. Ceux-ci éclosent et les jeunes en sortent sans avoir subi aucune métamorphose. La sangsue médicinale est originaire de nos pays; mais on n'en rencontre plus guère aujourd'hui dans nos cours d'eau et nos étangs, parce qu'on les a dépeuplés. De nos jours, on tire les sangsues de la Hongrie et de la Valachie, et des marais que l'on a créés dans la Gironde, où l'on élève ces animaux. Les anciens se servaient déjà des sangsues pour tirer le sang de l'homme; au commencement de ce siècle, Broussais et son école en firent un usage abusif, que l'on a heureusement abandonné depuis. On conserve les sangsues soit dans des bassins remplis d'eau, soit dans des trous ou des baquets dans les-

SANGSUE
MÉDICINALE

SANGSUE
VENTOUSE

quels on a mis de la terre glaise humide et disposée en petites masses. Lorsque l'on veut appliquer une sangsue, il faut d'abord laver avec de l'eau tiède l'endroit de la peau où elle doit prendre; puis, on place l'animal dans un verre, ou mieux dans une pomme creusée, que l'on maintient renversée sur la place lavée. Il arrive quelquefois, en Afrique, par exemple, que les hommes avalent des sangsues, avec l'eau qui leur sert de boisson; elles peuvent déterminer des accidents graves. Pour se débarrasser de la sangsue on *chique* du tabac; cette dernière substance est un poison très violent pour la sangsue et lui fait lâcher prise. Le genre renferme d'autres espèces, mais qui n'ont pas pour nous l'intérêt de la sangsue médicinale. — Fig. Celui qui tire l'argent du peuple par des pratiques coupables, qui exige une trop forte rétribution de son travail ou qui vit aux dépens d'un autre. ‖ Petite rigole creusée dans les terres pour l'écoulement des eaux.

***SANGUENIE, SANGUENITE** (l. *sanguinea*), *sf.* La santoline. (V. ce mot.)

SANGUIFICATION (l. *sanguis*, sang + *facere*, faire), *sf.* Transformation des principes alimentaires en sang.

SANGUIN, INE (l. *sanguineum*, de sang). *adj.* Qui appartient au sang : *Le plasma sanguin.* ‖ Destiné à contenir le sang : *Vaisseaux sanguins*, c'est-à-dire les artères et les veines. ‖ *Système sanguin*, tout l'appareil de la circulation. ‖ Qui a beaucoup de sang : *Homme sanguin.* ‖ *Maladie sanguine*, causée par un excès de sang. ‖ Qui a la couleur du sang : *Un rouge sanguin.*

SANGUINAIRE (l. *sanguinarium*), *adj.* 2 *g.* Qui se plaît à répandre le sang humain : *Un tyran sanguinaire.* ‖ Empreint de cruauté : *Acte sanguinaire.* ‖ Qui porte à la cruauté : *Fanatisme sanguinaire.* — *Sf.* Nom vulgaire du *sanguinaria canadensis*, plante dicotylédone de la famille des Papavéracées, dont la tige renferme un suc rouge. Le suc de sa racine est émétique. Ses feuilles, portées par un pétiole long et de couleur brune, sont veinées de rouge. Ses fleurs sont grandes et blanches.

***SANGUINARINE** (*sanguinaire*), *sf.* Substance extraite de la *sanguinaire canadienne* et dont la formule est $C^{35}H^{13}AzO^{8}$.

SANGUINE (*sanguin*), *sf.* Terre chargée d'oxyde de fer, qu'on appelle aussi *sanguine*, à cause de sa couleur de sang; on en fait des crayons, des brunissoirs, etc.; une de ses variétés, appelée *ferret*, est assez riche en fer pour être traitée comme minerai. ‖ Dessin à la sanguine : *Une sanguine de Watteau.* ‖ En dorure, terre rouge calcinée, usitée comme apprêt spécial.

***SANGUINELLE** (*sang*), *sf.* Le cornouiller à fruit gros et couleur de sang.

***SANGUINOLE** (*sanguin*), *sf.* Nom d'une pêche, d'une poire.

SANGUINOLENT, ENTE (l. *sanguinolentum*), *adj.* Teint de sang : *Crachat sanguinolent.*

***SANGUISORBE** (l. *sanguis*, sang + *sorbere*, absorber), *sf.*, ou GRANDE PIMPRENELLE.

SANGUISORBE
Rameau.

SANGUISORBE
Fleur.

Plante dicotylédone de la famille des Rosacées, croissant dans les marais tourbeux, à fleurs roses, et qui peut être employée comme fourrage; elle sert encore à la teinture des soies en gris, et comme médicament astringent et vulnéraire.

SANHÉDRIN (g. συνέδριον, conseil; de σύν, avec, ἕδρα, siège), *sm.* Tribunal de 70 membres qui, chez les Juifs, jugeait les causes importantes, interprétait la loi et délibérait sur les affaires de la nation. Il résidait à Jérusalem et s'assemblait dans le temple. ‖ Assemblée méprisable.

SANICLE (l. *sanicula*, dim. de *sana*; s.-ent. *planta*, plante saine), *sf.* Genre de plantes dicotylédones de la famille des Ombellifères, auquel appartient la *sanicle d'Europe*, commune dans les bois et très estimée autrefois comme vulnéraire.

SANIE (l. *saniem*), *sf.* Pus liquide, séreux, fétide, qui sort des ulcères et des plaies. — **Dér.** *Sanieux, sanieuse.*

SANIEUX, EUSE (l. *saniosum*), *adj.* Qui contient de la sanie; qui ressemble à de la sanie.

***SANIFIER** (l. *sanum*, sain + *fieri*, devenir), *vt.* Purifier, assainir.

SANITAIRE (l. *sanitas*, santé), *adj.* 2 *g.* Qui a pour but de conserver la santé publique : *Mesure sanitaire.* ‖ *Cordon sanitaire*, cordon de troupes placé sur la frontière d'un pays où règne une maladie contagieuse pour empêcher toute communication entre ce pays et les régions exemptes de la contagion. ‖ *Police, régime sanitaire*, ensemble des mesures concernant les quarantaines, empêchant la propagation du choléra, de la fièvre jaune, de la variole, etc.

SANLECQUE (JACQUES DE) (1573-1648), typographe qui fondit les caractères orientaux de la Polyglotte de Lejay.

SANNAZAR (JACQUES) (1458-1530), poète napolitain, qui écrivit en latin (*Lamentation de la mort du Christ*), et en italien (*l'Arcadia*, pastorale).

SANS (vx fr. *sens* : l. *sine*, avec addition de *s*), *prép.* Avec absence de, avec exclusion de : *Partir sans argent, sans manger.* — SANS PLUS, *loc. adv.* Sans qu'il en ait davantage : *Il gagne 4 000 francs sans plus.* — SANS QUE, *loc. conj.* Avec le subj., à moins que : *Je ne le ferai pas sans que vous l'ordonniez.* — **Hom.** *Cent, sens.* — **Comp.** *Sans-cœur, sans-culotte, sans-culottide, sans-dent, sans-façon, sans-gêne, sans-peau, sans-souci.*

SAN-SALVADOR. (V. *Salvador*.)

***SANS-CŒUR** (*sans* + *cœur*), *s.* 2 *g.* Personne insensible, éhontée. — Pl. *des sans-cœurs.*

SANSCRIT, ITE (sanscrit, *sanskrita*, parfait), *adj.* Se dit de la langue sacrée des brahmanes, qui cessa d'être parlée vers le IIIe siècle avant J.-C. et des ouvrages écrits en cette langue. La littérature sanscrite est extrêmement riche; elle s'est distinguée dans tous les genres : elle a produit les chants et des hymnes religieux du *Rig-Véda*, les prières et les formules du *Yadjar-Véda* et de l'*Atharva-Véda*, qui doivent être récitées pendant le sacrifice, les longues et belles épopées du *Ramayana* et du *Mâhabhârâta*; des poésies dramatiques, lyriques; des contes, des fables; etc. Elle a donné aussi un grand nombre d'ouvrages sur la grammaire, la philosophie, l'astronomie, la médecine, etc., etc. — *Sm.* La langue sanscrite, sœur du zend, du grec et du latin, de la famille des langues indo-européennes. C'est l'idiome le plus archaïque et le mieux conservé de cette famille. Son alphabet, appelé *dévanâgari* (écriture des dieux), est d'origine phénicienne; il renferme treize voyelles et trente-trois consonnes; à ces caractères il faut ajouter trois signes appelés *anousvâra*, *anounâsika*, qui sont des transformations d'un *n* final, et le *visarga*, aspiration finale. Les consonnes sont classées en gutturales palatales, cérébrales, dentales, labiales, semi-voyelles et sifflantes. (V. *Indo-Européen*.) Ces consonnes ont la propriété de modifier la consonne qui suit immédiatement, et cela selon des règles invariables. Voici le tableau de cet alphabet avec la valeur de chaque lettre en français.

La déclinaison du sanscrit est plus complète que celle du latin et du grec : elle renferme deux cas de plus, l'*instrumental* et le *locatif*. Sa conjugaison est aussi très riche, et compte plus de modes que le latin. Elle a conservé l'augment et le redoublement.

C'est en 1762 que Anquetil-Duperron, frère de l'historien Anquetil, rapporta en France le texte des livres sacrés de Zoroastre; à partir de cette époque, la science des langues fut renouvelée; la parenté du sanscrit et du zend avec le grec et le latin fut nettement établie. Les travaux d'Anquetil-Duperron furent continués par les Anglais William Jones et Rawlinson, par les Allemands Grotefend et

VOYELLES

अ *a*, आ *â*, इ *i*, ई *î*, उ *u*, ऊ *û*, ऋ *ṛ*,
ॠ *ṝ*, ऌ *ḷ*, ए *ê*, ऐ *âi*, ओ *ô*, औ *âu*.

ANOUSVÂRA	ANOUNÂSIKA	VISARGA
ṅ,	ँ *ṅ*.	ः *ḥ*,

CONSONNES

Gutturales...	क *k*,	ख *k̔*,	ग *g*,	घ *g̔*,	ङ *ṅ*;
Palatales....	च *c*,	छ *c̔*,	ज *j*,	झ *j̔*,	ञ *ñ*;
Cérébrales...	ट *ṭ*,	ठ *ṭ̔*,	ड *ḍ*,	ढ *ḍ̔*,	ण *ṇ*;
Dentales.....	त *t*,	थ *t̔*,	द *d*,	ध *d̔*,	न *n*;
Labiales.....	प *p*,	फ *p̔*,	ब *b*,	भ *b̔*,	म *m*;
Semi-voyelles.	य *y*,	र *r*,	ल *l*,	व *v*;	
Sifflantes et *h*.	श *ç*,	ष *ṣ*,	स *s*,	ह *h*.	

ALPHABET SANSCRIT

Lassen, par les Français Eugène Burnouf, Oppert, etc.; enfin les recherches de tous ces savants furent résumées dans la *Grammaire comparée des langues indo-européennes*, de Bopp, qui fut traduite en français par notre savant compatriote M. Michel Bréal (1866); de cette époque date la rénovation des études linguistiques en France.

***SANS-CULOTTE** (*sans* + *culotte*), *sm.* nom injurieux que les royalistes donnaient aux révolutionnaires, parce qu'ils avaient échangé la culotte courte de l'ancien régime contre le pantalon. Les républicains en firent un synonyme de patriote. — Pl. *des sans-culottes.*

***SANS-CULOTTIDE** (*sans-culotte*), *sf.* Chacun des cinq jours complémentaires qui s'ajoutaient aux douze mois de trente jours du calendrier républicain pour former l'année de 365 jours. ‖ Fête célébrée ce jour-là. — Pl. *des sans-culottides.*

SANS-DENT (*sans* + *dent*), *sf.* Vieille femme qui n'a plus de dents. — Pl. *des sans-dents.*

***SANSEVIÈRE** (genre dédié au botaniste suédois *Sansevier*), *sf.* Genre de plantes monocotylédones de la famille des Liliacées, tribu des Asparaginées, qui croissent dans les contrées tropicales de l'Asie et de l'Afrique, et dont une espèce, la *sansevière carnée* (*sanseviera carnea*), est cultivée comme plante d'ornement à cause de ses feuilles vert-gai et de ses fleurs violettes-rosées. Les bulbes d'une autre espèce, la *sansevière de Ceylan*, servent à confectionner un extrait usité contre le catarrhe chronique à la dose de deux cuillerées à café par jour.

***SANS-FAÇON** (*sans* + *façon*), *sm.* Qui se présente avec rondeur et sans politesse exagérée. ‖ Qui tient peu de cas de la politesse.

SANS-GÊNE (*sans* + *gêne*), *sm.* Habitude de ne pas se contraindre en société. ‖ Inobservance des règles de la civilité.

SANSON (NICOLAS) (1600-1667), géographe, qui fit le premier progresser les études géographiques en France, et dont les trois fils Nicolas, Adrien, Guillaume, suivirent la carrière paternelle.

SANSONNET (dim. de *Samson*, nom d'homme), *sm.* Genre d'oiseaux de l'ordre des Passereaux, dont le plumage, généralement noirâtre, présente des reflets métalliques que l'on admire tant chez les oiseaux des pays chauds; la gorge et le haut de la poitrine ont des reflets violets, tandis que le dessous du corps et les flancs présentent des reflets verdâtres. La tête et le dos sont parsemés de petites taches d'un blanc jaunâtre et les rémiges sont liserées de brun; les tectrices subcaudales le sont de blanc. Le bec des sansonnets est long, droit, effilé et de couleur jaune.

L'espèce la plus répandue en Europe est le *sansonnet commun*, appelé encore *étourneau*, et qui peut être facilement dressé à chanter, à parler et surtout à siffler. Les étourneaux vivent en troupes nombreuses, et ils s'associent souvent aux corneilles pendant l'hiver. Leurs bandes forment des quadrilatères, des triangles, des cercles, etc. Les étourneaux sont des animaux utiles à l'agriculture, car ils se nourrissent d'insectes, de larves, de vers, de petits mollusques; quelquefois, ils font une infraction à leur régime et mangent des graines, des baies d'arbres sauvages. On a prétendu qu'ils se repaissaient des œufs du pigeon, mais c'est là une accusation calomnieuse, qui pourrait nuire à la réputation de ceux qui l'ont répandue. La seule chose qu'on soit en droit de leur reprocher, c'est d'aimer les olives. Aussi, dans les pays où croît l'olivier, on les surveille attentivement; car ils enlèvent ces fruits furtivement, persuadés qu'ils commettent un larcin. Ils se rendent, dès l'aube, dans les plants d'oliviers, prennent une olive dans chaque pied et une dans le bec, et vont les déposer sur les rochers voisins du canton qu'ils fréquentent. Les habitants de la contrée, connaissant cette faiblesse des étourneaux, les épient et vont, avec des corbeilles, visiter le lieu où ils emmagasinent leur mets privilégié. Les communes où s'exerce l'industrie des sansonnets mettent à l'adjudication l'exploitation des rochers *recéleurs*. Les étourneaux nichent dans les endroits abrités, dans les creux des vieux arbres, dans les clochers, ou sous les toits des habitations, dans les crevasses des vieux murs. La femelle pond de quatre à sept œufs d'un gris nuancé de vert. Le sansonnet doit être respecté des cultivateurs, et l'on ne doit pas ajouter la moindre créance à toutes les fables qui ont terni sa réputation : il ne *suce* pas, comme nous l'avons déjà dit, les *œufs des pigeons*, et il nous débarrasse d'une foule d'insectes nuisibles; c'est ainsi qu'il suit les troupeaux dans les prairies, picore le dos des bœufs et des moutons, et leur enlève la vermine qui les ronge, ainsi que les mouches qui les tourmentent. Une autre espèce d'étourneau, l'*étourneau unicolore*, habite la Sardaigne. Cet oiseau est noir et présente de ternes reflets verts et violets; son bec est jaune, mais la base en est noirâtre. Ce sansonnet niche dans les fentes des rochers et s'approche volontiers des habitations, sur le toit desquelles il se perche.

SANSONNET

SANS-PEAU (*sans* + *peau*), *sf.* Poire d'été qui est une variété du rousselet. — Pl. *des sans-peau.*

***SANS-SOUCI** (*sans* + *souci*), *sm.* Personne qui vit sans se tourmenter de rien. ‖ Manière d'être de cette personne. ‖ Château que Frédéric le Grand fit bâtir de 1745 à 1747 par Knobelsdorf, et qui domine la ville de Potsdam. Frédéric s'y plaisait beaucoup, et c'est là qu'il mourut. ‖ Titre d'une pièce de vers écrite par Andrieux. (V. ce mot.) ‖ *Meunier de Sans-Souci*, possédant un moulin dans le parc de Sans-Souci; il refusa de le céder à Frédéric le Grand pour le démolir; ses descendants l'exploitent encore.

SANTA-ANNA (ANTONIO LOPEZ DE) (1800-1876), quatre fois président ou dictateur du Mexique de 1823 à 1854, qui fit fusiller le comte de Raousset-Boulbon, fut banni pour sa cupidité et reparut auprès de Maximilien en 1865.

SANTA-CRUZ (ALVAREZ DE BASSANO, MARQUIS DE), amiral espagnol sous Charles-Quint et Philippe II, se signala à la prise de Tunis sous Barberousse, à la bataille de Lépante, et défit une flotte française, commandée par Stozzi, près des Açores, en 1582. Mort en 1587.

SANTA-CRUZ, archipel de la Mélanésie, sous le protectorat de la France et de l'Angleterre, voisin des Nouvelles-Hébrides. Il comprend l'île Vanikoro, où la Peyrouse fit naufrage en 1788.

SANTA-FÉ-DE-BOGOTA, 60 000 hab.; capitale de la République de Colombie et du district fédéral de Cundinamarca; observatoire, musée, bibliothèque, jardin botanique; l'une des plus savantes cités de l'Amérique du Sud. Elle fut fondée en 1538 par Quesada sur un plateau des Andes (2 645 mètres).

SANTAL, *sm.* (V. *Sandal.*) — **Dér.** *Santaline.*

***SANTALINE** (*santal*), *sf.* Matière résineuse qu'on peut extraire du bois de santal et qui en est le principe colorant. Elle constitue le rouge indien que l'on emploie dans la peinture à l'huile. Elle est la base de certains vernis qui sont surtout usités dans l'ébénisterie. Elle est très employée, seule ou mélangée, dans la teinture des draps.

***SANTALINE** (*santal*), *sf.* Principe colorant du bois de santal, rouge, concret, dont on fait de belles laques en le dissolvant dans l'alcool.

SANTANDER, 40 432 hab., port de commerce de l'Espagne, sur le golfe de Gascogne, chef-lieu de province dans la Vieille-Castille, évêché; chantier de construction, fonderies, raffineries, cigares.

SANTAREM, 36 329 hab., place de guerre sur le Tage, chef-lieu de district dans l'ancienne Estramadure portugaise; fruits, huiles.

SANTAREM (MANOEL DE BARROS, VICOMTE DE) (1790-1856), savant portugais, ministre de don Miguel, auteur d'importants travaux géographiques.

SANTA-ROSA (SANTORRE, COMTE DE), patriote sarde, chef de l'insurrection de 1821, défenseur de l'indépendance grecque, mort en 1825.

SANTÉ (l. *sanitatem*), *sf.* État de celui dont le corps n'est atteint d'aucune maladie et exécute régulièrement toutes ses fonctions : *Jouir d'une bonne santé.* ‖ *Maison de santé*, autrefois lazaret; aujourd'hui sorte d'hôpital où les malades sont admis en payant. ‖ *Officier de santé*, médecin d'un ordre inférieur et qui ne peut exercer que dans le département où il a été reçu. ‖ *Service de santé*, le corps des médecins, chirurgiens, pharmaciens, etc., attaché au service d'une armée, d'une flotte. — Fig. *La santé de l'âme*, état d'un esprit dont les facultés sont bien équilibrées. ‖ Coup que l'on boit pour indiquer que l'on souhaite que quelqu'un soit en bonne santé : *Porter la santé de quelqu'un.* ‖ *A votre santé*, paroles que l'on prononce en buvant à la santé de quelqu'un.

SANTERRE (ANTOINE) (1743-1808), riche brasseur du faubourg Saint-Antoine à Paris, qui prit une part active aux principales journées de la Révolution et fut fait général de la garde nationale parisienne après le 10 août 1792.

SANTERRE (*Sancteriensis pagus*), ancien petit pays de Picardie, formant le S.-E. du dép. de la Somme, entre l'Artois, l'Ile-de-France, l'Amiénois et le Vermandois; cap. Péronne; villes princ. Roye, Montdidier.

SANTEUL ou **SANTEUIL** (JEAN DE) (1630-1697), spirituel chanoine de Saint-Victor de Paris, célèbre poète latin, auteur des belles hymnes de l'ancien bréviaire de Paris.

SAN-THOMÉ, 929 kil. carrés, 30 000 hab., île du golfe de Guinée, appartenant au Portugal; climat malsain; cacao, sucre et café.

SANTIAGO ou **Saint-Jacques de Compostelle**, 23 780 hab., ville d'Espagne dans la province de la Corogne et l'ancien royaume de Galice; université; belle cathédrale où repose le corps de l'apôtre saint Jacques; célèbre lieu de pèlerinage vers lequel semble diriger la Voie lactée, dite le *chemin de Saint-Jacques.* — **Santiago**, 200 000 hab., capitale de la république du Chili, relié par un chemin de fer au port de Valparaiso; archevêché; université; tremblements de terre fréquents; celui du 8 décembre 1868 fit écrouler l'église de la Compañia et écrasa 2 000 personnes. — **Santiago de Cuba**, 30 000 hab., port très sûr. L'une des plus anciennes villes de l'Amérique; cap. de la province orientale de Cuba; archevêché; cuivre, sucre, café, rhum. — **Santiago**, 10 000 hab., cap. de la province de Cibao, dans la république dominicaine (Haïti); tabac.

SANTOLINE (du l. *sanctolina*, plante sainte?), *sf.* Genre de plantes dicotylédones de la famille des Composées, auquel appartient la *santoline petit cyprès* ou *aurone femelle*, des régions méditerranéennes. Elle est amère et très aromatique et croît sur les coteaux calcaires. On l'emploie aussi pour préserver les étoffes des attaques des insectes.

SANTON (esp. *santon*, hypocrite), *sm.* Moine mahométan qui affecte de vivre dans la malpropreté. ‖ En Algérie, petit monument contenant le tombeau d'un docteur.

SANTONES, ancien peuple de l'O. de la Gaule, qui habitait entre la Sèvre Niortaise, l'Océan, la Garonne et le Tarn; dont *Mediolanum* (Saintes) était la capitale et qui a donné son nom à la Saintonge.

***SANTONINE** (l. *santonica herba*, herbe de la Saintonge, sorte d'absinthe), *sf.* Substance qui se présente sous la forme de cristaux brillants ou en quadrilatères allongés, incolores, sans odeur, insipides ou légèrement amers que l'on retire du *semen contra*. La santonine est soluble dans l'eau froide, très peu dans l'eau chaude; elle se dissout dans le chloroforme, l'éther, les huiles et les essences. Cette substance est un excellent vermifuge; on l'administre aux enfants sous forme de pastilles, de granules ou de bonbons. Pris à forte dose, cet alcaloïde fait paraître le jaune blanc, le rouge orange, le bleu vert.

SANTORIN (*sainte Irène*), 21 901 hab., groupe de petites îles dans les Cyclades, *Théra*, *Palæa Kaimeni* (Vieille Brûlée), *Néa Kaimeni* (Nouvelle Brûlée), agitées par un volcan sous-marin, dont les dernières éruptions datent de 1867 à 1870; pouzzolane; vins estimés. On y a découvert des vases, fusaïoles et meules, antérieurs à l'an 2000, ne portant pas de traces d'influence orientale.

SANUTO (MARINO) (1466-1531), historiographe vénitien dont le journal manuscrit est précieux pour l'histoire de Charles VIII en Italie.

SANVE (l. *sinapi*, sénevé), *sf.* Le sénevé sauvage ou moutarde des champs, à fleurs jaunes, souvent très abondante dans les moissons.

SANZIO. (V. *Raphaël.*)

SAÔNE (l. *Arar* dans César, puis *Sauconna*), 455 kilom., rivière de l'E. de la France, affluent de droite du Rhône, traversant les départements des Vosges, de la Haute-Saône, de Saône-et-Loire, puis séparant ce même département et celui du Rhône, sur sa rive droite, de celui de l'Ain, sur sa rive gauche. Elle a sa source à Vioménil, au milieu des monts Faucilles, à 396 mètres d'altitude, au pied du Ménamont; elle se dirige d'abord au S.-O. au milieu des grès bigarrés du trias; puis elle traverse un lambeau du muschelkalk; elle coule ensuite sur les marnes irisées et le terrain jurassique. A Gray, elle aborde le pliocène et dans une vallée formée par des alluvions et des tourbes. Près de Tournus sa rive droite est dominée par le calcaire à gryphées (jurassique), jusqu'au S.-O. de Mâcon. A partir de cet endroit, cette même rive longe des terrains granitiques et des roches plutoniques (porphyres). Sur sa rive droite, depuis Gray, les alluvions du terrain pliocène s'étendent jusqu'à Lyon, lieu où elle se joint au Rhône. La rivière, d'abord tortueuse, coule ensuite en ligne droite du N. au S., avec une pente si douce, qu'on ne voit dans quel sens elle se dirige, comme le remarquait déjà César. Elle devient navigable à Port-sur-Saône, laisse à gauche Vesoul, passe à Gray, Auxonne, Saint-Jean-de-Losne, Châlon-sur-Saône, Tournus, Mâcon, Villefranche, Trévoux, traverse Lyon et s'unit au Rhône, au pied des coteaux de Fourvières et de Saint-Irénée. La Saône se grossit à droite de l'Amance, du Salon, de la Vingeanne, de la Tille, de l'Ouche, de la Dheune, de la Grosne et de l'Azergues; à gauche, elle se grossit du Coney, de la Lanterne, du Durgeon, de l'Ognon, du Doubs, de la Seille, de la Reyssouze et de la Veyle. Elle communique avec la Loire par le canal du Centre ou du Charolais, de Châlon-sur-Saône à Digoin; avec la Seine, par le canal de Bourgogne de Saint-Jean-de-Losne à la Roche-sur-Yonne; avec la Moselle, par le canal de l'Est, inachevé; avec le Rhin, par le canal du Rhône au Rhin ou canal de l'Est, de Saint-Symphorien à Strasbourg. La Saône, rivière de plaine, est grossie par les pluies du printemps et de l'automne; elle relève donc le niveau du Rhône, qui n'est grossi qu'en été par les eaux des glaciers. Le régime de cette rivière est fort inégal; elle porte au Rhône par seconde 60 mètres cubes pendant les maigres, 250 mètres cubes en temps moyen et 4000 mètres cubes dans les crues extrêmes.

SAÔNE (DÉPART. DE LA **HAUTE-**), 530 992 hect., 290 954 hab. (V. la carte, p. 247). Département de l'E. de la France, tirant son nom de sa situation sur le haut cours de la Saône. Il a été formé en 1790 pour la plus grande partie du *bailliage d'Amont* (ch.-l. Vesoul), l'un des quatre bailliages (Amont, Aval, Milieu et Dôle) qui constituaient la Franche-Comté; et d'une petite portion de la principauté de Montbéliard comprise dans l'arrondissement de Lure. Le département de la Haute-Saône est borné au N. par le département des Vosges; à l'E., par le territoire de Belfort; au S. par les départements du Doubs et du Jura; à l'O., par ceux de la Côte-d'Or et de la Haute-Marne. Ses frontières, le plus souvent artificielles, sont naturelles au N.-E., où les Vosges le séparent du territoire de Belfort, et au S., où l'Ognon coule pendant une centaine de kilomètres, de Pont-sur-Ognon, village situé au S.-O. de Villersexel, à son confluent avec la Saône, entre la Haute-Saône d'une part, le Doubs et le Jura de l'autre. Il est compris entre 47° 16' et 48° 5' de lat. N. et entre les longitudes occidentales de 3° 5' et 4° 20'. Le département de la Haute-Saône se divise en trois parties naturelles : 1° à l'E., la chaîne des Vosges et des contre-forts boisés des Faucilles; 2° à l'O., les dernières ondulations du plateau de Langres, couvertes de vignobles; 3° au S., des plaines fertiles, souvent inondées par les crues de la Saône. C'est un plateau dont l'inclinaison générale va de l'E. à l'O. Dans la partie orientale, le ballon de Servance (1189 mètres), point culminant du département, est situé au N.-O. du ballon d'Alsace et forme l'extrémité de la chaîne des Vosges. Au S. la chaîne des hauteurs se continue par la Planche des Belles-Filles (1150 mètres), le Chérimont (570 mètres), la Motte de Grammont (523 mètres), qui relient les Vosges au Jura. Dans l'arrondissement de Lure, fécond en cimes pittoresques et en vallons agrestes, on remarque encore, autour du ballon de Servance, le mont des Landres (1128 mètres), le ballon de Saint-Antoine (1091 mètres), le mont des Vannes (689 mètres). Le reste du département est composé de plateaux dont l'altitude varie entre 300 et 250 mètres; le point le plus bas de la région est à 186 mètres, au confluent de la Saône et de l'Ognon. Les derniers coteaux du plateau de Langres et des monts Faucilles, le revers occidental des Vosges, forment un demi-cercle dont toutes les eaux se déversent dans le département et appartiennent au bassin de la Saône. Cette rivière entre dans le département à son confluent avec l'Apance par 230 mètres d'altitude, se dirige au S.-E. par un cours tortueux jusqu'au confluent du Durgeon, puis tourne au S.-O., décrit de nombreux méandres et sort du département après avoir reçu l'Ognon. Dans le département, la Saône arrose Port-sur-Saône, Scey-sur-Saône et Gray. Elle reçoit à gauche : 1° Le *Coney*, venu comme elle des monts Faucilles, et qui n'a qu'un tiers de son cours dans le département, où ses eaux claires font mouvoir de nombreuses forges. 2° La *Superbe* (30 kilom.), naissant à l'O. de Vauvillers et qui baigne Amance. 3° La *Lanterne*, ou mieux *Lantenne* (60 kilom.), naît au N.-O. de Melisey, passe à Faverney et tombe dans la Saône en amont de Port-sur-Saône. La Lantenne est grossie par les eaux d'un grand nombre d'étangs. Elle reçoit à droite le Breuchin, qui prend sa source entre la Roche-la-Haie et la Tête-de-l'Ours, par 747 mètres d'altitude, arrose Faucogney, pénètre dans la vallée de Luxeuil, s'y divise en deux bras, dont l'un passe à Luxeuil, et l'autre à Saint-Sauveur; ces deux branches se réunissent à Breuches, et le Breuchin joint la Lantenne un peu en aval de cette dernière ville. La Lantenne reçoit encore sur la même rive la rivière de *Fontaine-lès-Luxeuil*, et la *Semouse* (140 kilom.), qui sort de terre à Bellefontaine, dans le département des Vosges, entre presque aussitôt dans le département de la Haute-Saône, y arrose Ailleviller et Lyaumont, Saint-Loup-sur-Semouse. Cette rivière, qui reçoit les déversoirs de plusieurs étangs et met en mouvement un assez grand nombre d'usines, est grossie, à gauche, de deux petites rivières : l'*Augrogne*, passant à Plombières, et la *Combeaute*, qui arrose Fougerolles. A droite, la Semouse reçoit un ruisseau, le *Plancey*, qui la joint près de son embouchure dans la Lantenne. 4° Le *Durgeon* prend sa source au N.-O. de *Saulx*, dans des collines hautes de 304 mètres, passe à Vesoul et se jette dans la Saône en aval de Pont-sur-Saône. Le Durgeon est grossi à gauche de la *Colombine*, dont la source est située à l'O. de Lure et qui se jette dans le Durgeon à Vesoul. 5° La *Romaine*, ruisseau de 25 kilomètres environ, qui prend sa source à Foudremand, reçoit à gauche la *Jouanne*, arrose Fresne-Saint-Mamès et joint la Saône dans la plaine de Vellexon. 6° La *Morthe* naît à Buccy-lès-Gy, se grossit à droite du *Cabry* et se jette dans la Saône à Gray, après avoir longé au N. les collines qui portent la forêt de Gray, dont la lisière méridionale est côtoyée par un petit ruisseau, la *Tenise*. 7° L'*Ognon* descend du flanc septentrional du ballon de Servance, où il a sa source à 695 mètres d'altitude, arrose Melisey sur sa rive droite et Saint-Barthélemy sur sa rive gauche, se perd, en été, au-dessous de cette ville, pour reparaître 4 ou 5 kilomètres plus loin; laisse *Lure* à droite et Villersexel à gauche, sépare le département de la Haute-Saône de ceux du Doubs et du Jura, arrose Montbozon, Marnay, Pesmes, et se jette dans la Saône après un cours de 200 kilomètres. Dans le département, l'Ognon reçoit, sur sa rive gauche : le *Rahin*, qui naît au ballon d'Alsace, arrose Plancher-les-Mines, Plancher-Bas, contourne les collines boisées du mont de Vannes (855 mètres), coule entre cette forêt et celle du Chérimont au S.; passe à Champagney et Ronchamp; le *Scey*, côtoyant la lisière méridionale de la forêt de Granges et se jette dans l'Ognon à Villersexel, après avoir reçu à droite le *Rugnon*.

A droite, la Saône ne reçoit que des cours d'eau de peu d'importance; ce sont : 1° L'*Apance*, rivière du département de la Marne qui passe à Bourbonne-les-Bains, pénètre dans la Haute-Saône à son angle N.-O. et joint presque aussitôt la Saône. 2° L'*Amance*, qui prend également sa source dans le département de la Marne, coule quelques kilomètres entre les deux départements de la Marne et de la Haute-Saône, arrose Jussey et se jette dans la Saône en aval de cette dernière ville par 220 mètres d'altitude. 3° L'*Ougeotte*, ruisseau qui naît au S. de Vitrey et joint la Saône un peu en aval du confluent de l'Amance. 4° La *Gourgeonne*, qui a sa source dans les collines à l'O. de Combeaufontaine, coule du N. au S. et atteint la Saône un peu en amont du point où le *Vannon*, autre petit ruisseau de l'O. du département, se jette dans la Saône. 5° Le *Salon* sort de terre dans le département de la Marne, entre dans celui de la Haute-Saône à son extrémité la plus occidentale, baigne Champlitte et Dampierre-sur-Salon, se jette dans la Saône en amont de Beaujeu. La Saône reçoit encore deux ruisseaux, l'*Écoulotte*, passant à Arc-les-Gray et tombant dans la Saône en face de Gray, et la *Sansfroide*, déversoir d'un étang coulant dans une vallée qui est au pied de la forêt d'Autrey. La pointe S.-E. du département de la Haute-Saône est arrosée par la *Lisaine* longeant le pied du mont Vaudoie et qui va, par l'Allaine, grossir le Doubs. Presque toutes les eaux du département filtrent à travers les plateaux pour reparaître en ruisseaux dans les vallons; les *pertes* y sont très nombreuses et les sources fort abondantes.

La Haute-Saône se fait remarquer par les gouffres qui absorbent les eaux des ruisseaux et par les grandes fontaines qui leur servent de déversoirs. Tel est le *Frais-Puits*, à 1 500 mètres du village de Quincey, au S.-E. de Vesoul. C'est un entonnoir, ayant 17 mètres de profondeur et 60 mètres de tour; il est d'ordinaire à sec; mais, après les grandes pluies, il vomit de 80 à 100 mètres cubes d'eau par seconde. Il inonde alors la plaine de Vesoul, gonfle le Durgeon qui, à son tour, fait déborder la Saône; c'est là, heureusement, un phénomène assez rare; la source de *Champdamoy* peut être considérée comme le déversoir constant du *Frais-Puits*. La *font de Courboux*, dans le canton de Montbozon, a 150 mètres de pourtour et 19 de profondeur; après les orages, elle se transforme en une rivière qui, par le vallon de la Linotte, va augmenter le volume de l'Ognon. Le département a beaucoup d'autres sources accidentelles, telles que le *trou de Vaugérard* (50 mètres de pourtour et 13 de profondeur), dans la commune de Châtenois, au N.-E. de Vesoul; le *puits de Jacob* à Cult, canton de Marnay, ayant 40 mètres de tour et 10 mètres de profondeur. Dans la région des Vosges, on trouve quelques cascades dont la plus belle est celle que l'Ognon forme à Servance. Les grottes sont nombreuses et assez remarquables : le *Trou de la Baume*, sur la commune d'Echenoz-la-Méline (canton de Vesoul), a quatre chambres avec stalactites et stalagmites, où l'on a recueilli des ossements d'animaux fossiles; dans la grotte de *Chaux-lès-Port*, des silex taillés, des ossements de rennes et de mammouths ont été recueillis; à la *Baume de Chenebier* on a trouvé des ustensiles de l'âge de pierre; la grotte de *Villers-sur-Saulnot* est traversée par un ruisseau qui vient de Champey et reparaît à Lougres, dans le Doubs, où il fait mouvoir un gros moulin.

Le N.-E. du département de la Haute-Saône est occupé par des granits qui s'étendent au N. de Faucogney dans la direction du N.-E., par l'étage du vieux grès rouge des terrains dévoniens. Au S. de ce massif se trouve un lambeau du grès rouge. Du N. de Melisey jusqu'à la limite du département vers Héricourt s'étend une ceinture de grès des Vosges et de grès bigarrés. De Lure à Luxeuil, les vallées du Rahin, de la Lantenne et de ses affluents sont remplies par des alluvions modernes et des tourbières. A l'O. de ces terrains récents, de Luxeuil à Vauvillers, sont les terrains du trias, le muschelkalk et les marnes irisées. Le reste du département appartient aux différents étages du jurassique. La lisière est constituée par le calcaire à gryphées arquées; puis vient l'étage inférieur de l'oolithe, qui enveloppe Vesoul de tous côtés. Sur la rive droite de l'Ognon s'étend l'oolithe moyenne. La partie triangulaire formée par la rive droite de la Mothe, au S., par la rive gauche de la Saône au N.-O. et une ligne courbe allant du confluent du Durgeon avec la Saône à Gy, appartient au terrain miocène. A l'O. de Gray commence le pliocène de la vallée de la Saône. Au N.-O. de Pesmes, on rencontre de maigres lambeaux du crétacé inférieur.

Le département de la Haute-Saône appartient au climat rhodanien, à l'exception du nord de l'arrondissement de Lure, qui est soumis aux rudes hivers du climat vosgien. Partout ailleurs, la température n'est ni trop sèche ni trop humide; les étés et les hivers sont tempérés; l'automne est fort doux; mais le voisinage des montagnes et la fonte des neiges rendent le printemps des plus variables. Les vents doux et humides du S.-O. alternent brusquement avec le vent sec du N.-E. et le vent froid du N.-O. La couche des pluies annuelles est épaisse de 590 millimètres à Vesoul, de 800 millimètres à Gray, alors que la moyenne en France est de 770 millimètres.

Les richesses minérales de la Haute-Saône sont abondantes et variées. En première ligne viennent les mines de fer, fournies par les couches du trias et celles des terrains jurassiques. Le minerai est constitué par le fer hydroxydé, qui se présente sous forme de roches, de rognons ou en grains pisolithiques ou milliolithiques et donnant un fer d'excellente qualité. Le minerai en grains s'exploite à Aroz, Autrey, Bouhans, Échevanne, Écuelle, Montureux-lès-Gray, Raze, Renaucourt, Rigny, Traves, Vars, Valesmes. Le minerai en roche est extrait à Chagey, Conflans, Fleurey-lès-Faverney, Jussey, Oppenans, Villefaux. Le minerai de fer milliolithique n'est exploité qu'à Percey-le-Grand, dans l'oolithe moyenne. L'exploitation du Mesnil à Servance donne

DEPARTEMENT DE LA HAUTE-SAÔNE

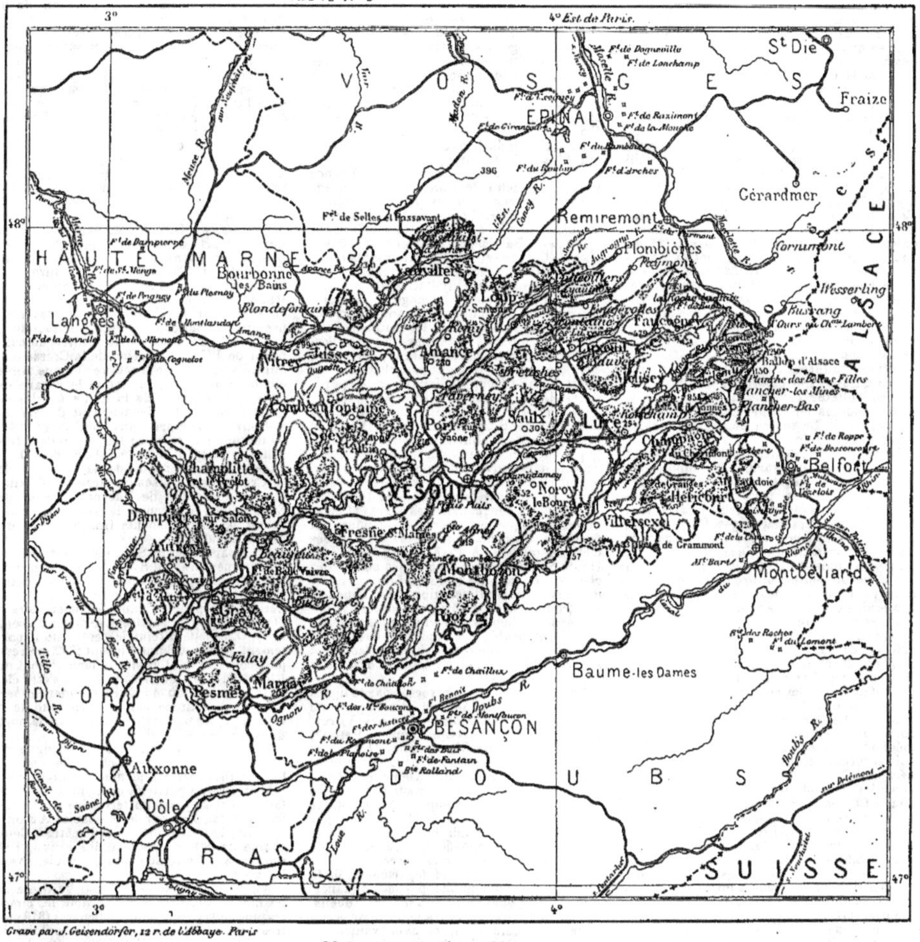

Gravé par J. Geisendörfer, 12 r. de l'Abbaye. Paris

Signes conventionnels :

PREFECTURE	Plus de 100 000 hab.	De 10 000 à 20 000	Place forte. Fort	Origine de la navigation
Sous-Préfecture	De 50 000 à 100 000	De 5 000 à 10 000	Frontière	Canal
Canton	De 30 000 à 50 000	De 2 000 à 5 000	Limite de Dépt	Col
Commune, Village	De 20 000 à 30 000	Moins de 2 000	Chemin de fer	Forêts

Les chiffres expriment en mètres l'altitude au dessus du niveau de la mer.

Echelle (1 millim. pour 900 mètres). 10 5 0 10 20 30 40 50 Kil.

jusqu'à 82 p. 100 de fer. Le territoire de Passavant renferme des gisements de cuivre et d'argent; près de Faucogney se trouvent de riches mines de manganèse. Enfin les eaux de l'Ognon roulent des paillettes d'or. Le sel gemme de Gouhenans et de Melcey-Fallon est extrait des entrailles de la terre à l'aide de trous de sonde, comme il a été dit au mot *Saline*. La houille, l'anthracite et le lignite donnent près de 200 000 tonnes annuelles à Ronchamp-Mourière, Champagney-Éboulet, Melcey, Malbouhans, Gouhenans-et-Athesans. A Ronchamp et à Éboulet, la couche de charbon est épaisse de 2 à 5 mètres; elle est exploitée par plus de 2000 ouvriers. Le département possède aussi des tourbières. Il est également riche en carrières d'où l'on tire du marbre, des porphyres, des granits de la syénite, des grès et de l'ophite, de la diorite. Il existe aussi des schistes argileux et des pierres lithographiques ; mais on exploite surtout : 1° des carrières de grès servant de pierre à bâtir, à Baignes, Dampierre-sur-Salon, Chagey, Luxeuil, Vauvillers; 2° la pierre à chaux à Cirey, Neuvelle-lès-Champlitte, Oiselay, Rupt-de-Vellemoz, Scey-sur-Saône; 3° la pierre à plâtre, exploitée et cuite à Chagey-Meurcourt, Vernois-sur-Mance, Vouhenans.

. L'importante *scierie de Servance* met en œuvre les granits des Vosges, les syénites de Servance, les ophites vertes de Ternuay. Elle en confectionne des colonnes, des piédestaux, etc.; et c'est de cette usine que sont sortis le soubassement du sarcophage de Napoléon aux Invalides, et les colonnes de syénite rouge du nouvel Opéra. Les gisements de phosphate de chaux se trouvent dans les couches supérieures du lias inférieur. Cette substance se présente en nodules jaunes ou blanchâtres assez durs. On l'exploite à Vitrey-Saint-Marcel, Montigny-les-Cherlieux, Pusy, Auxon, Velleminfroy, Pomoy-Mollans, Vy-lès-Lure, les Aynans, la Villeneuve, Conflans-sur-Lanterne, etc. Le département de la Haute-Saône possède des eaux minérales. Parmi elles, nous citerons : 1° Les eaux thermales de Luxeuil, dont la température est comprise entre 22° et 60°, et qui se partagent en deux groupes : dans le premier, on range les sources chlorurées sodiques, au nombre de 16; dans le second sont les deux sources ferrugineuses manganésiennes du Temple et du Puits-Romain. 2° Les sources de Neuvelle-lès-la-Charité, froides et sulfurées calciques. 3° La source froide d'Équevilley chlorurée sodique. 4° La source sulfatée calcique de Velleminfroy. 5° Les sources ferrugineuses d'Etuz et celle de Vesoul. 6° La source de Faymont, chlorurée sodique, etc.

Le sol du département de la Haute-Saône présente une grande variété de composition; on y rencontre des terres de bruyères, des alluvions riches en terreau, des calcaires crayeux, des terrains pierreux et argileux; des tourbières, des marécages. Par suite, les cultures y sont fort variées : on y récolte le froment, l'avoine, l'orge, le seigle, le méteil; un peu de maïs, de millet et de sarrasin; on y délaisse un peu la culture de la pomme de terre pour développer celle de la betterave. Les prairies naturelles sont assez nombreuses : les meilleures sont celles que l'on rencontre dans les vallées de la Saône, de l'Amance, de la Superbe, du Durgeon, de l'Ognon, de la Lantenne, de l'Ougeotte, du Breuchin, etc. Les montagnes de l'arrondissement de Lure sont recouvertes d'excellents pâturages que broutent les troupeaux de moutons. Les prairies artificielles, selon la composition chimique du terrain, sont semées en trèfle, en sainfoin ou en luzerne. Les bois et forêts recouvrent une surface considérable. On les rencontre principalement dans les arrondissements de Lure et de Gray. Les essences forestières dominantes sont : le chêne, le hêtre, le charme, l'érable, l'orme, le tremble. Les forêts de sapins se dressent sur les montagnes. Les cerisaies sont nombreuses dans les communes voisines de l'Alsace et des Vosges; les fruits qu'elles donnent servent à fabriquer par an 10000 hectolitres environ d'excellent kirsch. D'autres arbres fruitiers alternent dans les vergers avec les cerisiers et produisent beaucoup de fruits. Les forêts principales sont celles de Gray, d'Autrey, de Belle-Vaivre, de Granges, du Chérimont. La vigne occupe une étendue moins grande qu'autrefois; mais la quantité de vin récolté est à peu près la même parce qu'on a perfectionné la culture de l'arbuste. Les vins produits sont rouges et les plus estimés sont ceux de Ray, dans le canton de Dampierre-sur-Salon, et de Champlitte, dans l'arrondissement de Gray.

Le bétail est peu nombreux en proportion de la superficie du département. L'espèce chevaline y compte environ 22000 têtes, appartenant à l'ancienne race du Morvan, aux races suisse, percheronne et comtoise. Les poulains provenant du haras de Besançon sont élevés pour le trait ou la remonte de la cavalerie. Un dépôt d'étalons existe à Jussey. L'espèce bovine, de race comtoise, est précieuse pour ses qualités laitières et son aptitude à l'engraissement; beaucoup de bœufs, de 4 à 6 ans, sont exportés dans le Nord, où ils sont employés comme animaux de travail, puis soumis à l'engraissement. Les moutons, croisés de dishley, de south-down, de la race suisse noire, sont nombreux dans l'arrondissement de Lure, où ils trouvent les pâturages des montagnes. Les porcs, de race comtoise ou vosgienne, que l'on croise dans quelques localités avec les races anglaises, sont élevés dans les communes où se fabrique le fromage de Gruyère; on les engraisse avec les résidus de cette industrie. Les rivières sont très poissonneuses; on estime surtout la carpe de la Saône et du Salon, le barbeau de l'Ognon, la truite saumonée du Breuchin et du Rahin, les écrevisses du Coney et du Planey.

Parmi les industries agricoles, nous avons cité déjà celle du kirsch; le plus renommé de la Haute-Saône, et même de la France entière, est celui de *Clairegoutte* et d'*Andornay*. Les sucreries les plus importantes sont celles de Gevigney, de Vellexon et de Beaujeu; il y a d'importantes féculeries à Gevigney, Baudoncourt, Breuches, Breuchotte, Corbenay, Vauvillers, Gouhenans. Les cultivateurs ont fondé des associations appelées *fruitières*, à l'imitation des Suisses, pour la fabrication du fromage de Gruyère. Au nombre des industries manufacturières les plus florissantes sont : les filatures et tissages de coton de Breuches, Fougerolles-le-Château, Héricourt, Chagey, Champey, Servance, et le tissage des chapeaux de paille à Saint-Loup, Aillevillers; les papeteries de Savoyeux, Luxeuil et Conflandey; les verreries de Passavant et la Rochère; la faïencerie de Rioz; la poterie de Boult; la briqueterie de Melin. L'industrie métallurgique est représentée par la forge de Scevoux, le haut fourneau de Loulans-les-Forges, le fourneau de Crochot, la tréfilerie du Beuchot. Luxeuil possède une fonderie de cuivre; les machines sont construites à Gray; Corravillers fabrique des aciers, le Chandeau du fer-blanc. On confectionne des carrés et des clefs de montres à Plancher-les-Mines. La Haute-Saône exporte du blé, des bœufs, des chevaux, de la fonte et du fer forgé, des bois de construction en merrains et en planches, des fromages, du papier, du plâtre; il importe de la houille, du vin, des articles de mode, des meubles, de l'épicerie. Gray est la ville la plus commerçante du département et sert aux échanges entre l'Alsace-Lorraine et le S.-E. de la France.

La Haute-Saône est traversée par 15 lignes de chemins de fer, dont la plus importante est celle de Paris à Mulhouse, par Vitrey, Port-d'Atelier, Port-sur-Saône, Vesoul, Lure, Ronchamp, Champagney. Un canal réunira bientôt la Saône à la Moselle et remplacera le canal du Rhône au Rhin, dont une grande partie est sur le territoire d'Alsace-Lorraine. La population spécifique de la Haute-Saône est de 55 habitants par kilomètre carré, tandis que le chiffre de la population moyenne de la France est de 72 habitants par kilomètre carré.

A l'époque gauloise, le département de la Haute-Saône était habité par les Séquanes. Ceux-ci, toujours en lutte avec les Eduens, appelèrent à leurs secours le Germain Arioviste. Mais celui-ci, après avoir vaincu les Eduens, tyrannisa les deux peuples gaulois. Ceux-ci se réconcilièrent alors et appelèrent à leur secours César, qui battit le Germain entre Ronchamp et Champagney. Sous la domination romaine, la Haute-Saône fut englobée dans la Lyonnaise, catéchisée par saint Ferréol et saint Ferjeux. Ravagée par les Alamans et les Vandales en 406, elle fit ensuite partie du royaume des Burgondes. Saint Colomban y fonda l'abbaye de Luxeuil (590). Plus tard, le pays fut soumis aux Mérovingiens et aux Carlovingiens. Il fut érigé en comté en 1032 et réuni à l'empire d'Allemagne par Conrad le Salique. En 1504, le département passa de la domination allemande sous celle de l'Espagne. Louis XIV réunit enfin son territoire au domaine royal par le traité de Nimègue en 1678. Ce département a vu naître le docteur Lélut, le peintre Gérôme, le publiciste Chaudey, le romancier Xavier de Montépin. Le département est divisé en 3 arrondissements, 28 cantons et 583 communes. Il ressortit au 7e corps d'armée (Besançon); à la cour d'appel, à l'Académie et à l'archevêché de Besançon. — Ch.-l. *Vesoul*. — S.-préf. *Gray*, *Lure*.

SAÔNE-ET-LOIRE (DÉPART. DE), 855174 hect., 290954 hab. (V. la carte, p. 249.) Département de la région orientale de la France, tirant son nom des deux rivières, la Loire et la Saône, qui traversent son territoire en coulant dans des directions opposées. Il a été formé en 1790 d'une partie de la province de Bourgogne comprenant : 1° la portion la plus élevée du *Morvan*, qui occupe l'angle N.-O. du département; 2° l'*Autunois*, confinant au Morvan, dont il est séparé par l'Arroux; 3° le *Charolais*, au centre du département; 4° le *Mâconnais*; 5° le *Brionnais*, à l'angle S.-O.; et enfin 6° la *Bresse châlonnaise* et *louhannaise*, qui se trouve en grande partie sur la rive gauche de la Saône et au pied de la *Montagne*. A ces pays, il faut ajouter les bailliages de *Montcenis*, au S. d'Autun et de *Bourbon-Lancy*, à l'E. du département. Ce département est borné au N. par celui de la Côte-d'Or; à l'E. par celui du Jura; au S.-E. par celui de l'Ain; au S. par ceux du Rhône et de la Loire; à l'O. par l'Allier; au N.-O. par la Nièvre. Ses limites sont presque partout conventionnelles; toutefois, à l'O., la Loire le sépare de l'Allier, du confluent de l'Urbise à celui de la Cressonne, qui lui sert aussi de frontière sur une faible étendue; au S.-E., la Saône le sépare de l'Ain, du confluent de la Seille à celui de la Chalaronne. Le département de Saône-et-Loire est compris entre 46° 10' et 47° 10' de latitude N., et entre les longitudes occidentales de 1° 18' et de 3° 5'. Long de 140 kilomètres du confluent de la Loire et de la Cressonne à Cuiseaux, large de 100 kilomètres du canton de Lucenay à celui de Chauffailles, il occupe le septième rang parmi les départements français, à cause de son étendue.

Le département de Saône-et-Loire est traversé, à peu près du S. au N., par la grande ligne de partage des eaux qui s'étend entre les deux bassins de la Loire et du Rhône. Cette ligne pénètre dans Saône-et-Loire à l'O. de Chagny (213 mètres), se dirige d'abord au S.-O. où elle atteint le centre du département au mont Saint-Vincent (603 mètres), puis court au S. et atteint le département du Rhône au S.-O. de Matour, après s'être élevé à 774 mètres au mont des *Grandes-Roches*. Elle est constituée par la partie sud de la Côte-d'Or, les monts du Charolais et le nord des collines du Beaujolais.

Les points culminants de cette ligne de faîte sont les Grandes-Roches (774 mètres), le Suin (593 mètres), le mont Saint-Vincent (603 mètres). A partir de ce mont, la ligne de faîte s'abaisse jusqu'au territoire du Breuil (280 mètres), pour se relever ensuite. A Saint-Gervais, l'altitude atteint 516 mètres. Cette chaîne de collines partage les eaux qui se rendent à la Loire de celles qui coulent vers la Saône.

Au nord et à l'ouest d'Autun se dressent les monts boisés du Morvan, dont les cimes les plus élevées sont le mont Beuvray (810 mètres), que couronnait la citadelle gauloise de Bibracte, et le Haut-Folin (902 mètres), qui est le point culminant du département. A l'E. et au S. d'Autun, sur la rive gauche de l'Arroux, s'élèvent les monts de l'Autunois, dont l'altitude moyenne est de 600 mètres; les points culminants de ce massif sont le mont Jeu (643 mètres) au N. de Mesvres, et le plateau d'Antully (555 mètres). Aux environs du Creusot les hauteurs atteignent à l'O. 684 mètres d'altitude, tandis qu'au N. elles ne sont que de 555 mètres (Antully), de 551 (Couches-les-Mines) et de 516 à la limite N. du département. Au S. le Charolais présente des hauteurs de 609 mètres à l'O. de la Clayette, et de 782 au N. de Chauffailles. Entre la vallée de la Grosne et celle de la Saône, les monts du Mâconnais se rattachent à ceux du Beaujolais et croissent en hauteur à mesure qu'on s'avance vers le S. Sur la frontière du Rhône elle s'élève déjà à 741 mètres. Sur la rive gauche de la Saône s'étend la plaine mamelonnée de la Bresse, dont l'altitude ne dépasse pas 200 mètres. Toutes ces hauteurs, où les calcaires jurassiques se mêlent aux granits, ont leurs sommets plats et nus, tandis que dans le Morvan

DÉPARTEMENT DE SAÔNE-ET-LOIRE

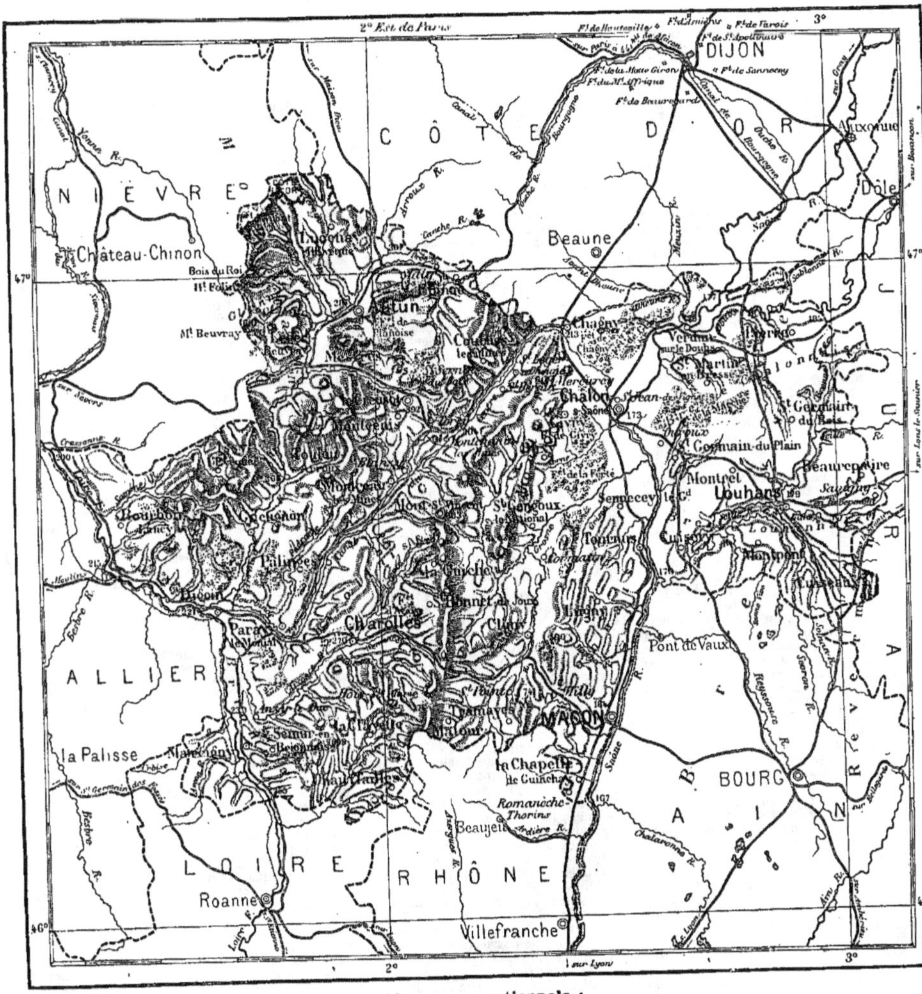

Signes conventionnels :

PRÉFECTURE	*Plus de 100 000 hab.*	*De 10 000 à 20 000*	*Place forte. Fort*
Sous-Préfecture	*De 50 000 à 100 000*	*De 5 000 à 10 000*	*Frontière*
Canton	*De 30 000 à 50 000*	*De 2 000 à 5 000*	*Limite de Dépᵗ*
Commune, Village	*De 20 000 à 30 000*	*Moins de 2 000*	*Chemin de fer*

Origine de la navigation — *Canal* — *Col* — *Forêts*

Echelle (1 millim. pour 900 mètres). 10 5 0 10 20 30 40 50 Kil.

Les chiffres expriment en mètres l'altitude au dessus du niveau de la mer.

les collines sont boisées et accidentées.

La description des montagnes que nous venons de faire montre que le département est partagé entre deux bassins, celui de la Saône ou plutôt du Rhône, et celui de la Loire. La Saône entre dans le département, un peu au-dessus du confluent du Doubs, le traverse du N. au S. pendant 110 kilom., lui sert de limite au S.-E. et en sort un peu après Saint-Romain-des-Iles. Elle arrose Verdun-sur-Doubs, Châlon-sur-Saône, Tournus, Mâcon. Elle reçoit à gauche : 1° Le Doubs, qui entre dans le département par le N.-E. et se jette dans la Saône à Verdun-sur-Doubs, après un parcours de 35 kilomètres; il y est grossi par les eaux de la Sablonne et de la Guyotte. 2° La Seille (120 kilomètres), qui sort d'une cluse du Jura au pied du mont de la Roche, traverse la Bresse louhannaise, arrose Louhans, Cuisery, se jette dans la Saône à la Truchère, et reçoit à droite la *Brenne*, à gauche le *Solnan* qui prend sa source dans le département de l'Ain et est grossi sur sa droite de la *Vallière* et sur sa gauche du *Sevron*. La Seille reçoit encore sur sa rive gauche la *Sanne* venant aussi du département de l'Ain, et est grossie d'un petit ruisseau, la *Sanne vive*. Les affluents de droite de la Saône sont : 1° La *Dheune*, qui sort des étangs de la forêt d'Avaize, au pied des monts du Charolais, coule du S.-O. au N.-O., sépare les arrondissements d'Autun et de Châlon, tourne à l'E. et sépare les départements de Saône-et-Loire et de la Côte-d'Or, se jette dans la Saône, à Verdun, en face du confluent du Doubs; elle baigne Chagny et prête son cours au *canal du Centre*. 2° La *Corne*, qui arrose les cantons de Buxy, Givry, passe entre les deux forêts de la Ferté au S. et de Givry au N., se grossit de la Thalie, et se jette dans la Saône au-dessous de Châlon. 3° La *Grosne*, qui prend sa source au mont Saint-Rigaud, point culminant du Beaujolais, coule du S. au N., dans les arrondissements de Mâcon et de Châlon, arrose Cluny, et se réunit à la Saône en aval de Marnay; elle reçoit sur sa rive droite la *Valouse*, qui passe à Saint-Point (château de Lamartine), et le *Grison*. Sur sa rive gauche la Grosne se grossit de la *Guye* qui prend sa source dans les collines à l'O. de Buxy, se dirige d'abord au S. en passant au pied du mont Saint-Vincent, et, à la hauteur de la Guiche, tourne brusquement au N.-E., laissant un peu à gauche Saint-Gengoux-le-National. 4° La *Mouge*, petit ruisseau descendant de Donzy-le-Perthuis (596 mètres). 5° La *Petite Grosne*, qui vient du département du Rhône et se jette en aval de Mâcon.

La Loire entre dans le département, au-dessus d'Iguerande, par 255 mètres d'altitude, le traverse pendant 20 kilomètres et le sépare de l'Allier pendant plus de 75 kilomètres. Elle reçoit du département de Saône-et-Loire plus de 40 cours d'eau, sur sa rive droite, parmi lesquels nous citerons : 1° Le *Sornin* traversant l'E. du canton de Chauffailles. 2° l'*Arconce*, sorti de l'étang du *Rousset*, se dirige d'abord du N. au S. arrosant Charolles, remonte vers le N. à Anzy-le-Duc et mêle ses eaux au fleuve en amont de Digoin; il est grossi sur la rive gauche de la *Semence* et de l'*Ozollette*. 3° L'*Arroux*, déversoir de l'étang de *Moullion*, près Arnay-le-Duc, dans la Côte-d'Or, traverse l'arrondissement d'Autun et celui de Charolles, et finit en aval de Digoin, après un cours de 120 kilomètres; il arrose Autun, Toulon, Gueugnon; il est grossi, dans la partie supérieure de son cours, par des ruisseaux qui viennent du Morvan, comme le *Ternin* arrosant Lucenay-l'Evêque et joignant l'Arroux en face d'Autun, et la *Selle* descendant des hauteurs que couronne la forêt d'*Anost*. Sur sa rive gauche l'Arroux reçoit la *Canche*, qui a presque tout son cours dans la Côte-d'Or; la *Drée*, coulant parallèlement à la Canche, et baignant Epinac et Sully; le *Mesvrin* prend sa source et descend d'un petit nœud hydrographique situé à l'O. de Couches-les-Mines et arrose Mesvres. A une lieue environ de son embouchure, l'Arroux reçoit encore à gauche la *Bourbince* (190 kilomètres), issue à Montcenis des étangs de Montchanin et de Longpendu, prête sa vallée du N. au S., puis, de l'E. à l'O., au canal du Centre, en passant à Blanzy, Montceau-les-Mines et Paray-le-Monial; la Bourbince a elle-même pour tributaire l'*Oudrache*, sortie des étangs de Dompierre-sous-Sanvignes. La Loire reçoit encore sur sa rive droite la *Somme* et la *Cressonne* séparant le département de Saône-et-Loire de celui de la Nièvre, et qui arrose les cantons d'Issy-l'Evêque et de Bourbon-Lancy. Sur la rive gauche, la Loire reçoit dans notre département deux petits ruisseaux, l'*Arçon* et l'*Urbise*. Le département renferme un très grand nombre d'étangs, dont les principaux sont : l'étang de *Montaubry*, de *Torcy-Neuf* et de *Montchanin*, qui alimentent le canal du Centre; l'étang de *Longpendu* et celui du *Rousset*; la plupart des autres étangs sont disséminés dans la Bresse louhannaise.

A ces cours d'eau, il faut ajouter le *canal du Centre* ou du *Charolais*, qui a 127 kilomètres de longueur et 81 écluses; il a été établi de 1784 à 1793 par l'ingénieur Gauthey. Ce canal part de Châlon-sur-Saône, suit la vallée de la Thalie, puis celle de la Dheune à partir de Chagny, s'insinue entre les monts du Charolais et ceux de la Côte-d'Or, a son bief de partage près de l'étang de *Longpendu*, redescend la vallée de la Bourbince, arrive à Digoin et traverse la Loire sur un magnifique pont-canal, pour se confondre avec le canal latéral au fleuve. Le canal de *Roanne à Digoin*, ouvert de 1832 à 1838, pour abréger la navigation de la Loire et la rendre possible en tout temps, traverse le S.-O. de l'arrondissement de Charolles, sur une longueur de 17 kilomètres.

L'angle N.-O. du département de Saône-et-Loire est formé par les porphyres rouges et les quartz du Morvan. Au pied des hauteurs de ce pays, sur les rives de l'Arroux et de ses affluents, s'étend le bassin houiller d'Autun, qui se développe en éventail vers l'E. jusqu'au delà d'*Epinac*. Le terrain carbonifère se trouve recouvert par des dépôts arénacés, des grès et des schistes bitumineux que l'on exploite pour en extraire l'huile de schiste. Les puits que l'on est obligé de faire pour atteindre la grande couche de houille ont de 500 à 600 mètres de profondeur, tandis que le combustible affleure vers le périmètre du bassin. Les sondages que l'on y a faits semblent prouver que l'on trouvera, vers le centre, des réserves de houille d'une certaine importance. La partie du département comprise entre une ligne droite menée d'Autun à Bourbon-Lancy et une autre ligne également droite passant par Montcenis, Toulon-sur-Arroux et continuée au S. jusqu'à la rencontre de la Loire est constituée par les terrains cristallisés limités à l'E. de Bourbon-Lancy par un bande rectiligne de gneiss qui suit la direction du méridien. A l'O. de ce ruban se trouve un massif de terrains de transition. Entre la ligne tirée de Montcenis à Toulon et au delà et le canal du Centre et la rive droite de l'Arroux, depuis Gueugnon jusqu'à son confluent avec la Saône, le sol du département de Saône-et-Loire appartient aux marnes irisées du trias. Cette portion est limitée à l'O. par une bande de terrain houiller s'étendant en écharpe du N. de Toulon-sur-Arroux au confluent du Blandeau avec la Loire. A l'E., un autre ruban de terrain houiller suit la lisière du trias jusqu'à la hauteur de Gueugnon. Au centre du trias se trouvent trois autres bassins houillers : du *Creusot*, de *Charmoy* et des *Porrots*; ils sont recouverts par le terrain permien, par des schistes houillers et des conglomérats. Entre Autun et la Dheune, on remarque une masse de terrains jurassiques encastrée dans les granits, et composée par des grès infraliasiques. Le Charolais est constitué au N. de Charolles par cette dernière roche, et au S. par du calcaire à gryphées arquées, flanqué à l'E. par ces mêmes grès. Plus à l'E., on retrouve les granits; puis une bande des terrains jurassiques venant de la Côte-d'Or, passant par Givry, et qui est constituée en majeure partie par l'oolithe inférieure au milieu de laquelle se trouvent des massifs de calcaire à gryphées arquées et de grès infraliasiques. Le jurassique s'étend de la sorte jusque sur la rive droite de la Saône, au N. de Tournus. La rive droite de la Grosne, jusqu'au N. de Cluny, est occupée par des collines assez élevées (596 mètres à 741 mètres) qui sont constituées par des porphyres rouges quartzifères. Le Brionnais est constitué par le miocène, au milieu duquel on rencontre çà et là des îlots pliocènes. Quant à la Bresse, c'est une plaine dont le sol appartient au terrain pliocène et dont les vallées sont recouvertes par des alluvions modernes. Le sous-sol en est argileux, ce qui rend la Bresse imperméable et l'a couverte d'innombrables étangs que l'on dessèche de plus en plus.

Le département de Saône-et-Loire appartient aux deux climats voisins, rhodanien et girondin; il est sain et tempéré, bien que les froids et les chaleurs y soient plus excessifs que dans la région girondine. On y compte, par année moyenne, 128 jours de pluie, 18 de neige, 7 de pluie et neige, 2 de grésil, et 210 jours de beau temps. La moyenne de la température du printemps est de 11°,01', celle de l'été de 20°,20, celle de l'automne de 11°,49 et celle de l'hiver de 2°,47. La couche de pluie annuelle est de 846 millimètres à Mâcon et de 90 centimètres à Charolles.

La houille des bassins d'Autun et du Creusot constitue la plus grande richesse minérale du pays; elle est extraite à Saint-Bérain, au Creusot, à Blanzy, à Epinac, à Saint-Léger, à Montchanin, à Montceau-les-Mines. Ce bassin, le sixième de la France par son importance, produit annuellement plus de 1 200 000 tonnes. Le fer est exploité à Buxy, Chaleucey, Chauffailles, Epinac, Gueugnon, Ligny, Marcigny, Moutiers, Palinges, Savigny, le Creusot, Perrecy. Les pyrites de fer et de cuivre viennent de Chamoux et Neuvy; le plomb sulfuré se trouve à Gueugnon et Saint-Christophe-en-Brionnais. L'ardoise est exploitée à Lucenay-l'Evêque; l'asphalte, à Autun; la chaux grasse, à Couches-les-Mines et Mesvres; le chrome oxydé, à Couches-les-Mines. Il y a des carrières de pierre à Autun, Epinac, Givry, Sennecey, Tournus; du granit à Buxy et Mesvres; des pierres meulières à Charolles, Toulon-sur-Arroux; du marbre à Paray-le-Monial; des marbres antiques à Gilly-sur-Loire; des améthystes à Palinges; des émeraudes et des tourmalines à Mont-Saint-Vincent; du grenat à Montcenis; du kaolin à Saint-Sorlin; du manganèse à Romanèche, Thorins; de la terre réfractaire à Autun, Chevagny-les-Chevrières, Ciry, Mâcon, Palinges, Semur; des schistes bitumineux à Autun, Cordesse, Curgy, Dracy-Saint-Loup, Igornay, Monthelon, Saint-Forgeot. On extrait du sable pour la verrerie à Chagny et à Couches-les-Mines. Le département possède aussi des eaux minérales dont les plus importantes et les plus célèbres sont celles de Bourbon-Lancy, déjà connues des Romains; elles sont thermales, chlorurées sodiques; elles renferment aussi du chlorure de magnésium et du sulfate de soude. Elles sont recommandées pour combattre les affections nerveuses, les rhumatismes, l'anémie, les scrofules, etc. Leur température est de 50°, et elles s'échappent par sept sources qui débitent plus de 4 000 litres par 24 heures; l'eau est limpide, incolore, et inodore, sauf à la source d'Escure, qui donne des boues végétales exhalant une odeur désagréable. Le département de Saône-et-Loire ne présente pas de nombreuses curiosités naturelles; cependant l'Autunois, avec ses montagnes boisées et ses fraîches vallées, offre quelques grottes et quelques jolies cascades, comme celle de Brise-Cou, près d'Autun.

Le département de Saône-et-Loire présente quatre régions agricoles; savoir : 1° Le *Morvan* et l'*Autunois*, au sol granitique coupé par des ruisseaux d'une eau vive et claire qui sert à irriguer les prés, tandis que les sommets des montagnes sont couverts de bois que l'on exploite pour l'approvisionnement des grandes villes. 2° Le *Charolais*, comprenant l'arrondissement de Charolles, au sol en partie granitique et en partie calcaire, est constitué par des collines aux flancs arrondis et que séparent de nombreuses petites rivières et de ruisseaux qui répandent la fraîcheur et entretiennent la végétation dans les prairies qu'ils arrosent et où on élève et engraisse ces beaux *bœufs Charolais* qui font l'admiration des connaisseurs. 3° Le *Mâconnais*, compris entre les cours de la Saône, de Tournus à la limite du département et les collines calcaires qui s'étendent à l'O. de l'arrondissement du N.-E. au S.-E. C'est sur le versant de ces collines ondulées que s'étalent au soleil les vignobles si renommés de la Bourgogne et les champs de maïs et de froment. 4° La *Bresse*, qui s'étend sur tout l'arrondissement de Loubans dont le sol, de formation tertiaire et moderne, est ondulé et coupé d'un nombre infini de ruisseaux, de canaux et d'étangs dont les bords sont plantés de saules et d'osiers. Les prairies sont nombreuses et servent à la nourriture du gros bétail et à celui des vaches laitières. On cultive aussi le froment, le maïs, le sarrasin et le chanvre; mais l'industrie agricole la plus prospère de la Bresse est l'élevage et l'engraissement de la volaille. Nous avons déjà dit que les étangs sont très nombreux dans le département, surtout dans la Bresse. Leur nombre s'élève à plus de 1 200, et la superficie qu'ils occupent est d'environ 5000 hectares. Ils sont, du reste, très poissonneux et leur produit vient encore augmenter la richesse du pays. Les principaux de ces étangs sont ceux de *Villeron*, les *Clayes*, les *Arbois-de-Barres*, *Baignant*, *Villeneuve*, *Long-Pendu*, la *Revarde*, *Saint-Pierre*, *Montchanin*, etc., etc. Le département présente la plus grande variété par ses sols comme par ses productions; on y trouve des sols granitiques, calcaires, siliceux et d'alluvion : on y récolte le froment, le seigle, l'avoine, le maïs, le sarrasin, les pommes de terre et les plantes oléagineuses. La vigne couvre près de 40 000 hectares, principalement dans le Mâconnais. Ce pays peut se diviser en cinq zones vinicoles, dont quatre produisent des vins rouges, et la cinquième des vins blancs. Dans la première zone sont les crus de Thorins, Romanèche, la Chapelle-de-Guinchay. La deuxième zone, constituée par le canton sud de Mâcon, comprend le vignoble de Saint-Amour. Le vignoble de Davayé, avec les communes de Bussières, Charnay, Chevagny, Milly, Saint-Sorlin, constitue la troisième zone. Dans la quatrième zone est le canton nord de Mâcon. La cinquième zone produit les vins blancs de Pouilly, Fuissé, Solutré, célèbre par sa station préhistorique où l'on trouve des quantités innombrables de squelettes de chevaux, et Loché. La côte châlonnaise ne donne que des vins assez ordinaires à Mercurey, Rully, Givry et Saint-Martin-sous-Montaigu. Dans les vignobles secondaires, on récolte les vins rouges de Bracé, Charnay, Chenoves, Saint-Gengoux, Saint-Julien, Saint-Marc; les vins blancs de Chenoves, Montagny, Saules et Vinzelles. La betterave est cultivée aux environs de Marcigny. Le mûrier est répandu dans les cantons de Paray-le-Monial, Marcigny, Sennecey, Cuiseaux et Cuisery. Les forêts principales, assez nombreuses dans le N. et l'O. de la Bresse et dans le S.-O. du département ainsi que dans le Morvan, sont celles de *Planoise*, de *Chagny*, de *Gergy*, de la *Marche*, de *Givry*, de la *Ferté*, d'*Avaise*. Les chevaux appartiennent aux races bressane, morvandelle, franc-comtoise et percheronne. C'est dans l'arrondissement d'Autun et de Louhans que l'on élève le plus de chevaux. Les bêtes à cornes, dites *charolaises* (V. *Bovine*), sont employées aux travaux de la ferme de l'âge de dix-huit mois à celui de six ou sept ans; on les engraisse alors dans des pâturages clos dits *embouches*, et compris dans la contrée bornée au N. par les communes de Toulon-sur-Arroux, Sanvignes, Saint-Vallier, Saint-Romain-sous-Gourdon; à l'E. par les monts du Charolais; au S.-E. par le département du Rhône; au S. par celui de la Loire, et au S.-O. par la Loire. Ces animaux vont alimenter les marchés de Paris ou de Villefranche (Rhône). On vend aussi ces bœufs dans la France entière et jusqu'en Angleterre pour servir à la reproduction. Les bêtes à laine appartiennent le plus souvent aux croisements mérinos, à la race des ravats bourbonnais ou aux races communes à longue laine. Les porcs sont de la race indigène du Charolais; les poulardes de la Bresse viennent des environs de Louhans. Le département possède aussi 35 000 ruches produisant près de 250 000 kilogrammes de miel et de cire par an.

Bien que le département de Saône-et-Loire soit essentiellement agricole, l'industrie y tient une place considérable et la métallurgie y est représentée par l'*usine du Creusot*. Ce n'était en 1770 qu'un misérable hameau, nommé *Charbonnière*. La découverte d'une houillère y attira des industriels qui y établirent des fonderies, des forges, une cristallerie. En 1837 la société Schneider acquit le Creusot et en fit l'établissement industriel le plus complet de l'Europe. Trois industries distinctes y sont en pleine activité : l'extraction de la houille, la fabrication de la fonte et du fer et la construction des machines. Les hauts fourneaux, au nombre de treize, sont actionnés par neuf machines soufflantes et produisent par jour 350 000 kilogrammes de fonte. La forge renferme 100 fours à puddler, 60 fours à réchauffer; elle fabrique de l'acier Bessemer, lamine le fer en tôle ou bien l'étire en rails. Les ateliers de construction produisent des locomotives, des machines fixes, des machines pour la navigation fluviale et maritime. Un chemin de fer relie l'usine au canal du Centre. Autun, Châlon-sur-Saône, Chagny, Mâcon, Montceau-les-Mines, Tournus, ont aussi des fonderies de fer; le cuivre et le bronze sort des usines d'Autun, Châlon et Mâcon; il y a aussi des forges au Gueugnon et au Verdrat. L'industrie des tissus est représentée par les filatures de laine d'Autun, de Charolles et de Cluny; par le linge de table de Marcigny; par les filatures de coton de Saint-Igny-de-Roche; par les filatures et tissages de soieries de Saint-Igny-de-Roche, Ligny, Saint-Maurice-lès-Châteauneuf. La poterie est fabriquée à Chagny, Ciry, Châlon, Charolles, Cluny, Marcigny, Romanèche, Tournus, Génelard et Montchanin. Ces dernières sont renommées comme poterie artistique. Les tuileries sont importantes à Autun, Ligny-en-Barrois, Cormatin. Citons encore les verreries de Blanzy et d'Épinac; les raffineries et sucreries de Châlon. Enfin Digoin est connu pour sa fabrique de porcelaine. Des féculeries, des usines d'huiles et d'essences minérales ainsi que des raffineries de pétrole existent dans le département.

Le département exporte de la houille, du fer, du manganèse, des eaux minérales de Bourbon-Lancy, des machines pour les chemins de fer, la marine et l'industrie, construites au Creusot, des briques et de la poterie, des bouteilles et des cloches de verre, des bœufs, des vins, etc. Il importe des nouveautés, des étoffes, des draps, de la chapellerie, des alcools, de l'épicerie, de la droguerie, de la parfumerie, de l'horlogerie et de la quincaillerie. Il est parcouru par 15 chemins de fer : de Paris à Lyon, par Chagny, Châlon, Tournus, Mâcon, Tournus, Romanèche; de Châlon à Dôle, de Chagny à Épinac, de Chagny à Nevers, de Montchanin à Moulins, de Mâcon à Paray-le-Monial, de Mâcon à Bourg, de Bourg à Lons-le-Saunier, de Lons-le-Saunier à Châlon, de Châlon à Bourg, d'Autun à Cravant, de Paray-le-Monial à Roanne, de Dijon à Saint-Amour, de Cercy-la-Tour à Gilly-sur-Loire. On remarquera l'importance militaire de Chagny, sur le canal du Centre, au croisement de quatre lignes de chemins de fer; c'est là que se concentra l'armée de Bourbaki en 1870 pour essayer de débloquer Belfort; on a résolu d'y construire un fort d'arrêt.

Le département était habité, dès les temps préhistoriques, comme le prouvent les immenses dépôts d'ossements trouvés en 1866 dans les cavernes de Solutré, si célèbres depuis par les savants. Des monuments mégalithiques entourent le mont Beuvray, où s'éleva ensuite Bibracte, la capitale des Eduens. Dès l'an 122 av. J.-C., ce peuple s'allia aux Romains pour résister aux Séquanes et aux Arvernes. Durant les expéditions de César, les Eduens trahirent la grande cause de l'indépendance gauloise et les efforts de Vercingétorix. Durant la domination romaine, Bibracte, abandonnée, fut remplacée par *Augustodunum* (Autun), où l'on trouve encore de nombreux monuments romains. Durant les grandes invasions, il fut ravagé par les Suèves, les Goths, les Vandales, les Huns, les Burgondes, qui s'y établirent en 406; il finit par être annexé à l'Austrasie sous les descendants de Clovis. Lors de l'invasion arabe, le Mâconnais et le Charolais furent saccagés; Autun fut presque détruite. Sous les Carlovingiens, le territoire du département, distrait de la France au traité de Verdun, fut annexé à la Lotharingie et fit enfin partie du duché de Bourgogne, deux fois aliéné, en 1012 par Robert le Pieux, en 1361 par Jean le Bon. Après la mort de Charles le Téméraire (1477), le territoire du département fut réuni au domaine royal. L'abbaye de Cluny, dans les bâtiments de laquelle on a installé l'école normale professionnelle, a joué un grand rôle dans l'histoire et a été au moyen âge un foyer artistique. L'église, construite de 1089 à 1131, sur les plans de deux moines, était la plus vaste, la plus belle et la plus fréquentée de la chrétienté, après saint Pierre de Rome. Sous le Consulat, elle fut achetée par une compagnie de démolition, dite *bande noire*; un des transepts a seul été respecté. Le département comprend 50 cantons et 589 communes; il ressortit au VIIIe corps d'armée (Bourges), à la cour d'appel de Dijon, à l'Académie de Lyon; il forme l'évêché d'Autun, suffragant de Besançon. Le chiffre de la population spécifique du département est de 73 habitants par kilomètre carré, tandis que celui de la population moyenne de la France est de 71. — Ch.-l. *Mâcon*; s.-préf. *Autun*, *Châlon-sur-Saône*, *Charolles*, *Louhans*.

SAORGIO, 3000 hab., village d'Italie sur la Roya; victoire des Français sur les Autrichiens en avril 1794.

SAOUL, SAOULER. (Voir *Soûl*, *Soûler*.)

***SAP** (prov. *sap*, sapin), *sm.* En marine et dans le peuple, toute espèce de bois de construction résineux, tel que le sapin.

SAPA (ml. *vin cuit*), *sm.* Moût de raisiné cuit et ayant la consistance du miel.

SAPAJOU ou **SAJOU** (brésilien *Cayouvassou*), *sm.* Famille de singes du nouveau monde, dont la queue, longue, prenante, recouverte de poils, leur sert pour se suspendre aux branches des hautes cimes des arbres qu'ils habitent de préférence. Ces animaux, qui se rapprochent beaucoup des guenons, se nourrissent surtout de matières végétales, auxquelles ils joignent des insectes ou de petits oiseaux. Ils sont très prudents et très rusés; ils sont susceptibles d'éducation, mais ils n'apprennent que ce qu'ils veulent, et ils sont très sales, comme nous l'avons dit au mot *saï*, qui désigne un singe de cette famille. (V. *Saï*.)

SAPAJOU

SAPAN ou **SAPPAN** (malais *sapang*), *sm.* Le bois du *cæsalpinia sapan*, arbre de la famille des Légumineuses-Cæsalpiniées qui croît aux Indes, dans le royaume de Siam, en Chine, au Japon, dans les Moluques, au Brésil, et qui sert à la teinture. Il nous arrive en Europe en bûches dépouillées de leur aubier, présentant à leur centre une moelle rouge jaunâtre. Ce bois est dur, compact, lourd, d'un grain très fin, et par suite susceptible de prendre un beau poli. Sa teinte rouge est plus pâle que celle des autres bois de teinture. Il en existe deux sortes principales : 1° celui de *Siam*, en bûches grosses comme le bras et d'un rouge vif à l'intérieur; 2° celui de *Bima*, qui nous arrive en bâtons et est jaunâtre à l'intérieur; les parties périphériques, ayant subi l'influence de l'oxygène de l'air, sont d'un rose pâle. Le bois de *Lima* du commerce est une variété de sapan. Les bois qui viennent de Manille et des autres Philippines, de Saint-Martin et de Pandangs sont peu estimés. || L'un des noms du polatouche volucelle, appelé encore *assapan* par les Peaux-Rouges.

SAPE (l. *sappa*, pioche), *sf.* Petite faux à moissonner, à manche court et courbe, en usage chez les Belges et les Flamands, qui la désignent sous le nom de *piquet* ou de *sape* flamande; elle est employée concurremment avec le crochet, dont le fer est coudé et le manche long d'un mètre. Le moissonneur maintient les chaumes avec le crochet, tandis qu'il les coupe avec la sape. La sape a remplacé la faucille; elle tend de plus en plus à être remplacée à son tour par la faux, qui, elle-même, le sera par les machines. || Tranchées ayant des talus en gradins, dans lesquelles les assiégeants peuvent se mettre à couvert. || Brèche longitudinale qu'on pratique dans le pied d'un mur, pour le faire tomber. — **Dér.** *Saper, sapeur.*

SAPE

***SAPÈQUE** (mot chinois), *sf.* Monnaie indigène de la Cochinchine française, représentant la sixième partie d'un centime. Elle est de zinc et porte un trou carré au centre qui permet de l'enfiler sur une lanière ou ligature. On l'emploie encore à Siam et à Canton. En Annam, les ligatures de sapèques se composent de 600 pièces de zinc, du diamètre de notre franc, réunies par une fibre de bambou; cette ligature représente l'unité monétaire et vaut de 70 à 75 centimes. Un mètre cube de ligatures vaut environ 400 francs. Au Tonkin, les ligatures de 600 sapèques se subdivisent en dix parties ou *tien*, de 60 sapèques chacune.

SAPER (*sape*), *vt.* Couper les céréales avec la sape. || Fouiller au-dessous d'une construction pour la faire tomber. || Attaquer par le pied un mur pour le renverser. — Fig. Détruire peu à peu par des menées occultes : *Saper un gouvernement, une institution.*

***SAPERDE** (l. *saperda*, nom d'un poisson), *sf.* Genres d'insectes coléoptères de la famille des Longicornes, comprenant des insectes longs d'environ 16 millimètres, dont le corps, cylindrique et noir, est revêtu d'un duvet jaune-verdâtre; les antennes sont aussi longues que le corps et annelées de noir et de cendré; la tête porte des poils jaunes; les yeux sont noirs. Les différentes espèces de ce genre sont nuisibles aux arbres. Les principales sont : 1° La *saperde requin* (*superda carcharias*), la plus grande du genre, puisqu'elle a de 28 à 30 millimètres de longueur, est jaune pointillé de noir. La femelle dépose ses œufs, au nombre de 30 à 40, dans les interstices de l'écorce des trembles et des peupliers; au bout de quelques jours, de ces œufs sortent des larves d'un blanc jaunâtre qui se tracent une galerie pénétrant jusque dans l'intérieur de l'arbre aux dépens duquel elles se nourrissent. Ce n'est que dans le courant du second hiver qu'elles se construisent une demeure avec les fibres tamponnées du peuplier et bouchent l'ouverture par laquelle devront sortir les insectes parfaits. La *saperde requin* fait de grands dégâts dans les jeunes plants de peupliers et de trembles. On reconnaît la présence de cet insecte aux trous que l'on observe sur l'arbre attaqué, et à une grosseur qu'ils ont sur la tige un peu au-dessus de la terre; 2° la *saperde à échelons* (*saperda scalaris*), dont la larve attaque les bouleaux, les cerisiers, les pruniers, etc.; 3° la *saperde oculée*, vivant sur le saule et l'osier; 4° la *saperde ponctuée*, qui habite les trembles et les ormes. Pour détruire ces différentes espèces d'insectes, il faut écorcer les arbres et brûler les sujets qui sont morts ou que l'on a été obligé d'abattre; 5° La *saperde grêle* (*saperda tenuis* ou *gracilis*), appelée aussi vulgairement *aiguillonnier*, espèce de petite taille, très nuisible aux céréales. Dans le midi de la France, la femelle dépose un œuf à la partie supérieure de la tige du blé, près de l'épi. La larve qui sort de cet œuf ronge le chaume de telle façon qu'à un certain moment la moindre brise détermine la chute de l'épi. Puis la larve descend peu à peu, et va se loger à 5 ou 6 centimètres du sol. C'est là qu'elle passe l'hiver et y subit ses métamorphoses. Au printemps elle se transforme en insecte parfait et les nouveaux venus recommencent le cycle de leur existence, et comme la femelle pond chaque année environ 200 œufs, on voit qu'il est bon de chercher à détruire ces hôtes néfastes. On n'a guère qu'un moyen d'atteindre ce résultat, c'est d'arracher leurs demeures, de les brûler et de remplacer la culture des céréales par celle des pommes de terre ou par les prairies artificielles.

SAPEUR (*saper*), *sm.* Soldat du génie chargé de faire les travaux de sape. || Autrefois, soldat de haute taille armé d'une hache et d'un mousqueton, portant un bonnet à poil et un tablier de peau blanche, marchant en tête du régiment et chargé de frayer au besoin un passage à la troupe. Aujourd'hui le sapeur ne se distingue des hommes de troupe que par deux haches croisées, en drap jaune, cousues sur les deux bras. Il porte, sur le sac, enfermés dans une gaine de cuir, le pic, la pelle ou la hache; le manche est serré par des courroies sur l'un des côtés de ce sac. || Moissonneur qui fait usage de la sape. || *Sapeur-pompier*, soldat d'une milice créée spécialement pour éteindre les incendies : Paris seul a un régiment de sapeurs-pompiers. Dans les autres communes de France, ce service est fait par des citoyens de bonne volonté. — Pl. *des sapeurs-pompiers.*

SAPEUR DU GÉNIE

SAPHÈNE (arabe *safin* : grec σαφήνης, visible), *sf.* Nom de deux veines latérales de la jambe, apparentes sur la peau, voisines de chaque malléole et auxquelles se pratique la saignée du pied.

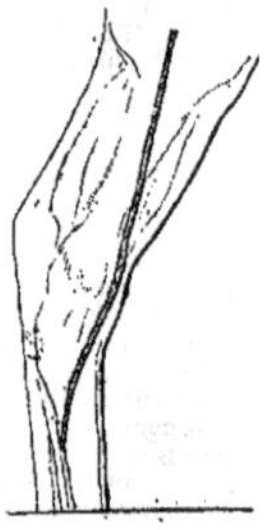
SAPHÈNE

SAPHIQUE (*Sapho*), *adj.* 2 *g.* Qui a rapport à Sapho. || *Vers saphique*, sorte de vers grecs et latins, composés de onze syllabes, distribués en un trochée, un spondée, un dactyle et deux trochées. Horace en a fait souvent usage.

SAPHIR (l. *sapphirum*), *sm.* Pierre précieuse qui est un corindon hyalin, coloré en bleu. Le véritable saphir vient de Ceylan et des Indes. Il se présente dans la nature en cristaux arrondis, plus ou moins transparents, quelquefois laiteux, ce qui est un défaut. Limpide et d'un beau velouté, il a une très grande valeur. Il est plus dur que le rubis, le corindon et l'émeraude. Sa poudre est excellente pour polir les matières dures. Sa densité est supérieure à 4°. Il est excessivement réfringent, présente le phénomène de la double réfraction et celui du dichroïsme. On le taille à peu près comme le rubis, mais en laissant plus de table et en diminuant l'épaisseur en dessous. La gravure sur saphir est très difficile. — **Dér.** *Saphirine.*

SAPHIRINE (*saphir*), *sf.* Substance vitreuse de couleur bleue, que l'on rencontre en petits cristaux ou en grains dans les roches volcaniques de l'Italie, sur les bords du Rhin, dans le plateau central de la France et dans les micaschistes du Groenland. La saphirine est très dure et renferme de la magnésie, de la silice et de l'alumine; sa densité est comprise entre 3,42 et 3,47. || Genre de crustacés de très petite taille qui vivent à la surface de la haute mer et répandent des lueurs phosphorescentes. Une espèce, la *saphirine brillante*, se trouve dans l'océan Atlantique et au S. du cap de Bonne-Espérance.

SAPHO ou **SAPPHO** (VIIe siècle av. J.-C., surnommée la dixième muse, célèbre femme poète, née à Mitylène, dans l'île de Lesbos; elle a donné son nom au vers saphique et on lui attribue un hymne à Vénus et de nombreux fragments lyriques écrits dans le dialecte grec éolien; elle institua des chœurs de jeunes filles qui répandirent ses chants dans la Grèce. — **Dér.** *Saphique.*

SAPIDE (l. *sapidum*), *adj.* 2 *g.* Qui a de la saveur : *Substance sapide.* — **Dér.** *Sapidité.*

SAPIDITÉ (l. *sapiditatem*, *sf.* Qualité d'un corps qui a de la saveur.

SAPIENCE (l. *sapientia*, habileté), *sf.* sagesse (vx). || *La Sapience*, le Livre de la sagesse de Salomon; s'est dit aussi des *Proverbes*, de l'*Ecclésiastique* et de l'*Ecclésiaste.* — **Dér.** *Sapientiaux.*

SAPIENTIAUX (l. *sapientialis*), *adj. m. pl.* Se dit de certains livres de l'Ancien Testament, attribués à Salomon, qui aurait composé le *Livre de la sagesse*; ce sont les *Psaumes*, les *Proverbes*, l'*Ecclésiaste*, l'*Ecclésiastique*, le *Cantique des Cantiques*, le *Livre de la sagesse.*

SAPIN (l. *sapinum*), *sm.* Genre d'arbres pluricotylédones, de la tribu des Abiétinées, de la famille des Conifères et de l'ordre des Gymnospermes, qui croissent naturellement dans les régions montagneuses des pays froids et tempérés. Les sapins ont des feuilles éparses terminées en pointe, roides et persistantes; elles sont, en outre, comprimées et tétragonales. Leurs fleurs sont monoïques; les fleurs mâles sont réunies en chatons solitaires et naissent soit à l'aisselle des feuilles, soit à l'extrémité de petits rameaux. Ces chatons sont composés d'écailles imbriquées autour de l'axe et chacune d'elles porte en dessous deux anthères moins longues que l'écaille, et s'ouvrant par une fente longitudinale. Les fleurs femelles sont également groupées en chatons; ceux-ci sont terminaux ou latéraux, solitaires, et placés vers le sommet des rameaux. Les chatons sont composés d'écailles imbriquées, et chacune d'elles est accompagnée extérieurement d'une bractée membraneuse qui se soude bientôt avec l'écaille. Cette dernière porte à sa base deux ovules ouverts et denticulés à leur sommet. Toutes les parties de ce chaton continuent à s'accroître après la fécondation : il se transforme en un cône oblong et cylindrique dont les écailles sont ligneuses, atténuées et non épaissies au sommet, et portent deux graines. Les écailles sont d'abord étroitement appliquées les unes contre les autres, mais elles ne tardent pas à s'écarter pour laisser échapper les graines. Celles-ci sont recouvertes d'une enveloppe coriace qui se prolonge supérieurement en une aile membraneuse. Les espèces les plus intéressantes du genre sapin sont les suivantes : 1° Le *sapin du Canada* (*abies canadensis*), originaire des parties froides de l'Amérique du Nord, où on le rencontre depuis les rivages de la baie d'Hudson jusque dans le N. de la Caroline. Il est cultivé en Europe depuis 1736 comme plante d'ornement; son tronc, assez gros, porte des branches horizontales couvertes de feuilles finement dentées sur les bords. Son bois est blanc, peu résineux et d'un grain grossier; mais son écorce est très estimée pour le tannage des peaux. 2° Le *sapin de Douglas* (*abies Douglasii*), qui croît en Amérique

SAPIN DU NORD

entre le 43° et 52° de latitude N., où il forme de vastes forêts; il n'est pas rare de voir des arbres de 50 à 65 mètres de hauteur et dont la circonférence, à la base, atteint 17 mètres. 3° Le *sapin en peigne* (*abies pectinata*), vulgairement désigné sous les noms de *sapin, sapin commun, sapin argenté, sapin blanc*, et qui habite les parties montagneuses de l'Europe moyenne et méridionale. Il est surtout commun dans les Alpes, où il constitue des forêts qui s'élèvent jusqu'à 1200 mètres d'altitude; on ne le rencontre guère au-dessus du 50° de latitude N. Le sapin argenté est un grand et bel arbre de 35 à 50 mètres de hauteur, dont l'écorce est blanchâtre; ses rameaux sont disposés en croix, et ses feuilles, vertes à leur face supérieure, présentent deux lignes blanches à leur face inférieure. Son bois, blanchâtre, est d'une grande utilité; il se laisse facilement fendre dans le sens de sa longueur. Aussi l'emploie-t-on à faire des mâts, des vergues, des poutres et des planches. Son écorce est employée au tannage des peaux, surtout en Suisse. Il fournit aussi des produits résineux analogues à ceux que l'on retire du pin, et la térébenthine qu'on en extrait est connue sous le nom de *térébenthine de Strasbourg*. Par la distillation, il donne de l'essence de térébenthine et de la colophane. Ses jeunes pousses, connues sous le nom de *bourgeons de sapin*, entrent dans la composition d'un vin et d'une bière antiscorbutiques. Le sapin argenté a été introduit dans nos parcs comme plante d'ornement; ses graines, recueillies en septembre, doivent être mises en terre immédiatement si l'on veut voir le semis réussir. 4° Le *sapin baumier* (*abies balsamea*), originaire de la partie N.-E. de l'Amérique septentrionale, où on le rencontre dans la Nouvelle-Écosse, la Nouvelle-Angleterre, le Canada, etc. En Europe, où on le cultive comme plante d'ornement, il est désigné quelquefois sous le nom de *baumier de Giléad*. C'est un arbre de 13 à 16 mètres de hauteur dont le bois n'est pas employé, mais dont le tronc et les branches laissent suinter, sous l'épiderme, une térébenthine qui, à l'état frais, est un liquide jaune verdâtre, transparent, de saveur âcre et d'odeur pénétrante. Cette substance est connue sous le nom de *térébenthine du Canada, baume du Canada, baume de Giléad*. 5° Le *sapin épicéa* (*abies excelsa*), appelé vulgairement *épicéa, épicia, pesse, pinesse, faux sapin, sérente, sapin de Norwège*, qui se trouve dans les montagnes de l'Europe moyenne, et principalement dans les Alpes. Il s'avance aussi dans le Nord, en Scandinavie, jusque vers le 67° de latitude N. Il forme de grandes forêts, d'où toutes les autres plantes sont bannies. Cette espèce ne se rencontre pas dans le midi de l'Europe, en Espagne, le long des rivages français de l'Océan et de la Méditerranée; on ne le trouve pas non plus dans l'Apennin, ni en Grèce, ni dans le Caucase. Il compose les forêts du nord de l'Allemagne entre Kœnigsberg et Memel, et il abonde en Scandinavie, aussi le nomme-t-on quelquefois pour cette raison *épicéa de Norwège*. Ses branches inférieures sont pendantes et traînent sur le sol; lorsque celui-ci est humide, il se développe à leur surface des racines adventives, qui s'implantent dans la terre; ces branches donnent alors naissance à de nouveaux arbres. Le phénomène qui se produit dans ce cas est analogue à celui qui a fait la fortune du *figuier des Pagodes*. Les rameaux de l'épicéa sont couverts de feuilles petites, serrées et pointues; la couleur sombre de ce feuillage contribue à donner à l'arbre un air de tristesse. Le bois de cette espèce est blanc, tendre et facile à fendre dans le sens longitudinal. L'épicéa donne des produits résineux analogues à ceux du sapin argenté. Il est, en outre, planté dans les jardins paysagers. Il se plaît dans tous les terrains; cependant il préfère les sols un peu humides. 6° Le *sapin noir* (*abies nigra*), désigné encore sous le nom de *sapinette noire*, est originaire de la partie de l'Amérique septentrionale comprise entre le 44° et le 53° de latitude N. Il a été introduit en Europe, où on le rencontre souvent dans les parcs. Son bois est léger, élastique et d'un grain très fin; aussi les Américains l'emploient-ils fréquemment dans les constructions navales, où il remplace souvent le chêne. Ses jeunes pousses servent à préparer une liqueur antiscorbutique usitée à bord des navires qui font les voyages au long cours. Cette boisson est faite en faisant bouillir les pousses dans l'eau, en ajoutant soit de la mélasse, soit du sucre d'érable, et en laissant fermenter. 7° Le *sapin blanc*, également indigène de l'Amérique septentrionale, où il se rencontre un peu plus au N., entre le 48° et le 70° de latitude. On lui donne quelquefois le nom de *sapinette blanche*. Son bois est moins estimé que celui des espèces précédentes; ses jeunes pousses sont aussi employées à la fabrication d'une bière de sapin. Il produit la *poix de Bourgogne*. ‖ Le bois de sapin : *Une bière de sapin*. — Fig. *Sentir le sapin*, être près de mourir. ‖ Un fiacre, une voiture de place. — **Dér.** *Sapine, sapinette, sapinière*.

***SAPINDACÉES**, *sfpl*. Famille de plantes dicotylédones comprenant des arbres, des arbustes, rarement des herbes, dont la plupart habitent les régions tropicales des deux mondes; quelques-uns de ces végétaux cependant, comme les érables, se rencontrent vers le N. Les feuilles sont alternes ou opposées, simples ou composées, comme dans les marronniers. Les fleurs, polygames ou dioïques, régulières ou irrégulières, se composent d'un calice à cinq sépales, d'une corolle à cinq pétales inégaux, quelquefois à quatre seulement, et implantés dans un disque charnu qui entoure l'ovaire. Les étamines, au nombre de 8 à 10, ont des filets libres ou soudés à la base; l'anthère est à deux loges. L'ovaire est libre et à trois loges et est remplacé par un fruit généralement sec; quelquefois, cependant, il est vésiculeux ou charnu. La graine est dépourvue d'albumen et parfois elle est garnie d'un arille. Les Sapindacées sont, comme nous l'avons déjà dit, abondantes dans les régions tropicales; il en est des espèces qui sont propres à l'Australie, d'autres à la Nouvelle-Zélande ou à Madagascar. Elles renferment un principe amer qui a la propriété de rendre l'eau mousseuse et lui communique les qualités du savon. Ce sont surtout les fruits des savonniers que l'on recherche pour cet usage. Les fruits des euphoria sont sucrés, acidules, à odeur vineuse et rafraîchissante; il en est de même de ceux des nepheliums que l'on fait sécher et avec lesquels on confectionne des conserves et des boissons préconisées contre les maladies du foie ou la fièvre. Mais si un grand nombre de Sapindacées ont des fruits comestibles, il en est d'autres qui sont des poisons violents, et l'on assure que les abeilles qui butinent sur les fleurs de ces plantes sécrètent un miel vénéneux. Les Indiens emploient aussi les graines de certaines espèces pour tuer le poisson. Enfin, chacun sait que les fruits du marronnier d'Inde renferment une fécule très abondante qui peut-être débarrassée du principe amer, auquel elle est mêlée, au moyen de lavages, et que l'érable fournit un sucre cristallisable comparable aux sucres de canne et de betterave. La famille des Sapindacées a sa place marquée entre celle des Térébinthacées et celle des Malpighiacées. Elle a aussi quelque affinité avec la famille des Célastracées. — **Une sapindacée**, *sf*. Une plante quelconque de la famille de Sapindacées.

SAPINE (*sapin*), *sf*. Grande solive en bois de sapin. ‖ Sorte de tour fixe, en charpente, qu'on applique le long d'un bâtiment en construction; elle sert à monter les pierres et autres matériaux. ‖ Planche de sapin.

***SAPINETTE** (dm. de *sapin*), *sf*. Nom qu'on donne vulgairement à plusieurs espèces de sapins, tels que le sapin du Canada et l'épicéa. ‖ Bière antiscorbutique préparée avec des bourgeons de sapin, du raifort et du cochléaria; on en fait usage en Angleterre sous le nom de *spruce beer*.

SAPINIÈRE (*sapin*), *sf*. Terrain planté en sapins. ‖ Bateau plat pour le transport des bois de construction sur la Seine, jaugeant de 80 à 110 tonneaux.

***SAPONACÉ, ÉE** (l. *saponem*, savon), *adj*. Qui a les caractères du savon. ‖ Qui peut être employé aux mêmes usages que le savon.

SAPONAIRE (du l. *saponem*, savon), *sf*. Genre de plantes dicotylédones de la famille des Caryophyllées, comprenant des herbes vivaces ou annuelles et dont l'espèce la plus importante est la *saponaire officinale* (*saponaria officinalis*), vulgairement nommée *saponaire, savonière* à cause de la propriété qu'elle a de dégraisser les étoffes. C'est une belle plante vivace, à tiges dressées et rameuses, qui croît de préférence dans les lieux humides, sur les bords des rivières et aussi le long des chemins. Ses feuilles sont ovales, et ses fleurs ont une corolle d'un rose ou d'un lilas pâle. Sa racine renferme de la saponine et elle est employée dans l'industrie à dégraisser les étoffes. Autrefois on s'en servait en médecine comme dépurative; sa saveur est d'abord douceâtre et mucilagineuse, puis âcre. ‖ *Saponaire d'Orient*, le *gypsophila struthium*, plante de la famille des Caryophyllées, de la région méditerranéenne, dont la racine, de la grosseur du bras, renferme beaucoup de saponine. On l'emploie en Orient pour dégraisser et blanchir les étoffes de laine.

SAPONAIRE

***SAPONÉ** (l. *saponem*, savon), *sm*. Médicament résultant de l'union du savon avec une autre substance.

***SAPONIFIABLE** (l. *saponem*, savon + *fieri*, devenir), *adj. 2 g*. Qui peut être saponifié.

SAPONIFICATION (*saponifier*), *sf*. Transformation d'un corps gras en savon. Nous avons vu, au mot *Graisse* et au mot *Huile*, que la plupart des graisses et des huiles sont des mélanges de divers *glycérides* ou *éthers de glycérine*. (V. *Corps gras* au mot *Gras*.) Nous savons que la glycérine est considérée, au point de vue chimique, comme un alcool triatomique, c'est-à-dire comme un alcool capable de former trois séries d'éthers, ainsi que nous l'avons dit au mot *Glycérine*. Dire qu'un corps gras est un éther de glycérine c'est énoncer, d'après la définition donnée au mot *Éther*, que c'est le produit de la combinaison d'un acide gras, tel que l'acide oléique, l'acide stéarique, etc., avec la glycérine. La *saponification*, pour les chimistes, consiste dans la combinaison que l'acide gras, contenu dans le corps gras, contracte avec une base, tandis que la glycérine, primitivement contenue dans ce même corps gras, en est éliminée. Cette réaction se produit, par exemple, quand on chauffe le corps gras avec une lessive de potasse ou de soude, étendue, ou quand on les mélange à froid, en remuant constamment, avec une lessive concentrée. Cette opération est la base de la fabrication des savons. (V. ce mot). On peut aussi saponifier au moyen des bases, telles que l'oxyde de plomb, qui forment des savons insolubles, ainsi que nous l'avons indiqué aux mots rappelés plus haut. ‖ Saturation d'un alcali (potasse, soude, etc.) au moyen d'un acide gras (acide oléique, margarique ou stéarique).

SAPONIFIER (l. *saponem*, savon + *fieri*, devenir), *vt*. Transformer un corps gras en savon, en le combinant avec un oxyde, principalement avec un oxyde alcalin. — **Se saponifier**, *vr*. Être transformé en savon. — **Dér.** *Saponifiable, saponification*.

***SAPONINE** (l. *saponem*, savon), *sf*. Matière blanche, incristallisable qu'on extrait de la racine de la saponaire. Elle est soluble dans l'eau, qu'elle rend mousseuse. C'est à cette substance que la saponaire doit ses propriétés.

***SAPONITE** (du l. *saponem*, savon), *sf*. Pierre amorphe, de couleur indécise, très tendre, onctueuse, consistant en un silicate de magnésie et d'alumine hydraté. Les Maures du Maroc l'emploient comme savon. En Angleterre, on la fait entrer dans la composition de la pâte à porcelaine. Elle est quelquefois désignée sous le nom de *pierre à savon.*

SAPOR, nom de trois rois sassanides de Perse. — SAPOR ou CHAHPOUR Ier (240-271), vaincu par Gordien III, vainqueur de l'empereur Valérien, qu'il fit prisonnier et traita cruellement; il s'était allié à Zénobie contre Aurélien, lorsqu'il fut assassiné. — SAPOR II (310-380), vainqueur des Arabes, puis de Julien l'Apostat sur les bords du Tigre (362). L'empereur fut blessé à mort et son successeur Jovien céda à Sapor l'Arménie et l'Ibérie. — SAPOR III (384-389) fut contraint par Théodose le Grand à demander la paix.

SAPORIFIQUE (l. *saporem,* saveur + *facere,* faire), *adj.* 2 *g.* Qui produit la saveur.

***SAPOTACÉES** (*sapote*), *sfpl.* Famille de plantes dicotylédones comprenant des arbres et des arbustes croissant dans les régions tropicales. Les feuilles sont alternes simples, persistantes et dépourvues de stipules. Les fleurs sont hermaphrodites, à corolle gamopétale. Le fruit est charnu et les graines sont pourvues ou dépourvues d'albumen. La plupart des végétaux de cette famille renferment un suc lactescent analogue à la gutta-percha. — **Une sapotacée,** *sf.* Une plante quelconque de la famille des Sapotacées.

SAPOTE ou **SAPOTILLE** (esp. *zapote*), *sf.* Fruit du sapotier; pomme charnue, ovale, d'un goût exquis, renfermant des graines huileuses. Son écorce passe pour fébrifuge. — **Dér.** *Sapotacées, sapotier.*

SAPOTIER ou **SAPOTILLIER** (*sapote*), *sm.* Arbre dicotylédone de la famille des Sapotacées qui croît aux Antilles et laisse découler de son tronc un liquide lactescent qui, en se desséchant, donne une substance analogue à la gutta-percha, mais qui est moins dure et plus fine et se ramollit à une température plus élevée. Les Hollandais l'exploitent sous le nom de *gutta-percha de Surinam.* Elle se présente sous la forme de morceaux très légers, blancs jaunâtres et fragiles. On peut l'employer aux mêmes usages que la gutta-percha ordinaire.

SAPOTIER

***SAPPARE** (x), *sm.* Pierre transparente, généralement d'une nuance bleu de Prusse, ce qui fait qu'on la donne quelquefois pour du saphir, bien qu'elle en diffère par sa composition (c'est un silicate d'alumine) et par sa dureté (ses parties tranchantes rayent le verre, mais elle est rayée par l'acier). Sa nuance peut tirer sur le gris ou le vert. La taille en cabochon fait valoir des reflets nacrés que cette pierre présente quelquefois.

SAPPEY (PHILIBERT-CONSTANT), né en 1810, savant anatomiste français, professeur à l'École de médecine et membre de l'Académie des sciences. Il est auteur d'un *Traité d'anatomie descriptive.*

***SAPROPHYTE** (g. σαπρός, pourri + φυτόν, plante), *sm.* Organisme végétal né des substances en pourriture.

***SAQUEBUTE** (*x*), *sf.* Instrument de cuivre à coulisse, ressemblant un peu au trombone.

SARA ou **SARAH** (en hébreu, princesse), fille de Thoré, épouse d'Abraham, mère d'Isaac qu'elle conçut à 90 ans. — Fille de Raguel, épouse du jeune Tobie.

***SARA** (mot hindou), *sm.* Calicot imprimé dont on fait des rideaux de lit en Hollande; il est dit aussi *patna.*

SARABANDE (esp. *zarabanda*), *sf.* Ancienne danse grave, d'origine espagnole. ‖ Air à trois temps, propre à cette danse, qu'on accompagne de castagnettes. ‖ Aujourd'hui, course tumultueuse, poursuite désordonnée.

SARAGOSSE, en espagnol **Zaragoza,** 86474 hab., capit. de la province de ce nom et de l'ancien royaume d'Aragon, au confluent de l'Èbre et du Gallego; archevêché, université; draps et soieries; vins et eaux-de-vie; belle église de Notre-Dame del Pilar. — Fondée par les Phéniciens, florissante sous les Romains, les Goths et les Arabes; malgré la faiblesse de son enceinte, elle soutint en 1809, sous la direction de Palafox, un siège mémorable contre le maréchal Lannes, qui s'en empara après 50 jours de lutte, et où succombèrent 54 000 habitants et soldats espagnols.

***SARAGOUSTI** (persan *sarangouchtî,* pétri du bout des doigts), *sm.* Mastic des Indes; espèce de brai très dur, mêlé de chaux en poudre et d'huile végétale. Il sert à recouvrir les coutures des bordages, sur les navires.

SARAMON, 1 232 hab., ch.-l. de cant. de l'arr. d'Auch (Gers).

SARAPIS, SÉRAPIS, mot tiré par les Grecs de l'égyptien *Osar-Hapi,* l'Apis défunt, qui devenait un Osiris, et avait sa tombe isolée dans la partie de la nécropole memphitique dite *Sérapéum.* (V. ce mot.)

***SARAQUIER,** *sm.* Genre de plantes dicotylédones de la famille des Solanées, originaires du Pérou et dont les feuilles sont émollientes et dépuratives.

SARATOGA, 30 000 hab., ville de l'État de New-York (États-Unis), où les Anglais, commandés par Burgoyne, capitulèrent devant les Américains en 1777.

SARATOV, 95 000 hab., ville de Russie sur le Volga; ch.-l. de gouvernement; corderies, fonderies, poteries, tuileries, tissage, tabac.

SARAWAK; 98 350 kilom. car., 300 000 hab.; principauté indépendante de l'île de Bornéo, fondée par un officier de l'armée anglaise, sir James Brooke, qui avait défendu le sultan de Bruni contre ses ennemis; capit. Kuching, 15 000 hab. Chinois et Malais.

SARAZIN (JACQUES) (1590-1660), sculpteur français protégé par Richelieu, auteur des huit cariatides qui décorent le pavillon de l'Horloge dans la cour du Louvre, et du mausolée du cardinal de Bérulle.

SARBACANE (vx fr. *sarbatane;* arabe *zabatâna*), *sf.* Long tube dans lequel on souffle pour lancer de petites boules qu'on y a mises.

SARBOTIÈRE. (V. *Sabotière* et *Sorbetière.*)

SARCASME (l. *sarcasmum :* du g. σαρκάζειν, mordre la chair), *sm.* Ironie très blessante. — **Dér.** *Sarcastique.*

SARCASTIQUE (g. σαρκαστικόν), *adj.* 2 *g.* Qui est de la nature du sarcasme : *Trait sarcastique.*

SARCELLE (variété orthographique de *cercelle :* du l. *querquedula*), *sf.* Oiseau de l'ordre des Palmipèdes, dont la taille est un peu plus faible que celle du canard sauvage; son plumage se rapproche beaucoup de celui de ce dernier animal, et ses mœurs sont à peu près identiques. C'est un oiseau migrateur qui apparaît chez nous au printemps et à l'automne. On le rencontre dans toute l'Europe tempérée. Pendant son passage il habite nos étangs et nos lacs et fait son nid au milieu des joncs; quelquefois, cependant, il le place loin de l'eau, dans les bruyères. La femelle pond de 10 à 16 œufs presque ronds et à coquille blanchâtre. L'incubation dure trente jours environ, au bout desquels les petits sortent de l'œuf couverts de duvet; ils s'élancent dans l'eau avec leur mère et se mettent en quête de leur nourriture composée d'insectes et de mouches qu'ils trouvent en abondance sur les herbes aquatiques tapissant le bord des eaux. Ce n'est qu'au bout de trois mois que le duvet fait place aux plumes et qu'ils peuvent prendre leur envolée. On dit alors que *leurs ailes sont croisées* ou qu'ils *sont croisés.* La chair de la sarcelle est très délicate et fort recherchée des gourmets. Aussi les Romains, qui étaient de fins connaisseurs, avaient-ils apprivoisé la sarcelle et la cultivaient-ils dans les basses-cours. Il est regrettable que nos pères aient laissé retourner à l'état sauvage un animal si recherché des chasseurs, qui les approchent assez facilement, surtout à l'époque de la pariade.

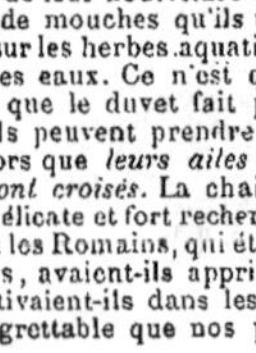
SARCELLE

SARCEY (FRANCISQUE), né en 1828, publiciste français qui abandonna l'Université pour le journalisme, écrivit au *Figaro,* à l'*Opinion nationale,* au *Gaulois,* et fut l'un des fondateurs du *XIXe Siècle.*

1\. ***SARCINE** (l. *sarcina*), *sf.* Espèce d'algues microscopiques de la famille des Bactériacées, dont le thalle cubique se sépare en cube à mesure qu'il s'accroît. Ces êtres se présentent en masses cubiques ou prismatiques, allongées ou irrégulières; ce végétal se rencontre souvent dans les vomissements des malades atteints d'affections chroniques de l'estomac, dans les dépôts urinaires, dans les abcès gangreneux, etc. Une espèce de *sarcina,* la *sarcina botulina,* se développe dans les viandes avariées ou de conservation ancienne et détermine des empoisonnements qui peuvent amener la mort. C'est surtout dans les viandes conservées d'outre-Rhin que que l'on trouve ce champignon vénéneux.

2\. ***SARCINE** (g. σάρξ, génitif σαρκός, chair), *sf.* Substance organique, azotée, cristallisable, qui se trouve dans le suc de la chair musculaire, du foie, de la rate, etc. Ce corps est également connu sous le nom d'*hypoxanthine.*

SARCLAGE (*sarcler*), *sm.* Action d'arracher les mauvaises herbes qui infestent un champ cultivé. — Le sarclage ne doit s'opérer que quand les plants sont assez développés pour qu'on puisse les distinguer des herbes parasites; il se fait toutes les fois qu'il est nécessaire et l'on doit choisir le moment où la terre est un peu humide.

SARCLÉE, ÉE (*sarcler*), *adj.* Dont on a arraché les mauvaises herbes : *Récolte sarclée.* ‖ Toute plante cultivée qui exige des sarclages : pomme de terre, betterave, oignon, etc.

SARCLER (l. *sarculare*), *vt.* Arracher les mauvaises herbes qui se trouvent dans une récolte sur pied : *Sarcler des oignons.* — **Dér.** *Sarclé, sarclée, sarclage, sarcleur, sarcleuse, sarcloir, sarclure.*

SARCLEUR, EUSE (*sarcler*), *s.* Ouvrier, ouvrière qui sarcle les récoltes.

SARCLOIR (*sarcler*), *sm.* Ratissoire ou serfouette, dont on se sert pour sarcler.

SARCLURE (*sarcler*), *sf.* Les herbes qu'on arrache en sarclant.

***SARCO** (g. σάρξ, génitif σαρκός), préfixe qui signifie *chair.*

***SARCOCARPE** (pfx. *sarco* + g. καρπός, fruit), *sm.* Partie charnue des fruits, appelée aussi *pulpe.*

***SARCOCOLLE** (g. σαρκοκόλλα : de σάρξ, chair + κόλλα, colle), *sf.,* ou *colle-chair,* matière qui découle d'un arbre de l'Afrique australe et qui nous arrive en grains irréguliers, petits, ronds et agglutinés; ils sont demi-transparents, jaunes ou brun-rouge. La sarcocolle est employée par les Arabes comme purgatif. — **Dér.** *Sarcocollier.*

***SARCOCOLLIER** (*sarcocolle*), *sm.* Arbuste de l'Afrique australe, de la famille des Pénéacées et qui produit la sarcocolle.

***SARCODE** (g. σαρκώδης, charnu), *sm.* Autre nom du protoplasma.

SARCOLACTIQUE (g. σάρξ, génitif σαρκός, chair + *lactique*), *adj.* 2 *g.* Se dit d'un acide qui se trouve dans l'extrait de viande. (V. *Lactique,* t. II, p. 221, col. 3.)

SARCOLITE (g. σάρξ, génitif σαρκός, chair + λίθος, pierre), *sf.* Minéral d'une couleur comprise entre le blanc rosé et le rose chair, transparent avec un éclat vitreux, cristallisant dans le premier système et présentant à peu près la composition du grenat. On le trouve sur le Vésuve.

SARCOLOGIE (pfx. *sarco* + λόγος, traité), *sf.* Partie de l'anatomie qui traite des chairs et des parties molles.

SARCOMATEUX, EUSE (*sarcome*), *adj.* Qui tient du sarcome.

SARCOME (g. σάρκωμα : de σάρξ, chair), *sm.* Toute tumeur qui a la consistance de la chair.

SARCOPHAGE (pfx. *sarco* + g. φαγεῖν, manger), *adj.* Qui ronge les chairs : *La pierre infernale est un sarcophage.* (Méd.)

— *Sm.* Chez les anciens, cercueil fait avec une pierre d'Assos, en Mysie, qui, disait-on,

SARCOPHAGE
CONTENANT LA MOMIE DE SÉRACBER

SARCOPHAGE
MOMIE DE SÉRACBER, NOURRICE DU ROI TARAKA, XXVe DYNASTIE, 701 ANS AVANT L'ÈRE CHRÉTIENNE
(Musée de Florence.)

avait la propriété de *devorer les chairs* en quarante jours, d'après Pline l'Ancien. || Par extension, tombeau pour les corps qui n'étaient pas brûlés (sarcophage de Cœré au Louvre). || A l'époque de la Renaissance, tombeau en forme d'autel,décoré de cannelures, parfois surmonté de statues couchées ou agenouillées. || Aujourd'hui, tombeau affectant la forme d'un cercueil drapé.

SARCOPHAGE
A RAVENNE (ITALIE)
(Style byzantin.)

***SARCOPHYLLE** (pfx. *sarco* + φύλλον, feuille), *sf.* En botanique, partie celluleuse ou charnue d'une feuille.

***SARCOPTE** (pfx. *sarco* + g. κόπτειν, couper), *sm.* Très petit animal de la classe des araignées qui produit la gale de l'homme et des animaux. Le sarcopte de la gale était connu des Arabes dès le XIIe siècle, et les médecins naturalistes du moyen âge et des pays méridionaux de l'Europe savaient la cause de cette affection. Mais ce n'est que dans la première partie de ce siècle que l'on fut tout à fait fixé sur son origine et sa cause. (V. *Gale.*) D'autres sarcoptes habitent le fromage et étaient connus des anciens.

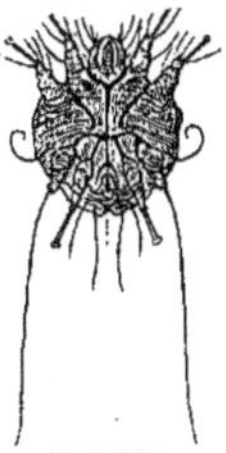

SARCOPTE
DE LA GALE (MALE)

***SARCORAMPHE** (pfx. *sarco* + g. ῥάμφος, bec), *sm.* Genre d'oiseaux de l'ordre des Rapaces qui habite de préférence les plaines et les collines boisées. Ses mœurs sont celles du condor; il niche dans les vieux troncs d'arbres. Il est redouté des autres oiseaux de la même famille que lui et a été, pour cette raison, appelé le *roi des Vautours.* On le rencontre au Mexique, au Pérou, au Brésil, au Paraguay, etc.

***SARCOSINE** (g. σάρξ, σαρκός, chair), *sf.* Matière organique provenant du dédoublement de la créatine. Elle se présente sous la forme de prismes incolores transparents, très solubles dans l'eau et qui communiquent à celle-ci une saveur légèrement sucrée.

SARCOTIQUE (g. σαρκωτικός, de chair), *adj.* 2 *g.* S'est dit des remèdes que l'on croyait propres à accélérer la régénération des chairs.

***SARCOTRIPSIE** (pfx. *sarco* + τρίψις, écrasement), *sf.* En chirurgie, écrasement linéaire des chairs.

SARDAGATE (*sardoine* + *agate*), *sf.* Pierre dont les beaux échantillons sont extrêmement rares et qui, constituée par deux couches semi-transparentes, l'une de sardoine, l'autre d'agate, a fourni la matière de quelques camées remarquables.

SARDAIGNE (ital. *Sardegna,* anciennement *Ichnussa* ou *Semelle,* à cause de sa forme). Grande île de la Méditerranée, à l'O. de l'Italie, dont elle constitue deux provinces, la seconde comme étendue après la Sicile, à 195 kilom. de Naples environ, elle est située entre 41° 15′ — 38° 51′ de latitude N. et 7° 30′ — 5° 48′ de longitude E. Sa position entre l'Italie, l'Espagne, la France et l'Afrique lui donne une grande importance qu'elle partage avec la Corse, dont la séparent les bouches de Bonifacio (largeur moyenne 12 kilom., profondeur 300 mètres). La Sardaigne a une forme quadrangulaire, et ses côtes sont généralement élevées et découpées. La distance entre les points extrêmes de Falcone et de Teulada est de 260 kilom., et la largeur maxima, entre le cap Caccia à l'O. et le cap Comino à l'E., est de 154 kilom. La superficie de l'île est de 24342 kilom. carrés, et la population de 723833 hab., ce qui correspond à une densité très faible de 30 habitants par kilomètre carré. Les côtes présentent de nombreux caps s'avançant dans la mer entre des échancrures parfois profondes. En suivant la côte orientale, du N. au S., on rencontre, à partir des bouches de Bonifacio, della *Maddalena,* di *Caprera,* puis le golfe d'Arsachena, les caps di Ferro et Liano, puis le golfe de Congianus, séparé de celui de Terranova par le cap Figari; toute cette côte est très découpée. || A partir de ce dernier point jusqu'au cap Comino, le rivage est droit, puis il s'infléchit pour former le golfe d'Orosei ou Dorgali. La côte est ensuite presque rectiligne jusqu'au S.; on y rencontre les caps di Monte Santo et di Bellavista, entre lesquels s'ouvre le golfe de Tortoli, puis les caps Sferro Cavallo, Palmeri. Au S., on ne rencontre que les caps Ferrato et Carbonara. La côte tourne brusquement à l'O. et forme, entre les caps Carbonara et di Pala, les golfes di Quartu et de Cagliari, séparés par le cap di San Elia. Entre le cap di Pala et le cap Altano s'étend une presqu'île montagneuse, qui projette dans la Méditerranée les caps Spartivento, di Malfatano et Teulada. Ce dernier est le point le plus méridional de l'île. Sur la côte O. s'ouvre le golfe di Palmas, en face duquel sont situées les îles di *San Pietro* et di *San Antioco.* Elle n'offre ensuite rien de remarquable jusqu'au golfe d'Oristano, bordé de marais au milieu desquels se jette le Tirso (étangs de Cabras, de San Guista, de Sassu, de Marceddi). Le golfe dell' Asinara, avec l'île du même nom, au fond duquel est Porto Torres, forme une vaste échancrure sur la côte N. de l'île.

La Sardaigne est un pays montueux, sans que les élévations de terrains qu'on y rencontre puissent mériter le nom de *chaîne de montagnes :* elles sont interrompues en plusieurs points par des plaines déprimées, formées de terrains d'alluvions et augmentent rapidement d'altitude dans les provinces de Tempio et d'Ozieri, depuis les bouches de Bonifacio jusqu'à la vallée qu'utilise le chemin de fer de Sassari à Terranova. Au delà, ces hauteurs se relèvent et se divisent en deux branches : l'une, à l'O., se dirige, sous le nom de *Catena del Marghine,* vers le golfe d'Oristano. L'autre branche suit la côte orientale et fournit le principal sommet de l'île, le *Gennargentu* (*Janua argenti*), dont les deux pics les plus élevés ont respectivement 1917 mètres et 1864 mètres d'altitude.

Les fleuves principaux sont sur le rivage occidental : le Fiume di Bosa, le rio Mannu, le Tirso, les rios de Mogaro et de Pabilonis. Au S. le Samassi, à l'E. le Posada et le Flumandosa.

La Sardaigne est une terre de formation ancienne. Le granit occupe tout l'arrondissement de Tempio-Pausania, la partie orientale de celui de Sassari, et vient finir au cap Lorenzo; il est remplacé au centre de l'île par les schistes cristallins renfermant quelques formations jurassiques et éocènes, puis reparaît dans la province d'Iglesias, où il est mêlé à des trachytes anciens. Les vallées inférieures du Tirso, du rio de Mogaro et du rio Pabilonis appartiennent à une région d'alluvions très marécageuse.

On a étudié en Sardaigne les vestiges de nombreux volcans aujourd'hui éteints et que décèlent seules quelques sources minérales des environs de la Catena del Marghine. Comme principales sources thermales, nous signalerons celles de *Sardara* ou de *Santa Maria di Aquas,* de *Fordungianus,* de *Lumingas* et de *Banorva.* On exploite sur divers points le granite qui forme le squelette de la chaîne centrale et qui peut rivaliser avec celui d'Égypte. On retire encore des carrières du jaspe, de l'agate, des marbres, du gypse, de la terre à foulon et de l'ocre. On exploite des marais salants dans les étangs de Sanluri, Serrenti, San Ganivo et près de Cagliari.

Les richesses minérales de la Sardaigne sont considérables et se développent à mesure que les moyens de transport se perfectionnent. Le district manier Iglesias renferme de nombreux gîtes de galène argentifère et de blende, dans les environs d'Arbus et de Guspini. A Monte Vecchio, au monte Alvo, dans la Nussa, à Monteponi, Ingurtosu, Malfidano, on trouve de la chalkopyrite, du manganèse et du lignite inexploité.

Le climat de la Sardaigne est en général malsain, surtout près des côtes; les eaux stagnantes y contribuent pour beaucoup, leurs vapeurs sont entraînées vers l'intérieur de l'île par le siroco qui souffle de l'Afrique. Le printemps est pluvieux et froid : la meilleure saison est l'hiver dont la sécheresse succède aux abondantes pluies d'automne. La végétation est retardée par les froids du printemps. La Sardaigne mérite toujours son renom de fertilité, bien qu'elle ait cessé d'être le grenier de Rome : quelques plaines sont cultivées, mais avec des méthodes arriérées. Le blé est d'excellente qualité : on récolte à Sassari, à Oristano et à Cagliari des légumes renommés sur les marchés de l'Italie continentale. L'olivier croît partout ainsi que les arbres fruitiers du midi de la France : principalement l'oranger, qui donne lieu à des exploitations considérables.

La vigne donne de bons produits. Les forêts fournissent des essences variées : chênes, yeuses, érables, hêtres, frênes, ormes, pins, sapins, chênes-lièges.

Les animaux domestiques sont de petite race : les moutons ont une laine grossière; les chèvres, par contre, sont nombreuses et d'une belle espèce dans l'île. On élève beaucoup de poneys.

L'agriculture, autrefois florissante, est délaissée aujourd'hui.

Les Sardes sont d'origine italienne et espagnole; le peuple parle un dialecte particulier. La langue officielle est l'italien. Les habitants sont en général petits, mais solides et gracieux, surtout dans la danse, qu'ils affectionnent particulièrement. Les vieilles coutumes commencent à reculer devant la civilisation qu'amènent les chemins de fer : il n'y a pas longtemps encore les principales circonstances de la vie donnaient lieu à des manifestations religieuses empreintes de la plus grande superstition, et la vendetta enlevait chaque année de nombreux jeunes gens.

Au point de vue politique et administratif la Sardaigne forme deux provinces du royaume d'Italie, celle de Cagliari au S. et de Sassari au N.

Les principales villes sont : Cagliari, 39312 hab.; Sassari, 81795 hab.; Porto Torres-Alghero, 10117 hab.; Tempio Pausania, 11188 hab.; Iglesias, 12094 hab.; Oristano, 7031 hab.; Bosa, 6725 hab.

L'île est parcourue par un réseau de 400 kilomètres de chemin de fer. Un câble télégraphique joint Livourne à Cagliari par la Corse et le détroit de Bonifacio.

La Sardaigne, possession carthaginoise,

fut conquise par Rome lors de la première guerre punique : elle fit partie de l'empire romain jusqu'en 476, puis les Hérules et les Vandales s'en emparent successivement (début du vi^e siècle). Bélisaire, envoyé par Justinien, secourut Hildéric, détrôné par Gélimer, et conquit la Sardaigne que Totila, roi des Goths, prend en 551 : vaincu par Varsès, il meurt et la Sardaigne passe aux mains des Grecs, puis des Sarrasins au viiie siècle. Ces derniers furent chassés par les Pisans au ixe siècle. Frédéric II s'empara de la Sardaigne en 1237 et sacra roi son fils naturel Entius, qu'il soutint contre les revendications du pape Grégoire IX. En 1258, Pise reprend la Sardaigne qu'elle conserve jusqu'en 1325, époque à laquelle l'île passe à l'Aragon. Après la guerre de la succession d'Espagne, Victor-Amédée est reconnu roi par le traité d'Utrecht (13 juillet 1713). Cinq ans après, l'Espagne viole le traité et envahit la Sardaigne, qu'elle évacue de nouveau en 1720. La Maison de Savoie la conserva jusqu'à la guerre de 1859, qui consacra l'unité du royaume d'Italie.

SARDANAPALE, viiie siècle av. J.-C. ; le dernier des rois fainéants, issus de Ninus et de Sémiramis, que les traditions classiques faisaient régner en Assyrie, au lieu d'Adar-Pal-Asar, Touklat-Adar I, Touklat-Habal-Asar, Assour-Nazir-Habal, retrouvés par l'épigraphie. Il menait une vie fainéante et voluptueuse dans Ninive, quand le Mède Arbakès et le Babylonien Bélésys vinrent l'y assiéger ; il se brûla dans son palais avec ses femmes et ses trésors, dès que le Tigre eut abattu une partie des remparts et ouvert l'entrée de la ville à ses ennemis. Cette première destruction de Ninive est un roman historique ; les monuments prouvent seulement qu'entre Bin-Nirari II et Touklat-Habal-Asar III, la puissance de l'Assyrie ne fit que décroître, durant 30 années. — Fig. *Un sardanapale,* un prince mou et efféminé.

***SARDE** (g. Σαρδώ, Sardaigne), *sf.* Qui appartient à la Sardaigne ou à ses habitants. || Variété d'orge. || Nom vulgaire de la baleine franche. || Sardine pêchée sur les côtes du Brésil et préparée à la manière du hareng. || Nom que l'on donne à une variété d'agate rougeâtre. — **Dér.** *Sardaigne, sardine, sardinier, sardinière, sardinerie, sardonie, sardonien, sardonique.* — **Comp.** *Sardoine, sardonyx.*

SARDES, aujourd'hui Sert-Kalessi, ancienne capitale de la Lydie, sur le ruisseau du Pactole ou Chrysorrhoas. Cette capitale de Crésus fut prise par Cyrus, brûlée par les Grecs un peu avant la première guerre médique, presque ruinée par Tamerlan ; ce n'est plus qu'une misérable station de chemin de fer, sur la ligne de Smyrne à Ala chehr.

SARDINE (l. *sardina :* dim. du g. σάρδα, sorte de thon qu'on prenait sur les côtes de Sardaigne), *sf.* Petit poisson de mer de l'ordre des Malacoptérygiens semblable au hareng, dont il a les mœurs et que l'on pêche sur les côtes de Bretagne, de Vendée et d'Aunis, à Douarnenez et à

SARDINE

Audierne, à Belle-Isle, aux Sables-d'Olonne et à Royan. Ce poisson se tient ordinairement dans les profondeurs de la mer ; ce n'est qu'au printemps qu'il vient sur nos côtes atlantiques pour y frayer. On rencontre quelquefois des sardines dans la Manche ; mais c'est qu'elles ont été poussées par les courants ou la tempête. La pêche de ce poisson s'effectue à peu près de la même manière que celle du hareng ; seulement les mailles des filets sont plus petites. La chair de la sardine est très délicate ; aussi était-elle déjà très recherchée des anciens Romains. De nos jours, on mange les sardines en *vert,* c'est-à-dire fraîches, ou salées, ou bien encore saurées ; mais le plus souvent, on les conserve dans l'huile d'olive et enfermées dans des boîtes de fer-blanc. En Arabie, on les dessèche au soleil et on les réduit en farine. Les pêcheurs bretons les amorcent avec de la *rogue,* œufs de poissons fermentés dont elles sont très friandes. || *Sardine de dérive,* la grosse sardine. || Nom populaire des galons d'argent de certains sous-officiers (gendarmes, agents de police, etc.). — **Dér.** *Sardinerie, sardinier, sardinière.*

***SARDINERIE** (*sardine*), *sf.* Établissement où l'on prépare et confit les sardines dans l'huile.

***SARDINIER, IÈRE** (*sardine*), *adj.* Qui concerne la pêche de la sardine : *Bateau sardinier.* — **Sardinier,** *sm.* **Sardinière,** *sf.* Filet pour pêcher les sardines.

SARDIQUE (*Sardica,* auj. *Sophia* en Bulgarie). Ville de la Mésie voisine de l'Hémus où fut tenu un concile en 347. Les Eusébiens y furent condamnés. (V. *Sophia.*)

SARDOINE (g. σάρδος, de Sardaigne et ὄνυξ, ongle), *sf.* Pierre précieuse consistant en un quartz agate de couleur fauve et de pâte fine. Les anciens en ont fait des bijoux et des cachets. Les Étrusques ont gravé la *sardoine barrée,* présentant une couche blanche opaque entre deux couches de sardoine translucide. La *sardoine sablée,* c'est-à-dire la variété à petits points opaques, est celle qui a été depuis presque exclusivement employée pour la gravure. Le trésor de la couronne de France renfermait des vases en sardoine d'une très grande valeur. La *sardoine dure,* presque transparente de teinte uniforme, est la seule qui soit précieuse ; c'est pourquoi on lui donne l'épithète d'*orientale.* On la taille en goutte de suif ovale. Elle vient des Indes, de l'Égypte, de l'Arabie, de l'Épire, de l'Arménie, etc. Les sardoines enfumées, à taches bleuâtres, de Silésie et de Bohême, sont dépourvues de valeur. On ne travaille plus guère la sardoine aujourd'hui.

***SARDONIE** (g. σαρδόνιον), *sf.* La *renoncule scélérate,* très vénéneuse, qui provoque, dit-on, des convulsions et des contractions de la bouche qui ressemblent au rire. (V. *Renoncule.*) — **Dér.** *Sardonien, sardonique.*

SARDONIEN ou **SARDONIQUE** (g. σαρδόνιος, de Sardaigne), *adj. m.* Usité seulement dans : *Rire sardonique,* rire convulsif que les gens croyaient provoqué par la *sardonie,* herbe de Sardaigne. — Fig. *Avoir un rire sardonique,* rire à contre-cœur ou avec malignité.

***SARDONYX** (*sardoine* + *onyx*), *sf.* Pierre précieuse qui est une variété d'onyx dans laquelle il y a une couche ou deux couches d'un rouge cornaline. Les anciens l'ont gravée en camée. Le trésor de la couronne de France contenait divers vases en sardonyx d'une grande valeur. — **Dér.** *Sardoine.*

SARDOU (Victorien), né en 1831, écrivain dramatique français contemporain, membre de l'Académie française, auteur de nombreuses comédies : les *Pattes de mouche,* la *Famille Benoîton, Rabagas, Patrie, Théodora,* etc.

SAREPTA, ville maritime de la Phénicie, où se réfugia Elie (Elijah), persécuté par Achab, et où ce prophète ressuscita le fils d'une veuve qui lui avait donné l'hospitalité.

SAREPTA, ville du gouvernement de Saratow au confluent de la Scarpa et du Volga.

SARGANS, ville du canton de Saint-Gall, avec eaux thermales ; seuil ou remblai naturel de 5 mètres, formé de galets et de tourbes que le Rhin franchissait jadis pour s'écouler par les lacs de Wallenstadt et de Zurich, sans traverser celui de Constance.

***SARGASSE** (esp. *sargazo,* varech), *sf.* Genre d'algues marines (*fucus natans*) appelée encore *raisins des tropiques,* pourvues de vésicules pleines d'air qui les maintiennent à la surface de l'Océan et dont les tiges atteignent parfois une longueur de 360 mètres. — *Mer des Sargasses,* partie de l'océan Atlantique, à l'O. des Açores, des Canaries et des îles du Cap-Vert jusqu'aux Bermudes, entre 26° et 20° de lat. N., (200 lieues environ en longitude,) couverte, comme une prairie, de ces sargasses qui opposent une résistance sensible à la marche des navires. On pense que la direction des courants de l'Atlantique, qui l'enserrent de tous côtés, explique la fixité de cette accumulation flottante de plantes sans racines que Christophe Colomb traversa le premier en 1492. Certains auteurs attachent de l'importance à ce fait que les mers de sargasses sont entourées de terres éminemment riches en volcans éteints ou actifs. Il existe d'autres *mers de sargasses* dans le grand Océan (au N. et au N.-O. des Sandwich) et dans l'océan Indien dans une zone dont l'île Saint-Paul est le centre.

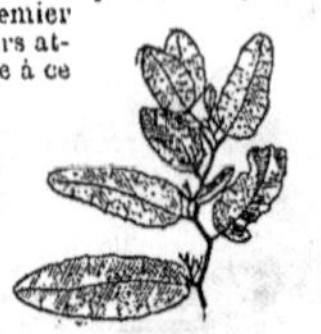

SARGASSE

***SARGE** ou **SARGUE** (l. *sargum,* muge), *sf.* Genre de poisson de l'ordre des Acanthoptérygiens, dont le corps, charnu, épais, est gris argenté et plus ou moins rougeâtre. Les sarges habitent la Méditerranée, l'océan Atlantique, la mer Rouge, etc. Certaines espèces se nourrissent de petits coquillages ou de crustacés, tandis que d'autres sont herbivores. Leur chair est médiocre.

SARGON ou **SARYOUKIN** (722-705), lieutenant de Salmanazar IV, auquel il succéda comme roi d'Assyrie ; il s'empara de Samarie, dont la population fut réduite en captivité ; battit à Raphia, près de la frontière d'Égypte, le roi Sabacon et son allié Hannon, roi de Gaza ; s'empara de Chypre et de la Syrie, moins la ville de Tyr ; conquit la Médie ; chassa de Babylone le roi Merodach Baladan, qui, poursuivi jusque dans la basse Mésopotamie, dut abdiquer. Sargon périt assassiné dans le palais de Dour-Saryoukin, qu'il avait fondé et dont les restes ont été retrouvés à Khorsabad. Il fut le fondateur de la dynastie des Sargonides.

SARGONIDES. Nom patronymique des rois d'Assyrie, descendants et successeurs de Sargon ; en voici l'énumération : Sennachérib, 705-681 ; Esar-had-don, 681-668 ; Assour-bani-pal, 668-626. Smith, dans son histoire d'Assyrie, donne deux successeurs à ce roi et place la chute de Ninive en 607.

SARI D'ORCINO, 963 hab. Ch.-l. de canton de l'arr. d'Ajaccio (Corse).

SARIGUE (brésilien, *çarigueya*), *sf.* Famille de mammifères marsupiaux propre au nouveau monde, et dont les nombreuses espèces se rencontrent de la Patagonie au Canada. Leur taille varie de celle du chat à celle d'une souris. Les sarigues ont la tête allongée, terminée par un museau pointu garni de fortes vibrisses ; les yeux sont assez petits. Les oreilles sont généralement assez grandes. Leur corps, allongé et bas sur pattes, se termine par une longue queue nue, écailleuse, prenante et au moyen de laquelle ils se suspendent aux arbres, à la manière des singes américains. Les doigts des pieds sont armés de fortes griffes. Le pouce des pattes postérieures est opposable, en sorte que ces membres font l'office de mains et que l'animal s'en sert pour grimper aux arbres en s'aidant de la queue. La dentition des sarigues est celle des marsupiaux ; elle est un mélange des types carnivores et insectivores. La mâchoire supérieure possède dix incisives pointues, dont les deux médianes sont plus fortes que les autres. De chaque côté des incisives se trouve une canine pointue et très forte. Puis viennent trois prémolaires ayant chacune deux racines et une couronne triangulaire. A la suite viennent quatre molaires dont la couronne a la forme d'un V ; la pointe de celui-ci est tournée en dedans de la bouche. La mâchoire inférieure n'a que huit incisives, deux canines moins fortes que celles de la mâchoire supérieure ; la couronne des molaires présente dans son milieu une pointe qui va se placer dans le vide de la dent correspondante de la mâchoire supérieure. C'est bien là le caractère de la mâchoire des insectivores. Ainsi, chez les sarigues, la partie antérieure de la dentition appartient au type carnivore, tandis que la partie postérieure se rattache au type insectivore.

La famille des Sarigues ne renferme que deux genres, savoir : 1° Le genre *didelphys,* comprend les *sarigues proprement dites*, ayant pour type l'*opossum de Virginie*, dont le corps, long d'environ 0m,50, exhale une odeur désagréable. C'est un animal nocturne et solitaire, au poil lâche et doux, et d'un gris fauve, plus foncé sur le dos, plus clair sous le ventre. Sa queue est assez longue, nue et prenante. Il habite les forêts de l'Amérique du Nord, du Canada au Mexique, où il se nourrit d'oiseaux et d'œufs. Il se rapproche volontiers des habitations et s'introduit dans les poulaillers, qu'il dévaste; aussi est-il détesté des fermiers américains. Lorsqu'il est pris, il se roule en boule, et alors on peut lui faire subir tous les plus mauvais traitements, le torturer même, sans qu'on puisse lui faire pousser le moindre cri de souffrance; mais dès qu'on le croit mort et qu'on l'abandonne, il déguerpit au plus vite. Sa chair est d'un goût détestable et d'une odeur nauséabonde. La poche marsupiale de l'opossum est incomplète et formée par deux replis cutanés. Aussitôt que les petits sont nés, après quinze jours de gestation, ils sont introduits dans la poche, où ils se suspendent aux tétons. Ce n'est que deux mois après environ qu'ils commencent à la quitter; mais ils ne l'abandonnent entièrement que lorsqu'ils ont la grosseur d'un rat. 2° Le *chironecte* habite le bord des fleuves et des ruisseaux de l'Amérique du Sud. C'est un animal aquatique et nocturne; il vit de poisson, et ne se laisse prendre que rarement au filet des pêcheurs. Son pelage est doux, soyeux et fin; il est de couleur marron sur le dos et autour des yeux, gris argenté sur les flancs, blanc sous le ventre et la gorge. Ses doigts sont réunis par une membrane. Le pouce du pied postérieur est opposable et est dépourvu de griffe. Quant à sa queue, elle est longue, écailleuse et prenante.

SARINE. (V. *Saane.*)

***SARISSE** (g. σάρισσα), *sf.* Pique en usage dans la phalange macédonienne; elle avait de 4 à 5 mètres de long; les soldats qui la portaient s'appelaient *sarissophores*.

SARK (V. *Serq*), île du groupe des îles Anglo-Normandes.

SARLAT, 6069 hab., s.-préf. de la Dordogne, à 536 kilom. de Paris, ch. de fer d'Orl.: ancienne cathédrale; patrie d'Étienne de la Boétie.

SARMATES, synonyme de Scythes et de Cimmériens; peuple nomade à l'O. du Tanaïs (Don). Hérodote les appelle *Sauromates*.

SARMATIE, pays des Sarmates, entre la Russie, la Pologne et la Galicie.

SARMENT (l. *sarmentum*), *sm.* Branche de vigne. ‖ Chaque pousse de l'année sur un cep. ‖ Toute branche flexible et grimpante. — **Dér.** *Sarmenteux, sarmenteuse.*

SARMENTEUX, EUSE (l. *sarmentosum*), *adj.* Qui produit beaucoup de sarment en parlant de la vigne: *Vigne sarmenteuse.* ‖ Qui a des branches longues, flexibles et grimpantes: *Plante sarmenteuse.*

SARNEN, 4000 hab., ville de Suisse, l'une des deux capitales du canton d'Unterwalden, dans l'Oberwald, sur le lac du même nom, que l'Aar traverse du S. au N.

SARNO, 16000 hab. Ville du royaume d'Italie, district de Salerne, sur la rivière du même nom. Évêché. Source d'eau ferrugineuse.

SARON (Jean-Baptiste Bochart de), mathématicien et astronome français, né en 1730. Membre de l'Académie des sciences et premier président du Parlement de Paris; il mourut sur l'échafaud, en même temps que trente membres des parlements de Paris et de Toulouse.

SARONIDE (g. σαρωνίς, vieux chêne), *sm.* Classe de prêtres gaulois, que l'on croit être les mêmes que les druides.

SARONIQUE, golfe de la mer Égée, entre l'Attique à l'E. et l'Argolide à l'O., et où se trouvaient les îles d'Égine et de Salamine. Il tirait son nom de Saron, roi de Trézène, qui s'y noya en poursuivant un cerf.

***SAROPODE** (g. σάρον, balai + ποῦς, génitif ποδός, pied), *adj.* En zoologie, qui a les pattes velues comme les crins d'un balai.

***SAROS** ou **SARE** (g. σάρος), *sm.* En astronomie, période de 18 ans et 11 jours au bout de laquelle les nœuds de l'orbite lunaire reprennent la même position par rapport au Soleil, soit en opposition, soit en conjonction. Ce cycle fut proposé par l'Athénien Méton. On donne le nom de *nombre d'or* au rang de l'année lunaire dans laquelle on se trouve. Les Chaldéens se servaient de cette période pour prédire les éclipses.

SARPÉDON, fils de Jupiter et d'Europe, frère de Minos et de Rhadamante, qui émigra de Crète en Asie Mineure. — Fils de Jupiter et de Laodamie, roi de Lycie, allié de Priam pendant le siège de Troie; il fut tué par Patrocle. — Fils de Neptune, tué par Hercule.

SARPI (Pierre-Paul, dit *Fra-Paolo*) (1552-1623), procureur général de l'ordre des Servites, qui défendit la république de Venise contre les envahissements de Paul V, l'engagea presque dans la Réforme, et rédigea une histoire du concile de Trente, hostile au saint-siège.

SARPSFOS, la plus grande cascade de Norvège, formée par le Glommen; elle débite 800 mètres cubes d'eau par seconde, plus de deux fois le volume du Rhin à Schaffouse.

***SARRACÉNIE** (l. *sarracenum*, sarrasin), *sf.* Genre de plantes dicotylédones de la famille des Sarracéniées, composé d'herbes croissant dans les lieux marécageux de l'Amérique septentrionale. Ces végétaux sont surtout remarquables par leurs feuilles, qui sont toutes radicales. Leur pétiole se transforme en une *ascidie*, sorte de vase dont l'ouverture est tapissée de poils dirigés de haut en bas, et qui renferme un liquide sucré dont les insectes sont très avides. Le limbe de la feuille forme une sorte d'opercule muni d'une charnière et peut boucher le vase. (V. *Feuille.*) Les insectes une fois introduits dans l'ascidie ne peuvent plus s'échapper du piège où ils sont pris: les poils de l'orifice les en empêchent. Ils tombent dans le liquide accumulé au fond de l'ascidie, s'y noient et sont digérés par la plante, qui se nourrit ainsi de leur substance. On utilise dans certaines parties de l'Amérique du Nord cette constitution des feuilles pour se débarrasser des mouches qui parfois infestent les appartements. Une seule feuille suffit, le plus souvent, pour détruire tous ces hôtes incommodes. On cultive chez nous, soit dans l'orangerie, soit dans la serre tempérée, plusieurs espèces de sarracénies, savoir: 1° La *sarracénie pourpre* (*sarracenia purpurea*), dont les feuilles, longues de 0m,15, ont leurs nervures teintes de rouge. Cette espèce fleurit en juin et juillet, et donne de grandes fleurs rouge-pourpre en dehors et vertes en dedans. 2° La *sarracénie jaune* (*sarracenia flava*), originaire de la Caroline du Sud, dont les feuilles, en forme de cornet, atteignent jusqu'à 0m,65 de longueur, et fleurissent en juin. 3° La *sarracénie rouge* (*sarracenia rubra*), de la Caroline, à fleurs rouges. 4° La *sarracénie variolée* (*sarracenia variolaris*), de la Caroline, dont les feuilles présentent des taches blanches se détachant sur un fond vert ou rouge foncé. 5° La *sarracénie de Drummond* (*sarracenia Drummondi*, originaire de la Géorgie, dont les grandes fleurs, d'un rouge de sang, s'épanouissent en juin. Toutes ces espèces peuvent être cultivées chez nous dans un sol tourbeux et dans une atmosphère humide. — **Dér.** *Sarracéniées.*

***SARRACÉNIÉES** (*sarracénie*), *sfpl.* Famille de plantes dicotylédones comprenant des herbes qui croissent dans les marais tourbeux de l'Amérique septentrionale. Leurs feuilles sont radicales et en forme d'ascidies. (V. *Feuille* et *Sarracénie.*) Du milieu de cette rosette de feuilles s'élèvent une ou plusieurs hampes qui se terminent chacune par une fleur. Celle-ci se compose d'un calice de 4 à 5 sépales accompagnées extérieurement d'un involucre de trois folioles. La corolle compte autant de pétales qu'il y a de sépales et alternant avec eux. Les étamines sont en nombre indéfini, à filets libres, à anthères biloculaires introrses, et s'ouvrant par une fente longitudinale. L'ovaire est à 3 ou à 5 loges dont chacune renferme un grand nombre d'ovules anatropes. Le fruit est une capsule renfermant 3 ou 5 carpelles et à déhiscence loculicide. Nous renvoyons le lecteur au mot *Sarracénie* pour la description des feuilles et des espèces les plus intéressantes.

***SARRACÉNIQUE** (*Sarrasins*), *adj. 2 g.* Qui a rapport aux Sarrasins.

SARRACOLETS, population noire de la famille mandingue qui habite la Sénégambie.

SARRALBE, 3307 hab., ancien ch.-l. de cant. de l'arr. de Sarreguemines (Moselle); aujourd'hui *Saarabeln*, en Alsace-Lorraine; salines les plus importantes de l'E., dont l'exploitation date du XIIe siècle.

SARRANCOLIN, *sm.* Sorte de marbre qui tire son nom du bourg du même nom dans le canton d'Arrau, près de Bagnères-de-Bigorre, sur la Neste.

1. **SARRASIN** ou **SARRASINS** (ar. *Scharkiin*, oriental), nom par lequel on désignait au moyen âge les peuples musulmans des bords de la Méditerranée, composés principalement d'Arabes et de Berbères. En 721, ils prirent Narbonne; en 724, Carcassonne et Nîmes, puis, ravagèrent l'ancienne Septimanie, l'Albigeois, le Rouergue, le Gévaudan, le Velay, le Dauphiné, le Lyonnais et la Bourgogne. En 732, Abd-al-Rahman s'avança d'Espagne jusqu'à Tours, où il fut arrêté par Charles Martel; celui-ci descendit alors dans le bassin du Rhône et battit les Sarrasins sous Avignon et Narbonne (737). Les Sarrasins ne firent dès lors que des incursions maritimes, ravagèrent la Corse, le comté de Nice, les embouchures de la Loire, la Provence (806-869); ils s'établirent dans les monts des Maures, d'où ils ne furent chassés qu'en 965. Au moyen âge, *sarrasin, sarrasinois* s'employait pour païen, romain; une *tuile sarrasine* était une tuile romaine; un *monument sarrasinois* était un tombeau antique. *Castel-Sarrazin* tire son nom de fortifications romaines, car, en France, les Sarrasins n'ont pas été des constructeurs, mais des destructeurs. — **Dér.** *Sarrasin, sarrasine, sarracénie, sarracénique.*

2. **SARRASIN** (*sarrasin 1*), *sm.* Genre de plantes dicotylédones de la famille des Polygonées comprenant des herbes annuelles, à tige dressée, à fleur blanche, rosée ou blanc verdâtre. Les espèces les plus importantes sont: 1° Le *sarrasin commun* (*polygonum fagopyrum*), appelé encore vulgairement *blé noir, carabin, bucaille, blé de Barbarie*, et que l'on trouve à l'état spontané dans la Mandchourie, sur les bords du fleuve Amour, dans la Daourie et aux environs du lac Baïkal. Quelques auteurs l'indiquent comme se trouvant aussi en Chine et dans les montagnes de l'Inde septentrionale. Les tiges sont dressées, hautes de 3 à 8 décimètres, et portent des feuilles longuement pétiolées et dont la forme se rapproche de celle d'un fer de flèche antique. Les fleurs sont disposées en grappes courtes longuement pédonculées et naissant à l'aisselle des feuilles; les grappes terminales sont groupées en corymbe. Les fleurs du sarrasin sont composées d'un calice à cinq sépales pétaloïdes, de couleur blanche ou rosée. La corolle manque, comme dans les autres genres de la famille. Les étamines sont généralement plus nombreuses que les sépales, huit ordinairement, et rangées sur deux verticilles. L'ovaire est, comme chez les Polygonées, uniloculaire; il est surmonté de trois styles assez longs et que terminent des stigmates en boule. Le fruit présente trois angles et possède un embryon placé dans le périsperme. La graine est d'un gris noir, tétragonale et à faces lisses.

SARRASIN

Le sarrasin commun est très sensible au froid; mais grâce à la rapidité avec laquelle il parcourt toutes les phases de sa végétation il peut, quand la saison est favorable, être ensemencé dans des régions où la basse température de l'automne empêche d'autres cultures. Aussi le sarrasin est-il précieux comme récolte intercalaire: on peut le mettre après le seigle, le blé, le colza, etc.; mais lorsqu'il doit être considéré comme culture principale, il faut le placer alors en tête de la rotation, c'est-à-dire avant le seigle ou le froment, ou bien encore le semer en même temps qu'une prairie artificielle, qu'il abrite alors de ses chaumes pendant la première année. Le *blé noir* aime les terres sèches et légères; mais bien qu'il préfère les sols meubles et peu fertiles, il vient aussi dans les terrains argileux. Il redoute la sécheresse et les gelées blanches de l'automne; c'est pourquoi sa récolte manque souvent dans les contrées montagneuses de l'est, du centre et du midi de la France. Le sarrasin, avide de potasse et de magnésie, se développe très bien dans le plateau central de la France et en Bretagne, dont le sol est surtout formé par la décomposition des roches anciennes; la Bretagne surtout lui est très propice à cause de l'humidité de son climat marin. Il réussit bien dans les terrains nouvellement défrichés surtout dans les bruyères et les landes. Il a besoin d'un peu de calcaire; aussi est-il bon de chauler les champs où on doit le faire croître.

Le sarrasin est surtout cultivé pour son grain, qui sert à la nourriture de l'homme et des animaux. On en fait une farine qui constitue un aliment sain et suffisamment réparateur. Celle qui est la plus *bise* est de beaucoup la meilleure, car elle renferme plus d'azote, de matières grasses et de phosphate que la farine blanche. C'est surtout dans le son que se trouvent en quelque sorte *condensés* ces principes alimentaires. Avec cette farine on confectionne des bouillies, des galettes et des crêpes très nourrissantes qui étaient naguère encore la base de l'alimentation des pays pauvres, tels que la Bretagne, le nord de l'Allemagne et certaines parties de la Russie. Le pain fabriqué avec cette farine est de mauvaise qualité; car, ne contenant pas de gluten, il ne saurait lever; il est lourd, compact et d'une digestion difficile. Les graines du sarrasin sont données aux animaux de la basse-cour, principalement aux poules, qu'elles échauffent et poussent à la ponte. Mais elles ont l'inconvénient de donner à la chair du poulet une teinte grise assez désagréable. La farine sert à engraisser les porcs. On considère la graine du sarrasin comme supérieure à l'orge et, mêlée de paille hachée, on la dit excellente pour les chevaux de trait et presque l'égale de l'avoine. Le sarrasin peut être consommé en vert par le bétail; mais il a le double inconvénient de ne pas être recherché des animaux et de leur donner des malaises qui se traduisent par une inflammation des parties supérieures de la tête : les oreilles, les yeux, les paupières, les joues se gonflent on ne sait sous quelle influence. La paille est employée à faire de la litière. Le sarrasin est aussi cultivé comme engrais vert; il améliore ainsi sensiblement les terres. Son grain est très recherché des perdrix et des faisans et nous connaissons plus d'un propriétaire qui sème chaque année quelques ares de sarrasin et se procure ainsi du gibier à un prix assez modéré : Avis aux chasseurs. On a aussi préconisé la folle farine fine blanche du sarrasin pour les personnes dont l'estomac est très délicat; cette substance est, par sa composition, intermédiaire entre les fécules, le tapioca et les farines de froment. 2° Le *sarrasin de Tartarie* (*polygonum tartaricum*), appelé aussi *blé noir de Tartarie*, moins sensible au froid que le précédent et qui croît spontanément en Tartarie et en Sibérie. Cette espèce est quelquefois cultivée en Europe et en Asie; mais aucun auteur ne la mentionne chez nous avant le XVIIe siècle. C'est Linné qui en a parlé le premier comme venant de la Tartarie. Son grain se détache de la plante plus facilement encore que celui du sarrasin commun et sa récolte manque assez souvent. Il jouit d'ailleurs des mêmes propriétés. 3° Le *sarrasin émarginé* (*polygonum emarginatum*), probablement originaire de l'Himalaya oriental et du N.-O. de la Chine. Cette espèce est cultivée sous le nom de *phaphra* ou de *phaphar* en Chine et dans les régions montagneuses du nord et de l'est de l'Inde.

SARRASINE (*Sarrasins*), *sf.* Autre nom de la herse qui fermait la porte d'une ville, d'un château fort.

SARRAU (bl. *sarrotus*, rochet), *sm.* Blouse que portent les paysans, les charretiers, les rouliers. ‖ Sorte de tablier à manches pour les enfants.

SARRAU (JACQUES), membre de l'Académie des sciences (section de mécanique), depuis 1886.

SARRAZIN ou **SARRASIN** (JEAN-FRANÇOIS) (1605-1654), poète et historien français, auteur de la *Défaite des bouts-rimés*, de la *Conspiration de Waldstein*, etc.

SARRE (allem. *Saar*, l. *saravus*), rivière d'Alsace-Lorraine et de la Prusse rhénane, qui descend du Donon. Elle coule d'abord vers le N. en arrosant Sarrebourg, Finsingen, Saar-Union, Saaralben, Sarreguemines (Saargemünd), Saarbrück, Saint-Johann; elle se dirige ensuite vers le N.-O. par Saarlouis, Merzig, Saarbürg, et se jette dans la Moselle un peu au-dessus de Trèves. Son cours supérieur traverse de riches districts houillers entre Saaralben et Saarbrück. Elle reçoit à droite : l'Eichel; la Blies qui se jette dans la Sarre à Saargemünd et reçoit la Schwaz, formée de la Rodalbe et de la Mosalbe; la Prims. A gauche, elle reçoit la Rode, l'Albe, la Nied formée de la Nied française et de la Nied allemande, cours 220 kilomètres. Entre Saarbrück et Saarlouis, elle longe les hauteurs de Forback et de Spickeren, où eurent lieu les premiers combats de la guerre de 1870. La Sarre communique par le canal de la Marne au Rhin avec ces deux cours d'eau. Un canal joint Dreuze à Saaralben. Le canal des houillères de la Sarre joint l'étang de Gondsexange sur le canal de la Marne au Rhin, à Sarreguemines, sur la Sarre, à travers les étangs de Stock et de Gross Muehl Weier, et le long de la Naümbach. La Sarre est elle-même canalisée de Sarreguemines à Ensdorf : elle est navigable à partir de Saarbrück. On donne souvent le nom de Sarre au district minier que traverse la rivière.

SARREBOURG, 3842 hab., ancienne s.-préf. du département de la Meurthe, à 432 kilomètres de Paris; aujourd'hui *Saarburg*, ch.-l. de cercle de l'Alsace-Lorraine; grains, tannerie, quincaillerie.

SARREBRÜCK-SAINT-JEAN, 17000 hab.; en allemand *Saarbrucken-Sanct-Johann*, sur la Sarre, ville de la Prusse rhénane; bassin houiller considérable; usines pour le fer et l'acier. Premier engagement entre les Français et les Allemands, le 2 août 1870, auquel assistèrent Napoléon III et le prince impérial, où Frossard, commandant quatre divisions appartenant aux corps Bazaine et de Failly, fut forcé de battre en retraite.

SARREGUEMINES, 9573 hab., ancienne s.-préf. de la Moselle, sur la Sarre; aujourd'hui *Saargemünd*, en Alsace-Lorraine; importante fabrication de faïences, porcelaines et poteries; point de concentration de toutes les lignes du réseau d'Alsace-Lorraine et des réseaux allemands.

SARRELOUIS, 7000 hab. Place forte de la Prusse rhénane, sur la Sarre, bâtie par Louis XIV et fortifiée par Vauban en 1680. Patrie du maréchal Ney.

SARRETTE ou **SERRETTE** (l. *serratula*), *sf.* Genre de plantes dicotylédones de la famille des Composées dont une espèce, la sarrette tinctoriale (*serratula tinctoria*) à feuilles dentées, se trouve dans les champs et les bois humides. On tire de ses feuilles une teinture jaune. Ses fleurs sont purpurines ou blanches. Cette plante est aussi appelée *sarelle* ou *sarrelle*.

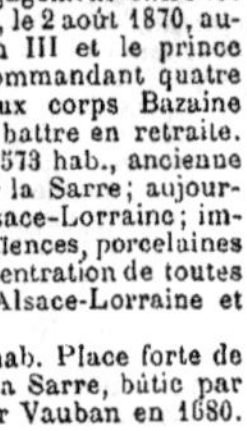
SARRIETTE

SARRIA, 3000 hab. Bourg d'Espagne de la province de Lugo. Eaux thermales sulfureuses.

SARRIETTE (dm. du vx fr. *sarrie* : l. *satureia*), *sf.* Genre de plantes dicotylédones de la famille des Labiées, dont les deux espèces les plus intéressantes sont : 1° la *sarriette des montagnes* (*satureia montana*), à tiges rameuses et sous-frutescentes, à fleurs roses ou blanches et qui croît dans le midi de la France. Elle est odoriférante et très recherchée des abeilles. On en fait des bordures. 2° La *sarriette des jardins* (*satureia hortensis*), dont les feuilles sont d'un vert mat, tandis que celles de l'espèce précédente sont d'un vert luisant. On la cultive dans les jardins et elle sert à assaisonner les ragoûts.

SARROLA-CARCOPINO, 974 hab., ch.-l. de l'arr. d'Ajaccio (Corse).

SARRUS, mathématicien français, né en 1798, m. en 1861. Connu par un théorème qui porte son nom et qui permet d'obtenir, sans y introduire de racines étrangères, l'équation finale résultant de l'élimination d'une inconnue entre deux équations algébriques de degrés quelconques.

***SARRUSOPHONE** (nom propre *Sarrus* + gr. φωνή, voix), *sm.* Instrument à vent, en cuivre, avec clefs nombreuses et anche de hautbois; il a été inventé par Gautrot aîné, sur les dessins du maître de chapelle Sarrus; il a, comme le saxophone, plusieurs variétés : soprano, alto, ténor, basse, baryton et contre-basse.

SARSINA, bourg de la province de Forli (Italie), district de Cesena. Evêché. Patrie du poète latin Plaute.

***SART** (l. *sartum*, sarclé), *sm.* Nom du varech ou goémon récolté pour fumer les vignes et les terres arables dans l'Aunis et la Saintonge. ‖ *Petit sart*, sorte de lichen blanc. — **Dér.** *Sartage, sarter.*

***SARTAGE** (l. *sartum*, *sarclé*), *sm.* En terme de forestier, coupe d'un taillis de quinze ans; le sol, nettoyé par le feu, est ensuite livré à la culture du seigle pour un an.

SARTÈNE, 5608 hab., sous-préf. de la Corse à 1169 kilom., de Paris, dans le S.-E. de l'île. Bestiaux, abeilles.

***SARTER** (l. *sartum, sarcler*), *vt.* Pratiquer le *sartage*. (V. ce mot.)

SARTHE (l. *sarta*), 276 kilom., dont 115 navigables. Rivière de l'O. de la France, affluent de la Mayenne et sous-affluent de la Loire, qui arrose les départements de l'Orne, de la Sarthe et du Maine-et-Loire. Elle prend sa source, dans le plateau calcaire de Mortagne, à Moulins-la-Marche, par 308 mètres d'altitude; coule du N.-O. au S.-O, entre les départements de l'Orne et de la Sarthe; baigne Alençon; pénètre dans la Sarthe même, au confluent du Sarthon; elle se dirige alors vers le S.-E., dans les gorges profondes de Saint-Céneri-le-Geré et de Saint-Léonard-des-Bois; puis, par Fresnay et Beaumont; elle traverse le Mans; tourne à l'O., avant la Suze; gagne par de nombreux méandres Malicorne et Sablé, entre en Maine-et-Loire et se jette dans la Mayenne, à 3 kilom., au-dessus d'Angers, pour former la Maine. Elle forme la limite précise entre les formations secondaires de l'Anjou et les terrains paléozoïques de la Bretagne; elle débite à son confluent, par seconde, 500 mètres cubes en crue et 14 seulement en étiage. Elle reçoit, à gauche : l'Orne, l'Huisne, le Loir, plus long que la Sarthe elle-même; à droite, l'Orthe, la Vesgre et l'Erve.

SARTHE (DÉPART. DE LA), 588,632 hect., 436111 hab. (V. la carte, p. 259). Département du N.-O. de la France, tirant son nom de la Sarthe, qui en est la rivière principale et le traverse du N.-E. au S.-O. Il a été formé en 1790 du *haut Maine* (arr. de Mamers), du *bas Maine* (arr. du Mans), du *Perche-Gouet* (cant. de Montmirail), du *Vendômois* (arr. de Saint-Calais), du *haut Anjou* (arr. de la Flèche). Il est borné au N. par le département de l'Orne; au N.-E. par celui d'Eure-et-Loir; à l'E. par celui de Loir-et-Cher; au S. par ceux d'Indre-et-Loire et de Maine-et-Loire; à l'O., par celui de la Mayenne. Ses limites sont presque partout conventionnelles; cependant la Sarthe le limite deux fois au N., à son entrée dans le département, et avant le confluent du Sarthon; une fois au S.-O., vers Précigné, au moment de couler en Maine-et-Loire; le Loir et son affluent, la Braye, limitent aussi, au S.-E., l'arr. de Saint-Calais. Le département de la Sarthe est compris entre 47° 35′ et 48° 29′ 1/2 de latitude N., et entre les longitudes occidentales de 1° 29' et 2° 44'.

Le département est accidenté par les dernières pentes des collines de Normandie et du Perche, ligne de partage des eaux entre les versants de la Manche et de la Loire et a sa pente du N. au S.-O. Le point culminant de la région est le *Signal de la Forêt de Perseigne* (340 mètres), au N.-O. de Mamers;

DÉPARTEMENT DE LA SARTHE

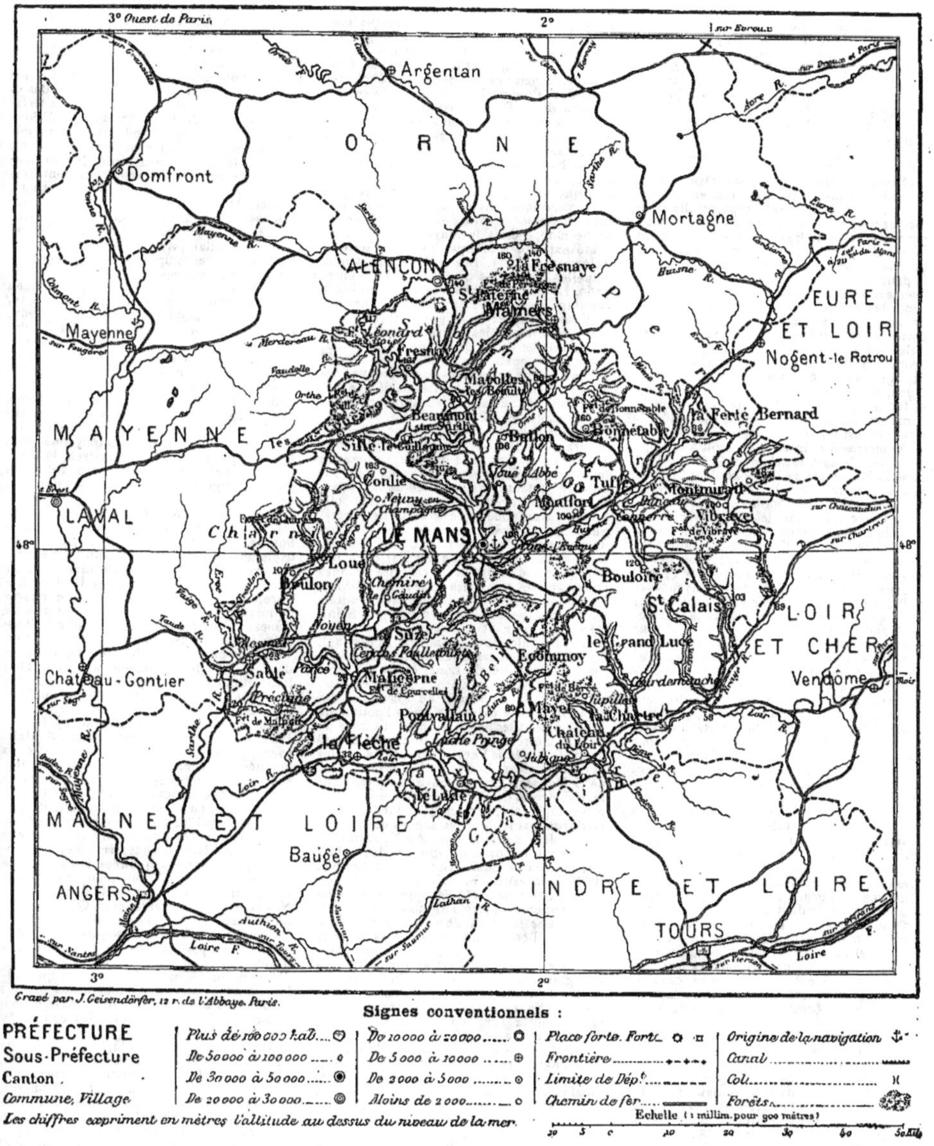

à cette hauteur correspond, sur la rive gauche de la Sarthe, la chaîne des *Couëvrons* (330 mètres). Sur la lisière de la forêt de Sillé-le-Guillaume, les Manceaux lui donnent le nom ambitieux d'*Alpes Mancelles;* entre Bonnétable et Montmirail, dans le N.-E., le sol est accidenté et élevé (286 mètres), sans présenter de hauteurs bien distinctes. Le sol s'abaisse ensuite assez rapidement; le parvis de l'église Saint-Julien, au Mans, est à 76m,05; au confluent du Loir et de l'Argance, l'altitude n'est plus que de 22 mètres. En résumé les limites du département forment la base d'une pyramide irrégulière dont le sommet est au *Signal de Perseigne*.

Tous les cours d'eau de la Sarthe se dirigent vers cette rivière ou son affluent, le Loir; ils appartiennent donc au bassin de la Loire, qui passe à 24 kilom., au S. du département. La Sarthe entre dans le département à Roullé, le sépare de l'Orne durant 23 kilom., le quitte pour baigner Alençon, sert de nouveau de limite entre la Sarthe et l'Orne, jusqu'à son confluent avec le Sarthon, puis pénètre dans la Sarthe par de nombreux méandres; en inclinant vers le S.-E. Elle baigne Saint-Léonard-des-Bois, au milieu d'une presqu'île que dominent les mamelons boisés du Déluge (135 mètres), de Narbonne (119 mètres), du Haut-Fourché (128 mètres). Un dicton local affirme que :

Si Haut-Fourché était sur Narbonne,
On verrait Paris et Rome.

La Sarthe baigne ensuite, sur la rive gauche, Fresnay, au pied d'énormes rochers calcaires, traversés de filons schisteux, qu'elle mine incessamment; puis elle passe sous le beau pont suspendu de Beaumont-le-Vicomte, au milieu d'îles verdoyantes; traverse le Mans où elle devient navigable et est longée par le petit canal de la Planche; tourne brusquement à l'O., arrive à la Suze, où un petit canal de dérivation facilite la navigation; par de nombreux méandres, elle atteint Malicorne, Parcé, Juigné en face du cloître de Solesmes, Sablé, tourne au S. presque à angle droit, sort du département, pour le limiter de Pincé au confluent de la rivière de Précigné, et entre définitivement dans le Maine-et-Loire, après 216 kilom. de cours dans le département. Sa pente générale est de 70 mètres; elle est large de 50 mètres au Mans, et de 80 mètres à Princé. Elle reçoit à droite : 1° le *Merdereau*, venu de la forêt de Pail dans la Mayenne; 2° la *Vaudelle* et l'*Orthe*, issues des collines du canton de Bais (Mayenne); 3° l'*Orne Champenoise*; 4° la *Gée*; 5° la *Vègre*, qui vient des Couëvrons, passe à quelque distance de Sillé-le-Guillaume et de Conlie, camp d'instruction durant la guerre de 1870-71, baigne Loué, reçoit le *Palais* et finit en amont de Juigné; 6° l'*Erve*, grossie du *Treylon*, vient de la Mayenne et finit à Sablé; 7° la *Vaigne* et la *Taude* n'ont aussi que leur embouchure dans la Sarthe. — A gauche, la Sarthe reçoit : 1° la *Bienne* prend sa source dans la forêt de Perseigne, et se grossit de la *Saosnette* et de la *Semelle*; 2° l'*Orne Saosnoise* naît de la forêt de Bellême, arrosant Ballon, se grossit de la *Dive*, qui arrose Mamerset et du *Tripoulin*, qui passe à Bonnétable; 3° l'*Huisne*, principal affluent de la Sarthe dans le département, sort de l'Orne au-dessus de Préval, est longée par le chemin de fer de Paris à Brest, arrose la Ferté-Bernard, Connerré, Yvré-l'Évêque, et se jette en aval du Mans; elle est grossie de la *Même*, de la *Dué*, de la *Narais*, et de la *Vive-Parance*. Enfin, 4° le *Loir*, entre dans la Sarthe, au confluent de la Braye; arrose la Châtre, Château-du-Loir, le Lude, Luché-Pringé, la Flèche et en sort un peu avant le confluent de l'Argance. Il reçoit : à droite la *Braye*, grossie du *Tusson*; la *Veuve* et l'*Aune*; à gauche : un grand nombre de petits ruisseaux parallèles dont le département de la Sarthe ne possède que le cours inférieur, savoir : la *Dême*, la *Vendeume*, la *Fare*, la *Maulne* et la *Marconne*. Les étangs sont assez nombreux; mais leur étendue est fort médiocre; parmi eux nous citerons ceux de *Saosne*, près la forêt de Perseigne; du *Bois-des-Loges*; de *Loudon*, près de Parigné; de la *Bonde*, à Saint-Jean-du-Bois.

Le département offre des échantillons de presque tous les niveaux géologiques depuis le cambrien jusqu'aux alluvions modernes. Le cambrien forme un massif très épais constitué par les phyllades de Saint-Lô et les schistes à ardoises de Parennes, aux environs de la forêt de Perseigne et de Sillé (20 000 hectares). Le silurien occupe 28 100 hectares, principalement à l'O. du département; il est représenté à Chemiré-en-Charme et à Saint-Aubin de Locquenay par des schistes et des argiles avec boules siliceuses; à Montreuil-le-Chétif, à Neuvillette, à Chemiré, on trouve des grès et des schistes ampéliteux. Le silurien inférieur et primordial comprend les grès de Sablé et de Chemiré, des calcaires dolomitiques accompagnés de schistes avec grauwackes et poudingues, de chaque côté de la chaîne des Couëvrons.

Le dévonien, dans le S.-O., repose en concordance sur le silurien supérieur; les couches, très accidentées dans le N., ont une direction S.-O.-N.-E. Dans le S., elles se dirigent de l'O. à l'E. et forment plusieurs plis dont la concavité est coupée par des dépôts anthracifères. La base du dévonien présente des grès dont on se sert pour l'empierrement des routes, puis des schistes (à Brûlon, Pont-de-Marie). Les calcaires dévoniens du S.-O. fournissent des marbres exploités en grand pour des usages agricoles et artistiques. Immédiatement au-dessus, l'étage anthracifère forme des bassins allongés du N.-O. au S.-E. qui se prolongent dans la Mayenne. Il comprend trois étages dont le principal est celui des schistes et grès avec anthracite divisé en deux bassins : celui de Gomer et celui de Sablé. Le premier se développe dans la Mayenne; le second a été exploité à Maupertuis, au Vivier, à Solesmes, à Ferié. Les seules exploitations actuelles sont celles de Sablé et la Promenade. Le calcaire carbonifère qui succède à cet étage comprend : les calcaires avec concrétions siliceuses de Juigné, Auvers-le-Hamon, Solesmes; les calcaires oolithiques des carrières de Juigné et de Solesmes, et le calcaire spathique exploité en grand comme pierre à chaux grasse à Juigné, Asnières, Auvers-le-Hamon. Le troisième étage est formé de schistes avec anthracite, autrefois exploités à Brûlon et Viré.

Le terrain houiller manque dans la Sarthe. Le jurassique de la Sarthe occupe 107 701 hect. A la base, on trouve le lias moyen presque toujours recouvert par le lias supérieur : il affleure surtout dans la vallée de la Vègre, d'Avoise à Mareil, en bancs calcaires oolithiques avec poudingues quartzeux (Précigné). Le toarcien présente des affleurements presque continus à l'O. à Précigné, Brûlon, la Chapelle, Conlie : il offre des alternances d'argile et de calcaire (bonnes chaux grasses et marnes pour l'agriculture). Le bajocien possède deux niveaux oolithiques avec aspect sableux et argileux (à Saint-Rémy-du-Plain et à Chaumilon près Mamers), ou calcaire (à Beauvoir et Bernay). Le bathonien fournit les calcaires oolithiques de Chassillé, de Loué, et les calcaires lithographiques de Saosne-Aillières, etc., au S. et à l'E. du massif de Perseigne. On exploite comme pierre de taille l'oolithe de Mamers dont les bancs ont une puissance de 10 à 15 mètres). Le callovien est représenté au N.-O. (forêt de Perseigne) par des argiles et des calcaires. Les argiles et les calcaires de la Vacherie, qui s'étendent largement sur la rive droite de l'Orne et dans le Belinois, à Brette, Moncé, Écommoy, appartiennent à l'oxfordien ainsi que les argiles et les calcaires bleus à grains fins. Au N.-E. du département, le corallien fournit des sables ferrugineux à Champaissant et à Contres (1 600 hectares). Le crétacé occupe 193 800 hectares sur lesquels 172 800 appartiennent au cénomanien, qui forme au milieu du département une large bande orientée du N.-E. au S.-O. Il comprend : à l'E. et au S. de la Ferté-Bernard les marnes et la craie glauconieuse entre Vibraye et Montmirail; l'argile glauconieuse à minerai de fer se rencontre à Arcomay, à Cherizay, sur la lisière S.-E. du Saosnois et du Belinois; les sables et grès de la Trugalle se voient à l'E. du département avec la craie de Théligny et donnent lieu à une exploration de marnes pour l'agriculture. Enfin on signale les sables et les grès, éminemment fossilifères, du Mans. A l'E. du bassin cénomanien, les terres argilo-calcaires, humides, sont bonnes pour les prairies et les bois. Dans l'O. et le S., les sables maigres et ferrugineux ne permettent que la culture maraîchère ou forestière. Au turonien appartiennent, dans le S. et le S.-E., les sables quartzeux et la craie blanche ou marneuse de Cromière, Verrone, de la vallée du Loir. Il y a d'importantes carrières de craie tuffeau à Écommoy, Château-du-Loir. La craie de Villedieu, du sénonien, occupe les vallées du Loir et ses affluents (la Chartre, le Lude) dont le sol calcaire est propre à la culture de la vigne. L'éocène fournit les argiles à silex, de la craie (82 000 hectares) à Saint-Calais-Vibraye; la terre est bonne dans les endroits où le silex est peu abondant; les argiles sableuses du plateau de Bresse, de Tresson-Oize sont peu fertiles. Les forêts de Bonnétable, les environs de Tresson présentent de nombreux conglomérats, et les sables transformés en grès abondent entre Defray et la Chartre. Ces grès ont servi de matériaux aux nombreux menhirs de la région. Les argiles et les sables avec meulières forment un territoire aride au N.-E. de Savigne (1 800 hectares). Le miocène s'étend dans l'O. du département, sous forme de dépôts de sables et d'argiles avec galets roulés (15 300 hectares), les roussards ferrugineux sont employés comme moellons à Temuc, Loué, Brûlon. D'immenses dépôts d'alluvions anciennes (53 600 hectares) occupent les principales vallées, et la tourbe existe à Écommoy, Pontvallain, Arnage, etc. Les alluvions modernes les accompagnent et occupent environ 43 300 hectares.

Le département de la Sarthe appartient en entier au climat séquanien, sain et tempéré, mais assez variable. Le long des cours d'eau, l'humidité amène parfois des épidémies dysentériques; au midi l'air est plus vif que dans le nord, où il est doux et humide. La moyenne de la température est supérieure à celle de Paris, qui est de 10°,6' à 10°,7'. La disposition des collines, très variée, n'y donne lieu à aucun vent dominant. La hauteur annuelle des pluies est de 646 mill mètres, inférieure par conséquent à la moyenne de la France, qui est de 770 millimètres; le nombre des jours de pluie est de 145; celui des jours de neige, de 12; celui des jours de gelée, de 56.

Les richesses minérales du département sont assez importantes : l'anthracite et la houille, dont nous avons déjà parlé, sont exploitées aux environs de Sablé, Solesmes, Auvers-le-Hamon, Juigné. Le minerai de fer se rencontre à Aigné, la Bazoge, Brûlon, Chemiré, Poillé et Vibraye. Il y a des carrières de marbre noir à Sablé, de marbres dits de l'Ouest à Solesmes, de brèche-paille à Chassillé, de sarrancolin rouge à Gréez. Les carrières de pierre de taille sont nombreuses dans la forêt de Bonnétable, à Poucé, Théligny et Sablé. On cite encore les ardoisières de Parennes, les pierres meulières de Parigné-l'Évêque, les marnières d'Ancines, les tuffeaux et les tourbières d'Ardenay, Mayet, Parigné, Luché et Thorée; la chaux de Malicorne, la chaux hydraulique de Soulitré; la magnésie de Fresnay. Les sources minérales sont assez nombreuses dans les communes de Chemiré-le-Gaudin, de la Suze, de Roëzé; on remarque aussi celles des *Salines*, au château de Bellefille, sur la commune de Chemiré; les sources de Noyen, Saint-Marceau et Parigné-l'Évêque sont ferrugineuses; toutes d'ailleurs sont inexploitées. Les sources de l'ancien château de Vernie (canton de Beaumont) sont incrustantes; celle du Châtelet, à Noyen, est intermittente, et coule pendant la sécheresse et tarit aux époques pluvieuses; à Vion, il sort, à certaines époques, une grande quantité de poissons de la Fontaine-sans-Fond.

Les curiosités naturelles sont presque nulles le voyageur est surtout attiré par les monuments tels que ceux de l'abbaye de Solesmes, le château de Sablé, les églises du Mans, etc.

Au point de vue agricole, la rive droite de l'Huisne et de la Sarthe est un riche terreau, propre à la culture du froment; la rive gauche de ces rivières, de Montmirail et Connerré, jusqu'à la Flèche, est une plaine maigre, sablonneuse, couverte de bruyères et de landes, et entrecoupée de bois de pins maritimes; au S. le sol, plus riche, produit le vin, le froment et le méteil. La Sarthe, l'Huisne et le Loir arrosent de fertiles prairies; le Saosnois et le Pertois sont couverts de beaux pâturages. Pays de moyenne et de petite culture, la

Sarthe produit le froment, le méteil, l'orge, le seigle, l'avoine, le maïs, le sarrasin, du foin, du trèfle, de la luzerne, du sainfoin, du colza, des betteraves pour le bétail; des pommes de terre. Le département de la Sarthe est celui qui cultive le plus de chanvre. Le lin l'est seulement dans les arrondissements du Mans et de La Flèche. Des marrons, des vins rouges à Bazouges et Château-du-Loir et des vins blancs à Jasnières. Le poirier, le pommier à cidre, le noyer y réussissent parfaitement. Les principales forêts sont celles de Bercé ou de Jupilles, de Perseigne, de Vibraye, de Sillé-le-Guillaume, de Précigné, de Bonnétable, de la Grande et de la Petite Charnie. Les essences principales sont: le chêne, le hêtre, le charme, le châtaignier et le pin maritime. Les champs, comme en Bretagne, sont clos de haies vives, sur lesquelles se dressent de distance en distance des arbres de haute futaie.

La Sarthe est un de nos départements les plus riches en bœufs et en chevaux; les bœufs appartiennent à la race mancelle, dont l'aire géographique s'étend sur les bassins de la Mayenne, de la Sarthe et du Loir. Les éleveurs partagent cette race en deux variétés: la première, la *race mancelle* proprement dite, a la tête courte et large vers le front, et est la plus répandue dans la Sarthe; la seconde, la *race angevine*, que l'on rencontre dans Maine-et-Loire, et dont la tête est longue et moins large supérieurement. Les animaux sont surtout destinés à produire de la viande pour l'approvisionnement de Paris. Aussi les a-t-on croisés avec des sujets durham. Ce croisement a eu l'avantage d'améliorer la production de la viande et celle du lait. On y élève aussi des bœufs de race bretonne (arr. du Mans); de race poitevine (arr. de Saint-Calais et de la Flèche); de race normande (arr. de Mamers). Les chevaux ont beaucoup de ressemblance avec les percherons; leur élevage réussit surtout à Chassé, Montigny, Roullée, Saint-Paul-le-Gaultier. On y trouve aussi de nombreux porcs, des moutons et des chèvres. Les poulardes et les chapons du Maine viennent des environs de la Flèche, où se tient aussi un marché d'oies grasses.

L'industrie de la Sarthe est aussi très active: le tissage du chanvre et du lin a perdu, il est vrai, de son importance, bien qu'il occupe encore de nombreux métiers, à Arconnay, à Connerré, à Thorigny, au Mans, à Loué, à Parigné-l'Évêque, à la Ferté-Bernard, à Beaumont-sur-Sarthe, à Mamers, à Sillé-le-Guillaume; il existe encore des filatures de chanvre et de lin à Champagné et au Mans, des filatures de coton, à Bessé-sur-Braye; des fabriques de siamoises et de futaines au même lieu. Il y a des papeteries à Aubigné, Avoise, Bessé, Chahaignes, la Flèche, Parigné-l'Évêque, au Lude, à Saint-Mars-la-Brière. L'industrie métallurgique a pour représentants le haut fourneau de Saint-James, les forges et fonderies de Chemiré en Charnie, du Mans, de Vibraye, de la Ferté-Bernard, de Mamers, de Saint-Calais; la quincaillerie et l'horlogerie du Mans, la tréfilerie de laiton de Bocssé-le-Sec; le laminoir de Douillet-le-Joli; la fonderie de cloches du Mans. Les poteries et les faïences viennent d'Aulaines, Bonnétable, Connerré, Malicorne, Précigné et la Suze; il y a des tuileries et des briqueteries à Ecommoy, Bonnétable, Soulitré, Précigné, au Mans et à Changé; Montmirail a une verrerie; on fabrique des chapeaux au Mans et au Lude, des chaussures, à la Flèche, à Bonnétable, à Conlie, à Mamers; des sabots à Neuchâtel, Bonnétable, Château-du-Loir, Saint-Rigomer; des conserves alimentaires au Mans et à la Suze.

Le département possède aussi des corderies, des clouteries, des corroieries et des tanneries, des féculeries, des amidonneries, des fabriques de machines à coudre, de produits chimiques, de wagons, de lunettes.

La Sarthe exporte du froment, de l'orge, des moutons, des chevaux, des bœufs, des volailles, des œufs, des conserves alimentaires; il importe des vins, des eaux-de-vie, des alcools, du sel, du sucre, des épices, des articles de Paris, de la librairie, de la houille. Il est traversé par 16 chemins de fer et deux lignes de tramways à vapeur: de Paris à Brest, par la Ferté-Bernard, Connerré, Pont-de-Gennes, le Mans, la Milesse, Conlie, Sillé-le-Guillaume; du Mans à Nantes, par la Suze, Juigné, Sablé, Pincé-Précigné; du Mans à Caen; de Sablé à Château-Gontier; de Tours au Mans, par Château-du-Loir, Vaas, Aubigné; d'Aubigné à Sablé, par le Lude; de la Flèche à la Suze, par Malicorne; de Mamers à Saint-Calais, par Bonnétable et Connerré; de Château-du-Loir à Saint-Calais; de Mamers à Sillé-le-Guillaume; de Sillé-le-Guillaume à Sablé; de Mamers à Mortagne; de Pont-de-Braye à Vendôme; de la Flèche à Angers; de La Flèche à Saumur; de Château-du-Loir à Saumur; les deux tramways sont ceux de Mans à la Sarthe et du Mans à Saint-Denis d'Orques. La population spécifique du département est de 70 habitants par kilomètre carré; c'est un peu moins de la moyenne de la France entière, qui est de 73. Depuis le recensement de 1866, il a perdu 30000 habitants; les ravages de la guerre de 1870-1871, la proximité de Paris, où les Manceaux sont fort nombreux, sont au nombre des causes de cette dépopulation.

Avant César, le pays était habité par les Aulerques Cénomans; sous la dénomination romaine, il fut compris dans la Seconde Lyonnaise; sept voies romaines partaient alors du Mans. Conquis par les Armoricains, par Clovis, puis par Clotaire II, le département suivit les destinées de la Bretagne, de la Normandie, enfin de l'Anjou. Confisqué sur Jean-sans-Terre en 1203, donné en apanage à Louis d'Anjou en 1356, il fit retour à la couronne après la mort de René d'Anjou en 1481. On sait que Charles VI fut atteint de folie en traversant la forêt du Mans pour aller châtier Pierre de Craon, assassin du Connétable de Clisson, en 1392. En 1793, les Vendéens, commandés par Henri de la Rochejaquelein, pénétrèrent dans le Mans, mais en furent chassés par Marceau et Westermann. Durant la guerre franco-allemande, le 11 janvier 1871, le général Chanzy, aidé des amiraux Jaurès et Jauréguiberry, tenta d'arrêter au Mans les Allemands commandés par le prince Frédéric-Charles; mais des mobilisés bretons, mal armés et peu disciplinés, abandonnèrent la position de la Tuilerie; Chanzy rétrograda sur Laval, et dès lors le ravitaillement de Paris fut impossible. C'est dans le département de la Sarthe qu'est né Chappe, l'inventeur du télégraphe aérien. Le chiffre de la population moyenne est de 71; c'est-à-dire exactement celui de la population spécifique de la France entière. Le département de la Sarthe appartient au IVe corps d'armée (le Mans); à la cour d'appel d'Angers; à l'Académie de Caen; il forme le diocèse du Mans, suffragant de Tours. Il comprend 4 arrondissements; 33 cantons et 385 communes: ch.-l.: *Le Mans*, s.-préf. *La Flèche; Mamers; Saint-Calais*.

SARTILLY, 1260 hab., ch.-l. de cant. de l'arr. d'Avranches (Manche). Tissus.

SARTINE (Gabriel-Gualbert de) (1729-1801), lieutenant général de la police de 1759 à 1774, il renseignait l'Autriche sur les voleurs cachés à Vienne, il établit une école de dessin pour les ouvriers dont les métiers touchent aux beaux-arts, construisit en partie la Halle aux blés, éclaira Paris avec des réverbères. Ministre de la marine durant la guerre d'Amérique, il réussit moins et dut donner sa démission en 1780; il fut l'objet d'épigrammes des plus virulentes à la suite d'une brochure qu'il écrivit contre Necker pour justifier sa conduite; il émigra au début de la Révolution et mourut en Espagne. — *Sf.* Énorme perruque, mise à la mode par M. de Sartine, portée aujourd'hui en Angleterre par les grands juges, le lord chancelier, le *speaker*, de la Chambre des communes, les avocats.

SARTO (Andrea Vannuchi, dit del) (1488-1530) peintre de la Renaissance florentine, appelé en France par François Ier. La Charité du Louvre, la Madone de Saint-François à la tribune de Florence, la Madone du Sac du cloître de l'Annonciade sont ses œuvres les plus célèbres.

SARTROUVILLE, 1793 hab. Village du canton d'Argenteuil (Seine-et-Oise), sur la rive droite de la Seine, à 23 kilom. N. de Versailles.

SARZANA, 10000 hab., ancienne forteresse de la Toscane; berceau de la famille Bonaparte avant son établissement en Corse.

SARZEAU, 5563 hab., ch.-l. de cant. de l'arr. de Vannes (Morbihan); petit port sur le golfe du Morbihan, dans la presqu'île de Rhuys; marais salants; plomb argentifère; climat d'une douceur exceptionnelle; ruines du château de Sucinio; patrie de Lesage, auteur de *Gil Blas*.

1. SAS (vx fr. *seas*; l. *setaceum*, de *seta*, crin), *sm.* Tamis, dont le tissu est en crin ou en soie, pour passer la farine, le plâtre, les liquides, etc. || Sorte de claie en osier ou en fer servant à passer les terres que l'on veut débarrasser des pierres qu'elles renferment. — Fig. *Passer une chose au gros sas*, ne l'examiner que très superficiellement. — **Dér.** *Sasser, sassement, sassoire, sasseur*. — **Comp.** *Ressasser, ressassement*.

2. SAS (néerlandais *sas*, écluse. Littré fait venir ce mot de l'ital. *sasso*; l. *saxum*, pierre), *sm.* La partie d'une écluse comprise entre les deux portes.

SASKATCHAWAN, rivière du Dominion du Canada, formée de la Saskatchawan du N. et de celle du S., descendant des montagnes Rocheuses; elle se jette dans le lac Winnipeg et en sort sous le nom de Nelson et va verser ses eaux dans la mer d'Hudson.

***SASSA**, *sf.* Gomme appelée aussi *fausse adragante*, provenant d'une espèce d'acacia d'Afrique, l'*Astragalus gummifer*; on l'appelle encore *gomme de Bassora* et elle sert à falsifier la *gomme adragante*. Elle est en fragments peu transparents, assez grands.

SASSAFRAS (*x*), *sm.* Genre de plantes dicotylédones de la famille des Laurinées, dont l'espèce la plus intéressante, le *sassafras officinal (sassafras officinalis)* est un grand et bel arbre originaire de l'Amérique du Nord. Le bois et la racine de cette plante sont usités en médecine comme sudorifiques et comme diurétiques. Le bois, dur, compact et pesant, est peu odorant; il est brun-noirâtre à l'extérieur, tandis que le cœur est vert-jaunâtre et présente des couches brunes. L'écorce du sassafras nous arrive séparée du tronc; lorsqu'elle a été rapée elle est couleur de rouille; dans le cas contraire son épiderme est brun grisâtre. Sa face interne présente fréquemment de petits cristaux blancs et transparents. La saveur de cette écorce est amère et aromatique; son odeur est plus prononcée que celle du bois. C'est surtout la racine qui est employée en pharmacie; elle est connue sous le nom de *bois de sassafras*. Elle est grise à l'extérieur, d'un brun rougeâtre à l'intérieur; son odeur est forte et sa saveur douce et aromatique. Elle renferme une huile essentielle d'un jaune plus ou moins foncé suivant que les racines appartiennent à un arbre plus ou moins âgé. Cette essence a les mêmes propriétés que le bois dont on l'extrait. En Amérique elle sert à aromatiser le savon et le tabac. — **Dér.** *Sassafride, sassafrol*.

***SASSAFRIDE** (*sassafras*), *sf.* Matière extraite du sassafras et qui est analogue au tanin.

***SASSAFROL** (*sassafras*), *sm.* Matière organique qui se dépose en gros cristaux dans l'essence de sassafras, pendant que celle-ci refroidit, immédiatement après la distillation.

SASSANIDES, nom d'une dynastie persane, fondée en 223 par Ardechyr-Babegan (Artaxerxès des Grecs), petit-fils de Saça-i, d'où Sassanides. Il renversa le roi Artaban et voulut que la religion des mages dominât dans son empire. Cette dynastie fut renversée en 650 par le conquérant arabe Sadi, lieutenant du khalife Omar.

SASSARI, 36317 hab., ch.-l. de province au N.-O. de la Sardaigne, archevêché, université; ville la mieux bâtie et la plus civilisée de l'île; son port est Porto-Torres.

SASSE (*x*), *sf.* Pelle creuse, avec anse ou poignée, servant à vider l'eau qui a pénétré dans une embarcation.

SASSE (Marie-Constance), chanteuse dramatique, née à Gand en 1836. Après s'être fait entendre dans des cafés-concerts à Paris, elle débuta au théâtre lyrique dans le rôle d'Eurydice, puis fut engagée à l'Opéra, où elle créa les principaux rôles de l'*Africaine* et de *Don Carlos*.

***SASSEMENT** (*sas* 1), *sm.* Action de passer au sas.

SASSENAGE, 1560 hab., ch.-l. de cant. de l'arr. de Grenoble (Isère); excellents fromages. — *Sm.* Le fromage de cette localité est fabriqué avec un mélange de lait de chèvre, de vache et de brebis; il ressemble beaucoup au roquefort; mais il est plus blanc et plus doux.

SASSER (*sas* 1), *vt.* Passer au sas : *Sasser du plâtre.* — Fig. Discuter, examiner : *Sasser une affaire.*

***SASSEUR** (*sas* 1), *sm.* Ouvrier qui passe des grains, de la terre, etc., au sas.

***SASSOIRE** (*sasser*), *sf.* Pièce circulaire double placée horizontalement sous la caisse d'une voiture et servant à faciliter la rotation du train de devant.

***SASSOLINE** (*Sasso*, en Toscane), *sf.* Acide borique hydraté, naturel. Il arrive à la surface du sol avec des eaux thermales ou avec des vapeurs. On l'exploite à Sasso et à Larderello, en Toscane. On la rencontre en paillettes dans le cratère du volcan de l'île de Vulcano. La sassoline de Toscane sert à la fabrication du borax.

SATALIEH, ancienne *Attalia,* ville de Caramanie (Asie Mineure), près de laquelle Louis VII le Jeune laissa les musulmans entourer et massacrer son armée.

SATAN (hébreu *Satan*, ennemi, *sm.* Dans le livre de Job, chef des anges rebelles, mais participant aux conseils de Dieu. Après l'exil de Babylone, sous l'influence de la théologie zoroastrienne, les Juifs lui donnèrent le caractère de génie du mal ou d'Ahriman. || Dans la théologie catholique, chef des anges déchus et monarque des enfers, s'occupant de tenter les hommes. Les premiers chrétiens n'avaient point de figure pour représenter le démon ; dans les manuscrits carolingiens, il est représenté comme un ange à la figure souffrante et amaigrie et aux traits en désordre. Les artistes romans, visant à l'épouvante, en firent un être absolument fantastique ; chez eux le diable a une tête de serpent, des griffes de lion ou des pieds de vautour. Au XIIIe siècle, on s'inspire du satyre antique, mais on en rend la représentation confuse et risible. On multiplie sur un seul corps le visage; on le met sur l'estomac, à chaque articulation, pour indiquer l'intelligence infinie du démon. — Fig. *Les Fils de Satan*, les pervers. || *Le royaume de Satan*, le monde terrestre. || *Un orgueil de Satan*, un orgueil extrême. — **Dér.** *Satanas, satané, satanée, satanicle, satanite, satanique.*

SATANAS (g. Σατανᾶς, Satan), *sm.* Satan, dans le style badin : *Vade retro, Satanas ;* arrière, Satan.

SATANÉ, ÉE (*Satan*), *adj.* Digne de Satan : *Un satané fripon.* (Pop.)

***SATANICLE** ou **SATANITE** (*Satan*), *sm.* Nom par lequel les matelots désignent une espèce de *pétrel*. (V. *Pétrel*, t. II, p. 964, col. 3.)

SATANIQUE (*Satan*), *adj. 2 g.* De Satan. || Extraordinaire par sa nature mauvaise : *Idée satanique.*

SATELLITE (l. *satellitem*), *sm.* Homme armé aux gages d'un autre dont il exécute aveuglement les ordres : *Les satellistes d'un tyran.* || Planète secondaire qui tourne autour d'une planète principale : *La lune est le satellite de la terre. Saturne a quatre satellites.*

SATERLAND, 3000 hab. Petit pays du duché d'Oldenbourg, en Allemagne.

SATHONAY, 4196 hab., commune du cant. de Trévoux (Ain), ch. de fer de P.-L.-M.; camp permanent d'une division militaire.

SATIÉTÉ (l. *satietatem*), *sf.* Surcharge d'aliments qui produit le dégoût : *Manger jusqu'à satiété.* — Fig. Dégoût que produit l'excès d'une chose : *La satiété des plaisirs.* || *Jusqu'à satiété*, jusqu'à produire l'ennui, le dégoût.

***SATIF, IVE** (l. *sativum :* de *satum,* supin de *serere*, semer), *adj.* Qu'on sème. || Se dit des plantes cultivées pour les distinguer des plantes sauvages.

SATILLIEU, 2422 hab. Ch.-l. de c. de l'arr. de Tournon (Ardèche); draps.

SATIN (bl. *setinum :* de *seta*, soie), *sm.* Étoffe de soie plate, lustrée, dont la trame ne paraît pas à l'endroit, et qui est douce et moelleuse au toucher : *Satin de Lyon.* || Toute étoffe qui a les qualités du satin : *Satin de laine.* — Fig. *Une peau de satin*, très douce. — **Gr.** Marcel Devic propose, comme étymologie, le mot *zeitouni*, nom par lequel on appelle en Chine des étoffes de soie et de satin fabriquées à *Zeitoun*, ville chinoise de Tseu-Thoung. — **Dér.** *Satinet, satiner, satiné, satinée, satineur, satineuse, satinade, satinage.*

SATINADE (*satin*), *sf.* Étoffe de soie très mince qui imite le satin.

SATINAGE (*satiner*), *sm.* Opération qui consiste à donner au papier imprimé une surface lisse et polie, en le faisant passer soit entre deux cylindres, soit entre deux cartons très unis qui le pressent. || Résultat de cette opération.

SATINÉ, ÉE (*satiner*), *adj.* Lustré : *Papier satiné.* || Qui a l'aspect ou la douceur du satin : *Peau satinée.* || Qui est taillé pour être éclairé, par opposition à velouté, en joaillerie. — *Sm.* Aspect pareil à celui du satin.

SATINER (*satin*), *vt.* Rendre lustré : *Satiner du papier.*

***SATINET** (*satin*), *sm.* Étoffe faite avec un mélange de soie et de coton.

***SATINEUR, EUSE** (*satin*), *s.* Ouvrier, ouvrière qui satine les étoffes, le papier.

SATIRE (l. *satira*, ou *satura*, mélange de mets, satire), *sf.* Chez les Romains du VIe siècle avant notre ère, chant joyeux et railleur, accompagné de musique et de danse, pour célébrer les fêtes dites *Liberalia* (de *Liber*, Bacchus), qui avaient lieu au printemps, et durant lesquelles on offrait aux dieux, protecteurs des laboureurs, un vaste bassin rempli des prémices de toutes les productions de la terre. || Plus tard, pièce primitive du théâtre latin, analogue aux atellanes, mélangée de prose et de vers, comme les *farces* du moyen âge. || A l'époque classique romaine, ouvrage en vers fait pour censurer, tourner en ridicule ou vouer à l'ignominie les travers et les vices des hommes. Lucilius lui donna la forme d'une épître en vers hexamètres; Horace, Perse et Juvénal développèrent la satire surtout au point de vue moral. Ils furent imités au XVIIe siècle par Régnier et Boileau, au XVIIIe siècle par Voltaire et Gilbert. On peut rattacher à la satire les *Tragiques* d'Agrippa d'Aubigné, les *Iambes* d'Auguste Barbier, les *Châtiments* de Victor Hugo. || Ouvrages mélangés de prose et de vers, comme la satire primitive; railleurs et médisants, comme la satire classique; telle était la *Satire Ménippée* de Varron, bibliothécaire d'Auguste, imitée d'écrits semblables du philosophe grec Ménippe. Ce nom fut repris par Jacques Gillot, Pierre le Roy, Nicolas Rapin, Passerat, Pithou, Florent Chrestien pour leur pamphlet commun, parodie des États de la Ligue, convoqués par Mayenne en 1593. Ce pamphlet contribua à discréditer la Ligue et fit pour la cause de Henri IV presque autant que les victoires d'Arques et d'Ivry. — Fig. Tout ce qui fait l'effet d'une satire : *Sa conduite est la satire de la vôtre.* || Discours ou écrit critique, railleur et médisant. — **Gr.** Il ne faut pas confondre ce mot avec son homonyme *satyre*. — **Hom.** *Satyre.* — **Dér.** *Satirique, satiriquement, satiriser.*

SATIRIQUE (*satire*), *adj. 2 g.* Qui est de la nature de la satire : *Écrit satirique.* || Enclin à la critique, à la raillerie, à la médisance : *Esprit satirique.* — *Adj.* et *s.* Qui compose des satires : *Poète satirique. Un satirique.* || Se dit de dessinateurs de caricatures : *Daumier est le plus grand des dessinateurs satiriques.*

SATIRIQUEMENT (*satirique* + sfx. *ment*), *adv.* D'une manière satirique.

SATIRISER (*satire*), *vt.* Faire la satire de quelqu'un ou de quelque chose : *Il satirise tout le monde.*

SATISFACTION (l. *satisfactionem*), *sf.* Plaisir qu'on ressent de quelque chose : *Ce fils donne de la satisfaction à ses parents.* || Réparation d'une offense faite à quelqu'un, excuse, dédommagement. || *Demander satisfaction d'une insulte*, proposer un duel à l'insulteur. || Expiation que l'on s'impose pour ses péchés. — **Syn.** La *satisfaction* est l'état dans lequel se trouve une personne qui a obtenu ce qu'elle avait désiré ou souhaité. Le *contentement* est l'état d'une personne qui ne désire rien, mais qui est heureuse de sa position.

SATISFACTOIRE (*satisfaire*), *adj. 2 g.* Propre à expier nos péchés : *Faire une aumône satisfactoire.* (Théol.)

SATISFAIRE (l. *satisfacere*, faire assez : de *satis*, assez + *facere*, faire), *vt.* Causer de la satisfaction à : *Satisfaire ses supérieurs.* || *Satisfaire ses créanciers*, leur payer ce qu'on leur doit. || Faire réparation d'une offense. || Assouvir : *Satisfaire sa curiosité, sa colère, un besoin.* || Plaire à : *Satisfaire l'esprit.* — *Vi.* S'astreindre à, accomplir, se soumettre à : *Satisfaire aux préceptes de la civilité, à un besoin.* || *Satisfaire à une objection*, la réfuter. || *Satisfaire à une question*, y répondre. — **Se satisfaire,** *vr.* Réaliser le désir qu'on a d'une chose : *Je voulais voir Paris; je me suis satisfait.* — **Dér.** *Satisfaisant, satisfaisante, satisfait, satisfaite, satisfaction, satisfactoire, satisfecit.*

SATISFAISANT, ANTE (*satisfaire*), *adj.* Qui satisfait, qui contente : *Réponse satisfaisante.*

SATISFAIT, AITE (*satisfaire*), *adj.* Content : *Homme satisfait de sa position.* || Assouvi, accompli : *Mes désirs sont satisfaits.*

SATISFECIT (ml., il a satisfait), *sm.* Écrit par lequel un maître déclare être satisfait de son élève. — Pl. *des satisfecit.*

SATRAPE (du l. *satrapes;* g. σατράπης; scr. *kshetra*, région + *pati*, chef), *sm.* Titre des gouverneurs de province chez les anciens Perses. — Fig. *C'est un satrape*, c'est un homme impérieux, voluptueux. — **Dér.** *Satrapie.*

SATRAPIE (l. *satrapia*), *sf.* Gouvernement d'un satrape : *L'empire des Perses était divisé en 120 satrapies.*

***SATURABLE** (*saturer*), *adj. 2 g.* Qui peut être saturé.

***SATURANT, ANTE** (*saturer*), *adj.* Qui a la propriété de saturer.

SATURATION (*saturer*), *sf.* État d'un liquide qui, dans les conditions de température et de pression où il se trouve, ne peut plus dissoudre une nouvelle quantité d'un corps solide ou gazeux qu'il contient déjà en dissolution. (V. *Solubilité.*) Pour les solides, la solubilité devenant généralement plus grande à mesure que la température s'élève, lorsqu'on veut obtenir un corps à l'état cristallisé on élève jusqu'à un certain degré de température un liquide dans lequel on fait dissoudre le corps jusqu'à ce que ce liquide n'en puisse plus dissoudre, ou, comme on dit, jusqu'à la *saturation* de la liqueur. On laisse ensuite celle-ci se refroidir lentement; la capacité absorbante du liquide diminuant avec la température, une partie du corps solide en dissolution se dégage petit à petit de la liqueur et se dépose sous forme de cristaux. On peut aussi faire dissoudre le corps dans le liquide, à la température ambiante, jusqu'à *saturation*. Par l'évaporation, les molécules liquides quittent la dissolution et s'échappent dans l'air sous forme de vapeur; dès lors, les molécules du corps solide cessent d'être emprisonnées par ces dernières; elles se trouvent libres et se déposent lentement sous la forme géométrique d'un cristal. Ces molécules solides, ainsi abandonnées par les molécules liquides réduites en vapeur, ne peuvent plus être reprises par les autres parties du liquide, puisque celui-ci a épuisé, tout d'abord, son entière capacité absorbante, la dissolution ayant été faite jusqu'à *saturation*. On suppose, bien entendu, que la température reste constante qu'elle ne s'élève pas durant le phénomène. Quelquefois, un liquide conserve en dissolution tout le corps dissous; mais si l'on vient à agiter sa masse ou à y jeter un cristal, tout aussitôt les cristaux se précipitent dans la liqueur. Pour saturer un liquide, à une température donnée, on verse ce liquide sur le corps solide et on maintient le mélange à la température voulue et en l'agitant continuellement. Au bout de quelques instants on décante. (V. *Sursaturation.*) S'il s'agit d'un gaz dissous dans un liquide, des phénomènes analogues se produisent. A une température et sous une pression données, une quantité donnée de liquide ne peut dissoudre qu'un poids maximum de gaz. Lorsque cette limite est atteinte, le liquide a atteint son état de *saturation* et refuse de dissoudre plus de gaz. || État d'un composé chimique auquel on ne peut incorporer une nouvelle dose de l'un de ses éléments. || *Point de saturation de l'air*, le maximum de vapeur d'eau qu'il peut contenir à la température où il se trouve. (Pour les *vapeurs saturées* ou les *vapeurs saturantes*, V. le mot *Vapeur*.)

SATURÉ, ÉE (*saturer*), *adj.* Se dit d'un liquide qui a dissous tout ce qu'il peut contenir d'une substance : *Eau saturée de chaux.* || Se dit d'un corps composé auquel on ne peut incorporer une nouvelle dose d'un de ses éléments. — Fig. *Être saturé d'une chose*, en être rassasié, dégoûté.

SATURER (l. *saturare*), *vt.* Dissoudre, dans un liquide, le plus de matière qu'il est possible. || Mettre dans un liquide tout ce qu'il peut dissoudre de matière. || Neutraliser un acide ou un alcali au moyen d'une base ou d'un acide avec lesquels il peut se combiner pour former un sel neutre. — Fig. Rassasier. — **Dér.** *Saturant, saturante, saturé, saturée, saturation, saturable, satureur.* — **Comp.** *Sursaturer, sursaturation.*

***SATUREUR** (*saturer*), *sm.* Ouvrier chargé de saturer le jus de betterave avec du lait de chaux, dans les sucreries.

SATURNALES (l. *Saturnalia*), *sfpl.* Fête de Saturne, qui se célébrait au mois de décembre, chez les Romains, et pendant laquelle tout travail était interrompu; on se livrait au repos et au plaisir; on s'envoyait des présents. Les esclaves étaient admis à la table de leurs maîtres. Selon la légende, c'était le symbole du bonheur dont on avait joui sous le règne du mythique Saturne. La fête fut régularisée après la bataille de Trasimène sur les indications des livres sibyllins. Elle durait sept jours, du 17 au 23 décembre.

1. **SATURNE** (l. *Saturnum* : de *sata*, semailles). A l'origine, dieu italien qui était le dieu de la terre et des semailles et le représentant de l'âge d'or, c'est-à-dire d'une époque légendaire de prospérité et d'abondance. Plus tard, les Romains l'identifièrent avec Kronos, le dieu du Temps, chez les Grecs, qui dévorait ses enfants, en firent l'époux de Rhéa, le père de Jupiter, etc., de Neptune et de Pluton, de Vesta, de Junon et de Cérès. Ils imaginèrent qu'ayant été détrôné par Jupiter, il s'était réfugié en Italie. On le représentait, sous les traits d'un vieillard chauve, pourvu d'ailes, tenant une faux d'une main et un sablier de l'autre. || Nom du plomb dans l'ancienne chimie. || *Sel* ou *sucre de Saturne*, l'acétate neutre de plomb; ce corps n'est neutre qu'au point de vue des formules théoriques; car, en réalité, ses solutions rougissent légèrement le papier de tournesol. || *Extrait de Saturne*, dissolution d'un mélange d'acétate neutre et d'acétate sesquibasique de plomb dans de l'eau distillée. On en verse de 8 à 30 grammes dans un litre d'eau ordinaire pour faire l'*eau blanche* qu'on applique *extérieurement* sur la peau, comme astringente et résolutive ou pour calmer les douleurs. Les contre-poisons des sels de plomb sont : l'eau sulfureuse, l'alun, le sulfure de fer hydraté. || *Cérat de Saturne*, cérat dans lequel on a incorporé de l'extrait de Saturne. Sa formule est : cérat de Galien, 45 grammes; sous-acétate de plomb, 5 grammes. Il peut être employé contre les engelures qui commencent à peine de suppurer. On emploie aussi pour le même usage un mélange par parties égales d'eau-de-vie camphrée et d'extrait de Saturne. — **Dér.** *Saturne* 2, *saturnie, saturnales, saturnin, saturnine, saturnien, saturnienne, saturnite, saturnisme.*

2. **SATURNE** (*Saturne* 1), *sm.* Planète supérieure, moins grosse que Jupiter, mais dont le volume dépasse 160 fois celui de la Terre. Sa distance moyenne au Soleil est égale à 362 millions de lieues. Elle tourne sur elle-même en dix heures et demie environ, et son axe fait avec le plan de l'orbite un angle de 64 degrés. La valeur de son aplatissement est un neuvième. Saturne, à cause de sa distance au Soleil, ne nous envoie qu'une lumière pâle et comme plombée. Lorsqu'on l'observe à l'aide d'une lunette, on aperçoit sur son disque, comme sur celui de Jupiter, des bandes alternativement sombres et brillantes, parallèles à son équateur. Cette planète met plus de 29 ans à accomplir sa révolution sidérale. Sa révolution synodique a une durée de 1 an 13 jours. Saturne présente une exception unique dans le système solaire. Il est entouré d'une espèce d'anneau opaque, circulaire, large et mince, à peu près

SATURNE ET LA TERRE

plan, sans adhérence avec la planète, et qui la ceint par son milieu. Galilée le découvrit presque aussitôt après l'invention des lunettes; mais il ne put se rendre compte des singulières apparences qu'il présente successivement. Il s'offre ordinairement à nos yeux sous la forme d'une ellipse, qui s'élargit peu à peu, puis se rétrécit et finit par disparaître pour reparaître quelques mois après. Ce fut Huyghens qui, le premier, expliqua ces apparences singulières. Elles sont l'effet des positions relatives qu'occupent Saturne, le Soleil et la Terre; car l'anneau paraît le prolongement de l'équateur de la planète, et fait avec l'écliptique un angle de 28 degrés. Si le plan prolongé de l'anneau laisse d'un

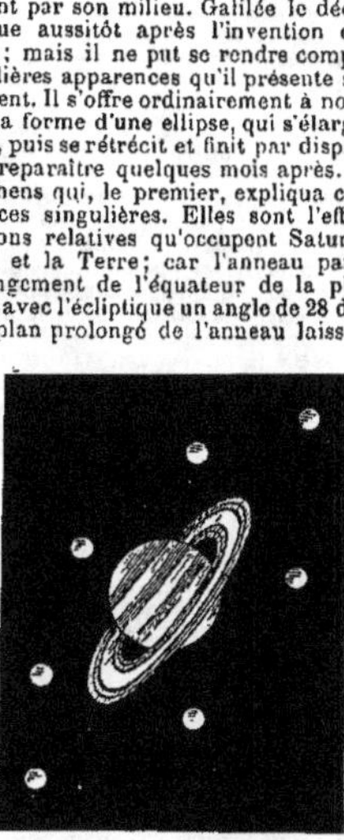

SATURNE ET SES SATELLITES

même côté la Terre et le Soleil, nous voyons la face tournée vers nous, puisqu'elle est éclairée. Si le plan va passer par le Soleil, nous n'en voyons plus que la tranche, qui apparaît, dans de fortes lunettes, comme une ligne lumineuse. Enfin, si le plan prolongé passe entre le Soleil et la Terre, la face obscure est seule tournée vers nous, et l'anneau est invisible. Cet anneau n'est pas simple; il est composé de deux anneaux concentriques, séparés l'un de l'autre par un intervalle obscur. Ces anneaux sont sans doute formés de matières fluides; car on les voit se subdiviser l'un et l'autre, de temps en temps, en anneaux secondaires. On a même découvert un troisième anneau, intérieur, faiblement lumineux. Pour qu'un pareil système ne tombe pas sur Saturne, il faut qu'il ait un mouvement de rotation autour de la planète. Laplace a démontré et l'observation a confirmé que les anneaux tournent ensemble dans leur plan, autour de leur centre commun, en dix heures et demie environ, c'est-à-dire avec la même vitesse angulaire que la planète elle-même. On a trouvé aussi que la largeur totale des anneaux réunis vaut 48 000 kilomètres ou 12 000 lieues, c'est-à-dire les trois quarts du rayon équatorial de la planète. L'anneau laisse un espace vide de 30 000 kilomètres ou 7500 lieues, entre Saturne et lui; à travers ce vide, on peut apercevoir les petites étoiles qui sont au delà. Quant à l'épaisseur de l'anneau, on suppose qu'elle n'a pas plus de 30 lieues. — **Dér.** *Saturnales; saturnie; saturnien; saturnienne; saturnin, saturnine, saturnite.*

SATURNIA, village de la province de Grossetto, en Italie. Eaux thermales sulfureuses.

***SATURNIE** (l. *Saturnia*, de Saturne), *sf.* Papillon de nuit de très grande taille; il a les ailes grises, avec une tache noire au milieu; sa chenille vit sur les arbres fruitiers.

***SATURNIEN, IENNE** (*Saturne*), *s. 2 g.* De Saturne. || *Vers saturnien.* (V. *Saturnin.*) || *Période saturnienne*, se disait des temps géologiques qui ont précédé l'âge actuel, antérieurs à la formation des continents tels qu'ils existent aujourd'hui. || Se disait jadis d'une personne triste et née sous l'influence de la planète Saturne, par opposition à jovial, né sous l'influence de Jupiter. (Astrol.) || Nom donné par Voltaire aux habitants de la planète Saturne.

SATURNIN, INE (*Saturne*, plomb), *adj.* Où il entre du plomb : *Préparation saturnine.* Le *plomb* était appelé *Saturne* par les alchimistes, comme ils désignaient le *fer* par *Mars*. || Qui a l'aspect et la couleur du plomb. || Causé par le plomb : *Colique, maladie saturnine*, colique à laquelle sont exposés les ouvriers qui travaillent le plomb (fondeurs en caractères, potiers de terre, peintres usant de céruse, etc. (V. *Saturnisme.*) || *Vers saturnin*, vers extrêmement libre, propre à l'ancienne poésie nationale du Latium, et dans lequel les anciens faunes et les devins rendaient leurs oracles. Les inscriptions des Scipions et l'*Odyssée* latine de Livius sont écrites en vers saturnins.

SATURNIN (saint) ou **SERNIN,** premier évêque de Toulouse, martyr du IIIe siècle. Fête le 29 novembre.

SATURNIN D'APT (SAINT-), 1898 hab. Commune du département du Vaucluse, canton d'Apt. Carrières à plâtre.

SATURNINUS (LUCIUS-APULEIUS), tribun du peuple, d'abord créature de Marius, demanda le partage des terres reconquises sur les Cimbres, se signala par des désordres dans les comices et le meurtre de ses ennemis; comme il essayait de se proroger dans le tribunat, Marius lui-même fut obligé de l'assiéger dans le Capitole, dont il s'était emparé nuitamment. Il fut mis à mort avec son collègue Glaucia (100 av. J.-C.).

***SATURNISME** (*Saturne* 1), *sm.* Empoisonnement aigu ou chronique causé par le plomb ou ses composés, tels que la céruse, le minium, etc., le plomb en nature. Le saturnisme atteint surtout les ouvriers des industries où ce métal est employé, comme les peintres en bâtiments, les vitriers, les ouvriers en papiers peints, ceux qui fabriquent le plomb de chasse, etc. Les cosmétiques à la céruse peuvent aussi déterminer la colique de plomb ou saturnisme; il en est de même des boissons frelatées avec de la litharge. Cet empoisonnement peut déterminer de graves accidents tels que paralysies musculaires locales, troubles cérébraux, albuminurie, lésions stomacales, etc., etc. On combat le saturnisme par des purgatifs, des bains sulfureux, l'iodure de potassium à haute dose, etc. Les ouvriers qui travaillent le plomb et particulièrement ceux qui manipulent la céruse doivent prendre de grandes précautions hygiéniques, comme par exemple ne pas toucher à leurs aliments avant de s'être bien lavé les mains.

***SATURNITE** (*Saturne*), *sm.* Variété de plomb sulfuré.

1. **SATYRE** (*Satyrum*), *sm.* Nom de demi-

dieux des anciens, compagnons de Bacchus, qui étaient les génies des forêts et étaient représentés avec un visage bestial, des pieds de bouc, un corps velu, une tête couverte de

SATYRE ET DIONYSOS
FOND D'UNE COUPE PEINTE
(Musée de Berlin).

cheveux incultes; ils portaient en outre des cornes de chèvre. Les statues et les masques de satyres sont fréquemment usités comme motifs de décoration architectonique. — Fig. Homme très lascif. || Genre de Lépidoptères diurnes, de taille moyenne et dont les ailes, d'une teinte assez sombre, présentent des yeux plus ou moins nombreux. Ces papillons habitent de préférence les endroits secs et arides. Certaines espèces habitent les bruyères, d'autres se voient dans les prairies; quelques-unes voltigent au-dessus des buissons, tandis que d'autres se rapprochent des habitations. Les environs de Paris comptent un assez grand nombre de ces insectes. || Un des noms de l'orang-outang. — **Hom.** *Satire.* — **Dér.** *Satyre* 2, *satyrion, satyrique.*

2. **SATYRE** (g. Σάτυρος, Satyre), *sm.* Pièce du théâtre grec dans le genre des farces, et dont la plupart des personnages représentaient des satyres. C'est le dorien Pratinas (500 ans à peu près av. J.-C.) qui le premier imagina le *drame satyrique*, dans lequel le chœur est composé d'une troupe de satyres.

SATYRIQUE (*Satyre* 2), *adj. 2 g.* Qui est de la nature de la pièce appelée *satyre* : *Il ne faut pas confondre la satire latine avec le drame satyrique des Grecs.*

SAUCE (l. *salsa*, s.-ent. *res*, chose salée), *sf.* Liquide salé et épicé, plus ou moins épais, qui sert d'assaisonnement à un mets. || *Sauce blanche*, obtenue en mettant dans une casserole, sur le feu, beurre, sel et poivre blanc; ajoutant au beurre fondu une petite quantité de farine, puis de l'eau bouillante; retirant du feu et additionnant d'un jaune d'œuf et d'un filet de vinaigre. || *Sauce blonde*, faite comme la sauce blanche, mais avec du bouillon au lieu d'eau. || *Sauce piquante*, obtenue en mettant dans une casserole sur le feu, vinaigre, thym, laurier, poivre, échalote, une gousse d'ail; faisant réduire aux deux tiers et ajoutant du bouillon ou du jus de viande. || *Sauce au pauvre homme*, obtenue en faisant bouillir dans une casserole un mélange de bouillon, filet de vinaigre, poivre, sel, échalotes et persil, finement hachés. || *Sauce Robert*, s'obtient en faisant roussir, dans une casserole, sur le feu, du beurre, où l'on a mis des oignons en morceaux; puis, mouillant avec du bouillon ou une sauce blonde, et ajoutant un peu de moutarde avant de servir. || *Sauce béarnaise*, faite de la manière suivante : Mettez dans une casserole du vinaigre, de l'ail et de l'échalote hachés menu, une demi-feuille de laurier, quelques grains de poivre, un peu d'estragon et laissez bouillir, puis passez. Dans une autre casserole mettez deux jaunes d'œufs et un bon morceau de beurre; faites fondre au bain-marie; quand le mélange sera terminé, versez peu à peu, et en tournant toujours, de votre vinaigre aromatisé. On y ajoute des fines herbes finement hachées. || *Sauce bordelaise*, obtenue avec du vin blanc dans lequel on fait cuire des échalotes avec du poivre et du sel, et auxquels on ajoute du bouillon, un peu de farine et de la moelle de bœuf. || *Sauce provençale*, faite avec de l'huile d'olive, de l'ail pilé, du bouillon et une pincée de farine. || *Sauce maître-d'hôtel*, obtenue en mêlant du persil, des échalotes hachés menu, du jus de citron et du beurre. || *Sauce poulette*, faite avec du beurre et un peu de farine que l'on mélange à feu doux, puis on ajoute du vin blanc, des aromates, quelques oignons coupés en morceaux; au moment de servir on lie avec des jaunes d'œufs. || *Sauce verte.* (V. *Mayonnaise.*) || (Voir encore *Poivrade, Ravigote, Rémolade* ou *Rémoulade.*) — Fig. *La sauce vaut mieux que le poisson*, l'accessoire vaut mieux que le principal. || Emploi qu'on peut faire d'un homme, d'une chose : *Homme bon à toutes sauces*, propre à faire n'importe quelle besogne. — Fig. *Faire, donner la sauce à quelqu'un*, le réprimander. || Noir de fumée dont les dessinateurs se servent pour estomper. — **Dér.** *Saucer, saucé, saucée, saucier, saucière, saucisse, saucisson.*

SAUCÉ, ÉE (*saucer*), *adj.* Se dit d'une médaille de cuivre, qui a été trempée dans l'argent en fusion, tandis que la médaille fourrée est de cuivre, recouvert par une mince feuille d'argent.

SAUCER (*sauce*), *vt.* Tremper quelque chose dans la sauce, dans un liquide quelconque : *Saucer son pain dans du bouillon.* || *Être saucé*, mouillé jusqu'aux os. — Fig. *Saucer quelqu'un*, le réprimander fortement. — **Se saucer**, *vr.* Se plonger dans l'eau.

***SAUCIER** (*sauce*), *sm.* Celui qui compose, qui vend des sauces : *Dans l'hôtel du roi, l'office de saucier était d'importance.* || En marine, massif de bois creusé pour recevoir le pied d'un étançon, la mèche d'un cabestan.

SAUCIÈRE (*sauce*), *sf.* Vase creux et oblong, dans lequel on sert les sauces sur la table.

SAUCISSE (bl. *salsitia* : de *salsus*, salé), *sf.* Viande de porc hachée, assaisonnée et renfermée dans un boyau. || *Saucisse plate*, celle qui a pour enveloppe un fragment de mésentère de porc. || Quelquefois saucisson. — Fig. *Attacher ses chiens avec des saucisses*, faire de folles dépenses.

SAUCISSON (*saucisse*), *sm.* Très grosse saucisse fortement épicée. || *Saucisson de Lyon*, saucisson fumé fait de jambon frais et de chair maigre de bœuf finement hachés; on le mange cru. || Sorte de cartouche que les artificiers mettent dans le pot à feu qui contient les fusées volantes pour produire plus de bruit. || Long rouleau de toile gommée ou goudronnée, rempli de poudre, dont

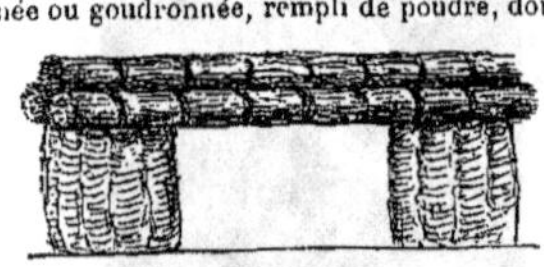

SAUCISSON
(ARTILLERIE)

on se sert pour conduire le feu à un fourneau de mine. || Fagot de grosses branches ou de troncs d'arbrisseaux dont on revêt les talus intérieurs et les embrasures d'une batterie de canons. || *Saucisson de dynamite*, gargousse en forme de saucisson, et remplie de dynamite, dont on se sert pour saper des arbres, des poteaux télégraphiques, etc., et pour briser les poutres métalliques des ponts, les rails de chemin de fer, etc., dans les travaux de défense militaire.

SAUER, affluent de gauche du Rhin, en Alsace-Lorraine, qui arrose Wœrth, Reischoffen et Seltz; il est grossi du Soultzbach.

SAUF, SAUVE (l. *salvum*, entier), *adj.* Qui n'est pas endommagé; qui est hors de péril : *Avoir la vie sauve.* — Sauf, *prép.* Sans porter atteinte à, sans offenser : *Sauf votre respect.* || Sans préjudice, avec réserve de : *Il doit payer sauf un recours contre un tel.* || Hormis, excepté : *Perdre toute sa fortune sauf une petite rente.* — Sauf à, *loc. prép.* En courant le risque de : *Essayons, sauf à recommencer.* — Sauf que, *loc. conj.* Si ce n'est que. — **Dér.** *Sauveté.* — **Comp.** *Sauvegarde, sauvegarder, sauf-conduit.* Même famille : *Sauver, sauge, saluer, salut, salutation, salutaire, santé, salubre, salubrité, insalubre*, etc.

SAUF-CONDUIT (*sauf* + *conduit*), *sm.* Permission accordée à une personne de se rendre dans un endroit, d'y rester un certain temps et de s'en retourner, avec promesse qu'elle ne sera pas arrêtée : *Cet exilé est venu en France avec un sauf-conduit.* || Permission qu'un chef de troupes accorde en temps de guerre de passer sur le terrain qu'occupent ses soldats. || Garantie de la liberté personnelle accordée temporairement par les magistrats à un failli, à un débiteur qui est sous le coup de la contrainte par corps. — Pl. *des sauf-conduits.*

SAUGE (l. *salvia* : de *salvare*, sauver), *sf.* Genre de plantes dicotylédones de la famille des Labiées très aromatiques auquel appartiennent : 1° La *sauge officinale* (*salvia officinalis*), encore appelée *sauge franche* ou des *jardins*, à fleurs purpurines, bleues ou blanches; employée en médecine comme sudorifique, antispasmodique, tonique et cicatrisante de certains ulcères. Elle est commune dans le bassin méditerranéen et ses feuilles sont employées comme condiment. Les fleurs sont très fréquentées par les abeilles. 2° La *sauge hormin* (*salvia horminum*), originaire de la même région. Elle est vivace, mais de taille moindre que l'officinale et jouit des mêmes propriétés. 3° La *sauge des prés*, à fleurs bleues, à feuilles très rugueuses, que l'on rencontre dans les prés. Elle jouit des mêmes propriétés, mais à un moindre degré que les espèces précédentes. 4° La *sauge sclarée* (*salvia sclarea*), espèce bisannuelle à odeur aromatique très pénétrante, à feuilles très grandes et ovales. Les fleurs, disposées en glomérules, sont d'un bleu lilas. || Un certain nombre d'espèces, originaires du Mexique, du Brésil, etc., sont cultivées comme plantes d'ornement. Telles sont : la *sauge de Rœmer* (*salvia Rœmeri*), plante vivace à fleurs rouges employée en bordures; la *sauge bleue du Népaul* (*salvia patens*); la *sauge cardinale* (*salvia fulgens*) à fleurs rouges. || *Sauge des bois*, espèce de germandrée. (V. ce mot.) || *Poire de sauge*, poire pour fabriquer le poiré. — **Dér.** *Sauger.*

SAUGE

***SAUGER** (*sauge*), *sm.* Poirier sauvage dont les feuilles blanchâtres rappellent celles de la sauge.

***SAUGERETTE** (dm. de *saule*), *sf.* Saule rampant des fondrières du Cotentin.

SAUGRENU, UE (l. *sal*, sel + *grenu*), *adj.* Qui a des finesses à gros sel. || Absurde, ridicule : *Question saugrenue.*

SAUGUES, 3857 hab. Ch.-l. de c. de l'arr. du Puy (Haute-Loire). Dentelles, fromages.

SAUJON, 3292 hab. Ch.-l. de c. de l'arr. de Saintes (Charente-Inférieure); sur la Seudre. Ch. de fer de l'État.

SAÜL, vers 1080-1049 av. J.-C., premier roi hébreu, de la tribu de Benjamin. Il fut sacré par Samuel et remporta d'abord de grands succès sur les peuples voisins. Mais ayant deux fois désobéi à Samuel, il fut défait par les Philistins sur le mont Gelboé et se perça de son épée.

***SAULAIE** (*saule*), *sf.* Lieu planté de saules.

SAULCY (Louis Caignart de) (1807-1880), membre de l'Académie des inscriptions et belles-lettres, auteur de travaux sur la numismatique et l'épigraphie orientales, d'un *Voyage autour de la mer Morte et dans les terres bibliques*, de l'*Histoire de l'art judaï-*

qui tirée des textes sacrés et profanes, des *Expéditions de César en Grande-Bretagne*, de la *Numismatique de la Terre sainte*.

SAULDRE (l. *Salera*), 130 kilom., rivière de France, affluent de droite du Cher, qui traverse le Cher et le Loir-et-Cher (V. au dictionnaire ces deux départements); elle est formée de la réunion de la *Grande* et de la *Petite Sauldre*, passe à Romorantin et forme la limite méridionale de la Sologne. Le canal de la Sauldre part de Blancafort sur cette rivière et finit à la Motte-Beuvron, sur le Beuvron. Le canal du Berry emprunte aussi le cours inférieur de la rivière.

SAULE (VHA. *salaha*), *sm*. Genre d'arbres et d'arbrisseaux dicotylédones de la

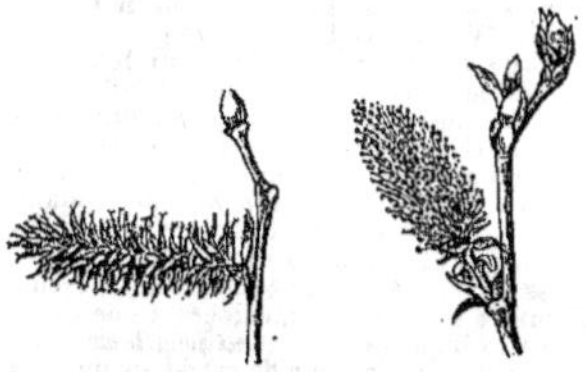

Fleur à pistil. Fleur à étamines.

SAULE

famille des Salicinées (V. ce mot) et auquel appartiennent: 1° Le *saule blanc* ou *commun*, cultivé en têtard, arbre commun en France le long des cours d'eau dont il fixe les rives, et qui peut atteindre 25 mètres de hauteur. Son bois est d'un rouge tendre et son aubier est blanc; il est employé par les sculpteurs et dans la fabrication de la poudre à canon. Son écorce renferme la salicine et a été recommandée comme succédané du quinquina. (V. *Têtard*.) 2° Le *saule jaune* ou *osier* (V. *Osier*.) 3° Le *saule pourpre*, nommé aussi *osier rouge*, *osier franc*; 4° Le *saule pleureur* ou de *Babylone*, à branches pendantes; 5° Le *saule marsault*. L'écorce des jeunes branches de presque toutes les espèces de saules peut être administrée en poudre ou en décoction pour guérir les fièvres intermittentes. — **Dér**. *Saulaie, saulée, saulet*.

***SAULÉE** (*saule*), *sf*. Rangée de saules plantée le long d'un ruisseau.

*** SAULET** (*saule*), *sm*. L'un des noms vulgaires du moineau.

SAULGE (SAINT-), 2430 hab. Ch.-l. de c. de l'arr. de Nevers (Nièvre). Antiquités romaines.

SAULIEU, 768 hect. Forêt domaniale de la Côte-d'Or, peuplée de chênes.

SAULIEU, 3788 hab. Ch.-l. de c. de l'arr. de Semur (Côte-d'Or); ch. de fer de P.-L.-M.; tannerie, tonnellerie.

SAULNIER (Louis-Sébastien), savant français (1790-1835), membre de l'Académie des sciences morales et politiques, fondateur de la *Revue Britannique* en 1825.

SAULNOIS (*Salinensis pagus*), pays de l'ancienne France, en Lorraine; aujourd'hui annexé à l'Allemagne.

SAULT, 2353 hab. Ch.-l. de c. de l'arr. de Carpentras (Vaucluse). Eaux minérales sulfureuses.

SAULX, rivière de France, affluent de l'Ornain, r. dr., qui prend sa source près de Vassy (Haute-Marne).

SAULX, 847 hab. Ch.-l. de c. de l'arr. de Lure (Haute-Saône); ch. de fer de l'E.

SAULXURES-SUR-MOSELOTTE, 3460 hab. Ch.-l. de c. de l'arr. de Remiremont (Vosges); ch. de fer de l'E.

SAULZAIS-LE-POTIER, 1070 hab. Ch.-l. de c. de l'arr. de Saint-Amand (Cher).

SAUMAISE (Claude de) (1588-1658) célèbre humaniste et orientaliste français, fut le prince des critiques de son temps. Ayant embrassé le protestantisme, il se retira à Leyde, où il mourut.

SAUMÂTRE (bl. *salmastrum* : de *sal*, sel), *adj*. 2 *g*. Qui a un goût approchant de celui de l'eau de mer : *Eau saumâtre*.

SAUMON (l. *salmonem*), *sm*. Genre de poissons de l'ordre des Malacoptérygiens abdominaux de la famille des Salmonés, dont le corps est allongé et en forme de fuseau. Le dos est d'un gris bleuâtre ou verdâtre, et présente de petites taches noires et arrondies qui sont également disséminées sur la tête, les opercules et jusque sur la nageoire dorsale; le reste du corps est argenté et les parties ventrales sont d'un blanc nacré. Du reste, la robe des saumons change de teinte et de couleur avec l'âge et l'époque de l'année où on les observe. Ainsi, dans la saison des amours, lorsqu'ils quittent la mer pour gagner les fleuves où ils doivent frayer, leur teinte générale prend une coloration plus chaude et des taches rouges apparaissent en divers points de leur corps, notamment sur sa ligne médiane et sur les opercules; le ventre devient rouge ainsi que les bords des nageoires anale, ventrales et de la caudale. Le mâle se distingue de la femelle en ce que son museau est beaucoup plus allongé que celui des femelles et que sa mâchoire supérieure est creusée d'une petite fosse dans laquelle s'engage l'extrémité de la mâchoire inférieure, qui se termine en une pointe en forme de crochet. Chez les saumons adultes le vomer ne présente point de dents, ce qui le distingue des truites. Le saumon est un poisson de mer; mais il remonte dans les fleuves et les rivières pour y frayer. Aucun obstacle ne peut l'arrêter, et c'est un curieux spectacle que de voir ces animaux, à l'époque de la *montée*, franchir des chutes d'eau de 4 ou 5 mètres de haut et faire alors, en se repliant en forme d'arc, des bonds de 6 et 7 mètres. Les chutes de *Kilmorac* sur le Beaulz, dans le comté d'Inverness (Écosse), celle de Liffey (Irlande), sont renommées et visitées chaque année par les touristes. C'est pendant les premiers mois de l'hiver que les saumons déposent leurs œufs; quelques pisciculteurs affirment que la ponte commence en septembre pour se continuer durant les mois suivants jusqu'en janvier. Pour cela un couple, mâle et femelle, creuse dans le gravier un trou de 15 à 25 centimètres de profondeur et y place les œufs qu'il recouvre, dès qu'ils ont été fécondés, par une couche de gravier. La durée de l'incubation est assez longue et peut varier de 90 à 140 jours. Le jeune saumon sortant de l'œuf est d'une teinte grise; les pisciculteurs anglais le nomment *parr*; il demeure dans cet état pendant un an environ; puis, tout à coup, ses couleurs s'avivent et il devient *smolt* : c'est le second âge des saumons, celui pendant lequel ils revêtent leur costume de voyage, se réunissent en troupes et s'acheminent vers la mer. Arrivés à l'embouchure des fleuves, ils demeurent quelques jours dans l'eau saumâtre, puis ils s'élancent dans les profondeurs de l'Océan, où la nourriture est si abondante, que cinq ou six semaines après ils sont méconnaissables. Ils sont devenus *grilses*, et ils remontent les mêmes rivières où ils sont nés, pour y continuer le cycle des transformations que la nature a imposées à tous les êtres vivants.

SAUMON COMMUN

C'est surtout dans la mer du Nord et les parties septentrionales de l'océan Atlantique que l'on trouve le saumon en abondance; il n'existe ni dans la Méditerranée ni dans la mer Noire. C'est pourquoi on ne pêche jamais de ces animaux dans les fleuves qui se jettent dans ces bassins. Mais, par contre, les grands fleuves du nord de l'Europe sont fréquentés par les saumons. Les pêcheries des golfes de Finlande et de Bothnie, celles de Laponie et des côtes de la Norwège sont renommées. Le saumon séché et salé de la Livonie est envoyé à Hambourg qui le revend sous le nom de *saumon de Hambourg*. Les côtes du Danemark, du Jutland et du Holstein en sont peu pourvues. Les rivages de l'Angleterre et de l'Écosse sont très riches en saumon et ce sont les rivières de ces deux pays qui nous fournissent les plus beaux échantillons que l'on voit sur nos tables; ils nous sont expédiés conservés dans la glace. Les côtes de France sont aussi fréquentées par ces animaux, qui remontent nos grands fleuves et nos fleuves côtiers pour aller frayer dans les terrains granitiques de leurs bassins. C'est ainsi que tous les saumons qui remontent la Seine vont déposer leurs œufs dans la Cure, dont le lit est granitique. C'est pour cette raison que les côtes de Bretagne sont plus riches que celles de Normandie. On pêche aussi des saumons dans la Gironde, l'Adour, etc.; mais jamais dans le Rhône.

Parmi les autres espèces de saumons, nous citerons : 1° Le *bécard*, qui remonte les fleuves longtemps après le saumon. Son dos est plus gris et présente plus de taches rouges; néanmoins, sa chair est plus rouge et de qualité inférieure. On le rencontre communément dans le Rhin et les lacs de la Suisse, notamment dans le lac de Constance. 2° Le *roie*, dont la chair est très délicate et que l'on pêche dans les lacs de la Laponie. 3° Le *kulmund*, qui vit dans les régions basses et boisées de la Norwège, et dont la chair blanche et molle est peu estimée. 4° Le *rœding*, des lacs scandinaves voisins de la mer. 5° Le *huch* (*salmo hucho*), de la mer Noire, remontant le Danube jusqu'à Vienne, où on le pêche assez souvent. Les côtes de la Sibérie et de l'Amérique du Nord, ainsi que les grands lacs de cette région, sont fréquentées par des espèces du genre saumon. — **Dér**. *Saumoné, saumonée, saumoneau, salmonés*.

SAUMONÉ, ÉE (*saumon*), *adj*. Qui à la chair rouge comme celle du saumon : *Truite saumonée*.

SAUMONEAU (dm. de *saumon*), *sm*. Petit saumon.

SAUMUR, 14187 hab., s.-préf. du département de Maine-et-Loire, à 295 kilomètres de Paris, sur la rive droite de la Loire. Ch. de fer d'Orléans et de l'État. Célèbre école militaire de cavalerie; château des XIIIe et XIVe siècles converti en arsenal; nombreux moulins à vent; céréales; lins; chanvres les plus beaux de France au milieu des alluvions de l'Authion; toiles; fabriques d'objets religieux; excellent vin blanc. Combat du 9 juin 1793, où les républicains, commandés par Menou, furent mis en déroute par les chefs vendéens.

SAUMURE (bl. *salemoria* : du l. *sal*, sel + *muria*, saumure), *sf*. Liquide très salé, roussâtre et un peu trouble qui s'amasse dans les baquets, les vases où l'on conserve des salaisons, des viandes, des poissons, des végétaux; il est composé de sel et du suc de ces substances. || La saumure peut parfois causer des empoisonnements. || Eau saturée de sel qu'on fait évaporer.

SAUMUROIS (*Salmurensis pagus*), petite province et gouvernement général militaire de l'ancienne France; ch.-l. Saumur, entre l'Anjou, le Poitou et la Touraine.

SAUNAGE (*sauner*), *sm*. Fabrication de sel. || Vente du sel. || *Faux-saunage*, contrebande qui se faisait autrefois sur le sel, d'une province à l'autre, au temps où existait la gabelle.

*** SAUNAISON** (*sauner*), *sf*. Action de sauner. || Époque où l'on saune.

SAUNER (l. *salinare* : de *sal*, sel), *vi*. Fabriquer du sel. — *Vt*. Tirer du sel : *Sauner un marais salant*. — **Dér**. *Saunage, saunaison, saunier, saunerie, saunière*.

SAUNERIE (*sauner*), *sf*. Établissement où l'on prépare le sel. || Marché au sel (vx.).

SAUNIER (l. *salinarium*, de sel), *sm*. Ouvrier qui travaille à la préparation du sel. || Celui qui vend du sel. || Fermier ou propriétaire qui construit et répare les marais salants, qui en tire du sel, de la Loire à la Gironde. || *Faux-saunier*, celui qui, autrefois, faisait la contrebande du sel d'une province à l'autre. Les hommes coupables de ce délit étaient condamnés aux galères, et les femmes, au banissement. Malgré les nombreux édits publiés contre cette contrebande à la fin du XVIIe siècle, les faux-sauniers parcouraient le territoire en bandes armées, protégées par la population.

SAUNIÈRE (*saunier*), *sf*. Baquet, vase où l'on conserve le sel. || Petit coffre en bois suspendu dans la cheminée, et où l'on conserve le sel. || Mélange d'argile et de sel déposé dans les parcs à daims, chevreuils et cerfs.

***SAUPE** (l. *salpa*), *sf.* Espèce de poisson de la Méditerranée, à corps oblong, garni de grandes écailles, gris argenté, rayé de brun et de jaune.

SAUPIQUET (l. *sal*, sel + *piquet*, pointe de sel), *sm.* Sauce piquante : *Un saupiquet de sel.*

SAUPOUDRER (l. *sal*, sel + *poudrer*), *vt.* Poudrer de sel ou d'une poudre quelconque : *Saupoudrer une tarte de sucre.*

***SAUQUÈNE** (*x*), *sf.* Nom de la dorade dans la Méditerranée, lorsqu'elle est jeune.

SAUR. (V. *Saure.*)

SAURAGE (*saure*), *sm.* La première année antérieure à la mue, de la vie d'un oiseau de proie qu'on dresse pour la chasse. || Action de saurer.

SAURAT, forêt domaniale de l'Ariège, peuplée de sapins sur 434 hect. et déboisée sur 2 000 hect. Superficie totale, 2 434 hect.

1. **SAURE** ou **SAUR** (vx fr. *sor, sore* : du holl. *soor*, desséché), *adj. 2 g.* D'une couleur jaune tirant sur le brun : *Cheval saur.* || *Hareng saur*, salé et fumé. || *Oiseau saur*, qui est dans la période du saurage et à un plumage roux. — **Dér.** *Saurage, saure 2, saurel, saurer, sauret, saurin, saurine, saurissage, saurisserie.*

2. ***SAURE** (*saure 1*), *sm.* Genre de poissons marins de l'ordre des Malacoptérygiens abdominaux et de la famille des saumons. Ce sont des poissons très voraces que l'on trouve dans la Méditerranée.

***SAUREL** (*saure 1*), *sm.* Espèce de poissons de l'ordre des Acanthoptérygiens, qui appartiennent au genre *Caranx.* Ces poissons se rencontrent dans toutes les mers; ceux que l'on pêche sur nos côtes ont la chair huileuse et sont dénommés *saurels* en Normandie et en Picardie; leur forme rappelant celle du maquereau, on les nomme aussi *maquereaux bâtards.* Les espèces que l'on trouve dans la mer des Antilles ont une chair vénéneuse.

SAURER (*saure 1*), *vt.* Faire sécher à la fumée : *Saurer des harengs.*

SAURET (dim. de *saure 1*), *adj. m.* D'un jaune tirant sur le brun. || *Hareng sauret*, salé et fumé.

SAURIENS (g. σαῦρος, lézard), *smpl.* Ordre de reptiles dont le lézard est le type. (V. ce mot.) Ce sont des animaux à corps allongé, arrondi, écailleux ou chagriné et sans carapace. Ils ont le plus souvent quatre pattes dont les doigts sont garnis d'ongles acérés qui leur permettent de grimper sur les murs; il en est, comme le gecko, qui n'ont pas d'ongles, mais dont les doigts sont pourvus de ventouses; celles-ci leur permettent de se fixer sur les plafonds des habitations. Cependant, il est des sauriens, les orvets (V. ce mot), qui ne possèdent pas de membres apparents et ressemblent à des serpents. Le corps des sauriens se termine par une queue longue et effilée qui est très fragile; elle peut se reconstituer dans le cas où elle vient à être brisée; du reste, les pattes présentent le même phénomène. Les sauriens sont des animaux qui ont la vie très dure, puisqu'ils continuent de vivre un certain temps après qu'on leur a tranché la tête. La dentition des sauriens est très puissante, et les dents, toujours simples, uniques, inégales et isolées, garnissent non seulement les deux mâchoires, mais encore la voûte du palais. Ces animaux se nourrissent exclusivement de chair vivante; ils font la chasse aux insectes, aux mollusques, aux poissons, aux oiseaux et même aux petits mammifères. Les sauriens habitent surtout les contrées les plus chaudes du globe; les climats tempérés n'en possèdent qu'un petit nombre d'espèces. Quant aux pays froids, ils en sont complètement dépourvus. Les sauriens étaient très nombreux pendant la période secondaire. On trouve beaucoup de leurs débris fossiles dans les terrains jurassiques et crétacés.

L'ordre des Sauriens se partage en six familles : 1° les *geckos*; 2° les *caméléons*, propres à l'ancien monde, et que l'on rencontre dans le sud de l'Espagne, en Afrique et à Madagascar. Cet animal est surtout connu par la propriété qu'il a de changer de couleur sous l'influence du sommeil, de la peur ou de la colère; il peut également être impressionné par la lumière, et ce sont les rayons bleus du spectre qui déterminent cette action. Les caméléons peuvent devenir gris, noirs, verts ou rougeâtres. Ils ont une queue longue et prenante. Ils se nourrissent d'insectes, et quand un de ces animaux vient à passer près d'eux, ils l'attrapent avec leur langue, qui est très longue et extensible et se termine par un disque épais; 3° la famille des *iguanes*; 4° les *lacertiens* ou *lézards*; 5° les *chalcidiens*, dont font partie les *seps.* (V. ce mot.) Les animaux de cette famille établissent le passage entre les sauriens et les ophidiens; 6° les *scincoïdes*, auxquels appartiennent les *scinques* et les *orvets.* (V. *Reptile, Lézard*, etc.)

***SAURIN** (*saure 1*), *sm.* Hareng saur, laité et nouveau.

SAURIN (ÉLIE) (1639-1703), protestant, célèbre par ses démêlés avec Jurieu. — (SAURIN (JOSEPH) (1659-1737), frère du précédent, membre de l'Académie des sciences. J.-B. Rousseau lui attribua les couplets satiriques qui firent condamner ce poète à l'exil. — SAURIN (BERNARD-JOSEPH) (1706-1791), fils du précédent, membre de l'Académie française, auteur de la tragédie de *Spartacus*, du drame de *Beverley*, de comédies. — SAURIN (JACQUES) (1677-1730), prédicateur protestant, pasteur de l'Église wallonne de Londres, ministre extraordinaire des nobles à la Haye.

***SAURINE** (*saur 1*), *sf.* Olive confite, dite aussi *picholine.*

***SAURISSAGE** (*saurer*), *sm.* Action de saurer les harengs.

***SAURISSERIE** (*saurer*), *sf.* Endroit où l'on fait le saurissage.

SAUROCTONE (APOLLON). Statue de Praxitèle représentant Apollon tuant un lézard ou le serpent Python; il en existe plusieurs bonnes copies, entre autres celle du Louvre.

***SAUROGRAPHIE** (g. σαῦρα, lézard + γράφειν, décrire), *sf.* Description des sauriens.

***SAUROLOGIE** (g. σαῦρα, lézard + λόγος, discours), *sf.* Traité sur les sauriens.

SAURURÉES (g. σαῦρος, lézard + οὐρά, queue), *sfpl.* Famille de plantes dicotylédones composées d'herbes croissant dans les marais et lieux humides et submergés, et que l'on trouve principalement dans les régions tempérées de l'Amérique du Nord et de l'Asie orientale; elles sont rares entre les tropiques. Ce sont des plantes vivaces à rhizomes rampants ou tuberculeux. Leurs tiges présentent des nœuds et portent des feuilles alternes, entières ayant à leur base une stipule quelquefois engainante. Les fleurs sont disposées en épis, parfois munis à la base d'un involucre formé de grandes folioles colorées. Le périanthe fait défaut; les étamines, au nombre de 3 à 6, sont disposées autour de l'ovaire; celui-ci est composé de 3 à 5 carpelles libres ou soudés plus ou moins complètement. Le fruit est folliculaire ou charnu, et renferme des graines dressées possédant un albumen. Les plantes de cette famille contiennent des substances âcres et aromatiques semblables à celles que l'on trouve dans les Pipéracées. Une espèce de cette famille est cultivée chez nous comme plante d'ornement; c'est la *saururc penchée* (*saururus cernuus*), à souche rampante et à fleurs blanches. — **Une saururée**, *sf.* Une plante quelconque de la famille des Saururées.

SAUSSAIE (l. *salicetum*). *sf.* Lieu planté de saules.

***SAUSSE** (*sauce*), *sf.* Liqueur chaude dont l'orfèvre se sert pour rehausser la couleur de l'or.

SAUSSIER, général français.

SAUSSURE (HORACE-BÉNÉDICT DE) (1743-1799), né à Genève, physicien et naturaliste, étudia spécialement la structure et la météorologie des Alpes: il imagina l'hygromètre à cheveu et parvint à la cime du mont Blanc (3 août 1787), en compagnie de Jacques Balmat et de 17 autres guides de Chamonix. — SAUSSURE (THÉODORE DE) (1767-1845), Génevois, fils du précédent, contribua aux progrès de la chimie organique. — SAUSSURE (Mme NECKER DE) (1765-1841), sœur du précédent, auteur de l'*Éducation progressive.* — **Dér.** *Saussurite.*

SAUSSURITE (*de Saussure*), *sf.* Variété de jade, d'une dureté qui atteint presque celle du quartz; d'une couleur qui varie entre le blanc gris, le blanc verdâtre et le gris verdâtre, ainsi que le gris cendré. Cette pierre est translucide sur les bords. Sa densité varie entre 3,227 et 3,431. C'est un silicate d'alumine de chaux, une petite partie de cette chaux pouvant être représentée par de la soude et de la magnésie. Ce minéral constitue le substratum du gabbro, roche assez répandue dans les Alpes françaises, en Corse et près de Gênes. Parfois même il en fait partie. (V. *Jade* et *Labradorite.*)

SAUT (l. *saltus*), *sm.* Élan par lequel on s'élève de terre, on se transporte d'un lieu dans un autre. || *Ne faire qu'un saut d'un endroit dans un autre*, se rendre d'un lieu dans un autre en très peu de temps. || *N'aller que par sauts et par bonds*, agir précipitamment et sans esprit de suite; parler avec volubilité et sans mettre de liaison dans ses idées. — Fig. *Faire un grand saut*, parvenir d'emblée d'un emploi médiocre à une situation très importante. || *Saut périlleux*, celui qu'exécute un danseur de corde, quand son corps fait un tour entier en l'air. — Fig. Action dangereuse, grave résolution. || *Saut de mouton* ou *saute-mouton*, jeu d'adolescents qui consiste à sauter par-dessus le corps d'un camarade qui courbe le dos et baisse la tête. || Chute que l'on fait d'un lieu très élevé. || *Faire, franchir le saut*, prendre une grave résolution après avoir longtemps hésité, comme le pendu qui *fait le saut en l'air.* (Fam.) — Fig. *Faire faire le saut à quelqu'un*, lui faire perdre son emploi. || *Au saut du lit*, en sortant du lit. || Chute d'eau : *Le saut du Rhin, près de Bâle.* — Fig. Variation brusque et considérable dans l'intensité d'un phénomène, dans la modification d'un organisme : *Dans les terrains imperméables, la crue des cours d'eau procède par sauts.* || *Saut de loup*, large fossé que l'on pratique au bout d'une allée, à l'extrémité d'un parc, pour en défendre l'entrée, sans borner la vue. || *Saut de Leucade*, promontoire de l'île de Leucade, d'où les amants malheureux, Sapho, Artémise, etc., se précipitaient dans la mer pour être guéris de leur passion par Apollon.

SAUTE, *svf.* de *sauter.* Changement soudain et considérable dans la direction du vent : *Une saute de vent.*

SAUTÉ, ÉE (*sauter*), *adj.* Omis intentionnellement ou par oubli : *Un mot sauté dans une phrase.* || Qu'on a fait cuire vivement dans le beurre en remuant de temps en temps la casserole : *Rognons sautés.* — *Sm.* Ragoût composé de viande tendre coupée en menus morceaux qu'on fait cuire vivement dans le beurre et à laquelle on ajoute une sauce.

***SAUTE-EN-BARQUE** (*sauter* + *en* + *barque*), *sm.* Veste de marinier, de canotier. — Pl. *des saute-en-barque.*

SAUTELLE (*sauter*), *sf.* Sarment unique que l'on a marcotté.

SAUTER (l. *saltare*), *vi.* Faire un saut : *Le poisson saute hors de l'eau.* — Fig. *Sauter aux nues, au plancher*, s'irriter, s'impatienter. || S'élancer d'un lieu vers un autre : *L'oiseau saute de branche en branche.* || S'élancer et saisir avec vivacité quelqu'un, quelque chose : *Sauter au collet de quelqu'un.* || *Sauter au cou de quelqu'un*, l'embrasser avec empressement. || *Sauter aux yeux*, être évident : *Cette vérité saute aux yeux.* || Être détruit, renversé, lancé en l'air par une explosion : *Le navire sauta.* || *Faire sauter la tête à quelqu'un*, lui trancher la tête. || *Faire sauter la cervelle à quelqu'un*, lui casser la tête d'un coup d'une arme à feu. — Fig. *Faire sauter les bouteilles*, boire beaucoup. — Fig. *Faire sauter quelqu'un*, lui faire perdre son emploi. || Au jeu, *faire sauter la banque*, gagner tout l'argent du banquier. || *Faire sauter la coupe*, remettre prestement les cartes d'un jeu dans l'état où elles étaient avant qu'on eût coupé. || Passer rapidement d'un endroit à un autre. — Fig. Parvenir subitement d'une place infime à une place très élevée : *De simple officier, il sauta général.* || Passer sans transition d'une chose à une autre qui n'a aucun rapport avec la première : *Sauter du rire aux larmes.* || Faire une saute : *Le vent a sauté.* — *Vt.* Franchir : *Sauter une haie.* — Fig. *Sauter le pas,* prendre une résolution extrême et périlleuse après de longues hésitations. — Fig. *Sauter à pieds joints par-dessus une chose,* ne s'en préoccuper nullement. || Omettre : *Sauter une page en lisant.* || *Sauter* ou *faire sauter,* faire cuire vivement dans le beurre et en remuant : *Sauter un foie de veau.* — **Dér.** *Sauté, sautée, saut, saute, sauterie, sautelle, sautereau, sauterelle, sauterolle* ou *sauterelle, sauteur, sauteuse, sautoir, sautiller, sautillant, sautillante, sautillement, sautillage.* — **Comp.** *Tressauter, tressaut, saute-en-barque, saute-ruisseau.* Même famille : *Saillir,* etc., *Tressaillir,* etc.

SAUTEREAU (*sauter*), *sm.* Petit marteau de bois qui fait résonner une corde de clavecin, d'épinette.

SAUTERELLE (*sauter*), *sf.* Genre d'insectes orthoptères, herbivores dont les pattes de derrière sont extrêmement longues en comparaison de celles de devant et auquel appartiennent la grande sauterelle verte et le dectique gris, communs dans les prés, qui ne font aucun tort. || *Grande sauterelle d'Afrique et d'Orient,* le criquet pèlerin qui, à peu près tous les 25 ans, ravage pendant 3 ou 4 ans de suite notre colonie d'Algérie, détruisant tous les végétaux et causant parfois la famine et la peste. Ces criquets viennent du Sud en troupes véritablement innombrables; après s'être abattus sur les champs, ils y déposent leurs œufs, qui éclosent au bout de quelques semaines. Les jeunes, dépourvus d'ailes, se réunissent en bandes et ravagent tout sur leur passage, jusqu'à l'écorce des arbres. C'est surtout le nord de l'Afrique et l'Orient qui sont dévastés par ces insectes, et ce sont eux qui ont causé la huitième plaie d'Égypte. Ils visitent rarement l'Europe, cependant ils dévastèrent les provinces danubiennes pendant les années 1747, 1748 et 1749. (V. *Criquet.*) || Fausse équerre des maçons et des charpentiers. || Sauterelle.

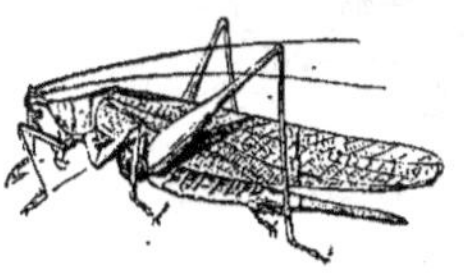

SAUTERELLE

***SAUTERIE** (*sauter*), *sf.* Action de sauter. || Soirée dansante organisée en famille.

SAUTERNES, 953 hab., village du canton de Langon, arrondissement de Bazas (Gironde), sur la rive droite du Ciron. — *Sm.* Vin blanc très estimé de cette localité et de quelques vignobles voisins (Yquem, Barsac).

***SAUTEROLLE** ou **SAUTERELLE** (*sauter*), *sf.* Piège mû par un ressort et avec lequel on prend les petits oiseaux.

SAUTE-RUISSEAU (*sauter + ruisseau*), *sm.* Petit clerc d'huissier, d'avoué, de notaire qui fait les courses de l'étude.

SAUTEUR, EUSE (*sauter*), *s.* Celui, celle qui saute, dont la profession est de faire des sauts, des tours de force. — Fig. *C'est un sauteur,* un homme d'un caractère versatile et sur lequel on ne peut pas compter. — *Adj.* Se dit des animaux qui se déplacent en sautant.

***SAUTILLAGE** (*sautiller*), *sm.* Action de sauter en faisant de petits sauts.

SAUTILLANT, ANTE (*sautiller*), *adj.* Qui sautille, qui ne fait que sautiller. — Fig. *Style sautillant,* dont les mouvements sont irréguliers.

SAUTILLEMENT (*sautiller*), *sm.* Action de sautiller.

SAUTILLER (fréquentatif de *sauter*), *vi.* Exécuter une suite de petits sauts. — Fig. Avoir une marche sautillante, en parlant du style. — **Dér.** *Sautillant, sautillante, sautillage, sautillement.*

SAUTOIR (*sauter*), *sm.* Autrefois, pièce du harnais dont le chevalier se servait pour sauter sur son cheval. || Aujourd'hui, la figure que forment deux ou plusieurs objets disposés de manière à imiter une croix de Saint-André. || *Porter son bagage en sautoir,* le porter sur le dos à l'aide de deux bretelles qui se croisent sur la poitrine. || Casserole très peu profonde pour faire sauter les viandes.

SAUVAGE (FRÉDÉRIC) (1785-1857), né à Boulogne-sur-Mer appliqua le premier l'hélice à la propulsion des navires; il dut lutter toute sa vie contre la jalousie et l'indifférence du monde savant et mourut dans un hospice d'aliénés.

SAUVAGE (vx fr. *salvage* : du l. *sylvaticus,* des forêts), *adj. 2 g.* Qui n'est pas apprivoisé, qui n'est pas domestique, en parlant des animaux : *Les chevaux sauvages de l'Amérique du Sud.* || Inculte et inhabité : *Vallée sauvage.* || Se dit des hommes dont la civilisation est la moins avancée, qui vivent dans les bois et ne se nourrissent guère que de chasse : *Les peuplades sauvages de l'Amérique du Nord.* — Fig. Qui se plaît à vivre seul, qui évite la compagnie des hommes : *Cette personne est bien sauvage.* || Qui a quelque chose de rude, de farouche : *Un air sauvage.* || Inhumain : *Conduite sauvage.* || Qui a cru spontanément, qui n'est point greffé : *Prunier sauvage.* — *S. 2 g.* Homme, femme appartenant à une peuplade sauvage : *Les sauvages de la Terre de Feu.* || Celui, celle qui se plaît à vivre seul, qui évite de fréquenter ses semblables. — **Dér.** *Sauvagesse, sauvagement, sauvagerie, sauvageon, sauvagin, sauvagine.*

SAUVAGEMENT, *adv.* D'une manière sauvage.

SAUVAGEON (*sauvage*), *sm.* Arbre qui a poussé spontanément. || Jeune arbre venu de semis et qui n'a pas encore été greffé. — Les *sauvageons* se distinguent des *sujets* en ce que ces derniers sont toujours destinés à être greffés, tandis que les premiers ne le sont pas toujours, car il arrive que l'on cherche quelquefois à conserver les propriétés qui leur sont propres.

SAUVAGEOT, archéologue et collectionneur, né à Paris en 1781, mort en 1860. Il a légué tous ses objets d'art au musée du Louvre.

SAUVAGERIE (*sauvage*), *sf.* État social des peuples sauvages. || Humeur, habitudes, manières sauvages.

SAUVAGESSE (*sauvage*), *sf.* Femme sauvage.

SAUVAGIN, INE, *adj.* Se dit de l'odeur, du goût particulier à certains oiseaux de mer, d'étang et de marais : *Goût sauvagin.*

SAUVAGINE (*sauvage*), *sf.* La catégorie des oiseaux qui ont un goût sauvagin : *Marais peuplé de sauvagine.* || Odeur de ces oiseaux : *Cela sent la sauvagine.* || Toute pelleterie commune d'une odeur plus ou moins désagréable.

SAUVAL (1620-1670), érudit français des écrits duquel on a tiré un ouvrage intitulé : *Histoire et Recherches sur les antiquités de la ville de Paris.*

SAUVANT (SAINT-), 666 hectares. Forêt domaniale de la Vienne peuplée de chênes et de châtaigniers, dont le régime forestier est la conversion des taillis en futaies. (XXIVe conservation, Niort.)

SAUVE, 2 440 hab. Ch.-l. de c., arr. du Vigan (Gard), sur la Vidourle. Fruits renommés, fabriques de fourches en bois de micocoulier; bonneterie, teintureries.

SAUVEGARDE (*sauf + garde*), *sf.* Protection puissante, efficace : *Être sous la sauvegarde des lois.* || Détachement qu'un chef militaire envoie dans un lieu pour le garantir du pillage. || Personne, chose servant de garantie, de défense contre un danger qu'on redoute : *Les paratonnerres sont une sauvegarde contre la foudre.* — **Dér.** *Sauvegarder.*

SAUVEGARDER (*sauvegarde*), *vt.* Protéger, garantir. (Néol.)

SAUVE-QUI-PEUT (*sauver + qui + peut*), *sm.* Débandade complète dans laquelle chacun cherche à mettre sa vie en sûreté. — Pl. *des sauve-qui-peut.*

SAUVER (l. *salvare*), *vt.* Tirer d'un péril : *Sauver des naufragés.* || Rendre sain et sauf : *Le médecin sauva le malade.* || Empêcher de perdre : *Sauver la vie, l'honneur à quelqu'un.* || Empêcher de subir : *Je lui sauverai une réprimande.* || Empêcher de paraître, d'exister : *Sauver une difficulté.* || *Sauver les dehors, les apparences,* ne laisser paraître rien de ce qui peut scandaliser. || Empêcher d'être détruit, perdu : *Sauver un monument de l'incendie.* || Protéger contre : *Sauvez-moi de nos ennemis.* || Excuser, justifier : *Je sauverai votre escapade.* || Procurer le salut éternel : *Jésus-Christ est venu pour nous sauver.* — **Se sauver,** *vr.* Se tirer d'un péril : *Se sauver du naufrage.* || S'échapper : *Se sauver de prison.* || S'enfuir. || Se retirer promptement : *Je me sauve chez moi.* || Se réfugier dans un lieu : *Se sauver en Amérique.* || Se dédommager : *Ce marchand vend bon marché, mais se sauve par sa nombreuse clientèle.* || Faire son salut éternel. || *Sauve qui peut,* sorte d'interjection, signifiant que celui qui le peut se sauve. — **Dér.** *Sauveur, sauveter, sauveté, sauvetage, sauveteur.* Même famille : *Sauf.* (V. ce mot.) — **Comp.** *Sauve-qui-peut, sauve-vie.*

SAUVETAGE (*sauveté*), *sm.* Action de retirer des flots les objets qui y sont tombés par naufrage. || Action de retirer de l'eau des personnes en danger de se noyer. || *Bouée de sauvetage,* flotteur formé d'une sorte de bouts de corde qu'on jette à un homme tombé à la mer pour l'aider à se tirer des flots. La nuit ce flotteur est muni d'un feu qui s'allume automatiquement par la chute même de la bouée. || *Bateau de sauvetage,* embarcation consacrée au sauvetage.

SAUVETÉ (*sauf*), *sf.* État d'une personne, d'une chose mise hors de péril (vx).

***SAUVETER** (dim. de *sauver*), *vt.* Faire un sauvetage. (Mar.)

SAUVETERRE, 1 809 hab. Ch.-l. de c., arr. de Rodez (Aveyron).

SAUVETERRE, 1 602 hab. Ch.-l. de c., arr. d'Orthez (Basses-Pyrénées), sur le gave d'Oloron. Vins.

SAUVETERRE, 1 339 hect. Forêt domaniale de la Haute-Garonne, peuplée de chênes et de hêtres, dont une partie est aménagée en taillis et l'autre convertie en futaie. (XXe conservation, Bourges.)

SAUVETERRE DE GUYENNE, 735 hab. Ch.-l. de c., arr. de la Réole (Gironde).

SAUVETEUR (*sauveté*), *sm.* Celui qui prend part à un sauvetage. — Adj. *Bateau sauveteur,* embarcation consacrée au sauvetage.

SAUVEUR (l. *salvatorem*), *sm.* Celui qui sauve : *Sobieski fut le sauveur de Vienne.* || *Le sauveur du monde ou des hommes,* N.-S. Jésus-Christ.

SAUVEUR (ORDRE DU), institué en 1833 par Othon Ier, roi de Grèce.

SAUVEUR (SAINT-), 87 hab. Hameau de Luz-Saint-Sauveur, Argelez (Hautes-Pyrénées). Bains d'eaux thermales sulfurées sodiques (mai et octobre); marbre.

SAUVEUR (SAINT-), 754 hab. Ch.-l. de c., arr. de Puget-Théniers (Alpes-Maritimes).

SAUVEUR (SAINT-) EN BUYSAIE, 1 847 hab. Ch.-l. de c., arr. d'Auxerre (Yonne), sur le Loing.

SAUVEUR-LENDELIN (SAINT-), 1 574 hab. Ch.-l. de c., arr. de Coutances (Manche). Filature de laine.

SAUVEUR-LE-VICOMTE (SAINT-), 2765 hab. Ch.-l. de c., arr. de Valognes (Manche).

SAUVE-VIE (*sauver + vie*), *sf.* La rue des murailles, petite fougère qui croît à l'ombre, dans les fentes des rochers et des vieux murs.

SAUXILLANGES, 1 947 hab. Ch.-l. de c., arr. d'Issoire (Puy-de-Dôme), sur la Couze. Eaux minérales carbonatées sodiques.

SAUZÉ-VAUSSAY, 1 815 hab. Ch.-l. de c., arr. de Melle (Deux-Sèvres). Minerai de fer.

SAVAMMENT (*savant* + sfx. *ment*), *adv.* D'une manière savante. || *Parler savamment d'une chose*, en parler avec connaissance.

SAVANE (esp. *savana*, drap de lit : du l. *sabanum*, nappe), *sf.* Vastes plaines couvertes de hautes herbes, souvent humides et marécageuses. On en rencontre dans l'Amérique du Nord, à l'E. des montagnes Rocheuses et sur les bords du Mississipi. Dans l'Amérique du Sud, elles portent le nom de *pampas* ou de *llanos* et sont parcourues par d'immenses troupeaux de chevaux sauvages et de buffles. Au Canada, on désigne ainsi des terrains humides tapissés de mousses où croissent des arbres résineux.

SAVANNAH, 10000 hab. Ville des États-Unis d'Amérique (Géorgie), et port sur le fleuve du même nom; grand commerce d'exportation. Bois, cotons, tabacs.

SAVANNAH, rivière des États-Unis formée par la réunion du Tugaloo et du Keowee, coule à travers la Caroline du Sud du N.-O. au S.-E.; elle arrose Augusta, Savannah et se jette dans l'Atlantique par plusieurs embouchures. Cours de 440 kilomètres.

SAVANT, ANTE (l'un des anciens part. pr. de *savoir*), *adj.* Très instruit dans l'érudition ou dans les sciences : *Un savant astronome.* || Plein de science, d'érudition : *Un livre savant.* || *Langues savantes*, les langues anciennes, comme le grec, le latin et celles qui ne sont connues que d'un petit nombre de personnes, comme le sanscrit, l'hébreu. || Bien informé de quelque chose : *Je suis savant sur ce chapitre.* || Habile : *Savant en l'art de feindre.* || Où il y a de l'art, de l'habileté : *Ce général fit une savante retraite.* — S. Personne très érudite ou très instruite dans les sciences : *Les savants du* XIX*e siècle.* || *Un savant en us*, un peu pédant. || *Un demi-savant*, un homme qui n'a qu'une teinture des sciences.

SAVANTAS ou **SAVANTASSE** (péjoratif de *savant*), *sm.* Homme d'un savoir superficiel qui affecte de paraître savant.

***SAVANTISSIME** (*savant* + sfx. du superlatif latin *issime*), *adj. superl. 2 g.* Terme de plaisanterie, très savant.

***SAVARIN** (*Brillat-Savarin*), *sm.* Gâteau fait avec de la farine et du sucre, arrosé de rhum ou de kirsch.

SAVART (1791-1841), célèbre physicien français, né à Mézières. Il étudia d'abord la médecine; puis, en collaboration avec Biot, son maître, il publia un grand travail sur l'électro-dynamique; il s'occupa ensuite de l'écoulement des liquides. Il se fit surtout un nom en acoustique par l'étude complète des vibrations sonores. (V. *Son.*)

SAVARY (René, duc de Rovigo) (1774-1833), général français, fit les guerres de la République et de l'Empire, fut ministre de la police depuis 1810 jusqu'à la conspiration de Malet, et gouverneur de l'Algérie en 1831.

SAVATE (esp. *zapata*, espèce de bottine : du basque, *zapata*, soulier. D'autres proposent la racine indo-européenne *stap*, marcher), *sf.* Vieux soulier fort usé. || *Traîner la savate*, être dans la misère. || *Soulier mis en savate*, que l'on chausse en rabattant le quartier. || Sorte d'escrime à coups de pied. || *Jeu de la savate*, celui que jouent des personnes accroupies et rangées en rond qui se passent de main en main, par-dessous les genoux, une chaussure qu'un individu placé au milieu du cercle doit tâcher de saisir. — **Dér.** *Savaterie, savater, saveter, savetier.* Même famille : *Sabot*, etc.

SAVATERIE (*savate*), *sf.* Boutique où l'on vend de vieilles chaussures.

SAVE (anc. *Savus*, en allem. *Sau*), rivière d'Autriche qui prend sa source dans les Alpes Carniques, près du Tarvis, au S.-O. de Villach; elle coule à l'E., puis au S., passe près de Laybach et, après avoir traversé la Croatie, sépare la Turquie des Confins militaires; elle se jette dans le Danube entre Semlin et Belgrade. Tout son cours supérieur offre un caractère torrentiel. Ses affluents sont : à droite, la Soura, la Laybach, le Gurk, la Lomnica, la Kulpa, l'Una, le Vrhas, l'Ukrina, la Bosna; à gauche, la Sotla, le Trebrs, l'Ortjava. Cours de 900 kilomètres, navigable sur 560.

SAVE, rivière de France qui prend sa source dans les landes de Pinas à 640 mètres d'altitude, entre dans la Haute-Garonne, reçoit la Savère, la Seygouade, la Bernesse, puis arrose le département du Gers, passe à Lombez, reçoit le Lesquinson, la Laussonne, rentre dans la Haute-Garonne et se jette dans la Garonne près de Grenade. Cours de 148 kilomètres.

SAVENAY, 3310 hab. Ch.-l. de c., arr. de Saint-Nazaire (Loire-Inférieure); ancienne sous-préfecture jusqu'en 1868. Bataille entre les Vendéens et les républicains commandés par Kléber et Marceau (décembre 1793). Foires importantes.

SAVERDUN, 3642 hab. Ch.-l. de c., arr. de Pamiers (Ariège).

SAVERNE (anc. *Taberne*; allem. *Zabern*), 8000 hab. Ancienne s.-préf. du Bas-Rhin, à 458 kilom. de Paris, près d'un défilé des Vosges, aujourd'hui à la Prusse. Commerce de métaux, filatures.

SAVERY, mécanicien anglais qui fut avec Papin et Newcomen un des inventeurs de la machine à vapeur.

SAVETER ou ***SAVATER** (*savate*), *vt.* Gâter un ouvrage en le faisant ou en le raccommodant malproprement. — **Gr.** On double le *t* devant une syllabe muette : je savette, n. savetons.

SAVETIER (*savate*), *sm.* Ouvrier qui raccommode les vieux souliers. — Fig. *C'est un savetier*, un ouvrier inhabile. (Pop.)

SAVEUR (l. *saporem*), *sf.* Qualité de toute substance qui fait impression sur le sens du goût : *La saveur d'une pêche.* || Les sels solubles ont une saveur qui dépend de leur base et non pas de leur acide. Une saveur salée caractérise les sels de soude; une saveur amère annonce des sels de magnésie; une saveur astringente dénote les sels de plomb; une saveur spéciale, bien connue, celle de l'encre, est propre aux sels de fer, de cuivre et de mercure. (V. *Langue.*) — **Dér.** *Savourer, savourement, savoureux, savoureuse, savoureusement, savouret.* Même famille : *Sapide, insipide, maussade*, etc.; *sage, persuader, persuasion*, etc.; *suave, savoir*, etc.

SAVIGLIANO, 17150 hab., ville forte de la province de Cuneo (Italie), entre la Maira et la Grana. Grands marchés.

SAVIGNAC-LES-ÉGLISES, 953 hab. Ch.-l. de c., arr. de Périgueux (Dordogne). Usines métallurgiques; pierres lithographiques.

SAVIGNY, 1935 hab. Village, arr. de Beaune (Côte-d'Or). Excellent vin.

SAVIGNY-SUR-BRAYE, 2882 hab. Ch.-l. de c., arr. de Vendôme (Loir-et-Cher). Moulins, filatures.

SAVIGNY-SUR-ORGE, commune du canton de Longjumeau, arrondissement de Corbeil.

SAVIGNY (Lelorgne de) (1777-1851), célèbre naturaliste français, membre de l'Institut, qu'une cruelle maladie força de rester pendant vingt-sept ans dans une obscurité complète.

SAVIGNY (Frédéric-Charles de) (1779-1861), jurisconsulte allemand, ministre de la justice en Prusse, fondateur de l'école historique en jurisprudence.

SAVIN (SAINT-), 2186 hab. Ch.-l. de c., arr. de Blaye (Gironde).

SAVIN (SAINT-), 1735 hab. Ch.-l. de c., arr. de Montmorillon (Vienne), sur la Gartempe. Eglise du XI*e* siècle, où sont de précieuses peintures murales.

SAVINES, 1806 hab. Ch.-l. de c., arr. d'Embrun, près de la Durance (Hautes-Alpes).

SAVINIEN (SAINT-), 3161 hab. Ch.-l. de c., arr. de Saint-Jean-d'Angély (Charente-Inférieure).

SAVOIE, région très montagneuse du S.-E. de la France, qui occupe le versant occidental des Alpes Pennines, Grées et Cottiennes, depuis le lac Léman au N. jusqu'au département des Hautes-Alpes et de l'Isère au S., visitée pour la beauté de ses sites et possédant sur sa frontière italienne quelques grands sommets des Alpes, tels que le Buet, le mont du Géant, le mont Blanc, sur les flancs duquel s'étendent de nombreux glaciers dont le plus célèbre est la mer de Glace, le mont Iseran, le mont Cenis, percé d'un tunnel où passe le chemin de fer de France en Italie, et le mont Thabor. La Savoie, qui fait partie du bassin du Rhône, est sillonnée par une quantité prodigieuse de torrents. Au-dessous de ses cimes couvertes de neiges éternelles, elle présente des bois, et au-dessous des pâturages alpestres, qui nourrissent beaucoup de bestiaux, dont l'élève est la principale industrie du pays. Les parties basses produisent du blé et du vin; mais l'inégalité du sol, l'âpreté du climat n'offrent pas de ressources suffisantes pour alimenter la population, assez dense par place, et beaucoup de Savoisiens émigrent comme les Auvergnats. La Savoie, cédée par le Piémont à la France en vertu du traité de Turin 1860, forme les deux départements de la Savoie proprement dite et de la Haute-Savoie. — **Dér.** *Savoyard, Savoyarde, Savoisien, Savoisienne.*

SAVOIE (département de la), 575950 hect., 267428 hab. Département frontière du S.-E. de la France, annexé en 1860, en même temps que la Haute-Savoie, à la suite d'un vote de ses habitants. Il a été formé de quatre provinces de l'ancien duché de Savoie : la Savoie propre, la Haute-Savoie, la Tarentaise et la Maurienne. Ses latitudes extrêmes sont 45°5'30" et 45°56' de latitude N.; il est compris entre 3°17' et 4°45' de longitude E. Il est borné au N. par le département de la Haute-Savoie; à l'O. et au S.-O. par le département de l'Isère, dont il est séparé par le Guiers, depuis Saint-Genix jusqu'à Saint-Pierre d'Entremont, par le Bens entre le pic Frêne et Arvillard, et par le Bréda pendant quelques kilomètres en aval d'Arvillard; à l'O. et au N.-O. le Rhône sépare la Savoie du département de l'Ain; au S. le département est borné par les Hautes-Alpes depuis le Thabor jusqu'au col de l'Infernet. A l'E. ses limites se confondent avec la frontière de France et d'Italie, qui suit la crête des Alpes depuis le mont Blanc jusqu'au mont Thabor, en passant par les cols de la Seigne et du Petit Saint-Bernard, le mont Ormelune, le col du Lautaret, le mont Cenis, le mont Ambin et le col de Fréjus. Ces limites sont presque partout naturelles et formées soit par de hautes montagnes, soit par le Rhône ou par des torrents, comme le Guiers, le Bens, le Bréda.

Le département de la Savoie est très montagneux. On n'y rencontre que quelques plaines de faible étendue dans la vallée de l'Isère, entre Albertville et Montmélian, et dans celle de la Laisse, depuis Chambéry jusqu'à l'extrémité S. du lac du Bourget. Les principaux sommets du département sont toujours inférieurs à 4000 mètres, le plus élevé est l'aiguille de la Grande Casse, dans le massif de la Vanoise (3861 mètres). Tous les cours d'eau qui arrosent la Savoie appartiennent au bassin du Rhône, sauf quelques torrents de la Maurienne, qui envoient leurs eaux vers l'Adriatique. L'O. du département est un pays riche, d'une altitude moyenne; le sol y est calcaire, souvent même crayeux dans tout l'arrondissement de Chambéry, soit le quart de la superficie du département. Les sommets principaux sont, en allant du N. au S., le mont de la Charvase, le mont du Chat (1497 mètres), au S.-O. du lac du Bourget, le mont Grelle, le mont de l'Épine (1426 mètres), près du lac d'Aiguebelette; le mont Grenier (1938 mètres), extrémité N. du massif de la Grande Chartreuse. A l'E. du lac du Bourget, les Bauges constituent un massif argilo-calcaire (1000 mètres d'altitude moyenne), long de 20 kilom., large de 12 et affectant la forme d'un triangle, limité au S.-O. par le lac du Bourget et la Laisse, au S.-E. par l'Isère; Montmélian occupe le sommet inférieur. Le Chéran traverse ce pays du S.-E. au N.-O., et il est divisé par une série de crêtes dirigées du N. au S. On y remarque le mont Margeriaz (1841 mètres), au N.-E. de Chambéry, le Trélod (2186 mètres), la pointe d'Arcalod (2223 mètres), la dent de Nivolet (1558 mètres), et la dent de la Cluse (1568 mètres), qui terminent brusquement le plateau de Chambéry. Les Bauges sont surtout un pays d'élevage; les monts et les coteaux couverts de sapins, qui coupent le plateau dans tous les sens, abritent des vallons où de bons pâturages nourrissent un grand nombre de bestiaux.

Les Bauges sont contournés par une route et une voie ferrée conduisant d'Albertville à Culoz par Montmélian et Aix. Lescheraines, sur le Chéran, un peu au-dessus de Châtelard, est le point de rencontre de plusieurs routes qui mènent : 1° à Annecy et à Aix, par le défilé des Combes; 2° à Chambéry, par le col de Planpalais (1 180 mètres), ou par celui des Prés (1 142 mètres); 3° à Saint-Pierre-d'Albigny, par le Châtelard

DÉPARTEMENT DE LA SAVOIE

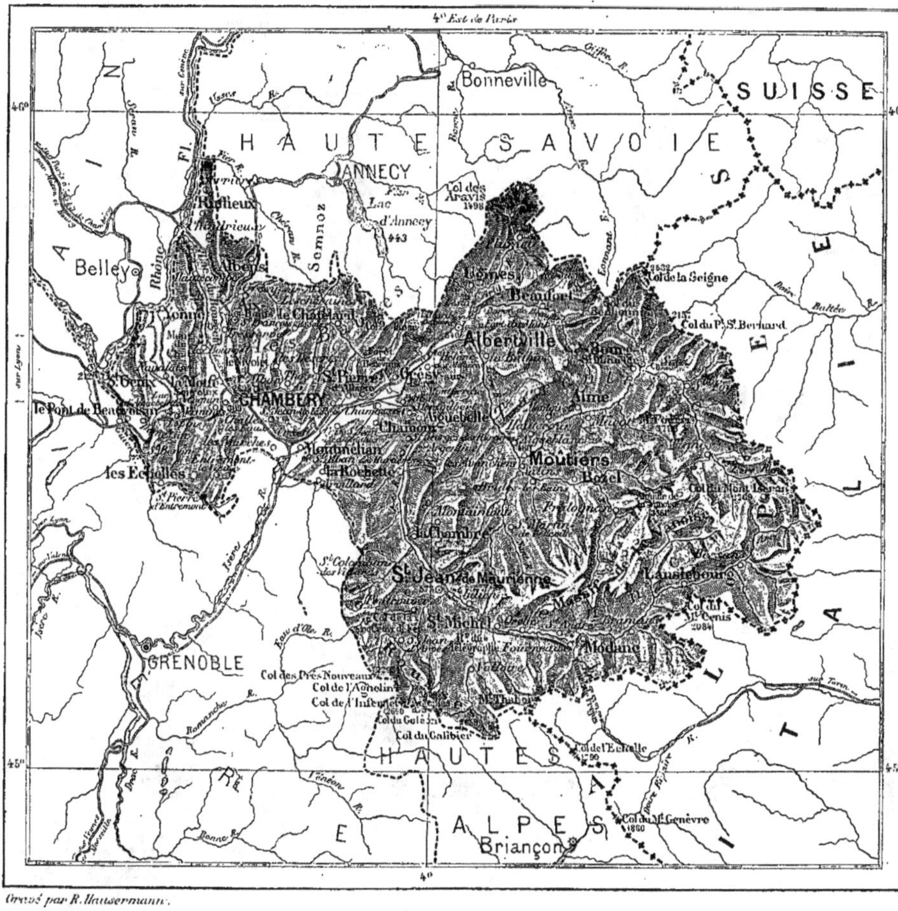

Gravé par R. Hausermann.

Signes conventionnels :

PRÉFECTURE
Sous-Préfecture
Canton
Commune, Village

Plus de 100 000 hab.	*De 10 000 à 20 000*	*Place forte. Fort*	*Origine de la navigation*
De 50 000 à 100 000	*De 5 000 à 10 000*	*Frontière*	*Canal*
De 30 000 à 50 000	*De 2 000 à 5 000*	*Limite de Dépt.*	*Col*
De 20 000 à 30 000	*Moins de 2 000*	*Chemin de fer*	*Forêts*

Les chiffres expriment en mètres l'altitude au dessus du niveau de la mer.

Echelle (1 millim. pour 900 mètres)

10 5 0 10 20 30 40 50 Kil.

et le col des Frênes. Entre Albertville et le massif du mont Blanc s'étend la vallée de Beaufort, arrosée par trois torrents : le Nant-Bozona, la Gitte et l'Argentine, qui, réunis, forment le Doron. Cette vallée est dominée au N. par le mont Joly (2 527 mètres), au S. par le mont Mirantin. La partie méridionale du département est formée de la Tarentaise et de la Maurienne. La *Tarentaise* comprend toute la haute vallée de l'Isère. Depuis le mont Iseran jusqu'au Petit Saint-Bernard, la rivière coule parallèlement à la chaîne principale des Alpes, dans le val de *Tignes*, dominé du côté de l'Italie par le Valésan (3 332 mètres), le mont Ormelune (3 283 mètres), le mont Ganelon (3 263 mètres), l'aiguille du Glacier (3 412 mètres), les roches de Pierre-Pointe (3 430 mètres), l'aiguille de la Grande-Sassière (3 576 mètres), le col de Rhême ou de la Golette (3 063 mètres), au pied de la Grande-Parei (3 617 mètres). La pointe de la Galise surplombe le glacier d'où sort l'Isère. Du côté français, le val de *Tignes* est borné par les cols d'Iseran, du Fonds, du Guéchet, par l'extrémité N.-E. de la Vanoise, qui comprend l'aiguille de la Grande-Motte (3663 mètres), le glacier de Bellecôte (3421 mètres), le mont Thuriat (3788 mètres), les aiguilles Rouges. En aval de Bourg-Saint-Maurice, l'Isère, repoussée par le plateau de Vulmis, coule au S.-O. jusqu'à Moûtiers entre des chaînons dont les sommets principaux sont : au N. l'aiguille du Grand-Fond, le Pré-du-Cré; le fond de la vallée est dessiné par les côtes d'Aime; au S. vient expirer le massif de la Vanoise; on y voit encore le mont Jouvet (2565 mètres).

La Tarentaise n'offre que des pâturages avec de rares chalets, occupés seulement pendant la belle saison. Elle est cependant moins sauvage et moins difficile que la Maurienne; sa largeur est à peu près uniforme; mais les pentes qui la bordent ou qui encaissent les torrents latéraux ne sont pas continues : elles forment des paliers élevés de 400 à 600 mètres au-dessus du fond sur lesquels sont tracés des chemins secondaires reliés à la grande route. Elle est suivie par la route du Petit Saint-Bernard, parallèle à l'Isère de Moûtiers à Bourg-Saint-Maurice, et qui emprunte la vallée de la Thuille, affluent de la Doire-Baltée : les lacets commencent à Séez, et le point culminant est à 2192 mètres. La Tarentaise est bordée au S.-E. par le grand massif granitique de la Vanoise limitant au N. la vallée de l'Arc, sur une longueur de 35 kilomètres. Cette chaîne offre plus de vingt cimes dépassant 3000 mètres. Les pics les plus remarquables sont : l'aiguille de la Vanoise, l'aiguille de la Grande-Motte (3663 mètres), la pointe de Vallonet (3566 mètres), et le Grand Roc Noir au N. de Lanslebourg. A la Vanoise se rattache le Grand-Pelvoz, avec les pics de Pelvoz, de Chasse-Forêt, la Dent-Parrachée, la pointe de Gebroulaz, la Roche-Chevrière, le Péclet, le Bouchet, le Rosoire. Ce massif, qui domine Modane et Saint-Michel, renferme les plus beaux glaciers de la Savoie.

La vallée de l'*Arc* forme la Maurienne. Elle est beaucoup moins ouverte que la Tarentaise; elle a la forme d'une courbe dont la convexité est tournée vers le S. De hautes montagnes l'encaissent en ne ménageant que des défilés fort étroits. Sa longueur est de 90 kilomètres et sa largeur de 26. L'Arc coule du N.-E. au S.-O. depuis sa source, près de la Levanna, jusqu'à Modane. La vallée est comprise entre le massif de la Vanoise et la ceinture de montagnes qui forment la frontière. Les points remarquables sont : le col de Girard (3084 mètres), la pointe de Chalamon, au S.-E. de Bonneval (3662 mètres), le col de Colarin (3238 mètres), l'Ouille-d'Arberon (3587 mètres). La montagne de Rochemelon, dont le sommet est en Italie, mais dont la face septentrionale est occupée par un immense glacier situé tout entier sur le sol français. Le mont Cenis (3375 mètres), avec le col où passe la route de Modane à Suze (2098 mètres), le col de Clapier (2491 mètres), le mont Ambin (3381 mètres), le col de Fréjus sous lequel passe le tunnel improprement appelé du mont Cenis; le col de la Roue, celui de l'Echelle, et le mont Thabor, où finit la frontière. Du côté du département de l'Isère, la Maurienne est limitée par un rameau de la chaîne principale, et renferme encore des sommets de 3000 mètres, comme le Galibier (3242 mètres), les Trois-Evêchés (3120 mètres), les aiguilles d'Arves (ou les Trois-Ullions), et enfin le massif des glaciers des Grandes-Rousses. La Maurienne communique avec les vallées voisines par des passages nombreux, mais difficiles. Toute la chaîne de la Maurienne, au-dessus de la Croix-de-la-Loze, est formée de terrains schisteux aux contours arrondis, tandis qu'au S. de la Loze les passages sont presque inaccessibles et situés au milieu de pics et d'aiguilles granitiques. Les vallées du Bréda et du Gélon sont séparées de l'Isère par une suite de crêtes élevées : la chaîne de Belledone depuis les Sept-Lauds jusqu'à Allevard, le massif de Brame-Farine, de Goncelin à Pontcharra, et une longue crête de Pontcharra à Chamousset. Entre ces massifs, il n'existe que deux coupures où s'insinuent les routes : 1° la gorge du Fay, que suit la route d'Allevard à Goncelin; 2° le défilé de Chamousset. Les cols des environs du Thabor mènent du Lautaret à Saint-Michel par le Galibier, de Modane à Bardonnèche par la Roue, de Bardonnèche à Briançon par la vallée de la Clarée et le Pas-de-l'Echelle au N. du mont Genèvre. Entre le Thabor et le Galibier, les passages sont presque inaccessibles (cols de l'aiguille Noire, des Rochilles et de la Ponsonnière); il en est de même de ceux qui, entre le Thabor et le pas de l'Echelle, font communiquer les vallées de Bardonnèche et de la Clarée (cols des Muandes, de la Tempête, de l'Etroit-Vallon, des Thures).

Les cours d'eau de la Savoie appartiennent tous au bassin du Rhône, qui forme la limite N.-O. du département, entre les confluents du Fier et du Guiers, sur un parcours de 50 kilomètres. (V. *Rhône*.)

Les affluents du Rhône qui sortent de la Haute-Savoie sont le *Fier*, le canal de *Savières* (écoulement du lac du Bourget), le *Séran*, la *Maline*, le *Flon*, le *Furai* et le *Guiers* : 1° Le Fier a tout son cours dans la Haute-Savoie; sa source, au mont Charvin (2414 mètres), est située dans la chaîne des Aravis sur la limite des deux départements. Il reçoit à gauche : 1° Les *Thioux*, qui lui apportent les eaux du lac d'Annecy. Celui-ci reçoit l'Eau-Morte, qui sort de la Savoie au N.-O. d'Albertville (20 kilom.). 2° Le *Chéran*, qui descend du col du Haut-Four dans les Bauges, arrose la combe de Bellevaux, Châtelard, la Motte, Lescheraines, puis passe dans la Haute-Savoie. Son cours, de 52 kilomètres, est encaissé dans une vallée calcaire. 3° Le canal de Savières, long de 4 kilomètres, apporte au Rhône les eaux du lac du Bourget (231 mètres) en passant à travers les marais de Chautagne. Il se jette dans le Rhône à Chanaz; son volume le rend navigable pour les bateaux à vapeur. Le lac du Bourget a 16 kilomètres de longueur, 5 de large, 80 mètres à 100 mètres de profondeur entre Bourdeau et Hautecombe. Il est orienté du S.-S.-E. au N.-N.-O. bordé à l'O. par le mont du Chat (1477 mètres), et le mont de la Charvaz (1019 mètres), à l'E. par la chaîne du Nivolet (1558 mètres). On remarque sur ses bords les châteaux de Bourdeau de Châtillon, de Bonport, et beaucoup de ruines. Il reçoit la *Laisse*, le *Tillet*, le *Sieroz*. La Laisse sort du mont de la Feclaz, passe au Désert (940 mètres), à Barberaz, à Chambéry (269 mètres), près de la Motte, et tombe dans le lac au Bourget (241 mètres). Elle reçoit à droite : 1° La *Thuille*, qui prend sa source un peu à l'O. de Saint-Pierre-d'Albigny, passe à la Thuille, à Curiennes, à Saint-Alban, et se jette à Chambéry dans la Laisse. 2° La *Doria*, qui descend du mont Nivolet (1523 mètres), et forme une belle cascade. A gauche la *Laisse* se grossit : 1° De l'*Albane*, à Chambéry. 2° De l'*Hière* qui, sortie des calcaires de Saint-Jean-de-Couz, passe à Saint-Thibaud et à Cognin. 3° Le Tillet qui descend du Sormaz, passe au Vivier, reçoit un cours d'eau venu d'Aix-les-Bains, et se jette dans le lac, près du Sieroz. 4° Le *Sieroz* prend sa source au mont de la Cluse, passe à Offenge, forme la cascade de Grésy, arrose Saint-Simon et joint le lac à Port-Puer. Il se grossit de la *Daisse*, sortie de l'étang de Crosagny, qui baigne Albens (321 mètres) et reçoit elle-même le *Naul-d'Armand* et l'*Albenche*. 5° Le *Flon*, qui naît dans les montagnes de Gorbaix et de Saint-Pierre-d'Alvey et unit ses eaux au Rhône à Yenne. 6° La *Maline* descend du mont du Chat, reçoit les eaux des lacs de Saint-Jean-le-Chevelu et se jette dans le Rhône à Yenne (229 mètres) en face la montagne de Chemilieu (437 mètres). 7° Le *Guiers* appartient à la Savoie par sa rive droite. Il se forme près des Echelles par la réunion du *Guiers Vif* et du *Guiers Mort*. Le Guiers vif sort de l'Anche-du-Guiers dans la montagne du Haut-du-Seuil (Isère), il passe à Saint-Pierre-d'Entremont, Saint-Christophe-entre-deux-Guiers, les Echelles, et se joint après un cours de 18 kilomètres, au Guiers mort. Ce dernier torrent prend sa source au roc de Bellefond, passe à Saint-Pierre-de-Chartreuse, à la Courrerie, à Saint-Laurent-du-Pont (23 kilomètres). Le Guiers passe à Pont-de-Beauvoisin, à Saint-Genix, puis se jette dans le Rhône (212 mètres). Le Guiers reçoit à droite le *Tier*, sert d'écoulement au lac d'*Aiguebelette*, long de 4 kilomètres, large de 2 kilomètres, profond de 50 mètres, situé à 376 mètres d'altitude et formé par des torrents venant du mont Grelle et de la Novalaise. Le Tier baigne Bridoire et Belmont-Tramonex. Il reçoit à gauche le *Crenant*. L'*Isère* prend naissance au glacier de la Galise. Elle coule d'abord parallèlement à la chaîne des Alpes. Elle coule à une altitude de 2272 mètres dans le cirque de Frarioud, de 1849 mètres à Val-de-Tignes, de 1659 mètres à Tignes, de 1000 mètres à Sainte-Foy, et de 800 mètres à Bourg-Saint-Maurice. A partir de cette dernière localité, elle se dirige au S.-O. jusqu'à Moûtiers. Elle arrose Hauteville, Bellentre, Aime (690 mètres), puis s'insinue dans le détroit de Saix (44 mètres de large), et passe à Longefoy, à Villargirel, à Moûtiers (480 mètres). Elle court au N.-O. jusqu'à Albertville, par le Bois, Aigueblanche, Bellecombe, Rognaix, Cévin, Albertville, où elle tourne vers le S.-E.; elle laisse à gauche Sainte-Hélène-des-Millières, à droite Grésy, Saint-Pierre-d'Albigny, Montmélian, et entre dans le département de l'Isère; à l'embouchure du Bréda (250 mètres), sa largeur est de 130 mètres. Elle est navigable à partir de Montmélian; son cours est de 300 kilom. dont 130 dans le département de la Savoie; elle débite 100 mètres cubes en basses eaux à Grenoble. Elle reçoit à gauche : 1° Le *Doron de Bozel* (45 kilomètres), torrent très abondant sorti du col de Chavières (2806 mètres), il passe à la Motte, à Pralognan, à Villard, à Brides, à Bozel, et se jette dans l'Isère à Moûtiers (475 mètres). Il reçoit à droite : 1° la *Glière*, née dans la Vanoise; 2° le torrent de *Premou*, qui se jette dans l'Isère à Villard. A gauche l'Isère reçoit : 1° Le torrent *Allues*, qui descend du glacier de Gébroulaz et rejoint la rivière à Brides; 2° le *Nant-de-Belleville* lui apporte les eaux du *Nant-de-Saint-Martin*, du *Nant-des-Encombres*, du *Nantbrun*, venus de l'extrémité S.-O. de la Vanoise; 3° l'*Arc*, l'un des plus grands torrents de France. Il sort de la Levanna à 2188 mètres d'altitude, passe à Bonneval (1835 mètres), à Bessans, à Lanslebourg, à Lanslevillard, à Termignon, à Sallières-Sardières, puis longe le pied des forts de l'Esseillon, baigne Modane (1074 mètres), et Fourneaux. A partir de là, il remonte vers l'O. et le N.-O., contourne le Pelvoz par Orelle, Saint-Michel, Montricher, Villargoudron, Saint-Jean-de-Maurienne (530 mètres), Hermillon, le Châtel, Sainte-Marie-de-Cuines, la Chambre-Saint-Rémy, la Chapelle, Saint-Léger, Saint-Epierre, Saint-Alban, Argentine, Saint-Georges-des-Hurtières, Aiguebelle, Aiton, et s'unit à l'Isère, au pied des fortifications de Montgilbert, Aiton, Fraispertuis et Montperché (250 mètres), après un cours de 150 kilomètres. L'Arc reçoit à droite : 1° La *Lenta*, descendant du mont Iseran. 2° L'*Avérole*. 3° Le *Doron de Villard*, torrent formé à Entre-Deux-Eaux par la Laisse et par le torrent du *Val-la-Roncheur* il passe à Villard et se termine à Termignon. 4° Le *Bugeon*, venu du col de la Madeleine. A gauche, l'Arc reçoit : 1° Le *Ribon* descend du glacier de Rochemelon (3584 mètres) et finit au-dessous de Bessans. 2° La *Neuvache* ou torrent de *Valmeinier*, qui sort du Thabor (3212 mètres), passe à la chapelle de Notre-Dame des Neiges à Valmeinier et rejoint l'Arc à Saint-Michel. 3° La *Valloirette* vient des cols de la Ponsonnière (2936 mètres) et du Galibier (3242 mètres); passe à Valloire (1385 mètres), à Albane et se jette dans l'Arc en aval de Saint-Michel; 4° l'*Arvan*; son plus long affluent naît dans les montagnes de l'Infernet, passe à Montrond, à Fontecouverte et mêle ses eaux à celles de l'Arc à Saint-Jean-de-Maurienne. 5° Le *Glandon* descend du col du même nom, passe à Saint-Colomban, Saint-Alban-des-Villards, Saint-Etienne-de-Cuine et a son confluent à la Chambre. 3° Le *Gellon* (32 kilomètres), arrose la Rochette, Villard, Sallet, Bettonet et se jette dans l'Arc à Chamousset. 4° Le *Bréda*, gros torrent formé dans le département de l'Isère par le déversoir des *Sept-Eaux*, le torrent de *Pleigney* et le ruisseau de la *Combe-Madame*. Il arrose la Ferrière, Pinsot, la Panissière, Allevard, la Chapelle, le Montaret, Pontcharra et joint l'Isère au fort Barroux (40 kilomètres). Il reçoit à droite le Bens. A droite l'Isère reçoit : 1° La *Versoye*, formée à Bonnevelle de la réunion de deux torrents descendus des montagnes entre le col de la Lecque et le col du Bonhomme; il se jette dans l'Isère, à Bourg-Saint-Maurice; elle reçoit à droite le torrent de *Chapieu*. 2° L'*Arly*, qui prend sa source dans la Haute-Savoie au mont Joli; il arrose la vallée de Mégère après avoir passé à Planay; puis tourne au S.-O. et baigne Flumet (917 mètres), Ugines, où il traverse des gorges très profondes, Thénésol et Pallud; il tombe dans l'Isère à 3 kilomètres au-dessous d'Albertville. Cours 40 kilomètres. L'*Arly* reçoit à droite : 1° l'*Arondine* qui finit à Flumet ainsi que le *Flon*, elle descend de la chaîne des Aravis. 2° La *Chaise*, qui rejoint l'*Arly* près d'Ugines ainsi que le *Monthoux*. A gauche l'*Arly* se grossit : 1° Du *Doron de Beaufort*, torrent qui prend naissance au col du Bonhomme par trois branches : le *Doron*, l'*Argentine* et le *Dormel*; il coule d'abord dans le val de Haute-Luce, passe à Beaufort, à Villard, à Querge et se réunit à l'Arly pour aller grossir l'Isère à Conflans. Longueur : 35 kilomètres.

Une longue arête de roches cristallines s'étend de Beaufort à Valbonnais (Isère). Ce sont des gneiss, des schistes chloriteux sur lesquels s'appuient des dépôts peu épais de grès houiller, de trias et une grande formation de lias schisteux. Cette zone est limitée à l'E. par une grande faille de 150 kilomètres de longueur qui passe par Sambranchier, le col de la Seigne, Entraigues, le Lautaret et vient finir au Pelvoux. Le pied de la faille est formé par le lias schisteux à bélemnites.

Depuis le Valais jusqu'à Moûtiers règne une zone de roches triasiques entre le col de la Seigne et Saint-Jean-de-Belleville : les roches dominantes sont des schistes lustrés calcaréo-calqueux entremêlés de calcaires cipolins micacés et quartzeux avec de nombreux dépôts de gypse et des calcaires bréchiformes comme ceux d'Aime. Au S. de Moûtiers, les quartzites et le gypse persistent accompagnés de dolomies caverneuses ou cargneules et de schistes argileux rouges ou noirs; ils sont recouverts par les calcaires du lias qui commencent entre Moûtiers et Brides et prennent un grand développement dans le massif des Encombres aux Albiez, à Albane et à Valloire. Depuis Moûtiers jusqu'au Lautaret, il y avait dans la période tertiaire un golfe long et étroit où s'est formé un énorme entassement de poudingues, de grès et de schistes argileux. Ces grès à nummulites constituent une crête sauvage dont les principaux sommets sont les aiguilles d'Arves, les pics de Goléon, des Trois-Evêchés, du Grand-Coin et du Cheval noir. Sur toute la ligne qui passe par la Thuille, le Petit Saint-Bernard, Bourg-Saint-Maurice, Granier, Aime et Longefoy les couches du trias butent irrégulièrement contre les grès à anthracites. Au S. de Longefoy et de Macot ces grès se cachent sous les roches triasiques du mont Joret; des affleurements houillers apparaissent au bois des Routes et à Villarlurin. Les grès à anthracite reparaissent en une large zone dans le bassin du Doron et aux Allues et sont limités à l'O. par une faille qui s'étend de Villarlurin jusqu'à la vallée de la Cuisane. De nombreux phénomènes de renversement du lias et des assises triasiques se montrent aux Encombres, à Saint-Michel et au Chardonnet. Les grès à anthracite ont plusieurs milliers de mètres d'épaisseur et des deux côtés de la vallée de l'Arc entre Saint-Michel et Modane, ils s'élèvent à 2500 mètres au-dessus de la rivière. Ils sont surmontés par des lambeaux de trias constitués par des grès blancs ou quartzites. Ces assises triasiques sont surmontées de calcaires compacts du lias au mont Thabor et au Chardonnet. Au S. reparaissent, par de larges trouées, des massifs de roches cristallines sur lesquelles reposent immédiatement des assises triasiques souvent très puissantes. C'est au trias qu'appartiennent les schistes lustrés calcaréo-talqueux du mont Cenis, du col Iseran, d'Aoste. Sur ce trias s'empilent les calcaires compacts du col de la Roue et l'énorme massif de la Vanoise ainsi que les masses calcaires qui se dressent des deux côtés du val de Tignes entre Champagney et la source de l'Isère. Cette zone a été, à plusieurs reprises, submergée par des mouvements de bascule. L'arrondissement de Chambéry renferme une série de terrains jurassiques et tertiaires : il a un faciès surtout calcaire et crayeux.

Le climat varie beaucoup suivant les régions que l'on considère. L'arrondissement de Chambéry, les bords du lac du Bourget et la vallée de l'Isère en aval de Saint-Pierre-d'Albigny jouissent d'un climat agréable et doux; la température moyenne est d'environ 10°, le figuier pousse en pleine terre à Aix. L'E., le S.-E. et le S. du département sont beaucoup plus froids, la hauteur de pluie varie de 77 centimètres, moyenne générale du département, à 1m,68, et même 2 mètres dans la vallée de l'Arc.

L'agriculture et l'élevage des bestiaux occupent les deux tiers de la population. On compte dans le département 134000 têtes d'animaux de l'espèce bovine, 2500 chevaux et 100000 moutons dont les plus beaux échantillons sont ceux de Termignon, de la Maurienne et des Arves. Le beurre et le fromage ont une grande importance dans la production du département. L'apiculture est très développée et donne de bons produits.

Le département comprend trois régions : l'une, couverte de hautes montagnes, comprend la Tarentaise et la Maurienne et ne fournit que des pâturages; dans la seconde région (Bauges) on cultive la pomme de terre, le seigle, l'orge : les herbages dominent encore. Le dernier étage, depuis les Échelles jusqu'au Rhône, est un sol fertile qui produit du blé et où l'on cultive la vigne et des arbres fruitiers.

Les vignobles de la Savoie s'élèvent jusqu'à 800 mètres d'altitude dans la Maurienne, et à 1200 mètres dans la Tarentaise au-dessus de Bellentre. Les vins les plus connus sont ceux de Princens, d'Altesse, de Monterminod et d'Apremont, Tormery.

On plante le tabac à Aiguebelle, Montmélian, la Rochette, Saint-Genix, Saint-Pierre-d'Albigny et Yenne.

Le déboisement a beaucoup nui à la Savoie, où la terre végétale est entraînée par des pluies abondantes le long des pentes nues, surtout dans la vallée de l'Arc; on trouve comme essences : le sapin, le hêtre, le mélèze, le noyer, le chêne, le châtaignier, l'orme, le frêne et le pin, qui croît jusqu'à 2200 mètres.

On n'exploite pas très activement les richesses minérales de la Savoie. On trouve à Saint-Georges-d'Hurtières d'importantes mines de fer spathique qui appartiennent au Creusot. Ces minerais se rencontrent encore à Saint-Alban-d'Hurtières, Montgilbert, Bourget-en-Huile, à Arvillard.

Le plomb argentifère était exploité autrefois à la Croix-de-Verdon, aux Allues, à la Ferrière, au Crozat, au Peney et surtout à Nacot, et à Peisey, filons qui sont aujourd'hui épuisés.

On a exploité le cuivre à Argentine, à Saint-Georges-d'Hurtières et à Pontet; des filons de cuivre gris existent à Cléry, à Remond, à Doucy et à Bonneval-en-Tarentaise.

Un bassin anthracifère dont les couches ont de 2 à 10 mètres de puissance traverse la Savoie depuis l'Oisans jusqu'à la vallée d'Aoste. En Tarentaise, on exploite des gisements de 7 à 12 mètres, à Moûtiers, Bazel, Pralognan, et surtout à Saint-Martin-de-Belleville. En Maurienne, les exploitations principales sont à Saint-Michel et aux Fourneaux.

On extrait du lignite à l'Avalanche, à la Croix-Rouge, à Sonnaz et à Trécadière. Les tourbières, qui couvrent environ 600 hectares, sont exploitées à Beaufort, Peisey, Épagny et au mont Cenis.

Les marbres les plus recherchés sont le marbre vert de Bessans et de Longefoy, la brèche de Tarentaise, les marbres blancs de Tignes, les marbres noirs de Grésy et les marbres veinés de Bourg-Saint-Maurice et de Villarlurin. On exploite comme pierre de construction les calcaires de Pralognan, Saint-Jean-de-Cauz, Sardières, les granits d'Épierre et de Saint-Léger.

Les calcaires de Saint-Michel, de l'Esseillon et de Saint-Martin-d'Arc fournissent de bonnes pierres à chaux traitées dans les usines de Saint-Michel, Chambéry, Chanaz, Chindrieux et de Saint-Pierre-d'Albigny. Les carrières de plâtre sont très abondantes à Modane, Aiguebelle, Salins, Villarlurin, Bourg-Saint-Maurice.

Les ardoisières de Cevins, de Saint-Julien, Argentine, Montricher, fournissent des produits qui rivalisent avec les ardoises de Fumay. On trouve des filons isolés de zinc, d'antimoine, de titane, de manganèse, de sulfate de baryte et d'arsenic.

Le département est riche en sources minérales, dont les plus connues sont celles d'Aix (4500 hectolitres par jour), qui sont sulfureuses et thermales, très fréquentées pour les maladies des appareils digestif et urinaire et sur la peau. Ces eaux sortent de terre par deux sources : l'une nommée *Fontaine de Saint-Paul* ou *eau d'alun* est à la température de 47° et renferme du sulfate d'alumine; la seconde, appelée *eau de soufre* (44°), est surtout employée en douches, bains, etc. On trouve d'autres sources sulfureuses alcalines à Saint-André près Modane, Bonneval près de Bourg-Saint-Maurice, à Challes, à l'Échaillon, à Marlioz, au mont Charvet. Les sources ferrugineuses sont aussi abondantes; les plus connues sont celles de la Bauche, la Boisse, Ferranche, la Rossa-Futenay. A Salins, Saint-Simon, Termignon, Brides-les-Bains on trouve des sources salines chlorurées.

La Savoie s'occupe surtout de l'industrie de la soie, qui donne 10 millions de produits fabriqués par an. On trouve des filatures et des moulinages ou dévidages à Betton, Bettonet, Hermillon, Saint-Michel. Ces soies sont tissées à Chambéry (gazes), à la Boisse, à la Calamine, Cognin, Saint-Pierre-d'Albigny et Pont-de-Beauvoisin. On fabrique des toiles dans la haute Maurienne, à Lanslebourg, à Pont-de-Beauvoisin. On tisse la laine à la Motte-Servolex, à Cognin et les draps se confectionnent à Séez, Sonnaz et Mérande. Aiguebelle possède des hauts fourneaux, Chambéry des fonderies; on trouve des forges à Arvillard, la Rochette, Bozel, Aiguebelle. Les principales tanneries sont celles de Cognin, de la Réveriaz, de Moûtiers. Il y a des papeteries à la Roche, Saint-Alban, Serraz et Bourdeau. Chambéry fabrique des gants, des liqueurs; Saint-Genix des instruments de chirurgie, de l'acide gallique, Cognin des chapeaux de feutre, Saint-Alban et Saint-Michel des pâtes alimentaires, Saint-Christophe et les Echelles des poteries. Le chiffre de la population moyenne est de 46 habitants par kilomètre carré, tandis que le chiffre de la population spécifique de la France entière est de 72.

Le département est partagé entre 4 diocèses, ceux de Chambéry, de Moûtiers, de Saint-Jean-de-Maurienne et d'Annecy.

Le département est traversé par 5 chemins de fer : 1° De Paris à Turin entre Culoz et Modane, 143 kilomètres. 2° D'Aix à Armenrasse par Annecy, 16 kilomètres. 3° De Montmélian à Grenoble (6 kilomètres en Savoie). 4° De Saint-Pierre-d'Albigny à Albertville, 24 kilomètres. 5° De Saint-André-le-Gaz à Chambéry, 29 kilomètres. Le département comprend 4 arrondissements, 29 cantons, 328 communes. Préf. *Chambéry*. S.-préf. Albertville, Moutiers, Saint-Jean-de-Maurienne.

SAVOIE (HAUTE-) (DÉPART. DE LA), 428838 hect., 267428 hab.; département français de la frontière du S.-E. C'est l'ancien département du lac Léman que l'Italie nous a cédé en 1860 à la suite d'un vote des populations. Il est formé des anciennes provinces du Génevois, du Chablais et du Faucigny, et du canton de Faverges augmenté de six communes de l'intendance générale de Chambéry (canton d'Albens). La Haute-Savoie est bornée au N. par le lac Léman, à l'E. et au S. par le canton suisse du Valais et par le duché d'Aoste; au S. et au S.-O. par le département de la Savoie; à l'O. par l'Ain, dont le Rhône la sépare. Elle est comprise entre 45°25' et 46°15' de lat. N., entre 3°20' et 4°50' de longitude E. La plus grande longueur du département N.-S. est de 110 kilomètres et sa plus grande largeur E.-O. de 85 kilomètres.

Le département de la Haute-Savoie renferme la plus haute cime de l'Europe, le mont Blanc, si on excepte le Kasbeck et l'Elbrouz dans le Caucase, qui dépassent 5000 mètres. Le sol va en s'élevant du N.-O. au S.-E. depuis l'altitude moyenne de 800 mètres jusqu'aux cimes de 4000 mètres.

La rive S. du lac Léman est la base du massif triangulaire des Dranses dont les deux autres côtés sont dessinés par la Giffre. De profondes vallées sillonnent cette région où coulent la Dranse d'Abondance, la Dranse du Biot et la Dranse de Bellevaux. Ces trois derniers cours d'eau se réunissent auprès de la Forclaz pour former la Dranse affluent du lac Léman. Les plus hauts sommets du pays qui comprend presque tout l'ancien Chablais sont la pointe de Grange (2438 mètres), près de la source de la Dranse d'Abondance, le roc d'Enfer (2240 mètres), près des autres sources de la Dranse. La dent d'Oche (2434 mètres), et le Blanchard (1415 mètres), dominent le cours supérieur de la Dranse d'Abondance; le mont des Hauts Forts se dresse dans la vallée supérieure de la Dranse de Biot. La frontière de la Savoie et du Valais passe à l'E. par Saint-Gingolph, la pointe du Corbeau (1992 mètres), le col de Chesery (2020 mètres), la pointe de Tanneverge (2902 mètres), le glacier du Cheval Blanc, les Têtes Noires, le col de Balme (2204 mètres), les aiguilles du Chardonnet, de l'Argentière, de Triolet; puis elle coupe le massif du mont Blanc. Le mont d'Hermone est une longue crête qui se termine entre Thonon et le confluent des trois Dranses. Les Voirons forment un massif isolé entre Doëge et Genève : le versant O. est couvert de pâturages, le versant E. a conservé de beaux bois de sapins; ils séparent le bassin de la Menoge du lac de Genève. Leurs sommets principaux sont : le Calvaire, qui atteint 1456 mètres, et le Pralaire (1406 mètres), tout à fait au S. Le massif des Dranses est traversé dans toute son épaisseur, du N. au S., par la grande route stratégique de Thonon à Grenoble, qui part du lac, débouche sur l'Arve à Cluses, la suit jusqu'à Sallanches, puis, par les vallées de l'Arly et de l'Isère, joint Mégère et Montmélian à Grenoble. D'autres chemins font communiquer Thonon avec Bonneville et Annecy à travers la vallée de l'Arve et les Bornes. Les hautes vallées des Dranses et le val de Sixt communiquent avec le Valais par le col du Morgin et le val d'Illiez qui aboutissent à Monthey. La rive du lac est longée par une route qui prolonge vers Genève celle du Simplon par le défilé de la Meillerie.

Au S. de l'Arve, les Bornes couvrent presque tout le Faucigny : ce massif est découpé par la Borne, par le Fier et son affluent le Nom. Les crêtes calcaires qui le forment ont toutes la direction du N.-E. au S.-O. La chaîne la plus élevée est celle des Aravis (2752 mètres), qui s'étend du mont Charvin (2414 mètres) à la pointe Percée (2752 mètres) et à la pointe d'Areu (2468 mètres). Au N. de Faverges et à l'O. de la dépression de Serraval le massif de la Tournette atteint 2357 mètres. Les crêtes rocheuses de Lachat (2028 mètres), de la pointe de la Balme (1918 mètres), de la pointe de Thônes (2058 mètres), et du pic de Tallouvre (2438 mètres), dominent la dépression qui s'étend de Thônes à Saint-Jean-de-Sixt. La Borne les franchit dans d'étroites cluses. Le massif se termine au N. vers Bonneville, Tharens et Annecy par la pointe d'Andey (1879 mètres), le massif du Parmelan (1835 mètres) et la montagne du Veyrier (1300 mètres), le mont Fleuri (2400 mètres), le rocher de Lachenay (1862 mètres), et le mont Lachat (2064 mètres). Des routes difficiles et peu nombreuses convergent vers le val de Thônes au centre du massif et joignent Saint-Jean-de-Sixt à Bonneville, à Annecy par Thônes, à Flumet par le col des Aravis et Faverges, à Thônes par le col de Lessaval. La partie occidentale du département est, comme la rive du lac de Genève, un pays riche et très peuplé avec des montagnes peu élevées, comme le mont Vuache (1049 mètres), le Petit Salève (902 mètres), le Grand Salève (1304 mètres), le Petit et le Grand Piton (1374 mètres). L'Arve, les Usses, le Fier et le Chéran coupent cette région.

Les régions que nous venons d'étudier constituent ce que nous appellerons la région basse et moyenne du département. La région supérieure s'étend au S.-E. et comprend les hautes vallées des rivières et les grands chaînons qui les séparent; elle se rattache à la grande chaîne des Alpes. Le quadrilatère que forment les cours supérieurs de la Giffre et de l'Arve limite au N.-O. la vallée de Chamonix et constitue une série de crêtes parallèles à la direction générale des Alpes. De Sixt à Sallanches, les points principaux sont : la pointe des Glaces (1523 mètres), la Tête Pelouse (2475 mètres), les Escaliers de Platey (2558 mètres), l'aiguille de Varens (2483 mètres). Le chaînon qui commence à la frontière, au col de Tenneverge, se continue par le Cheval Blanc (2341 mètres), l'aiguille de Loriaz, le mont Buet (3109 mètres), le mont Oreb (2655 mètres), le col d'Anterne (2763 mètres). Au N. de ce col, entre les derniers sommets dont nous venons de parler, s'étend un plateau où se trouve le lac d'Anterne. Vers Servoz la pointe Noire de Pormenaz, près du lac de même nom (1835 mètres), se relie au chaînon précédent par les rochers de Fiz, qui forment une crête orientée du S.-O. au N.-E., au N. de Servoz. La vallée de Chamonix est comprise entre le massif du mont Blanc et ceux du Buet, des aiguilles Rouges et du Brévent. Elle est constituée au S. par le contrefort de la Tête Noire qui se détache du mont Blanc. Elle a une longueur de 20 kilomètres et une largeur de 1 à 2 kilomètres seulement. Son altitude à Chamonix est de 1050 mètres. On n'y cultive guère que les pommes de terre, l'orge et l'avoine. Elle communique avec Sallanches par une grande route qui suit l'étroit défilé au fond duquel coule l'Arve en amont de Servoz. Le massif des aiguilles Rouges s'étend entre Valorcine et les Tines. Les sommets principaux sont : l'aiguille de la Floria et l'aiguille Pourrie 2599 mètres).

Le Brévent, 2500 mètres d'altitude moyenne, forme la continuation de la chaîne des aiguilles Rouges. Au S.-O. de Chamonix, le massif de l'Aiguillette (2317 mètres) dessine un promontoire entre Servoz et Chamonix. Le massif du mont Blanc s'étend sur une longueur d'environ 40 kilomètres, sur une largeur moyenne de 15 kilomètres, depuis les environs du col de Balme jusqu'à celui de la Seigne. Tout le versant O. appartient à la France; il est borné au N.-O. par l'Arve, et au S.-E. par la vallée de la Doria. Le mont Blanc n'est qu'une des cimes de cette masse gigantesque hérissée de pins et de glaciers. Entre le col de Balme et Chamonix, on rencontre, en partant du N.-E., l'aiguille, le col et le glacier du Tour (3340 mètres), l'aiguille du Chardonnet (3823 mètres), le Tour Noir (3843 mètres), le col de l'Argentière (3250 mètres), puis, aux sources de l'Arve, le glacier de l'Argentière (2602 hectares), qui s'étend entre le Chardonnet et le mont Dolent (3330 mètres), l'aiguille du Triolet (3879 mètres) et l'aiguille Verte (4127 mètres). Ce glacier coupe toute la chaîne perpendiculairement à l'Arve vis-à-vis de l'Argentière. Au delà de l'aiguille Verte, le glacier de Talèfre (2787 mètres), le Chapeau (1559 mètres), les aiguilles du Dru (3815 mètres) et du Moine (2698 mètres), le Couvercle (3478 mètres) séparent le glacier de l'Argentière de la mer de Glace, grande masse de 12 kilomètres de long sur 816 mètres de largeur moyenne. Au centre du glacier de Talèfre, le pic du Jardin s'élève à 2787 mètres.

Au S. du Talèfre, les aiguilles du Tacul (3498 mètres), le mont Mallet (3988 mètres), l'aiguille du Géant (4079 mètres) et les Grandes Jorasses (4206 mètres) séparent les glaciers de Leschaux du glacier de Tacul ou du Géant (2989 hectares).

Au S.-O. de la mer de Glace, les aiguilles de Charmoz (3442 mètres), de Blaitière (3533 mètres), du Plan (3673 mètres), du Midi (3843 mètres), de la Tour (2588 mètres), le mont Blanc, le Tacul (3342 mètres), le mont Maudit (4240 mètres), isolent le glacier du Géant de ceux de Blaitière, des Pèlerins, des Bossons et de Taconnay. Au S. de ces derniers s'élève le mont Blanc proprement dit (4810 mètres) dont le sommet a la forme d'un dos d'âne de 200 mètres de long et 1 mètre de largeur au point culminant; il s'élargit en descendant du côté de l'E. et prend du côté de l'O. la forme d'une arête aiguë. Le chemin qui mène de Chamonix au mont Blanc traverse l'Arve, le Nant-des-Pèlerins, s'élève par le chalet de la Para (1605 mètres) à la Pierre Pointue (2040 mètres), puis s'engage le long du glacier des Bossons pour atteindre les Grands Mulets, rochers de 200 mètres dont le sommet est à 3050 mètres. On traverse ensuite le glacier de Taconnay et on monte au Grand Plateau (3932 mètres), vaste plaine de névé terminée par les rochers Rouges (4492 mètres), au-dessus desquels on s'élève par la vallée du Corridor et les Petits Mulets (4666 mètres) jusqu'au mont Blanc. A l'E. du mont Blanc, les points remarquables sont les aiguilles Marbrées (3514 mètres), le col du Géant (3362 mètres), le mont Maudit (4340 mètres). A l'O. se dresse le dôme du Goûter (4331 mètres), l'aiguille de Bionnassay (4061 mètres), au N. desquels sont les glaciers du Bourgeat, de la Gria et de Bionnassay. Après l'aiguille de Bionnassay, la frontière, qui suit toujours la crête des Alpes, se dirige du N. au S., et rencontre le dôme et le col de Miage (3376 mètres), les aiguilles de Trelatête (3932 mètres), de la Scie (3694 mètres), du Glacier (3834 mètres); enfin le col de la Seigne, qui domine l'Allée Blanche. Elle laisse à gauche les glaciers de Miage et de Trelatête. Au S.-O. du mont Blanc, sur la rive gauche du Bourgeat, le mont Joli (2527 mètres) présente au S.-E. de Mégère une crête allongée du S. au N. perpendiculaire au cours de l'Arve. Les glaciers du mont Blanc ont une puissance variée : la mer de Glace a 12 kilomètres de long, 150 mètres d'épaisseur et une pente moyenne de 5 à 6°. Sa vitesse varie de 0m,5 à Trélaporte, à 0m,80 au Montenvert. Leur ensemble subit des reculs et des progressions; depuis 1854, le recul a commencé avec des vitesses différentes suivant la position du glacier. La vallée de Chamonix communique avec Sallanches par une grande route qui suit les défilés de l'Arve. A l'extrémité N. les cols de la Balme et de la Tête Noire permettent de se rendre à Martigny, dans le Valais. Deux sentiers mettent Chamonix en communication avec Saint-Gervais par les cols de la Forclaz (1559 mètres) et de la Voza (1675 mètres). La haute vallée de l'Arve communique avec la Tarentaise par le Bonnant, torrent qui passe à Saint-Gervais et par le col du Bonhomme (2340 mètres). Pour aller de la vallée de Chamonix en Piémont, on remonte le Bonnant, puis franchissant les cols du Bonhomme, des Fours (2710 mètres) et le col de la Seigne, on gagne, par l'Allée Blanche, la vallée d'Aoste.

Tous les cours d'eau du département vont se jeter soit dans le Rhône, soit dans le lac Léman. Le lac décrit un arc de cercle dont la concavité est tournée vers la France à laquelle sa rive méridionale appartient, du Bouveret à Hermance; les cantons de Genève, de Vaud et du Valais occupent le reste de son pourtour. Son altitude moyenne est de 80 mètres; il a 80 kilomètres de long sur la rive N., et 69 kilomètres sur la rive S.; sa largeur, entre Morges et Amphion, est de 14 kilomètres et de 2 kilomètres entre Genthod et Bellerive. Sa profondeur est de 80 mètres au Château-de-Chillon, de 285 mètres à Meillerie, de 334 mètres entre Ouchy et Evian; sa superficie est de 57780 hectares; les dépôts du Rhône le font reculer progressivement. Les eaux ont une couleur bleu d'azur qu'on attribue à diverses causes. Les variations de niveau du lac sont très rapides : on appelle *seiches* des ondulations longitudinales et transversales qui se propagent à la surface. Les principales localités baignées en France par le lac sont, à partir de l'E., le Bouveret, Saint-Gingolph, Meillerie, Maxilly, Evian, Amphion, Thonon, Anthy, Excenevrex, Yvoire, Nernier, Chans, Hermance.

Le Rhône longe le département de la Haute-Savoie pendant 35 kilomètres depuis l'extrémité N. du Vuache jusqu'au confluent du Fier. Il coule d'abord vers l'O. dans une vallée très resserrée, surtout au fort de l'Écluse, où il passe entre le Vuache et le Plat des

DÉPARTEMENT DE LA HAUTE-SAVOIE

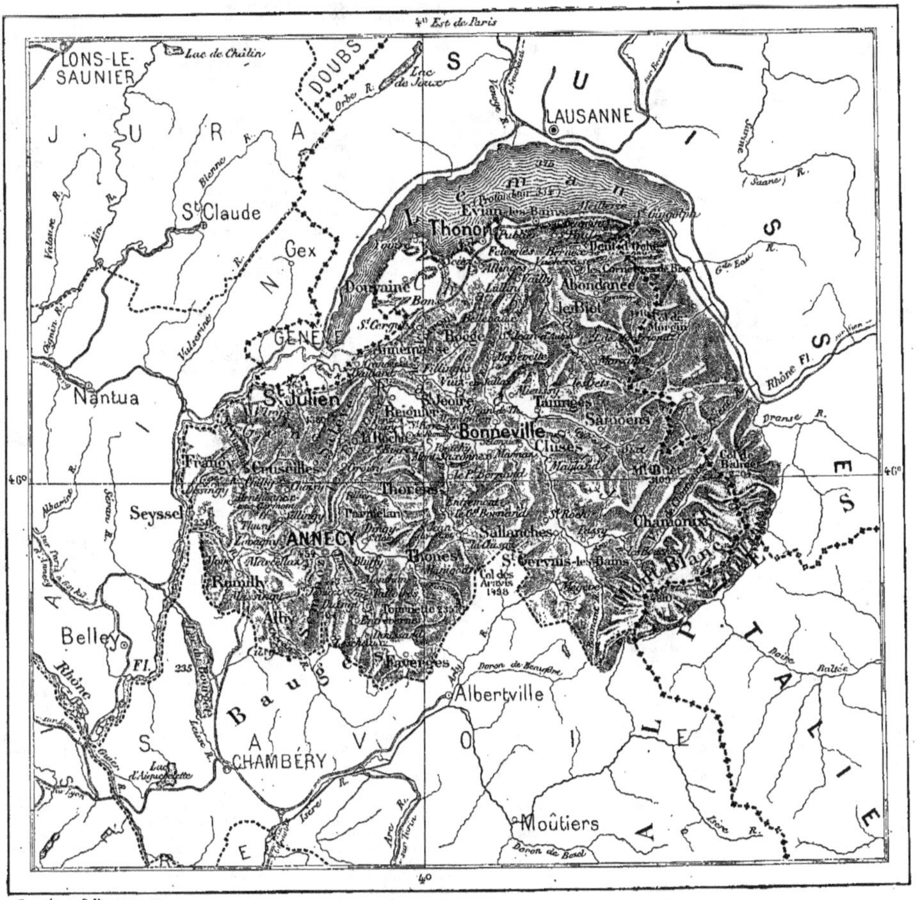

Gravé par R. Hausermann.

Signes conventionnels :

PRÉFECTURE	*Plus de 100 000 hab.*	*De 10 000 à 20 000*	*Place forte. Fort*	*Origine de la navigation*
Sous-Préfecture	*De 50 000 à 100 000*	*De 5 000 à 10 000*	*Frontière*	*Canal*
Canton	*De 30 000 à 50 000*	*De 2 000 à 5 000*	*Limite de Dépt*	*Col*
Commune, Village	*De 20 000 à 30 000*	*Moins de 2 000*	*Chemin de fer*	*Forêts*

Échelle (1 millim. pour 900 mètres) 10 5 0 10 20 30 40 50 Kil.

Les chiffres expriment en mètres l'altitude au dessus du niveau de la mer.

Roches. Il arrose Arcine, Eboise, Bellegarde (perte du Rhône), où il tourne brusquement au S. par Saint-Germain-sur-Rhône et Malpertuis : il a, pendant ce parcours, l'allure d'un torrent sans importance, tandis qu'à Seyssel, il s'étend dans un lit très large et sableux. Avant son entrée dans le lac de Genève, le Rhône reçoit le Trient en aval de Martigny ; ce torrent a comme tributaire l'Eau Noire, qui descend de l'aiguille de Bérard par la vallée du même nom et se grossit de la Barberine. Le lac de Genève reçoit sur sa rive française : 1° La *Morge*, torrent sorti de la Dent-d'Oche qui forme la frontière jusqu'à Saint-Gingolph, où elle se jette dans le lac. 2° La *Dranse de Savoie* (ou *Drance*). Elle prend sa source au col de Coux (1927 mètres), coule vers le N.-O. dans une vallée crayeuse et pittoresque, passe à Martine, Montriond, Saint-Jean-d'Aulph (818 mètres), au Biot (826 mètres), à la Baume (652 mètres), à la Vernaz, à Armoy, et verse ses eaux à 3 kilomètres E. de Thonon par un petit delta (cours 50 kilom.).

Elle reçoit, à droite : 1° Le déversoir du lac de Montriond ou lac Noir, à Montriond (1 050 mètres), entouré de rochers, d'où tombent des cascades. Il a 25 hectares de superficie et 17 mètres de profondeur. 2° La *Dranse d'Abondance*. Elle descend du col de même nom, coule au N.-E. jusqu'à Vouges, tourne vers le N.-O. par Châtel (1 192mètres). La Dranse-Abondance reçoit la *Révepette*, puis arrose Bonnevaux, Vacheresse (838 kilom.), Chenevoz, où elle reçoit l'Ugine venue de la Dent-d'Oche, et se jette dans la Dranse, près de la Forclaz (34 kilom.). A gauche : 1° La *Dranse de Bellevaux*, ou *Brévon*, qui prend sa source au mont Chalune (2 120 mètres), arrose Bellevaux, les Mouilles, les Contamines, Borgel, Lavouet, Vailly, et se jette dans la Dranse de Biot à Bioge. 2° Le *Redon*, qui descend des Voirons, arrose Draillant, Perriguier, Sécher. 3° Le *Goron*, qui prend sa source à l'extrême N. des Voirons, passe à Sciex et se jette dans le lac à Château-Coudrée. 4° Le *Vion*, sorti du mont de Boisy, qui arrose Massongy, Sous-Estraz. 5° L'*Hermance*, qui forme la limite du canton de Genève et de la Savoie. Elle passe à Veigy, à Chevreau, et se jette à Hermance. Les affluents du Rhône sont : 1° L'*Arve*, sortie du col de la Balme (2 683 mètres). Elle coule vers le S.-O. dans la vallée de Chamonix jusqu'aux Ouches, en passant par le Tour-Frasserans, Argentière, les Tines, Chamonix; elle longe le pied des glaciers des Bossons, de Taconnay et de la Gria, puis fait un coude brusque aux Ouches. Elle contourne alors le massif de l'Aiguillette par Saint-Gervais-les-Bains, Montvauthier, Servoz. Des gorges étroites et pittoresques encaissent son cours depuis Servoz jusqu'à Passy et Sallanches, où la rivière tourne au N. par Oex (550 mètres), Maglande, Naneux et les gorges de Cluses, à la suite desquelles la vallée s'élargit et se dirige vers l'O. par Thiez, Voitoy, Bonneville, et remonte vers le N.-O. entre la côte d'Hyot, Arenthier, Scientrier, Faucigny, Contamine-sur-Arve, Reignier, Gaillard, Annemasse, et se jette dans le Rhône, en-dessous de Carouge. L'Arve est un des torrents les plus rapides des Alpes; son débit maximum est de 625 mètres cubes et, au confluent, la moyenne de son volume d'eau est la moitié de celui du Rhône (longueur 120 kilom.) L'Arve reçoit à droite : 1° La *Diosaz*, qui a son origine au mont Buet; elle coule parallèlement à l'Arve, à travers de belles gorges. Les cascades de la Cachette, du Soufflet de Trémarbapays, des Danses, du Vuard et de la Cache se précipitent dans des gouffres rendus accessibles par des escaliers fixés dans le roc. Elle se jette dans l'Arve à Servoz. 2° Le *Giffre*. Ce torrent est formé : 1° Du *Giffre Bas*, qui reçoit les torrents du Fer-à-Cheval et de la vallée de la *Combe*; il coule vers le S.-O., passe à Nantbrive et à Sixt. 2° Le *Giffre Haut* vient du Buet et coule dans la vallée des Fonds; il se réunit à l'autre branche en dessous de Sixt. Le Giffre court ensuite vers l'O. par Notre-Dame-de-Grâce, Samoens, Verchaix, Morillon, Taninges, Micussey, Marignier, et tombe dans l'Arve en face Vaugy (cours de 50 kilomètres, débit minimum 6 mètres cubes). Le Giffre reçoit à droite : 1° Le torrent de *Clévieux*, à Samoens; 2° la *Valentine*, qui descend du col de Jouxplane; 3° le *Foron de Taninges*, qui prend sa source à la pointe de Chéry (1 838 mètres) et se jette dans le Giffre un peu au-dessous de Taninges; 4° la *Risse*; 5° la *Ménoge*, qui prend sa source dans les Voirons et coule au S.-O. puis à l'O. par Habère-Lullin (1 856 mètres), Villard, Boëge (743 mètres), Saint-André, Bonne, Loex, et tombe dans l'Arve, près de Vétraz (28 kilom.). Elle reçoit à gauche : 1° le *Foron de Bogève*, qui se jette dans la *Menoge*, en face de Bonne; 2° le *Foron d'Annemasse* descend des Voirons, passe par Javigny, Ville-la-Grande, Ambilly, puis se jette dans l'Arve, après avoir formé dans son cours inférieur la frontière de France et de Suisse. Les affluents de gauche de l'Arve sont : 1° L'*Arveyron*, née dans la mer de Glace, coule parallèlement à l'Arve, dans laquelle elle se jette à Chamonix. 2° Le *Greppon* et la *Blaitière*, qui lui apportent les eaux du glacier du Nantillon. 3° Le *Nant du Bourgeat* et le *Nant de Gria*, descendus des glaciers de même nom, qui se jettent en amont d'Ouche. 4° Le *Bonnant*, réunit les eaux des glaciers de Trélatête, du Miage et de Bionnassay. Sa source principale est au col des Fours (2 340 mètres), il coule du S. au N. par la Contamine (1 190 mètres), Saint-Gervais-les-Bains, et se partage en deux bras, dont le plus long finit à Sallanches (30 kilom.) 5° Le *Foron du Reposoir*, descendu du mont Fleury, coule du S. au N. en arrosant le Reposoir (2020 mètres), Scionzier (485 mètres). 6° Le *Nant de Marnaz*. 7° La *Borne* se dirige de l'E. à l'O. depuis sa source au mont Fleury, en passant par le Bouchet, le Grand-Bornand et Saint-Jean-de-Sixt, où elle tourne brusquement au N. par Entremont, le Petit-Bornand, Saint-Laurent, Saint-Pierre-de-Rumilly, et a son confluent à Bonneville. 8° Le *Foron de la Roche* prend sa source au N. de Thorens, passe à la Roche. 9° Le *Foron de Reignier*, descendu des collines de la Chapelle-Saint-Rambaud; son confluent est à Reignier. 10° Le *Viason* arrose la Murax et les Esserts. 11° L'*Aire* prend sa source au Grand Piton de Salève par trois branches; elles arrosent Neydens, Présilly, et se réunissent à Saint-Julien; elle se jette dans l'Arve, près de Carouge. 12° L'*Aire de Viry* descend d'un chainon du Salève par Viry et forme pendant quelque temps la frontière entre la France et le canton de Genève. 13° La rivière des *Usses*, qui prend sa source près du Sappey, sur le versant méridional du Salève (1 383 mètres). Elle coule au S.-S.-O. par Villy, le Bouveret, dans la vallée des Bains. Elle tourne à l'O. arrose Allouzier, Sallenoves, Musiéges, Frangy et se jette à Seyssel, au pied du mont des Princes (cours de 50 kilom.) Elle reçoit à gauche les *Petites Usses*; à droite le *Fornant*, qui contourne au S., le mont Vuache et se termine à Frangy. 14° Le *Fier* sorti du Charvin, dans la chaine des Aravis (2020 mètres), au lac de Grand Carré; il coule au N.-O. par Thônes (625 mètres) et passe ensuite dans des gorges entre le Parmelan au N., la Tournette au S. par la Balme et Saint-Clair; il laisse Annecy à 3 kilomètres sur la gauche, puis entre dans des gorges connues sous le nom d'*Abime du Fier*. Il arrose Gevrier, Hautoville, puis remonte au N. par le Val-de-Fier, Vallières, Syon; et finit près de Seyssel (cours de 76 kilom.). Le Fier reçoit à droite : 1° Le *Nom*, qui, descendu du Pellaz et des Aravis, arrose la Clusaz, Villard-sur-Thônes (1 498 mètres), et Thônes, où est son confluent. 2° La *Fillière*; elle descend du col de la Buffa dans le comble d'Ablon, coule au N.-O. par la Verrerie, Thorens, le Piot, tourne au S.-O. en arrosant Charvonnex, Saint-Martin, Argonnex, et se jette dans le Fier au-dessus d'Annecy (cours de 30 kilom.). A gauche, le Fier reçoit : 1° Les trois *Thioux*, canaux de décharge du lac d'*Annecy*. L'altitude moyenne du lac est de 446 mètres; sa longueur, de 14 kilomètres; sa largeur de 3kil,5 en face de Sévrier; sa superficie est de 2800 hectares et sa profondeur maxima à Veyrier, de 62 mètres. La température de ses eaux est de 4° à 5°. Le mont Semnoz et la Tournette le dominent; il baigne Veyrier, Menthon, Talloires, Saint-Jorioz, Sévrier; il reçoit : 1° Le *Pournet*. 2° L'*Eau Morte*, qui prend naissance au mont Orchan, coule au N.-O. par Faverges et tombe dans le lac au-dessous de Verthier, après 20 kilomètres de cours. 3° L'*Ire*, qui, venue de la pointe de Vélan (1 717 mètres), coule vers le N. par Chevaline et Boussard. 4° Le *Landon*, descendu de Leschaux; il passe à la Chapelle-Saint-Maurice, à Saint-Eustache et joint le lac à Saint-Jorioz. 5° Le Chéran (V. *Savoie*), qui entre dans le département au-dessus d'Allèves, et coule au N.-O. par Cusy, Alby, Marigny, Boussy et Rumilly; il reçoit à gauche le *Néphaz*, qui se jette à Rumilly. Au S.-E. du lac d'Annecy, la *Chaise* coule par le Bouchet, Saint-Ferréol, pour aller se jeter dans l'Arly, près d'Ugine.

Depuis Meillerie jusqu'à Genève, le long du lac, les alluvions modernes forment une bande qui se bifurque au S.-E. et occupe les vallées de l'Arve et du Giffre. Le massif des Voirons et les cours supérieurs des Dranses appartiennent au crétacé supérieur, qui y est représenté par les craies blanches et marneuses. Entre les Voirons et les Dranses s'étend une bande de jurassique (oolithe moyenne) qui se continue au N. sur la rive méridionale du lac depuis Meillerie jusqu'à Saint-Gingolph et envoie au S.-E. un prolongement s'étendant sur la rive gauche du Rhône jusqu'à Monthey. L'arrondissement d'Annecy est occupé par les alluvions anciennes au milieu desquelles s'avance du N. au S. le pointement crétacé du Salève (grès verts); ces grès prennent un développement considérable au N.-E. du lac d'Annecy; ils ne sont interrompus que par le crétacé supérieur des hautes vallées du Fier et de la Borne. Les terres marneuses de la partie N.-O. de la Haute-Savoie sont fertiles et contrastent vivement avec les massifs qui occupent le S.-E. du département. Le Brévent et les aiguilles Rouges sont recouverts de schistes cristallins, remplacés à la Tête Noire par les grès et les poudingues, et accompagnés au col de la Balme par les calcaires liasiques. Enfin, plus loin, vers le N.-O., les terrains néocomiens et crétacés sont précédés par les mollasses tertiaires. La vallée de Sixt montre un bombement suivi d'une fracture des terrains jurassiques (calcaires noirs ou gris) et du trias couronnés de néocomien et de quelques pointements crétacés et nummulitiques. Au point de vue minéralogique, les aiguilles Rouges présentent des granites d'aspect porphyroïde, des schistes ferrugineux mêlés de micaschistes et de gneiss. Dans la vallée de Chamonix, la dolomie triasique est recouverte de schistes et de protogine du mont Blanc, tandis que dans l'Allée Blanche la dolomie s'appuie sur des calcaires jurassiques.

Le climat de la Haute-Savoie est essentiellement fonction de l'altitude du lieu considéré; en effet, si le confluent du Fier est à 250 mètres au-dessus du niveau de la mer, le département présente au S.-E. les plus hauts sommets du sol français : la température moyenne annuelle s'abaisse de 1° environ chaque fois qu'on s'élève de 150 mètres. La température moyenne à Annecy est de 10° à 450 mètres d'altitude. Le printemps est en général très pluvieux dans cette région et les hauteurs pluviométriques sont de 0m,75 au lac Léman, de 1 mètre à Bonneville, de 1 mètre à 2 mètres à Annecy, de 1m,40 à 2m,10 dans les montagnes, chiffres beaucoup plus élevés que la moyenne générale de la France (0m,77). Les vents régnants sont ceux du N. et de l'O.

On divise généralement le département en trois régions : 1° L'étage supérieur à l'E. où les habitants s'occupent principalement de l'élève du bétail, le sol stérile ou couvert de pâturages ne permettant que la culture des pommes de terre et des raves. 2° La région moyenne comprend le centre du département, les cantons de Faverges, d'Annecy, de Thorens et de Bonneville. La hauteur moyenne est de 1 000 mètres et les pâturages dominent encore dans ces vallées, où la douceur de la température est comparable à celle du littoral méditerranéen. 3° L'étage inférieur comprend l'O. et le N.-O. du département jusqu'à Thonon et au Rhône : on y cultive le blé et la vigne, surtout entre Bloye et Rumilly. Le tabac, introduit depuis 1861, réussit très bien dans les cantons d'Alby, d'Annecy et de Seyssel. Les autres cultures sont : l'orge, le sarrasin, le maïs, le chanvre et le lin. Les vignes donnent environ 200 000 hectolitres de vins, dont les plus connus sont les vins blancs de Frangy, de Musiéges et de Crépy. Les forêts se reconstituent lentement dans ces régions, où le déboisement a beaucoup nui à la bonne tenue des terres arables sur le flanc des coteaux : les principales sont celles de *Tronc*, de *Samoens*, du *Sapennais* et de *Doussard*; les essences les plus communes sont : le sapin, le mélèze, le châtaignier, l'orme, le frêne, le pin.

On compte dans le département environ 10 000 chevaux appartenant à une race indigène dite piémontaise (croisement des races suisse et de la Camargue). Les centres d'élevage sont surtout : le Grand-Bornand et la Clusaz. L'espèce bovine (race tarine ou tarentaise) compte 115 000 animaux. Les moutons (métis mérinos) sont au nombre de 30 000. L'espèce porcine (20 000 têtes) descend des races dauphinoise et bourbonnaise. Les volailles de Boege et du Grand-Bornand sont renommées, et l'industrie du fromage est très développée. On récolte beaucoup de plantes médicinales et les ruches d'abeilles sont en assez grand nombre.

On n'exploite qu'un petit nombre des gîtes métallifères du département. Le Chéran roule des paillettes d'or en aval d'Allèves; le plomb argentifère se rencontre aux Ouches, aux Contamines et à Saint-Gervais, mais les concessions sont en général abandonnées. Près de Saint-Gervais, le minerai de cuivre a été exploité à Revenette-Blanche. Thônes, Faverges et Sixt possèdent des mines de fer inexploitées pour la plupart.

Le terrain houiller affleure sous forme d'anthracite à Armoy, à Montanin, Taninges. Le lignite est exploité à Darbon, Armoy, Montmin, et surtout à Entrevernes. Les tourbières couvrent environ 250 hectares à Porty, à Silligny et à Epagny. Seyssel est le centre de l'exploitation d'importants gisements de calcaires asphaltiques s'étendant le long du Rhône, de la rivière des Usses, du Fier et du Chéran, à Lovagny, Frangy, Franlens, Musièges.

L'exploitation des carrières est beaucoup plus active. Elles fournissent les marbres noirs de Doussard et de Giez, les marbres roses de la Vernaz et du Biot. Les jaspes des Ouches et de Saint-Gervais sont très estimés. On exploite différentes espèces de calcaires : nummulitiques à Thônes, néocomiens à Annecy, à Gévrier, aux Rochers de Paradis, au Crêt du Maure, jurassiques (oxfordien ou jura supérieur), à Faverges, Saint-Jeoire, Lucinges. Les plus grandes carrières du département sont à la Meillerie et fournissent des calcaires liasiques. On emploie principalement pour les constructions les grès molassiques de Cran, Brogny, Rumilly et de beaucoup d'autres localités. Les pierres à chaux sont extraites et traitées sur place : à Sévrier, Lucinges, Bonneville, Chamonix, Saint-Gingolph. Les plâtrières de Pont-des-Français, Verrières, Sallenoves, rivalisent avec celles de la Savoie. On extrait encore des ardoises à Morzine, Servoz, Taninges et Samoens. On recueille aussi le cristal de roche.

Les eaux minérales abondent dans le département. On trouve des eaux froides sulfureuses à Saint-André-de-Rumilly (14°), à Bromines, près d'Annecy (17°), à la Forclaz, à Saint-Jean-d'Aulph, à la Golèze et à la Suandoz, près Samoens, à la Vernaz, au Grand-Bornand. Les eaux ferrugineuses et bicarbonatées sodiques sont encore plus nombreuses; les plus connues sont celles d'Amphion, Chamonix, Châtel (10°), Evion (9° à 12°), Saint-Gervais (20°, 40°, 41°, 44°), les Ouches, de Menton (14°); les sources froides ferrugineuses bicarbonatées de Tivoli, la Petite-Rive, Laringes, Feterne, Marclaz sont situées le long du lac de Genève. Les eaux froides de Pougues jaillissent à Cluses. L'industrie de la filature et du tissage de la soie et du coton est représentée par d'importants établissements : les filatures de coton d'Annecy, de Cran, les filatures de soie (avec tissage), de Faverges, de Vacheresse et d'Annecy. On travaille la laine dans les établissements de Sallanches, Pont-Saint-Martin, Mégère, Rumilly et Alby. On confectionne les toiles à Rumilly, Alby, Thorens.

L'industrie métallurgique comprend : les fonderies de fer de Cran, d'Annecy et de Quintal, les clouteries de Saint-Roch et de Sallanches. On fabrique divers ouvrages en métaux à Chamonix, à Taninges et la Roche. L'horlogerie occupe de nombreux ouvriers à Thônes, à Marnaz, à Saint-Maurice. Les écoles d'horlogerie de Cluses et de Thônes fournissent des ouvriers à cette industrie. On travaille le bois brut dans les scieries des environs d'Annecy, de Rumilly et de Sallanches, les cuirs dans les tanneries de Bonneville, Evian, Faverges, Thonon, Annemasse.

On trouve, en outre, une papeterie à Cran.

Deux chemins de fer traversent la Haute-Savoie : 1° Le chemin de fer d'Aix-les-Bains à Annemasse, par Annecy (78 kilomètres) et la vallée du Fier. 2° La ligne de Bellegarde au Bouveret (89 kilomètres). Le département de la Haute-Savoie se divise en 4 arrondissements, 27 cantons et 309 communes. Ch.-l. *Annecy*. Evêché suffragant de Chambéry. — Sous-préf. *Bonneville, Saint-Julien, Thonon*.

SAVOIE (MAISON DE), maison souveraine fondée au XIe siècle par Humbert aux blanches mains et qui règne aujourd'hui sur l'Italie. Ses chefs, qui portaient à l'origine le titre de comtes, prirent celui de ducs en 1416, acquirent le Piémont en 1418, s'intitulèrent rois de Chypre et de Jérusalem en 1487, furent appelés rois de Sardaigne à partir de 1720 et devinrent rois d'Italie sous Victor-Emmanuel II en 1860.

1. SAVOIR (l. *sapere*, avoir du goût, être judicieux), *vt.* Connaître : *Je sais mon chemin.* || *Qui vous savez, que vous savez,* une personne, une chose qu'on ne veut pas nommer, mais que l'auditeur connaît bien : *J'ai vu qui vous savez.* || *Je sais ce que je sais,* je refuse de m'expliquer. — Substantivement : *Un je ne sais qui,* un homme que personne ne connaît, que tout le monde méprise. || *Je ne sais quoi,* ou subst. *un je ne sais quoi,* un sentiment, une qualité indéfinissable : *J'éprouve un je ne sais quoi qui me trouble.* || *Savez-vous bien,* soyez assuré : *Savez-vous bien qu'il vous menace.* || *Dieu sait,* locution exprimant que ce que l'on vient de dire est porté à l'extrême, à l'excès : *Il a des amis, Dieu sait.* || *Savoir une personne, une chose,* qu'elle existe, qu'elle peut être trouvée : *Je sais une chaumière dans un vallon.* || *Je ne sache personne,* je ne connais personne. || Etre instruit, habile dans : *Savoir la chimie, l'escrime.* || Etre exercé à, habile à : *Il sait plaire.* || *Savoir vivre,* se conduire de manière à se concilier tout le monde. || Avoir appris et retenu par cœur : *Cet écolier sait sa leçon.* || Avoir assez de pouvoir, de ressources, d'expérience pour : *Je saurai résister.* || Etre informé de quelque chose : *Sachez que je ne vous approuve pas.* || *Faire savoir* ou *faire à savoir,* informer, prévenir. || *Savoir, à savoir, c'est à savoir,* locutions qui précèdent une énumération, un développement : *Il y a cinq parties du monde, savoir, l'Europe,* etc. — **Gr.** Rad. *Sai, sav, sach* : Je sais, tu sais, il sait, n. savons, v. savez, ils savent; je savais; je sus, tu sus, il sut, n. sûmes, v. sûtes, ils surent; je saurai, tu sauras; je saurais; sache, sachons, sachez; que je sache, que tu saches, qu'il sache, que n. sachions, que v. sachiez, qu'ils sachent; que je susse, que tu susses, qu'il sût, que n. sussions, que v. sussiez, qu'ils sussent; sachant; su, sue. — **Dér.** *Savoir 2, savant, savante, savantas, savantasse, savantissime; savamment.* — **Comp.** *Savoir-faire, savoir-vivre; demi-savoir.* Même famille : *Saveur,* etc.

2. SAVOIR (l'inf. *savoir*), *s. 2 g.* Connaissance acquise par l'étude ou l'expérience. || *Demi-savoir,* savoir borné quant à l'étendue ou à la solidité.

SAVOIR-FAIRE (*savoir + faire*), *s. 2 g.* Habileté. || Talent qu'on déploie pour faire réussir ce que l'on entreprend.

SAVOIR-VIVRE (*savoir + vivre*), *s. 2 g.* L'art de régler sa vie pour vivre heureux. || Connaissance des usages du monde et des règles de la politesse : *Manquer de savoir-vivre.*

***SAVOISIEN, IENNE** (*Savoie*), *adj.* Propre à la Savoie. || Habitant de ce pays.

SAVON (l. *saponem*), *sm.* Tout sel formé par la combinaison des acides gras insolubles dans l'eau, avec un alcali (potasse ou soude) et qui, dissous dans l'eau, sert à nettoyer et à blanchir le linge; les savons durs contiennent de la soude et les savons mous de la potasse. || *Savon bleu de Marseille,* fait avec de l'huile d'olive et de la soude brute (pour obtenir la marbrure naturelle). || *Savon vert* ou *noir,* savon mou fait avec de la potasse et l'une des huiles suivantes : huile de lin, de chènevis, de cameline, d'œillette, de colza, de navette, de poisson. || *Savon marbré,* savon dur auquel on a incorporé du sulfate de fer additionné quelquefois de sulfure de fer. || *Savon transparent,* formé d'un mélange de savon sec et de glycérine, ou de savon blanc, neutre et sec, qui a subi une dissolution dans l'alcool. || *Savon de toilette,* fait avec de la potasse ou de la soude combinée à l'axonge, au suif de bœuf ou de mouton, à l'huile de palme ou à l'huile de coco. La plupart des *savons de toilette* s'obtiennent par simple refonte, au bain-marie ou à la vapeur, de savons blancs ordinaires, auxquels on ajoute ensuite le parfum et la couleur. On ajoute, pour chaque kilogramme de savon, de 5 à 20 grammes d'essences diluées dans cinq ou six fois leur poids d'alcool rectifié, à 90 p. 0/0. Pour les savons à bon marché, les essences naturelles sont remplacées par des essences artificielles, telles que celles connues sous les noms d'essence de mirbane, essence de Niobé, essence d'amandes amères.

Nous avons dit que les savons sont des combinaisons d'un acide gras avec un alcali. Au mot *saponification* nous avons expliqué, au point de vue chimique, la manière dont se produit cette combinaison. Au point de vue technique, il nous reste à ajouter que, quand on veut séparer le savon de la dissolution aqueuse de glycérine qui se forme en même temps que lui si on le prépare au moyen de graisses ou d'huiles, on ajoute du chlorure de sodium (sel de cuisine) au liquide. Comme le savon est insoluble dans l'excès de lessive et de sel, il se sépare et vient surnager. Cette opération s'appelle le *relargage.* Quelquefois on n'y a pas recours. Le savon obtenu sans elle est appelé *savon d'empâtage.* Celui-ci contient un excès d'alcali et la glycérine.

Tous les savons ne sont pas préparés par le procédé que nous venons d'indiquer. Au lieu de traiter les matières grasses, on emploie dans beaucoup d'endroits l'*acide oléique*, résidu de la fabrication des bougies stéariques et que l'on a alors en grande quantité. D'autre part, on fabrique des savons dans lesquels une partie des matières grasses est remplacée par de la *résine* ou du silicate de soude. On donne aussi le nom de savons, en le généralisant, à des combinaisons d'un acide gras avec l'oxyde d'un métal lourd; tels sont, par exemple, les emplâtres. La résine se combine avec les alcalis, mais ces résinates ne peuvent pas être employés seuls, il faut les mélanger avec les savons ordinaires; ils les rendent plus mousseux et préférables pour les lavages dans les eaux salées ainsi que dans les eaux calcaires. Ces savons sont généralement parfumés avec de l'essence de mirbane, ou avec de l'essence d'aspic, qui masquent l'odeur de la résine. De même les savons renfermant des *silicates de soude* conviennent pour les lavages dans les eaux calcaires et dans les eaux salées.

Pour le lavage des tissus, les savons mous valent mieux que les savons durs, car la potasse donne du moelleux aux étoffes, tandis que la soude les rend rugueuses. Les savons industriels doivent généralement être neutres; pour le lavage des laines cependant un léger excès d'alcali peut être favorable. Ils ne doivent renfermer ni résine ni silicate. La résine donne à la laine, au coton, à la soie un luisant graisseux, nuisible à l'apprêt, au mordançage et à la teinture. Le silicate compromet la solidité des étoffes. On appelle *savons chargés,* des savons auxquels on incopore des matières étrangères qu'on appelle des *ajoutés;* ce sont, par exemple : le carbonate et le sulfate de soude, le chlorure de sodium, le chlorure de potassium, le sulfate de potasse, le carbonate et le phosphate de chaux, le sulfate de baryte, le talc, le kaolin, la glucose, la mélasse, la fécule et la pulpe de pommes de terre, la pulpe de betteraves, l'amidon de riz, le *fucus crispus,* etc. Le savon est connu depuis très longtemps. On a trouvé à Pompéi des ateliers de savonnerie. Au temps de César les riverains de la Méditerranée fabriquaient des savons. Cette industrie n'a commencé à se développer chez nous qu'au XIe siècle, c'est-à-dire lorsque l'usage de la toile se fut répandu en Europe, après la première croisade. La consommation s'accrut notablement au XVIIe siècle. ||

Eau de savon, dissolution de savon dans l'eau, qui possède la propriété de dissoudre les taches de graisse. L'eau qui contient du plâtre en dissolution ne peut pas servir à préparer l'eau de savon, car il se formerait des grumeaux d'un savon insoluble. || Savonnage : *Il faut plusieurs savons pour blanchir ce linge.* — Fig. Forte réprimande : *Donner un savon à quelqu'un.* — **Dér.** *Savonnette, savonner, savonnerie*, la *Savonnerie, savonnage, savonnier, savonneux, savonneuse; saponifier, saponifiable, saponification.*

SAVONAROLE (Jérôme) (1452-1498), moine italien de l'ordre de Saint-Dominique qui tenta de réformer la discipline ecclésiastique et la société. Il établit dans Florence, où il domina despotiquement pendant trois ans, un gouvernement démocratique outré et tyrannique, proscrivit l'art et le savoir de la Renaissance et fut brûlé vif après avoir été abandonné par ses partisans.

SAVONE, 29614 hab., ville et port d'Italie sur le golfe de Gênes et où Pie VII fut retenu prisonnier par Napoléon Ier.

SAVONNAGE (*savonner*), *sm.* Action de nettoyer, de blanchir le linge avec de l'eau de savon.

SAVONNER (*savon*), *vt.* Nettoyer, dégraisser, blanchir avec du savon dissous dans l'eau : *Savonner du linge.* || Recouvrir de mousse, de savon le visage d'un homme avant de le raser. — Fig. Réprimander fortement : *On l'a bien savonné.* — **Se savonner**, *vr.* Pouvoir être nettoyé avec de l'eau de savon sans s'altérer : *Cette étoffe se savonne bien.*

SAVONNERIE (*savon*), *sf.* Fabrique de savon.

SAVONNERIE (LA), manufacture royale de tapis établie sous Louis XIII à Chaillot et réunie en 1828 à celle des Gobelins.

SAVONNETTE (*savon*), *sf.* Petite boule de savon préparée pour rendre la barbe plus tendre au rasoir. || Blaireau pour faire la barbe. — Fig. *Savonnette à vilain*, charge qu'on achetait pour devenir noble.

SAVONNEUR, EUSE, *s.* Celui, celle qui savonne.

SAVONNEUX, EUSE (*savon*), *adj.* Qui a le caractère du savon. || *Terre savonneuse*, l'argile à foulon.

SAVONNIER

SAVONNIER (*savon*), *sm.* Fabricant de savon. || Arbre dicotylédone des Antilles dont le fruit et la racine font mousser l'eau et lui donnent la propriété de dégraisser le linge.

SAVORGNAN DE BRAZZA (1842), officier de la marine française, connu par ses grands voyages d'exploration dans l'Afrique centrale. Il conclut avec Makoko un traité par lequel un territoire de 10 milles le long du Congo fut cédé à la France; il fonda dans ce pays nombre de postes et de stations dont les plus connus sont Lambaréné, Franceville et Brazzaville. Il continue son œuvre (1890), avec des pouvoirs officiels du gouvernement de la République française.

SAVOU, 5000 hab. Colonie hollandaise de l'archipel de la Sonde (Océanie).

SAVOUREMENT (*savourer*), *sm.* Action de savourer.

SAVOURER (vx fr. *savour*, saveur), *vt.* Goûter avec attention et avec plaisir : *Savourer un mets, un vin.* — Fig. Jouir d'une chose lentement et avec délices : *Savourer la flatterie.*

SAVOURET (*savourer*), *sm.* Gros os de jambe de bœuf ou de porc salé qu'on met dans le pot pour donner du goût au bouillon.

SAVOUREUSE, rivière qui descend du ballon de Giromagny; elle arrose le Puits, Giromagny, Chaux, Sermagny, Belfort, Danjoutin, Andelnans, et se jette dans l'Allaine au Vieux-Charmont; 40 kilom. de cours. Elle reçoit la Waivre, le ruisseau de l'étang de la Forge et la Douce.

SAVOUREUSEMENT (*savoureuse* + sfx. *ment*), *adv.* En savourant.

SAVOUREUX, EUSE (*saveur*), *adj.* Qui a une saveur agréable : *Fruit savoureux.*

SAVOYARD, ARDE (*Savoie*), *s.* Celui, celle qui habite la Savoie. On dit plutôt : *Savoisien, ienne.* — Fig. et pop. *Un savoyard*, un homme grossier.

SAX (Charles-Joseph) (1791-1865), facteur d'instruments à vent. Simple ouvrier mécanicien, il sut, par sa seule intelligence, fonder la première fabrique d'instruments à vent de Bruxelles.

SAX (Antoine-Joseph, dit Adolphe), fils du précédent, né à Dinant (Belgique) en 1814, vint fonder à Paris, en 1842, une importante manufacture d'instruments à vent. C'est lui qui trouva la loi des proportions qui régit les timbres, qui perfectionna le *bugle*, qu'il appela *saxhorn*, et qui inventa tous les instruments qui portent son nom.

SAXATILE (l. *saxatilem* : *saxum*, rocher), *adj. 2 g.* Qui habite ou qui pousse parmi les rochers, les lieux pierreux : *Plante saxatile.*

SAXE (cercle de **BASSE-**), un des dix cercles de l'ancien empire d'Allemagne, qui comprenait les duchés de Magdebourg, de Brunswick, de Holstein, de Saxe-Lauenbourg, de Schwérin, de Strélitz, les principautés de Lunebourg, de Blankenbourg, les évêchés d'Hildesheim et de Lubeck, les villes libres de Lubeck, Hambourg, Brême, Goslar, Muhlhausen et Nordhausen.

SAXE (cercle de **HAUTE-**), un des dix cercles de l'ancien empire d'Allemagne, comprenait les duchés de Poméranie et de Saxe (moins la Saxe-Lauenbourg), les principautés d'Anhalt, les électorats de Brandebourg et de Saxe.

SAXE (électorat de), ancien État de l'empire d'Allemagne qui comprenait : 1° le cercle électoral, ch.-l. Wittemberg; 2° le cercle de la Thuringe saxonne, ch.-l. Langensalza; 3° le margraviat de Misnie (bailliages de Misnie et de Dresde, cercles de Leipzig, de l'Erz-Gebirge et du Wogtland).

SAXE (palatinat de), ancien comté de l'Allemagne; il date de Henri Ier, roi de Germanie (919), qui fit rendre la justice en Basse-Saxe et en Thuringe par des comtes palatins siégeant à Allstaedt; il passa successivement aux familles de Goseck, de Sommerseburg, aux landgraves de Thuringe, aux margraves de Misnie et de Brandebourg; en 1347 il échut à la maison de Saxe, à qui Frédéric le Belliqueux l'enleva pour l'incorporer à ses possessions.

SAXE (province de), division administrative du royaume de Prusse, qui a été formée des cercles de Haute et de Basse-Saxe, augmentés des territoires enlevés au royaume de Saxe en 1815. Elle est bornée au N. par le Hanovre et le Brandebourg, qui le limite à l'E. avec la Silésie; au S. par les Saxes royale et grand-ducale; à l'O. par la Hesse prussienne, le Hanovre et le Brunswick. La superficie est de 25250 kilom. carrés, et la population de 2430000 hab., ce qui correspond à une densité de 96 hab. par kilom. carré. La Saxe est montagneuse dans ses parties centrale et méridionale. Au S.-O. les ramifications du Harz couvrent le pays dans les vallées de la Heime et de l'Unstrut et vont, en s'élevant de l'E. à l'O. aux environs de Stolberg, où le Auerberg atteint 576 mètres.

La région montagneuse s'étend au N. dans le Mansfeld, jusque vers Ascherleben et Quedlingbourg. Dans l'Eichsfeld, au S.-O. de Nordhausen, les monts de Thuringe envoient un chaînon peu élevé appelé le *Duen*; le Ohneberg n'a que 322 mètres d'altitude. La Saxe appartient au bassin de l'Elbe, qui la traverse du S.-E. au N.-O. Il entre en Prusse un peu au-dessous de Muhlberg, coule au N.-O. par Torgau, puis tourne à l'O., arrose Wittemberg, Coswig, Roslau, Acken, où il reprend sa direction première; il baigne Barby et Magdebourg; au-dessous de cette ville, le fleuve traverse des plaines basses couvertes de marécages. L'Elbe reçoit à droite : 1° L'Elster Noire, qui vient de la Saxe royale. Sa vallée supérieure est semée de lacs et d'étangs : elle se dirige à l'O. par Wittichenau, Senfterberg, Rulsland, Elsterwerda, puis coule parallèlement à l'Elbe par Wahrenbruck, Herzberg, Schweinitz. Elle se grossit, à droite, de la Schwartz-Wasser, du Floss-Graben, de la Petite Elster, du Cremnitz-Grabe et de la Fliess; à gauche, elle reçoit : 1° la Pulsnitz, le Röder, le Röder-Grabe, le Neugraben; 2° la Zahna; 3° la Roslau; 4° la Nuthe; 5° l'Ehle, qui arrose Loburg, Gommern et se jette au-dessous de Magdebourg; 6° le Havel, sorti des marais du duché de Neustrelitz. Il coule au S. par Zehdenik, Spandau, Potsdam, Brandebourg, et forme la frontière de la Saxe à laquelle il n'appartient que par sa rive gauche : il y reçoit l'Ihle. A gauche, l'Elbe reçoit : 1° le ruisseau de Dahlen; 2° la Landwehr, en dessous de Wittemberg; 3° la Mulde, qui descend de l'Erz-Gebirge, entre en Prusse à Eilenbourg et coule au N.-N.-O. par Düben et Bitterberfeld, puis pénètre dans le Anhalt. Elle reçoit, à gauche, la Leine, grossie de la Lobe; 4° la Saale, venue du Fichtel-Gebirge, entre dans la Saxe prussienne à Rösen, coule vers le N. en décrivant de nombreux circuits, par Naumbourg, Weissenfels, Mersebourg, Halle, Wettin. Elle reçoit à droite : 1° la Wetnau; 2° la Rippaen; 3° le Flosse-Grabe; 4° la Luppe; 5° l'Elster Blanche, près de Halle. A gauche, ses affluents sont : 1° le Hasel; 2° l'Unstrut, qui coule de l'O. à l'E. par Artern, Nebra, Freiberg, se jette entre Naumbourg et Weissenfels et reçoit la Helme; 3° la Geisel, à Mersebourg; 4° la Salza, qui sert de déversoir au lac Süsse; 5° la Sehrode, à Magdebourg; 7° l'Ohre; 8° la Tanger; 9° l'Aland, grossi de la Biese, qui reçoit l'Uchte et la Milde; 10° la Jetze. Le long de la rive gauche de l'Elbe règne une bande d'alluvions le long de laquelle viennent aboutir des massifs de terrains plus anciens. Entre Göttingue, Nordhausen et Kothen s'étend une demi-couronne de terrains penméens représentés par le grès rouge et le grès des Vosges, au S. de laquelle règne jusqu'à Weimar et Gotha un massif triasique, bordé à l'E. par des terrains granitiques et pennéens. Le permien du Mansfeld est un exemple classique de ce terrain, il présente deux étages : 1° Le grès rouge, qui constitue le mur de l'assise des schistes bitumineux cuivreux; il occupe la base sur une épaisseur d'environ 500 mètres et surmonte le terrain houiller. 2° Le zechstein comprenant trois assises dont la plus profonde contient des schistes cuivreux avec de la chalcopyrite, de la philipsite, de la chalcosine, et du cuivre natif argentifère. C'est une ancienne région volcanique et on a cru trouver des vestiges d'éruptions dans les « bombes mélaphyriques » disséminées dans la partie supérieure du grès rouge. Le Harz offre un massif silurien représenté par des schistes correspondant à l'étage bohémien, à Zorge, à Wied et à Tanne. Au-dessus, on observe des schistes dévoniens accompagnés de coulées de diabases et de tufs. Les filons métallifères sont abondants dans le Harz, qui est un des plus riches districts miniers de l'Allemagne. Le terrain est fertile dans ces grandes plaines, on y récolte des céréales, du chanvre, du tabac, des betteraves, des fruits. On exploite le cuivre argentifère dans les mines du Mansfeld, aux environs d'Eisleben. Les célèbres salines de Stassfurt sont situées dans le zechstein supérieur. Les minéraux y forment trois couches successives de 170 mètres de puissance : 1° la carnalite (KCl) au-dessus; 2° la kiésérite ($MgOSO^3$); 3° la polyhalite ($KoSO^3CaOSO^3MgOSO^3$); cette dernière zone repose sur du sel gemme. L'industrie est très développée : Magdebourg est célèbre par ses raffineries, ses fabriques de produits chimiques et de machines (usines Grüson, à Bückau-Magdebourg), situées surtout dans le faubourg de Neustadt. Quedlingbourg fabrique des alcools, des draps et fait un grand commerce de graines. Halle s'occupe spécialement des produits chimiques, de la raffinerie du sucre; c'est une des grandes places de l'Allemagne pour les orges, les betteraves et la paraffine. A Nordhausen, on fabrique des eaux-de-vie et on récolte beaucoup de tabac. La Saxe a pour capitale Magdebourg, 114000 hab.; elle est partagée en trois régences : Magdebourg, Erfurth et Mersebourg. Les principales villes sont : Halle,

70 000 hab.; Erfurth, 59 000 hab.; Nordhausen, 22 000 hab.; Mühlhausen, 21 000 hab. La Saxe est reliée à Berlin par trois lignes de chemins de fer qui conduisent : 1° de Berlin par Magdebourg et Eisleben à Hanovre; 2° de Berlin à Nordhausen et de là à Cassel; 3° de Berlin par Wittemberg et Halle à Gotha et Bebra. Une autre ligne importante relie Stendal à Magdebourg, Halle et Weissenfels à Weimar et Leipzig. Magdebourg est une place forte de grande importance, car sept voies ferrées y convergent et deux ponts de chemin de fer y franchissent l'Elbe. Elle est défendue par une enceinte continue et par treize forts détachés. Torgau est une place de troisième ordre flanquée de quelques ouvrages de peu de valeur; Erfurth a été démantelée. Magdebourg est le quartier général du IVe corps d'armée allemand et de la 7e division. La 8e division est à Erfurth.

SAXE (royaume de), superficie 149 920 hect., 3 182 000 hab., densité de la population 212 hab. par kilom. carré; longueur 225 kilom., largeur du S. au N. 150 kilom. Etat de l'empire d'Allemagne borné au N. et au N.-E. par les provinces de Saxe et de Brandebourg, à l'E. par la Silésie et la Bohême, au S.-O. par les principautés de Reuss et la Bavière, à l'O. par la Saxe-Altenbourg et la Saxe-Weimar. La Saxe a la forme d'un triangle dont le côté occidental est orienté du N. au S. C'est un pays montagneux, accidenté et coupé de profonds ravins. Au S.-E., entre la Saxe de la Bohême, sur une longueur de 133 kilom., s'étend l'Erz-Gebirge, chaîne peu élevée, constituée par des terrains ignés, gneiss, granit ou porphyre, qui se termine au S. par une muraille abrupte, tandis que du côté de la Saxe les pentes sont douces. Ses sommets, arrondis, sont boisés ou couverts de pâturages. Les principaux de ces sommets sont le Keilberg (1 238 mètres) au-dessus de Carlsbad, le Bernstein-Berg (919 mètres), le Kahlenberg au-dessus de Tœplitz et le Schneeberg (728 mètres). A l'O., les montagnes d'où sort l'Elster, ou Elster-Gebirge, ne dépassent pas 750 mètres, et le plateau de Voigtland domine les environs de Plauen. A l'E. la Suisse saxonne est une contrée où les grès ont un développement considérable, ravinée par l'Elbe et ses affluents, à droite et à gauche du défilé de Schandau. Plus à l'E. encore, les crêtes du Lausitzer-Gebirge et de l'Iser-Gebirge ont des directions perpendiculaires à celle de l'Erz-Gebirge.

L'Elbe traverse la Saxe depuis sa sortie de Bohême à Schandau jusqu'au confluent de la Saale en amont de Magdebourg; elle coule au N.-O. par Pirna, Pillnitz, Dresde, Meissen, Riesa, Strehla. La largeur de l'Elbe est de 200 mètres à Dresde, et sa profondeur moyenne de 3 mètres en aval de la même ville. Le fort de Kœnigstein, situé sur un piton de grès, domine le fleuve à son entrée en Saxe : dix ponts traversent le fleuve, parmi lesquels six ponts de chemins de fer à Schandau, Pirna, Dresde, Kosselbaude, Meissen et Riesa. Longueur du cours en Saxe, 112 kilomètres. Il reçoit à droite : 1° la Weissnitz; 2° la Priestnitz; 3° l'Elster Noire, venue du mont Sibillen (428 mètres), dans la haute Lusace, sort bientôt du royaume; elle reçoit à droite la Schwarz et l'Elster Blanche, à gauche la Pulsnitz et le Röder-Grabe. A gauche l'Elbe reçoit : 1° la Gottleube à Pirna; 2° la Weisseritz à Dresde; 3° la Krebsche à Meissen; 4° la Jahne à Riesa; 5° la Müldees, formée du Scheidberger qui descend de l'Elster-Berg, passe à Zwickau, Glainhau, Megrane, Grimma, Wirzen et du Freiberger, qui prend sa source au Kahlenberg, arrose Freiberg, Döbeln et Leisnig; le Freiberger est grossi du Zschopau, qui reçoit la Flöhe; 6° l'Elster Blanche, venue de l'Elster-Berg, coule au N. par Plauen, traverse les principautés de Reuss, la Saxe prussienne, puis rentre dans la Saxe royale et baigne Leipzig, où elle reçoit la Pleisse, grossie de l'Eula.

A l'E., les monts de Lusace envoient à l'Oder la Sprée, qui naît près de Neu-Salza sur la limite de la Bohême, coule vers le N. et arrose Bautzen.

Le climat de la Saxe est tempéré et salubre, sauf dans la région de l'Erz-Gebirge, où la température moyenne est peu élevée.

Les terrains primitifs occupent toute la région entre Dresde, Bautzen, Gœrlitz et l'Erz-Gebirge; ils sont constitués par des gneiss gris et noirs, des leptynites riches en grenats recouverts de micaschistes; les gneiss rouges forment des enclaves dans le gneiss gris et contiennent des gisements de schistes cristallins. Au-dessous de ce système règne l'étage des schistes verts et des phyllades gneissiques servant de base aux terrains sédimentaires. Le culm du Hartz, représenté par les ampélites de Chokier et par le calcaire carbonifère, se poursuit en Saxe et renferme des lits de houille exploitables à Ebersdorf et Hainichen; il est surmonté par des gîtes houillers de Zwickau masqués par le grès rouge permien. Le crétacé de la Suisse saxonne, représenté par le cénomanien et le turonien, renferme des marnes et des calcaires avec des assises arénacées. Tout le N. de la Saxe est occupé par les terrains d'alluvions qui forment la grande plaine de l'Allemagne du Nord et renferment, à l'E. de Leipzig, une enclave de terrains porphyriques.

La Saxe est un pays très riche dont le sol, très fertile, produit toutes sortes de céréales, du chanvre et des betteraves : les coteaux de l'Elbe fournissent des vins ordinaires. L'industrie minérale est très développée. On extrait la houille dans le bassin de Zwickau (Schœdewitz). Les mines de Freyberg sont très riches; on a reconnu dans les gneiss des environs plus de 1 000 filons où l'argent natif est associé à l'argent rouge et à l'argent sulfuré mélangé de plomb, de cuivre, de fer et d'arsenic. Altenberg possède d'importantes mines d'étain; Andreasberg, Annaber et Falkenstein produisent de l'argent, du plomb, du cobalt et de l'étain. On exploite à Pirna de grandes carrières de grès. La Saxe possède de nombreuses manufactures de porcelaine, à Meissen, Zwickau, etc. L'industrie dominante de la Saxe est celle des tissus que l'on fabrique à Leipzig (laines), Hainichen (flanelles), Zwickau, Reichenbach (laines, cotons); Chemnitz, Meerane; Zittau et Bautzen sont deux centres importants pour le tissage du lin, du coton et de la laine. Les rideaux et les dentelles se fabriquent à Plauen et à Annaberg. Leipzig est célèbre par ses foires, ses imprimeries. Les industries chimiques ont pour centre Zwickau. Les principales villes de commerce sont : Meissen, 14 166 hab. (porcelaines célèbres); Leipzig, 170 000 hab.; Freyberg, 26 000 hab.; Zwickau, 370 000 hab.; Plauen, 45 000 hab., Chemnitz, 45 000 hab., Annaberg, 14 000 hab.; Meerane, 22 000 hab.

L'enseignement est très développé, l'université de Leipzig est la rivale de celle de Berlin; il y a en outre des Académies des mines à Freyberg, des beaux-arts à Dresde, une école forestière à Tharand. Le réseau des chemins de fer saxons est très complet et met les principales villes en communication avec toutes les régions environnantes : les lignes les plus importantes sont celles de Berlin à Vienne par Leipzig, Zwickau et Plauen; de Vienne à Hambourg par Dresde et Leipzig. La ligne Leipzig, Riesa, Dresde, Bautzen, Gorlitz joint Breslau à Cassel et aux chemins rhénans. La Saxe, dont la capitale est Dresde (221 000 hab.), est divisée en 4 districts : 1° Leipzig, 707 826 hab., ch.-l. Leipzig, 180 000 hab. 2° Bautzen, 351 326 hab., ch.-l. Bautzen, 18 000 hab. 3° Zwickau, 1 105 141 hab.; ch.-l. Zwickau, 36 992 hab. 4° Dresde, 808 512 hab., ch.-l. Dresde, 221 000 hab.

Maurice de Saxe obtint l'électorat de Saxe, sauf quelques districts en 1547. Pendant la guerre de Trente ans, les électeurs furent tour à tour alliés de l'empereur et de Gustave-Adolphe et surent augmenter leurs Etats de la Lusace et de l'archevêché de Merseburg (1635). La Saxe vit alors commencer sa décadence : elle servit de champ de bataille à Frédéric le Grand pendant la guerre de Sept ans et fut ruinée. Les électeurs Frédéric-Christian et Frédéric-Auguste III relevèrent les finances du pays. Ce dernier, pendant les guerres de la Révolution, combattit la France jusqu'en 1806, puis entra dans la Confédération du Rhin et devint roi; il augmenta ses États à la suite du traité de Tilsitt en 1807 et en 1809. En 1813, après être entré d'abord dans la coalition, il se rallia à Napoléon et fut fait prisonnier après Leipzig : un gouvernement provisoire, installé par la Prusse, envoya un corps saxon à l'armée des alliés et un traité (février 1815) consacra la cession à la Prusse d'un territoire habité par 850 000 habitants. Des troubles qui éclatèrent en 1830 à Dresde et à Leipzig forcèrent Antoine à accorder une constitution qui fut encore élargie dans le sens libéral en 1848, après une nouvelle insurrection. En 1849, le gouvernement dut avoir recours à la Prusse pour rétablir l'ordre dans Dresde et bientôt les libertés accordées furent retirées. Aujourd'hui la Saxe a dû accepter la tutelle de la Prusse et forme le 18e corps de l'armée allemande (quartier général à Dresde) : il comprend 3 divisions; 2 à Dresde et 1 à Leipzig. Le tribunal suprême siège à Leipzig; la Saxe n'est plus qu'une province de l'empire d'Allemagne.

SAXE-ALTENBOURG (duché de), État de l'empire d'Allemagne divisé en deux parties par la principauté de Reuss. Il est borné au N. par la Saxe prussienne et par le royaume de Saxe, qui le limite également à l'E. et au S.; à l'O. par la principauté de Schwarzbourg-Rudolstadt; et au N.-O. par le grand-duché de Saxe-Weimar. La superficie du duché est de 1 323 kilom. carrés, la population de 141 446 hab., ce qui correspond à une densité de 122 hab. par kilom. carré. Le pays est traversé par des rameaux du Thuringer-Wald et de l'Erz-Gebirge. Les cours d'eau appartiennent tous au bassin de l'Elbe. Ce sont : 1° La Pleisse, affluent de l'Elster, qui arrose Gössnitz et Wilschwitz; elle reçoit la Protte passant à Schmöller. 2° La Saale, qui descend du Fichtel-Gebirge, baigne Saalfeld, Orlamünde, Cahla; elle reçoit à droite l'Orla, la Roda et la Gleiss.

L'agriculture est très florissante dans le duché, qui possède aussi des manufactures de porcelaine et de cuirs ouvrés. La capitale est Altenbourg (29 000 hab.). Le pays est subdivisé en deux cercles, d'Altenbourg et de Saal-Eisenberg.

Une insurrection força en 1830 le duc Frédéric d'accorder une constitution qui confia le pouvoir législatif à une seule Chambre (1830). En 1848 et 1849 eurent lieu d'autres mouvements républicains. Aujourd'hui la Saxe-Altenbourg fait partie de l'empire d'Allemagne et fournit, avec les principautés de Reuss et de Schwarzbourg, le régiment d'infanterie n° 96 (IVe corps d'armée, Magdebourg).

SAXE-COBOURG GOTHA (duché de). Etat allemand formé des principautés de Cobourg et de Gotha. La principauté de Cobourg est limitée au N. par le duché de Saxe-Meiningen; à l'E., au S. et à l'O. par la Bavière. La principauté de Gotha est bornée au N. par la Saxe prussienne, qui forme aussi sa limite orientale avec la principauté de Schwarzbourg; au S. par la Hesse, à l'O. par la Saxe-Meiningen et la Saxe-Weimar. Le Thüringerwald traverse le pays du S.-E. au N.-O.; les points culminants sont : le Beer-Berg, 983 mètres; le Schnee-Kopf, le Donnersbank, 892 mètres; le Kienberg, le Spiesberg, l'Insel-Berg et le Seeberg, au S. de Gotha. La principauté de Cobourg appartient au bassin du Rhin, elle est arrosée à l'E. par la Steinnach, qui se jette dans le Rodach, affluent du Main. L'Itz passe à Cobourg et reçoit à gauche la Boden et à droite la Lauter. Les cours d'eau de la principauté de Gotha sont tributaires de l'Elbe; le principal est l'Ilm, qui traverse la principauté du S.-O. au N.-E. et arrose : Tanuroda, Berka, Mellingen, Weimar et Sulza; il se jette dans la Saale; cette dernière coule à l'E. de la principauté et baigne : Lobeda, Iéna et Dornburg. Au N. de Gotha, la Nesse se dirige de l'E. à l'O. et reçoit à gauche la Leina, qui passe à Gotha; l'Unstrut, affluent de la Saale, traverse le N. du pays. La partie septentrionale du duché est occupée par des terrains triasiques bordés au S.-O. par des massifs de grès rouge, de granit et de porphyre et au S.-E. par des formations pennéennes, grès des Vosges et grès rouge. C'est une contrée très fertile; elle produit du blé, du lin, des bois et des vins. Les chevaux, les brebis et les moutons sont de races estimées. On exploite des mines de houille et de fer. Neustadt et Weidhausen s'occupent de la confection d'objets de vannerie et des jouets d'enfants. Mehlis possède des manufactures d'armes. Gotha est connu par ses établissements scientifiques et par son institut géographique; on y trouve des brasseries et des tanneries. Ohrdruf a des fabriques de porcelaine et de quincaillerie.

Les capitales sont : Cobourg, 16212 hab., et Gotha, 27812 habitants. La superficie totale est de 1956 kilomètres carrés, dont 562 pour Cobourg. La population du duché est de 198829 habitants, dont 141446 habitants pour Gotha avec une densité moyenne de 101 habitants par kilomètre carré. La ligne de Berlin à Francfort suit le Main et traverse le pays de l'E. à l'O. Le duché fait partie de l'empire d'Allemagne. Il forme avec la Saxe-Meiningen le 6e régiment d'infanterie de Thuringe n° 95 (XIe corps d'armée).

SAXE-MEININGEN HILDBURGHAUSEN (DUCHÉ DE). Etat de l'empire d'Allemagne borné au N. par la Hesse prussienne, la principauté de Schwarzbourg et la Saxe-Altenbourg; à l'E. par la principauté de Reuss et la Bavière, qui la limite aussi au S. avec le duché de Cobourg; à l'O. par la Saxe-Weimar. La superficie du duché est de 3594 kilomètres carrés et la population de 313946 habitants, ce qui correspond à 87 habitants par kilomètre carré. Il a été formé par la réunion : 1° du duché de Meiningen, divisé en haut et en bas pays; 2° d'une partie du duché d'Hildburghausen; 3° de la principauté de Saalfeld; 4° du comté de Kambourg et du bailliage d'Eisenberg; 5° de la seigneurie de Kranichfeld.

Le pays est traversé par le Thuringerwald. Les points culminants sont, en allant de l'E. à l'O. : le Blessberg, 869 mètres; le Klein et le Gross-Gleichberg, 678 mètres, le Rudersberg et le Gebaberg. Les cours d'eau appartiennent aux deux bassins du Rhin et de l'Elbe, ce sont : 1° La Steinmach, affluent du Main. 2° L'Itz, qui passe à Schalkau et reçoit à gauche la Grümpen. 3° La Werra, qui prend sa source au Blessberg et coule au N.-O. par Eisfeld, Hildburghausen, Theimar, Meiningen, Weisungen et Salzungen.

La vallée de la Werra est occupée par les terrains pennéens (grès rouge et grès des Vosges), au S. desquels s'étend le trias de la Bavière. On rencontre au N.-E. un autre massif de grès séparé du précédent par deux masses parallèles de granit et de porphyre perpendiculaires au cours de la Werra.

Le pays s'occupe surtout de l'industrie de la porcelaine et de la verrerie à Rauscha, Grœfenthal, Posneck, Sonneleerg et Steinach; on fabrique beaucoup de jouets en verre; Posneck a des tissages d'étoffes de laine. La capitale est Meiningen, 11448 hab.

SAXE-WEIMAR EISENACH (GRAND-DUCHÉ DE). Se compose de trois parties principales et de quelques autres parcelles situées les unes à côté des autres dans la direction de l'O. à l'E. L'ensemble de ces territoires est borné au N. par la province de Saxe; à l'E. par le royaume de Saxe; au S. par la Bavière, les principautés de Reuss et de Schwarzbourg et les duchés de Saxe; à l'O. par la Hesse prussienne. La superficie est de 3595 kilomètres carrés; la population compte 313950 habitants, ce qui correspond à une densité de 87 habitants par kilomètre carré. Le cercle d'Eisenach est couvert par la partie septentrionale du Thüringerwald et par l'Hörsel-Berg. La Werra coule à l'O., où elle arrose Creuzburg; elle reçoit la Nesse, qui passe à Eisenach et qui se grossit de l'Hörsel. L'Ettersberg (480 mètres) et quelques rameaux du Vogtland dominent seuls le cercle de Weimar; l'Ilm le traverse du S.-O. au N.-E. et baigne Berka, Weimar et Sulza; à l'E. la Saale arrose Iéna et Dornburg et reçoit à droite la Gleiss; au N.-O. coulent quelques affluents de l'Unstrut : la Lippach, la Gera et la Losse. Le pays appartient aux formations triasiques et offre les divers étages de ce terrain : müschelkalk, marnes irisées et grès bigarrés. Le sol est fertile et l'industrie développée. Apolda est un centre important pour la bonneterie; Berka possède des bains sulfureux et des carrières de grès, Eisenach, des filatures et des mégisseries; Ilmenau fabrique des porcelaines, et Neustadt des draps et des toiles.

La culture des lettres et des arts est très en honneur dans ce pays, où les princes ont toujours protégé les poètes et les savants; aussi l'instruction est-elle très répandue (université d'Iéna). Le grand-duché a été érigé en 1815, pour récompenser Charles-Auguste d'avoir abandonné la Confédération du Rhin, où il avait dû entrer en 1806, à la suite de la bataille d'Iéna. Le grand-duché fait aujourd'hui partie de l'empire d'Allemagne. Il forme le régiment d'infanterie n° 94 (XIe corps d'armée).

La capitale est Weimar, 21565 hab. Le pays est divisé en trois cercles qui ont pour chefs-lieux : Weimar, la capitale, 21565 habitants; Eisenach, 19743 habitants, et Neustadt. Les autres villes remarquables sont : Apolda, 18061 hab., et Iéna, 11680 hab.

SAXE (MAURICE, ÉLECTEUR DE) (1521-1553). Quoique protestant, il s'unit d'abord à Charles-Quint contre les fédérés de Smalkalde, mais en 1551 il passa dans le parti adverse et imposa à l'empereur la convention de Passau (1552), qui assurait aux protestants le libre exercice de leur culte.

SAXE (MAURICE, COMTE DE) (1696-1750), fils naturel d'Auguste II, électeur de Saxe et roi de Pologne, prit en 1720 du service dans l'armée française, fut fait maréchal de France après la prise de Prague et d'Egra et remporta les victoires de Fontenoy et de Raucoux. Il fut le plus grand homme de guerre de son temps. Son tombeau, œuvre de Pigalle, se voit dans le temple de Saint-Thomas, à Strasbourg.

SAXE (LA), village près de Courmayeur, dans la vallée d'Aoste. Bains sulfureux.

SAXE (LA) (MONT DE), 1858 mètres, entre Courmayeur et le mont Blanc.

SAXHORN

***SAXHORN** (le facteur Sax + ang. *horn*, cor), *sm.* Instrument de musique à vent et en cuivre, inventé par Sax. — Pl. *des saxhorns.*

SAXICAVA, *sm.* Mollusque lamellibranche de la famille des Glicymérides, actuel et fossile depuis le crétacé. (Paléont.)

***SAXICOLE** (l. *saxum*, rocher + *colere*, habiter), *sf.* Autre nom du motteux.

SAXIFRAGE (l. *saxum*, pierre + *frangere*, briser), *sf.* Genre de plantes dicotylédones de la famille des Saxifragées, qui présentent généralement une rosette de feuilles à la base de la tige et croissent principalement sur les montagnes et auquel appartiennent la *saxifrage granulée*, dont la souche porte de nombreux bulbilles, et la *petite saxifrage tridactyle*, qu'on trouve sur les toits, toutes deux à fleurs blanches. Quelques espèces de ce genre, originaires des Alpes, de la Sibérie, du Népaul ou de la Chine, sont cultivées dans nos jardins comme plantes d'ornement: telles sont : 1° La *saxifrage à feuilles épaisses*, à fleurs d'un beau rose, qui nous vient de Sibérie et dont les feuilles peuvent remplacer celles de la poirée pour le pansement des vésicatoires. 2° La *saxifrage de Chine*, dont les feuilles, rouges en dessous, vertes en dessus, sont veinées de blanc. Cette espèce, aux pétales blancs ou rose tendre, est cultivée dans les rocailles et est mise dans les appartements. 3° La *saxifrage de Fortune*, originaire de la Chine et dont le pétale inférieur est pendant. 4° La *saxifrage pyramidale*, appelée *sedum pyramidale des jardiniers*, a de jolies fleurs blanches. La *saxifrage ombreuse* ou *mignonnette*, employée en bordure. 5° La *saxifrage ligulée*, du Népaul, dont une variété printanière a des fleurs roses. Cette espèce se reproduit soit d'éclats, soit en divisant la touffe, soit même en bouturant les feuilles l'été. 6° La *saxifrage à feuilles rondes*, des Alpes, à petites fleurs blanches ponctuées de rouge. 7° La *saxifrage mousseuse* ou *gazon turc*, dont les nombreuses feuilles constituent, à l'ombre, un gazon touffu. Elle est originaire des Alpes et donne en mai de jolies fleurs blanches. — **Dér.** *Saxifragées* ou *saxifragacées.*

SAXIFRAGE

SAXIFRAGÉES ou ***SAXIFRAGACÉES** (*saxifrage*), *sfpl.* Famille de végétaux dicotylédones à tige ordinairement herbacée, à feuilles éparses ou opposées. Leurs fleurs sont hermaphrodites et composées d'un calice à cinq sépales disposés en préfloraison quinconciale, libres ou soudés avec l'ovaire. La corolle est formée de cinq pétales insérés sur le disque plus ou moins développé qui tapisse le tube calicinal. Cette corolle fait défaut dans certains genres. Les étamines sont au nombre de 10, rangées sur deux verticilles dont les pièces alternent entre elles et avec celles de la corolle et du calice. Quelquefois tous ces verticilles ne renferment que quatre pièces chacun. Les filets des étamines sont subulés et chacun d'eux porte une anthère biloculaire introrse. Le pistil, en grande partie supère, se compose de 2 carpelles, rarement 3 ou 5, indépendants ou soudés inférieurement. Lorsqu'il n'y en a que deux, l'un est postérieur et l'autre antérieur. Chacun de ces carpelles se compose d'un ovaire uniloculaire se terminant à sa partie supérieure par un style à sommet renflé et recouvert de papilles stigmatiques. L'angle interne de chaque ovaire est occupé par un placenta pariétal supportant un grand nombre d'ovules. Le fruit est sec et formé de deux follicules qui s'ouvrent dans le sens de leur longueur et laissent échapper leurs petites graines allongées, munies d'un albumen. Dans certaines espèces, le fruit est une capsule et le placenta est axilé; dans d'autres, la corolle manque complètement; il en est, au contraire, dans lesquelles elle est irrégulière; quelquefois les pétales se réduisent à de simples filaments, tandis que les pétales soudés entre eux donnent à la corolle la forme d'un cornet déchiré dans toute sa hauteur.

A cette famille, on a réuni un grand nombre de genres qui en ont fait un groupe important. Parmi ces plantes, nous citerons les Parnassiers, jolies plantes de nos marais, les Philadelphes, les Escallonia, les Brexia, les Groseilliers, les Cunonia, les Cadia, les Liquidambars, les Platanes, etc., etc. La famille des Saxifragacées ainsi constituée est répandue sur toute la surface du globe et renferme des herbes, des arbustes et des arbres. Un grand nombre d'entre elles sont cultivées comme plantes d'ornement; personne n'ignore l'usage que l'on fait des groseilliers et tout le monde a admiré les platanes de nos parcs. Les Saxifragacées sont astringentes et l'écorce de celles qui sont arborescentes est amère et contient beaucoup de tanin; aussi l'emploie-t-on, dans certaines contrées, pour le tannage des peaux, la teinture en noir. On l'a même préconisée à l'instar du quinquina, auquel on l'a mêlée frauduleusement. — **Une saxifragée** ou **saxifragacée**, *sf.* Une plante quelconque de la famille des Saxifragées.

SAXON, ONNE (*Saxe*), *adj.* Qui appartient à la Saxe. || *Race saxonne*, expression désignant les Anglais et la population des États-Unis d'Amérique. — *S.* Celui, celle qui habite la Saxe.

SAXONS, nom donné à la fraction de la

race germanique qui habitait le N.-O. de l'Allemagne, dont une partie conquit l'Angleterre du ve au vi^e siècle, et dont une autre, demeurée dans sa patrie, fut convertie de force au christianisme par Charlemagne.

***SAXOPHONE** (le facteur Sax + g. φώνη, son), *sm.* Instrument de musique à vent et en cuivre inventé par Sax.

SAXOPHONE

SAY (Jean-Baptiste) (1767-1832), célèbre économiste français, auteur d'un traité d'économie politique.

SAY (Léon), petit-fils du précédent, né en 1826, publiciste, ancien ministre, etc.

SAYN, 2500 hab. Bourg de la Prusse rhénane, cercle de Coblentz. Forges.

SAYNÈTE (esp. *sainete*, morceau de graisse), *sf.* Petite pièce du théâtre espagnol dans le genre gai.

SAYNITE (Sayn-Altenkirchen, comté de Westphalie), *sf.* Minéral d'un gris d'acier clair, tirant sur le blanc d'argent, avec des reflets jaunâtres et grisâtres, plus dur que l'apatite, moins dur que le spath fluor, dont la densité est 5,14. Il est surtout composé de nickel et de bismuth.

SAYON (*saie*), *sm.* Espèce de casaque ouverte que portaient autrefois les gens de guerre et les paysans.

SBIRE (ital. *sbirro*), *sm.* Nom que portaient les archers de la police romaine sous les papes. || Autrefois et par mépris, homme armé chargé de protéger l'exécution des sentences judiciaires et des menaces de police.

SCABELLON (l. *scabellum*, escabeau), Socle long et étroit servant de support à un buste, à un candélabre.

SCABIEUSE (l. *scabies*, gale), *sf.* Genre de plantes dicotylédones de la famille des Dipsacées dont une espèce, la *scabieuse fleur de veuve*, est cultivée dans les jardins, et dont une autre, la *scabieuse tronquée* ou *mors-du-diable*, à fleurs lilas, commune dans les prairies, passait à tort pour guérir la gale. D'autres espèces sont cultivées dans les jardins comme plantes d'ornement. Parmi elles se trouve la *scabieuse du Caucase*, à capitules solitaires très grands et à fleurs d'un bleu tendre.

SCABIEUSE

SCABIEUX, EUSE (l. *scabiosum* : de *scabies*, gale), *adj.* Qui ressemble à la gale : *Éruption scabieuse.*

***SCABRE** (l. *scaber*, rude, raboteux), *adj.* 2 *g.* Rude au toucher : *Feuille scabre.* (Bot.) — **Dér.** *Scabreux, scabreuse, scabieuse, scabieux, scabieuse.*

SCABREUX, EUSE (l. *scabrosum* : de *scaber*, raboteux, galeux), *adj.* Qui présente des aspérités. || Raboteux, rude : *Chemin scabreux.* — Fig. Plein de difficultés, de périls : *Entreprise scabreuse.* || Que la décence défend de raconter : *Anecdote scabreuse.*

SCAËR, 5401 hab. Ch.-l. de c., arr. de Quimperlé (Finistère).

SCÆVOLA (Mucius) (gaucher), jeune Romain qui, pendant le siège de Rome par Porsenna, entreprit de poignarder ce roi, ne tua par erreur que son secrétaire et, arrêté aussitôt, plaça sa main droite sur un brasier où il la laissa brûler comme pour la punir de s'être trompée.

***SCAGLIA** (mot ital. *argile*) *sf.* Roche observée en Italie dans le crétacé supérieur du Vicentin, en concordance avec les couches tertiaires ; elle renferme de nombreux lits de silex, et on la considère comme l'équivalent du danien.

***SCAGLIOSE**, *sf.* Tufs boueux de la province d'Émilie (Italie), disséminés au milieu des serpentines du mont Amiata.

SCALA (les Della), famille gibeline de Vérone, fournit à cette ville beaucoup de podestats dont l'un, Cane Ier le Grand (1311-1329), donna asile au Dante.

SCALA (LA), célèbre théâtre de Milan.

SCALDE (sc. *skâld*, poète), *sm.* Nom d'une sorte d'ancien barde scandinave dont les poésies inspirèrent les rédacteurs de l'Edda et des Saga.

SCALDISIEN, *sm.* Nom que l'on donne à un étage du pliocène. On l'appelle aussi *astien.*

SCALÈNE (g. σκαληνός, inégal), *adj. m.* Se dit d'un triangle dont les trois côtés sont inégaux. (V. *Triangle.*) — *Adj.* et *sm.* Se dit de trois muscles qui s'étendent des apophyses transverses de diverses vertèbres à la première ou à la seconde côte.

SCALIGER (Jules-César) (1484-1558), célèbre médecin, philologue et grammairien de Padoue qui, en 1525, vint se fixer à Agen, où il mourut. — Joseph Juste (1540-1609), fils du précédent, se fit protestant, alla se fixer à Leyde : il édita et commenta beaucoup d'auteurs latins et se rendit surtout célèbre par ses travaux sur la chronologie.

***SCALOPE** (g. σκάλλω, je fouis), *sm.* Mammifère de l'ordre des Insectivores du genre *taupe*, que l'on rencontre au Canada, où il se creuse des terriers le long des bords des rivières. Son corps est de forme allongée et se termine en avant par un museau très prolongé, cartilagineux, armé d'un boutoir et pourvu de plusieurs rangées de poils ou vibrisses. La fourrure du scalope ressemble à celle de la taupe, mais elle est moins veloutée. Les membres antérieurs sont aussi constitués comme ceux de la taupe : ils se terminent par une main nue et calleuse dont les doigts, armés d'ongles vigoureux, sont reliés entre eux et donnent à la main la forme d'une pelle. Ils sont d'ailleurs destinés à fouir la terre. Quant aux membres postérieurs, ils sont plantigrades, les doigts en sont grêles, distincts les uns des autres et terminés par des ongles minces et recourbés. Leur mâchoire supérieure compte 2 incisives et 18 molaires, les canines faisant complètement défaut; les incisives sont tranchantes, leur bord est arrondi, leur face antérieure est courbe, tandis que la face postérieure est plane. A la suite de chacune de ces incisives viennent 6 fausses molaires dont les premières ont la finesse d'un fil, tandis que les suivantes sont plus volumineuses, cylindriques et pointues. Les trois vraies molaires ou mâchelières ressemblent à celles des chauves-souris. La mâchoire inférieure du scalope a quatre incisives et douze molaires. Les incisives extérieures sont pointues et ont la conformation des défenses de certains animaux. Les trois premières molaires sont terminées par une pointe, tandis que les trois dernières possèdent trois pointes. Le *scalope du Canada* mesure environ 0^m,18 de longueur; son pelage est d'un gris fauve. On le rencontre aux États-Unis depuis le Canada jusqu'en Virginie.

SCALOPE

***SCALPE** (ang. *scalp*, péricrâne), *sm.* La peau du crâne que les Indiens de l'Amérique du Nord enlèvent, comme trophée, d'une seule pièce, avec un couteau, à leurs ennemis morts ou vivants qui tombent entre leurs mains.

SCALPEL (l. *scalpellum* : de *scalpere*, gratter), *sm.* Sorte de petit couteau dont on se sert pour disséquer. — **Dér.** *Scalper.*

SCALPER (*scalpe*), *vt.* Enlever la peau du crâne à un ennemi vaincu, en parlant des Indiens de l'Amérique du Nord.

SCAMANDRE, rivière de la Troade qui arrosait la plaine de Troie, se jetait dans le Simoïs, et dont il est souvent parlé dans l'*Iliade.*

***SCAMASAXE** (bl. *scramasaxum*, grand couteau de guerre : de l'all. *schramme*, blessure + haut all. *sahs*, couteau), *sm.* Arme la plus ordinaire de l'homme de guerre mérovingien. Ce glaive avait la poignée en cuir, ressemblait à l'épée romaine, mais il était plus court avec un seul tranchant. Le pommeau et la garde étaient ornementés de cloisonnés brillants. (V. *Scramasaxe.*)

SCAMASAXE

SCAMMONÉE (l. *scammonea*), *sf.* Gomme résine extraite des racines de deux liserons indigènes de la Syrie et de l'Asie Mineure et qui est un puissant purgatif à la dose de 5 à 10 décigrammes. Il y en a deux variétés : la *scammonée d'Alep*, la plus estimée, de couleur grise, et la *scammonée de Smyrne*, d'un brun terne.

SCANDALE (l. *scandalum* : du g. σκάνδαλον, piège), *sm.* Dans l'Écriture, ce qui est une occasion de pécher. || Mauvaise action, discours corrupteur qui porte ceux qui en ont connaissance à faire le mal : *Commettre un scandale.* || Indignation que cause une mauvaise action, un discours corrupteur : *Il parla ainsi au scandale des auditeurs.* || Éclat que produit une action profondément immorale : *Son crime causa un grand scandale.* || Insulte (vx). — Fig. *Pierre de scandale*, tout ce qui cause du scandale. — **Db.** *Esclandre.* — **Dér.** *Scandaleux, scandaleuse, scandaleusement, scandaliser, scandalisateur.*

SCANDALEUSEMENT (*scandaleuse* + sfx. *ment*), *adv.* D'une manière scandaleuse.

SCANDALEUX, EUSE (l. *scandalosum*), *adj.* Qui cause du scandale : *Conduite scandaleuse.*

***SCANDALISATEUR** (*scandaliser*), *sm.* Celui qui cause du scandale.

SCANDALISER (l. *scandalizare*), *vt.* Pousser au péché : *Si ton œil te scandalise, arrache-le.* || Donner du scandale : *Sa conduite scandalise le prochain.* || Choquer, offenser vivement : *Je fus scandalisé de sa familiarité.* — **Se scandaliser**, *vr.* S'offenser, être vivement choqué : *Il se scandalise d'un rien.*

SCANDER (l. *scandere*, monter), *vt.* Diviser un vers grec ou latin en pieds en marquant les longues et les brèves pour voir s'il a la mesure. || Compter le nombre des syllabes d'un vers moderne. — **Dér.** *Scansion.*

SCANDERBEG (Georges Castriot, dit), héros albanais qui arracha sa patrie au joug des Turcs et lutta victorieusement pendant 23 ans contre Amurat II et Mahomet II. Né en 1467.

***SCANDINAVE**, *adj.* 2 *g.* Qui appartient à la race d'hommes qui peuple l'Islande, le Danemark, la Suède et la Norvège. || *États scandinaves*, les pays occupés par cette race. || *Alpes scandinaves*, les Dofrines. || *Péninsule scandinave*, la presqu'île que forment la Suède et la Norvège. || *Langues scandinaves*, le vieux-nordois, l'islandais, le suédois, le danois et le norvégien. — *S.* 2 *g.* Celui, celle qui est de race scandinave.

SCANDINAVIE (LA) est la presqu'île la plus grande de l'Europe. Elle comprend la Suède à l'E., la Norvège à l'O. et s'étend entre 70°10' et 55°20' de latitude N. et 2°45' et 28°15' de longitude E. de Paris; sa largeur varie de 400 à 700 kilomètres et sa superficie est de 759000 kilom. carrés dont 318192 pour la Norvège, qui est comprise entre 57°57'43" et 71°11'40" latitude N., 2° et 29° longitude E. La Scandinavie offre en ligne droite 3300 kilom. de côtes; 2600 kilomètres appartiennent à la Norvège, dont la longueur maxima est de 1540 kilomètres. La population de la péninsule est de 6524089 hab. dont 417189 pour la Suède, où la densité de la population est de 10 habitants par kilom. carré, tandis qu'elle n'est que de 6,5 en Norvège. La péninsule scandinave est bornée à l'E. du côté de la Russie, au S. par la Tornea depuis son embouchure dans la mer Baltique jusqu'à son confluent avec le Muonio, qui forme la frontière russe sur toute la longueur de son cours; au N. par le fleuve Tana, qui se jette dans la mer Glaciale; par le golfe de Bothnie et la mer Baltique à l'E.; l'extrémité méridionale de la Suède est séparée de l'île de Seeland par le Sund et de la presqu'île danoise par le Cattegat et le Skager-Rack. A l'O., la mer du Nord et l'océan Atlantique baignent les côtes de la Norvège, dont la partie septentrionale est limitée par l'océan Glacial. Les monts Dofrines forment une frontière naturelle entre la Suède et la Norvège.

La péninsule scandinave ne possède pas d'arête centrale, le littoral de la Suède ne s'élève guère à plus de 100 mètres au-dessus du niveau de la mer : cette zone constitue une bande de 50 à 60 kilomètres de profondeur parallèle au rivage. Le sol s'exhausse ensuite progressivement à mesure qu'on avance vers l'O. pour atteindre l'altitude des monts Dofrines et du plateau norwégien, dont la muraille occidentale plonge à pic dans l'océan Atlantique : sa largeur est de 75 à 100 kilomètres et sur sa surface s'élèvent des montagnes isolées. La Scandinavie a dû autrefois être beaucoup plus élevée qu'aujourd'hui au-dessus du niveau de la mer. Cette constatation a été observée pour la première fois par Celsius et Linné au moyen de marques faites dans la pierre à Gèfle et à Calmar, et qu'ils attribuaient à un abaissement du niveau de la mer. Le sol de la presqu'île semble basculer autour d'un axe passant aux environs de Calmar. Grâce à ce mouvement, les villes de Trelleborg, de Malmoé, ainsi que la Scanie, s'enfoncent dans la mer, qui recouvre aujourd'hui des couches de tourbe très-épaisses formées de plantes terrestres. Au N. de l'axe on observe d'anciens rivages reconnaissables à leurs nombreuses coquilles marines, à 190 mètres d'altitude. Le soulèvement a été de 6 mètres en 1 000 ans à Trondhjem et nul à Christiania. D'autres géologues, s'appuyant sur l'existence de terrasses marines qui se prolongent souvent le long des côtes et ne présentent pas partout la même différence de niveau, prétendent que le mouvement, au lieu de se faire autour d'un axe, a un caractère ondulatoire.

Les côtes de la Norvège sont profondément découpées par des fjords ou golfes étroits d'une forme toute particulière qu'on retrouve sur les côtes occidentales de l'Amérique, en Écosse, en Irlande et en Islande; ils s'arrêtent à 51° de lat. N. et 41° de lat. S. On a constaté sur les cartes isothermes que leur limite était environ 10° C. de température moyenne; leur présence concorde également avec l'abondance des pluies. Un fjord est essentiellement une vallée très profonde dans laquelle la mer pénètre : ainsi, le Lyse fjord s'avance à 45 kilomètres dans les terres; sa largeur atteint parfois un minimum de 600 mètres, mais ses parois ont jusqu'à 1 000 et 1 400 mètres d'altitude et à leur pied la sonde ne touche le fond qu'à plus de 400 mètres. Beaucoup de fjords sont moins profonds à leur embouchure qu'à l'intérieur : ainsi, le Hardanger fjord a 800 mètres de profondeur à son extrémité orientale et seulement 350 mètres à son entrée. Les principaux fjords sont, dans l'océan Glacial, en allant de l'E. à l'O., les fjords Varanger, Tana, Laxe, Porsanger, Alten, Krenang, Lynöen. En descendant le long de la côte occidentale, on rencontre les fjords Vaags, Ofoten, Sag, Folden, Salten, Skjerst, Sjöua, Vel, Bindal, Trondhjem, Rams, Skjörten, Molde, Faa, Stave, Sogne, Feye, Hardanger, Bommel; au S., le plus grand est le fjord de Christiania. Les fjords de la Suède sont moins nombreux et moins profondément découpés que ceux de la Norvège; les principaux sont ceux de Ranea, de Svenborg, d'Angerman, d'Hudicksval.

Les côtes sont bordées d'une rangée d'îles (sœhr) qui occupent le débouché des fjords et forment des archipels (en norwégien skjærgaard). Ces îles sont toutes montagneuses, leur alignement est en général parallèle à la dernière branche du fjord. Certaines sont remarquables par leurs formes étranges, comme, par exemple, la Hestmandsœ (œ signifie *île* dans les langues scandinaves) ou île du Cavalier, les îles Threnens, Lovunden, Alsten, Torg; cette dernière renferme un rocher percé d'un tunnel naturel de 163 mètres de long sur 17 mètres de large et 19 à 62 mètres de haut. Il y a un grand nombre d'autres îles le long des côtes; les principales sont : Mageroe, à l'extrémité de laquelle est situé le cap Nord; Sorœ, et surtout les archipels de Lofoten et de Vesteralen, qui forment un vaste hémicycle; elles sont très montagneuses. Les habitants s'adonnent à la pêche de la morue (torsk), qui occupe 25 000 hommes et 5 500 bateaux; les plus grandes îles sont : Senjen, Andœ, Langœ, Hindœ et Moskenœsœ. Le Westfjord les sépare du continent. Près de Moskenœsœ est le Malstrœm, gouffre fameux produit par un courant très violent qui se produit entre l'île et le continent. Le Skjorstadfjord communique avec la mer par trois sunds qui forment le Saltsbœm, qui est beaucoup plus dangereux que le Maelstrœm. Dans la Baltique, à l'O. de la Gothie, terminée par le cap Lindesnœs, sont l'île d'Oland, séparée du continent par le détroit de Calmar, et l'île schisteuse de Gottland; toutes les deux sont très allongées et orientées du S.-O. au N.-E.

On a déjà dit que la Scandinavie est traversée du N.-E. au S.-O. par un plateau terminé à pic du côté de l'Atlantique et en terrasses du côté de la Suède. L'altitude des montagnes augmente du N.-O. au S.-E. Dans le Finmark, la hauteur moyenne ne dépasse guère 300 mètres, sauf au N. Vers Tromsœ on trouve la chaîne du Lyngenfjord, la plus élevée du N. de la Norvège, suite ininterrompue de montagnes couvertes de neige (1 500 à 2 000 mètres).

La Scandinavie est très riche en glaciers, très différents de ceux des Alpes; les plus étendus sont situés au S. de la Norvège : au delà du 67e degré de lat. N. les glaciers sont beaucoup plus restreints; mais, comme cela a lieu en général dans les régions arctiques, ils descendent jusqu'à la mer comme celui du Jœkelfjord; au S. de ce point, on remarque surtout le glacier Noir (Svartisen), qui couvre environ 700 kilom. carrés et le Store-Bœrgefjeld, qui en a 380. Le principal glacier de la péninsule est le Jostedalsbrœ qui s'étend entre 61° et 62° de lat. N. sur 1 200 kilom. carrés de superficie. Dans cette région la limite des neiges éternelles varie entre 1 200 et 1 400 mètres et plusieurs glaciers descendent au-dessous de 500 mètres et même de 300 mètres; un des glaciers du Folgefond ne s'arrête qu'à 50 mètres des eaux du Sognefjord. Ces glaciers couvrent le sommet de montagnes arrondies et forment une masse ininterrompue, sans moraines ni crevasses; toute la presqu'île était autrefois recouverte de glaciers du même genre, comme l'attestent les rochers rayés et polis par les glaces qu'on trouve depuis le bord de la Baltique jusqu'à une grande hauteur; les terres arables sont aussi composées de débris produits et charriés par les glaciers qui se déplacent comme ceux de la Suisse (51 mètres par an d'après Forbes) en subissant un mouvement de recul. De nombreux blocs erratiques, ainsi transportés, forment dans le midi de la Suède des monticules de 20 à 60 mètres de hauteur nommés *Asar*.

Les lacs couvrent en Suède et en Norvège une étendue de territoire considérable, surtout entre le 58° et le 61° de latitude N. Les plus remarquables sont : 1° Le lac *Wener* (48 mètres d'altitude), qui a 5 458 kilom. carrés de superficie, sorte de mer intérieure où aboutissent la plupart des cours d'eau de la Vestrogothie, de la Dalie et du Vermland, au nombre desquels se trouve le Klarelf. Il communique avec le Cattegat par le Gœtaelf, et avec le lac *Vetter* par le canal de Gothie. On remarque sur ses bords les villes de Carlsbad et de Venersborg; 2° le lac *Vetter* (88 mètres d'altitude), a 130 kilom. de longueur sur 20 de large, 1 898 kilom. carrés de superficie et 120 mètres de profondeur. Il est connu pour la limpidité de ses eaux, et il s'y déchaîne subitement de terribles tempêtes. Il est dominé par les hauteurs isolées de l'Omberg et du Vaberg. Au milieu est l'île de *Vising* (13 kilom. sur 3). La *Motala*, section E. du canal de Gothie, lui sert de décharge; il est relié au lac Wener et au Cattegat par la section O. du canal de Vestrogothie; 3° le lac *Mælar* (0m,60 d'altitude) s'étend depuis la Baltique jusqu'à 130 kilom., à l'O. de Stockholm sur 1 162 kilom. carrés; il a 90 kilom. de longueur sur 40 de large. Ce lac ne renferme pas moins de 1 300 îles (oär et holmar) et forme en quelques points des baies (fjördar) dont la plus longue, au N., s'étend jusqu'aux environs d'Upsal. Sur les rives du Mœlar, que sillonnent de nombreux navires, on trouve quelques-unes des plus anciennes villes de la Suède : Vesteras, Sigtuna, Strengnaes et Upsal. A l'extrémité E. du lac s'étend le *Saltsjön* ou lac salé, qui est un des *Skœrgård* dont nous avons parlé; 4° le lac *Hjelmare* (20 mètres d'altitude), qui a 75 kilom. de longueur sur 15 de large; 5° le lac *Siljan* (170 mètres d'altitude), en Dalécarlie, traversé par l'Osterdalelf; 6° le lac *Runn* (altitude 113), qui baigne Fahlun.

Dans le N., entre les 63° et le 64° de latitude N., on remarque le Storsjœn (308 mètres d'altitude), qui renferme les îles de Frœsön, d'Oviksfjellen et Areskutan, le Kollsjœn et le Kolmsjœn. D'autres lacs plus septentrionaux sont dirigés tous perpendiculairement à l'axe longitudinal de la presqu'île : les principaux sont ceux de *Stor Uman* d'*Uddjaur*, de *Pitea*, de *Luleajaur*, de *Saggat*, de *Tornea*. En Norvège, il existe de nombreux lacs dont quelques-uns à une altitude élevée avec un caractère alpestre. Le plus grand est le lac *Mjœsen* (128 mètres d'altitude), qui a 100 kilom. de longueur sur 10-17 kilom. de large. Sa profondeur atteint 450 mètres sur la rive O. aux Skreiabjerge, de sorte que le fond est à 322 mètres au-dessous du niveau de la mer. Il est découpé à l'E. par des baies profondes à Hamar et à Tangen. On remarque encore les lacs *Fœmund* (668 mètres d'altitude), *Snaasen*, *Nisser*, etc.

Les fleuves qui arrosent la Suède appartiennent au bassin de la Baltique, de la mer du Nord et de l'océan Glacial. En partant de l'extrémité N. du golfe de Bothnie, on trouve : 1° La *Tornea*, longue de 460 kilom., qui sort des montagnes du Nordland, coule au S.-E., en traversant le lac de *Tornea*, puis au S. jusqu'à Haparanda, sur le golfe de Bothnie. Elle reçoit, à droite, le *Muonio*, qui forme la frontière de Finlande jusqu'à son confluent. Il est semé de cataractes et de rapides faciles à franchir. A gauche se jettent le *Kalix Elf*, dont un autre bras va rejoindre directement le golfe de Bothnie par un fjord long et étroit. Le *Kalix* reçoit à droite l'*Anœsa*, grossie du *Wettasenjœkel*; 2° la *Ranea*, descendue des hauteurs du Grand Muddus (795 mètres), se jette dans le *Ranea* fjord; 3° la *Lulea*, qui sert de déversoir au *Lulea jaur*, au sortir duquel elle forme les grandes cascades du *Njommelsaska*. Elle aboutit à Lulea, dans le Gammelstad fjord; son cours, de 350 kilom. de long, est dirigé du N.-O. au S.-E.; 4° la *Pitea*, d'égale longueur, prend sa source au S. du mont Sulitelma (1 875 mètres), traverse le lac *Pitea* et se jette près de la ville du même nom dans le golfe de Bothnie; 5° le *Byske*; 6° le *Skellelftea*; 7° l'*Umea*, qui sort des monts Kiœlen, traverse le lac *Stor Uman* et se jette à Umea après 450 kilom. de cours. Elle reçoit à gauche le *Jukt* et le *Windel*, grossi de la *Lais*; 8° l'*Ore*, la *Lœgde* et la *Gidea*, qui reçoit le *Laxan*; 9° l'*Angermanelf* prend sa source dans le Store-Bœrgefjeld; il traverse trois lacs et se jette au N. d'Hernosand; il reçoit à gauche la *Vaimes*; à droite, le *Fjellsjœ*, grossi du *Sanelf* et de la *Vengel*; l'*Adalself*; 10° l'*Indalself*, par où s'écoulent les eaux du lac Storsjœn; ses affluents sont, à gauche, le *Långän*, l'*Harka*, l'*Amra*, qui reçoit l'*Ojan*; 11° le *Ljusne*, venu du Storevigelfjeld; il se divise en deux bras dont l'un se jette dans le lac Dellen et l'autre dans le lac de Bergvik. Il a comme tributaires, à gauche, le *Weman*; à droite, le *Latsän* et le *Store Herje*; 12° le *Dalelf*, formé de deux bras, l'Osterdalelf, qui

SCANDINAVIE. — SUÈDE, NORVÈGE ET DANEMARK

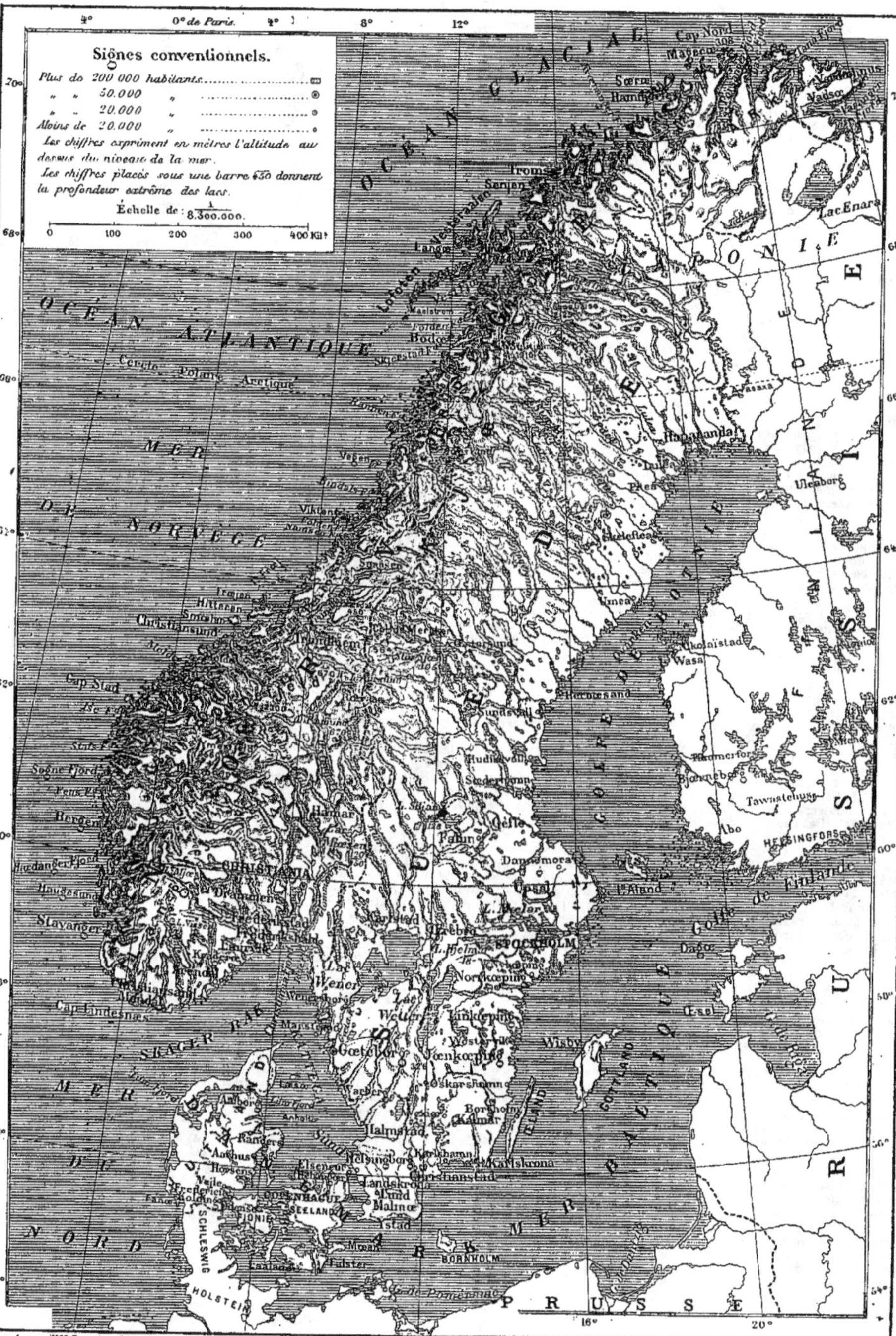

Gravé par Mme Perrin, 34, r. des Boulangers, Paris.

traverse le lac Siljan, et le Westerdalelf, descendus tous deux du Svukufjeld et du Städjar; ils se réunissent un peu avant Fahlun et forment un seul cours d'eau qui coule à l'E. à travers le lac *Runn* et se jette dans la mer à Gèfle. Il arrose Hedemora, Aveslad, Elfkarlsby, où se trouve une belle cascade. Cours de 460 kilom. 13°. Le *Klarelf*, qui se jette dans le lac Wener, puis en sort sous le nom de *Gœtha*. Cette rivière forme à cet endroit les célèbres cataractes de *Troll-höttan*, qui ont ensemble 33 mètres de hauteur et se répartissent sur 1 500 mètres de distance. On y a exécuté de grandes écluses et des travaux qui ont permis d'ouvrir un passage à la navigation (14 écluses de 37 mètres). Le fleuve forme ensuite la limite des provinces de Vestrogothie et de Bolms, se divise à Kongelf en deux bras et forme l'île de Hisingen; la branche occidentale se jette dans le Cattegat par l'*Elvefjord* et l'autre par le *Rivœfjord*, au pied de Gothembourg. Les fleuves de Suède sont peu navigables, mais on a créé un magnifique réseau de navigation intérieure en faisant communiquer par des canaux les nombreux lacs du pays. Le plus considérable est le canal de *Gothie*, divisé en sections d'Ostrogothie et de Vestrogothie. Cette dernière réunit les lacs Wener, de Botten, de Veken et Vetter; les deux extrémités de cette section sont Gothembourg à l'O. et Carlsborg à l'E., sur le lac Vetter; la section d'Ostrogothie réunit ce dernier lac à la Baltique à travers le lac Roxen. Ce canal, dont l'idée remonte fort loin, fut exécuté par Daniel Thimberg et par le baron de Platen de 1810 à 1832. Ses dimensions sont les suivantes: profondeur, 3 mètres; largeur au plafond, 14 mètres; à la ligne d'eau, 27 mètres; la longueur totale de Mem (Baltique) à Gothembourg est de 385 kilom. dont 88 seulement de canalisation. On compte 53 écluses et 4 barrages en granit de 30m,5 de longueur sur 7 de large avec 30 ponts. Le canal de *Strœmsholm*, construit de 1775 à 1795 et transformé de 1842 à 1860, relie au lac Mœlar et à la Baltique les districts miniers de Vestmanland et de Dalécarlie (longueur 100 kilom.). Le canal de *Dalie* a été conçu par Nils Ericson de 1863 à 1868, il fait communiquer Venersborg avec Frederikshald au S. du fjord de Christiania. On cite encore les canaux de *Väldo d'Akers*, de *Carlstad* et enfin le canal qui unit le lac Mœlar à la Baltique.

En Norwège les principaux cours d'eau sont: 1° le *Glommen*, qui prend sa source au S. de Trondhjem; il coule du N. au S., en formant de belles cascades dont les plus remarquables sont celles de *Sarpsfos* (28 mètres de longueur sur 36 de large); il se jette dans le Skager-Rack, après 460 kilom. de cours, à Frederikstad, au S.-E. de Christiania; 2° le *Fœmund*; 3° le *Wenern*, le *Drammen*; 5° le *Laaven*; 6° le *Nid*; 7° le *Torris*. Dans l'océan Glacial se jettent la *Tana*, qui forme la frontière entre la Norvège et la Russie; le *Namsen* et le *Romsdal*.

Un vaste massif de terrains primitifs constitue le noyau de la presqu'île. On y rencontre la série de roches suivante: granit (Mandal), gneiss à magnétite (Hälleflunta), schistes micacés, amphibolite schisteuse (Romsdal), quartzite, schiste argileux, calcaire dolomite et éclogite. Le gneiss se montre surtout dans la vallée de Romsdal, qui aboutit au Moldelfjord et qui est taillée dans des gneiss stratifiés formant de chaque côté des parois de 630 à 640 mètres de hauteur. Le cambrien est représenté par des schistes alunifères et à olenus et par l'étage de la sparagmite formé de brèches, de grès, de quartzites, de grauwacke. Le silurien se rencontre surtout dans le Jemtland et près de Trondhjem; il est caractérisé par les schistes à graptolithes mélangés de calcaires aux environs de Ostertund, au bord du Storsjœ. L'Areskutan présente des strates siluriennes surmontées de roches cristallines: quartzite, hornblende, schistes micacés, gneiss. Le houiller se trouve aussi en Suède, surtout en Scanie, à l'E. de Helsingborg et à Andœ. Il y a des dépôts de houille sous-marins, couverts de grès, de schistes argileux.

La grande étendue de la Suède a pour conséquence une grande diversité dans les climats. Les températures moyennes sont: En Scanie, 8°; dans l'île de Gottland, 8°,66. A Stockholm, 4° en janvier et + 17°,5 en juillet. A Jockmock, dans le N., l'écart est encore plus grand (66°46' latitude N. et 282 mètres d'altitude). La température moyenne est de 1°,6, celle de janvier de — 16°, celle de juillet de + 14°,4. En Norvège, à Skudesnœs, non loin de Stavanger, la moyenne est de + 1°,5, en janvier et de 13° en juillet. L'influence du Gulf Stream se fait sentir sur la côte occidentale de la presqu'île, et les fjords ne gèlent jamais, sauf à leurs extrémités dans l'intérieur des terres. Le Skager-Rack gèle seul en hiver à cause de son peu de profondeur.

Du côté de la Baltique, l'hiver est long et rigoureux. Sur les côtes de Norwège, il y a un écart entre la température de la mer et celle de l'air, qui est toujours à 1 ou 2° au-dessous de l'eau. Cette différence, maxima en hiver, peut atteindre 7° près du cap Nord.

Il pleut moins dans l'intérieur du pays que sur les côtes: La quantité d'eau recueillie par an augmente quand on va du N. à l'O. et du S. à l'E. Le maximum s'observe entre Gothembourg et Gèfle pendant le mois d'août. Le minimum a lieu en mars; la hauteur moyenne est de 0,523 en Suède. En Norvège on constate en moyenne 1m,70 à 1m,80 aux Lofoten et à Bergen, et 2 mètres à Florœ; c'est en mai qu'il pleut le plus. Les vents régnants sont ceux du S.-O.

La végétation est cependant uniforme, la flore est assez riche eu égard à la latitude. Il y a en Scandinavie plus de 65 000 kilom. carrés de forêts où dominent le pin et le sapin, le chêne, le hêtre, l'orme et le bouleau. En Suède, le hêtre ne dépasse pas Calmar, tandis qu'il croît au delà de Bergen en Norvège. Le chêne atteint la latitude de Gèfle. Le pommier se trouve jusqu'au 65°, le prunier jusqu'au 64°, le cerisier jusqu'au 66°. D'autres plantes à fruits, comme le framboisier, le fraisier, le groseillier, se cultivent au cap Nord.

On récolte du froment à 300 et 400 mètres d'altitude dans le S.; la limite est 64°5 de latitude; l'orge et l'avoine atteignent le 70°. Les terres arables représentent en Norvège 2 750 kilom. carrés de superficie et 27 500 en Suède.

Le rat voyageur ou lemming et le renne sont des animaux propres à la Scandinavie. Ce dernier est à la fois bête de trait et bête de boucherie. Les oiseaux augmentent par l'immigration. La perdrix et le gobe-mouches à collier sont venus récemment du continent et de Gottland. L'eider habite les régions septentrionales, surtout le Finmark.

Les richesses principales de la Scandinavie sont ses immenses forêts et les produits de ses mines. On extrait du cuivre à Drammen, à Falun (Dalécarlie), à Ytterœn, à Atredaberg (mines de Bersbo et de Mosmorgrufva), à Rœros. On trouve à Kongsberg d'importantes mines d'argent natif alternant avec des filons de sulfure d'argent et de pyrite de cuivre; elles appartiennent à l'Etat. On exploite des minerais de fer, surtout très employés à cause de leur pureté, à Gollivara, Juckajarvi, Luosavara (Laponie) Bersberg (Dalécarlie), Nya, Kopparberg, Dannemora, Norberg. En Norvège, on ne trouve guère que quelques exploitations voisines d'Arendal. Les villes qui s'occupent surtout de la préparation et de l'exportation des bois bruts et ouvrés (scieries, fabriques de moulures) sont Hernœsand, Soderhamm, Sudowall, Christiania, Drammen, Frederikstad, Christiansund. Les ports de Laurvik, de Stavanger et de Bergen sont les centres de la préparation des poissons salés.

Gothembourg, 90 000 hab., Gèfle, Christiansand, Christiansünd possèdent d'importants chantiers pour la construction des navires.

On trouve en outre: à Gothembourg, des filatures, des raffineries, des fabriques de papier, de cigares et de machines; à Falun, des fabriques d'alun; à Motala, la première usine de la Suède pour la construction des machines à vapeur; à Norkœping, des manufactures de drap, de papier, des fabriques de machines. (Pour la géographie politique et administrative, V. *Suède, Norvège*.) — *Langue scandinave*. (V. *Suède*.)

***SCANDIX** (g. σκάνδιξ, cerfeuil), *sm*. Genre de plantes dicotylédones de la famille des Ombellifères, dont une espèce, le scandix peigne de Vénus (*scandix pecten Veneris*), vulgairement appelée *cerfeuil à aiguillettes*, *aiguille de berger*, est commune dans les moissons et se reconnaît à son fruit terminé par un style en forme de bec quatre fois plus long que les carpelles.

SCANIE, province de la Suède méridionale qui a formé les préfectures (*län*) de Malmœ et de Christianstad.

***SCANSION** (l. *scansionem*: de *scandere*, monter), *sf*. L'action de scander des vers.

SCAPHANDRE (g. σκάφη, barque + ἀνήρ, génitif ἀνδρός, homme), *sm*. Corset garni de liège au moyen duquel tout homme peut se soutenir sur l'eau. ‖ Sorte de vêtement imperméable communiquant avec une pompe à air et à l'aide duquel un homme peut respirer sous l'eau et y travailler à des profondeurs considérables.

***SCAPHITES** (du g. σκαφίτης, batelier), mollusques céphalopodes de la famille des Ammonites. La partie chambrée de la coquille est disposée en spirale fermée à laquelle fait suite une crosse déroulée très courte (crétacé).

***SCAPHOÏDE** (g. σκάφη, barque + εἶδος, forme), *adj*. *2 g*. Qui a la forme d'une barque. — *Sm*. Nom de deux petits os qui sont: 1° le premier et le plus gros de la première rangée du poignet; 2° le petit os qui est à la partie interne du cou-de-pied.

SCAPIN, *sm*. Personnage bouffon de la comédie italienne. — Fig. Valet intrigant, fourbe de bas étage. — Les *Fourberies de Scapin*, titre d'une comédie de Molière.

SCAPULAIRE (bl. *scapularium*: de *scapula*, épaule), *sm*. Vêtement de dessus de certains religieux, semblable à une chasuble très étroite. ‖ Représentation en petit de ce vêtement que des personnes pieuses portent sur la poitrine. — *Adj*. *2 g*. Qui appartient à l'épaule: *Veine scapulaire*.

SCARABÉE (l. *scarabeus*, escarbot), *sm*. Genre d'insectes coléoptères ayant les antennes terminées par de petites lamelles et qu'il faut respecter parce qu'ils fertilisent la terre en y dispersant les excréments des animaux herbivores: *Le rouleur de boules est un scarabée*. Le *scarabée sacré*, du genre *ateuchus*, était vénéré par les anciens Egyptiens à cause de ses services. Les espèces les plus intéressantes sont les *bousiers*, les *géotrupes*; le *scarabée de Porter*, gros insectes des pays chauds. ‖ Cachet égyptien représentant un scarabée.

SCARABÉE

SCARAMOUCHE (ital. *scaramuccio*, escarmouche), *sm*. Personnage de l'ancienne comédie italienne, tout habillé de noir.

SCARBOROUGH, 24 259 hab. Ville d'Angleterre, comté d'York, port sur la mer du Nord.

SCARBOROUGH (COUCHES DE), célèbre série de schistes et de grès de l'étage oolithique anglais.

SCARDONA, 6 000 hab. Ville de la Dalmatie, petit port sur la Kerka.

SCARDONA, auj. *Isola Grossa*. Ile de l'Adriatique, à l'O. de la Liburnie.

SCARE (g. σκάρος), *sm*. Genre de poissons de l'ordre des Acanthoptérygiens des mers intertropicales, à nageoires épineuses, à mâchoires convexes et à écailles vivement colorées. Une espèce, le *scare des mers de la Grèce* ou *scare des*

SCARE

anciens, était très recherché des anciens. Il est abondant dans les eaux de l'Archipel, et les Grecs l'assaisonnent avec son foie et ses intestins.

***SCARIFIAGE** (*scarifier*), *sm*. Sorte de labourage fait au moyen du scarificateur. Ce travail donne un résultat intermédiaire entre le labourage à la charrue et le hersage, Le scarifiage a pour but de rompre la croûte de terre durcie par les chaleurs de l'été, d'ameublir la surface de la terre, de rafraichir au printemps les labours antérieurs, de ramener à la surface du sol les racines des plantes et les pierres, d'arracher la mousse qui infeste les prairies, etc.

SCARIFICATEUR (*scarifier*), *sm*. Petite boite en métal dont une face est percée d'étroites fentes linéaires par lesquelles on peut faire sortir à la fois, au moyen d'un ressort, autant de pointes de lancettes. Le chirurgien appuie cette face sur la peau soulevée par une ventouse, fait agir l'instrument, et produit des incisions par où s'écoule le sang. || Sorte de charrue à plusieurs socs employée pour faire un labour superficiel. Le scarificateur se compose d'un châssis en fer ou en bois dans les traverses duquel sont engagées des dents en forme de coutre. En outre ces dents, disposées en quinconce, sont mobiles et peuvent être remplacées par les dents plus fortes d'un extirpateur. La partie supérieure de ces coutres est en fer forgé, tandis que l'inférieure est en fonte; d'autres fois ces dents sont en fer aciéré ou en acier et doivent présenter une assez grande résistance. Le scarificateur, inventé vers 1820 par le mécanicien anglais Geffrey, sert à faire des labeurs légers, à débarrasser la terre des racines traçantes, des pierres, etc., qu'elle peut contenir. Il doit être construit de telle sorte que l'on puisse remplacer ses coutres par ceux de l'*extirpateur*, qui sont plus puissants. Les *scarificateurs* construits en France ont leur châssis en bois; au contraire, ceux qui sont confectionnés par les Anglais sont en fer et offrent alors une plus grande solidité. Ce dernier mode est préférable, surtout si on doit faire servir le châssis aux deux usages de scarificateur et d'extirpateur. Chacune des dents de l'extirpateur, au lieu d'avoir la forme d'un coutre, ressemble à une espèce de soc de charrue aplati. L'extirpateur sert à détruire les mauvaises herbes, à ramener les racines à la surface du sol, à couvrir les semences, à déchausser les terres après la moisson, etc. On l'emploie aussi pour éclaircir les semailles à la volée.

SCARIFICATEUR

SCARIFICATION (l. *scarificationem*), *sf*. Incision peu profonde qu'un chirurgien fait dans la peau avec un scarificateur ou une lancette pour faire écouler du sang ou du pus.

SCARIFIER (l. *scarificare* : g. σκάριφος, raclage), *vt*. Faire des scarifications.— Dér. *Scarificateur, scarifiage, scarification*.

SCARIOLE ou **SCAROLE**, *sf*. (V. *Escarole*.)

SCARIOLE

SCARLATINE (*écarlate*), *adj*. De couleur écarlate. — *Sf*. Maladie contagieuse souvent épidémique, accompagnée de fièvre et d'angine, caractérisée par de petites taches d'un rouge écarlate qui couvrent tout le corps. Elle n'attaque guère que les enfants. On l'appelle aussi *fièvre scarlatine*. C'est surtout au moment où le malade fait *peau neuve* que la scarlatine est le plus contagieuse.

SCARLATTI (LE CHEVALIER ALEXANDRE) (1649-1725), célèbre compositeur italien qui ne fit pas moins de cent quinze opéras, environ deux cents messes, etc.

SCARLATTI (DOMINIQUE) (1683-1757), fils du précédent, compositeur et claveciniste renommé, composa plusieurs opéras; mais c'est surtout par son talent sur le clavecin et par ses compositions pour cet instrument qu'il est resté célèbre.

SCARPA (1747-1832), célèbre anatomiste et chirurgien italien; membre correspondant de l'Institut de France. Il remit en honneur l'opération de la cataracte par la méthode de l'abaissement.

SCARPANTO (anc. *Carpathos*), 3000 hab. Ile de l'Archipel, au S.-O. de Rhodes, qui appartient à la Turquie. Ch-l. *Ardamo*.

SCARPE, rivière de France, qui prend sa source au village de Berles (Pas-de-Calais), dans les collines de l'Artois, près des sources de la Canche. Elle coule vers l'O. par Savy-Berlette, Aubigny, Etrun, Arras, Vitry, Douai, Marchiennes, Saint-Amand, et se jette dans l'Escaut à Mortagne (Nord), sur la frontière entre Condé et Tournai. Dans son cours inférieur, elle a une pente très faible de 0m,0001 et elle traverse, entre Douai et Mortagne, d'immenses marais sur une longueur de 28 kilom. Elle fait partie de la ligne de défense de la frontière, grâce à la facilité qu'elle procure d'inonder tout le pays (fort de Scarpe, ouvrages de Maulde et de Flines). Elle est navigable depuis Saint-Nicolas, près d'Arras, pendant 67 kilom. sur 112 kilom. de cours, au moyen de 14 écluses, rachetant une pente de 35 mètres. Le canal de la Sensée (25 kilom.) joint Etrun, sur l'Escaut, à Douai; celui de la Deûle fait communiquer cette rivière avec la Scarpe, qui reçoit à droite : le Gy, né à Avesnes-le-Comte, l'Helpe et se jette à Etrun; le Crinchon, qui prend sa source à Mouchy-aux-Bois, baigne Wailly et Achicourt, et rejoint la Scarpe à Arras.

SCARRON (PAUL) (1610-1660), écrivain français, qui avait le corps tout contrefait et perclus, et fut le premier mari de Mme de Maintenon. Il est l'auteur du *Roman comique* et de plusieurs poèmes burlesques et comédies.

SCEAU (vx fr. *seel, seax, ciau*, qui, au nominatif (sujet), faisait *li seels* : du l. *sigillum*, diminutif de *signum*, signe), *sm*. Disque de métal fixé à l'extrémité d'une poignée et sur une face libre duquel sont gravés en creux la devise, les armoiries, les emblèmes, etc., d'un roi, d'un Etat, d'un corps constitué et dont on appose l'empreinte avec de la cire, ou autrement, sur un acte, un diplôme, une lettre pour les rendre valables.

L'usage des sceaux remonte à une haute antiquité et nous vient de l'Orient. Les Assyriens, les Hébreux, les Égyptiens s'en servaient déjà pour donner de l'authenticité à leurs actes ou pour fermer leurs lettres. Le sceau remplaçait la *signature*, et il en fut ainsi jusque pendant le moyen âge, où les seigneurs et la plupart des hommes ignoraient l'écriture. Les sceaux n'avaient pas, dans l'antiquité, la forme que nous leur connaissons aujourd'hui : c'étaient des anneaux dont le chaton était constitué par une pierre, précieuse le plus souvent, et sur laquelle étaient gravés en creux certains signes, des têtes, etc., et dont quelques-uns sont parvenus jusqu'à nous sous le nom d'*intailles*. (V. ce mot.) De l'Orient, ces *sceaux-anneaux* passèrent chez les Grecs qui en transmirent l'usage aux Romains. De Rome, ils passèrent dans les Gaules et les rois mérovingiens ne connurent pas d'autres sceaux. Charlemagne lui-même scellait ses actes avec un anneau dont le chaton était tantôt une intaille antique sur laquelle était gravée une tête de Jupiter Sérapis, tantôt une tête de profil, barbue et laurée et paraissant être le travail d'un artiste contemporain. Les anneaux sigillaires des rois mérovingiens étaient ronds à l'exception de ceux de Chilpéric Ier et de Childéric III, tandis que ceux des Carlovingiens étaient ovales. Ces anneaux sigillaires demeurèrent en usage jusqu'au xe siècle; et ce n'est qu'à partir du xiie siècle qu'ils furent tout à fait abandonnés et remplacés par les sceaux proprement dits. Du reste, un article de l'acte fait toujours mention de l'instrument avec lequel il a été scellé. Ce n'est guère qu'à partir de 1150 que l'usage de sceller se généralisa; car on retrouve un grand nombre de pièces des viiie, ixe, xe, xie et xiie siècles qui sont absolument dépourvues de sceaux et sur lesquelles les intéressés n'ont attesté la validité du contrat qu'en faisant précéder leur nom d'une croix. Nous venons de voir que c'est au xe siècle que l'usage des sceaux commença à se substituer à celui des anneaux sigillaires. Le sceau-type était composé d'une plaque de métal, or, argent, cuivre, bronze, etc., sur laquelle étaient gravés en creux des attributs, des armoiries, une légende, etc. L'autre face portait un anneau ou une poignée, tantôt fixe, tantôt à charnière. C'est avec cet instrument que l'on faisait les empreintes, concurremment avec les anneaux jusqu'au xie siècle. La forme de ces sceaux varia beaucoup : ils étaient ronds, ovales, en ogive et en écusson; plus rarement ils sont carrés, triangulaires, en losange, polygonaux. Les sceaux des rois, des ducs, des comtes, des chevaliers sont généralement ronds; il en est de même pour les plus anciens sceaux ecclésiastiques et ceux des villes. Les cardinaux, les évêques, les abbés, les abbesses, les églises, les monastères, les chapitres, les universités, etc., ainsi que les dames nobles, affectionnèrent de préférence les formes ovales et en ogive.

SCEAU

ANNEAU SIGILLAIRE TROUVÉ AUX ENVIRONS DE TRAVESY (AISNE) (UELOSIMI) AVEC CROIX PATTÉE AU CENTRE

L'empreinte de l'anneau sigillaire ou du sceau a reçu aussi le nom de *sceau*. La matière sur laquelle ces empreintes étaient faites sont l'or, l'argent, le cuivre, le bronze, le plomb, l'étain, la craie, l'argile, le malthe (mélange de poix, de cire, de plâtre et de graisse), enfin la cire. Mais les substances le plus fréquemment employées sont la cire et le plomb. Il est bon de dire que la craie est regardée comme la plus ancienne substance qui ait été utilisée pour recevoir l'empreinte des anneaux. Ce mode, employé par l'Occident jusque vers le ixe siècle, venait d'Orient; le moyen âge l'abandonna complètement. La cire était d'un usage courant; on l'additionnait de certaines substances pour la durcir et assurer ainsi la conservation des sceaux. Le plomb est de tous les métaux celui qui a été le plus employé et c'est de cette matière que sont faits les sceaux des empereurs grecs et latins, ceux des papes, des évêques et de certains abbés. Les papes adoptèrent ce métal dès le viie siècle et, depuis cette époque, la chancellerie romaine a toujours scellé ses actes avec le plomb. C'est Charlemagne qui le premier fit usage des sceaux d'or et d'argent, et les princes s'en servirent souvent pour authentiquer les traités d'alliance qu'ils passaient entre eux.

SCEAU

ANNEAU SIGILLAIRE AU SYMBOLE DE LA COLOMBE. FOUILLES DE CHARNAY (SAÔNE-ET-LOIRE). REPRÉSENTE LE SAINT-ESPRIT OU LE CHRIST

La cire, indépendamment des substances auxquelles on la mêlait pour la durcir, était colorée de diverses manières. C'est surtout en *cire blanche* que sont confectionnés les sceaux des rois mérovingiens, carlovingiens et ceux des premiers Capétiens; mais le temps leur a donné une teinte brune. C'est avec cette cire blanche qu'étaient scellées les lettres royaux qui renfermaient des clauses temporaires. Henri III décida par un statut que les actes de l'ordre militaire du Saint-Esprit auraient aussi cette teinte. La *cire jaune* ou *naturelle* ne fut guère usitée avant le xiie siècle, et son emploi se continua dans les siècles suivants jusqu'au xviiie. Les sceaux de *cire rouge* ne furent pas en usage avant le xiie siècle, bien que l'on en possède une assez grande quantité confectionnés avec une cire rougeâtre plus ou moins pâle ou plus ou moins brune. Cette couleur rouge était également adoptée, dans les jugements, par les évêques, les abbés et les seigneurs. Au XVIIe siècle, elle était réservée pour les provinces qui n'étaient pas

SCEAU ROYAL
ET CONTRE-SCEAU

EMPLOYÉS PAR SAINT LOUIS JUSQU'À LA PREMIÈRE CROISADE

réunies à la couronne, telles que la Provence et le Dauphiné. La cire rouge était très usitée au XIVe siècle par les chevaliers. Les papes l'emploient depuis longtemps déjà pour sceller les brefs de l'anneau du pêcheur. Sous Louis XIII un marchand de Paris, nommé Rousseau, rapporta des Indes et introduisit en France une cire d'un beau rouge qui fut alors désignée sous le nom de *cire d'Espagne*. Elle était composée de gomme-laque, de poix-résine, de craie et de cinabre. Ses qualités la mirent rapidement en vogue et on la prenait surtout pour sceller les certificats, les lettres missives, etc. L'emploi de la *cire verte* ne remonte pas au delà du XIIe siècle, et l'on incline à croire que Philippe-Auguste est celui de nos rois qui s'en servit le premier. Ses successeurs l'employèrent aussi; mais cette couleur ne devint d'un usage fréquent que sous Charles V. Depuis 1350 environ, elle était destinée à sceller les lettres qui doivent durer à perpétuité, comme les édits, les lettres d'anoblissement, etc. Il n'y a guère que l'ordre de Malte qui ait adopté la *cire noire*. On n'a qu'un seul exemple de *cire bleue :* c'est un diplôme de Charles-Quint daté de 1524 et accordant à un habitant de Nuremberg le privilège de sceller avec cette même cire bleue. On trouve aussi un certain nombre de sceaux de teintes diverses. C'est ainsi que ceux des empereurs carlovingiens ont une bordure d'une teinte différente de celle du fond; dans d'autres cas, le scel est formé de cire blanche à laquelle on en a mêlé de la rouge et de la verte. Il en est aussi dans lesquels le sceau est d'une couleur, tandis que le contre-scel est d'une autre.

Les sceaux ont été fixés aux Chartes de deux manières différentes; de là les *sceaux plaqués* et les *sceaux pendants*.

Les *sceaux plaqués* étaient appliqués sur le diplôme même. A cet effet, on faisait dans le parchemin une entaille en forme de croix, d'étoile, de double-croix ou de croix de Saint-André; on en rabattait les angles et l'on remplissait le vide ainsi obtenu avec de la cire fondue sur laquelle on appliquait le sceau matrice. Mais on s'aperçut que la cire pouvait être enlevée et mise sur un autre acte faux. Aussi, pour remédier à ce grave inconvénient, on imagina le *contre-scel*, qui était appliqué au revers du sceau proprement dit. Les sceaux plaqués furent en usage sous les Mérovingiens, les Carlovingiens et les premiers rois de la troisième race. Disons en passant que l'on donne encore le nom de *sceaux plaqués* à des sceaux appliqués sur l'acte même ou pendants et placés entre deux feuilles de papier. Pour les obtenir, on mettait une feuille de papier sur la cire encore molle et l'on imprimait dessus le sceau. Lorsque le sceau était plaqué sur le diplôme, on n'ajoutait qu'un seul papier; au contraire, lorsque le sceau était pendant, on plaçait un second papier au revers. Cette manière de sceller ne fut mise en pratique que vers la fin du XIVe siècle, mais ce n'est que pendant le cours du XVIe qu'elle fut en vogue.

On nommait *sceaux pendants* ceux qui étaient suspendus aux chartes au moyen d'une attache soit de parchemin, de soie, etc. Les papes employèrent ces sortes de sceaux dès le VIIe siècle; mais ce genre de sceaux ne commença à entrer dans la pratique que vers le XIe siècle; ce n'est que dans la seconde moitié du XIIe siècle que leur usage devint à peu près général. Dans cette manière, le sceau est relié au diplôme qu'il est destiné à authentiquer au moyen d'attaches formées par des cordons de cuir, de parchemin, par des rubans, des cordes, des fils de soie ou d'or, etc. Les attaches de parchemin ou de cuir prenaient le nom particulier de *lemnisques*. La coutume s'introduisit vers le milieu du XIIIe siècle de les découper dans le parchemin qui formait l'acte lui-même. Lorsque cette bande était coupée dans le titre même et y restait adhérente, on disait le diplôme scellé en *simple queue*. Il arrivait, au contraire, que le lemnisque, entièrement découpé dans la partie inférieure de l'acte, était passé dans une entaille et replié sur lui-même; on fixait alors le sceau sur les deux extrémités libres : dans ce cas, le diplôme était scellé en *double queue*. Cette

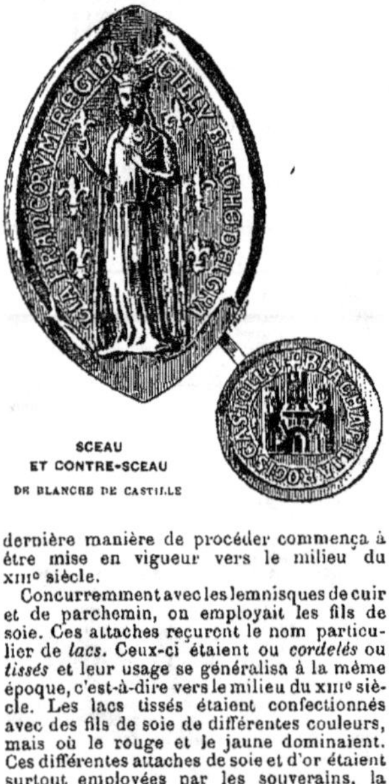

SCEAU
ET CONTRE-SCEAU

DE BLANCHE DE CASTILLE

dernière manière de procéder commença à être mise en vigueur vers le milieu du XIIIe siècle.

Concurremment avec les lemnisques de cuir et de parchemin, on employait les fils de soie. Ces attaches reçurent le nom particulier de *lacs*. Ceux-ci étaient ou *cordelés* ou *tissés* et leur usage se généralisa à la même époque, c'est-à-dire vers le milieu du XIIIe siècle. Les lacs tissés étaient confectionnés avec des fils de soie de différentes couleurs, mais où le rouge et le jaune dominaient. Ces différentes attaches de soie et d'or étaient surtout employées par les souverains, la noblesse et le clergé; les simples particuliers et les tabellions devaient se contenter des lemnisques de parchemin.

Les sceaux étaient faits par les orfèvres, qui se chargeaient généralement de leur entière confection; cependant, ils en abandonnaient quelquefois la gravure à des ouvriers graveurs, à des *engraveurs*, comme on disait alors. Dans le champ du sceau était dessiné, soit le propriétaire du sceau, soit ses armoiries, soit un symbole rappelant ses droits ou qualités. Au XIe siècle, les hauts personnages se firent représenter à cheval et armés de toutes pièces; cependant leur monture n'a ni selle, ni bride, ni étrier. Au XIIIe siècle, au contraire, les chevaux sont richement caparaçonnés. Les rois sont représentés assis sur un fauteuil orné de têtes de lion. Parmi les symboles on remarque le *bouclier*, qui se trouve sur les sceaux de la deuxième race; des *châteaux*, des *forteresses*, des *tours*, des *portes*, symboles de juridiction qui se voient sur les sceaux du

SCEAU
ET CONTRE-SCEAU

DE JEAN SIRE DE JOINVILLE MORT EN 1317

XIIe siècle. Le faucon, le cerf, le cor, affirment le droit de chasse. Les fleurs placées sur un sceau indiquent les gens d'Église. La fleur de lis ne fut pas seulement l'apanage de nos rois; elle figurait sur les sceaux d'un grand nombre de gentilshommes et de simples particuliers, et dès le XIIIe siècle cet ornement paraît sur les sceaux des bourgeois, des artisans, etc. La couronne, sous ses différentes formes, se montre aussi. On ne la trouve pas sur les anneaux des rois mérovingiens, excepté sur ceux de *Chilpéric Ier* et de *Childéric III*; les rois de la seconde race jusqu'à Louis d'Outremer eurent des couronnes laurées; celle de ce dernier prince est étoilée; ce n'est que Hugues Capet et ses successeurs qui portèrent des couronnes ornées de fleurs de lis. On trouve aussi des sceaux dont le champ renferme un monogramme ou la première lettre d'un nom propre (XIVe et XVe siècle). Les légendes entourent le champ; elles commencent par une croix simple ou une croix pattée, suivie, à partir du Xe siècle, du mot *sigillum* (sceau). L'écriture est celle du siècle où les sceaux ont été gravés. On y remarque des lettres conjointes et des lettres enclavées. Quelquefois même le graveur s'est trompé et il a retourné certaines lettres. L'usage des sigles fut aussi très en honneur et les graveurs s'en servaient pour abréger les noms et les titres. Les dates n'apparaissent que fort tard sur les sceaux, au XVe siècle; cependant on en possède un certain nombre qui portent une date inscrite dans le champ et qui remonte à la première moitié du XIIIe siècle.

La fragilité de la matière avec laquelle les sceaux sont faits a naturellement préoccupé ceux qui étaient chargés de leur garde. C'est ainsi que les sceaux pendants furent enveloppés dans de la filasse et cousus dans de petits sacs de cuir, de parchemin, de toile, etc. Mais cet abri fut reconnu insuffisant, et au XVe siècle on imagina d'introduire ces sceaux dans de petites boîtes de fer-blanc munies d'une échancrure par où s'échappaient les attaches.

SCEAU

DE SAINT BERNARD

Nous avons vu précédemment que les sceaux plaqués pouvaient être détachés de l'acte sur lequel on les avait apposés et replacés sur un autre acte frauduleux. Pour empêcher un tel larcin et donner aux actes une authenticité irréprochable, certaines personnes appliquaient leur pouce au revers du sceau, ou bien encore elles y faisaient une empreinte avec leurs dents. Mais ce procédé, tout pratique qu'il était, ne présentait aucune sûreté. Aussi, dès le XIe siècle, fit-on usage d'un sceau appliqué à l'avers du sceau principal et que l'on désigna sous le nom de *contre-scel*. Ceux-ci sont généralement d'un module plus petit que le sceau lui-même. Ils sont d'ailleurs revêtus des mêmes figures, des mêmes emblèmes, etc., que les sceaux proprement dits. Quelquefois la légende qui se lit sur le sceau se continue sur le contre-sceau. Leur forme est aussi très variable et l'on en voit de ronds qui sont appliqués sous des sceaux ovales ou en ogives. Quelquefois aussi les contre-sceaux ont les mêmes dimensions que le sceau ; et il peut arriver alors qu'il est impossible de les distinguer l'un de l'autre. Il est même arrivé que l'on scellait avec ce petit sceau. Cette coutume s'établit parmi les hauts barons des XIIIe et XIVe siècles. Au siècle suivant, c'est-à-dire au XVe, elle était devenue générale; les sceaux ne contenaient plus alors que des armoiries. Ajoutons que les contre-sceaux ne furent pas usités pendant les deux premières races.

Dans les dernières années du XVe siècle et dans les premières du XVIe, la mode des petits sceaux ou *cachets* s'introduisit; ceux-ci se multiplièrent tant que l'on abandonna les sceaux à légende pour ne plus guère faire usage que de petits sceaux armoriés. Ces cachets étaient faits en or, en argent, en cuivre, en verre, etc. Quelques-uns rappellent les anciens anneaux sigillaires; d'autres sont terminés par une sorte de queue et suspendus à un cordon, à une chaîne. Il en est aussi qui sont à bascule et gravés des deux côtés. || *Sceau-matrice* ou *sceau-type*, l'instrument qui servait à faire les empreintes. || *Le grand sceau*, le sceau public ou sceau authentique et le sceau pendant. On appelait encore ainsi celui qui était employé par les souverains, les grands feudataires, les évêques, les tribunaux, etc. || *Sceau authentique*, le sceau qui servait à sceller les lettres patentes, etc. || *Le petit sceau*, avec lequel les souverains scellaient les actes d'une importance secondaire. || *Sceau d'emprunt*, celui qui était emprunté à un tiers pour remplacer son propre sceau ou donner à un acte plus d'authenticité. || *Sceau équestre*, sceau sur lequel le propriétaire était représenté à cheval. (V. plus haut.) || *Sceaux royaux*, ceux de la chancellerie royale; ils sont aux armes de France et leurs dimensions ont augmenté depuis les Mérovingiens. Ainsi, ils avaient entre 11 et 14 lignes de diamètre sous les rois de la première race; les sceaux ovales de la seconde race ont 2 pouces et demi de hauteur sur 2 de largeur; les Capétiens ont des sceaux qui atteignent 2 pouces 8 lignes, sous Henri Ier, 4 pouces sous François Ier et 4 pouces 6 lignes sous Louis XVI. || *Sceau secret*, le contre-sceau qui est apposé sur le sceau public. Néanmoins il était employé pour les lettres closes et les lettres de finances. (V. *Sigillation, Signe, Signet, Signature*, etc.) || *Les sceaux de l'État*, ou absol., *les sceaux*, ceux qui sont apposés sur les actes émanant du pouvoir exécutif. || *Le garde des sceaux*, le ministre de la justice à qui ils sont confiés. — Fig. *Mettre le sceau à une chose*, la rendre parfaite : *Mettre le sceau à sa gloire*. || L'empreinte même faite par un sceau : *Un sceau presque effacé*. || *Apposition d'un sceau*, temps, lieu où on l'appose. — Fig. Marque, signe, caractère : *Poème empreint du sceau du génie*. — Fig. *Confier une chose sous le sceau du secret*, à condition qu'elle ne sera révélée à personne. — **Dér.** *Scel, sceller, scellement, scelleur*. — **Comp.** *Contre-scel, desceller, descellement, resceller, rescellement*.

SCEAUX (*Cellæ*), 3 388 hab. Chef-lieu d'arrondissement (Seine), à 12 kilom. S.-E. de Paris, sur une colline dominant la Bièvre, où était le château aujourd'hui détruit du duc et de la duchesse du Maine.

SCEL (accusatif vx fr. *seel* : du l. *sigillum*. C'est au XVIe ou au XVIIe siècle que le c inorganique a été introduit), *sm*. Sceau et terme de chancellerie (vx). (V. *Sceau*.) — **Dér.** *Sceau, sceller, scellé, scellée, scellement, scelleur*. — **Comp.** *Desceller, descellement*. Même famille : *Sigillation, sigillée; signe*, etc. (V. ce dernier mot.)

SCÉLÉRAT, ATE (l. *sceleratum* : de *scelus*, génitif *sceleris*, crime), *adj*. Coupable ou capable de grands crimes : *La Voisin fut une empoisonneuse scélérate*. || Foncièrement criminel : *Conduite scélérate*. — *S*. Personne scélérate. — **Dér.** *Scélératesse*.

SCÉLÉRATESSE (*scélérat*), *sf*. Méchanceté criminelle. || Acte foncièrement criminel : *Faire des scélératesses*.

SCELLÉ, *spm*. de *sceller*. Cire empreinte du sceau de la justice de paix fixant par ses deux extrémités une bande de papier apposée par autorité de justice sur les serrures des portes, armoires, caisses, etc., pour empêcher de les ouvrir : *Les scellés sont apposés au domicile d'un décédé lorsque tous ses héritiers ne sont pas présents ou lorsqu'il y a parmi eux des mineurs ou des interdits*. Ils ne peuvent être levés que trois jours au moins après l'apposition. Une personne est préposée pour les garder. || *Bris de scellés*, délit que l'on commet en brisant un scellé et qui est puni d'un emprisonnement d'un an à trois ans.

SCELLEMENT (*sceller*), *sm*. Action de fixer avec du mortier, du ciment romain, du plâtre, du soufre, du plomb, dans un trou d'un mur, d'une pierre, etc., l'extrémité d'une pièce de bois ou de métal. Dans l'art de la construction, on dit qu'il y a *encastrement* d'une pièce de bois ou de métal dans un mur lorsqu'il y a équilibre entre les résistances de l'assemblage et les forces qui s'exercent sur la pièce; ou bien : c'est l'état d'équilibre entre les deux branches d'un solide reposant sur un point d'appui. Dans le cas où l'équilibre n'existe pas il y a *scellement*. (V. *Levier*.) || L'ouvrage qui en résulte. || L'extrémité scellée d'une pièce de bois ou de métal.

SCELLER (vx fr. *scel*), *vt*. Appliquer le sceau de l'État sur une lettre de chancellerie : *Sceller un édit*. || Mettre les scellés. || Faire un scellement : *Sceller un gond*. || Boucher avec une espèce de mastic l'ouverture d'un vase. || *Sceller hermétiquement un vase de verre*, en fermer le col en en faisant fondre l'extrémité à la lampe d'émailleur. — Fig. Confirmer, rendre stable : *Les souverains scellent souvent leur réconciliation par des mariages*.

SCELLEUR, *sm*. Celui qui appose le sceau.

***SCÉNARIO** (mot ital.), *sm*. Charpente, indication succincte et sans poème de l'intrigue d'une pièce de théâtre : *Le scénario de ce ballet est bien charpenté*.

SCÈNE (l. *scena* : g. σκηνή, tente), *sf*. La partie d'un théâtre où jouent les acteurs : *Un seul acteur occupe la scène*. || *Mettre un ouvrage en scène*, en régler la manière dont il doit être représenté. || *Mettre un personnage sur la scène*, le faire figurer dans une pièce de théâtre. — Fig. *Paraître sur la scène*, commencer à prendre une part considérable aux affaires publiques, à être bien en vue. || Être nommé à un poste éminent. — Fig. *Il est toujours en scène*, se dit d'un homme qui a toujours un maintien apprêté. || Lieu où se passe un événement : *La scène du monde*. || Décoration de théâtre : *La scène représente une forêt*. — Fig. *La scène change*, il survient un changement considérable dans une affaire. || L'action qu'on représente sur le théâtre : *La scène est à la campagne*. || *Ouvrir la scène*, commencer la représentation, paraître le premier sur le théâtre. — Fig. La littérature dramatique : *Corneille, Racine, Molière illustrèrent la scène française*. || *La scène tragique*, la tragédie. || *La scène comique*, la comédie. || *La scène lyrique*, l'opéra. || La partie d'un acte d'une pièce de théâtre pendant laquelle le nombre des acteurs n'augmente ni ne diminue : *La première scène du premier acte d'Athalie*. || Ensemble d'objets que la vue embrasse simultanément : *Du haut de cette montagne, on contemple une magnifique scène*. — Fig. Toute action capable de produire une vive impression sur l'âme : *Nous fûmes témoins d'une scène touchante*. || Événement scandaleux. || Altercation : *Faire une scène à quelqu'un*, lui faire de vifs reproches. — **Dér.** *Scénique*. — **Comp.** *Scénographie, scénographique*.

SCÉNIQUE (*scène*), *adj. 2 g*. Qui a rapport à la scène, au théâtre : *Le jeu scénique d'un acteur*.

SCÉNOGRAPHIE (*scène* + g. γράφειν, dessiner), *sm*. L'art de faire des décors de théâtre, des panoramas, des dioramas, etc.

SCÉNOGRAPHIQUE (*scénographie*), *adj. 2 g*. Qui a rapport à la scénographie.

SCEPTICISME (*sceptique*), *sm*. Doctrine des philosophes qui doutent de tout, prétendant que l'homme est incapable de parvenir à connaître la vérité. || Doctrine du philosophe grec Pyrrhon qui affectait de n'être pas même certain du fait le plus matériel. || Système de celui qui affecte de douter de tout.

SCEPTIQUE (g. σκεπτικός, qui a coutume d'examiner), *adj*. et *s. 2 g*. Se dit de tout philosophe qui enseigne que l'on doit douter de tout et que l'homme ne peut pas parvenir à la certitude en quelque ordre de connaissances que ce soit. || Qui caractérise le système du doute universel. || Pyrrhon fut chez les Grecs le principal représentant de la philosophie sceptique. || Qui affecte de douter de tout : *Le monde est plein de sceptiques*. — **Dér.** *Scepticisme*.

SCEPTRE (l. *sceptrum* : g. σκῆπτρον, bâton), *sm*. Bâton de commandement qui était l'insigne de l'autorité royale : *Les rois de Perse sauvaient ceux qu'ils touchaient de leur sceptre*. — Fig. Le pouvoir souverain, la royauté : *Alexandre soumit l'Asie à son sceptre*. — Fig. *Un sceptre de fer*, une autorité dure et despotique. || Supériorité, prééminence : *Cuvier tint le sceptre des sciences naturelles*.

SCEY-SUR-SAÔNE, 1 629 hab. Ch.-l. de c., arr. de Vesoul (Haute-Saône). Hauts fourneaux.

SCHABRAQUE [cha-bra-que] (allem. *schabrake*), *sf*. Sorte de housse ou de couverture de la selle d'un cheval, dont l'usage fut introduit en France par les hussards hongrois. C'est ordinairement une peau de mouton qui recouvre les fontes et que termine un drap galonné. Un surfaix en cuir noir maintient la schabraque sur le siège de la selle.

SCHABRAQUE

SCHAFFOUSE (allem. *Schaffausen*; l. *Scaphusia*), 12 777 hab. Ville de Suisse, ch.-l. du canton de même nom. Grand centre industriel : manufactures de soieries, de cotonnades, de coutellerie et fabriques de machines et d'armes à feu. La fameuse chute du Rhin, improprement appelée chute de Schaffouse, est située dans le voisinage, à Neuhausen ; elle a 30 mètres de hauteur totale, et la largeur du Rhin en aval est de 115 mètres.

SCHAFFOUSE (CANTON DE), 38 348 hab. Le plus septentrional de la Suisse : il est enclavé dans le grand-duché de Bade, le Rhin le sépare au S. des cantons de Zurich et de Thurgau. Superficie : 294 kilom. carrés ; densité de la population 130 hab. par kilom. carré; densité moyenne en Suisse, 70 hab. Le pays, sillonné par des rameaux secondaires des Alpes (collines de Randen), appartient au jurassique (oolithe) dans la partie occidentale; il se relie à l'E. aux alluvions qui couvrent la Bavière. Le climat est tempéré et le sol fertile. L'industrie est très développée.

La constitution de 1831-1834 a institué un gouvernement démocratique; le pouvoir exécutif appartient à un petit conseil de 24 membres, nommé par un grand conseil de 74 membres, élu par le peuple, auquel est dévolu le pouvoir législatif. Le canton comprend les districts (*bezirk*) de Schaffouse, Stein, Thayngen, Neunkirch, Unter-Hallau et Schleitheim.

SCHAH [châ] (anc. pers. *kshathra*, guerrier), *sm*. Nom qu'on donne en Europe au souverain de la Perse.

SCHAKO. (V. *Shako*.)

SCHALL, *sm*. (V. *Châle*.)

SCHALSTEIN, *sm*. Nom donné à des tufs de diabases, à la fois schisteux et amygdaloïdes, rencontrés dans le Nassau.

***SCHAPZKA** (pol. *czapacka*), *sm*. Sorte de casque, d'origine polonaise, qui était la coiffure des lanciers.

SCHAPZKA

SCHARKOE ou **PIROT**, 8 852 hab. Ville du S. de Serbie, sur la Nissava. Grandes fabriques de tapis. Le district de Pirot compte 2 612 kilom. carrés avec 80 309 hab.

SCHARNHORST (1756-1813), général prussien né à Hamelsée (Hanovre), contribua puissamment, en 1813, à relever l'armée prussienne anéantie après Iéna. Il fut tué à la bataille de Lützen.

SCHAUMBOURG (PRINCIPAUTÉ DE LIPPE), 37 204 hab. Etat de l'Empire d'Allemagne, borné au N.-E. par le Hanovre, qui le limite au N.-O. avec la Westphalie, ainsi que la Lippe-Delmold et la Hesse prussienne. Superficie : 340 kilom. carrés; densité de la population : 109 hab. par kilom. carré. Ch.-l. *Buckebourg* (5 206 hab.). Le pays est très plat, il présente au N. un lac situé à une altitude de 39 mètres (*Sternhuder see*). Les alluvions de l'Allemagne du Nord l'occupent tout entier, sauf à l'E., où l'on rencontre les grès verts du crétacé inférieur qui s'étendent au S.-O. de Hanovre. Le sol est fertile et bien cultivé. La principauté fournit à l'armée allemande 385 hommes, elle est occupée par le 7e bataillon de chasseurs.

SCHAUMBOURG (CERCLE DE), ancienne division administrative de la Hesse-Cassel, aujourd'hui annexée à la Prusse, enclavée entre le Hanovre, les principautés de Lippe-Detmold et de Lippe-Schaumbourg et la Prusse. Ch.-l. *Rinteln*.

SCHAUMBOURG (COMTÉ DE), ancien Etat de l'Empire d'Allemagne, baigné par le Weser, entre la Lippe, le comté de Ravensberg et les principautés de Kalenberg et de Minden. La maison régnante aujourd'hui, de Lippe-Alverdissen, est la branche cadette de la maison de Lippe-Schaumbourg, fondée par Philippe de Lippe, frère d'Elisabeth, dont le fils Othon VI fut le dernier représentant de la famille de Schaumbourg, troisième rameau de la branche de Rendsbourg.

SCHAUMKALK, *sm*. Calcaire spongieux tendre, du muschelkalk inférieur.

SCHEELE (1742-1786), pharmacien et célèbre chimiste suédois qui découvrit une foule de corps, entre autres le chlore, la manganèse, l'oxygène; il donna son nom à un arsénite de cuivre ($AsO^3,3CuO$), d'un beau vert, qu'il obtint par un mélange de sulfate de cuivre, de carbonate de soude et d'acide arsénieux. Le vert de *Scheele* est très employé dans la peinture et dans les fabriques de papiers peints. — **Dér.** *Schéelin, schélite, schélitine*.

SCHÉELIN (*Scheele*, chimiste), *sm*. Schéelin calcaire. (V. *Schéelite*.) || Schéelin ferrugineux. (V. *Wolfram*.)

SCHÉELITE (*Scheele*, chimiste), *sf*. Minéral cristallisant dans le premier système, généralement en pyramide; quelquefois incolore, quelquefois coloré, et alors étant souvent d'une nuance grise; présentant un éclat gras qui se rapproche du diamant. Il est en outre légèrement translucide. C'est un tungstate de chaux. Ce minéral se trouve dans le Connecticut, où il sert à la préparation de l'acide tungstique; il se rencontre dans le Harz, en Norvège, dans la Cornouailles, en Italie, enfin dans les Vosges et dans le Limousin.

SCHÉELITINE (*Scheele*, chimiste), *sf*. Minéral qui se présente en cristaux d'un gris brunâtre ou jaunâtre, dérivés d'un prisme carré et qui est constitué par du tungstate de plomb.

***SCHÉERREITE** (*Scheerer*, nom d'homme), *sf*. Paillettes d'un blanc de nacre, translucides, formées de carbone et d'hydrogène, et dont la formule est CH^2; ces cristaux sont un peu plus denses que l'eau, fusibles à 45°, et distillent sans altération. Ce minéral a été trouvé en Suisse.

SCHEFFER (ARY) (1795-1858), peintre d'histoire et de genre, né à Dordrecht. — Son frère, Henri Scheffer (1798-1862), a cultivé surtout le portrait.

SCHEHALLIEN, Montagne d'Ecosse, comté de Perth, où Maskelyne fit avec Hütton de 1775 à 1778 des expériences sur la déviation de la verticale, qui les conduisirent à admettre la densité du globe comme étant égale à 4,5 par rapport à l'eau.

***SCHEIDAGE** (all. *scheiden*, séparer), *sm*. Triage à la main des minerais. (Mines.)

SCHEIK, *sm*. (V. *Cheik*.)

SCHEKSNA, affluent du Volga (450 kilom.). Sorti du lac de Bielo Lero, qui arrose les gouvernements de Novgorod et de Jaroslaw.

SCHELLING [che-lin] (angl. *shilling*; all. *schallen*, sonner), *sm*. Monnaie d'argent anglaise qui vaut 1 fr. 25. || Nom de diverses monnaies du N. de l'Europe.

SCHELLING (1775-1854), célèbre philosophe allemand, auteur d'un système de philosophie qui fut un panthéisme idéaliste. Il professa successivement aux universités de Munich et de Berlin.

SCHELLING, 5 000 hab., île hollandaise de la mer du Nord, sur les côtes de la Frise.

***SCHÉMA** (g. σχῆμα, figure, représentation), *sm*. Figure théorique : *Le schéma de la circulation du sang chez les reptiles*. || Proposition soumise à l'adoption d'un concile. — **Dér.** *Schématique*.

***SCHÉMATIQUE** (*schema*), *adj. 2 g*. Qui représente une chose sans en donner la forme exacte : *Figure schématique*.

***SCHÉMATIQUEMENT** (*schéma*), *adv*. D'une manière schématique.

SCHEMNITZ, 18 000 hab. (hong. *Selmecz Banya*). Ville de Hongrie sur la rivière du même nom. Célèbre école des mines et forestière fondée en 1760 par Marie-Thérèse. Mines d'argent, d'or et de cuivre.

SCHÉRER (1747-1804), général français qui se signala dans les guerres de la Révolution, et commanda l'armée d'Italie avant Bonaparte; il fut ministre de la guerre de 1797 à 1799.

SCHÉRIF, *sm*. (V. *Chérif* ou *Shérif*.)

SCHERZO (mot ital., *badinage* : de l'all. *scherz*, plaisanterie), *sm*. Morceau à trois temps qui a remplacé le menuet.

SCHEVENINGEN (Hollande méridionale), bains de mer très fréquentés, à l'O. de la Haye.

SCHIEDAM, 23 590 hab. v. de Hollande (Hollande méridionale), près de Rotterdam, sur la Schie, affluent de la Meuse. Distilleries d'eau-de-vie et de genièvre. — Eau-de-vie distillée dans cette localité.

SCHIITE (ar. *schiai*, dissident), *sm*. Tout musulman de la secte d'Ali : *Les Persans sont schiites*.

SCHILLER (FRÉDÉRIC) (1759-1805), célèbre historien et poète tragique allemand, auteur d'une histoire de la *Guerre de Trente ans*, des tragédies de *Jeanne d'Arc*, de *Guillaume Tell*.

SCHILTIGHEIM, 6 200 hab., anc. ch.-l. de cant. de Strasbourg (Bas-Rhin), aujourd'hui à la Prusse.

SCHIRAZ ou **CHIRAZ**, 30 000 hab., ville de Perse, célèbre par ses vins blancs et près de laquelle sont les ruines de Persépolis.

SCHIRMECK, 1 400 hab., sur la Bruche, anc. ch.-l. de cant. de Saint-Dié (Vosges), aujourd'hui à la Prusse. Filatures et tissages de laine et de coton. Teinturerie.

SCHISMATIQUE (l. *schismaticum*), *adj*. et *s*. *2 g*. Se dit d'un chrétien qui, tout en croyant aux dogmes essentiels de l'Église catholique, ne reconnaît pas l'autorité du saint-siège : *Les Russes et les Grecs sont schismatiques*.

SCHISME (g. σχίσμα, scission), *sm*. Scission qui a lieu lorsqu'une partie de ceux qui professent une religion cessent d'en reconnaître les chefs tout en conservant les dogmes principaux. || *Schisme d'Orient*, commencé en 858 à l'instigation de *Photius*, patriarche de Constantinople, et qui eut pour effet de séparer l'Église grecque de l'Église latine. || *Le grand schisme d'Occident*, période des troubles qui eurent lieu dans l'Eglise latine, dura de 1378 à 1449 et pendant laquelle il y eut plusieurs papes, les uns résidant à Avignon et les autres à Rome. || *Schisme des dix tribus*, celui qui eut lieu 979 av. J.-C., lorsque dix tribus du peuple juif se séparèrent des tribus de Juda et de Benjamin pour constituer le royaume d'Israël en prenant Jéroboam pour roi. — Fig. Dissentiment d'opinion politique, littéraire, scientifique, etc. *L'école réaliste provoqua un schisme dans la peinture*. — **Dér.** *Schismatique*.

SCHISTES (g. σχιστός, coupé, fendu : l. *scindere*, couper), *sm*. On donne ce nom à une importante classe de roches possédant la structure dite *schisteuse* et dont le type est l'ardoise. On peut diviser ces roches en feuillets plus ou moins minces, et cette fissilité conserve généralement, par exemple dans la partie N. du pays de Galles, une direction constante sur de grandes étendues. On admet depuis les expériences de Sharpe et de Tyndall que les schistes ont été formés par compression, suivant un plan parallèle à leur plan de clivage. On a d'ailleurs constaté dans des couches de schistes ardoisiers une seconde direction plane de séparation facile, mais peu visible, que les ouvriers appellent *longrain*. D'autres fissures nommées *érusses*, *chefs* et *délits*, sillonnent encore les masses de schistes. M. Daubrée a assimilé les joints à des failles dont ils se distinguent par l'absence de rejets. La schistosité est analogue aux clivages, et présente, au point de vue thermique, les mêmes propriétés. On distingue une grande quantité de schistes :

I. **Schistes amphiboliques**. — 1° A base d'actinote (accidentels au milieu des schistes cristallins); 2° à base de hornblende avec grenat, épidote et pyrite; 3° grunschiefer avec chlorite, épidote, amphibole, et accessoirement avec pyrite et calcaire.

II. **Schistes argileux** (silicates d'alumine à 5 p. 100 d'eau). — Ce sont des roches à contexture éminemment schisteuse, composées d'argile, de mica et de grains de quartz. Ils comprennent : 1° les schistes carburés à graptolithes du silurien supérieur. 2° Les argiles schisteuses fusibles au chalumeau et renfermant des matières charbonneuses et bitumineuses. On y rencontre de la pyrite, de la blende, de la galène, des rognons ferrugineux (terrain houiller), des empreintes de poissons remplacés par du sulfure de cuivre (schistes bitumineux noirs, cuprifère ou kupperschiefer du permien). Le carbonifère offre de nombreux échantillons de schistes siliceux (argilite).

III. **Schistes bitumineux**. — 1° Schistes argileux (noir de poix ou bruns) très fossilifères imprégnés de bitume qui brûlent avec une flamme épaisse. On les trouve dans le terrain houiller : en France, à Décize, à Commentry; en Ecosse, à Bathgate; dans le permien, à Muse, près Autun; dans le dévonien, aux îles Orkney; dans le lias du Wurtemberg, à Boll. Leur distillation donne des huiles minérales. 2° Trass inflammable gris-brun, formé de cendres trachytiques, riche en matières bitumineuses et très combustible (Puy-de-Dôme). 3° Dusodyles (papier kohle), qui sont sonores, minces comme du papier, et brûlent avec une odeur insupportable. On les observe en lits jaunes ou verdâtres dans le tertiaire de la Nièvre et de l'Aude. 4° Marnes inflammables de l'Isère.

IV. **Schistes chloritiques**. — Ce sont des roches verdâtres à texture schisteuse, peu fissiles, formées de chlorite et de quartz avec du feldspath : éléments accidentels, le grenat, le fer magnétique, le sphène, la pyrite; ils alternent avec les talcschistes, micaschistes, schistes à actinote et à oligiste (Bretagne).

V. Les roches micacées peuvent offrir la structure grenue ou la structure schisteuse. On distingue dans la deuxième catégorie : 1° **Les micaschistes**, assemblage de mica et de quartz à texture schisteuse; le mica varie d'une quantité très faible (schistes quartzeux micacés) au tiers de la masse. Le mica s'y présente à l'état de paillettes en couches, et la schistosité de la roche augmente avec sa teneur en mica ; la cassure est souvent ridée et miroitante ; le mica est potassique, de couleur claire, jaunâtre, blanc ou gris, rarement ferro-magnésien. Minéraux accessoires des micaschistes ; on peut citer : le graphite, le calcaire, le grenat, la tourmaline, l'andalousite, l'apatite, la pyrite de fer, le mispickel. 2° **Schistes à paragonite** (Alpes, Saint-Gothard), à structure schisteuse, à cassure écailleuse ou compacte, à poussière onctueuse, facilement rayables; leurs éléments principaux sont: la paragonite (silicate d'alumine et de soude), le disthène, la staurotide. 3° **Schistes à séricite** (Cévennes) présentant une schistosité fine : ils sont doués d'un éclat gras, talqueux, et composés de silice, de potasse et d'alumine. On les trouve au contact des schistes argileux et du granit. 4° **Schistes à dipyre noirs** du département de l'Ariège.

VI. **Schistes à ostrélite** des Ardennes, composés de particules de quartz et de lamelles d'ostrélite réunies par un ciment isotrope.

VII. **Schistes euritiniques.** — Ils appartiennent à la série des roches feldspathiques. Ce sont des schistes très durs, peu fusibles, composés d'une pâte de quartz et de plagioclase mélangés de magnétite, de chlorite et d'oxyde de fer. Ils renferment environ 75 de silice, 12 d'alumine, 6 à 7 de soude.

VIII. **Schistes tachetés**, roches noirâtres schistoïdes, formées de mica et d'un peu de feldspath ; leur coloration est due à de l'ocre, ou le plus souvent à des matières organiques qui fournissent des taches ayant la forme de gerbes et de mouchetures.

IX. Les schistes tachetés prennent quelquefois le faciès de **schistes noueux** plus ou moins riches en mica ; le quartz y est accompagné de staurotide, de tourmaline et d'andalousite.

X. **Phyllades**, roches qui se divisent en feuillets très minces, mais dont l'ensemble est doué d'une grande cohérence. Ils sont tantôt facilement, tantôt difficilement fusibles au chalumeau. Ils renferment 50 à 75 p. 100 de silice, 15 à 20 p. 100 d'alumine; les autres éléments sont la magnésie, la potasse, l'eau (2. 5 p. 100), la chaux, la soude. Les acides chlorhydrique et sulfurique en attaquent de 12 à 50 p. 100. Eléments accessoires : le graphite, l'amphibole, le talc, la chlorite la staurotide, le sable quartzeux (Ph. arénifères), le quartz cristallin.

Les schistes maclifères renferment de la macle ou chiastolithe.

XI. Le **Flysch** est un mélange de schistes et de grès schisteux. — **Dér.** *Schisteux, schisteuse, schistosité.* — **Comp.** *Schistoïde.* Même famille : *Scinder.*

SCHISTEUX, EUSE (*schiste*), *adj.* Composé de schiste. ‖ Qui ressemble au schiste.

SCHISTOÏDE (*schiste* + g. εἶδος, forme), *adj. 2 g.* Qui a l'aspect du schiste.

***SCHISTOSITÉ** (*schiste*), *sf.* Caractère de ce qui est schisteux.

***SCHIZASTER**, *sm.* Echinide de la famille des Spatangidés, cordiforme à symétrie bilatérale avec des ambulacres pétaloïdes inégaux fortement déprimés, un appareil apical compact et un anus supramarginal, vertex reporté en arrière. (Tertiaire et récent.)

SCHLAGGENWALD, 8 000 hab. V. d'Autriche-Hongrie (Bohême). Mine de plomb. Manufacture de porcelaine; — 4 213 hab. Schlan (Slany), ville d'Autriche-Hongrie (Bohême). Draps.

SCHLAGUE [chla-gue] (all. *schlag*, coup), *sf.* Coups de baguette qu'on donne aux soldats allemands qui ont manqué à la discipline.

SCHLAWE. Ville de Prusse (Poméranie), sur la Wipper. Toiles, bois, grains.

SCHLEGEL (AUGUSTE-GUILLAUME) (1767-1845), critique littéraire allemand, partial contre les auteurs français. — CHARLES-FRÉDÉRIC (1772-1829), frère du précédent, philologue et critique, l'un des premiers promoteurs des études sanscrites.

SCHLEIZ, 4 700 hab. Ville d'Allemagne (principauté de Reuss), sur le Wiesenthal.

SCHLESTADT ou **SCHÉLESTADT**, 9 200 hab. anc. s.-préf. du Bas-Rhin, sur l'Ill, à 465 kilom. de Paris. Aujourd'hui à la Prusse. Savons. Tissus. Brasseries.

SCHLESWIG-HOLSTEIN, partie sud de la péninsule Cimbrique, composée des anciens duchés de Holstein et de Schleswig, séparés par l'Eider; montueuse, boisée et parsemée de lacs le long de la côte baltique; plate, couverte de landes et de marais sur la côte de la mer du Nord, qui semble une continuation des côtes hollandaises; excellents chevaux et bestiaux. Ce pays, enlevé au Danemark en 1864 par la Prusse et l'Autriche, est aujourd'hui à la Prusse. Ville principale Kiel, dans le Holstein, et Flensbourg, dans le Schleswig.

SCHLESWIG ou **SLESWIG**, 12 000 hab. Ville qui a donné son nom au duché de même nom.

SCHLICH (mot all., *limon des mines*), *sm.* Minerai broyé, lavé et prêt à être réduit en métal par la chaleur.

***SCHLITTAGE** (*schlitte*), *sm.* Action de descendre le bois, sur les pentes des montagnes, au moyen de traîneaux, appelés *schlittes* (V. *Schlitte*), sur des chemins en bois, appelés *chemins de schlittage* ou *schlittwege* (V. *Schlittweg.*) Un seul homme suffit pour descendre plusieurs stères de bois chargés sur une schlitte. Pour descendre des troncs entiers, on prend deux schlittes : celle de devant est le *bouc*, l'autre la *chèvre*.

***SCHLITTE** (allem. *schlitten*, traîneau), *sf.* Traîneau spécial, servant au schlittage. Ces traîneaux sont formés de deux cadres horizontaux en frêne; le cadre inférieur, muni de semelles ligneuses graissées, glisse sur le chemin spécial établi pour ces opérations; le second reçoit le bois à transporter au bas de la montagne; en avant sont adoptés des brancards cintrés en érable. — **Dér.** *Schlittage, schlitteur.* — **Comp.** *Schlittweg.*

***SCHLITTEUR** (*schlitte*), *sm.* Ouvrier qui pratique le schlittage. Il se place entre les brancards de la schlitte. Généralement tous ses efforts sont employés à retenir le fardeau qui le pousse.

***SCHLITTWEG** (mot allem., *schlitten*, traîneau + *weg*, chemin), *sm.* Chemin de schlittage. On dit aussi *chemin de rafton.* C'est une sorte d'échelle tournante qui suit généralement les contours de la montagne, franchit quelquefois les pentes sur des échafaudages ou sur des amoncellements de bois. Les échelons sont représentés par des traverses clouées à des entailles pratiquées dans des longrines de la voie. Ces longrines elles-mêmes sont fixées par des piquets. — Pl. *Schlittwege* (pl. all.) ou *Schlittwegs.*

SCHLOCHAU. Ville de la Prusse occidentale. Ch.-l. de cercle.

***SCHLŒNBACHIA**, *sf.* Ammonite que l'on trouve dans le terrain crétacé. Coquille à forte carène à côtes recourbées en avant. Chambre d'habitation occupant deux tiers de tour. Ouverture échancrée de façon à former un bec au bord externe qui suit la spirale de la coquille ou est recourbé en dehors. Siphon situé dans la carène. Lobes un peu amincis, plus étroits que les selles. Un seul lobe auxiliaire distinct : lobe siphonal aussi long ou plus long que le premier lobe latéral. Principales espèces : *S. varians, S. cristata, S. Seneguieri, crétacé.*

SCHLOTHEIMIA, *sf.* Mollusque céphalopode du genre Ogoceras dont les côtes se réunissent sur le côté extérieur et y forment un angle dirigé vers l'ouverture. (Lias inférieur et moyen.)

SCHLUCHTERN. Ville de la Hesse prussienne. Ch.-l. de cercle. Distilleries.

SCHLUCKENAU. Ville d'Autriche-Hongrie (Bohême). Toiles et cotons.

SCHLUSSELBOURG, forteresse du gouvernement de Saint-Pétersbourg, sur le lac Ladoga et la Néva. Célèbre prison d'État.

SCHMID (CHRISTOPHE) (1768-1854), chanoine bavarois, auteur de contes, pour les enfants, qui jouissent à juste titre d'une grande popularité.

SCHMIEDEBERG, 3 604 hab. Ville de la Saxe prussienne. Exploitation de cuivre sulfuré.— Ville de la Silésie (russe), sur l'Eglitz. Toiles, rubans. Mine de plomb argentifère.

SCHMŒLLA. Ville de la Saxe-Altenbourg, sur la Sprotta. Draps, tanneries.

SCHMŒLNITZ (hong. *Szohnonok*). Ville de Hongrie. Mines de cuivre argentifère. Fabrication de monnaies de cuivre.

SCHNEEBERG, 8 000 hab. Ville de la Saxe royale. Mines d'argent, de cobalt, de fer. Tabacs, dentelles.

SCHNEETROPFE, 1659 mètres. Montagne des Sudètes, sur la frontière de la Silésie et de Bohême.

SCHNEIDER (EUGÈNE) (1805-1875), contribua beaucoup au développement des usines du Creusot, fut président du Corps législatif sous le second Empire.

SCHNEIDERNÜHL, 11 000 hab. Ville de la province de Posen (Russie), sur la Kuddow. Tanneries.

SCHNETZ (1787-1870), peintre français, fut à deux reprises directeur de l'Académie de France à Rome.

***SCHNICK** (mot germ.), *sm.* Mauvaise eau-de-vie très forte. (Pop.)

SCHŒFFER (PIERRE), gendre de Fust, l'un des collaborateurs de Guttemberg dans l'invention de l'imprimerie. Mort en 1502.

SCHŒMBERG. Ville d'Autriche-Hongrie (Moravie). Aiguilles, toiles de coton.

SCHŒN (MARTIN) (1420-1486), célèbre graveur allemand, l'un des inventeurs de la gravure en taille-douce.

SCHŒNAU (GROSS). Ville de la Saxe royale, sur la Neisse. Toiles damassées.

SCHŒNBRUNN. Village près de Vienne où se trouve un château impérial bâti sous Marie-Thérèse.

SCHŒNEBECK, 12 000 hab. Ville de la Saxe prussienne sur l'Elbe. Saline, fabrique de produits chimiques.

SCHŒNEBERG. Ville de Prusse (Brandebourg). Ecole d'horticulture.

SCHŒNEWERK (PIERRE-ALEXANDRE), statuaire français (1820-1885). On a de lui plusieurs œuvres au Musée du Luxembourg.

SCHŒNHEIDE, 5 000 hab. Ville du royaume de Saxe (Zwickau). Forges, outils.

SCHŒNINGEN. Ville du duché de Brunswick. Saline, houillères.

SCHŒNLINDE. Ville d'Autriche-Hongrie (Bohême). Filature. Tissages.

SCHOLAIRE, SCHOLIE. (V. *Scolaire, Scolie*, etc.)

SCHOLASTIQUE (sainte), sœur de saint Benoît, fonda l'ordre des Bénédictines. Mort vers 543.

SCHOMBERG [chon-berg], nom de trois maréchaux de France : HENRI (comte de) (1583-1632), combattit sous Louis XIII contre les calvinistes, et fut gouverneur du Languedoc. — CHARLES (duc de) (1601-1656), fils du précédent, prit Perpignan, s'attira l'antipathie d'Anne d'Autriche et de Mazarin. — FRÉDÉRIC, protestant et d'une autre famille que les précédents, se signala à la bataille des Dunes et en Catalogne; il s'exila à la Révocation de l'édit de Nantes et fut tué à la bataille de la Boyne dans l'armée de Guillaume d'Orange.

SCHOONER [chou-ner] (mot ang.), *sm.* Sorte de petite goélette à deux mâts.

SCHOONHAVEN. Ville de la Hollande méridionale, sur le Leck.

SCHOORISSE. Ville de Belgique (Flandre orientale). Toiles.

SCHOPENAÜER (ARTHUR) (1788-1860), célèbre philosophe allemand.

SCHORL (*Schorlaw*, nom d'un village de Saxe où l'on trouve une grande quantité de tourmaline noire), *sm.* Le mot *schorl* était appliqué par les anciens minéralogistes à beaucoup de minéraux dont la place n'était pas bien déterminée. Le *schorl* proprement dit était la *hornblende*. (V. ce mot.) On comprenait également, sous le nom de *schorl*, deux autres variétés de l'amphibole, qu'on appelle aujourd'hui *actinote* et *trémolite*. On donnait le nom de *schorl blanc* à l'*albite*, minéral qui cristallise dans le sixième système et forme souvent des macles. L'albite présente généralement diverses nuances de blanc, mais elle peut aussi être colorée; elle est plus ou moins transparente; elle se compose essentiellement d'un équivalent de silicate de soude allié à un équivalent de silicate d'alumine. Au chalumeau, elle donne à la flamme une coloration nettement jaune. Elle peut se trouver dans la diorite à l'état de mélange. Quelquefois l'albite se rencontre entremêlée avec l'orthoclase. Ce minéral se rencontre en Saxe, en Silésie, à l'île d'Elbe, dans les Alpes. En Savoie, on le trouve dans la dolomite au col du Bonhomme, et près du Bourget, notamment au Roc-Tourné. Toute tourmaline qui n'était ni brune, ni noire, était pour Werner un *schorl électrique;* une tourmaline brune ou noire était un *schorl noir*. Le minéral autrefois désigné par le nom de *schorl rouge de Hongrie* est maintenant connu sous le nom de *rutile*. Le *schorl vert* d'autrefois est la thallite d'aujourd'hui.

SCHORL-ROCK, *sm.* Ou *roche de tourmaline,* roche formée par une agglomération de deux minéraux, le quartz et la tourmaline.

SCHOUTEN, navigateur hollandais du XVIIe siècle, mort en 1625.

SCHOUTEN, îles de la Mélanésie, dans le Pacifique. Découvertes en 1616 par Guillaume Schouten.

SCHOUWEN, île de la Zélande (Hollande) à l'embouchure de l'Escaut, entre les îles de Over Plakkée et de N. Beveland. Ch.-l. *Zeirikzee.*

SCHRAPNELL, *sm.* Nom que portent, en terme militaire, les obus à balles.

SCHRECKHRON, sommet des Alpes Bernoises, à la source de l'Aar, en Suisse, cant. de Berne.

SCHRIMM. Ville des États prussiens (Posen), sur une île de la Wartha. Grains.

SCHRŒDER-DEVRIENT (GUILHELMINE) (1804-1860), cantatrice dramatique allemande de grand talent qui fut très appréciée à Vienne, à Berlin et à Paris, où elle vint, en 1829, pour jouer dans *Fidelio, Euryanthe, Don Juan,* etc.

SCHUBERT (FRANZ-PIERRE) (1797-1828), compositeur autrichien. A laissé une œuvre considérable et a abordé tous les genres avec une supériorité incontestable. Ses mélodies, véritables créations d'un genre nouveau, sont peut-être le plus beau titre de gloire de Schubert. Il suffit de citer : l'*Ave Maria,* la *Sérénade,* le *Roi des Aulnes, Marguerite au rouet,* etc.

SCHUMANN (ROBERT) (1810-1856), compositeur et critique musical allemand. Sa musique pour le piano est devenue classique, et ses *Lieder* sont chantés dans le monde entier. On lui doit encore des symphonies, de nombreux morceaux de musique de chambre, des œuvres symphoniques et vocales et des ouvertures. Schumann est mort dans une maison d'aliénés.

SCHUMANN (CLARA-JOSÉPHINE WIECK, épouse), femme du précédent, pianiste distinguée, naquit à Leipsick en 1819. Elle a publié aussi un certain nombre d'œuvres pour le piano et quelques mélodies.

SCHUTZ (HENRI, en latin *Sagittarius*) (1585-1672), célèbre compositeur de musique allemand. Son œuvre se compose de *motets, madrigaux, messes, psaumes,* etc., etc. Schutz est considéré comme le *père de la musique allemande.*

SCHWABACH. Ville de Bavière, sur la rivière de ce nom. Tabac, tissus.

SCHWALBACH, 2 200 hab. Ville de Prusse (anc. duché de Nassau) : eaux minérales ferrugineuses.

SCHWACHAT. Bourg de la basse Autriche. Indiennes, brasseries.

SCHWARTZ (BERTHOLD), moine allemand qui a passé pour l'inventeur de la poudre à canon, mais à qui l'on doit réellement la grosse artillerie, qu'il fit connaître aux Vénitiens en 1378.

SCHWARZA, rivière d'Autriche qui, jointe au Pitten, forme la Leitha, affluent de la Saale.

SCHWARZBOURG, nom de deux anciennes principautés de la Thuringe : *Schwarzbourg-Rudolstadt* et *Schwarzbourg-Sondershausen.* Aujourd'hui à la Prusse.

SCHWARZENBERG. Ville de la Saxe royale. Mines de fer et forges.

SCHWARZENBERG (CHARLES-PHILIPPE, PRINCE DE) (1771-1820), feld-maréchal autrichien qui prit une grande part aux guerres contre la Révolution française et le premier Empire, mais fut au-dessous de sa réputation militaire. — FÉLIX (PRINCE DE) (1800-1852), homme d'État autrichien, ministre des affaires étrangères et président du conseil sous François-Joseph ; il fut en Italie, dans la guerre de Hongrie, le champion dévoué de l'absolutisme.

SCHWARZWALD. (La Forêt Noire.)

SCHWAZ. Ville d'Autriche-Hongrie (Tyrol). Tabac, lainages. Mines de cuivre argentifère.

SCHWEDT. Ville de Prusse (Brandebourg), sur l'Oder. Amidon, eaux-de-vie.

SCHWEIDNITZ. Ville de la Silésie, sur la Weittritz. Laines, rubans, toiles, brasseries.

SCIARES

SCHWEINFURT. Ville de Bavière, sur le Mein. Couleurs, sucres, savons, toiles.

SCHWEINFURT, célèbre chimiste auquel on doit, entre autres, le *vert de Schweinfurt*, arsénite de cuivre d'une composition analogue à celle du vert de Scheele, mais qui s'obtient en faisant agir l'acide arsénieux sur l'acétate basique de cuivre.

SCHWÉRIN, 47 705 hab. Capitale du grand-duché de Mecklembourg-Schwérin, sur le lac de Schwérin.

SCHWIEBUZ. Ville de Prusse (Brandebourg), sur la Schwemme. Draps.

SCHWITZ, 27 989 hab. Ville de Suisse, qui a donné son nom à l'un des quatre cantons forestiers, situé à l'E. des Quatre-Cantons et aussi à l'E. de toute la Suisse. Le canton, montueux, de langue allemande, nourrit une race bovine dont les vaches sont très bonnes laitières. On croit ses habitants d'origine scandinave.

***SCIABLE** (*scier*), *adj. 2 g.* Qui peut être scié.

SCIACCA, 22 195 hab. Port de Sicile, sur la côte méridionale. Sources thermales, poteries.

SCIAGE (*scier*), *sm.* Travail qui consiste à partager en plusieurs morceaux, au moyen de la scie, un morceau de bois, de pierre ou de marbre : *Bois de sciage,* pièce de bois provenant d'une pièce plus forte refendue sur sa longueur en plusieurs parties. ‖ *Sciage de long,* refente du bois de charpente.

***SCIARE**, *sf.* Larve d'une espèce de tipule qui est composée de treize anneaux, d'une petite tête noire et n'a pas de pieds. A certaines époques de l'année, au mois de juillet, les sciares se réunissent en quantité innombrable et forment un ruban qui peut atteindre jusqu'à 30 mètres de longueur sur 6 à 8 centimètres de largeur et autant d'épaisseur. Ce cordon s'avance avec la lenteur d'une limace et en laissant sur le sol une matière gluante qui est sécrétée par le corps de ces petits vers et les agglutine entre eux. Ces colonnes vivantes marchent sans être arrêtées par aucun obstacle, et si l'on vient à les couper, le tronçon qui est resté en arrière ne tarde pas à rattraper le tronçon antérieur et à se ressouder avec lui. Si, au contraire, on s'arrange de manière à souder la tête de la colonne à la queue, ces larves continuent à décrire un cercle pendant toute une journée. Les sciares se rencontrent dans le voisinage des forêts dans le Hanovre, en Norvège et jusqu'en Sibérie. Les habitants de ces contrées ont attaché des idées superstitieuses à la venue de ces insectes ; c'est d'un heureux présage lorsqu'ils passent sur une ceinture qu'on a jetée en travers de leur route ; c'est le contraire lorsque les vers contournent l'obstacle. Quand la colonne vivante se dirige vers la plaine, la récolte sera bonne, mais si elle gagne la montagne, la saison sera mauvaise et la récolte sera détestable.

SCIATHOS auj. Skiatho, île de la mer Egée, au N. de l'Eubée.

SCIATIQUE (l. *sciaticum :* du g. ἰσχίον, hanche), *adj. 2 g.* Qui appartient à la région de la hanche : *Nerf sciatique.* — *Sf.* Vive douleur affectant le nerf sciatique, et qu'on ressent parfois à la partie postérieure de la cuisse et de la jambe ; on l'appelait autrefois *goutte sciatique.*

SCICLI. Ville de Sicile (province de Syracuse), sur la Scicli. Cuirs, poteries.

SCIE (vx fr. *soie, sie*; le c a été intercalé comme dans *sceau,* etc. C'est là une faute d'orthographe), *sf.* de *scier.* Lame d'acier longue et étroite, ordinairement pourvue de dents d'un côté, montée dans une armature en bois et servant à partager le bois, la pierre, etc., en plusieurs morceaux. On divise les pierres très dures avec une scie sans dents. — Les âges préhistoriques possédaient déjà des scies en silex. Au début tous les instruments étaient probablement employés, au besoin, en guise de scie. Mais peu à peu une différenciation s'opéra, et l'époque robenhausienne nous a laissé un grand nombre de ces outils dont l'usage s'était généralisé. A l'encontre de ce que l'on serait porté à croire, les scies préhistoriques ne possédaient pas de dents ; celles-ci auraient présenté le grave inconvénient d'arrêter le travail et de ne point trancher les objets soumis à leur action. Ces scies étaient

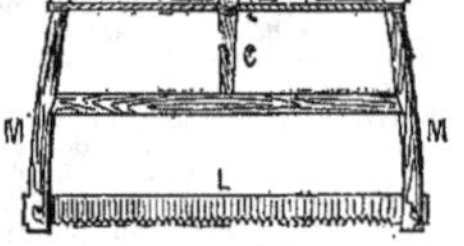

SCIE DE CHARPENTIER

L. Lame. — M. Montants. — C. Clef. C'. Corde.

des lames de silex retaillées sur l'un de leurs bords de manière à le rendre rugueux. Quelques-unes de ces lames étaient retouchées sur leurs deux bords, et l'on en rencontre un grand nombre en France qui ont à chacune de leurs extrémités une coche, comme l'indique la fig. 1. Ces sortes de scies sont plus récentes que les premières. Elles n'étaient point emmanchées et devaient être manœuvrées à la main. D'autres, au contraire, retouchées sur un seul bord, sont pourvues d'un manche en bois ou en corne; elles sont engagées dans une fente et y sont maintenues au moyen de bitume. En outre, le manche présente à l'une de ses extrémités un trou de suspension. Tels sont les outils représentés fig. 2 et 3, et qui ont été trouvés dans les palafittes de la Suisse. Les scies que l'on a découvertes dans les contrées du Nord ont une forme qui se rapproche plus ou moins du croissant et sont taillées sur les deux côtés (fig. 4). Enfin, il existe de ces instruments qui n'ont pas de manche, mais possèdent un appendice comme le montre la fig. 5 représentant une scie en silex trouvée au Japon. Les scies de silex continuèrent à être en usage pendant les premiers temps de l'âge du bronze, alors que le métal était encore rare. Mais avec le temps et les progrès de l'industrie, le métal remplaça tous les objets de silex; les scies eurent le même sort, et celles de l'époque larnaudienne ont des formes assez variées : ce sont principalement des scies à main. La fig. 6 représente un couteau-scie : la lame est tranchante sur l'un de ses bords et a des dents sur l'autre. Cet échantillon, qui appartient au musée de Saint-Germain, provient d'une cachette de fondeur découverte à Fouilloy (Oise). Les instruments de pierre qui présentent des dents sur leurs deux bords sont des armes, pointes de flèche ou de lance. — Les Romains se servaient déjà de la scie à bois telle que nous la possédons aujourd'hui. Au moyen âge, pendant les XIIIe, XIVe et XVe siècles, les menuisiers se servaient pour découper le bois, en suivant certaines courbes, d'une *scie à tourner*. Quant à la scie en usage pour couper la pierre, elle date seulement du XVIe siècle. || *Scie de long*, grande scie montée au milieu d'un châssis de bois perpendiculairement au plan de ce dernier, manœuvrée par deux hommes et ne sciant qu'en descendant. || *Scie circulaire*, scie ayant la forme d'une roue dentée, tournant très rapidement autour de son axe sous l'action d'une mécanique. Ces appareils sont presque uniquement employés de nos jours pour le sciage à la mécanique des pièces de bois de toutes dimensions. Pour débiter un arbre, il suffit de le poser sur un plateau en fonte qui l'entraîne mécaniquement vers la scie circulaire. || *Le trait de la scie*, ligne tracée à l'endroit où l'on veut scier. || *Trait de scie*, chaque coupe faite avec la scie : *On a fait trois traits de scie dans ce morceau.* — Fig. et pop. *C'est une scie*, une chose fort ennuyeuse. || Mauvaise plaisanterie, mystification souvent répétée : *Monter une scie à quelqu'un.* || Refrain que l'on répète à satiété pour ennuyer une personne. || Genre de poissons cartilagineux de l'ordre des Sélaciens et de la famille des Squales. Ces animaux, qui atteignent quelquefois 5 mètres de longueur, ont le corps arrondi et conique en arrière, tandis qu'en avant ils sont déprimés et élargis. Leur museau se termine par une lame longue et résistante munie de chaque côté d'une série de dents qui donnent à cet appendice l'apparence d'une scie. Ce poisson, comme tous les squales, nage avec une très grande rapidité. Il se trouve dans les différentes mers du globe, bien que chacune de ses espèces ait l'air d'avoir son habitat particulier. On prétend que les scies attaquent avec fureur les cétacés et les percent de leur dard.

SCIE

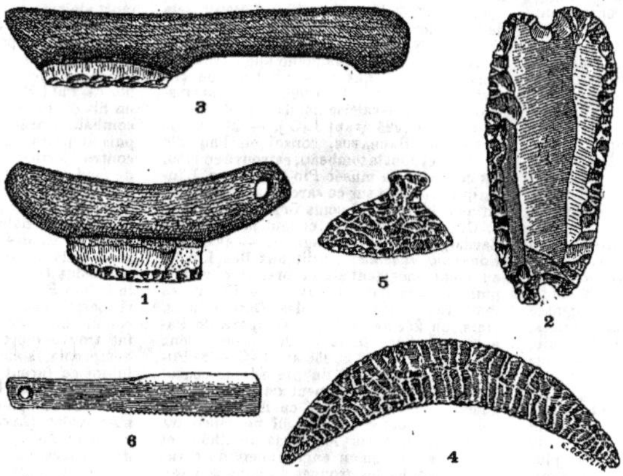
SCIES PRÉHISTORIQUES

1. Scie en silex montée dans un manche en bois. Station lacustre de Wangen. Musée de Saint-Germain. — 2. Scie à coches latérales, silex du Grand-Pressigny Huisseau (Loir-et-Cher). Musée Broca. — 3. Scie en silex dans un long manche en bois. Palafittes du lac Moosséedorf, canton de Berne (Suisse). Collection Uhlmann. — 4. Scie en croissant, silex. Danemark. Musée de Saint-Germain. — 5. Scie à appendice, silex. Village de Hatchiman-Moura, province de Chinchiou (Japon). — 6. Scie-couteau, lame dentelée d'un côté, tranchante de l'autre, se prolongeant en manche troué au bout. Cachette de fondeur de Fouilloy (Oise). Musée de Saint-Germain.

SCIEMMENT (vx fr. *scient*, du l. *scientem*, sachant + sfx. *ment*), *adv.* Avec connaissance de ce que l'on fait : *Agir sciemment.*

SCIENCE (l. *scientia :* de *scire*, savoir), *sf.* Connaissance qu'on a de quelque chose : *Je sais cette nouvelle de science certaine*, de façon à n'en pouvoir douter. || L'ensemble des connaissances que les hommes possèdent sur une matière : *La science de l'astronomie.* || L'ensemble des sciences se subdivise en : *Sciences mathématiques*, arithmétique, algèbre, géométrie, mécanique, astronomie; *Sciences physiques*, physique et chimie; *Sciences naturelles*, minéralogie, botanique; zoologie, géologie; *Sciences sociales*, sociologie, histoire, jurisprudence, philosophie, etc.; *Sciences appliquées*, les sciences considérées au point de vue des applications qu'on en peut faire aux usages de la vie. || Savoir qu'on acquiert par l'étude ou la méditation. || *Un puits de science*, un homme extraordinairement savant. || *Science infuse*, celle que Dieu donne instantanément à un homme : *Il croit avoir la science infuse*, il se croit savant sans avoir étudié. || Connaissance de certaines choses qui servent à la conduite de la vie ou des affaires : *La science du monde*, le tact parfait par lequel on se concilie les hommes. — **Dér.** *Scientifique, scientifiquement.*

SCIENTIFIQUE (l. *scientia* + sfx. *ficus*, qui fait), *adj. 2 g.* Qui concerne les sciences : *Une question scientifique.*

SCIENTIFIQUEMENT (*scientifique* + sfx. *ment*), *adv.* D'après les méthodes, les procédés de la science.

SCIER (vx fr. *seer, saier, soier, sier :* l. *secare*, couper), *vt.* Couper avec la scie. || Moissonner les céréales avec la faucille. — Fig. *Scier le dos à quelqu'un*, l'agacer à l'excès. — **Se scier**, *vr.* Être scié : *Cette pierre se scie aisément.* — **Gr.** Je scie, n. scions; je sciais, n. sciions, v. sciiez; je scierai; je scierais; que je scie, que n. sciions, que v. sciiez. — **Dér.** *Scie, scierie, scieur, sciage, sciable, sciure, sciotte, scion.* — **Gr.** Dans différents dialectes, en picard, en briard, etc., on dit *soyer* pour *scier* lorsqu'il s'agit de moissonner le blé avec la faucille.

SCIERIE (*scier*), *sf.* Établissement dans lequel un grand nombre de scies mues à la fois par une chute d'eau ou par la vapeur scient le bois, la pierre, etc.

SCIEUR (*scier*), *sm.* Ouvrier qui scie le bois, la pierre, etc. || *Scieur de long*, ouvrier qui débite le bois de charpente avec la scie de long. || Moissonneur qui se sert de la faucille.

SCIGLIO, ville d'Italie (Reggio). Pêche. Vins renommés.

SCILLE (l. *scilla*), *sf.* Genre de plantes monocotylédones de la famille des Liliacées renfermant des plantes bulbeuses croissant dans l'Europe moyenne, la région méditerranéenne, au cap de Bonne-Espérance. Leur hampe se termine par une grappe de fleurs blanches ou bleu de ciel. Les fleurs ont un périanthe à six divisions pétaloïdes; l'androcée se compose de six étamines. L'ovaire a trois loges contenant de nombreux ovules dont un petit nombre arrive à maturité. Le fruit est une capsule. Les principales espèces de ce genre sont : 1° La *scille maritime* (*scilla maritima*), qui croît sur le littoral des mers, dans le midi de la France, dans l'Afrique méridionale, en Syrie. Son bulbe énorme donne naissance à une hampe haute de 6 à 8 décimètres se terminant par une grappe de fleurs blanches. La scille maritime est cultivée comme plante d'ornement; mais elle est surtout intéressante comme espèce médicinale. On ne fait usage que de son bulbe dont les tuniques desséchées sont désignées dans les pharmacies sous le nom de *squames de scille* ou *squille*. C'est un excellent diurétique et un expectorant d'un effet sûr. A haute dose, c'est un poison dangereux. La scille doit ses propriétés à la *scillitine*. 2° La *scille* ou *jacinthe du Pérou* (*scilla peruviana*), est originaire de l'Espagne, d'où elle avait été transplantée au Pérou par les Portugais. Elle se naturalisa si bien en Amérique, qu'elle en fut rapportée et cultivée en Europe comme plante d'ornement à cause de ses jolies fleurs bleues. Cette espèce a donné des variétés à fleurs gris de lin. 3° La *scille agréable* ou *jacinthe étoilée des jardiniers* (*scilla amena*), originaire de la Roumélie, dont l'oignon, d'un jaune verdâtre, donne naissance à une

SCILLE MARITIME

hampe de 0^m,25 de hauteur, qui donne en avril des fleurs d'un joli bleu et ouverte en étoile. 4° La *scille à deux feuilles* (*scilla bifolia*), jolie petite espèce, commune dans les bois d'une grande partie de la France, remarquable par ses feuilles le plus souvent au nombre de deux seulement, et par sa grappe lâche de fleurs d'un beau bleu. 5° La *scille fausse jacinthe* (*scilla hyacinthoïdes*), que l'on trouve fréquemment dans nos forêts et qui donne en mai de longues grappes cylindriques de fleurs bleues. 6° La *scille de Sibérie* (*scilla siberica*), dont le bulbe arrondi porte une hampe terminée par deux ou trois fleurs d'un bleu améthyste du plus bel effet surtout lorsque les oignons sont réunis en touffes. — **Dér.** *Scilline, scillitine, scillitique.*

***SCILLINE** (*scille*), *sf.* Substance ternaire peu connue, contenue dans la scille et capable, paraît-il, de se transformer en sucre.

***SCILLITINE** (*scille*), *sf.* Principe vénéneux de la scille. C'est une matière azotée, blanche, insoluble dans l'eau, soluble dans l'alcool.

***SCILLITIQUE** (l. *scilliticum*), *adj. 2 g.* Où il entre de la scille : *Miel scillitique.*

SCILLY. (V. *Sorlingues.*)

***SCINCOÏDIENS** (*scinque* + g. εἶδος, forme), *smpl.* Famille de reptiles renfermant un grand nombre d'espèces qui ont le corps presque cylindrique et recouvert d'écailles semblables à celles des poissons. Tous ces animaux ont de très grandes ressemblances avec les orvets, et ils ne s'en distinguent guère que par la présence de quatre membres peu développés.

SCINDER (l. *scindere*), *vt.* Couper, diviser en plusieurs parties, en parlant d'une question, d'une proposition. — **Dér.** *Scission, scissionnaire, scissure, scissile.* — **Comp.** *Rescinder, rescindant, rescission, rescissoire, rescindable.*

SCINQUE (l. *scincum*), *sm.* Genre de reptiles des pays chauds dont les deux principales espèces sont : 1° Le *scinque des boutiques*, dont le corps, long de 18 à 20 centimètres, est d'une teinte jaunâtre argentée avec sept ou huit bandes transversales noires. Cette espèce habite la Nubie, l'Abyssinie, l'Egypte et l'Arabie. Cet animal se plaît sur les monticules de sable, où on le voit se chauffer paisiblement aux rayons du soleil le plus ardent. Les médecins orientaux recommandent la chair du scinque dans le traitement des maladies de la peau. Les habitants du midi de l'Égypte le ramassent en grande quantité; ils le font dessécher et l'expédient au Caire et à Alexandrie, d'où on l'envoie dans les pharmacies de l'Asie. 2° Le *scinque bridé*, plus petit que le scinque des boutiques, est d'un gris ferrugineux orné de neuf à treize raies longitudinales. On ne le rencontre qu'en Égypte, où il se creuse une retraite dans les sables. Les anciens Égyptiens embaumaient le scinque bridé et l'enveloppaient de linges et de bandelettes comme les momies humaines. On en retrouve aujourd'hui les momies dans les tombeaux égyptiens. — **Dér.** *Scincoïdiens.*

SCINQUE DES BOUTIQUES

SCINTILLANT, ANTE (*scintiller*), *adj.* Qui scintille, qui brille.

SCINTILLATION (l. *scintillationem* : de *scintilla*, étincelle), *sf.* Rapides changements de couleur de la lumière des étoiles fixes. La lumière est tantôt verte, tantôt bleue, tantôt rouge, par intermittence sans ordre, comme seraient les feux de phares désordonnés. La scintillation des étoiles présente une vivacité particulière lorsque l'air, après avoir été sec, commence à devenir humide; de là le dicton : *Quand les étoiles scintillent, c'est signe de pluie.* La scintillation est généralement très faible sous le ciel calme, clair et sec des tropiques; elle anime, au contraire, de ses changements à vue la monotonie, la tristesse des humides nuits polaires. *Les planètes n'ont pas de scintillation appréciable.* Arago a donné une théorie qui explique à la fois la scintillation des étoiles et la non-scintillation des planètes. Les étoiles n'ont presque pas de diamètre apparent; elles nous apparaissent à peu près comme des points lumineux. Elles émettent de la lumière blanche; mais, sous l'influence des variations de densité de l'atmosphère, les rayons colorés dont se compose cette lumière éprouvent des *interférences* (V. les lois des interférences, t. II, p. 90, col. 2), qui renforcent l'éclat de tel ou tel de ces rayons, tandis qu'elles éteignent les autres. Quant aux planètes, comme elles présentent une surface appréciable, la scintillation de leurs divers points se compense de telle sorte que l'effet sur l'œil est nul.

SCINTILLEMENT (*scintiller*), *sm.* Action de scintiller.

SCINTILLER (l. *scintillare* : de *scintilla*, étincelle), *vi.* Lancer une lumière qui change à chaque instant d'éclat : *Les étoiles, les diamants scintillent.* — **Dér.** *Scintillant, scintillante, scintillement, scintillation.*

SCIO, l'ancien *Chios.*

SCION (*scier*), *sm.* Très jeune branche d'arbre ordinairement flexible. ‖ Baguette pour frapper quelqu'un, pour battre les habits.

***SCIOTTE** (dm. de *scie*), *sf.* Petite scie de marbrier, à main et sans dents.

SCIPION, nom d'une illustre famille de la Rome ancienne à laquelle appartenait la *gens Cornelia.* Les plus célèbres de ces membres furent : 1° Publius Cornelius, maître de la cavalerie pendant la dictature de Camille (395 avant J.-C.). — 2° Lucius Cornelius Barbatus, consul en l'an 298 av. J.-C. et dont le tombeau, retrouvé en 1780, est conservé au musée Pio-Clémentin. L'inscription gravée sur ce sarcophage est écrite en vieux latin. — 3° Lucius Cornelius (258 av. J.-C.), fils du précédent, conquit la Corse et la Sardaigne sur les Carthaginois. — 4° Cneius Cornelius (*Asinæ*) perdit aux îles Lipari, au commencement de la première guerre punique, une bataille navale où 17 navires tombèrent au pouvoir des Carthaginois. Mais, en 254 av. J.-C., il s'empara de Panorme et d'une flotte de 200 voiles. Deux fois consul, en 260 et 258 av. J.-C. — 5° Publius Cornelius, fils du précédent, consul en 218, au commencement de la deuxième guerre punique. Envoyé en Espagne pour combattre contre Annibal, il ne rencontra ce dernier que sur les bords du Rhône et n'eut avec lui qu'un engagement de cavalerie. Il confia les troupes d'Espagne à son frère Cnéius, regagna l'Italie et fut vaincu et blessé à la Trébie. Dès qu'il fut guéri, il repartit pour l'Espagne, où des victoires contre Hannon lui donnèrent le pays jusqu'à l'Ebre (217). En 215 et 214, il battit Asdrubal et Magon et s'empara de Sagonte. Mais, en 212, il fut battu par Asdrubal et Magon, alliés à Massinissa, chef numide, et mourut en combattant. — 6° Cneius Cornelius, surnommé *Calvus*, seconda les efforts de son frère Publius Cornelius et empêcha Asdrubal de rejoindre Annibal en Italie. Il fut tué dans une bataille qu'il perdit près d'Anitorgis, la même année que son frère en 212 av. J.-C. — 7° Publius Cornelius, dit le *Premier Africain*, né en 235 av. J.-C., sauva la vie à son père à la bataille du Tésin, fut envoyé comme préteur en Espagne en 211, s'empara de Carthagène (210) et se concilia l'amitié des Celtibériens par sa généreuse conduite envers eux; il battit Asdrubal non loin de Bœtula, vainquit Hannon et Magon et acheva la conquête de l'Espagne. Puis, s'étant allié secrètement avec Massinissa, il demanda au sénat romain de transporter la guerre en Afrique. Cette proposition ayant été repoussée, il fut envoyé en Sicile; mais il n'en prépara pas moins son passage sur le continent africain. Annibal fut obligé d'aller au secours de Carthage et fut vaincu à Zama, ce qui mit fin à la deuxième guerre punique. Il suivit ensuite son frère en Asie Mineure et contribua par ses conseils aux succès que ce dernier obtint dans cette contrée. Son caractère hautain lui aliéna l'esprit de ses concitoyens et de Caton en particulier; aussi passa-t-il ses dernières années loin de Rome et mourut dans sa villa de Liternum, en Campanie (183 av. J.-C.). — 8° Lucius Cornelius, surnommé l'*Asiatique*, était le frère aîné du précédent, dont il fut le lieutenant en Espagne et en Sicile. Envoyé en Asie Mineure, il vainquit Antiochus le Grand à Magnésie. Englobé dans la disgrâce de son frère, il fut accusé de corruption et condamné à une amende de 4 millions de sesterces; ses biens furent saisis et la vente ne couvrit pas cette somme. — 9° Publius Cornelius, dit *Nasica*, cousin des deux précédents, commanda les armées de la République en Espagne. En 191, il fut nommé consul et remporta sur les Boïens une victoire décisive. — 10° Scipion Nasica (*Publius Cornelius*), fils du précédent et gendre de l'*Africain*; il reçut le surnom de *Corculum.* Il suivit Paul-Emile dans son expédition contre Persée; il fut censeur et deux fois consul. Pendant son deuxième consulat, il fit la guerre aux Dalmates; il s'opposa à la destruction de Carthage, voulant ainsi obliger les Romains à conserver leurs anciennes mœurs. — 11° Scipion Nasica (*Publius Cornelius*, dit *Sérapion*, fils du précédent, se distingua surtout par son animosité contre son cousin Tibérius Gracchus, et fut cause de la mort violente de ce tribun. Le sénat l'envoya dans le royaume de Pergame pour y rétablir l'ordre troublé par Aristonic. — 12° Scipion-Emilien (*Publius Cornelius*), surnommé le *Second Africain* (185-129 av. J.-C.), était fils de Paul-Emile et avait été adopté par un fils du premier Africain. Il alla d'abord combattre avec son père contre Persée; puis il passa en Espagne; envoyé ensuite contre Carthage qu'il assiégea et détruisit de fond en comble, il reçut à son retour à Rome les honneurs d'un triomphe sans égal. Il retourna en Espagne, où il rasa Numance, dont tous les habitants furent vendus comme esclaves. Rentré à Rome, il devint l'adversaire de la loi agraire et fut traité de tyran par Caïus Gracchus, qui le fit attaquer par le tribun Fulvius; mais les sénateurs et l'aristocratie l'accompagnèrent jusque chez lui comme un triomphateur. Le lendemain, il fut trouvé mort dans son lit; sa femme, Sempronia, sœur des Gracques, et Caïus lui-même furent soupçonnés de l'avoir empoisonné. Il était l'ami de Polybe, de Térence et du philosophe Panœtius. — 13° Scipion l'Asiatique (*Lucius Cornelius*), fut consul en 83 av. J.-C.; ses troupes furent deux fois débauchées par Sylla et Pompée. Sylla le mit sur sa première liste de proscription.

***SCIRPE** (l. *scirpum*), *sm.* Grand genre de plantes monocotylédones de la famille des Cypéracées auquel appartiennent le *scirpe maritime*, qui croît dans les marais, et le *scirpe des lacs*, ou *jonc des tonneliers*, qu'on trouve dans les étangs, et dont le chaume sert à remplir les vides entre les douves des tonneaux.

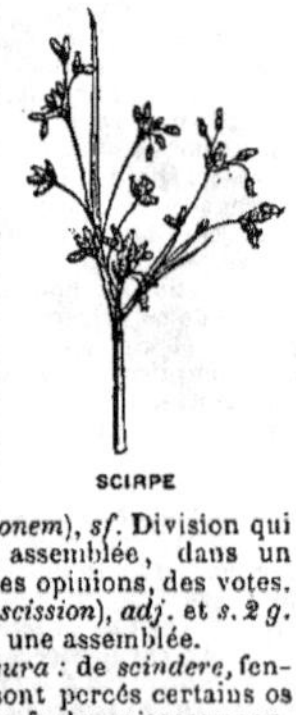

SCIRPE

SCISSILE (l. *scissibilem* : de *scindere*, fendre), *adj. 2 g.* Qui peut être fendu aisément : *L'ardoise est scissile.*

SCISSION (l. *scissionem*), *sf.* Division qui survient dans une assemblée, dans un parti, etc. ‖ Partage des opinions, des votes.

SCISSIONNAIRE (*scission*), *adj.* et *s. 2 g.* Qui fait scission dans une assemblée.

SCISSURE (l. *scissura* : de *scindere*, fendre), *sf.* Fente dont sont percés certains os pour le passage des nerfs, des vaisseaux sanguins. ‖ Dépression à la surface d'un organe. ‖ *Scissure de Sylvius*, dépression entre le lobe antérieur et le lobe moyen du cerveau.

SCIURE (*scier*), *sf.* Poudre qui tombe d'un corps que l'on scie : *De la sciure de bois.*

***SCLARÉE** [skla-rée] (l. *sclarea*), *sf.* Sauge à bractées colorées nommée aussi *orvale* ou *toute-bonne.* Cette plante se rencontre sur les coteaux. Elle est considérée comme tonique et amère.

*** SCLÉRANTHE** (g. σκληρός, dur + ἄνθος, fleur), *sm.* Genre de plantes dicotylédones de la famille des Caryophyllées dont une espèce indigène se rencontre dans les champs. Une seconde espèce, le *scléranthe vivace*, peut nourrir la cochenille de Pologne, qui, comme on sait, remplace la cochenille du Mexique.

SCLÉROPHTALMIE (g. σκληρός, dur + ὀφθαλμία, ophtalmie), *sf.* Ophtalmie accompagnée de rougeur, de douleur et de dureté du globe de l'œil.

SCLÉROTIQUE (g. σκληρός, dur), *sf.* Ou cornée opaque, membrane blanche et très solide qui enveloppe le globe de l'œil et dont on aperçoit la partie antérieure dite vulgairement *le blanc de l'œil.* (V. *Œil.*)

SCOLAIRE (l. *scholarem*), *adj. 2 g.* Qui a rapport aux écoles : *Année, rétribution scolaire.* — **Dér.** *Scolarité, scolastique, scolastiquement.* Même famille : *Ecole,* etc.

SCOLARITÉ (*scolaire*), *sf.* Droit que les étudiants des anciennes Universités avaient de réclamer les privilèges qui y étaient attachés. || Le temps que durent les études dans un établissement d'instruction : *La scolarité de l'Ecole polytechnique est de deux ans.*

SCOLASTIQUE (l. *scolasticum* : de *scola*, école), *adj. 2 g.* Qui appartient à l'école. || Conforme à la méthode syllogistique qui avait cours au moyen âge : *Raisonnement scolastique.* || Propre aux écoles du moyen âge : *Philosophie scolastique.* — *Sf.* La philosophie déductive qu'on enseignait dans les écoles du moyen âge. — *Sm.* Auteur d'un livre de philosophie scolastique. || Celui qui enseigne cette philosophie.

SCOLASTIQUEMENT (*scolastique* + sfx. *ment*), *adv.* Conformément à la méthode scolastique.

***SCOLEX** (g. σκώληξ, ver), *sm.* Tout ver intestinal tant qu'il se trouve dans la phase de sa vie où il est apte à donner naissance, par bourgeonnement, à des helminthes parfaits.

***SCOLÉZITE** (g. σκόλης, cheveu), *sf.* Minéral formé de petites gerbes de filaments cristallins qui sont constitués par du silicate double d'alumine et de chaux. Il se trouve dans les basaltes du Vivarais et de l'Auvergne, etc.

SCOLIASTE (g. σχολιαστής), *sm.* Celui qui a fait des scolies sur un auteur ancien. || Commentateur.

SCOLIE (g. σχόλιον, commentaire), *sf.* Note faite pour expliquer au point de la grammaire, de la critique, du sens un passage d'un auteur classique. — *Sm.* Remarque contenant des développements, des explications sur une ou plusieurs propositions de géométrie. — **Dér.** *Scoliaste.*

SCOLOPENDRE
VULGAIREMENT LANGUE DE CERF

1. SCOLOPENDRE (g. σκολοπένδριον), *sf.* Fougère de la tribu des polypodes, à feuilles entières, luisantes en dessous, croissant sur les murs humides des puits, dans les fentes des rochers et employée en médecine aux mêmes usages que les capillaires.

2. SCOLOPENDRE (g. σκολόπενδρα), *sf.* Genre d'insectes de la classe des *myriapodes* ou *mille-pieds* dont une grande espèce de l'extrême midi de la France détruit les larves d'insectes et les limaces, mais a une morsure venimeuse.

SCOLYTE DESTRUCTEUR

SCOLYTE (g. σκολύπτειν), *sm.* Genre d'insectes coléoptères xylophages dont les femelles creusent entre l'écorce et le bois des arbres vivants, mais déjà malades, des galeries où elles déposent leurs œufs, ce qui occasionne

SCOLYTE PIGMÉE

SCOLYTE EMBROUILLÉ

la mort rapide de l'arbre. Les espèces les plus redoutables sont : le *scolyte destructeur* et le *scolyte pigmée*, qui font périr les chênes et les ormes ; *le scolyte embrouillé*, qui s'attaque aux chênes. On arrête leurs ravages en enlevant tout autour du tronc des arbres attaqués des bandes verticales des couches supérieures de l'écorce jusqu'au liber. Mais la plupart du temps on est obligé d'abattre les arbres qui sont attaqués par ces insectes. C'est ce que l'on a fait dans le bois de Vincennes, où l'on a dû arracher 20 000 chênes d'un seul coup.

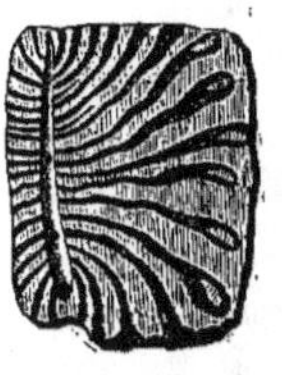

SCOLYTE
GALERIES CREUSÉES PAR DES SCOLYTES, AVEC LARVES

***SCOMBÉROÏDES** (l. *scomber*, maquereau + εἶδος, forme), *smpl.* Famille de poissons de mer de l'ordre des Acanthoptérygiens, à laquelle appartiennent le maquereau, le thon, l'espadon, le pilote, etc.

SCOMBRE (l. *scomber*), *sm.* Nom zoologique du maquereau. — **Comp.** *Scombéroïdes.*

SCONE, ville d'Ecosse, comté de Perth. Palais des comtes de Mansfield. Les anciens rois d'Ecosse étaient couronnés sur la pierre de Dunstaffnage.

SCOPAS, célèbre sculpteur et architecte grec, né à Paros vers la fin du ve siècle av. J.-C.

SCOPÉLOS, 12 000 hab. Ile de la Grèce, dans l'Archipel, au N. de Négrepont. Sol montagneux, vins. Ch.-l. *Scopélos*, 5000 hab.

***SCOPS** (g. σκώψ : de σκώπτειν, se moquer), *sm.* Le petit-duc, oiseau de proie nocturne et migrateur, du genre chouette.

SCOPS

SCORBUT [skor-bu] (hol. *scheurbuik*), *sm.* Maladie non accompagnée de fièvre, caractérisée par un grand affaiblissement des forces musculaires, par des taches livides sur tout le corps suivies d'ecchymoses, par le gonflement, le ramollissement et le saignement des gencives. Le scorbut atteint surtout les marins et les grandes agglomérations de troupes. Il a pour causes : l'humidité, les aliments et les boissons insalubres, les grandes fatigues, la nostalgie. Le débarquement à terre de l'équipage, un air pur, une bonne nourriture, l'exercice, l'usage des plantes crucifères comme aliments, les toniques le guérissent souvent en quelques jours. — **Dér.** *Scorbutique.* — **Comp.** *Antiscorbutique.*

SCORBUTIQUE (*scorbut*), *adj.* et *s. 2 g.* Qui tient de la nature du scorbut : *Affection scorbutique.* || Qui est attaqué du scorbut : *Un marin scorbutique.*

***SCORDION** ou ***SCORDIUM** (g. σκόρδιον, plante à odeur d'ail), *sm.* La germandrée aquatique, plante tonique qui entre dans l'électuaire diascordium. (V. *Germandrée.*)

SCORFF, rivière qui prend sa source à Lescouet (Côtes-du-Nord), arrose Langoëlan, Guéméné, Pontscorff, et se jette à Lorient dans le Blavet. Elle reçoit le Dourdu et le Kerlustan.

SCORIE (l. *scoria* : du g. σκώρ, excrément), *sf.* Toute substance qui a l'apparence du verre et s'amasse sous forme d'écume à la surface d'un métal en fusion lorsqu'on réduit son minerai. Les scories proviennent de la gangue. Celles du fer sont un silicate double d'alumine et de fer ou un silicate d'alumine et de chaux. On les emploie pour macadamiser les chemins. || La lave des volcans lorsqu'elle est en masse peu volumineuse, irrégulière, fragile et à cassure vitrée. Elle forme, en se désagrégeant, des terrains quelquefois très fertiles. — **Comp.** *Scorifier, scorification, scorificatoire.*

SCORIFICATION (*scorifier*), *sf.* Toute formation d'une gangue en scories.

SCORIFICATOIRE (*scorifier*), *sm.* Vase avec lequel on enlève les scories qui sont à la surface d'un métal fondu.

SCORIFIER (*scorie* + l. *facere*, faire), *vt.* Transformer une gangue en scorie. || Enlever les scories qui sont à la surface d'un métal fondu. — **Se scorifier**, *vr.* Être changé en scorie.

***SCORODITE** (g. σκόροδον, ail), *sf.* Hydroarséniate de fer, naturel, en cristaux transparents ou translucides, d'un vert un peu bleuâtre. Ils se trouvent à Vaulry, dans le Limousin.

***SCORPÈNE** (l. *scorpæna*), *sf.* Genre de poissons acanthoptérygiens à corps écailleux et à tête épineuse. La Méditerranée nourrit deux espèces de ce genre, savoir : 1° la *scorpène rouge*, et 2° la *petite scorpène brune* connue vulgairement sous le nom de *rascape*. Ces poissons vivent en troupe et leur chair est assez estimée.

SCORPÈNE

SCORPIOÏDE (g. σκορπίος, scorpion + εἶδος, forme), *adj. 2 g.* Recourbé comme la queue d'un scorpion. || Se dit d'une inflorescence recourbée en forme de queue de scorpion. Ex. : Celle des myosotis, de l'herbe aux verrues.

SCORPION (l. *scorpionem*), *sm.* Genre d'insectes des pays chauds de la classe des arachnides pulmonaires dont le corps se termine postérieurement par un crochet qui fait une piqûre venimeuse très douloureuse, mais non mortelle. On en combat les effets par l'ammoniaque administrée à l'intérieur et à l'extérieur, et par l'application sur la plaie de substances émollientes. Le scorpion d'Europe vit dans les pays voisins de la Méditerranée. || Constellation située entre la Balance et le Sagittaire. || Signe du zodiaque que le soleil semble parcourir du 20 octobre au 20 novembre. || Ancienne petite machine de guerre pour lancer des traits. — **Comp.** *Scorpioïde.*

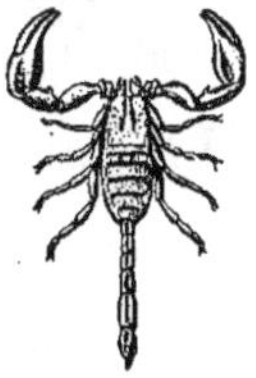

SCORPION

SCORPION
CONSTELLATION

SCORPION
MACHINE DE GUERRE

SCORSONÈRE (it. *scorza*, écorce + *nera*, noire), *sf.* Plante potagère de la famille des Composées dont la fleur est jaune et la racine noire à l'extérieur et très blanche à l'intérieur, ce qui la distingue du salsifis, qui a une racine d'un blanc jaunâtre à l'extérieur. (V. *Salsifis.*)

SCOT (JEAN), dit *Érigène*, savant moine irlandais du IXe siècle, qui vint enseigner les sciences dans l'école palatine à la cour de Charles le Chauve. — JEAN DUNS SCOT, moine franciscain et philosophe scolastique, originaire des Iles-Britanniques. Il professa avec un grand succès dans l'Université de Paris. Il était réaliste et fut l'adversaire de saint Thomas d'Aquin. Mort en 1308. — **Dér.** *Scotiste.*

SCOTIE [sko-cie] (*g.* σχότια, obscurité), *sf.* Moulure concave dont la base est plus

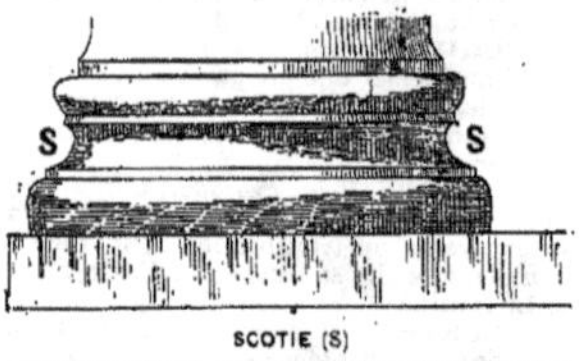

SCOTIE (S)

DE LA BASE DE LA COLONNE DU FORUM TRIANGULAIRE DE POMPÉI

saillante que la partie supérieure et qui se trouve entre les filets accompagnant les deux tores de la base d'une colonne. (V. *Moulure.*)

SCOTIE, nom ancien de l'Islande, puis de l'Écosse.

***SCOTISTE** (*Scot*), *sm.* Nom que l'on donnait aux partisans de Duns Scot, opposés aux thomistes, partisans de saint Thomas d'Aquin.

SCOTS, peuple irlandais qui, vers le IVe siècle, envahit la Calédonie, habitée par les Pictes et lui fit donner le nom de Scotie.

SCOTT (WALTER) (1771-1832), célèbre romancier anglais, né à Edimbourg, qui peignit avec beaucoup de vérité et de charmes les mœurs du moyen âge. Il existe plusieurs traductions françaises de ses œuvres.

***SCOTTISH** ou **SCHOTTISH** [sko-ti-che] (mot anc. écossais), *sf.* Danse formée de mazurka et de polka.

***SCOULÉRITE** (*Scouleur*, nom du docteur qui a rapporté cette substance de l'Orégon + sfx. *ite*), *sm.* Terre onctueuse, facile à mouler et à couper, avec laquelle les Indiens font des pipes.

***SCRAMASAXE** (allem. *schramme*, blessure + *sahs*, couteau), *sm.* Sabre droit, usité du temps des Mérovingiens et portant des rainures où l'on mettait, dit-on, du poison.

SCRIBE (l. *scriba* : de *scribere*, écrire), *sm.* Homme qui gagne sa vie à écrire, à copier des écritures. ‖ Chez les Juifs, docteur qui enseignait et interprétait au peuple la loi de Moïse.

SCRIBE (EUGÈNE) (1791-1861), fécond auteur dramatique français qui a écrit des comédies en prose, des vaudevilles, des opéras, en tout plus de 350 pièces dont beaucoup eurent un grand succès.

***SCRINIUM** (ml.), *sm.* Petit coffret dans lequel on serrait les livres.

***SCRIPTIONALE** (l. *scriptionalem*, qui concerne l'écriture), *sm.* Sorte de pupitre que l'on plaçait sur les genoux pour écrire, et qui fut en usage du IXe au XVe siècle. Il était composé de deux planches horizontales reliées par trois autres plus petites et verticales formant en son milieu une petite boîte dans laquelle l'écrivain plaçait ses rouleaux de vélin, ses plumes et son grattoir. La tablette supérieure se terminait en une sorte de queue percée d'un trou et dans lequel s'emmanchait un encrier de corne. Ce petit meuble était à l'usage des écoliers, qui le plaçaient sous leur bras et suspendaient l'encrier à leur ceinture. Il y avait aussi des *scriptionales* à pied qui étaient fabriqués en métal ou en bois et richement décorés. Ces meubles ressemblaient à nos guéridons et portaient à leur partie supérieure une tablette double dont la planchette supérieure, reliée à l'inférieure par des charnières, pouvait être inclinée plus ou moins par l'emploi d'une crémaillère. C'est sur cette planchette qu'était tendue, au moyen de cordes, le vélin sur lequel on devait écrire.

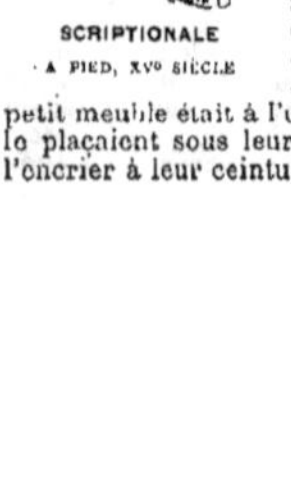

SCRIPTIONALE

A PIED, XVe SIÈCLE

***SCRIPTURAL, ALE**, *adj.*, ou **SCRIPTURAIRE** (l. *scriptura*, écriture), *adj.* 2 *g.* Qui appartient à la Bible, aux saintes Écritures.

SCROFULAIRE (*scrofule*), *sf.* Genre de plantes dicotylédones de la famille des Scrofularinées, à tige carrée, à petites fleurs presque globuleuses d'un violet noirâtre, qui croissent dans les lieux humides ou ombragés et auquel appartiennent la *scrofulaire noueuse* et la *scrofulaire aquatique*, employées autrefois pour guérir les scrofules.

SCROFULAIRE

***SCROFULARIACÉES, SCROFULARIÉES** ou **SCROFULARINÉES** (*scrofulaire*), *sfpl.* Famille de plantes dicotylédones que l'on peut définir des Solanées à corolle irrégulière et en gueule. Elle se compose d'herbes, d'arbustes ou d'arbres, dont les feuilles sont quelquefois alternes, mais le plus souvent opposées. La plante que nous prendrons pour type est le muflier, auquel nous renvoyons pour la description de la fleur. Nous dirons seulement ici que la corolle est irrégulière et ressemble, à s'y méprendre, à celle des Labiées. On l'avait autrefois comparée à un *masque*, et comme en latin ce mot se dit *persona*, la famille qui nous occupe est encore désignée sous le nom de *Personées*. La corolle est composée de cinq pétales : la lèvre supérieure est divisée en deux lobes et est formée par la soudure de deux pétales, tandis que la lèvre inférieure a trois lobes et compte autant de pétales soudés. La partie inférieure de cette lèvre forme, chez le muflier, une petite cavité qui, dans d'autres genres, se prolonge en un éperon assez long. Les étamines, soudées au tube de la corolle, devraient être au nombre de 5; mais on n'en aperçoit que quatre : deux grandes placées en avant et alternant avec les pétales de la corolle; deux plus petites, situées plus en arrière; et enfin un petit filament représentant une étamine avortée et opposée au sépale postérieur. Le pistil des Scrofularinées est composé d'un ovaire surmonté d'un style terminé par deux lames stigmatiques très courtes. A sa base, l'ovaire est entouré d'un anneau glandulaire dont la surface, d'un vert luisant, distille une liqueur sucrée qui, après avoir humecté quelque temps le pied des étamines, descend insensiblement dans la petite niche ou éperon dont est creusée la lèvre inférieure de la corolle et s'y accumule jusqu'à former une grosse gouttelette. L'ovaire est à deux loges, l'une antérieure et l'autre postérieure. Dans chaque loge il y a un énorme placenta chargé d'un grand nombre d'ovules. Le fruit est une énorme capsule s'ouvrant par trois trous au sommet des loges. Si l'on coupe le fruit du muflier avant sa déhiscence on trouvera une section tout à fait analogue à celle que fournissent les Solanées.

Parmi les genres qui composent la famille des Scrofularinées, nous citerons les *Digitales*, les *Linaires*, les *Pédiculaires*, les *Mélampyres*, les *Euphraises*, les *Limoselles*, les *Véroniques*, les *Paulownia*, etc. Les Linaires se font remarquer par l'éperon qu'elles ont à la partie inférieure de la lèvre antérieure. Les *Limoselles* présentent sur un même pied toutes les transitions que l'on observe sur les *Véroniques* quand il s'agit de passer du type pentamère au type tétramère. (V. *Véronique.*) Enfin, les Linaires offrent un phénomène très curieux : elles possèdent à un très haut degré la faculté de donner des *pélorics*, c'est-à-dire des plantes dont la fleur irrégulière est devenue régulière : c'est-à-dire qu'elle se compose de 5 sépales, 5 pétales égaux et de 5 étamines. Les pétales possèdent chacun un éperon semblable à celui de la fleur ordinaire. C'est en 1742 que Zioeberg découvrit, pour la première fois, une pélorie. Il la trouva dans une île située dans la mer non loin de la ville d'Upsal, vers la province de Roslagne. Elle avait crû sur un fond de sable et de gravier, parmi un très grand nombre de Linaires normales. Les fleurs pélorices donnent des graines qui souvent reproduisent des végétaux du même type. Les pélories ne sont pas rares dans la famille des Scrofularinées : on en a observé dans le muflier, la digitale, les calcéolaires, etc. Dans ce cas, la fleur des Scrofularinées devient identique à celle des Solanées. On attribue ce phénomène à un excès de nourriture; car, lorsque l'on cultive dans un terrain maigre des boutures de pélories, elles retournent au type primitif au bout de quelques générations.

Les propriétés des plantes de cette famille sont très variées. Les unes, comme les *digitales*, agissent sur le cœur et les reins; d'autres, comme la *gratiole*, sont émétiques; il en est aussi qui sont émollientes et adoucissantes comme les Véroniques et les Verbascum. Certaines espèces de Calcéolaires sont, dit-on, vulnéraires, tandis que d'autres sont diurétiques ou purgatives; il en est même qui sont vomitives. On emploie les feuilles de certaines espèces américaines (*capraria biflora*), en guise de thé. Les Pédiculaires sont conseillées pour détruire les poux et regardées comme astringentes. Les Rhinantes et les Mélampyres sont employées dans la teinture. Il en est de même de la globulaire, qui fournit une couleur jaune; ses feuilles et sa racine sont purgatives. Quelques genres, comme les *Sesamum*, ont des graines qui fournissent de l'huile. Les *Duboisia*, qui se rapprochent beaucoup des Solanées, ont, comme la belladone, la propriété de dilater la pupille. Une espèce de ce dernier genre, le *duboisia Hopwoodii*, jouit des mêmes propriétés que le tabac, et les sauvages de l'Australie le mâchent pour se procurer une sorte d'ivresse et la force musculaire dont ils ont besoin pour combattre ou chasser. Enfin, tout le monde sait qu'un grand nombre de Scrofularinées ornent nos jardins et nos parcs; qui ne connaît les Calcéolaires, les Verbascum, les Digitales, les Paulownia, etc.? La famille des Scrofularinées est, comme on l'a vu plus haut, très voisine des Solanées. Le petit groupe des *Verbascées* est le chaînon qui les relie l'une à l'autre. — **Une scrofularinée**, *sf.* Une plante quelconque de la famille des Scrofularinées.

SCROFULE *sf.* ou **SCROFULES**, *sfpl.* (l. *scrofulæ* : *scrofa*, truie. Proprement maladie des truies), *sfpl.* Maladie nommée aussi *écrouelles* ou *humeurs froides*, caractérisée par un engorgement, avec ou sans tuberculisation, des ganglions lymphatiques superficiels. Elle a pour cause une mauvaise alimentation, une habitation humide, insalubre, obscure. *Remède :* air pur, insolation, iodure de fer et de potassium, tisane de feuilles de noyer, médicaments toniques et antiscorbutiques, régime reconfortant. — **Dér.** *Scrofuleux, scrofuleuse, scrofulaire, scrofularinées*, etc.

SCROFULEUX, EUSE (*scrofule*), *adj.* Qui caractérise la scrofule. — *Adj.* et *s.* Qui est atteint de scrofules : *Les rois de France passaient pour pouvoir guérir les scrofuleux le jour de leur sacre.*

SCRUPULE (l. *scrupulum*, petite pierre, petit poids qui était la 24e partie de l'once), *sm.* Ancien petit poids qui valait 24 grains ou 1gr,20 : *Un scrupule de rhubarbe.* — Fig. Inquiétude que l'on ressent touchant la légitimité, la moralité d'une chose qu'on a faite ou qu'on est sur le point de faire : *Un homme sans scrupule.* ‖ *Faire scrupule* ou *se faire un scrupule d'une chose*, ne pas oser le faire par conscience. ‖ Grande exactitude à remplir ses devoirs : *Il est exact jusqu'au scrupule.* ‖ Grande sévérité d'un auteur, d'un artiste dans la correction d'un ouvrage : *Il a retouché son discours avec beaucoup de* *scrupule.* || Grande délicatesse de procédés, de mœurs. || Léger doute qui reste dans l'esprit après une explication, une démonstration : *J'ai un scrupule sur cette théorie.* — **Dér.** *Scrupuleux, scrupuleuse, scrupuleusement.*

SCRUPULEUSEMENT (*scrupuleuse* + sfx. *ment*), *adv.* D'une manière scrupuleuse.

SCRUPULEUX, EUSE (l. *scrupulosum*), *adj.* Qui est sujet à avoir des scrupules : *Un enfant scrupuleux.* || *Il n'est pas scrupuleux* ou *il est sans scrupule,* il n'hésite pas à user de moyens illicites pour réussir. || Minutieusement, conforme à la règle, au devoir : *Probité scrupuleuse.* || Fait avec un soin minutieux : *Une recherche scrupuleuse.*

SCRUTATEUR (l. *scrutatorem*), *adj.* et *sm.* Qui examine à fond : *Esprit scrutateur.* — *Sm.* Celui qui, dans une assemblée, est chargé de recueillir les bulletins de vote et de les vérifier.

SCRUTER (l. *scrutari*), *vt.* Examiner à fond. || Chercher à comprendre, à découvrir : *Scruter la conduite de quelqu'un, les secrets de la nature.* — **Dér.** *Scrutin, scrutateur.*

SCRUTIN (l. *scrutinium,* action de fouiller), *sm.* Manière de voter qui consiste à mettre un bulletin, une petite boule dans une urne. || *Scrutin individuel,* celui ou chacun apporte un bulletin qui ne contient qu'un seul nom. || *Scrutin de liste,* celui où l'on dépose un bulletin contenant plusieurs noms. || *Scrutin de ballottage,* second vote qui a lieu pour la nomination d'un député 15 jours après un premier vote qui n'a pas donné de résultat parce qu'aucun candidat n'a obtenu la majorité absolue. Au scrutin de ballottage, il suffit d'avoir la majorité relative pour être nommé.

SCUDÉRY (Georges de) (1601-1667), de l'Académie française, romancier et poète dramatique français qui balança un instant les succès de Corneille, mais dont les pièces de mauvais goût sont totalement oubliées. — Mlle de Scudéry (1607-1701), sœur du précédent, brilla à l'hôtel de Rambouillet et composa de fades et interminables romans, tels que le *Grand Cyrus* et la *Clélie,* qui furent admirés de ses contemporains.

SCULPTÉ, ÉE (*sculpter*), *adj.* Orné de sculpture : *Buffet sculpté.*

SCULPTER [sculté] (bl. *sculptare* : de *sculpere*), *vt.* Tailler avec le ciseau dans le marbre, le bois, l'ivoire, etc., une ou des figures, des ornements : *Sculpter un buste.* || Faire d'un corps dur un objet sculpté : *Sculpter l'ivoire.* — **Dér.** *Sculpté, sculptée, sculpteur, sculpture, sculptural, sculpturale.*

SCULPTEUR (l. *sculptorem*), *sm.* Celui qui sculpte.

SCULPTURAL, ALE (*sculpture*), *adj.* Qui appartient à la sculpture.

SCULPTURE [skul-ture] (l. *sculptura*), *sf.* L'art de sculpter : *La sculpture ancienne est supérieure à la moderne.* || L'ouvrage du sculpteur : *Une magnifique sculpture.*

SCUTARI, 70000 hab., ville de la Turquie d'Asie, sur le Bosphore, en face de Constantinople, dont elle est comme un faubourg; remarquable par ses mosquées, ses bains, ses bazars, ses cimetières et séjour de plaisance du sultan. — **Scutari,** ou **Skodra,** 25000 hab., ville d'Albanie, Turquie d'Europe, au S. du lac de même nom, sur le Drin.

SCUTELLAIRE

***SCUTELLAIRE** (l. *scutellum,* écusson : de *scutum,* écu), *adj.* 2 *g.* Qui est en forme d'écusson. (Hist. nat.) — *Sf.* La *toque,* plante dicotylédone de la famille des Labiées.

SCUTIBRANCHES (l. *scutum,* bouclier, branche), *adj.* Mollusques gastéropodes, à coquille en forme de bouclier.

***SCUTIFORME** (l. *scutum,* bouclier + *forme*), *adj.* 2 *g.* Qui a la forme d'un bouclier.

SCUTUM (ml. *bouclier*), *sm.* Bouclier de forme rectangulaire et convexe, adopté pour l'infanterie romaine et qui avait plus d'un mètre de longueur sur environ 80 centimètres de largeur. Il était fait de planches jointes ensemble et couvert de gros drap sous une dernière enveloppe de cuir bordé de métal. Son milieu était décoré d'un motif en relief. Le *scutum* avait remplacé le clypeus de forme ovalaire, lorsque les Sabins se réunirent aux Romains. Posé à terre, il abritait le soldat et le cachait comme s'il avait été derrière un pavoi.

SCUTUM

SCYLLA, écueil situé dans le détroit de Messine, près de la côte de Calabre, en face du gouffre de Charybde et qui, selon les poètes anciens, était habité par un monstre qui dévorait les navigateurs. — Fig. *Tomber de Charybde en Scylla,* éviter un mal pour tomber dans un autre équivalent.

SCYRON, fils d'Eaque et brigand de l'Attique, qui, installé sur la côte d'Athènes à Mégare, précipitait les passants dans la mer; il fut tué par Thésée. (Myth.)

SCYROS, ile de la mer Egée, aujourd'hui Skyro, au N.-E. de l'Eubée, patrie d'Achille.

SCYTALE [si-ta-le] (g. σκυτάλη, bâton), *sf.* Genre de dépêches secrètes dont se servaient les Lacédémoniens. C'était une lettre écrite sur une bande de parchemin et qu'on pouvait lire en l'enroulant en spirale autour d'un bâton d'une grosseur déterminée. — *Sm.* Genre de serpents cylindriques venimeux des pays chauds ; *Le scytale des Pyramides.*

SCYTALE COURONNÉ

SCYTHE, nom par lequel les anciens désignaient tous les peuples barbares qui habitaient tout le S. de la Russie et la partie de l'Asie située entre la mer Caspienne, le fleuve Oural et le grand Plateau central asiatique. — **Dér.** *Scythie, scythique.*

SCYTHIE (*Scythe*), l'ensemble des pays habités par les Scythes.

***SCYTHIQUE** (*Scythe*), *adj.* 2 *g.* Qui appartient aux Scythes.

SE (l. *se*), *pr. réf.* 3e pers. 2 *g.* et 2 *n.* Il s'emploie : 1° Comme complément direct : *Il se flatte.* 2° Comme complément indirect : *Il se promet un grand succès.* 3° Pour donner à un verbe le sens réfléchi. 4° Pour lui donner un sens passif : *Cela se comprend.* 5° Avec certains verbes intransitifs : *S'en aller, s'écrier.* (V. *Écrier* [*s'*].)

SÉANCE (*séant,* p. pr. de *seoir*), *sf.* Droit de siéger dans une assemblée, une compagnie réglée : *Un juge prête serment avant de prendre séance.* || Le temps pendant lequel une assemblée constituée, une compagnie réglée délibère sans interruption : *La séance de la Chambre des députés a été très longue.* || Réunion des membres d'une assemblée : *Il y aura séance demain.* || *Ouvrir, fermer la séance,* annoncer qu'elle commence ou qu'elle est terminée. || *Séance tenante,* pendant la durée de la séance. || Le temps qu'on passe à table, au jeu, dans une visite : *Faire une longue séance au billard.* || Le temps pendant lequel une personne pose devant un peintre.

1. **SÉANT** (p. pr. de *seoir*), *sm.* La posture d'un homme assis dans son lit : *Le malade se mit sur son séant.*

2. **SÉANT, ANTE** (*séant* 1), *adj.* Qui siège, qui tient habituellement ses séances en un lieu donné : *La cour d'appel séante à Paris.* || Qui sied bien, convenable, décent : *Une mise séante.* — *Rem.* Quand *séant* signifie qui *siège accidentellement en un lieu,* ou avec un cérémonial particulier, il est participe présent et invariable : *Le Sénat et la Chambre des députés ont leur siège à Paris : séant à Versailles, ils constituent l'Assemblée nationale.*

SEAU (vx fr. *séel* : l. *sitellum*), *sm.* Vase cylindrique en bois ou en zinc qui sert à tirer et à porter l'eau. || La quantité de liquide contenue dans un seau : *Un seau d'eau, de vin.* || *Il pleut à seaux,* il pleut très fort. — **Hom.** *Sceau, sot, saut.*

SÉBACÉ, ÉE (l. *sebaceum* : de *sebum,* suif), *adj.* Qui est de la nature du suif : *Matière sébacée.* || *Glandes sébacées,* petites glandes de la peau dans lesquelles se forme une humeur sébacée.

SÉBACIQUE (du l. *sebaceus,* relatif au suif), *adj.* 2 *g.* Se dit d'un acide solide, cristallisé en lamelles d'un blanc nacré, qui se trouve parmi les produits que fournissent les corps gras décomposés par la chaleur.

SÉBASTIANI (comte) (1775-1851), né en Corse, se signala dans les guerres de la Révolution et du premier Empire, fut ambassadeur de France à Constantinople en 1806; successivement ministre de la marine et des affaires étrangères sous Louis-Philippe, puis ambassadeur à Naples et à Londres. Il avait été fait maréchal de France en 1840. Il était l'ami particulier de Louis-Philippe et le père de la duchesse de Praslin, assassinée par son mari.

SÉBASTIEN (saint), né à Narbonne, fut officier de la maison de Dioclétien et martyrisé en 288. Fête 20 janvier.

SÉBASTIEN (SAINT-), 27800 hab. Ville française et port de commerce d'Espagne, sur la baie de Biscaye. Ch.-l. du Guipuzcoa.

SÉBASTIEN (SAINT-), 3000 hab. Ile du Brésil, province de Saint-Paul.

SÉBASTIEN (1554-1578), roi de Portugal en 1557, envahit le Maroc et y périt dans une bataille où presque toute son armée fut exterminée ou faite prisonnière.

SÉBASTOPOL, 26200 hab. Ville et port militaire russe dans la Crimée, fut prise d'assaut le 8 septembre 1855 par les armées combinées des Français, des Anglais et des Piémontais après un siège d'un an.

SEBENICO, 7000 hab. Ville forte d'Autriche-Hongrie (Dalmatie), et port sur l'Adriatique à l'embouchure de la Kerkah. Vins.

SÉBESTE (ar. *sebestān*), *sm.* Fruit du sébestier. — **Dér.** *Sébestier.*

SÉBESTIER (*sébeste*), *sm.* Arbre d'Egypte et des pays chauds, de la famille des Borraginées, dont le fruit était employé autrefois en médecine comme pectoral.

SÉBILE (persan *zebbīl*), *sf.* Petit vase rond en bois.

SEBNITZ, 4000 hab. Ville de la Saxe royale. Toiles, cotons, soieries.

SÉBOU, rivière du Maroc qui sort de l'Atlas et se jette à Mamorah dans l'Atlantique.

SEC, SÈCHE (l. *siccum*), *adj.* Exempt d'humidité : *Du bois sec.* || Qui est cueilli depuis longtemps : *Herbe sèche. Haricots secs.* || Conservé par la dessiccation : *Des raisins secs.* || Qui n'est pas mouillé, qui n'est pas moite : *Linge sec. Bouche sèche.* || *Passer une rivière à pied sec,* à l'endroit où il n'y a point d'eau. || *Regarder d'un œil sec,* sans pleurer, sans s'attrister. || *Toux sèche,* non accompagnée de crachats. || *Vin sec,* non liquoreux. || *Pain sec,* du pain sans rien avec. || Qui est maigre : *Un homme sec.* || *Mur en pierres sèches,* fait de pierres posées sans mortier les unes sur les autres. — Fig. *Coup sec,* coup instantané. — Fig. *Perte sèche,* entière et sans compensation. || Dur sans moelleux : *Ce dessin a des contours trop secs.* — Fig. Dénué d'argument, de grâce : *Un auteur sec.* || *Style sec,* dépourvu d'ornements. — Fig. Froid, insensible : *Un cœur sec.* || Peu affable, un peu dur : *Un homme sec.* || *Mine sèche,* qui annonce du mécontentement, du dépit. — Fig. *Réponse sèche,* brève et désobligeante. — *Sm.* Ce qui n'est pas humide : *Le sec et l'humide.* || Fourrage conservé par la dessiccation : *Nourrir des bestiaux au sec.* — Adv. *Boire sec,* bien boire sans mettre d'eau dans son vin. || *Répondre sec,* brusquement, sans montrer d'affabilité. — A sec, *loc. adv.* Sans eau : *Mettre une mare à sec.* — Fig. *Il est à sec, sa bourse est à sec,* il n'a plus d'argent. — Tout sec, *loc. adv.* Seulement, pas plus : *Sa dot est de 10000 francs tout sec.* — **Dér.** *Sécher, sécheresse, séchage, sèchement, sécherie, séchoir, sécheur, séchette sécheron.* —

Comp. *Dessécher, desséchant, desséchante, dessèchement.* Même famille : *Siccité*, etc.

SÉCABLE (l. *secabilem*), *adj. 2 g.* Qui peut être coupé, divisé : *Un atome n'est pas sécable.*

SÉCANT, ANTE (l. *secantem*), *adj.* Qui coupe : *Plan sécant.* (Géom.) — **Dér.** *Sécante, sécable, sécateur.*

SÉCANTE (*sécant*), *sf.* Toute droite, toute surface qui en coupe une ou plusieurs autres. Quand la sécante est une ligne droite, le nombre de ses points d'intersection avec une *courbe algébrique*, dépend du degré de celle-ci, c'est-à-dire du degré de l'équation algébrique qui la représente. Il n'en est plus de même lorsque la courbe est transcendante. Ainsi, la courbe étant du second degré, la sécante coupera la courbe en deux points; si elle est du troisième degré, il y aura trois points d'intersection, etc. Les sections coniques, *ellipse, hyperbole, parabole* étant des courbes du second degré, seront coupées par une sécante en deux points seulement. Si ces deux points sont infiniment rapprochés la sécante deviendra une tangente. La circonférence n'étant qu'un cas particulier de l'ellipse sera coupée en deux points par une sécante.

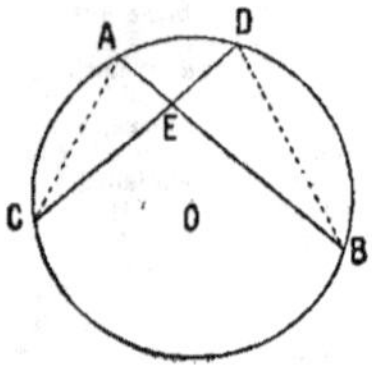

SÉCANTE
Fig. 1.

Si nous prenons dans le plan d'un cercle O (fig. 1) un point E et que par ce point l'on mène des sécantes quelconques, le produit des distances de ce point E aux deux points d'intersection de chaque sécante avec la circonférence est constant. Ainsi, l'on aura, si ce point E est situé dans l'intérieur de la circonférence :

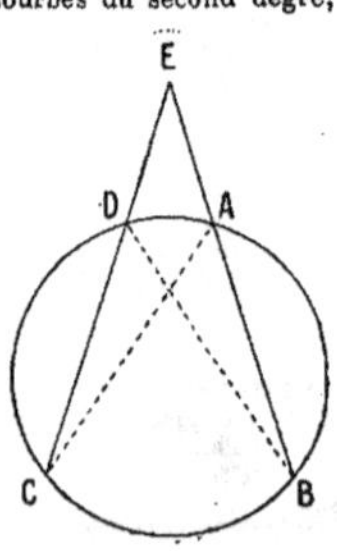

SÉCANTE
Fig. 2.

$$AE \times EB = DE \times EC$$

et

$$ED \times EC = EA \times EB,$$

si le point E (fig. 2) est pris en dehors du cercle. C'est ce que démontre, du reste, la comparaison des triangles semblables AEC et EDB pour le premier cas et EAC et EDB pour le second. Ce produit *constant* constitue ce que l'on nomme la *puissance* du point par rapport au cercle. Si deux cercles O et O' (fig. 3) se coupent la sécante commune AB est appelée l'*axe radical des deux cercles.* Cet axe est partagé en deux parties égales par la ligne des centres, et les tangentes menées aux deux circonférences d'un point pris sur cette ligne AB prolongée seront égales entre elles. || *Sécante d'un cercle*, toute droite qui coupe une circonférence en deux points. ||

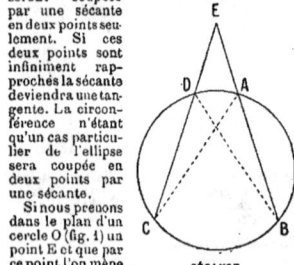

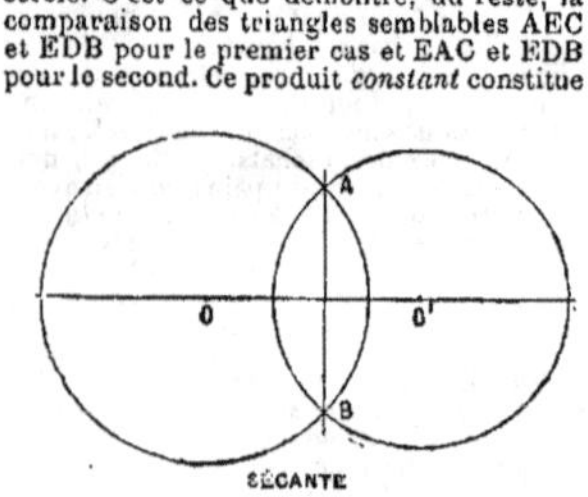

SÉCANTE
Fig. 3.
AB. Axe radical des deux cercles.

Sécante trigonométrique d'un arc de cercle ou *de l'angle au centre correspondant*, la droite inclinée du centre à l'extrémité de cet arc et prolongée jusqu'à la tangente menée par l'autre extrémité. Ainsi AC (fig. 4), étant le sinus de l'arc DC, DB en étant la tangente, la ligne OB sera la sécante.

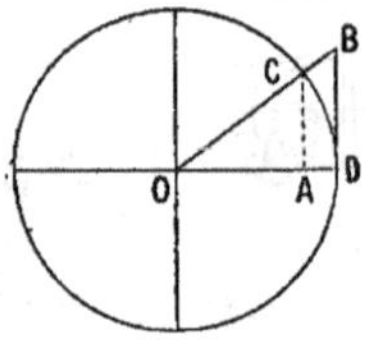

SÉCANTE
Fig. 4.
SÉCANTE TRIGONOMÉTRIQUE D'UN ARC DE CERCLE OU DE L'ANGLE AU CENTRE CORRESPONDANT

SÉCATEUR (l. *secare*, couper), *sm.* Sorte de gros ciseaux à lames courbes dont un ressort fait écarter les branches quand on ne les presse pas, et qui servent à tailler les arbres.

SECCHI (le père Angelo), de l'ordre des Jésuites, astronome, né à Reggio le 29 juin 1818, mort à Rome le 26 février 1878, directeur de l'Observatoire romain. Il était correspondant de notre Académie des sciences depuis 1857. Il se livra spécialement à l'étude de la constitution physique du Soleil. (V. *Soleil.*)

SÉCESSION (l. *secessionem*), *sf.* Acte par lequel un État qui fait partie d'une fédération se sépare de celle-ci : *La tentative de sécession des États du Sud de l'Union américaine en 1871.* — **Dér.** *Sécessionniste.*

***SÉCESSIONNISTE** (*sécession*), *sm.* Celui qui prend part à une sécession.

SÉCHAGE (*sécher*), *sm.* Action de faire sécher.

SÈCHE ou **SEICHE** (l. *sepia*), *sf.* Genre de mollusques marins sans coquilles, céphalopodes, à deux branchies et à dix bras, qui ont dans l'intérieur du dos une plaque osseuse calcaire, très poreuse et très légère, dite *os de seiche*, qu'on donne aux oiseaux en cage pour leur fournir le carbonate de chaux nécessaire à l'ossification et qui ont, en outre, près du cœur, une vessie pleine d'un liquide noir que l'animal répand dans l'eau pour échapper à ses ennemis et avec laquelle on fait la couleur brune appelée *sépia*. Ce genre ne renferme qu'un petit nombre d'espèces parmi lesquelles nous citerons la *seiche commune* (*sepia officinalis*), très abondante dans l'Océan et la Méditerranée; elle mesure de 0m,20 à 0m,30 et atteint même jusqu'à 0m,50. On la vend sur les marchés de nos ports. La mer des Indes en nourrit une autre espèce plus petite. (V. *Sépia.*)

SÈCHE

SÉCHELLES (Hérault de). (V. *Hérault.*)

SÈCHEMENT (*sèche* + sfx. *ment*), *adv.* En lieu sec, à l'abri de l'humidité. — Fig. D'une manière froide et peu agréable. || *Écrire sèchement*, d'un style sec.

SÉCHER (l. *siccare*), *vt.* Rendre sec : *Sécher le linge.* || Tarir : *La chaleur sèche les mares.* — Fig. *Sécher les larmes de quelqu'un*, le consoler. — *Vi.* Devenir sec : *L'herbe sèche sur pied.* || Devenir très maigre : *Son corps a séché.* — Fig. *Sécher sur pied, séché d'ennui, de dépit.* || S'affaiblir sous l'influence d'une peine morale. — **Se sécher**, *vr.* Se rendre sec, devenir sec, devenir maigre. || Dépérir, tarir. — **Gr.** *Sé* devient *sè* devant une syllabe muette : Il sèche, n. séchons.

SÉCHERESSE (*sécher*), *sf.* État de ce qui est sec : *La sécheresse de la terre.* || Absence d'humidité dans l'air : *Une année de sécheresse.* — Fig. Insensibilité : *La sécheresse du cœur.* || Ton bref, froid et désobligeant : *Répondre avec sécheresse.* || Manque de grâce, de douceur : *La sécheresse d'un discours.* || Manque de moelleux : *La sécheresse d'un dessin.* || *Sécheresse de l'air*, état hygrométrique voisin de zéro, cet état étant défini comme suit : Quand la vapeur d'eau atmosphérique est éloignée de son point de saturation, il faut un abaissement considérable de température pour en opérer la condensation : on dit alors que l'air est *sec*. Le degré d'humidité et de sécheresse de l'air dépend, non pas de la valeur absolue de la tension actuelle de la vapeur d'eau, mais du rapport qui existe entre la tension actuelle (f) et la tension maxima (F) à la même température. Le rapport $\frac{f}{F}$ est l'état hygrométrique de l'air ou fraction de saturation, au moment considéré. *Dans l'air absolument sec*, l'état hygrométrique serait zéro; *dans l'air saturé de vapeur*, il serait égal à l'unité. (V. les mots *Hygromètre* et *Hygrométrie.*) Le degré d'humidité, et par suite, de sécheresse de l'air à un moment donné, dépend à la fois de la quantité absolue de vapeur d'eau que cet air contient, et de la température de l'atmosphère au même instant. C'est au lever du soleil que l'air est le plus humide, le moins *sec*, c'est-à-dire le plus voisin de la saturation. Cependant, c'est à ce moment qu'il contient la plus petite quantité absolue de vapeur d'eau, parce que c'est au lever du soleil que correspond le minimum de la température du jour. Pendant l'été, c'est vers trois heures que l'air est le plus *sec*; cependant, c'est à ce moment qu'il contient le plus de vapeur d'eau, mais c'est aussi à ce moment qu'il possède la température la plus haute. De même, dans le cours de l'année, c'est vers la fin de décembre que l'air est le plus humide, c'est vers la fin de juillet qu'il est le plus *sec*; et cependant la quantité absolue de vapeur d'eau est beaucoup moindre en hiver qu'en été. Dans son ascension, Gay-Lussac constata que l'air devenait de plus en plus *sec*, à mesure que le ballon s'élevait; à 7000 mètres de hauteur, la température étant bien inférieure à zéro, l'air ne contenait plus que la huitième partie de la vapeur nécessaire pour le saturer.

***SÉCHERIE** (*sécher*), *sf.* Lieu où l'on fait sécher certaines choses : *Une sécherie de linge, de poisson.*

***SÉCHERON** (*sécher*), *sm.* Pré situé dans un lieu sec. — Fig. et fam. Personne très maigre.

***SÉCHETTE** (dm. de *sec*), *adj. f.* Qui est un peu sec : *Lettre un peu séchette.*

***SÉCHEUR** (*sécher*), *adj. m.* ou *sm.* Partie d'une machine à vapeur où se rend la vapeur séparée du contact de l'eau bouillante.

SÉCHOIR (*sécher*), *sm.* Lieu où l'on étend les toiles, le cuir, le papier, etc., pour les faire sécher.

SECKENDORF (comte de) (1673-1763), général allemand qui prit part à toutes les grandes guerres de son temps dans les armées prussienne et autrichienne.

SECKINGEN. Ville du grand-duché de Bade, dans une île du Rhin.

SECLIN, 5858 hab. Ch.-l. de c., arr. de Lille (Nord). Filatures, fabriques de toiles damassées et de sucre.

SECOND, ONDE [se-gon] (l. *secundum*), *adj. ord.* Deuxième : *Le second jour de la semaine.* || *Eau seconde*, eau forte affaiblie. || *Cause seconde*, qui procède d'une autre : *Acheter une chose de la seconde main*, l'acheter à quelqu'un qui l'a achetée au producteur. || *Nouvelle de seconde main*, qu'on tient d'un intermédiaire. || Autre, nouveau : *Un second Attila.* || Poét. Qui le cède à : *Valeur à nulle autre seconde* (vx). — *Sm.* Le deuxième étage d'une maison : *Loger au second.* || Autrefois celui qui accompagnait un homme dans un duel et se battait contre l'homme amené par l'adversaire : *Servir de second à quelqu'un.* — Fig. Celui qui en aide un autre dans une affaire, un emploi, une discussion : *Avoir un bon second.* || L'officier qui commande après le capitaine sur un navire marchand. — En second, *loc. adv.* Après un autre : *Commander en second.* || *Capitaine en second*, celui qui doit commander à défaut de capitaine en pied. — **Gr.** On peut, dans tous les cas, employer indistinctement second ou deuxième comme adj. ord. — **Dér.** *Seconder, secondement, se-*

conde, secondaire, secondairement, secondine.

SECOND (Jean) (1511-1536), poète latin moderne, né à la Haye. Ses poésies, *les Baisers de Jean Second*, sont restées célèbres.

SECONDAIRE [se-gon-daire] (l. *secondarium*), *adj. 2 g.* Qui ne vient qu'au deuxième rang, accessoire : *Ce que vous dites n'est que d'un intérêt secondaire.* || *Planète secondaire*, un satellite. || *Terrains secondaires*, l'ensemble des étages triasique, liasique, jurassique et crétacé. (Géol.) (V. *Terrains.*) || *Enseignement secondaire*, celui qu'on donne dans les collèges et les lycées et qui comprend le latin, le grec et les éléments des sciences. || Qui ne se produit qu'en second lieu dans l'ordre du temps : *Les accidents secondaires d'une maladie.*

SECONDAIREMENT (*secondaire* + sfx. *ment*), *adv.* D'une manière secondaire. || Accessoirement.

SECONDE (*second*), *sf.* La classe qui précède la rhétorique dans l'enseignement des collèges et des lycées : *Faire sa seconde.* || La soixantième partie d'une minute d'heure : *Cette montre marque les secondes* (en abrégé : *s*). || La soixantième partie d'une minute d'arc : *Il y a 3600 secondes dans un arc d'un degré* (en abrégé : 3600″). || Intervalle compris entre deux notes consécutives de la gamme. || *Seconde majeure*, formée de deux demi-tons. || *Seconde mineure*, formée d'un demi-ton. || Coup d'épée passant sous le bras de l'adversaire. (Escr.).

SECONDEMENT (*seconde* + sfx. *ment*), *adv.* En second lieu.

SECONDER (*second*), *vt.* Servir de second à, aider : *Il seconde déjà son père.* || Favoriser : *Seconder les projets de quelqu'un.* — **Se seconder**, *vr.* S'aider l'un à l'autre.

SECONDIGNY, 2508 hab. Ch.-l. de c., arr. de Parthenay (Deux-Sèvres).

SECONDINE (*second*), *sf.* La seconde enveloppe des graines à partir de l'extérieur. — Sfpl. *L'arrière-faix* ou *délivre*, c'est-à-dire ce qui reste dans la matrice après l'accouchement, et qui se compose du placenta, du chorion, de l'amnios et de la caduque.

SECOUEMENT ou **SECOÛMENT** (*secouer*), *sm.* Action de secouer.

SECOUER (l. *succutere*), *vt.* Remuer fortement et à plusieurs reprises : *Remuer un arbre.* || *Secouer la tête*, la remuer transversalement en signe de refus, de désapprobation. — Fig. *Secouer les oreilles*, ne pas tenir compte d'une chose, s'en moquer. || *Secouer la poussière d'un habit, d'un meuble*, faire qu'elle s'en détache. — Fig. *Secouer la poussière de ses souliers*, se retirer indigné. || Se défaire violemment d'une chose. — Fig. *Secouer le joug*, se rendre libre, s'affranchir de quelque domination. — Fig. Causer une commotion physique ou morale : *Cette maladie, cette nouvelle l'a secoué.* (Fam.) || Réprimander : *Son maître l'a secoué d'importance.* — **Se secouer**, *vr.* Se remuer fortement pour faire tomber quelque chose qui incommode. || Se donner de l'exercice. || Ne pas se laisser abattre par le mal. — **Dér.** *Secouement, secousse.*

SECOURABLE (*secourir*), *adj. 2 g.* Qui porte ou qui aime à porter secours : *Homme secourable.* || Qui peut être secouru : *Cette place de guerre n'est pas secourable.*

SECOURIR (l. *succurrere*), *vt.* Aider quelqu'un qui en a besoin : *Secourir les pauvres.* — **Se secourir**, *vr.* S'aider l'un l'autre, s'aider soi-même. (Pour la conjugaison, V. *Courir.*) — **Dér.** *Secours, secourable.*

SECOURS (bl. *succursum*), *sm.* Ce qu'on fait pour tirer quelqu'un du danger : *Un secours efficace.* || Ce qui aide : *Le secours de la mémoire.* || Ce qu'on fait pour calmer les souffrances : *Donner des secours à un malade.* — *Pl.* Ce que l'on donne pour soulager la misère : *Les secours de la charité.* || Troupes envoyées pour seconder une armée : *Le général attend du secours.* || Corps d'armée qui vient au secours d'une place assiégée : *Le secours n'a pu entrer dans la ville.* — **Syn.** (V. *Aide.*)

SECOUSSE (*spf.* du vx fr. *secourre*, secouer), *sf.* Agitation, ébranlement de ce qui est secoué : *Ce cheval donne des secousses à son cavalier.* || Mouvement de va-et-vient : *Une secousse de tremblement de terre.* — Fig. Atteinte portée à la santé, au moral, à la fortune, au crédit, à l'ordre établi : *Son esprit ressentit une vive secousse de cet événement.*

1. **SECRET** (l. *secretum*), *sm.* Ce qu'il ne faut dire à personne : *Confier un secret.* || *Avoir le secret de quelqu'un*, le connaître. — Fig. *C'est le secret de Polichinelle*, c'est une chose que tout le monde sait. || *Être du secret, dans le secret*, connaître quelque dessein caché. || Ce que tout le monde ignore : *Les secrets de la nature.* || *Le secret des consciences*, les pensées, les sentiments les plus cachés. || Lieu séparé où l'on met un prisonnier qu'on ne laisse communiquer avec personne : *Le prévenu fut mis au secret.* || Silence sur une chose confiée : *Promettre le secret.* || Moyen connu d'une seule personne ou de peu de personnes pour faire de certaines choses dans les sciences, les arts : *Louis XIV acheta de Talbot le secret pour guérir la fièvre.* — Fig. Moyen, recette pour réussir à faire une chose : *Le secret de s'enrichir.* || La partie la plus essentielle et la plus difficile d'un art : *Le secret de la politique.* || Cachette pratiquée pour mettre en sûreté certains objets : *Il avait un secret dans son cabinet.* || Ressort dont il faut connaître le mouvement pour se servir de l'objet dont il fait partie : *Un coffrefort à secret.* — En secret, *loc. adv.* En se cachant de tout le monde : *Partir en secret.* — **Dér.** *Secret* 2, *secrète* (adj.), *secrètement, secrète, secrétaire, secrétairerie, secrétariat.* Même famille : *Sécréter, sécrétion, sécréteur, sécrétrice, sécrétoire.*

2. **SECRET, ÈTE** (l. *secretum*, mis à part). *adj.* Que l'on tient caché : *Un traité secret.* || Qui n'est connu que des personnes qui habitent l'appartement : *Porte secrète.* || D'où le public est exclu : *Une assemblée secrète.* || *Fonds secrets*, ceux dont un gouvernement dispose sans être tenu d'en rendre compte. || Qui agit en se cachant : *La police secrète.* || Qui sait se taire, tenir une chose secrète : *Un homme secret.*

SECRÉTAIRE (l. *secretarium* : de *secretum*, secret), *sm.* Celui qu'une personne attache à son service pour rédiger ou écrire les lettres qu'elle envoie : *Il a un secrétaire.* || *Secrétaire d'État*, titre qu'on donne au ministre. || *Secrétaire d'ambassade*, celui qui est nommé par le chef de l'État pour rédiger et pour écrire les dépêches d'une ambassade. || Celui qui rédige par écrit les délibérations d'une assemblée : *Le secrétaire perpétuel de l'Académie française.* || *Secrétaire général d'un ministère, d'une préfecture*, employé supérieur qui est le chef des bureaux, tient la correspondance et expédie les ordres. || *Secrétaire d'une mairie*, fonctionnaire chargé de tenir les registres de la mairie et d'en délivrer des extraits. || Bureau sur lequel on écrit et où l'on renferme des papiers : *Un secrétaire de noyer.* || *Secrétaire* ou *messager serpentaire*, grand oiseau de proie diurne du S. de l'Afrique, qui a les jambes fort longues et se nourrit de serpents, de lézards, de tortues, de sauterelles ; il est domestiqué au Cap. (V. *Serpentaire.*)

SECRÉTAIRERIE (*secrétaire*), *sf.* Local où les secrétaires d'ambassade font et délivrent les expéditions et où ils en gardent les minutes.

SECRÉTARIAT (*secrétaire*), *sm.* Fonction de secrétaire ; sa durée. || Local où le secrétaire d'une administration conserve les archives, fait et délivre les expéditions.

SECRÈTE (*secret*), *sf.* Prière que le prêtre dit tout bas à la messe, immédiatement avant la préface.

SECRÈTEMENT (*secrète* [adj.] + sfx. *ment*), *adv.* D'une manière secrète. || Dans le fond du cœur.

SÉCRÉTER (bl. *secretare* : de *secretum*, séparé), *vt.* En parlant des glandes, former avec des matériaux empruntés au sang les diverses humeurs normales du corps : *Le foie sécrète la bile.* — **Gr.** *Cré* devient *crè* devant une syllabe muette, excepté au futur et au conditionnel. — **Dér.** *Sécrétion, sécréteur, sécrétrice, sécrétoire.*

SÉCRÉTEUR, TRICE (*sécréter*), *adj.* Qui sécrète.

SÉCRÉTION (l. *secretionem*), *sf.* Le travail d'une glande qui forme l'une des humeurs du corps. || Cette humeur même. — **Gr.** Ne pas confondre *sécrétion* avec *excrétion*, qui désigne l'expulsion des excréments, de l'urine, de la sueur.

SÉCRÉTOIRE (*sécréter*), *adj. 2 g.* Qui a rapport aux sécrétions.

SECTAIRE (*secte*), *sm.* Membre d'une secte religieuse ou politique et surtout membre fanatique d'une secte nouvelle.

SECTATEUR (l. *sectatorem* : de *sectari*, fréquenter), *sm.* Partisan des doctrines d'un philosophe, d'un docteur, d'un hérésiarque, d'une opinion, d'une chose quelconque.

SECTE (l. *secta* : de *sequi*, suivre), *sf.* L'ensemble des personnes qui ont adopté une même doctrine : *La secte des stoïciens.* || L'ensemble de ceux qui professent une même hérésie, une même erreur : *La secte des jansénistes.* — Fig. *Faire secte à part*, se distinguer des autres par des opinions singulières. — **Dér.** *Sectaire, sectateur.* Même famille : *Exécuter*, etc. ; *persécuter*, etc. ; *poursuivre*, etc.

SECTEUR (l. *sectorem* : de *secare*, couper), *sm.* Toute portion de la surface d'un cercle comprise entre un arc et les deux rayons qui aboutissent à ses extrémités : *La surface d'un secteur de cercle est égale à la moitié du produit de la longueur de l'arc par le rayon.* Ainsi la surface du secteur ABO est égale à la longueur de l'arc AB multipliée par la moitié du rayon OB (fig. 1). ||

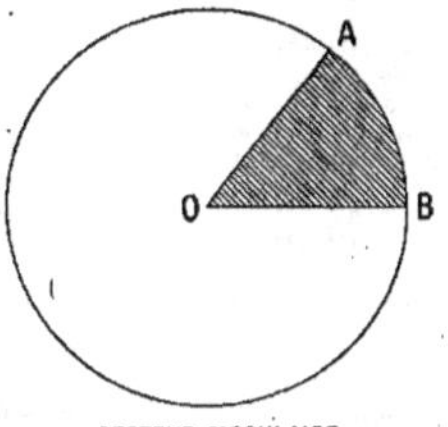

SECTEUR CIRCULAIRE

Fig. 1.

Secteur sphérique, volume engendré par un secteur circulaire tournant autour d'un diamètre qui lui est extérieur et appartient au même cercle. Soit le secteur de cercle CDO (fig. 2) ; imaginons qu'on fasse tourner le demi-cercle ADCB autour du diamètre AB ; en même temps que ce demi-cercle engendrera une sphère, le secteur CDO engendrera un volume qui sera un *secteur sphérique* : *Le volume d'un secteur sphérique est égal au produit de la surface de la zone qui lui sert de base par le tiers du rayon.* Si l'on représente la hauteur de la zone (V. *Zone*) qui sert de base au secteur sphérique par *h*, et par *R* le rayon de la sphère, le volume de secteur sphérique sera représenté par la formule :

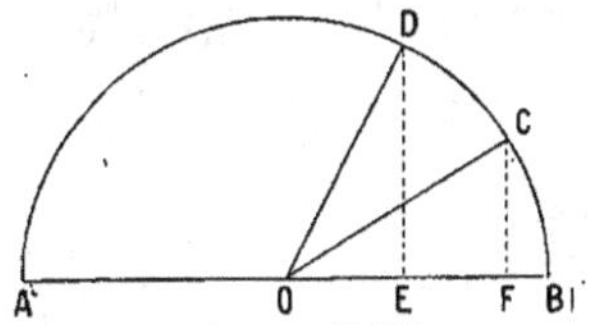

SECTEUR SPHÉRIQUE

Fig. 2.

$$\text{Vol. secteur sphérique} = \frac{2}{3}\pi . R^2h.$$

|| Instrument d'astronomie pour mesurer les angles et consistant en un arc de cercle gradué muni d'une lunette qui tourne dans le plan de cet arc et autour de son centre. || Portion d'une enceinte fortifiée qui est sous les ordres d'un même commandant militaire : *Le cinquième secteur de l'enceinte de Paris.*

***SECTILE** (l. *sectilem* : de *sectum*, supin de *secare*, couper), *adj. 2 g.* Qui peut être divisé.

SECTION (l. *sectionem* : de *secare*, couper), *sf.* Action de couper : *La section d'un nerf.* || *Point de section*, celui où deux lignes se coupent. || Ligne suivant laquelle deux solides se coupent. || *Section plane*, celle que forme un plan qui coupe un solide. || *Sections* *coniques,* l'ellipse, le cercle, la parabole et l'hyperbole qu'on peut obtenir en coupant un cône droit circulaire par un plan. L'espèce de la courbe obtenue varie avec l'inclinaison du plan sur l'axe du cône. || Dessin géométral représentant un édifice supposé coupé par un plan quelconque le plus souvent horizontal ou vertical. || Division ou subdivision d'un livre, d'un traité, d'un compte, d'une collection : *La section des machines à l'Exposition universelle.* || Chacune des divisions d'une ville, d'un tribunal, d'un conseil, d'une administration, d'un corps constitué : *Les sections du conseil d'État. La section du contentieux.* || La moitié d'un peloton ou d'une compagnie d'infanterie : *Défiler par sections.* || *Section d'artillerie,* le personnel et le matériel nécessaires au service de deux bouches à feu. — **Dér.** *Sectionner, sectionnement.* — **Comp.** *Disséquer, disséqueur, dissection; intersection, résection, réséquer.* Même famille : *Sextile, secteur, segment, segmentaire, sécable, sécante, sécateur, prosecteur, insecte; scier,* etc., et peut-être : *science,* etc.; *conscience,* etc.

SECTIONNEMENT (*sectionner*), *sm.* Action de partager en sections.

SECTIONNER (*section*), *vt.* Partager en sections.

SÉCULAIRE (l. *secularem* : de *seculum,* siècle), *adj.* 2 *g.* Qui se fait de 100 ans en 100 ans : *On célébrait à Rome les jeux séculaires.* || *Année séculaire,* l'année qui termine un siècle. || Poét. Qui existe depuis plusieurs siècles ou depuis très longtemps : *Une forêt, un édifice séculaire.* — **Db.** *Séculier.*

SÉCULARISATION (*séculariser*), *sf.* Action de délier un religieux des vœux qu'il avait faits en entrant dans sa communauté. || Acte par lequel on soumet un établissement ecclésiastique à la juridiction, au pouvoir civil. || Faire rentrer dans le domaine du pouvoir civil une fonction, un privilège du clergé : *La sécularisation de l'enseignement public.*

SÉCULARISER (*séculier*), *vt.* Rendre séculier : *Séculariser une abbaye.* — Fig. Faire rentrer dans le domaine du pouvoir civil un bien, un privilège, une fonction ecclésiastique : *Séculariser l'enseignement public.*

SÉCULARITÉ (*séculier*), *sf.* La juridiction séculière d'une église pour le temporel.

SÉCULÉJO, lac des Pyrénées (Haute-Garonne), à 1 500 mètres d'altitude, d'où sort le torrent d'Oo, affluent de la Pique. Ce lac se comble peu à peu.

SÉCULIER, ÈRE (l. *secularem* : de *seculum,* siècle, monde), *adj.* Qui vit dans le monde : *Les laïcs sont séculiers.* || *Clergé séculier,* l'ensemble des ecclésiastiques qui ne font partie d'aucune communauté religieuse. || *Juridiction séculière,* la justice civile. — Fig. *Le bras séculier,* la puissance de la justice civile. || Mondain : *Une vie séculière.* — *S.* Une personne laïque. — **Db.** *Séculaire.* — **Dér.** *Séculièrement, sécularité, séculariser, sécularisation.*

SÉCULIÈREMENT (*séculière* + sfx. *ment*), *adv.* D'une manière séculière.

SECUNDO (ml.), *adv.* Secondement, en second lieu. Il s'écrit en abrégé : 2°.

SÉCURITÉ (l. *securitatem* : db. de *sûreté*), *sf.* Tranquillité d'esprit bien ou mal fondée de celui qui croit n'avoir aucun danger à craindre : *Vivre dans la sécurité.* || Même état d'esprit de tout un peuple, de toute une corporation : *La sécurité des affaires.* (V. *Sûr.*)

SEDAINE (1719-1797), spirituel poète et auteur dramatique français qui avait débuté par être tailleur de pierres et architecte, et dont la meilleure pièce est le *Philosophe sans le savoir,* comédie en prose (1765).

SEDAN, 19 306 hab. S.-préf. et place de guerre (Ardennes), sur la Meuse, tristement célèbre par la capitulation de Napoléon III à la tête de son armée le 2 septembre 1870. Filatures de laine, fabriques de drap noir. — *Sm.* Sorte de drap fin fabriqué à Sedan.

SEDAN, 4 261 hect. Forêt domaniale des Ardennes, peuplée de chênes, de hêtres, etc.

SÉDATIF, IVE (l. *sedare,* apaiser), *adj.* Propre à calmer la douleur, à modérer l'action trop énergique d'un organe : *Médicament sédatif.* || *Eau sédative,* composée d'eau commune un litre, ammoniaque liquide 60 grammes, sel marin 60 grammes, alcool camphré 10 grammes; on agite le mélange avant de s'en servir. On applique cette eau avec des compresses pour guérir la migraine. — *Sm.* Médicament sédatif : *La digitale est un sédatif des mouvements du cœur.*

SÉDÉCIAS, dernier roi de Juda, de 597 à 587 av. J.-C., fut emmené captif à Babylone par Nabuchodonosor II qui lui avait fait crever les yeux.

SEDELLE (Creuse), rivière qui passe à la Souterraine et à Saint-Aignan de Versillat. Elle se jette dans la Creuse et reçoit la Bréventine. Cours de 30 kilom.

SÉDENTAIRE (l. *sedentarium* : de *sedere,* être assis), *adj.* 2 *g.* Qui demeure ordinairement assis. || Qui se tient presque toujours chez soi : *Il n'est pas bon d'être trop sédentaire.* || Qui se passe ou s'exerce sans qu'on sorte de son domicile : *Vie, travail sédentaire.* || Qui réside, siège toujours dans le même lieu : *Philippe le Bel rendit le Parlement sédentaire.* || *Troupes sédentaires,* qui ne changent pas de garnison, qui ne se mettent jamais en campagne.

SÉDERON, 689 hab. Ch.-l. de c., arr. de Nyons (Drôme).

SÉDHIOU, comptoir et fort français dans la haute Casamance (Sénégal).

SÉDIMENT (l. *sedimentum* : de *sedere,* être assis), *sm.* Dépôt qui se forme dans un vase contenant un liquide lorsque des matières solides dissoutes ou en suspension dans ce liquide viennent à s'en séparer.

Les dépôts sédimentaires résultent de la destruction par les vagues de la mer ou l'eau des rivières, ou par les pluies de roches préexistantes dont les éléments vont se déposer au fond de la mer, des lacs ou des rivières, en couches stratifiées et généralement horizontales. On distingue plusieurs catégories de dépôts.

Dépôts arénacés.	Dépôts meubles formés de :	Sables, graviers, galets (quartz, mica, feldspath, grenat, corindon, calcaire.
	Conglomérats.	
	Grès. . . .	*Quartzeux* (grains de quartz, ciment siliceux).
		Psammites (grains de quartz, ciment argileux, micacé).
		Argileux (grauwackes, quartz gangue, argileuse ou siliceuse).
		Verts (quartz, ciment calcaire, glauconieux).
		Ferrugineux (ciment d'oxyde de fer hydraté).
		Calcarifères (quartz, ciment de carbonate de chaux).
		Lustres (grès quartzeux à grain fin).
	Quartzites.	
Dépôts argileux.	Marnes.	
	Argiles réfractaires.	
	— smectiques.	
	— ferrugineuses.	
	Glaise (argile à ciment siliceux).	
	Argiles durcies, jaspe.	
	Argiles quartzeuses et calcarifères : lœss.	
	Argiles fines avec fer hydroxydé : limon.	
	Schistes.	Phyllades, ardoises, schistes bitumineux.

Les animaux marins peuvent quelquefois, par l'accumulation de leurs coquilles, prendre une part importante à la constitution des dépôts littoraux. Tels sont les huîtres, les peignes. Certaines plantes concourent au même but : nullipores, corallines. Les protozoaires fournissent la plus grande partie de ces dépôts : les foraminifères forment en certains points des couches très puissantes (embouchure de l'Elbe, de l'Oder, port d'Alexandrie). Après l'argile rouge des grands fonds, le plus abondant des dépôts marins est la boue à globigérines formée des espèces suivantes : *globigerina, orbulina, pulvinulina, coccolithes, rhabdolithes;* la boue à radiolaires provient d'une accumulation de débris siliceux de radiolaires associés à des carapaces de diatomées et des spicules d'éponge. — **Dér.** *Sédimentaire, sédimentation.* Même famille : *Sédentaire.* (V. *Seoir.*)

SÉDIMENTAIRE, *adj.* 2 *g.* Constitué par un sédiment. — Les terrains sédimentaires sont disposés par couches dans l'écorce ou à la surface de la terre. Ce sont les seuls qui puissent contenir des fossiles. (Géol.)

***SÉDIMENTATION** (*sédiment*), *sf.* Formation d'un terrain sédimentaire.

SÉDITIEUSEMENT (*séditieuse* + sfx. *ment*), *adv.* D'une manière séditieuse.

SÉDITIEUX, EUSE (l. *seditiosum*), *adj.* et *s.* Qui fait une sédition. || Qui prend part à une sédition : *Populace séditieuse.* || Enclin à la sédition : *Esprit séditieux.* — *Adj.* Qui pousse, qui excite à la sédition : *Discours séditieux.*

SÉDITION (l. *seditionem* : de *sed,* à part + *ire,* aller), *sf.* Rébellion préméditée : *Une sanglante sédition.* — **Dér.** *Séditieux, séditieuse, séditieusement.*

SEDLITZ, 1 550 hab., ville située dans le massif volcanique du N.-O. de la Bohême et célèbre par ses eaux purgatives riches en sels de soude et de magnésie. — *Eau de Sedlitz artificielle,* composée d'eau 650 grammes, de sulfate de magnésie 30, bicarbonate de soude 4, acide tartrique 4, dans une bouteille bien bouchée et ficelée.

SÉDUCTEUR, TRICE (l. *seductorem,* qui conduit à part), *s.* et *adj.* Qui séduit, qui fait tomber en erreur ou en faute, qui corrompt la vertu, l'innocence. || *L'esprit séducteur,* le diable.

SÉDUCTION (l. *seductionem*), *sf.* Action de séduire, de faire manquer au devoir. || Attrait, agrément : *Les séduction de la campagne. Esprit plein de séductions.*

SÉDUIRE (l. *se,* à part + *ducere,* conduire), *vt.* Faire tomber dans l'erreur, dans quelque faute. || Détourner du devoir : *Séduire le peuple par des flatteries.* || Corrompre : *Séduire un témoin.* || Charmer, toucher, rendre bien disposé, persuadé : *Sa franchise m'a séduit.* — **Dér.** *Séduisant, séduisante, séduction, séducteur, séductrice.*

SEDUM

SÉDUISANT, ANTE (*séduire*), *adj.* Qui séduit, qui charme : *Offres séduisantes.*

* **SEDUM** ou **SEDON** (l. *sedum,* la joubarbe des toits : de *sedere,* être assis), *sm.* Genre de plantes dicotylédones de la famille des Crassulacées dont les principales espèces sont : la *joubarbe,* l'*orpin,* etc.

SEELAND, Sjœlland, 375 000 hab., île basse de l'archipel Danois séparée de la Suède par le Sund. Céréales, beaux pâturages. Ch.-l. Copenhague. Villes principales : Fredericksborg, Sorö.

SÉESEN, 3 000 hab., ville du Brunswick. Sources et bains sulfureux.

SÉEZ, 4 672 hab. Ch.-l. de c., arr. d'Alençon (Orne), évêché, grand et petit séminaire, collège; ganterie, tanneries, teintureries, serrureries.

***SÉGALA** (l. *secale,* seigle), *sf.* Terre essentiellement propre à la culture du seigle.

SEGEBERG, 4 000 hab., ville du Holstein (Prusse). Brasseries, tanneries, lainages.

***SEGESTAIN, AINE,** *adj.* et *s.* Qui appartient à Ségeste. || Habitant de cette ville.

SÉGESTE, anc. ville du N.-O. de la Sicile qui, pendant la guerre du Péloponèse, appela les Athéniens pour la secourir contre les Syracusains. — **Dér.** *Ségestain, ségestaine.*

SEGESVAR, 6 329 hab., ville de Transylvanie (Autriche-Hongrie), sur le Kockel.

SÉGÉTAL, ALE (l. *segetalem* : de *seges,* génitif *segetis,* moisson), *adj.* Qui croît dans les champs de céréales : *Le bleuet est une plante ségétale.*

SEGMENT (l. *segmentum* : de *secare,* couper), *sm.* Portion déterminée, mais non isolée d'un tout : *Chaque anneau du corps d'un insecte est un segment.* || Chaque division d'une feuille pinnatiséquée. || *Les deux segments de l'hypoténuse d'un triangle rectangle,* les deux tronçons de cette hypoténuse séparés par le pied de la perpendiculaire abaissée du sommet de l'angle droit sur l'hypoténuse. Soit ABC (fig. 1) un triangle rectangle; les deux segments de l'hypoténuse sont AD et DC. || *Segment de cercle,* la portion de la surface d'un cercle comprise entre un arc et sa corde. Sa surface est égale à celle du secteur dont l'arc est la base, diminuée de la surface du triangle formé par la corde et les deux rayons qui limitent le secteur. Ainsi, par exemple (fig. 2), l'aire du segment AMB sera égale à celle du secteur AMBO moins celle du triangle AOB. || *Segment capable d'un angle donné,* segment de cercle tel que tous les angles qui y sont inscrits sont égaux à un angle donné. On démontre en géométrie que tous les angles qui ont leur sommet sur une circonférence et l'extrémité de leurs côtés sur une corde limitant un secteur de cercle sont égaux. Il y a plusieurs manières de décrire, sur une droite donnée, un segment capable d'un angle donné; nous nous contenterons d'exposer la manière suivante : Soit AB (fig. 3) la droite sur laquelle on veut décrire un segment capable de l'angle K, c'est-à-dire dont tous les angles seront égaux à l'angle K. Pour cela, au point B et sur la droite AB, on fait un angle ABC égal à l'angle K; puis au point B on mène la perpendiculaire BE; sur le milieu de AB, c'est-à-dire en F, on mène à AB une perpendiculaire qui coupe BE au point O. De ce dernier point comme centre avec OB pour rayon, on décrit une circonférence et le segment AMBF est capable de tous les angles égaux

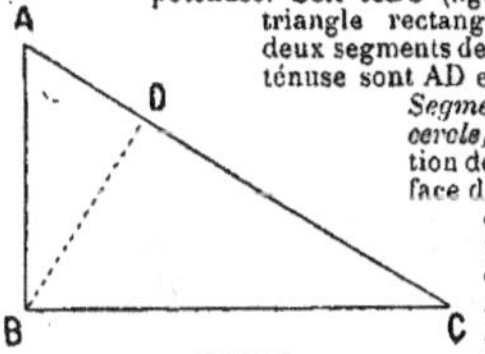

SEGMENT

Fig. 1.

LES DEUX SEGMENTS DE L'HYPOTÉNUSE D'UN TRIANGLE RECTANGLE

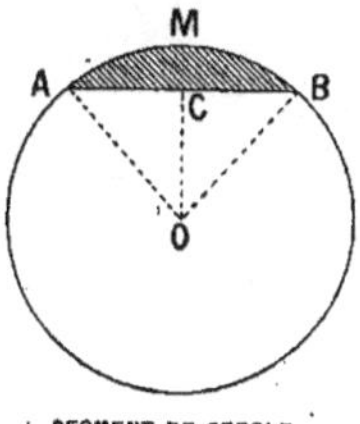

SEGMENT DE CERCLE

Fig. 2

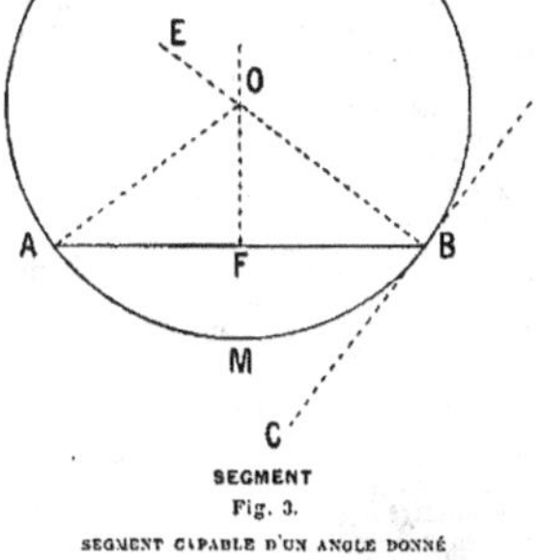

SEGMENT

Fig. 3.

SEGMENT CAPABLE D'UN ANGLE DONNÉ

à K parce qu'ils ont pour mesure la moitié de l'arc AMB et que l'angle ABC a lui aussi cette même mesure, puisqu'il est formé par une tangente et une sécante. — Le volume engendré par un segment circulaire AMB tournant autour du diamètre PP' (fig. 4) est égal au sixième du cercle qui a pour rayon la corde AB qui sous-tend l'arc AMB multipliée par la projection CD de cette corde sur l'axe de rotation PP'. Ce volume est représenté par la formule :

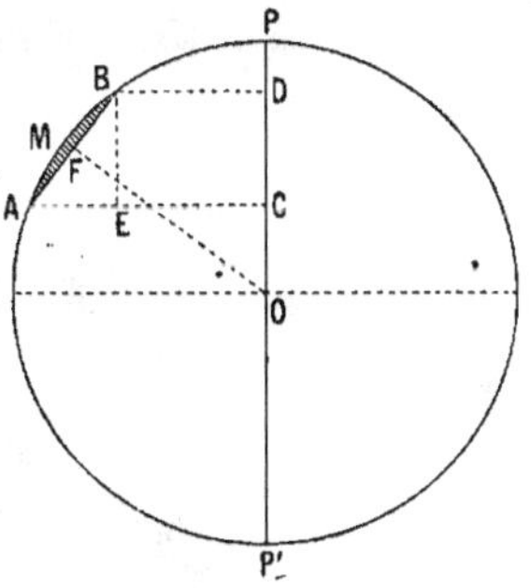

SEGMENT

Fig. 4.

VOLUME ENGENDRÉ PAR UN SEGMENT CIRCULAIRE TOURNANT AUTOUR D'UN DIAMÈTRE

$$\text{Volume segment AMB} = \frac{1}{6}\pi\,AB^2 \times CD.$$

|| *Segment sphérique,* portion du volume de la sphère comprise entre deux plans parallèles dont les sections sont les bases du segment; il a pour hauteur la distance des deux plans parallèles. Quand l'un des plans est tangent à la sphère, le segment prend le nom de *calotte.*

Le volume d'un segment de sphère, à bases parallèles, est égal à la demi-somme de ses bases multipliée par leur distance, plus le volume de la sphère qui aurait cette distance pour diamètre.

Par exemple, le volume formé par la surface CAMBD (fig. 4) tournant autour du diamètre PP' et engendrant un *segment sphérique* ou *tranche sphérique,* sera représenté par la formule :

$$\text{Vol. seg. sph.} = \frac{1}{2}\pi h\left(R^2 + r^2\right) + \frac{1}{6}\pi h^3,$$

R étant le rayon AC de la plus grande base, r le rayon de la plus petite ou BD et h la hauteur DC qui sépare les deux bases. Lorsque l'un des deux cercles qui comprennent le segment est tangent à la sphère, le rayon BD ou r devient nul et le volume est alors représenté par

$$\frac{1}{2}\pi R^2 h + \frac{1}{6}\pi h.$$

— Dér. *Segmentaire.*

SEGMENTAIRE (*segment*), *adj. 2 g.* Formé de plusieurs segments : *Les insectes sont des animaux segmentaires.*

SÉGO, 30000 hab., ville de la Nigritie centrale, sur le Niger. Grand entrepôt commercial.

SÉGO

(GUERRIER DE)

SEGONZAC, 2384 hab. Ch.-l. de c., arr. de Cognac (Charente). Eaux-de-vie qui forment le meilleur cognac.

SÉGORBE, 8000 hab., ville d'Espagne (Valence), sur le Murviédro. Fabriques d'amidon et de papier.

SÉGOVIE, 11172 hab., ville d'Espagne, capitale de la Vieille-Castille, autrefois très importante. Magnifique aqueduc romain qui apporte à la ville les eaux de la Sierra de Guadarrama; restes d'un alcazar maure; aux environs, palais royal de la Granja.

SÉGRAIRIE (db. de *secrétairerie*), *sf.* Bois possédé par plusieurs copropriétaires.

SÉGRAIS (bl. *secretarium*), *sm.* Bois isolé situé sur la lisière d'une forêt.

SEGRAIS (1625-1701), né à Caen, secrétaire et gentilhomme de Mademoiselle, fille de Gaston d'Orléans, littérateur et poète bucolique.

SÈGRE (l. *Sigoris*), 240 kilom., rivière d'Espagne, affluent de gauche de l'Èbre, prenant sa source dans les Pyrénées, au pic de la Sègre (2795 mètres); elle arrose Puycerda, Urgel, Lerida, et reçoit la Sègre de Caros, l'Embalire, la Noguera, Pallaresa et la Cinca.

SEGRÉ, 3414 hab. S.-préf. (Maine-et-Loire), sur la Verzée et l'Oudon, à 330 kilom. de Paris. Minerai de fer.

SÉGRÉGATION (l. *se*, à part + *grex*, troupeau), *sf.* Action de mettre à part, de séparer d'un tout.

***SÉGUEDILLE** ou **SÉGUIDILLE** (esp. *seguidilla*), *sf.* Chanson, danse espagnole.

SÉGUIER, famille de magistrats français dont le plus célèbre est PIERRE SÉGUIER (1588-1672), garde des sceaux et chancelier de France, l'un des fondateurs de l'Académie française, dont il devint le protecteur après la mort de Richelieu.

SÉGUIN (MARC) (1786-1875), ingénieur français, né à Annonay, neveu de J. Montgolfier. Il inventa les ponts suspendus en fil de fer, la chaudière tubulaire, qui rendit possible l'application de la vapeur à la traction sur voies ferrées et substitua les rails en fer aux rails en fonte des Anglais.

SÉGUR (LOUIS-PHILIPPE, COMTE DE) (1753-1830), écrivain et diplomate français, prit part à la guerre de l'indépendance américaine, fut ambassadeur à Saint-Pétersbourg auprès de Catherine II, grand-maître des cérémonies à la cour de Napoléon Ier et pair de France sous Louis XVIII; il a laissé des mémoires, des écrits politiques et un cours élémentaire d'histoire. Son fils, PHILIPPE-PAUL (1780-1872), fut aide de camp de Napoléon Ier, pendant la campagne de Russie. Il a écrit *l'Histoire de Napoléon et de la Grande Armée pendant l'année 1812.*

SÉGURA, fleuve d'Espagne qui descend de la Sierra du même nom, arrose Archena, Murcie, Orchiela, et se jette dans la Méditerranée près d'Alicante. Cours de 250 kilom.

SÉGURA DE LA SIERRA, 4300 hab. Ville d'Espagne, province d'Albacète. Tissages de lin, de chanvre et de laine.

SÉGURA DE LÉON, 4400 hab. Ville d'Espagne, province de Badajoz.

SEIBOUSE, 232 kilom., rivière de la province de Constantine (Algérie), arrose Guelma et se jette dans la Méditerranée, près de Bone.

SEICHES, 1425 hab. Ch.-l. de c., arr. de Baugé (Maine-et-Loire).

SÈICHES, affluent de la Vilaine, qui sort des landes du Pertre; elle reçoit l'Ardenne et l'Ize. Cours de 82 kilom.

SÉIDE [sé-i-de] (nom d'un esclave dévoué à Mahomet), *sm.* Celui qui est aveuglément dévoué à une personne et prêt à faire tout ce qu'elle lui ordonnerait, même des actes criminels.

SEIGLE (vx fr. *soile, segle :* du l. *segala*), *sm.* Genre de plantes monocotylédones de la famille des Graminées, et dont une espèce, la seule intéressante pour nous, est rangée parmi les céréales. C'est une plante annuelle dont la tige atteint de 0m,08 à 0m,12 de hauteur, et porte des feuilles linéaires, assez larges, planes et plus ou moins vertes. Cette tige se termine par un épi glauque, allongé et comprimé et généralement un peu penché. Le rachis de cet épi n'est pas fragile, et il présente des poils sur ses bords. Sur chaque dent de ce rachis se trouve un épillet, comprimé latéralement, et formé de trois fleurs dont les deux inférieures sont seules développées, la troisième se réduisant à un pédicelle linéaire. Les deux glumes sont parallèles au rachis, membraneuses; elles ne présentent qu'une seule nervure, sont étroitement lancéolées, terminées en pointe, et généralement plus courtes que les fleurs. Les glumelles sont au nombre de deux, de même que les glumellules, qui sont membraneuses. L'androcée se compose de trois étamines; l'ovaire se termine par deux stigmates plumeux. Le fruit est un caryopse oblong présentant sur sa face interne une sorte de petite dépression qui la partage en deux parties. Ce fruit, libre entre les glumelles, est terminé au sommet par un bouquet de petits poils. Le seigle est originaire de la région comprise entre les Alpes d'Autriche et le nord de la mer Caspienne; il revient très facilement à l'état sauvage et devient presque spontané dans les pays de l'empire austro-hongrois. Cette plante se rencontre surtout dans les terrains sablonneux; c'est là ce qui explique pourquoi elle réussit bien dans les plus mauvaises terres, même dans celles qui sont totalement privées d'humidité et qui, pour cette cause, sont impropres à la culture du froment. La rusticité du seigle est assez grande pour lui permettre de résister à des froids rigoureux. Aussi le cultive-t-on très avant dans le Nord et très haut sur les montagnes. Dans ces deux habitats, il n'est surpassé que par l'orge, qu'il suit même de très près. Il a aussi l'avantage d'étouffer les mauvaises herbes et celui de mûrir de bonne heure, ce qui fait que l'on peut le substituer au blé tardif dans les terrains où celui-ci ne saurait parcourir en temps convenable toutes les phases de la végétation.

Sous le rapport du rendement, le seigle l'emporte sur toutes les autres céréales, et il produit environ un sixième de plus que le blé. A poids égal, le grain de seigle donne plus de farine que le grain de blé. Dans les localités où le froment se développe le mieux, on est toujours obligé de cultiver une certaine quantité de seigle pour l'excellente paille que donne cette céréale. En effet, cette paille est préférable à toute autre quand il s'agit de confectionner les liens avec lesquels on noue les gerbes de blé. La farine de seigle est employée de deux manières : à l'état de pureté, ou mélangée à celle du blé. Le pain de seigle pur ne vaut pas celui que donne le froment pour plusieurs raisons; il est lourd, parce qu'il ne dégage que très peu d'acide carbonique pendant la fermentation; sa couleur brune ne le rend que médiocrement appétissant; et il n'est pas très nutritif, attendu qu'il ne renferme qu'une faible proportion de gluten; enfin, la panification du seigle exige beaucoup de levain et une cuisson prolongée. Malgré ces inconvénients, le pain de seigle forme la base de l'alimentation dans la majeure partie de nos campagnes. Néanmoins, de jour en jour, on tend à remplacer le seigle pur par du seigle mêlé de froment, mélange que l'on désigne sous le nom de *méteil*. Ce mélange donne un pain bien préférable à celui du seigle pur. Dans les brasseries, on substitue sans désavantage le grain de seigle à celui de l'orge pour la fabrication de la bière. Dans les parties septentrionales de la France, on fabrique une liqueur rafraîchissante avec de la farine de seigle délayée dans l'eau et fermentée. Dans le nord de l'Europe, on transforme le seigle en une eau-de-vie d'une qualité peu inférieure à celle que l'on extrait du vin et de beaucoup préférable à l'eau-de-vie de betterave. Cette eau-de-vie est désignée en Belgique et en Hollande sous le nom de *genièvre*, tandis que les Anglais l'appellent *gin*. Enfin la farine de seigle est employée en médecine pour faire des cataplasmes résolutifs.

SEIGLE

Les agronomes distinguent plusieurs variétés de seigle, établies toutes sur des particularités de végétation dépendant, pour la plupart, de l'époque du semis. On appelle *seigle d'automne* ou *seigle d'hiver* celui que l'on a semé en automne et dont on ne récoltera le grain que l'année suivante. On désigne sous le nom de *seigle de mars* ou *seigle de printemps* celui qui est semé en mars pour être récolté la même année. Il diffère de la variété précédente en ce qu'il produit une paille plus courte et plus grêle. On appelle *seigle de la Saint-Jean, seigle multicaule, seigle du Nord* une autre variété que l'on confie à la terre dans le courant de juin, vers la Saint-Jean, et que l'on coupe en vert, en automne, pour en faire du fourrage. Quelquefois on a recours à un autre procédé; on fait pâturer cette récolte jusqu'au printemps suivant. Dans l'un comme dans l'autre cas, on obtient vers la fin de l'été, c'est-à-dire après une année entière de végétation, une excellente récolte. Le seigle multicaule a été très préconisé dans ces dernières années. Cela tient à la propriété qu'il possède de produire sur un même pied un nombre de chaumes relativement considérable. Cette multiplicité des chaumes est due à ce que la faux ou la dent du bétail ont fait à la tige des plaies qui ont déterminé la production de rejets latéraux. Le seigle, vu sa maturité précoce, réussit parfaitement dans les sols sableux ou sablo-argileux. Il donne aussi des produits avantageux dans les terres calcaires les plus sèches. Par contre, il ne se développe pas bien dans les terrains argileux et compacts qui retiennent l'humidité.

Le seigle, que l'on peut considérer jusqu'à un certain point comme un succédané du blé, doit occuper dans les terres légères la place que l'on réserve au blé dans les sols plus substantiels. Il succédera donc, en général, aux mêmes récoltes que cette dernière plante. Du reste, le seigle jouit d'une propriété que l'on ne rencontre que rarement chez les végétaux qui font l'objet de la grande culture; il peut être ensemencé plusieurs années de suite dans le même terrain sans l'épuiser, et sans que son rendement en paraisse diminuer. Le seigle ne doit être semé que dans un terrain qui a été labouré depuis quelque temps. On devra marner et chauler le terrain qui manquerait d'éléments calcaires, et comme la paille de seigle est riche en potasse, en acide phosphorique et en silice on devra répandre sur les champs destinés à la culture de cette céréale des engrais riches en phosphate et en silicate de potasse. Il est préférable de semer le seigle à la volée parce que ce moyen augmente la production de la paille, qui a plus de valeur que le grain. || *Seigle ergoté*, celui dans les grains duquel se développent les champignons dont l'ensemble porte le nom d'*ergot*. (V. *Ergot*.) — **Dér.** *Ségala*.

SEIGNE (COL DE LA), 2526 mètres, passage des Alpes Grées, qui mène de la Maurienne dans la vallée d'Aoste.

SEIGNELAY, 1273 hab. Ch.-l. de c., arr. d'Auxerre (Yonne).

SEIGNELAY (COLBERT, MARQUIS DE) (1651-1690), fils aîné de Colbert, ministre de la marine en 1683, mit la flotte française sur un pied très florissant, fit bombarder Alger et Tripoli, dirigea le bombardement de Gênes et réussit à faire débarquer Jacques II en Irlande (1689).

SEIGNETTE (SEL DE). Tartrate double de potasse et de soude, découvert par l'apothicaire Seignette, de la Rochelle.

SEIGNEUR (l. *seniorem*, plus vieux), *sm.* Celui qui, au moyen âge, possédait et gouvernait un domaine qui lui avait été concédé moyennant certaines conditions. || Maître. || Haut personnage de l'ordre de la noblesse : *Les seigneurs de la cour.* || *Un grand seigneur*, un seigneur d'une famille très illustre : *Vivre en grand seigneur*, somptueusement. || Titre qu'on donnait à certains hommes : *Seigneur, daignez m'écouter.* || *Le Seigneur*, Dieu. || *Notre-Seigneur*, Jésus-Christ. || *Le Grand Seigneur*, le sultan des Turcs. || *A tout seigneur tout honneur*, il faut rendre à chacun ce qui est dû à son rang, à sa position. — **Dér.** *Seigneurie, seigneuriage, seigneurial, seigneuriale; sieur; Sire.* — **Comp.** *Monseigneur, messeigneurs, monsieur, messieurs; seigneurifier.* Même famille : *Sénat*, etc.

SEIGNEURIAGE (*seigneur*), *sm.* Impôt qu'un souverain prélevait sur la fabrication de la monnaie.

SEIGNEURIAL, ALE (*seigneur*), *adj.* Qui appartient au Seigneur; *Les droits seigneuriaux.* || *Maison seigneuriale*, la maison du seigneur. || Qui donne des droits de seigneur : *Terre seigneuriale.*

SEIGNEURIE (*seigneur*), *sf.* L'autorité, les droits du seigneur sur son domaine. || Fief possédé par un seigneur : *Vendre une seigneurie.* || Titre honorifique attaché à certaines fonctions et que l'on donnait autrefois aux pairs de France. || L'ensemble des membres du gouvernement de la république de Venise.

***SEIGNEURIFIER** (*seigneur* + l. *ficare*, faire), *vt.* Donner la qualité de seigneur. — **Se seigneurifier**, *vr.* Devenir seigneur.

SEIKHS, peuple de l'Hindoustan qui habitait au S. du royaume de Caboul.

SEILHAC, 2032 hab. Ch.-l. de c., arr. de Tulle (Corrèze).

***SEILLE** (l. *situla*), *sf.* Grand seau en bois. — **Gr.** Même famille que *Seau*. — **Dér.** *Seillerie*.

SEILLE, 110 kilom., rivière de France qui prend sa source à la Baume (Jura); elle arrose Néry, Voiteur, Domblans, Arlay, Ruffey, Nance, Louhans, Savigny, Loisy et se jette dans la Saône à Tournus. Elle reçoit le Serein, la Brenne, le Solman, les deux Sane. Elle est navigable sur 41 kilom., au moyen d'écluses. — **Seille**, 105 kilom., rivière de France et d'Allemagne, qui sort de l'étang de Lindres, près Dieuze; elle arrose Dieuze, Marsal, Mayeuvre, Vic, Nomény et se jette dans la Moselle à Metz. Elle reçoit la petite Seille. Cours de 105 kilom.

***SEILLERIE** (*seille*), *sf.* Tous les objets en boissellerie, comme seau, etc.

SEILLON, 614 hect. Forêt domaniale du département de l'Ain, peuplée de chênes.

SEIM, rivière de la Russie d'Europe, affluent de la Desna. Cours de 475 kilom.

SEIME (l. *segmen* : de *secare*, couper?), *sf.* Solution de continuité qui survient au sabot du cheval partant de la couronne et suivant la direction des fibres de la paroi; les pieds dont la corne est sèche et cassante y sont plus sujets que les autres.

SEIME

SEIN (vx fr. *sein*, *sain*; l. *sinum*), *sm.* Le devant de la poitrine : *Plonger un poignard dans le sein de quelqu'un.* || La partie du vêtement qui couvre le devant de la poitrine : *Cacher un poignard dans son sein.* — Fig. *Serpent qu'on a réchauffé dans son sein*, homme à qui l'on a fait du bien et qui vous paye d'ingratitude. || Chacune des mamelles. || Les entrailles de la femme. — Fig. L'intérieur : *Le sein de la terre.* || Le milieu : *Vivre au sein de l'abondance.* || *Le sein de l'Église*, l'ensemble des fidèles catholiques. — Fig. L'esprit, le cœur de l'homme : *Agiter des pensées dans son sein.* — **Hom.** *Sain, saint, seing, ceint* (verbe). — **Gr.** Même famille, *sinus* 2. (V. ce mot.)

SEIN, île du département du Finistère, dans l'Atlantique, au N.-O. de la baie d'Audierne, en face de la pointe du Raz, dont elle est séparée par le Raz de Sein, et célèbre, à l'époque gauloise, par son collège de druidesses.

SEINE (vx fr. *sayme, saime, seigne*, du l. *sagena*), *sf.* Filet rectangulaire pour prendre le poisson, quelquefois long de plus de 100 mètres, large de 1 ou 2 mètres, dont le bord inférieur est garni de balles de plomb et le supérieur de morceaux de liège. Après avoir tendu verticalement ce filet dans l'eau, on le traîne en le pliant en cercle. — **Hom.** *Seine, senne, Cène, scène.* — **Dér.** *Scinette, seiner, seineur.*

SEINE (LA) (l. *Sequana*), 770 kilom., fleuve de France, prend sa source à Saint-Germain-la-Feuille (471 mètres), près de Chameaux (Côte-d'Or), au N.-O. du mont Tasselot. Elle coule d'abord à travers des terrains jurassiques jusqu'à Bar-sur-Seine, en arrosant Billy, Chameaux, Mare, Aisey, Châtillon-sur-Seine, Mussy, Gyé, Buxeuil, Celles. Le fleuve serpente jusqu'à Bar entre les calcaires du Barrais le long des bois Bréard et de Sénon à droite; la vallée s'élargit après Bar, traverse le crétacé inférieur; les alluvions sont bordées de marnes ostréennes, de sable et d'argiles panachées. Les alluvions prennent de plus en plus d'importance après Fouchères : les forêts d'Aumont et de Rumilly sont recouvertes de limon argilo-sableux auquel succède le gault ou argile tégulinc de Leymerie. En aval de la forêt d'Aumont, la rive gauche présente un mélange de limon sableux rougeâtre sur les pentes avec des gaizes et de la craie de Rouen. A droite, derrière Verrières, les alluvions anciennes sont bordées par les mêmes assises, la craie de Rouen renfermant de nombreuses enclaves de craie de Senonches. Après avoir arrosé Troyes (101 mètres), la Seine coule toujours au N.-O. jusqu'à Méry à travers le crétacé supérieur entre des coteaux formés de bandes parallèles de limon sableux perpendiculaires au fleuve, alternant avec la craie à micraster ou sénonien. Le fleuve décrit un arc de cercle dont la convexité est tournée vers le N. et passe entre Saint-Just et Romilly; le limon disparaît à hauteur de Savières, et les alluvions prennent un immense développement au confluent de l'Aube; depuis Savières jusqu'à Marcilly elles sont bordées par la craie à micraster, qui alterne ensuite avec les limons sableux. Ce faciès est remplacé jusqu'à Villers, sur la rive gauche, par la craie blanche, qui se continue à droite, limitée à une bande étroite, par des marnes ou glaises vertes, et par le travertin supérieur de Provins. La Seine se dirige par Pont-le-Roi, Nogent-sur-Seine, Bray et Montereau, vers la forêt de Fontainebleau qui fait dévier vers le N.-O. le cours du fleuve; la vallée, très étroite, est bordée par les sables de Fontainebleau et le limon sableux des terrasses. Depuis Romilly, la Seine coule vers le S.-O. Au N. de Fontainebleau, dans le miocène, apparaissent le gypses et les marnes séparés par une bande de glaises, des calcaires et des travertins de la Brie : les alluvions sont très restreintes. Ces terrains persistent à Melun (37 mètres), Ponthiéry, Essonnes, Corbeil jusqu'à Juvisy entre les forêts de Rougeau, de Sénart et de Séguigny. Les alluvions reprennent plus d'importance et la Seine, repoussée par les hauteurs qui dominent le S. de Paris, coule vers le N. bordée à gauche par le limon sableux, à droite par le calcaire de Brie. La Seine passe à Villeneuve-Saint-Georges, Choisy, Charenton (31 mètres) et traverse ensuite Paris (30 mètres) en formant un arc (V. *Paris*) et se déroule au milieu d'alluvions qui occupent Ivry, Charenton, Paris (rive droite), Grenelle, Issy, Boulogne, Neuilly, Clichy et toute la rive droite entre Saint-Ouen et Sartrouville. On trouve à Montrouge, Vanves, Vaugirard le calcaire grossier avec îlots de sables de Beauchamp; puis, par derrière le travertin de Saint-Ouen et les sables et grès de Fontainebleau, sur la rive droite, succèdent aux alluvions les sables de Beauchamp, le gypse, le travertin de Champigny. Au sortir de Paris, le fleuve se replie en deux boucles successives et arrose Sèvres, Saint-Cloud, Suresnes, Puteaux, Courbevoie, Asnières, Saint-Denis, Epinay, Argenteuil, Bezons, Chatou, le Pecq, Saint-Germain, Sartrouville, Conflans-Sainte-Honorine (17 mètres), Poissy, Triel, Meulan. De Conflans à Meulan on observe des assises alternées ainsi composées : sables de Beauchamp, marnes de Saint-Ouen, gypse avec îlot formé de sable de Fontainebleau, de travertin de Beauce et de limon. La rive gauche présente le même faciès qui continue jusqu'à hauteur de la Roche-Guyon, par Epône, Limay, Mantes, Vétheuil. La Seine entre ensuite dans une région de forêts; celles de Rosny et de Galice sont occupées par l'argile à silex; au S. de la forêt de Moisson, on trouve la craie blanche noduleuse. Le fleuve se dirige au N.-O. par Bonnières, Vernon, Gaillon, les Andelys, Pont-de-l'Arche, Tourville (nombreuses boucles), Oissel, Sotteville, Rouen, Quévilly, la Bouille, Duclair, Jumiège, Caudebec, Villequier. Aizier, Quillebeuf, Tancarville, où commence l'estuaire (larg. 10 kilom.). Les argiles à silex se retrouvent dans les forêts de Buzy, de Vernon, des Andelys, de Louviers, Pont-de-l'Arche, Longboel, du Rouvray, Roumard, Maulvrier; Brotonne et Mauny, qui sont formées d'alluvions anciennes dans leurs parties les plus voisines de la Seine. L'estuaire est très large et les bancs de sable mobiles qui en forment le fond créent de sérieux obstacles à la navigation. La Seine se jette dans la Manche entre le Havre et Villerville. La mer a reculé, car Harfleur, aujourd'hui dans l'intérieur des terres, était autrefois un port florissant. Au N. et au S. de l'estuaire, le fleuve est bordé par l'argile à silex, à laquelle succède, vers l'intérieur des terres, le limon des plateaux, la gaize et la craie glauconieuse.

La Seine reçoit à droite : 1° le *Revinson* à Quémigny; 2° l'*Ource* (85 kilom.) qui coule parallèlement à la Seine à travers le jurassique de la Côte-d'Or et de l'Yonne et se jette à Bar-sur-Seine; 3° l'*Arce* (25 kilom.) à Mersey; 4° la *Darse* près de Troyes; 5° la *Molda*; 6° la rivière de *Beauregard*; 7° la *Nore*; 8° l'*Aube* (225 kilom.) à Marcilly; 9° la *Voulzie* (41 kilom.) à Bray; 10° la *Marne* (494 kilom.) à Charenton; 11° le *Rouillon* à Saint-Denis; 12° l'*Oise* grossie de l'Aisne à Conflans; 13° l'*Epte* (102 kilom.) à Vernon; 14° l'*Andelle*. A gauche se jettent : 1° la *Laigne* à Polisy; 2° la *Sarce* (30 kilom.) à Courtenot; 3° l'*Hozain* (34 kilom.) à Buchères; 4° l'*Ardusson* (25 kilom.) à Nogent-sur-Seine; 5° l'*Orvin* (38 kilom.) à Villers; 6° l'*Yonne* (273 kilom.) à Montereau; 7° le *Loing* (160 kilom.) à Moret; 8° l'*Essonne* à Corbeil; 9° l'*Orge* à Savigny; 10° l'*Yerres* à Villeneuve-Saint-Georges; 11° la *Bièvre*; 12° l'*Orgeval* à Meulan; 13° la *Mauldre* (37 kilom.) entre Meulan et Mantes; 14° la *Vaucouleur* à Mantes; 15° l'*Eure* (226 kilom.) à Pont-de-l'Aube; 16° l'*Oison* et le *Puchot* à Elbeuf; 17° le *Robec* à Rouen; 18° la *Risle* (148 kilom.) à Berville.

La Seine roule à Paris 75 mètres cubes d'eau par seconde à l'étiage, 250 aux eaux moyennes et 1500 pendant les crues. La marée remonte jusqu'à Poissy. La Seine est navigable depuis le confluent de l'Aube à Marcilly jusqu'à la mer sur 526 kilom. dont 126 entre Rouen et le Havre sont ouverts à la navigation maritime. De grands travaux d'endiguement ont été déjà faits pour permettre aux navires de fort tonnage de remonter le fleuve, et d'autres sont en cours d'exécution : les digues submersibles qui ont été construites ont en partie fixé les berges et assuré une profondeur d'eau plus considérable aux navires qui remontent à Rouen. La Seine communique avec le Rhône par l'Yonne et le canal de Bourgogne; avec la Loire, par le Loing et le canal de Briare; avec la Somme et l'Escaut, par l'Oise, le canal Crozat et le canal de Saint-Quentin; avec le Rhin, par la Marne et le canal de la Marne au Rhin; avec la Meuse, par l'Oise et les canaux de la Sambre et des Ardennes.

SEINE (DÉPART. DE LA), 2961089 hab., 478 kilom. carrés. Densité de la population 6182 hab. par kilomètre carré; la densité moyenne en France est de 72 habitants par kilomètre carré. (V. la carte.) Le département est formé d'une partie de l'ancienne Ile-de-France. Il est traversé par la Seine, et est entouré de tous côtés par le département de Seine-et-Oise. Le département de la Seine est compris entre 48° 44′ et 48° 58′ 30″ de latitude N., et entre 0° 13′ 40″ de longitude E., et 0° 10 de longitude O. La Seine forme une cuvette bordée de plateaux dont Paris occupe le fond : c'est un pays de plaines, que sillonnent les vallées de la Seine, de la Marne, de la Bièvre. Les points culminants du département sont le plateau d'Avron, qui domine la forêt de Bondy, dont une partie est dans Seine-et-Oise. Au N.-E. de Paris s'étend la plaine Saint-Denis commandée par la butte Pinçon. Au delà de cette plaine, la Seine décrit une boucle qui enferme la presqu'île de Gennevilliers, à partir de laquelle le sol s'élève vers Courbevoie et le mont Valérien (161m,30). Au pied de cette forteresse s'étend le bois de Boulogne. (V. *Paris*.) Plus au S., les collines de Saint-Cloud, Bellevue (Seine-et-Oise) se rattachent au plateau de Châtillon (178 mètres), limité par la vallée de la Bièvre. Entre cette vallée et celle de la Seine, s'avance le plateau de Villejuif. La boucle de la Marne est dominée par les hauteurs de Montmédy, de Chennevières, de Champigny et de Brie (109 mètres). Tous les cours d'eau du département appartiennent au bassin de la Seine. La Seine (V. *Seine* et *Paris*), qui forme avant son confluent une presqu'île appelée *boucle de la Marne*, reçoit la Marne à Charenton. Elle arrose Joinville, Saint-Maur, Champigny, la Varenne, Chennevières, Bonneuil et Créteil, et les eaux des deux rivières restent longtemps distinctes. La Bièvre (40 kilom.) naît dans l'étang de Saint-Quentin, près de Saint-Cyr; elle coule dans une vallée charmante, passe à Antony, à Berny, à Arcueil, à Gentilly, puis elle entre dans Paris. (V. ce mot.) A Saint-Denis, la Seine reçoit le Rouillon, sorti de la forêt de Montmorency, passe à Ecouen, et reçoit le Croud.

Plusieurs canaux remédient aux difficultés qu'offrait la navigation de la Seine, ou bien la réunissent à quelques-uns des autres cours d'eau du bassin : 1° Le canal Saint-Martin (V. *Paris*) (4228 mètres). 2° Le canal de Saint-Maur, en partie souterrain, évite à la navigation le détour qu'occasionne la boucle de la Marne (1115 mètres). Le canal de Saint-Maurice suit la rive droite de la Marne jusqu'à Charenton, où il débouche dans la Seine. 3° Le canal Saint-Denis (6647 mètres) réunit le canal de l'Ourcq à la Seine, qu'il atteint à la Briche. 4° Le canal de l'Ourcq (107 kilom.) alimente les canaux Saint-Denis et Saint-Martin et fournit de l'eau potable à Paris; il s'étend du bassin de la Villette à Mareuil (Aisne), et reçoit plusieurs rivières; son débit est de 160000 mètres cubes par jour. On trouve à Passy cinq sources minérales froides (4°) sulfatées, calcaires et ferrugineuses; la source d'Auteuil présente la même composition. Le climat du département est le type du climat dit *séquanien*, qui caractérise le N.-O. de la France. La température est assez uniforme, bien qu'il fasse moins chaud que sur les côtes de l'Océan, où l'influence du Gulf-Stream est plus immédiate; l'hiver est moins rude que dans l'E. La température moyenne de Paris est de + 10°8 : soit pour l'hiver 3°7, le printemps 10°3, l'été 18°2, l'automne 11°1; le minimum se produit au mois de janvier, et le maximum au mois de juillet. La Seine n'est prise l'hiver que dans des cas heureusement assez rares. Il gèle 56 jours par an en moyenne. On compte dans le même temps environ 143 jours de pluie répartis également entre les quatre saisons et pendant lesquels il tombe à peu près 50 centimètres d'eau; le mois de février est celui où il pleut le moins, le mois de mai celui où il pleut le plus. Les vents dominants sont ceux du N.-O. et de l'O.

Le département de la Seine occupe le centre du bassin géologique de Paris; il est traversé par les alluvions anciennes et modernes, bornées au S. par l'oligocène et au N. par le miocène. Ces terrains envoient, au milieu des alluvions, un prolongement qui occupe le N. de Paris et l'E. du département. (V. *Seine* et *Bassin de la Seine*.) On a cité à l'article *Paris* les puits artésiens de Paris; l'eau est retenue par un rideau imperméable, qui a été percé en divers endroits. La population de la Seine était en 1881 de 2799329 habitants, partagés par moitié entre les deux sexes, et 2961089 en 1886. Nous avons déjà donné la densité de la population. La Seine comptait 550000 hab. en 1800. On constate annuellement environ 90000 naissances contre 75000 décès, soit 37,2 hab. pour une naissance et 39,7 pour un décès, chiffres un peu plus forts que la moyenne ordinaire en France. La vie moyenne est de 29 ans. Il y a dans la Seine un grand nombre d'étrangers domiciliés formant un total de plus de 100000 hab.

L'agriculture est très avancée. On cultive les céréales : le blé est ensemencé sur 5600 hectares et donne 150000 hectolitres de grain, l'avoine 4000 hectares et 115000 hectolitres. Les jardins potagers couvrent environ 1400 hectares et sont cultivés avec un art consommé. On connait la qualité des légumes et des fruits produits par la banlieue parisienne : asperges, betteraves, artichauts, etc., pêches, cerises, poires de Montreuil, fraises et roses de Fontenay-aux-Roses, vignobles de Suresnes, Puteaux, etc. La vigne couvre 1000 hectares dans le département. Plus de 60000 personnes s'occupent d'agriculture; les parcelles peu étendues sont possédées par 100000 propriétaires : elles sont, en général, inférieures à 2 hectares. Il existe 1150 hectares de bois qui se répartissent entre le bois de Boulogne, 875 hectares, qui renferme d'immenses pépinières municipales; les bois de Vincennes, 921 hectares; de Clamart, de Bondy et ceux de Verrières et des environs de Sceaux.

Les carrières abondent dans le département de la Seine. On exploite les pierres de construction à Châtillon, à Montrouge; le plâtre à Bagneux, Clamart, Romainville, Montreuil-sous-Bois. La base de l'éocène présente de nombreuses couches de calcaire pisolithique (pierres de Meulan et d'Épernay). On trouve dans la Seine deux sources minérales : 1° la source sulfureuse de Belleville (inexploitée); 2° les eaux calcairo-ferrugineuses d'Auteuil et de Passy (3°,88).

L'industrie est très développée dans la banlieue de Paris; beaucoup d'industriels y ont leurs usines. En effet, l'industrie parisienne est surtout représentée par de petits ateliers, tandis que les grandes manufactures sont rejetées au dehors, par suite de la cherté des emplacements; beaucoup de propriétaires se trouvent amenés à vendre leurs terrains et à monter en dehors des fortifications une usine neuve. (V. *Paris*.)

Au N. de Paris, Saint-Denis (46000 hab.) est le siège d'établissements considérables pour la fabrication des machines, les forges, la teinturerie et autres industries chimiques, telles que la stéarinerie, la préparation du salpêtre, de l'amidon. On y voit aussi de grands moulins, des raffineries considérables, des tanneries. Le célèbre constructeur Claparède a lancé à Saint-Denis un grand nombre de navires pour la marine militaire. Il se tient à Saint-Denis une foire dite du *Lendit*.

Aubervilliers (22000 hab.) fabrique des verres et des cristaux, des huiles, des engrais chimiques des couleurs. A Clichy, on trouve des fabriques de bougies, de papiers peints, de savon. A Levallois-Perret domine la préparation des couleurs et de la parfumerie. Asnières et Colombes renferment des distilleries de pétrole.

Saint-Ouen (21000 hab.) possède de nombreuses usines où l'on fabrique des papiers, des produits chimiques, des objets en caoutchouc. On y voit aussi de grandes raffineries, et l'établissement de constructions mécaniques de J. Farcot.

A Ivry (21000 hab.), on s'occupe de céramique, de la fabrication du caoutchouc, des couleurs, des vernis, des engrais. Il y a de grandes briqueteries et des usines pour la préparation des lampes et des charbons destinés à la lumière électrique. Fonderies, raffineries, ateliers du chemin de fer d'Orléans. Les usines de Vitry produisent des pâtes alimentaires, des engrais. Les pépinières y sont très développées.

Montreuil-sous-Bois confectionne des bâches, des couleurs, des cuirs.

Pantin (19000 hab.) renferme de nombreux ateliers de constructions mécaniques, des raffineries de pétrole, de sucre, des distilleries, des fabriques de parfumerie, une manufacture nationale pour la fabrication des cigares.

L'industrie occupe au total 525000 ouvriers à Paris et 1350000 dans tout le département, répartis dans 4300 établissements.

La navigation est très active sur la Seine et les canaux. Les ports de Paris occupent, au point de vue du tonnage, le premier rang parmi nos ports de commerce.

Le département de la Seine fait partie du camp retranché de Paris et renferme les deux ceintures concentriques de forts qui défendent la capitale (Voir *France*). Vincennes possède d'innombrables casernes, un arsenal et une cartoucherie; à Puteaux, on trouve un grand atelier appartenant au Ministère de la guerre.

Les troupes qui occupent Paris et la Seine appartiennent aux 2e, 3e, 4e, 5e corps d'armée.

Le réseau des chemins de fer comprend 196 kilom., qui se décomposent ainsi :

Nord :	Paris à Saint-Denis.	Épinay.	Ponto ise.
		Creil. .	Beauvais.
Est. . .	Paris à Noisy et Bondy.		Strasbourg. Mulhouse.
	Paris-Vincennes. . . .		Brie.
P.-L.-M. . . .	Paris à Maisons-Alfort, 11 kilom.		
Paris-Orléans.	Paris à	Choisy, 15 kilom.	
		Sceaux-Antony, 14 kil.	
Ouest.	Saint-Lazare. à	Colombes, (le Havre), 11 kilom.	Embranchement sur Ermont à Asnières, 4 kil.
			Embranchement sur Versailles à Asnières, 8 kil.
			Embranchement sur Saint-Germain à Colombes, 4k,5.
	Montparnasse à Clamart (Brest), 6k,5.		

La Grande Ceinture forme autour de Paris, une ligne circulaire de 120 kilom., dont 20 dans le département de la Seine.

Bassin de la Seine ou bassin de Paris. — Les géologues comprennent sous cette dénomination l'ensemble des formations que limitent les granits et les terrains anciens de la Bretagne, du Plateau central, du Morvan, des Vosges, des Ardennes et du centre de l'Angleterre. La partie médiane du bassin de la Loire et le S. de l'Angleterre en font partie, car si le Pas-de-Calais et la Manche séparent la France de l'Angleterre, les terrains n'en sont pas moins identiques des deux côtés du bras de mer. Le bassin a la forme d'une immense cuvette dont Paris occupe le fond. A l'E., en partant du Rhin, la limite du bassin de Paris est formée par le trias de la Lorraine, qui s'étend depuis le Palatinat jusqu'à la hauteur de Belfort, entre les alluvions du Rhin, et le lias qui borde à droite la Moselle et la Meuse : ces assises liasiques et rhétiennes forment deux bandes étroites, l'une dirigée du N. au S. de Langres à Thionville, l'autre orientée de l'E. à l'O. entre Luxembourg et Arlon. Le lias repose en Lorraine, sur les marnes bariolées du keuper, et comprend des grès verdâtres ou jaunes, micacés et manganésifères. On observe dans le lias proprement dit les assises suivantes :

Toarcien, 105 mètres.	Marnes micacées.
	Oolithe ferrugineuse.
	Grès supraliasique.
	Marnes à posidonies.
Liasien, 75 mètres. .	Grès à bélemnites.
	Marnes.
	Calcaires.
	Sinémurien.
	Hettangien.

A l'O. s'étendent les assises jurassiques. Le jurassique inférieur dessine un arc qui passe par Hirson, Mézières, Montmédy, Briey, Nancy, Neufchâteau, sur une largeur très faible. Au S. de Chaumont, la zone du jurassique inférieur s'élargit et occupe tout le pays entre Is-sur-Tille, Dijon et Châtillon. Le bajocien présente des assises de calcaires marneux à Hirson et sur les bords de la Meuse; des calcaires oolithiques à Domle-Mesnil, près Sedan; puis il se transforme en calcaire à polypiers. Dans la vallée de la Moselle, on observe des calcaires ferrugineux et compacts auxquels succèdent des calcaires à polypiers ou à grosses oolithes dans les régions de Metz et de Longwy. Le bathonien débute par des argiles marneuses et par les calcaires jaunes de Jaumont, qui atteignent 30 mètres dans le bassin de la Chiers; entre Conflans et Gravelotte, ces couches sont surmontées d'une assise de marnes argilo-ferrugineuses, qui renferme dans la vallée de la Meurthe trois horizons de calcaire oolithique. Puis viennent les calcaires de Jarnisy, ceux de Chaumont et de Neufchâteau. Le bathonien supérieur apparait à Etain (calcaire miliaire), à Rouvres, à Conflans (marnes et calcaires). Concentriquement au bathonien et au bajocien que nous venons de décrire, se développe une bande d'astartien et de callovien (jurassique moyen) entre Mézières, Verdun, Commercy, Neufchâteau, Chaumont, Châtillon, Clamecy, jusqu'à la Loire qu'elle atteint à Pouilly et à la Charité. Le bajocien de la Bourgogne est formé de calcaire à entroques, de même que celui du Nivernais et du Berry : on l'exploite en beaucoup d'endroits, comme pierre de taille (Le Guétin). Enfin les calcaires bleuâtres de la Nièvre sont recouverts par l'oolithe ferrugineuse. A l'O. du Berry, le bajocien devient de plus en plus siliceux. Le bathonien est très développé dans la Côte-d'Or, il y est représenté par des calcaires blancs, marneux, jaunâtres (Apremont, Charly), qui dominent surtout dans l'Auxois. Le callovien des Ardennes offre des argiles grises, avec limonite qu'on exploite activement. La Woëvre cache le callovien, qui reparait à Toul et à Liffol-le-Petit, puis se continue jusque dans la Haute-Marne en devenant de plus en plus calcaire. Le callovien supérieur se montre à partir de Liffol-le-Petit, sous forme de calcaire argilo-ferrugineux et se poursuit jusqu'à Bologne et à Chaumont. Le callovien de la Côte-d'Or offre aux environs de Châtillon-sur-Seine des calcaires marneux et des marnes ferrugineuses.

Dans les Ardennes, l'oxfordien comprend les argiles tégulines d'Omont, la gaize (mélange d'assises marneuses et de couches d'un grès argileux), les minerais de fer de Nouvizy constitués par des oolithes disséminées dans des marnes et dans des calcaires rognonneux. Les argiles oxfordiennes inférieures forment la plaine de la Woëvre (Meuse), le calcaire à chailles est l'assise la plus élevée de l'oxfordien lorrain. Dans la Côte-d'Or, l'oxfordien est très réduit (oolithe ferrugineuse de la Nièvre, marnes pyriteuses du Berry). Le corallien débute dans les Ardennes par des marnes argileuses et calcaires avec intercalations oolithiques, surmontées de calcaires puissants (120 mètres), rognonneux, alternant avec des marnes et des calcaires terreux. En Lorraine, le corallien inférieur est formé de calcaire à encrines et de calcaire blanc à grain fin. A Saint-Mihiel, on observe l'oolithe blanche à nérinées, surmontée de calcaires blancs compacts. On exploite à Euville et à Lérouville des calcaires excellents comme pierres de construction. Le corallien de la Haute-Marne (100 mètres) comprend des marnes et des calcaires compacts que surmonte l'oolithe corallienne de Doulaincourt et de Laucourt; dans la vallée de la Marne, les marnes de Vouécourt s'appuient sur les calcaires à polypiers.

Les marnes à spongiaires de la vallée du Cher supportent le glypticien de l'Yonne (calcaire à chailles) surmonté d'un calcaire blanc très fin, puis de calcaire oolithique (Merry-sur-Yonne, Châtel-Censoir). A ces formations succèdent les calcaires marneux à chaux hydraulique de la Nièvre, et le calcaire à grosses oolithes de la Charité. Dans le Berry, le calcaire lithographique et marneux de Châteauneuf-sur-Cher est dominé par des calcaires oolithiques inférieurs formant ce qu'on appelle la Champagne du Berry.

Le kimméridgien ardennais comprend les calcaires de Grandpré, les marnes de Mont-de-Joux, les calcaires de Champigneulles, les marnes noires ou grises de Verpel, le calcaire oolithique de Buzancy, la marne noire de l'Orphane. En Lorraine, le kimméridgien est ainsi composé :

Séquanien : marnes, calcaires blancs oolithiques.

Ptérocérien : calcaires lithographiques de Gondrecourt, calcaires glanduleux.

Virgulien : marnes argileuses, calcaires lithographiques du Barrois, calcaires compacts.

Le portlandien est formé de calcaires gris verdâtres et de marnes bleues.

Dans le Berry, le ptérocérien est bien ca-

PARIS ET SES ENVIRONS

DICT. DES MOTS ET DES CHOSES — G. CHAMEROT, ÉDITEUR.

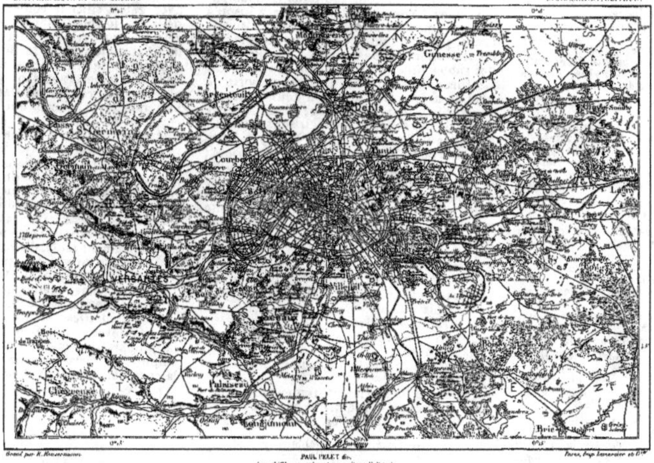

PAUL PELET dir.

Les chiffres expriment en mètres l'altitude

Limite de département
Chemins de fer
Routes nationales et départementales
Bois et Forêts

ractérisé aux environs de Bourges par des marnes et des calcaires marneux. Le virgulien de l'Yonne présente des marnes et des calcaires; au N. de Bourges, il est formé de calcaires schisteux et de calcaires compacts.

Ces couches jurassiques plongent dans le bassin de Paris et reparaissent à l'O. en Normandie, dans le Maine, le Poitou et l'Anjou.

Bajocien. . . .	Oolithe de Port-en-Bessin, de Sully. Grès de Niort. Calcaires de Mezaux (Vienne).
Bathonien. . .	Marnes de Port-en-Bessin (fuller's earth) argileuses, brunâtres. Calcaire de Caen (grande oolithe exploitée aux carrières d'Allemagne), blanc, pur, supporté par des argiles qui reposent elles-mêmes sur l'oolithe blanche.
Calcaire de Mamers. .	Calcaire blanc de Chauvigny (Vienne).
Grande oolithe.	Calcaire spathique de Ranville. Oolithe miliaire. Calcaire gris de Caen, calcaire compact de Bayeux; sables d'Eraismes. Calcaire à bryozoaires; caillasses de Ranville, pierres blanches de Langrune.
Callovien. . . .	Callovien ferrugineux de Triger. Couches du Merlerault et de Lion-sur-Mer. Callovien de Poitiers (Am. anceps et coronatus), de Montreuil-Bellay, de Saint-Benoît, de Pecheseul, de Montbizot (Sarthe).
Oxfordien. . .	Argiles des Vaches-Noires. Marnes de Dives.
Corallien. . . .	Oolithe de Trouville (calcaire marneux, gris, argiles noires et calcaires oolithiques). Coral.rag. de Trouville à cidaris florigemma. Calcaire gréseux d'Hennequeville. Sables de Glos, près Lisieux. Calcaire à diceras, de Bellême. Argiles coralliennes du Havre.
Séquanien, ptérocérien. . .	Calcaire à astartes de Bellême et de Mortagne. Calcaire siliceux et marnes argileuses de Villerville, argiles grises de la Hève.
Virgulien. . . .	Argiles bleues de Honfleur.

Le crétacé inférieur présente la même distribution que les différentes assises jurassiques, il se développe en arc de cercle de Rethel à Bourges en passant par Bar-le-Duc, Vassy et Auxerre. Le néocomien de la Haute-Marne en est le type; on y observe des marnes argileuses, des calcaires à spatangues, des sables blancs et ferrugineux (coupe du terrain entre Éclaron et Brousseval, dans la Haute-Marne). Le néocomien de l'Yonne et de l'Aube présente la même composition.

L'argonien commence dans le département de la Meuse sous forme de grès, de sables piquetés d'argiles roses qui se continuent jusque dans la Nièvre; il fournit les minerais hydroxydés de Vassy, où on rencontre des argiles rouges durcies.

L'aptien est formé d'argile à plicatules aux environs de Saint-Dizier et se prolonge au N. et à l'O. dans les Ardennes et dans l'Aisne (grès ferrugineux de Grandpré et de Blanzy.)

L'albien se divise en deux assises : 1° les sables verts glauconieux de Moëlaines et de Saint-Dizier que les puits artésiens de Paris rencontrent à 600 mètres de profondeur; ils affleurent depuis les Ardennes jusque dans la Nièvre; 2° les argiles du gault retiennent les eaux qui s'amassent dans les sables verts. Le gault se rencontre à Montiérender, à Saint-Florentin (Yonne) sous forme de craie glauconieuse, d'argiles et de sables argileux. Près d'Auxerre, on rencontre les sables ferrugineux de la Puisaye, de Seignelay, de Neuvy (Nièvre), de Chassy et de Pourrain.

Sur la rive droite de la Loire, à Myennes, on observe encore les argiles du gault ainsi qu'à Sancerre et à Vierzon. C'est aussi à l'albien qu'appartient la gaize de l'Argonne, grès calcarifère très puissant à Monblainville et à Grandpré (Meuse). Elle affleure aussi dans le Rethelois et dans la Thiérache.

Le crétacé inférieur reparaît dans le Boulonnais et dans l'Oise.

Le crétacé supérieur occupe la plus grande partie du N. du bassin; il est grossièrement limité au S. par une ligne qui partirait du Havre et passerait par Rouen, Beauvais, Montdidier, Laon; puis à l'E., il s'étend dans le département des Ardennes, de la Marne et de l'Aube. Le cénomanien se compose dans le Boulonnais de marnes glauconieuses surmontées d'argile bleue imperméable; il est très développé au cap Blanc-Nez concurremment avec la craie du turonien. En Flandre, le cénomanien revêt le faciès d'un poudingue glauconieux avec galets de quartz, bien connu des mineurs sous le nom de *tourtia*. Le cénomanien des Ardennes comprend des marnes glauconieuses et blanches (Argonne, Thiérache), les sables glauconieux de la Hardoye et les marnes grises de Givron; il se continue dans la Champagne, dans l'Yonne et dans le Berry jusqu'à Vierzon (marnes argileuses, grès), il suit la Loire, puis remonte dans le golfe du Mans, où il comprend des marnes à ostracées, des sables dits du Mans ainsi que des grès. Le turonien du N. de la France porte le nom de *dièves*. Il se divise en deux horizons, l'un argileux, l'autre calcaire; la partie supérieure de cet étage se poursuit sans discontinuité depuis la Flandre jusqu'à Troyes. Dans l'Aube et dans l'Yonne, le turonien est crayeux; il se continue à l'O. par la craie tuffeau de la Touraine (Bourré) mélangée de silex à la Flèche et de mica à Archiac. En Flandre et dans la Thiérache, le sénonien se présente à l'état de craie blanche à Lille, de craie glauconieuse dans le Cambrésis, siliceuse à Guise et à Vervins. Dans l'Aisne, le santonien est noduleux, phosphaté et mélangé de rognons dolomitiques (Marle, Montcornet). Le santonien existe seul en Touraine; il y présente trois étages :

1° Craie de Villedieu.

2° Craie à micraster cortestudinarium (Châteaudun).

3° Craie à micraster coranguinum (Chartres, Blois).

Le bassin de Paris proprement dit appartient à l'éocène, qui se divise en deux étages, eux-mêmes subdivisés en plusieurs assises.

Parisien.	6° Lutétien .	Calcaire grossier.
	5° Bartonien,	Calcaire lacustre de Saint-Ouen. Sables de Beauchamp.
	4° Ligurien. .	Calcaires lacustres de la Brie. Glaises vertes et marnes à cyrènes. Marnes supragypseuses. Gypse.
Suessonien.	3° Maudunien.	Marnes de Meudon et sables de Bracheux.
	2° Sparnacien.	Argiles et lignites.
	1° Yprétien. .	Sables du Soissonnais.

L'assise la plus inférieure est celle des marnes strontianifères de Meudon et des sables glauconieux de Bracheux, qui constituent une bonne partie du département de l'Aisne. La glauconie inférieure occupe une place importante dans la Picardie, où elle est représentée par les marnes verdâtres de Marquéglise, les sables et les grès blancs de Gannes. En continuant à descendre le long de la limite orientale de l'Ile-de-France, on rencontre les sables de Châlons-sur-Vesle tour à tour marneux, silico-calcaires, puis les sables quartzeux de Rilly, dominés par des marnes et des calcaires, qui se transforment en travertin aux environs de Sézanne. L'argile plastique forme une couche d'épaisseur très inégale au-dessus des précédentes; elle débute aux Moulineaux par le conglomérat de Meudon et de Bougival constitué par de la craie et des calcaires pisolithiques (couches lignitifères), au-dessus desquels s'étendent des argiles feuilletées ou schisteuses et des glaises que surmonte l'argile plastique proprement dite. L'argile plastique est formée de glaise et de sable; celui-ci prend plus d'importance à mesure qu'on se dirige vers le Soissonnais; c'est là que se trouvent les lignites pyriteux que recouvrent par place des calcaires lacustres et marneux : les sables argileux de l'assise supérieure se transforment souvent en grès (Molinchart) Le conglomérat de Cernay, près de Reims, correspond à celui de Meudon; on trouve au-dessus les marnes lacustres de Chenay. Dans les régions d'Epernay et de Châlons, au-dessus des calcaires lacustres (mont Bernon), viennent des marnes lignitifères, puis des sables quartzeux (Ay, Cuis, Chavot). L'argile plastique de Montereau est associée à un conglomérat siliceux qui donne le poudingue de Nemours; elle offre en Picardie des calcaires, puis des lignites recouvertes par les sables jaunes du Noyonnais. On retrouve ces mêmes couches dans le Vexin normand, à Neaufle, à Dangu (argile grise avec galets siliceux roulés). A l'O. et au S. de Paris, le conglomérat à silex est très développé, surtout aux environs de Chartres, de Châteaudun, dans la Sologne et le Sancerrois; il se transforme en argile à silex dans le Thimerais et dans le Perche, où on observe des grès lustrés (ladères) et des sables quartzeux, faciès qui se continue aux environs de Châteauneuf, de Senonches, de Châteaudun, dans la vallée de l'Iton (minerais de fer), dans le pays de Lisieux et dans la Seine-Inférieure (Mélamare, Bolbec). Les grès à pavés et les sables du Mans recouvrent le conglomérat siliceux; on trouve au-dessus d'eux un calcaire lacustre et des meulières (la Bosse-Duneau, Nogent-le-Rotrou). Les sables nummulitiques offrent leur plus grand développement au N. de Paris, dans la vallée de l'Aisne (à Aizy, à Vic-sur-Aisne, à Cuise, à Mercin et à Hérouval). Ce sont des sables siliceux, jaunes, mélangés de rognons de grès calcaires (têtes de chat).

Étage parisien. — Le calcaire grossier est très développé dans le bassin et il fournit la plupart des matériaux de construction employés à Paris. Voici un tableau indiquant la composition de ces divers étages.

Calcaire grossier.	Caillasses.	Lits minces, alternés de calcaires compacts et de lits siliceux (caillasses, coquillières ou rochettes. Les caillasses sans coquilles comprennent des calcaires crayeux (tripoli de Nanterre), des sables calcaires et des marnes.
	Calcaire grossier supérieur.	Banc Saint-Nom. Banc vert, marneux (Trocadéro). — Cliquart (liais de Vaugirard, Bagneux, Créteil). Bancs francs. — Roche de Paris. — Faluns de Fresville et d'Hauteville (Cotentin). — Calcaires d'Hauteville.
	Calcaire grossier moyen ou à miliolites.	Bancs mal agrégés (vergelés et lambourdes). Banc royal.
	Calcaire grossier inférieur.	Glauconie de Paris, sable calcaire souvent aggloméré du Laonnais (Festieux, mont Ganelon). — Pierre à liards. — Pierre glauconieuse du Vexin français (Chérence, Saillancourt), sables du Vexin normand (Ecos, Fours). — Banc Saint-Leu. — Pierre de Saint-Maximin et de l'Isle-Adam. — Bancs de Liancourt et de Pont-Sainte-Maxence. — Sable calcaire, de Grignon. — Banc à Verrains. — Calcaire solide (banc Saint-Jacques à Paris). — Pierre de Crépy et de Villers-Cotterets. — Sable calcaire de Parnes et de Chaussy.

On distingue dans l'assise des sables de Beauchamp ou sables moyens les trois horizons d'Auvers, de Beauchamp et de Mortefontaine. L'horizon d'Auvers (Acy-en-Multien, Lizy-sur-Ourcq, Nanteuil) est formé de sables mélangés de galets siliceux. A Beauchamp, les sables s'agglomèrent en grès blancs ainsi qu'à Louvres et à Ermenonville; ils sont recouverts de calcaire lacustre (calcaire de Ducy) et de calcaire gréseux (Lizy-sur-Ourcq). Au-dessus, on observe à Beauchamp des marnes et des calcaires gréseux qui se transforment en sables (Mortefontaine). Le calcaire de Saint-Ouen comprend un ensemble de marnes, de silex et de calcaires durs : ces couches sont remplacées à Reims et à Épernay par des marnes, des argiles et des calcaires siliceux (meulières). Plus au S., on trouve ce niveau, le calcaire fibreux de Provins et le marbre de Givry.

Le gypse parisien se montre à Montmartre, à Sannois, à Enghien, à Carnelle, à Pantin; il est constitué par des assises de marnes et de gypse. Ces assises se continuent jusque vers Château-Thierry et dans la vallée de l'Essonne.

Le gypse se transforme en travertin à l'E. et au S. de Paris. On l'exploite à Champigny, et ce faciès se prolonge au loin (Mantes, Chartres, Fontainebleau, Montereau, Provins). Tout cet étage est constitué par des marnes et des calcaires.

Au-dessus viennent les glaises vertes dont la base est formée d'une marne à cyrènes surmontée de marne verte exploitée pour les tuileries (Senlis). Enfin, au sommet de l'éocène pointe le calcaire lacustre de la Brie qui fournit les meulières de la Ferté-sous-Jouarre, les calcaires de Château-Landon. Cet horizon occupe les vallées de l'Yerres et de la Bièvre : on le retrouve à Juvisy et à Neauphle-Vieux. On observe dans le Cotentin des calcaires éocènes lacustres à Gourbesville.

En résumé, l'éocène du bassin de la Seine occupe tout le pays compris entre l'Oise et la Marne au N.-E. de Paris. A l'O., il s'étend au S. de la Seine en une large bande orientée N.-S. depuis le Havre et Rouen jusqu'à Tours.

Le bassin de Bruxelles, qui se rattache à celui de Paris, présente des couches d'éocène très développées.

Le miocène se développe au S. de la Marne et de la Seine depuis Épernay jusqu'à Mantes. La limite méridionale est formée par le cours de la Loire. Les géologues ont divisé le miocène en cinq étages : tongrien, aquitanien, mayencien, helvétien, tortonien.

Le tortonien est représenté dans le bassin de Paris par les sables de Fontainebleau, blancs ou jaunes, quartzeux, qui reposent soit sur les calcaires de Brie, soit sur les glaises vertes; au-dessus viennent les sables jaunes de Montmorency, de Fontenay et de Romainville, surmontés des sables blancs de Montmorency. Aux environs d'Étampes cette assise est très étendue : grès d'Ormoy, sables de Moulinveau, faluns de Pierrefitte, sables de Morigny, faluns et mollasses de Jeurre et d'Etrechy.

Le calcaire lacustre de la Beauce recouvre les sables marins de Fontainebleau, à Ormoy, à Chalô-Saint-Mars (marnes et bancs ligniteux), à Trappes, à Elancourt. A cet horizon appartiennent les meulières de Sannois et de Montmorency.

A l'ouest de Paris, le calcaire lacustre comprend deux horizons : 1° calcaire inférieur du Gâtinais (Étampes, porte d'Orléans, Belles, Selles-sur-Cher); on l'exploite pour moellons à Baune-la-Rolande et à Montargis; 2° mollasse du Gâtinais, formée de glaise, de sables et de grès calcaires. Elle a une certaine importance à Gien, Pithiviers, Fay-aux-Loges, Orléans, Chevry.

Au calcaire de Beauce succèdent les sables argileux de l'Orléanais, qu'on observe dans la forêt d'Orléans à Boiscommun, à Chitenay (Loir-et-Cher). Ils supportent les marnes de l'Orléanais (Suèvres), elles-mêmes surmontées des grès de Montabuzard, qui est un accident, car partout les marnes de l'Orléanais sont en concordance avec les sables et les argiles de la Sologne qui courent le long de la Loire. Dans l'Eure, ce niveau est formé de sables kaoliniques. Enfin un dernier étage est constitué par les terrains d'alluvions quaternaires développés surtout aux environs de Paris, au N. de l'Oise et de la Seine. Ils sont constamment enclavés dans le crétacé supérieur. Ces assises fournissent des gisements de fossiles dont plusieurs sont très célèbres. La Somme est le centre de ce niveau. On connaît les découvertes faites à Abbeville, à Saint-Acheul, à Amiens, à Moreuil. A Paris, les alluvions forment le long du cours de la Seine une bande qui se continue jusqu'à la mer.

SEINE-ET-MARNE (DÉPART. DE), 573 634 hect., 355 136 hab. Département du centre de la France, tirant son nom de la Seine et de la Marne, qui le traversent, la première dans sa partie S., et la seconde dans sa partie N. Le département de Seine-et-Marne a été formé en 1790 par : 1° la *Brie* (Brie champenoise : Meaux; Brie française : Brie-Comte-Robert; basse Brie : Provins; Brie pouilleuse : Château-Thierry); 2° une partie de l'*Ile-de-France*, du *Multien* et de l'*Orxois* au N.; 3° au S. par une fraction du *Gâtinais*. Ses latitudes extrêmes sont : 48° 7′ 30″ et 49° 6′ au N. de l'équateur et il est compris entre 0° 3′ et 1° 13′ de longitude E. Ses limites sont partout artificielles; il est borné au N. par les départements de l'Oise et de l'Aisne; à l'E. par ceux de la Marne et de l'Aube; au S. par l'Yonne et le Loiret; à l'O. par le département de Seine-et-Oise.

Le département de Seine-et-Marne est formé par un plateau peu élevé au-dessus de la mer et qui ne présente pour ainsi dire pas de pente, et n'a que des altitudes très faibles. La partie la plus haute se trouve au N., à l'E. et confine aux départements de l'Oise, de l'Aisne, de la Marne et de l'Aube. Les collines qui dominent la vallée de la Marne atteignent 176 mètres et celles qui s'élèvent sur les rives du Petit Morin ont jusqu'à 215 mètres sur la rive droite, au N.-E. de Rebais. En descendant vers le S. on rencontre des collines de 116 mètres, de 127 mètres, de 136 mètres, tandis que le fond des vallées varie entre 60 et 40 mètres.

Ce plateau est formé par le terrain éocène qui y est constitué par des argiles à meulières. Ce sol imperméable est parsemé de mares et de bouquets de bois et sillonné par de nombreuses petites vallées qu'alimentent les sources des marnes vertes. Le Gâtinais appartient au miocène, et le terrain crétacé du département de l'Aube s'étend sur la rive droite de la Seine jusqu'à Provins, où il pénètre dans la vallée de la Voulzie. La Seine a creusé son lit dans les alluvions modernes qu'elle-même y a déposées.

Le département de Seine-et-Marne est tributaire de la Seine. La partie méridionale y porte directement ses eaux, tandis que la partie N. les verse dans la Marne qui, à son tour, les conduit à la Seine.

La *Seine* entre dans le département de Seine-et-Marne en aval de Nogent-sur-Seine par 60 mètres d'altitude, arrose le Port-Moutain, Bray-sur-Seine, Marolles, Montereau-faut-Yonne, Varennes, Saint-Mammers, Thomery, Champagne, Samoreau, Port-Valrin que domine une hauteur de 144 mètres; passe à Hérissy, Samois, Fontaine-le-Pont, Melun, Saint-Fargeau et quitte le département de Seine-et-Marne pour celui de Seine-et-Oise. Dans son parcours dans le département, la Seine reçoit, sur sa rive droite : 1° La *Voulzie* (41 kilom.), chantée par Hégésippe Moreau, et qui arrose Provins. Cette jolie petite rivière aux eaux claires et limpides se grossit, à droite, du *Durtain*, qui passe à Provins, et à gauche, du ruisseau des *Méances*. La Voulzie se perd dans la Seine en aval de Bray. En amont de Bray-sur-Seine débouche dans le fleuve un bras de la Seine appelé *Vieille-Seine* et qui va s'embrancher avec le canal de *Courtavant* par l'intermédiaire de ruisseaux appelés *Noue*, *Noue des Nageoires*, de *Pigny*, etc. Cette *Vieille-Seine* passe à Metz, Hermé, Everly et a ses bords semés de marécages dont la flore est très riche. 2° Une petite rivière appelée aussi *Vieille-Seine*, aussi *ru de Volangy* et *Auxence*, naissant au N.-O. de Donnematin-en-Montois, arrose cette localité, Vimpelles, Chatenay et se jette dans la Seine en amont de Marolles. 3° L'*Almont*, petit cours d'eau qui prend sa source à l'O. de Nangis, passe au château de Vaux-Praslin qu'embellit Fouquet et tombe dans la Seine à Melun. 4° L'*Yerres*, dont le cours est très sinueux, sort de petits étangs situés à l'E. de Jouy-le-Châtel, laisse ce village sur sa rive gauche, passe à Vaudoy, Voinsles, Rosoy, Chaumes, Ozouer-le-Voulgis, Sognolles, Grégy, laisse Brie-Comte-Robert sur sa rive droite et entre dans le département de Seine-et-Oise en aval de Combs-la-Ville. L'Yerres se grossit d'un très grand nombre de petits ruisseaux dont le plus important est l'*Yvron*, qui naît non loin de *Coutevroux*. Sur sa rive gauche, la Seine reçoit, dans le département de Seine-et-Marne : 1° L'*Yonne*, qui n'y a presque que son confluent à Montereau-faut-Yonne. 2° Le *Loing* vient du département de l'Yonne, entre dans Seine-et-Marne à Souppes qu'il arrose, baigne Nemours, Grez, Moret et se jette dans la Seine à Saint-Mammès. Les eaux du Loing alimentent le canal du même nom qui suit son cours. Le Loing se grossit dans Seine-et-Marne, sur sa rive droite, du *Lunain*, qui baigne Lorrez-le-Bocage, et de l'*Orvanne*, passant à Voulx et qui joint la rivière principale à Moret. Sur sa rive gauche, le Loing reçoit le *Furin*, ruisseau naissant dans le Loiret, coule sur la limite des deux départements et arrose Beaumont et Château-Landon.

La *Marne*, affluent de droite de la Seine, traverse le N. du département de Seine-et-Marne en décrivant de nombreux méandres. Elle y pénètre un peu en aval de Nogent-l'Artault, arrose la Ferté-sous-Jouarre, Ussy, Saint-Jean-les-Deux-Jumeaux, Congis, Varreddes, Germigny, Trilport, Meaux, Port-de-Roise, Trilbardon, Aunet, Lagny, laisse Torcy un peu à gauche et quitte le département de Seine-et-Marne pour celui de Seine-et-Oise un peu en aval de cette dernière localité.

La Marne reçoit dans notre département, à droite : 1° L'*Ourcq*, qui prend sa source dans le département de l'Aisne, entre dans Seine-et-Marne à Crouy qu'il arrose, passe à Gesvres-le-Duc, Lizy-sur-Ourcq et tombe dans la Marne après avoir reçu à droite la *Gergogne*, et à gauche le *Clignon*. 2° La *Thérouanne*, qui passe à *Fontaine-les-Nenains*. A gauche, la Marne se grossit : 1° Du *Petit Morin*, qui prend sa source dans le département de la Marne et passe à Jouarre. 2° Du *Grand Morin*, sortant aussi de terre dans le département de la Marne en amont de la Ferté-Gaucher, arrose cette localité, Fontaine-Chailly, Coulommiers, la Chapelle-sous-Crécy, Crécy-en-Brie et joint la Marne en aval de Trilbardon. Le Grand Morin reçoit, à gauche, l'*Aubetin*, petit ruisseau qui passe à Villiers-Saint-Georges et tombe dans le Morin en aval de Coulommiers. Le département de Seine-et-Marne est encore arrosé par une foule de petits ruisseaux tributaires de la Seine, mais qui n'ont pas assez d'importance pour que nous les mentionnions ici. Il est, en outre, traversé par deux canaux : celui du *Loing*, qui suit le cours de cette rivière, et celui de l'*Ourcq*. Ce dernier, à partir de Lizy-sur-Ourcq, s'engage dans la vallée de la Marne, dont il suit le cours jusqu'à Trilbardon, où il quitte la vallée pour se diriger à l'O., passe à Claye-Souilly et quitte le département pour celui de Seine-et-Oise. Une autre branche part de Meaux, suit la rive gauche, puis le cours même de la Marne et passe sur la rive droite à Lagny, et quitte le département en aval de Chelles.

Le département de Seine-et-Marne est aussi traversé par les aqueducs qui amènent les eaux de la *Dhuys* et de la *Vanne* à Paris. Le premier de ces aqueducs entre dans le département en même temps que la Marne, se dirige sur Jouarre, s'incline un peu au S. pour se relever aussitôt vers le N. et suivre le cours de la Marne, franchit cette rivière en amont de Lagny, court au N.-O. et quitte le département au N. de Chelles. L'aqueduc de la Vanne pénètre dans Seine-et-Marne au S.-O. de Montereau, passe à Moret, traverse la forêt de Fontainebleau et quitte le département pour se diriger directement sur Paris.

Indépendamment des cours d'eau, le département de Seine-et-Marne possède un grand nombre d'étangs, parmi lesquels nous citerons ceux de la *Loge*, d'*Armainvilliers*, de la *Presle*, de *Villefermoy*, de *Moret*, de *Ravanne*, etc.

Ce département appartient au climat séquanien et est à peu près celui de Paris. Il est traversé de l'O. à l'E. par l'isotherme de 10°. C'est une des contrées où il tombe le moins d'eau de la France entière comme

DÉPARTEMENT DE SEINE-ET-MARNE

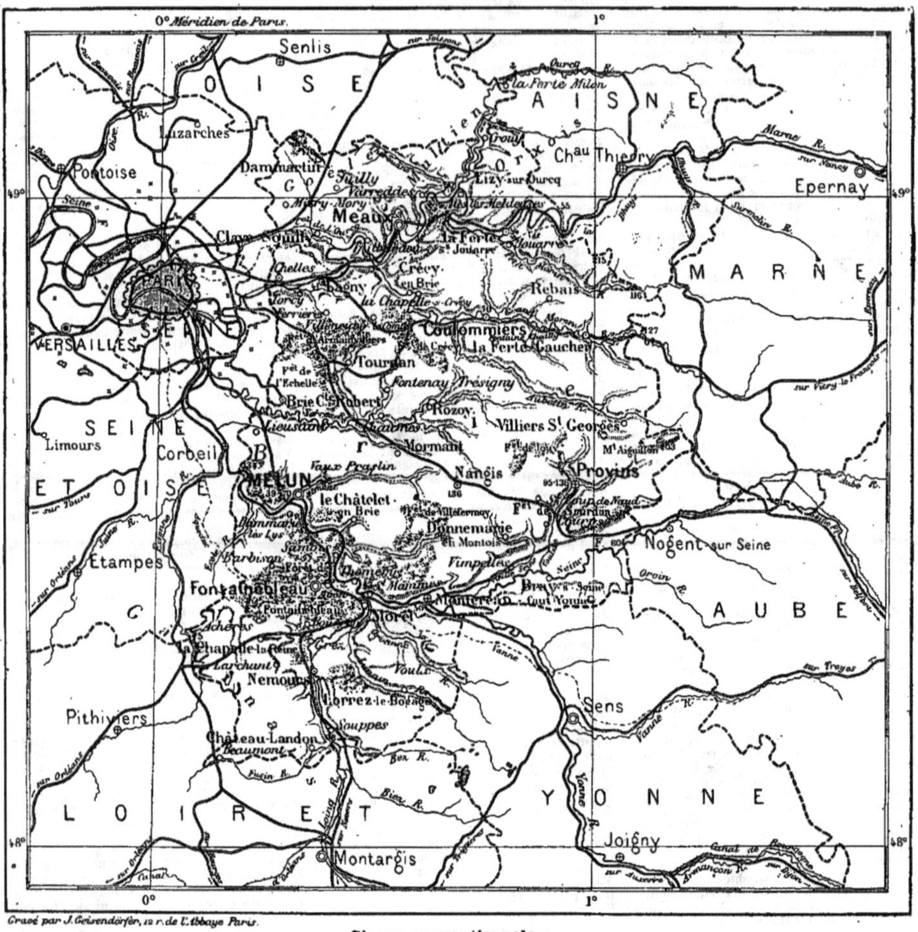

Gravé par J. Geisendörfer, 12 r. de l'Abbaye Paris.

Signes conventionnels :

PRÉFECTURE	*Plus de 100 000 hab.*	*De 10 000 à 20 000*	*Place forte. Fort*	*Origine de la navigation*
Sous-Préfecture	*De 50 000 à 100 000*	*De 5 000 à 10 000*	*Frontière*	*Canal*
Canton .	*De 30 000 à 50 000*	*De 2 000 à 5 000*	*Limite de Dépᵗ*	*Col*
Commune, Village	*De 20 000 à 30 000*	*Moins de 2 000*	*Chemin de fer*	*Forêts*

Les chiffres expriment en mètres l'altitude au dessus du niveau de la mer.

Echelle (1 millim. pour 900 mètres).

10 5 0 10 20 30 40 50 Kil.

on peut le voir sur la carte des Pluies (t. Ier, p. 730); la hauteur moyenne des pluies est de 40 ou 41 millimètres. La limite de la vigne qui, des bords du Loing, fait un crochet et se rejette à l'O. et presque jusqu'à la rivière d'Epte pour reprendre sa direction E., passe au N. de Paris et suit, dans notre département, la rive droite de la Marne. L'arrondissement de Fontainebleau est la partie la plus chaude du département. Les vents dominants sont ceux du S.-O. et de l'O.

Le sol du département de Seine-et-Marne ne renferme ni houille ni métaux; il possède seulement de nombreuses carrières de pierre à bâtir. Les carrières de pierre à plâtre de Dammartin-en-Goële et des environs de Meaux sont très nombreuses et celles de Château-Thierry sont célèbres dans le monde entier par la qualité exceptionnelle des pierres meulières, qui naguère encore étaient exportées jusqu'en Amérique pour la confection des meules de moulin. Les grès de la forêt de Fontainebleau sont employés à faire des pavés. Fontainebleau fournit aussi du sable pour les verreries. Les seules eaux minérales importantes sont celles de Provins, source *Sainte-Croix*, qui sont ferrugineuses bicarbonatées, froides et qui sont utilisées en boisson contre l'anémie, les dyspepsies, etc., etc.

La majeure partie des terres du département de Seine-et-Marne sont mises en culture et chacun sait que la Brie est l'un des greniers de la France. On y cultive surtout le froment, et l'avoine, qui est très appréciée; viennent ensuite l'orge et le seigle, occupant de petites surfaces. On cultive aussi la pomme de terre et la betterave. Cette dernière plante a pris beaucoup d'extension depuis la création de sucreries et de distilleries. Une certaine quantité d'hectares sont aussi ensemencés en colza. Le lin a été introduit vers 1850 et sa culture a pris de l'extension, grâce aux fabriques qui se sont établies dans différentes localités. La vigne donne des vins blancs et des vins rouges de qualité fort médiocre; mais les raisins de table de *Thomery*, connus sous le nom de *chasselas de Fontainebleau*, sont très renommés; le pommier à cidre est aussi très multiplié. Les environs immédiats de presque toutes les villes du département sont occupés par des jardins maraîchers qui envoient leurs produits soit à la ville voisine, soit à Paris.

Les forêts sont encore assez nombreuses dans le département. Les principales sont celles de *Fontainebleau*, de *Jouy*, de *Montceaux*, de *Malvoisine*, de *Champagne*, de *Choqueuse*, de *Barbeau*, de *Crécy*, d'*Armainvilliers*, de *Villefermoy*, de l'*Échelle*, de *Chenoise*, de *Tachy*, de *Sourdun*, etc. Des prairies naturelles tapissent le fond des petites vallées et les prairies artificielles ont pris une grande extension. L'agriculture est en progrès et les meilleures méthodes y sont mises en pratique. Naguère encore on cultivait à Provins et aux environs (à *Sourdun*) des *roses* dites de *Provins*; mais cette culture est à peu près abandonnée aujourd'hui. Plusieurs localités, notamment à Provins, ont des pépinières et des établissements horticoles où les amateurs peuvent se pourvoir amplement.

Les chevaux du département de Seine-et-Marne appartiennent à plusieurs races. On y distingue des percherons, des champenois, des nivernais, des normands, etc. Ces animaux naissent dans les vallées et sont envoyés ensuite sur les plateaux. On élève aussi quelques ânes et ânesses, et des mulets. Les bœufs appartiennent aux races bovines normande, cotentine, flamande et hollandaise. Les sujets de cette dernière race se sont multipliés dans ces derniers temps. Le nombre des bœufs a aussi beaucoup augmenté depuis l'établissement de sucreries et de distilleries, avec les résidus desquelles on les nourrit. Ces bœufs sont employés dans leurs jeunes années au labourage et engraissés ensuite pour servir à l'alimentation de Paris et des villes de la contrée. Mais le produit de la ferme le plus renommé est, sans contredit, le *fromage de Brie*, connu dans le monde entier et qui est expédié jusqu'en Russie. Ce sont les arrondissements de Meaux et de Coulommiers qui fournissent les meilleurs. L'arrondissement de Provins donne des beurres estimés. Les agriculteurs de Seine-et-Marne ont fait tous leurs efforts pour améliorer les racines ovines, et les mérinos qui sortent de leurs bergeries ont une laine fine justement estimée. Les porcs ont aussi appelé l'attention des fermiers, et des croisements avec les races perfectionnées ont amélioré les races indigènes. Les volailles sont aussi très nombreuses et, indépendamment de leur chair, on en vend les plumes blanches. Il y a aussi un certain nombre de ruches qui fournissent du miel et de la cire.

L'industrie du département de Seine-et-Marne est assez active. Les argiles que le sol renferme servent à la fabrication de la poterie commune, des carreaux décorés pour mosaïque, de la poterie fine, de la faïence et même de la porcelaine; Melun possède des faïenceries, Fontainebleau fabrique de la porcelaine; mais les usines les plus importantes en ce genre sont celles de Montereau, qui confectionne de la porcelaine opaque, des pipes, des briques réfractaires ainsi que du blanc d'Espagne. Le commerce des grains est naturellement très actif et les marchés de Provins, Meaux, Melun, etc., sont très suivis par les agriculteurs. Les moulins sont très-nombreux en Seine-et-Marne, où presque tous les cours d'eau en font mouvoir un grand nombre. Les plus importants sont ceux qui sont construits à Meaux, à Melun, à Moret-sur-Loing, à Provins et dans la vallée de la Voulzie, etc., etc. Il y a aussi des féculeries et une fabrique de vermicelle à Meaux. Des moulins à tan sont établis à Provins, Coulommiers, Moret-sur-Loing, etc. Melun, Provins, Montereau, Coulommiers, Nangis, Nemours, Lagny, Crécy, etc., ont des tanneries, des mégisseries et des corroiries. Crécy a, en outre, une chamoiserie. Des scieries mécaniques alimentées par les bois des forêts du département sont installées à Melun, Meaux, Rebais, Lagny, etc., et Fontainebleau possède une usine où l'on fabrique de la tabletterie en bois de genévrier. La vannerie met en œuvre, les osiers qui sont cultivés dans les vallées; cette industrie est exercée à Moret-sur-Loing, Nemours, Rebais, Provins, Dammartin-en-Goële, etc. Cette dernière localité confectionne des sabots. Il y a des filatures de soie à Moret-sur-Loing, des fabriques de blonde de soie, de dentelles, de tulle et de passementerie à Dammartin-en-Goële; des filatures de coton à Meaux; on confectionne des sacs à Nemours, des bas et des chaussures à Montereau. Des corderies sont installées dans un grand nombre de localités. Les betteraves alimentent les sucreries et les distilleries de Meaux, Montereau, Nangis; de Mormant, qui distille des alcools de betterave. Les sucres d'orge de Moret-sur-Loing sont justement renommés. Montereau et Meaux ont des usines où l'on fait des instruments agricoles; Meaux a une fonderie de cuivre; Lagny livre aux horticulteurs et jardiniers des appareils pour le chauffage des serres, tandis que Nangis a une fabrique d'engrais artificiels. Meaux a des usines où l'on fait des conserves de légumes. La maison Menier a établi à Noisiel une usine importante où elle fabrique du chocolat, des produits pharmaceutiques, des matières tinctoriales, etc. Enfin les papeteries de Seine-et-Marne sont justement renommées : elles sont établies dans les vallées, notamment dans celle du Loing, où est Fontaine-Chailly, qui fabrique le papier timbré et le papier des billets de la Banque de France. Des marchés très importants sont tenus toutes les semaines à Melun, Meaux, Provins, Coulommiers, Nangis, etc., etc. C'est là que se fait le commerce des grains et des farines, et des produits de la ferme; au marché de Coulommiers se vendent les fromages de Brie, les veaux, les fourrages; à celui de Meaux, les fromages, l'avoine, la moutarde, la volaille, les œufs, etc. La laine des troupeaux est aussi l'objet d'un commerce assez considérable.

Le département de Seine-et-Marne importe de la houille, des étoffes, des vins, des fers, etc.; il exporte les produits de son sol, blé, avoine, farine, colza, animaux de boucherie, fromages, etc., etc.

Le territoire du département de Seine-et-Marne fut habité à l'époque gauloise par les Meldi, qui ont donné leur nom à la ville de Meaux. Plus tard, il fit partie de la Quatrième Lyonnaise et passa ensuite dans le royaume de Neustrie. Au moyen âge, la Brie eut ses comtes particuliers et fut réunie à la Champagne. Les comtes de cette grande province avaient même leur palais à Provins. Cette dernière ville, autrefois beaucoup plus peuplée qu'aujourd'hui, est encore en grande partie entourée d'une enceinte fortifiée composée de tours reliées par des courtines; Meaux, siège d'un évêché suffragant de Paris, et qu'illustra Bossuet, possède une belle cathédrale du XIIIe siècle; Melun a des églises des XIe, XIIe, et XVe siècles.

Le département de Seine-et-Marne est parcouru par plusieurs lignes de chemins de fer. Ce sont : 1° la ligne de Paris à Soissons coupant l'angle N.-O. du département; 2° la ligne de Paris à Nancy, suivant la vallée de la Marne, passant par Lagny, Meaux, la Ferté-sous-Jouarre; 3° le chemin de fer de Paris à Vitry-le-Français, s'embranchant sur la ligne précédente à Lagny et desservant Coulommiers et la Ferté-Gaucher; 4° la ligne de Paris à Belfort et Mulhouse par Mormant, Nangis, avec embranchement de Longueville à Provins; 5° le chemin de fer de Paris à Lyon, par Melun, Fontainebleau, Moret, Montereau. De cette ligne et à Moret part une voie ferrée qui se bifurque à Grez. De là deux lignes, dont l'une se dirige à l'O., pour rejoindre la ligne d'Orléans et l'autre gagne le Nivernais. Enfin un embranchement relie Brie-Comte-Robert à Paris.

Le département de Seine-et-Marne comprend 5 arrondissements, 29 cantons et 530 communes. Il appartient à la cinquième région militaire; il ressort à la cour d'appel de Paris, et Meaux, son évêché, est suffragant de l'archevêque de Paris. — Ch.-l. *Melun*; s.-préf. *Meaux*, *Fontainebleau*, *Provins*, *Coulommiers*.

SEINE-ET-OISE (DÉPART. DE), 560364 hect., 618089 hab. (V. la carte, p. 305.) Département du centre de la France, tirant son nom de la *Seine*, qui le traverse du S.-E. au N.-O., en décrivant de grandes boucles, et de l'*Oise*, qui coule dans sa partie septentrionale et se jette dans la Seine, sur la rive droite de ce fleuve. Ce département enveloppe entièrement celui de la Seine. Il a été formé en 1790 d'une partie de l'Ile-de-France qui occupe la plus grande partie de son territoire, et d'une fraction de la Beauce, qui se trouve au S.-O. La partie de l'Ile-de-France comprise dans Seine-et-Oise se compose d'un grand nombre de petits pays ou *pagi*, au nombre desquels sont : le *Vexin français*, au N. de la Seine avec l'*Arthies* (canton de Magny); les *Avernes* (Gonesse); le *Parisis* avec le *Josas* et l'*Aubay*; la *plaine d'Achères*, le *Laye*, le *val de Gallie* (Marly-le-Roi); la *plaine de Houille* (Argenteuil); la *Tête-de-Buis* (Boissy-Saint-Léger); le *Mantois* ou *Mantouan* avec la *Chevrie* (Bonnières); le *Pincerais*, ou *Poissiais* (Poissy); le *Hurepoix* avec la *plaine de Limours*, celles du *Ménil-Saint-Denis* (Chevreuse), de *Saclé* ou *Saclay*; la *plaine de Cernay* et celle d'*Aigrefoin* (canton de Chevreuse), au S. du Mantois; le pays de *Madrie*, s'étendant à l'O. de Montfort-l'Amaury; le *pays* ou *forêt d'Yvelines* (Rambouillet); le *Déserve*, *Désœuvre* ou *Serve* (canton de Houdan); le *Longjumeau* ou plaine du *Longboyau*, au N.-E. de Longjumeau, petit pays situé entre la Bièvre, l'Yvette, l'Orge et les bords de la Seine; le *Chatrais* ou pays de *Chatres* (Arpajon), etc. Le Gâtinais occupe l'angle S.-E. du département, et la *Beauce* son angle S.-O. Les latitudes extrêmes du département de Seine-et-Oise sont 48° 17′ 20″ et 49°,17′,20″, au N. de l'équateur, et il est compris entre 0°,35′ de longitude E. et 0°,16′45″ de longitude O. Ses limites sont partout artificielles, excepté à son angle N.-O., où il est séparé du département de l'Eure par l'Epte. Il est borné, au N., par le département de l'Oise; à l'E., par celui de Seine-et-Marne; au S., par le Loiret, et à l'O., par les deux départements d'Eure-et-Loir et de l'Eure.

Le département de Seine-et-Oise est formé par un plateau peu élevé au-dessus de la mer et dont l'altitude n'atteint pas 200 mètres. Les hauteurs de 168, 175 et 186 sont assez fréquentes, surtout dans la partie située au N. de la Seine et dans l'O., sur les confins d'Eure-et-Loir. Tous les nombreux cours d'eau qui l'arrosent sont tributaires de la Seine. Il présente donc deux pentes, l'une inclinée du N. au S., et comprenant le pays situé sur la rive droite de la Seine, et où l'on relève des altitudes de 203 mètres et même de 210 (Vexin français); l'autre inclinée du S. au N., et placée sur la rive gauche du même fleuve.

La *Seine* entre dans le département de Seine-et-Oise quelques kilomètres en amont de Corbeil, par 34 mètres d'altitude, arrose

Corbeil, Soisy-sous-Étiolles, laisse un peu à droite Draveil, Montgeron, passe à Ablon, Villeneuve-Saint-Georges, pénètre dans le département de la Seine entre cette dernière localité et Choisy-le-Roi, rentre dans Seine-et-Oise à Meudon, arrose (en Seine-et-Oise) Sèvres, Saint-Cloud, sert de limite entre les deux départements jusqu'en aval de Saint-Cloud, rentre de nouveau dans la Seine, forme la presqu'île de Gennevilliers. En aval d'Épinay, la Seine sépare de nouveau les deux départements, et arrose en Seine-et-Oise, sur sa rive droite, Argenteuil, Bezons, Carrières-Saint-Denis, quitte définitivement le département de la Seine, arrose Chatou, Croissy et Bougival, Marly-le-Roi, Port-Marly, passe au pied de la terrasse de Saint-Germain-en-Laye, contourne la forêt de même nom en arrosant le Vésinet, baigne Maisons-sur-Seine, Sartrouville, Conflans-Sainte-Honorine, Andresy, Poissy, Triel, Meulan et les

DÉPARTEMENT DE SEINE-ET-OISE

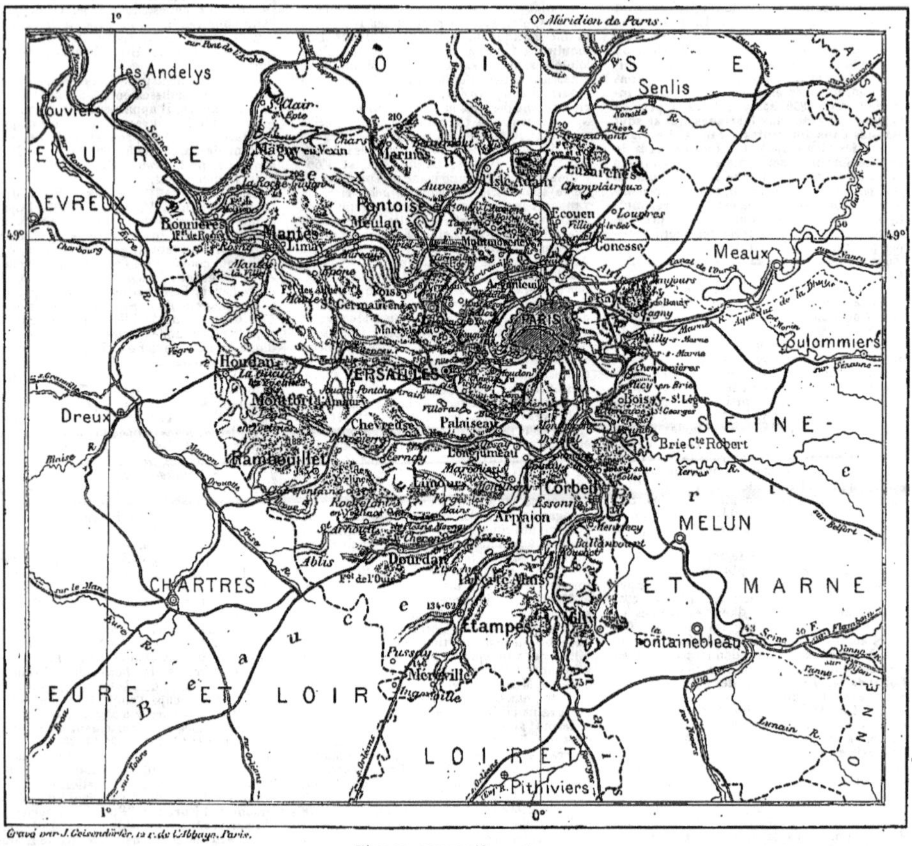

Gravé par J. Geisendörfer, 12 r. de l'Abbaye, Paris.

Signes conventionnels :

PRÉFECTURE	*Plus de 100 000 hab.*	*De 10 000 à 20 000*	*Place forte. Fort*	*Origine de la navigation*
Sous-Préfecture	*De 50 000 à 100 000*	*De 5 000 à 10 000*	*Frontière*	*Canal*
Canton	*De 30 000 à 50 000*	*De 2 000 à 5 000*	*Limite de Dép.t*	*Col*
Commune, Village	*De 20 000 à 30 000*	*Moins de 2 000*	*Chemin de fer*	*Forêts*

Les chiffres expriment en mètres l'altitude au dessus du niveau de la mer.

Echelle (1 millim. pour 900 mètres) 10 5 0 10 20 30 40 50 Kil.

Mureaux, Mantes et Limay, Rosny, fait dans le département une dernière boucle qui enveloppe la forêt de Moisson, passe à La Roche-Guyon, Bonnières, et quitte le département de Seine-et-Oise par 12 mètres d'altitude.

Dans l'étendue du département de Seine-et-Oise, la Seine reçoit, à droite : 1° l'*Yerres,* qui naît en Seine-et-Marne, arrose Brunoy, Yerres et Villeneuve-Saint-Georges, où elle tombe dans la Seine ; 2° la *Marne,* qui ne baigne dans le département que Neuilly-sur-Marne ; 3° le *Croud,* qui prend sa source au N. de Gonesse, arrose Gonesse, Dugny, reçoit sur sa rive droite la *Rosne,* qui naît au N. d'Écouen, passe à Sarcelles et au pied du fort de Stains ; à gauche, le Croud reçoit le *Morin,* grossi du *Sausset,* ainsi que la *Molette,* qui sépare le département de celui de la Seine et arrose le Bourget ; 4° l'*Oise,* qui entre dans le département de Seine-et-Oise à l'endroit où elle reçoit la *Thève,* près de Royaumont, par 20 mètres d'altitude, arrose Beaumont-sur-Oise, l'Isle-Adam, Auvers, Pontoise et Saint-Ouen-l'Aumône, et se jette dans la Seine à Conflans-Sainte-Honorine. L'Oise reçoit dans le département qui nous occupe : sur sa rive droite, le *Sausseron* et la *Viosne ;* ce dernier petit cours d'eau tombe dans l'Oise à Pontoise. 5° La Seine reçoit encore deux petits ruisseaux qui portent le même nom d'*Aubette* : le premier se perd dans la Seine à Meulan, et le second passe à Magny-en-Vexin. 6° Enfin l'*Epte* coule entre les départements de l'Eure et celui de Seine-et-Oise et passe à Saint-Clair-sur-Epte.

Sur sa rive gauche, la Seine se grossit : 1° de l'*École*, petite rivière qui ne fait que traverser l'angle S.-E. de Seine-et-Oise en arrosant Milly; 2° l'*Essonne*, qui naît dans le département du Loiret, pénètre dans Seine-et-Oise à son angle S.-E., par 75 mètres d'altitude, arrose La Ferté-Alais, Ballancourt, Menecy, Essonnes, et joint la Seine à Corbeil. L'Essonne se grossit, à gauche, de la *Juine*, qui prend sa source dans le Loiret, arrose Méréville, Étampes et joint l'Essonne en aval du Bouchet. 3° L'*Orge* sort des collines situées à l'E. d'Ablis, baigne Dourdan, Saint-Chéron, Arpajon, Montlhéry, Épinay-sur-Orge, Savigny, et joint la Seine en face de Draveil. L'Orge se grossit, à gauche, de la *Remarde*, passant à Saint-Arnoult et finissant à Arpajon, et de l'*Yvette*, qui naît à l'O. de Dampierre, arrose cette localité, Chevreuse, laisse Palaiseau un peu à gauche, passe à Orsay, Longjumeau, et se termine à Savigny. 4° La *Bièvre* sort des étangs de Saint-Quentin, baigne Buc, Jouy-en-Josas, Bièvres, Igny, entre dans le département de la Seine près de Verrières-les-Buissons, arrose Antony, l'Hay, Arcueil et Gentilly, où ses eaux sont utilisées dans les tanneries et les corroiries, et tombe dans la Seine près le Jardin des Plantes. 5° Le ruisseau du *Buzot*, prenant sa source dans la forêt de Marly et joignant la Seine au pied de la terrasse de Saint-Germain. 6° La *Mauldre* naît au S. du petit village de Saint-Remy-l'Honoré, passe au pied de la butte de Neauphle-le-Château, où elle se grossit des eaux qui embellissent le parc du magnifique château de Pontchartrain, baigne Neauphle-le-Vieux (autrefois l'*Eveux*), Beynes, Montainville, Maule, Aulnay, Nezel, laisse Epône un peu sur la gauche et joint la Seine en aval de Meulan. 7° La *Vaucouleurs* naît au S. de Septeuil, arrose Septeuil, Rosay, et se jette dans la Seine à Mantes-la-Ville. La Vaucouleurs est grossie par plusieurs petits ruisseaux, dont les plus importants sont : la rivière de *Flexanville*, le *ravin de Petelance* à droite; la *Rubage de Prunay*, l'*Epierre* à gauche. Enfin l'angle S.-O. du département est arrosé par quelques petits ruisseaux tributaires de l'Eure, et qui ont leurs sources dans Seine-et-Oise. Ce sont : la *Drouette*, grossie de la *Droue*, sortant toutes deux du massif forestier qui couronne les hauteurs environnant Rambouillet; le *Mouron*, naissant aussi dans la forêt de Rambouillet; la *Vègre*, qui prend sa source à Saint-Léger-en-Yvelines, dans une clairière de la forêt de Rambouillet, arrose Condé, Bourdonné, Gambais, Houdan, quitte Seine-et-Oise pour Eure-et-Loir, et joint la rivière d'Eure à Ivry-la-Bataille.

Le département de Seine-et-Oise possède un grand nombre d'étangs, dont les principaux sont : le lac d'*Enghien*, les étangs de *Saclay*, du *Trou-Salé*, de *Saint-Quentin*, de *Hollande*, de la *Malmaison*, de *Bourguent*, de *Porras*, du *Pont-Royal*, l'*Etang-Neuf*, celui de la *Pimardière*; ceux de *Sérisaye*, du *Moutiers*, de *Guiprieux*, de la *Tour*, du *Mesnil-Saint-Denis*; de *Noes*, etc., etc. Le département est aussi traversé par les canaux de l'Ourcq et de Chelles et par les aqueducs de la Vanne, de la Dhuys, d'Arcueil, et celui qui mène les eaux de Marly à Versailles.

Si l'on considère les grandes masses, le sol du département de Seine-et-Oise est constitué par deux sortes de terrains, le terrain *éocène* et le *miocène*. Le premier, l'éocène, occupe toute la partie du département qui se déroule sur la rive droite de la Seine. En outre, il recouvre toute la contrée comprise entre la rive gauche de la Seine et une ligne brisée passant par Houdan, Montfort-l'Amaury, Versailles, Palaiseau, Montlhéry, Saint-Maurice et La Ferté-Alais. La portion du département qui se trouve au S. et à l'O. de cette ligne brisée appartient au miocène. Néanmoins la nature du sol est très variée dans tout le département. Dans le Vexin et le Mantais, le fond des vallées est formé par la craie supérieure : on retrouve alors, dans certains cantons, des terres qui ne valent pas mieux que celles de la Champagne Pouilleuse. Mais dans les zones où cette craie est recouverte par les argiles sableuses ou les argiles plastiques, le sol devient très propre à la culture; cette partie est alors comme le seuil du Vexin normand, dont les plaines s'étendent à l'O. Ce sont les argiles plastiques qui, en arrêtant les eaux à leur surface, donnent naissance aux sources pérennes qui répandent la fraîcheur et la vie dans les vallons crayeux du Mantais. Ces argiles et ces sables sont recouverts par des couches de calcaire grossier : de là, les carrières d'où l'on extrait l'excellente pierre avec laquelle on bâtit Paris. Quand ces masses de calcaire grossier sont recouvertes par des couches argileuses et siliceuses de l'étage des grès de Beauchamp ou bien par les calcaires de Saint-Ouen et de la Meulière, le sol est aussi très fertile. Ce que nous venons de dire du pays Mantais s'applique aussi à la contrée au S. de Mantes, limitée par une ligne allant de Houdan à Versailles. Lorsque le calcaire grossier est surmonté par les sables de Beauchamp ou de Fontainebleau, alors la campagne est stérile et on n'y peut faire croître que du bois. C'est ce qui a lieu pour le sol de la forêt de Rambouillet et les parties avoisinantes. Au N. et au N.-E., le département est composé par les plaines si riches connues sous le nom de France et qui sont formées par les calcaires siliceux de Saint-Ouen; un peu plus au S., aux environs de Montmorency, d'Écouen, de Montfermeil, ces sols sont additionnés de marnes gypsifères, c'est-à-dire contenant du plâtre, qui, bien que d'une culture moins facile, sont aussi très fertiles. Le Hurepoix peut être compris dans un quadrilatère dont les sommets sont Neauphle-le-Château, Palaiseau, Étampes et Rambouillet : cette partie du département se distingue par la meulière qui se trouve mêlée à l'argile; les terres en sont fraîches, froides même, et demandent à être drainées. Les coteaux qui bordent la Seine de Meudon à Marly-le-Roi ont une composition analogue à celle du Hurepoix. Enfin, les angles S.-E. et S.-O. du département sont occupés par le Gâtinais, dont le sol appartient à l'argile de la meulière, et par la Beauce, aux terres chaudes et sèches, et dont le sol est constitué par des sables argileux très propres à la culture des céréales. Enfin le fond des vallées est occupé par des alluvions modernes et des tourbières.

Le département de Seine-et-Oise appartient au climat séquanien. La température est à peu près la même qu'à Paris, excepté sur les plateaux, où elle est plus froide. Néanmoins les températures extrêmes ne sont pas excessives. La température moyenne de l'été est d'environ 18°, tandis que cette même température moyenne de l'hiver est de 10°. Le département est compris dans la zone qui s'étend du S.-O. au N.-O. et où il tombe le moins d'eau en France. La couche d'eau annuelle s'élève en moyenne à 580 millimètres; le nombre moyen des jours de pluie est de 120 environ. La limite de la culture de la vigne fait un angle dans ce département, en sorte qu'il y existe une sorte de langue de terre où cette culture est possible. Les vents dominants sont ceux du S.-E. et du N.-E. Cependant c'est celui de l'O. qui souffle presque constamment dans la partie O. du département, notamment dans le canton de Montfort-l'Amaury, où le vent d'E., très rare, est en même temps sec et froid.

Le sol du département de Seine-et-Oise est riche en carrières de toutes sortes, telles que carrières de pierre à bâtir, de plâtre (Argenteuil), de pavés (Marcoussis), de sable, de grès, de pierres meulières et lithographiques. Il y a aussi des gisements de fer et de kaolin. L'argile et la craie se trouvent en maints endroits. Le terrain houiller fait complètement défaut dans le département; mais la tourbe se trouve au fond de beaucoup de vallées et de vallons. Les vastes tourbières du Bouchet sont célèbres. Les sources minérales les plus connues sont : 1° Celles d'*Enghien-les-Bains*, dont les eaux sulfurées calciques sont à la température de 14° et sourdent par huit sources. Elles sont employées dans les affections du larynx et des bronches, les engorgements articulaires, etc. 2° Celles de *Forges-les-Bains*, dont les trois sources froides amènent à la surface des eaux carbonatées sodiques usitées dans le traitement des scrofules, de la chlorose et de l'anémie.

Seine-et-Oise est un département agricole : on y cultive le froment, l'avoine, l'orge, le seigle; mais ce sont surtout les blés et les céréales de printemps qui réussissent le mieux. On sème aussi les plantes industrielles, le colza, la betterave, le lin, la pomme de terre. La cardère est cultivée aux environs de Mantes, de Maule, etc. Les prairies naturelles et les prairies artificielles donnent d'excellents fourrages dont la première coupe est dirigée sur les villes, tandis que les qualités inférieures sont utilisées sur les lieux mêmes de production et servent à la nourriture des animaux de la ferme. La culture maraîchère est aussi très développée et les asperges d'Argenteuil sont très renommées. La vigne, cultivée naguère en un grand nombre de localités, donne un vin de qualité médiocre, qui, néanmoins, a une certaine réputation dans le pays même. Tel est celui que l'on récolte à Argenteuil, Meudon, Auteuil, Garancières, etc. Les arbres fruitiers sont aussi très nombreux; les cerises de Montmorency sont connues du monde entier. L'horticulture est aussi en honneur : il y a d'importantes pépinières à Versailles, Brunoy qui récolte la rose de Provins, Limours, Neauphle-le-Château, Pontchartrain, etc., etc. Les forêts sont très nombreuses dans le département et s'étendent sur plus du cinquième de sa surface. Les principales d'entre elles sont celles de *Rambouillet*, de *Saint-Léger*, des *Yvelines*, de *Saint-Arnoult*, de l'*Ouie*, de *Dourdan*, de *Saint-Germain*, de *Marly*, de la *Malmaison*, des *Fausses-Reposes*, de l'*Isle-Adam*, de *Carnelle*, de *Senart*, de *Meudon*, de *Verrières*, de *Versailles*, de *Rosny*, de *Montmorency*, de *Coye* et d'*Orry*, des *Alluets*, etc. Les essences dominantes sont le chêne, le châtaignier, le charme, le pin, le bouleau.

Le département de Seine-et-Oise ne produit guère de chevaux : ceux que l'agriculture emploie pour les travaux des champs sont des chevaux entiers de race percheronne que l'on achète à trois ou quatre ans dans Eure-et-Loir. Cependant quelques cultivateurs vont acheter de jeunes poulains dans le Perche et les élèvent pour leurs besoins. Les bœufs de travail sont tirés du Nivernais, du Limousin, du Berry et de la Vendée. Les vaches que l'on tirait naguère de la Normandie ne s'acclimatent que difficilement dans le département de Seine-et-Oise, où elles ne retrouvent ni la température ni la nourriture des herbages normands. Aussi l'école de Grignon a-t-elle introduit des vaches de la race de Schwytz, habituée à un climat dur et à une nourriture grossière. Dans la partie O. du département on voit çà et là quelques vaches bretonnes. Ces différentes races ont amené des croisements assez nombreux. Les veaux qui naissent de cette population sont généralement vendus jeunes et engraissés dans Eure-et-Loir. Il existe un grand nombre de vacheries dont le lait est vendu pour l'alimentation de Paris. C'est à Rambouillet que fut formé le premier troupeau de moutons mérinos. Ce troupeau, qui existe encore, a contribué à améliorer la race ovine de la contrée. Un autre troupeau avait aussi été installé à la fin du XVIIIe siècle à Videville et a fourni aussi un grand nombre de sujets à l'agriculture tant française qu'étrangère. Le Hurepoix et la Beauce possèdent aussi des troupeaux mérinos à la *Douairière*, à *Saint-Escobelle* et à *Angerville*. Mais aujourd'hui l'élevage des bêtes à laine a presque totalement disparu du département et a fait place à l'engraissement et à l'éducation des métis-mérinos importés de la Champagne, du Soissonnais, de la Beauce. On a aussi introduit, vers 1827, à Grignon, à Jouy-en-Josas et à la Faisanderie des Moulineaux des sujets de races anglaises, notamment des dishleys, des southdowns; ces essais ont eu peu de conséquences sur l'industrie rurale de Seine-et-Oise. Les porcs étaient tirés autrefois de la vallée d'Auge et du Maine pour être engraissés dans les exploitations rurales; mais, depuis, l'école de Grignon a importé les grandes races anglaises qui, aujourd'hui, sont élevées dans plusieurs porcheries importantes que dirigent des porchers suisses. La volaille est assez nombreuse; et parmi les races qui peuplent les basses-cours, on distingue la race de poules de Houdan, au plumage noir et blanc, dont la tête, portant une triple crête, est ornée d'une huppe rejetée en arrière, d'une cravate très marquée et dont les joues sont emplumées. Cette race a cinq doigts à chaque patte; le coq a la poitrine large, des jambes fortes et des os très petits. Sa chair est très délicate et ses œufs sont très volumineux. Le centre de la production de cette race se trouve à Houdan et dans un village voisin, à Gambais, où est installé un couvoir artificiel. Les poules de cette race sont bonnes pondeuses, mais elles laissent à désirer comme couveuses. Elles s'engraissent, du reste, très vite et très facilement. Malgré toutes ces qualités, la vogue tend à s'éloigner de cette race que l'on rencontre dans les basses-cours de toutes les petites exploitations agricoles; mâtinées avec les cochinchinois, elles donnent des animaux de forte taille et qui ont les qualités de la poule de Houdan.

Bien que le département soit surtout agricole, l'industrie y est aussi très développée. C'est ainsi qu'un assez grand nombre d'ouvriers sont employés dans les carrières à l'extraction de la pierre à bâtir, des pavés, de la pierre meulière, de la craie, de la marne, du sable, etc. Le calcaire est cuit dans des fours et transformé en chaux; Argenteuil livre à la construction le plâtre de ses carrières; de nombreuses briqueteries et tuileries mettent en œuvre les argiles; des faïenceries et des fabriques de porcelaine sont établies dans plusieurs villes du département : à Corbeil, l'Isle-Adam, etc. Sèvres possède la plus belle et la plus riche manufacture de porcelaine du monde; ses produits sont recherchés par tous les amateurs. Son musée céramique est d'une richesse incomparable. Sèvres possède aussi une cristallerie importante. On fabrique de la poterie à Gagny, Limours, Montigny-lès-Cormeilles.

Les métaux sont travaillés dans un grand nombre de localités : *Essonnes, Étampes*, le *Pecq* ont des fonderies de fer; *Persan* fabrique des essieux pour la carrosserie et des ressorts pour l'horlogerie; *Rambouillet*, des ressorts pour les horloges; *Poissy*, des poteaux télégraphiques en fer; *Villeneuve-Saint-Georges*, des aiguilles à tricoter; *Vienne-en-Arthies*, des épingles; *Bruyères-le-Châtel*, des armes. Il y a des capsuleries à Triel et à Sèvres; des clouteries à Saint-Germain et à Villiers-sur-Marne qui fournit à la tapisserie des clous dorés. L'acier est poli dans les usines d'Omerville, de Chaussy et Vienne-en-Arthies; des ateliers pour la construction des machines sont établis à Essonnes, Corbeil, Herblay, Juvisy, Pontoise, Versailles, Magny-en-Vexin, etc. En outre, Argenteuil confectionne des bateaux en fer destinés à la navigation sur nos fleuves, rivières et canaux. Étampes a des ateliers où l'on fait des lampes. Une tréfilerie existe à Bezons. Il y a des forges à Persan, à Athis-Mons, etc. Des fonderies de cuivre sont installées à Essonnes et à Moiselles. Mantes-la-Ville et Versailles livrent aux artistes des instruments de musique, Saint-Germain des compas et Poissy des crayons. Le Petit-Poigny lamine l'étain en feuilles. D'importantes usines à zinc fonctionnent à Bray-et-Lû, et à Gommecourt. Il y a des scieries mécaniques à Limours, Livry, Mantes, Magny-en-Vexin, Saint-Germain, Dourdan, le Vésinet; des ateliers pour la construction des machines agricoles existent à Crespière, Dourdan, Arnouville, Juvisy, etc. On trouve des taillanderies dans un grand nombre de communes et dans presque toutes les villes un peu importantes comme Versailles, Rambouillet, Saint-Germain, Pontoise, Mantes, Arpajon, Sèvres, Beaumont-sur-Oise, Magny-en-Vexin, Poissy, Rueil, Saint-Cloud, etc. On confectionne des bijoux en doublé à Oinville. Il y a des filatures de lin à Corbeil, Guisseray, au Breuillet; de coton, à Essonnes, à Omerville; de laine, à Guillerval, Ormoy, Saclay, Bierville, Yerres, Villabé; de soie, à la Ferté-Alais, Persan, Bray-et-Lû. Lardy fabrique des lacets; Belloy, de la passementerie. On confectionne de la bonneterie à Corbreuse, Étampes, Freneuse, Milly, Gonesse, Rueil, etc.; de la broderie, à Argenteuil, Asnières-sur-Oise, Sarcelles, Viarmes; de la sparterie, à Dammartin. Des boutons de nacre sont taillés à Beaumont-sur-Oise, Noisy-sur-Oise, Mours; des boutons de soie sont faits à Luzarches, Gonesse et des perles artificielles à Chaumontel, Herblay, Cormeilles-en-Parisis, Luzarches, Méricourt. Les produits chimiques, les couleurs, les vernis, sont fabriqués à Argenteuil, Mantes, Rueil, Juvisy, Saint-Ouen-l'Aumône, Sèvres, Versailles; il y a des savonneries à Rambouillet et à Orcemont. De nombreuses blanchisseries sont établies aux environs de Paris et Versailles. Des poudreries existent à Sevran et au Bouchet. Il y a des féculeries à Poissy, Trappes, Achères, Bailly, Auvers-sur-Oise, Conflans, Raizeux, Survilliers, Villepreux, Sartrouville; des distilleries sont installées dans beaucoup d'exploitations agricoles, et des sucreries à Melun, aux Mureaux, Magny-en-Vexin, Gonesse, Paray-Douaville, Blamecourt, etc., etc. On fabrique des pains à cacheter à Bazemont et à Flins-sur-Seine; de la parfumerie, à Noisy-le-Grand et du vinaigre dans un grand nombre de localités. Beaumont-sur-Oise, Brunoy, Aincourt, Asnières-sur-Oise, Bezons ont des manufactures où l'on fait des objets en caoutchouc. Le département de Seine-et-Oise est un de ceux où l'on fabrique le plus de papier : les usines sont établies à Aulnay, Ballancourt, Echarcon, Genainville, Maule, Port-Marly; au Raincy, on fait du papier à dessin et à Savigny-sur-Orge des papiers peints; mais c'est à Essonnes que sont installées les plus importantes papeteries du département. Argenteuil, Chaville, Linas, Ronquerolles ont des fabriques de carton. Beaucoup de communes possèdent des tanneries et des corroiries; il y a des chamoiseries à Meulan, Boissy-l'Aillerie; on fabrique des chaussures à Arpajon; des chaussons, à Versailles, l'Isle-Adam et Pussay. On fabrique des chandelles et des bougies à Mantes, Houdan, Longjumeau, Viroflay, etc., et des chaises à Magny-en-Vexin, Saint-Gervais. Enfin, les arrondissements de Pontoise, Étampes et Corbeil possèdent un très grand nombre de moulins à farine.

Le territoire de Seine-et-Oise fut habité dès l'époque paléolithique; celle de la pierre polie a laissé des monuments : on peut citer parmi eux une allée couverte située sur le territoire d'Argenteuil; celle de Conflans-Sainte-Honorine transportée dans les fossés du château de Saint-Germain; le dolmen de Saint-Léger-en-Yvelines appelé la *pierre Ar-déru*, la *Pierre Turquaise* dans la forêt de Carnelle, et d'autres monuments mégalithiques trouvés à Villeneuve-le-Roi, Epône, Chars, Bruyères-le-Châtel. La liste des villes qui ont conservé des monuments du moyen âge serait trop longue. Il nous suffira de mentionner la cathédrale de Mantes, l'église de Poissy, de Montmorency, celle de Maule avec sa crypte du XIe siècle; l'église de Dourdan; les châteaux de Saint-Germain, d'Écouen, de Versailles, de Rambouillet, de Dampierre; l'hôtel de ville d'Étampes, l'ossuaire du cimetière de Montfort-l'Amaury, les magnifiques vitraux de l'église de cette dernière ville, etc., etc.

Le département de Seine-et-Oise est traversé par trente lignes de chemins de fer qui le sillonnent en tous sens. Aujourd'hui le chiffre de la population moyenne du département s'élève à 102 habitants par kilomètre carré, tandis que celui de la France entière n'est que de 72.

Le département de Seine-et-Oise comprend 6 arrondissements, 37 cantons et 688 communes. — Ch.-l. *Versailles*, évêché suffragant de celui de Paris. — S.-préf. *Corbeil, Étampes, Mantes, Pontoise, Rambouillet*.

SEINE-INFÉRIEURE (DÉPART. DE LA), 603 550 hect., 833 386 hab. (V. carte p. 309.) Département maritime du N.-O. de la France qui tire son nom du cours inférieur de la Seine. Il a été formé en 1790 de quatre pays de l'ancienne province de Normandie, savoir : le *Petit-Caux*, au N.-E.; la partie N. du *pays de Bray*, s'étendant à l'E. du département, de Dieppe à Gournay; le *pays de Caux*, qui couvre la majeure partie du département, du pays de Bray à la mer, et enfin une faible portion du *Roumois*, qui, de l'Eure, déborde dans la vallée de la Seine. Ses latitudes extrêmes sont : 49° 15' 10" et 50° 4' au N. de l'équateur, et il est compris entre 0° 32' 30" et 2° 16' de longitude O. Il n'a de limites naturelles qu'au N.-O., où il est limité par la Manche, et à l'E., où la Bresle le sépare du département de la Somme. Il est borné à l'E. par les départements de la Somme et de l'Oise; au midi, par le département de l'Eure et par l'embouchure de la Seine.

La limite maritime du département de la Seine-Inférieure est connue sous le nom de *Littoral normand*, parce qu'en effet ce rivage se distingue nettement des parties qui lui sont adjacentes. Le voyageur qui vient de l'embouchure de la Somme et se dirige vers l'estuaire de la Seine s'aperçoit bien vite du changement presque instantané qui s'opère dans la constitution minéralogique du rivage. Au Bourg-d'Ault déjà, les collines de sable qui s'étalent sur le bord de la Manche font place aux falaises crayeuses; celles-ci, à partir du Tréport, tendent à s'élever et atteignent une hauteur qui, en certains points, dépasse 100 mètres. Ces falaises forment un mur vertical et à pic d'un blanc grisâtre dont le pied est sans cesse battu par le flot verdâtre d'une mer souvent en furie, tandis que la crête, recouverte d'une herbe grêle et courte, est balayée par les vents, et subit l'influence du milieu atmosphérique. Aussi, lorsque le flot a suffisamment miné la base de la falaise, celle-ci s'écroule-t-elle avec fracas, laissant la place à la mer, qui, chaque année, ronge notre littoral en même temps qu'elle y apporte des galets arrachés à la côte anglaise. Le rivage du département de la Seine-Inférieure se dirige d'abord, de Tréport à Dieppe, du N.-E. au S.-O., puis il se relève un peu vers le N. de Dieppe à Veulettes; à partir de cette dernière localité, il reprend sa direction S.-O. jusqu'au cap d'Antifer, où il s'incline vers le S. jusqu'au cap de la Hève; là il tourne brusquement à l'E. pour concourir à former l'estuaire de la Seine.

Les baies et les caps sont rares sur cette côte normande où la nature a une préférence marquée pour la ligne droite. Aussi n'y trouve-t-on qu'un petit nombre de ports. Le premier que l'on rencontre est le *Tréport*, situé à l'embouchure de la Bresle, dont les eaux, retenues par une écluse, débarrassent, au moment du reflux, le chenal des galets qu'y avait apportés la mer. Le port de cette ville est excellent comme station de relâche, et il reçoit souvent les navires se dirigeant sur Dieppe que la fureur des flots et les vents contraires forcent à chercher un refuge; des feux fixes et de marée en indiquent l'entrée. A l'O., on rencontre l'embouchure de l'*Yères* avec *Criel;* plus loin se trouvent *Biville-sur-Mer, Berneval-le-Grand, Belleville-sur-Mer*; Puys, la hauteur connue sous le nom de *cité de Limes* ou d'*Olyme*, refuge gaulois, entouré d'un fossé et d'un remblai qui l'environne de tous côtés et est percé de trois portes. Au pied occidental de cette hauteur coule la rivière d'Arques, le port du Pollet et la ville de Dieppe, dont le port profond est protégé par deux jetées et signalé aux marins par trois feux. A l'O. de Dieppe on voit l'embouchure de la *Scie*, les petits ports de Pourville et de Varengeville-sur-Mer. Près de cette dernière localité, la côte s'avance un peu dans la mer et forme le petit promontoire connu sous le nom de *Pointe d'Ailly*, dont l'altitude s'élève à près de 100 mètres. Ce petit cap, entouré d'un très grand nombre de récifs recouverts par la haute mer, est surmonté d'un phare de première classe dont la construction remonte à 1775, et qui, en temps de brouillard, fait entendre la voix d'une sirène. A l'O. de la pointe d'Ailly, on rencontre le petit bourg de Sainte-Marguerite, et un peu plus loin l'embouchure de la *Saâne*, celle du *Dun*, et un peu plus loin le petit port d'échouage de *Veules*, bien connu des touristes épris des beautés de la nature et des monuments que nous ont laissés les siècles passés. Puis vient *Saint-Valery-en-Caux*, dont le port, petit mais sûr, peut recevoir les navires par les vents d'O. ou de N.-O. En continuant notre route sur la côte, nous rencontrons l'embouchure du *Durdent* et la petite station maritime de Veulettes resserrée entre deux collines dépourvues de verdure et dont les falaises sont creusées de grottes; puis les Petites-Dalles, les Grandes-Dalles, Saint-Pierre-en-Port, Fécamp bâti en amphithéâtre sur une colline haute de 128 mètres et dont les rues en pente aboutissent sur une plage où les galets abondent. L'entrée du port mesure 1200 mètres, et est protégée par deux jetées; ce havre est creusé à l'embouchure de la petite rivière qui porte le nom de la ville, et est un abri sûr pour les navires, qui peuvent s'y réfugier par tous les temps. De récents travaux l'ont amélioré encore et lui ont permis de rester au premier rang, sur la Manche, pour la pêche du hareng et de la morue. A côté se trouve *Yport*, dont la plage est fréquentée par les baigneurs. Plus loin est *Étretat*. A partir de cette localité, le rivage change peu à peu de nature : aux falaises crayeuses succèdent déjà des sables et des argiles que la mer a rongés et auxquels ils ont donné des formes souvent étranges. Aussi chaque rocher a-t-il, pour ainsi dire, un nom spécial; tels sont : l'*Aiguille d'Étretat*, sorte de pyramide qui, s'élançant d'un banc sous-marin, atteint une hauteur de 70 mètres; la *Porte-d'Amont*, la *Porte-d'Aval*, la *Manneporte*, etc., rochers creusés en forme d'arcs et simulant des portes.

Les grottes sont aussi nombreuses, et l'une d'elles est désignée sous le nom de *Trou-à-l'Homme*. Citons encore le *Roc aux Guillemots* et le *Chaudron*, petite crique qui domine des falaises à pic; l'*Aiguille de Belval* ou *de Bénouville*, etc. La plage d'Étretat présente encore un phénomène naturel très intéressant : à marée basse, des sources d'eau douce s'échappent du milieu des galets, et y forment de petits ruisseaux que les femmes creusent assez pour y laver leur linge jusqu'à l'heure où la marée montante fait disparaître les ruisseaux éphémères. A l'O. d'Étretat se dresse le cap d'*Antifer*, haut de 116 mètres et qui porte un sémaphore. A partir de ce point, la côte s'incline au S., et l'on rencontre Saint-Jouin, Cauville, Sanvic, enfin le cap de la *Hève* (107 mètres), au pied duquel sont bâtis *Sainte-Adresse* et le *Havre*. Ici nous entrons dans l'estuaire de la Seine. (V. ce mot.)

La partie du département de la Seine-Inférieure qui est comprise entre le pays de Bray, la Seine et la mer est constituée par un grand plateau dont la hauteur au-dessus de la mer n'atteint pas 200 mètres; il présente deux pentes parfaitement accusées : l'une inclinée vers le N. et allant verser ses eaux dans la Manche par de petits fleuves côtiers coulant dans des vallées très profondes; l'autre a la pente dirigée vers le S., et les cours d'eau qui la sillonnent sont tributaires de la Seine. La ligne de partage des eaux commence un peu au S. du cap d'Antifer, passe à Vergetot (129 mètres), Manneville-la-Goupil (126 mètres), Vattetot-sous-Beaumont (130 mètres), Yvetot (151 mètres), Varneville (131 mètres), la Houssaye-Béranger (172 mètres), Bosc-le-Hard, Rocquemont (188 mètres), Buchy (191 mètres) et Bosc-Bordel (233 mètres) : cette dernière localité appartient déjà au pays de Bray.

A l'E. du plateau qui constitue le Caux, s'étend le pays de Bray. On sait que cette petite contrée naturelle est une crevasse en forme de boutonnière dirigée du N.-O. au S.-O. et s'étendant de Beauvais à Dieppe. Les deux bords de cette boutonnière sont constitués par de hautes falaises de craie, tandis que le milieu l'est par des collines jurassiques. C'est la partie la plus élevée du département; elle présente du reste aussi deux pentes, l'une dirigée vers la Manche, et la seconde vers la Seine. Au N.-E. du pays de Bray s'étend le *Petit-Caux*, constitué par un plateau dont l'altitude moyenne est de 130 mètres. D'après ce qui précède, le département de la Seine-Inférieure présente deux pentes : la première, inclinée vers la Manche, est arrosée par de petits fleuves côtiers et leurs affluents. Les principaux sont : 1° La *Bresle* (72 kilom.) prend sa source au pied des hautes collines qui se dressent à l'E. de Gaillefontaine, coule sur la limite du département, qu'elle sépare de celui de la Somme, arrose, dans la Seine-Inférieure, Aumale, Blangy, Eu, et tombe dans la Manche au Tréport. Ses eaux alimentent un canal de navigation qui va d'Eu au Tréport et suit un ancien lit de la rivière. La *Bresle*, dont le cours est très rapide, n'a que de très faibles affluents sur la rive gauche, reçoit à droite deux rivières qui viennent du département de la Somme, le *Liger* et la *Vimeuse*. 2° L'*Yères* (40 kilom.) naît, au pied des collines de la forêt d'Eu, d'abondantes fontaines qui sourdent à Aubermesnil et Villers-sous-Foucarmont, passe à Foucarmont, Criel, et se jette dans la Manche par une embouchure encombrée de galets. 3° L'*Arques* est formée par la réunion de trois petits cours d'eau, savoir : L'*Aulne* ou *Eaulne* (45 kilom.) sort de terre à l'E. de Neufchâtel, à Mortemer, baigne Londinières et Envermeu, et joint la Béthune en aval d'Arques. La *Béthune* prend sa source près de Gaillefontaine, au milieu de collines dont l'altitude est de 225 mètres; elle arrose Neufchâtel, Bures, et se réunit à la Varenne après un cours de 52 kilomètres. La *Varenne*, que l'on désigne souvent sous le nom d'*Arques*, prend sa source à Montérollier, au pied de collines qui ont 239 mètres de hauteur, passe à Saint-Saëns, Bellencombre, Orival, Muchedent, Torcy, Arques. Ces trois petites rivières, en se réunissant à la rivière d'Arques ou de Dieppe, séparent cette dernière ville du *Pollet* et forme le port de Dieppe. 4° La *Scie* (36 kilom.) prend sa source dans un vallon à l'E. de Tôtes, passe à Auffay, Longueville, et se jette dans la mer à Pourville, où ses eaux sont amenées par une *buse*, sorte de canal en bois. 5° La *Saâne* sort de terre à l'E. de Yerville, coule dans une vallée très peuplée et où les villages succèdent aux villages; elle tombe dans la Manche à l'O. de la pointe d'Ailly, après un cours de 32 kilomètres. Ses eaux sont aussi amenées à la mer au moyen d'une buse. Elle se grossit à droite d'un petit ruisseau, la *Vienne*, qui passe à Bacqueville. 6° Le *Dun*, petit ruisseau de 12 kilomètres de longueur, est formé par les sources de Fontaine-le-Dun et celles de Notre-Dame-la-Gaillarde; il arrose Bourg-Dun et disparaît sous les galets de la plage à Saint-Aubin-sur-Mer. 7° Le *Durdent* naît à Héricourt-en-Caux, arrose Cany, Bouville, et se jette dans la Manche, près de Veulettes, au moyen d'une buse. 8° La *rivière de Fécamp* est formée par la réunion de deux ruisseaux : la *rivière de Valmont*, naissant dans un petit vallon qui porte le nom de cette localité, et la *rivière de Ganzeville*, qui naît plus à l'O. Les eaux de ces deux rivières sont emmagasinées dans le port de Fécamp, et, à marée basse, leur courant chasse les galets qui l'obstruent.

La *Seine* quitte le département de l'Eure pour la Seine-Inférieure un peu en amont de Caudebec-lès-Elbeuf, décrit six boucles qui enlacent autant de presqu'îles, dont la deuxième est en partie couverte par la forêt de *Rouvray*, la troisième par des collines de 110 mètres d'altitude que couronne la forêt de *Roumare*; la quatrième est occupée par la forêt de *Mauny*, et sur la sixième s'étend la forêt de *Brotonne*. Elle arrose dans le département : Caudebec-lès-Elbeuf, Saint-Aubin, Orival, Oissel, Grand-Couronne, Saint-Étienne-du-Rouvray, Sotteville, Rouen, Canteleu, les deux Quevilly, Saint-Martin-de-Bos, la Bouille, Duclair, Jumièges, le Trait, la Meilleraye, Caudebec-en-Caux, Villequier, Port-Jérôme, Quillebeuf (Eure), Tancarville, où son estuaire s'agrandit beaucoup, et est encombré de bancs de sable dont on cherche à arrêter la formation au moyen de digues. (V. *Seine*.)

La Seine ne reçoit dans le département de la Seine-Inférieure que de petits cours d'eau, qui néanmoins sont assez puissants pour alimenter un grand nombre d'usines. Ils sont, en outre, presque tous sur la rive droite; ce sont : 1° L'*Epte*, qui naît près de Forges-les-Eaux et n'a que quelques kilomètres de cours dans le département, et passe à Gournay, où elle quitte la Seine-Inférieure. 2° L'*Andelle*, l'une des plus jolies rivières de la Normandie, prend sa source non loin de Forges-les-Eaux, arrose cette localité et un grand nombre de villages, et quitte le département pour celui de l'Eure à Voscœuil. Elle reçoit, à droite, deux petites rivières, le *Héron* et le *Crevon*. 3° L'*Aubette*, petit cours d'eau qui naît à Saint-Aubin de sources très abondantes, arrose Darnetal et se jette dans la Seine après avoir fait mouvoir un grand nombre d'usines. 4° Le *Cailly*, 35 kilom., prend sa source à Cailly, arrose Fontaine-le-Bourg, Monville, Malaunay, Houlme, Notre-Dame-de-Bondeville, Maromme, Déville, et se jette dans la Seine aux portes de Rouen. Le Cailly reçoit à droite la *Clérette* ou rivière de *Clères*. 5° L'*Austreberte*, désignée encore sous les noms de *Sainte-Austreberte*, de *Aisne* ou *Esne*, n'a que 20 kilom. de cours; elle a sa source à Sainte-Austreberte-l'Enfer, baigne Pavilly, Barentin et joint la Seine à Duclair. 6° Le *Bec*, ou *Bolbec*, n'a guère non plus que 20 kilom. de cours, prend sa source au N. de Bolbec, passe à Lillebonne, prend le nom de *rivière du Commerce*, et tombe dans la Seine en aval de Port-Jérôme, en face de Quillebeuf. 7° La *Lézarde*, 18 kilom., a ses sources non loin de Notre-Dame-du-Bec, baigne Montivilliers, et joint la Seine en aval de Honfleur. La Lézarde reçoit les eaux de deux petites rivières : la *Fontaine* ou *rivière de Rouelles* et la *rivière de Saint-Laurent*.

Indépendamment de ces différents petits cours d'eau, le département de la Seine-Inférieure donne naissance à des sources abondantes qui actionnent souvent des usines très importantes, mais dont le cours est extrêmement restreint.

Le sol du département de la Seine-Inférieure est composé par la craie supérieure, qui occupe le fond des vallées, tandis que les plateaux sont constitués par le terrain miocène enveloppant de toutes parts des îlots très étendus du pliocène. Tout le littoral du département, tant sur les bords de la mer que sur les rives de la Seine, est comme enlacé dans une frange de terrain crétacé supérieur qui y prend la forme de falaises. Cependant le crétacé inférieur se trouve sur la rive droite de la Seine, depuis le cap de la Hève jusqu'en face de Quillebeuf. La partie du pays de Bray comprise dans la Seine-Inférieure appartient aussi à cette formation, enserrant des collines jurassiques, tandis que ses bords sont aussi des falaises crayeuses. Les terres du plateau du Petit-Caux, situé entre la Bresle et la Béthune, sont composées par de l'argile, des sables et des silex, tantôt épars, tantôt accumulés. Sur d'autres points, c'est le calcaire qui domine; mais il repose toujours sur une couche argileuse qui rend le sol imperméable. Si l'on descend dans les vallées, on trouve des terres fortes argilo-calcaires. Le bas de ces vallées est occupé par de bons pâturages, tandis que les plateaux sont livrés à la culture. Les parties où la craie se montre à nu sont peu productives et souvent abandonnées aux forêts. Le pays de Bray est bien arrosé; il est parcouru par un très grand nombre de fontaines, de ruisseaux et de petites rivières : aussi le sol en est-il humide, condition favorable aux pâturages, aux herbages et aux prés qui couvrent les pentes des coteaux et le fond des vallées. Des alluvions se sont aussi superposées à l'argile, et dans les points les plus humides se sont formées des tourbières. Les sommets des collines sont couverts par des champs de céréales. Le pays de Caux est renommé pour sa fertilité. La terre végétale y atteint, en certains points, une très grande épaisseur, notamment dans les cantons de Saint-Romain-de-Colbosc et de Goderville. Le sol devient plus léger à mesure que l'on s'approche de la mer, et vers Fécamp il est devenu très ferrugineux. Mais la plus grande partie du territoire est constituée par des terres froides et argileuses qu'il est convenable de réchauffer avec de la marne. Dans la partie supérieure de quelques vallées, qui sont toutes crayeuses, apparaît l'argile plastique avec ses sources abondantes. La terre labourable qui les recouvre est peu épaisse, tandis que la couche de silex ou d'argile l'est énormément; cette disposition entretient une humidité très préjudiciable à la croissance des arbres fruitiers, dont les racines ne peuvent se développer dès qu'elles atteignent l'argile. Ces terres froides et humides

DÉPARTEMENT DE LA SEINE-INFÉRIEURE

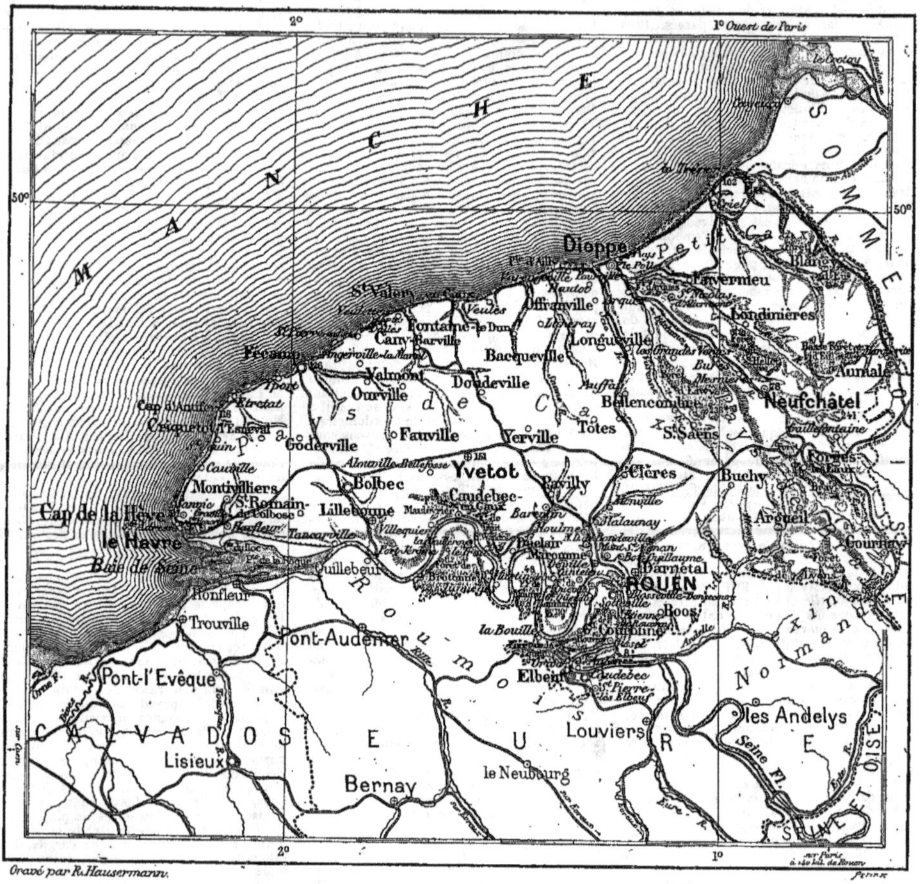

Gravé par R. Hausermann.

Signes conventionnels :

PRÉFECTURE	Plus de 100 000 hab.	De 10 000 à 20 000	Place forte. Fort.	Origine de la navigation
Sous-Préfecture	De 50 000 à 100 000	De 5 000 à 10 000	Frontière	Canal
Canton	De 30 000 à 50 000	De 2 000 à 5 000	Limite de Dép.t	Col
Commune, Village	De 20 000 à 30 000	Moins de 2 000	Chemin de fer	Forêts

Les chiffres expriment en mètres l'altitude au dessus du niveau de la mer.

Échelle (1 millim. pour 900 mètres) 20 5 0 10 20 30 40 50 Kil.

dominent dans l'arrondissement de Rouen et dans certaines régions de celui de Dieppe, principalement dans les plaines des Grandes-Ventes, d'Ardouval et de Pommerval. L'arrondissement d'Yvetot en a beaucoup moins, et celui du Havre en compte à peine. Les meilleures terres sont celles des plaines de Goderville et de Saint-Romain (Havre), de Luneray et du Bourg-Dun (Dieppe). Dans la vallée de la Seine se sont déposées des alluvions de nature siliceuse dont les parties basses sont couvertes par des prairies.

Le département de la Seine-Inférieure appartient au climat séquanien. Le voisinage de la mer le rend très humide, et il pleut plus souvent sur les côtes que dans l'intérieur du pays. La hauteur moyenne de la couche d'eau tombée dans l'année atteint 0m,65 à Rouen et 0m,82 à Dieppe, où le nombre des jours de pluie est de 121. Quant à la température moyenne, elle est un peu supérieure à celle de Paris. La Seine-Inférieure ne possède ni mines ni houillères; mais avec ses argiles on fabrique des poteries réfractaires et des carreaux décorés. On y trouve des sources d'eaux minérales ferrugineuses à Forges-les-Eaux, qui sont moins fréquentées qu'autrefois.

La nature des sols étant très variée, la culture l'est dans les mêmes proportions. Cependant on peut ramener les modes culturaux aux quatre pays qui composent le département. Dans la vallée de la Seine, les terres qui sont sur les bords du fleuve sont occupées par des prairies dont les foins sont livrés au commerce : aussi l'élevage du bétail y est-il restreint au nombre strictement nécessaire à la fumure des prés. Les terres les plus éloignées du fleuve sont livrées à la culture des pommes de terre, des légumes secs, du seigle, de l'orge, et les prairies artificielles sont composées de luzerne et de trèfle incarnat. Le pays de Bray est la région des pâturages, et l'élève des bêtes bovines y a pris une grande extension, surtout celui des vaches laitières, dont le lait est transformé en beurre et en fromage. Tout le monde a entendu parler du beurre de Gournay et du fromage de Neufchâtel. On se livre aussi à l'engraissement des bœufs et des vaches, qui sont livrés à la boucherie pour l'approvisionnement des grandes villes. Néanmoins un système cultural mixte domine dans certaines parties du pays de Bray. C'est aussi ce dernier système qui est établi dans le grand plateau du pays de Caux et dans le Petit-Caux, où l'on cultive le froment, le seigle, l'avoine, l'orge, le colza, le lin, le chanvre, etc. Les pommes de terre sont plus particulièrement cultivées dans la vallée de la Seine, ainsi que les légumes secs; on trouve des champs de gaude et de chardons à foulon dans l'arrondissement d'Elbeuf; on sème la betterave dans le voisinage des distilleries agricoles des environs de Rouen, Dieppe, Yvetot, le Havre, etc.; le colza, sur le plateau central, dans les cantons de Rouen, Yvetot, le Havre, Dieppe; le lin est cultivé dans ceux du Havre, de Dieppe, d'Yvetot, et le chanvre dans celui de Dieppe. Les irrigations sont mises en pratique là où il y a des prairies : les herbages précoces et pâturés sont arrosés du 1er janvier au 1er avril; quant aux prairies à foin, elles le sont, pour la première coupe, du 1er mars au 20 juin (du samedi 8 heures du soir au lundi 4 heures), et pour les regains, du 15 juillet au 8 août, pendant le même temps. Les foins recouvrent les terres les plus incultes, là où le sable et les graviers ne sauraient nourrir d'autres plantes. On le rencontre surtout sur les promontoires de la Seine et sur les parties les plus élevées du plateau que découpent les sources de la Bresle, de l'Yères et de l'Aulne. Les principales forêts du département sont celles de *Roumare*, du *Hellet*, de *Rouvray*, de *la Londe*, d'*Eawy*, de *Croixdalle*, de *Mauléwrier*, de *Trait-Saint-Vandrille*, de *Brotonne*, d'*Arques*, de *Lyons*, etc., dont les essences dominantes sont le chêne, le hêtre, le charme, le pin sylvestre, le bouleau, le tremble, etc. La vigne ne peut mûrir ses raisins sous le climat brumeux de ce département; mais un grand nombre de pommiers et de poiriers donnent des fruits qui sont transformés en cidre et en poiré. Le cidre du pays de Caux n'est pas toujours de première qualité; cependant certains crus sont renommés : tels ceux de Rouen et de Montigny; ceux que l'on fabrique dans les vallées de l'E. sont âpres et perdent facilement leur couleur. Néanmoins les cidres du Bray sont assez estimés.

Les animaux de la race bovine appartiennent à la race normande croisée avec les races bretonne, mancelle et picarde. Ces animaux sont presque toujours pie, quelquefois tout à fait blancs avec des taches brunes plus ou moins prononcées. C'est dans le pays de Bray que l'on en trouve le plus grand nombre. Ce sont les arrondissements de Dieppe et d'Yvetot qui nourrissent le plus grand nombre de moutons. Ceux-ci appartenaient autrefois à une race que l'on élevait entre la Somme, la basse Seine et la mer, et qui était désignée sous les noms de *Cauchois* ou du pays de Caux, de *Brayants* ou du pays de Bray, race qui a disparu aujourd'hui et a été remplacée par des mérinos ou des métis. Les moutons du pays de Caux ressemblent aux beaucerons; mais le voisinage de la mer a durci leur laine qui néanmoins est bonne et forte. La nature argileuse du sol, l'humidité de la contrée et la proximité de la mer, toutes ces causes sont favorables à la production de la viande; mais il est bon de soumettre les bêtes à laine à un régime tonique, afin de prévenir la pourriture. Le département est de tous les départements du N. de la France celui qui possède le plus d'animaux de l'espèce chevaline; ce sont les arrondissements du Havre et de Rouen qui en entretiennent le plus : parmi eux, on compte un grand nombre de chevaux de luxe. Les arrondissements de Dieppe et d'Yvetot, situés en partie sur le littoral de la Manche, sont plus particulièrement propres à l'élevage, et renferment le plus grand nombre de juments et de poulains. Le pays de Caux élève, en même temps que des chevaux de gros trait, des bidets qui sont vendus pour la cavalerie légère, l'artillerie, ou qui sont utilisés dans la contrée comme chevaux de selle. Ils naissent dans les pâturages, et de là sont expédiés dans l'E., où on les élève. Le cheval cauchois a le corps épais, trapu et bien conformé pour le roulage. Les porcs élevés dans la haute Normandie sont appelés *cauchois*; ils sont minces et grands; on cherche à les remplacer par des races perfectionnées. Les volailles sont peu nombreuses dans la Seine-Inférieure; cependant les cantons de *Pavilly* et de *Tôtes* élèvent des poules *cauchoises*; celui de Neufchâtel, des dindons qui vont picorer dans les forêts, et les cantons de Duclair et de Caudebec élèvent des canards de grosse race appelés *canards de Normandie* ou *de Rouen* qui sont très renommés. La basse-cour donne des œufs qui sont expédiés en Angleterre avec les fruits, cerises, prunes, pommes de reinette grise des vergers de Boos, Grand-Couronne, Duclair. Les cours d'eau de la Seine-Inférieure nourrissent des poissons, parmi lesquels on peut citer les truites de la Bresle; mais ce sont surtout les côtes qui nous fournissent du poisson frais en grande quantité. La majeure partie des habitants des côtes se livre à la pêche et envoie à Paris des harengs, des maquereaux, des merlans, etc. Plusieurs ports, tels que Fécamp, Saint-Valery, Dieppe, le Tréport, etc., arment pour la pêche de la morue sur le banc de Terre-Neuve ou sur les côtes d'Islande. Dieppe possède aussi des parcs où l'on se livre à l'ostréiculture.

L'industrie est très développée dans le département de la Seine-Inférieure, et nous ne saurions entrer ici dans tous les détails que comporte un sujet aussi vaste. Le Havre et Rouen sont deux centres industriels de premier ordre. Le Havre a des forges où l'on fond le minerai de cuivre et des laminoirs où ce métal est travaillé. Des fonderies de cuivre, de bronze, de laiton, de fonte sont aussi installées à Blangy, Bolbec, Elbeuf, Fécamp, Harfleur, Maromme, Petit-Quevilly, etc.; Déville affine le cuivre et fabrique des tuyaux de cuivre, de plomb sans soudure et met en œuvre une grande quantité de zinc. Aumale a une aciérie; de la grosse chaudronnerie est confectionnée à Dieppe, Bolbec, Maromme. Gonfreville possède une tréfilerie, et Pissy-Pôville une fabrique d'instruments aratoires. Les ateliers de la *Société des forges et chantiers de la Méditerranée*, comprenant les usines du canal Vauban, ceux de Graville et du bassin de l'Eure, construisent des navires cuirassés, des machines à vapeur, des locomotives, des pompes, des presses hydrauliques, etc., etc. Rouen a aussi des ateliers pour la construction des machines à vapeur, des machines à coudre, des métiers pour la filature et le tissage, etc. Le Havre, Rouen, le Tréport, Fécamp, etc., ont des chantiers maritimes.

Le coton est filé, tissé, teint et imprimé à Rouen qui confectionne ces étoffes connues dans le monde entier sous le nom de *rouenneries*. Ces mêmes industries sont aussi exercées à Déville, Darnétal, Le Houlme, Quevilly, Saint-Léger, Sotteville, etc. La fabrication des indiennes occupe un grand nombre d'ouvriers et se fait à Rouen et dans les villes voisines. Le lin est tissé à Rouen et dans ses environs; Yvetot, Brachy, Doudeville, Luneray, Montivilliers confectionnent de la toile, des calicots, des toiles à matelas, des basins, des coutils, etc. Bolbec fait des mouchoirs. Les lainages sont fabriqués à Elbeuf, dont les draps sont renommés dans le monde entier, à Darnétal, etc. Les teintureries en rouge des Indes de cette dernière ville sont célèbres. Le Havre a des corderies pour la marine. Dieppe et le Havre ont des manufactures de tabac. Les sucreries et les raffineries de sucre sont nombreuses dans le département, ainsi que les papeteries, les amidonneries, les savonneries, les scieries mécaniques, etc. Les fabriques de produits chimiques sont établies au Petit-Quevilly, au Havre qui prépare du bichromate de potasse et du sulfate de quinine. Saint-Nicolas-d'Aliermont a des fabriques d'horlogerie et le Havre des verreries où l'on fond les bouteilles. Enfin, Dieppe est renommé pour ses ouvrages en ivoire sculpté et Fécamp pour la liqueur de table connue sous le nom de *Bénédictine de l'abbaye de Fécamp*.

Le commerce est très actif dans la Seine-Inférieure et les échanges ont lieu surtout par les ports du Havre, de Rouen et de Dieppe. Ce département importe du coton, du blé, de la farine, du riz, des résines, du café, du thé, du cacao, du tapioca, du sucre, des bois précieux (acajou et palissandre, etc.), de teinture (bois de Campêche), de l'indigo, des bois de construction, du pétrole, des graines oléagineuses, de l'huile de palme; des cuirs salés et secs; du guano et des engrais venus de l'Amérique du Sud, de la potasse, du salpêtre; des fanons de baleine, des minerais de cuivre, du plomb, de la houille, etc., etc. Il exporte des sucres, des graines, des eaux-de-vie, les produits de son sol, etc., du beurre, du fromage, du cidre, des fruits, du papier, des machines, du sel, des produits chimiques, etc.

Le département de la Seine-Inférieure a partagé le sort de la Normandie. Habité par les peuplades gauloises des Calètes et des Véliocasses, il fit partie de la Deuxième Lyonnaise et plus tard du royaume de Neustrie. Il passa ensuite dans les mains des Normands par le traité de Saint-Clair-sur-Epte et ne rentra dans le domaine royal qu'en 1204, sous Philippe-Auguste.

Le département est traversé par dix-neuf lignes ferrées qui relient les différentes plages du littoral à Paris, et les villes de l'intérieur tant à Paris qu'entre elles. Le chiffre de la population moyenne est très fort, puisqu'il s'élève à 135 habitants par kilomètre carré. Le dialecte normand est la langue des campagnes.

Le département de la Seine-Inférieure compte 5 arrondissements, 51 cantons et 759 communes. — Ch.-l. *Rouen*, archevêché. — Sous-préf. *Dieppe, le Havre, Neufchâtel, Yvetot*.

SEINE-L'ABBAYE (SAINT-), 5274 hab., c. de Dijon (Côte-d'Or), au S.-E. de la source de la Seine.

***SEINER** (*seine*), *vi.* Pêcher avec le filet appelé *seine*.

***SEINETTE** (dm. de *seine*), *sf.* Sorte de filet plus petit que la seine.

***SEINEUR** (*seine*), *adj. m.* Pêcheur qui se sert de la seine pour prendre du poisson : *Les bateaux seineurs de Terre-Neuve*.

SEING (l. *signum*), *sm.* Signature : *Seing privé*, signature apposée à un acte qui n'est pas dressé par un officier public. (V. *Signature*, *Blanc-seing* et *Sous-seing*.)

SÉISMIQUE (g. σεισμός, succession), *adj. 2 g.* Qui a rapport aux tremblements de terre. ‖ *Onde séismique*, nom que l'on donne à une surface d'onde sur laquelle seraient distribués les ébranlements de l'écorce terrestre accompagnant les tremblements de terre. On lui attribue des vitesses qui varient de 150 à 900 mètres par seconde, suivant la nature des terrains traversés. Les courbes d'intersection de la surface d'onde avec celle du sol portent le nom d'*homoséistes*; elles ne sont ni circulaires ni semblables à elles-mêmes. — **Gr.** On doit écrire *Sismique*.

SÉISMOGRAPHE (g. σεισμός, succession + γράφειν, écrire), *sm.* Appareils qui servent à constater les tremblements de terre et à mesurer leur intensité. (V. *Tremblements de terre, Sismographe.*)

SEIX, 5 441 hect. (dont 3 110 sont déboisés et vacants), forêt domaniale de l'Ariège, peuplée de hêtres.

SEIZE (l. *sexdecim*), *adj. num. card.* 2 *g.* Dix plus six : *Un enfant de seize ans.* ‖ Mis pour seizième : *Chapitre seize.* — *Sm.* Le nombre seize : *16 multiplié par 4.* ‖ *Le seize du mois*, se dit par ellipse pour le seizième jour du mois. — **Les Seize**, comité qui dirigeait le parti de la Ligue vers la fin du règne de Henri III et était composé de 16 ligueurs, dont chacun était le chef de l'un des 16 quartiers de Paris. — **Dér.** *Seizième, seizièmement.*

SEIZIÈME (*seize* + sfx. *ième*), *adj. ord.* 2*g.*, Qui occupe le rang, la place marquée par le nombre 16 : *Cet élève est le seizième en histoire.* ‖ *Seizième partie*, chaque partie d'un tout divisé en 16 parties égales. — *Sm.* La seizième partie d'un tout : *Il a un seizième des bénéfices.* ‖ *Le seizième du mois*, le seizième jour du mois.

SEIZIÈMEMENT (*seizième* + sfx. *ment*), *adv.* En seizième lieu.

SÉJAN, favori et cruel ministre de Tibère, qui se préparait à renverser son maître lorsque celui-ci le fit arrêter et étrangler en 31.

SÉJOUR (vx fr. *sujurn, sejor*), *sm.* de *séjourner.* Résidence plus ou moins longue dans un pays : *Faire un long séjour en province.* ‖ Stagnation de l'eau dans un lieu, du sang, des humeurs dans un organe : *Le séjour de l'eau dans cette prairie a compromis la récolte.* ‖ Temps pendant lequel on se repose dans le cours d'un voyage : *Les troupes de passage ont fait séjour ici.* ‖ Le temps qu'un navire passe en relâche. ‖ Lieu d'habitation : *Paris est un séjour agréable.* ‖ Poét. *Le céleste séjour*, le ciel. ‖ *Le séjour infernal*, les enfers. ‖ *L'humide séjour*, la mer, l'onde.

SÉJOURNER (vx fr. *sojorner*; bl. *subdiurnare*, rester longtemps), *vi.* Demeurer quelque temps dans un lieu : *Il a séjourné à Rome.* ‖ S'arrêter, se reposer dans un lieu lorsqu'on est en voyage. — Fig. Rester dans un endroit, en parlant d'un liquide : *La mer a séjourné sur l'emplacement de Paris.* — **Dér.** *Séjour.*

SEL (picard, *sé*; Berri, *sau*; l. *sal*), *sm.* Substance cristallisée, blanche, friable, soluble dans l'eau, d'une saveur fraîche et piquante, désignée, en chimie, sous le nom de *chlorure de sodium*, et dont on se sert pour assaisonner les aliments. Les cristaux de sel formés dans les conditions ordinaires ont pour formule chimique NaCl; leur densité est 2,15 ; ils s'assemblent par gradins de manière à constituer des pyramides quadrangulaires creuses, qui ressemblent à des *trémies*. Ils ne renferment pas d'eau de combinaison ; mais ils retiennent toujours un peu d'eau interposée entre les petits cubes dont la réunion constitue ces trémies : c'est ce qui fait que les cristaux de sel *décrépitent* quand on les chauffe : l'eau se réduit en vapeur, fait éclater les cristaux et en projette les débris en tous sens. Les cristaux de sel formés dans une solution refroidie à — 12° renferment 4 équivalents d'eau. La solution de sel ne gèle pas encore à cette température. D'autre part la solution concentrée ne bout qu'à 108°. La solubilité ne varie pas beaucoup avec la température : 100 parties d'eau à 15° dissolvent 26 parties de sel; à 100°, elles en dissolvent 29. ‖ *Sel marin*, celui qu'on retire de l'eau de mer. La France emprunte à l'eau de mer plus des deux tiers de sel qu'elle produit, soit pour ses propres besoins, soit pour l'exportation. L'eau de mer renferme environ 28 grammes de chlorure de sodium et 1 gramme de chlorure de potassium par litre. L'extraction de ce sel se fait par évaporation. Sur le littoral français de l'Océan, on opère au moyen des *marais salants* (V. *Salant*), tandis que sur les côtes françaises de la Méditerranée, on se sert des *salins* (V. ce mot). ‖ *Sel gemme*, celui qu'on trouve en masses plus ou moins grandes dans le sein ou à la surface de la terre. (Pour ce qui concerne l'exploitation du *sel gemme*, V. *Saline*.) ‖ *Sel gris* ou *sel de cuisine*, sel marin mélangé de quelques particules terreuses et de petites quantités d'iodures, de bromures, de sulfates alcalins, de chlorure de magnésium, etc., qui le rendent amer, mais plus propre à stimuler l'appétit et la digestion. ‖ *Sel blanc*, sel marin ou sel gemme purifié.

La mer, qui contient 30 p. 100 de chlorure de sodium, est une des principales sources de sel surtout dans les régions qui offrent des vents assez forts et constants. Les principales salines de l'Europe sont les marais salants de l'ouest de la France (130 000 tonnes par an), de la Provence (200 000 tonnes par an) et du Portugal (Sétubal). Les lacs de l'Algérie (Arrew, près d'Oran), à sec pendant l'été, fournissent environ 30 000 tonnes de sel par an.

Il existe dans les couches géologiques de nombreux gisements de sel qui correspondent à trois modes d'exploitation principaux :

1° Minerai exploité au pic par gros blocs dans des excavations (Marmaros, Wielicza, Maros Ujvar).

Trias. . .	Keuper.	Miserey, Châtillon près Besançon, Durham, Belfast et Carrickfergus en Irlande.
	Muschelkalk.	Thuringe, Wurtemberg, vallée du Neckar.
Crétacé. .		Boghar, Zahrez, Khreneg-el-Melah, Chergui, Rharbi (Algérie).
Tertiaire.		Roumanie : Slanic, Campina, Teleja, Tirgovisk, Doftana.
		Transylvanie : Maros Ujvar, Marmaros.
		Galicie : Wielicza, Bochnia.

2° Dissolution avec exploitation souterraine (Salzkammergüt).

3° Sondage, puis dissolution (Saint-Nicolas, Varangeville). Le sel gemme est disséminé dans de nombreux étages :

1° Silurien.	Saltrandje indien du Pendjaub, près de l'Afghanistan.
	Rive orientale de l'Indus.
	Groupe salifère d'Onondaga et de Salina (Amérique du Nord).
	Gisements du Kentucky et du Grand Lac Salé.
2° Permo-carbonifère.	Solikamsk (Russie d'Europe), Caucase, Sibérie, Stassfurt (Zechstein de la Saxe).
Trias. — Keuper.	Mines d'Hallem, de Halle, d'Ischl et de Bergestaden, dans le Salzkammergüt, Varangeville en Lorraine.
Tertiaire.	Espagne : Cardona (Catalogne), Burgos (éocène).
	Perse : Ormuz, Hirschim.
	Inde : Peschaver (Pendjaub), Bahadur sur l'Indus (éocène).

Le sel est indispensable à l'*alimentation* de l'homme; l'agriculteur ne doit l'employer comme *engrais* qu'avec discernement, car, à haute dose, il tue les végétaux. Les anciens qui venaient de raser une ville, semaient du sel sur son emplacement pour le rendre stérile; cependant, mêlé en petite quantité au fumier, le sel produit de bons effets surtout dans la culture des crucifères, comme le chou, le navet, le crambe. On ajoute un peu de sel à la ration des *bêtes à cornes* que l'on engraisse. On le mêle en petite proportion à la nourriture des *moutons*, auxquels on le donne même à discrétion quand il s'agit de les préserver de la pourriture. Il a la propriété de diminuer les inconvénients que présentent les *fourrages avariés*. L'*économie domestique* fait usage du sel pour conserver les viandes, le beurre, les légumes. On s'en sert aussi dans les villes pour faire fondre la neige qui recouvre le pavé des rues. — Autrefois *faux sel*, sel de contrebande; *jambon de bon sel*, convenablement salé. ‖ *Manger une chose à la croque-au-sel*, sans autre assaisonnement que le sel. — Fig. Ce qu'il y a de fin, de vif, de piquant dans les discours, les écrits : *Conversation pleine de sel.* ‖ *Sel attique*, manière fine et délicate de penser et de s'exprimer, qui était ordinaire aux Athéniens et qui est fort appréciée dans tous les temps, dans tous les lieux. ‖ *Plaisanteries au gros sel*, de mauvais goût ou inconvenantes. ‖ *Esprit de sel*, l'acide chlorhydrique; ainsi nommé parce qu'il s'extrait du *sel*. ‖ Dans la chimie moderne, tout corps formé par la combinaison d'un acide et d'un oxyde métallique dont les propriétés respectives se trouvent plus ou moins masquées. ‖ *Sel acide*, tout sel qui rougit la teinture bleue du tournesol. ‖ *Sel basique*, tout sel qui ramène au bleu la teinture de tournesol rougie par un acide. ‖ *Sel neutre*, tout sel qui n'agit point sur la teinture de tournesol. ‖ *Flacon de sels*, petit flacon plein de sulfate de potasse imprégné d'acide acétique (vinaigre fort), que l'on fait respirer aux personnes qui se trouvent mal. — *Sel Alembroth* ou *sel de sagesse*, chlorure double de mercure et d'ammonium; s'emploie pour bains ou injections, au lieu du sublimé corrosif. ‖ *Sel ammoniac*, le chlorhydrate d'ammoniaque employé dans les soudures. ‖ *Sel de Berthollet*, chlorate de potasse. ‖ *Sel d'Angleterre* ou *sel de Sedlitz*, le sulfate de magnésie; c'est un purgatif. ‖ *Sel d'étain*, protochlorure d'étain hydraté. ‖ *Sel de Glauber, sel d'Epsom* ou *sel de Lorraine*, le sulfate de soude; purgatif. ‖ *Sel de nitre*, le salpêtre. ‖ *Sel d'oseille*, le bioxalate de potasse avec lequel on enlève les taches de rouille et les taches d'encre. ‖ *Sel de phosphore*, phosphate de soude et d'ammoniaque, dont on se sert dans l'analyse chimique au chalumeau. Il commence par dégager son eau de cristallisation en se boursouflant, et finit par donner une masse transparente qui, lorsqu'elle est encore à l'état liquide, possède la propriété de dissoudre les oxydes métalliques en prenant une coloration caractéristique pour chaque métal, mais pour certains métaux différente selon qu'on se sert de la flamme d'oxydation ou de la flamme de réduction. ‖ *Sel de Saturne*, l'acétate de plomb, *neutre*, cristallisé, vénéneux. ‖ *Sel de Seignette*, tartrate de potasse et de soude. ‖ *Sel de soude*, carbonate de soude. — **Hom.** *Selle, celle, scel.* — **Dér.** *Saler, salin, saline, salant, salière, salaison, salade, saladier, salage, salange, salanque, salaire, salarier, salarié, salariée, salariat, salacité*, etc.; *saunerie, saunier, saunière, saunaison, saunage.* — **Comp.** *Saumure, saumuré, saumurée, saumurage, saumâtre, saupiquet, saupoudrer*, etc.

SEL (LE), 678 hab., ch.-l. de cant., arr. de Redon (Ille-et-Vilaine).

SÉLACIENS (g. σέλαχος), *smpl.* Famille de poissons de mer à squelette cartilagineuse comprenant les raies et les squales. Ils jouent un grand rôle dans la faune fossile des terrains permien et oolithique.

***SÉLAGINE** (l. *selago*, génitif *selaginis*, nom donné par Pline à une plante inconnue), *sf.* Genre de plantes dicotylédones de la famille des Sélaginées, dont quelques espèces, à tiges sous-frutescentes et à fleurs petites, bleues ou lilas, sont cultivées en orangerie comme plantes d'ornement. — **Dér.** *Sélaginées.*

SÉLAGINE

***SÉLAGINÉES** (*sélagine*), *sfpl.* Famille de plantes dicotylédones composées d'herbes et de sous-arbrisseaux à feuilles alternes ou opposées, entières ou découpées et dépourvues de stipules. Les fleurs sont disposées en grappes terminales ou en corymbe; chacune d'elles est accompagnée d'une bractée et se compose d'un calice monosépale à trois ou cinq divisions; d'une corolle gamosépale, hypogyne, dont le limbe se divise en cinq ou trois dents, présentant quelquefois une ou deux lèvres. L'androcée se compose de deux ou quatre étamines insérées sur le tube de la corolle et à anthères uniloculaires. L'ovaire est à deux loges, l'une antérieure, et l'autre postérieure. Chacune d'elles ne renferme qu'une seule graine. Le style est simple et surmonté d'un stigmate indivis. Les végétaux de cette famille sont tous originaires du Cap de Bonne-Espérance et se composent d'espèces ornementales. — **Une Sélaginée**, *sf.* Une plante quelconque de la famille des *Sélaginées.*

SÉLAM ou **SÉLAN** (ar. *salam*, salut), *sm.* Bouquet de fleurs, dont chacune exprime symboliquement une idée.

SELBY, petit port d'Angleterre sur l'Ouse, au S.-E. d'York. Chantiers de construction.

SELDJOUCIDES, dynastie de Turcs qui régnèrent sur la Perse et furent en quelque sorte les maires du palais des califes abbassides ; fondée en 1037 par Thogroul Bey, petit-fils de Seldjouk, elle disparut à la fin du XIIIe siècle.

SÉLECTIF, IVE (*sélection*), *adj*. Qui est de la nature de la sélection.

SÉLECTION (l. *selectionem*, triage), *sf*. Méthode de multiplication des animaux domestiques qui consiste à prendre pour reproducteurs les sujets les plus parfaits d'une même race, ou plus exactement, d'une même variété, afin d'en conserver et d'en améliorer les qualités. || *Sélection naturelle*, prédominance d'une espèce animale ou végétale parfaitement adaptée au milieu où elle vit sur les espèces analogues moins bien douées qui s'affaiblissent numériquement de plus en plus, faute de moyens d'existence, et finissent par disparaître.

SELENGA, 1 000 kilom., rivière d'Asie qui prend sa source dans les monts Khanghaï (Chine), arrose Sélinginsk et se jette dans le lac Baïkal. Elle reçoit l'Orkhon, le Chilok, l'Ouda, le Tchikoï.

SÉLENHYDRIQUE (g. σελήνη, lune + sfx. chimique *hydrique*, indiquant la présence de l'hydrogène), *adj. 2 g.* Se dit d'un acide gazeux et d'une odeur nauséabonde. Par ses caractères, ainsi que par sa formule SeH, il se rapproche de l'acide sulfhydrique. Il possède la curieuse propriété de paralyser momentanément le nerf olfactif.

SÉLÉNIATE (*sélénium* + sfx. chimique *ate*), *sm*. Tout sel formé par la combinaison de l'acide sélénique avec un oxyde.

SÉLÉNIEUX (*sélénium*), *adj. m*. Se dit d'un acide, solide, soluble dans l'eau, qui a pour formule SeO^2.

SÉLÉNIQUE (*sélénium* + sfx. chimique *ique*), *adj. 2 g.* Se dit d'un acide, liquide comme l'acide sulfurique et doué de propriétés analogues. Il a pour formule SeO^3.

1. **SÉLÉNITE** (*sélénium*), *sm*. Se dit de tout sel formé par la combinaison de l'acide sélénieux avec un oxyde.

2. **SÉLÉNITE** (g. σελήνη, lune), *sf*. Le gypse laminaire.

SÉLÉNITEUX, EUSE (*sélénite* + sfx. *eux*), *adj*. Qui contient du sulfate de chaux ou plâtre : *Terrain séléniteux*. || *Eau séléniteuse*, qui contient du plâtre (sulfate de chaux) en dissolution et qui est impropre à la cuisson des légumes et au savonnage. (V. *Eau*.)

SÉLÉNIUM (g. σελήνη, lune), *sm*. Métalloïde de la famille du soufre, très analogue à ce dernier corps, tantôt rouge et tantôt noir, insoluble dans l'eau, qui brûle avec une flamme bleue et en dégageant une odeur de raifort pourri, découvert en 1817 par Berzélius. Ce corps est remarquable par la propriété qu'il possède de pouvoir s'électriser sous l'influence des rayons lumineux, avec plus ou moins d'intensité. On donne au sélénium le symbole chimique Se. L'équivalent chimique est 39,75 ; le poids atomique, 79,50. — **Dér**. *Sélénite* 1 et 2, *séléniate, sélénieux, sélénique, séléniteux, séléniteuse*. — **Comp**. *Sélenhydrique, sélénographie, sélénographique*.

SÉLÉNOGRAPHIE (g. σελήνη, lune + γράφειν, décrire), *sf*. Sorte de géographie de la Lune. — **Dér**. *Sélénographique*.

SÉLÉNOGRAPHIQUE (*sélénographie*), *adj. 2 g.* Qui a rapport à la géographie de la Lune : *Carte sélénographique*.

***SÉLEUCIDE,** *sm*. Bel oiseau de la famille des Paradisiers qui, comme tous les individus de ce genre, se font remarquer par la richesse de leur plumage dont les Papous font un commerce très actif depuis un temps immémorial.

SÉLEUCIDES (311-64 av. J.-C.), dynastie macédonienne, fondée par Séleucus Nicator, l'un des généraux d'Alexandre, qui eut en partage le royaume de Syrie, c'est-à-dire presque toute l'Asie jusqu'à l'Indus.

SÉLEUCIE, ville de la Babylonie et première capitale du royaume de Syrie sous les Séleucides. Elle fut fondée par Séleucus Nicator (306 av. J.-C.), et cédée aux rois parthes en 140.

SÉLEUCUS, nom de six rois séleucides : **Séleucus Ier**, NICATOR (le Vainqueur), lieutenant d'Alexandre qui fonda l'empire des Séleucides, fut reconnu roi après la bataille d'Ipsus (301 ans av. J.-C.) et en était venu à posséder toute l'Asie jusqu'à l'Indus, plus la Thrace et la Macédoine, lorsqu'il fut assas-

SÉLEUCIDE

siné, en 282 av. J.-C., par Ptolémée Céraunus. — **Séleucus II**, CALLINIQUE (le Victorieux), roi de Syrie, de 246 à 225 av. J.-C., perdit une grande partie de ses États et fut fait prisonnier par les Parthes. — **Séleucus III**, CÉRAUNUS (la Foudre), fils du précédent, roi de Syrie, de 225 à 222 av. J.-C., mourut empoisonné. — **Séleucus IV**, PHILOPATOR (qui aime son père), fils d'Antiochus le Grand, roi de Syrie, de 186 à 174 av. J.-C., essaya de secourir Pharnace, roi de Pont, contre les Romains et mourut empoisonné par son ministre Héliodore. — **Séleucus V**, NICATOR, roi de Syrie, 124 à 123 av. J.-C., assassiné par l'ordre de sa mère Cléopâtre, qui mit sur le trône un autre fils, Antiochus Grypus. C'est ce Séleucus qui figure dans *Rodogune* de Corneille. — **Séleucus VI**, EPIPHANE (l'Illustre), fils d'Antiochus Grypus, ne régna que de 96 à 94 av. J.-C., sur une partie de la Syrie et fut détrôné par Antiochus Eusèbe, neveu d'Antiochus Grypus.

***SELF GOVERNMENT** (angl. *self*, soi-même + *government*, gouvernement), *sm*. Expression anglaise signifiant *gouvernement par soi-même*, c'est-à-dire le gouvernement d'un peuple par ses représentants.

SELIGENSTADT, 3 885 hab. Ville de la Hesse-Darmstadt, sur le Mein. Draps, toiles, tourbières.

SÉLIM, nom de trois sultans des Turcs : SÉLIM Ier (1512-1520), empoisonna son père, Bajazet II, et fit périr ses deux frères aînés ; conquit la Syrie et l'Égypte, soumit les tribus arabes et reçut du dernier calife, son prisonnier, les clefs de la Mecque et l'étendard de Mahomet. Il laissa le trône à son fils Soliman II le Magnifique. — SÉLIM II (de 1566 à 1674), prit Chypre aux Vénitiens, mais perdit contre les chrétiens la bataille navale de Lépante (1571). — SÉLIM III (1789-1808), provoqua un soulèvement général en voulant réformer l'armée, fut détrôné, emprisonné, puis étranglé par ordre du nouveau sultan, Mustapha IV.

SÉLIMNO ou **ISLIVNE,** 20 000 hab. Ville de la Turquie d'Europe, province d'Andrinople. Lainages, fabrique d'armes.

SÉLINONTE, ancienne ville de Cilicie, sur la Méditerranée. — Ancienne ville et port sur la côte N.-O. de la Sicile, fondée par des Mégariens établis dans cette île, et qui fut souvent en guerre avec Ségeste et les Carthaginois.

SELKIRK, marin écossais qui, abandonné en 1705 par un navire dans l'île de Juan-Fernandez, y vécut seul quatre ans et demi, et dont les aventures donnèrent à Daniel de Foë l'idée du roman de *Robinson Crusoé*.

SELKIRK, 6 000 hab., ville d'Écosse sur l'Ettrick, au S.-E. d'Édimbourg ; capitale d'un comté.

SELLAGE (*selle*), *sm*. Action de seller un cheval.

SELLASIE, ville de Laconie où Antigone Doson, roi de Macédoine, défit Cléomène III, roi de Sparte, 222 av. J.-C.

SELLE, 45 kilom., rivière du département du Nord qui prend sa source près de Molain (166 mètres), passe à Cateau-Cambrésis, à Solesmes, et se jette dans l'Escaut près de Denain. Elle reçoit le Richemont.

SELLE, 28 kilom., rivière du département de Saône-et-Loire, prend sa source dans la chaîne du Grand Montarmé (847 mètres), arrose Anost et Monthelon, et se jette dans l'Arroux près d'Autun (rive droite). Elle reçoit la rivière de Cussy, la Petite Verrière et la Canche.

SELLE (l. *sella*, siège), *sf*. Petit tabouret tout en bois (vx). || *Demeurer entre deux selles le cul à terre*, de deux choses auxquelles on prétend, n'obtenir ni l'une ni l'autre. || Harnais que l'on met sur le dos d'un cheval et qui sert de siège au cavalier. — La selle se compose de plusieurs parties qui sont : Le *pommeau* est la partie antérieure concave de la selle sous laquelle se loge la base du garrot. Le *siège* est le milieu supérieur de la selle où repose le buste du cavalier. Le *troussequin*, à la limite postérieure, se relève légèrement en s'arrondissant ; on peut y attacher la croupière. Les *quartiers* sont des plaques de cuir appuyées sur les côtes du cheval ; la partie antérieure est relevée en bourrelet (appelé *avance*) et soutient le genou du cavalier. Les *étrivières* s'attachent en haut des quartiers et soutiennent les étriers. Les *sangles* fixent la selle sur le dos du cheval. — Fig. *Être bien en selle*, être bien affermi dans la position, la place qu'on occupe. || Les excréments rendus en une seule fois, garde-robe : *Aller à la selle*. — **Hom**. (V. *Sel*.) — **Dér**. *Sellette, seller, sellerie, sellier, sellière, sellage*. — **Comp**. *Desseller ; ensellé, ensellée*.

SELLES-ET-PASSAVENT, 890 hectares, forêt domaniale de la Haute-Saône, peuplée de hêtres et de charmes.

SELLER (*selle*), *vt*. Assujettir une selle sur le dos d'un cheval.

SELLER (SE) (*x*), *vr*. Devenir dur et tassé, en parlant d'un terrain.

SELLERIE (*sellier*), *sf*. Fabrication de selle et d'autres harnais. ‖ Boutique, atelier de sellier. ‖ L'ensemble des harnais. ‖ Bâtiment où l'on serre les selles, les harnais.

SELLES-SUR-CHER, 4 654 hab., ch.-l. de cant., arr. de Romorantin (Loir-et-Cher).

SELLETTE (dim. de *selle*), *sf*. Petit siège de bois très bas, sur lequel on faisait asseoir à l'audience tout accusé passible d'une peine infamante. — Fig. *Tenir quelqu'un sur la sellette*, l'accabler de questions pour l'obliger à dire ce qu'il voulait cacher. ‖ Sorte de jeu de société. ‖ Petite selle des chevaux de trait. ‖ La partie d'une charrue sur laquelle s'appuie le timon. ‖ Petit échafaudage mobile des peintres. ‖ Boîte de décrotteur sur laquelle celui qui se fait décrotter pose le pied.

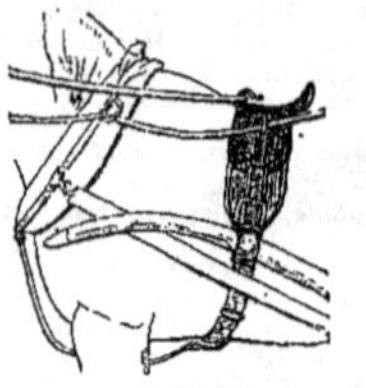

SELLETTE

SELLIER (*selle*), *sm*. Ouvrier qui fait des selles, des carrosses.

SELLIÈRE (*sellier*), *sf*. La femme d'un sellier.

SELLIÈRES, 1 547 hab., ch.-l. de cant., arr. de Lons-le-Saulnier (Jura). Mines de fer.

SELOMMES, 855 hab., ch.-l. de cant., arr. de Vendôme (Loir-et-Cher).

SELOMONT, 630 hectares, forêt domaniale de Meurthe-et-Moselle, peuplée de charmes et de bois blanc.

SELON (vx fr. *selonc*, *sullunc* : bl. *sublongum*, le long de), *prép*. Conformément à : *Selon mon opinion*. ‖ *Il sera payé selon son travail*. ‖ En proportion de : *Dépenser selon ses moyens*. ‖ *Selon moi*, vu ma façon de penser. ‖ *L'Évangile selon saint Matthieu*, l'évangile écrit par saint Matthieu. ‖ *Selon, c'est selon*, cela dépendra des occasions, de la disposition des personnes. — **Gr.** Même famille que *Long*. (V. ce mot.)

SÉLONGEY, 1 322 hab., ch.-l. de c., arr. de Dijon (Côte-d'Or), sur la Venelle. Fabrique de zinc, tôle, ferblanterie, clouterie. Distilleries d'eaux-de-vie. Filatures de laines. Moutarde.

SELTZ, 2 000 hab., anc. ch.-l. de cant. de Wissembourg (Bas-Rhin). Aujourd'hui à l'Allemagne.

SELTZ ou **NIEDERSELTERS**, 1 800 hab., sur l'Ems, village de l'ancien duché de Nassau, qui possède des sources d'où s'exporte une eau riche en acide carbonique. ‖ *Eau de Seltz artificielle*, eau gazeuse que l'on obtient en mettant dans une bouteille d'eau 7 grammes de bicarbonate de soude et 6 gr. d'acide tartrique et en ficelant le bouchon. — **Comp.** *Selzogène*.

SELTZBACH, 35 kilom., rivière d'Alsace qui prend sa source entre Wœrth et Wissembourg, arrose Soultz-sous-Forêt, et se jette à Seltz dans le Lauerbach, affluent du Rhin.

SÉLUNE, 80 kilom., rivière de France qui prend sa source près Mortain et se jette dans la baie du Mont-Saint-Michel.

SELVE, 42 kilom., rivière de l'Aveyron, affluent de la Truyère.

***SELZOGÈNE**, *adj*. et *sm*. Se dit d'un appareil pour faire de l'eau de Seltz.

SEM, fils aîné de Noé dont les descendants peuplèrent l'Asie. — **Dér.** *Sémite, sémitique, sémitisant, sémitisme*. — **Comp.** *Antisémitique*, etc.

SEM, 402 hab. Commune du département de l'Ariège, cant. de Vicdessos, arr. de Foix. Mines de fer du Rancié.

SEM, forêt domaniale de l'Ariège, peuplée de hêtres et de sapins. 780 hectares, dont 400 sont déboisés.

SEMAGNE, 40 kilom., rivière du département de la Vendée, qui passe à Thiré et Sainte-Hermine, et se jette dans le Lay.

SEMAILLE (l. *seminalia*, terres ensemencées), *sf*. Action de semer les grains de céréales : *Faire les semailles*. ‖ Les grains semés : *Les pigeons mangent les semailles*. ‖ Époque de l'année où l'on fait les semailles : il y a les semailles d'automne et les semailles du printemps.

SEMAINE (l. *septimana* : de *septimus*, septième), *sf*. Espace de temps comprenant sept jours consécutifs depuis le commencement du dimanche jusqu'à la fin du samedi suivant. ‖ *La semaine sainte*, celle qui précède Pâques. ‖ *Prêter à la petite semaine*, prêter à usure et pour un temps très court. ‖ Ensemble de sept jours consécutifs commençant n'importe quel jour de la semaine : *Passer une semaine à la campagne*. ‖ *La semaine des quatre jeudis*, celle qui ne vient jamais, parce qu'elle n'existe pas : *Je vous accorderai cela la semaine des quatre jeudis*, je ne vous l'accorderai jamais. ‖ Se dit d'une fonction qu'on remplit à tour de rôle : *Cet officier est de semaine*. ‖ Travail qu'un ouvrier fait en une semaine. ‖ Salaire de ce travail : *Cet ouvrier a reçu sa semaine*. ‖ Petite somme qu'on donne à un enfant pour ses menus plaisirs de la semaine. — **Dér.** *Semainier, semainière*.

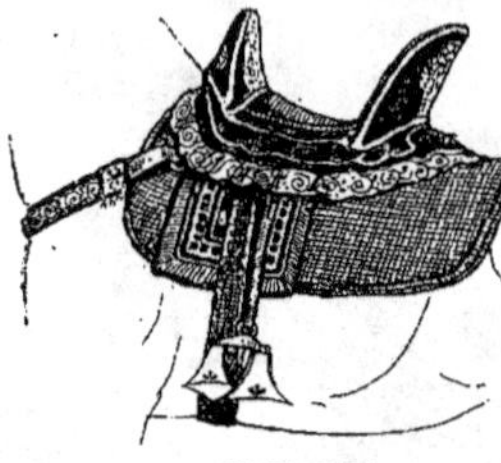

SELLE ARABE

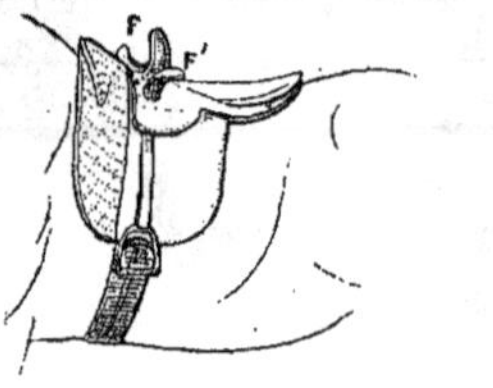

SELLE DE DAME

F. Fourche sous la jambe droite.
F'. Fourche sur la jambe gauche.

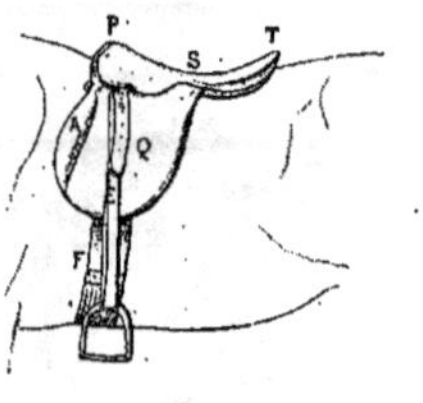

SELLE ANGLAISE

P. Pommeau. — S. Siège. — T. Troussequin. — Q. Quartier. — E. Etrivière. — A. Avances. — F. Sangle.

SEMAINIER, IÈRE (*semaine*), *s*. Celui, celle qui est de semaine pour un service quelconque.

SÉMAPHORE (g. σῆμα, signal + φορός, qui porte), *sm*. Sorte de télégraphe aérien établi sur les côtes et sur les voies ferrées pour signaler l'arrivée, les manœuvres des navires ou des trains en vue. — Les sémaphores des chemins de fer se composent d'une potence métallique avec bras articulés mus par l'électricité et fixés au haut de la potence ; ils sont destinés à signaler l'arrivée d'un train, depuis le moment où il entre dans la section bloquée, jusqu'au moment où il en sort. Le petit bras levé indique l'entrée du train, le grand bras levé indique que le train franchit le sémaphore. Les bras abattus indiquent la voie libre. Les sémaphores établis sur nos côtes communiquent avec les navires au moyen de signaux, de drapeaux, etc. (V. *Signaux*.)

SEMBLABLE (*sembler*), *adj. 2 g*. Qui est plus ou moins exactement de même forme, de même aspect, de même nature : *Deux pays, deux climats semblables*. — *Sm*. Un être qui est de même espèce qu'un autre : *Le loup ne dévore pas son semblable*. ‖ *Nos semblables*, les autres hommes : *Secourons nos semblables*. ‖ Ce qui est semblable, identique. ‖ *Figures semblables*, se dit, en géométrie, de celles qui ont des angles égaux et disposés de même, et leurs côtés proportionnels. — En particulier, on dit que *deux triangles sont semblables*, lorsqu'ils ont leurs angles égaux, chacun à chacun, et leurs côtés proportionnels. ‖ *Courbes semblables*, se dit de deux figures courbes telles que leurs axes étant parallèles elles divisent en parties proportionnelles toutes les droites issues d'un point de leur plan. Ce point porte le nom de *centre de similitude* ou d'*homothétie*. (V. *Similitude* et *Triangle*.) — **Dér.** *Semblablement*.

SEMBLABLEMENT (*semblable*), *adv*. D'une manière semblable. ‖ Également. ‖ De la même quantité.

***SEMBLANCE** (*semblant*), *sf*. Ressemblance, apparence (vx).

SEMBLANT (*sembler*), *sm*. Apparence : *Un semblant de vertu*. ‖ *Faire semblant*, se donner l'apparence. ‖ Feindre : *Faire semblant de dormir*. ‖ *Ne faire semblant de rien*, faire l'ignorant, l'indifférent pour cacher ses desseins.

SEMBLER (l. *simulare*, représenter), *vi*. Paraître avoir une certaine apparence, une certaine qualité, réelle ou non : *Il semble malade*. — *V. impers*. Il y a apparence : *Il semble que le Soleil tourne autour de la Terre*. ‖ *A ce qu'il semble*, selon toutes les probabilités. ‖ *Ce me semble*, à mon avis. ‖ *Il me semble*, je crois, je m'imagine. ‖ *Que vous en semble, que vous semble-t-il de cela*, quelle est votre opinion à ce sujet. — **Gr.** Après *il semble*, on met le verbe de la proposition subordonnée au subjonctif quand on veut exprimer le doute : *Il semble que vous vous trompez*. *Il semble que vous ayez tort*. Après *il ne semble pas, semble-t-il*, il faut toujours le subjonctif : *Il ne semble pas qu'il pleuve aujourd'hui*. — **Dér.** *Semblant, semblance, semblable, semblablement*. — **Comp.** *Assembler, assemblée, assemblage, assemblement, assembleur, assembleuse; dissembler, dissemblant, dissemblante, dissemblance, dissemblable; rassembler, rassemblement, ressembler, ressemblant, ressemblante, ressemblance, vraisemblable, invraisemblable, invraisemblablement*. Même famille : *Ensemble; simuler*, etc.; *similitude*, etc.

SÉMÉIOLOGIE (g. σημεῖον, signe + λόγος, traité), ou **Séméiotique** (g. σημειωτική, s.-ent. τέχνη, art des signes), *sf*. Traité des signes auxquels on reconnaît les maladies.

SÉMÉLÉ, fils de Cadmus, roi de Thèbes et mère de Bacchus qu'elle eut de Jupiter. (Myth.) (V. *Bacchus*.)

SEMELLE (vx fr. *sommele*, *somelle*), *sf*. Morceau de cuir formant le dessous de la chaussure. ‖ *Battre la semelle*, se dit de deux personnes qui frappent les dessous de leurs pieds les uns contre les autres pour s'échauffer. ‖ Morceau d'étoffe dont on garnit le pied d'un bas. ‖ *Semelles de liège, de feutre*, etc., morceau de ces substances taillé en forme de semelle qu'on met dans l'intérieur des chaussures pour préserver les pieds de l'humidité. ‖ Mesure égale à la longueur du pied. ‖ *Ne pas reculer d'une semelle*, ne pas céder. ‖ Pièce de bois, de fer placée horizontalement sur le pied d'un étai. — **Comp.** *Ressemeler, ressemelage*.

SEMELLE, rivière du département du Jura, affluent de la Vallière.

SEMENCE (bl. *sementia* : de *semen*, graine), *sf*. La graine d'une céréale quelconque que l'on sème pour reproduire celle-ci. ‖ *Blé de semence*, celui qu'on destine à être semé. ‖ Graine, pépin, ou noyau de toute autre plante destiné à être semé. — Fig. Tout ce qui, étant peu de chose au commencement, peut se développer. || Toute cause qui peut produire de grands effets : *Des semences de vertu, de fortune.* — **Dér.** *Ensemencer.*

SEMEN-CONTRA [sé-mè-ne-contra] (l. *semen*, graine + *contra*, contre; s.-ent. *vermes*, les vers), *sm.* Mélange de pédoncules et de fleurs non épanouies de trois espèces d'armoise, originaire de la Perse, du Thibet, etc., qu'on administre aux enfants à la dose de 2 à 4 grammes pour les débarrasser des vers intestinaux.

SÉMENDRIA, 5200 hab. Ville de Serbie, au confluent de la Morava et du Danube; résidence de l'archevêque primat.

SEMÈNE, 43 kilom., rivière qui naît dans le département de la Loire, au mont Pilat (1028 mètres), et se jette dans la Loire en aval d'Aurec (415 mètres).

SEMER (l. *seminare*), *vt.* Répandre des graines dans une terre cultivée : *Semer du chènevis. Semer du persil*, de la graine de persil. || *Semer un champ*, y répandre de la graine. — Fig. Répandre çà et là : *Semer des fleurs sur le chemin, des écrits satiriques.* || *Semer de l'argent*, en donner à beaucoup de gens pour s'en faire des partisans. || *Semer des pièges sur les pas de quelqu'un*, lui tendre des embûches. || Propager : *Semer l'erreur.* || Occasionner : *Semer la discorde, la terreur.* — **Gr.** *E* devient *è* devant une syllabe muette : Je sème, n. semons, je sèmerai. — **Dér.** *Semeur, semaille, semence, semis, séminal, séminale, séminule, sémination; séminaire, séminariste, semoir.* — **Comp.** *Disséminer, dissémination; ensemencer, ensemencement; parsemer; semen-contra, séminifère.*

SEMESTRE (l. *semestrem*), *sm.* L'espace de six mois consécutifs : *Les rentes se payent par semestre.* || Rente, traitement payable tous les six mois : *Toucher son semestre.* || Emploi qu'on ne remplit que pendant une moitié de l'année : *Professer par semestre.* || Congé de six mois accordé à un militaire. || Militaire qui a un congé de ce genre : *Rappeler les semestres.* — **Dér.** *Semestrier, semestriel, semestrielle.*

SEMESTRIEL, ELLE (*semestre*), *adj.* Qui se fait, qui a lieu à la fin de chaque semestre : *Examen semestriel.* || Qui dure six mois : *Congé semestriel.*

SEMESTRIER (*semestre*), *sm.* Militaire qui a obtenu un congé de six mois.

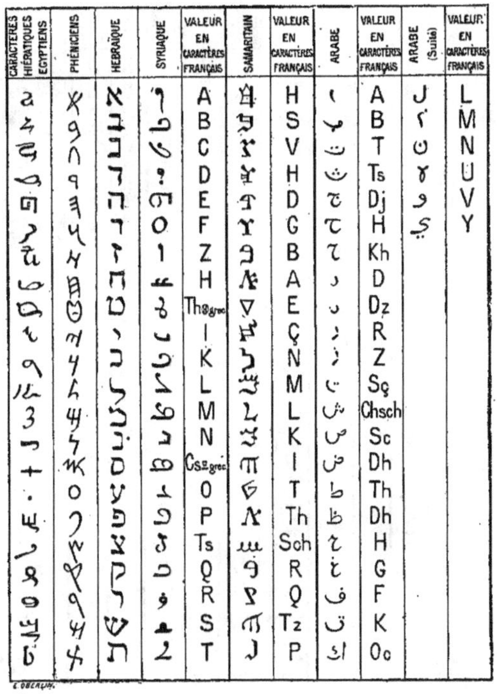

ALPHABETS SÉMITIQUES

SEMET (THÉOPHILE-AIMÉ-ÉMILE) (1824-1886), compositeur distingué qui fit représenter plusieurs ouvrages au Théâtre Lyrique et à l'Opéra-Comique, entre autres la *Petite Fadette, Gil Blas* et les *Nuits d'Espagne.*

SEMEUR (*semer*), *sm.* Celui qui sème du grain. — Fig. Celui qui propage : *Un semeur de nouvelles.* || Celui qui occasionne : *Un semeur de discordes.*

***SEMI** (l. *semi*), préfixe qui signifie *demi.* Ex. : *Semi-circulaire.*

***SEMI-ANNUEL, ELLE** (*semi + annuel*), *adj.* Qui a lieu tous les six mois.

***SEMI-ANNULAIRE** (*semi + annulaire*), *adj. 2 g.* Qui a la forme d'un demi-anneau.

***SEMI-CIRCULAIRE** (*semi + circulaire*), *adj. 2 g.* En forme de demi-cercle.

***SEMI-DOUBLE** (*semi + double*), *adj. 2 g.* Se dit d'une fête de l'Église catholique qui se célèbre avec un peu plus de solennité qu'une fête simple. || Se dit d'une fleur dont une partie des étamines s'est transformée en pétales.

***SEMI-FLOSCULEUX, EUSE** (*semi + flosculeux*), *adj.* Se dit des plantes composées dont chaque fleur est demi-fleuron. **Ex.** : Le pissenlit. (V. *Composées.*)

SÉMILLANT, ANTE (*sémiller*), *adj.* Très vif, très éveillé, séduisant : *Enfant, esprit sémillant.*

***SÉMILLER** (kymr. *sim*, remuant), *v.* Être pétulant, très vif. — **Dér.** *Sémillant, sémillante.*

***SEMI-LOCULAIRE** (*semi* + l. *loculus*, loge), *adj. 2 g.* Qui n'a qu'une seule loge : *Fruit semi-loculaire.* (Bot.)

SEMI-LUNAIRE (*semi + lunaire*), *adj. 2 g.* Qui a la forme d'une demi-lune. || *L'os semi-lunaire*, le second os de la rangée des os du poignet la plus voisine du bras.

SÉMINAIRE (l. *seminarium*, pépinière), *sm.* Pensionnat où l'on instruit les jeunes gens qui se destinent à l'état ecclésiastique. || L'ensemble des ecclésiastiques et des élèves du pensionnat. || Temps qu'on passe au séminaire : *Faire son séminaire.* || *Petit séminaire*, école secondaire ecclésiastique. || École où l'on se forme à une profession spéciale : *L'École centrale est un séminaire d'ingénieurs.* || En Allemagne, école normale primaire.

SÉMINAL, ALE (l. *seminalem* : de *semen*, semence), *adj.* Qui a rapport à la semence. || *Feuilles séminales*, les deux premières feuilles qui se développent sur une jeune plante dicotylédone.

SEMINARA, 3000 hab. Ville d'Italie, au N.-E. de Reggio et près de la mer Tyrrhénienne, où les Français, commandés par d'Aubigny, livrèrent à Gonzalve de Cordoue deux batailles, l'une en 1495, qu'ils gagnèrent, l'autre en 1503, qu'ils perdirent.

SÉMINARISTE (*séminaire*), *sm.* Élève d'un séminaire.

***SÉMINATION** (l. *seminationem*), *sf.* Dispersion naturelle des graines d'une plante.

SEMINE, 24 kilom., rivière torrentueuse qui naît aux monts Jura, forme la belle cascade de Montange et se jette dans la Valserine, à Châtillon-de-Michaille (Ain).

***SÉMINIFÈRE** (l. *semen*, génitif *seminis*, grain + *ferre*, porter), *adj. 2 g.* Qui porte des graines.

SÉMINOLES, tribu indienne de l'Arkansas (États-Unis), aujourd'hui presque disparue.

***SÉMINULE** (dm. du l. *semen*, graine), *sf.* Spore des cryptogames.

***SÉMIOLOGIE** et **SÉMIOTIQUE,** formes plus correctes de *séméiologie* et de *séméiotique.* (V. ces mots.)

SEMIONOTUS, poisson de la famille des Lépidotides; corps fusiforme, tête allongée, mâchoires armées de dents en brosse, nageoire dorsale haute, nageoire anale longue et pointue. || Trias et jurassique.

SEMIPALATINSK, 10140 hab. Ville forte de la Russie d'Asie, sur l'Irtych. Mines d'émeraudes; commerce par caravanes.

***SEMI-PÉLAGIANISME** (*semi + pélagien*), *sm.* Doctrine des semi-pélagiens.

***SEMI-PÉLAGIEN, IENNE** (*semi + Pélage*), *s.* Celui, celle qui avait adopté les opinions de Cassien, qui prétendait concilier l'hérésie des pélagiens avec la croyance orthodoxe. — *Adj.* Qui a rapport au semi-pélagianisme.

SÉMIRAMIS, reine légendaire d'Assyrie, qui aurait été femme de Ninus et mère de Ninyas, aurait fondé Babylone, construit les fameux jardins suspendus de cette ville, conquis l'Égypte et l'Éthiopie et porté ses armes jusque sur l'Indus, où elle aurait été défaite par un roi du pays. || *La Sémiramis du Nord*, Marguerite de Valdemar ou Catherine II, impératrice de Russie.

SEMIRETSCHINSK, division politique de la Russie d'Asie; ch.-l. *Viernoïé.*

SEMIS (*semer*), *sm.* Ensemble de plantes venues de graines. || Plant d'arbres ou d'arbrisseaux provenant de graines qu'on a semées. || Travail fait pour former ce plant.

SÉMITE (*Sem*), *sm.* Nom général des peuples de l'Asie et de l'Afrique que l'on regardait comme descendants de Sem et dont chacun parlait l'une des langues sémitiques.

SÉMITIQUE (*sémite*), *adj. 2 g.* Qui appartient aux Sémites : *Type sémitique. Langue sémitique.* — On range sous la dénomination de race sémitique les peuples qui ont occupé dès une haute antiquité l'Asie Antérieure et qui se sont répandus en Asie et en Afrique. Parmi eux, on range les anciens Assyriens, les Syriens, les Hébreux, les Phéniciens et les Carthaginois, les Arabes, etc. Le Sémite est dolichocéphale; son visage forme un ovale régulier dont la pointe est en bas; le front est droit, mais peu élevé; les yeux sont grands et taillés en amande; le nez est généralement aquilin; la bouche est petite avec des lèvres assez fortes. Les dents sont blanches et verticales. La peau est blanche, mais se bronze facilement. Les cheveux et la barbe sont abondants et d'un noir de jais. Certaines populations appartenant à la religion juive, et qui sont considérées comme des Sémites, sont blondes et ont les yeux bleus; mais ce ne sont pas là de vrais Sémites : ils proviennent de croisements avec des blonds, ou d'individus de race blonde qui ont embrassé le judaïsme. (V. *Homme.*)

Les langues sémitiques présentent une très grande fixité dans leur mécanisme; elles sont restées à peu près identiques à la langue primitive dont elles sont issues. Aussi sont-elles très rapprochées les unes des autres : ce sont en quelque sorte des dialectes d'une même langue; lorsque l'on possède l'une d'entre elles, on sait toutes les autres. La langue primitive avait, selon les linguistes, trois cas : le nominatif, le génitif et l'accusatif; elle formait son pluriel soit par l'addition d'un suffixe, qui était *u* ou *m*, soit en modifiant l'intérieur du mot sans lui ajouter aucun suffixe. Cette dernière manière de former le pluriel est ce que l'on appelle le *pluriel brisé*. Le féminin a pour caractéristique le suffixe *at* que l'on ajoute au masculin. Le verbe n'a que deux temps, le passé et le futur. Chaque forme verbale peut exprimer le masculin ou le féminin; mais le verbe est pauvre en modes, et le nombre des voix est considérable puisque dans certaines langues on en compte treize. Les mots peuvent être mis en relation les uns avec les autres au moyen d'un procédé grammatical particulier que l'on a appelé l'*état construit*. C'est en vertu de cette règle que quand deux mots, l'un déterminant, l'autre déterminé, sont en présence, on place le déterminé avant le déterminant. L'état construit est surtout employé pour rendre l'idée de possession et dans la formation du génitif. Les notions très succinctes que nous venons d'exposer touchant le mécanisme grammatical des Sémites s'appliquent à leur langue primitive, car chacune d'elles, quoique s'étant peu modifiée dans le cours des siècles, a gardé tel procédé que telle autre a abandonné. Aussi, malgré la grande analogie qu'elles offrent entre elles, les a-t-on groupées de la manière suivante :

La langue sémitique primitive aurait donné naissance à deux grands rameaux, savoir : les *langues sémitiques* proprement dites, et les *langues khamitiques*. Mais quelques philologues n'admettent pas la parenté des langues du second rameau avec les langues sémitiques. Le premier rameau se compose de trois groupes :

I. Le groupe **araméo-assyrien**, comprenant : 1° Le *chaldéen*, qui s'étendait sur la plus grande partie de la Babylonie et de l'Assyrie et qui n'a pas laissé de littérature, si ce n'est certaines parties de la Bible. Ces textes remontent au ve ou au vi^e siècles av. J.-C. et sont écrits dans ce que l'on appelle le *chaldéen biblique*. A l'araméen se rattachent le *nabathéen* (V. ce mot) et le *sabien* ou langue des mendaïtes. 2° Le *syriaque*, dont l'ère géographique s'étendait sur la Mésopotamie et la Syrie. Les monuments littéraires de cette langue ne remontent pas au delà des premiers siècles de l'ère chrétienne. Les inscriptions de Palmyre datent des trois premiers siècles et la traduction de la Bible dite *pechito* est du iie siècle. Aujourd'hui, le syriaque n'est plus qu'une langue liturgique. 3° L'*assyrien*, appelé *accadien* par M. Oppert, est la langue de la troisième colonne des inscriptions des Achéménides et dont le texte est écrit en alphabet cunéiforme.

II. Le groupe **chananéen**, qui comprend l'*hébreu* et le *phénicien*, auquel se rattache le *punique* ou langue des Carthaginois. Le *phénicien* et l'*hébreu* sont deux langues sœurs, mais ne sont pas issues, comme on l'a cru d'abord, l'une de l'autre. (V. *Hébreu, Phénicien.*)

III. Le groupe **arabe**, dont l'ère géographique s'étend sur l'Arabie, la Syrie, la Palestine, le N. de l'Afrique, etc., se divise en deux branches : 1° La branche *ismaélite* comprenant l'arabe littéraire, l'arabe vulgaire, les idiomes du S. de l'Arabie. C'est dans le dialecte *koréichite*, du centre de l'Arabie, qu'est écrit le Coran, et c'est ce dialecte qui a pris la prééminence sur tous les autres. La langue des *Moallakâts* n'est pas autre chose que de l'arabe littéraire. Ce dernier idiome est d'une fixité remarquable, et il possède depuis la plus haute antiquité la perfection que nous lui connaissons aujourd'hui. L'*arabe vulgaire* a beaucoup simplifié son mécanisme grammatical : il a perdu ses cas et ne fait plus usage de l'état construit. A l'encontre de l'arabe littéraire, qui n'a pas de dialecte, l'arabe vulgaire en possède quatre principaux ; ce sont : 1° Le *barbaresque* et les dialectes usités en Arabie, en Syrie, en Egypte ; ces trois derniers se ressemblent beaucoup. A l'arabe se rattachent le *maltais*, qui n'est qu'un jargon pénétré de mots étrangers et de barbarismes ; et le *mosarabe*, du S. de l'Espagne, qui a disparu au siècle dernier. 2° La deuxième branche du groupe arabe est nommée *ioktanide*. C'est à elle qu'appartient l'ancien *himyarite*, du S. de l'Arabie. Chassé de sa patrie par l'islamisme, l'himyarite, en se transformant, se réfugia dans l'extrême S. de l'Arabie, où un de ses dialectes est connu sous le nom d'*ehkili*. C'est à cette branche qu'appartiennent le *ghez* ou *éthiopien*, qui est devenu une langue liturgique et s'écrit de gauche à droite ; l'*amharique*, du S.-O. de l'Abyssinie ; le *tigré*, qui est parlé au N. ; le *harara*, du S.-E. de la même contrée.

Les langues sémitiques s'écrivent de droite à gauche. Les caractères de leur alphabet ne sont que la transformation phonétique des hiéroglyphes égyptiens. C'est au génie inventif des Phéniciens qu'est due cette importante transformation. L'alphabet phénicien fut adopté par les peuples sémitiques. Ceux-ci, dans leur écriture, n'avaient pas de signes pour représenter les voyelles ; l'arabe seul en est pourvu. De la Phénicie, l'alphabet passa chez les Grecs, qui le modifièrent et l'adaptèrent à leur langue. Les Grecs, à leur tour, l'enseignèrent aux peuples de l'Italie méridionale ; de là, il passa à Rome, qui nous l'a transmis. Nous donnons ci-contre un tableau contenant les alphabets phénicien, hébreu, etc.

RUSSE	VALEUR EN CARACTÈRES FRANÇAIS	RUSSE	VALEUR EN CARACTÈRES FRANÇAIS	ALLEMAND	VALEUR EN CARACTÈRES FRANÇAIS	ISLANDAIS	VALEUR EN CARACTÈRES FRANÇAIS	IRLANDAIS	VALEUR EN CARACTÈRES FRANÇAIS
А	A	Щ	Schtsch	𝔄𝔞	A	λ	A	a	A
Б	B	Ъ	Son nul	𝔅𝔟	B	B	B	b	B
В	V	Ы	Y (i gutt.)	ℭ𝔠	C	ᛁ,	C	c	C
Г	G	Ь	Y (i faible)	𝔇𝔡	D	Þł	D	ꝺ	D
Д	D	Ѣ	Iè	𝔈𝔢	E	ł	E	e	E
Е	Ié, é	Э	E	𝔉𝔣	F	ᚠ	F	ꝼ	F
Ж	J	Ю	Iou	𝔊𝔤	G	ᚵ	G	ᵹ	G
З	Z	Я	Ia	ℌ𝔥	H	ᚼ	H	h	H
И	I	Ѳ	F	ℑ𝔦	I	I	I	ı	I
І	I	Ѵ	I (upsil.)	𝔎𝔨	K	ᚴ	K	l	L
К	K			𝔏𝔩	L	ᛚ	L	m	M
Л	L			𝔐𝔪	M	Ψ	M	n	N
М	M			𝔑𝔫	N	ᚽ	N	o	O
Н	N			𝔒𝔬	O	ᚬ	O	p	P
О	O			𝔓𝔭	P	B	P	ꞃ	R
П	P			𝔔𝔮	Q	P, Pl	R	S	S
Р	R			ℜ𝔯	K	R, ᛦ	S	ꞇ	T
С	S			𝔖ſs	S	ᛋ	T	u	U
Т	T			𝔗𝔱	T	1 ᛐ	TH		
У	Ou			𝔘𝔲	U	ᚢ	U		
Ф	F, Ph			𝔙𝔳	V	ᚡ	W		
Х	Kh			𝔚𝔴	W	✱ᛋ	X		
Ц	Ts			𝔛𝔵	X	ᚤ	Y		
Ч	Tsch			𝔜𝔶	Y	Þ	Z		
Ш	Ch			ℨ𝔷	Z				

ALPHABETS EUROPÉENS

***SÉMITISANT** (*sémite*), *sm.* Savant qui étudie particulièrement les langues sémitiques.

***SÉMITISME** (*sémite*), *sm.* L'ensemble des peuples ou des langues sémitiques.

***SEMI-VOYELLE** (*semi* + *voyelle*), *sf.* Appellation par laquelle on désigne quelquefois les lettres *y* et *v*.

SEMLIN, ville d'Autriche au confluent de la Save et du Danube, vis-à-vis de Belgrade ; archevêché grec.

SEMME, 44 kilom., rivière qui naît au coteau de Saint-Priest (Creuse), à 400 mètres d'altitude et coule dans la Haute-Vienne par Fromental, Morterolles, Villefavard, Droux. Elle se jette dans la Gartempe.

SEMMERING, massif des Alpes autrichiennes entre l'archiduché d'Autriche et la Styrie, célèbre par le chemin de fer qui le traverse.

***SEMNOPITHÈQUE** (g. σεμνός, grave, vénérable + πίθηκος, singe), *sm.* Genre de singes d'Asie et de la Malaisie remarquables par leur intelligence et la douceur de leur caractère. Au nombre des espèces de ce genre, nous citerons l'*entelle* (*Semnopithecus entellus*), dont la tête est ronde et le museau peu saillant ; le corps est svelte ; les membres, d'une longueur modérée, ont des pouces dévelop-pés ; la queue mesure 0m,60 et se termine par une touffe de poils. Le corps a 0m,40 et est recouvert par un pelage d'un blanc sale. Ces animaux sont très vénérés des Hindous qui supportent leurs déprédations. Des hommes pieux ont même fondé des hôpitaux où ces petits animaux sont recueillis et soignés lorsqu'ils sont malades. Du reste ces singes sont très intelligents, très alertes et sautent dans les grands arbres avec une vivacité extrême ; ils s'apprivoisent très facilement, seulement ils conservent leurs habitudes de vol : ils ne sont jamais si heureux que quand ils ont commis quelque larcin. Jeunes, ils sont très gais ; vieux, ils deviennent moroses et fuient la société des jeunes dont les jeux les dérangent. C'est à ce genre qu'appartient le *kakau* (*Semnopithecus nasica*) de Bornéo. (V. *Kakau.*)

SEMNOPITHÈQUE

SEMNONES, ancien peuple germain (Suèves).

SEMNOZ (1 800 mèt.), montagne située au S. d'Annecy, dont les flancs sont parsemés de blocs erratiques.

SEMOINE, petite rivière de France qui se jette dans la Marne près de Dormans.

SEMOIR (*semer*), *sm.* Sac où le semeur met le grain qu'il sème. ‖ Machine agricole dont on se sert pour semer les graines, qui a l'avantage de les distribuer uniformément et permet d'employer moins de semences.

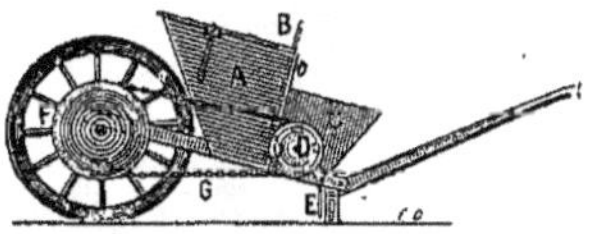

SEMOIR A BROUETTE

A. Caisse à semence. — **B.** Coulisse par laquelle s'écoule la semence dans le compartiment **C.** — **D.** Disque muni de cuillères. — **E.** Tube par lequel tombe la semence. — **F.** Poulie fixée sur la roue de la brouette. — **G.** Chaîne transmettant le mouvement au disque **D.**

Les uns peuvent être conduits par un seul homme et sont installés sur une brouette, ils sont désignés sous le nom de *semoirs à bras*; tandis que d'autres nécessitent l'emploi des animaux. L'ingéniosité des constructeurs

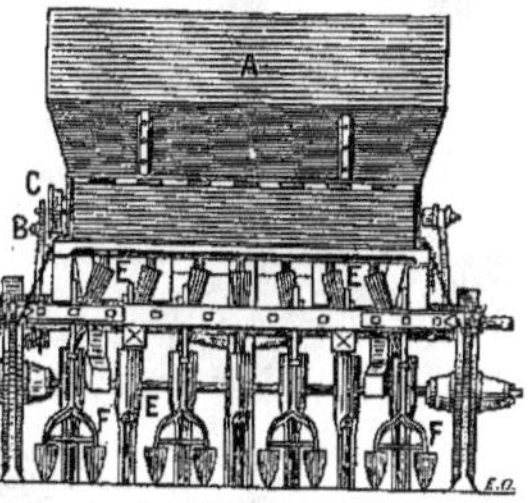

FACE

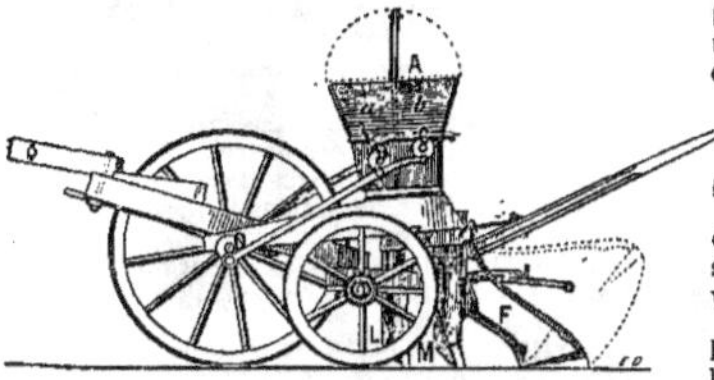

PROFIL

SEMOIR HUGUES

A. Boîte divisée en deux parties longitudinales *a*, *b* munies chacune d'un cylindre. — Dans *a* le cylindre **B** est percé de trous pour les différentes grosseurs de graines. — Dans *b*, le cylindre **C** est cannelé et sert à faire tomber de l'engrais en poudre en même temps que la graine. — **D.** Excentrique mû par la grande roue et faisant tourner les cylindres **B** et **C**. — **E,E'.** Tubes par lesquels passent la graine et l'engrais. — **L,M.** Coutres traçant le sillon dans lequel tombe la semence. — **F.** Racloir recouvrant la semence.

s'est exercée à produire des machines perfectionnées. On en possède aujourd'hui un grand nombre de types parmi lesquels nous nous contenterons de citer : le *semoir centrifuge américain*, le *semoir à cheval de Dombasle*, le *semoir de Grignon*, ceux de *Garrett*, de *Smith*, de *Fiérel*, de *Bréval*, le semoir *Hugues*, dont nous donnons une figure ci-dessus, etc.

SEMONCE (vx fr. *semonse*, anc. pp. f. de *semondre*), *sf.* Action de convoquer à une réunion, d'inviter à une cérémonie (vx). ‖ Avertissement mêlé de reproches donné par un supérieur à son subordonné : *Une verte semonce.*

SEMONCER (*semonce*), *vt.* Réprimander.

SEMONDRE (l. *sub*, sous + *monere*, avertir), *vt.* Convoquer à une réunion, inviter à une cérémonie. ‖ Pousser à faire une chose. ‖ Réprimander. — **Gr.** Ce verbe n'est guère usité qu'à l'infinitif. — **Dér.** *Semoncer, semonce, semonneur.*

SEMONNEUR (*semondre*), *sm.* Celui qui portait des billets pour certaines convocations (vx).

SEMOULE (ital. *semola* : du l. *simila*, fleur de farine), *sf.* Autrefois, grains de blé légèrement torréfiés au four et concassés. ‖ Aujourd'hui, pâte en grain préparée avec la fleur de farine du froment ou de la farine de riz, aromatisée, et qui sert à faire des potages gras ou maigres. ‖ *Semoule Mouriès*, semoule qui contient du phosphate de chaux et que l'on donne aux enfants pour que leurs os puissent se former plus aisément.

SEMOUZE, rivière qui prend sa source à Gérard-Feing (Vosges); elle coule dans une vallée profonde par Chandau, Saint-Menge, Allangis, entre dans la Haute-Saône, arrose Aillevillers et se jette dans la Lanterne, affluent de la Saône; cours, 42 kilom. Elle reçoit l'Augronne à Saint-Loup, la Combeauté et le Planey.

SEMOY, rivière du Luxembourg qui prend sa source près d'Arlon et se dirige vers l'O.; son cours est très sinueux; elle arrose Chiry-Bouillon, forme quelque temps la frontière entre la Belgique et la France, baigne Haute-Rivière et Haulmé dans le département des Ardennes, et se jette dans la Meuse à Monthermé. Cours de 165 kilom., dont 25 en France, et 18 navigables. Ses affluents sont la Ruller, la Vierre et l'Allans, en Belgique.

SEMPACH, 1 200 hab., village de Suisse, du canton de Lucerne, où les Suisses remportèrent, 9 juillet 1386, sur Léopold, archiduc d'Autriche, une victoire demeurée célèbre par le dévouement d'Arnold de Winkelried.

SEMPER-VIRENS (ml. *toujours vert*), *sm.* Sorte de chèvrefeuille à feuilles persistantes et qui fleurit toute l'année.

SEMPITERNEL, ELLE (bl. *sempiternalem*), *adj.* Qui dure toujours. ‖ Continuel : *Des réprimandes sempiternelles.* ‖ *Une vieille sempiternelle*, une femme très vieille et très cassée.

SEMPRONIA, célèbre famille plébéienne de l'ancienne Rome, à laquelle appartenaient les Gracques.

SEMUR-EN-AUXOIS, 3 894 hab. S.-préf. (Côte-d'Or), à 260 kilom. de Paris, sur un rocher de granit qui domine l'Armançon, dont la vallée est formée d'alluvions et de calcaires à gryphées arquées. Belle église Notre-Dame et château fort du XIIIe siècle. Tanneries, teintureries, filature de laine; grains, chanvre, moutons, laine, beurre.

SEMUR-EN-BRIONNAIS, 1 439 hab. Ch.-l. de c., arr. de Charolles (Saône-et-Loire), sur une montagne près de la Loire. Bons vins.

SÉNA, importante ville de commerce de la capitainerie générale de Mozambique, sur le Zambèze, dans le gouvernement du même nom.

***SÉNAIRE** (l. *senarium*), *adj. 2 g.* Disposé par six : *Symétrie sénaire.* (V. *Symétrie.*)

SÉNANCOLE, torrent qui descend du mont Vaucluse, passe à Gordes, aux Imberts, et se jette dans le Coulon, affluent de la Durance.

SÉNARMONT (DE) (1808-1862), minéralogiste français.

***SÉNARMONTITE** (*Sénarmont*, géologue + sfx. *ite*), *sf.* Acide antimonique naturel, en cristaux du premier système, incolores, blancs ou gris, d'un éclat très vif, adamantin et gras, translucides ou même transparents, d'une dureté égale au moins à celle du gypse et moindre que celle du calcaire. Sa densité est comprise entre 5,22 et 5,30. Ce minerai a été trouvé par Sénarmont en Algérie, par Kenngott en Hongrie.

SÉNART (FORÊT DE), forêt du départ. de Seine-et-Oise, sur la rive droite de la Seine, au N. de Corbeil.

SÉNAT (l. *senatum* : de *senex*, vieillard), *sm.* Conseil perpétuel qui, investi de pouvoirs fort étendus, était à la tête du gouvernement de l'ancienne Rome. ‖ Nom de divers corps politiques qui, dans les pays où ils existent, participent au gouvernement et jouissent en général de pouvoirs très étendus : *Le sénat de Carthage, de Venise, des États-Unis.* ‖ *Sénat conservateur*, nom donné en France sous le premier et le second Empire à un corps politique qui pouvait s'opposer à la promulgation des lois qu'il jugeait contraires à la Constitution. ‖ Aujourd'hui, assemblée législative qui fait et vote les lois concurremment avec la *Chambre des députés.* — A l'origine, le Sénat français actuel était composé de 300 membres et comprenait 75 inamovibles, nommés par le Congrès, et 225 membres élus par les départements et les colonies. Mais, la Constitution ayant été modifiée, les sièges inamovibles ont été maintenus seulement pour la durée de la vie des titulaires. A la mort de chacun d'eux, il est tiré au sort par le président du Sénat afin d'attribuer le siège devenu vacant à un département. Les sénateurs doivent être âgés d'au moins quarante ans; ils sont nommés au scrutin de liste, s'il y a lieu, et divisés en trois groupes ou séries renouvelables tous les trois ans. Le collège électoral dont ils relèvent se réunit au chef-lieu du département; il est présidé par le président du tribunal civil du chef-lieu du département ou de la colonie; s'il est empêché, il est remplacé par le vice-président ou le juge le plus ancien. Ce collège électoral est composé pour chaque département : des députés, des conseillers généraux, des conseillers d'arrondissement et des délégués des communes pris parmi les électeurs et choisis par les conseils municipaux et dans la proportion suivante : les conseils municipaux composés de 10 membres élisent 1 délégué; ceux de 12 membres, 2 délégués; de 16 membres, 3 délégués; de 21 membres, 6 délégués; de 23 membres, 9 délégués; de 27 membres, 12 délégués; de 30 membres, 15 délégués; de 32 membres, 18 délégués; de 34 membres, 21 délégués; de 36 membres et au-dessus, 24 délégués; le conseil municipal de Paris élit 30 délégués. Les membres des familles qui ont régné en France sont inéligibles. Il en est de même des militaires des armées de terre et de mer, à l'exception cependant des maréchaux, des officiers généraux maintenus sans limite d'âge dans la première section de l'état-major général et non pourvus de commandement; des officiers généraux ou assimilés placés dans la deuxième section du cadre de l'état-major général; et les militaires qui appartiennent soit à la réserve de l'armée active, soit à l'armée territoriale. ‖ Lieu où le sénat s'assemble : *Se rendre au sénat.* — **Dér.** *Sénateur, sénatrice, sénatorerie, sénatorial, sénatoriale, sénatorien, sénatorienne.* Même famille : *Sénile, sénilité; sénéchal*, etc.; *seneçon.* — **Comp.** *Sénatus-consulte.*

SÉNATEUR (l. *senatorem*), *sm.* Membre du sénat de Rome ou de tout autre sénat. ‖ *Marcher d'un train de sénateur*, gravement et lentement. ‖ *Le sénateur de la Rome papale*, le chef de l'administration municipale.

SÉNATORERIE (*sénateur*), *sf.* Sous le premier Empire français, domaine inaliénable dont le revenu était attribué à un sénateur.

SÉNATORIAL, ALE (*sénateur*), *adj.* Qui appartient au sénateur : *Une gravité sénatoriale.*

SÉNATORIEN, IENNE (*sénateur*), *adj.* Qui jouit de la dignité de sénateur : *Famille sénatorienne.*

SÉNATRICE (*sénateur*), *sf.* La femme d'un sénateur.

SÉNATUS-CONSULTE (l. *senatus-consultum*), *sm.* Décision, décret du sénat romain. ‖ Décision du sénat sous le premier et le second Empire français.

SENAU (vx fr. *senoc*, de l'angl. *snow*), *sm.* Navire gréé en brick et ayant en outre un mât de tapecul.

SENCE, torrent des Basses-Alpes, sorti des montagnes du Pas-Robinou; il se jette dans le Verdon, près de Colmars.

SÉNÉ (ar. *senâ*), *sm.* Nom de plusieurs arbrisseaux du genre Casse, de la famille des Légumineuses, indigène de la haute Égypte, de l'Abyssinie, de l'Arabie, de l'Inde, des États-Unis. ‖ *Follicule de séné*, les cosses plates qui contiennent les graines de ces arbrisseaux. Les feuilles et les follicules de séné sont un excellent purgatif à la dose de 10 à 15 grammes dans deux verres d'eau

SÉNÉ

(V. *Casse* et *Rhubarbe*.) ‖ *Séné d'Europe*, le baguenaudier.

SÉNÉCA, lac de l'Amérique du N., près du lac Érié (État de New-York).

SÉNÉCA, 8 000 hab., ville située sur le lac Sénéca.

SÉNÉCHAL (bl. *senescalcus* : VHA. *sini*, vieux + *skalks*, serviteur), *sm*. A l'origine, maître d'hôtel d'un roi, d'un seigneur. ‖ Sous la deuxième race, *grand sénéchal de France*, intendant de la maison du roi qui rendait la justice en son nom, portait à la guerre la bannière royale et commandait l'avant-garde dans les marches en avant et l'arrière-garde dans les retraites. La charge du grand sénéchal héréditaire dans la maison d'Anjou fut supprimée en 1191 ; depuis 1191 un *sénéchal* était une sorte de bailli rendant la justice au nom du roi ou d'un seigneur et commandant à la guerre l'arrière-ban de la noblesse. — **Dér.** *Sénéchale, sénéchaussée.*

SÉNÉCHALE (*sénéchal*), *sf*. La femme d'un sénéchal.

SÉNÉCHAUSSÉE (*sénéchal*), *sf*. L'étendue du pays dans laquelle un sénéchal ordinaire rendait la justice. ‖ Tribunal présidé par un sénéchal. ‖ Lieu où siégeait le tribunal.

SENEÇON (l. *senecionem*, petit vieillard, à cause de la blancheur des aigrettes de ses fruits au printemps), *sm*. Grand genre de plantes dicotylédones de la famille des Composées dont les capitules sont formés de fleurons ordinairement jaunes, et auquel appartiennent le *seneçon commun*, employé en cataplasme comme émollient et qu'on donne à manger aux oiseaux. ‖ *Le seneçon jacobée* ou *herbe de Saint-Jacques*, plante de 1 mètre, commune dans les prés et le long des bois. ‖ *Le seneçon élégant*, plante d'ornement.

SENEÇON

SENEF ou **SENEFFE**, 3349 hab., ville de Belgique (Hainaut), où Condé défit le prince d'Orange (1674) et Marceau les Autrichiens (1794). Verreries.

SÉNÉFELDER (1771-1834), né à Prague, inventa la lithographie en 1793.

SÉNÉGAL (LE), 1 800 kilom., fleuve de l'Afrique occidentale, formé par le Bakhoy et le Bafing, qui prennent leur source dans les montagnes du Fouta-Djallon, et se réunissent à Bafoulabé. Leur direction est celle du S.-E. au N.-O. Le Sénégal conserve la même orientation : il arrose Khayes, Médine, Bakel, Matam. Ses rives, jusqu'alors élevées et bordées de collines, commencent à s'abaisser : le fleuve se divise en deux bras qui laissent entre eux l'*île à Morfil*, passe ensuite à Saldé, à Podor, à Dagana, à Richard-Toll ; il s'approche de la mer en lui restant parallèle pendant longtemps, il n'en est séparé que par une bande de sable étroite : près de son embouchure se trouvent les îles de N'dar et de Sor. Le cours inférieur du Sénégal se déroule au milieu de plaines basses semées de marigots qui servent d'écoulement à des lacs. Les deux principaux affluents du Sénégal sont : à droite, le *Kouniakary*, qui se jette à Khayes, et à gauche, la *Falémé* (900 kilom.), descendue des hauteurs du Fouta-Djallon ; elle tombe dans le fleuve au-dessus de Bakel. Elle est navigable pendant 160 kilomètres pour les navires tirant six pieds. Les marigots les plus importants sont, en descendant le cours du fleuve, ceux de *Doué* (120 milles) qui limite l'île à Morfil, de *Morghen*, de la *Taouey* : ce dernier se jette à Richard-Toll ; il déverse les eaux du lac Guier ; les marigots des *Maringouins*, de *Lampsar*, de *Mengey*, de *N'gagne* sont situés le long de la mer.

La largeur du Sénégal varie entre 300 et 500 mètres ; l'embouchure est sujette à de fréquents déplacements ; la profondeur atteint 10 mètres pendant les hautes eaux ; pendant les basses eaux, de décembre à juillet, il est navigable jusqu'à Mafou (360 kilom.) pour les navires calant huit pieds ; les embarcations tirant douze pieds d'eau peuvent remonter en toute saison jusqu'à Richard-Toll (120 kilom.). Au-dessus de Médine, il n'est accessible à aucune embarcation. Le plus grand obstacle que la navigation ait à surmonter est la barre de Saint-Louis, que les bateaux ne peuvent franchir régulièrement.

SÉNÉGAL (LE), colonie française de l'Afrique occidentale, limitée à l'O. par l'océan Atlantique, à l'E. par le Soudan, au S. par la Sénégambie. Le Sénégal est compris entre 8° et 17° de latitude N., 10° et 20° de longitude O. Entre le 15° et le 2° degré, le pays est bas et sablonneux ; les bords des rivières sont seuls fertilisés par les limons. Entre le haut Niger et les sources du Sénégal s'élève le massif granitique du *Fouta-Djallon* (500 mètres), terminé au N. par des plateaux de grès ; ces hauteurs se prolongent au S. par la chaîne des monts *Kong* le long de la côte du golfe de Guinée. Les principaux cours d'eau sont : 1° le *Sénégal* et ses affluents (V. *Sénégal*) ; 2° le *Saloun*, qui se jette au-dessus de Sainte-Marie-de-Bathurst et forme la frontière entre le Sénégal et la Sénégambie ; 3° le *Niger* coule à travers le Fouta-Djallon vers le N.-E. jusqu'à Tombouctou ; le cours supérieur du fleuve est navigable entre Bammako et les chutes de Sotouba ; le territoire qu'arrose le Niger est riche, montagneux, fertilisé par de nombreuses rivières navigables, qui viennent des monts *Manding* : tout le Fouta-Djallon offre le même caractère ; de même que le bassin du haut Sénégal. Dans le N., on remarque les lacs *Cayar* et *Guier*. Le climat, chaud et humide, est mauvais pour les Européens.

L'année compte deux saisons nettement tranchées : d'octobre à juin, la saison sèche (45° à 60° cent.), assez favorable aux étrangers ; de juin à la fin de septembre règne une chaleur lourde, c'est l'époque des insolations et des fièvres pernicieuses : les nombreux marigots qui se forment répandent des vapeurs nuisibles à la santé. Dans le haut Sénégal, il y a deux saisons intermédiaires : la température est moins élevée.

Le Sénégal est divisé en 7 arrondissements. Les principales localités, sur la côte, sont : 1° *Saint-Louis*, la capitale (15 000 hab.), dans l'île N'dar, port à l'embouchure du fleuve rendu d'un abord difficile par la barre ; 2° *Dakar* (2 222 hab.), dont la rade est protégée par l'île de Gorée : un appontement permet aux paquebots d'y accoster. Dakar est relié à Saint-Louis par une voie ferrée. 3° *Rufisque* (8 800 h.), près du cap Vert, voit augmenter son importance depuis quelques années ; son port est accessible en tout temps aux gros navires. 4° *Gorée* (1 963 hab.). Dans l'intérieur, on rencontre, le long du Sénégal, de nombreux comptoirs souvent fortifiés. (V. *Sénégal fleuve*.) Les principaux objets qui donnent lieu à des échanges commerciaux sont : la gomme, la poudre d'or, la cire, les dents d'éléphant, l'arachide, le riz, les plumes d'autruche. On importe de la poudre, des cotonnades, des verroteries.

Les peuplades qui occupent le sol du Sénégal appartiennent à diverses races : 1° les Maures, mélangés d'Arabes et de Berbères, sur la rive droite du Sénégal (Trarzas, Braknas, etc.) ; 2° les Peuhls ou Foullahs, population intelligente, très dévouée à l'islamisme, sur la rive gauche du Sénégal et dans le Fouta-Djallon ; 3° les Ouolofs ou Djolofs, nègres sédentaires, soumis à la France, qui habitent les plaines de l'Atlantique : excellents soldats ; 4° les Mallinkés, nègres commerçants qui habitent la région comprise entre le Sénégal et le Niger ; 5° les Bambarras ; 6° les Toucouleurs, musulmans fanatiques. (V. *Fellatahs, Fouta-Djallon, Soudan*.)

La superficie du Sénégal est évaluée, avec ses dépendances, à 290 000 kilom. carrés ; la population est d'environ 185 000 hab.

Les Dieppois abordèrent au cap Vert en 1364, mais leurs établissements n'eurent pas de durée. En 1626, le cardinal de Richelieu envoya des colons à Saint-Louis ; ils fondèrent des comptoirs, dont les Anglais s'emparèrent pendant les guerres de la Révolution et de l'Empire ; ils les rendirent en 1815. La colonie actuelle fut organisée par le général Faidherbe (1854-1865), qui réduisit les Maures à l'impuissance, fonda Médine et Dakar ; il eut à vaincre le marabout El-Hadj Omar. La marche en avant ne fut reprise qu'en 1876 par le colonel Brière de l'Isle et ses successeurs. Soleillet, les colonels Borgnis-Desbordes, Boilève ont exploré le haut Niger, fondé Bammako et vaincu Samory (1882-1884).

Une voie ferrée, construite en partie dans de mauvaises conditions économiques, doit relier Saint-Louis à Bafoulabé ; on ouvre, pour le moment, une route entre Médine et Bammako ; avec embranchement de Kita à Siguiri (Bouré). Le chemin de fer de Dakar à Saint-Louis a coûté 88 000 francs par kilomètre ; son entretien absorbe un crédit annuel de 1 million. Bammako est relié par une ligne télégraphique à Saint-Louis, qui communique avec l'Europe par des câbles sous-marins.

***SÉNÉGALAIS, AISE** (*Sénégal*), *adj.* et *s*. Habitant du Sénégal. ‖ Qui appartient au Sénégal ou à ses habitants.

SÉNÉGALIEN, ENNE (*Sénégal*), *adj*. Se dit d'une chose propre au Sénégal : *Chaleur sénégalienne.*

SÉNÉGAMBIE, 12 000 hab., 1 100 kilom. sur 600, contrée de l'Afrique occidentale, au S. du Sahara ; la Guinée la limite au S. et le Soudan à l'E.

Les côtes sont basses et semées d'îles au S. du cap Vert : îles Bissagos, îles Los, Gorée. Un grand plateau occupe la partie orientale du Khabou et du Fouta-Djallon : les points culminants sont le pic Tamcue, le mont Pellat, le mont Colima et le mont Sere.

La Sénégambie est arrosée par le Sénégal (V. *Sénégal*), par la Gambie, le Rio-Grande, le Cogon et le Pongo. La Gambie prend sa source au mont Pellat, dans le plateau de Fouta-Djallon, coule au N., puis à l'O. ; elle passe à Pisinia, à Albreda, à Bathurst ; 1 700 kilom. Le Rio-Grande descend des mêmes montagnes, arrose le Khabou et se jette, à Bissasma, dans l'Atlantique. Le Pongo vient du mont Colima ; il traverse le Fouta-Djallon.

La Sénégambie comprend les établissements français du Sénégal et les comptoirs anglais de la Gambie (Bathurst). Parmi les principaux États nègres, on peut citer : 1° les royaumes mandingues (Bambouk, Khabou, Oulli, etc.) ; 2° les royaumes peuhls (Fouta-Djallon, Bondou, etc.) ; 3° les royaumes djolofs (Saloun, Cayor).

Le climat est humide et malsain ; les Européens y contractent des fièvres. Les nuits sont fraîches : 11° au-dessus de zéro sur les côtes, la nuit ; 36° à midi. Dans l'intérieur, on constate souvent 45° à l'ombre.

***SÉNÉGAMBIEN, IENNE** (*Sénégambie*), *adj.* et *s*. Habitant de la Sénégambie. ‖ Qui a rapport à ce pays.

SENELLE ou **CENELLE** (abrév. de *coccinelle*), *sf*. Le fruit rouge de l'aubépine.

SÉNÈQUE (3-65), écrivain latin et philosophe stoïcien, né à Cordoue, vint s'établir à Rome comme avocat ; exilé huit ans en Corse, par Claude, il fut rappelé par Agrippine qui le fit précepteur de Néron. Plus tard, celui-ci impliqua son maître dans la conjuration de Pison et lui envoya l'ordre de se donner la mort. Sénèque s'ouvrit les veines dans un bain. Il est auteur de nombreux traités de philosophie morale et de sept livres de questions naturelles. On lui attribue les tragédies mises sous le nom d'un *Sénèque le Tragique*. On a supposé à tort que Sénèque était chrétien.

SÉNESTRE (l. *sinistra*, gauche), *adj.* 2 *g*. Gauche (blason). — **Db**. *Sinistre*. — **Comp.** *Sénestrochère, sénestrogyre.*

***SÉNESTROCHÈRE** [se-nes-tro-ker] (*sénestre* + g. χείρ, main), *sm*. Bras gauche représenté sur un écu d'armoiries. (Blas.)

***SÉNESTROGYRE** (*sénestre* + l. *gyrare*, tourner), *adj.* 2 *g*. Qui fait tourner à gauche un rayon de lumière polarisée : *Le glucose est sénestrogyre.*

SÉNEVÉ (vx fr. *senevel* : bl. *sinapillum* : dm. de *sinapi*, moutarde), *sm*. Nom vulgaire du genre moutarde. ‖ Graine très petite de la moutarde noire.

SENEZ, 552 hab., ch.-l. de c., arr. de Castellane (Basses-Alpes).

SÉNILE (l. *senilem* : de *senex*, vieillard), *adj.* 2 *g*. De vieillard : *Un corps sénile.* ‖ Causé par la vieillesse : *Maladie sénile.* — **Dér.** *Sénilité.*

SÉNÉGAL ET HAUT NIGER

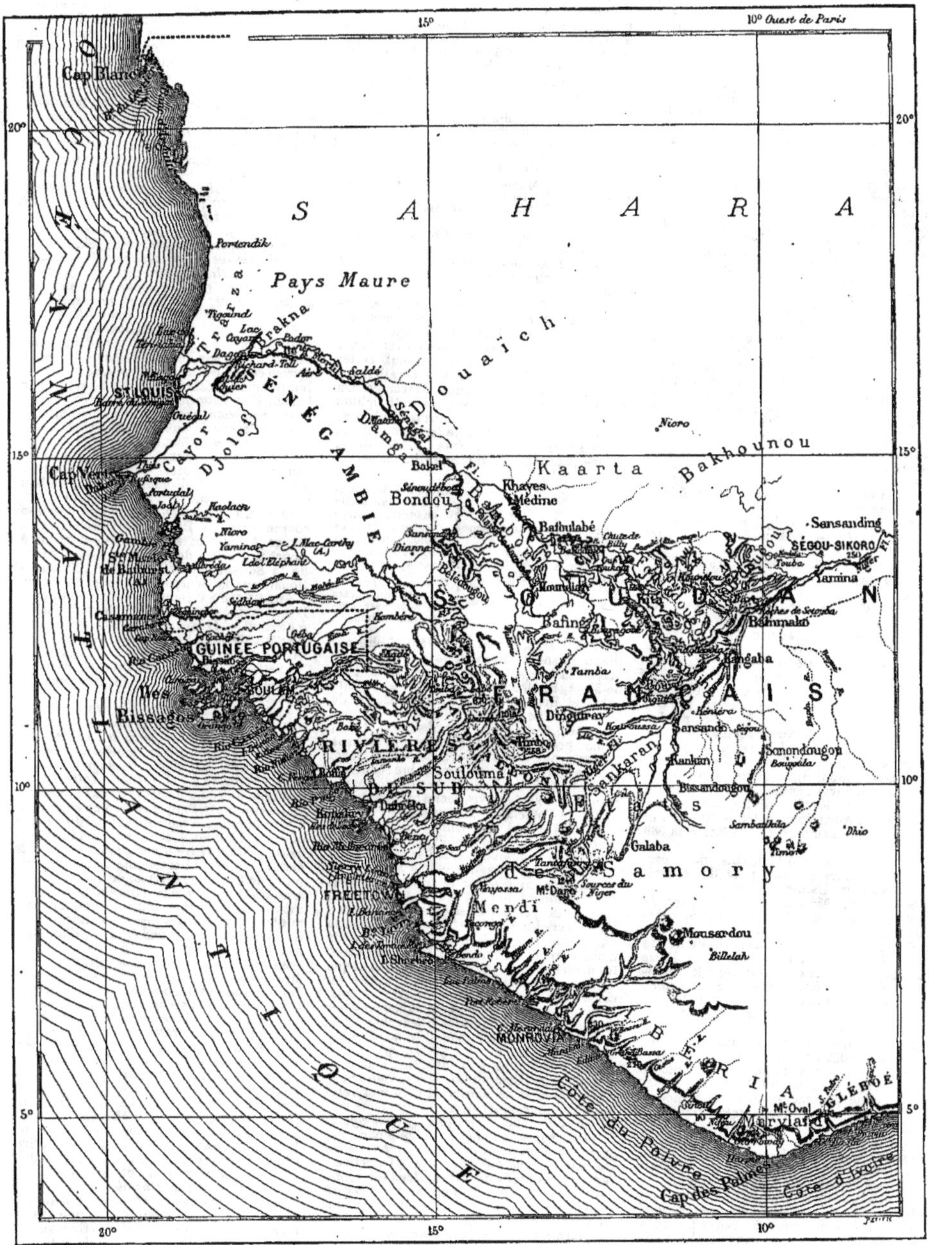

Gravé par R. Hausermann.

Paul Pelet dir.

Les chiffres expriment en mètres l'altitude au dessus du niveau de la mer.

Echelle de : 1/9.000.000

0 50 100 200 300 400 500 K

SÉNILITÉ (*sénile*), *sf.* Affaiblissement du corps et de l'esprit, causé par la vieillesse.

SENIO (l. *Sinnius*), 87 kilom., rivière d'Italie, qui prend sa source dans l'Apennin (prov. de Florence) et se jette dans le Pô.

SENJON, île de l'océan Atlantique, sur la côte septentrionale de la Norvège. Sol montueux. Population de race finnoise.

SENLIS, 7500 hab., s.-préf. du département de l'Oise, à 45 kilom. de Paris, sur la Nouette, entre les forêts de Hallatte, de Chantilly et d'Ermenonville; ancienne capitale des Sylvanectes. Vestiges d'arènes et de remparts gallo-romains; cathédrale des XIIe et XVIe siècles, avec une belle flèche du XIIIe. Pierre de liais; cressonnières anciennes.

SENNAAR, plaine formant la partie S. de la Mésopotamie ou la Chaldée.

SENNAAR, 10000 hab., ville de la Nubie, sur le Nil Bleu (le Bahr-el-Azrak); annexée à l'Egypte en 1822.

SENNACHÉRIB [sin-akhèirib] (704-681 av. J.-C.), fils et successeur de Sargon, roi d'Assyrie. Il fut continuellement occupé à soumettre des vassaux rebelles. Il prit cinq ou six fois Babylone révoltée et finit par la détruire presque complètement. Ayant conduit une armée contre Ézéchias, roi de Juda, et les Egyptiens du Delta, elle fut anéantie par la peste. Sennachérib lança aussi sur le golfe Persique une flotte avec laquelle il envahit la Susiane. Il embellit Ninive où il se fit construire un magnifique palais. C'est sous son règne que l'art assyrien parvint à son apogée. Sennachérib mourut assassiné par deux de ses fils, et eut pour successeur Ésar-Naddon, frère des meurtriers.

SENNE, rivière de Belgique qui naît près de Soignies, passe à Bruxelles, et se jette dans la Dyle. Cours de 100 kilom.

SENNECEY-LE-GRAND, 2606 hab., ch.-l. de cant. de l'arr. de Châlon (Saône-et-Loire).

SENNEH, 15000 hab., ville de Perse, dans le Kurdistan.

SÉNONAIS (LE), ancien petit pays de France; capitale, *Sens.*

SÉNONAIS ou **SENONS** (LES) (l. *Senones*), peuple de la Gaule, puissant au temps de César, dont le territoire était limité par celui des Carnutes et des Parisii à l'O., par le pays des Rémois au N., à l'E. par les Lingons, au S. par les Eduens et les Bituriges. — Capit. *Agendicum* (Sens); villes principales, *Melodunum* (Melun), *Vellaunodunum* (Château-Landon), *Autissiodurum* (Auxerre). — Ce peuple envoya en Italie des colonies qui s'établirent sur les rives du Pô, ainsi que sur la côte de l'Adriatique, entre le Rubicon et l'Æsis, et qui s'emparèrent de Rome en 389 av. J.-C.

SENONCHES, 2144 hab., ch.-l. de c., arr. de Dreux (Eure-et-Loir), près d'une forêt du même nom. Usines à chaux.

SÉNONES, 3936 hab., ch.-l. de c., arr. de Saint-Dié (Vosges). Anc. abbaye de bénédictins. Filatures de coton.

SÉNONIEN, *sm.*, ou **craie blanche de Sens.** Un des étages du crétacé qui se divise (d'Orbigny) en deux sous-étages : le *santonien* ou craie de Saintonge, et le *campanien* ou craie de Champagne à bélemnitelles. Le sénonien est caractérisé par un grand nombre de fossiles, animaux et végétaux.

En Normandie et dans le bassin de Paris, le sénonien débute par des silex noirs surmontés de craie à silex ou craie noduleuse (les Andelys et Louviers, Picardie); la véritable craie blanche apparaît alors mélangée de silex ou de bancs dolomitiques. A Gisors, à Mantes, à Beauvais, à Laon affleure une nouvelle couche de craie à silex ou craie à bélemnites (Beauvais, Compiègne). Les assises les plus élevées de cet étage affleurent à Meudon, c'est le campanien.

La craie blanche du santonien est sans silex en Champagne, tandis que ceux-ci abondent aux environs de Sens. La puissance de cette assise est considérable : elle atteint 400 mètres à Paris.

On rencontre le sénonien dans la Flandre (à Lezennes, près de Lille), dans le Cambrésis et la Thiérache (craie blanche à silex de Guise et de Vervins). Le santonien est noduleux et phosphaté dans l'Aisne, il y présente des éléments magnésiens (buquants). Le santonien existe à Blois, à Chartres (craie à *micraster coranguinum*), à Châteaudun (craie à *micraster cortestudinarium*), à Cangey (craie de Villedieu à *micraster turonensis*).

En Provence, on observe le campanien et le sénonien. Au Beausset, la coupe des terrains est la suivante :

Santonien.	Calcaire et grès à sphérulites. Calcaires, grès et calcaires noduleux. Marnes bleues. Marnes sableuses.
Campanien.	Marnes, grès et calcaires à bélemnitelles. Calcaires marneux.

A Uchaux, le sénonien se présente sous la forme de calcaires marneux, à *hippurites organisans* surmontés de grès, de sables, de calcaires à rudistes (Mordas), de grès et de sables.

Dans les Corbières (Sougraine, Rennes-les-Bains) et dans les Pyrénées centrales (Ausseing, Saint-Martory), le sénonien se compose de calcaires marneux avec bancs de rudistes. Les calcaires marneux et les calcaires à bélemnitelles et à cératites caractérisent le sénonien des Charentes. On retrouve le sénonien en Angleterre (Brighton Stockbridge), en Belgique dans le Limbourg, en Danemark et en Scanie (craie de Rugen et de Kullemolla), en Saxe (quader de la Suisse saxonne), en Bohême (Plänermergel de Priesen).

Sénonien Spondylus spinosus, Inoceramus Brongniarti, Echinoconus conicus.	Campanien	Craie à bélemnitelles : belemnitella quadrata, ostrea vesicularis, magas pumilus, micraster Brongniarti, echinocorys vulgaris.
	Santonien.	Craie à micraster coranguinum, craie à micraster cortestudinarium.

SENOUIRE, rivière de la Haute-Loire, qui prend sa source au mont de la Chaise-Dieu, arrose la Chapelle-Saint-Genest, Saint-Pal-de-Murs, Paulhaguet, Domeyrat, et se jette près de Brioude dans l'Allier. Cours de 56 kilom. Elle reçoit le Doulon.

SENS (*Agendicum*, puis *Senones*), 14035 hab., s.-préf. (Yonne), à 113 kilom. de Paris, sur la rive droite de l'Yonne; archevêché, lycée. Restes de l'enceinte gallo-romaine; belle cathédrale de Saint-Etienne du XIIe siècle, remaniée aux XIIIe et XVIe siècles; remarquable palais de l'officialité du XIIIe siècle.

SENS [san-se] (l. *sensum*), *sm.* Partie du corps à l'aide de laquelle l'homme, l'animal acquiert la connaissance de l'existence et de certaines propriétés des objets extérieurs : *L'homme a cinq sens : le toucher, la vue, l'ouïe, l'odorat, le goût.* ‖ Faculté que l'âme possède de percevoir les objets extérieurs : *Sa blessure lui fit perdre les sens.* ‖ *Sens intime* ou *interne*, la faculté que l'homme possède d'observer et de connaître les divers états, les diverses modifications de son âme et que l'on appelle encore perception interne ou conscience. ‖ *Sens commun, bon sens* ou *sens*, aptitude de l'esprit à juger sainement des choses : *Un homme de sens.* ‖ *Sens moral*, faculté de reconnaître instinctivement ce qui est bien et ce qui est mal. ‖ Avis, opinion : *Il a tort, à mon sens.* ‖ Signification d'un mot, d'une phrase : *Comprendre le sens d'un vers.* ‖ *Sens propre*, le sens original d'un mot, celui qui s'applique généralement à un objet matériel : *La racine d'un arbre.* ‖ *Sens figuré*, le sens propre modifié et appliqué par comparaison à un objet immatériel : *La racine du mal.* ‖ Face, côté d'un corps. ‖ Direction : *Mesurer un mur dans le sens de sa longueur. Parcourir un pays en tous sens.* ‖ *Sens du mouvement*, sa direction. ‖ Fig. Manière d'envisager une chose, point de vue auquel on se place : *Retourner une question en tous sens.* — SENS DESSUS DESSOUS, *loc. adv.* Dans une position renversée : *On a mis cette statue sens dessus dessous.* — Fig. En grand désordre, pêle-mêle : *Mettre des papiers sens dessus dessous.* — Fig. *Mettre quelqu'un sens dessus dessous*, lui causer un trouble, une émotion extrême. — SENS DEVANT DERRIÈRE, *loc. adv.* En tournant par devant ce qui devrait être naturellement tourné par derrière. — **Gr.** Les locutions *sens dessus dessous* et *sens devant derrière* ont pour origine la phrase *ce dessus dessous*, c'est-à-dire *ce qui est dessus mis dessous.* Au XVe siècle, on a dit : *c'en dessus dessous, c'en devant derrière.* Au XVIe siècle, on ne comprend plus les locutions et on les écrit, avec Vaugelas et madame de Sévigné, *sans dessus dessous, sans devant derrière*; de là est venue notre manière d'écrire actuelle qui est, comme on voit, une locution vicieuse. — **Dér.** *Sensé, sensée, sensément; sensible, sensiblement, sensibilité, sensiblerie; sensibiliser, sensibilisable, sensibilisateur, sensibilisatrice, sensibilisation; sensitif, sensitive* (adj. f.), *sensitive* (sf.); *sensorium, sensorial, sensoriale; sensoriel, sensorielle; sensuel, sensuelle, sensuellement; sensualisme, sensualiste, sensualité* (V. *Sentir*); *sensation.* — **Comp.** *Forcené, forcenée, insensé, insensée, insensément, insensible, insensiblement, insensibilité, insensibiliser;* etc.

SENSATION (l. *sensationem*), *sf.* Impression que l'âme reçoit quand un objet extérieur agit sur l'un des organes des sens : *Eprouver une sensation de froid, de chaleur.* ‖ Impression agréable ou pénible ressentie par l'âme : *Une sensation douloureuse.* — Fig. *Faire sensation*, produire une vive impression sur l'esprit du public, des membres d'une assemblée : *Cette découverte a fait sensation.*

SENSÉ, ÉE (l. *sensatum*), *adj.* Apte à bien comprendre les choses, à en bien juger : *Un homme sensé.* ‖ Qui indique qu'on a du bon sens, du jugement : *Un discours sensé.*

SENSÉE, rivière de France qui prend sa source près de Bapaume (Pas-de-Calais), arrose Arleux, et se jette dans l'Escaut à Bouchain; cours de 50 kilom. — **Le canal de la Sensée** joint Arleux, sur l'Escaut, à Douai, sur la Scarpe; longueur, 24 kilom.

SENSÉMENT (*sensée* + sfx. *ment*), *adv.* D'une manière sensée, judicieuse : *Parler sensément.* — **Hom.** *Censément.* (Pop.)

***SENSIBILISABLE** (*sensible*), *adj. 2 g.* Qui peut être rendu sensible. (Photogr.)

***SENSIBILISATEUR, TRICE** (*sensible*), *adj.* Qui rend sensible : *Substance sensible.* (Photogr.)

***SENSIBILISATION** (*sensible*), *sf.* Action de rendre sensible. (Photogr.)

***SENSIBILISER** (*sensible*), *vt.* Rendre sensible à l'action de la lumière une feuille de papier, de collodion. (Photogr.)

SENSIBILITÉ (l. *sensibilitatem*), *sf.* Aptitude de l'âme à recevoir, par l'intermédiaire des nerfs, l'impression d'un objet extérieur : *Le nègre a moins de sensibilité que le blanc.* ‖ Aptitude à être émotionné par une cause morale : *Etre d'une grande sensibilité aux reproches.* ‖ Sentiments d'humanité, de pitié, de tendresse : *Témoigner une grande sensibilité aux maux d'autrui.* ‖ Précision avec laquelle un instrument indicateur marque les variations des forces qui agissent sur lui : *La sensibilité d'une balance, d'un thermomètre, etc.*

SENSIBLE (l. *sensibilem*), *adj. 2 g.* Apte à être impressionné par les objets extérieurs : *Les animaux sont sensibles, les végétaux ne le sont pas.* ‖ Qui perçoit, qui est impressionné trop vivement : *Être sensible au froid, au chaud.* ‖ Affecté moralement : *Les enfants sont sensibles à la louange.* — Fig. *C'est son endroit sensible*, c'est ce qui l'émeut le plus. ‖ Qui s'émeut, qui s'attendrit aisément : *Un cœur sensible aux maux d'autrui.* ‖ Qui peut être perçu, comme par les sens : *Tous les objets matériels sont sensibles.* ‖ Qui impressionne péniblement les sens, qui fait souffrir : *Un froid sensible.* ‖ Qui réjouit, qui afflige l'âme : *Un plaisir, une peine sensible.* ‖ Qu'il est facile d'apercevoir, de constater : *Les marées ne sont pas sensibles dans la Méditerranée. Une augmentation sensible du prix des denrées.* ‖ Qui mesure avec une grande précision : *Une balance sensible.* ‖ En musique, *note sensible*, celle qui est à un demi-ton au-dessous de la tonique. — *Sm.* Tout ce qui tombe sous nos sens.

SENSIBLEMENT (*sensible* + sfx. *ment*), *adv.* D'une manière sensible. ‖ A un haut degré. ‖ Manifestement.

SENSIBLERIE (*sensible*), *sf.* Étalage d'une sensibilité excessive qu'on ne ressent pas.

SENSITIF, IVE (*sens*), *adj.* Qui est du domaine des sens : *Les impressions sensitives.* || Qui est doué de sensibilité : *Les animaux sont des êtres sensitifs.*

SENSITIVE (*sensitif*), *sf.* La mimeuse pudique, plante légumineuse de l'Amérique tropicale qui, lorsqu'elle est choquée ou secouée, abaisse ses pétioles perpendiculairement à la tige et applique les folioles de chaque paire l'une contre l'autre en les redressant vers le haut du pétiole. (V. *Mimeuse.*) — Fig. Personne qu'un rien émeut à l'excès.

* **SENSITIVITÉ** (*sensitive*), *sf.* Propriété de sentir que possède, suivant certains auteurs, chaque partie du système nerveux centripète et qui est distincte de la sensibilité cérébrale.

SENSORIAL, ALE [san-so-rial] (l. *sensorium*), *adj.* Qui appartient au sensorium : *Les fonctions sensoriales.*

***SENSORIEL, ELLE** (*sens*), *adj.* Qui a rapport aux sens : *L'œil est un appareil sensoriel.*

SENSORIUM [sain-so-ri-ome] (ml. *sensus*, sens), *sm.* La partie du cerveau où l'on suppose que toutes les sensations aboutissent pour y être perçues par l'âme.

SENSUALISME (l. *sensualem*, sensuel), *sm.* Système de philosophie dans lequel on admet que toutes nos idées, toutes nos connaissances proviennent des sens immédiatement ou médiatement : *Le sensualisme de Locke, de Condillac.* || Manière d'être d'un homme sensuel.

SENSUALISTE (*sensualisme*), *adj. 2 g.* Qui appartient au sensualisme : *École sensualiste.* — *Sm.* Philosophe qui professe le sensualisme : *Thalès de Milet, Locke, Condillac sont les plus célèbres sensualistes.*

SENSUALITÉ (l. *sensualitatem*), *sf.* Goût que l'on a pour les plaisirs des sens : *Manger avec sensualité.* — *Pl.* Les plaisirs des sens : *Rechercher les sensualités.*

SENSUEL, ELLE (l. *sensualem*, des sens), *adj.* Qui a du goût pour les plaisirs des sens : *Homme sensuel.* || Qui flatte les sens : *Une vie sensuelle.*

SENSUELLEMENT (*sensuelle* + sfx. *ment*), *adv.* D'une manière qui flatte les sens : *Vivre sensuellement.*

SENTANT, ANTE (*sentir*), *adj.* Doué de sensibilité : *Les êtres sentants.*

SENTE (l. *semita*), *sf.* Sentier. — **Dér.** *Sentier, sentinelle* (?).

SENTENCE (l. *sententia* : de *sentire*, sentir), *sf.* Phrase courte et énergique qui renferme un enseignement utile, une règle de morale. Ex. : *En se trompant, on apprend.* || Jugement rendu par des juges, décision d'arbitres, d'experts. — Fig. *Appeler de la sentence de quelqu'un*, ne pas vouloir s'en tenir à sa décision. || En terme de droit, jugement rendu par un tribunal inférieur. || Jugement qui condamne à mort : *On lui lut sa sentence.* || Jugement de Dieu contre les pécheurs. — **Syn.** La *sentence* est une parole qui renferme une pensée morale. Un *aphorisme* est une sentence importante exprimée en peu de mots. L'*adage* est un proverbe exprimé d'une manière piquante et enjouée. L'*apophtegme* est une pensée remarquable d'un personnage célèbre. Une *maxime* est une proposition très importante qui sert de règle de conduite. — **Dér.** *Sentencier, sentencieux, sentencieuse, sentencieusement.*

SENTENCIER (*sentence*), *vt.* Condamner par une sentence (vx).

SENTENCIEUSEMENT (*sentencieuse* + sfx. *ment*), *adv.* D'une manière sentencieuse.

SENTENCIEUX, EUSE (l. *sententiosum*), *adj.* Qui contient beaucoup de sentences : *Discours sentencieux.* || Qui s'exprime ordinairement par sentence : *Un orateur sentencieux.* || *Un ton sentencieux*, d'une gravité affectée.

SENTÈNE ou **CENTAINE** (*x*), *sf.* Brin de fil dont est lié un écheveau.

SENTEUR (*sentir*), *sf.* Odeur qu'exhale un corps : *La senteur de la rose.* || Parfum, objet parfumé. || *Eaux de senteur*, eaux distillées de plantes aromatiques dont on se sert pour parfumer son corps, ses vêtements.

SENTI, IE (*sentir*), *adj.* Exprimé avec vérité, avec âme, naturellement : *Le débit de cet acteur est bien senti.* — *Sm.* Ce qui est senti ou sentimental.

SENTIER (l. *semitarium*, qui a rapport à une sente), *sm.* Chemin étroit pratiqué au travers des champs, des bois, qui raccourcit la route aux piétons. — Fig. Les difficultés que présente une chose : *Le sentier de la vie.* || Ce qui mène à un but difficile à atteindre : *Le sentier de la gloire.*

SENTIMENT (*sentir*), *sm.* Faculté de recevoir une impression par le moyen des sens. || Cette impression même : *Un sentiment de joie, de douleur.* || Sensibilité physique : *Un bras privé de sentiment.* || Croyance instinctive à l'existence d'une chose : *L'homme a le sentiment de son libre arbitre.* || Faculté de comprendre, d'apprécier instinctivement certaines choses : *Il a le sentiment du beau, de la musique, de sa force.* || Toute affection, toute passion, tout mouvement de l'âme : *Éprouver un sentiment de haine.* || Dispositions bienveillantes, affectueuses : *Vous connaissez mes sentiments à votre égard.* || *Avoir des sentiments*, un cœur pur, noble, généreux. || *Se piquer de sentiment*, se piquer de sensibilité, de délicatesse d'âme. || *Sentiment naturel*, disposition instinctive à aimer ou à haïr : *L'amour maternel est un sentiment naturel.* || Disposition à être aisément ému, attendri : *Il faut se laisser guider par la raison et non par le sentiment.* || En littérature, dans les arts, interprétation exacte de la nature : *Il y a du sentiment dans ce tableau.* || Faculté de juger les choses morales : *La fréquentation des sages forme le sentiment.* || Opinion qu'on s'est formée sur une chose : *Faire connaître son sentiment.* — **Dér.** *Sentimental, sentimentale, sentimentalement, sentimentalité.*

SENTIMENTAL, ALE (*sentiment*), *adj.* Où il y a du sentiment, qui annonce du sentiment : *Un air sentimental.* || Qui affecte une grande sensibilité : *Un auteur sentimental.*

SENTIMENTALEMENT (*sentimentale* + sfx. *ment*), *adv.* D'une manière sentimentale.

* **SENTIMENTALISME** (*sentiment*), *sm.* Affectation de sentiment.

SENTIMENTALITÉ (*sentiment*), *sf.* Caractère de ce qui est sentimental. || Affectation du sentiment.

***SENTINATEUR**, *sm.* Matelot qui a la garde de la sentine. (Mar.)

SENTINE (l. *sentina* : de *sentire*, sentir), *sf.* Le fond de la cale d'un navire où s'amasse une eau croupie et puante. — Fig. *Une sentine de vices*, lieu où il y a un débordement de vices. — **Dér.** *Sentinateur.*

SENTINELLE (ital. *sentinella*), *sf.* Soldat qui fait le guet pour garder un camp, un poste, un édifice. || *Sentinelle perdue*, celle qui est placée bien loin en avant du camp, du poste et qui, par conséquent, court de grands dangers. || Faction que fait la sentinelle : *Être en sentinelle.* — Fig. *Mettre quelqu'un en sentinelle*, le placer en un lieu où il puisse observer ce qui se passe. || *Faire sentinelle*, guetter, attendre quelqu'un.

SENTIR (l. *sentire*), *vt.* Percevoir par le toucher ou par l'odorat : *Sentir un corps dur, une odeur.* || Éprouver une sensation agréable ou pénible : *Sentir une douce chaleur, une douleur.* || Avoir l'âme émue, impressionnée par : *Sentir une vive joie.* || Comprendre instinctivement : *Sentir la beauté d'une œuvre d'art.* || S'apercevoir, connaître : *Je sens que j'ai tort.* || Être sensible à : *Cette embarcation sent bien sa barre.* (Mar.) || *Faire sentir une chose à quelqu'un*, la lui faire remarquer, comprendre, l'en rendre victime : *Je lui ai fait sentir son intérêt, ma sévérité.* || Dégager, exhaler une odeur : *Cela sent le musc.* — Fig. *Cet ouvrage sent l'huile, sent la lampe*, il a dû coûter beaucoup de veilles, de travail à son auteur. || *Sentir le fagot*, être soupçonné d'hérésie, d'impiété. || Avoir l'apparence de : *Sentir le parvenu.* — *Vi.* Exhaler une mauvaise odeur : *Cette viande sent.* — **Se sentir**, *vr.* Être senti : *Cela se sent de loin.* || Connaître en quel état, en quelle disposition on est : *Je me sens malade.* || Être troublé par une vive émotion : *Il ne se sent pas de joie.* || Éprouver les atteintes de : *Il se sent de la goutte.* || Être incommodé des suites de : *Il se sent toujours de sa blessure.* || Être favorisé : *Les pauvres se sentent de ses bienfaits.* || Être lésé : *Le peuple se sent de la cherté des denrées.* || Garder l'empreinte de : *Ses manières se sentent de son éducation.* — **Gr.** Verbe non inchoatif : Je sens, tu sens, il sent, n. sentons, v. sentez, ils sentent; je sentais; je sentis; je sentirai, je sentirais; sens, sentons, sentez; que je sente; que je sentisse, qu'il sentît, que n. sentissions; sentant; senti, ie. — **Dér.** *Sens*, etc.; *sentiment*, etc.; *sentence*, etc. — **Comp.** *Assentir, assentiment; consentir*, etc.; *dissension, dissentiment; pressentir, pressentiment; ressentir, ressentiment.*

SENY (Système du mont), un des 85 systèmes de montagnes dont Élie de Beaumont admettait l'existence, entre le lias et l'oolithe (34°).

***SENZA** (mot ital.), *adv.* Mot italien signifiant *sans* et écrit sur les partitions à plusieurs instruments pour indiquer ceux qui ne doivent pas jouer.

SEO-DE-URGEL (LA), 2 082 hab., ville de la province de Lerida (Espagne).

1. **SEOIR** (l. *sedere*), *vi. défectif.* Être assis. — **Se seoir**, *vr.* S'asseoir. — **Gr.** La forme active est seulement usitée au prés. de l'ind. : Je sieds, tu sieds, il sied, n. seyons, v. seyez, ils seient; au part. pr., *séant*; au part. pas., *sis*, et à l'infinitif. La forme pronominale est usitée en poésie au prés. de l'ind., à l'impératif : Sieds-toi, seyons-nous, seyez-vous, et à l'infinitif. — **Dér.** *Seoir 2, séant; séance, session, sessile; siège*, etc. — **Comp.** *Assesseur, assidu, assidue, assiduité; assister*, etc.; *asseoir*, etc.; *insidieux*, etc.; *dissident, dissidence; assiéger, obsession, obsidional*, etc.; *possession, possesseur, posséder; présider*, etc.; *résider*, etc.; *subside, subsidiaire*, etc.; *sédentaire; sédiment*, etc.; *selle; sédatif; consul*, etc.; *consulter*, etc.; *conseil*, etc.; *exil*, etc.

2. **SEOIR** (l. *sedere*, être séant), *vi. défectif.* Être convenable, bien adapté : *Son costume lui sied bien.* || Être en harmonie avec : *Ses prétentions ne siéent pas avec son emploi.* — **Gr.** L'inf., le passé déf., l'impér., et l'imp. du subj., le part. pas. et les temps composés sont inusités; les autres temps ne s'emploient qu'à la 3e pers. du sing. et du pl. : Il sied, ils siéent; il seyait, ils seyaient; il siéra, ils siéront; il siérait, ils siéraient; qu'il siée, qu'ils siéent; seyant ou séant.

SÉOR, rivière de l'Aveyron, qui prend sa source aux Masvala, baigne Arvieu, Salmèche, Cassagnes, et se jette à Saint-Just dans le Viaur. Elle reçoit le Roustau, le Lagast, la Lunargues, le Glardon et le Giffou. Cours de 48 kilom.

SÉOUBE, torrent des Hautes-Pyrénées, qui sort du lac d'Arbizon (2 121 mètres), passe près de Campan, et se jette dans l'Adour, du Toususalet à Sainte-Marie. Il reçoit le ruisseau de Gaube.

SÉOUNE, rivière du Lot, qui naît au hameau de Séoune, canton de Montcuq, passe à Belbèze, Montjoy, Thézac, Puymirol, et se jette dans la Garonne à Lafox. Elle reçoit le Gaudaillé, la Petite Séoune, à Saint-Pierre-de-Clayrac. Cours de 77 kilom.

SEP (db. *cep* : l. *cippum*, tronc d'arbre), *sm.* Pièce de bois horizontale à la partie antérieure de laquelle est fixée la douille du soc d'une charrue et qui glisse sur le sol quand on trace un sillon.

***SÉPALE** (l. *separ*, séparé), *sm.* Chacune des pièces isolées ou soudées entre elles dont est composé le calice d'une fleur. (V. *Calice.*) — **Comp.** *Sépaloïde.*

***SÉPALOÏDE** (*sépale* + g. εἶδος, forme), *adj. 2 g.* Qui a la forme ou la couleur d'un sépale. (Bot.)

SÉPARABLE (l. *separabilem*), *adj. 2 g.* Qui peut se séparer.

***SÉPARAGE** (*séparer*), *sm.* Action de séparer, de trier.

***SÉPARATEUR, TRICE** (*séparer*), *adj.* Qui peut séparer.

***SÉPARATIF, IVE** (l. *separativum*), *adj.* Qui cause, qui effectue la séparation.

SÉPARATION (l. *separationem*), *sf.* Action de séparer ou de se séparer. ‖ Son résultat : *La séparation des bons et des méchants au jugement dernier.* ‖ La chose même qui sépare comme cloison, haie, planche : *On établira une séparation dans cette chambre.* ‖ Action de quitter ses parents, ses amis, etc., pour aller vivre ailleurs : *Le moment de la séparation est toujours pénible.* ‖ Action d'isoler les unes des autres des substances mêlées ou combinées ensemble : *La séparation de l'oxygène et de l'hydrogène qui composent l'eau.* — Fig. *Mur de séparation,* cause d'inimitié, de brouille. ‖ Jugement qui autorise deux époux à ne plus habiter ensemble. ‖ *Séparation de biens contractuelle,* clause d'un contrat de mariage stipulant qu'il n'y aura pas communauté de biens entre les époux. ‖ *Séparation de biens par jugement,* jugement qui fait cesser la communauté de biens qui existait entre deux époux.

***SÉPARATISME** (*séparer*), *sm.* Opinion des séparatistes. ‖ Tendance qu'ont certains peuples à se donner une existence autonome.

SÉPARATISTE (*séparer*), *sm.* Celui qui se sépare d'une secte. ‖ Celui qui se sépare d'un État, d'une confédération dont il faisait partie : *Les séparatistes du Sud des États-Unis tentèrent de s'ériger en confédération indépendante.* — *Adj. 2 g.* Qui a pour but la séparation d'avec un État, une confédération : *Tendances séparatistes.*

***SÉPARATOIRE** (*séparer*), *sm.* Vase de forme allongée qui servait à séparer les liquides. (Anc. chim.)

SÉPARÉ, ÉE (*séparer*), *adj.* Différent, distinct : *Avoir des intérêts séparés.*

SÉPARÉMENT (*séparée* + sfx. *ment*), *adv.* A part l'un de l'autre.

***SÉPAREMENT** (*séparer*), *sm.* Action de séparer.

SÉPARER (l. *separare*), *vt.* Désunir des choses qui étaient jointes ensemble : *Séparer l'écorce du bois.* ‖ Trier, dans un amas de choses placées pêle-mêle, celles qui sont de même nature pour les mettre ensemble : *Séparer la nielle du blé.* ‖ Diviser un espace par quelque chose qu'on place entre ses parties : *Séparer une chambre en deux par une cloison.* ‖ Servir de séparation entre deux choses : *Un mur sépare les deux jardins.* ‖ Former une séparation entre deux pays, en parlant d'un obstacle naturel : *Les Pyrénées séparent la France de l'Espagne.* ‖ Se trouver entre, en parlant de l'espace, du temps : *Cinq lieues nous séparent de notre demeure. Près de quatre siècles nous séparent de l'époque de la découverte de l'Amérique.* ‖ Partager : *Séparer les cheveux sur le front.* ‖ Empêcher de communiquer avec : *Séparer l'ennemi de ses magasins.* ‖ Faire que des personnes, des animaux, des choses ne soient plus ensemble : *La tempête sépara les vaisseaux de la flotte.* ‖ Empêcher que des gens, des animaux ne se battent en les éloignant les uns des autres : *On sépara les combattants.* ‖ Faire cesser l'amitié qui existait entre des personnes : *L'intérêt les sépara.* ‖ *Séparer des époux de corps et de biens,* prononcer entre eux la séparation de corps, de biens. ‖ Exclure : *On l'a séparé de l'Église.* — Fig. Mettre à part, considérer à part, ne pas confondre avec : *Je ne sépare pas ma cause de la vôtre.* — Fig. Rendre distinct : *La sensibilité sépare l'animal de la plante.* — **Se séparer,** *vr.* Devenir désuni : *Les planches de ce meuble se sont séparées.* ‖ Se partager : *Cette rivière se sépare en deux bras.* ‖ S'éloigner l'un de l'autre : *Les deux amis se séparèrent.* ‖ Se disperser : *La foule se sépara.* ‖ Cesser de tenir ses séances : *L'Assemblée nationale se sépara.* ‖ Rompre une association : *Les associés se séparèrent.* ‖ Cesser de se battre : *Les combattants se séparèrent.* ‖ Rompre des liens d'amitié : *Ils se sont séparés pour une cause futile.* — **Dér.** *Séparé, séparée, séparément, séparable, séparateur, séparatrice, séparatif, séparative, séparation, séparatiste, séparatisme, séparatoire, séparement, sépale.* — **Comp.** *Sépaloïde; inséparable,* etc. Même famille : *Sevrer,* etc.

***SÉPÉ** (*cep*), *sm.* Morceau de fer qui sert à fixer dans la coulisse le canon d'un fusil. — **Gr.** L'orthographe *cépé* serait plus correcte.

SÉPHORA. Fille de Jéthro, prêtre du pays de Madian, qui épousa Moïse.

1. **SÉPIA** (l. *sepia,* seiche), *sf.* Matière colorante brune que répand la seiche et qui sert pour le dessin au lavis. ‖ Dessin fait avec la sépia.

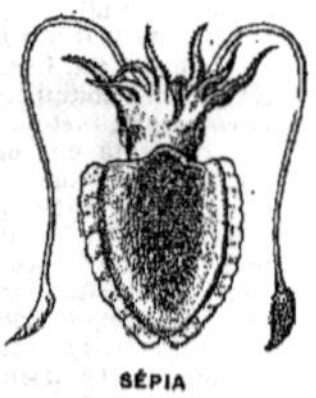

SÉPIA

2. **SÉPIA** (*sépia* 1), *sf.* Genre de mollusques céphalopodes de la famille des Sépiophora. Corps ovoïde, à nageoires latérales, longues, séparées postérieurement. Osselet crétacé aussi long que le corps, ovale, allongé, à rostre plus ou moins développé. Actuel et tertiaire, miocène.

SEPS (g. σήπειν, putréfier), *sm.* Genre de lézards que leurs pattes rudimentaires rendent semblables à un serpent et dont une espèce habite les pays qui bordent la Méditerranée.

SEPS

SEPT (l. *septem*), *adj. num. card. 2 g.* Nombre impair immédiatement supérieur au nombre six : *Les sept jours de la semaine.* ‖ S'emploie pour septième : *Chapitre sept. Page sept.* — *Sm.* Le nombre qui est la collection de sept unités. ‖ Caractère représentant ce nombre (7). ‖ Au jeu de cartes, carte marquée de sept points : *Le sept de pique.* ‖ *Le 7 du mois,* septième jour du mois. — **Dér.** *Septain* 1 et 2, *septante, septième, septièmement; septembre, septembrisade, septembriseurs; septimo, septuor, septuple, septupler.* — **Comp.** *Septénaire, septennal, septennale, septennalité, septennat, septentrion, septentrional, septentrionale, septemvir, septemvirat, Septuagésime, septuagénaire; sept-et-le-va; dix-sept, vingt-sept,* etc. *Septidi.*

1. ***SEPTAIN** (*sept*), *sm.* Ancien impôt que l'on percevait sur le sel.

2. ***SEPTAIN** (*sept*), *sm.* Petite poésie composée de sept vers.

SEPT ANS (GUERRE DE). (V. *Guerre.*)

SEPTANTE (l. *septuaginta*), *adj. num. card. 2 g.* Soixante et dix (vx). ‖ *Les septante,* les soixante et dix Juifs qui, par l'ordre de Ptolémée Philadelphe, traduisirent l'Ancien Testament d'hébreu en grec, et dont la traduction est connue sous le nom de *Version des septante.* — **Dér.** *Septantième.*

***SEPTANTIÈME** (*septante* + sfx. *ième*), *adj. num. ord.* Qui dans une série occupe le rang marqué par le nombre 70.

***SEPTARIA** (l. *septum,* cloison), *sf.* Concrétions calcaires des argiles dans lesquelles le retrait a fait naître, postérieurement à la consolidation, des fentes rayonnantes ou concentriques tapissées de matières cristallines. (Géol.)

SEPT-CAPS (LES). Cap de l'Algérie au N. de Constantine.

SEPT-CHEFS (GUERRE DES) (V. *Guerre.*)

SEPT-COMMUNES (LES), 21361 hab. Contrée de la Vénétie, province de Vicence (Italie), dont les habitants parlent un dialecte d'origine allemande.

SEPTEMBRE (l. *september* : de *septem,* sept), *sm.* Le mois de trente jours qui était le septième de l'année quand elle commençait en mars et qui est maintenant le neuvième. ‖ *Massacres de Septembre,* massacres des détenus politiques qui eut lieu dans les prisons de Paris du 2 au 5 septembre 1792 à la nouvelle de la prise de Longwy et de Verdun par les Prussiens. ‖ *Le 22 septembre 1792,* date de la proclamation de la première République en France. ‖ *Le 4 septembre 1870,* date de la proclamation de la troisième République en France.

***SEPTEMBRISADES,** *sfpl.* Les massacres de septembre 1792. ‖ Tous massacres analogues.

SEPTEMBRISEURS, *sm.* S'est dit de ceux qui coopérèrent aux massacres de septembre 1792.

***SEPTEMVIR** (l. *septem,* sept + *vir,* homme), *sm.* Chacun des sept prêtres de l'ancienne Rome qui étaient chargés de surveiller la célébration des jeux publics et de présider les banquets donnés aux dieux à la suite de ces jeux. Ils formaient l'un des quatre collèges sacerdotaux et étaient élus à vie.

***SEPTEMVIRAT** (*septemvir*), *sm.* Dignité, fonction de septemvir.

SEPTÉNAIRE (l. *septenarium*), *adj. 2 g.* Qui vaut sept, qui est un multiple de sept : *21 est un nombre septénaire.* ‖ Qui est renouvelé tous les sept ans. — *Sm.* Période de sept jours : *Suivant Hippocrate la marche des maladies se modifierait à chaque septénaire.* ‖ Période de sept ans dans la vie de l'homme.

SEPTENNAL, ALE (l. *septem,* sept + *annus,* année), *adj.* Qui arrive ou qui est renouvelé tous les sept ans : *La Chambre des députés fut septennale sous la Restauration.*

SEPTENNALITÉ (*septennal*), *sf.* Qualité de ce qui est septennal : *La septennalité de l'ancienne Chambre des députés.*

***SEPTENNAT** (*septennal*), *sm.* Les sept années pendant lesquelles devait durer le pouvoir accordé au maréchal de Mac-Mahon par l'Assemblée nationale le 20 mai 1873.

SEPTENTRION (l. *septentrionem* : de *septentriones,* les sept bœufs, la Grande Ourse), *sm.* Le nord, le pôle nord.

SEPTENTRIONAL, ALE (l. *septentrionalem*), *adj.* Qui est du côté du nord : *Les pays septentrionaux.* — **Les Septentrionaux,** *smpl.* Les habitants des pays du nord.

***SEPT-ET-LE-VA,** *sm.* Sept fois la première mise au jeu du Pharaon et au trente et quarante. — Pl. *des sept-et-le-va.*

SEPTICÉMIE (du g. σηπτός, pourri + αἷμα, sang), *sf.* Altération du sang par des matières putrides. ‖ Aujourd'hui on donne ce nom à un ensemble de phénomènes généraux très graves dus à l'introduction dans l'économie de principes septiques qui se développent sur une plaie. La septicémie peut être aiguë ou chronique; mais la pathogénie de chacun de ces deux modes est la même. (C'est-à-dire le développement de la maladie.) Dans l'un et l'autre cas, il y a décomposition des éléments anatomiques de la plaie, et par suite formation d'un poison qui, en pénétrant dans l'organisme, y détermine les troubles qui caractérisent la septicémie, c'est-à-dire pour la septicémie aiguë les frissons avec fièvre continue, la fréquence du pouls (100 pulsations et plus), une température de 41°, une soif ardente, une langue chargée, des nausées, des vomissements, de la diarrhée. Les symptômes sont les mêmes dans la septicémie chronique, seulement il se forme dans les différents organes des abcès. La septicémie est due à l'introduction sur la plaie et dans l'économie de microcoques qui se présentent sous la forme de petits points mobiles, de chaînes également mobiles et de petits bâtonnets, et connus sous le nom de *bacillus septicus.* (V. *Microbe,* t. II, p. 603, colonne 2 et 3.) Ces organismes inférieurs se développent sur des plaies sanieuses et présentent des foyers purulents anfractueux. Ils décomposent la matière organique et donnent ainsi naissance à des poisons très énergiques appelés *ptomaïnes.* Ces germes, charriés par l'atmosphère et précipités sur la plaie, s'y multiplient, et celle-ci devient alors un foyer d'infection. Aussi importe-t-il de désinfecter la plaie au moyen de liquides phéniqués, de faire usage des pansements antiseptiques, et notamment de celui de Lister. Lorsque ces moyens ne suffiront pas, on ne devra pas hésiter à brûler la surface de la plaie au fer rouge et à agir sur les cavités où le pus se développe en abondance. Les cadavres des animaux morts de la septicémie se décomposent rapidement, le sang est noir, visqueux. Si l'on pique un animal avec une aiguille trempée dans un liquide où l'on a cultivé le bacille septique, il est bientôt atteint d'un mal identique à la septicémie, et il ne tarde pas à succomber.

La septicémie chronique ou infection putride présente une intensité moindre que la septicémie aiguë, et sa durée est beaucoup plus longue. Indépendamment du traitement local de la plaie, il faudra administrer au malade des toniques, du sulfate de quinine, etc. Parmi les *antiseptiques* susceptibles d'être employés dans la septicémie, et les maladies qui ont une cause analogue, comme la *fièvre puerpérale*, nous recommanderons la lotion faite avec *vingt-cinq centigrammes de sublimé corrosif, un gramme d'acide tartrique dissous dans un litre d'eau*. Cette solution devra être employée en lotion, en injection; l'opérateur devra s'en servir pour se laver les mains, les ongles, les avant-bras avant de toucher à son malade. Quant aux instruments, ils devront être tenus pendant quelques minutes dans l'eau bouillante.

***SEPTICIDE** (l. *septum*, cloison + *cædere*, couper), *adj. f.* Se dit de la déhiscence d'un fruit quand elle a lieu par le dédoublement des cloisons. Ex. : Le colchique. (Bot.)

SEPTIDI (l. *septem*, sept + *dies*, jour), *sm.* Le septième jour de la décade dans le calendrier républicain.

SEPTIÈME (*sept* + sfx. *ième*), *adj. num. ord. 2 g.* Qui dans une série occupe le rang, la place marquée par le nombre 7 : *Le septième arbre d'une allée.* ‖ *Le septième ciel*, la sphère de cristal à laquelle était attachée la plus haute planète suivant les anciens. — Fig. *Être dans le septième ciel*, extrêmement heureux. — *Sm.* La septième partie d'un tout : *Le septième de la récolte a péri.* ‖ Le septième jour d'une période : *Le septième du mois.* — *Sf.* Intervalle compris entre deux sons correspondant à deux notes de la gamme entre lesquels il y en a cinq autres. Ex. : *Ut-si.* ‖ La classe des lycées et collèges correspondant à la deuxième année d'études.

SEPTIÈMEMENT (*septième* + sfx. *ment*), *adv.* En septième lieu.

***SEPTIFRAGE** (l. *septum*, cloison + *frangere*, briser), *adj.* Se dit de la déhiscence d'un fruit quand elle a lieu par la séparation des valves d'avec les cloisons qui restent unies en une colonne portant les graines. Ex. : Le rhododendron.

SEPT-ILES (LES). Groupe d'îles françaises de la Manche, sur la côte du département des Côtes-du-Nord.

SEPTIMANIE, portion du Languedoc composée des anciens diocèses de Narbonne, Carcassonne, Béziers, Agde et Nîmes que les Wisigoths conservèrent après la bataille de Vouillé et que Pépin le Bref leur enleva en 759.

SEPTIME-SÉVÈRE, empereur romain de 193 à 211, triompha de tous ses compétiteurs, dont il proscrivit les partisans; vainquit les Parthes en Asie, fit une expédition en Calédonie pendant laquelle il contruisit un mur allant de l'embouchure de la Clyde à celle du Forth et menant à York. Sous son règne eut lieu la cinquième persécution contre les chrétiens.

SEPTIMO (ml.), *adv.* Septièmement; en septième lieu.

SEPTIQUE (g. σηπτικός, putréfiant), *adj. 2 g.* Qui produit la putréfaction : *Poisons septiques*, ceux qui engendrent des maladies gangreneuses.

SEPT-LAUX (Isère). Lacs situés au S. d'Allevard, sur un plateau (2500 mètres) : lac de la Motte, lac Noir, lac Carré, lac de Cotepen, lac Blanc. Ces lacs communiquent entre eux par une des branches de la Bréda. Les lacs de Jeplan, de la Corne et de la Sagne forment le ruisseau des Sept-Laux, qui se jette dans l'Eau d'Olle, affluent de la Romanche.

***SEPTMONCEL**, *sm.* Fromage fabriqué dans une localité de ce nom (Jura).

SEPT-MONTAGNES (LES). Groupe de sept hauteurs sur les bords du Rhin, près de Bonn.

***SEPTON** (g. σηπτον, chose pourrie), *sm.* Nom de l'azote, dans l'ancienne chimie.

SEPTUAGÉNAIRE (l. *septuagenarium*), *adj.* et *s. 2 g.* Qui est âgé de 70 ans : En temps de paix le fils aîné d'un septuagénaire est dispensé du service militaire.

SEPTUAGÉSIME (l. *septuagesima*, s.-ent. *dies*, le soixante et dixième jour), *sf.* Le dimanche qui est le troisième avant le premier dimanche de carême.

SEPTUOR (formé du l. *septem*, sept, sur le modèle de *quatuor*), *sm.* Morceau de musique à sept parties.

SEPTUPLE (l. *septuplum*), *adj. 2 g.* Qui vaut sept fois autant. — *Sm.* Quantité sept fois plus grande qu'une autre.

SEPTUPLER (*septuple*), *vt.* Rendre sept fois aussi grand.

SÉPULCRAL, ALE (*sépulcre*), *adj.* Qui sort de tombeau : *Grotte sépulcrale.* ‖ Qui fait partie d'un tombeau, le recouvre ou le décore : *Dalle, lampe sépulcrale.* ‖ Qui semble produit par le séjour dans un tombeau : *Mine sépulcrale.* ‖ Qui semble sortir d'un tombeau : *Voix sépulcrale.*

SÉPULCRE (l. *sepulcrum*), *sm.* Tombeau. ‖ *Le saint sépulcre*, tombeau creusé dans le Jardin des Oliviers, à Jérusalem, et où fut déposé le corps de J.-C. ‖ *Le Saint-Sépulcre*, église qu'on éleva sur l'emplacement du tombeau de J.-C. — Fig. *Un sépulcre blanchi*, un hypocrite. — Fig. Lieu où une personne, une chose succomba : *Le champ de Xérès de la Frontera fut le sépulcre de l'indépendance des Wisigoths.* — **Dér.** *Sépulcral, sépulcrale.*

SÉPULCRE (CHEVALIERS DU SAINT-). Ordre militaire fondé en 1492 par le pape Alexandre VI et qui fut réuni à celui de Malte par Paul V. — *Chanoines du Saint-Sépulcre*, chanoines réguliers institués par Godefroy de Bouillon en 1099, pour desservir l'église du Saint-Sépulcre; ils furent supprimés par Innocent VIII en 1484.

SÉPULTURE (l. *sepultura*), *sf.* Action d'enterrer un mort avec le cérémonial habituel : *Procéder à la sépulture de quelqu'un.* ‖ Lieu où l'on enterre : *Saint-Denis était la sépulture des rois de France.* ‖ Tombeau : *Une magnifique sépulture.*

***SEQUANA**, *sf.* Nom latin de la Seine. — **Dér.** *Séquanais, Séquanaise, Séquanes, Séquanien, Séquanienne.*

SÉQUANAIS, AISE (l. *Sequana*, la Seine), *adj.* Qui appartient aux Séquanais : *Un chef séquanais.*

SÉQUANAIS, SÉQUANES ou **SÉQUANIENS** (l. *Sequana*, la Seine), *sm.* Peuplade gauloise qui habitait entre la Saône et le Jura (E. de la Bourgogne et Franche-Comté), et avait pour capitale Vesontio (Besançon). *Grande Séquanaise*, province de la Gaule romaine qui comprenait la Franche-Comté et l'O. de la Suisse.

SÉQUANAISE ou **SÉQUANIE**, la province romaine habitée par les *Séquanais* ou *Séquanes*. (V. ce mot.)

***SÉQUANIEN, IENNE** (l. *Sequana*, la Seine), *adj.* Qui appartient au bassin de la Seine : *Climat séquanien.* (V. *Climat.*)

SÉQUANIEN (l. *Sequana*, la Seine), *sm.* Assise inférieure du kimméridgien, caractérisée par l'*ostrea deltoïdea* et l'*ammonites tenuilobatus.*

SÉQUELLE [se-kel] (l. *sequela*, suite), *sf.* Ensemble de gens dévoués aveuglément à une personne, à un parti : *Se moquer de quelqu'un et de sa séquelle.* ‖ Grand nombre : *Une séquelle de questions.*

SÉQUENCE (l. *sequentia*, suite), *sf.* Suite de plusieurs cartes de la même couleur (trois au moins). ‖ Prose que l'on chante à la messe.

SÉQUESTRATION (l. *sequestrationem*), *sf.* Action de mettre en dépôt entre les mains d'un tiers. ‖ Crime qui consiste à détenir une personne malgré elle et à la priver de toute communication avec l'extérieur. Il est puni des travaux forcés.

1. SÉQUESTRE (*svm.* de *séquestrer*). État d'une personne, d'une chose remise en dépôt à un tiers par ordre de justice ou du consentement des parties qui s'en disputent la direction, la possession : *Mettre un enfant, des biens en séquestre.* ‖ La chose séquestrée : *Le séquestre a disparu.*

2. SÉQUESTRE (l. *sequester*), *sm.* Dépositaire d'une chose mise en séquestre : *Nommer un séquestre.* — **Dér.** *Séquestre 1, séquestrer, séquestration.*

SÉQUESTRER (l. *sequestrare*), *vt.* Mettre en séquestre : *Séquestrer une propriété.* ‖ Renfermer et détenir illégalement une personne : *Séquestrer un enfant.* ‖ Mettre à part, détourner. — Fig. Isoler : *On séquestrait les lépreux.* — **Se séquestrer**, *vr.* Vivre solitaire, sans vouloir voir personne.

SEQUIN (it. *zecchino* : ar. *sekkah*, coin pour frapper la monnaie), *sm.* Ancienne monnaie d'or d'Italie qui valait environ 12 francs. ‖ Monnaie d'or en usage dans le Levant et dont la valeur varie suivant le port.

***SÉQUOIA** (nom d'un Peau-Rouge), *sm.* Ou **Wellingtonia**, gigantesque arbre vert d'ornement originaire de la Californie, où il atteint 100 mètres de haut et 25 de circonférence à la base. Les séquoia ont joué un grand rôle dans la flore fossile (périodes crétacée et miocène); ils n'existent plus que dans les montagnes Rocheuses.

SERADJPOUR, 60 000 hab. Ville de l'Hindoustan anglais, sur le Gange.

SERAIEVO ou **BOSNA-SERAI**, 60 000 hab. Ville de la Turquie d'Europe, sur la Migliarza, capitale de la Bosnie. Grand entrepôt de commerce.

SÉRAIL (turc *seraï*), *sm.* Palais du sultan chez les Turcs. ‖ Par abus, harem. ‖ Les femmes qui le composent. — Pl. *des sérails.*

SERAIN, 529 mètres. Rivière qui descend des monts du Morvan, dans le canton de Pouilly; arrose Beurey-Beauguay, Marcilly, la Motte-Ternant, Fontangy, Vicq-sous-Thil, Précy-sur-Thil, Disy-sous-Thil, Montigny, Courcelles, Vieux-Château, Toutry, Guillon, Montréal, Noyers, Chablis, et se jette dans l'Yonne à Bonnard. Elle reçoit le ruisseau de Villargoix et l'Argentale.

SERAING, 30 180 hab. Ville de Belgique, sur la rive droite de la Meuse, à 6 kilom. en amont de Liège, où sont des houillères et l'un des plus importants établissements métallurgiques du monde, fondé en 1817 par J. Cockerill.

SERAMPOUR, 24 440 hab. Ville de l'Hindoustan anglais, au N. et près de Calcutta.

SÉRAN (Ain), 35 kilom. Rivière qui naît près de Brénod, aux rochers de Valromey, arrose Abbergement, Champagne-Vieux, Yon, longe le Grand-Colombier, traverse les marais de Lavours et se jette, au-dessous de Rochefort, dans le Rhône. Elle reçoit l'Arvière.

***SÉRAN** (vx fr. *serans*, svm. de *sérancer*), *sm.* Planchette garnie de longues pointes de fer dont on se sert pour peigner la filasse de lin et de chanvre.

***SÉRANÇAGE** (*sérancer*), *sm.* Action de sérancer; son résultat.

***SÉRANCER** (b.all. *schrantsen*, déchirer), *vt.* Peigner la filasse de lin ou de chanvre avec un séran. — **Gr.** *C* prend une cédille devant *a, o* : n. serançons, je serançais. — **Dér.** *Séran, sérançage, séranceur.*

***SÉRANCEUR** (*sérancer*), *sm.* Ouvrier qui peigne la filasse avec le séran.

SÉRANCOLIN, *sm.* Marbre des Pyrénées qui a l'aspect de l'agate et doit son nom au lieu d'où on le tire.

SÉRAPEUM [sé-ra-pé-ome], **SÉRANPÉON** ou **SÉRAMPION** (g. σεραπεῖον), *sm.* Tombeau du bœuf Apis retrouvé dans les ruines de Memphis, en 1851, par Mariette.

SÉRAPHIN (héb. *seraphim*, les brûlants), *sm.* Tout ange du premier chœur ou du premier ordre. — **Dér.** *Séraphique.*

SÉRAPHIQUE (*séraphin*), *adj. 2 g.* Propre aux séraphins. ‖ *L'ordre séraphique*, l'ordre des religieux franciscains. ‖ *Le docteur séraphique*, saint Bonaventure.

SÉRAPIS. (V. *Sarapis.*)

SÉRASKIÉRAT (*sérasquier*), *sm.* Habitation du sérasquier.

SÉRASQUIER ou **SÉRASKIER** (turc *serasker*), *sm.* Général en chef d'une armée ou commandant militaire d'une province chez les Turcs.

SERBE, *adj.* et *s. 2 g.* Qui appartient à la Serbie. ‖ Habitant de ce pays. — *Sm.* La langue nationale des Serbes de la famille des langues slaves.

SERBIE ou **SERVIE**, royaume formé par le traité de Berlin du 13 juillet 1878. Elle est bornée au N. par le Danube et par la Save, à l'O. par la Bosnie, à l'E. par la Roumanie et la Bulgarie, au S. par l'Albanie.

Le traité lui a accordé une augmentation de territoire dans la haute vallée de la Morava avec les villes de Nissa, Leskovatz, Vranja.

La Serbie est couverte de montagnes qui s'élèvent à mesure qu'on s'éloigne de la Save et du Danube : les bois occupent la plus grande partie du territoire, sauf les environs des villes et la plaine du Timok. Au S. règne une chaîne frontière qui prend divers noms : le Kapaonik (2000 mètres) ; le Javor, qui domine les sources de la Morava ; le Schargan. Entre la Morava et la Save s'étendent des plateaux (500 mètres), dans la région appelée Sumadja. A l'E., entre le Danube et la Morava, s'élève le Golubinsk Planina, dont le pic principal est le mont Stole (1 350 mètres). Ce pays prend successivement les noms de Kraïna (frontière) et de Zsnarena (noir).

La Serbie appartient au bassin du Danube, qui forme sa limite septentrionale depuis Belgrade jusqu'au confluent du Timok ; le Danube arrose Pancsova sur la Temes, Semendria au débouché de la vallée de la Morava, Bazias, Gradiska, Golubatz Milanovatz. Après les Portes de fer (V. *Danube*) on trouve Kladova, Brza, Palanka et Radoujevatz. Le Danube reçoit à droite : 1° La Save ; elle arrose Mitrovitz, Schabatz et se jette à Semlin ; les affluents de cette rivière sont : la Drina, qui forme la frontière occidentale ; elle coule du S. au N. par Malo Svornik, Losnitza et Racsa, où est son confluent ; et la Kolubara. 2° la Morava, formée de la Morava serbe et de la Morava bulgare ; cette dernière, sortie du Kara-Dagh, arrose Vranja, Leskovatz, Alexinatz ; elle se grossit de la Nissava, qui passe à Pirot et à Nissa.

La Morava serbe descend du Javor Golia, reçoit la Djetinja, l'Ibar qui baigne Mitrovitza et a pour affluents la Sitnitza et la Raschka. La grande Morava arrose Svilaïnatz, Passarovitz et se jette dans le Danube près de Semendria.

Le Timok coule par Kujarevatz et Saitschar, où il reçoit le Malo Timok.

La rive droite du Danube et la vallée inférieure de la Morava sont occupées par des alluvions séparées par une bande de miocène des terrains anciens qui s'étendent à l'E. de la Drina, et du crétacé dont les couches remplissent l'espace compris entre Kragujevatz et le Danube. A l'E. de la Morava le jurassique est bordé par le miocène à l'O. et le crétacé à l'E. Au S. de la même rivière les terrains primitifs renferment quelques enclaves de crétacé et de terrains quaternaires.

La Serbie a un sol fertile dont le huitième à peine est mis en valeur par des méthodes primitives. On élève beaucoup de bêtes à cornes, de moutons et de porcs dont l'exportation forme, avec celle des peaux et des laines, une grande partie du commerce. Les mines sont ou inexploitées ou concédées à des compagnies étrangères ; mines de cuivre et de houille d'Alexinatz. Jagodina fabrique des couteaux et Knyajevatz des tapis. La population du pays est de 1 970 032 hab., soit 40 par kilom. carré ; la superficie totale est de 48 586 kilom. carrés. La capitale est Belgrade (35 726 hab.) et les principales villes : Nisch 16 178, Leskovatz 10 807, Kragoujevatz 9 083, Vranja 8 908, Pirot 8 832, Semendria 5 200.

La Serbie a un réseau de chemins de fer de 365 kilom. Une ligne relie Belgrade à Constantinople par Nisch et Pirot, avec embranchement de Nisch sur Salonique par Vranja. L'armée est de 9 000 hommes sur le pied de paix ; l'appel des milices la porterait à 80 000 hommes.

La Serbie, indépendante depuis 1151, après avoir appartenu successivement aux Bulgares et aux Grecs, fut conquise par les Turcs en 1459, Belgrade fut pris en 1521. La paix de Passarovitz (1718), céda une partie du pays à l'Autriche, qui dut la restituer à la paix de Belgrade en 1739. En 1800, Georges Czerni se fait reconnaître prince de Serbie ; mais le traité de Bucharest rend à la Porte tous ses droits. Miloch Obrenovitch assure l'indépendance de la Serbie en 1835, lui donne une constitution en 1839. Renversé, puis rétabli, il meurt en 1860. Son fils Michel lui succède ; assassiné en 1868, il est remplacé par son neveu, le prince Milan. D'abord dévoué à la politique de Saint-Pétersbourg, représentée par la princesse russe Natalie, sa femme, le roi Milan s'en détacha plus tard pour écouter les inspirations de Berlin ; mais, à la suite de démêlés politiques avec les ministres et de profonds dissentiments avec la reine qu'il exila, il dut quitter la Serbie, et son fils Alexandre, âgé de douze ans, fut proclamé roi avec la régence de sa mère, rentrée de l'exil (1889), qui a tout récemment remis le pouvoir à un conseil de régence.

Le traité de Berlin de 1878 a fait de la Serbie un État indépendant qui a été érigé en royaume en 1882. Le pouvoir est héréditaire et le roi (*knias*) gouverne avec le concours d'un Conseil d'État et d'une Chambre (*Skouptchina*) de 160 membres dont 40 élus par le gouvernement et 120 par le peuple.

SERCK, 600 hab. Ile de la Manche (Angleterre), à 10 kilom. de Guernesey et à 30 kilom. de la côte de France.

SERDEAU (*servir de l'eau*), *sm.* Officier qui aidait à desservir la table du roi. ‖ Lieu où l'on portait la desserte de cette table. ‖ Endroit où se faisait la vente de cette desserte.

SÈRE, rivière du Tarn-et-Garonne, qui arrose Lavit, Lomagne, Castelmayran et se jette dans la Garonne.

SEREIN (l. *serum*, soir), *sm.* Vapeur d'eau contenue dans les couches inférieures de l'air et qui, l'été, après le coucher du soleil, tombe à l'état de pluie presque imperceptible, mais très froide et malsaine.

SEREIN (Jura). Rivière qui prend sa source aux rochers de Rosnay et se jette dans la Seille.

1. **SEREIN**, *sm.* Rosée du soir.

2. **SEREIN, EINE** (l. *serenum*), *adj.* Dont rien ne trouble la transparence : *Ciel serein.* — Fig. Qui annonce une grande tranquillité d'esprit : *Visage serein.* ‖ Exempt de trouble, d'agitation : *Vie sereine.* ‖ *Goutte sereine*, amaurose. (Méd.) — **Dér.** *Sérénité, sérénissime ; serein* 1 (?), *sérénade* (?). — **Comp.** *Rasséréner.*

SERENA (LA), ville du Chili. (V. *Coquimbo*.)

SÉRÉNADE (esp. *serenada* : l. *serum*, soir), *sf.* Concert que l'on donne le soir ou la nuit sous les fenêtres de quelqu'un.

SÉRÉNISSIME (l. *serenissimum*), *adj. sup.* 2 *g.* Très serein, titre d'honneur de certains princes, de certains États. ‖ S. A. S., Son Altesse sérénissime. ‖ La sérénissime République de Venise.

SÉRÉNITÉ (l. *serenitatem*), *sf.* Grande transparence : *La sérénité de l'air.* — Fig. État d'un esprit tranquille. ‖ Absence de trouble, d'agitation : *La sérénité de l'âme.* ‖ Titre d'honneur.

SÉRENT, 3120 hab. Com. du c. de Malestroit, arr. de Ploërmel. Ardoisières, mines de fer, monuments druidiques.

SÈRES (LES), *smpl.* Nom par lequel les anciens désignaient les Chinois et les autres peuples de l'Asie orientale.

SÉRÈS, 30 000 hab. Ville de la Turquie d'Europe (anc. Serræ), dans l'eyalet de Salonique. Grand commerce de tabac et de coton.

SERETH (anc. *Ararus*). Rivière qui vient de Galicie et se dirige au S.-E. à travers la Moldavie, arrose Sereth et Roman-Bakau. Elle se jette dans le Danube entre Galatz et Braïla. Elle reçoit à droite la Moldava, la Kistriza le Brotusch, le Miikow, le Buséo ; à gauche, le Berlat.

SERETH, 3 501 hab. Ville d'Autriche, prov. du Buckovine.

SÉREUX, EUSE (l. *serum*, petit-lait), *adj.* Qui présente la consistance de l'eau : *Liquide séreux.* ‖ Qui sécrète un liquide ayant la consistance de l'eau : *Membrane séreuse*, les membranes séreuses ont été comparées, quant à leur disposition, à un bonnet de coton dans l'état où il est quand on le porte sur la tête. La sérosité s'amasse entre les deux feuillets. Ex. : La plèvre ou enveloppe des poumons.

SERF, SERVE (l. *servum*, gardien, esclave), *s.* Quiconque, étant assujetti à un maître, ne peut disposer librement de sa personne, n'est pas apte à posséder et ne peut s'éloigner du lieu où on l'a établi : *Les serfs du moyen âge.* — *Adj.* Qui a le caractère de la servitude, de l'esclavage : *Condition serve.* — **Dér.** *Servage, servir.* (V. ce mot.) — **Comp.** *Conserver*, etc. ; *observer*, etc. ; *réserver*, etc.

SERFOUETTE (*serfouir*), *sf.* Sorte de pioche composée d'un manche en bois et d'un fer dont un des bouts présente une lame courbe, dont l'autre bout est formé de deux dents aussi longues que la lame et dont on se sert pour biner les plantes potagères très rapprochées les unes des autres.

SERFOUIR (vx fr. *cerfoir*, qui viendrait du l. *circumfodere*, fouir autour. Scheler propose *serpe+fouir*), *vt.* Gratter la surface du sol avec une serfouette, biner la terre. — **Dér.** *Serfouette, serfouissage.*

SERFOUISSAGE (*serfouir*), *sm.* Action de serfouir.

SERGE (l. *serica*, étoffe de soie), *sf.* Étoffe de laine, légère, croisée et de peu de valeur : *Lit de serge.* — **Dér.** *Sergier, sergerie.*

SERGE (SAINT-). Martyrisé en Syrie au IIIe ou au IVe siècle. Fête le 7 octobre.

SERGENT (l. *servientem*, servant), *sm.* Autrefois, officier de justice remplissant les fonctions de nos huissiers actuels. ‖ *Sergent à verge*, autrefois, homme de justice qui cumulait les fonctions d'huissier et de commissaire-priseur. ‖ Autrefois *sergent de bataille*, officier supérieur qui rangeait les troupes en bataille conformément aux ordres du général en chef. ‖ *Sergent d'armes*, autrefois sorte de

SERGENT

héraut dans les tournois, les cérémonies. ‖ Aujourd'hui, sous-officier d'une compagnie d'infanterie, supérieur aux caporaux. ‖ *Sergent-major*, le premier sergent d'une compagnie. ‖ *Sergent de ville*, agent de police chargé de maintenir l'ordre dans les rues et dans les lieux publics. ‖ Instrument de menuisier en bois ou en fer servant à maintenir l'une contre l'autre deux planches qu'il faut coller par la tranche. (V. *Rochelle* [*La*].) — **Dér.** *Sergenter, sergenterie.*

SERGENTER (*sergent*), *vt.* Poursuivre par ministère d'huissier. — Fig. Importuner, presser.

SERGENTERIE (*sergenter*), *sf.* Charge de sergent (vx).

SERGER ou **SERGIER** (*serge*), *sm.* Ouvrier qui fabrique des serges.

SERGERIE (*serge*), *sf.* Fabrique ou commerce de serge.

SERGINES, 1 102 hab. Ch.-l. de c., arr. de Sens (Yonne). Patrie de Thénard.

SERGIPE DO REY, 33 090 hab. Ville du Brésil à 12 kil. de l'Atlantique, ch.-l. de la province du même nom. — Province de Sergipe, au nord de celle de Bahia, 39 090 kilom. carrés. Sol montueux et peu fertile.

SERGIUS, patriarche de Constantinople, l'un des auteurs de l'hérésie des monothélites (630).

SERGIUS, nom de plusieurs papes : SERGIUS Ier, pape de 687 à 701, qui fut chassé de Rome pendant 7 ans et à qui l'on doit les processions de l'Assomption et de la Présentation et l'usage de chanter à la messe l'*Agnus Dei*. — SERGIUS II (844-847) sous le pontificat duquel les Sarrasins pillèrent les environs de Rome. — SERGIUS III (904-911). — SERGIUS IV, pape de 1009 à 1012. — SERGIUS ou SERGE (saint), anachorète russe né en 1315, mort en 1393, et est considéré comme l'un des protecteurs de la Russie.

SERGIUS PAULUS, gouverneur romain de l'île de Chypre, fut converti par saint Paul.

***SÉRIAIRE** (*série*), *adj.* 2 *g.* Qui fait partie d'une série. ‖ Qui se fait, qui se classe par série.

***SÉRIAL, ALE** (*série*), *adj.* Qui tient de la série, qui en a la nature.

SÉRICICOLE (l. *sericum*, soie + *colere*, cultiver), *adj.* 2 *g.* Qui concerne l'éducation des vers à soie et la production de cette substance : *Industrie séricicole.*

***SÉRICICULTEUR** (*séricicole*), *sm.* Celui qui élève les vers à soie.

SÉRICICULTURE ou **SÉRICULTURE** (du g. σήρ, soie + culture), *sf.* L'élevage des vers à soie.

***SÉRICINE** (g. σήρ, ver à soie), *sf.* Enduit gommeux de la soie brute.

***SÉRICIQUE** (du l. *sericum*, soie + sfx.

chimique *ique*), *adj. m.* Se dit d'un acide gras appelé aussi acide *myristique* et que l'on trouve dans les beurres de muscade, de coco, de vache, dans l'huile de croton, dans le pain de Dika, dans le blanc de baleine, etc. Il est solide et se présente sous la forme de petites plaques cristallines blanches et brillantes. Il fond à 53°. Il est insoluble dans l'eau et très soluble dans l'alcool bouillant, d'où il se précipite par le refroidissement; il est aussi très soluble dans l'éther.

***SÉRICITE** (du l. *sericum*, soie + sfx. *ite*), *sf.* Roche silicatée de couleur verdâtre que l'on rapproche des micas. Ses écailles soyeuses ondulées se clivent facilement suivant une direction; elles s'exfolient au chalumeau et fondent sur les bords en produisant une vive lumière, elles s'attaquent par les acides; leur dureté est celle du talc. Densité 2,9. Au microscope ces écailles apparaissent comme composées de petites fibres serrées. On en trouve beaucoup dans les schistes métamorphiques du Taunus et des Ardennes. Cette substance a été souvent confondue avec le talc.

SÉRIE (l. *seriem*), *sf.* Suite de quantités dont chacune est formée des précédentes d'une manière uniforme : *Les progressions arithmétiques et géométriques sont des séries.*

On dit qu'une série est *convergente* lorsque la somme des termes consécutifs, pris en nombre de plus en plus grand, à partir du premier, s'approche de plus en plus d'une certaine limite fixe, de manière à devenir aussi peu différente qu'on le veut de cette limite, qui est dite alors la *somme de la série*. Une progression géométrique décroissante est une série convergente. (V. *Progression*.)

La série est *divergente* quand la somme des termes n'a pas de limite *finie* ou de limite *déterminée*. Ainsi une progression géométrique croissante est une série divergente. Il en est de même d'une progression arithmétique.

La série suivante est divergente :

$$1 - 1 + 1 - 1 + 1 - 1 \ldots\ldots$$

parce que la somme est tantôt 1 et tantôt 0. Cette somme est *indéterminée*. Une série dont les termes vont toujours en décroissant n'est pas forcément convergente, ainsi l'étude de la série

$$1, \frac{1}{2}, \frac{1}{3}, \frac{1}{4}, \ldots \frac{1}{n}, \ldots$$

montre que cette série est divergente, bien que ses termes aillent constamment en décroissant.

Pour établir la *convergence* d'une série, on compare souvent celle-ci à une deuxième série qu'on sait être convergente.

Par exemple, une série est convergente, si les termes de la première série sont, à partir d'un certain rang, fort éloigné si c'est nécessaire, mais d'un rang fini, tous moindres que les termes correspondants, ou de même rang, de la deuxième série.

Une série est convergente :

1° Lorsqu'à partir d'un certain rang fini le rapport d'un terme au précédent, c'est-à-dire le quotient de la division d'un terme par le précédent, reste constamment inférieur à une quantité plus petite que l'unité. Ainsi, dans la série :

$$1, \frac{1}{1}, \frac{1}{2}, \frac{1}{1.\ 2.\ 3}, \frac{1}{1.\ 2.\ 3.\ 4}, \ldots$$
$$\ldots \frac{1}{1.\ 2.\ 3\ldots p}, \frac{1}{1.\ 2.\ 3\ldots p\ (p+1)}, \ldots\ldots$$

le rapport général d'un terme au précédent est :

$$\frac{1}{p + 1}$$

quantité plus petite que l'unité. La série proposée est donc convergente. La somme de la série précédente égale 2,7182818. . . . . . .

Ce nombre, que l'on appelle e, est *la base des logarithmes népériens* ou *hyperboliques*.

2° Lorsque les termes d'une série décroissent constamment et indéfiniment, et, de plus, s'ils sont alternativement positifs et négatifs, la série est convergente.

3° Quand tous les termes d'une série sont positifs, si pour toutes les valeurs de n (n indiquant le rang d'un terme) qui surpassent un certain nombre déterminé, on trouve (u étant le dernier terme) que l'expression $\sqrt[n]{u_n}$ est constamment inférieure à une quantité plus petite que 1, la série est convergente.

Le nombre m étant quelconque, mais *réel*, le développement de :

$$\left(1 + \frac{1}{m}\right)^m,$$

effectué d'après la loi du binôme de Newton, donne une série qui a pour limite le nombre e, lorsque e tend vers l'infini.

Parmi les séries, citons celles qui donnent les valeurs des logarithmes. En appelant $l\ (1 + x)$ le logarithme népérien de $(1 + x)$, on a :

$$(1) \quad l(1 + x) = x - \frac{x^2}{2} + \frac{x^3}{3} - \frac{x^4}{4} + \ldots\ldots$$

$$(2) \quad l(1 - x) = -x - \frac{x^2}{2} - \frac{x^3}{3} - \frac{x^4}{4} - \ldots\ldots$$

Ces deux séries sont convergentes pour des valeurs de x comprises entre 0 et 1.

En retranchant (2) de (1), on obtient :

$$(3) \quad l\left(\frac{1+x}{1-x}\right) = 2\left(x + \frac{x^3}{3} + \frac{x^5}{5} + \frac{x^7}{7} + \ldots\ldots\right)$$

Si l'on pose $\frac{1 + x}{1 - x} = 1 + \frac{y}{n}$,

n étant un nombre que l'on fait successivement égal à 1, à 2, à 3, etc.

il vient $\quad x = \frac{y}{2\,n + y}$

et $\quad l\left(\frac{1 + x}{1 - x}\right) = l\ (n + y) - l\ n;$

donc

$$l(n + y) = l\,n + 2\left[\frac{y}{2\,n + y} + \frac{y^3}{3\,(2\,n + y)^3} + \frac{y^5}{5\,(2\,n + y)^5 + \ldots\ldots}\right]$$

et pour $\quad y = 1$

$$(4) \quad l(n + 1) = l\,n + 2\left[\frac{1}{2\,n + 1} + \frac{1}{3\,(2n + 1)^3} + \frac{1}{5\,(2\,n + 1)^5} + \ldots\ldots\right]$$

Cette série donnera les logarithmes népériens des nombres entiers consécutifs, en y faisant successivement $n = 1, = 2, = 3, \ldots$

En multipliant la série par le *module*

$$M = \frac{1}{l\ 10} = 0{,}434294482$$

on obtient la série suivante qui donne les *logarithmes vulgaires* ou de *Bright*, c'est-à-dire les logarithmes à base 10 :

$$(5) \quad log\ (n + 1) = log\ n + 2\ M\left[\frac{1}{2\,n + 1} + \frac{1}{3\,(2\,n + 1)^3} + \frac{1}{5\,(2\,n + 1)^5} + \ldots\ldots\right]$$

On peut abréger le calcul des logarithmes pour lesquels les séries sont peu convergentes par des artifices particuliers.

Le développement en séries est très usité en mathématiques; c'est ainsi que l'on obtient, en fonction de x, les valeurs de $sin\ x$, de $cos\ x$, de $tang\ x$ et des fonctions inverses : *arc sin x*, *arc cos x*, *arc tg x*, ces dernières expressions signifiant : arc dont le sinus ou bien le cosinus ou bien la tangente a pour valeur la quantité x. ‖ Suite, succession : *Une série de questions.* ‖ Chacun des groupes dans lesquels on partage des objets que l'on classe : *La série des portraits dans un musée.* ‖ Succession d'êtres organisés, rangés d'après leurs affinités naturelles et leur degré croissant de complication : *La série animale.*

SÉRIEUSEMENT (*sérieuse* + sfx. *ment*), *adv.* En attachant de l'importance à une chose : *Agir sérieusement.* ‖ Sans plaisanterie : *Parler sérieusement.* ‖ Froidement : *Recevoir quelqu'un sérieusement.*

SÉRIEUX, EUSE (bl. *seriosum*), *adj.* Qui considère comme important tout ce qu'il fait ou dit : *Homme sérieux.* ‖ Qui n'est pas enjoué : *Mine sérieuse.* ‖ Important : *Un intérêt sérieux.* ‖ Qui peut avoir des suites fâcheuses : *Maladie sérieuse.* ‖ Sincère, vrai : *Une affirmation sérieuse.* ‖ Qui n'est pas simulé. *Une dette sérieuse.* — *Sm.* Gravité dans l'air, dans les manières : *Garder son sérieux.* ‖ Ce qu'on regarde comme important : *Le sérieux d'une affaire.* ‖ *Prendre une chose au sérieux*, y attacher de l'importance, s'en formaliser. ‖ Caractère de celui qui considère comme important tout ce qu'il fait ou dit : *Le sérieux de cet homme me déplaît.* — **Dér.** *Sérieusement.*

SÉRIFONTAINE, 1 235 hab. Ch.-l. de c. du Coudray, arr. de Beauvais (Oise). Usine à zinc et à laiton.

SÉRIMÈTRE, *sm.* Instrument inventé par M. Robinet (1838) pour mesurer la force et l'élasticité de la soie.

SERIN, INE (db. de *sirène*), *s.* Genre d'oiseaux de la famille des Fringilles et de l'ordre des Passereaux, remarquables par la beauté de leur chant, auquel appartiennent le *cini* ou *serin vert* des bords de la Méditerranée et le *serin jaune* des Canaries. — Fig. et pop. Homme qui se laisse aisément duper. — **Dér.** *Seriner, serinette, serinage.*

***SERINAGE** (*seriner*), *sm.* Action de seriner.

***SÉRINE** (de *serum*), *sf.* Substance albuminoïde contenue dans le sérum du sang et qui se rapproche beaucoup de l'albumine du blanc d'œuf. La *sérine*, lorsqu'elle a été obtenue par la dyalise et desséchée dans le vide, est de couleur ambrée, cassante. Portée à la température de 100°, elle ne perd pas la propriété de se dissoudre. Néanmoins les solutions de sérine louchissent à 60° et se coagulent à 71°. La sérine est plus facilement dialysable à travers les membranes animales que l'albumine.

SERINER (*serin*), *vt.* Apprendre à chanter à un serin au moyen de la serinette. ‖ Jouer un air avec la serinette. — Fig. et fam. *Seriner une chose à quelqu'un*, la lui répéter un grand nombre de fois pour qu'il la retienne.

SERINETTE (*seriner*), *sf.* Petit instrument de musique, contenu dans une boîte, avec lequel, en tournant une manivelle, on peut jouer des airs pour les apprendre aux serins.

SERINGA, SERINGAT ou **SYRINGA** (*syrinx*, tuyau), *sm.* Genre de plantes dicotylédones de la famille des Philadelphées dont les espèces sont des arbrisseaux cultivés dans les jardins comme plantes d'ornement. Les principales de ces espèces sont : 1° le *seringa des jardins*, arbrisseau indigène qui atteint 2m,50 de hauteur et donne en juin des fleurs blanches très odorantes. Cette espèce a donné plusieurs variétés dont l'une a les fleurs panachées. 2° Le *seringa à grandes fleurs* se recommande aux amateurs pour ses grandes fleurs. 3° Le *seringa du Mexique*, plante d'orangerie aux rameaux grêles et diffus portant de petites feuilles ovales dentées sur les bords et de très grandes fleurs odorantes.

SERINGA

***SERINGAGE** (*seringue*), *sm.* Arrosage des arbres au moyen d'une pompe portative.

SERINGAPATAM, 11 000 hab. Ville de l'Hindoustan anglais, sur le plateau du Dekkan, ancienne capitale de Tippoo-Saëb.

SERINGUE (g. σύριγξ, roseau), *sf.* Sorte de petite pompe à main dont on se sert pour donner des lavements, faire des injections, etc. La seringue a été inventée sous Louis XIV par le médecin Régnier de Graaf. Aujourd'hui elle est remplacée par l'irrigateur du docteur Aiguisier. ‖ *Seringue de Pravaz*, petite seringue en argent, de la contenance d'un gramme d'eau, et dont le piston, muni d'un curseur, est gradué, de telle sorte que l'on peut donner un nombre de gouttes déterminé. Cette seringue sert à introduire sous la peau des substances médicamenteuses. — **Dér.** *Seringuer.*

SERINGUER (*seringue*), *vt.* Lancer un liquide avec une seringue.

SERINO, 6203 hab. Ville d'Italie, prov. d'Avellino. Usines à fer.

SERIO, rivière d'Italie qui passe à Bergame et se jette dans l'Adda. Cours de 110 kilom.

***SÉRISSE** (l. *serissa*), *sf.* Genre de plantes dicotylédones de la famille des Rubiacées, dont une espèce, la *sérisse fétide* (*serissa fœtida*), est originaire du Japon et cultivée en orangerie comme plante d'ornement, bien que les boutons de ses fleurs et ses jeunes pousses, froissés entre les doigts, exhalent une odeur analogue à celle des excréments humains.

SERMAISE, 385 hab. Commune du canton de Leiches, arr. de Baugé (Maine-et-Loire). Ferme-école, fours à chaux.

SERMAIZE, 2437 hab. Sur la Saulx, com. du c. de Thiéblemont, arr. de Vitry (Marne). Source d'eau minérale ferrugineuse sulfatée magnésienne. Hauts fourneaux, sucrerie.

SERMANO, 251 hab. Ch.-l. de c., arr. de Corte (Corse).

SERMENT (l. *sacramentum;* db. de sacrement), *sm.* Promesse ou affirmation faite en prenant à témoin Dieu ou ce qu'on regarde comme sacré. — **Fig.** *Serment de joueur* ou *d'ivrogne,* sur lequel il ne faut pas compter. ‖ Par allusion à la haine qu'Annibal enfant jura aux Romains : *Un serment d'Annibal,* un serment fidèlement exécuté. ‖ *Serment de 842* ou *de Strasbourg,* ceux que prononcèrent Charles le Chauve, Louis le Germanique et leurs armées respectives lorsque ces deux frères conclurent une alliance contre Lothaire. Le serment de Louis le Germanique et celui des soldats de Charles le Chauve sont le plus ancien monument de la langue française. ‖ *Serment du Jeu de paume,* celui que prononcèrent à Versailles, dans la salle du Jeu de paume, le 20 juin 1789, les membres de l'Assemblée nationale et par lequel ils déclarèrent qu'ils ne se sépareraient pas avant d'avoir donné une constitution à la France. ‖ Jurement : *Un serment exécrable.* — **Comp.** *Assermenter.*

SERMIERS, 818 hect. Forêt domaniale de la Marne, peuplée de chênes, de hêtres et de diverses autres essences.

SERMON (l. *sermonem,* discours), *sm.* Discours qu'un prédicateur prononce dans une église pour enseigner le dogme ou la morale : *Les sermons de Bossuet.* ‖ Remontrance ennuyeuse et importune : *Il n'aime pas les sermons.* — **Dér.** *Sermonner, sermonnaire, sermonneur, sermonneuse.*

SERMONNAIRE (*sermon*), *sm.* Recueil de sermons. ‖ Prédicateur dont il existe des recueils de sermons. — *Adj. 2 g.* Qui convient au sermon : *Le genre sermonnaire.*

SERMONNER (*sermon*), *vt.* Faire des remontrances ennuyeuses et hors de propos : *Il sermonne toujours.*

SERMONNEUR, EUSE (*sermonner*), *s.* Personne qui a la manie de sermonner.

SERMONT, riv. qui descend des collines du canton de Randan (Puy-de-Dôme), arrose Brughéas et se jette dans l'Allier à Vichy.

SERNÈS (LE), pays de l'ancienne France, aujourd'hui compris dans les arr. de Bordeaux et de Bazas.

SERNIN DU BOIS (SAINT-), 1760 hab. Com. du c. de Couches-les-Mines, arr. d'Autun (Saône-et-Loire). Mines de fer de Mazenay, fours à plâtre.

SERNIN (SAINT-), 1254 hab. Ch.-l. de c., arr. de Saint-Affrique (Aveyron). Draperies.

***SÉROLINE** (de *serum*), *sf.* Substance albuminoïde qui existe dans le sang, d'où on l'extrait. Elle se présente sous la forme d'aiguilles ou de lamelles striées dont les extrémités se divisent en pointes longues et aiguës. La séroline est, dit-on, identique à la *stercorine* des fèces des animaux omnivores, et qui provient de la transformation de la cholestérine.

SÉROSITÉ (*séreux*), *sf.* Liquide sécrété par les membranes séreuses. ‖ Partie du sang, du lait et d'autres humeurs du corps composée d'eau en majeure partie. (V. *Sang, Lait.*) ‖ Liquide de la consistance de l'eau qui s'épanche dans les hydropisies, qui remplit les ampoules causées par les brûlures, les vésicatoires.

1. ***SÉROTINE** (l. *serotinum,* tardif), *adj.* et *sf.* Membrane qui se trouve entre l'utérus et le placenta, mais ne tombe pas avec ce dernier.

2. ***SÉROTINE** (l. *serotinum,* du soir), *sf.* Espèce de chauve-souris du genre Vespertilion qui a plus d'un pied d'envergure. Son pelage est brun fauve. C'est une de nos plus grosses espèces.

SERPA, 11894 hab. Ville forte du Portugal (Alentéjo). Sur la Guadiana. Chutes de la Guadiana.

SERPE (vx fr. *sarpe,* sv. du l. *sarpere,* émonder), *sf.* Sorte de petite faux emmanchée dans une poignée en bois et servant à émonder, à ébrancher les arbres. ‖ *Ouvrage fait à la serpe,* très grossièrement fait.

SERPENT (l. *serpentem,* rampant), *sm.* Tout reptile privé de pieds et dont le corps très allongé et cylindrique se meut au moyen de replis qu'il fait sur le sol : *La vipère est un serpent venimeux.* (V. *Ophidiens.*) ‖ *Serpent à sonnettes,* le crotale. — Fig. *Le serpent de l'envie, de la calomnie,* l'envie, la calomnie. — Fig. Un traître, un perfide. — *Réchauffer un serpent dans son sein,* rendre service à quelqu'un qui nous fera du mal plus tard. — Fig. *Une langue de serpent,* une personne très médisante. ‖ *Le serpent,* le démon qui tente les hommes. ‖ Instrument à vent et en forme de serpent et servant à accompagner le plain-chant dans les églises. Au xve siècle, cet instrument de musique était fabriqué en cuir bouilli, et était usité dans les concerts. ‖ Celui qui joue de cet instrument. ‖ *Serpent de Pharaon,* mélange de sulfocyanure de mercure (Hg^2CyS^2) et de salpêtre qui, enflammé au moyen d'une allumette, brûle en donnant naissance à une sorte de ruban ressemblant à un serpent. Le gonflement de cette substance est dû à un dégagement très abondant d'azote et de vapeurs de carbone. Cette substance, inventée en 1866 par un nommé Barnett, est un poison redoutable, et l'on a eu raison d'en proscrire l'usage. — **Dér.** *Serpente* 1 et 2, *serpentin* 1, *serpentine, serpentin* 2, *serpentine* 1, 2 et 3, *serpenteau, serpentelle, serpenter, serpentaire* 1 et 2, *serpentarine, serpentineux, serpentineuse.* — **Comp.** *Serpentiforme.*

1. **SERPENTAIRE** (l. *serpentaria*), *sf.* Espèce de cactus à tige rampante et à grandes fleurs rouges. ‖ Espèce d'arum dont les grandes fleurs, violettes, ont une odeur cadavérique. ‖ *Serpentaire de Virginie,* espèce d'aristoloche, originaire de l'Amérique du Nord et dont la racine est tonique et sudorifique. Elle est douée d'une odeur forte, pénétrante et aromatique; sa saveur est amère et aromatique. A haute dose, elle détermine des nausées, des selles et des troubles cérébraux; elle jouit, en outre, de la propriété d'activer la circulation du sang. Elle est inusitée aujourd'hui. ‖ *Serpentaire femelle,* la bitorte.

SERPENTAIRE

2. **SERPENTAIRE** (l. *serpentarium*), *sm.* Grand oiseau de proie appelé encore *messager* ou *secrétaire* et qui se nourrit principalement de serpents, de reptiles, de tortues et d'insectes. Il a le bec très crochu et largement fendu; ses jambes sont hautes et lui donnent l'aspect d'un échassier; les tarses sont recouverts d'écailles larges et dures. Ses ailes sont courtes, mais munies de plaques osseuses et lui servent de bouclier dans ses combats contre les serpents. Il niche dans des buissons touffus ou au sommet des arbres élevés. Jeune, il s'apprivoise facilement; aussi les habitants du Cap l'ont-ils domestiqué; placé dans les basses-cours il détruit les serpents venimeux qui s'y introduisent et rétablit l'ordre et la paix entre les gallinacés qui seraient tentés de les troubler; mais il ne faut pas oublier de lui donner à manger, sans cela il se sert lui-même en dévorant deux ou trois poulets pour son déjeuner. On l'a introduit dans les Antilles, où il rend de très grands services en débarrassant ces îles des reptiles de toutes sortes qui y pullulent. Le serpentaire est un oiseau coureur, c'est pourquoi on l'appelle quelquefois *messager.* (V. ce mot.)

SERPENTAIRE

3. **SERPENTAIRE** (l. *serpentarius*), *sm.* ou **Ophiucus.** Constellation boréale figurée sous les traits d'Esculape tenant un serpent.

1. ***SERPENTE** (*serpent*), *sf.* Mot par lequel La Fontaine désigne la femelle du serpent.

2. **SERPENTE** (*serpent*), *sf.* Sorte de papier très fin et transparent.

SERPENTEAU (dm. de *serpent*)), *sm.* Serpent très jeune. ‖ Petite fusée d'artifice contenue dans une plus grosse, et qui s'élève d'un mouvement sinueux.

SERPENTER (*serpent*), *vi.* Avoir un cours tortueux, une direction sinueuse : *Un ruisseau qui serpente.*

1. **SERPENTIN** (*serpent*), *sm.* Chien fixé sur la platine d'un mousquet et auquel était adaptée la mèche. ‖ Grosse couleuvrine. ‖ Tuyau courbé en tire-bouchon, adapté au sommet d'un alambic, traversant un réfrigérant et aboutissant à un récipient dans lequel il verse le produit condensé d'une distillation.

2. **SERPENTIN, INE** (l. *serpentinum,* de serpent), *adj.* Qui rappelle les replis, l'aspect, le caractère du serpent. ‖ *Marbre serpentin,* marbre vert contenant des veines de serpentine.

1. **SERPENTINE** (Jura). Torrent qui sort du lac de Bief, passe entre Mièges et Nozeroy, et se jette dans l'Ain; son cours est semé de cascades nombreuses. Cette rivière reçoit le Gouffre de l'Houle et le Trébief.

2. **SERPENTINE,** *sf.* Ancienne pièce d'artillerie d'un petit calibre. ‖ L'ophite, pierre généralement vert terne, rayée, tachetée ou veinée; douce au toucher sans être onctueuse; légère, tendre, formée essentiellement de silicate de magnésie hydraté. La couleur verte peut varier du vert-poireau au vert noirâtre en passant par le vert-pistache; elle peut être remplacée par des teintes grises ou brunes. Quelquefois cette pierre présente un léger éclat, quelquefois aussi elle est translucide, ou même transparente. Sa dureté varie entre celle du calcaire et celle du spath fluor; sa densité est comprise entre 2, 5 et 2, 7. Une certaine quantité de protoxyde de fer remplace toujours une partie de la magnésie, en moyenne 3 p. 100. On distingue la *serpentine* dite *noble* et la *serpentine commune. La première* peut être jaune-soufre, vert-serin, vert d'asperge, vert-poireau, blanc verdâtre et blanc jaunâtre; elle est transparente; sa cassure est unie et un peu brillante. On la trouve en Norvège, en plusieurs points de l'Oural et de l'État de New-York. Elle est employée pour la décoration des monuments. *La serpentine commune* est foncée, opaque, elle a une cassure esquilleuse et terne. Elle constitue des montagnes entières et forme des filons considérables. On la taille et on la tourne pour en faire des vases, des assiettes, des mortiers, des objets d'ornement. Elle est employée aussi comme matière réfractaire. On l'a utilisée à Remiremont pour la fabrication du sulfate de magnésie en grand. On la trouve : en France, à Épinal; en Saxe, à Zœblitz.

SERPENTINEUX, EUSE (*serpentine* 2), *adj.* Qui est de la nature de la serpentine ou ophite : *Roche serpentineuse.*

***SERPER** (de l'ital. *serpare*), *vt.* Arracher. ‖ *Serper le fer,* lever l'ancre. (Mar.)

SERPETTE (dm. de *serpe*), *sf.* Petite serpe de la dimension d'un fort couteau et servant à tailler les arbres.

***SERPILLIÈRE** (du bl. *serapellinæ, serampellinæ,* vestes, vieux habits [?]), *sf.* Toile grossière et très claire. ‖ Tablier fait avec cette toile et que portent les épiciers, les jardiniers, etc.

***SERPILLIÈRE** (dm. de *serpe*), *sf.* La courtillière.

***SERPILLON** (dm. de *serpe*), *sm.* Petite serpe.

SERPOLET (dm. de vx fr. *serpol* : l. *serpullum*), *sm.* Espèce du genre thym à fleurs purpurines qui croît sur les pelouses sèches, le long des chemins et dont on fait une infusion tonique, d'un arome très agréable. Les lapins et les moutons n'y touchent jamais, les abeilles butinent sur ses fleurs. (V. *Thym.*)

SERPOUCHOW, 15000 hab. Ville de la Russie d'Europe, gouvernement de Moscou, sur l'Oka. Draps, cuirs, toile à voiles.

***SERPULA** (ml. *serpent*), *sf.* Tubes calcaires recourbés, quelquefois isolés, souvent en groupes. Les serpula sont abondantes dans le jura brun, le jura blanc et le crétacé.

***SERPULE** (l. *serpula*, serpent), *sf.* Genre d'annélides dont le corps allongé, un peu déprimé et aminci en arrière, est terminé en avant par un panache très élégant de filaments charnus qui constituent les branchies. Les serpules habitent un tube charnu ou calcaire qu'elles ont la propriété de sécréter et qui se trouve engagé dans le sable du rivage de la mer. Les espèces de ce genre sont assez nombreuses : on les rencontre sur nos côtes, en Norvège, dans les mers d'Amérique, aux Antilles, etc. On en voit aussi des débris dans les terrains les plus anciens, tels que le carbonifère. Le triasique en possède quelques espèces. Leur nombre s'accroît encore dans le jurassique et le crétacé, mais il diminue dans les terrains tertiaires. Les serpules sont connues sous le nom vulgaire de *tuyaux de mer*. — **Dér.** *Serpulit, serpulita.*

SERPULIT (*serpule*), *sm.*, ou **Calcaire à serpules,** assise du système oolithique. On l'observe en Hanovre dans une couche dont la base est formée d'argiles schisteuses grises avec plaquettes ; au milieu sont des schistes et des calcaires bitumineux surmontés de calcaires massifs.

SERPULITES (*serpule*), *sf.* Tubes calcaires contenant beaucoup de substances organiques. Ils sont très grands, atteignant un pied de long, déprimés, lisses, légèrement recourbés. On en rencontre dans le terrain silurien.

SERQUIGNY (Eure), 1200 hab., sur la Charentonne. Tissages et filatures.

SERRA-CAPRIOLA, 4749 hab. Ville d'Italie, province de Capitanate.

***SERRADELLE** (*x*), *sf.*, ou **Pied-d'oiseau.** Plante légumineuse, fourragère, que l'on cultive dans les terrains sablonneux. (V. *Pied-d'oiseau.*)

SERRA-DI-FALCO, 6262 hab. Ville de Sicile, province de Caltanissetta.

SERRA-DI-SCOPAMENE, 739 hab. Ch.-l. de c., arr. de Sartène (Corse).

SERRA-DOS-ORGAOS, chaîne de montagnes du Brésil, qui s'étend en face Rio de Janeiro.

***SERRAGE** (*serrer*), *sm.* Action de serrer.

SERRAMANA, 2961 hab. Ville de Sardaigne, province de Cagliari.

***SERRAN** (l. *serranum* : de *serra*, scie), *sm.* Genre de poissons de l'ordre des Acanthoptérygiens et de la famille des Perches dont le préopercule est dentelé et l'opercule osseux terminé par deux ou trois épines plates ; le crâne et les opercules sont écailleux, et la dorsale est unique. Le genre serran se partage en trois sous-genres, qui sont : 1° Les *serrans proprement dits*, dont l'espèce la plus intéressante est le *serran écriture*, dont les écailles sont diaprées de rouge, de violet, de lilas, d'orangé, de blanc. Il se fait aussi remarquer par les lignes d'un bleu argenté, frangées de noir, qu'il porte sur la tête, et ressemblant à une écriture hiéroglyphique. Le dos et les flancs sont, en outre, ornés de bandes verticales d'un brun foncé. Cette espèce, dont la chair est très délicate, habite les fonds rocheux de la Méditerranée et de l'Atlantique, où on la pêche toute l'année. Parmi les autres espèces on cite encore le *petit serran à tache noire* sur la dorsale, que l'on rencontre dans les mêmes parages. II° Les *barbiers*, aux couleurs éclatantes et qui se trouvent dans les mêmes eaux, ainsi que les côtes de l'Amérique. III° Les *mérous*, dont une espèce, appelée vulgairement *grand serran* ou *mérou*, est de grande taille et de couleur brune. Sa chair est savoureuse et très estimée ; on le rencontre sur les côtes de la Méditerranée.

SERRANO (1810-1879), duc de la Torre, général espagnol, contribua puissamment à détrôner la reine Isabelle en 1868, gouverna l'Espagne avec le titre de régent, jusqu'à l'avènement d'Amédée Ier (1870) et demeura président du conseil jusqu'au coup d'État qui donna la couronne à Alphonse XII (1874).

SERRASAN-BRUUS, 5540 hab. Ville du S. de l'Italie, province de Calabre.

SERRASTRETTA, 5117 hab. Ville d'Italie, province de Calabre.

SERRAT (Mont), 1321 mètres. Montagne d'Espagne, province de Catalogne, à 40 kilom. O. de Barcelone.

SERRATÉ (l. *serratum*, qui a des dents), *adj.* Se dit d'une monnaie romaine dont le cordon est découpé en scie.

***SERRATULE** (l. *serratula* : *serra*, scie), *sf.* Genre de plantes dicotylédones de la famille des Composées auquel appartient la *serratule tinctoriale*, à fleurs rouges, dont la racine fournit une très belle couleur jaune plus solide que celle de la gaude. Cette plante se rencontre dans les bois, les prés et les haies de toute l'Europe. Elle était autrefois considérée comme vulnéraire.

SERRAVALLE-PISTOUSE, 5050 hab. Bourg d'Italie, province de Florence.

SERRAVALLE-TREVISANO, 5714 hab. Bourg d'Italie, province de Trévise.

SERRE, *svf.* de *serrer*. Action de serrer. ‖ Action de soumettre les fruits, un marc au pressoir : *Vin de première serre.* ‖ Pied des oiseaux de proie : *Les serres de l'aigle.* ‖ Bâtiment dont les parois sont, en totalité ou en partie, formées par un vitrage et où on loge des végétaux pour les garantir du froid. ‖ *Serre froide*, celle où la température est maintenue constamment entre 10° et 0°. ‖ *Serre tempérée*, celle dont la température est maintenue entre 15° et 6°. ‖ *Serre chaude*, celle dont la température est toujours comprise entre 15° et 30°. — Fig. *Un fruit de serre chaude*, un homme qui a acquis des talents précoces par un travail excessif.

SERRE, rivière qui prend sa source dans les Ardennes. Elle baigne Rozoy, Montcornet, Marle, Crécy et se jette dans l'Oise. Elle reçoit le Vilpion, la Souche et le Péron. Cours de 104 kilom.

SERRE (Comte de) (1776-1824). Magistrat et homme politique français, président de la Chambre des députés en 1817, ministre de la justice dans les ministères Decazes et Richelieu. Mort ambassadeur à Naples.

SERRÉ, ÉE, *adj.* Étreint, pressé : *La mère tient son enfant serré dans ses bras.* — Fig. *Avoir le cœur serré*, être très affligé. ‖

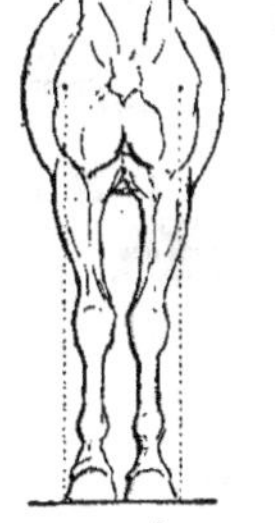

SERRÉ DU DEVANT

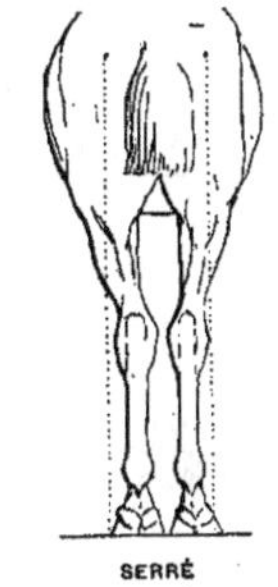

SERRÉ DU DERRIÈRE

Placé très près : *Des arbres serrés.* ‖ Formé de parties pressées les unes contre les autres : *Étoffe serrée.* ‖ Étroit : *Un défilé serré.* ‖ Qui enlace, enveloppe étroitement : *Un habit serré.* ‖ Serré du devant, se dit d'un cheval dont les membres antérieurs sont trop rapprochés l'un de l'autre. Lorsque les jarrets et les pieds se touchent presque, le cheval est dit *serré du derrière*. — Fig. Qui ne contient que les mots strictement nécessaires : *Style serré.* ‖ Avare : *Un homme serré.* ‖ Circonspect : *Un adversaire serré.* — *Adv.* En masse compacte : *La neige tombe serrée.* ‖ Bien fort : *Il gèle serré.* ‖ *Jouer serré*, jouer avec une prudence excessive. — Fig. Agir avec une extrême circonspection.

SERRE-FILE (*serrer* + *file*), *sm.* Officier ou sous-officier placé en arrière d'une troupe en bataille. ‖ Vaisseau qui marche en arrière des autres. — Pl. *des serre-files.*

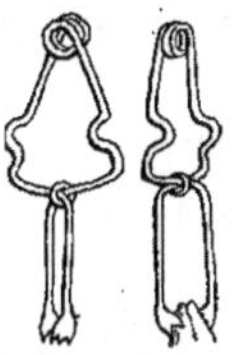

SERRE-FINE

***SERRE-FINE** (*serrer* + *fine*), *sf.* Petit instrument chirurgical dont les branches, de l'épaisseur d'une épingle et en forme de pinces, sont armées d'un ressort permettant d'agir, à pression continue, pour saisir les lèvres d'une plaie sans pénétrer dans la peau et les tenir au contact pendant un certain temps. — Pl. *des serre-fines.*

SERRE-FREIN (*serrer* + *frein*), *sm.* Employé chargé de serrer le frein dans un train de chemin de fer. — Pl. *des serre-freins.*

1. **SERRÉMENT** (*serrée* + sfx. *ment*), *adv.* Avec parcimonie, chichement.

2. **SERREMENT** (*serrer*), *sm.* Action de serrer. — Fig. *Serrement de cœur*, grande tristesse. ‖ Digue qui sert à arrêter les eaux dans les galeries de mine.

SERRE-NEZ (*serrer* + *nez*), *sm.* Corde serrée avec un morceau de bois autour de la lèvre supérieure d'un cheval. — Pl. *des serre-nez.*

SERRE-NŒUD (*serrer* + *nœud*), *sm.* Instrument de chirurgie servant à serrer les nœuds et qui se compose de deux petits tubes dans lesquels passe le fil destiné à serrer les tissus.

SERRE-PAPIERS (*serrer* + *papiers*), *sm.* Réduit situé derrière un bureau et où l'on serre des papiers. ‖ Casier en bois pour mettre des papiers. ‖ Disque ou boule de marbre, de bronze, de verre, etc., qu'on pose sur des papiers pour les empêcher de se disperser.

***SERRE-POINTS** ou ***SERRE-POINT** (*serrer* + *point*), *sm.* Outil de bourrelier.

SERRER (bl. *serare*, fermer à clef : de *sera*, serrure), *vt.* Lier fortement, étreindre, presser : *Ce col me serre le cou.* — Fig. *Serrer les pouces à quelqu'un*, lui faire une violence morale. ‖ *Serrer le cœur*, affliger vivement. ‖ Mettre très près, en contact : *En plantant ces arbustes, on les a trop serrés.* ‖ *Serrer les dents*, presser la mâchoire supérieure contre l'inférieure. ‖ *Serrer son écriture*, rapprocher les lettres ou les lignes les unes des autres. ‖ *Serrer les rangs*, les rapprocher. ‖ Raser en passant : *Serrer la muraille, le rivage.* ‖ *Serrer les voiles d'un navire*, les rouler le long des vergues. — Fig. *Serrer le vent*, naviguer aussi près que possible de la direction du vent. — Fig. *Serrer de près une ville assiégée*, la bloquer plus étroitement. — Fig. *Serrer son style*, retrancher tout mot qui n'est pas indispensable. — Fig. Aux dames, au trictrac : *Serrer son jeu*, ne pas disséminer ses pièces. ‖ Ranger en lieu sûr : *Serrer son argent.* ‖ Mettre à couvert dans le grenier, dans la grange : *Serrer les foins.* — **Se serrer,** *vr.* Être serré. ‖ S'étreindre le corps avec un lien, un vêtement. ‖ Se mettre très près les uns des autres : *On se serrera à table.* — Fig. *Le cœur se serre*, on éprouve une grande tristesse. — **Dér.** *Serré, serrée, serre, serrément, serrement, serrure, serrurier, serrurerie ; serron.* — **Comp.** *Desserrer, desserre, enserrer* 1 et 2 ; *resserrer, resserrement ; serre-file*, et tous les mots composés dont le premier élément est *serre*.

SERRES (Olivier de) (1539-1619). Gentilhomme protestant et agronome français, publia en 1600 un précieux *Théâtre d'agriculture,* dans lequel il recommande l'introduction des prairies artificielles.

SERRES, ruisseau qui se sépare en deux bras, dont l'un se jette à Palmas, dans l'Aveyron, et l'autre à Sainte-Eulalie, dans le Lot.

SERRES, 1169 hab. Ch.-l. de c., arr. de Gap (Hautes-Alpes). Pépinière de mûriers. Education de vers à soie.

SERRE-TÊTE (*serrer + tête*), *sm.* Ruban ou bonnet de dessous qui s'applique étroitement sur la tête. — Pl. *des serre-tête.*

***SERRICORNE** (l. *serra,* scie + *corne*), *sm.* Qui a les antennes dentelées en scie. (Entomologie.)

SERRIÈRES, 1561 hab. Ch.-l. de c., arr. de Tournon (Ardèche). Filatures de soie, fabriques de soieries.

***SERRON** (*serrer*), *sm.* Caisse dans laquelle on importe des drogues étrangères.

SERRURE (bl. *serare* : de *sera,* verrou), *sf.* Boîte rectangulaire qu'on emploie pour fermer les portes, les armoires, les tiroirs, etc., et dans laquelle se trouve un verrou ou pène que l'on fait mouvoir du dehors au moyen d'une clef : *Les serrures sont en bois, en fer ou en cuivre.* — Au moyen âge, les serrures étaient souvent de véritables chefs-d'œuvre.

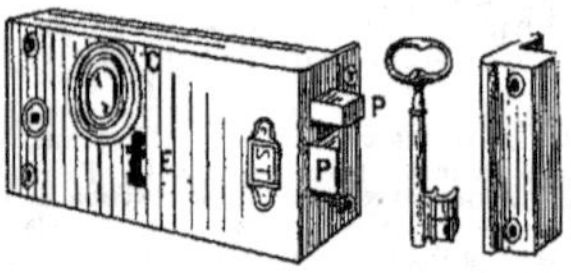

SERRURE

A DEUX PÊNES. — CLEF. — GACHE

C. Contre-entrée. — E. Entrée. — P,P. Pênes.

Elles étaient faites en fer forgé et martelé. L'enveloppe de ces *serrures à bosse* était faite d'une seule pièce et l'on y soudait des ornements en forme de feuilles, de fruits, etc. Souvent même le moraillon portait une petite statuette également en fer forgé. Il est des serrures du XVe siècle qui sont couvertes d'ornements en ogive, de statuettes

SERRURE

(FIN DU XIIIe SIÈCLE)

représentant des scènes religieuses, le jugement dernier, etc. ‖ *Serrure à garnitures baroques,* serrure dont les garnitures intérieures affectent divers dessins, reproduits sur le panneton de la clef. ‖ *Serrure à gorges,* serrure dont le ressort est composé de plusieurs ressorts indépendants qui doivent être mis séparément en mouvement d'une certaine quantité pour permettre le fonctionnement du pêne, et dont le panneton de la clef est formé de plusieurs ressauts successifs pour en permettre le fonctionnement. ‖ *Serrure de sûreté,* serrure armée de deux pênes indépendants, à clef forée et très difficile à crocheter. — **Dér.** *Serrurier, serrurerie.*

SERRURERIE (*serrurier*), *sf.* Industrie qui a pour objet la fabrication des serrures, celle des objets en fer forgé et des charpentes en fer. ‖ Tout objet fabriqué par cette industrie : *Une belle serrurerie.* ‖ Atelier du serrurier.

SERRURIER (*serrure*), *sm.* Ouvrier qui fait les serrures et tous les ouvrages de serrurerie. ‖ *Serrurier en bâtiments,* celui qui fait les serrures et tous les ouvrages de serrurerie qui entrent dans un bâtiment. ‖ *Serrurier mécanicien,* celui qui forge les pièces de fer qui entrent dans la construction d'une machine.

SERTIR (bl. *sertire :* de *sertum,* couronne), *vt.* Enchâsser une pierre précieuse dans un chaton. ‖ Réunir une pièce de fer à une autre par de petites lèvres qui sont au bord du trou autour duquel on ajuste la pièce. ‖ Fixer un grillage en fil de fer sur son cadre en y assujettissant chacun de ses brins. — **Dér.** *Sertisseur, sertissure, sertissage.*

***SERTISSAGE** (*sertir*), *sm.* Action de sertir.

***SERTISSEUR** (*sertir*), *sm.* Ouvrier qui sertit.

SERTISSURE (*sertir*), *sf.* Manière dont une pierre précieuse est enchâssée dans un châton.

SERTORIUS, général romain, partisan de Marius, qui, après la mort de celui-ci, passa en Espagne, dont les habitants se soumirent à lui, et soutint de 82 à 72 av. J.-C. une lutte acharnée contre Métellus et Pompée, auxquels il infligea de nombreuses défaites. Il périt assassiné, dans un festin, par Perpenna, son lieutenant.

***SERTULAIRE** (dm. du l. *sertum,* bouquet), *sf.* Genre de polypes hydraires vivant sur un axe commun, ramifié et creux. Les animaux qui forment la colonie sont munis de tentacules peu rétractiles. Les sertulaires se rencontrent le long de nos côtes au milieu des fucus et des algues marines sous la forme de petits arbustes d'un brun jaunâtre et demi-transparents. Il en est cependant qui sont pourpres. Les plus grandes ne dépassent pas 15 centimètres.

SÉRUM [sé-rome], (l. *serum,* petit-lait), *sm.* Liquide visqueux, transparent, qui se sépare du caillot lorsque l'on abandonne du sang à lui-même. Sa couleur varie un peu avec son origine. C'est ainsi que le sérum du sang humain et celui du chien sont jaune verdâtre, celui du bœuf est rougeâtre, celui du cheval est ambré et celui du lapin incolore. Il est généralement transparent; mais il peut perdre cette propriété et devenir lactescent par la présence, dans sa masse, de globules rouges et surtout de globules graisseux. Il est un peu plus lourd que l'eau, puisque sa densité moyenne est égale à 1,028. La quantité de sérum contenue dans le sang n'est pas toujours la même : 1000 grammes de sang en contiennent de 440 à 525 grammes, et le sang veineux en renferme plus que le sang artériel. Le sérum n'est pour ainsi dire qu'une dissolution aqueuse d'une substance très voisine de l'albumine du blanc d'œuf et que l'on désigne sous le nom de *sérine.* Cette dernière substance est soluble dans l'eau et lorsqu'on l'a desséchée, elle peut être portée jusqu'à une température de 100° sans perdre cette propriété. Cependant le sérum et les solutions de sérine louchissent à 58 ou 60° et elles se coagulent à 73°. Indépendamment de la sérine, le sérum du sang renferme des phosphates de soude, de potasse, de magnésie, de chaux; des carbonates de soude, de chaux, de magnésie; des chlorures de sodium, de potassium, du lactate de soude; de la séroline, de la cholestérine, des sels à acide gras, de la matière extractive, une matière colorante jaune, de l'oxygène, de l'azote, de l'acide carbonique, etc. Le sérum des artères renferme plus d'eau que celui des veines, et cette quantité d'eau augmente avec l'âge des individus. Il a une réaction alcaline plus prononcée que celle du plasma. Lorsqu'on le laisse quelque temps en contact avec les globules du sang, ceux-ci lui abandonnent, par exosmose, de la globuline. Le sérum contient aussi de la glucose, dont la quantité augmente beaucoup dans le diabète, ainsi que de l'urée et de l'acide urique. (V. *Sang.*) ‖ *Sérum du lait* ou *petit-lait,* liquide transparent jaune verdâtre, un peu sucré, composé d'eau tenant en dissolution du sucre de lait, de l'acide lactique, de l'acide acétique, des sels, et qui se sépare de la caséine lorsque le lait vient à se cailler. C'est une boisson laxative et adoucissante.

SÉRURIER (COMTE) (1742-1819). Maréchal de France, se distingua dans les campagnes de Hanovre, de la Révolution et du premier Empire.

SERVAGE (*serf*), *sm.* Condition des serfs du moyen âge intermédiaire entre l'esclavage ancien et la liberté moderne. ‖ Esclavage, servitude : *Un honteux servage.*

SERVAIS (1807-1866). Célèbre violoncelliste belge. Servais professa au Conservatoire de Bruxelles et a composé pour son instrument un certain nombre d'œuvres.

SERVAL (*x*), *sm.* Espèce de mammifère carnassier du genre *chat,* dont le corps, svelte et maigre, est assez haut sur jambes et terminé par une queue courte, longue seulement de 0m,30. La tête est allongée et porte de grandes oreilles en forme de cornet. La fourrure, quoique rude, est recherchée par les nègres africains, mais peu estimée des Européens. Le serval se nourrit d'antilopes, de moutons; mais il recherche surtout les oiseaux; aussi est-il détesté des fermiers du Cap, dont il dévaste les basses-cours. Le serval se rencontre en Afrique, de l'Algérie au Cap, où il habite les fentes des rochers, et il se cache dans les fourrés de tamarins ou de lentisques. Cet animal sert de transition entre les chats et les lynx.

SERVAN (JOSEPH-MICHEL-ANTOINE) (1737-1807). Jurisconsulte français, avocat général au parlement de Grenoble. — SERVAN (Joseph) (1741-1808), frère du précédent, ministre de la guerre dans le cabinet girondin de 1792.

SERVAN (SAINT-), 15060 hab. Ch.-l. de c., arr. de Saint-Malo (Ille-et-Vilaine), à quelques centaines de mètres de Saint-Malo, avec lequel il communique par un pont roulant; port militaire et marchand à l'embouchure de la Rance, armement pour la pêche de la morue, chantiers de construction pour les navires.

SERVANCE, 1882 hab. Commune de la Haute-Saône, canton de Melisey, arr. de Lure. Tissages, moulins, carrières de granit. — **Ballon de Servance,** 1189 mètres.

SERVANDONI (1695-1766), peintre et architecte florentin, auteur du portail de Saint-Sulpice de Paris.

SERVANT (ppr. de *servir*), *adj. m.* Qui sert : *Frère servant,* frère convers employé aux œuvres serviles d'un monastère. — *Sm.* Artilleur spécialement chargé de concourir au service d'une pièce.

SERVANTE (*servir*), *sf.* Femme qu'on paye pour faire les travaux du ménage dans une maison. ‖ *Une servante du Seigneur,* une religieuse. ‖ Terme de civilité que les femmes emploient en parlant ou en écrivant : *Je suis votre servante.* ‖ Par raillerie, *Être servante à une chose* ou *servante d'une chose,* ne pas s'en soucier. ‖ Petite table attenante à la table où l'on mange et chargée de pièces de service à la disposition des convives. ‖ Pièce de bois ou de fer servant à soutenir le timon de certaines voitures quand les chevaux sont dételés ou au repos.

SERVERETTE, 871 hab. Ch.-l. de c., arr. de Marvejols (Lozère), sis aux flancs d'un roc de granit, sur la Truyère et près du confluent de la Mezère. Marché le jeudi.

SERVET (MICHEL) (1509-1553). Médecin d'origine espagnole, établi à Vienne en Dauphiné, qui embrassa la Réforme et qui, poursuivi comme hérétique, se réfugia à Genève où Calvin le fit brûler vif. — **Dér.** *Servétiste.*

***SERVÉTISTE** (*Servet*), *sm.* Membre d'une secte religieuse fondée au XVIe siècle par Michel Servet et qui rejetait la Trinité.

***SERVEUR** (*servir*), *sm.* Celui qui, au jeu de paume, lance la balle.

***SERVIABILITÉ** (*serviable*), *sf.* Qualité d'une personne qui est serviable.

SERVIABLE (*servir*), *adj. 2 g.* Qui se plaît à rendre service.

SERVIAN, 2615 hab. Ch.-l. de c., arr. de Béziers (Hérault).

SERVICE (l. *servitium*), *sm.* État, fonctions d'un domestique : *Se mettre en service.* ‖ Manière dont un domestique remplit ses fonctions : *Je suis content de son service.* || *Escalier de service,* à l'usage des domestiques. || *Le service de Dieu,* tout ce qu'on fait pour honorer Dieu et lui plaire. || *Se consacrer au service de Dieu,* se faire prêtre ou religieux, s'occuper uniquement d'œuvres de piété. || *Je suis à votre service,* prêt à faire ce qui vous sera utile ou agréable. || Autrefois, l'ensemble des gens de service : *Le service du roi.* || Emploi de fonctionnaire de l'État : *Il a 30 ans de service.* || État militaire : *Entrer jeune au service.* || *Le service de la marine, de l'artillerie,* etc., les fonctions particulières d'un officier de marine, d'artillerie : *Il entend bien le service de la marine.* || Accomplissement des devoirs du soldat ; des devoirs de quelqu'un : *Faire son service.* || *Être de service,* monter la garde, être de piquet, etc. || *Service militaire,* le temps que l'on passe dans l'armée. — *Pl.* Manière dont quelqu'un a servi, temps pendant lequel il a servi : *On récompensa ses services.* || L'ensemble des opérations, des travaux auxquels sont affectés le personnel et le matériel d'une administration : *Le service des télégraphes, des hôpitaux.* || Utilité qu'on retire de certaines choses : *Meubles hors de service.* || Ce que l'on fait volontairement pour obliger quelqu'un : *Rendre un service.* || Célébration solennelle de l'office divin : *Assister au service dans la cathédrale.* || Messe, office chanté pour un mort. || *Service du bout de l'an,* messe chantée pour un mort au premier anniversaire de son décès. || L'ensemble des plats qu'on sert à la fois sur la table et qu'on enlève en même temps : *Repas à trois services.* || Assortiment de vaisselle ou de linge de table : *Un service de porcelaine, de linge damassé.* — **Syn.** (V. *Bienfait.*)

SERVIE. (V. *Serbie.*)

SERVIEN (Abel) (1593-1659), diplomate français employé par Richelieu et par Mazarin dans des négociations importantes, prépara la paix de Westphalie, fut nommé en 1653 surintendant des finances en même temps que Fouquet.

SERVIETTE (*servir*), *sf.* Linge qu'on tient étalé sur les genoux pendant les repas ou avec lequel on se débarbouille, on s'essuie les mains après les avoir lavées. || Sorte de grand portefeuille.

SERVILE (l. *servilem,* d'esclave), *adj. 2 g.* Qui appartient à l'état d'esclave, de domestique : *Occupation servile.* || *Œuvres serviles,* les travaux que font les gens de métier pour gagner leur vie. || Qui se comporte en esclave : *Personne servile.* — Fig. Bas, rampant : *Caractère servile.* || Qui s'attache trop à l'imitation d'un modèle ou à la lettre d'un texte : *Imitateur, traducteur servile.*

SERVILEMENT (*servile*+sfx. *ment*), *adv.* Avec bassesse, en rampant : *Flatter servilement.* || Trop exactement, trop à la lettre : *Copier servilement.*

***SERVILISME** (*servile*), *sm.* Disposition à sacrifier toutes ses volontés, sa dignité pour plaire à quelqu'un. (Néol.)

SERVILITÉ (*service*), *sf.* Acceptation de la condition d'esclave. || Bassesse d'âme. || Exactitude excessive : *Imiter sans servilité.*

SERVITEUR (l. *servitorem*), *sm.* Domestique à gages : *Un bon serviteur.* || *Serviteur de Dieu,* celui qui n'agit qu'en vue d'être agréable à Dieu. || *Serviteur des serviteurs de Dieu,* qualification que prend le pape dans ses bulles. || *Serviteur de l'État, du souverain,* celui qui déploie un grand zèle à servir l'État, le souverain. || Terme de civilité, disposé à rendre service : *Je suis serviteur de votre famille* (vx). || *Votre serviteur, Votre très humble et obéissant serviteur,* formule de politesse par laquelle on termine une lettre. || *Serviteur* ou *votre serviteur,* formule de salutation. || Par raillerie, *serviteur, je suis votre serviteur,* expression de refus, de non acquiescement : *Si vous exigez cela de moi, serviteur.*

SERVITUDE (l. *servitutem*), *sf.* État de celui qui est esclave ou serf : *Une dure servitude.* || État d'une nation qui est sous la domination d'une autre : *La servitude de l'Alsace-Lorraine.* || État d'un peuple qui a perdu ses libertés : *La servitude de l'Espagne sous Philippe II.* || *La servitude du péché,* des *passions,* l'état d'un homme qui ne peut s'abstenir de pécher, qui ne peut résister à ses passions. || Assujettissement, contrainte : *Une telle besogne est une grande servitude.* || Charge imposée sur un champ, une maison, etc., pour l'utilité ou l'agrément d'un champ, d'une maison appartenant à un autre propriétaire, comme l'écoulement des eaux, un passage, une vue, etc. || *Servitudes militaires,* charges qui grèvent les propriétés foncières placées dans l'une des différentes zones d'une place forte ou de la frontière en vue de la défense.

SERVIUS TULLIUS, sixième roi de Rome (578 à 534 av. J.-C.), fut fils d'une esclave suivant la légende. Gendre et successeur de Tarquin l'Ancien ; il entoura Rome d'une muraille, fit des réformes qui le rendirent populaire, entra dans la confédération de 30 villes du Latium, combattit glorieusement les Véiens et les Etrusques, fut dépouillé du trône par son gendre Tarquin le Superbe et massacré par les affidés de celui-ci.

SERVUM PECUS (mots latins). Locution latine signifiant *troupeau servile ;* employée par Horace pour flétrir les plagiaires et surtout les courtisans.

SES (l. *sos,* contraction de *suos*), *adj. poss. 2 g.* Pl. de *son, sa,* de *lui,* d'*elle,* en parlant de plusieurs objets possédés.

SÉSAC ou **Sheshong Ier**, d'origine sémitique, roi d'Égypte de 980 à 950 av. J.-C. et fondateur de la XXe dynastie, donna asile à Jéroboam persécuté par Salomon, et après la mort de celui-ci fit la guerre à Roboam, prit Jérusalem et conquit les royaumes de Juda et d'Israël, qui recouvrèrent presque aussitôt leur indépendance.

SÉSAME (l. *sesamum :* g. σησάμη ; ar. *semsem*), *sm.* Genre de plantes dicotylédones de la famille des Sésamées, voisine de celle des Scrofularinées. L'espèce la plus intéressante est le *sésame indien* (*sesamum indicum* ou *sesamum orientale*), plante annuelle dont la tige pubescente porte des feuilles ovales-oblongues, et des fleurs dont la corolle est blanche, teintée de pourpre. Le *sésame indien* est originaire des îles de la Sonde, d'où il a été introduit dans l'Inde et la région de l'Euphrate deux ou trois mille ans av. J.-C. De là cette plante passa en Égypte et en Grèce. Aujourd'hui elle est cultivée dans tout le Levant, dans l'Inde, en Chine, en Égypte, dans les parties chaudes de l'Amérique, aux Antilles, etc., à cause de sa graine fournissant une huile bonne à manger et qui, en outre, est employée comme cosmétique et pour la fabrication des savons. Cette huile est de saveur douce et est très lente à rancir. La graine elle-même sert d'aliment aux Orientaux, qui, avec le marc, additionné de miel et de jus de citron, confectionnent un aliment très recherché qu'ils nomment *tahmé.* Il existe deux races de sésame : la première a des graines noires et la seconde des graines blanches. — **Dér.** *Sésamées.*

SÉSAME D'ORIENT

***SÉSAMÉES** (*sésame*), *sfpl.* Famille de végétaux dicotylédones composée de plantes herbacées à tige le plus souvent visqueuse et velue et à feuilles simples. La fleur est irrégulière et formée d'un calice à cinq sépales soudés, presque égaux. La corolle est monopétale, présente deux lèvres et se termine par cinq lobes. Les étamines, au nombre de quatre, didynames, sont insérées sur le tube de la corolle ; on voit également le rudiment d'une cinquième étamine. Les anthères ont deux loges s'ouvrant par une fente longitudinale et séparées par un connectif souvent glanduleux. L'ovaire naît sur un disque glanduleux ; il est composé de deux ou quatre carpelles et est surmonté d'un style que terminent deux ou quatre lames stigmatiques. Les ovules sont peu nombreux et placés le long des bords des carpelles. Le fruit est une capsule ou une drupe. La graine est dépourvue d'albumen. Les plantes de cette famille habitent l'Afrique et l'Asie tropicales ; parmi elles, nous citerons le genre Sésame, qui est cultivé pour ses graines oléagineuses. — **Une sésamée,** *sf.* Une plante quelconque de la famille des Sésamées.

SÉSAMOÏDE (*sésame* + g. εἶδος, forme), *adj. m.* Petits os courts, arrondis, présentant une organisation fibreuse analogue à celle de la rotule, qui se développent dans l'épaisseur des tendons, au voisinage de certaines articulations. Leur nom vient de leur ressemblance avec une graine de sésame. Le cheval en a deux à la partie postérieure de la base des canons ; ils préviennent la contusion des tendons.

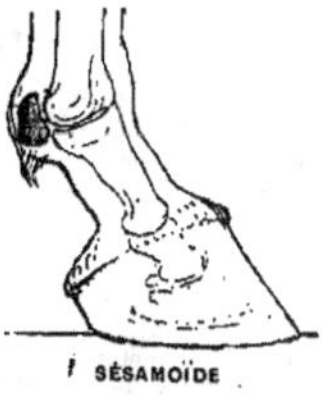
I SÉSAMOÏDE

***SESBAN** ou ***SESBANIE** (l. *sesbania*), *sf.* Genre de plantes dicotylédones de la famille des Légumineuses dont une espèce, la *sesbanie d'Égypte,* est un arbuste aux fleurs petites et jaunes et qui donnent un légume très long et comprimé. Cette plante est originaire de l'Inde, du Sénégal ; elle est cultivée en Égypte, où elle sert à faire des haies. Son bois croît très rapidement et est employé pour le chauffage. On utilise aussi ses feuilles comme purgatif, et elles remplacent souvent le séné. Une autre espèce annuelle, croissant au Malabar, donne une bonne filasse.

SÉSÉLI (g. σέσελι), *sm.* Genre de plantes dicotylédones de la famille des Ombellifères qui croît sur les coteaux calcaires. Une espèce, le *séséli tortueux,* donne des graines aromatiques qui, dans le midi de la France, sont employées aux mêmes usages que celles de l'anis et entrent dans la confection d'une liqueur de table. Elles entrent en outre dans la composition de la thériaque.

SÉSIA, 170 kilomètres. Rivière d'Italie qui naît au mont Rosa ; elle coule au S.-E. dans la province de Novare, arrose Varallo et Verceil, et se jette dans le Pô (rive gauche) près de Casal. Un canal la joint à la Doire-Baltée.

SÉSOSTRIS, nom donné par les Grecs à Ramsès II, roi d'Égypte de la XIXe dynastie, qui fit la guerre en Éthiopie, combattit en Syrie pendant quinze ans, construisit ou restaura une foule de monuments, parmi lesquels se trouvent les deux obélisques de Louqsor dont l'un se voit aujourd'hui sur la place de la Concorde à Paris, et mourut après 67 ans de règne. Les écrivains grecs ont beaucoup exagéré les conquêtes de ce prince.

SESQUI (l. *sesqui,* une fois et demi), *sm.* Préfixe employé dans la *nomenclature chimique* et signifiant une fois et demie. Un sesquioxyde est un oxyde dans lequel le nombre des équivalents d'oxygène étant proportionnel à 3, le nombre des équivalents du métal est proportionnel à 2 : par exemple le sesquioxyde de fer, Fe^2O^3.

SESQUIALTÈRE (*sesqui* + l. *alter,* autre), *adj. 2 g.* Se dit d'une quantité qui en contient une autre une fois et demie : *5 est sesquialtère de 2.*

***SESQUIOXYDE** (*sesqui* + *oxyde*), *sm.* Oxyde contenant une fois et demie la quantité d'oxygène contenue dans le protoxyde correspondant : *Sesquioxyde de fer.*

SESQUISEL (*sesqui* + *sel*), *sm.* Se dit de tout sel contenant une fois et demie autant de base que le sel neutre correspondant. (Chim.)

SESSILE (l. *sessilem :* de *sedere,* être assis), *adj. 2 g.* Dépourvu de pétioles ou de pédoncules : *Feuille, fleur sessile.* (Bot.)

SESSION (l. *sessionem :* de *sedere,* être assis), *sf.* Temps pendant lequel un corps délibérant est assemblé : *La session de la Chambre des députés.* || Temps pendant lequel juge un tribunal non permanent : *La session de la Cour d'assises.* || Séance d'un concile.

SESTERCE (l. *sestertium,* qui contient deux fois et demie), *sm.* Monnaie d'argent des Romains qui valait 2 as et demi ou le quart d'un denier, c'est-à-dire 0 fr. 21. ‖ *Grand sesterce*, monnaie de compte égale à 1 000 sesterces ordinaires ou petits sesterces.

SESTOS, ville de l'ancienne Thrace, sur l'Hellespont, en face de la ville asiatique d'Abydos.

SESTRI LEVANTE, 7 000 hab. Port d'Italie, province de Gênes, sur le golfe du même nom.

***SÉTACÉ, ÉE** (l. *seta*, soie), *adj*. Qui ressemble à une soie de cochon.

SETH, fils d'Adam et d'Ève, né après Caïn et Abel, qui vécut 912 ans, et fut l'ancêtre des enfants de Dieu.

SÉTHOS ou **Séti I**er, roi d'Égypte de la XIXe dynastie qui envahit la Syrie et fut le père de Sésostris. — **Séthos** ou **Séti II**, roi d'Égypte de la XIXe dynastie.

SÉTIER (l. *sextarium*), *sm*. Ancienne mesure de grains de la contenance de 156 litres. ‖ Ancienne mesure pour les liquides qui valait 8 pintes. ‖ Étendue de terre labourable qu'on pouvait ensemencer avec un setier de blé. ‖ *Demi-setier*, un quart de pinte.

SÉTIF, 11 553 hab. S.-préf. du département de Constantine (Algérie), au milieu d'une contrée fertile. Place de guerre, cour d'assises. Chevaux, mulets, moutons, grains; nombreux moulins; ruines romaines.

***SÉTIFÈRE** (l. *seta*, soie + *ferre*, porter), *adj. 2 g*. Qui porte des soies analogues à celles du porc. ‖ Qui fournit de la soie. ‖ ‖ Qui a rapport à la soie. — On dit aussi **Sétigère** (du l. *seta*, soie + *gerere*, porter).

***SÉTIFORME** (l. *seta*, soie + *forme*), *adj. 2 g*. Qui a la forme des soies de porc.

SÉTON (l. *seta*, soie de porc), *sm*. Mèche de coton ou bandelettes de linge, effilée sur les bords, dont on introduit une portion sous la peau avec une aiguille : la suppuration s'établit par les deux extrémités du séton débordant la piqûre. ‖ Cette suppuration même.

SEUDRE, 85 kilom. Petit fleuve qui naît dans l'arrondissement de Jonzac, près de Plassay, et se jette dans l'Océan en face de l'île d'Oléron.

SEU D'URGEL. (V. *Urgel*.)

SEUGNE, 78 kilom. Rivière de la Charente-Inférieure qui prend sa source à Montlieu, et se jette dans la Charente près de Saintes.

SEUIL (bl. *solium* : du l. *solea*, semelle et poutre de chêne), *sm*. Pièce de bois ou de pierre placée au bas et en travers de l'ouverture d'une porte. — Fig. Commencement, débuts : *Le seuil de la vie, d'une carrière*.

SEUL, SEULE (l. *solum*, entier, seul), *adj*. Qui n'est accompagné de personne : *Se promener seul*. ‖ Solitaire : *Vivre seul*. ‖ Unique : *Il ne reste qu'un seul exemplaire*. ‖ Simple : *On frissonne à cette seule pensée*. — Sm. *Le gouvernement d'un seul*, la monarchie absolue. — **Dér**. *Seulet, seulette, seulement*.

SEULEMENT (*seule* + sfx. *ment*), *adv*. Pas davantage : *Nous étions seulement deux*. ‖ Uniquement : *Je fais cela seulement pour vous*. ‖ Même : *Il n'est pas seulement menacé*. ‖ Au moins : *Ferez-vous cela, seulement?* ‖ Pas plus, pas au delà : *Il est seulement indisposé*. ‖ Mais : *Je vous pardonne, seulement ne désobéissez plus*. — NON SEULEMENT, *loc. adv*. En ne se bornant pas à.

SEULET, ETTE (dm. de *seul*), *adj*. Tout seul.

SEULLES, 62 kilom. Petit fleuve du département du Calvados qui prend sa source à Arnayé-sur-Seulles et se jette dans la Manche près de Courseulles.

SEURRE (GABRIEL-BERNARD) (1795-1867), statuaire français, membre de l'Institut.

SEURRE, 2517 hab. Ch.-l. de cant., arr. de Beaune (Côte-d'Or), sur la Saône.

SÈVE (l. *sapa*, jus; VHA. *saf*.), *sf*. Liquide composé en grande partie d'eau dans laquelle se dissolvent les matières minérales et organiques du sol. Ce liquide est puisé par les radicelles et, dans son trajet à travers les organes des plantes, il s'enrichit des substances accumulées dans les tissus de ces végétaux qui y avaient été mises en réserve. Ce sont surtout les tubes criblés qui servent au transport de la sève. Les causes de l'ascension de celle-ci sont multiples, et les plus importantes sont dues à l'endosmose, à la capillarité et au vide produit, aux parties terminales des tubes, etc., par l'évaporation considérable dont les feuilles sont le siège. Ce liquide qui, des moindres radicelles, chemine dans l'intérieur des tissus jusqu'aux extrémités des plus grands arbres, a reçu le nom de *sève ascendante* ou de *sève brute*. C'est au printemps que la sève commence à monter. Arrivée dans les feuilles, non seulement elle s'y concentre en perdant par l'évaporation une partie de son eau, mais encore elle s'y trouve mise en contact avec l'air atmosphérique, et sous l'influence de la lumière elle s'approprie le carbone de l'acide carbonique, qui est alors décomposé. (V. *Feuille*, tome Ier, pages 673 et 674.) Dès lors, elle devient plus épaisse, est même un peu visqueuse et prend des caractères spéciaux, inhérents aux espèces végétales auxquelles elle appartient. Dès qu'elle s'est modifiée dans les feuilles, la sève est apte à former des tissus végétaux et peut, par conséquent, fournir à la plante tous les éléments nécessaires à son accroissement. Elle suit alors une marche inverse et se dirige des feuilles vers les racines. Aussi lui avait-on donné naguère le nom de *sève descendante*, qu'on lui a retiré pour la désigner sous celui de *sève élaborée*, qui lui convient mieux. Elle coule dans la portion la plus interne et la plus jeune du liber connue sous le nom de *cambium*, et forme ainsi une nouvelle couche d'aubier. Pour montrer qu'elle descend bien des feuilles vers la racine, il suffit de lier fortement, avec une corde, la tige d'une plante; au bout de quelque temps, on voit se former un bourrelet au-dessus de la ligature, et la partie de la tige, située au-dessus, prend de l'accroissement, tandis que celle qui est située au-dessous s'atrophie. Si l'on provoque la croissance de racines adventives en un point déterminé de la tige et que l'on fasse ensuite une ligature au-dessus, il se formera un bourrelet au-dessus de cette ligature et de nouvelles racines adventives naîtront en ce point, tandis que celles dont on a provoqué l'apparition s'atrophieront peu à peu et finiront par mourir. Le même phénomène se produira si, au lieu de faire une ligature, on enlève l'écorce de la tige sur une certaine étendue. La sève monte deux fois dans le cours d'une année : la première ascension a lieu au printemps et la sève renferme les sels minéraux puisés dans le sol et les substances qui lui sont fournies par les réserves nutritives que cèdent les cellules traversées; la seconde ascension a lieu en été, mais alors la sève ne contient plus que des sels minéraux. Il se forme donc chaque année deux couches de bois, l'une verticale ou printanière et l'autre estivale, dont la réunion constitue la couche annuelle. Nous dirons, en passant, que la couche vernale est formée de fibres moins résistantes se pourrissant plus facilement que celles de la couche estivale. (V. *Tige*.) D'après ce qui précède, on voit que la sève est aux végétaux ce que le sang est aux animaux, et que la circulation de la sève est analogue à celle du sang. Indépendamment de son mouvement ascendant et descendant, la sève se meut dans l'intérieur des tubes et des cellules qui la renferment et y forme des courants qui sont surtout visibles lorsque la sève élaborée est examinée au microscope. Enfin, on peut constater des mouvements circulatoires dans les vaisseaux laticifères et dans la cellule elle-même. Sous notre climat, l'hiver est pour les végétaux la saison du repos, tandis que sous les tropiques c'est la saison sèche. La sève ascendante de certains végétaux est riche en matières sucrées et peut être exploitée pour la production du sucre ou de liqueurs fermentées. Tels sont, entre autres, l'érable du Canada, le tilleul, le bouleau. (V. *Feuille, Tige*, etc.) ‖ *Sève descendante*, la sève élaborée qu'on appelait autrefois *cambium*. — Fig. Force, vigueur : *La sève du vin, de la jeunesse, du talent*.

SÈVE, 35 kilom. Petite rivière du département de la Manche, affluent de la Douves. Elle reçoit la Holecrotte et le canal du Plessis.

SEVEINES, rivière de l'Isère qui se jette dans le Rhône, près de Vienne.

SEVER (SAINT-), 1514 hab. Ch.-l. de cant., arr. de Vire (Calvados).

SEVER (SAINT-), 4869 hab. Ch.-l. d'arr. S.-préf. des Landes. Eaux minérales, marbres, pierres lithographiques; planches de sapin, résine; bestiaux, jambons, oies grasses.

SEVER (SAINT-), 1580 hect. Forêt domaniale du Calvados, peuplée de chênes, de hêtres et de bois blancs.

SÉVERAC-LE-CHÂTEAU, 3347 hab. Ch.-l. de cant., arr. de Milhau (Aveyron). Houille.

SÉVÈRE (l. *severum*), *adj. 2 g*. Qui fait exécuter rigoureusement la loi, la règle : *Un maître sévère*. ‖ Vigoureux, impitoyable : *Remontrance sévère*. ‖ Qui annonce un esprit rigoureux, impitoyable : *Mine sévère*. ‖ Qui ne souffre pas d'adoucissement : *Morale sévère*. ‖ Dépourvu d'ornement recherché : *Architecture sévère*. — *Sm*. Ce qui est sévère. — **Dér**. *Sévèrement, sévérité*. — **Syn**. (V. *Austère*.)

SÉVÈRE (FLAVIUS-VALERIUS). L'un des six empereurs proclamés après la mort de Dioclétien, mis à mort par Maximien en 307. — SÉVÈRE (VITIUS), fantôme d'empereur romain d'Occident de 461 à 465, intronisé par Ricimer. (V. *Alexandre-Sévère, Septime-Sévère* et *Sulpice-Sévère*).

SÉVÈRE (SAINTE-), 1325 hab. Ch.-l. de cant., arr. de la Châtre (Indre).

SÉVÈREMENT (*sévère* + sfx. *ment*), *adv*. D'une manière sévère. ‖ Sans ornements.

SEVERINO (MARC-AURÈLE) (1580-1656). Médecin italien. Il employa le premier le fer et le feu comme moyens de guérison.

SÉVÉRITÉ (l. *severitatem*), *sf*. Rigueur, absence d'indulgence : *Agir avec sévérité*. ‖ Caractère de ce qui est sérieux, rigide : *La sévérité d'une doctrine*. ‖ Absence d'ornement : *La sévérité du style*. ‖ Froid rigoureux : *La sévérité d'un climat*.

SEVERN, 330 kilom. Fleuve d'Angleterre qui prend sa source au mont Plynlimmon (2488 mètres), dans le pays de Galles. Elle coule à l'O. par Newton, Welth, Pool, Schremsbury, puis se dirige vers le S., arrose Worcester, Tewkesbury, Glocester, et se jette dans le canal de Bristol par un large estuaire. La Severn reçoit, à droite, le Liddon et la Wye; à gauche, l'Avon et la Staur. Un canal capable de porter de grands navires a été creusé entre Berkeley et Glocester.

SÉVICES (l. *sævitia*, violence), *smpl*. Action d'un époux qui maltraite sa femme, qui frappe son conjoint ou ses enfants, d'un maître qui maltraite ou frappe un subordonné.

SÉVIGNÉ (MARIE DE RABUTIN-CHANTAL, MARQUISE DE) (1626-1696). Femme célèbre par ses vastes connaissances et son esprit, et qui fut mêlée à la Fronde. Devenue veuve à 25 ans, du marquis de Sévigné, noble breton tué en duel, elle se consacra à l'éducation de son fils et de sa fille. Elle maria cette dernière au comte de Grignan, qui gouvernait la Provence pour le duc de Vendôme, et qui suivit son mari dans son gouvernement La séparation de la mère et de la fille donna lieu aux lettres qui ont mis Mme de Sévigné au rang de nos premiers écrivains.

SÉVILLE, 134,318 hab. Ch.-l. de prov., ville importante et la plus gaie de l'Espagne, sur le Guadalquivir; évêché; autrefois capitale de toute l'Andalousie, archevêché. On y admire l'Alcazar et la fameuse tour de la Giralda, d'origine mauresque, un palais dit maison de Pilate et une belle cathédrale. Ses manufactures de faïences et de soieries sont un peu déchues, courses de taureaux les plus renommées de la péninsule. Grande fonderie de canons.

SÉVIR (l. *sævire* : de *sævus*, cruel), *vi*. User d'une grande rigueur : *Sévir contre un coupable*. ‖ Recourir à une répression énergique : *Sévir contre les abus*. ‖ Exercer des sévices : *Ce père sévira contre son fils*. ‖ Frapper, faire périr beaucoup de personnes à la fois : *Le choléra sévit en 1832*.

SEVRAGE (*sevrer*), *sm*. Action de sevrer un enfant, un animal domestique. ‖ Temps pendant lequel on accoutume un enfant à se passer de l'allaitement. ‖ Opération qui consiste à séparer de leur pied les marcottes, les greffes par approche, etc., lorsque les racines sont assez développées, les soudures suffisamment opérées.

SEVRAN-LIVRY, 848 hab. Commune sur l'Ourcq (Seine-et-Oise). Grande poudrerie nationale.

SÈVRE NANTAISE, 138 kilom. Rivière du département des Deux-Sèvres, qui prend sa source dans un étang, près de Secondigny. Elle coule dans une belle vallée granitique, arrose Vernoux, la Chapelle-Seguin, Moncoutant, Saint-Jouin-de-Milly, Mortagne, Boussay, Clisson, Vertou, et se jette dans la Loire à Nantes. Elle reçoit à droite : la Rivoire, la Portière, la Vouzaie, l'Ouin, la Moine, la Canguese, la Vertonne. A gauche, le Sevreau, le Roldan, la Doroire, la Rigale, la Rouvraie et la Maine. Elle est navigable depuis Monnières (20 kilom.).

SÈVRE NIORTAISE, 165 kilom. Fleuve de France qui prend sa source à Chey (Deux-Sèvres). Elle arrose Chenay, Heraye, Villedieu, Sainte-Néomaye, Niort, Damvix, Marans, et se jette dans l'anse de l'Aiguillon. Elle reçoit à droite le Chambort et la Vendée; à gauche, le Lambon, l'Autise, navigable de Niort à la mer au moyen d'écluses (75).

SEVRER (lb. de *séparer* : l. *separare*), *vt.* Cesser d'allaiter un enfant, un animal. ‖ *Sevrer une marcotte,* la détacher de la plante mère en la coupant après qu'elle a pris racine. — *Fig.* Priver : *Il a été sevré de ses rentes.* — **Se sevrer,** *vr.* Etre sevré. ‖ Se priver : *Il se sèvre de toutes récréations.* ‖ Opération qui consiste à séparer de leur pied les marcottes, les greffes par approche, etc., lorsque les racines sont suffisamment développées, les soudures suffisamment opérées. — **Dér.** *Sevrage, sevreuse.*

SÈVRES, 7620 hab. Ch.-l. de c., arr. de Versailles (Seine-et-Oise). Célèbre manufacture nationale de porcelaine établie en 1750 et achetée par Louis XV en 1759. — *Sm.* Porcelaine faite à la manufacture de Sèvres : *Un service de sèvres.* ‖ *Vieux sèvres,* porcelaine fabriquée dans la manufacture de Sèvres sous Louis XV ou sous Louis XVI.

SÈVRES (DÉPART. DES **DEUX-**). Departement de la France occidentale, 599988 kilom. carrés, 353 766 hab. Ce département doit son nom à deux de ses principaux cours d'eau : la Sèvre Nantaise, affluent de la Loire, et la Sèvre Niortaise, qui se jette dans la mer en face l'île de Ré. Il a été formé d'une grande partie du Poitou (Thouarsais, Gâtine, Niortais) et de faibles portions de territoire empruntées à la Saintonge (basse Saintonge, Angoumois et à l'Aunis). Le département des Deux-Sèvres est compris entre 2°7' et 3°17' de longitude O.; ses latitudes extrêmes sont 45°40' et 47°20' au N. de l'équateur : il a pour limites les départements de Maine-et-Loire au N., de la Vienne à l'E., de la Charente au S.-E., de la Charente-Inférieure au S., de la Vendée à l'O. Le pays présente l'aspect d'une vaste plaine parcourue par quelques chaînes de collines dont aucune n'atteint 300 mètres; les points culminants de la région sont le *Terrier de Saint-Martin-du-Fouilloux* (272 mètres) et les hauteurs de l'*Absie* (259 mètres), situés dans les environs de Parthenay. Le département, montueux au N.-O., est coupé de vallées profondes au S.-E., où s'étendent aussi de vastes plaines légèrement accidentées. La partie élevée porte le nom de *Gâtine.* Le *Bocage* est coupé du S.-E. au N.-O. par une chaîne qui sert de ligne de partage des eaux, et qui divise le département en deux parties bien distinctes : celle du S.-O., arrosée par la Sèvre Niortaise, et celle du N.-E., où coulent plusieurs rivières. Au N. de cette arête s'embranche une ligne de faite secondaire moins inclinée vers l'O. qui partage les cours d'eau en deux bassins : l'un, baigné par la Sèvre Nantaise se dirige vers la Loire au N.-O.; l'autre, arrosé par l'Argenton et le Thouet, qui se jettent dans la Loire au-dessous de Saumur. Dans le S., on trouve une chaîne de collines parallèle à l'arête culminante du Bocage, mais non dans son prolongement. Au S.-O., les cours d'eau se rendent dans la Sèvre Niortaise ou dans la Boutonne. On divise le département en trois régions bien différentes : le *Bocage* ou *Gâtine,* la *Plaine* et le *Marais.*

Les monticules qui forment le massif du Bocage sont des mamelons arrondis de granit facilement altérable. Les cours d'eau sont encaissés entre des rives escarpées; ils coulent sur des granits durs et semblent ne pas avoir creusé eux-mêmes leur lit. Sur les limites du Bocage et de la Plaine, le terrain est d'une nature schisteuse, accidenté et profondément raviné.

Au S. et à l'E., les schistes sont surmontés par des calcaires qui se terminent du côté de la Plaine par des pentes très raides. La Plaine est partout calcaire, les cours d'eau y sont encaissés, le sol uni, surtout à l'O. La vallée de la Sèvre Niortaise s'élargit vers la Vendée, et les alluvions du Marais commencent au-dessous de Niort avec un nombre infini de canaux.

Le *Bocage,* formé de granit et de schistes primitifs, n'offre qu'un sol argileux, maigre et froid; quand l'argile est compacte, le terrain prend un aspect landeux et se couvre de bruyères et d'ajoncs. Le Bocage comprend la presque totalité des arrondissements de Parthenay et de Bressuire et une partie de celui de Niort. Dans les parties humides contenant des graviers venant de la destruction du granit, on trouve de bons pâturages. Quelques parties du Bocage sont sableuses et présentent l'aspect de landes stériles où ne végètent que de maigres bruyères. Le Bocage a été le théâtre de la guerre des Chouans, lutte d'embûches et de surprises à laquelle le pays est éminemment favorable avec ses chemins creux, ses haies, ses vallées tortueuses.

La *Plaine* comprend l'arrondissement de Melle et la plus grande partie de celui de Niort. Le sol, légèrement ondulé, est coupé en plusieurs points par des ravins profonds, les uns secs, les autres parcourus par des cours d'eau. La pente générale de la région est dirigée vers la mer; l'altitude, de 8 mètres à la limite du *Marais,* atteint 150 mètres aux confins de la Vienne et de la Charente. Les rivières appartiennent au bassin de la Sèvre Niortaise ou au bassin secondaire de la Boutonne, affluent de la Charente.

Le sol est fertile (terrains secondaires : calcaires oolithiques) cultivé en céréales ou en prairies artificielles et en chanvre; les arbres sont rares; on récolte à Melle de mauvais vins dont la qualité se relève en avançant vers le N.-E. Au S. de Niort et de Melle on rencontre cependant les forêts de *Chizé,* de l'*Hermitain* et d'assez nombreux bois. Le Marais s'étend dans les cantons de Niort et de Mauzé, le long de la Sèvre et du Mignon. Cette contrée a un sol argileux, autrefois noyé et couvert de fausse tourbe. Vers la fin du XVIIe siècle, on exécuta de grands travaux d'endiguement qui asséchèrent une partie de ces marais; le reste fut aménagé au commencement du siècle. Les eaux, provenant des crues des rivières, s'écoulent par de nombreux canaux et apportent à la terre des éléments fécondants. On a planté le long de ces canaux des frênes, des aunes, des trembles et des peupliers. Le sol est éminemment propre à la culture des céréales et les jardins fournissent des légumes excellents; le chanvre couvre d'assez grandes étendues de terrain. Les terres sont fortes dans cette région qui appartient aux formations tertiaires ou récentes (alluvions argileuses anciennes et modernes).

Au point de vue hydrographique, le département se partage entre les trois bassins de la Loire (Gâtine), de la Sèvre Niortaise (Plaine) et de la Charente (région méridionale du département). La Loire, qui ne touche pas le département, reçoit, dans le département de la Vienne, le *Clain,* dont quatre affluents ont leur source dans les Deux-Sèvres : 1° La *Dive du Sud* (36 kilom.), sortie des plateaux oolithiques du canton de Lezay (120 mètres). Elle disparaît sous terre dans des prairies et dans des gouffres situés entre Lezay et Couhé, où elle sort du département. 2° La *Vonne* prend sa source à Beaulieu-sur-Parthenay, dans la Gâtine (223 mètres); elle arrose Vautebis, Ménigoute, où elle reçoit la *Valouze,* puis entre dans la Vienne. 3° La *Bièvre* n'a que sa source dans les Deux-Sèvres, à Bénassais : elle coule ensuite dans la Vienne. 4° L'*Auzance* prend naissance au Terrier de Saint-Martin-du-Fouilloux (272 mètres), point culminant du département. Elle a pour affluent la *Vaudeloigne.* 5° Le *Thouet* (135 kilom.) est un affluent direct de la Loire : il a sa source dans les coteaux granitiques couverts de bois du canton de Secondigny (225 mètres) dont il arrose le chef-lieu, coule à l'O. par Azay, puis à Parthenay; il remonte vers le N., et passe ensuite à Gourge, Saint-Loup, Airvault, Arailles, Saint-Généroux, Maulais, Missé, Maranzais, Thouars, où il est franchi par un viaduc de 80 mètres de long et de 27 de haut, arrose Sainte-Radegonde, Bagneux, puis au confluent de l'Argenton entre dans le département de Maine-et-Loire. Sa vallée est granitique jusqu'à Airvault, où la rivière pénètre dans des formations jurassiques et met à nu le terrain primitif.

Le Thouet reçoit à gauche le *Palais,* le *Cébron,* le *Thouaret,* l'*Argenton* et la *Dive du Nord;* à droite la *Viette :* 1° Le *Palais* prend sa source dans le plateau de Gâtine (220 mètres), près de Hérisson, passe à Saint-Aubin-le-Cloud et se jette dans le Thouet à Parthenay. 2° Le *Cébron* sort de la Gâtine à Saint-Germain-de-Longue-Chaume, coule vers le N.-E. par la Boissière, Lageon, Orfeuille et tombe à Saint-Loup dans le Thouet (35 kilom.). 3° Le *Thouaret* naît au S. de Bressuire sur un plateau de 200 mètres d'altitude, coule vers le N.-E. et arrose Chanteloup, Boismé, Chiché, Faye-l'Abbesse, Pierrefite (165 mètres), Saint-Varent, Luzay et se mêle au Thouet au-dessus de Thouars. 4° L'*Argenton* est formé par la réunion de l'*Argent* et du *Ton.* L'*Argent* prend sa source près de Cirière, coule au N., puis à l'O. par le Pin, Nueil et se réunit à Saint-Clémentin au *Ton,* venu de Breuil-Chaussée sous le nom de *Dolo* ou d'*Ire.* L'Argenton a une vallée granitique orientée vers le N.-E.; il atteint les alluvions à Argenton-Château, passe à Massais, à Argenton-l'Eglise, puis se joint au Thouet, sur la limite des Deux-Sèvres et de Maine-et-Loire. L'Argenton a comme affluents : 1° L'*Ouère,* qui prend sa source dans un étang (163 mètres), baigne Souloire, et se jette dans l'Argenton à Argenton-Château : il reçoit le ruisseau de la *Pommeraye.* 2° La *Madoire,* déversoir de l'étang du même nom. 3° La *Dive du Nord.* (80 kilom.) est une rivière très abondante, formant depuis Moncontour la limite des Deux-Sèvres et de la Vienne, où elle prend sa source; elle serpente dans un lit d'alluvions, au milieu de terrains appartenant à l'oolithe inférieure et moyenne; elle se jette dans le Thouet entre Montreuil et Saumur, en aval de Saint-Just. Elle est suivie par un canal latéral sur une longueur de 40 kilomètres depuis Pas-de-Jeu jusqu'au confluent du Thouet. 4° La *Sèvre Nantaise* prend sa source à l'O. de Secondigny, dans un étang (215 mètres), coule au N.-E. à travers des terrains granitiques, arrose Vernoux-en-Gâtine, la Chapelle-Saint-Etienne, Saint-Jouin-de-Milly, la Forêt-sur-Sèvre, Montraverse, Saint-Amand-sur-Sèvre, puis quitte tout à fait le département, dont elle longeait la lisière occidentale pour pénétrer dans la Vendée. Elle laisse sur sa droite trois ch.-l. de c. : Moncoutant, Cerizay et Châtillon-sur-Sèvre. La Sèvre Nantaise reçoit à droite : 1° L'*Ouine,* prolongement du ruisseau de la *Mare-aux-Canes* et dont le confluent est voisin du château de la Bachellerie. 2° L'*Hyères.* 3° Les ruisseaux de la *Châtière* et de *Robineau.* 4° L'*Ouin* prend sa source à la Porte-Boissière, arrose Châtillon, Saint-Jouin, Moulins, et joint la Sèvre, près de Saint-Laurent.

Le bassin de la *Sèvre Niortaise* comprend l'arrondissement de Niort et une petite partie de ceux de Melle et de Parthenay. Le fleuve prend sa source au plateau de Lepvret, dans des terrains liasiques d'où sortent deux fontaines : la *Fontbedoire* et la *Fomblanche* (150 mètres); entre Chey et Exoudun, la Sèvre disparaît sous des prés à Brieul, puis reparaît et reçoit la grande source d'*Exoudun,* qui jaillit au milieu de son lit. Le fleuve, dont la vallée est profondément creusée, passe

DÉPARTEMENT DES DEUX-SÈVRES

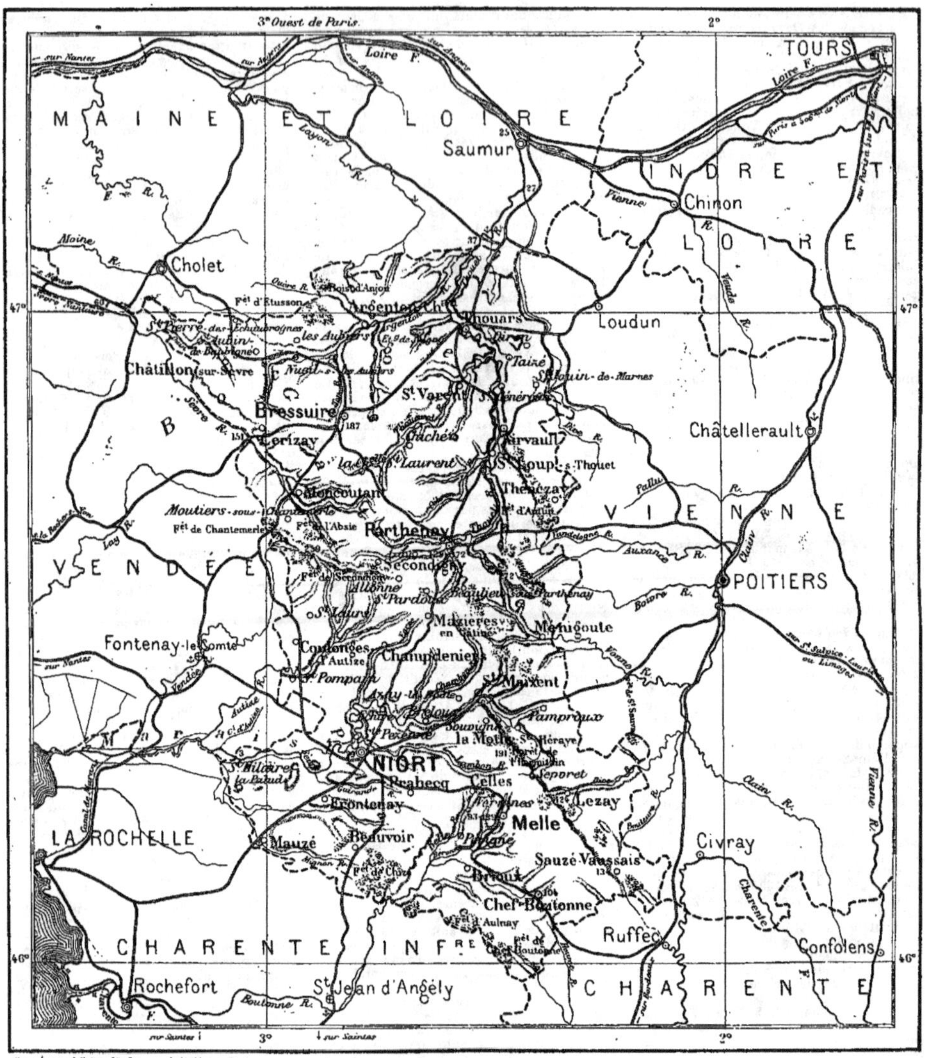

Gravé par J. Geisendörfer, 12 r. de l'Abbaye Paris.

Signes conventionnels :

PRÉFECTURE	*Plus de 100 000 hab.*	*De 10 000 à 20 000*	*Place forte. Fort*	*Origine de la navigation*
Sous-Préfecture	*De 50 000 à 100 000*	*De 5 000 à 10 000*	*Frontière*	*Canal*
Canton	*De 30 000 à 50 000*	*De 2 000 à 5 000*	*Limite de Dépt*	*Col*
Commune, Village	*De 20 000 à 30 000*	*Moins de 2 000*	*Chemin de fer*	*Forêts*

Les chiffres expriment en mètres l'altitude au dessus du niveau de la mer.

Échelle (1 millim. pour 900 mètres).

10 5 0 10 20 30 40 50 Kil.

ensuite à la Mothe-Saint-Héraye, à Lavilledieu, à Sainte-Eanne, à Saint-Maixent, puis abandonne sa direction primitive du S.-E. au N.-O. pour couler vers l'O. à travers l'oolithe et le lias, par Azay-le-Brûlé, Néomaye, Saint-Gelais, Échiré, Saint-Maxire, où il fait un coude brusque vers le S. par Sciecq et Sainte-Pézenne. A Niort, la Sèvre pénètre dans les alluvions du Marais, où elle arrose Saint-Liguaire, Magne, Coulon, avant d'entrer dans le département de la Charente-Inférieure. Depuis Saint-Maxire, elle décrit un grand nombre de sinuosités : son débit est assez fort, grâce aux sources qu'elle rencontre sur son passage. Les affluents de la Sèvre Niortaise sont, à droite : 1° Le *Pamproux* se forme près du village du même nom de sources très abondantes. Il se dirige vers le S.-O. jusqu'à Lavilledieu, où il se jette dans la Sèvre. Il reçoit les eaux des fontaines de *Chez-Loupot* et de *Font-grives*. 2° Le *Chambon* (35 kilom.) sort de terre près de Mazières-en-Gâtine : il se dirige vers le S., puis vers le S.-O., par Clavé, Saivres et joint la Sèvre à Chauray. 3° La *fontaine de Salbar* arrose la Chapelle, Cherveux et tombe dans la Sèvre un peu au-dessus de Saint-Gelais. 4° L'*Egrée* (25 kilom.) descend du plateau de la Gâtine et baigne Champeaux, Champdenier, Sainte-Ouenne : son confluent est situé entre Echiré et Saint-Maxire. 5° L'*Autise* (60 kilom.) sort des collines de Mazières (200 mètres), dans la forêt de Secondigny, près de l'Absie. 6° La *Vendée* (75 kilom.) n'a que sa source dans les Deux-Sèvres aux collines de l'Absie (260 mètres). La Sèvre reçoit à gauche : 1° Le *Lambon* (38 kilom.), qui vient des collines liasiques de Goux et de Beaussais; il coule vers l'O. par Thorigné, Fressines (terrain primitif) Vouillé. Il se jette dans la Sèvre à Niort. 2° La *Guairande*, qui prend sa source près de Prahecq, passe à Aiffres Santais. Elle tombe dans la Sèvre un peu en aval de Coulon. 3° Le *Mignon* (40 kilom.) naît dans le canton de Beauvoir à la Charrière, il arrose Prisse-le-Petit, Thorigny, Usseau, Mauzé, puis entre dans la Charente-Inférieure ; il se grossit de la *Courance*.

Dans le S. du département coule la *Boutonne* (90 kilom.), faisant partie du bassin de la Charente : elle naît près de Chef-Boutonne (143 mètres); et se dirige à travers des terrains oolithiques, par Vonteuille, Luchés, Brioux, Vernoux, Selogné, Breuil, Availlos, le Vort, puis pénètre dans la Charente-Inférieure. Elle reçoit à droite : 1° La *Béronne* (28 kilom.), qui baigne Chaillé-le-Château, Melle, Saint-Romans et se jette dans la Boutonne en-dessous de Brioux. 2° La *Belle* (30 kilom.) prend sa source près de Vehé, passe à Celles, à Verrines, à Mouligné, à Secondigné et tombe dans la Boutonne en dessous de la Béronne. A droite, la Boutonne reçoit le ruisseau de *Bé*, qui arrose Asnières, Juillé, Villefollet.

Le département est riche en sources : beaucoup sont très considérables; celles du S. sortent du terrain primitif et du lias (Exoudun, Coulonges, Viviers, près Niort); elles fournissent des eaux de bonne qualité. Au N. les eaux de sources qui jaillissent du granit ont une saveur terreuse. Parmi les eaux minérales, les principales sont celles de *Bilazay*, près Moncontour et de Saint-Léger-de-Montbrun (salines et sulfocarboniques : calcaire jurassique); de *Caunay* (ferrugineuse calcaire jurassique), de l'*Absie*, (source ferrugineuse : terrains schisteux). Les sources de Caunay sont seules fréquentées.

Le département des Deux-Sèvres appartient au climat girondin. La faible altitude du sol et le voisinage de l'Océan assurent au département un climat tempéré, mais humide. Grâce à la différence de niveau entre le plateau de Gâtine et la Plaine, les hivers sont plus froids et plus longs dans la première région que dans la seconde. Le printemps est pluvieux : les étés secs et chauds, mais très courts en Gâtine. Le nombre considérable des cours d'eau donne naissance à des brouillards souvent très épais ; il tombe environ 63 centimètres d'eau dans les Deux-Sèvres. La température moyenne est, à Niort, de 12°. La Plaine, qui est de nature calcaire, est plus chaude que la Gâtine et plus froide que le Marais.

Les vents d'E.-N.-E., du S. et du S.-O. sont ceux qui dominent dans le S. du département; ceux de l'O. et du S.-O. sont plus fréquents dans les autres parties.

Toute la partie N.-O. du département entre Cerizay, Thouars, Argenton et Airvault est occupée par un massif de granulites auxquelles succède une bande de granit au N. de Moncoutant. Les granulites reparaissent ensuite occupant presque toute la largeur du département. Les schistes cambriens recouvrent les cantons de Secondigny de Champ, Semery et de Ménigoute et sont séparés par une étroite bande de lias, des terrains jurassiques inférieurs qui couvrent toute la largeur du département au N. de Niort. Au S. de cette ville s'étend le jurassique moyen (du corallien à l'astartien), avec intercalations d'éocène aux alentours de Beauvoir, d'Aulnay. L'éocène a une grande importance dans l'arrondissement de Melle, depuis Chef-Boutonne jusqu'à Saint-Maixent.

Le département des Deux-Sèvres produit du froment, du seigle, de l'orge, de l'avoine, du méteil, du maïs, du millet et du sarrasin. Il cultive aussi la pomme de terre et la betterave; cette dernière culture est en progrès et ses produits sont plus affectés à la nourriture du bétail qu'à la fabrication du sucre ou de l'alcool. Le chanvre est principalement cultivé dans les terres d'alluvion de la vallée de la Sèvre Niortaise; le lin se développe assez bien dans les terres fraîches et riches, et sa culture pourrait être plus étendue. Le colza donne des produits estimés. Les prairies naturelles se rencontrent surtout dans les arrondissements de Bressuire et de Niort. Celles de Parthenay et de Melle donnent aussi un foin assez estimé, mais celui que l'on récolte dans le marais Niortais est grossier et aqueux. Les pâtures sont nombreuses sur les pentes des collines du Bocage; elles sont favorables à l'entretien des bêtes à laine à cause de leur sécheresse; dans la plaine, les moutons broutent les jachères, les chaumes et les regains. Chaque année voit les landes disparaître. Les forêts sont peu nombreuses dans le département : les plus importantes sont situées dans le Bocage, et les essences principales qui les composent sont surtout le chêne, le hêtre et le châtaignier. En outre, il existe des châtaigneraies exploitées pour la fabrication des cercles de tonneau. Les vignes fournissent un vin de qualité médiocre. Les plus estimés sont ceux que l'on récolte à la *Rochénard* (canton de Mauzé), à *Bouillé-Loretz* (canton d'Argenton-Château), à *Airvault* (canton de Parthenay). Les vins blancs sont encore plus mauvais que les rouges; ils sont distillés et donnent néanmoins une eau-de-vie, dite de *Saintonge*, qui est peu inférieure au cognac.

Les chevaux appartiennent à la race poitevine et mulassière. Le Marais produit des étalons et des juments. L'industrie mulassière est surtout développée dans les arrondissements de Niort et de Melle, et ils sont écoulés dans les importantes foires de Niort, Saint-Maixent, Melle, Champdeniers, la Motte, Sainte-Héraye, etc., où viennent s'approvisionner les marchands du S.-E. de la France, de l'Italie et de l'Espagne. On élève aussi des ânes et des baudets appartenant à une race spéciale très renommée, différente de celle de Gascogne, mais issue comme elle de celle d'Espagne. Les animaux de la race bovine appartiennent aux races choletaise, à celles du Bocage, de la Gâtine et de la Saintonge. Les bêtes nées dans la Gâtine sont vendues et engraissées dans le département voisin, à Chollet. Il en est de même de ceux des environs de Parthenay, qui sont très renommés et servent à l'approvisionnement de Paris et des grandes villes de la vallée de la Loire. Les vaches du Marais sont bonnes laitières; au contraire, celles de la Gâtine le sont peu. Les moutons appartiennent à la race dite *poitevine*, et donnent des produits qui varient avec la localité. Les porcs descendent, dit-on, de la race craonnaise; les sujets sont hauts sur jambes, ont le dos voûté, la peau dure et épaisse et recouverte de soies blanches. Ces animaux, élevés au pâturage, s'engraissent lentement, mais donnent un lard savoureux.

L'industrie est peu développée dans le département des Deux-Sèvres. Nous citerons seulement les forges établies à la Meilleraie, commune de Peyrate. Des mines de fer existent à *Peiratte*, la *Ferrière*, *Gaubrité*; des mines de houille à Saint-Laurs (arrondissement de Niort). On trouve aussi du marbre, du granit, du grès, de la pierre meulière et de la pierre à bâtir sur différents points du territoire. Il existe un gisement d'antimoine non loin de Thouars. On fabrique dans le département des Deux-Sèvres des fils et des tissus de coton, des étoffes de laine, du papier, de la faïence, des poteries, etc. Mais les industries dominantes sont celles qui ont rapport à la fabrication des étoffes et des cuirs ouvrés. Les draps communs sont tissés dans les manufactures de Parthenay et de la Mothe-Saint-Héraye, les toiles et les droguets à Thouars, Saint-Marsault, Châtillon-sur-Sèvre, la Mothe-Saint-Héraye, Moncoutant, Vernoux, Brioux, Bressuire, Secondigny. A Parthenay, à Bressuire, à Saint-Maixent, à Niort, on s'occupe surtout de la fabrication des tricots et des blouses. Ces mêmes villes possèdent aussi des filatures de laine et de coton. On prépare également des peaux, et les fabriques de gants de Niort sont renommées. On fait aussi des confitures et des conserves d'angélique. Le chiffre de la population moyenne est de 56 habitants par kilomètre carré, inférieur à celui de la France entière, qui est de 72.

Le département est traversé par 9 lignes de chemins de fer, qui sont celles : d'Angers à Niort (79 kilom.), de Poitiers à la Rochelle (65 kilom.), de Paris à Bordeaux; de Tours aux Sables-d'Olonne (65 kilom.), de Niort à Saintes (28 kilom.), de Saumur à Niort (102 kilom.), de Moncontour à Airvault (15 kilom.), de Poitiers à Parthenay (18 kilom.), de Niort à Ruffec (56 kilom.), soit en tout 429 kilomètres. Les Deux-Sèvres font partie du IXe corps d'armée dont le quartier général est à Tours. Le département des Deux-Sèvres comprend 4 arrondissements, 31 cantons et 356 communes. — Ch.-l. *Niort*. S.-préf. *Bressuire, Melle, Parthenay*.

SEVREUSE (*sevrer*), *sf.* Femme chargée de sevrer un enfant.

***SEWAGE** (mot anglais), *sm.* Les eaux d'égout employées comme engrais.

SEXAGÉNAIRE (l. *sexagenarium*), *adj.* et *s.* 2 *g.* Qui a soixante ans : *Un sexagénaire robuste.*

SEXAGÉSIMAL, ALE (*sexagésime*), *adj.* Qui a rapport au nombre 60. ‖ *Division sexagésimale*, la division de la circonférence en 360 degrés, du degré en 60 minutes et de la minute en 60 secondes.

SEXAGÉSIME (l. *sexagesima*, s.-ent. *dies*, le 60e jour), *sf.* Le dimanche qui précède de quinze jours le premier dimanche de carême. — **Gr.** Ce mot s'écrit toujours avec un *S* majuscule. — **Dér.** *Sexagésimal, sexagésimale.*

***SEXDIGITAIRE** (l. *sex*, six + *digitum*, doigt), *adj.* et *s.* 2 *g.* Qui concerne le sexdigitisme.

***SEXDIGITAL, ALE** (l. *sex*, six + *digitum*, doigt), *adj.* Se dit d'une main ou d'un pied qui a six doigts.

***SEXDIGITÉ, ÉE** (l. *sex*, six + *digitum*, doigt), *adj.* Qui est pourvu de six doigts au lieu de cinq : *Enfant sexdigité.*

***SEXDIGITISME** (*l. sex*, six + *digitum*, doigt + sfx. *isme*), *sm.* Production d'un doigt supplémentaire aux mains ou aux pieds.

SEXE (l. *sexum* : de *secare*, couper, séparer), *sm.* L'ensemble des caractères qui distinguent le mâle et la femelle chez les hommes, les animaux et les plantes. ‖ L'ensemble des hommes ou l'ensemble des femmes : *Les sexes sont séparés dans les écoles.* ‖ *Le sexe, le beau sexe ou les personnes du sexe*, les femmes. — **Dér.** *Sexué, sexuée; sexuel, sexuelle.*

***SEXENNAL, ALE** (l. *sex*, six + *annus*, an), *adj.* Qui a lieu tous les six ans. — **Dér.** *Sexennalité.*

SEXENNALITÉ (*sexennal*), *sf.* Qualité de ce qui revient tous les six ans.

SEXTANT (l. *sextantem*, le sixième d'un tout), *sm.* Instrument dont les marins se servent pour mesurer les angles. Il est composé d'un châssis triangulaire supportant un arc de cercle gradué de 60°, et d'une alidade mobile dirigée vers le sens d'un rayon, terminée sur l'arc de cercle par un vernier et portant à son autre extrémité un miroir plan dont la position varie avec celle de l'alidade. Ce miroir est en outre perpendiculaire au plan de l'arc de cercle. L'alidade porte en outre une lunette. Le sextant a un second miroir plan fixe sur l'un des montants du châssis et dont le plan est aussi perpendiculaire à celui de l'arc de cercle. Ce miroir n'est étamé que sur la moitié de sa surface, en sorte que l'une des parties, celle qui est étamée, sert à réfléchir les objets, tandis que l'autre partie, composée d'un verre transparent et située extérieurement à l'instrument, permet de viser un objet à travers sa substance. Le sextant porte en outre deux verres colorés susceptibles d'être amenés entre l'œil de l'observateur et le soleil et servant ainsi à tempérer la trop grande lumière de cet astre ou d'un point trop lumineux pour pouvoir être observé directement. Le sextant est muni d'une poignée permettant de le tenir commodément à la main. Cet instrument sert à mesurer des angles, c'est-à-dire à déterminer la hauteur du soleil ou de la lune, celle d'une étoile, la hauteur méridienne du soleil, la hauteur du pôle et par suite il sert à mesurer la latitude d'un point déterminé. Il peut être aussi employé à mesurer la distance qui existe entre deux astres. Il est surtout employé dans la marine, mais il peut aussi servir sur terre et dans toutes les circonstances où l'on ne peut faire usage d'instruments fixes. Par exemple, il rend de grands services aux voyageurs; il donne, du reste, une approximation suffisante, et les mouvements du navire ne sauraient nuire au résultat final de l'observation, puisque son emploi consiste à amener la coïncidence de deux images, ce qui s'acquiert facilement par un peu d'exercice.

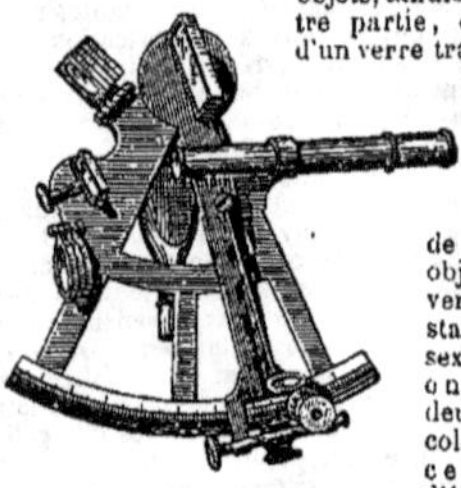

SEXTANT

SEXTE (l. *sexta* : s.-ent. *hora*, la sixième heure), *sf*. Office de l'Église catholique compris dans les *petites heures*, et qui doit se dire à la sixième heure du jour. On le chante après la messe. — **Dér.** *Sexto, Sextius, sextuor, sextil, sextile, sextuple, sextupler, sextellage, setier*. — **Comp.** *Sextidi*. Même famille : *Six; Sexagésime*, etc.

SEXTELLAGE (l. *sextum*, sixième), *sm*. Droit que l'on payait au seigneur pour chaque setier de blé vendu sous les halles, aux foires et marchés de la seigneurie.

SEXTIÆ AQUÆ, ville de la Gaule (1re Narbonnaise), fondée par Sextius Calvinus, proconsul de la Gaule transalpine (123 av. J.-C.). Auj. Aix.

SEXTIDI (l. *sextus*, sixième + *dies*, jour), *sm*. Le sixième jour de la décade dans notre calendrier républicain.

SEXTIL, ILE (l. *sextilem*, sixième), *adj*. Qui résulte de ce que deux planètes sont à une distance angulaire de 60° : *Aspect sextil*. (Astrol.)

SEXTIUS (Publius), questeur et consul qui contribua à la défaite de Catilina. Cicéron plaida plusieurs fois pour lui et le fit acquitter. Il se montra reconnaissant envers son défenseur, et fit un voyage en Gaule, afin d'obtenir de César le retrait de la loi d'exil qui avait été prononcée contre le célèbre orateur.

SEXTO (ml.), *adv*. Sixièmement.

SEXTUOR (fait du l. *sex*, six, sur le modèle de *quatuor*), *sm*. Morceau de musique à six parties.

SEXTUPLE (l. *sextuplum*), *adj. 2 g*. Qui vaut six fois autant. — *Sm*. Nombre six fois plus fort qu'un autre : *36 est le sextuple de 6*.

SEXTUPLER (*sextuple*), *vt*. Rendre six fois aussi grand; multiplier par 6.

SEXTUS EMPIRICUS, médecin et philosophe sceptique grec, du IIIe siècle, dont on a plusieurs écrits.

SEXUALITÉ, *sf*. Ensemble des attributs anatomiques et physiologiques qui caractérisent chaque sexe.

***SEXUÉ, ÉE** (l. *sexum*, sexe), *adj*. Qui a un sexe. (Néol.)

SEXUEL, ELLE (l. *sexualem*), *adj*. Qui indique le sexe : *Caractère sexuel*. || Qui résulte du sexe.

***SEYANT, ANTE** (*seoir*), *adj*. Qui va bien, convenable.

SEYBOUSE ou **SEIBOUSE** (anc. *Rubricatus*). Rivière d'Algérie qui coule au S.-E. de la province de Constantine, arrose Guelma et débouche dans la Méditerranée près de Bone. Cours de 230 kilom.

SEYCHELLES ou **SÉCHELLES**, groupe d'îles de la mer des Indes au N.-E. de Madagascar (aux Anglais).

SEYCHES, 1325 hab. Ch.-l. de c., arr. de Marmande (Lot-et-Garonne).

SEYE, rivière de Tarn-et-Garonne, qui descend des collines du Parisot (422 mètres), arrose Verfeil et se jette dans l'Aveyron.

SEYE, petite rivière du département de la Manche, qui prend sa source dans les collines de Grosville et se jette dans la Douve. 30 kilom.

SEYGOUADE, petite rivière du département de la Haute-Garonne, affluent de la Save.

SEYMOUR (Thomas), frère de Jeanne Seymour, épousa Catherine Parr, veuve de Henri VIII, roi d'Angleterre, et fut décapité en 1549 par ordre d'Édouard VI.

SEYMOUR (Jeanne), troisième femme de Henri VIII, roi d'Angleterre, qui l'épousa en 1536, et mère d'Edouard VI. Morte en 1537.

SEYNE, 2162 hab. Ch.-l. de c., arr. de Digne (Basses-Alpes).

SEYNE (LA), 12072 hab. Ch.-l. de c., arr. de Toulon (Var). Port de mer et chantier de construction pour les navires.

SEYNE, torrent du département du Gard qui se jette dans l'Auzon; baigne Belvezet, la Baume, Serviers.

SEYOTTE, rivière du département de la Haute-Saône qui se jette dans la Saône.

SEYSSEL, 1178 hab. Ch.-l. de c., arr. de Belley (Ain), sur le Rhône. Mines d'asphalte et de bitume. Carrières.

SEYSSEL, 1493 hab. Ch.-l. de c., arr. de Saint-Julien (Haute-Savoie), sur le Rhône.

SÉZANNE, 4933 hab. Ch.-l. de c., arr. d'Epernay (Marne). Porcelaine, distilleries, tanneries, moulins. Le calcaire de Rilly s'y présente sous forme de travertin riche en curieuses empreintes de végétation et d'insectes; les bancs de travertin ont 5 mètres environ et s'appuient sur un dépôt sableux à nodules de silice. On le considère comme le reste d'une ancienne cascade.

SÈZE (Raymond, comte de) (1748-1828). Avocat au Parlement de Bordeaux qui, avec Malesherbes et Tronchet, défendit Louis XVI devant la Convention. Arrêté le 20 octobre 1793, il fut relaxé au 9 thermidor. Il fut nommé premier président de la Cour de cassation; la seconde Restauration l'envoya à la Cour des pairs; il fut en outre créé comte. L'Académie française lui donna le fauteuil de Ducis.

SFAX, 8000 hab. Port de la Tunisie, sur le golfe de Gabès.

SFORZA, famille de condottieri italiens, issue du paysan Jacques Attendolo (1369-1424), connétable de la reine Jeanne II de Naples et dont les principaux membres furent : François Sforza (1401-1466), gendre et successeur de Philippe Visconti, duc de Milan (1450). — Galéas-Marie Sforza, fils du précédent, duc de Milan de 1466 à 1476, mort assassiné. — Jean-Galéas-Marie Sforza, fils du précédent, détrôné par son oncle en 1489. — Ludovic Sforza ou le *More*, oncle du précédent, qu'il détrôna, mort à Loches en 1510, prisonnier de Louis XII. — Maximilien Sforza, fils du précédent, duc de Milan de 1512 à 1515. — François-Marie Sforza, frère du précédent, duc de Milan de 1522 à 1535, légua son duché à Charles-Quint.

SGANARELLE, nom d'un personnage dans les comédies de Molière.

SGRAFFITE (ital. *sgraffito*, égratigné), *sm*. Décor tracé au moyen d'une pointe sèche sur une surface enduite d'une peinture foncée; les parties grattées produisent les clairs du dessin et imitent un bas-relief. Ce procédé de peinture nous vient d'Italie; il est aujourd'hui abandonné.

S'GRAVESANDE (1688-1742), mathématicien, physicien et philosophe hollandais, professeur à l'Université de Leyde.

SHABAK. (V. *Sabacon*.)

SHAFTESBURY, 2500 hab. Ville d'Angleterre (Dorset).

SHAKO [cha-ko]. (V. *Schako*.)

SHAKSPEARE (William) [chèkspir'] (1564-1616), sublime poète comique et tragique anglais, né à Stratford-sur-Avon, qui produisit des chefs-d'œuvre sans s'astreindre à aucune règle, mêlant le terrible et le pathétique au burlesque, mais créant des types suaves de femmes. Il avait été successivement boucher, acteur et directeur de théâtre. Ses plus belles pièces sont : le *Songe d'une nuit d'été* (1592), *Roméo et Juliette* (1595), *Hamlet* (1596), les *Commères de Windsor* (1601), le *Roi Lear* (1604), *Macbeth* (1606), *Othello* (1601), la *Tempête* (1612). — **Dér.** *Shakspearien, shakspearienne*.

***SHAKSPEARIEN, IENNE** [chèk-spi-riien], *adj*. Qui est dans le genre de Shakspeare.

SHALL. (V. *Châle*.)

SHANG-HAÏ, 300000 hab., dont 2500 Européens. Ville de la Chine, sur la rive gauche de la rivière Hoang-Pon, à 20 kilomètres de l'embouchure de ce cours d'eau, dans la mer de la Chine, port ouvert aux Européens en 1842 et où se fait un immense commerce d'importation et d'exportation. Soie, thé, coton, chanvre.

SHANNON, 390 kilom. Grand fleuve d'Irlande qui prend sa source dans le comté de Cavan, au mont Cirilcagh, arrose Carrick, Killaloe, Jamettown, Limerick. Il forme de nombreux lacs; les principaux sont les lacs Baffin, Ree, Derg. Il reçoit à droite la Boyle, la Fuck, la Fergus; à gauche l'Inny, la Brosna, la Mulkerna et la Marg. Navigation active.

SHEERNESS, 14500 hab. Port militaire important au confluent de la Tamise et de la Medway. Grand arsenal maritime.

SHEFFIELD, 284410 hab. Ville considérable d'Angleterre, sur le Don, comté d'York, célèbre par ses mines de houille et de fer, ses fabriques d'acier et sa coutellerie.

SHELING [che-lin]. (V. *Schelling*.)

SHELLEY (1792-1822), célèbre poète anglais.

SHÉRIDAN (1751-1816), célèbre auteur dramatique et orateur anglais du parti whig, mort dans la misère, et dont la meilleure pièce est l'*Ecole de la Médisance* (1777).

SHÉRIDAN (Philippe-Henri), né, en 1831, de parents irlandais; général américain qui, pendant la guerre de la Sécession, commanda en chef la cavalerie des Etats du Nord et battit dans un grand nombre de rencontres les généraux séparatistes.

SHÉRIF [ché-rif] (ang. scheriff : de *shire*, comté), *sm*. Magistrat établi dans chaque comté, en Angleterre, pour exercer la police, dresser la liste du jury et présider aux élections.

SHERMAN (William-Tecumseh), né en 1820; général américain qui, pendant la guerre de la Sécession, ne fut pas toujours heureux et dut souvent reculer devant les armées séparatistes. Il put néanmoins s'emparer de Savannah et contribua ainsi à la prise de Richmond. Pendant la guerre franco-allemande il suivit le grand état-major prussien et se montra très hostile à la France. Il remplaça le général Grant dans le commandement des troupes fédérales.

SHETLAND, 32000 hab. Groupe d'îles escarpées de l'océan Atlantique au N.-E. des Orcades et de l'Ecosse, composé de 86 îles, dont 40 habitées, dépourvues d'arbres et nourrissant d'admirables poneys (à l'Angleterre).

SHIELDS (North), 11 000 hab. Port d'Angleterre (Northumberland). Chantiers de construction.

SHIELDS (South), 45 000 hab. Ville du comté de Durham (Angleterre), à l'embouchure de la Tyne. Salines. Chantiers de construction.

***SHRAPNEL** [chrap-nèl], *sm.* Nom sous lequel on désigne le plus généralement à l'étranger les *obus à balles*, du nom de leur premier inventeur, le général anglais Shrapnel. (V. *Obus*.)

SHYLOCK, nom d'un personnage de comédie. Type d'usurier immortalisé par Shakspeare dans le *Marchand de Venise*.

1. SI (l. *si* : de l'ancien latin *sei* : osque *svai*, ombrien *sve*), *conj*. En cas que, pourvu que, à moins que, supposé que : *Si vous êtes méchant, je vous punirai. Je viendrai, s'il fait beau. Je n'irais pas s'il pleuvait. Si elle ne veut pas, que voulez-vous que je fasse.* ‖ Le verbe qui suit *si* se met le plus souvent à l'indicatif : *S'il venait il me ferait plaisir.* Néanmoins, on peut remplacer le plus-que-parfait de l'indicatif par le même temps du subjonctif : *Sage s'il eût remis une légère offense.* On rencontre aussi des exemples avec le conditionnel; mais cette manière de parler est un peu vieillie. Lorsque deux *si* se suivent dans une même phrase, le second peut être remplacé par *que* : *Il serait singulier si j'avais rendu un service que l'on ne m'en récompensât pas.* Lorsque la construction est négative, *que* est remplacé par *ni*. La conjonction *si* peut, dans une énumération, être répétée devant chaque nom : *Si l'honneur, si la vertu n'étaient pas de ce monde il faudrait les y introduire.* Lorsque les deux noms sont pris dans un sens disjonctif, le verbe qui le suit se met au singulier : *Si votre père, si votre mère vient à mourir.* ‖ Dans une proposition elliptique *si* exprime le souhait, le désir : *Si j'apprenais les mathématiques.* Quelquefois alors il équivaut à une affirmation : *Comment! vous demandez si je suis malade! Si je m'en souviens!* ‖ On peut, avec *si*, sous-entendre le verbe de la proposition qu'il commence : *Je ne sais quand je m'y rendrai; si* (c'est) *demain... Vous le direz, si* (vous le voulez) *et quand vous voudrez.* ‖ Puisque, parce que, avec un sens affirmatif : *Si je suis pauvre faut-il m'en vouloir?* ‖ *Si* marque quelquefois l'opposition : *Si la vie et la mort de Socrate sont d'un sage, la vie et la mort de Jésus sont d'un Dieu.* ‖ *Si* donne à quelques locutions un sens superlatif : *Si jamais un homme fut grand ce fut Christophe Colomb.* ‖ *Que si* remplace quelquefois *si* au commencement d'une phrase : *Que si vous êtes dans une belle situation* pour *si vous...* ‖ Combien : *Vous savez si j'aime la vertu.* ‖ *Si* marque le doute : *Je ne sais s'il viendra.* ‖ *Si* est interrogatif dans *ou si, ou bien si.* ‖ *Si tant est que* (avec le subjonctif), s'il est vrai que : *Si tant est que vous soyez bon.* ‖ *Si ce n'est*, excepté : *Si ce n'est toi, c'est donc ton frère.* ‖ *Si ce n'était*, sans : *Si ce n'était l'ennui de vous quitter.* Dans cette locution, on peut supprimer *Si ce* : *N'était l'ennui de vous quitter.* ‖ *Si... ne*, à moins que. — *Sm.* Objection, difficulté : *Vous avez toujours des si à m'objecter.* — **Prov.** Avec un si on mettrait Paris dans une bouteille, en faisant certaines suppositions on rend tout possible. — **Gr.** *Si* perd son *i*, qui est remplacé par une apostrophe, quand il précède *il* ou *ils*; cet *i* ne tombe devant aucune autre voyelle.

2. SI (l. *sic*, ainsi), *adv*. Tellement : *Vous êtes si bonne!* ‖ *Pas si bête*, cela n'est pas si bête ou il n'est pas si bête. ‖ Avec l'indicatif et *que*, Tellement... que : *Le vent est si grand, qu'il brise tous les arbres.* ‖ Avec *que* et l'infinitif, au point de : *Es-tu toi-même si crédule que de me soupçonner d'un courroux si ridicule?* Dans ce cas on peut supprimer *que.* ‖ Dans une phrase négative, *si* veut le verbe au subjonctif lorsqu'il est suivi de *que*; lorsqu'il est suivi de *qui* il ne peut être employé que dans une phrase négative et veut le verbe au subjonctif : *Je ne suis pas si prévenu en sa faveur, que je ne voie bien ses défauts. Il n'y a si vil praticien qui ne se préfère au laboureur.* ‖ Devant un adjectif ou un adverbe et au commencement d'une phrase, tant est : *Si grands que soient ses défauts....* ‖ Contrairement à l'opinion de certains grammairiens, *si* peut s'employer devant des locutions adverbiales : *L'extravagance y paraît si à découvert.....* ‖ Il peut servir d'adverbe de comparaison et remplacer *aussi, autant*. Dans ce cas, il ne

SIAM

PAVILLON DE SIAM. EXPOSITION DE 1889

s'emploie qu'avec la négation et dans une phrase interrogative : *Êtes-vous donc si méchant?* ‖ L'emploi de *si* dans les phrases affirmatives a vieilli et l'usage n'a conservé que la locution familière : *Si peu que rien, si peu que vous voudrez* pour *aussi peu que rien*, etc. ‖ Dans *si... que, si* équivaut à quelque : *Si vilain que soit le temps, j'irai à la campagne.* On peut, dans certaines phrases, supprimer le *que* : *Un arbre, si petit soit-il, porte toujours de l'ombre.* ‖ *Si peu que*, le peu que. ‖ *Si que*, de telle sorte que. ‖ *Si bien que*, tellement que, de sorte que : *La société n'était pas de mes goûts; si bien que je m'ennuyai.* ‖ *Si* remplace *oui* : *Vous dites que non; moi je dis que si.* — Si fait, *loc. adv.* que l'on emploie pour affirmer le contraire de ce qu'un autre a dit : *Je crois qu'il n'a pas été là. Si fait, il y a été.* ‖ *Si ferai, si ferai-je*, façons d'affirmer qui sont habituellement remplacées par *je le ferai* (vx). ‖ *Que si*, si fait : *Vous ne ferez pas cela? — Oh! que si.* Cette expression *que si* s'emploie substantivement : *Ne vous disputez pas sur les que si et les que non.* ‖ *Si* veut encore dire *pourtant, toutefois* : *Si faut-il qu'à la fin j'acquitte ma promesse* (vx). Dans le même sens on emploie la locution *si est-ce que* : *Et encore qu'il y ait en l'homme autre chose que la raison, si est-ce néanmoins qu'elle est la partie dominante.* (Bossuet.) — *Et si* a la même signification, et l'on doit, en parlant, appuyer sur le *si* : *J'ai la tête plus grosse que le poing, et si, je ne l'ai pas enflée.* (Molière.) — Si bien que, *loc. adv.* Tellement que, de sorte que : *La nuit nous surprit en chemin, si bien que nous nous égarâmes.* (Fam.) — **Gr.** *Si* ne doit modifier que des participes employés adjectivement. On dira : *Une montagne si élevée*, et l'on ne dira pas : *Une éclipse si observée.* — Il est mieux de répéter *si* devant les adjectifs et les adverbes, bien que son ellipse soit permise.

3. SI (les lettres SA du mot *sancte* de l'hymne de saint Jean), *sm.* La septième et dernière note de la gamme. Nom du signe qui représente cette note.

SIAGNE, petit fleuve du département du Var, qui sort du plateau de la Caille, arrose le Pont-à-Dieu, Auribeau, et se jette dans le golfe de la Napoule. Elle reçoit la Siagnole et le Biançon. Cours de 50 kilom.

SIAK, État et ville de l'île de Sumatra, sur la rivière du même nom.

SIALAGOGUE (g. σίαλον, salive; ἀγωγός, qui amène), *adj. 2 g.* et *sm.* Qui augmente la sécrétion de la salive : *Remède sialagogue* ou *un sialagogue.*

SIALISME (g. σιαλισμός : de σίαλον, salive), *sm.* Sécrétion abondante de salive.

SIAM, 5 750 000 hab., royaume de l'Indo-Chine occupant une vaste plaine humide et malsaine au centre et au S. de cette presqu'île, donnant son nom au golfe de Siam, faisant un commerce important avec la Chine, les Anglais et les Hollandais. Cap. *Bangkok.*

SIAM, 90 000 hab. Ville du royaume de Siam, dans une île du Meïnam. — **Dér.** *Siamois, siamoise.*

SIAM (golfe de), formé par la mer de Chine, entre la péninsule de Malacca et les royaumes de Siam et d'Annam.

SIAM, *sm.* Sorte de jeu de quilles. ‖ Race de porcs originaires de Siam.

SIAMOIS, OISE (*Siam* 2), *adj.* De Siam. ‖ Habitant du royaume de Siam. ‖ *Les frères siamois*, expression par laquelle on désigne deux frères originaires du royaume de Siam dont les corps étaient soudés par le côté. — Fig. Deux amis inséparables ayant les mêmes idées, la même volonté. (Néol.)

SIAMOISE (Siam), *sf.* Étoffe de coton fabriquée en France, à l'imitation des vêtements des ambassadeurs de Siam, qui vinrent à la cour de Louis XIV. ‖ *Siamoise flambée*, le chiné.

SIAULME, torrent du département de la Haute-Loire qui passe à Yssingeaux et se jette dans le Lignon du S.

SIBÉRIE, 12 495 110 kilom. carrés, 4 093 535 hab. Grande contrée du N. de l'Asie. Elle est baignée au N. par l'O. Glacial arctique; à l'E. par l'O. Pacifique. Elle se confond au S.-O. avec le Turkestan russe dans les steppes des Kirghizes. Elle est limitée au S.-E. et séparée de la Dzoungarie, de la Mongolie et de la Mandchourie par une suite continue de montagnes élevées : Ala Tau, Dzoungara, les monts Tarbagataï, Altaï, Sayansk, Yablonoï et Stavonoï. Les trois premières chaînes ont leurs crêtes dirigées de l'O. à l'E. et laissent entre elles les vallées de la Dzoungarie, de l'Irtisch avec le lac Saïsan et de l'Yénisseï. Le Beloukha, dans l'Altaï, atteint 3 350 mètres. Les monts Sayansk et Yablonoï ont une orientation S.-O.-N.-E. A l'O. du lac Baïkal, le Mounkousardik s'élève à 3 490 mètres. Le pic principal des monts Yablonoï est le Sokhondo en Daourie (2 517 mètres), au N. duquel s'étend le plateau de Vitim (700 mètres).

Les hautes terres du bassin de l'Amour sont le prolongement du plateau de Mongolie et sont dominées par les chaînes du Grand et du Petit Khingan et de Mandchourie. Le Sikhota-Alin, qui s'élève au bord de la mer, est formé d'anciens volcans. Le plateau sibérien se termine sur la mer d'Okhotsk par les monts Stavonoï. La presqu'île de Kamtschatka présente, le long de la mer d'Okhotsk, des chaînes de granit et de porphyre; tandis que le long de la mer de Behring émergent des volcans dont plusieurs sont encore en activité. Vers le milieu de cette côte se croisent les deux arcs de cercle formés par les volcans des Kouriles et des Aléoutiennes : le principal est le Kloutchevski (4 804 mètres).

La Sibérie est séparée de la Russie d'Europe par la rivière Kara, qui se jette dans le golfe de Kara en face les îles de la Nouvelle-Zemble et de Waïgatsh. Entre les golfes de l'Obi et de Kara s'étend la presqu'île des Samoïèdes, terminée par le cap Galowin. La côte remonte ensuite vers le N.-E. jusqu'au cap Tcheljuckin, elle est semée de petites îles en face des caps Matj, Sol, Sterlegow. On rencontre ensuite les embouchures de la Chatanga, de la Lena et de la Jana; puis le groupe des îles de la Nouvelle-Sibérie (Fadjejew, Koteljnoï et Liakoswsch). La côte prend une direction S.-O.-N.-E. jusqu'au cap Oriental; elle redescend du N. au S. sur le versant de la mer de Behring. On rencontre successivement le golfe de l'Anadyr et la presqu'île volcanique du Kamtschatka, terminée par le cap Lopatka et que relient aux grandes îles de l'archipel japonais une série d'îlots. Entre le Kamtschatka et la province de l'Amour se creuse la mer d'Okhotsh au S. de laquelle s'étend, le long de la côte, l'île de Sachalin, séparée du continent par le golfe de Tartarie et de l'île d'Ieso par le détroit de la Pérouse. La côte sibérienne se termine sur la mer du Japon, à Wladivostok, au fond de la baie de Pierre le Grand.

La Sibérie est parcourue par d'immenses cours d'eau dirigés presque uniformément du S. au N. Ce sont, en allant de l'O. à l'E. : 1° la *Kara*, qui limite la Sibérie à l'O.; 2° l'Obi, qui prend sa source dans l'Altaï, au lac Telezk; il passe à Barnaoul et coule vers le N.-O. et le N. avec une pente très faible par Kolywan, Narym et Beresow : il se jette au fond d'un golfe long et étroit (700 kilom. sur 110), après 3200 kilom. de cours. Il reçoit à droite le *Tom*, qui arrose Tomsk, le *Tschulym*, le *Kes*, le *Tym*, la *Wach*; à gauche, l'*Irtisch* (3900 kilom.), qui sort de l'Altaï, traverse le lac Saïsan, arrose Semipalatinsk, Omsk et Tobolsk; il se grossit de l'*Ischim*, du *Tobol*, dont un affluent, l'*Isset*, passe à Yekaterinenbourg. 3° L'*Iénisséi* (3 000 kilom.), né en Chine, pénètre en Sibérie par les défilés des monts Sayansk; il coule vers le N., arrose Kratnojarsk, Iénisseik et Turnschansk. Les affluents sont, à droite : 1° L'*Angara*, grande rivière semée de rapides qui vient du lac Baïkal, passe à Irkoutsk, coule au N. puis à l'O. jusqu'aux environs d'Iénisseik, où elle se jette dans l'Iénisséi. 2° La *Podkamennaja*. 3° La *Tunguska* inférieure ou *Kiscknaja*. 4° La *Lena* (2 700 mètres) prend sa source à l'O. du lac Baïkal, coule vers le N.-E. jusqu'à Iakoutsk, puis vers le N.-N.-O. Elle reçoit à droite le *Witim*, sorti des monts Yablonoï, ainsi que l'*Aldan*; à gauche, le *Wiljoni*. 5° L'*Indighiska*. 6° La *Kolima*.

Sur le versant du Pacifique, il n'y a qu'un seul fleuve remarquable, c'est l'*Amour* (4 000 kilom.), formé de l'*Argoun* et de la *Chilka*, qui descendent de la Daourie en perçant les monts Chingan; il forme la frontière entre la Sibérie et la Mandchourie; il se jette dans la mer, près de Nikolaievsk, en face l'île Sachalin.

Les fleuves de la Sibérie ont tous un cours très lent et gèlent pendant l'hiver. L'Amour a une très grande importance au point de vue de la navigation, qui a lieu sur presque tout son cours, sauf en hiver où il est couvert de glace malgré la rapidité considérable du courant; il arrose les villes nouvellement fondées de Blagowjeschtschensk et de Khabarovka, au confluent de l'Oussouri. La Sibérie renferme d'immenses lacs; les plus importants sont : 1° Le *Baïkal*, tributaire de l'Iénisséi auquel l'Angara apporte ses eaux. Il a 660 kilom. de long et 40 à 100 de large. La navigation est rendue difficile par les écueils et les tempêtes, malgré la grande profondeur des eaux (gouvernement d'Irkoutsk). Il reçoit la *Selenga* (1 200 kilom.), grande rivière qui vient de Mongolie. 2° Le *Balkasch-Noor* (200 kilom. de long, altitude 238 mètres) est situé dans le Turkestan au N. de l'Ala-Tau; il reçoit l'*Ili*, le *Karatal* et l'*Aiagouz*. 3° Le lac *Saïtan*, traversé par l'Irtisch, près de l'Altaï. 4° L'*Altanhoor*. 5° Le lac *Palkacha*. 6° *Alaktougoul*.

Le climat de la Sibérie est très rude, surtout dans les régions orientales : Iakoutsk passe pour la ville la plus froide du monde. On distingue deux zones nettement tranchées : les régions polaires, déserts glacés couverts de mousse et de lichen; au S. le climat est moins rigoureux, le sol est cultivé et la végétation d'une grande richesse. Les essences forestières les plus répandues sont : le cèdre, le saule, le melèze, le sapin, le bouleau, l'arbre à poix. Les pelleteries (martre, renard bleu, hermine, zibeline) sont, avec le thé, le principal objet de commerce de la Sibérie, dont la faune est très riche : le chien et le renne ont une grande importance au point de vue de la nourriture et des transports. Les richesses minérales de la Sibérie sont considérables, surtout à l'O., dans l'Oural, et dans l'Altaï et les environs des grands lacs où l'on exploite des mines d'or, d'argent, de graphite. Les condamnés politiques et les criminels forment une grande partie du personnel ouvrier.

La Sibérie est partagée en deux grandes divisions administratives : 1° La Sibérie occidentale; ch.-l. *Tobolsk*, 25 000 hab. Ville principale : *Tomsk*, 37 000 hab.; 2° La Sibérie orientale, ch.-l. *Irkoutsk*, 34 000 hab. Villes principales : *Iakoutsk*, *Omsk*, *Barnaoul*, *Kratnojarsk*, *Nicolaiev*, *Wladivostok*.

SIBÉRIE (NOUVELLE-) ou ARCHIPEL LIAIKHOV. Iles de l'océan Glacial arctique dont les principales sont : Kotelnoï, Faderskoï, Atrikanskoï. Climat glacé; inhabitées.

SIBÉRIEN, IENNE (*Sibérie*), *adj*. De la Sibérie. ‖ Qui habite ce pays. ‖ *Froid sibérien*, extraordinaire.

SIBILANCE (sibilant), *sf*. Respiration sifflante. (Méd.)

SIBILANT, ANTE (l. *sibilantem*: de *sibilare*, souffler), *adj*. Semblable à un sifflement : *Râle sibilant*, respiration sifflante qui indique une inflammation des poumons ou des bronches. — **Dér.** *Sibilance*, *sibilation*.

SIBILATION (l. *sibilationem* : de *sibilare*, siffler), *sf*. Sifflement; action, manière de siffler.

SIBOUR, archevêque de Paris qui succéda à Mgr Affre en 1848 et fut assassiné dans l'église de Saint-Étienne du Mont, le 3 janvier 1857.

SIBYLLE (l. *sibylla*), *sf*. Toute femme qui, chez les anciens, était considérée comme inspirée par une divinité et comme douée du don de prédire : *La sibylle d'Erythrée*, *de Cumes*. ‖ *Les feuilles de la sibylle*, oracles que la sibylle écrivait sur des feuilles de chêne, qu'elle jetait au vent et dont on n'avait le sens qu'en réunissant toutes ses feuilles. — Fig. Papiers en désordre. — Fig. *Une sibylle*, femme qui se prétend inspirée. — **Dér.** *Sibyllin*, *sibylline*, *sibylliste*.

SIBYLLIN, INE (l. *sibyllinum*), *adj*. Qui émane d'une sibylle : *Vers sibyllins*. ‖ *Livres sibyllins*, recueil d'oracles que Tarquin le Superbe acheta de la sibylle de Cumes, qu'un collège de prêtres gardait au Capitole et que le Sénat romain faisait consulter lorsqu'il y avait péril pour la république.

***SIBYLLISTE** (*sibylle*), *sm*. Se dit des chrétiens qui croyaient trouver des prophéties concernant Jésus-Christ dans les livres sibyllins. ‖ Auteur d'oracles, de vers sibyllins.

SIC, *adv*. lat. Signifiant *ainsi* et que l'on écrit entre parenthèses à la suite d'un texte que l'on cite et qui pourrait paraître étonnant, invraisemblable.

SICAIRE (l. *sicarium* : *sica*, poignard), *sm*. Individu payé pour assassiner quelqu'un.

SICAMBRE, membre d'une ancienne peuplade germanique qui habitait d'abord près des côtes de la mer du Nord, à l'O. du Weser, dont une partie fut transportée dans la Gaule Belgique par Drusus, et qui, au IIIe siècle, appartenait à la confédération des Franks. ‖ Appellation par laquelle on désigne quelquefois Clovis et ses compagnons.

SICAMOR, *sm*. Cercle relié comme un cercle de tonneau. (Blason.)

SICANES, peuplade barbare qui habitait la Sicile à l'aurore des temps historiques.

SICARD (l'abbé) (1742-1822), célèbre instituteur des sourds-muets, successeur de l'abbé de l'Epée.

SICCATIF, IVE (l. *siccativum*: de *siccare*, sécher), *adj*. Qui en se solidifiant fait sécher rapidement les couleurs que l'on y mêle : *Les huiles de lin, de noix, de chènevis, d'œillette sont siccatives*. ‖ Qui fait sécher les plaies : *Médicament siccatif*. — Sm. *Un siccatif*, une huile siccative, un médicament siccatif.

SICCITÉ [sik-sité] (l. *siccitatem*: de *siccus*, sec), *sf*. État de ce qui est sec : *Faire évaporer un liquide jusqu'à siccité*, jusqu'à ce qu'il ne laisse plus qu'un résidu sec.

SICELEG, ville des Philistins où se réfugia David persécuté par Saül.

SICHÉE, mari de la légendaire Didon, fut tué par son beau-frère Pygmalion, roi de Tyr.

SICHEM, ville lévitique de la tribu d'Ephraïm qui fut la première capitale du royaume d'Israël.

SICHON, petite rivière du département de l'Allier, qui naît à la Prugne, arrose Ferrières, Arronnes, Cusset et se jette dans l'Allier à Vichy. Elle reçoit le Jolan. Cours de 40 kilom.

SICILE, 29 241 kilom. carrés, 711 518 hab. Grande île triangulaire de la Méditerranée, au S.-O. de l'Italie, dont elle n'est séparée que par le détroit resserré de Messine, traversée de l'O. à l'E. par la chaîne des monts Pélore, possédant le plus grand volcan de l'Europe, l'Etna, ainsi que des volcans de boue; abondante en mines de soufre, de sel gemme et de plâtre. Climat délicieux et presque tropical. Céréales, orangers, dattiers, cotonniers, canne à sucre, oliviers, bons vins de Marsala et de Syracuse, fruits de toute espèce, vers à soie, abeilles. Exploitée commercialement dans l'antiquité par les Phéniciens et les Carthaginois, colonisée par les Grecs, conquise successivement par les Romains, les Vandales, les Goths, les Sarrasins, les Normands de Calabre, possédée tour à tour par les Français, les Allemands, les Espagnols, les Aragonais, naguère encore partie intégrante du royaume des Deux-Siciles. Cette belle île est aussi l'un des fleurons de l'Italie unifiée. Sa culture et son commerce prendraient un rapide essor, n'étaient l'absence de routes et le banditisme. — Cap. *Palerme*; villes principales : *Messine*, *Catane*. — **Royaume des Deux-Siciles** ou **de Naples**, ancien État de l'Europe qui dans sa plus grande extension comprenait toute la partie de l'Italie au S. des États de l'Église et la Sicile. Conquis au XIe siècle, sur l'empire grec et les Lombards par des chevaliers normands, fils de Tancrède de Hauteville, qui y fondèrent une dynastie, il passa successivement aux empereurs allemands de la famille des Hohenstauffen (1195), à la maison d'Anjou (1266), au roi d'Aragon (1282), au roi d'Espagne en la personne de Ferdinand le Catholique (1504), à une branche de la maison d'Espagne (1759). Pendant la Révolution française il devint la *république Parthénopéenne* (1799). Il fut possédé sous le premier Empire français, par Joseph Napoléon, puis par Murat, fut remis, en 1815, sous le sceptre des Bourbons, dont le dernier souverain, François II, fut détrôné par Garibaldi en 1860, en faveur de la maison de Savoie. Depuis sa fondation la partie continentale et la partie insulaire furent tantôt gouvernées par le même souverain et tantôt séparées en deux royaumes distincts dont les rois furent souvent ennemis. — **Dér.** *Sicilien*, *sicilienne*.

SICILIEN, IENNE (*Sicile*), *adj*. De la Sicile : Habitant de cette île. — *Vêpres siciliennes*. (V. *Vêpres*.)

SICILIENNE (*Sicile*), *sf.* Sorte de danse.

SICILIQUE (l. *siculus*, la quarante-huitième partie de la livre), *sm.* Poids de droguiste qui pèse un sextule et deux scrupules (6gr, 33).

SICLE (héb. *shekel*), *sm.* Poids des Hébreux qui valait 6 grammes. ‖ Monnaies des Hébreux, en argent, qui valait 1 fr. 26; il y avait en outre des sicles d'or et de cuivre.

SICOMORE, *sm.* (V. *Sycomore.*)

SICULES, très ancien peuple qui de l'Etrurie émigra en Sicile, où il s'établit.

SICYDIUM [si-ci-di-ome], *sm.* Genre de plantes dicotylédones de la famille des Cucurbitacées, à fleurs d'un jaune pâle, et auxquelles succèdent des fruits de la grosseur d'une prune. Les racines sont vivaces et la tige atteint 4 ou 5 mètres de longueur. Les espèces de ce genre sont originaires du Texas.

SICYONE, ville de l'ancienne Grèce au S. et près du golfe de Corinthe, dont on voit encore des ruines. Célèbre, autrefois, par des écoles de sculpture et de peinture.

SIDA (g. σίδη, nom d'une espèce de guimauve dans Théophraste), *sf.* Genre de plantes dicotylédones de la famille des Malvacées, dont plusieurs espèces sont des arbustes d'ornement que l'on cultive dans les serres tempérées et les serres chaudes. Ce sont des végétaux originaires de l'Amérique, dont les fleurs sont grandes, blanches, veinées de carmin, ou d'un rose vif.

1. SIDÉRAL, ALE (l. *sideralem : sidus*, génitif *sideris*, astre), *adj.* Qui concerne les astres : *Astronomie sidérale.* ‖ Qui émane des astres : *Influence sidérale.* ‖ *Jour sidéral*, le temps qui s'écoule entre deux passages supérieurs consécutifs d'une même étoile au méridien d'un lieu. ‖ *Pendule sidérale*, horloge dont le cadran est divisé en 24 parties égales et dont la petite aiguille fait un tour complet en un jour sidéral. — **Dér.** *Sidéral* 2, *sidération.*

2. SIDÉRAL (l. *sideralem*, même sens), *sm.* Qui concerne les astres : *Astronomie sidérale.* ‖ Qui émane des astres : *Influence sidérale.*

Jour sidéral, le temps qui s'écoule entre deux passages supérieurs consécutifs d'une même étoile au méridien d'un lieu. Le mouvement diurne reproduisant ses diverses phases dans le même ordre, la même durée, peut servir à mesurer le temps. Il en est de même des *petites* oscillations d'un pendule qui ont une durée constante, quelle que soit leur amplitude : chacune d'elles peut être prise pour unité, et leur nombre est la mesure du temps écoulé. En observant les passages supérieurs consécutifs d'une même étoile au méridien, on reconnaît que l'intervalle de ces passages a une durée rigoureusement constante pour cette étoile, et cette durée est la même pour toutes. La durée de la révolution diurne d'une étoile est donc invariable : elle est aujourd'hui ce qu'elle était il y a deux mille ans. On peut donc la prendre pour unité de temps; c'est à cette unité qu'on donne le nom de jour sidéral.

Pendule sidérale. On partage le jour en 24 heures sidérales, l'heure en 60 minutes sidérales, la minute en 60 secondes sidérales, etc.; le jour vaut 1440 minutes ou 86400 secondes. Pour l'évaluer commodément, on fait osciller un pendule pendant un jour et on compte le nombre n de ses oscillations : comme on connaît la longueur l du pendule simple qui ferait le même nombre d'oscillations, on en déduit la longueur l' du pendule simple qui fait 86400 oscillations par jour, à l'aide de la formule que l'on démontre en physique

$$l' = l \times \frac{n^2}{86\,400^2}.$$

On trouve ainsi pour la longueur du *pendule à secondes*, à Paris

$$l' = 993^{mm},856\,463.$$

Cette longueur une fois déterminée, on construit une horloge dont le cadran est divisé en 24 parties égales et dont la petite aiguille accomplit sa révolution en un jour sidéral : c'est la *pendule sidérale.* On la règle de manière qu'elle marque $0^h0^m0^s$, au moment précis où une étoile déterminée passe au méridien : ce moment est l'origine du jour sidéral.

SIDÉRATION (l. *siderationem : de sidus*, astre), *sf.* Influence subite que l'on croyait exercée sur une personne par un astre. ‖ Etat de prostration subite dans lequel tombe un malade et que l'on attribuait jadis à l'influence d'un astre.

SIDÉRITIS (l. *sideritis :* du g. σιδηρίτις, de fer), *sm.* Plante dicotylédone de la famille des Labiées, qui est encore appelée *crapaudine* et croît sur la lisière des bois, sur le bord des champs arides ou pierreux. C'est le *stachys recta* des botanistes; il est cultivé comme plante d'ornement.

***SIDÉROCHROME** (g. σίδηρος, génitif σιδήρου, fer + χρῶμα, couleur), *sm.* Minéral d'un noir de fer, généralement amorphe, sur lequel une pointe d'acier trace une raie d'un brun rougeâtre; d'une densité comprise entre 7,2 et 7,3 : c'est le principal minerai de chrome. On le trouve quelquefois cristallisé sous des formes dérivées d'un prisme rectangulaire droit. C'est un tungstate de protoxyde de fer et de manganèse.

SIDÉRODENDRON (g. σίδηρος, fin + δένδρον, arbre), *sm.* Genre de plantes dicotylédones de la famille des Rubiacées, dont les espèces arborescentes sont originaires des Antilles et de l'Amérique tropicale. Une espèce, le *siderodendron triflorum*, se rencontre dans les îles de la Martinique et du Mont-Serrat, où il est connu sous le nom de *bois de fer.*

***SIDÉROLITHIQUE** (g. σίδηρος, fer + λίθος, pierre), *adj. 2 g.* Se dit d'une formation qui comprend des argiles rouges jurassiques où le calcaire et le gypse sont représentés; le minerai de fer en grains, dit pisolithique, y est disséminé sous forme de poches. C'est à ce niveau qu'appartiennent les minerais de fer de Franche-Comté et une grande partie de ceux de l'Alsace, de la Bourgogne, de la Bresse, du Berri.

SIDÉROMÉLANE (g. σίδηρος, fer + μέλας, noir), *sf.* ou VERRE NATUREL, minéral contenant du fer, que l'on trouve en Islande dans les fentes et sur les parois des cavités des basaltes. Densité 2,5. La silice varie entre 50 et 55°.

***SIDÉROSE** (g. σίδηρος, fer), *sf.* Minerai de fer qui est un carbonate, lequel, à l'état pur, est très rare; il se présente sous forme d'un rhomboèdre obtus, incolore, ayant une densité de 3,8; plus dur que le spath d'Islande, moins dur que le spath fluor. Les cristaux sont généralement d'un blanc tirant sur le blond. (V. *Fer*, t. Ier, p. 665, col. 3.) — **Gr.** Même famille : *Sidérochrome, sidérolithique, sidérotechnie, sidérurgie, sidérurgique, sidéromélane, sidérodendron.*

***SIDÉROSTAT** (l. *sideris*, génitif de *sidus*, astre + *statum*, supin de *stare*, se tenir immobile), *sm.* Appareil servant à l'observation de la lumière des étoiles, constitué par l'association d'un télescope et d'un miroir actionné par un mouvement d'horlogerie qui est réglé de manière que, malgré le mouvement de rotation du globe, le miroir réfléchisse constamment dans la direction de l'axe du télescope les rayons des étoiles.

***SIDÉROTECHNIE** (g. σίδηρος, fer + τέχνη, art), *sf.* Fabrication, travail du fer.

***SIDÉRURGIE** (g. σίδηρος, fer + ἔργον, ouvrage), *sf.* Fabrication, travail du fer.

SIDÉRURGIQUE (*sidérurgie*), *adj. 2 g.* Qui a rapport à la sidérurgie, c'est-à-dire à la fabrication du fer.

SIDI-BEL-ABBÈS, 15436 hab. Sous-préfecture de la province d'Oran.

SIDI-BRAHIM, village d'Algérie, où 450 Français furent surpris et massacrés, le 22 septembre 1845, par 3000 Arabes.

SIDI-FERRUCH, petite baie de la Méditerranée, à 26 kilom. d'Alger, où débarqua l'armée française le 14 juin 1830.

SIDNEY (SIR PHILIP) (1554-1586), homme d'Etat anglais, auteur de l'*Arcadie*, roman pastoral. — ALGERNON SIDNEY (1617-1683), républicain anglais condamné à mort et exécuté sous Charles II.

SIDOINE APOLLINAIRE (430-489), illustre Gaulois et poète latin, gendre de l'empereur romain Avitus, qui fut évêque de Clermont.

SIDON, aujourd'hui Saïda, anc. ville et port célèbre de la Phénicie, au N. de Tyr, qui finit par l'éclipser.

SIDRE (GOLFE DE LA), la grande Syrte des anciens, golfe de la Méditerranée sur la côte de l'Etat de Tripoli.

SIEBENGEBIRGE ou les **Sept-Montagnes.** Groupe de hauteurs d'origine éruptive, voisines de Linz, sur le Rhin (Œlberg, Sohrberg, Wolkenbourg, Drachenfels, Petersberg, Rosenau, Stenzelberg). On y observe une formation lignitifère encaissée dans des schistes siliceux.

SIÈCLE (l. *sæculum*), *sm.* Espace de 100 ans. Les modernes comptent les siècles à partir de la naissance de J.-C. Antérieurement à cette naissance, on les compte en rétrogradant. Par exemple, le VIe siècle av. J.-C. commence à l'an 599 av. J.-C. et finit à l'an 400 av. J.-C. ‖ *Le XIXe siècle*, le siècle actuel. ‖ *Les siècles futurs*, la postérité. ‖ Chacun des quatre âges des poètes. (V. *Age.*) ‖ Epoque : *Un siècle de lumières.* ‖ *Être de son siècle*, avoir les idées, les lumières, les mœurs, les préjugés du temps où l'on vit. ‖ Epoque remarquable par les événements qui s'y sont accomplis ou les ouvrages qu'elle a produits : *Les quatre grands siècles littéraires*, ceux de Périclès, d'Auguste, de Léon X, de Louis XIV pendant lesquels la littérature a enfanté des chefs-d'œuvre. ‖ Espace de temps que l'on juge trop long : *Il y a un siècle que je vous attends.* ‖ *Le siècle futur*, la vie éternelle. ‖ *Dans tous les siècles des siècles*, éternellement. ‖ La vie laïque par opposition à la vie, à la société religieuse : *Renoncer au siècle.* — **Dér.** *Séculier, séculière, séculaire, séculariser, sécularité, sécularisation, séculièrement.*

SIEDLES, 10000 hab. Ville de la Pologne russe, sur la Muchowice, autrefois capitale du gouvernement de Polachie.

SIEG, rivière qui naît dans la Westphalie, coule à l'O., arrose Siegen et Siegbourg, dans la province Rhénane, et se jette dans le Rhin en face de Bonn.

SIEGBOURG, 5668 hab. Ville de la province Rhénane (Allemagne), sur la Sieg.

SIÈGE, *sm.* de *siéger.* Meuble fait pour s'asseoir, comme chaise, banc, fauteuil, etc. ‖ *Siège de paille, de jonc, de canne*, etc., dont le fond est garni d'une de ces matières. ‖ *Le siège d'un cocher*, la place où s'assied un cocher qui conduit une voiture. ‖ Construction exhaussée dans laquelle est fixée la cuvette d'un cabinet d'aisances : *Un siège à l'anglaise.* ‖ La partie postérieure du corps et sur laquelle on s'assoit : *Prendre un bain de siège.* ‖ Place où un juge s'assied pour rendre la justice. ‖ Un tribunal, les juges qui le composent, son ressort, le lieu où il est établi : *Un siège de première instance.* ‖ Evêché, diocèse : *Être promu au siège de Lyon.* ‖ Le *siège pontifical*, le *saint-siège*, le *siège apostolique*, la dignité, l'autorité du pape. ‖ La capitale d'un empire : *Constantin transporta le siège de l'empire à Byzance. En France, Paris est le siège du gouvernement.* — Fig. Résidence, lieu où une administration est établie, où une chose domine : *Le siège d'une compagnie commerciale, d'une doctrine.* ‖ *Siège d'une maladie*, la partie du corps qui en est affectée. ‖ L'ensemble des opérations et des travaux qu'exécute une armée autour d'une ville fortifiée pour s'en emparer : *Le siège de Paris par les Allemands.* ‖ *Batterie de siège*, les batteries de canons que construisent les assiégeants. ‖ *Pièce de siège*, canon dont on se sert pour assiéger une place. ‖ *Couvrir un siège*, empêcher des troupes du dehors de secourir des assiégés. ‖ *Lever le siège d'une place*, se retirer de devant une place qu'on assiégeait. — Fig. *Lever le siège*, s'en aller. ‖ *Mon siège est fait*, mon ouvrage est achevé, je sais à quoi m'en tenir, par allusion aux paroles que prononça Vertot lorsqu'on lui apporta des documents longtemps attendus relatifs au siège de Rhodes. ‖ *État de siège*, subordination de l'autorité civile à l'autorité militaire dans une ville assiégée ou révoltée, dans une province entière : *Mettre une ville en état de siège.*

SIEGEN, 13900 hab. Ville de Westphalie, sur la Sieg. Mines de fer, fonderies, hauts fourneaux.

SIÉGÉNITE (*Siegen*, nom de localité), *sf*. Ou **Linnéite**, sulfure de cobalt, très chargé de nickel, contenant parfois du fer ou du cuivre. Cette substance cristallise dans le système cubique; les cristaux sont d'un gris d'acier et sont solubles dans l'acide azotique. Il en existe des gisements à *Siegen*, dans le pays de Nassau.

SIÉGER (bl. *sediare*, s'asseoir : de *sedes*, siège), *vi*. Occuper le siège pontifical ou un siège épiscopal. ‖ Être assis dans un tribunal pour juger. ‖ Être établi dans un lieu, en parlant d'un tribunal, d'une cour de justice : *La cour d'assises siège à Saint-Mihiel.* ‖ Être membre ou président d'une assemblée délibérante.—Fig. Exister dans un organe du corps : *Le mal siège dans sa tête.*— **Dér.** *Siège.* — **Comp.** *Assiéger, assiégeant, assiégeante.*

SIEGFRIED, un des principaux chefs de la famille des Niebelungen. ‖ Héros du poème de ce nom.

SIEN, SIENNE (vx fr. *sen*, pour *son*), *adj. poss.* 3e *pers.* Qui est à lui, à elle : *Il faisait cette idée sienne. Un sien ami* (vx). ‖ *Le sien, la sienne, les siens, les siennes*, pr. poss. 3e pers. Qui est à lui, à elle, qui sont à eux, à elles : *Ces pensées sont les siennes.* — **Le sien,** *sm.* Son bien : *Donner à chacun le sien.* — Fig. *Mettre du sien dans une chose*, y contribuer de son argent, de son travail. ‖ *Mettre du sien dans un récit*, y ajouter des détails imaginaires. — **Les siens,** *smpl.* Les parents, les descendants, les subordonnés d'un individu : *Cet homme ne pense qu'aux siens.* ‖ *Dieu connaît les siens*, ceux qui se dévouent à lui. — **Les siennes,** *sfpl. Faire des siennes*, faire des extravagances, des friponneries.

SIENNE, 25204 hab., ville d'Italie au S. de Florence, dans l'ancienne Toscane, fut une république au moyen âge et est encore célèbre par ses monuments gothiques, ses beaux tableaux, œuvres des peintres de son école. — *Terre de Sienne*, ocre jaune employée comme couleur. (V. *Ocre.*)

SIENNE, petit fleuve du département de la Manche qui arrose Bois-Benatre, Villedieu-les-Poëles, Gavray, Quittreville, Hyeuville, et se jette dans la Manche à Régneville. Il reçoit l'Airon et la Soulle.

SIERK, 1500 hab., sur la Moselle. Anc. cant. de Thionville (Moselle), aujourd'hui à l'Allemagne. Eaux minérales bromurées et iodées.

SIEROZ, 20 kilom. Torrent du département de la Savoie qui prend sa source au mont de la Cluse, arrose Offenge, Saint-Siemon et Port-Puer, où il tombe dans le lac du Bourget. Il reçoit la Daisse.

SIERRA (mot esp. qui signifie *montagne*, et désigne une chaîne de montagnes), *sm.* Les principales sierras de l'Espagne, dont plusieurs sont riches en minerai de plomb argentifère, sont : les *sierras de Guadarama* et de *Gredoz*, entre le bassin du Douro et celui du Tage; les *sierras de Tolède* et de *Guadalupe*, entre le bassin du Tage et celui de la Guadiana; la *sierra Morena* (montagne noire), entre le bassin de la Guadiana et celui du Guadalquivir; la *sierra Nevada*, qui longe la côte S. de l'Andalousie; les *sierra d'Oca*, de *Moncayo*, d'*Albarracin*, etc., qui forment le mur oriental du plateau central. Dans l'Amérique du N. il y a : la *sierra Nevada*, à l'E. de la Californie; les *Sierras Verde et Madre*, traversant le Mexique du N.-O. au S.-O.

SIERRA LEONE (montagne des Lions), 62,000 hab. Partie de la côte de Guinée au S. de la Sénégambie et où les Anglais ont une colonie dont la capitale est Freetown.

SIERRA LEONE, 450 kilom. Rivière de la Guinée septentrionale, qui prend sa source dans les monts Kong et se jette à Greetown.

SIESTE (esp. *siesta* : l. *sexta*, sous-ent. *hora*, la sixième heure du jour), *sf.* Temps que l'on consacre au sommeil pendant la chaleur du jour après le repas.

SIEUR (contraction de *seigneur*), *sm.* Sorte de titre honorifique précédant les noms d'hommes dans les plaidoyers, les actes administratifs : *Le sieur un tel nous a déclaré.* ‖ Terme par lequel un supérieur désigne un subordonné, en parlant de lui à la 3e personne : *Dites au sieur un tel de venir.* ‖ Terme de mépris : *Un sieur Antoine prétend.*

SIÉYÈS (ABBÉ) (1748-1836). Célèbre homme d'État français, auteur, à l'approche de la Révolution, de la célèbre brochure : *Qu'est-ce que le tiers état?* Député aux États généraux, qu'il poussa à prendre le titre d'*Assemblée nationale*. Promoteur de la divi-

SIFILET A SIX BRINS

sion de la France en départements. Membre de la Convention, du conseil des Cinq-Cents, puis du Directoire; ambassadeur à Berlin. Il coopéra au coup d'État du 18 brumaire et fut second consul provisoire. Nommé comte et sénateur sous l'Empire, il vota avec l'opposition. Proscrit comme régicide sous la Restauration, il rentra en France après la révolution de 1830.

SIFFLABLE (*siffler*), *adj.* 2 *g.* Qui mérite d'être sifflé.

SIFFLANT, ANTE (*siffler*), *adj.* Qui siffle ou est accompagné d'un sifflement. — *Sfpl.* Les consonnes sifflantes : *ch, j, s, z.*

SIFFLEMENT (*siffler*), *sm.* Bruit que fait une personne ou un animal qui siffle : *Les sifflements d'un charretier, d'un merle.* ‖ Respiration sifflante. ‖ Bruit aigu du vent, d'une balle de fusil, etc. : *Entendre le sifflement des balles.* ‖ Consonne sifflante. ‖ Coup de sifflet émis en signe de désapprobation.

SIFFLER (l. *sifilare*, pour *sibilare*), *vi.* Produire un son aigu par la bouche, en parlant de l'homme et des animaux : *Siffler pour appeler quelqu'un. Les merles sifflent.* ‖ Produire un bruit aigu en respirant : *Sa poitrine siffle.* ‖ Produire un bruit aigu, en parlant des choses : *Le vent siffle.* — *Vt.* Moduler un air en sifflant : *Siffler une chanson.* ‖ Appeler en sifflant : *Siffler un chien.* ‖ *Siffler un oiseau*, siffler près de lui pour lui apprendre un air. — Fig. *Siffler quelqu'un*, l'instruire de ce qu'il devra dire ou faire dans une occasion donnée. ‖ Témoigner sa désapprobation à coups de sifflet : *Siffler un acteur.* — Fig. Désapprouver avec dérision : *On siffla sa conduite.* — **Dér.** *Sifflant, sifflante, sifflement, sifflable, sifflet, siffleur, siffleuse, sifflerie, siffloter.*

***SIFFLERIE** (*siffler*), *sf.* Action de siffler, pour montrer son mécontentement : *Au moment où l'orateur montait à la tribune on entendit une épouvantable sifflerie.*

SIFFLET (*siffler*), *sm.* Petit instrument avec lequel on siffle. ‖ *Sifflet à vapeur d'une locomotive, d'une machine.* ‖ *Coup de sifflet*, action de siffler dans un sifflet; bruit qui en résulte. — Fig. Désapprobation manifestée par des coups de sifflet ou autrement : *S'exposer aux sifflets.* ‖ Pop. La trachée-artère. ‖ *Couper le sifflet*, couper la gorge. — Fig. *Couper le sifflet*, interrompre, interloquer, mettre hors d'état de répondre. ‖ Biseau : *Couper une branche en sifflet.*

SIFFLEUR, EUSE (*siffler*), *s.* Qui siffle : *Oiseau siffleur.*

***SIFFLOTER** (fréq. de *siffler*), *vi.* Siffler souvent ou peu distinctement.

***SIFILET** (*six* + *filet*), *sm.* Oiseau de l'ordre des Passereaux, de la famille des Paradisiers, qui habite la Nouvelle-Guinée et Waïgiou; il est remarquable pour son plumage d'un noir profond, rehaussé sous le cou d'une sorte de cravate de couleur d'or à reflets violets. En outre, son front, d'un gris perle, porte, près des oreilles, six filets grêles et élancés que termine une plume en forme de spatule. Cet animal a les mœurs des Paradisiers. (V. ce mot.)

SIGALON (1790-1837). Peintre d'histoire français, auteur d'une excellente copie de la fresque du *Jugement dernier* de Michel-Ange.

SIGEAN, 3833 hab. Ch.-l. de c., arr. de Narbonne (Aude); donne son nom à un étang très poissonneux près de la Méditerranée. 2750 hect. Salines très importantes; eaux-de-vie.

SIGEBERT Ier, troisième fils de Clotaire Ier, roi d'Austrasie de 561 à 575, époux de Brunehaut, assassiné par deux émissaires de Frédégonde au moment où il allait être proclamé roi de Neustrie. — SIGEBERT II, deuxième fils de Dagobert Ier, roi d'Austrasie de 638 à 656, laissa toute l'autorité aux maires du palais Pepin de Landen et Grimoald.

SIGÉE (CAP). Promontoire de la Troade, à l'entrée de l'Hellespont dans la mer Égée, où stationnait la flotte des Grecs pendant le siège de Troie et où était le tombeau d'Achille.

SIGILLAIRE (l. *sigillum*, sceau). Qui a rapport aux sceaux.

SIGILLARIÉES (l. *sigillaria*), *sfpl.* Importante famille de la flore houillère : on les trouve à l'état de tiges cylindriques couvertes de cicatrices alignées en séries verticales très nettes, presque hexagonales. La tige ligneuse centrale, à développement centripète, est formée d'îlots à développement centrifuge. Le bois est toujours double. On assimile ces plantes aux Cicadées, mais les épis de fructification montrent que les Sigillariées ne sont pas des

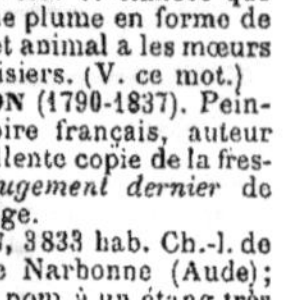

SIGILLARIÉES

phanérogames. On distingue deux groupes principaux, divisés en :

Sigillariées cannelées : houiller moyen.	Rhytidolepis.	Sigillaria lævigata. — rugosa. — elongata. — scutellata. — tessellata. — elegans.
Sigillariées sans côtes : houiller supérieur permien.	1° à coussinets contigus : Clathraria.	Sigillaria Brardi.
	2° à écorce lisse : Leïodermaria.	Sigillaria spinulosa. — camptotœnia.

SIGILLÉ, ÉE (l. *sigillatum :* de *sigillum*, sceau), *adj.* Marqué d'un sceau. || *Terre sigillée,* terre ocreuse employée autrefois en médecine comme astringente et antiputride, qu'on tirait de Lemnos et dont on faisait des pastilles marquées du sceau du Grand Seigneur.

***SIGILLOGRAPHIE** (l. *sigillum*, sceau + γράφειν, décrire), *sf.* Partie de l'archéologie qui a pour objet la description et l'étude des sceaux. (V. *Sceau.*)

SIGISBÉE (ital. *cicisbeo*), *sm.* Homme qui fait l'empressé et le complaisant auprès d'une dame.

SIGISMOND (1366-1437), fils de l'empereur d'Allemagne Charles IV; roi de Hongrie, en 1386, après la mort de son beau-père; perdit contre les Turcs la bataille de Nicopolis en 1396, et fut reconnu roi de Bohême en 1419. Sous son règne eurent lieu le concile de Constance, qui condamna Jean Huss, et la guerre des hussites.

SIGISMOND Ier, *le Grand*, roi de Pologne de 1506 à 1548, combattit victorieusement les Russes et les chevaliers teutoniques; protégea les arts et les sciences — Sigismond II (Auguste), fils du précédent, roi de Pologne de 1548 à 1572; il soumit la Livonie, favorisa le protestantisme et eut pour successeur le duc d'Anjou. — Sigismond III, neveu du précédent, roi de Pologne de 1587 à 1632, et de Suède de 1592 à 1604. Entreprit contre Gustave-Adolphe une guerre malheureuse pendant laquelle il mourut.

***SIGLATON** (vx fr. *sigleton, singleton, singladoire*), *sm.* Sorte de vêtement de dessus fait d'une étoffe précieuse qui était pour les femmes une sorte de manteau rond. Les hommes le mettaient par-dessus l'armure et le retenaient autour de leur corps par une ceinture.

SIGLE (bl. *sigla* pour *singula*, sous-ent. *signa*, signes isolés), *sm.* Lettre initiale d'un mot employée comme signe abréviatif dans les inscriptions, les anciens manuscrits, les médailles.

***SIGMA** (g. σίγμα), *sm.* La dix-huitième lettre de l'alphabet grec, Σ, équivalente à notre S. — **Comp.** *Sigmoïde.*

SIGMARINGEN, 3729 hab. Ville d'Allemagne, sur le Danube, anc. cap. de la principauté d'Hohenzollern-Sigmaringen enclavée dans la partie S. du Wurtemberg et réunie à la Prusse en 1850. — Province de Sigmaringen, 67624 hab., 1149 kilom. carrés. Cap. Hechingen, sur le Starzel. 3500 hab.

SIGMOÏDE (g. σίγμα + g. εἶδος, forme), *adj. 2 g.* Qui a la forme d'un sigma. || *Valvules sigmoïdes,* sorte de soupape formée de trois pièces membraneuses, existant à l'orifice de l'artère pulmonaire dans le ventricule droit du cœur et à celui de l'aorte dans le ventricule gauche.

SIGNAL (bl. *signale :* de *signum*, signe), *sm.* Tout signe que l'on est convenu de faire pour donner un avertissement, un ordre ou transmettre rapidement une nouvelle : *Donner le signal du départ. Le vaisseau amiral transmet des signaux aux bâtiments de la flotte au moyen de pavillons, de coups de canon.* — On se sert sur les chemins de fer, dans les ports, sur les côtes, etc., d'appareils plus ou moins compliqués avec lesquels on fait des signaux destinés à transmettre des ordres ou des avertissements; on peut même échanger des nouvelles et établir une conversation télégraphique, grâce à un *code* où tous les signes sont relatés et expliqués. Ces signaux sont *optiques* ou *acoustiques*. Les couleurs le plus en usage sont : le *rouge*, le *blanc* et le *vert*. Sur les chemins de fer, par exemple, lorsque l'on veut prévenir un chef de train que la voie n'est pas libre, qu'il y a danger à s'avancer, on amène perpendiculairement à la voie un disque rouge placé à l'extrémité supérieure de poteaux ou de tiges en fer; lorsque la marche du train doit être ralentie, le disque est *vert;* le *blanc* signifie que la voie est libre. Dans ce cas, le plan du disque est placé parallèlement à la voie et l'on dit qu'il est effacé. La nuit, les mêmes couleurs ont une valeur identique, seulement elles sont dues à des fanaux hissés à la hauteur des disques. Il en est de même des drapeaux agités par les employés et des lanternes placées à l'arrière des trains (feu rouge) et de celles accrochées à l'avant (feu blanc). Les mêmes couleurs ont été appliquées sur les chemins de fer aux sémaphores; seulement la position de celui-ci par rapport à la verticale joue un rôle important. Lorsque le bras du sémaphore est étendu horizontalement et qu'il présente sa face rouge à la gauche de celui qui le regarde, il commande l'*arrêt;* si ce bras fait avec la perpendiculaire un angle aigu, il indique que l'on doit ralentir la marche; enfin s'il est complètement *rabattu*, c'est que la voie est libre. Il existe d'autres signaux, tels que cloches électriques, etc., dans le détail desquels nous ne saurions entrer ici. Chacun sait aussi que l'on a établi, dans les wagons de chemin de fer, des cordons d'alarme destinés à prévenir le chef de train qu'il se passe quelque chose d'anormal.

Dans la plupart des ports de nos côtes sont établis des appareils qui exécutent des *signaux de marée*. Ces appareils sont composés d'un mât au haut duquel on hisse de petits ballons ou des pavillons. Le nombre de ces engins et la position qu'ils occupent les uns par rapport aux autres indiquent si l'entrée du port est interdite ou permise, quelle est la hauteur de la mer, etc. La nuit, ces ballons sont remplacés par des feux. Dans les temps de brume, les signaux optiques ne pouvant être mis en pratique, on a recours à des *signaux acoustiques*. Au nombre de ceux-ci sont les tintements d'une cloche, le bruit d'un gong, les coups de canon, et enfin le sifflement de puissantes *sirènes* mises en action au moyen de l'air comprimé ou de la vapeur. Ici encore, on a dû réglementer les sonneries afin d'éviter de dangereuses méprises. Ces moyens, combinés avec les phares, les bouées, etc., permettent aux marins de se guider plus sûrement à l'approche de nos côtes et d'éviter d'irréparables désastres. De même les navires à la mer emploient les signaux sonores par les temps de brume pour prévenir, à l'aide de certaines conventions internationales, leur présence aux bâtiments qui pourraient se trouver à proximité. Ces signaux sont produits par des cloches et des cornets mécaniques actionnés à la main pour les navires à voiles, et par le sifflet ou la sirène à vapeur pour les navires à vapeur. Les signaux lumineux, à l'aide de fanaux à l'huile ou de fanaux électriques, sont en usage à bord des bâtiments de guerre. Les feux de route que portent tous les navires en marche constituent un système de signaux permanents servant à indiquer la route suivie pendant la nuit. Les bâtiments à vapeur ont un feu blanc placé à une certaine hauteur sur le mât de misaine, et, de plus, un feu rouge à bâbord, un feu vert à tribord. Les voiliers ne portent que ces deux derniers, à l'exclusion du feu blanc. || Point de repères dans une triangulation. (Géod.) — Fig. *Donner le signal,* donner le premier l'exemple. — Fig. Ce qui annonce une chose à venir ou la provoque : *Le chant du coucou est le signal du printemps.* — **Dér.** *Signaler, signalé, signalée, signalement.* (V. *Signe.*)

***SIGNALÉ, ÉE** (*signaler*), *adj.* Marqué, distingué : *Jour signalé par un succès.* || Remarquable : *Un service signalé.*

SIGNALEMENT (*signaler*), *sm.* Description minutieuse de l'extérieur d'une personne : *Tout passeport contient le signalement de celui auquel il est délivré.*

Signalements anthropométriques. — C'est aux consciencieuses recherches de M. A. Bertillon qu'on doit la nouvelle méthode des signalements employés, dès 1879, dans le service de la préfecture de police chargé de reconnaître l'identité des prévenus, dont la plus grande préoccupation est, en changeant de nom, de cacher qu'ils sont récidivistes afin d'adoucir les juges ou se faire relâcher. Le service d'identification des signalements comprend l'*anthropométrie* et la *photographie* du sujet. La première consiste à relever, sur les détenus, un certain nombre de longueurs osseuses déterminées, permettant d'établir une classification avec les qualificatifs *petit, moyen, grand*. Les opérations suivantes concourent à ce signalement : 1° hauteur de la taille; 2° grande envergure (la plus grande longueur qu'atteignent les bras étendus en croix); 3° hauteur du buste; 4° longueur et largeur de la tête; 5° longueur et largeur de l'oreille droite; 6° longueur du pied gauche; 7° longueur du médius; 8° longueur de la coudée gauche; 9° notation de la couleur de l'œil. L'ensemble de ces opérations demande au plus cinq minutes. L'épreuve *photographique,* jointe aux longueurs chiffrées précédentes, se compose, pour chaque individu, de deux portraits juxtaposés reproduisant, l'un le profil de droite, l'autre la face légèrement tournée à droite. Sans compter les avantages moraux et économiques qu'en tire le pays, le but que se propose l'administration pénitentiaire est : 1° étant donné le *signalement* d'un récidiviste sous *faux nom*, retrouver le *nom* véritable et ses incarcérations antérieures; 2° étant donné le nom d'un sujet déjà mesuré, retrouver son signalement. C'est ce à quoi on arrive aujourd'hui très vite par les mensurations énoncées plus haut, auxquelles on ajoute le relevé des cicatrices particulières, la notation de la couleur des cheveux, de la barbe, ainsi que la forme et les dimensions du nez, le tout entourant la photographie et placé dans le casier d'une collection alphabétique raisonnée.

SIGNALER (*signal*), *vt.* Donner le signalement d'une personne : *Signaler quelqu'un à la police.* || Attirer l'attention sur : *Signaler un fait remarquable.* || Avertir en faisant un signal : *Signaler l'ennemi.* — Fig. Rendre remarquable : *Signaler sa bienfaisance par ses dons.* — **Se signaler**, *vr.* Se distinguer, se rendre célèbre : *Se signaler par ses écrits.*

***SIGNALÉTIQUE** (*signaler*), *adj. 2 g.* Qui contient le signalement : *Rapport signalétique d'un prévenu.*

SIGNAN, 22 kilom. Riv. du Morbihan, affluent de l'Ével.

SIGNATAIRE (*signer*), *s. 2 g.* Celui, celle qui a signé : *Le signataire d'un billet.*

SIGNATURE (l. *signatura*), *sf.* Apposition qu'une personne fait de son nom à la fin d'une lettre, d'un billet, d'un acte, et impliquant de sa part l'approbation de cet écrit : *Donner sa signature.* — La signature est un des moyens que l'on a employés depuis un temps immémorial pour authentiquer les actes tant publics que privés. Les rois de la première race signaient leurs diplômes; ceux-ci étaient contre-signés par un haut fonctionnaire du palais, qui traçait son paraphe accompagné d'une formule écrite en notes tironiennes. La signature du roi était précédée d'une croix et de l'invocation *In Christi nomine.* Cependant, lorsque la pièce avait une importance secondaire, le roi ne la signait pas et se contentait de mettre au bas le mot *recognovit*, suivi de la signature du référendaire. Quant aux actes privés, ils étaient rédigés par des chanceliers dont l'existence est mentionnée dans la loi des Ripuaires, et signés par les parties contractantes. Lorsque celles-ci ne savaient pas signer, ils se contentaient d'y tracer une croix et chargeaient le rédacteur de l'acte d'apposer son seing. L'emploi de paraphes compliqués et accompagnés de notes tironiennes était une garantie contre les faussaires; car à cette époque semi-barbare le pouvoir séculier avait une action peu étendue. Aussi, voit-on le préambule des actes composé d'imprécations contre les

SIGNATURES

1. Charles V, roi de France (1337-1380). — 2. Louis XI, roi de France (1423-1483). — 3. René Ier ou René d'Anjou (le bon roi René) (1408-1480). — 4. François Ier, roi de France (1494-1547). — 5. François de Lorraine, duc de Guise (1519-1563). — 6. Charles IX, roi de France (1550-1574). — 7. Catherine de Médicis, reine de France, épouse de Henri II (1519-1589). — 8. Coligny (Gaspard de Châtillon, sire de), amiral de France (1517-1572). — 9. Henri IV, roi de France (1553-1610). — 10. Louis XIII, roi de France (1601-1643). — 11. Richelieu (Armand du Plessis, cardinal de) (1585-1642). — 12. Louis XIV, roi de France (1638-1715). — 13. Colbert (Jean-Baptiste), ministre et secrétaire d'État (1619-1683). — 14. Racine (Jean) (1639-1699). — 15. Boileau (Despréaux) (1636-1711). — 16. Fénelon (François de Salignac de la Mothe), archevêque de Cambrai (1651-1715). — 17. Bossuet (Jacques-Bénigne), évêque de Meaux (1627-1704). — 18. Vauban (Sébastien Leprestre, marquis de) (1633-1707). — 19. Maurice de Saxe, maréchal de France (1696-1750). — 20. Voltaire (François-Marie Arouet de) (1694-1778). — 21. Turgot (Anne-Robert-Jacques, (baron de l'Aulne) (1727-1781). — 22. Necker (Jacques) (1732-1804). — 23. Bailly (J.-Sylvain) (1736-1793). — 24. Siéyès (l'abbé) (1748-1836). — 25. Mirabeau (Victor Riquetti, marquis de) (1715-1789). — 26. Dubois (Guillaume), cardinal (1656-1723). — 27. Boissy d'Anglas (François-Antoine, comte de) (1756-1826). — 28. Robespierre (Maximilien) (1759-1794). — 29. Barnave (Pierre-Joseph-Marie) (1761-1793). — 30. Talleyrand (Périgord Ch. Maurice), prince de Bénévent (1754-1838). — 31. Desmoulins (Camille) (1760-1794). — 32. Santerre (Claude) (1743-1808). — 33. Dumouriez (Charles-François), général français (1739-1823). — 34. David (J.-L.), peintre (1748-1825). — 35. Carnot (Lazare-Nicolas-Marguerite) (1753-1823). — 36. Fouquier-Tinville (Antoine-Quentin) (1747-1795). — 37. Danton (Georges-Jacques) (1759-1794). — 38. Marie-Antoinette (d'Autriche), reine de France (1755-1793). — 39. Corday (Charlotte) (1768-1793). — 40. Bonaparte (1769-1821). — 41. Hoche (Lazare) (1768-1797).

faussaires et de formules où on les menace des flammes éternelles.

L'inhabileté de Charlemagne à écrire le porta à sceller ses capitulaires et diplômes ou à employer son monogramme. (V. ce mot.) Ses successeurs se servent de procédés identiques; aussi n'a-t-on pas de diplômes émanant des rois carlovingiens qui soient signés; ils sont constamment souscrits par un monogramme précédé du mot *signum* et suivi des mots *glorissimi regis, serenissimi imperatoris*. Ici encore le référendaire a *reconnu* et *souscrit* l'acte, l'a signé et y a mis son paraphe toujours accompagné de notes tironiennes. Sous les Carlovingiens, on donnait encore aux actes un caractère d'authenticité en y attachant un fétu de paille, un couteau, etc., qui était comme le symbole de l'échange. On procédait aussi de la manière suivante : on écrivait en double le même acte sur la même feuille de parchemin et entre les deux on traçait une inscription que l'on coupait tantôt suivant une ligne droite, tantôt suivant une ligne ondulée ou bien en dents de scie. Cette inscription servant de souche était le plus sou-

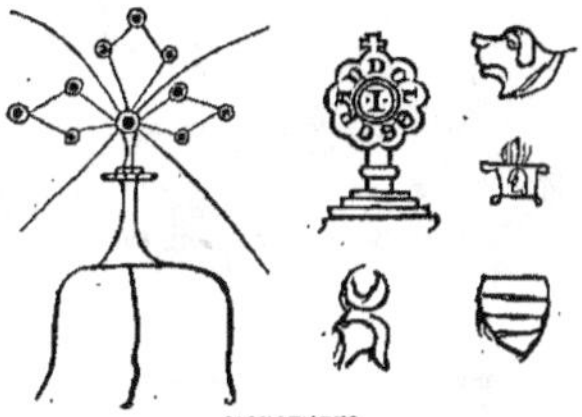

SIGNATURES

DIVERS SIGNES (SIGNUM) EMPLOYÉS A PARTIR DU XIIIe SIÈCLE PAR LES NOTAIRES APOSTOLIQUES ET IMPÉRIAUX SUR LES ACTES QU'ILS RÉDIGEAIENT

vent le mot *cyrographum*, et les chartes qui le présentent sont nommées *chirographes* ou *charte partie*. Dans le midi de la France, ce mot est remplacé par des lettres de l'alphabet. Quelquefois aussi ce sont des noms de saints ou bien une invocation. D'autres fois encore c'est un dessin qui est coupé en deux, un crucifix par exemple.

Aux xe et xie siècles, les signatures sont rares. Cependant le Midi, notamment le Languedoc, possède des notaires au xie siècle qui rédigent les minutes qu'ils gardent, et en délivrent des expéditions revêtues de leurs paraphes. Ceux-ci sont très compliqués : ils affectent la forme d'un rameau, d'un écu, d'une scie, etc. Les premiers Capétiens suivirent les errements des rois carlovingiens. Leurs actes sont revêtus d'un monogramme qui diffère de celui des successeurs de Charlemagne en ce qu'il a l'aspect d'un H, tandis que celui des Carlovingiens se rapproche d'une croix. Il est bon d'ajouter que chaque roi faisait usage de plusieurs de ces signes. On doit même penser que chaque notaire royal avait le sien propre qu'il était chargé d'apposer lui-même quand il en était besoin. Sous le successeur de Louis VI, la croix est remplacée par le *signum* et le sceau. Avant le xiiie siècle, les notaires sont peu nombreux et la rédaction des actes est confiée au clergé; aussi les formules religieuses et les invocations y sont-elles en honneur. C'est seulement vers la fin du xiiie siècle qu'apparaissent chez nous les *notaires apostoliques* et *impériaux*. Ceux-ci, pour authentiquer les diplômes qui émanent d'eux, les terminent par un signum qui revêt des formes singulières. Il en est qui ressemblent à de grandes araignées, d'autres représentent des colonnes creuses montées sur un perron ou bien une colonne surmontée d'une rosace, etc. Les rois et les grands seigneurs imitent cette manière de procéder : ils font signer leurs actes par des notaires, des secrétaires ou des conseillers et y apposent seulement leur *signum*, qui est soit un écu d'armoirie mal dessiné, soit une tête de chien, un casque, etc.

Mais, avec le temps, les progrès se font sentir, et le nombre des individus sachant signer augmente beaucoup. Charles V et nombre de seigneurs, tels que Dunois, sont capables d'écrire eux-mêmes et leurs chartes sont alors revêtues de leurs signatures autographes. Cependant, le nombre des pièces à signer augmentant aussi, les rois, et à leur exemple les grands seigneurs, ont des secrétaires qui imitent la signature de leurs maîtres et l'apposent au bas des diplômes. On distingue ces seings à la régularité des lettres qui les composent, tandis que la souscription autographe est toujours irrégulière. Plus tard, l'usage des *cachets*, c'est-à-dire de griffes, s'introduisit et un certain nombre de lettres missives sont signées ainsi. Au xvie siècle, la signature devient obligatoire pour les notaires; l'ordonnance de François Ier, rendue à Villers-Cotterets, en août 1539, leur commande de signer leurs minutes. En 1559, François II rendit une autre ordonnance en vertu de laquelle tous les particuliers doivent signer leurs actes. Concurremment avec la signature, le moyen âge authentiquait les actes au moyen du sceau, du monogramme, etc. (V. ces mots.) || Action de signer. || Lettres ou chiffres que l'on met au bas des feuilles imprimées pour indiquer dans quel ordre elles doivent être rangées.

SIGNE (l. *signum*), *sm.* Tout ce qui fait connaître, soupçonner ou prévoir une chose présente, passée ou à venir : *Un ciel rouge au couchant est un signe de vent.* — Fig. *Ne pas donner signe de vie*, ne pas donner de ses nouvelles. || Ce qui sert à représenter une chose : *L'argent est le signe des richesses naturelles.* || Ensemble des traits linéaires représentant un objet, une idée, un son : + *est le signe de l'addition*. A *est un signe phonétique.* || Geste, mouvement que l'on fait pour donner à connaître ce que l'on pense, ce que l'on veut : *Les muets parlent par signes.* || *Le signe de la croix*, représentation de la croix que font les catholiques en portant successivement la main droite au front, à l'estomac, à l'épaule gauche et à l'épaule droite. || Tache naturelle sur la peau : *Avoir un signe au visage.* || Miracle : *Le signe du prophète Jonas.* || Météore regardé comme un présage : *A l'approche du jugement dernier il y aura des signes dans le ciel.*

Signes du Zodiaque. — Sa connaissance date de la plus haute antiquité, il en est fait mention chez les Chaldéens, les Perses, les Égyptiens, les Indiens, les Arabes, les Chi-

SIGNES DU ZODIAQUE

nois. Le zodiaque se divise en 12 parties égales de 30° qu'on appelle *signes*; ceux-ci portent les noms des constellations qui s'y trouvent; ils répondent, chacun, à l'un des mois de l'année, ce sont :

1. — **Le Verseau**......... *Janvier.*
2. — **Les Poissons**......... *Février.*
3. — **Le Bélier**............ *Mars.*
4. — **Le Taureau**.......... *Avril.*
5. — **Les Gémeaux**........ *Mai.*
6. — **Le Cancer**........... *Juin.*
7. — **Le Lion**.............. *Juillet.*
8. — **La Vierge**........... *Août.*
9. — **La Balance**.......... *Septembre.*
10. — **Le Scorpion**........ *Octobre.*
11. — **Le Sagittaire**....... *Novembre.*
12. — **Le Capricorne**....... *Décembre.*

Signes astronomiques. — Les astronomes disposent aussi de signes consacrés pour la

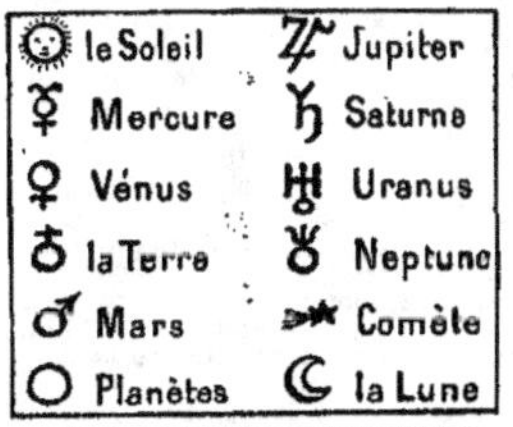

SIGNES ABRÉVIATIFS ASTRONOMIQUES

représentation des planètes et des principaux éléments du système solaire. — **Dér.** *Signet, signal, signaler, signalé, signalée, signalement, signalétique ; signer, signature, seing, signataire; sigillation, sceau*, etc., *sigillé, sigillée, sigillaire, signifier, signifiant, signifiante, signification, significatif, significative, significativement.* — **Comp.** *Assigner, assignation; consigner*, etc., *désigner*, etc., *résigner*, etc. ; *blanc-seing, contreseing, contresigner, contresignataire ; insigne 1* et *2, insignifiant, insignifiante, insignifiance*, etc., *sigillographie*, etc. — Signe de ponctuation. (V. *Ponctuation.*) — Signe orthographique. (V. *Accent.*)

SIGNER (l. *signare* : de *signum*, signe), *vt.* Mettre sa signature à la fin d'un écrit pour le certifier, l'approuver, le rendre valable : *Signer un billet.* — Fig. *Je le signerais de mon sang*, j'affirme la réalité de ce que j'avance; je promets d'exécuter ce à quoi je m'engage. — Fig. *Signer la paix*, se réconcilier. || *Signer son nom*, écrire sa signature. — **Se signer**, *vr.* Faire le signe de la croix.

SIGNET [si-nè] (dim. de *signe*), *sm.* Ensemble de petits rubans attachés à un peloton placé au haut d'un missel, et qui servent à marquer les endroits du livre qu'on veut retrouver aisément. || Petit ruban attaché au haut d'un livre et servant à marquer l'endroit où l'on a interrompu sa lecture. — On fait aussi des *signets* avec de l'ivoire, du bois sculpté et peint, etc.

SIGNIFIANT, ANTE (*signifier*), *adj.* Qui est le signe d'une chose. || Qui donne à entendre beaucoup de choses.

SIGNIFICATIF, IVE (l. *significativum*), *adj.* Qui fait bien comprendre ce que l'on veut dire : *Employer un mot significatif.* || Qui renferme un grand sens : *Proverbe significatif.* || Qui exprime la pensée sans le secours de la parole : *Un geste significatif.* || *Chiffre significatif*, tout chiffre qui a une valeur propre, indépendante de celle que lui donne la place qu'il occupe : *Tous les chiffres, à l'exception du 0, sont significatifs.*

SIGNIFICATION (l. *significationem*), *sf.* L'idée qu'un signe, une chose éveille dans l'esprit : *La signification d'un hiéroglyphe, d'une démarche.* || Ce qu'un mot veut dire : *Ce mot a plusieurs significations.*

***SIGNIFICATIVEMENT** (*significative* + sfx. *ment*), *adv.* D'une manière significative.

SIGNIFIER (l. *significare* : de *signum*, signe + *facere*, faire), *vt.* Etre signe de, faire connaître : *Cette réponse signifie un refus.* || Avoir le sens de, vouloir dire : *Pont-Euxin* signifie *mer hospitalière.* || Déclarer par paroles expresses, donner de vive voix : *Signifier ses intentions. Signifier à quelqu'un son congé.* || Porter à la connaissance de quelqu'un par ministère d'huissier, noter : *Signifier un jugement.*

SIGNOL (ÉMILE). Peintre français né en 1804, membre de l'Institut, 1860.

SIGNY-L'ABBAYE, 2851 hab. Ch.-l. de c., arr. de Mézières (Ardennes). Usines métallurgiques, filatures de laine.

SIGNY-L'ABBAYE, 3183 hect. Forêt domaniale des Ardennes, peuplée de chênes, de hêtres et de diverses autres essences.

SIGNY-LE-PETIT, 2006 hab. Ch.-l. de c., arr. de Rocroi (Ardennes). Minerai de fer, usines métallurgiques.

SIGOULÈS-ET-L'ESTIGNAC, 686 hab. Ch.-l. de c., arr. de Bergerac (Dordogne).

SIGOVÈSE, chef gaulois qui, dans les premières années du VIe siècle av. J.-C., quitta la Gaule à la tête d'un nombreux essaim de ses nationaux, et, traversant le Rhin, alla s'établir vers la forêt Hercynienne et les Alpes d'Illyrie. Une légende fit de Sigovèse le neveu d'Ambigat, roi des Bituriges et le frère de Bellovèse.

SIGUER, torrent de l'Ariège qui se jette dans l'Ariège.

SIGUER, forêt domaniale de l'Ariège, peuplée de sapins et de hêtres; 615 hectares, dont 341 vacants, soit plus de la moitié de la contenance totale.

SIGURD, nom de plusieurs rois de Norvège et des Orcades.

SIHOUN. (V. *Sir-Daria.*)

SI-KIANG, 900 kilom. Fleuve de la Chine, qui se jette dans le golfe de Canton, vis-à-vis de l'île de Makao.

SIKKAK, rivière d'Algérie, affluent de la Tafna. Victoire du général Bugeaud sur les Arabes, le 6 juillet 1836.

SIKOKF ou **SIKOKOU,** 18211 kilom. carrés, 2750600 hab. La plus petite des quatre grandes îles qui forment l'empire du Japon, entre Niphon et Kiou-Siou.

SIL (l. *sil*), *sm.* Terre ocreuse dont les anciens faisaient des vases.

SIL, 160 kilom. Rivière d'Espagne, prend sa source dans les monts Cantabres, arrose la Galice et se jette dans le Minho, près d'Orense.

SILAN (lac de), Ain, 595 mètres d'altitude, 180 hectares, sur la route de Lyon à Genève; il s'écoule dans le Combet, affluent de la Semine.

SILANUS (Marcus-Janius). Consul romain qui, en 109 av. J.-C., fut battu par les Cimbres dans la Gaule narbonnaise.

SILARUS, aujourd'hui **SÉLÉ.** Petit fleuve de Lucanie, tributaire de la mer Tyrrhénienne, sur les bords duquel Crassus défit Spartacus en 71 av. J.-C.

SILBERGROS (allem. *silber*, argent + *gros*, grand), *sm.* Monnaie prussienne, valant environ 12 centimes; un thaler vaut 30 silbergros.

SILBERSTADT (Mies), 3000 hab. Ville de Bohême, sur la Mies. Mines de plomb argentifère; tribunal des mines.

SILENCE (l. *silentium*), *sm.* État d'une personne qui s'abstient de parler. — Fig. *Réduire quelqu'un au silence,* le mettre dans l'impossibilité de répondre à ce qu'on a dit. — Fig. *Imposer silence à la calomnie,* faire qu'on n'ose plus calomnier par crainte de n'être point cru. || Omission de renseignements écrits relatifs à une personne ou à un fait : *Le silence de l'*Iliade *sur la ruine de Troie. Le silence de la presse sur un événement.* || En parlant des écrivains : *Organiser contre quelqu'un la conspiration du silence,* s'entendre pour ne point parler de lui. || *Passer une chose sous silence,* n'en point parler. || *Le silence de la loi,* absence de prescription légale sur un cas donné. || Interruption d'une correspondance épistolaire : *Je ne m'explique pas votre silence.* || Cessation de tout bruit, calme profond : *Le silence des vents, des bois.* || *Agir dans le silence,* secrètement. || Calme moral : *Le silence des passions.* || Interruption plus ou moins longue dans le chant ou l'exécution d'un morceau de musique; signe qui en représente la durée. (Pour la fig., V. au mot *Pause.*) — **Dér.** *Silencieux, silencieuse, silencieusement.*

SILÈNE

SILENCIEUSEMENT (*silencieuse* + sfx. *ment*), *adv.* Sans parler, sans bruit.

SILENCIEUX, EUSE (*silence*), *adj.* Qui ne parle pas : *Rester silencieux.* || Qui ne parle guère : *Un homme silencieux.* || Où l'on n'entend pas de bruit : *Vallon silencieux.*

1. **SILÈNE** (g. Σειληνός). Demi-dieu né de Pan et d'une nymphe, père nourricier et compagnon de Bacchus, et qu'on représentait sous les traits d'un vieillard trapu, toujours ivre, monté sur un âne. || *Les silènes,* les satyres avancés en âge. — **Dér.** *Silène 2.*

2. ***SILÈNE** (*Silène*), *sm.* Genre de plantes dicotylédones de la famille des Œillets, auquel appartiennent le *silène attrape-mouche,* le *silène enflé,* etc., et dont plusieurs espèces sont cultivées pour l'ornement des jardins.

SILÉSIE (*Schlesien*), une des provinces orientales du royaume de Prusse, bornée au N. par le Brandebourg et le duché de Posen, qui la limite aussi à l'E. avec la Pologne russe et la Gallicie; au S., par la Silésie autrichienne, la Moravie et la Bohême, qui forme la frontière occidentale avec le royaume de Saxe et le Brandebourg. Elle comprend la haute vallée de l'Oder, dont la dépression s'étend entre les Sudètes et les hautes terres de la Pologne russe. La Silésie, très montagneuse dans sa partie méridionale, est couverte au N. de grandes plaines souvent sablonneuses, mais en général très fertiles. En suivant la frontière méridionale de l'O. à l'E., on trouve d'abord l'Iser-Berg, puis le Riesengebirge, épais massif de granit qui s'étend jusqu'aux sources de la Bober et que ne traverse aucune route; le point culminant est la Schnée-Koppe (1601 mètres); les montagnes du pays de Glatz, qui forment un entonnoir connu sous le nom de *Glatz-Kessel;* la chaîne schisteuse et granitique de l'Eulengebirge, le Reichenstein et le Grenzgebirge, dont les sommets principaux sont : le Glatzenkopf (763 mètres), et la Hohe-Eule. Entre la coupure de la Wastritz et les sources de la Bober, s'étendent les collines de Waldenbourg : Heidelberg, (925 mètres), Hochwald. Au S. et à l'O. du pays de Glatz, s'élèvent le Heuchauer-Gebirge (920 mètres), l'Adler-Gebirge, Hohe-Mense (1085 mètres), et l'Habelschwerdter-Gebirge, Kohlberg (963 mètres), le Schnée-Berge (1424 mètres). On donne souvent à cet ensemble de 600 kilomètres de longueur la dénomination générale de Sudètes, bien que ce nom soit réservé aux montagnes qui séparent la Silésie de la Moravie : Hochschar (1341 mètres), Altvater (1490 mètres); elles se terminent au S.-E. par le Gesenke, à l'extrémité duquel naît l'Oder. Les communications entre la Silésie, la Bohême et la Moravie sont assurées par de nombreuses routes et lignes de chemins de fer : d'Oderberg à Prérau, de Jägendorf à Olmütz, de Glatz à Olmütz et à Geiersberg, de Friedland à Nachod, de Landshut à Trautenau.

Le principal cours d'eau de la Silésie est l'Oder, qui prend sa source dans le Gesenkeland; il coule vers le N.-O. par Oderberg, Ratibor, Kosel, Oppeln, Brieg, Breslau. Il reçoit à gauche : 1° L'Oppa, qui sépare la Silésie prussienne de la Silésie autrichienne, arrose Jœgerndorf et Troppau et se grossit de la Mohra. 2° La Neisse, qui traverse le Glatz-Kessel, arrose Glatz, Wartha et Neisse. Elle reçoit à gauche la Steine, à droite la Biele. 3° La Weistritz, qui sort des montagnes de Waldenburg, passe à Waldenburg, à Schweidnitz. Ses affluents sont : la Striegau et la Peilau, qui arrose Reichenbach. 4° La Katzbach, qui arrose Liegnitz. 5° Le Bober, qui passe à Landshut, Bunzlau, Sagan, Naumburg : il reçoit à gauche le Gneiss. 6° La Neisse-de-Gorlitz vient de Bohême; elle passe à Reichembach, à Zittau, à Gorlitz. A gauche, l'Oder reçoit : 1° L'Olsa. 2° La Klodnitz, qui passe à Gleidwitz. 3° La Malapane. 4° La Weida. 5° La Bartsch. La majeure partie de la vallée de l'Oder est occupée par les alluvions partout récentes, sauf aux environs de Glogau et de Sagan. Le long de la frontière du S.-O., on observe des terrains divers. Au S.-E. de Gorlitz, le pays est couvert de schistes enveloppant un massif granitique au N. de Turnau. Entre cette ville et Glatz s'étend le bassin houiller de Waldenburg. A l'E. de Glatz, on rencontre de nouveau des granits, puis le dévonien et le bassin houiller de Moravie. Dans la haute Silésie, sur la rive droite de l'Oder, se trouve l'important bassin houiller de Tarnowitz, où le culm n'a pas moins de 14000 mètres d'épaisseur : il existe 104 couches d'une épaisseur totale de 150 mètres, équivalentes des lower-coal-measures et du milstone-grit anglais.

La Silésie est une des provinces les plus riches de la Prusse : on y récolte des céréales, des plantes utiles à l'industrie, telles que la garance; des forêts très bien aménagées y couvrent de vastes espaces. Les cercles qui confinent à l'Autriche et à la Russie sont le siège de nombreuses mines de houille : Waldenburg, Schweidnitz, Setwasser, Keula, Gottesberg, Kattovitz, Beuthen, Konigshütte. Il y a de grandes forges et des hauts fourneaux à Nicolaï, Konigshütte et dans tout le pays au S. de Tarnowitz, où l'on trouve aussi des mines et des fonderies de zinc et d'étain. On travaille le coton, le lin et le chanvre dans les fabriques de Breslau, Liegnitz, Hirschberg, Schweidnitz; les distilleries, les fabriques de sucre, de savon occupent également un grand nombre d'ouvriers. La capitale est Breslau, 295000 hab.; les villes principales, Gorlitz, 50000, et Liegnitz, 40000 hab. La Silésie compte trois districts : Breslau, Liegnitz, Oppeln; la superficie est de 40300 kilom. carrés avec 4112219 hab., soit 102 hab. par kilom. carré. La moyenne générale pour la Prusse est de 81 habitants par kilom. carré. Au point de vue militaire, la Silésie forme le VIe corps d'armée, dont le quartier général est à Breslau; ses deux ch.-l. de division sont Breslau et Neisse. — **Dér.** *Silésien, silésienne.*

SILÉSIEN, IENNE (*Silésie*), *adj.* De Silésie. || Qui habite la Silésie.

SILEX (ml.), *sm.* Caillou ou agate grossière, variété pierreuse, opaque et très dure de quartz amorphe, mêlée avec de petites proportions d'eau, de sesquioxyde de fer et d'alumine, faisant feu au briquet et colorée en jaune, en brun ou en noir par des matières organiques. Les silex abondent dans la craie : *La pierre meulière est une variété de silex.* || *Silex pyromaque,* la pierre à fusil. || *Silex étonnés,* fragments de silex que l'homme primitif obtenait en soumettant des rognons de silex à l'action du feu et dont il se servait comme d'outils. || *Silex taillés,* morceaux de silex que les hommes de l'époque paléolithique façonnaient par la percussion pour en faire des armes ou des instruments tranchants. || *Silex polis,* ceux que les hommes de l'époque néolithique taillaient et polissaient ensuite pour les transformer en haches, en couteaux, etc. — **Dér.** *Silice, silicium, siliceux, siliceuse, silicique, siliciure, silicate, silicule, silicatisation.* — **Comp.** *Silicifié, silicifiée, silicifère, silicification, silicicole.*

SILHOUETTE (Étienne de) (1709-1767) : Contrôleur général des finances sous Louis XV en 1759; ne conserva sa charge que huit mois et entreprit des réformes qui, quoique nécessaires, le firent taxer de mesquinerie.

SILHOUETTE (le contrôleur *Silhouette*), *sf.* Dessin représentant le profil du visage d'une personne obtenu en suivant avec un crayon les contours de son ombre projetée sur une surface.

SILICATE (de *silicique,* par substitution de *ate* à *ique*), *sm.* Tout sel formé par la combinaison de l'acide silicique avec un oxyde. Les silicates alcalins sont solubles dans l'eau, leurs solutions bleuissent le papier de tournesol. Additionnées d'un acide, elles laissent se déposer de la silice gélatineuse : l'acide carbonique lui-même produit cette décomposition. On obtient le *silicate de soude* en fondant ensemble, dans un creuset de terre, 1 partie de sable ou de verre pilé avec 3 ou 4 parties de carbonate de soude. Parmi les *silicates insolubles,* les uns sont décomposés par l'acide chlorhydrique (ce sont généralement les silicates hydratés), les autres par l'acide nitrique (les scories plombifères); certains qui résistent à l'acide chlorhydrique, sont décomposés par l'acide sulfurique étendu, ce qui tient en partie à ce que le point d'ébullition de ce dernier est plus élevé; il en est qui exigent l'acide sulfurique concentré : tels sont l'argile et le feldspath. Aucun silicate ne résiste à l'action de l'acide fluorhydrique. Souvent on *désagrège* les silicates en les fondant avec un carbonate alcalin ou avec un alcali caustique, ce qui donne un silicate alcalin. Les silicates constituent un grand nombre de minéraux. Les plus importants sont les feldspaths et les argiles. — Le *silicate de potasse* se présente sous la forme d'un liquide grisâtre et se dessèche facilement à l'air. Cette propriété permet d'en enduire des bandes de toile qui, trempées dans l'eau, reprennent leur souplesse. On les applique alors autour d'un membre fracturé; en se desséchant de nouveau, elles forment un appareil inamovible.

***SILICATISATION** (*silicate*), *sf.* Action de recouvrir d'une couche d'acide silicique, ou de certains silicates, une statue, une bande de toile, etc.

SILICE (*silex*), *sf.* Le cristal de roche ou quartz, nommé encore acide silicique. (V. *Silicique.*)

SILICEUX, EUSE (*silice*), *adj.* Formé de silice : *Matière siliceuse.* ‖ Qui contient de la silice : *Terre siliceuse.*

***SILICICOLE** (*silice* + *colere*, habiter), *adj. 2 g.* Se dit des plantes qui ne se développent que dans les terrains siliceux et contenant beaucoup de silicates.

***SILICIFÈRE** (*silice* + *ferrer*, porter), *adj. 2 g.* Qui contient de la silice.

***SILICIFICATION** (*silicifié*), *sf.* Fossilisation par la silice.

***SILICIFIÉ, ÉE** (*silice* + l. *facere*, faire) *adj.* Pétrifié par incrustation de silice.

SILICIQUE (*silex*), *adj. 2 g.* Se dit d'un acide formé d'oxygène et de silicium, et qui, à l'état de pureté, est représenté, dans la nature, par le cristal de roche. Coloré par des oxydes métalliques, il constitue l'agate, l'améthyste, la cornaline. Hydraté, il s'appelle *opale*. Sous des formes moins rares et moins pures, il s'appelle *pierre meulière, silex, grès, sable.* L'eau des geysers contient de l'acide silicique hydraté. Au point de vue chimique, la combinaison dont nous parlons n'a reçu le nom d'*acide* que parce qu'elle se combine avec les bases. Elle ne réagit pas sur les couleurs végétales. C'est à cause de la propriété que possède l'acide silicique de dissoudre les oxydes métalliques à chaud, que les forgerons saupoudrent de sable la surface des morceaux de fer qu'ils veulent souder ensemble. Il se forme du silicate de fer qui est refoulé par la pression qu'on exerce par le martelage sur les deux morceaux, ce qui laisse en contact parfait les deux surfaces à réunir. Lorsqu'on admettait pour le silicium l'équivalent 21, on donnait à l'acide silicique la formule SiO^3. Quand on admet l'équivalent 14 pour le silicium, l'acide silicique se formule SiO^2.

SILICIUM (*silice*), *sm.* Corps simple, métalloïde, de la famille du charbon, qu'on a obtenu sous la forme d'une poudre brune amorphe, sous forme de graphite et à l'état cristallisé, où il constitue une sorte de diamant. Très répandu dans la nature, il produit la silice en se combinant avec l'oxygène. Berzélius attribuait au silicium l'équivalent 21. M. Marignac a établi que l'équivalent 14 convient mieux à ce corps simple. Le silicium a pour symbole chimique Si.

***SILICIURE** (*silice* + sfx. chimique *ure*), *sm.* Toute combinaison du silicium avec un corps simple autre que l'oxygène.

SILICULE

SILICULE (dm. de *silique*), *sf.* Silique presque aussi large que longue : *Le fruit de la bourse-à-pasteur est une silicule.*

SILICULEUX, EUSE (*silicule*), *adj.* Dont le fruit est une silicule : *Plante siliculeuse.*

SILIQUE (l. *siliqua*, gousse), *sf.* Enveloppe du fruit des crucifères; c'est une sorte de cosse partagée en deux loges par une cloison verticale. La silique est toujours beaucoup plus longue que large. Les fruits de la giroflée, du chou, etc., sont des siliques. — **Dér.** *Silicule, siliculeux, siliculeuse, siliqueux, siliqueuse.*

SILIQUE

SILIQUEUX, EUSE (*silique*), *adj.* Dont le fruit est une silique : *Plante siliqueuse.*

***SILIQUIFORME** (*silique* + *forme*), *adj. 2 g.* Se dit de certains fruits qui ont la forme d'une silique.

SILISTRIE, 10642 hab. Ville de la Bulgarie, péninsule des Balkans, sur le Danube, assiégée sans résultat par les Russes (1854).

SILIUS ITALICUS (Ier siècle av. J.-C.). Médiocre poète latin dont on a un poème sur la seconde guerre punique.

1. **SILLAGE** [ll mouillés] (*siller* 1), *sm.* Trace que laisse dans l'eau un bâtiment qui navigue. ‖ Vitesse d'un navire.

2. ***SILLAGE** (*siller* 1), *sm.* La partie secondaire d'une couche de houille qui prolonge cette dernière.

SILLE [si-le] (g. σίλλος, raillerie), *sm.* Poème satirique chez les anciens Grecs.

***SILLÉE** (*siller* 1), *sf.* Fosse dans laquelle on plante la vigne.

SILLÉ-LE-GUILLAUME, 3477 hab. Ch.-l. de c., arr. du Mans (Sarthe). Chanvre, toiles; château du XVe siècle.

1. **SILLER** [ll mouillés] (bl. *seculare*: dm. du l. *secare*, couper), *vi.* Fendre les flots en parlant d'un navire, d'un bateau. — **Dér.** *Sillage* 1 et 2, *sillon, sillée, sillonner, sillonné, sillonnée, sillonneur.* — **Comp.** *Sillomètre.*

2. **SILLER** [ll mouil.] (pour *ciller*, de cil), *vt.* Coudre les paupières d'un oiseau qu'on dresse pour la chasse. ‖ Fermer, en parlant des yeux.

SILLERY, 482 hab. Village, arr. de Reims (Marne), célèbre par ses vins mousseux. — *Sm.* Vin de ce cru.

SILLERY (BRUSLART DE) (1544-1624). Diplomate, fit casser le mariage de Henri IV avec Marguerite de Valois; chancelier de France sous Louis XIII. — PIERRE BRUSLART DE SILLERY (1583-1640), fils du précédent, conclut le mariage de Louis XIII avec Anne d'Autriche. — SILLERY COMTE DE GENLIS, MARQUIS DE) (1737-1793), mari de Mme de Genlis, membre de l'Assemblée nationale et de la Convention, fut accusé de complicité avec Dumouriez et mourut sur l'échafaud.

SILLET (scand. *sila*, diviser), *sm.* Petite plaque d'ivoire appliquée au haut du manche d'un violon, etc., et sur laquelle portent les cordes.

SILLIMANITE, *sf.* Silicate d'alumine contenant des traces d'oxyde de fer et d'eau, cristallisé en prismes rhomboïdaux. Sa densité est 3,4. La sillimanite est infusible au chalumeau et raie le quartz.

***SILLOMÈTRE** (*siller* 1 + g. μέτρον, mesure), *sm.* Appareil pour mesurer le sillage d'un navire.

SILLON (*siller* 1), *sm.* Chaque dépression en ligne droite que fait la charrue quand on laboure. — Fig. *Faire son sillon,* s'acquitter de sa besogne quotidienne. — Fig. *C'est un bœuf qui fait son sillon,* c'est un homme médiocre, mais laborieux. ‖ Tranchée étroite, peu profonde et rectiligne au fond de laquelle on sème certaines graines : *Planter en sillons.* ‖ Rainure, raie, ride. ‖ Trace que certaines choses laissent en passant : *Le sillon d'une roue, d'un navire.* — *Smpl.* Poét. Les champs, la campagne : *Sillons abreuvés de sang humain.* — **Dér.** *Sillonner, sillonné, sillonnée.*

SILLONNÉ, ÉE (*sillonner*), *adj.* Traversé en tout sens : *Pays sillonné de routes.* ‖ Couvert de rainures, de stries.

SILLONNER (*sillon*), *vt.* Faire des sillons. ‖ Traverser en différents sens : *Une rivière sillonne la contrée.* ‖ Laisser des traces de son passage : *Le navire sillonne les flots.*

***SILLONNEUR** (*sillon*), *sm.* Sorte de houe à cheval, servant à labourer la terre.

SILO (esp. *silo* : du g. σιρός), *sm.* Excavation profonde creusée dans un sol très sec dans laquelle les habitants des pays chauds conservent les grains des céréales. ‖ Fosse creusée dans le sol ayant ses parois tapissées de paille, dans laquelle on met les pommes de terre, les carottes, les navets, les betteraves, etc., pour les conserver, en ayant soin de la recouvrir de paille et d'une couche de terre.

SILO

SILO, ville de Palestine dans la tribu d'Ephraïm et où était déposée l'arche d'alliance avant d'être transportée à Jérusalem.

SILOÉ, fontaine intermittente située dans la vallée de Josaphat, au S.-E. et tout près de Jérusalem.

SILPHIUM [sil-fiome] (g. σίλφιον), *sm.* Gomme résine produite par une ombellifère, que les anciens tiraient de la Cyrénaïque et qu'ils administraient contre les maladies de poitrine.

SILURE (du g. σίλουρος), *sm.* Genre de poissons d'eau douce des pays chauds dont une espèce, le *malaptérure,* est électrique, comme la torpille.

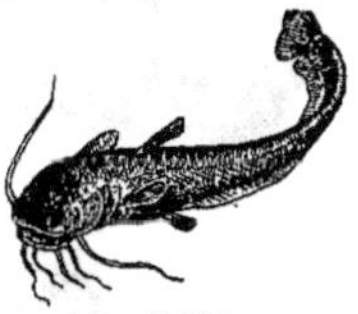
SILURE

SILURES, nom d'une petite peuplade gauloise qui habitait le Pays de Galles et se défendit avec acharnement contre les Romains. — **Dér.** *Silurien, silurienne.*

***SILURIEN** (SYSTÈME) (*silure*), *adj.* Une des quatre périodes de l'ère primaire ou paléozoïque. La caractéristique de cette époque est le développement considérable des océans, dont la division en bassins était moins accentuée qu'aujourd'hui : le règne des vertébrés ne se montre qu'à la surface, tandis que les autres embranchements comptent au moins dix mille espèces. Les dépôts se sont faits d'une manière normale; on y observe toutes les espèces de roches sédimentaires, grès, conglomérats, schistes, argiles, calcaires; l'élément cristallin fait en général défaut.

On a divisé la faune silurienne en trois groupes, dont le premier est rattaché au cambrien; la faune seconde (étage armoricain) est caractérisée par l'abondance des trilobites, tandis que dans la faune troisième (étage bohémien) dominent les céphalopodes et les brachiopodes. Les trilobites ne sont représentés dans cet étage que par quelques espèces qui lui sont propres.

Les principaux genres qui caractérisent les diverses assises du silurien sont énumérés dans le tableau suivant :

Trilobites		Calymene.
		Dalmanites.
		Asaphus.
		Illænus.
		Homalonotus.
		Trinucleus.
		Bronteus.
Céphalopodes		Nautilus.
		Orthoceras.
		Phragmoceras.
Gastropodes		Pleurotomaria.
		Murchisonia.
		Turbo.
Brachiopodes		Lingula.
		Atrypa.
		Orthis.
		Pentamerus.
		Spirifer.
		Rhynconella.
Lamellibranches		Arca.
		Avicula.
		Cardiola.
Hydrozoaires	Graptolithes	Monograptus.
		Phyllograptus.
		Diplograptus.
		Bastrites.
		Didymograptus.
	Polypiers.	

On a donné le nom de *bilobites* à des traces qu'ont imprimées sur le sol les animaux de cet âge. La flore terrestre silurienne est pauvre; on n'y signale que quelques lycopodiacées et de rares sigillariées. Le silurien est représenté en Europe dans les contrées suivantes : France, Belgique, Angleterre, Écosse, Russie, Scandinavie, Bohême, Thuringe, Harz, Bavière. Le silurien français se montre en Normandie, en Bretagne, en Languedoc, dans les Pyrénées, le Boulonnais, l'Anjou, le Maine (schistes ardoisiers de Trélazé, calcaires de la Meignanne).

Nous donnerons la composition du silurien dans les contrées classiques : Angleterre, Bohême, Bretagne.

BOHÊME

Etage H. (Hottin, Hlubocep).	h_3	Schistes argileux (Phacops, Orthoceras).
	h_2	Schistes et quartzites.
	h_1	Schistes argileux à fucoïdes.

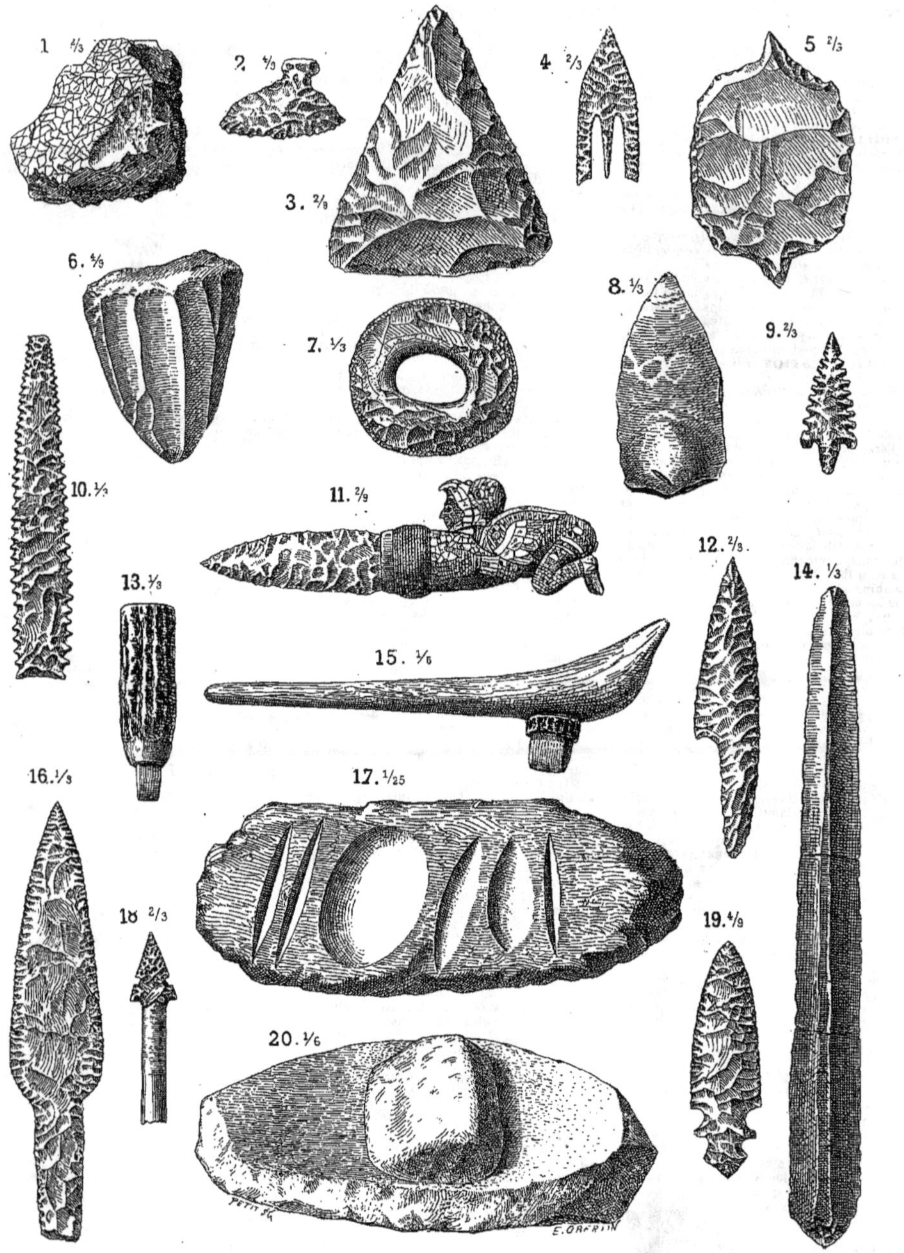

SILEX

1. Fragment de silex entièrement craquelé par l'action du feu. — 2. Scie à appendice, silex. Village de Hatchiman-Moura, province de Chinchiou (Japon). — 3. Instrument triangulaire en silex. Chez Pouré, commune de Brive (Corrèze). — 4. Pointe de flèche, silex à pédoncule et à barbelures verticales équarries. Dolmen de Gourillac'h, commune de Plourievez-Lochrist (Finistère). — 5. Perçoir double, en silex. Grotte de l'église Saint-Martin d'Excideuil (Dordogne). — 6. Nucléus de grosseur moyenne, silex. Abbeville (Somme). — 7. Percuteur annulaire en silex. Tourbières d'Abbeville (Somme). — 8. Pointe moustérienne, silex. Dans les alluvions du fossé de la porte Marcadé. Abbeville (Somme). — 9. Pointe de flèche, silex, à nombreuses dentelures. Dolmen de Bessoles (Aveyron). — 10. Pointe de lance à bords fortement dentelés, silex (Danemark). — 11. Poignard mexicain emmanché d'après un dessin de Waldeck, dans les monuments anciens du Mexique. — 12. Pointe solutréenne à crans, bien complète et bien taillée, silex. Grotte de l'église Saint-Martin d'Excideuil (Dordogne). — 13. Ciseau quadrangulaire en pierre brune dans un manche en corne de cerf. Habitations lacustres de Latringen (Suisse). — 14. Lame en silex, provenant probablement d'une sépulture. Pauilhac (Gers). — 15. Hache en pierre polie dans une gaine à talon en corne de cerf, entrant dans un manche en bois de frêne. Station lacustre de Röbenhausen, canton de Zurich (Suisse). — 16. Poignard, silex (Danemark). — 17. Polissoir fixe. Behencourt (Somme). — 18. Pointe de flèche en obsidienne fixée à la hampe en roseau par une série de ligaments. Encore en usage parmi les Indiens de la Californie (Musée de Saint-Germain). — 19. Pointe de javelot avec doubles crans très accentués à la base, silex. Dolmen de Bessoles (Aveyron). — 20. Grande meule fixe ou dormante et meule mobile en grès pour moudre le blé. Chassemy (Aisne).

Nota : Les quantités fractionnaires indiquent la relation de grandeur existant entre l'objet et la figure.

Étage G.	g_3	Calcaire argileux à nodules marneux (Goniatites).
	g_2	Schistes argileux (Goniatites, Tentaculites).
	g_1	Calcaire noduleux (Hlubocep, Chotecz : Dalmanites, Phacops, Bronteus).
Étage F (100m).	f_2	Calcaire blanc siliceux (Koniepros, Mnieniau : Harpes, Phacops, Bronteus).
	f_1	Calcaire noir fétide (Lochkow, Dvoretz : Bronteus, Spirifer, Tentaculites).
Étage E (100 à 300m).	e_2 (60m)	Schistes à graptolithes de Lochkow et de Kosorz (Calymene, Phacops, Illænus, Atrypa, Orthis, Spirifer, Nautilus, Phragmoceras).
	e_1	Calcaires. Schistes de Kuchelbach et de Butovitz (Monograptus colonus, Sphéroïdes.
D	d_5	Schistes gris et quartzites (Kœnigshof Leiskov : Calymene, Dalmanites, Illænus.
	d_4	Schistes micacés (Zahorzau Lieben : Calymene incerta, Asaphus).
	d_3	Schistes noirs feuilletés et quartzites (Vinice, Trubin : Trinucleus ornatus).
	d_2	Grès quartzeux de Drabow, Vesela Praskoles (Dalmanites sociales).
	d_1	Schistes argileux noirs micacés (Vosek : Calymene, Aragoi).

ANGLETERRE : SHROPSHIRE

Étage bohémien.	Couche de passage (24m).		14 Grès de Downton ou de Tilestone (Orthoceras, Lingula); bonebed à poissons (0m,10) H.
	Assise de Ludlow.	Supér. (210m).	13 Grès micacés (Orthis, Athyris).
		Inférieure (315m).	12 Calcaire d'Aimestry (Pentamerus, Lingula, Rhyuconella, Atrypa) G. 11 Schistes de Ludlow (Phragmoceras graptolithes, Pteraspis) F.
	Assise de Wenlock E. (900 à 1000m).	Supérieure	10 Calcaire de Wenlock ou de Dudley (30m) (Calymene, Dalmanites Pentamerus Atrypa, polypiers, crinoïdes).
		Inférieure	9 Schistes de Wenlock (600m) Orthis, Cardiola, Orthoceras, Trilobites. 8 Calcaire de Woolhope (Illcenus Homanolotus Rhynconella).
Ass. de pass^e	Assise Llandovery. (120 à 750m.)	Supér. K.	7 Schistes de Taramon. 6 Grès de May-Hill, calcaire à pentamères.
		Inf.	5 Schistes de Llandevery (d_5).
Étage armoricain D.	Assise de Caradoc $d_4 d_3 d_2$ (3600m).		4 Grès de Caradoc (Trinucleus, Calymene, Orthis). 3 Calcaire de Bala à cystidés.
	Assise de Llandeïlo (400m).	2 Schistes de Llandeïlo. $d_1 \gamma$.	3 Schistes noirs (Ogygia, trinucleus). 2 Schistes calcaires (Asaphus Calymene). 1 Schistes avec intercalations de roches éruptives (Ogygia, Trinucleus, Diplograptus).
Assise de pass^age	Assise d'Arenig.	1 Couches d'Arenig. $d_1 \alpha$.	Schistes d'Arenig (Stiper-Stones) et grès (250m).
		1 Couches de Skiddaw.	à graptolithes.

En Bretagne, le silurien débute par les grès armoricains à bilobites (Sion, Châteaubriant), qui souvent sont ferrugineux (minerai de fer de Coatquidam). Ces grès sont le plus souvent blanchâtres, durs, compacts et donnent d'excellents cailloux d'empierrement. A ces grès sont superposés des schistes qui surmontent une couche intermédiaire ferrugineuse renfermant souvent des minerais de fer (oligiste, hématite, limonite, magnétite, à Salles, Quentin, Sainte-Brigitte). Au-dessus viennent les schistes à calymènes, quelquefois ardoisiers comme à Vitré, bleu foncé ou noirs, avec calymène Tristani. Les grès de May, de la Normandie ont pour équivalents en Bretagne les grès de Saint-Germain-sur-Ille, de Martigné avec *dalmanites incertus, orthis redux*. On observe ensuite les schistes de Riadan et de Renazé (*trinucleus, ornatus* et *T. Pongerardi*). Aux environs de Rennes, des grès sans fossiles sont surmontés par les schistes ampéliteux de Poligné (*monograptus colonus*) et les argiles gréseuses de Feuguerolles (*cardiola interrupta*). A Erbray, les calcaires à encrines et à *calymene Blumenbachi* représentent les niveaux les plus élevés du silurien français (étage F de Bohême). Le grès armoricain du Finistère comprend dans les montagnes Noires : le grès dur du Grand Gouin, séparé par 40 mètres de schistes du grès blanc; du roulinguet à tigillites (80 mètres). Les schistes à calymènes s'observent à Dinant, à Morgat, à Malestroit (*calymene Tristani* et de nombreux trilobites de grande taille). Le silurien supérieur n'est représenté en Bretagne que par le calcaire de Rosan (presqu'île Crozon), et les schistes à nodules calcaires ou alunifères à *monograptus colonus* et *cardiola interrupta*.

SILVERÉAL (CANAL DE), qui joint Silvéréal, sur le Petit Rhône, aux canaux du Peuais et du Bourgidon.

SILVES, SILVESTRE, SILVICULTURE, etc. (V. ces mots écrits par *Sy*.)

SIMAGRÉE (*si, m'agrée?*) *sf.* Manières affectées, minauderies auxquelles on recourt pour donner le change, pour tromper : *Faire des simagrées.*

SIMAISE. (V. *Cymaise.*)

SIMAROUBA, *sm.* Grand arbre de la Guyane et des Antilles, voisin des rutacées, dont l'écorce, amère et tonique, est employée en médecine surtout contre les diarrhées chroniques.

SIMAROUBA
FLEURS ET FEUILLES

SIMARRE (ital. *zimarra*, robe de chambre, même famille que *chamarrer*), *sf.* Ancien vêtement de femme long et trainant. ‖ Sorte de soutane que certains magistrats portent sous leur robe. — Fig. La dignité de garde des sceaux : *Aspirer à la simarre.*

SIMART (1806-1857), sculpteur français né à Troyes.

SIMBISTK, 30 000 hab. Ville de Russie, sur le Volga, blé, poissons. — Gouvernement de Simbistk traversé par le Volga du N. au S. Sol fertile et bien cultivé. Mines de fer.

SIMBLEAU (de *cingler*), *sm.* Cordeau dont se servent les charpentiers pour tracer de très grandes circonférences.

SIMÉON, deuxième fils de Jacob et de Lia, donna son nom à une tribu d'Israël située au S. de la tribu de Juda.

SIMÉON, vieillard juif qui se trouvait dans le temple quand la sainte Vierge y présenta J.-C. enfant.

SIMÉON (saint), neveu de la sainte Vierge, deuxième évêque de Jérusalem, martyrisé en 107, à l'âge de 120 ans.

SIMÉON STYLITE (saint), g. στύλος, colonne). Solitaire fameux par ses austérités, qui passa 26 ans sur le haut d'une colonne, mourut en 459.

SIMÉON, illustre famille originaire de Provence, où elle demeura fixée jusqu'en 1785. Depuis le XVIIIe siècle, elle a donné à la France des jurisconsultes distingués qui occupèrent des charges dans la haute magistrature. Parmi eux, nous citerons : JEAN SIMÉON (*Symeonis*), qui, en 1358, fut élu président de la *Chambre rigoureuse*, après qu'il eut délivré la contrée des bandes d'Arnaud de Cervoules, qui, à l'instar des grandes compagnies, pillaient et rançonnaient la Provence. — GABRIEL SIMÉON (*Symeonis*), envoyé en mission près de François Ier par la République de Florence, appartenait à une branche italienne qui était peut-être la souche principale de cette famille. Il vécut près du roi Henri II et mourut sans postérité. Il publia, de 1550 à 1560, plusieurs ouvrages estimés sur les arts, les devises et les antiquités, dont les éditions curieuses sont devenues fort rares et sont recherchées des bibliophiles. — SEXTIUS SIMÉON, jurisconsulte, professeur de droit canon à l'université d'Aix, reçut, en 1705, une charge de secrétaire du roi. Il était syndic de la noblesse et administrateur du pays de Provence. Ses armoiries figuraient, en 1754, au frontispice de l'Histoire de la noblesse de Provence. — JÉROME SIMÉON, né en 1749, fils du précédent, était président du conseil des Cinq-Cents au 18 Fructidor. Il fut déporté à deux reprises, prit part à la rédaction du Code civil et à celle du Concordat, organisa le royaume de Westphalie en 1807, et vécut éloigné de la cour de Napoléon Ier. Créé comte par Louis XVIII en 1816, il devint ministre de l'intérieur en 1820 et pair de France héréditaire en 1822. Il s'éteignit en 1842, après avoir fourni une longue et brillante carrière. — Son fils, JOSEPH SIMÉON, fut ministre plénipotentiaire en Saxe, préfet, conseiller d'État, pair de France en même temps que son père (1835). — HENRI SIMÉON (1803-1874) fut d'abord attaché d'ambassade, puis préfet, député et sénateur (1852). Adonné aux lettres, il a laissé une traduction en vers des œuvres complètes d'Horace qui fut couronnée par l'Académie française quelques jours avant la mort de l'auteur. Le comte Henri Siméon n'a laissé qu'un fils, né en 1828, qui a embrassé la carrière diplomatique.

SIMIANE (MARQUISE DE) (1674-1737). Fille de Mme de Grignan et petite-fille de Mme de Sévigné, célèbre par ses grâces et son esprit.

SIMIEN, IENNE (l. *simium*, singe), *adj.* Qui caractérise le singe : *Apparence simienne.*

***SIMIESQUE** (*simien*), *adj. 2 g.* Qui se rapporte au singe : *Caractères simiesques.*

SIMILAIRE (bl. *similarem* : de *similis*, semblable), *adj.* et *s. 2 g.* Qui est de la même nature : *Substances similaires.* — **Dér.** *Similarité, similitude.* — **Comp.** *Similor.*

SIMILARITÉ (*similaire*), *sf.* Caractère des choses similaires.

SIMILITUDE (l. *similitudo*), *sf.* Ressemblance : *La similitude de deux choses.* ‖ Figure de rhétorique nommée aussi *comparaison.* ‖ Caractère des figures géométriques qui ont les angles égaux et les côtés proportionnels, des courbes dont les dimensions analogues sont proportionnelles : *La similitude des triangles.* (V. *Triangle.*)

SIMILOR (l. *similis*, semblable + *or*), *sm.* Alliage de cuivre et de zinc qui a l'apparence de l'or et qu'on nomme aussi : *Or de Manheim.* Il est composé de 6 à 9 parties de cuivre pour 1 de zinc.

SIMNEL (LAMBERT), fils d'un boulanger qui se fit passer pour le duc d'York, deuxième fils d'Édouard IV et tenta d'enlever la couronne à Henri VII, roi d'Angleterre. Ce prince l'ayant vaincu (1487), en fit un de ses marmitons.

SIMOÏS, petit fleuve de la Troade, tributaire de l'Hellespont, mentionné dans l'*Iliade* et avait pour affluent le Scamandre.

SIMON, véritable nom de saint Pierre.

SIMON LE CANANÉEN ou *le Zélé*, l'un des douze apôtres.

SIMON LE MAGICIEN, juif de la Samarie qui se faisait passer pour le Messie, se livrait à la magie, se fit baptiser et voulut acheter de saint Pierre le don de faire des miracles. — **Dér.** *Simonie, simoniaque.*

SIMON (JULES-FRANÇOIS, Suisse, dit JULES), né en 1814, écrivain remarquable et homme politique français; ancien professeur de philosophie de la Faculté des lettres de Paris, membre du gouvernement de la Défense nationale, ancien ministre de l'Instruction publique et de l'Intérieur, membre de l'Académie française (1875), secrétaire perpétuel de l'Académie des sciences morales et politiques, et sénateur inamovible, auteur de nombreux et importants ouvrages sur l'enseignement et la philosophie.

SIMON (SAINT-), 695 hab. Ch.-l. de c., arr. de Saint-Quentin (Aisne), sur le canal de Crozat, autrefois duché possédé par l'auteur des *Mémoires.*

SIMONIAQUE (*Simon le Magicien*), *adj.*

et *s. 2 g.* Qui trafique des choses saintes : *Un bénéficiaire simoniaque.* || Entaché de simonie : *Contrat simoniaque.*

SIMONIDE (558-468 av. J.-C.), de l'île de Céos, célèbre poète lyrique grec, mort à Syracuse, et dont il ne reste que des fragments.

SIMONIE (*Simon le Magicien*), *sf.* Trafic des choses saintes : *La simonie est un crime.*

SIMOUN (ar. *semoun* : de *samm*, empoisonner), *sm.* Vent brûlant des déserts de l'Arabie, de la Syrie et du Sahara, qui dessèche les plantes et déplace les sables.

SIMPHÉROPOL, 19000 hab. Ville du S. de la Crimée, sur le Salghir, ch.-l. du gouvernement russe de Tauride.

1. **SIMPLE** (l. *simplum*, sans pli), *adj. 2 g.* Qui n'est pas composé de parties, qui n'est pas divisible : *L'âme est un être simple.* || Qui ne peut pas être décomposé en plusieurs substances de natures différentes : *La chimie admet environ 70 corps simples.* || *Mot simple*, qui n'est pas formé par la soudure de plusieurs autres. || *Temps simples*, les temps du verbe ne formant réellement, ou en apparence, qu'un seul mot. || Qui n'est pas double ou multiple : *Semelle simple.* || *Tige simple*, non ramifiée. || *Fleur simple*, dont la corolle n'est composée que d'un seul verticille de pétales. || *Fête simple*, moins solennelle que les autres. || Unique : *Il n'a qu'un simple domestique.* || Qui n'est rien de plus que : *Un simple artisan.* || *Le simple bon sens*, le bon sens le plus ordinaire. || Qui est au dernier rang de la hiérarchie : *Un simple soldat.* || *Simple gentilhomme*, gentilhomme non titré. || *Un simple particulier*, un homme qui n'est chargé d'aucune fonction publique. || *Donation, démission pure et simple*, sans condition. || *C'est tout simple*, c'est tout naturel, incontestable. || Qui n'est pas compliqué, qu'il est facile de comprendre, d'employer : *Une méthode simple.* || Sans ornement, sans faste, sans recherche, sans affectation, sans apprêt : *Homme simple. Costume simple. Goûts simples. Plaisirs simples.* || Qui est sans déguisement, sans malice : *Simple comme un enfant.* || Niais, qui se laisse aisément tromper : *Je ne suis pas si simple.* — *Sm.* Homme dont la mise, les manières sont simples. || Homme sans malice, niais. || Ce qui n'est pas composé. || Ce qui est sans ornement, sans recherche. — **Dér.** *Simple 2, simplet, simplette, simplement, simplesse, simplicité, simpliste, simplisme, simpleter.* — **Comp.** *Simplifier, simplifiable, simplification, simplificateur, simplicicaule.*

2. **SIMPLE** (*simple 1*), *sm.* Toute plante usitée en médecine : *Récolter des simples.*

SIMPLEMENT (*simple* + sfx. *ment*), *adv.* D'une façon qui n'est pas compliquée : *Plan conçu simplement.* || Sans rien de plus : *Il est simplement indisposé.* || Sans ornement, sans recherche : *Vêtu simplement.* || Naïvement, sans déguisement, sans finesse : *Il avoua simplement.*

SIMPLESSE (*simple*), *sf.* Caractère naïf et accommodant : *Être d'une grande simplesse.*

SIMPLET, ETTE (dm. de *simple 1*), *adj.* Un peu trop naïf.

***SIMPLETER** (*simple 1*), *vt.* Former d'un seul fil la chaîne d'un ruban.

***SIMPLICICAULE** (l. *simplex*, génitif *simplicis*, simple + *caulis*, tige), *adj. 2 g.* Qui a une tige non ramifiée.

SIMPLICITÉ (l. *simplicitatem*), *sf.* Qualité de ce qui n'est pas composé : *La simplicité de l'âme.* || Qualité de ce qui n'est pas compliqué : *La simplicité d'un plan.* || Qualité de ce qui est facile à comprendre, à exécuter : *La simplicité d'une méthode.* || Absence d'ornement, de recherche, d'affectation : *La simplicité d'un édifice.* || Qualité d'une personne dont la personne, les mœurs, les goûts, etc. sont simples : *Homme d'une grande simplicité.* || Ingénuité : *La simplicité d'un enfant.* || Naïveté, crédulité excessive : *On abusa de ma simplicité.* — *Pl.* Actions, paroles, empreintes de trop de naïveté : *Débiter des simplicités.* — **Syn.** (V. *Naïveté.*)

***SIMPLIFIABLE** (*simplifier*), *adj.* Qui peut être simplifié : *Fraction simplifiable.*

***SIMPLIFICATEUR** (*simplifier*), *sm.* Celui qui simplifie.

SIMPLIFICATION (*simplifier*), *sf.* Action de simplifier, son résultat.

SIMPLIFIER (*simple 1* + l. *facere*, faire), *vt.* Rendre moins compliqué : *Simplifier un procédé.* || Rendre plus facile à comprendre : *Simplifier une démonstration.* — **Se simplifier**, *vr.* Devenir moins compliqué, plus facile à comprendre.

***SIMPLISME** (*simple 1*), *sm.* Manière de raisonner d'un esprit simpliste.

***SIMPLISTE** (*simple 1*), *adj.* et *s. 2 g.* Qui n'envisage une chose que sous un seul aspect : *Esprit simpliste.*

SIMPLON (LE), 3518 mètres. Sommet des Alpes Lépontiennes, entre le canton du Valais et le Piémont, sur lequel les Français ont établi une route de 1801 à 1807. Une compagnie formée depuis longtemps déjà se propose d'ouvrir sous le Simplon une voie ferrée.

SIMPSON (1710-1761). Mathématicien anglais qui apporta de grandes simplifications dans le calcul des sinus et des cosinus ainsi que dans les méthodes de quadrature des courbes.

SIMULACRE (l. *simulacrum*), *sm.* Statue, image d'une fausse divinité : *Adorer des simulacres.* || Spectre, fantôme : *Les hallucinés croient voir de vains simulacres.* || Vaine apparence : *Les rois fainéants n'avaient qu'un simulacre de pouvoir.* || Action de peindre, d'exécuter une chose : *Faire le simulacre de charger un fusil.*

SIMULATION (l. *simulationem*), *sf.* Action de feindre : *La simulation de la surdité.*

SIMULER (l. *simulare*; db. de *sembler*), *vt.* Faire paraître comme réelle une chose qui ne l'est pas : *Simuler une vente.* || Feindre d'exécuter quelque chose : *Simuler un combat.* — **Dér.** *Simulation; simulacre; similitude; simultané, simultanée, simultanément; simultanéité.* — **Comp.** *Dissimuler, dissimulation; assimiler, assimilation*, etc. Même famille : *Sembler*, etc.

SIMULTANÉ, ÉE (bl. *simultaneum*), *adj.* Fait qui arrive en même temps : *Deux événements simultanés.* || *Enseignement simultané*, celui dans lequel le professeur donne en même temps une leçon à plusieurs élèves.

SIMULTANÉITÉ (*simultané*), *sf.* Existence de deux ou plusieurs choses dans le même instant : *La simultanéité de deux mouvements.*

SIMULTANÉMENT (*simultanée* + sfx. *ment*), *adv.* En même temps : *Deux coups de fusil tirés simultanément.*

SIN, 5634 hab. Village du département du Nord, canton de Douai. Brasseries, distilleries, sucreries, mines de houille.

SINAÏ (LE), ou **SINA**. Mont de l'Arabie Pétrée, entre les golfes de Suez et d'Akabah qui terminent au N. la mer Rouge, et sur lequel Dieu donna sa loi aux Juifs.

SINAISE, rivière du département du Cher, affluent de l'Arnon.

SINAPISÉ, ÉE (*sinapiser*), *adj.* Qui contient de la farine de moutarde : *Cataplasme, bain de pieds sinapisés.*

SINAPISER (g. σίναπι, moutarde), *vt.* Incorporer de la farine de moutarde dans un médicament : *Sinapiser un bain de pieds.* — **Dér.** *Sinapisé, sinapisée, sinapisme.*

SINAPISME (g. σίναπι, moutarde), *sm.* Cataplasme composé d'une bouillie épaisse de farine de moutarde délayée dans l'eau *froide* et qu'on applique sur une partie du corps pour y déterminer un afflux de sang.

SINCÈRE (l. *sincerum*), *adj. 2 g.* Qui parle ou agit conformément à sa pensée : *Homme sincère.* || Vrai. || Qui n'est pas feint : *Repentir sincère.* — **Dér.** *Sincèrement, sincérité.*

SINCÈREMENT (*sincère* + sfx. *ment*), *adv.* Avec sincérité.

SINCÉRITÉ (l. *sinceritatem*), *sf.* Qualité d'une personne sincère : *La sincérité d'un enfant.* || Réalité, véracité : *La sincérité de son repentir.* — **Syn.** (V. *Naïveté.*)

SINCIPITAL, ALE (*sinciput*), *adj.* Qui appartient au sinciput.

SINCIPUT [sin-ci-pute] (ml.), *sm.* Le sommet de la tête, qu'on désigne aussi sous les noms de *vertex* et de *bregma.* — **Dér.** *Sincipital.*

SIND (scr. *sindhu*, fleuve), ou **INDUS**, 2800 kilom. Grand fleuve de l'O. de l'Hindoustan, qui a sa source dans le Thibet, sur le versant N. de l'Himalaya, contourne l'extrémité de cette chaîne et, de terrasse en terrasse, descend vers le S., arrose le Pendjab, et va se jeter dans la mer d'Oman par plusieurs bouches toutes ensablées par ses alluvions.

SINDH (ancien INDUS), 2600 kilom. Fleuve de l'Hindoustan qui prend sa source dans l'Hymâlaya au S.-E. du Leo Porgial (6775 mètres); il coule d'abord vers le N.-O. à travers le Petit Thibet, baigne Leh Kargil Skardo, franchit l'Himâlaya par des gorges très profondes, puis tourne vers le S.-O., arrose la partie occidentale du Pendjaub et les villes de Attock et d'Haïderabad. Le Sindh se jette dans le golfe d'Oman par onze bouches qui forment un vaste delta. Ses principaux affluents sont, à droite, le Gilgit, le Kabul, le Kuram, la Gumbey, le Gomul; à gauche, la Sutleje (1200 kilom.), grossie du Trimab que forment le Djelem, le Tschinab et le Rawi.

SINDHYAH, 4000000 hab. État mahratte, indépendant de l'Hindoustan, au N. des monts Vindhya, entre le Djemmah et la Nerbuddah. — Cap. *Goualior.*

SINDON (g. σινδών, fine étoffe de lin), *sm.* Linceul de N.-S. J.-C. || Petit morceau de toile ou petit plumasseau attaché au bout d'un fil et qu'on introduit dans l'ouverture faite au crâne avec le trépan.

SINÉCURE (mot anglais; du l. *sinecura*, sans souci; de *sine*, sans + *cura*, soin, souci), *sf.* Charge lucrative n'exigeant aucun travail. || Emploi rétribué dans lequel il n'y a presque rien à faire. — **Dér.** *Sinécuriste.*

***SINÉCURISTE** (*sinécure*), *sm.* Possesseur d'une sinécure.

***SINÉMURIA** (l. *sine*, sous + *muria*, saumure), *sf.* Genre de mollusques acéphales, à station verticale, et que l'on rencontre dans les formations d'eau douce de l'oolithe, du silurien et des terrains carbonifères. On les trouve aussi dans les couches du minerai de fer appelées *couches à moules*, où elles sont associées à des nautiles, etc. Dans le Derbyshire, les blocs de ces *couches à moules* sont travaillés comme le marbre et servent à faire des vases, des ornements, etc.

SINÉMURIEN, *sm.* Étage inférieur du système liasique créé par d'Orbigny. Dans l'Auxois, les terrains qui ont servi de types pour la création de l'étage sont constitués par des calcaires à gryphées arquées en bancs noduleux et irréguliers séparés par des assises marneuses. Il se transforme dans certaines localités en une masse siliceuse noirâtre avec nids de barytine et de quartz; ces bancs siliceux renferment aussi du cuivre, du fer et du plomb. Les principaux fossiles sont le *belemnites acutus*, la *gryphæa arcuata*, la *spiriferina Walcotti*, la *gryphæa cymbium.* On trouve le sinémurien en Lorraine, dans la vallée de la Moselle, dans les Ardennes (calcaire à pavés de Sedan, calcaire à chaux hydraulique de Charleville), dans la Haute-Marne, aux environs de Besançon, dans le bassin du Rhône, en Provence, dans le Calvados. Les types étrangers du sinémurien se rencontrent en Souabe, en Scanie, etc.

SINE QUA NON [si-né-koua-none] (l. *sine*, sans + *qua*, laquelle + *re*, la chose, sousent. + *non*, rien), *sm.* Condition sans laquelle une chose est impossible. — *Adj.* Indispensable : *Condition sine qua non.*

SI'NGAN, 300000 hab. Ville de Chine (prov. de Chen-si), autrefois cap. de la Chine.

SINGAPOUR, 97111 hab. Ville fondée en 1819 par les Anglais à titre de port franc dans une petite île au S. de la presqu'île de Malacca et où toutes les nations européennes font un commerce de transit considérable (à l'Angleterre). — Point d'escale de tous les paquebots de l'Extrême-Orient.

SINGE (l. *simium* : de *simus*, camus), *sm.* Groupe de mammifères appartenant à l'ordre des Primates, qui ne sont pas quadrumanes, comme on le dit communément, mais qui possèdent deux mains et deux *véritables* pieds. Les membres des singes et leur cou sont parfaitement détachés du corps; celui-ci ressemble beaucoup, surtout chez les singes supérieurs, dits *anthropomorphes*, au corps de l'homme. Il est néanmoins un peu plus bombé sur la poitrine, ce qui tient à la position souvent inclinée en avant qu'affectent ces vertébrés. Le corps de ces animaux est couvert de poils, excepté sur les mains et la figure. Cependant ils sont plus épais sur le dos, ce qui est le contraire chez l'homme. De cette différence, on donne la raison que l'homme sauvage, à l'encontre du singe qui expose toujours son dos au vent et à la pluie, présente surtout sa face et sa poitrine aux intempéries, et l'on sait que le système pileux se développe de préférence sur les parties qui subissent l'action de ces agents atmosphériques. Les poils de l'avant-bras ont, chez l'homme et les singes anthropomorphes, une direction analogue : leur pointe se porte naturellement vers le coude, tandis que chez les singes inférieurs elle se dirige vers la main.

La position de la tête varie beaucoup dans le groupe simien : attachée à la colonne vertébrale de la même manière que chez les mammifères marchant à quatre pattes dans les singes inférieurs, elle est disposée à peu près comme chez l'homme dans les singes anthropomorphes, dont la station se rapproche de la nôtre. Le trou occipital glisse de l'arrière à l'avant à mesure que l'on s'élève dans l'échelle de ces êtres, et chez les singes anthropomorphes il se trouve à peu près vers le milieu de la base du crâne. Les mâchoires des singes sont très développées, surtout chez les mâles adultes. Cependant le menton n'est pas proéminent comme chez l'homme. Les deux branches de la mâchoire inférieure sont soudées dans toutes les espèces du groupe; mais l'os intermaxillaire de la mâchoire supérieure ne se soude aux os maxillaires qu'à l'époque de l'évolution des vraies molaires. Les dents des singes de l'ancien monde sont en même nombre que celles de l'homme : ils en ont vingt pendant la première dentition et trente-deux pendant la dentition définitive. Chaque mâchoire porte quatre incisives taillées en biseau, comme celle de l'homme; puis viennent, de chaque côté, une canine très forte chez l'animal adulte, mais plus volumineuse et plus longue chez le mâle que chez la femelle; derrière ces deux canines, on trouve deux prémolaires; la dentition définitive compte trois molaires de plus, en sorte que la formule dentaire est la même chez les singes de l'ancien monde que chez l'homme. Cette formule dentaire est :

$$\frac{2}{2}\cdot\frac{1}{1}\cdot\frac{2}{2}\cdot\frac{3}{3}=32.$$

Chez les singes du nouveau monde, elle diffère par le nombre des prémolaires, qui est de trois de chaque côté des mâchoires. Leur formule dentaire est donc :

$$\frac{2}{2}\cdot\frac{1}{1}\cdot\frac{3}{3}\cdot\frac{3}{3}=36.$$

On remarquera que le nombre des *vraies molaires* est le même dans les deux groupes de singes. Cependant les *ouistitis*, qui sont des singes américains, ont la même dentition de lait que leurs congénères; mais la dentition de remplacement ne possède que deux vraies molaires. Leur formule dentaire est la suivante :

$$\frac{2}{2}\cdot\frac{1}{1}\cdot\frac{3}{3}\cdot\frac{2}{2}=32.$$

Les dents des singes sont faites sur le même modèle que celles de l'homme : les incisives sont en ciseau, un peu dirigées en avant comme cela a lieu dans les races humaines prognathes. Les canines sont coniques, com-

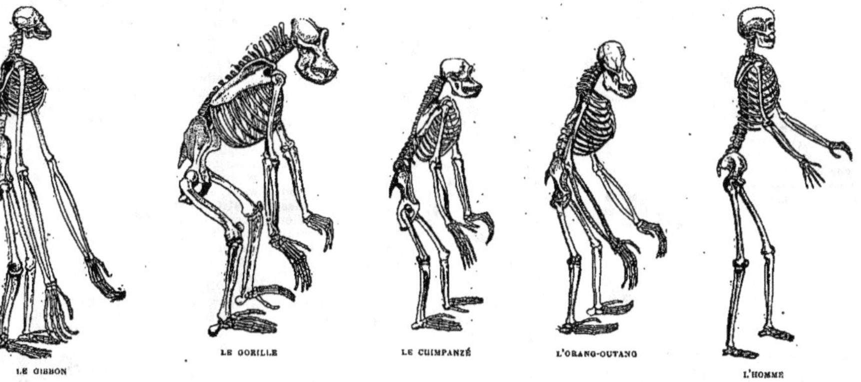

SQUELETTES DES PLUS GRANDS SINGES COMPARÉS AVEC LE SQUELETTE DE L'HOMME

primées, courbées, pointues; elles sont d'ailleurs plus volumineuses que chez l'homme, elles dépassent de beaucoup la face triturante des dents opposées, et se placent dans des intervalles plus ou moins grands laissés dans la série de la mâchoire opposée. Les prémolaires ont un tubercule, tandis que les vraies molaires en ont quatre séparés par un sillon en croix. Quelquefois, il existe un cinquième tubercule; mais, dans d'autres circonstances, ces molaires n'en ont que trois.

La colonne vertébrale montre chez les singes anthropomorphes les premiers rudiments de la forme en **S** si caractéristique de la station verticale de l'homme. Le thorax des singes inférieurs est, comme celui des autres mammifères, aplati latéralement, et le sternum fait saillie en avant; le contraire a lieu chez les singes supérieurs, dont la poitrine est aplatie au milieu, sur le sternum, et élargie sur les côtés; chez ces derniers singes, le bassin s'évase comme dans l'espèce humaine pour recevoir les viscères, conséquence de la station verticale. Les membres supérieurs sont conformés comme chez nous : ils présentent une clavicule, une omoplate, un bras, un avant-bras et une main; seulement, ils sont beaucoup plus longs que ceux de l'homme, surtout chez les singes grimpeurs; chez le *gibbon*, par exemple, ils touchent presque par terre quand l'animal se tient debout. Le bras porte une main dont les doigts sont munis d'ongles plats. Chez quelques singes inférieurs, la main proprement dite est mal développée ; elle manque, par exemple, de pouce, ou bien celui-ci n'est pas opposable. Le membre inférieur est généralement plus petit, toute proportion gardée, que chez l'homme; celui-ci a la jambe la plus longue. La cuisse du singe est aplatie, ses fesses sont anguleuses et le mollet fait défaut. La jambe du singe se termine par un *pied dont le pouce est opposable*. Jusque dans ces derniers temps, on considérait ce pied comme une main; c'est pour cela que les singes avaient été appelés des *quadrumanes*. Mais un examen attentif a montré que le pied de ces animaux est constitué comme celui de l'homme, et la seule différence qui existe ne gît que dans l'opposabilité du pouce aux autres doigts. Et encore ce caractère n'est pas l'apanage exclusif des singes. Il n'est pas rare de voir de jeunes enfants se servir de leurs pieds comme ils le font de leurs mains, et s'ils en perdent peu à peu l'habitude, c'est qu'on les empêche d'exercer cette faculté. Il y a plus : les individus qui, dans les Landes, récoltent la térébenthine se servent de leurs pieds comme de leurs mains pour saisir les branches de l'arbre sur lequel ils grimpent, ou pour manier leurs outils. Du reste, le pied des singes est constitué d'une manière analogue à celle du pied humain : grande saillie du talon; articulation placée sur la face dorsale, de manière que le pied fait un angle avec la direction de la jambe. Dans la marche, le pied se pose un peu sur le côté, en sorte qu'il présente en dedans la plante du pied; c'est ainsi, du reste, que marchent les jeunes enfants dans les premiers temps de leur existence. Mais la généralité des singes adultes marchent sur la plante des pieds, s'appuyant sur la main fermée. Les anthropomorphes, le chimpanzé et le gorille marchent quelquefois debout, et ce dernier se tient toujours sur les jambes lorsqu'il se défend contre un agresseur. Les gibbons marchent debout et étendent leurs longs bras, qui leur servent de balanciers. Mais la station verticale ne saurait leur convenir bien longtemps, leur marche étant incertaine. (V. *Main, Pied.*) La plus grande partie des singes possèdent une queue qui, chez quelques espèces, comme les *alouates*, est un organe de préhension et de tact; non seulement les anthropomorphes n'en ont pas, mais encore leur coccyx est constitué de la même manière que celui de l'homme. (V. *Squelette.*)

Le cerveau des singes est construit sur le même plan que celui de l'homme; il présente les mêmes scissures, les mêmes circonvolutions; seulement celles-ci sont moins accentuées. Comme chez l'homme, les hémisphères cérébraux, vus par leur face supérieure, recouvrent toutes les autres parties de l'encéphale, particulièrement le cervelet et les tubercules quadrijumeaux. Quant à l'anatomie des autres viscères, elle est la même que celle de l'homme, à quelques légères exceptions près.

Les singes sont des animaux grimpeurs ; il en est des espèces qui ne quittent jamais la cime des arbres ; d'autres habitent les endroits rocheux et parcourent les lieux les plus accidentés avec une dextérité merveilleuse. Dans un pressant danger, tous se réfugient sur les grands arbres, où ils savent se construire un nid qu'abrite quelquefois un toit de feuillage. Leur alimentation est très variée : elle consiste le plus souvent en fruits, en bourgeons, en feuilles charnues, etc. ; mais ils y ajoutent toujours une partie animale ; quelques-uns recherchent de petits mammifères, des oiseaux, des reptiles, des insectes ; il en est même qui sont tout à fait insectivores.

La généralité des espèces de singes vivent en sociétés souvent très nombreuses, habituellement dirigées par un vieux mâle qui, ordinairement, est l'aïeul de toute la troupe ; mais l'autorité suprême doit être là aussi assurée par les hauts faits et le courage de celui qui l'exerce. Les singes anthropomorphes, au contraire, ne vivent qu'en famille ; celle-ci se compose du père, de la mère et d'un enfant. Le caractère des singes de l'ancien monde est différent de celui des simiens du nouveau monde : les premiers sont gais, enjoués, espiègles, colériques, et passant presque instantanément de la joie la plus grande à la tristesse la plus morne ; de la douceur à la fureur aveugle ; les singes américains sont moins vifs, moins impressionnables, et ont moins d'entrain.

On a partagé les singes en deux grands groupes, savoir :

I. Les **singes de l'ancien continent**, chez lesquels les mâchoires ne comptent que 32 dents. Leurs narines sont séparées par une très mince cloison ; ils ont généralement des callosités aux fesses et des abajoues où ils accumulent la nourriture. Dans ce groupe, la queue n'est pas un caractère constant : ses dimensions varient avec les espèces ; nulle chez les anthropomorphes, elle est rudimentaire chez le *mandrill* et très longue chez le *kahau*.

Les singes de l'ancien monde se divisent en sept sous-groupes ou familles : 1° Les ANTHROPOMORPHES se partageant en *anthropomorphes noirs* (*chimpanzé, tschégo, gorille*), et en *anthropomorphes roux* (*orang*). 2° Les GIBBONS (*siamang, houlock, gibbon noir*). 3° Les SEMNOPITHÈQUES (*entelle, kahau*). 4° Les COLOBES (*guéreza*). 5° Les GUENONS (la *diane*, la *mone*, la *guenon verte*). 6° Les MACAQUES (*macaque, bunder, magot, wanderon*). 7° Les CYNOCÉPHALES (*cynocéphale noir, gelada, babouin, mandrill, hamadryas*). Les cinq dernières familles se composent de singes à queue.

II. Les **singes du nouveau monde** se partagent en deux groupes. Ceux du premier ont, à l'état adulte, 36 dents. On sait que cette augmentation est due à ce qu'ils ont une prémolaire de plus à chaque branche des deux mâchoires. Le museau de ces singes est court, et leur tête arrondie ne possède pas les crêtes saillantes que l'on remarque chez les anthropomorphes. Le pont nasal est toujours très étroit, et la conformation de leur nez leur a fait donner le nom de *singes à nez plat* (*platyrrhins*). Ils ont tous une queue, et celle-ci acquiert, chez certaines espèces, de grandes dimensions et une organisation spéciale : non seulement elle est préhensile, mais encore, dépourvue de poils à l'extrémité de sa face inférieure, elle devient un organe très délicat du tact ; elle équivaut, pour ainsi dire, à une cinquième main. Elle leur sert aussi pour grimper dans les arbres, où ils passent toute leur existence ; ils s'y suspendent en l'enroulant autour d'une branche et restent ainsi accrochés, même après leur mort. Les singes américains vivent constamment sur les arbres et ne descendent à terre que pour boire et quelquefois pour chercher leur nourriture. Aussi les parties déboisées sont-elles un obstacle à leur extension géographique. Le caractère de ces primates est aussi différent de ceux de notre continent ; ils sont moins gais, leur intelligence est moins vive, ils sont moins enclins au vol et à la dévastation. Réduits en captivité, ils s'apprivoisent aisément et s'attachent à leurs maîtres. Ils sont, du reste, d'une agilité merveilleuse ; leurs bandes nombreuses parcourent la cime des arbres en faisant des bonds prodigieux. On les range dans quatre familles, qui sont : 1° Les GYMNOSURES (*alouatte rouge, logotriche, miriki*). 2° Les SAJOUS (*saï*). 3° Les SAKIS (*satan, makari, saïmiri*, etc.). 4° Les NYCTIPITHÈQUES (*douroucouli*).

Les singes américains du second groupe ont reçu le nom d'*arctopithèques*. Nous avons dit plus haut que le nombre de leurs dents est de 32 ; mais leur dentition est néanmoins différente de celle des singes de l'ancien monde ; ils ont trois prémolaires à chaque branche des deux mâchoires et seulement deux vraies molaires, dont la dernière est très petite. Les canines sont séparées des incisives par un très grand espace ; les prémolaires possèdent des pointes latérales ; les molaires, outre les pointes dont elles sont formées, ont un talon étroit. Cette dentition se rapproche donc beaucoup de celle des insectivores. Les ongles sont recourbés en forme de griffes, à l'exception de celui du pouce des pieds, qui est plat. Les mœurs de ces animaux ressemblent beaucoup à celles de nos écureuils. Ils vivent en troupes assez nombreuses dans les forêts et les taillis. Ils sont d'ailleurs très craintifs et se nichent dans les trous des vieux arbres, qu'ils ont eu le soin de tapisser de feuilles ou de mousse. C'est là qu'ils se réfugient lorsqu'ils sont poursuivis par leurs nombreux ennemis. Les Indiens les apprivoisent, et l'on en apporte beaucoup en Europe. Mais ils sont d'une saleté repoussante ; ils répandent en outre une odeur de musc altéré des plus désagréables. Leur corps est recouvert de poils laineux et se termine par une queue très longue. C'est aux arctopithèques qu'appartiennent les *ouistitis*, bien connus des Européens.

Les singes sont des animaux des pays chauds : ils habitent généralement la région des palmiers et fuient les endroits humides et marécageux. Sur les montagnes, ils s'élèvent quelquefois jusqu'à la zone des conifères ; aussi en rencontre-t-on dans les montagnes du Thibet, de l'Himâlaya et de l'Abyssinie à une altitude où le froid est rigoureux pendant quelques mois. Madagascar et les Antilles n'en nourrissent aucune espèce. Gibraltar est le seul point de l'Europe où l'on en rencontre encore.

On a trouvé des restes fossiles de singes dans l'éocène ; mais ce sont surtout les couches miocènes et pliocènes qui en fournissent le plus. Les stations de *Pikermi* (Grèce) et de *Samsons*, au pied des Pyrénées, sont célèbres à ce sujet dans l'histoire de la science. Ces gisements ont montré que les singes de ces époques géologiques appartenaient à la classe des singes de l'ancien continent. Les fossiles trouvés en Amérique appartiennent de même aux races du nouveau monde, ce qui montre qu'alors les deux continents étaient déjà séparés. Les dépôts de Samsons ont fourni la mâchoire inférieure d'un grand singe anthropomorphe, le *dryopithecus fontanæ* ; de même, on a trouvé aux États-Unis, dans le miocène, les débris d'un grand singe qui était plus voisin de l'homme qu'aucun des singes actuels du nouveau monde. Ces restes fossiles nous enseignent que la température était plus élevée dans notre hémisphère, chose déjà établie par les fossiles de palmiers que l'on retrouve jusque dans l'extrême nord de l'Europe. ‖ *Laid, malin, adroit comme un singe*, très laid, très malin ou très adroit. — Fig. *Monnaie de singe*, grimaces. — Fig. *Payer quelqu'un en monnaie de singe*, se moquer de lui au lieu de le payer, lui promettre de l'argent et ne lui en point donner. — Fig. Personne qui a quelque ressemblance physique ou morale avec un singe : *Méfiez-vous de ce vieux singe*. — Fig. Imitateur servile, celui qui aime à contrefaire les autres : *Ne soyons les singes de personne*. — **Dér.** *Singer, singerie, singeur, singeresse*.

SINGER (*singe*), *vt*. Imiter, contrefaire : *Singer les manières de quelqu'un*. — **Gr.** *G* devient *ge* devant *a, o* : n. singeons, il singeait.

***SINGERESSE** (*singer*), *adj. f*. Qui imite, qui contrefait : *Une voix singeresse*.

SINGERIE (*singer*), *sf*. Grimaces, gestes, tours de malice : *Faire des singeries*. ‖ Imitation gauche ou ridicule : *Distinguer la singerie du talent*. — *Pl*. Manières affectées, obséquieuses, hypocrites : *On méprise les singeries*.

***SINGEUR** (*singer*), *adj*. et *sm*. Qui imite d'une façon grotesque.

SINGLIN, confesseur des religieuses de Port-Royal, puis supérieur des deux maisons de Paris et des Champs. Mort en 1664.

SINGULARISER (l. *singularis*, singulier), *vt*. Rendre unique en son genre, extraordinaire, bizarre : *Sa conduite le singularise*. — **Se singulariser**, *vr*. Se faire remarquer par la bizarrerie de ses actions, de ses opinions : *Il faut éviter de se singulariser*.

SINGULARITÉ (l. *singularitatem*), *sf*. Qualité de ce qui est unique en son genre, de ce qui se distingue aisément de tout le reste : *La singularité d'un phénomène, d'un monument*. ‖ Manière extraordinaire d'agir, de penser, de parler, etc. : *La singularité d'une opinion, d'un tour de phrase*. — *Pl*. Actions, paroles insolites, bizarres : *Dire des singularités*.

SINGULIER, IÈRE (l. *singularis* ; db. *sanglier*), *adj*. Qui est unique en son genre : *Un monstre singulier*. ‖ *Combat singulier*, combat d'homme à homme. ‖ Éminent, supérieur : *Un talent singulier*. ‖ Original : *Idée singulière*. ‖ Qui affecte de se distinguer : *Langage singulier*. ‖ Bizarre : *Caractère singulier*. ‖ Extraordinaire : *Un événement singulier*. — *Adj*. et *sm*. En grammaire, le nombre qui exprime qu'il n'est question que d'une seule personne ou d'une seule chose : Souris *s'écrit au pluriel comme au singulier*. ‖ *Oxyde singulier*. (V. *Oxyde*, t. II, p. 857, fin du 1er paragraphe.). ‖ On appelle *points singuliers* en géométrie certains points d'une courbe qui jouissent de propriétés particulières. — **Dér.** *Singulièrement, singulariser, singularité*.

SINGULIÈREMENT (*singulière* + sfx. *ment*), *adv*. Spécialement : *Recommander singulièrement une personne*. ‖ Extraordinairement : *Singulièrement habile*. ‖ D'une manière affectée ou bizarre : *S'habiller singulièrement*. ‖ D'une manière insolite : *Agir singulièrement*.

***SINGULTUEUX, EUSE** (l. *singultum*, sanglot), *adj*. Qui ressemble à un sanglot, entrecoupé de sanglots : *Respiration singultueuse*.

SINICQ, 40 kilom. Rivière du Cantal et de l'Aveyron, affluent de la Truyère.

SINIGAGLIA [si-ni-ga-lla], 22197 hab. Ville et port d'Italie sur l'Adriatique, au S. d'Ancône, fondée par les Gaulois Sénonais. Évêché.

SINISTRE (l. *sinistrum*, gauche ; db. *senestre*), *adj. 2 g*. Qui annonce ou fait craindre des malheurs : *Présage sinistre*. ‖ Qui annonce une tristesse mêlée de courroux ou de désespoir. ‖ Qui annonce la méchanceté : *Coup d'œil sinistre*. ‖ Très malheureux : *Événement sinistre*. ‖ Très nuisible : *Projet sinistre*. ‖ Lugubre : *De sinistres apprêts*. — *Sm*. Pertes causées par un incendie, un naufrage et dont une compagnie d'assurance est responsable : *On évaluera le sinistre*. — **Dér.** *Sinistrement*.

SINISTREMENT (*sinistre* + sfx. *ment*), *adj*. D'une manière sinistre. ‖ En mettant les choses au pis.

SINNAMARI, 250 kilom. Fleuve de la Guyane française, qui traverse des marais malsains, se jette dans l'océan Atlantique et sur les bords duquel furent relégués les déportés du 18 fructidor an V (4 septembre 1797).

***SINOLOGIE** (*sinologue*), *sf*. Étude de la langue, de la littérature, de l'histoire, des institutions et des mœurs de la Chine.

SINOLOGUE (l. *Sinæ*, nom de la Chine au moyen âge + g. λόγος, science), *sm*. Savant qui étudie la langue, les institutions et l'histoire de la Chine.

SINON (*si* + *non*), *conj*. Autrement, sans quoi : *Obéissez, sinon vous serez puni*. ‖ Si ce n'est : *Sa réponse fut satisfaisante, sinon parfaite*.

SINON, Grec qui, trompant les Troyens, leur persuada d'introduire dans leurs murs le cheval de bois. (Myth.)

SINOPE, petit fleuve côtier du département de la Manche qui se jette dans la mer à Quineville.

SINOPE, 5000 hab. Ville et port de l'Asie Mineure, sur le Pont-Euxin, dans l'ancienne Paphlagonie, faisant aujourd'hui partie de la Turquie d'Asie. Cette ville fut dans l'antiquité une colonie grecque où naquit Diogène, puis la capitale du royaume de Mithridate. Elle exportait du cinabre appelé *terre de Sinope*. Bataille et prise de Sinope par les Russes le 30 novembre 1853. Elle possède aujourd'hui un port militaire et des chantiers de construction. — **Dér.** *Sinople*.

SINOPLE (l. *sinopolis*, de la ville de *Sinope*, d'où s'exportait le cinabre), *sm.* La couleur verte des écus d'armoirie, représentée dans la gravure par des hachures obliques dirigées de la droite à la gauche de l'écu.

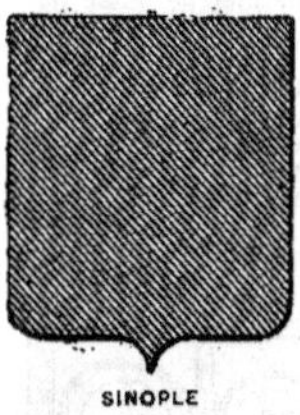

SINOPLE

SINUÉ, ÉE (l. *sinuatum*), *adj.* Dont les bords présentent des sinuosités arrondies : *Feuilles sinuées.* (Bot.)

SINUEUX, EUSE (l. *sinuosum*), *adj.* Qui a plusieurs courbures dirigées en sens contraires : *Ruisseau sinueux.*

SINUOSITÉ (*sinueux*), *sf.* Suite de lignes courbes dirigées en sens contraires : *Les sinuosités de l'intestin.* ‖ État de ce qui est sinueux : *La sinuosité d'un rivage.*

SINUPALÉAL (ml.). Dont le manteau présente une cavité.

1. **SINUS** [si-nuss] (ml. *sinuosité*), *sm.* *Sinus d'un arc ou de l'angle au centre correspondant,* la perpendiculaire menée de l'extrémité de cet arc sur le diamètre qui passe par l'autre extrémité, lorsque le rayon de l'arc est égal à l'unité (cercle trigonométrique). D'une façon plus générale, le sinus est le rapport de la perpendiculaire abaissée d'un point de l'un des côtés sur l'autre côté à la distance de ce point au sommet de l'angle. (Trig.) ‖ *Sinus verse,* portion de diamètre comprise entre le pied du sinus et l'origine de la tangente trigonométrique. ‖ *Sinus total,* le rayon qui est le sinus de l'arc de 90°. Considérons un mobile partant de A et se mouvant sur une circonférence dont le rayon égale l'unité. Si d'une de ces positions M on abaisse une perpendiculaire MP sur le diamètre AA', on appelle sinus de l'arc parcouru AM la longueur MP de cette perpendiculaire affectée du signe + si on se trouve sur la demi-circonférence ABA', ou du signe — dans le cas contraire. Quand le mobile marche de A en B, le sinus, nul en A, croît de 0 à sa valeur maxima 1 ; le sinus est de nouveau nul en A' et continue à décroître jusqu'à —1 en B' ; les mêmes valeurs se reproduisent quel que soit le nombre de fois que le mobile décrit la circonférence. Le sinus est donc une fonction périodique de l'arc : l'amplitude de la période est 2π, valeur de la circonférence de rayon 1. Quand on considère le point M' diamétralement opposé à M, on a :

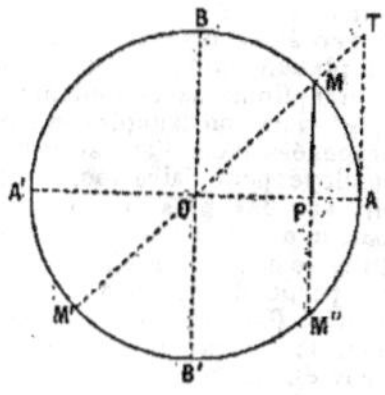

SINUS

$$\sin(\pi + x) = -\sin x,$$

c représentant la valeur de l'arc AM ou A'M'.

En M'' le sinus conserve la valeur absolue qu'il avait en M, mais change de signe :

$$\sin(-x) = -\sin x.$$

Si a et b désignent deux arcs, les formules suivantes donnent la valeur des sinus, de leur somme ou de leur différence :

$$\sin(a+b) = \sin a \cos b + \sin b \cos a,$$
$$\sin(a-b) = \sin a \cos b - \sin b \cos a.$$

On a de même c désignant un troisième arc :

$$\sin(a+b+c) = -\sin a \sin b \sin c + \sin a \cos b \cos c + \sin b \cos c \cos a + \sin c \cos a \cos b.$$

La valeur du sinus d'un arc double sera donnée par la formule :

$$\sin 2a = 2 \sin a \cos a.$$

La formule suivante donne la valeur du sinus de la moitié d'un arc :

$$\sin \frac{a}{2} = \pm \sqrt{\frac{1 - \cos a}{2}}$$

2. **SINUS** (l. *sinus*, sein), *sm.* Excavation irrégulière qui existe dans l'épaisseur de certains os : *Les sinus frontaux,* ceux qui sont creusés dans l'os frontal et communiquent avec le nez. ‖ Canal veineux dans lequel débouchent beaucoup de vaisseaux sanguins : *Les sinus de la dure-mère.* ‖ Angle rentrant et arrondi : *Les sinus du limbe d'une feuille.* ‖ Enfoncement au fond d'une plaie.

SINUSOÏDE, courbe qui représente les variations de la fonction $y = \sin x$.

SION, montagne occupant la partie S. de la ville de Jérusalem, où David bâtit une cité et Salomon le temple. ‖ La ville même de Jérusalem. ‖ *Les enfants de Sion,* les juifs.

SION (l. *Sedunum*), 4895 hab. Ville de Suisse, sur le Rhône et la Sionne, ch.-l. du cant. du Valais.

SIONNE, 30 kilom. Rivière du Cantal qui prend sa source dans les montagnes du Cézallier et se jette dans l'Alagnon.

SIOS, torrent qui tombe dans l'Ariège, près de Foix.

SIOUAH, 6000 hab. Oasis du désert de Lybie, largeur 3 kilom. sur 200 de long. Ville principale : *Siouah*, 2000 hab. Lacs salés ; calcaires formés de gypse et de sel gemme employés comme pierre de construction.

SIOULE, 60 kilom. Rivière d'Auvergne qui prend sa source dans le lac de Servières, près du puy de ce nom, arrose Saint-Bonnet, Pont-des-Eaux, Pontgibaud, Monfernus, Pont-du-Bouchet, Chanabonnet, Lisseuil, Ebreuil, Jeuzat, Saint-Pourçain et se jette dans l'Allier à Contigny. Elle reçoit la Gorce, la Gigeole, le Sioulot, la Miouse, la Petite Sioule, le Chalamont, la Sézanne et la Veauce.

SIOUTH, 27470 hab. Ville de la haute Egypte, point d'arrivée des caravanes du Darfour.

SIOUX. Les Sioux se trouvent dans les prairies qui séparent le haut Mississipi du Missouri ; c'est, à l'occasion, une confédération de vagabonds, ordinairement disséminés et nomades, qui s'associent pour la guerre. Ces Peaux-Rouges ont toujours des chevaux entraînés, prêts à les porter au loin pour la maraude.

SIOUX

***SIPHOÏDE** (g. σίφων, siphon + εἶδος, forme), *adj. 2 g.* Qui est en forme de siphon : *Encrier siphoïde.*

SIPHON (g. σίφων), *sm.* Tube recourbé, formé de deux branches d'inégale longueur et servant à transvaser les liquides. Soit ILK (fig. 1) un siphon devant transvaser le liquide du vase AB dans le vase CD, situé plus bas que le premier. Supposons le siphon rempli du même liquide, et considérons une molécule μ de ce liquide, située à la partie supérieure de l'instrument. Supposons qu'il y ait d'abord repos ou équilibre. A quelles forces sera soumise la molécule μ ? Par μ faisons passer un plan horizontal PP' sur lequel nous considérons deux points M et M' situés l'un au-dessus de AB, l'autre au-dessus de CD. Si le tube est supposé idéalement prolongé selon ce plan horizontal, les trois éléments μ, M et M', situés sur un même plan horizontal, seront soumis à des pressions égales, d'après le principe de Pascal sur l'hydrostatique. La différence des pressions exercées en M et en m sur le niveau AB, est mesurée par la colonne de liquide

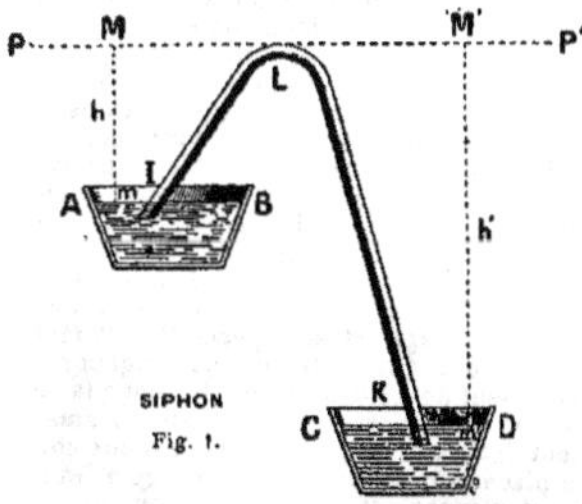

SIPHON
Fig. 1.

$Mm = h$. Ce qui veut dire que M étant située à une hauteur h au-dessus de m, reçoit la même pression m, mais diminuée de h. Or en m s'exerce la pression atmosphérique H, évaluée en colonne du liquide. Si celui-ci est du mercure, H = 76 centimètres. Si c'est de l'eau, H = 0,76 × 13,59 = un peu plus de 10 mètres. La pression en M est donc (1) H — h, et elle se transmet en μ dans le sens de M vers M'. D'une manière analogue, on trouve que la pression en M' est égale à (2) H — h', et elle se transmet en μ dans le sens de P' vers P. Or nous supposons le niveau CD situé plus bas que le niveau AB ; donc h', distance de CD au plan horizontal PP', est plus grand que h, distance de AB au même plan horizontal. Ainsi h' est plus grand que h ; par suite, H — h est plus grand que H — h'. La force qui s'exerce sur μ, venant du côté de M, est plus grande que celle qui s'exerce sur μ, venant du côté de M' : donc μ marchera vers M', c'est-à-dire se dirigera vers le niveau situé le plus bas. Le résultat serait le même si la grande branche s'ouvrait librement dans l'atmosphère ; il suffirait que le liquide eût été amené dans la branche LK au-dessous du niveau du vase AB, c'est-à-dire que le siphon ait été amorcé. Si le liquide à transvaser est de l'eau, du vin, ou, en général, un liquide non dangereux, on amorce le siphon, en aspirant avec la bouche, par l'extrémité ouverte K, une partie de l'air qu'il contient. L'eau monte alors dans la branche IL et passe de là dans la branche LK. Ce procédé serait dangereux s'il s'agissait de liquides nuisibles, tels que les acides concentrés ; dans ce cas, on emploie un siphon qui porte, communiquant avec la grande branche, une branche parallèle, partant du bas r (fig. 2) et se dirigeant vers le haut, où l'ouverture libre o est précédée d'une ampoule. Par cette ouverture libre, on aspire l'air du tube avec la bouche, mais le plus souvent on fait le vide au moyen d'une petite pompe aspirante, tout en fermant l'extrémité K. Quand le liquide atteint le point r, le siphon est amorcé, et l'écoulement continue aussi longtemps que le niveau dans le vase supérieur est plus élevé que le point d'insertion r du tube latéral.

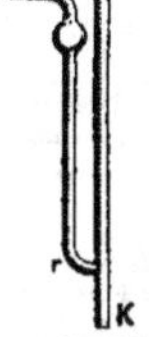

SIPHON
Fig. 2.

Le siphon est susceptible d'un grand nombre d'applications. La disposition qu'on lui donne dans le *vase de Tantale* (fig. 3) permet d'obtenir, dans certaines circonstances, des écoulements intermittents. Ce vase est un verre à pied, percé d'une ouverture à sa partie inférieure, C, et contenant un siphon dont la grande branche est assujettie dans un bouchon qui ferme cette ouverture. Lors qu'on verse de l'eau dans le vase, elle pénètre dans la branche de gauche, où son niveau est d'abord sur le même plan horizontal que dans le vase ; puis, au moment

SIPHON
Fig. 3.

où le niveau extérieur atteint le sommet B de la courbure, l'eau passe dans la branche de droite qu'elle remplit immédiatement dans toute sa longueur. Le siphon une fois amorcé, l'écoulement continue jusqu'à ce que le niveau MN de l'eau se soit abaissé au-dessous de l'extrémité de la petite branche.

Indépendamment de son emploi au transvasement de petites masses liquides, le siphon est utilisé, dans la construction des aqueducs, pour maintenir des niveaux constants dans les réservoirs contenant l'eau emmagasinée pour les irrigations, etc. Les Maures d'Espagne, très experts dans l'aménagement des eaux destinées aux irrigations, se servaient de *siphons renversés* pour faire traverser une vallée à un ruisseau. Ils amenaient l'eau à la partie supérieure d'une colline placée sur le bord de la vallée à franchir et y plaçaient l'orifice d'amont du siphon. Celui-ci, disposé dans un plan perpendiculaire à la direction de la vallée, descendait vers le thalweg et remontait la pente de la colline opposée. Les constructeurs s'arrangeaient toujours de manière à ce que le bout d'aval du siphon fût à une altitude moindre que son extrémité d'amont.

C'est ainsi que, à Paris, le grand égout collecteur traverse la Seine en amont du pont de l'Alma dans un siphon composé de deux tuyaux en tôle de 2 centimètres d'épaisseur, d'un diamètre intérieur d'un mètre et d'une longueur de 176 mètres. Ces tubes sont enveloppés dans une couche de béton de $2^m,30$ d'épaisseur.

Pour établir un niveau constant dans un petit bassin on a ordinairement recours à un déversoir dont l'ouverture est placée juste à la hauteur du niveau que l'on veut obtenir; mais ce tuyau et la grille qui l'enveloppe sont le plus souvent enveloppés de feuilles mortes, etc., qui empêchent l'eau de s'échapper. On remédie à cet inconvénient de la manière suivante.

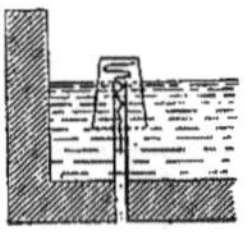

SIPHON
Fig. 4.

Lorsque le tuyau d'écoulement est vertical, comme le montre la fig. 4, on le coiffe d'un simple pot de fleur dont on bouche le petit trou. Ce pot, maintenu au moyen d'un fil de fer replié sur lui-même et dont l'une des branches est engagée dans le tuyau d'enroulement, forme avec le tuyau un siphon qui fonctionne automatiquement et va puiser l'eau, non à la surface, mais dans les couches profondes. Lorsque l'orifice du déversoir est horizontal et placé sur le côté du bassin, on remplace le pot de fleur par une boîte en zinc rectangulaire dont deux faces ont été enlevées. La fig. 5 montre la disposition adoptée. Dans les travaux d'irrigation on a eu recours, pour établir un niveau constant dans le bassin, à un siphon s'amorçant lui-même et construit de la manière suivante.

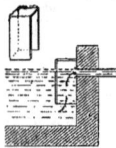

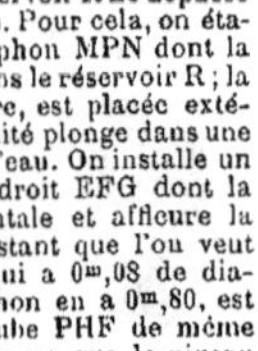

SIPHON
Fig. 5.

Supposons que l'on veuille que le niveau de l'eau contenue dans le réservoir R ne dépasse jamais la ligne AB (fig. 6). Pour cela, on établit au bout d'aval un siphon MPN dont la petite branche plonge dans le réservoir R; la plus grande, au contraire, est placée extérieurement et son extrémité plonge dans une cuvette toujours pleine d'eau. On installe un tube recourbé à angle droit EFG dont la branche EF est horizontale et affleure la ligne AB du niveau constant que l'on veut obtenir. Ce petit tube, qui a $0^m,08$ de diamètre tandis que le siphon en a $0^m,80$, est relié au siphon par un tube PHF de même diamètre que lui. Imaginons que le niveau de l'eau du réservoir vienne à monter et à atteindre la ligne CD. Aussitôt le tube EFG étant submergé, l'eau s'échappera par son orifice; mais en même temps cette eau entraînera l'air contenu dans le tube PHF et, par suite, l'air contenu dans la branche MP du siphon. Un vide se produira, l'eau montera dans MP et amorcera le siphon. Dès que le niveau sera revenu à un niveau un

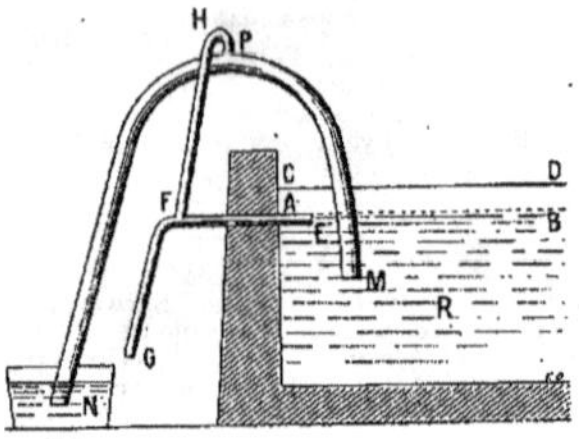

SIPHON
Fig. 6.

peu inférieur à AB, l'air s'introduira dans le tube EF, de là dans FHP, et par suite dans le siphon, qui cessera alors d'être amorcé. Le même phénomène se reproduira dès que l'extrémité E plongera de nouveau dans l'eau. || Appareil en forme de cuvette ou de tube recourbé en U, placé sur le parcours d'une conduite d'eau ménagère pour intercepter les mauvaises odeurs de l'égout. || Tubes situés à la partie postérieure du corps de certains mollusques et faisant communiquer les organes respiratoires avec l'air extérieur. (V. *Mollusque*, t. II, p. 629, col. 3.) — **Dér.** *Siphonnement.* — **Comp.** *Siphoïde, siphonophore.*

***SIPHONNEMENT** (*siphon* + sfx. *ment*), *sm.* Action du siphon.

***SIPHONOPHORE** (g. σίφων, siphon + φορός, qui porte), *adj.* 2 *g.* et *sm.* Ordre d'animaux marins de l'embranchement des Rayonnés et de la classe des Hydroméduses. Ce sont des animaux marins dont le corps possède un grand nombre de filaments urticants qui s'enroulent autour de leur proie, la paralysent et la retiennent jusqu'à ce qu'elle soit digérée, donnant ainsi un exemple de digestion extérieure qui a quelque analogie avec le même phénomène chez les plantes carnivores. Certaines espèces, comme les physophores et les physales, sont communes dans la Méditerranée. Il faut avoir soin d'éviter leur contact, car elles produisent des douleurs intolérables.

SIRAC, 3 438 mètres. Montagne des Basses-Alpes.

SIR-DARIA ou **SIHOUN,** 1 600 kilom. L'ancien Iaxarte, fleuve d'Asie, qui prend sa source à la jonction des monts Thian-Chian et Bolor, arrose Khokand et Khodjend, dans le Turkestan, et se jette dans la mer d'Aral.

SIRE (vx fr. *sinre*: du l. *seniorem*, plus vieux), *sm.* Titre que l'on donnait aux seigneurs dans le moyen âge. || Titre qu'on donne aujourd'hui aux empereurs et aux rois. || Terme de dénigrement : *Un pauvre sire,* un homme sans considération, sans capacité.

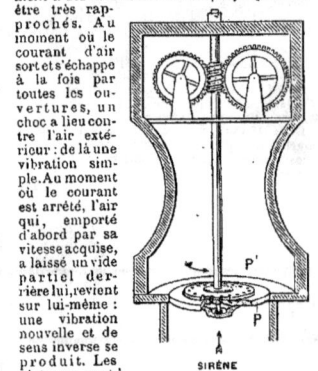

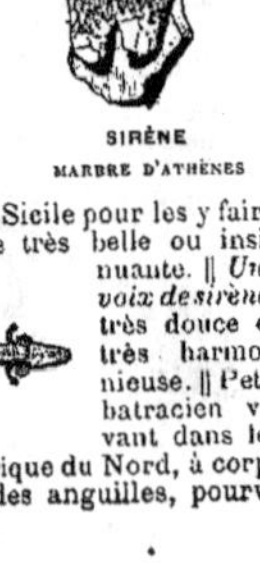

SIRÈNE
MARBRE D'ATHÈNES

SIRÈNE (l. *sirena*), *sf.* Être fabuleux, moitié femme et moitié poisson qui par la douceur de son chant attirait les voyageurs sur les écueils du détroit de Sicile pour les y faire périr. — Fig. Femme très belle ou insinuante. || *Une voix de sirène,* très douce et très harmonieuse. || Petit batracien vivant dans les eaux douces de l'Amérique du Nord, à corps allongé comme celui des anguilles, pourvu de deux pieds par devant, et respirant à la fois par des branchies et des poumons. || Appareil destiné à compter le nombre de vibrations qui correspondent à des sons de hauteurs déterminées. Il se compose de deux plateaux circulaires P,P', presque en contact l'un avec l'autre, et dont les axes se confondent. Chacun d'eux est percé d'un même nombre de trous équidistants, distribués sur une circonférence de même rayon, dont le centre est sur l'axe commun. Le plateau fixe, P, forme le fond supérieur d'une boîte dans laquelle on insuffle de l'air au moyen d'un tube qui s'y trouve adapté. La plateau P', soutenu par un pivot, est mobile autour de son axe. L'air insufflé passe par les ouvertures pratiquées au fond P de la boîte et vient choquer l'air extérieur, quand les trous des deux plateaux se correspondent. Au contraire, cet air reste emprisonné dans la boîte, quand les ouvertures de l'un et de l'autre plateau ne sont pas en regard. Le plateau mobile vient-il à être mis en rotation, ces deux phénomènes ont lieu successivement à des intervalles de temps qui peuvent être très rapprochés. Au moment où le courant d'air sort et s'échappe à la fois par toutes les ouvertures, un choc a lieu contre l'air extérieur : de là une vibration simple. Au moment où le courant est arrêté, l'air qui, emporté d'abord par sa vitesse acquise, a laissé un vide partiel derrière lui, revient sur lui-même : une vibration nouvelle et de sens inverse se produit. Les plateaux sont-ils percés de dix ouvertures, à chaque tour du plateau mobile dix coïncidences et dix interruptions se succèdent; et, en somme, vingt vibrations simples se sont produites et propagées dans l'air extérieur. Le procédé employé pour faire tourner le plateau mobile est des plus ingénieux. Cagniard de Latour a utilisé le vent même qui sert à produire le son. A cet effet, les orifices ne sont pas perpendiculaires aux plateaux; pour le plateau fixe, ils sont inclinés dans un sens; pour le plateau mobile, en sens contraire. Leur direction est cependant toujours perpendiculaire aux rayons de la circonférence sur laquelle ils sont distribués. L'air qui sort de l'un des orifices du plateau fixe frappe les parois intérieures de l'orifice correspondant du plateau mobile, détermine son mouvement d'abord, et l'accélère ensuite jusqu'à ce que, en raison des frottements, ce mouvement devienne uniforme pour une pression donnée de l'air insufflé. Selon que l'on chasse l'air avec une pression plus ou moins grande, on obtient une rotation dont la rapidité peut être amenée progressivement à la valeur convenable pour que le son acquière l'acuité que l'on désire. Le son étant obtenu, il faut compter le nombre de vibrations qui lui correspond. Ce compte sera fait, si on détermine le nombre de tours que le plateau effectue par seconde. Autant de tours, autant de fois vingt vibrations quand les plateaux auront chacun dix trous. Un appareil, que l'on nomme le *compteur*, est disposé pour cet usage. || Appareil sonore très puissant, actionné par la vapeur ou par l'air comprimé et servant sur les côtes ou à bord des navires pour appeler l'attention des navigateurs par les temps de brume.

SIRÈNE

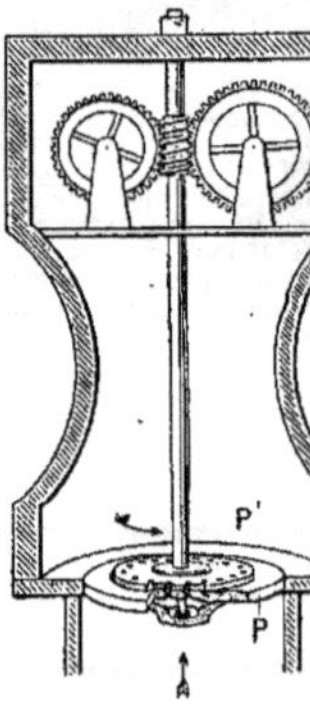

SIRÈNE

SIREY (J.-B.) (1762-1845). Jurisconsulte français, auteur d'un Recueil général de lois et arrêts en matière civile depuis 1800.

SIRIUS (l. *sirius*), *sf.* Une des dix-sept

étoiles de première grandeur comptées dans les deux hémisphères. Cette étoile fait partie de la constellation du Grand Chien, où elle est inscrite sous la lettre α. Son éclat est très vif; c'est la plus brillante étoile du ciel. En prenant pour terme de comparaison la lumière de Sirius, on trouve que la lumière de la Chèvre vaut un peu moins de la moitié de celle de Sirius; Procyon, 1/3; β du Taureau 1/9, etc. On a trouvé les rapports suivants entre les intensités de différentes étoiles, en prenant Wéga, ou α de la Lyre pour terme de comparaison : Sirius, 513; Rigel, 130; Wéga, 100; Arcturus, 84; La Chèvre, 83; Procyon, 71; l'Epi ou α de la Vierge, 49; Altaïr, 40; Aldébaran, 36; Dénébola, 35; Régulus, 34; Pollux, 30. Des intensités relatives du Soleil et de Sirius, il résulte, d'après Wollaston, qu'il faudrait 20 000 millions d'étoiles semblables à Sirius pour répandre sur la Terre une lumière égale à celle que nous recevons du Soleil.

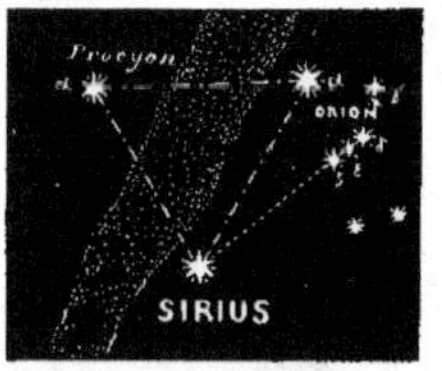

SIRIUS

Le diamètre de Sirius, l'étoile la plus brillante, est, d'après Arago, inférieur à 1/50e de seconde. La parallaxe de Sirius a été trouvée égale à 0'',15. Sa distance à la Terre serait de 1 373 000 fois le rayon de l'orbite terrestre, ou bien environ 52 174 000 *millions* de lieues. Sa lumière arriverait à la Terre en 22 ans environ. La blancheur de Sirius frappe tous les yeux; cette étoile a été pourtant classée par les anciens comme rougeâtre. Il semble qu'avec le temps certaines étoiles changent de couleur.

SIRMIUM, ancienne ville de Pannonie, sur la Save, boulevard des Romains pour la défense du Danube, détruite sans doute par les Avares au VIe siècle.

SIROCO ou **SIROC** (ital. *scirocco*; ar. *charqui*, oriental), *sm*. Vent très chaud et très sec du S.-E. qui souffle sur la Méditerranée et exerce en Italie une influence pernicieuse sur les hommes et les plantes.

SIROP (ital. *siroppo*; ar. *charab*, boisson), *sm*. Liquide visqueux, médicamenteux ou rafraîchissant qu'on obtient en faisant dissoudre à chaud du sucre très blanc dans l'eau, un jus de fruit, un suc, une infusion, une décoction, une eau distillée de plante, etc.— **Préparation de quelques sirops.** *Sirop de sucre* ou *sirop simple*, ne contenant que de l'eau et du sucre : sucre 960 grammes, eau 500 grammes. On le clarifie en mettant dans la liqueur bouillante un blanc d'œuf délayé dans un verre d'eau, puis on passe au blanchet. — *Sirop de gomme* : Après avoir dissous 500 grammes de gomme arabique dans 750 grammes d'eau froide et avoir passé au blanchet on ajoute : 5 000 grammes de sirop simple chaud. — *Sirop de groseilles framboisé :* On écrase sur un tamis 3 kilogrammes de groseilles, 500 grammes de framboises et 500 grammes de cerises acides; le jus, recueilli dans une terrine, est déposé à la cave jusqu'à ce qu'il se soit formé une gelée au fond du vase. On filtre le liquide surnageant et on le fait bouillir dans une bassine avec le double de son poids de sucre. On procède de même pour avoir les *sirops de coings* et de *grenades*, en remarquant que les coings doivent être râpés. — *Sirop d'orgeat :* Faites un lait d'amandes en pilant dans un mortier 75 grammes d'amandes amères, 250 grammes d'amandes douces et ajoutant par petites parties 812 grammes d'eau; passez au blanchet; faites chauffer au bain-marie avec 1 500 grammes de sucre finement concassé, enfin additionnez de 40 grammes d'eau de fleurs d'oranger et conservez à la cave dans des bouteilles renversées. — *Sirop de violettes :* Faites infuser, pendant 12 heures, 250 grammes de pétales de violettes dans 1 500 grammes d'eau bouillante contenue dans un *vase d'étain* fermé; passez l'infusion et ajoutez-y le double de son poids de sucre et chauffez au bain-marie. Préparez de même le *sirop de capillaire* du Canada en remplaçant le vase d'étain par un vase en porcelaine. || *Sirop de raisin*, le glucose. || Dans les sucreries on appelle *sirop* le jus déjà concentré de la canne ou de la betterave. — **Dér.** *Sirupeux, sirupeuse, siroter.*

SIROTER (*sirop*), *vt.* et *vi.* Boire avec plaisir à petits coups et longtemps.

SIRTES. (V. *Syrtes*.)

SIRUPEUX, EUSE (*sirop*), *adj.* Qui est de la nature ou de la consistance du sirop.

SIRVEN (1709-1775), protestant français célèbre par les persécutions dont il fut l'objet.

SIRVENTE [sir-van-te] (prov. *sirvente*, servir), *sm.* Pièce de poésie ordinairement satirique divisée en strophes et composée par un troubadour ou un trouvère.

SIS, SISE, *pp.* de *seoir 1*, situé : *Maison sise à la campagne.*

SISARA, général de Jabin, roi des Cananéens, fut tué pendant son sommeil par la Juive Jahel, qui lui enfonça un clou dans la tête.

***SISMIQUE** (g. σεισμός, succession). Qui a rapport aux tremblements de terre et aux ébranlements qu'ils produisent. — **Gr.** Il ne faut pas écrire *séismique*; ει grec donne *i* en français. — **Comp.** *Sismographe.*

SISMOGRAPHE (g. σεισμός + γράφειν), *sm.* Instrument qui sert à mesurer l'intensité des secousses produites par les tremblements de terre.

SISMONDI (SISMONDE DE) (1773-1842). Célèbre historien et économiste, né à Genève, d'une famille italienne, a écrit en français l'*Histoire des Républiques Italiennes*, une grande *Histoire des Français* d'une immense érudition, et plusieurs ouvrages importants d'économie politique.

SISON

SISON (g. σίσων), *sm.* Genre de plantes dicotylédones de la famille des Ombellifères, auquel appartient le *sison amome*, dont les fruits sont stomachiques, diurétiques et carminatifs.

SISSONNE, 1 527 hab. Ch.-l. de cant., arr. de Laon (Aisne). Filature de laine.

SISTERON, 3 864 hab. Ch-l. d'arr., s.-préf. (Basses-Alpes), au confluent de la Durance et du Buech, à 740 kilomètres de Paris; ancien évêché; ancienne place de guerre, citadelle; ancien pont, église Notre-Dame du XIe siècle; filatures de cocons.

SISTEWA, 23 000 hab. Ville forte de la Bulgarie, sur la rive droite du Danube.

SISTRE (l. *sistrum*, du g. σείειν, agiter), *sm.* Instrument de musique militaire et sacrée des anciens Égyptiens, consistant en un cercle de métal traversé par des baguettes vibrantes et dont on tirait des sons en l'agitant. || Sorte d'ancienne guitare.

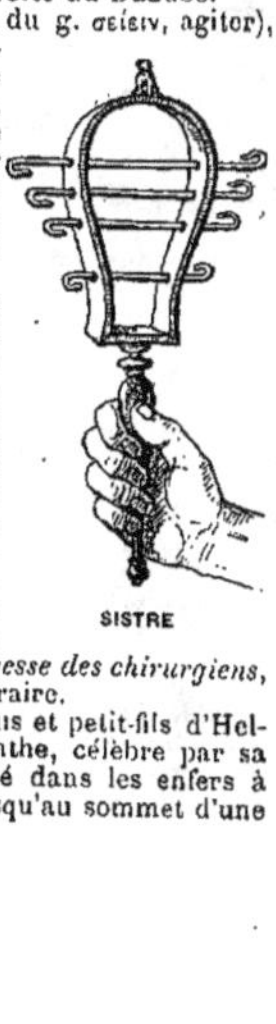
SISTRE

SISYGAMBIS, mère de Darius Codoman, qui se laissa mourir de faim à la mort d'Alexandre.

SISYMBRE (l. *sisymbrium*), *sm.* Genre de plantes dicotylédones de la famille des Crucifères auquel appartiennent le *sisymbre officinal*, ou *herbe au chantre*, employé pour dissiper l'enrouement, et le *sisymbre sagesse*, ou *sagesse des chirurgiens*, considéré comme vulnéraire.

SISYPHE, fils d'Eolus et petit-fils d'Hellen, fondateur de Corinthe, célèbre par sa fourberie; fut condamné dans les enfers à rouler éternellement jusqu'au sommet d'une montagne un rocher qui retombait toujours. (Myth.). — Fig. *Un travail de Sisyphe*, qu'il faut recommencer sans cesse.

SITE (l. *situm*), *sm.* Portion de paysage causant une impression toute spéciale : *Un site sauvage.* — **Dér.** *Situer, situé, située, situation.*

SITÔT (*si* + *tôt*), *adv.* Si promptement. — SITÔT QUE, *loc. conj.* Dès que.

***SITTELLE** ou **SITTÈLE** (bl. *sitta* : de *situla*, seau, vase), *sf.* Genre d'oiseau de l'ordre des Passereaux dont le bec droit est terminé par une pointe très fine. La mandibule supérieure est droite, tandis que l'inférieure est convexe; les narines sont arrondies et recouvertes par des poils dont la pointe se porte en avant. Le pied a trois doigts dirigés en avant, et un en arrière; ce dernier est large, fort et bien onglé. La seule espèce indigène est la *sittelle torche-pot*, qui se construit un nid dans le genre de celui des hirondelles. Néanmoins elle préfère aménager le trou fait dans le tronc d'un vieil arbre par les pics. Elle le tapisse de terre, et en rétrécit l'ouverture à sa convenance. Si elle ne trouve pas de trou à son gré, elle en fait un elle-même, et alors elle s'arrange de manière à ne pas être obligée d'en diminuer l'entrée avec de la terre. C'est là que la femelle pond de 5 à 7 œufs grisâtres parsemés de petites taches rouges. La sittelle, dont le plumage est généralement foncé, est un oiseau grimpeur se nourrissant d'insectes perce-bois; elle aime passionnément le suif et la graisse des cadavres. L'été, elle habite les bois, les buissons; en hiver, elle se rapproche des habitations. Les sittelles ne sont pas des oiseaux migrateurs; elles vivent généralement où elles sont nées. On les rencontre dans presque toute l'Europe. On en connaît un assez grand nombre d'espèces, telles que la *sittelle syriaque*, qui vit sur les rochers et que l'on rencontre en Dalmatie, en Syrie et dans le Levant; la *sittelle soyeuse* du Caucase et de la Sibérie. L'Amérique en possède aussi. Parmi elles nous citerons : la *sittelle à tête noire*, de l'Amérique septentrionale; la *sittelle voilée*, la *sittelle naine*, etc. La Nouvelle-Hollande nourrit la *sittelle aux ailes dorées*.

SITTELLE

SITUATION (*situer*), *sf.* Manière dont une chose est placée : *La situation d'une ville.* || Posture : *Une situation incommode.* — **Fig.** Disposition de l'âme : *Être dans une situation bienveillante.* || Condition sociale, économique : *Il a une belle situation.* || État général des affaires : *La situation générale est tendue.* || Endroit émouvant d'une pièce de théâtre, d'un roman : *Une situation pathétique.* || État d'une caisse, d'un approvisionnement : *On vérifia la situation de sa caisse.* — **Syn.** L'*assiette* d'une ville, d'un monument, etc., est l'endroit même où cette ville, ce monument sont placés; la *situation* est non seulement l'endroit où une chose se trouve placée, mais comprend encore les environs; il y a dans le mot *situation* une idée de subordination qui n'existe pas dans *assiette*. La *position* est la manière d'être générale d'une chose, et rappelle une idée d'orientation.

SITUÉ, ÉE (*situer*), *adj.* Placé d'une certaine manière, dans une certaine exposition. *Maison bien située.*

SITUER (du l. *situs*, site), *vt.* Placer d'une certaine manière, à une certaine exposition : *On a bien situé ce château.*

***SIUM** [si-o-me] (ml.), *sm.* Genre de plantes ombellifères auquel appartiennent la *berle* et le *chervis*.

SIVA (scr. *Çiva*). L'un des dieux de la trinité hindoue, représenté quelquefois avec une tête seulement et deux bras armés d'un trident; d'autres fois il a cinq yeux, une tête et quatre bras. Le culte de *Siva* a dû dominer autrefois dans le Sud de l'Inde, où il y est encore très répandu. Il s'est étendu vers le Nord et aujourd'hui il est très en honneur dans l'Inde.

SIVAN ou **SEVANGA**, lac de Russie, tributaire de l'Aras.

SIVASCH, série de lagunes fangeuses qui occupent l'isthme de Pérékop en Crimée, et la partie occidentale de la mer d'Azov, dont elles sont séparées par la flèche d'Arabat. C'est le Palus Méotide des anciens; aujourd'hui on y exploite de vastes marais salants.

SIVEL (1835-1875). Aéronaute français qui, s'étant élevé avec G. Tissandier et Crocé-Spinelli à une hauteur de 8600 mètres, succomba avec ce dernier à la raréfaction de l'air le 15 avril 1875.

SIVORI (Ernest-Camille). Célèbre violoniste, né à Gênes en 1815, élève de Paganini. Il a écrit plusieurs morceaux pour son instrument. Les plus connus sont ses *Fantaisies sur le* Pirate, *la* Sonnambula, Norma, etc.

SIWALIK (monts), collines voisines de l'Himâlaya. Ils sont formés de couches tertiaires qui présentent le même phénomène que la mollasse alpine, c'est-à-dire celui d'un axe anticlinal dont le versant N. vient plonger dans la grande chaîne.

SIX (l. *sex*), *adj. num. 2 g.* Deux fois trois: *Six francs.* ‖ Sixième: *Page six.* ‖ *Le six du mois,* le sixième jour du mois. — *Sm.* Le nombre qui est formé de six unités. ‖ Le chiffre qui représente ce nombre (6): *Un six mal fait.* ‖ Carte, face d'un dé à jouer marquée de six points: *Il a amené le six.* — **Dér.** *Sixain* ou *sizain, sixième, sixièmement, sixte, sizette.* — **Comp.** *Six-blancs, Sixte-Quint,* et tous les mots composés dans lesquels entre le nombre *six.*

SIXAIN [si-zin] ou **SIZAIN** (*six*), *sm.* Petite pièce de poésie composée de six vers. ‖ Paquet de six jeux de cartes, de six choses semblables.

***SIX-BLANCS** (*six* + *blanc*), *sm.* Ancienne monnaie de cuivre qui valait deux sous et demi.

SIXIÈME [si-zi-ième] (*six* + sfx. *ième*), *adj. num. ord.* Qui occupe le rang indiqué par le nombre 6: *La sixième année.* — *Sm.* La sixième partie d'un tout: *Hériter d'un sixième.* ‖ Le sixième jour d'un mois, d'une période: *Le sixième de la lune.* — *Sf.* Au piquet six cartes de la même couleur qui se suivent. On dit plutôt *seizième.* ‖ La classe d'un lycée qui occupe le sixième rang au-dessous de la rhétorique: *Faire sa sixième.* ‖ L'ensemble des élèves de cette classe.

SIXIÈMEMENT (*sixième* + sfx. *ment*), *adv.* En sixième lieu.

SIXTE (l. *sexta,* sixième), *sf.* Intervalle de musique immédiatement supérieur à la quinte et formé par deux notes de la gamme entre lesquelles il y en a quatre autres: Ex.: *Ut la.* ‖ *Sixte majeure,* comprenant neuf demi-tons ou 4 tons et un demi-ton. ‖ *Sixte mineure,* comprenant huit demi-tons ou 3 tons et deux demi-tons.

SIXTE, nom de cinq papes parmi lesquels: Sixte IV (François de la Rovère) (1471-1484), oncle de Jules II, adversaire des Médicis. — Sixte V ou Sixte-Quint (Félix Peretti) (1521-1590), qui fut porcher dans son enfance, puis cordelier. Élu pape en 1585, il se signala par sa vigueur, réprima le brigandage, réforma l'administration, encouragea les lettres et le commerce et se prononça en faveur de la Ligue contre Henri IV.

***SIZERIN** (bas all. *zieske*: de l'all. *zeisig*), *sm.* Nom vulgaire de la *linotte sizerin* (V. *Linotte,* tome II, page 343), qui habite le nord de l'Europe et ne vient chez nous que vers la Toussaint, chassée par le froid. On la connaît encore sous les noms de *petite linotte* et de *serin de Lorraine.*

***SIZETTE** (*six*), *sf.* Jeu de cartes, qui se joue à six personnes dont chacune à six cartes.

SIZUN, 3808 hab. Ch.-l. de c., arr. de Morlaix (Finistère); fabrique de toile.

SKAGEN (cap), la pointe septentrionale du Jutland, entre le Skager-Rack et le Cattegat.

SKAGER-RACK ou **SKAGERACK**, bras de mer qui sépare le Jutland de la Norvège, et fait communiquer la Baltique avec la mer du Nord.

SKALITZ, 7000 hab. Ville de Hongrie sur la Marsch. Draps, lainages, marbres.

SKARABORG, 253530 hab., 8561 kilom. carrés. Division administrative de la Suède (Gothie).

***SKATING-PALACE** [skai-tin-gne-pa-le-ce] (ang. *skating,* patinage + *palace,* palais), *sm.* Établissement où l'on patine.

***SKATING** [skai-tin-gne] (ang. *skate,* patin), *sm.* Ligne que l'on trace en patinant. ‖ Patinage.

***SKATING-RINK** [skai-tin-gne-rin-que] (ang. *skating,* patinage + *rink,* cercle), *sm.* Cercle de patineur. On dit aussi *skating-palace.*

SKIATHO, 7000 hab. Ile grecque de l'Archipel, au N.-E. de Négrepont. Ch.-l. *Skiatho.*

SKIDDAW, localité du Cumberland (Angleterre) qui a donné son nom à un des étages des schistes siluriens immédiatement supérieur aux couches d'Azenig.

SKOBELEFF (Michel de) (1845-1882). Général russe, surnommé par les Turcs le *Pacha Blanc,* et apparenté par sa mère aux familles descendantes du prince de Beauharnais (duc de Leuchtenberg). Parti en volontaire, comme général-major, à la suite du général Dragomiroff (1877), il fit traverser le Danube à la nage par le 4e dragons; puis, mis à la tête d'une division, il emporta d'assaut Lortcha, enleva la montagne Verte devant Plewna, où il pénétra par une embrasure; enfin, franchissant audacieusement les Balkhans avec trois régiments d'infanterie, il surprit, au défilé de Schipka, l'armée turque, qui capitula (1878). L'année suivante, chargé de la seconde expédition du Turkestan, il terrifia par sa fougue les Tekkés, qui l'appelaient « les Yeux-Sanglants », et, en janvier 1881, enleva l'*aoul* de Géok-Tépé, dernier centre de résistance du Khokand: 12 mois de préparatifs, 2 mois d'opérations, la croix si glorieuse de commandeur de Saint-Georges pour le vainqueur, tels furent les résultats de cette expédition. Skobeleff avait assisté à 22 combats. Esprit très actif, il lisait beaucoup, annotait, écrivait encore plus, et connaissait presque toutes les langues de l'Europe, ainsi que toute la littérature militaire, tenant en grande estime le génie de Napoléon, inspirateur, suivant lui, des théories de De Moltke. Sa mort, survenue en juin 1882, est restée mystérieuse. Un navire de guerre russe, de premier rang, porte le nom de *Skobeleff.*

*** SKUNK**, *sm.* Nom anglais du genre Moufette. (V. ce mot.) La fourrure de cet animal est assez recherchée.

***SKUPTSCHINA** (mot slave), *sf.* Nom par lequel on désigne l'assemblée nationale en Serbie.

SKYE, 24000 hab. Ile d'Écosse (Hébrides) couverte de pâturages où l'on élève de nombreux troupeaux, et remarquable par ses grottes de basalte; on y trouve du corail, des agates, des topazes, dans le lac Follart et dans plusieurs torrents. Ch.-l. *Portree.*

SLANIC, ville de Roumanie. Salines considérables.

SLATINA. Ville de Roumanie sur l'Aluta.

SLATOUST, 4500 hab. Ville de Russie, gouvernement d'Oufa. Mines d'or et de platine.

SLAVE

SLAVE, *adj. 2 g.* Qualification qu'on applique collectivement aux Russes proprement dits, aux Ruthènes, aux Polonais, aux Slovaques, au gros des populations de la Bohême, de la Moravie, d'une partie de la Lusace, de la Serbie, de la Bosnie, de l'Herzégovine, du Monténégro, d'une partie de la Hongrie méridionale de l'Esclavonie, de la Croatie, de la Dalmatie, de l'Istrie, de la Corinthie, de la Styrie méridionale, de la Carniole et aux Bulgares massés ou disséminés en Turquie. Quoi qu'on en dise, il n'existe pas véritablement de race slave. — *Langues slaves,* toutes les langues parlées par les populations slaves, et qui constituent un rameau de la grande langue indo-européenne. Ce sont: le russe, le ruthène, le polonais, le slovaque, le tchèque, le veude ou sorabe, le serbo-croate, le slovène et le bulgare, auxquels il faut joindre le *slavon ecclésiastique,* qui est une langue morte. — *Smpl.* **Les Slaves**, les habitants des pays slaves. — **Dér.** *Esclave,* etc.; *slavon, slavonne, slovaque, slovène.*

SLAVON, ONNE (*slave*), *adj.* Propre aux Slaves. — *Sm.* Le *slavon* ou *slavon ecclésiastique,* langue slave aujourd'hui morte dans laquelle les frères Cyrille et Méthode traduisirent, au ixe siècle, les Évangiles en faveur des Slaves de Bulgarie et que l'on regardait autrefois à tort comme la mère de toutes les langues slaves.

SLESWIG. (V. *Schleswig.*)

SLIGO, 11000 hab. Port d'Irlande à l'embouchure du Garrow, sur la baie de Sligo. — Comté de Sligo, 183 kilom. carrés.

SLINGENEYER, peintre belge, élève de Wappers.

SLOOP [sloupe] (mot ang., db. de *chaloupe*), *sm.* Petit navire à un seul mât. ‖ *Sloop de guerre,* grande corvette armée de moins de 20 canons.

SLOUTCH, 450 kilom. Riv. de la Russie d'Europe (Podolie), affluent de la Goryne.

***SLOVAQUE** (*slave*), *adj.* et *s. 2 g.* Se dit du peuple slave qui habite la partie N. de la Hongrie. — *Sm.* Langue slave parlée par ce peuple.

***SLOVÈNE** (*slave*), *sm.* Langue slave parlée dans la Styrie méridionale, la Carinthie et la Carniole.

SMALA ou **SMALAH** (ar. *azmala*), *sf.* L'ensemble des tentes et du mobilier d'un puissant chef arabe formant une sorte de capitale mobile: *Les Français prirent le 16 mai 1843 la smala d'Abd-el-Kader.* — Fig. Nombreuse famille.

SMALKALDE, 6000 hab. Ville de Prusse, prov. de Hesse, dans l'ancien Électorat de Hesse, où les princes protestants conclurent, en 1430, une ligue contre Charles-Quint et les États catholiques d'Allemagne.

SMALT (VHA. *smaltjan,* fondre; db. de *émail*), *sm.* Verre coloré en bleu par l'oxyde de cobalt et réduit en poudre, qui sert à azurer le papier, à colorer le verre et l'émail et à passer le linge au bleu. On l'emploie aussi pour peindre à l'huile et pour badigeonner. — **Dér.** *Smaltine.*

SMALTINE (*smalt*), *sf.* Minéral consistant en un arsénio-sulfure de cobalt et servant à la préparation du smalt. Il est d'un blanc d'argent, très brillant, quelquefois légèrement rosé, quelquefois nuancé de gris. Il cristallise dans le système cubique. La smaragdine est plus dure que l'orthose et moins dure que l'apatite. Sa densité est comprise entre 6,0 et 6,1.

SMARAGDIN, INE (l. *smaragdum,* émeraude), *adj.* Vert comme l'émeraude.

***SMARAGDITE** (l. *smaragdum,* émeraude), *sf.* Variété d'amphibole d'un vert d'émeraude.

***SMECTIQUE** (g. σμηκτικός), *adj. 2 g.* Qui sert à dégraisser la laine: *Argile smectique.*

SMERDIS, fils de Cyrus, fut assassiné par ordre de son frère Cambyse. Le faux *Smerdis,* mage qui, pendant l'expédition de Cambyse en Égypte, se fit passer pour le prince précédent, régna en Perse pendant huit mois et fut massacré dès que son imposture eut été découverte (522 av. J.-C.).

***SMILACÉES** (*smilax*), *sfpl.* Famille de plantes monocotylédones voisines des Asparaginées et dont la salsepareille est le type. — **Une Smilacée**, *sf.* Une plante quelconque de la famille des Smilacées.

***SMILAX** (g. σμῖλαξ, if), *sm.* Nom botanique de la salsepareille.

SMILLAGE (*smiller*), *sm.* Action de dégrossir et de dresser des moellons de pierre brute.

SMILLE (ll mouillés) (l. *smila,* scalpel), *sf.* Marteau à deux pointes dont se servent les tailleurs de pierre pour dresser, en les piquant, les parements des moellons. — **Dér.** *Smiller, smillage.*

SMILLER (*smille*), *vt.* Piquer des moellons avec la smille.

SMITH (Adam) (1723-1790). Célèbre professeur de philosophie à l'université de Glascow et économiste écossais, auteur des *Recherches sur la nature et les causes de la richesse des nations,* ouvrage dans lequel il préconise le libre-échange.

SMITH (Joseph) (1805-1844). Fondateur de la secte des Mormons.

SMITH (Sidney) (1764-1840). Amiral anglais qui fut chargé, en 1793, d'incendier la flotte française dans le port de Toulon; défendit avec succès Saint-Jean-d'Acre assiégé par Bonaparte en 1799, et signa, en 1800, avec Kléber la convention d'El-Arisch, qui stipulait l'évacuation de l'Égypte par les Français.

SMITHSONITE (*Smithson*, nom d'homme), *sf.* (V. *Calamine.*)

SMOLENSK, 24000 hab. Ville de Russie sur le Dniéper, au croisement des chemins de fer de Varsovie à Moscou et de Riga à Aral. Incendiée en 1812; grand commerce de bois et de grains; chef-lieu du gouvernement de même nom.

SMYRNE, 150000 hab. Ville de l'Asie Mineure et port sur l'Archipel, dans une campagne délicieuse; l'un des principaux entrepôts du commerce du Levant; exportation de soie, laine, coton, mousseline, tapis, blé, raisin, figues, noix de galle, drogues. (A la Turquie.)

SMYRNE (Golfe de). Bras de mer creusé sur les côtes de l'Asie Mineure par l'Archipel, et au fond duquel s'élève Smyrne.

SNIATYN, ville de Gallicie (Autriche), sur le Pruth.

SNOWDON, 1185 mètres. Massif montagneux du pays de Galles (Angleterre), dans le comté de Carnavon.

SNYDERS ou **SNEYDERS** (Franz) (1579-1657). Peintre hollandais, né à Anvers, auteur de tableaux représentant des combats d'animaux, des batailles, du gibier, des cuisines, etc.

SOBIESKI (Jean) (1624-1696). Grand homme de guerre élu roi de Pologne en 1674, remporta de brillantes victoires sur les Turcs et délivra Vienne assiégée par eux en 1683. Malheureusement il ne put étouffer l'anarchie qui déchirait son royaume.

SOBRAL, ville de la province de Ceara (Brésil). Mines d'or et d'améthyste.

SOBRE (l. *sobrium*), *adj. 2 g.* Modéré dans le boire et dans le manger : *Homme sobre.* — Fig. Réservé dans l'usage de certaines choses : *Sobre de paroles.* — **Dér.** *Sobrement, sobriété.*

SOBREMENT (*sobre* + sfx. *ment*), *adv.* Avec sobriété : *Vivre sobrement.* — Fig. Avec réserve, retenue : *User sobrement d'une chose.*

SOBRIÉTÉ (l. *sobrietatem*), *sf.* Modération dans le boire et dans le manger. — Fig. Modération, réserve en toute autre chose : *La sobriété du style.*

SOBRIQUET (vx fr. *soubzbriquez* : de l'it. *sottobecchetto*), *sm.* Surnom donné à une personne par allusion à quelque défaut, à quelque singularité du corps ou de l'esprit : *Un sobriquet injurieux.*

SOC (gaél. *soc*), *sm.* Fer coupant et de forme triangulaire qui est la pièce principale d'une charrue, et sert à soulever la terre après qu'elle a été coupée verticalement par le coutre. — **Hom.** *Soque.*

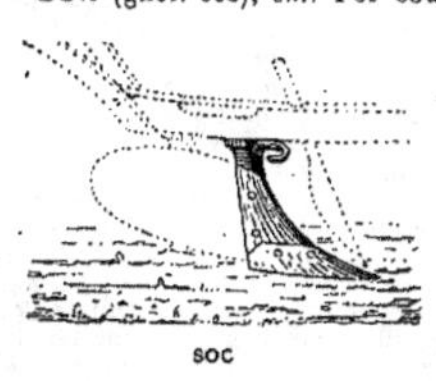

SOC

SOCCIA, 685 hab. Ch.-l. de c., arr. d'Ajaccio (Corse).

SOCIABILITÉ (*sociable*), *sf.* Instinct qui porte les hommes et certains animaux à vivre en société avec leurs semblables : *La sociabilité du castor.* ‖ Adresse à se conduire dans le monde : *On vante sa sociabilité.*

SOCIABLE (l. *sociabilem*), *adj. 2 g.* Qui est naturellement porté à rechercher la société de ses semblables : *L'homme est sociable.* ‖ Avec qui il est aisé de vivre : *Homme sociable.* ‖ Qui rend aisées les relations sociales : *Mœurs sociables.*

SOCIABLEMENT (*sociable* + sfx. *ment*), *adv.* D'une manière sociable.

SOCIAL, ALE (l. *socialem* : de *socius*, compagnon), *adj.* Qui concerne la société : *La vie sociale.* ‖ Qui rend la société plus forte, plus agréable : *La modération est une vertu sociale.* ‖ Qui tend au progrès, au bien-être du peuple, abstraction faite de la forme du gouvernement : *Réforme sociale.* ‖ Qui appartient, qui incombe à une société de commerce : *Les fonds, les engagements sociaux.* ‖ *La raison sociale d'une société de commerce,* l'ensemble des noms des associés qui représentent cette société aux yeux de la loi et du public : *La raison sociale Bertin et Cie.* ‖ *Plantes sociales,* celles dont les individus croissent en grand nombre les uns à côté des autres. Ex. : Les bruyères, les orties. ‖ *Guerre sociale.* (V. *Guerre.*) — **Dér.** *Socialement, socialiste, sociable, sociabilité, sociétaire.* — **Comp.** *Associer,* etc.; *dissocier,* etc.; *insociable, insociablement, insociabilité, sociologie, sociologique.*

SOCIALEMENT (*sociale* + sfx. *ment*), *adv.* Dans l'ordre social. ‖ Par rapport à la société.

SOCIALISME (*social*), *sm.* Doctrine qui a pour but de réformer la société d'après un plan préconçu : *Le communisme est une sorte de socialisme.* (Néol.)

SOCIALISTE (*social*), *adj. 2 g.* Qui a rapport au socialisme : *Les doctrines socialistes.* — S. *2 g.* Personne qui a embrassé une doctrine socialiste.

SOCIÉTAIRE (*société*), *adj.* et *s. 2 g.* Qui est membre d'une société : *Les sociétaires d'une compagnie d'assurance.*

SOCIÉTÉ (l. *societatem*), *sf.* Collection d'hommes ayant les mêmes lois, les mêmes mœurs, le même langage et vivant fréquemment en rapport les uns avec les autres : *La société romaine.* ‖ Collection d'animaux qui vivent en commun : *Une société d'abeilles, de fourmis.* ‖ Relations des hommes entre eux : *La société exige de nous des sacrifices.* ‖ Association de plusieurs personnes faite en vue d'un intérêt commun : *Société de secours mutuels,* association de personnes qui se cotisent pour venir au secours de ceux des membres incapables de travailler par suite de maladies ou de blessures. ‖ *Société coopérative*, association d'ouvriers qui unissent leurs épargnes et leur travail pour améliorer leur situation. ‖ Association de commerçants pour se procurer un bénéfice et se le partager. ‖ *Principales sortes de sociétés commerciales : Société en nom collectif,* celle qui a pour objet de faire le commerce sous une raison sociale qui comprend soit le nom de tous les associés, soit les noms d'un ou de plusieurs suivis de ces mots *et compagnie,* et dans laquelle tous les associés sont personnellement et solidairement responsables. — *Société en commandite,* celle qui est administrée par un ou plusieurs gérants responsables, faisant valoir l'argent que leur apportent des bailleurs de fonds qui ne sont engagés que jusqu'à concurrence de leur mise. — *Société anonyme,* celle où ne figure le nom d'aucun associé et qui est désignée par l'objet de son entreprise. Ex. : *Société du Crédit foncier.* — *Société en participation,* celle que forment momentanément plusieurs personnes en vue d'une ou plusieurs opérations de commerce déterminées.

La règle de société est une opération qui a pour but de partager entre plusieurs personnes réunies pour une entreprise commerciale le profit ou la perte qui résulte de leur association. Dans la règle de société on distingue trois cas :

Premier cas : *Les mises sont restées constantes pendant la durée de l'association, laquelle a été la même pour tous les associés.*

Soit à résoudre le problème suivant :

Trois personnes se sont réunies pour entreprendre un commerce : la première a apporté 4500 francs; la seconde 6000 francs et la troisième 7500 francs. On propose de partager le gain, qui s'élève à 3000 francs.

On commence par faire la somme des mises, c'est-à-dire la somme des fonds apportés par chaque associé. On trouve ainsi :

$$4500 + 6000 + 7500 = 18000 \text{ francs.}$$

On dit ensuite : puisque avec 18000 francs on a gagné 3000 francs, avec un seul franc, au lieu de 18000, on gagnera 18000 fois moins ou $\frac{3000}{18000}$. Tel sera le gain pour chaque franc apporté dans l'association. S'il en est ainsi, pour 4500 francs le gain sera 4500 fois plus considérable que pour un franc; par conséquent, il égalera :

$$\frac{3000 \times 4500}{18000}.$$

Tel sera le gain du premier associé.

Pour 6000 francs, le gain sera 6000 fois plus fort que pour un franc, c'est-à-dire qu'il vaudra :

$$\frac{3000 \times 6000}{18000}.$$

Enfin, pour 7500 francs, on aura un gain 7500 fois plus considérable que pour un franc. En conséquence, ce gain sera représenté par :

$$\frac{3000 \times 7500}{18000}.$$

Les trois fractions qui précèdent représentent le gain de chacun des trois associés. Ces trois fractions équivalent aux expressions ci-dessous :

$$\frac{3000}{18000} \times 4500$$

$$\frac{3000}{18000} \times 6000$$

$$\frac{3000}{18000} \times 7500$$

Elles montrent que, pour avoir le bénéfice de chaque associé, il faudra effectuer une division suivie de trois multiplications. En opérant de la sorte, on obtiendra : 749 fr. 97 pour la part du premier associé; 999 fr. 96 pour celle du second, et 1249 fr. 96 pour la part du troisième.

Deuxième cas : *Les mises de chacun des associés ne sont pas restées le même temps dans l'association.*

Soit à résoudre le problème suivant :

Trois personnes se sont réunies pour un commerce : la première a apporté 7000 francs pendant 5 mois; la seconde 6000 francs pendant 6 mois, et la troisième 8000 francs pendant 4 mois. Partager le gain, qui s'élève à 5000 francs.

Il est évident qu'avec un capital suffisant, on gagnerait en un seul mois autant qu'en plusieurs mois, qui sont supposés rapporter le même bénéfice. Ainsi le gain est proportionnel, non seulement à la mise de chacun des associés, mais encore au temps pendant lequel cette mise est restée dans l'entreprise. Dès lors, si la première personne, au lieu d'avoir apporté 7000 francs pendant 5 mois, avait apporté 5 fois plus pendant un seul mois, elle eût recueilli le même bénéfice. On peut donc admettre qu'elle a fourni à l'association dans l'espace d'un seul mois :

$$7000 \text{ fr.} \times 5 \text{ ou } 35000 \text{ francs.}$$

Semblablement, on peut supposer que le second associé a donné en un seul mois :

$$6000 \text{ fr.} \times 6 \text{ ou } 36000 \text{ francs.}$$

Et que le troisième associé a procuré également pendant un mois :

$$8000 \text{ fr.} \times 4 \text{ ou } 32000 \text{ francs.}$$

En résumé, il est permis de supposer que toutes les opérations des associés ont eu lieu dans un seul mois et que, pendant ce temps, le premier a mis à la disposition de la société 35000 francs, le second 36000 francs, et le troisième 32000 francs. De la sorte on retombe dans le premier cas et il n'y a plus qu'à partager le bénéfice 5000 francs proportionnellement aux nombres 35000, 36000 et 32000. La somme de ces trois derniers nombres donne 103000 francs. Conséquemment, on dira : Si avec 103000 francs on gagne 5000 francs, avec un seul franc on gagnera 103000 fois moins ou $\frac{5000}{103000}$.

Tel est le bénéfice que l'on aura pour une mise de un franc.

Pour une mise de 35000 francs, on recevra :

$$\frac{5000}{103000} \times 35000 \text{ ou } 1698 \text{ fr. } 90.$$

Pour une mise de 36000 francs, on recevra :

$$\frac{5000}{103000} \times 36000 \text{ ou } 1747 \text{ fr. } 44.$$

Enfin, pour une mise de 32000 francs, on recevra :

$$\frac{5000}{103000} \times 32000 \text{ ou } 1553 \text{ fr. } 28.$$

TROISIÈME CAS : *La mise de chaque associé a varié à différentes époques.*

Soit à résoudre le problème suivant :

Deux personnes se sont réunies pour un commerce : la première a d'abord apporté 6000 francs, et, au bout de 2 mois, elle a retiré 2000 francs; la seconde personne a mis d'abord 5500 francs; 4 mois plus tard, elle a ajouté 1000 francs. Au bout de 15 mois, l'association a été dissoute. On demande de partager le gain, qui s'élève à 4800 francs.

La première personne ayant apporté 6000 francs pendant 2 mois, pour cet apport le gain sera le même que si elle avait apporté 6000 × 2 ou 12000 francs pendant un mois. A ce moment, elle retire 2000 francs. Il ne lui reste donc plus que 4000 francs qui demeurent dans l'association pendant 15 — 2 ou 13 mois. 4000 francs pendant 13 mois rapportent autant que 4000 × 13 ou 52000 francs pendant un mois. La première personne a donc les mêmes droits que si elle avait apporté d'un seul coup

12000 + 52000 ou 64000 francs

pendant un mois.

La seconde personne a d'abord mis 5500 fr. pendant 4 mois. C'est comme si elle avait mis 5500 × 4 ou 22000 francs pendant un mois. Ensuite, pendant 15 — 4, c'est-à-dire pendant 11 mois, elle a laissé dans l'association 6500 francs. Cela revient à 6500 × 11 ou 71500 francs qui seraient demeurés pendant un mois. On peut donc admettre que le second associé a apporté

22000 + 71500 ou 93500 francs.

pendant un mois.

La solution est donc ramenée à celle de la question suivante : *Partager un bénéfice de 4800 francs entre deux personnes dont l'une a apporté une mise de 64000 francs, et l'autre une mise de 93500 francs pendant un mois.*

En faisant la somme de ces deux mises, on trouve un total de 157500 francs. Alors on dit : si 157500 francs ont procuré un bénéfice de 4800 francs, un seul franc procurera un bénéfice 157500 fois moins fort, c'est-à-dire égal à $\frac{4800}{157500}$.

Tel est le bénéfice pour une mise de un franc.

Pour une mise de 64000 francs, le bénéfice sera 64000 fois plus fort ou

$$\frac{4800}{150500} \times 64000 \text{ ou } 1950 \text{ fr. } 464.$$

Pour une mise de 93500 francs le bénéfice sera :

$$\frac{4800}{150500} \times 93500 \text{ ou } 2849 \text{ fr. } 506.$$

Remarque. — Si le résultat d'une association était une perte, on partagerait cette perte absolument de la même manière que si elle constituait un bénéfice.

Compagnie de personnes qui se réunissent dans un but déterminé : *La Société des imprimeurs-typographes s'est constituée pour conserver autant que possible la pureté des textes de nos grands auteurs.* || Compagnie de personnes qui s'assemblent pour vivre selon les règles d'un institut religieux ou pour conférer ensemble sur les lettres, les sciences : *Société d'agriculture.* || *Société secrète,* association de conspirateurs. || Compagnie de personnes qui ont l'habitude de se fréquenter, de se donner des soirées les unes aux autres : *Il est de la meilleure société.* || Fréquentations qu'ont entre eux les habitants d'un même pays : *Fuir la société.* || Habitude où l'on est de fréquenter certaines personnes : *Se plaire en la société de quelqu'un.* — **Dér.** *Sociétaire.*

SOCIÉTÉ (ILES DE LA). (V. *Taïti.*)

SOCIN (LÉLIO) (1525-1562). Hérésiarque italien, auteur du socianisme, s'enfuit d'Italie en 1547, parcourut une grande partie de l'Europe en prêchant ses doctrines et mourut à Zurich. Son neveu FAUSTE (1539-1604) passa aussi sa vie à les propager. — **Dér.** *Socinien, socinienne, socinianisme.*

SOCINIANISME (*socinien*), *sm.* Hérésie de Socin qui niait la Trinité, la divinité de J.-C., le mystère de l'Incarnation, le péché originel et la grâce. Cette doctrine se répandit surtout en Pologne.

SOCINIEN, IENNE (*socin*), *adj.* et *s.* Qui appartient à la doctrine de Socin, qui a embrassé l'hérésie de Socin.

***SOCIOLOGIE** (*socio,* pour société + *g.* λόγος, science), *sf.* Science qui a pour objet l'étude de la formation et du développement des sociétés humaines.

***SOCIOLOGIQUE** (*sociologie*), *adj. 2 g.* Qui a rapport à la sociologie.

SOCLE (ital. *zoccolo,* dim. du l. *soccus,* brodequin), *sm.* Base carrée moins haute que large, supportant une colonne, un piédestal. || Petit piédestal sur lequel on place un vase, un buste, une pendule. || Plinthe en bois appliquée au bas d'un lambris.

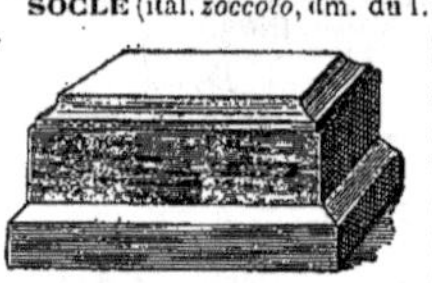

SOCLE

SOCORRO, 12000 hab. Ville de la Nouvelle-Grenade (Amérique du Sud). Mines d'or.

SOCOTORA, île de la mer des Indes à l'entrée du golfe d'Aden et à l'E. du cap Guardafui (Afrique). Corail, aloès.

SOCQUE (l. *soccum,* brodequin), *sm.* Brodequin très bas dont étaient chaussés les acteurs comiques dans l'antiquité. — Fig. La comédie : *Le socque et le cothurne,* la comédie et la tragédie. || Aujourd'hui, chaussure en cuir à semelle de bois, qu'on met pardessus la chaussure ordinaire pour se garantir les pieds de l'humidité. — **Hom.** *Soc.*

SOCRATE (470-400 av. J.-C.). Très illustre philosophe grec, né à Athènes du sculpteur Sophronisque et de la sage-femme Phénarète, montra un grand courage militaire en sauvant la vie à deux de ses disciples, Alcibiade et Xénophon, et un égal courage civique en résistant à la tyrannie des *Trente.* L'humeur acariâtre de sa femme Xantippe ne put jamais l'émouvoir. Il prétendait qu'un démon familier lui faisait des révélations. Socrate compta au nombre de ses disciples Xénophon et Platon et fut en butte aux attaques d'ennemis nombreux et acharnés. Aristophane chercha à le couvrir de ridicule dans la comédie des *Nuées.* Deux ans plus tard Anytus, Mélytus et Lycon attirèrent sur lui une condamnation à mort en l'accusant de professer l'impiété et de corrompre la jeunesse. Il refusa de s'évader de prison, quoiqu'on lui en offrît les moyens, et but la ciguë avec une grande sérénité. Sa première tâche comme philosophe fut de confondre les sophistes. Les philosophes antérieurs embrassaient dans leurs recherches l'ensemble de la nature; Socrate se restreignit à l'étude de l'esprit humain. Il enseigna la morale la plus pure, s'attacha à démontrer l'existence de Dieu et fut le premier à reconnaître la Providence. Il donnait ses leçons sous forme de dialogues et tout en feignant d'ignorer les vérités qu'il voulait établir. Il n'a rien écrit, mais Xénophon nous a fait connaître assez fidèlement sa doctrine, que Platon dans ses ouvrages a un peu altérée en attribuant à son maître ses propres idées. — **Dér.** *Socratique.*

SOCRATIQUE, *adj. 2 g.* Qui appartient à Socrate : *Ironie socratique.* (V. *Ironie.*)

[***SODA** ou **SODA-WATER** [oua-teur] (ang. *soda,* soude + *water,* eau), *sm.* Eau de Seltz additionnée de bicarbonate de soude; boisson rafraîchissante formée d'un mélange de sirop de groseilles et d'eau de Seltz.

***SODALITE** (soude + g. λίθος, pierre), *sf.* Silicate double d'alumine et de soude, associé à du chlorure de sodium, contenant 25,3 pour 100 de soude et seulement 2,6 pour 100 de chlore. La sodalite est tantôt incolore, tantôt d'un blanc jaunâtre ou verdâtre, quelquefois d'un gris verdâtre ou d'un vert d'asperge, quelquefois même bleue. Ses cristaux dérivent d'un dodécaèdre rhomboïdal. Elle présente sur ses surfaces cristallines un éclat vitreux tirant sur l'éclat gras; elle est translucide. Elle est plus dure que l'apatite et moins dure que l'orthose. Sa densité est comprise entre 2,13 et 2,29.

***SODA-POWDER** (ang. *soda,* soude + *powder,* poudre), *sm.* Bicarbonate de soude en poudre.

SODÉ, ÉE (soude), *adj.* Qui contient de la soude.

SODIQUE (*soude*), *adj. 2 g.* Qui est à base de soude : *Sel sodique.*

SODIUM [so-di-ome] (soude), *sm.* Métal alcalin de la première famille, mou comme la cire, blanc comme l'argent, très altérable à l'air et décomposant l'eau à la température ordinaire; mais il ne développe pas assez de chaleur pour enflammer l'hydrogène dégagé. Si l'on veut produire ce phénomène, il suffit de rendre immobile le globule de sodium soit en le plaçant dans une eau épaissie avec de la gomme, soit en mettant très peu d'eau dans la soucoupe où l'on veut effectuer la combustion. Le sodium a été découvert en 1807 par Davy au moyen de la pile électrique. Gay-Lussac et Thénard l'obtinrent en décomposant la soude par le fer porté au rouge. Le procédé aujourd'hui en usage est dû à Henri Sainte-Claire Deville; son procédé consiste à traiter un mélange de carbonate de soude sec, de houille à longue flamme et de craie à la température du rouge. Le prix du sodium, qui était autrefois très élevé, est tombé à 10 fr. le kilogramme. Ce métal est contenu en grande quantité dans l'eau de mer et dans les plantes marines.

SODOME, ancienne ville de Palestine, près de la mer Morte; la Genèse raconte qu'à l'époque d'Abraham et de Loth, elle fut détruite par le feu du ciel, en punition des péchés de ses habitants, en même temps que Gomorrhe, Adama, Séboïm et Ségor. — **Dér.** *Sodomie, sodomite.*

SODOMIE (*Sodome*), *sf.* Péché contre nature.

SODOMITE (*Sodome*), *sm.* Celui qui s'abandonne à la sodomie.

SŒMMERING (1755-1830). Anatomiste allemand.

SOEST, ville de Prusse (Westphalie). Saline, toiles, distilleries.

SŒUDENFJELDS, l'une des divisions de la Norvège.

SŒUR (l. *sororem*), *sf.* Fille née du même père et de la même mère qu'une autre personne ou de l'un des deux seulement. — *Sœur consanguine,* qui a le même père, mais non la même mère. || *Sœur utérine,* qui a la même mère, mais non le même père. || *Sœur de lait,* fille qui a eu la même nourrice qu'une autre personne. || Poét. : *Les neuf Sœurs,* les Muses. — Les *sœurs filandières,* les Parques. || Titre qu'on donne aux religieuses ou qu'elles se donnent entre elles : *La sœur Agathe. Sœur laie* ou *converse,* employée aux œuvres serviles du monastère. || Nom qu'on donne à des filles qui vivent en communauté sans être rigoureusement religieuses : *Les sœurs de charité.* — Fig. Se dit d'une chose qui en accompagne nécessairement une autre, qui en est comme la conséquence : *La santé est sœur de la tempérance.* || Chose de même nature qu'une autre du genre féminin : *La tragédie d'Athalie ne dépare pas ses sœurs* (les autres tragédies de Racine). — **Dér.** *Sœurette, sororal, sororale.* — **Comp.** *Belle-sœur.*

SŒURETTE (dm. de *sœur*), *sf.* Petite sœur.

SOFA ou **SOPHA** (ar. *çoffa,* lit de repos),

sm. En Orient, haute estrade recouverte d'un tapis : *Le grand vizir était sur son sofa.* || Sorte de canapé à 3 dossiers servant de lit de repos.

SOFALA, 400 kilom. Rivière d'Afrique (Mozambique) qui se jette dans le canal de Mozambique. — Côte de Sofala, à l'est de l'Afrique, au sud du Zambèze.

SOFFARIDES, dynastie persane fondée par Yâcoub-ben-Laïth, fils d'un chaudronnier (*Soffar*) (872). Cette dynastie s'éteignit dans la personne de son fils *Amron* et fut remplacée par celle des Samanides.

SOFFITE (ital. *soffito*, placé sous), *sm.* La surface inférieure d'un plancher, d'une architrave, d'un larmier.

SOFI ou **SOPHI** (le cheikh *Sefi*), *sm.* Nom qui désignait le souverain de la Perse aux XVIe et XVIIe siècles. On l'appelle aujourd'hui *schah.*

SOFIA. (V. *Sophia.*)

SOGDIANE, province de l'ancienne Perse entre l'Iaxarte et l'Oxus, au S.-E. de la mer d'Aral, capitale *Maracanda,* aujourd'hui *Samarkand.*

SOHL, 101 000 hab. Comitat de Hongrie à l'E. du Danube. Mines de cuivre argentifère et aurifère, et de fer. Élevage de moutons. Ch.-l. *Neu-Sohl.*

SOHO, bourg d'Angleterre (Stafford), où Watt construisit les premières machines à vapeur dans les ateliers qu'il y avait établis de concert avec Boulton.

SOI (l. *se*), *pr. réfl. de la 3e pers. 2 g. et 2 n.* S'emploie comme complément direct ou comme complément d'une préposition pour représenter un pronom indéfini, un nom de chose ou même un nom ou un pronom déterminé, ce qui est l'ancien usage : *On ne doit pas penser qu'à soi. Le crime traîne après soi le remords. Travailler pour soi. Un homme toujours semblable à soi.* || *Être à soi,* ne dépendre de personne. || *N'être pas à soi,* dépendre de quelqu'un ou avoir perdu le sens. || *Être chez soi,* dans sa propre maison. || *Vivre chez soi,* très retiré. || *Avoir un chez soi,* une habitation en propre. || *Rentrer en soi,* faire de sérieuses réflexions. || *Être soi,* se montrer avec son propre caractère. — DE SOI, *loc. adv.,* de sa nature : *L'ingratitude est odieuse de soi.* — EN SOI, *loc. adv.,* dans sa nature : *Acte blâmable en soi.* — SUR SOI, *loc. adv.,* sur sa personne : *Porter des armes sur soi.* || *A part soi,* en son particulier : *Réfléchir à part soi.* || *Cette chose va de soi,* elle ne souffre aucune difficulté. || SOI-MÊME, forme emphatique de *soi.* — **Hom.** *Soie* 1, 2 et 3. — **Comp.** *Soi-disant.*

SOI-DISANT (*soi* + *disant,* part. de *dire*), *adj. inv.* En se prétendant tel : *Un soi-disant savant.* — Pl. *des soi-disant.*

1. **SOIE** (l. *seta,* poil du porc), *sf.* Fil fin, résistant et brillant que l'on obtient en dévidant le cocon du ver à soie : *La soie est naturellement jaune.* || Étoffe faite de ce fil : *Être vêtu de soie.* || Poét. : *Des jours filés d'or et de soie,* une existence heureuse et brillante. || *Soie artificielle,* résultat d'une découverte récente qui permet de produire de la soie artificielle avec de la sciure de bois dissoute dans des produits chimiques. La soie artificielle a figuré à l'Exposition de 1889 pour la première fois. (V. *Ver à soie.*) — **Dér.** *Soie* 2 et 3; *soierie.* — **Comp.** *Ver à soie.*

2. **SOIE** (l. *seta,* poil du porc), *sf.* Poil long et rude du cochon et du sanglier. || Poil long et doux de plusieurs espèces de chiens. || Poil raide dont sont pourvus certains organes des plantes. || Tumeur charbonneuse qui survient dans la gorge du porc.

3. **SOIE** (l. *seta,* poil du porc), *sf.* Partie du fer d'un couteau, d'un sabre, etc., engagée dans le manche de la poignée.

SOIERIE (*soie* 1), *sf.* Toute étoffe de soie : *Les soieries de Lyon.* || Fabrique de soie.

SOIF (l. *sitim*), *sf.* Malaise causé par le besoin de boire : *Une soif ardente.* — Fig. *Garder une poire pour la soif,* mettre quelque chose en réserve pour les besoins à venir. — Fig. Désir immodéré : *La soif de l'argent, des honneurs.*

SOIGNER (soin), *vt.* Avoir soin de quelqu'un ou de quelque chose : *Soigner un cheval, sa santé.* || *Soigner un malade,* chercher à le guérir, en parlant d'un médecin. || Mettre beaucoup d'attention, de soin à faire une

SOISSONS

SAINT-JEAN DES VIGNES (XIVe SIÈCLE)

chose : *Soigner un travail.* — **Se soigner,** *vr.* Être soigné. || Être attentif à conserver sa santé, à se parer.

SOIGNEUSEMENT (*soigneuse* + sfx. *ment*), *adv.* Avec soin.

SOIGNEUX, EUSE (*soin*), *adj.* Qui apporte beaucoup d'attention à ce qu'il fait : *Un ouvrier soigneux.* || Qui prend soin : *Être soigneux de sa santé.* || Exécuté avec soin : *Travail soigneux.*

SOIGNIES, 8 488 hab. Ville de Belgique (Hainaut), sur la Senne. Grande carrière de pierre calcaire bleue, dite petit granit; fabriques de dentelles, de savon; raffineries de sel.

SOIN (vx fr. *soign, suing, soig, songne;* d'origine inconnue. On a proposé le bl. *sunnis, sunnia, sonia,* empêchement juridique. *Sunnis* est un mot germanique qui se trouve dans les lois barbares), *sm.* Grande attention que l'on apporte à faire une chose : *Écrire avec soin.* || *Prendre soin de,* être attentif à, veiller à conserver : *Prendre soin de prévenir quelqu'un. Prendre soin de sa santé.* || *Prendre soin de quelqu'un,* veiller à ce qu'il ne manque de rien. || Charge que l'on confie à quelqu'un pour qu'il s'occupe d'une chose, qu'il la surveille : *Il a le soin de la cave.* || *Les soins du ménage,* la surveillance de tout ce qui concerne le ménage. || *Donner des soins à un malade,* le soigner en qualité de médecin. || Souci, inquiétude : *Être libre de soins.* — *Pl.* Prévenances, attentions, services : *Ce fils est plein de soins pour ses parents.* || *Petits soins,* prévenances délicates qu'on a pour quelqu'un. || *Rendre des soins à quelqu'un,* lui faire de fréquentes visites, lui faire sa cour. — **Dér.** *Soigner, soigneux, soigneuse, soigneusement.* — **Comp.** *Besoin,* etc.

SOIR (l. *serum,* s.-ent. *tempus,* temps qui s'écoule), *sm.* La fin du jour. — Poét. : *Le soir de la vie,* la vieillesse. — A CE SOIR, *loc. adv.* Je vous reverrai ce soir. — **Dér.** *Soirée.*

SOIRÉE (*soir*), *sf.* Le temps qui s'écoule depuis la fin du jour jusqu'au moment où l'on se couche : *Une belle soirée.* || Réunion que l'on organise dans les soirées d'hiver pour causer, se récréer : *Aller en soirée.* || *Soirée dansante,* celle où l'on danse.

1. **SOISSONNAIS,** ancien petit pays de l'Ile-de-France, arrosé par l'Aisne, entre la Champagne à l'E. et le Valois à l'O.; cap. *Soissons.* — **Sables du Soissonnais** ou **Sables nummulitiques,** importante assise de l'éocène parisien qui se développe au N. de Paris et atteint, dans le département de l'Aisne, une épaisseur supérieure à 50 mètres. Ce sont des sables fins, siliceux, jaunes, micacés, avec veinules argileuses et lignitifères : ils renferment, à différents niveaux, des rognons tuberculeux de grès, appelés *têtes-de-chat.* Parmi leurs fossiles caractéristiques, on peut citer la *nummulites planulata,* la *turritella edita,* le *pectunculus ovatus,* la *nerita Schmeideli,* la *cyrena Gravesi.*

2. **SOISSONNAIS, AISE** (*Soissons*), *adj.* De Soissons. || Qui habite Soissons.

SOISSONS, 11 112 hab. S.-préf. (Aisne), évêché, sur l'Aisne, place de guerre, cathédrale du XIIe siècle. Magnifique façade de l'église abbatiale de Saint-Jean des Vignes, XIVe siècle. Musée. En dehors des remparts, restes de l'abbaye de Saint-Médard avec crypte mérovingienne. Capitale des *Suessions* à l'époque celtique; ch.-l. des dernières possessions romaines, conquis par Clovis sur Syagrius. Soissons fut la capitale des royaumes de Clotaire et de Chilpéric. || Haricots renommés. Grains, farine, chanvre, bestiaux, laine. — **Dér.** *Soissonnais, soissonnaise, Soissonnais* 1.

SOISSONS (CHARLES DE BOURBON, COMTE DE) (1566-1612), fils de Louis Ier, prince de Condé, servit successivement la Ligue, Henri III et Henri IV. — LOUIS DE BOURBON, comte de Soissons (1604-1641), fils du précédent, conspira contre Richelieu, s'enfuit à Sedan, s'unit aux ennemis de la France et périt à la bataille de la Marfée. — EUGÈNE-MAURICE DE SAVOIE, comte de Soissons (1633-1673), époux d'Olympe Mancini et père du célèbre prince Eugène de Savoie. (V. *Mancini.*)

SOIT (3e pers. du sing. du pr. du subj. de *être*), *adv.* Que cela soit, je l'admets, je le veux bien : *Il veut partir, soit.* || C'est-à-dire, environ : *Une livre sterling, soit 25 francs.* — *Conj.* Ou : *L'homme, soit jeune, soit vieux, est toujours homme.* — SOIT QUE, *loc. conj.* Marquant l'alternative et suivie du subj. : *Soit qu'il le veuille, soit qu'il ne le veuille pas.*

SOIXANTAINE [soi-san-tai-ne](*soixante*), *sf.* Le nombre de) 60 ou environ : *Une soixantaine de personnes.* — Fam. *La soixantaine,* l'âge de soixante ans accomplis : *Il a la soixantaine.*

SOIXANTE [soi-san-te] (l. *sexaginta*), *adj. num. card.* Six fois dix. ‖ Soixantième : *Page soixante.* — *Sm.* Le nombre soixante : *60 multiplié par 10.* — **Gr.** On dit plutôt *soixante et un* et *soixante et dix* que *soixante-un, soixante-dix.* — **Dér.** *Soixantaine, soixanter, soixantième.* — **Comp.** Tous les mots où entre *soixante.*

SOIXANTER [soi-san-ter] (*soixante*), *vi.* Compter soixante au lieu de trente au piquet quand on est premier et que l'adversaire n'a encore pu compter un seul point.

SOIXANTIÈME [soi-san-tième] (*soixante* + sfx. *ième*), *adj. num. ord.* Qui occupe le rang, la place indiquée par le nombre 60 : *Le soixantième roi de France.* ‖ *La soixantième partie,* chaque partie d'un tout partagé en 60 parties égales. — *Sm.* La soixantième partie d'un tout : *N'avoir qu'un soixantième des bénéfices.*

SOJA, 500 kilom. Rivière de la Russie d'Europe, affluent du Dniepre.

1. **SOL** (l. *solidum*), *sm.* Ancienne forme de *sou.* — **Dér.** *Solder, soldat, soldatesque; soudoyer,* etc.; *solide,* etc.

2. **SOL** (l. *solum* : de *sedere,* s'asseoir), *sm.* Toute portion solide de la surface de la terre : *Un sol montueux.* ‖ L'aire sur laquelle est bâti un édifice : *Le sol d'une maison.* ‖ La portion supérieure de l'écorce terrestre plus ou moins riche en matières organiques et d'où l'agriculture tire les récoltes : *Sol fertile, stérile.* ‖ *Sol actif* ou *arable,* la couche qui est susceptible d'être retournée par la charrue. ‖ *Sol inerte,* la couche intermédiaire entre le sol arable et le sous-sol, et où les racines des végétaux cultivés ne pénètrent pas. — Les quatre principaux éléments du sol arable sont : la *silice,* l'*argile,* le *calcaire* et l'*humus.* Leur mélange rend généralement le sol fertile. Quand un seul élément constitue le terrain, le sol est à peu près stérile. Les agriculteurs distinguent trois natures de sols : I° **Les sols sablonneux,** contenant au moins 60 p. 100 de silice, ne faisant pas effervescence avec les acides, rudes au toucher, sans consistance ni ténacité, très perméables à l'eau, toujours très secs, se délayant dans l'eau sans former une pâte, pulvérulents après les labours, d'une culture très facile en tous temps et peu coûteuse; très fertiles dans les climats humides ou lorsqu'ils peuvent être arrosés, d'une grande infertilité dans les climats secs par défaut d'irrigation, couverts de flaques d'eau quand ils reposent sur un sol imperméable. On les reconnaît aisément à ce qu'ils se couvrent des plantes sauvages suivantes : *Jasione des montagnes, élyme, statice* et *laiche des sables, drave printanière, petite oseille, fétuque rouge, genêt sagitté, ciste hélianthème, agrostide des vents, saxifrage tridactyle, spergule des champs, bouleau, châtaignier, pin maritime.* Ils produisent des animaux petits, mais sobres, rustiques et légers. On les amende avec la *chaux,* la *marne,* les *plâtras.* Il faut se garder d'y multiplier les labours, et on doit les comprimer souvent avec le rouleau. Les sols sablonneux comprennent comme variétés : 1° Les *sols caillouteux,* c'est-à-dire contenant des cailloux d'au moins 3 centimètres de diamètre et où peuvent prospérer quelquefois la vigne et les pâturages. 2° Les *sols graveleux,* abondants en cailloux de la grosseur d'une noisette, généralement stériles, mais formant quelquefois de bons vignobles. 3° Les *sols granitiques,* d'une grande infertilité, ne produisant que la pomme de terre, le sarrasin, le seigle; mais où peuvent pousser le chêne, le châtaignier et le hêtre. Ils sont caractérisés par la présence de la *digitale pourprée,* des *ajoncs,* de l'*arnica,* etc. 4° Les *sols volcaniques,* d'une fertilité extraordinaire quand ils sont suffisamment humides. 5° Les *sols sablo-argileux,* subdivisés en *terres fortes* et *terres franches* et souvent très productifs. 6° Enfin la *terre de bruyères* et les *dunes.* (V. ces mots.) — II° **Les sols argileux** ou **glaiseux** qui contiennent plus de 50 p. 100 d'argile, et sont formés par la désagrégation des feldspaths. Ils sont plus ou moins colorés en rouge, en brun ou en jaune, happants à la langue, très compacts et très tenaces, produisant peu ou point d'effervescence avec les acides, imperméables à l'eau, formant avec elle une pâte liante et ductile, très boueux en temps de pluie, se crevassant durant les sécheresses, restant en grosses mottes consistantes après le labour, condensant beaucoup d'ammoniaque dans leurs pores, exigeant une quantité considérable d'engrais, très difficiles à travailler, devant être assainis par le drainage ou par des rigoles; amendables par la *chaux,* la *marne,* les *sables de mer,* les *cendres;* fournissant parfois des récoltes abondantes, mais dont la qualité laisse à désirer. Les pommes de terre y sont aqueuses, les fourrages de mauvaise qualité, les racines sans saveur; les céréales y donnent beaucoup de paille, mais un grain petit souvent rongé par le charbon et la carie. Un excès d'humidité y affaiblit les animaux et les prédispose aux maladies. Les plantes spontanées des sols argileux sont : L'*yèble,* la *laitue vireuse,* le *pas-d'âne,* la *chicorée sauvage,* le *lotier corniculé,* l'*orobe tubéreux,* l'*agrostide traçante,* l'*aristoloche commune.* Les principales variétés de sols argileux sont : 1° Les sols *argilo-ferrugineux,* bons quand ils sont rouges, moins bons quand ils ont une couleur noire, et tout à fait impropres à la culture quand ils sont jaunes. 2° Les *sols argilo-calcaires,* qui sont de bonnes terres à froment. 3° Les *argiles marneuses,* peu productives dans les années pluvieuses. 4° Les *sols argilo-sableux,* tout à fait assimilables aux sols sablo-argileux. — III° **Les sols calcaires,** comprenant tous les sols dans lesquels il entre plus de 50 p. 100 de carbonate de chaux. Leur couleur est blanchâtre, ils font une vive effervescence avec les acides, ils sont très perméables, secs et arides, forment avec l'eau une pâte courte et peu ductile, sont soulevés par la gelée, qui dessèche les plantes. Ils sont peu productifs et consument promptement le fumier. Le *sainfoin* et le *seigle* y donnent d'excellents produits, et parfois aussi le *cerisier* et la *vigne.* Ces sols sont appropriés à l'élevage des moutons, des bœufs et des chevaux, mais ces animaux y sont exposés au charbon, au sang-de-rate. Ces sols sont caractérisés par la *brunelle,* la *germandrée petit-chêne,* la *potentille printanière,* le *genièvre,* le *coquelicot,* l'*arrête-bœuf,* les *chardons,* la *gaude,* l'*adonide d'automne* ou *goutte-de-sang,* le *mélampyre des champs* ou *blé de vache,* la *dauphinelle consoude* ou *pied-d'alouette sauvage,* l'*anémone pulsatille,* l'*ellébore pied-de-griffon.* La principale variété des sols calcaires est le *sol crayeux,* presque toujours d'une désolante stérilité, comme dans la Champagne pouilleuse. — IV. **Les sols humifères** sont les *tourbes* et les *marais* (V. ces mots, et *Sous-sol*). *Analyse d'un sol* (V. *Terrain*). ‖ Le mur d'un filon. (Minér.)

3. **SOL** (la syll. *solve,* délie, dans la 1re strophe de l'hymne de saint Jean-Baptiste), *sm.* Cinquième note de la gamme d'*ut.* ‖ Signe qui représente cette note. ‖ *Clé de sol,* le signe qu'on met sur la seconde ligne de la portée pour indiquer la place de la note *sol.*

SOLACIER (bl. *solatiare* : de *solatium,* consolation), *vt.* Consoler, soulager. — **Se solacier,** *vr.* Se divertir (vx).

SOLAIRE (l. *solarem*), *adj. 2 g.* Qui émane du soleil : *Rayons solaires.* ‖ Qui concerne le soleil : *Éclipse solaire.* ‖ *Jour solaire vrai,* le temps qui s'écoule entre deux passages consécutifs du soleil au méridien supérieur. ‖ *Jour solaire moyen,* le temps qui s'écoule entre deux passages consécutifs au méridien supérieur d'un soleil fictif qui, partant du point vernal en même temps que le soleil vrai, parcourrait l'équateur dans le même temps que le soleil vrai parcourt l'écliptique. ‖ *Année solaire,* l'année tropique. ‖ *Système solaire.* (V. *Système.*) ‖ *Plexus solaire,* réseau de nerfs et de ganglions du système grand sympathique, situé contre la paroi postérieure de l'abdomen à la hauteur du diaphragme. — Fig. Épanoui, qui annonce la satisfaction : *Physionomie solaire.*

SOLANDRE (angl. *solanders*), *sf.* Crevasse au pli du jarret du cheval, d'où suinte une humeur fétide.

SOLANÉES ou **SOLANACÉES** (l. *solanum* : de *solari,* consoler), *sfpl.* Importante famille de végétaux dicotylédones dont les espèces sont des herbes annuelles ou vivaces, des arbrisseaux et des arbres. Leurs feuilles sont entières ou lobées; dans ce dernier cas, les lobes sont si accentués, que les feuilles paraissent composées. Alternes sur les parties inférieures et moyennes de la tige, elles se rapprochent tellement au sommet de celle-ci, qu'elles deviennent opposées. Les fleurs sont solitaires et disposées en corymbe ou sur une cyme scorpioïde. Comme type de cette famille on peut prendre la *douce-amère* (*solanum dulcamara*), plante sarmenteuse que l'on rencontre communément dans les haies de toute la France. Les fleurs, réunies en grappes, sont portées par des pédicelles qui partent tous d'un pédoncule commun. Chaque fleur présente un calice monosépale dont les pièces, au nombre de 5 et soudées ensemble dans la moitié de leur étendue, se terminent par 5 dents dont 2 sont antérieures, 2 latérales et 1 postérieure. La corolle est monopétale; elle se compose de 5 pièces à peine soudées ensemble à leur partie inférieure pour former un tube excessivement court. A partir du bord de ce tube, les pétales s'étalent horizontalement. Chez la douce-amère, les pétales sont d'un violet foncé et chacun d'eux porte à sa base 2 petites glandes arrondies d'un vert foncé et entourées d'une sorte d'auréole blanchâtre. Ces glandes nectarifères sont placées à l'endroit où le tube de la corolle se sépare de son limbe. Elles sont une expansion d'un anneau glanduleux qui tapisse intérieurement ce dernier tube. Cet anneau offre une surface luisante et d'un violet si prononcé, qu'il paraît tout noir. L'androcée se compose de 5 étamines alternant avec les pétales de la corolle sur le tube de laquelle elles sont insérées. Leurs anthères sont jaunes et supportées par des filets très courts. Elles sont biloculaires et introrses et le pollen s'échappe par un petit pore placé à la partie supérieure et interne de chaque loge. Ce dernier caractère sépare nettement les espèces du genre *Solanum* des autres Solanées dont les anthères s'ouvrent par une fente longitudinale. Le pistil se compose d'un ovaire surmonté d'un style à stigmate légèrement bilobé. Cet ovaire est formé de 2 loges séparées entre elles par une cloison très mince, sur chacune des faces de laquelle s'insère un gros placentaire chargé d'ovules. L'ovaire de la douce-amère se transforme en un fruit charnu, en une baie. Mais, chez d'autres Solanées, le fruit, bien qu'ayant une conformation analogue, est capsulaire. Le calice persiste, et chez certaines espèces, comme dans l'alkékenge, il devient vésiculeux et enveloppe complètement le fruit. Quant à la corolle, elle prend la forme d'un entonnoir ou d'un tube plus ou moins long dont la partie supérieure s'évase et présente cinq lobes. Des 2 loges de l'ovaire, l'une est antérieure et l'autre postérieure. Les végétaux qui composent la famille des Solanées se rencontrent surtout dans les régions tropicales; quelques-unes de ces plantes vivent dans les contrées tempérées des 2 hémisphères, mais on n'en trouve aucune dans les pays froids. Le plus grand nombre d'entre les Solanées exhalent une odeur spéciale, se rapprochant de l'opium, qui leur a fait donner le nom de *Solanées vireuses.* Ce groupe de végétaux a fourni à la matière médicale un grand nombre de substances qui sont des poisons redoutables. Tels sont le *datura,* d'où l'on extrait la *daturine,* la *belladone* qui fournit l'*atropine,* substance cristallisant en prismes soyeux, transparents et incolores. L'atropine est peu soluble dans l'eau et jouit de la remarquable propriété de dilater la pupille, ce qui permet d'explorer l'intérieur de l'œil et d'y pratiquer des opérations chirurgicales. Elle a une action analogue sur les sphincters de l'anus, de l'utérus, etc., et elle est usitée pour combattre l'incontinence d'urine, etc. On emploie aussi l'atropine pour combattre les sueurs nocturnes des phtisiques. A la famille des Solanées appartiennent encore la *jusquiame,* qui renferme l'hyosciamine; la *noix vomique*, la *fève de Saint-Ignace* fournissant la *strychnine;* les tiges de la *douce-amère* sont recommandées comme dépuratives; le *tabac*, si universellement employé aujourd'hui; la *mandragore*, etc. Mais si certaines plantes de cette famille fournissent des poisons énergiques et des médicaments utiles, d'autres nous donnent des produits alimentaires : les feuilles de la *morelle noire* sont mangées en guise d'épinards; nous mangeons les tubercules de la *pomme de terre*, les fruits de la *tomate*, de l'*aubergine* et de l'*alkékenge*; ceux du *capsicum* nous servent de condiments. Il en est d'autres dont les fleurs, comme celles des *pétunias*, ornent nos parterres. Néanmoins les feuilles et les tiges de toutes les Solanées sont regardées comme vénéneuses et elles doivent cette propriété à la *solanine*.

La famille des *Solanées* est très voisine de celle des *Plantaginées*, dont elle a la corolle gamopétale et le fruit capsulaire; elle est très proche aussi des *Apocinées*, dont les feuilles sont opposées, et des *Convolvulacées*, qui ne s'en distinguent que par leur ovaire à loges biovulées. Mais elle a de très grandes affinités avec les *Scrofularinées*, que l'on peut définir des *Solanées à fleurs irrégulières*. Le passage des Solanées aux Scrofularinées s'effectue insensiblement; certains genres tels que les *jusquiames*, les *molènes*, ayant déjà des fleurs légèrement irrégulières; les végétaux de ce dernier groupe forment même une petite famille que certains botanistes placent entre les Scrofularinées et les Solanées. La famille des Solanées se partage en un certain nombre de groupes parmi lesquels on distingue : Iº La section des *morelles* ou *solanum* (*douce-amère, morelle noire, pomme de terre, aubergine, tomate, belladone*). IIº La section des *nicotianées* (*tabac, datura*). IIIº La section des *vomiquiers* (*noix vomique, fève de Saint-Ignace*). IVº La section des *jusquiames* (*jusquiame*). Vº La section des *molènes* ou *verbascum*. Cette dernière section forme la petite famille des *Verbascées*, qui sert de lien entre les Solanées et les Scrofularinées. — **Une solanée**, *sf*. Une plante quelconque de la famille des Solanées.

SOLANIDINE (*solanum*), *sf*. Alcaloïde qui se produit par décomposition chimique de la solanine, et qui cristallise en fines aiguilles.

***SOLANINE** (*solanée*), *sf*. Substance organique azotée, qui se trouve dans plusieurs solanées et qui cristallise en fines aiguilles soyeuses. Elle se combine avec les acides. Très vénéneuse, elle produit la paralysie.

SOLANUM [so-la-no-me] (l. *solari*, consoler, calmer : de *sollus*, entier), *sm*. Genre de plantes solanées auquel appartiennent la pomme de terre, la douce-amère, la morelle, l'aubergine. (V. ces mots.) — **Dér.** *Solanine, solanées, solanidine; soulas, solacier*, etc. Même famille : *Solide*, etc. — **Comp.** *Consoler*, etc.

SOLBATU, UE (*sole* + *battu*), *adj*. Se dit d'un cheval dont la sole est contusionnée.

SOLBATURE ou **SOLE BATTUE** (*sole* + *bature*, *sf*. Contusion de la sole du cheval.

SOLDANELLE (it. *soldo*, sou, allusion à la forme des feuilles?), *sf*. Petite plante dicotylédone de la famille des Primulacées à fleurs bleues, qui croît près des glaciers des montagnes et que l'on cultive comme plante d'ornement dans de la terre de bruyère mêlée de gravier. || Sorte de liseron qui croît dans les sables des bords de la mer et est un purgatif drastique. C'est le *calystegia soldanella* des botanistes.

SOLDAT (*solder*), *sm*. Homme de guerre à la solde d'un prince, d'un Etat. || Militaire qui n'a point de grade : *Un simple soldat*. || Militaire en général : *Agir en soldat*. — **Fig.** Celui qui se met au service d'une cause : *Un soldat de la liberté*. — **Dér.** *Soldatesque*.

SOLDATESQUE (ital. *soldatesca*), *sf*. Troupe de soldats indisciplinés : *Une soldatesque effrénée*. — *Adj*. Qui sent le soldat : *Mœurs soldatesques*.

1. **SOLDE** (bl. *solidum* : de *solidus*, un sou), *sf*. Paye qu'on donne aux militaires. || *Être à la solde de quelqu'un*, être payé par lui. — **Dér.** *Solder, soldat, soldatesque*.

2. **SOLDE**, *sm*. de *solder*. Somme que l'on paye pour acquitter un reste de compte : *Pour solde de tout compte*. || Dans la tenue des livres, la somme qui fait la différence entre le débit et le crédit d'un compte. || *Solde de marchandises*, marchandises démodées ou défraîchies que l'on ne peut vendre qu'au rabais. — **Dér.** *Soulte*.

SOLDER (*solde* 1), *vt*. Donner une solde à des troupes, les avoir à sa solde. || Payer quelqu'un pour qu'il fasse une chose déterminée : *Solder des meurtriers*. || Payer entièrement : *Solder un compte, une facture*.

1. **SOLE** (bl. *sola* : de *solum*, sol), *sf*. Toute l'étendue des terres qui, dans une exploitation agricole, sont consacrées en même temps à la production d'une même récolte : *Une sole de froment*. — Un domaine est partagé en autant de soles qu'on veut avoir de récoltes différentes pendant la rotation. — **Hom.** *Sol* 1, 2, 3, *sole* 2, 3.

2. **SOLE** (l. *solea*, semelle), *sf*. Surface inférieure, cornée et reposant sur le sol du pied d'un cheval d'un âne, d'un cerf, etc. || Pièce plate de charpente posée horizontalement et supportant des étais, les montants d'une machine, etc. || Fond plat d'un bateau sans quille. || Aire horizontale d'un fourneau d'usine sur laquelle sont placées les matières qu'il faut chauffer. || Aire horizontale d'un four. || Cendrier d'un fourneau de cuisine. — **Dér.** *Soléaire, solin*.

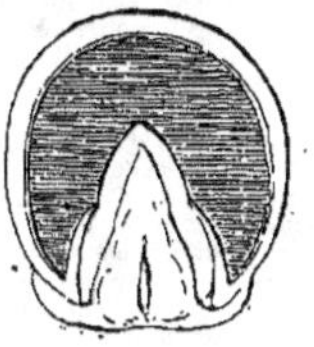

SOLE DU CHEVAL
(PIED DROIT DE DEVANT)

3. **SOLE** (l. *solea*, sandale), *sf*. Poisson de mer très plat et de forme ovale, de la famille des Pleuronectes ayant les deux yeux d'un même côté de la tête et la bouche de l'autre côté, et dont la chair est très délicate. — *Sole au gratin*, dépouillée de la peau du dos et cuite sur un plat avec feu dessus et dessous entre deux couches composées de beurre, de persil, d'échalotes, de champignons hachés, de sel et de poivre blanc. Avant la fin de la cuisson, on recouvre de chapelure et on ajoute du vin blanc. — *Sole normande*, sorte de matelote faite avec une grosse sole entière et dépouillée, 12 huîtres, 12 moules et aromatisée avec des champignons, des truffes.

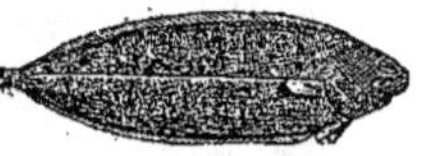

SOLE

SOLÉA, *sf*. Sorte de sandale, chaussure grecque adoptée par les Romains; il y en avait de ferrées, d'argentées, de dorées.

SOLÉAIRE (l. *solea*, semelle), *adj*. et *sm*. Se dit d'un muscle qui longe dans toute son étendue la partie postérieure de la jambe.

SOLÉCISME (g. σολοικισμός, langage incorrect des habitants de l'ancienne ville de Soles, en Cilicie), *sm*. Faute contre la syntaxe d'accord : *Mon épée, au lieu de ma épée, est un solécisme rendu légitime par l'usage*. — **Fig.** Faute quelconque : *Un grave solécisme de conduite*.

SOLEIL (l. *soliculum*), *sm*. Astre lumineux par lui-même qui éclaire et échauffe la Terre ainsi que les autres planètes et autour duquel gravite notre système planétaire. On constate aisément les mouvements *apparents* du Soleil : le mouvement *diurne* auquel participent tous les astres, Lune, Planètes, Étoiles, et un mouvement de déplacement sur la sphère céleste, qui le fait correspondre, d'un jour à l'autre, à des régions du ciel différentes, à des étoiles de plus en plus orientales. Pour étudier la résultante de ces deux mouvements, il suffit de mesurer l'ascension droite et la déclinaison du centre du Soleil à différentes époques, et de construire *sur une sphère* le lieu géométrique ou l'ensemble des positions successives qu'il paraît occuper dans le ciel. Pour les mesurer, on emploie le *cercle mural* et la *lunette méridienne*. On peut aussi dresser un *tableau* de ces coordonnées, prises tous les jours à midi pendant plusieurs années, et conclure des variations périodiques en ascension droite et en déclinaison une loi pour ce double mouvement. Il résulte du premier procédé, ou *procédé graphique*, que *le centre du Soleil paraît décrire, d'Occident en Orient, un grand cercle de la sphère céleste, incliné à l'équateur*. Ce grand cercle est appelé l'*écliptique* parce que c'est dans le voisinage de ce plan que se trouve la Lune à l'époque des éclipses. Ce plan coupe l'équateur suivant un diamètre qui est la *ligne des équinoxes*; ses extrémités sont les *points équinoxiaux*; l'un, celui du printemps ou point γ (signe du Bélier), est le point où le Soleil perce l'équateur pour passer de l'hémisphère austral dans l'hémisphère boréal; l'autre est le point Ω (signe de la Balance) par lequel le Soleil passe de l'hémisphère boréal dans l'hémisphère austral. Le point γ s'appelle aussi *point vernal*. Les moments où s'effectuent ces deux passages sont les *équinoxes*. L'instant où le Soleil atteint sa plus grande déclinaison boréale est le *solstice d'été*; et celui où la déclinaison australe est maximum est le *solstice d'hiver*. Les points où se produisent ces deux maxima sont les *points solsticiaux*. L'angle dièdre formé par le plan de l'écliptique avec celui de l'équateur se nomme *obliquité de l'écliptique*. La perpendiculaire élevée par le centre de la sphère céleste sur le plan de l'écliptique est l'*axe* de l'écliptique; il perce la sphère en deux points qui sont les pôles de l'écliptique. Les *tropiques* célestes sont de petits cercles de la sphère céleste, parallèles à l'équateur, menés par les points solsticiaux; celui de l'hémisphère boréal est le *tropique du Cancer*, celui de l'hémisphère austral est le *tropique du Capricorne*. Les *cercles polaires* célestes sont de petits cercles, parallèles à l'équateur et dont la distance au pôle est la même que la distance des tropiques à l'équateur, c'est-à-dire 23°27'15''. Pour déterminer la *position de l'écliptique dans l'espace*, il a suffi de fixer : 1º la position de la ligne des équinoxes; 2º l'inclinaison de l'écliptique sur l'équateur. Connaissant ces deux éléments, on peut tracer ce grand cercle de l'écliptique sur un globe; et en rapportant sur ce globe les positions successives du centre du Soleil, on reconnaît qu'elles sont toutes situées sur ce cercle. Donc : *le Soleil paraît décrire autour de la Terre, d'Occident en Orient, un grand cercle de la sphère céleste, dont le plan est incliné de 23°27'15'' environ sur celui de l'équateur*. Mais on n'obtient ainsi que la *perspective* de l'astre vu de la terre et projeté sur la sphère céleste. *Pour préciser la nature de l'orbite réelle du Soleil*, on détermine tous les jours le *diamètre apparent* de l'astre et sa *vitesse angulaire* aux diverses époques de son mouvement; les valeurs du diamètre apparent indiqueront les distances successives du Soleil à la Terre; celles de la vitesse angulaire feront connaître la nature du mouvement de l'astre. Les tableaux dressés, d'après les observations pour le diamètre apparent, montrent que *le Soleil ne décrit pas un cercle dont la Terre occupe le centre*; et le tableau des valeurs de la vitesse angulaire prouve que *le mouvement angulaire du Soleil sur l'écliptique n'est pas uniforme*. Ces deux tableaux permettent de construire par points une courbe semblable à l'orbite du Soleil; et, le calcul aidant, on conclut que *le centre du Soleil décrit autour de la Terre, d'Occident en Orient, une ellipse dont la Terre occupe un des foyers*. On nomme *périgée* ou *périhélie* le point où le Soleil est le plus près de la Terre; *apogée* ou *aphélie* le point où il en est le plus éloigné; la droite qui joint ces deux points est la *ligne des apsides*. L'étude des deux tableaux montre que *la vitesse angulaire est proportionnelle au carré du diamètre apparent*, et le calcul en déduit que le secteur décrit en un jour par le rayon qui va du centre de la Terre au centre du Soleil a une surface constante. De là le *principe des aires*, énoncé par Képler : *Les aires décrites par le rayon vecteur du Soleil sont proportionnelles aux temps employés à les décrire*.

Il en résulte que les arcs décrits en des temps égaux sont d'autant plus grands que la distance à la Terre est plus petite. La vitesse réelle du Soleil augmente donc quand cet astre se rapproche de la Terre; elle diminue quand il s'en éloigne; elle est maxima au *périgée*, et minima à l'*apogée*. On en conclut la position que ces derniers points (et par suite la droite qui les joint et qui est le grand axe de l'ellipse) occupent par rapport à la *ligne des équinoxes*. On prend *pour unité la longueur du demi-grand axe* et l'on calcule la distance du centre de l'ellipse à son foyer; le nombre ainsi obtenu mesurera l'excentricité e. On trouve $e = 0,0167701$, valeur très faible : l'ellipse est très voisine d'un cercle. On en déduit pour la distance périgée 0,9832299 et pour la distance apogée 1,0167701.

Pour trouver à quelle distance s'effectue ce mouvement du Soleil, et quelles sont les vraies dimensions de cet astre, on se fonde sur la mesure de la *parallaxe du Soleil*. (V. *Parallaxe*.)

On sait que cette parallaxe (V. ce mot, t. II, p. 895, col. 1) est donnée par la formule :

$$P = \frac{r}{R}.$$

P désignant la parallaxe horizontale du Soleil, r le rayon de la Terre et R la distance de cet astre au Soleil. On tire

$$R = \frac{r}{P}.$$

On appelle *diamètre apparent du Soleil* l'angle sous lequel cet astre est vu par un observateur placé au centre de la Terre (V. *Héliomètre*); on sait que le demi-diamètre apparent est en moyenne de 16'30'' ou 963'', et que la parallaxe du Soleil, c'est-à-dire le demi-diamètre apparent de la Terre vu du Soleil, vaut 8''57. Or, ces deux demi-diamètres apparents sont vus à la même distance sous des angles très petits et peuvent par conséquent être confondus avec les arcs qu'ils sous-tendent; de plus, ils sont proportionnels aux angles au centre. Donc, si R est le demi-diamètre apparent du Soleil, c'est-à-dire son rayon, et r le rayon de la Terre, on aura la proportion :

$$\frac{R}{r} = \frac{963}{8,86},$$

d'où l'on tire la valeur R du rayon du Soleil :

$$R = \frac{963}{8,86} r = 108 r.$$

Or, puisque le Soleil est une sphère, il est dès lors facile d'en avoir la surface et le volume au moyen des formules :

$$\text{Surface} = 4 \pi R^2$$
$$\text{Volume} = \frac{4}{3} \pi R^3.$$

Ce qui précède fait voir de quelle manière on est arrivé à évaluer les dimensions du Soleil, savoir sa distance à la Terre, son rayon, sa surface et son volume.

On trouve, pour la distance *moyenne* du Soleil à la Terre, une valeur égale, en nombre rond, à environ 23300 fois le rayon de la Terre, ce rayon étant celui de l'équateur terrestre, égal à 6377398 mètres; ce qui donne environ 148 millions de kilomètres. Quant au rayon du Soleil, on a trouvé, pour sa valeur, 108 rayons terrestres 556, avec une incertitude d'environ un rayon terrestre. Aussi dit-on : *le rayon du Soleil vaut environ 108 fois le rayon de la Terre*. Or, la distance de la Lune à la Terre n'est que de 60 rayons terrestres; si le centre du Soleil coïncidait avec celui de la Terre, la surface du Soleil envelopperait l'orbite dans laquelle se meut la Lune, et s'étendrait encore presque aussi loin au delà de notre satellite. Le rapport de la surface du Soleil à celle de la Terre est égal à $(108)^2$ et celui des volumes $(108)^3$. La masse du Soleil vaut 324479 fois celle de la Terre. Il en résulte que le poids et la vitesse de chute, à la surface du Soleil, valent 27,474 par rapport à leur valeur sur notre globe : ainsi un corps qui pèse un kilogramme sur la Terre pèserait 27 kilogr. 474 grammes sur le Soleil; et le pendule qui battrait la seconde sur cet astre devrait avoir 27m,474 de longueur. La densité moyenne du Soleil vaut 0,254 par rapport à celle de la Terre; et comme celle-ci vaut 5,48 (par rapport à l'eau), celle du Soleil vaut $5,48 \times 0,253 = 1,39$ environ.

Quant à la distribution de la lumière aux différents points de la Terre et aux diverses époques de l'année, on arrive aux résultats suivants : *Pour un habitant de l'équateur terrestre*, le jour est égal à la nuit, à toutes les époques de l'année. *Pour la zone torride boréale*, le jour est égal à la nuit au moment de chaque équinoxe; mais, à mesure que le Soleil s'élève au-dessus de l'équateur, le jour devient plus long que la nuit, et la différence augmente à mesure que l'astre se rapproche du tropique du Capricorne. L'époque du solstice d'été correspond au jour le plus long et à la nuit la plus courte. Puis, le Soleil revenant vers l'équateur, le jour diminue et la nuit augmente; ils deviennent égaux au moment de l'équinoxe d'automne. Ensuite le Soleil passe dans l'hémisphère austral; le jour est plus court que la nuit et continue à diminuer jusqu'au solstice d'hiver. A cette époque, le jour le plus court est égal en durée à la plus courte nuit du solstice d'été et inversement. A partir de ce moment, le Soleil remonte vers l'équateur, le jour augmente et la nuit diminue en passant par les mêmes phases; ils redeviennent égaux au moment de l'équinoxe du printemps. *Pour la zone tempérée boréale*, le jour est égal à la nuit aux équinoxes; plus long qu'elle, de l'équinoxe du printemps à celui d'automne; plus court, au contraire, de ce dernier équinoxe au premier. Le plus long jour se produit au solstice d'été, le plus court au solstice d'hiver. Tous les jours, le Soleil se lève et se couche. *Pour le cercle polaire boréal*, même égalité aux équinoxes, et inégalité analogue aux autres époques; seulement, le jour du solstice d'été, le Soleil ne se couche pas, il rase l'horizon à minuit. C'est le contraire à l'époque du solstice d'hiver. Ce jour-là le Soleil ne se lève pas; pendant les jours qui précèdent ou qui suivent le solstice, il ne se lève que pour quelques instants. *Pour la zone glaciale*, au solstice d'été et pendant les jours qui le précèdent et qui le suivent, le Soleil ne descend pas au-dessous de l'horizon, il n'y a pas de nuit. Mais, au voisinage du solstice d'hiver, il n'y a plus de jour, le Soleil ne se lève plus, et la durée de cette nuit sans jour est égale à la durée du jour sans nuit qui survient à l'époque du solstice d'été. *Pour l'observateur placé au pôle*, le Soleil ne se couche pas, de l'équinoxe du printemps à celui d'automne, et il ne se lève pas pendant le reste de l'année. Le jour dure six mois et la nuit six mois. *Pour l'habitant de l'hémisphère austral*, le phénomène se passe exactement en sens inverse, de sorte que nos plus longues nuits correspondent à ses plus longs jours, et inversement. (V. *Jour*.)

La *lumière diffuse* nous éclaire même en l'absence des rayons directs du Soleil. Lorsque le Soleil n'est pas trop au-dessous de l'horizon, il produit, pour nous, cette lumière faible, appelée *crépuscule*, qui se nomme spécialement la *brune* ou l'*aurore*, selon qu'elle se manifeste le soir ou le matin. On estime que la *brune* finit et que la nuit commence lorsque le Soleil est à 18° au-dessous de l'horizon. On en conclut qu'il n'y a pas de nuit à Paris le jour du solstice d'été, le Soleil ne descendant qu'à 17°42'34'' au-dessous de l'horizon. Le *crépuscule* n'est que de 1h12m environ à l'équateur, et sa durée s'allonge à mesure que la latitude augmente. D'ailleurs, pour un même lieu, la durée du *crépuscule* varie avec les époques de l'année.

Si l'on cherche à établir la relation qui existe entre le Soleil et les astres qui brillent au firmament, on est amené à le considérer comme une *étoile* entraînant avec elle dans l'espace infini toutes les planètes qui forment son cortège, et dont l'ensemble constitue le *système solaire*. Ce système est séparé des autres étoiles par une distance considérable; car, si certaines d'entre elles venaient à se briser et à produire une détonation assez forte pour parvenir jusqu'à nous, le bruit n'arriverait à nos oreilles qu'après *trois millions d'années!* L'étoile la plus voisine de notre système est l'α du Centaure, constellation australe. Or, la distance qui nous en sépare est encore si considérable, qu'en imaginant un train de chemin de fer lancé avec une vitesse de 60 kilomètres à l'heure, celui-ci n'atteindrait cette étoile qu'au bout de 60 millions d'années. Le Soleil se meut au milieu de tous ces mondes avec une vitesse vertigineuse, se dirigeant vers un point de la constellation d'Hercule, que nous avons indiqué dans la carte du *Ciel*. (V. *Hémisphère boréal*, t. II, p. 1011, à droite.) (V. aussi : *Déclinaison, Écliptique, Éclipse, Équinoxe, Jour, Lumière, Planète, Parallaxe, Cadran solaire, Système solaire, Saison, Spectre, Tache, Vénus, Zodiaque*, etc., etc.) || *Le Soleil se lève*, il commence à paraître au-dessus de l'horizon. || *Le Soleil se couche*, il commence à descendre au-dessous de l'horizon. || *Le soleil se lève ou se couche bien ou mal*, il se lève ou se couche dans des conditions atmosphériques qui pronostiquent un beau ou un mauvais temps. || *Entre deux soleils*, entre le lever et le coucher du soleil. — Fig. *Adorer le soleil levant*, faire sa cour à celui qui vient d'arriver au pouvoir, ou qui commence à jouir d'un grand crédit. || Chacune des étoiles fixes : *Des millions de soleils sont répandus dans l'immensité de l'espace*. || Lumière ou chaleur qui vient du soleil en ligne droite : *Regarder un objet au soleil. Se chauffer au soleil*. || *Sous le soleil*, sur la terre : *Il n'y a rien de nouveau sous le soleil*. || *Avoir du bien au soleil*, être propriétaire de maisons, de terres. || L'éclat plus ou moins vif dont brille le soleil dans chaque climat : *Le soleil d'Italie est magnifique*. — Fig. *Le soleil luit pour tout le monde*, il est des biens, des avantages dont tout le monde a le droit de jouir. — *Poét.* Jour : *Le dernier soleil se leva sur Carthage*. || Année : *Il avait vu quatre-vingts soleils*. || *Coup de soleil*, inflammation de la peau ou congestion du cerveau quelquefois mortelle, causée par la chaleur du soleil, et que l'on combat par des bains de pieds très chauds, des lavements d'eau salée, des boissons rafraîchissantes. || Désorganisation d'une partie d'un végétal par l'effet de la chaleur du soleil. — Fig. Personne investie d'un grand pouvoir : *Il n'est pas toujours bon d'être trop près du soleil*. — Fig. Personne qui brille par quelque grande qualité : *Ce juge est un soleil d'équité*. || *Le Soleil de justice*, Dieu. || *Le roi Soleil*, Louis XIV. || Pièce d'artifice en forme de roue qui, étant allumée, tourne autour d'un axe et lance des feux comparables à des rayons. || Ostensoir. || Le tournesol des jardins, ou hélianthe annuel. — **Dér.** *Solaire*. — **Comp.** *Ensoleiller; solstice, solsticial, solsticiale; parasol; souci 1*.

SOLEIL

SOLEILLET (PAUL) (1842-1886), explorateur français qui conçut le projet du chemin de fer transsaharien devant relier l'Algérie au Sénégal et au Soudan : il visita, dans ce but, le Mzab, les Chambâa (1865-1867), puis tenta la traversée du Sahara (1872); mais il ne put dépasser Insalah (6 mars 1873). Il reprit son idée par le Sénégal, et parcourut tout le Ségou, jusqu'à Yamina, sur le Niger, sans pouvoir obtenir d'aller plus loin (1878). Revenu à Saint-Louis pour se diriger sur l'Adrar, il fut pillé par des Maures nomades et son voyage échoua (1879-1880). Il allait reprendre la route de Tombouctou, avec une allocation ministérielle de 20000 francs cette fois, lorsque le gouverneur du Sénégal, pour des motifs injustifiés, lui fit signifier l'ordre de rentrer en France et saisir son matériel de voyage. Soleillet partit alors pour l'Afrique orientale (1881), et planta le drapeau français autour de la baie de Tadjourah (1882); puis, s'étant rendu au Choa, où il séjourna deux ans, il noua un traité de paix et d'amitié avec le roi Menelick. Il vint mourir en France. Nîmes, sa ville natale, lui a érigé une statue.

SOLEN [so-lè-ne] (g. σωλήν, tuyau), *sm* Coquillage marin, lamellibranche, dont les deux valves appliquées l'une contre l'autre figurent un manche de couteau.

SOLEN

SOLENHOFEN, localité de la Bavière, près de Poppenheim, célèbre par son schiste oolithique, d'où l'on tire les meilleures pierres lithographiques du monde, et abondant en fossiles, parmi lesquels on compte l'*archæopteryx* et le *rhamphorhynchus*, qui ont laissé sur la roche l'empreinte de leurs plumes; on y trouve aussi une grande quantité de poissons et d'insectes.

SOLENNEL, ELLE [so-la-nel] (l. *solemnis:* de *solus*, entier + *annus*, année), *adj.* Qui se célèbre chaque année avec une grande pompe religieuse : *Fête solennelle.* ‖ Pompeux, fait avec de grandes cérémonies : *Audience solennelle accordée à un ambassadeur.* ‖ Accompagné des formalités requises : *Arrêt solennel.* ‖ Emphatique, affecté : *Ton, air solennel.* — Sm. *Solennel majeur* et *solennel mineur*, se dit de toute fête de l'Eglise qui se célèbre avec moins de pompe qu'une fête annuelle. — **Dér.** *Solennellement, solennité, solenniser, solennisation.* Même famille que *An.*

SOLENNELLEMENT [so-la-nel-le-man] (*solennelle* + sfx. *ment*), *adv.* D'une manière solennelle, pompeusement.

SOLENNISATION [so-la-ni-za-sion] (*solenniser*), *sf.* Action de célébrer pompeusement une fête.

SOLENNISER [so-la-ni-zé] (du l. *solennis*, qui revient chaque année), *vt.* Célébrer avec pompe.

SOLENNITÉ [so-la-ni-té] (l. *solennitatem*), *sf.* Fête religieuse qui se célèbre chaque année avec pompe : *La solennité de Pâques.* ‖ Accompagnement de cérémonies pompeuses : *Recevoir quelqu'un avec solennité.* ‖ L'ensemble des formalités qui rendent un acte authentique : *La solennité d'un vœu, d'un serment.*

***SOLÉNOÏDE** (g. σωλήν, tuyau + εἶδος, forme), *sm.* Système de courants électriques, circulaires égaux, de même sens, et dont les plans sont perpendiculaires à la ligne qui passe par leurs centres. Cette ligne s'appelle l'*axe* du solénoïde. Pour réaliser un solénoïde, on prend un fil de cuivre entouré de soie, on l'enroule sur un cylindre, suivant une hélice, les extrémités revenant horizontalement pour se relever ensuite parallèlement l'une à côté de l'autre, et se terminer par des pointes. Si un courant pénètre par une pointe et sort par l'autre, il parcourt dans le même sens toutes les portions circulaires du fil; quant aux portions rectilignes du fil, leur ensemble constitue deux courants rectilignes de même longueur totale et de sens contraires, dont les actions se neutralisent; le système se comporte donc comme s'il se réduisait aux courants circulaires.

Les solénoïdes jouissent de toutes les propriétés des aimants : sous l'action de la terre, le plan de chaque cercle tendra à devenir perpendiculaire au méridien magnétique, de manière que le courant marche de l'E. à l'O. dans la partie inférieure de la circonférence. Le solénoïde doit donc s'orienter de manière que son *axe* se place, comme une aiguille aimantée, dans le plan du méridien magnétique. On appelle *pôle austral* du solénoïde, l'extrémité qui se tourne vers le S.; *pôle boréal*, l'extrémité qui se tourne vers le N. On peut d'ailleurs définir les deux pôles du solénoïde par le sens même du courant : le *pôle austral* d'un solénoïde est l'extrémité en face de laquelle il faut se placer pour que le sens des courants circulaires paraisse inverse de celui du mouvement des aiguilles d'une montre.

Si l'on soumet le solénoïde à l'action d'un courant rectiligne, il tend à se mettre en croix avec le courant, son pôle austral se portant à gauche. Il se comporte donc comme un aimant. Comme pour les aimants, dans les solénoïdes, deux pôles de même nom se repoussent; deux pôles de noms contraires s'attirent. Le pôle austral d'un aimant repousse le pôle austral d'un solénoïde, le pôle boréal d'un aimant repousse le pôle boréal d'un solénoïde. D'autre part, le pôle austral de l'un attire le pôle boréal de l'autre, et réciproquement.

Il en résulte que les solénoïdes se comportent comme des aimants. Cette analogie de propriétés a conduit Ampère à considérer les aimants comme devant eux-mêmes leurs propriétés à des courants électriques, qui circuleraient autour de leurs particules. Dans cette théorie d'Ampère, on considère ces courants comme existant toujours, soit dans l'acier, soit dans le fer doux, même lorsque ces corps ne manifestent pas de signes d'aimantation; seulement, on admet que ces petits courants présentent alors des orientations variables d'une particule à l'autre, en sorte qu'ils ne peuvent révéler leur présence par aucun effet extérieur. Le phénomène de l'*aimantation* consiste dans une orientation commune de tous les courants particulaires, les amenant à circuler dans des plans parallèles et dans le même sens. Cette orientation est temporaire dans le fer doux aimanté par influence; elle est durable dans l'acier trempé, qui est dit doué de force coercitive. Un barreau aimanté est ainsi assimilable à un faisceau de petits solénoïdes, dont chacun aurait deux pôles contraires, et qui seraient tous placés de la même manière.

***SOLERET** (*sol*), *sm.* Chaussures de fer en usage au moyen âge et qui faisait partie de l'armure. (V. *Soulier*.)

SOLES, ville de l'ancienne Cilicie qui était une colonie rhodienne et dont les habitants étaient connus par leur langage corrompu que l'on désignait sous le nom de *solécisme*. — **Dér.** *Solécisme.*

SOLESMES, 6390 hab. Ch.-l. de c., arr. de Cambrai (Nord). Tissage de laine et de coton.

SOLESMES, 863 hab. Village de l'arr. de La Flèche, canton de Sablé (Sarthe). Abbaye de bénédictins, église du XIIIe siècle avec belles statues du XVIe siècle, dites les *saints de Solesmes.*

SOLEURE, 7668 hab. Ville de Suisse sur l'Aar, ch.-l. du cant. catholique et de langue allemande de même nom entre les cant. de Bâle et de Berne.

SOLFATARE ou **SOUFRIÈRE** (ital. *solfato*, soufré), *sf.* Volcan qui a cessé de donner issue à des laves et dont la bouche émet constamment des vapeurs composées d'acide sulfureux, d'hydrogène sulfuré, et de vapeur d'eau. Il est aujourd'hui clairement démontré que, sur toute la surface du globe, les solfatares se présentent comme la suite immédiate d'une action volcanique sur son déclin. La période d'épuisement complet du volcan est marquée par des dégagements d'acide carbonique (soufflards, mofettes). Parmi les solfatares les plus remarquables nous citerons : I. La solfatare de Pouzzoles, près de Naples, au milieu des Champs Phlégréens et dont le sol résonne sous les pas comme un tambour : le cône volcanique émet un mélange de vapeur d'eau et d'hydrogène sulfuré qui donne lieu à un dépôt de soufre. La roche trachytique du cratère, décomposée sous l'action des produits sulfureux, est recouverte par des incrustations d'alun et de gypse. II. Le mont Vulcano (îles Lipari), depuis sa grande éruption de 1786, est réduit à la condition de solfatare. Le cratère, de 2 kilomètres de circonférence, est coloré en rouge et en jaune par les émanations gazeuses où dominent le soufre, l'acide borique et l'alun, et dont la température atteint quelquefois 350°. III. Les nombreuses solfatares du Chili s'ouvrent, en général, à la base des volcans éteints dont le cratère est souvent occupé par un glacier; elles se rapportent à deux types : 1° Solfatares à crevasses allongées avec dégagements de vapeurs violents, mais éphémères, et formation de conglomérats trachytiques (Cerro-Azul). 2° Solfatares permanentes donnant lieu à un dégagement lent et continu, de fluides élastiques avec sublimation du soufre et kaolinisation des roches (solfatares de Chillan et de Tinguiririca). On trouve encore des solfatares à Java (Pepandajang), et dans le Caucase (Demavend, 4000 mètres). — **Dér.** *Solfatarien.*

SOLFATARIENS (GISEMENTS), *sm.* On donne ce nom à une certaine catégorie de gîtes métallifères qui sont évidemment le résultat de puissantes solfatares venues au jour avec des roches trachytiques. A cette famille appartiennent : 1° le célèbre filon californien du Comstock lode (argent rouge, argent sulfuré, argent natif, galène, or, pyrite, blende) qui date du miocène; 2° les filons de Schemnitz en Hongrie, de Vorospatag et de Nagyag en Transylvanie (or et argent), les gisements d'or australiens; les gîtes d'oligiste de Saint-Andreasberg (Harz), de Norvège et de Rio (île d'Elbe).

SOLFÈGE (ital. *solfeggio*), *sm.* Recueil d'exercices gradués de musique vocale.

SOLFÉRINO, village d'Italie, sur la rive droite du Mincio, près du lac de Garde. Victoire des Franco-Italiens sur les Autrichiens (24 juin 1859).

SOLFIER (les notes *sol* et *fa*), *vt.* et *i.* Chanter successivement, en mesure, dans leur ton et en les nommant, les notes d'un morceau de musique : *Solfier un air.* — **Gr.** Imp. Je solfiais, n. solfiions, v. solfiiez; subj. pr. que n. solfiions, que v. solfiiez.

SOLIDAGE (l. *solidum*, solide + *agere*, agir), *sf.* Genre de plantes dicotylédones de la famille des Composées auquel appartient la *verge d'or* à fleurs jaunes, que l'on rencontre dans les bois montueux.

SOLIDAIRE (*solide*), *adj.* 2 *g.* Qui fait que, quand plusieurs individus ont contracté une dette en commun, chacun d'eux est obligé de la payer en totalité si les autres n'en peuvent payer leur part : *Caution solidaire.* ‖ Se dit des personnes dont chacune est obligée de payer totalement une dette commune à défaut des autres : *Un jugement déclare les condamnés solidaires.* — Fig. Se dit de personnes responsables les unes pour les autres : *Tous les membres d'un parti sont solidaires des fautes qu'il commet.*

SOLIDAIREMENT (*solidaire* + sfx. *ment*), *adv.* Tous ensemble et chacun pour tous au besoin.

SOLIDARITÉ (*solidaire*), *sf.* Engagement par lequel plusieurs personnes s'obligent les unes pour les autres et chacune pour toutes, s'il est nécessaire. ‖ Responsabilité mutuelle qui existe entre plusieurs personnes.

SOLIDE (l. *solidum* : de *sollum*, tout, chaque), *adj.* 2 *g.* Qui n'est ni liquide ni gazeux, dont les parties constituantes ne peuvent être dérangées ou séparées sans un certain effort : *Le marbre est un corps solide.* ‖ *Aliments solides*, tous ceux qui ne sont pas des breuvages, comme le pain, la viande, etc. ‖ Qui n'est pas fragile, qui est durable et peut résister aux chocs, à l'injure du temps, à son propre poids : *Édifice, voûte solide.* ‖ Qui ne se désagrège pas facilement : *Roche solide.* ‖ *Troupe solide*, capable de tenir ferme devant l'ennemi. ‖ Dont la nuance ne s'affaiblit pas : *Couleur solide.* ‖ Fort, résistant : *Une poigne solide.* — Fig. Réel, durable, qui procure des avantages importants, sérieux : *Fortune, gloire, emploi, caractère solide.* — *Sm.* Terrain qui ne s'enfonce pas sous les pieds, sous un poids : *Bâtir sur le solide.* — Tout corps de forme et de dimensions supposées invariables qu'étudie la géométrie. ‖ Le solide est limité, séparé du reste de l'espace, par sa *surface*. La géométrie étudie les *solides* dont la surface est ou bien composée de parties planes, et le solide s'appelle alors *polyèdre*; ou bien composée de parties courbes dont les propriétés géométriques peuvent s'établir soit directement, soit par le calcul. Parmi les polyèdres les plus simples on a le prisme et ses variétés, telles que les parallélipipèdes, la pyramide et les troncs de pyramide. La sphère, l'ellipsoïde, etc., sont des solides. ‖ *Solide de révolution*, tout corps engendré par la rotation d'une courbe autour d'un axe : *La sphère est un solide de révolution.* || *En physique,* le mot *solide,* désigne l'un des trois états des corps. Les corps solides, ou simplement les *solides,* ont un volume et une forme qui leur sont propres. Dans des conditions déterminées de température et de pression, les molécules occupent, les unes par rapport aux autres, des positions fixes : les forces, attractive et répulsive, qui rayonnent des molécules et agissent, en tout sens, sur les molécules voisines, sont en équilibre *stable.* Pour les liquides, cet équilibre est *indifférent;* il a lieu pour toute espèce de positions des molécules les unes par rapport aux autres; ces molécules peuvent aussi glisser et changer d'orientation, mais leurs distances respectives restant les mêmes. Aussi les liquides ont-ils, comme les *solides,* un volume qui leur est propre, mais ils n'ont pas de forme à eux : ils affectent la forme des vases qui les contiennent. Dans les *gaz,* l'équilibre entre les forces moléculaires n'existe pas : la force répulsive l'emporte. Aussi les gaz n'ont-ils ni volume ni forme à eux, ils tendent à occuper tout l'espace qui leur est offert.

La variation de la température ou de la pression fait varier le volume d'un solide. Si, par exemple, la température augmente, les molécules s'éloignent les unes des autres, et le volume du solide augmente; mais, si la température revient à sa valeur primitive, les molécules se rapprochent jusqu'à leur distance primitive, et le volume du solide reprend la même valeur. Le phénomène inverse a lieu, si la température s'abaisse, etc. — Fig. Ce qui est réel, durable, avantageux, sérieux : *Viser sur le solide.* — **Dér.** *Solidement, solidité, solidaire, solidairement, solidarité, souder, soudure, soudeur.* Même famille : *Seul, solitude, solitaire,* etc.; *désoler, désolation,* etc.; *consoler, console,* etc. — **Comp.** *Solidifier, solidification, solipède; solidage; dessouder,* etc.; *consolider.*

SOLIDEMENT (*solide* + sfx. *ment*), *adv.* D'une manière solide.

SOLIDIFICATION (*solidifier*), *sf.* Passage d'un corps de l'état liquide à l'état solide, s'effectuant par une diminution de température.

Certains corps, qui ne deviennent liquides qu'après une période de ramollissement, n'arrivent à se solidifier qu'en repassant par les états intermédiaires entre l'état liquide et l'état solide. Lorsqu'ils sont solidifiés, leur apparence est le plus souvent semblable à celle du verre, ils sont à l'état *vitreux.* Mais, abandonnés à eux-mêmes, à une température voisine de celle de la solidification, ils éprouvent la dévitrification ; la substance se convertit successivement en une multitude de petits cristaux, et prend une opacité comparable à celle de la porcelaine : ainsi se transforment l'acide arsénieux, l'acide borique, et aussi le fer sous l'influence de vibrations répétées. Le fer devient alors très fragile et sa cassure présente l'aspect cristallin.

Les corps qui n'offrent pas d'état intermédiaire entre l'état liquide et l'état solide ont une tendance, en se solidifiant, à affecter des formes géométriques, à *cristalliser;* comme exemples, on peut citer la *solidification,* par voie sèche, du soufre, et celle du bismuth. Pour que la solidification commence toujours à une même température, il faut que le liquide trouve, en un de ces points, une parcelle solide, semblable à celle qu'il produira lui-même. Cette condition supposée remplie, la *solidification* suit les lois suivantes : 1° Un même liquide se solidifie toujours à une même température, qui est celle de la fusion du solide dans lequel il se transforme. 2° Cette température, une fois atteinte, le liquide se solidifie peu à peu, sa température demeurant invariable pendant toute la durée du phénomène.

La *solidification* amène un dégagement de chaleur, c'est la *chaleur latente* absorbée pour opérer la fusion qui s'échappe, et qui retarde la solidification de toute la masse jusqu'à ce que cette chaleur ait été absorbée, au fur et à mesure, par les corps environnants.

La solidification est, en général, accompagnée d'une diminution de volume, c'est-à-dire d'un accroissement de densité. Toutefois un petit nombre de corps, le bismuth, l'argent, la fonte éprouvent, par exception, une *diminution* de volume en passant de l'état solide à l'état liquide. L'eau présente l'exception la plus remarquable : on sait, en effet, que les glaçons des rivières surnagent : à 0° la densité de la glace est 0,92. L'accroissement de volume qui accompagne la solidification ou congélation de l'eau peut donner lieu à des effets mécaniques très énergiques. Un canon de fusil, rempli d'eau et fermé au moyen d'un boulon, se déchire quand le liquide intérieur se congèle. Les réservoirs d'eau, les tuyaux de conduite, les corps de pompe, se fendent, quand ils sont saisis par la gelée au moment où ils sont pleins de liquide. Les pierres dites *gélives,* en général les calcaires très poreux, s'imprègnent d'eau durant la saison des pluies, et elles se fendent lorsque les froids de l'hiver déterminent la solidification du liquide. On sait que les grands froids de l'hiver désorganisent les tissus végétaux en brisant les enveloppes des cavités remplies de liquide.

Les corps passent quelquefois directement de l'état gazeux à l'état solide : pour obtenir cet effet, on a recours à la fois à un abaissement de température et à une augmentation de pression. Toutefois, dans la plupart des cas, l'état liquide a probablement existé au cours de l'opération, mais dans un intervalle de temps trop court pour que ce phénomène ait pu être constaté.

SOLIDIFIER (*solide* + l. *ficare,* faire), *vt.* Rendre solide un corps liquide ou gazeux : *Solidifier le mercure.* — **Se solidifier,** *vr.* Devenir solide : *L'eau se sodifie à 0 degré.*

SOLIDITÉ (l. *soliditatem*), *sf.* Qualité d'un corps dont les parties ne peuvent être déplacées ni séparées sans difficulté : *La solidité d'un meuble.* || Nombre qui exprime le volume d'un corps : *La solidité d'une pyramide est le tiers de celle d'un prisme de même base et de même hauteur.* || *Mesures de solidité,* celles qui servent à mesurer les volumes, comme le mètre cube, le stère. || Qualité de ce qui résiste bien aux causes habituelles de destruction : *La solidité d'un bâtiment.* || *La solidité d'une troupe,* sa constance à tenir ferme devant l'ennemi. || Résistance à la désagrégation. || Qualité d'un corps qui ne s'enfonce pas sous un poids : *La solidité de la glace qui couvre une rivière.* — Fig. Qualité de ce qui est réel, durable, avantageux, sérieux : *La solidité d'une forteresse, d'un raisonnement.*

SOLIGNAC, 2 887 hab. Ch.-l. de cant., arr. de Limoges (Haute-Vienne). Fabrique de porcelaine.

SOLIGNAC-SUR-LOIRE, 1 330 hab. Ch.-l. de cant., arr. le Puy (Haute-Loire). Cascade de la Baume. Abbaye célèbre au VIIe siècle.

SOLILOQUE (l. *soliloquium :* de *solus,* seul + *loqui,* parler), *sm.* Discours d'un homme qui s'entretient avec lui-même. || *Les Soliloques,* titre d'un livre de saint Augustin.

SOLIMAN, nom de trois sultans des Turcs : SOLIMAN Ier (1403-1410), fils aîné de Bajazet, fut fait prisonnier par les troupes de son frère Mouza, et étranglé par ordre de celui-ci. — SOLIMAN II (1520-1556), fils et successeur de Sélim Ier, surnommé le *magnifique,* le *législateur* et le *conquérant,* soumit la Syrie révoltée, enleva l'île de Rhodes aux chevaliers de Saint-Jean de Jérusalem (1522), envahit plusieurs fois la Hongrie et la Perse, assiégea vainement Vienne en 1529 et 1532, s'adjoignit le pirate Barberousse comme amiral, et conclut une ligne contre Charles-Quint et la Hongrie. Il mourut au siège de la ville hongroise de Szigeth. Il fut le plus habile et le plus courageux sultan des Turcs, mais souilla son règne par des actes de cruauté. — SOLIMAN III (1687-1691), frère et successeur de Mahomet IV, eut pour grand vizir le célèbre Mustapha Kiuperli.

SOLIMAN, jeune fanatique musulman qui assassina Kléber en Égypte, en 1800, et fut empalé.

SOLIN (*sole* 2), *sm.* Filet de plâtre en forme de prisme triangulaire recouvrant intérieurement l'arête d'un dièdre formé par un mur vertical avec la face supérieure d'un toit ou avec un plancher.

SOLINGEN, 20 000 hab. Ville de la province du Rhin (Allemagne), sur la Wipper; renommée pour la fabrication des aciers fins (lames de sabre, fleurets, canons de fusil, aiguilles).

SOLIPÈDE (l. *solidum,* solide + *pes,* génitif *pedis,* pied), *adj. 2 g.* et *sm.* Se dit de tout mammifère qui ne possède à chaque pied qu'un seul doigt dont l'extrémité cornée constitue le *sabot : Le cheval, l'âne, l'hémione et le zèbre sont des solipèdes.*

SOLIS (JUAN DIAZ DE). Navigateur espagnol qui découvrit le Yucatan, explora les côtes du Brésil et fut dévoré en 1516 par des Américains anthropophages.

SOLIS (DON ANTONIO DE) (1610-1686). Poète et historien espagnol, auteur d'une histoire de la conquête du Mexique.

SOLISTE (*solo*), *sm.* Chanteur ou instrumentiste qui exécute un solo.

SOLITAIRE (l. *solitarium :* de *solus,* seul), *adj. 2 g.* Qui est seul, qui aime à être seul : *Errer solitaire.* || Où l'on est seul : *Promenade solitaire.* || Que l'on ressent seul : *Peine solitaire.* || Qui n'est point accompagné de choses, d'organes de même nature : *Fleurs solitaires,* qui ne sont pas réunies en grappe. || *Ver solitaire,* le ténia. (V. ce mot.) || Situé à l'écart, peu ou point fréquenté par les hommes : *Habitation, vallon solitaire.* — *Sm.* Celui qui vit seul dans un lieu désert et consacre tout son temps à des exercices de piété : *Les solitaires de la Thébaïde.* || Tout homme qui vit isolé de ses semblables. || Vieux sanglier mâle qui a quitté sa bande pour vivre seul. || Jeu qu'on joue seul au moyen d'une petite plaque de bois percée de 37 trous dans chacun desquels, à l'exception d'un seul, est placée une cheville. Le joueur manœuvre ces chevilles comme les pions d'un jeu de dames. La partie est achevée quand il ne reste plus qu'une seule cheville sur la plaque. || Gros diamant monté seul. — *Sf.* Nom d'une plante d'ornement. — **Dér.** *Solitairement, solitude.* Même famille : *Seul, solide, solo, soliste.*

SOLITAIREMENT (*solitaire* + sfx. *ment*), *adv.* D'une manière solitaire.

SOLITUDE (l. *solitudo :* de *solum,* seul), *sf.* État d'une personne qui est seule : *Vivre dans la solitude.* || État d'une personne qui fréquente peu de monde : *Se condamner à la solitude.* || État d'une personne privée d'aide, de consolations : *Déplorer sa solitude.* || Lieu peu ou point fréquenté par les hommes : *Se retirer dans une solitude.* || Lieu peuplé autrefois et qui ne l'est plus : *Palmyre est devenue une solitude.* || Désert : *Les solitudes du nouveau monde.*

***SOLIVAGE** (*solive*), *sm.* Cubage d'une pièce de charpente exprimé en solive.

SOLIVE (vx fr. *solieve :* l. *sublevare,* supporter), *sf.* Pièce de charpente, parallélipipédique, qui porte sur un mur et une poutre, ou sur deux murs opposés, et qui supporte

SOLIVE

SS. Solives. — P. Poutre. C. Corbeau.

un plancher. || Autrefois mesure de volume employée pour les bois de charpente, figurée par un parallélipipède de 6 pouces d'équarrissage, de 12 pieds de long et contenant 3 pieds cubes. La solive valait donc 0 mètre cube 10283. — **Dér.** *Soliveau, solivage.*

SOLIVEAU (dm. de *solive*), *sm.* Petite solive assemblée par un bout ou par les deux bouts dans un chevêtre. — Fig. Homme sans autorité.

SOLLE, petite rivière des Hautes-Pyrénées, qui prend sa source au plateau de Lannemezan et se jette dans la Bayse.

SOLLER (CHARLES) (né en 1858), voyageur

français qui explora le Grand Atlas et le Sahara marocains (1880-1887).

SOLLICITATION (l. *sollicitationem*), *sf.* Imitation, prière pressante qu'on fait à quelqu'un pour en obtenir quelque chose. || Démarche qu'on fait pour le succès d'une affaire, pour le gain d'un procès : *Accabler les juges de sollicitations.*

SOLLICITER (l. *sollicitare* : de *sollus*, entier+*citare*, exciter), *vt.* Exciter à : *Solliciter à la révolte.* || Demander avec instance : *Solliciter une permission.* || *Solliciter une affaire,* faire des démarches pour qu'elle réussisse. || Provoquer : *L'émétique sollicite à vomir.* || Imprimer une tendance au mouvement : *La pesanteur sollicite les corps à tomber.* — **Gr.** Devant un infinitif on peut mettre *solliciter à* ou *solliciter de* : *On le sollicite à partir* ou *de partir.* — **Dér.** *Sollicitation, solliciteur, solliciteuse, sollicitude.*

SOLLICITEUR, EUSE (*solliciter*), *s.* Celui, celle qui demande avec instance une place, une faveur, etc., à une personne puissante : *Un solliciteur importun.* || Personne qui fait des démarches pour le succès des affaires, d'un procès d'une autre personne.

SOLLICITUDE (l. *sollicitudinem*), *sf.* Vigilance inspirée par l'inquiétude ou l'affection, et qui porte à s'occuper avec grand soin d'une personne, d'une affaire : *Sa détresse est l'objet de ma sollicitude.*

SOLLIÈS-PONT, 2 891 hab. Ch.-l. de c., arr. de Toulon (Var).

SOLMONA, 15 019 hab. Ville d'Italie, province d'Aquila.

SOLMS, ancienne famille d'Allemagne qui remonte à Othon, frère de Conrad Ier, et dont les possessions étaient situées sur les rives de la Lahn, près du Nassau. La famille est aujourd'hui divisée en quatre branches : Solms-Braunfels, Hohensolms Lich, Solms-Laubach, Solms-Wildenfels.

SOLNAN, rivière du département de l'Ain, qui arrose l'Ain et Saône-et-Loire et se jette à Louhans dans la Seille. Il reçoit le Besançon, le Sevron, le Giria et la Vallière.

SOLO (mot ital., *seul*), *sm.* Partie d'un morceau de musique exécuté par un seul instrument ou une seule voix. — Pl. *des solo, des solos,* ou *des soli.*

SOLO-BENG-AWAN, 100 000 hab. Ville de l'île de Java, sur la rivière du même nom.

SOLOGNE, 25 kilom. Petite rivière du département de l'Allier, affluent de la Marmande.

SOLOGNE (l. *Secolaunia*), ancien pays de France dans l'Orléanais, compris entre le Casson et la Sauldre, traversé de l'E. à l'O. par le Beuvron, formant une vaste plaine sableuse qui repose sous un sous-sol argileux imperméable. Autrefois stérile, couverte de landes, de bruyères et d'innombrables lagunes qui donnaient la fièvre. La Sologne a été fertilisée et assainie depuis 30 ans par la canalisation, la plantation des conifères et le marnage. Cap. *Romorantin.* — **Dér.** *Solognot.*

SOLOGNOT (*Sologne*), *adj.* et *sm.* Nom qui désigne les petits moutons de la Sologne, à tête et à jambes roussâtres, sobres, mais qui ont la laine rude, disposée en mèches.

SOLOIRE, rivière du département de la Charente-Inférieure qui arrose Bréville, Nercillac et Saint-Trojan et se jette dans la Charente. Elle reçoit le Tourtrat.

SOLON (640-559 av. J.-C.), né à Salamine, poète, philosophe et l'un des sept Sages de la Grèce, fut chargé, en 596 av. J.-C. par les Athéniens de rédiger des lois auxquelles ceux-ci jurèrent d'obéir pendant 100 ans, puis partit pour visiter l'Égypte et l'Asie Mineure. De retour à Athènes, il tenta de s'opposer à la tyrannie de Pisistrate, et, n'y ayant pas réussi, il se retira dans l'île de Chypre, où il mourut.

SOLRE-LE-CHÂTEAU, 2 659 hab. Ch.-l. de c., arr. d'Avesnes (Nord).

SOLSTICE (l. *solstitium* : de *sol*, soleil + *stare*, s'arrêter), *sm.* Instant où le soleil atteint sa plus grande distance de l'équateur; il paraît alors s'arrêter quelques jours avant de se rapprocher de ce grand cercle. Il y a par an deux solstices : 1° le *solstice d'hiver* (21 décembre), qui arrive quand le soleil décrit dans son mouvement diurne le tropique du Capricorne et qui coïncide au jour le plus court; 2° le *solstice d'été* (21 juin), qui arrive quand le soleil décrit le tropique du Cancer et qui coïncide avec le jour le plus long. — **Dér.** *Solsticial, solsticiale.*

SOLSTICIAL, ALE (*solstice*) *adj.* Qui a rapport au solstice : *Points solsticiaux,* les points de l'écliptique où se trouve le soleil à l'époque des solstices.

SOLUBILITÉ (*soluble*), *sf.* Propriété que possède un corps de pouvoir se dissoudre, se fondre, en plus ou moins grande quantité, dans un liquide : *La solubilité d'un corps solide augmente généralement avec la température.* Il y a pourtant des exceptions : à partir de la température de 33° la solubilité du sulfate de soude diminue quand la température s'élève. || Faculté que possède un corps, au contact d'un liquide, de disparaître dans ce liquide, en formant avec lui un liquide différent, homogène, et cela sans attaquer le premier liquide, sans être attaqué par lui. Cette définition exclut, on le voit, un grand nombre de phénomènes chimiques dans lesquels un corps, mis au contact d'un liquide, forme une solution, mais après avoir attaqué le dissolvant. Ainsi le potassium, le sodium, etc., mis au contact de l'eau, la décomposent, se combinent avec son oxygène et forment une solution de potasse ou de soude. Le cuivre se dissout facilement dans l'acide azotique, en le décomposant; il est même attaqué, au contact de l'oxygène de l'air, par les acides organiques étendus, tels que l'acide tartrique, l'acide citrique, l'acide acétique. Il est attaqué aussi par les huiles grasses. Le calcaire n'est attaqué par l'acide azotique qu'en perdant son acide carbonique : l'évaporation du liquide laisse, non pas du carbonate, mais de l'azotate de chaux. Ces divers phénomènes sont produits par des actions chimiques nettement caractérisées. Ils ne relèvent pas de ce que l'on entend par solubilité. Dans les cas de solubilité proprement dite, au contraire, le corps dissous ne change pas de nature à ce point. Il peut généralement reprendre son état primitif sous l'influence de la chaleur appliquée à la solution. S'il est gazeux, il peut se dégager avant l'évaporation du liquide. C'est ce qui aura lieu, par exemple, pour l'acide sulfureux ou pour l'ammoniaque. S'il est liquide, il restera après l'évaporation du dissolvant, et il reparaîtra tel qu'il était avant la dissolution. Tout au plus aura-t-il retenu une partie du dissolvant qui, du reste, pourra quelquefois être chassée par la chaleur. Il est important de savoir, au moins d'une façon sommaire, quelle est la solubilité des principaux groupes de combinaisons chimiques. Les principaux acides minéraux, tels que l'acide sulfurique et l'acide azotique, qui sont liquides, l'acide chlorhydrique et l'acide carbonique, qui sont gazeux, sont solubles dans l'eau et même l'acide chlorhydrique ne se trouve dans le commerce que sous forme de solution. La solution d'acide carbonique constitue l'eau de Seltz. Cependant certains acides, tels que l'acide silicique, l'acide tungstique, etc., sont insolubles. Les oxydes, la potasse, la soude et la lithine sont très solubles; la chaux, la baryte et la strontiane ne le sont que faiblement; les autres oxydes sont insolubles. Quant aux sels, on peut indiquer d'une façon générale quels sont ceux qui sont solubles et ceux qui ne le sont pas. — **Première règle :** Tous les sels des alcalis sont solubles, plus ou moins. *Ces sels étant mis à part,* c'est par la connaissance de l'acide que l'on peut savoir si un sel d'une autre base est soluble ou non. — **Deuxième règle :** La plupart des sels dont l'acide ne peut pas se former par la combustion directe de leur métalloïde sont solubles. Ainsi tous les sulfates, sauf ceux de baryte, de plomb et de protoxyde de mercure, sont solubles; les séléniates, les perchlorates, les perbromates, les périodates, les chlorates, les bromates, les iodates, les hypochlorites, les hypobromites, les hypoïodites, les azotites et les azotates sont solubles. Quant aux arséniates et aux phosphates, ils font exception à la règle générale; seuls les phosphates acides et arséniates acides sont solubles dans l'eau. Insolubles, au contraire, sont tous les carbonates, les silicates, les sulfites, les sélénites, les phosphites, les phosphates, les arsénites, les antimonites, les borates, sauf, bien entendu, les carbonates, silicates, sulfites, etc., des alcalis. — **Troisième règle :** Les chlorures et bromures sont solubles, sauf les sous-chlorures et sous-bromures de cuivre et de mercure, le chlorure d'argent et le chlorure de plomb, tous peu solubles, et quelques protochlorures des métaux rares. Tous les sulfures autres que les sulfures alcalins et alcalino-terreux sont insolubles.

La plupart des sels sont plus solubles à chaud qu'à froid. Il y a cependant des exceptions. Ainsi la solubilité du sel marin ou chlorure de sodium ne varie guère avec la température; la solubilité du sulfate de chaux diminue quand la température s'élève; le sulfate de soude présente un phénomène curieux : sa solubilité augmente de 0° à 33°; puis elle va constamment en diminuant. En étudiant les variations de la solubilité pour un grand nombre de sels, on a constaté qu'en général la solubilité reste constante entre certaines limites de température, puis fait un saut brusque pour rester de nouveau constante entre la température qui vient d'être atteinte et une température plus élevée. On en conclut qu'il se forme successivement dans la solution des hydrates renfermant des quantités d'eau différentes.

On appelle *coefficient de solubilité* d'un corps pour une certaine température le rapport entre le poids maximum du corps, qui peut se dissoudre à cette température, et le poids du dissolvant.

SOLUBLE (l. *solubilem* : de *solvere*, délier), *adj. 2 g.* Qui peut être résolu : *Problème soluble.* || Qui peut se dissoudre, se fondre dans un liquide : *Le sucre est soluble dans l'eau et la résine dans l'alcool.*

***SOLUTÉ** (l. *solutum*, dissous), *sm.* Liquide résultant de la dissolution d'un corps solide dans un premier liquide : *L'eau sucrée est un soluté de sucre dans l'eau pure.* — **Dér.** *Solution; soluble, solubilité; solvable, solvabilité.* — **Comp.** *Absoudre, absous; absoute, absolution; absolu, absolue, absolument, absolutisme, absolutiste; absolutoire; dissoudre,* etc.; *irrésolu,* etc.; *insoluble,* etc.; *insolvable, insolvabilité; résoudre,* etc., etc.

SOLUTION (l. *solutionem*), *sf.* Phénomène chimique consistant en ce qu'un corps solide ou gazeux se dissout, se fond dans un liquide. || Le liquide nouveau qu'on obtient quand un corps solide ou un gaz s'est dissous dans un liquide : *Une solution de potasse.* || *Solution saturée,* qui contient tout ce qu'elle peut dissoudre d'un corps soluble à la température où elle se trouve. || *Solution concentrée,* qui est saturée ou près de l'être. || *Solution diluée,* à laquelle on a ajouté une grande quantité du liquide dissolvant. || Dénouement d'une difficulté : *La solution d'un problème.* || Mode de terminaison d'une affaire : *La guerre est une fâcheuse solution.* || Séparation des parties d'un tout, lacune : *Cette route présente une solution de continuité.* || Payement final, libération d'une dette : *Donner des acomptes jusqu'à parfaite solution.*

L'HOMME DE SOLUTRÉ

SOLUTRÉ, village de l'arr. de Mâcon (Saône-et-Loire), vin blanc. Célèbre station préhistorique de la pierre taillée, immédiatement postérieure à celle du Moustier, caractérisée surtout par une pointe de lame en silex taillée à petits coups en losange allongée, par la présence des ossements de plus de cent mille chevaux qui ont servi de nourriture aux hommes de cette époque, par la multiplication du renne et par le commencement d'une industrie indigène variée qui devait acquérir tout son développement à l'époque suivante, celle de la *Madeleine*. — **Dér.** *Solutréen, solutréenne.*

SOLUTRÉEN (LE), *sm.* Époque de l'ère quaternaire qui a succédé au moustérien : il tire son nom de la station de Solutré, dans le Mâconnais. L'industrie solutréenne est caractérisée par deux objets en pierre : la pointe en feuille de laurier et la pointe à cran (V. les fig. au mot *Silex*, n° 12), toutes les deux en silex depuis le silex opaque jusqu'au silex transparent d'Excideuil, où l'on a trouvé des pointes en calcédoine et en agate. Les produits de l'industrie solutréenne se distinguent de ceux de l'époque moustérienne par un cachet d'élégance plus recherchée : c'est l'apogée de la taille de la pierre de l'ère quaternaire. Le racloir moustérien est remplacé par des grattoirs dont l'emploi n'a pu être déterminé ; ce sont des lames de pierre dont le sommet est régulièrement retouché de manière à décrire un arc de cercle à bords tranchants; beaucoup sont emmanchés dans des poignées en os.

Les perçoirs et les scies jouent un certain rôle à cette époque. Les perçoirs sont des lames taillées en pointes fines et aiguës; les scies étaient travaillées diversement sur le tranchant : elles ont souvent la forme d'un arc de cercle très ouvert (V. *Scie*). L'industrie solutréenne se rencontre dans les départements de la Charente (Placard, Vilhonneur), de la Dordogne (Excideuil, Laugerie-Haute, Tayac), du Vaucluse (Gargas). On a trouvé à Volgu (commune de Rigny, Saône-et-Loire) une cachette contenant un grand nombre de pointes intactes.

La période solutréenne est une époque de transformation pour le développement du travail comme pour le climat, qui est beaucoup plus sec que le climat moustérien; les glaciers ont commencé leur mouvement de recul. Parmi les principales espèces de la faune solutréenne nous citerons les bovidés (aurochs), les équidés, dont il reste à Solutré une agglomération de squelettes considérable; le renne et l'élan sont aussi représentés dans les stations solutréennes. Des études approfondies qui ont été faites par divers savants sur les squelettes humains attribués tout d'abord à cette époque, il résulte que nous ne possédons aucun renseignement certain sur l'homme de Solutré.

SOLVABILITÉ (*solvable*), *sf.* État d'une personne qui a le moyen de payer.

SOLVABLE (l. *solvere*, payer), *adj. 2 g.* Qui a de quoi payer : *Débiteur solvable.* — **Dér.** *Solvabilité.* — **Comp.** *Insolvable.*

SOLWAY, golfe formé par la mer d'Irlande, entre l'Angleterre et l'Écosse, au N. du Cumberland; il reçoit, entre autres cours d'eau : l'Est, le Sark, le Derwent.

SOLYME, l'un des noms que les Grecs et les Latins donnèrent à Jérusalem.

SOMAIN, 5796 hab. Bourg du canton de Marchiennes, arrondissement de Douai (Nord). Filatures, peignages de laines. Centre d'un important bassin houiller.

SOMALIS, population mahométane de la côte d'Afrique, en face de Madagascar.

SOMBERNON, 805 hab. Ch.-l. de c., arr. de Dijon (Côte-d'Or).

***SOMBRAGE** (*sombrer* 2), *sm.* Premier labour donné à la vigne.

SOMBRE (bl. *subumbrare*, mettre dans l'ombre), *adj. 2 g.* Peu éclairé : *Forêt sombre.* ‖ Qui éclaire mal : *Lumière sombre.* ‖ Qui est d'une teinte très foncée et tirant sur le brun : *Couleur sombre.* ‖ Obscur : *Nuit sombre.* ‖ Poét. Les *sombres bords*, les *sombres rivages*, le *sombre royaume*, les enfers, chez les Grecs et les Romains. — Fig. Qui est d'une tristesse farouche : *Esprit sombre.* ‖ Empreint d'une tristesse farouche : *Visage sombre.* — **Dér.** *Sombrer, sombrée, sombrero.*

***SOMBRÉE** (*sombre*), *adj.* Se dit en musique d'une voix couverte, se produisant quand le larynx vibre avec la plus grande dimension du tuyau vocal.

1. **SOMBRER** (norois *sumbla*, abîmer, engloutir, *vi.* S'enfoncer sous l'eau, en parlant d'un navire. — Fig. Être anéanti : *Sa fortune a sombré.*

2. ***SOMBRER** (bl. *sumbrum*, moment de l'année où l'on fait les premiers labours), *vt.* Donner le premier labour à un champ. — REMARQUE. Dans le dialecte poitevin, *labourer sombre* signifie labourer superficiellement.

SOMBRERETE, 40228 hab. Ville du Mexique, État de Zacatecas. Riches mines d'argent.

***SOMBRERO** [som-bré-ro] (mot esp. *sombra*, ombre), *sm.* Chapeau à larges bords en usage chez les Espagnols.

SOMBREUIL (Mlle DE), fille d'un gouverneur des Invalides qui, pendant les journées de septembre 1792, obtint par ses prières l'élargissement de son père détenu à l'Abbaye. Il est faux qu'on ait mis pour condition à cet élargissement qu'elle bût un verre de sang. Morte en 1823.

SOMERSET, 465000 hab. Comté du S.-O. de l'Angleterre sur les côtes S. et E. du canal de Bristol. Mines de plomb, de cuivre et de houille; nombreuses sources d'eaux minérales très fréquentées. Cap. Bath.

SOMERSET (ÉDOUARD SEYMOUR, DUC DE), frère de Jeanne Seymour, troisième femme de Henri VIII, roi d'Angleterre, gouverna despotiquement ce royaume au nom de son neveu Édouard VI, et fut décapité en 1562 sur les accusations de Warwick.

SOMMA (*Vesuviano*). Ville de la province de Naples, voisine du Vésuve. Vins renommés.

SOMMA (MONT). Rempart demi-circulaire qui entoure le cône actif du Vésuve : il en est séparé par l'Atrio Cavallo, fossé continu de 400 mètres de profondeur. Le diamètre de la Somma est de 4 kilomètres. La Somma offre une succession de lits de scories et de couches de lave amphigénique, épaisses de 2 ou 3 millimètres. La surface des nappes de lave est scoriacée. On y rencontre en grande abondance des tufs compacts dont l'origine continentale n'est plus douteuse depuis les études de Lyell. On regarde la Somma comme un cône de débris dont le sommet s'est effondré en 79.

***SOMMAGER** (*sommier*), *vt.* Mettre des cercles appelés sommiers à une futaille.

***SOMMAIL** (*somme* 4), *sm.* Écueil situé dans une passe. ‖ Bas-fond au-dessus duquel les navires ne peuvent s'aventurer. (Mar.)

SOMMAIRE (l. *sommarium*, abrégé : de *somma*, somme), *adj. 2 g.* Énoncé ou rédigé en peu de mots : *Explication, traité sommaire.* ‖ *Jugement sommaire*, rendu sans passer par toutes les formalités ordinaires. ‖ *Exécution sommaire*, qui n'est pas précédée d'un jugement. — *Sm.* Exposition très abrégée du contenu d'un écrit : *Le sommaire d'un chapitre.*

SOMMAIREMENT (*sommaire* + sfx. *ment*), *adv.* Brièvement, en peu de mots. ‖ *Juger sommairement*, d'une façon expéditive et sans observer les formalités habituelles.

1. **SOMMATION** (*sommer* 1), *sf.* Action de signifier à quelqu'un, dans les formes usitées ou légales, qu'il ait à faire telle ou telle chose : *L'autorité adresse trois sommations à un attroupement avant de le faire disperser par la force armée.* ‖ Déclaration adressée au commandant d'une place assiégée d'avoir à la livrer. ‖ Acte par écrit contenant la sommation faite par un huissier ou un officier public. ‖ *Sommation respectueuse*, se dit par abus pour *acte respectueux*. (V. *Acte*.)

2. **SOMMATION** (*sommer* 2), *sf.* Calcul que l'on fait pour trouver la somme des termes d'une série mathématique : *Faire la sommation d'une pile de boulets.*

Étant donnée une progression arithmétique, on a vu à l'article *Progression* que la somme des termes S d'une progression arithmétique limitée

$$a+b+\ldots+l$$

est égale à

$$\frac{a+l}{2}n,$$

c'est-à-dire au produit de la demi-somme des extrêmes par le nombre des termes.

De même, si on considère la progression géométrique de m termes et de raison q

$$\div\!\div a:b:c:d:\ldots:g:k:l:m.$$

La somme des termes S est égale à (a étant le premier terme) :

$$a\frac{q^m-1}{q-1}.$$

On peut appliquer ces formules à divers cas intéressants dans la pratique : 1° Somme des n premiers nombres entiers : on a ici une progression arithmétique de n termes, dont le premier est 1 ; la raison est 1.

$$S=1+2+3+\ldots+(n-1)+n=\frac{n(n+1)}{2}.$$

2° Somme des n premiers nombres impairs. Le premier terme de la progression arithmétique de n termes est 1, la raison est 2.

$$S=1+3+5+\ldots+(2n-3)+(2n-1)=\frac{1+(2n-1)}{2}n=n^2.$$

3° Somme des n premiers nombres pairs. La progression a pour premier terme 2 et pour raison 2

$$S'=2+4+6+\ldots+2n=\frac{2+2n}{2}n=n(n+1).$$

4° Somme des carrés des termes d'une progression arithmétique limitée. Soit S_2 la somme des carrés, S_1 la somme des premières puissances des n termes de la progression a et l les termes extrêmes, r la raison, on a la formule

$$(l+r)^3=a^3+3S_2r+3S_1r^2+nr^3.$$

d'où $$S_2=\frac{(l+r)^3-a^3-r^2(3S_1+nr)}{3}.$$

Ex. Somme des carrés des n premiers nombres entiers : remplaçons dans la formule précédente a par 1, r par 1 et tenons compte de ce que $l=n$.

Nous aurons, puisque

$$S_1=\frac{n(n+1)}{2},$$

la formule

$$S_2=\frac{(n+1^3)-1-3\frac{n(n+1)}{2}-n}{3};$$

d'où, après réduction des termes,

$$S_2=\frac{n(n+1)(2n+1)}{6}.$$

On peut calculer également les sommes S_3 et S_4 des cubes et des quatrièmes puissances des n premiers nombres entiers.

$$S_3=1^3+2^3+\ldots+n^3=S_1^2=\left[\frac{n(n+1)}{1.2}\right]^2$$

$$S_4=1^4+2^4+3^4+\ldots+n^4=\frac{n^5}{5}+\frac{n^4}{2}+\frac{n^3}{3}-\frac{n}{30}.$$

Appliquons ces propriétés au calcul du nombre de boulets contenus dans une pile. On emploie trois principales espèces de piles caractérisées par leur base.

1° Pile à base carrée qui a n boulets sur chacun des côtés de sa base. Les assises successives à partir de la base renfermant des nombres de boulets, qui sont

$$n^2, (n-1)^2, (n-2)^2 \ldots 2^2, 1^2.$$

Le nombre total est donc la somme S_2 déjà calculée plus haut, c'est-à-dire

$$\frac{n(n+1)(2n+1)}{6}.$$

2° Pile à base triangulaire, qui a n boulets sur chacun des côtés de sa base. Chaque assise est un triangle équilatéral et le nombre des boulets contenus sur les côtés de ce triangle diminue d'une unité quand on passe d'une assise à celle qui est placée immédiatement au-dessus. Dans le triangle de base, il y a un nombre de boulets qui est la somme des files, c'est-à-dire

$$1+2+3+\ldots+n=\frac{n(n+1)}{2}.$$

Ou $$\frac{n^2}{2}+\frac{n}{2}.$$

En donnant successivement à n les valeurs

$n, n-1, n-2 \ldots 2, 1$ et faisant la somme on a

$$S = \begin{cases} \frac{n^2}{2} + \frac{(n-1)^2}{2} + \frac{(n-2)^2}{2} + \ldots + \frac{2^2}{2} + \frac{1^2}{2} \\ + \frac{n}{2} + \frac{n-1}{2} + \frac{n-2}{2} + \ldots + \frac{2}{2} + \frac{1}{2}. \end{cases}$$

C'est-à-dire

$$\frac{S_2 + S_1}{2} = \frac{\frac{n(n+1)(2n+1)}{6} + \frac{n(n+1)}{2}}{2},$$

c'est-à-dire, en réduisant,

$$\frac{n(n+1)(n+2)}{6}.$$

3° Pile à base rectangulaire qui a n et $n+p$ boulets sur les côtés de sa base. Le nombre des boulets diminue d'une unité dans chaque dimension, quand on passe d'une assise à la suivante. La différence de nombre de boulets sur les deux dimensions d'une même assise est donc p. La pile complète se termine par une file de $p+1$ boulets.

Le nombre des boulets de la première assise est

$$n(n+p) = n^2 + pn.$$

Celui de la seconde assise est

$$(n-1)^2 + p(n-1).$$

Le nombre total est

$$S = \begin{cases} n^2 + (n-1)^2 + (n-2)^2 + \ldots + 2^2 + 1^2 \\ + pn + p(n-1) + p(n-2) + \ldots p \times 2 + p, \end{cases}$$

c'est-à-dire que $S = S_2 + pS_1$,
d'où

$$S = \frac{n(n+1)(2n+1)}{6} + \frac{pn(n+1)}{2}.$$

Ce qui peut s'écrire

$$S = \frac{n(n+1)(2n+1)}{6} + \frac{3pn(n+1)}{6},$$

d'où, en mettant $\frac{n(n+1)}{6}$ en facteur,

$$S = \frac{n(n+1)(3p+2n+1)}{6}.$$

Pour les piles à base carrée ou à base rectangulaire, on peut compter le nombre de boulets contenus dans une face triangulaire et le multiplier par la moyenne arithmétique des nombres des boulets contenus dans les arêtes parallèles qui aboutissent aux sommets du triangle.

Quand on a affaire à une pile tronquée, on la considère comme la différence de deux piles complètes.

1. SOMME (l. *somma*, f. de *sommus*, le plus haut), *sf.* Le résultat qu'on obtient en additionnant ensemble plusieurs quantités : *La somme de 3, 4 et 5 est 12.* || *Somme totale,* la quantité qui résulte de plusieurs sommes additionnées ensemble. || Une quantité d'argent : *Gagner une grosse somme.* — Fig. L'ensemble des choses de même nature : *La somme de nos besoins est considérable.* || Titre de certains livres qui traitent en abrégé de toutes les parties d'une science : *La somme théologique de saint Thomas d'Aquin.* — SOMME TOUTE, EN SOMME, *loc. adv.* En résumé, pour conclusion. — **Dér.** *Sommation* 2, *sommer* 2, *sommé, sommée, sommet, somme* 4, *sommier* 1, *sommité.*

2. SOMME (bl. *salma* : du g. σάγμα, bât, charge d'un bât), *sf.* La charge qu'on peut mettre sur le dos d'un cheval, d'un âne, etc. || *Bête de somme,* tout animal domestique que l'on utilise pour transporter des fardeaux à dos. — Fig. Personne à qui l'on impose un travail excessif. — **Dér.** *Sommer* 1, *sommelier, sommelière, sommellerie, sommier* 2, — **Comp.** *Assommer.*

3. SOMME (l. *somnum*), *sm.* Sommeil, et surtout sommeil de peu de durée : *Faire un somme après le dîner.* — **Dér.** *Sommeil, sommeiller.*

4. *SOMME (*sommet*), *sf.* Banc de gravier, de sable, etc., situé à l'embouchure d'un fleuve, à l'entrée d'un port. (Mar.)

SOMME, torrent du département de l'Ariège qui se jette dans l'Aude.

SOMME, 44 kilom. Affluent de la Loire qui prend sa source au mont Dardon (Saône-et-Loire) ; elle reçoit la Valence.

SOMME (LA), 240 kilom. Rivière de France qui prend sa source dans le département de l'Aisne, près de Fontsomme (canton de Saint-Quentin). Elle coule d'abord vers le S.-O. par Saint-Quentin, Saint-Simon, puis elle tourne au N.-O., direction générale, qu'elle conserve jusqu'à son embouchure. La Somme entre alors dans le département auquel elle donne son nom, arrose Ham ; sa vallée est plate et marécageuse à Offoy, Vayennes, Béthencourt. Le fleuve traverse alors de vastes étangs, baigne Villecourt, Pargny, Faloy, Cizancourt, Briost-Saint-Christ, Ërié, Eterpigny, Péronne ; la vallée est bordée de collines, et le cours de la Somme devient très sinueux. On rencontre ensuite successivement Sainte-Radegonde, Cléry, Frise, Suzanne, Cappy, Bray et Neuville, où s'amorce un canal latéral qui rend la rivière navigable. La Somme baigne dès lors Héricourt, Chipilly, Cérizy, Sailly, Vaire, Fouilloy, Aubigny, Corbie, Daours, Blangy, Camons, puis atteint Amiens, où elle se divise en quinze bras qui se réunissent au sortir de la ville. Il existe en outre de nombreux bras secondaires et des canaux qui arrosent un grand nombre de jardins maraîchers (*hortillons* ou *cortisols*). Avant d'arriver à Abbeville, la Somme passe à Dreuil, Ailly, Picquigny, Saint-Pierre, Crouy, Bourdon, Long, Coquerel, Pont-Rémy, Eaucourt, Epagnette, Epagne. A Abbeville commence un canal maritime, large de 50 mètres, profond de 4, qui se développe sur 14 kilomètres de longueur ; il se termine aux écluses de Saint-Valery, au-dessous desquelles le fleuve n'est plus navigable qu'aux heures de la marée. Des digues submersibles maintiennent le chenal à la sortie de Saint-Valery sur une longueur de 1500 mètres ; le fleuve aboutit à la mer par deux bras principaux qui changent souvent de lit ; ils permettent aux navires de 300 tonnes l'accès du port d'Abbeville. Le lit du fleuve est tout entier dans des terrains crétacés et perméables ; aussi la Somme est-elle par excellence un cours d'eau stable ; car le rapport de l'étiage aux crues est de 1 à 4 : son action au point de vue du transport est nulle, et ses crues restent absolument limpides. Le long du fleuve on rencontre de nombreuses tourbières, qui appartiennent à la classe des tourbières de vallées. La Somme reçoit à droite : 1° La *Germaine* (64 kilom.), qui passe à Douilly, Sancourt et se jette près d'Offoy. 2° L'*Omignon* (29 kilom.), qui prend sa source à Pontru (Aisne), et baigne Tertry, Mouchy, Devise, Athies, Ennemain et Briost. 3° La *Cologne* (9 kilom.), qui passe à Tincourt. 4° La *Tortille* (12 kilom.) arrose Manancourt, et se jette près de Cléry. 5° L'*Ancre* (32 kilom.) passe à Miraumont, à Albert, et se jette en face Aubigny. 6° L'*Hallue* (14 kilom.) prend sa source à Vadencourt, baigne Beaucourt, Fréchencourt, Querrieux, et se jette à Daours. 7° La *Nièvre* (18 kilom.) arrose Montrelet, Flixecourt, les Moulins-Bleus. 8° Le *Scardon* (10 kilom.) prend sa source à Saint-Riquier, et se jette à Abbeville. 9° Le *Pont-Dien* (9 kilom.), qui passe à Nouvion, à Noyelles, et se jette dans la baie de la Somme. 10° La *Moye* (27 kilom.) sort des environs de Crécy et se jette dans la baie de la Somme par deux bras. A gauche, la Somme reçoit : 1° La *Beine* (5 kilom.), qui se jette à Ham. 2° L'*Allemagne* (5 kilom.), qui s'unit au fleuve près d'Offoy. 3° L'*Ingond* (13 kilom.), qui arrose Breuil, Longuevoisin, Nesle, et se jette à Rouy. 4° L'*Avre* (49 kilom.) prend sa source à Avricourt (Oise), passe à Roye, Saint-Aurin, Becquigny, Boussicourt, Davenescourt, Braches, Moreuil, Castet, Boves, Cagny, et se jette à Camons. Elle reçoit : le *Don* (12 kilom.), qui joint la Somme à Pierrepont ; la Luce (13 kilom.), la Noye (27 kilom.). 5° La *Celle* (36 kilom.), qui naît dans l'Oise, à Catheux, arrose Conty, Leuilly, Plochy, Hébécourt, Saleux et se perd à Montières-lès-Amiens. Elle reçoit la rivière des *Evoissons* (21 kilom.), qui se grossit elle-même de la rivière de *Poix* et de celle des *Parquets*. 6° Le *Landon* (12 kilom.). 7° L'*Airaines* (13 kilom.), arrosant Allery, Airaines, Longpré et tombant dans la Somme, à l'Etoile. 8° La *Bellefontaine*. 9° La *Trie* (11 kilom.), qui se jette à Saint-Valery. 10° L'*Amboise* (6 kilom.). 11° Le canal des *Bas-Champs* (10 kilom.) reçoit de nombreux canaux de dessèchement et sert de déversoir aux étangs du Hable, d'Ault. La Somme est reliée à l'Escaut par le canal Crozat, à l'Oise par le canal de Saint-Quentin.

SOMME (DÉPART. DE LA), 614 287 hectares, 544 537 hab. (V. carte, p. 363). Département maritime du N. de la France tirant son nom du fleuve qui le traverse de l'E. à l'O. Il a été formé en 1790 d'une grande partie de l'ancienne Picardie (Vermandois, Santerre, Amiénois, Ponthieu, Vimeu, Marquenterre), et d'une petite portion de l'Artois. Le département de la Somme est borné par les départements du Pas-de-Calais au N., de l'Aisne à l'E., du Nord au N.-E., de l'Oise au S. de la Seine-Inférieure à l'O. Au N.-O., le département est limité par la Manche sur 45 kilom. de longueur. Il n'a que peu de limites naturelles ; il est borné à l'O. par la manche ; au N. l'*Authie* le sépare du département du Pas-de-Calais, tandis qu'au S.-O. la *Bresle* forme la ligne frontière entre la Somme et la Seine-Inférieure. Le département de la Somme est compris entre 49° 35′ et 50° 23′ de latitude nord et entre 0° 51′ de longitude E. et 0° 53′ de longitude O. ; ses dimensions extrêmes sont de 140 kilom. de l'E. à l'O., et de 76 kilom. du S. au. N.

Le littoral du département commence à la baie d'Authie formée par l'estuaire du fleuve qui porte ce nom, et au S. de laquelle s'élèvent les dunes de Saint-Quentin-en-Tourmont (30 mètres), s'étendant de la pointe de *Bouthiauville* à celle de Saint-Quentin. Cette côte est sablonneuse jusqu'à la baie de la Somme, qui est peu profonde et semée de bancs de sables mobiles : là viennent aboutir la Somme et quelques cours d'eau sans importance. Cette baie n'est que l'estuaire de la Somme ; elle a la forme d'un triangle dont les sommets sont Saint-Quentin, Saint-Valery et la Pointe du Hourdel ; des travaux d'endiguement ont réduit sa longueur à 20 kilom., et sa largeur maxima n'est plus que de 10 kilom. ; le rivage, plat en général, est dominé par quelques falaises sans importance situées près des petits ports de Saint-Valery, du Hourdel et de Cayeux. Au S. de cette localité, grâce aux bancs de galets qui bordent le rivage, on a pu conquérir plus de 10 000 hectares de terrains (*bas champs de Cayeux*). Ces galets sont des débris charriés par les marées et arrachés aux falaises de Normandie, qui commencent à Ault et s'élèvent de 50 à 100 mètres pour s'abaisser ensuite à Mers, station de bains sur la Bresle, à la limite de la Somme et de la Seine-Inférieure. La mer bat en brèche ces murailles et gagne sans cesse vers l'intérieur du pays, tandis qu'il se forme des atterrissements dans les baies de la Somme et de l'Authie. Le département de la Somme se compose de plaines ondulées, en général très fertiles, qui se terminent aux falaises de la Manche, ou bien s'abaissent graduellement jusqu'à la mer. Le point culminant du département est une colline située près du village de *Neuville-Coppegueule* (210 mètres). Les moulins de Beauval, de la Houssaye et les bois de Milly ont de 130 à 160 mètres. Le sous-sol de la Somme étant très perméable, les plaines sont sèches, les sources rares et le régime des cours d'eau est constant. Les bois dominent au S.-O. dans les vallées de la Bresle et du Liger, tandis que les plaines du Vimeu et du Santerre sont remarquables par leur richesse agricole. Entre les rives de l'Authie et de la Somme s'étend le Marquenterre, pays de riches pâturages conquis sur la mer au moyen de digues (20 000 hect., long. 20 kilom., larg. 12 kilom.). Près de Cayeux, un ancien bras de mer, aujourd'hui transformé en étangs, a été isolé par les galets qui ont fermé sa communication avec la Manche.

Le département comprend 3 bassins : ceux de la *Somme*, de l'*Authie* et celui de la *Bresle*.

I. La Somme a été étudiée en détail dans un article spécial. (V. ci-dessus.)

II. L'*Authie* est un petit fleuve de 100 kilom. qui prend sa source au hameau de Rossignol (canton de Coigneux), au pied d'une colline de 162 mètres. Elle coule du S.-E. au N.-O. dans une vallée formée de terrain crétacé, et coule entre le département de la Somme et celui du Pas-de-Calais en arrosant Pas, Doullens, Vitz, Auxy-le-Château, la Broye, Dampierre, Dources, Nampont, Pont-à-Collines, où elle devient navigable; puis elle se jette dans la Manche, par la baie sableuse à laquelle elle donne son nom. Dans son cours inférieur, l'Authie traverse de vastes marais sillonnés de canaux de desséchement.

Elle reçoit à Doullens, rive droite, la *Grouches* (12 kilom.), qui prend sa source à Humbercourt et arrose Lucheux.

DÉPARTEMENT DE LA SOMME

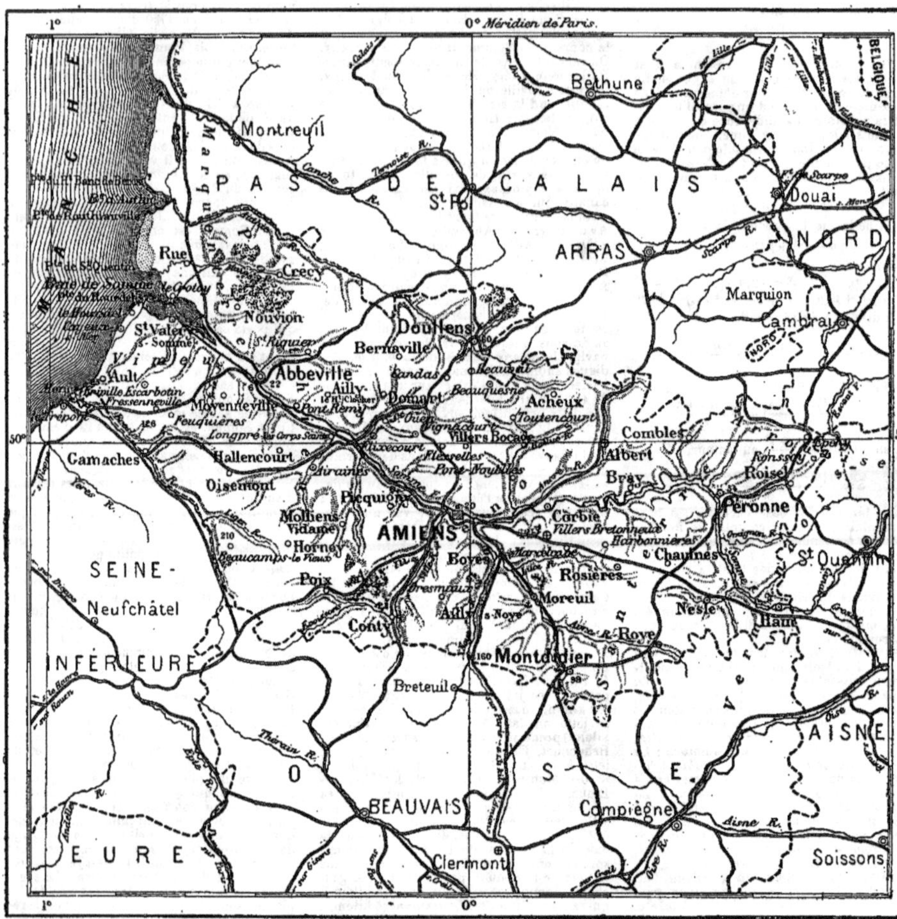

Gravé par J. Geisendörfer, 12 r. de l'Abbaye, Paris.

Signes conventionnels :

PRÉFECTURE
Sous-Préfecture
Canton
Commune, Village

Plus de 100 000 hab. — *De 50 000 à 100 000* — *De 30 000 à 50 000* — *De 20 000 à 30 000* — *De 10 000 à 20 000* — *De 5 000 à 10 000* — *De 2 000 à 5 000* — *Moins de 2 000* — *Place forte. Fort* — *Frontière* — *Limite de Dép.t* — *Chemin de fer* — *Origine de la navigation* — *Canal* — *Col* — *Forêts*

Les chiffres expriment en mètres l'altitude au dessus du niveau de la mer.

Echelle (1 millim. pour 900 mètres). 10 5 0 10 20 30 40 50 Kil.

III. La *Bresle* (72 kilom.) coule également à travers le crétacé dans une vallée profonde dirigée du S.-E. au N.-E. Elle arrose Aumale, Senarpont, Blangy, Gamaches, Eu, et se jette dans la Manche au Tréport. Un canal maritime où ont accès les navires tirant 4 mètres a été construit d'Eu au Tréport. Ses eaux rapides nourrissent des truites. Elle reçoit, à droite : 1° Le *Liger* (31 kilom.), qui coule dans une vallée profondément creusée depuis Guibermesnil jusqu'à Senarpont, où elle se jette dans la Bresle. 2° La *Vismes* (11 kilom.), qui se jette à Gamaches après avoir arrosé Hautecourt et Vismes-en-Val. La Bresle reçoit encore le ruisseau d'*Haudricourt* et la *Méline*. Nous citerons, pour mémoire, quelques cours d'eau sans importance, tels que l'*Ollery*, le *Crotoy*, le ruisseau de *Pont-de-l'Arche*, le *Pont-Dien*, le *Bas-Solinet*.

Le département de la Somme appartient

en majeure partie au crétacé supérieur, qui comprend de nombreux îlots de terrains quaternaires. Les environs d'Amiens sont le type de ces formations. C'est une région uniforme (plaine de la Picardie) dont le fond crayeux est recouvert par des lambeaux irréguliers de terrains tertiaires ou de transport. La plaine est découpée par les vallées de l'Authie, de la Nièvre, de la Somme, de l'Hallue et de l'Ancre.

Les dépôts meubles, formés sur les pentes de limon coloré, sont exploités pour fabriquer des briques ou faire des constructions en pisé; ils recouvrent les vallées crayeuses et renferment souvent des dépôts de cailloux.

Les alluvions modernes occupent presque toutes les vallées; elles sont argileuses ou argilo-sableuses, souvent tourbeuses, surtout dans les vallées de l'Avre, de l'Hallue, de l'Ancre. Les tourbes récentes sont couvertes de sables quartzeux à Pont-Rémy, Breilly. Les alluvions anciennes, principalement développées dans la vallée de la Somme, sont constituées par un limon brun qui alimente les briqueteries de Saint-Acheul et de Montières, et à la base duquel sont des dépôts de silex qui ont fourni des haches et des pierres taillées (de Saint-Acheul, de la Hautoye). Les limons des terrasses et des plateaux occupent la plaine, le sommet des collines et du plateau picards. Ce sont des limons argilo-sableux exploités pour la confection des briques et des tuiles (Corbie, forêt d'Ailly).

A l'O. et au S.-O. du plateau picard, le mélange de silex et d'argile rouge, connu sous le nom de *bief* à silex, forme des bancs d'une certaine épaisseur. On exploite pour la fabrication de la tuile à Wanel et à la ferme de Grâce l'argile à silex bariolée rouge et grise (terre à pannes). Puis viennent les formations de la craie santonienne et campanienne, composées de craie blanche à silex (étages à micraster cosanguinum et à micraster cortestudinarium), que l'on exploite pour la cuisson de la chaux, pour les amendements; elle fournit de l'acide carbonique aux sucreries de la région. La craie marneuse, sans silex, se montre aussi souvent et principalement dans la vallée de l'Authie. Du côté des départements de l'Aisne et de l'Oise apparaissent les sables nummulitiques du Soissonnais (Boulogne, la Grasse, Hainvillers, Séchelles) glauconieux mélangés de *têtes-de-chat* (pierres Saint-Etienne). Dans ces mêmes régions, l'argile plastique accompagne des sables, des grès, des travertins et des lignites pyriteux.

Le puissant étage de la craie blanche s'étendant au N. d'Amiens forme le sous-sol de l'arrondissement, et présente un relèvement général du S. au N. (110 mètres). L'argile à silex imperméable permet la formation de mares où viennent se rassembler les eaux pluviales. L'eau nécessaire aux usages domestiques est fournie par les niveaux d'eau irréguliers de la craie, très variables comme débit. Entre Saint-Just et Grandvilliers, un pli de terrain sépare les bassins de la Somme et de l'Oise; de part et d'autre, les couches plongent rapidement : la craie à micraster, entre Breteuil et Ailly-sur-Noye, s'enfonce en arrivant à l'Avre. Au N.-O. de Montdidier, l'argile à silex donne une humidité constante; au S.-E., l'argile plastique renferme un niveau d'eau qui inonde les lignites de la plaine; enfin des puits nombreux, à débit variable, sont alimentés par la craie. Dans l'arrondissement d'Abbeville, les mêmes faits se reproduisent, les sables verts y donnent un niveau artésien important qui, dans la vallée de la Bresle, alimente les puits de Blangy, Moulin-Hollande et Gamaches.

Le département de la Somme appartient au climat séquanien, qui est en général tempéré, mais humide et changeant. La température moyenne est de +3° en hiver et de +15°4 en été. On compte en moyenne, par an, 176 jours de pluie et 66 de gelée. La hauteur d'eau tombée est de 0m,85 à Abbeville et de 0m,80 à Amiens. Les vents dominants sont ceux de l'O., du N.-O. et du S.-O.

L'agriculture est très développée dans le département de la Somme, qui ne compte que 13 000 hectares de terres incultes sur une superficie totale de 614287 hectares. Les animaux de l'espèce chevaline appartiennent à la race *boulonnaise*, dite du *Vimeu*, et c'est principalement sur le bord de la Manche, dans le Marquenterre et le Vimeu, que naissent ces animaux. Ils sont surtout destinés au transport et au camionnage; quelques-uns même sont employés au service des omnibus.

Les bovidés sont de races *normande* et *flamande*. Les sujets de la première de ces familles sont rangés parmi les cauchois, tandis que les seconds sont des boulonnais et des picards. On a cherché à améliorer les races du pays au moyen des bœufs durham, mais ces essais n'ont donné que des résultats peu satisfaisants. Les bœufs sont livrés de bonne heure à l'engraissement, tandis que les vaches sont essentiellement laitières.

Les moutons se rattachent aux races picarde et flamande; mais le climat est humide, et par conséquent peu propice à la production de la laine; aussi cette dernière est-elle longue et grossière. On a cherché à les améliorer par des croisements avec le southdown et le mérinos; mais les résultats n'ont pas aussi bien réussi que ceux tentés avec le dishley. Il est plus avantageux, croyons-nous, de diriger les efforts de l'éleveur vers la production de la viande que vers celle de la laine; car les animaux élevés dans les prés qui bordent les baies de la Somme et de l'Authie sont très recherchés par la boucherie.

Les porcs appartiennent aux races normandes; mais on les a croisés, comme dans les départements voisins, avec les races anglaises. Les ânes et les chèvres sont très nombreux dans le département; les ruchers sont aussi très multipliés.

Dans l'arrondissement d'Amiens, les alluvions tourbeuses sont occupées par des prairies que séparent de nombreux marais; près des villes, elles sont consacrées à la culture maraîchère. Les limons des plateaux et des terrasses sont excellents pour les céréales et la betterave; les fortes terres de l'argile à silex étaient autrefois uniquement couvertes de bois; mais leur défrichement a permis la culture des céréales, grâce à l'amendement fourni par la chaux du sous-sol. Sur le bord des vallées, les bois persistent, ainsi que sur les affleurements des sables, des grès et des argiles plastiques. La craie est en général stérile; dans l'arrondissement d'Abbeville, elle est couverte de pacages (laris) où l'on élève de nombreux moutons. Du côté de Montreuil, les limons sont utilisés pour la culture des céréales, du lin, de la betterave et du colza. Les dépôts limoneux récents des vallées donnent du tabac et du houblon, et l'argile à silex, amendée par de la chaux, est propre à la culture du blé.

Considéré dans son ensemble, le département produit des céréales, des plantes fourragères et oléagineuses, surtout l'œillette. Les terres sableuses fournissent d'excellentes pommes de terre que l'on exporte au loin. Dans l'O., les prairies artificielles et les pâturages se partagent le sol concurremment avec les céréales et le chanvre. L'arrondissement de Péronne et le Santerre produisent des betteraves à sucre. Le pommier à cidre prend une place de plus en plus importante dans le Ponthieu et le Vimeu, ainsi qu'aux environs de Nesle, Ham, et Roye. La plus grande partie de l'orge récoltée dans le département sert à la fabrication de la bière, surtout dans le N. et dans l'E.

Les richesses minérales sont nulles dans le département de la Somme; mais on y exploite de grandes tourbières dans les alluvions des vallées de la Somme, de l'Avre, de la Noye et de l'Ancre, aux environs de Longpré, Long, Fontaine-sur-Somme et Mareuil : la formation de ces tourbières est due au régime constant des rivières de la région qui coulent sur un sol perméable. Les carrières sont peu nombreuses; on exploite pour la fabrication des tuiles ou pour celle des briques les argiles des limons et des alluvions anciennes (Saint-Acheul, Montières, Corbie, forêt d'Ailly, Bacouel, Montdidier, Santerre). Les silex donnent un bon ballast pour les routes et les chemins de fer (Saint-Acheul, la Hautoye); on exploite à Beauquesne, Talmas, Hérissart, Bailly, Beauval, Caumesnil, Bray-sur-Somme les grès contenus dans les argiles plastiques. La craie donne un excellent amendement pour les terres trop siliceuses. On l'exploite à Couchy-les-Pots, à Rollot, Hainvillers, Séchelles, Coivre. On exploite des gisements de phosphate de chaux à *Beauval*, *Hallencourt*, etc. Cette précieuse substance se trouve dans la craie supérieure (sénonien), sous le miocène. Les couches ont environ 0m,18 d'épaisseur; la roche est friable, jaune ou jaunâtre.

L'industrie textile occupe la première place dans le département. Le lin et le chanvre sont peignés, filés et tissés pour toiles fines et communes. Le coton est transformé surtout en velours pour ameublements et vendus sous le nom de *velours d'Utrecht*. Le travail de la laine est très perfectionné et produit les tissus les plus divers soit en laine pure, soit en laine et soie : velours, reps, satins, serges, mérinos, etc. On trouve également de nombreuses manufactures de tulle, de passementerie, de rubans, de tapis et moquettes (Amiens, Abbeville) de bonneterie (Hangest-en-Santerre, Moreuil, Corbie, Montdidier, Lihons, Villers-Bretonneux). Comme annexes de ces ateliers, on en rencontre d'autres destinés au blanchiment, à l'apprêt, à la teinture et à l'impression des étoffes. L'industrie métallurgique comprend des fonderies de fer et de cuivre (Abbeville, Albert, Amiens, Feuquières, Escarbotin, Ham).

La Picardie est connue par l'industrie de la serrurerie, que l'on fabrique aujourd'hui à l'aide de machines-outils dans de vastes usines (Ault, Escarbotin, Woincourt, Béthencourt, Fressenneville). Les sucreries et les distilleries sont nombreuses dans les arrondissements de Péronne et de Montdidier. Comme industries diverses, on peut citer la tannerie, la papeterie (Amiens), les fabriques de savon, de bougie, de noir animal, d'importantes scieries. Amiens compte de nombreux ateliers pour l'imprimerie et la lithographie. Sur le littoral, la pêche maritime occupe des équipages assez nombreux dans les ports du Cayeux, du Hourdel et de Saint-Valery, etc.

Le territoire du département de la Somme était occupé à l'époque gauloise par les *Ambiani*, dont la capitale était *Samarobriva*. Une tribu de ce peuple émigra en Asie Mineure et se mit à la solde de Nicomède Ier, roi de Bithynie, qui lui concéda le territoire connu depuis sous le nom de *Galatie*. Les Ambiani s'unirent aux Bellovaques, aux Atrébates et aux Morins dans leur lutte contre César; mais ils furent écrasés, et leur capitale tomba aux mains du vainqueur des Gaules. Plus tard, le département de la Somme fit partie de la Seconde Belgique. Un grand nombre de faits importants se passèrent dans les principales villes de ce pays : Valentinien y revêtit la pourpre (397); Clodion occupa Amiens; Clovis II fonda la célèbre abbaye de Corbie (662); Péronne servit de prison à Charles le Simple; Godefroy de Bouillon passa en revue, sous les murs d'Abbeville, les troupes qui devaient l'accompagner dans la première croisade, laquelle fut prêchée par Pierre l'Hermite. Enfin, on sait que c'est à Péronne que fut enfermé, pendant quelques jours, le rusé Louis XI. C'est non loin du village de *Crécy* que fut livrée, le 26 août 1346, la désastreuse bataille de ce nom, qui livra à l'Angleterre le port de Calais. C'est aussi sur le territoire de ce département que, en 1871, l'illustre et regretté *Faidherbe* reprit l'offensive contre les Prussiens et les battit à Ham, à Pont-Noyelles et à Bapaume.

Le chiffre de la population moyenne du département de la Somme est de 89 habitants par kilomètre carré, celui de la France entière étant de 72.

Le département est sillonné par 610 kilom. de chemins de fer qui comprennent les lignes : de Paris à Calais (107 kilom.); de Noyelles à Saint-Valery (6 kilom.); d'Amiens à Rouen (42 kilom.); d'Amiens à Beauvais (20 kilom.); de Paris à Lille (57 kilom.); de Saint-Just à Cambrai (76 kilom.); de Roye à Compiègne (9 kilom.); de Velu à Saint-Quentin (18 kilom.); de Doullens à Gamaches (76 kilom.); de Doullens à Frévent (11 kilom.), de Doullens à Arras (6 kilom.); d'Amiens à Canaples (27 kilom.); d'Abancourt au Tréport (46 kilom.); d'Abbeville au Tréport (31 kilom.); d'Amiens à Compiègne, par Montdidier (28 kilom.). La Somme appartient au 11e corps d'armée dont *Amiens*, son chef-lieu, est le quartier général. Le département de la Somme compte cinq arrondissements, 41 cantons, 836 communes. — Ch.-l. *Amiens*. — Sous-préf. *Abbeville, Doullens, Montdidier, Péronne*.

***SOMMÉ, ÉE** (*somme* 1), *adj*. Se dit d'un objet rehaussé d'ornements : *Tête de cerf sommée d'empaumure, de fourchure*. ‖ Surmonté. (Blas.)

SOMMEDIEUE, 2452 hect. Forêt domaniale de la Meuse, peuplée de chênes, de hêtres et de charmes.

SOMMEIL (bl. *somniculum*, dm. de *somnus*, sommeil), *sm*. L'état où l'on est quand on dort, et pendant lequel les organes des sens n'exercent plus leurs fonctions. ‖ *Un sommeil de mort* ou *un sommeil de plomb*, un sommeil très profond. ‖ Dieu des anciens, fils de la Nuit et frère de la Mort, dont le pavot était l'attribut. ‖ Grande envie de dormir : *Avoir sommeil*. — Fig. et poét. La mort : *Dormir du sommeil éternel*. — Fig. État d'inactivité, d'inertie : *Le sommeil de la nature*, l'hiver. ‖ *Sommeil des plantes*, nom donné au changement de position qui survient dans les organes des plantes à l'arrivée de la nuit, et qui persiste jusqu'au lever du soleil; les feuilles deviennent alors dressées ou rabattues ou s'appliquent les unes contre les autres, les corolles des fleurs se ferment si elles étaient ouvertes ou s'ouvrent si elles étaient fermées. ‖ *Sommeil d'hiver*, l'hibernation. (V. ce mot.) ‖ *Sommeil d'été*, engourdissement de certains animaux des pays chauds pendant la saison sèche.

SOMMEILLER (*sommeil*), *vi*. Dormir profondément : *Toute la ville sommeillait*. ‖ Dormir d'un sommeil léger, d'un sommeil imparfait : *Le malade a sommeillé à plusieurs reprises*. — Fig. Être dans un état d'inactivité, d'inertie : *L'hiver la nature sommeille*. — Fig. Commettre quelque négligence, en parlant d'un auteur.

SOMMELIER, IÈRE (bl. *saumalerium* : de *salma*, fardeau), *s*. Personne chargée dans une maison du service du linge, de la vaisselle, du pain, du vin et des liqueurs.

SOMMELLERIE (*sommelier*), *sf*. Charge de sommelier. ‖ Lieu où le sommelier garde ce qui lui est confié.

1. **SOMMER** (bl. *sommare*, résumer : *somma*, somme), *vt*. Adresser une sommation à quelqu'un : *On l'a sommé de payer*. ‖ *Sommer une forteresse*, sommer le commandant de la rendre. — **Dér.** *Sommation* 1.

2. **SOMMER** (*somme* 1), *vt*. Trouver la somme des termes d'une série mathématique : *Sommer les termes d'une progression*. — **Dér.** *Sommation* 2.

SOMMERFELD, 10400 hab. Ville de Prusse (Brandebourg). Drap, toiles.

SOMME-SOUDE, 56 kilom. Rivière du département de la Marne, affluent de la rivière du même nom, formée par la réunion de la Somme et de la Soude; la première naît à Sommesous d'une source très abondante, dont 60 000 mètres cubes sont absorbés par la consommation parisienne. La Soude prend sa source à Souché-Sainte-Croix. La rivière se jette dans la Marne en deux bras, à Jalory et à Epernay.

SOMMET (dm. du vx fr. *som* : l. *summum*, sommet), *sm*. La partie la plus élevée de certains objets : *Le sommet d'une montagne, d'une tour*. — Poét. *Le double sommet*, le Parnasse. — Fig. Le plus haut degré : *Parvenir au sommet des grandeurs*. ‖ *Le sommet d'un angle*, le point où ses deux côtés se coupent. ‖ *Angles opposés au sommet*, se dit de deux angles égaux dont les côtés de l'un sont les prolongements des côtés de l'autre. ‖ *Le sommet d'une courbe*, le point de l'espace au delà duquel elle devient rentrante : *L'ellipse a quatre sommets, la parabole n'en a qu'un*.

1. **SOMMIER** (*somme* 1), *sm*. Gros registre où les commis inscrivent les sommes qu'ils reçoivent.

2. **SOMMIER** (*somme* 2), *sm*. Bête de somme et particulièrement cheval de somme. ‖ Matelas de crin servant de paillasse. ‖ *Sommier élastique*, sommier composé d'une sorte de caisse à fond sanglé remplie de ressorts en métal recouverts d'une toile à matelas. ‖ Espèce de réservoir où s'accumule le vent des soufflets d'un orgue avant d'être distribué dans les tuyaux. ‖ Pierre inférieure de chacune des deux branches d'une arcade reposant sur un pied-droit. ‖ Chacune des pierres qui forment l'extrémité d'une plate-bande au-dessus d'une porte, d'une fenêtre. ‖ Pièce de charpente formant le linteau d'une porte, d'une fenêtre. ‖ Pièce de charpente reposant sur deux poteaux ou sur deux pieds-droits. ‖ Pièce de fer méplate percée de trous pour recevoir les barreaux d'une grille. ‖ L'avant-dernier cerceau qui se trouve aux deux bouts d'un tonneau.

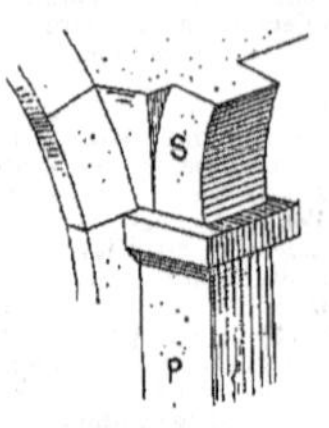

SOMMIER (S)
P. Pied-droit.

SOMMIÈRES, 3838 hab. Ch.-l. de c., arr. de Nîmes (Gard), sur la Vidourle. Peaux, tanneries, chapeaux, essences et liqueurs.

SOMMITE (la *Somma* du Vésuve, où se trouve cette roche), *sf*. Minéral, nommé aussi *néphéline*, consistant en silicate d'alumine et de soude, présentant des formes cristallines qui dérivent du prisme hexagonal régulier. Sa dureté est égale à celle de l'orthose. Sa densité est 2,36.

SOMMITÉ (l. *sommitatem*), *sf*. La partie la plus haute d'un objet élevé : *La sommité d'une tour. Les sommités des montagnes*. ‖ L'extrémité supérieure d'une branche, d'un arbuste. ‖ Grappe de fleurs qui termine un rameau et que les pharmaciens emploient tout entières : *Des sommités d'absinthe*. — Fig. et Néol. Personne éminente en son genre : *Les sommités de la science*.

SOMMO-ROSTRO ou **SOMOROSTRO**, 3000 hab. Bourg d'Espagne (Biscaye), port sur la mer de Biscaye. Grandes mines de fer.

SOMMO-SIERRA ou **SOMOSIERRA**, chaîne de montagnes d'Espagne (Vieille-Castille). Dans un de ses défilés les Espagnols furent battus par les Français en 1808.

SOMNAMBULE (l. *somnum*, sommeil + *ambulare*, marcher), *adj*. et *s*. 2 *g*. Celui, celle qui se lève pendant son sommeil, marche, agit, parle sans s'éveiller, qui se recouche ensuite, et n'a plus, au réveil, aucun souvenir de ces actes. ‖ Personne qu'un charlatan, qui se qualifie magnétiseur, fait tomber dans une sorte d'assoupissement et qu'il interroge pour en obtenir des renseignements sur l'état d'un malade et l'indication des remèdes propres à guérir ce dernier. Les somnambules et les magnétiseurs doivent être poursuivis conformément aux lois pour exercice illégal de la médecine. — **Dér.** *Somnambulisme*.

SOMNAMBULISME (*somnambule*), *sm*. État nerveux qui fait que pendant le sommeil on se lève et on exécute certains actes dont on ne conserve aucun souvenir après le réveil. ‖ *Somnambulisme magnétique*, état cérébral caractérisé par l'assoupissement, une sorte d'extase et l'abolition plus ou moins complète de la sensibilité qui survient chez certaines personnes très nerveuses sous l'influence des gestes d'un magnétiseur et non par la communication d'un vrai fluide. Celui qui tombe dans cet état n'est nullement doué de la pénétration divinatoire qu'on lui attribue.

SOMNIFÈRE (l. *somnum*, sommeil + *sfx. fère*), *adj*. 2 *g*. Qui porte au sommeil, qui fait dormir : *Le pavot, la belladone sont des plantes somnifères*. — Fig. Ennuyeux, jusqu'à endormir : *Discours somnifère*. — *Sm*. Substance qui porte au sommeil.

SOMNOLENCE (l. *somnolentia*), *sf*. Commencement d'assoupissement auquel on a peine à résister.

SOMNOLENT, ENTE (l. *somnolentum*), *adj*. Qui caractérise la somnolence : *État somnolent*. ‖ Porté à la somnolence : *Malade somnolent*. — **Dér.** *Somnolence*. Même famille : *Somnambule, somnambulisme; somnifère*.

SOMPTUAIRE (l. *somptuarium* : de *somptus*, dépense), *adj*. 2 *g*. Qui restreint et règle la dépense dans les habits, les festins, etc. : *Il n'existe plus de lois somptuaires*.

SOMPTUEUSEMENT (*somptueuse* + sfx. *ment*), *adv*. D'une manière somptueuse.

SOMPTUEUX, EUSE (l. *somptuosum* : de *somptus*, dépense), *adj*. Qui occasionne une grande dépense. ‖ Magnifique : *Habit, édifice somptueux*. ‖ Qui dépense beaucoup : *Il est somptueux en équipages*. — **Dér.** *Somptueusement, somptuosité, somptuaire*.

SOMPTUOSITÉ (l. *somptuositatem*), *sf*. Grande et magnifique dépense : *Fête célébrée avec somptuosité*.

SOMPUIS, 449 hab. Ch.-l. de c., arr. de Vitry-le-François (Marne).

1. **SON** (bl. *seonnum* : de *secundum*, second?), *sm*. Poudre roussâtre qui se sépare de la farine quand on blute le grain moulu, et qui provient principalement de l'écorce. Le *son* renferme les mêmes principes immédiats que la farine; il contient, en outre, de la cellulose et une substance amorphe, la *céréaline*, de couleur jaune clair, semblable à de l'albumine desséchée, très soluble dans l'eau, mais insoluble dans l'alcool et l'éther, et se coagulant à 75°. La *céréaline* est un ferment soluble de la même famille que la diastase. C'est elle qui donne au pain contenant du son une couleur bise si caractéristique. Et cependant ce pain bis est plus nourrissant que le pain blanc parce que le son renferme une notable quantité de phosphate de potasse, de magnésie et de chaux. C'est pourquoi l'on a cherché à neutraliser l'action de la céréaline. Nous avons indiqué à l'article *Panification* (tome II, p. 883, col. 2 et 3) comment on y est parvenu. Le son provenant du seigle est moins riche en phosphates que celui du froment, puisque 1000 parties de son de froment renferment 53 à 60 parties de phosphates, et que la même quantité de son de seigle n'en contient que 51 parties. Le son additionné au pain donne à celui-ci la propriété de tenir le ventre libre. Chacun sait aussi que l'on prescrit pour arriver au même résultat des lavements de son. Les bains de son adoucissent la peau. ‖ Pop. et Fig. Tache de rousseur. (V. *Éphélide*.) — Prov. et Fig. HABIT DE VELOURS, VENTRE DE SON, se dit d'une personne qui porte de beaux habits et se nourrit mal.

2. **SON** (l. *sonum*), *sm*. Ce qui frappe l'ouïe quand un corps élastique vibre rapidement et régulièrement : *Le son d'une cloche, d'un violon*. — Le son est produit par un mouvement de va-et-vient des molécules d'un corps. Ce déplacement, très petit et très rapide, est ce que l'on appelle une *vibration*. Ainsi, par exemple, si vous frappez un verre à boire en cristal, il produira un son, et pendant tout le temps que ce son se fera entendre, il sera très facile de s'assurer que les parties de ce verre sont animées d'un mouvement très petit et très rapide : il suffira, en effet, d'approcher de sa surface une pointe d'aiguille ou même le doigt pour en rendre ce déplacement perceptible. Il en est de même si l'on fait rendre un son à une tige de métal engagée dans un étau par l'une de ses extrémités : le bout libre sera animé d'un mouvement de va-et-vient très rapide et que l'œil pourra néanmoins percevoir. Mais tous les points d'un corps sonore n'exécutent pas des déplacements égaux; il en est même qui restent immobiles. Les points où les vibrations des corps sonores s'exécutent avec la plus grande amplitude ont reçu le nom de *ventres*; tandis que les points qui restent en repos ont été désignés sous le nom de *nœuds*. On peut mettre en évidence les parties qui vibrent et celles qui ne vibrent pas. Pour cela, on prend une plaque métallique maintenue horizontalement au moyen d'un

support, et on la recouvre d'une mince couche de sable; on la fait alors vibrer en frottant l'un de ses bords au moyen d'un archet. Aussitôt le sable se déplace sur toute la plaque et s'accumule en une série de points déterminés dessinant des figures géométriques qui sont appelées *lignes nodales*.

Le *son* ne peut parvenir à notre oreille que s'il est transmis par un milieu matériel; *il ne se propage pas dans le vide*. Ainsi, lorsque l'on met sous le récipient d'une machine pneumatique un timbre mû par un mouvement d'horlogerie, le son s'affaiblit peu à peu à mesure que l'on fait le vide et s'éteint tout à fait lorsque celui-ci est complet. Le même phénomène se produit dans la nature. A mesure que l'air se raréfie, le son s'affaiblit, ainsi que l'ont constaté les aéronautes.

L'air, tous les gaz et toutes les vapeurs transmettent le son. Il en est de même des liquides : on sait que les poissons s'effrayent au moindre bruit. Le son se propage aussi dans les corps solides : en appuyant la tête contre l'extrémité d'une poutre de bois, on peut percevoir nettement le bruit produit par le choc d'une pointe d'épingle contre l'extrémité opposée.

C'est en 1738 que des savants français mesurèrent pour la première fois la vitesse de propagation du son dans l'air. Cette mesure fut faite de nouveau en 1822 par Arago, Prony, Humboldt, Gay-Lussac, Bouvard et Mathieu. Les expérimentateurs se divisèrent en deux bandes dont l'une s'établit sur les hauteurs de Villejuif et l'autre à Montlhéry. Un coup de canon était tiré de l'un et l'autre poste à des intervalles de 5 minutes. On notait exactement au moyen d'un chronomètre : 1° le moment précis où l'on apercevait la lumière produite par l'inflammation de la poudre; 2° l'instant où le bruit de la détonation parvenait aux oreilles des expérimentateurs. Le temps écoulé entre ces deux observations était en moyenne de 54″6 et comme la distance entre les deux stations est de 18613 mètres on en conclut que la vitesse de propagation du son à la température de 16° est de 340m,89 par seconde. On a calculé que cette même vitesse était à 0° de 333 mètres et que pour avoir la vitesse du son à une température donnée il suffit d'appliquer la formule suivante :

$$333 \times \sqrt{1 + \alpha t},$$

α étant le coefficient de dilatation de l'air, et *t* la température au moment de l'observation.

Si l'on veut connaître approximativement la distance qui nous sépare d'un orage, il suffira de multiplier 340 (chiffre rond) par le nombre de secondes écoulées depuis le moment où l'on a vu l'éclair et l'instant où le coup de tonnerre s'est fait entendre. La vitesse du son dans l'eau, déterminée en 1827 par Sturm et Colladon, sur le lac de Genève, a été trouvée égale à 1 435 mètres, à la température de 8°,5. Quant aux solides, la vitesse du son dans la fonte de fer a été trouvée par Biot égale à *dix fois et demie* la valeur de la vitesse dans l'air. La *vitesse de propagation dans l'air* est la même pour tous les sons, quelles que soient leur hauteur, leur intensité, etc. On sait, en effet, que les notes d'un morceau de musique exécuté par un orchestre ne sont point altérées dans l'ordre de leur succession quand on les écoute à une grande distance.

Nous distinguons dans le son trois qualités ou caractères différents : la *hauteur musicale*, l'*intensité* et le *timbre*. La *hauteur musicale*, d'un son est caractérisée par le *nombre des vibrations* effectuées en un temps déterminé, en une seconde par exemple. L'*intensité* d'un son dépend de l'*amplitude des vibrations*. Le *timbre* est une qualité attenante à la substance même du corps en vibration. C'est par la différence des timbres qu'on distinguera toujours les sons d'une trompette de ceux d'un violon.

Les *bruits* sont des sons qui produisent sur nous une sensation assez vague et assez courte durée pour que notre oreille ne leur attribue, en général, aucun caractère de hauteur musicale : tel est le son produit par le choc de deux corps non élastiques, l'explosion d'une arme à feu, etc.

Pour compter le nombre de vibrations qui correspondent à des sons de hauteurs déterminées, on emploie la *sirène*, imaginée par Cagniard de Latour, les *roues dentées* de Savart, les *compteurs graphiques* dus à Young.

On croyait, d'après Savart, que l'organe de l'ouïe ne peut percevoir des sons qui correspondent à moins de 16 vibrations et à plus de 5000 vibrations par seconde. Ces limites dépendent, en réalité, du degré de sensibilité de l'oreille. Despretz est parvenu à rendre perceptibles des sons qui correspondent à 39000 et même 73000 vibrations par seconde. (V. *Réflexion du son, Écho, Résonance, Renforcement, Porte-voix, Cornet acoustique*. — **Prov**. QUI N'ENTEND QU'UNE CLOCHE, N'ENTEND QU'UN SON, on est mal renseigné quand on n'entend que les dires d'une seule partie adverse. || Paroles en l'air vides d'idées : *Tout cela n'est qu'un son*. || *Sons harmoniques*. (V. *Harmonique*.) || Ce qui frappe l'oreille quand la voix humaine prononce une voyelle ou une consonne d'une langue : *Le t a quelquefois en français le son de l's*. — **Dér**. *Sonner, sonnant, sonnante, sonnerie, sonnette, sonneur, sonate, sonnet, sonore, sonorité; sonnaille, sonnailler* 2, *sonnailler* 1. — **Comp**. *Sonomètre, résonner, résonance, résonnement, résonnateur, résonnatrice, assonance*, etc.

3. **SON**, *msg.*; **SA**, *fsg.*; **SES**, *pl.* 2 *g.* (vx latin *som, sam, sos, sas*), *adj. poss.* Qui est à lui, à elle, qui sont à lui, à elle : *Son père, sa mère, ses parents*. || *Son, sa, ses*, équivalent à l'article après *sentir* : *Il sent son pédant*, il a l'air d'un pédant. || S'emploie par mépris : *Qu'il aille vers son roi*. || *Posséder son Homère*, bien connaître ses œuvres. — **Gr**. *Son amie*. (V. *Mon*.) En parlant des choses, on emploie *son, sa, ses*, lorsque l'individu possesseur et l'objet possédé sont dans la même proposition : *Paris a ses maisons très hautes*. Mais lorsque l'individu possesseur et l'objet possédé sont dans deux propositions différentes, on emploie plutôt l'article avec le pronom *en* : *Paris est une ville magnifique, on en admire les monuments. Ils ont chacun son compte, ils ont chacun leur compte*, sont des expressions aussi correctes l'une que l'autre.

4. **SON**, 38 kilom. Petite rivière du département de la Charente. Affluent de la rivière du même nom. Elle reçoit la Sonnette à Ventouse.

SONATE (it. *sonata* : du l. *sonare*, sonner), *sf*. Pièce de musique instrumentale, composée de trois ou quatre morceaux d'un caractère et d'un mouvement différents.

SONDAGE (*sonder*), *sm*. Action de sonder.

SONDE, *svf*. de *sonder*. Cordelette très résistante, extrêmement longue, partagée en mètres ou en brasses par des nœuds, à l'une des extrémités de laquelle est attaché un cône de plomb dont la base est creusée d'un trou rempli de suif pour que le gravier, le sable ou le varech, etc., du fond de la mer, s'y attachent. La sonde sert à mesurer la profondeur des mers et à faire connaître la nature du sol sous-marin. Pour les grandes profondeurs on emploie une ligne métallique qu'un appareil spécial permet de filer et de remonter à bord après qu'elle a été abandonnée par le poids, au contact de celui-ci avec le fond. On emploie aussi, pour sonder à bord d'un navire sans arrêter la marche, des tubes colorés intérieurement et fermés à leur partie supérieure. L'eau, en comprimant l'air dans l'intérieur du tube entraîné par le poids, délaye la couleur et fait disparaître la coloration jusqu'à une certaine hauteur, ce qui permet de connaître la profondeur atteinte. || *Les sondes*, profondeurs de la mer reconnues au moyen de la sonde et marquées sur les cartes marines. || Espèce de grande tarière, terminée par un outil en forme de tire-bouchon, de cuiller, ou de ciseau et servant à percer dans le sol des trous d'un faible diamètre dans le but de reconnaître la nature des couches du terrain, d'explorer un filon de mine, d'exploiter un banc de sel gemme, d'établir un puits artésien, etc. || Pointe de fer qu'on enfonce dans un jambon, un melon, un fromage, etc., pour en retirer une petite partie et s'assurer de sa qualité. || Tige de fer munie d'un manche de bois dont se servent les commis aux barrières pour reconnaître s'il y a des marchandises de contrebande dans les voitures chargées qui entrent en ville. || Instrument de chirurgie qu'on introduit dans une cavité du corps ou dans une plaie pour en reconnaître l'état. || *Sonde cannelée*, pointe de fer portant une rainure longitudinale qui sert à guider la pointe d'un instrument tranchant qu'on introduit dans un organe. || *Sonde creuse*, celle qui est percée d'un canal dans le sens de l'axe et qui sert à évacuer un liquide accumulé dans une cavité du corps. || *Sonde flexible*, sonde creuse en caoutchouc vulcanisé.

SONDE

SONDE (ARCHIPEL DE LA). Immense groupe d'îles allongées de l'O. à l'E., presque contiguës, montagneuses, volcaniques, rangées en ligne courbe sur un espace de 4500 kilom., couvertes de forêts tropicales, peuplées de singes, de perroquets et de tigres, formant comme le prolongement des montagnes de l'Indo-Chine, et constituant la partie S. de la Malaisie. Les principales sont : Sumatra, Banca, Java, Bali, Lombock, Sumbawa, Florès, Timor. Elles produisent des épices en abondance et appartiennent presque toutes aux Hollandais.

SONDE (DÉTROIT DE LA), entre Sumatra et Java.

SONDE (MER DE LA), partie de l'océan Indien qui baigne au S. l'Archipel de la Sonde.

SONDER (l. *subundare*, aller sous l'eau), *vt*. Explorer au moyen de la sonde : *Sonder un détroit, un gué, un terrain, un jambon, une plaie*. — Fig. *Sonder le terrain*, peser minutieusement les avantages et les inconvénients d'une affaire avant de l'entreprendre. — Fig. Tâcher de découvrir, de connaître à fond : *Sonder les dispositions, le cœur de quelqu'un*. — **Se sonder**, *vr*. S'introduire à soi-même une sonde dans le corps. — Fig. Examiner avec soin l'état, les dispositions de son esprit. — **Dér**. *Sonde, sondage, sondeur*.

SONDERBUND (allem. *sonder*, séparatif + *bund*, coalition), coalition formée en 1846, par sept cantons catholiques de la Suisse (Fribourg, Lucerne, Schwitz, Unterwald, Uri, Valais, Zug), pour résister à la diète fédérale qui avait ordonné l'expulsion des jésuites et d'autres congrégations religieuses. Le général Dufour en triompha presque sans combat.

SONDERSHAUSEN, 6 500 hab. Ville d'Allemagne. Ch.-l. de la principauté de Schwarzbourg-Sondershausen, au confluent de la Wipper et de la Bébra.

SONDEUR (*sonder*), *sm*. Celui qui sonde, qui tâche de découvrir. || Sonde.

SONGE (l. *somnium*), *sm*. Ensemble de ce que nous croyons voir, dire ou faire en dormant : *Le songe d'Athalie*. — **Fig**. Action d'inventer, de représenter des choses qui n'existent point : *Se repaître de songes*. — Fig. Ce qui n'est pas plus réel ou plus important qu'un songe : *L'ambition n'est qu'un songe*. — Fig. Opinion chimérique : *La réalisation du mouvement perpétuel est un songe*. — EN SONGE, *loc. adv*. Pendant qu'on a un songe en dormant : *Je le vis en songe*. — **Dér**. *Songer, songeur, songeuse*. — **Comp**. *Songe-creux, songe-malice, somnambule, somnambulisme, somnifère, somnolent, somnolente, somnolence*.

SONGE-CREUX (*songer* + *creux*), *sm*. Homme qui déraisonne en affectant d'avoir des pensées profondes ou qui ne forme habituellement que des projets chimériques. — Pl. *des songe-creux*.

SONGE-MALICE (*songer* + *malice*), *sm*. Celui qui fait souvent des malices, de mauvais tours (vx). — Pl. *des songe-malice* ou *malices*.

SONGEONS, 1 113 hab. Ch.-l. de c., arr. de Beauvais (Oise). Instruments d'optique.

SONGER (l. *somniare*), *vi*. Faire un songe :

Je songeais que j'étais dans un jardin. — Fig. Être préoccupé d'idées chimériques : *Songer tout éveillé.* — Fig. Se représenter à l'esprit, se rappeler à la mémoire : *Je songe à faire votre commission.* — Fig. Avoir l'intention de, être préoccupé de : *Je songe à partir.* — *Vt.* Voir en songe, préméditer : *Songer voyage, songer un mauvais tour.* — **Gr.** On dit *songer de* quand il s'agit d'un songe qu'on a fait, et *songer à* s'il est question d'une idée qui se présente à l'esprit.

SONGEUR, EUSE (*songe*), *s.* Personne qui raconte ses songes, qui a fréquemment des songes, qui a des idées, des projets chimériques : *Il passe pour songeur.* — Adj. *Esprit songeur.*

SONICA (*x*), *adv.* Se dit, au jeu de bassette, d'une carte qui vient le plus tôt qu'elle puisse venir pour faire gagner ou pour faire perdre. ‖ A point nommé (vx).

SONIS (Louis-Gaston de) (1825-1887), né aux Antilles, général français, commandeur de la Légion d'honneur, inspecteur général de cavalerie. Elève de Saint-Cyr et de Saumur, il fit ses premières armes en Kabylie et se distingua dans la guerre d'Italie, en 1859, puis en Afrique. En septembre 1870, Gambetta le fit divisionnaire et lui confia le commandement du 17e corps (armée de la Loire) : il prit une part des plus glorieuses au combat de Patay, conduisit lui-même, à la tête des Volontaires de l'Ouest (antérieurement Zouaves pontificaux) et aux côtés de leur colonel de Charette, ses jeunes troupes à l'assaut de Loigny, jusqu'à ce qu'il fut renversé de cheval par un coup de feu qui lui brisa le genou (2 décembre 1870).

SONNA ou **SUNNA** (ar. *sunnat*, règle), *sf.* Recueil de traditions sur les paroles et les actes de Mahomet.

SONNAILLE [so-na-ll'] (*sonner*), *sf.* Clochette attachée au cou d'un animal domestique.

1. **SONNAILLER** (*sonnaille*), *sm.* L'animal qui, dans un troupeau ou dans un attelage, va le premier avec une clochette au cou.

2. **SONNAILLER** (fréq. de *sonner*), *vi.* Sonner souvent.

SONNANT, ANTE (*sonner*), *adj.* Qui rend un son clair et distinct : *Métal sonnant.* ‖ Qui sonne les heures : *Montre sonnante.* ‖ Précis : *A midi sonnant.* ‖ *Espèces sonnantes,* monnaie d'or ou d'argent.

SONNE, 34 kilom. Rivière du département de l'Indre, affluent de l'Abloux.

SONNENBERG, 9 000 hab. Ville de la Saxe-Meiningen. Grandes carrières. Fabriques de tablettes d'ardoise et de billes.

SONNER (l. *sonare* : de *sonus*, son), *vi.* Rendre un son : *La cloche sonne.* ‖ Faire rendre des sons à un instrument : *Sonner du cor, de la trompette.* ‖ Être prononcé en parlant des lettres : *L ne sonne pas dans fusil.* — Fig. Etre harmonieux : *Ce vers sonne bien.* — Fig. *Cette action sonne mal dans le monde,* elle est appréciée défavorablement. — Fig. Vanter, faire valoir : *Faire sonner bien haut une action, un service, son mérite.* ‖ Être annoncé par un son : *Midi sonne.* — *Vt.* Tirer un son d'un corps sonore : *Sonner les cloches.* ‖ Annoncer par le son des cloches : *Sonner la messe.* ‖ Appeler par le son d'une cloche ou d'une sonnette : *Sonner un domestique.* ‖ Donner un signal au son d'un instrument : *Sonner la retraite.* ‖ *Sonner à cheval,* avertir avec la trompette pour faire monter à cheval la cavalerie. — Fig. *Ne sonner mot,* ne dire mot.

SONNERIE (*sonner*), *sf.* Son simultané de plusieurs cloches. ‖ La totalité des cloches d'une église : *Cette église a une belle sonnerie.* ‖ L'ensemble des pièces et des rouages qui servent à faire sonner une horloge, une montre : *La sonnerie de cette pendule est dérangée.* ‖ Chacun des airs que sonnent comme signal les trompettes ou clairons d'un régiment.

SONNET (ital. *sonetto*, petit son, sonnet), *sm.* Pièce de 14 vers composée de 2 quatrains suivis de 2 tercets. Il faut que les 2 quatrains reproduisent les mêmes rimes masculines et fémines et que les 2 tercets aient 2 rimes masculines pour une féminine ou réciproquement. Le sonnet, en très grande vogue au xvie et au xviie siècle, est d'origine italienne.

SONNETTE (dm. de *son* 2), *sf.* Petite cloche qu'on sonne pour appeler ou pour avertir. ‖ Grelot : *Le collier de ce cheval est garni de sonnettes.* ‖ Chacune des écailles qui sont au bout de la queue du crotale. ‖ Masse de bois ou de métal que l'on soulève verticalement avec des cordes, et qu'on laisse ensuite retomber sur la tête d'un pieu pour l'enfoncer ; on l'appelle aussi *mouton.* ‖ *Sonnette électrique,* appareil composé d'un timbre sur lequel frappe un trembleur sous l'excitation d'un électro-aimant, lorsque le circuit sur lequel est placée la sonnette est fermé. Le circuit pouvant être ouvert ou fermé à volonté par la simple pression du doigt sur un bouton, on conçoit le fonctionnement simple de la sonnette électrique.

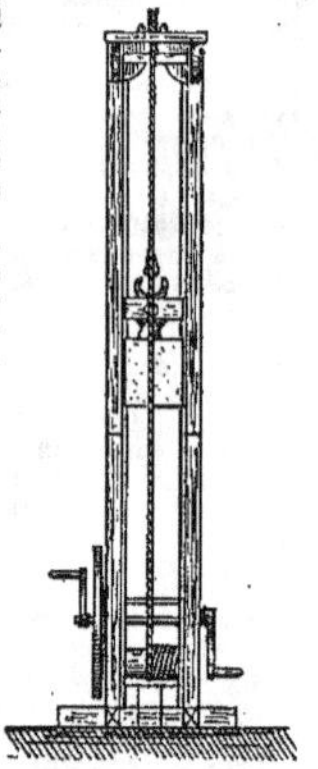

SONNETTE

SONNEUR (*sonner*), *sm.* Celui qui sonne les cloches ou qui sonne de la trompette. ‖ *Boire comme un sonneur,* à l'excès.

SONNEZ [so-né] (vx fr. *senes, sines* : du l. *seni*, six chacun), *sm.* Coup de dé qui amène les deux six.

***SONOMÈTRE** (l. *sonus*, son + g. μέτρον, mesure), *sm.* Instrument de physique qui sert pour étudier les lois de vibrations des cordes sonores.

SONORA, province du N.-O. du Mexique, sur la côte E. du golfe de Californie ; mines d'argent aurifères ; capit. *Los Ures.*

SONORE (l. *sonorum* : de *sonus*, son), *adj. 2 g.* Qui produit un son en vibrant : *Corps sonore.* ‖ Qui a un son éclatant et agréable : *Voix sonore.* ‖ Qui renvoie bien le son : *Salle sonore.* ‖ D'où résulte un son : *Vibrations sonores.* ‖ *Onde sonore,* la masse gazeuse, liquide ou solide comprise entre 2 sphères concentriques, et dont toutes les molécules vibrent en même temps quand un son se propage. ‖ *Consonnes sonores,* les consonnes douces *g, j, d, z, b, v* qu'on prononce en fermant presque complètement la glotte. — **Dér.** *Sonorité.*

SONORITÉ (*sonore*), *sf.* Qualité de ce qui est sonore : *La sonorité d'un piano.* ‖ Propriété qu'ont certains corps de renforcer les sons en les réfléchissant : *La sonorité d'une voûte.*

SONTAG ou **SONNTAG** (Henriette-Gertrude Walpurge, comtesse Rossi). Célèbre cantatrice, naquit à Coblentz en 1806. Après avoir remporté d'éclatants succès sur toutes les scènes européennes, elle partit pour l'Amérique et mourut du choléra à Mexico, après une représentation de *Lucrezia Borgia*, en 1854.

SON-TAY, 40 000 hab. Ville du Tonkin, près du fleuve Rouge, au N.-N.-O. d'Hanoï. Ancienne position fortifiée des Pavillons-Noirs, prise d'assaut par l'amiral Courbet en 1883.

SOPEUR, *sf.* (V. *Sopor.*)

SOPHA, SOPHI. (V. *Sofa, Sofi.*)

SOPHIA, 20 500 hab. Ville de Bulgarie dans une plaine creusée au milieu du plateau central des Balkans, et d'où l'on peut se rendre par des passages faciles dans toutes les parties de l'ancienne Turquie d'Europe.

SOPHIE (sainte) (g. σοφία, sagesse), veuve martyrisée à Rome sous Adrien et en l'honneur de laquelle Constantin et ses successeurs bâtirent à Constantinople une magnifique église surmontée d'une célèbre coupole, et convertie en mosquée par Mahomet II.

SOPHIE, femme de Justin II, empereur de Constantinople, et qui fut cause de la révolte de Marsès en Italie. Morte en 568, reléguée dans un palais par Tibère, successeur de Justin II.

SOPHIE (1657-1704), princesse russe, sœur de Pierre le Grand et d'Ivan V, fut régente pendant leur minorité, puis enfermée dans un cloître par ordre de Pierre le Grand.

SOPHIE-DOROTHÉE DE ZELL (1666-1726). Epouse de Georges Ier, roi d'Angleterre, qui la fit enfermer pendant 32 ans dans un château fort. Elle fut mère de Georges II et de Sophie-Dorothée, qui eut pour fils Frédéric le Grand.

SOPHISME (g. σόφισμα), *sm.* Faux raisonnement ayant l'apparence de l'exactitude, et fait souvent de mauvaise foi : *Un dangereux sophisme.* — **Dér.** *Sophiste, sophistication, sophistique, sophistiquer, sophistiqueur, sophistiquerie.* Même famille que *Savoir.*

SOPHISTE (g. σοφιστής), *sm.* A l'origine, chez les Grecs, homme habile, entendu. ‖ A l'époque de Socrate, philosophe beau parleur, frivole, sceptique, plaidant indifféremment le pour et le contre : *Gorgias et Protagoras furent les plus célèbres sophistes.* ‖ Aujourd'hui homme qui se plaît à faire des sophismes.

SOPHISTICATION (*sophistiquer*), *sf.* Détérioration d'une substance par un mélange frauduleux : *La sophistication des vins.* ‖ Substance ainsi détériorée : *Le vin fuchsiné est une sophistication dangereuse.*

SOPHISTIQUE (g. σοφιστικός), *adj. 2 g.* Qui a le caractère du sophisme : *Raisonnement sophistique.* ‖ Qui contient des sophismes : *Écrit sophistique.* ‖ Qui fait des sophismes : *Acteur sophistique.* — *Sf.* L'art des sophistes grecs. ‖ Partie de la logique qui traite des sophismes.

SOPHISTIQUER (*sophistique*), *vt.* Raffiner à l'excès : *Cet avocat sophistique.* ‖ Détériorer par un mélange frauduleux : *On sophistique le sucre, le poivre,* etc.

SOPHISTIQUERIE (*sophistiquer*), *sf.* Raffinement excessif dans le discours, le raisonnement. ‖ Détérioration frauduleuse d'une denrée, d'un médicament.

SOPHISTIQUEUR (*sophistique*), *sm.* Celui qui raffine à l'excès. ‖ Celui qui détériore les denrées, les drogues.

SOPHOCLE (498-405 av. J.-C.). Célèbre poète tragique grec, né à Colone, près d'Athènes, et auquel on compare souvent Racine. Il nous reste de lui 7 tragédies qui sont des chefs-d'œuvre : *Ajax,* les *Trachiniennes, Philoctète, Œdipe Roi, Œdipe à Colone, Antigone* et *Électre.*

SOPHONIE, le neuvième des petits prophètes, contemporain du roi Josias.

SOPHONISBE (235-203 av. J.-C.). Fille du Carthaginois Asdrubal, dont elle partageait la haine pour les Romains. Mariée à Scyphax, elle tomba avec lui au pouvoir des Romains et de Massinissa. Ce dernier, à qui elle avait été d'abord fiancée, l'épousa pour la soustraire à l'esclavage. Mais Scipion l'Africain l'ayant réclamée, elle s'empoisonna à la prière de Massinissa. Corneille et Voltaire ont fait l'un et l'autre une tragédie de Sophonisbe.

SOPHORA DU JAPON

SOPHORA ou **SOPHORE** (ar. *sophera*), *sm.* Genre de plantes dicotylédones de la famille des Légumineuses papilionacées arborescentes, frutescentes ou herbacées, des pays chauds, auquel appartient le sophora du Japon, plante d'ornement.

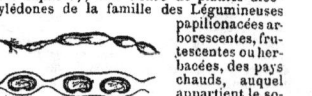

SOPHORA (FRUIT ET COUPE)

SOPHRONISTE (g. σωφρονιστής : de σωφρονίζειν, rendre sage), *sm.* Nom de magistrats de l'ancienne Athènes préposés à la surveillance des mœurs de la jeunesse.

SOPOR (ml.), *sm.* Sommeil lourd et pénible dont il est difficile de tirer un malade. (Méd.) — **Dér.** *Soporeux, soporeuse, soporatif, soporative.* Même famille : *Somme,* *sommeil, somnolent, somnolente, somnolence.* — **Comp.** *Soporifère, soporifique; assoupir, assoupissant, assoupissante, assoupissement.*

SOPORATIF, IVE (l. *soporativum : de soporare,* endormir), *adj.* Qui a la propriété d'endormir : *Le pavot est soporatif.* — Fig. Qui ennuie au point d'endormir : *Discours soporatif.* — *Sm.* Drogue qui endort.

SOPOREUX, EUSE (*sopor*), *adj.* Accompagné de sopor : *Maladie soporeuse.*

SOPORIFÈRE (l. *sopor,* sommeil + *ferre,* porter) ou **SOPORIFIQUE** (l. *sopor,* sommeil + *ficare,* faire), *adj. 2 g.* Qui a la propriété d'endormir : *Médicament soporifique.* — Fig. Ennuyeux jusqu'à endormir : *Orateur soporifique.* — *Sm.* Drogue pour endormir : *Prendre un soporifique.*

***SOPRANISTE** (*soprano*), *sm.* Chanteur qui a une voix de soprano.

SOPRANO (m. it. : de *sopra,* dessus), *sm.* La voix la plus élevée des voix de femmes. Chanteuse qui a cette voix. — Pl. *des soprani.*

SOR, *adj. m.* (V. *Saure.*)

SOR, 56 kilom. Rivière du département du Tarn, qui sort de la montagne Noire (752 mètres), arrose Durfort (280 mètres), Sorèze, Engarrevaques, Soual, et se jette dans l'Agout à Vielmur. Il reçoit le Laudot et le Massaguel.

SOR, île du Sénégal, près de Saint-Louis.

SORA, 13 210 hab. Ville d'Italie, province de la Terre de Labour, sur le Liris. Fabriques de drap et de papier. Evêché.

SORBE (l. *sorbum*), *sf.* La corme, fruit du cormier ou sorbier domestique. — **Dér.** *Sorbier, sorbine.*

SORBET (ar. *chorba : charib,* boire, qui a donné le mot *sirop*), *sm.* Chez les Levantins, conserve faite de limon, de citron et de sucre et aromatisée d'ambre. || Breuvage fait avec cette conserve délayée dans l'eau. || Chez les Occidentaux, sorte de glace à rafraîchir faite de suc de fruits, moins sucrée que les glaces proprement dites et contenant un cinquième de liqueurs alcooliques : *Sorbet au maresquin, au vin de Champagne.* — **Dér.** *Sorbétière.* Même famille : *Sirop.*

SORBÉTIÈRE (*sorbet*), *sf.* Sorte de petit seau en métal, que l'on met, entouré d'un mélange réfrigérant, dans un autre seau en bois, et qui contient les liqueurs que l'on veut transformer en glaces ou en sorbets.

SORBIER (*sorbe*), *sm.* Genre d'arbres dicotylédones, indigènes, de la famille des Rosacées, section des Pomacées, auquel appartiennent le *sorbier domestique* ou *cormier,* qui fournit un bois aussi précieux que le buis, et dont le petit fruit, en forme de poire, se mange blet; et le *sorbier des oiseleurs* ou *cochène* à fleurs blanches en corymbe, auxquelles succèdent de petits fruits rouges arrondis, persistants, et qui se cultive dans les parcs.

SORBIER DES OISELEURS

***SORBINE** (l. *sorbum,* sorbier), *sf.* Substance sucrée cristallisable, que l'on obtient en faisant fermenter les baies de sorbier.

SORBON (ROBERT DE) (1201-1274). Célèbre prédicateur, chapelain de saint Louis, chanoine de Paris, né au village de Sorbon (Ardennes), fonda la Sorbonne à ses frais. — **Dér.** *Sorbonne, sorbonique, sorboniste.*

SORBONIQUE (*Sorbonne*), *adj. 2 g.* Qui a rapport à la Sorbonne, qui en émane. — *Sf.* Une des trois thèses que les étudiants en théologie soutenaient à la Sorbonne pour obtenir leur licence.

*** SORBONIQUEUR** (*Sorbonne*), *sm.* Mot qui désigne ironiquement les docteurs en Sorbonne.

SORBONISTE (*Sorbonne*), *sm.* Bachelier, docteur en Sorbonne.

SORBONNE (*Sorbon*), *sf.* Célèbre école de théologie fondée à Paris en 1252, par Robert de Sorbon et qui subsista jusqu'en 1790. Richelieu en fit reconstruire, en 1635, les bâtiments où se font aujourd'hui les cours des facultés des sciences, des lettres, de théologie et de l'École des hautes études, et où sont installés les bureaux de l'Académie de Paris. — La chapelle de la Sorbonne renferme le tombeau de Richelieu, chef-d'œuvre de Girardon.

SORCELLERIE (vx fr. *sorceler : de sorcier*), *sf.* Toute opération que faisaient les sorciers en vue de nuire aux hommes, aux animaux, aux récoltes : *Autrefois on brûlait vifs les gens convaincus de sorcellerie.* — Fig. Habileté surnaturelle, prodigieuse, tours d'adresse extraordinaire.

SORCIER, IÈRE (bl. *sortiarium : sortem,* sort), *s.* Celui, celle que l'on considérait autrefois comme ayant fait avec le diable un pacte qui lui donnait le pouvoir de nuire aux hommes, aux animaux, aux récoltes et comme fréquentant les assemblées nocturnes appelées *sabat.* — Fig. Personne habile à gagner les bonnes grâces de tout le monde. || Personne très pénétrante : *Il faut être sorcier pour deviner cela.* || Fig. *Une vieille sorcière,* une femme vieille et méchante. — **Dér.** *Sorcellerie.*

SORDIDE (l. *sordidus*), *adj. 2 g.* Sale : *Des vêtements sordides.* — Fig. Repoussant : *Avarice sordide.* — Fig. Qui est d'une extrême avarice : *Un vieillard sordide.* — **Dér.** *Sordidement, sordidité.*

SORDIDEMENT (*sordide* + sfx. *ment*), *adv.* D'une manière sale, repoussante. || En avare consommé : *Vivre sordidement.*

SORDIDITÉ (*sordide*), *sf.* État de ce qui est très sale. || Extrême avarice.

SORE (g. σωρός, tas), *sm.* Chaque groupe de sporanges ou petites capsules remplies de corpuscules reproducteurs qui se développent sur la face inférieure des feuilles des fougères. — **Dér.** *Sorite.*

SORE, 1 937 hab. Ch.-l. de c., arr. de Mont-de-Marsan (Landes). Essence de térébenthine.

SORÈDE, torrent des Pyrénées-Orientales, prend sa source au col de Lory (1 000 mètres), arrose Sorède, Saint-André et se jette dans la Méditerranée près de l'embouchure du Tech.

SOREL (AGNÈS). (V. *Agnès Sorel.*)

SORET, *sm.* (V. *Sauret.*)

***SOREX** (ml.), *sm.* Nom par lequel les naturalistes désignent quelquefois les *musaraignes.*

SORÈZE, 2 357 hab. Bourg de Castres (Tarn). Ancienne abbaye de bénédictins; école ecclésiastique que dirigea le Père Lacordaire.

SORGHO (ital. *surgo :* du l. *surgum*), *sm.* Genre de plantes monocotylédones de la famille des Graminées, originaires des pays chauds, et dont les espèces sont cultivées pour leurs graines servant d'aliment à l'homme et aux animaux, et leurs tiges, qui sont employées comme fourrage. Les espèces les plus importantes sont : 1° Le *sorgho à balai* ou *sorgho commun* (*sorghum vulgare, holcus sorghum* ou *andropogon sorghum*); c'est une magnifique céréale présentant la plus grande analogie avec les maïs. Sa tige, ferme et droite, atteint une hauteur de 1 à 2 mètres. Elle est garnie de larges feuilles glabres, et se termine par une volumineuse panicule. Les fleurs sont hermaphrodites; les glumes sont ciliées, brunes et luisantes à la maturité; les graines sont comprimées. Le *sorgho à balai* est cultivé dans le midi de la France pour ses graines, qui servent à la nourriture des animaux domestiques, et pour ses panicules, avec lesquelles on fait des balais. En outre, les tiges sont données en vert aux bestiaux. Le sorgho à balai exige un sol ameubli et une fumure très copieuse. Lorsque les plantes ont acquis tout leur développement, et qu'elles sont en fleurs, on les plie à la moitié de leur longueur afin que les panicules ne se détériorent pas en se renversant. Cette opération ne nuit pas à la maturation de la graine. Dès que celle-ci est opérée, on bat les panicules avec soin et on les met en bottes pour en faire des balais. Les tiges constituent une paille forte et dure que l'on utilise pour faire de la litière. Le *sorgho commun* n'a pas été trouvé dans les palafittes de la Suisse et de l'Italie; pas plus que dans les tombeaux de l'ancienne Égypte, d'où l'on a cependant exhumé des graines écrasées qui peuvent être rapportées à cette espèce. On croit aussi avoir reconnu des feuilles de sorgho mêlées à celles du papyrus; des peintures semblent aussi se rapporter au *dourra* des Égyptiens modernes. D'un autre côté, la culture du sorgho vulgaire n'a été introduite dans l'Inde et en Chine que depuis l'ère chrétienne. Quoi qu'il en soit, les peuplades de l'Afrique équatoriale font de la graine du sorgho commun la base de leur alimentation, et cela depuis un temps immémorial. Il est bon d'ajouter que l'on en a trouvé à l'état sauvage dans les endroits rocailleux de l'île San Antonio de l'archipel du Cap-Vert. Tout porte donc à croire que c'est de ces dernières contrées que le sorgho commun est originaire et que c'est de là que, dès l'époque préhistorique, il s'est répandu en Égypte, où il est connu aujourd'hui sous le nom de *dourra.* 2° Le *sorgho sucré* ou *sorgho à sucre* (*sorghum saccharatum, holcus saccharatus* ou l'espèce *andropogon saccharatus*), qui est plus élevé que l'espèce précédente; ses tiges, dont le diamètre atteint 0m,08 et 0m,10, portent de larges feuilles et se terminent par une panicule diffuse. La fleur est hermaphrodite; ses glumes, pubescentes vers le sommet, sont d'un noir luisant à la maturité. Cette espèce exige pour mûrir ses graines une température plus élevée que le sorgho commun; aussi n'atteint-elle chez nous sa maturité que dans les années exceptionnellement chaudes. Sous notre climat, on doit semer le sorgho sucré un peu tard, du 15 mai au 15 juin, car elle craint fort les gelées tardives; dans le midi de la France, on peut confier ses graines à la terre quinze jours plus tôt. Mais le sorgho sucré parcourant rapidement toutes les phases de sa végétation, peut être employé comme fourrage dans toutes les contrées de l'Europe tempérée; il n'est, du reste, pas difficile sur le choix du terrain et de son exposition. Néanmoins, c'est une culture épuisante et qui demande beaucoup d'engrais. Dans les pays chauds, on la cultive pour sa graine, qui est alimentaire, mais de qualité inférieure à celle du sorgho commun. En Égypte, où il est connu sous le nom de *dochn* ou de *dockna,* il entre dans la fabrication du pain. Les Chinois retirent de ses tiges non du sucre, mais de l'alcool qu'ils obtiennent par la fermentation du suc. C'est vers 1852 que le sorgho sucré fut introduit en France par M. de Montigny, qui l'avait importé de la Chine. Pendant huit ou dix ans sa culture fut très à la mode; car l'on avait fondé sur elle les plus belles espérances qui, d'ailleurs, ne se réalisèrent pas; c'est pourquoi elle est aujourd'hui presque totalement abandonnée. C'est surtout en qualité de fourrage que le sorgho sucré peut être employé; on le donne en vert comme le maïs; on peut aussi le convertir en foin; mises en bottes et dressées, les tiges conservent leurs qualités et peuvent être données aux bestiaux jusqu'au mois de décembre. Tous les animaux de la ferme, bœufs, vaches, moutons, porcs, en sont très friands; mais on lui reproche de faire tourner le lait des vaches et de déterminer, surtout chez les bovidés, des accidents souvent mortels. Ses graines servent à la nourriture de la volaille et des chevaux; pour ces derniers, elles remplacent, dit-on, l'orge. Lors de son introduction en France, on avait espéré en extraire du sucre; on a aussi mêlé son suc à celui du raisin dans la confection du vin; la liqueur qui en résulte contient plus d'alcool que le vin lui-même. Le sorgho sucré fournit, en outre, une sorte de cire appelée *cérosie,* et ses graines renferment une couleur violette utilisée dans la teinture. Le sorgho sucré a vraisemblablement la même origine que le sorgho commun : de l'Afrique intertropicale, où il est cultivé depuis un temps immémorial, il est passé en Égypte, dans l'Inde, dans les îles de la Sonde, où il est connu sous le nom de *battari,* et en Chine, où il est nommé *kao-liang,* c'est-à-dire *grand millet.* Cette migration s'est opérée à une époque très ancienne, car Hérodote dit que l'on voit dans les plaines de l'Assyrie un *millet en arbre* paraissant être l'espèce dont nous nous occupons ici. Ce qui précède nous montre que les espèces de sorghos ne sauraient être cultivées chez nous avec avantage; ce sont surtout des plantes des pays chauds, et leur culture doit être sinon tout à fait abandonnée, du moins très restreinte.

SORGUES, 52 kilom. Rivière du département de l'Aveyron, naît près de Cornus (832 mètres), arrose Saint-Félix, Versols, Saint-Affrique, et se jette dans le Dourdou. Elle reçoit le Boras, la Feugette, le Lavadou.

SORGUES, 40 kilom. Rivière de France, prend sa source à la Fontaine de Vaucluse et se partage en deux branches : l'Isle et le Valléron; l'Isle passe à l'Isle, au Thor et se divise en deux bras dont l'un se termine à Sorgues, et l'autre se réunit au Velléron, qui arrose Velléron, Althen-les-Paluds; les deux bras reconstituent la Sorgues, qui arrose Bédarieux, Sorgues, et se jette dans le Rhône près d'Avignon. Elle reçoit l'Auzon, la Grande Levade, l'Ouvèze. Elle arrose plus de 20 000 hectares de terre.

SORGUES, 4 122 hab. Bourg du canton de Bédarrides, arrondissement d'Avignon (Vaucluse). Soie, garance, produits chimiques, papier de paille.

SORITE (g. σωρείτης : de σωρός, amas), *sm.* Raisonnement composé d'une suite de propositions telles que l'attribut de chacune d'elles devient le sujet de la suivante. — Ex. : *Qui est sage est tempérant; qui est tempérant est constant; qui est constant est sans trouble; qui est sans trouble est sans tristesse; qui est sans tristesse est heureux : donc le sage est heureux.*

SORLINGUES ou **SCILLY** (ILES). Les Cassitérides des anciens ou *îles de l'étain*, groupe de 145 îlots granitiques, dont 5 habités, qui sont une continuation des montagnes du Cornouaille, au S.-O. de cette presqu'île, et appartiennent à un unique propriétaire. Climat très brumeux; importante culture de légumes qu'on expédie à Londres.

SORME, rivière de Saône-et-Loire qui se jette dans la Bourbince, près de Blanzy.

SORMONNE, rivière des Ardennes qui se jette dans la Meuse à Warcq. Elle reçoit l'Audry et le Thin.

SORNAC, 1 899 hab. Ch.-l. de c., arr. d'Ussel (Corrèze).

SORNETTE (dim. du km. *sowrn*, bagatelle), *sf.* Discours frivole. || Bagatelle : *Débiter des sornettes.*

SORNIN, 54 kilom. Rivière de France (Saône-et-Loire), prend sa source à Propières (879 mètres), passe à la Varenne, à Charlieu, et se jette dans la Loire à Brienon. Il reçoit la Genette, l'Aron et le Chaudonnet.

SOROCABA, 14 000 hab. Ville du Brésil (province de São Paulo), très commerçante, grand centre agricole.

SORŒ, île de Norvège, dans l'océan Glacial; côtes très découpées.

***SORORAL, ALE** ou **SORORIAL, ALE** (l. *soror*, sœur), *adj.* Qui appartient, qui est propre à la sœur ou aux sœurs.

SORR, bourg de Bohême (Autriche), près de Sadowa. Les Prussiens y battirent les Autrichiens en 1745.

SORRENTE, 7869 hab. Ville d'Italie, archevêché dans l'ancien royaume de Naples, offre de charmants paysages et un climat délicieux. Patrie du Tasse.

SORT (l. *sortem*), *sm.* La destinée, considérée par les anciens comme la cause des divers événements de la vie : *Le sort le veut ainsi.* || Effet de la destinée, rencontre fortuite des événements : *Son sort est déplorable.* || État d'une personne au point de vue de la richesse, de la position sociale : *On lui a fait un sort enviable.* || En parlant des choses, résultat bon ou mauvais, réussite : *Le sort de ce projet est connu.* || *Le sort principal d'une rente,* le capital de cette rente. || Manière de décider une chose par le hasard, comme par un coup de dés, la courte paille, un tirage de numéros, etc. : *Les conscrits tirent au sort.* — Fig. *Le sort en est jeté,* la chose est décidée. — Fig. *Le sort des armes, des batailles,* l'incertitude qui règne sur l'issue d'un combat, d'une guerre. || Opération de magie par laquelle un prétendu sorcier était censé pouvoir nuire aux hommes, aux animaux, aux récoltes : *On croyait que les bergers pouvaient jeter des sorts sur les personnes, les animaux et les faire périr.* — Fig. *Il y a un sort sur tout ce qu'il fait,* aucune entreprise ne lui réussit. — *Smpl.* Tablettes rectangulaires de bronze ou étaient inscrites des maximes, des idées générales que l'on regardait comme les réponses d'un oracle. Celui qui consultait l'oracle prenait au hasard une de ces tablettes parmi beaucoup d'autres. Les sorts les plus célèbres étaient ceux de Preneste. || *Les sorts de Virgile,* de l'*Écriture sainte,* prétendu mode de deviner l'avenir qui consistait à mettre le doigt au hasard sur un vers de Virgile, un passage de l'Écriture. — **Dér.** *Sorte, sortable, sortir 2; sorcier, sorcière, sorcellerie.* — **Comp.** *Consorts, sortilège; assortir, assorti, assortissement, assortissant, assortissante.*

SORTABLE (*sorte*), *adj. 2 g.* De bonne sorte, convenable, avantageux : *Emploi sortable.*

SORTANT, ANTE (*sortir* 1), *adj.* Qui sort à la loterie : *Numéro sortant.* || Qui cesse de faire partie d'un corps, d'une assemblée : *Sénateur sortant.* — Sm. *Les entrants et les sortants,* les personnes qui entrent et celles qui sortent.

SORTE (ital. *sorta* : du l. *sortem,* manière d'être), *sf.* Espèce, genre : *Les diverses sortes d'animaux. Des avantages de toute sorte.* || Condition ou caractère honorable : *On respecte un homme de sa sorte.* || Condition ou caractère méprisable : *On fuit les gens de cette sorte.* || *Une sorte de,* celui ou ce qui a l'air de : *Une sorte de charlatan. Une sorte de courage.* || Façon, manière de faire une chose : *Prenez-vous-y de cette sorte.* || *De la bonne sorte,* extrêmement : *Se quereller de la bonne sorte.* || Avec sévérité : *Traiter quelqu'un de la bonne sorte.* — DE LA SORTE, *loc. adv.* De cette manière. — DE TELLE SORTE, *loc. adv.* De telle manière. — EN QUELQUE SORTE, *loc. adv.* Presque, pour ainsi dire. — DE SORTE QUE, EN SORTE QUE, *loc. conj.* De manière que, si bien que. — **Gr.** Dans une proposition, le verbe s'accorde le plus souvent avec le nom complément de *sorte* : *Toute sorte de dangers le menaçaient.* On peut écrire à volonté *toute sorte* ou *toutes sortes.*

***SORTEUR, EUSE** (*sortir*), *adj.* Qui aime à sortir souvent de son domicile : *Je ne suis pas sorteur.*

SORTIE, *spf.* de *sortir.* Action de sortir : *A ma sortie du pays.* || Acte d'un acteur qui quitte la scène. || Au théâtre : *Faire une fausse sortie,* se dit d'un acteur qui fait semblant de sortir de la scène ou qui en sort un instant pour y rentrer aussitôt. || Action de gens assiégés qui sortent des remparts de la place pour attaquer les assiégeants ou détruire leurs travaux : *Des sorties continuelles harassent l'assiégeant.* || Action de faire passer des marchandises d'un lieu dans un autre, exportation : *C'est une mauvaise mesure de prohiber la sortie des grains.* || Endroit par où l'on sort : *Cette maison a deux sorties.* — Fig. Moyen qu'on emploie pour sortir d'embarras : *Imaginer une sortie.* — Fig. Action d'interpeller, de réprimander très durement : *Faire une sortie à quelqu'un.* || Action de s'emporter violemment contre une personne présente ou absente : *Je ne m'attendais pas à la sortie qu'il a faite contre moi.* || Au jeu, cartes basses qui donnent le moyen de faire cesser de faire des levées. || *Sortie de bal,* chaud vêtement dans lequel les femmes s'enveloppent en sortant d'un bal. — A LA SORTIE DE, *loc. prép.* Au moment où l'on sort de : *A la sortie de la messe.*

SORTILÈGE (l. *sortilegum,* devin : de *sors,* génitif *sortir,* sort + *legere,* lire), *sm.* Toute opération de magie que faisait un sorcier pour nuire aux hommes, aux animaux, aux récoltes : *Recourir aux sortilèges.*

1. SORTIR (bl. *surrectire* : l. *sorrectus,* qui s'élève), *vi.* S'élever hors de : *Sortir de l'eau, cette plante sort de terre.* || Déborder, être saillant, en relief : *La rivière sort de son lit. Cette cheminée sort trop dans la chambre.* — Fig. *Les figures sortent bien dans ce tableau.* — Fig. *Les yeux lui sortent de la tête,* ils ont une vivacité extrême causée par la colère. — Fig. *Faire sortir quelqu'un hors des gonds,* le rendre furieux. || Commencer à paraître : *Sa rougeole est sortie.* || Personnellement et impersonnellement, s'exhaler : *Il sort de ce lieu une agréable odeur.* || Provenir de, être façonné, produit par : *Ce meuble sort des mains d'un artiste. Il sort de l'École polytechnique.* || Avoir pour cause : *La guerre sortit de ses prétentions.* || S'en aller hors de : *Sortir de sa maison.* || Aller se promener, faire des visites : *Je ne sors pas de chez moi.* || Cesser de garder la chambre : *Notre convalescent commence à sortir.* || *Sortir du sermon, du bal,* quitter l'endroit où il y a un sermon, un bal. || *Sortir de prison,* être mis en liberté. || *Sortir d'une maison,* cesser d'y remplir un emploi. || *Sortir de la vie,* mourir. || *Sortir du collège,* avoir achevé ses études. || *Cet ouvrage sort de la main de l'ouvrier,* il est tout neuf. || *D'où sort-il?* Il n'est au courant de rien de ce qui se passe. || *Sortir de la mémoire, de l'esprit,* être oublié. || Se retirer dans tel ou tel état : *Sortir vainqueur.* || Cesser de, venir à l'instant de : *Sortir de jouer.* — Fig. Cesser d'être dans une époque, dans une situation, dans un certain état d'esprit : *Sortir de l'hiver, d'apprentissage, de l'erreur.* || Délaisser : *Sortir de son sujet, de la question.* || Ne pas observer : *Sortir de la règle.* || Être en discordance avec : *Cela sort de la mesure, des proportions.* || Se tirer d'un endroit difficile, d'une fâcheuse situation : *Sortir d'un bourbier,* du danger. || Tirer son origine : *Sortir d'une race noble.* — *Vt.* Mettre, transporter dehors : *Sortir un cheval de l'écurie, un arbuste d'une serre.* — *Sm.* L'action de sortir. — AU SORTIR DE, *loc. prép.* Au moment où l'on sort de : *Au sortir de la messe, de l'enfance.*

2. SORTIR (l. *sortiri,* obtenir par le sort), *vt.* Produire, avoir : *Cette sentence sortira son plein et entier effet.* — **Gr.** Ce verbe ne s'emploie qu'à la 3e pers.

SOSIE, valet d'Amphitryon dont Mercure avait pris les traits suivant la fiction adoptée par Plaute dans sa comédie d'*Amphitryon* imitée par Molière. — *Sm.* Personne qui a une parfaite ressemblance avec une autre : *Il faut se défier des sosies.*

SOSIGÈNE, philosophe et astronome d'Alexandrie, contemporain de Jules César, à la demande duquel il réforma le calendrier romain en créant les années bissextiles. Cette réforme donna naissance au calendrier Julien.

SOSPEL, 3,695 hab. Ch.-l. de c., arr. de Nice (Alpes-Maritimes).

***SOSTENUTO** [so-sté-nu-to] (mot ital. : du l. *sustinere,* soutenir), *adj. m.* Mot que l'on met sur un passage ou sur une note de musique pour indiquer que le *forte* doit être suivi ou que l'on doit faire entendre la note.

SOSVA, 350 kilom. Rivière de la Russie d'Asie qui prend sa source dans l'Oural, arrose le gouvernement de Perm et se jette dans la Lovza. — Rivière de la Russie d'Asie, affluent de l'Obi (650 kilom.).

SOT, SOTTE (irlandais *suthan,* imbécile; breton *saot,* gros bétail?), *adj.* Qui croit avoir du bon sens, du jugement, mais qui en est dépourvu : *Un sot personnage.* || Qui n'a pas le sens commun, qui offense le bon sens : *Une sotte action. De sottes paroles.* || Fâcheux, nuisible, ridicule : *Une sotte aventure.* || *A sotte demande point de réponse,* il ne faut point répondre aux questions déplacées, extravagantes, impertinentes. || Embarrassé, confus : *Il resta tout sot.* — *Subst.* Personne sotte : *Un sot trouve toujours un plus sot qui l'admire.* || *C'est un sot en trois lettres,* un homme fort bête. — **Dér.** *Sottement, sotie, sottise, sottisier, sottisière, sotard.* — **Comp.** *Assoter, sot-l'y-laisse.*

***SOTARD** (*sot*), *sm.* Nom vulgaire de la bécasse.

SOTHIAQUE (g. σῶτις, nom égyptien de l'étoile Sirius), *adj. 2 g.* Se dit d'une période astronomique des anciens Égyptiens comprenant 365 fois 4 ans ou 1 460 ans, pendant laquelle, vu la manière de compter le temps des Égyptiens, la date de l'équinoxe du printemps reculait d'un jour chaque année.

SOTIE (*sot*), *sf.* Comédie satirique souvent très licencieuse, fort en vogue en France au xve siècle, et dans laquelle des personnages allégoriques faisaient le procès aux vices, aux ridicules, aux abus de la société.

SOT-L'Y-LAISSE (*sot + l'y + laisser*), *sm.* Morceau très délicat qui se trouve au-dessus du croupion d'une volaille. — Pl. *des sot-l'y-laisse.*

SOTO (FERNAND DE), compagnon de Pizarre à la conquête du Pérou. M. en 1542.

***SOTTAIS** (basque *soto,* grotte), *smpl.* Nom par lequel on désigne en Belgique des nains qui habitaient les mines.

SOTTEMENT (*sotte + sfx. ment*), *adv.* D'une sotte façon : *Agir, parler sottement.*

SOTTEVILLE-LES-ROUEN, 15304 hab. Commune de la Seine-Inférieure, canton de Grand-Couronne, arr. de Rouen. Filatures, tissage de coton, fabrique de produits chimiques.

SOTTISE (*sot*), *sf.* Manque de jugement dont on n'a pas conscience : *Sa sottise est grande.* ‖ Action, parole, pensée contraire au bon sens : *Faire, dire des sottises.* ‖ Œuvre littéraire détestable : *On publie force sottises.* ‖ Action, parole immodeste, injure : *Accabler quelqu'un de sottises.*—**Syn.** (V. *Bêtise.*)

1. **SOTTISIER** (*sottise*), *sm.* Recueil de sottises, de vers badins, de chansons. ‖ Celui qui débite des sottises, qui tient des propos immodestes : *Un grand sottisier.*

2. **SOTTISIER, IÈRE** (*sottise*), *adj.* Injurieur.

***SOTTO VOCE** [sot-to-vo-cé], *loc. adv.* Locution italienne qui veut dire à demi-voix, à demi-jeu.

SOU (vx fr. *sol* : l. *solidum,* anc. monnaie d'or), *sm.* Sous les empereurs romains, à partir de Constantin, et à l'époque mérovingienne, *sou d'or,* monnaie en or qui pesait la 72e partie de la livre. ‖ Sous saint Louis et ses successeurs : *Sou d'argent* ou *gros tournois,* monnaie en argent qui valait douze deniers d'argent et dont le poids était le 20e de celui de la livre. ‖ De 1719 à 1789, monnaie de cuivre qui valait 12 deniers en billon ou 5 centimes de notre monnaie actuelle. ‖ *Un gros sou,* monnaie de cuivre qui valait 2 sous. ‖ Aujourd'hui, monnaie de cuivre qui vaut 5 centimes ou le 20e du franc. ‖ *Pièce de 100 sous,* la pièce de 5 francs. ‖ *N'avoir pas un sou, pas le sou, n'avoir ni sou ni maille,* n'avoir point d'argent. ‖ *Cette terre vaut 100 000 francs comme un sou,* elle les vaut amplement. ‖ *Au sou la livre,* proportionnellement à la somme que chaque associé a apportée dans une affaire. ‖ *Avoir un sou dans une entreprise,* avoir droit au 20e des bénéfices. ‖ *Propre comme un sou,* très propre. ‖ *N'avoir pas le premier sou,* n'avoir pas la plus petite somme dont on puisse faire usage. ‖ *Cela ne vaut pas un sou,* cela n'a aucune valeur. ‖ *Pour un sou de,* une très petite quantité, une très petite dose : *Il n'a pas pour un sou de bon sens.* — Sou A SOU, SOU PAR SOU, *loc. adv.* Par très petite somme : *Payer sou à sou.* — **Hom.** *Sous.* — **Dér.** (V. *Sol.*)

SOU, rivière de l'Aube, affluent de l'Orbieu, passe à la Roque de Fa, aux Termes.

SOU, rivière de l'Aude ; elle reçoit le Brau et se jette dans l'Aude au pont de Sou.

SOUABE (pays des anciens Suèves), partie de l'Allemagne limitée à l'E. par le Lech, au N. et à l'O. par le Danube et au S. par le Rhin. Ce pays a une grande importance au point de vue de l'étude du trias, du lias, et des terrains oolithiques (jura brun, jura blanc). Autrefois beaucoup plus étendue, puisque Zurich et Bade en faisaient partie, elle formait un duché qui fut gouverné de 1080 à 1268 par des princes de la maison de Hohenstauffen. Maison de Souabe ou de Hohenstauffen.

SOUAKIM, 8000 hab. Ville de Nubie au S.-O. de Djeddah, située en partie sur un îlot de la mer Rouge.

SOUBASSEMENT (*sous+base*), *sm.* Sorte de piédestal continu qui supporte un édifice ou une rangée de colonnes. ‖ Petit mur d'appui au bas d'une croisée et formant le fond de l'embrasure. ‖ La face de l'évasement d'une cheminée située au-dessus de l'ouverture. ‖ Bande d'étoffe dont on entoure

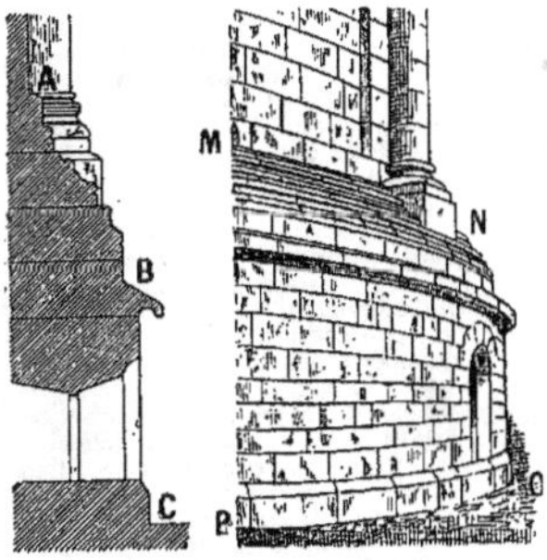

SOUBASSEMENT

A L'ABSIDE ORIENTALE DE LA CATHÉDRALE DE SPIRE (XIIe SIÈCLE)

A B C. Profil. — M N O P. Vue perspective.

le bas d'un lit quand les rideaux ne descendent pas jusqu'au sol de l'appartement.

SOUBISE, 790 hab. Village du département de la Charente-Inférieure, arr. de Marennes, sur la Charente. Eaux minérales carbonatées, sodiques et ferrugineuses.

SOUBISE, branche de la maison de Rohan à laquelle appartiennent : BENJAMIN DE ROHAN, *seigneur de Soubise* (1589-1641) ; il combattit à la tête des protestants sur mer et sur terre contre les troupes de Louis XIII, principalement lors du siège de la Rochelle ; se retira en 1629 en Angleterre, où il mourut ; et CHARLES DE ROHAN, *prince de Soubise* (1715-1787), ministre d'État, pair et maréchal de France, favori de Louis XV, de Mme de Pompadour et de Mme Dubarry ; il perdit, en 1757, la bataille de Rosbach contre le Grand Frédéric ; ARMAND DE ROHAN, *cardinal de Soubise* (1717-1756), frère du précédent, évêque de Strasbourg, grand aumônier de Louis XV et membre de l'Académie française.

SOUBRESAUT (esp. *sobresalto* : du l. *super,* sur + *saltum,* saut ; db. de *sursaut*), *sm.* Saut subit, inopiné et à contretemps : *Le cheval fit un soubresaut.* ‖ Tressaillement : *Éprouver des soubresauts dans les jambes.* — Fig. Vive et subite émotion : *Cette nouvelle m'a donné un soubresaut.*

SOUBRETTE (x), *sf.* Suivante de comédie : *Un rôle de soubrette.* ‖ Femme subalterne et intrigante.

SOUBREVESTE (l. *supra,* sur + *vestem,* vêtement), *sm.* Vêtement de dessus et sans manches des militaires d'autrefois. ‖ Sorte de justaucorps que portaient les mousquetaires de la garde.

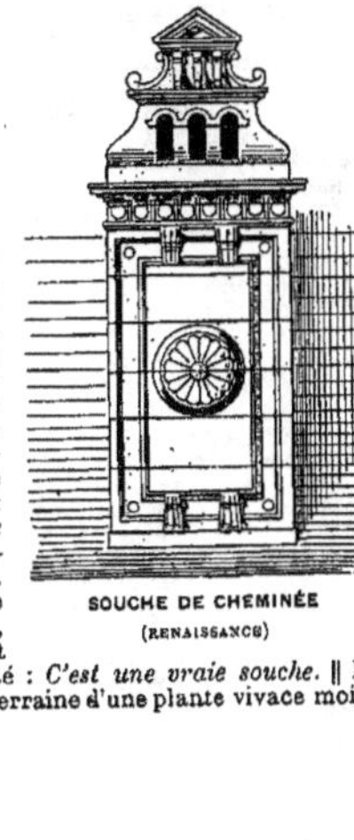

SOUCHE DE CHEMINÉE (RENAISSANCE)

SOUCHE (vx fr. *cuche, coche* ; du bl. *caudica,* tronc d'arbre), *sf.* La partie inférieure du tronc d'un arbre accompagnée de ses racines et séparée du reste de l'arbre : *Brûler une grosse souche.* — Fig. Personne insensible, stupide et sans activité : *C'est une vraie souche.* ‖ La partie souterraine d'une plante vivace moins le chevelu : *La souche de l'iris.* — Fig. Le plus ancien des ancêtres auquel une famille puisse remonter : *Le Saxon Robert le Fort fut la souche des Capétiens.* ‖ *Faire souche,* avoir une suite de descendants. ‖ Le plus long de deux petits morceaux de bois ajustés sur lesquels un boulanger, un boucher marque par des entailles correspondantes les marchandises qu'il vend à crédit. — Le vendeur garde ce plus long morceau, et le plus court, dit *échantillon,* reste entre les mains de l'acheteur. ‖ La portion restante des feuilles d'un registre desquelles on a détaché, par une coupure en zigzag, l'autre portion afin de pouvoir constater au besoin qu'elle s'y joint exactement. — Les registres à souche servent à donner des quittances, à délivrer des mandats, des actions, etc. ‖ La partie du corps d'une cheminée qui s'élève au-dessus du toit. ‖ Tube de fer-blanc ayant la forme d'un cierge, peint en blanc à l'extérieur, qu'on met dans les chandeliers d'église et dans l'intérieur duquel est un ressort à boudin qui pousse une bougie de façon à ce qu'elle puisse brûler toujours au haut de ce tube. — **Dér.** *Souchon, souchet* 1 et 2, *soucheter, soucheteur, souchetage.*

SOUCHE, rivière de l'Aisne, qui passe à Pierrepont et se jette dans la Serre, affluent de l'Oise, à Crécy.

SOUCHET (dim. de *souche*), *sm.* Pierre calcaire tendre et de mauvaise qualité, formant la partie inférieure du banc le plus superficiel d'une carrière.

SOUCHET (dm. de *souche*), *sm.* Genre de plantes cypéracées, à tiges triangulaires, comprenant plus de 300 espèces et auquel appartiennent le *papyrus,* avec la tige duquel les anciens Égyptiens faisaient une sorte de papier. ‖ *Le souchet comestible* des pays qui bordent la Méditerranée et dont on mange les tubercules, gros comme une noisette, ayant la saveur de la châtaigne, et qui terminent ses racines. ‖ *Le souchet long* ou *odorant* dont le rhizome est employé dans la parfumerie.

SOUCHET LONG OU ODORANT

SOUCHETAGE (*souchet*), *sm.* Visite faite dans un bois après la coupe pour compter les souches.

SOUCHETEUR (*souchet*), *sm.* Expert qui procède au souchetage.

***SOUCHON** (dim. de *souche*), *sm.* Petite souche.

*** SOUCHONG** (mot chinois), *sm.* Variété de thé noir.

1. **SOUCI** (l. *solsequium* : *sol,* soleil + *sequi,* suivre), *sm.* Genre de plantes dicotylédones de la famille des Composées, à grandes fleurs radiées d'un jaune orangé, exhalant une odeur forte et désagréable auquel appartiennent le *souci officinal* ou des jardins, et le *souci des champs,* commun dans les vignes et dans les champs, employés tous deux dans la médecine rurale comme stimulant, fondant, diurétique, antiscrofuleux. ‖ *Souci d'eau,* le populage.

SOUCI

2. **SOUCI**, *svm.* de *soucier.* Agitation inquiète de l'esprit au sujet d'une personne, d'une chose : *Un cruel souci.* ‖ La personne, la chose qui cause du souci : *Ce procès est mon souci.* ‖ *C'est là le moindre ou le cadet de mes soucis,* je ne m'en mets point en peine.

SOUCIER (db. de *solliciter*), *vt.* Causer du souci à : *Ses menaces ne me soucient point.* — **Se soucier,** *vr.* S'inquiéter : *Il ne faut pas se soucier mal à propos.* ‖ Se préoccuper de, prendre intérêt à : *Ne se soucier de rien.* ‖ Désirer : *Les hommes se soucient de la fortune.* — **Dér.** *Souci, soucieux, soucieuse.* Même famille : *Solliciter.*

SOUCIEUX, EUSE (*souci*), *adj.* Qui a du souci, de l'inquiétude : *Tu parais soucieux.* ‖ Qui annonce du souci, de l'inquiétude :

Visage soucieux. ‖ Qui prend intérêt à, se préoccupe de : *Il faut être soucieux de son honneur.*

SOUCOUPE (*sous* + *coupe*), *sf.* Petite assiette qu'on met sous une tasse servant à prendre du café, du thé, du chocolat. ‖ Grande assiette munie d'un pied.

***SOUDABILITÉ** (*souder*), *sf.* Propriété que possèdent les corps de se laisser souder.

***SOUDABLE** (*souder*), *adj. 2 g.* Qui peut être soudé.

SOUDAIN, AINE (l. *subitaneum*), *adj.* Immédiat : *Départ soudain.* — *Adv.* Immédiatement. — **Dér.** *Soudainement, soudaineté.*

SOUDAINEMENT (*soudaine* + sfx. *ment*), *adv.* Immédiatement.

SOUDAINETÉ (*soudain*), *sf.* Qualité de ce qui est soudain, immédiat : *La soudaineté d'une résolution.*

SOUDAN (vx fr. *soldan* + db. de *sultan*), *sm.* Titre qu'on donnait au moyen âge à certains princes mahométans et particulièrement aux souverains d'Égypte.

SOUDAN, autre nom de la Nigritie. (V. ce mot.)

SOUDARD ou **SOUDART** (*solde* + sfx. péj. *ard*), *sm.* Vieux soldat grossier et nullement scrupuleux.

SOUDE (l. *soda*), *sf.* Genre de plantes dicotylédones de la famille des Chénopodées qui croissent sur les bords de la Méditerranée et de l'Atlantique et dont l'incinération fournit de la soude. Les espèces qui en fournissent le plus abondent sur les côtes d'Espagne : ce sont les *salsola soda*, les *salsola kali* et les *salsola tragus.* Ces plantes, du reste, ne sont pas les seules dont l'incinération fournisse de la soude. La soude de Ténériffe est obtenue par l'incinération de certaines ficoïdées. Les soudes de Narbonne sont extraites des varechs. Les noms de soude d'Alicante, de Malaga, de Carthagène, etc., rappellent simplement les ports d'expédition. ‖ Le mot *soude*, pris strictement au point de vue de la nomenclature chimique, signifierait *oxyde de sodium*, de même que *potasse* signifie *oxyde de potassium*, de même que *chaux* veut dire *oxyde de calcium, magnésie, oxyde de magnésium*, etc. Mais ce mot est plus ancien que cette nomenclature; il a signifié, dès le début, la masse saline que l'on obtient en brûlant diverses plantes qui vivent sur le bord de la mer et en recueillant la masse partiellement fondue, produite par cette opération; il a conservé ce sens. Néanmoins, il importe de faire remarquer que ce produit d'incinération est loin d'être une substance homogène : il ne renferme pas seulement le *carbonate de soude* pour lequel il est recherché et employé : il contient aussi d'autres sels de soude ou même de potasse et diverses impuretés. Le carbonate de soude proprement dit ne forme que de 10 à 30 p. 100 de ce produit. Aujourd'hui on donne généralement le nom de *barille* à la soude d'origine végétale, de même qu'on réserve le nom de *natron* pour un produit naturel qui se trouve dans divers pays. En Hongrie, il constitue des efflorescences à la surface du sol. En Égypte, en Arabie, au Thibet, dans les plaines de la mer Noire et de la mer Caspienne, il se trouve en dissolution dans l'eau de certains lacs et se dépose sur leurs bords par l'évaporation. Ces soudes naturelles sont connues dans le commerce sous les noms de *natron* et de *soda*. L'Arabie, l'Arménie, le Thibet, etc., possèdent également des lacs à natron. La soude naturelle du Mexique est quelquefois désignée par le nom d'*urao*. Ces diverses soudes, du reste, n'ont plus grande importance commerciale aujourd'hui : elles ont été à peu près supplantées par la soude artificielle, dont nous parlerons plus loin lorsque nous jetterons un rapide coup d'œil sur l'industrie des combinaisons de la soude et du sodium.

L'expression *sel de soude* s'applique spécialement aux soudes artificielles. Quant à l'*oxyde de sodium* proprement dit, ce n'est guère qu'une curiosité de laboratoire. Mais l'*hydrate de soude*, combinaison d'un équivalent d'oxyde de sodium et d'un équivalent d'eau, est un corps très important en chimie : on le distingue du sel de soude par le nom de *soude caustique*.

Le *carbonate de soude neutre* cristallise en prismes rhomboïdaux obliques; il est facile de le faire cristalliser, en tenant compte de ce que sa solubilité décroît notamment lorsque la température s'écarte de 38° en dessus ou en dessous. Les cristaux ont pour formule $NaO, CO^2 + 10HO$. A l'air, ils perdent de l'eau de façon à devenir $NaO, CO^2 + HO$; puis ils empruntent de l'acide carbonique à l'air et forment ainsi un peu de sesquicarbonate. De la sorte *ils s'effleurissent* très vite, deviennent opaques, se désagrègent, se transforment en une poudre blanche. Le carbonate de soude, étant efflorescent, se distingue par là du carbonate de potasse, lequel, au contraire, est déliquescent.

La *réaction* du carbonate de soude dissous dans l'eau est très nettement alcaline; elle ramène au bleu le papier de tournesol rougi par les acides forts. Parmi les *applications* familières du carbonate de soude, il faut citer l'emploi thérapeutique de ce corps en lotions et en bains : pour les *bains*, on en met 150 grammes dans 300 litres d'eau. Le carbonate entre aussi dans la composition de certaines *pommades*. Nous parlerons des applications à l'industrie chimique lorsque nous aurons décrit la préparation industrielle de cette combinaison.

La *soude caustique* est un hydrate de soude NaO, HO. C'est un corps blanc, à structure fibreuse. On l'obtient, sous forme de solution, en faisant bouillir un mélange de carbonate de soude dissous dans l'eau et de lait de chaux, en décantant ensuite le liquide, en l'évaporant et en le fondant. La soude caustique est d'abord déliquescente, c'est-à-dire qu'elle absorbe l'humidité de l'air, puis elle devient efflorescente en absorbant l'acide carbonique. Elle attaque les matières organiques, comme fait la chaux. Elle corrode et dissout la peau. La soude caustique conserve toujours un équivalent d'eau, même quand elle se volatilise. La solution de soude caustique est très alcaline, comme la solution de potasse caustique. La soude caustique rend de grands services dans les *laboratoires de chimie*. D'autre part, c'est à la soude caustique que le sel de soude caustifié dont nous parlerons plus loin doit les propriétés qui font employer, dans la fabrication des savons, sa solution connue sous le nom de *lessive des savonniers*. La solution de soude caustique, traitée par l'hydrogène sulfuré, donne le *sulfure de sodium*, lequel sert à la préparation du *pentasulfure*, corps très employé en médecine. Ajoutons, à ce propos, que l'on peut aussi *préparer le sulfure de sodium* en réduisant le sulfate de soude par le charbon ou l'hydrogène, au rouge. Ce produit sert à *l'épilage des peaux* dans le chamoisage. Le sulfure de sodium se présente quelquefois *dans la nature* à l'état de solution. C'est sous cette forme qu'il se trouve dans les *eaux minérales sulfurées*.

Au carbonate de soude se rattache le *bicarbonate de soude*, qui renferme en plus un équivalent d'acide carbonique. Ce corps est le principe essentiel des eaux alcalines, notamment des eaux de Vichy, de Carlsbad, etc. A Vichy, on prépare ce sel à l'état solide en exposant du carbonate neutre à l'action de l'acide carbonique qui se dégage des sources thermales. Le bicarbonate est employé dans certains cas de *dyspepsie* (V. ce mot) et contre la gravelle. On ne doit pas en prendre plus de 8 grammes par jour et c'est là une dose maxima. Les *tablettes de Vichy* contiennent chacune 0gr,25 de ce produit. Ce sel est la source d'acide carbonique à laquelle on a recours pour la préparation de l'*eau de Seltz dans les ménages*. Pour dégager cet acide carbonique, on dissout dans la même eau le bicarbonate et une poudre acide qui le décompose. Le bicarbonate de soude est quelquefois employé pour faire lever la pâte du pain dans la fabrication sans levure. (V. *Panification*, t. II, p. 883, col. 2.) Ce sel enfin est employé pour son alcali dans le dégraissage de la laine.

L'*azotate de soude* se trouve, en grande abondance, dans certains pays. (V. au mot *Nitre* ce qui concerne le *nitre cubique*, t. II, p. 729, col. 3.)

Le *sulfate de soude* naturel, la *thénardite*, n'a aucune importance relativement au sulfate artificiel. On trouvera au mot *Sulfate* une esquisse de la fabrication de ce produit si important pour l'industrie.

Arrivons à la *grande industrie des sels de soude*. Il s'est opéré, dans ces derniers temps, une grande révolution dans cette industrie. Depuis la découverte de Le Blanc, la fabrication industrielle de la soude exigeait la fabrication préalable du sulfate de soude laquelle, à son tour, exigeait que l'on commençât pour fabriquer l'*acide sulfurique* devant servir à la décomposition du chlorure de sodium ou sel de cuisine ordinaire. D'autre part, l'attaque du chlorure de sodium par l'acide sulfurique donnait lieu au dégagement d'un corps gazeux que l'on recueillait dans l'eau pour vendre la solution sous le nom d'*acide chlorhydrique*. Quelquefois aussi on utilisait cet acide chlorhydrique dans des annexes de l'usine, pour attaquer du bioxyde de manganèse et produire ainsi le *chlore* gazeux au moyen duquel on saturait de la chaux éteinte, ce qui donnait le *chlorure de chaux*. On fabriquait de l'eau de Javel, du sel ammoniac, des chlorures d'étain, etc. Il y avait là toute une série d'*industries connexes*. Alors est survenu le procédé Solvay, dont nous parlerons plus loin. Ce procédé a permis de fabriquer, sans sulfate de soude, une soude bien plus pure que l'ancienne. Le procédé Le Blanc se soutient cependant pour diverses raisons. Une des principales est le besoin qu'éprouvent diverses industries de se servir de cet acide chlorhydrique qui se produit dans la préparation du sulfate de soude.

La *fabrication du sulfate de soude* se fait, soit dans des cylindres en fonte auxquels on communique un mouvement de rotation, soit dans des fours à réverbère en briques réfractaires, permettant d'opérer à haute température, et inattaquables par l'acide à 52° qui sert à cette fabrication. L'opération se fait sur deux soles. Sur la moins chaude, l'acide sulfurique attaquant le sel marin forme du bisulfate $KO, HO, 2SO^3$ et de l'acide chlorhydrique HCl : c'est la première opération. Sur la seconde, on amène le bisulfate en présence d'un excès de chlorure de sodium : il se forme à nouveau de l'acide chlorhydrique, mais il se produit cette fois du sulfate neutre.

La fabrication du *carbonate de soude* par le *procédé Le Blanc* consiste à calciner un mélange de sulfate de soude avec son poids de calcaire (pierre à chaux) et les trois quarts de son poids de houille. On effectue cette calcination dans un four à reverbère ou dans un four en tôle revêtu intérieurement de briques réfractaires : peu importe, au point de vue de la théorie de l'opération. En présence du charbon, le sulfate de soude se réduit à l'état de sulfure, tandis qu'il se forme de l'oxyde de carbone. Ce gaz brûle avec de petites flammes bleues, ce qui permet de reconnaître la première phase de l'opération. Ensuite, le carbonate de chaux donne, par double décomposition avec le sulfure de sodium qui vient de se produire, du carbonate de soude et du sulfure de calcium. Pendant ce temps, une autre partie du charbon, réagissant sur une autre partie de carbonate de chaux, donne, avec un nouveau dégagement d'oxyde de carbone, de la chaux qui forme, avec le sulfure de calcium, une combinaison qui, lorsqu'on reprend la masse par l'eau afin d'en extraire le carbonate de soude, constitue le résidu connu sous le nom de *marc de soude* ou *charrée de soude*. Il ne reste plus qu'à évaporer pour avoir le carbonate de soude. On peut arrêter l'évaporation à temps et laisser refroidir pour obtenir des *cristaux de soude*. On peut la pousser jusqu'au bout en remuant constamment pour obtenir un produit granulé moins pur : celui-là même qui est connu dans le commerce sous le nom de *sel de soude*, produit qui n'est pas exempt de soude caustique. (Généralement, les cristaux de soude se préparent avec le sel de soude préalablement obtenu.) On peut enfin commencer par concentrer suffisamment la lessive, puis la faire arriver tout à coup sur une surface fortement chauffée; sous l'influence du brusque dégagement de vapeur d'eau, le carbonate perd une partie de son acide carbonique qui se dégage avec efflorescence, et il reste du *sel de soude caustifié*, contenant à peu près 20 p. 100 de soude caustique, qui est très employé dans la savonnerie.

D'après le *procédé Solvay*, on dissout de l'ammoniaque dans du chlorure de sodium jusqu'à saturation et l'on fait arriver de l'acide carbonique sous pression. Il se forme du bicarbonate de soude qui est très peu soluble et du chlorhydrate d'ammoniaque. Le premier se sépare, le second reste en solution. Par calcination, le bicarbonate fournit du carbonate neutre et de l'acide carbonique. Celui-ci est recueilli et sert pour une nouvelle opération. Quant au chlorhydrate d'ammoniaque, lorsqu'on le chauffe avec de la chaux ou de la magnésie, il régénère son ammoniaque. Il se forme, selon que l'on a pris l'une ou l'autre, du chlorure de calcium ou du chlorure de magnésium. Le chlorure de magnésium, traité par la vapeur d'eau surchauffée, régénère la magnésie qui l'a fourni, et il donne, d'autre part, de l'acide chlorhydrique. *Le carbonate de soude doit à son alcali ses principales applications.* Dans la fabrication du verre et du cristal, en effet, il n'agit que par cet alcali. Dans la teinture, il est employé pour dissoudre les principes colorants du carthame et du rocou. C'est également à l'oxyde de sodium qu'il le doit. Le carbonate de soude sert aussi dans le lavage de la laine et de la soie. Il trouve dans le *lessivage du linge* une de ses principales applications. Pour cet usage, il serait préférable de prendre des cristaux, car le sel de soude caustifié attaque un peu le linge et il contient quelquefois du fer qui produit des taches; néanmoins, dans les lavoirs publics, on se sert de sel de soude légèrement caustique. Enfin la *savonnerie* marseillaise emploie de grandes quantités de soude brute renfermant du sulfure de fer qui donne les marbrures.

Le carbonate de soude sert à la préparation du *sulfite de soude*, qui, lui-même, peut servir à la préparation de l'*hyposulfite.*

La *soude* caustique et les *sels de soude* donnent à l'*examen spectroscopique* une raie jaune absolument caractéristique. Quand on tient l'un de ces corps à l'extrémité d'un fil de platine, dans la partie non éclairante de *la flamme* d'un brûleur à gaz de Bunsen ou de la flamme, soit d'une chandelle, soit d'une mèche à huile, et que l'on souffle au chalumeau, cette flamme intérieure devient d'un *jaune* intense tellement *caractéristique*, qu'en consultant cette réaction il est impossible de ne pas reconnaître des quantités de ces produits, même très petites. Si l'on éclaire avec cette flamme jaune un *cristal de bichromate* de potasse, le cristal paraît blanc; il en serait de même pour un *papier* blanc qu'on aurait partiellement *enduit d'iodure rouge de mercure* : l'enduit paraîtrait blanc. Parmi les réactions purement chimiques, on peut citer le précipité blanc cristallin que donne la solution froide de biméta-antimoniate de potasse. Les sels de soude échappent à l'action des réactifs de groupes généralement employés dans l'analyse chimique. (V. *Réaction.*) — **Dér.** *Soudier, soudière; sodium, sodique; sodé, sodée.*

SOUDER (l. *solidare*, rendre solide), *vt.* Coller ensemble deux pièces de métal au moyen d'un alliage de plomb et d'étain. ‖ Faire adhérer ensemble deux pièces de fer amollies par le feu et mises en contact sur une enclume en frappant dessus avec de lourds marteaux. ‖ Faire adhérer deux organes ou deux parties d'organes. — **Se souder**, *vr.* Devenir soudé. ‖ Adhérer ensemble, en parlant d'organes ou de parties d'organes : *Plusieurs asperges qui se soudent forment une fascie.* — **Dér.** *Soudure, soudeur, soudeuse, soudoir.*

*****SOUDEUR, EUSE** (*souder*), *s.* Celui, celle qui soude.

*****SOUDIER, IÈRE** (*soude*), *adj.* Qui concerne la soude : *Industrie soudière.* — *Sf.* Fabrique de soude artificielle.

SOUDIVISER ou **SOUS-DIVISER**. (V. *Subdiviser.*)

SOUDIVISION ou **SOUS-DIVISION**. (V. *Subdivision.*)

*****SOUDOIR** (*souder*), *sm.* Outil dont on se sert pour souder.

SOUDOYER (*solde*), *vt.* Prendre à son service des soldats mercenaires : *La France soudoyait des Suisses.* ‖ S'assurer à prix d'argent le concours de quelqu'un : *Soudoyer des électeurs.* — **Gr.** Je soudoie, nous soudoyons; je soudoyais, nous soudoyions; je soudoierai; que je soudoie, que nous soudoyions.

SOUDRE (l. *solvere*, délier), *vt.* Résoudre, dissoudre (vx). — **Gr.** Usité seulement à l'infinitif.

SOUDRILLE (*x*), *sm.* Soldat libertin, fripon.

SOUDURE (*souder*), *sf.* Alliage de plomb et d'étain qui fond facilement, et sert à réunir ensemble des pièces de plomb, de cuivre, de zinc ou de fer-blanc. — *Soudure des plombiers*, composée de deux parties de plomb et d'une d'étain et fondant vers 275°. *Soudure des ferblantiers*, formée de parties égales de plomb et d'étain. *Soudure pour les pièces de cuivre*, composée de deux parties de cuivre et d'une de zinc ou d'une partie d'étain fin et d'une de plomb. *Soudure grasse*, celle où domine l'étain. *Soudure maigre*, celle où domine le plomb. ‖ Travail d'un ouvrier qui soude : *Soudure bien faite.* ‖ Endroit par où deux pièces de métal sont soudées : *Tuyau crevé à la soudure.* ‖ Adhérence intime entre deux organes : *La soudure des pétales d'une fleur.* — Fig. action de relier ensemble deux choses différentes. On utilise depuis quelque temps l'électricité pour la soudure. Il y a deux procédés : dans l'un on expose les pièces à souder à l'action d'un arc électrique; dans l'autre, on produit directement l'incandescence dans les pièces à souder, en y faisant passer le courant; il faut alors que celui-ci ait une intensité énorme.

*****SOUE** ou **SEUE** (l. *sus*, porc), *sf.* Petit bâtiment où on loge les porcs.

SOUF (LE), ou l'OUED-ISOUF (*la rivière qui murmure*), 25 000 hab. (les *Souafa*), oasis du Sahara algérien, à environ 200 kilom. S. de Biskra, habitée par deux tribus, les *Adouan* et les *Troud*; ch.-l. *El-Oued.* Elle est formée de dunes mobiles, et l'oued, qui donne la vie à ses 300 000 palmiers, a dans les *areg* (veines) un cours souterrain. Le centre religieux du Souf est à *El-Guemar*, qui possède une zaouïa, succursale de celle de Temacin.

SOUFFEL, rivière d'Alsace-Lorraine, affluent du Rhin à Souffelweyersheim.

SOUFFLAGE (*souffler*), *sm.* Art, action de souffler le verre. ‖ L'ensemble des planches dont on garnit extérieurement la carène d'un navire un peu au-dessus et au-dessous de la ligne de flottaison pour le rendre plus stable.

*****SOUFFLANT, ANTE** (*souffler*), *adj.* Qui sert à souffler : *Machine soufflante.*

*****SOUFFLARDS** (*souffler*) ou **SUFFIONI**, *smpl.* On donne ce nom à des dégagements de vapeur d'eau (105°-120°) formant des jets de 10 à 20 mètres de hauteur et qui sont disposés en groupes sur des fentes du sol. La région classique des soufflards est la Toscane (monte Cerboli, Castel Nuovo, monte Rotondo). On reçoit les eaux de condensation dans des bassins appelés *lagoni*, ce qui permet de recueillir leur acide borique; il se forme aussi des dépôts de gypse et de soufre (albâtre de Volterra). Les soufflards rejettent des mélanges gazeux où l'acide carbonique domine avec l'acide sulfhydrique; comme éléments accessoires, on rencontre le gaz des marais et l'hydrogène libre; l'eau des lagoni contient, outre l'acide borique, de la silice libre et des sels de potasse, de soude, de chaux, de magnésie et d'ammoniaque. Aux environs des soufflards, le sol est blanchâtre, détrempé par l'acide sulfurique; l'atmosphère est chargée de nuages blancs et d'hydrogène sulfuré. Il y a des soufflards dont la température est inférieure à 100° et qui passent progressivement aux salses (volcans de boue ou maccalube). On trouve aussi des soufflards dans l'Amérique du Nord, à l'O. des montagnes Rocheuses, dans l'Orégon, le Névada, l'Arizona; on observe en Californie un lac de borax (Clear Lake).

SOUFFLE, *svm.* de *souffler.* Agitation de l'air produite par le vent : *Le souffle des zéphyrs.* ‖ Vent que l'on produit en poussant de l'air avec la bouche : *Rallumer des charbons avec son souffle.* — Fig. *On le renverserait d'un souffle*, il est très facile à renverser. ‖ Air qui sort de la bouche pendant qu'on respire : *Un souffle malsain.* ‖ La simple respiration : *Retenir son souffle.* ‖ *N'avoir plus que le souffle*, être à l'agonie. — Fig. Inspiration, influence : *Le souffle poétique. Le souffle de la haine.*

1. **SOUFFLÉ**, *spm.* de *souffler.* Sorte de bouillie de riz ou de fécule de pomme de terre où il entre du lait, des jaunes d'œufs, un peu de beurre, beaucoup de sucre, de la vanille ou autre parfum, à laquelle on incorpore ensuite des blancs d'œufs battus en neige et que l'on chauffe pendant vingt minutes dans un four pour la rendre très poreuse et la faire renfler. ‖ Certain degré de cuisson du sucre. (V. *Sucre.*)

2. **SOUFFLÉ, ÉE** (*souffler*), *adj.* Très poreux. ‖ Gonflé, soulevé à la manière d'un soufflé : *Beignets soufflés.* ‖ Qu'on croirait enflé : *Visage soufflé.*

*****SOUFFLEMENT** (*souffler*), *sm.* Action de souffler.

SOUFFLER (l. *sufflare*), *vi.*, et quelquefois *imp.* Pousser l'air de façon à le mettre en mouvement : *Ce soufflet souffle bien. L'aquilon souffle.* ‖ Produire du vent en poussant de l'air par la bouche : *Souffler dans ses doigts, dans un cor.* — Fig. *Ne pas souffler, n'oser souffler*, ne pas oser parler pour se plaindre ou riposter. — Fig. Dissiper, détruire, faire évanouir : *Souffler sur les projets de quelqu'un.* ‖ Respirer péniblement : *Il souffle en montant l'escalier.* — Fig. Reprendre haleine : *Laissez-nous souffler un peu.* ‖ Faire des essais pour trouver la pierre philosophale : *Il a perdu sa fortune à souffler.* — *Vt.* Pousser du vent sur : *Souffler le feu*, faire arriver de l'air sur le feu pour l'allumer. ‖ *Souffler une chandelle*, l'éteindre en soufflant. ‖ *Souffler la poussière*, l'enlever en soufflant dessus. ‖ *Souffler un animal de boucherie*, introduire de l'air avec un soufflet entre la chair et la peau d'un animal tué pour que celle-ci se sépare plus aisément. ‖ *Souffler l'orgue*, faire entrer de l'air dans les tuyaux d'un orgue au moyen des soufflets. ‖ *Souffler le verre*, introduire dans le verre fondu le bout d'un tube de fer pour puiser une petite quantité de la matière liquide et souffler dans l'autre bout du tube pour façonner des objets creux, tels que bouteilles, etc. — Fig. *Souffler la discorde*, l'exciter. — Fig. *Souffler quelque chose aux oreilles de quelqu'un*, lui dire quelque chose en secret. — Fig. *Ne pas souffler mot*, ne pas dire un seul mot. — Fig. *Souffler le chaud et le froid*, émettre des opinions contradictoires. — Fig. *Souffler quelqu'un*, lui dire tout bas des mots qui échappent à sa mémoire et qu'il doit prononcer à haute voix : *Il faut souvent souffler cet acteur.* ‖ Au jeu de dames, *souffler un pion, une dame*, enlever cette pièce à son adversaire quand il a négligé de prendre une ou plusieurs pièces. — Fig. Enlever à quelqu'un : *Il m'a soufflé cet emploi.* ‖ *Souffler un navire*, le garnir d'un soufflage. — **Dér.** *Soufflé* 1 et 2; *soufflant, soufflante, souffle, soufflet, soufflement, soufflage, soufflerie, soufflards; souffleur, souffleuse, soufflure; souffleter, souffletade.* — **Comp.** *Insuffler.*

SOUFFLERIE (*souffler*), *sf.* L'ensemble des soufflets d'un orgue, des machines soufflantes d'une usine. ‖ Appareil pour pousser un courant d'air sur un point donné. ‖ L'ensemble des appareils dont on se servait dans la recherche de la pierre philosophale.

SOUFFLET (dm. de *souffle*), *sm.* Instrument qui sert à produire un courant d'air et consiste essentiellement en un réservoir de capacité variable formé de deux planches réunies par une garniture de cuir, muni d'une soupape par où l'air s'introduit quand on écarte les planches, et d'un tuyau par lequel cet air est chassé lorsqu'on les rapproche : *Les soufflets de cuisine, de forge servent ordinairement à activer la combustion.* Les orgues sont munies de soufflets qui mettent en mouvement l'air des tuyaux sonores. ‖ Capote en cuir d'une calèche ou d'un cabriolet, qui se replie à la manière d'un soufflet. ‖ Coup donné sur la joue avec le plat ou le revers de la main : *Recevoir un soufflet.* — Fig. *Donner un soufflet au sens commun*, faire ou dire une chose insensée : — Fig. Déboire, mortification, injure : *Chasser quel-*

qu'un d'une compagnie, c'est lui donner un rude soufflet.

SOUFFLETADE (*souffleter*), *sf.* Une volée de soufflets.

SOUFFLETER (*soufflet*), *vt.* Donner un ou des soufflets à : *Souffleter un insolent.* — Fig. Outrager : *Souffler un parti.* — **Gr.** On double le *t* devant une syllable muette : *Je soufflette, nous souffletons, je soufflettérai.*

SOUFFLEUR, EUSE (*souffler*), *adj.* et *s.* Qui produit un souffle, qui respire péniblement : *Cheval souffleur.* ‖ Qui respire péniblement en courant. ‖ Ouvrier qui souffle le verre. ‖ *Souffleur d'orgue,* celui qui fait mouvoir les soufflets de l'orgue. ‖ Alchimiste. ‖ Tout mammifère cétacé et particulièrement une espèce de petit dauphin. ‖ Aide-appareilleur qui surveille le transport et la pose des pierres. — Fig. Celui qui dit tout bas à quelqu'un, parlant en public, les mots que celui-ci a oubliés et qu'il doit prononcer : *Le souffleur d'un théâtre.*

SOUFFLOT (1714-1781). Célèbre architecte français à qui l'on doit le Grand Théâtre et l'Hôtel-Dieu de Lyon, le Panthéon et l'Ecole de droit, à Paris.

SOUFFLURE (*souffler*), *sf.* Cavité qui se forme dans une masse de métal ou de verre pendant qu'on la coule dans un moule. ‖ Renflement à la surface d'une pièce en verre.

SOUFFRANCE (*souffrant*), *sf.* Action de tolérer certaines choses que l'on pourrait empêcher. ‖ *Jour de souffrance,* fenêtre à châssis dormant et garnie de barreaux de fer, pratiquée dans un mur non mitoyen et donnant vue sur la propriété voisine. ‖ État d'un article de compte sur lequel il n'a pas été prononcé définitivement. ‖ État d'une affaire qui traîne en longueur : *Laisser un procès en souffrance.* ‖ État de celui qui souffre : *Être dans la souffrance.* ‖ Toute sensation pénible ou douloureuse : *Éprouver de vives souffrances.*

SOUFFRANT, ANTE (*souffrir*), *adj.* Endurant : *Il n'est pas d'humeur souffrante.* ‖ Qui souffre : *Enfant souffrant.* ‖ *L'Eglise souffrante,* les âmes du purgatoire. ‖ Qui est le siège de la douleur : *Mettre des cataplasmes sur la partie souffrante du corps.*

SOUFFRE-DOULEUR (*souffrir* + *douleur*), *sm.* Personne à qui l'on n'épargne pas la fatigue. ‖ Personne continuellement en butte aux plaisanteries, aux malices des autres. ‖ Objet qu'on sacrifie à toutes sortes d'usages : *Faire d'un habit un souffre-douleur.* — Pl. *des souffre-douleur.*

SOUFFRETEUX, EUSE (vx fr. *souffraitous* : l. *suffractum,* brisé), *adj.* Qui est dans le plus complet dénûment : *Un ouvrier souffreteux.* ‖ Par fausse analogie, qui n'est pas très bien portant : *Je suis souffreteux aujourd'hui.*

SOUFFRIR (l. *sufferre,* supporter), *vt.* Supporter, endurer : *Souffrir la faim.* ‖ Soutenir : *Souffrir un assaut.* ‖ *Ne pouvoir souffrir une chose,* l'avoir en aversion. ‖ Tolérer, endurer : *Il ne souffre pas qu'on passe sur ses terres.* ‖ Permettre : *Souffrez que je vous explique cela.* ‖ Être susceptible de, comporter, admettre : *Cette affaire ne souffre pas de retard.* ‖ Éprouver une peine, un dommage : *Souffrir l'invasion de l'ennemi.* — *Vi.* Ressentir une douleur physique ou morale : *Le malade souffre beaucoup.* ‖ Être détérioré, endommagé : *La vigne a souffert de la gelée.* — **Se souffrir,** *vr.* Être supporté. ‖ Avoir de la tolérance, de la condescendance l'un pour l'autre : *Ces deux hommes ne peuvent se souffrir.* — **Gr.** *Souffrir* ne suit la 2ᵉ conj. qu'à l'inf., au *passé défini* et aux temps qui en sont formés. Tous les autres temps se conj. sur *aimer* : Je souffre; je souffrais; je souffris; je souffrirai; je souffrirais; souffre, souffrons, souffrez; que je souffre; que je souffrisse; souffrant; souffert, erte. — **Dér.** *Souffrant, souffrante, souffrance.* — **Comp.** *Souffre-douleur.*

SOUFRAGE (*soufrer*), *sm.* Action d'enduire du soufre, d'imprégner de vapeur de soufre. ‖ *Soufrage de la vigne,* opération qui consiste à saupoudrer les pampres avec de la fleur de soufre qu'on a projetée avec un petit soufflet afin de détruire l'oïdium. ‖ *Soufrage des vins blancs,* opération qui consiste à faire brûler une mèche enduite de soufre dans un tonneau avant de le remplir de vin blanc, et qui a pour but d'arrêter la fermentation.

SOUFRE (l. *sulfur*), *sm.* Corps simple métalloïde formant, avec l'oxygène, le sélénium et le tellure, la famille des *Amphigènes.* C'est un corps solide à la température ordinaire, d'un jaune citron, sans odeur ni saveur; il est mauvais conducteur de la chaleur et de l'électricité. Lorsqu'on le frotte, il s'électrise négativement et répand alors une odeur spéciale. Lorsqu'on le chauffe modérément, par exemple si on le tient dans la main, il fait entendre une sorte de craquement, appelé *cri de soufre,* qui est dû à ce que les molécules superficielles se dilatent et se séparent brusquement de celles qui sont situées plus profondément. Si on soumet tout d'un coup un morceau de soufre à une température plus élevée, il se casse aussitôt. Le soufre fond à la température de 114 à 117 degrés; c'est alors un liquide jaune clair et très mobile; si on continue à le chauffer, il prend vers 150° une couleur rouge brun et commence à s'épaissir; entre 180 et 200° il est presque noir et est devenu si visqueux, qu'il peut à peine couler. A 200°, il est phosphorescent. Au delà de cette température, il garde sa teinte noire, mais redevient fluide. Enfin, il entre en ébullition à 447°,5 et sous la pression ordinaire (760 millimètres); c'est à cette température qu'il peut être distillé. Lorsqu'on le laisse refroidir lentement, il repasse par les mêmes états en donnant lieu à un dégagement de chaleur qui est très sensible vers 230°, 170° et 140°; c'est l'indice de groupements moléculaires spéciaux.

Le soufre cristallise dans deux systèmes différents, selon qu'on a employé la fusion ou la dissolution : dans le premier cas les cristaux sont des prismes obliques à base rhombe et appartiennent au sixième système cristallin. Dans le second cas, on obtient des octaèdres à base rhombe. Voici comment on procède : on fait fondre du soufre dans un creuset, puis on le laisse refroidir lentement, et lorsqu'il s'est formé à la surface une mince pellicule, on perce celle-ci au moyen d'une pointe métallique, et l'on fait écouler le soufre resté liquide. Les parois du creuset sont alors tapissées d'une multitude d'aiguilles prismatiques. Pour obtenir des octaèdres on dissout le soufre dans le sulfure de carbone et on laisse évaporer celui-ci : les cristaux se déposent au fond du vase. Si l'on vient à plonger une masse de cristaux prismatiques de soufre dans une dissolution saturée de sulfure de carbone, ces cristaux se transforment en octaèdres en quelques minutes en donnant lieu à un dégagement de chaleur qui élève de 12° la température de la masse de soufre introduite.

En trempant le soufre visqueux, c'est-à-dire en le jetant subitement dans un vase rempli d'eau froide, on obtient un soufre mou, d'une couleur rougeâtre et très élastique. Si l'on fond ce dernier, qu'on le trempe ensuite, et qu'on répète ainsi plusieurs fois la double opération de la fusion et de la trempe, la couleur du soufre se fonce de plus en plus, et il finit par devenir totalement noir. Cette teinte est due à ce qu'il s'imprègne de l'huile qui suinte continuellement des mains, car on le maniant avec une pince, il ne prend pas cette coloration noire.

La mollesse du soufre trempé doit être attribuée à un excès de chaleur latente que retient le soufre visqueux au moment où il est saisi par l'eau froide; car, si l'on chauffe du soufre mou jusqu'à 98° environ, à peine a-t-il atteint cette température qu'il devient subitement dur et dégage assez de chaleur pour faire monter le thermomètre à 110°. Le soufre mou a des propriétés chimiques différentes de celles du soufre mou redevenu cassant. En soumettant du soufre à une chaleur suffisante pour le volatiliser, et en recevant les vapeurs qui se produisent sur un disque de verre, on les voit s'y condenser en gouttelettes ou utricules de soufre liquide, qui se maintiennent dans cet état à la température ordinaire. Si l'on perce la pellicule qui enveloppe chaque gouttelette liquide, la solidification de la portion intérieure a lieu instantanément. Le soufre liquide à la température ambiante a des affinités chimiques beaucoup plus prononcées que le soufre ordinaire; il devient plus apte à entrer en combinaison.

Le soufre est insoluble dans l'eau; mais il est soluble dans la benzine, le toluène, le sulfure de carbone; il se dissout mal dans les huiles grasses et les essences. C'est le sulfure de carbone qui est son meilleur dissolvant; cependant tous les soufres ne le sont pas également : M. Berthelot a démontré, en 1856, que les soufres totalement solubles dans le sulfure de carbone sont les suivants : 1° le soufre provenant d'un canon pulvérisé; 2° le soufre qui se dépose sur certains cristaux de soufre prismatiques; 3° le soufre qui se dépose dans certaines eaux minérales, etc. Au contraire, les soufres ci-après ne sont pas entièrement solubles dans le sulfure de carbone : 1° la fleur de soufre; 2° le soufre trempé; 3° le soufre que laissent déposer les hyposulfites quand on les traite par l'acide chlorhydrique; 4° le soufre que l'on obtient en traitant par l'eau le chlorure de soufre. Le soufre présente donc, d'après ce qui précède, plusieurs états : c'est un corps polymorphe au même titre que l'oxygène et le phosphore. Le soufre se combine avec l'oxygène pour former des acides, sulfureux et sulfurique; il en est de même avec l'hydrogène. Il se combine avec tous les métalloïdes à l'exception de l'azote; il en est de même avec les métaux, excepté l'or, le platine, l'iridium et le glucinium. En brûlant le soufre présente une flamme bleue et répand des vapeurs d'acide sulfureux qui sont connues de tous ceux qui ont enflammé une allumette chimique. Les diverses combinaisons de ce corps présentent une grande analogie avec celles de l'oxygène : certains sulfures sont de véritables acides, tandis que d'autres font l'office de base. (V. *Sulfure.*)

Le soufre est connu depuis une très haute antiquité. On le rencontre dans les terrains volcaniques et dans les parties des terrains de sédiment voisines des sources minérales. Il peut exister à l'état de pureté ou mélangé à des matières terreuses, ou à l'état de sulfures ou de sulfates. Le *soufre natif* est transparent et a une cassure vitreuse; il est souvent cristallisé, mais toujours dans le système octaédrique; sa couleur est variable : tantôt il est jaune pur, jaune miellé, jaune verdâtre, blanchâtre, gris, brun, rouge, etc. Le soufre est un produit constant de tous les volcans en activité; mais c'est surtout dans les volcans à demi éteints, et même dans ceux qui le sont tout à fait qu'on le rencontre en abondance. Il y forme des terrains appelés *solfatares* (V. ce mot). Dans les terrains de sédiment, le soufre constitue des amas irréguliers dans les lieux où il y a eu jadis des phénomènes volcaniques ou des sources minérales. Il n'est pas rare de le voir associé à des sulfates ou au sel gemme. Il est aussi accompagné de marnes bitumineuses, de couches de gypse et de calcaire. On le rencontre de la sorte depuis les dépôts les plus anciens jusqu'aux terrains de la craie inclusivement. C'est même ce dernier qui contient les gisements les plus considérables. C'est la Sicile (environs de Girgenti) qui nous fournit la plus grande partie du soufre employé dans les arts. On trouve aussi des gisements de soufre à Cesène, près de Ravenne (Italie); à Tonilla, près de Cadix (Espagne); à Saint-Boès, près Dax (France). Le soufre, avant d'être livré au commerce, subit deux purifications : la première dans le pays d'extraction; la seconde là où il doit être employé. La première purification consiste à le débarrasser des matières terreuses qu'il renferme; pour cela on le fait fondre dans de grandes chaudières où il surnage et d'où on le retire avec de grandes cuillers. On a alors le *soufre brut.* Dans la seconde purification, on le réduit en vapeurs qui vont se condenser dans un récipient. Lorsque l'opération s'achève promptement, on obtient de la *fleur de soufre,* c'est-à-dire du soufre en poudre impalpable. Si, au contraire, la distillation dure longtemps, les parois du récipient s'échauffent et la fleur de soufre se transforme en soufre liquide que l'on fait écouler dans des moules en bois de sapin. On a alors ces pains de soufre légèrement coniques que l'on appelle des *canons* ou des *bâtons.*

Les usages du soufre sont aussi nombreux qu'importants : on éteint les feux de cheminée en faisant brûler de la fleur de soufre dans l'âtre. Le soufre en nature sert à la fabrication des allumettes, de la poudre à canon, de l'acide sulfurique. On l'emploie aussi pour sceller le fer dans la pierre, pour percer le fer de trous réguliers, pour former des moules et prendre des empreintes de médailles, pour vulcaniser le caoutchouc, pour le soufrage de la vigne, pour guérir certaines maladies de la peau et surtout la gale. (V. ce mot.) Le soufre, converti par la combustion en acide sulfureux, est encore utilisé pour le soufrage des vins, pour blanchir la laine et la soie et pour enlever les taches de fruits rouges sur le linge blanc. || *Fleur de soufre*, fine poussière qu'on obtient en faisant refroidir de la vapeur de soufre. || *Soufre en canon*, soufre auquel on a donné, par le moulage, la forme d'un bâton légèrement conique. || *Cri du soufre*, craquements qui se produisent lorsqu'on tient dans la main un canon de soufre. || *Foie de soufre*, le sulfure de potassium ou le sulfure de sodium. || *Soufre doré d'antimoine*, mélange de deux sulfures d'antimoine obtenu en versant un acide dans l'eau même de laquelle s'est déposé le kermès minéral. || Empreinte obtenue au moyen de soufre. — **Dér.** *Soufré, soufrière, soufroir, soufrage; sulfure, sulfureux, sulfureuse, sulfurique, sulfate, sulfite, solfatare.* — **Comp.** *Hyposulfite, sulfhydrique, sulfhydrate*, etc.

SOUFRER (*soufre*), *vt.* Enduire, soupoudrer de soufre : *Soufrer des allumettes, la vigne.* || Imprégner de vapeur de soufre : *Soufrer une étoffe de soie.* || *Soufrer du vin*, opérer le soufrage du tonneau qui doit le contenir.

SOUFRIÈRE (*soufre*), *sf.* Mine de soufre natif.

SOUFRIÈRE (LA), (1557 mèt.), plateau situé au centre de l'île de la Guadeloupe qui renferme un volcan encore en activité.

***SOUFROIR** (*soufre*), *sm.* Lieu ou appareil dans lequel on brûle du soufre pour produire de l'acide sulfureux.

SOUHAIT, *svm.* de *souhaiter*. Expression du désir d'un bien qu'on n'a pas : *Former un souhait légitime.* || *Les souhaits de bonne année*, les vœux qu'on fait pour quelqu'un à la nouvelle année. || *A vos souhaits*, formule de politesse à quelqu'un qui éternue. — A SOUHAIT, *loc. adv.* Conformément à ce que l'on désire.

SOUHAITABLE (*souhaiter*), *adj. 2 g.* Qui mérite d'être souhaité, d'être désiré : *La santé est souhaitable.*

SOUHAITER (*sous* + vx fr. *haitier*, avoir à gré, réjouir : sanscrit *hait*, vœu), *vt.* Désirer d'obtenir ou que quelqu'un obtienne : *Souhaiter la richesse. Je vous souhaite toutes sortes de prospérités.* || Exprimer un souhait. || S'emploie dans les formules de compliments : *Souhaiter le bonjour.* — **Se souhaiter**, *vr.* Être souhaité. || Se souhaiter à soi-même ou l'un à l'autre. — **Dér.** *Souhait, souhaitable.* — **Syn.** (V. *Désirer.*)

SOUILLAC, 3627 hab. Ch.-l. de c., arr. de Gourdon (Lot). Succursale de la manufacture d'armes de Tulle.

***SOUILLARD** (*souiller*), *sm.* Trou percé dans un entablement, dans un mur, dans une dalle pour le passage d'un tuyau d'écoulement des eaux. || Pièce de bois assemblée sur des pilotis que l'on place au-devant des glacis entre les piles d'un pont.

SOUILLE, *svf.* de *souiller*. Lieu bourbeux où se vautre le sanglier. || Empreinte que laisse dans la vase un navire qui échoue momentanément.

SOUILLER (bl. *suculare* : de *suculus*, jeune porc), *vt.* Couvrir de boue, d'ordures, de sang, etc. : *Souiller ses vêtements.* — Fig. *Souiller ses mains d'un sang innocent*, faire mourir un innocent. — Fig. Rendre impur, ternir, gâter : *Souiller sa conscience.* — **Se souiller**, *vr.* Se couvrir d'ordures. || Se rendre impur, criminel : *Se souiller d'un meurtre.* — **Dér.** *Souille, souillon, souillure.*

SOUILLON (*souiller*), *s. 2 g.* Celui, celle qui salit ses habits. — *Sf.* Servante qui lave la vaisselle ou qui fait des travaux où l'on se salit beaucoup.

SOUILLURE (*souiller*), *sf.* Saleté, tache : *Nettoyer les souillures d'un vêtement.* — Fig. Impureté. || Action déshonorante, criminelle : *Les souillures de l'âme.*

SOUILLY, 708 hab. Ch.-l. de c., arr. de Verdun (Meuse).

***SOUI-MANGA** (mot madécasse), *sm.* Genre d'oiseaux de l'ordre des Passereaux, qui, comme les colibris, se servent de leur langue, cornée et extensile, pour puiser le nectar au sein des fleurs et attraper les insectes dont ils se nourrissent. Ces oiseaux sont indigènes de l'Afrique et de l'archipel Indien, ainsi que de Madagascar. Ils sont à ces parties du monde ce que sont les colibris à l'Amérique. Le plumage des femelles est terne; celui des mâles est riche à l'époque des amours seulement.

SOUKAHRAS, 7997 hab. Ville d'Algérie, province de Constantine. Ch. de fer d'Alger à Tunis.

SOÛL [sou], **OÛLE** (vx fr. *saoul* : du l. *satullum* : de *satus*, rassasié), *adj.* Extrêmement rassasié. || *Être soûl d'une chose*, en être dégoûté, ennuyé. || Ivre : *Cet homme est toujours soûl.* — Sm. *En avoir tout son soûl, tout le soûl*, autant qu'on veut, autant qu'il suffit. — **Dér.** *Soûler, soûlant, soûlante.*

SOULAGEMENT (*soulager*), *sm.* Diminution d'une douleur du corps, d'une peine morale : *Éprouver un grand soulagement.*

SOULAGER (bl. *subleviare*, rendre plus léger), *vt.* Débarrasser d'une partie d'un fardeau : *Soulager une bête de somme.* || Établir un poteau, une colonne, un contrefort pour supporter le poids d'une maçonnerie, d'une charpente : *Soulager une voûte, un plancher.* || *Soulager un navire dans une tempête*, jeter à la mer une partie de sa charge. — Fig. Diminuer le mal, la douleur, le chagrin, le travail, les impôts, la misère : *Ce médicament l'a soulagé. Louis XII soulagea le peuple. Cette nouvelle soulagea son cœur. Prenez un aide pour vous soulager dans vos travaux.* — **Se soulager**, *vr.* Se débarrasser d'une partie d'un fardeau. || Être diminué. || Adoucir son chagrin. || Diminuer sa douleur, son travail. || Absol. Satisfaire quelque besoin naturel. — **Gr.** Je soulage, n. soulageons, je soulageais. — **Dér.** *Soulagement.* — **Db.** *Soulever.*

SOULAINES, 697 hab. Ch.-l. de c., arr. de Bar-sur-Aube (Aube).

SOULANE, 25 kilom. Rivière du Cantal, affluent de la Bertraude, prend sa source près de Saint-Cernin.

SOÛLANT, ANTE (*soûler*), *adj.* Qui rassasie à l'excès. || Qui enivre.

SOÛLARD, ARDE (*soûl*), *s.* Homme, femme qui a l'habitude de s'enivrer à l'excès.

SOULARY (JOSEPH-MARIE, dit *Joséphin*). Poète, né à Lyon en 1815. Ses ouvrages les plus remarqués sont : les *Sonnets humoristiques*, les *Figulines*, les *Diables bleus*, les *Œuvres poétiques*.

SOULAS (l. *solatium*), *sm.* Consolation, soulagement (vx).

SOULÈGE, rivière de la Gironde qui se jette dans la Dordogne, près de Saint-Avit.

SOÛLER (*soûl*), *vt.* Rassasier à l'excès, gorger. || Enivrer : *Il est honteux de se soûler.* — Fig. Satisfaire jusqu'à satiété : *Soûler ses désirs.* — **Se soûler**, *vr.* Se rassasier à l'excès, s'enivrer. — Fig. Faire excès de : *Se soûler de carnage.*

SOULEUR (du l. *solus*, seul), *sf.* Solitude (vx.). || Frayeur subite, saisissement : *Éprouver une souleur.*

SOULEUVRE, rivière du Calvados, affluent de la Vire.

***SOULEVANT, ANTE** (*soulever*), *adj.* Qui soulève : *Roche plutonique soulevante.* (Géol.)

SOULÈVEMENT (*soulever*), *sm.* Déplacement de bas en haut des couches du sol causé par une pression des matières liquides ou gazeuses qu'on suppose exister au-dessous de l'écorce terrestre : *Le soulèvement des Pyrénées a précédé celui des Alpes.*

Doctrine des soulèvements. Les montagnes que l'on rencontre sur la surface du globe semblent être le produit d'impulsions venues de l'intérieur et dirigées suivant des alignements qui permettent de les grouper en systèmes. L'orientation des alignements n'est d'ailleurs pas constante et se trouve souvent déviée par des causes qui ont modifié le sens des efforts de dislocation. Outre ce principe de direction, on a ajouté à la notion des systèmes celle de l'âge relatif des montagnes; en effet, une chaîne recouvre des terrains restés en stratification horizontale et supporte elle-même des couches postérieures aux mouvements qui lui ont donné naissance. Si la formation d'un système est dû à une série de dislocations successives, ce fait est révélé par les discordances qui mettent en contact des couches d'inclinaisons diverses. Toutes les dislocations se ramènent à des combinaisons de deux éléments : les plis et les cassures, qui sont, suivant les cas, intimement connexes ou complètement indépendants. Les plis sont dits *anticlinaux* quand les voûtes sont telles que les strates plongent de part et d'autre de la ligne de faîte : ces voûtes sont souvent démantelées le long de leur axe. Dans ce cas, on appelle *combe* la dépression creusée suivant la déchirure longitudinale de la clef de voûte; *épaulements*, les reins de la voûte restée en place; *flanquements* les parties d'une voûte rompue extérieurement à la première. On nomme *pli synclinal* un pli tel que les strates plongent vers l'axe du pli et donnent un thalweg. Les *plis renversés* ou *isoclinaux* sont ceux qu'une action latérale a rejetés de manière à donner aux deux versants de la voûte des plongements constants. Les vallons, compris entre deux versants ou entre deux escarpements, sont, suivant les cas, anticlinaux, synclinaux ou isoclinaux. Souvent des systèmes de couches inclinées parallèles se raccordent de part et d'autre avec des couches horizontales, on a alors un pli *monoclinal* qui peut être facilement confondu avec une faille. Ce genre de dislocation est dû sans doute à un effort qui eût produit une faille s'il n'eût pas rencontré des strates élastiques qui se sont prêtées à l'allongement. Les *plis en éventail* sont ceux dont la bouche dilatée a été enlevée par l'érosion.

Quand une cassure est compliquée d'un rejet, elle porte le nom de *faille* (paraclases) : la lèvre soulevée de la faille constitue, si elle est formée de roches dures, un escarpement qui fait face à une direction déterminée servant à définir ce qu'on appelle le *regard de la faille*. Indépendamment des grandes failles, on constate de nombreuses cassures dues à des actions mécaniques; elles affectent souvent les roches dures des pays de plaines (joints), mais il faut bien les distinguer des joints dus au retrait et à la dessiccation des roches telles que la craie blanche (piésoclases).

On peut classer les accidents du relief terrestre en deux grandes catégories : les accidents longitudinaux, et les coupures transversales. Les premiers suivent la loi de direction et donnent lieu à des masses formant des chaînes offrant le plus souvent le type d'une voûte anticlinale entière ou rompue, ou bien encore limitées par une ou deux failles longitudinales. On distingue les directions primaires, suivant lesquelles s'est librement propagé l'effort des dislocations, des directions d'emprunt que peut prendre un alignement à la rencontre d'un accident antérieur dont il emprunte le parcours. Quelquefois une ancienne ride, masquée par des sédiments postérieurs horizontaux, subit un nouveau mouvement, ce qui donne lieu à des directions épigéniques. Les coupures transversales (cluses du Jura) sont des déchirures étroites et profondes qui coupent une chaîne ou un ensemble de chaînons.

On détermine l'âge d'une dislocation d'après celui des terrains qu'elle affecte : la limite inférieure de cet âge est fournie par celui des assises brisées par la cassure. Dans l'ensemble d'une chaîne, on doit appeler époque du soulèvement celle où la chaîne considérée a acquis son principal relief, car il n'y a pas de système de montagnes qui n'ait subi des révolutions successives. Élie de Beaumont avait cru pouvoir donner des lois et tirer de ces phénomènes des conclusions que la science actuelle ne peut accepter. (V. *Suisse* pour la théorie de la formation des Alpes.) On peut dire que le début d'un mouvement orogénique est un affaissement qui se produit sur l'emplacement même ou dans le voisinage immédiat de la chaîne future : il se formerait un géosynclinal, c'est-à-dire un pli concave au fond duquel les sédiments viennent s'accumuler. Élie de Beaumont a montré comment ont dû agir les forces qui ont donné naissance aux montagnes. Le rayon de la terre a diminué sous l'influence du refroidissement et les divers points de la surface se sont trouvés rapprochés du centre, la croûte terrestre s'appuie donc sur le liquide interne; mais, comme celui-ci a diminué de volume, elle doit se bosseler, ce qui fait éprouver à certaines parties de l'enveloppe une compression et à d'autres une extension. Ces phénomènes s'accentuant avec l'intensité du refroidissement, l'écorce de la terre est revenue vers une forme sphéroïdale au moyen d'un rempli ou d'un fuseau comprimé latéralement. Ce rempli comprend une dépression et une saillie qui se font face : la dépression se produit la première en donnant naissance au géosynclinal. La crête marque pour l'écorce une zone de moindre résistance, ce qui facilite son élévation et la formation de la chaîne. Cette première arête de montagnes, une fois consolidée, un nouveau rempli devra se former pour satisfaire au retrait de l'enveloppe qui se continue toujours, et il s'élèvera une dernière chaîne qui dominera la première, dont les roches ont été dérasées par les agents atmosphériques. La direction des chaînes de montagnes est donnée par le grand axe de la dépression qui forme la base du rempli et l'effort de dislocation se propage transversalement à cette direction en produisant des plis et des cassures parallèles, à moins qu'un obstacle résistant ne le dévie. Le mode de formation des montagnes par rempli explique pourquoi les sédiments sont toujours dissymétriques; le versant de la région soulevée qui fait face à l'ancienne dépression d'où vient la poussée latérale reste le plus abrupt, et c'est de ce côté que se produisent les fractures les plus importantes et les phénomènes éruptifs. On ne peut se fonder sur la hauteur relative des chaînes pour en conclure que les efforts de dislocation ont dû être plus énergiques pour les chaînes les plus élevées. Les vieilles chaînes ont en effet subi des érosions qui les ont abaissées à un niveau bien inférieur à celui des soulèvements plus récents, tels que l'Himâlaya, les Alpes et le Caucase. Les efforts orogéniques qui se produisent à la surface d'une sphère homogène, sont localisés et affectent la forme d'un fuseau dont l'amplitude n'atteint jamais le dixième de la surface de la sphère. Il ne faut pas perdre de vue que la plupart des détails du relief terrestre sont très anciens, les failles ont été successivement remplies par des épanchements divers et tour à tour dérangées, tordues et rouvertes. L'état actuel de beaucoup de dislocations est donc la résultante d'une série d'actions qu'il faut démêler pour connaître l'histoire de la région qu'elles affectent. L'effort orogénique doit se continuer pendant les périodes d'équilibre, et on peut lui attribuer les mouvements que l'on constate dans les régions montagneuses. Ces considérations ont été vérifiées par des expériences synthétiques dont les plus nettes sont celles de M. Daubrée; en exerçant des compressions latérales sur des lames d'épaisseur, tantôt égales, tantôt inégales, soumises à diverses conditions de pression, il a montré que l'on arrivait à reproduire les dislocations que nous observons à la surface du globe.

A côté des soulèvements plus ou moins rapides, qui donnent naissance aux chaînes de montagnes, il est des mouvements plus lents et d'une amplitude réduite qui se manifestent le long des côtes. Nous avons signalé ces faits dans notre exposé géographique de la péninsule scandinave ; on peut en constater d'analogues en Écosse, dans les Pays-Bas, les côtes de la France, du Chili, de la Chine. La dénomination de *soulèvements* que l'on a donnée à ces phénomènes est très inexacte : il n'y a, en effet, ni soulèvements, ni affaissements, mais seulement des déplacements des lignes de rivage, qui ont pour cause des ondulations de la surface du globe; on ne peut admettre que l'écorce terrestre restant immobile, les changements de niveau constatés le long des rivages soient dus à une diminution ou à une augmentation de volume de l'Océan; dans ce cas, la surface devrait s'élever ou s'abaisser partout en même temps, ce qui n'a pas lieu. En faisant la somme algébrique des affaissements et des soulèvements pour les régions polaires et pour la zone tropicale, on constate que cette somme est négative dans le voisinage des pôles, et positive sous l'équateur. On considère, en général, ces mouvements comme le résultat d'efforts latéraux de compression exercés sur l'écorce terrestre, qui est forcée de se plier aux changements de volume du noyau interne. || Déplacement de bas en haut : *Le soulèvement d'une soupape.* || *Soulèvement d'estomac*, envie de vomir. || *Soulèvement de cœur*, mal d'estomac causé par le dégoût qu'impose une chose. || Grande agitation : *Le soulèvement des vagues de la mer.* — Fig. Commencement de révolte : *Cet édit excita des soulèvements.* || Mouvement d'indignation : *Il y eut un soulèvement contre les paroles de l'orateur.*

SOULEVER (l. *sublevare*), *vt.* Élever quelque chose de lourd à une petite hauteur : *Soulever un sac de blé.* || *Soulever un malade*, faire qu'il ait la partie supérieure du corps plus haut placée dans son lit. || Déplacer de bas en haut les couches du sol, en parlant du feu central : *Les volcans d'Auvergne furent soulevés à l'époque miocène.* || Relever un tissu qui cache un objet : *La dame souleva son voile.* || Agiter : *La tempête soulève les flots.* || Faire voler en tourbillons : *Le vent soulève la poussière.* || Remettre à flot : *La marée souleva le navire échoué.* || *Soulever le cœur*, donner envie de vomir. — Fig. Causer du dégoût : *Sa bassesse me soulève le cœur.* — Fig. Rendre illustre, puissant : *Une seule action héroïque soulève un homme.* || Exciter à la révolte : *Soulever le peuple.* || Exciter des sentiments d'irritation contre quelqu'un : *Cette action souleva l'opinion contre lui.* || Exciter l'indignation : *Cette parole me soulève.* — Fig. *Soulever une question*, la proposer, en provoquer la discussion. — *Vi. Le cœur lui soulève*, il a envie de vomir. — Fig. *Cela fait soulever le cœur*, cela cause du dégoût. — **Se soulever**, *vr.* Être soulevé. || Redresser le haut du corps : *Le malade se souleva péniblement.* || Être agité, voler en tourbillons. — Fig. Se révolter. || Être saisi de dégoût, d'indignation, de colère. — **Gr.** Ce verbe se conjugue comme *lever*. — **Dér.** *Soulevant, soulevante, soulèvement.* — **Db.** *Soulager.*

SOULI, territoire de la Turquie d'Europe (Janina) dont les habitants luttèrent héroïquement contre les Turcs (1788-1803).

SOULIÉ (Frédéric) (1800-1847). Auteur dramatique et romancier français.

SOULIER (bl. *sotulares*, qui couvre le creux du pied), *sm.* Chausson de cuir ou d'étoffe à semelle de cuir qui couvre le pied et s'attache par dessus : *Des souliers vernis.* || *Soulier à la poulaine.* (V. *Poulaine.*) || *Soleret*, chaussure de fer en usage au moyen âge, et qui faisait partie de l'armure. Les solerets datent du XIIIe siècle; ils consistaient alors en une plaque de métal recouvrant le cou-de-pied jusqu'à la naissance des orteils, qui étaient préservés par les mailles des bas-de-chausses. Mais ces plaques gênaient les mouvements ; elles furent remplacées par des plates articulées s'imbriquant à la manière des tuiles d'un toit. Pendant la première moitié du XIVe siècle, les solerets étaient incomplets, et ce n'est que dans la seconde moitié de ce siècle que les armuriers parvinrent à leur donner des perfectionnements suffisants qui permirent de les compléter. On s'aperçut bientôt que les plates, disposées à la manière des tuiles d'un toit, présentaient le grave inconvénient de permettre à la pointe d'une lame de pénétrer jusqu'au pied. On y remédia en disposant l'imbrication en sens contraire, depuis la naissance des doigts jusqu'au cou-de-pied. Au commencement du XVe siècle, les solerets furent liés au harnais de la jambe, et ils se terminèrent par une poulaine; celle-ci était fixée au bout du pied au moyen d'un bouton tournant, et pouvait être enlevée par l'écuyer, lorsque le cavalier voulait mettre pied à terre. Cette poulaine, recourbée en bas, présentait l'avantage d'empêcher la semelle de glisser dans l'étrier. A la fin du XVe siècle, ces poulaines furent supprimées, et les solerets se terminèrent alors par une extrémité très large qui, elle aussi, empêchait le pied de quitter l'étrier. Ces solerets, appelés *pieds d'ours*, furent en usage jusqu'à la fin du règne de François Ier; ils étaient composés d'un grand nombre de lames articulées. — Fig. *N'avoir pas de souliers*, être fort pauvre. || *Je ne m'en soucie non plus que de mes vieux souliers. Je n'en fais pas plus de cas que de la boue de mes souliers*, je ne m'en soucie nullement, je n'en fais aucun cas. || *Il n'est pas digne de dénouer les cordons des souliers d'un tel*, il a infiniment moins de mérite que lui. — Fig. *Être dans ses petits souliers*, être dans une situation critique, embarrassante. || *C'est là que le soulier me blesse*, voilà ce qui m'embarrasse, ce qui me fait obstacle. || *Chausser les souliers de son prédécesseur*, suivre les habitudes de son prédécesseur, agir comme lui.

SOULIER
(SOLERET)

SOULIGNER (*sous + ligne*), *vt.* Tirer une ligne sous un ou plusieurs mots pour attirer l'attention de l'auteur. — Fig. Prononcer un ou plusieurs mots avec un son de voix particulier pour les signaler à l'attention de celui qui écoute.

SOULINA. (V. *Sulina.*)

SOULLE, 45 kilom. Rivière du dép. de la Manche qui arrose Coutances. Un canal la suit depuis cette ville jusqu'à son embouchure dans la Sienne.

SOULOIR (l. *solere*), *vi.* Avoir coutume (vx). — **Gr.** Ce verbe n'était guère usité qu'à l'imp. : Je soulais, etc.

SOULOISE, 30 kilom. Torrent du département des Hautes-Alpes qui prend sa source au mont Dévoluy et se jette dans le Drac.

SOULOU (Iles). Archipel de la Malaisie au N. de la mer des Célèbes, entre les îles de Bornéo et de Mindanao. La principale est Soulou (ch.-l. *Soulou*). Récifs madréporiques.

SOULOUQUE, nègre président de la république d'Haïti qui, en 1849, se proclama empereur sous le nom de Faustin Ier, se rendit ridicule et odieux par ses extravagances et sa cruauté, fut renversé en 1859 par Geffrard et se retira à la Jamaïque, où il mourut en 1867.

SOULT (1769-1852), maréchal de France, duc de Dalmatie, fils de cultivateur, entra au service à 16 ans comme simple soldat, fit toutes les campagnes de la Révolution et de l'Empire; se signala particulièrement à Zurich, à Austerlitz, à Iéna; commanda les armées françaises en Espagne et en Portugal de 1808 à 1813; exécuta, en 1814, la belle retraite qu'il couronna par la victoire de Toulouse; fut major général de l'armée à Fleurus et à Waterloo et fut deux fois ministre de la guerre et président du conseil sous Louis-Philippe.

SOULTE ou **SOUTE** (db. de *solde* 2), *sf.* Ce que l'un des héritiers doit payer aux autres quand il lui est échu un lot de trop grande valeur qui ne peut être morcelé. || *Soulte d'échange*, la somme que remet celui qui, dans un échange de propriétés, obtient celle qui a le plus de valeur. || Payement que l'on fait pour achever de solder un compte.

SOULTZ, 4 700 hab. Anc. cant. de Colmar (Haut-Rhin), aujourd'hui à l'Allemagne.

SOULTZBACH, 1 400 hab. Village d'Alsace-Lorraine (Colmar, Haut-Rhin). Eaux minérales gazeuses, légèrement alcalines, très agréables à boire (10°,5).

SOULTZ-LES-BAINS, 1 300 hab. Village d'Alsace-Lorraine (Bas-Rhin). Eaux minérales froides chlorurées sodiques (16°).

SOULTZMATT, 2 700 hab. Village d'Alsace-Lorraine, cercle de Colmar. Eaux minérales froides (12°,1) chargées d'acide carbonique.

SOULTZ-SOUS-FORÊTS, 1 700 hab. Anc. cant. de Wissembourg (Bas-Rhin), aujourd'hui à l'Allemagne. Source salée.

SOUMET (Alexandre) (1788-1845), poète

français connu surtout par ses tragédies de *Clytemnestre*, de *Saül*, de *Jeanne d'Arc*, d'une *Fête de Néron* et de *Norma*.

SOUMETTRE (*sous* + *mettre*), *vt.* Mettre sous la domination : *Soumettre un pays.* || Forcer à obéir : *Tous les citoyens sont soumis à la loi.* || Ramener à l'obéissance : *Soumettre les rebelles.* || Mettre sous la dépendance de : *Soumettre sa raison à la foi.* || *Soumettre ses idées à celles de quelqu'un*, les y conformer. || Livrer avec déférence à l'appréciation : *Soumettre un mémoire à l'Académie.* || Engager à examiner ; *Soumettre une observation à quelqu'un.* || *Soumettre à*, étudier, éprouver au moyen de : *Soumettre une question à l'examen, un phénomène au calcul, un accusé à la torture.* — **Se soumettre**, *vr.* Accepter la domination. || Consentir à obéir : *Se soumettre à la raison.* || Consentir à subir : *Se soumettre à une opération de chirurgie.* — **Gr.** Comme *mettre.* **Dér.** — *Soumis, soumise, soumission, soumissionner, soumissionnaire.*

SOUMIS, ISE, *adj.* Disposé à l'obéissance : *Un enfant soumis.*

SOUMISSION (l. *soumissionem*), *sf.* Disposition à obéir : *Avoir une grande soumission pour ses supérieurs.* || Action d'obéir : *On lui sut gré de sa soumission.* || Action par laquelle on se déclare prêt à accepter l'autorité, la domination : *Le duc de Mayenne fit sa soumission à Henri IV.* || Écrit par lequel on déclare se charger d'une fourniture, d'une entreprise à telles conditions que l'on spécifie : *Les travaux publics s'adjugent sur soumissions cachetées.* || Offre de payer sa quote-part d'une dette collective. — *Sfpl.* Démonstration de respect d'un inférieur envers un supérieur : *La ville reçut le nouveau gouverneur avec de grandes soumissions.*

SOUMISSIONNAIRE (*soumission*), *s. 2 g.* Personne qui s'engage par écrit envers l'administration à faire une fourniture, un travail, un payement, etc., à telle condition qu'elle spécifie.

SOUMISSIONNER (*soumission*), *vt.* S'engager par écrit devant l'administration à faire une fourniture, un travail moyennant certaines conditions : *Soumissionner une maison d'école, un emprunt.*

SOUMY, 14 000 hab. Ville de la Russie d'Europe, arr. de Kharkov, sur le Stol.

SOUNGARI, 1 000 kilom. Rivière de la Mandchourie, affluent de l'Amour.

SOUPAPE (esp. *sopapo*, coup plat sous le menton), *sf.* Espèce de couvercle adapté à une ouverture de telle sorte qu'il cède pour livrer passage à un liquide ou à un gaz quand il est pressé dans un certain sens et qu'il ferme plus hermétiquement cette ouverture quand il est pressé en sens contraire : *La soupape d'une pompe.* || *Soupape de sûreté*, soupape adaptée à la paroi de la chaudière d'une machine à vapeur, et qui s'ouvre d'elle-même dès que la force élastique de la vapeur d'eau dépasse une intensité déterminée. — Fig. Préservatif : *Les volcans sont des soupapes de sûreté.* || Clef de tuyau de poêle. || Bouchon adapté au trou par lequel l'eau passe d'un réservoir dans les tuyaux d'écoulement.

SOUPÇON (l. *suspicionem*), *sm.* Opinion, croyance désavantageuse qui n'est fondée que sur des indices : *Sa conduite inspire des soupçons.* || Simple conjecture : *J'ai soupçon qu'il viendra.* || Apparence légère : *Avoir un soupçon de fièvre.* || Quantité excessivement petite : *Il n'a pris qu'un soupçon de vin.* — **Dér.** *Soupçonner, soupçonneux, soupçonneuse, soupçonnable.*

***SOUPÇONNABLE** (*soupçonner*), *adj. 2 g.* Que l'on peut soupçonner.

SOUPÇONNER (*soupçon*), *vt.* Avoir, d'après de simples indices, une croyance désavantageuse sur quelqu'un ou quelque chose : *On le soupçonnait de vol.* || Conjecturer, avoir l'idée : *Je soupçonne que le temps changera.*

SOUPÇONNEUX, EUSE (*soupçon*), *adj.* Qui soupçonne aisément. || Défiant.

SOUPE (vx fr. *sope* : de l'allem. *suppe*), *sf.* Aliment qu'on sert au commencement du repas et composé de tranches de pain ou de pâtes féculentes trempées dans un liquide chaud tel que le bouillon, le lait, etc. : *Venez manger ma soupe, venez dîner avec moi.* — Fig. *S'emporter comme une soupe au lait*, se mettre facilement et promptement en colère. || Mince tranche de pain : *Se contenter d'une soupe dans son bouillon.* || *Soupe au vin* ou *au perroquet*, tranche de pain dans du vin. || *Trempé comme une soupe*, très mouillé. || *La soupe fait le soldat*, une nourriture simple et bonne donne de la vigueur. — **Dér.** *Souper* 1, *souper* 2, ou *soupé, soupière, soupeur, soupeuse.*

SOUPENTE (*spf.* du vx. fr. *souspendre*, suspendre), *sf.* Assemblage de plusieurs larges courroies cousues l'une sur l'autre et servant à soutenir le corps d'une voiture. || Se dit des bandes de cuir qui servent à suspendre un cheval dans l'appareil appelé *travail.* || Lien de fer qui retient la hotte d'une cheminée de cuisine. || Petite chambre construite dans la partie haute d'une pièce sur un plancher établi à mi-hauteur pour la recevoir et destinée à coucher des domestiques, etc.

1. **SOUPER** (*soupe*), *vi.* Prendre le repas du soir.

2. **SOUPER** ou **SOUPÉ** (*souper*), *sm.* Le repas du soir qui, aujourd'hui, a lieu très avant dans la nuit, le souper d'autrefois étant remplacé par le dîner. || *Petits soupers*, soupers succulents entre intimes. || Mets dont se compose le souper : *Acheter son souper.* (V. *Après-souper.*)

SOUPESER (*sous* + *peser*), *vt.* Lever un objet avec la main et le soutenir pour juger à peu près combien il pèse : *Soupeser une volaille.*

SOUPEUR, EUSE (*souper*), *s.* Personne qui a conservé l'habitude de souper ou qui aime les soupers.

SOUPIÈRE (*soupe*), *sf.* Vase à deux anses,

SOUPIÈRE

(PORCELAINE DU XVIII° SIÈCLE)

large et profond, dans lequel on sert la soupe : *Une soupière de porcelaine.*

SOUPIR (l. *suspirium*), *sm.* Respiration forte et de longue durée, causée par une oppression de poitrine ou par une peine morale : *Pousser des soupirs.* || Poét. Son comparable à un murmure : *Les soupirs de l'orgue, de la brise.* — Fig. Gémissement, désir ardent, passion amoureuse : *Cet emploi est l'objet de ses soupirs.* || *Dernier soupir*, le dernier moment de la vie. || *Rendre le dernier soupir, les derniers soupirs*, mourir. || *Recevoir les derniers soupirs de quelqu'un*, l'assister à ses derniers moments. || En musique, silence de la durée d'une noire. || Signe qui représente ce silence. || *Demi-soupir*, silence correspondant à une croche. || *Quart de soupir*, silence correspondant à la double croche, etc. (V. les signes au mot *Pause.*)

SOUPIRAIL (bl. *suspiraculum* : de *suspirare*, soupirer), *sm.* Ouverture pratiquée obliquement dans le mur d'un lieu souterrain, tel que cave, cellier, sous-sol pour y faire pénétrer de l'air et un peu de jour. || Fente du sol par laquelle se dégage un gaz. — Pl. *des soupiraux.*

SOUPIRANT (*soupirer*), *sm.* Celui qui aspire à se faire aimer d'une femme.

SOUPIRER (l. *suspirare*), *vi.* Pousser des soupirs. — Fig. Éprouver de la douleur, du regret. || Être épris d'amour. || Désirer ardemment : *Soupirer après le repos, pour le repos.* — *Vt.* et poét. Exprimer en termes émus, mélancoliques : *Soupirer ses peines en beaux vers.* — **Dér.** *Soupirant, soupir; soupirail.*

SOUPLE (bl. *suplus* : du l. *supplex*, qui plie), *adj. 2 g.* Qui plie sans se rompre : *Branche souple.* || Doué d'une grande facilité à se mouvoir : *Avoir les reins souples.* — Fig. Qui plie aux volontés d'autrui, qui est d'humeur accommodante, docile, complaisante : *Les courtisans sont souples.* || *Souple comme un gant*, qui montre une complaisance servile. || *Avoir l'échine souple*, être d'une complaisance servile. — **Dér.** *Souplesse, souplement.* — **Comp.** *Assouplir, assouplissement.*

SOUPLEMENT (*souple* + sfx. *ment*), *adv.* Avec souplesse.

SOUPLESSE (*souple*), *sf.* Qualité de ce qui plie sans se rompre : *La souplesse de l'osier.* || Grande facilité à se mouvoir : *La souplesse du singe.* || *Tours de souplesse*, ce qui exige une grande souplesse de corps de la part des saltimbanques qui les exécutent. — Fig. Ruses qu'on emploie pour arriver à ses fins. — Fig. Disposition à se plier aux volontés d'autrui : *Caractère plein de souplesse.* — Fig. Facilité à changer de dispositions, à prendre différentes expressions, différents tons : *Souplesse de l'esprit, du style, de la voix.*

SOUQUENILLE (dm. du vx fr. *souquenie* : du bl. *succania*), *sf.* Longue blouse de grosse toile que mettent les cochers, les palefreniers en pansant leurs chevaux. — Fig. Vêtement en mauvais état.

SOURA. Rivière de la Russie d'Europe qui arrose les gouvernements de Saratov, de Simbirsk et de Nijni-Novgorod ; affluent du Volga.

SOURABAYA. Port de l'île de Java sur le Kediri. Arsenal, chantiers de construction. Grand commerce d'exportation.

SOURCE (de *sourdre*), *spf.* Eau qui sort ou jaillit de terre, s'accumule dans un trou naturel ou creusé de main d'homme, provient d'un cours d'eau souterrain ou d'une nappe d'eau également souterraine, et donne souvent naissance à un cours d'eau apparent : *La source d'une rivière.*

Les eaux pluviales pénètrent par infiltration à l'intérieur de l'écorce terrestre en traversant des terrains perméables. Ces eaux s'accumulent dans ces couches qui reposent sur des terrains imperméables (granit, argile, etc.), qui forment comme une sorte de vase. C'est le long de la ligne d'intersection du sol avec la surface de contact des terrains perméables et imperméables que l'on observe une série de sources par où les eaux s'échappent au dehors. C'est là ce que l'on nomme un *lieu de sources.* Les nappes souterraines reproduisent grossièrement les ondulations des terrains qui les recouvrent, et partout où elles rencontrent un thalweg, elles s'écoulent par une source ou par des suintements. Dans les terrains franchement perméables, les sources ne se trouvent jamais que dans les thalwegs ; le fond de la vallée est souvent humide et marécageux, tandis que les versants sont desséchés et subissent un drainage complet.

On voit quelquefois les interstices des terrains perméables qui livrent passage aux

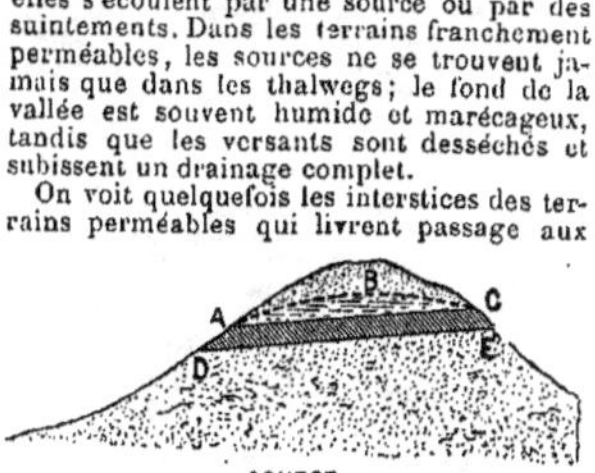

SOURCE

ABC. Surface de la nappe. — **DE.** Couche imperméable. **A.** Point d'émergence d'une source.

eaux s'obstruer sous l'action incrustante des sels qui y sont contenus (Sahara) ; il faut alors percer cette croûte par un sondage tubé si l'on veut avoir de l'eau jaillissante. La profondeur de la nappe d'infiltration varie avec la quantité de pluie tombée dans l'année ; ses mouvements la rapprochent ou l'éloignent de la surface du sol, et ils sont d'autant plus sensibles, qu'on se trouve à une altitude plus élevée ; beaucoup de ces sources de crêtes tarissent très facilement.

Il peut se faire qu'une couche imperméable ACDE s'interpose au milieu d'une arête de collines ; la nappe d'infiltration présente alors la forme ABC et on a, à flanc de coteau, le long des affleurements de DE, une série de suintements ou de sources du côté D que la pente favorise. Ces sources sont moins abondantes et moins régulières que celles des nappes profondes ; elles caractérisent surtout les régions où les assises argileuses alternent avec les sables, les grès et les calcaires. Cette couche imperméable forme ce qu'on appelle un *niveau d'eau*. La température de l'eau des sources est à peu près invariable à cause de son parcours dans des couches souterraines, où les variations de température sont insensibles : on peut la regarder comme égale à la moyenne annuelle du lieu d'émergence, sauf quand cette moyenne est voisine de zéro, auquel cas la température des sources sera de 4° à cause du maximum de densité que l'eau présente à ce point de l'échelle thermométrique. Si la nappe d'infiltration est profonde, l'eau chauffée par la chaleur interne monte à la surface et accuse une température supérieure à la moyenne du lieu. Ce sont ces nappes et ces sources qui apportent l'eau des pluies aux fleuves d'un pays dont le sol est perméable ; cette eau coule souterrainement presque sans vitesse et n'entraîne pas de matériaux ; il en résulte que les crues des rivières qu'elle alimente seront beaucoup plus lentes et dureront plus longtemps que celles des fleuves qui coulent dans des terrains imperméables sur lesquels l'eau des pluies glisse immédiatement. Dans les calcaires et les grès fissurés, l'eau ne forme pas de nappes continues ; elle se concentre dans des poches, d'où résulte pour les puits de la région un régime très irrégulier. Ces nappes s'écoulent par des points bien déterminés et non sous forme de suintements. Le volume des sources ainsi produites peut être considérable. Il arrive souvent que, dans tout un pays, les couches calcaires sont recouvertes d'argile imperméable. L'infiltration des eaux de pluie ne peut donc avoir lieu que sur les flancs des vallées où affleure la craie, et les pluies ne profitent pas aux sources à cause du trop long trajet que les eaux doivent accomplir souterrainement.

Les siphons jouent un grand rôle dans le débit des sources des régions calcaires, dont le sous-sol renferme des cuvettes, des poches et des ondulations diverses. Si tous ces vides sont à sec, une pluie faible ne fait qu'en remplir une partie sans atteindre les sources ; au contraire, en cas de fortes pluies, les cavités se remplissent complètement et le jeu des siphons s'établit (V. *Intermittent*) ; le débit des sources augmente alors beaucoup, et les poches fournissent toute l'eau qui s'y était accumulée depuis plusieurs mois.

Dans le granit, les sources sont très nombreuses, mais presque insignifiantes. Dans tous les autres terrains imperméables, elles sont rares et très petites. Dans les terrains bien perméables, on n'en trouve que dans les vallées les plus profondes, mais alors elles sont considérables. Lorsqu'un terrain perméable repose sur un terrain imperméable, il s'établit à leur plan de contact un niveau d'eau et la ligne d'affleurement du terrain imperméable constitue un lieu de sources très nombreuses, assez petites, situées à flanc de coteau ou au fond d'une vallée. Dans tout vallon, il existe un cours d'eau souterrain, dont la direction ne se confond pas exactement avec celle du thalweg apparent. Les endroits où il y a le plus de chance de trouver des sources sont : 1° *Le centre du pli de terrain le plus profond d'un plateau.* 2° *Le centre de l'espèce de cirque à parois escarpées qui est à l'origine d'un vallon et où commence le thalweg de celui-ci.* 3° *Le fond de tout angle rentrant et à parois escarpées d'une vallée.* 4° *Le point où un vallon dépourvu de cours d'eau apparent débouche dans une vallée plus importante parcourue par une rivière ou un ruisseau apparent.* 5° *La ligne d'affleurement d'une couche imperméable sur le flanc d'un coteau.* 6° *Le point d'un versant de montagne où commence une dépression du sol qui descend jusqu'au pied de ce versant.* Le volume d'une source est, en général, proportionnel à la surface du bassin dans lequel s'infiltrent les eaux pluviales formant le cours d'eau souterrain d'où provient cette source et à celle de la hauteur moyenne d'eau tombée dans le pays considéré.

Il est une catégorie de sources dont la température au point d'émergence dépasse beaucoup celle du milieu ambiant ; ce sont les sources thermales. Beaucoup d'entre elles contiennent en dissolution des sels minéraux ; d'où le nom de *sources thermo-minérales*. Elles arrivent au jour non à la jonction de deux couches, l'une perméable, l'autre imperméable, mais par une fente de l'écorce terrestre servant de déversoir à un ou plusieurs réservoirs cachés dans les profondeurs de l'écorce terrestre. Les eaux de fusion des glaciers pénètrent ainsi dans les interstices des roches et peuvent descendre de 2000 mètres et plus en s'échauffant pendant leur parcours souterrain jusqu'à 60 et même 70°, en dissolvant certains éléments des roches constituant les parois des canaux souterrains servant à leur écoulement. Un grand nombre de sources thermo-minérales doivent leur origine à des actions volcaniques qui se manifestent dans les profondeurs du globe en donnant naissance à des gaz et à des dissolutions de matières minérales. Ces deux modes de formation des sources thermales doivent être distingués, ce que négligent de faire beaucoup de géologues lorsqu'ils attribuent ces phénomènes uniquement aux actions volcaniques : en effet, à Paris, on sait qu'un trou de sonde pratiqué jusqu'à la profondeur de 548 mètres amène à la surface de l'eau à 28° centigrades. Des dislocations naturelles, en créant des séries de fissures, peuvent amener le même résultat, c'est-à-dire une source artésienne naturelle n'ayant aucun lien avec les phénomènes geysériens. On distingue sept catégories de sources thermo-minérales : 1° sources alcalines (carbonate de soude) ; 2° sources salines (chlorure de sodium, sulfates de magnésie ou de soude) ; 3° sources sulfureuses dégageant de l'hydrogène sulfuré ; 4° sources ferrugineuses ; 5° sources calcaires ; 6° sources siliceuses ; 7° sources gazeuses (acide carbonique). Beaucoup de sources thermales renferment des matières organiques (glairine, barégine (V. *Eaux minérales*). Les eaux minérales donnent naissance à des filons concrétionnés en abandonnant le long des parois des canaux où elles circulent une partie des matières solides qu'elles tiennent en suspension et amènent ainsi la formation des gîtes minéraux. || *Capter une source.* (V. *Capter* et *Puits*.) || *Source pérenne*, celle qui fournit de l'eau toute l'année. || *Source éphémère*, celle qui tarit pendant la saison sèche. || *Source intermittente*, celle qui coule et tarit alternativement à des intervalles de temps rapprochés et toujours les mêmes. || *Source minérale*, celle qui contient des substances minérales en dissolution. || *Source thermale*, celle dont l'eau est à une température supérieure à celle de l'air ambiant et est amenée des profondeurs du sol à la surface par un conduit vertical. La température de certaines sources thermales atteint, dit-on, 100°. Les sources thermales sont toujours situées dans le voisinage des montagnes granitiques ou des terrains volcaniques. Les sources minérales et les sources thermales sont souvent médicamenteuses. || *Source gazeuse*, celle d'où il se dégage de l'acide carbonique. — Fig. *Cela coule de source*, cela est dit, écrit ou fait sans aucun effort. || Endroit où une eau vive sort de terre : *La ville de Paris a fait élever une statue à la source de la Seine.* — Fig. Pays où abonde une production naturelle et d'où elle est transportée au dehors : *La Bourgogne et le Bordelais sont les sources des meilleurs vins. La Californie est une source de métaux précieux.* — Fig. Point de départ, commencement, cause, auteur : *Cet incident fut la source de toutes nos richesses. La guerre est la source de grands maux. Cet homme est la source du bon sens et de la raison. Cette mère est une source de bonheur pour sa famille.* || *Tenir une nouvelle de bonne source*, de personnes bien informées. || Texte original : *Cet historien a consulté toutes les sources.* || Les ancêtres d'une famille : *Pépin de Landen fut la source des Carlovingiens.* || *Les sources de la vie*, les principaux organes indispensables à l'existence des êtres : *Certains microbes s'attaquent aux sources de la vie.* || *La source du vent*, le point d'où il souffle. — **Syn.** (V. *Origine*.)

SOURCIER (*source*), *sm.* Celui dont le métier est de chercher les sources. Il y a des sourciers sérieux qui découvrent des sources, comme l'abbé Paramelle ; il y en a qui, opérant avec la baguette divinatoire, ne sont que des charlatans.

SOURCIL [sour-si] (l. *super*, sur + *cilium*, paupière), *sm.* Arc de poils au-dessus de l'œil. — Fig. *Froncer le sourcil*, témoigner de l'irritation, du mécontentement. — **Dér.** *Sourciller, sourcilier, sourcilière, sourcilleux, sourcilleuse.*

SOURCILIER, IÈRE (*sourcil*), *adj.* Qui a rapport au sourcil. || *Arcade sourcilière*, la saillie que fait l'os frontal au-dessus de l'orbite de l'œil.

1. **SOURCILLER** (*sourcil*), *vi.* Remuer les sourcil. — Fig. Témoigner de l'émotion : *Recevoir un reproche sans sourciller.*

2. ***SOURCILLER** (*source*), *vi.* Apparaître à la surface du sol, en parlant de l'eau d'une source.

SOURCILLEUX, EUSE (*sourciller* 1), *adj.* Qui annonce l'orgueil, la tristesse, l'inquiétude : *Front sourcilleux.* || Élevé : *Une montagne sourcilleuse.*

SOURD, OURDE (l. *surdum*), *adj.* Qui ne peut entendre parce qu'il a l'organe de l'ouïe mal conformé ou malade. || *Sourd comme un pot*, très sourd. — Fig. Qui n'entend pas actuellement quoiqu'ayant l'appareil de l'ouïe bien conformé. || *Faire la sourde oreille*, faire semblant de ne pas entendre. — Fig. Insensible, inflexible, inexorable : *Être sourd aux remontrances, aux prières.* || Qui n'a pas un son clair : *Voix sourde.* || Qui renvoie mal le son : *Salle sourde.* || Où les bruits du dehors ne pénètrent pas : *Notre appartement étant sourd, nous n'avons rien entendu.* || Peu intense : *Un sourd gémissement.* — Fig. *Il court un bruit sourd*, une nouvelle qui n'est encore ni publique ni certaine. — Fig. Terne : *Couleur sourde.* || Confus, indéfinissable : *Une douleur sourde.* || Dont on ne s'aperçoit pas : *Une sourde inimitié.* || Fait sournoisement et méchamment : *De sourdes menées.* || *Lanterne sourde.* (V. *Lanterne*.) — *Subst.* Personne sourde. || *Frapper comme un sourd*, très fort. — Frapper sans pitié. || *Crier comme un sourd*, très fort. || *Il n'est pire sourd que celui qui ne veut pas entendre*, se dit d'un homme qui, ne voulant pas répondre, fait semblant de ne pas entendre. — **Dér.** *Sourdement, sourdaud, sourdaude, sourdine.* — **Comp.** *Sourdement, sourde-muette, assourdir, assourdissant, assourdissante, assourdissement.*

SOURDAUD, AUDE (*sourd* + sfx. péj. *aud*), *adj.* et *s.* Celui, celle qui n'entend qu'avec peine.

SOURDE, torrent des Basses-Pyrénées, affluent du Valentin.

SOURDEMENT (*sourde* + sfx. *ment*), *adv.* En faisant peu de bruit : *Le tonnerre gronde sourdement.* — Fig. D'une manière secrète et cachée : *Agir sourdement.* || Sournoisement et méchamment : *Calomnier sourdement.* || Vaguement : *Être sourdement malade.*

SOURDEVAL, 3979 hab. Ch.-l. de c., arr. de Mortain (Manche), sur la Sée. Granit, papeteries, fonderie de cuivre, tréfilerie, quincaillerie.

SOURDINE (*sourd*), *sf.* Tout appareil destiné à amortir le son d'un instrument de musique et à lui communiquer un timbre mélancolique. Pour les instruments à cordes, c'est un petit peigne de bois ou d'ivoire qu'on place sur le chevalet. || Pour les instruments à vent, c'est une sorte d'entonnoir de carton ou de bois qu'on place dans l'ouverture supérieure ou inférieure. — Fig. *Mettre une*

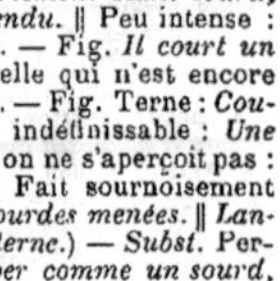

SOURDINE

sourdine à ses prétentions, en rabattre. ‖ Ressort à l'aide duquel on peut empêcher une montre à répétition de sonner. — A LA SOURDINE, *loc. adv.* Sans bruit : *S'esquiver à la sourdine.* — Fig. Secrètement : *Aller trouver quelqu'un à la sourdine.*

SOURDIS (FRANÇOIS D'ESCOUBLEAU DE) (1570-1628). Parent de Gabrielle d'Estrées, archevêque de Bordeaux (1591) et cardinal (1599). — (HENRI D'ESCOUBLEAU DE), frère du précédent, auquel il succéda (1628) comme archevêque de Bordeaux; il fut intendant de l'artillerie et directeur général des vivres au siège de La Rochelle. M. en 1645.

SOURD-MUET, SOURDE-MUETTE, *adj.* et *s.* Celui, celle qui, par surdité de naissance, est toute sa vie dans l'impossibilité

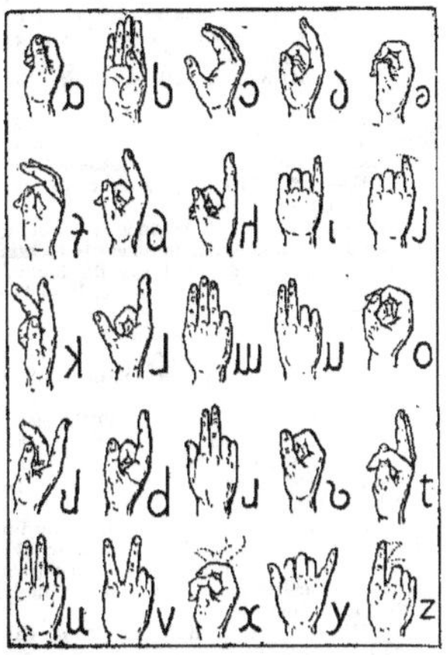

ALPHABET DES SOURDS-MUETS

d'articuler des paroles. L'abbé de l'Épée et l'abbé Sicard inventèrent et perfectionnèrent les méthodes à l'aide desquelles on apprend aujourd'hui aux sourds-muets à s'exprimer par gestes, à lire et à écrire. Tout récemment, on a réussi à guérir par une opération chirurgicale de tout jeunes enfants. — *Smpl. Les Sourds-muets,* institution de Paris, créée spécialement pour l'éducation des sourds-muets. — Pl. *des sourds-muets, des sourdes-muettes.*

SOURDOIRE, 32 kilom. Rivière de la Corrèze, affluent de la Dordogne.

SOURDON, rivière du département de la Marne qui se jette dans la rivière du même nom à Épernay.

SOURDRE (l. *surgere,* se diriger en haut, db. de *surgir*), *vi.* Sortir de terre, jaillir, en parlant de l'eau : *L'eau sourd de tous côtés dans les pays où le sous-sol est imperméable.* — Fig. Surgir, résulter : *Que verra-t-on sourdre de ces événements?* — **Gr.** Verbe défectif qui n'a que les formes : Il sourd, ils sourdent; il sourdait, ils sourdaient, il sourdit, ils sourdirent; il sourdra, ils sourdront; il sourdrait, ils sourdraient; qu'il sourde, qu'ils sourdent; qu'il sourdît, qu'ils sourdissent; sourdre, sourdant. — **Dér.** *Source, sourcier, sourciller* 2. — **Comp.** *Ressource.*

SOURIANT, ANTE (*sourire*), *adj.* Qui sourit : *Enfant souriant, mine souriante.*

SOURICEAU (dm. de *souris* 2), *sm.* Le petit d'une souris.

SOURICIÈRE (*souris* 2), *sf.* Piège pour prendre des souris. — Fig. *Se jeter dans la souricière,* se mettre inconsidérément dans un embarras inextricable. ‖ Retraite de malfaiteurs que la police a découverte, et où elle s'installe pour y prendre l'un après l'autre ceux d'entre eux qui y rentrent.

***SOURIQUOIS, OISE** (*souris* 2), *adj.* Qui appartient aux rats, aux souris : *Le peuple souriquois.* — **Gr.** Mot forgé par La Fontaine.

1. **SOURIRE** (l. *sub,* sous+*ridere,* rire), *vi.* Rire sans éclater, par un léger mouvement de la bouche et des yeux : *Sourire malicieusement.* ‖ *Sourire à quelqu'un,* lui témoigner de l'affection, de l'intérêt par un sourire. ‖ Être favorable : *La fortune lui sourit.* ‖ Paraître agréable, délicieux : *Le printemps nous souriait.* ‖ Plaire beaucoup : *Ce projet me sourit.* ‖ Se moquer quelque peu : *On sourit de sa naïveté.* — **Gr.** Ce verbe se conjugue comme *rire.* — **Dér.** *Sourire* 2, *souris* 1, *souriant, souriante.*

2. **SOURIRE** (l'inf. *sourire*), *sm.* Action de sourire : *Un sourire gracieux.*

1. **SOURIS** (l. *subrisum*), *sm.* Action de sourire : *Un léger souris.*

2. **SOURIS** (l. *soricem*), *sf.* Petit mammifère rongeur, du genre rat, originaire d'Europe, à poil d'un gris brun, qui abonde dans les trous des maisons et qui attaque les grains, le linge, les meubles, etc. La souris commune a environ 10 centimètres de longueur; sa queue, composée de 180 anneaux, présente le même développement. Ce petit animal cause de grands dégâts dans nos habitations, auxquelles elle s'attache volontiers, car elle ne les quitte que rarement pour faire de courtes excursions dans les jardins. Elle ne s'aventure jamais dans les champs où habite la *souris rousse,* ni sur le bord des eaux ni dans les marécages où l'on rencontre la *souris naine,* dont le nid rond est suspendu aux roseaux. Les souris sont des animaux très prolifiques : chaque portée est, en effet, de huit à dix que la mère dépose dans un nid bien chaud et bien tapissé; chacun de ces petits est apte à reproduire l'espèce dès l'âge de quatre mois. A peine la femelle est-elle débarrassée de son fardeau qu'elle recommence une nouvelle gestation. C'est surtout du commencement d'avril à la fin d'octobre que la souris fait ses petits. On voit, par ce qui précède, combien est grand le nombre des individus que la gent souriquoise est amenée à nous donner. Si ces animaux n'avaient pas de nombreux ennemis nous serions rapidement leurs victimes. Aussi devons-nous protéger tous nos auxiliaires, parmi lesquels les chats-huants sont assurément les plus actifs. Nous avons recours à toutes sortes de procédés pour nous débarrasser de ces hôtes incommodes : nous

SOURIS

employons les chats, l'arsenic, la pâte phosphorée et un grand nombre de pièges dont le meilleur est sans contredit la souricière à trous ronds, armés d'un anneau en fil de fer, et que l'on amorce avec de la farine, du lard ou de la noix grillée, etc.; car ces petits animaux ne sont pas difficiles sur le choix de la nourriture. — Fig. *La montagne a enfanté une souris,* ce grand projet n'a abouti à rien. ‖ *On le ferait cacher dans un trou de souris,* il a une peur extrême. ‖ *On entendrait trotter une souris,* il règne un très grand silence. ‖ Muscle charnu qui tient à l'os du manche du gigot de mouton. ‖ Autrefois nœud de ruban que les femmes se plaçaient sur la tête. ‖ *Souris d'eau,* espèce de musaraigne. ‖ *Souris de montagne,* le campagnol lemming. ‖ *Souris de terre,* variété de mulot. ‖ *Cheval souris,* dont le pelage a la couleur du poil de la souris. — **Dér.** *Souriceau, souricière, souriquois, souriquoise.* — **Comp.** *Chauve-souris* ou *Souris-chauve.*

***SOURIS-CHAUVE,** *sf.* Chauve-souris. — Pl. *des souris-chauves.*

SOURNIA, 725 hab. Ch.-l. de c., arr. de Prades (Pyrénées-Orientales).

SOURNOIS, OISE (vx fr. *sorne,* crépuscule), *adj.* et *s.* Caché et dissimulé : *Enfant sournois, air sournois.* — **Dér.** *Sournoisement, sournoiserie.*

SOURNOISEMENT (*sournoise* + sfx. *ment*), *adv.* D'une manière sournoise.

SOURNOISERIE (*sournois*), *sf.* Conduite, humeur sournoise.

SOURZAC, affluent de l'Isle (Dordogne).

SOUS (vx fr. *sost, suz, soz, soubz, soubs* : du l. *subtum*), *prép.* Dans une position inférieure par rapport à : *Sous le toit. Sous les pieds.* ‖ *Regarder quelqu'un sous le nez,* en s'en moquant, en le méprisant, en le bravant. ‖ *Rire sous cape,* en cherchant à ne pas laisser voir qu'on rit. ‖ Étant protégé par : *Camper sous les remparts d'une ville.* ‖ Étant exposé à : *Être sous le feu de l'ennemi.* ‖ *Sous les yeux de,* en la présence de. — Fig. *Être sous les armes,* être rangé en bataille avec des armes. Autrefois on disait indifféremment : *Être sur les armes* et *être sous les armes.* Cette dernière façon de parler est la seule aujourd'hui usitée. ‖ *Être sous clef,* être dans un lieu fermé à clef. ‖ *Être sous les verrous,* être en prison. ‖ Caché par : *On ne la reconnaît pas sous le voile.* ‖ Mis hors d'atteinte par : *Papier sous le scellé.* ‖ *Être inscrit sous tel numéro,* avec tel numéro. ‖ *Sous le vent,* du côté opposé à celui d'où le vent souffle (Mar.) : *Cette île nous restait sous le vent,* nous étions entre cette île et le vent. ‖ *Mettre sous voiles,* établir la voilure pour appareiller. — Fig. Dans la dépendance de, sous l'autorité de : *Sous la charte.* ‖ Avec la protection de : *Naviguer sous pavillon français.* ‖ *Être sous les drapeaux,* être présent à l'armée. ‖ A la portée de : *Avoir une chose sous la main.* ‖ A l'époque de : *Descartes vivait sous Louis XIII.* ‖ *Sous peu, sous quinze jours,* dans peu de temps, dans quinze jours. ‖ A un niveau au-dessous de : *La Ferté-sous-Jouarre.* ‖ *Sous prétexte de charité,* en se servant du prétexte de la charité. ‖ *Sous tel nom,* avec tel nom. ‖ *Acte sous-seing privé,* fait sans l'intervention d'un notaire. ‖ *Sous ce rapport,* à cet égard. ‖ *Passer une chose sous silence,* n'en point parler. ‖ *Sous le secret, sous le sceau du secret, sous le sceau de la confession,* en grande confidence et en exigeant le secret. ‖ *Affirmer sous serment,* en confirmant ce qu'on dit par un serment. ‖ Moyennant, avec : *Sous condition de faire telle chose.* ‖ En s'exposant à être puni par : *Il est défendu sous peine d'amende.* — SOUS MAIN, *loc. adv.* En cachette. — **Comp.** Tous les mots composés dont le premier élément est *sous, sou* ou *sub.*

***SOUS-ACÉTATE,** *sm.* Acétate dans lequel la base est en excès : *Sous-acétate de plomb,* l'extrait de Saturne.

SOUS-AFFERMER ou **SOUS-FERMER,** *vt.* Donner ou prendre à sous-bail.

***SOUS-ÂGE,** *sm.* Subdivision d'une époque : *L'époque du renne est un sous-âge de celle de la pierre taillée.* — Pl. *des sous-âges.*

SOUS-AIDE, *sm.* Chirurgien militaire du grade le moins élevé. — Pl. *des sous-aides.*

SOUS-AMENDEMENT, *sm.* Amendement qui en modifie un autre : *Proposer un sous-amendement à la Chambre.* — Pl. *des sous-amendements.*

SOUS-AMENDER, *vt.* Modifier un amendement.

SOUS-ARBRISSEAU, *sm.* Plante ligneuse de très petite taille : Ex. : *Le genêt à balais.* — Pl. *des sous-arbrisseaux.*

SOUS-BAIL, *sm.* Bail par lequel un locataire cède à quelqu'un la jouissance d'une partie de ce que lui-même a pris en location. — Pl. *des sous-baux.*

SOUS-BARBE, *sf.* Partie postérieure de la mâchoire du cheval et sur laquelle porte la gourmette. — Pl. *des sous-barbes.* ‖ Chaîne ou cordage servant à tenir le beaupré d'un navire contre l'étrave.

***SOUS-BIBLIOTHÉCAIRE,** *sm.* Surveillant qui est sous les ordres immédiats d'un bibliothécaire et le remplace au besoin. — Pl. *des sous-bibliothécaires.*

***SOUS-BOIS** (*sous* + *bois*), *sm.* Ce qui croît sous les arbres des forêts.

***SOUS-BOURGEON,** *sm.* Bourgeon à peine visible, situé tout près et au-dessous du bourgeon principal, et qui remplace celui-ci lorsqu'il vient à être détruit. — Pl. *des sous-bourgeons.*

***SOUS-BRIGADIER** (*sous* + *brigadier*), *sm.* Autrefois, officier qui était sous le brigadier.

***SOUS-CARBONATE,** *sm.* Carbonate contenant deux fois plus de base que le carbonate ordinaire. Ex. : *Le sous-carbonate de magnésie.* — Pl. *des sous-carbonates.*

***SOUS-CHEF**, *sm.* Employé qui vient immédiatement après le chef : *Un sous-chef de bureau.* — Pl. *des sous-chefs.*

***SOUS-CHLORURE**, *sm.* Chlorure contenant un excès de métal. Ex. : *Du sous-chlorure de mercure ou calomel.* — Le sous-chlorure de mercure est employé en médecine comme purgatif. En présence du sel marin, ou chlorure de sodium, il se transforme en chlorure de mercure ou sublimé corrosif, qui est un violent poison. Aussi est-il interdit de faire usage d'aliments salés lorsqu'on a absorbé du calomel. Pl. *des sous-chlorures.*

***SOUS-CLASSE**, *sf.* En histoire naturelle, subdivision d'une classe. — Pl. *des sous-classes.*

SOUS-CLAVIER, IÈRE (*sous* + l. *clavis*, clavicule), *adj.* Qui est sous la clavicule : *Le chyle se déverse dans la veine sous-clavière gauche.* — Pl. *des sous-claviers, des sous-clavières.*

SOUS-COMMISSAIRE, *sm.* Celui qui aide un commissaire et le remplace au besoin. || Fonctionnaire qui fait partie de l'administration de la marine et est assimilé à un lieutenant de vaisseau. — Pl. *des sous-commissaires.*

***SOUS-COMMISSION**, *sf.* L'ensemble des personnes qu'une commission charge d'examiner un point particulier de la question générale : *Les sous-commissions du budget.*

***SOUS-COMPTOIR**, *sm.* Comptoir qui sert de succursale à un autre comptoir : *Le sous-comptoir d'escompte.* — Pl. *des sous-comptoirs.*

***SOUS-COSTAL, ALE**, *adj.* Situé sous les côtes : *Muscles sous-costaux.*

SOUSCRIPTEUR (*sous* + l. *scriptor*, écrivain), *sm.* Celui qui prend part à une souscription, et surtout celui qui souscrit à un ouvrage de librairie publié par livraisons.

SOUSCRIPTION (l. *subscriptionem*), *sf.* Signature au bas d'un acte. || *Souscription d'une lettre*, les termes de civilité qui la terminent, plus la signature. || Engagement que prennent plusieurs personnes de fournir chacune une certaine somme pour une entreprise, un placement d'argent, une dépense commune : *Souscription à un emprunt du gouvernement.* || La somme même que chaque personne doit fournir : *Il a fait une souscription considérable.* || En librairie, engagement de prendre moyennant un prix convenu un ou plusieurs exemplaires d'un livre qui doit être publié dans un temps déterminé ou par livraisons. || La reconnaissance que le libraire remet à chaque souscripteur.

SOUSCRIRE (l. *subscribere*), *vt.* Mettre sa signature au bas d'un écrit pour l'approuver. — *Vi.* Donner son approbation, son assentiment à : *Je souscris à tout ce que vous dites.* || Fournir, s'engager à fournir une certaine somme pour une entreprise, une dépense collective, un acte de bienfaisance, etc. : *Souscrire pour l'érection d'une statue.* || S'engager à prendre une certaine partie d'un emprunt public : *Souscrire pour 2000 fr. de rentes.* || S'engager à prendre un ouvrage de librairie et à en acquitter le montant par termes : *Souscrire pour un dictionnaire.* — **Se souscrire**, *vr.* Être souscrit : *Le nouvel emprunt public s'est souscrit aisément.* — **Dér.** *Souscription, souscripteur.*

SOUS-CUTANÉ, ÉE, *adj.* Situé sous la peau : *Le tissu cellulaire sous-cutané.* || Qui pénètre sous la peau : *Injection sous-cutanée.*

SOUS-DÉLÉGUÉ, ÉE, *s.* Celui qu'une autre personne a chargé d'agir en son lieu et place.

SOUS-DÉLÉGUER, *vt.* Charger quelqu'un à agir en son lieu et place.

SOUS-DIACONAT, *sm.* Le moindre des trois ordres sacrés majeurs qui est conféré par un évêque, qui lie irrévocablement et oblige au célibat.

SOUS-DIACRE, *sm.* Celui qui est promu au sous-diaconat et qui vient immédiatement au-dessous du diacre : *Le sous-diacre chante l'épître à la grand'messe.* — Pl. *des sous-diacres.*

***SOUS-DIRECTEUR, TRICE**, *s.* Celui, celle qui vient immédiatement après le directeur, la directrice, et en remplit les fonctions au besoin. — Pl. *des sous-directeurs, des sous-directrices.*

SOUS-DOMINANTE, *sf.* La quatrième note au-dessus de la tonique d'une gamme : *Dans la gamme d'ut, fa est la sous-dominante.* — Pl. *des sous-dominantes.*

SOUS-DOUBLE, *adj. 2 g.* Qui est la moitié : *5 est sous-double de 10.*

SOUS-DOUBLÉ, ÉE, *adj.* Expression usitée dans : *En raison sous-doublée, en raison des racines carrées.*

***SOUS-DOYEN**, *sm.* Ecclésiastique qui, dans un chapitre, vient immédiatement après le doyen. || Celui qui, dans une compagnie, vient immédiatement après le doyen par rang d'âge ou d'ancienneté. — Pl. *des sous-doyens.*

***SOUS-ÉCONOME**, *sm.* Employé qui vient immédiatement après l'économe, et qui le supplée au besoin. — Pl. *des sous-économes.*

SOUS-ENTENDRE, *vt.* Ne point exprimer dans le discours une chose qu'on a dans la pensée : *Cette condition était sous-entendue.* || En grammaire, omettre dans une phrase certains mots qui peuvent être aisément suppléés : *Sous-entendre le verbe d'une proposition.* — **Dér.** *Sous-entendu, sous-entendue, sous-entente.*

SOUS-ENTENDU, UE, *adj.* Qui n'est point exprimé dans le discours. — *Sm.* Ce qu'on a dans la pensée, mais qu'on n'exprime point dans le discours : *Il ne doit pas y avoir de sous-entendus dans une loi.*

SOUS-ENTENTE (*sous-entendre*), *sf.* Ce qui est sous-entendu artificieusement par celui qui parle : *User de sous-ententes.*

***SOUS-ÉPIDERMIQUE**, *adj. 2 g.* Situé sous l'épiderme.

***SOUS-ESPÈCE**, *sf.* Sous-division d'une espèce.

SOUS-FAÎTAGE ou **SOUS-FAÎTE**, *sm.* Pièce de charpente horizontale, parallèle au faîtage, située au-dessous de celui-ci à 1 mètre environ, et qui lui est rattachée par des entretoises. — Pl. *des sous-faîtages* ou *sous-faîtes.*

SOUS-FERME, *sf.* Convention par laquelle un fermier principal cède à bail à un sous-locataire tout ou partie de ce qu'il a lui-même pris à bail. — Pl. *des sous-fermes.*

SOUS-FERMER, *vt.* Sous-affermer. — **Dér.** *Sous-ferme, sous-fermier, sous-fermière.*

SOUS-FERMIER, IÈRE, *s.* Celui, celle qui prend à bail d'un principal locataire. — Pl. *des sous-fermiers, des sous-fermières.*

SOUS-FRÉTER, *vt.* Fréter à un autre le navire qu'on avait affrété pour soi.

***SOUS-FRUTESCENT, ENTE**, *adj.* Se dit d'une plante dont la partie inférieure des tiges est ligneuse et résiste seule à la gelée, et dont les branches périssent tous les ans. Ex. : Thym, sauge, lavande, douce-amère.

SOUS-GARDE, *sf.* Fer en forme de demi-cercle placé sous la détente d'une arme à feu. — Pl. *des sous-garde.*

SOUS-GENRE, *sm.* Section d'un genre en histoire naturelle. — Pl. *des sous-genres.*

SOUS-GORGE

SOUS-GORGE, *sf.* Courroie faisant partie d'une bride ou d'un licol, passant sous la gorge du cheval et quelquefois garnie de grelots. — Pl. *des sous-gorge.*

***SOUS-GOUVERNANTE**, *sf.* Femme qui est sous les ordres d'une gouvernante et la remplace au besoin. — Pl. *des sous-gouvernantes.*

***SOUS-GOUVERNEUR**, *sm.* Homme qui est sous les ordres immédiats d'un gouverneur et le remplace au besoin. — Pl. *des sous-gouverneurs.*

***SOUS-HÉPATIQUE**, *adj. 2 g.* Placé sous le foie.

***SOUS-INTENDANCE** (*sous-intendant*), *sf.* Fonction du sous-intendant, ses bureaux, sa résidence, le territoire sur lequel s'exerce son autorité. — Pl. *des sous-intendances.*

***SOUS-INTENDANT**, *sm.* Intendant en second. || *Sous-intendant militaire*, fonctionnaire ayant rang d'officier supérieur chargé de l'administration de l'armée dans une partie du territoire. — Pl. *des sous-intendants.* — **Dér.** *Sous-intendance.*

***SOUS-JACENT, ENTE**, *adj.* Situé au-dessous.

***SOUS-JUPE** (*sous* + *jupe*), *sm.* Jupe que les femmes portent sous la robe, celle-ci étant ouverte ou faite d'une étoffe transparente.

***SOUS-LIEUTENANCE** (*sous-lieutenant*), *sf.* Grade, charge de sous-lieutenant. — Pl. *des sous-lieutenances.*

SOUS-LIEUTENANT, *sm.* Officier dont le grade est inférieur à celui de lieutenant et immédiatement placé au-dessus de celui de sous-officier. — Pl. *des sous-lieutenants.* — **Dér.** *Sous-lieutenance.*

***SOUS-LIGNEUX, EUSE**, *adj.* Sous-frutescent.

SOUS-LOCATAIRE, *s. 2 g.* Personne qui tient à bail un bien qui lui a été loué par un locataire principal. — Pl. *des sous-locataires.*

SOUS-LOCATION, *sf.* Action de sous-louer. || Le bien sous-loué.

SOUS-LOUER, *vt.* Donner à loyer une partie d'un immeuble dont on est le locataire principal. || Prendre à loyer du locataire principal une partie d'un immeuble. — **Dér.** *Sous-location, sous-locataire.*

***SOUS-MAIN**, *sm.* Carton ou papier sur lequel est placé le papier où l'on écrit et dans lequel on peut serrer ses notes. — Pl. *des sous-main.*

SOUS-MAÎTRE, SOUS-MAÎTRESSE, *s.* Celui, celle qui, dans une maison d'éducation, a la surveillance des élèves et remplace au besoin les professeurs. — Pl. *des sous-maîtres, des sous-maîtresses.*

SOUS-MARIN, INE, *adj.* Qui est au fond de la mer ou sous les flots de la mer : *Volcan sous-marin.* || *Navigation sous-marine*, celle qui consiste à faire marcher des navires entre deux eaux.

***SOUS-MAXILLAIRE**, *adj. 2 g.* Situé sous la mâchoire inférieure. || *Glandes sous-maxillaires*, nom de deux glandes situées en dedans de la mâchoire inférieure et sécrétant une salive semi-visqueuse servant surtout pour la dégustation.

SOUS-MULTIPLE, *adj. 2 g.* Qui est contenu un nombre de fois exact dans un nombre entier. — *Sm.* Nombre entier contenu un nombre de fois exact dans un autre nombre entier : *5 est un sous-multiple de 15.*

***SOUS-NITRATE**, *sm.* Nitrate ou azotate contenant un excès de base. || *Sous-nitrate de bismuth*, sel employé en médecine contre la diarrhée, et entrant dans la composition du fard.

SOUS-NORMALE, *sf.* Partie de l'axe des abscisses comprise entre le pied de l'ordonnée d'un point d'une courbe et le point de cet axe où passe la normale menée par le même point de la courbe. (Math.)

***SOUS-OCCIPITAL, ALE**, *adj.* Situé sous l'occiput.

***SOUS-ŒIL**, *sm.* Sous-bourgeon rudimentaire. — Pl. *des sous-yeux.*

SOUS-ŒUVRE (EN), *loc. adv.* En refaisant la partie inférieure d'une construction : *Reprendre une maison en sous-œuvre.* — Fig. Secrètement.

SOUS-OFFICIER, *sm.* Militaire dont le grade est supérieur à celui de caporal et inférieur à celui de sous-lieutenant. || *Sous-officiers des troupes à pied*, sergent, sergent-fourrier, sergent-major, adjudant. || *Sous-officiers des troupes à cheval*, maréchal des logis, maréchal des logis fourrier, maréchal des logis chef, adjudant.

***SOUS-ORBITAIRE**, *adj. 2 g.* Situé au-dessous et près de l'orbite de l'œil.

SOUS-ORDRE, *sm.* Transmission des droits d'un créancier privilégié ou hypothécaire au créancier de ce créancier : *Créancier en sous-ordre.* || Celui qui travaille sous les ordres d'un autre : *Il exige de ses sous-ordres une grande ponctualité.* — EN SOUS-ORDRE, *loc. adv.* D'une manière subordonnée, en obéissant à un autre : *Agir en sous-ordre.*

***SOUS-OXYDE**, *sm.*, ou **OXYDULE**, *sm.* Oxyde qui renferme moins d'oxygène que le protoxyde formé avec le même radical. — Pl. *des sous-oxydes.*

SOUS-PERPENDICULAIRE, *sf.* La sous-normale.

***SOUS-PHOSPHATE**, *sm.* Phosphate contenant un excès de base : *Le sous-phosphate de chaux fait partie des os, et est insoluble dans l'eau.* — Pl. *des sous-phosphates.*

SOUS-PIED, *sm.* Bande de cuir ou d'étoffe qui passe sous le pied, et s'attache par ses extrémités au bas d'une guêtre ou d'une jambe de pantalon. — Pl. *des sous-pieds.*

***SOUS-PRÉCEPTEUR,** *sm.* Celui qui aide et supplée le précepteur d'un prince. — Pl. *des sous-précepteurs.*

SOUS-PRÉFECTURE, *sf.*, ou ARRONDISSEMENT. Partie d'un département administrée par un sous-préfet. ‖ *Il y a en France 273 sous-préfectures.* ‖ Fonction de sous-préfet : *Il a été pourvu d'une sous-préfecture.* ‖ Demeure, bureau du sous-préfet : *Construire une sous-préfecture.* ‖ Ville où réside le sous-préfet et qu'on nomme encore un chef-lieu d'arrondissement : *Compiègne est une sous-préfecture.* — Pl. *des sous-préfectures.*

SOUS-PRÉFET, *sm.* Fonctionnaire chargé d'administrer un arrondissement sous la direction immédiate du préfet. — Pl. *des sous-préfets.* — **Dér.** *Sous-préfète, sous-préfecture.*

***SOUS-PRÉFÈTE,** *sf.* La femme d'un sous-préfet.

***SOUS-PRIEUR, SOUS-PRIEURE,** *s.* Religieux, religieuse qui aide, supplée au besoin le prieur, la prieure et surveille les novices. — Pl. *des sous-prieurs, des sous-prieures.*

SOUSSE, 8000 hab. (anc. Adrumète). Port de la Tunisie, sur la Méditerranée.

SOUS-SECRÉTAIRE, *sm.* Celui qui aide et supplée au besoin un secrétaire. ‖ *Sous-secrétaire d'État,* haut fonctionnaire placé immédiatement au-dessous d'un ministre, qui le supplée au besoin, et est responsable avec lui. — Pl. *des sous-secrétaires.* — **Dér.** *Sous-secrétariat.*

SOUS-SECRÉTARIAT, *sm.* Fonction, bureau de sous-secrétaire. — Pl. *des sous-secrétariats.*

SOUS-SEING, *sm.*, ou **SOUS-SEING PRIVÉ,** *sm.* Acte fait entre des particuliers sans l'intervention d'un notaire : *Vente, bail sous-seing privé.* — Un acte sous-seing privé n'a de date contre les tiers que du jour où il a été enregistré. Un acte sous-seing privé contenant mutation de propriété, de fonds de commerce ou de clientèle doit être enregistré dans les trois mois de sa date sous peine d'un droit supplémentaire de 50 francs au moins payable pour chacun des contractants. — Pl. *des sous-seings.*

SOUS-SEL, *sm.* Tout sel contenant un excès de base. — Pl. *des sous-sels.*

SOUSSIGNÉ, ÉE, *adj.* et *s.* Dont la signature est à la fin de l'acte : *Je soussigné. Les notaires soussignés. Je huissier soussigné.*

SOUS-SOL, *sm.* La couche de terre qui supporte le sol arable ou végétal, et qui est généralement dépourvu de matières organiques. (V. *Perméable* et *Imperméable.*) Les sous-sols agissent sur la culture par leur degré de perméabilité, par la résistance plus ou moins grande qu'ils opposent aux racines, et par la matière qu'ils fournissent au sol végétal quand ils peuvent être entamés par les labours. ‖ L'ensemble des pièces qui se trouvent au-dessous du rez-de-chaussée d'une maison, comme caves, celliers, etc. — Pl. *des sous-sols.*

SOUSSON, 42 kilom. Petite rivière, affluent du Gers.

SOUS-TANGENTE, *sf.* Partie de l'axe des abscisses comprise entre le pied de l'ordonnée d'un point d'une courbe et le point de l'axe où passe la tangente menée en ce même point de la courbe. — Pl. *des sous-tangentes.* (Math.)

SOUS-TENDANTE, *sf.* Autre nom de la corde d'un arc de courbe. — Pl. *des sous-tendantes* (vx). (Math.)

SOUS-TENDRE, *vt.* Joindre les deux extrémités d'un arc de cercle en parlant d'une corde : *Cette corde sous-tend un arc de 60°.* — **Dér.** *Sous-tendante.*

***SOUS-TITRE,** *sm.* Titre secondaire d'un livre et placé à la suite du titre principal. — Pl. *des sous-titres.*

SOUSTONS, 3842 hab. Ch.-l. de c., arr. de Dax (Landes), près de l'étang de même nom; excellents vins rouges, bois de sapin, résine, bouchons.

SOUSTRACTION (l. *subtractionem* et par analogie avec *soustraire*), *sf.* Action d'ôter, de supprimer, de priver : *On conserve les viandes par la soustraction de l'air, de l'humidité ou de la chaleur.* ‖ Action de dérober : *Poursuivre l'auteur d'une soustraction.* ‖ Opération de l'arithmétique par laquelle on retranche un nombre d'un autre : *Le résultat d'une soustraction s'appelle reste, excès ou différence.*

SOUSTRAIRE (*sous* + *traire*), *vt.* Dérober : *Soustraire une somme d'argent.* ‖ Retrancher : *Soustraire les aliments à un malade.* ‖ Affranchir de : *Soustraire un peuple à une domination étrangère.* ‖ Préserver de : *Soustraire un édifice à la fureur des flammes.* ‖ Retrancher un nombre d'un autre : *Soustraire 8 de 12.* — **Se soustraire,** *vr.* S'affranchir, se délivrer, se préserver de : *Se soustraire à la tyrannie, au châtiment, à l'épidémie.* ‖ Se dérober : *Se soustraire à la vue de quelqu'un.* ‖ Pouvoir être soustrait : *41 ne se soustrait pas de 10.* (V. *Traire.*) — **Dér.** *Soustraction.*

SOUS-TRAITANT, *sm.* Avant 1789, celui qui prenait à ferme d'un traitant le recouvrement d'une partie d'un impôt. ‖ Qui se charge d'une partie, d'une entreprise, d'un travail déjà concédé à un entrepreneur principal. — Pl. *des sous-traitants.*

SOUS-TRAITÉ, *sm.* Traité par lequel un nouvel entrepreneur est substitué à l'entrepreneur précédent ou par lequel on devient sous-traitant.

SOUS-TRAITER, *vt.* Faire un sous-traité. — **Dér.** *Sous-traitant, sous-traité.*

SOUS-TRIPLE, *adj. 2 g.* Se dit d'un nombre contenu exactement trois fois dans un autre : *5 est sous-triple de 15.*

SOUS-TRIPLÉ, ÉE, *adj.* Usité dans : *En raison sous-triplée,* en raison des racines cubiques. (Math.)

SOUSTYLAIRE, *sf.* Ligne droite perpendiculaire au style du cadran solaire, et placée dans un plan perpendiculaire à celui du cadran. (Gnom.)

* **SOUS-VASSAL,** *sm.* Vassal d'un suzerain qui était lui-même vassal d'un autre suzerain.

SOUS-VENTRIÈRE, *sf.* Courroie attachée par les deux bouts aux deux limons d'une voiture et passant sous le ventre du limonier.

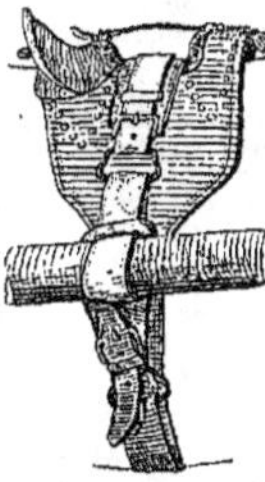

SOUS-VENTRIÈRE

* **SOUS-VERGE,** *sm.* Se dit en artillerie du cheval de trait placé à côté du porteur et par suite sous le fouet du canonnier conducteur : *Dételer le sous-verge.*

SOUTACHE (hong. : *szuszak,* frange), *sf.* Sorte de galon très étroit dont on orne en manière de bordure les costumes militaires et les vêtements de dames. — **Gr.** Quelques étymologistes considèrent ce mot comme un substantif verbal de *soutacher,* qui lui-même serait de la famille d'*attacher.*

SOUTACHER (*soutache,* V. ce mot), *vt.* Orner d'une soutache : *Soutacher une jupe.*

SOUTANE (ital. *sottana* : du bl. *subtana* : de *subtus,* sous), *sf.* Robe étroite descendant jusqu'aux pieds, boutonnée du haut en bas par devant et sur le milieu, et que portent les ecclésiastiques : *Les prêtres ont une soutane noire, les évêques une violette, les cardinaux une rouge et le pape a une soutane blanche.* — Fig. L'état ecclésiastique : *Prendre la soutane,* se faire prêtre. — **Dér.** *Soutanelle.*

SOUTANELLE (dm. de *soutane*), *sf.* Petite soutane qui ne descend que jusqu'aux genoux.

SOUTE (*soulte*), *sf.* Soulte.

SOUTE (l. *subtus,* en dessous), *sf.* Magasin établi sous le pont d'un navire et où l'on serre les vivres, les munitions, etc. : *Soute aux poudres. Soute au pain. Soute aux voiles.*

SOUTENABLE (*soutenir*), *adj. 2 g.* Qui peut être soutenu par de bonnes raisons ; *Opinion soutenable.* ‖ Qu'on peut endurer : *Incommodité soutenable.* ‖ Où il est possible de se défendre : *Ce poste est soutenable.* (Guerre.)

SOUTENANCE (*soutenir*), *sf.* Action de soutenir une thèse devant une Faculté : *Soutenance brillante.*

SOUTENANT (*soutenir*), *sm.* Celui qui soutient une thèse devant une faculté : *Le soutenant a réfuté toutes les objections.*

SOUTÈNEMENT (*soutenir*), *sm.* Soutien, consolidation : *Mur de soutènement,* destiné à soutenir des terres ou une masse d'eau, tel qu'un mur de terrasse, celui d'un réservoir. ‖ Raisons que l'on donne par écrit pour soutenir une cause litigeuse. (Dr.)

MUR DE SOUTÈNEMENT

SOUTENEUR (*soutenir*), *sm.* Celui qui soutient, protège. ‖ Individu qui se fait nourrir par une femme de mauvaise vie et la protège. (Pop.)

SOUTENIR (l. *sustinere* : de *subtus,* par dessous + *tenere,* tenir), *vt.* Maintenir par dessous ce qui va tomber : *Soutenir une échelle.* ‖ Empêcher de tomber : *Soutiens-moi.* ‖ Mettre un ou des étais : *Soutenir les branches d'un arbre.* — Fig. *Soutenir le fardeau des affaires,* en avoir l'administration et la responsabilité. — Fig. *Soutenir un État,* en empêcher la chute, la décadence. ‖ Supporter : *Ce pilier soutient la voûte.* ‖ Venir au secours de : *La cavalerie soutint l'infanterie.* ‖ Entretenir la vie, les forces : *Un verre de vin soutient.* ‖ Fournir de quoi vivre : *Il soutient ses vieux parents.* ‖ Aider de son argent : *Soutenir une maison de commerce.* ‖ Donner du courage : *L'espoir du succès l'a soutenu.* — Fig. Favoriser, protéger : *Soutenir un jeune artiste.* — Fig. Faire honneur à, ne pas déchoir de : *Soutenir son rang, sa réputation.* — Fig. Empêcher de baisser, de fléchir : *Soutenir sa voix.* ‖ *Soutenir la conversation,* l'empêcher de languir. — Fig. Résister à : *Soutenir un assaut. Cela ne soutient pas la discussion.* — Fig. Endurer avec impassibilité : *Il ne peut soutenir son malheur.* — Fig. Affirmer énergiquement : *Je soutiens qu'il a tort.* — Fig. *Soutenir la gageure,* pousser une entreprise jusqu'au bout. — Fig. Prendre la défense de : *Soutenir la cause de quelqu'un.* — **Se soutenir,** *vr.* Se tenir debout, droit, d'aplomb : *Cet enfant ne peut se soutenir sur ses jambes.* ‖ Se maintenir sans tomber ou s'enfoncer : *L'oiseau se soutient dans l'air.* ‖ Se prolonger : *Le beau temps se soutient.* ‖ N'être pas en décroissance : *Le mieux se soutient chez ce malade. Sa chance se soutient.* ‖ Avoir toujours le même succès : *Cette comédie se soutient au théâtre.* ‖ Trouver des défenseurs : *Cette proposition peut se soutenir.* ‖ Avoir de la consistance : *Ce plan se soutient de lui-même.* ‖ S'entr'aider, s'entr'assister : *Ces deux frères se soutiennent mutuellement.* — **Dér.** *Soutien, soutenu, soutenue, soutenant, soutenance, soutenable, soutènement, souteneur.* — **Comp.** *Insoutenable.*

SOUTENU, UE, *adj.* Qui reste toujours le même : *Chance soutenue.* ‖ Exempt de contradictions : *Caractère soutenu.* ‖ Qui ne faiblit pas : *Marche soutenue.* ‖ Constamment élevé et noble : *Style soutenu.*

SOUTERRAIN, AINE (l. *subterraneus* : de *sub,* sous + *terra,* terre), *adj.* Qui est sous terre : *Église souterraine.* ‖ Qui vit, pousse enterré : *Tige souterraine.* — Fig. Caché par ruse : *Employer des voies souterraines.* — *Sm.* Cavité d'une certaine étendue qui existe sous terre. ‖ *Souterrains naturels*, grottes, antres ou cavernes. ‖ *Souterrains artificiels*, galeries, tunnels, mines, carrières, etc. — **Dér.** *Souterrainement.*

SOUTERRAINE (LA), 4929 hab. Ch.-l. de c., arr. de Guéret (Creuse). Industries nombreuses et importantes; station de la ligne d'Orléans d'où partent les maçons limousins pour leur émigration annuelle; monuments mégalithiques, ruines gauloises.

SOUTERRAINEMENT (*souterraine* + sfx. *ment*), *adv.* D'une manière souterraine.

SOUTHAMPTON, 60051 hab. Ville et port de commerce très important du S. de l'Angleterre, dans le Hampshire, sur la Manche, au fond d'un estuaire, en face de l'île de Wight, d'où partent les paquebots transatlantiques et qui est comme l'avant-port de Londres.

***SOUTHDOWN,** *sm.* Race de moutons anglais qui tire son nom des collines calcaires du comté de Sussex et qui sont appelées *dunes du Sud*, en anglais *southdown.* Cette variété de bêtes à laine fut créée, à la fin du siècle dernier, en faisant subir aux sujets de la race du pays des perfectionnements lents et gradués. Pendant la guerre de l'Indépendance américaine, et surtout pendant celle de la Révolution française, les tisseurs anglais, ne pouvant se procurer des laines fines pour leurs manufactures, s'adressèrent aux cultivateurs locaux. Les éleveurs anglais mirent alors tout en œuvre pour perfectionner les races indigènes. C'est de ces efforts soutenus qu'est né le *southdown.* Le bélier de cette race a des formes très harmonieuses : son corps est bien fait; le garrot est épais, ses côtes sont rondes, son poitrail est large et saillant. Il a la tête de grosseur moyenne, dépourvue de cornes, mais ornée d'oreilles moyennes ou courtes. Sa démarche est fière, son pas est relevé et son regard assuré. Les membres sont forts, droits et et de couleur brune comme la tête. Le reste du corps est blanc. La laine est courte si on la compare à celle des autres races anglaises; en outre, elle est rude, creuse et manque de nerf. La toison est volumineuse, bien que légère. Quant à la viande, elle est savoureuse et très recherchée des gourmets. Aussi les bouchers laissent-ils adhérer à la viande qu'ils exposent la laine brune de ces moutons.

Malgré toutes ses qualités, on a reconnu que le southdown ne saurait être importé chez nous avec avantage, ni être préconisé pour améliorer nos races françaises par le croisement. Ces moutons demandent, en effet, une nourriture *surabondante* qu'il n'est pas toujours facile de leur procurer sur le continent; ils supportent très mal les fatigues d'un long parcours, et sont plus exposés que nos races indigènes à la pourriture; en outre, leur laine est moins estimée à cause de la teinte brune que l'hérédité leur impose. Aussi bon nombre d'éleveurs du centre de la France ont-ils renoncé à s'en servir comme reproducteurs.

SOUTHWARK, ville manufacturière d'Angleterre, l'un des faubourgs de Londres.

SOUTIEN, *sm.* de *soutenir.* Ce qui soutient, étaye, empêche de tomber : *Cette colonne est le soutien de la voûte.* ‖ Aliment réconfortant : *Le vin est un bon soutien.* — Fig. Appui, défense, protection : *L'armée est le soutien de la patrie.*

***SOUTIER,** homme préposé à la garde et à l'arrimage d'une soute.

SOUTIRAGE (*soutirer*), *sm.* Action de soutirer un liquide.

SOUTIRER (*sous* + *tirer*), *vt.* Transvaser du vin, un liquide quelconque d'un tonneau dans un autre de manière que la lie reste dans le premier. On soutire le vin avec un siphon par un temps frais et sec, ordinairement en mars, et de plus chaque fois qu'il doit être transporté. Les vins soutirés se conservent mieux. — Fig. Se faire donner par adresse, obtenir par finesse ou par importunité : *Soutirer de l'argent à ses amis.* — **Dér.** *Soutirage.*

***SOÛTRA** (sk. *sûtra*, fibre, précepte), *sm.* Commentaire sur les Védas.

SOUVENANCE (*souvenant*), *sm.* Souvenir : *J'ai souvenance de ce fait* (vx et poét.).

***SOUVENEZ-VOUS-DE-MOI** ou **SOUVIENS-TOI-DE-MOI,** *sm.* Le myosotis.

1. **SOUVENIR** (l. *subvenire*), *vi. imp.* Revenir à la mémoire : *Il me souvient de cet événement.* — **Se souvenir,** *vr.* Avoir mémoire d'une chose, se la rappeler : *Je me souviens de ce voyage.* ‖ *Se souvenir de loin*, se rappeler les choses qui sont arrivées il y a longtemps. ‖ Garder dans son âme un sentiment de reconnaissance ou de rancune : *Se souvenir d'un bienfait, d'un affront.* ‖ *Je m'en souviendrai*, je l'en punirai. ‖ *Il s'en souviendra*, il s'en repentira. ‖ S'occuper de, faire attention à : *Je me souviendrai de votre demande, de vos conseils.* — **Gr.** Ce verbe se conjugue comme *venir*, sauf qu'aux temps composés il prend l'auxiliaire *être : Il s'est souvenu.* — **Dér.** *Souvenir* 2, *souvenance.* — **Comp.** *Souvenez-vous-de-moi.*

2. **SOUVENIR** (inf. du v. *souvenir*), *sm.* Événement antérieur qui redevient présent à l'esprit : *Un souvenir agréable.* ‖ Faculté que l'esprit possède de se représenter un événement passé : *La puissance du souvenir varie d'homme à homme.* ‖ Ce qui rappelle la mémoire d'une chose : *Cette bague est un souvenir d'amitié.* ‖ Cadeau que l'on fait à quelqu'un en le quittant : *Offrir un souvenir.* ‖ Carnet où l'on écrit les choses dont on veut se rappeler la mémoire. ‖ Sorte d'agenda disposé en forme de calendrier. — *Smpl.* Mémoires familiers d'un auteur. — **Comp.** *Souvenlefois.*

SOUVENT (l. *sub*, sous + *inde*, delà), *adv. de temps.* Un grand nombre de fois en peu de temps : *Sortir souvent.*

SOUVENTEFOIS ou **SOUVENTESFOIS,** (*souvent* + *fois*), *adv.* et *loc. adv.* Souvent (vx).

SOUVERAIN, AINE (bl. *superanum*, supérieur), *adj.* Suprême, très excellent en son genre : *Un bonheur souverain.* ‖ En mauvaise part, extraordinaire : *Un souverain mépris.* ‖ Se dit de l'autorité suprême et de ceux qui en sont revêtus : *A Rome, un dictateur avait un pouvoir souverain.* ‖ *Un prince souverain*, qui gouverne un peuple et ne dépend pas d'un autre prince. ‖ *Le souverain pontife*, le pape. ‖ Qui appartient à Dieu, qui en émane : *La justice souveraine.* ‖ *Cour souveraine*, tribunal qui juge sans appel. ‖ *Jugement souverain*, duquel on ne peut appeler. ‖ Qui domine, maîtrise, règle à son gré : *Il exerce une influence souveraine sur tous ceux qui l'approchent.* ‖ Qui est d'une efficacité sûre, qui réussit toujours : *Le quinquina est un remède souverain contre la fièvre.* — *Sm.* Celui qui possède l'autorité suprême, qui l'exerce sans contrôle : *Dans la démocratie le peuple est le souverain.* ‖ Prince souverain, monarque : *Les souverains de l'Europe.*—Dans le même sens on emploie le féminin *souveraine : Les Anglais parlent souvent de leur gracieuse souveraine.* ‖ *Petit souverain*, prince qui a une domination peu étendue ou même dont l'autorité est subordonnée à celle d'une autre puissance : *Les petits souverains d'Allemagne.* ‖ Monnaie d'or d'Angleterre qui vaut 25 fr. 25. — **Dér.** *Souverainement, souveraineté.*

SOUVERAINEMENT (*souveraine* + sfx. *ment*), *adv.* Excellemment, parfaitement : *Dieu est souverainement bon.* ‖ Extraordinairement : *Cela est souverainement ridicule.* ‖ Avec une autorité absolue : *Commander souverainement.* ‖ Sans appel : *La Cour d'assises juge souverainement.*

SOUVERAINETÉ (*souverain*), *sf.* Autorité suprême. ‖ L'ensemble des droits du souverain : *En France la souveraineté du peuple est le dogme politique fondamental.* ‖ Qualité, autorité d'un prince : *Charles de Blois et Jean de Montfort se disputèrent la souveraineté de la Bretagne.* ‖ Étendue de pays soumise à un souverain : *La souveraineté de Rollon correspondait à la Normandie actuelle.* — Fig. Domination morale : *Nous devrions accepter la souveraineté de la raison.*

SOUVESTRE (Émile) (1806-1854), littérateur et romancier.

SOUVIGNE, 25 kilom. Rivière de France, affluent de la Dordogne.

SOUVIGNY, 3315 hab. Ch.-l. de c., arr. de Moulins (Allier). Berceau de la maison de Bourbon. On y voit, dans l'église du prieuré, les tombeaux des anciens ducs.

SOUWAROFF (comte de) (1730-1800). Célèbre général russe qui prit part à la guerre de Sept ans, à deux guerres contre la Turquie, à deux autres contre la Pologne; commanda l'armée russe envoyée en 1799 en Italie contre les Français et pénétra même en Suisse jusqu'à Zurich, où il fut défait par Masséna; il mourut disgracié quinze jours après son retour à Saint-Pétersbourg.

SOUZA (Mme de) (1760-1836), romancière française.

SOYEUX, EUSE (*soie*), *adj.* Qui forme la soie : *Matière soyeuse.* ‖ Qui contient beaucoup de soie : *Un satin très soyeux.* ‖ Fin et doux au toucher comme de la soie : *Les cheveux soyeux d'un enfant.* ‖ Couvert de poils doux, fins et luisants comme de la soie : *Les feuilles des saules blancs sont soyeuses en dessous.* ‖ Qui a l'aspect de la soie : *L'amiante est soyeuse.*

SOZOMÈNE (Hermias). Historien grec du ve siècle dont on a une histoire ecclésiastique de 324 à 439 qui continue celle d'Eusèbe.

SPA, 5000 hab. Ville de Belgique, province de Liège, dans la vallée de la Wèse et dans un site agréable. Célèbres sources d'eaux minérales ferrugineuses froides, dont les plus renommées sont le *Pouhon*, la *Géronstère*, la *Sauvenière.* Fabrication de boites et de petits objets en bois. 1er juin au 15 octobre.

SPACIEUSEMENT (*spacieuse* + sfx. *ment*), *adv.* Vastement, avec beaucoup d'ampleur, dans une grande étendue : *Être logé spacieusement.*

SPACIEUX, EUSE (l. *spatiosum*), *adj.* Qui est de grande étendue : *Cour spacieuse.* — **Dér.** *Spacieusement.*

SPADASSIN (ital. *spadaccino :* ital. *spada*, épée; du l. *spata*, épée), *sm.* Celui qui recherche les duels. ‖ Celui qui consent à assassiner moyennant salaire.

***SPADICE** (g. σπάδιξ, branche de palmier), *sm.* Épi à axe charnu composé de fleurs staminées ou pistillées ou des deux à la fois, et enveloppé d'une spathe que présentent certaines plantes monocotylédones, par exemple le pied-de-veau.

SPAHI

SPADILLE (esp. *espada*, épée), *sf.* L'as de pique au jeu d'hombre.

SPAHI (pers. *sipâhi :* db. de *cipaye*, cavalier), *sm.* Soldat d'un corps de cavalerie turque. ‖ Soldat d'un corps de cavalerie indigène formé en Algérie. — Pl. *des spahis.*

SPALATRO, port de l'Autriche-Hongrie (Dalmatie), sur l'Adriatique. Archevêché.

***SPALAX** (g. σπάλαξ, taupe), *sm.* Genre de mammifères rongeurs de la famille des Muridés qui ressemblent beaucoup aux taupes, dont ils ont les mœurs et la vie souterraine. Les spalax ont le corps allongé et cylindrique, les pattes courtes et conformées pour que l'animal puisse creuser la terre; les pieds de devant, aussi bien que ceux de derrière, ont 5 doigts terminés par des ongles forts et obtus. Ils sont dépourvus de queue. La tête est large, grâce au grand développement qu'ont pris les arcades zygomatiques. Ces animaux ont la dentition des rongeurs, c'est-à-dire que la formule dentaire est :

$$\text{incisives } \frac{2}{2}, \text{ molaires } \frac{3-3}{3-3}.$$

Les yeux sont rudimentaires et cachés entièrement sous la peau; le globe de l'œil est à peu près de la grosseur d'un grain de millet. Les spalax habitent des galeries souterraines qu'ils savent se creuser dans les plaines herbeuses, et laissent des traces extérieures de leur passage en élevant des taupinières. Ils se nourrissent de racines et de graines, et ravagent les contrées où ils se sont établis. Les différentes espèces de ce genre habitent l'ancien continent; mais en Europe on ne les rencontre guère que dans la partie orientale. On en connaît plusieurs espèces dont les principales sont : 1° Le *rat-taupe* ou *zemni*, un peu plus gros que notre rat ordinaire; son pelage est doux au toucher et composé de poils fins et courts; il est d'une teinte grise lavée de roussâtre. Cette espèce se rencontre en Syrie, en Perse, en Grèce, dans le sud de la Russie, en Hongrie et en Pologne. Ils se nourrissent des racines du gazon ordinaire et des tubercules du *cerfeuil bulbeux*; ils font aussi des provisions de graines, de fruits et de légumes qu'ils emmagasinent pour l'hiver. Comme ils sont à peu près aveugles, ils se dirigent aussi bien en avant qu'en arrière. 2° Le *zokor*, ressemblant beaucoup à l'espèce précédente, se trouve dans l'Asie russe et principalement dans les steppes de l'Irtisch. Son pelage est d'un gris cendré en dessus et blanchâtre en dessous; il se compose de poils touffus et un peu rudes au toucher. Il vit également dans des galeries souterraines, et sa nourriture favorite est la racine des iris et de certaines espèces de lis. 3° Le *rat sukerkan*, dont la taille est plus petite que celle des deux espèces précédentes, habite l'Asie russe, les monts Ourals et les steppes d'Astrakan. Sa fourrure est d'un gris brun en dessus et blanchâtre en dessous. C'est un animal nocturne qui, comme ses congénères, passe sa vie dans des galeries souterraines; il vit surtout des racines du *lathyrus esculenta*.

SPALAX

SPALLANZANI (Lazare) (1729-1799). Célèbre naturaliste italien qui professa à Pavie, dont il enrichit les musées pendant les voyages qu'il fit sur les côtes de la Méditerranée, de l'Adriatique, etc. Il fit d'intéressants travaux sur la circulation du sang, la digestion, la reproduction des membres amputés, etc.

***SPALLIÈRE** (vx fr. *espalière* : du l. *spatula*, épaule), *sf.* Partie du harnais des chevaliers du moyen âge qui couvrait l'épaule et la protégeait. A l'origine on se contentait de rembourrer fortement les parties de l'armure placées vers les épaules. Mais ce rembourrage était insuffisant contre les coups de masse ou de hache, et l'on recouvrit l'épaule d'ailettes qui étaient très gênantes et furent remplacées vers 1325 par des demi-sphères d'acier retenues par un crochet et une courroie. Au milieu du xive siècle, à la spallière précédente s'ajoutent des plaques de métal disposées verticalement et lui donnant l'apparence d'une épaulette de notre époque. Mais cette pièce ne garantissait pas l'aisselle contre les coups de pointe, soit de l'épée, soit de la lance. Aussi, à ce genre de spallière en succéda une autre faite de trois pièces se recouvrant comme les tuiles d'un toit et dont la supérieure, plus grande, garantissait la tête de l'humérus et présentait du côté du cou un bord relevé qui empêchait la pointe de la lance, etc., de glisser. En avant de l'aisselle, et pour la protéger, on adoptait un disque légèrement conique, attaché à l'armure au moyen d'une courroie. Mais toutes ces combinaisons ne suffisaient pas et vers la fin du xive siècle on posa sur les bras et les épaules, très rembourrés, des cônes d'acier attachés au moyen de courroies. Au début du xve siècle, l'armure de plates se perfectionnait et l'on y adapta des spallières très grandes, faites de plaques d'acier qui se recouvraient l'une l'autre et étaient fixées à l'armure au moyen de rivets. Cette dernière combinaison varia de forme jusqu'au jour où l'on fabriqua des spallières d'une seule pièce, très massives, et qui néanmoins n'étaient pas dépourvues d'une certaine élégance. Tantôt la partie placée sur l'articulation de l'humérus était contournée en spirale, tantôt c'était un cylindre à bords légèrement relevés du côté de l'encolure. Vers le milieu du xve siècle, l'épaule fut garantie par des bourrelets très épais et le bras fut recouvert de plaques d'acier sur lesquelles on appliquait du velours. Le coude était protégé par une pièce de même nature mais qui permettait au bras de se mouvoir. A la même époque, les spallières furent composées de plates fixées avec des aiguillettes et qui rappelaient les petites pèlerines que les femmes de nos jours portent quelquefois sur les épaules. Les armuriers de cette époque imaginèrent aussi de grandes spallières se croisant par derrière et dont chacune était faite d'une seule pièce. La spallière de droite présentait une échancrure sous l'aisselle où venait se loger le bois de la lance. Vers 1440 environ on en fit de plus petites composées de plates que recouvrait une pièce plus grande. A ces dernières en succédèrent d'autres formées de plusieurs pièces imbriquées sur le haut du bras à la manière des tuiles d'un toit et sur l'épaule en sens inverse. La pièce du milieu recouvrait les bords des deux pièces voisines. Par derrière, cette pièce médiane s'étale en éventail. En avant, l'aisselle est garantie par une ailette qui se plie en son milieu à la manière d'un livre. Enfin, au xvie siècle, les spallières se composent d'étroites lames d'acier qui se moulent en quelque sorte sur l'épaule et le bras du combattant.

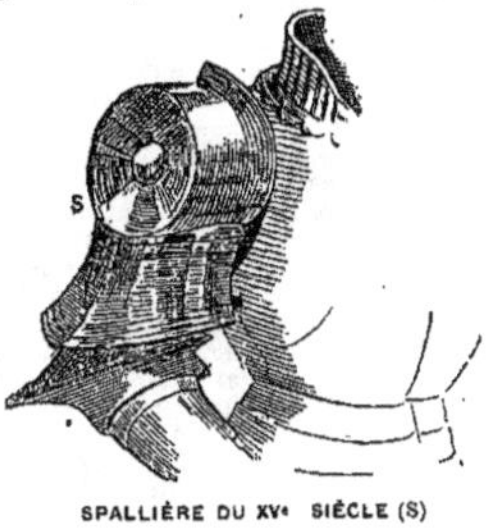
SPALLIÈRE DU XVe SIÈCLE (S)
L. ARMURE DES ÉPAULES

SPALME, *sm.* de *spalmer*. Suif ou toute autre matière dont on enduit la carène d'un vaisseau. || Variété noire de pétrole.

SPALMER ou **ESPLAMER** (bl. *expalmere* : *ex*, pfx. + *palma*, paume de la main), *vt.* Enduire un navire de suif, de goudron, etc., avec la paume de la main. || Nettoyer, ranger un navire. — **Dér.** *Spalme.*

SPALT (holl. *spalt*, chaux carbonatée), *sm.* Pierre lamelleuse et chatoyante dont les fondeurs se servent pour mettre les métaux en fusion.

SPANDAU, ville forte de Prusse (Brandebourg). Citadelle qui sert de prison d'Etat. Manufacture d'armes. Fonderie de canons, grand arsenal de construction.

SPARADRAP (*x*), *sm.* Linge ou papier enduit d'une matière agglutinative et destiné à être appliqué sur la peau pour rapprocher les bords d'une plaie, produire une légère vésication, etc.

***SPARADRAPIER** (*sparadrap*), *sm.* Instrument servant à étendre l'onguent sur une toile, du papier, etc., pour faire du sparadrap.

***SPARAGMITE** (g. σπάραγμα, fragment), *sf.* Nom que les géologues suédois ont donné à un ensemble de roches agglomérées qui, en Scandinavie, marquent la base des terrains stratifiés. Ce sont des matériaux détritiques d'origine granitique; les fragments consistent en quartz et en feldspath; ils sont tantôt anguleux, tantôt roulés, généralement dépourvus de mica, et n'ont fourni jusqu'ici aucun fossile. La partie inférieure de l'étage comprend des schistes noirs, des calcaires mélangés de calischistes et de grès, et des schistes argileux, le tout ayant une épaisseur totale de 700 mètres.

SPARE (l. *sparus*), *sm.* Tribu de poissons de mer de la famille des Sparoïdes.

***SPARGANIER** (g. σπάργανον, bandelette), *sm.*, ou **RUBANIER**. Genre de plantes monocotylédones de la famille des Typhacées, composé d'herbes aquatiques et dont les espèces se rencontrent sur toute la surface du globe. La tige est pleine, simple ou rameuse supérieurement. Elle porte des feuilles à trois faces dont la base est un peu engainante. Les fleurs sont nombreuses et réunies en têtes globuleuses. Elles sont unisexuées; les fleurs mâles possèdent un grand nombre d'étamines entremêlées d'écailles filiformes qui sont, pense-t-on, des étamines avortées; ces étamines sont libres et leurs filets sont courts. La fleur femelle se compose d'ovaires assez volumineux, libres ou soudés deux à deux; ils sont entourés chacun de 3 à 5 écailles imbriquées. Le style est court et terminé par un stigmate allongé. Le fruit est assez gros, comprimé, anguleux et drupacé. Les espèces de ce genre que l'on rencontre sous le climat de Paris sont : 1° Le *sparganier rameux* (*sparganium ramosum*), vulgairement appelé *ruban d'eau*, que l'on rencontre communément sur le bord des eaux, dans les fossés et les étangs. 2° Le *sparganier simple* (*sparganium simplex*), dont l'habitat est le même que celui de l'espèce précédente. 3° Le *sparganier nageant* (*sparganium natans*), qui, en France, se trouve dans les lacs des Vosges et des Pyrénées. 4° Le *sparganier nain* (*sparganium minimum*), aux feuilles d'un vert pâle et flottantes, qui croît dans les étangs, les mares, les flaques d'eau des tourbières, dans les rivières à courant rapide, etc.

SPARGANIER SIMPLE

***SPARGOUTE** ou **ESPARGOUTE**, *sf.* Nom vulgaire de la spergule des champs. (V. ce mot.)

***SPARMANNIE** (du nom du voyageur *Sparmann*), *sf.* Genre de plantes dicotylédones de la famille des Tiliacées, dont les espèces sont originaires du Cap de Bonne-Espérance. Ce sont des arbustes hauts de 1 à 3 mètres dont les feuilles en cœur sont grandes et persistantes. La fleur se compose d'un calice à 4 sépales, d'une corolle à 4 pétales arrondis, d'un androcée à étamines nombreuses et dont les extérieures sont stériles et réduites à des filaments. Le fruit est une capsule à cinq loges. L'espèce la plus intéressante est la *sparmannie d'Afrique*, arbuste qui se couvre au printemps de fleurs blanches à filets jaunes et rouges et qui passe l'hiver en orangerie.

***SPARNACIEN**, *sm.* Une des divisions du suessonien (éocène), qui correspond aux lignites du Soissonnais.

***SPAROÏDES** (*spare* + gr. εἶδος, forme), *smpl.* Famille de poissons de mer acanthoptérygiens à laquelle appartiennent les dorades.

SPARTACUS, esclave né en Thrace, qui, l'an 73 av. J.-C., se mit à la tête des esclaves révoltés contre les Romains et qui, après plusieurs victoires remportées sur un préteur, deux consuls et sur Crassus, périt (71) dans une bataille qu'il livra sur les bords du Silarus, près de Rhégium.

SPARTALITE (*Sparta*, localité du New-Jersey), *sf.* Variété de calamine, qui se trouve à Sparta et à Franklin, et qui est colorée en rouge par de l'oxyde de manganèse.

SPARTE ou **LACÉDÉMONE**, ville très célèbre de l'ancienne Grèce, dans le Péloponèse, capitale de la Laconie et de la république lacédémonienne, située dans la vallée de l'Eurotas, au pied d'un rameau du mont Taygète, composée de cinq bourgades séparées les unes des autres par des intervalles plus ou moins grands; habitée par la race dorienne qui s'y fixa lorsqu'elle envahit le Péloponèse. Sparte, dont la constitution sacrifiait l'individu à l'Etat, était soumise aux lois sévères de Lycurgue, gouvernée par deux rois qui régnaient ensemble, par cinq éphores, par un sénat et par l'assemblée du peuple. Des recherches récentes établissent que le communisme n'a jamais existé à Sparte, et que les arts et les lettres n'y furent point rigoureusement proscrits, non plus que les métaux précieux. Cette ville doit surtout sa célébrité à sa lutte contre Athènes. — **Dér.** *Spartiate.*

SPARTE ou ***SPART** (l. *spartum* : du gr. σπαρτόν, corde), *sm.* Plante graminée nommée *alfa* en Algérie et dont on fait des nattes, des cordages, des chapeaux, du papier, etc. — **Dér.** *Spartéine, sparterie, spartier.*

***SPARTÉINE** (*sparte*), *sf.* Alcaloïde huileux, incolore, volatil, vénéneux, narcotique, qu'on extrait du *spartium scoparium.*

SPARTEL, cap formé par la côte septentrionale du Maroc, sur l'Atlantique, à l'entrée du détroit de Gibraltar.

SPARTERIE (*sparte*), *sf.* Fabrique de tissus de Sparte. ‖ Tout ouvrage fait avec le sparte.

***SPARTIATE** (la ville de *Sparte*), *s. 2 g.* Personne appartenant à la classe aristocratique de Sparte, renommée pour la rigidité de ses mœurs et ses vertus guerrières. — Fig. Personne de mœurs très rigides.

***SPARTIER** (*sparte*), *sm. Genêt* ou *jonc d'Espagne,* arbuste de l'Europe méridionale de la famille des Légumineuses Papilionacées, à grandes fleurs odorantes d'un jaune doré et de la tige duquel on retire une filasse grossière, mais solide. Ce bel arbuste est aussi cultivé comme plante d'ornement.

SPARTIVENTO, promontoire qui forme l'extrémité S.-E. de la Calabre. (Italie.)

SPASME (gr. σπασμός : de σπάω, je tire), *sm.* Contraction involontaire des muscles : *Spasme de l'estomac.* — **Dér.** *Spasmodique.* — **Comp.** *Antispasmodique.*

SPASMODIQUE (g. σπασμώδης), *adj. 2 g.* Qui est de la nature du spasme : *Affection spasmodique.* ‖ Causé par un spasme : *Mouvement spasmodique.* ‖ Employé contre les spasmes : *Médicament spasmodique.*

SPASMOLOGIE (*spasme* + g. λόγος, *sf.* science). Traité des spasmes.

***SPATANGOÏDES** (*spatangue* + g. εἶδος, forme), *smpl.* Famille d'échinides composées des spatangues et des ananchytes, espèces d'oursins dont certaines espèces habitent les mers actuelles et dont d'autres caractérisent les terrains crétacés.

***SPATANGUE** (g. σπάταγγος, hérisson de mer), *sm.* Genre d'échinides marins qui vivent enfoncés dans le sable de la mer, où ils se nourrissent des détritus organiques qu'ils trouvent autour d'eux. On les rencontre sur les côtes d'Europe, de la Méditerranée, de la mer Rouge et sur celles de l'océan Indien. On en a trouvé des espèces fossiles caractéristiques des terrains crétacés. ‖ *Calcaire à spatangues,* assise du néocomien, souvent riche en oolithes ferrugineuses et en polypiers. On l'observe près de Sancerre et dans les environs d'Auxerre.

SPATH (m. all.), *sm.* Nom de plusieurs substances pierreuses, présentant un tissu lamelleux et chatoyant et qui sont d'un clivage facile : *Spath calcaire* ou *d'Islande,* carbonate de chaux cristallisé en rhomboèdre, transparent et doué de la double réfraction. ‖ *Spath pesant,* le sulfate de baryte naturel. ‖ *Spath amer,* la dolomie. ‖ *Spath fluor,* la fluorine ou fluorure de calcium. ‖ *Spath des champs,* le feldspath commun. ‖ *Spath chatoyant,* le diallage. ‖ *Spath cubique,* la karsténite. ‖ *Spath du Labrador,* le feldspath du Labrador. ‖ *Spath en table,* la wollastonite. ‖ *Spath vitreux,* la fluorine. ‖ *Spath adamantin,* le corindon lamelleux ou adamantin. — **Dér.** *Spatique.*

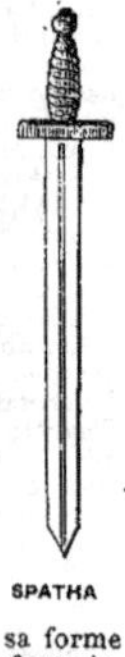
SPATHA

***SPATHA** (l. *spatha* : du gr. σπάθη), *sf.* Large épée à deux tranchants et à pointe aiguë, portée à gauche par les soldats francs, au moyen d'un baudrier. Les Romains avaient aussi la spatha qui leur venait des Espagnols. Les Carthaginois s'en servaient du temps d'Annibal. Sauf sa longueur, sa forme était celle du sabre-poignard d'infanterie, vulgairement appelé *coupe-chou,* avant l'adoption du sabre-baïonnette.

SPATHE (gr. σπάθη, navette de tisserand, enveloppe des fleurs de palmier), *sf.* Membrane composée d'une ou de plusieurs grandes bractées qui, avant l'épanouissement des fleurs, enveloppe l'inflorescence de certaines plantes monocotylédones, comme les ails, les aromes, etc.

***SPATHIQUE** (*spath*), *adj. 2 g.* Qui ressemble à du spath. ‖ *Fer spathique,* le carbonate de fer naturel, minerai très estimé.

SPATULE (*db.* d'*épaule*), *sf.* Sorte de petite pelle plate en forme de manche de cuiller et servant à remuer les médicaments, à étendre les onguents. ‖ Petit instrument en forme de truelle dont les maçons se servent pour faire les joints. ‖ L'un des noms vulgaires du *lis fétide,* connu encore sous les noms de *iris gigot, glaïeul puant* et dont les fleurs sont d'un bleu gris. Les feuilles, froissées entre les doigts, répandent une odeur analogue à celle du gigot à l'ail. Cette espèce est cultivée comme plante d'ornement. ‖ Genre d'oiseaux de l'ordre des Échassiers, de la taille de la cigogne, caractérisé par un bec long, flexible, aplati et arrondi en forme de spatule à sa partie antérieure. Il est en outre terminé par un appendice crochu. Les deux mandibules sont limitées sur leurs bords par une cannelure garnie de dentelures aiguës. Les pieds des spatules sont, comme leur bec, de couleur noire; les tarses sont longs et se terminent inférieurement par 3 doigts antérieurs reliés en partie par une membrane profondément échancrée; le pouce est indépendant des autres doigts, dirigé en arrière, et pose à terre.

SPATULE

Les espèces de ce genre se rencontrent dans les deux mondes; ce sont : 1° La *spatule blanche,* dont le plumage, blanc sur tout le corps, présente sur la poitrine une grande tache jaune roussâtre. Le bec et les pattes sont, comme nous l'avons déjà dit, noirs; le derrière de la tête est orné d'une huppe bien garnie. Cette espèce est très répandue dans certaines contrées de l'Europe, notamment en Hollande et sur les côtes de la Picardie et de la Normandie. Elle se tient dans les marais boisés, à l'embouchure des cours d'eau, et se nourrit de vers et de petits poissons. Elle place son nid, fait d'herbes et de bûchettes, sur les arbres élevés ou bien sur les buissons ou au milieu des roseaux; la femelle y dépose de 2 à 4 œufs, assez gros, oblongs, blancs ou d'un bleu pâle, avec des taches rousses ou verdâtres. Les petits restent longtemps dans le nid, et ce n'est qu'au bout de 3 ans qu'ils sont tout à fait adultes. Les *spatules* sont des oiseaux migrateurs, d'un caractère doux, aimant la société et se réunissant en bandes nombreuses; ils s'apprivoisent assez facilement et vivent alors presque en domesticité dans la basse-cour. 2° La *spatule rose* se rencontre dans les parties chaudes du nouveau monde; elle vit à la Louisiane, au Brésil, au Paraguay, etc. Son plumage est blanc dans la jeunesse, devient rose à l'âge adulte, et prend une teinte plus foncée à mesure que l'individu avance en âge. Au Brésil on lui donne le nom d'*ajaja* et au Paraguay celui de *guirapita* (oiseau rouge). 3° La *spatule à front nu,* dont le plumage est blanc, le bec strié de vert jaunâtre et les tarses rouges. Cette espèce habite le Cap de Bonne-Espérance.

SPATULE

SPÉCIAL, ALE (vx fr. *especial* : du l. *specialem* : de *species,* espèce), *adj.* Qui ne s'applique qu'à une seule personne, qu'à un seul objet, qu'à une seule classe : *Il faut une permission spéciale pour entrer dans ce musée.* ‖ *Homme spécial,* homme qui s'est attaché exclusivement à l'étude d'une seule science, d'une seule profession. (Néol.) — *Adj.* et *s. La classe des mathématiques spéciales, la spéciale, les spéciales,* la classe des lycées où l'on étudie la partie supérieure de l'algèbre élémentaire, la géométrie analytique et la géométrie descriptive. — **Dér.** *Spécialement, spécialiser, spécialiste, spécialité, spécialisation.* — (V. *Spécieux.*)

SPÉCIALEMENT (*spéciale* + sfx. *ment*), *adv.* D'une manière spéciale, particulièrement: *Les Français et spécialement les Parisiens sont très sociables.*

***SPÉCIALISATION** (*spécial*), *sf.* Action de spécialiser.

***SPÉCIALISER** (*spécial*), *vt.* Indiquer d'une manière spéciale. — **Se spécialiser,** *vr.* S'appliquer à devenir un spécialiste. (Néol.)

SPÉCIALISTE (*spécial*), *sm.* Un homme spécial. ‖ Médecin qui ne traite que les maladies d'un seul organe : *Pour les maladies de l'œil, il faut s'adresser à un spécialiste.* (Néol.)

SPÉCIALITÉ (*spécial*), *sf.* Qualité de ce qui est spécial : *La spécialité d'un abonnement de chemin de fer.* ‖ Branche de travaux, d'études à laquelle un homme se consacre exclusivement : *L'horlogerie est sa spécialité.* ‖ Branche de fabrication ou de commerce : *Spécialité de blanc.* ‖ Spécialiste : *S'adresser à une spécialité.*

SPÉCIEUSEMENT (*spécieuse* + sfx. *ment*), *adv.* D'une manière spécieuse; avec une apparence de vérité.

SPÉCIEUX, EUSE (l. *speciosum,* beau : de *species,* espèce), *adj.* Qui plaît à la vue : *Des dehors spécieux.* — Fig. Qui a une apparence d'exactitude, de vérité, de justice : *Un raisonnement spécieux.* — **Dér.** *Spécieusement.* Même famille : *Spécial, spéciale, spécialement, spécialiser, spécialiste, spécialité, spécialisation; spectre, spectral, spectrale; spectacle, spectateur, spectatrice; spécimen; speculum, spéculaire; circonspect, circonspection; aspect; inspecter, inspection, inspecteur; perspicace, perspicacité; respect, respecter, respectable,* etc.; *suspect, suspecter, suspicion; expectant, expectation, expectatif, expectative; auspice; aruspice; spéculer, spéculation, spéculateur, espèce, épice, épicier, épicière,* etc.; *spécifier, spécifique, spécificité, spécifiquement; spectroscope, spectroscopie, spectromètre, spectrométrie, spectrométrique.*

SPÉCIFICATION (*spécifier*), *sf.* Désignation, détermination précise : *Les titres portent que cette propriété aboutit à la route, sans autre spécification.*

***SPÉCIFICITÉ** (*spécifique*), *sf.* L'ensemble des caractères qui permettent de distinguer une chose de toute autre : *La spécificité des maladies.* ‖ Propriété que possède un médicament de guérir plus sûrement que tout autre une maladie déterminée : *La spécificité du quinquina contre les fièvres intermittentes.*

SPÉCIFIER (bl. *specificare* : de *species,* espèce + *ficare,* faire), *vt.* Énumérer les caractères essentiels d'une chose. ‖ Indiquer minitieusement, exprimer, exposer en détail : *Spécifiez vos griefs.* — **Gr.** Je spécifie, nous spécifions; je spécifiais, nous spécifierons, vous spécifierez, que je spécifie, que nous spécifiions, que vous spécifiiez. — **Dér.** *Spécifique, spécification, spécifiquement, spécificité.*

SPÉCIFIQUE (l. *specificus* : de *species,* espèce + *facere,* faire), *adj. 2 g.* Qui appartient exclusivement à une chose, à un objet : *La propriété d'attirer le fer est spécifique à l'aimant.* ‖ Qui sert à distinguer une espèce d'une autre : *Un fruit rond est le caractère spécifique de l'oranger, et un fruit allongé, celui du citronnier.* ‖ *Nom spécifique,* nom ou adjectif qu'on ajoute à un nom de genre pour caractériser une espèce de ce genre : Ex. : *La sauge officinale, la sauge des prés.* ‖ *Poids spécifique ou pesanteur spécifique d'un corps,* le poids, exprimé en grammes, d'un centimètre cube de ce corps, ou, autrement, le nombre abstrait qui indique combien de fois le poids d'un volume déterminé d'eau : *Le poids spécifique de l'or est 19,5.* ‖ *Chaleur spécifique d'un corps,* le nombre de calories nécessaires pour élever d'un degré la température d'un kilogramme de ce corps. (V. *Calorie* et *Calorimètre.*)

SPÉCIFIQUEMENT (*spécifique* + sfx. *ment*), *adv.* Spécialement. || Par la distinction de l'espèce : *L'avoine diffère spécifiquement du blé.* || Par rapport au poids spécifique : *L'or est spécifiquement plus lourd que le plomb.*

SPÉCIMEN [*spe-ci-mène*], (ml.), *sm.* Modèle, échantillon : *Voici un spécimen de ce marbre.* — **Gr.** Même famille que *Spécieux*, etc.

SPECTACLE (l. *spectaculum* : de *spectare*, regarder : de *specio*, voir), *sm.* Tout ce qui attire les regards, l'attention : *Un orage est un spectacle grandiose.* || *Être en spectacle*, être exposé à l'attention du public. || *Se donner en spectacle*, fixer sur soi, par sa conduite, l'attention du public. || *Servir de spectacle*, être exposé à la risée du public. || Les jeux et les combats qu'on donnait dans l'ancienne Rome, pour l'amusement du public : *Les spectacles des gladiateurs accoutumaient le peuple à l'effusion du sang.* || Représentation donnée sur le théâtre : *Assister à un beau spectacle.* || La partie décorative d'une pièce de théâtre : *Pièce à grand spectacle.*— **Dér.** *Spectateur, spectatrice.* Même famille que *Spécieux*.

SPECTATEUR, TRICE (l. *spectatorem*), *s.* Celui, celle qui est témoin d'une action quelconque : *Je fus spectateur de ce combat.* || Celui, celle qui assiste à la représentation d'une pièce de théâtre : *Cette tragédie rassure tous les spectateurs.*

SPECTRAL, ALE (*spectre*), *adj.* Propre à un spectre, à un fantôme : *Mine spectrale.* || Qui concerne le spectre formé par un faisceau de rayons lumineux qui ont traversé un prisme. || *Analyse spectrale*, analyse chimique qu'on fait d'une substance qui brûle, en examinant les raies obscures ou lumineuses et diversement colorées qui se trouvent dans le spectre que produit sa lumière décomposée au moyen d'un prisme. — (V. *Spectroscopie.*)

SPECTRE (l. *spectrum* : de *specere*, regarder), *sm.* Représentation de la personne d'un mort qu'un individu malade, halluciné croit apercevoir : *Avoir peur des spectres.* — Fig. Personne grande, très maigre et blême. || Image que forment, sur la paroi d'une chambre obscure, les rayons lumineux émanant d'un corps incandescent, après qu'ils ont traversé un prisme. || *Spectre solaire*, image que forme dans une chambre obscure, après avoir traversé un prisme, un faisceau de rayons lumineux émanant du soleil. Cette image, formée sur un écran perpendiculaire à la direction moyenne des rayons lumineux, présente les couleurs de l'arc-en-ciel rangées dans l'ordre suivant : violet, indigo, bleu, vert, jaune, orangé, rouge. Elle est coupée de distance en distance de raies noires verticales dont chacune a une position parfaitement fixe. Cet épanouissement qu'éprouve le faisceau lumineux en sortant du prisme a reçu le nom de *dispersion*. Les rayons, quand ils cheminent réunis, nous donnent la sensation de la couleur blanche; mais, comme ils possèdent chacun un indice de réfraction spécial, ils sont déviés inégalement en traversant un prisme et cessent dès lors d'être parallèles; c'est pour cette raison qu'ils atteignent, en des points différents, l'écran placé derrière le prisme. Non seulement les couleurs du spectre sont *inégalement réfrangibles*, la déviation augmentant *depuis le rouge jusqu'au violet*, mais ces couleurs sont *simples*, c'est-à-dire qu'il est impossible de les décomposer en d'autres couleurs. Après l'analyse, la synthèse : la *recomposition de la lumière blanche* s'opère par l'expérience des prismes opposés, par les lentilles convergentes ou par les miroirs concaves, par le disque de Newton. C'est à Newton que sont dues la décomposition et la reconstitution de la lumière blanche. La dispersion de la lumière blanche par réfraction produit les feux de diverses couleurs que lancent les pierres précieuses, telles que les diamants, etc. L'arc-en-ciel et les halos sont des phénomènes dus à la même cause. Il en est de même des couleurs variées dont sont teints les nuages et les couches atmosphériques durant les crépuscules et les aurores. Dans les vases en verre contenant des liquides transparents, dans les morceaux de verre taillé dont on orne les lustres, on aperçoit, selon certaines directions, des franges irisées offrant les couleurs les plus vives et les plus pures. Un *rayon de lumière blanche*, en traversant une *lentille*, est à la fois *dévié* et décomposé. Même avec une lentille de très petite ouverture, il est impossible d'obtenir des images ne présentant pas, au moins sur leurs bords, des irisations de diverses couleurs. Ces effets ont reçu le nom d'*aberration de réfrangibilité*. Pour diminuer autant que possible cette aberration qui nuit à la netteté des images, on réunit ensemble deux ou plusieurs lentilles, formées de verres différents, de manière à constituer des systèmes *achromatiques*. Les couleurs du spectre sont dites *complémentaires* lorsque, par leur superposition, elles peuvent produire du blanc. Si l'on fait tomber un spectre solaire sur un écran percé d'ouvertures qui laissent passer seulement certaines couleurs, et si, à l'aide d'une lentille, on fait converger ces couleurs en un point, on obtient une teinte complémentaire de celle qu'on aurait en superposant les autres couleurs. Ainsi, en arrêtant le rouge et superposant, en un même point, toutes les autres couleurs, on obtient une sorte de vert bleuâtre, qui est *une couleur composée, complémentaire du rouge*. *Les couleurs* que nous présentent *les divers corps*, quand ils sont *éclairés par la lumière blanche*, résultent de la manière inégale dont ils agissent sur les diverses couleurs qui constituent cette lumière. Ainsi, quand une étoffe, éclairée par la lumière du jour, nous apparaît avec la couleur *rouge*, c'est que les rayons rouges sont les seuls qu'elle *diffuse* dans toutes les directions : elle absorbe toutes les autres couleurs, dont le mélange formerait la teinte complémentaire du rouge. Quand une étoffe nous paraît *verte*, c'est qu'elle ne diffuse que les rayons verts et absorbe toutes les autres couleurs, etc. Les corps *blancs*, comme le papier, sont des corps qui diffusent en égale proportion les rayons de *toutes les couleurs* : la lumière qu'ils renvoient présente la même composition que celle qu'ils reçoivent. Les corps *noirs* sont ceux qui absorbent toutes les couleurs. Des remarques semblables sont applicables aux *corps transparents :* un *verre rouge* est un verre qui, recevant de la lumière blanche, ne laisse passer que les rayons rouges, et absorbe toutes les autres couleurs. Des verres, des liquides, jaunes, verts, bleus, violets, sont ceux qui ne laissent passer que les rayons jaunes, verts, bleus, violets, et qui absorbent les autres. On s'explique par là l'aspect que présente un paysage quand on le regarde au travers d'un verre coloré, d'un *verre rouge* : les corps blancs qui s'y trouvent paraissent rouges parce que, des diverses couleurs qu'ils émettent, le verre rouge ne laisse passer que la couleur rouge; pour la même raison, les corps rouges apparaissent avec leur couleur réelle; mais les corps bleus, verts ou jaunes paraissent noirs parce que le verre rouge ne laisse passer aucune de ces couleurs. Un phénomène curieux, appelé *polychroïsme*, est celui du changement de couleur d'un corps, selon les circonstances. Pour le produire, il suffit de faire varier les épaisseurs de certaines substances transparentes. Ainsi les verres rouges deviennent plus foncés et leur couleur plus pure. Les verres verts, des dissolutions de sels de cuivre ou de nickel, qui absorbent principalement les rayons des couleurs extrêmes, le rouge et le violet ensemble, ont une teinte verte d'autant plus prononcée que leur épaisseur est plus grande. Le perchlorure de fer, le chlorure d'or, l'infusion de safran, le vin de Porto, qui absorbent les rayons les plus réfrangibles et laissent à peu près également passer les rayons rouges et le rayons jaunes, paraissent jaunes sous une faible épaisseur, puis brunissent si cette épaisseur augmente, et enfin arrivent au rouge. Parmi les substances *dichroïques*, citons : les solutions de chlorure de chrome, de manganate de potasse, l'eau céleste ou solution saturée de sulfate de cuivre dans le carbonate d'ammoniaque. Les premières paraissent vertes, puis rouges; la dernière paraît bleue quand elle est en lames minces, et violette quand l'épaisseur atteint 10 ou 12 centimètres. Deux liquides, l'un rouge et l'autre vert ou bleu, forment, mélangés, un milieu dichroïque, pourvu que leur mélange ne donne pas lieu à une combinaison chimique. Un verre bleu de cobalt paraît rouge lorsque son épaisseur est telle qu'il absorbe tous les rayons jaunes, verts et bleus de la partie moyenne du spectre. Au contraire, une plaque mince de sulfate de cuivre absorbe les rayons extrêmes, violets et rouges : si l'on superpose deux lames de ces substances, l'absorption aura lieu pour les rayons du spectre de toutes les couleurs; et, en effet, l'ensemble des deux lames forme un milieu opaque. Brewster a reconnu que la chaleur modifie la propriété absorbante d'un milieu coloré : tantôt elle la diminue, tantôt elle l'augmente. Ce sont sans doute de très petites particules en suspension qui donnent à l'*eau* diverses teintes, bleues, jaunes, rougeâtres, selon la nature des particules; mais il ne faut confondre cette cause de coloration ni avec la teinte propre au liquide lui-même, ni avec celle qu'il prend en transmettant par réflexion la couleur du fond sur lequel il repose.

Certains corps gazeux ont une coloration particulière : telle est la vapeur d'iode, dont la magnifique teinte violette a donné son nom au métalloïde; l'acide azotique émet des vapeurs blanches à l'air, et l'acide hypoazotique, d'épaisses vapeurs rougeâtres. Le chlore tire son nom de la teinte jaune verdâtre de ce gaz. *L'air*, qui est un mélange d'oxygène et d'azote, et qui renferme, en outre, une certaine proportion de gaz acide carbonique, ainsi que de la vapeur d'eau, a une *couleur bleue*, qui se modifie, se fonce ou s'éclaircit, selon les circonstances atmosphériques. Cette couleur de l'air serait due à des particules de matières, très fines, tenues en suspension : elles réfléchiraient, et, à la fois, réfracteraient la lumière solaire. Que sont ces particules? Les sporules qui causent la fermentation et la putréfaction, les parcelles de substances minérales, dont l'analyse spectrale accuse la présence presque constante dans l'air; peut-être aussi la poussière météorique extraterrestre qui, d'après certains physiciens, traverse en tout temps notre atmosphère; et enfin aussi les fines particules aqueuses dont est remplie l'atmosphère : telle est l'opinion de Tyndall. Les *lumières artificielles* influent sur les couleurs des corps. Les couleurs ne sont pas, en effet, les mêmes à la lumière du jour, et, le soir, à la lumière des lampes, des bougies ou du gaz. Telle étoffe qui paraît bleue le jour semble verte le soir, et, inversement, tel vert paraît bleuâtre, etc. Cet effet a une certaine importance pour les toilettes des dames, pour les décorations et tentures dans les salons et au théâtre. L'éclairage par la *lumière électrique* laisse aussi sensiblement aux corps les couleurs qu'on leur voit à la lumière du soleil; il en est de même pour la *lumière au magnésium*. Cette différence entre la lumière du magnésium ou celle de l'arc voltaïque et la lumière donnée par le gaz des houilles, l'huile des lampes, la stéarine des bougies tient au *sodium* que ces dernières contiennent toujours en petite quantité, mais en quantité suffisante pour donner aux flammes la teinte jaune qui provient de la *raie* du spectre sodique. Les expériences ne laissent à cet égard aucun doute. La lumière de la lampe sodique donne une teinte cadavérique, d'un vert livide, aux mains et à la figure des personnes qu'elle éclaire; leurs lèvres paraissent d'un bleu violet; ces teintes sont évidemment dues au bleu qui, seul, a pu résister aux effets d'extinction causés par la flamme de soude. Du reste, ce vert livide est connu de quiconque a vu flamber du punch ou un pudding, car ici c'est l'alcool *salé* qui est en jeu. La flamme sodique est nuisible au point de vue des arts : elle abolit, pour ainsi dire, les couleurs; un tableau ne s'y montre que comme un dessin dont le modelé subsiste grâce aux demi-teintes; c'est à peu près l'effet de la photographie. On produit un *spectre solaire* en employant un *prisme de sel gemme;* alors on constate que ce spectre possède des propriétés calorifiques croissantes du violet au rouge. Si l'on continue à explorer l'espace situé dans le prolongement du spectre lumineux, on reconnaît, en outre, l'existence d'un spectre calorifique, se prolongeant au delà du rouge, jusqu'à une distance à peu près égale à la longueur du spectre lumineux lui-même. Ce sont les rayons calorifiques *obscurs*, dont la réfrangibilité est moindre que celle des rayons qui sont à la fois calorifiques et lumineux : on les appelle *rayons infra-rouges*. Ensuite, si on reçoit ce spectre solaire sur quelques-unes de ces substances dans lesquelles la lumière peut effectuer des décompositions chimiques, et qui sont en usage dans la photographie, on constate que les *actions chimiques* sont très *inégales* dans les diverses régions du spectre. A l'inverse des propriétés calorifiques, les propriétés chimiques se manifestent surtout dans les régions qui correspondent aux rayons voisins du violet; en outre, elles dépassent, du côté du violet, les limites du spectre visible. Le soleil nous envoie donc, outre les rayons qui sont à la fois chimiques et lumineux, des rayons chimiques obscurs, d'une réfrangibilité plus grande que les premiers : ce sont les *rayons ultra-violets*. C'est particulièrement aux rayons doués de propriétés chimiques qu'on attribue la propriété de déterminer la *phosphorescence*. (V. ce mot.) D'autres substances cessent d'être lumineuses dès qu'on intercepte les rayons violets ou ultra-violets qu'elles recevaient : c'est le phénomène de la *fluorescence*. (V. ce mot.) Les diverses couleurs se distinguent entre elles, comme les sons de diverses hauteurs, par la rapidité du mouvement vibratoire ou par la *longueur d'onde*. Pour le *jaune*, la longueur d'onde est de six dixièmes de millimètre; et, comme la vitesse de la lumière est de 300 000 kilomètres par seconde, il en résulte que la lumière *jaune* correspond à 500 trillions de vibrations par seconde. Pour les autres couleurs on trouve que le nombre de vibrations par seconde varie entre 400 et environ 700 trillions, en allant du rouge au violet. Les spectres de diverses origines, les *raies* du spectre, l'analyse spectrale, forment un ensemble dont l'étude est faite en *spectroscopie*. (V. ce mot.) || *Spectre stellaire*, celui que fournit la lumière d'une étoile fixe décomposée par le prisme. || *Spectre d'un corps incandescent*, celui que fournit un corps en brûlant et qui présente, au lieu des raies noires du spectre solaire, des lignes excessivement brillantes dont le nombre, la position et la couleur varient selon la nature de ce corps. — **Dér.** *Spectral, spectrale.* — **Comp.** *Spectromètre, spectrométrie, spectrométrique; spectroscope, spectroscopie.*

***SPECTROMÈTRE** (*spectre* + g. μέτρον, *mesure*), *sm.* Appareil de physique dont on se sert pour faire l'analyse spectrale d'une substance. — **Dér.** *Spectrométrie, spectrométrique.*

***SPECTROMÉTRIE** (*spectromètre*), *sf.* Analyse spectrale.

***SPECTROMÉTRIQUE** (*spectromètre*), *adj. 2 g.* Qui a rapport à l'analyse spectrale.

***SPECTROSCOPE** (l. *spectrum* + g. σκοπεῖν, j'examine), *sm.* Instrument usité en spectroscopie. Pour le réaliser on place au delà d'un prisme, sur la direction du faisceau réfracté, une lunette composée de deux lentilles, formant le système de la *lunette astronomique*. On ajoute un système formé d'une lentille et d'une fente portant le nom général de *collimateur*. — **Dér.** *Spectroscopie.*

***SPECTROSCOPIE** (*spectroscope*), *sf.* Branche de l'optique qui s'occupe d'analyser les lumières de diverses sources, réfractées par un ou plusieurs prismes.

Le *spectre solaire*, quand il est obtenu dans des conditions favorables, est constitué par une multitude de petites bandes brillantes qui sont séparées les unes des autres par des espaces noirs très étroits, ou plutôt par des lignes obscures, parallèles à l'arête du prisme. On leur a donné le nom de *raies du spectre*. Leur existence a été signalée par Wollaston et surtout par Frauenhofer, dont elles portent le nom. Celui-ci en compta environ six cents et distingua huit raies principales désignées par les premières lettres de l'alphabet : A, B, C, D, E, F, G, H. M. Thollon a pu compter et dessiner quatre mille de ces *raies*. Les mêmes raies se trouvent dans les sources lumineuses qui renvoient par réflexion la lumière du soleil : la lumière des nuages ou ciel du ciel pur, celle de la Lune et des planètes. Frauenhofer trouva que les spectres des étoiles se distinguaient par un nombre et un groupement de raies noires, différents de ceux que présente le spectre solaire. A chaque étoile correspond un système spécial, mais toujours constitué par des lignes noires parallèles aux arêtes du prisme de verre qui provoque la dispersion des rayons lumineux. Dans le spectre de la lumière électrique, au lieu de raies sombres, il vit un certain nombre de raies lumineuses. Il reconnut que l'existence de telle ou telle raie était liée intimement à la nature de la source qui émettait les rayons lumineux. L'apparition de ces raies prouve que, dans la lumière du Soleil, il n'y a pas continuité parfaite entre les réfrangibilités des radiations qui constituent cette lumière. On peut dire qu'il y manque un grand nombre de couleurs simples dont le degré de réfrangibilité serait déterminé par la place qu'occupent les raies obscures.

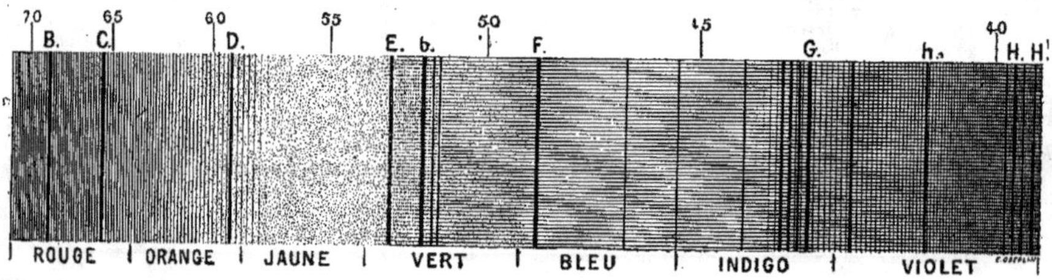

SPECTRE SOLAIRE

LE SPECTRE SOLAIRE AVEC SES RAIES SOMBRES, DÉSIGNÉES PAR LES LETTRES HABITUELLES; LES DIVERS NOMBRES DU HAUT INDIQUANT EN CENT-MILLIÈMES DE MILLIMÈTRE LA LONGUEUR DES ONDES LUMINEUSES CORRESPONDANTES

Pour faire les observations, on emploie un instrument : le *spectroscope*. (V. ce mot.) MM. Kirchhoff et Bunsen ont donné, par leurs recherches, une grande importance à ces phénomènes.

Le *spectre solaire* et les spectres stellaires sont sillonnés de *raies sombres*. Le contraire a lieu pour les *spectres des corps incandescents à l'état solide ou à l'état liquide*; les spectres de ces lumières sont *continus*, sans intervalles obscurs. Au contraire, les corps gazeux incandescents émettent une lumière qui est caractérisée par un spectre *discontinu*. On constate, comme pour les corps solides ou liquides chauffés progressivement, que des rayons de réfrangibilités croissantes apparaissent à mesure que la température s'élève; mais chaque corps n'émet que certaines espèces de rayons, de réfrangibilités déterminées, en sorte que le spectre des gaz reste toujours formé de lignes brillantes séparées par de larges intervalles obscurs. Ces lignes brillantes ont une couleur et une position caractéristiques pour chaque gaz en particulier. Ces résultats offrent une netteté remarquable quand on emploie les gaz raréfiés contenus dans les tubes de Geissler et rendus incandescents par le passage de courants d'induction. Au contraire, quand on observe au spectroscope les *flammes de gaz tenant en suspension des particules solides*, on obtient des spectres continus parce que l'éclat des particules solides incandescentes l'emporte sur l'éclat du gaz lui-même. Ainsi, les flammes de nos bougies, de nos lampes, qui doivent leur propriété éclairante aux parcelles de charbon mises en liberté pendant la combustion, donnent toujours des spectres continus dans lesquels certaines parties ont seulement une intensité prédominante. L'*arc électrique*, lorsqu'on éloigne les extrémités des corps solides entre lesquels il jaillit, de manière que leur éclat propre ne vienne pas compliquer le phénomène, fournit un spectre caractérisé par des bandes extrêmement brillantes, variables avec la nature des corps qui terminent les conducteurs et caractéristiques de ces corps. On en conclut que l'arc voltaïque est formé par des particules matérielles, vaporisées et transportées d'un pôle à l'autre.

Les différences qui distinguent les spectres produits par les divers corps, *à l'état de gaz* ou de vapeurs incandescentes, ont conduit à une *méthode d'analyse*, d'une extrême sensibilité. Devant la fente du spectroscope, on place un de ces becs de gaz, connus sous le nom de *brûleurs de Bunsen*, dans lesquels l'arrivée d'un courant d'air au milieu de la flamme a pour effet de brûler complètement le charbon et de rendre la flamme à peine visible. Si l'on introduit à la base de la flamme un fil de platine humecté avec un sel métallique volatil, on voit apparaître, dans le spectre, des lignes brillantes, caractéristiques de la nature du métal. La présence du sodium est accusée par une double raie jaune, très brillante; celle du lithium, par une raie rouge et par une raie jaune différente de la raie du sodium; celle du strontium, par des raies rouges et orangées, ainsi que par une raie bleue, etc. L'apparition de raies particulières, n'appartenant à aucun des métaux déjà connus, a conduit Kirchhoff et Bunsen à la découverte de deux nouveaux métaux, le *cœsium* et le *rubidium*, qui ont ensuite été isolés par eux au moyen de procédés chimiques. Bientôt après, le *thallium*, signalé en Angleterre par M. Crookes, sur la simple apparition d'une raie verte spéciale, a été isolé en France par M. Lamy. L'*indium* a été découvert par MM. Reich et Richter, grâce à ses deux raies, l'une bleu indigo, l'autre violette. Un nouveau métal, le *gallium*, a été découvert d'une manière semblable par M. Lecoq de Boisbaudran : ce métal présente deux raies violettes très fines et caractéristiques de ce corps.

L'analyse spectrale a montré que toutes les

flammes qui doivent leur couleur à un sel de sodium produisent une lumière dont le spectre se réduit à une bande jaune *brillante*, occupant dans le spectroscope exactement la place de la raie *obscure* du spectre solaire désignée par la lettre D. En outre, on sait aussi que si l'on fait arriver dans le spectroscope un faisceau de lumière émis par un corps solide porté à une haute température, comme le bâton de chaux de la lumière de Drummond, on observe un spectre très brillant et absolument *continu*. Or, M. Kirchhoff a montré que, si l'on place sur le trajet de ce faisceau lumineux la flamme de l'alcool salé, on voit apparaître dans ce spectre continu une bande *obscure*, occupant exactement la place D. Il en résulte qu'une flamme contenant un sel de sodium, en même temps qu'elle a la propriété d'*émettre* exclusivement des rayons jaunes, possède aussi la propriété d'*absorber* la lumière jaune émise par une source lumineuse plus intense, sans absorber les autres couleurs que contient cette lumière. De même, le chlorure de lithium, placé dans une flamme non éclairante, donne un spectre remarquable par une ligne rouge *brillante*, qui correspond à peu près au milieu de l'intervalle compris entre les raies B et C. Cette flamme, placée sur le trajet du faisceau lumineux produit par la lumière Drummond, fait apparaître dans le spectre de cette lumière une raie *obscure* correspondante. De là cette conséquence importante : *Les vapeurs métalliques, douées de la propriété d'émettre en abondance certains rayons colorés, de préférence aux autres, absorbent au contraire ces mêmes rayons émanés d'une source lumineuse et traversant la première source.* Ainsi, la vapeur du sodium, qui émet des rayons jaunes d'une réfrangibilité déterminée, absorbe précisément les rayons jaunes de même réfrangibilité, de la lumière Drummond, à leur passage dans cette vapeur. De là vient la raie noire qui se place dans le spectre continu à la place qu'occupait la raie brillante du sodium. Cette absorption étant un fait général, il en résulte que les raies noires observées dans le spectre solaire indiquent le *renversement* d'autant de raies brillantes dues aux vapeurs métalliques de l'atmosphère solaire. Bunsen et Kirchhoff ont ainsi constaté la coïncidence d'un grand nombre de raies noires du spectre solaire avec les raies brillantes de certains métaux. Ils ont ainsi reconnu dans l'atmosphère solaire la présence de vingt corps simples; leur nombre a été, depuis, porté à trente-deux. De l'absence des raies caractéristiques des autres métaux, tels que l'or, l'argent, le platine, on avait cru d'abord pouvoir conclure que ces corps ne se trouvent pas dans le Soleil, au moins dans les couches extérieures qui forment son atmosphère; on a fait la même remarque pour les métalloïdes autres que l'hydrogène, tels que l'azote, l'oxygène, le carbone, le soufre, etc. Mais cette conclusion était trop absolue, ainsi qu'il résulte de nouvelles recherches dues à Mitscherlich.

On a aussi reconnu dans le spectre solaire la présence de raies ou plutôt de bandes obscures formées par un grand nombre de lignes très fines. On les a nommées *raies telluriques*. Elles sont dues à une absorption élective exercée sur les radiations solaires par l'atmosphère terrestre. Les expériences de M. Janssen ont constaté la présence de raies telluriques dans les spectres d'autres astres, Sirius par exemple, et elles établissent que l'absorption élective de notre atmosphère est due surtout à la vapeur d'eau que l'air renferme, de sorte que l'ensemble de ces raies constitue le spectre de la vapeur d'eau elle-même. On peut, en effet, faire apparaître la plupart de ces raies dans le spectre d'une lumière artificielle en faisant traverser à cette lumière une couche épaisse de vapeur d'eau. Ces raies telluriques augmentent d'intensité quand le soleil s'approche de l'horizon parce que la couche d'air traversée par les rayons solaires est alors plus épaisse.

Dans les spectres de la lumière des planètes, on retrouve les mêmes lignes obscures que dans le spectre solaire, les planètes ne faisant que nous renvoyer la lumière qu'elles reçoivent du Soleil. Toutefois, les spectres de Jupiter et de Saturne offrent des raies obscures, analogues à celles que produit l'absorption due à la présence de la vapeur d'eau dans l'atmosphère terrestre. On admet, par suite, qu'il existe à la surface de ces planètes de grandes nappes d'eau, entretenant leur atmosphère dans un état d'humidité continuelle. Quant à la Lune, l'analyse spectrale indique qu'elle n'a pas d'atmosphère gazeuse. Les étoiles émettant une lumière propre, l'étude des spectres qu'elles fournissent présente un intérêt tout particulier. (V. *Étoiles*, t. Ier, p. 615, col. 1.)

Les éléments terrestres les plus largement répandus dans les étoiles sont précisément les éléments essentiels à la vie, telle qu'elle existe sur la Terre : l'hydrogène, le sodium, le magnésium et le fer. L'hydrogène, le sodium et le magnésium représentent en outre l'Océan, qui est une partie essentielle d'un monde constitué comme l'est la Terre. Quant aux nébuleuses non résolubles, sortes de nuages lumineux, elles présentent les spectres des corps gazeux; on a pu constater la présence de l'hydrogène et de l'azote dans la plupart d'entre elles.

Pour les *comètes*, au point de vue chimique, leur constitution est très peu complexe. C'est, ou du carbone simple, ou un composé de carbone : soit hydrogène carboné, soit, d'après le père Secchi, oxyde de carbone ou acide carbonique.

***SPECTROSCOPIQUE**, *adj. 2 g.* Qui a rapport à la spectroscopie.

SPÉCULAIRE (l. *specularem*, transparent : de *speculum*, miroir, transparent), *adj. 2 g.* Formé de lames brillantes et qui réfléchissent la lumière. ‖ *Fer spéculaire*, sesquioxyde de fer cristallisé en lames hexagonales très minces. ‖ *Pierre spéculaire*, le gypse laminaire dont les anciens faisaient des vitres. ‖ *Science spéculaire*, ou, *sf.*, *la spéculaire*, l'art de faire des miroirs (vx). — *Sf.* Genre de plantes dicotylédones de la famille des Campanulacées qui comprend la *spéculaire miroir de Vénus*, à fleurs violettes, très commune dans les moissons. C'est une plante annuelle dont les variétés à fleurs violettes, lilas ou blanches sont cultivées en bordure comme plantes d'ornement.

SPÉCULATEUR, TRICE (l. *speculatorem* : de *speculari*, observer d'en haut), *s.* Autrefois, personne qui observait les astres, qui s'occupait de science pure, qui forgeait des systèmes philosophiques. ‖ Aujourd'hui, personne qui fait des opérations de banque, de commerce : *Les spéculateurs de la Bourse.*

SPÉCULATIF, IVE (l. *speculativum*), *adj.* Qui observe attentivement. ‖ Qui ne s'occupe que de la théorie et dédaigne la pratique : *Science spéculative.* — *Sm.* Théoricien. ‖ Faiseur de systèmes qui ne tient pas compte des faits. ‖ Celui qui a l'habitude de raisonner sur la politique.

SPÉCULATION (l. *speculationem*), *sf.* Action d'observer attentivement. ‖ La théorie pure : *Passer de la spéculation à la pratique.* ‖ Méditations métaphysiques, théoriques : *Des spéculations élevées.* ‖ Projet, entreprise de banque, de commerce. ‖ *Fausse spéculation*, celle qui occasionne une perte.

***SPÉCULATIVEMENT** (*spéculative* + sfx. *ment*), *adv.* D'une manière spéculative. ‖ Théoriquement.

SPÉCULER (l. *speculari*), *vt.* Observer attentivement, curieusement : *Spéculer les astres* (vx). — *Vi.* Méditer attentivement : *Spéculer sur les mathématiques.* ‖ Faire des projets, des entreprises, des opérations de banque, de finance, de commerce, etc. : *Spéculer sur les fonds publics.* — **Dér.** *Spéculation, spéculateur, spéculatrice, spéculatif, spéculative, spéculativement.*

SPECULUM [spé-cu-lome] (ml., *miroir* : du l. *specere*, regarder), *sm.* Instrument de chirurgie faisant l'office d'un miroir et dont on se sert pour agrandir l'ouverture de certaines cavités du corps ou examiner l'intérieur de ces cavités. — **Dér.** *Spéculaire.*

SPÉE, *sf.* Altération de *cépée*. (Eaux et Forêts.)

***SPEECH** [spi-tche] (mot angl.), *sm.* Allocution que les auditeurs ne prennent pas tout à fait au sérieux : *Faire un speech.*

SPEETON, falaise de la côte du Yorkshire (Angleterre), intéressante au point de vue de la constitution du système infra-crétacé : on y observe des argiles bleues caractérisées par les genres Nautilus, Ammonites, Ostrea.

***SPEISS** (allem. *speiss*, arséniure naturel), *sm.* Matière d'aspect métallique qui reste au fond du creuset dans la préparation du *smalt*. (V. ce mot.) Elle est très importante pour la préparation du nickel; elle fournit aussi du bismuth.

SPEKE (JEAN HANNING) (1827-1864). Voyageur anglais, né à Jordans (Somerset). Compagnon du capitaine Burton, il découvrit, en 1858, les lacs Tanganyika et Nyanza; puis, en 1860, accompagné du capitaine Grant, il alla explorer la région du Nil Blanc supérieur, dans le pays de l'Ouganda.

SPENCER [spain-çair] (mot angl.), *sm.* Habit sans basques. ‖ Corsage de femme qui n'est pas pareil à la jupe.

SPENCER (HERBERT) (né en 1820). Célèbre philosophe anglais contemporain, auteur des *Premiers Principes*, des *Principes de phychologie, de biologie, de sociologie*, des *Essais sur la politique, sur les sciences, sur le progrès*, etc.

SPENCER (HUGUES). Cruel favori d'Édouard II roi d'Angleterre, qui força Isabelle de France, épouse de celui-ci, à s'exiler; mais les seigneurs anglais ayant levé des troupes pour la reine, s'emparèrent du favori et le firent pendre, couronné d'ortie (1327).

SPENSER (EDMOND) (1552-1599). Poète anglais, auteur du poème allégorique de la *Reine des fées.*

SPERCHIUS, fleuve du S. de l'ancienne Thessalie qui descendait du Pinde et se jetait dans le golfe Maliaque, à Anticyre, au N. du passage des Thermopyles.

SPERENBERG, village situé à 41 kilom. au S. de Berlin. On y a exécuté un sondage de 1269 mètres de profondeur qui a rencontré, immédiatement après la traversée des couches superficielles, une masse de sel gemme, dont on n'est plus sorti. On en a tiré des conclusions relativement à la température interne du globe.

SPERGULE (allem. *spergel*. Ce mot doit être apparenté à *asperge*), *sf.*, ou **spargoute**, **espargoute**. Genre de plantes dicotylédones de la famille des Caryophyllées, composé d'herbes annuelles que l'on trouve dans les champs de tous les pays tempérés. L'espèce la plus intéressante de ce genre est la *spergule des champs*, dont les tiges solitaires, ou peu nombreuses, hautes de 0m,40 environ, sont recouvertes d'un fin duvet et portent des feuilles qui présentent un sillon longitudinal à leur face inférieure. Ces feuilles sont linéaires, terminées en pointes et disposées en fascicules opposés qui font croire qu'elles sont verticillées. Les fleurs, blanches, sont réunies en cymes irrégulières; chacune d'elles est constituée par un calice à 5 sépales herbacés; d'une corolle à 5 pétales entiers. Les étamines sont au nombre de 5 à 10; au centre de la fleur se trouve le pistil composé d'un ovaire à 5 loges surmonté de 5 styles. A l'ovaire succède une capsule s'ouvrant presque jusqu'à la base en 5 valves. Les graines sont fines, globuleuses, recouvertes de papilles jaunâtres et entourées d'un rebord membraneux très étroit.

SPERGULE

La *spergule des champs*, appelée encore *spargoute, sporée, fourrage de disette*, se rencontre à l'état sauvage dans les terrains sableux. Elle s'accommode de tous les climats, mais préfère ceux qui sont un peu humides. Elle est probablement originaire de l'Europe, où elle est cultivée comme fourrage depuis une haute antiquité. On pense que ce sont les Romains qui en ont répandu la culture vers le Nord ; néanmoins, il est possible que les Russes, les Danois, etc., l'aient cultivée plus tôt. Toujours est-il qu'aujourd'hui on la trouve dans les terrains sablonneux de l'Europe, de l'Afrique septentrionale jusqu'en Abyssinie, dans l'Asie occidentale, dans l'Inde et même à Java. La plante entière constitue un excellent fourrage, très recherché de tous les animaux domestiques. Les moutons, les brebis, les vaches en sont très avides. Elle augmente la sécrétion du lait et donne à ce produit une qualité exceptionnelle. En Belgique, le beurre fabriqué avec le lait des vaches nourries avec la *spergule* est très estimé et a reçu le nom de *beurre de spergule*. Cette plante, avons-nous dit, se plaît dans les terrains sableux un peu humides, et se développe dans des sols où d'autres végétaux ne sauraient vivre, et y parcourt en peu de temps les phases de sa végétation. On la sème, à partir du mois de mars, sur des jachères, des défrichements, etc., de manière à avoir des fourrages verts jusqu'au commencement de la mauvaise saison. La quantité de semences varie entre 12 ou 15 kilogrammes à l'hectare. Elle n'exige qu'un labour léger et demande à être très légèrement recouverte. Elle se développe rapidement, et peut être fauchée avant que les mauvaises herbes aient eu le temps de croître ; aussi cette plante nettoie-t-elle le sol et le prépare-t-elle à recevoir d'autres cultures. Quelques agronomes conseillent de laisser mûrir la spergule avant de la faucher ; car sa graine est oléagineuse et est très utilement employée pour l'engraissement. Lorsqu'on veut récolter cette graine, il faut battre les tiges avec ménagement ; celles-ci se cassent facilement ; mais les déchets ont cet avantage d'être recherchés par les animaux. La spergule est aussi un engrais vert ; et l'on peut, pour cet objet, faire trois récoltes par an.

La *spergule des champs* a donné naissance à une variété, la *grande spergule*, qui a pris naissance en Allemagne dans quelques vallées au sol sablonneux, mais riche et frais ; elle exige, du reste, les mêmes soins que l'espèce dont elle est issue ; transportée chez nous, elle y prospère moins bien. La spergule des champs peut rendre de grands services à la culture, surtout dans les années de disette. Elle était déjà cultivée aux environs de Montbéliard au XVIe siècle, et tout porte à croire qu'à cette époque cette culture n'était pas récente.

***SPERKISE** (allem. *speer*, lance + *kies*, pyrite), *sf.* Sulfure de fer naturel, ayant la même composition que la pyrite, mais présentant des formes à éléments lancéolés. Concassée et humectée, elle se transforme en sulfate de fer. On utilise cette propriété industriellement. Dans les mêmes conditions, on obtient de l'alun en ajoutant de la potasse à des sperkises argileuses.

SPERMA CETI (g. σπερμα, semence + *cetus*, cétacé), *sm.* Corps gras, solide, blanc et nacré, existant en dissolution dans l'huile qui remplit deux grandes cavités placées dans les parties molles superposées au crâne des cachalots et qui se sépare de cette huile par refroidissement. Cette matière entre dans la composition des bougies diaphanes et de certaines pommades et du *cold-cream*. (V. ce mot.) Elle est quelquefois adultérée au moyen de cire, de stéarine, d'acide margarique, etc. (Pour la composition du sperma ceti, V. *Corps gras*, au mot *Gras*, t. Ier, p. 865, col. 3.)

SPERMATIQUE, *adj.* 2 *g.* Qui a rapport au sperme, à la semence : *Artères, vaisseaux spermatiques*.

SPERMATOLOGIE (*sperme* + g. λόγος, science, *sf.* Traité du sperme. (Anat.)

SPERMATOZOAIRE (g. σπέρμα, graine + ζῶον, animal). *sm.* Spermatozoïde. (V. ce mot.)

SPERMATOZOÏDE (g. σπέρμα, sperme + ζῶον, animal + εἶδος, forme), *sm.* Élément anatomique figuré qui existe dans le sperme, et auquel celui-ci doit ses propriétés fécondantes. Les spermatozoïdes sont des cellules microscopiques qui ressemblent, pour la forme, à un têtard de grenouille ; ils sont doués d'un mouvement que lui communique la queue ou filament postérieur. On les a longtemps considérés comme des animalcules, à cause de leur mobilité ; mais il n'en est rien ; du reste, ils ne sont pas les seules cellules douées de mouvement. Les éléments mâles de la graine des cryptogames jouissent de la même propriété de pouvoir se déplacer et de se porter ainsi au-devant de l'organe femelle.

SPERME (g. σπέρμα, graine), *sm.* La liqueur séminale composée d'un liquide de nature albuminoïde dans lequel nagent des éléments anatomiques figurés appelés *spermatozoaires*. Ces derniers sont sécrétés par les testicules, tandis que le liquide est produit par les différents organes que le sperme doit traverser (épididyme, vésicules séminales, prostate, etc.).

***SPERMOPHILE** (g. σπέρμα, graine + φιλέω, j'aime), *sm.* Genre de mammifères de l'ordre des Rongeurs qui établissent le passage entre les tamias et les marmottes. Ce sont des animaux hibernants que l'on rencontre dans les parties froides des deux hémisphères. Ils se rapprochent beaucoup des marmottes, mais leur taille est plus petite et plus allongée ; ils ont de grandes abajoues qui naissent sur le bord des lèvres et s'étendent jusque dans le cou. Leur queue est courte et grêle, et leurs pieds sont plus longs que ceux des marmottes ; ils se terminent par cinq doigts presque entièrement libres. Les principales espèces sont : 1° Le *souslik*, qui habite les régions entourant le pôle nord, les îles Aléoutiennes, le Kamtschatka, la Sibérie depuis le lac Baïkal jusqu'au Volga ; il se rencontre aussi en Tartarie, en Perse et dans l'Inde, en Autriche, en Bohême. Le pelage du souslik est d'un gris plus ou moins fauve en dessus et parsemé de nombreuses petites taches rondes et blanches ; du reste, cette coloration de la toison est très variable suivant les individus. Les *sousliks* sont solitaires et se creusent des terriers sur le flanc des montagnes, et y accumulent pendant l'été des graines de toutes sortes : blé, lin, chènevis, pois, etc., et s'engourdissent l'hiver. Les habitants des contrées où ils vivent mangent leur chair, et font avec leur peau des fourrures assez estimées. 2° Le *spermophile de Parry* compte de nombreuses variétés que l'on rencontre à l'île de Melville, dans l'Amérique du Nord, jusqu'au Mexique. 3° Le *spermophile social*, dont la coloration du pelage est très variable puisqu'elle est quelquefois entièrement grise, tandis que chez d'autres individus elle est d'un brun roussâtre entremêlé de poils gris ou noirs. Cette espèce se trouve dans les prairies de l'Amérique du Nord.

SPESSART, massif montagneux de la Bavière, couvert de vastes forêts de chênes, de hêtres et de sapins. C'est un plateau de grès vosgien, borné par le Main et le Neckar, et qui semble se relier à l'Odenwald : le point culminant est le Geiers-Berg (609 mètres).

***SPESSARTINE** (*Spessart*, nom de pays), *sf.* Sorte de grenat brun renfermant du protoxyde de manganèse.

SPETZIA, 15 000 hab. Ilot de la Grèce, à l'entrée du golfe de Nauplie, dont les habitants jouèrent un grand rôle dans la guerre de l'Indépendance.

SPEUSIPPE, philosophe grec, neveu de Platon, qui dirigea après lui l'Académie de 347 à 339 av. J.-C.

SPEZZIA (LA), 30 000 hab. Grand port militaire de l'Italie, sur la Méditerranée, à 84 kilom. S.-E. de Gênes, au fond d'un golfe magnifique qui forme une rade très sûre.

SPHACÈLE (g. σφάκελος), *sm.* Gangrène qui envahit un membre dans toute son épaisseur. — **Dér.** *Sphacélé, sphacélée*.

SPHACÉLÉ, ÉE, *adj.* Atteint de sphacèle.

***SPHACÉLIE** (l. *sphacelia*), *sf.* Le *mycelium* de l'ergot du seigle. (V. *Ergot*.)

SPHACTÉRIE, aujourd'hui **Prodona**. Petite île de l'ancienne Grèce, dans la mer Ionienne, près du rivage de la Messénie, célèbre par un siège que quelques Spartiates y soutinrent contre les Athéniens pendant la guerre du Péloponèse.

***SPHAIGNE** (l. *sphagnum* ; du g. σφάγνος, plante parasite sur les arbres), *sf.* Genre de mousses constituant à lui seul la famille des Sphagnacées. Ce sont des plantes charnues et spongieuses qui emmagasinent l'eau dans leurs cellules ; elles sont blanchâtres ou d'un vert glauque ; leurs feuilles sont disposées sur deux rangs ; le fruit est une capsule, et possède une coiffe petite et qui tombe facilement. Les *sphaignes* croissent toujours dans les marais tourbeux et concourent à la formation de la tourbe. Elle jouissent de la propriété d'absorber d'énormes quantités d'eau et forment les *marais émergés* du Morvan, où elles constituent de petites éminences. Ces sphaignes abondent surtout dans les marais polaires, et en se décomposant produisent la tourbe. Les Lapons dessèchent les sphaignes et les réduisent en poudre pour en faire une sorte de pain. Les jardiniers emploient aujourd'hui les sphaignes à la culture des plantes de serre chaude.

***SPHÈNE** (g. σφήν, coin), *sm.* Minéral d'aspect pierreux qui forme des cristaux plats, verdâtres ou jaunâtres, tranchants, souvent accolés en forme de gouttière, et qui consiste en une combinaison de silicate de chaux avec du titanate de chaux. Le sphène se rencontre dans des roches cristallines, au Saint-Gothard, au mont Blanc, dans l'Ariège, la Corrèze, en Bretagne, etc. — **Comp.** *Sphénoïde, sphénoïdal, sphénoïdale, sphénoptéris*.

SPHÉNOÏDAL, ALE (*sphénoïde*), *adj.* Qui appartient au sphénoïde.

SPHÉNOÏDE (g. σφήν, génitif σφηνός, coin à fendre le bois + εἶδος, forme), *adj.* et *sm.* Se dit d'un os extrêmement irrégulier situé à la partie antérieure et moyenne du crâne, enclavé entre tous les os de cette cavité, et contribuant à la formation des orbites, des fosses nasales, des fosses temporales et zygomatiques. (V. *Crâne*.)

***SPHENOPHYLLUM** (g. σφήν, coin + φύλλον, feuille), *sm.* Genre de plantes fossiles caractéristiques de l'époque houillère. Leurs tiges sont grêles, souvent ramifiées, et portent de petites feuilles rangées en verticilles. On ignore dans quelle famille elles doivent être rangées, bien que leurs feuilles aient quelque ressemblance avec certaines conifères actuelles.

SPHÉNOPTÉRIS

***SPHÉNOPTÉRIS** (g. σφήν, génitif σφενός, coin + πτέρις, fougère), *sm.* Genre de fougères fossiles abondantes dans les terrains houiller, liasique et jurassique.

*** SPHÉNOZAMITES**, *sf.* Plante de la famille des Cycadées, que l'on trouve dans les terrains oolithiques.

SPHÈRE (g. σφαῖρα, balle à jouer), *sf.* Solide géométrique engendré par une demi-circonférence tournant autour de son diamètre et ayant tous les points de sa surface également éloignés d'un point intérieur appelé centre : *Toute droite menée d'un point de la surface au centre est un rayon de la sphère*. Une sphère n'est pas autre chose qu'une boule. La surface d'une sphère est égale à quatre fois le carré du rayon multiplié par 3,1416. Cette surface est donnée par la formule : $(4\pi R^2)$, où R représente le rayon de la sphère. On obtient le volume d'une sphère en multipliant sa surface par le tiers du rayon

$$\left(\frac{4\pi R^3}{3}\right) = 4.1888\, R^3.$$

Le volume est encore égal à

$$\frac{1}{6}\pi D^3 = 0{,}5236\, D^3.$$

‖ Globe représentant la Terre. ‖ *Sphère céleste*, sphère imaginaire et d'un rayon arbitraire dont l'astronome se suppose entouré, et ayant pour centre le point où il applique l'œil quand il fait des observations. ‖ *Sphère armillaire* ou *artificielle*, appareil représentant la sphère céleste ainsi que les cercles que l'on suppose tracés à sa surface et les lignes de repère menées par son centre. ‖ *Sphère droite*, l'aspect que présente la sphère céleste pour un observateur placé sur l'équateur terrestre et qui voit l'axe du monde se confondre avec la méridienne. || *Sphère parallèle*, l'aspect que présenterait la sphère terrestre à un observateur placé au pôle et qui verrait l'axe du monde se confondre avec la verticale. || *Sphère oblique*, l'aspect que présente la sphère céleste à un observateur placé en un point quelconque situé entre l'équateur et le pôle et qui voit l'axe du monde incliné sur l'horizon. || Les principes de la cosmographie : *Étudier la sphère*. || Sphère de cristal à laquelle les anciens supposaient que chaque planète, ainsi que le Soleil et la Lune, était attachée et qui entraînait ces astres dans son mouvement de révolution diurne en produisant un son musical. || Orbite d'une planète (vx). || En termes de physique, *sphère d'activité*, l'espace en dedans duquel un fluide impondérable ou un corps matériel peut attirer ou repousser une particule matérielle contenue dans ce même espace : *La sphère d'activité d'un aimant*. — Fig. L'ensemble des affaires, des travaux, des intérêts confiés à la direction d'un homme : *Sa sphère d'activité s'agrandit sans cesse*. || Étendue de pouvoir, d'autorité, de connaissances, de talent, de génie : *Il sort de la sphère de ses attributions*. — Fig. Limites : *Étendre la sphère des connaissances humaines*. Fig. État, condition : *S'élever au-dessus de sa sphère*. — **Dér.** *Sphérule, sphérique, sphériquement, sphéricité, sphériste, sphéristère, sphéristique, sphérulite*. — **Comp.** *Sphéroïde, sphéroïdal, sphéroïdale ; sphérolithe, sphérosidérite ; sphéromètre, sphérométrique, sphérocéphale, sphérocarpe, sphéroïdique*.

SPHÉRICITÉ (*sphère*), *sf*. État de ce qui a la forme d'une sphère : *La sphéricité d'une bille de billard*.

SPHÉRIQUE (*sphère*), *adj. 2 g*. Qui a la forme d'une sphère : *Jusqu'à Newton on a cru la terre parfaitement sphérique*. || Tracé sur la sphère : *Triangle sphérique*, formé par trois arcs de grands cercles qui se coupent deux à deux. || Qui est une portion de la surface, du volume de la sphère : *Zone sphérique, secteur, segment sphérique*. (V. ces mots.)

SPHÉRIQUEMENT (*sphérique* + sfx. *ment*), *adv*. En forme de sphère.

SPHÉRISTE (g. σφαιριστής), *sm*. Celui qui, chez les anciens, enseignait les différents exercices où l'on se servait de balles.

SPHÉRISTÈRE (g. σφαιριστήριον : de σφαιριστής, sphériste), *sm*. Lieu où s'exerçaient les sphéristes.

SPHÉRISTIQUE (g. σφαιριστική : de σφαῖρα, balle, sphère), *sf*. L'ensemble des exercices où l'on se servait de balles ; elle faisait partie de la gymnastique des anciens.

***SPHÉROCARPE** (g. σφαῖρα, sphère + καρπός, fruit), *adj*. Se dit d'une plante qui a des fruits en forme de boule.

***SPHÉROCÉPHALE** (g. σφαῖρα, sphère + κεφαλή, tête), *adj*. Se dit d'un objet disposé en tête arrondie.

SPHÉROÏDAL, ALE (*sphéroïde*), *adj*. Qui a la forme d'un sphéroïde : *La terre est sphéroïdale*. || *État sphéroïdal*, état que présente un liquide qui, projeté sur une plaque de métal chauffée au rouge blanc, prend la forme d'une petite boule, laquelle n'entre point en ébullition et stationne comme un ballon à une très petite distance au-dessus de cette plaque tant que celle-ci ne se refroidit point. Un liquide à l'état sphéroïdal présente une température inférieure à sa température d'ébullition ; il s'évapore lentement. La température de la plaque doit être supérieure à celle de l'ébullition du liquide ; quand elle descend au-dessous d'un certain point, spécial pour chaque liquide, l'état sphéroïdal cesse subitement et la masse sphéroïdale se réduit brusquement en vapeur. C'est par un phénomène de cet ordre que se produisent quelquefois les *explosions des chaudières à vapeur* surchauffées ; la vaporisation a lieu, pour l'eau, lorsque la température de la surface métallique redescend à 140°.

SPHÉROÏDE (g. σφαῖρα, sphère + εἶδος, forme), *sm*. Solide géométrique dont la forme ressemble beaucoup à celle d'une sphère, mais dont tous les rayons ne sont pas rigoureusement égaux : *La terre est un sphéroïde aplati aux pôles et renflé à l'équateur*.

***SPHÉROÏDIQUE** (*sphéroïde*), *adj. 2 g*. Qui a rapport au sphéroïde.

***SPHÉROLITHES** (g. σφαῖρα, sphère + λίθος, pierre), *sm*. Masses minérales globulaires, quelquefois volumineuses, ordinairement microscopiques, à surface courbe, formées de fibres irradiées autour d'un centre ou d'espèces de membranes concentriques. L'opale forme de ces globules dans les roches volcaniques.

SPHINX

AUPRÈS DES RUINES DE MEMPHIS

SPHÉROMÈTRE (g. σφαῖρα, sphère + μέτρον, mesure), *sm*. Appareil qui sert à trouver le rayon d'une sphère et à mesurer de petites épaisseurs.

***SPHÉROMÉTRIQUE** (*sphéromètre*), *adj. 2 g*. Qui a rapport au sphéromètre : *Mesure sphérométrique*.

***SPHÉROSIDÉRITE** (g. σφαῖρα, sphère + σίδηρος, fer), *sf*. Variété de sidérose, présentant la forme et les dimensions de grains de raisin, avec une structure fibreuse.

***SPHÉRULE** (dm. de *sphère*), *sf*. Petite sphère.

***SPHÉRULITE** (de *sphère*), *sf*. Genre de coquille bivalve, conique, dont les pièces sont inégales et non symétriques, que l'on trouve à l'état fossile, dans les terrains crétacés.

SPHINCTER (g. σφιγκτήρ : de σφίγγειν, serrer), *sm*. Tout muscle circulaire qui, en se contractant, ferme certaines ouvertures naturelles du corps : *Le sphincter de la vessie*.

SPHINX (g. Σφίγξ), *sm*. Monstre de la mythologie grecque, ayant la tête et la poitrine d'une femme, les ailes d'un oiseau, le corps et la queue d'un lion, et qui fut envoyé par Héra ou Junon pour désoler les environs de Thèbes. Posté sur un rocher, il proposait aux passants une énigme et dévorait ceux qui ne pouvaient l'expliquer. Œdipe ayant deviné que l'homme était le mot de la fameuse énigme : *Quel est l'animal qui a successivement quatre pieds, deux pieds et trois pieds*, le sphinx se précipita de son rocher et expira. Le sphinx représente le nuage qui se résout en pluie, comme Œdipe représente le soleil. — Fig. *Je ne suis pas un sphinx*, je ne puis deviner les choses obscures. || Nom que les Grecs donnèrent aux statues représentant des lions à tête humaine placées par les anciens Égyptiens devant leurs palais et leurs temples. || Nom donné à un grand nombre de lépidoptères de la tribu des sphingiens et parmi lesquels nous citerons : 1° Le *sphinx du caille-lait*, appelé encore *moro-sphinx* ou *sphinx-oiseau*, appartient au genre *macroglose*, dont la chenille est d'un vert tendre ornée de huit rangées de points blancs et de raies longitudinales blanches et jaunes ; le dernier anneau porte une corne d'un bleu foncé. Cette chenille vit sur les différentes espèces de caille-lait et s'enveloppe, avant de se métamorphoser en chrysalide, dans des feuilles sèches retenues au moyen de soies. Cette chrysalide est d'un gris blond et tachée de points bruns et de raies noires. Le papillon qui en sort a le corps gros, velu, d'un brun foncé et terminé à son extrémité postérieure par un faisceau de poils rappelant la queue d'un oiseau. Les premières ailes sont grandes et d'un brun cendré, tandis que les deux autres, plus petites, sont d'un jaune rouillé. Ce papillon voltige pendant le jour depuis le commencement de l'été jusqu'au milieu de l'automne. 2° Le *sphinx de la vigne*, dont la chenille, d'un brun obscur strié de noir, habite les lieux humides, sur le bord des ruisseaux, depuis le mois de juillet jusqu'en septembre ; mais malgré son nom elle vit de préférence sur les différentes sortes d'épilobes. Elle s'attaque quelquefois aux fuchsias que l'on cultive dans les jardins. Elle s'enfouit au milieu de la mousse et des feuilles sèches pour se transformer en nymphe. Les premières ailes de l'insecte parfait sont d'un rouge pourpré et ornées de bandes d'un vert olive ; les secondes sont roses lisérées de blanc. 3° Le *sphinx du troène* est assez gros ; ses ailes antérieures sont d'un gris roussâtre veiné de noir. Les ailes postérieures sont, au contraire, d'un rose vif avec deux bandes noires. Cette espèce habite toute l'Europe et on la rencontre souvent sous le climat de Paris, dans nos jardins, pendant les mois de juin et de septembre. Sa chenille est d'un beau vert ; chaque segment porte une raie violacée avec de petites perles blanches. Le dernier anneau est muni d'une longue corne dirigée en arrière, de couleur noire en dessus et jaune en dessous. C'est surtout sur le frêne, le troène et le lilas qu'on la trouve le plus fréquemment. Lorsqu'on la touche ou l'irrite, elle se redresse à la manière des sphinx de l'antiquité. C'est à cette attitude commune à toutes les chenilles de ces espèces de papillons, qu'est dû le nom de *sphinx* qui leur a été donné. 4° Le *sphinx du liseron* est un beau papillon aux ailes brunes qui vit sur le liseron des champs et se rencontre aux environs de Paris pendant les mois de juin et de septembre. 5° Le *sphinx du laurier-rose* vit en Algérie et dans le midi de la France, et quelquefois dans les contrées de l'Europe centrale. Ses

SPHINX

ailes sont nuancées de rose et de vert avec des taches blanches et des lignes d'un blanc rose. 6° Le *sphinx du pin*, dont la chenille, de couleur grisâtre, est très vorace, et habite les forêts du nord de l'Europe où elle est quelquefois nuisible aux pins. 7° Le *sphinx tête de mort*, dont la chenille, la plus grande de toutes celles de l'Europe, mesure douze centimètres de long, et est d'un jaune citron passant au vert sur les côtés; elle est, en outre, ornée de bandes obliques violettes, liserées de blanc. La tête est forte et de couleur verte avec un trait noir sur le côté. Le dernier anneau porte une corne jaune hérissée de tubercules. La chenille du *sphinx tête de mort* vit sur la pomme de terre et sur le lyciet; elle s'enfonce dans la terre pour se transformer en nymphe. A l'état parfait c'est un joli papillon de grande taille dont le corselet noir présente un dessin jaune clair figurant grossièrement une tête de mort. Cet insecte fait entendre, en volant, un cri lugubre; aussi est-il l'objet d'une terreur superstitieuse de la part des paysans bretons, qui le regardent comme le précurseur des maladies contagieuses et s'imaginent qu'il va murmurer à l'oreille des sorciers le nom de ceux qui bientôt devront mourir. Ce papillon est très avide de miel, et s'introduit dans les ruches, d'où les abeilles ne peuvent le chasser malgré les coups d'aiguillon qu'elles ne lui ménagent cependant point, car son corps est revêtu d'une sorte de fourrure qui ne se laisse pas traverser. Aussi les abeilles, affolées par les cris de l'*atropos* et par ses déprédations, prennent-elles le parti d'abandonner la ruche. Il est donc de toute nécessité, dans les pays où il abonde, comme dans le midi de la France, de faire une chasse active aux larves, que l'on trouve surtout sur les jasmins, les verveines, les fusains, les pommes de terre et d'autres solanées. 8° Le *sphinx du tilleul*, dont la larve se trouve très communément sur les ormes de nos routes. C'est un papillon d'un fauve tendre, dont les deux ailes antérieures portent deux grandes taches vertes. 9° Le *sphinx demi-paon*, aux ailes postérieures d'un rouge de carmin avec une tache bleue, et dont la chenille vit sur les saules.

SPHRAGISTIQUE (g. σφραγιστική : de σφραγίς, sceau), *sf*. La science des sceaux et des cachets.

***SPHYGMOGRAPHE** (g. σφυγμός, pouls + γράφειν, écrire), *sm*. Appareil servant à recueillir les battements du pouls. Il se compose d'un ressort d'acier appliqué sur l'artère et qui, mis en mouvement par le choc du sang, actionne un petit levier; celui-ci, en frottant sur une feuille de papier que déroule un mouvement d'horlogerie, y trace une série de courbes dont chacune correspond à un battement du cœur. De la forme de ces courbes et de leur disposition les unes par rapport aux autres, on déduit les mouvements du cœur.

***SPHYGMOMÈTRE** (g. σφυγμός, pouls + μέτρον, mesure), *sm*. Nom donné à un sphygmographe composé d'un tube plein d'eau et fermé à ses extrémités par des membranes élastiques, dont la première recevait l'impulsion produite par le pouls, tandis que la seconde la transmettait à un petit levier dont la pointe traçait sur un papier une courbe semblable à celle du sphygmographe.

***SPHYRÈNE** (l. *sphyræna*), *sf*. Genre de poissons de l'ordre des Malacoptérygiens abdominaux dont le corps allongé atteint jusqu'à 3 mètres de longueur. Il est plombé sur le dos, argenté sur les côtés et le ventre. Sa bouche est armée de dents nombreuses et serrées. C'est un animal très vorace qui se jette même sur les hommes qui se baignent. Il est très fréquent sur les bas-fonds qui entourent les îles Bahama, la Havane, la Jamaïque, les Antilles, la mer des Indes, etc. Sa chair est souvent vénéneuse et cause dans l'économie des désordres graves qui durent quelquefois de longues années. On ne sait à quoi attribuer la mauvaise qualité de cette chair; quelques naturalistes ont émis l'opinion que les méduses, dont les propriétés urticantes sont bien connues, et qui sont mangées par ces poissons, pourraient bien en être la cause.

SPHYRÈNE

SPIC (l. *spica*, épi), *sm*. Nom vulgaire de la grande lavande qui produit une essence très aromatique dite *huile de spic*, et par corruption *huile d'aspic*, employée dans l'art vétérinaire, en médecine, et pour la préparation de certains vernis. On en fabrique beaucoup en Espagne, en Provence et dans le Vaucluse. (V. *Lavande*.)

SPICA (ml., *épi*), *sm*. Bandage en toile dont les tours sont disposés en spirale autour d'un membre.

***SPICIFORME** (l. *spica*, épi + *forme*), *adj*. *2 g*. Qui a la forme d'un épi.

SPICILÈGE (l. *spicilegium*, glanage : de *spica*, épi + *legere*, recueillir), *sm*. Recueil d'écrits, d'actes inédits.

SPICKEREN, Village d'Alsace-Lorraine, canton de Forbach. Combat entre l'armée française et l'armée allemande, août 1870.

***SPICULAIRE** (l. *spiculum*, javelot), *adj*. *2 g*. Qui a la forme d'un javelot.

***SPICULE** (du l. *spica*, épi), *sm*. Epillet. ‖ Partie solide de certaines éponges.

SPIELBERG, nom de la citadelle qui domine la ville de Brünn (Moravie), où l'on enfermait les prisonniers d'Etat, et où Silvio Pellico fut détenu, à ce titre, pendant neuf ans.

SPIGEL (Adrian) (1570 ou 1578-1625). Médecin anatomiste flamand, né à Bruxelles, à qui l'on attribue la découverte du petit lobe du foie dit *lobe de Spigel*, et qui donna son nom à la *spigélie* (V. ce mot). Il mourut en Italie, à Padoue.

***SPIGÉLIE** (*Spigel*), *sf*. Genre de plantes dicotylédones de la famille de Loganiacées, composé d'herbes dont les feuilles sont opposées ou verticillées; les fleurs sont disposées en épi unilatéral, rosées ou purpurines. Ce genre comprend deux espèces intéressantes, savoir : 1° La *spigélie anthelminthique*, appelée encore vulgairement *anthelmie*, *brinvilliers*, ou *brinvillière* (*spigélie anthelmia*), plante annuelle qui croît au Brésil, à la Guyane et aux Antilles; elle exhale une odeur forte; sa saveur est amère et un peu âcre. Elle est très active, et les nègres l'emploient pour tuer les animaux et les hommes. Sa racine est un anthelminthique puissant. On l'administre sous forme de poudre ou en infusion. Sa dose est de 4 à 10 grammes pour les adultes et de 0gr,60 à 1gr,20 pour les enfants. 2° La *spigélie du Maryland* ou *œillet de la Caroline* est une plante vivace que l'on rencontre dans l'Amérique du Nord. Ses propriétés paraissent plus actives que celles de l'espèce précédente. Ces deux plantes, lorsqu'on les administre à hautes doses, sont des poisons narcotico-âcres qui agissent sur les centres nerveux. Elles produisent des vertiges, de la stupeur, des dilatations de la pupille, des convulsions. — **Dér.** *Spigéline*.

***SPIGÉLINE** (*spigélie*), *sf*. Substance amorphe d'un rouge brun, de saveur âcre et amère, que l'on extrait des tiges et des racines des spigélies. Cette substance est purgative, nauséeuse, donne des vertiges et procure une sorte d'ivresse. Elle est très soluble dans l'eau et l'alcool, mais l'est très peu dans l'éther.

***SPILITE** (g. σπῖλος, tache), *sf*. Roche des Vosges et du Nassau, formée de diabase amygdaloïde dont les cavités ont été remplies par de la calcite. On donne aussi ce nom à des basaltes amygdaloïdes renfermant de beaux cristaux de zéolithes avec calcédoine, calcaire, aragonite.

***SPILOSITE**, *sf*. Roche qui se trouve au contact des schistes et des diabases. On y a reconnu une masse fondamentale transparente uniréfringente, qu'on regarde comme un silicate amorphe; les éléments cristallins sont des paillettes de mica et de chlorite. Le Harz est un des principaux gisements de cette roche.

***SPIN**, *sm*. Espèce de cépage des environs de Cahors.

SPINA (Al. della). Dominicain du XIIIe siècle, mort en 1313; on lui attribue l'invention des lunettes.

SPINA-BIFIDA (ml., *épine bifide*), *sm*. Hydropisie du canal de la colonne vertébrale qui se déclare dès la naissance, et affecte spécialement les régions lombaire et sacrée.

SPINAL, ALE (l. *spinalem*, épineux), *adj*. Qui appartient à l'épine du dos ou aux apophyses épineuses des vertèbres : *Le nerf spinal*.

SPINA-VENTOSA (ml., *épine venteuse*), *sm*. Tumeur considérable et très boursouflée de la substance d'un os.

SPINAZZOLA, 5 000 hab. Ville de l'Italie (province de Bari).

SPINCOURT, 503 hab. Ch.-l. de c., arr. de Montmédy (Meuse).

1. **SPINELLE** (*x*), *adj*. et *sm*. Se dit d'un rubis ayant la couleur pelure d'oignon.

2. ***SPINELLE** (l. *spina*, épine), *sf*. Gros poil qui ressemble à une épine (Bot.) — **Gr.** Même famille : *Spinal, spinale; spina-bifida; spina-ventosa*.

SPINOLA (Marquis de) (1571-1630). Célèbre général espagnol qui, sous Philippe III, se signala dans la guerre des Pays-Bas et en Piémont.

SPINOSA ou **SPINOZA** (Baruch) (1632-1677). Célèbre philosophe, né à Amsterdam, d'une famille de juifs portugais, mort à la Haye. Se sépara de la Synagogue, qui l'excommunia, sans se rattacher ensuite à aucune secte. Tout en continuant à étudier la philosophie, il se fit polisseur de verres pour les lunettes astronomiques et vécut de ce métier. D'une sobriété excessive, il ne dépensait que quatre sous et demi par jour. Son système philosophique, qui est le panthéisme pur, lui valut des admirateurs enthousiastes et des ennemis acharnés. Ses principaux ouvrages sont : un *Traité théologico-politique*, l'*Éthique*, qui contient toute sa doctrine, la *Réforme de l'entendement*, etc. Le premier de ces livres seul fut publié de son vivant. — **Dér.** *Spinosisme, spinosiste*.

SPINOSISME (*Spinosa*), *sm*. Le système philosophique de Spinosa.

SPINOSISTE (*Spinosa*), *s. 2 g*. Partisan des doctrines de Spinosa.

1. **SPIRAL, ALE** (*spire*), *adj*. Qui a la figure d'une spirale ou d'une spire. — *Sm*. Le petit ressort qui fait osciller le balancier d'une montre. — Pl. *des spiraux*.

2. **SPIRALE** (l. *spiralem*), *sf*. Toute courbe plane qui fait un nombre indéfini de révolutions autour d'un point où elle commence et dont elle s'écarte de plus en plus.

Spirale d'Archimède, courbe engendrée par un point se mouvant uniformément sur une droite ou rayon vecteur tournant

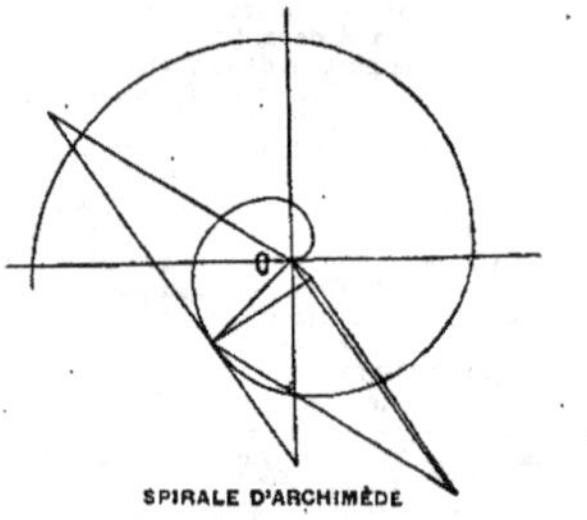

SPIRALE D'ARCHIMÈDE

d'un mouvement uniforme autour d'un point fixe O pris sur cette droite, c'est-à-dire que, après un quart de tour, le rayon vecteur est $\frac{r_0}{4}$, après un demi-tour, $\frac{r_0}{2}$, etc., et toutes les fois que le rayon a tourné de 360° le point de la courbe avance sur ce rayon d'une quantité égale à r_0. Il est alors facile de construire la courbe par points; on partage la circonférence et son rayon en un même nombre de parties égales; on mène les rayons et sur chacun d'eux on porte la partie du rayon correspondante à celle de la circonférence. On joint tous les points ainsi obtenus par un trait continu.

La *spirale logarithmique* est une courbe dans laquelle le rayon vecteur et la tangente à l'extrémité de ce rayon forment un angle constant.

Spirale hyperbolique. — Supposons qu'on ait un système de cercles concentriques, que par le centre de ces cercles passe une droite (axe polaire), et que l'on porte à partir de cette droite, et toujours dans la même direction, une longueur constante α mesurée sur la circonférence de ces différents cercles : le lieu géométrique de tous ces points est une spirale hyperbolique. Son

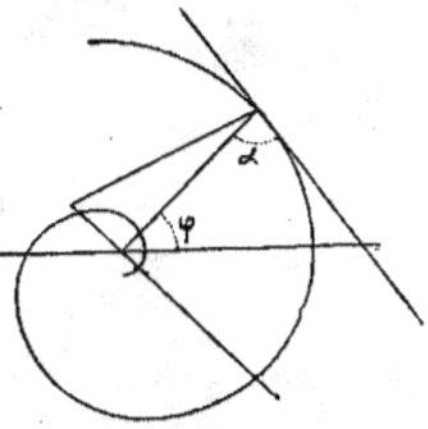

SPIRALE HYPERBOLIQUE

équation est $\varphi = \alpha$. ‖ Volute. (V. ce mot.) ‖ Par abus, hélice, tout ce qui est contourné comme l'hélice. ‖ *En spirale*, en forme de spirale ou d'hélice : *La fumée s'élevait en spirale.*

***SPIRANT, ANTE** (l. *spirare*, souffler), *adj.* Se dit des consonnes et de certaines voyelles qui se prononcent en faisant entendre une sorte de souffle prolongé : *Les consonnes spirantes du français sont s, z, j, ch, f, v et y.*

SPIRATION (l. *spirationem*, souffle), *sf.* Manière dont le Saint-Esprit procède du Père et du Fils. (Théol.)

SPIRE (l. *spira* : g. σπεῖρα, corde), *sf.* Hélice. ‖ Un seul tour complet de l'hélice. Par abus, spirale : *La spire de l'ammonite.* — **Dér.** *Spiral* 1 et 2. — **Comp.** *Spirifère, spirifer.*

SPIRE, 14 300 hab. Ville de la Bavière rhénane, sur la rivière du même nom, près de la rive gauche du Rhin ; a une belle cathédrale romane renfermant les tombeaux de plusieurs empereurs allemands. Charles-Quint y tint en 1529 la fameuse diète dans laquelle il proscrivit les partisans de Luther, qui protestèrent contre les décisions de cette assemblée, d'où leur vint le nom de *protestants.*

***SPIRÉACÉES** ou **SPIRÉES** (*spirée*), *sfpl.* Tribu de la famille des Rosacées, comprenant des herbes et des plantes ligneuses que l'on rencontre dans toutes les parties du monde. Le réceptacle a la forme d'une coupe évasée recouverte intérieurement d'un tissu glanduleux sur les bords duquel s'insèrent le calice, la corolle et l'androcée, tandis que le gynécée est placé au fond de la coupe. Le calice est composé de cinq sépales, la corolle compte cinq pétales, sessiles alternant avec les pièces du calice. L'androcée est formé de vingt étamines disposées sur trois verticilles. Le premier se compose de dix étamines disposées par paires à droite et à gauche de chaque pétale ; le second verticille à cinq étamines superposées aux sépales, tandis que celles du troisième le sont aux pétales. Au centre et au fond du réceptacle se trouve le gynécée, composé d'un ovaire à cinq loges surmontées d'un style que recouvrent des papilles stigmatiques. Le fruit est formé de cinq follicules renfermant plusieurs graines à embryon charnu et dépourvu d'albumen. Un grand nombre de spiréacées sont cultivées dans les jardins comme plantes d'ornement à cause de leurs fleurs délicates et nombreuses réunies en grappes. C'est à cette tribu qu'appartient le genre *Brayera*, connu du vulgaire sous le nom de *kousso*. (V. ce mot.) — **Une spiréacée**, *sf.* Une plante quelconque de la tribu des Spiréacées.

SPIRÉE (l. *spiræa*), *sf.* Genre de plantes dicotylédones de la famille des Rosacées, de la tribu des Spiréacées, auquel appartiennent la *spirée ulmain* ou *reine des prés* (V. *Ulmain*), la *spirée filipendule* (V. *Filipendule*), et un grand nombre d'espèces cultivées dans les jardins comme plantes d'ornement.

SPIRÉE LANCÉOLÉE

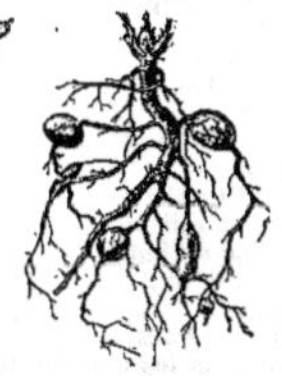

SPIRÉE FILIPENDULE

***SPIRIFER** (*spire* + l. *ferre*, porter), *sm.* Genre de mollusques brachyopodes fossiles, voisins des térébratules, et que l'on trouve dans les terrains de transition.

***SPIRIFÈRE** (*spire* + sfx. *fère*), *adj. 2 g.* Qui est muni d'une spire. (Zool.)

SPIRITE (l. *spiritum*, esprit), *s. 2 g.* Personne qui croit que, par l'intermédiaire d'un individu dit *médium*, elle peut s'entretenir avec les esprits des morts : *Il y a beaucoup de spirites aux États-Unis.* — **Dér.** *Spiritisme, spiritiste ; spirituel, spirituelle, spirituellement ; spiritualité, spiritualiser, spiritualisme, spiritualiste, spiritualisation ; spiritueux, spiritueuse.*

SPIRITISME (*spirite*), *sm.* La croyance des spirites.

***SPIRITISTE** (*spirite*), *adj. 2 g.* Qui a rapport au spiritisme : *Les journaux spiritistes.*

SPIRITUALISATION (*spiritualiser*), *sf.* Action d'extraire d'une substance par la distillation un liquide volatil (vx). — Fig. Action d'interpréter un passage de l'Ancien Testament de façon à en faire le symbole d'une circonstance de la vie de Jésus-Christ.

SPIRITUALISER (*spirituel*), *vt.* Extraire d'une substance par distillation un liquide volatil (vx). — Fig. Interpréter un passage de l'Ancien Testament de façon à en faire le symbole d'un fait rapporté dans le Nouveau Testament. ‖ Rendre indépendant de la matière, des sens, donner une tendance spiritualiste : *Spiritualiser une passion, une opinion.*

SPIRITUALISME (*spiritualiser*), *sm.* Toute opinion entachée de mysticisme (vx). ‖ Système philosophique qui, par opposition au matérialisme, admet l'existence d'êtres immatériels tels que Dieu, les âmes humaines, etc.

SPIRITUALISTE (*spiritualiser*), *s. 2 g.* Personne qui croit à l'existence d'êtres immatériels. — *Adj. 2 g.* Qui appartient au spiritualisme : *Opinion spiritualiste.*

SPIRITUALITÉ (l. *spiritualitatem*), *sf.* Qualité de ce qui est immatériel : *La spiritualité de l'âme.* ‖ Degré de dévotion caractérisé par un mépris excessif des droits et des exigences du corps. ‖ Qualité de ce qui est affranchi des liens de la matière : *La spiritualité des pensées de saint François de Sales.*

SPIRITUEL, ELLE (l. *spiritualem* : de *spiritus*, esprit), *adj.* Qui est un pur esprit, qui n'a pas de corps : *Les anges sont des êtres spirituels.* ‖ Qui appartient à l'âme et non au corps : *L'orgueil est un vice spirituel.* ‖ Qui tend à la perfection chrétienne : *Exercices spirituels.* ‖ *Communion spirituelle*, la part que ceux qui ne communient point prennent à la communion du prêtre en s'unissant avec lui. ‖ *Concert spirituel*, concert public où l'on exécute des morceaux de musique religieuse, et qui se donne pendant la semaine sainte. ‖ Qui est du ressort de l'Église : *On distingue le pouvoir spirituel du pouvoir temporel.* ‖ Mystique et allégorique : *Le sens spirituel d'un passage de l'Ancien Testament.* ‖ Qui a de l'esprit : *Un homme spirituel.* ‖ Où il y a de l'esprit : *Une réponse spirituelle.* ‖ Qui est un indice d'esprit : *Physionomie spirituelle.* — *Sm.* Ce qui est du ressort, du domaine de l'Église : *Distinguer le spirituel du temporel.*

SPIRITUELLEMENT (*spirituelle* + sfx. *ment*), *adv.* En faisant abstraction de la matière. ‖ En esprit, d'intention : *Communier spirituellement.* ‖ Mystiquement et allégoriquement : *Le serpent d'airain figure spirituellement la croix.* ‖ Avec esprit : *Répondre spirituellement.*

SPIRITUEUX, EUSE (ang. *spirituous* : du l. *spiritus*, esprit, liquide volatil), *adj.* Composé en majeure partie d'esprit-de-vin ou alcool. ‖ Qui contient de l'alcool : *Le vin, la bière sont des boissons spiritueuses.* — *Sm.* Liquide, boisson qui contient de l'alcool : *Abuser des spiritueux.*

SPITHEAD, détroit de la Manche qui, au N.-E., sépare l'île de Wight du Hampshire et forme la plus belle rade de l'Angleterre, capable de contenir 1 000 vaisseaux.

SPITZBERG (allem. *spitze*, pointe + *berg*, montagne). Archipel de l'océan Glacial arctique, distant de 650 kilomètres du N. de la Norvège, découvert en 1596 par le Hollandais Barents, composé de cinq grandes îles et d'une foule d'îlots, enseveli presque toute l'année sous la neige, offrant un sol granitique au N., volcanique sur la côte O., secondaire et tertiaire dans le S., riche en marbre, en houille, en phosphates, ayant ses vallées remplies par des glaciers ; possédant un climat relativement doux, quoique le mercure y gèle quelquefois dans le thermomètre. Il y a chaque année un jour de quatre mois et une nuit d'égale durée éclairée presque constamment par des aurores boréales. Jusqu'à la fin du dernier siècle, les mers environnantes abondaient en cétacés, aujourd'hui presque disparus ; il n'y reste plus que des morses. L'archipel est habité par des ours blancs, des rennes, des renards bleus, contre lesquels les Anglais organisent des parties de chasse. Les baleiniers hollandais, basques, hanséates, danois, norvégiens, russes ont cessé de le fréquenter ; le lagopède y vit sédentaire ; la flore ne se compose plus que de mousses, de quatre espèces de fougères et d'une centaine de plantes phanérogames dont une seule, le *cochlearia fenestrata*, est alimentaire ; cependant, à l'époque miocène, le Spitzberg, dont la température moyenne était alors de plus de 8 degrés, était couvert de forêts composées de tilleuls, d'ormes, de noyers, de séquoïas, de magnolias, de tulipiers constituant une flore analogue à celle du S. des Etats-Unis. L'archipel du Spitzberg a été dans ces dernières années savamment étudié par le célèbre professeur suédois Nordenskjöld.

SPLANCHNIQUE [splank-nike] (g. σπλάγχνον, viscère), *adj. 2 g.* Qui contient les viscères. ‖ Qui appartient, qui a rapport aux viscères : *Les trois grandes cavités splanchniques, le crâne, la poitrine, le ventre.* ‖ *Nerfs splanchniques*, nerfs de la vie organique qui naissent des ganglions de la poitrine et vont distribuer leurs filets dans l'abdomen. — **Dér.** *Splanchnologie.*

SPLANCHNOLOGIE (g. σπλάγχνον, viscère + λόγος, traité), *sf.* Description anatomique des viscères.

SPLEEN [spline] (m. angl. : du l. *splen* ; du g. σπλήν, rate),), *sm.* Maladie imaginaire qui consiste dans un ennui sans cause, et dans le dégoût de la vie ; elle est très commune en Angleterre. — **Dér.** *Splendir, splendide, splendidement, splendeur ; splénique.* **Comp.** *Resplendir, resplendissant, resplendissement.*

SPLENDEUR (l. *splendorem* : de *splendere*, reluire), *sf.* Grand éclat de lumière : *La splendeur du soleil.* — Fig. Degré très élevé d'honneur et de gloire : *La splendeur d'une famille de génie.* ‖ Beauté éclatante, somptueuse : *La splendeur d'un édifice.*

SPLENDIDE (l. *splendidum*), *adj. 2 g.* Qui est d'une beauté éclatante. ‖ Somptueux : *Repas splendide.*

SPLENDIDEMENT (*splendide* + sfx. *ment*), *adv.* D'une manière splendide : *Recevoir quelqu'un splendidement.*

***SPLENDIR** (l. *splendere*, briller), *vi.* Briller, resplendir. (LAMARTINE.)

SPLÉNIQUE (g. σπληνικός : de σπλήν,

rate), *adj. 2 g.* Qui appartient, qui a rapport à la rate : *Artère splénique.* || Propre à guérir quelque maladie de la rate : *Médicament splénique.*

***SPLÉNITE,** *sf.* Inflammation de la rate.

SPLÜGEN (2114 mètres). Col des Alpes, entre la Suisse et l'Italie, où passe la grande route commerciale qui mène de la Lombardie dans le canton des Grisons.

SPODE, *sf.* Ancien nom de l'oxyde de zinc.

SPOHR (Louis), (1784-1859). Compositeur et violoniste allemand très distingué. Son œuvre comprend environ 160 ouvrages de tous genres, oratorios, symphonies, musique de chambre, etc., et enfin 9 opéras, parmi lesquels on cite *Jessonda*, représenté à Cassel en 1823.

SPOLÈTE, 21 000 hab. Ville de l'Italie, dans l'Ombrie. Archevêché ; a un viaduc romain et une belle cathédrale de la renaissance.

SPOLIATEUR, TRICE (l. *spoliatorem*), *s.* Celui, celle qui dépouille quiconque de ce qu'il a. — *Adj.* Qui dépouille : *Mesure spoliatrice.*

SPOLIATION (l. *spoliationem*), *sf.* Action de déposséder par violence ou par fraude : *Être victime d'une spoliation.* || Action de priver de riches objets par pillage : *La spoliation d'un temple.*

SPOLIER (l. *spoliare*), *vt.* Dépouiller par force ou par fraude : *On l'a spolié de son héritage.* — **Gr.** Je spolie, n. spolions ; je spoliais, n. spoliions ; que je spolie, que n. spoliions. — **Dér.** *Spoliateur, spoliatrice, spoliation.*

SPONDAÏQUE (*spondée*), *adj.* et *sm.* Se dit d'un vers hexamètre grec ou latin dont le cinquième pied est un spondée.

SPONDÉE (l. *spondeum*), *sm.* Pied des vers grecs ou latins composé de deux syllabes longues. — **Dér.** *Spondaïque.*

SPONDYLE (g. σπόνδυλος, vertèbre), *sm.* Autrefois vertèbre et particulièrement la deuxième vertèbre du cou. || Aujourd'hui genre de mollusques marins voisin de l'huître et dont une grande espèce de la Méditerranée, le *spondyle pied-d'âne*, se mange en Italie.

***SPONGIAIRES** (l. *spongia*, éponge), *smpl.* Classe de zoophytes dont l'éponge est le type. (V. *Éponge.*)

SPONGIEUX, EUSE (l. *spongiosum*), *adj.* Dont le tissu est comparable à celui de l'éponge : *La matière spongieuse des poumons.* || Poreux et qui s'imbibe aisément : *Sol spongieux.* — **Dér.** *Spongiaire, spongine, spongiole, spongiosité, spongite.* Même famille : *Éponge*, etc.

***SPONGINE** (l. *spongia*, éponge), *sf.* Matière constitutive principale de l'éponge : elle est analogue à celle des os (V. *Osséine*), des ongles, des poils, de la soie.

***SPONGIOLE** (dm. du l. *spongia*, éponge), *sf.* L'extrémité de chaque fibrille d'une racine formée d'un tissu cellulaire, jeune et très absorbant.

***SPONGIOSITÉ** (*spongieux*), *sf.* Qualité d'un corps spongieux.

SPONGITE (g. σπογγίτης), *sf.* Pierre remplie de trous qui imite l'éponge.

SPONTANÉ, ÉE (l. *spontaneum* : de *sponte*, par la volonté), *adj.* Que l'on fait de plein gré et sans contrainte : *Sa soumission fut spontanée.* || Qui a lieu de soi-même et sans l'intervention d'une cause extérieure apparente : *Les battements du cœur sont spontanés.* || *Génération spontanée*, formation d'êtres vivants, animaux ou végétaux, qui ne doivent point l'existence à des individus de leur espèce : *La génération spontanée est une hypothèse soutenue par certains naturalistes.* || *Plantes spontanées*, plantes qui se développent naturellement, sans être semées par l'homme ni cultivées. — **Dér.** *Spontanément, spontanéité.* — **Comp.** *Subspontané.*

SPONTANÉITÉ (*spontané*), *sf.* Qualité de ce qui est spontané : *La spontanéité d'une décision.*

SPONTANÉMENT (*spontanée* + sfx. *ment*), *adv.* Volontairement, de soi-même.

SPONTINI (1774-1851). Célèbre compositeur de musique italien, qui habita Paris et Berlin, et dont les deux plus beaux opéras sont : la *Vestale* (1807), *Fernand Cortez* (1809). Spontini, naturalisé Français, fut élu membre de l'Institut en 1838.

SPONTON, *sm.* (V. *Esponton.*)

SPORADES (g. σποράς, génitif σποράδος, dispersé). Nom donné par les anciens aux îles de l'Archipel disséminées le long de la côte asiatique, par opposition aux Cyclades, qu'ils regardaient comme rangées en cercle autour de Délos. Elles sont comprises entre l'île de Samos au N. et celle de Rhodes au S. — **Dér.** *Sporadique, sporadiquement, sporadicité.*

***SPORADICITÉ** (*sporadique*), *sf.* Qualité de ce qui est sporadique : *La sporadicité d'une maladie.*

SPORADIQUE (g. σποραδικός : de σποράς, dispersé), *adj. 2 g.* Épars, dispersé : *Plantes sporadiques*, qui croissent dans des pays très distants les uns des autres. || Se dit de toute maladie qui attaque isolément quelques individus dans la masse de la population, sans cause locale ni générale appréciable.

***SPORADIQUEMENT** (*sporadique* + sfx. *ment*) *adv.* Çà et là, en des points espacés.

***SPORADOSIDÈRE** (g. σποράς, dispersé + σίδηρος, fer), *sm.* Sorte de météorite où le fer natif en grenailles est disséminé dans une pâte pierreuse.

***SPORANGE** (*spore* + g. ἀγγεῖον, cavité), *sm.* Cavité à parois généralement membraneuses qui contient les spores des plantes cryptogames.

SPORE (g. σπορά, graine), *sf.* Corpuscule reproducteur des plantes cryptogames et qui est l'analogue de la graine des autres plantes. — **Dér.** *Sporidie, sporule, sporite, Sporades, sporadique, sporadiquement.* — **Comp.** *Sporange, sporadosidère.*

***SPORIDIE** (dim. de *spore*), *sf.* Très petite spore des plantes à génération alternante, comme la puccinie du blé : *Une sporidie transportée sur l'épine-vinette y germe aussitôt.*

***SPORITE** (*spore*), *sf.* Roche qui se forme actuellement dans certains terrains de l'île de la Réunion : elle tire son nom de l'accumulation des spores de fougères qu'on y a reconnues.

SPORT (m. angl., du vx fr. *desport*, amusement), *sm.* Tout exercice du corps en plein air, comme course de chevaux, chasse, canotage, etc. || Se dit surtout en France des courses de chevaux. — **Comp.** *Sportsman.*

***SPORTSMAN** (*sport* + ang. *man*, homme), *sm.* Celui qui se livre aux exercices du sport. — Pl. *des sportsmen.*

SPORTULE (l. *sportula*, petit panier), *sf.* Dons en aliments que les grands de l'ancienne Rome faisaient distribuer à leurs clients.

SPORULE (dm. de *spore*), *sf.* Sporidie.

S. P. Q. R. Abréviation des mots latins : *Senatus Populus Que Romanus*, le Sénat et le Peuple Romain.

S. P. Q. S. Abréviation des mots latins : *Sibi Posteris Que Suis*, à soi et à ses descendants.

SPRÉE, rivière d'Allemagne qui prend sa source à Neu-Salza, aux confins de la Saxe et de la Bohême, puis entre en Prusse où elle coule alternativement au N. et à l'E. ; elle arrose Bautzen, Kottbus, Berlin, Charlottenburg, et se jette dans le Havel vis-à-vis de Spandau. Elle communique par des canaux avec l'Oder et l'Elbe (canaux Frédéric-Guillaume et de Plaue).

***SPRINGBOK** (angl. *spring*, sauteur + *bok*, bouc), *sm.* Espèce d'antilope qui ressemble à la gazelle, dont elle se distingue par sa taille plus grande et ses formes plus trapues. Le springbok habite les environs du Cap de Bonne-Espérance ; il vit en troupes nombreuses qui voyagent presque constamment.

SPRINGFIELD, 33000 hab. Ville des États-Unis, sur le Connecticut (Massachusetts). Grandes fabriques d'armes, papeteries.

SPULLER (EUGÈNE). Publiciste et homme d'État français, né à Seurre (Côte-d'Or), en 1835. Il fit de l'opposition à l'empire dans le *Nain jaune*, le *Journal de Paris*, etc. Le 7 octobre 1870, il quitta Paris en ballon avec Gambetta et devint alors l'un de ses collaborateurs les plus zélés. La guerre terminée, il fonda avec son ami le journal la *République française*, dont il devint le rédacteur en chef. Il fut envoyé à la Chambre des députés par le IIIe arrondissement de Paris et fit partie des 363. Depuis cette époque il a toujours fait partie de la Chambre des députés. Il occupa le ministère des Affaires étrangères dans le cabinet Tirard (1889-1890).

SPUMEUX, EUSE (l. *spumosum* : de *spuma*, écume), *adj.* Mêlé d'écume : *Salive spumeuse*, qui ressemble à de l'écume : *Vague spumeuse.*

SPUTATION (l. *sputare*, cracher), *sf.* Action de cracher. (Méd.) — **Dér.** *Spumeux, spumeuse.*

SQUALE [scou-a-le], (l. *squalus*, âpre, squale), *sm.* Famille de grands poissons marins, cartilagineux comprenant les squales proprement dits ou chiens de mer, les requins, les marteaux, les scies, etc.

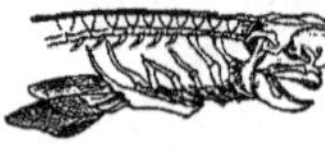
SQUALE
SQUELETTE D'ACANTHIAS

***SQUAMATA** (du l. *squama*, écaille), *sm.* Nom que les Romains donnaient à des cuirasses ajustées, couvertes de petites plaques métalliques, ou cornées, qui se recouvraient comme les écailles des poissons ou les plumes des oiseaux.

SQUAMATA

*** SQUAME** (l. *squama*, écaille), *sf.* Petite écaille. || Sorte de petite bractée qui enveloppe le calice de certaines fleurs. || Petites lames épidermiques qui se détachent de la peau après certaines inflammations. — **Dér.** *Squameux, squameuse, squamata.* — **Comp.** *Squamiforme.*

SQUAMEUX, EUSE [scoua-meux] (l. *squamosum* : du l. *squama*, écaille), *adj.* Couvert d'écailles : *La peau squameuse des poissons.* || Qui a la forme d'une écaille.

***SQUAMIFORME** (l. *squama*, écaille + forme), *adj. 2 g.* Qui est en forme d'écaille.

SQUARE [skou-è-re] (m. angl., *place carrée*), *sm.* Jardin paysager entouré d'une grille, établi au milieu d'une place publique : *Le square Monge, à Paris.*

***SQUARREUX, EUSE** (l. *squarrosum*), *adj.* Hérissé et rude au toucher.

SQUELETTE (g. σκελετός, desséché), *sm.* Tous les os d'un animal mort et dépouillé de sa chair, assemblés dans leur situation naturelle : *Un squelette d'homme.* || L'ensemble des os d'un animal vertébré : *Le squelette de la tortue est fort extraordinaire.* — Le squelette osseux des vertébrés apparaît pour la première fois, dans la série animale, chez un tunicier marin, l'*ascidie*, dont la larve possède les rudiments de la corde dorsale ; mais celle-ci disparaît dès que l'animal est parvenu à l'état parfait. Le premier linéament du squelette réapparaît, chez l'*amphioxus*, sous la forme d'un cordon dorsal qui, en évoluant dans toute la série animale, a produit le système osseux tel qu'il existe chez l'homme. Chez tous les vertébrés, les os ont entre eux la même situation respective et les mêmes rapports caractéristiques que chez l'homme, quelle que soit d'ailleurs leur forme, et l'on peut dire que du haut en bas de l'échelle le squelette est fait sur un patron unique. Ce squelette comprend un axe et ses annexes. L'axe est constitué par la *colonne vertébrale*, terminée en avant par la tête, en arrière par le coccyx ou queue. La production des vertèbres a lieu d'avant en arrière, et ce sont les vertèbres cervicales antérieures qui se forment les premières. Nous avons vu au mot *Crâne* que les os de cette partie du squelette ne sont pas autre chose que des vertèbres modifiées. A l'état embryonnaire, l'homme est pourvu d'une queue assez longue, qui est résorbée et se réduit bientôt au coccyx. Les anciens anatomistes prétendaient même que la queue de la femme comptait cinq vertèbres, tandis que celle de l'homme n'en avait que quatre. (V. *Vertèbre.*) Les côtes sont des dépendances immédiates des vertèbres : elles sont formées par des apophyses antérieures qui se développent en forme d'arc sans rester adhérentes, sans se souder aux vertèbres elles-mêmes. Elles sont réunies en avant par le *sternum*, et constituent ainsi la cage thoracique, dans laquelle viennent s'abriter les poumons et le cœur. Les côtes sont au nombre de vingt-quatre, douze pour chaque côté. Il arrive quelquefois que leur nombre augmente : c'est qu'alors la partie antérieure de l'apophyse transverse de la septième vertèbre cervicale s'est développée; ou bien encore ces côtes surnuméraires sont situées à la partie supérieure des lombes. (V. *Thorax*.) Chez les vertébrés inférieurs, chez les poissons par exemple, les vertèbres cervicales développent aussi leurs apophyses antérieures, et donnent ainsi naissance aux *arcs branchiaux*, supportant les branchies, et reliés en avant par l'*os hyoïde*, qui est l'analogue du *sternum*. Mais, à mesure que l'on s'élève dans la série animale, ces arcs branchiaux reçoivent une adaptation différente, ou disparaissent complètement. C'est ainsi que la première de ces *côtes céphaliques* a donné naissance à deux osselets de l'oreille, l'*enclume* et le *marteau*, et au *maxillaire inférieur* définitif. Du deuxième arc branchial naissent l'*étrier*, l'*apophyse styloïde* du temporal et la petite corne de l'os hyoïde. La partie antérieure du troisième arc branchial constitue le corps de l'os hyoïde et la grande corne de ce même os. Les quatrième, cinquième et sixième arcs branchiaux sont permanents chez les sélariens; mais ils n'ont pas laissé de trace de leur existence chez les mammifères supérieurs.

A la colonne vertébrale se relient deux ceintures osseuses : l'une placée à la partie antérieure ou supérieure, la seconde à la portion postérieure ou inférieure. La première est formée par l'*omoplate* et ses apophyses, et la *clavicule*. Ce dernier os manque dans le squelette de certains rongeurs. Chez les oiseaux, cette ceinture supérieure a une disposition particulière. (V. *Oiseau*.)

La ceinture inférieure constitue le *bassin*, et se compose des deux *os iliaques* (un de chaque côté), du *sacrum* et du *coccyx*, qui terminent par en bas la colonne vertébrale.

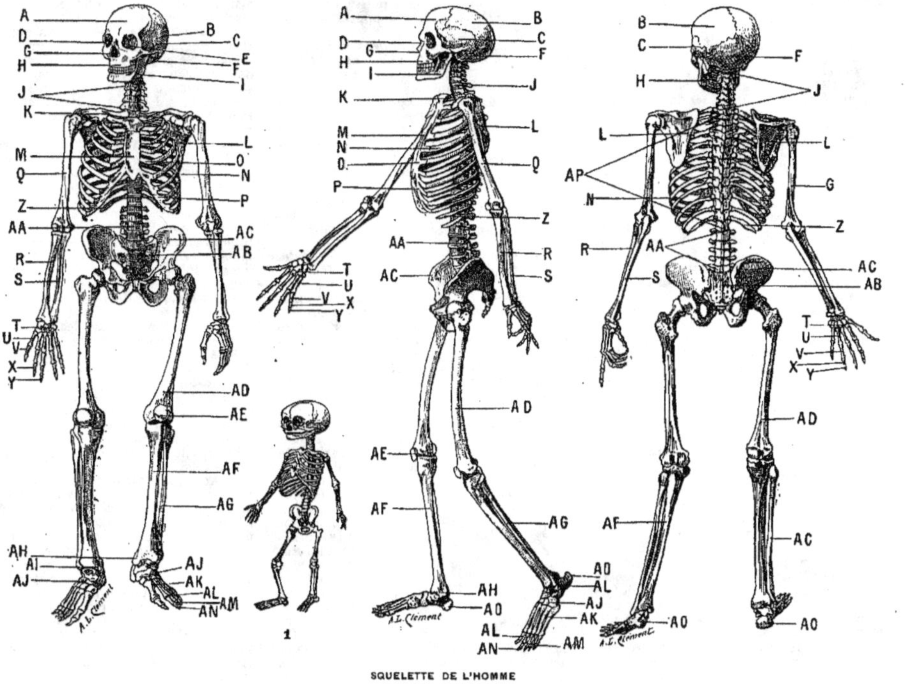

SQUELETTE DE L'HOMME

A. Frontal. — **B.** Pariétal. — **C.** Malaire. — **D.** Nasal. — **E.** Orbite (os unguis). — **F.** Temporal. — **G.** Vomer. — **H.** Maxillaire supérieur. — **I.** Maxillaire inférieur. — **J.** Vertèbres cervicales. — **K.** Clavicule. — **F.** Omoplate. — **M.** Sternum. — **N.** Côtes. — **O.** Cartilages costaux. — **P.** Cartilage commun aux 6e, 7e, 8e, 9e et 10e côtes. — **Q.** Humérus. — **R.** Radius. — **S.** Cubitus. — **T.** Carpe. — **U.** Métacarpe. — **V.** Phalanges. — **X.** Phalangettes. — **Y.** Phalangines. — **Z.** Fausses côtes. — **AA.** Vertèbres lombaires. — **AB.** Sacrum et coccyx. — **AC.** Os iliaque. — **AD.** Fémur. — **AE.** Rotule. — **AF.** Tibia. — **AG.** Péroné. — **AH.** Malléole interne. — **AI.** Malléole externe. — **AJ.** Tarse. — **AK.** Métatarse. — **AL.** Phalanges. — **AM.** Phalangines. — **AN.** Phalangettes. — **AO.** Calcanéum. — **AP.** Vertèbres dorsales.

1. Fœtus montrant le rapport de taille au moment de la naissance.

A chacune de ces deux ceintures osseuses se relient les *membres*, formés de pièces symétriques. Chez les classes supérieures de vertébrés, ces membres sont pentadactyles, c'est-à-dire terminés par cinq doigts; souvent cependant des atrophies en ont diminué le nombre. Dans les classes de poissons les plus anciennes, les nageoires sont tétradactyles; mais dans les poissons plus perfectionnés, elles sont devenues pentadactyles; enfin les vertébrés acraniens sont totalement dépourvus d'appendices osseux. La forme primitive des membres, telle qu'elle existait chez les plus anciens poissons, ceux de l'époque silurienne, se trouve encore aujourd'hui chez le *ceratodus* de l'Australie. Ce singulier animal possède des nageoires ventrales et pectorales ressemblant à une feuille ovale allongée et terminée en pointe, et dont le squelette cartilagineux se compose d'un axe médian, représentant la nervure médiane d'une feuille, et duquel naissent, de chaque côté, de minces rayons, simulant les nervures secondaires. Cette nageoire est reliée à la colonne vertébrale par un arc cartilagineux. C'est de cet organe, modifié par le temps et l'évolution, que les partisans de l'école transformiste font dériver les membres de l'homme et des animaux supérieurs. Ces parties du squelette se sont, du reste, adaptées aux conditions d'existence auxquelles les êtres ont été soumis, et ont donné naissance à la variété de forme que nous constatons aujourd'hui dans toute la série animale. Nous n'entrerons pas ici dans le détail du squelette, chaque os ayant été traité à sa place respective. Nous dirons seulement que les os des vertébrés inférieurs sont cartilagineux. Ils commencent néanmoins à s'ossifier chez les poissons de certaines classes. Ils présentent aussi cette constitution pendant la période embryonnaire des mammifères, et restent même en partie dans cet état pendant la jeunesse de ceux-ci : chacun sait, en effet, que ce n'est que vers vingt-cinq ans que le squelette de l'homme est arrivé à son entier développement, bien que l'encroûtement des sutures se continue au delà de ce terme de la vie humaine. Le nombre des os varie avec la place qu'occupe chaque espèce dans la série animale. On parvient néanmoins à les grouper, à les réduire au même nombre que chez l'homme; car les parties élémentaires d'un même os de ce dernier restent, en quelque sorte, indépendantes les unes des autres chez les animaux, ou même chez les mammifères placés au-dessous de lui. C'est ainsi, par exemple, que le frontal de l'homme est quelquefois formé de deux os, alors que dans la généralité des cas il est unique.

Nous renvoyons au mot *Os* pour ce qui concerne la formation et le développement de ces parties du corps, et à chaque *os* en particulier pour sa forme. Les figures ci-dessus montreront les positions respectives des différentes pièces du squelette. Nous avons aussi donné au mot *Singe* les squelettes des singes anthropomorphes; ils feront voir les différences qui existent entre ce squelette et celui de l'homme. (V. *Os, Vertèbre, Crâne,* etc. ‖ *Squelette extérieur des insectes,* la membrane cornée qui enveloppe leur corps. — Fig. Personne extrêmement maigre et décharnée : *C'est un vrai squelette.* — Fig. Ouvrage d'esprit où le sujet est présenté d'une manière sommaire et aride : *Les manuels ne sont souvent que des squelettes.* ‖ La partie fondamentale et la plus résistante d'une chose, celle qui en forme, pour ainsi dire, la charpente : *Le squelette d'un arbre, d'un navire.*

***SQUILLE** (g. σκίλλα, nom mythologique), *sf.* Genre de crustacés dont les nombreuses espèces habitent les mers des régions chaudes; cependant quelques-unes remontent l'Atlantique jusque dans la Manche. Ils demeurent dans les couches profondes de l'Océan; ils nagent avec une grande vitesse, et frappant l'eau avec leur queue.

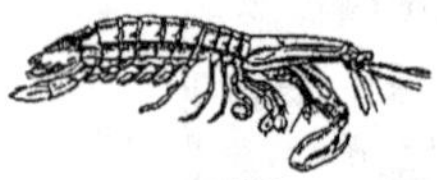

SQUILLE

SQUINANCIE, *sf.* (V. *Esquinancie.*)

SQUINE (esp. *esquenanto*), *sf.* Racine tubéreuse et ligneuse d'une asparaginée de la Chine et du Japon, voisine de la salsepareille, très renommée autrefois comme sudorifique.

SQUIRRE ou **SQUIRRHE** (g. σκίρρος), *sm.* Tumeur dure et non douloureuse, semblable par sa couleur et sa consistance à de la couenne de lard, qui se développe surtout dans les glandes, dans la muqueuse de l'estomac et qui est une variété du cancer. — **Dér.** *Squirreux, squirreuse; squirrheux, squirrheuse.*

SQUIRREUX, EUSE ou **SQUIRRHEUX, EUSE** (*squirre*), *adj.* Qui est de la nature du squirre. ‖ Qui en a l'apparence.

ST, ST [sit, sit, prononcez à peine l'*i*]. Interjection dont on se sert pour appeler quelqu'un.

STAAL (BARONNE DE) (1683-1750). Épouse d'un vieil officier suisse, femme de chambre de la duchesse du Maine, qui la traitait fort mal malgré son mérite; prit part à la conspiration de Cellamare et a laissé des mémoires fort intéressants.

STABAT [sta-bate], ml., premier mot du chant : de *stare*, se tenir debout), *sm.* Prose en l'honneur de la Vierge qui se chante pendant la semaine sainte. ‖ Musique composée pour cette prose : *Le stabat de Rossini.* — Pl. *des stabat.* — **Dér.** *Stable, stabilité; stabulation; statue, statuaire, stature, station, stationner, stationnaire, stationnale, stationnement; étable; stamine, staminal, staminale, staminé, staminée, staminode; étamine,* etc.; *établir, établi, établissement, stage, stagiaire; stagnant, stagnation.* — **Comp.** *Constant, constante, constance, Constance, Constantin, conster, constable; connétable, connétablie; constater, constituer, constitution; constituant, constituante, constitutif, constitutive; constitutionnel, constitutionnellement,* etc.; *inconstant, inconstance,* etc.; *distance, distancer, distant, instance,* etc.; *obstacle; prestance; prêter, prêt, prêteur, prêteuse; rester, reste, restant; arrêter, arrêt, arrêté; substance,* etc.; *substanter,* etc.; *superstition, superstitieux, superstitieuse, superstitieusement; destituer, destitution, instituer, institution, instituteur, institutrice; restituer, restitution; substituer, substitution; instable, instabilité; destituer, destitution; solstice, solsticial; justice,* etc.; *insister,* etc.; *désister,* etc.; *interstice,* etc.; *persister,* etc.; *résister; consister,* etc.; *subsister, subsistance,* etc.; *exister, existence,* etc.

STABIES, petite ville de l'ancienne Campanie, sur la mer Tyrrhénienne, qui fut engloutie avec Pompéia et Herculanum par l'éruption du Vésuve en 79.

STABILITÉ (l. *stabilitatem*), *sf.* Solidité : *La stabilité d'une voûte.* — Fig. Qualité de ce qui dure : *La stabilité d'un gouvernement.* ‖ Constance : *La stabilité du caractère.* ‖ État de permanence dans un lieu. ‖ Propriété qu'a un corps un peu dérangé de sa position d'équilibre de pouvoir y revenir après une série d'oscillations : *La stabilité du fléau d'une balance.* (Méc.) ‖ Épure de stabilité d'un pont, d'un ouvrage d'art : dessin dans lequel on étudie les conditions d'équilibre de cet ouvrage dans différentes hypothèses, et les dimensions à donner à ses divers éléments, pour qu'il puisse résister à tous les efforts qu'il est appelé à supporter.

STABLE (l. *stabilem*), *adj. 2 g.* Solide. ‖ Qui est dans un état, dans une situation ferme : *Edifice stable.* ‖ *Equilibre stable d'un corps,* celui qui ayant été légèrement dérangé se rétablit de lui-même après une série d'oscillations. — Fig. Assuré : *Position stable.* ‖ Durable, permanent : *Le beau temps est stable.* — **Dér.** *Stabilité, stabulation.* — **Comp.** *Instable, instabilité.* Même famille : *Établir,* etc.; *statuer,* etc.; *Stabat.* (V. ce mot.)

***STABULATION** (l. *stabulationem*), *sf.* Séjour permanent des bestiaux à l'étable : *La stabulation produit plus de fumier que le pacage.*

***STACCATO** (mot ital., *détaché*), *adv.* Terme employé en musique pour indiquer que les sons doivent être bien isolés les uns des autres. — *Sm.* Ce mode d'exécution musical. — Pl. *des staccato* ou *des staccati.*

STACE (PUBLIUS PAPINIUS) (61-96). Poète latin qui fut précepteur de Domitien, et dont on a des *Sylves* ou *Mélanges* et deux poèmes épiques, la *Thébaïde* et l'*Achilléide.*

***STACHYDE** (g. στάχυς, épi), *sf.* ou **ÉPIAIRE.** Genre de plantes dicotylédones de la famille des Labiées dont les nombreuses espèces sont répandues sur toute la surface du globe, excepté en Australie. Ce sont des herbes ou des arbrisseaux dont quelques-uns sont cultivés dans les jardins comme plantes d'ornement. Tels sont les *stachydes d'Allemagne* à belles fleurs roses; la *stachyde écarlate,* originaire du Mexique, dont les fleurs sont d'un rouge foncé. On en rencontre aux environs de Paris un grand nombre d'espèces dont les unes habitent les endroits humides, tandis que d'autres se trouvent dans les moissons.

STACHYDE

STADE (g. στάδιον), *sm.* Mesure itinéraire des anciens Grecs qui valait 184m,97. ‖ Large lice longue d'un stade où les athlètes grecs s'exerçaient à la course. ‖ Chaque phase d'une maladie intermittente : *Il y a dans la fièvre un stade de froid et un stade de chaleur.* (Méd.)

STADE, 6500 hab. Ville de Prusse (Hanovre), port sur la Schwinge, affluent de l'Elbe. Tissage de laine et de coton. Chantiers de construction.

***STADIA** (g. στάδιον, stade : de στάδιος, planté debout), *sf.* Instrument servant à mesurer indirectement les distances. Il est basé sur ce fait que les hauteurs apparentes sont en raison inverse des distances. La *stadia militaire* se compose d'une petite plaque de verre ayant la forme d'un lorgnon sur laquelle sont tracées deux obliques s'écartant également de l'horizontale. Les côtés de ces deux lignes sont gradués. Pour se servir de cet instrument, on le tient à bras tendu et l'on s'arrange de manière à ce qu'un homme soit vu entre les deux obliques. Lorsqu'on l'aperçoit à l'endroit où est écrit le chiffre 1, l'homme est à 100 mètres; quand il est à la division 2, il est à 200 mètres, etc. Cet instrument ne donne que des mesures approchées,

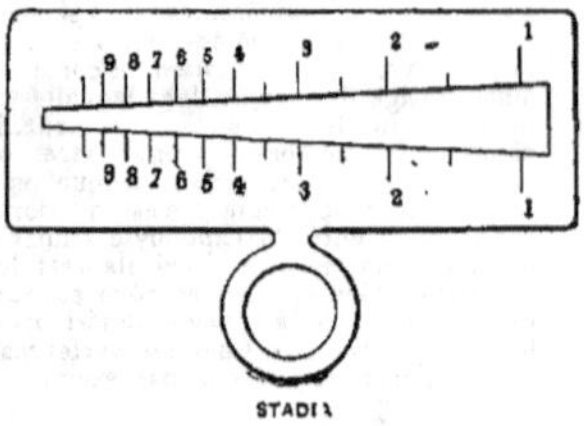

STADIA

mais il peut rendre de réels services. — **Gr.** Quelques auteurs font *stadia* du masculin.

***STADION** (PHILIPPE, COMTE DE), (1763-1824). Homme d'État allemand qui, sous le premier Empire, fut le principal négociateur des coalitions contre la France. Il occupa successivement les postes d'ambassadeur à Stockholm, à Londres, à Berlin et à Saint-Pétersbourg, et mourut ministre des finances de l'empire d'Autriche.

STAEL-HOLSTEIN (BARONNE DE) (1766-1817). Fille de Necker, mariée au baron de Stael-Holstein, ambassadeur de Suède à Paris, fut tracassée par la police du premier Empire et exilée pour ses opinions et ses écrits libéraux. Elle voyagea alors en Allemagne et en Italie. Douée de grands talents littéraires, elle se rendit célèbre par ses romans de *Delphine* et de *Corinne,* et par le livre de l'*Allemagne,* dans lequel elle fit connaître à la France la littérature de ce pays.

STAFFA, l'une des îles Hébrides, fameuse par ses falaises de basalte à colonne, et par sa grotte de Fingal, l'une des merveilles naturelles du monde.

STAFFARDE, village du Piémont, au N. de Saluces, où Catinat battit le duc de Savoie (1690).

STAFFORD, 12000 hab., ch.-l. du comté anglais de même nom, situé au centre de l'Angleterre et célèbre par ses immenses houillères, ses fonderies et ses nombreuses fabriques de faïence, industrie inaugurée par Wedgwood.

STAGE (bl. *staticum,* résidence), *sm.* Résidence de six mois qu'un nouveau chanoine doit faire dans son église avant de jouir des honneurs et des revenus attachés à son canonicat. Les trois ans pendant lesquels un nouvel avocat doit suivre assidûment les audiences des tribunaux avant d'être inscrit au tableau de l'ordre. Noviciat que l'on doit faire dans une étude, un hôpital, une école, etc., avant d'être reçu notaire, médecin, professeur, etc. — **Dér.** *Stagiaire.*

STAGIAIRE (*stage*), *adj. 2 g.* Qui fait son stage : *Avocat stagiaire.* ‖ Qui a rapport au stage. — *Sm.* Celui qui fait son stage : *Un stagiaire.*

STAGIRE, ville de l'ancienne Macédoine, dans la Chalcidique, patrie d'Aristote, appelée quelquefois la *Stagirite.*

STAGNANT, ANTE (l. *stagnantem*), *adj.* Qui ne coule pas, en parlant des eaux : *Eaux stagnantes.* ‖ Qui cesse de circuler et s'altère en parlant du sang et des humeurs. — Fig. Qui languit, qui ne progresse pas : *Le commerce est stagnant.* — **Dér.** *Stagnation.*

STAGNATION (l. *stagnare,* être stagnant), *sf.* État de l'eau qui ne coule pas, du sang, des humeurs qui ne circulent pas. — Fig. État de ce qui languit ou ne progresse pas : *La stagnation des affaires.*

STAHL, médecin et chimiste allemand, né à Anspach en 1660, mort à Berlin en 1734. Il fit partie de l'Académie de Berlin. Il fonda en médecine le système de l'*animisme,* dans lequel l'âme est regardée comme la cause de l'activité vitale et comme le principal facteur de la guérison des maladies, système qui se transforma plus tard en *vitalisme,* etc. Porté au mysticisme, dédaignant en médecine l'application de l'anatomie, de la physique, etc., Stahl essaya d'embrasser un grand nombre de phénomènes chimiques dans sa célèbre théorie du phlogistique, dont l'inexactitude lui aurait été démontrée par l'emploi de la balance. Son essai de coordination n'en a pas moins été utile à la science, en permettant de remplacer d'un seul coup une théorie par une autre : celle que Lavoisier fonda sur les pesées.

STAINS, 1 300 hab. Ville du département de la Seine, sur le Crould, canton de Saint-Denis. Beau château. Fort détaché, faisant partie du camp retranché de Paris.

STALACTITE (g. σταλακτίς, qui tombe goutte à goutte), *sf.* Masse cristallisée, de forme conique, qui pend de la voûte d'une grotte et résulte du suintement à travers cette voûte d'une eau chargée d'un sel qu'elle dépose en s'évaporant peu à peu. Les stalactites sont comparables aux glaçons qui, en hiver, pendent au bord des toits des maisons. Les plus communes sont composées de carbonate de chaux qui décompose la lumière comme les cristaux d'un lustre. || Ornements d'architecture.

STALACTITES

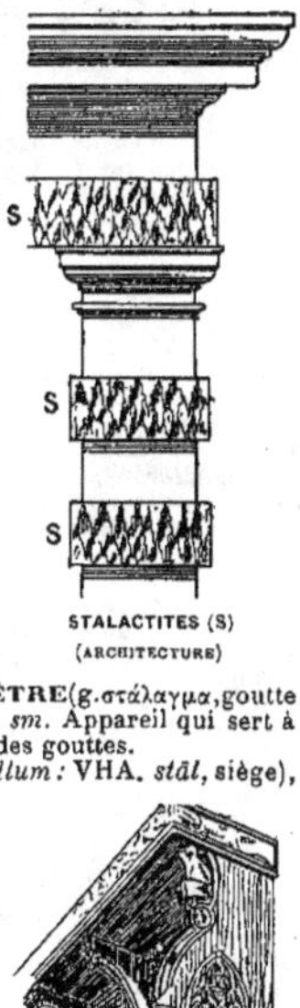

STALACTITES (S)
(ARCHITECTURE)

STALAGMITE (du g. στάλαγμα, goutte), *sf.* Corps en tout semblable à la stalactite, mais qui se dresse sur le sol d'une grotte au lieu de pendre de la voûte. Souvent les stalactites et les stalagmites finissent par se rejoindre et forment des espèces de colonnes cristallines.

***STALAGMOMÈTRE** (g. στάλαγμα, goutte + μέτρον, mesure), *sm.* Appareil qui sert à mesurer le volume des gouttes.

STALLE (bl. *stallum* : VHA. *stâl*, siège), *sf.* Chacun des sièges en bois dont le fond se lève et se baisse à volonté et qui sont autour du chœur d'une église pour l'usage du clergé. || Dans un théâtre, toute place séparée et numérotée. || Chacune des séparations en bois qui marquent la place d'un cheval dans une écurie. || Cette place même. — **Gr.** Ce mot était autrefois masculin.

STALLE D'ÉGLISE
STALLE D'ANELLAU, XIVe SIÈCLE

STAMBOUL (corrup. du g. τήν πολιν, la ville), *sm.* Nom de Constantinople en turc.

***STAMINAL, ALE** (*stamine*), *adj.* Qui appartient, qui a rapport aux étamines.

***STAMINE** (l. *staminem*), *sf.* Étamine (Rousseau). **Dér.** *Staminal, staminale, staminé, staminée, staminode.* Même famille : *Étamine.*

***STAMINÉ, ÉE** (*stamine*), *adj.* Se dit d'une fleur qui n'a que des étamines et n'a point de pistil.

***STAMINODE** (*stamine*), *sm.* Chacune des deux étamines latérales atrophiées et stériles de la fleur des orchidées.

STANCE (ital. *stanza*, arrêt, stance), *sf.* Nombre déterminé de vers formant un sens complet, et dont l'arrangement, la mesure et la rime sont assujettis à la même règle dans toute la pièce. — *Au pl.* Pièce de poésie composée de stances : *Réciter des stances.*

***STAND,** *sm.* Nom d'un endroit disposé pour le tir des armes à feu.

STANHOPE (COMTE DE) (1673-1721). Général et homme d'État anglais, se signala dans la guerre de la succession d'Espagne, où il fut fait prisonnier; ministre sous Georges Ier, il négocia avec Dubois les traités de la triple et de la quadruple alliance. — STANHOPE (CHARLES, VICOMTE DE MAHON, COMTE DE) (1753-1816), petit-fils du précédent, fut un savant physicien et un partisan de la Révolution française. Il inventa la presse d'imprimerie qui porte son nom. — STANHOPE (ESTHER, LADY) (1789-1839), fille du précédent et nièce de Pitt, se retira dans un vieux couvent du Liban où elle vécut jusqu'à sa mort habillée en homme, et où elle était vénérée comme prophétesse par les Arabes.

***STANHOPÉE** (*Stanhope*, nom propre), *sf.* Genre de plantes monocotylédones de la famille des Orchidées, originaires de l'Amérique équinoxiale, dont les fleurs sont très grandes, à labelle contournée et charnue, d'un blanc jaunâtre et tacheté de brun. Ces fleurs exhalent une odeur pénétrante. On les cultive dans des corbeilles ou sur des troncs d'arbres, dans des serres chaudes. On en connaît plusieurs espèces, dont la plus connue est la *stanhopée à fleurs tigrées.*

STANISLAS Ier LECZINSKI (1677-1766). Élu roi de Pologne en 1704 après la déposition d'Auguste II; allié de Charles XII, il dut abandonner le trône à son prédécesseur après le désastre de Pultava. Après la mort d'Auguste II (1733), il tenta vainement de le reconquérir; mais le traité de Vienne (1738) lui assura la souveraineté viagère de la Lorraine, qu'il rendit heureuse et florissante. Sa fille, Marie Leczinska, avait épousé Louis XV en 1725. (V. *Nancy.*) — STANISLAS II, AUGUSTE PONIATOWSKI (1732-1798), favori de Catherine II, par l'influence de laquelle il fut élu roi de Pologne en 1764. Les dissensions religieuses qui éclatèrent dans son royaume déterminèrent l'intervention de la Russie, de l'Autriche et de la Prusse, qui opérèrent un premier démembrement de la Pologne en 1772, et un second en 1795. Stanislas II abdiqua alors et alla achever ses jours à Grodno.

STANISLAWOW, 12 000 hab. Ville d'Autriche-Hongrie (Galicie), sur la Bistritza. Grains, tabac.

STANLEY (JOHN **ROWLANDS**, de son vrai nom; HENRI-MORETON), né en 1841 (ou 1840) à Denbigh (pays de Galles), voyageur anglo-américain, célèbre explorateur de l'Afrique centrale, et *reporter* du *New-York Herald.* Parti pour l'Amérique, à l'âge de quinze ans, comme garçon de cabine, il y fut adopté par un négociant du Missouri nommé STANLEY; à la mort de celui-ci, s'étant trouvé sans ressources, il s'engagea dans l'armée confédérée et fut fait prisonnier. Après la paix, devenu correspondant du *New-York Herald*, il fut envoyé par ce journal en Europe, en Perse, dans les Indes, puis en Abyssinie où il suivit l'expédition anglaise de 1868. En 1869, Gordon Bennett lui confiait la mission de rechercher le Dr Livingstone : après de nombreuses difficultés, Stanley rencontra ce dernier à Oudjidji (3 nov. 1871), sur le lac Tanganyika, et séjourna avec lui jusqu'au 8 février 1872, afin de reconnaître cette partie de la région des Grands Lacs. En 1874, le *New-York Herald* et le *Daily News* (de Londres) le chargèrent d'une expédition destinée à traverser le « *continent mystérieux* » : Stanley reconnut alors le lac Victoria Nyanza (1875), parcourut toute la région des Grands Lacs (1876), et enfin découvrit et traça le cours du Loualaba-Congo qu'il descendit depuis le Tanganyika jusqu'à l'océan Atlantique (1877). Reçu membre de la Société de géographie de Paris, il fut décoré de la Légion d'honneur (28 janvier 1878). En 1879, il créa à Bruxelles l'Association internationale africaine et repartit pour le Congo occidental, que Savorgnan de Brazza venait d'atteindre par l'Ogooué (1882) : Stanley fonda *Léopoldville*, sur le Stanley-Pool, capitale du nouvel *État libre du Congo*, échelonna, sur la rive gauche du grand fleuve et sur ses affluents, de nombreuses stations commerciales reliées entre elles jusqu'au lac de Tanganyika, et, durant plusieurs années, explora tout le bassin intérieur de *son* empire. En 1887, il organisa une nouvelle expédition ayant pour but la délivrance d'Emin Pacha, enfermé dans la région du haut Nil par le soulèvement du Soudan égyptien, et qu'il ramena à Zanzibar (1889).

***STANNATE** (*stannique*), *sm.* Tout sel formé par la combinaison de l'acide stannique avec une ou plusieurs bases. Les stannates de potasse et de soude sont employés comme mordants dans la teinture du coton.

***STANNEUX** (du l. *stannum*, étain), *adj. m.* Se dit des composés d'étain qui renferment le moins d'oxygène ou de chlore. Le *chlorure stanneux* est solide, blanc, cristallisable et est un agent réducteur très puissant. L'*oxyde stanneux* ou *protoxyde d'étain* SnO joue le rôle de base et d'acide; on l'obtient à l'état de poudre noire ou de couleur olive.

***STANNIFÈRE** (l. *stannum*, étain + sfx. *fère*), *adj. 2. g.* Qui contient de l'étain : *Un gîte stannifère.* Les gîtes stannifères appartiennent au type des gîtes d'émanation directe : la même roche éruptive a produit l'ouverture des fentes et leur remplissage immédiat. Les amas de minerai d'étain se composent d'un ensemble de veines dont chacune est constituée par du quartz. Avec le quartz, les satellites les plus habituels de l'étain sont les fluosilicates, les fluophosphates et les fluorures (mica, apatite, fluorine, cryolithe, tourmaline, wolfram, mispickel). Un grand nombre de gisements d'étain sont en relation avec le kaolin et le granite à mica blanc. Les gisements stannifères sont considérés comme contemporains de l'époque dévonienne et des granulites à tourmaline. Les éruptions pegmatoïdes ayant recommencé au début de la période tertiaire, on rencontre des amas de minerai d'étain appartenant à cette époque (*campiglia maritima* en Toscane, île d'Elbe). Les principaux gîtes stannifères se rencontrent en Saxe (Geyer, Andreasberg, Zeinwald, Altenberg); en Bohême (Graupen); dans le Cornouailles, le Limousin (Vaulry, Cieux, Monsac, Montebras, Chanteloube, Saint-Léonard); l'Armorique (la Villeder, Piriac); aux Indes; en Australie et au Mexique.

***STANNIQUE** (l. *stannum*, étain), *adj.* 2 g. Qui concerne l'étain. || Qui contient de l'étain. || Se dit d'un acide formé d'étain et d'oxygène et qui se précipite sous forme de masse blanche, gélatineuse, lorsque l'on fait bouillir la solution de bichlorure étendue. On l'obtient à l'état soluble par dialyse. Il contient un équivalent d'étain, deux d'oxygène et de l'eau (un équivalent, après dessiccation).

STANOVOÏ (MONTS). Chaîne de montagnes de la Sibérie orientale, riche en mines d'or et de cuivre, qui est un prolongement des monts Jablonoi et se termine au cap Oriental, sur le détroit de Behring.

STANZ, 2 000 hab. Ch.-l. du demi-canton inférieur d'Unterwalden. Patrie d'Arnold de Winkelried.

STAOUELI, village d'Algérie (province d'Alger). Victoire des Français le 19 juin 1830.

***STAPÉLIE** (*Stapelia*, nom d'homme), *sf.* Genre de plantes dicotylédones de la famille des Asclépiadées dont les nombreuses espèces croissent toutes dans les pays chauds, principalement au Cap de Bonne-Espérance. Leurs fleurs sont très grandes, belles et de forme singulière. Elles sont d'un rouge lie de vin et tachetées d'un rouge brun ; mais elles exhalent une odeur désagréable de viande pourrie. On les cultive en serre tempérée, en terre franche; elles demandent des arrosements copieux, mais espacés.

STAPHISAIGRE (g. σταφίς, raisin + ἀγρία, sauvage), *sf.*, ou **herbe aux poux.** Plante dicotylédone de la famille des Renonculacées, du midi de la France, dont la semence vénéneuse, réduite en poudre et mêlée à de l'axonge, sert à détruire les poux de la tête. Dans les campagnes on se contente de faire des raies dans la chevelure et d'y répandre de la poudre de graines de staphisaigre. Celle-ci est d'un gris noirâtre, un peu grasse au toucher.

***STAPHYLIER** (g. σταφυλή, grappe), *sm.* Genre de plantes dicotylédones de la famille des Staphyléacées, voisine des Rhamnées. Ce sont des arbrisseaux originaires des parties tempérées de l'Amérique septentrionale, dont les fleurs, blanches, en grappes, hermaphrodites, sont construites sur le type 5 : 5 sépales, 5 pétales, 5 étamines. L'ovaire se compose de 2 à 3 carpelles allongés, soudés à la base, et renfermant un grand nombre d'ovules. A cette fleur succède une capsule divisée en autant de loges. On cultive dans nos jardins et nos parcs le *staphylier penné* appelé vulgairement *nez-coupé* et *patenotrier*, dont les graines servent à faire des chapelets. Cette espèce, dont les feuilles pennées sont formées de folioles lancéolées, dépourvues de poils et dentées sur les bords, est indigène de l'Europe méridionale. On cultive aussi une seconde espèce, le *staphylier trifolié*, originaire de l'Amérique du Nord, d'une taille un peu moins élevée que la précédente, mais qui, comme elle, croît dans toutes les terres et dans toutes les expositions. Cet arbuste se multiplie de rejetons et de graines.

STAPHYLIER PATENOTRIER

1. **STAPHYLIN** (g. σταφυλή, grain de raisin), *sm.* Genre d'insectes coléoptères pourvus d'élytres courts ayant l'apparence d'une veste, les uns carnassiers, les autres vivant de détritus et contribuant à purifier l'air, tous utiles, particulièrement le *staphylin odorant* ou *diable*, qu'il faut introduire dans les jardins, où il détruit chenilles et limaces. — **Dér.** *Staphylin* 2, *staphylôme.* — **Comp.** *Staphisaigre.*

2. **STAPHYLIN** (g. σταφυλή, luette), *adj. m.* Qui a rapport à la luette : *Muscle staphylin.*

STAPHYLÔME (g. σταφύλωμα : de σταφυλή, grain de raisin), *sm.* Saillie ou petite tumeur qui apparaît sur le globe de l'œil.

STAPPS, jeune patriote allemand fusillé pour tentative de meurtre sur Napoléon Ier.

STARGARDT, 22 000 hab. Ville de Prusse (Poméranie). Fabriques de draps, de poteries.

STARODOUB, 5 000 hab. Ville de la Russie d'Europe, sur la Labintza.

STAROSTE (mot polonais), *sm.* Gentilhomme jouissant d'une starostie. — **Dér.** *Starostie.*

STAROSTIE (*staroste*), *sf.* Tout fief que les rois de Pologne accordaient à un gentilhomme pour l'aider à supporter ses frais de guerre.

STASE (g. στάσις, arrêt), *sf.* Arrêt ou ralentissement de la circulation du sang, des humeurs qui restent à l'état sain.

STASSART (GOSWIN-JOSEPH-AUGUSTIN, BARON DE) (1780-1854), homme d'État et littérateur belge, qui, sous le premier Empire français, remplit de nombreuses et importantes fonctions administratives. C'est lui qui fonda la bibliothèque d'Orange et traça le cours conduisant aux eaux de Vacqueyras et la promenade qui entoure l'arc de triomphe. A la chute de Napoléon Ier, il rentra dans son pays, où il fut l'un des défenseurs de ses libertés.

STASSFURT, 3 000 hab. Ville de la Saxe prussienne, sur le Bode. On y remarque un célèbre gisement salifère qui occupe la partie supérieure du zechstein (permo-carbonifère). Sous une couche de gypse on trouve 27 mètres d'argile salifère, puis 170 mètres de sel gemme mélangé de sulfates et de chlorures formant trois zones successives : 1° carnallite (chlorure de potassium) ; 2° kiésérite (sulfate de magnésie) ; 3° polyhalite (sulfate de chaux, de magnésie et de potasse) avec du chlorure de magnésium. — **Dér.** *Stassfurtite.*

***STASSFURTITE** (*Stassfurt*), *sf.* Matière formée de borate de magnésie, de chlorure de magnésium et d'eau, soluble dans l'acide chlorhydrique, et qui se rencontre en nodules dans le sel gemme de Stassfurt.

STATER ou **STATÈRE** (g. στατήρ), *sm.* Monnaie d'argent des anciens Grecs qui valait 4 drachmes (3 fr. 72). ‖ *Stater d'or*, monnaie d'or qui valait 20 drachmes (18 fr. 60).

STATHOUDER [sta-tou-dère] (holl. *stat*, l'État + *houder*, qui tient), *sm.* Chef de l'ancienne république des Provinces-Unies (Hollande). — **Dér.** *Stathoudérat.*

STATHOUDÉRAT (*stathouder*), *sm.* Dignité de stathouder. ‖ Temps pendant lequel elle était exercée.

STATICE

STATICE (l. *statice* : g. ἵστημι, j'arrête), *sf.* Genre de plantes dicotylédones de la famille des Plombaginées dont une espèce à fleurs roses, le *gazon d'Olympe*, commune sur les côtes de l'Océan, est cultivée en bordure dans les parterres.

STATION (l. *stationem* : de *stare*, être debout), *sf.* Action de se tenir debout. ‖ L'attitude ordinaire à un animal quand il ne marche pas : *Les grands singes n'ont pas tout à fait la station verticale.* ‖ Pause, demeure de peu de durée qu'on fait dans un lieu : *Nous ferons une station pendant la promenade.* ‖ Lieu où l'on s'arrête. ‖ Endroit où restent les voitures publiques en attendant les voyageurs : *Prendre un fiacre à la station.* ‖ Ensemble de bâtiments le long d'une ligne de chemin de fer, devant lesquels s'arrêtent les trains pour prendre et déposer des voyageurs. ‖ Localité où il y a une station de chemin de fer. ‖ Action de visiter une église, une chapelle, un autel et d'y prier pour gagner les indulgences : *Faire ses stations.* ‖ *Donner une station à un prédicateur*, lui assigner une église où il prêchera pendant l'Avent ou le Carême. ‖ Tout lieu où l'on se place pour faire une observation de trigonométrie, d'astronomie ou de nivellement. ‖ Certaine étendue de mer où des navires doivent croiser pendant un temps fixé : *Les navires en station.* ‖ *Station d'une planète*, le point de la sphère céleste où elle se trouve quand son mouvement apparent change de sens. ‖ Habitat d'une espèce végétale. — **Dér.** *Stationnaire, stationnement, stationnale.* Même famille : *Stabat.* (V. ce mot.)

STATIONNAIRE (l. *stationarium*), *adj. 2 g.* Qui ne bouge pas de place : *Ce ballon paraît stationnaire.* ‖ Qui semble rester au même point du ciel : *Plus une planète est éloignée du soleil, plus longtemps elle est stationnaire.* ‖ Qui règne dans un pays pendant une ou plusieurs années : *Maladie stationnaire.* — Fig. Qui reste dans le même état, qui ne fait pas de progrès : *La civilisation de la Chine est stationnaire.* — *Sm.* Navire en station. ‖ Petit navire de guerre mouillé en tête d'une rade pour en faire la police.

STATIONNALE (l. *stationalem* : de *statio*, station), *adj. f.* Se dit des églises qui, pendant un jubilé ou pendant certaines fêtes, sont désignées par les évêques pour être visitées.

STATIONNEMENT (*stationner*), *sm.* Action de s'arrêter dans un lieu. ‖ Endroit où stationnent les voitures publiques.

STATIONNER (*station*), *vi.* Faire une station, s'arrêter dans un lieu.

STATIQUE (g. στατικός, qui se tient debout), *adj. 2 g.* Qui concerne l'équilibre : *Théorème statique.* ‖ *Électricité statique*, celle qui est développée par le frottement dans la machine électrique, par opposition à l'électricité dynamique que produit la pile. — *Sf.* Partie de la mécanique qui traite des conditions d'équilibre d'un corps soumis à un système de forces. ‖ *Statique graphique*, partie de la statique dans laquelle on étudie l'équilibre des différentes forces au moyen du dessin, sans avoir recours au calcul. Elle est principalement employée dans l'étude des constructions métalliques et des grands ouvrages d'art, en maçonnerie ou en métal.

STATIRA, femme de Darius Codoman et mère d'une autre Statira qu'épousa Alexandre le Grand et que fit périr Roxane.

STATISTICIEN, IENNE (*statistique*), *s.* Celui, celle qui s'occupe de statistique.

STATISTIQUE (g. στατίζειν, établir), *sf.* Science qui a pour but de fournir des renseignements numériques exacts sur l'étendue, la population, le commerce, les produits agricoles et industriels d'un État, et qui a été créé par l'allemand Achenwall vers 1748. ‖ Plus généralement, science qui apprend à faire le compte exact des faits de même nature, et à établir les lois qui les régissent. ‖ *Statistique médicale*, dénombrement et classification des cas de mort, naissance, maladie, épidémie pendant un temps donné. ‖ Exposé numérique de l'étendue, de la population, des ressources agricoles, industrielles et commerciales d'un pays : *La statistique de la France, d'un département.* ‖ *Commission de statistique*, commission établie au ch.-lieu de chaque canton pour recueillir tous les renseignements qui permettent d'en dresser la statistique et les transmettre au ministère de l'agriculture et du commerce, où ils sont centralisés. — *Adj. 2 g.* Qui est du ressort de la statistique, qui la concerne : *Travail statistique.* — **Dér.** *Statisticien, statisticienne.*

STATUAIRE (l. *statuarium*), *sm.* Sculpteur qui fait des statues. — *Sf.* L'art de faire des statues : *Étudier la statuaire.* — *Adj. 2 g.* Qui a rapport à la sculpture des statues : *L'art statuaire.* ‖ Qui sert à faire des statues : *Marbre statuaire*, le marbre blanc saccharoïde, comme celui de Carrare.

STATUE (vx fr. *estatue* : du l. *statua* : de *stare*, se tenir debout), *sf.* Figure de pierre, de bois ou de métal qui représente tout entier et en plein relief le corps d'un homme, d'un dieu ou d'un animal. ‖ *Statue équestre*, celle qui représente un personnage monté sur un cheval. ‖ *Droit comme une statue*, très droit, bien campé d'aplomb. — Fig. Personne sans action et sans mouvement : *C'est une statue.* — **Dér.** *Statuette, statuaire, stature.*

STATUER (l. *statuere*, établir), *vt.* Ordonner, régler, décider, déclarer : *Le tribunal a statué sur ce fait.* — **Gr.** Je statue, n. statuons ; je statuais, n. statuions, v. statuiez ; je statuai ; je statuerai ; je statuerais ; que je statue, que nous statuions, que v. statuiez. — **Dér.** *Statut, statutaire.*

STATUETTE (dm. de *statue*), *sf.* Petite statue.

STATU QUO (IN), *loc. adv.* Mots latins qui signifient dans l'état où sont actuellement les choses : *L'assemblée laisse les choses in statu quo.* — *Sm.* L'état où sont actuellement les choses : *Maintenir le statu quo.*

STATURE (l. *statura* : de *stare*, se tenir debout), *sf.* Hauteur de la taille d'une personne, du corps d'un animal : *Les Patagons sont d'une stature élevée.*

STATUT [sta-tu] (l. *statutum*, ce qui est établi), *sm.* Loi, règlement, ordonnance. ‖ *Le Statut*, la constitution qui régit le royaume d'Italie. ‖ Règlement auquel est astreinte une compagnie, une communauté : *Les statuts de l'Académie française.*

STATUTAIRE (*statut*), *adj. 2 g.* Prescrit par les statuts. ‖ Conforme aux statuts.

***STAUROTIDE** (g. σταυρός, croix), *sf.* Pierre qui se présente souvent sous forme d'une macle en croix, formée par deux prismes hexagonaux croisés sous un angle de 60° ou de 90°, quelquefois aussi sous forme de prisme hexagonal simple, et dont la composition paraît être représentée par la formule $RO + MO^3 + SiO^2$, ou $+ 2 SiO^2$ dans laquelle R représente du fer et du magnésium, M du fer et de l'aluminium, le fer pouvant diminuer jusqu'à disparaître. La couleur varie du brun rosé au brun noirâtre; l'éclat est compris entre le vitreux et le résineux. Cette pierre est quelquefois translucide, quelquefois opaque. Sa densité varie entre 3,3 et 3,8; sa dureté est intermédiaire entre celle du quartz hyalin et celle de la topaze. La staurotide ne fond pas au chalumeau; elle ne se dissout que très difficilement dans la perle de borax ou de sel de phosphore; l'acide chlorhydrique ne l'attaque pas; l'acide sulfurique l'attaque à peine. Elle se trouve dans les schistes micacés du Saint-Gothard, du Finistère et des environs de Santiago de Compostelle, en Espagne. Noms populaires : *croisette, pierre de croix*.

STAUROTIDE

STAVANGER, ville de Norvège (Sœndenfields), port important sur le golfe de Bukke, dans la mer du Nord. Armements considérables pour la pêche. Chantiers de construction.

STAVELOT, 5 000 hab. Ville de Belgique, sur l'Amblève (province de Liège). Ardoisières, fabriques de crayons et de cuirs.

***STEAM-BOAT** [stim'-bote] (mot anglais : *steam*, vapeur + *boat*, bateau), *sm*. Bateau à vapeur.

STEAMER [stimeur] (mot ang. *steam*, vapeur), *sm*. Navire à vapeur. — Pl. *des steamers*.

***STÉARATE** (*stéarine* + sfx. chimique *ate*), *sm*. Tout sel formé par la combinaison de l'acide stéarique avec une base.

STÉARINE (g. στέαρ, graisse), *sf*. Corps solide, d'un blanc nacré, qui se trouve dans presque toutes les graisses, surtout dans les graisses animales, et qui constitue la plus grande partie du suif de mouton. Pour l'extraire du suif, on fond celui-ci, on le passe dans un linge, de façon à séparer les matières étrangères; on reprend ensuite le suif passé et on le traite d'abord par l'éther froid, qui dissout la margarine et l'oléine, accompagnant la stéarine dans le suif, mais qui laisse une grande partie de cette stéarine à l'état insoluble. Il est donc facile de séparer celle-ci. Il ne reste plus qu'à la purifier, ce à quoi l'on parvient en la dissolvant à plusieurs reprises dans de l'éther bouillant qui, par refroidissement, l'abandonne sous forme d'écailles. Le véritable nom chimique de ce corps est *tristéarine*, ce qui désigne la combinaison saturée que Berthelot a obtenue par synthèse en faisant réagir, sur la glycérine, un excès d'acide stéarique. Sa formule chimique est $C^6H^2(^{36}H^{36}O^4)^3$. ‖ On donne improprement, dans le commerce, le nom de *stéarine* à l'*acide stéarique*, retenant de l'acide palmitique, avec lequel on fait les bougies. Le produit impur en question est également connu sous le nom de *suif purifié*. — **Dér.** *Stéarinier, stéarinerie, stéarique, stéarate; stéatite*. Même famille : *Stéatome, stéatopygie*.

***STÉARINERIE** (*stéarine*), *sf*. Fabrique de stéarine.

***STÉARINIER** (*stéarine*), *sm*. Celui qui fabrique la stéarine.

STÉARIQUE (g. στέαρ, suif + sfx. chimique *ique*), *adj. 2 g*. Se dit d'un acide cristallin, incolore, brillant, sans odeur et sans saveur, que les chimistes rangent au nombre des acides gras et qu'ils préparent au moyen de matières grasses. La grande industrie ne produit pas l'acide stéarique pur, mais elle obtient, en traitant convenablement le suif, un mélange d'acide stéarique et d'acide margarique, avec lequel on fabrique les bougies appelées improprement *bougies stéariques*. L'acide stéarique, employé seul, serait trop dur; l'acide margarique, seul, serait trop mou. Le traitement des suifs, en vue de la fabrication des bougies, donne, en outre, d'une part, de l'acide oléique, qui, étant liquide, doit être séparé du mélange précédent, et, d'autre part, de la glycérine. L'acide oléique sert dans la fabrication des savons; la glycérine a de nombreux usages bien connus. Rien n'est donc perdu de ce qui constitue les suifs. Ceux-ci, comme toutes les graisses, sont composés essentiellement d'un mélange de trois corps gras : la *stéarine*, la *margarine* et l'*oléine*, desquels on peut retirer respectivement de l'acide stéarique, de l'acide margarique, de l'acide oléique. En fixant de l'eau par un procédé chimique quelconque, sur n'importe lequel de ces corps gras, on obtient simultanément de la glycérine et de l'acide gras spécial au corps gras employé. Pour préciser, nous ajouterons que chaque équivalent de corps gras pur fournit, par fixation de 6 équivalents d'eau, 1 équivalent de glycérine et 3 équivalents d'acide gras. Ce dédoublement d'un corps gras, par absorption d'eau, en un acide gras et en glycérine est ce qu'on appelle, en langage chimique, une *saponification*. Le traitement des suifs, en vue de la fabrication des bougies, commence toujours par cette opération. Elle s'accomplit souvent, maintenant, par la vapeur d'eau sous la pression de 14 ou de 15 atmosphères. On amène les produits de ce dédoublement dans un récipient où on les laisse reposer. Les acides gras montent à la surface; on soutire la glycérine. Après avoir lavé les acides gras, d'abord à l'eau bouillante, puis au moyen d'acide sulfurique très étendu, puis encore à l'eau bouillante, on les distille dans un courant de vapeur d'eau à 300°; on les coule dans des moules chauds, on les laisse refroidir tout en agitant; enfin on les presse d'abord à froid, ensuite à chaud, afin de séparer l'acide oléique des acides gras solides, ou acides *concrets*, comme on dit dans l'industrie.

Ce procédé s'emploie principalement lorsqu'on veut obtenir toute la glycérine. Lorsqu'on veut obtenir non pas le maximum, mais, ce qui peut paraître extraordinaire au premier abord, un surplus de rendement en acides gras solides, on opère par la *saponification sulfurique*. On fait réagir l'acide sulfurique sur les corps gras à la température de 90°. L'acide sulfurique se combine avec les acides gras, d'une part, avec la glycérine, d'autre part; on décompose tous ces corps en les versant dans de l'eau bouillante; on n'a plus qu'à les séparer. Au cours de ces réactions, l'acide sulfurique transforme une partie de l'acide oléique en acides concrets.

Le premier système qui ait été employé industriellement est la saponification calcaire. Ce procédé est dû à Milly et Motard. Il consiste à traiter le suif par la chaux en présence de l'eau. Ce procédé a été un peu modifié. On emploie aujourd'hui moins de chaux qu'autrefois. On traite 100 parties de suif par 50 parties d'eau et 3 de chaux, sous une pression de vapeur qui peut atteindre une quinzaine d'atmosphères. On neutralise ensuite la chaux par l'acide sulfurique, on lave à l'eau bouillante, on coule en pains.

***STÉASCHISTES** (g. στέαρ, graisse + schiste), *sm*. Nom que l'on donne quelquefois aux schistes à sérulite. (V. *Schistes*.)

STÉATITE (g. στεατίτης : de στέαρ, graisse), *sf*. Variété de talc hydraté, d'un blanc verdâtre, tendre, douce et grasse au toucher, compacte ou finement écailleuse; une sous-variété, dite *craie de Briançon*, est employée par les tailleurs pour tracer sur le drap la coupe des habits, et fournit une poudre onctueuse servant à faire glisser les bottes.

STÉATOCÈLE (g. στέαρ, στέατος, suif + κήλη, tumeur, hernie), *sf*. Tumeur du scrotum causée par l'accumulation d'une matière ayant la consistance et la couleur du suif.

STÉATÔME (g. στεάτωμα), *sm*. Tumeur enkystée contenant une matière grasse pareille à du suif.

***STÉATOPYGIE** (g. στέαρ, graisse + πυγή, fesse), *sf*. Développement monstrueux du bas des reins chez les Hottentotes causé par une accumulation de graisse.

***STECHAS** [ste-kas] (g. στοιχάς), *sf*. Espèce de lavande du midi de la France dont on fait un sirop tonique et sudorifique.

STEEN (Jean Van) (1636-1689). Peintre hollandais, élève de Van Geyen, et dont les tableaux représentent la vie des hommes du peuple et des intérieurs de tavernes.

STEENBECQUE, 1 902 hab. Commune de l'arr. d'Hazebrouck (Nord), sur la Nieppe. Moulins, filatures et tissages.

STEENVOORDE, 4 368 hab. Ch.-l. de c., arr. d'Hazebrouck (Nord). Teintureries, blanchisseries, brasseries.

STEENWERCK, 4 010 hab. Commune du canton de Bailleul, arr. d'Hazebrouck (Nord). Brasseries, moulins, blanchisseries.

STEEPLE-CHASE [stiple-tchèce] (mot ang. *steeple*, clocher + chasse), *sm*. Course, au clocher, c'est-à-dire course à cheval faite à travers champs et en franchissant tous les obstacles pour tendre, en droite ligne, vers un point culminant indiqué comme but.

STEFANO (SAN-), petit port sur la mer de Marmara, et faubourg de Constantinople, dans la Roumélie méridionale. — **Le traité de San-Stefano**, qui mit fin à la guerre russo-turque, y fut signé le 3 mars 1878 entre les deux belligérants. Il comptait 29 articles stipulant : la rectification des frontières d'Asie entre la Russie et la Turquie; la cession du port de Batoum, sur la mer d'Azof, de la forteresse de Kars en Arménie et du territoire d'Ardahan; la rétrocession à la Russie de la Bessarabie danubienne (rive gauche du Pruth), en échange des îles du Delta et de la presqu'île de la Dobroudja cédées à la Roumanie; la liberté de la navigation sur le Danube jusqu'aux Portes de Fer; l'indépendance, avec agrandissement de territoire, de la Roumanie, de la Serbie et du Montenegro; l'érection de la Bulgarie en principauté indépendante, et la création, au S., d'une nouvelle province turque (le traité de Berlin a donné à cette dernière le nom de « Roumélie orientale », et a imposé à la Bulgarie la suzeraineté du sultan); l'autonomie de la Bosnie et de l'Herzégovine (article modifié par le traité de Berlin qui attribua ces deux provinces à l'Autriche-Hongrie); l'accroissement de la Grèce en Thessalie et en Épire; une indemnité de guerre, jusqu'au complet paiement de laquelle une partie de l'Arménie resterait occupée par les Russes; l'introduction de réformes administratives dans les provinces chrétiennes de l'empire ottoman; enfin, le libre passage des détroits pour la flotte russe (article également modifié par le traité de Berlin, qui rétablit le *statu quo ante*). Le traité de San-Stefano fut revisé et, ainsi qu'on le voit, en partie modifié par le congrès de Berlin, qui aboutit au traité du 13 juillet 1878, faisant échec à la prépondérance de la Russie dans les Balkans et réglant la situation actuelle (1890) de la Turquie en Europe.

STÉGANOGRAPHIE (g. στεγανός, cloche + γραφή, écriture), *sf*. Art d'employer une écriture secrète. — **Dér.** *Sténographique*.

STÉGANOGRAPHIQUE (*sténographie*), *adj. 2 g*. Qui appartient à la stéganographie.

STEIBELT (Daniel), compositeur et pianiste, né à Berlin vers 1765, mort à Saint-Pétersbourg en 1825. Steibelt aborda tous les genres. Son opéra *Roméo et Juliette* obtint un grand succès. Aujourd'hui l'œuvre de Steibelt est presque complètement oubliée.

STEIERDORF, ville du Banat autrichien, centre d'un bassin houiller liasique appartenant à la société J. R. des chemins de fer de l'État. On y trouve cinq couches de 10 mètres de puissance, intercalées dans des grès blanchâtres que recouvrent des schistes bitumineux et des lits de sphérosidérite.

STEIN (baron de) (1757-1831), né à Nassau, ministre libéral de la Prusse qui contribua beaucoup au relèvement de ce pays après la bataille d'Iéna, mais dut se retirer du ministère sur l'injonction de Napoléon Ier.

STEINER (Jacques), luthier célèbre, né vers 1620 à Abson, dans le Tyrol.

STEINHEIL (Louis-Charles-Auguste), peintre contemporain, né à Strasbourg en 1814, auteur d'un grand nombre de tableaux. On lui doit aussi des peintures murales de la Sainte-Chapelle du Palais de Justice, à Paris, et le dessin des vitraux et du dallage de la restauration de la cathédrale de Strasbourg.

STEINKERQUE ou **STEINKERKE**, 1 200 hab. Village de Belgique au N. de Mons, où le maréchal de Luxembourg battit Guillaume III d'Orange, 3 août 1692. — *Sf*. Sorte de large cravate que portèrent les femmes après la bataille de Steinkerque.

STEINMETZ (Charles-Frédéric de) (1796-1877). Général prussien qui fit, en 1813 et 1815, les campagnes d'Allemagne et de France. En 1848, il fut chargé de combattre l'insurrection berlinoise; il fit preuve, dans tous ses commandements, d'une grande énergie. Lors de la guerre contre l'Autriche (1866), à la tête du cinquième corps d'armée, il battit trois jours de suite (27 au 29 juin 1866), trois corps d'armée autrichiens (*Nachod, Skalitz, Schweinscheddel*). Il prit également part à la guerre de 1870 contre la France; mais il fut obligé de résilier ses fonctions de général à cause de sa santé et des difficultés qu'il avait avec le prince Frédéric-Charles et le général de Manteuffel, lors de l'investissement de Metz.

STÈLE (g. στηλή, colonne), *sf.* Chez les Grecs, tout monument d'une seule pierre, de forme allongée, sur lequel on gravait des inscriptions, des symboles. ‖ Pierre funéraire posée verticalement.

1. **STELLAIRE** (l. *stellarem* : de *stella*, étoile), *adj. 2 g.* Qui a rapport aux étoiles : *Astronomie stellaire.* ‖ Qui vient des étoiles : *Lumière stellaire.* ‖ Qui est en forme d'étoile.

STELLAIRE

2. **STELLAIRE** (*stellaire* 1), *sf.* Genre de plantes dicotylédones de la famille des Caryophyllées dont les espèces se rencontrent sur la plus grande partie du globe. L'espèce la plus intéressante est la *stellaire intermédiaire* ou *morgeline.* (V. ce mot.)

***STELLION** (l. *stellionem*), *sm.* Genre de lézards des pays chauds, à couleurs changeantes.

STELLION

STELLIONAT (*stellion*), *sm.* Délit civil que commet celui qui vend ou hypothèque un immeuble dont il sait n'être pas propriétaire, qui présente comme libre des biens hypothéqués ou qui déclare des hypothèques moindres que celles dont ses biens sont chargés.

STELLIONATAIRE (*stellionat*), *s. 2 g.* Celui, celle qui se rend coupable de stellionat.

***STEMMATE** (g. στέμμα, couronne), *sm.* Nom qu'on donne aux yeux lisses de certains insectes.

STENAY, 3188 hab. Ch.-l. de c., arr. de Montmédy (Meuse); ancienne ville forte, mines de fer, forges.

STENDAL, 13000 hab. Ville de la Saxe prussienne. Étoffes de laine et de coton, cuirs, tabac.

STENDHAL, pseudonyme sous lequel écrivit le critique et romancier français Beyle (Henri), né à Grenoble en 1783, mort en 1842. Attaché d'abord à la maison de Napoléon Ier, il parcourut l'Europe à la suite des armées françaises, et, à la chute de l'Empire, se livra à la culture des lettres, et fut, après 1830, nommé consul de France à Trieste, puis à Civita-Vecchia. Il a laissé des anecdotes de voyages, des romans, et des vies de musiciens célèbres, entre autres celle de Rossini.

STÉNOGRAPHE (g. στενός, étroit + γραφεῖν, écrire), *sm.* Celui qui sait et qui pratique la sténographie : *Les sténographes de la Chambre des députés.* — **Dér.** *Sténographie, sténographier, sténographique, sténographiquement.*

STÉNOGRAPHIE (*sténographe*), *sf.* Art d'écrire par abréviation aussi vite qu'est émise la parole d'un orateur. Le plus ancien système de sténographie connu est celui qui fut, sinon inventé, mais du moins mis en pratique par *Tullius Tiron*, affranchi de Cicéron. La sténographie fut employée au sénat romain, notamment en l'an 63 avant J.-C. Des *preneurs de notes* (*notarii*), répartis dans l'enceinte du Sénat, recueillaient les paroles des orateurs. Les Grecs des IIe et IIIe siècles se sont aussi servis d'une écriture abrégée. On peut suivre jusqu'au Xe siècle l'emploi de la sténographie grecque et de la sténographie romaine. C'est grâce à la sténographie que nous ont été conservés les sermons de saint Jean Chrysostome, de saint Augustin, du pape Grégoire le Grand, etc.

Chez les nations modernes, pour ne parler que des systèmes au sujet desquels nous avons des documents précis, et en excluant ceux qui ne consistent pas uniquement dans la suppression de lettres, nous voyons en Angleterre des méthodes de sténographie apparaître en 1588, en 1590 et 1602. Gurney, qui fut nommé sténographe du gouvernement, modifia en 1737 le système imprimé en 1672 par Mason. Une autre méthode publiée en 1737 par Taylor est encore usitée aujourd'hui. D'autre part, le *phonographe Pitman*, qui date de 1837, compte de nombreux partisans dans les pays de langue anglaise.

En Allemagne, les sermons de Luther ont été sténographiés, mais on ne sait pas par quels procédés. Les systèmes les plus lointains au sujet desquels on ait des documents en ce qui concerne ce dernier pays et la France ne se rencontrent pas au delà du XVIIe siècle. En France, on cite Coulon de Thévenat, dont la *Tachygraphie* est de 1779. Ce système a été employé aux assemblées délibérantes de la Révolution française, mais malheureusement ce n'était guère qu'un système d'écriture abrégée, lequel n'a pu reproduire intégralement les discussions de cette grande époque. Bertin, en 1792, fit connaître le système de Taylor, dont on a publié depuis de nombreuses modifications. L'une d'elles est encore employée aujourd'hui pour les comptes rendus des Chambres, sans cependant être obligatoire. On peut encore citer le système de Conen de Prépeau (1813), qui mérite d'être mentionné, bien qu'il ne soit plus pratiqué aujourd'hui. Quant aux méthodes de sténographie moderne, elles sont innombrables, et l'on peut dire qu'il en naît tous les jours.

En Allemagne, on met en pratique deux systèmes : celui de *Gabelsberger*, publié en 1824 et modifié par l'Institut sténographique de Dresde en 1857, et celui de Guillaume Stolze, imprimé en 1841 et amendé par François Stolze en 1872.

STÉNOGRAPHIER (*sténographie*), *vt.* Écrire en se servant de la sténographie : *Sténographier un discours.*

STÉNOGRAPHIQUE (*sténographie*), *adj. 2 g.* Qui appartient à la sténographie : *Écriture sténographique.*

***STÉNOGRAPHIQUEMENT** (*sténographique* + sfx. *ment*), *adv.* Par les procédés de la sténographie.

STENTOR, nom d'un guerrier grec qui était au siège de Troie, et dont la voix était aussi forte que celle de 50 hommes criant ensemble. (Myth.) — Fig. *Une voix de stentor*, une voix forte et retentissante.

***STÉPHANOCEROS** (g. στεφάνη, couronne + κέρας, corne), *sm.* Genre d'animaux de la classe des Protozoaires et de la classe des Infusoires. Ces petits êtres microscopiques sont caractérisés par un corps en forme de calice supporté par un pédoncule rétractile; le bord, évasé, est garni de cinq longs bras jouant le même rôle que les tentacules. Ces appendices sont contractiles et recouverts de cils verticillés; ils servent à saisir la proie et à l'amener à la bouche qui occupe le fond de l'évasement du corps. Lorsque ces petits êtres sont menacés par un danger quelconque, ils se rétractent, et viennent se loger dans le pédoncule commun situé à la base.

STEPHENSON (George) (1781-1848). Célèbre mécanicien anglais, qui inventa les locomotives. Son fils Robert acheva le réseau des chemins de fer anglais.

STEPPE (mot russe), *sm.* Vaste plaine dépourvue d'arbres et couverte seulement de hautes herbes; les steppes abondent en Asie, ainsi qu'au S. et à l'E. de la Russie. (V. *Plaine.*)

***STÉRAGE** (*stère*), *sm.* Mesurage du bois au moyen du stère. (Néol.)

***STERCORAIRE** (l. *stercus*, génitif *stercoris*, excrément), *adj. 2 g.* Qui est de la nature des excréments, qui y a rapport. ‖ Qui vit ou pousse sur les excréments. — *Sm.* Genre d'oiseaux palmipèdes qui fréquentent les bords de la mer dans les régions froides et tempérées de l'Europe et de l'Amérique. On croyait autrefois à tort qu'ils se nourrissaient des excréments des mouettes.

***STERCORAL, ALE** (l. *stercus*, génitif *stercoris*, excrément), *adj.* Qui est de la nature des excréments : *Matière stercorale.* ‖ Qui a rapport aux excréments. — **Dér.** *Stercoraire, stercoration.*

***STERCORATION** (l. *stercorationem*), *sf.* Action de fumer les terres.

***STERCULIER** ou **STERCULIE** (l. *sterculia*), *sf.* Genre de plantes dicotylédones de la famille des Malvacées et produisant la noix de *kola.* (V. ce mot.)

STÈRE (g. στερεός, solide), *sm.* Unité de mesure du système métrique employée pour mesurer le bois de chauffage et de construction, et qui vaut 1 mètre cube. — **Dér.** *Stérage.* Même famille les mots qui commencent par le préfixe *stéréo.* — **Comp.** *Décistère.*

***STÉRÉO** (g. στερεός, solide). Préfixe qui signifie *solide.*

STÉRÉOBATE (pfx. *stéréo* + g. βάτης, qui marche), *sm.* Soubassement sans moulures. (Archit.)

***STÉRÉOCHROMIE** (g. στερεός, solide, dur + χρῶμα, couleur), *sf.* Procédé de peinture sur les corps durs, dû à Kuhlmann. On commence par appliquer, sur la surface à peindre, une couche de silicate soluble; on peint ensuite au moyen d'un mélange de blanc de baryte et de matières colorantes délayées dans le silicate alcalin.

STÉRÉOGRAPHIE (pfx. *stéréo* + g. γραφή, description), *sf.* Art de représenter les solides sur un plan. C'est une des belles parties de la géométrie descriptive. — **Dér.** *Stéréographique.*

STÉRÉOGRAPHIQUE (*stéréographie*), *adj. 2 g.* Qui a rapport à la stéréographie. ‖ *Projection stéréographique d'un point de la surface de la sphère*, le point où le grand cercle pris pour tableau est percé par la droite menée du point de vue au point considéré de la surface de la sphère : *Les mappemondes se construisent par projection stéréographique.* (V. *Mappemonde.*)

STÉRÉOMÉTRIE (*stéréo* + g. μέτρον, mesure), *sf.* La partie de la géométrie qui traite de la mesure du volume des solides. — **Dér.** *Stéréométrique.*

***STÉRÉOMÉTRIQUE** (*stéréomètre*), *adj. 2 g.* Qui appartient à la stéréométrie.

STÉRÉOSCOPE (pfx. *stéréo* + g. σκοπεῖν, observer), *sm.* Petit instrument d'optique tel que, quand on y applique les yeux, on croit apercevoir en relief et en perspective tout objet dont deux images planes, ordinairement photographiques, prises de deux points de vue différents, ont été placées dans l'appareil. — **Dér.** *Stéréoscopique.*

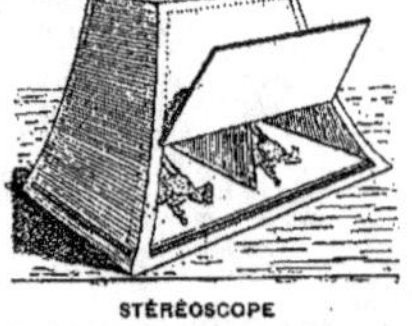
STÉRÉOSCOPE

***STÉRÉOSCOPIQUE** (*stéréoscope*), *adj. 2 g.* Qui a rapport au stéréoscope.

STÉRÉOTOMIE (pfx. *stéréo* + g. τομή, coupure), *sf.* Partie de la géométrie qui traite de la coupe des pierres et des bois de construction. — **Dér.** *Stéréotomique.*

***STÉRÉOTOMIQUE** (*stéréotomie*), *adj. 2 g.* Qui appartient à la stéréotomie.

STÉRÉOTYPAGE (*stéréotype*), *sm.* Action de stéréotyper. ‖ L'ouvrage qui en résulte. ‖ Manière de stéréotyper.

STÉRÉOTYPE (pfx. *stéréo* + *type*), *adj. 2 g.* et *sm.* Se dit des ouvrages imprimés avec des planches dont les caractères ne sont pas mobiles, et que l'on conserve pour de nouveaux tirages : *Édition stéréotype.* — **Dér.** *Stéréotyper, stéréotypie, stéréotypage, stéréotypeur.*

STÉRÉOTYPER (*stéréotype*), *vt.* Obtenir, au moyen d'un alliage métallique coulé dans le moule d'une composition en caractères mobiles, une planche solide qui servira pour l'impression d'un livre. ‖ Imprimer un livre au moyen de planches dont les caractères ne sont pas mobiles.

***STÉRÉOTYPEUR** (*stéréotyper*), *sm.* Ouvrier qui stéréotype.

STÉRÉOTYPIE (*stéréotype*), *sf.* Art de stéréotyper. ‖ Atelier où l'on stéréotype.

STÉRILE (l. *sterilem*), *adj. 2 g.* Qui ne porte pas de fruits : *Ce pommier est stérile.* ‖ *Fleur stérile,* dont l'ovaire ne contient pas de graines. ‖ Qui ne peut devenir mère. ‖ Qui ne peut produire de récolte : *Plaine stérile.* ‖ *Année stérile,* année dans laquelle la récolte est mauvaise. ‖ Dépourvu de : *Siècles stériles en grands hommes.* — Fig. Qui ne produit rien de lui-même : *Auteur stérile.* ‖ *Sujet stérile,* sur lequel un auteur a peu de chose à dire. — Fig. D'où on ne retire aucun avantage, aucun profit, aucune utilité : *Travail, gloire stérile.* ‖ *Pitié stérile,* celle qui n'a aucun résultat pour la personne qui en est l'objet. — **Dér.** *Stérilement, stérilité, stériliser, stérilisation.*

STÉRILEMENT (*stérile* + sfx. *ment*), *adv.* D'une manière stérile. ‖ Inutilement.

***STÉRILISATION** (*stériliser*), *sf.* Action de rendre improductif : *Trop de fumier amène la stérilisation d'un champ.*

STÉRILISER (*stérile*), *vt.* Frapper de stérilité. ‖ Rendre stérile.

STÉRILITÉ (l. *sterilitatem*), *sf.* Qualité de ce qui est stérile, improductif : *La stérilité d'un arbre, d'une terre.* ‖ État de celle qui ne peut devenir mère. ‖ Qualité de ce qui est peu susceptible de développement littéraire : *La stérilité d'un sujet.* ‖ État d'un esprit dépourvu d'invention, d'imagination : *La stérilité d'un auteur.* — Fig. Qualité de ce qui ne rapporte aucun avantage, de ce qui ne produit aucun effet : *Vous voyez la stérilité de mes efforts.*

STERLING [ster-lin] (mot angl. qui veut dire des *easterlings,* négociants de la ligue hanséatique), *sm.* et *adj. inv.* Se dit d'une monnaie de compte usitée en Angleterre : *La livre sterling vaut 25 fr. 20.*

***STERNAL, ALE** (*sternum*), *adj.* Qui appartient au sternum, qui y a rapport, qui s'y rattache : *Appendice sternal, côtes sternales.*

STERNBERG, 10 000 hab. Ville d'Autriche-Hongrie (Moravie). Draps, toiles.

*** STERNBERGITE** (*Sternberg,* nom d'homme), *sf.* Minéral très rare, de couleur brune, marquant le papier, se divisant en lamelles flexibles, composé de 1 atome d'argent, 4 de fer, 6 de soufre.

STERNE (LAURENCE) (1713-1768), né en Irlande, célèbre écrivain humoriste anglais, auteur du roman de *Tristam Shandy* et du *Voyage sentimental en France.*

STERNUM [ster-nom] (g. στέρνον), *sm.* Os long situé sur le devant et au milieu de la poitrine et auquel se rattachent les clavicules et les côtes. Le sternum est un os impair et médian que les anciens ont comparé à une épée. Il présente, en effet, trois parties : une supérieure, épaisse, un peu élargie, rappelant la forme d'un triangle, et constituant en quelque sorte la poignée. Elle se termine supérieurement par une échancrure appelée la *fourchette du sternum.* C'est sur les bords de cette partie du sternum que s'articulent les deux clavicules. La deuxième portion du sternum en est le *corps* ou *lame ;* c'est sur les bords de celle-ci que les côtes viennent s'articuler par l'intermédiaire des cartilages costaux. Enfin, la troisième partie, effilée à la manière d'un sabre antique, forme la pointe de l'os et a reçu le nom d'*appendice xiphoïde.* Sur la face extérieure de l'os, à l'endroit où la poignée se soude à la lame, il existe une sorte de bourrelet osseux, tandis que la ligne suivant laquelle la soudure s'effectue entre la lame et la pointe présente un petit sillon appelé *fossette sus-xiphoïdienne.* Le sternum se développe par un grand nombre de points d'ossification qui font de lui, jusqu'à son entier développement, un os multiple. Cette ossification, qui commence par la poignée alors que l'enfant est encore dans le sein de sa mère, ne se termine qu'entre cinquante et soixante ans, âge auquel l'appendice xiphoïde se soude entièrement à la lame. Le sternum se fracture assez rarement, et encore cet accident ne se produit-il que sous un choc violent. Par contre, il est assez souvent le siège de carie, de nécroses, de tumeurs, d'ostéites, qui sont combattues par les mêmes moyens que les maladies des autres os du squelette.

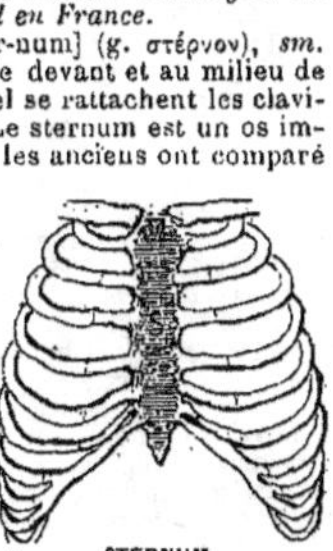

STERNUM

(PARTIE OMBRÉE)

STERNUTATOIRE (l. *sternutare,* éternuer), *adj. 2 g.* Qui fait éternuer : *Poudre sternutatoire.* — *Sm.* Toute substance qui provoque l'éternuement : *Le tabac, l'achillée ptarmique sont des sternutatoires.*

STÉSICHORE, poète lyrique grec, né à Himère en 636 av. J.-C., mort en 556. On lui attribue l'invention des trois parties du chœur, la *strophe,* l'*antistrophe* et l'*épode,* que les Grecs appelaient les *trois choses de Stésichore.* La légende rapporte que ce poète, dont le vrai nom était *Tisias,* ayant malmené Hélène dans une ode, Castor et Pollux le frappèrent de cécité ; mais, s'étant rétracté dans une seconde ode, les deux frères lui rendirent la vue. Il ne nous est resté de ce poète que de courts fragments.

STÉTHOSCOPE (g. στῆθος, poitrine + σκοπεῖν, observer), *sm.* Sorte de cornet acoustique que le médecin applique sur la poitrine d'un malade pour mieux entendre les sons qui se produisent dans l'intérieur de cette cavité.

***STÉTOTÉLÉPHONE** (g. στῆθος, poitrine + *téléphone*), *sm.* Instrument qui consiste en une combinaison du stéthoscope et du téléphone. Il permet au médecin d'opérer l'auscultation d'une personne qui se trouve très loin de lui, et même dans une autre ville.

STETTIN, 92 000 hab., sur l'Oder et près de l'embouchure de ce fleuve dans la Baltique. Ville maritime la plus importante de la Prusse et considérée comme le port de Berlin sur la Baltique. Chantiers de construction, fabriques de locomotives, sucre de betterave, distilleries, bière, mouture des grains.

STEUBEN (BARON DE) (1788-1856). Peintre, fils d'un colonel au service de la Russie qui, sur les recommandations de Mme de Staël, vint à Paris dans l'atelier de Gérard. Il est l'auteur d'un grand nombre de toiles, parmi lesquelles on cite : *Pierre le Grand sur le lac Ladoga; Saint Germain distribuant ses biens aux pauvres ;* le *Serment des trois Suisses ;* plusieurs tableaux sur Napoléon Ier ; la *Mort de Moreau,* la *Vie du Christ,* pour la cathédrale de Saint-Isaac à Saint-Pétersbourg, etc., etc.

STEVENS (JOSEPH), peintre belge contemporain, né à Bruxelles en 1822, auteur d'un grand nombre de toiles, où il a représenté des animaux, surtout les chiens : *Chien portant le dîner de son maître; Temps de chien,* etc., etc.

STEWART (DUGALD) (1753-1828). Philosophe idéaliste écossais, disciple de Reid, professeur à l'Université d'Édimbourg et auteur de nombreux ouvrages philosophiques.

STEYER, 12 000 hab. Ville d'Autriche au confluent de l'Ens et de la Steier. Grande manufacture impériale d'armes à feu. Coutellerie.

***STIBICONISE** (l. *stibium,* antimoine + g. κόνις, poussière), *sm.* Oxyde d'antimoine terreux et jaunâtre, qui se rencontre assez fréquemment sur la stibine.

STIBIÉ, ÉE (l. *stibium :* du g. στίβι, antimoine), *adj.* Qui contient de l'antimoine. ‖ *Tartre stibié,* l'émétique. *Pommade stibiée.*

***STIBINE** (g. στίβι, antimoine), *sf.* Sesqui-sulfure d'antimoine naturel, cristallisé, d'un éclat métallique, d'un gris intermédiaire entre le gris de plomb et le gris d'acier, rayé par le calcaire : c'est le véritable minerai d'antimoine. Sa densité est voisine de 4,6. Les cristaux dérivent d'un prisme droit rhomboïdal. La stibine se clive sous le choc du marteau suivant des faces brillantes ; c'est une substance assez tendre qui laisse une trace sur le papier. A la flamme d'une bougie, la stibine fond en donnant une lueur verte et en dégageant des fumées blanches. Attaquée par l'acide azotique ou par la potasse, elle laisse un résidu jaune. Sa formule chimique est Sb^2S^3.

***STIBNITE.** (V. *Stibine.*)

***STICK** (mot angl., *bâton*), *sm.* Canne très déliée, élégante et de petite dimension qu'on utilise comme cravache.

***STIGMARIA** (du g. στίγμα, stigmate), *sm.* Corps végétaux fossiles des terrains houillers qui ne sont pas autre chose que les racines des *sigillaires,* grands arbres de la famille des Conifères, et dont la tige cylindrique atteignait quelquefois une hauteur de 21 mètres ; le diamètre de cette tige variait entre 0m,30 et 1m,50. Les sigillaires, bien qu'appartenant à la famille des Conifères, devaient ressembler beaucoup aux palmiers de l'époque actuelle.

STIGMATE (g. στίγμα, piqûre), *sm.* Marque que laisse une plaie : *Les stigmates de la petite vérole.* ‖ *Les stigmates de saint François,* les marques semblables à celles des cinq plaies de J.-C. que saint François d'Assise avait aux pieds, aux mains et au côté. ‖ Marque qu'on faisait avec un fer rouge sur l'épaule d'un voleur : *Les stigmates de la justice.* — Fig. *Cet homme en porte encore les stigmates,* il vient d'essuyer un affront, une humiliation en public. — Fig. *Un stigmate flétrissant,* une note d'infamie. ‖ Organe glanduleux situé à l'extrémité supérieure du pistil et sur lequel viennent se déposer les grains de pollen. Le stigmate est, comme les autres parties du pistil, constitué par la feuille carpellaire ; il en est l'extrémité supérieure et terminale. Il affecte des formes très variées : ovoïde chez la belle-de-nuit et la passiflore, en entonnoir chez les Berbéridées, en croissant chez certaines Fumariacées, en coupe à deux lèvres chez le polygala, il présente une élégante couronne de poils dans la pervenche ou une petite boîte dont le couvercle est à charnière chez les Violées ; dans d'autres genres, il a la forme d'un pinceau de poils. Les Iridées, dont le style est pétaloïde, ont leurs stigmates tapissés par des bandelettes transversales placées sur la face externe du style. Quant à la composition anatomique du stigmate, elle est très simple, puisqu'il est constitué par un parenchyme à cellules minces ne renfermant pas de chlorophylle. Celles-ci sont placées parallèlement à l'axe du pistil et se terminent supérieurement par des papilles que ne recouvre aucune épiderme, et qui laissent exsuder une liqueur visqueuse. Ces papilles sont très longues dans certaines espèces, et ont la forme de prismes serrés à surface lisse chez un grand nombre de genres. La surface des papilles stigmatiques doit toujours être humide ; car, lorsqu'il est sec, le stigmate ne peut jouer le rôle indispensable que la nature lui a attribué dans l'acte de la fécondation. En effet, quand il a été desséché par le vent, par exemple, les grains de pollen qui viennent à tomber sur les papilles ne peuvent plus germer, et, par suite, ne s'introduisent pas dans l'ovaire jusqu'à la cellule femelle. Dans les fleurs dressées, les étamines sont généralement plus longues que le stigmate ; c'est le contraire qui a lieu lorsque les fleurs sont pendantes, comme dans les fuchsias : de la sorte, le pollen peut toujours être jeté sur le stigmate. Sans pollen l'ovule ne se développe pas, et en général l'ovaire se flétrit et meurt ; cependant, dans certains cas, une poussière inerte déposée sur les papilles stigmatiques y détermine une excitation purement mécanique suffisante pour amener les sucs végé-

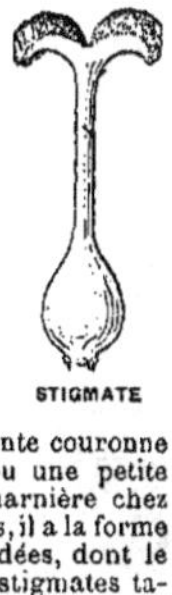

STIGMATE

taux jusque dans l'ovaire, et produire non la fécondation des ovules, mais le développement d'un fruit stérile. ‖ Nom des petites ouvertures ou soupapes aérifères situées sur les deux côtés du corps d'un insecte et par lesquelles l'air pénètre dans les trachées. (V. *Insecte*.) — **Dér.** *Stigmatiser, stigmatique.*

*** STIGMATIQUE** (*stigmate*), *adj. 2 g.* Qui appartient aux stigmates; qui a rapport à cet organe. ‖ *Papilles stigmatiques*, cellules terminales des stigmates, qui sécrètent une liqueur quelquefois très abondante, et dans laquelle germent les grains de pollen. Cette liqueur est quelquefois si abondante, qu'elle tombe en gouttelettes.

STIGMATISER (*stigmate*), *vt.* Marquer avec un fer rouge ou autrement. — **Fig.** Signaler à l'indignation, au mépris public : *On l'a stigmatisé dans ce pamphlet.*

***STILBITE** (g. στιλβός, brillant), *sf.* Minéral dont les cristaux aplatis possèdent la double réfraction. C'est un silicate double d'alumine hydraté, renfermant de la chaux, de la potasse et de la soude. Les cristaux sont groupés en forme de gerbe; leur éclat est vitreux et nacré; leur couleur est le blanc, le rouge chair, le rouge foncé ou le brun. Il en existe plusieurs variétés dont la principale est la *desmine*, silicate alumineux, à base de chaux et hydraté. C'est une substance blanche, vitreuse, fragile que l'on rencontre dans les terrains de cristallisation, aux îles Féroë, aux Hébrides, etc. On la trouve aussi dans les terrains volcaniques, au Vésuve, sur l'Etna, à Ténériffe et dans les volcans éteints de l'Auvergne.

STIL DE GRUN ou **DE GRAIN** (*x*), *sm.* Couleur jaune qu'on obtient en précipitant le suc des fruits du nerprun par l'alun et la craie.

STILICON (Flavius). Vandale d'origine, très habile général, ministre d'Honorius; il gouverna l'empire d'Occident au nom de celui-ci, secourut l'empire d'Orient envahi par les Wisigoths, chassa d'Italie ces barbares dont il vainquait le roi Alaric à Pollentia et à Vérone (402), extermina 200000 Suèves qui avaient passé les Alpes sous la conduite de Radagaise, et malgré tant de services fut massacré à Ravenne avec l'assentiment d'Honorius, qui craignait qu'il n'aspirât à l'empire (408).

STILLATION (l. *stillationem*) : du l. *stillare*, couler goutte à goutte, *sf.* Action d'un liquide qui tombe goutte à goutte. — **Dér.** *Stillatoire.* — **Comp.** *Distiller*, etc.

*** STILLATOIRE** (*stillation*), *adj. 2 g.* Qui s'écoule, qui tombe goutte à goutte.

STIMULANT, ANTE (*stimuler*), *adj.* Qui porte à agir, qui excite : *Pensée stimulante.* ‖ Qui augmente l'activité d'un organe, d'un tissu du corps : *Le café est un stimulant du cerveau.* — *Sm.* Tout médicament qui augmente l'activité d'un organe, d'un tissu anatomique : *La térébenthine est un stimulant des membranes muqueuses.* ‖ Toute matière qui, ajoutée au sol, active la végétation : *Le plâtre est un stimulant de la luzerne.* — **Fig.** Tout ce qui excite, aiguillonne l'esprit : *L'émulation est un puissant stimulant.*

*** STIMULATEUR, TRICE** (l. *stimulatorem*), *adj.* Qui excite, qui aiguillonne.

STIMULATION (l. *stimulationem*), *sf.* Action d'exciter, de rendre plus actif.

STIMULER (l. *stimulare*), *vt.* Exciter, rendre plus actif, aiguillonner : *Les menaces stimulent les enfants paresseux.* — **Dér.** *Stimulant, stimulante, stimulation, stimulateur, stimulatrice.* Même famille : *Stimulus.*

STIMULUS [sti-muluce] (ml., *aiguillon*), *sm.* Tout ce qui rend plus actif un organe ou un tissu anatomique.

1. **STIPE** (l. *stipem*, souche), *sm.* La tige ligneuse des plantes monocotylédones et des fougères en arbres : *Le stipe d'un palmier.* ‖ Le pédicule ou support du chapeau des champignons.

2. ***STIPE** (l. *stipa*, paille), *sf.* Genre de la famille des Graminées auquel appartient la *stipe très tenace* du S. de l'Europe, avec les chaumes de laquelle on fabrique une grande partie des tissus de sparterie. — **Dér.** *Stipule, stipuler, stipulant, stipulante, stipulation.*

STIPENDIAIRE (l. *stipendiarium*), *adj. 2 g.* et *sm.* Qui est à la solde de quelqu'un et disposé à tout faire : *Des troupes stipendiaires.*

STIPENDIÉ, ÉE (*stipendier*), *adj.* et *s.* Qui est à la solde de quelqu'un et disposé à tout faire : *De vils stipendiés.*

STIPENDIER (l. *stipendiari*), *vt.* Payer des gens pour les avoir à son entière dévotion : *Stipendier des assassins.* — **Gr.** Je stipendie, nous stipendions, je stipendiais, nous stipendiions, vous stipendiiez; je stipendiai; je stipendierai; je stipendierais; que je stipendie, que nous stipendiions, que vous stipendiiez; que je stipendiasse, qu'il stipendiât. — **Dér.** *Stipendié, stipendiée, stipendiaire.*

STOCKHOLM

VUE DU PALAIS ROYAL

*** STIPERSTONES.** Nom que l'on donne à une des assises du silurien anglais représentée, dans le comté de Merioneth, par des schistes et des grès (250 mètres) et dans le Cumberland par les schistes de Skiddaw à graptolithes.

***STIPITE** (*stipe* 1), *sm.* Variété de lignite provenant de la décomposition des Cycadées, et que l'on trouve surtout dans le trias et le jurassique. Les stipites sont encore appelés *houilles sèches du keuper et du trias, houille des Cycadées.* On en rencontre des gisements dans les Vosges et la Haute-Saône.

STIPULANT, ANTE (*stipuler*), *adj.* Qui stipule : *Les parties stipulantes.*

STIPULATION (l. *stipulationem*), *sf.* Clause, condition, convention introduite dans un contrat : *Une stipulation avantageuse.*

STIPULE (l. *stipula*, petite paille), *sf.* Chacune des deux petites feuilles qui se trouvent au point où le pétiole d'une feuille ordinaire s'insère sur la tige.

STIPULE

STIPULER (l. *stupulari* : de *stipula*, petite paille), *vt.* Chez les Romains, prendre un engagement avec quelqu'un en rompant avec lui un fétu de paille dont chacun des contractants gardait un morceau. ‖ Aujourd'hui, introduire une clause, une condition dans un contrat : *Stipuler qu'une rente sera servie tous les six mois.*

STIRLING, 14000 hab. Ville d'Écosse sur le Forth.

STOCK (mot ang., *souche, provision*), *sm.* La quantité d'une certaine marchandise qui se trouve dans un magasin, dans les entrepôts, ou sur les marchés d'une place de commerce.

STOCKFISCH [stok-fiche] (mot ang. *stock*, souche + *fish*, poisson), *sm.* Toute sorte de poisson salé et séché, et particulièrement une espèce de morue séchée à l'air.

STOCKHOLM, 215688 hab. Capitale et beau port de la Suède, bâtie sur une foule d'îlots, des deux côtés d'un détroit qui fait communiquer la Baltique avec le lac Mælar et environnée de sites admirables. Industrie très active, riche musée préhistorique, université libre.

STOCKPORT, 59553 hab. Ville d'Angleterre (comté de Chester), sur la Mersey.

STOCKTON, 41000 hab. Port d'Angleterre (comté de Durham), sur la Tees. Chantiers maritimes, fabriques de machines à vapeur.

STOFF (mot ang. *stooff* : db. de *étoffe*), *sm.* Étoffe de laine non croisée, toute brillante à l'endroit ou y présentant seulement des dessins brillants.

STOFFLET (1751-1796). Fils d'un meunier, général vendéen, devint, à la mort de La Rochejaquelein, commandant en chef de l'armée royaliste; fut fait prisonnier par les troupes républicaines et fusillé à Angers.

STOÏCIEN, IENNE (*stoïque*), *adj.* ‖ Qui suit la doctrine de Zénon. ‖ Qui appartient à cette doctrine : *Maxime stoïcienne.* — S. Personne de la secte de Zénon : *Les stoïciens cultivèrent beaucoup la grammaire.* — **Fig.** Personne ferme, sévère, inébranlable, insensible : *C'est un vrai stoïcien.*

STOÏCISME (*stoïque*), *sm.* Système philosophique de Zénon qui niait que la douleur fût un mal, et plaçait le bonheur dans l'accomplissement du devoir, dans la pratique de la vertu et conseillait le détachement des affaires humaines. — **Fig.** Courage à supporter la douleur, austérité : *On admire son stoïcisme.*

STOÏQUE (g. στοϊκος : de στοά, portique, parce que Zénon donnait ses leçons sous un portique d'Athènes), *adj. 2 g.* Qui tient de l'insensibilité et de la fermeté des stoïciens : *Ame stoïque.* — *Sm.* Un stoïcien. — **Dér.** *Stoïquement, stoïcienne, stoïcisme.*

STOÏQUEMENT (*stoïque* + sfx. *ment*), *adv.* En stoïcien. ‖ Avec une fermeté inébranlable.

STOLBERG, 5000 hab. Ville de Prusse (province du Rhin). Mines et fonderies de cuivre et de zinc.

***STOLON** (l. *stolonem*, rejeton), *sm.* Branche grêle et allongée qui part du bas de la tige de certaines plantes, rampe sur la terre, y prend racine à certains points et y produit un individu : *Le fraisier, la potentelle rampante ont des stolons.* C'est en quelque sorte un narcotique naturel. — **Comp.** *Stolonifère.*

***STOLONIFÈRE** (*stolon* + sfx. *fère*), *adj. 2 g.* Qui a des stolons.

STOLPE, 12000 hab. Ville de Prusse (Poméranie), sur la Stolpe. Draps, toiles, papiers.

STOLZ (Victoire Noeb, dite Rosina), cantatrice contemporaine, née en Espagne en 1815. Elle fut la protégée de la duchesse de Berri, qui lui fit faire son éducation. Elle se distingua à l'Opéra de Paris dans les principaux rôles; mais, ayant été sifflée le 1er mai 1847, elle quitta le théâtre et n'y reparut plus que rarement. Depuis, elle s'est adonnée au spiritisme.

STOMACAL, ALE (l. *stomachum*, estomac), *adj.* Qui fortifie l'estomac : *Le bon vin est stomacal.*

STOMACHIQUE (l. *stomachicum* : de *stomachus*, estomac), *adj. 2 g.* Qui appartient à l'estomac. ‖ Qui est bon pour l'estomac : *Les amers sont stomachiques.* — *Sm.* Aliment ou médicament bon pour l'estomac : *Un excellent stomachique.*

***STOMATE** (g. στόμα, bouche), *sm.* Nom d'ouvertures microscopiques, en forme de petites boutonnières, qui existent sur l'écorce des jeunes branches et principalement sur la face inférieure des feuilles, et par où l'air s'introduit dans l'intérieur des végétaux.

Les stomates n'existent ni sur les racines, ni sur les parties qui ne contiennent pas de chlorophylle ; cependant les rhizomes ou tiges souterraines en présentent quelquefois. Les stomates ne se forment que très tard. Chacune de ces petites ouvertures naît d'une cellule épidermique, plus petite que les autres, qui se partage en deux et produit deux cellules filles ; celles-ci se séparent dans leur région moyenne et se touchent par leurs extrémités. En outre, elles se soudent fortement aux cellules voisines. Au-dessous du stomate, il se forme une lacune. La surface des cellules composant le stomate se transforme en matière subéreuse, tandis que celles des cellules de l'épiderme demeurent à l'état de cellulose et peuvent absorber les gaz. Les bords du stomate forment deux paires de lèvres, l'une extérieure, l'autre intérieure, pouvant se rapprocher ou s'éloigner, et fermer ou ouvrir la petite boutonnière. Ces deux lèvres sont constituées par un tissu rigide et subérifié.

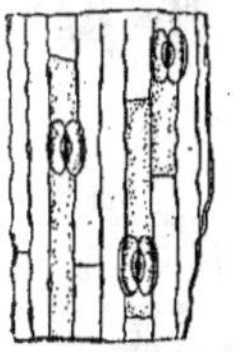
STOMATES

Lorsque ces petits organes sont jeunes et en pleine activité, l'humidité gonfle leurs bords, et le stomate s'ouvre et laisse pénétrer l'air dans l'intérieur de l'organe qui les porte ; si, au contraire, l'eau vient à manquer, les mêmes bords se dessèchent, et le stomate se ferme : c'est alors que la feuille meurt si la sécheresse dure longtemps ; mais la plante peut vivre, même exposée au soleil et bien que privée d'eau, car l'évaporation ne se produit plus par les stomates. On peut déterminer cette mort d'une feuille en revêtant la face qui porte les stomates avec un enduit fait de graisse et de cire. Ce qui prouve bien que dans ce cas il y a asphyxie, c'est que, si l'on met la couche de vernis sur la face qui n'a pas de stomates, la feuille continue de vivre comme par le passé. Les stomates s'ouvrent sous l'influence de la lumière et se ferment dans l'obscurité : aussi les plantes transpirent-elles peu ou point pendant la nuit ; quant à la température, elle n'a aucune influence sur l'état des stomates. Dans les feuilles dont les nervures sont parallèles, les ouvertures des stomates sont disposées dans le sens de ces nervures ; chez d'autres plantes, comme chez le gui, la fente est dirigée perpendiculairement à l'axe de l'organe qui les porte ; chez les fougères, le plus grand diamètre du stomate est dirigé dans tous les sens. Les stomates existent en nombre infini, puisque une seule feuille peut en posséder jusqu'à une dizaine de millions. Ils sont, du reste, disséminés à peu près également sur les diverses parties de la feuille ; cependant les parties qui touchent aux nervures n'en présentent pas. Les feuilles coriaces en ont un plus grand nombre sur leur face inférieure ; quelquefois aussi les stomates sont disposés dans des sillons alternant avec des lignes qui n'en possèdent pas. C'est seulement sur la face aérienne qu'ils sont placés sur les feuilles des plantes aquatiques, comme le nénuphar. Dans d'autres cas aussi, les stomates peuvent être comme appliqués à la surface des feuilles, ou bien, au contraire, se trouver au fond d'une dépression ; chez les mousses et les hépatiques, ce sont de simples trous placés à la surface du végétal qui en tiennent lieu. C'est par les stomates que l'air s'introduit dans la profondeur des tissus des végétaux et y opère les transformations nécessaires à la vie ; c'est par là aussi que s'exhalent les gaz, résidus des oxydations, ainsi que la vapeur d'eau ; car la surface de la feuille est imperméable en tout autre endroit. L'extrémité des feuilles ou leurs bords dentelés sont garnis de petites ouvertures appelées *stomates aquifères*, par où s'échappe l'eau qui n'est pas éliminée par la transpiration. Ce phénomène se produit, par exemple, la nuit ou lorsque la plante est placée dans une atmosphère saturée d'humidité ; alors l'eau apparaît en fines gouttelettes qui se mêlent à la rosée. Ces stomates aquifères ne sont jamais fermés, et leurs bords ne sont pas tout à fait semblables à ceux des stomates ordinaires. Ces derniers restent aussi béants lorsque vieillissent les organes auxquels ils appartiennent. (V. *Feuille.*) — **Dér.** *Stomatite, stomatique.*

1. ***STOMATIQUE** (*stomate*), *adj. 2 g.* Qui appartient, qui a rapport aux stomates : *Les cellules stomatiques d'une feuille.*

2. ***STOMATIQUE** (g. στόμα, bouche + sfx. *ique*), *adj. 2 g.* Se dit des médicaments destinés à combattre les affections buccales, comme gargarismes, masticatoires et dentifrices.

***STOMATITE** (g. στόμα, bouche + sfx. *ite*), *sf.* Inflammation de la membrane muqueuse de la bouche.

STONEHENGE, monument mégalithique, de date incertaine, qui se trouve dans la plaine de Salisbury, au N.-O. d'Amesbury. Il est formé d'une sorte de tertre circulaire au centre duquel se dressent deux rangées de pierres debout, disposées sur deux cercles concentriques. Les pierres qui les composent sont dressées et étaient reliées les unes aux autres par des pierres horizontales qui les surmontaient. Quatre de ces dernières sont encore en place et forment des espèces de portiques assemblés par une mortaise et un tenon. Les pierres du cercle intérieur sont de moindres dimensions. Au centre de ce second cercle se trouvent deux autres enceintes ayant la forme d'un fer à cheval et où l'on remarque également plusieurs trilithes. Ces pierres sont des blocs de grès siliceux du pays qui ont été équarris et dont quelques-uns atteignent jusqu'à 6m,50 de hauteur. Tout à fait au centre du monument, on voit des blocs de roches éruptives qui ont été apportés du Devonshire. On accède au monument de Stonehenge par une sorte de couloir. On ignore à quelle époque il a été érigé ; mais il est assurément postérieur aux alignements de Carnac ; quelques archéologues le font même remonter jusqu'au xe siècle de notre ère. Il était désigné jadis sous le nom de *Danse des Géants* ; on pense généralement que c'était un temple.

***STOPP!** (mot ang.), *interj.* Arrête ! — **Dér.** *Stopper.*

STOPPER (mot ang. *to stop*, arrêter), *vi.* et *t.* Arrêter, en parlant d'un navire à vapeur, d'un train, d'une machine : *Le capitaine fit stopper.*

STORA, 3238 hab. Village d'Algérie sur la Méditerranée, province de Constantine, sert de port à Philippeville.

STORA-KOPPARBERG, préfecture de Suède (Dalécarlie), ch.-l. Falun. Riches mines de cuivre.

STORAX (g. στύραξ), *sm.* Baume solide, blanc jaunâtre, d'une odeur suave, analogue à celle de la vanille, provenant d'un *aliboufier* (*styrax officinalis*) des îles de la Sonde, et très employé autrefois contre la toux et l'asthme. Il nous arrive sous plusieurs formes. Le storax le plus pur est le *blanc*, en larmes opaques, assez volumineuses ; l'*amygdaloïde* en masse sèche et cassante, dont l'odeur est plus suave et plus douce que celle de l'espèce précédente ; le *rouge-brun*, mêlé à de la sciure de bois ; le *noir*, coulant comme de la poix, et renfermant également de la sciure de bois. Le storax se présente aussi en pains très volumineux et recouverts d'une toile ; il est alors d'un rouge foncé et se laisse facilement diviser en une poudre grossière.

STORE (l. *storea*, natte), *sf.* Sorte de rideau de natte, d'étoffe ou de légères lamelles de bois qui se lève et se baisse le plus souvent au moyen d'un ressort, et dont on garnit les fenêtres, les portières des voitures.

***STORTHING** (norvégien *stor*, grand + *thing*, assemblée), *sm.* Nom de la diète de Norvège.

STOUR, rivière d'Angleterre qui arrose les comtés de Dorset et de Southampton.

STOURBRIDGE, 7000 hab. Ville d'Angleterre, comté de Worcester, sur la Stour. Verreries, manufactures de briques réfractaires et de creusets. Mines de houille.

STOWE (Harriet-Beecher, mistress) (1814-1879). Célèbre romancière des États-Unis, auteur de la *Case de l'Oncle Tom* (1852), roman contre l'esclavage et qui contribua beaucoup à son abolition.

STRABISME (g. στραβισμός : de στραβός, louche), *sm.* Disposition naturelle et vicieuse des yeux qui fait qu'on louche tantôt avec *alternance* quand les yeux sont employés tour à tour, tantôt avec *divergence* quand le regard est dévié en dehors.

STRABON, célèbre géographe et voyageur grec, né vers 50 av. J.-C. à Amasie, en Cappadoce, et qui vivait encore sous Tibère. On a de lui une précieuse géographie contenant beaucoup de renseignements puisés dans des auteurs aujourd'hui perdus.

***STRACHIA**, *sm.* Genre d'insectes hémiptères dont les espèces occasionnent quelquefois de grands dégâts dans nos jardins potagers. Les deux principales de ces espèces sont : 1° la *punaise des légumes*, d'un bleu bronzé tacheté de rouge et de blanc, et vivant sur les feuilles des choux, des navets, de la rave, de la giroflée, etc., qu'elle crible de petits trous qui les rendent rugueuses et les dessèchent ; 2° la *punaise ornée*, appelée encore *punaise des choux*, de couleur noire et rouge, et exhalant une odeur infecte. Les individus de cette espèce sont très nuisibles aux plantes ; ils percent d'une innombrable quantité de trous les feuilles de choux et déposent sous les feuilles de cette plante leurs œufs, dont la forme rappelle celle d'un petit baril. A peine éclose, la larve soulève le point de la feuille où elle est enfermée et se met aussitôt en devoir de ronger celle-ci. Il est utile de tuer ces insectes, que leurs belles couleurs révèlent aux jardiniers ; il faut aussi visiter le dessous des feuilles et enlever les œufs.

STRADELLA (Alexandre) (né vers 1645, mort assassiné en 1678). Compositeur de musique et chanteur italien, qui, ayant enlevé une jeune Vénitienne de famille noble, fut poursuivi par les parents de celle-ci et assassiné à Gênes. Niedermeyer a composé un opéra appelé *Stradella*.

STRADIVARIUS (1644-1737). Célèbre luthier de Crémone. — *Sm.* Tout violon fait par Stradivarius.

STRAFFORD (Thomas Wentworth, comte de) (1593-1641). Homme d'État anglais, gouverneur, puis lord lieutenant d'Irlande, condamné à mort par la Chambre des communes et décapité pour son dévouement à Charles Ier.

***STRAHLITE** ou **STRALITE** (allem. *strahl*), *sf.* Nom par lequel on désigne quelquefois une espèce d'amphibole (*amphibole actinote*).

***STRAHLSTEIN**, *sm.*, ou **ACTINOTE**. Minéral qui est une amphibole ; c'est un mélange de hornblende et de trémolite. Les cristaux d'*actinote* sont translucides, en longs prismes ou en longues aiguilles d'un vert clair ou d'un vert foncé.

STRALSUND, 29000 hab. Ville de la Prusse, dans la Poméranie ; port de commerce sur la Baltique, appartint longtemps à la Suède.

STRAMOINE (*x*), *sf.* ou **STRAMONIUM**, *sm.*, ou **pomme épineuse**. Plante du genre datura de la famille des Solanées, originaire d'Orient, poussant sur les décombres, à grandes fleurs blanches, dont le fruit est une capsule garnie de piquants, de la grosseur d'une pomme moyenne. Toutes les parties de la plante, et notamment les graines, contiennent un poison narcotique (la *stramonine*). On fume des cigarettes de

STRAMOINE

feuilles de stramoine contre l'asthme. La stramoine est stupéfiante; on la donne dans les mêmes circonstances et à la même dose que la belladone. (V. *Datura*.)

***STRAMONINE** (*stramoine*), *sf.* Autre nom de la *daturine*. (V. ce mot et *Datura*, *Stramoine*.)

STRANGULATION (l. *strangulationem*), *sf.* Action d'étrangler, c'est-à-dire d'intercepter la respiration en comprimant ou en rétrécissant les voies aériennes.

STRANGURIE (g. στράγξ, goutte + οὖρον, urine), *sf.* Affection qui fait qu'on ne peut rendre l'urine que goutte à goutte et avec douleur.

STRAPASSER (ital. *strapazzare*), *vt.* Maltraiter de coups. || Peindre à la hâte en affectant la négligence et la facilité. — **Dér.** *Strapassonner*.

STRAPASSONNER (*strapasser*), *vt.* Strapasser. (Peint.)

STRAPONTIN (ital. *strapontino*), *sm.* Siège garni qui peut se lever et s'abaisser, et que l'on met sur le devant des carrosses. || Siège mobile dans un théâtre.

STRAS ou ***STRASS** (nom de l'inventeur, joaillier du XVIIIe siècle), *sm.* Verre très limpide, très dense, contenant plus de plomb que le cristal et les verres d'optique, employé pour imiter le diamant et les pierres précieuses, à cause de la propriété qu'il a de réfracter fortement la lumière. Les matières qui entrent dans sa composition sont le minium et la potasse caustique, le cristal de roche et le borax. Pour imiter les pierres précieuses colorées, on y ajoute certains oxydes métalliques.

STRASBOURG, 111 987 hab., anc. ch.-l. du départ. du Bas-Rhin, sur l'Ille et à 1 kilom. du Rhin; évêché, université. Cette ville, réunie à la France par Louis XIV en 1681, fut assiégée et prise en 1870 par les Allemands, dont les boulets détruisirent la bibliothèque et les musées, est actuellement la capitale de l'Alsace-Lorraine et a été entourée par ses nouveaux possesseurs d'une formidable ceinture de forts. Sa belle cathédrale, des styles roman et ogival, est surmontée d'une flèche de 142 mètres et possède une très curieuse horloge. Strasbourg est la grande étape du commerce entre Paris et Vienne, et expédie à l'étranger ses choucroutes, sa bière, ses pâtés de foie gras. — **Dér.** *Strasbourgeois*, *strasbourgeoise*.

***STRASBOURGEOIS, OISE** (*Strasbourg*), *adj.* et *s.* De Strasbourg. || Habitant de cette ville.

STRASSE (ital. *straccio*, chiffon), *sf.* Bourre de soie. || Rebut de cocon.

STRATAGÈME (g. στρατήγημα, opération militaire), *sm.* Ruse de guerre. — **Fig.** Artifice, expédient, tour, ruse : *Recourir à un stratagème*.

***STRATE** (l. *stratum*, étendue), *sf.* Chacune des couches ou assises qui composent les terrains sédimentaires. (Géol.) — **Comp.** *Stratifier*, *stratification*, *stratigraphie*.

STRATÈGE ou **STRATÈGUE** (g. στρατηγός), *sm.* Général d'armée chez les Grecs. Il y avait à Athènes 10 stratèges qui s'occupaient de la guerre, des relations avec les autres cités, de l'administration des finances et de la police de la ville. — **Dér.** *Stratégie*, *stratégique*, *stratégiquement*, *stratégiste*.

STRATÉGIE (g. στρατηγία : de στρατηγός, général), *sf.* L'art de combiner les mouvements d'une armée sur la carte, et de disposer les troupes de la façon la plus avantageuse en vue des opérations militaires. || L'ensemble des moyens propres à assurer le succès : *La stratégie parlementaire*.

STRATÉGIQUE (g. στρατηγικός), *adj.* 2 *g.* Qui appartient à la stratégie. || Qui en dépend : *Opérations stratégiques*. || *Point stratégique*, position qu'il importe beaucoup à une armée en campagne de prendre ou de conserver.

***STRATÉGIQUEMENT** (*stratégique* + sfx. *ment*), *adv.* Conformément à la stratégie.

STRATÉGISTE (*stratégie*), *sm.* Celui qui est habile dans la stratégie. || Qui écrit sur la stratégie.

STRATFORD, 7000 hab. Ville d'Angleterre sur l'Avon, comté de Warwick. Patrie et tombeau de Shakspeare.

STRATIFICATION (*stratifier*), *sf.* Action de placer dans un vase plusieurs substances par couches distinctes. || Disposition par couches des terrains sédimentaires. || *Stratification concordante*, celle qui a lieu quand des couches sédimentaires sont superposées parallèlement les unes aux autres. || *Stratification discordante*, celle qui a lieu quand les faces des couches superposées ne sont pas parallèles entre elles. || *Stratification des graines*, opération qui consiste à disposer, dans un vase peu profond, par couches minces et séparées les unes des autres par des couches de sable fin ou de terre légère, des graines d'arbres forestiers ou fruitiers afin qu'elles conservent la faculté de germer. Le vase doit être mis à la cave et arrosé de loin en loin. Quelquefois la stratification s'opère dans un trou creusé dans le sol, au pied d'un mur, et recouvert d'une butte de terre qui préserve les graines de l'humidité.

STRATIFIER (*strate* + l. *ficare*, faire), *vt.* Disposer des substances par couches dans un vase. || Déterminer la stratification des terrains sédimentaires || *Terrains stratifiés*, les terrains sédimentaires disposés par couches toujours horizontales lors de la formation. || Opérer la stratification des graines.

***STRATIGRAPHIE** (*strate* + g. γράφειν, tracer), *sf.* Partie de la géologie qui traite de l'ordre dans lequel les terrains sédimentaires sont placés les uns par rapport aux autres. — **Dér.** *Stratigraphique*, *stratigraphiquement*.

***STRATIGRAPHIQUE** (*stratigraphie*), *adj.* 2 *g.* Qui a rapport à la stratigraphie.

***STRATIGRAPHIQUEMENT** (*stratigraphique* + sfx. *ment*), *adv.* Suivant les lois de la stratigraphie.

***STRATIOTE** (du g. στρατιώτης, soldat), *sm.* Genre de plantes monocotylédones de la famille des Hydrocharidées, dont la seule espèce, le *stratiote faux-aloès*, a le port d'un aloès; ses feuilles, toutes radicales, sont triangulaires et en forme de glaive; ses fleurs sont blanches. Le *stratiote* se rencontre communément dans les fossés de la Hollande et de la Belgique. On en trouve aussi dans les étangs des environs de Paris.

***STRATIOTIQUE** (du g. στρατιώτης, soldat), *adj.* Surnom donné à l'empereur d'Orient Michel parce qu'il avait passé sa vie dans les armées de l'empire.

STRATOCRATIE (g. στρατός, armée + κρατεῖν, être maître), *sf.* Gouvernement dans lequel l'autorité appartient aux militaires.

STRATOGRAPHIE (g. στρατός, armée; γραφή, description), *sf.* Description d'une armée et de tout ce qui la compose.

STRATONICE, fille de Démétrius Poliorcète, femme de Seleucus Nicator, roi de Syrie, puis d'Antiochus Soter.

***STRATUS** [stra-tuce] (ml., *étendue*), *sm.* Nuages qui doivent leur nom à leur forme allongée. (V. *Nuage*.)

STRAUBINGEN, 9 000 hab. Ville de Bavière, sur le Danube.

STRAUSS (ISAAC), musicien français contemporain, né à Strasbourg, en 1806, d'une famille israélite qui dirigea pendant longtemps l'orchestre du Théâtre-Italien et fut directeur des bals de la cour de Napoléon III (1852-1870), de ceux de l'Opéra, de Vichy, etc.

STRAUSS (JOHANN) (1804-1840). Compositeur de musique de danse, né à Vienne (Autriche). Ses recueils de valses sont célèbres. — Son fils JOHANN, né en 1825, est également compositeur. On lui doit quelques opérettes et de la musique de danse.

STRAUSS (DAVID-FRÉDÉRIC) (1808-1874), célèbre théologien protestant allemand qui publia, en 1835, une *Vie de Jésus* qui souleva les colères du monde religieux. Cet ouvrage a été traduit en français par Littré en 1840. Strauss a, en outre, écrit plusieurs ouvrages de polémique et de littérature.

STRÉLITZ, corps d'infanterie russe, fort de 40 000 hommes, qui formait la garde des Czars et les dominait souvent. Pierre le Grand les fit exterminer (1698 et 1705).

STRÉLITZ, nom de deux villes du duché de Mecklembourg-Strelitz : *Alt-Strelitz*; 4 800 hab. et *Neu-Strelitz*, 8 500 hab., cap. du duché.

STRETTE (ital. *stretto*, étroit), *sf.* Partie d'une fugue dans laquelle on ne rencontre plus que des fragments du sujet et qui est comme un dialogue vif et pressé. (Mus.)

STRIBORD, *sm.* Autre forme de tribord. (V. ce mot.)

STRICT, ICTE (db. *étroit*; l. *strictum*), *adj.* Rigoureux : *Obligation stricte*. || Exact, sévère, sérieux : *Être strict en affaires*. — **Gr.** Ce mot n'a été introduit dans le dictionnaire de l'Académie qu'en 1762. — **Dér.** *Strictement*.

STRICTEMENT (*stricte* + sfx. *ment*), *adv.* Rigoureusement.

STRICTION, *sf.* S'emploie dans cette expression : *Ligne de striction*, le lieu du point central d'une surface. (Géom.) Dans une surface réglée, les génératrices sont tangentes à la ligne de striction, au point central.

STRIDENT, ENTE (l. *stridentem*), *adj.* Qui rend un son aigre et perçant : *Voix stridente*. — **Dér.** *Strideur*, *striduleux*, *stridulation*.

***STRIDEUR** (l. *stridorem*), *sf.* Qualité d'un bruit perçant et vibrant.

***STRIDULATION** (du l. *stridulum*, qui rend un son aigu), *sf.* Bruit que produisent les insectes du genre cigale.

***STRIDULEUX, EUSE** (*strident*), *adj.* Aigu, perçant, vibrant. || Se dit des bruits produits dans la poitrine et qui sont aigus, sifflants. || *Laryngite striduleuse*, le faux croup.

STRIE (l. *stria*), *sf.* Petit sillon longitudinal séparé du sillon pareil par une ligne saillante ou côte : *La tige du roseau présente des stries*. || Se dit de rayures parallèles ou de lignes parallèles colorées autrement que le fond : *Les stries des blocs erratiques*. || Listel ou filet entre deux cannelures d'une colonne d'un pilastre. (Arch.) — **Dér.** *Strié*, *striée*, *striure*.

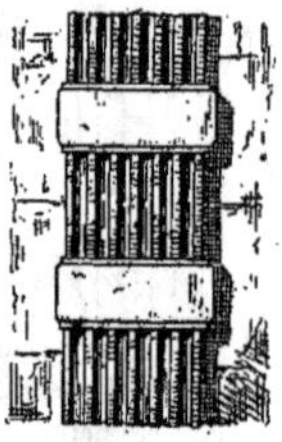

STRIES

(ARCHITECTURE)

STRIÉ, ÉE (*strie*), *adj.* Dont la surface présente des stries : *Coquille striée*.

STRIEGAU, ville de Prusse (Silésie). Victoire du grand Frédéric sur les Autrichiens (1745).

STRIGE (l. *striga*, oiseau de nuit qui passait pour déchirer les enfants), *sf.* Être chimérique appelé aussi vampire. (V. ce mot.)

***STRIGIDÉES** (du l. *strix*, génitif *strigis*, oiseau de proie qui passait pour dévorer les enfants pendant la nuit), *sfpl.* Famille d'oiseaux de l'ordre des Rapaces, dont les espèces sont nocturnes et se nourrissent de mammifères d'oiseaux, de reptiles et d'insectes. Ils font leurs nids dans les ruines, les rochers, les lieux souterrains; leurs œufs sont blancs, et les petits naissent couverts d'un duvet épais et soyeux. La tête de ces oiseaux est grosse et garnie de plumes nombreuses; leurs yeux sont à fleur de tête et dirigés en avant. Leur plumage est doux et souple : aussi le vol de ces oiseaux est-il très silencieux. A cette famille appartiennent les *scops*, etc.

STRIGILE (db. de *étrille* : l. *strigilem*), *sm.* Racloir en métal dont les anciens se servaient dans le bain pour racler la peau et en détacher la crasse, et aussi les lutteurs après les exercices de la palestre.

***STRINGOCÉPHALE** ou **STRIGOCÉPHALE** (l. *strinx*, hibou + g. κεφαλή, tête), *sm.* Genre de mollusques brachiopodes, voisins des Spirifères et des Térébratules et que l'on rencontre dans les terrains dévoniens.

***STRIQUER** (allem. *strich*, coup de main), *vt.* Terminer, mettre la dernière main à une pièce de drap. — **Dér.** *Striqueuse*.

***STRIQUEUSE** (*striquer*), *sf.* Ouvrière qui met la dernière main au drap. || Ouvrière qui attache ou coud les fleurs sur le tulle; on dit aussi *appliqueuse*.

STRIURE (*strie*), *sf.* Assemblage de stries.

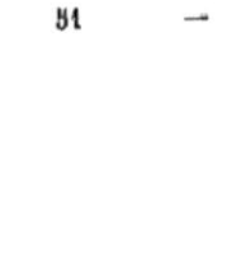

STROBILE

STROBILE (l. *strobilum*, pomme de pin), *sm.* Cône ou fruit composé des arbres verts : *Les strobiles du pin*. — **Comp.** *Strobiliforme*.

***STROBILIFORME** (l. *strobilum*, pomme de pin + *forme*), *adj. 2 g.* Qui a la forme d'un strobile.

***STROMBE** (g. στρόμβος, toupie), *sm.* Genre de mollusques marins, de l'ordre des Gastéropodes, à coquille ventrue, tuberculeuse ou épineuse, et dont la spire est courte et présente une longue ouverture. Ces animaux se rencontrent sur les récifs, à marée basse et jusqu'à une assez grande profondeur, sur les côtes de la Méditerranée, de la mer Rouge, de la Chine, de l'océan Pacifique, sur les côtes occidentales de l'Amérique, aux Antilles, à l'île Maurice, à la Nouvelle-Zélande, etc. Une espèce, le *strombe géant*, est une des plus grandes coquilles actuellement vivantes. On la trouve aux Antilles et aux îles Bahama, d'où l'on en importe de très grandes quantités ; ces coquilles sont employées à la fabrication des camées.

STROMBOLI, petite île, la plus septentrionale des îles Lipari, au sommet de laquelle est un volcan de même nom, presque toujours en activité, mais dont les feux n'ont rien de dangereux pour les habitants de l'île. Le Stromboli (925 mètres) est percé d'un cratère de 725 mètres de diamètre. Sainte-Claire Deville avait institué à tort une période strombolienne intermédiaire pour tous les volcans entre la phase d'activité et la période solfatarienne. Les laves du volcan sont basiques (basaltes et dolérites avec 50 p. 100 de silice).

***STROMNITE** (*Stromness*, l'une des îles Orcades), *sf.* Minéral trouvé à Stromness et qui est un mélange de carbonate de strontiane et de sulfate de baryte. Il se présente en aiguilles jaunâtres et constitue de petites veines dans un schiste argileux.

STROMSO. Ville de Norvège (Sœndenfield) à l'embouchure du Drammen.

*** STRONGLE** (g. στρογγύλος, cylindrique), *sm.* Genre de vers de l'ordre des Nématoïdes dont les différentes espèces sont parasites et vivent, les unes dans les bronches et la trachée de l'homme et surtout des animaux. Une espèce, le *strongle sangsue*, long de 25 centièmes de millimètre, se fixe sur la muqueuse de l'intestin, y suce le sang au moyen de sa ventouse et amène promptement un état d'épuisement extraordinaire. C'est cet animal qui détermine la maladie connue sous le nom de *diarrhée d'Afrique*. — **Strongle géant**, espèce très voisine du genre précédent, dont le mâle atteint de 14 à 40 centimètres et la femelle $0^m,20$ à 1 mètre de longueur. Ce ver vit dans les reins de plusieurs mammifères carnivores, surtout chez les phoques et les loutres. On le trouve rarement chez l'homme.

***STRONTIANE** [stron-cia-ne] (*Strontian*, cap d'Ecosse), *sf.* Protoxyde de strontium. Substance basique blanche que l'on obtient en calcinant l'azotate de strontiane. La strontiane est soluble dans l'eau. En calcinant la strontianite avec du charbon, en reprenant par l'eau et en faisant cristalliser, on obtient un hydrate de strontiane dont l'eau se dégage par calcination, en laissant l'oxyde anhydre. ‖ *Sels de strontiane.* La strontiane se rencontre dans la nature à l'état de carbonate et à l'état de sulfate. On prépare l'azotate de strontiane pour les besoins de la pyrotechnie. Ce sel colore la flamme en rouge carmin. Le sulfure de strontium a la propriété de briller dans l'obscurité lorsqu'on l'a exposé quelque temps auparavant à l'action des rayons solaires. Au point de vue des propriétés chimiques, les sels de strontiane ont beaucoup d'analogie avec les sels de baryte. — **Dér.** *Strontium, strontianite.*

***STRONTIANITE** (le cap *Strontian*, en Ecosse), *sf.* Carbonate de strontiane naturel, qui se présente en masses cristallines rayonnées, ou en prismes rhomboïdaux droits, incolores ou colorés, d'un éclat vitreux sur les faces naturelles, d'un éclat gras sur les cassures, translucides ou transparents ; la densité de ce corps oscille entre 3,6 et 3,8 ; il est plus dur que le calcaire, moins dur que le spath fluor. Fortement chauffée au chalumeau, la strontianite brille, fond sur les bords et produit, en se gonflant, de petites masses qui ont l'aspect de choux-fleurs. Il colore la flamme en rouge carmin. C'est à l'étude chimique de ce minéral que l'on doit la découverte de la strontiane : la présence d'une base spéciale, dans la strontianite, a été reconnue à la fin du siècle dernier.

***STRONTIUM** [stronsiome] (*Strontian*, cap d'Ecosse), *sm.* Métal qui a été isolé par Davy en 1808. Il est d'un jaune pâle, et ses propriétés rappellent celles du baryum. Il se distingue, au spectroscope, par des raies rouges et une belle raie bleue.

STROMBOLI

***STROPHANTUS** (g. στροφός, tordu + ἀνθός, fleur), *sm.* Plante grimpante, ligneuse, de la famille des Apocynées, qui croît sur les côtes occidentales d'Afrique. La thérapeutique actuelle emploie la strophantine dans les affections cardio-rénales : elle augmente les systoles, ralentit le pouls ; on la conseille dans les cas de fatigue du cœur et d'asystolie. Elle s'administre à l'état de teinture, de pilules et même de poudre.

STROPHE (g. στροφή, tournoiement), *sf.* Stance, dont le sens peut-être complet ou non : *Les strophes d'une chanson* s'appellent des couplets. Dans les tragédies grecques, la partie du chant qui répondait aux mouvements du chœur, marchant de gauche à droite. La partie qui répondait aux mouvements de droite à gauche s'appelle *antistrophe*.

***STROPHION** (g. στρέφω, je tourne), *sm.* Ruban dont les Grecs se ceignaient la tête ; les Romains le portaient aussi sous le nom de *strophium*. Les jeunes femmes employaient, pour soutenir la poitrine dans les exercices violents, une bande d'étoffe roulée qui portait aussi le nom de *strophium*.

***STROPHOÏDE** (g. στρόφος, corde + εἶδος, forme), *sf.* Courbe plane définie par les conditions suivantes : On donne un angle *yox* et un point A sur le côté *Ox*. Par le point A on mène une sécante AB rencontrant *oy* en B, et l'on porte sur la sécante, de part et d'autre de B, deux longueurs BM, BM égales toutes les deux à BO. Le *lieu* des points M et M' s'appelle *strophoïde*. Supposons que l'angle soit droit. La *strophoïde droite* a la forme qu'indique la figure ; l'angle *yox* n'est pas droit, on obtient une *strophoïde oblique*.

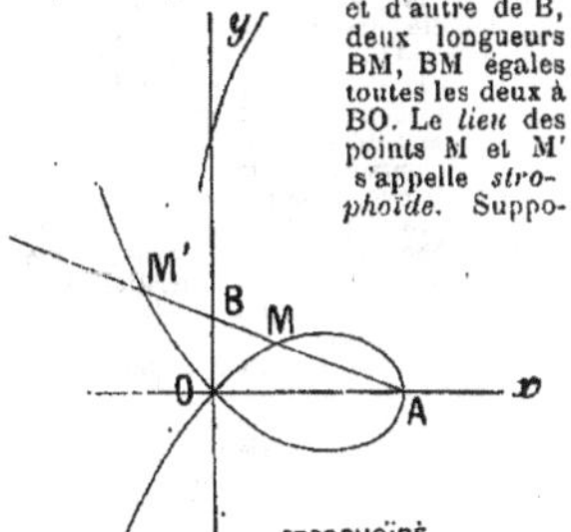

STROPHOÏDE

STROUD, 35 000 hab. Ville d'Angleterre, comté de Glocester. Centre important pour la fabrication des draps.

STROZZI, illustre et riche famille de Florence, apparentée aux Valois, ennemie des Médicis, et dont le membre le plus célèbre, par sa science, Pallas (1372-1462), consacra son immense fortune à la recherche et à la publication des manuscrits grecs. Plusieurs de ses descendants entrèrent au service de la France et se signalèrent dans nos armées ; l'un d'eux, Léon (1515-1554), fut grand amiral des galères françaises.

STRUCTURE (l. *structura* : de *struere*, construire), *sf.* La manière dont un édifice est bâti : *Le Panthéon de Paris est d'une structure massive.* ‖ Mode de groupement des molécules d'une substance minérale : *La structure d'un corps cristallin, d'une roche.* ‖ Manière dont les parties du corps d'un animal, d'un végétal sont arrangées entre elles : *La structure granuleuse du foie.* — Fig. Ordre, arrangement des parties d'une œuvre littéraire : *La structure d'un discours.*

STRUENSÉE (Jean-Frédéric) (1737-1772), médecin et favori de Christian VII, roi de Danemark, et de sa femme Caroline Mathilde, sœur de Georges III, roi d'Angleterre. Il supplanta le ministre Bernstorf, le Colbert du Danemark, et imposa au pays des réformes qui le rendirent odieux. Accusé d'attentat contre le roi, il fut condamné à mort et décapité.

STRUMEUX, EUSE (l. *strumosum* : de *struma*, écrouelle), *adj.* Scrofuleux.

STRUVE (Frédéric-Georges-Guillaume de) (1793-1864). Astronome russe, né à Altona et mort à Saint-Pétersbourg. — Othon-Guillaume de Struve, astronome russe, né en 1819, qui le premier a calculé la vitesse du mouvement de translation de notre système solaire dans l'espace. Il a découvert 500 étoiles doubles et un satellite d'Uranus. Il a fait, aussi des observations sur l'orbite de Saturne et sur l'orbite de plusieurs comètes, etc.

STRYCHNINE (*strychnos*), *sf.* Alcaloïde incolore et cristallin d'une amertume insupportable, qu'on extrait de la noix vomique et de la fève de Saint-Ignace. C'est un des poisons les plus redoutables que l'on connaisse ; il tue à très faible dose en imprimant aux muscles une rigidité tétanique.

STRYCHNOS (g. στρύχος, la morelle), *sm*. Genre de plantes dicotylédones de la petite famille des Loganiacées, que l'on réunit aujourd'hui à celle des Solanées, et forme alors la section des *Vomiquiers*. Les végétaux qui composent ce genre sont des arbres ou des arbustes grimpants qui croissent dans les parties intertropicales de l'Asie et de l'Amérique. Leurs feuilles, opposées, n'ont point de stipules; elles sont entières et plus au moins coriaces. Les fleurs sont réunies en cymes ou en glomérules. Chacune d'elles est construite sur le type des Solanées, c'est-à-dire que sur un réceptacle légèrement convexe s'insèrent un calice composé de quatre ou cinq sépales libres, quelquefois unis à leur base; une corolle gamopétale dont la forme varie beaucoup quant à la longueur du tube, plus ou moins large ou étroit. L'androcée se compose d'un nombre d'étamines égal à celui des pétales et alternant avec les pièces de la corolle; leur filet, long dans certaines espèces, court dans d'autres, porte une anthère biloculaire, introrse, s'ouvrant par des fentes longitudinales. Le pistil est rarement posé sur un disque charnu; l'ovaire renferme deux loges, l'une antérieure, l'autre postérieure, et est surmonté d'un style que termine une tête de forme variable, entière ou plus ou moins bilobée. Le fruit est une baie dans la pulpe duquel se trouvent plusieurs graines sphériques ou aplaties. Le genre *strychnos* se compose d'un très grand nombre d'espèces, parmi lesquelles nous citerons les plus intéressantes : 1° Le *strychnos vomiquier* (*strychnos nux vomica*), arbre que l'on rencontre sur la côte de Coromandel, dans les forêts de la Cochinchine, dans l'Inde, à Ceylan, Malabar, etc. Le fruit du *vomiquier* est à peu près de la grosseur d'une orange, d'un fauve-rougeâtre, et renferme un assez grand nombre de graines grisâtres, luisantes, soyeuses; elles sont rondes et présentent une dépression sur une de leurs faces. Leur substance est cornée et très amère. La pulpe qui constitue le fruit est acidulée, et peut être mangée, tandis que la graine est un poison violent, puisqu'elle renferme de la *strychnine* et de la *brucine*, substances très énergiques dont l'action se porte sur le système nerveux et détermine le tétanos, sans cependant amener des troubles de l'intelligence. On emploie la noix vomique, à très petite dose, comme stomachique et pour déterminer des contractions de l'estomac; on l'administre aussi dans la paralysie. La graine du vomiquier n'est pas la seule partie de cet arbre qui soit utilisée : son écorce, connue sous le nom de *fausse angusture*, contient de la brucine et a été aussi préconisée comme fébrifuge; mais les accidents auxquels elle a donné lieu l'ont proscrite de la matière médicale pour cet usage. Cette écorce est grise et présente de petits tubercules blancs. On la reconnaît à ce caractère, qu'une goutte d'acide azotique mise sur la partie interne détermine, à l'endroit mouillé, une tache rouge de sang. 2° Le *strychnos faux-quinquina* (*strychnos pseudoquina*), arbre de trois à quatre mètres de hauteur, au tronc tortueux, qui habite le Brésil, notamment dans les provinces de Minas-Géraes et de Minas-Novas. Les fleurs de cette espèce sont odorantes, et son fruit, jaune et luisant, a une pulpe douceâtre. Toutes les autres parties de l'arbre sont amères : aussi son écorce, dure et grise en dedans, jaune en dehors, est-elle employée au Brésil comme succédané du quinquina, attendu qu'elle ne renferme ni strychnine ni brucine. Elle est connue dans son pays d'origine sous le nom de *quina do Campo*. 3° Le *strychnos des buveurs* (*strychnos potatorum*) croît sur la côte de Coromandel; mais la culture a étendu son aire géographique dans d'autres parties de l'Inde et même jusqu'à Madagascar. Ses graines, dures et cornées, sont employées, dans l'Inde, à purifier les eaux non potables : pour cela, il suffit de frotter les parois du vase avec les graines pulvérisées, ou bien de mélanger cette poudre à l'eau. Aussitôt, toutes les impuretés tombent au fond du vase : l'eau est devenue potable et a acquis un goût agréable. 4° Le *strychnos colobrina* est une espèce grimpante que l'on rencontre au Malabar. Sa tige fournit le *bois de couleuvre*, pesant, jaune et dont les fibres sont soyeuses. Ce bois possède une amertume très prononcée, due à la strychnine qu'il renferme. Les Indiens emploient ce bois et sa racine contre la morsure des serpents venimeux ou contre les blessures des flèches empoisonnées; ils appliquent sur la plaie soit la poudre, soit une décoction de cette même poudre. 5° Le *strychnos tieute*, (*strychnos tieute*), grande liane des forêts vierges de Java. Les indigènes de cette île confectionnent avec l'écorce de la racine de cet arbuste un extrait d'un rouge brun et d'une très grande amertume avec lequel ils empoisonnent leurs flèches. Cette substance, qui est connue sous le nom d'*upas tieuté*, doit ses propriétés à la strychnine et à la brucine qu'elle renferme. Au genre *strychnos* on rattachait autrefois l'*ignatier amer* (*Ignatia amara*), jadis *strychnos Ignatii*, qui croît en Cochinchine et aux Philippines. Cette liane produit un fruit volumineux renfermant une vingtaine de graines de la grosseur d'un gland de chêne, et que l'on nomme *fèves de Saint-Ignace*. De couleur grise et de consistance cornée, ces graines sont convexes d'un côté et anguleuses de l'autre. Leur saveur amère est due à la strychnine qu'elles renferment ; c'est à cette substance qu'elles doivent leur action énergique sur l'économie, et, prises à haute dose, elles déterminent le tétanos, qui amène promptement la mort. Dans l'Inde, la *fève de Saint-Ignace* est administrée contre la fièvre; elle passe même pour guérir la morsure des serpents les plus venimeux.

STRYGE (V. *strige*.)

STRYMON. Fleuve de Macédoine formé de la Bistritza et de la Strouma qui se jette dans le golfe d'Orfano.

STUART, mot qui signifie *intendant*, et est le nom d'une famille royale, qui après avoir occupé le trône d'Écosse, à partir de 1370, régna à la fin sur l'Écosse et l'Angleterre, sauf deux intermittences, de 1603 à 1714. Jacques VI d'Écosse, fils de Marie Stuart (V. ce mot), succéda en Angleterre à Élisabeth, sous le nom de Jacques Ier, et eut pour descendant Charles Ier, Charles II, Jacques II, et la reine Anne, fille de Jacques II, qui succéda à son beau-frère, Guillaume III, époux de Marie, fille aînée de Jacques II. Après la mort d'Anne, *Jacques-Édouard*, dit le *chevalier de Saint-Georges*, fils de Jacques II, et Charles-Édouard, dit le *prétendant*, fils du précédent, tentèrent inutilement, à plusieurs reprises, de ressaisir la couronne, qui était passée à la maison de Hanovre.

STUC (ital. *stucco*; VHA. *stucchi*, croûte), *sm*. Sorte de mortier qui, séché et poli, imite le marbre et dont on fait des enduits de muraille, des ornements d'architecture, des bas-reliefs. Les anciens et les architectes de la Renaissance faisaient un stuc très dur avec de la chaux éteinte depuis longtemps, de la craie et de la poudre de marbre blanc. Aujourd'hui on fabrique le stuc avec du plâtre gâché dans de la colle forte et on incorpore à cette pâte des couleurs minérales variées. Par sa coloration et le poli dont il est susceptible, le stuc moderne a le brillant des marbres les plus précieux, mais il s'altère vite, surtout à la pluie. — **Dér.** *Stucateur*.

STUCATEUR (it. *stuccatore*), *sm*. Ouvrier qui travaille en stuc.

STUDIEUSEMENT (*studieuse* + sfx. *ment*), *adv*. Avec une application soutenue.

STUDIEUX, EUSE (*studiosum* : de *studium*, étude), *adj*. Qui aime l'étude, qui s'y acharne : *Écolier studieux*. — **Dér.** *Studieusement*. Même famille : *Étude*, etc.

*** STUFFING-BOX** (ang. *stuffing*, rembourrage + *box*, boîte), *sm*. Boîte remplie de matières compressibles pour assurer l'étanchéité des réservoirs destinés à contenir des fluides.

STUHLWEISSENBOURG (ou **Albe royale**). Ville de Hongrie. Lieu de couronnement et de sépulture des rois du pays.

STUPÉFACTIF, IVE (l. *stupefactum*), *adj*. Stupéfiant.

STUPÉFACTION (l. *stupefactionem*), *sf*. Abolition de la sensibilité et du mouvement dans une partie du corps : *Les narcotiques produisent la stupéfaction*. — Fig. Étonnement extraordinaire qui prive momentanément quelqu'un de l'usage de ses facultés : *Sa stupéfaction fut profonde à cette nouvelle*.

STUPÉFAIT, AITE (l. *stupefactum*), *adj*. Que la surprise rend comme privé de ses facultés : *Demeurer stupéfait*.

STUPÉFIANT, ANTE (*stupéfier*), *adj*. et *sm*. Qui stupéfie : *Nouvelle stupéfiante. Il a pris un stupéfiant*.

STUPÉFIER (bl. *stupeficare*), *vt*. Diminuer ou abolir momentanément la sensibilité et le mouvement : *L'opium stupéfie*. — Fig. Frapper d'un étonnement extraordinaire : *Ce discours stupéfie les auditeurs*. — **Gr.** Je stupéfie, n. stupéfions; je stupéfiais, n. stupéfiions, v. stupéfiiez; je stupéfiai; je stupéfierai; je stupéfierais; que je stupéfie, que n. stupéfiions, que v. stupéfiiez; que je stupéfiasse, qu'il stupéfiât; stupéfiant; stupéfié, ée. — **Dér.** *Stupéfiant, stupéfiante, stupéfait, stupéfaite, stupéfaction, stupéfactif, stupéfactive*.

STUPEUR (l. *stuporem*), *sf*. Diminution ou abolition momentanée de la sensibilité ou du mouvement qui se traduit par une expression d'étonnement ou d'indifférence de la physionomie. — Fig. Espèce d'immobilité causée par la surprise ou l'effroi : *Être frappé de stupeur*. — **Dér.** *Stupide, stupidement, stupidité*.

STUPIDE (l. *stupidus*), *adj*. 2 *g*. Frappé de stupeur : *Demeurer stupide*. ‖ D'un esprit lourd et pesant, inintelligent : *Un homme stupide*. ‖ Qui est une marque de stupidité : *Conduite stupide*.

STUPIDEMENT (*stupide* + sfx. *ment*), *adv*. D'une manière stupide.

STUPIDITÉ (l. *stupiditatem*), *sf*. Privation d'esprit et de jugement : *Il est d'une rare stupidité*. ‖ Parole, action stupide : *Dire des stupidités*.

STURA (155 kilom.). Rivière d'Italie qui prend sa source dans les Alpes, ouvre la route du col de l'Argentière, arrose Coni, Fossano, et se jette dans le Tanaro à Cherasco. Sous le premier Empire, elle a donné son nom à un département français dont le chef-lieu était *Coni*.

STURE (Sténon), administrateur de la Suède de 1470 à 1503 pendant l'Union des trois royaumes scandinaves, fonda l'Université d'Upsal et introduisit l'imprimerie dans le pays. Deux autres Sture (Swante et Sténon le jeune) furent administrateurs après lui.

STURM (Charles) (1803-1855), né à Genève, illustre mathématicien français, de l'Académie des sciences, professeur à l'École polytechnique et à la Sorbonne, découvrit un très important théorème d'algèbre qui porte son nom.

STUTTGARD, 125 906 hab. Capitale du royaume de Wurtemberg, sur un affluent du Neckar et à 6 kilom. de cette rivière; nombreux établissements d'instruction, belles collections d'histoire naturelle; fabrique de pianos.

STYLE (g. στῦλος, pointe, colonne), *sm*. Poinçon de métal ou d'os pointu par un bout, aplati par l'autre, et avec lequel les anciens écrivaient sur des tablettes de cire. Le bout plat servait à effacer les mots qu'on voulait supprimer et corriger; de là l'expression retourner le style, signifiant *effacer, corriger*. ‖ La tige d'un cadran solaire dirigée suivant l'axe du monde. ‖ La partie du pistil qui surmonte l'ovaire porte le stigmate et est ordinairement plus mince que l'ovaire. Dans le plus grand nombre des cas le style est un appendice grêle dont la longueur et la forme varient suivant les espèces. Tantôt il est très long, comme chez le *mirabilis longiflora*, où il atteint 15 centimètres, tantôt il est presque nul, comme dans la giroflée et les crucifères. Généralement simple et dépourvu d'appendices, le style fait partie intégrante de la feuille carpellaire repliée sur elle-même le long de sa nervure médiane, et, lorsque le pistil est composé de plusieurs feuilles carpellaires, les styles se soudent bord à bord et constituent alors une petite colonne uni-

STYLE (BOTANIQUE)

que qui ressemble à un style simple. Cet organe présente une grande variété de formes : tantôt c'est un véritable tube, comme chez les Légumineuses-Papilionacées; ou bien il est creusé en gouttières, comme dans les renoncules; chez la capucine, il possède au sommet une ouverture grande ouverte. Le style des Orchidées montre à son intérieur des lames de parenchyme mou, dont le nombre est le même que celui des carpelles, et qui vont constituer les placentas de l'ovaire. Chez les lis on le trouve muni de cannelures longitudinales en même nombre que celui des carpelles, c'est-à-dire de trois. Dans les Iridées, le style est pétaloïde; il est divisé en lanières chez les Graminées. Il arrive souvent que les feuilles carpellaires ne se sont pas soudées dans toute leur étendue : alors les styles sont indépendants les uns des autres, et leur nombre est égal ou moindre à celui des carpelles. Il existe un rapport entre la position des divisions du style et du stigmate et les placentas : ces divisions sont situées dans le même plan vertical que la nervure dorsale et, par suite, sont superposées aux placentas axiles et alternent avec les placentas pariétaux; cette position relative sert pour distinguer les fausses cloisons qui se développent dans les ovaires. Quant à sa composition anatomique, le style est formé par le parenchyme du stigmate, qui se continue jusque dans l'ovaire et s'étale sur les placentas. (V. *Stigmate, Fleur*, etc.) — Fig. La façon de parler et surtout d'écrire particulière à chaque individu ou adoptée dans chaque genre littéraire : *Le style de Cicéron. Style épistolaire, didactique.* || *Style de l'Écriture*, les formes de langage usitées dans l'Ecriture sainte. || *Style de palais, de notaire, de pratique, de chancellerie*, etc.; les formes habituellement usitées dans les tribunaux, dans la rédaction des actes, etc. || Manière d'exécuter particulière à chaque artiste, à chaque époque : *Le style de Rubens, de Soufflot. Le style égyptien, grec, renaissance*, etc. || Caractère d'une composition littéraire ou artistique : *Monument d'un bon style.* — Fig. et fam. La manière d'agir, de parler : *Il changea de style.* || *Vieux style*, la manière dont on comptait dans le calendrier julien. || *Nouveau style*, la manière de compter dans le calendrier grégorien. — **Dér.** *Styler, stylet, stylite.* — **Comp.** *Stylobate, styloïde.*

STYLET FLORENTIN

STYLER (*style*), *vt.* Dresser, former. || Instruire quelqu'un de ce qu'il doit dire ou faire : *On voit qu'il a été stylé.*

STYLET (dm. de *style*), *sm.* Petit poignard à lame triangulaire et très menue. || Sorte de petite sonde de chirurgien.

STYLITE (g. στυλίτης : de στῦλος, colonne), *sm.* Surnom donné à des solitaires chrétiens qui vécurent plusieurs années sur le haut d'une colonne où ils n'avaient pas assez de place pour se coucher et dont le plus célèbre fut *saint Siméon Stylite.*

STYLOBATE (g. στῦλος, colonne + βάτης, qui marche sur), *sm.* Piédestal continu supportant une rangée de colonnes. || Plinthe plus haute que la plinthe ordinaire et terminée par une moulure à sa partie supérieure.

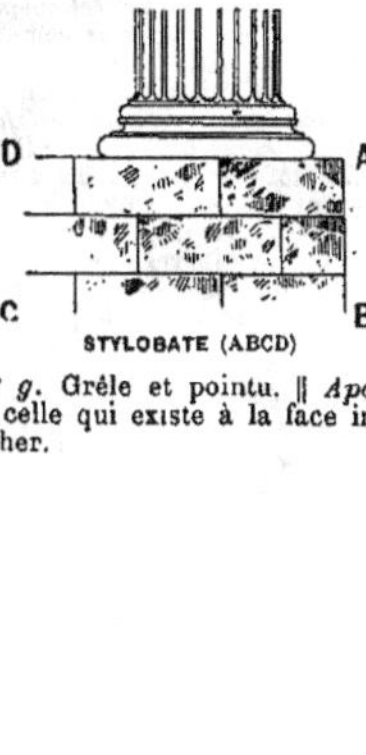

STYLOBATE (ABCD)

***STYLOÏDE** (g. στῦλος, colonne + εἶδος, forme), *adj. 2 g.* Grêle et pointu. || *Apophyse styloïde*, celle qui existe à la face inférieure du rocher.

STYMPHALE (LAC). Lac du N.-E. de l'Arcadie, sur les rives duquel Hercule tua, suivant la Fable, des oiseaux qui se nourrissaient de chair humaine. || Ville d'Arcadie sur le lac du même nom.

***STYPTICITÉ** (*styptique*), *sf.* Qualité de ce qui est styptique.

STYPTIQUE (g. στυπτικός), *adj. 2 g.* et *sm.* Astringent, qui a la propriété de resserrer les tissus animaux : *L'alun est styptique.* — **Dér.** *Stypticité.*

***STYRACINE** (*styrax*), *sf.* Substance cristallisée, incolore, composée de carbone, d'hydrogène et d'oxygène ($C^{30}H^{16}O^{4}$), qui se trouve dans le résidu que l'on obtient en traitant le styrax par l'eau et distillant.

STYRAX (g. στύραξ), *sm.* Baume mou comme du miel, d'un gris clair, qu'on retire de l'écorce interne du *liquidombar*, arbre de l'Asie Mineure. || Nom donné souvent par abus au storax.

STYRIE (*Steiermark*), province de l'empire d'Autriche, bornée au N. par la haute et la basse Autriche, à l'E. par la Hongrie, au S. par la Carinthie et la Carniole, à l'O. par la Carinthie et le pays de Salzbourg. Sa superficie est de 22428 kilom. carrés, et sa population de 1213597 hab. (dont un tiers de Slaves), soit 54 hab. par kilom. carré (la densité moyenne pour toute la monarchie austro-hongroise est de 61 hab. par kilom. carré). La Styrie est montagneuse : les Alpes de Styrie, entièrement formées de roches cristallines, s'étendent au S. des vallées de la Mür et de la Mürz, depuis les sources de la Mür jusqu'au Wechsel, point de croisement du soulèvement des Alpes principales avec les monts de Bohême. Il n'existe pas de glaciers dans les Alpes de Styrie (altitude maxima 2400 mètres); elles sont croisées par deux chaînes dirigées du N. au S., qui limitent le Lavant-Thal; celle de l'O. a pour sommets principaux le Wenzel (2110 mètres), et le Gran-Sau (2081 mètres); celle de l'E. a son point culminant au Kor-Alpe (2136 mètres) et se termine sur la Drave à Unter-Drauburg (Alpes de Schanberg); elle marque la limite de la Carinthie et de la Styrie. En amont de Marburg, la Drave est resserrée par le massif granitique du Bacher-Gebirge au S., et le Possruck au N.; parallèlement à cette dernière, sur la rive droite de la Mür, s'élèvent les hauteurs du Windisch-Büheln (tertiaire).

Les routes qui franchissent les Alpes de Styrie mettent en communication la haute vallée de la Mür avec la Drave, et celle de la Mürz avec les hautes vallées des affluents de la Raab : elles réunissent Unzmarkt à Völkermarkt et à Klagenfurth (ch. de fer) par Neumarkt, Judenburg à Unter-Drauburg par le Lavant-Thal, et à Köflach, par le Stubalppass (1563 mètres); Brück et Gratz sont reliés par une route et un chemin de fer qui franchissent le défilé de la Mür; la vallée de la Mürz communique avec celle de la Leitha et avec Vienne par une grande route et une voie ferrée (15 tunnels et 15 ponts), très hardie empruntant le col du Sœmmering (992 mètres). Au N. de la Styrie, une chaîne schisteuse s'étend entre les vallées de la Mürz et de la Salza, affluent de l'Enns; les principaux sommets sont : le Hochthor (2188 mètres), le Hochschwab (2296 mètres), au N. de Léoben, le Raxalp (2003 mètres), le Schneeberg (2075 mètres).

Parallèlement au N. de la Salza, courent les Alpes calcaires autrichiennes (ou Alpes de Mariazell), depuis Saint-Polten jusqu'au Wiener-Wald : Eisenstein, Durnstein (1800 mètres), Otscher (1892 mètres). Ces montagnes sont traversées par des routes qui mènent d'Hieflau à Léoben par Eisenerz et Vordernberg, de Mariazell à Brück, à Krieglach et à Murzzuschlag.

La Styrie appartient au bassin du Danube : le cours d'eau le plus important est la Drave (Drau), qui prend sa source au col de Toblach, coule vers l'E. par Lienz, Villach, Klagenfurth, et pénètre en Styrie à Unter-Drauburg, où elle s'engage dans un étroit défilé entre les Kor-Alpes et le Bacher-Gebirge jusqu'à Marburg, où passe la ligne de Vienne à Trieste. La Drave continue sa route vers l'E. par Pettau, sur la ligne de Pesth à Trieste, puis entre en Hongrie. La Drave reçoit à gauche la *Mür* (500 kilom.), qui prend sa source dans les Hohe-Tauern. Elle coule d'abord vers le N.-E. par Murau, Scheifling, Unzmarkt, Judenburg, Knittenfeld, Saint-Michael, Léoben; à Brück, elle tourne brusquement au S.-E., suit une fracture à travers les Alpes de Styrie, arrose Gratz et se heurte, près de Leibnitz, aux Windisch-Büheln, qui la rejettent en Hongrie. Elle reçoit à Brück la *Mürz*, qui sort du Sœmmering et arrose Murzzuschlag. Dans le N. de la Styrie coulent l'*Ips*, affluent de droite du Danube; l'*Enns*, qui prend sa source à Mariazell, et passe à Amstetten, à l'E. de Gratz; la *Raab*, qui entre presque de suite en Hongrie. Au S., la Save forme la frontière entre la Styrie et la Carniole. La haute vallée de la Mür au-dessus de Léoben est formée tout entière de gneiss et de micaschistes, tandis que les alluvions qui remplissent la vallée inférieure de la Mür, ainsi que celle de la Drave, sont bordées de part et d'autre par des formations tertiaires (grès de Fontainebleau).

La Styrie est un pays industriel. Il y a des gisements de cuivre inexploités aux environs de Cilli. Les minerais de fer de Styrie ont une réputation qui les mettent au même rang que ceux de la Suède : les principales mines de fer sont celles de Eisenerz, de Vordernberg, Bohnkogel, Liezen, Altenberg, Windisch, Lansberg, Turrach. On exploite des minerais de plomb argentifère à Cilli, Schladming, Rabenstein, Kaltenegg; de zinc à Schladming; d'antimoine à Cilli; de chrome à Kraubath; de pyrite à Cilli, à Peggau; de manganèse à Gross et à Kleinveitsch; il existe des gisements de graphite à Wriessnig, Kaisersberg. La Styrie renferme d'importantes couches de lignite exploitées surtout à Köflach, Trifail, Fohnsdorf, Seegraben, Eibiswald, Rein, Liescha, Cilli, Ilz; à Turrach, on extrait de l'anthracite, et à Buchsheiden de la tourbe. Les aciers et les fers de Styrie sont très appréciés, et sont principalement fabriqués à Neuberg, Eibiswald, Zeltweg, Gratz, Donavitz, qui livrent des rails, des obus, des réservoirs de torpilles, etc.

Il y a en Styrie des fabriques de draps, de cuirs; les forêts couvrent une étendue considérable, bien que l'agriculture soit très développée.

La capitale est *Gratz* (97791 hab.). Le pays est divisé en trois cercles : Gratz, Brück et Marburg; Gratz est le quartier général du IIIe corps d'armée (Styrie, Carinthie, Carniole) et le siège d'une université florissante. La Styrie est traversée du N. au S. par la ligne ferrée de Vienne à Trieste par Sœmmering, Brück, Gratz, Marburg, sur laquelle se greffent les embranchements de Brück à Innsbrück par Léoben, de Gratz à Köflach et à Buda-Pesth par Steinamanger, de Marburg à Villach, Franzesfeste et Innsbrück, de Pragerhof à Buda-Pesth et à Fünfkircken.

STYRING-WENDEL, 3734 hab. Ville d'Alsace-Lorraine, canton de Forbach, dans le bassin houiller de la Sarre. Hauts fourneaux, forges et fours à coke.

***STYROL** (*styrax*), *sm.* Liquide incolore, d'une odeur aromatique, d'une saveur brûlante, plus léger que l'eau, qui passe à la distillation lorsqu'on chauffe le styrax avec de l'eau.

STYX, aujourd'hui Mavronero, torrent glacial d'Arcadie aux eaux noires, qui se précipite de rochers livides et se perd dans un gouffre au fond d'une gorge sans verdure. Les anciens regardaient ses eaux comme corrosives, vénéneuses. — Selon les anciens, fleuve des enfers par lequel les dieux mêmes craignaient de jurer, car ce serment fait en l'invoquant était inviolable. (Myth.)

***SU**, *spm.* de *savoir*, connaissance : *Au su de tout le monde.*

***SUAGE** (*suer*), *sm.* L'eau qui sort d'une bûche en train de brûler.

SUAIRE (l. *sudarium*, mouchoir pour essuyer la sueur), *sm.* Linceul dans lequel on ensevelit les morts. || *Saint suaire*, linge que l'on dit avoir servi à ensevelir Jésus-Christ. || Petite peinture représentant le saint suaire.

SUANT, ANTE (*suer*), *adj.* Qui sue : *Main suante.* || *Chaleur suante,* température à laquelle il faut chauffer le fer pour le souder.

SUARD (1732-1817). Journaliste, littérateur et critique, secrétaire perpétuel de l'Académie française, traducteur de Cook et de Robertson.

SUARÈS (FRANÇOIS) (1548-1617). Savant jésuite et théologien espagnol qui professa à Ségovie, Valladolid, Alcala, Salamanque et Coïmbre. Bossuet le citait comme une grande autorité en théologie.

SUAVE (l. *suavem*), *adj.* 2 *g.* Qui flatte agréablement les sens et particulièrement l'odorat : *Parfum, couleur, musique suave.* — **Dér.** *Suavement, suavité.*

SUAVEMENT (*suave* + sfx. *ment*), *adv.* D'une manière suave.

SUAVITÉ (l. *suavitatem*), *sf.* Qualité de ce qui est suave : *La suavité d'un parfum.* || Douceur que ressent l'âme quand Dieu la favorise.

***SUB**, *prép. lat.* qui signifie *sous* et est employée comme préfixe pour exprimer l'infériorité, la subordination, la diminution, l'approximation.

***SUBALPIN, INE** (pfx. *sub* + *Alpes*), *adj.* Qui est situé au-dessus des Alpes.

SUBALTERNE (pfx. *sub* + *alter*, autre), *adj.* 2 *g.* Qui obéit à un ou plusieurs autres : *Employé subalterne.* || Inférieur, subordonné : *Position subalterne.* — Fig. *Esprit subalterne,* homme de peu de capacités. — S. 2 *g.* Personne qui est sous les ordres d'une ou de plusieurs autres : *Il vaut mieux s'adresser aux chefs qu'aux subalternes.* — **Dér.** *Subalternement, subalterniser, subalternité.* Même famille : *Autre, altruisme.*

***SUBALTERNEMENT** (*subalterne* + sfx. *ment*), *adv.* D'une manière subalterne.

***SUBALTERNISER** (*subalterne*), *vt.* Rendre subalterne. || Subordonner.

***SUBALTERNITÉ** (*subalterne*), *sf.* Position subalterne. || État d'infériorité.

***SUBAPENNIN, INE** (pfx. *sub* + *Apennins*), *adj.* Qui est au pied des Apennins. || *Couches subapennines,* ensemble de couches sédimentaires du pliocène inférieur composé de marne bleue et de sable jaune qui, du Piémont à la Calabre, forment deux lignes de collines bordant de chaque côté l'Apennin et dont la faune marine est toute tropicale. (Géol.)

***SUBBRACHIEN, IENNE** (pfx. *sub* + l. *brachium*, bras), *adj.* Se dit de poissons malacoptérygiens qui ont les nageoires ventrales attachées sous les pectorales et immédiatement suspendues aux os de l'épaule.

***SUBCOMPRIMÉ, ÉE** (pfx. *sub* + *comprimé*), *adj.* Légèrement comprimé.

***SUBCONIQUE** (pfx. *sub* + *conique*), *adj.* 2 *g.* Qui est presque conique.

***SUBCYLINDRIQUE** (pfx. *sub* + *cylindrique*), *adj.* 2 *g.* Qui a à très peu près la forme d'un cylindre.

SUBDÉLÉGATION (pfx. *sub* + *délégation*), *sf.* Action de subdéléguer. || Acte par lequel une personne en autorise une autre à agir en son nom. || Avant 1789, charge de certains administrateurs subordonnés aux intendants des provinces et remplissant à peu près les fonctions des sous-préfets actuels. || Étendue de pays soumise à l'un de ces administrateurs.

SUBDÉLÉGUÉ (*subdéléguer*), *sm.* Celui qu'un fonctionnaire commet pour agir en sa place. || Celui qui administrait une subdélégation.

SUBDÉLÉGUER (pfx. *sub* + *déléguer*), *vt.* Donner commission à quelqu'un pour agir en sa place, en parlant d'un fonctionnaire public : *Le maire subdélégua l'adjoint.* — **Gr.** Se conjugue comme *léguer.* — **Dér.** *Subdélegué, subdéléguée, subdélégation.*

SUBDIVISER (pfx. *sub* + *diviser*), *vt.* Diviser en plusieurs parties quelque partie d'un tout déjà divisé : *Subdiviser un chapitre en paragraphes.* — **Se subdiviser**, *vr.* Être subdivisé. — **Dér.** *Subdivision, subdivisionnaire.*

SUBDIVISION, *sf.* Action de subdiviser : *Faire la subdivision d'une part d'héritage.* || Division d'une des parties d'un tout déjà divisé : *Un arrondissement est une subdivision d'un département.* || *Subdivision militaire,* anciennement partie d'une division militaire qui comprenait en général le territoire d'un département et était commandée par un général de brigade. || *Subdivision de région,* partie du territoire d'une région de corps d'armée, placée sous les ordres d'un général de brigade ou de division et comprenant le plus habituellement un seul bureau de recrutement ; en général chaque subdivision de région ne fournit qu'un régiment territorial d'infanterie dont tous les hommes sont pris sur son territoire.

***SUBDIVISIONNAIRE** (pfx. *sub* + *divisionnaire*), *adj.* 2 *g.* Qui a rapport à une subdivision.

***SUBÉREUX, EUSE** (l. *suber*, liège), *adj.* Qui présente la consistance du liège. || *Enveloppe subéreuse de l'écorce,* partie de l'écorce située immédiatement sous l'épiderme et composée d'une ou plusieurs couches de cellules en forme de plaques et ordinairement incolores. (V. *Liège.*)

***SUBÉRIQUE** (l. *suber*, liège), *adj.* 2 *g.* Se dit d'un acide solide, cristallisé, qui se produit lorsqu'on fait réagir l'acide azotique sur le liège.

SUBERVIE (GEORGES-GERVAIS, BARON DE) (1772-1856). Général français qui s'engagea à vingt ans pendant les guerres de la Révolution, fut aide de camp de Lannes en 1797, fit la campagne d'Égypte et commanda l'avant-garde de l'armée française pendant la campagne de 1815. Mis à la retraite en 1825, il reprit du service après 1830 et fut député du Gers. Après 1848, il devint ministre de la guerre, et de là passa à la grande chancellerie de la Légion d'honneur. Il vécut dans la retraite après le rétablissement de l'Empire (1852).

***SUBGLOBULEUX, EUSE** (pfx. *sub* + *globuleux*), *adj.* Qui a presque la forme d'une boule.

SUBHASTATION (l. *sub* + l. *hasta*, pique, parce que chez les Romains on plantait une pique dans le sol à l'endroit où se faisait une vente), *sf.* Vente publique de meubles ou d'immeubles au plus offrant et dernier enchérisseur (vx).

SUBINTRANT, ANTE (pfx. *sub* + l. *intrantem*, entrant), *adj.* Se dit des accès d'une maladie périodique qui sont tels que le suivant commence, tandis que le précédent dure encore.

SUBIR (pfx. *sub* + l. *ire*, aller), *vt.* Être astreint à : *Subir le joug, un châtiment, une opération de chirurgie.* || *Subir la question,* être torturé juridiquement. || *Subir un interrogatoire,* répondre aux interrogations d'un juge. || *Subir son jugement,* subir la peine à laquelle on a été condamné par jugement. || *Subir un examen,* être interrogé sur certaines matières pour obtenir un grade, un emploi. || Être l'objet de certaine modification : *La législation a subi bien des réformes.* — **Dér.** *Subit, subite, subitement, subito.* — **Gr.** Ce mot s'est introduit dans le langage au commencement du XVIIe siècle.

SUBIT, ITE (l. *subitum*), *adj.* Qui arrive tout à coup : *Mort subite.*

SUBITEMENT (*subite* + sfx. *ment*), *adv.* D'une manière subite.

SUBITO (ml.), *adv.* Subitement, tout à coup.

***SUBJACENT, ENTE**, *adj.* Situé au-dessous.

SUBJECTIF, IVE (l. *subjectivum*), *adj.* Qui a rapport au sujet. || Qui se passe, qui est conçu dans notre esprit, par opposition à objectif qui est, qui se passe en dehors de nous. — *Sm.* Tout ce qui passe dans notre esprit, tout ce qu'il conçoit, élabore par lui-même. — **Dér.** *Subjectiver, subjectivement, subjectivité.*

***SUBJECTION** (l. *subjectionem*), *sf.* Figure de rhétorique qui consiste à formuler les objections possibles d'un adversaire et à les réfuter d'avance.

***SUBJECTIVEMENT** (*subjective* + sfx. *ment*), *adv.* D'une manière subjective. || D'après ses propres conceptions.

***SUBJECTIVER** (*subjectif*), *vt.* Considéré comme subjectif.

SUBJECTIVITÉ (*subjectif*), *sf.* Qualité de ce qui est purement subjectif : *La subjectivité des phénomènes de conscience.*

SUBJONCTIF (l. *subjonctivum* : *sub* + *jungere*, joindre), *sm.* Mode du verbe qui exprime seulement la possibilité de l'existence, de l'état ou de l'action. Le subjonctif a reçu ce nom parce que l'action qu'exprime un verbe au subjonctif est toujours dépendante d'une autre action exprimée par un premier verbe. On ne peut employer le subjonctif que dans une proposition subordonnée ; mais il ne suit pas de là que le verbe d'une proposition subordonnée ne puisse se mettre à un autre mode.

Relativement à l'emploi de ce mode, on peut formuler une règle générale qui embrasse toutes les autres et qui est ainsi conçue : Toute proposition subordonnée qui, détachée de la proposition principale, présenterait, avec l'indicatif, un sens contraire à celui que l'on veut exprimer, demande son verbe au subjonctif. Ex. : *Je doute que* **vous réussissiez**. Le verbe de la proposition subordonnée **que vous réussissiez** est au subjonctif, parce que, si l'on détachait cette proposition de la principale et si l'on en mettait le verbe à l'indicatif, on aurait **vous réussirez**, sens contraire à celui que l'on veut exprimer. On met le verbe de la proposition subordonnée au subjonctif :

1° Lorsque le verbe de la proposition principale exprime la volonté, le commandement, le désir, la crainte, la prière, le doute, l'espérance, le souhait. Ex. : *Obéis, si tu veux qu'on t'obéisse un jour. La loi ordonne que le coupable soit puni. Mon père souhaite que vous réussissiez.*

2° Après les expressions *il est juste, il est bon, il est important* et autres analogues, et après certains verbes impersonnels, tels que : *Il faut, il importe, il convient, il semble, il est nécessaire,* etc. Ex. : *Il* **est juste** *que les criminels soient punis. Il* **est nécessaire** *qu'on* **obéisse** *aux lois.*

3° Lorsque le verbe de la proposition principale est accompagné d'une négation. Ex. : *Je* **ne** *me* **figure** *pas qu'il* **fasse** *froid.*

4° Après une interrogation, si le doute domine dans la pensée. Ex. : **Es-tu** *d'avis que nous* **entreprenions** *ce voyage?*

5° Après les pronoms relatifs *qui, que, dont* ou l'adverbe *où*, quand on ne veut exprimer que la possibilité. Ex. : *Donnez-moi des conseils* **que je puisse** *suivre.*

6° Après les expressions *le seul, le plus, le mieux, le moins, le premier,* toujours pour n'exprimer que la possibilité. Ex. : *Le chien est le seul animal dont la fidélité* **soit** *à l'épreuve.* Mais dans ce cas on met le verbe de la proposition subordonnée à l'indicatif toutes les fois qu'on veut exprimer quelque chose de positif ou une vérité de tous les temps. Ex. : *Je ne puis me figurer qu'il* **parte** *ce soir.*

On emploie quelquefois le subjonctif sans qu'il soit accompagné d'aucune conjonction. Cela arrive dans les exclamations, ou encore quand on exprime un vœu, un souhait ; dans ce cas, il y a inversion du sujet. Ex. : **Puissé-je** *de mes yeux y voir tomber la foudre!* — On peut employer l'imparfait du subjonctif avec l'idée de *quand même* pour remplacer le conditionnel. Ex. : *J'irai vous voir,* **dussé-je** *me faire porter.*

On met toujours au subjonctif le verbe d'une proposition subordonnée qui commence par une locution conjonctive. Ex. : *Petit poisson deviendra grand pourvu que Dieu lui prête vie.*

Après les locutions conjonctives *de sorte que, de manière que, tellement que,* on emploie l'indicatif pour exprimer un fait positif ; le subjonctif, pour exprimer un fait incertain et à venir. Ex. : *Il agira de telle sorte que tout le monde* **sera** *satisfait. Agissez de telle sorte que tout le monde* **soit** *satisfait.*

Emploi des temps du subjonctif. PRÉSENT ET PASSÉ. — Quand le verbe de la proposition principale est au *présent* ou au *futur,* on met le verbe de la proposition subordonnée au *présent du subjonctif* si l'on veut exprimer une action présente ou future ; au *passé du subjonctif* si l'on veut exprimer une action passée. Ex. : *Je crains que vous ne me* **réveilliez** *pas demain. J'aurai soin que vous* **ayez** *ce qu'il vous faut. Je crains que tu* **n'aies** *payé cet objet trop cher.*

IMPARFAIT ET PLUS-QUE-PARFAIT.— Quand le verbe de la proposition principale est à un temps *passé* ou au *conditionnel*, on met le verbe de la proposition subordonnée à l'*imparfait du subjonctif* si l'on veut exprimer une action présente ou future; au *plus-que-parfait du subjonctif* si l'on veut exprimer une action passée. Ex. : *Je craignais que l'on ne* **parvînt** *pas à percer l'isthme de Suez. Je ne savais pas que tu* **eusses visité** *l'Amérique.*

La meilleure méthode que l'on puisse employer pour connaître de quel temps du subjonctif il faut se servir consiste à traduire par l'indicatif le verbe de la proposition subordonnée. Si cette traduction donne le *présent* ou le *futur indicatif*, on emploie le *présent du subjonctif*; si elle donne l'*imparfait* ou le *conditionnel simple*, on emploie l'*imparfait du subjonctif*; si elle donne le *passé défini* ou le *futur antérieur*, on fait usage du *passé du subjonctif*; si, enfin, elle donne le *plus-que-parfait de l'indicatif*, on a recours au *plus-que-parfait du subjonctif*. Quand le verbe de la proposition subordonnée exprime une action qui a lieu au moment où l'on parle ou qui se reproduit de tous temps, on n'a pas égard aux règles ci-dessus et on met le verbe de la proposition subordonnée au présent. Ex. : *Je n'ai jamais dit que* **vous soyez** *paresseux. Il ne faudrait pas que les enfants s'imaginassent qu'ils* **puissent** *devenir savants sans travailler.* Quand le sens de la proposition subordonnée est modifié par une proposition conditionnelle, les règles pour l'emploi des temps du subjonctif ne sont pas applicables. Ex. : *Je ne crois pas* **que vous eussiez parlé** *de la sorte hier, si vous en aviez prévu les conséquences.*

SUBJUGUER (l. *subjugare* : de *sub*, sous + *jugum*, joug), *vt.* Assujettir, soumettre à sa domination par la force des armes : *Alexandre subjugua l'Asie.* — Fig. Prendre un empire, un ascendant irrésistible : *L'orateur subjugua son auditoire.*

SUBLICIUS (PONT). Pont de l'ancienne Rome qui reliait le Janicule à la ville. Il fut d'abord construit en bois; mais, ayant été emporté par une crue du Tibre, l'an 731 de Rome, il fut réédifié en pierre et nommé *Æmilius.* C'est sur le pont Sublicius que l'armée de Porsenna fut arrêtée par Horatius Coclès.

SUBLIMATION (l. *sublimationem* : du l. *sublimare*, élever), *sf.* Opération de chimie par laquelle on chauffe dans un vase clos un corps solide susceptible de se vaporiser sans se fondre pour le réduire en vapeurs qui aillent se fixer, en se solidifiant de nouveau, à la partie supérieure de ce vase.

SUBLIMATOIRE (*sublimer*), *sm.* Vase dans lequel on opère la sublimation.

SUBLIME (l. *sublimis*), *adj. 2 g.* Très élevé : *Position sublime.* — Fig. Qui est d'une extrême élévation intellectuelle ou morale : *Génie, pensée sublime.* ‖ *Style sublime*, celui qui réunit la magnificence et la pompe des expressions à la vivacité des tours et à la hardiesse des figures. — *Sm.* Ce qu'il y a de grand, d'excellent dans le style, les sentiments, les actions : *Le sublime se trouve dans la réponse du vieil Horace : qu'il mourût.* — Fig. Perfection : *C'est le sublime du genre.* — **Dér.** *Sublimité, sublimer, sublimé, sublimée, sublimement, sublimation, sublimatoire.*

SUBLIMÉ, ÉE (*sublimer*), *adj.* Qui est le produit de la sublimation. ‖ *Soufre sublimé*, la fleur de soufre. — *Sm.* Le produit de la sublimation. ‖ *Sublimé corrosif*, le protochlorure de mercure, nommé à tort *bichlorure*, très vénéneux et qui, dissous dans l'alcool, sert à conserver les pièces anatomiques, les plantes des herbiers, etc. C'est un antiseptique puissant, mais dangereux.

SUBLIMEMENT (*sublime* + sfx. *ment*), *adv.* D'une manière sublime.

SUBLIMER (l. *sublimare*, élever), *vt.* Opérer la sublimation d'un corps solide. — **Se sublimer**, *vr.* Être sublimé.

SUBLIMITÉ (l. *sublimitatem*), *sf.* Qualité de ce qui est sublime : *La sublimité du génie d'Homère.*

SUBLINGUAL, ALE (pfx. *sub* + *lingua*, langue), *adj.* Situé sous la langue : *Les deux glandes salivaires sublinguales.*

SUBLUNAIRE (pfx. *sub* + l. *luna*, lune), *adj. 2 g.* Qui est entre la terre et l'orbite de la lune. ‖ *Le globe, le monde sublunaire*, la terre, y compris l'atmosphère.

SUBMERGER (pfx. *sub*, sous + *mergere*, plonger), *vt.* Couvrir d'eau : *Les Hollandais submergèrent leur pays quand Louis XIV voulut l'envahir.* ‖ Plonger, enfoncer entièrement dans l'eau : *La tempête submergea le navire.* — Fig. Abîmer, anéantir : *La douleur le submerge.* — **Se submerger**, *vr.* Être submergé, abîmé, anéanti. — **Gr.** *G* devient *ge* devant *a, o* : Je submerge, n. submergeons; je submergeais, je submergeai, etc. — **Dér.** *Submersion, submersible*, — **Comp.** *Insubmersible.*

SUBMERSIBLE (l. *submersum*, submerger), *adj. 2 g.* Qui peut être submergé : *La vallée de la Loire est submersible.* ‖ Dont la fleur s'enfonce dans l'eau après la floraison : *L'utriculaire est une plante submersible.*

SUBMERSION (l. *submersionem*), *sf.* Action de plonger dans l'eau : *Opérer la submersion d'une torpille.* ‖ *Mort par submersion*, la mort des noyés. ‖ État de ce qui est plongé dans l'eau : *Le navire fut défoncé pendant sa submersion.* ‖ Grande et forte inondation. ‖ Inondation durable : *La submersion de l'Atlantide.*

SUBODORER (pfx. *sub* + l. *odorari*, flairer), *vt.* Sentir de loin à la trace.

SUBORDINATION (l. *subordinationem*), *sf.* Certain ordre établi entre les personnes et qui fait que les unes dépendent des autres : *Maintenir la subordination dans l'armée.* ‖ Dépendance d'une personne, d'une chose à l'égard d'une autre : *Son maître lui a fait sentir sa subordination. On admet la subordination de la biologie à la physique et à la chimie.*

SUBORDONNÉ, ÉE (*subordonner*), *adj.* Qui est sous les ordres d'un autre. ‖ Dépendant, en parlant des choses. ‖ *Proposition subordonnée*, celle qui dépend d'une proposition principale dont elle complète le sens. Une proposition subordonnée commence par une conjonction de subordination (*que, si, quand*, etc.), par un pronom relatif ou par l'adverbe *où* (**Gr.**) — *S.* Personne soumise aux ordres d'une autre : *Il traite durement ses subordonnés.*

SUBORDONNÉMENT (*subordonnée* + sfx. *ment*), *adv.* En sous-ordre, d'une manière dépendante.

SUBORDONNER (*sub* + *ordonner*), *vt.* Établir un ordre de dépendance de l'inférieur au supérieur : *La nature a subordonné les enfants aux parents.* ‖ Faire qu'une chose dépende d'une autre : *L'intérêt subordonne la production à la consommation.* — **Se subordonner**, *vr.* Être subordonné. ‖ Se mettre dans la dépendance d'une autre personne, lui obéir. — **Dér.** *Subordonné, subordonnée, subordonnément, subordination.*

SUBORNATION (l. *subornationem*), *sf.* Action de porter quelqu'un à faire quelque chose contre son devoir : *Subornation de témoins*, toute manœuvre qui a pour but de décider des témoins à cacher ou à atténuer la vérité.

SUBORNER (l. *subornare*), *vt.* Exciter à faire une action contre le devoir ou une action immorale. — **Dér.** *Suborneur, suborneuse, subornation.*

SUBORNEUR, EUSE (*suborner*), *s.* Celui, celle qui excite à agir contrairement au devoir. — *Adj.* Qui tend à faire transgresser les règles du devoir : *Propos suborneurs.*

SUBRÉCARGUE (esp. *sobre*, sur + *cargo*, charge), *sm.* Celui qui a la gestion de la cargaison d'un navire.

SUBRÉCOT (l. *supra*, au-dessus + *écot*), *sm.* Le surplus de l'écot. ‖ Ce qu'il en coûte au delà de ce qu'on voulait dépenser. — Fig. Demande qui vient par-dessus les autres et à laquelle on ne s'attendait point.

SUBREPTICE (l. *subrepticium*), *adj. 2 g.* Qui a été obtenu sur un faux exposé : *Grâce subreptice.* ‖ Qui a été fait furtivement et illicitement : *Édition subreptice.* — **Dér.** *Subrepticement, subreption.*

SUBREPTICEMENT (*subreptice* + sfx. *ment*), *adv.* D'une manière subreptice.

SUBREPTION (l. *subreptionem*), *sf.* Action de tromper un supérieur pour en obtenir quelque chose.

***SUBROGATEUR** (*subroger*), *adj. m.* Qui subroge. ‖ *Acte subrogateur*, acte qui remplace un rapporteur, un tuteur par un autre.

SUBROGATION (l. *subrogationem*), *sf.* Acte par lequel un créancier transmet ses droits contre un débiteur à une tierce personne qui la paye.

SUBROGATOIRE (*subroger*), *adj. 2 g.* Qui substitue une personne à une autre : *Acte subrogatoire.*

SUBROGÉ, ÉE (*subroger*), *adj.* Substitué à un créancier. ‖ *Subrogé tuteur*, celui que le conseil de famille nomme pour surveiller l'administration d'un tuteur et remplacer ce dernier dans les actes où ses intérêts peuvent être en opposition avec ceux du mineur en tutelle.

SUBROGER (l. *subrogare*), *vt.* Mettre une personne, une chose à la place d'une autre. — **Dér.** *Subrogateur, subrogation, subrogatoire, subrogé, subrogée.*

SUBSÉQUEMMENT (*subséquent* + sfx. *ment*), *adv.* Ensuite, après.

SUBSÉQUENT, ENTE (*sub* + l. *sequentem*, qui suit), *adj.* Qui suit, qui vient après : *Cette matière sera traitée dans les chapitres subséquents.* — **Dér.** *Subséquemment.*

SUBSIDE (l. *subsidium*), *sm.* Secours d'argent que des sujets donnent à leur souverain : *Avant 1789 le clergé accordait parfois des subsides au roi de France.* ‖ Secours d'argent qu'un État donne à un État allié en conséquence des traités faits entre eux : *Pendant la Révolution et le premier Empire l'Angleterre accordait des subsides aux puissances alliées contre la France.* ‖ Impôt levé pour les nécessités de l'État. — **Dér.** *Subsidiaire, subsidiairement.*

SUBSIDIAIRE (l. *subsidiarium*), *adj. 2 g.* Qui n'est pas indispensable, mais qui corrobore ce qui l'est : *Preuve subsidiaire.* ‖ *Conclusions subsidiaires*, conclusions conditionnelles qu'un avocat prend en second lieu et pour le cas seulement où les conclusions principales ne seraient pas adjugées. ‖ *Hypothèque subsidiaire*, seconde hypothèque qui en assure davantage une première et qui n'a d'effet qu'au défaut de celle-ci.

SUBSIDIAIREMENT (l. *subsidiaire* + sfx. *ment*), *adv.* D'une manière subsidiaire. ‖ En second lieu. (Dr.)

SUBSISTANCE (*subsistentia*), *sf.* Nourriture et entretien : *Un enfant doit pourvoir à la subsistance de ses parents âgés.* ‖ *Mettre un homme en subsistance dans un régiment*, c'est charger ce régiment de loger, nourrir, solder et habiller un soldat isolé de son corps jusqu'à ce qu'il puisse le rejoindre. — *Sfpl.* La nourriture nécessaire à une armée, à un pays : *La rareté des subsistances.*

SUBSISTANT, ANTE (*subsister*), *adj.* Qui subsiste. — *Sm.* Soldat en subsistance dans un autre corps.

SUBSISTER (l. *subsistere*), *vi.* Exister encore, continuer d'exister : *Les pyramides d'Égypte subsistent toujours.* ‖ Demeurer en vigueur : *Tant qu'une loi subsiste il faut la respecter.* ‖ Conserver son influence, son crédit, sa position : *Ce financier subsiste difficilement.* ‖ Vivre et s'entretenir : *Il a de quoi subsister.* — **Dér.** *Subsistant, subsistante, subsistance.*

SUBSTANCE (l. *substantia* : du l. *sub*, sous + l. *stare*, être debout), *sf.* Tout être subsistant par soi-même, dont nous ignorons la nature intime et que nous ne pouvons connaître que par ses propriétés : *L'homme est formé de deux substances, l'âme et le corps.* ‖ Toute matière solide, liquide ou gazeuse : *Le charbon est une substance combustible.* ‖ Ce qu'il y a de nourrissant dans une chose pour le corps et pour l'esprit : *Cette viande a peu de substance*, elle nourrit peu. *Ce livre est plein de substance.* ‖ Ce qu'il y a de plus essentiel dans un discours, un écrit, un acte, une affaire : *J'ai retenu la substance de son discours.* ‖ Ce qui est absolument nécessaire pour la subsistance : *Dévorer la substance des pauvres.* — EN SUBSTANCE, *loc. adv.* En gros, en abrégé : *Voici en substance ce qu'il a dit.* — **Dér.** *Substantiel, substantielle,* *substantiellement; substantif, substantive, substantivement.* (V. *Stabat.*)

SUBSTANTIEL, ELLE (l. *substantialem*), *adj.* Propre à nourrir le corps ou l'esprit : *La viande est l'aliment le plus substantiel.* ‖ *Ce livre est très substantiel.* ‖ Essentiel : *N'oublions rien de substantiel.* — **Dér.** *Substantiellement.*

SUBSTANTIELLEMENT (*substantielle* + sfx. *ment*), *adv.* Quant à la substance. ‖ En gros, en abrégé.

SUBSTANTIF, IVE (l. *substantivum : de substantia,* substance), *adj.* Se dit de tout mot qui désigne un être réel ou un attribut considéré comme subsistant par lui-même : *Dieu, homme, bonté sont des mots substantifs. La forme substantive d'un mot.* ‖ Qui exprime l'existence : *Verbe substantif,* le verbe *être.* — *Sm.* Tout mot qui désigne un être réel ou abstrait. ‖ Celle des 10 parties du discours qui désigne les êtres. — **Gr.** Aujourd'hui, nom et substantif sont à peu près synonymes. Autrefois, le mot *nom* s'appliquait aux adjectifs et aux substantifs. On les distinguait par les termes de *nom adjectif, nom substantif.* Du reste, tous les noms étaient, à l'origine, des adjectifs. (V. *Nom.*)

SUBSTANTIVEMENT (*substantive* + sfx. *ment*), *adv.* En manière de substantif : *Adjectif employé substantivement.*

SUBSTITUER (l. *substituere : de sub,* sous + *statuere,* établir), *vt.* Mettre une personne, une chose à la place d'une autre : *On a substitué les plumes métalliques aux plumes d'oie.* ‖ Appeler quelqu'un à une succession après un autre héritier ou à son défaut. (Dr.) — **Se substituer**, *vr.* Se mettre à la place de. — **Dér.** *Substitut, substitutif, substitutive, substitution.*

SUBSTITUT (l. *substitutum,* substitué), *sm.* Celui qui exerce les fonctions d'un autre en cas d'absence ou d'empêchement. ‖ Magistrat chargé de remplacer le procureur général, ou le procureur de la République.

***SUBSTITUTIF, IVE** (l. *substitutivum*), *adj.* Qui a la propriété de remplacer. ‖ *Médication substitutive,* celle qui a pour but de remplacer une inflammation spontanée par une autre qu'il est plus facile de guérir.

SUBSTITUTION (l. *substitutionem*), *sf.* Action de mettre une personne, une chose à la place d'une autre : *La substitution du stuc au marbre.* ‖ Disposition par laquelle un donateur ou un testateur donne ou lègue ses biens à une personne à la condition que celle-ci les conservera jusqu'à sa mort, pour être remis alors à un individu désigné: Le droit de substitution a été considérablement restreint en France depuis 1792. ‖ Remplacement dans une équation d'une quantité algébrique par une autre équivalente : *Élimination par substitution.* ‖ Remplacement d'un des éléments d'un composé par un autre qui conserve au composé son groupement moléculaire : *Le chloroforme dérive d'un éther par substitution du chlore à une partie de l'hydrogène de ce dernier.*

***SUBSTRATUM** [substra-tome] (ml., *étendu sous*), *sm.* La substance d'un être considérée comme étant le support, le réceptacle de ses qualités.

SUBSTRUCTION (l. *substructionem*), *sf.* Fondement d'un édifice. ‖ Construction souterraine. ‖ Construction d'un édifice sous un autre.

SUBTERFUGE (l. *subterfugium : de subter,* par-dessus + *fugere,* fuir), *sm.* Moyen détourné et artificieux pour se tirer d'embarras : *Un honteux subterfuge.*

SUBTIL, ILE (l. *subtilem : pfx. sub + tela,* toile), *adj.* Fin, menu, délié, très peu dense, par opposition à grossier, épais : *Une vapeur subtile.* ‖ Qui pénètre, s'insinue, chemine promptement : *Poison subtil.* — Fig. D'une pénétration, d'une puissance extrême : *Le chien a l'odorat subtil.* — Fig. Adroit des mains comme un escamoteur : *Un voleur subtil.* ‖ Adroit, ingénieux en parlant de l'esprit : *Une intelligence subtile.* ‖ Exécuté avec dextérité : *Tour subtil.* ‖ Ingénieux : *Raisonnement subtil.* ‖ Qui échappe à l'intelligence par trop de finesse : *Doctrine subtile.* — **Dér.** *Subtilement, subtiliser, subtilisation, subtilité.*

SUBTILEMENT (*subtile* + sfx. *ment*), *adv.* D'une manière subtile. ‖ Très adroitement, très ingénieusement.

SUBTILISATION (*subtiliser*), *sf.* Action de rendre moins dense, de volatiliser : *La subtilisation des essences* (vx).

SUBTILISER (du l. *subtilis,* subtil), *vt.* Rendre subtil, délié, pénétrant, diffusible : *Les médicaments alcalins subtilisent le sang.* ‖ Volatiliser. ‖ Attraper avec adresse : *Ne vous laissez pas subtiliser.* ‖ Pop. Dérober avec adresse : *On m'a subtilisé ma bourse.* — *Vi.* User de trop de raffinement : *Ne cherchons pas à subtiliser.* — **Se subtiliser**, *vr.* Devenir plus subtil, plus délié, plus raffiné.

SUBTILITÉ (l. *subtilitatem*), *sf.* Qualité de celui ou de ce qui est subtil : *La subtilité de l'air, d'un poison, de l'esprit.* ‖ Ruse en affaire. — *Pl.* Raisonnements, distinctions trop raffinées, difficiles à saisir : *Je ne comprends pas ces subtilités.*

SUBULÉ, ÉE (l. *subula,* alène), *adj.* Qui finit insensiblement en pointe, comme une alène : *Le sapin a des feuilles subulées.* (Bot.)

SUBURBAIN, AINE (l. *suburbanum : du* pfx. *sub + urbem,* ville), *adj.* Qui entoure immédiatement une ville : *Beaucoup de communes suburbaines furent réunies à Paris en 1860.*

SUBURBICAIRE (pfx. *sub* + l. *urbicarium,* de la ville), *adj. 2 g.* Se disait des provinces de l'empire d'Occident les plus voisines de Rome (Étrurie, Picenum, Latium), des églises de ces provinces et de leurs évêques.

SUBVENIR (pfx. *sub + venir*), *vi.* Apporter secours, soulagement : *Il faut subvenir à la misère.* ‖ Pouvoir, suffire : *Je ne puis subvenir à tout.* — **Gr.** Ce verbe se conjugue comme *venir,* mais prend l'auxiliaire *avoir* dans les temps composés. — **Dér.** *Subvention, subventionner.*

SUBVENTION (l. *subventionem*), *sf.* Secours d'argent accordé ou exigé pour une dépense imprévue de l'État dans un cas pressant. ‖ Fonds accordés par le gouvernement pour soutenir une entreprise : *Ce théâtre reçoit une subvention.* — **Dér.** *Subventionner.*

SUBVENTIONNER (*subvention*), *vt.* Soutenir en donnant une subvention : *Subventionner un théâtre.* (Néol.)

SUBVERSIF, IVE (bl. *subversivum : de subversus,* renversé), *adj.* Qui renverse, qui détruit l'ordre établi, les croyances, la morale : *Discours subversif.*

SUBVERSION (l. *subversionem*), *sf.* Renversement de l'ordre établi, d'une croyance, de la morale.

SUBVERTIR (pfx. *sub* + l. *vertere,* tourner), *vt.* Renverser, détruire l'ordre établi, une croyance, la morale : *Subvertir le gouvernement.* — **Dér.** *Subversion, subversif, subversive.*

SUC (l. *sucum*), *sm.* Tout liquide contenu dans les cellules d'un végétal : *Le suc du pavot, des euphorbes.* ‖ *Suc de la viande,* liquide qu'on obtient en pressant de la viande pilée. ‖ *Suc d'herbes,* breuvage dépuratif qu'on obtient en pilant ensemble dans un mortier de marbre parties égales de feuilles de chicorée, de cresson, de fumeterre et de laitue, en exprimant le jus qui en résulte et en le filtrant au papier dans un endroit frais. ‖ *Suc* ou *jus de réglisse,* extrait aqueux de réglisse. ‖ Nom de divers liquides sécrétés par des glandes du corps des animaux : *Suc gastrique,* liquide sécrété par les follicules de l'estomac et qui change les aliments en chyme. *Suc pancréatique,* liquide sécrété par le pancréas et qui a la propriété d'émulsionner les corps gras, de changer les fécules en sucre et de dissoudre certaines substances albuminoïdes. *Suc intestinal,* liquide sécrété par les glandes de Brünner et de Lieberkühn qui s'ouvrent dans l'intestin grêle. ‖ *Le suc de la terre,* l'eau contenue dans le sol arable, et tenant en dissolution les matières propres à l'alimentation des végétaux. — Fig. Ce qu'il y a de plus instructif, de plus important dans un livre, une science, etc. : *Nourrir son esprit du suc des auteurs.* — **Dér.** *Succin, suint* (V. ces mots) ; *succulent, succulente.*

SUC, forêt domaniale de l'Ariège, peuplée de hêtres et de pins. 2 239 hect., dont 1 509 sont vacants.

SUCCÉDANÉ, ÉE (l. *succedaneum*), *adj.* et *sm.* Se dit d'un médicament qui, ayant les mêmes propriétés qu'un autre, peut lui être substitué : *L'écorce du saule est le succédané du quinquina.*

SUCCÉDER (l. *succedere :* du pfx. *sub* + l. *cedere,* aller), *vi.* S'introduire (vx). ‖ Venir après, prendre la place de : *Le printemps succède à l'hiver.* ‖ *Succéder à quelqu'un,* entrer dans une charge, une fonction, un emploi qu'il vient de quitter : *Le fils de ce notaire lui a succédé.* ‖ *Succéder au trône, à l'empire,* etc., prendre la place du souverain qui l'occupait. ‖ Recueillir l'héritage d'un parent : *Les enfants ont également droit à succéder à leur père et mère.* ‖ *Être habile à succéder,* avoir le droit d'hériter. ‖ Arriver en bien ou en mal : *Quoi qu'il succède, nous l'accepterons* (vx). ‖ Réussir : *Tout lui succède à souhait.* — **Se succéder**, *vr.* Se remplacer l'un l'autre : *Les jours se succèdent rapidement.* — **Gr.** Se *succéder* se conjugue avec *être* et le participe passé *succédé* est toujours invariable : *Nos années se sont succédé rapidement.* Cé devient cè devant une syllabe muette, excepté au futur et au conditionnel : Je succède, n. succédons ; je succéderai ; je succéderais. — **Dér.** *Succès, successeur, succession, successif, successive, successivement, successible, successibilité; successivité, successoral, successorale.* — **Comp.** *Insuccès.*

***SUCCENTURIÉ** [suk-san-tu-rié] (l. *succenturiatum,* qui complète une centurie, qui est de réserve), *adj. m. Ventricule succenturié,* nom du second estomac des oiseaux situé au-dessus du gésier. (V. *Oiseau.*)

SUCCÈS (l. *successum*), *sm.* Ce qui arrive à quelqu'un en bien ou en mal : *Il lui reste fidèle dans ses bons et ses mauvais succès.* ‖ Résultat heureux, réussite : *On se réjouit de son succès.* ‖ *Succès de circonstance,* dû à des circonstances indépendantes de l'œuvre. ‖ *Succès du moment,* succès passager qu'on doit attribuer à la disposition présente des esprits. ‖ *Succès d'estime,* succès sans éclat d'une œuvre médiocre. ‖ *Succès de vogue,* succès bruyant dû à l'engouement du public, à la mode. ‖ *Succès d'enthousiasme, succès fou,* succès extraordinaire et auquel tout le public s'associe. — **Comp.** *Insuccès.*

SUCCESSEUR (l. *successorem*), *sm.* Celui qui succède à un autre dans une fonction, un emploi, une profession, dans la possession d'un bien.

SUCCESSIBILITÉ (*successible*), *sf.* Droit de succéder : *L'ordre de successibilité au trône.*

SUCCESSIBLE (l. *successum,* supin de *succedere,* venir après), *adj. 2 g.* Qui est habile à succéder : *Parent successible.* ‖ Qui rend habile à succéder : *Parent au degré successible.*

SUCCESSIF, IVE (l. *successivum*), *adj.* Qui se développe sans interruption : *Progrès successif.* ‖ Se dit de choses qui arrivent à peu d'intervalle l'une de l'autre : *Des découvertes successives.* ‖ *Droits successifs,* les droits qu'on a à une succession.

SUCCESSION (l. *successionem*), *sf.* Suite de personnes ou de choses qui se succèdent sans interruption ou à peu d'intervalle : *Une succession de grands hommes, de beaux jours.* ‖ *Par succession de temps,* par une longue suite de temps. ‖ L'ensemble des biens, des valeurs, etc., qu'une personne laisse en mourant : *Recueillir une riche succession.* ‖ Manière dont se fait la transmission des droits à hériter. ‖ *Succession directe,* celle à laquelle ont droit les descendants ou les ascendants. ‖ *Succession collatérale,* celle à laquelle ont droit les frères, les sœurs ou leurs descendants. (V. *Guerre.*)

SUCCESSIVEMENT (*successive* + sfx. *ment*), *adv.* L'un après l'autre.

***SUCCESSIVITÉ** (*successif*), *sf.* Qualité de ce qui est successif.

***SUCCESSORAL, ALE** (du l. *successor,* successeur), *adj.* Qui a rapport aux successions : *Droits successoraux.*

SUCCIN (l. *succinum : de succus,* suc), *sm.* Résine fossile jaune et transparente, dite aussi *ambre jaune.* (V. *Ambre.*) Elle provient de plusieurs arbres du genre pinus (pinus succinifer). On la trouve à l'état fossile dans l'éocène supérieur, principalement près de Kōnigsberg, où elle est disséminée dans des sables glauconieux. — **Dér.** *Succiné, succinée, succinique, succinate, succinite.*

***SUCCINATE** (*succinique*), *sm.* Tout sel résultant de la combinaison de l'acide succinique avec une base. Les succinates alcalins et les succinates de baryte et de chaux sont solubles dans l'eau; les autres succinates sont insolubles.

SUCCINCT, INCTE (l. *succinctum,* serré par une ceinture), *adj.* Exprimé en peu de mots : *Discours succinct.* ‖ Qui s'exprime en peu de mots : *Orateur succinct.* — Fig. *Repas succinct,* où il y a peu à manger. — **Dér.** *Succinctement.* — **Syn.** (V. *Court.*)

SUCCINCTEMENT (*succincte* + sfx. *ment*), *adv.* En peu de mots. — Fig. En mangeant peu : *Déjeuner succinctement.*

***SUCCINÉ, ÉE** (*succin*), *adj.* Qui a la couleur jaune du succin.

***SUCCINIQUE** (*succin* + sfx. chimique *ique*), *adj. 2 g.* Se dit d'un acide organique cristallisant en prismes obliques à base losange, incolores, transparents, solubles dans l'eau. Ce corps existe dans l'ambre, dans quelques résines, dans la térébenthine, dans l'absinthe, dans la laitue vireuse, dans le vermouth, dans les lignites, dans le vin et en petite quantité dans les urines. Sa saveur est très acide; de plus, elle est très nauséeuse. L'acide succinique se forme dans la fermentation alcoolique du sucre; il se produit dans le traitement de diverses graisses par l'acide azotique; il prend naissance dans la réduction des acides tartrique et malique. L'acide succinique est plus soluble à froid qu'à chaud. Il fond à 180° et bout à 235°; il se dédouble alors en acide succinique anhydre et en eau. Il offre une très grande résistance à l'action directe des corps oxydants et des agents de fermentation. Sa formule chimique est $C^8H^6O^8$. Il a été découvert au XVIe siècle par Agricol.

SUCCINITE (*succin*), *sf.* Grenat qui rappelle l'ambre par sa couleur et son éclat résineux. Il se trouve à Bonvoisin (Piémont).

SUCCION (bl. *suctionem* : de *sugere,* sucer), *sf.* Action de sucer : *On neutralise par la succion immédiate l'effet de la morsure d'une vipère.* ‖ Propriété que possèdent les racines des plantes d'absorber le liquide dans lequel on les plonge.

SUCCOMBER (l. *succumbere*), *vi.* Etre accablé sous un fardeau : *L'âne a succombé sous sa charge.* — Fig. Être surmonté, accablé par une souffrance physique ou morale : *Succomber à la douleur.* ‖ Ne pouvoir résister : *Succomber à la tentation, à l'envie de dormir.* ‖ Avoir du désavantage dans un combat, une lutte, une affaire : *Il succomba dans son procès.* ‖ Mourir : *Le malade a succombé.* ‖ Tomber au pouvoir de l'ennemi : *La ville assiégée succomba.*

***SUCCOTRIN** (île de *Socotora*), *sm.* Espèce d'aloès rouge de l'île de Socotora, d'où son nom.

SUCCUBE (l. *succuba*), *sm.* Démon qui, suivant l'opinion populaire, prend la forme d'une femme.

SUCCULENT, ENTE (l. *succulentum*), *adj.* Qui a beaucoup de suc. ‖ Fort nourrissant : *Viande succulente.* ‖ Charnu et très juteux : *Fruit succulent.*

SUCCURSALE (bl. *succursum,* secours), *adj.* et *sf.* Se dit d'une église destinée à suppléer à l'insuffisance de l'église paroissiale. — *Sf.* Tout établissement dépendant d'un autre et de même nature que celui-ci : *Les succursales de la Banque de France.* — **Dér.** *Succursaliste.*

SUCCURSALISTE, *sm.* Prêtre qui dessert une succursale.

SUCEMENT (*sucer*), *sm.* Action de sucer.

SUCER (bl. *suctiare* : de *suctus,* pp. de *sugere,* sucer), *vt.* Attirer un liquide dans sa bouche avec les lèvres en faisant le vide au moyen d'une forte aspiration : *Les sangsues sucent le sang.* ‖ Se dit du corps dont on attire la liqueur : *Sucer un os, une orange.* — Fig. *Sucer une doctrine avec le lait,* en être imbu de bonne heure. — Fig. et fam. Tirer peu à peu l'argent d'une personne : *Il vous sucera jusqu'au dernier sou.* — **Dér.** *Succion, suceur, suçoir, suçon, suçoter.*

SUCEUR (*sucer*), *adj.* et *sm.* Qui suce : *Un insecte suceur.* — *Smpl.* Famille d'insectes sans ailes dont la puce est le type.

SUCHET (DUC D'ALBUFÉRA) (1772-1826). Maréchal de France, se distingua à l'armée d'Italie, à Austerlitz et en Espagne.

SUÇOIR (*sucer*), *sm.* Organe pour sucer, en forme de petite trompe, dont sont pourvus certains insectes, comme les punaises, les papillons. ‖ Courte racine adventive des plantes parasites qui s'implante dans une tige vivante et en absorbe la sève : *Les suçoirs de la cuscute.*

SUÇON (*sucer*), *sm.* Espèce d'élevure qu'on fait à la peau en la suçant fortement.

SUÇOTER (fréq. de *sucer*), *vt.* Sucer doucement et à diverses reprises.

***SUCRATAGE** (*sucrate*), *sm.* Action de traiter les mélasses par une base alcalino-terreuse (la chaux ou la strontiane, autrefois la baryte) pour arriver à en extraire le sucre cristallisable qu'elles retiennent. (V. *Sucrate.*)

***SUCRATE** (*sucre* + sfx. *ate,* désignant en chimie certaines combinaisons formées par une base et un corps faisant fonction d'acide), *sm.* Toute combinaison formée par le sucre (la saccharose) avec une base. Les sucrates les plus importants dans l'industrie sont les sucrates de chaux et de strontiane. Ce n'est pas qu'on les fabrique pour eux-mêmes; loin de là. Dans la *fabrication du sucre de betterave,* on traite les jus sucrés par *la chaux éteinte* 2 à 3 p. 100). Cette base précipite, à l'état de sels insolubles, la plupart des matières étrangères, tandis que, d'autre part, elle se combine avec la chaux, et donnant un *sucrate de chaux* qui est soluble dans l'eau. On sépare le précipité. On fait ensuite passer dans le liquide un courant d'acide carbonique qui forme du carbonate de chaux insoluble, véritable craie artificielle, de sorte qu'il reste du sirop de sucre, débarrassé des matières gommeuses, de l'albumine, de l'asparagine, etc., et par suite capable de cristalliser. On se sert aussi de la chaux dans un des procédés usités pour le *traitement de la mélasse,* c'est-à-dire pour l'extraction du sucre qu'elle retient. On prend 130 parties de chaux pour 100 de sucre. On produit ainsi un sucrate insoluble, que l'on rend soluble en l'enrichissant en sucre : il suffit, pour cela, de l'ajouter aux jus sucrés fournis par la pression de la pulpe.

Quant au *sucrate de strontiane,* on le forme par un autre procédé qui, depuis 1883, fait concurrence au précédent dans le traitement des mélasses. Ce nouveau procédé consiste à former, à 100°, du sucrate bibasique de strontiane insoluble, et à décomposer ce dernier par la simple action de l'eau froide : d'une part, on hydrate de strontiane qui cristallise et sert pour les opérations suivantes, d'autre part en sucrate monobasique qui est soluble et que l'on décompose par l'acide carbonique, lequel donne du carbonate de strontiane insoluble, de sorte que le sucre reste en solution et peut être traité comme on traite les jus purifiés.

***SUCRATERIE** (*sucrate*), *sf.* Etablissement dans lequel on opère le sucratage.

SUCRE (l. *saccharum*), *sm.* Matière formée de charbon et d'eau, solide, blanche, cristallisée, soluble dans l'eau froide et beaucoup plus dans l'eau chaude, insoluble dans l'alcool pur, d'une saveur douce, très agréable et tout à fait caractéristique. Le sucre existe en solution dans la canne à sucre, dans l'érable, dans la betterave, dans la tige du maïs, les carottes, les citrouilles, les melons, les châtaignes, la sève du palmier, du tilleul, du bouleau, etc. Le jus de l'érable est, de tous les jus sucrés exploités industriellement, celui qui exige le moins de préparation. Il suffit de l'évaporer et de laisser refroidir. On obtient de la sorte une masse cristalline qui est vendue et consommée telle quelle. Le jus de la canne s'obtient par pression des tiges de la canne à sucre entre des cylindres. Le liquide ainsi obtenu s'appelle *vesou.* Pour l'extraction du jus de betterave, on réduit celle-ci à l'état de *pulpe* au moyen d'appareils spéciaux, et on soumet à une pression mécanique très énergique cette pulpe préalablement placée dans des sacs en crin ou en laine; ou bien on a recours au procédé de *diffusion* qui consiste à épuiser méthodiquement, au moyen d'eau tiède, les betteraves, préalablement découpées en tranches ou *cossettes.* Le jus de canne ou de betterave étant obtenu, il s'agit de le *purifier.* La purification du jus de la canne est la plus facile : on commence par le faire bouillir avec très peu de chaux éteinte. Cela suffit pour entraîner à la surface, sous forme d'écume, les matières colorantes et les matières albuminoïdes. C'est ce que l'on appelle la *défécation.* (V. *Sucrate.*) Il ne reste plus qu'à faire passer le jus sur du noir animal, afin d'achever de le décolorer, et à le cuire. Cette dernière opération s'exécute dans des chaudières où l'on a fait le vide partiellement, ce qui permet d'évaporer à une température moins élevée, car il importe d'éviter une élévation de température, puisque la solution de sucre dans l'eau s'altère facilement sous l'influence de la chaleur. Dans le traitement du jus de betterave, on emploie une plus grande quantité de chaux, et on opère comme nous l'avons expliqué au mot *Sucrate.* On traite deux fois de suite le jus par la chaux et par l'acide carbonique. C'est ce que l'on appelle la *double carbonatation.* Celle-ci permet d'opérer à une température plus basse, ce qui est la préoccupation constante du fabricant de sucre. Il va de soi qu'après chacune de ces carbonatations il faut filtrer. Pour cela, on se sert de *filtres-presses,* appareils dont le nom est significatif. Après le second passage au filtre-presse, on fait passer le suc sur une colonne de noir animal, qui achève d'enlever les matières colorantes. On évapore ensuite au *triple effet,* appareil constitué par trois chaudières. Dans la seconde chaudière, la pression est maintenue plus faible que dans la première; dans la troisième, la pression est encore plus faible que dans la seconde. Pour arriver à ce résultat, on se sert de pompes. La vapeur de la première chaudière chauffe la seconde, la vapeur de la seconde chauffe la troisième. Quand on a obtenu le jus concentré, il s'agit de le faire *cristalliser.* Pour le jus de canne, on laisse le sucre cristalliser dans des *rafraîchissoirs* plats; on sépare le sirop sucré interposé, au moyen de turbines à force centrifuge; on clairce les cristaux par addition d'eau. Une série de clairçages et de turbinages donne tour à tour les sucres de premier jet, de deuxième jet, de troisième jet et la mélasse. Pour le sucre de betterave, on opère la *cuite en grains* (c'est-à-dire jusqu'à l'apparition des cristaux) dans une nouvelle chaudière où l'on fait le vide. Une série de turbinages et de cuites successives donne également des sucres de premier, de second, de troisième jet et des mélasses. Les sucres plus ou moins purs, provenant de la canne ou de la betterave, sont soumis au *raffinage,* qui consiste à les redissoudre dans l'eau, à clarifier le sirop au moyen de divers procédés, à le filtrer, le concentrer et le verser dans les formes. On termine cette série d'opérations en versant, à la partie supérieure, de la *clairce,* un sirop concentré qui opère, dans la masse, une sorte de drainage des impuretés. Quant à la *mélasse* (V. ce mot), on la traite par la chaux ou par la strontiane (V. *Sucrate*), ou bien par l'*osmose* (V. ce mot, t. II, p. 844, col. 1), si l'on veut en retirer encore du sucre, ou bien on la fait fermenter pour en retirer de l'alcool. (V. *Mélasse.*) Dans ce dernier cas, on a pour résidus des *vinasses.* (V. *Vinasse.*) Le sucre est un aliment respiratoire; *il n'est pas échauffant,* comme on le croit vulgairement. Le sucre empêche la décomposition et la putréfaction des matières animales et végétales; 15 à 20 grammes de cassonade introduits dans le corps d'un saumon vide suffisent pour le conserver; les sucs de fruits additionnés de sucre ne s'altèrent pas; de là, les sirops et les confitures. Connu de toute antiquité des Chinois et des Hindous, il ne l'a été des Grecs qu'à l'époque d'Alexandre le Grand; mais son usage était très restreint. Au moyen âge, on ne le vendait que dans les pharmacies à titre de médicament. Ce n'est que depuis la découverte de l'Amérique qu'il est devenu d'un emploi commun et journalier. (V. *Canne à sucre.*) ‖ *Sucre brut,* la cassonade. ‖ *Sucre raffiné,* le sucre blanc, c'est-à-dire le sucre débarrassé de la coloration jaune qu'il présente lorsqu'il sort de la sucrerie et qu'il doit aux mélasses : c'est ordinairement un mélange de sucre de canne et de sucre de betterave. ‖ *Sucre candi,* sucre qui se présente sous la forme de gros cristaux incolores et transparents, et que l'on obtient en chauffant de l'eau sucrée jusqu'à consistance d'un sirop qu'on fait cristalliser par une évaporation lente dans une étuve. ‖ *Sucre d'orge,* matière transparente et vitreuse provenant du sucre ordinaire, diversement coloré, additionné d'un peu de vinaigre et fondu par une chaleur de 160° en une masse fluide, visqueuse que l'on verse et que l'on roule en petits cylindres sur des tables de marbre huilées. ‖ *Sucre de pomme,* sucre préparé comme le sucre d'orge, mais avec du sucre blanc additionné de vinaigre ou d'un peu de jus de pomme. On l'aromatise à la fleur d'oranger ou au citron. ‖ *Sucre au perlé* ou *à la perle,* sirop de sucre cuit à un point tel que, lorsqu'on le verse d'une cuiller, les dernières gouttes ne tombent que lentement en formant une petite queue par le haut et prennent une forme arrondie par le bas. ‖ *Sucre à la pellicule,* sirop de sucre cuit à un point tel que, pris dans une cuiller, il se couvre d'une pellicule légère quand on souffle dessus presque horizontalement. ‖ *Sucre au lissé,* sirop de sucre cuit à un point tel qu'en en prenant un peu entre l'index et le pouce et les séparant l'un de l'autre, il en résulte un petit fil qui se casse de suite en déposant sur chaque doigt une petite gouttelette. ‖ *Sucre à la nappe,* sirop de sucre cuit à un point tel qu'en le prenant sur l'écumoire, balançant celle-ci plusieurs fois et laissant ensuite retomber le sirop dans la bassine, il tombe de l'écumoire en forme de nappe. ‖ *Sucre au petit soufflé* ou *à la petite plume,* sirop de sucre cuit à un point tel qu'en soufflant sur une des faces de l'écumoire pleine de sirop, il en résulte des bulles peu nombreuses qui s'échappent dans l'air. ‖ *Sucre au grand soufflé* ou *à la grande plume,* celui qui, dans les mêmes circonstances que le précédent, produit des bulles très grosses qui reviennent sur elles-mêmes, attachées, en quelque sorte, à un fil de sucre. ‖ *Sucre au petit boulé,* sirop de sucre cuit à un point tel que, quand on le projette dans l'eau, il y forme une pâte molle. ‖ *Sucre au grand boulé,* celui qui, dans les mêmes circonstances que le précédent, forme une pâte consistante. ‖ *Sucre au grand cassé,* sirop de sucre cuit à un point tel qu'en en versant dans l'eau, il en résulte une masse cassante qui n'adhère pas aux dents. ‖ *Sucre au petit cassé,* celui qui, dans les mêmes circonstances que le précédent, fournit une pâte moins cassante et qui adhère aux dents. ‖ *Un plein sucre,* confiture contenant des poids égaux de fruits et de sucre. ‖ *Confitures à mi-sucre,* celles dans lesquelles le poids du sucre est la moitié du poids du fruit. — Fig. *Compliments à mi-sucre,* aigres-doux. ‖ *En pain de sucre,* en forme de cône : *Montagne en pain de sucre.* ‖ Fig. *Cet homme est tout sucre et tout miel,* il est fort doucereux. — Les chimistes appellent *sucre* toute substance sucrée qui, mise en contact avec l'eau à une température convenable, se décompose, par l'action d'un ferment, en alcool, en acide carbonique et acide succinique et en glycérine. Tels sont les corps suivants : *Le sucre ordinaire,* ou *saccharose.* ‖ Le *sucre de fruit,* matière qui a l'apparence de la gomme, se trouve dans les fruits acides, raisins, groseilles, cerises, prunes, etc. Il présente la même composition que le sucre interverti. ‖ Le *sucre interverti* résulte de l'action de l'acide sulfurique ou de l'acide chlorhydrique étendus sur le sucre ordinaire. C'est un mélange à poids égaux de glucose et de lévulose. La glucose dévie à droite le plan de polarisation de la lumière; la lévulose le dévie à gauche, mais davantage : il en résulte que le mélange est lévogyre. Le sucre de canne n'est pas directement fermentescible, mais la glucose et la lévulose fermentent sous l'action de la levure, et la levure produit elle-même l'interversion. La glucose disparaît la première, et la lévulose ne commence à être attaquée que lorsqu'il ne reste plus de glucose. La dextrose est ordinairement cristallisée. La lévulose ne cristallise qu'au prix de précautions spéciales; elle a longtemps été désignée par le nom de *sucre incristallisable.* La lévulose se dissout facilement dans l'eau et dans l'alcool ordinaire; elle est insoluble dans l'alcool absolu. La glucose exige son poids d'eau pour se dissoudre; elle se dissout difficilement dans l'alcool absolu. (Quant au sucre de canne, il se dissout dans le tiers de son poids d'eau; il est d'autant moins soluble dans l'alcool que ce liquide est plus concentré; il est absolument insoluble dans l'alcool concentré et dans l'éther.) La glucose et la lévulose se colorent en brun quand on les chauffe avec de la potasse, ce qui les distingue du sucre de canne, lequel au contraire noircit par l'action de l'acide sulfurique. La glucose, à poids égal, sucre trois fois moins que le sucre de canne. (V. *Glucose, Lévulose, Maltose, Lactose, Galactose, Mélézitose, Mélitose, Mannite, Tréhalose.*) ‖ *Le sucre de lait* ou *lactose* est extrêmement dur : on l'obtient en faisant évaporer du petit-lait. (V. *Lactose.*) — **Dér.** *Sucrer, sucré, sucrée, sucrin, sucrier* 1, *sucrier* 2, *sucrière, sucrerie, sucrage, sucrate, sucratage, sucraterie.* Même famille : *Saccharose,* etc.

SUCRE (José) (1793-1830), né à Cumana (Venezuela), l'un des plus illustres lieutenants de Bolivar. Il défit les Espagnols à la Plata en 1820, à Guayaquil et à Pichincha en 1821, à Ayacucho en 1824 (10 déc.), et fut nommé président de la république de Bolivie en 1825, à la suite de la déclaration d'indépendance (6 août 1825). Des discordes intestines l'obligèrent à déposer le pouvoir présidentiel en 1828. Il fut lâchement assassiné en 1830.

SUCRE, 12 000 hab., capitale de la république de Bolivie (Amérique méridionale), chef-lieu de département, sur la rive gauche du Cachimayo; ligne télégraphique. Cette ville s'était successivement appelée CHUQUISACA, CHARCAS et LA PLATA et a reçu aujourd'hui le nom du libérateur du Pérou.

SUCRÉ, ÉE, *adj.* Où l'on a mis du sucre : *Vin sucré.* ‖ Qui a la saveur du sucre : *Melon sucré.* — Fig. Qui affecte des mœurs douces, très réservées : *Cette personne fait la sucrée.* ‖ Empreint d'une douceur affectée : *Paroles sucrées.*

SUCRER (*sucre*), *vt.* Mettre du sucre dans : *Sucrer du lait.* — **Se sucrer,** *vr.* Être sucré. — Fam. Mettre du sucre dans ce que l'on va boire : *Le café est servi, sucrez-vous.*

SUCRERIE (*sucrer*), *sf.* Fabrique ou raffinerie de sucre. ‖ Ensemble des opérations qui concourent à la fabrication du sucre. — *Sfpl.* Friandises où il entre beaucoup de sucre, comme confitures, dragées, bonbons, etc.

1. **SUCRIER** (*sucre*), *sm.* Pièce de vaisselle dans laquelle on met du sucre : *Un sucrier de porcelaine.*

2. **SUCRIER, IÈRE** (*sucre*), *adj.* Qui a rapport à la fabrication du sucre : *Industrie sucrière.* — *Sm.* Fabricant de sucre.

SUCRIN (*sucre*), *adj.* et *sm.* Se dit d'un melon qui a une saveur très sucrée.

SUCY-EN-BRIE, 1368 hab. Commune du cant. de Boissy-Saint-Léger, arr. de Corbeil (Seine-et-Oise). Fort détaché du camp retranché parisien.

SUD (anglo-saxon *sudh*), *sm.* Le côté du ciel où se trouve le soleil au milieu du jour, et qui est opposé au nord. ‖ La partie de la terre ou d'un pays qui est du côté du sud : *Le sud de la France.* ‖ *Faire le sud,* naviguer vers le sud. ‖ Le vent qui souffle du sud : *Le sud amène les orages.* ‖ *Mer du Sud,* la partie sud de l'océan Pacifique. ‖ En abrégé *S.* — *Adj.* Le *pôle sud,* le pôle céleste qui est au-dessous de notre horizon et qu'on nomme encore *antarctique* ou *austral.* ‖ Le pôle terrestre correspondant. ‖ *Degrés de latitude sud,* ceux qui vont de l'équateur au pôle sud. — **Dér.** *Sudiste.* — **Comp.** *Sud-est, sud-sud-est, sud-ouest,* etc.

***SUDARIUM** [su-da-ri-ome] (ml.), *sm.* Sorte de mouchoir dont les anciens Romains se servaient pour s'essuyer la bouche, le visage. Les soldats le portaient noué autour du cou. ‖ Pièce de toile ou de lin que les prêtres de la primitive Église mettaient sur leur tête. A dater du XIe siècle, le sudarium, qui, dans l'Église d'Occident, est distinct de l'amict, est attaché au bâton épiscopal ou abbatial au moyen d'un nœud ou de cordelettes; quelquefois le sudarium est fixé au bâton de la crosse par un joyau de métal. Cette pièce de lin était placée sur le corps d'un religieux mort lorsqu'on ensevelissait celui-ci.

SUDERMANIE, ancienne province de Suède.

SUD-EST (en abrégé **S.-E.**), *sm.* Le point du ciel qui est entre le S. et l'E. et à égale distance de l'un et de l'autre. ‖ La partie de la terre, d'un pays qui est du côté du sud-est. ‖ Le vent qui souffle du sud-est. ‖ *Sud-sud-est* (S.-S.-E.), le point qui tient le milieu entre le sud et le sud-est. ‖ Le vent qui souffle de ce point.

SUDÈTES (SUDETEN). Chaîne de montagnes d'Allemagne appartenant au système hercynio-karpathien, qui se développe sur une longueur de 600 kilom., entre les Karpathes et l'Elbe. Elle comprend : 1° les monts de la Lusace, qui alignent leurs sommets volcaniques parallèlement au cours de la Neisse : Lausche (796 mètres); Jeschken-Berg (1 013 mètres). Au N.-E. de Reichenberg s'élèvent les crêtes granitiques de l'Iser-Gebirge : Iser-Kamm, Tafelfichte (1 124 mètres), séparées par les cours parallèles de la Wittig, de l'Iser et de la Gneiss. Plus à l'E. commencent les montagnes des Géants (Riesen-Gebirge), épais massif de granit qui s'étend jusqu'aux sources de la Bober : Schnée-Koppe (1601 mètres); à l'E. de la dépression de Landshut s'élèvent les montagnes du pays de Glatz, puis les Eulen-Gebirge (1 000 mètres) et les Grenz-Gebirge : Glatzen Kopf (673 mètres). Entre la Weistritz et les sources de la Bober, on trouve les monts de Waldenburg : Heidelberg (923 mètres), Hochwald (852 mètres).

Au N. de la dépression où passe la route de Glatz à Nachod s'élève la crête du Heuschauer-Gebirge (920 mètres) et au S. se dressent les crêtes parallèles de l'Adler-Gebirge : Hohe-Mense (1 085 mètres). La crête du côté de la Bohême porte le nom de Böhmischer-Kamm, et celle qui sépare l'Erlitz de la Neisse est l'Habelschwerdter-Gebirge : Kohl-Berg (963 mètres). Au S.-E. du pays de Glatz on rencontre le Schnee-Berg (1 424 mètres), puis les Sudètes proprement dits, qui séparent la Silésie de la Moravie : Hochschar (1 341 mètres), Altvater (1 490 mètres) entre la Marsch et la Neisse. Vient ensuite un pays de collines, appelées des Gesenke (670 mètres) et séparées des Karpathes par la *Porte de Moravie,* route de communication entre Vienne et les plaines slaves du N. de l'Europe. (Pour les routes qui traversent ces montagnes, voir *Silésie* et *Saxe.*)

SUDISTE (*sud*), *adj.* et *s.* 2 *g.* S'est dit, pendant la guerre de la Sécession, des États du Sud de l'Union américaine qui, pour maintenir l'esclavage, tentaient de se séparer des États du Nord et de tout ce qui les concernait : *Les sudistes, les troupes sudistes succombèrent.*

SUDORIFÈRE (l. *sudorem,* sueur + sfx. *fère*), *adj.* 2 *g.* Qui excite la sueur.

SUDORIFIQUE (l. *sudorem,* sueur + *facere,* faire), *adj.* 2 *g.* et *sm.* Se dit d'un médicament qui excite la sueur. Les principaux sudorifiques sont : acétate et carbonate d'ammoniaque, bourrache, sureau, bardane, gaïac, salsepareille, squine, sassafras.

SUD-OUEST (en abrégé S.-O., *sud* + *ouest*), *sm.* Le point du ciel qui est entre le S. et l'O. et à égale distance de l'un et de l'autre. ‖ La partie de la terre, d'un pays qui est du côté du sud-ouest. ‖ Le vent qui souffle du sud-ouest. ‖ *Sud-sud-ouest* (S.-S.-O.), le point qui tient le milieu entre le sud et le sud-ouest. ‖ Le vent qui souffle de ce point.

SUDRE (JEAN-FRANÇOIS) (1787-1862), compositeur, professeur et inventeur français.

Auteur d'un système approuvé par l'Institut en 1828, intitulé *Téléphonie, langue musicale pour la transmission instantanée de la pensée à de grandes distances.*

SUE (Eugène) (1801-1857), médecin de marine et célèbre romancier français, représentant du peuple à l'Assemblée législative (1850), exilé au 2 décembre 1851 et mort à Annecy, où il s'était retiré. Auteur de romans maritimes et de mœurs, de romans socialistes, entre autres des *Mystères de Paris* et du *Juif errant.*

SUÈDE, 4 682 769 hab. Royaume du N. de l'Europe, occupant tout le versant oriental de la Scandinavie. La Suède est séparée de la Russie d'Europe par la Tana, qui se jette dans la mer Glaciale, et par la Tornéa, qui coule vers le S. et a son embouchure dans le golfe de Bothnie. Les côtes de la Suède sont bordées d'îlots et hérissées de récifs. Aussi la navigation y est-elle très difficile et dangereuse pour le pilote qui n'est pas familiarisé avec toutes les passes. Le littoral ne s'élève guère qu'à environ 100 mètres au-dessus du niveau de la mer. Il est couvert, sur une profondeur de 50 à 60 kilom., de prairies et de cultures diverses. A mesure que l'on s'avance davantage vers l'O., le sol s'élève peu à peu jusqu'aux Dofrines. Cette chaîne de montagnes émet plusieurs ramifications. Celles qui courent vers le N., en Laponie, présentent les sommets les plus élevés. Parmi eux on remarque le *Sulitelma,* qui a 2120 mètres au-dessus du niveau de la mer et le *Sylfjell,* dont la hauteur est de 1970 mètres. L'élévation des montagnes situées dans le S. est beaucoup moins considérable, puisque l'altitude des pics les plus remarquables est d'environ 400 mètres. Le sol de la Suède est coupé par une infinité de fleuves et de rivières qui descendent des Dofrines et viennent se jeter dans la mer Baltique. Ces fleuves sont en général peu navigables, mais le grand nombre de lacs que l'on rencontre dans ce pays, les canaux qui les relient les uns aux autres, dotent la Suède d'une navigation intérieure des plus importantes. Les Suédois ont mis la mer Baltique en communication avec l'océan Atlantique. Le canal de Gotha, qui commence dans la mer Baltique, relie entre eux les lacs *Asphongen, Roxen, Boren* et *Wener.* Ce dernier communique avec l'océan Atlantique par le canal de *Trolhatta,* qui compte quatorze écluses creusées dans des rochers de 37 mètres de hauteur. (V. la carte, p. 281.)

Bien que la Suède soit située tout à fait au N. de l'Europe et non loin du pôle arctique, sa température moyenne n'est pas aussi basse que celle d'autres pays placés sous la même latitude. Cette contrée, à cause de son étendue, offre une grande variété de climats. Au S., la température moyenne est de 8°. Le mûrier, le châtaignier et le noyer viennent en pleine terre, et la vigne en espaliers voit mûrir ses raisins. La culture des céréales donne de beaux résultats, et la récolte est si abondante, que le plus souvent elle dépasse la quantité de grain nécessaire aux besoins des habitants de la contrée. A Stockholm, qui est située sous le 59e degré de latitude N., la température moyenne est de 5°, 66, et le hêtre ne saurait supporter la rigueur de l'hiver. Au N. de Stockholm, la récolte des céréales est insuffisante. La culture du froment et celle du houblon ne dépassent pas le 62e degré. Au 63e degré, le cerisier fleurit encore, mais ses fruits ne viennent pas à maturité. Le 64e degré est la limite de l'avoine. Au delà, on ne cultive plus que le seigle et l'orge. A la fin du mois d'avril, la neige commence à fondre à Stockholm, et quelques jours après la terre est revêtue d'un tapis de verdure. C'est pendant le solstice d'été que la végétation est le plus active. Dans les contrées qui avoisinent le pôle, le cultivateur sème et récolte dans l'espace de 6 ou 7 semaines. C'est dans le mois de juin que les jours sont le plus grands; à Tornéa, le plus long jour est de 21 h. 1/2, tandis que le plus court n'est que de 2 h. 1/2; à Stockholm, le plus long est de 18 h. 1/2 et le plus court de 6 heures. Enfin, en Scanie, le plus long jour est de 17 h. 1/2 et le plus court de 7.

Les montagnes de la Suède sont formées par des roches de granit et de gneiss. On rencontre presque partout des terrains calcaires et très peu de terrains houillers. Il n'existe d'ailleurs qu'une seule mine de houille en Scanie, et encore est-elle peu considérable. En revanche, la Suède possède de nombreuses mines de fer d'une grande importance. Pour donner une idée de la richesse du minerai, nous citerons les mines du mont Gellevare, en Laponie, qui renferment de 70 à 80 p. 100 du meilleur fer. On comprend dès lors que la Scandinavie exporte chaque année une grande quantité de fer. Le sol de la Suède renferme en outre dans son sein du cuivre, du plomb, du cobalt, de l'étain, du zinc, du nickel, de l'argent, de l'or et du soufre.

Le gouvernement de la Suède est une monarchie constitutionnelle. Le trône est héréditaire, mais les descendants mâles peuvent seuls l'occuper, et il appartient toujours à l'aîné de cette descendance. Le roi doit être de la doctrine évangélique interprétée dans la confession d'Augsbourg : telle est la religion de l'État. Le roi est irresponsable, mais, avant d'adopter une résolution quelconque, il doit prendre l'avis d'un conseil d'État composé de ses ministres. C'est au roi qu'appartient la nomination des membres de la cour suprême de justice. Il a le droit d'assister à ses délibérations, dans lesquelles la constitution lui accorde deux voix.

Comme il y a une religion d'État, nul ne peut être revêtu d'une fonction publique s'il n'est membre de l'Église luthérienne pure. A la tête de cette Église se trouve l'archevêque d'Upsal. Au-dessous de lui sont les 12 évêques du royaume. Lorsqu'un des sièges épiscopaux devient vacant, le clergé du diocèse se réunit et présente trois candidats au roi, qui choisit parmi eux le nouvel évêque. Au-dessous des évêques sont les curés et les vicaires. Le nombre de ces ecclésiastiques s'élève à environ 3500. Le clergé n'est pas à proprement parler rétribué par l'État. Des propriétés sont affectées à l'entretien du culte. Indépendamment des produits de ces propriétés, l'archevêque et les évêques lèvent la dîme sur un certain nombre de paroisses, mais, en général, les revenus de ces hauts dignitaires ne sont pas très élevés. Les curés seraient dans une position des plus précaires si les dons de leurs paroissiens ne venaient se joindre à la faible subvention qu'ils reçoivent du gouvernement. Le roi nomme les curés des villes et ceux de quelques communes. Le nombre de ces dernières est très restreint. Les autres communes forment ce que l'on appelle des *cures consistoriales,* où les curés sont élus par le suffrage du peuple assemblé.

La population de la Suède est partagée en quatre classes ou ordres : la *noblesse,* le *clergé,* la *bourgeoisie* et les *paysans.* Chacun de ces ordres nomme un certain nombre de députés qui constituent quatre Chambres dont l'ensemble forme une diète. Le chef de chaque famille noble qui est âgé de vingt et un ans a le droit d'assister aux délibérations de la Chambre des nobles. L'âge de vingt-cinq ans lui confère celui d'y voter. Il peut alors se faire représenter par un puîné de sa famille ou par celui d'une autre maison noble. Ce représentant prend le titre de fondé de pouvoirs et se substitue entièrement à celui dont il occupe la place.

La Chambre du clergé est formée de la manière suivante : Le chapitre épiscopal présente à l'assemblée des propriétaires de chaque commune une liste de trois candidats pris dans le clergé. Les curés élus dans chaque commune s'assemblent au chef-lieu du diocèse et élisent ceux qui devront siéger à la diète. L'archevêque d'Upsal et les douze évêques sont membres de droit de la Chambre du clergé, qui se compose alors d'un archevêque, orateur de l'ordre, de douze évêques, de quarante-quatre curés, de seize députés élus par les vicaires, de deux députés envoyés par les deux universités d'Upsal et de Lund et de deux membres de l'Académie des sciences. La *bourgeoisie* est constituée par les négociants habitants des villes et qui sont soumis à une patente. L'élection des représentants de la bourgeoisie est directe dans certaines localités et indirecte dans d'autres. Le nombre de voix dont peut disposer chaque électeur est basé sur l'impôt qu'il paye, en sorte qu'il est des électeurs qui ont droit à deux et même à trois voix. Pour être député de l'ordre des paysans, il faut remplir les conditions suivantes : Être propriétaire, habiter dans le canton, n'avoir jamais fait de commerce ni rempli aucune fonction salariée par l'État, enfin cultiver soi-même les terres dont on est possesseur. Les fermiers ne jouissent d'aucun droit politique. L'élection de la Chambre des paysans est indirecte : chaque paroisse élit un représentant qui se rend au chef-lieu de canton. Ces électeurs élus, si l'on peut s'exprimer ainsi, nomment à leur tour le député qui doit faire partie de la diète. Les députés de la diète sont nommés pour trois ans. Ils se réunissent tous les ans. Les ordres délibèrent séparément. Lorsque trois ordres sont d'accord sur l'adoption d'une loi, le vote contraire du quatrième ordre n'est pas suspensif; mais, s'il s'agit de voter sur les lois fondamentales du pays, il faut l'assentiment des quatre ordres pendant deux diètes consécutives.

La Suède est le pays de l'Europe où l'enseignement primaire est le plus avancé et le mieux organisé; elle doit sans doute ce grand avantage au goût très vif que les peuples des pays septentrionaux ont pour l'étude. Lorsque Maupertuis se rendit à Tornéa, en 1736, pour y mesurer la longueur d'un arc du méridien, il fut très étonné de trouver dans tous les villages qu'ils traversa la géométrie d'Euclide. Son étonnement s'accrut encore en voyant les paysans se servir de ses instruments d'astronomie et faire facilement des calculs trigonométriques. Aujourd'hui on trouve dans chaque paroisse importante de la Suède une école primaire bien organisée et très fréquentée. Quant aux hameaux qui ne comptent qu'un petit nombre de feux, ils reçoivent les premières notions des sciences de *professeurs ambulants.* Ceux-ci vont s'établir au milieu de ces populations isolées, heureuses de venir écouter les leçons de celui qui ne craint pas les fatigues d'un voyage périlleux, souvent effectué pendant les grands froids de l'hiver. Après être resté un certain laps de temps dans ces hameaux hospitaliers et jaloux de s'instruire, le zélé professeur, accompagné des vœux et des regrets amers de ses nouveaux amis, continue son voyage et va enseigner dans les hameaux voisins. Le dimanche, les familles d'une même paroisse se réunissent dans une salle commune, où elles écoutent attentivement la leçon qui leur est faite par l'instituteur public. C'est grâce à cet ensemble de mesures que la Suède est devenue le premier pays de l'Europe au point de vue de l'enseignement populaire.

Les ancêtres des Scandinaves étaient d'origine scythique, et appartenaient à la branche gète. Lorsqu'ils envahirent la péninsule, ils la trouvèrent occupée par des peuples d'origine ougro-tartare. Ils repoussèrent les indigènes vers l'extrême nord de l'Europe, où ceux-ci se sont perpétués sous le nom de Lapons.

Nous ne savons rien de certain sur l'histoire de la Suède avant l'introduction du christianisme dans ce pays. Olaf-Sckotkoming, qui vivait au commencement du XIe siècle, se fit baptiser par un moine anglo-saxon. Ce prince, qui régnait à Upsal, étendit sa domination sur la Gothie, et, au retour de cette conquête, il prit le titre de roi de Suède, que ses prédécesseurs n'avaient jamais porté.

Olaf introduisit le christianisme en Suède; mais la plus grande partie de ses sujets resta fidèle au culte de ses pères, et ce n'est que sous le règne de saint Éric, mort en 1160, que le catholicisme s'établit définitivement en Suède et en Finlande. Les trois royaumes de Suède, de Norwège et de Danemark furent réunis plusieurs fois sous un même souverain; mais les jalousies qui existaient entre eux brisèrent toujours l'union qu'ils avaient formée. Gustave Vasa, qui avait été traîtreusement emmené à Copenhague par le roi Christian II, appela la Dalécarlie aux armes et parvint à affranchir son pays de la domination étrangère. Gustave protégea les prédicateurs luthériens Laurent et Olaüs Potri, et fit adopter la religion protestante par l'assemblée de Westeros et par le concile d'Œrebro, tenu en 1529. Gustave exerça pendant son règne un pouvoir absolu. Son fils Éric XIV hérita, en 1550, de la puissance de son père; mais il n'eut pas son énergie, et sous son règne la royauté perdit beaucoup de son prestige. Bientôt la Suède tomba sous le joug de la Pologne. Gustave-Adolphe la délivra du joug de cette dernière nation, et sut augmenter la puissance de sa patrie. Ce prince étendit sa domination sur les îles de la Baltique, s'unit à Richelieu pour ruiner la maison d'Autriche, et alla mourir vainqueur sur le champ de bataille de Lutzen en 1632. Christine, sa fille, lui succéda et signa la paix de Westphalie, conclue sous l'influence de la France et avec la coopération des plénipotentiaires suédois Oxenstiern et Salvius. Cette paix donna à la Suède Brême, Werden, Rugen, Stettin, Weismar, la Poméranie supérieure, l'île de Mollin et les Bouches de l'Oder. Christine abdiqua en 1654 en faveur de son cousin Charles-Gustave, qui, en montant sur le trône, prit le nom de Charles X. C'est sous le règne de ce prince que la Suède atteignit l'apogée de sa grandeur. Son fils Charles XI, qui lui succéda, fit la guerre au Danemark et ne fut pas heureux dans ses expéditions. Charles XII, qui hérita du trône de son père Charles XI, commit de grandes fautes et mit la Suède à deux doigts de sa perte : la bataille de Pultawa, qu'il perdit, en 1709, contre les Russes, l'obligea à se réfugier chez les Turcs. Il quitta furtivement la Turquie et arriva à Stralsund dans la nuit du 11 novembre 1714. A sa mort, arrivée en 1718, la Suède était épuisée et déchue de son antique splendeur. Les États donnèrent la couronne à la sœur du héros, à Ulrique-Éléonore, qui laissa régner son mari Frédéric de Hesse-Cassel. Depuis cette époque, la Suède n'a pas cessé de perdre de son importance. En 1810, Jean Bernadotte, général français et prince de Ponte-Corvo, fut élu roi de Suède. En 1814, il envahit la France avec les coalisés, et, en récompense de cette coopération, il reçut la Norwège, qui demeura dès lors annexée à ses États. Depuis ce temps, la famille de Bernadotte règne sur les royaumes réunis de Suède et de Norvège, et met tous ses efforts à faire fleurir les lois, l'industrie, l'agriculture et le commerce. (V. *Norvège, Scandinavie*.)

Langues scandinaves. — On donne ce nom aux langues parlées dans la presqu'île scandinave et dans les contrées voisines. Elles sont au nombre de cinq principales : l'*islandais*, langue aux formes archaïques, parlée en Islande; le *danois*, langue rude et très contractée, parlée dans les îles danoises et le Jutland; le *danonorvégien*, qui diffère surtout du danois par la prononciation, parlé dans les villes de Norvège; le *suédois*, la plus harmonieuse de toutes les langues du Nord; le *finlandais*, à peine différent du suédois, est usité dans les villes de Finlande. Il y a, en outre, un grand nombre de dialectes : ceux de la Norvège surtout, qui se rapprochent de l'islandais, sont variés à l'infini. Les langues scandinaves se rattachent au rameau germanique de la famille aryenne. La forme la plus ancienne qui nous soit connue, le *norrois*, semble surtout voisine du gothique. Le norrois ne nous est connu que par des inscriptions écrites au moyen de caractères particuliers appelés *runes*, dont l'usage s'est conservé jusqu'à ce siècle en Suède. Après le peuplement de l'Islande par des colons norvégiens, cette île a été le siège d'une littérature extrêmement riche : c'est là, notamment, qu'ont été consignés par écrit les vieux chants mythologiques de l'*Edda*, qui nous ont conservé les croyances des anciens Germains. Les autres langues ont vu se développer leur activité littéraire un peu plus tard. Malgré les différences qui existent entre leurs idiomes, les Danois, les Norvégiens, les Suédois et les Finlandais se comprennent aisément. Dans les nombreux congrès auxquels assistent des personnes de tous les pays scandinaves, il est d'usage que chacun parle sa langue, à l'exception des Islandais, qui doivent parler danois pour être compris.

***SUÉDOIS, OISE,** *adj.* et *s.* Qui est de la Suède, qui en provient. || Habitant de ce

SUÉDOISE

PAYSANNE DE LA PROVINCE DE DALÉCARLIE

pays. — *Sm.* La langue de la Suède appartenant au rameau scandinave et de la famille des langues aryaques.

SUÉE, *spf.* de *suer*. Émission de sueur. — Fig. Inquiétude subite et mêlée de crainte.

SUÉNON, nom de trois rois de Danemarck, dont le premier (985-1014) rendit l'Angleterre sa tributaire.

SUER (l. *sudare*), *vi.* Avoir la peau couverte de sueur. || Être péniblement affecté : *On sue à l'entendre.* || *Faire suer*, importuner, contrarier. (Fam.) — Fig. Se donner beaucoup de peine : *Suer sur un travail.* || Se couvrir d'humidité : *Les murs des appartements suent pendant l'hiver.* — Vt. *Suer du sang*, rendre du sang par les pores de la peau. || *Suer la peur*, avoir une peur extrême. || *Suer l'orgueil, l'ennui*, être très orgueilleux, très ennuyeux. — Fig. *Suer sang et eau*, se donner beaucoup de peine. — **Dér.** *Suée, sueur, suette.* — **Comp.** *Sudorifère, sudorifique.*

SUESSIONS, peuplade gauloise qui habitait le Soissonnais, porta ses armes jusque dans la Grande-Bretagne et dont Soissons était la capitale. — **Un Suession**, un individu de cette peuplade.

***SUESSONIEN** (*Soissons*), *sm.* Étage inférieur du système éocène qui se subdivise en 3 sous-étages : maudunien, sparnacien, yprésien (sables nummulitiques).

SUÉTONE, biographe latin, contemporain de Vespasien et d'Adrien, auteur des *Vies des douze Césars.*

SUETTE (*suer*), *sf.* Fièvre accompagnée d'une éruption miliaire, contagieuse, presque toujours épidémique, caractérisée par des sueurs très abondantes, et qui ravagea l'Angleterre vers la fin du xve siècle.

SUEUR (l. *sudorem*), *sf.* Liquide excrémentitiel, limpide, aqueux, mais chargé de sels gras, à réaction généralement acide venant à fleur de peau par les orifices presque microscopiques des conduits de petites glandes situées dans l'épaisseur de cette membrane, et qui apparaît sous l'influence de la chaleur, d'une suspension de la respiration, d'un effort musculaire énergique, d'une vive émotion morale ou d'un état morbide. — Fig. *Gagner sa vie à la sueur de son corps, de son front*, en travaillant beaucoup. || La sortie de ce liquide : *Une grande sueur soulagea le malade.* — *Pl.* et fig. Peines qu'on se donne pour réussir : *Être récompensé de ses sueurs.*

SUÈVES, ancien peuple du N. de la Germanie qui prit part à la grande invasion de l'empire romain en 406 et fonda dans le N.-O. de l'Espagne un royaume détruit en 585 par les Wisigoths.

SUEZ (CANAL DE). (V. la carte : *Canal maritime de Suez*, p. 412.) Dès l'antiquité, de grands travaux avaient été entrepris pour joindre la Méditerranée et la mer Rouge en employant le cours du Nil : commencés sous Sésostris ils furent terminés par les premiers Lagides. Le canal partait de Bubaste, sur la branche pélusiaque du Nil, et débouchait dans la mer Rouge près de Suez. Il avait 200 kilomètres de longueur, 10 mètres de profondeur, et donnait passage à deux trirèmes de front : des écluses rachetaient la différence de niveau entre l'Océan et la Méditerranée. Ce canal, tour à tour obstrué, puis remis en état par les divers conquérants de l'Egypte, fut définitivement abandonné sous le règne du calife Al Mançour, qui en fit fermer l'embouchure (775 ap. J.-C.), voulant, comme ses prédécesseurs, détourner le commerce vers l'Euphrate et le golfe Persique. L'idée fut reprise de nos jours par M. F. de Lesseps vers 1854. Une campagne de propagande restée célèbre eut raison des difficultés soulevées par les étrangers, et surtout par les Anglais, et eut pour résultat la mise en exécution du projet dressé par Linant-Bey et Mougel-Bey, ingénieurs français au service du khédive. Ce projet fut quelque peu modifié par une commission internationale nommée à cet effet, notamment en ce qui concerne le débouché à Suez. Le firman d'exécution fut délivré en 1856 par Mohammed-Saïd.

Le canal s'étend entre Péluse et Suez, en empruntant les divers lacs que l'on trouve dans la traversée de l'isthme de Suez. Cet isthme est formé de terrains tertiaires. La rade de Suez est constituée par des fonds de sable ocreux avec graviers. Ce faciès se continue dans la plaine de Suez, dont le sous-sol est formé d'argiles sablonneuses. Au delà de Chalouf, la plaine descend dans les petits lacs Amers, au fond desquels on trouve des sables mélangés de sel et de sulfate de chaux; le grand lac offre plus de végétation. Les sables règnent depuis le seuil du Serapeum jusqu'à la Méditerranée et forment avec des graviers le seuil d'El-Guisr.

L'aridité de cette région nécessita la construction d'un canal d'eau douce, qui, partant du Nil à Kasr-el-Nil près Boulak, rejoint le lac Timsah et se continue ensuite jusqu'à Suez parallèlement au canal maritime. Son achèvement eut lieu le 1er mai 1862.

Le grand canal offre un développement de 162 kilomètres. Il est amorcé à Port-Saïd par une double digue en pierre dont les branches, inégales, ont 2500 et 1900 mètres de longueur, et par une écluse qui s'ouvre sur le grand bassin d'Ismaïlia. Le canal se dirige en ligne droite du N. au S. jusqu'à El-Kantarah (50 kilom.) en longeant le lac Menzaleh; il atteint ensuite le lac Ballah; puis, franchissant le seuil d'El-Guisr, pénètre dans le lac Timsah, près d'Ismaïlia, où il est rejoint par le canal d'eau douce et par le chemin de fer du Caire à Suez. A quelques kilomètres au S. d'Ismaïlia, le canal franchit le seuil du Serapeum et débouche ensuite dans les lacs Amers, que l'on a creusés de manière à ménager un chenal. Trois profils différents ont été donnés au canal entre Port-Saïd et les lacs Amers : ces variations étaient exigées par la tenue irrégulière des terres formant les berges qui ont conduit à aménager des banquettes et des talus dont l'inclinaison varie de 2 pour 1 à 5 pour 1 : la largeur du premier type est de 100 mètres avec 22 mètres au plafond et 8 mètres de profondeur. On a laissé aux terres leurs pentes naturelles. Le deuxième type a 58 mètres au plan d'eau et des talus de 2 mètres de base pour 1 mètre de haut; ces talus sont de 3 mètres pour 1 dans le troisième profil. D'ailleurs, on exécute des travaux ayant pour objet l'élargissement du canal, devenu insuffisant, malgré l'emploi de la lumière électrique qui permet aux navires de transiter la nuit. Après avoir traversé les grands et les petits lacs Amers, le canal se dirige vers Suez, et débouche dans la mer Rouge au S.-E. de la ville, entre deux longues digues qui vont rejoindre les fonds de 8 mètres. De nouveaux bassins, des ateliers et tous les accessoires indispensables aux ports ont été construits au S.-E. de l'ancien port de Suez. Dans la plaine de Suez, le canal a 112 mètres à la ligne d'eau des talus de 5 pour 1, avec 8 à 9 mètres de profondeur. Le courant est nul. Le canal fut inauguré le 17 novembre 1869. Les devis, d'après lesquels son coût était estimé à 200 millions, ont été de beaucoup dépassés : au 31 décembre 1869, il avait été dépensé 433 millions. Le crédit s'était montré peu empressé à répondre à l'appel de la compagnie du Canal, et on avait dû émettre des obligations à lots. Les résultats des premières années de l'exploitation donnèrent raison aux fâcheux pronostics des Anglais sur l'avenir de l'entreprise (9 millions de déficit en 1870). Le premier excédent de recettes

CANAL MARITIME DE SUEZ

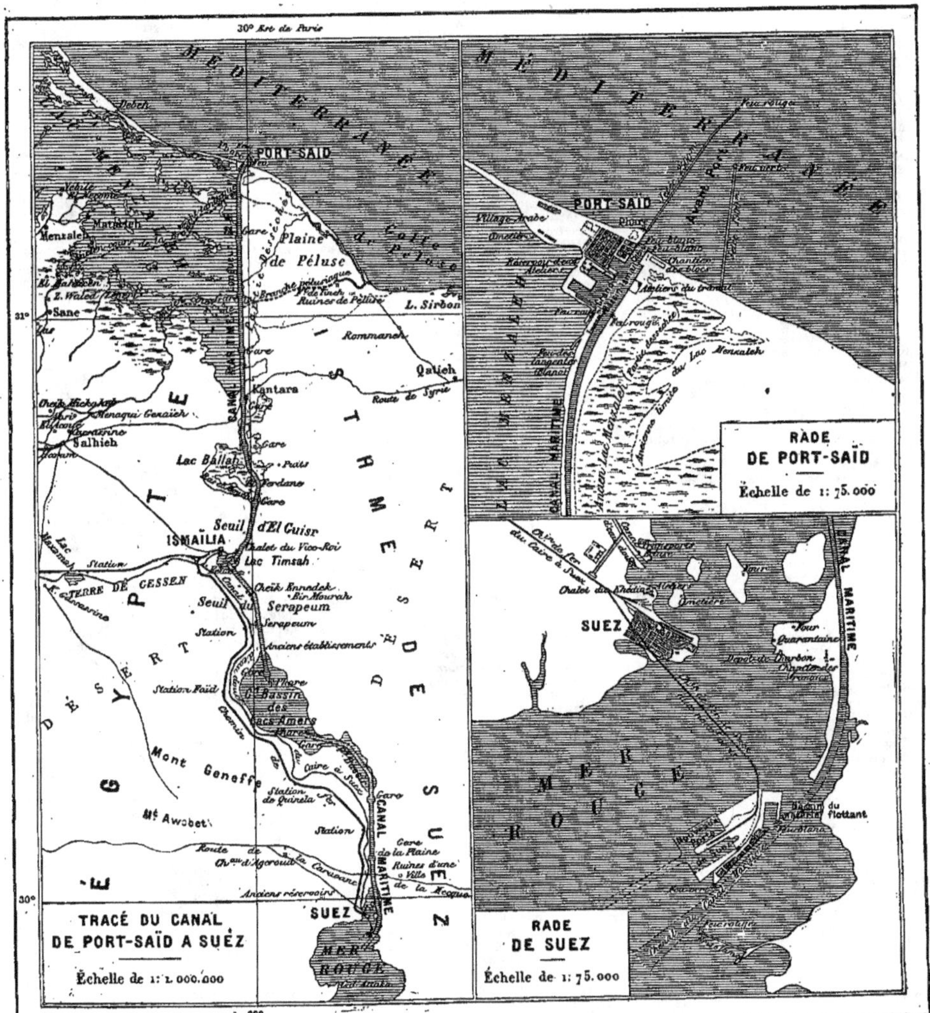

Gravé par Mme Perrin, 34, rue des Boulangers, Paris.

(2071 279 fr.) se produisit en 1882 ; il atteint aujourd'hui environ 36 millions : la majeure partie du transit est fournie par les bâtiments anglais (75 p. 100 sur le nombre et le tonnage brut totaux en 1886). Les progrès de l'éclairage électrique ont amené les compagnies de navigation et les gouvernements à pourvoir leurs navires de puissants fanaux qui leur permettent de naviguer la nuit dans le canal, et d'effectuer en vingt-quatre heures le passage, qui, autrefois, était beaucoup plus long. Les gares (10 en comptant les lacs) ménagées pour le croisement des navires sont devenues insuffisantes, et des travaux de dragage actuellement en cours d'exécution doubleront la largeur du canal ; solution adoptée de préférence à celle d'un second canal parallèle au premier. L'importance du canal au point de vue militaire et commercial a créé des difficultés diplomatiques qui ont amené sa neutralisation.

SUFFÈTES (phénicien *schophet*, juge), *smpl.* Nom des deux magistrats annuels qui, analogues aux deux consuls de Rome, étaient à la tête de la république carthaginoise.

SUFFIONI. (V. *Soufflards.*)

SUFFIRE (l. *sufficere*), *vi.* Être assez pour : *Une côtelette suffit pour mon déjeuner.* ‖ *Cela suffit* ou *suffit*, c'est assez. ‖ Avoir assez de force, assez de ressources pour : *Ce domestique put suffire à tout.* — *V. impers.* Être l'unique condition pour : *Il suffit d'être laborieux pour réussir.* — **Se suffire,** *vr.* N'avoir pas besoin d'être aidé par quelqu'un : *Il est parvenu à se suffire.* — **Gr.** Je suffis, tu suffis, il suffit, n. suffisons, v. suffisez, ils suffisent; je suffisais; je suffis; je suffirai; je suffirais; suffis, suffisons, suffisez; que je suffise; que je suffisse; suffisant; suffi, inv. — Le verbe dépendant de *suffire* se met ordinairement au subjonctif. De bons auteurs l'ont quelquefois mis à l'indicatif. — **Dér.** *Suffisant, suffisante, suffisamment, suffisance.* — **Comp.** *Insuffisant, insuffisance.*

SUFFISAMMENT (*suffisant*+sfx. *ment*), *adv.* Assez.

SUFFISANCE (*suffisant*), *sf.* Ce qui est assez : *Avoir suffisance de nourriture.* ‖ Capacité pour faire une chose (vx). ‖ Sottise qui consiste à avoir trop bonne opinion de soi-même, à se croire un phénix : *Sa suffisance le rend insupportable.* — A SUFFISANCE, EN SUFFISANCE, *loc. adv.* Assez.

SUFFISANT, ANTE (*suffire*), *adj.* Qui est assez : *Fortune suffisante.* ‖ Capable : *On le trouve suffisant pour cet emploi* (vx). — *Adj.* et *s.* Sottement entiché de son mérite : *On déteste les suffisants.*

SUFFIXE (l. *suffixum*, attaché sous), *sm.* Lettres ou syllabes ajoutées à une racine ou à un thème pour former un mot nouveau : *Able, fère, ment* sont des suffixes : *Aimable,* digne d'être aimé; *calorifère,* qui porte la chaleur; *solidement,* d'une manière solide. — **Dér.** *Suffixer.*

***SUFFIXER** (*suffixe*), *vt.* Ajouter un suffixe à une racine ou à un thème pour former un mot nouveau.

SUFFOCANT, ANTE (*suffoquer*), *adj.* Qui gêne ou fait perdre la respiration : *Chaleur suffocante.*

SUFFOCATION (l. *suffocationem*), *sf.* Grande difficulté de respirer, étouffement, asphyxie : *Le catarrhe produit la suffocation.*

SUFFOLK, comté de l'E. de l'Angleterre, sur la mer du Nord, entre le Norfolk et l'Essex; cap. *Ipswich.*

SUFFOLK (WILLIAM POLL, DUC DE). Général anglais que Jeanne d'Arc força de lever le siège d'Orléans; décapité en 1451 sous prétexte de concussion et de trahison.

SUFFOQUER (l. *suffocare* : du l. *sub*, sous + *faux*, la gorge), *vt.* Faire perdre la respiration en parlant d'une vapeur ou d'une cause intérieure : *La vapeur du soufre suffoque.* — Fig. Impressionner péniblement : *Ce souvenir me suffoque.* — *Vi.* Perdre la respiration : *On suffoque dans cette salle.* — Fig. Être impressionné péniblement au point d'en perdre la respiration : *Suffoquer de colère.* — **Dér.** *Suffocant, suffocante, suffocation.*

SUFFRAGANT (l. *suffragantem*, qui vote pour, qui aide), *adj.* et *sm.* Se dit d'un évêque à l'égard de son métropolitain : *L'évêque de Beauvais est suffragant de l'archevêque de Reims.*

SUFFRAGE (l. *suffragium*), *sm.* Déclaration qu'on fait de son sentiment, de sa volonté, de vive voix, par écrit ou autrement dans une élection, dans une délibération : *Obtenir tous les suffrages.* ‖ *Suffrage universel,* droit de voter attribué à tous les citoyens majeurs d'un pays : *Le suffrage universel a été établi en France en 1848.* ‖ Approbation : *Cet acteur a obtenu le suffrage du public.* — *Smpl.* Prières qui se font dans l'Église catholique à la fin des laudes et des vêpres, et certains jours de l'année, pour la commémoration des saints. ‖ *Menus suffrages,* prières supplémentaires qu'on n'est pas obligé de faire. — Fig. Choses de peu d'importance.

SUFFREN (ANDRÉ, BAILLI DE) (1726-1788). Illustre marin et vice-amiral français, se signala surtout de 1782 à 1783 contre les Anglais en qualité de chef de l'escadre des Indes orientales.

SUFFUMIGATION (pfx. *sub* + *fumigation*), *sf.* Fumigation.

SUFFUSION (pfx. *sub* + *fusion*), *sf.* Accumulation sous la peau d'une humeur qui devient visible à travers cette membrane : *La rougeur de la honte est une suffusion de sang sur les joues.*

SUGER (1087-1152), abbé de Saint-Denis, précepteur, puis habile ministre de Louis VII et régent du royaume pendant la deuxième croisade; il fit reconstruire la cathédrale de Saint-Denis, recueillir les grandes chroniques de cette abbaye, et a laissé une vie de Louis VI en latin.

SUGGÉRER (l. *suggerere* : du l. *sub*, sous + *gerere*, porter), *vt.* Souffler à quelqu'un ce qu'il doit dire : *On lui suggéra les réponses qu'il avait à faire.* ‖ Faire surgir adroitement dans l'esprit de quelqu'un, conseiller : *Suggérer une idée, un projet.* — **Gr.** *Gé* devient *gè* devant une syllabe muette : Je suggère, n. suggérons; je suggérerai, je suggérerais. — **Dér.** *Suggestion.*

SUGGESTION (l. *suggestionem*, action de porter sous), *sf.* Action de pousser adroitement à quelque chose de mal : *Une funeste suggestion.*

SUHL, 11 000 hab. Ville de la Saxe prussienne, sur la Lauter. Forges, fabriques d'armes.

SUICIDE (l. *sui*, de soi + *cidium*, meurtre), *sm.* Action de celui qui se tue lui-même : *Le suicide est contraire à la morale.* — Fig. Action, démarche qui ruine son auteur : *Cette entreprise est pour lui un suicide.* ‖ Celui qui se tue lui-même : *Les suicidés ont presque toujours la tête dérangée.* — **Dér.** *Suicider* (se), *suicidé.*

SUICIDÉ (se *suicider*), *sm.* Celui qui s'est tué lui-même.

***SUICIDER (SE),** *vr.* Se tuer soi-même.

SUIDAS. Lexicographe grec que l'on croit avoir vécu au Xe siècle de notre ère; il est auteur d'un ouvrage où l'on trouve un assez grand nombre de fragments d'auteurs anciens dont les œuvres sont aujourd'hui perdues.

SUIE (gaél. *suidh*), *sf.* Matière noire, luisante ou mate, très amère, d'une odeur désagréable, déposée par la fumée dans les conduits de cheminée et les tuyaux de poêle, utilisée en médecine contre les maladies de la peau, dans l'industrie pour la préparation de la couleur appelée *bistre,* en agriculture comme engrais puissant sur les prés, les jeunes trèfles, les jeunes froments, les semis de colza, etc., et aussi comme insecticide. (V. *Poêle.*)

SUIF (l. *sebum* ou *sevum*), *sm.* La graisse solide des animaux herbivores domestiques composée de margarine, de stéarine et d'oléine, avec laquelle on fait des chandelles et d'où l'on extrait la stéarine pour faire des bougies stéariques. ‖ *Suif en branche,* le suif non encore débarrassé des membranes qui le contiennent. ‖ *Arbre à suif,* arbre de l'Asie et de l'Amérique tropicales, de la famille des Euphorbiacées dont les graines sont enveloppées d'une couche épaisse de matière grasse semblable à du suif. ‖ Mélange de suif, de brai et de soufre fondus dont on enduit la carène des navires. — Fig. et pop. *Donner un suif à quelqu'un,* lui adresser une forte réprimande. ‖ *Suif minéral* ou *suif de montagne.* On appelle ainsi, en minéralogie, certaines substances naturelles qui, comme le schéererite, ont l'aspect de cires ou de graisses, mais qui sont composées uniquement de carbone et d'hydrogène. De l'une de ces substances, on retire une paraffine avec laquelle on fabrique de très belles bougies.— **Dér.** *Suiffer, suiver.*

SUIFFER (*suif*), *vt.* Enduire de suif.

SUI GENERIS [sui-gé-né-risse] (ml., *de son genre*), *sm.* Particulier, spécial. ‖ Unique de sa nature : *Odeur sui generis.*

SUILLIENS (du l. *sus*, génitif *suis*, porc), *smpl.* Tribu de pachydermes fossiles qui a pour type le cochon. Elle comprend un grand nombre d'individus se rapprochant tous plus ou moins du genre *sus*; on les rencontre dans les assises tertiaires et dans le diluvium. On ne les connaît guère que par des restes de dents, les chairs grasses et les os tendres ayant été détruits. Les principaux genres sont le genre sus (*sus palæochorus* du miocène, *sus arvernensis* des molasses suisses, *sus priscus* du diluvium). On a retrouvé dans des cavernes du Brésil cinq espèces de pécaris. A la Chaux-de-Fonds (Suisse), la molasse des cavernes a fourni des dents de calydonius. Parmi les autres genres de suilliens, citons les chœroncorus, les entélédons, les éléthériums, les chœropotamus, qui se différencient à l'aide de la constitution variable de leur mâchoire.

SUIN, 34 kilom. Rivière du département de l'Indre, qui se jette dans la Creuse à Tournon-Saint-Martin.

SUINT (l. *sucidum*, moite : de *sucus*, suc), *sm.* Matière grasse plus ou moins fluide, onctueuse, d'une odeur désagréable, qui est un mélange de la sueur et de la matière sébacée des moutons et qui s'attache à leur laine. ‖ *Laine en suint,* qui n'est pas encore débarrassée de son suint. — **Dér.** *Suinter, suintement.*

SUINTEMENT (*suinter*), *sm.* Écoulement presque imperceptible d'une humeur, d'un liquide : *Le suintement de l'eau à travers une voûte.*

SUINTER (*suint*), *vi.* S'écouler d'une manière presque imperceptible, en parlant d'une humeur, d'un liquide : *L'eau suinte à travers le plafond.* ‖ Laisser couler imperceptiblement une humeur, un liquide : *Ce tonneau suinte.*

SUIPPE, petite rivière de France qui arrose la Champagne pouilleuse. Elle prend sa source à Somme-Suippe et se jette dans l'Aisne (rive gauche) à Condé.

SUIPPES, 2 307 hab. Ch.-l. de c., arr. de Châlons (Marne), sur la Suippe et près de sa source; filatures de laine, fabrique de mérinos, teintureries.

SUISSE (*Schweiz*) (V. la carte, p. 417). Contrée de l'Europe centrale bornée au nord par le Rhin qui la sépare du grand-duché de Bade; au N.-E. par le lac de Constance qui la sépare du Wurtemberg et de la Bavière; à l'E. par le Tyrol; au S. par les Alpes. A l'O. elle confine aux départements français de la Haute-Savoie, de l'Ain, du Jura, du Doubs, et à l'Alsace. La frontière est formée par les Alpes, le lac Léman, le Rhône, le Jura et le Doubs. La Suisse s'étend entre 3° 44' et 8° 5 de longitude E. 45° 50' et 47° 50' de latitude N. Sa plus grande longueur de l'O. à l'E. est de 350 kilom.; sa largeur du S. au N. de 210 kilom.; la superficie totale du pays est de 41 346 kilom. carrés; la population s'élève à 2 831 587 hab., soit 69 hab. par kilom. carré. Sur ce nombre, il y a environ 290 000 étrangers, dont 95 000 Allemands, 40 000 Badois, 26 000 Wurtembourgeois, 12 000 Autrichiens, 42 000 Italiens, 54 000 Français.

On compte environ 410 catholiques sur 1 000 habitants. Le reste de la population se partage entre les divers rites de la religion réformée.

La langue allemande est parlée par 2 031 000 personnes; 610 000 parlent le français; 162 000 l'italien, 39 000 le roman.

La Suisse est avec le Tyrol et la Savoie une des régions les plus élevées de l'Europe continentale. On distingue trois zones d'altitude bien différentes. 1° Les *Alpes,* dont la hauteur maxima atteint 4 638 mètres au mont Rosa (pic Dufour). On y trouve des villes à 700 mètres au-dessus du niveau de la mer, et beaucoup de villages dépassent 1 200 mètres. 2° Le *Jura,* qui varie de 1 000 à 1 500 mètres. 3° La *plaine suisse,* qui s'étend entre les Alpes au S., le Jura et le Rhin au N., le lac de Constance à l'E.

OROGRAPHIE

Les *Alpes* couvrent la plus grande partie de la Suisse; elles se divisent en plusieurs massifs limités par de profondes dépressions. En partant du col du Grand Saint-Bernard, on rencontre, le long de la frontière d'Italie, les Alpes Valaisannes, ou Alpes Pennines, qui s'étendent au S. du Rhône, du mont Blanc à Brieg, que domine le Simplon. Elles forment un angle obtus dont le sommet est tourné vers l'Italie. En venant de l'E., on rencontre le mont Velan (3 765 mètres), le glacier du Valsorey, le Petit et le Grand

Combin (4 317 mètres), la Tour de Boussine (3 837 mètres), dont les glaciers s'étendent entre le val de Bagnes et celui d'Entremont, le mont Colon (3 644 mètres) au N. du val Pelline, la Dent-Blanche (4 073 mètres), le Gabelhorn, le Cervin ou Matterhorn (4 482 mètres) à l'entrée des vallées d'Herents et de Zermath, le mont Rosa dont la cime principale, le pic Dufour, atteint 4 638 mètres, le Lyskamm (4 478 mètres), le Breithorn (4 191), les Zwillinge, le Laquinhorn (4091 mètres), le mont Moro, le Fletschhorn (4 061 mètres) entre le Saasthal et le Simplon, le Weissmies, le monte Leone (3 565 mètres). De grands glaciers caractérisent cette chaîne : glaciers de Breney, d'Otema, de l'Arolla, de Perpècle, de Gorner, de l'Adler, d'Allalin, de Schwarzberg, de Valtournanche, de Saint-Théodule. Au N. du mont Rosa se détachent, perpendiculairement à la chaîne centrale, deux rameaux parallèles très importants dont les sommets les plus remarquables sont les Diablons, la Bella-Tola (3 090 mètres), le Weisshorn (4 512 mètres) entre le val d'Anniviers et le val Saint-Nicolas ; le chaînon oriental offre les Mischabel, Dôme (4 554 mètres), Täschhorn (4 498 mètres), Alphubel (4 202 mètres), Allalinhorn (4 034 mètres), Strahlhorn (4 191 mètres), entre le Saas-Thal et le val Saint-Nicolas.

Les passages entre l'Italie et la Suisse ont lieu par plusieurs chemins. 1° Le *chemin du Grand Saint-Bernard* (2 472 mètres), entre Martigny sur le Rhône et Aoste sur la Doria-Baltea. 2° Le *sentier du col de Saint-Théodule* (3 322 mètres) ou Matterjoch, qui relie Visp, sur le Rhône, à Châtillon sur la Doria-Baltea par Zermatt et Valtournanche, à travers des glaciers et des champs de nevé (glaciers de Saint-Théodule (2 700 mètres) et de Valtournanche.) 3° Le *sentier du col de Monte Moro* (2 862 mètres), conduisant de Visp par le Saas-Thal à Macugnaga sur l'Ansa. 4° La *route du Simplon* (2 020 mètres) entre Brieg dans le Valais et Domo d'Ossala sur la Toce (66 kilom.). Elle fut construite de 1 800 à 1 806 sur l'ordre de Napoléon Ier. Au sommet du Simplon, vaste plateau semblable à un lac desséché, on a construit un hospice analogue à celui du Grand Saint-Bernard ; le col de Novena (Nufenen) fait communiquer les deux cantons du Valais et du Tessin. A l'O. du canton du Valais, une ramification se détache au N. du mont Blanc et se dirige vers le lac Léman. On y distingue, à partir du S., le mont Dolent, les Aiguilles de l'Argentière, du Tour, le col de Tanevergc, les Tours Sallières (3 227 mètres), la Dent du Midi, les Cornettes de Bise (V. *Haute-Savoie*). Ce chaînon est traversé par plusieurs chemins : l'un relie la Dranse d'Abondance à Monthey par le col de Morgin, l'autre joint Chamounix à Martigny par les cols de Montets et de la Forclaz ; d'autres sentiers empruntent les cols de la Tête-Noire, de Balme et de Coux.

Les Alpes Lépontiennes comprennent toute la partie de la chaîne qui s'étend à l'Est du Simplon jusqu'au Splügen. Nous distinguerons cinq massifs. 1° Le premier est parallèle au Rhône, depuis le Simplon jusqu'au col de Nufenen ; au S. il est limité par le val d'Antigorio (haute vallée de la Toce) : ses sommets principaux sont le mont Leone (3 565 mètres), le mont Cistella, le Bortelhorn 3 195 mètres, l'Ofenhorn 3 242, le Blinnenhorn (3 882 mètres). Les cols sont très difficiles et peu nombreux : Ritter-Pass (2 692 mètres), Albrun-Pass (2 410 mètres), Griess-Pass (2 446 mètres) ; ce dernier conduit d'Ulrichen à Domo d'Ossola, par la vallée de la Toce. 2° Le massif du Saint-Gothard, entre le col du Nufenen et le col de Greina : c'est le nœud orographique le plus important de l'Europe : de là descendent le *Rhône*, le *Rhin*, le *Tessin*, affluent du Pô, et l'*Inn*, affluent du Danube. Le massif est circonscrit par la vallée du Rhône, le col carrossable de la *Furka* (2 343 mètres), la haute vallée de la Reuss, le col de l'Ober-Alp (1 974 mètres), la vallée du Rhin et le col de Greina (2 270 mètres). Le Saint-Gothard offre une quantité de sommets, de grands glaciers, et environ trente petits lacs ; le col même (2 114 mètres) est une haute vallée nue bornée à l'E. par les hauteurs escarpées du Sasso di San Gottardo, à l'O. par les masses rocheuses de la Fibbia (2 742 mètres) et du Pizzo la Valletta (2 540 mètres). Les cimes principales du Saint-Gothard sont, à l'E., le mont Prosa (2 738 mètres) et le Pizzo centrale (3 003 mètres), à l'O. le Pizzo Lucendro (2 959 mètres), les Ywerberhorner (2 824 mètres), le Pizzo dell'Uomo (2 688 mètres), le Leckihorn (3 069), le Muttenhorn (3 103 mètres), le Pizzo Rotondo (2 197 mètres). Le massif du Saint-Gothard est traversé par la route du Saint-Gothard (2 092 mètres), construite de 1820 à 1832, menant de Göschenen à Airolo, sur le Tessin, par Andermatt et Hospenthal, sur la Reuss ; la route part d'Altorf, remonte la vallée de la Reuss, traverse la combe d'Urseren, franchit la chaîne, descend en Italie à Airolo, suit le val Leventine, passe à Bellinzona traverse le mont Ceneri (1 550 mètres), arrive à Lugano, franchit le lac du même nom sur une digue en pierre de 815 mètres entre Melide et Bissone, puis se prolonge sur Come et Milan. En 1799, les Russes, venant de Lugano sous le commandement de Souwarof et de Rosemberg, traversèrent le Saint-Gothard défendu par Gudin, battirent Lecourbe au pont du Diable et arrivèrent jusqu'à Altorf. On a récemment percé entre Goschenen et Airolo un tunnel qui a beaucoup augmenté l'importance du Saint-Gothard et que les Suisses ont fortifié par des ouvrages permanents. La route du Luckmanier (achevée en 1878) conduit de Disentis, sur le Rhin, à Olivone et Biasca par la vallée du Breno. Le col n'a que 1 917 mètres d'altitude. 3° Les Alpes du Tessin couvrent le pays au S. du Saint-Gothard entre le val Leventine (haute vallée du Tessin) et le val d'Antigorio (haute vallée de la Toce). Au S. il est borné par la route qui conduit de Domo d'Ossola sur la Toce à Locarno, sur le lac Majeur et à Bellinzona (Tessin). Au milieu du massif, les vallées de la Maggia et de la Verzasca découpent deux profonds sillons. Le point culminant des Alpes du Tessin, la *Basodine*, atteint en moyenne 3 276 mètres, mont Ambra (2 586 mètres), pic Cristallina (2 910 mètres), Campo Tencia (3 086 mètres). Aucune grande route ne traverse cette partie des Alpes : celle de Domo d'Ossola à Locarno, par le val Vigezzo et le val Centovalli, n'est que muletière ; un sentier réunit les vallées supérieures du Tessin et de la Toce par le col San Giacomo (2 308 mètres). 4° A l'O. des Alpes du Tessin, les glaciers d'Adula ou du Rheinwald s'étendent depuis le col de Greina (2 360 mètres) jusqu'au San Bernardino (2 063 mètres). Le Rhin postérieur sort des glaciers du Rheinwald et du Paradis. Les pics les plus remarquables de la chaîne sont le Zapporthorn (3 149 mètres), le Rheinquelhorn (3 200 mètres), le Vogelberg (3 220 mètres), le Rheinwaldhorn (3 398 mètres), le Güferhorn (3 393 mètres), le Marscholhorn (2 902 mètres). Des passages difficiles, le Vogeljoch (2 938 mètres), le Passo del Cadabbi (2 950 mètres) et le Zapport-Pass (3 090 mètres), conduisent des glaciers du Rheinwald et de Zapport à Olivone, dans la vallée du Breno. 5° Un contrefort élevé sépare les vallées du Mesocco et du Giacomo où s'engagent les routes du San Bernardino et du Splügen ; il se continue au S. entre les lacs Majeur et de Côme jusqu'au lac de Lugano ; les sommets dépassent 3 000 mètres : pic Tambo (3 276 mètres), pic Suretta (3 075 mètres). Dans la partie méridionale, le pic Menone atteint encore 2 247 mètres. La route du San Bernardino (2 063 mètres), construite de 1819 à 1823, joint Coire dans la vallée du Rhin à Bellinzona sur le Tessin. La route du Splügen (2 117 mètres) conduit de Coire à Chiavenna par la vallée du Hinter-Rhein, et les gorges de la Via Mala et de Roffna. La route actuelle, achevée en 1823, se détache à Splügen de celle du Bernardino, franchit le col, et descend par le val San Giacomo à Chiavenna, sur la Maïra : de là on gagne Milan par la rive orientale du lac de Côme, ou Bergame par Lecco. De nombreux tunnels et des galeries couvertes en maçonnerie, longues de 200 à 500 mètres, protègent les voyageurs contre les avalanches, très fréquentes dans ces régions. Un mauvais chemin de mulets franchit le col du Septimer (2 311 mètres) et mène de Coire à Chiavenna par deux sentiers venant l'un de Stalla, l'autre du défilé de Roffna par l'Averser-Bach et le col de la Forcellina.

On englobe sous la dénomination d'*Alpes Rhétiques* les massifs compris entre la conque de Coire, la Valteline (haute vallée de l'Adda) et les sources de l'Adige, depuis le Splügen jusqu'au col de Reschen, des deux côtés de la vallée de l'Inn ou Engadine. On donne quelquefois aux *Alpes Rhétiques* les noms d'*Alpes Glaronnaises* et d'*Alpes Grisonnes*, empruntés aux cantons qu'elles couvrent ; elles comprennent : 1° Un premier massif entre le val San Giacomo, la Maïra et les sources du Rhin a son principal sommet en Italie : monte Stella (3 406 mètres). 2° A l'E., entre le lac de Côme à l'O., les vallées de la Maïra et de l'Inn au N., celle de l'Adda à l'E. et au S. s'étend le groupe du *Bernina*, depuis le col du même nom jusqu'à celui de la Maloia. Cette partie du canton des Grisons est recouverte d'immenses glaciers dont les principaux sommets sont : les pics Cambrena (3607 mètres), Carale (3429 mètres), Sassal Masore (3039 mètres), Campascio, Lagalb (2962 mètres), di Verona (3462 mètres) ; le point culminant du Bernina atteint 4052 mètres. Parmi les glaciers, on distingue ceux de *Palü*. A l'E. du Bernina, on ne trouve que des massifs isolés, tels sont les pics Languard (3 266 mètres), Campo (3 305 mètres) ; les autres sommets sont en Italie. 3° Sur la rive gauche de l'Inn une longue crête suit la rivière, depuis le col de *Septimer* jusqu'à celui de *Flüela*. La limite septentrionale est formée par le Landwasser et le val de Davos ; ce sont les *Alpes des Grisons* ou chaîne de l'*Albula* avec les pics Gletschern (2 948 mètres), Err (3 395 mètres), Ot (3 249 mètres), Vadred (3 221 mètres), Scaletta (3 008 mètres), Kesch (3 417 mètres), Schwarzhorn (3 150 mètres), Krachenhorn et d'Aela (3 320 mètres).

Parmi les glaciers, nous citerons ceux d'Err, de Perchabella, de Viluoch, Sursura, Weisshorn, Grialetsch, Schwarzhorn.

Trois grandes routes et un sentier muletier traversent l'Albula. 1° La *route du col de Julier* (2287 mètres), de Tiefenkasten à Silvaplana, est le passage des Alpes le plus tôt débarrassé des neiges et le moins exposé aux avalanches. 2° La *route de l'Albula* (2 313 mètres), de Tiefenkasten à Ponte par l'étroite gorge de la Bergüner-Stein. 3° Le *sentier du Scaletta* (2 619 mètres), de Davos am Platz (1 556 mètres) à Sulzanna. 4° La *route de Flüela* (2 392 mètres), du val de Davos à Süss. Une bonne route conduit du val de Davos vers Coire par le Prœttigau, le col de Laret (1 627 mètres), le Landwasser, le col de Schyn en contournant un massif de 2 900 mètres d'altitude : pics Strela (2 636 mètres), Weisshorn (3 088 mètres), Schiahorn (2 713 mètres), Rothhorn (2 984 mètres), Hochwang (2 479 mètres). Cette région ne possède que la *route de la Leuzer-Heide* (1 551 mètres), allant de Coire à Tiefenkasten et le *sentier* muletier *du Schanfiggthal* et du *col de Strela* (2 377 mètres), de Coire à Davos am Platz.

L'Engadine communique avec la Valteline et le Vintschgau par quatre grandes routes et plusieurs sentiers. 1° La *route de la Maloia* (1 811 mètres), l'une des plus anciennement fréquentées des Alpes, entre la haute Engadine et Chiavenna par la vallée de la Maïra. 2° La *route de la Bernina* (2 333 mètres), de Samaden (Engadine) à Tirano (Valteline) par Pontresina et Poschiavo. 3° La *route de l'Ofen-Pass* ou du *col de Buffalora* (2 148 mètres), qui date de 1872 ; elle conduit de Zernetz (Engadine à Glürns et à Mals (vallée du haut Adige). De cette route se détachent plusieurs sentiers. Celui de l'Umbrail-Pass joint la route de Stelvio à Santa Maria (Münsterthal) sur celle de l'Ofen-Pass ; d'autres chemins font communiquer le Munsterthal et le val de Scarl avec Schuls dans la haute Engadine, ou bien Buffalora avec Santa Maria par le plan de Giuf (1 354 mètres) et le val de Fraele. 4° Le *sentier du col de Sur-Sass* (2 357 mètres), entre Sur-Err (Engadine) et Mals sur l'Adige. 5° La *route du col de Reschen* (1 493 mètres) mène de Martinsbrück à Mals et à Glürns (Vintschgau par les défilés de Nauders et de Martinsbrück.

Entre l'Engadine, le Prœttigau et la route de Feldkirk à Landeck (Arlberg) se détachent plusieurs massifs granitiques et gneissiques. Le premier, celui du Silvretta, continue la chaîne de l'Albula à partir du col de Flüela jusqu'à Landeck sur l'Inn : on y rencontre des pics escarpés et des glaciers très étendus : pics Linard (3416 mètres), Fluchthorn (3396 mètres), Buin (3327 mètres), Cotschen (3029 mètres), Minschun (3071 mètres), Silvrettahorn (3248 mètres), Burkelkopf (3030 mètres), glaciers de Silvretta Tiatscha.

Plusieurs sentiers fort difficiles franchissent cette chaîne et mettent en communication l'Innthal et l'Engadine avec le Paznaunerthal. Le *Rhæticon* sépare le canton des Grisons du Vorarlberg depuis le Silvretta jusqu'à Sargans, où le Rhin franchit les défilés de *Trübbach*. Après la *Scesaplana*, point culminant du chaînon (2970 mètres), les principaux sommets sont : les pics Litzner, Blattenspitz (2890 mètres), Rothbühel (2870 mètres), Madriser (2760 mètres), Riedkopf (2487 mètres), Gerveilkopf (2452 mètres), des Trois-Tours (2657 mètres), Naafkopf (2568 mètres), Hernspitz (2536 mètres).

Le Litzner et la Scesaplana sont entourés de glaciers très étendus : glaciers de Litzner, de See (2879 mètres), de Sparer (2804 mètres), de Brandnerfern. Le Prœttigau communique avec la vallée de Montafon par les cols de Schweizer-Thor et de Plasseggen.

Nous avons terminé ici l'examen de la partie des Alpes principales situées sur le territoire suisse ; leur arête est constituée en général par des roches cristallines, tandis qu'au N. et au S. se développent des chaînes parallèles, sédimentaires (calcaires, dolomitiques ou schisteuses). Ce sont les *Alpes subordonnées du N. et du S.*

1° *Alpes subordonnées du N.* Il suffit de jeter un coup d'œil sur une carte de Suisse pour constater l'existence d'un profond sillon orienté du S.-O. au N.-E ; il suit le Valais et le cours du Rhône, franchit le col de la Furka, la combe d'Urseren et le col de l'Ober-Alp (2052 mètres) ; il se continue par la vallée du Vorder-Rhein en se dirigeant vers le N.-E. jusqu'à Reichenau.

Cette dépression sert de limite entre les Alpes principales et les Alpes subordonnées du N., qui comprennent les Alpes Bernoises, les Alpes d'Uri, de Fribourg, les montagnes de l'Emmenthal et du Tödi, les Alpes de Schwiz, de Saint-Gall et d'Appenzell.

Les *Alpes Bernoises* commencent à Saint-Maurice, sur les bords du Rhône, et se dirigent au N.-E. jusqu'au Galenstock, à l'angle N.-O. du Saint-Gothard, entre la Saane et la Simme, les lacs de *Thun* et de *Brienz* et l'Aar d'un côté, le Rhône de l'autre. La partie occidentale est constituée par des terrains jurassiques auxquels le granit succède vers l'E. Cette chaîne constitue donc une exception, puisque les Alpes subordonnées sont en général calcaires. L'élévation moyenne des Alpes Bernoises est moins considérable que celle des Alpes Valaisannes.

En partant de Saint-Maurice, on rencontre successivement : la Dent de Morcles (2980 mètres) ; la Tête du Gros-Jean (2612 mètres), l'Oldenhorn, la Tour de Saint-Martin, la Pointe de Châtillon, les pics des Diablerets (3251 mètres), le Grand Moveran (3061 mètres), le Sanetsch, le Wildhorn (3268 mètres), le Weisshorn (3010 mètres), le Gletschhorn, le Wildstrubel (3266 mètres), le Balmhorn (3711 mètres), l'Altels (3636 mètres), le Doldenhorn (3647 mètres), le Schildhorn (3297 mètres), le massif de Blumlisalp [Fründenhorn (3666 mètres), l'Oschinenhorn (3490 mètres), le Blumlisalphorn (3670 mètres), le Weissefrau (3661 mètres), le Morgenhorn (3625 mètres), le Wildefrau (3259 mètres), le Tschingelhorn (3581 mètres), le Lötschenthorn (3783 mètres), le Nesthorn (3820 mètres), le Schœnhorn (3807 mètres), l'Aletschhorn (4198 mètres), le Rietschhorn (3953 mètres), le Gletscherhorn (3982 mètres), la Jungfrau (4167 mètres), le Grand Grunhorn (4047 mètres), le Finsteraarhorn (4275 mètres), l'Oberaarhorn (3642 mètres), le Mönch (4105 mètres), l'Eigerjoch (3975 mètres), les Schrœckhörner (4080 mètres), les Wetterhœrner (3703 mètres). Le massif du Finsteraarhorn forme un plateau de 200 kilom. carrés, couvert d'immenses glaciers. Les glaciers des Alpes Bernoises sont très nombreux ; nous citerons les plus connus :

1° Groupe des *Diablerets* : glacier de Sanfleuron.

2° Groupe du *Wildhorn* : glaciers de Gelten et de Dungel.

3° Groupe du *Wildstrubel* : glaciers de la Plaine-Morte, de Lämmern, de Räzli, d'Amerten, de Rothe-Kumm, glacier Noir.

4° Groupe du *Blümlisalp* : glaciers de Kander, de Gamchi.

5° Groupe d'*Aletsch* : glaciers d'Aletsch (100 kilom. carrés, 7 kilom. de long), de Beich, de la Jungfrau.

6° Groupe du *Finsteraarhorn* : glaciers du Grundenwald, de Gauli, de Lauter, Unter et Finster-Aarhorn.

7° Groupe du *Galenstock* : glaciers de Trift, du Rhône, de Tiefen.

Le versant septentrional de la Suisse porte le nom d'*Oberland* ; c'est une des régions de l'Europe les plus fréquentées par les touristes. Les passages sont peu nombreux à travers les Alpes Bernoises ; les principaux cols sont : 1° Le col de Jaman (1485 mètres) avec un sentier muletier conduisant de Montreux, sur le lac de Genève à Montboron, dans la vallée de la Saane. 2° Le col de Mosses (1446 mètres), qui conduit d'Aigle à Château d'Oex par Estivaz. 3° Le col de Pillon (1552 mètres), qui mène d'Aigle à Saanen. 4° Le col du Rawil (2421 mètres), suivi par un sentier de Saint-Léonard à Lenk, sur la Simme. 5° Le col de la Gemmi (2303 mètres), avec un chemin muletier qui joint Leuk (Valais) à Kandersteg, d'où part une route menant à Thun par Frutigen. 6° Le col du Grimsel (1874 mètres) conduisant d'Oberwald (vallée du Rhône) à Meiringen, sur l'Aar.

Comme les Alpes Valaisannes, les Alpes Bernoises envoient vers le N. la plupart de leurs ramifications. 1° Les *Alpes d'Uri* et d'*Unterwald* se détachent de la chaîne mère au Galenstock, entre la Reuss et la vallée de Sarnen jusqu'au lac des Quatre-Cantons. Les cimes les plus élevées de ce groupe sont : le Galenstock (3597 mètres), le Mährenhorn, le massif du Winterberg, Dammastock (3633 mètres), Schneestock (3600 mètres), Eggstock (3550 mètres), Weiss-Nollen (3433 mètres), Grand Thierberg (3348 mètres), Masplankstock (3403 mètres], le Titlis (3239 mètres), le Rothstock (2760 mètres). Parallèlement à la rive S. du lac de Brienz court un chaînon dont les principaux sommets sont : le Schwarzhorn (2730 mètres) et le Faulhorn (2683 mètres) ; ces hauteurs prennent successivement le nom de Schönwanghörner, Schwarzberg, Winteregg, Sägishörner. Le glacier du Rhône se trouve au S. des Alpes d'Uri : il n'existe actuellement que deux sentiers muletiers à travers ces montagnes ; ils conduisent de Meiringen, sur l'Aar, à Wasen sur la Reuss par le Süsten Pass (2262 mètres) et de Meiringen à Altorf par Engelberg, le Joch-Pass (2208 mètres) et le Surenen-Pass (2305 mètres).

Les *Alpes de Fribourg* sont comprises entre le lac de Genève, les Alpes Bernoises et l'Aar ; elles se prolongent entre Fribourg et Berne par les *Alpes de Gruyère* et du *Simmenthal* dont les sommets principaux sont : les monts Cullan, Cray, Breuleire, Ruth. A l'O. de ce massif et au N. du col de Jaman s'étendent les *Alpes Vaudoises* (Dent de Lis, Mont Moléson (2005 mètres) ; le Gibloux, au N. du Moléson, se relie au système du Jorat. Les vallées de la Saane et de la Simme séparent les Alpes Bernoises de ces ramifications : elles sont suivies par l'unique grande route de cette région qui mène de Château d'Oex à Saanen et à Thun.

Les montagnes de l'*Emmenthal* et le mont *Pilate* occupent l'intervalle compris entre le lac de Lucerne et ceux de Brienz et de Thun, de l'Aar à la Reuss : Hohgant (2199 mètres), Napf (1408 mètres), Pilate (2133 mètres). Les Alpes d'Emmenthal sont traversées par de nombreuses routes et par une nouvelle voie ferrée qui joint Berne à Lucerne.

A l'E. de la Reuss, au N. de la vallée du Vorder-Rhein, on trouve la chaîne du Tödi, qui s'étend de Goschenen à Ragatz. Les pics principaux sont l'Oberalpstock (3330 mètres), le Tödi (3623 mètres), le Bifertenstock (3426 mètres), le Hausstock, le Ringel-Spitz (3249 mètres), le Graiehorn. Trois mauvais sentiers établissent les communications à travers la chaîne du Tödi ; ils conduisent de Disentis, sur le Rhin, à Amsteg, sur la Reuss, par le col de Kreusli (2355 mètres), de Ranz sur le Rhin, à Glaris sur la Linth par le col de Panix (2770 mètres), de Ragatz à Reichenau par les gorges de la Tamina, par le col de Kunkel (1351 mètres). Au N. du Tödi sont situées les *Alpes de Schwiz* et les *Alpes de Glaris*, entre la Reuss, à l'O., les lacs de Zurich et de Wallen au N.-E. et au N. ; leur altitude moyenne est de 2000 mètres. Les pics les plus importants sont le Glœrnisch (2906 mètres), le Mageren (2528 mètres), le Drusberg (2281 mètres), Pfiffegg (1317 mètres), les Windgälle (2759 mètres) ; elles envoient entre les lacs de Zug et des Quatre-Cantons un rameau dont le sommet, le *Righi* (1800 mètres), jouit d'une grande célébrité comme point de vue.

Au N. de Schwiz et d'Einsiedeln, les routes sont nombreuses ; mais dans la partie la plus élevée du massif il n'y a que trois sentiers qui conduisent d'Altorf à Linth-Thal par le Klausen-Pass (1962 mètres), et le Schœchen-Thal, de Schwiz à Glaris par le Pragel-Pass (1543 mètres), et le Klön-Thal, le Kinzig-Pass ; le Muotta-Thal met en communication avec le Schächen-Thal et Altorf. Entre les lacs de Zug et de Zurich s'élève la petite chaîne de l'*Albis*.

Les *Alpes* de *Saint-Gall* et d'*Appenzell* s'étendent entre le lac de Constance, le Rhin, la Linth et le lac de Wallen. Les principaux sommets sont les Churfisten (2112 mètres), longue crête dénudée qui domine le lac de Wallen, le Senlis (2504 mètres), le Gœbris (1250 mètres), le Kreuzegg (1317 mètres) ; le massif va en s'abaissant vers le lac de Constance. Au S. du Senlis, une route conduit de la vallée de la Thur dans celle du Rhin par Wildhaus (1100 mètres). Au N., les routes sont nombreuses ; elles mènent d'Altstetten dans la vallée du Rhin à Saint-Gall par le col de Ruppen (990 mètres), et à Appenzell par le col Am-Stoss (980 mètres) ; de Rheineck sur le Rhin à Saint-Gall et à Au ; enfin une route et une voie ferrée suivent la rive méridionale du lac de Constance.

Le plateau suisse s'étend au N. des Alpes et il forme une large bande parallèle aux vallées du Rhône et du Rhin. Dans le canton le Vaud, le plateau est ondulé et présente des collines entre lesquelles s'étendent des vallées larges, mais peu profondes. Au N.-E. de Lausanne s'élèvent les Jorat, Jurten (928 mètres), dont la crête centrale suit la rive N. du lac de Genève, de Lausanne à Vevey (mont Pèlerin, mont Colly, Tour de Gourze). Le lac de Morat est séparé du lac de Neuchâtel par les collines de Vully ; les vallées de la Venoge, de la Broy et de l'Orbe creusent des sillons plus ou moins profonds dans le plateau. Ce faciès se continue dans le canton de Fribourg et dans celui de Berne, où l'on rencontre des montagnes isolées (Belp, Gurten, Bantiger (940 mètres), Napf (1408 mètres), Butschelegg (1858 mètres), Lueg (389 mètres). La vallée de l'*Emmenthal*, à l'O. du Napf, est la plus pittoresque du canton.

Dans les cantons de Soleure et d'Argovie le plateau est creusé par l'Aar et la Birse et parcouru par quelques chaînes de collines (*Linderberg*, entre Lucerne et Argovie). Ces collines se relèvent un peu dans les cantons de Zurich et de Thurgovie. Cette longue dépression correspond à l'existence d'un ancien lac qui s'est vidé, et dont le fond forme le plateau suisse.

Le *Jura* occupe un espace long de 300 kilom., large de 60, depuis le confluent de l'Aar et du Rhin jusqu'à celui du Guiers et du Rhin. Le massif est délimité par le Rhône, les lacs suisses, l'Aar, le Rhin et le Doubs. Il est formé d'une série de longues crêtes parallèles dont l'origine est due à de fortes compressions latérales. Les points culminants du Jura sont situés au S. (1700 mètres). Les crêtes du Jura présentent des formes différentes, suivant que la dislocation des couches a été plus ou moins profonde, quand se sont produits les plissements qui ont donné naissance à la chaîne. Quand la croûte supérieure n'a pas été brisée, on a des *voûtes allongées*; elles forment une voûte plus ou moins marquée, placée entre deux ou plusieurs étroites vallées ou *combes* quand les couches supérieures ont été rompues; les combes sont dominées par les crêtes du terrain supérieur, qui a été brisé. La même chaîne peut présenter successivement ces divers caractères et former une série de combes; chaque changement est marqué par un cirque. Il existe aussi des dislocations transversales; on nomme *ruz* la brisure qui s'est formée dans un crêt : si cette brisure s'étend à toute une chaîne, on a une *cluse*.

Les crêtes jurassiques sont parallèles aux montagnes de la Côte-d'Or et du plateau de Langres. Au N., vers le Lomont et le mont Terrible, les crêtes ont une direction parallèle à celle des Grandes Alpes.

Le *Jura vaudois* comprend deux chaînes : l'une part de la Dôle, et, courant vers le N.-E., rejoint l'Orbe.

Les principaux sommets sont : la Dôle (1 678 mètres), le Noirmont (1 561 mètres) et le mont Tendre (1 680 mètres).

La deuxième chaîne, située plus à l'O., un peu moins élevée que la précédente, à laquelle elle est parallèle, forme la limite entre la France et la Suisse; elle offre, comme points remarquables, la dent de Vaulion, le mont d'Or (1 423 mètres), le Suchet (1 590 mètres), l'Aiguille de Beaulmes (1 563 mètres), le Chasseron (1 611 mètres), et le Creux du Van (1 465 mètres). Entre ces deux chaînes s'étendent la vallée et le lac de *Joux*.

Le *Jura neuchâtelois* comprend trois chaînes : la plus orientale part du Chasseron (1 612 mètres) et se dirige au N.-E. parallèlement au lac de Neuchâtel; on y remarque le Chaumont (1172 mètres). Le *Chasseral* en forme la continuation. Une deuxième chaîne court à l'O. le long de la précédente : Crêt de l'Oura, Tourne, Tête-de-Rang (1 423 mètres), mont Amin. Une troisième chaîne à l'O. des deux autres longe la frontière et la vallée du Doubs (mont Douillerel). Les vallées que laissent entre elles les deux dernières chaînes portent le nom de *Brevine, Chaux-du-Milieu, Sagne, Locle, Chaux-de-Fonds*. Elles sont à 1 000 mètres au-dessus du niveau de la mer et très froides.

Dans le canton de Berne, les chaînes jurassiques sont au nombre de sept. Les principaux points sont : le *Chasseral* (1 609 mètres), le *Sonnenberg*, le *Montez*, le *Moron* (1 340 mètres), le *Raimeux*, le *Graitery*. Dans le pays de Soleure, ces chaînes se prolongent : on y remarque le Haseu-Malt (1 448 mètres), le Weissenstein (1 284 mètres), le Hauenstein (1 100 mètres).

De petites ramifications de la chaîne principale sillonnent le canton de Bâle-Campagne : cette chaîne principale suit l'Aar; elle n'a que des sommets inférieurs à 1 000 mètres : la Wasserfluh (870 mètres), la Gyslifluh (774 mètres). Le Lögern se rattache au Jura dans le canton de Zurich. Deux routes longées par des voies ferrées mènent de Bienne à Délémont par le défilé de Pierre-Pertuis (830 mètres) et à la Chaux-de-Fonds par le val Saint-Imier. Un chemin qui traverse le Weissenstein aboutit à Soleure. Oensingen, entre Soleure et Olten, est relié à Bâle par trois routes qui passent ou par Délémont ou par Laufen et le Passnang, ou encore par Liestal. Une autre route joint Bâle à Olten par le col de Hauenstein (695 mètres). Aarau est réuni à Bâle et aux villes forestières par une route qui emprunte le col de Staffelegg (623 mètres). Au N. de Brugg, le Jura s'abaisse et les routes sont nombreuses.

HYDROGRAPHIE

La Suisse appartient aux bassins du Rhin, du Rhône, du Danube, du Pô et de l'Adige, qui se rendent dans la mer du Nord, la mer Noire et l'Adriatique.

Le *Rhin* est un des fleuves les plus importants de l'Europe : il est formé dans le canton des Grisons par la réunion d'un grand nombre de cours d'eau. Le *Rhin antérieur* (*Vorder-Rhein*) prend sa source au lac *Toma* (2344 mètres), sur la pente N.-E. du Badus ou Sixmadun (2931 mètres), situé à l'E. du massif du Saint-Gothard; il coule vers le N.-E. dans une profonde vallée entre la chaîne du Tödi au N. et les rameaux qui partent de l'Adula et de l'Albula au S. Le Rhin arrose Disentis, Ilanz, Reichenau (586 mètres), où le fleuve est maintenu dans son lit par des digues, ce qui a permis de livrer à la culture les alluvions sableuses que les eaux recouvraient périodiquement. En aval de Reichenau, il s'infléchit vers l'E. et décrit une courbe dont la convexité est tournée vers le Prœttigau et le Rhœticon : elle porte le nom de *Conque de Coire* et joue un rôle stratégique important à cause des nombreuses voies de communication qui y convergent et qui viennent des cols de l'Ober-Alp, du San Bernardino, du Splügen, du Julier, de l'Albula et du Fluéla. Après Reichenau, le Rhin passe près de Coire à Haldenstein, à Lizers, puis entre Maienfeld et Ragatz. La vallée se dirige ensuite du S. au N., limitée à l'E. par le Vorarlberg, à l'O. par les Alpes de Saint-Gall et d'Appenzell; elle s'élargit après le défilé de *Trübbach* en face Sargans (490 mètres), où le fleuve est au contraire resserré par les masses rocheuses du Schollberg. Le Rhin, avant d'arriver au lac de Constance, arrose Buchs, Werdenberg, Rheineck. La plaine qu'il traverse est pierreuse et exposée à des inondations, sa largeur varie de 60 à 100 mètres, et on rencontre de nombreux gués impraticables pendant les crues; d'ailleurs, entre Coire et le lac de Constance on trouve, au-dessous du confluent de la Landquart, le Zollbrück (route de Coire à Sargans), des ponts en bois (ligne de Coire à Sargans), à Trübbach; à Buchs, un pont en fer (ligne de Feldkirch à Sargans); à Monstein, les ponts de la route et du chemin de fer de Bregenz. Le Rhin traverse ensuite le lac de Constance (Bodensee), dont la rive méridionale forme la frontière de la Suisse : le reste du pourtour est partagé entre l'Autriche, la Bavière, le Wurtemberg et le grand-duché de Bade. Le lac de *Constance* a 64 kilomètres de long, de Bregenz à l'embouchure de la Stockach; sa largeur est de 12 kilomètres environ; sa superficie, de 539 kilom. carrés, et sa profondeur maxima de 255 mètres entre Friedrichshafen et Uttweil; ses eaux sont d'un vert pâle; le lac est à 398 mètres au-dessus du niveau de la mer. Les alluvions transportées par le Rhin l'ont sensiblement resserré : on ignore la cause des crues et des baisses subites (ruhss) auxquelles il est sujet. Les bords du lac sont composés de mollasse et de terrains glaciaires; son origine est due à des fentes : une de Bregenz à Stockach donne le lac d'*Œberlingen*; une de Altenrhein à Rodolfzell forme le *Zellersee*; une autre est parallèle au cours de la Sitter. Les eaux ont agrandi ces fentes et ont produit une dislocation totale des roches. Trois îles se dressent au milieu du lac (*Lindau, Reichenau, Meinau*). Dans les eaux, qui sont très poissonneuses, on trouve surtout le *lavaret* (felchen) et la *truite saumonée*. La navigation est très active sur le lac de Constance; une flottille de 25 bateaux fait un service de voyageurs et de marchandises entre Friedrichshafen (Wurtemberg), Lindau (Bavière), Bregenz (Autriche), Meersburg, Ueberlingen-Ludwigshafen, Constance (grand-duché de Bade), et les ports suisses de Romanshorn et de Rorschach. Des bateaux spéciaux transbordent les wagons de marchandises tout chargés entre Romanshorn, Friedrichshafen et Lindau. Un pont de chemin de fer et un pont de voitures traversent le lac à Constance. A l'extrémité occidentale une presqu'île s'avance entre deux bras du lac, l'*Ueberlingersee* (lac Supérieur) et l'*Untersee* (lac Inférieur). A Stein, le Rhin se dirige vers l'O. en décrivant de nombreuses courbes, par Diessenhofen, Butingen, Schaffhausen, Neuhausen et Laufen (360 mètres), où est située la triple chute par laquelle le fleuve franchit une arête du Jura. La largeur du Rhin au-dessus des rapides est de 115 mètres et la hauteur totale, en y comprenant les chutes partielles, est de 30 mètres; le chemin de fer de Schaffhausen à Winterthür passe au-dessus des rapides sur un pont de 192 mètres de long. Le fleuve continue sa route vers l'O. par Waldshut, Laufenburg (rapides), Sœckingen, Rheinfelden et Bâle (248 mètres), où il devient navigable (250 mètres de large); il fait alors un coude brusque vers le N. et sort de Suisse après avoir formé, depuis Laufen, la frontière entre ce pays et le grand-duché de Bade. Les ponts sur le Rhin entre le lac de Constance et Bâle sont au nombre de 19.

Constance. . .	1 pont de ch. de fer.	1 pont en pierre pr voitures
Stein.	1 —	1 pont de bois.
Diessenhofen.		1 —
Schaffhouse .	1 —	2 —
Rheinau . . .		1 —
Rudlingen . .		1 pont de fer.
Eglisau . . .		1 pont de bois.
Kaiserstuhl. .		1 —
Zurzach . . .		1 —
Waldrhüt . .	1 —	
Laufenburg. .		1 —
Sœckingen. .		1 —
Rheinfeld. . .		1 —
Bâle.	1 —	1 pont de pierre et bois.

Sur la rive gauche, le Rhin ne reçoit aucun affluent important avant le lac de Constance. Nous ne citerons que la *Tamina*, célèbre par ses gorges, la *Simi*, la *Buhl*, la *Bannried*, l'*Aach*. Le lac de Constance reçoit : 1° La *Goldach*, qui descend des Alpes d'Appenzell, traverse les gorges de Martinstobel et se jette dans le lac entre Horn et Rorschach. 2° La *Steinach*, qui coule dans une vallée sauvage. 3° L'*Aach*.

Les affluents directs du Rhin, en aval du lac, sont : 1° La *Thur* (1110 mètres), formée par plusieurs ruisseaux qui sortent des Alpes d'Appenzell au N. des Churfisten et se réunissent à Unterwasser : elle coule au N.-O. par Stein, Nesslau, Lichtensteig dans l'industrieuse vallée de *Toggenburg*, jusqu'à Rikenback, où elle tourne vers le N.-E. comme pour aller se jeter dans le lac de Constance; un deuxième coude à Bichoffszell lui fait prendre une direction parallèle au lac et elle va rejoindre le Rhin en passant près de Weinfelden, de Frauenfeld et d'Andelfingen. La Thur reçoit à droite le *Lauteren*, le *Necker-Fluss*, la *Zitter*, qui arrose Schwend, Appenzell, Saint-Gall et se jette dans le Rhin à Bischoffszell après avoir reçu à droite la *Roth*, à gauche l'*Urnasch* et la *Glatt*. A gauche, la Thur reçoit la *Murg*, qui se jette près de Frauenfeld. 2° La *Toss*, qui prend sa source au Kreuzzegg (1317 mètres), coule au N.-O., puis à l'O.; elle arrose Winterthur. 3° La *Glatt*, qui prend sa source près du lac de Zurich, se dirige au N.-O. en traversant le Greifensee (439 mètres), arrose Bülach, et se jette dans le Rhin entre Kaiserstuhl et Eglisau. 4° L'*Aar* (273 kilom.) prend naissance dans les glaciers de l'Aar (Alpes Bernoises), Unter et Ober-Aargletscher (Lauteraar et Finsteraargletscher), entre le Grimsel et le Finsteraarhorn, à 1 900 mètres d'altitude; la rivière se dirige d'abord au N.-O. par le Hasle-Thal et Meiringen; puis atteint les lacs de *Brienz* et de *Thun*. Le lac de *Brienz*, situé à 566 mètres d'altitude, a 14 kilomètres de long, 2 de large, 150 mètres de profondeur près du Gressbach, 262 mètres près d'Oberried; sa superficie est de 2 990 hectares, ses rives sont dominées par des montagnes hautes et boisées (Sustenhörner, Thierberge). Le lac de *Thun* (560 mètres) a 18 kilomètres sur 3, 216 mètres de longueur maxima, et 48 kilom. carrés de superficie; l'Aar sort du lac à Thun, où il devient navigable (largeur 70 mètres, profondeur 2 à 3 mètres) et se dirige au N.-O. par Berne (503 mètres) jusqu'à Zollikofen; il tourne ensuite à l'O., mais prend définitivement la direction du N.-O. à Aarberg et se jette dans le Rhin à Koblenz, après avoir arrosé Lyss, Soleure, Olten, Aarau et Brugg. L'Aar reçoit sur la rive gauche : 1° La *Lutschine* formée de la *Lutschine Noire* venant du glacier de Grindenwald et de la *Lutschine Blanche*, qui vient du glacier de Breithorn : les deux cours d'eau réunis se jettent dans le lac de Brienz à l'E. d'Interlaken, où il s'est formé une sorte de delta de sable. 2° La

Simme, qui prend sa source au N. du Wildstrubel, dans les Alpes Bernoises, à l'endroit appelé les Sept-Fontaines, près des bains de *Leuk*; elle coule vers le N.-O. dans le Simmer-Thal entre deux rameaux détachés des Alpes principales, puis tourne vers l'E. pour aller se jeter dans le lac de Thun. Elle reçoit à droite la *Kander*, venue du Kander-Firn au S. du Blumlisalp et grossie elle-même à gauche de l'*Engstligen*. 2° La *Gürbe*. 3° La *Saane*, ou *Sarine*, prend sa source dans l'Oberland, au glacier de Sansfleuron (Diablerets); elle coule au N. par le Saanen-Thal et Saanen (1 023 mètres), tourne à l'O. par Rougemont et Château-d'Oex, puis reprend la direction du N.; elle arrose Gruyères, Fribourg, Laupen et se jette dans l'Aar à l'O. de Berne. La Sarine reçoit à droite la *Jaun*, la *Gerine*, à gauche la *Glane*. 4° L'*Orbe* naît en France près des Rousses, traverse le lac du même nom et celui de *Joux* (1 009 mè-

SUISSE

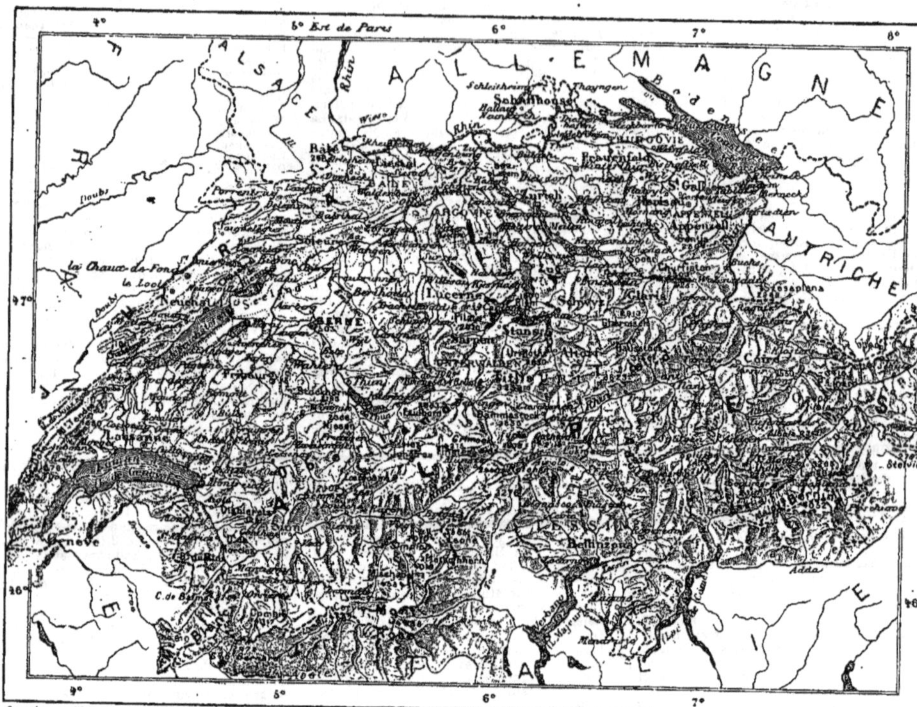

Gravé par Mme Perrin, 31, R. des Boulangers. Paris. Paul Pelet dir.

Signes conventionnels :

Massif *montagneux*
Sommet 4554
Col 2430
Glacier.
Vallée ou Lac 375
Schaffhouse
Chute du Rhin à Laufen ....

Frontière ....
Limite de canton ....
Canal ....
CANTON
CAPITALE FÉDÉRALE
Chef-lieu de Canton

Plus de 50 000 habitants ....
» » 30 000 » ....
» » 20 000 » ....
» » 10 000 » ....
» » 5 000 » ....
Moins de 5 000 » ....

Les cantons qui ont un autre nom que leur chef-lieu sont seuls nommés sur la carte

Les chiffres expriment en mètres l'altitude au dessus du niveau de la mer

Échelle de : $\frac{1}{2.000.000}$

0 50 100 Kil

tres), disparaît dans des entonnoirs souterrains, puis reparaît en conservant toujours sa direction vers le N.-E.; après Orbe, où elle sort des montagnes, elle prend le nom de *Thièle* et aboutit au lac de *Neuchâtel* (Neuenburg See), par 437 mètres d'altitude. Ce dernier lac a 40 kilomètres de long, 8 de largeur moyenne, 230 kilom. carrés de superficie et 150 mètres de profondeur maxima. La rive occidentale est dominée par le Jura (Chasseron, Creux du Vent, mont Aubert); la rivière en sort à l'extrémité N.-E. sous le nom de *Zihl*, pénètre dans le lac de *Bienne* (434 mètres), long de 15 kilomètres, large de 4; puis se jette dans l'Aar entre Aarberg et Soleure. La *Braye*, qui aboutit au lac de Neuchâtel, sert de déversoir au lac de *Morat* (435 mètres), séparé du précédent par le mont Vully et le Charmontel : il a 9 kilomètres de long sur 3 de large. A droite, l'Aar reçoit : 1° L'*Emmen*, qui prend sa source au N. du lac de *Brienz*; elle court vers le N.-O. à travers l'Emmenthal et se jette dans l'Aar près de Soleure; elle reçoit l'*Ilfis* à Langnau. 2° La *Wiggern*, qui descend du Napf (408 mètres). 3° La *Suhr*, venue du lac de *Sempach* (507 mètres) et dont le confluent est à Aarau. 4° La *Reuss* sort du lac de *Lucendro* (2 083 mètres), au N.-O. de Saint-Gothard dans le canton du Tessin : elle se dirige au N. dans une vallée très encaissée, traverse la combe d'Usseren entre Hospenthal et Andermatt, arrose Gechenen, Waten

(Schöllinenthal); à Amsteg, la vallée s'élargit; puis à Fluelen, un peu en dessous d'Altorf, la rivière pénètre dans le lac des *Quatre-Cantons*, par le bras appelé *Urner-see* (lac d'*Uri*). Le lac des *Quatre-Cantons* (437 mètres d'altitude) a 213 kilom. carrés de superficie, 37 kilomètres de long de Fluelen à Lucerne et 3 kilomètres de largeur moyenne (20 kilomètres de Küssnacht à Alpnacht et 800 mètres entre les deux caps (Nasen du Righi et du Burgenstock); sa profondeur atteint 260 mètres. Le lac des Quatre-Cantons a grossièrement la forme d'une croix dont la baie de Lucerne serait le sommet, les golfes de *Küssnacht* et d'*Alpnach* les bras, les lacs de *Buochs* et d'*Uri* le pied et la base.

La *Reuss* sort du lac à Lucerne, tourne au N.-E., puis au N. et se jette dans l'Aar à Brugg. La Reuss reçoit à droite : 1° le *Körstelenbach*, qui vient des glaciers de l'Oberalp; 2° le *Schächenbach*, venu du glacier de Gries, tombe dans la Reuss, près d'Altorf; 3° la *Muotta*, coule dans une profonde vallée et aboutit au lac d'Uri; 4° la *Lorze*, sort de déversoir au lac de *Zug* (417 mètres), qui a 14 kilom. de long, 4 de large, 198 mètres de profondeur et 38kq,5 de superficie. A gauche, la Reuss reçoit : 1° la *Reuss de Realp*, qui vient de la Furka, coule dans la combe d'Urseren et se réunit à la Reuss proprement dite au village de Hospenthal; 2° la *Reuss de Geschenen*, qui descend du Winterberg; 3° la *Reuss du Meienthal*; 4° l'*Aa*, qui se jette à Buochs dans le lac des Quatre-Cantons; 5° la *Melch Aa*, apporte au lac des Quatre-Cantons les eaux de ceux de Brunig et de Sarnen (altitude 467 mètres, longueur 6 kilom., largeur 2 kilom.); 6° la *Limmat* descend du Tödi sous le nom de *Linth*, coule au N.-E. par le Linth-Thal et Glaris. Le canal d'*Escher* la réunit au lac de *Walenstadt*, où elle dépose ses boues. Ce lac, situé à 425 mètres d'altitude, a 15 kilom. de long, 2 de large, 151 mètres de profondeur et 23 kilom. carrés de superficie. La rive N.-E. est dominée par les Churfisten; celle du N. est escarpée et bordée de rochers hauts de 650 à 1000 mètres. La *Linth* se dirige ensuite au N.-O. vers le lac de *Zurich* (409 mètres), long de 40 kilom., large de 4. Sa profondeur maxima est de 143 mètres et sa superficie de 87kq,8. Entre Rapperschwyll et Pfäffikon, vers le milieu du lac, on a construit une digue et trois ponts d'une longueur totale de 931 mètres sur 11 mètres de large, qui livrent passage à une route et à un chemin de fer. La *Limmat* sort du lac à Zurich et se jette dans l'Aar à Türgi, en dessous de Brugg. La Limmat reçoit à gauche : 1° la *Klön*; 2° la *Sihl*, qui prend sa source au Drusberg (2281 mètres), dans les Alpes de Schwyz, coule au N.-E. à travers l'Euthal, parallèlement au lac de Zurich; dans la partie inférieure de son cours, elle est resserrée entre l'Albis et le lac. Le dernier affluent notable que le Rhin reçoive en Suisse est la *Birse*, qui prend sa source dans le Jura suisse au défilé de Pierre-Pertuis, traverse des cluses étroites au mont Graitery et au mont Raimeux, passe à Moutiers, dans les célèbres gorges de ce nom, arrose la plaine de Délemont, franchit les défilés du mont Terrible et se jette dans le Rhin près de Bâle. Elle reçoit à gauche la *Lorne*.

A droite, le Rhin a pour tributaires : 1° le *Mittelrhein* ou *Rhin de Medels*, qui prend sa source au Luckmanier, coule vers le N. à travers le Medelsthal et rejoint le Vorder-Rhein à Disentis; 2° la *Somvix*; 3° le *Glenner*, qui prend sa source au N. de l'Adula, est formé du Walser-Rhein et du Vrinor-Rhein : il arrose la vallée de Lungnetz; il se réunit au Rhin à Hanz; 4° la *Rabiusa*, qui vient du Bären et du Weissborn; 5° l'*Hinter-Rhein* (Rhin postérieur), descend des glaciers du Rheinwald et du Paradis (2216 mètres), au N. du San-Bernardino : il traverse les vallées de Rheinwald, de Schams, de Domleschg et se réunit au Vorder-Rhein, à Reichenau (586 mètres). Il reçoit : 1° l'*Averser-Rhein*; 2° l'*Albula*, formée de la *Landwasser* qui coule dans le val de Davos, de l'*Albula* qui arrose le Bergunthal, et du *Rhin d'Oberhalbstein* qui prend naissance au Septimer et rejoint l'Albula à Tiefenkasten; 3° la *Plessur*, venue du col de Strela, coule vers l'O. par la vallée de Schanfigg et se jette dans le Rhin, un peu au-dessous de Coire, qu'elle arrose; 4° la *Landquart*, suit la vallée de Prœttigau.

Le *Rhône* prend sa source dans un glacier voisin du col de la *Furka*, encaissé entre les Gersthörner (3185 mètres) et les Gelmerhörner (3200 mètres), à l'O.; le Galenstock (3597 mètres), le Rhonestock (3603 mètres), et le Dammastock (3633 mètres), à l'E. : il s'élève, comme en terrasses, sur une longueur d'environ 10 kilom.; ce glacier a subi pendant les derniers siècles un recul considérable. Le Rhône coule vers l'O. dans le Valais, entre les Alpes Bernoises et les Alpes Valaisanes, par Eggishorn, Brieg, Sion, jusqu'à Martigny, où aboutissent de nombreuses routes venant d'Aoste par le Grand Saint-Bernard, de Chamonix par la Tête-Noire ou le col de Balme, ou bien du val de Bagnes. Le Rhône tourne brusquement vers le N.-O., passe à Saint-Maurice et à Monthey, puis pénètre dans le lac de Genève, entre Villeneuve et le Bouveret. A l'époque des hautes eaux, le débit du fleuve est, à cet endroit, de 1200 mètres cubes.

A partir de Saint-Maurice, la vallée du Rhône s'élargit considérablement, et les alluvions prennent une grande importance. (V. *Savoie* pour *le lac de Genève*.) Les localités les plus connues situées sur la rive suisse sont Villeneuve, Chillon, Montreux, Vevey, Cully, Luttry, Lausanne, Morges, Saint-Prex, Rolle, Nyon et Coppet. Le Rhône sort du lac à Genève, où on a récemment fait de grands travaux pour utiliser la force motrice créée par la différence de niveau qui existe entre les eaux du lac et celles du fleuve en dessous de la ville; le fleuve est large de 100 mètres environ, et forme l'île *Rousseau* et l'*Ile*; ses eaux, débarrassées de leur limon, sont très limpides; en aval de Genève, il se dirige au S.-O., vient se heurter contre une première chaîne du Jura, et traverse un grand défilé entre le mont Vuache et le Credo; il marque pendant quelques kilomètres la ligne frontière entre la France et la Suisse. Le Rhône reçoit, à droite : 1° la *Lauza*, qui vient des glaciers d'Aletsch; 2° la *Dala*, qui se jette près de Leuk; 3° la *Lionne*, descendue du Sexrouge au S. du Wildhorn, et dont le confluent est à Sion; 4° la *Morge*, formée de deux rivières qui prennent leur source dans les glaciers de Sansfleuron et de Gelten; 5° la *Grande-Eau* prend naissance dans les Diablerets; elle coule à l'O. dans la vallée d'Ormont, et se jette dans le Rhône un peu au-dessous d'Aigle. Le lac de Genève reçoit sur sa rive septentrionale un grand nombre de petits cours d'eau : la *Veveyse* à Vevey, la *Venoge* entre Ouchy et Morge, l'*Aubonne*, la *Promenthouse* et le *Boiron* près de Nyon, la *Versoix*, qui prend sa source dans le Jura français. A gauche, les affluents du Rhône sont : 1° la *Salline*, venue du Simplon, qui se jette à Brieg; 2° la *Visp*, formée de la *Visp de Saint-Nicolas*, qui prend sa source au N. du Matterhorn, et de la *Saaser-Visp*, venue du mont Moro et arrose le Eisten-Thal : les deux rivières réunies se jettent dans le fleuve à Visp; 3° la *Borgne* a son origine au glacier de l'Arolla, au N. du mont Colon, et son confluent à Sion; elle reçoit, à gauche, la *Dixence*; 4° la *Dranse Valaisane* descend du glacier de Chermontane au N.-E. du col de Fenêtre; elle coule au N.-O. par le val de Bagnes jusqu'à Chable, où elle prend la direction de l'O.; mais un peu au-dessus de Bourg, les montagnes l'arrêtent et la font brusquement tourner vers le N. par Bourg et le village de Martigny, en dessous duquel elle se jette dans le Rhône. A Sambranchier, la rivière reçoit un affluent formé par la réunion de la *Dranse de Ferret* et de la *Dranse d'Entremont*, qui prennent leur source dans le massif du Grand Saint-Bernard.

Le *Doubs*, affluent de la Saône, prend sa source au mont Risoux (France) près de Mouthe, et se dirige vers le N.-E., traverse le lac de *Saint-Point*. Au-dessous de Morteau, il forme le lac des *Brenets* et le *Saut du Doubs*. La rivière sert ensuite de limite entre la Suisse et la France, et coule dans des gorges profondes de 400 à 500 mètres; le coude qu'elle fait à Saint-Orsanne appartient à la Suisse; puis elle tourne vers l'E. et redevient française.

L'*Inn* prend sa source dans le canton des Grisons, au pic Lunghino (2780 mètres), près du col de Septimer; elle forme de petites cascades jusqu'au lac *Lunghino* (2480 mètres), puis traverse le lac de *Sils* (1796 mètres, 7 kilom. de long), et se dirige toujours au N.-E., à travers une vallée célèbre : l'*Engadine*, comprise entre les massifs de la Bernina et de l'Albula, depuis le col de la Maloya jusqu'au défilé de Martinsbruck. En sortant du lac de Sils, l'Inn, canalisée, qui porte le nom de *Sela*, passe dans ceux de *Silvaplana* (1794 mètres, 3 kilom. de long), et de *Campfer*, communiquant entre eux au moyen d'un canal large de 13 mètres. Le lac de *Saint-Moritz* fait suite aux précédents. L'Inn, conservant toujours sa direction primitive, entre dans la Basse-Engadine, passe à Ponte, à Sus, à Tarasp, et sort de Suisse à Finstermünz pour pénétrer en Autriche.

Le *Tessin* (Ticino), affluent du Pô, prend sa source au col de Nufenen, au S.-O. du Saint-Gothard. Sa vallée (val Levantine) a servi, depuis Airolo, à l'établissement de la ligne du Saint-Gothard, qui a nécessité une série de ponts et de tunnels hélicoïdaux, notamment à Wasen, à Dazio-Grande, et dans la vallée de la Biaschina. La rivière arrose Biascha, Bellinzona, au débouché des routes du Gothard, du Lukmanier et du Bernardino. Au S. de Bellinzona, le Tessin coule au milieu d'alluvions, puis rejoint à Magodino l'extrémité septentrionale du lac *Majeur*, que l'on appelle aussi *lac de Locarno* (197 mètres). Le lac *Majeur* a 60 kilom. de long, 45 de largeur moyenne, 210 kilom. carrés de superficie; sa profondeur atteint 854 mètres; il reçoit le *Maggio* à Locarno. Le *Breno* rejoint à Biasco (rive gauche) le Tessin, qui se grossit de la *Moësa*, un peu avant Bellinzona. Cette rivière arrose le val Mesocco et prend sa source au San-Bernardino. Le lac de *Côme* a comme tributaire la *Mera*, dont la vallée (la *Bregaglia*) se trouve sur le prolongement de celle de l'Inn. La plupart des cours d'eau de la Suisse ont l'allure torrentielle; ils ont en général une puissance de transport considérable : la *Linth* entraîne annuellement dans le lac de Walenstadt 62000 mètres cubes de débris; de même, la Reuss, entre 1851 et 1878, en a déposé à son embouchure 150000 mètres cubes par an.

La Suisse renferme un grand nombre de sources minérales (plus de 600). Parmi les plus connues, nous citerons les suivantes : 1° Eaux riches en acide carbonique et en sels alcalins : Saint-Maurice (Grisons, 1769 mètres), Fideris (Grisons 1091 mètres), Louèche-les-Bains (Valais, 1191 mètres); 22 sources d'une température moyenne de 27° à 40° Réaumur), Houstrich (702 mètres), Pfæffers (681 mètres), Saint-Gall (30° à 31° R.), près des gorges de la Tamina, Tarasp (Grisons, 1185 mètres), Baden (47°, 388 mètres), Argovie, Bienenberg-Lavey (Vaud, 420 mètres, 30° R.), Weissenbourg (Berne, 17° R., 737 mètres). 2° Eaux sulfureuses : Alliaz (Vaud, 1040 mètres), Alvaneu (Grisons, 920 mètres), Gurnigel (Berne, 1153 mètres), Habsburg-Schinznach (Argovie, 367 mètres), Ladis (184 mètres), Saint-Gervais (630 mètres), Schimberg (Lucerne, 1425 mètres), Stachelberg (Glaris, 664 mètres), Domène, Yverdon (Vaud, 437 mètres), Spinabad (Grisons, 1468 mètres). 3° Eaux ferrugineuses : Amphion, Fahrnbühl (Lucerne, 704 mètres), Pigmeu, Heinrichsbad, Schwyz-Seewen (461 mètres), Schivendi-Kaltbad, 1444 mètres), Ruttihubel (Berne, 736 mètres), Leuk (Berne, 1105 mètres), Passugg, Tarasp. 4° Source iodurée : Saxon-les-Bains (Valais, 478 mètres).

CLIMAT

Peu de contrées de l'Europe continentale ont un climat aussi variable que celui de la Suisse, à cause des orientations diverses des nombreuses vallées qui sillonnent le pays. Les Alpes forment une barrière qui abrite du vent du N. les localités situées au S. de la grande chaîne, tandis que, dans le Jura ou sur le versant septentrional des Alpes, le froid est en général plus vif que ne le comporte la latitude : la moyenne annuelle, qui s'élève à 13° sur les bords du lac Majeur, ne dépasse pas 8° à 9° entre les lacs de Genève et de Constance. On estime que la température annuelle décroît d'environ 1° pour 190 mètres. La moyenne du Saint-Gothard est 0°, tandis qu'aux sommets du mont Rose et dans l'Oberland elle descend à 15°. Les neiges perpétuelles commencent vers 2 800 mètres, bien que certaines cimes, comme les Mischabel (4 300 mètres), se montrent souvent exemptes de neige en été.

La vallée du Rhône, entre Bex et Villeneuve, et les bords du lac de Genève, de Villeneuve à Saint-Saphorin, jouissent d'un climat très doux, grâce à leur situation abritée; le climat est tempéré avec une tendance au froid dans le reste du canton de Vaud, et l'hiver est souvent très rigoureux dans le Jura. Le mouvement général des vents a lieu du S.-O. au N.-E. et inversement, mais les accidents du terrain font dévier ces courants qu'on appelle la bise et le vent : ainsi dans la vallée du Rhône souffle un vent chaud, la « *vaudaire* », tandis que le « *joran* » vient du Jura.

Le canton de Genève, dont l'altitude moyenne est de 375 mètres, jouit d'un climat très doux : le Jura et les Alpes l'encaissent; l'été y est très chaud, et l'hiver froid. Sur les bords des lacs de Neuchâtel et de Bienne, le climat est doux, excepté dans le Jura, où l'hiver est froid : le thermomètre marque à la Brévine jusqu'à — 32° R. La partie montagneuse du canton de Fribourg est également très froide. Dans le Valais, le climat est sujet à de fréquentes variations. La vallée du Rhône se distingue par une température élevée et le peu d'abondance des pluies; mais les orages y sont fréquents, et le voisinage des hautes cimes alpestres rend l'hiver très rigoureux; il en est de même dans les parties alpestres et jurassiques du canton de Berne; dans la partie septentrionale de ce canton (vallée de la Birse), sur les bords des lacs de Neuchâtel, de Bienne, de Brienz, de Thun, le climat est doux; le plateau suisse, dans cette région, jouit d'un climat tempéré. De l'Oberland souffle un vent particulier à ces contrées, le *föhn*, vent très chaud, provoquant, sur le versant N. des Alpes, la fonte extrêmement rapide des neiges et des glaces, ce qui lui a valu le nom de *Gletscherfresser* ou « mangeur de glaciers » : c'est un vent atlantique et non saharien, comme on l'avait cru tout d'abord, qui tire ses propriétés du travail mécanique que le puissant relief des Alpes lui impose. Le *föhn* provoque sur les lacs de terribles tempêtes.

Le canton de Soleure n'est froid qu'au voisinage du Jura; les environs de Bâle et la vallée de l'Aar jouissent au contraire d'une moyenne annuelle élevée : l'altitude de Bâle est de 265 mètres au-dessus du niveau de la mer. Cette douceur de climat se retrouve près du lac de Zurich et sur les bords du Rhin et de la Thur, quoique l'on constate des froids assez vifs dans le Randen (canton de Soleure).

Le canton d'Appenzell et le centre du canton de Saint-Gall doivent à leur altitude considérable la rudesse de leur climat, tandis que les environs de Sargans et du lac de Walenstadt sont beaucoup plus chauds, grâce à la protection de la barrière des Churfisten. Dans le canton d'Uri, la température, douce dans la partie inférieure de la vallée de la Reuss, s'abaisse rapidement à mesure que l'altitude augmente : à Urseren, l'hiver dure de huit à neuf mois et le föhn souffle avec violence. Les hautes vallées de l'Unterwald sont très froides, ainsi que l'Entlebuch (canton d'Uri) et les parties montagneuses du canton de Zug; les bords des lacs de Zug, de Zurich et de Waldstætten sont au contraire remarquables par l'aménité de leur climat. Les vallées du versant méridional, dans les montagnes des Grisons, se rapprochent beaucoup de l'Italie par la température : il existe là de nombreuses *stations d'air*, où les phtisiques viennent faire des cures, comme au Righi et à Davos.

Le Tessin, au-dessous du mont Cenere, a un climat tout à fait italien : l'hiver n'y dure que trois mois et demi, tandis qu'il dure jusqu'à dix mois dans les parties du canton voisines du Gothard. Le massif des Alpes suisses forme un condenseur propre à l'accumulation des neiges, et les vents d'O. et du S.-O. y apportent une proportion d'humidité suffisante pour que, dans la plaine suisse, la hauteur pluviométrique moyenne soit de 0m,80 ; mais dans les montagnes elle atteint jusqu'à 2 mètres; les plaines basses sont souvent couvertes de brouillards, et, à mi-hauteur des montagnes, vers 1 500 mètres, les nuages viennent se heurter et se résoudre en averses.

GÉOLOGIE

La simple inspection d'une carte géologique permet de se rendre compte que le pays est partagé en trois bandes de formations géologiques parallèles à la direction générale des Alpes : la zone centrale correspondant au plateau suisse formé par le quaternaire et la molasse, et compris entre les terrains primitifs des Alpes et le jurassique.

Alpes occidentales et centrales. Terrains primitifs. — Le gneiss granitoïde à schistosité peu régulière domine sur une épaisseur de plusieurs milliers de mètres à la base du Simplon, où il est surmonté par des couches alternantes de micaschistes grenatifères, calcarifères, chloriteux; trois bandes de calcaire cristallin y sont intercalées, et le tout est couronné par les chloritoschistes du mont Leone. Le gneiss à grain fin avec amphibolites serpentines et calcaires saccharoïdes est très puissant dans les Alpes occidentales, où on lui donne le nom de pierres vertes. On le trouve bien développé au mont Cervin et au mont Viso. Dans la Valteline dominent des calcaires saccharoïdes avec actinote, mica et talc au milieu d'un système de gneiss amphiboliques et talqueux.

Au Saint-Gothard, le côté N. du tunnel est percé à travers un système de gneiss gris, alternant avec des gneiss œillés et des granites gneissiques. Le côté S. perce des micaschistes, des schistes quartzeux, des serpentines et des chloritoschistes. Dans les hautes vallées de l'Adige et de l'Adda, au-dessus des schistes talqueux ou micacés, on distingue des gneiss et des phyllades quartzeux. Le Saint-Gothard offre des schistes soyeux blancs ou schistes à paragonite. On trouve au Simplon des schistes à séricite couronnant des schistes amphiboliques et des chloritoschistes.

Cambrien. — Les roches schisteuses superposées au gneiss ont été attribuées au cambrien, mais avec réserve. Les phyllades luisants des Grisons et de l'Engadine paraissent être franchement cambriens.

Système permo-carbonifère. — On rencontre dans une grande partie de la région alpine, intercalés entre les schistes anciens et les calcaires triasiques, un ensemble de grès rouges, de schistes sableux et argileux, parfois cristallins, enfin de conglomérats plus ou moins grossiers (verrucano).

A l'étage houiller appartiennent presque tous les gisements anthracifères de la Suisse : la flore assigne à ces assises leur place certaine dans l'étage houiller supérieur.

Trias. — Les dépôts salifères de Bex se relient aux cargneules ou calcaires dolomitiques cloisonnés, et forment un horizon constant à la base de la série jurassique.

Terrains jurassiques. — Le lias est représenté dans le canton de Vaud et dans le Valais, au N. de Bex, ainsi que dans les environs d'Aigle.

Les Alpes Vaudoises sont calcaires. De même, entre Poutresina et le col de Bernina on trouve une longue chaîne de calcaires blancs liasiques. Le rhétien alpin est représenté aussi par les couches de *kœssen*, formation littorale. Le calcaire de Dachstein, qui se confond souvent avec la grande dolomie, appartient au trias plutôt qu'au rhétien.

Les étages inférieurs de l'oolithe se rencontrent en de nombreux points des Alpes suisses, où ils sont souvent à l'état ferrugineux. Dans la Suisse orientale, les couches à *aptychus* et les calcaires à *terebellum janitor* appartiennent aussi au système oolithique : c'est le *calcaire des hautes montagnes* des géologues suisses. Au mont Salève, près de Genève, les calcaires blancs crétacés sont dominés par un calcaire corallien blanc, analogue à celui de Wimmis, près de Thun.

Le système crétacé est représenté en Suisse par un calcaire compact schisteux (calcaire de Seewen), qui atteint 150 mètres de puissance au Sentis.

L'éocène alpin appartient à une grande zone méditerranéenne s'étendant à travers toute l'Europe méridionale jusqu'en Perse, aux Indes et en Chine; ce terrain revêt un faciès spécial, celui des calcaires à nummulites, souvent durs et cristallins, et que remplacent des grès et des marnes également nummulitiques. C'est l'équivalent du calcaire grossier parisien. On donne le nom de *flysch* à une masse puissante variée de schistes et de grès schisteux, riches en fucoïdes. Dans ces assises abondent les grès tendres à ciment calcaire ou *macignos*. Le flysch est une forme de l'éocène supérieur, propre aux chaînes alpines.

A Einsiedeln et dans la Suisse orientale, on rencontre, à la base du terrain nummulitique, un grès vert, contemporain du calcaire grossier de Paris (Diablerets, Dent du Midi), et dominé soit par le flysch, soit par le grès de Barrême.

Le miocène est caractérisé, dans la région alpine, par la prédominance des roches détritiques, par lesquelles on remarque des grès calcaires ou argileux faciles à travailler, appelées *molasses*, qualification qui a été étendue à l'ensemble du miocène alpin. Avec la molasse (grès et calcaires), cette formation comprend un conglomérat appelé *nagelfluh*, formé de cailloux calcaires ou de morceaux roulés de granite, de syénite, de porphyrite. Ces conglomérats renferment un grand nombre de roches étrangères aux Alpes, et originaires plutôt des Vosges et de la Forêt-Noire. Les conglomérats calcaires paraissent disposés suivant trois amas triangulaires, analogues à des deltas : ils se distinguent par une structure torrentielle. On considère les conglomérats de la *nagelfluh*, qui s'étendait comme les débris d'une chaîne disparue au N. des Alpes, et dont le *Stockhorn*, près de Thun, est peut-être un reste. La molasse ne pénètre pas dans l'intérieur des grands massifs de montagnes dont le versant septentrional est entouré d'une ceinture de collines boisées. Elle atteint sa plus grande puissance au pied des Alpes. C'est une formation littorale due à la disparition d'une côte que les eaux ont dégradée.

La molasse suisse comprend les divisions suivantes :

V. Œningen. — Molasse d'eau douce d'Œningen près du lac de Constance, tortonien.

IV. Helvétien. — Molasse marine supérieure de Berne, Fribourg, Lausanne.

III. Mayencien. — Molasse d'eau douce inférieure, grès marin de Bâle, molasse grise de Lausanne.

II. Aquitanien. — Molasse à lignite, comprenant :

c. Molasse lignitifère gypsifère à la base des Hohe-Rhonen.

b. Molasse rouge.

a. Grès de Ballingen sur les bords du lac de Thun.

I. Tongrien. — Couches marines inférieures de Bâle, du Salève, du Jura Bernois.

Le tongrien est développé dans les cantons de Berne et de Bâle : c'est un grès quartzeux mélangé de schistes siliceux et de feldspath avec mica et glauconie. La molasse rouge se développe au voisinage du Jura; elle semble due à des remaniements des dépôts sidérolithiques. C'est tantôt un poudingue sans mica, à matériaux jurassiens. Près de Lausanne, la molasse rouge est surmontée de molasse à lignites, séparée de la molasse à néritines par des couches gypsifères. La molasse lignitifère existe à Monod, à Rivaz (Vaud).

Dans les cantons de Saint-Gall et d'Appenzell, elle couronne les bancs de nagelfluh du Kronberg et du Stockberg (aquitanien). Le Righi est formé de nagelfluh supportée par la molasse rouge. La molasse grise des environs de Lausanne appartient au mayencien, ainsi que la molasse granitique d'eau douce de Saint-Margarethen (Saint-Gall).

La molasse marine se trouve sur les flancs des collines occidentales de la Suisse et s'élève à une grande hauteur près de Berne. Dans les cantons de Saint-Gall et d'Appenzell, cet étage débute par une molasse marneuse rouge, à bancs de nagelfluh surmontés de grès coquilliers et de la molasse marine de Saint-Gall.

Le tortonien, ou molasse supérieure d'eau douce, est formé de grès, de marnes, de calcaires, avec couches de lignites; à cet étage appartiennent les couches d'Œningen, près du lac de Constance, calcaires minces divisés en plaquettes. La flore et la faune de cette assise sont extrêmement riches. A Délemont, la molasse d'eau douce se présente à l'état de gravier à cailloux vosgiens. La disposition de la molasse sur le bord N.-O. du massif est un trait caractéristique du soulèvement des Alpes principales. A une certaine distance de la grande chaîne, la molasse est relevée suivant un pli ou axe anticlinal dont l'arête s'élève à une grande hauteur (Righi, Thun). A partir de ce point, le plongement est constamment dirigé vers les Alpes, sous lesquelles la molasse s'enfonce. Cette disposition indique un grand effort de refoulement latéral.

On observe dans les Alpes un grand nombre d'exemples de failles et d'érosions. On regarde le premier plissement des Alpes principales comme datant de l'époque permienne. Pendant le dépôt du verrucano permien, les Alpes formaient une région littorale, où s'isolèrent ensuite des bassins intérieurs avec des dépôts de dolomie, de gypse et autres roches triasiques. Sur les Alpes immergées se sont déposés des sédiments oolithiques, puis des dépôts crétacés, et sur l'emplacement des chaînes intérieures actuelles il se forme des îles autour desquelles viennent se déposer des sédiments marins éocènes. Le plissement s'accentuant, les chaînes intérieures forment un continent; la molasse se consolide, et, l'effort de dislocation atteignant son maximum, il y a un violent refoulement des couches miocènes. Donc on peut dire que les chaînes intérieures sont d'âge éocène et peut être crétacé; celles qui suivent datent du début du miocène, et celles du bord sont peut-être pliocènes.

Le Jura est un massif divisé par des ruptures longitudinales en un grand nombre de chaînons parallèles au nombre de plus de 160. Il y a dans le Jura trois zones : 1° les hautes chaînes, avec nombreuses failles à regard français dominant; 2° la région de l'exhaussement central; 3° la zone des plateaux. Le Jura helvétique a pour l'ensemble de ses chaînes une direction O.-E. Le principal effort de dislocation qui ait concouru à la formation du Jura est sans doute un peu postérieur aux couches d'Œningen.

Les dépôts quaternaires consistent principalement en moraines et en conglomérats glaciaires superposés aux alluvions anciennes; par dessus ces alluvions vient le terrain glaciaire, vraie boue morainique résultant des oscillations des glaciers. Les terrains glaciaires occupent une grande place dans les chaînes du Stockhorn et du Simenthal. A une certaine époque, les glaciers pénétraient dans les vallées. Les moraines et le glaciaire se retrouvent à Zurich, Küssnacht, Ruschlicon, Horgen et dans la vallée de la Linth. Les alluvions quaternaires s'observent en Argovie et dans le canton de Vaud : terrasses lacustres de Montreux, et stations de Cortaillod et de Chevroux (époque du bronze). Les blocs erratiques abondent en Suisse sur les flancs du Jura et du Salève, où ils se sont arrêtés après avoir été arrachés aux pentes des Alpes. Ces blocs atteignent parfois des dimensions considérables, et peuvent être exploités comme carrières. Le *Pflugstein*, bloc transporté depuis les Alpes Glaronnaises jusqu'à Zurich, mesure 20 mètres de hauteur. Les glaciers de la Suisse ont beaucoup varié; ainsi le glacier du Rhône a semé ses moraines sur plus de 400 kilom., depuis le Schneestock jusqu'au plateau des Dombes, en charriant des blocs de 300 mètres cubes. Autour des anciennes moraines du bassin du Rhône s'étend une puissante formation de lehm ou lœss; le *lœss* résulte du mélange de l'argile avec des particules quartzeuses et calcaires très fines, avec un peu d'hydroxyde de fer; sa couleur est le brun clair, et sa composition est très fixe. On a considéré faussement le lœss comme une boue glaciaire, puis on lui a donné une origine éolienne. L'âge de ce dépôt est multiple : il a commencé dès l'époque quaternaire.

La Suisse, presque entièrement recouverte de glaciers pendant le moustérien, n'a fourni aucun gisement de cette époque; mais on y a rencontré plusieurs gisements magdaléniens. La grotte de *Kesser-Loch* à Thayngen, canton de Schaffhouse, a fourni des gravures remarquables, de même que celle de *Frauenthal*. Dans la vallée de la Birse, on a observé deux stations magdaléniennes au *Moulin de Liesberg*, entre Délemont et Laufen, et à *Bellerive*, entre Soghières et Délemont. Les instruments trouvés dans ces grottes étaient en jaspe; mais le renne était remplacé par le cerf ordinaire. La station du *Salève* et celle de *Scé*, près Villeneuve, ont fourni des os refendus appartenant au renne, et des silex taillés magdaléniens. Les palafittes de la Suisse ont fourni des exemples de scies emmanchées. Les pièces polies de ces palafittes sont faites avec des cailloux roulés. Les haches des palafittes sont en diorite, en serpentine ou en saussurite.

FLORE. — AGRICULTURE

La Suisse n'est point un pays agricole; elle est obligée d'importer chaque année 50 p. 100 environ du blé nécessaire à sa consommation; la moitié du pays se trouve située au-dessus de la zone agricole, qui est limitée à la hauteur de 1 200 mètres, quoique dans les Grisons les champs de seigle produisent encore du grain à 1 800 mètres, et sur le mont Rosa à 2 000 mètres. Sur le versant méridional des Alpes et dans les hautes vallées des Grisons abritées des vents du N., la végétation atteint de plus fortes altitudes que sur les montagnes de la Suisse allemande : la vigne, qui donne encore du raisin à 900 mètres au mont Rosa, ne dépasse pas 520 mètres dans le canton de Saint-Gall. Le village allemand de *Jus*, situé dans le val d'*Avers*, est le village à population permanente le plus élevé de l'Europe (2 047 mètres); les villes sont, en général, groupées dans les régions basses. Comme exception, on ne peut guère citer que la ville de la *Chaux-de-Fonds* dans le Jura neuchâtelois (1 000 mètres). Les forêts couvrent le sixième du territoire suisse, et les prairies le tiers environ. Les Alpes suisses se distinguent de celles du Dauphiné ainsi que des sierras espagnoles ou des Apennins par leur aspect verdoyant. Les essences forestières les plus fréquentes sont le noyer, le hêtre, le châtaignier; plus haut dominent les pins et les sapins, puis viennent le mélèze et le pin rampant. On a constaté que la limite des forêts alpestres s'est abaissée de 400 mètres environ pendant la période géologique actuelle. Les pâturages changent aussi d'aspect à mesure qu'on s'élève dans les montagnes; en bas, les prairies fournissent d'abondantes récoltes de foin. A une altitude plus considérable, les hautes herbes diminuent pour faire place aux plantes polaires (alpages). Les pâturages des montagnes sont ou bien la propriété commune d'une ville ou des domaines appartenant à des associations communales ou particulières.

Dans le canton de Genève, le sol, peu fertile, est cependant bien cultivé par de nombreux maraîchers : sur les bords du lac et du Rhône sont aménagés des vignobles. Cette dernière culture prend une très grande place dans le canton de Vaud où l'on trouve la vigne dans la plaine du Rhône sur les bords du lac de Genève jusqu'à Versoix; sur les bords du lac de Neuchâtel, dans le pays de Vully et au pied du Jura, depuis le Sarraz jusqu'au canton de Neuchâtel. Bien qu'on ait réussi à chasser le phylloxera de ces vignobles, la Suisse doit importer beaucoup de crus français et italiens. Les vins blancs suisses les plus estimés sont ceux *d'Yvoire*, d'*Aigle*, de *Villeneuve*, de *Lavaux*, de la *Côte*. Les arbres fruitiers abondent dans le canton de Vaud (pêcher, abricotier, figuier, amandier), et le châtaignier couvre de vastes espaces dans la vallée du Rhône. Sur le plateau, on cultive les céréales, les pommes de terre, le chanvre, le lin, le colza, le tabac. Le vignoble neuchâtelois fournit des produits renommés (vins de *Cortaillod* et de *Neuchâtel*). Les pentes du Jura sont couvertes de pâturages et de forêts de sapins. Dans le canton de Fribourg, la vigne tient peu de place : le plateau est partagé entre les forêts et la culture des céréales. Dans le Valais, la vigne atteint 1 200 mètres (vins de *Sion* et de *Martigny*); les parties basses donnent des céréales, du tabac, des fruits; la zone supérieure est couverte d'épaisses forêts, de châtaigniers, de chênes, de hêtres. Le plateau bernois, propre à la culture des céréales, est dominé par le pâturage et les forêts du Jura et des Alpes.

La vigne réussit sur les bords des lacs de Thoune, de Bienne et de Neuchâtel. Le canton de Soleure produit beaucoup de céréales et de fruits, de même que le canton de Bâle qui fournit de très bons vins. Aux céréales et aux fruits s'ajoutent, dans l'Argovie, le lin et le chanvre; les forêts occupent de vastes espaces.

Dans le canton de Zurich, les vins les plus connus sont ceux de *Neftenbach*, de *Winterthur*, de *Teufen* et de *Regensberg*. Dans ce canton, le sol ne doit sa fertilité qu'à des amendements bien entendus, de même que celui de Schaffhouse (céréales, vins, fruits) dont les productions se retrouvent dans le pays de Thurgovie. Le Rheinthal, les rives des lacs de Constance, de Walenstadt et Zurich ont des vignobles et produisent des fruits, tandis que les zones plus élevées des cantons de Saint-Gall et d'Appenzell sont couvertes de pâturages et de forêts, auxquels le climat du canton d'Appenzell est seul favorable. La plus grande partie du canton d'Uri est couverte de glaces qui la rendent improductive; le reste est cultivé en forêts et en pâturages; le fond de la vallée de la Reuss est livré à la culture des céréales et des arbres fruitiers; dans le canton d'Unterwald, les prairies couvrent de vastes espaces. Les cantons de Lucerne, de Zug, de Schwyz, de Glaris offrent les mêmes caractères au point de vue de la culture. Dans les Grisons, les productions sont aussi variables que le climat. Dans l'Engadine, l'orge et l'avoine mûrissent jusqu'à 1 890 mètres. La vallée du Rhin fournit des vins dont quelques-uns sont réputés; les prairies et les forêts y dominent. Le déboisement a fait en Suisse de rapides progrès, surtout dans les propriétés privées, qui échappent au régime sévère auquel sont soumises aujourd'hui les forêts cantonales et communales. Aujourd'hui, la Suisse se trouve forcée d'importer du bois.

FAUNE

La faune de la Suisse est très pauvre : beaucoup d'espèces ont été exterminées par l'homme, et les solitudes glacées sont peu favorable au développement de la vie animale. Le daim, le castor, le bison ont disparu; le chevreuil et le sanglier sont devenus très rares, de même que les bouquetins et les chats sauvages. Dans beaucoup de cantons, l'ours n'est représenté que par un petit nombre d'individus, et le chamois lui-même ainsi que la marmotte deviendront de plus en plus rares. Sur les hautes montagnes, la vie animale n'est guère représentée que par quelques insectes ou arachnides. Parmi les oiseaux sédentaires figurent l'aigle, le vautour, le gypaète, le faucon, le hibou, la pie, le merle, etc. Beaucoup d'oiseaux migrateurs s'arrêtent dans les vallées tempérées de la Suisse : ce sont la bécasse, la caille, la grive, l'alouette, l'hirondelle au printemps; en automne arrivent le pinson, la linotte, le canard, la corneille.

SUISSE GÉOLOGIQUE

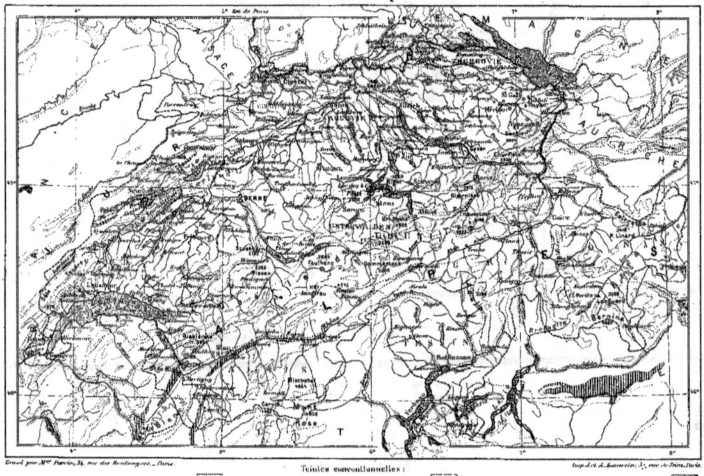

Gravé par Mme Perrin, 34, rue des Boulangers. _ Paris.

Imp. J. et A. Lemercier, 57, rue de Seine, Paris.

Teintes conventionnelles :

Terrains récents ...

Terrains tertiaires ...

Terrains crétacés ...

Terrains jurassiques ...

Terrains triasiques ...

Terrains à anthracite ...

Terrains de transition et intermédiaires ...

Roches amphiboliques, micaschistes, granites, protogines, etc.

Porphyres rouges, mélaphyres, basaltes, phonolithes, etc. ...

Échelle de $\frac{1}{1.400.000}$

Les rivières et les lacs suisses sont très poissonneux : on y trouve couramment la perche, la carpe, le brochet, la truite (Tessin), la fera, l'anguille (Tresa), l'agou (Lugano); le saumon remonte le Rhin. Les races domestiques forment de magnifiques troupeaux.

La Suisse est renommée pour ses races bovines. Celles-ci sont au nombre de deux, savoir : 1° **La race pie de Fribourg ou de Berne**, dont le poil est pie, noir et blanc, ou rouge et blanc, quelquefois presque noir ou presque rouge avec des plaques brunes. Ces animaux sont de forte taille, à tête large, à cornes moyennes; les vaches ont des pis très volumineux et donnent du lait en abondance; mais celui-ci laisse à désirer sous le rapport de la qualité. C'est à cette race qu'appartiennent les troupeaux de l'*Emmenthal* (vallée de l'*Emmen*), ceux du *Simmenthal* (vallée du *Simmen*) et ceux de *Saanen* ou de *Gessenai* qui habitent les montagnes des environs de Gessenai ou Saanen. Cette race est très recherchée par les cultivateurs fixés non loin des villes, parce qu'elle donne beaucoup de lait qui est vendu en nature; elle fournit en outre beaucoup de viande, mais de qualité moyenne. Des individus de cette race sont introduits dans la vallée de la Saône, dans le bassin de la Seine, dans le Puy-de-Dôme et jusqu'en Anjou, pour opérer des croisements tendant à augmenter la musculature des animaux de ces contrées. Mais les sujets de la race de Fribourg sont d'un entretien difficile, et ils dégénèrent rapidement lorsqu'ils ne sont pas très bien soignés. 2° **La race brune ou de Schwyz**, au pelage brun ou noir, avec une teinte jaunâtre le long du dos, sur la partie interne de membres et autour du mufle. De longs poils de même couleur tapissent l'intérieur des oreilles qui sont assez longues. Les animaux de cette race sont de taille moyenne; leur corps est long, la tête épaisse et courte, le mufle large, et l'encolure est musculeuse. Cette race habite la Suisse centrale et la Suisse orientale. Les vaches de Schwyz les plus estimées sont de bonne taille moyenne, d'un poil brun teinté de jaune tendre; elles sont supérieures à celles de Fribourg comme laitières et comme travailleuses; aujourd'hui on rencontre des animaux de cette race assez fréquemment dans toutes les parties de la France, où on recherche les vaches pour leur lait et les taureaux pour croiser nos races indigènes.

INDUSTRIE. — RICHESSES NATURELLES

La Suisse est un pays d'une grande activité manufacturière. Les matières premières sont toutes importées; mais les nombreux cours d'eau du pays fournissent la force motrice à bon marché, et de plus les salaires des ouvriers sont moins élevés que dans les pays environnants, ce qui permet de proposer au consommateur des prix avantageux. L'industrie est surtout florissante dans la Suisse allemande. Le canton de Zurich est renommé pour la fabrication des machines de filatures, des moteurs de tout genre, des soieries; les imprimeries, les filatures, les fabriques de tissus de coton et de dentelles, les teintureries et les tanneries sont nombreuses dans le canton, dont les principales villes industrielles sont : Zurich et Winterthur, Richtersweil, Horgen, Wædensweil, Uster.

Le canton d'Argovie s'occupe de la filature et du tissage du coton, de la fabrication des pailles tressées, d'indiennes, de rubans, de cuirs; il est aussi renommé pour son excellente coutellerie. Aarau, Lenzbourg, Wohlen, Zofingue, sont les centres d'industrie. A Bâle et dans les environs, les filatures de soie et de laine dominent, ainsi que les tissages de rubans, de cotons, les fabriques de cuirs, d'articles de teintureries, les fonderies de caractères et les imprimeries. Les ouvrages en broderies sur mousseline, les jaconas, le tissage du coton occupent de nombreuses fabriques dans le canton d'Appenzell, à Teufen, Trogen et Appenzell. Dans le canton de Berne, Bienne, Berne, Délemont, Moutiers, Porrentruy, Saint-Imier, Sonvillier, Tramelan, Villeret, sont d'importants centres d'horlogerie. A Frutigen, on fabrique des allumettes; Grellingen, Brienz, Kirchberg, Walkringen, renferment des filatures de lin, de coton et de laine; la fabrication des fromages et du lait condensé donne du travail à de nombreux ouvriers; il en est de même de la préparation du tabac. Délemont possède des gîtes d'un excellent minerai de fer que l'on traite dans les hauts fourneaux de Choindez; Morat, dans le canton de Fribourg, fabrique des articles d'horlogerie. On trouve dans le canton de nombreuses manufactures de chapeaux de paille, de tabac, de cigares, de draps, des tanneries; il y a en outre des teintureries, des scieries mécaniques. Genève est célèbre par ses imprimeries et ses fabriques d'horlogerie, d'instruments de musique, de bijouterie, de machines. Dans le canton de Glaris, on trouve des filatures de coton, des tissages mécaniques (mousselines, coton écru, indiennes, draps), des imprimeries sur étoffes. Les Grisons renferment des scieries, des moulins, des distilleries. Lucerne s'adonne à la fabrication des pièces d'horlogerie; on y rencontre aussi des distilleries, des scieries. Dans le canton de Neuchâtel, l'horlogerie occupe de nombreuses usines à Neuchâtel, Brenets, la Chaux-de-Fonds, Couvet, Fleurier, au Locle, aux Ponts-Martel. Une des spécialités du pays est la préparation de l'extrait d'absinthe (Neuchâtel, Corcelles, Couvet, Fleurier, Motiers). Le Val-Travers possède un gisement d'asphalte renommé; le canton produit des vins, des fromages.

Dans le canton de Saint-Gall dominent les manufactures de mousselines, de broderies et de toiles (lin et coton).

A Schaffhouse, on fabrique des armes à feu; il existe de grands ateliers de construction pour le matériel des chemins de fer à Neuhausen, des forges à Laufen, des imprimeries, des papeteries à Schaffhouse.

Dans le canton de Schwyz, on trouve quelques usines où l'on tisse les étoffes, et des distilleries.

L'horlogerie, la fabrication des machines et du fer (au Rolle), des chaussures, occupent beaucoup de monde dans le canton de Soleure.

Le Tessin fabrique des ciments, et produit du tabac et des soies; le canton de Thurgovie travaille le coton et le lin dans de nombreuses filatures et fabriques de bonneterie; Vernayaz, dans le Valais, possède une grande scierie mécanique.

Les principaux centres industriels du canton de Vaud sont : Lausanne (horlogerie, imprimeries), Ballaigues (forges du Creux), Bex (tanneries, papeteries), Salines, Granson, Sainte-Croix (instruments de musique), Vallorbes (clouterie, fabriques de limes, de chaînes), Vevey (cigares, fonderie).

Soleure possède des forges, des fonderies, des manufactures d'horlogerie; Granges est aussi un centre d'horlogerie; Biberist a une papeterie renommée; Kriegstetten, des forges; Olten, des ateliers de construction pour les machines; Frauenfeld, dans le canton de Thurgovie, a des filatures, des fabriques de cotonnades; on s'occupe aussi dans ce canton de la fabrication des cigares, des fromages, etc. Les cantons d'Unterwald et d'Uri sont peu industriels. Zug possède des filatures de coton, des fabriques de carton, des distilleries.

La Suisse est riche en gisements de tourbe, d'anthracite, de lignite, de sel.

On exploite les combustibles minéraux à Pully, à Oron (Vaud), Saint-Martin (Fribourg), Frutigen (Berne), Utznach et Mörschwill (Zurich), Boltingen (Berne).

Les principales carrières de marbre sont celles de Saint-Triphon, du mont Arvel (Vaud), du Melchthal (Unterwald), de Soleure; celles de Sarnen donnent de l'albâtre et celles d'Œlen du calcaire blanc. On exploite la molasse à Ostermundingen (Berne). Le mont Platten (Glaris) fournit des ardoises, ainsi que Vernayaz et Frutigen.

Le sel gemme est exploité à Bex (Vaud), à Schweizerhalle (Bâle-campagne), à Rheinfelden, Rybourg, Kaiser-Augst (Argovie).

Les minéraux de fer d'Ardon (Valais), de Gonzen (Saint-Gall), de Balsthal (Soleure), de Guldenthal. Le Lœchsthal (Valais) fournit du plomb argentifère, et la vallée de Bagnes, du nickel. Au Val Travers (Neuchâtel), on trouve un riche gisement d'asphalte.

VOIES DE COMMUNICATION

La Suisse est un pays de transit en même temps qu'un pays de production.

Nous avons signalé dans l'étude de l'orographie la plus grande partie des cols importants qui traversent les Alpes principales ou secondaires. Voici les principales routes auxquels ils livrent passage :

ALPES PRINCIPALES

VOIES de COMMUNICATION.	POINTS DE PASSAGE.	ALTITUDE.	CHAINES DE MASSIFS.	DATES D'OUVERTURE.
Route de Brigue à Domo d'Ossola.	Col du Simplon.	2010	Alpes Pennines	1810
Route d'Altorf à Airolo et Bellinzona.	Col du Saint-Gothard.	2114	Alpes Pennines	1832
Route de Dissentis à Biasca . . .	Col de Lukmanier.	1917	Alpes Lépontiennes.	1878

ALPES PRINCIPALES (*Suite*)

VOIES DE COMMUNICATION.	POINTS DE PASS.	ALT.	
Route de Reichenau à Bellinzona.	Col du San-Bernardino.	2063	A. Lépontiennes.
Route de Reichenau à Chiavenna.	Col de Splügen.	2117	A. Lépontiennes.
Route de Saint-Moritz à Chiavenna.	Col de la Maloya	1811	A. Lépontiennes.
Route de Zernetz à Glürns.	Ofen Pass . .	2148	A. Rhétiques.
Route de Finstermünz à Trente.	Col de Reschen	1423	A. Rhétiques.
Route de Coire à Silvaplana.	Col du Julier.	2287	A. Rhétiques.
Route de Coire à Ponte.	Col de l'Albula.	2313	Albula.
Route de Ragatz à Suse.	Col de Fluela.	2392	Albula.
Route de Martigny à Andermatt et Coire.	Col de la Furka et de l'Ober-Alp. . . .	2436 2052	Albula.

ALPES SUBORDONNÉES DU NORD

Route d'Aigle à Château-d'Oex.	Col des Mosses.	1446	A. Bernoises.
Route de Brienz à Sarnen et Lucerne.	Col du Brunig.	1035	A. d'Uri.
Route de Wyl à Benderen.	Col de Wyldhaut. . . .	1095	A. de St Gall
Route d'Appenzell à Altstædten.	Col Am-Stoss.	980	D'Appenzell.
Route de Saint-Gall.	Col Ruppen. .	990	D'Appenzell.

ALPES SUBORDONNÉES DU SUD

Route de Bellinzona à Como.	Monte Cenere.	553	»
Route de Tirano à Glurns.	Stelvio. . . .	2797	1825

Ces routes ont une grande importance stratégique; mais c'est surtout à son réseau de chemins de fer que la Suisse doit le rang qu'elle occupe dans le transit européen. Les lignes suisses sont partagées entre diverses compagnies (Jura-Berne-Lucerne, Suisse occidentale, etc.). Trois grandes lignes traversent le plateau suisse du S.-O. au N.-E. parallèlement au Jura : 1° Genève, Morges, Yverdon, Neuchâtel, Bienne, Soleure, Aarbourg, Olten, Aarau, Brugg, Coblenz, vers le grand-duché de Bade; 2° Lausanne, Payerne, Morat, Aarberg, Soleure, Herzogenbuchsée, Olten; 3° Lausanne, Fribourg, Berne, Langnau, Lucerne, Zurich, Winterthur, Romanshorn.

Winterthur est un centre important, d'où partent sept lignes sur : Effretikon, Bulach, Schaffhouse, Singen (Bade), Romanshorn, Rikenbach, Bauma (Rapperschwyl).

Ces trois lignes principales sont reliées par des lignes transversales de Lausanne à Bussigny, de Fribourg à Yverdon, de Berne à Bienne, de Langnau à Soleure, de Lucerne à Aarbourg, de Küssnacht à Brugg, de Zurich à Türgi, de Winterthur à Coblenz. Bâle est relié à Bienne, Olten, Zurich et Winterthur.

La Suisse et la France communiquent par cinq lignes ferrées : 1° Genève, Lyon ou Mâcon; 2° Lausanne à Pontarlier (col de Jougne); 3° Neuchâtel à Pontarlier (Val Travers); 4° Délemont à Belfort par Delle; 5° Bienne et Neuchâtel à Besançon par la Chaux-de-Fonds et Morteau.

Entre la Suisse et l'Allemagne, il existe huit lignes : 1° Bâle à Strasbourg; 2° Bâle à

Fribourg; 3° Bâle à Zell; 4° Waldshut à Donaueschingen (entièrement en dehors du territoire suisse); 5° de Winterthur à Singen et Rottweil; 6° de Constanz à Ulm; 7° de Friedrichshafen à Ulm; 8° de Lindau à Ulm.

Une ligne très importante est celle qui met en communication l'Autriche et la Suisse par l'Arlberg (tunnel de 10 kilom.), Bludenz, Feldkirch, Buchs, Sargans, Zurich (et de là vers Bâle et Paris par Délemont). La ligne du Gothard part de Zurich à Lucerne et se dirige par Altorf vers le Saint-Gothard, qu'elle franchit entre Göschenen et Airolo par un tunnel de 15 kilom. (1 154 mètres d'altitude); la voie longe ensuite le Tessin jusqu'à Bellinzona, d'où partent deux embranchements vers Locarno et Milan par Lugano et Como.

La ligne, ouverte en mai 1882, a 206 kilom. de longueur jusqu'à Chiasso. Les rampes les plus fortes sont de 26 p. 100; on a dû recourir en plusieurs endroits à des tunnels en spirale pour éviter de trop fortes rampes. Il y a en tout 41 kilom. de tunnels, et le coût total de la ligne entre Zug et la frontière d'Italie s'est élevé à 238 millions. L'ouverture de cette voie a eu une grande influence sur le commerce de l'Europe occidentale, en permettant aux Allemands de détourner des lignes françaises sur Trieste une grande partie des voyageurs et des marchandises, qui empruntaient jadis la route de Marseille ou le tunnel du mont Cenis. Les charbons, les fers allemands font maintenant une redoutable concurrence aux houilles anglaises en Italie.

Le tunnel projeté du Simplon a subi des vicissitudes qui en ont retardé l'exécution : l'absorption récente de la Compagnie de la Suisse occidentale et du Simplon par celle du Jura-Berne et les banquiers allemands modifiera sans doute les voies du commerce français sur cette ligne, dont il espérait de bons résultats. Le percement du Saint-Gothard a obligé la Suisse à fortifier Bellinzona et les positions les plus avantageuses.

GÉOGRAPHIE POLITIQUE

La Suisse forme une république fédérative dans laquelle l'autorité suprême est exercée par une Assemblée fédérale élue pour trois ans, et qui comprend : 1° le Conseil national, composé de 145 députés élus par le suffrage universel (1 pour 20 000 hab.); 2° le Conseil des Etats, qui comprend 44 membres élus à raison de 2 par canton ou de 1 par demi-canton pour les cantons qui sont divisés en deux Etats. Le pouvoir exécutif est confié à un Conseil fédéral de 7 membres élus pour 3 ans par l'Assemblée fédérale, et qui choisit parmi ses propres membres un Président de la Confédération, dont les fonctions ne durent qu'un an, sans possibilité de renouvellement. L'Assemblée nomme les membres du Tribunal fédéral élus pour 6 ans (9 membres, plus 9 remplaçants).

Les cantons jouissent chacun d'un gouvernement particulier; on distingue trois catégories de constitutions différentes : 1° les cantons à système démocratique, où les principaux fonctionnaires et les députés aux conseils fédéraux sont élus en assemblées générales; les lois et les traités élaborés par le grand conseil sont votés de la même manière (Uri, Unterwald, Glaris, Appenzell); 2° les cantons à système représentatif gouvernés par un grand conseil et un conseil exécutif (Zug, Bâle-ville, Fribourg, Genève, Tessin); 3° les cantons à système mixte, où il y a un grand conseil, mais où les citoyens votent les lois (*referendum* complet ou partiel).

Les lois principales sont plébiscitées par l'ensemble des citoyens suisses dans le cas où la demande en est faite par 8 cantons et 30 000 citoyens suisses.

La loi militaire (13 nov. 1874) centralise l'instruction et l'administration de l'armée entre les mains de la Confédération; les autorités cantonales n'interviennent que pour le recrutement et la mobilisation.

Les Suisses sont astreints au service militaire de 20 à 45 ans. L'armée active ou *élite* comprend les jeunes gens de 20 à 32 ans (120 000 hommes) pour l'infanterie et de 20 à 30 ans pour la cavalerie. La réserve (*landwehr*) compte les hommes de 32 à 45 ans (95 000 hommes).

La Confédération est formée de 22 cantons, dont trois, Bâle, Unterwald et Appenzell, sont divisés en deux demi-cantons indépendants.

CANTONS.	CHEFS-LIEUX.	VILLES PRINCIPALES.
Genève. . . .	Genève.	
Vaud.	Lausanne.	Nyon, Vevey, Aigle, Morges, Yverdon, Payerne.
Valais	Sion.	
Fribourg . . .	Fribourg.	Morat, Gruyères, Bulle.
Neuchâtel. . .	Neuchâtel.	Le Locle, La Chaux-de-Fonds, Fleurier.
Berne	Berne.	Langnau, Thun, Brienz, Bienne, St-Imier, Délemont, Porrentruy.
Soleure. . . .	Soleure.	Olten.
Bâle-campagne.	Liestal.	
Argovie. . . .	Aarau.	Lofingen, Lenzbourg, Baden.
Bâle-ville . . .	Bâle.	
Lucerne. . . .	Lucerne.	Sempach.
Zug	Zug.	
Schwyz. . . .	Schwyz.	
Unterwald-Niedwald. .	Stanz.	
Unterwald Obwald	Sarnen.	
Uri.	Altorf.	
Zurich	Zurich.	Meilen, Horgen, Winterthur.
Thurgovie . .	Frauenfeld.	
Schaffhouse .	Schaffhouse.	
Saint-Gall . .	Saint-Gall.	Rorschach, Walenstadt.
Appenzell : Rhodes extérieures . . .	Hérisau.	
Appenzell : Rhodes intérieures . . .	Appenzell.	
Glaris.	Glaris.	

L'enseignement est très développé en Suisse; les écoles y sont nombreuses et bien organisées. L'enseignement supérieur se donne dans les universités de Genève (fondée par Calvin en 1559), de Berne, de Bâle, et les Académies de Lausanne et de Neuchâtel. Les instituteurs sont préparés dans les écoles normales de Vevey, Moudon, Hofwyl, Porrentruy, Wettingen, Küssnacht, Mariaberg, Coire, Zurich, etc.; le Technicum de Winterthur, le Polytechnicum de Zurich, sont des écoles très appréciées en Europe.

Thun possède les écoles militaires fédérales.

SUISSE (*Suisse*), *adj. 2 g.* Qui appartient à la Suisse : *Les montagnes suisses.* — *Sm.* Homme de nationalité suisse. || Le concierge d'un hôtel ou d'une grande maison. || *Le suisse d'une église*, celui qui fait la police d'une église, précède les processions, et a pour insignes de ses fonctions une hallebarde et une canne. || Excellent petit fromage à la crème fabriqué en Suisse. — *Les suisses*, corps de troupes composé de mercenaires suisses au service de la France sous l'ancienne monarchie et pendant la Restauration.

SUISSE SAXONNE. (V. *Saxe.*)

SUISSESSE, *sf.* Femme de nationalité suisse.

SUITE (anc. pp. f. de *suivre*), *sf.* Ceux qui vont après : *On arrêta ceux qui marchaient en tête, la suite s'échappa.* || Ceux qui sont au service de quelqu'un : *Il traite bien sa suite.* || *Vin de suite*, le vin destiné aux domestiques, aux employés. || Ceux qui accompagnent par honneur : *Le président de la République et sa suite.* || Ce qui est après : *La suite d'un événement, d'un livre.* || Continuation d'un écrit : *Ajouter une suite à un livre.* || Ensemble de choses qui ont lieu les unes après les autres : *Sa marche fut une suite de triomphes.* || *La suite des temps*, la succession des siècles. || Collection de choses rangées selon l'ordre des temps, des matières : *Une suite de tableaux.* || Ensemble de personnes qui ont succédé les unes aux autres : *La suite des rois de France.* || Continuation : *Prendre la suite des affaires d'un négociant.* || Série de nombres, d'expressions algébriques dont chaque terme est formé des précédents d'après une loi constante : *Une progression arithmétique est une suite infinie.* || Conséquence d'un fait : *La suite de sa détermination fut déplorable.* || Temps qui suit une époque déterminée : *Il se corrigea par la suite.* || Ordre, liaison : *Paroles sans suite.* || Persévérance : *Avoir l'esprit de suite.* — A la suite, *loc. adv.* En venant après. — A la suite de, *loc. prép.* Après : *Louis XV régna à la suite de Louis XIV.* || *Être à la suite d'une affaire*, s'en occuper, la surveiller attentivement. || *Officier à la suite*, qui attend son tour pour avoir un commandement actif. — De suite, *loc. adv.* L'un après l'autre : *Donner plusieurs ordres de suite.* — Tout de suite, *loc. adv.* Sur-le-champ, immédiatement : *Je pars tout de suite.* — Par suite, *loc. adv.* Par une conséquence naturelle : *Il est le maître, et par suite on doit lui obéir.* — Par suite de, *loc. prép.* En conséquence de : *Agir par suite des ordres qu'on a reçus.*

***SUITÉE** (*suite*), *adj. f.* Se dit d'une jument qui est accompagnée de son poulain.

SUITES, *sfpl.* Les testicules du sanglier, par corruption de *luites* qui est le vrai nom. (Vénerie.)

1. **SUIVANT** (part. pr. de *suivre*), *prép.* En se mouvant le long de, en décrivant : *Tout corps tombe suivant la verticale.* || Au dire de : *Suivant Aristote.* || Conformément à : *Procéder suivant la loi.* || En proportion de : *On traite chacun suivant ses mérites.* || A raison de, en tenant compte : *Agir suivant les circonstances.* — Suivant que, *loc. conj.* Selon que.

2. **SUIVANT, ANTE** (p. pr. de *suivre*), *adj.* Qui est, qui vient après : *La maison suivante. Le jour suivant.* || *Demoiselle suivante*, attachée au service d'une grande dame. — S. Celui, celle qui accompagne, qui escorte une personne : *Il arriva avec ses suivants.* || Serviteur, servante.

SUIVER, *vt.* Suiffer. (Mar.)

SUIVI, IE (part. passé de *suivre*), *adj.* Qui attire un grand nombre d'auditeurs, de spectateurs : *Professeur très suivi. Pièce de théâtre suivie.* || Qui a beaucoup de partisans, qui a de nombreux adhérents : *Cette doctrine est très suivie.* || Continu, qui est sans interruption : *Travail suivi.* || Où tout se tient, se succède dans un ordre convenable : *Raisonnement suivi.*

SUIVRE (bl. *sequere*), *vt.* Marcher, venir derrière : *Mon camarade me suit.* || Accompagner, aller avec : *Suivre la procession.* — Fig. Être inséparable de : *Le remords suit le crime.* || Aller après pour prendre, attraper : *Suivre un lièvre.* — Fig. Chercher à atteindre : *Suivre son but.* || Persévérer dans : *Suivre son dessein.* — Fig. *Suivre une affaire*, mettre tous ses soins à la faire réussir. || Aller par, dans la direction de, le long de : *Suivre un sentier, le cours de l'eau, le bord de la rivière.* — Fig. Imiter : *Suivre de bons exemples.* || *Suivre le chemin de la gloire*, chercher à parvenir à la gloire. || *Suivre le fil de ses idées*, les exposer, les approfondir dans l'ordre où elles surviennent. — Fig. *Suivre le torrent*, faire comme tout le monde. || Observer, surveiller, épier : *Suivre les démarches de quelqu'un.* || Exercer : *Suivre une profession.* || Pratiquer : *Suivre sa religion.* || S'attacher à : *Suivre une opinion.* || Adopter le sentiment de : *Suivre un auteur.* || Se ranger dans : *Suivre le parti de quelqu'un.* || Assister régulièrement à : *Suivre un cours, les séances de la Chambre.* || Aller écouter assidûment : *Suivre un prédicateur, un professeur.* || Fréquenter habituellement : *Suivre le théâtre.* || Etre attentif à : *Suivre un raisonnement.* — Fig. *Suivre quelqu'un*, écouter ses conseils. || S'abandonner, se laisser aller, céder à : *Suivre ses caprices.* || Se conformer à : *Suivre la mode.* || Venir, avoir lieu après : *La vendange suit la moisson.* — *Vi.* Venir, être placé après : *Il lut ce qui suit.* || Etre après dans l'ordre des temps : *L'année qui suivit fut pluvieuse.* || Résulter : *Cette vérité suit la précédente* (vx). — *V. impers.* Résulter : *Il suit de là que...* — **Se suivre,** *vr.* Marcher, venir l'un derrière l'autre : *Les deux courriers se suivaient.* || Survenir, avoir lieu successivement : *Ces événements se suivirent coup sur coup.* — Fig. *Les jours se suivent et ne se ressemblent pas*, la vie est mêlée de biens et de maux. || *Ces pages se suivent*, elles sont dans leur ordre naturel. || Former une file continue : *Ces maisons se suivent.* || Avoir la liaison convenable : *Les parties avec raisonnement se suivent.* — **Dér.** *Suite, suivant* 1, *suivant* 2, *suivante, suivi, suivie.* — **Comp.** *Poursuivre, poursuite.*

SUIZE, 46 kilom. Rivière du département de la Haute-Marne, se jette dans la Marne, près de Chaumont.

1. **SUJET** (l. *subjectum*, jeté sous), *sm.* Cause, raison, motif : *Avoir sujet de se plaindre.* || La personne à propos de laquelle une chose a lieu : *Il est un sujet de risée pour tout le monde.* || Matière sur laquelle on compose, on écrit, on parle : *Le sujet d'une tragédie.* || *Etre plein de son sujet*, l'avoir bien approfondi. || *Etre sur le sujet de quelqu'un*, causer de lui. || L'objet d'une science : *L'étude des végétaux est le sujet de la botanique.* || Une personne, au point de vue de sa capacité, de son caractère, de sa conduite : *Ce jeune homme est un excellent sujet.* || *Mauvais sujet*, celui qui a une mauvaise conduite, un espiègle. || Végétal que l'on élève en pépinière ou que l'on greffe : *Une greffe ne réussit que sur un sujet analogue.* || Cadavre que l'on dissèque. || Malade que traite un médecin. || *Sujet d'un verbe*, le mot représentant la personne ou la chose qui fait l'action exprimée par ce verbe. || *Sujet d'une proposition*, le mot représentant la personne ou la chose chez laquelle on affirme l'existence d'une certaine qualité. **(Gr.)** || En philosophie, le sujet par opposition à l'objet, l'être qui a conscience de lui-même.

SUJET, ETTE (l. *subjectum*, jeté sous), *adj.* Qui est dans la dépendance, qui est obligé d'obéir : *Tous les citoyens sont sujets à la loi.* || Soumis par la conquête : *Pizarre rendit le Pérou sujet de l'Espagne.* || Obligé à supporter quelques charges, à payer certains droits : *Tout commerçant est sujet à la patente.* || Astreint à quelque nécessité inévitable : *L'homme est sujet à la mort.* || Porté à une chose par inclination ou par habitude : *Il est sujet à mentir.* || Exposé à éprouver fréquemment certains accidents : *Il est sujet à la migraine. Le Chili est sujet aux tremblements de terre.* || *Cet homme est sujet à caution*, il ne faut pas trop s'y fier. || Qui a ou peut avoir pour conséquence : *Cette entreprise est sujette à bien des difficultés.* || Susceptible de : *Ce passage est sujet à plusieurs interprétations.* — *S.* Celui, celle qui est sous l'autorité d'un souverain, d'un gouvernement : *Les sujets du Sultan. Il est sujet des Etats-Unis.* — **Dér.** *Sujétion.* — **Comp.** *Assujettir.*

SUJÉTION [su-jé-sion] (l. *subjectionem*, soumission), *sf.* Dépendance, charge inévitable : *Toute habitude devient une sujétion.* || Nécessité d'obéir : *La sujétion aux lois.* || Assiduité réclamée impérieusement : *Ce maître exige une grande sujétion de ses domestiques.* || Assiduité à laquelle contraint un métier, une fonction : *Le métier de médecin est une grande sujétion.* || Incommodité, servitude à laquelle une maison est sujette : *La commodité du puits est une sujétion pour cette maison.* || Autorité politique, légitime ou imposée par la conquête : *Les Grecs furent longtemps sous la sujétion des Turcs.* || Etat de celui qui est politiquement soumis à un souverain : *Les chrétiens d'Espagne gémissaient de leur sujétion aux Maures.*

***SULCATURE** (l. *sulcare*, sillonner), *sf.* Trace en forme de sillon que l'on trouve sur certaines roches et sur certains terrains, et qui ont été produites par le frottement. (Géol.)

***SULCIFORME** (l. *sulcus*, sillon + *forme*), *adj. 2 g.* Qui a la forme d'un sillon.

***SULF** ou ***SULFO** (du l. *sulfur*), préfixe que les chimistes mettent en tête du nom de certains composés qui contiennent du soufre.

***SULFACIDE** (pfx. *sulf* + *acide*), *sm.* Tout composé de soufre et d'un autre corps qui joue le rôle d'un acide : *Le sulfure de carbone est un sulfacide.*

***SULFATAGE** (*sulfate*), *sm.* Sorte de chaulage des grains au moyen du sulfate de chaux ou plâtre.

SULFATE (de *sulfurique*, par la substitution du sfx. *ate* à *ique*), *sm.* Toute combinaison que l'acide sulfurique forme avec une base en perdant plus ou moins d'eau. Les sulfates d'oxydes métalliques sont des corps solides. A part les sulfates de plomb et de baryte, qui sont insolubles dans l'eau, le sulfate d'argent et le sulfate de mercure au minimum d'oxydation qui ne s'y dissolvent guère, les sulfates métalliques sont solubles dans l'eau. Le sulfate de chaux est légèrement soluble. Le réactif par excellence, pour les sulfates solubles, est, comme pour l'acide sulfurique, le chlorure de baryum : on obtient un précipité blanc, insoluble. Les sulfates ont, dans la nature, plusieurs représentants. Un des plus importants par ses applications est le *sulfate de chaux.* (V. *Gypse* et *Plâtre.*) Il faut citer aussi, parmi les pierres analogues au plâtre, le *sulfate de baryte*, que les minéralogistes appellent *baryte sulfatée, barytine* ou *spath pesant*, le *sulfate de strontiane*, connu aussi sous les noms de *strontiane sulfatée* ou *célestine.* On doit mentionner, d'autre part, l'*alunogène* ou *alumine sulfatée*, l'*alun* ou *alumine sulfatée alcaline*, l'*alunite* ou *alumine sous-sulfatée alcaline* ou *pierre d'alun*, la *webstérite* ou *alumine sous-sulfatée*, l'*epsomite* ou *magnésie sulfatée*, l'*exanthalose* ou *soude sulfatée* ou *sel de Glauber*, l'*aphtalose*, sulfate de potasse, la *thénardite* ou *soude sulfatée anhydre*, la *glaubérite*, sulfate de soude et de chaux, la *kiésérite*, sulfate de magnésie, la *kaïnite*, sulfate double de potasse et de magnésie, en combinaison avec du chlorure de magnésium, la *polyalite*, sulfate hydraté de chaux et de magnésie, la *mascagnine* ou *ammoniaque sulfatée*, la *mélantérie* ou *fer sulfaté* ou *couperose verte*, la *néoplase* ou *fer sulfaté rouge, botryogène*, la *coquimbite*, sulfate de peroxyde de fer, hydraté, blanc, la *copriapite*, sulfate de peroxyde de fer, hydraté, jaune, la *cyanose* ou *cuivre sulfaté*, ou *couperose bleue*; la *gallitzinite* ou *zinc sulfaté* ou *couperose blanche*, la *rhodalose* ou *cobalt sulfaté*, la *johanite* ou *urane sulfaté.* Indépendamment de ces minéraux, on rencontre des sulfates en solution dans les eaux minérales. On distingue les *eaux sulfatées sodiques*, qui contiennent du sulfate de soude, comme des eaux de Marienbad et de Carlsbad en Bohême; les *eaux sulfatées magnésiennes*, comme les eaux de Sedlitz, de Pulna, de Saidschutz, en Bohême, d'Epsom, en Angleterre, de Cruzy, en France; les *eaux sulfatées calciques*, du genre de celles de Louèche (en Suisse), d'Aulus, de Contrexéville, etc.; enfin les *eaux ferrugineuses sulfatées*, comme l'eau de Passy et comme l'eau ferrugineuse alumino-manganésifère de Cransac. Les sulfates autres que les sulfates alcalins, alcalino-terreux et que le sulfate de plomb, soumis à l'action d'une chaleur plus ou moins intense, se décomposent et laissent pour résidus, les uns leur oxyde, les autres leur métal.

Nous allons passer rapidement en revue les sulfates qui ont une importance pratique. Le *sulfate de potasse neutre* se présente sous forme de cristaux rhomboïdaux, droits, qui ne contiennent pas d'eau. Il possède une saveur amère. Aux doses comprises entre 4 grammes et 8 grammes, il agit comme purgatif; à la dose de 20 grammes, il peut empoisonner. (Pour le *sulfate de chaux*, V. *Gypse* et *Plâtre.*) Le *sulfate de baryte* est employé, dans la peinture à l'huile, sous le nom de *blanc fixe.* C'est lui aussi qui constitue la couleur blanche des papiers de tenture. On l'emploie malheureusement pour donner du poids aux papiers d'imprimerie. Les papiers au sulfate de baryte se déchirent facilement.

Le *sulfate de magnésie* est un purgatif d'une saveur très amère. Associé au chlorure de magnésium, il est plus efficace que seul. Le *sulfate de zinc* est le résidu de certaines piles. On s'en sert souvent pour faire des collyres et des solutions que l'on emploie en gargarismes, etc. Il faut *prendre garde* de le confondre avec le sulfate de magnésie, auquel il ressemble. A la dose d'un demi-gramme ou un gramme, c'est un vomitif. A des doses plus élevées, c'est un toxique : il produit alors des vomissements avec superpurgation. Le *sulfate d'alumine* se présente sous forme de minces lamelles, flexibles, d'un éclat nacré. L'industrie des papiers l'emploie dans l'encollage, la teinture l'utilise comme mordant; l'industrie chimique le fait servir à la préparation de l'alun. Les *aluns de chrome* sont des sels analogues aux aluns ordinaires, mais dans lesquels l'alumine est remplacée par du sesquioxyde de chrome. Ils forment de gros cristaux octaédriques, lesquels, étant vus dans la lumière qu'ils réfléchissent, paraissent d'un violet pourpre foncé, et, regardés dans la lumière qui les traverse, semblent d'un rouge rubis foncé. Le *sulfate de protoxyde de fer* ou *sulfate ferreux*, appelé autrefois *vitriol vert* ou *couperose verte*, constitue des cristaux d'un vert pâle qui jaunissent à l'air en s'oxydant et en formant du sulfate de sesquioxyde de fer ou sulfate ferrique. (V. *Fer.*) Ce sel est employé pour détruire la mousse qui infeste les prairies. On s'en sert en outre pour désinfecter les fosses d'aisances. Le sulfate de fer est employé, en médecine, contre l'anémie. On cautérise aussi avec un cristal de ce sel les petits aphthes qui se développent sur les gencives. Le *sulfate de cobalt* se présente sous forme de prismes rhomboïdaux obliques, roses. Le *sulfate de cuivre ordinaire* ou *sulfate cuprique* était connu autrefois sous le nom de *vitriol bleu* ou de *couperose bleue.* Il forme des parallélipipèdes bleus, transparents, obliques dans deux directions. Il est employé dans la teinture sur soie et sur laine. Lorsqu'à sa solution on ajoute un excès d'ammoniaque, on obtient un liquide d'un beau bleu céleste. C'est cette liqueur que l'on met dans les bocaux ornant la devanture des pharmacies.

Le *sulfate de quinine* est employé pour combattre la fièvre; le *sulfate de morphine* provoque le sommeil, mais aujourd'hui on lui préfère le chlorhydrate de morphine.

***SULFATÉ, ÉE** (*sulfate*), *adj.* Qualificatif que les minéralogistes ajoutent au nom d'une base pour désigner le sel formé par la combinaison de cette base avec l'acide sulfurique. || *Chaux sulfatée*, le sulfate de chaux ou gypse. || *Eaux minérales sulfatées*, celles qui contiennent du sulfate de fer en dissolution.

***SULFATER** (du l. *sulfur*, soufre), *vt.* Tremper une substance dans un bain de sulfate de cuivre, etc., pour la conserver. || Répandre un sulfate sur un champ.

***SULFATEUR** (du l. *sulfur*, soufre), *sm.* Ouvrier qui fabrique le sulfate de quinine.

SULFHYDRATE (*sulfhydrique*, par changement du sfx. *ique* en *ate*), *sm.* Toute combinaison de l'acide sulfhydrique avec une base unie à un équivalent d'eau. Le plus important de ces sortes de sels est le sulfhydrate d'ammoniaque. Le sulfhydrate d'ammoniaque fait partie des gaz que dégagent les fosses d'aisances. Dans les laboratoires de chimie, la solution de sulfhydrate d'ammoniaque sert principalement dans l'analyse qualitative. On la prépare en faisant passer un courant d'hydrogène sulfuré dans une solution d'ammoniaque caustique jusqu'à refus, c'est-à-dire jusqu'à ce que le gaz, cessant d'être absorbé, se dégage. La combinaison est alors effectuée. Pour s'en assurer, on n'a qu'à prendre quelques gouttes du liquide et à les verser dans une solution de sulfate de magnésie : si l'ammoniaque est bien saturée, il ne doit plus se produire de précipité. Lorsque, pour préparer ce produit, on s'est servi d'ammoniaque concentrée ordinaire, on peut diluer ce sulfhydrate d'ammoniaque avec 10 fois son volume d'eau.

SULFHYDRIQUE (pfx. *sulf* + g. ὕδωρ, eau + sfx. chimique *ique*), *adj. m.* Se dit de l'acide, formé d'hydrogène et de soufre, dont la composition a été reconnue par Scheele en 1777. Ce corps est encore désigné sous le nom d'*hydrogène sulfuré.* L'acide sulfhydrique est un corps gazeux incolore, mais doué d'une odeur très désagréable, puisqu'elle est tout à fait semblable à celle qu'exhalent les œufs pourris. Il peut être liquéfié sous une pression de 15 à 16 atmosphères : c'est alors un liquide très mobile, ayant l'apparence de l'eau, que l'on peut solidifier en le soumettant à une température très basse et en le comprimant; à l'état solide, il a l'aspect du camphre. L'hydrogène sulfuré est soluble dans l'eau, qui, à la température ordinaire, en dissout environ trois fois son volume. Cette dissolution se conserve sans altération à l'abri du contact de l'air; mais sous l'influence de ce fluide elle se trouble et prend un aspect laiteux dû à la présence d'un dépôt de soufre plus ou moins abondant. L'acide sulfhydrique est un acide faible qui, en agissant sur la teinture de tournesol, produit le rouge vineux. Cet acide est facilement décomposable en ses deux éléments : il suffit pour cela de le faire passer dans un tube de porcelaine chauffé au rouge. Lorsqu'on enflamme un courant d'acide sulfhydrique, il brûle en donnant une flamme bleue et en produisant de l'eau et de l'acide sulfureux. Si, au contraire, on met le feu à de l'acide sulfhydrique contenu dans une éprouvette, il brûle encore en donnant une flamme bleue, mais tout le soufre ne se combine pas avec l'oxygène, et il s'en dépose une partie sur les parois de l'éprouvette. Au contact de l'air, l'acide sulfhydrique éprouve parfois une combustion lente qui a pour effet de le transformer en acide sulfurique. Cette transformation s'opère surtout en présence d'un corps poreux : c'est pourquoi le linge est souvent attaqué dans les lieux où ce gaz se produit et se répand dans les appartements, par exemple dans les établissements de bains dits *sulfureux*. En présence de certains corps portés à l'incandescence, tels que le charbon, les laves volcaniques, le fer et tous ses composés, un mélange d'acide sulfhydrique et d'air se transforme promptement en acide sulfureux. Ce phénomène permet d'expliquer la production des *fumerolles* ou *fumaroles*. Lorsque l'on veut préparer une dissolution d'acide sulfhydrique dans l'eau, il faut avoir soin de chasser de celle-ci, en la faisant bouillir, l'oxygène qu'elle peut contenir; car, si l'on ne prend pas cette précaution, l'acide est brûlé lentement et il se forme de l'eau, et du soufre se précipite à l'état pulvérulent. Les corps de la famille des halogènes, c'est-à-dire le chlore, le brome et l'iode, décomposent l'hydrogène sulfuré en s'emparant de l'hydrogène; il y a encore ici dépôt de soufre. Beaucoup de métaux peuvent décomposer l'acide sulfhydrique : le soufre se combine avec le métal pour former un sulfure, et l'hydrogène se dégage : c'est la raison pour laquelle l'argent noircit lorsqu'il est exposé aux émanations de cet acide.

L'acide sulfhydrique existe abondamment dans la nature. Il est souvent le résultat médiat de la décomposition des substances animales et végétales, telles que l'albumine et la fibrine, les graines des crucifères, les feuilles du chou, etc., qui contiennent du soufre. C'est pourquoi les œufs, par exemple, prennent en pourrissant une odeur si désagréable. Mais il y a plus : une matière organique qui se décompose peut ne pas contenir un seul atome de soufre, et donner cependant naissance à de l'acide sulfhydrique. Il suffit pour cela que cette matière soit en contact avec un sulfate quelconque, avec du sulfate de chaux ou plâtre, par exemple. Voici ce qui a lieu dans ce cas : la matière organique en se décomposant peu à peu enlève de l'oxygène au sulfate et le réduit à l'état de sulfure. A peine ce sulfure est-il formé, que l'acide carbonique de l'air ou bien l'acide carbonique qui provient de la matière en décomposition réagit sur lui, et le produit de cette réaction consiste en acide sulfhydrique et en un carbonate métallique. Ce qui précède explique pourquoi certaines eaux douces se chargent peu à peu d'acide sulfhydrique et en acquièrent l'odeur; pourquoi il en est de même de l'eau de mer dans certains parages, à l'embouchure des fleuves, le long de certaines côtes; pourquoi enfin l'odeur de l'acide sulfhydrique se dégage des masses d'eau stagnante, se manifeste dans les villes lorsqu'on dépave les rues dans le voisinage des égouts. Ce gaz est aussi un produit de la digestion, et il se trouve contenu dans les matières fécales, et par suite dans les fosses d'aisances.

L'acide sulfhydrique est un violent poison : son action est en quelque sorte foudroyante; il n'agit pas seulement par asphyxie, c'est un gaz délétère qui attaque les tissus du corps des animaux. Un petit oiseau périt immédiatement dans une atmosphère qui renferme un *quinze-centième* de son volume d'acide sulfhydrique; un *huit-centième* suffit pour tuer un chien, et un *deux-centième* donne la mort à un cheval. Cette dernière quantité empoisonnerait probablement l'homme.

L'acide sulfhydrique est, avons-nous dit, un produit des fosses d'aisances : aussi les ouvriers qui les vident sont-ils souvent exposés aux émanations de ce gaz, qu'ils désignent sous le nom de *plomb*; ils éprouvent de graves accidents, que l'on doit combattre avec promptitude. Pour cela, on peut leur faire respirer du chlore, qui a, comme on sait, la propriété de décomposer l'acide sulfhydrique; mais l'inhalation de ce gaz n'est pas sans danger, et elle exige de grandes précautions. Voilà pourquoi il est préférable de se servir d'une serviette imbibée de vinaigre, et dans laquelle on place quelques fragments de chlorure de chaux, que l'on fait respirer à l'asphyxié. Il est bon aussi d'avoir recours à la respiration artificielle. (V. *Contrepoisons*.)

L'acide sulfhydrique est très employé dans les laboratoires de chimie comme réactif. La présence du plomb est décélée par un précipité noir, celle de l'arsenic par un précipité jaune, celle du zinc par un précipité blanc, etc.

***SULFHYDROMÉTRIE** (*sulfhydrique* + g. μέτρον, mesure), *sf*. Procédé de dosage de l'acide sulfhydrique, au moyen d'une liqueur titrée. Une solution alcoolique d'iode, versée dans une solution d'acide sulfhydrique et d'amidon, n'agit sur ce dernier qu'après avoir épuisé son action sur le premier : par suite, si l'on sait combien la solution contient d'iode, il est facile de calculer la quantité d'acide sulfhydrique qu'elle a décomposée lorsqu'on voit apparaître la couleur bleue de l'iodure d'amidon.

SULFITE (pfx. *sulf* + sfx. chimique *ite*), *sm*. Tout sel formé par la combinaison de l'acide sulfureux avec une base.

***SULFOBASE** (pfx. *sulfo* + *base*), *sm*. Sulfure basique qui peut se combiner avec un sulfacide pour former un sel.

***SULFOCARBONATE** (pfx. *sulfo* : du l. *sulfur*, soufre + *carbonate*), *sm*. Toute combinaison formée de sulfure de carbone et d'un sulfure métallique. Le sulfocarbonate de potasse a été recommandé par Dumas pour la destruction du phylloxera. On a quelquefois donné au sulfure de carbone le nom d'*acide sulfocarbonique*, pour rappeler qu'il se comporte, vis-à-vis des sulfures alcalins, comme l'acide carbonique vis-à-vis des oxydes, en formant des sels qui sont bien connus sous le nom de *sulfocarbonates*; mais, en réalité, le sulfure de carbone n'a rien de ce qui constitue un acide.

***SULFOCARBONIQUE** (pfx. *sulfo* + *carbonique*), *adj*. Se dit pour désigner adjectivement le sulfure de carbone : *Acide sulfocarbonique*.

***SULFORGANIQUE** (pfx. *sulf* : du l. *sulfur*, soufre + *organique*), *adj. 2 g*. Se dit des composés organiques, naturels ou artificiels, renfermant du soufre.

***SULFOSEL** (pfx. *sulfo* : du l. *sulfur*, soufre + *sel*), *sm*. Toute combinaison d'un sulfure faisant fonction d'acide avec un sulfure faisant fonction de base. C'est à la formation de sulfosels que les sulfures d'arsenic, d'antimoine, d'étain, d'or, de platine et de molybdène doivent d'être solubles dans les sulfures alcalins, et entre autres dans le sulfhydrate d'ammoniaque ou sulfure d'ammonium. (V. *Réaction chimique*.)

***SULFOVINIQUE** (pfx. *sulfo* : du l. *sulfur*, soufre + *vinique*), *adj. 2 g*. Se dit d'un acide qu'on appelle aussi *éther sulfatique* (V. *Éther*) ou acide éthyle-sulfurique : liquide clair, épais, plus lourd que l'eau, doué de propriétés acides très accusées. Il ne faut pas le confondre avec l'éther ordinaire, ou oxyde d'éthyle, qu'on appelle encore *éther sulfurique* en raison de son mode de préparation. L'acide sulfovinique a pour formule

$$C^4H^4 (S^2O^6, H^2O^2).$$

***SULFURAIRE** (du l. *sulfur*, soufre), *sf*. Nom donné par quelques naturalistes à la *glairine*, algue qui se développe dans les eaux thermales sulfurées.

***SULFURATION** (du l. *sulfur*, soufre), *sf*. Action de combiner le soufre avec un corps simple.

SULFURE (*sulf*, préfixe adopté en chimie pour les combinaisons du soufre et dérivé du l. *sulfur*, soufre + *ure*, terminaison chimique annonçant une combinaison binaire dans laquelle le corps dont le nom, tantôt français, tantôt latin, est modifié par cette terminaison, joue un rôle chimique analogue à celui de l'oxygène dans les oxydes), *sm*. Toute combinaison du soufre avec un autre corps simple qui, sous l'influence du courant électrique, dépose son soufre au pôle positif, tandis que l'autre corps se porte au pôle négatif. Les combinaisons que forme le soufre avec les métalloïdes de la famille du chlore sont appelées chlorures, bromures, iodures de soufre. La combinaison avec le carbone est un sulfure. Les combinaisons avec l'arsenic et l'antimoine sont également des sulfures. Les sulfures alcalins et les sulfures alcalino-terreux sont solubles dans l'eau. Le sulfure de calcium, toutefois, est très peu soluble; d'autre part, le sulfure de magnésium n'est pas complètement insoluble. Parmi les sulfures insolubles dans l'eau, les uns sont solubles dans l'acide chlorhydrique, les autres y sont insolubles.

La *chimie analytique* tire grand parti de ces différences. Lorsqu'on est en présence d'une solution pouvant contenir tous les métaux, on l'acidule par l'acide chlorhydrique et on la traite par l'hydrogène sulfuré. (V. *Réaction chimique*.) Les sulfures insolubles dans l'acide chlorhydrique étendu d'eau se forment dans le liquide et se précipitent. Les métaux dont les sulfures sont solubles dans l'acide chlorhydrique restent en solution; on neutralise cette solution par l'ammoniaque (ce qui donne du chlorhydrate d'ammoniaque) et l'on ajoute un sulfure soluble : le sulfhydrate d'ammoniaque. On voit alors se précipiter d'autres sulfures : ceux qui n'avaient pas pu se former dans la solution acide. Quant au précipité qui s'était formé dans celle-ci, sous l'action de l'hydrogène sulfuré, il est constitué par des sulfures capables de se dissoudre dans le sulfhydrate d'ammoniaque et des sulfures incapables de se dissoudre dans ce réactif, ce qui permet d'opérer une nouvelle séparation. Certains sulfures présentent des couleurs caractéristiques : ainsi, parmi les sulfures insolubles dans l'acide chlorhydrique et solubles dans le sulfhydrate d'ammoniaque, le sulfure d'arsenic est jaune clair, le sulfure d'antimoine est d'une couleur comprise entre le jaune orangé et le rouge brique, le bisulfure d'étain est jaune clair, tandis que le protosulfure est brun marron. Les autres, les sulfures d'or, de platine et de molybdène sont noirs. Quant aux sulfures également insolubles dans l'acide chlorhydrique, mais solubles dans le sulfhydrate d'ammoniaque, le sulfure de mercure est rouge, le sulfure de cadmium est jaune, le sulfure de plomb est d'un noir grisâtre assez caractéristique; les sulfures d'argent, de bismuth, de cuivre sont noirs.

Si nous passons maintenant aux sulfures qui sont insolubles dans l'acide chlorhydrique et que l'on produit, après neutralisation par l'ammoniaque, en versant dans la solution le sulfhydrate d'ammoniaque : les sulfures de nickel, de cobalt, de fer, d'urane sont noirs, le sulfure de zinc est blanc, ce qui le caractérise.

Les solutions de sulfures de potassium et de sodium s'oxydent lorsqu'on les laisse exposées à l'air : leur sulfure finit par se transformer en sulfate. Il se forme aussi du carbonate sous l'influence de l'acide carbonique de l'air. L'oxydation de ces sulfures par l'oxygène est quelquefois utilisée pour l'absorption de l'oxygène dans les mélanges gazeux. Elle a servi à Scheele pour l'analyse de l'air. Quant aux sulfures insolubles, il suffit de les humecter d'eau pour qu'ils se transforment peu à peu en sulfates. C'est ainsi que l'on transforme industriellement en sulfate le sulfure de fer naturel connu sous le nom de *pyrite*. Cette transformation, en se produisant naturellement dans le sulfure de fer qui se trouve quelquefois dans les houillères, peut déterminer l'inflammation du charbon de terre.

On peut *préparer* un grand nombre de

sulfures par la réunion directe de leurs éléments. On obtient ainsi le réalgar et l'orpiment, sulfures d'arsenic; le sulfure de carbone, les sulfures de tous les métaux, sauf l'aluminium, l'or et le platine. Dans les laboratoires, on prépare le sulfure de fer, qui sert lui-même à la préparation de l'hydrogène sulfuré, en fondant au rouge, dans un creuset de terre, un mélange intime de 6 parties de fer et de 5 parties de soufre. Lorsque la masse est en fusion, on la coule, on la laisse refroidir et on la casse.

Tous les sulfures autres que ceux de mercure, de potassium et de sodium sont plus fusibles que leurs métaux. Ainsi, la tôle de fer est très difficilement fusible, mais si l'on chauffe du soufre sur une feuille de tôle, il se forme un sulfure fusible et la tôle est percée.

Si l'on prend les métaux usuels dans l'ordre suivant : *cuivre, fer, étain, zinc, plomb, argent, antimoine*, chacun de ces métaux, chauffé avec l'un quelconque des sulfures des métaux suivants, le décompose, déplace le métal qui était uni au soufre et se combine lui-même avec ce soufre. C'est par une de ces réactions que l'on isole le plomb de son sulfure naturel en fondant ce dernier avec du fer. On rencontre, parmi les sulfures, des minerais de première importance, tels que le *sulfure de plomb*, appelé aussi *galène*, le *sulfure de zinc* ou *blende*, le *sulfure de mercure* ou *cinabre*, le cuivre pyriteux, ou *chalcosine*, le sulfure double de fer et de cuivre ou *chalcopyrite*, le sulfure de cuivre et d'antimoine ou *panabase*, l'arséniosulfure de fer ou *mispickel*, le bisulfure de fer ou *pyrite*.

L'action de l'oxygène à chaud sur les sulfures entre en jeu dans le traitement d'un grand nombre de minerais. Cet oxygène les oxyde plus ou moins complètement, et le produit de la réaction est plus ou moins stable : il résiste plus ou moins à l'action de la chaleur, de sorte qu'on a finalement, soit un sulfate, soit un oxyde, soit un mélange des deux, soit un métal. Cette action de l'oxygène est donc capitale en *métallurgie*. Chauffer un sulfure à l'air, c'est le griller; cette opération s'appelle donc un *grillage*.

En ce qui concerne le fer, le grillage n'est pas pratiqué comme opération métallurgique, mais comme moyen de produire de l'acide sulfureux que l'on utilise immédiatement pour la préparation de l'acide sulfurique.

Pour ce qui concerne le grillage du sulfure de cuivre, nous renvoyons le lecteur au mot *Cuivre*. Il y trouvera des explications détaillées qui nous dispenseront d'insister sur la théorie de ce genre d'opérations.

La métallurgie du sulfure de plomb, PbS, lorsqu'on ne procède pas par déplacement du plomb au moyen du fer au rouge, exige également un grillage préalable dans un four dont les portes latérales sont maintenues ouvertes. Ce grillage s'effectue au rouge sombre seulement; il laisse du protoxyde de plomb et du sulfate de plomb, tandis qu'il se dégage de l'acide sulfureux. Au rouge vif, les vannes à air étant fermées, l'oxyde réagit sur le sulfure en donnant de l'acide sulfureux et du plomb, tandis que la réaction du sulfate sur le sulfure donne le même résultat. — **Sulfure de carbone**, appelé encore *bisulfure de carbone, acide sulfocarbonique*. Liquide incolore, très volatil, qui a de nombreux usages comme dissolvant, et que l'on prépare industriellement en faisant réagir du soufre sur du charbon chauffé au rouge. Le sulfure de carbone, tel qu'on le trouve dans le commerce, exhale une odeur infecte de choux pourris, provenant de traces d'une substance étrangère; chimiquement pur, il répand une agréable odeur éthérée. Il bout à 45°. *Ses vapeurs forment avec l'air un mélange détonant*; ce corps est d'autant plus *dangereux à manipuler* qu'il se réduit en vapeurs avec une extrême facilité, bien avant d'avoir atteint la température de l'ébullition; il faut avoir grand soin d'éviter de laisser du sulfure de carbone à découvert, et à plus forte raison de le transvaser dans un espace où il y a une flamme, si petite qu'elle soit. Les vapeurs de sulfure de carbone brûlent aussi en présence de l'oxygène qui se trouve à l'état de combinaison dans le bioxyde d'azote; on a construit une *lampe* dans laquelle on produit la lumière par la réaction réciproque de ces deux corps, l'un vapeur, l'autre gaz. Cette flamme, plus éclairante même que celle du magnésium, est quelquefois employée par les photographes. Les *vapeurs* de sulfure de carbone sont très *dangereuses à respirer*; elles produisent un véritable empoisonnement caractérisé par des maux de tête, des nausées, un affaiblissement musculaire. On emploie le sulfure de carbone pour détruire les rats, les teignes, les charançons, le phylloxera; toutefois, pour la destruction du phylloxera, on le remplace généralement par les sulfocarbonates alcalins qui dégagent peu à peu leur sulfure de carbone. Ses *propriétés dissolvantes* ont reçu un grand nombre d'applications. Il dissout le *soufre*, ce qui permet d'extraire ce métalloïde des roches dans lesquelles il est disséminé. Mentionnons aussi une application au traitement des *roches bitumineuses*. Il dissout le *caoutchouc*, propriété dont on tire parti pour la fabrication des petits ballons servant à l'amusement des enfants, etc. D'autre part, le sulfure de carbone tenant en dissolution du soufre et un peu de chlorure de soufre communique au caoutchouc la propriété de rester flexible même aux basses températures; on tire parti de cette propriété dans la fabrication des vêtements imperméables en caoutchouc dit *caoutchouc vulcanisé*. Le sulfure de carbone dissout également la *gutta-percha*, ce qui permet de faire une *colle* dont on se sert pour raccommoder le cuir. C'est au moyen du sulfure de carbone que l'on sépare le *phosphore rouge*, qui est *insoluble* dans le sulfure de carbone, du phosphore ordinaire qui s'y dissout. Le sulfure de carbone enfin est un excellent dissolvant des graisses; aussi est-il employé pour nettoyer les vêtements et les étoffes de laine, de soie, etc. De là un très grand nombre d'applications, surtout dans l'industrie agricole : extraction des huiles des grains de chanvre et de lin, de navette et de colza, extraction de l'huile d'olive, traitement des marcs d'olives, traitement des tourteaux de graines oléagineuses, etc. Ajoutons enfin le traitement industriel des cambouis, des résidus de glycérine noirs et goudronneux, des résidus de la saponification sulfurique des corps gras (V. *Stéarique*). On s'en sert aussi dans le traitement des *pains de creton* qui restent lorsqu'on a pressé le résidu de la fusion des suifs bruts; dans le traitement de la paraffine brute, etc. On emploie aussi le sulfure de carbone pour débarrasser la laine des moutons du suint dont elle est imprégnée naturellement. Signalons enfin une application moins immédiatement utile : la préparation d'une dissolution de phosphore avec laquelle on charge des obus incendiaires. — **Sulfure d'antimoine**, appelé encore *antimoine sulfuré, antimoine cru*, que l'on trouve dans la nature à l'état cristallisé; il porte alors le nom de *stibine*. On l'emploie en médecine dans le traitement des maladies de la peau, des affections scrofuleuses, etc. — **Monosulfure de calcium**, qui a pour formule CaS, est employé comme épilatoire. On prépare ce corps en faisant passer un courant d'hydrogène sulfuré dans un lait de chaux : la bouillie que l'on obtient est appliquée sur la peau; deux minutes suffisent pour déterminer la chute des poils. Lorsque l'on chauffe ensemble 100 parties de soufre, 100 de chaux éteinte et 500 d'eau, on obtient un produit que l'on coule sur du marbre, et qui est connu en pharmacie sous le nom de *foie de soufre calcaire*. Ce corps doit être conservé dans des flacons bien bouchés; il est usité dans le traitement de la gale. — **Sulfure de potassium**. Il existe plusieurs combinaisons de soufre et de potassium; la plus employée est le *trisulfure de potasse* ou *foie de soufre* que l'on emploie pour combattre les dartres, les affections scrofuleuses, les rhumatismes, la gale, etc. — **Sulfure de sodium**. Il existe aussi plusieurs combinaisons de soufre et de sodium. Le *monosulfure* sert à préparer certaines eaux minérales sulfureuses artificielles et des bains de Barèges. Ce corps est employé aux mêmes usages que le sulfure de potassium. Ces deux corps sont aussi usités pour combattre le croup, ainsi que les affections chroniques du larynx et des bronches. Cependant on donne la préférence au *monosulfure de sodium*, que l'on associe au sirop de tolu. La dose est de deux centigrammes par cuillerée à bouche. Les contrepoisons des sulfures sont l'eau chlorurée, une solution très légère de persulfate de fer, des boissons mucilagineuses très abondantes.

SULFURÉ, ÉE (l. *sulfur*, soufre), *adj*. Qui contient du soufre : *Hydrogène sulfuré*, ancien nom de l'acide sulfhydrique. — **Bain sulfuré** ou **sulfureux**, trisulfure de potassium solide 100 grammes que l'on dissout dans 200 grammes d'eau; on mélange cette solution à l'eau du bain au moment de prendre celui-ci. Quelquefois on ajoute de la gélatine à la solution. On procède alors comme suit : on commence par dissoudre à chaud 250 grammes de gélatine, puis 100 grammes de trisulfure de potassium. C'est ce mélange que l'on mêle à l'eau de bain. La plupart du temps on réduit la dose de trisulfure de potassium à 50 grammes. Cette dernière préparation a reçu le nom de *bain sulfuré gélatineux*.

***SULFURER** (du l. *sulfuratum*, soufré), *vt*. Combiner le soufre avec un autre corps : *Sulfurer les métaux*.

SULFUREUX, EUSE (l. *sulfur*, soufre), *adj*. Qui contient du soufre. — **Eaux sulfureuses**. Eaux qui contiennent en solution une combinaison ou des combinaisons de soufre. Les unes renferment de l'acide sulfhydrique libre : ce sont, à proprement parler, des *eaux sulfhydriquées* : telles sont les eaux de Bagnoles, celles du Vernet et de Molitg, dans les Pyrénées-Orientales, et celles d'Aix-en-Savoie. D'autres contiennent du sulfure de sodium, mélangé de sulfhydrate et de sulfure de sodium : ce sont les *eaux sulfureuses chaudes*. Telles sont les eaux de Barèges et de Bagnères-de-Luchon. Il y en a qui blanchissent à l'air par suite de la formation d'un dépôt de soufre. Ces eaux proviennent des terrains azoïques. Quant aux *eaux sulfureuses froides*, ce sont les eaux primitivement sulfatées, dont les sulfates ont été réduits à l'état de sulfures par des substances organiques rencontrées dans les terrains stratifiés, l'oxygène de ces sulfates s'étant combiné avec le carbone de ces matières organiques. Les eaux sulfureuses sont recommandées dans le traitement des maladies des voies respiratoires. — **Acide sulfureux**. Corps gazeux, incolore, doué d'une odeur piquante tout à fait caractéristique. C'est cette odeur que l'on sent quand on enflamme une allumette soufrée. L'acide sulfureux agit vivement sur les organes de la respiration; il provoque la toux et amène la suffocation. Ce n'est pas un gaz vénéneux, mais un gaz irrespirable : il tue par asphyxie. Dans les laboratoires, on le prépare en faisant chauffer un mélange d'acide sulfurique et de copeaux de cuivre placés dans un ballon; dans l'industrie, on l'obtient en grillant des pyrites de fer ou bien par la combustion du soufre. Il est très facile de liquéfier le gaz acide sulfureux : il suffit pour cela de le faire arriver dans un vase à étroite ouverture plongé dans un mélange réfrigérant formé de glace et de sel marin, et qui produit un froid de 10°. Cet acide se présente alors sous la forme d'un liquide assez mobile et ayant l'apparence de l'eau. A l'air libre, il se réduit promptement en vapeur en produisant un froid considérable; on peut même produire la congélation du mercure et même celle de l'eau dans un creuset chauffé au rouge. L'acide sulfureux est un acide faible. Mis en contact avec la teinture de tournesol, il la rougit d'abord et puis la décolore. Il détruit de même un grand nombre de matières colorantes végétales. Quand on plonge un bouquet de violettes dans une éprouvette remplie d'acide sulfureux, ces fleurs sont bientôt complètement décolorées. Si, après cela, on les introduit dans une autre éprouvette contenant de l'ammoniaque, elles prennent une magnifique teinte verte.

L'acide sulfureux est employé dans le

blanchiment de la soie, de la laine, de la paille, des cordes de boyaux, de la colle de poisson, etc. Pour cela, on dispose les objets préalablement mouillés dans une pièce dans laquelle on a placé des terrines contenant de la fleur de soufre. On ferme toutes les issues, et on allume le soufre. Au bout de 24 heures, l'opération est terminée, et l'on pénètre dans la chambre après avoir eu le soin de l'aérer. On se sert encore de l'acide sulfureux pour enlever les taches de fruits rouges et de vin sur le linge et les autres tissus blancs. Dans ce cas, on commence par mouiller la partie tachée, et on l'expose au-dessus d'un cornet de papier au sommet duquel on a pratiqué une petite ouverture. En même temps, on allume un fragment de soufre ou une pincée de fleur de soufre, dans l'intérieur du cornet. L'acide sulfureux qui se produit s'échappe par l'ouverture placée au sommet du cornet et détruit ou modifie la matière colorante de la tache. On a recours à l'acide sulfureux obtenu par l'inflammation du soufre pour désinfecter les objets de literie ou autres qui ont servi aux individus atteints de maladies contagieuses, ainsi que pour assainir les hôpitaux, les vaisseaux, les lazarets, les chambres qui ont été habitées par des individus atteints de croup, etc., les étables et écuries, etc. On a quelquefois recours à ce même procédé pour détruire les punaises d'un appartement. Il faut, avant de pénétrer dans les pièces où l'on a brûlé ainsi du soufre, avoir soin d'y établir un courant d'air. L'acide sulfureux est aussi employé pour éteindre les feux de cheminée. Pour cela, il suffit de jeter sur le brasier bien allumé un kilogramme de soufre et de fermer la cheminée. L'acide sulfureux est un remède d'une efficacité certaine contre la gale. La meilleure manière de l'administrer consiste à enfermer le corps entier du malade, à l'*exception de la tête*, dans une espèce de boîte où l'on fait arriver du gaz acide sulfureux; mais c'est là un moyen incommode. Cet acide est aussi employé pour empêcher la fermentation des liqueurs alcooliques, vin, bière, etc. (V. *Soufre*.)

SULFURIQUE (ACIDE) (l. *sulfur*, soufre + sfx. chimique *ique*), *sm*. Se dit d'un acide composé de soufre et d'oxygène. Il est formé par la combinaison de 3 atomes d'oxygène et de 1 de soufre. C'est un acide énergique qui était connu des alchimistes dès 940. Il était désigné par Albert le Grand sous le nom d'*esprit de vitriol*. Romain-Gérard Dorneus, qui en a fait connaître les principales propriétés, le nommait *esprit de vitriol* ou *huile de vitriol*. L'acide sulfurique est connu sous différents états. A l'état anhydre (SO^3), il est solide à la température ordinaire; il se présente alors sous forme de houppes blanches soyeuses qu'on peut comprimer entre les doigts sans qu'il les brûle. Sous cette forme, l'acide sulfurique n'a aucun emploi. L'*acide de Nordhausen*, formé d'un équivalent d'acide anhydre et d'un équivalent d'acide monohydraté, $(SO^3)^2HO$, est liquide, visqueux; on le produit industriellement en décomposant, par une chaleur rouge, la couperose verte ou sulfate de fer; il est employé pour dissoudre l'indigo destiné à la teinture en bleu. L'*acide sulfurique ordinaire* ou *acide anglais* (SO^3HO) renferme un équivalent d'eau : c'est un liquide incolore, inodore, de consistance oléagineuse. Cet acide chasse presque tous les autres acides de leurs combinaisons salines pour former des sulfates; il détruit un grand nombre de matières organiques en s'emparant de leur eau. Il décompose rapidement les membranes animales et agit comme un poison violent. Cet acide peut cristalliser par un froid de — 34°. Les métalloïdes ont, en général, peu d'action sur l'acide sulfurique, bien que le soufre et le carbone le réduisent en acide sulfureux. Un grand nombre de métaux sont attaqués par l'acide sulfurique : cette propriété est utilisée industriellement pour former les sulfates de cuivre, de fer, etc., et pour l'affinage des métaux. L'acide sulfurique se combine avec les bases et donne naissance à des sulfates solubles comme ceux de soude, de potasse, d'ammoniaque, ou insolubles comme ceux de baryte, de plomb. L'*acide sulfurique monohydraté* ou *acide anglais* possède une grande affinité pour l'eau : exposé à l'air humide, il peut absorber jusqu'à 15 fois son poids d'eau. Mêlé avec de l'eau, il détermine une élévation de température qui peut dépasser 100 degrés; mélangé avec de la neige, il donne de la chaleur ou du froid selon les proportions employées, parce que la neige, pour passer à l'état liquide, absorbe de la chaleur. L'acide sulfurique se prépare industriellement en faisant arriver dans de grandes chambres, dont les parois sont formées de feuilles de plomb soudées entre elles, du gaz acide sulfureux produit par la combustion du soufre, ou des pyrites (sulfure de fer), de l'air, de la vapeur d'eau et de l'acide azotique que l'on obtient en faisant agir de l'acide sulfurique sur de l'azotate de soude. Les réactions en jeu dans cette opération peuvent être résumées ainsi : l'acide azotique se dédouble en oxygène, qui se porte sur le gaz sulfureux pour le transformer partiellement en acide sulfurique et en acide hypoazotique (vapeurs rutilantes) qui, au contact de l'eau, donne naissance à du bioxyde d'azote et à de l'acide azotique. L'acide azotique ainsi régénéré oxyde une nouvelle quantité d'acide sulfureux, et, en présence de l'air, le bioxyde d'azote forme de l'acide hypoazotique qui rentre dans le cycle des opérations. En présence de l'air et de l'eau, l'acide azotique cède indéfiniment de l'oxygène à l'acide sulfureux et se reconstitue en prenant à l'air autant d'oxygène qu'il en fournit. C'est donc, en définitive, l'oxygène de l'air qui oxyde le gaz sulfureux, mais en passant par l'acide azotique. Au sortir des chambres de plomb, l'acide sulfurique est trop étendu d'eau pour pouvoir servir à toutes les opérations chimiques. Pour l'amener au degré commercial, il faut le concentrer dans de grandes chaudières en plomb. Lorsqu'on veut obtenir de l'acide à 66 degrés Baumé, c'est-à-dire de l'acide monohydraté, on achève l'évaporation de l'eau retenue par l'acide en complétant la concentration dans des appareils en platine qui résistent à l'action de l'acide sulfurique concentré. L'acide sulfurique des chambres marquant 53° Baumé et l'acide à 66° sont employés dans presque toutes les industries chimiques; son énergie et sa fixité le rendent propre à isoler la plupart des acides. Le principal débouché de l'acide sulfurique se trouve dans la fabrication de la soude artificielle où il sert à décomposer le sel marin pour produire de l'acide chlorhydrique et du sulfate de soude. La préparation de l'alun, des couperoses, du chlore, du phosphore, de l'éther sulfurique, des superphosphates, de l'eau de Seltz, etc., en consomme de grandes quantités. On utilise l'action de l'acide sulfurique sur les matières organiques pour en faire une encre sympathique : pour cela, on met dans un peu d'eau deux ou trois gouttes d'acide sulfurique; on écrit avec le liquide, qui, une fois sec, ne laisse aucune trace visible sur le papier; si alors on approche le papier du feu, l'acide agit sur le papier en lui enlevant les éléments de l'eau et finit par mettre le charbon à nu, et les caractères tracés sur le papier apparaissent en noir. En médecine, on emploie l'acide sulfurique très dilué sous forme de limonade minérale pour combattre l'intoxication par le plomb et les coliques des peintres : on utilise, dans ce cas, la propriété qu'a l'acide sulfurique de former avec les sels de plomb un précipité de sulfate de plomb insoluble et inerte. || *Éther sulfurique*, l'éther ordinaire.

SULINA, un des bras du Danube, à son embouchure dans la mer Noire.

SULLY (MAURICE DE), évêque de Paris, de 1160 à 1196, entreprit la reconstruction de l'église Notre-Dame en 1163.

SULLY (MAXIMILIEN DE BÉTHUNE, BARON DE ROSNY, DUC DE) (1561-1641), calviniste, surintendant des finances et principal ministre de Henri IV, introduisit l'économie dans le budget de l'État, protégea l'agriculture, établit des plantations d'ormes le long des routes, introduisit en France l'éducation des vers à soie, rendit libre le commerce des grains, supprima beaucoup de douanes provinciales, construisit des routes et les premiers canaux. Il a laissé sur son temps des mémoires précieux, mais d'une lecture fatigante et intitulés : *Sages et Royales Œconomies d'Estat*.

SULLY-SUR-LOIRE, 2673 hab. Ch.-l. de c., arr. de Gien (Loiret); château et statue de Sully.

SULPICE (saint), aumônier de Clotaire II, évêque de Bourges de 624 à 644, auquel est dédiée l'église Saint-Sulpice de Paris, commencée en 1646, sur les plans de Levau et décorée d'un portail de Servandoni en 1745.

SULPICE-LAURIÈRE (SAINT-), 1367 hab. Ch.-l. de c., arr. de Limoges (Haute-Vienne); importante station de la ligne de Paris à Toulouse.

SULPICE-LES-CHAMPS (SAINT-), 1144 hab. Ch.-l. de c., arr. d'Aubusson (Creuse).

SULPICE-LES-FEUILLES (SAINT-), 2108 hab. Ch.-l. de c., arr. de Bellac (Haute-Vienne).

SULPICE-SÉVÈRE (363-406), Aquitain, historien ecclésiastique, surnommé le *Salluste chrétien*, auteur de dialogues, d'une Histoire de saint Martin et d'une Histoire sacrée qui va jusqu'en l'an 400.

SULPICIEN (*Sulpice*), *sm*. Membre d'une congrégation de prêtres, vouée à l'éducation des ecclésiastiques, fondée en 1642 par Olier, curé de Saint-Sulpice à Paris et qui dirigeait le séminaire de Saint-Sulpice, ainsi qu'un grand nombre d'autres.

1. SULTAN (ar. *soulthân*), *sm*. Titre que porte le souverain des Turcs et plusieurs autres princes mahométans. — Fig. Homme absolu, tyrannique : *Parler comme un sultan*. — **Dér.** *Sultane, sultanat, sultanin*.

2. SULTAN (*sultan* 1), *sm*. Meuble de toilette des dames consistant en une corbeille recouverte de soie.

***SULTANAT** (*sultan*), *sm*. Dignité de sultan. || Le règne d'un sultan.

1. SULTANE (*sultan* 1), *sf*. Femme d'un sultan. || *Sultane validé*, la mère du sultan régnant. || Robe longue ouverte par devant et faite d'une étoffe précieuse que les dames portaient à la fin du XVIIe siècle.

2. SULTANE (*sultan* 1), *sf*. Vaisseau de guerre turc.

SULTANIEH-KALESSI, 13000 hab. Ville forte de la Turquie d'Asie, à l'entrée des Dardanelles.

SULTANIN (ar. *soulthanyy*, impérial), *sm*. Ancienne monnaie d'or de Turquie.

SUMAC (ar. *soummaq*), *sm*. Genre de plantes dicotylédones de la famille des Térébinthacées, composé d'arbres et d'arbrisseaux à feuilles simples, trifoliolées, alternes et sans stipules. Leurs fleurs sont disposées en panicules et composées d'un calice petit et persistant, à cinq sépales égaux; d'une corolle à cinq pétales insérés sous un disque rond : ces pétales sont égaux entre eux, très étalés, et alternent avec les sépales. L'androcée compte cinq étamines alternant avec les pétales. Au centre de la fleur se trouve le gynécée, composé d'un ovaire unique, libre, sessile, surmonté de trois styles, terminés chacun par un stigmate. Le fruit est un drupe dont le mésocarpe est le plus souvent sec, rarement pulpeux; le noyau est osseux et dur et renferme une graine renversée dont les enveloppes sont minces; l'embryon est recourbé sur lui-même. Les nombreuses espèces de ce genre sont indigènes des contrées tempérées et sous-tropicales des deux mondes; on les trouve fréquemment au Cap de Bonne-Espérance et dans l'Amérique du Nord. Les espèces les plus intéressantes sont : 1° Le *sumac des corroyeurs* (*rhus coriaria*), appelé encore vulgairement *roux*, *rouvre* ou *roure des corroyeurs*, *vinaigrier*, se rencontre à l'état spontané à Madère, aux Canaries, dans les bassins de la Méditerranée et de la mer Noire. Son aire géographique s'étend jusqu'au midi du Caucase, en Perse et sur les bords de la mer Caspienne. Il est cultivé en Portugal, en Espagne, dans le midi de la France, en Italie, en Sicile, dans les lieux secs, pierreux et chauds. C'est un arbrisseau de 3 à 4 mètres de haut, dont les jeunes rameaux et les feuilles mis en poudre grossière sont employés au tannage et à la teinture des peaux, surtout des cuirs de Cordoue. Cette poudre, d'un jaune verdâtre et d'une odeur particulière, constitue le *sumac*, et est expédiée jusqu'en Amérique. Les anciens se servaient des fruits du sumac comme de condiment, et cet usage s'est perpétué jusqu'à nos jours en différents pays, chez les Turcs par exemple, qui l'emploient en guise de vinaigre. Ce fruit est un tonique et est doué de propriétés fébrifuges. En Russie, on fait avec ses graines, mêlées à celles du *genêt des teinturiers*, des décoctions qui sont, dit-on, un remède contre la rage. 2° Le *sumac des teinturiers* (*rhus catinus*), vulgairement nommé *fustet, coccigrue, arbre à perruque*, arbuste de 1 à 2 mètres de haut, croît dans les parties méridionales de l'Europe. Ses feuilles, arrondies, sont odorantes, et ses fleurs, stériles, sont réunies en un panicule soyeux. L'écorce de cet arbuste, aromatique, astringente, est également employée au tannage des peaux et est préconisée comme fébrifuge, tandis que ses feuilles sont usitées pour teindre en jaune. La culture de cette plante s'était introduite pendant les guerres de la Révolution et de l'Empire, afin de suppléer à la pénurie du vrai sumac. 3° Le *sumac de Virginie* (*rhus typhina*), originaire de l'Amérique septentrionale, répandu aujourd'hui dans nos parcs, à fruits d'un rouge vif avec lesquels on fait une boisson rafraîchissante. Son écorce est aussi employée au tannage des peaux, et son bois incisé laisse couler un suc laiteux qui, en se solidifiant, donne une gomme-résine âcre désignée sous le nom de *suc de Papaw*. 4° Le *sumac du docteur* (*rhus metopium*), originaire des Antilles, dont l'écorce astringente est employée contre les scrofules, les hémor-

Fleur. Fruit.

SUMAC DES TEINTURIERS

(RHUS CATINUS)

rhoïdes, etc. Le bois incisé donne une gomme-résine appelée *doctor-gum*, administrée à l'intérieur comme évacuant dans les maladies du foie et de la vessie, et à l'extérieur pour le traitement des plaies. 5° Le *sumac-copal* (*rhus copallina*) du Mexique, qui passait pour produire le copal de ce pays; il donne, en effet, une gomme-résine différant du copal. Cette espèce fournit des racines astringentes, et ses feuilles sont fumées par les indigènes en guise de tabac. 5° Le *sumac-vernis* (*rhus vernix*), originaire du Japon, de la Chine et de l'Inde, donne un suc blanchâtre noircissant à l'air; dissous dans une huile siccative, ce suc donne un vernis dont les Japonais recouvrent les ustensiles en bois et les meubles. 6° Le *sumac vénéneux* (*rhus toxicodendron*) de l'Amérique septentrionale, du Canada et de la Virginie, répand, surtout pendant la saison chaude, des exhalaisons produisant sur la peau des rougeurs et des gonflements très graves. Les feuilles de cette plante sont éminemment toxiques. On l'emploie quelquefois avec succès pour combattre certaine paralysie ainsi que l'incontinence d'urine. Une autre espèce de sumac, le *rhus semi-alata*, produit des *galles* dites *de Chine* (*ou-poey-tsé*), qui, riches en tanin, peuvent être employées aux mêmes usages que le cachou. Leur forme est très variable : elles simulent une massue, un éventail, une corne d'élan, etc., et leur substance est cornée, translucide; cette galle entoure une sorte de noyau blanc au centre duquel on trouve les débris des pucerons qui leur ont donné naissance. — Le sumac employé dans l'industrie nous vient de Sicile, d'Espagne, de Portugal, d'Italie et du midi de la France. Il sert à teindre en noir, en gris; il est employé aux mêmes usages que la noix de galle, mais il en faut davantage parce qu'il renferme moins de tanin. Il teint en jaune les étoffes de soie et de laine qui ont été mordancées avec l'alun. On le préfère à la noix de galle pour la teinture des peaux de chèvres et de moutons, dans la fabrication des maroquins, parce qu'il ne modifie pas les nuances que l'on veut obtenir et qu'il laisse aux cuirs leur souplesse naturelle.

SUMATRA, l'île la plus occidentale de la Malaisie; elle est orientée du S.-E. au N.-O. et s'étend sur 1600 kilom. de longueur et 300 de large; sa superficie est de 470000 kilom. carrés et sa population de 6 millions d'habitants.

Sumatra est baignée au N., à l'O. et au S. par l'océan Indien; au S.-E. et à l'E. par la mer de Java et la mer de Chine. Le détroit de la Sonde la sépare de Java, celui de Banka de l'île du même nom. Enfin, elle est séparée de la presqu'île de l'Indo-Chine par le détroit de Malacca qui a 880 kilom. de long sur 40 à 300 de large. Le long de la côte orientale, depuis Singapore jusqu'à Banka, et sur toute l'étendue de la côte occidentale règne un cordon d'îles distant de Sumatra d'environ 100 kilom. (îles Mentawei, Nias, Simahi, Billiton, Banka, Lingga).

L'île est coupée par l'équateur en son milieu. Tout le long de la côte S.-O. courent les monts Ophir, dont les principaux sommets sont : les pics Luse, 3352 mètres; Merapi, 2917 mètres; Ophir, 2917 mètres; Sing-Alang, 3086 mètres; Korintj, 3736 mètres; Dempo, 3200 mètres. Au N. de cette chaîne, du côté de l'Indo-Chine, s'étend un plateau élevé que sillonnent de nombreux cours d'eau, tels que le Rokan, le Siak, le Kampan, l'Indragiri, le Tembes, le Musi. Les pics Dempo, Korintj, Sing-Alang et Merapi sont des volcans encore en activité. Les côtes, basses et noyées, sont insalubres; des fièvres pernicieuses y règnent à l'état permanent.

Le climat, très variable, est tempéré; des tremblements de terre et des orages fréquents bouleversent souvent l'île; la saison des pluies dure pendant la mousson, de décembre à mars. La faune et la flore de Sumatra sont analogues à celles de l'Asie méridionale; les animaux féroces abondent (éléphants, tigres, rhinocéros, crocodiles). Les montagnes renferment de grandes richesses minérales (or, cuivre, étain, soufre). On cultive le riz, le caféier, la canne à sucre, les épices, l'oranger, le bananier. Les Hollandais possèdent dans l'île les résidences de Padang, Palembang, Lampong, Bencoulen, Rio, Ayerbangis comprenant 250000 hab. Au N.-O. est situé le royaume indépendant d'Atchin contre lequel on a dû à plusieurs reprises faire agir des forces considérables.

SUMBAWA, île de la Malaisie, qui fait partie de l'archipel de la Sonde, entre Java à l'O., dont elle est séparée par les îles de Bali et de Lombock, et Florès à l'E. La longueur de Sumbawa est de 280 kilom. sur une largeur de 100 kilom. La population est évaluée à 50000 hab. Au centre de l'île s'étend une sorte de lac communiquant avec la mer et qui coupe le pays en deux parties, reliées par une bande de terre. On trouve, comme dans toutes les îles de la Sonde, des volcans en activité, dont le principal est le *Tambora*. Plusieurs petits Etats se partagent l'île (Bima, Sumbawa, Tambora). On a reconnu d'importants gisements d'or, de fer et de cuivre. L'État de Bima est vassal de la Hollande.

SUMBAWA-TIMOR (ARCHIPEL DE), îles de la Malaisie, dans les mers de la Sonde et des Moluques, à l'E. de Java; ce sont: Sumbawa, Sumba, Florès, Solor, Sabrao, Timor.

***SUMBUL** (arabe persan, *sounboul*, lavande), *sm*. Nom par lequel on désigne une résine stimulante balsamique que l'on extrait de la racine d'une plante de la famille des Ombellifères, et qui croît au Turkestan. Cette racine est appelée *jatamansi* ou *racine musquée*.

SUMÈNE, 2880 hab., sur le Rieutort. Ch.-l. de c., arr. du Vigan (Gard); houille, minerai de fer et de plomb, filatures de cocons; gants, tonneaux.

SUMÈNE, 55 kilom. Rivière du département du Cantal qui se jette dans la Dordogne près d'Arches.

***SUMMUM** [sommome] (l. *summum*, le plus haut), *sm*. La plus haute dose, le plus haut degré.

SUNAMITE. On donne ce nom à plusieurs femmes juives, nées à *Sunam*, ancienne ville de la Palestine, de la tribu d'Issachar, et située au S.-O. de Nazareth. L'une d'elles, *Abisay*, épousa David devenu vieux. Une autre reçut le prophète Elisée dans la ville de Sunam. On donne aussi ce nom, par erreur, à l'épouse du *Cantique des Cantiques*. Le vrai nom de celle-ci est *Sulamite*.

SUND (mot scandinave, *détroit*), détroit qui sépare l'île de Sceland (Danemark) de la côte suédoise, et fait communiquer le Cattegat avec la mer Baltique; sa plus petite largeur est de 4 kilom., entre Helsingör (Danemark) et Helsingborg (Suède).

SUNDERLAND (H. SPENCER, COMTE DE) (1620-1643), ami de Charles Ier, roi d'Angleterre, qui montra beaucoup de dévouement à ce prince et périt à la bataille de Newbury. — ROBERT SPENCER, COMTE DE SUNDERLAND (1641-1702), fils du précédent, homme d'État anglais qui s'expatria pendant le règne de Cromwell et fut ministre de Charles II.

SUNDERLAND, 116548 hab. Ville et port d'Angleterre sur la mer du Nord, à l'embouchure de la Wear (Durham). Docks, chantiers de construction, verreries, raffineries. Commerce de houille et de fers.

SUNDSWALL, 9500 hab. Port de Suède sur le golfe de Bothnie; län de Hernösand. Chantiers, grand commerce de bois de construction.

• **SUNIUM**, cap au S. de l'Attique, où s'élevait un beau temple de Minerve, dont on voit quelques ruines.

SUNNA (ar. *sunnah*, tradition), *sf*. (V. *Sonna*.)

SUNNITE (*sunna*), *sm*. Mot par lequel on désigne tout mahométan qui admet la tradition et reconnait la légitimité des trois premiers successeurs de Mahomet : Abou-Bekr, Omar et Othman. Les Turcs sont *sunnites*, tandis que les Persans sont *chiytes*, c'est-à-dire sectateurs d'Ali.

***SUPÉ, ÉE** (part. pas. de *super*), *adj*. Se dit d'un navire dont la coque est engagée dans la vase et s'y trouve comme échoué. ‖ *Cordage supé*, cordage engagé entre la roue et la paroi de la mortaise d'une poulie.

SUPER (angl.-saxon *sipan*), *vt*. Aspirer de l'étoupe au lieu d'eau, en parlant d'une pompe. — *Vi*. Se boucher, en parlant d'une voie d'eau qui existe à un navire.

***SUPER**, mot latin signifiant *sur* et s'employant comme préfixe pour marquer une plus grande élévation ou la supériorité.

SUPERBAGNÈRES (1797 mètres). Montagne de la chaîne des Pyrénées (Haute-Garonne) qui domine Bagnères-de-Luchon.

1. **SUPERBE** (l. *superbum* : de *super*, au-dessus de), *adj. 2 g*. Qui a un orgueil hautain : *Un conquérant superbe*. ‖ Qui annonce un orgueil hautain : *Des paroles superbes*. ‖ Très beau, très grand, très riche : *Un édifice, un objet superbe*. ‖ Elevé, noble : *Un style superbe*. — *Sm*. Celui qui étale un orgueil hautain : *Dieu abaisse les superbes*. — **Dér.** *Superbe 2, superbement, supère*.

2. **SUPERBE** (l. *superbia*), *sf*. Orgueil hautain : *Humilier la superbe de l'esprit*.

SUPERBE, 27 kilom. Rivière de la Haute-Saône, qui arrose Amance.

SUPERBEMENT (*superbe* 1 + sfx. *ment*), *adv*. D'une manière qui annonce un orgueil hautain : *Commander superbement*. ‖ Avec magnificence : *Être vêtu superbement*.

SUPERCHERIE (ital. *soperchieria*, outrage), *sf*. Tromperie exécutée avec finesse : *Il découvrit la supercherie*. ‖ *Supercherie littéraire*, attribution d'un ouvrage à qui n'en est pas l'auteur. Ex. : *Le Livre abominable*, attribué à Molière par M. Aug. Ménars.

SUPERCRÉTACÉ, ÉE (pfx. *super* + *crétacé*), *adj*. Qui est au-dessus du terrain de la craie. (Géol.)

SUPÈRE (l. *superum*, qui est au-dessus), *adj. 2 g*. Se dit d'un organe végétal placé au-dessus d'un autre. ‖ *Ovaire supère*, ovaire libre et proéminent au centre de la fleur, par opposition à *ovaire infère* soudé avec le tube du calice. (Bot.)

SUPERFÉTATION (pfx. *super* + *fœtus*, embryon), *sf*. Chose qui est de trop et par conséquent inutile : *Ces explications sont une superfétation*. ‖ Conception d'un second fœtus après le premier. (Méd.)

***SUPERFICIALITÉ** (*superficiel*), *sf.* État de ce qui est superficiel.

SUPERFICIE (l. *superficiem* : de *super*, sur + *facies*, face), *sf.* La surface d'un corps : *Superficie plane.* || Nombre exprimant la mesure d'une surface : *Un terrain de 1 000 mètres de superficie.* || Couche superficielle : *La charrue n'entame que la superficie du sol.* — Fig. L'apparence, par opposition à la réalité : *N'avoir que la superficie du désintéressement.* — Fig. Connaissance légère, imparfaite : *N'effleurer que la superficie d'une science.* — **Dér.** *Superficiel, superficielle, superficiellement.*

SUPERFICIEL, ELLE (l. *superficialem*), *adj.* Qui a rapport à la surface : *Étendue superficielle.* || *Mètre superficiel*, carré dont chaque côté a un mètre. || Qui n'est qu'à la surface : *Brûlure superficielle.* — Fig. Qui n'a que l'apparence, sans réalité : *Politesse superficielle.* || Léger, sommaire : *Examen superficiel.* || Qui n'approfondit pas, qui ne pénètre pas dans les détails : *Esprit superficiel.* — **Dér.** *Superficiellement.*

SUPERFICIELLEMENT (*superficielle* + sfx. *ment*), *adv.* Eu égard à la surface. || D'après l'apparence. || Sans approfondir.

SUPERFIN, INE (pfx. *super* + *fin*), *adj.* Qui est très fin, de la meilleure qualité : *Liqueur superfine.* (Comm.)

SUPERFLU, UE (l. *superfluum*, qui coule par-dessus), *adj.* Qui est de trop : *Ornement superflu.* || Inutile : *Précaution superflue.* — *Sm.* Ce qui est de trop, ce qui est au delà du nécessaire : *Donnons de notre superflu aux pauvres.* — **Dér.** *Superfluité.*

SUPERFLUITÉ (l. *superfluitatem*), *sf.* Ce qui est de trop : *Une superfluité de recommandations.* || Toute chose de luxe et dont on pourrait se passer : *Les superfluités de la table.*

SUPÉRIEUR, EURE (l. *superiorem*, plus élevé), *adj.* Situé au-dessus, par opposition à inférieur : *Les couches supérieures de l'air.* || *Membres supérieurs*, les bras. || Qui est plus élevé au-dessus du niveau de la mer, plus près de la source d'un fleuve : *L'Elbe supérieur traverse la Bohême.* || Numériquement plus grand : *Un budget supérieur.* || Dont l'organisation est plus parfaite : *Les animaux supérieurs.* || Qui a plus d'autorité, de pouvoir, un grade plus élevé : *Employé, officier supérieur.* || *Tribunal supérieur*, qui juge en dernier ressort. || Qui l'emporte par le rang, le mérite, le talent : *Esprit supérieur.* || *Être supérieur à sa place*, avoir plus de talent qu'il n'en faut pour la remplir. || Qui ne se laisse pas accabler par : *Ame supérieure aux revers.* — **Gr.** *Supérieur* dérivant d'un comparatif latin ne doit avoir ni comparatif, ni superlatif en français; ne dites pas : *Il est très supérieur.* — *S.* Celui, celle qui a le droit de commander : *Obéissons à nos supérieurs.* || Celui, celle qui gouverne un monastère : *La supérieure des Ursulines.* — **Dér.** *Supérieurement, supériorité.*

SUPÉRIEUR (LAC), le plus grand et le plus occidental des cinq grands lacs de l'Amérique du Nord, entre les États-Unis et le Canada. Sa longueur est de 570 kilom., sa largeur de 250 et sa superficie de 63 000 kilom. carrés. L'altitude du lac au-dessus du niveau de l'Atlantique est de 180 mètres, et sa profondeur atteint 300 mètres. Le lac Supérieur contient de nombreuses îles : les principales sont l'île *Royale*, sur la rive N.-E.; l'île *Michipicoten*, à l'E.; les îles *Grand Outer, Madeline, Ignace, Sampson.* Les eaux s'écoulent dans le lac Huron par le canal *Sainte-Marie*, au fond de la baie de Tequam, située à l'extrémité S.-E. Un grand nombre de rivières apportent leurs eaux au lac Supérieur. Nous citerons les rivières de Saint-Louis, de Montréal et la Dog River. La navigation est active sur le lac, dont les eaux limpides et douces sont souvent bouleversées par de terribles tempêtes. On a découvert sur les rives du lac Supérieur de célèbres gisements de cuivre contenus dans les roches cristallines ou cambriennes; le cuivre existe à l'état natif en blocs considérables de 300 à 400 mètres cubes.

SUPÉRIEUREMENT (*supérieure* + sfx. *ment*), *adv.* Avec comparaison, d'une manière supérieure : *Il travaille supérieurement aux autres.* || Sans comparaison, très bien, parfaitement : *Écrire supérieurement.*

SUPÉRIORITÉ (*supérieur*), *sf.* État de celui qui est au-dessus des autres par l'autorité, le talent, etc. : *La supériorité de cet avocat est incontestable.* || Dignité de supérieur d'un couvent.

SUPERLATIF, IVE (l. *superlativum*, porté au-dessus), *adj.* Qui exprime la qualité portée au plus haut degré : ISSIME *est une terminaison superlative.* — *Sm.* La forme que prend l'adjectif pour exprimer la qualité portée au plus haut degré : MINIME, ILLUSTRISSIME *sont des superlatifs.* || *Superlatif absolu*, celui qui exprime la qualité portée au plus haut degré et sans comparaison et qui se forme en français en plaçant *très fort, extrêmement* devant l'adjectif, rarement en ajoutant à ce dernier la terminaison *issime* empruntée à l'italien : *Très savant ou savantissime.* || *Superlatif relatif*, celui qui exprime la qualité portée à un degré supérieur par comparaison à ce qu'elle est dans une autre personne ou dans une autre chose. || Il se forme en français en mettant devant l'adjectif *le plus, la plus, les plus, le moins, la moins, les moins* ou bien *plus, moins*, précédés de l'adjectif possessif : *Le plus sage des deux. Mon plus bel habit.* || Quelques superlatifs relatifs sont exprimés par un seul mot, comme : *Majeur, mineur, moindre, pire.* — AU SUPERLATIF, *loc. adv.* Au plus haut degré : *Il est ennuyeux au superlatif.* (Fam.) — **Dér.** *Superlativement.*

SUPERLATIVEMENT (*superlative* + sfx. *ment*), *adv.* Au plus haut degré : *Superlativement ridicule.* (Fam.)

SUPERPHOSPHATE (pfx. *super* + *phosphate*), *sm.* Phosphate contenant un équivalent de base et deux équivalents d'eau basique. Si l'on représente par MO un oxyde métallique, tel que la potasse, la soude, la chaux anhydres, la formule générale des superphosphates est $MO,2HO,PhO^5$. Cette expression, à vrai dire, n'est guère employée que pour désigner le superphosphate de chaux, $CaO,2HO,PhO^5$, que l'on obtient en traitant le phosphate de chaux naturel (V. *Phosphate*) par l'acide sulfurique. On obtient ainsi un mélange de sulfate et de superphosphate de chaux. Ce produit est employé tel quel, en agriculture, sous le nom de superphosphate. On désigne ainsi le tout par le nom de la partie, puisqu'il y a là du plâtre artificiel, indépendamment du phosphate, ajouté à un équivalent de base et à deux équivalents d'eau. L'acide phosphorique du superphosphate est plus promptement assimilé que l'acide phosphorique du phosphate de chaux naturel; mais le même poids d'acide phosphorique revient évidemment à un prix plus élevé, car il faut payer l'acide sulfurique transformé en plâtre et la main-d'œuvre. Du reste, les phosphates naturels sont toujours absorbés à la longue par les végétaux; ils deviennent solubles sous l'influence de l'acide carbonique provenant de la végétation ou pris dans l'atmosphère et entraîné par les pluies, ou sous l'influence des acides végétaux provenant de la végétation et de ceux qui se trouvent dans le fumier. C'est aux agriculteurs de conclure, et de voir s'ils ont réellement intérêt, dans tel ou tel cas, à employer des superphosphates.

SUPERPOSER (pfx. *super* + *poser*), *vt.* Poser une ligne, une surface, un solide géométrique sur un autre, ou un corps quelconque sur un autre : *On superpose deux triangles pour en prouver l'égalité. Le terrain crayeux est superposé au terrain jurassique.* — **Se superposer**, *vr.* Être superposé. — **Dér.** *Superposition.*

SUPERPOSITION (l. *super*, sur + *positionem*), *sf.* Action de superposer : *Prouver par superposition l'égalité de deux figures géométriques.* || État de choses superposées : *La superposition des lits d'une carrière.*

SUPERPURGATION (l. *super*, sur + *purgation*), *sf.* Purgation excessive.

***SUPERSÉCRÉTION** (pfx. *super* + *sécrétion*), *sf.* Sécrétion excessive.

SUPERSÉDER (db. de *surseoir*), *vi.* Surseoir : *Superséder à des poursuites judiciaires.* — **Gr.** *Sé* devient *sè* devant une syllabe muette, excepté au futur et au conditionnel.

SUPERSTITIEUSEMENT (*superstitieuse* + *ment*), *adv.* D'une manière superstitieuse. — Fig. Avec une exactitude, un scrupule excessif : *S'attacher superstitieusement à la lettre d'un texte.*

SUPERSTITIEUX, EUSE (l. *superstitiosum*), *adj.* Qui a de la superstition : *Population superstitieuse.* || Entaché de superstition : *Pratique superstitieuse.* — Fig. Qui pèche par excès d'exactitude : *Relater avec un soin superstitieux les dires d'un homme célèbre.*

SUPERSTITION (l. *superstitionem*), *sf.* Crainte religieuse mal fondée qui inspire des actions et des croyances contraires à la religion ou à la raison : *Regarder le vendredi comme un jour funeste, ou craindre de se trouver treize à table, sont des superstitions.* || Pratique, croyance inspirée par une crainte religieuse sans fondement : *Beaucoup de superstitions sont un legs du paganisme ou même des temps préhistoriques.* || Vain présage qu'on tire de certains accidents fortuits : *Voir dans une salière renversée l'annonce d'un malheur est une superstition.* — Fig. Tout excès d'exactitude, de soin dans une matière quelconque : *Avoir la superstition de l'orthographe.* — **Dér.** *Superstitieux, superstitieuse, superstitieusement.*

***SUPERSTRUCTION** (l. *super*, sur + *struction*), *sf.* La partie d'un édifice qui s'élève au-dessus du sol.

SUPERSTRUCTURE (pfx. *super* + *structure*), *sf.* Se dit de tout ce qui est relatif à l'établissement de la voie des chemins de fer.

SUPIN (l. *supinum* : de *supinus*, couché sur le dos), *sm.* Nom de deux formes du verbe latin qui ne sont que des substantifs. Le *supin actif* terminé en *tum* est un accusatif exprimant le but et équivalent à *pour* suivi de l'infinitif français. Le *supin dit passif* en *tu* est un ablatif ou un instrumental. — **Dér.** *Supination, supinateur.*

SUPINATEUR (l. *supinus*, couché sur le dos), *sm.* Se dit de deux muscles du bras qui font mouvoir l'avant-bras et la main de manière à mettre la paume de celle-ci en avant.

SUPINATION (l. *supinationem*), *sf.* Le mouvement exécuté par l'avant-bras et la main sous l'action des muscles supinateurs. || Position d'un malade couché sur le dos.

***SUPPLANTATEUR** (*supplanter*), *sm.* Celui qui supplante.

***SUPPLANTATION**, *sf.*, ou **SUPPLANTEMENT** (*supplanter*), *sm.* Action de supplanter.

SUPPLANTER (l. *supplantare*, donner un croc-en-jambe), *vt.* Prendre la place de quelqu'un auprès d'une personne, après l'avoir déconsidéré aux yeux de celle-ci : *Supplanter un rival.* — **Se supplanter**, *vr.* S'évincer mutuellement : *Ils cherchent à se supplanter.* — **Dér.** *Supplantation, supplantement, supplantateur.*

SUPPLÉANCE (*suppléant*), *sf.* Action de remplacer. || Fonction de suppléant.

SUPPLÉANT, ANTE (*suppléer*), *adj.* et *s.* Celui, celle qui remplace quelqu'un, qui remplit ses fonctions à son défaut : *Ce professeur a demandé un suppléant. Juge suppléant.*

SUPPLÉER (l. *supplere*), *vt.* Ajouter ce qui manque : *Payez ce que vous pourrez, je suppléerai le reste.* || Ajouter à une phrase, à une expression, ce qui y est sous-entendu : *Dans* HÔTEL-DIEU, *il faut suppléer* DE. || Tenir lieu de : *L'audace supplée quelquefois le mérite.* || *Suppléer quelqu'un*, faire ses fonctions pendant le temps qu'il en est empêché : *Le substitut supplée le procureur.* — *Vi.* Tenir lieu de : *La valeur suppléa au nombre.* — **Se suppléer**, *vr.* Avoir son équivalent : *L'expérience ne se supplée pas.* — **Gr.** Je supplée, nous suppléons; je suppléais, nous suppléions, vous suppléiez, ils suppléaient; je suppléai; je suppléerai; je suppléerais; supplée, suppléons, suppléez; que je supplée, que nous suppléions, que vous suppléiez, qu'ils suppléent; que je suppléasse; suppléant; suppléé, suppléée. — **Dér.** *Sup-*

pléant, suppléante, suppléance, supplément, supplémentaire, supplétif, supplétive.

SUPPLÉMENT (l. *supplementum*), *sm.* Ce qu'on donne pour compléter un paiement, un partage. || Ce qu'on donne en sus : *Supplément de solde.* || *Supplément d'un livre,* ce qu'on y ajoute pour qu'il contienne ce qui manquait. || *Supplément d'un journal,* feuille qu'on y ajoute quand la matière ne peut être contenue dans le format ordinaire. || Ce qu'on paye dans un théâtre, dans un chemin de fer pour avoir une place meilleure que celle qu'on avait choisie d'abord. || Dans les restaurants à prix fixe, ce qu'on prend au delà du nombre de plats indiqués. || *Supplément d'un angle,* ce qu'il faut ajouter à cet angle pour former deux angles droits. || Ce qui tient lieu d'une chose qui manque : *Le travail est un supplément du talent.* — **Dér.** *Supplémentaire.*

SUPPLÉMENTAIRE (*supplément*), *adj. 2 g.* Qui est ajouté en sus : *Crédit supplémentaire.* || *Jurés supplémentaires,* ceux qui sont désignés pour remplacer les jurés titulaires absents ou malades. || *Angles supplémentaires,* deux angles dont la somme est égale à deux angles droits.

SUPPLÉTIF, IVE (l. *suppletivum*), *adj.* Qui complète.

***SUPPLÉTOIRE** (l. *suppletum :* supin de *supplere,* suppléer), *adj. 2 g.* Qui sert de supplément. || *Serment supplétoire,* celui que le juge a la faculté de déférer d'office à l'une des parties pour suppléer à l'insuffisance de preuve.

SUPPLIANT, ANTE (*supplier*), *adj.* Qui supplie. || Qui annonce que l'on supplie : *Un air suppliant.* — *S.* Celui qui supplie : *Les grands sont assiégés de suppliants.* || Celui qui présente une requête pour obtenir une grâce, une faveur (vx). — Aujourd'hui on dit *requérant,* en termes de palais, et *pétitionnaire,* en termes d'administration.

SUPPLICATION (l. *supplicationem*), *sf.* Prière faite avec soumission et avec instance : *Rester sourd à toutes les supplications.* — *Sfpl.* Prières publiques que le sénat de Rome ordonnait dans les occasions importantes. || Remontrances que le Parlement faisait au roi de vive voix sous l'ancienne monarchie.

***SUPPLICATOIRE** (*supplier*), *adj. 2 g.* Qui a le caractère de la supplication.

SUPPLICE (l. *supplicium*), *sm.* Punition corporelle ordonnée par la justice : *Le supplice du fouet.* || *Le dernier supplice,* la peine de mort. || *Mener quelqu'un au supplice,* l'emmener pour le mettre à mort. || *Les supplices éternels,* les peines qu'on souffre dans l'enfer. || Tout ce qui cause une douleur de corps vive et prolongée : *La goutte est un supplice.* — Fig. Tourment d'esprit, chagrin cuisant : *Le remords est un supplice.* — Fig. Ce qui agace, fatigue, ennuie : *Son bavardage est pour moi un supplice.* — Fig. *Être au supplice,* éprouver une vive douleur, physique ou morale. — **Dér.** *Supplicier, supplicié, suppliciée.*

SUPPLICIÉ, ÉE (*supplicier*), *adj.* et *s.* Qui a subi un supplice entraînant la mort : *Le corps d'un supplicié.*

SUPPLICIER (*supplice*), *vt.* Faire subir un supplice qui cause la mort : *Supplicier un criminel.* — **Gr.** Je supplicie, n. supplicions; je suppliciais, n. suppliciions, v. suppliciiez; je suppliciai; je supplicierai; je supplicierais; supplicie, supplicions, suppliciez; que je supplicie, que n. suppliciions, que v. suppliciiez; que je suppliciasse; suppliciant; supplicié, ée.

SUPPLIER (l. *supplicare :* de *sub,* sous + *placare,* apaiser), *vt.* Prier avec instance et soumission : *Supplier son maître.* — **Gr.** Je supplie, n. supplions; je suppliais, n. suppliions, v. suppliiez; je suppliai; je supplierai; je supplierais; supplie, supplions, suppliez; que je supplie, que n. suppliions, que v. suppliiez; que je suppliasse; suppliant; supplié, suppliée. — **Dér.** *Supplique, supplication.* — **Syn.** *Prier,* c'est demander à un égal une chose que l'on désire; *supplier,* c'est demander à une personne placée au-dessus de vous par la fortune, le rang, une chose que l'on désire ardemment; *implorer,* c'est supplier d'une manière humble; *conjurer,* c'est prier instamment.

SUPPLIQUE (ital. *supplica*), *sf.* Demande écrite qu'on présente pour solliciter une grâce : *Adresser une supplique au chef du pouvoir.*

SUPPORT, *svm.* de *supporter.* Ce qui soutient une chose, le corps sur lequel elle pose : *Les échalas sont les supports des ceps. Le pilier est le support de cette voûte.* — Fig. Aide, appui, soutien, protection : *La vieillesse a besoin de support.* || Condescendance, indulgence : *Il faut du support pour son prochain.* — *Smpl.* Les figures d'hommes, d'anges ou d'animaux qui paraissent supporter un écu d'armoiries.

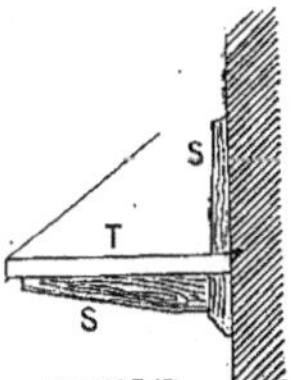

SUPPORT (S)
T. Tablette.

SUPPORTABLE (*supporter*), *adj. 2 g.* Qu'on peut supporter, souffrir : *Douleur supportable.* || Excusable : *Le radotage est supportable chez les vieilles gens.* || Qui n'est pas absolument mauvais : *Vin supportable.*

SUPPORTABLEMENT (*supportable* + sfx. *ment*), *adv.* D'une manière qui peut être tolérée, excusée : *Il parle supportablement.*

SUPPORTER (l. *sub,* sous + *portare*), *vt.* Servir de soutien, d'appui à : *Ces colonnes soutiennent l'entablement.* — Fig. Souffrir, endurer : *Supporter le froid.* || Être indulgent pour : *Supporter les défauts d'autrui.* || Ne pas être trop détérioré par : *Ce vin supporte l'eau.* || Ne pas être incommodé par, avoir de la tolérance pour : *Mon estomac ne supporte pas ce mets.* || Permettre, donner son assentiment à : *Je ne supporte pas qu'on agisse ainsi.* || Couvrir de son appui, de sa protection : *Supporter un parti.* || N'être pas endommagé par : *Ce vase supporte le feu.* || Etre grevé de : *Supporter un impôt.* — **Se supporter,** *vr.* Etre toléré. — *V. réciproque.* Avoir de l'indulgence l'un pour l'autre : *Ces deux hommes ne peuvent se supporter.* — **Dér.** *Support, supportable, supportablement.*

SUPPOSABLE (*supposer*), *adj. 2 g.* Qu'on peut supposer : *Cela n'est pas supposable.*

SUPPOSÉ, ÉE (part. passé de *supposer*), *adj.* Admis provisoirement comme vrai : *Cela supposé.* || Qu'on veut faire passer pour vrai, mais qui ne l'est pas : *Testament supposé.* || Qui n'a pas le père et la mère qu'on lui attribue : *Enfant supposé.* — SUPPOSÉ, *prép.* En admettant provisoirement : *Supposé ces faits.*— SUPPOSÉ QUE, *loc. conj.* En admettant que : *Supposé que cela soit prouvé.*

SUPPOSER (l. *sub,* sous + *poser*), *vt.* Admettre provisoirement comme vrai : *On suppose que les atomes sont indivisibles.* || Présumer : *Je suppose qu'il réussira.* || Avancer comme vrai ce qui ne l'est pas : *Supposer une cabale.* || *Supposer un enfant,* vouloir le faire passer pour fils de ceux dont il n'est pas né. || Entraîner la nécessité d'admettre : *Tout verbe suppose un sujet.* || Substituer : *Il suppose quelqu'un à sa place.* — **Se supposer,** *vr.* Etre supposé : *Cela ne se suppose pas.* || Se croire en état de : *Il se suppose capable de remplir cette place.* — **Dér.** *Suppôt, supposition, suppositoire, supposeur, suppositif, suppositive.*

***SUPPOSEUR** (*supposer*), *sm.* Celui qui suppose.

***SUPPOSITIF, IVE** (l. *suppositivum*), *adj.* Qui a rapport à une supposition. || Nom par lequel on désigne quelquefois le conditionnel.

SUPPOSITION (l. *suppositionem*), *sf.* Chose que l'on admet provisoirement comme vraie afin d'en tirer quelque conséquence : *La supposition de l'existence du feu central explique les phénomènes volcaniques.* || Conjecture : *Ma supposition se trouve vérifiée.* || Production d'une pièce fausse. || Allégation d'un fait controuvé : *Une supposition de testament.* || *Supposition de nom, de personne,* action de mettre un nom, une personne à la place d'une autre. || *Supposition d'enfant,* l'action de celui qui veut faire passer un enfant pour fils ou fille de ceux dont il n'est pas né.

SUPPOSITOIRE (l. *suppositorium*), *sm.* Médicament pâteux, de forme conique, qu'on introduit dans l'anus pour provoquer des évacuations intestinales ou pour agir comme adoucissant.

SUPPÔT (vx fr. *suppost :* l. *suppositum,* placé dessous), *sm.* Membre d'un corps qui remplit certaines fonctions pour le service de ce corps : *Les recors étaient les suppôts du tribunal de commerce.* — Fig. Celui qui sert aux mauvais desseins d'un autre : *Les suppôts d'un tyran.* || *Un suppôt de Satan,* un homme pervers.

***SUPPRESSIF, IVE** (*supprimer*), *adj.* Qui supprime.

SUPPRESSION (l. *suppressionem*), *sf.* Action de supprimer : *La suppression d'un impôt.* || *Suppression d'état,* crime qui consiste à supprimer les preuves de l'état civil d'une personne. || Arrêt dans l'écoulement d'un liquide sécrété par le corps : *Suppression de transpiration.*

SUPPRIMER (l. *supprimere*), *vt.* Empêcher de paraître, ne pas publier un écrit : *Supprimer un journal.* || Dérober un acte, un contrat pour en empêcher l'effet : *Supprimer un testament.* || Faire disparaître, détruire : *Supprimer les preuves d'un crime.* || Passer sous silence : *Supprimer quelques détails d'un récit.* || Retrancher : *Supprimer un passage d'un discours.* || Abolir : *Supprimer une fonction.* — **Se supprimer,** *vr.* Être supprimé. — **Dér.** *Suppression, suppressif, suppressive.*

***SUPPURANT, ANTE** (*suppurer*), *adj.* Qui suppure : *Plaie suppurante.*

SUPPURATIF, IVE (*suppurer*), *adj.* et *sm.* Qui facilite la suppuration : *Onguent suppuratif. Un suppuratif.*

SUPPURATION (l. *suppurationem*), *sf.* La formation, l'écoulement du pus.

SUPPURER (l. *suppurare :* de *sub,* sous + *pus, puris,* pus), *vi.* Rendre du pus : *La plaie suppure.* — **Dér.** *Suppuration, suppuratif, suppurative.*

SUPPUTATION (l. *supputationem*), *sf.* Action de calculer : *Faire la supputation de ses dépenses.*

SUPPUTER (l. *supputare :* de *sub,* sous + *putare,* penser), *vt.* Compter, calculer le total de plusieurs nombres : *Supputer les intérêts d'une dette.* — **Dér.** *Supputation.* — **Syn.** *Calculer* porte en lui une idée savante : c'est combiner les nombres pour en obtenir un résultat. *Compter* est plus modeste; il s'applique à l'économie domestique : *on compte ses dépenses. Supputer* a quelque chose d'incertain : *on suppute le moment où une éclipse se produira.*

***SUPRALAPSAIRE** (l. *supra,* sur, au delà + *lapsus,* chute), *sm.* Membre d'une secte calviniste qui enseigne que Dieu a résolu, avant la chute d'Adam, de sauver les uns et de damner les autres.

***SUPRASENSIBLE** (l. *supra,* au-dessus + *sensible*), *adj. 2 g.* Qui est au-dessus des sens.

SUPRÉMATIE [su-pré-ma-cie] (*suprême*), *sf.* Supériorité qui est au-dessus de tout : *La suprématie du pape sur les évêques catholiques.*

SUPRÊME (l. *supremum,* qui est le plus au-dessus), *adj. 2 g.* Qui est au-dessus de tout : *Autorité suprême.* || *L'Être suprême,* Dieu. || Qui est à la fin de la vie : *L'instant, l'heure suprême,* le moment de la mort. || *Les volontés suprêmes d'un mourant,* les dernières qu'il exprime avant de mourir. || *Les honneurs suprêmes,* les funérailles. — *Sm. Suprême de volaille,* les parties les plus délicates d'une volaille accompagnées d'un coulis. — AU SUPRÊME DEGRÉ, *loc. adv.* A un degré tel qu'il n'y a pas de plus haut : *Il est bon au suprême degré.* — **Dér.** *Suprêmement, suprématie.*

SUPRÊMEMENT (*suprême* + sfx. *ment*), *adv.* Au suprême degré.

1. ***SUR,** préfixe formé de la préposition *sur* et qui exprime l'élévation, la supériorité, l'addition.

2. **SUR** (vx fr. *sovre, sore, suz, sour, sor, sus :* du l. *super,* au-dessus, sur). Préposition de lieu indiquant la situation d'une

chose par rapport à une autre qui la supporte : *La maison est bâtie sur le haut de la colline. Être placé sur la table. Monter sur un cheval.* || Indique aussi qu'un objet est placé au-dessus d'un autre : *Un nuage plane sur la ville. Se pencher sur l'eau.* || *Être sur l'horizon,* être visible à l'observateur dans la portion que son regard peut embrasser. — Fig. Marque la supériorité, la domination, la vengeance, l'avantage, etc. : *Dieu étendit sa main sur les Philistins. Cet homme a la main sur moi.* || Joignant, tout proche : *Les villes qui sont sur la Seine. La maison est sur la grande route.* || Indique le lieu où l'on est : *Être sur la route de Marseille.* || *Être sur les lieux,* se trouver à un endroit déterminé. || Se dit aussi en parlant de ce que l'on touche, etc. : *Donner un coup sur la tête.* || Marque ce qui suit : *Il est sur nos pas.* || Se dit de ce que l'on écrit, grave, dessine, etc.; de ce qui est écrit, gravé, etc., à la surface de quelque chose : *Écrire sur du papier. Gravé sur le marbre. Écrire sur un registre.* || A : *Mettre deux ouvriers sur un ouvrage. Mettre quatre chevaux sur un char.* || *Être toujours sur les livres, pâlir sur les livres,* étudier constamment. — Fig. *L'ennui est peint sur son visage,* y est comme imprimé. || Indique l'accumulation : *Il nous arrive malheur sur malheur.* || Vers, du côté de : *Tourner sur la droite. Décharger une arme à feu sur quelqu'un.* || En arrière : *Revenir sur ses pas.* || Parmi : *Sur dix, il n'y en avait qu'un de bon.* || Marque des rapports d'étendue : *Cette plaine a 6 kilomètres de long sur 2 de large.* || Par-dessus : *Il gelait hier, il a neigé sur cela.* || Plus que : *Mes petits sont mignons, beaux, bien faits et jolis sur tous leurs compagnons.* (LA FONTAINE.) || De plus que : *Les Philippines ont sur les autres colonies européennes l'avantage de posséder de l'or.* || Se dit, au figuré, de toute sorte d'imposition sur les choses, les personnes : *L'impôt sur le sel. Prendre sur sa dépense.* || Aux dépens de : *Vivre sur le commun.* || Au delà de, en avance de : *Le progrès sur les années précédentes est frappant.* || Marque la supériorité, la domination, etc. : *Régner sur une nation. Avoir de l'ascendant sur quelqu'un.* || Touchant, concernant, quant à : *Il y a diversité sur ce point.* || D'après, en conséquence : *Juger sur les apparences.* || *Sur la vie,* au risque de perdre la vie. || Marque l'affirmation, la garantie de quelque chose : *Sur ma parole.* || Conformément à : *J'ai agi sur ce que vous m'avez dit. Mettre des paroles sur un air.* || Durant, environ, vers : *Il vient sur l'heure du dîner, sur l'aube.* || Sur cela, en faisant cela : *Sur cela, il nous quitta.* — SUR TOUTE CHOSE OU SUR TOUTES CHOSES, *loc. adv.* Principalement, par préférence à toute autre chose : *Je vous recommande de venir sur toute chose.* — SUR TANT ET MOINS, *loc. adv.* En déduction : *On a payé telle somme sur tant et moins de ce qu'on lui doit* (VX). — SUR LE TOUT, *loc. adv.* En somme, en résumé : *Sur le tout, je m'en rapporte à vous.* || Se dit, en termes de blason, d'un écu qui se met au milieu d'une écartelure. || *Brochant sur le tout,* se dit d'une pièce du blason mise en travers de l'écu et par-dessus les autres. — Fig. et fam. *Brochant sur le tout,* faire ou dire une chose qui y met le comble : *Il a fait hier une sottise brochant sur le tout.* — **Gr.** L'expression : *Lire sur le journal* ne peut être employée que quand le journal est déployé devant soi; dans les autres cas, il faut dire : *Lire dans le journal.* De même : *Loger sur la rue,* signifie que l'appartement que l'on occupe a ses fenêtres placées le long de la rue; mais il faut remplacer *sur* par *dans* lorsque l'on veut dire que la maison que l'on habite est située dans une rue.

3. **SUR, SURE** (allem. *sauer*), *adj.* Qui a un goût aigre, piquant, acide : *L'oseille est sure.* || *Eau sure,* liquide acide et fétide qui prend naissance pendant la fabrication de l'amidon.— **Dér.** *Surir, surelle, suret, surette.*

4. **SÛR, SÛRE** (vx fr. *seur, seüre :* du l. *securus :* de *se,* pour *sine,* sans + *cura,* souci), *adj.* Qui compte fermement sur : *Un général sûr de ses troupes.* || *Être sûr de soi,* avoir la conviction qu'on ne faiblira point. || En qui l'on peut se fier : *Ami sûr.* || *En main sûre, en mains sûres,* entre les mains d'une personne digne de toute confiance. || En quoi on peut avoir confiance : *Moyen sûr.* || *Avoir la main sûre,* une main ferme, qui ne tremble pas. || Qui sait d'une manière certaine : *Être sûr de ce qu'on dit.* || Qui ne commet pas d'erreur : *Jugement sûr.* || *Avoir le goût sûr,* apprécier parfaitement la qualité des mets, des boissons. — Fig. Juger bien des ouvrages d'esprit. || Où il n'y a aucun danger à craindre : *Port sûr.* || *Mettre quelqu'un en lieu sûr,* le mettre dans un lieu où il n'aura rien à redouter, le mettre en prison. || Dont on ne doit pas douter : *Une nouvelle sûre.* || Qui doit arriver infailliblement : *Notre succès est sûr.* || Efficace : *Remède sûr.* || *Le plus sûr,* le parti le plus sûr. — A COUP SÛR, *loc. adv.* Immanquablement, infailliblement. — POUR SÛR, *loc. adv.* Certainement. — **Dér.** *Sûreté, sûrement.* — **Comp.** *Assureur,* etc.; *rassurer,* etc.

SURA, ancienne ville de la Babylonie, sur l'Euphrate. || Titre d'un évêché *in partibus* dont Mgr Maret était titulaire.

SURABONDAMMENT (*surabondant* + sfx. *ment*), *adv.* Plus qu'il ne faut.

SURABONDANCE (*surabondant*), *sf.* Très grande abondance : *Une surabondance de fruits.*

SURABONDANT, ANTE (*surabonder*), *adj.* Très abondant. || Superflu : *Une preuve surabondante.* — *Sm.* Ce qui est en très grande quantité, ce qui est superflu.

SURABONDER (*sur* + *abonder*), *vi.* Être très abondant. || Avoir en très grande abondance. — **Dér.** *Surabondant, surabondante, surabondamment, surabondance.*

***SURACHAT** (*sur* 1 + *achat*), *sm.* Achat de monnaie d'or ou d'argent, au-dessus de leur cours légal.

SURACHETER, *vt.* Acheter trop cher.

***SURADDITION** (*sur* 1 + *addition*), *sf.* Action d'ajouter de nouveau à ce qu'on avait déjà ajouté. || Ce que l'on ajoute de nouveau.

SURAIGU, UË (*sur* + *aigu*), *adj.* Extrêmement aigu.

SURAJOUTER (*sur* 1 + *ajouter*), *vt.* Ajouter à ce qui a déjà été ajouté.

***SURAL, ALE** (l. *sura,* le gras de la jambe), *adj.* Qui appartient à la jambe.

SUR-ALLER, *vi.* Passer sur la voie sans se rabattre et sans rien dire, en parlant d'un chien courant. (Chasse.)

SURAND, 72 kilom. Rivière qui prend sa source dans la forêt de Chaillot (Jura); elle arrose Gigny, Saint-Julien, Chavannes, Simandre, Vallereversure, Meyriat et se jette dans l'Ain. Le Surand reçoit le Noellan, le Ponson et la Doye.

SUR-ANDOUILLER (*sur* 1 + *andouiller*), *sm.* Andouiller plus grand que les autres qui se trouve à la tête de certains cerfs.

SURANNATION (*suranner*), *sf.* Cessation de l'effet d'un acte qui n'était valable que pour un temps déterminé.

SURANNÉ, ÉE (*suranner*), *adj.* Devenu nul parce que le temps de l'année pendant lequel il était valable est expiré : *Permis de chasse, passeport suranné.* — Fig. Vieux, passé de mode : *Costume suranné.*

SURANNER (*sur* + *an*), *vi.* Avoir plus d'un an de date et en conséquence n'être plus valable (vx). — **Dér.** *Suranné, surannée, surannation.*

SUR-ARBITRE (*sur* 1 + *arbitre*), *sm.* Nouvel arbitre nommé pour départager deux arbitres. — Pl. *des sur-arbitres.*

SURARD (*sureau*), *adj. m.* Se dit d'un vinaigre dans la composition duquel il entre des fleurs de sureau.

SURATE (ar. *surat*), *sf.* Nom des chapitres du Coran.

SURATE, 70 000 hab. Ville et port de l'Hindoustan anglais, présidence de Bombay, sur le Tapty. Commerce actif; soieries, indiennes, tabac, coton.

SURBAISSÉ, ÉE (*surbaisser*), *adj.* Se dit d'un arc, d'une arcade, d'une voûte dont l'ouverture est plus longue que le double de la hauteur. (Archit.)

SURBAISSEMENT (*surbaisser*), *sm.* L'excès de la longueur de l'ouverture d'une arcade, d'une voûte sur le double de sa hauteur.

***SURBAISSER** (*sur* 1 + *baisser*), *vt.* Construire une arcade, une voûte surbaissée. — **Dér.** *Surbaissé, surbaisser surbaissement.*

***SURBANDE** (*sur* 1 + *bande*), *sf.* Nom donné, dans les anciens fusils, au chemin que l'on pouvait faire parcourir au chien au delà de la position de l'arme.

SURBOUT (*sur* 1 + *bout*), *sm.* Grosse pièce de bois tournant sur un pivot qui reçoit des assemblages de charpente.

***SURCEINTE** (*sur* 1 + *ceinture*), *sf.* Au moyen âge, ceinture que les hommes et les femmes mettaient autour de leur taille, sur leurs vêtements de dessus. Elle consistait en une ganse de soie très mince serrant la taille et par-dessus laquelle se trouvait une seconde ceinture lâche, à laquelle on suspendait la dague et l'aumônière. Pendant les XIVe et XVe siècles, les surceintes des seigneurs étaient ornées de pierres précieuses, de plaques d'orfèvrerie, de devises brodées, de chiffres, d'armoiries.

SURCENS (*sur* 1 + *cens*), *sm.* Rente seigneuriale dont un héritage était chargé pardessus le cens.

SURCHARGE, *svf.* de *surcharger.* Nouvelle charge ajoutée à une autre. || Charge que les ouvrages d'art peuvent supporter en plus de la charge permanente, et qui est occasionnée par le passage des trains, des voitures, des piétons, ou par la pression du vent, le poids de la neige, etc. || Excédent du poids de bagages dont le transport est accordé gratuitement aux voyageurs sur les chemins de fer : *On paye pour la surcharge.* — Fig. Surcroît de peines, de maux. || Mot écrit par-dessus un autre : *Les livres d'un commerçant doivent être tenus sans surcharge.*

SURCHARGER (*sur* 1 + *charger*), *vt.* Imposer une charge trop lourde : *Surcharger une bête de somme.* || Soumettre à des impôts excessifs : *Surcharger une commune de centimes additionnels.* || Obliger à plus de dépenses : *Beaucoup d'enfants surchargent le père de famille.* || Charger d'une besogne excessive : *Surcharger de travail.* — Fig. Accabler : *Surcharger sa mémoire de dates.* || *Se surcharger l'estomac,* manger à l'excès. || Faire une surcharge dans l'écriture : *Surcharger des mots dans un acte.* — **Se surcharger,** *vr.* Se charger d'un fardeau trop lourd. — **Gr.** Ce verbe se conjugue comme *charger.* — **Dér.** *Surcharge.*

***SURCHAUFFE,** *svf.* de *surchauffer.* Action de surchauffer.

SURCHAUFFER (*sur* 1 + *chauffer*), *vt.* Donner trop de feu au fer, le brûler en partie à la forge. || *Surchauffer la vapeur d'eau,* la chauffer hors du contact de l'eau à un degré plus élevé que celui qui correspond à son point de saturation de manière à lui communiquer les propriétés d'un gaz permanent. (V. *Vapeur.*) — **Dér.** *Surchauffe, surchauffure.*

SURCHAUFFURE (*surchauffer*), *sf.* Défaut du fer surchauffé dans la forge, caractérisé par l'apparition de pailles, de petites veines noires.

***SURCHOIX** (*sur* 1 + *choix*), *sm.* Ce qui est de première qualité.

SURCOMPOSÉ, ÉE (*sur* 1 + *composer*), *adj.* Formé de parties déjà composées. || *Temps surcomposés,* tout temps du verbe qui contient deux fois l'auxiliaire *avoir.* Ex. : *Quand j'ai eu fini.* — *Sm.* Corps qui résulte de la combinaison de deux ou plusieurs corps composés : *Tous les sels sont des surcomposés.* (Chim.)

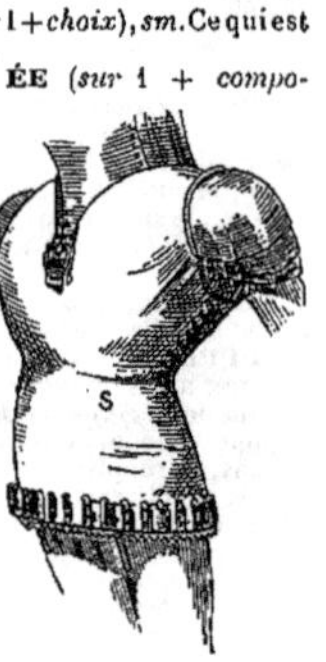

SURCOT D'ARMES (XIVe SIÈCLE)

***SURCOSTAL, ALE** (*sur* 1 + *costal*), *adj.* Qui est placé sur les côtes.

***SURCOT** (vx fr. *seurcot, surcos*), *sm.* Ancien vêtement de dessus, commun aux deux sexes, long et dépourvu de manches pendant le cours du XIIIe siècle. Au XIVe siècle, il est taillé court pour les hommes, long pour les femmes. A partir de 1440, il se confond avec les corsets, les pelisses, les robes à chevaucher et les capes.

SURCOUF (ROBERT) (1773-1827), célèbre corsaire français qui, pendant la République et l'Empire, fit de nombreuses prises sur les Anglais dans les mers de l'Inde.

***SURCOUPE**, *svf.* de *surcouper*. Action de surcouper. ‖ Son résultat.

SURCOUPER (*sur* 1 + *couper*), *vt.* Au jeu de cartes, couper avec un atout supérieur à celui avec lequel un autre joueur a déjà coupé.

SURCROÎT, *svm.* de *surcroître*. Ce qui, ajouté à quelque chose, en accroît le nombre, la quantité ou la force : *Un surcroît de récolte, de travail.* — DE SURCROÎT, PAR SURCROÎT, *loc. adv.* De plus, par-dessus.

SURCROÎTRE (*sur* 1 + *croître*), *vi.* Croître trop abondamment. ‖ Croître en s'élevant au-dessus de la peau, en parlant des nouvelles chairs qui se forment dans une plaie. — *Vt.* Augmenter démesurément : *Surcroître le prix d'une marchandise.* — **Gr.** Ce verbe se conjugue comme *croître.* — **Dér.** *Surcroît.*

SURDENT (*sur* 1 + *dent*), *sf.* Dent qui vient hors de rang sur une autre ou entre deux autres. — *Pl.* Dents plus longues que les autres, chez le cheval.

***SURDI-MUTITÉ** (l. *surdus*, sourd + *mutité*), *sf.* Etat de celui qui est sourd-muet.

SURDITÉ (l. *surditatem* : de *surdus*, sourd), *sf.* Perte ou affaiblissement considérable du sens de l'ouïe.

***SURDON** (*sur* 1 + *don*), *sm.* Droit laissé à l'acheteur de déclarer forfait dans certains cas d'avarie. (Comm.)

SURDORER (*sur* 1 + *dorer*), *vt.* Dorer doublement, solidement.

SURDOS (*sur* 1 + *dos*), *sm.* Bande de cuir posée sur les reins d'un cheval de trait et servant à soutenir les traits et le reculement.

SURE (fl. *Sauer*), rivière de Belgique.

SUREAU (vx fr. *seüerel*, dm. de vx fr. *seü* : l. *sabucus*), *sm.* Genre de plantes dicotylédones de la famille des Caprifoliacées que l'on rattache aujourd'hui aux Rubiacées. A ce genre appartiennent : 1° Le *sureau hièble.* (V. *Hièble.*) 2° Le *sureau noir commun*, remarquable par sa tige remplie d'une moelle abondante, blanche et très légère, par sa seconde écorce, qui est un purgatif très énergique, par ses fleurs blanches en corymbe, dont on fait des infusions sudorifiques et des cataplasmes résolutifs, par ses fruits, qui sont de petites baies noires, purgatives et sudorifiques et avec lesquels on confectionne une sorte de rob employé à la dose de 2 à 8 grammes. On fait aussi un *suc d'écorce de sureau* : pour cela, on se sert des racines, on enlève l'épiderme avec un linge rude, on prend la partie charnue, que l'on pile pour en extraire un suc brun donné à la dose de 30 à 60 grammes comme purgatif. 3° Le *sureau à grappes*, à fruits rouges, qui figure souvent dans les jardins.

SUREAU

***SURÉLÉVATION** (*sur* 1 + *élévation*), *sf.* Action d'exhausser une construction, augmentation : *La surélévation du prix des denrées.*

SURÉLEVER (*sur* 1 + *élever*), *vt.* Elever plus haut : *Surélever un mur.* — **Dér.** *Surélévation.*

SURELLE

***SURELLE** (dm. de *sur* 3), *sf.* Petite plante à fleur blanche de la famille des Oxalidées, qui croît dans les lieux ombragés et dont les feuilles ont la saveur de l'oseille.

SÛREMENT (*sûre* + sfx. *ment*), *adv.* Avec sûreté, en assurance. ‖ A coup sûr. ‖ Certainement.

SURÉMINENT, ENTE (*sur* 1 + *éminent*), *adj.* Eminent au suprême degré.

***SURÉMISSION** (*sur* 1 + *émission*), *sf.* Emission exagérée de papier monnaie.

SURÉNA, général du roi des Parthes Orodès, qui fit assassiner Crassus après la bataille de Carrhes (53 av. J.-C.).

SURENCHÈRE (*sur* 1 + *enchère*), *sf.* Enchère qu'on fait au-dessus d'une autre enchère.

SURENCHÉRIR (*sur* 1 + *enchérir*), *vi.* Faire une surenchère. — **Dér.** *Surenchère, surenchérisseur, surenchérissement.*

***SURENCHÉRISSEMENT** (*surenchérir*), *sm.* Enchérissement qui vient après un enchérissement.

***SURENCHÉRISSEUR** (*surenchérir*), *sm.* Celui qui met une surenchère.

SURÉROGATION (l. *supererogare*, donner en sus), *sf.* Ce que l'on fait au delà de l'accomplissement de son devoir, au delà de ce que l'on a promis : *Il lui a donné de bons conseils et par surérogation il l'a aidé de sa bourse.*

SURÉROGATOIRE (l. *supererogare*, donner en sus), *adj. 2 g.* Qui est au delà de ce qu'on est obligé de faire : *Une complaisance surérogatoire.*

SURESNES, 7683 hab. Village du canton de Courbevoie (Seine), sur la rive gauche de la Seine, au pied du mont Valérien. Vignoble qui produit un vin de mauvaise qualité. — *Sm.* Vin récolté à Suresnes : *Un broc de suresnes.*

SURESTARIE (esp. *sobrestaria*, rester : de *sobre*, sur + *estar*, se tenir), *sf.* Retard apporté dans le déchargement d'un navire. ‖ Indemnité due au capitaine par le chargeur pour retards dans le chargement ou le déchargement. (Mar.)

SURET, ÈTE ou **ETTE** (dm. de *sur* 3), *adj.* Un peu sûr : *Du vin suret.*

SÛRETÉ (db. de *sécurité* : l. *securitatem*), *sf.* Caractère d'une personne, d'une chose sur laquelle on peut compter : *Le commerce de cet homme est d'une entière sûreté.* ‖ Etat de celui qui n'a rien à craindre pour sa personne, pour sa fortune : *Vivre en sûreté.* ‖ *En sûreté de conscience*, sans que la conscience ait rien à se reprocher. ‖ *Serrure de sûreté*, moins facile à ouvrir, à forcer que les serrures ordinaires. ‖ *Soupape de sûreté*, soupape adaptée à la chaudière d'une machine à vapeur et qui s'ouvre d'elle-même dès que la vapeur a atteint une force élastique déterminée. ‖ *Lieu de sûreté*, où l'on n'a rien à craindre. ‖ *Mettre quelqu'un en lieu de sûreté*, le mettre en prison. ‖ Ce qui met en sûreté : *Cet écrit est une sûreté pour moi.* ‖ Mesure de précaution : *L'assurance est une sûreté contre l'incendie.* ‖ Caution, garantie : *On exige des sûretés quand on prête de l'argent.* ‖ *Places de sûreté*, celles qu'un Etat donne ou retient en garantie de l'exécution d'un traité. ‖ Fermeté du pied, de la main : *On admire la sûreté de main de ce chirurgien.* — Fig. Perfection d'un sens : *Une grande sûreté de coup d'œil.*

***SUREXCITABILITÉ** (*surexcitable*), *sf.* Penchant à la surexcitation.

***SUREXCITABLE** (*surexciter*), *adj. 2 g.* Qui peut être surexcité.

***SUREXCITANT, ANTE** (*surexciter*), *adj.* et *s.* Se dit d'une substance qui produit la surexcitation.

SUREXCITATION (*surexciter*), *sf.* Augmentation de l'énergie ordinaire d'un organe, d'un tissu du corps : *Une grande surexcitation des nerfs.* ‖ Emotion, irritation morale qui trouble plus ou moins la raison : *Je le trouvai en proie à une grande surexcitation.*

SUREXCITER (pfx. *sur* 1 + *exciter*), *vt.* Causer de la surexcitation. — **Dér.** *Surexcitant, surexcitable, surexcitabilité.*

***SUREXTENSION** (*sur* 1 + *extension*), *sf.* Sorte d'épenthèse par laquelle on ajoute dans un mot des voyelles qui ne sont pas organiques.

SURFACE (*sur* 2 + *face*), *sf.* L'extérieur, le dehors d'un corps : *La surface de la terre.* — Fig. Les garanties que peut offrir un individu : *Cet homme manque de surface.* — Fig. Apparence : *N'apercevoir que la surface des choses.* ‖ *La surface d'un mur, d'un terrain*, le nombre de mètres carrés, d'ares qu'il contient. ‖ *Mesurer une surface*, chercher combien elle contient de mètres carrés, d'ares, etc. ‖ Limite d'un corps solide, le séparant du reste de l'espace. — Comme pour les lignes planes, on distingue les surfaces en surfaces algébriques et surfaces transcendantes, selon que leurs équations sont algébriques ou transcendantes. Le nombre qui exprime l'ordre des surfaces est celui du degré de son équation algébrique. Un plan coupe une surface algébrique de l'ordre *m* suivant une ligne algébrique dont l'ordre ne peut dépasser *m*. Le plan est une surface telle que, si une ligne droite y a deux de ses points, elle y est entièrement contenue. La surface de la sphère est le lieu des points distants du centre d'une quantité constante. On définit quelquefois une surface par une propriété commune à chacun de ses points; dans ce cas, on obtient l'équation de la surface en traduisant analytiquement cette propriété. On donne le nom de *génératrice* à la ligne mobile qui engendre la surface. On définit ordinairement le mouvement de la génératrice en l'assujettissant à glisser sur certaines lignes fixes que l'on nomme *directrices*.

On appelle *surfaces réglées* les surfaces engendrées par le mouvement d'une ligne droite. On distingue les surfaces réglées en deux grandes classes, les surfaces *développables* et les surfaces non *développables* ou surfaces *gauches*. La surface est *développable* lorsque toutes ses génératrices sont tangentes à une même courbe que l'on appelle *arête de rebroussement* de la surface. Parmi les surfaces développables, les plus connues sont les surfaces *cylindriques* et les surfaces *coniques*.

On appelle *surface cylindrique* une surface engendrée par une droite qui se meut en restant constamment parallèle à elle-même. Cette droite mobile est la *génératrice*; et la nature de la surface cylindrique est déterminée par celle de la courbe, plane ou gauche, appelée *directrice*, sur laquelle on peut obliger la génératrice à s'appuyer constamment dans son mouvement. Si la directrice est une courbe plane et algébrique de l'ordre *m*, la surface cylindrique est aussi algébrique et de l'ordre *m*.

Le *plan* est une surface cylindrique dans laquelle la *directrice* est une ligne droite, ainsi que la *génératrice*.

On appelle *surface conique* une surface engendrée par une droite qui tourne autour d'un point fixe. Si la *directrice* est une courbe plane et algébrique de l'ordre *m*, la surface conique est aussi algébrique et de l'ordre *m*. Le plan est une surface conique qui a pour *génératrice* une droite indéfinie tournant autour d'un de ses points, et pour *directrice* une autre ligne droite.

La surface conique est développable, l'arête de rebroussement se réduit à un point, le sommet. La surface cylindrique est aussi développable; on peut la regarder comme la limite d'une surface conique dont le sommet s'éloigne à l'infini.

La surface cylindrique, algébrique, du second ordre, admet comme sections planes l'ellipse et le cercle comme variété, et un système de deux droites parallèles. La surface conique, algébrique, du second ordre, admet comme sections planes : l'ellipse, la parabole et l'hyperbole : ces trois courbes planes du second degré sont dites les *sections coniques* ou, plus simplement, les *coniques*.

On appelle *surface conoïde* une surface engendrée par une droite qui se meut en restant constamment parallèle à un même plan que l'on nomme plan *directeur*, et en glissant sur une droite fixe appelée *axe* du conoïde et sur une seconde directrice quelconque. A l'exception des cylindres, les surfaces réglées à plan directeur ne sont pas développables.

On appelle *surface de révolution* une surface engendrée par la rotation d'une ligne autour d'un axe fixe auquel elle est invariablement liée. Chaque point de la génératrice décrit un cercle dont le plan est perpendiculaire à l'axe et qui a pour centre le pied de la perpendiculaire abaissée du point sur l'axe. Les cercles décrits par les différents points de la génératrice sont les *parallèles* de la surface. Les sections faites par des plans qui passent par l'axe sont égales entre elles : ce sont les *méridiens* de la surface. Ordinairement on choisit pour génératrice de la surface une courbe méridienne. D'après le théorème de Guldin, l'aire d'une surface de révolution engendrée par la rotation d'une ligne plane autour d'un axe situé dans son plan est égale au produit de la longueur de la ligne par le chemin parcouru par son centre de gravité, en supposant que la ligne génératrice se trouve entièrement du même côté que l'axe.

On peut aussi concevoir une surface de révolution comme engendrée par le mouvement d'un cercle, de rayon variable, dont le centre parcourt une ligne droite, dont le plan reste perpendiculaire à cette droite et qui rencontre la génératrice donnée.

La sphère est engendrée par un demi-cercle qui tourne autour de son diamètre.

L'ellipse tournant autour de ses axes de figure engendre l'*ellipsoïde* de révolution.

La parabole tournant autour de son axe engendre le *paraboloïde* de révolution.

L'hyperbole tournant autour de son axe *imaginaire* engendre l'*hyperboloïde* de révolution *à une nappe;* et, en tournant autour de son axe réel ou transverse, l'hyperbole engendre l'*hyperboloïde* de révolution *à deux nappes.* L'hyperboloïde de révolution à une nappe peut avoir été considéré comme engendré par la révolution d'une droite autour d'un axe fixe non situé dans un même plan avec elle.

Qu'ils soient ou non de révolution, l'ellipsoïde, les hyperboloïdes à une et à deux nappes, le paraboloïde, sont des surfaces du second degré.

Surface élastique. Quand un corps est soumis à un effort de flexion, il existe une couche ou tranche qui conserve seule sa longueur primitive. Elle porte le nom de *surface neutre* ou de *surface élastique;* elle contient la ligne élastique ou la fibre passant par tous les centres de gravité des sections. Toute section transversale perpendiculaire à la ligne élastique est coupée par la surface élastique suivant son axe neutre.

Surface de chauffe, aire soumise à l'action des flammes du foyer dans une chaudière à vapeur.

SURFAIRE (*sur* 1 + *faire*), *vt.* Demander un prix trop élevé d'une chose qui est à vendre : *Ce marchand surfait sa marchandise.* ‖ Avoir ou exprimer une trop bonne opinion sur le mérite d'une personne, d'une chose : *On a surfait le talent de l'orateur.*

SURFAIT, AITE (*surfaire*), *adj.* Se dit d'une personne, d'un objet dont on a exagéré la valeur.

SURFAIX (*sur* 2+*faix*), *sm.* Sangle pour maintenir la couverture d'un cheval, la charge d'une bête de somme.

***SURFRAPPE** (*sur* 1+*frappe*), *sf.* Action de mettre une nouvelle empreinte sur une médaille, un objet quelconque qui a été marqué. ‖ Le résultat de cette action.

***SURFUSION** (*sur* 2+ *fusion*), *sf.* Phénomène par lequel est retardée la solidification d'un corps qui se refroidit jusqu'au-dessous de la température de solidification. Ce retard se présente lorsqu'il ne se trouve, en aucun point du corps liquide, aucune parcelle solide du même corps. Ainsi l'eau, contenue dans des tubes de petit diamètre bien purgés d'air et fermés, peut conserver l'état liquide jusqu'à — 12° et même — 20°. Cette circonstance a permis à Despretz d'étudier la dilatation de l'eau liquide aux températures inférieures à zéro. Une masse d'eau peut aussi être amenée à une température inférieure à zéro sans se solidifier, si on la maintient dans une immobilité complète, et si on la couvre d'une couche d'huile. Le soufre, le phosphore, l'acide acétique, l'acide phénique, la benzine, etc., peuvent éprouver la surfusion.

Lorsqu'un corps amené à l'état de surfusion vient à se solidifier, cette solidification s'effectue brusquement, sur une portion plus ou moins considérable de la masse, et la température remonte pour se maintenir au degré de fusion du corps. Les ébranlements excités dans les liquides surfondus ne déterminent pas la solidification; ainsi des tubes renfermant de l'eau refroidie à — 12° peuvent être renversés sur eux-mêmes sans qu'il y ait congélation. Un moyen certain de déterminer la cristallisation d'un liquide surfondu consiste à y précipiter une parcelle d'un cristal de ce même corps ou d'un corps isomorphe.

Voici quelques cas curieux de surfusion. Le liquide soumis à l'expérience est introduit, en gouttelettes, au sein d'un liquide qui ne peut se mêler à lui, et ayant son point de fusion à une température bien inférieure; ces gouttelettes restent à l'état de surfusion avec un très grand abaissement de température. Ainsi, dans un bain de chloroforme et d'huile d'amandes douces, des gouttes d'eau peuvent être refroidies jusqu'à — 20° sans se solidifier. Dans une solution de chlorure de zinc, des gouttes de phosphore sont amenées à des températures inférieures à zéro. La solidification se produit immédiatement si l'on touche les gouttes liquides avec un fragment solide du même corps, ou même avec un autre corps solide.

Le brouillard peut exister, sans se congeler, dans une atmosphère dont la température est bien inférieure à zéro. On observe qu'il en est ainsi, en hiver, à la surface du sol, et les nuages donnent lieu à une observation analogue. Les gouttelettes du brouillard peuvent subsister, sans se congeler, jusqu'à — 21°,7. Lorsque les gouttelettes liquides en surfusion viennent à rencontrer un corps solide dont la température est inférieure à zéro, la surfusion cesse et la cristallisation se produit aussitôt. C'est ainsi que se forme le givre ou frimas, qui consiste en un dépôt de glace cristallisée, s'effectuant petit à petit, souvent en plusieurs jours, à la surface des objets qui recouvrent le sol et à toute hauteur. Lorsque le dépôt a lieu par un brouillard coïncidant avec une température de plusieurs degrés au-dessous de zéro, il peut atteindre des proportions assez considérables pour faire rompre les branches des arbres ou les fils des télégraphes.

SURGEON (l. *surgere*, surgir), *sm.* Jeune tige qui part du pied d'un végétal et qui, séparée de celui-ci avec un fragment de racine, peut constituer, quand on le plante, un nouveau végétal.

SURGÈRES, 3784 hab. Ch.-l. de c., arr. de Rochefort (Charente-Inférieure).

SURGIR (db. de *sourdre :* du l. *surgere*, diriger en haut), *vi.* Aborder : *Surgir au port* (vx). ‖ Jaillir de terre : *On vit surgir une source.* — Fig. Apparaître, se développer tout à coup : *S'il surgit des difficultés, on vit surgir un grand génie.* — **Dér.** *Surgeon.*

SURHAUSSEMENT (*surhausser*), *sm.* Action de surhausser. ‖ État de ce qui est surhaussé.

SURHAUSSER (*sur* 1 + *hausser*), *vt.* Élever une construction plus haut : *Surhausser une maison d'un étage.* ‖ *Arcade, voûte surhaussée*, celle dont la flèche ou montée est plus grande que la moitié de l'ouverture. ‖ Mettre à un plus haut prix ce qui était déjà assez cher : *On a encore surhaussé le blé.* — **Dér.** *Surhaussement.*

SURHUMAIN, AINE (*sur* 1 + *humain*), *adj.* Qui est au-dessus de l'humain : *Taille surhumaine. Courage surhumain.*

***SURICATE** ou ***SURIKATE**, *sm.* Genre de mammifères carnassiers dont le corps, long d'environ 0m,30, est muni en arrière d'une queue ronde et peu fournie, mesurant environ 0m,15. La tête est allongée et se termine en avant par un museau effilé. Les dents sont au nombre de 36, et toutes sont pourvues de pointes très fines, qui rappellent celles des insectivores. Le pelage du suricate est gris mêlé de brun, de jaune et de noir et orné de raies transversales. Ses pieds ont quatre doigts armés de longues griffes recourbées qui permettent à l'animal de fouir la terre. Le suricate habite l'Afrique australe, de l'équateur au cap de Bonne-Espérance, où il est commun. Il se creuse des terriers avec beaucoup d'agilité et se nourrit de petits mammifères, d'oiseaux, de reptiles et d'insectes. On peut l'apprivoiser facilement : il est alors plus familier et plus fidèle que le chat; mais l'odeur repoussante de ses glandes anales ne le fait guère supporter que des Cafres, dont il habite les huttes et les débarrasse de la vermine qui y foisonne. Le suricate s'appelle encore *zenick du Cap* et est voisin des ichneumons.

SURICATE

***SURIER** (l. *suber*, liège), *sm.* Le chêne-liège.

***SURIMPOSER** (*sur* 1 + *impôt*), *vt.* Placer par-dessus. ‖ Soumettre à un impôt plus élevé : *Surimposer une propriété.* — **Dér.** *Surimpôt, surimposition.*

***SURIMPOSITION** (*sur* 1 + *imposition*), *sf.* Augmentation d'impôt.

***SURIMPÔT** (*sur* 1 + *impôt*), *sm.* Impôt supplémentaire.

***SURIN** (*sur* 3), *sm.* Jeune pommier sauvage.

SURINAM, 400 kilom. Fleuve de l'Amérique du Sud qui traverse la Guyane ou gouvernement de Surinam, arrose Paramaribo et se jette dans l'Atlantique.

SURINTENDANCE (*surintendant*), *sf.* Direction et inspection générale d'un grand service public : *La surintendance des finances.* ‖ Charge de surintendant : *Obtenir une surintendance.* ‖ Logement de surintendant d'une maison royale.

SURINTENDANT (*sur* 1 + *intendant*), *sm.* Administrateur en chef d'un grand service public : *Les finances de la France étaient autrefois gérées par un surintendant.* — **Dér.** *Surintendante, surintendance.*

SURINTENDANTE (*surintendant*), *sf.* Femme d'un surintendant. ‖ Dame qui était à la tête de la maison de la reine. ‖ Directrice d'une maison consacrée à l'éducation des filles des membres de la Légion d'honneur : *La surintendante de la maison de Saint-Denis.*

***SURIR** (*sur* 3), *vi.* Devenir sur, aigre : *Le bouillon a suri.*

***SURJALER** ou ***SURJAULER** (*sur* 1 + *jas*), *vt.* Lever l'ancre pour en dégager le jas. — *Vi.* Sortir du jas, en parlant de l'ancre.

SURJET (*sur* 2 + *jet*), *sm.* Genre de couture qui consiste à superposer les bords de deux morceaux d'étoffe et à les réunir solidement par un fil qu'on passe dans l'un et dans l'autre au moyen de points d'aiguille très serrés : *Faire un surjet.*

SURJETER (*sur* 2 + *jeter*), *vt.* Coudre en surjet. — **Dér.** *Surjet.*

SURLENDEMAIN (*sur* 1 + *lendemain*), *sm.* Le jour qui suit le lendemain.

SURLONGE (pfx. *sur* 1+ *longe*), *sf.* Chair de qualité inférieure qui, dans le bœuf, tient aux premières vertèbres du dos.

***SURLOUER** (*sur* 1 + *louer*), *vt.* Louer une maison, un champ, pour un prix supérieur à celui que l'on en rend.

SURMELIN, 40 kilom. Rivière du département de la Marne qui arrose Condé et se jette à Mézy-Moulins dans la Marne; elle reçoit la Dhuys.

***SURMENAGE** (*sur* 1 + *mener*), *sm.* Action de surmener. ‖ *Surmenage intellectuel*, l'excès de travail qu'on imposerait aux élèves dans des établissements d'instruction et qui proviendrait de programmes trop chargés.

SURMENER (*sur* 1 + *mener*), *vt.* Excéder de fatigue un animal domestique en le faisant aller trop vite ou trop longtemps. — Fig. Imposer une besogne qui excède de fatigue : *Il surmène ses employés.*

***SURMESURE** (*sur* 1 + *mesure*), *sf.* La quantité de mesure qui excède sur la contenance relatée dans un acte de vente.

SURMONTABLE (*surmonter*), *adj.* 2 *g.* Qu'on peut surmonter.

SURMONTER (*sur* 1 + *monter*), *vt.* Monter sur : *Surmonter le pic du Midi.* || Monter au-dessus : *L'huile versée dans l'eau la surmonte.* || Être posé au sommet de : *Une statue surmonte cette colonne.* — Fig. Vaincre, dompter : *Surmonter ses mauvais penchants.* || Surpasser dans une lutte : *Surmonter ses concurrents.* — **Se surmonter,** *vr.* Être surmonté. || Se maîtriser, se dompter soi-même. — **Dér.** *Surmontable.*

***SURMOULE** (*sur* 1 + *moule*), *sm.* Moule fait sur un objet coulé. — **Dér.** *Surmouler.*

***SURMOULER** (*surmoule*), *vt.* Faire un moule sur un objet en plâtre coulé.

SURMOÛT (*sur* 1 + *moût*), *sm.* Vin tiré de la cuve sans avoir cuvé ni avoir été pressuré.

SURMULET, *sm.* Poisson de mer, voisin du rouget, comestible, commun dans la Méditerranée, l'Atlantique, très abondant dans le golfe de Gascogne, ayant deux barbillons à la mâchoire inférieure; le dos, rouge, est traversé de trois raies jaunes. (V. *Mulle.*)

SURMULET

***SURMULOT** (pfx. *sur* + *mulot*), *sm.* Espèce de mammifères de l'ordre des Rongeurs, du genre rat, dont le corps atteint quelquefois 0m,20 de longueur et se termine postérieurement par une queue de moindres dimensions et formée de 220 anneaux. Le pelage de cet animal est plus rude que celui du rat noir; il est d'un brun roussâtre en dessus et cendré en dessous. C'est le plus grand, le plus méchant et le plus destructeur de tous les rats. Il est l'ennemi acharné de notre ancien rat, le *rat noir,* qu'il a à peu près détruit en Europe, et dont il a pris la place. Quelquefois, cependant, ces deux espèces vivent côte à côte, mais c'est qu'alors il y a surabondance de nourriture. Il faut le dire, nous n'avons pas gagné au change; car le surmulot s'attaque à tout, ravage nos magasins, nos celliers, nos caves, et nos appartements, si on le laisse faire. Dans les villes, il habite les égouts et les lieux les plus malpropres; il fourmille dans les établissements d'équarrissage et jusque dans les amphithéâtres de dissection. Il est si méchant et si vorace, qu'il s'attaque quelquefois aux enfants au berceau. Il nous souvient avoir entendu raconter autrefois que, pendant la campagne de 1815, des blessés ayant été évacués sur l'ancienne abbaye du Montcel (Pont-Saint-Maxence, Oise), des surmulots s'étaient introduits dans la salle des malades et avaient rongé les yeux et une partie de la figure de l'un de ces malheureux, trop faible pour repousser leurs atteintes. Du reste, ils mordent cruellement l'imprudent qui les saisit avec la main; ils se battent très bien avec les chats, et l'on a vu souvent ceux-ci fuir devant eux. Aussi a-t-on dressé, pour leur faire la chasse, de petits bouledogues qui en détruisent de grandes quantités. Le surmulot est d'autant plus redoutable qu'il se propage avec beaucoup de rapidité, chaque portée comptant de 10 à 12 petits. Le surmulot est originaire des déserts qui s'étendent à l'E. de la mer Caspienne, de la Perse et de l'Inde. C'est dans la première moitié du XVIIIe siècle qu'il passa en Europe. Pallas rapporte qu'en 1727 une troupe innombrable de ces animaux passa le Volga dans les environs d'Astrakan; une grande quantité de ces rongeurs furent noyés dans les eaux du fleuve, tandis que les autres se répandirent dans tout l'E. de l'Europe et gagnèrent la France. Buffon affirme que les endroits de notre pays qui furent les premiers envahis sont les châteaux de Chantilly, de Marly et de Versailles. Aujourd'hui l'aire géographique du surmulot s'est beaucoup étendue: on en trouve en Afrique et en Amérique jusqu'au delà du Mississipi, et il est certain qu'avant peu il se sera installé dans tous les pays où nos vaisseaux se seront arrêtés; car il foisonne à bord de nos navires et y cause des dégâts considérables.

SURMULOT

SURNAGER (*sur* 1 + *nager*), *vi.* Se soutenir sur la surface d'un liquide : *Le liège surnage à la surface de l'eau.* — Fig. Subsister tandis que d'autres choses sont détruites : *Le régime municipal surnagea en Gaule après la destruction de l'empire romain.*

***SURNATURALISME** (*sur* 1 + *naturalisme*), *sm.* Doctrine de ceux qui croient au surnaturel.

***SURNATURALITÉ** (*surnaturel*), *sf.* Qualité de ce qui est surnaturel.

SURNATUREL, ELLE (*sur* 1 + *naturel*), *adj.* Qui est au-dessus des lois de la nature, qui va à l'encontre de ces lois : *Le miracle est un fait surnaturel.* || *Vérités surnaturelles,* celles que l'on ne connaît que par la foi. || *Êtres surnaturels,* les anges, les démons, les génies, les fées, les revenants, etc. || Extraordinaire : *Une mémoire surnaturelle.* — *Sm.* Ce qui est au-dessus des lois de la nature, ce qui les contredit : *Le surnaturel est un des éléments de la poésie épique.* — **Dér.** *Surnaturellement.*

SURNATURELLEMENT (*surnaturelle* + sfx. *ment*), *adv.* D'une manière surnaturelle.

SURNOM (pfx *sur* + *nom*), *sm.* Qualificatif ajouté au nom d'un individu pour l'honorer, le déprécier ou le distinguer de ses homonymes : *Scipion l'Africain, Charles le Téméraire.* — **Dér.** *Surnommer, surnommé, surnommée.*

***SURNOMBRE** (*sur* 1 + *nombre*), *sm.* Nombre en sus.

SURNOMMÉ, ÉE (*surnommer*), *adj.* Qui a reçu le surnom de : *Louis Ier surnommé le Débonnaire.*

SURNOMMER (*surnom*), *vt.* Donner un surnom à : *On surnomma Bayard le chevalier sans peur et sans reproche.*

SURNUMÉRAIRE (pfx. *sur* + l. *numerum,* nombre), *adj. 2 g.* Ajouté en sus du nombre fixé ou ordinaire : *Certains hommes ont à la main un doigt surnuméraire.* — *Sm.* Employé surnuméraire. || Commis qui travaille sans appointements pendant un certain temps avant d'être nommé officiellement et gagé : *Il y a deux surnuméraires dans ce bureau.* — **Dér.** *Surnumérariat.*

SURNUMÉRARIAT (*surnuméraire*), *sm.* Temps pendant lequel un employé travaille sans être payé ni nommé officiellement : *Faire un surnumérariat de deux ans.*

***SURON** (*x*), *sm.* Ballot de marchandises enveloppé d'une peau de bœuf dont le poil est en dedans : *Un suron d'indigo.*

SUROS (*sur* 1 + *os*), *sm.* Exostose apparaissant le plus souvent accolé aux canons des membres antérieurs du cheval; ces tumeurs, résultant quelquefois de contusions, ont peu de gravité.

SUROS (S)

SUROXYDATION (*sur* 1 + *oxydation*), *sf.* Opération qui consiste à combiner avec un oxyde déjà formé une nouvelle quantité d'oxygène la plus grande possible.

SUROXYDE (*sur* 1 + *oxyde*), *sm.* L'oxyde le plus riche en oxygène parmi tous ceux qu'un même corps simple peut former avec ce gaz : *Le bioxyde de manganèse est un suroxyde.* — **Dér.** *Suroxyder, suroxydation.*

SUROXYDER (*suroxyde*), *vt.* Transformer un oxyde en suroxyde.

***SUROXYGÉNATION** (*sur* 1 + *oxygène*), *sf.* Action de combiner avec un composé oxygéné une nouvelle quantité d'oxygène qui soit la plus grande possible.

***SUROXYGÉNÉ, ÉE** (*sur* 1 + *oxygène*), *adj.* Qui a été combiné avec une nouvelle quantité d'oxygène la plus grande possible.

SURPASSER (pfx. *sur* + *passer*), *vt.* Être plus haut, plus étendu, plus gros que : *Les sommets des Alpes surpassent ceux des Pyrénées. L'ancienne forêt des Ardennes surpassait toutes nos forêts modernes. Le tronc du baobab surpasse celui de tous les autres arbres.* || Être plus considérable que, aller au delà : *Le succès surpasse mes espérances.* || Être supérieur à : *Il surpasse en science tous ses condisciples.* || Excéder les forces, l'intelligence, les ressources : *Ce travail surpasse mes forces.* || Causer un profond étonnement : *Cette nouvelle me surpasse.* — **Se surpasser,** *vr.* Faire mieux qu'on n'avait encore fait : *Cet acteur s'est surpassé dans ce nouveau rôle.*

***SURPAYE** (*sur* 1 + *paye*), *sf.* Action de payer trop cher. || Ce qu'on donne à quelqu'un en sus de sa paye.

SURPAYER (*sur* 1 + *payer*), *vt.* Payer trop cher. || Payer plus qu'on ne doit. — **Gr.** Ce verbe se conjugue comme *payer.* — **Dér.** *Surpaye.*

SURPEAU (pfx. *sur* + *peau*), *sf.* Epiderme.

SURPLIS (bl. *superpellicium*: de *super,* sur + *pellis,* peau), *sm.* Vêtement d'église sans manches en toile fine et blanche, descendant jusqu'aux genoux et orné sur les épaules de deux espèces d'ailes longues et plissées qui tombent par derrière.

SURPLOMB [sur-plon] (pfx. *sur* + *plomb*), *sm.* État, défaut d'un objet qui penche, qui n'est pas à plomb, dont le haut est en saillie sur le bas : *Ce mur a du surplomb.* — **Dér.** *Surplomber.*

SURPLOMBER (*surplomb*), *vi.* N'être pas d'aplomb, pencher, être en saillie : *Ce rocher surplombe sur la vallée.*

SURPLUS (pfx. *sur* + *plus*), *sm.* Ce qu'il y a en plus, l'excédent : *Je vous abandonne le surplus.* — AU SURPLUS, *loc. adv.* Au reste, en outre.

SURPRENANT, ANTE (*surprendre*), *adj.* Inattendu, imprévu : *Événement surprenant.*

SURPRENDRE (pfx. *sur* + *prendre*), *vt.* Se saisir d'un objet à l'improviste (vx). || Se rendre maître par les armes et à l'improviste : *Surprendre une ville.* || Attaquer à l'improviste : *Surprendre l'ennemi.* || Apercevoir quelqu'un qui ne croyait pas être vu : *Surprendre un voleur.* || Arriver auprès de quelqu'un sans être attendu : *Aller surprendre ses amis.* || Survenir, fondre sur, inopinément : *La nuit nous surprit.* || Induire en erreur, tromper : *Se laisser surprendre par un air de bonhomie.* || Obtenir par fraude, par artifice, par des moyens illégitimes : *Surprendre de l'argent à quelqu'un.* || *Surprendre la confiance de quelqu'un,* la gagner par artifice. || *Surprendre un secret,* le découvrir par adresse ou par hasard. || *Surprendre une lettre,* l'intercepter. || Apercevoir une action, un geste, qui échappe à quelqu'un et trahit sa pensée : *Je surpris ses larmes.* || Frapper l'esprit qui ne s'y attend pas, étonner : *Leur réconciliation m'a surpris.* || Procurer un plaisir imprévu : *Ce cadeau le surprendra.* || Rissoler trop vite, charbonner, en parlant du feu : *Le feu a surpris cette viande.* — **Se surprendre,** *vr.* Être surpris : *Les secrets de la nature se surprennent difficilement.* || Trahir ses sentiments par un acte involontaire : *Se surprendre à pleurer.* || Se prendre sur le fait, mutuellement. — **Gr.** Ce verbe se conjugue comme *prendre.* — **Dér.** *Surprenant, surprenante, surpris, surprise.*

SURPRIS, ISE (vx fr. *surprins*), *adj.* Pris sur le fait, à l'improviste. || Trompé, obtenu par fraude, étonné.

SURPRISE, *spf.* de *surprendre.* Action de prendre, d'attaquer, de s'emparer à l'improviste, de tromper : *La surprise d'un camp. User de surprise.* || Étonnement que cause un événement inattendu : *Ma surprise fut grande.* || Plaisir que l'on fait à quelqu'un qui ne s'y attend pas : *Ménager une agréable surprise.*

***SURPRODUCTION** (*sur* 1 + *production*), *sf.* Production exagérée.

***SURRE** (l. *suber,* liège), *sm.* Nom vulgaire du fruit du chêne-liège.

SURRÉNAL, ALE (pfx. *sur* + l. *ren,* rein), *adj.* Situé au-dessus des reins : *Capsules surrénales.*

SURREY, 1 090 000 hab. Comté d'Angleterre, au S.-O. de Londres, cap. *Guildford.*

***SURSATURATION** (pfx. *sur* + *saturation*), *sf.* Phénomène qui cause le retard apporté dans la cristallisation par voie humide. Ce retard a lieu lorsque les solutions ne sont pas en contact avec des cristaux de la matière dissoute.

Pour réaliser ce phénomène, on ferme au

chalumeau un tube de verre contenant une solution chaude et saturée de sulfate de soude, par exemple, et dont on a préalablement chassé l'air par l'ébullition du liquide. Cette solution refroidie peut se conserver indéfiniment *sursaturée*. Les ébranlements imprimés au tube ne produisent pas la cristallisation. Mais celle-ci s'effectue si, en brisant la pointe du tube, on permet à l'air de rentrer et d'apporter de petits cristaux de sulfate de soude qui flottaient en suspension dans l'atmosphère, cristaux qui abondent dans l'air des laboratoires. Il suffirait d'ailleurs de faire tomber dans le tube un petit cristal de ce sel pour déterminer la cristallisation. Au contraire, celle-ci n'a jamais lieu, si l'on fait passer sur une couche de coton cardé l'air appelé dans les tubes, de manière à arrêter les poussières solides contenues dans l'air.

Le phénomène de la *sursaturation* se produit aisément avec les sels déliquescents, par exemple avec une solution *sursaturée* d'azotate de chaux, car l'atmosphère ne peut contenir de poussières solides de ces corps.

La cristallisation peut aussi être déterminée, au sein d'une solution *sursaturée*, par l'introduction d'un cristal isomorphe de celui qui doit se dégager de la solution. Ainsi, une solution *sursaturée* d'alun de potasse cristallise par l'introduction d'un cristal d'alun de chrome; une solution *sursaturée* de chromate de soude cristallise à l'aide d'un cristal de sulfate de soude.

Si l'on effectue à chaud dans un tube une solution *sursaturée* de soufre, soit dans le sulfure de carbone, soit dans la benzine, l'introduction d'un fil métallique portant un petit cristal de soufre prismatique donne des cristaux prismatiques, tandis qu'un cristal octaédrique introduit dans le liquide ne donne que des cristaux octaédriques.

On peut rendre manifeste l'influence d'un cristal au sein d'une solution *sursaturée* pour produire exclusivement des cristaux de même forme. Le chlorate de soude peut donner des cristaux de deux formes *symétriques*; or, dans une solution *sursaturée* de chlorate de soude, l'introduction d'un cristal du type *droit* produit exclusivement des cristaux du type droit; et l'introduction d'un cristal du type *gauche* produit exclusivement des cristaux du type gauche.

Le dégagement de chaleur qui correspond à la solidification est facile à constater dans la formation rapide d'une grande quantité de cristaux au sein d'une solution *sursaturée*; dans les expériences avec le sulfate de soude, on constate l'élévation de température en mettant la main sur les tubes ou les ballons. Dans un ballon, on chauffe de l'hyposulfite de soude avec très peu d'eau et on laisse refroidir : il en résulte une solution *sursaturée*; si dans cette solution on plonge un tube contenant de l'éther et si on détermine la cristallisation par l'introduction d'un cristal du même sel, on voit l'éther entrer en ébullition; le thermomètre peut s'élever jusqu'à près de 50°.

***SURSATURER** (pfx. *sur* + *saturer*), *vt.* Produire la sursaturation d'un liquide. || Ajouter à un sel un excès de base. — **Dér.** *Sursaturation.*

SURSAUT (pfx. *sur* + *saut*), *sm.* Mouvement brusque causé par quelque sensation subite et violente, par exemple, par un grand bruit : *S'éveiller en sursaut.*

***SURSAUTER** (*sur* 1 + *sauter*), *vt.* Faire un sursaut.

SURSÉANCE (pfx. *sur* + *séance*), *sf.* Suspension, temps pendant lequel on ne s'occupe pas d'une affaire.

SURSEMER (pfx. *sur* + *semer*), *vt.* Semer une nouvelle graine dans une terre déjà ensemencée.

SURSEOIR (pfx. *sur* + *seoir*), *vt.* Suspendre, remettre à plus tard : *Surseoir l'exécution d'un jugement.* — **Surseoir à,** *vi.* Différer à s'occuper de, à exécuter : *Surseoir à des poursuites judiciaires.* — **Gr.** Je sursois, tu sursois, il sursoit, n. sursoyons, v. sursoyez, ils sursoient; je sursoyais, n. sursoyions, v. sursoyiez; je sursis; je surseoirai; je surseoirais; sursois, sursoyons, sursoyez; que je sursoie, que n. sursoyions, que v. sursoyiez, qu'ils sursoient; que je sursisse, que n. sursissions, que v. sursissiez, qu'ils sursissent; sursoyant; sursis, ise. — **Dér.** *Sursis* 1, *sursis* 2, *sursise, surséance.*

SURSIS (*spm.* de *surseoir*), *sm.* Délai : *Obtenir un sursis pour s'acquitter d'une dette.*

SURSIS, ISE (*surseoir*), *adj.* Remis à plus tard.

SURSOLIDE (pfx. *sur* + *solide*), *sm.* La quatrième puissance d'une grandeur à laquelle on suppose une dimension de plus que le solide. — *Adj. 2 g. Problème sursolide,* qui ne peut être résolu que par des courbes plus élevées que les sections coniques. (Math.)

***SURSOMME** (*sur* 1 + *somme*), *sf.* Excès de charge : *La sursomme abat l'âne.* (Prov.)

***SURSUM CORDA** (l. *sursum*, vers le haut, en haut + *corda*, cœurs). Expression latine signifiant *haut les cœurs,* et qui s'emploie lorsque l'on veut prévenir quelqu'un qu'on va lui annoncer une chose étonnante. On s'en sert aussi ironiquement.

SURTAUX (*sur* 1 + *taux*), *sm.* Imposition trop forte.

SURTAXE (*sur* 1 + *taxe*), *sf.* Taxe ajoutée à d'autres; taxe excessive et illégale.

SURTAXER (*sur* 1 + *taxer*), *vt.* Taxer trop haut. — **Dér.** *Surtaxe.*

***SURTONDRE** (*sur* 1 + *tondre*), *vt.* Enlever les poils d'une peau qui a été traitée par la chaux ou une substance épilatoire.

***SURTONTE** (*sur* 1 + *tonte*), *sf.* Action d'enlever les poils des peaux.

1. **SURTOUT** (pfx. *sur* + *tout*), *adv.* Principalement, avant tout.

2. **SURTOUT** (bl. *supertotum*), *sm.* Vêtement que l'on met par-dessus tous les autres. || Grand plateau d'argent qu'on place au milieu des grandes tables et qui est chargé de vases remplis de condiments, de fruits, de fleurs, etc. || Petite charrette en osier pour porter les bagages. || Couverture en paille en forme de cône pour les ruches, les meules de fourrage.

***SURTRONCATURE** (*sur* 1 + *troncature*), *sf.* Troncature faite sur une troncature. (Minéral.)

SURVEILLANCE (*surveiller*), *sf.* Action de surveiller : *Une surveillance attentive.*

SURVEILLANT, ANTE (*surveiller*), *adj.* et *s.* Qui surveille : *Les surveillants du Jardin des Plantes.*

SURVEILLE ou **AVANT-VEILLE** (pfx. *sur* + *veille*), *sf.* Le jour qui précède immédiatement la veille : *La surveille de Pâques.*

SURVEILLER (pfx. *sur* + *veiller*), *vi.* et *t.* Veiller particulièrement et avec autorité sur : *Surveiller à ce que quelqu'un fera. Surveiller la conduite d'un enfant.* — **Dér.** *Surveille, surveillant, surveillante, surveillance.*

SURVENANCE (*survenant*), *sf.* Arrivée imprévue. || Naissance d'un héritier après une donation faite par la personne dont il hérite.

SURVENANT, ANTE (*survenir*), *adj.* et *s.* Qui survient : *On accueillit bien les survenants.*

SURVENDRE (*sur* 1 + *vendre*), *vt.* Vendre trop cher. — **Gr.** Ce verbe se conjugue comme *vendre.* — **Dér.** *Survente.*

SURVENIR (pfx. *sur* + *venir*), *vi.* Arriver inopinément, par surcroît : *Il survint tout à coup. S'il survient des complications.* — V. impers. *Il survint de grands malheurs.* — **Gr.** Ce verbe se conjugue comme *venir.* — **Dér.** *Survenant, survenante, survenance.*

SURVENTE (*sur* 1 + *vente*), *sf.* Vente à un prix trop élevé.

***SURVENTER** (*sur* 1 + *venter*), *vi.* Augmenter de violence, en parlant d'un vent déjà violent. (Mar.)

***SURVENUE** (*sur* 1 + *venue*), *sf.* Action d'arriver à l'improviste.

***SURVERSEMENT** (*sur* 1 + *versement*), *sm.* Excès d'eau, débordement.

SURVIDER (pfx. *sur* + *vider*), *vt.* Oter une partie de ce qui est dans un vase, dans un sac trop plein.

SURVIE (pfx. *sur* + *vie*), *sf.* État de celui qui survit à un autre.

SURVILLE (DE) (1717-1770). Marin français qui découvrit ou reconnut les îles Salomon et la Nouvelle-Zemble. Mort en mer.

SURVILLE (MARGUERITE-ÉLÉONORE-CLOTILDE) (née vers 1405, morte à plus de 90 ans), femme poète qui fut élevée à la cour de Gaston Phœbus, comte de Foix, où elle reçut une brillante éducation. Elle se maria à Bérenger de Surville, qui fut tué en 1428 au siège d'Orléans. Elle consacra son veuvage à l'éducation de ses enfants, et écrivit des élégies, des épîtres, etc., pleines de grâce et de sensibilité. Ses œuvres n'ont été publiées qu'en 1803, avec des retouches qui firent douter de leur authenticité.

SURVILLIERS, 524 hab. Village du cant. de Luzarches, arr. de Pontoise (Seine-et-Oise).

***SURVINAGE** (*sur* 1 + *vinage*), *sm.* Action d'ajouter de l'alcool en excès à du vin.

***SURVINER** (*sur* 1 + *viner*), *vt.* Mettre dans du vin de l'alcool en excès.

SURVIVANCE (*survivant*), *sf.* Action de survivre. || Continuation de l'existence après la mort : *La survivance de l'âme au corps.* || Droit de succéder à un homme dans sa charge, dans son emploi après sa mort : *Être nommé coadjuteur avec survivance.*

SURVIVANCIER (*survivant*), *sm.* Celui qui a la survivance d'une charge.

SURVIVANT, ANTE (*survivre*), *adj.* et *s.* Qui survit à un autre.

SURVIVRE (pfx. *sur* + *vivre*), *vi.* Demeurer en vie après la mort d'un autre : *Louis XIV survécut à son petit-fils.* — Fig. Vivre après avoir perdu un bien précieux : *Survivre à son honneur.* || En parlant des choses, continuer d'exister après une autre chose : *Les droits féodaux n'ont pas survécu à la révolution de 1789.* — *Vr.* **Se survivre** *à soi-même,* perdre avant la mort l'usage de ses facultés intellectuelles, tomber en enfance. || *Se survivre dans ses enfants, dans ses ouvrages,* laisser après soi des enfants, des ouvrages qui perpétuent la gloire du nom qu'on portait. — **Gr.** Ce verbe se conjugue comme *vivre.* — **Dér.** *Survivant, survivante, survivance, survivancier.*

1. **SUS** (l. *susum*, en haut), *adv.* Dessus, contre : *Courir sus à l'ennemi.* — EN SUS, *loc. adv.* En outre, en plus. — *Sus!* interjection pour exhorter, exciter : *Or sus! marchons.*

2. **SUS** (l. *susum*, en haut). Préfixe qui signifie ci-dessus.

SUS ou **SOUS,** 700 000 hab. Région de l'empire du Maroc, sur les deux versants de l'Atlas; capitale *Taradant.* Pays fertile, mais mal cultivé.

SUSARION, poète comique grec, contemporain de Solon.

SUSCEPTIBILITÉ (*susceptible*), *sf.* Capacité pour : *La susceptibilité d'aimantation de l'acier.* || Aptitude du corps à subir plus ou moins aisément l'influence des agents extérieurs ou intérieurs : *La susceptibilité à contracter la fièvre.* || Accroissement maladif de la sensibilité physique ou morale causé surtout par les maladies nerveuses. || Disposition à se choquer trop aisément : *Homme d'une grande susceptibilité.*

SUSCEPTIBLE (l. *susceptibilem*), *adj. 2 g.* Qui peut recevoir certaine qualité, subir quelque modification : *Ce champ est susceptible d'amélioration.* || *Texte susceptible de plusieurs interprétations,* auquel on peut donner plusieurs sens différents, qu'on peut expliquer de plusieurs manières. || Prompt à s'offenser : *Caractère susceptible.* — **Gr.** *Susceptible* ne peut être employé que dans un sens passif, mais *capable* a toujours un sens actif. **Ex.** : *Ce champ est susceptible d'amélioration, mais un cultivateur instruit est seul capable de les réaliser.* — **Dér.** *Susceptibilité.*

SUSCEPTION (l. *susceptionem*), *sf.* Action de recevoir : *La susception des ordres sacrés.*

SUSCITATION (l. *suscitationem*), *sf.* Action d'exciter, de pousser à faire une chose.

***SUSCITEMENT** (*susciter*), *sm.* Action de susciter.

SUSCITER (l. *suscitare*), *vt.* Faire naître, faire paraître dans un certain temps, en parlant des hommes extraordinaires ou des œuvres que Dieu inspire : *Dieu suscita Moïse pour délivrer les Israélites de l'esclavage.* || Faire naître quelque chose de nuisible, de funeste à une personne ou à ses desseins : *Il lui suscita mille obstacles.* — **Dér.** *Suscitation.*

SUSCRIPTION (l. *superscriptionem*), *sf.* Adresse écrite sur la partie antérieure et extérieure d'une lettre pliée ou sur l'enveloppe qui contient cette lettre.

***SUSDÉNOMMÉ, ÉE** (pfx. *sus + dénommer*), *adj.* Qui a été nommé précédemment.

SUSDIT, ITE (pfx. *sus + dit*), *adj.* Nommé, mentionné ci-dessus.

***SUSDOMINANTE** (pfx. *sus + dominante*), *sf.* La sixième note du ton au-dessus de la tonique et qui est d'un degré plus élevé que la dominante : *La susdominante de la gamme d'ut est* la.

SUSE, ancienne ville d'Asie, dans la Susiane, bâtie sur un monticule dans la plaine qui sépare le Tigre du plateau de la Médie; fut la capitale des rois de Perse et la résidence favorite de Darius Ier.

SUSE, 4625 hab., village du Piémont, évêché, au pied du versant E. des Alpes et du mont Cenis, au débouché du défilé des Alpes dit le *Pas de Suse*. Carrières de marbre vert.

SUSIANE, province de l'ancien empire des Perses, formant une grande plaine entre le Tigre et le plateau de la Médie et de la Perse, habitée primitivement par une population touranienne. Capitale *Suse*.

***SUSIEN** (*Suse*), *sm.* La langue dans laquelle sont écrites les inscriptions de Suse; elle se rattache aux langues touraniennes.

***SUS-MAXILLAIRE** (pfx. *sus + maxillaire*), *adj. 2 g.* Qui est situé, qui appartient à la mâchoire supérieure. || *L'os sus-maxillaire*, l'os de la mâchoire supérieure.

SUSMENTIONNÉ, ÉE (*sus + mentionner*), *adj.* Mentionné ci-dessus, précédemment.

SUSNOMMÉ, ÉE (*sus + nommer*), *adj.* Nommé ci-dessus, précédemment.

SUSPECT, ECTE (l. *suspectum*), *adj.* Qui est soupçonné : *Un homme suspect d'indélicatesse.* || Dont on se méfie : *Témoignage suspect.* || Que l'on soupçonne de n'être pas irréprochable : *Conduite suspecte.* || *Affaire suspecte*, entachée de fraude, de dol. || *Pays suspect*, lieu où l'on soupçonne une maladie contagieuse. — **Dér.** *Suspecter.*

SUSPECTER (*suspect*), *vt.* Considérer comme suspect : *Suspecter l'honnêteté de quelqu'un.*

SUSPECTS (LOI DES), votée le 17 septembre 1793 par la Convention nationale sur le rapport de Merlin de Douai. Voici en quels termes elle était commentée dans un arrêté de la Commune signé de Chaumette : « Sont suspects et il faut arrêter comme tels : ceux qui, dans les assemblées du peuple, arrêtent son énergie par des discours artificieux, des cris turbulents, des murmures; ceux qui, plus prudents, parlent mystérieusement des malheurs de la République et sont toujours à répandre de mauvaises nouvelles avec une douleur affectée; ceux qui ont changé de conduite et de langage suivant les événements; ceux qui, muets sur les crimes des royalistes et des fédéralistes, déclament avec emphase contre les fautes légères des patriotes; ceux qui plaignent les fermiers ou marchands avides contre lesquels la loi est obligée de prendre des mesures; ceux qui fréquentent les ci-devant nobles, les prêtres contre-révolutionnaires, les aristocrates, les feuillants; ceux qui ont reçu avec indifférence la constitution républicaine et ont fait part de fausses craintes sur son établissement et sa durée; ceux qui, n'ayant rien fait contre la liberté, n'ont rien fait pour elle. Les arrestations seront faites par les comités révolutionnaires établis dans toutes les communes, lesquels rendront compte au comité de sûreté générale, chargé de la police et des tribunaux. » Les promoteurs de ces mesures furent Robespierre et Collot d'Herbois. Les suspects furent incarcérés au Luxembourg, à Picpus, à l'hôtel Talaru. Le 9 juillet 1794, la Convention prononça la mise en liberté provisoire des laboureurs, artisans, etc., des communes au-dessous de 1200 habitants, en exceptant les prévenus de crimes de haute trahison. Le 5 août eurent lieu d'autres mises en liberté. Après le 9 Thermidor, la Convention rendit un décret éloignant de Paris dans un rayon de 10 lieues les suspects qui, ayant recouvré la liberté, se mêlaient aux agitations contre-révolutionnaires. La loi fut définitivement abolie le 22 vendémiaire an IV (4 octobre 1795).

SUSPENDRE (l. *suspendere*), *vt.* Attacher à un point élevé et fixe, par l'intermédiaire d'un lien, un objet qui pende en l'air : *Suspendre une lampe au plafond.* — Fig. Cesser pour quelque temps, interrompre : *Suspendre un travail.* || *Suspendre ses payements*, ne pouvoir plus, au moins pour le moment, payer à ceux à qui l'on doit, en parlant d'une maison de banque ou de commerce. || *Suspendre son jugement*, attendre qu'on soit plus éclairé pour se faire une opinion sur un point. || Cesser momentanément de se conformer à : *Suspendre la constitution, une loi.* || *Suspendre un journal*, en défendre la publication pendant un certain temps. || Interdire à quelqu'un, pour un temps, les fonctions de sa charge : *Suspendre le maire d'une commune pour deux mois.* || Être suspendu, se maintenir dans une position, sans soutien apparent : *Les nuages sont suspendus dans l'air. Un morceau de fer suspendu à un aimant.* — **Se suspendre.** *Vi.* Se tenir suspendu. *Se suspendre à une branche.* || Être suspendu. — **Gr.** Ce verbe se conjugue comme *pendre.* — **Dér.** *Suspens, suspense, suspenseur, suspensif, suspensive, suspension, suspensoir, suspensoire.*

SUSPENS [su-span] (anc. p. passé m. de *suspendre*, l. *suspensum*), *adj. m.* Se dit d'un ecclésiastique à qui l'évêque a interdit pour un temps l'exercice de ses fonctions. — EN SUSPENS, *loc. adv.* Dans l'incertitude, sans savoir à quoi se déterminer : *Être en suspens sur ce que l'on fera.* || *Affaire en suspens*, non encore décidée ou terminée.

SUSPENSE (anc. p. pas. f. de *suspendre*), *sf.* Acte par lequel un évêque interdit pour un temps à un ecclésiastique l'exercice de ses fonctions. || État d'un ecclésiastique suspendu de ses fonctions : *Prêtre en suspense.*

SUSPENSEUR (l. *suspensum*), *adj. m.* Qui tient suspendu : *Muscle suspenseur.*

SUSPENSIF, IVE (l. *suspensivum*), *adj.* Qui empêche de continuer, de mettre à exécution : *L'appel d'un jugement est quelquefois suspensif.* — **Gr.** *Points suspensifs*, mis à la suite les uns des autres pour indiquer que le sens d'une phrase est interrompu.

SUSPENSION (l. *suspensionem*), *sf.* Action de suspendre. || État d'une chose suspendue : *La suspension de ces rideaux a été difficile.* || État d'un corps qui se maintient sans tomber au sein d'une masse liquide ou gazeuse : *Le sirop d'orgeat contient de l'huile d'amande en suspension.* || Support suspendu à un plafond et dans lequel on met une lampe, des fleurs : *Une suspension de bronze doré.* || Action de cesser, d'interrompre pour quelque temps : *Obtenir une suspension de poursuites judiciaires.* || *Suspension d'armes*, cessation momentanée de faits de guerre entre deux armées ennemies. || Action d'interdire pour un temps un fonctionnaire public de ses fonctions : *Frapper un notaire d'une suspension de trois mois.* || Figure de rhétorique qui consiste à tenir quelque temps dans le doute l'esprit des auditeurs pour leur dire ensuite des choses qui les surprennent agréablement. || Sens qu'on interrompt brusquement, qu'on laisse inachevé dans une phrase, et qui, dans l'écriture, se marque par une suite de points : Ex. : *Je devrais sur l'autel où ta main sacrifie te....* (**Gr.**)

SUSPENSOIR ou **SUSPENSOIRE**, *sm.* Ce qui sert à suspendre. || Sorte de bandage.

***SUSPENTE**, chaîne servant à porter une vergue de navire.

SUSPICION (db. de *soupçon* : l. *suspicionem*), *sf.* Soupçon, défiance : *Être en suspicion.*

***SUS-PIED** (pfx. *sus + pied*), *sm.* La courroie de l'éperon qui passe sur le cou-de-pied.

SUSQUEHANNAH, 770 kilom. Fleuve de l'E. des Etats-Unis, qui prend sa source dans les monts Alleghanys, arrose la Pensylvanie et le Maryland et tombe dans l'Atlantique au fond de la baie de Chesapeake.

SUSSEX (*Saxe du sud*), 407401 hab. Ancien royaume de l'Heptarchie saxonne, qui comprenait les comtés de Sussex, de Surrey et Southampton. — Comté actuel du S.-E. de l'Angleterre, sur la Manche, sur la côte duquel sont de nombreuses villes de bain; cap. *Chichester*, villes principales : *Brighton, Hastings.*

***SUSSEYEMENT** (*susseyer*), *sm.* Vice de prononciation consistant à mal prononcer les *s.*

***SUSSEYER**, *vi.* Faire des susseyements.

SUSSMAYER (FRANÇOIS-XAVIER) (1766-1803), compositeur autrichien, élève et ami de Mozart; c'est lui qui termina le *Requiem* du maître.

***SUSTENTATION** (l. *sustentationem*), *sf.* Action de soutenir. || *Base ou trapèze de sustentation*, la surface du sol limitée par les deux pieds d'un homme qui se tient debout dans la position la plus naturelle. Le polygone formé par la base de sustentation du cheval est un trapèze. || Action de nourrir, de donner des aliments réconfortants.

SUSTENTER (l. *sustentare*), *vt.* Entretenir la vie par le moyen des aliments : *Sustenter les pauvres.* — **Se sustenter**, *vr.* S'alimenter. — **Dér.** *Sustentation.*

***SUSURRATEUR** (*susurrer*), *sm.* Celui qui, en parlant bas, fait entendre un bruit léger.

***SUSURRATION** (l. *susurrationem*, murmure), *sf.* Bruit que fait avec les lèvres une personne qui parle à voix basse.

***SUSURREMENT** (*susurrer*), *sm.* Léger murmure : *Le susurrement d'un ruisseau.*

***SUSURRER** (l. *susurrus*, murmure, bruit sourd), *vt.* Murmurer, chuchoter : *Susurrer quelques mots à l'oreille de quelqu'un.*

***SUSURRUS** [su-zu-ruce] (ml., *bruit sourd, murmure*), *sm.* Se dit d'un bruit particulier que l'on entend dans certaines affections du cœur.

SUTHERLAND (comté de), 24317 hab., au N. de l'Écosse. Sol montagneux; pays d'élevage et de pêche. Capit. *Dornoch.*

SUTLEDJE, 1200 kilom. Rivière de l'Hindoustan, affluent du Sindh, qui prend sa source dans le Thibet, à 5800 mètres d'altitude, et coule vers le S.-O., après avoir traversé l'Himâlaya dans une vallée fertile. Elle reçoit le Trimab.

***SUTTÉE** ou **SUTTIE** [su-tié pour les deux orthographes], sk. *Çuddhi*, sacrifice volontaire), *sf.* Nom donné dans l'Inde à la coutume en vertu de laquelle les femmes d'un Indien se brûlent vives sur le bûcher de leur époux.

***SUTURAL, ALE** (*suture*), *adj.* Qui a rapport, qui appartient aux sutures.

SUTURE (l. *sutura* : du l. *suere*, coudre), *sf.* Action de coudre ensemble les deux lèvres d'une plaie. || Chacune des lignes suivant lesquelles se joignent les pièces ou valves qui forment l'enveloppe d'un fruit. || Jointure de deux os du crâne qui entrent l'un dans l'autre par des dentelures. — Fig. Travail fait pour empêcher qu'on s'aperçoive qu'une suppression a été pratiquée dans une œuvre littéraire.

***SUTURER** (*suture*), *vt.* Rapprocher les lèvres d'une plaie pour en opérer la soudure.

SUZANNE (LA CHASTE). Femme juive qui, pendant la captivité de Babylone, avait été condamnée à mort sur les accusations calomnieuses de deux vieillards, mais dont l'innocence fut reconnue grâce à la pénétration du jeune Daniel.

SUZANNE (SAINTE-), 1088 hab. Ch.-l. de c., arr. de Laval (Mayenne). Grès, papeteries. Donjon du XIIe siècle.

SUZANNE (SAINTE-), 9000 hab. Ch.-l. de c. de l'île de la Réunion, arr. de Saint-Denis.

SUZE (HENRIETTE DE COLIGNY, COMTESSE DE LA) (1618-1673). Fille aînée de Gaspard de Coligny, maréchal de France, dont le salon fut le rival de celui de Mme de Sévigné. Elle était d'une grande beauté et écrivit des poésies qui la rendirent célèbre.

SUZE (LA), 2430 hab. Ch.-l. de c., arr. de Le Mans (Sarthe), sur la Sarthe. Reste du château dit de la *Barbe-Bleue.*

SUZERAIN, AINE (de *susum*, sus, comme souverain de *supra*), *adj.* et *s.* Qui possède un fief dont d'autres fiefs relèvent : *Seigneur suzerain. Le suzerain convoqua ses vassaux.* — **Dér.** *Suzeraineté.*

SUZERAINETÉ (*suzerain*), *sf.* Qualité de suzerain.

SUZON, 40 kilom. Petite rivière de la Côte-d'Or, affluent de l'Ouche.

***SVASTICA, SVASTIKA** ou **SWASTIKA** [sva-sti-ka] (sanscrit *svasti*, bonheur : de *su*, bien + *asti*, être), *sm.* Ornement en forme de croix gammée qui est un emblème religieux. Cette figure mystique se trouve sur les objets en bronze et sur les poteries de l'âge du bronze. On en voit sur des haches, des vases, des tintinnabulum, etc. Il fut d'abord en usage dans l'Inde, et prouverait, suivant certains auteurs, l'origine asiatique de la civilisation de l'âge du bronze. Ce signe est connu des brahmanes et des bouddhistes. On le retrouve dans les catacombes des premiers chrétiens, dans les tombes des Franks, des Scandinaves, etc. On voit aussi le swastika au commencement ou à la fin des inscriptions bouddhiques et sur des vases de Rhodes et de l'Étrurie.

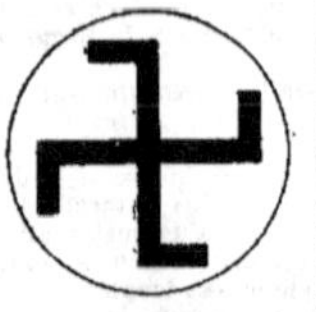

SVASTICA

SVEABORG, 6000 hab. Port de guerre bien fortifié de la Russie, bâti sur sept îles près de la côte N. du golfe de Finlande; bombardé en 1855 par la flotte anglo-française.

SVELTE (ital. *svelto*), *adj. 2 g.* D'une légèreté gracieuse, en parlant des œuvres d'architecture et de sculpture : *Un édifice svelte.* ‖ Se dit de la taille des hommes et des animaux : *Une svelte gazelle.* — **Dér.** *Sveltesse.*

***SVELTESSE** (*svelte*), *sf.* Qualité de ce qui est svelte.

SWAMMERDAM (1637-1680). Célèbre anatomiste hollandais qui étudia particulièrement l'organisation des insectes.

SWANSEA, 65590 hab. Ville et port du comté de Glamorgan, pays de Galles, au fond de la baie du même nom, sur la côte N. du canal de Bristol. Mines d'anthracite et de houille, fonderies de cuivre, nombreuses usines, grand commerce avec la France.

SWEDENBORG (EMMANUEL) (1688-1772). Savant suédois qui devint visionnaire, prétendit avoir des conversations avec Dieu et les anges, et fonda une secte religieuse dite la *Nouvelle Église de Jérusalem*, qui existe encore aux États-Unis.

***SWERTIE** (du nom du botaniste hollandais *Swert*, qui vécut au XVIIe siècle), *sf.* Genre de plantes dicotylédones de la famille des Gentianées, que l'on rencontre dans les marais et les montagnes.

SWETCHINE (Mme) (1782-1857). Femme d'un général russe qui se fit catholique, vint se fixer à Paris et dont le salon fut très fréquenté. M. de Falloux a écrit sa vie et a publié ses lettres.

SWIETEN (VAN). (V. *Van Swieten.*)

***SWIÉTÉNIE** (*Van Swieten*, médecin hollandais), *sf.* Genre de plantes dicotylédones de la famille des Méliacées et composé d'une seule espèce, le *Swietenia Mahogoni.* C'est un grand et bel arbre de l'Amérique tropicale et des Antilles, dont les feuilles sont alternes et dont les fleurs sont réunies en grappes plus ou moins ramifiées et placées à l'aisselle des feuilles et au sommet des rameaux. Ces fleurs sont petites, hermaphrodites et régulières. Le calice est composé de cinq sépales; la corolle compte autant de pétales. L'androcée se compose de dix étamines disposées sur deux verticilles alternant entre eux et avec les pièces de la corolle et du calice. Le pistil est formé d'un ovaire à cinq loges, entouré d'un disque circulaire, et surmonté d'un style dont le sommet se dilate en une masse stigmatifère à cinq lobes séparés par des sillons. Au pistil succède un fruit capsulaire de forme ovoïde à déhiscence loculicide, et dont les cinq valves se séparent de bas en haut. Le bois du *Swietenia Mahogoni* constitue le *véritable acajou* à meubles, connu aujourd'hui de tout le monde. La tige de cet arbre laisse exsuder une sorte de gomme qui lui communique une odeur peu agréable quand il est frais, et le préserve des vers. L'écorce de cet arbre est amère, astringente, fébrifuge et antiputride. De son fruit on retire l'*huile de caraba.*

SWIFT (JONATHAN) (1667-1745). Écrivain anglais, né en Irlande, auteur des célèbres *Voyages de Gulliver à Lilliput.*

SWINEMUNDE, ville et port de Poméranie (Prusse), sur la côte E. de l'île d'Usedom, à l'embouchure de la Swine. Grands chantiers de construction.

SYAGRIUS, fils d'Ægidius, général romain qui, dans les dernières années de l'empire d'Occident, fut le souverain effectif de la Gaule, comprise entre la Somme et la Loire et qui était demeurée romaine. Défait par Clovis à la bataille de Soissons en 486, il s'enfuit chez les Wisigoths, mais fut livré par eux au roi frank, qui le fit mettre à mort.

SYBARIS, ancienne ville du S. de la Lucanie, sur le golfe de Tarente, connue par le luxe et la mollesse de ses habitants. — **Dér.** *Sybarite, sybaritisme.*

SYBARITE (*sybaris*), *sm.* Habitant de Sybaris. — **Fig.** Homme qui mène une vie molle et voluptueuse : *Vivre en sybarite.*

***SYBARITISME**, *sm.* Façon de vivre molle et voluptueuse.

SYBEL (HENRI DE), historien et homme d'État allemand contemporain, né à Dusseldorf en 1817. D'abord professeur, il fut envoyé comme député au Parlement de l'Empire pour combattre l'ultramontanisme. Il a composé plusieurs ouvrages sur l'histoire, notamment une *Histoire de la Révolution de 1789 à 1795.*

SYCOMORE (g. συκόμορος, figuier, mûrier), *sm.* Espèce de figuier dont le fruit est petit, d'un blanc jaunâtre, et dont le bois incorruptible servait aux anciens Égyptiens à faire des cercueils. ‖ Nom vulgaire de l'érable faux platane. ‖ *Faux sycomore*, le *melia azedarach*, grand arbre du bassin de la Méditerranée, planté le long des routes dans le S. de la France.

SYCOPHANTE (g. συκοφάντης : de σῦκον, figue + φαίνειν, révéler), *sm.* A Athènes, celui qui dénonçait les gens qui exportaient frauduleusement des figues de l'Attique. — **Fig.** Celui qui signalait à la haine de la foule les citoyens ou les magistrats dont elle redoutait l'ascendant. ‖ Aujourd'hui délateur, fourbe, menteur.

***SYCOSE** (l. *sycosis* : du g. σῦκον, figue), *sf.*, ou **SYCOSIS**, *sm.* Maladie de la peau, là où celle-ci est pourvue de poils épais et serrés. Elle est caractérisée par de petites élevures pointues, rouges et douloureuses. La sycose est d'origine parasitaire et doit être traitée par des lotions de sublimé corrosif ou des préparations soufrées.

SYDENHAM, village au S. et à 9 kilom. de Londres, où se trouve le palais de Cristal, construit pour l'exposition universelle de 1851, reconstruit depuis et devenu un vaste musée.

SYDENHAM (THOMAS) (1624-1689). Médecin anglais, inventeur de la composition de laudanum qui porte son nom.

SYDNEY, 224000 hab. Ville et port d'Australie sur le Pacifique, capitale de la colonie anglaise de la Nouvelle-Galles du Sud; commerce d'exportation considérable en or, laine, suif, peau, etc., fut jusqu'en 1841 un lieu de déportation.

SYÈNE, ancienne ville de la haute Égypte, près des frontières d'Éthiopie, sur la rive droite du Nil et presque sous le tropique du cancer, où étaient de belles carrières de granit qui fournirent des matériaux à la statuaire et à l'architecture égyptiennes. — **Dér.** *Syénite, syénitique.*

***SYÉNITE** (*syène*), *sf.* Roche granitique où domine le feldspath et dont la couleur est un mélange de rouge et de vert; il y en avait de belles carrières à Syène. On distingue les syénites proprement dites, les syénites quartzifères, les granites syénitiques, les syénites zirconiennes. On les rencontre dans les Vosges, en Norvège, en Italie, etc.

***SYÉNITIQUE** (*syénite*), *adj. 2 g.* Qui renferme de la syénite. ‖ *Granit syénitique*, composé quadruple de quartz, de feldspath, de mica et de hornblende.

***SYÉPOORITE** (*Syepoor*, dans les Indes), *sf.* Variété, gris d'acier, de koboldine, ou cobalt sulfuré.

SYLLA (LUCIUS CORNELIUS) (136-78 av. J.-C.). Célèbre général romain, chef du parti des patriciens contre Marius, s'empara de la dictature, se souilla par d'horribles proscriptions et des massacres, abdiqua tout à coup le pouvoir en 80 av. J.-C. et mourut bientôt des suites de ses débauches.

SYLLABAIRE (*syllabe*), *sm.* Petit livre où les syllabes sont rangées par ordre et dans lequel les enfants apprennent à lire.

SYLLABE (g. συλλαβή; de σύν, ensemble + λαμβάνειν, prendre), *sf.* Partie d'un mot composée d'une ou de plusieurs lettres qu'on prononce d'une seule émission de voix. ‖ *Syllabe longue*, celle qui se prononce lentement. ‖ *Syllabe brève*, celle qui se prononce rapidement. ‖ *Ne pas répondre une syllabe*, ne répondre absolument rien. — **Dér.** *Syllaber, syllabaire, syllabique, syllabiquement, syllabisme, syllabisation.* — **Comp.** *Dissyllabe, dissyllabique, polysyllabe, polysyllabique.*

***SYLLABER** (*syllabe*), *vt.* Assembler les lettres par syllabes.

SYLLABIQUE (l. *syllabicum*), *adj.* Qui a rapport à la syllabe. ‖ *Écriture syllabique*, celle dans laquelle chaque syllabe est représentée par un caractère unique. Les inscriptions cypriotes sont écrites en une écriture syllabique qui vient sans doute de l'écriture assyrienne. ‖ *Vers syllabique*, celui qui est composé d'un nombre fixe de syllabes : *Le vers français est syllabique.* ‖ *Valeur syllabique*, celle que l'on attribue à une syllabe suivant le temps plus ou moins long que l'on met à la prononcer. ‖ *Augment syllabique*, celui qui allonge d'une syllabe le temps du verbe.

***SYLLABIQUEMENT** (*syllabique* + sfx. *ment*), *adv.* D'une manière syllabique. ‖ Par syllabes.

***SYLLABISATION** (*syllabiser*), *sf.* Action d'épeler en décomposant les mots par syllabes.

***SYLLABISME** (*syllabe*), *sm.* Système d'écriture dans lequel chaque syllabe est représentée par un caractère particulier : *Les anciens Cypriotes avaient adopté le syllabisme.*

SYLLABUS [sil-la-buce], (ml., *sommaire*), *sm.* Liste de propositions que le pape déclare contraires aux dogmes.

SYLLEPSE (g. σύλληψις, *compréhension*), *sf.* Figure de grammaire qui fait accorder les mots, non d'après les règles de la syntaxe, mais d'après l'idée qui domine dans l'esprit. Ex. : *Ces personnes* m'ont témoigné le déplaisir qu'*ils* en ont eu.

SYLLOGISME (g. συλλογισμός, *raisonnement composé*), *sm.* Raisonnement déductif, formé de trois propositions dont l'une, appelée *conséquence*, résulte nécessairement des deux autres dites *prémisses*. Ex. : Tout ce qui est pesant est matière, — or, l'air est pesant, — *donc l'air est matière.* Dans ce syllogisme les deux premières propositions sont les prémisses, la troisième est la conséquence : La première prémisse s'appelle *la majeure*; la deuxième, *la mineure*. L'être dont on veut affirmer quelque chose et qui est ici l'*air* s'appelle *petit terme*. La qualité que l'on affirme exister chez cet être (matière) s'appelle *grand terme*. Ce que l'on compare alternativement avec le grand et le petit terme (pesant) s'appelle *moyen terme*. La majeure contient à la fois le moyen et le grand terme. La mineure contient à la fois le moyen et le petit terme; la conséquence contient le petit et le grand terme à l'exclusion du moyen terme. Les règles du syllogisme ont été établies par Aristote. — **Dér.** *Syllogistique.*

SYLLOGISTIQUE (l. *syllogisticum*), *adj. 2 g.* Qui appartient au syllogisme : *La forme syllogistique d'un raisonnement.*

SYLPHE, *sm.* **SYLPHIDE**, *sf.* (m. gaulois signifiant *génie*). Nom de prétendus génies de l'air, les uns mâles, les autres femelles, favorables aux hommes, que l'on représentait avec des formes sveltes et des ailes transparentes. — **Fig.** *Cette femme est une sylphide*, elle est svelte et si légère, qu'elle semble à peine toucher le sol. — **Gr.** Ce mot se trouve dans diverses inscriptions sous les formes *sulfi, sylfi, sylphi* (fém. *sulevæ, suleviæ*) ; il ne fut pas employé au moyen âge et ne fut remis en usage que par Paracelse, qui le donna aux génies de l'air.

SYLVAIN (l. *sylvanum* : de *sylva*, forêt), *sm.* Dieu des forêts, des pâturages, du bétail, de la propriété et des frontières chez les Romains, qui le représentaient sous la figure d'un robuste vieillard. || Nom de génies à oreilles et à jambes de bouc, dont le dieu Sylvain était le chef. — *Adj.* et *s. 2 g.* Se dit des oiseaux qui habitent exclusivement les bois.

***SYLVANE** (*Transylvanie*), *sm.* Tellurure d'or et d'argent qui se trouve en Transylvanie et en Californie, exploité pour les deux métaux précieux qu'il renferme. La disposition fréquente de ses cristaux, groupés à la file comme des lignes d'écriture persane, a fait donner à ce minerai le nom d'*or graphique*, sous lequel il est également connu.

SYLVES (l. *sylvæ*, forêts), *sfpl.* Recueil de petites pièces de vers. — **Dér.** *Sylvie, Sylvain, sylvine, Sylvestre* 1 et 2. — **Comp.** *Sylvicole, sylviculture.*

1. **SYLVESTRE** (l. *sylvestrem*, des forêts), *adj. 2 g.* Qui appartient aux forêts : *Les ombres sylvestres.* || Qui croît dans les bois : *Pin sylvestre.* (V. *Pin.*) || Sauvage : *Menthe sylvestre.*

2. **SYLVESTRE Ier** (saint), pape de 314 à 335, fête le 31 décembre. *Depuis le premier janvier jusqu'à la saint Sylvestre,* pendant tout le cours de l'année. — SYLVESTRE II, pape de 999 à 1003, né à Aurillac, fut d'abord moine et connu sous le nom de *Gerbert*, alla étudier les mathématiques et l'astronomie chez les Arabes d'Espagne, fut précepteur d'Othon III et de Robert le Pieux et enfin archevêque de Ravenne avant de parvenir au trône pontifical. Ses vastes connaissances le firent accuser de sorcellerie. — SYLVESTRE III, antipape pendant trois mois en 1044.

***SYLVICOLE** (l. *sylva*, forêt + *colere*, habiter, cultiver), *adj. 2 g.* Qui habite les forêts. || Qui a rapport à la sylviculture.

SYLVIE

SYLVICULTURE (l. *sylva*, forêt + *culture*), *sf.* L'art de soigner les forêts et de les rendre aussi productives que possible.

***SYLVIE** (l. *sylvia*, de forêt), *sf.* Nom scientifique du genre fauvette. || L'anémone des bois.

***SYLVINE** (l. *sylva*, forêt), *sf.* Chlorure de potassium pur qui se trouve parmi les sels des mines de Stassfurth, où l'on rencontre aussi un chlorure double : la *carnallite,* combinaison hydratée de chlorure de potassium et de chlorure de magnésium.

SYMBOLE (l. *symbolum* : du g. σύν, avec + βάλλειν, jeter), *sm.* Figure, image, emblème que l'on est convenu de prendre pour signe

SYMBOLE

ORPHÉE ATTIRANT LES ANIMAUX SAUVAGES AU SON DE SA LYRE SYMBOLISANT LE CHRIST DONT LA PAROLE VA RÉUNIR LES HOMMES SOUS UNE MÊME LOI DE CHARITÉ. (PEINTURE DES CATACOMBES DE ROME.)

d'une chose : *Le laurier est le symbole de la victoire, la palme celui du martyre.* || Masque, figure qu'on voit sur les médailles, les monuments, etc., et qui désigne une divinité un homme, un pays, une ville : *La salamandre était le symbole de François Ier.* || Déclaration qui contient les principaux articles de la foi : *Le symbole des apôtres,* celui qui commence par *Je crois en Dieu, le Père tout-puissant,* qui est l'œuvre des apôtres et que les catholiques récitent dans leurs prières. || *Symbole de Nicée,* celui qui fut rédigé par le concile de Nicée, en 925, et qui se chante à la messe. — Au pl., les signes extérieurs des sacrements. — **Symbole chimique,** notation indiquant à la fois la nature d'un corps simple et son *équivalent* en poids. Cette notation se compose, soit de la première lettre seulement du nom français ou du nom latin du corps, soit de la première et de l'une des lettres suivantes de ces deux noms. Ainsi O signifie oxygène et, en poids, 8 d'oxygène. H représente l'hydrogène, et 1 unité de poids d'hydrogène. De même C représente 6 de carbone ; S, 16 de soufre ; Cl, 35,5 de chlore ; Az, 14 d'azote ; Br, 80 de brome ; I, 127 d'iode ; Ph, 31 de phosphore ; K, 39 de potassium ; Na, 32 de sodium ; Ba, 68,5 de baryum ; Al, 13,75 d'aluminium ; Fe, 28 de fer ; Ni, 29,5 de nickel ; Zn, 33 de zinc ; Sn, 59 d'étain ; Sb, 120 d'antimoine ; Cu, 31,5 de cuivre ; Pb, 103,5 de plomb ; Bi, 212 de bismuth ; Hg, 100 de mercure ; Ag, 108 d'argent ; Pt, 99,5 de platine ; Au, 98,2 d'or, etc. (V. *Équivalent* et *Nomenclature chimique.* — **Symboles algébriques,** notation indiquant des opérations qu'il est en réalité impossible d'effectuer sur certaines quantités algébriques, mais qui ont néanmoins une propriété remarquable. Ex. : la fraction $\frac{m}{0}$ est le *symbole* de l'infini mathématique, qui se représente aussi par le *symbole* ∞. Le radical $\sqrt{-1}$ est le *symbole* des quantités imaginaires. Les fractions $\frac{\infty}{\infty}$ et $\frac{0}{0}$ sont les *symboles* de l'indétermination. Les signes algébriques sont les *symboles* des opérations qu'ils indiquent. Ainsi le signe × est le *symbole* de la multiplication. (V. *Signe.*) — **Dér.** *Symbolique, symboliser, symbolisme.*

SYMBOLIQUE (*symbole*), *adj. 2 g.* Qui sert de symbole : *Un serpent qui se mord la queue est une représentation symbolique de l'éternité.* — *Sf.* L'ensemble des symboles propres à une religion, à un peuple. || Système de ceux qui admettaient que les polythéismes grec et romain étaient un ensemble de symboles, d'allégories figurant des vérités naturelles, historiques ou morales : *La symbolique de Creutzer.*

SYMBOLISER (*symbole*), *vi.* Avoir de la conformité avec (*vx*). || *Vt.* Représenter par un symbole : *Le drapeau tricolore symbolise la Révolution française.*

SYMBOLISME (*symboliser*), *sm.* Représentation des dogmes, des préceptes par des symboles : *Le symbolisme pythagoricien.*

SYMÉTRIE (g. συμμετρία : σύν, avec + μέτρον, mesure), *sf.* Conformité de grandeur, de figure, de position ou juste proportion des parties d'un tout : *La symétrie des deux ailes d'un bâtiment.* || Ordre dans lequel certaines choses similaires sont rangées : *Arbres plantés avec symétrie.* || Plan bien ordonné d'une œuvre littéraire : *La symétrie d'un discours.* || *Symétrie du style,* correspondance exacte des mots, des membres d'une phrase. || Position de deux points par rapport à une droite ou axe de symétrie ou à un plan dit de symétrie, pour laquelle l'axe ou le plan de symétrie est perpendiculaire sur le milieu de la ligne droite qui joint les deux points considérés. La symétrie par rapport à un point ou centre de symétrie a lieu lorsque la ligne droite qui joint les deux points considérés passe par ce centre et y est coupée en deux parties égales.

Deux polyèdres sont symétriques par rapport à un plan quand leurs sommets sont, deux à deux, symétriques par rapport à ce plan. On appelle *droites symétriques* les droites qui joignent des points symétriques, et *faces symétriques* celles qui sont terminées par des droites symétriques deux à deux.

On démontre, en géométrie, les théorèmes suivants :

Deux droites symétriques sont égales. Deux angles dont les côtés sont symétriques deux à deux, sont égaux.

Trois points déterminant un plan et leurs symétriques déterminant un plan symétrique du premier, suivant qu'un quatrième point sera situé sur le premier plan ou en dehors de lui, le symétrique du quatrième point sera situé sur le plan symétrique du premier plan ou en dehors de lui.

Il en résulte qu'à chaque trièdre d'un polyèdre correspond un trièdre du polyèdre symétrique, et qu'à chaque face d'un polyèdre correspond une face symétrique de l'autre polyèdre. Deux angles trièdres symétriques sont égaux dans toutes leurs parties, mais ne peuvent pas coïncider.

Deux polyèdres symétriques ont leurs faces égales chacune à chacune, et leurs angles polyèdres égaux, mais symétriques, c'est-à-dire ne pouvant pas coïncider.

Deux polyèdres symétriques sont équivalents.

La symétrie par rapport à un *point* peut se ramener à la symétrie par rapport à un plan, si l'on imprime une rotation de 180° à l'une des figures autour d'un axe perpendiculaire à ce plan et passant par le centre de symétrie.

Pour obtenir le symétrique d'un angle polyèdre par rapport à son sommet, il suffit de prolonger les arêtes du polyèdre au delà du sommet. — **Dér.** *Symétrique, symétriquement, symétriser.* — **Comp.** *Asymétrie.*

SYMÉTRIQUE (g. συμμετρικός), *adj. 2 g.* Qui a de la symétrie : *Plantation symétrique.* || Se dit d'un corps, d'une figure dont les deux moitiés séparées par un plan ou une ligne idéale ou réelle ont leurs points respectifs situés deux à deux sur une perpendiculaire à ce plan ou à cette ligne et à une égale distance dudit plan ou de ladite ligne : *Un miroir plan fournit une image symétrique des objets.* || *Fonction algébrique symétrique,* celle qui reste la même quand on remplace les unes par les autres les lettres qui y entrent. Ex. : $x^2 + y^2 + 2xy$. — Fig. *Un homme symétrique,* minutieux.

SYMÉTRIQUEMENT (*symétrique* + sfx *ment, adv.* Avec symétrie.

SYMÉTRISER (*symétrie*), *vi.* Être disposé symétriquement : *Ces deux allées symétrisent.* — *Vt.* Rendre symétrique ce qui ne l'est pas.

SYMMAQUE, préfet de Rome de 384 à 386, consul en 391, fut l'un des derniers défenseurs du paganisme. Il a laissé d'intéressants rapports sur son administration, des discours, des lettres. M. vers 410. — Son petit-fils, Symmaque, beau-père de Boèce, fut mis à mort après ce dernier par ordre de Théodoric, roi des Ostrogoths.

SYMMAQUE (CŒLIUS), pape de 498 à 514, combattit les hérésies des eutychéens et des nestoriens.

SYMPATHIE (g. συμπάθεια : de σύν, avec + πάθος, affection), *sf.* Dépendance qui existe entre les nerfs de deux organes et qui fait que quand l'un de ceux-ci est affecté ou excité, l'autre l'est également. || Penchant instinctif qui attire deux personnes l'une vers l'autre : *Leur sympathie mutuelle est inexplicable.* || Faculté que nous avons de participer aux peines et aux plaisirs les uns des autres : *J'éprouve de la sympathie pour tout être qui souffre.* || Prétendue influence mutuelle de deux corps. || Aptitude à s'attirer, à s'unir, à se pénétrer : *La sympathie du fer pour l'aimant.* || Convenance qui existe entre certaines choses : *Il y a de la sympathie entre ces deux couleurs.* — **Dér.** *Sympathique, sympathiquement, sympathiser.*

SYMPATHIQUE (*sympathie*), *adj. 2 g.* Causé par l'influence d'un organe malade sur un autre sain : *Douleur sympathique.* || Instinctivement bienveillant pour : *Être sympathique à un projet.* || Qui captive instinctivement l'affection : *Caractère sympathique.* || *Nerf grand sympathique,* ou, subst., *le grand sympathique,* partie du système nerveux qui préside aux fonctions de la vie végétative, et consiste en un double cordon présentant de distance en distance des ganglions nerveux, situés dans la poitrine et l'abdomen, de chaque côté de la colonne vertébrale. || *Encre sympathique,* encre sans couleur qui devient colorée par l'effet de la chaleur ou d'un réactif.

***SYMPATHIQUEMENT** (*sympathique* + sfx. *ment*), *adv.* Avec sympathie, d'une manière sympathique.

SYMPATHISER (*sympathie*), *vi.* Éprouver de la sympathie l'un pour l'autre : *Ces deux hommes sympathisent.* || Avoir des goûts, des qualités qui s'accordent : *Ces deux caractères sympathisent.*

SYMPHONIE (g. συμφωνία : de σύν, ensemble + φωνή, voix), *sf.* Ensemble agréable à l'oreille de sons produits simultanément. || Musique exécutée par un orchestre : *Dans cet opéra, la symphonie l'emporte sur le chant.* || Grand morceau de musique d'orchestre comprenant un allégro, un andante, un menuet et un finale. || *Symphonie caractéristique,* celle qui a pour but de peindre un phénomène physique ou un caractère moral. || L'ensemble des instruments de musique qui accompagnent les voix. || L'ensemble des instruments à cordes d'un orchestre. || Le corps des symphonistes. — **Dér.** *Symphoniste.*

SYMPHONISTE (*symphonie*), *sm.* Celui qui compose des symphonies ou qui fait sa partie dans une symphonie.

SYMPHORIEN (SAINT-), 1982 hab. Ch.-l. de c., arr. de Bazas (Gironde).

SYMPHORIEN-DE-LAY (SAINT-), 2740 hab. Ch.-l. de c., arr. de Roanne (Loire); anthracite, mousseline, calicots, cotonnades.

SYMPHORIEN-D'OZON (SAINT-), 1869 hab. Ch.-l. de c., arr. de Vienne (Isère), fabrique de couvertures, moulinage de soie.

SYMPHORIEN-SUR-COISE (SAINT-), 2065 hab. Ch.-l. de c., arr. de Lyon (Rhône). Tanneries, fabrique de draps, chaussures.

***SYMPHORINE** (g. σύμφορος, réuni), *sf.* Genre de plantes dicotylédones de la famille des Caprifoliacées et comprenant des arbrisseaux originaires de la Caroline. Ces plantes, remarquables par leurs grappes de fruits d'un beau blanc, sont cultivées pour l'ornement des parcs et des jardins d'agrément.

SYMPHYSE (g. σύν, ensemble + φύσις, nature), *sf.* Union étroite de deux os du corps au moyen d'un cartilage : *La symphyse du pubis.*

***SYMPIÉZOMÈTRE,** baromètre à liquide et à réservoir d'air.

*** SYMPLÉGADES** (g. συμπληγάδης, qui s'entre-choquent), *sfpl.* Nom de deux îles à l'entrée du Pont-Euxin qui, selon la tradition des anciens, se heurtaient l'une contre l'autre et brisaient entre elles les vaisseaux. Elles furent fixées lors du passage du navire *Argo.* (Myth.)

***SYMPLOCARPE** (g. σύμπλοος, associé + καρπός, fruit), *sm.* Genre de plantes monocotylédones de la famille des Aroïdées, composé de végétaux herbacés, originaires de l'Amérique et de l'Asie septentrionale. La seule espèce de ce genre est le *symplocarpe fétide,* croissant dans les prairies humides et les endroits marécageux de l'Amérique du Nord, depuis le Canada jusqu'à la Caroline. Ses fleurs se montrent de bonne heure et avant les feuilles. Son rhizome et sa racine renferment un principe âcre que la chaleur chasse rapidement. Ainsi modifiées, ces parties du symplocarpe sont utilisées contre l'asthme, les catarrhes, etc.

***SYMPLOCE** ou ***SYMPLOQUE** (g. συμπλοκή : de σύν, avec + πλέκειν, plier), *sf.* Genre de plantes dicotylédones de la famille des Styracées, et comprenant des arbrisseaux rameux dont le bois est très dur. Les fleurs roses doublent naturellement et répandent une odeur des plus suaves. Ces végétaux se cultivent en terre de bruyère, surtout en pots et dans les terres tempérées. Ces plantes sont originaires du Mexique. L'espèce la plus répandue est le *symploce écarlate* (*symplocos coccinea*).

SYMPTOMATIQUE (g. συμπτωματικός), *adj. 2 g.* Qui est l'effet ou le symptôme de quelque autre maladie : *Fièvre symptomatique de la phtisie.*

SYMPTÔME (g. σύμπτωμα, accident), *sm.* Changement qui survient dans un organe et est causé par une maladie : *Le gonflement de la rate est un des symptômes de la fièvre intermittente.* — Fig. Indice, présage : *Des symptômes de mécontentement.* — **Dér.** *Symptomatique.*

SYNAGOGUE (g. συναγωγή, réunion : de συνάγω, je rassemble), *sf.* L'ensemble de ceux qui pratiquaient la religion juive avant

SYNAPTE

J.-C. : *Il était de la synagogue.* || La religion juive par opposition à l'Église chrétienne. || Tout édifice où se réunissaient, le jour du sabbat, pour prier et lire les Écritures, les Juifs qui ne pouvaient se rendre au temple de Jérusalem. || Aujourd'hui, temple où les juifs exercent leur culte : *Il y a plusieurs synagogues à Paris.* — Fig. *Enterrer la synagogue avec honneur,* finir honorablement une chose.

SYNALÈPHE (g. συναλοιφή, fusion), *sf.* Contraction de deux syllabes en une seule. Ex. : Je *pairai* pour je *paierai.* **(Gr.)**

SYNALLAGMATIQUE (g. συναλλαγματικός : de συναλλάσσω, j'échange), *adj. 2 g.* Se dit d'un contrat qui contient obligation réciproque entre les parties.

SYNANTHÉRÉ, ÉE (g. σύν, ensemble + anthère), *adj.* Dont les étamines sont soudées par leurs anthères : *Le bluet est une plante synanthérée.* — *Sfpl.* Immense famille de plantes appelée encore famille des Composées et dans laquelle les étamines sont soudées par leurs anthères. (V. *Composées.*)

***SYNAPTASE** (g. συνάπτω, j'unis), *sf.* Matière solide, soluble dans l'eau, insoluble dans l'alcool, qui se trouve dans les amandes douces et dans les amandes amères; elle est composée de carbone, d'hydrogène, d'oxygène et d'azote, et joue le rôle de ferment soluble par rapport à l'amygdaline contenue dans les amandes amères. Les produits de cette fermentation sont de l'essence d'amandes amères, de l'acide cyanhydrique et du glucose. Comme le ferment et l'amygdaline sont renfermés dans des cellules séparées, celui-là n'agit sur celle-ci que quand on déchire les amandes et qu'on les met en présence de l'eau. C'est ce qui explique que les amandes amères, bien que dépourvues d'odeur lorsqu'elles sont intactes, dégagent une odeur d'acide prussique quand on les broie entre les dents. C'est ce qui explique aussi pourquoi l'émulsion, préparée avec des amandes amères, possède des propriétés vénéneuses, et pourquoi l'essence d'amandes amères du commerce contient de l'acide prussique quand elle n'a pas été bien purifiée.

***SYNAPTE** (g. συναπτός, joint), *sf.* Genre d'Holothurides caractérisé par un corps cylindrique, allongé, très contractile et enveloppé dans une peau délicate couverte de petites pointes ou de crochets calcaires au moyen desquels ces animaux peuvent s'attacher sur les roches sous-marines; ces petits appendices sont donc des sortes de pieds. La bouche des synaptes est munie de tentacules dont les mouvements amènent les animaux et les substances qui doivent leur servir de nourriture. On rencontre ces animaux dans les mers intertropicales, sur les côtes des Antilles, dans la mer Rouge. Il en existe aussi dans la Manche, où ils vivent dans le sable des côtes. La longueur de cette dernière espèce est de 1 à 3 décimètres et sa largeur varie entre 5 et 6 millimètres. Les espèces de synaptes des pays chauds sont beaucoup plus grandes et atteignent quelquefois un mètre de longueur sur une largeur de 0m,027.

SYNARTHROSE (g. σύν, avec + ἄρθρον, articulation), *sf.* Articulation de deux os qui ne peuvent se mouvoir l'un sur l'autre.

SYNCELLE (g. σύν, avec + l. *cella,* cellule), *sm.* Titre d'un officier placé auprès des patriarches, des évêques de l'ancienne Église grecque pour avoir inspection sur leur conduite.

SYNCHONDROSE [sin-con-dro-se] (g. σύν, avec + χόνδρος, cartilage), *sf.* Union de deux os par un cartilage.

SYNCHRONE (g. σύν, avec + χρόνος, temps), *adj. 2 g.* Qui a lieu en même temps. Le mot *isochrone* signifie au contraire qui dure le même temps. — **Dér.** *Synchronique, synchronisme.*

SYNCHRONIQUE (*synchrone*), *adj. 2 g.* Qui a lieu en même temps. || *Tableau synchronique,* tableau où l'on rapproche les événements arrivés en différents lieux à la même époque.

SYNCHRONISME (g. σύν, ensemble + χρόνος, temps) *sm.* Contemporanéité, simultanéité : *Le synchronisme de deux événements, de deux mouvements.* || Par extension, s'applique aux durées égales de deux phénomènes que cette égalité permet de rapprocher sans toutefois établir un lien nécessaire entre eux. On s'en sert, dans l'histoire, surtout comme moyen mnémonique, et on se contente alors d'une approximation suffisante pour le rapprochement des dates.

En science pure, ce terme s'applique, par exemple, aux oscillations de pendules qui s'exécutent dans un même temps, et on l'étend quelquefois à des mouvements isochrones, c'est-à-dire qui ont une durée égale.

Il y aura *synchronisme* pour deux pendules qui, en un même lieu, à Paris, par exemple, battront la seconde en même temps, ou bien pour deux pendules dont les oscillations s'accompagneront, commençant et finissant ensemble, quoique situés en deux lieux différents, mais alors possédant respectivement les longueurs convenables, exigées par la latitude de chacune des stations. Ainsi, un pendule situé au pôle peut être synchrone d'un pendule situé à l'équateur; et, en général, il peut y avoir synchronisme pour deux pendules oscillant à deux latitudes quelconques; il suffit que leurs longueurs relatives soient réglées par les lois connues.

Le pendule *simple* est un pendule idéal, abstrait; et, dans la pratique, on ne peut employer que le pendule *composé*. (V. *Pendule*.) Mais le calcul permet, étant donné un pendule *composé*, de trouver la longueur du pendule simple *synchrone*. De sorte qu'on recueille les observations fournies par les pendules *composés*, mais on applique le calcul au pendule simple synchrone.

SYNCHYSE [sin-ki-z'] (g. σύν, avec + χύσις, confusion), *sf.* Transposition de mots, qui, en détruisant l'ordre naturel, rend la phrase difficile à comprendre. (Gr.)

***SYNCLINAL, ALE** (g. σύν, avec + κλίνειν, incliner), *adj.* Se dit en géologie d'une ligne imaginaire qui se confond avec le thalweg d'une couche plissée.

SYNCOPE (g. συγκοπή, action de couper, de retrancher), *sf.* Cessation momentanée et plus ou moins complète des battements du cœur, toujours accompagnée de la suspension de la sensibilité et des mouvements respiratoires : *Tomber en syncope c'est avoir une défaillance, se trouver mal, perdre connaissance.* Pour faire cesser la syncope chez une personne, il suffit de la placer de telle sorte qu'elle ait la tête plus basse que le reste du corps. || Retranchement d'une lettre ou d'une syllabe dans l'intérieur d'un mot. Ex. : *Gaîté*, pour *gaieté*. (Gr.) || Fusion de deux notes. (Mus.) — **Dér.** *Syncoper, syncopé, syncopée.*

SYNCOPÉ, ÉE (*syncoper*), *adj.* Qui a subi une syncope : *Mot syncopé, note syncopée.*

SYNCOPER (*syncope*), *vi.* Former une syncope : *Ces deux notes syncopent.* (Mus.) — *Vt.* Faire une syncope : *On a syncopé seur pour avoir sûr.* — **Gr.** Au XVIe siècle, on employait *sycoper* et *syncopiser* avec le sens de *tomber en syncope*.

SYNCRÉTISME (g. συγκρητισμός, mélange), *sm.* Système philosophique composé d'un mélange de doctrines empruntées sans critique à diverses écoles. || Tentative faite pour concilier des doctrines contradictoires. || Mélange d'opinions inconciliables.

***SYNCRÉTISTE** (*syncrétisme*), *sm.* Partisan du syncrétisme.

***SYNCRISE** (g. συγκρίνειν, coaguler), *sf.* Solidification ou coagulation de deux liquides mêlés ensemble.

SYNDÉRÈSE (g. συντήρεσις, action de s'observer), *sf.* Remords de conscience.

SYNDIC (l. *syndicum*, délégué de la ville : du g. σύν, avec + δίκη, justice), *sm.* Celui qui est élu pour surveiller les intérêts d'un corps, d'une association, d'une réunion de créanciers. || *Syndic provisoire d'une faillite*, celui que le tribunal de commerce, en déclarant la faillite, nomme pour administrer les biens du failli jusqu'à la réunion de tous les créanciers. || *Syndic définitif d'une faillite*, celui que les créanciers réunis nomment dans le même but. || Celui qui dans certaines corporations privilégiées est nommé pour faire exécuter les règlements : *Les agents de change, les notaires, les avoués, les agréés, les imprimeurs, etc., ont des syndics.* || *Syndic des gens de mer*, agent de l'inscription maritime dans un quartier secondaire ou sous-quartier maritime. || Autrefois, titre d'un magistrat municipal qui remplissait à peu près les fonctions des maires actuels. — **Dér.** *Syndicat, syndical, syndicale.*

SYNDICAL, ALE (*syndic*), *adj.* Qui appartient au syndicat : *Les fonctions syndicales.* || *Chambre syndicale*, tribunal disciplinaire qui juge les infractions aux règlements d'une corporation : *La Chambre syndicale des agents de change.*

SYNDICAT (*syndic*), *sm.* Fonction de syndic. || Durée de cette fonction. || Chambre syndicale.

***SYNDICATAIRE** (*syndicat*), *sm.* Celui qui fait partie d'un syndicat.

***SYNDIQUER** (*syndic*), *vt.* Constituer un syndicat, c'est-à-dire réunir des personnes ayant des intérêts semblables ou similaires. — **Se syndiquer**, *vr.* Se réunir en syndicat : *Les cultivateurs devraient se syndiquer.*

SYNECDOCHE ou **SYNECDOQUE** (g. συνεκδοχή, compréhension), *sf.* Figure de mots par laquelle on donne à un mot un sens plus ou moins étendu que son sens ordinaire en prenant la partie pour le tout ou le tout pour la partie, l'espèce pour le genre ou le genre pour l'espèce. Ex. : *Cent voiles pour cent navires; le Français pour les Français.*

SYNÉRÈSE (g. συναίρεσις, resserrement), *sf.* Contraction de deux syllabes en une seule dans un même mot sans changement de son. Dans ce vers : *Se ruaient à l'immortalité*, Barbier a fait *ruaient* d'une seule syllabe par synérèse.

SYNÉVROSE ou **SYNNÉVROSE** (g. σύν, avec + νεῦρον, ligament), *sf.* Union de deux os par des ligaments. (Anat.)

SYNGÉNÉSIE (g. σύν, avec + γένεσις, génération), *sf.* Classe de plantes du système de Linné comprenant la famille des Composées, dans laquelle toutes les étamines d'une fleur ont leurs anthères soudées entre elles.

***SYNGNATHE** (g. σύν, avec + γνάθος, mâchoire), *sm.* Genre de poissons de mer téléostéens de l'ordre des Laphobranches, que l'on désigne vulgairement sous le nom d'*aiguilles de mer*, à cause de la forme allongée et grêle de leur corps. Ils sont voisins des *hippocampes*, mais leur queue longue et garnie d'une nageoire n'est pas préhensile. Ces poissons habitent la Méditerranée et l'Atlantique.

SYNODAL, ALE (*synode*), *adj.* Du synode : *Assemblée synodale. Règlements synodaux.*

SYNODALEMENT (*synodale* + sfx. *ment*), *adv.* En synode.

SYNODE (l. *synodum* : du g. σύν, avec + ὁδός, chemin), *sm.* Assemblée des ecclésiastiques d'un diocèse, qui a lieu par ordre de l'évêque ou d'un autre supérieur. || Chez les protestants, assemblée de ministres et d'anciens pour le règlement des affaires religieuses. — **Dér.** *Synodal, synodale, synodalement, synodique* 1 et 2.

1. **SYNODIQUE** (*synode*), *adj. 2 g. Lettres synodiques*, écrites au nom des conciles aux évêques absents.

2. **SYNODIQUE** (g. συνοδικός, qui se rencontre), *adj. 2 g. Révolution synodique de la lune*, l'intervalle de temps compris entre deux pleines lunes consécutives, ou en général entre deux phases de même espèce. || *Mois synodique* ou *lunaire*, la durée de la révolution synodique. (V. *Lune*.)

SYNONYME (g. συνώνυμος : de σύν, avec + ὄνομα, nom), *adj. 2 g.* Se dit d'un mot, d'une expression dont la signification est à très peu près la même que celle d'un autre mot, d'une autre expression : Achever, finir, *sont des mots synonymes.* — *Sm.* Mot dont la signification est à peu près la même que celle d'un autre : Contrée *est synonyme de* pays. — **Les synonymes**, *smpl.* Titre d'ouvrages en forme de dictionnaire dans lesquels sont expliquées les nuances de signification qui distinguent les mots synonymes : *Les synonymes français de Girard.* — **Dér.** *Synonymie, synonymique.*

SYNONYMIE (l. *synonymia*), *sf.* Qualité des mots synonymes : *La synonymie de* larmes *est* pleurs. || Énumération des divers noms donnés à un même animal, à une même plante : *Les Flores contiennent la synonymie des espèces.*

SYNONYMIQUE (*synonyme*), *adj. 2 g.* Qui concerne la synonymie : *La discussion synonymique des sens de deux mots.*

***SYNOPSIS** (g. σύν, ensemble + ὄψις, vue), *sf.* Ouvrage fait pour qu'on y voie, comme d'un coup d'œil, l'ensemble d'une science. — **Dér.** *Synoptique.*

SYNOPTIQUE (g. συνοπτικός), *adj. 2 g.* Qui permet d'embrasser d'un coup d'œil les diverses parties d'un ensemble : *Tableau synoptique du système métrique.* || Qui présente à la vue plusieurs objets ensemble. || *Evangiles synoptiques*, ou subst. : *les synoptiques*, les évangiles de saint Matthieu, de saint Marc et de saint Luc conçus à peu près sur le même plan.

SYNOQUE (g. συνοχός, continu), *adj.* et *sf.* Se dit d'une fièvre continue et toujours uniforme.

SYNOVIAL, ALE (*synovie*), *adj.* Qui a rapport à la synovie. || *Membrane synoviale*, sorte de membrane séreuse qui sécrète la synovie et qui existe à l'endroit où deux os s'articulent entre eux. || *Capsule synoviale*, glande en forme de petit sac fermé où s'élabore la synovie.

SYNOVIE (g. σύν, avec + ὠόν, œuf, ou plutôt l. *ovum*, œuf), *sf.* Liquide visqueux, filant, trouble, jaunâtre, alcalin qui baigne les membranes synoviales des articulations et qui change de composition en cas d'arthrite, de rhumatisme aigu. — **Dér.** *Synovial, synoviale.*

SYNTAXE (g. σύν, ensemble + τάξις, arrangement), *sf.* Manière d'assembler les mots dans la proposition et les propositions dans la phrase : *Chaque langue a sa syntaxe.* || Partie de la grammaire qui enseigne la manière d'assembler les mots et les propositions. || *Syntaxe d'accord*, celle qui enseigne la forme qu'on doit donner aux mots d'après l'usage qu'on en fait. || *Syntaxe de complément* ou *de régime*, celle qui indique comment chaque complément doit être construit d'après le mot qu'il modifie. || *Syntaxe intérieure*, manière de former les mots au moyen des racines, des préfixes et des suffixes. — **Dér.** *Syntaxique.*

SYNTAXIQUE (*syntaxe*), *adj. 2 g.* Qui est du domaine de la syntaxe, qui est réglé par la syntaxe : *L'ordre syntaxique des mots d'une proposition.*

SYNTHÈSE (g. σύνθεσις, composition : de σύν, avec + θέσις, action de placer), *sf.* Action de former un tout en réunissant et plaçant dans un ordre convenable les parties qui doivent le composer : *La synthèse est le contraire de l'analyse.* || Opération de chimie qui consiste à mettre en présence les éléments d'un corps composé et à en provoquer la combinaison : *On fait la synthèse de l'eau en enflammant un mélange d'un volume d'oxygène et deux volumes d'hydrogène.* || Opération de chirurgie par laquelle on réunit ce qui avait été divisé ou séparé par accident, comme les lèvres d'une plaie, les morceaux d'un os fracturé, etc. || Manière de raisonner qui consiste à descendre d'un principe général aux conséquences qui y sont contenues implicitement. || Démonstration qu'on fait d'une vérité mathématique en s'appuyant uniquement sur des vérités précédemment établies. — **Dér.** *Synthétique, synthétiquement.*

SYNTHÉTIQUE (g. συνθετικός), *adj. 2 g.* Habile à composer, dont la tournure d'esprit est plus portée à la synthèse qu'à l'analyse : *Newton était éminemment synthétique.* || Qui appartient à la synthèse : *Procédé, démonstration synthétique.*

SYNTHÉTIQUEMENT (*synthétique* + sfx. *ment*), *adv.* Par la synthèse : *Démontrer synthétiquement.*

***SYNTONINE** (g. συντονία, tension), *sf.* Masse blanche, élastique que l'on obtient en traitant la viande par de l'eau acidulée avec l'acide chlorhydrique, en neutralisant par un alcali qui produit un précipité gélatineux, opalescent, et en lavant ce précipité à l'eau, à l'alcool, puis enfin à l'éther.

SYPHAX, roi de la Numidie occidentale, qui fut l'allié des Romains pendant la deuxième guerre punique, puis se déclara contre eux à l'instigation de sa femme Sophonisbe. Vaincu et pris par Lælius et Massinissa, il fut conduit à Rome pour paraître au triomphe de Scipion, mais mourut quelques jours avant cette cérémonie (203 av. J.-C.)

SYPHILIS (mot dont l'origine est inconnue, et qui fut employé pour la première fois par Frascator (1530) dans un poème latin sur la maladie vénérienne), *sf.* Maladie éminemment contagieuse et héréditaire, due à un virus dont l'action se manifeste par différents ordres d'accidents, dont les uns, primitifs et directs, apparaissent à l'endroit même où agit la cause; les autres, successifs, indirects, et évoluant suivant certaines lois, et qui se subdivisent en deux groupes dits *accidents secondaires* et *accidents tertiaires*. On constate dans les liquides inoculables de cette maladie un microbe ayant la forme de fines granulations ou de bâtonnets très mobiles. On a établi que la syphilis héréditaire se localise souvent dans le crâne. La lésion consiste dans le développement, sous le périoste, d'ostéophytes poreux, c'est-à-dire d'un dépôt stalactiforme de matière osseuse se développant perpendiculairement à la surface de l'os. C'est surtout au niveau des bosses pariétales que ces formations anormales apparaissent et produisent une déformation dite *natiforme*. On a cru pendant longtemps que cette terrible maladie nous venait de l'Amérique. Mais M. Prunières ayant trouvé dans la Lozère des crânes datant de l'époque néolithique qui présentaient justement la *déformation natiforme*, on en a conclu à l'ancienneté de la maladie dans notre vieille Europe. Le même indice ayant été constaté sur des crânes américains provenant de sépultures des environs de Guayaquil et de Lima et antérieures à la conquête, on a reconnu par là sa présence en Amérique avant l'arrivée des Espagnols de Christophe Colomb. Les anciens Mexicains l'avaient déifiée sous le nom de *Nanahuatl*, et l'on a retrouvé là aussi, sur des crânes exhumés de sépultures antérieures à la conquête, des traces de la syphilis héréditaire. L'empereur chinois *Hoang-Ty*, qui vivait 2637 ans av. J.-C., parle de la syphilis et ordonne de la traiter par le mercure. C'est probablement elle qui était connue dans les armées romaines sous le nom de *morbus Campanus, mal de Campanie*. A l'époque des guerres d'Italie, cette horrible maladie se répandit en Europe, et les Français, qui la contractèrent à Naples, la nommèrent *mal napolitain*, tandis que les peuples qui prétendaient l'avoir reçue de nous l'appelèrent *mal français*. Pendant le XVe siècle, la syphilis ravagea l'Europe, s'attaquant à tous, jeunes et vieux, aussi bien aux enfants en bas âge qu'aux adultes : c'est parce qu'il suffit que le virus soit en contact avec une partie quelconque du corps, avec les lèvres, par exemple, pour qu'elle puisse se développer. Pendant tout le cours du moyen âge, la syphilis fut confondue avec la lèpre : aussi Broca, en fouillant l'emplacement d'une ancienne léproserie, trouva-t-il des crânes syphilitiques. Aucune race humaine n'échappe aux atteintes de ce mal ; mais il se manifeste d'une manière différente : c'est ainsi que chez les nègres africains il revêt la forme connue sous le nom de *pian*. (V. ce mot.) La syphilis, bien que particulière à l'espèce humaine, peut être inoculée aux animaux ; elle se développe chez les singes, principalement chez ceux dont l'organisation se rapproche de la nôtre. Néanmoins nos animaux domestiques, tels que chevaux, vaches, chats, chiens, etc., peuvent être atteints de ce mal et le transmettre à leurs petits. Le traitement mercuriel est assurément le meilleur ; cependant il réussit moins bien chez les nègres malades du pian.

SYPHILITIQUE (*syphilis*), *adj. 2 g.* Qui appartient, qui a rapport à la syphilis. — *Sm.* Celui, celle qui est malade de la syphilis.

SYPHON, *sm.* (V. *Siphon.*)

SYRA, 40 000 hab. Ville du royaume de Grèce ; ch.-l. de l'île du même nom. Chantiers, commerce de soie, de peaux, de bois. Lignes de navigation régulière.

***SYRACUSAIN, AINE** (*Syracuse*), *adj.* et *s.* De Syracuse. ‖ Habitant de cette ville.

SYRACUSE, ville de la côte E. de Sicile, port sur la mer Ionienne, contenue aujourd'hui tout entière dans l'îlot d'Ortygie et bien déchue de son antique splendeur. En effet, l'antique Syracuse, fondée par les Corinthiens (735 av. J.-C.), était la réunion de cinq villes qui couvraient non seulement l'îlot, mais encore la vaste péninsule adjacente ; elle était peuplée de plus d'un million d'habitants et embellie de magnifiques édifices dont il reste des ruines imposantes. Tour à tour gouvernée démocratiquement ou soumise à des tyrans, elle lutta longtemps contre les Carthaginois et venait de faire alliance avec eux quand elle fut assiégée et prise par les Romains (212 av. J.-C.). Elle fut la patrie d'Archimède, de Théocrite et de Moschus. — **Dér.** *Syracusain, syracusaine.*

SYRIAQUE (*Syrie*), *adj. 2 g.* Se dit de la langue sémitique que parlaient les anciens peuples de la Mésopotamie et de la Syrie. — *Sm.* La langue syriaque qui, du IIe au Xe siècle de notre ère, fut l'organe d'une littérature chrétienne très florissante, servit d'intermédiaire entre la science grecque et la science arabe, fut délaissée à l'invasion de l'islamisme et n'est plus parlée aujourd'hui que dans un très petit nombre de localités aux environs du lac d'Ourmia.

SYRIE, région de l'Asie antérieure, faisant partie de l'empire ottoman, bornée au N. par les derniers contreforts du Taurus, à l'E. par l'Euphrate, au S. et au S.-E. par l'Arabie, à l'O. par la Méditerranée. La Syrie mesure 160 kilom. sur 120, et environ 70 000 kilom. carrés. Un massif de montagnes parallèle à la Méditerranée, voisin de cette mer, dominé dans sa partie moyenne par les deux chaînes parallèles du *Liban* et de l'*Anti-Liban*, la divise en quatre parties : 1° La *plaine sablonneuse* et *déserte* comprise entre l'Euphrate à l'E., l'Oronte et le Jourdain à l'O. et fertile seulement aux environs de Damas. 2° Les deux *vallées de l'Oronte* et du *Matsana*, entre le Liban et l'Anti-Liban et formant la *Syrie creuse* (Cœlé-Syrie). 3° La *plaine maritime*, qui longe la Méditerranée. 4° Le *plateau de la Palestine*, au S., traversé par le Jourdain qui coule au fond d'une profonde vallée et se jette dans la mer Morte, dont le niveau est intérieur de 400 mètres à celui de la Méditerranée. La plaine maritime et les premières pentes du Liban produisent à la fois les végétaux des pays tempérés et ceux des région tropicales (céréales, vignes, mûriers, figuiers, orangers, grenadiers, palmiers, etc.). Le Liban n'a plus que quelques bouquets des cèdres qui le couvraient autrefois. Le pays est habité par des musulmans, des Kourdes et des Turcomans aux environs d'Alep et de Damas, des Druses (80 000), des Syriens Melchites et Maronites (200 000), des Arabes, des bédouins et des juifs. Les climats de la Syrie sont très variables. A l'E. des montagnes, dans la plaine de l'Euphrate, quelques pluies peu abondantes suffisent à développer en quelques jours une végétation luxuriante, bientôt anéantie par les chaleurs torrides de l'été. Les montagnes et les hauts plateaux ont un climat qui se rapproche de celui du centre dans la France. La plaine maritime est exposée à des chaleurs accablantes, mais très arrosée, fertile et souvent insalubre. Habitée à l'aurore des temps historiques par les *Araméens*, au N. et à l'E., les *Cananéens*, sur la côte, au centre et au S., et les *Térachites*, au S. de la mer Morte, la Syrie fut successivement conquise par les Égyptiens, les Assyriens, les Perses et les Grecs d'Alexandre le Grand. A la mort de ce dernier, elle forma la partie principale du royaume de Syrie que les Romains englobèrent dans leur empire. Enlevée aux empereurs de Constantinople par les successeurs de Mahomet, elle appartint désormais au monde musulman et elle est aujourd'hui tombée, comme le reste de l'empire turc, dans une profonde décadence. — Villes principales, les ports de la côte : *Alexandrette, Lalakié, Tripoli, Beyrout*, le port le plus actif de la Syrie (70 000 hab.), *Saïd* (l'anc. Sidon), *Sour* (l'anc. Tyr), *Saint-Jean-d'Acre, Jaffa, Gaza, Naplouse* et *Jérusalem* à l'O. du Jourdain ; *Alep* et *Damas*, dans la plaine orientale. — **Dér.** *Syrien, syrienne, syriaque.*

***SYRIEN, IENNE** (*Syrie*), *adj.* et *s.* Qui est de la Syrie. ‖ Habitant de ce pays.

SYRINGA (*seringat*), *sm.* Nom scientifique du lilas. ‖ Ne pas confondre avec *seringat*. (V. ce mot.)

***SYRINGE** (g. σύριγξ, tuyau), *sf.* La flûte de Pan, à sept tuyaux. ‖ Nom donné par les anciens Grecs aux sépultures royales de Thèbes, en Égypte, etc.

SYRINGOTOME (g. σύριγξ, fistule + τέμνειν, couper), *sm.* Instrument de chirurgie dont on se servait autrefois pour opérer une fistule à l'anus. — **Dér.** *Syringotomie.*

SYRINGOTOMIE (*syringotomie*), *sf.* Opération d'une fistule anale au moyen d'une incision.

***SYRINX** (g. σύριγξ, tuyau), *sf.* Nymphe d'Arcadie, fille du fleuve Ladon et de la suite de Diane, fut changée en roseau en cherchant à éviter la poursuite de Pan. C'est de son nom que la flûte à sept tuyaux fut appelée *syrinx*. — **Dér.** *Syringe.*

***SYRPHE** (g. συρφός, mouche), *sm.* Genre d'insectes diptères dont les nombreuses espèces se rencontrent surtout en Europe. La principale est l'*eristale tenax*, dont les individus adultes se tiennent sur les fleurs et désorganisent les grains de pollen qui sont alors impropres à la fructification.

SYRTE (g. σύρτις), *sf.* Banc de sable mouvant très dangereux pour les navires. — *Les Syrtes*, nom donné par les anciens à deux golfes de la Méditerranée : la *Grande Syrte*, aujourd'hui golfe de la Sidre, sur les côtes de Tripoli ; la *Petite Syrte*, aujourd'hui golfe de *Cabès*, sur les côtes de la régence de Tunis. On a proposé de joindre la Petite Syrte par un canal aux Chotts du S.-E. de l'Algérie pour la transformer en une mer intérieure.

SYSTALTIQUE (g. συσταλτικός, qui resserre), *adj.* Se dit du mouvement qui contracte le cœur, les artères.

SYSTÉMATIQUE (*système*), *adj. 2 g.* Conforme à un système : *Ordre systématique.* ‖ Conforme à un système erroné ou hypothétique : *Avoir des opinions systématiques.* ‖ A quoi l'on s'entête comme à un système : *Déployer une rigueur systématique.* ‖ Qui fait des systèmes, qui suit aveuglément un système ou qui l'applique mal à propos : *Esprit, médecin systématique.* — **Dér.** *Systématiquement.*

SYSTÉMATIQUEMENT (*systématique* + sfx. *ment*), *adv.* D'une manière systématique.

***SYSTÉMATISATION**, *sf.* Action de réunir des faits, des opinions en un seul corps de doctrine, de les ramener à un petit nombre de principes généraux.

SYSTÉMATISER (l. *systema*, génitif *systematis*, système + sfx. causatif *iser*), *vt.* Réunir des faits, des opinions en un seul corps de doctrine, les ramener à un petit nombre de principes généraux : *On a systématisé tous les faits de l'électricité en les rattachant à l'existence de deux fluides hypothétiques.*

SYSTÈME (g. σύστημα, assemblage), *sm.* Ensemble de corps entre lesquels il existe une certaine solidarité, certaines liaisons, certaines dépendances mutuelles : *Un système de poulies, de roues dentées.* ‖ Ensemble d'organes de même nature et concourant au même but : *Le système nerveux*, l'ensemble formé par le cerveau, le cervelet, la moelle épinière et tous les nerfs du corps d'un animal. ‖ *Le système métrique*, l'ensemble des mesures qui dérivent plus ou moins directement du mètre et qui a été établi en exécution d'un décret de la Constituante du 26 mai 1791, légalement adopté par le conseil des Anciens et celui des Cinq-Cents, le 4 messidor an VII (22 juin 1799), et rendu exclusivement obligatoire à partir du 1er janvier 1840, par une loi du 4 juillet 1837. — **Système de numération.** Le système de numération décimale, universellement adopté aujourd'hui, n'est pas le seul dont on pourrait se servir pour nommer les nombres, les écrire et les combiner ensemble ; il n'est pas même le plus avantageux de tous les systèmes que l'on pourrait imaginer pour parvenir à ce but. Assurément, si les savants, de nos jours, avaient à proposer un système de numération, ils donneraient la préférence à celui dont la base serait 12, parce que 12 possède un grand nombre de diviseurs. Dans ce système, désigné sous le nom de *système duodécimal*, on compte par *douzaines*, absolument comme on compte par *dizaines* dans le *système décimal*. De plus, on admet les principes suivants : 1° les onze premiers nombres sont représentés par les caractères ou chiffres suivants : 1, 2, 3, 4, 5, 6, 7, 8, 9, *a*, *b*, 0 ; *a* et *b* désignant les nombres 10 et 11. 2° Dans le système duodécimal, chaque chiffre placé à la gauche d'un autre vaut 12 fois plus que s'il était à la place de cet autre. 3° Dans l'écriture des nombres, le rang des unités manquantes est indiqué par un zéro. Les conventions précédentes étant bien comprises, il est évident que, dans le système duodécimal, le nombre actuel 12 s'écrirait 10, et le nombre actuel 144 s'écrirait 100. Cela posé, voyons comment on écrira, dans le système dont la base est 12, le nombre ordinaire 51 372 631. On cherchera d'abord combien ce nombre contient de *douzaines,* c'est-à-dire d'unités du second ordre. C'est à quoi l'on parvient en le divisant par 12. On trouve pour quotient 4 281 052, et pour reste 7. Ce résultat nous apprend que dans le nombre proposé il y a 4 281 052 douzaines et 7 unités simples. On cherche ensuite combien il y a d'unités du troisième ordre dans 4 281 052 douzaines, ce qui se fait en divisant ce dernier nombre par 12. En effectuant l'opération, on voit qu'il contient 357 587 unités du troisième ordre, plus 8 douzaines. On détermine après cela le nombre des unités du quatrième ordre contenues dans celles du troisième, et ainsi de suite jusqu'à ce qu'on parvienne à un dernier quotient inférieur à 12. On écrit ce quotient tel qu'on l'a obtenu, en se servant pour cela des caractères adoptés pour le système duodécimal. Immédiatement à sa droite, on écrit le reste de la dernière division, en se servant encore des mêmes caractères. A la droite de ce premier reste, on écrit celui de l'avant-dernière division et on continue ainsi à écrire, dans un ordre rétrograde, les restes de toutes les divisions jusqu'à ce que l'on soit parvenu à celui de la première, lequel, comme on sait, a été trouvé égal à 7. On obtient de la sorte le nombre 152 *6* 2 *b* 87. ‖ *Système diviseur,* l'ensemble des appareils dont on se sert pour séparer les liquides des matières solides dans les fosses d'aisances, afin de diviser les premiers dans les égouts, et de contenir les secondes dans des tinettes que l'on peut changer dès qu'elles sont pleines. ‖ Régime politique ou social d'un État : *Le système féodal, représentatif, fédéral.* ‖ Classification méthodique des minéraux, des végétaux ou des animaux faite dans le but d'en rendre l'étude plus facile : *Le système de Linné.* ‖ En géologie, on donne le nom de *système* à la réunion homogène et rationnelle de plusieurs étages, embrassant dans le temps toute une période. Les montagnes ont aussi été groupées en système par L. de Buch (1824), qui en institua d'abord 4. Élie de Beaumont, continuant à élargir ces vues, évaluait en 1867 à 85 les systèmes de dislocation déjà reconnus et distincts, dont une vingtaine hors d'Europe. (V. *Soulèvement.*) ‖ *Système cristallographique.* (V. *Cristallographie.*) ‖ Établissement d'un ou de plusieurs principes vrais ou faux à l'aide desquels on explique tous les faits particuliers de même ordre : *Le système des atomes d'Épicure. Le système de Ptolémée et de Copernic.* ‖ Plan qu'on se fait et moyen qu'on se propose d'employer pour réussir en quelque chose : *Recourir à un autre système.* ‖ *Se faire un système de quelque chose,* s'y tenir avec entêtement et vouloir y donner une apparence de raison. ‖ Plan conçu pour faire prospérer les finances d'un État, les richesses publiques : *Le système de Law.* ‖ *Système continental.* (V. *Blocus.*) ‖ *Système cristallin.* (V. *Cristallin.*)

Système solaire. — Le Soleil tourne sur lui-même d'occident en orient. Autour de lui, la Terre, Mercure, Vénus, Mars, Jupiter, Saturne, Uranus, Neptune et un grand nombre de petites planètes se meuvent dans le même sens que lui, à des distances différentes, avec des vitesses inégales. Ces corps tournent sur eux-mêmes, d'un mouvement uniforme, d'occident en orient. Les plus grosses de ces planètes sont les centres de nouveaux systèmes d'attraction. Jupiter, Saturne, Uranus, Neptune, la Terre sont accompagnés d'un ou plusieurs satellites qui circulent autour de ces planètes et tournent sur eux-mêmes d'occident en orient.

Les mêmes lois président à tous ces mouvements : *Les orbites sont des ellipses;* les aires décrites sont proportionnelles aux temps employés à les décrire; les carrés des temps des révolutions sont proportionnels aux cubes des distances au Soleil ou à la planète. Ces lois sont les conséquences de la loi de Newton sur la gravitation universelle, en vertu de laquelle les corps célestes s'attirent proportionnellement à leurs masses et en raison inverse des carrés des distances. Une exception existe toutefois pour le deuxième et le quatrième des six satellites d'Uranus. Ces deux corps décrivent des orbites circulaires, le plan de ces orbites est incliné de 79° sur celui de l'écliptique, et leur mouvement est rétrograde.

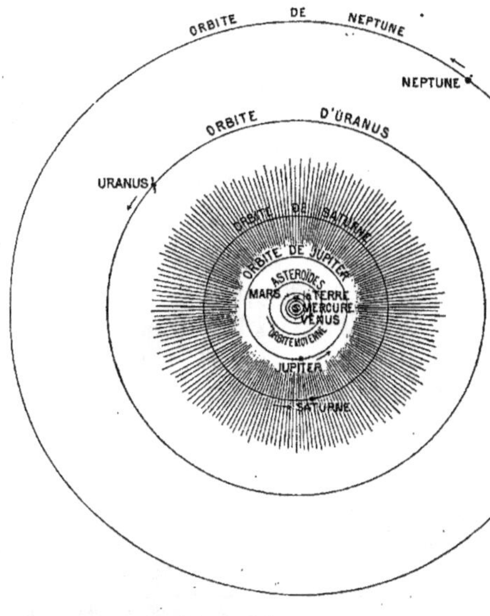

SYSTÈME SOLAIRE

Pour donner une idée de l'ensemble du système, nous allons citer, pour les principales planètes, cinq nombres qui désigneront :

Le premier, la révolution sidérale, exprimée en jours solaires moyens; le second, l'inclinaison du plan de l'orbite sur l'écliptique; le troisième, le demi-grand axe de l'orbite ou la distance moyenne au Soleil, rapportée à celle de la Terre prise pour unité; le quatrième, l'excentricité rapportée au grand axe, et le cinquième, la durée de la rotation de chaque planète sur son axe, évaluée en temps moyen.

Mercure : 3 mois; 7°; 0,39; 0,21; 24^h.
Vénus : 7 mois 1/2; 3°; 0,72; 0,01; 23^h.
La Terre : 1 an; 0°; 1,00; 0,02; 24^h.
Mars : 1 an, 10 mois 1/2; 2°; 1,52; 0,09; 25^h.
Jupiter : 12 ans; 1°; 5,20; 0,05; 10^h.
Saturne : 29 ans 1/2; 2°; 9,51; 0,06; 10^h.
Uranus : 84 ans; 0°46'; 19,18; 0,05.
Neptune : 165 ans; 2°; 30,04; 0,01.

On voit que les plans des orbites sont fort peu inclinés sur l'écliptique, c'est-à-dire sur le plan de l'orbite de la Terre; car la plus grande inclinaison, celle de Mercure, ne dépasse guère 7°; les planètes principales restent donc toutes, dans leurs mouvements, comprises dans la zone zodiacale. Les orbites sont presque circulaires, car les excentricités sont toujours très petites; celle de Mercure atteint 0,2, celle de Mars est inférieure à 0,1, et les autres sont encore plus petites.

Les planètes les plus voisines du Soleil, qui sont aussi les plus petites, tournent sur elles-mêmes en 24 heures environ, comme la Terre; tandis que Jupiter et Saturne, qui sont les plus grosses et les plus éloignées du Soleil, exécutent leur rotation en 10 heures à peu près. Le Verrier affirmait l'existence d'une planète inframercurielle, appelée *Vulcain,* dont il avait calculé les éléments; mais, noyée dans l'éclat du Soleil, elle n'a pu être encore observée.

Si l'on prend pour unité le diamètre de la Terre, les diamètres de ces planètes sont représentés par les nombres :

Mercure : 0,391; Vénus : 0,985; la Terre : 1,000; Mars : 0,519; Jupiter : 11,225; Saturne : 9,022; Uranus : 4,344; Neptune : 4,719. Si l'on prend pour unité la quantité de chaleur et lumière reçue par la Terre, les autres planètes reçoivent : Mercure : 6,67; Vénus : 1,91; la Terre : 1,00; Mars : 0,43; Jupiter : 0,04; Saturne : 0,01; Uranus : 0,003; Neptune : 0,001.

En comparant les valeurs des diamètres *apparents,* c'est-à-dire des angles sous lesquels, de la Terre, on voit les diamètres des planètes, on trouve que, dans le mouvement autour du Soleil, les distances à la Terre des planètes les plus voisines varient beaucoup; ainsi le diamètre *apparent* de Vénus a pour valeur minima 9",6 et pour valeur maxima 61",2.

Les plus grosses planètes sont les plus éloignées du Soleil; et, tandis que les plus petites ont une densité moyenne comparable à celle de la Terre, les plus grosses ont, comme le Soleil, une densité beaucoup plus faible. Ainsi ces densités sont : Mercure : 2,94; Vénus : 0,92; la Terre : 1,00; Mars : 0,95; Jupiter : 0,24; Saturne : 0,14; Uranus : 0,18; Neptune : 0,22.

Ce sont les plus grosses planètes qui, tournant le plus vite sur elles-mêmes, ont l'aplatissement le plus considérable. Cependant Mars présente une exception à cetterègle.

En dehors des planètes connues, dont le nombre augmente avec la puissance des lunettes et le perfectionnement apporté aux observations, et en dehors de leurs satellites, constituant un ensemble *invariable,* le système solaire est traversé, dans tous les sens, par un grand nombre de corps brillants, appelés *comètes,* qui apparaissent souvent pour ne plus revenir. Ces corps obéissent, comme les planètes, à la loi de l'attraction universelle; à cause de la petitesse de leurs masses, les comètes subissent l'influence des corps près desquels elles passent, et elles sont rendues ou enlevées au système solaire par ces actions attractives. Nous avons exposé, au mot *Comète,* tous les caractères qui les distinguent des planètes.

En outre, l'espace est sillonné par des corps de moindre volume. S'ils arrivent dans la sphère d'action de la Terre, celle-ci les attire définitivement vers elle; ces bolides, par le frottement avec l'atmosphère, prennent une haute température et deviennent lumineux. Les étoiles filantes rentrent dans cette dernière catégorie.

Le Soleil se déplace dans la voie lactée dont il est une étoile, et il entraîne dans ce mouvement tout le système solaire. — **Dér.** *Systématiser, systématisation, systématique, systématiquement.*

SYSTOLE (g. συστολή, action de resserrer), *sf.* Contraction du cœur par opposition à *diastole.*

SYSTYLE (g. σύν, avec + στῦλος, colonne), *sm.* Disposition architecturale suivant laquelle l'intervalle entre les axes des colonnes est le double de leur diamètre. — Adj. *Temple systyle.*

SYZYGIE (g. συζυγία, conjonction), *sf.* Position qu'occupe la Lune quand elle est pleine ou nouvelle.‖ *Marées des syzygies,* marées qui ont lieu à l'époque des nouvelles et pleines lunes. (V. *Lune, Opposition, Conjonction.*)

SZAMOS, 400 kilom. Rivière de Transylvanie (Hongrie) ; affluent gauche de la Theiss.

SZATHMAR-NEMETH, 16000 hab. Ville de Hongrie, sur le Szamos. Le comitat de même nom, ch.-l. *Nagy-Karoly,* est très fertile et renferme des mines d'or, d'argent, d'antimoine, d'arsenic, de zinc et de cuivre.

SZEGEDIN, 75000 hab. Ville forte de Hongrie, sur la Theiss, près du confluent de la Maros. Une inondation terrible a détruit, en 1878, cette ville, aujourd'hui rebâtie.

SZOLHOK, 8000 hab. Ville de Hongrie, au milieu de marais formés par la Theiss.

SAARDAM (HOLLANDE)

LES MOULINS

TLEMCEN

PLACE DE LA GRANDE MOSQUÉE

T

T [*te*, suivant l'ancienne épellation; *te*, suivant la nouvelle] (vingt-deuxième lettre de l'alphabet phénicien, représentant le *tau*, marque du bétail; cette lettre est devenue le τ, dix-neuvième lettre de l'alphabet grec, et le **T** du latin, et elle a passé de cette dernière langue dans le français), *sm.* Vingtième lettre de l'alphabet français, la seizième des consonnes. Le **t** est une consonne dentale forte ou ténue. Dans le passage du latin au français, la consonne dentale **t** reste inaltérée au commencement des mots. Ex. : *Tabernaculum*, *tabernacle*; *tabula*, *table*; *tibia*, *tige*; *tractare*, *trainer*; etc. Il y a cependant deux exceptions à cette règle. Ce sont : *tremere* et *tunc*, qui ont donné respectivement *craindre* et *donc*. Placé entre deux voyelles, le *t* disparaît généralement. C'est ainsi que : *abbatissa* a donné *abbesse*; *ætaticum*, *âge*; *betulla*, *bouleau*; *catena*, *chaîne*; *creta*, *craie*; *natalis*, *Noël*; *potere*, *pouvoir*; *salutare*, *saluer*, etc. Le même phénomène de syncope s'est produit pour le **t** des suffixes latins : *ata*, *uta*, *ita*, *atorem*, *atura*, *aticius*, qui ont donné respectivement : *ée* : (*amata*, *aimée*); *uë* (*acuta*, *aiguë*); *ïe* (*audita*, *ouïe*); *eur* (*imperatorem*, *empereur*); *ure* (*armatura*, *armure*); *is* (*levaticius*, *levis*). Cependant la langue populaire a fourni un grand nombre de mots où le **t** placé entre deux voyelles n'a pas été syncopé. Ex. : *visitare* a fourni *visiter*; *natura*, *nature*; *citare*, *citer*; *notare*, *noter*, etc. Quelquefois même la consonne a été redoublée, comme dans : *beta*, *bette*; *blitum*, *blette*; *carota*, *carotte*. Quelquefois aussi le **t** placé entre deux voyelles s'adoucit en **d**; mais cette modification ne s'opère que dans quelques mots géographiques, tels que : *Aturis*, *Adour*; *Luteva*, *Lodève*. Cet affaiblissement se remarque aussi dans les mots *endive*, *médaille*, *madrier*, *cadenas*, *rôder*, venant de *intybum*, *metallea*, *materia*, *catena*, *rodare*; mais ces formes ont subi une influence étrangère, car elles nous sont parvenues par l'intermédiaire des dialectes du Midi et des autres langues romanes. Le **t** médial, précédé d'une autre consonne, subsiste, que la voyelle qui sépare ces deux lettres soit élidée ou non. Ex. : *Dubitare* a donné *douter*; *cantare*, *chanter*; *consuetudinem*, *coutume*; *urtica*, *ortie*, etc. Les deux groupes de consonnes **bt** et **pt** se réduisent, dans le plus grand nombre des cas, à *d*. Ex. : *Bomb(i)tare*, *bondir*; *cap(i)tellus*, *cadet*; *cucurb(i)ta*, *gourde*; *cub(i)tus*, *coude*; *sub(i)tanus*, *soudain*. Néanmoins, il arrive aussi que le **b** ou le **p** ayant une tendance à disparaître, le **t** subsiste et est même redoublé dans l'orthographe moderne. Ex. : *Debita*, *dette*; *gabata*, *jatte*; *recepta*, *recette*. Le groupe **st** devient dans quelques mots **ss**. Ex. : *Angustia*, *angoisse*; *bustellus*, *boisseau*; *ostiarius*, *huissier*; *Castellum*, *Cassel*. Dans le plus grand nombre des cas, **t** suivi d'une autre consonne subit la syncope et détermine quelquefois la modification de la consonne suivante. Ainsi dans le groupe **tc**, le **t** disparaît et le **c** devient **g** ou **ch**. Ex. : *Levist(i)cum*, *livèche*; *pertica*, *perche*; *silvat(i)cus*, *sauvage*, *mast(i)care*, *mâcher*; *nat(i)ca*, *nage*. Les deux groupes **tm**, **tu** perdent simplement leur *t*. Ex. : *Art(e)misia*, *armoise*; *rhythmus*, *rime*; *abrot(o)num*, *aurone*; *plat(a)nus*, *plane*; *ret(i)na*, *rêne*. Le **tr** se comporte de diverses manières : lorsque le groupe vient après une consonne, il reste intact. Ainsi : *alterum* a donné *autre*; *ostrea*, *huître*; lorsque la consonne qui précède est le *t* lui-même, les trois consonnes subsistent. Ex. : *Littera*, *lettre*; *mittere*, *mettre*. Mais lorsque le groupe **tr** vient après une voyelle, le **t** tombe et l'**r** est souvent redoublé. Ex. : *Fratrem*, *frère*; *patrem*, *père*; *matrem*, *mère*; *latronem*, *larron*; *butyrum*, *beurre*; *materiamen*, *merrain*; *nutrire*, *nourrir*; *petra*, *pierre*; *vitrum*, *verre*. La combinaison **tl** se comporte de quatre manières différentes : 1° elle perd son *t* en passant en français, mais alors la liquide est mouillée. Ainsi *situla* a fourni *seille*; 2° le **t** disparaît sans mouiller la liquide. Ex. : *Crotulare*, *crouler*; *rotulus*, *rôle*; *perustulare*, *brûler*; 3° le **t** s'assimile à **l**, comme dans *spatula* qui a donné le vieux français *espalle* transformé en *épaule*; 4° le groupe **tl** devient **tr**, comme dans : *apostolus*, *apôtre*; *epistola*, *épître*; *pulpitulum*, *pupitre*; *capitulum*, *chapitre*; *cartula*, *chartre*, etc.

Le **t** final des suffixes nettement caractérisés est généralement supprimé. C'est ce qui a lieu pour celui qui est contenu dans les suffixes *atus*, *utus*, *utem*, *otum*, *otem*, *itus* devenus *et*, *ut*, *etu*, *it*, puis *é*, *u*, *eu*, *i*. Ex. : *Natus*, *né*; *gratum*, *gré*; *bonitatem*, *bonté*;

virtutem, vertu; minutus, menu; scutum, écu; votum, vœu; nepotem, neveu; finitus, fini. Le **t** qui termine le mot *salut* est une addition de l'orthographe moderne. Bien que muet, le **t** final est resté dans un grand nombre de mots français formés anciennement du latin. Ex. : *État, esprit, secret, habit, petit.* Beaucoup de mots ayant une origine étrangère ont été traités de même. Ex. : *Mat, plat, pot, sot.* Le **t** final est resté aussi dans les noms tirés des verbes en *ter* ou *tre.* Ex. : *Achat, récit, trot, combat, débat.* Cependant, lorsque le **t** latin est précédé d'une consonne qui l'appuie en quelque sorte, il subsiste, tandis que la consonne disparaît. Ex. : *Effectus, effet; subjectus, sujet; lectus, lit; fluctus, flot; benedictus, bénit; scriptus, écrit; cantus, chant.* Quand la consonne précédente est un *t*, celui-ci tombe et il n'en reste qu'un seul. Ex. : *Cattus, chat.* Si, au contraire, c'est un *s* qui précède le *t*, c'est cette dernière consonne qui disparaît. Ex. : *Repastus, repas; ostium, huis; conquisitum, conquis.* Le *t* des suffixes *antem* et *entem* demeure, et ceux-ci deviennent en français *ant* (*amantem, aimant*), et *ent* (*scientem; escient*). Cependant le **t** final s'est changé en *d* dans *marchand* venant de *mercantantem; plaid* de *placitum; lézard* de *lacertum.* On trouve aussi, tant dans le français moderne que dans l'ancien, quelques exemples du **t** final devenu **f** : *soif*, de *sitim; mœuf*, de *modum; bleef*, blé, de *bladum; nif*, de *nidum.* A l'époque de la basse latinité, le **t** placé devant un *i* atone prenait le son sifflant représenté par **ts**. Sous cette forme, la dentale en passant au français est devenue tantôt un *s* fort représenté par *c, ç, ss*, tantôt un *s* doux. Le son fort apparaît toutes les fois que **t** latin est précédé d'une consonne. Ex. : *Captiare, chasser; nuptia, noce; antianum, ancien; factionem, façon; punctionem, poinçon; fortia, force.* Cependant, lorsque la consonne précédant le **t** est *s*, le **t** subsiste; c'est ainsi que l'on a : *combustion*, de *combustionem; modestie*, de *modestia.* Le même son fort se produit après une voyelle tonique et dans les suffixes *itia, itium*, etc. Ex. : *Gratia, grâce; justitia, justice* et *justesse; vitium, vice.* Il arrive quelquefois cependant que c'est *s* doux qui se montre alors. On disait autrefois *justise* et *servise*; c'est ainsi qu'a été formé *Venise* de *Venetia.* La désinence *ace*, venant de *atio*, de *préface*, de *dedicace* a la même origine. Le son **ts** donne lieu au son doux lorsqu'il suit une voyelle atone. Ex. : *Acutiare, aiguiser; pretiare, priser; titionem, tison.* De même, la terminaison *ationem* est devenue en français *aison*, dans *liaison; oraison, livraison.* Le vieux français rendait ce même suffixe par *ison* et *oison* (*pâmoison*). La terminaison *itionem* a donné *ison* dans *trahison*, de *traditionem.* Quelquefois quand l'*i* de cette terminaison est long, le son fort se montre de nouveau. C'est ainsi que nos pères avaient tiré *nourreçon* de *nutritionum; pareçon* de *partitionem.* De même, c'est le son fort qui est dans *nacion, condicion*, cas rares où *atronem* et *itionem* ne sont pas devenus *aison, ison.* Quand ce *t* sifflant est final, il est muet, et le mot se termine par *s* : *palatium, palais.* Cette manière de traiter le **t** s'est étendue au cas où cette consonne est placée devant un *e* atone suivi d'une voyelle. Ex. : *Linteolum, linceul; platea, place; puteus, puis* (*puits*). (Le *t* de la forme actuelle de ce mot est d'origine moderne). — **T** final se prononce toujours dans certains mots : *accessit, chut, déficit; t*, devant un *i* suivi d'une autre voyelle, se prononce très souvent comme *ss*, surtout dans les suffixes : *ambition, diplomatie. Th* se prononce toujours comme un *t* simple : *apathie, apothéose.* A la 3e pers. du sing. quand un verbe finit par une voyelle, on place un *t* entre deux traits d'union après ce verbe quand il doit être suivi immédiatement de *il, elle*, ou *on* : *Appelle-t-il? Viendra-t-il? Mange-t-on?* Ce *t*, nommé à tort *t euphonique*, figurait très anciennement à la fin de la 3e pers. du sing. du prés. et du pass. déf. des verbes de la 1re conj. et à la 3e pers. du sing. du fut. de tous les verbes; mais il était déjà tombé au XIIe siècle. On le rétablit au XVIe d'après l'analogie des formes, telles que *finit-il, reçoit-il, aimait-il*, et de toutes les formes du pluriel, comme *aiment-ils.* Il s'est même introduit dans *voilà-t-il.* || **T** indique la vingtième feuille d'un volume. (Imprimerie et reliure.) || **T**, sur une partie de chant, signifie *taille.* (Mus.) Il veut dire aussi *tutti, tous.* || Autrefois, **T** marqué sur l'épaule d'un condamné signifiait *travaux.* **TF**, *travaux forcés.* || Sur les monnaies françaises indique qu'elles ont été frappées à Nantes. || Dans la numération romaine, **T** valait 160; surmonté d'un trait, 160000. || **T**, nom que l'on donne aux fers du commerce dont le profil a cette forme : *Un fer à* **T**, *un fer à double* **T**, nommé aussi *fer à* **I**.

TA (vx fr., l. *tam*), *adj. pos. f. sg.* qui signifie *de toi*, désigne un seul individu possesseur et un seul objet possédé, et se met devant les noms féminin singulier : *Ta maison.* — **Gr.** A partir du XIVe siècle, on remplaça *ta* par *ton* devant un nom féminin commençant par une voyelle ou un *h* muet : *Ton épée*, pour *ta épée* ou *t'épée.* Ce remplacement s'introduisit par analogie avec ce qui existait dans le dialecte picard, où il n'y avait qu'une seule forme *tein* pour le masculin et le féminin.

TABAC (caraïbe *tabacos*, tuyau ou calumet), *sm.* Genre de plantes dicotylédones de la famille des Solanées, composé de plantes herbacées, parfois suffrutescentes, le plus souvent couvertes de poils glutineux. Leurs feuilles sont alternes, entières; les fleurs sont réunies en grappes ou en panicules terminales, mais quelquefois aussi elles sont solitaires au niveau des feuilles. Ces fleurs sont hermaphrodites et régulières; chacune d'elles est formée d'un calice monosépale, tubuleux dans sa partie inférieure et terminé supérieurement en un limbe à 5 dents. La corolle, gamopétale et en forme d'entonnoir, présente aussi 5 dents alternant avec celles du calice. Les étamines sont au nombre de 5, insérées sur le tube de la corolle; elles alternent avec les pétales. Elles possèdent des anthères à 2 loges introrses et s'ouvrant par 2 fentes longitudinales. Le pistil est surmonté d'un long style terminé par 2 branches stigmatiques. L'ovaire est à 2 loges, une antérieure et une postérieure.

TABAC

Dans chaque loge se trouve un gros placentaire adossé contre la cloison qui sépare les 2 loges et tout couvert d'ovules. Le fruit est une capsule à déhiscence septicide. Les graines renferment 2 cotylédons foliacés et sont pourvues d'un albumen. Le genre tabac, ou mieux *nicotiana*, renferme une trentaine d'espèces originaires de l'Amérique tropicale, à l'exception de deux espèces : le *nicotiana suaveolens* de la Nouvelle-Hollande et le *nicotiana fragrans*, de l'île des Pins (Nouvelle-Calédonie). Toutes les parties des tabacs, racines, tiges, et surtout les feuilles contiennent de la nicotine, poison âcre et narcotique, presque aussi violent que l'acide cyanhydrique. Les espèces principales de ce genre sont : 1° le *tabac rustique* (*nicotiana rustica*), à fleurs jaunes, appelé encore *tabac femelle, tabac de paysan*, cultivé surtout en Orient où il donne le *latakié* ou *tabac turc;* 2° le *tabac ordinaire* (*nicotiana tabacum*) nommé aussi *petun, herbe à la reine, herbe sacrée, herbe du grand prieur*, et qui est cultivé en Amérique et en France pour la confection du tabac à fumer, à chiquer et à priser. Les fleurs de cette espèce sont plus grandes que celles du tabac rustique et leur corolle est rose. En dehors de son emploi industriel, le tabac ordinaire est cultivé comme plante d'ornement. On connaît des espèces à fleurs blanches, telles que le *nicotiana suaveolens* de la Nouvelle-Hollande, qui donneraient des tabacs légers et parfumés. Une autre espèce, au contraire, le *nicotiana angustifolia*, du Chili, appelé par les indigènes *tabaco del diablo*, fournit un tabac très fort. Lors de la découverte du nouveau monde, on constata chez les indigènes l'habitude de fumer les feuilles sèches du tabac. Dès 1518, le tabac fut introduit en Europe, et en 1560, Jean Nicot, ambassadeur de François II en Portugal, l'apporta en France et le présenta à Catherine de Médicis comme un remède contre tous les maux : de là, le nom de *nicotiane* donné d'abord à cette plante. L'usage du tabac se répandit promptement dans toute l'Europe, malgré les défenses de plusieurs gouvernements. En 1604, Jacques Ier le prohiba en Angleterre; en 1624, le pape Urbain VIII déclara excommuniés ceux qui prendraient du tabac dans les églises, et enfin le sultan des Turcs Amurat IV ordonna que l'on couperait le nez aux musulmans qui en feraient usage dans les mosquées. Les Européens, renchérissant sur la coutume indienne, consomment le tabac de trois manières : ils le *fument*, le *mâchent* et le *prisent.* En France, le gouvernement s'est réservé le monopole de la production, de la fabrication et de la vente du tabac. Il n'en a autorisé la culture que dans treize départements (Corse, Alpes-Maritimes, Var, Bouches-du-Rhône, Dordogne, Gironde, Lot, Lot-et-Garonne, Ille-et-Vilaine, Meurthe-et-Moselle, Haute-Saône, Nord, Pas-de-Calais). Chaque cultivateur de tabac doit obtenir une permission du préfet, et a sa récolte étroitement surveillée par la régie. Quand le cultivateur a récolté et séché les feuilles, il les livre à l'État moyennant un prix fixé par la régie, et l'État les convertit en *tabac à fumer, à chiquer* ou *à priser* dans ses neuf manufactures, situées à Paris, Pantin, Lille, le Havre, Morlaix, Bordeaux, Tonneins, Toulouse, Lyon, Marseille, Châteauroux, le Mans, Nantes, Dieppe, Riom et Dijon. Là, quel que soit le produit qu'on veuille obtenir des feuilles, on commence à les mouiller avec de l'eau salée pour leur rendre leur souplesse, puis on les traite différemment, suivant qu'on en veut faire des *cigares*, des *rôles* ou *tabacs à chiquer*, du *scaferlati* ou *tabac à fumer* ou enfin du *tabac à priser.* Les cigares sont formés de débris longitudinaux de feuilles que des femmes roulent entre leurs doigts et enveloppent ensuite d'une feuille sans déchirure dont elles fixent le bord avec de la colle de pâte; puis ils sont exposés dans un séchoir à une chaleur de 30°. Les *rôles* sont composés de feuilles tordues en boudin à l'aide d'un rouet et desséchés dans une étuve chauffée à 40°. Pour avoir le tabac à fumer, on hache les feuilles en lanières étroites; on sèche ces lanières par une torréfaction modérée, et on les met en paquets. Pour avoir le tabac à priser, on hache les feuilles, on réunit les morceaux en gros tas pour faire fermenter la matière pendant dix à quinze semaines, puis on la réduit en poudre, et on la porte successivement dans plusieurs caisses de grandes dimensions et hermétiquement fermées où elle continue à fermenter, mais moins énergiquement. La manipulation du tabac à priser ne dure pas moins de douze à quinze mois. Autrefois on confectionnait avec les feuilles des sortes de cylindres appelés *carottes*, qu'il fallait pulvériser ou râper avant de les consommer. L'abus du tabac sous ses diverses formes expose à de sérieux dangers; il peut produire de graves maladies de la muqueuse de la bouche (cancer, etc.); il force à cracher continuellement, jaunit les dents et communique à l'haleine une odeur repoussante. Le tabac affaiblit les facultés intellectuelles et rend indolent. Il ne convient point aux hommes de cabinet; il n'est de quelque utilité que pour les ouvriers qui exécutent de pénibles travaux manuels dans des atmosphères froides, humides, chargées de miasmes : il diminue chez eux la sensation de la fatigue et peut chasser l'ennui. Le *tabac à priser*, chez ceux qui n'en ont pas l'habitude, provoque l'éternuement et une sécrétion plus abondante du mucus nasal; à la longue, il affaiblit l'odorat et prédispose aux polypes. Comme médicament, soit interne, soit externe, le tabac est à peu près complètement abandonné à cause des terribles accidents qu'il peut produire : il détermine l'inflammation du canal intestinal et une foule d'affections nerveuses, comme vertiges, tremblements, paralysies, apoplexie. Les manufactures françaises fournissent annuellement plus de 30 millions de kilogrammes de tabac et donnent au Trésor près de 300 millions de revenu. — Smpl. *Les Tabacs*, l'administration des manufactures du tabac : *Il est employé dans les Tabacs*. — **Dér.** *Tabagie, tabagique, tabatière.*

TABAGIE (*tabac*), *sf.* Lieu public où l'on va fumer du tabac : *Fréquenter les tabagies.* ‖ Petite cassette où l'on serre tout ce qui est nécessaire pour fumer (vx).

***TABAGIQUE** (*tabac*), *adj. 2 g.* Relatif aux tabagies.

TABAGO, 5 410 hab., l'une des Petites Antilles anglaises, au N.-E. de la Trinité, découverte par Christophe Colomb en 1498. Ch.-l. *Scarborough*. Tabac, sucre, rhum.

TABARIEH, anc. **TIBÉRIADE**, ville forte de la Turquie d'Asie (Syrie). Ruinée en 1837 par un tremblement de terre.

TABARIN (vx fr. *tabar*, manteau de serge). Nom d'un acteur en plein vent qui, au commencement du XVIIe siècle, amusait le public parisien de ses plaisanteries et avait été valet du charlatan Mondor. — Fig. et *sm.* Farceur qui représente dans les places publiques, monté sur des tréteaux. — **Dér.** *Tabarinage.*

TABARINAGE (*Tabarin*), *sm.* Bouffonnerie (vx).

TABARKA, île de la Méditerranée, sur la côte septentrionale de la Tunisie.

TABASCO, 7 000 hab., ville et port du Mexique, sur la côte S. du golfe du Mexique, donne son nom à un État.

TABATIÈRE (vx fr. *tabaquière* : de *tabac*), *sf.* Petite boite où l'on met du tabac à priser. ‖ *Fenêtre à tabatière*, fenêtre percée dans un toit pour éclairer un comble et dont le châssis, d'une seule pièce, s'ouvre comme le couvercle d'une tabatière.

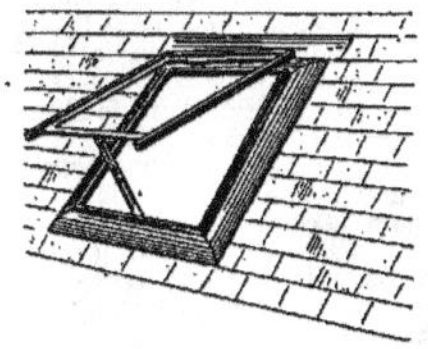

FENÊTRE A TABATIÈRE

‖ *Fusil à tabatière*, sorte de fusil dont le bout du canon du côté de la crosse présente une cavité qui s'ouvre et se ferme comme une tabatière et dans laquelle on introduit la charge.

***TABELLAIRE** (l. *tabella*), petite table; *adj. 2 g.* En forme de table. ‖ *Impression tabellaire*, celle que l'on exécute au moyen de planches solides.

***TABELLE** (l. *tabella*, petite table), *sf.* Autrefois, mémoire renfermant des comptes. ‖ Rôle, liste.

TABELLION (l. *tabellionem* : de *tabella*, tablette), *sm.* Autrefois, notaire dans une seigneurie dont le seigneur était haut justicier : *Dans le domaine royal il y avait des notaires royaux au lieu de tabellions.* — **Dér.** *Tabellionage.*

TABELLIONAGE (*tabellion*), *sm.* Fonction, étude de tabellion. ‖ *Droit de tabellionage*, droit qu'avait un seigneur haut justicier d'établir un tabellion dans sa seigneurie.

TABERNACLE (l. *tabernaculum*, tente), *sm.* Tente, en style biblique : *Fête des tabernacles*, fête solennelle que les Hébreux célébraient après la moisson sous des tentes de branchages, en mémoire de leur séjour dans le désert. ‖ *Le tabernacle du Seigneur* ou *le Tabernacle*, la tente où était déposée l'arche d'alliance pendant le séjour des Israélites dans le désert, et, plus tard, jusqu'à la construction du temple. ‖ Dans le Nouveau Testament, les *Tabernacles éternels*, le ciel, demeure des bienheureux. ‖ Aujourd'hui, petit édifice de marbre, de pierre, de menuiserie ou de métal établi au milieu d'un autel catholique, en arrière de la table, et où l'on renferme le saint-ciboire. — Pendant les premiers siècles du moyen âge, il n'y avait pas de tabernacle sur les autels. L'eucharistie était enfermée dans des sortes d'armoires pratiquées dans la muraille situées soit derrière, soit à côté de l'autel. Quelquefois aussi le tabernacle consistait en un petit meuble de métal précieux, or ou argent, ou bien fait en bois doré et peint, et que l'on plaçait dans la sacristie. Ce tabernacle affectait souvent la forme d'une tour ou d'un dais sous lequel était figurée une petite tente. L'église de l'ancienne abbaye de Senanque (Vaucluse) possède encore aujourd'hui un petit tabernacle en bois et dont nous donnons la figure ci-contre. On voit qu'il se compose de deux étages ajourés dont les fenêtres sont garnies de lames de verre d'un ton verdâtre. C'est dans l'étage inférieur que l'on plaçait l'eucharistie, le second servant à son exposition. Ce meuble date du XIIIe siècle. Mais, antérieurement à cette époque, on plaçait les hosties dans une boite qui, au XIIe siècle, affectait souvent la forme d'une colombe. Celle-ci était montée sur un plateau, et le tout était surmonté d'une petite tente en soie. Celle-ci était suspendue par une chaîne à un support orné de rinceaux et souvent terminé par l'image de la Vierge. Dans d'autres cas, le tabernacle consistait en une simple boite de métal précieux suspendue sous une petite tente placée en avant du rétable de l'autel. Cette manière de procéder s'était perpétuée jusqu'au siècle dernier. Ces tabernacles avaient reçu le nom de *suspension.*

TABERNACLE DU XIIIe SIÈCLE

TABIDE (l. *tabidum* : de *tabum*, sang corrompu), *adj. 2 g.* D'une maigreur excessive, en proie à la consomption. (Méd.)

TABIS [ta-bi] (ar. *attâbi*, quartier de Bagdad où se fabriquait le tabis), *sm.* Ancienne étoffe de soie moirée avec la calandre. — **Dér.** *Tabiser.*

TABISER (*tabis*), *vt.* Rendre une étoffe moirée comme le tabis.

TABLATURE (l. *tabula*, table), *sf.* Ancienne manière d'écrire la musique au moyen de lettres et d'autres signes placés sur des lignes parallèles. ‖ Art de déchiffrer la musique ainsi écrite. ‖ Tableau représentant un instrument à vent et à trous de chacun desquels partent des lignes terminées par des O pleins ou vides qui indiquent les trous qu'il faut ouvrir et fermer pour produire les différentes notes. — Fig. Action d'instruire (vx). ‖ *Entendre la tablature*, être avisé, rusé. ‖ *Donner de la tablature à quelqu'un*, lui susciter des difficultés, le mettre dans l'embarras.

TABLE (l. *tabula*), *sf.* Morceau de pierre ou de métal qui a la forme d'une planche et sur lequel on écrit, on grave ou l'on peint : *Chez les Juifs, les tables de la loi étaient renfermées dans l'arche d'alliance.* ‖ *Loi des Douze Tables*, code de lois romaines promulguées par les décemvirs en 450 av. J.-C. et gravées sur 12 tables d'airain, et dont il ne nous reste que des fragments. ‖ **Tables eugubines** (V. *Eugubines* et *Ombrien*). ‖ *Table rase*, celle sur laquelle il n'y a encore rien de gravé. — Fig. L'esprit humain avant qu'il ait acquis aucune notion, aucune connaissance. — Fig. *Faire table rase*, rejeter les opinions qu'on avait antérieurement, détruire l'ancien état de choses : *La Constituante de 1789 fit table rase des privilèges féodaux.* ‖ Rectangle en pierre ou

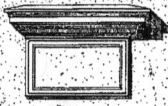

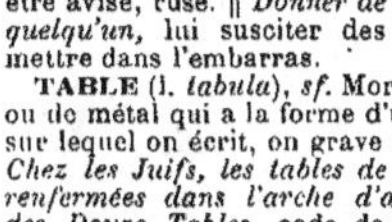

TABLE (ARCHITECTURE)

en plâtre formant saillie sur la surface d'un mur. ‖ Feuille de plomb coulée ou passée au laminoir. ‖ Feuilles de tôle ou d'acier dont se composent les ailes d'une poutre métallique composée. Elles sont reliées entre elles au moyen de rivets et sont attachées à l'âme de la poutre au moyen de cornières. ‖ Surface plane supportant le chevalet d'un instrument à cordes : *La table d'un violon.* — Fig. Liste par ordre alphabétique des matières ou des mots contenus dans un livre, avec indication de la page où ils sont traités : *Table des chapitres*, résumé des matières traitées dans chacun des chapitres d'un livre. ‖ Feuille de papier sur laquelle certaines matières sont exposées méthodiquement et en raccourci pour qu'on puisse en embrasser l'ensemble d'un coup d'œil : *La table généalogique d'une famille.* ‖ *Tables météorologiques*, feuilles où l'on inscrit jour par jour les changements qui ont lieu dans l'atmosphère. ‖ *Table de Pythagore*, celle qui contient les produits de la multiplication des 9 premiers nombres entiers les uns par les autres. ‖ En mathématiques, livre qui contient les valeurs de certaines quantités qui dépendent d'autres quantités données à priori : *Table d'intérêts, de logarithmes, de sinus.* ‖ *Tables astronomiques*, celles qui permettent de calculer la position qu'un astre occupera à une époque donnée. ‖ *Tables de tir*, en artillerie, tableaux à double entrée donnant pour chaque espèce de bouche à feu tous les éléments nécessaires pour en régler le tir. ‖ *Table de réduction*, celle qui indique l'équivalent de certains poids, de certaines mesures, de certaines monnaies en d'autres. ‖ *Table de réduction des pieds, pouces et lignes en mètres.* ‖ Meuble, ordinairement en bois, consistant en un assemblage d'une ou plusieurs planches posé sur un ou plusieurs pieds, et servant à plusieurs usages : *Une table de jeu.* ‖ Meuble de ce genre sur lequel on mange, surtout lorsqu'il

TABLE DU XVIe SIÈCLE

est couvert de mets : *Table de douze couverts.* ‖ *Mettre la table*, placer sur la table les assiettes, verres, couteaux, serviettes, couverts, qu'il faut pour manger. ‖ *Se mettre à table*, commencer le repas. ‖ *Sortir, se lever de table*, interrompre ou finir le repas. ‖ *Mettre quelqu'un sous la table*, l'enivrer. ‖ *Grande table*, celle des grandes personnes. ‖ *Petite table*, celle des enfants. ‖ Dans les grandes maisons, *la première table*, celle des maîtres. ‖ *Tenir table*, rester longtemps à table, recevoir souvent des gens à dîner. ‖ *Tenir table ouverte*, admettre à sa table beaucoup de personnes, même des personnes qu'on n'a pas invitées. ‖ *Admettre à sa table*, inviter un inférieur à dîner. ‖ *Donner la table à quelqu'un*, le nourrir à sa table. ‖ *Avoir la table et le logement chez quelqu'un*, y être nourri et logé. ‖ *Vivre à la même table*, manger habituellement ensemble. ‖ *Table d'hôte*, table servie à heure fixe dans un hôtel et où on peut aller manger à prix fixe. ‖ Composition des repas eu égard à la quantité et à la délicatesse des mets : *Une bonne table. Une table frugale.* ‖ *Aimer la table*, la bonne chère. ‖ *La sainte table*, l'autel où l'on communie. — Fig. La communion : *S'approcher de la sainte table.* ‖ *Les chevaliers de la Table ronde*, ceux qui fréquentaient la table du breton Artus, roi légendaire d'Angleterre, qui, pour éviter les querelles sur la préséance, faisait manger ses invités à une table ronde. (V. *Cycle.*) ‖ *La table de marbre*, nom par lequel on désignait en France, avant 1789, trois tribunaux : celui de la connétablie, celui de l'amirauté et celui du grand maître des eaux et forêts. || *Table de nuit*, sorte de petite armoire dont le dessus sert de table, et qu'on met près du lit. — **Tables astronomiques.** Ensemble des observations recueillies sur les positions d'un même astre, permettant de prévoir et de contrôler diverses circonstances de son mouvement, ou de constater les irrégularités qu'il peut présenter dans la marche qu'on lui a d'abord attribuée. On doit citer : *les tables de la Lune*, employées dans le calcul des éclipses et dans la navigation ; celles du *Soleil*, utilisées dans le calcul des éclipses, dans la détermination du temps moyen ; celles d'*Uranus*, qui ont conduit Le Verrier à la découverte de Neptune, etc. — **Tables de glaciers**, blocs de rochers en saillie sur la surface des glacières qui sont supportés par des colonnes de glace que leur présence a empêchées de fondre. — **Dér.** *Tableau, tableautin, tabelle, tabellaire, tablette, tablée, tabler, tabletier, tabletière, tabletterie, tablature, tablier* 1, 2, *tabloin, tabulaire*. Même famille : *Tabellion, tôle*, etc. — **Comp.** *Attabler, entabler, entablement.*

TABLEAU (vx fr. *tablet* : bl. *tabulellum* : dm. de *tabula*, table), *sm.* Ouvrage de peinture exécuté sur une table de bois, de cuivre ou de métal : *Un tableau de Raphaël.* — Fig. *Une ombre au tableau*, un léger défaut qui fait ressortir les bonnes qualités d'une personne, les beautés d'un ouvrage. || *Tableau vivant*, groupe de personnes qui, vêtues d'un costume approprié, prennent une certaine attitude et gardent l'immobilité, pour figurer

TABLEAU

T. Tableau. — C. Chambranle. — E. Ébrasement. — F. Feuillure. — N. Nu du mur extérieur. — N'. Nu du mur intérieur.

un tableau, une scène dramatique. || En perspective, *le plan du tableau*, plan qu'on suppose placé entre l'œil de l'observateur et les objets à représenter et sur lequel les divers points de ces objets sont figurés par les intersections des rayons visuels qui y aboutissent. — Fig. Ensemble d'objets qui frappe la vue et dont l'aspect fait impression : *Cette vallée présente un magnifique tableau.* || Représentation naturelle et frappante d'une chose, soit en action, soit de vive voix, soit par écrit : *Le récit de la mort d'Hippolyte forme un tableau achevé dans la* Phèdre *de Racine.* || Chaque partie d'un drame caractérisée par un changement de décoration : *Drame en douze tableaux.* || Feuille de papier où figurent les noms des membres d'une compagnie selon l'ordre de la réception : *Rayer un avocat du tableau.* || *L'ordre du tableau*, l'ordre dans lequel sont inscrits les membres d'une compagnie. || Feuille ou planche sur laquelle des renseignements, des matières d'enseignement sont disposés avec ordre pour être embrassés d'un coup d'œil : *Le tableau des conjugaisons.* || Table de bois noircie dont on fait usage dans les écoles pour écrire des mots ou tracer des figures avec de la craie : Ex. : *Envoyer un élève au tableau.* || Cadre de menuiserie, quelquefois fermé par un grillage qu'on fixe sur une muraille en un lieu apparent pour y mettre des affiches. || Partie de l'arrière d'un navire ornée de sculptures et où se trouve le nom du bâtiment. || La partie de l'épaisseur d'une baie de porte ou de fenêtre qui est en dehors de la fermeture.

***TABLEAUTIN** (dm. de *tableau*), *sm.* Petit tableau.

***TABLÉE** (*table*), *sf.* L'ensemble des personnes qui sont à table en même temps.

TABLER (*table*), *vi.* Rester à table (*Molière*). || Au trictrac, poser deux dames sur la même flèche (*vx*); aujourd'hui on dit *caser.* — Fig. Compter : *Vous pouvez tabler là-dessus.*

TABLETIER, IÈRE (*tablette*), *s.* Celui qui fait et vend des échiquiers, des damiers, des trictracs, des billes de billard, de petits objets d'ivoire, d'ébène, etc.

TABLETTE (dm. de *table*), *sf.* Planche adossée à un mur ou placée dans un meuble sur laquelle on pose certains objets. || Dalle qui couvre l'appui d'une croisée, d'un balcon. || Pièce de marbre, de pierre ou de bois posée sur le chambranle d'une cheminée. || Grosse pastille composée de sucre et d'une ou plusieurs substances médicamenteuses : *Tablette purgative.* || *Tablette de chocolat*, petite masse parallélipipédique de chocolat. || *Tablette de bouillon*, petite masse en forme de pastille qu'on obtient en faisant réduire jusqu'à consistance de gelée, mettant en moule et séchant, un bouillon préparé avec culotte de bœuf, 6 kilogrammes, gigot de mouton, 5 kilogrammes, rouelle de veau, 1 kil. 5, quatre pieds de veau et une poule. Ces tablettes se conservent quatre ou cinq ans, et, pour les convertir en bouillon, il suffit d'en faire dissoudre 16 grammes dans une tasse d'eau bouillante. — *Sfpl.* Petites planchettes de bois enduites d'une mince couche de cire sur lesquelles les anciens écrivaient avec un style ; aujourd'hui, feuilles d'ivoire, de parchemin, de papier, attachées ensemble, et que l'on porte sur soi pour écrire les choses dont on veut se souvenir. — Fig. *Rayez cela de vos tablettes*, ne comptez plus sur cela. — Fig. *Vous êtes sur mes tablettes*, n'oubliez pas que j'ai déjà à me plaindre de vous. || Titre de certains ouvrages rédigés avec ordre et en raccourci : *Tablettes chronologiques.*

TABLETTERIE (*tabletier*), *sf.* Métier, commerce du tabletier. || Les ouvrages qu'il fait.

1. **TABLIER** (l. *tabularium* : *tabula*, planche), *sm.* Échiquier, damier. || La totalité d'un trictrac. || Le plancher d'un pont. || La partie d'un pont-levis qui s'abaisse pour donner passage sur le fossé.

2. **TABLIER** (*tablier* 1), *sm.* Pièce de toile, de serge, de cuir, etc., que les femmes et les artisans mettent devant eux pour ne pas salir leurs habits. || Morceau de gaze, de mousseline, de taffetas que les dames mettent sur le devant de leur robe. || Pièce de cuir attachée sur le devant d'un cabriolet ou d'une voiture pour garantir de la pluie, des éclaboussures.

TABLOIN (*table*), *sm.* Plate-forte faite de madriers pour placer une batterie de canons (*vx*).

TABOR, 3180 mètres, l'un des sommets des Alpes Cottiennes, au S. du département de la Savoie.

TABOR, 5000 hab., ville de Bohême fameuse pendant les guerres des hussites, qui y tenaient de grandes assemblées populaires. — **Dér.** *Taborites.*

TABORITES, secte de hussites fondée par Jean Ziska.

***TABOU** (m. *polynésien*), *sm.* Défense de pénétrer dans un lieu, de toucher ou de regarder une personne ou un objet, d'user d'un aliment, faite par les prêtres ou les chefs polynésiens. || Le lieu, la personne, la chose qui est l'objet de cette défense.

***TABOUER** (*tabou*), *vt.* Déclarer tabou.

TABOURET (dm. du vx. fr. *tabour*, tambour), *sm.* Petit siège à quatre pieds qui n'a ni bras, ni dossier. || *Droit de tabouret*, droit qu'avaient les princesses et les duchesses, depuis Louis XIII, de s'asseoir sur un tabouret en présence du roi, de la reine. || Petit banc rembourré sur lequel une personne assise pose les pieds. || *Tabouret électrique*, planche supportée par quatre pieds en verre et sur laquelle une personne se tient debout pour qu'on l'électrise : c'est un isoloir. || La bourse-à-pasteur. (V. ce mot.)

***TABOURIN** (dm. du vx fr. *tabour*, tambour), *sm.* Petit tambour. || Machine tournante que l'on adapte à la partie supérieure d'un tuyau de cheminée pour empêcher celle-ci de fumer.

***TABOUROT** (1547-1590), dit le seigneur *des Accords*, procureur du roi au bailliage de Dijon, écrivain facétieux, auteur des *Bigarrures*, recueil de rébus, d'équivoques, d'acrostiches, etc.

***TABULAIRE** (l. *tabula*, table), *adj. 2 g.* Disposé en lames parallèles : *Porphyre tabulaire.* || Où l'on fait usage de tableaux : *Enseignement tabulaire.* || *Logarithmes tabulaires*, ceux qui sont contenus dans les tables.

***TABULARIUM** [ta-bu-la-riome] (ml.), *sm.* Nom par lequel les anciens Romains désignaient le dépôt des archives, et qui était installé dans le temple de la Liberté. || Archives d'un particulier.

TAC (l. *tactum*, contact), *sm.* Gale qui attaque surtout le cheval, le chien, le mouton.

***TACAMAQUE** ou **TACAHAMACA**, *sm.* Résine fournie par plusieurs arbres de la famille des Térébinthacées ; elle se présente sous la forme de fragments jaunâtres et en grains transparents d'une odeur agréable. Cette substance est peu soluble dans l'eau ; elle l'est dans l'alcool et l'essence de térébenthine. On en connaît plusieurs espèces : la première nous vient de Bourbon, de l'Inde et de l'Australie. On la connaît encore sous les noms de *baume vert, baume Marie, baume de calaba.* La seconde espèce, désignée aussi sous le nom de *résine gommart* ou *chibou*, est récoltée à la Guyane, à la Guadeloupe et à la Martinique. Cette résine est surtout employée par la chapellerie pour rendre les tissus et les feutres imperméables. || *Faux tacamaque*, résine fournie par le *peuplier baumier.* (V. *Peuplier*, t. II, p. 967, col. 2.)

***TACCA**, *sm.* Genre de plantes monocotylédones de la famille des Taccacées ou Taccées, et composé de plantes herbacées croissant spontanément dans les parties tropicales de l'océan Indien et de l'Océanie. L'espèce la plus importante est le *tacca pinnatifide*, dont la racine tuberculeuse est âcre et très amère. Elle perd un peu de ses défauts lorsqu'elle est cultivée. Les indigènes en retirent, par le lavage dans l'eau douce et le râpage sur un tamis opéré sous un filet d'eau, une fécule alimentaire très recherchée, et qui est importée en Europe sous le nom d'*arrow-root de Taïti.* — **Dér.** *Taccacées.*

TACCA PINNATIFIDE

***TACCACÉES** (*tacca*), *sfpl.* Famille de plantes monocotylédones que l'on rattache aujourd'hui à celle des Amaryllidées. Elle se compose de plantes herbacées, vivaces, à racine tubéreuse et féculente ; leurs feuilles sont radicales. Leurs fleurs sont réunies à l'extrémité d'une hampe et forment une ombelle simple. Elles sont hermaphrodites et chacune d'elles est constituée par un périanthe coloré, adhérent à l'ovaire, et dont les pièces, au nombre de 6, disposées sur 2 verticelles, sont soudées en tube ; ces pièces sont colorées et présentent des nervures et des côtes saillantes. L'androcée compte 6 étamines ; chaque filet de celles-ci se termine en une sorte de capuchon dans l'intérieur duquel sont placées les 2 loges de l'anthère. L'ovaire est uniloculaire, surmonté d'un style court terminé par un grand stigmate étalé et divisé en 3 lobes. L'intérieur de l'ovaire renferme 3 placentaires pariétaux sur lesquels sont insérés un grand nombre d'ovules. Le fruit est charnu, indéhiscent, et renferme une grande quantité de graines à enveloppe coriace. Les plantes qui composent cette famille croissent dans l'Asie tropicale, en Afrique et dans l'Océanie. Le genre le plus intéressant est le genre *tacca*. (V. ce mot.) — **Une taccacée** ou une **taccée**, *sf.* Une plante quelconque de la famille des Taccacées ou Taccées.

***TACCO** (du cri de l'oiseau), *sm.* Genre d'oiseaux de la famille des Coucous et de l'ordre des Grimpeurs, dont le bec est plus long que la tête, lisse et comprimé latéralement; les tarses sont glabres, les ailes moyennes, la queue assez longue et composée de dix rectrices. Ce sont des oiseaux d'un naturel sauvage, se laissant néanmoins approcher facilement et même tuer à coups de bâton lorsqu'ils guettent une proie. Ce sont plutôt des oiseaux marcheurs que des voiliers. On rencontre le tacco dans les endroits déserts aussi bien que dans les lieux cultivés. Il se nourrit de chenilles, de petits lézards, de couleuvres et de petits mammifères et même de petits oiseaux. Il niche sur les arbres, et la femelle pond quatre ou cinq œufs d'un blanc sale tacheté de noir. Les différentes espèces de ce genre habitent les Antilles, la Jamaïque, Saint-Domingue, Cuba, la Martinique, la Californie.

TACCO

TACET [ta-cè-te] (ml., *il se tait*), *sm.* Mot que l'on écrit sur une partie de musique pour indiquer un long silence de cette partie. — Fig. *Garder le tacet*, ne dire mot, garder un secret.

TACHANT, ANTE, *adj.* Qui tache, qui salit. || Qui se salit aisément: *Etoffe tachante.*

TACHAU, 4111 hab., ville de Bohême (Autriche-Hongrie), sur la Misa. Verreries, forges, sources minérales.

TACHE (*svf.* de *tacher*), *sf.* Dépôt qu'une substance laisse sur un corps qui en est sali, gâté : *Tache d'encre, de graisse.* — Fig. *Cela fait tache d'huile*, cela s'étend, augmente sans cesse. — Fig. *La tache du péché*, la souillure que le péché imprime à l'âme. || Portion plus ou moins grande de la peau, du pelage, etc., qui n'a pas la même couleur que le reste : *Des taches de rousseur. Ce chien est blanc avec des taches noires.* || Portion opaque d'un corps transparent: *Cette pierre précieuse a des taches.* || En peinture, masse de couleur sans harmonie avec le reste d'un tableau : *Cette partie fait tache.* — Fig. *Faire tache*, constituer une imperfection, être un déshonneur : *Cette action fait tache dans sa vie.* || Partie obscure qu'on remarque avec le télescope sur le disque du soleil, d'une planète, d'un satellite. — Fig. *Chercher des taches dans le soleil*, vouloir trouver des défauts dans les choses les plus parfaites. || Légère imperfection dans un ouvrage : *Il y a des taches dans le meilleur poème.* || Ce qui déshonore : *Son crime est une tache pour sa famille.* || Vice, souillure de l'âme : *L'Agneau sans tache*, J.-C. || Taches lunaires. (V. *Lune*.)

Taches solaires. — La *photosphère* ou *sphère de lumière* est la surface lumineuse du globe du Soleil. Elle semble douée partout d'un éclat uniforme; cependant le disque est en réalité notablement plus lumineux au centre que sur les bords. Cette uniformité apparente disparaît quand on examine la surface du disque solaire en faisant usage d'un grossissement convenable. La surface, loin d'être lisse et uniforme, présente une forme irrégulière et ondulée, comme une mer agitée par la tempête. Elle est recouverte d'une multitude de petits grains, séparés par des interstices très déliés composant un réseau sombre. On obtient le même effet en regardant au microscope du lait un peu desséché, dont les globules ont perdu la régularité de leur forme. Ces grains présentent des formes très variées; ils sont quelquefois très allongés, ce qui les a fait appeler *grains de riz*; on les a aussi comparés à des *feuilles de saule*, ou à des points d'exclamation. Ces grains, que nous pouvons à peine mesurer à cause de leur petitesse, ont un diamètre de 200 à 300 kilomètres; ils sont animés de mouvements sensibles, très difficiles à déterminer au milieu de la masse brillante de la photosphère. Quant à la nature de ces *granulations*, le spectroscope montre que le Soleil est habituellement recouvert d'une multitude de jets enflammés, et les grains seraient regardés comme les sommets de proéminences qui recouvrent la surface solaire.

On remarque aussi presque toujours sur cette surface du disque solaire des *facules*, espaces plus lumineux que le reste du disque, et des *taches* noires, irrégulières, entourées d'une *pénombre* grisâtre dont les contours sont très nets. La partie noire forme le *noyau* ou les noyaux, s'ils sont multiples, de la tache. Dans une seule pénombre plus ou moins déchiquetée, se trouvent souvent plusieurs noyaux; et l'on voit des portions de pénombre ou des pénombres isolées, entièrement dépourvues des parties noires : ce sont les taches sans noyau. On observe aussi des taches uniquement formées d'une partie noire, non entourée de pénombre, mais ces taches sont généralement de petites dimensions; il y a pourtant des exceptions. D'après Arago, le 17 février 1800, W. Herschel voyait deux *grandes* taches autour desquelles il n'y avait pas de pénombre; ce même jour et le 12 février, Herschel voyait de larges pénombres sans noyau central. — Les taches, vers le centre du disque, affectent une forme sensiblement arrondie, mais elles se meuvent et, quand elles approchent du bord, elles deviennent ovales, puis se rétrécissent au point de devenir linéaires. Ces changements sont de simples apparences dues à un effet de perspective. Mais les taches subissent aussi des déformations réelles, très notables et très rapides. Quelquefois, elles se divisent et se subdivisent. Rutherfurd a observé une tache simple apparaissant sur le bord du disque, qui avait, après un grand nombre de transformations, donné naissance en sept jours à quatre noyaux principaux, entourés de plusieurs autres plus petits et moins distincts. Ce phénomène de multiplication résulte le plus souvent d'un fractionnement du noyau primitif; on voit apparaître des arcs brillants, connus sous le nom de *ponts*, qui traversent les taches et les séparent en plusieurs parties. Cette sorte de dislocation se fait quelquefois d'une manière si subite, qu'il semble que le noyau se brise. Halley fut témoin d'une transformation si instantanée, qu'il crut assister à la fracture d'une large scorie, se brisant comme un morceau de glace atteint par un coup de pierre. Les *ponts* brillent ordinairement d'un éclat aussi vif que celui des parties les plus lumineuses de la photosphère; quelquefois même on dirait qu'ils sont encore plus brillants et qu'ils sont réellement suspendus au-dessus des abîmes qu'ils traversent. Dans d'autres cas, au contraire, plusieurs taches se réunissent et se confondent en une seule, par la dissolution de la matière lumineuse qui les sépare. Il est rare que les taches soient isolées : elles sont ordinairement réunies en groupes très complexes. L'étendue de ces groupes est considérable; l'agitation, manifestée dans l'ensemble par les facules qui les environnent, est si grande, que cet ensemble peut acquérir une longueur égale au quart du diamètre solaire. Les taches ne sont donc pas des apparences purement superficielles; elles ont leur siège dans les profondeurs de la masse solaire; elles sont les conséquences d'une violente agitation dans la matière qui compose le soleil, et cette agitation s'étend bien au delà des limites de la région sombre. Tous ces mouvements supposent qu'il se produit, dans la masse solaire, des crises considérables.

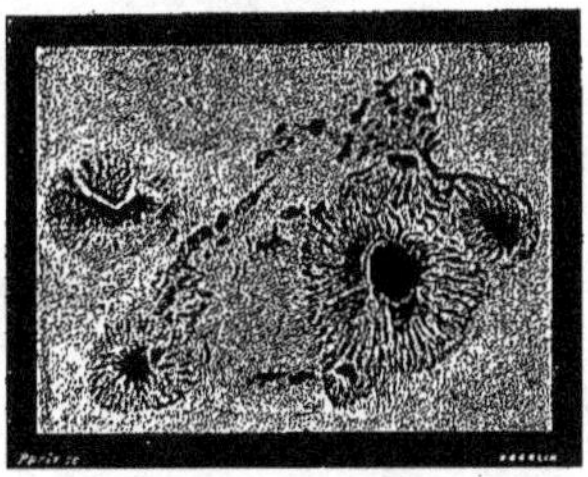

TACHES SOLAIRES

OBSERVÉES LE 14 AVRIL 1869

Les facules apparaissent le plus souvent sur les bords extérieurs de la pénombre; elles se montrent aussi fréquemment isolées, et alors leur présence annonce presque toujours la formation prochaine d'une tache en ce point. Les facules ont quelquefois la forme de traînées convergentes qui aboutissent de divers côtés aux contours de la tache, semblables à des ruisseaux de matière brillante. Les formes des taches sont extrêmement variées, mais en général il y a similitude entre les contours du noyau et ceux de la pénombre enveloppante, ce qui accuse l'identité des causes qui les produisent. Les taches affectent quelquefois la forme de tourbillons qui semblent indiquer un mouvement en spirale dans la matière qui les compose. On voit quelquefois les stries de la pénombre se contourner comme si elles étaient entraînées par des courants giratoires au fond d'un gouffre simulé par le noyau. Les dimensions des taches sont très diverses; il en est de fort petites qui paraissent comme des points à peine perceptibles, même à l'aide de grossissements considérables. Certaines taches ont, au contraire, présenté des dimensions gigantesques. En 1763, Lalande en aperçut une qui avait une minute de longueur, et occupait la 32e partie du diamètre solaire. Arago en cite une de 167", presque trois fois aussi longue que celle de Lalande. Schrœter en a mesuré une dont la surface valait quatre fois celle de notre globe; elle mesurait un diamètre moyen de 12 000 lieues. En 1779, Herschel vit une tache de 19 000 lieues de longueur. Le capitaine Davis a dessiné une de ces taches, formée, il est vrai, d'un double noyau; elle n'avait pas moins de 300 000 kilomètres dans sa plus grande longueur; sa surface était environ, la pénombre comprise, de 200 millions de myriamètres carrés. Si les taches sont des déchirures profondes de l'enveloppe lumineuse du Soleil, on voit quelle capacité doivent offrir ces abîmes gigantesques : une pierre dans le cratère d'un volcan serait l'image de la Terre plongée au fond de ces gouffres. Wilson a établi, il y a un siècle, que les *taches* sont des *cavités* dont la profondeur est relativement peu considérable, ne dépassant pas un rayon terrestre; par suite, si l'on a égard aux dimensions du globe solaire, on doit dire que ce sont des phénomènes superficiels. Ces cavités ne sont pas vides; la résistance qu'elles opposent à la marche des courants lumineux prouve qu'elles sont remplies de vapeurs plus ou moins transparentes. On regardait la profondeur des taches comme mesurant l'épaisseur de la couche photosphérique au-dessous de laquelle on plaçait un noyau obscur. D'après le père Secchi, on ne peut plus maintenant soutenir cette opinion : la profondeur des taches mesure, d'après ce savant, simplement l'épaisseur de la couche absorbante qui arrête les rayons de la photosphère située au-dessous. Les apparences que présentent les taches peuvent s'expliquer par la simple interposition d'une masse vaporeuse entre la photosphère et l'observateur. La couche lumineuse peut donc exister au-dessous des taches, et il est impossible d'en assigner la profondeur. M. Faye a fortifié les arguments en faveur de l'existence de ces cavités qui se manifestent sous la forme des taches, par un travail sur la *parallaxe de profondeur*.

Les hypothèses sur la constitution de la photosphère se réduisent aux suivantes : 1° elle est composée de flammes proprement dites, c'est-à-dire d'une matière gazeuse incandescente ; 2° on peut la regarder comme composée d'un brouillard lumineux ou d'une vapeur condensée suspendue dans une atmosphère transparente. C'est ainsi que sont suspendus dans notre atmosphère les nuages dus à une condensation partielle de la vapeur d'eau ; mais les nuages lumineux de la photosphère sont composés d'une matière beaucoup moins volatile et dont la température est très élevée. Si l'on imagine, dit le père Secchi, la photosphère ainsi composée, son aspect, par ses inégalités et ses variations, sera semblable à celui que présenterait notre atmosphère vue de la Lune. La terre, entièrement enveloppée de nuages, offrirait à un spectateur placé en dehors d'elle une structure mamelonnée, analogue à celle du Soleil, et souvent on observe quelque chose de semblable du sommet des montagnes. Dans les taches du Soleil sont des amas de voiles roses qui paraissent analogues à ces flammes qu'on aperçoit autour du disque de la Lune pendant les éclipses solaires, et que l'on connaît sous le nom de *protubérances rouges*.

Les taches ne se montrent pas indifféremment sur tous les points du disque. Elles sont peu nombreuses dans le voisinage de l'équateur et très rares dans les *latitudes héliocentriques* (V. plus loin), supérieures à 35 ou 40°. Elles se montrent en plus grande quantité dans deux zones symétriques qu'on a appelées *zones royales*, comprises entre 10 et 30° de latitude. Les astronomes ont signalé, dès l'origine des observations, de grandes différences dans la fréquence des taches, selon les époques. M. R. Wolf, de Zurich, a compulsé toutes les observations de taches enregistrées depuis leur découverte, en 1610, jusqu'à nos jours, et il a donné un tableau complet des époques où ont lieu les maxima et les minima de leur fréquence jusqu'en 1870. Il en résulte : 1° que la durée d'une période comprise, soit entre deux maxima, soit entre deux minima, est à peu près égale à 11 ans et 1/9 ; 2° que les époques où les taches sont le moins nombreuses ne tombent pas au milieu de l'intervalle qui sépare les maxima. Du minimum au maximum suivant, il s'écoule en moyenne 3 ans, 7, de sorte que la recrudescence se fait plus rapidement que la décroissance. Outre la période undécennale, le phénomène en présente deux autres, l'une de 55 ans 1/2, l'autre de 166 ans. Herschel, se basant sur les prix du blé sur le marché de Londres, avait cru reconnaître une relation entre les taches du Soleil et la température de la Terre ; mais son hypothèse, qui n'était fondée que sur des bases incertaines et ne pouvait l'être sur les observations encore trop peu nombreuses, a été combattue par les recherches de Gautier, de Genève, par Arago et Barral, etc., et elle reste encore à l'état d'étude.

Mais une relation plus certaine lie la fréquence des taches solaires avec les perturbations de l'aiguille aimantée. Si bien que M. R. Wolf a établi des concordances frappantes qui, dit M. Faye, permettent de lire sur les taches du Soleil comme sur l'échelle divisée d'une aiguille aimantée. On a aussi cherché, jusqu'ici sans résultat probant, une relation entre les variations périodiques du nombre des taches solaires et les positions qu'occupent les diverses planètes.

Les éclipses *totales* du Soleil, en supprimant momentanément l'éclat éblouissant de l'astre et l'illumination de notre propre atmosphère, ont révélé des phénomènes remarquables. On connaît depuis longtemps l'aurore lumineuse dont le disque de la Lune est entouré pendant une éclipse de Soleil, parce qu'elle s'aperçoit à l'œil nu. Cette auréole est une lueur d'ordinaire blanche, assez vive sur le contour lunaire et se dégradant jusqu'à une distance quelquefois égale au diamètre du Soleil : c'est la *couronne*. De celle-ci se détachent souvent des rayons lumineux analogues aux *gloires* qui entourent les têtes des saints dans les tableaux religieux. On aperçoit aussi des taches d'une teinte rouge ou rose, de formes et de dimensions très variées, contiguës au bord du disque de la Lune ou très voisines de ce bord : ce sont les *protubérances*, qui n'ont été sérieusement étudiées que depuis l'éclipse totale de 1842. On admet que la couronne est un phénomène propre au Soleil ; c'est une enveloppe ou atmosphère lumineuse entourant à distance la photosphère. L'analyse spectrale a établi que la couronne est un milieu très raréfié et que sa lumière est due principalement à l'incandescence de l'hydrogène et d'une autre substance inconnue. Sa hauteur n'est pas inférieure à 12', d'après M. Janssen. La *chromosphère* est la portion de l'atmosphère solaire qui enveloppe immédiatement la photosphère : c'est la zone la plus brillante qui, dans les éclipses totales, entoure le limbe

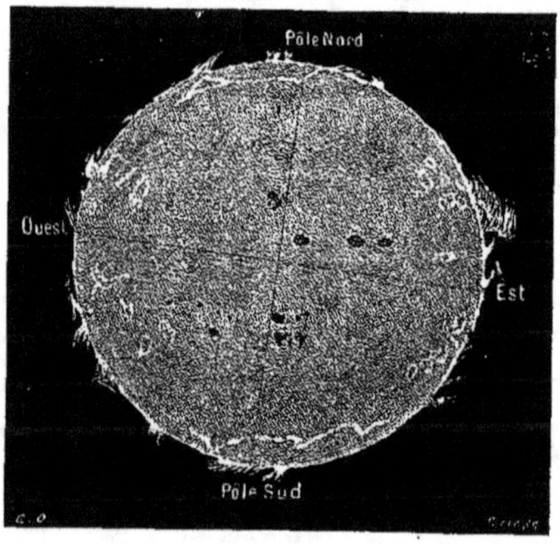

SOLEIL

DISQUE SOLAIRE AVEC LES PROTUBÉRANCES OBSERVÉES EN PLEIN SOLEIL A ROME, LE 23 JUILLET 1871, AU SPECTROSCOPE AVEC L'ÉQUATORIAL DU COLLÈGE ROMAIN

obscur de la Lune, et dont les couches les plus basses ont apparu comme formées de la matière rouge ou rosacée des protubérances ; en définitive, c'est la région d'où émanent les protubérances. La composition générale de la chromosphère est celle de l'hydrogène incandescent. Mais dans ses couches inférieures elle est fréquemment injectée de vapeurs métalliques où le sodium, le magnésium et le fer semblent dominer. Ces métaux atteignent parfois des hauteurs assez considérables, puisque le spectroscope en retrouve la trace jusque dans les sommets des protubérances. La chromosphère, d'après Lockyer, ne dépasse pas 12", soit environ 10 kilomètres. D'après le père Secchi, elle se présente sous quatre apparences distinctes : dans la principale et la plus générale, elle est sur toute sa longueur sillonnée de filaments, de traits de feu ou de langues de flammes dont la direction est tantôt normale et tantôt inclinée dans un sens ou dans un autre. Disons, en passant, que la *couronne*, atmosphère hydrogénée du Soleil, n'a point les caractères d'une atmosphère à couche de niveau, en équilibre comme l'atmosphère terrestre ; c'est comme le résidu des matières les plus légères lancées par les protubérances ; qui seraient des appendices de la chromosphère. Les formes des protubérances sont très variées. Les unes, quels que soient leurs contours, sont adhérentes au Soleil, à la chromosphère, sur laquelle elles reposent. Les autres, au contraire, sont séparées de la chromosphère ; elles sont suspendues comme des nuages dans l'atmosphère, où elles paraissent flotter. Les formes que toutes affectent sont excessivement diverses, curieuses, difficiles à définir et à classer. Ces masses, composées principalement d'hydrogène incandescent, mais dont les couches les plus basses sont injectées de vapeurs métalliques, fer, magnésium, sodium, etc., comme la chromosphère, ont des dimensions considérables. Lockyer évalue leur hauteur comme variant entre 56320 et 322000 kilom., soit de 1' à 7' ; l'étendue superficielle est en proportion. La Terre, plongée dans la chromosphère, serait presque en entier immergée dans un océan de feu dont les flammes atteignent jusqu'à 80000 lieues.

Les protubérances se forment, se développent, se modifient avec une rapidité prodigieuse. D'après Lockyer, une protubérance de 64000 kilom. de hauteur se réduisit en 10 minutes en morceaux. L'astronome américain Young a vu un fragment se détacher d'une protubérance, puis s'élever obliquement en 12' 1/2 à une distance de 155000 kilom. ; la vitesse de l'ascension valait près de 200 kilom. par seconde. En observant l'éclipse totale d'août 1868, M. Janssen et M. Lockyer trouvèrent séparément des procédés pour observer ces phénomènes, protubérances, couronne, et dans les circonstances ordinaires, quotidiennes. Ils reconnurent que les protubérances se voyaient sur tout le contour du disque solaire et qu'elles adhéraient la plupart, par leur base, à une couche continue d'une matière constituée chimiquement de la même manière que les protubérances, et consistant en gaz hydrogène à l'état incandescent. Ce n'était autre chose que la couleur rouge ou rose déjà signalée par plusieurs observateurs des éclipses totales, parmi lesquels Le Verrier, dont les prévisions se trouvent pleinement confirmées par les nouvelles méthodes d'observation : cette couche, ou atmosphère hydrogénée, est la *chromosphère*. L'analyse spectrale y a révélé la présence des métaux ou métalloïdes suivants : hydrogène, sodium, baryum, magnésium, fer, manganèse, nickel, titane, cobalt, chrome, lithium, calcium, soufre, cérium, strontium. On a aussi cru reconnaître, sans en être absolument certain : zinc, erbium, yttrium, lanthane, didyme. Enfin Young signale la coïncidence de quelques raies appartenant aux spectres de l'oxygène, de l'azote et du brome, de l'iridium et du ruthénium. On n'a pas constaté la présence de l'or, de l'argent, du mercure. Mais ces exclusions ne peuvent être regardées comme absolues ; car l'analyse spectrale est une science toute moderne, dont la puissance dans les investigations grandira rapidement.

Quant aux taches, le père Secchi trouve que leur spectre est analogue à celui des bords du disque. Les taches seraient des régions où l'épaisseur des couches absorbantes est la plus considérable, où la pression est par conséquent la plus forte. De plus, la diminution qui en résulte pour la radiation de la photosphère en ces points est telle qu'il est possible de voir les lignes lumineuses de l'hydrogène et du sodium incandescents, produites par la radiation des portions de la chromosphère ou des protubérances qui surplombent le noyau, c'est-à-dire qui dominent la partie la plus profonde d'une tache.

Il existe une liaison entre les phénomènes des facules, des taches et des protubérances ; ils dépendent de la rotation solaire et paraissent soumis à une variation périodique analogue. Ils sont certainement l'indice d'une activité propre au globe solaire, et il paraît établi qu'il existe un lien entre les manifestations de cette activité et les variations du magnétisme terrestre.

Les taches sont attribuées à diverses causes

productrices. Pour des savants, tels que le père Secchi, elles sont dues à des mouvements intérieurs qui, comme des éruptions volcaniques, déchirent la photosphère. Pour d'autres, comme M. Faye, elles sont produites par des tourbillons dus à la différence de vitesse des couches concentriques de cette enveloppe. Les taches solaires sont assimilées par M. Faye aux cyclones terrestres, les uns passagers, les autres durant jusqu'à six ou huit jours. Et M. Faye explique comment ces tourbillons produisent noyaux, pénombres, facules.

Quant à la photosphère, le spectre de la lumière est continu. Cette enveloppe lumineuse, limitant le globe solaire, est constituée par des masses gazeuses incandescentes. Les particules matérielles dont ces nuages sont formés, ou qui les rendent lumineux, peuvent être solides ou liquides, ou même gazeuses sous des pressions considérables : cette dernière condition pour les gaz suffit, d'après Cailletet. La question est pendante. On y a trouvé, jusqu'ici, les éléments qui composent la chromosphère, mais en nombre moins grand.

Les taches apparaissent, en général, sur le bord oriental du Soleil, à gauche de l'observateur; elles semblent toutes se déplacer, chaque jour, sur son disque, en allant de l'E. à l'O., ou de gauche à droite; leur vitesse croît jusqu'au milieu du disque, et décroît ensuite; et, après avoir décrit des lignes droites parallèles ou des demi-ellipses très aplaties, dont la convexité est tournée, pour toutes, vers la même région, elles disparaissent lorsqu'elles ont atteint le bord occidental. Plusieurs d'entre elles naissent subitement en un point du disque; d'autres s'évanouissent pendant leur mouvement sur la partie visible du Soleil; d'autres, après avoir disparu au bord occidental, reparaissent plus tard au bord opposé, et font quelques révolutions complètes avant de se dissoudre; d'autres enfin, après avoir décrit leur courbe entière, ne reviennent plus, et l'on est fondé à croire qu'elles se sont dissipées sur la face, invisible pour nous, du Soleil. Pour étudier ce mouvement, on mesure chaque jour, à l'aide de la machine parallatique, la différence des ascensions droites de la tache et de l'un des bords du Soleil, puis la différence des déclinaisons; et l'on conclut, de la valeur connue du demi-diamètre apparent, les différences d'ascension droite et de déclinaison de la tache et du centre du disque. On arrive alors par le calcul, et ensuite par un procédé graphique, à construire le lieu des positions occupées par la tache, et l'on trouve un arc d'ellipse, qui est la projection orthographique de la courbe qu'elle décrit, projection effectuée sur un plan perpendiculaire au rayon visuel qui va au centre du Soleil. On reconnaît, en outre, que les taches que l'on peut observer en même temps, décrivent des courbes semblables et parallèles. On reconnaît enfin que toutes celles qui achèvent leur révolution sans se dissoudre reviennent à la même position au bout du même temps, qui est 27 jours et un tiers environ. En appliquant le calcul à ces faits, on reconnaît que le *Soleil a un mouvement de rotation sur lui-même,* analogue à celui qui anime la Terre; que *l'axe de rotation fait un angle de 82° 50' 48" avec le plan de l'écliptique, et que le plan de l'équateur solaire* (plan perpendiculaire à l'axe, mené par le centre du Soleil) *coupe celui de l'écliptique suivant une droite* (ligne des nœuds) *qui fait, avec la ligne des équinoxes, un angle de 80° 21'. La durée réelle de la rotation est de 25 jours 12 heures,* d'après Laugier. Le sens du mouvement est direct, c'est-à-dire que si un observateur se place, par la pensée, le long de l'axe, les pieds sur l'équateur solaire et la tête dans l'hémisphère boréal, il voit les taches se déplacer de sa droite vers sa gauche. Il faut remarquer la différence qui existe entre la durée *apparente* (27 jours un tiers) de la révolution d'une tache, et la durée *réelle* (25 jours et demi) du mouvement de rotation du Soleil. C'est que le Soleil tourne sur lui-même, dans le sens direct, avec une vitesse angulaire plus grande que celle de son mouvement annuel de translation. Bien que le mouvement de rotation, en vitesse angulaire, soit lent, la vitesse réelle est considérable, vu les énormes dimensions du globe solaire; ainsi un point de l'équateur du Soleil parcourt, par le fait de la rotation de l'astre, 2013 mètres par seconde, vitesse quatre fois un tiers plus grande que celle d'un point de l'équateur terrestre. La découverte des taches du Soleil remonte à l'année 1610; elle est un des premiers résultats de l'invention des télescopes. Arago l'attribue à Fabricius, Galilée et Schneider l'ayant faite presque en même temps que lui. La rotation du Soleil a aussi été découverte par Fabricius : Jordan Bruno avait soupçonné son existence, et Képler l'avait affirmée, devançant ainsi l'observation. De ce mouvement de rotation, Herschel avait intuitivement conclu à l'existence d'un mouvement *réel* du Soleil dans l'espace absolu. Ce mouvement a été établi par les résultats d'observations qui ne révèlent pourtant jusqu'ici que des effets de perspective; la courbe réellement décrite dans l'espace ne pourra être calculée que dans des milliers d'années, lorsque on aura ramassé des éléments suffisants. Le Soleil est, en effet, une étoile, et il fait partie de l'immense agglomération d'étoiles, d'amas d'étoiles et de nébuleuses, connue sous le nom de *voie lactée.* Et le Soleil, ainsi que toutes les planètes qu'il emporte avec lui, est en mouvement dans cette fourmilière d'étoiles, dans cette région insondable de l'espace. En perspective, le mouvement du système solaire dans l'espace est dirigé vers un point de la voûte céleste, situé sur la ligne droite qui joint les deux étoiles de troisième grandeur π et μ d'Hercule, à un quart de la distance apparente de ces étoiles à partir de π. (V. *Planisphère, Hémisphère boréal.*) La vitesse de ce mouvement est telle que le Soleil, avec tous les corps qui en dépendent, avance annuellement dans la direction indiquée de 1 623 fois le rayon de l'orbite terrestre, ou de 240 millions de kilomètres. C'est une vitesse d'environ 600 000 kilomètres par jour ou de 7 kilomètres 600 mètres par seconde.

La température du Soleil a été l'objet de mesures présentant une grande divergence. Le père Secchi l'estimait à 10 millions de degrés; le docteur Zœllner, à 27 000; Pouillet, à 1 500 ou 1 600; MM. Henri Sainte-Claire Deville et Berthelot, à 2 500 ou 3 000; M. Violle, à 2 000. Il est probable que la température, dans le Soleil, n'est pas uniforme. Le père Secchi a formulé des résultats que M. Langley ne trouve pas exacts. Cette question n'est pas résolue.

Malgré l'opinion jadis émise par Arago que le Soleil était habitable pour des êtres organisés d'une manière analogue à ceux qui peuplent notre globe, des êtres organisés, des êtres vivants ne sauraient subsister au sein d'une masse incandescente dont la température atteint des milliers de degrés, à la surface de laquelle tous les métaux se réduisent à l'état de vapeur. Mais, du moins, le Soleil engendre, loin de lui, la vie et le mouvement dans notre système planétaire. Les matières qui composent le Soleil sont de même nature que les substances terrestres, et il est certain que leur énergie chimique ne pourrait suffire à entretenir l'incandescence solaire, qui ne peut être produite par une simple combustion. D'après Tyndall, si le Soleil était un bloc de houille et qu'on lui fournît assez d'oxygène pour le rendre capable de répandre de la chaleur au degré de la radiation observée, il serait entièrement consumé en 5 000 ans. D'un autre côté, s'il ne répare pas ses pertes, en lui supposant la chaleur spécifique de l'eau, le refroidissement de sa masse totale serait de plus d'un degré par année.

On admet, surtout M. Faye et le père Secchi, que le Soleil est composé d'une masse fluide incandescente ayant une température très élevée; les métaux et plusieurs autres substances, les unes connues, les autres inconnues, se trouvent à sa surface à l'état de vapeurs permanentes. D'après M. Faye, le Soleil, comme les étoiles, s'est formé par la réunion successive de la matière en vastes amas, sous l'empire de l'attraction, de matériaux primitivement disséminés dans l'espace. De là : 1° la destruction d'une énorme quantité de force vive remplacée par un énorme développement de chaleur; 2° un mouvement de rotation plus ou moins lent de la masse entière. De là cette conséquence : des mouvements incessants, des pluies de molécules solides vers le centre; leur dissociation, des courants ascendants gazeux et leurs condensations successives permettent à la masse entière gazeuse du Soleil de participer à la radiation extérieure. Aujourd'hui encore, par sa radiation incessante, le Soleil se refroidit et se concentre; ses matériaux se rapprochent du centre, et cette chute continuelle, si faible qu'elle paraisse, donne lieu à une nouvelle transformation de travail en calories très considérable, et peut-être capable de subvenir en grande partie à la dépense actuelle.

On admet aussi l'hypothèse qui attribue l'origine et l'entretien actuel de la puissance rayonnante du Soleil à la transformation de la force de gravité en chaleur et lumière. Cette conversion est suffisante, d'après Helmholtz et W. Thomson, pour rendre compte en totalité, pendant une longue série de siècles, de l'énorme radiation calorifique, lumineuse et chimique du Soleil. Depuis 500 millions d'années, le Soleil a déjà dépensé, d'après Helmholtz, les 453/454 de sa puissance en chaleur; il en resterait donc un peu plus de 1/500 de sa valeur primitive. Mais, dans ce cas, la vie persisterait encore sur la Terre, durant de longues suites de milliers de siècles.

Le père Secchi pense que la quantité énorme de chaleur emmagasinée dans le Soleil n'est qu'une faible partie de celle qui s'est développée pendant la formation de cet astre. La source principale de cette chaleur est la force de gravité dont le travail a développé l'immense quantité de force vive concentrée dans ce vaste foyer; la condensation progressive du Soleil continue encore à produire de la chaleur et contribue ainsi à maintenir constante la température de l'astre. Des sources de compensation se trouvent aussi dans les changements d'état qu'éprouve la matière solaire : il suffit qu'une faible partie de cette matière passe de l'état de dissociation à celui de combinaison pour émettre une quantité de chaleur capable de compenser abondamment des pertes quotidiennes. Rien ne prouve, conclut le père Secchi, que le Soleil doive demeurer indéfiniment dans l'état où nous le voyons; mais si l'on tient compte de l'immense quantité de matière qui le compose, on peut être certain que les influences qu'il exerce sur son cortège de planètes et de satellites continueront à s'exercer encore pendant des millions et des millions de siècles sans aucun changement appréciable. De son côté, M. Faye conclut que sa théorie rend compte de l'entretien de l'énergie solaire pendant un nombre incalculable de siècles. Nous pouvons donc être rassurés sur le sort de bien des générations futures.

TÂCHE (bl. *taxa* ou *tacsa*, chose imposée), *sf.* Ouvrage qui doit être fait en un espace de temps fixé d'avance : *Donner une tâche à un écolier. S'imposer une tâche.* || *Travailler à la tâche,* faire un ouvrage moyennant un prix convenu d'avance, et qui ne changera pas quel que soit le temps qu'on mette à faire cet ouvrage. — Fig. *Prendre à tâche de faire une chose,* s'acharner à la faire. — Fig. Devoir : *La tâche d'un instituteur est de former l'esprit et le cœur.* — **Dér.** *Tâcher, tâcheron.*

TACHÉOMÈTRE (g. ταχύς, rapide + μέτρον, mesure). Instrument à l'aide duquel on mesure simultanément les distances horizontales et les hauteurs.

TACHER (bl. *tactiare,* toucher, meurtrir), *vt.* Salir, faire une tache : *La graisse tache le papier.* — Fig. Flétrir, déshonorer : *La faillite tache un commerçant.* — **Se tacher,** *vr.* Tacher ses habits. — **Dér.** *Tache, tacheter, tacheté, tachetée.*

TÂCHER (*tâche*). *vi.* Faire des efforts pour venir à bout de : *Il tâche de trouver un emploi.* || Avec *à* ou *y,* viser à : *Il tâche à contenter son maître.* || *Il n'y tâchait pas,* il l'a fait sans intention.

TÂCHERON (*tâche*), *sm.* Homme qui passe un traité avec un adjudicataire de travaux pour faire une partie de ceux-ci à prix convenu.

TACHETÉ, ÉE, *adj.* Parsemé de taches : *La peau tachetée du tigre.*

TACHETER (fréquentatif de *tacher*), *vt.* Marquer de taches plus ou moins nombreuses. — **Gr.** On double le *t* devant une syllabe muette : Je tachette, nous tachetons, je tachetterai.

TACHKEND, 100000 hab. Ville forte du Turkestan russe, près du Sihoun.

TACHOS, roi d'Égypte de 364 à 361 avant J.-C., se souleva contre Artaxerxès Ochus; mais, abandonné par les auxiliaires grecs et Agésilas, qu'il avait offensé de ses railleries, il fut contraint de s'enfuir dans le camp des Perses.

TACHYGRAPHE (g. ταχύ, vite + γράφειν, écrire), *sm.* Celui qui pratique la tachygraphie. — **Dér.** *Tachygraphie, tachygraphique.*

TACHYGRAPHIE (g. ταχύ, vite + γράφειν, écrire), *sf.* Art d'écrire avec rapidité, et destiné principalement à suivre la parole. Les Grecs avaient déjà des ταχυγράφοι, prenant note, dans les assemblées et les tribunaux, des discours destinés à être reproduits ou conservés. En France, Coulon de Thévenot publia en 1779 une méthode d'écriture rapide à laquelle il donna le nom de *tachygraphie.* Il donna aux labiales, aux linguales, aux dentales, aux palatales, aux gutturales et aux nasales, respectivement, des signes droits de même direction, et il distingua les fortes des faibles par l'allongement de ces signes.

TACHYGRAPHIQUE (*tachygraphie*), *adj.* 2 *g.* Qui appartient à la tachygraphie : *Moyen tachygraphique.*

TACHYLYTE (g. ταχύς, vite + λύειν, dissoudre), *sf.* Roche basique moderne du type vitreux (classe des roches pyroxémiques), solubles dans les acides : l'acide chlorhydrique donne de la silice gélatineuse ; elles contiennent 7 à 8 p. 100 de chaux et de l'eau en petite proportion. On trouve ordinairement les tachylytes à l'état de remplissage dans les fentes et sur les parois des cavités des basaltes.

***TACHYMÉTRIE** (g. ταχύ, vite + μέτρον, mesure), *sf.* Méthode nouvellement créée pour mesurer rapidement les surfaces et les volumes.

TACITE (l. *tacitum*, silencieux), *adj.* 2 *g.* Qui n'est point formellement exprimé, mais qui est sous-entendu ou se peut sous-entendre : *Consentement tacite.* — **Dér.** *Tacitement, taciturne, taciturnité.* Même famille que *Taire.*

TACITE (CAIUS CORNELIUS) (55-130 ou 140), admirable historien latin et l'un des plus beaux génies de l'antiquité. Ses ouvrages sont : les *Mœurs des Germains*, la *Vie d'Agricola*, les *Histoires*, les *Annales.* On le considère comme le plus grand peintre du cœur humain. Ses écrits, qui sont comme une suite de tableaux entraînants, respirent la morale la plus pure et la haine de la tyrannie. Son style est d'une concision qui va quelquefois jusqu'à l'obscurité; sa langue diffère déjà sensiblement de celle de Cicéron ou même de Tite-Live.

TACITE (MARCUS CLAUDIUS), empereur romain de 275 à 276, qui prétendait descendre de l'historien Tacite; il chassa les Alains de l'Asie Mineure et allait combattre les Perses, lorsqu'il mourut ou fut tué près de Tyane, après six mois de règne.

TACITEMENT (*tacite* + sfx. *ment*), *adv.* D'une manière tacite, sans être formellement exprimé.

TACITURNE (l. *taciturnum* : de *tacere*, taire), *adj.* 2 *g.* Qui est d'humeur à parler peu : *Homme, caractère taciturne.* ‖ Qui ne paraît pas au dehors : *Chagrin taciturne.*

***TACITURNEMENT** (*taciturne* + sfx. *ment*), *adv.* D'une manière taciturne.

TACITURNITÉ (l. *taciturnitatem*), *sf.* Disposition à parler très peu. ‖ Silence rigoureux : *Sortira-t-il de sa taciturnité?*

TACON, torrent du département du Jura qui se jette dans la Bienne, à Saint-Claude.

***TACON** [ta-kon] (bas bret. *tac*, pointe, clou), *sm.* Nom donné sur les bords de la Loire au jeune saumon.

TACT [tak-te] (l. *tactum*), *sm.* Celui des cinq sens qui a son siège dans la peau, qui nous fait connaître l'état solide ou liquide des corps, leur forme, l'état rude ou poli de leur surface, leur température, etc. : *Il a le tact délicat.* — Fig. Jugement fin et sûr en matière de goût, de convenance, d'usage du monde : *Se conduire avec tact.* — **Dér.** *Tactile, taction.*

TAC-TAC (*onomatopée*), *sm.* Mot dont on se sert pour exprimer un bruit réglé et monotone : *Le tac-tac d'une horloge.*

TACTICIEN (*tactique*), *sm.* Qui est habile dans la tactique : *Le maréchal Soult était un grand tacticien.* — Fig. *Un habile tacticien,* celui qui sait bien s'y prendre pour faire réussir une affaire.

TACTILE (l. *tactilem*), *adj.* 2 *g.* Qui peut être perçu par le toucher : *Les qualités tactiles des corps.* ‖ Qui appartient au sens du toucher : *La délicatesse tactile.*

TACTILITÉ, *sf.* Faculté de sentir ou d'être senti par le toucher.

TACTION (l. *tactionem*), *sf.* Action de toucher.

TACTIQUE (g. τακτική + s.-ent. τέχνη, l'art de ranger), *sf.* L'art de conduire les troupes au combat; elle comprend les combats, les marches et les cantonnements : *La tactique cherche à réaliser les conceptions de la stratégie.* — Fig. Marche qu'on suit, les moyens qu'on emploie pour réussir dans une affaire : *Feindre le désintéressement est la tactique des ambitieux.* ‖ Moyens qu'emploie un membre ou un parti d'une assemblée délibérante pour amener celle-ci à pratiquer ses vues. — *Adj.* Spécial à la tactique : *Le bataillon est l'unité tactique de l'infanterie.*

TACUNGA (LA), 6000 hab. Ville de la république de l'Équateur, sur le San Felipe, au pied des Andes.

TADMOR, village arabe actuellement construit sur les ruines de Palmyre.

***TADORNE** (*x*), *sm.* Espèce du genre canard, plus grand que le canard commun; il a le cou d'un noir lustré de vert, et une bande jaune cannelle sur la poitrine et le bord des ailes. Le bec est rouge pâle, et présente à sa base un petit tubercule rougeâtre. Ses pieds sont couleur de chair.

TADORNE

TAEL, *sm.* Poids chinois qui vaut 37gr,50. ‖ Monnaie de compte de la Chine qui vaut 8 fr. 25.

TÆMOPTÉRIS, *sf.* Genre de fougère fossile que l'on trouve dans les couches triasiques (*keuper*).

TÆNIA. (V. *Ténia.*)

TAFFETAS (pers. *tâftah*, tressé), *sm.* Étoffe de soie mince, brillante et très douce au toucher. ‖ *Taffetas d'Angleterre,* taffetas sur lequel on a appliqué successivement une couche de colle de poisson dissoute dans un mélange d'eau et d'alcool, une couche de teinture de baume de Tolu, une nouvelle couche de colle de poisson, et dont on recouvre les petites plaies pour en rapprocher les bords.

TAFIA (*x*), *sm.* Eau-de-vie qu'on obtient des débris de la canne à sucre en distillant les mélasses brunes après les avoir fait fermenter.

TAFILET, 3000 hab. Ville du Maroc, sur le Ziz, dans la province du même nom que traverse l'Atlas. Sol d'une grande fertilité. Cuirs, maroquins, couvertures de laine.

TAFNA, fleuve d'Algérie, arrosant la partie O. de la province d'Oran, tributaire de la Méditerranée, sur les bords duquel le général Bugeaud conclut en 1837, avec Abd-el-Kader, un traité délimitatif des possessions françaises et de celles de l'émir, qui fut vivement critiqué en France et rompu par Abd-el-Kader lui-même en 1839.

TAG (CHRÉTIEN-GOTTHILF) (1735-1811). Célèbre claveciniste et organiste allemand, a laissé un œuvre considérable et estimé.

TAGANROG (cap *Tagan*), 48200 hab. Ville de la Russie méridionale, établie en 1769 sur la mer d'Azof, au fond du golfe du Don, sur l'emplacement d'une forteresse bâtie par Pierre le Grand en 1698, et où Alexandre Ier mourut en 1825. C'est un port de commerce important, quoique les gros bâtiments ne puissent arriver jusqu'à ses quais. Un chemin de fer met cette ville en communication avec l'intérieur de la Russie; elle expédie à l'étranger une grande quantité de blé, de chanvre, de graines oléagineuses, de potasse, des pelleteries, des cuirs, des laines.

TAGASTE, ancienne ville de l'E. de la Numidie, près d'Hippone, patrie de saint Augustin. Aujourd'hui Soukahras.

TAGE (l. *Tagus*), 760 kilom. Fleuve torrentiel de la péninsule hispanique, presque à sec en été, qui prend sa source à l'angle N.-E. de la Nouvelle-Castille, dans la Muela de Saint-Jean; parcourt le centre du grand plateau espagnol du N.-E. au S.-O., traverse une grande partie de l'Espagne et du Portugal, arrose Tolède, Alcantara, Abrantès, Santarem, et se jette dans l'Atlantique, en formant un vaste estuaire sur lequel est bâti Lisbonne. Le Tage reçoit à droite : le Xarama, le Guadarrama, l'Alberche, le Tiétar, l'Alagon et le Zezere; à gauche, le Torraya.

TAGLIAMENTO, 170 kilom. Rivière d'Italie (Vénétie), prend sa source dans les Alpes Juliennes, au mont Mauro, coule vers le S., et se jette dans le golfe de Venise.

TAGLIONI, célèbre danseuse viennoise, née à Stockholm en 1804.

TAGUIN, rivière d'Algérie affluent du Chélif, sur les bords duquel le duc d'Aumale battit Abd-el-Kader, le 16 mai 1843.

TAÏAUT (*thia hillaud*, dans du Fouilloux), *interj.* Cri que poussent les piqueurs quand ils voient le cerf pour appeler les chiens restés derrière eux.

***TAÏCOUN** ou ***TAÏCOUNE** (japonais *shiogoune*), *sm.* Nom japonais de l'un des feudataires du Mikado qui a fini par s'emparer de la plus grande partie de l'autorité souveraine. — **Dér.** *Taïcounal, taïcounale, taïcounat.*

***TAÏCOUNAL, ALE** (*taïcoun*), *adj.* Qui a rapport au taïcoun.

***TAÏCOUNAT** (*taïcoun*), *sm.* L'autorité, la charge du taïcoun.

TAIE [tê] (l. *theca* : du g. θήκη, boîte), *sf.* Linge en forme de sac qui sert d'enveloppe à un oreiller. ‖ Tache blanche et opaque qui se forme quelquefois sur le devant du globe de l'œil dans le tissu de la cornée transparente.

***TAILLABILITÉ** (*tailler*), *sf.* État de ce qui est taillable.

TAILLABLE (*tailler*), *adj.* 2 *g.* Sujet à l'ancien impôt appelé *taille.* ‖ Se dit des personnes, des pays, des biens-fonds : *Gens taillables et corvéables à merci.*

TAILLADE (ital. *tagliata*, coupure), *sf.* Entaille dans la chair. ‖ Coupure en long faite dans une étoffe, dans un habit, et qui anciennement servait quelquefois d'ornement.

TAILLADER (*taillade*), *vt.* Faire des taillades, des coupures dans : *Taillader le visage de quelqu'un.*

***TAILLADIN** (*tailler*), *sm.* Menue tranche de fruit confit, de pâte, etc.

TAILLANDERIE (*taillandier*), *sf.* Métier, commerce, ouvrage de taillandier.

TAILLANDIER (*taillant*), *sm.* Ouvrier qui fait toute sorte d'outils coupants à l'usage des gens de métier, comme serpe, cognée, hache, faux, etc.

TAILLANDIER (RENÉ-GASPARD-ERNEST, dit SAINT-RENÉ) (1817-1879). Littérateur et homme politique français, qui occupa à la Sorbonne la chaire de poésie et fut membre de l'Académie française. Secrétaire général du ministère de l'Instruction publique pendant la guerre, il eut la signature pendant le séjour à Bordeaux du ministre (Jules Simon) (1871). Il est auteur d'un grand nombre d'ouvrages d'histoire, de littérature, etc.

TAILLANT (p. pr. de *tailler*), *sm.* Le tranchant d'un instrument coupant, comme couteau, épée, sabre, hache, etc. — **Dér.** *Taillandier, taillanderie.*

TAILLE, *svf.* de *tailler.* Le tranchant d'une épée. ‖ *Frapper d'estoc et de taille,* de la pointe et du tranchant. ‖ Manière dont on coupe certaines choses : *La taille d'un habit,* manière de couper une étoffe pour en faire un habit. ‖ *Habit galonné sur toutes les* *tailles*, sur toutes les coupures. ‖ La *taille* des arbres présente de grands et réels avantages. Elle repose sur la distribution bien entendue de la sève dans les diverses parties des végétaux qui y sont soumis. On ne doit pas oublier que la marche de cette sève dans les plantes abandonnées à elles-mêmes est soumise à des lois invariables, dont il faut savoir profiter. C'est ainsi que le liquide nourricier se dirige toujours vers les parties les plus élevées des plantes; l'évaporation qui se produit à la surface des bourgeons, des feuilles et des fruits est une des causes de cette ascension. Il est bon de noter que la sève se précipite d'autant plus vers les bourgeons, que ceux-ci sont placés sur une branche dont la direction tend à se confondre avec la verticale; il s'ensuit que plus une branche se rapproche de l'horizontale, moins la sève a de tendance à se porter dans ses organes. C'est donc au jardinier à redresser, à abaisser, à courber plus ou moins les rameaux selon qu'il veut les faire plus ou moins prospérer. En outre, comme les feuilles, etc., jouent un rôle décisif dans le mouvement ascendant de la sève, il laissera ou enlèvera plus ou moins de ces organes, selon qu'il voudra accélérer ou ralentir la marche de ce liquide. Ces différentes opérations constituent ce que l'on appelle la *taille*. *Tailler un arbre*, c'est donc distribuer la sève dans ses différentes parties absolument comme le cultivateur distribue dans ses prés les eaux d'irrigation nécessaires à la croissance des herbages. On peut donc dire que la taille des arbres est une *sorte de canalisation de la sève*.

Voici les principes généraux qui doivent présider à cette opération : I. *La charpente des arbres doit être parfaitement symétrique*, car alors ils occupent régulièrement et sans perdre d'espace la place que les végétaux doivent occuper, tant sur les espaliers ou contre-espaliers que sur le terrain où ils sont plantés. En outre, il devient facile de maintenir l'équilibre de la végétation dans toutes les parties de l'arbre, en empêchant la sève de se porter plus d'un côté que de l'autre. — II. *La durée de la forme d'un arbre, soumis à la taille, dépend de l'égale distribution de la sève dans toutes ses branches*. En effet, dans les arbres de nos vergers, où la main de l'homme n'intervient pas, les sucs végétaux se dirigent vers le haut de la tige et y développent des bourgeons, laissant, au contraire, périr ceux qui naissent sur le bas de la tige. Il n'en est pas de même sur les arbres taillés. La taille fait refluer, en quelque sorte, la sève dans les parties inférieures du végétal, aussi bien que dans ses parties supérieures. Voici comment on procède alors : Imaginons, pour fixer les idées, que nous voulions rétablir l'équilibre sur un arbre en espalier, dont une partie est plus petite que l'autre. Pour arriver à ce résultat, on fera en sorte d'entraver l'accès de la sève dans la partie forte, tandis que l'on s'arrangera de manière à faciliter son arrivée dans la partie faible. A cet effet, on emploiera les procédés suivants : 1° *On taillera très court les rameaux de la partie forte et très long ceux de la partie faible*. Alors, les feuilles attirant la sève, celle-ci se portera sur les rameaux qui posséderont ces organes en plus grand nombre, c'est-à-dire sur la *partie faible*. 2° *On inclinera la partie forte et on redressera la partie faible*, ce qui amènera encore la sève dans les rameaux de cette dernière portion que l'on veut renforcer. 3° *On devra couper le plus tôt possible les bourgeons inutiles sur la partie forte, et pratiquer cette suppression le plus tard possible sur la partie faible*, ce qui amènera encore la sève sur cette dernière. On agira de même pour la suppression de l'extrémité des parties herbacées des bourgeons : on les coupera de bonne heure sur les rameaux de la partie forte et le plus tard possible sur ceux de la partie faible, ce qui arrêtera la végétation dans la première partie et l'activera dans la seconde. Ajoutons qu'il faudra palisser de très bonne heure et très près du treillage la partie que l'on veut amoindrir, et au contraire palisser tard celle que l'on veut faire prospérer; car alors l'accès de la sève n'est pas gêné dans cette seconde portion de l'arbre. On devra aussi dégarnir de feuilles la partie forte, lui laisser le plus de fruits possible et agir d'une façon tout à fait opposée sur la partie faible. En outre, on pourra arroser les feuilles de la partie faible, après le coucher du soleil, avec de l'eau contenant un gramme et demi de sulfate de fer par litre, cette substance ayant la propriété de stimuler puissamment l'action des feuilles sur la sève des racines. — III. *La sève fait développer des bourgeons beaucoup plus vigoureux sur un rameau court que sur un long*. Ce principe est évident en soi; car si la nourriture destinée à un très grand nombre de bourgeons est répartie entre deux seulement, il est clair que ceux-ci pourront se développer plus facilement. Aussi lorsque l'on voudra produire des rameaux à bois, il faudra tailler court, afin d'avoir des bourgeons vigoureux qui ne donneront pas de fleurs et par suite de fruits; car, pour le dire en passant, ce sont les rameaux faibles qui se garnissent de ces dernières productions. — IV. *La sève tendant toujours à se porter à l'extrémité des rameaux, fait développer le bouton terminal avec plus de vigueur que les boutons latéraux*. C'est pourquoi, quand on voudra qu'une branche s'allonge, on devra tailler sur un bouton à bois vigoureux et ne laisser rien au delà. — V. *Plus on gêne la circulation de la sève, moins elle agit sur le développement des bourgeons; par suite, elle détermine l'apparition des bourgeons à fleurs*. Pour arriver à ce résultat, on taille très long le prolongement des branches de la charpente; on tord, on pince ou casse entièrement ou partiellement les bourgeons qui naissent sur les prolongements successifs de la charpente. On pratique la taille d'hiver très tard, alors que les bourgeons ont une longueur de 0m,04, ce qui a déjà dépensé une partie de la sève; on plie les branches de la charpente de telle sorte qu'elles s'inclinent vers le sol sur la plus grande partie de leur longueur, ce qui, d'après ce que nous avons vu plus haut, entrave la circulation de la sève. On arrête encore la marche de celle-ci en pratiquant, en février, à la base de la tige principale du sujet, une entaille circulaire; on opère avec une scie à main, et l'on s'arrange de telle sorte que la couche de bois la plus extérieure soit légèrement entamée. On a recours aussi à un procédé qui réussit quelquefois, mais dont le succès n'est pas toujours certain. Il consiste à déchausser, au printemps, les racines et à les laisser dans cet état pendant tout l'été; on va même jusqu'à mutiler une partie de ces organes souterrains, ou à transplanter les arbres à la fin de l'automne. Mais on peut dire que ce procédé arrêtant la formation de la sève est un moyen *in extremis*; car souvent les végétaux n'y résistent pas, et ils meurent après avoir donné une seule récolte. Il est une pratique que l'on peut mettre en usage : c'est d'appliquer sur les branches de la charpente un certain nombre de greffes de côté; celles-ci donnent des fruits qui, en épuisant l'arbre, déterminent l'apparition des bourgeons à fruits. — VI. *Dans la taille du prolongement annuel, il faudra toujours avoir égard à la direction plus ou moins rapprochée de la verticale qu'il peut présenter*. Ainsi, par exemple, si un rameau est vertical, on devra le couper à la moitié de sa longueur; s'il est incliné à 45°, on en enlèvera seulement le tiers; mais s'il est horizontal, on le laissera entier. On a aussi conseillé, pour diminuer la vitesse d'ascension de la sève dans la tige, de faire suivre à celle-ci une direction ondulée en zigzag de chaque côté de la verticale. — VII. *Quelle que soit la forme donnée à la charpente d'un arbre soumis à la taille, il faudra, tous les ans, faire développer un bourgeon vigoureux à l'extrémité de chaque branche*. Si l'on n'agissait pas ainsi, comme on supprime les bourgeons latéraux un peu vigoureux qui apparaissent sur les branches, pour ne laisser que les bourgeons à fruits, il arriverait que la couche de bois ne pouvant pas se former, l'arbre périrait infailliblement. Mais, à la taille d'hiver, le rameau issu de ce bourgeon terminal sera supprimé et l'on déterminera l'apparition et le développement d'un nouveau bourgeon terminal. — VIII. *La première taille ne doit être appliquée aux jeunes arbres fruitiers qu'autant qu'ils sont entièrement repris, c'est-à-dire après une année de plantation*; car il faut veiller à ce que les racines qui ont été détruites par les transplantations soient remplacées par d'autres, et cette formation nouvelle ne peut s'effectuer que si le jeune arbre porte des feuilles; plus il en portera, plus ses racines seront nombreuses. Mais comme, d'un autre côté, les bourgeons doivent être nourris de la sève élaborée par les racines, il ne faudra pas que les branches en soient trop surchargées; la quantité de nourriture mise à la disposition de chacun de ces nombreux bourgeons serait trop faible et ne donnerait que des organes rabougris. De là, la nécessité de supprimer un certain nombre de bourgeons, et par suite l'enlèvement d'une partie proportionnelle des branches du jeune arbre. Dès que celui-ci aura reconstitué le chevelu de ses racines, on le recépera et l'on procédera alors à la première taille, ayant pour but de faire naître des bourgeons qui, développés, constitueront la charpente de l'arbre fruitier.

Lorsque les bourgeons à fruits auront été formés, il faudra détourner la sève des bourgeons à feuilles vers les fruits afin d'augmenter le volume de ceux-ci. On comprend facilement que si la sève est utilisée à développer et à nourrir de nombreux bourgeons, les fruits resteront petits. C'est pourquoi un arbre fruitier, couvert d'un très grand nombre de bourgeons vigoureux, donnera de petits fruits, tandis qu'un arbre de vigueur moyenne en donnera au contraire de plus gros. On devra donc *greffer les arbres sur des espèces dont les sujets sont bien portants, mais peu vigoureux*. Il faudra aussi ne laisser que les rameaux absolument nécessaires à la formation symétrique de la charpente ou au développement des rameaux à fruits. Il sera toujours très avantageux de faire naître les bourgeons à fruits sur les branches de la charpente; de la sorte, les fruits recevront plus directement la sève. On devra aussi tailler les branches très court, et enlever les bourgeons qui ne sont pas indispensables à la vie de la charpente de l'arbre aussitôt que les boutons à fruits se seront développés. Il sera bon aussi de ne pas dépouiller l'arbre de sa parure de feuilles; car la chair des fruits trop exposés au soleil et à l'air devient dure, perd son élasticité, et la sève ne peut plus affluer dans ses cellules et les gonfler. Un trop grand nombre de fruits sur un même arbre nuit à leur accroissement individuel; et comme il y a toujours un avantage réel à obtenir de gros fruits, il est indispensable, pour arriver à ce résultat, d'en supprimer un certain nombre. On pourra également, pour obliger les sucs végétaux à s'emmagasiner dans les fruits, faire sur le rameau qui les porte, et au-dessus de leur point d'attache, une entaille circulaire. Quelques personnes soucieuses d'avoir des fruits très gros, s'arrangent de manière à ce qu'aucune traction ou déformation ne s'opère sur la queue du fruit, afin que la sève puisse pénétrer librement et se répandre dans la pulpe du fruit; à cet effet, elles placent celui-ci sur un support, de telle sorte que la queue soit toujours en bas. Enfin, rappelons que le sulfate de fer provoque l'accès de la sève dans les fruits.

La *taille d'hiver* s'effectue à l'époque où la nature est en repos. L'époque la plus favorable est comprise entre les mois de novembre et de mars, et aussitôt après les grandes gelées, c'est-à-dire vers le mois de février. Lorsque l'on opère avant les gelées, la plaie reste exposée trop longtemps à l'humidité et aux gelées; la cicatrisation se fait mal, et il arrive souvent que le bourgeon terminal se trouve détruit. Quand on taille pendant la gelée, le bois se coupe mal, et la cicatrisation ne se fait pas, et le bois meurt jusqu'au-dessous du bouton. Si, au contraire, l'on taille pendant le bourgeonnement, une partie de la sève est perdue, puisqu'elle a servi au développement des bourgeons que l'on est obligé de sacrifier. Il y aura toujours avantage à tailler de bonne heure, parce que la sève agissant vigoureusement déterminera le développement des bourgeons placés sur le vieux bois ou des bourgeons latents. Il n'y aura avantage à tailler tard que les arbres trop vigoureux, qui ne peuvent être mis à fruit. L'ordre dans lequel on devra tailler les arbres fruitiers est le suivant : amandier, abricotier, pêcher, prunier, cerisier, poirier, pommier, vigne. La *taille d'été* se pratique pendant la végétation et comprend l'ébourgeonnement, le pincement, la torsion, la suppression des fruits, etc. Les instruments employés dans la taille des arbres sont : la *serpette*, le *sécateur*, et la *scie à main* ou *égohine*. La manière de couper les branches et les rameaux n'est pas la même pour toutes les essences. Lorsque l'on doit opérer sur un arbre à bois dur, on devra couper en biseau; la partie supérieure de celui-ci devra être placée au-dessus et aussi près que possible du bourgeon; tandis que sa partie inférieure devra être du côté opposé et juste à la hauteur de la naissance du bourgeon. Si l'on a affaire à une essence à bois tendre et dont la moelle est volumineuse, on fera la section un peu au-dessus du bourgeon. Dans tous les cas, cette section devra être bien nette, et lorsque les plaies présenteront une grande étendue, il faudra avoir soin d'en enduire la surface avec du mastic à greffer. || *Taille en sec* ou *vraie taille*, celle qui se pratique depuis la fin de l'automne jusqu'au commencement du printemps, lorsque les arbres sont dépouillés de feuilles. || *Taille verte*, celle qui a lieu sur des arbres pourvus de feuilles, et qui n'est guère qu'un ébourgeonnage. || Action de couper, de diviser un bloc de pierre de façon à lui donner une forme et des dimensions qui le rendent propre à entrer dans une construction. || *Pierre de taille*, tout bloc de pierre assez gros et assez plein pour pouvoir être employé dans la bâtisse après qu'on lui a donné une forme régulière. || *Taille du bois*, action d'équarrir le bois, de le façonner en pièces de charpente. || Action, manière de donner à une pierre précieuse une forme qui permette de l'employer dans la joaillerie : *La taille du diamant ne peut se faire qu'à l'aide de la poussière de ce corps*. || Manière de couper une plume d'oie pour qu'on puisse s'en servir pour écrire. || Incision qu'un graveur fait avec le burin dans le cuivre, le bois, etc. : *Une taille bien nette*. || *Taille-douce*, gravure qui se fait sur le cuivre avec le burin seul, sans le secours de l'eau-forte. || Estampe tirée sur une taille-douce. — Pl. *des tailles-douces*. || Autrefois division d'un marc d'or ou d'argent en parties égales, dont on faisait des pièces de monnaie. || Opération de chirurgie qui consiste à faire une incision au ventre, et à fendre la vessie pour en extraire les calculs ou pierres qu'elle contient. || La longueur du corps humain, depuis la plante des pieds jusqu'au sommet de la tête : *Les hommes qui vivent sur les terrains granitiques sont de petite taille*. || La hauteur et la grosseur d'un animal : *Un bœuf de belle taille*. || La conformation du corps humain depuis les épaules jusqu'à la ceinture : *Une taille élancée*. || *Femme qui n'a point de taille*, qui est grosse et courte. || Bois qui repousse après avoir été coupé : *Une taille de deux ans*. || La réunion des deux morceaux de bois ajustés sur lesquels les boulangers et les bouchers marquent, au moyen de petites entailles, les marchandises qu'ils vendent à crédit : on appelle *souche* le morceau de bois qui reste dans les mains du vendeur, et *échantillon* celui qui reste aux mains de l'acheteur. || Avant 1789, impôt que payaient tous ceux qui n'étaient pas nobles ou ecclésiastiques, et qui était l'équivalent de ce qu'on appelle aujourd'hui les contributions directes. On distinguait la *taille personnelle* (aujourd'hui cote personnelle) et la *taille réelle* (aujourd'hui impôt foncier). || L'ensemble des coups qui suivent chaque distribution de cartes que fait le banquier aux jeux du pharaon, du trente et un, de la bassette, etc.: *Gagner 30 pistoles en une seule taille*. || Autrefois, voix de ténor. || La partie du chant qu'elle exécutait. || La personne qui avait cette voix : *Ce chanteur est une belle taille*. || *Haute-taille*, autrefois, voix de ténor proprement dit. — Pl. *des hautes-tailles*. || *Basse-taille*, autrefois, voix de baryton. || Personne qui avait cette voix. || Aujourd'hui, la basse la plus grave. || La personne qui a cette voix. — Pl. *des basses-tailles*. || *Basse-taille*, autrefois bas-relief, sculpture. — **Syn.** (V. *Impôt*.)

TAILLE

MESURE DE LA TAILLE D'UN CHEVAL

TAILLÉ, ÉE (*tailler*), *adj*. Dont on a coupé quelques parties : *Arbre taillé*. || Façonné par l'art : *Pierre taillée*. || *Cote mal taillée*, arrêté de compte que deux personnes établissent en se faisant mutuellement des concessions. || *Besogne toute taillée*, ouvrage dont les matériaux sont tout préparés. || Découpé dans un tout : *Le port de Cherbourg est taillé dans le granit*. || Qui a le corps bien ou mal proportionné : *Homme bien taillé, mal taillé*. || *Écu taillé*, divisé en deux parties égales par une diagonale tirée de gauche à droite.

TAILLEBOURG, 1040 hab., village du département de la Charente-Inférieure, arr. de Saint-Jean-d'Angély, sur la Charente, célèbre par la victoire que saint Louis y remporta, en 1242, sur les Anglais et le comte de la Marche.

***TAILLE-CRAYON** (*tailler* + *crayon*), *sm*. Petit instrument pour tailler les crayons. — Pl. *des taille-crayons*.

TAILLE-DOUCE (*tailler* + *doux*), *sf*. (V. *Taille*.)

TAILLEFER, trouvère normand mort à la bataille d'Hastings (1066).

TAILLEFER, 2861 mètres. Montagne du département de l'Isère au-dessus de Livet, dans la vallée de la Romanche.

***TAILLE-MÈCHE** (*tailler* + *mèche*), *sm*. Instrument servant à couper les mèches d'égale longueur. — Pl. *des taille-mèches*.

TAILLE-MER (*tailler* + *mer*), *sm*., ou **Éperon**. Partie saillante de la guibre d'un navire, celle qui coupe l'eau. — Pl. *des taille-mer*.

***TAILLE-PLUME** (*tailler* + *plume*), *sm*. Instrument pour tailler une plume d'oie d'un seul coup. — Pl. *des taille-plumes*.

***TAILLE-PRÉ** (*tailler* + *pré*), *sm*. Nom vulgaire de la courtilière. — Pl. *des taille-prés*.

TAILLER (bl. *taliare*, couper; du l. *talea*, branche), *vt*. Couper ou raccourcir les branches d'un arbre pour qu'il prenne une certaine forme ou donne plus de fruits : *Tailler un pêcher*. || Retrancher d'une matière, avec un instrument tranchant, ce qu'il y a de trop pour lui donner une certaine forme, la rendre propre à un usage déterminé : *Tailler une pierre*. || Sculpter : *Tailler une statue*. || *Tailler un cheval*, le châtrer. || Couper en plusieurs morceaux : *On taille le marc de raisin au pressoir*. || *Tailler la soupe*, couper le pain en minces morceaux que l'on met dans le bouillon. || *Tailler une ruche*, en enlever une partie du miel et de la cire que les abeilles y ont amassés. || *Tailler un habit*, couper dans une pièce d'étoffe des morceaux pour le faire. — Fig. *Tailler en plein drap*, user largement de ce que l'on a à sa disposition. || *Avoir de quoi tailler en plein drap*, être abondamment pourvu des choses dont on a besoin. — Fig. *Tailler de la besogne à quelqu'un*, lui donner beaucoup de choses à faire, lui susciter de grands embarras. — Fig. *Tailler et rogner*, disposer des choses à sa fantaisie. — Fig. *Tailler les morceaux à quelqu'un*, lui prescrire minutieusement ce qu'il doit faire, lui limiter ce qu'il doit dépenser. — Fig. *Tailler une armée en pièces*, la défaire complètement. — Fig. *Tailler des croupières à un corps de troupe*, le mettre en fuite et le poursuivre à outrance. — Fig. *Tailler des croupières à quelqu'un*, lui susciter des embarras. || *Tailler des bavettes*, synonyme de bavarder. || Extraire la pierre de la vessie par l'opération de la taille. || Découper dans une masse : *Tailler un escalier dans le roc*. || Soumettre à l'impôt de la taille : *Tailler le peuple, une ville*. — *Vi*. Distribuer les cartes au pharaon, au trente et un, en qualité de banquier. — **Se tailler**, *vr*. Être taillé : *Le calcaire parisien se taille bien*. || Tailler pour soi : *Cette femme s'est taillé une robe*. — **Dér.** *Taillant, taillé, taillée, taille, taillon, tailleur, tailleuse, taillis, tailloir, taillade, taillader, taillable, taillandier, taillanderie*. — **Comp.** *Détailler, détaillant, détaillante, détail, détailleur; entailler, entaille, entailture; retailler, retaille, retaillement; taille-crayon, taille-douce, taille-mer, taille-plume, taille-pré, taille-mèche*.

TAILLERESSE, *sf*. de *tailleur*. Ouvrière qui réduit les pièces de monnaie à leur poids réglementaire.

***TAILLERIE** (*tailler*), *sf*. L'art de tailler le diamant. || Lieu où a lieu cette opération. — **Gr.** Autrefois ce mot signifiait le métier de tailleur.

***TAILLEROLE** ou ***TAILLEROLLE** (*tailler*), *sf*. Instrument servant à tondre le velours.

TAILLEUR (*tailler*), *sm*. Celui qui taille : *Tailleur de pierre, de diamant*. || Ouvrier qui fait des habits : *Le tailleur en vogue*. || *Tailleur pour dames*, celui qui fait des robes de drap, des manteaux, des paletots de dames, des vêtements d'amazones, etc. || Chirurgien qui pratique spécialement l'opération de la taille. || Celui qui taille dans une maison de jeu.

***TAILLEUSE** (*tailler*), *sf*. Couturière qui taille les vêtements de femme.

TAILLIS (*tailler*), *adj*. et *sm*. Se dit d'un bois composé de cépées que l'on coupe rez terre de temps en temps et qui repoussent à perpétuité : *Les jeunes taillis se coupent à l'âge de 7 ou 10 ans, les moyens taillis à l'âge de 15 ou 20 ans, et les hauts taillis à l'âge de 25 à 40 ans*.

TAILLOIR (*tailler*), *sm*. Abaque (V. ce mot) qui surmonte le chapiteau d'une colonne.

1. **TAILLON** (dm. de *taille*), *sm*. Supplément à l'impôt appelé *taille*.

2. ***TAILLON** (*tailler*), *sm*. Partie d'une plume à écrire que l'on peut tailler ou qui est taillée. — **Gr.** Au XVIe siècle, ce mot signifiait *morceau*.

TAIN (corrup. de *étain*), *sm*. Amalgame formé de quatre parties d'étain et d'une de mercure qui forme une couche adhérente sur la face postérieure des miroirs. Pour faire un miroir avec une glace ou lame de verre poli, on applique une feuille d'étain sur une table de marbre entourée d'un cadre de bois et parfaitement horizontale. On verse sur cette feuille une couche de mercure de 4 ou 5 millimètres d'épaisseur; on fait glisser sur ce mercure la glace dont le bord chasse le mercure en excès; on charge cette glace de blocs de plâtre, et on incline la table pour faire écouler le mercure chassé par la pression. On abandonne ensuite la glace à elle-même pendant 15 à 20 jours pour que le tain s'y fixe solidement. Ce procédé est aujourd'hui abandonné dans nos grandes manufactures de glaces et remplacé par l'argenture chimique. (V. *Glace*, t. I, p. 833, col. 2.)

TAIN, 3038 hab. Ch.-l. de c., arr. de Valence (Drôme). Célèbre vignoble de l'Ermitage; sulfate de cuivre, soie; taurobole de l'an 184.

TAINE (HIPPOLYTE). Critique d'art et historien français, membre de l'Académie française (1878).

TAÏPINGS (RÉVOLTE DES). Insurrection qui eut lieu en Chine de 1850 à 1862.

***TAÏRA** (*x*), *sm*. Espèce de mammifères carnivores, du groupe des martes, que l'on rencontre dans toute l'Amérique du Sud. Cet animal ressemble beaucoup aux fouines dont il a le port; son corps, très long, mesure $0^m,65$, et est bas sur jambes; celles-ci sont munies de griffes acérées et recourbées.

La tête est courte, grosse en arrière, et terminée en avant par un museau arrondi; la queue est longue de $0^m,15$ et touffue; l'animal a des glandes anales qui répandent une odeur forte et désagréable. Le pelage du taïra est d'un brun doré, tirant tantôt sur le jaune, tantôt sur le brun. Il porte sur le cou une tache jaune qui devient blanche sur les peaux conservées. Cette fourrure est, d'ailleurs, sans valeur et n'est pas estimée. Le taïra a 34 dents : les canines sont fortes, les prémolaires sont triangulaires et les carnassières puissantes et tranchantes. Ce petit carnassier habite de préférence les forêts et fait une chasse très active à tous les animaux dont il peut se rendre maître. C'est ainsi qu'il s'attaque aux alouates, aux agoutis et même aux jeunes cerfs. Il recherche aussi beaucoup les oiseaux : ce sont des êtres féroces qui aiment plus le sang que la chair. D'une agilité extrême, ils échappent facilement aux chiens que l'on met à leurs trousses : ils grimpent rapidement sur les arbres, courent à terre ou sautent de branche en branche, ce qui déroute le chasseur et sa meute. Il en existe une seconde espèce, le *grison*, qui mesure seulement $0^m,45$, se trouve de préférence dans les taillis et se rapproche volontiers des habitations, dont il ravage les poulaillers. Il a d'ailleurs les mêmes mœurs et la même patrie que l'espèce précédente. Ces animaux sont susceptibles d'être apprivoisés et rendent aux Indiens les mêmes services que nos chats.

TAIRE (l. *tacere*), *vt.* Ne pas dire : *Taire une nouvelle.* — **Se taire**, *vr.* S'abstenir de parler : *Ayant dit ces mots, il se tut.* ‖ Ne pas divulguer un secret : *Il promit de se taire.* ‖ *Se taire d'une chose*, omettre d'en parler. ‖ *Ne pouvoir se taire d'une chose*, ne pouvoir s'empêcher d'en parler. ‖ Être passé sous silence : *Cela ne peut se taire.* ‖ Ne plus faire de bruit : *Les vents se turent.* ‖ Se soumettre : *La terre se tut devant Alexandre.* ‖ Avec *se* s.-ent., *faire taire*, ordonner qu'on se taise : *Faire taire les bavards.* ‖ Contraindre au silence : *Faire taire la médisance.* ‖ *Faire taire le canon de l'ennemi*, le mettre hors d'état de tirer. ‖ Maîtriser : *Faire taire son ressentiment.*

TAISSON (VHA. *thats*), *sm.* Le blaireau. — **Dér.** *Taissonnière, tanière.*

***TAISSONNIÈRE** (*taisson*), *sf.* Le terrier du blaireau.

TAITBOUT, nom d'une famille issue d'un officier belge, qui s'établit à Paris sous Henri IV. Une branche de cette famille posséda pendant tout le XVIIIe siècle la charge de greffier en chef et conservateur des hypothèques de la ville de Paris. Le nom de cette famille fut donné à l'une des rues du quartier de la Chaussée d'Antin.

TAÏTI, 10 000 hab., la principale île de l'Archipel de la Société (Polynésie), entourée d'un atoll qui n'est interrompu que devant l'ouverture des vallées. Taïti est formée de deux massifs volcaniques réunis par un isthme de 2 kilom. Cette île est couverte au centre de hautes montagnes volcaniques, ceinte de plateaux au pied desquels s'étend une plaine d'une grande fertilité. Le plus haut sommet de l'île est l'Orohena (2 237 mètres). Au pied des montagnes et le long de la mer, le sol, composé d'humus et de terrains volcaniques, est très fertile; climat délicieux, très sain et tempéré, malgré la latitude. Végétation splendide, peut-être la plus belle du globe, caractérisée surtout par le taro, l'arbre à pain, le bananier, le cocotier, la patate, qui, avec les poissons et les coquillages, fournissaient aux naturels, presque sans travail de leur part, une nourriture abondante. Depuis, le café, le coton, la canne à sucre, l'oranger, etc., se sont admirablement acclimatés à Taïti. Découverte pas Quiros (1606), visitée par Wallis (1767), par Bougainville (1768), qui la nomma la *Nouvelle-Cythère*, par Cook (1768 et 1776), cette île de 100 000 hectares, qui comptait au temps de Cook 200 000 hab. (les *Maoris*), n'en a guère aujourd'hui que 10 000, décimés par la phtisie, l'abus des liqueurs alcooliques et du tabac. Des missionnaires anglais y apportèrent le protestantisme en 1815. Depuis 1793, elle formait une monarchie gouvernée par la dynastie des Pomaré et placée en 1842 sous le protectorat de la France, à laquelle elle s'est annexée en 1880.

TALAPOIN (siamois *talapat*, palmier), *sm.* Nom donné aux prêtres bouddhistes du royaume de Siam, qui ont toujours à la main un éventail de feuilles de palmier.

***TALARO** (allem. *thaler*, écu), *sm.* Monnaie frappée en Autriche, mais ayant cours seulement en Afrique. Elle vaut 5 fr. 25.

TALAVERA-DE-LA-REYNA, 7 500 hab., ville d'Espagne, Nouvelle-Castille, sur la rive droite du Tage; soieries, faïences. Victoire des Anglo-Espagnols sur les Français, 27 juillet 1809.

TALBOT (JEAN), célèbre capitaine anglais qui combattit en France sous Charles VI et Charles VII, assista au siège d'Orléans, fut battu et fait prisonnier à Patay (1430) par Xaintrailles, qui le renvoya sans rançon, servit d'otage après la prise de Rouen (1449) et fut défait et tué au combat de Castillon (1452).

TALC (ar. *talq*), *sm.* Substance minérale blanchâtre ou verdâtre, très tendre, onctueuse au toucher, transparente, qui se présente sous la forme de feuillets minces et flexibles dans les roches cristallines. Il se compose de silice et de magnésie, mélangés d'un peu de fer et d'albumine. Les trois principales variétés sont : *le talc laminaire* ou *de Venise*, qui forme la base du fard et des crayons nommés *pastel*; *le talc écailleux blanc* ou *craie de Briançon*, employé par les tailleurs en guise de craie pour tracer leurs coupes sur les étoffes; *le talc pulvérulent*, servant à dégraisser les soies et à faire glisser les pieds dans les bottes neuves. — **Dér.** *Talcaire, talcique, talcite, talqueux, talqueuse.*

TALCAHUANO, 2600 hab., port sur l'océan Pacifique près de la Conception (Chili).

***TALCAIRE** (*talc*), *adj. 2 g.* Qui appartient au talc.

***TALCIQUE** (*talc*), *adj. 2 g.* Qui est composé de talc.

***TALCITE** (*talc*), *sm.* Autre nom de la margarite. (V. ce mot.)

***TALCSCHISTE** (*talc + schiste*), *sm.* Agrégat à texture schisteuse de paillettes de talc jaunes ou vertes à éclat nacré, à toucher doux et gras; ils contiennent comme éléments du quartz, du feldspath, de la chlorite et du mica. Les talcschistes alternent avec les autres schistes cristallisés, entre autres avec les schistes micacés.

TALED (mot hébreu), *sm.* Voile dont les juifs se couvrent la tête dans les synagogues.

***TALÉGALLE** (mot hybride créé par Lesson : de *tale*, première partie de *talève + galle*, de gallinacés), *sm.* Genre d'oiseaux de l'ordre des Gallinacés, dont le plumage est d'un noir brun foncé. Ces animaux habitent les broussailles avoisinant les bords de la mer et sont particuliers à l'Australie. Ils se font remarquer par la manière dont ils construisent leur nid : ils font, avec des feuilles et des brindilles, un tas conique haut de un mètre et demi environ, au sommet duquel ils creusent une sorte d'excavation dans laquelle la femelle pond deux ou trois œufs qu'elle a soin de dresser avec son bec. Puis elle abandonne le tout à la chaleur du soleil et à celle qui accompagne nécessairement la fermentation des matières végétales constituant le nid; ce qui suffit pour amener l'éclosion des petits. Cet oiseau se rencontre aussi sur les côtes de Guinée.

TALENT (l. *talentum*; du g. τάλαντον, balance, poids), *sm.* Nom d'un poids grec qui valait 26kil.,178 gr. ‖ Nom de deux monnaies de compte chez les Grecs, savoir le talent d'argent 5560f,90 et le talent d'or 55 600 fr. — Fig. Grande capacité, grande habileté naturelle ou acquise, aptitude remarquable pour certaines choses : *Le talent de la poésie, des affaires.* ‖ *Homme de talent*, celui qui a du talent, qui possède un talent. ‖ La personne qui possède un talent : *Ce musicien est un talent hors ligne.* — REM. Ce mot a désigné *désir, volonté.*

***TALER** (*x*), *vt.* Comprimer, meurtrir : *Les chocs talent les fruits.*

***TALÈVE** (*x*), *sm.* Genre d'oiseaux de l'ordre des Échassiers, dont une espèce, appelée encore *poule sultane*, a une très grande ressemblance avec la poule d'eau, dont elle est en quelque sorte le moule agrandi. Le talève est de la grosseur d'une poule, son plumage est d'un bleu indigo, tandis que le bec et les pattes sont roses. Ces oiseaux vivent dans les marais, au milieu des joncs et des plantes aquatiques; les doigts de leurs pieds sont très longs et non palmés, ce qui ne les empêche pas de nager très bien; ils peuvent, en outre, marcher sur les herbes aquatiques sans s'enfoncer dans l'eau. Lorsqu'ils ne sont pas observés, leur démarche est lente; mais, lorsqu'ils se voient poursuivis, ils courent avec agilité et légèreté; ils cherchent alors un refuge dans les hautes herbes ou bien plongent dans l'eau. Le talève se tient alors immobile et se laisse même prendre à la main, tant il se croit en sûreté. Cet oiseau fait son nid avec de la paille et des brindilles; la femelle pond quatre ou cinq œufs ronds, blancs de la grosseur d'une bille de billard. A peine sortis de l'œuf les petits prennent leurs ébats autour du nid, cherchant eux-mêmes leur nourriture. Celle-ci se compose de racines, d'herbes aquatiques et de graines de céréales. Lorsque ces échassiers mangent une substance dure, ils la saisissent avec une de leurs pattes, la portent à la hauteur de leur bec et la déchirent en petits morceaux. Il existe plusieurs espèces de talèves; le plus connu et le plus intéressant pour nous est le *talève porphyrion*, commun en Sicile, sur le lac Lentini, dans les marais des environs de Catane et de Syracuse, en Sardaigne, en Dalmatie, en Hongrie. On le rencontre aussi en Provence et dans le Dauphiné. Cet oiseau peut être aisément domestiqué; dans cet état, il s'accommode de la nourriture qu'on lui donne. Les Grecs et les Romains le tiraient de Libye, des îles Baléares, et le plaçaient dans des temples et des palais dont il faisait l'ornement. Les autres espèces de talèves se rencontrent aux Antilles, dans l'Amérique septentrionale, la Guyane, l'Australie, Java, Sumatra, Madagascar, etc.

TALÈVE

TALION (l. *talionem* : du l. *talis*, tel), *sm.* Punition qui consiste à traiter un coupable comme il a traité sa victime : *La loi du talion est œil pour œil, dent pour dent.*

TALISMAN (ar. *telesm* : g. τέλεσμα, opération magique), *sm.* Fragment de pierre ou de métal sur lequel étaient gravés des dessins de constellation, des figures cabalistiques, des caractères magiques, et auquel on attribuait la propriété de préserver de tous maux la personne qui le portait ou de lui conférer un pouvoir surnaturel. — Fig. Ce que l'on suppose avoir la vertu d'un talisman : *La bonté est un talisman qui attire les cœurs.* — **Dér.** *Talismanique.*

TALISMANIQUE (*talisman*), *adj. 2 g.* Qui appartient au talisman : *Pouvoir talismanique.*

***TALLAGE** (*taller*), *sm.* Le nombre des chaumes que contient une talle.

TALLAHASSEE, 5 000 hab. Ville des États-Unis, capitale de la Floride, sur l'Appalachicola.

TALLARD, 965 hab. Ch.-l. de c., arr. de Gap (Hautes-Alpes). Ruines d'un château du XIe siècle.

TALLART (DUC DE) (1652-1728). Maréchal de France, général médiocre, mais habile diplomate, fut ambassadeur en Angleterre où il signa avec Guillaume III les deux traités qui partageaient d'avance la succession d'Espagne et devint ministre d'État en 1726.

TALLE (g. θαλλός, rameau), *sf.* Nouvelle tige qui s'élève de la racine d'une plante, et surtout d'une racine meurtrie ou incisée. ‖ L'ensemble des tiges provenant des bourgeons adventifs qui se développent sur un pied de céréales. — **Dér.** *Taller, tallage, tallement.*

TALLEMANT DES RÉAUX (GÉDÉON) (1589-1657), malicieux auteur d'*Historiettes* qui dévoilent la vie privée et les intrigues des grands personnages de son temps. — L'ABBÉ FRANÇOIS TALLEMANT DES RÉAUX (1620-1693), frère du précédent, de l'Académie française et aumônier de Louis XIV, auteur d'une traduction de Plutarque et d'une histoire de Venise.

***TALLEMENT** (*taller*), *sm.* Action de taller.

TALLER (*talle*), *vi.* Pousser des drageons. || Devenir plus touffu, plus dru, par une production de talles : *Le blé a bien tallé.*

TALLEYRAND-PÉRIGORD (CHARLES-MAURICE DE) (1754-1838), descendant des comtes du Périgord, célèbre diplomate français. Entra dans les ordres, devint évêque d'Autun en 1783, se signala à l'Assemblée constituante par ses motions libérales; décrété d'accusation par la Convention, il émigra en Angleterre, puis en Amérique, où il refit sa fortune; il rentra en France sous le Directoire, qui le fit ministre des relations extérieures, puis le destitua. Alors il favorisa les projets de Bonaparte qui, après le 18 Brumaire, lui rendit son portefeuille, et qui, en 1806, le créa prince de Bénévent. Prévoyant la chute de l'Empire, il travailla au rétablissement des Bourbons; fut, en 1814, chef du gouvernement provisoire; représenta la France, en 1815, au congrès de Vienne; mais ensuite ne put se maintenir au ministère à cause de l'antipathie qu'il inspirait à la famille royale. Louis-Philippe, à son avènement, l'ayant nommé ambassadeur en Angleterre, il prépara en cette qualité le traité de la Quadruple-Alliance; bientôt il renonça à la carrière politique et fut suivi dans sa retraite d'une réputation de versatilité trop méritée.

TALLIEN (1766-1820), membre de la Convention, du parti de la Montagne, fut envoyé comme commissaire à Bordeaux, où il fit mettre en liberté Mme de Fontenay (THÉRÈSE CABARRUS), détenue comme suspecte et qu'il épousa. Rappelé de mission, à l'instigation de sa femme, il se fit l'accusateur de Robespierre et fut l'un des auteurs du 9 Thermidor. Ensuite, ayant accompagné les savants de l'expédition d'Égypte, il fut pris au retour par les Anglais. Rendu à la liberté, il se fit nommer consul à Alicante, mais n'y résida point, et, privé de ce titre à la Restauration, il s'éteignit dans l'oubli.— Mme TALLIEN, née THÉRÈSE CABARRUS (1775-1835), était épouse divorcée du conseiller au Parlement Pavin de Fontenay, lorsqu'elle épousa Tallien. Elle acquit alors une grande influence sur la société de son temps par sa beauté, son esprit et les fêtes qu'elle donna. Ayant divorcé de nouveau, elle épousa, en 1805, le comte de Caraman, depuis prince de Chimay.

TALLIPOT (siamois *talapat*), *sm.* Espèce de palmier à grandes feuilles qui croît à Ceylan et au Malabar.

TALLOIRES, 1 051 hab. Commune du cant. d'Annecy (nord), arr. d'Annecy (Haute-Savoie). Source sulfureuse alcaline, débitant 30 000 litres par vingt-quatre heures.

TALMA (FRANÇOIS-JOSEPH) (1763-1826). Élève de Dugazon à l'École de déclamation récemment fondée, Talma débuta le 21 novembre 1787. Sa réputation data du *Charles IX* de M.-J. Chénier; elle ne fit que grandir, depuis la part qu'il prit à la Révolution et l'amitié que lui témoigna Napoléon Ier.

TALMONT, 1 047 hab. Ch.-l. de cant., arr. des Sables-d'Olonne (Vendée).

1. **TALMOUSE** (vx. fr. *talemelier*, boulanger), *sf.* Très petite tarte, en forme de tricorne, remplie d'une bouillie faite de farine, de beurre, de lait, de crème fouettée, de fromage blanc, d'œufs et de sucre.

2. **TALMOUSE** (*taler* + patois *mouse*, museau), *sf.* Soufflet, coup de poing.

TALMUD [tal-mu-de] (héb. *talmoud*, instruction), *sm.* Recueil de coutumes, de traditions et de préceptes moraux composés par les rabbins juifs. Il y a le Talmud de Jérusalem (IIe siècle), et le Talmud de Babylone (VIe siècle) comprenant la *Mischna*, ensemble de lois traditionnelles, et la *Gémara*, qui en est le commentaire. — **Dér.** *Talmudique, talmudiste.*

TALMUDIQUE (*Talmud*), *adj.* 2 *g.* Qui appartient au Talmud.

TALMUDISTE (*Talmud*), *sm.* Juif qui admet le Talmud, par opposition à *caraïte*, juif qui n'admet que la loi de Moïse.

1. **TALOCHE** (*taler*), *sf.* Coup donné sur la tête de quelqu'un avec la main.

2. ***TALOCHE** (vx. fr. *taloche*, bouclier), *sf.* Planche mince munie d'une poignée permettant de tenir la caisse, pendiculaire dont les maçons se servent pour étendre une couche de plâtre sur la surface d'un plafond ou d'un mur.

TALON (bl. *talonem* : du l. *talum*, talon), *sm.* La partie de derrière et saillante du pied : *Achille était invulnérable, excepté au talon.* || *Marcher, être sur les talons de quelqu'un*, le suivre de très près. || *Être toujours sur les talons de quelqu'un*, le suivre partout, l'importuner. || *Montrer les talons*, s'enfuir, s'en aller. || *Tourner les talons*, s'éloigner. || *Avoir l'esprit aux talons*, ne pas penser à ce que l'on dit. || Partie d'une botte, d'une chaussure, sur laquelle pose le derrière du pied : *Des talons hauts et étroits gênent la marche.* || *Talon rouge*, sorte de soulier dont le talon était rouge, et que les nobles seuls avaient le droit de porter. — Fig. Homme de la cour, petit maître, dandy : *Faire le talon rouge.* || Éperon d'un cavalier. || Extrémité arrière de la quille d'un navire. || Le fer qui est au bas d'une hallebarde, d'une pique. || Petit tube saillant qui est au bas du godet d'une pipe. || Le bas de la lance d'un instrument tranchant, et qui est plus épais que le reste : *Le talon d'un couteau.* || Moulure formée supérieurement d'un quart de rond convexe et inférieurement d'un quart de rond concave. (Arch.) (V. *Moulure.*) || Le gros bout d'une branche coupée, d'une bouture. || Partie inférieure de divers autres objets. || Morceau qui reste d'un pain, d'un fromage, etc., déjà entamé. || Ce qui reste de cartes après qu'on a donné à chaque joueur celles avec lesquelles il doit jouer : *Les as sont au talon.* || *Talon de souche*, bande de chaque feuillet d'un registre à souche imprimée d'une vignette et à travers laquelle on fait une coupure pour détacher une partie de ce feuillet. — **Dér.** *Talonner, talonnier, talonnière, talonnette, talonnement, talus, taluter, talutage.*

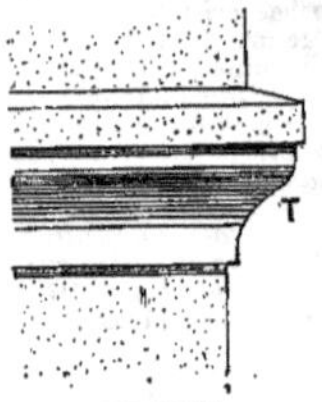

TALON (T)
(ARCHITECTURE)

TALON (OMER) (1595-1652), célèbre jurisconsulte et avocat général au parlement de Paris, d'un grand caractère, réforma la langue du barreau, se montra dévoué au pouvoir royal pendant la Fronde. — Son fils DENIS (1628-1698) lui succéda comme avocat général, fut procureur général aux grands jours d'Auvergne, travailla aux ordonnances de Louis XIV et devint président à mortier en 1693.

***TALONNEMENT** (*talonner*), *sm.* Action de talonner, de suivre de près, de presser.

TALONNER (*talon*), *vt.* Suivre, poursuivre, serrer de près : *Talonner l'ennemi.* — Fig. Dresser en importunant : *Talonner un débiteur.* — Fig. Peser sur, tourmenter en parlant des choses : *La nécessité nous talonne.* || Exciter avec l'éperon : *Talonner son cheval.* || *Le navire talonne*, frappe sur le fond avec sa quille, au tangage.

***TALONNETTE** (dm. de *talon*), *sf.* Morceau d'étoffe ou de tricot que l'on met au talon d'un bas pour le renforcer.

***TALONNIER** (*talon*), *sm.* Ouvrier qui fait les talons.

TALONNIÈRE (*talon*), *sf.* Aile que Mercure avait à chaque talon.

***TALOURINE**, *sf.* Variété de roche trappéenne qui offre le caractère d'un épanchement boueux; ces roches sont contemporaines de l'époque houillère supérieure. On les rencontre notamment à Rive-de-Gier.

***TALPA**, *sm.* Nom latin de la taupe : *Exemplum ut talpa* (la taupe par exemple), locution qui veut dire un exemple topique. || Mal de taupe, placé à la partie supérieure et postérieure de la tête du cheval. || Chez l'homme, loupe plate sur le haut du crâne.

***TALQUEUX, EUSE** (*talc*), *adj.* Formé de talc. Qui contient du talc. Qui a l'apparence du talc.

TALUS [ta-lu] (vx fr. *talut* : bl. *talutum* : l. *talus*, talon), *sm.* Pente qu'on donne à un mur, aux côtés d'un fossé, d'un remblai, d'un rempart. || Surface en pente : *Couvrir un talus de gazon.*

***TALUTAGE** (*taluter*), *sm.* Action de disposer un talus.

TALUTER (*talus*), *vt.* Construire, disposer en talus : *Taluter les berges d'une rivière.*

TAMAN, presqu'île située à l'O. du Kouban (Russie d'Europe). Le port de Taman est situé à l'entrée du détroit d'Iénikalé. On y trouve de riches gisements de pétrole.

TAMANDUA (tupi-guarani *taixi-mondé*, piège à fourmi), *sm.* Mammifère édenté du genre fourmilier de l'Amérique du Sud, un peu plus gros qu'un chien et qui se suspend aux arbres avec sa queue, qui est prenante et terminée par des écailles. Cet animal est voisin du tamanoir.

TAMANOIR (caraïbe *tamanoa*), *sm.* Espèce de mammifères édentés de la famille des Fourmiliers qui habite l'Amérique du Sud, où il est connu des habitants du Paraguay sous le nom de *youroumi*. C'est un animal d'assez grande taille, puisqu'il mesure environ 1m,30 de la tête à la naissance de la queue; celle-ci a environ un mètre de longueur et est recouverte de crins longs et touffus semblables à ceux de la queue du cheval. Le corps du tamanoir est garni de poils noirs sur lesquels se détachent une première rangée de poils blancs qui court sur le dos parallèlement à la colonne vertébrale, et une seconde qui s'étale sur les membres antérieurs. La tête est très longue, busquée, et s'allonge en avant en une sorte de cône terminé par la bouche, ouverture étroite où l'on peut à peine introduire un doigt. Les yeux et les oreilles sont très petits; les jambes sont courtes : celles de devant sont munies de quatre doigts armés d'ongles tranchants et recourbés avec lesquels l'animal se défend vigoureusement lorsqu'il est attaqué. Les pattes antérieures sont en outre tordues et recourbées de telle sorte que le tamanoir, en marchant, s'appuie sur leur bord externe. Cet animal vit solitaire dans les steppes et recherche les fourmilières, dans lesquelles il introduit sa langue, longue et gluante, et sur laquelle se fixent les fourmis, qui constituent sa nourriture habituelle. Il ne se creuse pas de terriers, ne grimpe pas aux arbres, et pendant la nuit il se retire dans les buissons. Les tamanoirs sont des animaux stupides et insouciants; introduits dans nos jardins zoologiques, c'est à peine s'ils reconnaissent la voix de leurs gardiens.

TAMANOIR

1. **TAMARIN** (ar. *thamar hindi*, datte indienne), *sm.* Fruit laxatif du tamarinier, qui est une gousse remplie d'une pulpe noire et sucrée. || Le tamarinier lui-même.

2. **TAMARIN**, *sm.* Espèce de petit singe du genre ouistiti appelé encore *petit lion* et que l'on importe quelquefois en Europe. Ce petit animal a le dos et le front bruns, le reste du corps est d'un rouge orangé; la tête et le cou sont pourvus d'une longue crinière semblable à celle d'un lion et qui se hérisse lorsque l'animal est en colère. Ces singes, comme les ouistitis, habitent l'Amérique du Sud jusqu'au Mexique, où ils vivent en société dans les hautes futaies et les taillis. (V. *Ouistiti.*)

TAMARINIER (*tamarin*), *sm.* Arbre de

ARCHIPEL DE TAÏTI

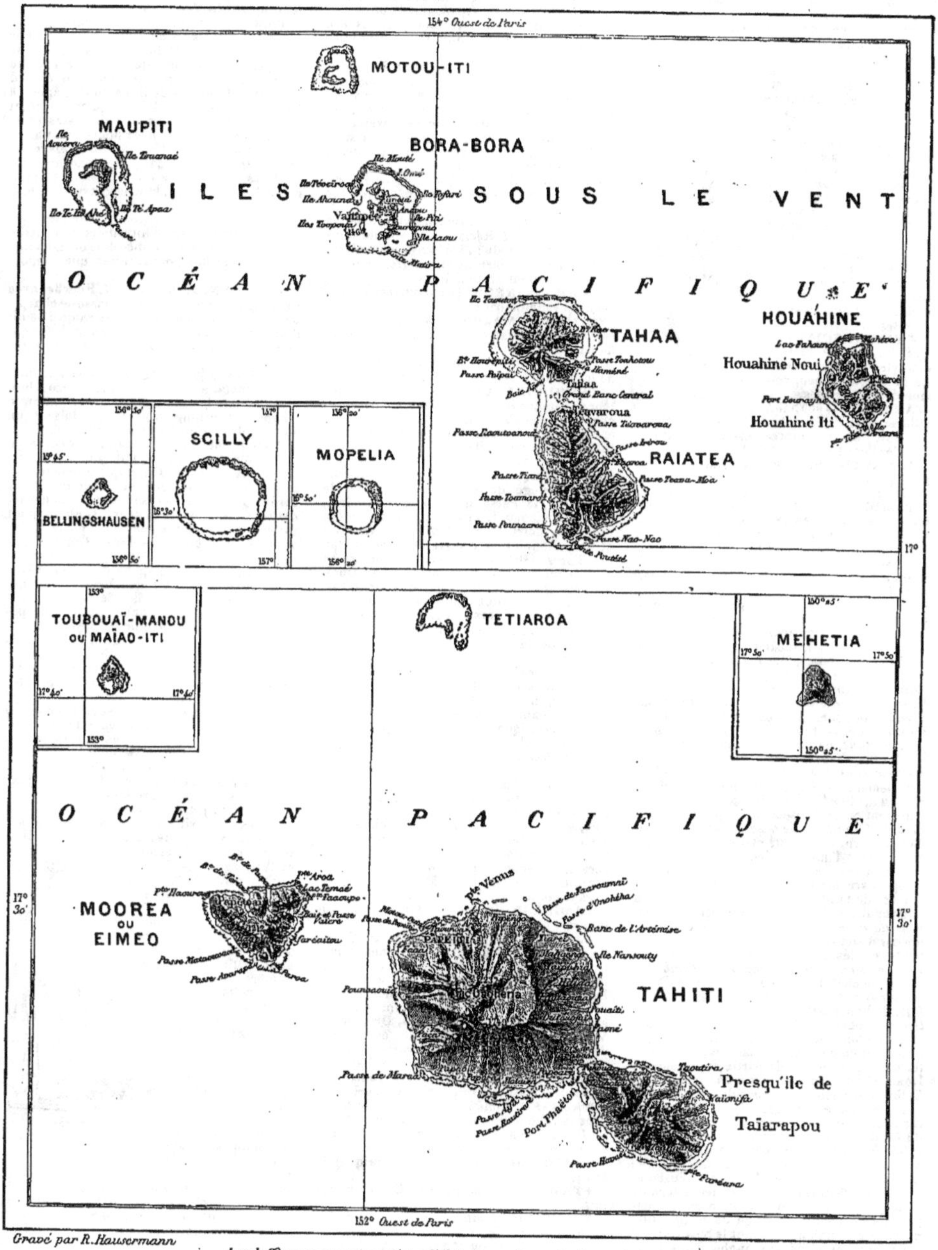

Gravé par R. Hausermann

Les chiffres expriment en mètres l'altitude au dessus du niveau de la mer

Echelle de $\frac{1}{900.000}$

0 10 20 30 40 50 Kil.

la famille des Légumineuses, à fleurs jaunes veinées de rouge, qui est originaire des Indes, mais que l'on cultive en Égypte, aux îles de France et de la Réunion, aux Antilles, etc.

TAMARIS, Faubourg de la commune d'Alais (Gard). Forges et hauts fourneaux.

TAMARIS, TAMARISC ou **TAMARIX** (l. *tamarice, tamarium, tamariscus, tamarix*), *sm.* Genre d'arbrisseaux dicotylédones de la région méditerranéenne dont une espèce, le *tamaris de France*, très abondant le long du golfe du Lion, a des rameaux grêles garnis de petites feuilles d'un vert glauque et produit des épis de petites fleurs roses. On le cultive dans les lieux frais des parcs, et son écorce, tonique, est un puissant diurétique.

TAMARIS

***TAMARISCINÉES,** *sfpl.* Famille de plantes dicotylédones du bassin de la Méditerranée, voisine des Polygalées.

TAMATAVE, 4 000 hab., ville et port de la côte E. de Madagascar, qui fait un commerce assez important avec les îles de France et de la Réunion.

TAMAULIPAS, 145 000 hab. État de la république du Mexique, à l'O. du golfe. Ch.-l. *Victoria*. Mines d'or, d'argent, de fer et de sel.

TAMBERLICK (Enrico). Illustre chanteur italien, né à Rome en 1820, qui se fit entendre surtout à Madrid, à Saint-Pétersbourg, à Londres, et à Paris, aux Italiens.

TAMBOUR (vx fr. *tabour* : persan *tabîr*), *sm.* Cylindre creux de bois ou de laiton dont les deux fonds sont garnis de peau d'âne tendue, sur l'une desquelles on frappe pour en tirer des sons. || Les tambours sont employés dans la plupart des armées, et en particulier dans l'infanterie française, concurremment avec les clairons, pour assembler les soldats, les faire marcher, combattre, etc. || *Battre du tambour,* tirer des sons du tambour. || *Battre le tambour,* donner un signal avec le tambour. || *Tambour battant,* au son du tambour. — Fig. *Mener quelqu'un tambour battant,* ne pas le ménager, remporter sur lui des avantages coup sur coup. — Fig. *Déloger sans tambour ni trompette,* clandestinement. — Fig. *Ce qui vient de la flûte, s'en va au tambour,* le bien acquis malhonnêtement ou trop aisément est promptement dissipé. || *Tambour de basque,* large cerceau de bois garni de grelots et de plaquettes de cuivre dont l'une des deux ouvertures est garnie d'une peau tendue sur laquelle on frappe avec les doigts. || Individu, soldat qui bat du tambour. || Couverture des roues de propulsion d'un navire à vapeur. || *Tambour de ville,* chargé dans un village d'annoncer à son de caisse les décisions de l'autorité ou les réclames des particuliers. || *Les tambours d'une compagnie.* || *Tambour-major,* le chef des tambours, qui leur donne le signal avec une canne. — Fig. Homme fort, de haute taille et peu intelligent. || Métier à broder de forme ronde. || Cylindre creux de bois ou d'osier dans l'intérieur duquel on allume un feu de charbon pour chauffer un linge étendu à la partie supérieure. || Roue cylindrique et creuse d'une machine. || Cylindre sur lequel est enroulée la corde ou la chaîne d'une horloge. || Le barillet d'une montre. || Pierre cylindrique faisant partie du fût d'une colonne ou du noyau d'un escalier à vis. || Sorte de petite chambre en menuiserie établie intérieurement à l'entrée d'un édifice, pourvue d'une ou plusieurs portes, et destinée à arrêter les courants d'air qui pénétreraient par la porte principale de l'édifice. || Ouvrage de fortification passagère en palanque, ayant le plus souvent trois faces, et placé aux angles d'une ligne pour la flanquer, ou à l'intérieur d'un ouvrage pour servir de réduit. || Membrane, nommée aussi tympan, qui sépare l'oreille externe de l'oreille moyenne. (Anat.) (V. *Oreille*.) — **Dér.** *Tabourin, tambourin, tambouriner, tambourinage, tambourineur, tambourette.* — **Comp.** *Tambour-major.*

***TAMBOURETTE** (*tambour*), *sf.* Espèce de pigeon dont la voix imite le bruit du tambourin.

TAMBOURIN (dm. de *tambour*), *sm.* Tambour beaucoup plus long que large sur lequel on frappe d'une main avec une seule baguette, tandis que, de l'autre main, on joue d'une petite flûte. || Air de musique vif et gai dont on marque la mesure avec le tambourin. || Danse faite pour cet air. || Celui qui joue du tambourin.

***TAMBOURINAGE** (*tambouriner*), *sm.* Action de tambouriner, de répandre une nouvelle.

TAMBOURINER (*tambourin*), *vi.* Battre le tambour. — *Vt.* Réclamer au son du tambour un objet perdu : *Tambouriner un chien.* — Fig. *Tambouriner une nouvelle,* l'annoncer bruyamment en tous lieux.

TAMBOURINEUR (*tambouriner*), *sm.* Celui qui tambourine.

TAMBOUR-MAJOR (*tambour* + *major*), *sm.* Le chef des tambours, qui donne le signal de battre la caisse.

TAMBOV, 26 000 hab. Ville industrielle de la Russie d'Europe, sur la Tzna.

TAMBURINI (Antoine) (1800-1876). Célèbre chanteur italien; tint l'emploi de basse chantante dans les principales villes d'Italie, et à Paris où il fut longtemps le partenaire de Rubini et de Lablache.

TAMERLAN (1336-1405), fameux conquérant tartare qui, après avoir établi à Samarkand le siège de son empire, soumit le Khoraçan, la Perse, la Géorgie, l'Arménie, tout l'Hindoustan, prit la Syrie au sultan d'Égypte, détruisit Bagdad (1401), vainquit et fit prisonnier, à Ancyre, Bajazet, sultan des Turcs (1402), et mourut au moment où il était sur le point d'envahir la Chine. Quoiqu'il eût aimé les sciences et fondé des écoles, il laissa la réputation d'un tyran sanguinaire.

TAMINIER (l. *tamnus*), *sm.*, ou Sceau de Notre-Dame, plante grimpante, monocotylédone, de la famille des Dioscorées, assez commune dans les bois, à feuilles luisantes et en forme de cœur, à fruit rouge, dont la racine est purgative et diurétique.

TAMINIER

TAMIS (bl. *tamisium*; du néerl. *teems, tems?*), *sm.* Sorte de vase dont les parois sont formées d'un cerceau de bois, dont le fond est un tissu de crin ou de soie, et qui sert à passer des liquides, des matières pulvérulentes : *Plâtre passé au tamis.* — Fig. *Passer au tamis,* examiner sévèrement, épurer. || *Passer par le tamis,* examiner sévèrement. — **Dér.** *Tamiser, tamisage, tamiseur, tamisier, tamiserie.*

TAMISAGE (*tamiser*), *sm.* Action de tamiser.

TAMISE, 400 kilom. Fleuve du S. de l'Angleterre, qui a ses sources dans le plateau dominant le canal de Bristol; coule sous le nom d'Isis de l'O. à l'E.; arrose Oxford, Dorchester, où il reçoit la Thames, qui lui donne son nom, baigne Abingdon, Reading, Maidenhead, Windsor, Londres, Greenwich, Woolwich, Sherness, Margate, et se jette dans la mer du Nord par un vaste estuaire.

TAMISE, 10 426 hab. Ville de Belgique (Flandre-Orientale), sur la rive gauche de l'Escaut. Filatures, brasseries, tanneries.

TAMISER (*tamis*), *vt.* Faire passer à travers la toile d'un tamis : *Tamiser du plâtre.* — *Vi.* Passer à travers un tamis, en parlant d'une poudre, d'un liquide.

***TAMISERIE** (*tamis*), *sf.* Fabrique de tamis.

***TAMISEUR** (*tamis*), *sm.* Celui qui tamise.

TAMISIER (*tamis*), *sm.* Celui qui fait et vend des tamis.

1. ***TAMOUL** ou **TAMIL,** *sm.* Langue dravidienne parlée dans le S. de l'Hindoustan par environ 10 millions d'individus.

2. ***TAMOUL, OULE** (*tamoul* 1), *adj.* Qui appartient à l'idiome dit *tamoul*.

TAMPICO, 8 000 hab. Ville et port du Mexique (province de Tamaulipas), à 400 kilom. au N. de Vera-Cruz.

TAMPON (autre forme de *tapon*), *sm.* Morceau de bois ou de métal pour boucher une ouverture. || Dalle en pierre, pièce de charpente ou de fonte qui recouvre l'orifice d'une fosse, d'un puisard ou d'un regard d'égout. || Bouchon de linge ou de papier. || Amas de charpie ou d'ouate qu'on introduit dans une plaie. || Chacune des têtes rembourrées qui sont aux deux bouts d'un wagon de chemin de fer. || *Un coup de tampon,* un choc entre deux trains. || Rouleau avec lequel les imprimeurs en taille-douce appliquent l'encre sur la planche gravée. — **Dér.** *Tamponner, tamponnement.*

TAMPONNEMENT (*tamponner*), *sm.* Action de tamponner, d'introduire une petite masse de charpie dans une plaie ou dans une cavité naturelle, pour arrêter une hémorragie.

TAMPONNER (*tampon*), *vt.* Boucher avec un tampon. || Introduire une masse de charpie dans une plaie pour arrêter le sang. || Se dit d'un wagon, d'un train de chemin de fer qui donne un choc à un autre wagon, à un autre train.

TAM-TAM (*onomatopée*), *sm.* Grand disque de métal à bords légèrement recourbés, fabriqué par les Chinois, et qui, quand on le frappe, vibre longtemps en produisant un son de plus en plus retentissant.

TAN (b. br. *tann,* chêne), *sm.* Écorce de chêne moulue avec laquelle on transforme les peaux en cuirs. On emploie quelquefois le tan en médecine comme astringent pour arrêter les saignements de nez, et les débardeurs en saupoudrent leurs souliers pour éviter le ramollissement des pieds qu'ils appellent *grenouille.* — **Dér.** *Tanner, tannin, tannée, tannage, tannerie, tanneur.*

***TANA** (*x*), *sm.* Espèce de mammifères grimpeurs de l'ordre des Insectivores qui habitent les forêts des îles de l'archipel Indien et les îles de la Sonde. Ce sont de petits animaux au pelage doux, soyeux, teinté de gris, de brun ou d'olivâtre. Leurs pieds sont armés de griffes crochues au moyen desquelles ils grimpent sur les arbres. Le tana a les yeux assez grands et les oreilles courtes et arrondies; son museau est allongé et muni de vibrisses raides et clairsemées. Il descend le jour à terre pour chercher sa nourriture, qui se compose d'insectes et de larves.

TANA, 350 kilom. Rivière de Norvège qui forme la frontière entre le Finmarck et la Laponie russe : elle passe à Tana et se jette dans l'océan Glacial arctique.

TANAGE, *sm.* (V. *Tannage.*)

TANAGRA, ville de l'ancienne Béotie, sur l'Asopus; victoire des Spartiates et des Béotiens sur les Athéniens et les Argiens (457 av. J.-C.). Cette ville fut détruite par les Athéniens en 455 av. J.-C. On a découvert depuis 1871, dans les terrains sur lesquels cette ville était bâtie, un grand nombre de statuettes en terre cuite : le musée du Louvre en possède une belle collection.

TANAGRA
STATUETTE TROUVÉE DANS LES FOUILLES

TANAÏS, ancien nom du Don.

TANAISIE (vx fr. *tenaise* : forme abrégée de *athanasie* : du g. ἀθανασία, immortalité), *sf.* Genre de plantes dicotylédones de la famille des Composées, dont l'espèce principale, la *tanaisie commune* (*tanacetum vulgare*), appelée encore *sent-bon, barbotine, herbe aux vers,* croît dans les endroits pierreux, sur les bords des routes ou sur les berges des rivières. Cette plante a des tiges dressées, simples, qui atteignent 8 à 12 décimètres de hauteur. Ces tiges, robustes et glabres, portent des feuilles très découpées et donnent naissance à des rameaux fleuris formant des capitules en corymbe. L'involucre est hémisphérique; le réceptacle est convexe; les fleurons sont tous tubuleux, ceux de la circonférence presque filiformes. Toutes les parties de cette plante, qui fleurit de juillet à septembre, exhalent une odeur forte, pénétrante et un peu camphrée. Les sommités fleuries sont regardées comme anthelminthiques. On en extrait une huile volatile jaune dont la saveur est chaude et amère. Cette plante renferme en outre une matière colorante jaune, de l'acide gallique, du tannin, etc. Dans certaines contrées du N. de l'Europe, on se sert de la tanaisie dans la fabrication de la bière; elle remplace alors le houblon. Voisine des absinthes, la tanaisie jouit de propriétés analogues, et prise en excès elle détermine des accidents identiques.

TANAISIE

TANANARIVE, 60 000 hab. Ville de l'intérieur de Madagascar, capit. du royaume des Hovas.

TANAQUIL, femme de Tarquin l'Ancien, qui passait pour devineresse, et favorisa l'avènement au trône de Rome de son gendre Servius Tullius.

TANARGUE (PLATEAU DE LA), rameau des Cévennes, au sud de l'Ardèche.

TANARO, 250 kilom. Rivière d'Italie, affluent de la rive droite du Pô, arrose Cherasco, Asti et Alexandrie. Il reçoit à gauche la Stura, à droite la Bonida.

***TANBOUR**, *sm.* Espèce de mandoline d'un usage général en Orient. Les cordes métalliques en sont animées au moyen d'un plectre en plume ou en écaille, mais jamais avec les doigts.

TANCARVILLE, 567 hab. Village près du Havre (Seine-Inférieure), sur la Seine; belles ruines d'un château du XIe siècle. Un canal maritime (25 kilom.) a été creusé dans ces dernières années pour faciliter les communications par batellerie entre le port du Havre et la Seine; il s'ouvre dans le bassin de l'Eure et débouche dans la Seine au cap de Tancarville, à 96 kilomètres en aval de Rouen. — JEAN II, COMTE DE TANCARVILLE, chevalier français du XIVe siècle, aida les chevaliers teutoniques à s'emparer de la Prusse, combattit en Espagne contre les Maures, et en France contre les Anglais, qui le firent deux fois prisonnier. Fut grand maître des eaux et forêts et gouverneur de Champagne et de Languedoc (mort en 1382).

TANCER (vx fr. *tencer* : bl. *tentiare*), *vt.* Réprimander : *Tancer un enfant.* (Fam.) — **Gr.** *C* prend une cédille devant *a, o* : Je tance, n. tançons, je tançais.

TANCHE (l. *tinca*), *sf.* Genre de poissons d'eau douce de la famille des Cyprinides et de l'ordre des Malacoptérygiens abdominaux. Le corps de ce poisson présente une certaine ressemblance avec celui de la carpe; il est toujours recouvert d'une épaisse couche de mucus sécrété par des glandes situées sur une ligne latérale qui se relève vers la tête. Les écailles de la tanche sont petites en apparence, et d'un brun verdâtre; elles présentent, en outre, un éclat métallique plus ou moins prononcé. Leur couleur varie suivant les eaux où vivent ces poissons : ceux qui hantent les eaux limpides ont des teintes plus vives que ceux que l'on trouve dans les eaux vaseuses et qui sont d'un ton plus sombre. Les nageoires sont de dimension moyenne : la dorsale a douze rayons dont les deux premiers sont rudimentaires; les ventrales et les anales n'en comptent que dix. Le corps des tanches est un peu comprimé latéralement, surtout vers l'extrémité postérieure. On rencontre ce poisson dans toutes les eaux de l'Europe jusqu'en Asie Mineure; mais sa chair est peu recherchée, surtout celle de ceux qui vivent dans les eaux vaseuses; les tanches qui habitent les eaux courantes sont cependant plus estimées. Néanmoins, cette chair est fade et renferme beaucoup d'arêtes. Les tanches s'accommodent d'une eau faiblement oxygénée, aussi peuvent-elles vivre un certain temps hors de l'eau. La tanche se nourrit de végétaux, d'insectes, de mollusques et de vases. Elle fraye en juin et en août, et ses œufs, qui sont innombrables, se fixent aux herbes du rivage. La croissance de ces animaux est assez rapide puisque, au bout de deux ans, ils peuvent atteindre un poids de 1 kilogramme.

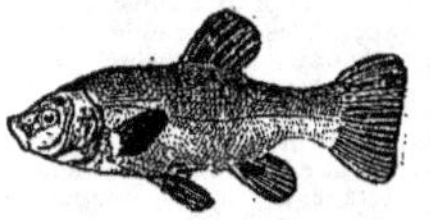

TANCHE

TANCRÈDE, prince normand de Sicile, petit-fils de Tancrède de Hauteville, neveu de Robert Guiscard et cousin de Bohémond de Tarente, fut l'un des héros de la première croisade et contribua puissamment à la prise de Jérusalem (1099). Il gouverna ensuite pour Bohémond la principauté d'Antioche et mourut dans cette ville en 1112. — TANCRÈDE, petit-fils de Roger II, roi des Deux-Siciles, essaya d'enlever ce royaume à l'empereur Henri VI et à sa femme Constance, dont il était le neveu. Mort en 1194.

***TANDEM**, *sm.* Cabriolet attelé de deux chevaux en flèche.

TANDIS (l. *tamdiu*), *adv.* Pendant ce temps-là (vx). — TANDIS QUE, *loc. conj.* Pendant le temps que : *Tandis qu'on délibère.* || Au lieu que : *Il se lamente tandis qu'il devrait se réjouir.*

TANDOUR (ar. *tannour*), *sm.* Se compose d'un brasero que l'on place sous une table rectangulaire recouverte d'un tapis beaucoup plus grand; ce mode de chauffage est général dans tout l'Orient; on s'assoit ou l'on se couche autour du tandour en tirant la couverture à soi.

TANDOUR

TANÉE (*tan*), *sf.* (V. *Tannée.*)

TANGAGE (*tanguer*), *sm.* Mouvements d'oscillation d'un navire dans le sens de l'avant à l'arrière et de l'arrière à l'avant. || Extraction, emploi de la tangue.

TANGANYIKA (LAC). La nappe d'eau la plus étendue du continent africain, après le lac Nyanza. Il mesure environ 630 kilom. de longueur sur une largeur moyenne de 50 kilom. Sa profondeur atteint 650 mètres au large de Karenja. La direction du lac est à peu près N.-S. et il est situé par 27° de longitude E. au centre de la longueur du continent (564 mètres au-dessus du niveau de la mer). Ce lac, dont le nom signifie *réunion des eaux*, fut découvert en février 1858 par le capitaine Burton; son émissaire est le Lou Kouga, qui conduit ses eaux dans le Congo. Il reçoit un certain nombre de tributaires (Molongené, Kouryamavenge, Karinvira, Kariba, Kousizi); les localités principales que l'on rencontre sur ses bords sont : Pambeté, Kirando, Karema, Oudjidj; ses eaux, très douces, nourrissent un grand nombre de poissons : le singa, dont les naturels sont très friands, le mgouhé et le mvoro, qui ressemble beaucoup au maquereau.

TANGARA (*x*), *sm.* Genre d'oiseaux de l'ordre des Passereaux, dont les espèces vivent toutes en Amérique. Les mœurs de ces oiseaux se rapprochent beaucoup de celles des fringilles et des fauvettes. Leur plumage est brillant et remarquable par la richesse et la variété des teintes dont il est recouvert. Parmi les espèces de tangaras, il en est qui vivent dans l'intérieur des bois, d'autres sur la lisière des forêts; quelques-unes recherchent les solitudes, tandis qu'il en est qui aiment à se rapprocher des habitations. Quelques espèces se réunissent en troupes plus ou moins nombreuses; d'autres restent en famille ou entièrement solitaires. Ce groupe renferme un très grand nombre de genres subdivisés en une grande quantité d'espèces. Parmi les genres, nous nous contenterons de citer : les *tangaras vrais*, les *euphones* ou *tangaras bouvreuils*, les *aglaïs*, les *tangaras loriots*, les *habias*, les *tonits*, etc.

TANGARA LORIOT

TANGENCE (*tangent*), *sf.* État de deux lignes, de deux surfaces qui se touchent en un point. || *Point de tangence*, point où deux lignes, deux surfaces se touchent.

***TANGENT, ENTE** (l. *tangentem*, touchant), *adj.* Qui touche une ligne, une surface en un point, et n'a avec elle aucun point commun dans le voisinage de ce dernier : *Arc tangent à une courbe. Plan tangent à une sphère.* (Géom.) — **Dér.** *Tangente, tangentiel, tangentielle.*

TANGENTE (*tangent*), *sf.* Ligne droite qui touche une courbe ou une surface en un point, et qui, dans le voisinage de ce point, n'a aucun autre point de commun avec cette courbe, cette surface : *La tangente en un point de la circonférence est perpendiculaire au rayon qui passe par ce point.* Voici la manière de mener une tangente à un cercle suivant certaines données que l'on rencontre souvent dans le dessin géométrique :

1° *Par un point pris sur une circonférence, mener une tangente à cette circonférence.* Par le point C (fig. 1) pris sur la circonférence O, on propose de mener une tangente à cette circonférence. Pour cela, tracez le rayon OC, et par le point C menez une perpendiculaire AB à ce rayon. Cette perpendiculaire sera la tangente demandée.

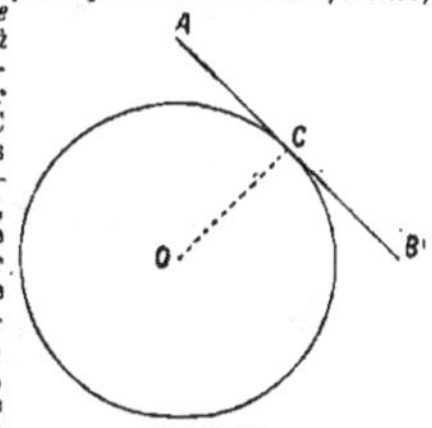

TANGENTE
Fig. 1.

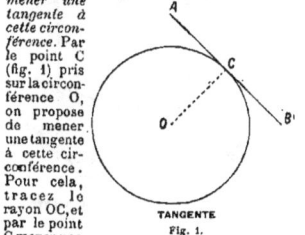

2° *Mener à une circonférence une tangente qui soit perpendiculaire à une droite donnée.* Soit la circonférence O (fig. 2) à laquelle on veut mener une tangente qui soit perpendiculaire à la droite AB. A cet effet, par le

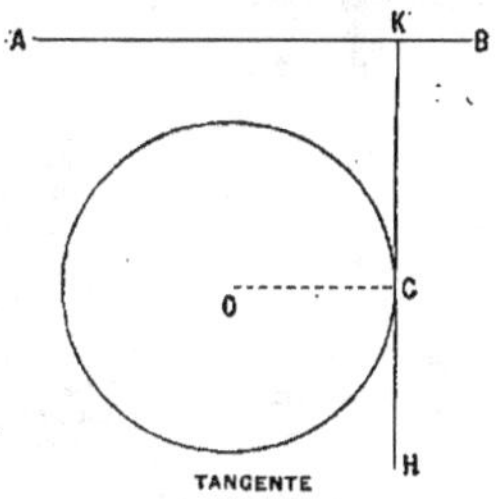

TANGENTE
Fig. 2.

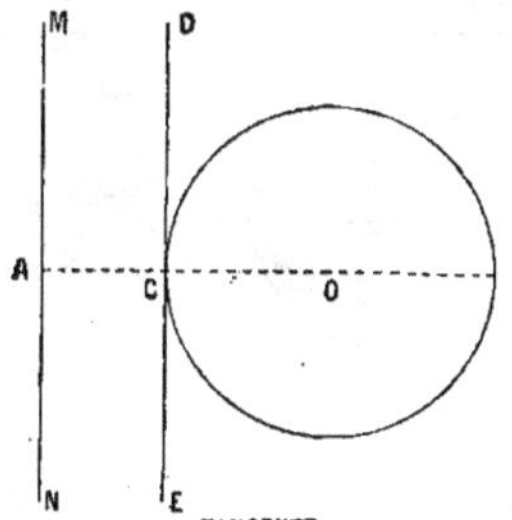

TANGENTE
Fig. 3.

point O, menez le rayon OC parallèle à AB, et par le point C élevez la droite HK perpendiculaire sur le rayon OC; elle sera la tangente demandée.

3° *Mener à une circonférence une tangente qui soit parallèle à une droite donnée.* On veut mener à la circonférence O (fig. 3) une tangente parallèle à la droite MN. Pour cela, du centre O abaissez OA perpendiculaire sur MN et par le point C, où cette perpendiculaire coupe la circonférence, menez la droite DE perpendiculaire sur OA. DE sera la tangente demandée.

4° *Par un point pris en dehors d'une circonférence, mener une tangente à cette circonférence.* Par le point A (fig. 4) pris en dehors de la circonférence O, il faut mener une tangente à cette circonférence. Pour cela, tirez la droite OA. Elevez sur le milieu de OA la perpendiculaire CD; du point B,

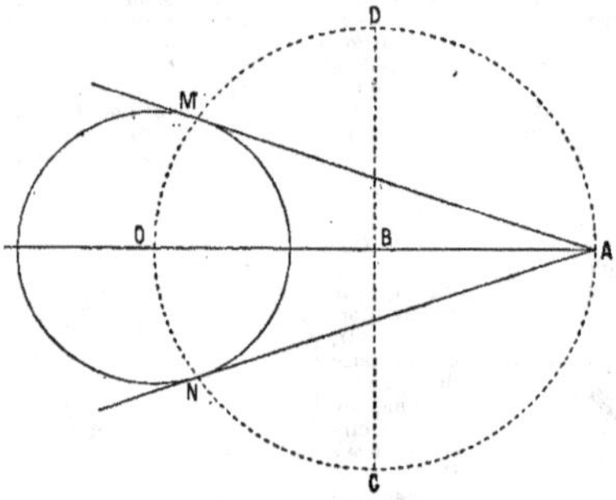

TANGENTE

Fig. 4.

où cette perpendiculaire coupe OA, pour centre avec une ouverture de compas égale à BO pour rayon, décrivez un cercle qui coupe la circonférence O aux deux points M et N. Tracez la droite AM; elle est la tangente demandée. La droite AN est une seconde tangente qui résoud aussi le problème. La fig. 5 montre que le point O', milieu de la droite joignant le centre de la circonférence donnée au point d'où l'on doit mener les tangentes, peut tomber dans l'intérieur du cercle donné.

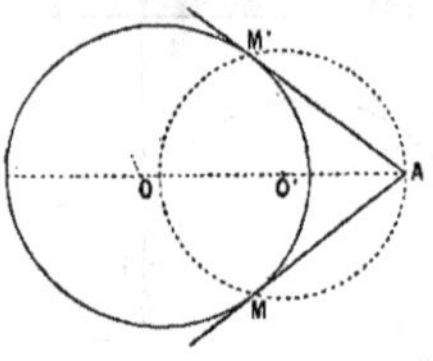

TANGENTE

Fig. 5.

5° *Mener extérieurement une tangente commune à deux circonférences.* Soient les deux circonférences O et O' (fig. 6). Du centre O

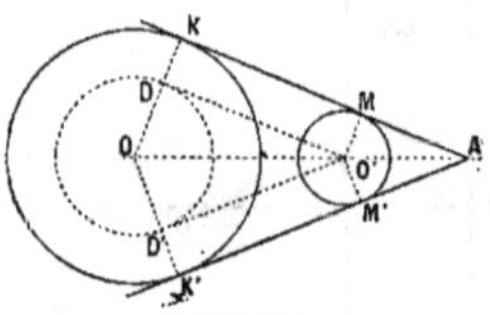

TANGENTE

Fig. 6.

de la plus grande, avec une ouverture de compas égale à la différence des rayons des deux circonférences, décrivez-en une troisième. Par le point O', menez à cette troisième circonférence une tangente O'D ayant son point de contact en D. Tracez le rayon OD et prolongez-le jusqu'à la rencontre de la grande circonférence en K. Par le point K, menez la droite KM tangente à la grande

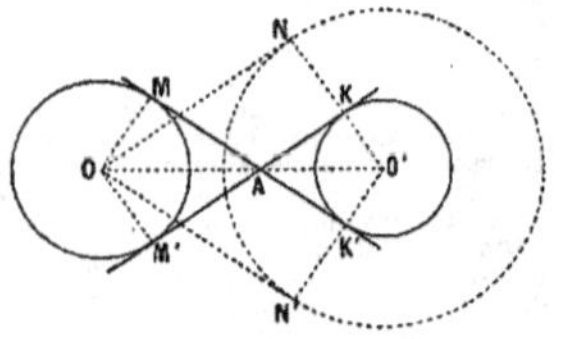

TANGENTE

Fig. 7.

circonférence O. Cette droite prolongée sera en même temps tangente à la circonférence O'. Pour mener cette droite KM on n'a qu'à mener O'M parallèle à OK et joindre MK. Comme par le point O', on peut mener à la circonférence OD une seconde tangente OD', il s'ensuit que l'on peut mener une autre droite K'M' tangente aux deux circonférences données, O et O'. Les deux tangentes KM et K'M' prolongées vont se couper en un point O situé sur la droite OO' qui joint les centres des deux circonférences données.

6° *Mener intérieurement une tangente commune à deux circonférences.* On se propose de mener intérieurement une tangente aux deux circonférences O et O' (fig. 7). Du point O', centre de la plus petite, avec une ouverture de compas égale à la somme des rayons des deux circonférences données, décrivez-en une troisième O'N; par le point O, menez à cette troisième circonférence la tangente ON ayant son point de contact en N; tracez le rayon O'N qui coupe la circonférence donnée O' en K, et par ce point menez à O' la tangente KM' qui sera en même temps tangente à la circonférence O. Pour simplifier les constructions, on pourra par le point O mener la droite OM' parallèle à O'N et joindre K à M'. Indépendamment de la tangente KM' on peut encore mener à la circonférence ON une seconde tangente MK'. Le rayon O'N' rencontre la petite circonférence O' en K'; par ce point K', menez une tangente à O'; cette droite K'M sera pareillement tangente à la circonférence O. Le problème est donc encore susceptible de deux solutions. Le point d'intersection A des deux tangentes est encore sur la ligne des centres OO'. || *S'échapper par la tangente* se dit d'un corps qui, attiré par une force centrale qui lui fait décrire une courbe, échappe tout à coup à l'action de cette force et continue son mouvement dans la direction de la tangente à la courbe : *Une pierre lancée par une fronde s'échappe par la tangente.* — Fig. *S'échapper par la tangente*, s'esquiver, se tirer d'affaire adroitement. || En trigonométrie, *tangente d'un arc de cercle*, la longueur de la tangente menée par l'extrémité d'un arc de cercle jusqu'à la rencontre du rayon qui passe par l'autre extrémité de cet arc, en supposant que le rayon du cercle soit égal à l'unité. AT (fig. 8) est la tangente de l'arc AM ou de l'angle AOM.

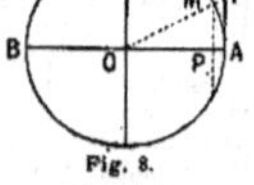

Fig. 8.

TANGENTE

TRIGONOMÉTRIQUE

***TANGENTIEL, ELLE** (*tangente*), *adj.* Qui est tangent; qui a rapport à la tangente. || *Force tangentielle*, projection sur la trajectoire d'un mobile de la force qui agit sur lui.

TANGER, 12000 hab., ville et port commerçant du Maroc, situé au point où le détroit de Gibraltar débouche dans l'Atlantique. Bombardée en 1844 par les Français.

TANGIBILITÉ (l. *tangibilem*, tangible), *sf.* Qualité de ce qui peut être touché : *La tangibilité des solides, des liquides.*

TANGIBLE (l. *tangibilem*), *adj.* 2 *g.* Qui peut être touché, perçu par le tact : *Les corps sont tangibles.* — **Dér.** *Tangibilité, tangiblement.*

***TANGIBLEMENT** (*tangible* + sfx. *ment*), *adv.* D'une manière tangible.

***TANGUE** (angl., danois, suéd. *tang* et *tangle*, algue, fucus), *sf.* Vase marine qu'on recueille dans les baies de la Manche, sur les côtes de la Normandie, qui est un mélange de sable, d'argile, de calcaire, de débris de coquilles, de nullipores, et qu'on répand sur les terres pour les fertiliser. — **Dér.** *Tanguer, tanguière.*

TANGUER (*tangue*), *vi.* En parlant d'un navire, osciller de l'avant à l'arrière et de l'arrière à l'avant.

***TANGUIÈRE** (*tangue*), *sf.* Endroit de la mer d'où l'on extrait de la tangue.

TANIÈRE (vx. fr. *taisnière*, pour *taissonière* : *taisson*, blaireau), *sf.* Caverne, trou dans la terre où se retirent les bêtes sauvages. — Fig. Maison située dans un lieu retiré. || *Être toujours dans sa tanière*, sortir rarement de chez soi.

TANIJORE ou **TANDJAOUR**, 80000 hab., ville forte de l'Hindoustan anglais, présidence de Madras.

TANIN. (V. *Tannin.*)

TANINGES, 2302 hab. Ch.-l. de c., arr. de Bonneville (Haute-Savoie). Anthracite, tanneries, fromageries.

TANIQUE. (V. *Tannique.*)

TANNAGE (*tanner*), *sm.* Opération industrielle qui a pour but de transformer la peau (surtout celle des grands mammifères) en cuir, c'est-à-dire en une substance imputrescible, souple, insoluble dans l'eau. D'après une définition de Knapp, le cuir n'est autre chose que de la peau dans laquelle on a empêché, soit par l'alun et les sels, comme dans la *mégisserie* (V. ce mot), soit par l'huile, comme dans le *chamoisage*, soit par le *tannin*, dans le *tannage véritable*, l'agglutination des fibres de la peau, agglutination qui se produirait par la dessiccation. Le *tannage au tan*, ou *tannage véritable*, s'applique aux peaux épaisses, résistantes, destinées à fournir des cuirs pour la chaussure, la corroierie, etc. Les matières premières auxquelles on fait subir le tannage sont principalement les peaux de veau, de bœuf, de taureau, de cheval, et l'on a recours à des matières tannifères, telles que le *tan* ou *écorce de chêne*, l'écorce et le bois de châtaignier, etc. En Angleterre et aux États-Unis, on emploie comme matières *tannantes* le quebracho, l'hemlock, l'abiès, les acacias, le dividivi, etc.; mais les cuirs les plus estimés sont ceux qu'on obtient exclusivement avec l'écorce de chêne ou *tan*.

Le *travail du tannage au tan* peut être divisé en trois opérations principales : le *nettoyage* de la peau du côté de la chair et du côté du poil; le *tannage* proprement dit, et le *corroyage* de la peau tannée. A leur arrivée à la tannerie, les *peaux de boucherie* sont pesées, marquées, puis portées au *saloir*, où elles reçoivent une couche de 5 à 6 kilogrammes de sel marin dénaturé par une addition de naphtaline; elles sont empilées en rond sur une cuve légèrement inclinée, permettant au liquide sanguinolent qui sort des peaux de s'écouler jusqu'à un chenal par lequel les saumures vont à la rivière, à l'égout ou à la fosse à engrais. Les peaux restent ainsi au *saloir*, jusqu'à ce qu'elles entrent en cours de fabrication. Le *salage des peaux* a une *double action : empêcher la putréfaction* et *éliminer* une certaine quantité de *coriine*, matière colloïdale, englobant dans la peau les fibres du tissu conjonctif entremêlées de cellules épidermales et graisseuses. Au sortir du *saloir*, on met les peaux à *dégorger* à la rivière; on les y laisse 10 à 12 heures, pour enlever le sel, le sang, la bouse. Ce traitement s'appelle le *dessaignage*. Les peaux sont ensuite soumises à l'*écornage*, qui consiste à séparer les cornes, les oreilles et les émouchets (ou queues). Les peaux sont alors plongées dans le *petain mort*, où on les laisse pendant

24 heures. Le *pelain mort* est un lait de chaux qui a déjà servi à plusieurs opérations, et dont la chaux est presque entièrement carbonatée, c'est-à-dire transformée en craie par l'acide carbonique de l'air. Les peaux doivent rester environ 3 semaines dans des *pelains* de plus en plus caustiques; on les y laisse 8 jours de plus en hiver qu'en été; à chaque changement de pelain, les peaux sont étendues et égouttées: c'est la *mise en retraite*. L'action de la chaux facilite l'*ébourrage* et le *pelanage* de la peau, c'est-à-dire l'enlèvement des poils. Après être restées environ 3 semaines dans des palains à divers degrés de concentration, les *peaux* sont *ébourrées* sur chevalet avec un *couteau sourd*; elles sont ensuite *écharnées à la faux*, c'est-à-dire débarrassées des débris de chair et de graisse adhérents à la peau. Les matières provenant de l'écharnage sont vendues, sous le nom de *colle de molleterie*, aux fabricants de colle. Après l'*ébourrage* et l'*écharnage*, les peaux sont mises à la rivière, où elles prennent environ 12 heures de *boisson;* elles sont ensuite soumises à un *cuersage*, soit à la main, soit sur un chevalet avec la *cuerse* (pierre à aiguiser qui est quelquefois en forme de lance sans manche, et quelquefois en forme de plaque allongée, emmanchée comme une plane) et le couteau rond, soit à l'aide d'une machine. Cette opération du cuersage consiste à presser les peaux fortement dans tous les sens, de façon à entraîner, avec l'eau qui les imprègne, la chaux et les matières organiques devenues solubles. Lorsque les peaux ont subi ces diverses opérations, on les transporte à la *passerie*, où, à l'aide de *moulins à coudrer*, on les foule dans des jus de tannée épuisés, pendant 1 heure et demie ou 2 heures, puis on les *encuve* dans des jus d'écorce de chêne d'un faible degré. On les lève deux fois par jour, et, chaque fois, on les roule ensuite, pour les égoutter, sur des planches placées au-dessus des cuves. Ces opérations se renouvellent pendant les 3 ou 4 premiers jours; puis on remet les peaux en cuve et l'on ajoute tous les jours une corbeille de gros tan (écorce de chêne); le traitement dure 3 semaines. On les laisse ensuite *reposer* pendant quelques jours, au bout desquels on *lève* les peaux et on les fait passer dans une autre cuve ou *cuve neuve*, où elles reçoivent une corbeille de tan, de jour en jour, pendant 9 jours; puis on les laisse en *repos* 5 jours, au bout desquels le tan, complètement épuisé, est envoyé à la *molterie*. La troisième cuve, où les peaux restent pendant 15 jours, contient du jus plus riche, dont l'astringence est entretenue chaque jour par l'addition de tan frais. Toutes ces opérations diverses ont pour but d'amener la peau dans l'état le plus propre à l'absorption du tannin. Le tannage proprement dit commence avec la *mise en potée* ou *refaisage*. La mise en potée se fait dans des cuves de bois enfoncées dans le sol de la cour de la tannerie; on y couche les peaux en interposant du tan fin, de façon que chaque peau en soit complètement recouverte; on laisse un tiers de *jusée forte* et on achève de remplir la fosse avec du tan épuisé, qui forme *couverture* ou *chapeau*. Les peaux restent *en potée* pendant 6 semaines, puis elles sont levées, repliées et conduites à la *fosse*, où elles reçoivent une première *poudre*, c'est-à-dire qu'elles sont couchées avec du tan neuf et imprégnées de jus fort. Les peaux reçoivent deux, trois et même quatre poudres, suivant la force des peaux, et elles restent dans chaque poudre 3 ou 4 mois. Lorsque, au bout de 12 à 15 mois, le tannage est achevé, les cuirs sont levés, *balayés* et portés au *séchoir*, où ils restent de 10 jours à 1 mois, suivant la saison et la température ambiante. Tels sont les procédés que l'on suit pour obtenir le *cuir de molleterie*.

Dans le travail des *cuirs forts*, l'ébourrage est obtenu sans l'intervention de la chaux; les peaux sont soumises à l'*échauffe* dans une pièce où la température, assez élevée, est maintenue humide par un jet de vapeur. Sous l'influence de la chaleur et de l'humidité, les peaux subissent un commencement de fermentation putride, accompagné d'un dégagement d'ammoniaque qui a pour effet de gonfler, de désagréger le bulbe du tissu pileux, et de permettre l'enlèvement de la *bourre* avec le couteau sourd et le *sablon* (sable fin). L'opération du tannage se poursuit comme pour la molleterie; elle dure de 10 mois à 2 ans, parce que les cuirs forts, destinés à la fabrication des semelles, sont obtenus avec des peaux épaisses, qui doivent être tannées à fond pour offrir une grande résistance.

On a cherché par bien des moyens à abréger la durée du tannage; malheureusement on n'est pas arrivé jusqu'à présent à des résultats satisfaisants. Le tannage par l'électricité, qui a été appliqué industriellement en ces derniers temps, permettrait d'obtenir des cuirs en quelques jours : ce nouveau procédé consiste à faire tourner les peaux dans des grands tonneaux avec du jus astringent très fort additionné d'essence de térébenthine, soumis à l'action d'un courant électrique fourni par une machine dynamo. L'opinion n'est pas encore faite sur la valeur industrielle de ce procédé. || Résultat de l'action de tanner le cuir.

TANNANT, ANTE (*tanner*), *adj*. Qui sert à tanner : L'écorce de la bruyère est tannante. — Fig. et pop. Qui agace, ennuie, importune : *Un homme tannant.*

***TANNATE**, *sm*. Sel formé par la combinaison de l'acide tannique avec une base.

TANNAY, 1 322 hab. Ch.-l. de c., arr. de Clamecy (Nièvre); tanneries.

TANNE (vx. fr. *tanne*, couleur de tan), *sf*. Tache qu'on voit sur une peau tannée. || Petite grosseur dure qui se forme quelquefois à la surface de la peau, surtout sur les ailes du nez, au front et au cou.

TANNÉ, ÉE (*tanner*), *adj*. Transformé en cuir par l'action du tan : *Peau tannée.* || Qui est d'une couleur à peu près semblable à celle du tan : *Visage tanné.* — *Le tanné*, *sm*. Couleur semblable à celle du tan.

TANNÉE (*spf*. de *tanner*), *sf*. Tan qui a déjà servi à préparer des peaux, et que les jardiniers utilisent pour former des couches qui, arrosées, développent une douce chaleur, ont moins d'odeur et durent plus longtemps que les couches de fumier.

TANNEGUY-DUCHÂTEL (1369-1449), homme de guerre français, qui, sous Charles VI, embrassa le parti des Armagnacs, fut nommé par le Dauphin, depuis Charles VII, prévôt de Paris; sauva ce jeune prince des mains des Bourguignons; fut l'instigateur de l'assassinat de Jean sans Peur sur le pont de Montereau (1419), et fut comblé de biens et d'honneur par Charles VII.

TANNER (*tan*), *vt*. Transformer les peaux en cuir avec du tan, c'est-à-dire en combinant l'albumine qu'elles contiennent avec du tan. — Fig. Agacer, ennuyer, importuner sans cesse : *Cet homme me tanne.*

TANNERIE (*tanner*), *sf*. Etablissement où l'on fabrique du cuir en tannant les peaux.

TANNEUR (*tanner*), *sm*. Industriel, ouvrier qui tanne les peaux pour les transformer en cuir.

TANNHAÜSER, chevalier allemand dont les aventures ont fourni à R. Wagner le livret d'un de ses plus beaux opéras.

TANNIÈRES, 532 hectares. Forêt domaniale des Vosges, peuplée de chênes et de hêtres.

TANNIN (*tan*), *sm*. On comprend sous le nom de *tannin* (l'Académie écrit *tanin*) diverses espèces de substances légères, brillantes, incolores ou légèrement jaunâtres, inodores, acerbes, astringentes, que l'on peut extraire de l'écorce du chêne, du marronnier, de l'orme, du saule, du châtaignier, ainsi que des feuilles de divers arbres, tels que le sumac, des noix de galle, etc. Ces divers tannins sont composés de carbone, d'hydrogène et d'oxygène associés différemment; ils ont néanmoins des caractères communs : ils sont solubles dans l'eau et dans l'alcool, parfois aussi dans l'éther; leurs solutions présentent une réaction acide; ils coagulent la gélatine, et forment avec les peaux animales des combinaisons insolubles et imputrescibles; ils produisent des précipités dans les solutions de la plupart des sels métalliques et notamment un précipité noir ou vert dans les solutions des sels ferriques. Le tannin est le principe actif du *tan* dans le tannage des peaux. La teinture tire parti de la propriété que possède le tannin de former avec les sels ferriques un précipité noir. L'encre noire n'est autre chose que ce précipité étendu d'eau et additionné d'une matière gommeuse. Le tannin pur est employé pour le tannisage des vins blancs et des vins de Champagne. Il sert aussi en médecine : appliqué sur les blessures ou sur les plaies, il coagule le sang, le pus, etc. D'autre part, le tannin est le contrepoison de l'émétique et de la plupart des alcaloïdes, car il forme, avec ces derniers et avec l'antimoine de l'émétique, des précipités qui sont insolubles dans les liquides de l'estomac. A l'abri de l'air, les solutions du tannin se conservent sans altération; mais, en présence de l'air, elles absorbent de l'oxygène, se décomposent et se recouvrent de moisissures.

***TANNIQUE** (*tan*), *adj*. 2 *g*. Qui contient du tannin : *Liqueur tannique.* || *Acide tannique*, autre nom du tannin.

***TANNISAGE** (*tannin*), *sm*. Opération qui consiste à ajouter du tannin au vin.

***TANREC** ou **TENREC** (*x*), *sm*. Groupe de mammifères insectivores ayant beaucoup de ressemblance avec nos hérissons. Le corps de certaines espèces est recouvert de piquants, tandis que d'autres n'ont que des poils rudes. L'espèce la plus intéressante est le *tanrec sans queue*, qui, comme ses congénères habite l'île de Madagascar, les îles Maurice et Bourbon. Cet animal a un museau très allongé, est bas sur pattes; il reste tout le jour blotti dans une retraite d'où il ne sort que la nuit pour chercher sa nourriture, qui se compose d'insectes, de quelques petits mammifères et de fruits. Les naturels mangent sa chair; ils préfèrent celle des femelles, car les mâles répandent une forte odeur de musc qui se communique à toutes les parties de l'animal.

TANREC SANS QUEUE

TANT (l. *tantum*, autant), *sm. sg*. indéfini. Une quantité, une somme dont on n'énonce pas la valeur : *A table d'hôte, on paie tant par tête.* || *Être tant à tant*, avoir au jeu le même nombre de points. || *Faire tant que*, user de tous les moyens pour obtenir que : *Il fit tant que je cédai.* || *Faire tant de*, se résigner, se résoudre à : *Puisqu'il fait tant de se soumettre qu'il le fasse sans arrière-pensée.* || *Tant de*, une si grande quantité de : *Il y a tant de malades que les médecins n'y peuvent suffire.* || Une si grande intensité de : *Tant de courage fut récompensé.* — **Adv.** En si grande quantité : *Il but tant qu'il s'enivra.* || Avec une grande ardeur : *Je vous aime tant.* || Tellement, à un tel point : *Il n'est pas tant aimable* (vx). || Autant, surtout avec une négation : *Nul ne m'a fait tant de peine.* || A tel point : *Tant je suis ennuyé.* || Aussi, aussi bien : *Voyager tant sur terre que sur mer.* || *Tant bien que mal*, imparfaitement, à peu près. — TANT ET PLUS, *loc. adv.* Plus qu'il n'est suffisant. || TANT S'EN FAUT, *loc. adv.* Au contraire : *Je ne suis pas content, tant s'en faut.* — TANT PLUS QUE MOINS, *loc. adv.* A peu près. — TANT MIEUX, *loc. adv.* J'en suis bien aise. — TANT PIS, *loc. adv.* J'en suis bien fâché. — TANT QUE, *loc. conj.* Aussi longtemps que : *Tant que je vivrai.* — Aussi loin que : *Tant que la vue peut porter.* — TANT S'EN FAUT QUE, *loc. conj.* Bien loin que : *Tant s'en faut que je l'approuve, qu'au contraire je le blâme.* — TANT Y A QUE, *loc. conj.* Quoi qu'il en soit : *Tant y a qu'ils se détestent.* — SI TANT EST QUE, *loc. conj.* En supposant que : *Je l'en dissuaderai si tant est qu'il me consulte.* — **Gr.** Lorsque *tant de* est suivi d'un nom, c'est avec ce nom que s'accordent le verbe et le participe : *Tant de victoires furent suivies d'affreux revers.* — **Dér.** *Tantet, tantin, tantième, tantinet.* — **Comp.** *Tantôt.*

TANTAH, 33 750 hab., ville de la basse Égypte, sur le chemin de fer d'Alexandrie au Caire.

1. **TANTALE**, roi fabuleux de Lydie qui déroba le nectar et l'ambroisie à la table des dieux, et qui, pour éprouver leur puissance, leur servit à manger, un jour qu'ils le visitèrent, le corps de son fils Pélops. En punition de ces forfaits, il fut précipité dans le Tartare, où, plongé dans l'eau jusqu'au menton, il ne pouvait apaiser sa soif, parce que l'onde se retirait de ses lèvres, et ne pouvait pas plus rassasier sa faim avec les fruits des arbres dont les rameaux pendaient sur sa tête, et qui étaient emportés dans les nuages lorsqu'il voulait les saisir. Tantale n'est qu'un symbole du soleil. — Fig. *Supplice de Tantale*, tourment d'une personne qui voit ses désirs frustrés au moment d'être réalisés. — **Dér.** *Tantale* 2 et 3, *tantalique, tantalite*.

2. ***TANTALE**, *sm*. Métal de la 9e famille, découvert en 1802 et qui n'a été encore obtenu qu'en poudre. On lui donne quelquefois le nom de *colombium*. || *Vase de Tantale*, nom que porte un vase employé en physique pour démontrer la propriété du siphon. Ce vase contient en son milieu un siphon dont l'une des deux extrémités sort du vase. On y verse du liquide qui reste dans le vase; mais dès qu'on l'incline pour le porter à la bouche, le siphon s'amorce et le vase se vide de lui-même.

3. ***TANTALE** (*Tantale* 1), *sm*. Genre d'oiseaux de la famille des Hérons et de l'ordre des Échassiers qui habitent les contrées chaudes et marécageuses des deux continents. Ils sont caractérisés par un bec très long, droit, un peu comprimé latéralement, à bords tranchants; la mandibule supérieure est un peu voûtée. Une partie de la tête et du cou n'a pas de plumes et est recouverte par une peau rude dont la surface présente des verrues. Les tarses sont très longs et dépourvus de plumes; les doigts antérieurs sont réunis par une membrane. Les tantales sont des oiseaux paisibles recherchant les plaines humides et les bords limoneux des grands fleuves. Ils sont très indolents et ne s'effrayent pas du voisinage de l'homme. On les considère comme des animaux très utiles; car, bien qu'ils mangent du poisson et des vers, ils se repaissent surtout de reptiles; aussi sont-ils épargnés par les habitants des pays où on les rencontre. Lorsqu'ils ont suffisamment mangé, ils se perchent sur la cime des grands arbres, le bec appuyé sur la poitrine et restent dans cette position jusqu'à ce que la faim se fasse sentir de nouveau. C'est aussi sur le sommet des arbres qu'ils établissent leur nid, composé de joncs et de bûchettes. La femelle y dépose deux ou trois œufs; les petits ne quittent leur berceau que quand ils sont assez forts pour voler. Ces oiseaux sont soumis, comme tous les grands échassiers, à des migrations périodiques. Parmi les espèces de ce genre nous mentionnerons : le *tantale d'Afrique*, dont le plumage est blanc et à rémiges noires; la face et les pieds sont rouges, tandis que le bec est jaune. On l'a souvent confondu avec l'ibis sacré des anciens Égyptiens; mais les recherches faites par Cuvier sur des momies extraites des puits de Sacara ont démontré que c'était une espèce différente. Cet oiseau se rencontre dans la vallée du Nil et au Sénégal. Une autre espèce, le *tantale de Ceylan*, se rencontre dans le delta du Gange, où elle est connue sous le nom de *jaunhill*. Le *tantale d'Amérique* habite l'Amérique depuis la Caroline jusqu'au Brésil; on le trouve aussi en Australie.

TANTALE IBIS

***TANTALIQUE** (*Tantale* 1), *adj. m*. Se dit d'un composé de tantale et d'oxygène dont la formule est $Ta^{2}O^{5}$ et se présente sous la forme d'une poudre blanche prenant une teinte *jaune* lorsqu'on la chauffe.

***TANTALITE** (*tantale* 2), *sf*. Tantalate de fer. (Minér.)

TANTE (vx. fr. *ante* : l. *amita* + *t* initial inexpliqué), *sf*. La sœur du père ou de la mère. || La femme de l'oncle. || *Grand'tante*, la sœur de l'aïeul ou de l'aïeule. || *Tante à la mode de Bretagne*, la cousine germaine du père ou de la mère.

TANTET (dm. de *tant*), *sm*. Petite quantité : *Donnez-m'en un tantet*. — *Adv*. Quelque peu.

***TANTIÈME** (*tant*), *adj*. Qui représente une certaine partie d'une grandeur. *La tantième partie d'un nombre*. — *Sm*. Une certaine quantité déterminée d'un nombre.

TANTINET (dm. de *tant*), *sm*. Une très petite quantité. — *Adv*. Un tant soit peu.

TANTONVILLE, 1 241 hab. Commune du cant. d'Haroué, arr. de Nancy (Meurthe-et-Moselle). Grande brasserie.

TANTÔT (*tant* + *tôt*), *adv*. Dans un avenir très rapproché. || Postérieurement au moment où l'on est, mais avant la fin du jour : *Venez me voir tantôt*. || Antérieurement au moment où l'on est, mais dans la même journée : *Je l'ai vu tantôt*. || Bientôt : *Il est tantôt nuit*. || A peu près, environ : *Il y a tantôt un an qu'il ne m'a écrit*. || *Tantôt* répété, successivement et alternativement : *Je suis tantôt bien portant, tantôt malade*.

TANUCCI (MARQUIS DE) (1698-1783), jurisconsulte et homme d'État italien, ministre réformateur des rois de Naples Charles VII et Ferdinand IV, essaya de faire triompher les idées modernes et fut surtout hostile à la cour de Rome.

TAON [ton] (l. *tabanus*), *sm*. Famille d'insectes diptères, semblables à de grosses mouches, qui vivent dans les bois, les pâturages et sucent le sang des chevaux, des bœufs et même de l'homme.

TAON

TAPABOR (*taper* + *bord*), *sm*. Ancien bonnet de campagne dont on rabattait les bords pour se garantir des intempéries.

TAPAGE (*taper*), *sm*. Désordre accompagné d'un grand bruit : *Ces enfants font du tapage*. || Reproches faits avec bruit, criailleries : *Le maître fit tapage contre ses valets*. || Émotion bruyante que cause un événement : *Son aventure fit du tapage*.

TAPAGEUR, EUSE (*tapage*), *adj*. et *s*. Celui, celle qui fait ou qui a l'habitude de faire du tapage : *Faites taire ces tapageurs*. — Fig. et fam. Qui vise à produire beaucoup d'effet : *Toilette tapageuse*.

***TAPAYE** (*x*), *sm*. Genre de reptiles sauriens de la famille des Iguaniens, qui habitent l'Amérique du Nord depuis le 40e degré de latitude septentrionale jusqu'au Mexique. Ce sont des animaux d'aspect singulier et repoussant dont le corps, recouvert de petites écailles imbriquées, est hérissé de tubercules affectant la forme de pyramides triangulaires. La tête est armée d'une couronne de fortes épines très pointues, et leur queue est courte. Les tapayes, que l'on nomme aussi *phrynosomes*, sont des êtres inoffensifs. Il en existe plusieurs espèces; l'une d'elles, le *tapaye* ou *phrynosome orbiculaire*, habite le Mexique et était anciennement connu sous le nom de *tapayaxin*. Il en existe deux autres espèces qui vivent l'une aux États-Unis, l'autre en Californie.

1. **TAPE** (*svf*. de *taper* 1), *sf*. Coup donné avec la paume ou le revers de la main.

2. ***TAPE** (*svf*. de *taper* 2), *sf*. Bouchon de linge. || Bouchon de bois ou de liège qui sert à fermer la bouche d'une pièce de canon, d'un écubier. (Mar.)

TAPE, ÉE (*tape* 1), *adj*. Se dit de fruits aplatis et séchés au four : *Des pommes tapées*. — Fig. *Une réponse bien tapée*, piquante et faite à propos. || *Un mot bien tapé*, spirituel et piquant.

TAPECU (*taper* 1 + *cul*), *sm*. Espèce de balançoire formée d'une planche qui bascule sur un pivot médian. || Voiture dans laquelle on est fortement cahoté. || Mât et voile de l'arrière dans certaines embarcations.

TAPÉE (*spf*. de *taper* 2), *sf*. Grande quantité : *Une tapée d'enfants*. (Pop.)

***TAPEMENT** (*taper* 1), *sm*. Action de taper.

1. **TAPER** (d'une racine *tap*, signifiant frapper), *vt*. Donner une ou des tapes : *Taper un enfant*. || *Taper les cheveux* (vx), les crêper. — Fig. Peindre un tableau d'un pinceau hardi, mais négligé. || En parlant des peintres en bâtiment, faire pénétrer la couleur dans les creux à petits coups de brosse. — Fig et fam. Étourdir, en parlant du vin et des liqueurs alcooliques : *Ce vin tape la tête*. — *Vi*. Frapper avec un instrument : *Taper avec un marteau*. || *Taper du pied*, frapper le sol avec le pied. — **Se taper**, *vr*. Se donner des tapes l'un à l'autre. — **Dér.** *Tape* 1, *tapé, tapée; tapée, tapette, tapeur, tapin, tapage, tapageur, tapageuse, tapoter, tapement*. — **Comp.** *Tapecu*.

2. ***TAPER** (all. *zapfen*, boucher), *vt*. Enfoncer un bouchon à coups de tapette. — **Dér.** *Tape* 2, *tapon*.

1. ***TAPETTE** (dm. de *tape* 1), *sf*. Petite tape. || Jeu de billes.

2. ***TAPETTE** (dm. de *tape* 2), *sf*. Petite palette de bois avec laquelle on tape sur un bouchon pour l'enfoncer. || Tampon de graveur.

***TAPEUR** (*taper* 1), *sm*. Celui qui tape.

***TAPIN** (*taper* 1), *sm*. Celui qui bat le tambour. (Pop.)

TAPINOIS, OISE (*se tapir*), *s*. et *adj*. Celui, celle qui fait quelque chose en cachette (vx). — EN TAPINOIS, *loc. adv*. A la dérobée : *Se glisser en tapinois*. — Fig. En dissimulant : *Poursuivre une affaire en tapinois*.

TAPIOCA ou **TAPIOKA** (tupi-guarani *tipioka*), *sm*. Fécule alimentaire qu'on obtient en lavant, râpant et pressant la racine du manioc pour la débarrasser du liquide vénéneux qu'elle contient. En Europe, le tapioca ne sert qu'à faire des potages. (V. *Manioc*.)

TAPIR (guarani *tapiyre*), *sm*. Genre de mammifères herbivores de l'ordre des Périssodactyles, caractérisés surtout par la forme de leur nez, qui, en se soudant avec la lèvre supérieure, a donné naissance à une sorte de trompe beaucoup plus petite que celle de l'éléphant et n'ayant pas les mêmes usages. Les tapirs sont des animaux de la taille d'un âne, mais ayant quelque analogie avec le cochon. Leurs formes sont massives et lourdes; leur corps, bas sur jambes, est terminé en arrière par une queue très courte et pour ainsi dire rudimentaire. La tête, bien qu'allongée, présente un front assez haut et porte à sa partie antérieure une sorte de groin ressemblant à une trompe. Celle-ci est de faible dimension, nue, cylindrique, et percée à l'extrémité par les deux narines. Elle n'a point les mêmes usages que la trompe

TAPIR

de l'éléphant : c'est surtout un organe du tact; aussi l'animal l'agite-t-il continuellement; c'est avec elle qu'il saisit les objets en les pressant contre sa bouche; chez quelques espèces, la cloison séparant les deux narines se prolonge en un appendice digitiforme. Mais lorsque le tapir veut boire, il relève sa trompe et se sert alors directement de sa bouche. Les oreilles ont la forme de cornets courts et pointus. Les jambes sont, comme nous l'avons déjà dit, assez courtes; celles de devant se terminent par 4 doigts entourés de sabots, tandis que les membres postérieurs ne portent que 3 doigts également munis de sabots. Les os des tapirs sont massifs, et le nombre des vertèbres qui portent des côtes s'élève à 18; l'épaule n'a pas de clavicule. Le crâne, allongé d'arrière en avant, présente une forte crête sagittale. La dentition n'est pas tout à fait la même aux 2 mâchoires. Les incisives sont au même nombre en haut qu'en bas; celles de la mâchoire inférieure sont taillées en biseau, et les dents de la paire la plus extérieure sont les plus petites. Au contraire, les incisives de la mâchoire supérieure vont en augmentant de grosseur à mesure que l'on se rapproche des canines, et les plus extérieures sont volumineuses, pointues, coniques et ressemblent aux canines. Ces dernières sont petites à la mâchoire supérieure, tandis qu'elles sont fortes et tranchantes à la mâchoire inférieure. Les molaires supérieures sont au nombre de 7 de chaque côté ; les inférieures sont réduites à 6, en sorte que la mâchoire inférieure présente une barre assez grande. Ces molaires sont toutes semblables entre elles, et constituées par des couronnes carrées divisées en 2 parties par une vallée profonde qui partage la dent en 2 lames placées l'une contre l'autre. Cette conformation est plus accentuée à la mâchoire inférieure; les molaires supérieures ont une structure plus compliquée. Les tapirs sont des animaux pacifiques, vivant en famille ou constituant de petites sociétés qui habitent les marécages et les forêts vierges, humides et bien arrosées de l'Amérique. Ce sont des animaux nocturnes, dormant tout le jour, et cherchant la nuit leur nourriture, qui se compose de racines succulentes, de fruits, de feuilles, etc.; ils aiment beaucoup le sel et le recherchent avec avidité. Ils ont un grand plaisir à se baigner et à marcher sous l'eau. C'est dans cet élément qu'ils se réfugient de préférence lorsqu'ils sont poursuivis. Les femelles, plus grandes que les mâles, mettent au monde un ou deux petits ressemblant à de jeunes marcassins. Les principales espèces de tapirs sont : 1° Le *tapir du Brésil*, appelé *anta* par les indigènes, dont la couleur de la peau est d'un gris brunâtre, plus foncée le long de la colonne vertébrale, et qui porte sur la nuque et le cou une crinière de poils courts et raides. Le reste du corps est clairsemé de soies noires semblables à celles du cochon. *L'anta* possède une trompe cylindrique dont le prolongement digitiforme est peu prononcé; la cloison qui sépare les deux narines est cartilagineuse. Cet animal se rencontre dans l'Amérique du Sud, où il vit dans les forêts vierges, préférant les endroits humides et fangeux. Il se trace dans les fourrés des sentiers qu'il suit invariablement; mais lorsqu'il est poursuivi par les chasseurs ou les bêtes fauves, il se jette droit devant lui, culbutant tout ce qui lui fait obstacle, ou bien il se réfugie dans l'eau. C'est, du reste, un animal très craintif, ne faisant tête au chasseur que pour défendre sa progéniture. Sa chair est estimée à l'égal de celle du bœuf, et sa peau est recherchée pour fabriquer de gros cuirs. 2° Le *tapir à chabraque* ressemble beaucoup à l'espèce précédente dont il se distingue par une trompe un peu plus longue et aplatie à sa face inférieure. Il n'a point de crinière et son corps, noir en avant, porte, du garrot à la naissance de la queue, une grande tache blanche s'étendant sur le haut des cuisses et sous le ventre et qui a la forme d'une chabraque. Cette espèce, qui n'est connue que depuis 1820, habite l'île de Sumatra et la presqu'île de Malacca, et est désignée par les indigènes sous le nom de *maïba*. 3° Le *tapir pinchaque* est entièrement noir; son pelage, plus serré et garni de duvet, le protège contre le froid. Aussi cette espèce se rencontre-t-elle dans les hautes vallées des Cordillères, où les hivers sont très rigoureux. 4° Le *tapir de Baird* est d'un brun foncé et se distingue surtout des espèces précédentes par des sabots plus petits et une cloison osseuse séparant les deux narines. On le rencontre dans le Guatemala et l'isthme de Panama, où on l'a découvert dans ces derniers temps. Les tapirs de l'époque actuelle ont pour formes ancestrales les *lophiodons*, qui vivaient à l'époque éocène; ils sont voisins des palœotherium et des rhinocéros. — **Dér.** *Tapiridés*.

TAPIR (SE) (*taper* 2), *vr*. Se cacher en se ratatinant : *L'enfant se tapit dans une armoire*.

***TAPIRIDÉS** (*tapir*), *smpl*. Famille de mammifères dont le tapir est le type. Ce sont des périssodactyles. (V. ce mot et *Tapir*.) — **Un tapiridé**, *sm*. Un animal quelconque de la famille des Tapiridés.

TAPIS (bl. *tapacium* : de *tapes* ou *tapete*, tapis), *sm*. Etoffe de laine avec des dessins dans la trame, dont on recouvre le carreau, le parquet ou les murs d'un appartement, une table, etc. Les plus beaux tapis sont ceux de Perse, de Turquie, de Smyrne, d'Aubusson. || *Tapis de haute lice*, très grands tapis formant de véritables tableaux avec personnages, et que l'on fabrique à la manufacture des Gobelins, à Paris. || *Tapis de basse lice*, tapis moins grands que les précédents, où sont figurés des fleurs, des feuillages, et que l'on fabrique à la manufacture de Beauvais. || Pièce d'étoffe dont un bureau est ordinairement recouvert. — Fig. *Mettre une affaire, une question sur le tapis*, la proposer pour l'examiner, la mettre en discussion, en cause. — Fig. *Tenir quelqu'un sur le tapis*, parler de lui. || *Etre sur le tapis*, être le sujet de l'entretien. — Fig. *Amuser le tapis*, s'occuper d'affaires peu importantes, entretenir la compagnie de bagatelles, traîner les choses en longueur pour gagner du temps. || Etoffe qui recouvre une table de jeu. — Fig. *Le tapis brûle*, se dit pour réclamer la mise des joueurs. || *Tapis vert*, table de jeu, maison de jeu : *Se ruiner au tapis vert*. || Grande pièce de gazon dans un parc. || *Tapis franc*, cabaret où se réunissent les voleurs. || *Tapis de billard*, pièce de drap vert tendue sur la table d'un billard. — Fig. *Tapis* se dit de tout ce qui recouvre la terre à la façon d'un tapis : *Un tapis de mousse, de neige*. — **Dér.** *Tapisser, tapisserie, tapissier, tapissière*.

TAPISSER (*tapis*), *vt*. Couvrir les murailles d'un appartement de tapisserie, de papier peint, de tableaux, etc. || Se dit de diverses choses qui couvrent une surface : *Des affiches tapissent ce mur. La pervenche tapisse ce bosquet*. — *Vi*. Faire de la tapisserie.

TAPISSERIE (*tapisser*), *sf*. Ouvrage fait à l'aiguille sur du canevas avec de la laine, de la soie, de l'or : *Fauteuil de tapisserie*, dont le siège et le dos sont garnis d'une étoffe en tapisserie. || Grande pièce d'étoffe en tapisserie dont on recouvre les murailles d'un appartement. L'usage de la tapisserie remonte à une très haute antiquité. Les Egyptiens, les Assyriens, les Perses, etc., et en général tous les peuples de l'Orient, confectionnaient des tapis et des tentures dont ils ornaient leurs temples et leurs palais. De là, cet art passa chez les Grecs et les Romains; mais ces derniers furent longtemps tributaires de l'Orient, et ce n'est que deux siècles avant notre ère que des ateliers de tapisserie furent établis dans la Campanie. C'est au IXe siècle que l'on commença à fabriquer des tentures en France. Ce fut dans les monastères que cet art se développa d'abord; les croisades augmentèrent beaucoup le goût de ce genre d'ornementation; aussi pendant les XIe, XIIe, XIIIe et XIVe siècles des fabriques de tentures et de tapis furent établies à Paris, Arras et Bruxelles. Les tissus faits dans les Flandres étaient recherchés de l'Europe entière; les ducs de Bourgogne, et notamment Philippe le Hardi et Charles le Téméraire, firent de nombreuses commandes aux tapissiers flamands. Mais cette industrie perdit de son importance à la mort de ce dernier prince : les ouvriers établis à Arras furent chassés de cette ville et se réfugièrent à Bruxelles. Au commencement du XVe siècle l'art de la tapisserie passa aux mains des Italiens, dont les peintres fournirent alors les cartons. Le XVIe siècle rechercha beaucoup aussi les tapis : témoin le camp du drap d'or. Enfin, Colbert encouragea cette industrie qui se développa rapidement et produisit, aux Gobelins, à la Savonnerie, à Beauvais, etc., des chefs-d'œuvre que l'on admire encore aujourd'hui. A notre époque, la tapisserie est arrivée à un degré de perfection qui ne saurait être dépassé. || *Tapisserie de haute lice ou à personnages*. (V. *Tapis*.) *Garnir une tapisserie*, la doubler de toile. — Fig. *Etre derrière la tapisserie*, être instruit de tout ce qu'il y a de plus secret dans une affaire. — Fig. *Faire tapisserie*, assister à un bal sans y danser et en se tenant rangé contre les murs. || Tout ce qui recouvre les murailles d'une chambre à la manière d'une tapisserie : *Tapisserie de cuir doré, de papier peint*. || Le métier du tapissier.

TAPISSIER, IÈRE (*tapisser*), *s*. Celui, celle qui fait ou vend de la tapisserie, qui garnit les meubles de tapisserie ou d'autres étoffes, qui pose les tapisseries dans un appartement. — **Tapissière**, *sf*. Ouvrière qui fait de la tapisserie à l'aiguille. || Voiture ouverte de tous côtés dont on se sert pour le transport des meubles, des tapis, etc.

TAPON (*taper* 2), *sm*. Linge, étoffe qu'on fripe en en faisant un paquet en forme de bouchon.

TAPOTER (fréq. de *taper* 1), *vt*. Donner de petits coups à plusieurs reprises. || *Tapoter du piano*, en jouer mal ou négligemment.

TAPTY, rivière de l'Hindoustan qui se jette dans la mer des Indes près de Surate.

***TAQUE** (bas bret. *tach*; clou, attache), *sf*. Plaque de fer fondu. — **Dér.** *Taquer, taquet, taquin, taquine, taquiner, taquinement, taquinerie; taquoir, taquon, taquonner*.

TAQUER (bas bret. *tach*, clou, attache), *vt*. Passer le taquoir sur une forme. (Impr.)

TAQUET (bas bret. *tach*, clou, attache), *sm*. Crochet de bois en forme de croissant fixé sur les plats-bords, le pont ou les haubans d'un navire, et auquel on amarre des cordages. || Petit morceau de bois en forme de prisme triangulaire fixé dans une encoignure d'un meuble pour empêcher celle-ci de se disjoindre. || Petit morceau de bois servant à arrêter le mouvement d'un châssis mobile. || Petit piquet de bois qu'on enfonce en terre pour servir de repère à un alignement ou pour marquer la hauteur d'un déblai ou d'un remblai. || Mécanisme qui sert à maintenir les cages à un certain niveau dans le puits. (Mines.)

TAQUIN, INE (bas bret. *tach*, clou), *adj*. et *s*. Autrefois, qui est d'une avarice sordide. || Aujourd'hui, qui se fait un malin plaisir de chicaner, de contrarier pour des riens.

TAQUINEMENT (*taquine* + sfx. *ment*), *adv*. D'une manière taquine.

TAQUINER (*taquin*), *vi*. Avoir l'habitude de chicaner, de contrarier pour des riens. — *Vt*. S'amuser à contrarier quelqu'un pour des riens : *On m'a taquiné*. — **Se taquiner**, *vr*. Se contrarier malicieusement l'un l'autre : *Ces enfants sont toujours à se taquiner*.

TAQUINERIE (*taquiner*), *sf*. Caractère de celui qui est taquin. || Action de celui qui taquine.

TAQUOIR (*taquer*), *sm*. Plaque de bois de sapin doublée de chêne sur laquelle on frappe avec un maillet pour faire pénétrer également dans un châssis tous les caractères contenus dans une forme d'imprimerie.

***TAQUON** (dm. de *taque*), *sm*. Garniture que l'on met au tympan ou sous les caractères pour faire affleurer également toutes les lettres. (Impr.)

***TAQUONNER** (*taquon*), *vt*. Mettre, garnir de taquons.

***TAR**, *sm*. Guitare légère d'un usage général en Perse, instrument avec lequel le musicien accompagne les voix à l'unisson, en faisant des ritournelles.

TAR

TARA, 7000 hab. Ville de Sibérie près de l'Irtisch. Tanneries.

TARABUSTER (vx fr. *tabuster*, faire du bruit : de *tabus*, mot que l'on trouve dans Rabelais, et signifiant *tapage*), *vt*. Importuner quelqu'un en l'interrompant fréquemment, en faisant du bruit, en l'entretenant d'une chose à contretemps. || Maltraiter : *Tarabuster un enfant*.

TARANTAISE. (V. *Tarentaise*.)

1. **TARARE**, *interj*. Exprimant l'incrédulité, la moquerie.

2. ***TARARE** (*x*), *sm*. Machine composée essentiellement d'une roue à ailes qui sert à nettoyer, par la production d'un courant

d'air, et à cribler en même temps les grains de blé après le battage.

TARARE, 12580 hab. Ch.-l. de c., arr. de Villefranche (Rhône). Centre industriel très important pour le travail de la soie et des étoffes et occupant plus de 60000 ouvriers. Mousselines, peluches et velours de soie.

TARASCON, 1739 hab. Ch.-l. de c., arr. de Foix (Ariège). Minerai de fer, marbre, cuir, filatures de laine.

TARASCON, 9314 hab. Ch.-l. de c., arr. d'Arles (Bouches-du-Rhône), sur la rive gauche du Rhône. Tribunaux civil et de commerce. Saucissons dits saucissons d'Arles.

TARASP, ville du canton des Grisons (Suisse), dans l'Engadine (sur l'Inn). Eaux minérales salées et carbonatées sodiques.

TARAUD (rac. *tar*, percer), *sm*. Outil en acier dont on se sert pour creuser, dans l'intérieur d'un écrou de bois ou de métal, la rainure en tire-bouchon dans laquelle doit glisser un filet de vis. — **Dér.** *Tarauder, taraudage.*

TARAUDAGE (*tarauder*), *sm*. Action de tarauder.

TARAUDER (*taraud*), *vt*. Creuser dans un trou d'écrou de bois ou de métal la rainure qui doit recevoir un filet de vis.

TARBES, 25146 hab., préf. (Hautes-Pyrénées), à 755 kilom. de Paris, sur l'Adour. Fonderie de métaux et industries variées. Dépôt de remonte pour la cavalerie légère. Arsenal de construction pour le matériel de l'artillerie de terre.

TARD (l. *tarde*), *adv*. Après l'heure fixée, convenue : *Arriver tard*. ‖ Vers la fin de la journée : *Parvenir tard au gîte*. ‖ *Mieux vaut tard que jamais*, il vaut mieux faire une chose passé le temps où on aurait dû la faire que de ne la point faire du tout. — *Adj. Il se fait tard*. — *S. Venir sur le tard*. — **Dér.** *Tarder, tardif, tardive, tardivement, tardiveté*. — **Comp.** *Attarder, retarder, tardigrade.*

TARDENOIS, anc. petit pays de France, entre Soissons et Château-Thierry. — Ch.-l. *Fère-en-Tardenois.*

TARDER (l. *tardare*), *vi*. Attendre trop longtemps pour faire une chose : *Il tarde à me répondre*. ‖ S'arrêter ou aller lentement, de façon qu'on se trouve en retard : *Il a tardé en chemin*. ‖ *Tarder à* ou *tarder de*, avec un nom de chose pour sujet, être trop longtemps à se produire ou à produire son effet : *Le jour tarde à paraître. Le médicament tarde à agir*. — *V. imp.* Être un sujet d'impatience, d'attente pénible : *Il me tarde de le voir.*

TARDES, 62 kilom. Rivière du département de la Creuse, affluent du Cher. Elle reçoit le Rondeau, la Méouse, la Vouise et le Chairot.

TARDETS, 989 hab. Ch.-l. de cant., arr. de Mauléon (Basses-Pyrénées).

TARDIEU, célèbre graveur (1674-1749), né à Paris.

TARDIEU (AUGUSTE-AMBROISE) (1818-1879). Célèbre professeur de médecine légale à la Faculté de Paris, membre de l'Académie de médecine, et auteur d'un grand nombre d'ouvrages sur la matière.

TARDIF, IVE (*tard*), *adj*. Qui attend trop longtemps pour faire une chose : *Médecin tardif*. ‖ Qui arrive, qui est fait trop tard : *Repentir tardif*. ‖ Lent : *Mouvement tardif*. ‖ Qui naît, se développe ou mûrit trop tard : *Fruit tardif*. — **Dér.** *Tardivement.*

TARDIGRADE (l. *tardus*, lent + *gradi*, marcher), *adj*. 2 *g*. et *sm*. Se dit d'une famille de mammifères édentés qui habitent l'Amérique du Sud, ne peuvent que se traîner péniblement sur le sol, mais grimpent sur les arbres avec une étonnante facilité, et dont les plus remarquables sont l'*aï* et l'*unau*. (V. *Édentés*.)

TARDIGRADE
MAIN A 2 DOIGTS DE L'UNAU

TARDIGRADE
MAIN A 3 DOIGTS DE L'AÏ

TARDINE, 33 kilom. Rivière du département du Rhône, affluent de la Brevanne à l'Arbresle.

TARDIVEMENT (*tardive* + sfx. *ment*), *adv*. D'une manière tardive.

TARDIVETÉ (*tardive*), *sf*. Lenteur de mouvement (vx). ‖ Croissance, maturité tardive : *La tardiveté d'un fruit.*

TARDOIRE, 100 kilom. Rivière du département de la Haute-Vienne. Cours très tourmenté : la rivière disparaît souvent dans des gouffres souterrains pendant plus de 20 kilom. Elle se jette dans la Charente à Mansle. Elle reçoit le Trieux, le Bandiat et la Bellone.

1. **TARE** (ar. *tarha*, rebut), *sf*. Déchet, diminution dans la quantité ou la qualité d'une marchandise : *Le transport des marchandises cause souvent de la tare*. ‖ Poids de l'enveloppe ou du vase qui contient une

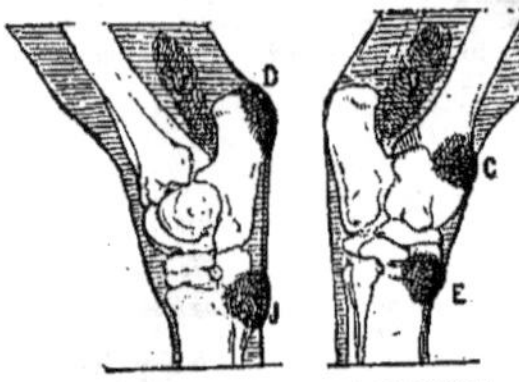

TARES DU JARRET
V. Vessignon. D. Capelet. J. Jardon.
V. Vessignon. C. Courbe. E. Eparvin.

marchandise : *Ce lard pèse net 100 kilogrammes, déduction faite de la tare*. — Fig. Imperfection, défaut, vice : *Cheval sans tare. Homme sans tare*, dont le caractère, la conduite sont irréprochables. — **Dér.** *Tarer, taré, tarée.*

2. ***TARE** (*x*), *sf*. Les grilles qui couvraient la visière du casque. (Blason.)

TARÉ, ÉE (*tarer*), *adj*. Qui a subi un déchet, gâté, avancé : *Marchandise tarée*. — Fig. *Homme taré*, méprisé de tout le monde à cause de sa mauvaise conduite. ‖ Cheval taré par le feu.

TARENTAISE, anc. prov. du centre du duché de Savoie, entre le Faucigny au N. et la Maurienne au S. ; cap. *Moutiers*. [V. *Savoie* (dép. de la)].

TARENTE (GOLFE DE). Golfe formé par la mer Ionienne, à l'extrémité S.-E. de l'Italie, entre la presqu'île de la Calabre à l'O. et la Terre d'Otrante à l'E.

TARENTE, 34000 hab., ville forte d'Italie, au fond du golfe du même nom, que creuse la mer Ionienne entre les deux presqu'îles qui terminent au S. la péninsule. Archevêché. Fondée par une colonie de Spartiates, Tarente fut, dans l'antiquité, une des villes les plus florissantes de la Grande-Grèce. Un crédit de 25 millions, voté par les chambres italiennes, a été consacré à la création de bassins de radoub et de vastes ateliers de réparation. Des forts en défendent l'entrée. C'est le point de réunion de la flotte italienne. — **Dér.** *Tarentelle, tarentule, tarentisme.*

TARENTE (DUC DE). (V. *Macdonald*.)

TARENTELLE (*Tarente*), *sf*. Espèce de danse des environs de Tarente. ‖ Air adapté à cette danse.

TARENTISME (*Tarente*), *sm*. Maladie nerveuse, aujourd'hui éteinte, qui régna dans le S. de l'Italie aux XVe, XVIe et XVIIe siècles. Elle était causée par la piqûre de la tarentule et d'autres insectes, ou par la présence de ceux qui en étaient atteints, et donnait aux malades une irrésistible envie de danser.

TARENTULE (*Tarente*), *sf*. Espèce d'araignée du genre Lycose, que l'on rencontre dans le midi de l'Europe, notamment en Italie, en Espagne et dans le S. de la France. Ces araignées ont des pattes très longues et courent avec une agilité merveilleuse ; elles possèdent huit yeux inégaux et formant un parallélogramme allongé. Ils sont placés sur le devant et les côtés du céphalothorax et sur trois lignes perpendiculaires à l'axe du corps de l'animal. En outre, ces yeux sont très brillants, et, dans l'obscurité, ils jettent des feux semblables à ceux qu'émettent les yeux des chats. La tarentule est une araignée terrestre ; elle se creuse dans le sol un terrier ayant la forme d'un long boyau. Celui-ci est d'abord dirigé perpendiculairement à la surface du sol, puis il fait un coude et court horizontalement ; puis, il reprend une direction verticale. Quelquefois, l'ouverture de ce terrier possède un ouvrage avancé formé de petites brindilles agglutinées par un mucus élaboré par l'animal ; cette substance recouvre aussi l'intérieur de la demeure de la lycose comme un enduit, et donne à ses parois une solidité qui les empêche de se déformer. La *tarentule* ou *lycose tarentule* se place à l'entrée de son terrier et attend la venue des insectes dont elle se nourrit. Dès que ceux-ci sont à sa portée, elle se précipite sur eux avec rage, les mord, les injecte de son venin, et les dévore ensuite. La femelle de la tarentule pond un très grand nombre d'œufs, variant entre 20 et 180. Ceux-ci, d'abord libres, sont ensuite enfermés dans une sorte de cocon circulaire et globuleux que la mère file et suspend sous son abdomen. Si l'on vient à le lui arracher, elle se précipite de tous côtés à la recherche de son précieux fardeau jusqu'à ce qu'elle l'ait retrouvé. Elle le rattache alors au moyen de fils qu'elle sécrète de nouveau. Dès que les petits sont éclos, ils se cramponnent sur le dos de leur mère et lui donnent ainsi un aspect étrange et hideux. Le venin de la tarentule n'a aucune action sur l'espèce humaine ; il n'a d'effet que sur les insectes dont cet arachnide fait sa proie ; aussi faut-il reléguer dans le domaine de la Fable toutes les histoires qui ont été racontées à son sujet.

TARENTULE

TARER (*tare* 1), *vt*. Causer du déchet, gâter, corrompre : *L'humidité a taré ces fruits*. — Fig. *Tarer la réputation de quelqu'un*, l'entacher fortement. ‖ Peser l'enveloppe, le vase où l'on doit mettre une marchandise, afin qu'après l'en avoir rempli on puisse, par une seconde pesée, connaître le poids net de cette marchandise : *Tarer un pot.*

***TARET** (rac. *tar*, percer), *sm*. Genre de mollusques marins lamellibranches, voisin des *pholades* et des *xylophages*. Les espèces qui en font partie vivent dans une coquille bivalve très épaisse, très courte, globuleuse, ouverte en avant et en arrière, et logée à l'extrémité d'un trou revêtu en partie ou dans toute sa longueur de calcaire. Chacune des valves est à trois lobes et marquée de stries concentriques. L'animal qui habite cette coquille a la forme d'un ver ; les lobes du manteau sont réunis, épais en avant et munis d'une petite ouverture par où passe le pied, qui a la forme d'un suçoir. Les viscères sont contenus dans les valves. Les branchies se présentent sous la forme de longs cordons s'étendant dans le tube des siphons, qui sont également très longs. Le nombre des espèces de tarets est assez considérable. Ces mollusques sont redoutables à cause des dégâts qu'ils font dans les constructions navales. Tous les bois, depuis les plus tendres jusqu'aux plus durs, comme le teck ou le chêne, sont attaqués par le taret. Il commence par perforer le bois perpendiculairement à la direction des fibres, puis, une fois introduit dans la masse, il trace des galeries dans la direction du grain, à moins qu'il ne rencontre le tube d'un autre taret ou une partie plus dure, comme un nœud. Le *taret naval* mesure 0^m,30 de longueur et quelquefois 0^m,75. En 1731 un grand nom-

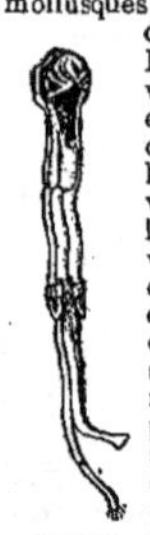

TARET

bre de ces animaux s'étant attaqués aux pilotis des dunes de la Hollande, celles-ci cédèrent à l'action du flot et les eaux envahirent les terres, où elles causèrent des dommages incalculables. Le seul moyen que l'on ait de préserver les bois immergés de leurs atteintes est de les recouvrir de plaques de métal ou d'y enfoncer des clous à large tête. Une espèce de taret s'attaque aux fruits ligneux flottant à la surface des mers tropicales, comme les noix de coco. Dans ce cas, les tubes qu'ils ont tracés sont contournés. L'espèce la plus grande du genre est le *taret géant*, qui atteint souvent 1 mètre de long et 0m,05 de diamètre. Les tarets habitent les mers tropicales, les côtes de l'Angleterre, de la Norvège et les rivages de la mer Noire. Quelques naturalistes inclinent à penser qu'ils ont été introduits en Europe par les navires venant des contrées intertropicales. Cependant on en a trouvé un assez grand nombre d'espèces fossiles aux États-Unis et en Europe dans les couches du trias.

TARGE (vieux scandinave *targa*), *sf.* Bouclier qui, jusqu'au XIVe siècle, se confondait avec l'écu. Pendant les XIIe et XIIIe siècles on ne faisait aucune différence entre la targe et l'écu; mais à partir du commencement du XIVe siècle, l'écu prenant des formes très variées, la targe fut un bouclier large et arrondi à sa partie inférieure. Il était toujours fait de cuir de cerf bouilli et peint de différentes couleurs, ou recouvert de plusieurs vélins collés les uns sur les autres. Quelquefois la targe était faite de corne de cerf. Au commencement du XIVe siècle, la targe était ronde, suspendue au cou par des courroies et pendante sur le devant de la poitrine. Elle garantissait ainsi le devant du corps des coups que pouvaient porter les soldats combattant avec l'épée à deux mains. Vers la fin du XIVe siècle, la targe devient ovale et présente en son centre un *umbo*. On ne s'en servait guère alors que pour monter à l'assaut. Au XVe siècle, la targe se substitua presque entièrement à l'écu, et elle possédait souvent une échancrure dans le canton dextre: elle avait en outre une bosse au centre. — **Dér.** *Targette, se targuer.*

TARGE (T)

TARGET (1733-1807), célèbre avocat, né à Paris, joua un certain rôle dans l'Assemblée constituante.

TARGETTE (dm. de *targe*), *sf.* Très petit verrou de fer ou de laiton en forme de règle plate ou de boudin, et qu'on manœuvre au moyen d'un bouton fixé au milieu.

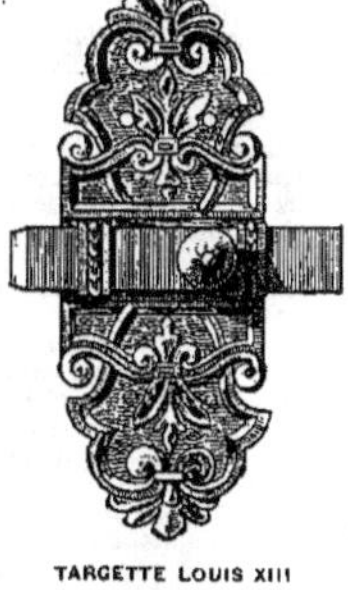

TARGETTE LOUIS XIII

TARGON, 1165 hab. Ch.-l. de c., arr. de la Réole (Gironde).

TARGUER (SE) (*targe*), *vr.* Se faire un moyen de défense. || Se prévaloir, tirer avantage avec ostentation : *Se targuer de noblesse.*

TARGUM [tar-gome] (mot chaldéen, *interprétation*), *sm.* Développement explicatif de l'Ancien Testament composé en langue chaldéenne, après la captivité de Babylone, pour la commodité des juifs, qui ne comprenaient plus l'hébreu.

TARI (*x*), *sm.* Liqueur alcoolique qu'on obtient en faisant fermenter la sève de certains palmiers.

TARIÈRE (l. *taratrum*), *sf.* Sorte de grosse vrille destinée à percer des trous dans le bois, composée d'un manche qu'on fait tourner avec les deux mains et d'une tige de fer fixée perpendiculairement au milieu de ce manche, et terminée à son extrémité libre par une cuiller d'acier coupante sur les bords ou par un filet de vis également coupant. || Sorte d'aiguillon qui existe à l'extrémité postérieure du corps des femelles de certains insectes, et avec lequel elles percent un trou dans l'écorce des végétaux ou la peau des animaux pour y déposer leurs œufs.

TARIÈRES

TARIF (ar. *târif*, publication), *sm.* Tableau officiel où sont indiqués les prix de certaines denrées, de certains travaux, les droits à payer pour certaines marchandises, ce qui est dû pour les actes des officiers ministériels : *En cas de contestation on doit s'en rapporter au tarif.* — **Dér.** *Tarifer, tarification.*

TARIFA, 12000 hab., ville et port d'Espagne, province de Cadix (Andalousie), sur le détroit de Gibraltar.

TARIFER (*tarif*), *vt.* Appliquer un tarif : *Tarifer un mémoire.* || Fixer par un tarif les droits que doivent payer certaines marchandises.

***TARIFICATION** (*tarif* + l. *ficare*, faire), *sf.* Établissement d'un tarif fixant les droits à payer pour certaines marchandises ou le prix de certaines choses.

TARIK, célèbre général arabe qui envahit l'Espagne en 710, défit les Wisigoths à Xérès de la Frontera en 711, conquit la plus grande partie de la péninsule, et donna son nom à Gibraltar, Djebel-al-Tarik (montagne de Tarik).

TARIN (picard, *tère*, tendre : du l. *tener*, tendre), *sm.* Oiseau de passage du genre fringille, à bec conique et pointu, à plumage verdâtre, qui a les mœurs du chardonneret. Le tarin est un oiseau migrateur; il habite le N. de l'Europe et s'aventure jusqu'en Suède. Il vient chaque année en France et en Hollande, fréquentant surtout les forêts d'aunes et de pins. Il vit très bien en captivité, où il fait choix d'un ami auquel il prodigue les caresses. Ce charmant oiseau a une voix très agréable. Sa femelle pond cinq œufs d'un blanc grisâtre avec des points d'un brun pourpré.

TARIN

TARIR (VHA. *tharrjan*), *vt.* Mettre à sec : *La sécheresse a tari les puits.* — Fig. Faire cesser, arrêter : *Tarir les larmes des infortunés.* — *Vi.* Être mis à sec, cesser de couler : *Cette source tarit en été.* — Fig. Cesser, s'arrêter : *Son éloquence ne tarit point.* || *Ne point tarir sur un sujet*, en parler sans cesse. — **Se tarir**, *vr.* Être mis à sec, cesser de couler. — **Dér.** *Tarissant, tarissante, tarissable, tarissement.*

TARISSABLE (*tarir*), *adj. 2 g.* Qui peut tarir; qui peut être tari.

***TARISSANT, ANTE** (*tarir*), *adj.* Qui est en train de tarir.

TARISSEMENT (*tarir*), *sm.* État de ce qui est tari.

TARLATANE (*x*), peut-être d'origine indienne), *sf.* Mousseline de coton extrêmement claire et dont on fait des robes de bal.

TARMA, 12000 hab., ville du Pérou, dép. de Junin. Mines d'argent et de mercure.

TARN (375 kilom.), rivière de France, affluent de la Garonne, qui prend sa source dans les montagnes granitiques de la Lozère, au N. de la chaîne du Bougès, entre Villefort et Pont-de-Montvert, dans le département de la Lozère (1550 mètres). Il coule à l'O. par Pont-de-Montvert (896 mètres), à travers la région des causses. Après Florac, il s'enfonce dans des gorges, très profondes, creusées, entre les causses Méjean, Noir et de Larzac et les causses de Sauveterre, dans des terrains jurassiques (toarcien). On a là un exemple de ravinement par les cours d'eau de terrains de nature tendre : souvent les plateaux dominent de 300 à 400 mètres le niveau des rivières (gorges du Pas-de-Souci entre les rochers de Roche-Sourde et de Roche-Aiguille). A Peyreleau, au confluent de la Jonte (390 mètres), la rivière entre dans le département de l'Aveyron; elle est toujours encaissée entre des rochers, et arrose Milhau et Compeyre. A Saint-Rome, le jurassique fait place au permien et à des terrains schisteux qui occupent la partie orientale du département du Tarn. Le Tarn arrose, dans le département de l'Aveyron, Creyssels, Comprégnac, Saint-Rome, Broquiès: dans le département du Tarn, Albi (220 mètres), Marsac, Gaillac (106 mètres), Rabastens (92 mètres), Pointe-Saint-Sulpice. Son lit est, en général, encaissé d'une trentaine de mètres : il forme à Ambialet une presqu'île dont l'isthme a 12 mètres de large seulement.

A partir de Pointe-Saint-Sulpice (88 mètres), la rivière se dirige au N.-O. à travers les alluvions qui commencent à Albi (miocène et éocène), par Buzet, Bessières, Villemur (79 mètres), Montauban (68 mètres) [Tarn-et-Garonne]. Les montagnes de Lafrançaise le rejettent à l'O., et il va tomber dans la Garonne, à 6 kilom. au-dessous de Moissac (64 mètres).

La vallée du Tarn est riche en sites magnifiques qui en font une des régions les plus pittoresques de France (cascade du Saut-de-Sabo (19 mètres), gorges du Pas-du-Souci à Saint-Projet). La largeur du Tarn à Albi est de 144 mètres; il débite à son embouchure 20 à 25 mètres cubes d'eau remarquable par sa limpidité. Il est navigable depuis le Saut-de-Sabo jusqu'à son confluent, avec un tirant d'eau moyen de 1 mètre. Ses principaux affluents sont, à droite : le Gos, la Saudronne, le Tescou (60 kilom.), et l'Aveyron (240 kilom.); à gauche : la Dourbie (70 kilom.), le Cernon (35 kilom.), le Dourdou (90 kilom.), le Rancé (64 kilom.), et l'Agout (180 kilom.).

TARN (DÉPART. DU), 574216 hect., 358757 hab. (V. la carte, p. 465). Département du S. de la France devant son nom au *Tarn*, affluent de la Garonne, qui le traverse de l'E. à l'O. Il est limité au N. et au N.-E. par le département de l'Aveyron; au S.-E. par celui de l'Hérault; au S. par l'Aude; à l'O. par la Haute-Garonne; et au N.-O. par Tarn-et-Garonne. Il est compris entre 43°22'15" et 44°15'30" de latitude N. et entre 0°36'40" de longitude E. et 0°45'30" de longitude O. Le département a été constitué en 1790 par la réunion de trois diocèses de la province du Languedoc : ceux de Lavaur, d'Albi et de Castres; ces deux derniers formaient l'Albigeois. Le département mesure du N. au S. environ 90 kilomètres de longueur; sa largeur varie entre 60 à 115 kilomètres. La population est de 358757 habitants, ce qui correspond à une densité de 62 habitants par kilomètre carré.

Le sol du département est accidenté, un septième seulement est formé de plaines qui se déroulent à l'O., le reste est occupé par des montagnes et des collines. Les hauteurs du département appartiennent au système des Cévennes. On peut les diviser en trois chaînes : monts de *Lacaune*, *Sidobre* et *montagne Noire*.

Les monts de *Lacaune*, dénudés et stériles, se relient aux montagnes de l'Aveyron et de l'Hérault et séparent le bassin du Tarn de ceux de l'Orb et de l'Hérault. Leur point culminant est le pic de Montalet (1266 mètres), qui s'élève au S.-E. près de Lacaune. Les autres sommets sont : le Montgrand (1160 mètres), l'Ecu (1187 mètres), la Peyreblanque (1177 mètres), le bois de Montroucous (1169 mètres), le Margnès de Brassac (1145 mètres). Ces montagnes sont formées de gneiss, de schistes et de granits; elles offrent çà et là des plateaux dénudés ou des croupes couvertes de pâturages. Le *Sidobre* est peu élevé, il constitue un plateau (500 à 600 mètres) que l'étroite vallée de l'Agout sépare des monts de Lacaune depuis Castres jusqu'à Brassac. On rencontre dans cette région d'énormes entassements de rochers qui obstruent les ravins. La vallée du Toret traversée, on passe du Sidobre dans la *montagne Noire* qui marque la limite des bassins de l'Agout (Atlantique) et de l'Aude (Méditerranée). Elle occupe le territoire des cantons de Dourgne, Mazamet, Saint-Amans : elle est parcourue par un grand nombre de rivières très abondantes. Le principal sommet est le pic de Nore (1 210 mètres), au S. de la forêt du même nom, sur la lisière S.-E. du département.

Les collines occupent un territoire formé de calcaires, de grès et de sables miocènes : ce sont des coteaux fertiles, plantés en vignes et en arbres fruitiers, dominant les plaines d'alluvions, qui se signalent par une fécondité remarquable.

La plus grande partie du département appartient au bassin de l'Atlantique par la Garonne ; seuls quelques torrents, qui coulent sur le flanc méridional de la montagne Noire, se dirigent vers la Méditerranée. La Garonne reste constamment en dehors du département, qui lui envoie ses eaux par les affluents de la rive droite : 1° Le *Girou* (75 kilom.) est un ruisseau bourbeux qui prend naissance à Puylaurens, se dirige au N.-O. par Cuq-Toulza, sépare les départements du Tarn et de la Haute-Garonne et se réunit à l'Hers-Mort, autre affluent de la Garonne.

Le Tarn (375 kilom.) vient de la Lozère, où il coule dans les profondes gorges creusées entre les causses de Sauveterre et Méjean ; il pénètre sur le territoire du département du Tarn, un peu au-dessous de Trébas (232 mètres) et se dirige vers l'O. à travers des gorges schisteuses, où il ne baigne que de petits bourgs sans importance, tels que Courris. A Ambialet, la rivière est arrêtée par un haut promontoire rocheux qu'elle contourne pour revenir à son point de départ ; un canal en tunnel traverse l'isthme, qui n'a que 12 mètres de largeur et met en mouvement plusieurs usines. Le Tarn passe ensuite à Saint-Cirgue, à Crespinet, à Marsal et sort des gorges à la cascade du Saut-de-Sabo, entre Arthès et Saint-Juéry, un peu en amont d'Albi (18 mètres). Le Tarn entre alors subitement dans la plaine de l'Albigeois et court entre des berges de 30 mètres de hauteur moyenne qui mettent les campagnes riveraines à l'abri des inondations, bien que les crues dépassent quelquefois 12 mètres ; les eaux sont, en général, terreuses et d'une teinte rougeâtre ou jaunâtre : la largeur moyenne de la rivière est de 130 mètres et sa profondeur de $2^{m},70$. Après le Saut-de-Sabo, le Tarn arrose Lescure, Albi (220 mètres), Castelnau-de-Lévis, Marsac, Lagrave, Rivières, Tessonnières, Gaillac (106 mètres), Montans, l'Isle-d'Albi (99 mètres), Loupiac, Rabastens (92 mètres), Saint-Sulpice-la-Pointe, où se trouve le confluent de l'Agout, en aval duquel le Tarn entre dans le département de Tarn-et-Garonne après un parcours de 109 kilomètres dans celui du Tarn. Les affluents de droite de la rivière sont : 1° L'*Aigou ;* 2° le *Lizert*. A gauche : 1° le *Rancé* (60 kilom.), qui prend sa source dans l'Aveyron (950 mètres), près de Coufouleux, au signal de Merdelou (1110 mètres) ; il arrose Prohencoux, Belmont, Combret, Saint-Cernin (290 mètres), Balaguier, Plaisance : il n'appartient au département du Tarn que dans son cours inférieur, qui forme la limite de l'Aveyron. Les eaux, toujours bourbeuses, contribuent à souiller celles du Tarn. 2° Le ruisseau des *Planches*, qui arrose Bellegarde et Cambon, se jette dans le Tarn près d'Albi. 3° L'*Agout* (180 kilom.) naît dans le département de l'Hérault au mont Caroux, dans la chaine de l'Espinouse, qui borde à l'O. le bassin houiller de Graissessac (1 126 mètres) ; il prend d'abord la direction de l'O. par la Salvetat (636 mètres), chef-lieu de canton au-dessous duquel il entre dans le Tarn ; il coule alors dans des gorges profondes et tortueuses entre les monts de Lacaune et du Sidobre (gneiss et schistes) par Brassac, Ferrières où il forme la cascade du Saut-de-Luzières, Vabre, Roquecourbe où il fait une boucle analogue à celle que décrit le Tarn à Ambialet, Burlats. Il quitte alors les gneiss et les schistes, passe à Castres (160 mètres), Saïx, le Pujol, Fréjeville, Vielmur, Lalbarède, Saint-Paul-Cap-de-Joux, Viterbe, la Bastide, Lavaur, Ambres, Saint-Jean-de-Rives, Saint-Lieux-lès-Lavaur, Giroussens et tombe dans le Tarn à Saint-Sulpice-la-Pointe (88 mètres). Nulle au point de vue de la navigation, l'importance de l'Agout est très grande comme rivière industrielle. On estime son débit à 6 500 litres par seconde aux plus basses eaux. L'Agout reçoit à droite : 1° La *Vèbre* (32 kilom.), descendue d'un sommet de 903 mètres près du hameau de Paillemalbiau ; elle baigne Murat (855 mètres) et se jette dans l'Agout un peu au-dessous de la Salvetat (660 mètres) ; elle reçoit à droite le *Viau*, qui naît près du signal de Gos (1 006 mètres) et passe à Nages. 2° Le *Gijou* (48 kilom.) descend du massif de Montalet (1 266 mètres), le point culminant du département ; il arrose Lacaune (832 mètres), Gijounet, Viane, Pierreségade, Lacaze, Vabre ; son cours, très sinueux, se déroule à travers des gorges profondes ; il tombe dans l'Agout en aval de Ferrières. 3° Le *Dadou* (100 kilom.) appartient tout entier au département du Tarn : il prend sa source à la limite de l'Aveyron près de Saint-Salvy-de-Carcavès (921 mètres) : sa direction générale est de l'E. à l'O. par Brassac, Saint-Lieux-la-Fenasse, Réalmont, Laboutarié, Montdragon, Graulhet, Briatexte, Saint-Gaudens ; son confluent, avec l'Agout, est situé un peu en dessous d'Ambres ; sa largeur moyenne est de 30 mètres ; il fait mouvoir un grand nombre de moulins. Il reçoit à droite : 1° Le *Lezert*. 2° L'*Assou*, qui descend d'Alban (616 mètres), coule par Villefranche, Mouzieys, Teulet, Dénat, Lombers et se jette dans le Dadou en face Montdragon. 3° L'*Agros*, dont le confluent est à Graulhet. A gauche, l'Agout reçoit : 1° La *Durenque* (32 kilom.), qui arrose Cambounès, Valdurenque, Lagarrigue et se jette à Castres (171 mètres). 2° Le *Toret* (52 kilom.) naît dans la montagne Noire, au pied du signal de Galinié (850 mètres), sur la limite du Tarn et de l'Aveyron, qu'il marque pendant quelques kilomètres. Il coule vers l'O. dans des gneiss et des micaschistes, baigne Labastide-Rouairoux (350 mètres), Lacabarède, Sauveterre, Saint-Amans-Soult, Mazamet (200 mètres). A Caucalières, il disparaît pendant 800 mètres, aux *Gaurrios*, et sort près de Labruguière pour se perdre dans l'Agout entre Naves et Castres.

Le Toret reçoit : 1° à droite, l'*Arn* (40 kilom.) vient du plateau de Saumail dans l'Hérault (1 000 mètres) ; il serpente à travers les gneiss et les micaschistes dans des gorges étroites et encaissées, entre dans le Tarn, près du château de Malbosc, traverse le canton d'Anglès, passe au pied du Vintrou et se jette dans le Toret, près de Pont-de-l'Arn ; 2° à gauche : l'*Arnette*, qui commence au pic de Nore (1 210 mètres), est une petite rivière très abondante qui fournit la force motrice aux usines de *Mazamet ;* elle se grossit du ruisseau de la *Mole ;* 3° le *Sor* (60 kilom.) descend de la montagne Noire au-dessus d'Arfons, dans la forêt de la Vialette (752 mètres) ; il forme la cascade de *Malamort*, arrose Durfort, Sorèze, et court pendant quelques kilomètres sur le territoire de la Haute-Garonne, où il passe près de Revel ; il rentre dans le Tarn, baigne Engarrevaques, Lempant, Lescout, Soual, et se jette dans l'Agout, près de Vielmur. Il reçoit les eaux de la *rigole de la Montagne*, mais cède une partie des siennes à la rigole de la plaine qui alimente le canal du Midi, et communique avec le bassin réservoir de *Saint-Ferréol*. Le Sor reçoit encore le *Laudot* et le *Massaguel* ou *Saut*, qui sort de la forêt d'Hautaniboul dans la montagne Noire et tombe dans le Sor à Soual.

L'Aveyron (240 kilom.) forme au N. la limite du Tarn avec le Tarn-et-Garonne, depuis Saint-Martin jusqu'à Montrozier par Ratayrens et Lexos. Il traverse entre Saint-Antonin et Bruniquel des gorges très pittoresques. Il quitte le Tarn à Bruniquel pour entrer définitivement dans le Tarn-et-Garonne, où il avait déjà pénétré en faisant un coude au sommet duquel se trouve Saint-Antonin.

Il reçoit à gauche : 1° le *Viaur* (160 kilom.) prend naissance au signal du Pal (1 016 mètres) dans les montagnes du Lévezou (Aveyron). Ses eaux sont très claires, et les gorges qu'il traverse l'emportent en pittoresques sur celles de l'Aveyron ; il coule dans les gneiss, les schistes et les micaschistes. Il touche pour la première fois le département à Tanus (550 mètres), arrose Pampelonne, puis sert presque constamment de limite entre le Tarn et l'Aveyron : il arrose Mirandol, Jougueviel et tombe dans l'Aveyron à Laguépie (125 mètres). Sa largeur moyenne n'est que de 16 mètres et son parcours dans le Tarn est de 47 kilom. Le Viaur reçoit : le *Lieux*, le *Lezert*, le *Jaoul* et le *Caudour*. 2° Le *Cérou* (70 kilom.) prend sa source aux confins du Tarn et de l'Aveyron, près de Valence ; il baigne Andouque, Rozières, Carmaux, Monestiès, Salles, Saint-Marcel, passe au pied de Cordes, arrose Vindrac, Marnaves, Milhars et tombe dans l'Aveyron près de Lexos ; il reçoit son principal affluent, le *Céret*, près de Monestiès. 3° La *Vère* (58 kilom.) a son origine près de Taïx. Elle coule d'abord à l'O., passe à Villeneuve, à Noailles, à Cahuzac, laisse à droite Castelnau-de-Montmiral, tourne vers le N.-O., baigne Puycelci, Laroque et sort du département pour aller se jeter dans l'Aveyron à Bruniquel. 4° Le *Tescou* (60 kilom.) prend sa source près de Montels, au N. de Gaillac ; il coule vers l'O. par Salvagnac, Montgaillard, Beauvais et va rejoindre le Tarn à Montauban. Son affluent, le *Tescounet*, n'a qu'un faible parcours dans le département.

Les vallées du Tarn, de l'Agout et du Toret sont occupées par de larges bandes d'alluvions qui s'étendent sur la côte de Puylaurens, les plateaux qui dominent Saïx et Vielmur, ceux de Lacapelle près de Saint-Paul, les abords du Sidobre, les plaines de Sorèze, de Dourgne. Le tertiaire couvre toute la plaine, c'est-à-dire plus de la moitié du département. Le N.-O. du Tarn, c'est-à-dire l'espace limité par la ligne ferrée de Lexos à Gaillac et le Tarn de Gaillac à Villebrumier, appartient à l'oligocène. L'éocène est plus développé : il se montre au S. du Tarn, à l'O. du chemin de fer de Castres à Albi ; il est surtout représenté par des calcaires. Le terrain secondaire fournit dans le N. du département le *bassin houiller de Carmaux*, contemporain de la troisième phase, la formation houillère (partie supérieure de l'étage houiller caractérisée par la décroissance des genres *annularia, sphenophyllum, odontopteris*, le développement des *calamodendron* et l'apparition du *calamites gigas*). On retrouve ces formations secondaires sur le territoire de Murat et sur divers autres points de l'O. et du centre. Le granit couvre presque entièrement le canton d'Anglès et ses environs, tandis que les vallées supérieures de l'Agout et du Toret sont creusées dans le gneiss. Au N. de la Salvetat, on aperçoit des pointements de serpentines et de roches pyroxéniques. La partie orientale du département est composée de terrains volcaniques. A l'E. d'Albi, le Tarn coule au milieu de schistes chloriteux ou sériciteux. Dans les cantons de Lacaune, de Brassac et de Vabre, les schistes et les phyllades appartiennent à l'époque cambrienne.

Le Tarn ne jouit pas d'un climat uniforme dans toute son étendue. En effet, on constate entre les divers points de son territoire une différence d'altitude considérable : le pic du Montalet atteint 1 266 mètres, tandis que le confluent de l'Agout est à une altitude de 85 mètres. De plus, la partie orientale du département est constituée par des roches imperméables, gneiss, schistes, micaschistes ; elles entretiennent une humidité froide, qui, combinée avec l'influence de l'altitude, font considérer le Tarn oriental comme faisant partie du climat auvergnat. L'O. du département appartient au climat girondin, qui se signale par une plus grande douceur : c'est un climat maritime ; dans cette région, il n'y a guère que deux mois de froid (15 décembre au 15 février). Albi jouit d'une température moyenne annuelle de 13°. Pour les trois mois d'été, la moyenne est de 24° dans tout le département. La hauteur d'eau qui tombe annuellement à Albi est de 740 millimètres; elle dépasse 1 mètre dans la montagne Noire et aux sources du Dadou. Les vents dominants sont ceux du S.-E. (autan), et du N.-O.

Le Tarn peut être regardé comme un pays agricole. On le divise à ce point de vue en quatre régions. 1° La partie orientale, couverte de montagnes, est un pays pauvre : le terrain est constitué par des granits, des gneiss, des schistes que recouvre une mince couche

DÉPARTEMENT DU TARN

Gravé par J. Geisendörfer, 12 r. de l'Abbaye. Paris.

Signes conventionnels :

PRÉFECTURE	Plus de 100 000 hab.	De 10 000 à 20 000	Place forte. Fort	Origine de la navigation
Sous-Préfecture	De 50 000 à 100 000	De 5 000 à 10 000	Frontière	Canal
Canton	De 30 000 à 50 000	De 2 000 à 5 000	Limite de Dép.t	Col
Commune, Village	De 20 000 à 30 000	Moins de 2 000	Chemin de fer	Forêts

Les chiffres expriment en mètres l'altitude au dessus du niveau de la mer.

Echelle (1 millim. pour 900 mètres) 10 5 0 10 20 30 40 50 Kil.

de terre végétale, fournissant de maigres récoltes (seigle, avoine, sarrasin, pommes de terre). Les terres incultes sont occupées par des forêts de châtaigniers et de hêtres ou par des genêts. 2° La deuxième région forme un fertile plateau calcaire orienté N.-S. sur une largeur de 15 kilomètres : on y produit du blé, du chanvre et de l'anis, principalement dans l'arrondissement de Gaillac. 3° Les alluvions du Tarn, de l'Agout, du Dadou, du Cérou, de la Vère sont extrêmement productives : on y récolte en abondance du blé, des fourrages artificiels, des pois, des lentilles, des fèves (haricots de Mézens et de Saint-Sulpice). On s'occupe beaucoup de culture maraîchère à Gaillac, Rabastens, Lescure, Arthès. 4° Dans la quatrième région, comprenant les coteaux des arrondissements de Castres, Albi, Gaillac, Lavaur, on cultive surtout le blé, le maïs. A Revel, Dourgne, Soual, Sorèze, on produit beaucoup de colza. Les environs d'Albi fournissent de l'absinthe.

Les vignes réussissent très bien dans le département, malgré les ravages du phylloxera; elles occupent un dixième de la surface totale du département. On distingue deux qualités de vins très différentes. Gaillac est le centre de production des vins de commerce rouges et blancs : ces derniers proviennent surtout des coteaux. Les vins de Gaillac sont très employés pour les coupages à Paris et à Bordeaux. Ils donnent du corps aux vins faibles. Les vins de table sont récoltés à Cunac, à Cahusaguet, au Roc; ils ont un bouquet très fin et sont d'une bonne conservation. Les territoires de ces communes sont formés de coteaux siliceux avec schistes et cailloux roulés.

Les autres localités où domine la culture de la vigne sont Florentin, Lagrave, Larroque, Milhars, Rabastens, Saint-Amarens, Saint-Juéry, Técou, Alos, Loubers, Frausseilles.

On rencontre dans le Tarn plusieurs grandes forêts, notamment celles de la Grésigne, de Salabert, de Lacaune, de la Ramasse, de Lausse, de Concord, dans les montagnes de Lacaune; de Noré, de Montaud, de Ramondens, d'Hautaniboul, du Cayroulot, dans la montagne Noire. Les communes de Buzet, de Bessières et Mézens cultivent principalement le pêcher.

Les bêtes à cornes, assez nombreuses, appartiennent aux races agénaise, gasconne, d'Anglès et de Salers. Les moutons fournissent une quantité considérable de laine. Le lait des brebis de Murat et de Lacaune est transformé en un fromage analogue à celui de Roquefort. L'élevage des oies et des dindons (Lavaur) a pris un certain développement dans le département. L'arrondissement de Lavaur est le centre de l'industrie séricicole.

Les massifs de la montagne Noire et de Lacaune fournissent des granits qu'on exploite sur le Sidobre et qu'on taille à Lacrouzette; on tire le grès rouge des carrières de Laguépie, Réalmont, Ronel et Salles; le grès fin de celles de Saint-Genest. On trouve dans la vallée de Viaur et sur le plateau de Noré des gneiss qu'on emploie comme dalles et comme ardoises dans la vallée du Toret, près de Lacabarède, à Labastide-Rouairoux, à Sainte-Gemme, dans la vallée du Cérou, près de Salles, et dans celle du Séret, entre Pampelonne et Carmaux. A Saint-Urcisse existe une carrière de marbre gris. Le porphyre est exploité dans les vallées du Cérou, du Viaur, ou sur les bords du Cérou (Rayssac). A Saïx et à Builliens, on tire des carrières de grès à grains de quartz. On rencontre, en maints endroits, des grès calcaires jurassiques, avec lias et marnes à fossiles (extrémité N.-O. du département) formant d'épaisses masses sillonnées par des vallées profondes. Au S. et au S.-O. de Lacaune s'exploitent des marbres gris, noirs, roses.

Il existe du manganèse à Alban et à Réalmont; du sulfate de baryte allié à du minerai de fer à Cadix; de l'alun et du sulfate de fer à Alban et à la Martinié (inexploité). Les communes d'Alban, Ambialet (la Fraisse), Lacaune, Montcouyoul, Pampelonne, Penne, Puycelci, Villefranche, possèdent des concessions de minerai de fer qui ne produisent qu'un tonnage assez minime.

La principale exploitation minérale du département sont les mines de *houille de Carmaux*.

Le bassin de Carmaux est un élément important dans la production houillère du Midi. Ses limites sont mal définies. A l'O., il disparaît sous les grès bigarrés, du côté du S. sous les terrains tertiaires. Le terrain houiller de Carmaux est remarquable au point de vue de la richesse et de la régularité des couches. On n'a encore rencontré ni les parois ni le fond du bassin. La superficie de la concession est de 9131 hectares, et l'exploitation a lieu depuis plusieurs siècles. Le bassin s'étend sur les deux rives du Cérou, dans les communes de Carmaux, Rosières, Blaye, Saint-Benoît, Monestiès, Caix, la Bastide-Gabausse, Combefa. A Labruguière on extrait du lignite.

Les sources minérales sont assez nombreuses dans le département, mais elles n'ont qu'une importance restreinte en thérapeutique. On trouve des eaux ferrugineuses à Lacabarède, Lacaune (thermales, alcalines et ferrugineuses), à Montirat, Roquecourbe, Trébas (eaux carbonatées calcaires); Vaour possède des eaux purgatives; Méout des eaux analogues à celles de Barèges.

La principale industrie du Tarn est la fabrication des tissus, dont le centre est Mazamet (24046 hab.). On y produit des draps dits fantaisie, cuir-laine, étoffe-velours, castors, cadix, alpagas, tartans qui s'exportent dans toute la France. Les principales localités qui s'occupent de la manufacture de la laine sont Anglès, Aussillon, la Bastide-Rouairoux, Boissezon (pour les draps blancs), Brassac (sargues), Castres (draps, serges, casimirs, péruviennes, cuirs-laines), Caunan, Dourgne, Massaguel (draps communs), Pont-de-l'Arn, Roquecourbe, Saint-Amans-Soult, Sorèze, Vabre, Aiguefonde, Aussillon, Boissezon, Labruguière, Cambounès, Espérausses, Lacaune, Lacaze, Mazamet, Saint-Amans. La bonneterie est très florissante à Castres, Labruguière, Lacrouzette, Mazamet, Roquecourbe.

Le département compte un grand nombre de manufactures de laine : les principales sont situées à Albi, Aiguefonde, Labastide-Rouairoux, Brassac, Burlats, Castres, Damiatte, Durfort, Fiac, Gaillac, Graulhet, Lacaune, Lacaze, Lacrouzette, Lavaur, Massaguel, Mazamet, Monestiès, Navés, Pampelonne, Pont-de-l'Arn, Réalmont, Roquecourbe, Sémalens, Sorèze, Vabre, Vielmur. Monestiès possède une filature de lin; Lavaur une filature de soie et Sémalens une de coton. De grandes tanneries sont installées à Graulhet et dans d'autres localités qui travaillent pour l'exportation avec des peaux étrangères (Buenos-Ayres) : Albi, Cordes, Briatexte, Gaillac, Castres, Lacaune, Mazamet, Réalmont, Rabastens, Roquecourbe. Graulhet possède de grandes chapelleries, ainsi que Roquecourbe et Albi. L'aciérie du Saut-du-Tarn, à Saint-Juéry, est la principale usine métallurgique du département : il existe des forges aux Avalats, à Lamontélarié, Arfons, des fonderies à Albi, Castres, Mazamet, des fabriques de boulons et de rivets à Durfort. Il y a de grandes fabriques de machines à Castres. Les autres industries à signaler sont les faïenceries de Castres, Carmaux, Saint-Amans; les verreries de Carmaux et de Blaye; les teintureries de Castres, Albi, Labastide-Rouairoux, Brassac, Gaillac, Lacaune, Mazamet, Roquecourbe, Sémalens, Vabre. Albi, Vielmur, Carmaux, Castres, Gaillac, Rabastens, Réalmont, Pont-de-l'Arn, Viterbe possèdent des minoteries; Albi, Carmaux, Castres, Cordes, Graulhet, Lacaune, des brasseries; Albi, Carmaux, Réalmont, Roquecourbe, Vabre, Viane, des scieries mécaniques. On fabrique des bougies, des pâtes alimentaires à Albi, des brosses à Lavaur et Saint-Sulpice-la-Pointe. Aux environs de Blaye, Brassac, Lacaune, sont installés un grand nombre de fours à chaux. Le Tarn possède 202 kilomètres de chemins de fer appartenant à 6 lignes distinctes : 1° Ligne de Paris à Toulouse, 65 kilomètres; de Laguépie à Saint-Sulpice par Gaillac et Rabastens. 2° Ligne de Lexos à Montauban (1500 mètres). 3° Ligne de Tessonnières à Albi (17 kilom.). 4° Embranchement d'Albi aux mines de Carmaux (15 kilom.). 5° Ligne d'Albi à Castelnaudary, 75 kilomètres entre Ranteil et Blan par Castres. 6° Embranchement de Castres à Saint-Amans (29 kilom.). Le département du Tarn comprend 4 arrondissements, 35 cantons et 318 communes. Chef-lieu *Albi*, évêché. S.-préf. : *Castres, Gaillac* et *Lavaur*.

TARN-ET-GARONNE (DÉPART. DE) (V. la carte, p. 467), 372016 hect., 214046 hab. Département du S.-O. de la France, qui doit son nom aux deux importants cours d'eau qui le traversent. Il est limité au N. par le département du Lot; à l'E. par celui de l'Aveyron; au S.-E. par celui du Tarn; au S. par celui de la Haute-Garonne; au S.-O. par ceux du Gers et du Lot-et-Garonne. Il n'a pas de limites naturelles; cependant, quelques-uns des cours d'eau qui l'arrosent, et prennent naissance dans les départements voisins, coulent, sur une étendue de quelques kilomètres, sur la frontière du Tarn-et-Garonne. Tels sont, par exemple, l'*Emboulas*, l'*Aveyron*, la *Gimone*, l'*Arrats*, la *Séoune*. Le département est compris entre 43°46′01″ et 44°23′36″ de latitude N., et entre 0°20′ et 1°35′ de longitude O. Sa longueur de l'E. à l'O. est de 101 kilom. et sa largeur de 70 kilom. du N. au S. Le Tarn-et-Garonne a été formé d'une partie des anciennes provinces du Quercy, du Rouergue, de l'Agénais, de l'Armagnac et de la Lomagne; la délimitation actuelle entre le Tarn-et-Garonne et les départements voisins date de 1808.

Le sol du département est incliné vers le S.-O. et est partagé par la Garonne en deux régions bien distinctes. L'une, située au S.-O., sur la rive gauche de la Garonne, est la moins étendue, et est constituée par des plaines d'une faible altitude qui n'atteint jamais 300 mètres. La seconde, au contraire, occupe la rive droite du même fleuve et couvre le reste du département. Elle est aussi la plus élevée, et son altitude augmente à mesure que l'on s'éloigne de la Garonne. Le point culminant du département est situé à sa limite orientale, qui le sépare de l'Aveyron (502 mètres) sur la commune de Castanet. Les hauteurs du département offrent le caractère de plateaux assez larges, limités du côté des rivières par des parois à pic. Dans certaines partie, on n'observe qu'une série d'ondulations sans ordre. On peut comparer cette région à celle des causses ou plateaux calcaires du Lot et de l'Aveyron, bien que ceux-ci soient plus froids, plus sauvages, et surtout moins fertiles. L'un des plus remarquables de ces plateaux s'étend entre l'*Aveyron* et ses affluents, la *Bonnette* et le *Candé*, sur une superficie d'environ 300 kilom. carrés. Un plateau qui couvre un espace plus restreint s'élève en face du précédent sur la rive gauche de l'Aveyron. Vers l'O., le long de la Garonne et du Tarn, à partir du confluent de l'Aveyron, s'amorcent une série de chaînes de collines parallèles, séparant les vallées des affluents de la Garonne, et dont la hauteur maxima ne dépasse pas 300 mètres. Des collines analogues occupent le pays au S. de la Garonne, et vont se rattacher au plateau de Lannemezan (277 mètres).

L'espace compris entre la Garonne et le Tarn n'offre que des ondulations sans importance. Les vallées du *Tescou* et du *Tescounet* sont, au contraire, creusées entre des coteaux dont le relief est beaucoup plus accentué (350 mètres au-dessus du niveau de la mer). Le cours de la Garonne, comme celui du Tarn, se déroule dans une large vallée dont le caractère contraste avec les gorges sauvages que franchit l'Aveyron.

Le département de Tarn-et-Garonne appartient au bassin de la Garonne, qui y reçoit un de ses principaux affluents. Le fleuve (V. *Garonne*) entre dans le département au sortir de celui de la Haute-Garonne, un peu au-dessous de Grenade-sur-Garonne, en amont de Grisolles (95 mètres) : il se dirige vers le N.-O. à travers des plaines d'alluvions modernes, par Verdun (108 mètres), Montech (73 mètres), Castelsarrasin (65 mètres), puis tourne à l'O. par Saint-Nicolas, Auvillars et Valence. Au-dessous de Saint-Nicolas, le fleuve est resserré et il sort du département par un défilé à une altitude de 50 mètres au-dessus du niveau de la mer.

Les affluents de la Garonne qui ont tout ou partie de leur cours dans le département sont, à droite :

I. Le *Tarn*, qui pénètre dans le département en amont de Villebrumier (75 mètres), et coule parallèlement à la Garonne. La rivière arrose Villebrumier, Reyniès, Corbarieu, Montauban, Villemade, Meauzac, où elle reçoit l'Aveyron. Le Tarn fait alors un coude et se dirige vers l'O. par Lafrançaise, Lizac, Moissac, en longeant le pied de coteaux qui le repoussent plusieurs fois vers le S. Le confluent du Tarn et de la Garonne est situé à 4 kilom. de Moissac (60 mètres).

Le Tarn arrose le territoire du département sur une étendue de 59 kilom. Son débit est de 25 mètres cubes d'eau par seconde à l'étiage : les berges, toujours très hautes, assurent l'écoulement des eaux d'inondation.

Officiellement, le Tarn est navigable depuis Albi sur 146 kilom.

Les affluents du Tarn sont, à droite : 1° le *Tescou* (50 kilom.), qui sort du département du Tarn et appartient pendant 20 kilom. au territoire de Tarn-et-Garonne ; il se jette, à Montauban, dans le Tarn (72 mètres) ; il reçoit, en face de Bonrepaux, le *Tescounet*, lui-même grossi à Monclar du *Gagnol*.

2° L'*Aveyron* est une rivière beaucoup moins abondante que le Tarn. Elle forme d'abord la limite du Tarn-et-Garonne et du département auquel elle donne son nom, arrose Laguépie, Varen, Lexos, Feneyrols. Elle coule, entre Antonin et Bruniquel, dans des gorges remarquables, par Cazals et Penne-d'Albigeois. A partir de Bruniquel, elle appartient définitivement au Tarn-et-Garonne, passe à Montricoux, Bioule, Nègrepelisse, Réalville, Cayrac, Albias, la Mothe-Piquecos, Montastruc, et se jette dans le Tarn entre Montauban et Lafrançaise, par 68 mètres d'altitude.

Le cours de cette rivière est extrêmement sinueux.

L'Aveyron reçoit à droite : 1° La *Baye* (12 kilom.) entre Laguépie et Varen. 2° La *Seye* (20 kilom.), qui prend sa source dans les collines de Parisot (422 mètres), passe entre

DÉPARTEMENT DE TARN-ET-GARONNE

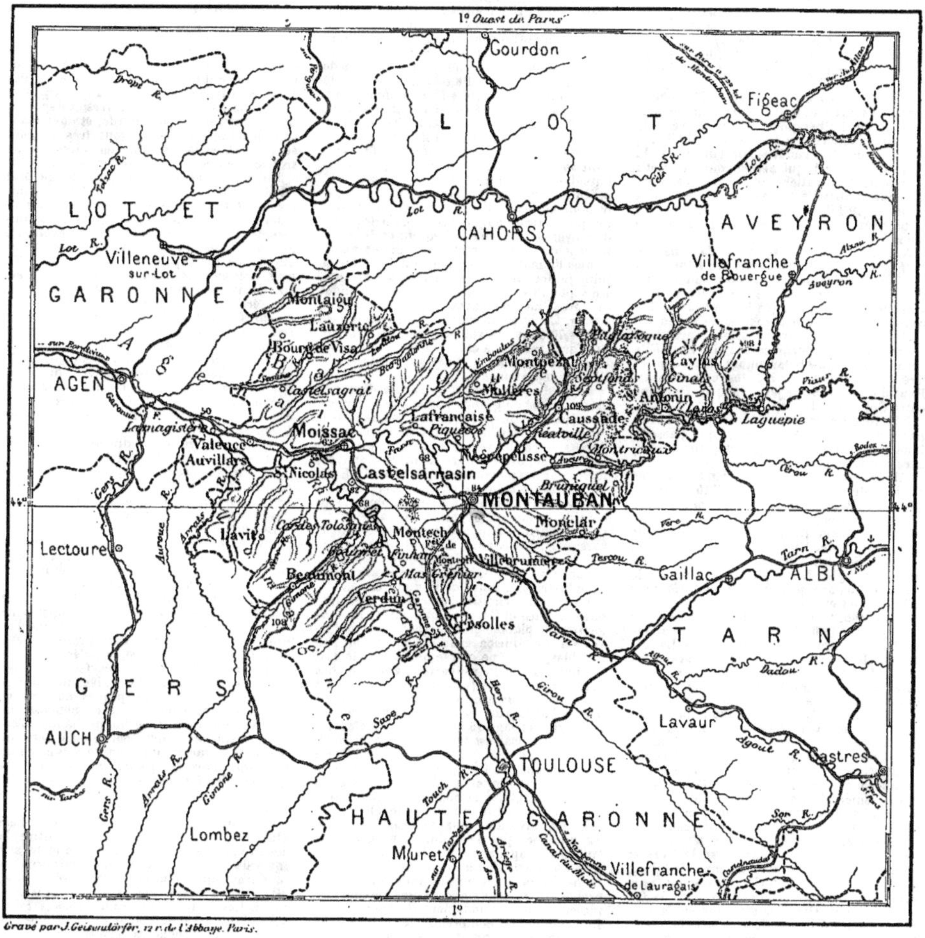

Gravé par J. Geisendörfer, 12 r. de l'Abbaye, Paris.

Signes conventionnels :

PRÉFECTURE	Plus de 100 000 hab.	De 10 000 à 20 000	Place forte. Fort	Origine de la navigation
Sous-Préfecture	De 50 000 à 100 000	De 5 000 à 10 000	Frontière	Canal
Canton	De 30 000 à 50 000	De 2 000 à 5 000	Limite de Dép.t	Col
Commune, Village	De 20 000 à 30 000	Moins de 2 000	Chemin de fer	Forêts

Les chiffres expriment en mètres l'altitude au dessus du niveau de la mer.

Echelle (1 millim. pour 900 mètres) 10 5 0 10 20 30 40 50 Kil.

Ginals et Verfeil, et se jette dans l'Aveyron, un peu au-dessous de Lexos. 3° La *Bonnette* (25 kilom.) naît à la limite des départements du Tarn et du Lot; elle arrose Saint-Projet, Loze, Lacapelle-Livron, Caylus, Saint-Antonin, où elle tombe dans l'Aveyron. 4° La *Lère* (45 kilom.), sortie du canton de Limogne, dans le département du Lot, passe près de Puylaroque, Cayriech, Monteils, Caussade. A gauche, l'Aveyron reçoit : 1° la *Vère* (60 kilom.), venue du Tarn, où elle prend sa source à Taïx (388 mètres); elle passe à Noailles, Cahuzac, Vioux, Puycelci et Larroque, et tombe dans l'Aveyron, près de Bruniquel. 2° Le *Goueyré* (11 kilom.) 3° La *Tauge* (20 kilom.), qui reçoit le *Tordre* et l'*Anole*.

3° L'*Emboulas* ou *Lemboulas* (61 kilom.) prend sa source dans le département du Lot (canton de Lalbenque), se dirige vers le S.-O. par Molières, et se jette dans le Tarn, en amont de Moissac. Il reçoit à droite : 1° la *Lutte* (28 kilom.), qui arrose, dans le Lot : Castelnau-Montratier, et, dans Tarn-et-Garonne : Labarthe et Vazerac. 2° Le *Grand Lembous* (19 kilom.). A gauche, l'Emboulas reçoit près de Molières le *Petit Lembous* (19 kilom.).

A gauche, le *Tarn* reçoit : 1° *Le Ruisseau de Fronton* (17 kilom.) tirant son nom de la commune de Fronton (Haute-Garonne). 2° Le *Rieutort* (16 kilom.) arrose Campsas, et reçoit à droite : la *Margasse* (18 kilom.), 3° la *Larone* (24 kilom.), qui arrose la Villedieu.

II. La *Barguelonne* (63 kilom.) prend sa source dans le département du Lot. Elle arrose en Tarn-et-Garonne : Sauveterre, Tréjouls, Monbarla, Montesquieu, Saint-Paul-d'Espis : elle se jette dans la Garonne entre Golfech et Lamagistère.

Elle reçoit à droite, à Montesquieu, la *Petite Barguelonne* (35 kilom.), qui passe à Montcuq et se grossit, à gauche, du *Lendou*, arrosant Lauzerte.

III. La *Séoune* (77 kilom.) prend sa source dans le département du Lot (310 mètres); elle arrose Belbèze, en Tarn-et-Garonne, passe près de Fauroux, Brassac, Montjoie et sort du département pour entrer dans celui de Lot-et-Garonne. Elle reçoit le *Gandaillé* et la *Petite Séoune*, baignant sur quelques kilomètres l'angle N.-O. du département de Tarn-et-Garonne pour passer aussitôt dans celui de Lot-et-Garonne.

A gauche, la Garonne ne reçoit que des affluents de faible longueur et peu abondants qui descendent du plateau de Lannemezan. Les principaux de ces cours d'eau sont : I. Le *Margastaud* (26 kilom.) arrose les communes d'Aucanville et de Verdun; il reçoit le ruisseau de *Saint-Pierre* (17 kilom.). II. La *Nadesse* (25 kilom.) baigne Bouillac et se jette dans la Garonne au-dessous de Verdun. III. Le *Lambon* (26 kilom.) descend des collines de Briguemont (Haute-Garonne), passe à Gariès, Comberouger et tombe dans la Garonne au Mas-Grenier. IV. La *Tessonne* prend sa source à Escazeaux, traverse Vigueron et se jette dans la Garonne à Bourret (73 mètres). V. La *Gimone* (132 kilom.) naît dans les Hautes-Pyrénées (475 mètres), traverse le Gers et atteint le Tarn-et-Garonne près Maubec; elle arrose Gimat, Auterive, Beaumont, Larrazet, Labourgade; le confluent de la Gimone et de la Garonne est situé en face de Belleperche. VI. La *Sère* vient du Gers, baigne Maumusson, Gensac, Saint-Arroumex, Castelmayran, Saint-Nicolas, où est son embouchure. VII. L'*Ayroux* se jette à Auvillars après avoir arrosé Puygaillard, Castéra, Merles; il reçoit le *Cameson* (22 mètres). VIII. L'*Arrats* (132 kilom.) a son origine dans le plateau de Lannemezan, au pied de la colline de Thermes; il forme la limite entre le Gers et le Tarn-et-Garonne, et se jette à Saint-Loup (55 mètres). IX. L'*Auroue* sert pendant quelque temps de limite entre le département de Tarn-et-Garonne et celui de Lot-et-Garonne.

Le canal latéral à la Garonne facilite le trajet des bateaux transitant entre Toulouse et Bordeaux et continue ainsi le canal du Midi. Le canal s'étend de Toulouse à Castets sur 200 kilomètres dont 78 dans le département de Tarn-et-Garonne. Il entre dans le département de Tarn-et-Garonne en amont de Grisolles, passe à Dieupentale, à Montech, où aboutit le *canal de Montech*, qui vient de Montauban; le canal latéral se rapproche alors de la Garonne, passe à Saint-Porquier, Castelnaudary et traverse le Tarn sur un pont-canal en amont de Moissac, suit le cours du Tarn, puis celui de la Garonne, s'en éloigne un peu, passe à Valence-d'Agen et quitte le département au delà de Lamagistère. Son tirant d'eau de 2 mètres et sa pente de 170 mètres sont rachetés par 72 écluses.

Le Tarn-et-Garonne appartient au climat girondin. Le climat est doux et tempéré, mais variable. La température moyenne de l'année est de 12°, celle de l'hiver + 2,5, du printemps + 12, de l'été + 22, d'automne + 13. La pression barométrique est en moyenne de 753 millimètres. Le vent d'O. ou *cers* est un vent de pluie quand il tourne vers le S. Le vent du S.-E. ou *autan* souffle souvent avec violence, et produit de grands dégâts dans les campagnes. Les vents de l'E. et du N. amènent le beau temps en été, et la pluie en hiver. En décembre, on observe des pluies accompagnées de neige et de gelées de moyenne intensité. A l'équinoxe de mars, le vent du S.-E. domine; aux pluies abondantes de mai succède, pendant les mois de juin, juillet, août, une sécheresse extrême. En septembre, octobre et novembre les pluies modérées alternent avec les périodes de beau temps. La hauteur moyenne des pluies est de 0m,70 dans les vallées de la Garonne et du Tarn; mais elle est un peu supérieure à ce chiffre dans les collines qui s'étendent à l'E. du département.

Le sol du département de Tarn-et-Garonne est constitué en grande partie par le terrain miocène qui couvre les deux rives de la Garonne, ainsi que celles des principaux affluents de ce fleuve. Le fond des vallées de la Garonne, du Tarn, de l'Aveyron, etc., est formé par des alluvions qui, au N. et à l'E. de Montauban, s'étendent en une vaste plaine où les terrains miocènes s'insinuent comme un coin de forme rectangulaire. L'angle N.-O. du département appartient au système jurassique : les confins E. sont occupés par une bande étroite et sinueuse de calcaire à gryphée à l'O. de laquelle on rencontre l'oolithe inférieure, puis l'oolithe moyenne.

Le terrain primitif n'est guère représenté dans le Tarn-et-Garonne que par le prolongement du plateau granito-gneissique de l'Aveyron. Le silurien et le dévonien sont peu notables, de même que le houiller et le carbonifère. Dans la vallée de l'Aveyron, des grès d'âge permien (vosgien) fournissent un sol siliceux, maigre, léger, coloré en rouge par de l'oxyde de fer et dont la mise en valeur exige l'usage de la chaux comme amendement. Le trias est très développé au N.-O. de Loudes, à Bourg-de-Visa et dans l'E. du département, à l'état de grès bigarrés et de roches dolomitiques, entre l'Aveyron et la Baye. On exploite la pierre de construction dans un grand nombre de localités. Le sol, peu favorable aux travaux agricoles, est amélioré par la chaux. Au jurassique (infralias) appartiennent les dolomies, les grès quartzeux dolomitiques ou calcaires du N.-E. On en retire une grande quantité de carbonate de chaux que les agriculteurs emploient pour l'amendement de leurs terres. Le sinémurien comprend des calcaires et des marnes (marnes cymbiennes), au voisinage du toarcien qui occupe la vallée de la Vère. Au sinémurien appartiennent les bancs de calcaire lithographique qu'on a essayé d'exploiter à Bruniquel. L'oolithe inférieure se montre près de Parisot, au château de Caylus. Le calcaire oxfordien, qui renferme les phosphates, commence, parallèlement à la Bonnette, vers Lacapelle-Livron : il forme un plateau recouvert en général d'un limon rougeâtre, argilo-ferrugineux (hélix et planorbes). Entre Lavaurette, Servanac, Septfonds et Prunes, on observe des assises coralliennes formées de calcaires. La plus grande partie du département appartient à l'époque tertiaire par les dépôts éocènes et miocènes, surtout représentés par des calcaires d'origine lacustre. Ces divers terrains fournissent des matériaux à l'industrie du pays. A Saint-Antonin, on extrait de bonnes pierres lithographiques. Les pierres schisteuses de Caussade, Caylus, Saint-Antonin servent à daller les toitures. Saint-Antonin, Septfonds, Caylus, Bruniquel, Castelmayran fournissent des pierres de construction estimées; celle de Montricoux ressemble à du marbre. Aux environs de Grisolles, Nègrepelisse, Montech, on exploite des argiles à poterie.

Dans les terrains siliceux du département les sources superficielles sont nombreuses, mais peu abondantes à cause de la grande compacité des terrains; au contraire, les crevasses des calcaires et des colonnes jurassiques sont favorables à la formation des sources (Livron, Martinet, Saint-Cirq). Ces eaux sont souvent très calcaires et déposent des travertins. A Puylagarde, et dans d'autres localités, les eaux sont très magnésiennes. Dans les terrains tertiaires, on ne trouve que des sources sans importance.

Le département est un pays en général fertile et bien cultivé, surtout dans les vallées de la Garonne et du Tarn. On peut considérer dans le département trois zones différentes : La *zone sableuse*, sablo-graveleuse, argilo-sableuse, facilement irrigable et riche; elle donne principalement des légumes. Sa puissance en profondeur est de 6 à 8 mètres. La *deuxième zone* est *argileuse* : ce sont des terres compactes et tenaces, fertiles en céréales. La *troisième zone* est formée de *terrains insubmersibles*. On produit surtout dans le département du blé, du seigle, de l'orge, de l'avoine, du maïs, des pommes de terre, des betteraves, du chanvre, du lin et des fourrages. La vigne occupe une grande partie du territoire cultivé. Les principaux crus sont ceux de *Grisolles, Villebrumier, Fronton, Auvillars, Campsas, Montbartier*, la *Villedieu*. Les forêts du département ne sont pas très grandes, les bois étant disséminés en bosquets. Les espèces qui les composent sont : le *chêne pédonculé*, le *chêne yeuse*, l'*orme*, l'*érable*, le *frêne*, le *châtaignier*, le *robinier faux acacia*, l'*aune*.

Les bœufs que l'on élève dans le département de Tarn-et-Garonne appartiennent à la race garonnaise. Ce sont des animaux robustes, au corps allongé, généralement bien musclé et aux membres forts. Les cornes sont longues, dirigées en bas et en avant; aussi est-on obligé de couper celle qui est placée du côté du timon lorsque l'animal est attelé. Cette race présente deux sous-races : la première, appelée *sous-race riveraine*, se trouve sur les terres fertiles des vallées; elle est très exigeante pour la nourriture, et est peu propre au travail. Lorsqu'elle se trouve dans de bonnes conditions, elle fournit de bonne viande. C'est à cette sous-race qu'appartiennent les animaux de la variété dite *montaubanaise* que l'on voit dans les parties méridionales du Quercy. Ces bovidés sont de haute taille, élancés; leur poil est jaune et leurs cornes très grosses. On préfère employer les vaches pour le travail, parce que leur démarche est plus vive. Sur les collines, on cultive la sous-race dite des *coteaux*, qui se mêle aux individus de la race *limousine*. Son corps est plus trapu que celui de la race précédente; elle est, en outre, plus sobre et plus rustique. Les animaux de ces différentes races sont plutôt aptes à donner de la viande que du lait; dans certaines fermes, on a même des vaches bretonnes dont le lait alimente les veaux.

Les chevaux élevés dans le département appartiennent aux races *navarraise* et *limousine* modifiées par les croisements avec le cheval anglais, et les produits qu'on en obtient sont recherchés pour la remonte de la cavalerie légère. Dans quelques localités, on se livre à la production des mulets; ceux-ci sont alors exportés dans les départements voisins et en Espagne.

Le climat du Tarn-et-Garonne est favorable à la production de la laine; aussi cherche-t-on à améliorer la race du pays au moyen de croisements.

On élève une grande quantité de porcs; chaque famille en engraisse au moins un chaque année. On s'adonne aussi à la production de la volaille : les oies, les canards, les dindons sont très recherchés.

On s'occupe, en outre, de l'élevage des vers à soie et des abeilles. Le département de Tarn-et-Garonne n'est pas une région de grande industrie; il importe des départements voisins, et même de l'étranger, les combustibles minéraux nécessaires à sa consommation.

Une des sources de richesse du département est l'exploitation des phosphorites du Quercy, découvertes en 1869 à Pindaré. Les phosphorites sont une variété de phosphate de chaux non cristallisée. Cette chaux phosphatée, tantôt blanche, tantôt grise ou jaune rougeâtre, existe en masses concrétionnées dans des calcaires compacts, souvent spathisés, appartenant à l'oolithe bathonienne, où elle est concentrée dans des fentes. On trouve ces gisements dans la région des hauts plateaux calcaires que les eaux douces de l'éocène ont parcourus. Certaines poches se poursuivent sur des longueurs de 60 à 100 mètres avec une profondeur variant de 3 à 6 mètres; elles se terminent vers le bas par une pointe et s'évasent à la surface. Des gisements se trouvent à *Puylaroque, Mouillac, Caylus, Saint-Antoine, Saint-Projet, etc.*

On exploite la pierre lithographique à Saint-Antonin et à Servanac. Les calcaires jurassiques fournissent de bonnes pierres de taille à Saint-Antonin, Septfonds, Caylus, Bruniquel, Castelmayran, Montricoux. Les fabriques de poterie tirent leurs argiles de Grisolles, de Nègrepelisse, de Montech, de Beaumont-de-Lomagne. Le gypse est traité pour la fabrication du plâtre à Varen, Lavit et Mansonville. Des sources ferrugineuses sourdent à Parisot, Saint-Antonin, Feneyrols; ces dernières sont seules utilisées en boisson. L'industrie métallurgique n'est représentée que par quelques fonderies. On a trouvé des minerais de fer à Bruniquel, à Varen et à Montricoux; mais ils ne donnent lieu à aucune exploitation. La filature et le tissage des soies grèges et de la soie à bluter occupent beaucoup d'ouvriers à Montauban, de même que la préparation des laines et des cotons à Saint-Antonin, Beaumont-de-Lomagne, Septfonds, Montricoux et Valence, Montech; quelques autres localités possèdent des papeteries; Auvillars et Grisolles ont des fabriques de brosses et de balais. Le département exporte beaucoup de farines produites dans les minoteries de Moissac, Castelsarrasin, Corbarieu et Labastide-Saint-Pierre.

Le sol du département de Tarn-et-Garonne était habité à l'époque préhistorique par les hommes de la *Madeleine*, et ils ont laissé de nombreuses traces de leur séjour, notamment à *Bruniquel* (V. ce mot). On trouve encore çà et là des monuments mégalithiques élevés par les hommes de la pierre polie. A l'époque gauloise, le pays était occupé par les Cadurques, les Ruthènes, les Volces Tectosages; il passa plus tard sous la domination des Romains; au moyen âge il appartint aux comtes de Toulouse et il fut ravagé par les Anglais, la guerre des Albigeois et les grandes compagnies. Le département souffrit aussi beaucoup des guerres de religion.

Le chiffre de la population moyenne du département de Tarn-et-Garonne est de 58 habitants par kilomètre carré, inférieur à celui de la France entière, qui est de 72.

Le département est desservi par cinq lignes ferrées, comprenant une longueur de 204 kilomètres : 1° Ligne de Bordeaux à Cette par Moissac, Castelsarrasin, Montauban et Grisolles (80 kilom.). 2° Ligne de Paris à Montauban par Limoges et Brives (60 kilom.). 3° La ligne de Paris à Toulouse. 4° Le chemin de fer de Montauban à Saint-Sulpice (21 kilom.). 5° La ligne de Montauban à Cahors (42 kilom.).

Le département du Tarn-et-Garonne comprend 3 arrondissements, 24 cantons et 194 communes. Chef-lieu *Montauban*, évêché. S.-préf. *Castelsarrasin, Moissac.*

TARNON, 35 kilom., rivière du dép. de la Lozère, prend sa source à l'Aigoual (1315 mèt.), arrose Florac et se jette dans le Tarn au pont du Tarn.

TARNOPOL, 26 000 hab. Ville de la Galicie (Autriche-Hongrie). Fabriques de draps et de toiles.

TARNOW, 24 000 hab. Ville de Galicie (Autriche-Hongrie). Toiles, cuirs.

TARNOWITZ, 3 000 hab. Ville de Silésie (Prusse). Importantes mines.

TARNOWSKI (JEAN, dit *le Grand*) (1488-1571), général polonais qui, dans sa jeunesse, combattit pour le Portugal contre les Maures, puis passa au service de Charles-Quint. Il prit ensuite un commandement dans l'armée de Sigismond Ier (Pologne) et se distingua contre les Russes et les Turcs. En 1531, il fut reçu en triomphe à Cracovie.

TARO, 130 kilom., rivière d'Italie, affluent du Pô (r. dr.).

***TARO** ou ***TARRO** (mot polynésien), *sm.* Mot par lequel les habitants de la Polynésie, de l'Australie, etc., désignent une sorte de pain fait avec la fécule extraite de la racine de plusieurs plantes de la famille des Aroïdées ou de celles de certaines fougères.

TARODANT, 20 000 hab. Ville du Maroc, dans le Sous.

***TAROT** (ital. *tarocchi*), *sm.* Jeu qu'on joue avec les cartes appelées *tarots*, et qui est en usage en Franche-Comté. — **Tarots**, *smpl.* Cartes à jouer dont le dos est couvert de grisailles en compartiments, et qui sont marquées d'autres figures que les cartes ordinaires. Outre les quatre couleurs des jeux de cartes, elles comprennent 21 cartes numérotées, dites *atouts* et *triomphes*, et présentent des figures de roi, de reine, de cavalier et de valet. — **Dér.** *Taroté, tarotée.*

TAROTÉ, ÉE (*tarot*), *adj.* Se dit des cartes appelées *tarots : Cartes tarotées.*

TAROUPE (*x*), *sf.* Le poil qui croît entre les sourcils, particularité très recherchée des Persanes, qui toutes se rejoignent les sourcils d'une manière factice.

***TARPAN** (*x*), *sm.* Le cheval redevenu sauvage, et que l'on rencontre en Asie. Son pelage est d'un brun foncé en été, d'une teinte un peu plus claire en hiver. La taille

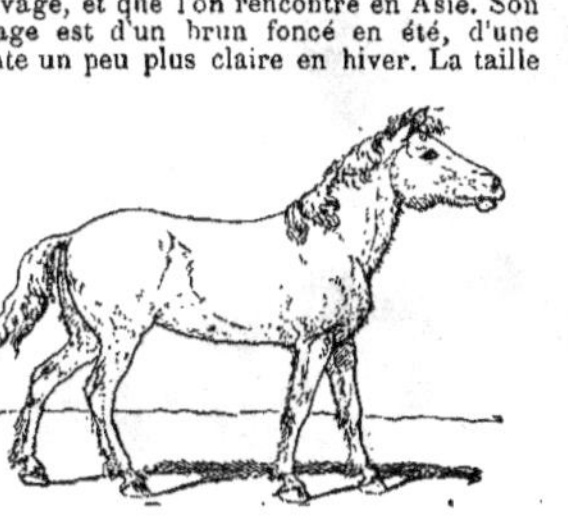

TARPAN

du *tarpan* est plus petite que celle de notre cheval domestique; sa tête est grosse et courte et son cou maigre et allongé; les oreilles sont longues et pointues, ses sabots fins et étroits. Sa crinière est plus courte que celle de notre cheval et a une tendance à se hérisser.

TARPÉIA, jeune Romaine, fille de Tarpéius, commandant de la citadelle de Rome sous Romulus, laquelle, suivant la légende, livra cette forteresse aux Sabins, à condition qu'ils lui donneraient ce qu'ils portaient au bras gauche. Elle entendait par là des bracelets d'or. Mais les Sabins l'écrasèrent sous le poids de leurs boucliers, qu'ils portaient également au bras gauche. — **Dér.** *Tarpéienne.*

TARPÉIENNE (*Tarpéia*), *adj. f.* Se dit d'une roche qui formait l'extrémité S. du mont Capitolin à Rome, et fut ainsi nommée de la jeune Tarpéia. C'est de la roche tarpéienne qu'on précipitait les Romains condamnés à mort pour crime politique. — Fig. *Il n'y a qu'un pas du Capitole à la roche tarpéienne,* l'humiliation succède promptement au triomphe.

TARQUIN L'ANCIEN, cinquième roi de Rome, de 616 à 578 av. J.-C. Il était fils du Corinthien Démarate, et était venu de Tarquinies en Etrurie s'établir à Rome avec sa femme Tanaquil. Il parvint au trône en supplantant les fils d'Ancus, ses pupilles, introduisit à Rome les rites et les arts de l'Etrurie, commença le Capitole, construisit des égouts, entoura la ville d'une seule enceinte, et périt frappé par des assassins soudoyés par les fils d'Ancus. — TARQUIN LE SUPERBE, septième et dernier roi de Rome, de 534 à 510 av. J.-C. Petit-fils du précédent, et mari de Tullie, fille de Servius Tullius. Il parvint au trône par le meurtre de ce dernier, régna tyranniquement et fut chassé de Rome à la suite de l'attentat de son fils Sextus contre Lucrèce. — SEXTUS TARQUIN, fils aîné de Tarquin le Superbe, livra à son père la ville de Gabiès par un artifice, amena, par l'outrage qu'il fit à Lucrèce, l'expulsion de sa famille, et périt à la bataille du lac Régille (496 av. J.-C.) — TARQUIN COLLATIN, neveu de Tarquin le Superbe et mari de Lucrèce, fut nommé consul avec Brutus après l'abolition de la royauté, mais fut forcé d'abdiquer cette magistrature à cause de la haine des Romains pour la famille de Tarquin.

TARQUINIES, ancienne ville de l'Étrurie (Italie), d'où Tarquin l'Ancien vint s'établir à Rome.

TARRACONAISE, province de l'empire romain formée par la partie de la péninsule hispanique qui comprend les bassins du Douro et de l'Èbre. — Capit. *Tarragone.*

TARRAGONE, 21 178 hab. Ville forte de la Catalogne (Espagne), au N. de l'embouchure de l'Èbre. Archevêché, port sur la Méditerranée. Très importante sous les Romains, époque où elle comptait près d'un million d'habitants et était le principal marché maritime du N. de la péninsule. Fonderies, distilleries.

TARRAKAÏ, longue île de l'océan Pacifique, au N. du Japon, près de la côte E. de la Sibérie, dont elle fait aujourd'hui partie. Elle en est séparée par la manche de Tartarie; le détroit de La Pérouse la sépare de l'île d'Iéso.

TARSE, ancienne capitale de la Cilicie, (Asie Mineure), et près de la Méditerranée. Aujourd'hui *Tarsous.*

TARSE (g. ταρσός, claie, tarse), *sm.* La moitié postérieure du pied, composée de sept os analogues à ceux du poignet. Ces sept os sont disposés sur deux rangées : 1° Une rangée postérieure, très longue, très volumineuse, et comprenant le *calcanéum, l'astragale* et le *scaphoïde*. 2° Une rangée antérieure, appelée encore *seconde rangée du tarse, rangée métatarsienne*, formant une surface courbe qui présente sa concavité en avant. Elle est constituée par quatre os qui sont, en allant de dedans en dehors : 1° Le *premier* ou *grand cunéiforme*. 2° Le *second* ou *petit cunéiforme*. 3° Le *troisième* ou *moyen cunéiforme*. 4° Le *cuboïde*, le plus volumineux de cette rangée. ‖ Le troisième article du pied des oiseaux, qui est terminé par des doigts. ‖ La troisième ou dernière partie des pattes des insectes, terminée par un ou plusieurs ongles. — **Dér.** *Tarsien, tarsienne, tarsier.*

TARSIEN, IENNE, *adj.* Qui appartient, qui a rapport au tarse : *Os tarsiens.*

***TARSIER** (*tarse*), *sm.* Genre de mammifères de l'ordre des Prosimiens qui se rapprochent des gerboises par le port. Ce sont de petits animaux dont le corps mesure environ 0m,16 et porte une queue longue de 0m,24 que termine un pinceau de poils. La tête est ronde et présente des yeux ronds, jaunes ou bruns, grands et lumineux pendant la nuit. La dentition est celle des insectivores; la mâchoire supérieure porte de chaque côté 2 incisives, 1 canine, 3 prémolaires et 3 molaires. A l'exception de ces dernières, toutes ces dents ont la forme de crocs acérés. L'incisive moyenne est plus grande que l'extérieure et la canine est plus forte; les prémolaires vont en augmentant de volume depuis la première jusqu'à la troisième, qui a 2 pointes. Les vraies molaires, larges et peu élevées, possèdent des tubercules externes très acérés. La mâchoire inférieure ne compte que 2 incisives, petites et droites, 2 canines assez fortes, 3 prémolaires et 3 vraies molaires. Le corps des tarsiers est trapu et couvert d'une fourrure fine et laineuse d'un brun gris foncé sur le dos, plus clair sous le ventre. Les pattes antérieures sont plus petites que celles de derrière et se terminent par des mains dont les doigts sont assez longs; cependant le pouce est court et non opposable. Au contraire, les membres postérieurs sont plus longs que les antérieurs et parfaitement conformés pour le saut; ils sont en outre pourvus de mains dont les doigts sont longs et déliés et le pouce opposable. Tous les doigts sont munis en dessus d'ongles plats ou de griffes; l'extrémité de leur face inférieure porte des sortes de coussinets ronds jouant le rôle de ventouses qui permettent à ces petits êtres de se fixer aux corps qu'ils touchent. Le tarsier habite les îles de la Sonde, les Célèbes et les Philippines; il fréquente de préférence les épais fourrés des forêts de bambous; il ne vit guère que par couples, dort d'un sommeil léger la plus grande partie du jour et fait une chasse très active la nuit, poursuivant les insectes, les crustacés et les petits reptiles, qui composent sa nourriture. La femelle donne naissance à un seul petit, velu, qui court dès qu'il est né, mais se suspend après la mère; celle-ci le porte aussi avec ses dents comme le font les chats. Ce petit animal, redouté à tort des indigènes, sans doute à cause de son aspect étrange, s'apprivoise facilement et devient très gentil avec son maître.

TARSOUS, 30000 hab. Ville de la Turquie d'Asie, province de Smyrne. Grand commerce de coton, blé. Son port est Mortina, à 25 kilom., sur la Méditerranée.

TARTAGINE MELAJA, 2901 hect. Forêt domaniale de la Corse, peuplée de pins maritimes, de pins laricio et de chênes verts.

TARTAGLIA, mathématicien italien, mort en 1557, découvrit la manière de résoudre les équations du troisième degré.

TARTAN (angl. *tartan* : de l'esp. *tiratana*), *sm.* Étoffe de laine à carreaux de diverses couleurs dont s'habillent les Écossais. ‖ Vêtement fait de cette étoffe.

TARTANE (ar. *taridah*), *sf.* Petit navire de transport et de pêche, de forme allongée et à voile triangulaire, en usage sur la Méditerranée.

TARTARE (g. Τάρταρος), *sm.* Séjour ténébreux situé aux dernières profondeurs des Enfers, suivant les anciens, et qui était un lieu de supplice pour les grands coupables qui avaient péché contre les dieux.

TARTARE, ou mieux **TATAR.** Nom général par lequel on désigne les peuples nomades, guerriers et pasteurs, de race mongole, qui occupent le plateau central de l'Asie, le S. et l'O. de la Sibérie, le Turkestan, l'E. et le N.-E. de la Russie. ‖ Se dit (avec un *t* minuscule) des courriers employés par la Porte Ottomane et les ambassadeurs européens à Constantinople. ‖ Nom qu'on donnait aux valets des troupes à cheval de la maison du roi. — Fig. *des Tartares,* un peuple barbare quelconque. ‖ *Sauce à la tartare,* sauce froide faite avec jaunes d'œufs, beurre, huile, vinaigre, moutarde, échalote, ail, cerfeuil, estragon, poivre, sel et muscade. ‖ *Anguille à la tartare,* anguille panée et grillée servie avec sauce à la tartare.

TARTAREUX, EUSE (*tartre*), *adj.* Qui ressemble au tartre.

TARTARIE, se dit en général de tous les pays habités par les Tartares : *Tartarie chinoise, Tartarie russe, Tartarie indépendante,* le Turkestan. — *Petite Tartarie,* la Crimée et les pays russes adjacents compris entre le Don et le Dniester. ‖ *Manche de Tartarie,* nom du détroit qui sépare l'île Tarrakaï de la Sibérie.

TARTARIQUE. (V. *Tartrique.*)

TARTAS, 1039 hab. Ch.-l. de c., arr. de Saint-Sever (Landes). Résine, vinaigre.

TARTE (db. de *tourte?*), *sf.* Pâtisserie ronde et plate entourée d'un petit rebord, remplie intérieurement de crème, de frangipane, de fruits cuits, de confiture, de marmelade de pommes, etc. — **Dér.** *Tartelette, tartine, tartiner.*

TARTELETTE (dm. de *tarte*), *sf.* Petite tarte.

TARTINE (dm. de *tarte*), *sf.* Tranche de pain recouverte de confiture, de miel, de beurre, etc.

***TARTINER** (*tartine*), *vi.* Faire un long discours ennuyeux. (Pop.)

TARTINI (JOSEPH)(1692-1770). Célèbre violoniste et compositeur italien. Son œuvre, tout instrumental, est très varié et sa *Sonate du Diable* fait encore partie du répertoire de tous les violonistes.

TARTRATE (*tartrique*), *sm.* Sel résultant de la combinaison de l'acide tartrique avec une base. Les principaux de ces sels

TARSIER

sont : le *bitartrate de potasse*, appelé aussi dans l'industrie *tartre pur, cristaux de tartre, crème de tartre.* Pour l'obtenir, on pulvérise le tartre, on le traite par l'eau bouillante, on décante et on laisse refroidir. Il se dépose des cristaux de ce sel, qu'il reste à purifier en les traitant par l'eau bouillante additionnée d'argile et de noir animal. Après toutes ces opérations, la matière est exposée au soleil et fournit des cristaux blancs, rhomboïdaux, droits. La crème de tartre est employée dans la teinture des laines, dans l'impression sur étoffes, pour l'avivage des couleurs, pour nettoyer l'argenterie; le bitartrate de potasse est usité aussi en médecine comme diurétique et purgatif et est employé quelquefois dans la panification; mais toujours en petite quantité: sous son influence, la pâte lève plus facilement, le pain devient plus léger et plus blanc. Le *tartrate double de potasse et d'antimoine,* ou *tartre stibié,* ou *émétique,* est un vomitif énergique, à la dose de 5 à 10 centigrammes. A plus forte dose, il devient un poison. La médecine emploie aussi, comme médicament ferrugineux, le tartrate de potasse et de fer, constituant les *boules de Mars* ou *de Nancy*; elle se sert aussi d'un tartrate borico-potassique, ou *crème de tartre soluble,* ou *émétique de bore,* obtenu au moyen du tartre et de l'acide borique; elle le donne comme laxatif doux, à la dose de 15 à 50 grammes.

TARTRE (bl. *tartarum*), *sm.* Substance saline qui se dépose sous forme de croûte dans l'intérieur des tonneaux de vin. C'est un mélange de bitartrate de potasse et de tartrate de chaux, deux sels qui existent en forte proportion dans les grains de raisin. ‖ *Crème de tartre,* le bitartrate de potasse, que l'on extrait ordinairement du tartre. ‖ Dépôt, d'abord mou et jaunâtre, qui se forme sur le collet des dents, durcit ensuite et en incruste la couronne. Il est principalement composé de phosphate de chaux. Il faut avoir soin de l'enlever de temps en temps. — **Dér.** *Tartareux, tartareuse, tartrique, tartrate.*

TARTRIQUE (*tartre* + sfx. chimique *ique*), *adj. 2 g.* Se dit d'un acide solide, incolore, inodore, cristallisant en prismes rhomboïdaux obliques, offrant des facettes hémiédriques dissymétriques. Il est très soluble dans l'eau, à laquelle il donne une saveur acide agréable. Il est aussi soluble dans l'alcool. C'est le Suédois Scheele qui, en 1785, découvrit l'acide tartrique dans les tartres des vins. Le tartre a, d'autre part, fourni, en 1822, à Kestner, de Thann, un acide appelé *acide paratartrique* ou *racémique,* qui se distingue surtout du précédent par l'absence de pouvoir rotatoire.

M. Pasteur a montré qu'il existe divers acides tartriques ne différant pas par la nature et la proportion de leurs éléments, mais par des modifications de forme qui donnent à certains de ces cristaux l'aspect d'autres cristaux vus dans une glace. Il en résulte une action différente sur la lumière polarisée : les uns dévient à droite et les autres à gauche le plan de polarisation. L'acide tartrique *droit* est le plus répandu et le principal des acides tartriques. On le trouve à l'état de bitartrate de potasse ou de chaux dans le jus des raisins, des sorbes, mûres, tamarins, racines de betteraves, topinambours. Les tonneaux où l'on conserve le vin contiennent un dépôt composé de *bitartrate de potasse* ou *crème de tartre,* mélangé à du tartrate de chaux et à des matières colorantes. Le procédé le plus répandu et le plus rapide pour obtenir l'acide tartrique consiste à traiter directement le tartre brut ou les lies des vins par l'acide chlorhydrique; après filtration, l'acide tartrique et les tartrates acides se trouvent dans la liqueur. On sature celle-ci de craie, qui précipite l'acide tartrique à l'état de tartrate de chaux. Enfin on traite ce dernier sel par l'acide sulfurique chaud étendu d'eau. Il se forme du sulfate de chaux, ou plâtre, qui se précipite, et, par filtration, on isole l'acide tartrique.

L'industrie produit annuellement plusieurs millions de kilogrammes d'acide tartrique. Cet acide est employé dans la teinture, dans l'impression sur tissus, la fabrication de certains bleus, de l'eau de Seltz, de la limonade. 2 grammes d'acide tartrique, 100 grammes de sucre et quelques gouttes d'essence de citron composent une bonne limonade rafraîchissante, usitée en médecine et très hygiénique.

TARTUFE (ital. *tartufo*, homme sournois : de *tartufolo*, truffe). Principal personnage de la comédie de Molière intitulée : l'*Imposteur* ou le *Tartufe*, composée en 1664, représentée en 1667. — Fig., *sm.* Faux dévot, hypocrite. — **Dér.** *Tartuferie, tartufier.*

TARTUFERIE (*tartufe*), *sf.* Caractère, action de tartufe, d'hypocrite.

***TARTUFIER** (*tartufe*), *vt.* Marier à Tartufe, enjôler. — *Vi.* Faire l'hypocrite.

TARVIS, 1400 hab. Ville des États autrichiens (Carniole), près d'un célèbre passage des Alpes Juliennes. Usines.

TAS (holl. *tas,* amas, monceau), *sm.* Amas de choses de même nature : *Un tas de pavés.* — Fig. Grande quantité : *Un tas de mensonges.* ‖ Multitude de gens méprisables : *Un tas de fripons.* ‖ Petite enclume portative. ‖ La masse d'un bâtiment qu'on élève : *Tailler une pierre sur le tas.* ‖ *Tas de charge,* assises de pierres à lits horizontaux qui relient deux arcades reposant sur un même pilier. ‖ Saillie formée par des assises de pierres reposant les unes sur les autres en encorbellement. — *Tasse, tassement.* — **Comp.** *Entasser, entassement, rentasser.*

TASCHER DE LA PAGERIE, Famille française, originaire de l'Orléanais, qui s'établit au XVIIIe siècle à la Martinique. L'un de ses membres, Joseph-Gaspard de la Pagerie, fut le père de l'impératrice Joséphine.

TASMAN (ABEL), célèbre navigateur hollandais qui, en 1642, découvrit l'île de Van-Diémen, nommée aujourd'hui Tasmanie, la Nouvelle-Zélande, aperçut les Fidji, les îles des Amis, etc. — **Dér.** *Tasmanie, tasmanien, tasmanienne.*

TASMANIE ou **TERRE DE VAN-DIÉMEN,** 67894 kilom. carrés, 107104 hab., grande île anglaise de l'Océanie au S.-E. de l'Australie, dont elle n'est séparée que par le détroit de Bass. Mines d'or et d'étain, élève de moutons, exportation de bois. *Hobart-Town* (20000 hab.) et *Launceston* (12000 hab.) en sont les ports les plus importants. La population indigène, qui ne s'élevait guère au-dessus de l'animalité, a péri par l'alcoolisme ou a été exterminée par les colons anglais.

TASMANIEN, IENNE (*Tasman*), *adj.* et *s.* De la Tasmanie, nom des anciens indigènes, aujourd'hui éteints, de cette île.

TASSE (TORQUATO TASSO, dit LE) (1544-1595), célèbre poète italien dont la vie fut malheureuse. Il est l'auteur de la *Jérusalem délivrée,* grand poème épique, le meilleur peut-être des temps modernes, et de l'*Aminta,* drame pastoral.

TASSE (ar. *tassa,* coupe), *sf.* Petit vase de faïence, de porcelaine, d'argent, etc. ‖ Petit vase à anse pour prendre le café, le thé. ‖ Ce que contient une tasse : *Prendre une tasse de café.* ‖ *Demi-tasse,* petite tasse à café, son contenu. — **Dér.** *Tassée.*

***TASSÉ, ÉE** (*tas*), *adj.* Qui ne laisse pas deviner sa pensée : *Un homme tassé.*

TASSEAU (vx fr. *tassel :* bl. *taxellum*), *sm.* Petite tringle de bois fixée contre un mur ou sur une surface quelconque pour soutenir l'extrémité d'une tablette, etc.

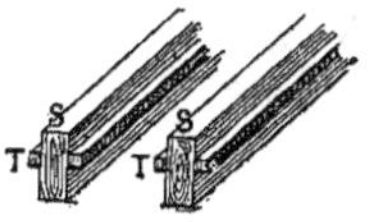

TASSEAU

T. Tasseau. — S. Solive.

***TASSÉE** (*tasse*), *sf.* Le contenu d'une tasse.

TASSELOT, montagne du département de la Côte-d'Or (608 mèt.). La Seine prend sa source dans le voisinage.

TASSEMENT (*tasser*), *sm.* Diminution qui se produit dans la hauteur d'une construction, d'un remblai, et qui est due à la pression que les parties supérieures exercent sur les inférieures : *Une inégalité dans le tassement est toujours dangereuse.*

TASSER (*tas*), *vt.* Mettre des choses en tas, de façon qu'elles occupent peu de place : *Tasser du foin.* — *Vi.* Devenir touffu, serrer : *Cette plante tasse.* — **Se tasser,** *vr.* Éprouver un tassement : *Cette maison se tasse.*

TASSETTE

TASSETTE (dm. du vx fr. *tasse,* poche), *sf.* Partie de l'armure qui couvrait le haut des cuisses.

TASSILLON, duc de Bavière de 748 à 788, gendre de Didier, roi des Lombards, organisa une ligue contre Charlemagne, fut condamné à mort pour ce fait, et vit sa peine commuée en une prison perpétuelle qu'il subit à l'abbaye de Jumièges.

TASSIN (1697-1777), savant bénédictin, principal auteur d'un *Nouveau Traité de diplomatique* et seul auteur de l'*Histoire littéraire de la congrégation de Saint-Maur.*

TASSONI (1565-1635), poète italien, auteur du *Seau enlevé,* poème héroï-comique dont Boileau s'inspira pour composer le *Lutrin.*

TASTU (SABINE-CASIMIR-AMABLE VOÏART, *dame*) (1798-1885), femme de lettres française qui écrivit un grand nombre d'ouvrages pour la jeunesse, des livres de voyage, etc., etc.

TATAR. (V. *Tartare.*)

TATAR BAZARDJICK. Ville de Thrace, sur la Maritza au confluent de la Topolnic (Turquie d'Europe).

TÂTER (vx fr. *taster :* bl. *taxitare,* fréq. de *taxare,* toucher souvent), *vt.* Toucher une chose pour en connaître les qualités physiques. ‖ *Tâter le pouls,* appuyer le bout des doigts au-dessus du poignet, à l'endroit où passe l'artère du bras, pour savoir comment elle bat. — Fig. *Tâter le pouls à quelqu'un,* lui parler d'une affaire pour essayer de découvrir ce qu'il en pense. ‖ *Cheval qui tâte le terrain,* qui n'a pas les pieds sûrs. — Fig. *Tâter le terrain,* agir avec circonspection. — Fig. Essayer de connaître la capacité, les sentiments d'une personne : *Tâter quelqu'un sur la politique.* ‖ *Tâter l'ennemi,* faire de petites attaques pour connaître ses dispositions. ‖ *Tâter le courage de quelqu'un, tâter quelqu'un,* commencer à l'attaquer pour voir s'il se défendra. ‖ Faire l'essai de : *Tâter un métier.* — *Vi.* Chercher à connaître par le toucher : *Avez-vous bien tâté?* ‖ Goûter à : *Tâter à un mets.* ‖ *Tâter de,* manger de : *Tâter d'un mets.* ‖ Connaître par expérience : *Tâter de la prison.* ‖ Goûter les douceurs de : *Tâter du repos.* — **Se tâter,** *vr.* Se toucher le corps pour en connaître l'état; être trop attentif à sa santé. — Fig. Chercher à se rendre bien compte de ses sentiments : *Tâtez-vous là-dessus.* ‖ S'éprouver l'un l'autre : *Les adversaires se tâtèrent.* — **Dér.** *Tâteur, tâteuse, tatillonner, tatillon, tatillonne, tatillonnage, tâtonner, tâtonnement, tâtonneur, tâtonneuse, à tâtons.* — **Comp.** *Tâte-vin.*

TÂTEUR, EUSE (*tâter*), *s.* Celui, celle qui n'agit qu'en hésitant.

TÂTE-VIN (*tâter* + *vin*), *sm.* Pipette de fer-blanc qu'on introduit par la bonde d'un tonneau pour en tirer un peu de vin et le goûter. — Pl. *des tâte-vin.*

TATIHOU, île française de la Manche, sur le littoral du département de même nom, devant la petite rade de la Hougue. Fort.

TATILLON, ONNE (*tâter*), *s.* Celui, celle qui tatillonne.

TATILLONNAGE (*tatillonner*), *sm.* Action de tatillonner.

TATILLONNER (*tatillon*), *vi.* S'appliquer inutilement à de petits détails.

TATIUS [ta-ci-us], chef des Sabins de Cure, qui s'introduisit dans la citadelle de Rome par la trahison de Tarpéia, combattit contre Romulus pour venger l'enlèvement des Sabines, puis réunit son peuple aux Romains, gouverna conjointement avec Romulus, et fut assassiné cinq ans après.

TÂTONNEMENT (*tâtonner*), *sm.* Action de tâtonner.

TÂTONNER (*tâter*), *vi.* Chercher dans l'obscurité en tâtant : *S'habiller en tâtonnant.* ‖ Tâter avec les pieds et les mains pour se conduire plus sûrement : *Les aveugles marchent en tâtonnant.* — Fig. Procéder par essais, faute de lumières suffisantes : *Les médecins tâtonnent avant de bien doser un médicament.* — **Gr.** On a employé *tâtonner* activement avec le sens de : Essayer de faire une chose.

TÂTONNEUR, EUSE (*tâtonner*), *s.* Celui, celle qui tâtonne.

TÂTONS (À) (vx. fr. *taston,* tâtonnement), *loc. adv. litt.,* avec tâtonnements. ‖ En tâtonnant dans l'obscurité : *Se lever à tâtons.* ‖ Fig. Par des essais faits au hasard : *Procéder à tâtons pour graduer un instrument.*

TATOU (mot guarani), *sm.* Genre de mammifères édentés que l'on rencontre dans les plaines de l'Amérique du Sud, où ils se creusent des terriers. Ceux-ci se composent de galeries que l'animal établit avec une grande rapidité. Pour cela, il se sert de ses pieds de devant, terminés par cinq doigts armés d'ongles longs, robustes et en forme de faux. Les tatous passent la plus grande partie de leur existence dans ces retraites souterraines et n'en sortent guère que la nuit. Ils sont omnivores et en général assez voraces; on les accuse même de se repaître des cadavres déposés dans les cimetières. La chair de ces animaux est très estimée des indigènes, qui les chassent avec des chiens. Comme les tatous marchent lentement, le chasseur fait tous ses efforts pour les empêcher de gagner leurs terriers; car dès que ces animaux y sont engagés à moitié, il est absolument impossible de les en tirer, tant est grande la force qu'ils opposent à l'homme. Le nombre des espèces de tatous est considérable; les plus importantes sont : 1° Le *tatou géant,* le plus grand et le plus rare des animaux de ce genre, qui vit dans les forêts du N. du Paraguay, et dont la taille atteint 1 mètre. Son corps est pourvu d'écailles quadrangulaires, et la griffe médiane de ses pieds antérieurs est énorme. 2° L'*encoubert Poyon,* dont la partie antérieure du corps est recouverte de plaques hexagonales, tandis que les parties moyenne et postérieure le sont par des plaques quadrangulaires. Cette espèce mesure $0^m,40$ de long; elle est très commune dans les pampas. 3° Le *chlamydophore,* très curieux petit animal de $0^m,12$ de longueur environ, qui habite les plaines rocailleuses des provinces de Mendoza et de San Luis. Son corps est défendu par une carapace constituée, comme chez les espèces précédentes, par des plaques osseuses disposées en rangées transversales, depuis le museau jusqu'à la partie postérieure du bassin. Le corps est comme tronqué en arrière et se termine par un plan perpendiculaire à son axe. Cette partie est protégée par une sorte de bouclier osseux soudé au bassin et du centre duquel sort la queue. Les pattes antérieures de ce tatou sont armées de griffes énormes qui lui servent à fouir la terre. (V. *Édentés.*)

TATOU GÉANT

TATOUAGE (*tatouer*), *sm.* Action de tatouer. ‖ Dessin ineffaçable qu'on fait sur la peau en tatouant : *Avoir un tatouage au bras.*

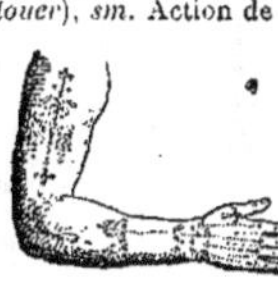

TATOUAGE

TATOUER (taïtien, *tatau,* marque sur la peau), *vt.* Former un dessin inaltérable sur la peau humaine en la piquant à des intervalles rapprochés avec une pointe aiguë ou une aiguille, et en faisant pénétrer dans les piqûres une matière colorante végétale ou animale. Presque tous les peuples sauvages se tatouent. Actuellement les marins et les soldats font souvent de même, et emploient comme matière colorante la poudre à canon brûlée sur les piqûres. — **Se tatouer,** *vr.* Se faire des tatouages sur la peau. — **Dér.** *Tatouage, tatoueur.*

***TATOUEUR** (*tatouer*), *sm.* Celui qui tatoue.

TATRA, massif granitique de montagnes qui fait partie des Karpathes occidentaux et domine les hauts plateaux de Liptau et de la Zips. Le Tatra s'étend sur 30 kilom. de longueur et 18 de largeur entre la plaine de Neumarkt et la vallée de la Waag. Ses sommets principaux sont le Gerlsdorfer-Spitz (2662 mèt.), le Lomnitzer-Spitz (2634 mèt.).

TATROS, rivière de Moldavie (Roumanie) qui prend sa source dans la Transylvanie orientale et se jette dans le Séreth.

TATTAH, 45000 hab. Ville de l'Hindoustan, dans la vallée du Sindh.

TATTERSALL (nom d'un groom du duc de Kingston), *sm.* Marché public pour la vente des chevaux, des voitures, des équipages de chasse.

***TAU**, *sm.* Nom du *t* (τ) en grec. — Fig. *Mettre le tau à une chose,* l'approuver.

TAUBER, 130 kilom. Rivière d'Allemagne, affluent du Mein, dans lequel elle se jette à Wertheim.

TAUBERT (Karl-Gottfried-Wilhelm), compositeur et chef d'orchestre distingué, né à Berlin en 1811. Schumann fut son élève.

TAUCHNITZ (1761-1836), célèbre imprimeur et libraire allemand, créateur de collections à bon marché d'auteurs anglais contemporains et d'auteurs grecs et latins.

***TAUD**, *sm.* ou ***TAUDE**, *sf.* (anc. scandinave, *tialld,* tente). Tente faite de toile goudronnée que l'on établit au-dessus d'une barque. — **Dér.** *Taudis, taudion, tauder.*

***TAUDER** (*taud*), *vt.* Déployer la tente appelée *taud.* — **Se tauder**, *vr.* Se mettre à l'abri sous une tente. (Mar.)

TAUDION (dm. de *taudis*), *sm.* Sale taudis.

TAUDIS (vx. fr. *taude,* forte toile; scand. *tialld,* tente), *sm.* Autrefois, logement que pratiquaient ceux qui assiégeaient une ville; aujourd'hui, petit logement misérable et malpropre. — **Dér.** *Taudion.*

TAUENTZIEN WITTEMBERG, général prussien (1756-1824), qui fit toutes les campagnes de la Révolution et de l'Empire.

TAUERN. Chaîne de montagnes d'Autriche, appartenant à la chaîne principale des Alpes, qui s'étend depuis le col du Brenner jusqu'à l'Arlscharte, près des sources de la Muhr. Elle est limitée au N. par les vallées de l'Inn et de la Salzbach, au S. par le Puster-Thal et la haute vallée de la Drave. Les principaux massifs de la chaîne sont : 1° le Duxergebirge (3 489 mètres à l'Olperer) et les Alpes du Ziller-Thal (3506 mètres au Hochfeil), séparés par le Ziller-Thal, le Zamser-Thal et le Pfitscher-Joch (2231 mètres); 2° le groupe du Gross-Venediger : pic des Trois-Seigneurs (3499 mètres) et Gross-Venediger (3675 mètres); 3° le Schnebige-Nock (3390 mètres), le Hochgall et le Rothwand (2719 mètres); 4° le Gross-Glockner (3797 mètres), prolongé au S. par les glaciers du Hochschober (3300 mètres); 5° le massif de glaciers du Hochnarr (3258 mètres); 6° l'Ankogl et le Hochalpen-Spitz (3355 mètres), entre le col du Hauen-Tauern et l'Arlscharte (2225 mètres). Les Tauern-Kette, chaîne de roches cristallines, s'étendent entre le col de l'Arlscharte et celui de Rottenmann (823 mètres).

TAULÉ, 3 004 hab. Ch.-l. de c., arr. de Morlaix (Finistère).

TAUNTON, 16 600 hab. Ville du comté de Somerset (Angleterre), sur la Tone.

TAUNUS, massif de montagnes de l'Allemagne qui borde la rive droite du Rhin, occupe l'espace compris entre la Lahn et le Mein, et possède sur ses pentes occidentales les plus riches vignobles rhénans, tels que ceux de Johannisberg, Hochem et Rudesheim, ainsi que les sources thermales de Hombourg, Seltz, Wiesbaden et Ems. Le Taunus forme le prolongement des crêtes du Hundsrück; il est séparé du Vogelsberg par la vallée de la Wette. Le point culminant du massif est le Feldberg (880 mètres); d'immenses forêts recouvrent ces hauteurs : la plus célèbre est celle du Niederwald, à l'O., près de Burgen.

TAUPE (l. *talpa*), *sf.* Petit mammifère insectivore, aux yeux très petits, presque imperceptibles, au poil noir velouté, vivant dans des galeries ou boyaux qu'il se creuse à peu de profondeur sous terre, qui font quelquefois saillie au dehors et forment en aboutissant un petit monticule appelé taupinière. Les taupes rendent quelques services en détruisant les larves d'insectes, mais elles sont préjudiciables aux cultures lorsqu'elles sont trop nombreuses. Il est bon de ne les détruire qu'avec beaucoup de circonspection, là où leurs dégâts sont bien caractérisés. — *Ne pas voir plus clair qu'une taupe,* être presque aveugle physiquement ou intellectuellement. — Fig. *C'est une vraie taupe,* c'est un sournois dangereux. ‖ *S'en aller au royaume des taupes,* mourir. (Pop.) — **Dér.** *Taupin, taupier, taupière, taupinière, taupinée.* — **Comp.** *Taupe-grillon.*

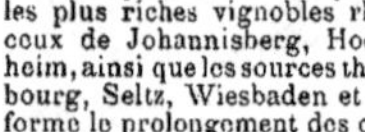

TAUPE COMMUNE

TAUPE-GRILLON, *sm.* (V. *Courtilière.*) — Pl. *des taupes-grillons.*

TAUPIER (*taupe*), *sm.* Preneur de taupes.

TAUPIÈRE (*taupier*), *sf.* Piège à taupes.

TAUPIN (*x*), *sm.* Soldat d'un corps de milice française sous Charles VII. ‖ Ancien nom des pionniers ou mineurs d'une armée. — **Taupin** ou **Maréchal,** genre d'insectes coléoptères qui ont la faculté de sauter en se retournant, quand ils sont sur le dos, avec un choc sec comme un petit coup de marteau. Les principales espèces sont le *taupin des moissons,* dont la larve ronge les racines des céréales, et le *taupin gris de souris,* dont la larve attaque les racines des arbres fruitiers.

TAUPIN DES MOISSONS

TAUPINÉE ou **TAUPINIÈRE** (*taupe*), *sf.* Petit monceau de terre en forme de tronc de cône, formé par les terres que la taupe rejette de ses galeries, et dont le centre est percé d'une espèce de soupirail. ‖ Petit monticule au milieu d'une plaine. ‖ Petite maison de campagne basse et sans apparence.

TAUPINIÈRE

TAURE (l. *taura*), *sf.* Génisse.

TAURÉADOR. (V. *Toréador.*)

TAUREAU (bl. *taurellum* : dm. de *taurum,* taureau), *sm.* Mammifère ruminant à cornes qui est le mâle de la vache. (V. *Bœuf, Bovine.*) ‖ *Combat, course de taureaux,* spectacle en usage en Espagne, dans le midi de la France, et depuis 1889 à Paris, où des hommes à pied ou à cheval, armés de lances, combattent un taureau. — Fig. *C'est un taureau,* un homme d'une force extraordinaire. ‖ *Une voix de taureau,* une voix retentissante. ‖ *Un cou de taureau,* un cou large et garni de muscles puissants. ‖ *Taureau d'airain* ou *de Phalaris,* figure d'airain représentant un taureau et dans les flancs de laquelle Phalaris, tyran d'Agrigente, faisait brûler les hommes qui lui avaient déplu. ‖ La seconde constellation zodiacale. ‖ Le signe du zodiaque dans lequel entre le soleil au 21 avril. — **Dér.** *Taurine.* — **Comp.** *Tauréador, taurobole, tauromachie, taurocholique.*

TAURIDE, ancien nom de la Crimée. ‖ Gouvernement de la Russie d'Europe formé de la Crimée et d'un territoire compris entre le Dniéper et le rivage N. de la mer d'Azof. Blé, vin, soie. — Cap. *Simféropol.*

***TAURINE** (l. *taurus,* taureau), *sf.* Substance cristallisée, qui se produit par la décomposition des acides de la bile et qu'on rencontre chez divers animaux. Elle renferme du carbone, de l'hydrogène, de l'oxygène, du soufre et de l'azote. Elle se dissout difficilement dans l'eau froide; elle ne se dissout ni dans l'alcool ni dans l'éther.

TAURIQUE (CHERSONÈSE), nom ancien de la Crimée.

TAURIS, 110 000 hab., ville de Perse, à l'O. de la mer Caspienne. Important commerce de denrées et d'étoffes.

TAUROBOLE (g. ταῦρος, taureau + βάλλειν, lancer, frapper) *sm.* Sacrifice expiatoire usité dans l'empire romain à partir d'Héliogabale, et dans lequel on immolait, sur un autel en forme d'évier, un taureau dont le sang dégouttait par des trous sur celui qui offrait ce sacrifice pour se purifier. ‖ L'autel même où s'accomplissait le taurobole.

***TAUROCHOLIQUE** (g. ταῦρος, taureau + g. χολή, bile), *adj. 2 g.* Se dit d'un acide qui se trouve combiné à la soude, dans la bile. L'alcool et l'éther le dissolvent facilement.

***TAUROMACHIE** (g. ταῦρος, taureau + μάχη, combat), *sf.* Combat de taureaux.

TAURUS, *sm.* On désigne sous ce nom l'ensemble des montagnes qui soutiennent au S. la terrasse centrale de l'Asie Mineure (plateau de Lycaonie). Ces chaînes s'étendent parallèlement à la côte. Les géographes distinguent, de l'O. à l'E., le Taurus de Lycie, le Taurus de Cilicie, l'Anti-Taurus, le Taurus de l'Euphrate. Le *Taurus de Lycie* occupe toute la presqu'île à gauche du golfe d'Adalie. Le Tachtaly Dagh (2300 mètres) suit la côte occidentale du golfe. A l'intérieur, la grande chaîne commence aux Sept-Caps et court vers le N.-E. sous le nom de Susas-Dagh et de Ber-Dagh (3200 mètres). Le Taurus de Lycie forme un arc dont la convexité est tournée vers la Méditerranée (Geik-Dagh, 3000 mètres, Sumak-Dagh, Bulghar-Dagh, Ala-Dagh). Cette chaîne renferme le mont Metdesis (3477 mètres), point culminant du Taurus. Du sommet du Geik-Dagh se détache vers le S.-E. le Gjans-Dagh, qui, à son point de rencontre avec l'Akma-Dagh, forme le célèbre défilé des *Portes Amaniques.* La chaîne principale, se dirigeant toujours vers l'E., coupe l'Euphrate (Uschorsch-Dagh, Achyr-Dagh, Kanly-Dagh), et va rejoindre le système des montagnes d'Arménie. L'Anti-Taurus se détache de l'Ala-Dagh et présente la cime la plus élevée de l'Asie Mineure, l'Ardjisch-Dagh (3841 mètres), d'où part vers le N.-E. le Karabel-Dagh (1764 mètres), qui se rattache au Caucase. Une autre branche se dirige vers l'O. sous le nom de Hassan-Dagh (2400 mètres), Sultan-Dagh (1200 mètres), Mourad-Dagh, et aboutit près de Brousse (Keschisch-Dagh, 1600 mètres). Parallèlement au littoral de la mer Noire, l'Anti-Taurus envoie une troisième branche qui porte les noms d'Ala-Dagh, Ilkas-Dagh (2200 mètres), Kusch-Dagh.

TAUTE, 35 kilom., petit fleuve navigable de la Manche, qui passe à Carentan et se jette dans la Manche au Grand-Vay. Elle reçoit le Lozon, la Térette et la Douve.

TAUTOCHRONE (g. ταυτό, le même + χρόνος, le temps), *adj. 2 g.* En mécanique rationnelle, on appelle ainsi, une courbe telle qu'un point matériel pesant assujetti à la parcourir, et partant d'un de ses points sans vitesse initiale, arrive toujours au point le plus bas de la courbe dans le même temps, quel que soit le point initial d'où il est parti. Cette propriété, dite *tautochronisme,* est l'un des caractères de la *cycloïde,* courbe

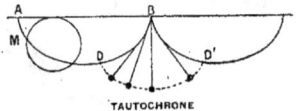

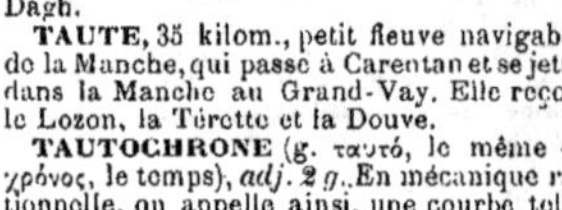

TAUTOCHRONE

engendrée par un point M d'un cercle qui roule sans glisser sur une droite fixe AB : une bille, roulant dans une gouttière de cette forme, mettra le même temps pour arriver en D, qu'elle soit partie du point A ou d'un point quelconque. Huyghens a cherché à utiliser de cette façon le *tautochronisme* de la cycloïde pour construire un pendule exactement isochrone. Pour éviter les frottements produits de cette façon, on peut réaliser le pendule cycloïdal en le suspendant au point B par un fil de longueur BD, qui, pendant l'oscillation, vient s'appuyer sur deux montants de même forme. Mais la résistance de l'air intervient encore et ne permet pas d'obtenir de cette application des résultats satisfaisants. — **Dér.** *Tautochronisme.*

TAUTOCHRONISME (*tautochrone* + sfx. *isme*), *sm.* Egalité des temps pendant lesquels certains mouvements s'accomplissent : *Le tautochronisme des petites oscillations du pendule.*

TAUTOGRAMME (g. ταυτό, le même + γράμμα, lettre), *sm.* Pièce de vers dont tous les mots commencent par la même lettre.

TAUTOLOGIE (g. ταυτό, le même + λόγος, discours), *sf.* Défaut de style qui consiste à exprimer plusieurs fois la même idée en termes différents. — **Dér.** *Tautologique.*

TAUTOLOGIQUE (g. ταυτολογικός), *adj. 2 g.* Qui a le caractère de la tautologie.

TAUVES, 2635 hab. Ch.-l. de c., arr. d'Issoire (Puy-de-Dôme).

TAUX (*svm.* du vx fr. *tauxer*, db. de *taxer*), *sm.* Le montant des impositions dues par une personne. || Le prix établi pour la vente des denrées. || Le cours des fonds publics, les frais de justice, etc. || Somme qu'un emprunteur est tenu de payer pour chaque centaine de francs empruntée : *Le taux légal est de 6 p. 100 dans le commerce et de 5 p. 100 dans les autres transactions.* (V. *Intérêt, Taxer.*)

TAVAÏOLLE (dm. de *touaille*), *sf.* Linge garni de dentelle sur lequel on rend le pain bénit, ou l'on présente un enfant au baptême.

TAVANNES (GASPARD DE SAULX, SEIGNEUR DE) (1509-1573), homme de guerre français, maréchal de France, gouverneur de Bourgogne, puis de Provence, prit une part active aux guerres de François Ier et de Henri II, se signala par son fanatisme pendant les guerres de religion et tint une conduite odieuse au massacre de la Saint-Barthélemy. — GUILLAUME, SEIGNEUR DE TAVANNES (1553-1633), fils aîné du précédent, fut du parti catholique, et néanmoins fidèle à Henri III et à Henri IV, a laissé des mémoires qui vont de 1560 à 1596. — LE VICOMTE DE TAVANNES (1555-1630), frère du précédent, fougueux ligueur qu'Henri IV fit mettre à la Bastille, d'où il s'échappa; a laissé une vie du maréchal de Tavannes, son père.

TAVEL, 1 160 hab., bourg de l'arr. d'Uzès (Gard). Vignoble renommé. — *Sm.* Excellent vin des environs de Tavel.

***TAVELAGE** (*taveler*), *sm.* Maladie des fruits causée par un champignon (*cladosporium*) qui forme à leur surface des taches noires, brunes, vertes, jaunes.

TAVELER (bl. *tavellare*, paver : bl. *tabella*, échiquier), *vt.* Tacheter, moucheter : *Le tigre a la peau tavelée.* — **Gr.** On double *l* devant une syllabe muette : Je tavelle, je tavellerai, je tavelais. — **Dér.** *Tavelage, tavelure.* Même famille : *Table.*

TAVELURE (*taveler*), *sf.* Bigarrure d'une peau tavelée; tache.

TAVERNE (l. *taberna*), *sf.* Cabaret fréquenté par les gens du plus bas étage. || Restaurant où l'on fait la cuisine anglaise. || Estaminet. — **Dér.** *Tavernier, tavernière.* — **Syn.** (V. *Cabaret.*)

TAVERNES, 1 045 hab. Ch.-l. de c., arr. de Brignoles (Var). Huileries.

TAVERNIER, IÈRE (*taverne*), *s.* Celui, celle qui tient une taverne.

TAVERNIER (1605-1686), célèbre voyageur français qui fit six voyages, tant en Turquie qu'en Perse et aux Indes, en rédigea des relations très véridiques, et rendit de grands services au commerce français.

TAVERNY, 1 899 hab. Village près Montmorency (Seine-et-Oise).

TAVIGNANO, 75 kilom. Le fleuve le plus considérable de la Corse, qui prend sa source au lac de Nino, entre le Monte Cinto et le Monte Rotondo, passe à Corte, et se jette dans la Méditerranée près des ruines d'Aleria.

TAVIGNANO, 993 hect. Forêt domaniale de Corse, peuplée de pins larices et de sapins.

TAVISTOCK, 6 915 hab. Ville d'Angleterre (Devonshire), sur la Taaf. Usines à fer. Mines de cuivre et de fer.

TAXATEUR (*taxer*), *sm.* Celui qui taxe. || Commis qui, dans un bureau de poste, taxe les lettres et les paquets.

TAXATION (l. *taxationem*), *sf.* Action de taxer. — *Pl.* Supplément de traitement alloué à certains employés.

TAXE, *svf.* de *taxer*. Règlement fait par l'autorité et fixant le prix de certaines denrées, des frais de justice : *La taxe du pain, des frais d'un procès.* || Établissement d'un impôt temporaire sur certaines catégories de personnes. || Le montant de cet impôt. || *Taxe des biens de main-morte*, impôt annuel de 62 centimes et demi pour franc de principal de l'impôt foncier établi sur les biens des départements, communes, hospices, congrégations, etc. || *Taxe des chiens*, impôt annuel établi pour chaque chien au profit exclusif des communes, et dont le conseil municipal fixe le montant : il est dû à partir du 1er janvier et pour l'année entière pour tout chien possédé à cette date. Les possesseurs de chiens sont tenus d'en faire la déclaration à la mairie, faute de quoi ils sont passibles d'une taxe triple. || *Taxe des pauvres*, impôt établi en Angleterre au profit des pauvres. || Autrefois, impôts en général : *Réduire les taxes.* — **Syn.** (V. *Impôt.*)

TAXER (l. *taxare*, toucher, frapper souvent, fréq. de *tangere*), *vt.* Fixer légalement le prix de certaines denrées, le montant des frais de justice, l'impôt annuel qu'on doit payer pour certains objets : *Taxer le pain, les vacations des arbitres.* || Soumettre à un impôt temporaire certaines classes d'individus. || Autrefois, *taxer d'office*, fixer par autorité supérieure ce qu'un individu devait payer pour la taille. || Accuser : *On le taxe d'avarice.* — **Se taxer**, *vr.* Fixer soi-même la somme qu'on s'engage à donner pour un objet déterminé : *Se taxer pour l'établissement d'une bibliothèque publique.* || S'accuser soi-même, s'accuser l'un l'autre. — **Dér.** *Taxe, taxateur, taxation; taux.* — **Comp.** *Détaxer, surtaxe, surtaxer.*

TAXIARQUE (g. τάξις, corps de troupe + ἀρχός, chef), *sm.* Commandant d'un bataillon d'infanterie chez les Athéniens.

TAXILE, roi de l'Inde entre l'Indus et l'Hydaspe, détrôné par Alexandre le Grand, qui cependant le traita honorablement.

TAXIS (g. τάξις, arrangement), *sm.* Manœuvre opératoire au moyen de laquelle on cherche à faire rentrer une hernie. (Méd.)

***TAXODIUM** [ta-xo-di-ome] (l. *taxus*, if + g. εἶδος, forme), *sm.* Genre de plantes fossiles rangées parmi les Conifères et que l'on trouve en abondance dans les meulières de Lonjumeau, de Pontchartrain, etc. || Le *cyprès chauve* ou *cyprès de la Louisiane*, grand et bel arbre de la famille des Conifères, originaire des parties chaudes de l'Amérique du N. On peut le cultiver en France sur le bord des eaux, dans les terrains d'alluvion. Cet arbre, qui peut atteindre 20 à 30 mètres de hauteur, a la forme d'une pyramide régulière; son feuillage, très léger, rappelle celui de l'if, quoique d'une teinte plus pâle. Le bois du cyprès chauve est rougeâtre, et d'assez bonne qualité. Les racines donnent naissance à des excroissances sortant de terre et atteignant quelquefois une hauteur de 0m,50; ces masses ligneuses sont généralement creuses intérieurement.

***TAXONOMIE** ou mieux **TAXINOMIE** (g. τάξις, arrangement + νόμος, loi), *sf.* La partie de la botanique dans laquelle on expose les lois qui doivent présider à la classification des plantes.

TAY, 203 kilom. Fleuve torrentiel d'Écosse qui descend du versant N. des Grampians, arrose Perth, Dundee, et est traversé, près de son embouchure dans la mer du Nord, par un pont viaduc de 3 171 mètres, qui remplace un travail du même genre écroulé, en 1880, au passage d'un train.

TAYAUT. (V. *Taïaut.*)

TAYGÈTE, chaîne de montagnes de la Laconie, qui se détache du massif d'Arcadie, borde à l'O. le cours de l'Eurotas, et se termine au S. par cinq pitons couverts de neige presque toute l'année et au pied desquels était bâtie l'ancienne Sparte. Le Taygète (2 400 mètres) était consacré à Bacchus : c'est dans ses gouffres que les Spartiates précipitaient les enfants nés difformes ou impotents.

TAY-LOCH, lac d'Écosse, un des plus beaux du pays, et que traverse le fleuve du même nom.

TAYLOR (1685-1731), géomètre anglais, disciple de Newton, qui trouva la fameuse série qui porte son nom.

TAYLOR (BARON ISIDORE) (1789-1879), philanthrope français, voyageur, littérateur, membre de l'Institut. Commissaire du roi près le Théâtre-Français de 1825 à 1838, fondateur des associations de secours mutuels entre peintres, musiciens et artistes dramatiques, etc.

TAYON [ta-ion] (vx fr. *taion*, grand-père), *sm.* Baliveau qui a été réservé pendant trois coupes successives d'un taillis. (*Eaux et forêts.*)

TAZANA, lac du Puy-de-Dôme occupant, au pied du puy de Chalard, l'emplacement d'un ancien cratère.

TCHAD ou **OUANGARA**, grand lac d'eau douce de l'Afrique, dans une dépression de la plaine du Soudan, qui reçoit plusieurs cours d'eau, est bordé de marais et de roseaux, fréquenté par les hippopotames et les éléphants, et sur les rivages duquel on recueille du natron.

TCHÈQUE, *adj. 2 g. Le peuple tchèque*, les Slaves de Bohême. || *S.* Individu de la population slave de la Bohême. — *Sm.* La langue slave parlée en Bohême.

TCHÉRÉMISSES, peuple finnois, idolâtre et presque sauvage, qui habite entre la Kama et le Volga. — *Sm. sg.* La langue des Tchérémisses appartenant au groupe finnois.

TCHERKASK (NOVOÏ-), 35 000 hab. Ville de la Russie d'Europe, chef-lieu du territoire des Cosaques du Don.

TCHERKESSE, famille de peuples qui habitent la partie occidentale du Caucase, et forment trois nations : 1° Les *Adyghés* ou *Tcherkesses* proprement dits, occupant l'extrémité occidentale du Caucase. 2° Les *Kabardiens*, habitant les vallées descendant au N.-O. de l'Elbrous. 3° Les *Abkhases*, sur la rive N.-E. de la mer Noire et au pied du Caucase.

TCHERKESSE

TCHERNAÏA, fleuve de Crimée qui se jette dans la baie de Sébastopol et sur les bords duquel les Français et les Sardes défirent les Russes (16 août 1855), près du pont de Traktir.

TCHERNIGOV, 16 174 hab. Ville de la Russie d'Europe, sur la Desna.

TCHESMÉ, 6 000 hab. Ville de la Turquie d'Asie, port sur l'Archipel, en face l'île de Chio. Les Anglais et les Russes, sous le commandement d'Orloff et d'Elphinstone, y brûlèrent la flotte turque en 1770.

***TCHIBOUK** (turc *tchouboûq, tchiboûq*, bâton, tuyau, puis pipe), *sm.*, ou **CHIBOUQUE**, *sf.* Pipe turque à long tuyau.

TE (l. *te*), *pr. pers. de la 2e pers. sg. et des 2 g.* Signifie *toi* ou *à toi*, suivant qu'il est complément direct ou complément indirect : *Je te vois, je te parle.*

TÉ, *sm.* Nom de la consonne T suivant l'ancienne épellation. || Sorte de double équerre à dessiner, qui a la forme d'un T. || Ferrure en forme de T qui s'applique sur les croisées, les persiennes, etc., pour en consolider les assemblages. || Ensemble de plusieurs fourneaux de mine disposés en forme de T et destinés à faire sauter une fortification. || *Fer à T*, fer dont la section a la forme d'un T.

TEBESSA, 3 048 hab. Ville d'Algérie, arrondissement de Batna, province de Constantine.

TEBOURBA, plaine de Tunisie, entre Tunis, Testour et la mer.

TECH, 82 kilom. Rivière des Pyrénées-Orientales. Venu du mont de l'Escoula (2 460 mètres), sur la frontière d'Espagne, arrose les bains de la Preste, Prats-de-Mollo (798 mètres), Arles-sur-Tech, Amélie-les-Bains, le Boulou, et se jette dans la Méditerranée. Il reçoit la Manère, le Guéra, le Mondony.

TECHNIQUE (g. τεχνικός : de τέχνη, art), *adj. 2 g.* Qui appartient à un art, une science, un métier, qui leur est spécial. || *Mots, termes techniques*, employé presque exclusivement par ceux qui pratiquent un certain art : *Stylobate est un terme technique.* || *Vers techniques*, vers faits spécialement pour graver une chose dans la mémoire : *Les racines grecques de Lancelot sont en vers techniques.* — *Sm.* La manière d'exécuter ce qui est du ressort d'un art. — *Sf.* L'ensemble des procédés qu'on emploie dans un art : *La technique de la métallurgie du fer.* — **Dér.** *Techniquement.* — **Comp.** *Technologie, technologique.*

***TECHNIQUEMENT** (*technique* + sfx. *ment*), *adv*. Conformément aux procédés d'un art. ‖ Conformément au langage usité dans un art : *S'exprimer techniquement.*

TECHNOLOGIE (g. τέχνη, art + λόγος, science), *sf*. Traité des arts en général : *La technologie de Francœur.* ‖ Explication des termes propres à un art, à une science, à un métier : *La technologie de l'architecture.* — **Dér.** *Technologique.*

TECHNOLOGIQUE, *adj. 2 g.* Qui concerne les arts en général : *Dictionnaire technologique.*

TECK ou **TEK** (malais *tekha*), *sm*. Très grand arbre des Indes orientales et de Ceylan, de la famille des Verveines, dont le bois, très dur et d'une durée supérieure à celle du chêne, est préféré à tous les autres pour la construction des navires; les Malais emploient sa décoction contre le choléra; ses fleurs sont diurétiques, et ses feuilles, astringentes, donnent une couleur rouge. (V. *Verbénacées.*)

***TECOMA** (du nom mexicain de la plante, *tecomaxochitl*), *sm*. Genre de plantes dicotylédones de la famille des Bignoniacées, originaire de l'Amérique du Nord, et dont on cultive chez nous plusieurs espèces comme plantes d'ornement. Les principales variétés sont : 1° le *tecoma grimpant*, appelé aussi *tecoma de Virginie, jasmin trompette, jasmin de Virginie*, grand arbrisseau sarmenteux et grimpant qui s'attache aux arbres et porte des fleurs d'un rouge cinabre disposées en grappes, que l'on cultive en terre franche, légère et fraîche et à une bonne exposition; 2° le *tecoma à grande fleur*, désigné aussi sous le nom de *tecoma de Chine*, qui donne des fleurs semblables à celles de l'espèce précédente, mais dont le limbe de la corolle est plus grand; 3° le *tecoma à cinq feuilles* ou des *Antilles*, arbrisseau atteignant jusqu'à 5 mètres de hauteur et donnant des grappes de grandes fleurs purpurines, plante se cultivant dans la terre franche et en serre chaude et demandant, au cours de sa végétation, des arrosages fréquents; 4° le *tecoma à feuilles de jasmin*, qui est un bel arbrisseau de la Nouvelle-Hollande, à tiges grimpantes, à feuilles persistantes, qui donne de juin à août des bouquets de fleurs d'un blanc rosé. On connaît d'autres espèces de ce genre qui sont originaires du Cap, des Antilles, etc.

TECTOSAGES, l'une des deux tribus de la nation gauloise des Volces. Cette tribu occupait depuis le VIe ou le Ve siècle av. J.-C. le bas Languedoc à l'O. de l'Hérault, ainsi que les bassins supérieurs de l'Ariège et de la Garonne. Elle envoya des essaims colonisateurs dans la forêt Hercynienne, en Pannonie, en Galatie. — Cap. *Toulouse*; v. pr. *Carcassonne* et *Narbonne*.

TE DEUM [té-dé-ome], *sm*. Cantique de l'Église catholique commençant par ces mots latins : *Te Deum laudamus*, attribué à saint Ambroise et à saint Augustin, qui se chante aux matines des fêtes et en outre, extraordinairement avec pompe et cérémonie pour remercier Dieu d'une victoire ou d'un heureux événement public. — Pl. *des Te Deum.*

TEES, rivière d'Angleterre qui prend sa source au mont Fross-Fell (2 928 mètres), dans la chaîne Pennine. Elle se jette dans la mer du Nord par un large estuaire, après avoir arrosé les villes industrielles de Stockton et de Middlesborough.

TÉFÉ, 900 kilom. Rivière de l'Amérique du Sud (Brésil), affluent de l'Amazone.

***TÉGÉATE**, *adj.* et *s. 2 g.* De Tégée. ‖ Habitant de cette ville.

TÉGÉE, ancienne ville du Péloponèse, dans l'Arcadie, dont elle fut d'abord la capitale.

TÉGHETOFF (BARON GUILLAUME DE), (1827-1871), amiral autrichien qui battit au combat naval de Lissa, le 20 juillet 1866, l'amiral italien Persano.

TÉGLATH-PHALAZAR ou **TOUKLAT-HABAL-ASAR I**^er (vers 1130 av. J.-C.), roi du premier empire d'Assyrie, conquit la Comagène, l'Arménie, tout l'E. de la Syrie. — **Touklat-Habal-Asar II**, le **Tiglath-Piléser** de la Bible, roi du deuxième empire d'Assyrie de 745 à 727 av. J.-C., conduisit une grande expédition jusqu'aux bords de l'Indus, mit fin au royaume de Damas, et conquit la plus grande partie du royaume d'Israël, supprimé bientôt après par Salmanazar.

***TEGMEN** (ml.), *sm*. Enveloppe intérieure de la graine des végétaux.

TEGNER (1782-1846), célèbre poète suédois, professeur à l'université de Lund (1812), évêque de Vexiö (1824).

TÉGUMENT (l. *tegumentum* : de *tegere*, couvrir), *sm*. Enveloppe du corps d'un organe : *La peau est le tégument du corps humain.* — **Dér.** *Tégumentaire.* Même famille : *Tegmen.*

***TÉGUMENTAIRE** (*tégument*), *adj. 2 g.* Qui sert de tégument : *Membrane tégumentaire.*

TÉHÉRAN, 200 000 hab., capitale actuelle de la Perse, au S. de la mer Caspienne. Elle souffre en été d'une température brûlante et insupportable. Tapis, tissages de laines fines.

TEHUANTEPEC, isthme de 260 kilom. de large, entre le golfe de Tehuantepec et celui de Campêche. Les Américains opposent au canal de Panama un projet de chemin de fer qui traverserait cet isthme et servirait au transport des navires.

TEHUANTEPEC, 8 000 hab. Ville du Mexique, dans l'État de Oajaca.

TEIGNASSE, *sf.* (V. *Tignasse.*)

TEIGNE (l. *tinea*), *sf*. Tribu de petits papillons nocturnes de couleur sombre avec des taches brillantes sur les ailes, comprenant plus de mille espèces, dont les chenilles sont un véritable fléau pour l'homme, et que l'on peut partager, au point de vue de la pratique, en : 1° *Teignes des grains*, dont les larves dévorent les grains dans les greniers à la façon des charançons, et que l'on détruit avec le sulfure de carbone; 2° *Teignes domestiques*, qui rongent les étoffes de laine, les pelleteries, le crin, les plumes, le duvet, les collections d'histoire naturelle, et dont on se préserve en exposant les objets à la lumière, les battant ou les enveloppant dans des linges avec du tabac; 3° *Teignes des arbres fruitiers*, dont les chenilles vivent sous une tente de soie commune ou dans l'épaisseur des feuilles et dévorent poiriers, pommiers, pruniers, oliviers, pêchers, lilas, noyers, etc., et qu'on ne peut détruire qu'en échenillant ou flambant les feuilles; 4° *Teigne des jardins*, dont les larves attaquent les aulx, poireaux, toutes les liliacées, les carottes, etc., et que l'on combat comme les précédentes. ‖ *Fausses teignes*, celles qui s'enveloppent d'un fourreau non portatif. ‖ Nom vulgaire d'un grand nombre de maladies de natures différentes qui affectent le cuir chevelu, dont les unes sont analogues aux maladies de la peau des autres régions du corps, les autres, telles que la *teigne tonsurante*, causées par des très petits champignons parasites, et qui toutes sont difficiles à guérir. — Fig. *Cela tient comme teigne*, cela est très difficile à détruire. ‖ *Teigne des chevaux*, maladie de la peau qui affecte le pied et la partie inférieure de la jambe du cheval et qui est caractérisée par le suintement d'une humeur fétide. ‖ *Teigne des moutons*, maladie qui affecte le museau des moutons et qui est probablement due à la présence d'un sarcopte. ‖ Maladie qui attaque l'écorce des arbres. — **Dér.** *Teigneux, teigneuse.*

TEIGNE DOMESTIQUE (LARVES)

TEIGNE DOMESTIQUE (PAPILLON)

TEIGNEUX, EUSE, *adj.* et *s.* Qui a la teigne.

***TEIL** ou ***TEILLEAU** [LL mouillés], *sm*. Noms vulgaires du tilleul. (Bot.)

TEIL (LE), 4 490 hab. Commune du canton de Viviers, arrondissement de Privas (Ardèche), sur le versant d'une colline escarpée qui domine la rive droite du Rhône, au S. des monts basaltiques de Coiron (Cévennes); chemin de fer de P.-L.-M.; pont suspendu. Vignes et mûriers; moulins à soie. Chaux hydraulique.

TEILLAGE, TEILLE, TEILLER, TEILLEUR. (V. *Tillage, Tille, Tiller, Tilleur.*)

TEILLEUL (LE), 2 150 hab. Ch.-l. de c., arr. de Mortain (Manche).

TEINDRE (l. *tingere*), *vt*. Plonger une étoffe ou une autre chose dans un liquide coloré pour qu'elle en prenne la couleur : *Teindre la laine, la soie, des œufs.* ‖ En parlant des couleurs, colorer un liquide en s'y dissolvant ou s'y mêlant : *Le bois d'Inde teint l'eau en rouge.* ‖ Marquer de taches colorées qu'il est difficile de faire disparaître : *Les fruits rouges teignent le linge.* — Fig. Imprégner : *Teindre un récit de sentiments mélancoliques.* — Fig. *Teindre ses mains dans le sang*, commettre ou ordonner des meurtres. — **Se teindre**, *vr*. Être teint : *La laine se teint mieux que la toile.* — **Gr.** *n* devient *gn* devant une voyelle : Je teins, tu teins, il teint, n. teignons, v. teignez, ils teignent; je teignais, n. teignions; je teignis, n. teignimes; je teindrai; je teindrais; teins, teignons, teignez; que je teigne, que n. teignions; que je teignisse, qu'il teignît, que n. teignissions; teignant; teint, teinte. — **Dér.** *Teint 1, teint 2, teinte, teinter, teinture, teinturerie, teinturier, teinturière.* — **Comp.** *Déteindre, reteindre.*

1. **TEINT**, *spm.* de *teindre*. Manière de teindre. ‖ *Bon teint* ou *grand teint*, celui qui communique aux objets une couleur solide et que le soleil n'altère pas. ‖ *Faux teint, mauvais teint*, celui qui communique aux objets une couleur qui s'altère aisément. ‖ Le coloris du visage : *Avoir un teint vermeil, fleuri, basané.*

2. **TEINT, TEINTE** (l. *tinctum*); (pp. de *teindre*), *adj*. Qui a été coloré d'une certaine manière : *Manteau teint en bleu.* ‖ Marqué de taches colorées : *Peau blanche teinte de noir.* ‖ Couvert : *Visage teint de sang.*

TEINTE, *spf.* de *teindre*. Nuance qui résulte du mélange de deux ou plusieurs couleurs : *Une teinte verdâtre.* ‖ Degré de force qu'un peintre donne aux couleurs : *Une teinte forte, faible.* ‖ *Teinte plate*, uniforme. ‖ *Demi-teinte*, une teinte très faible ou légèrement ombrée. — Pl. *des demi-teintes.* — Fig. Une très petite quantité, une légère pointe : *Une teinte de malice.* — **Dér.** *Teinter.*

TEINTER (*teinte*), *vt*. Recouvrir d'une teinte plate. (Peint.) ‖ Communiquer une nuance : *Le soleil teinte les nuages de rose.*

TEINTURE (l. *tinctura*), *sf*. Liquide dans lequel on a fait dissoudre une matière colorante, et qui est destiné à teindre des fils, des étoffes, etc. : *Préparer de la teinture.* ‖ Couleur que ce liquide laisse déposer sur les choses que l'on veut teindre : *Drap d'une belle teinture.* ‖ L'art de teindre, c'est-à-dire de fixer les couleurs dans les fils, les tissus, etc. en les combinant chimiquement avec eux.

L'*art de la teinture* a été connu de toute antiquité. Hérodote et Strabon, entre autres, rapportent que les habitants de l'Inde connaissaient, dès les temps les plus reculés, la teinture et l'impression des étoffes. D'autre part, les nombreuses découvertes que l'on a faites dans les anciens monuments de l'Égypte prouvent que les habitants de ce pays savaient aussi teindre les étoffes en plusieurs nuances; on a, du reste, retrouvé des peintures murales égyptiennes reproduisant des ateliers de teinture. Cet art avait également pris un grand essor chez les Phéniciens : la pourpre de Tyr est fameuse. De nos jours, la teinture s'est enrichie d'un grand nombre de matières colorantes que lui a fourni le goudron de houille, et la chimie lui a enseigné la théorie des procédés séculaires dont la pratique était restée jusqu'alors empirique. La teinture peut, et même elle le doit, renoncer maintenant à la routine pour s'engager dans les voies régulières que la science lui a ouvertes.

La teinture n'est pas une simple coloration superficielle, analogue à l'aquarelle. Ainsi, par exemple, la ficelle rouge qui nous sert à lier les paquets n'est pas teinte : elle est simplement colorée par de la fuchsine;

trempée dans l'eau, elle se décolore. La teinture, au contraire, pénètre jusqu'à l'intérieur de la fibre textile, et elle persiste, car elle forme avec sa substance une *combinaison chimique* plus ou moins stable. Le nombre des matières colorantes capables de se fixer directement dans la fibre textile par simple immersion est assez restreint. En dehors de l'emploi de ces corps exceptionnels qui, pour la plupart, n'ont été découverts que récemment, la teinture consiste aujourd'hui, comme elle consistait autrefois, en une série d'opérations permettant de précipiter et de fixer sur la fibre textile et dans l'intérieur de cette fibre des combinaisons douées d'une nuance spéciale.

En quoi consistent ces combinaisons? Il est utile de le montrer avant d'aller plus loin. Prenons, par exemple, une solution de sulfate de cuivre. Prenons, d'autre part, une décoction de bois de campêche. Ce dernier produit contient un principe qui est presque incolore par lui-même : l'*hématoxyline*. Ajoutons du sulfate de cuivre à cette décoction, et chauffons. Le mélange prendra une légère nuance sale, mais ne se troublera pas profondément. Faisons maintenant une autre expérience. Versons une solution de potasse à froid dans le sulfate de cuivre : il se précipite un corps gélatineux qui est de l'oxyde de cuivre en combinaison avec de l'eau. Séparons ce précipité en versant le tout sur un filtre; isolons-le du filtre, en le raclant, par exemple, avec une lame de verre, et agitons-le avec de la décoction chaude de campêche : nous voyons immédiatement cette solution se décolorer, et le précipité d'oxyde de cuivre, qui était vert blanchâtre, prendre une couleur bleu foncé magnifique. Nous avons donc formé une matière colorante *insoluble* par la combinaison d'un oxyde métallique et d'une matière végétale non colorante. Cette matière colorante insoluble est une *laque*. (V. ce mot, tome II, pp. 253 et 254.) L'*hématoxyline* forme d'autres laques avec d'autres oxydes métalliques. Ainsi elle donne, avec l'oxyde d'aluminium ou alumine, une laque bleu violacé; avec l'oxyde d'étain, une laque violette; avec les oxydes de fer, une laque d'un noir bleuâtre; avec l'oxyde de zinc, une laque d'un pourpre foncé; avec l'oxyde de mercure, une laque orangée; avec l'oxyde de bismuth, une laque d'un violet superbe. D'autres décoctions, non colorantes par elles-mêmes, fourniraient d'autres laques avec les oxydes métalliques insolubles. C'est sur la formation de ces laques que reposent, dans la plupart des cas, les opérations de la teinture.

La teinture se fait généralement par immersion successive dans deux bains différents, presque toujours bouillants. Le premier de ces bains est constitué par une solution d'un sel d'oxyde métallique, solution qui ne colore pas par elle-même; le second est formé par une solution de matières spéciales, contenant des principes qui ne sont pas non plus colorants par eux-mêmes, mais qui jouissent de la propriété de donner des laques avec les oxydes métalliques.

La première opération est le *mordançage*; la seconde est la *teinture proprement dite*. Le mordançage met en jeu une propriété très curieuse que possèdent les *fibres textiles*, et d'une façon particulière les *fibres animales*; ces fibres, étant douées d'une grande affinité pour les oxydes des métaux, forment, avec ces oxydes, de véritables combinaisons chimiques dans lesquelles la matière de la fibre joue le rôle d'un acide. Il se produit, par exemple, une combinaison insoluble de ce genre quand nous chauffons de la laine avec une solution de sulfate de cuivre (en proportions convenables bien entendu). Pourvu que la solution soit très étendue, le sulfate de cuivre, au fur et à mesure de l'ébullition, se décompose en acide sulfurique et en oxyde de cuivre. L'acide sulfurique reste en liberté; quant à l'oxyde de cuivre, il se combine avec la laine. Il forme avec elle, non pas seulement à la surface, mais dans tout l'intérieur de cette matière, une *combinaison insoluble*. C'est à dessein que nous avons pris pour exemple le sulfate de cuivre. On conçoit que, si la matière textile organique déplace l'acide de ce sel neutre, éminemment stable, pour se combiner avec l'oxyde qu'il contient, elle agira dans le même sens, mais bien plus facilement encore, à l'égard des sels de fer ou d'étain, bien plus facilement décomposables.

Fait digne de remarque, l'oxyde métallique, ainsi formé par *mordançage*, n'en garde pas moins ses propriétés chimiques, et notamment la propriété de se combiner avec les acides, comme nous allons le voir en procédant à la *seconde opération*, la *teinture proprement dite*. Prenons, en effet, la laine qui sort de la solution bouillante de sulfate de cuivre, et qui, par suite, contient de l'oxyde de cuivre devenu insoluble. Plongeons-la dans un bain bouillant de décoction de campêche : aussitôt l'hématoxyline se combine avec l'oxyde de cuivre pour former la combinaison insoluble ou laque dont nous avons parlé en commençant, et la laine se teint en bleu foncé. Si nous avions employé un sel d'un autre oxyde métallique, nous aurions obtenu une autre teinture. Par un double mordançage, l'un au cuivre, l'autre au zinc, on produirait un mélange de bleu et de rouge donnant la sensation du violet. On peut, d'autre part, se contenter d'un seul mordançage et prendre au contraire plusieurs *bois* : par exemple, *mordancer* au cuivre et teindre au bois de Brésil, ou *bois rouge*, et au bois de Campêche, ce qui donnera encore du violet. On peut, en outre, remplacer les bois de teinture par l'orseille, la cochenille, etc. En variant les proportions, on fera apparaître une grande variété de nuances sur les fibres textiles.

Dans les explications qui précèdent, nous avons supposé qu'il s'agissait de teindre la fibre animale. La teinture sur les fibres végétales, le coton par exemple, s'effectue d'après les mêmes principes. Seulement elle ne se pratique pas absolument de la même manière, parce que le coton n'agit que sur les sels à acides faibles, tels que les acétates, mais point sur les sels à acides forts : ainsi le coton, que nous prenons ici pour type de la fibre végétale, n'agit pas sur les sulfates. C'est que l'affinité de la fibre végétale pour les oxydes métalliques est bien moins considérable. La teinture sur coton exige donc certains artifices particuliers.

Aux anciens procédés que nous venons de passer en revue, il faut joindre un mode de teinture tout différent : la teinture à l'indigo, également connue depuis un temps immémorial. (V. *Indigo*.)

Les teintures obtenues par ces anciens procédés sont très *solides à la lumière* : c'est grâce à elles que de vieilles tapisseries, comme la fameuse *tapisserie de Bayeux*, ont pu traverser les siècles sans se décolorer; toutefois, elles sont un peu ternes.

Les matières colorantes que l'on sait aujourd'hui préparer au moyen de substances extraites du *goudron de houille* possèdent au contraire un éclat incomparable. C'est en 1856 qu'a été découverte la première de ces matières colorantes artificielles, le *violet d'aniline*. Depuis cette époque, les chimistes n'ont cessé de découvrir, dans ce même goudron de houille, des corps à l'aide desquels ils ont produit des matières colorantes donnant toutes les nuances imaginables. Ces matières sont généralement connues sous le nom de *couleurs d'aniline*. Elles *renferment presque toutes de l'azote*. Malheureusement, les teintures que l'on obtient à l'aide de ces couleurs artificielles ne sont pas, tant s'en faut, aussi solides que les teintures par les vieux procédés et les matières naturelles. Ces couleurs nouvelles sont fugaces; à la lumière, elles ne tardent pas à pâlir : ce ne sont que des *déjeuners de soleil*, comme on dit. La plupart de ces couleurs ont, en revanche, la propriété très avantageuse de *se fixer directement sur les fibres animales*.

Supposons qu'il s'agisse de teindre la laine ou la soie par les *couleurs d'aniline* proprement dites. Il suffit de plonger la fibre animale, *même à froid*, dans une solution de fuchsine, par exemple, pour que *la solution se décolore* et qu'il se produise une combinaison intime avec la fibre. L'affinité est tellement grande, vis-à-vis de la soie surtout, qu'il faut employer des bains très étendus et prendre de grandes précautions pour que la matière colorante ne se projette pas sur le tissu en formant ce qu'on appelle des *plaques*. Quelquefois, pour aviver et consolider certaines de ces teintures, on y ajoute un sel métallique; mais le nombre des sels employés est limité : on peut citer les sels d'étain et ceux d'antimoine.

Parmi les couleurs d'aniline quelques-unes seulement sont aptes à se fixer sur le coton. On les appelle *couleurs coton*. Elles ne se fixent pas directement; elles exigent l'intermédiaire d'un *mordant*. Mais, comme les couleurs d'aniline sont généralement de nature alcaline (ce sont pour la plupart des ammoniaques composées), il faut renoncer aux oxydes métalliques qui conviennent pour les matières acides des décoctions de bois, et employer des mordants *acides*. On emploie de préférence l'acide tannique (le tannin) qui forme des sels colorants insolubles avec toutes les bases des couleurs d'aniline. Il se dépose, lors de l'immersion dans le bain de couleur d'*aniline*, un précipité *superficiel* de tannate. On emploie aussi l'acide antimonieux sous forme de tartre stibié, et l'alumine sous forme d'aluminate de soude. Toutes ces teintures par précipité sont généralement peu brillantes et assez peu adhérentes au tissu.

Une exception peut être faite pour la teinture des fibres végétales au noir d'aniline. Cette teinture s'exécute à peu près comme la teinture à l'indigo. On imbibe le tissu avec une solution d'un sel d'aniline incolore qui, sous l'influence d'un certain oxyde, développe un précipité noir tellement adhérent à la fibre, que cette teinture peut être considérée comme un type d'une solidité parfaite. Il est presque impossible d'enlever, et même de dégrader, cette teinture sans détruire l'étoffe. Par un contraste bizarre avec ce que nous avons vu, le noir d'aniline ne prend pas sur la fibre animale.

Telles sont les opérations de la teinture proprement dite. Elles consistent, comme nous l'avons dit, à pénétrer d'une *couleur uniforme* la fibre, soit à l'état de fil, soit à l'état d'étoffe; mais elles ne suffisent pas pour satisfaire à toutes les exigences de la mode. Le goût du public demande quelquefois qu'une pièce d'étoffe présente *des dessins* en une seule nuance ou en plusieurs nuances. Il faut alors recourir à l'*impression*, qui met à profit les principes scientifiques de la teinture en les combinant avec certaines opérations manuelles ou mécaniques.

L'art de l'impression a été inventé, à ce que l'on croit, par les Hindous. Ils imprimaient sur cotonnades. De là, du reste, le nom d'*indiennes*. L'industrie européenne s'est emparée de ce procédé à la fin du siècle dernier; elle est parvenue à imprimer sur toutes sortes de tissus, laine ou soie, ou même tissus mixtes, et à produire de véritables chefs-d'œuvre, mais généralement sur fonds blancs ou très clairs.

L'imprimeur sur étoffes a d'abord à choisir un dessin, puis à faire graver ce dessin sur bois, puis à l'imprimer, travail qui se fait soit à la main, soit à la machine.

Si le dessin ne comporte qu'une seule nuance, on le fait graver tout entier sur la même planche. Supposons que l'imprimeur ait fait graver, par exemple, des étoiles. Comment va-t-il opérer? Il a à sa disposition toutes les innombrables matières colorantes dont nous avons parlé. Le difficile est de les fixer. Il n'y a que deux manières : l'une, par dépôt à adhérence superficielle, l'autre par combinaison chimique, comme dans la teinture, grâce à l'intervention d'un mordant.

Examinons d'abord la première manière. Soit à imprimer une étoile en bleu outremer. L'outremer étant une poudre insoluble, il faut avoir recours à un artifice qui consiste à le délayer dans une solution d'albumine (blanc d'œuf et eau). L'imprimeur trempe l'étoile sculptée sur bois dans cette *couleur*, que l'on a préparée assez épaisse pour adhérer au bois et être transportée, par pression, sur le tissu. Il imprime plusieurs fois la même étoile ou il se sert d'une grande planche reproduisant cette étoile autant de fois que l'opération le demande. Il faut, du reste, une grande habileté manuelle pour arriver à produire des dessins bien nets. Quoi qu'il en soit, voilà le tissu couvert d'étoiles bleues. Mais, au premier lavage à l'eau, l'albumine se délayerait, entraînant la matière colorante. Pour *fixer* la couleur, on fait passer la pièce suffisamment séchée dans une chambre où on fait agir de la vapeur très *sèche*, c'est-à-dire dépourvue de gouttes d'eau. Comme on sait que l'albumine se coagule vers 60°, on comprend ce qui se passe. En devenant insoluble, elle retient et emprisonne, à la surface de la fibre, l'outremer qui dès lors résiste à l'action de l'eau froide ou de l'eau chaude. On conçoit toutefois que ce dépôt se détache plus ou moins quand on manie brutalement les tissus imprimés, comme cela a lieu dans le lavage. Le procédé ci-dessus ne donne donc *pas* des impressions *bon teint*.

Pour obtenir des couleurs *bon teint*, il faut avant tout avoir recours à ces matières colorantes *bon teint* dont nous avons parlé à propos de la teinture proprement dite. Il faut ensuite les fixer en faisant intervenir certains *mordants* comme dans cette teinture. Cependant le nombre de mordants que l'on peut employer est très restreint. Nous l'avons vu : toutes les fibres, tant animales que végétales, ont une grande affinité pour les oxydes métalliques; lorsqu'on les plonge dans *une solution* d'un sel métallique, elles s'emparent de l'oxyde et mettent l'acide en liberté. Mais ce qui est possible dans un bain de teinture très étendu ne l'est plus en présence de la vapeur. Si l'on appliquait une solution de sulfate de cuivre sur du tissu de coton et qu'on soumît cette toile à l'action de la vapeur d'eau, et si on lavait ensuite la pièce d'étoffe, on ne trouverait pas la moindre trace d'oxyde de cuivre fixé sur la fibre; au contraire, tout le sulfate de cuivre partirait avec l'eau. On ne se sert donc que de sels à acides volatils et n'attaquant pas le tissu. Les *acétates* jouent le premier rôle dans ce genre de sels; mais on pourrait très bien se servir des *formiates*, des *butyrates* et de tous les acides volatils, s'il n'y avait pas la question de prix. Donnons un exemple de ce mode d'opérer, qui est de beaucoup le plus usité. Supposons qu'il s'agisse d'imprimer des pois en rouge garance ou garance solide. Le *coloriste* de l'usine prépare ainsi sa *couleur* (la matière à imprimer). Il dissout de l'*acétate d'alumine* dans une petite quantité d'eau et il y ajoute une bouillie de pâte d'alizarine, substance qui, par elle-même, est jaune cuir foncé, mais qui en se combinant avec l'alumine donne des laques d'un rouge superbe. Cette bouillie serait difficile à imprimer, parce qu'elle serait trop liquide; elle baverait sur le tissu. Il faut donc y ajouter un *épaississant* : on emploie les gommes, l'empois d'amidon, la dextrine, selon les convenances. Avec cette *couleur* ainsi préparée et constamment remuée, l'ouvrier imprime par le procédé que nous connaissons maintenant. On procède ensuite absolument comme pour l'impression à l'albumine; on introduit la pièce imprimée et plus ou moins desséchée dans une chambre remplie de vapeur détendue. Voici ce qui va se passer : sous l'influence de la chaleur et de la vapeur d'eau, l'acétate d'alumine se décompose, l'acide acétique s'en va avec la vapeur d'eau et laisse de l'alumine intimement combinée aux fibres de la pièce d'étoffe. Une autre réaction s'opère aussi pendant cette décomposition. L'alizarine qui, comme toutes les matières colorantes organiques, joue le rôle d'un acide faible, se combine au fur et à mesure avec l'alumine déposée; elle forme une laque rouge d'une grande beauté et très *solide*, c'est-à-dire n'offrant pas prise à l'action mécanique du lavage et, d'autre part, résistant à la lumière et aux agents chimiques de destruction. En variant les mordants (ou sels métalliques) et les matières colorantes, on arrive à produire toutes les nuances de l'arc-en-ciel.

Les matières colorantes dérivées de la houille se fixent très facilement par l'impression directe, sans aucun mordant, sur la laine et la soie. Quelques-unes se fixent aussi sur coton, directement, mais, pour la plupart d'entre elles, la fixation sur coton exige un détour : il faut commencer par *animaliser* la fibre végétale. Par exemple, on mélange le violet d'aniline soluble avec de l'alumine et on imprime; ensuite on *vaporise* (on passe à la vapeur). L'alumine alors se coagule; mais ici ce n'est plus pour retenir mécaniquement une poudre de couleur. Comme toutes les matières animales, elle se combine directement avec les matières colorantes.

Il y a quelques cas où l'art de l'imprimerie se rattache directement à l'art de la teinture. Quand il s'agit de dessins d'une seule couleur, on a avantage à n'imprimer que le mordant sur le tissu blanc et à vaporiser. On ne voit aucun dessin lorsque la pièce sort de la vapeur; mais lorsque ensuite on fait passer l'étoffe dans un bain de matière colorante, cette matière se combine avec l'oxyde métallique en formant un dessin de couleur sur les places imprimées, tandis que sur les places non imprimées le tissu reste blanc.

Inversement on teint quelquefois une pièce en une couleur quelconque et on désire y faire apparaître des pois blancs, par exemple. A cet effet, on imprime, sur le tissu teint et sec, un mélange de produits chimiques destinés à détruire la couleur introduite auparavant par la teinture. C'est ce que l'on appelle faire des *réserves*. Les produits chimiques employés pour cette destruction varient selon la nature des couleurs. Il faut un art véritable pour les choisir de telle nature qu'ils n'attaquent pas les fibres, ces agents de décoloration n'étant que des oxydes et des oxygénants violents.

Dans tout ce qui précède, nous n'avons parlé que des impressions de couleurs simples. Dans l'impression des couleurs multiples on est arrivé à des résultats véritablement merveilleux. Le dessin étant donné, le *coloriste* cherche de combien de couleurs ou de nuances ce dessin se compose. Le graveur prépare autant de plaques gravées que l'on a reconnu de nuances. S'il y a dix couleurs, il faut imprimer dix planches successivement et chaque planche avec une couleur spéciale. Cette impression serait très difficile à la main, car il faut que chaque dessin se produise à sa place géométriquement exacte. Avec des machines ce travail est très facile. Les planches sont généralement remplacées par des rouleaux; les unes ou les autres sont repérés mécaniquement au moyen de vis micrométriques, et on arrive à la superposition des dessins avec une régularité absolue. Après l'impression, vient la même série d'opérations que précédemment. ‖ Liqueur obtenue en faisant macérer plus ou moins longtemps dans l'eau, l'alcool ou l'éther une substance médicamenteuse : *Teinture alcoolique de benjoin* (ou alcoolé de benjoin) : benjoin en poudre, 100 grammes; alcool à 80°, 500 grammes. Faites macérer à froid pendant 10 jours et filtrez. On prépare de même les teintures d'*arnica*, de *belladone*, de *digitale*, de *quinquina*, etc., etc. ‖ *Teinture d'iode*, liquide obtenu en faisant dissoudre 10 grammes d'iode dans 120 grammes d'alcool à 90°. Cette teinture est employée en badigeonnages sur la poitrine dans les cas de bronchite simple. ‖ *Teinture balsamique* ou *baume du commandeur de Permes*, employée, en applications résolutives contre les contusions, pure ou étendue de deux fois son poids d'eau. On l'obtient en faisant macérer pendant 8 jours : 10 grammes de racine d'angélique et 10 grammes d'hypericum dans 720 grammes d'alcool à 80°; au bout de ce temps on passe avec expression et on ajoute 10 grammes de myrrhe et autant d'oliban finement concassés. On laisse macérer de nouveau pendant 8 jours et on ajoute 60 grammes de benjoin, 60 grammes de baume de Tolu et 10 grammes d'aloès; filtrer au bout de 10 jours. ‖ *Teinture de tournesol*. (V. *Tournesol*.) — Fig. Connaissance superficielle acquise dans une science, un art : *Cet homme a une teinture de chimie*. ‖ Impression que la bonne ou mauvaise éducation laisse dans l'âme : *Cet homme a reçu une bonne éducation, aussi lui est-il resté une teinture de vertu*.

TEINTURERIE (*teinturier*), *sf*. Métier du teinturier. ‖ L'atelier où il travaille.

TEINTURIER, IÈRE (*teinture*), *s*. Celui, celle qui exerce l'art de teindre, particulièrement les étoffes. ‖ *Raisin teinturier*, raisin dont le jus est d'un violet foncé.

TEITH, rivière d'Écosse qui apporte au Forth (rive gauche) les eaux du lac Katrine dans les monts Grampians.

TEK. (V. *Teck*.)

TÉKÉDEMPT, ville d'Algérie, province d'Oran, capitale d'Abd-el-Kader en 1836.

TEKELI (Éméric **TŒKELY**, dit vulgairement) (1658-1705), comte hongrois qui souleva son pays contre l'empereur d'Allemagne Léopold et appela à son aide les Turcs, qui vinrent assiéger Vienne, mais furent défaits par Sobieski. Tombé en disgrâce auprès du sultan Mahomet IV, il n'en fut pas moins plus tard fait roi de Hongrie par Soliman III; mais, n'ayant pu se maintenir dans ses États, il se retira en Turquie, où Mustapha II lui accorda une magnifique retraite.

TEL, TELLE (l. *talem*), *adj*. Pareil, semblable, de la même qualité : *Un tel sort est à plaindre*. *Tel que* ou *tel répété* marque la ressemblance de deux choses : *Une maison telle que celle-ci*. ‖ *Tel maître, tel valet*, les valets suivent l'exemple de leurs maîtres. ‖ *Telle vie, telle fin*, on meurt comme on a vécu. ‖ Si grand, si éminent : *Telle gloire est rare*. ‖ *Un homme tel que lui*, un homme de son rang, de son mérite. ‖ Quelconque : *Fixez telle date que vous voudrez*. ‖ Celui-là, celle-là : *Telle fut sa réponse*. — *Nom* ou *pron. indéf*. Quelqu'un en général : *Tel est pris qui croyait prendre*. — Tel quel, *adj. composé*. Médiocre, plutôt mauvais que bon : *Un dîner tel quel*. ‖ Sans changement, dans le même état : *La malade est toujours telle quelle*. ‖ Le premier venu : *Prendre un parti tel quel*. — De telle sorte que, En telle sorte que, *loc. conj*. De manière que, au point que : *Il se plaignit de telle sorte qu'on dut lui donner satisfaction*. — **Dér**. *Tellement*.

TÉLAMON, fils d'Éaque, roi d'Égine, dut s'exiler après avoir tué involontairement son frère Phocus, épousa la fille du roi de Salamine et succéda à ce prince, fit partie de l'expédition des Argonautes et fut père de Teucer et d'Ajax. (Myth.)

TÉLAMONS (g. τελαμών, lien), *smpl*. Se dit de statues supportant une corniche, un entablement.

TÉLÉGRAMME (g. τῆλε, loin + γράμμα, écrit), *sm*. Dépêche transmise par le télégraphe.

TÉLÉGRAPHE (g. τῆλε, loin + γράφω, j'écris), *sm*. Tout appareil au moyen duquel on transmet rapidement les nouvelles, les dépêches à de grandes distances. ‖ *Télégraphe aérien* ou *de Chappe*, télégraphe inventé par les frères Chappe (V. ce mot), consistant en un appareil placé sur une tour au sommet d'une éminence, composé essentiellement d'une longue règle mobile autour d'un axe situé en son milieu et de deux règles plus petites également mobiles placées aux deux extrémités de la première. Ces trois règles peuvent donner 192 signaux, qu'on observe de loin avec une lunette d'approche. La Convention, ayant adopté cette machine, fit établir de Paris à Lille une ligne de douze télégraphes qui servit pour la première fois, en 1793, à annoncer la reprise de Condé sur les Autrichiens. Depuis, des lignes semblables fonctionnèrent dans toute la France. Elles n'existent plus aujourd'hui. ‖ *Télégraphie électrique*. Le courant électrique possède des propriétés qui le rendent spécialement apte à la transmission des signaux. Ces propriétés sont : 1° L'électricité se propage dans un fil métallique avec une vitesse qui est pratiquement infinie. S'il n'intervenait pas certaines causes, comme la capacité électrique du fil, la vitesse de propagation de l'électricité serait celle de la lumière : l'électricité ferait à peu près 50 fois le tour de la terre en une seconde. 2° L'électricité est facile à canaliser, c'est-à-dire qu'il est facile d'*isoler* un fil métallique servant de conducteur au courant électrique. On peut encore dire que l'on possède des substances à travers lesquelles l'électricité ne passe pour ainsi dire pas : l'électricité préfère, par exemple, parcourir un chemin de plusieurs milliers de kilomètres dans un fil métallique que de passer à travers quelques millimètres d'une substance isolante, comme la gutta-percha. 3° Le courant électrique possède la propriété d'aimanter un noyau de fer placé à l'intérieur d'une bobine de fil métallique *isolé* parcourue par ce courant. 4° Il est facile d'entretenir à peu de frais un courant électrique suffisant pour produire une aimantation assez énergique. Ces propriétés contiennent les principes mêmes du télégraphe électrique. On relie les deux points qu'on veut mettre en communication, à l'aide d'un fil métallique, fer ou cuivre. Ce fil peut être aérien ou souterrain. Dans le premier cas, on établit une ligne de poteaux; le fil est soutenu sur des bras en fer à l'aide de godets en porcelaine, substance qui sert à bien isoler le fil métallique. Lorsqu'il s'agit de lignes souterraines, on se sert de câbles dont nous dirons un mot à propos de la télégraphie sous-marine. Dans la télégraphie courante, on se sert d'un fil de fer, de 4 à 5 millimètres de diamètre. Pour de très longues distances et pour le téléphone, il est préférable d'employer un fil de cuivre. La ligne une fois établie dans des conditions normales, on peut, avec un fil de fer ordinaire, correspondre facilement à des distances allant jusqu'à 500 kilomètres et plus. Pour des distances plus grandes encore, on est obligé d'intercaler, sur le parcours, des *relais* dont nous dirons un mot dans la suite. On télégraphie actuellement à des distances considérables : ainsi il existe des lignes allant directement de Paris et même de Londres jusqu'à Rome; la plus grande distance qu'on ait pu franchir à notre connaissance est celle de Londres à Calcutta, environ 6000 kilomètres : le signal émis à Londres était reçu directement et instantanément par le télégraphiste installé dans le bureau de Calcutta. Ceci montre qu'avec des lignes aériennes la plupart des distances avec lesquelles on a l'habitude de compter disparaissent entièrement; avec les lignes sous-marines ou souterraines, il est moins facile d'aller aussi loin.

Voyons maintenant comment on arrive à transmettre des signaux. Nous supposerons d'abord qu'il s'agisse d'une ligne double, aller et retour : nous verrons toutefois qu'un seul fil suffit.

L'appareil le plus ancien et le plus employé encore actuellement est le *télégraphe Morse;* voici en quoi il consiste : Au bureau expéditeur, le télégraphiste se sert d'un instrument, la *clef Morse,* qui sert à envoyer des courants électriques sur la ligne. A l'aide de cette clef, il met à sa volonté la ligne en communication avec la pile électrique, une trentaine d'éléments genre Daniell pour une distance de 100 à 200 kilom. : il suffit pour cela d'abaisser la clef. Au bureau récepteur, à l'autre bout de la ligne, on a établi un électro-aimant qui attire une armature de fer lorsque le courant traverse la ligne. A cette armature est attaché un style qui trace un trait continu sur une bande de papier lorsque l'armature est attirée, car un mouvement d'horlogerie fait avancer la bande avec une vitesse régulière. On conçoit facilement qu'en espaçant convenablement les émissions du courant à l'aide de la clef Morse au bureau expéditeur, on peut tracer sur la bande de papier des traits plus ou moins longs. En réalité, on ne se sert que de deux signaux : le point ou trait très court et le trait. A l'aide de ces deux signaux, on a formé un alphabet connu sous le nom d'*alphabet Morse*, et qui est actuellement employé dans tous les pays du monde. La lettre *e*, par exemple, se désigne par un simple point, la lettre o par trois traits successifs, et ainsi de suite. Pour déchiffrer une dépêche du télégraphe Morse, il faut donc connaître cette écriture spéciale, ce qui exige un exercice de plusieurs semaines; il faut surtout un certain temps pour apprendre à bien manœuvrer la clef.

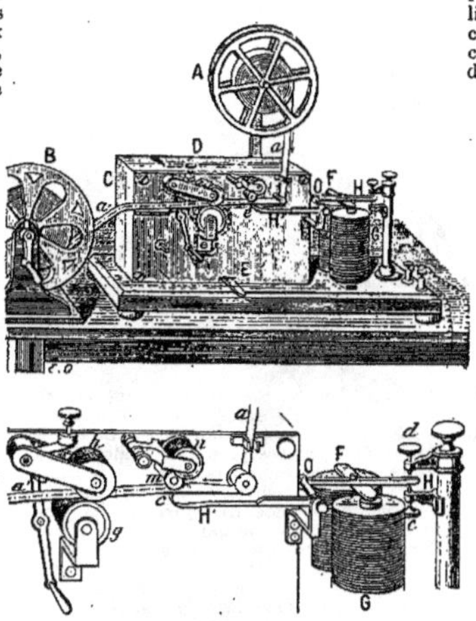

TÉLÉGRAPHE

APPAREIL MORSE

G. Electro-aimant. — F. Armature fixée sur un levier HH' mobile sur un axe O. — *dc*. Vis limitant les mouvements du levier HH'. — CD. Boîte d'horlogerie. — *e*. Clef d'enrayement. — *hg*. Cylindres rugueux mus par CD, entraînant de A en B la bande de papier *aa'* sur laquelle s'inscrit la dépêche. — *e*. Extrémité du levier HH', soulevant le papier sur la molette *m* qui est chargée d'encre par le cylindre *n*.

· —	a	· ·	i	· — ·	r
· — · —	ä	· — — —	j	· · ·	s
— · · ·	b	— · —	k	—	t
— · — ·	c	· — · ·	l	· · —	u
— · ·	d	— —	m	· · — —	ü
·	e	— ·	n	· · · —	v
· · — · ·	é	— — —	o	· — —	w
· · — ·	f	— — — ·	ö	— · · —	x
— — ·	g	· — — ·	p	— · — —	y
· · · ·	h	— — · —	q	— — · ·	z

ALPHABET MORSE

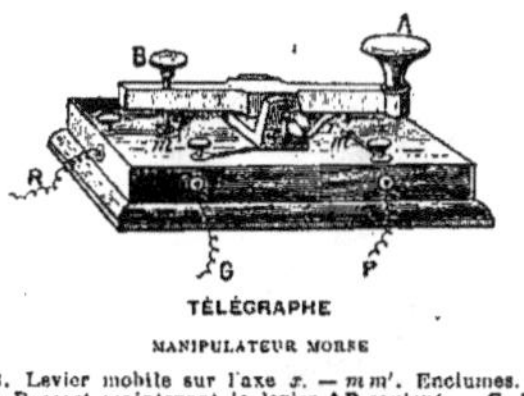

TÉLÉGRAPHE

MANIPULATEUR MORSE

AB. Levier mobile sur l'axe *x*. — *mm'*. Enclumes. — *r*. Ressort maintenant le levier AB soulevé. — G. Fil de ligne. — R. Fil de réception. — P. Pile.

Le courant qui circule dans la ligne lorsqu'on abaisse la clef exige que le circuit soit fermé, c'est-à-dire que le courant qui va du bureau expéditeur au bureau récepteur trouve un chemin pour revenir à son point de départ. Au commencement de la télégraphie, on établissait donc un fil double; mais on a vite remarqué qu'il suffit, pour que le retour s'opère tout seul, de mettre le fil en communication avec la nappe aquifère souterraine par l'intermédiaire d'une pièce métallique de dimensions convenables. Cette découverte a introduit une grande simplification dans les télégraphes, en permettant de diminuer de moitié le nombre des fils.

En dehors de l'appareil fondamental, il existe plusieurs autres accessoires, tels que parafoudres, appels, etc., que nous passons sous silence pour ne dire qu'un mot des *relais*. Lorsque la ligne est longue de plusieurs centaines de kilomètres, le courant, assez fort au départ, se perd plus ou moins en route, et il arrive qu'au bureau récepteur ce courant n'est plus assez intense pour actionner les appareils. On intercale alors, au milieu de la ligne par exemple, un *relais*, dispositif comprenant un électro-aimant, qui introduit dans la deuxième partie de la ligne une nouvelle pile. C'est cette pile qui envoie son courant au bureau récepteur.

Le télégraphe Morse est d'une grande simplicité; par contre, il est assez lent, puisqu'on ne peut faire à la main qu'un nombre assez limité de signaux par seconde. Aussi a-t-on inventé des appareils spéciaux qui permettent d'aller plus vite et d'imprimer les dépêches en caractères ordinaires. La description de ces appareils sort du cadre de ce dictionnaire.

La télégraphie sous-marine est basée, non sur l'attraction d'un électro-aimant, mais sur le principe du galvanomètre. On sait qu'il suffit d'un courant excessivement faible pour déplacer légèrement l'aiguille suspendue d'un de ces appareils, la déviation étant observée à l'aide d'un miroir. Le câble lui-même est formé d'un noyau de fil de cuivre composé de plusieurs brins : ces fils sont isolés à l'aide de la gutta-percha; puis le tout est protégé à l'aide d'une armature en fil de fer. La fabrication de ce câble est une opération très délicate et très coûteuse; de plus la pose nécessite de très grands frais et des navires spéciaux. (V. *Electricité, Électro-aimant.* — **Dér.** *Télégraphie, télégraphier, télégraphique, télégraphiquement, télégraphiste.*

TÉLÉGRAPHIE (*télégraphe*), *sf.* Art de construire les télégraphes et d'en faire usage. || *Télégraphie optique :* celle qui est fondée sur les principes de l'optique pour la transmission des signaux de correspondance. La télégraphie optique se compose d'une lampe à réflecteur parabolique avec écran interrupteur pour une station et d'une lunette réceptrice pour l'autre station. Cette télégraphie est principalement employée dans l'armée, pour faire correspondre les places fortes et les corps d'armée en temps de siège. Il suffit, comme dans l'alphabet Morse, de produire avec l'écran des interruptions plus ou moins longues du rayon lumineux pour transmettre les dépêches.

TÉLÉGRAPHIER (*télégraphe*), *vt.* Transmettre une nouvelle, une dépêche, au moyen du télégraphe.

TÉLÉGRAPHIQUE (*télégraphe*), *adj. 2 g.* Qui a rapport au télégraphe. || *Bureau télégraphique*, où l'on reçoit les dépêches qui doivent être transmises par le télégraphe. || *Nouvelle, dépêche télégraphique,* transmise par le télégraphe.

***TÉLÉGRAPHIQUEMENT** (*télégraphique* + sfx. *ment*, *adv.* Au moyen du télégraphe.

***TÉLÉGRAPHISTE** (*télégraphe*), *sm.* Employé occupé à transmettre les dépêches par le télégraphe.

TELEKI (1811-1861), patriote hongrois dont la mort, attribuée à un assassinat, donna lieu à des manifestations publiques dans la rue.

***TÉLÉKIE** (nom du comte hongrois *Teleki*, à qui la plante a été dédiée), *sf.* Genre de plantes dicotylédones de la famille des Composées, dont une espèce, la *télékie à feuilles en cœur*, est originaire de Hongrie et est cultivée dans nos jardins comme plante d'ornement. Ses tiges sont vivaces, hautes de 1^m,30 environ et forment de larges touffes. Ses feuilles radicales sont en forme de cœur, tandis que les supérieures sont ovales. Ses tiges portent de nombreuses capitules de fleurs d'un beau jaune. On la cultive en terre franche, légère et à une chaude exposition.

TÉLÉMAQUE, fils d'Ulysse et de Pénélope, qui, suivant Homère, fit le voyage de Sparte pour apprendre de Ménélas des nouvelles de son père après le siège de Troie. — *Les Aventures de Télémaque*, titre d'un poème en prose, imprimé en 1699, que Fénelon composa pour l'éducation du duc de Bourgogne, et dans lequel il feint que Télémaque entreprit un long voyage à la recherche de son père.

***TÉLÉMÈTRE** (g. τῆλε, loin + μέτρον, mesure), *sm.* Instrument dont on se sert dans l'armée pour évaluer rapidement la distance du lieu où l'on est à un point inaccessible. — **Dér.** *Télémétrie, télémétrique.*

***TÉLÉMÉTRIE** (*télémètre*), *sf.* L'art d'évaluer les distances inaccessibles au moyen du télémètre.

***TÉLÉMÉTRIQUE** (*télémètre*), *adj. 2 g.* Qui a rapport à la télémétrie.

***TÉLÉOLOGIE** (g. τέλος, génitif τέλεος, fin + λόγος, doctrine), *sf.* Doctrine philosophique qui admet le principe des causes finales. — **Dér.** *Téléologique.*

***TÉLÉOLOGIQUE** (*téléologie*), *adj. 2 g.* Fondé sur le principe des causes finales : *Argument téléologique.* || Qui envisage le rapport des moyens à leurs fins : *Point de vue téléologique.*

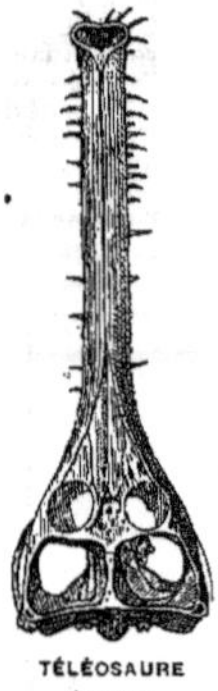

TÉLÉOSAURE (CRANE)

***TÉLÉOSAURE** (g. τέλειος, achevé + σαῦρος, lézard). Genre de reptiles fossiles du groupe des crocodiliens. On les trouve dans les terrains secondaires, groupe oolithique.

***TÉLÉOSTÉENS** (g. τέλειος, achevé + ὀστέον, os), *sm.* Se dit des poissons dont le corps est complètement osseux. Ils apparaissent lors de la période oolithique.

TÉLÈPHE, fils d'Hercule et d'Augé, qui, à la tête des Mysiens, vint secourir Troie ; fut blessé par Achille, et guéri par Ulysse avec un onguent fait de la rouille de la lance de ce héros. Il passa par reconnaissance dans le camp des Grecs. *Télèphe* est un héros solaire. (Myth.)

TÉLÉPHONE (g. τῆλε, au loin + φωνή, voix), *sm.* Appareil servant à transmettre la voix à distance. La découverte du téléphone a été faite simultanément par deux Américains, M. Bell et M. Gray : c'est en 1876, dans la même ville, dans la même journée, à deux heures d'intervalle, qu'ils ont déposé la description de leur appareil. Nous décrirons ici le téléphone de Bell, non pas d'après son brevet, mais tel qu'il est employé actuellement. La description de toutes les améliorations successives nous entraînerait trop loin.

On sait que c'est par des vibrations que les sons, quels qu'ils soient, se produisent et se propagent dans l'air. Ces vibrations sont extrêmement compliquées. Certains savants avaient déjà réussi à les enregistrer, mais sans tirer parti de ce résultat. On savait, d'autre part, qu'une mince feuille métallique, une feuille de tôle, par exemple, vibre très facilement. On savait aussi qu'une plaque de ce genre peut vibrer à l'unisson avec l'air environnant, ou, ce qui revient au même, qu'elle peut absorber les vibrations de l'air : si l'on réunit par un fil deux membranes

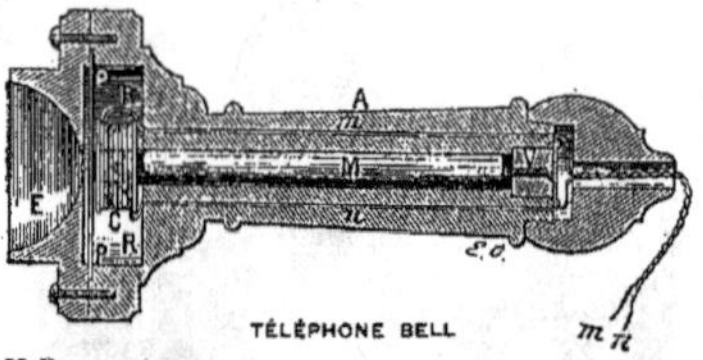

TÉLÉPHONE BELL

M. Barreau aimanté. — *m n.* Fil conducteur en cuivre isolé, enroulé et formant une bobine **C** dont le noyau en fer doux est vissé sur **M.** — **PP.** Plaque vibrante en fer. — **E.** Embouchure. — **RR.** Caisse résonnante. — **V.** Vis servant à régler la distance entre le noyau aimanté de la bobine **C** et la plaque vibrante. — **A.** enveloppe protectrice en bois servant de manche.

tendues chacune sur l'orifice d'une espèce de cornet ou de cylindre et si l'on parle devant une de ces membranes, l'autre membrane étant placée près de l'oreille d'une autre personne même assez éloignée, on peut, par ce moyen, transmettre des paroles à la personne qui écoute. Les vibrations se propagent de la bouche qui parle à la membrane tendue, de celle-ci à l'air de la boîte, de la boîte au fil, de ce fil à l'air de l'autre caisse, à la membrane qui la recouvre, puis à l'air ambiant, et enfin à l'oreille de la personne qui écoute. Cet appareil si simple est le point de départ des téléphones modernes. Longtemps il ne fut qu'un jouet d'enfants ; tout au plus servit-il à la transmission de la voix entre les diverses pièces d'un appartement, d'une maison de commerce, d'un atelier. Pour le transformer en un appareil pouvant servir aux communication à grandes distances, il a fallu faire intervenir les propriétés réciproques des aimants et des circuits magnétiques.

Lorsqu'on déplace un aimant devant un circuit électrique, c'est-à-dire dans un conducteur électrique fermé sur lui-même, il naît dans ce circuit des courants électriques, qu'on nomme *courants d'induction.*

Pour plus de clarté, il sera nécessaire ici de dire deux mots de ces courants d'inductions. Prenons un fil de cuivre et enroulons-le sur un barreau aimanté en forme de cylindre par exemple, les deux bouts du fil étant réunis ensemble : on constatera que, lorsqu'on approche ou qu'on éloigne du barreau aimanté un courant électrique ou même un morceau de fer doux, il circule, dans le fil de cuivre, des courants électriques qui durent tant que durent les mouvements du morceau de fer ou d'acier.

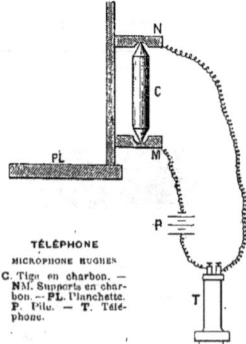

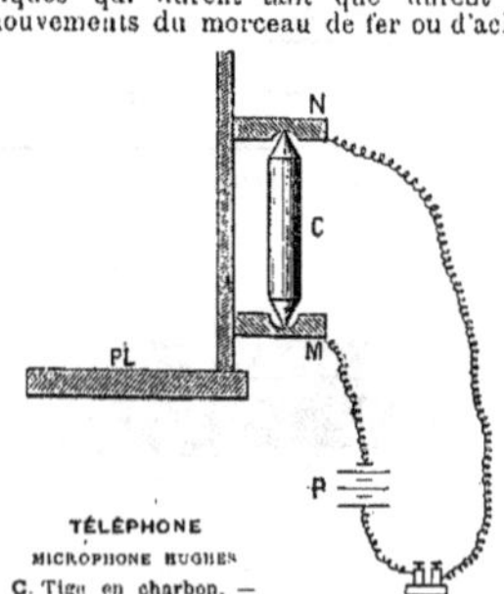

TÉLÉPHONE

MICROPHONE HUGHES

C. Tige en charbon. — **NM.** Supports en charbon. — **PL.** Planchette. **P.** Pile. — **T.** Téléphone.

On peut constater ce fait en intercalant dans le circuit un galvanomètre : l'aiguille de cet appareil révélateur oscillera tant que dureront les mouvements du barreau. L'expérience suivante est plus précise encore ; elle montre, en outre, le mécanisme du téléphone. Au lieu de prendre, comme précédemment, un seul barreau aimanté, prenons deux barreaux identiques et situés symétriquement dans le même circuit : nous aurons donc à l'un des bouts de la ligne un barreau entouré d'un certain nombre de spires, et à l'autre bout un système absolument semblable. Plaçons devant chaque appareil et à une petite distance une plaque de fer doux : on constatera qu'à chaque déplacement de la première plaque il correspondra un certain déplacement de l'autre plaque ; il se peut toutefois que ce dernier déplacement soit assez faible pour n'être sensible qu'à l'aide d'instruments délicats. On conçoit immédiatement que si, en parlant devant la première plaque, on la fait vibrer, la seconde plaque à l'autre bout de la ligne vibrera également. Mais de là à la transmission de la parole il y a loin. Pour transmettre ainsi la parole il faut, en effet : 1° que la première plaque vibre de la même manière que l'air environnant ; 2° que, par suite de l'induction, la deuxième plaque vibre comme la première, c'est-à-dire que le fil conducteur ou la ligne transmette fidèlement toutes les vibrations, et 3° que la deuxième plaque vibre non seulement comme la première, mais encore qu'elle communique ses vibrations à l'air de façon à faire rendre des sons identiques à ceux reçus par la première plaque. Cependant, l'expérience l'a démontré, les choses se passent absolument de cette manière, pourvu que tout soit bien réglé : alors les vibrations des deux plaques sont identiques, et les sons également. On comprend facilement que, pour bien réussir une expérience de ce genre, il faut disposer d'appareils délicats et bien réglés. C'est dans la différence des détails que consiste la différence des téléphones actuellement en usage.

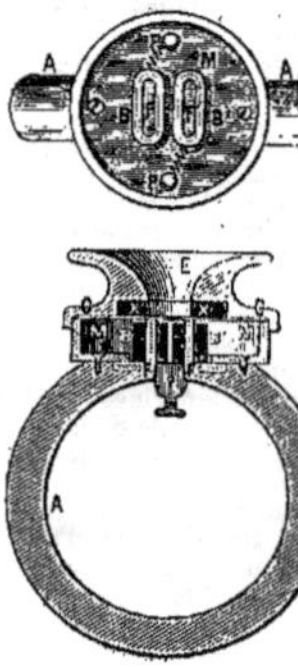

TÉLÉPHONE ADER

A. Aimant servant de poignée. — **XX.** Anneau en fer doux. — **FF'.** Pièces de fer doux enveloppées par les bobines **BB'.** — **MM.** Caisse résonnante circulaire recouverte par la plaque vibrante **CC.** — **E.** Embouchure. — **PP.** Bornes auxquelles s'attachent les fils conducteurs de ligne.

Parmi les principaux progrès réalisés depuis l'invention du téléphone de Bell, que nous venons de décrire sommairement, il faut citer en première ligne l'application du *microphone* au téléphone. Lorsqu'on parle devant une plaque vibrante, comme dans le téléphone de Bell, on ne peut produire que des courants assez faibles : les sons perçus à l'autre bout de la ligne sont donc nécessairement assez faibles, et la transmission à de très grandes distances devient impossible. Le microphone, inventé à peu près simultanément par Edison et par Hughes, permet précisément d'agrandir beaucoup cette distance. Plaçons un petit cylindre de charbon entre deux supports également en charbon, ces trois pièces se touchant légèrement, et réunissons ces supports à l'aide d'un fil de cuivre dans lequel sont intercalés une pile et un téléphone Bell. Les moindres vibrations des supports feront varier la surface de contact et par suite la résistance au passage du courant ; sous l'influence de ces variations, des variations de courant se produiront dans le fil et feront parler le téléphone. On a pu ainsi rendre perceptible la marche d'une mouche, etc. Si, au lieu de prendre un seul crayon de charbon, on en prend plusieurs et qu'au-dessus on dispose une mince plaque de bois sur laquelle on

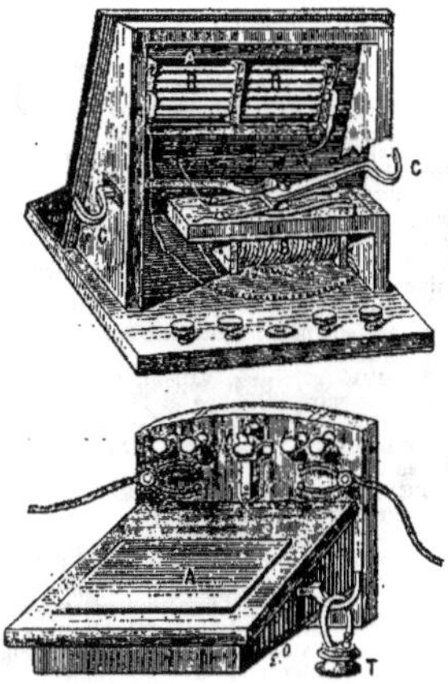

TÉLÉPHONE

MICROPHONE ADER

A. Planchette en bois mince. — *a. b. c.* Prismes de charbon fixés sur **A** et supportant les cylindres de charbon **RR.** — **B.** Bobine d'induction. — **C.** Crochet commutateur. — **M.** Bouton d'appel. — **T.** Téléphone.

parle, on aura réalisé ce qu'on appelle un *microphone* ou *transmetteur électro-magnétique*. C'est sur l'emploi combiné du *microphone* comme *transmetteur* et du *téléphone* comme *récepteur* qu'est basée actuellement l'installation de toutes les lignes téléphoniques. On est arrivé à faire des microphones d'une grande simplicité : ainsi une simple couche de coke semi-conducteur entre deux rondelles de charbon forme un petit microphone qui fonctionne parfaitement bien.

Pour les *lignes téléphoniques*, on peut, comme on l'a fait pour le télégraphe, prendre un seul fil et effectuer le retour du courant par la terre. En téléphonie cependant, on a presque complètement abandonné ce système, et on préfère avoir des *lignes entièrement métalliques*, c'est-à-dire disposées en ligne d'aller et en ligne de retour. Comme le fonctionnement des téléphones est basé sur l'induction, il est évident que l'*induction propre de la ligne* a une grande influence, et, comme le fer possède beaucoup plus d'induction que le cuivre, il est impossible, on l'a constaté depuis longtemps, de bien transmettre la voix au moyen de longues lignes en fer : toutes les lignes de téléphones interurbaines sont actuellement en cuivre, et on a pu dépasser la distance de 1 000 kilomètres sans que la netteté de la parole en soit affectée. Pour éviter l'induction des lignes les unes sur les autres ou des lignes télégraphiques voisines, on entrelace les deux conducteurs : dans ce cas, l'induction est toujours négligeable.

Il nous reste à dire un mot de la *télégraphie* et de la *téléphonie simultanées sur la même ligne*. Pour produire un signal télégraphique, on abaisse une clef de Morse, qui établit un contact; cette opération dure toujours une certaine portion de seconde, tandis que les vibrations qui constituent la parole sont de plusieurs centaines par seconde : on comprend donc parfaitement que les deux courants peuvent ne pas s'influencer, à condition toutefois que l'établissement et la rupture du courant, au lieu de se faire instantanément, se fassent assez lentement, dans une dizaine de secondes, par exemple. On peut alors téléphoner sans que les signaux télégraphiques nuisent à la parole. On réalise ce système en établissant le contact graduellement. (V. *Électricité, Électro-aimant*.) — **Dér.** *Téléphonie, téléphonique.*

***TÉLÉPHONIE** (*téléphone*), *sf.* Art de transmettre les sons à de grandes distances.

***TÉLÉPHONIQUE** (*téléphone*), *adj. 2 g.* Qui a rapport au téléphone ou à la téléphonie. || *Cabine téléphonique*, cabinet mis à la disposition du public, et où l'on peut parler, au moyen du téléphone, à une personne placée à une distance plus ou moins grande.

TÉLESCOPE (g. τῆλε, loin + σκοπεῖν, regarder), *sm.* Instrument d'optique qui fait voir l'image grossie des astres ou des corps terrestres très éloignés, et qui consiste en un tube au fond duquel est un miroir sphérique concave produisant une image que de petits miroirs et des lentilles adaptés aux parois de ce tube amplifient considérablement. Les principaux télescopes sont ceux d'Herschell,

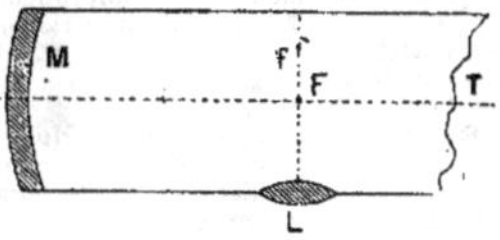

Fig. 1.

TÉLESCOPE D'HERSCHELL

de Newton, de Grégory, de Cassegrain et de Foucault. I. Le *télescope d'Herschell* (fig. 1) se compose d'un tube T au fond duquel est un miroir *sphérique concave* M. L'image de l'astre observé est réelle et se produit au foyer principal F. On examine cette image au moyen d'une lentille biconcave placée en face d'elle, en L, et disposée de manière que l'image de l'astre se trouve entre la lentille et son foyer principal : de telle sorte on voit l'image de l'astre amplifiée. II. Le *télescope de Newton* (fig. 2) se compose, comme celui d'Herschell, d'un grand tube au fond duquel est placé un miroir concave M. Entre le foyer principal F de ce miroir et ce miroir

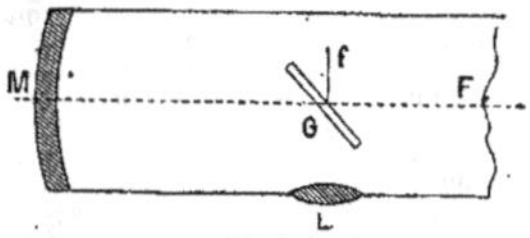

Fig. 2.

TÉLESCOPE DE NEWTON

sphérique lui-même, et sur son axe principal, se trouve un petit miroir plan *f*, incliné de 45° sur l'axe du tube. Ce dernier miroir a pour effet d'arrêter l'image de l'astre observé qui, au lieu de se former en F, vient se présenter en G. Une lentille biconvexe placée en L, dans la paroi latérale du tube, est disposée de telle sorte que l'image G se produise entre la lentille et son foyer principal F. On peut alors, en regardant par la lentille L, voir l'image amplifiée de l'astre observé. III. Le *télescope de Grégory* (fig. 3) est composé d'un grand tube au fond duquel

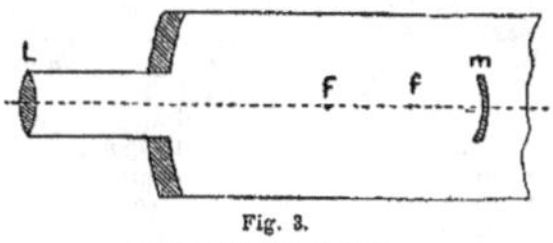

Fig. 3.

TÉLESCOPE DE GRÉGORY

est placé un miroir sphérique concave; celui-ci est percé en son centre d'un tube de petit diamètre, et qui est muni d'une lentille biconvexe L. Un petit miroir sphérique concave *m* est placé dans l'intérieur du grand tube télescopique, de telle sorte que le foyer principal F du grand miroir sphérique partage en deux parties égales la portion de l'axe du petit miroir *m* comprise entre son foyer principal *f* et le centre de la sphère dont *m* fait partie. L'image de l'astre observé se produit en F; mais le petit miroir *m* la réfléchit, la grandit et la rapproche de la lentille L, dont la fonction est de l'amplifier encore. IV. Le *télescope de Cassegrain* (fig. 4) ressemble au télescope de

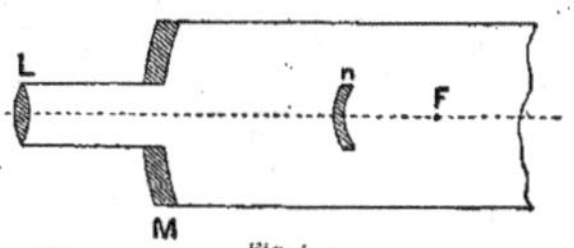

Fig. 4.

TÉLESCOPE DE CASSEGRAIN

Grégory, seulement le petit miroir sphérique *m* est remplacé par un petit miroir sphérique convexe *n* et placé entre le grand miroir M et son foyer principal F. La lentille L est destinée à amplifier l'image réfléchie par *n*, comme dans le cas précédent. V. Le *télescope de Foucault* est construit sur les mêmes données que celui de Newton, seulement, dans le télescope de Foucault, le miroir concave, au lieu d'être en métal, est en verre et sa surface extérieure est argentée. En outre, le miroir plan est remplacé par un prisme à réflexion totale, prisme que Newton avait aussi employé. De tous ces télescopes, les seuls qui aient eu un emploi pratique sont ceux d'Herschell, de Newton et de Foucault. (V. *Miroir* et *Lentille*.) || Nom par lequel on désigne une espèce de poisson de l'ordre des Acanthoptérygiens, de la famille des Percoïdes et du genre Pomatome. Cette espèce, que l'on rencontre dans la Méditerranée, a de très gros yeux saillants qui lui ont fait donner son nom de *télescope*. Ce poisson atteint 0m,30 à 0m,35 de longueur. — **Dér.** *Télescopique.*

TÉLESCOPIQUE (*télescope*), *adj. 2 g.* Qui se fait avec le télescope : *Observation télescopique*. || Qu'on ne peut voir qu'avec le télescope : *Planètes télescopiques* : toutes les petites planètes situées entre Mars et Jupiter ; on en connaît aujourd'hui 187. || *Étoile télescopique*, astre qui, à cause de son peu d'éclat ou de sa trop grande distance, ne peut être aperçu qu'avec l'aide d'un puissant rapprochement.

***TÉLÉSIE** (g. τελέσιος, parfait), *sm.* Variété de corindon hyalin connue vulgairement sous le nom de *gemme orientale*.

TELIGNY, Gendre de Coligny, un des chefs des calvinistes français, périt dans le massacre de la Saint-Barthélemy (1572).

***TELINGA**, *sm.* Langue dravidienne, parlée dans le N. et l'E. du Dekkan (Indoustan) par plus de 14 millions d'hommes.

TELL (*Tellus*), *sm.* Région de l'Algérie comprise entre le moyen Atlas et la Méditerranée. C'est un pays montagneux, sillonné de vallées fertiles ; sa largeur atteint, sur certains points, 120 kilomètres; en moyenne, elle est de 90 kilomètres. Sa superficie est de 90 000 kilom. carrés. Dans la province d'Oran, le Tell est formé de chaînes secondaires peu élevées, formant comme un escalier qui partirait de la Méditerranée pour aboutir aux hauts plateaux. L'étage inférieur est constitué par les monts Tsara et Tessala à l'O., les monts Dahra à l'E., entre lesquels s'étend la plaine ou *Sig*. Les monts de Tlemcen (1 600 mètres), Daga (1 300 mètres) et de Saïda forment l'étage supérieur. Les massifs du Tell algérien sont plus irrégulièrement disposés : on y remarque les monts Ouarsenis, dont le point culminant atteint 1 985 mètres, du Dahra (1 500 mètres), du Titeri (1 800 mètres); les hauteurs de la Grande Kabylie ont jusqu'à 2 300 mètres.

Dans la province de Constantine, le Tell occupe une bande plus étroite. La cime la plus élevée de la Petite Kabylie atteint 1 990 mètres. Les monts du Hodna, de la Medjerda et de la Kroumirie sont encore moins élevés. En Tunisie, le Tell s'abaisse et se rattache aux derniers mamelons de la chaîne saharienne. De nombreuses rivières arrosent le Tell ; les principales sont : la Macta, le Chélif, la Mina, le Mazafran, l'Isser, le Sébaou, le Sahel, la Seybouse, la Medjerda. Pour remédier au régime irrégulier de ces rivières, que la saison des pluies transforme en torrents impétueux, on a construit, à l'entrée des plaines cultivées, des barrages; le plus important est celui de l'*Habra*, dans le Tell oranais, qui a 478 mètres de longueur sur 40 mètres de haut et autant d'épaisseur; sa capacité est de 14 millions de mètres cubes. Les terres sont d'une grande fertilité dans le Tell, qui produit de grandes quantités de céréales. On y cultive beaucoup de vignes; on y rencontre encore de belles forêts d'essences variées, principalement de chêne-liège. Le Tell est habité par les Kabyles, qui appartiennent à la race berbère : ce sont des populations sédentaires, dont la résistance au travail est très grande; ils sont bien supérieurs à l'Arabe nomade des hauts plateaux, dont ils diffèrent beaucoup au point de vue moral et politique. (V. *Algérie*.)

TELL (Guillaume), héros légendaire suisse qui aurait puissamment contribué à affranchir son pays du joug de l'Autriche. On raconte que, condamné à mort pour n'avoir point salué un chapeau que le gouverneur Gessler avait fait placer au haut d'une perche sur la place publique d'Altorf, celui-ci lui promit la vie à condition qu'il abattît avec sa flèche une pomme placée sur la tête de son fils. Tell, y ayant réussi, n'en fut pas moins retenu prisonnier et conduit par Gessler lui-même dans une barque, à travers le lac de Lucerne, au château de Kussnacht. Une tempête s'étant élevée, Gessler fit débarrasser Tell de ses liens et lui confia le gouvernail. En abordant au rivage, Tell repoussa la barque du pied, sauta à terre, et tua Gessler d'un coup de flèche. La légende de Tell a fourni à Schiller le sujet d'un beau drame, et à Rossini celui d'un magnifique opéra.

TELLEMENT (*telle* + sfx. *ment*), *adv.* Si complètement, à un si haut degré : *Il est tellement malade, qu'il en mourra.* — Tellement quellement, *loc. adv.* Médiocrement, plutôt mal que bien. — Tellement que, *loc. conj.*, à ce point que.

TELLIÈRE, *adj. m.* Se dit d'un papier dont le format a 33 × 44 centimètres. Le nom de tellière vient probablement de ce que ce format de papier fut employé pour la première fois dans les bureaux de Le Tellier, marquis de Louvois, ministre de Louis XIV. On le désigne plus communément aujourd'hui sous le nom de *papier ministre*.

TELLITCHERY (30 000 hab.). Ville de l'Hindoustan anglais, sur la côte de Malabar. Commerce de café et de poivre important.

TELLURE (l. *tellurem*, la terre), *sm.* Corps simple, métalloïde, de la famille de l'oxygène, qui a l'aspect d'un métal blanc assez brillant, découvert en 1782 par Müller de Reichenstein. On le trouve dans la nature à l'état natif, mais le plus souvent combiné avec le bismuth, l'or, l'argent, le plomb. Le tellure ressemble à l'étain et a beaucoup d'analogie avec l'antimoine; mais il a un éclat gris d'acier. Il est peu conducteur de la chaleur et de l'électricité; il fond à 525°. Il cristallise en rhomboèdres; sa densité est 6,26. — **Dér.** *Tellureux, tellurique, tellurure.* — **Comp.** *Tellurocre, tellurhydrique.*

***TELLUREUX** (*tellure* + sfx. chimique *eux*), *adj. m.* Se dit de l'acide le moins oxygéné que le tellure forme avec l'oxygène.

***TELLURHYDRIQUE** (*tellure* + sfx. chimique *hydrique*, indiquant la présence de l'hydrogène dans un corps), *adj.* Se dit d'un acide formé de tellure et d'hydrogène que l'on obtient en traitant le tellure de fer par les acides forts, l'acide sulfurique par exemple. L'acide tellurhydrique est un gaz inflammable qui se décompose en tellure et en hydrogène lorsqu'on le chauffe au rouge. Sa densité est de 4,40.

TELLURIQUE (*tellure* + sfx. chimique *ique*), *adj. m.* Se dit de l'acide le plus oxygéné que le tellure forme avec l'oxygène. — *Adj. 2 g.* Qui appartient à la terre, qui y a rapport : *La chaleur tellurique.*

***TELLUROCRE** (*tellure* + *ocre*), *sm.* Enduit jaune ou blanc grisâtre qui se forme par voie de décomposition sur quelques minerais de tellure. Quelquefois il constitue de petits mamelons sphéroïdaux à structure radiée.

***TELLURURE** (*tellure* + sfx. chimique *ure*), *sm.* Se dit de tout composé binaire non oxygéné formé de tellure et d'un autre corps simple autre que l'oxygène. Les tellurures de bismuth, d'or, de plomb se trouvent quelquefois dans la nature; ils sont isomorphes avec les sulfures et les séléniures.

TÉMÉRAIRE (l. *temerarium*), *adj. 2 g.* et *s. 2 g.* Hardi jusqu'à l'imprudence : *Tu es bien téméraire.* ‖ Qui annonce de la témérité : *Démarche téméraire.* ‖ *Jugement téméraire*, jugement défavorable qu'on porte sur une personne, une chose, sans avoir de raisons suffisantes. ‖ *Proposition téméraire*, proposition hardie d'une justesse contestable, et qui peut avoir des conséquences fâcheuses pour le dogme ou pour la morale. — **Dér.** *Témérairement, témérité.*

TÉMÉRAIREMENT (*téméraire* + sfx. *ment*), *adv.* Avec une hardiesse imprudente. ‖ Inconsidérément. ‖ Contre droit et raison.

TÉMÉRITÉ (l. *temeritatem*), *sf.* Hardiesse imprudente, présomptueuse : *Il se repent de sa témérité.*

TEMES. Rivière d'Autriche-Hongrie, prend sa source dans les Karpathes (monts du Banat), et se jette dans le Danube à Pancsova; elle arrose Karansebes, Lugos et Temesvar. Ses affluents sont la Sebes, la Bisztra, la Bega, le Bagonicz, la Berzava, rivière en partie canalisée.

TEMESVAR, 40 000 hab., ville fortifiée de Hongrie, dans une plaine marécageuse, entre la Temes et la Theiss. Nombreuse garnison; ch.-l. du 7e corps d'armée. Jambons exquis. Commerce considérable de vins, bois, laines, fers.

TÉMOIGNAGE (*témoigner*), *sm.* Action de déclarer, d'attester qu'une chose est vraie, qu'un fait s'est passé d'une certaine façon : *Il a eu tort, selon le témoignage des assistants.* ‖ Déclaration qu'une personne, après avoir prêté serment, fait devant les juges de ce qu'elle a vu ou entendu relativement à un fait, à une personne. ‖ *Faux témoignage*, déclaration mensongère faite pour tromper les juges et sévèrement punie par la loi. ‖ *Le témoignage de la conscience*, jugement que notre esprit, forcé par l'évidence, porte sur la vérité d'une chose, la moralité d'une action. ‖ *Le témoignage des sens*, jugement que nous portons sur les propriétés, les qualités des objets extérieurs d'après l'impression qu'ils ont produite sur nos sens. ‖ Marque, preuve : *Nourrir ses parents est un témoignage de piété filiale.* — **Gr.** *Rendre témoignage d'une chose*, en attester la vérité. *Rendre témoignage à quelqu'un, à quelque chose*, en reconnaître le mérite, les qualités.

TÉMOIGNER (*témoin*), *vi.* Porter témoignage : *Témoigner de l'honnêteté d'un commerçant.* ‖ Servir de témoin : *Témoigner dans un procès.* — *Vt.* Marquer, faire connaître, exprimer : *Témoigner sa reconnaissance.*

TÉMOIN (l. *testimonium*), *sm.* Témoignage, marque, monument commémoratif : *Les coquilles fossiles sont des témoins des déplacements de la mer.* ‖ Personne qui a vu ou entendu quelque chose et peut en donner connaissance aux juges ou à d'autres personnes (se dit en ce sens des femmes comme des hommes) : *Cette dame a été témoin dans ce procès.* ‖ *Témoin oculaire*, celui qui a vu les choses de ses propres yeux. ‖ *Témoin à charge*, dont la déposition est défavorable à l'accusé. ‖ *Témoin à décharge*, dont la déposition est favorable à l'accusé. ‖ *Dieu m'est témoin* ou *m'en est témoin*, Dieu sait que je dis la vérité. ‖ Personne dont on se fait assister pour certains actes : *Il faut quatre témoins pour la célébration d'un mariage.* ‖ Celui qui accompagne un homme qui doit se battre en duel : *Dans les duels, chaque adversaire est assisté de deux témoins.* ‖ *Témoin muet*, objet dont la présence est un indice accusateur : *On retrouva le couteau témoin muet du crime.* — *Smpl.* Eminence de terre de forme pyramidale que les terrassiers laissent de distance en distance, quand ils font une fouille, pour faire voir quelle était la hauteur des terres enlevées. ‖ Morceaux de tuile, d'ardoise, qu'on met au fond du trou où l'on enterre une borne, afin que leur présence montre plus tard si cette borne a été déplacée. ‖ Petites parties d'enduits en plâtre que l'on fait sur une construction lézardée pour constater s'il se produit un nouveau tassement ou si la rupture s'accroît. ‖ Arbres qu'il est défendu d'abattre dans une vente. — *Adv.* En témoignage de ce qu'on vient de dire : *Il a passé ici, témoin les traces de ses pas.* — A témoin, *loc. adv.* En témoignage : *Je vous prends tous à témoin.* — **Gr.** *Prendre quelqu'un à témoin*, invoquer son témoignage. *Prendre quelqu'un pour témoin*, le considérer comme un témoin autorisé. — **Dér.** *Témoigner, témoignage.*

1. **TEMPE** (vx fr. *temple* : l. *tempora*, les tempes), *sf.* Chacune des parties latérales de la tête comprises entre l'oreille, l'œil et le front, répondant à la surface écailleuse et mince du temporal.

2. ***TEMPE** (*x*), *sf.* Traverse de bois qui sert aux bouchers pour maintenir ouvert le ventre d'un animal tué.

TEMPÉ (g. τέμπη, vallée), vallée de la Thessalie entre l'Olympe et l'Ossa, arrosée par le Pénée, célèbre chez les anciens par sa beauté et sa fraîcheur. — *Sf.* Fig. Une vallée délicieuse.

TEMPÉRAMENT (l. *temperamentum*), *sm.* Proportion des éléments d'un corps composé (vx). ‖ Constitution du corps de l'homme et des animaux qui le rend plus ou moins apte aux causes de destruction : *Tempérament robuste.* ‖ *Tempérament sanguin*, caractérisé par la prédominance du sang. ‖ Caractère : *Un tempérament violent.* — Fig. Action d'équilibrer : *Le tempérament des organes d'une machine.* — Fig. Compromis, concession, adoucissement : *Chercher un tempérament qui satisfasse tout le monde.* ‖ Modération : *User de tempérament.* ‖ Légère altération qu'on fait subir à un son musical pour qu'une même corde d'un instrument serve à rendre deux sons très voisins, comme l'*ut dièze* et le *ré bémol*. — **Syn.** Le *tempérament* est le résultat de la prédominance des humeurs sur le corps et l'esprit; la *complexion* est l'apparence physique d'une personne; la *constitution*, c'est l'état habituel du corps, son organisation bonne ou mauvaise.

TEMPÉRANCE (l. *temperantia*), *sf.* Vertu qui nous porte à modérer nos plaisirs. ‖ Sobriété dans le boire et le manger : *La tempérance est la source de la santé.* ‖ *Sociétés de tempérance*, sociétés établies aux Etats-Unis et en Angleterre pour combattre l'abus des boissons alcooliques.

TEMPÉRANT, ANTE (*tempérer*), *adj.* et *s.* Qui a de la tempérance. ‖ Modéré quant au boire et au manger : *Un homme tempérant.* ‖ Calmant : *Médicament tempérant.*

TEMPÉRATURE (*tempérer*), *sf.* Tempérament (vx). ‖ État de l'air qui le rend plus ou moins favorable à notre santé, au fonctionnement de nos organes : *Une température saine.* ‖ Degré de chaleur que l'on peut constater dans un lieu, dans un corps : *La température de l'intérieur du corps humain est d'environ 37°.* Etat d'équilibre particulier dans lequel un corps ne perd ni ne gagne de chaleur et auquel correspond un certain volume déterminé de ce corps. On fait varier la température d'un corps en lui ajoutant ou en lui retirant une certaine quantité de chaleur sensible. Plusieurs corps sont à la même température quand, plongés dans le même milieu, ils ne perdent ni ne gagnent de chaleur. Les sensations de chaud et de froid sont relatives; un corps est chaud quand il cède de la chaleur à nos organes, et froid quand il leur en enlève, ce qui dépend de l'état de nos organes. Ces comparaisons et ces mesures s'effectuent à l'aide des *thermomètres*. (V. ce mot.)

TEMPÉRÉ, ÉE (*tempérer*), *adj.* Modéré : *Courage tempéré par la prudence.* ‖ Sage, posé : *Un esprit tempéré.* ‖ Qui n'est ni trop froid, ni trop chaud : *Climat tempéré.* ‖ *Zones tempérées*, entre les tropiques et les cercles polaires. ‖ Qui tient le milieu entre le simple et le sublime : *Style, genre tempéré.* (Rhét.)

TEMPÉRER (l. *temperare*, mélanger), *vt.* Diminuer l'intensité d'un agent physique, d'un sentiment, d'un état moral : *Une brise tempère la chaleur. Le temps tempère la douleur.* ‖ Adoucir par des expédients, des concessions : *Tempérer sa sévérité par la* *grâce.* — **Se tempérer,** *vr.* Diminuer d'intensité, se modérer. — **Syn.** (V. *Adoucir.*) — **Dér.** *Tempéré, tempérée, tempérant, tempérante, tempérance, tempérament, température.* — **Comp.** *Intempérant, intempérante, intempérance, intempéré, intempérée.* Même famille : *Tremper,* etc.

TEMPÊTE (l. *tempestatem*), *sf.* Violente agitation de l'air, souvent accompagnée d'orage, de pluie, de grêle, etc. ‖ Vent impétueux dont la vitesse est d'au moins 20 mètres par seconde : *La tempête a déraciné ces arbres.* ‖ Orage sur mer : *Un port abrite les vaisseaux de la tempête.* — Fig. *Une tempête dans un verre d'eau,* beaucoup de bruit, d'agitation pour peu de chose. — Fig. Grand bruit : *La tempête de la voix de Stentor.* — Fig. Trouble violent de l'âme : *Les tempêtes couvées par les passions.* — Fig. Entreprise, machination, ligue qui menace la sécurité d'une personne : *Une tempête se formait contre le ministre.* ‖ Trouble violent, révolution dans un État : *Les tempêtes suscitées par la réforme.* — Fig. Altercation ou protestation violente : *Ces mots amenèrent une tempête.* — **Dér.** *Tempêter, tempétueux, tempétueuse.*

TEMPÊTER (*tempête*), *vi.* Faire grand bruit. ‖ Manifester bruyamment son mécontentement : *Il eut beau crier et tempêter.*

TEMPÉTUEUX, EUSE (*tempête*), *adj.* Sujet aux tempêtes : *Climat tempétueux.* ‖ Qui cause les tempêtes : *Projet tempétueux.*

TEMPLE, 956 hect. Forêt domaniale de l'Aube, peuplée de chênes et de charmes.

TEMPLE (l. *templum*), *sm.* Edifice consacré au culte, spécialement chez les anciens et dans le protestantisme. Les temples grecs étaient rectangulaires, entourés de colonnes, le plus souvent d'ordre dorique, quelquefois d'ordre ionique. L'intérieur, ou *naos,* était couvert soit en totalité, soit en partie. A Rome, les plus anciens temples étaient d'ordre toscan; les plus nouveaux, d'ordre corinthien, ionique ou composite. ‖ Se dit particulièrement du temple bâti par Salomon à Jérusalem : *Jésus montait au temple.* ‖ Poét. Une église catholique. ‖ Poét. *Son nom est écrit au temple de mémoire, dans le temple de la gloire,* il s'est acquis une réputation immortelle. — **Le temple,** toute maison habitée par des templiers. ‖ L'ordre même des templiers. ‖ Monastère qu'avaient les templiers à Paris et duquel relevaient tous les templiers de France. A la suppression de leur ordre, il fut vendu aux hospitaliers de Saint-Jean de Jérusalem; en 1790, il devint propriété nationale. On y voyait une grosse tour, où fut détenu Louis XVI et que l'on démolit en 1811. L'emplacement du Temple est aujourd'hui occupé par le marché et le square qui portent ce nom. — **Dér.** *Templier.* — **Comp.** *Contempler, contemplation, contemplateur, contemplatif.*

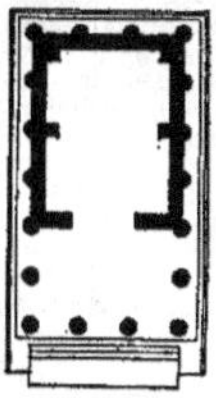

TEMPLE
DE LA FORTUNE, A ROME

TEMPLE (SIR WILLIAM) (1628-1698), diplomate anglais qui coopéra au traité de la triple alliance contre Louis XIV, ainsi qu'à ceux d'Aix-la-Chapelle et de Nimègue et fut ministre sous Charles II.

TEMPLEUVE, 2997 hab. Commune du département du Nord, canton de Cysoing. Filatures, moulins, sucreries.

TEMPLIER (*temple*), *sm.* Membre d'un ordre militaire et religieux fondé en 1118 en Palestine pour défendre la Terre sainte et combattre les musulmans, et installé par Beaudoin II dans une maison voisine du temple de Salomon, à Jérusalem. Même avant la fin des croisades, l'ordre des Templiers se répandit dans tous les pays de l'Europe; il y acquit une grande puissance et d'immenses richesses, mais ne tarda pas à se corrompre. Il fut poursuivi en France par Philippe le Bel et universellement aboli en 1312 par le pape Clément V.

TEMPLIER

TEMPLE DE DIOCLÉTIEN
PALMYRE (SYRIE)

***TEMPO,** *sm.* Mot italien qui sert pour marquer en musique les différents mouvements dans lesquels est écrit un morceau.

TEMPORAIRE (l. *temporarium*), *adj. 2 g.* Qui ne doit durer qu'un certain temps : *Fonction temporaire.*

TEMPORAIREMENT (*temporaire* + sfx. *ment*), *adv.* Pour un certain temps : *Être employé temporairement.*

TEMPORAL, ALE (l. *temporalem*), *adj.* Qui a rapport aux tempes. — *Os temporal,* ou, substantivement, *le temporal,* chacun des deux os situés l'un à droite et l'autre à gauche de la partie inférieure et latérale du crâne et dans une partie duquel est logée l'oreille. Le temporal contribue à former la boîte crânienne; il s'articule en avant avec le sphénoïde, en haut avec le pariétal et en arrière et en bas avec l'occipital. C'est, du reste, un os très irrégulier qui présente trois parties bien distinctes. 1° La portion supérieure a la forme d'un demi-cercle. Cette partie, qui est très mince, a été comparée à une écaille; et c'est pourquoi on la désigne sous le nom de *portion écailleuse.* Elle est limitée dans le bas par une faible éminence osseuse, qui donne en avant naissance à l'*apophyse zygomatique.* Celle-ci, d'abord plate et en forme de gouttière, se dirige en dehors, puis se contourne sur elle-même et se porte en avant pour s'articuler avec l'apophyse de l'os des pommettes et constituer l'arcade zygomatique. 2° Au-dessous et en arrière de l'éminence osseuse, suite postérieure de l'apophyse zygomatique, le temporal est constitué par la *portion mastoïdienne.* Celle-ci est plus petite que la précédente, très épaisse, rugueuse extérieurement, et se termine inférieurement par une apophyse arrondie appelée *apophyse mastoïde.* C'est entre la partie mastoïdienne et la partie écailleuse du temporal que s'ouvre le conduit *auditif externe.* Immédiatement au-dessous et un peu en dedans de ce trou auditif se détache un prolongement osseux très délié, dirigé d'arrière en avant : c'est l'*apophyse styloïde.* L'enfoncement placé sous la racine de l'apophyse zygomatique et limité postérieurement par la paroi du trou auditif externe est la *cavité glénoïde,* où vient s'articuler avec le crâne le condyle de la mâchoire inférieure. 3° La troisième partie du temporal est interne. Elle est en quelque sorte greffée sur la partie mastoïdienne et se dirige obliquement d'arrière en avant à travers le crâne. Cette portion du temporal est dure, pierreuse, et formée d'un tissu osseux très compact. Aussi lui a-t-on donné les noms de *portion pierreuse, portion pétrée, portion pyramidale.* C'est dans son intérieur qu'est logée l'oreille. (V. ce mot.) A la face postérieure et interne de cette portion pétrée s'ouvre le conduit *auditif interne.* C'est sur le temporal que repose le lobe postérieur du cerveau, tandis que le cervelet vient s'appliquer contre la face postérieure de la portion pétrée.

TEMPORALITÉ (l. *temporalitatem*), *sf.* Autrefois juridiction du domaine temporel d'un évêché, d'un chapitre, d'une abbaye.

TEMPOREL, ELLE (l. *temporalem*), *adj.* Qui ne dure qu'un certain temps, par opposition à éternel : *Les biens, les plaisirs temporels.* ‖ Qui concerne la vie actuelle, par opposition à spirituel : *Les avantages temporels.* ‖ Civil et politique, distinct de l'autorité religieuse : *Le pouvoir temporel.* — *Sm.* Revenu qu'un ecclésiastique retirait de son bénéfice.

TEMPORELLEMENT (*temporelle* + sfx. *ment*), *adv.* Pour un temps limité. ‖ Pour ce qui concerne la vie présente.

TEMPORISATEUR, TRICE (*temporiser*), *adj.* et *s.* Qui temporise. ‖ Qui s'efforce, qui a pour but de gagner du temps : *Conduite temporisatrice.*

TEMPORISATION (*temporiser*), *sf.* Action de temporiser, de retarder le moment d'agir.

TEMPORISEMENT (*temporiser*), *sm.* Retardement d'une action dans l'attente d'un moment plus favorable.

TEMPORISER (l. *tempus,* génitif *temporis,* temps), *vi.* Retarder, différer d'agir, dans l'attente d'une occasion favorable.

TEMPORISEUR, *sm.* Celui qui temporise, qui a l'habitude de temporiser.

TEMPS (l. *tempus*), *sm.* La durée des choses : *Le temps adoucit les chagrins.* ‖ La durée bornée, par opposition à l'éternité : *Dieu fut avant le temps.* ‖ *Un temps,* un certain espace de temps. ‖ *Cela ne dure qu'un temps,* cela ne dure que fort peu. ‖ Les heures consacrées aux occupations, au travail : *Perdre le temps* ou *son temps,* ne rien faire ou faire des choses inutiles. ‖ *Réparer le temps perdu,* travailler davantage, pour faire en peu de temps ce qu'on avait négligé. || *Passer son temps à quelque chose,* l'y consacrer. || *Passer le temps,* se distraire en attendant l'heure où l'on doit faire quelque chose. || *Passer bien son temps,* se divertir. — Fig. *Tuer le temps,* faire des choses inutiles ou peu importantes pour se désennuyer. || Epoque : *Les temps préhistoriques,* ceux sur lesquels les histoires n'ont pas conservé de détails et qui sont antérieurs à toute tradition. || *La nuit des temps,* les époques les plus éloignées dans le passé et dont on n'a plus aucune connaissance certaine. || *Les hauts temps,* les plus anciens temps. || *Les temps fabuleux* ou *héroïques,* ceux où l'on suppose avoir vécu les héros ou demi-dieux de la mythologie. || *Temps historiques,* ceux dont l'histoire a retracé les événements; les époques contemporaines d'événements ou de personnages quelconques : *Le temps des croisades. Du temps de saint Louis.* || *Le bon vieux temps,* l'époque où vivaient les deux ou trois dernières générations qui nous ont précédés, et que les vieillards sont portés à exalter aux dépens du présent. || Chacun des âges de la vie : *Regretter le temps de sa jeunesse.* || Partie de l'année où l'on fait une certaine chose : *Le temps des vendanges, de la chasse.* || *Le temps pascal,* les jours pendant lesquels se célèbrent les fêtes de Pâques. || *Le temps de la pénitence,* le carême. || L'époque où il existe un certain gouvernement, certaines manières de vivre, certaines modes : *Le temps de la féodalité.* || *Les temps sont durs,* on a beaucoup de peine à vivre. || *Les signes du temps,* ce qui caractérise une époque. || Chacune des diverses manières adoptées par les astronomes pour compter les durées : *Temps astronomique,* celui dans lequel le commencement de chaque jour est fixé à midi; *Temps civil,* celui dans lequel le commencement de chaque jour est fixé à minuit; *Temps sidéral,* celui dans la mesure duquel on adopte pour unité la durée du mouvement diurne de la sphère céleste; *Temps vrai,* celui qu'on évalue en prenant pour unité le temps variable qui s'écoule entre deux passages du soleil au même méridien; *Temps moyen,* celui qu'on évalue en prenant pour unité le temps qui s'écoule entre deux passages successifs au même méridien d'un soleil fictif qui parcourrait l'équateur d'un mouvement uniforme et se trouverait aux points équinoxiaux en même temps que le soleil vrai. || *La Connaissance des temps,* recueil d'éphémérides publié par le Bureau des longitudes à l'usage des astronomes et des navigateurs, et dans lequel est indiquée trois ans d'avance la position qu'occupera le soleil, la lune, une planète, à un jour donné. || *Le Temps,* divinité allégorique que l'on représente sous les traits d'un vieillard chauve, ayant de grandes ailes, tenant une faux d'une main et un sablier de l'autre, que les Grecs identifièrent avec Chrônos et les Latins avec Saturne. || Durée limitée : *Ce soldat a fait son temps,* il a servi dans l'armée pendant le temps exigé par la loi. || *Cet habit a fait son temps,* il est usé à tel point qu'on ne peut plus s'en vêtir. || Moment fixé pour qu'une chose ait lieu : *Payer une dette avant le temps.* || Délai : *Accorder du temps à un débiteur.* || *Gagner du temps,* retarder d'agir, dans l'attente d'une circonstance favorable. || Loisir : *N'avoir pas le temps de se promener.* || Conjoncture, occasion favorable : *Ce n'est pas le temps d'entreprendre une telle affaire.* || *Prendre son temps,* profiter d'une occasion favorable pour agir, faire une chose sans se presser. || État de l'atmosphère : *Le temps est beau, brumeux.* || *Prendre le temps comme il vient,* ne s'inquiéter de rien, s'accommoder à tous les événements. || *Faire la pluie et le beau temps quelque part,* y avoir une influence dominante. || *Gros temps,* temps d'orage pour ceux qui naviguent. || Moment précis où l'on doit faire certains mouvements dans la danse, l'escrime, les exercices militaires : *Exécuter la charge en trois temps.* || En musique, chacune des subdivisions égales d'une mesure : *Battre la mesure à quatre temps.* || Pose par laquelle il faut couper ses phrases en parlant en public. || Unité de mesure pour la durée que l'on met à prononcer les syllabes. || Chacune des formes que prend un verbe pour indiquer le moment de l'accomplissement de l'action qu'il exprime ou de la réalisation d'un état : *On compte dans les verbes trois temps principaux : le passé, le présent et le futur.* || *Temps primitifs,* ceux que l'on considère comme n'étant formés d'aucun autre et comme servant au contraire à former les autres temps : *On admettait naguère en français cinq temps primitifs : le présent de l'infinitif, le participe présent, le participe passé, le singulier du présent de l'indicatif et le passé défini.* Cette façon de voir était en partie exacte et en partie erronée. || *Temps dérivés,* ceux qui sont formés d'un autre temps véritablement primitif : *Le futur est un temps dérivé du présent de l'infinitif.* — A TEMPS, *loc. adv.* Assez tôt : *Arriverez-vous à temps.* || Au moment convenable : *La récolte doit être faite à temps.* || Pour un temps déterminé. *Travaux forcés à temps.* — AU MÊME TEMPS, *loc. adv.* Au même instant. — EN MÊME TEMPS, *loc. adv.* Dans le même instant, ensemble. — TOUT D'UN TEMPS, *loc. adv.* Immédiatement, en même temps. — DE TOUT TEMPS, *loc. adv.* Toujours. — DE TEMPS EN TEMPS, DE TEMPS A AUTRE, *loc. adv.* Quelquefois, par intervalles. — EN TEMPS ET LIEU, *loc. adv.* Dans l'instant et le lieu convenables. — SUIVANT OU SELON LE TEMPS OU LES TEMPS, *loc. adv.* En se conformant à ce qu'exigent les circonstances : *Agir suivant le temps.* — DANS LE TEMPS QUE, *loc. conj.* Pendant que. — AU TEMPS! *interj.* Dans les exercices militaires et l'escrime, ordre de reprendre la position qu'on avait avant le dernier mouvement quand il a été mal fait. — **Dér.** *Temporaire, temporairement, température, tempérament; tempo; tempête, tempêter, tempétueux; temporiser, temporisation, temporisement, temporisateur, temporisatrice, temporel, temporelle, temporellement, temporalité.* — **Comp.** *Contemporain, contemporaine, contemporanéité, extemporané, extemporanéité; intempestif, intempestive, intempestivement; intempérie; obtempérer, obtempération.* — **Hom.** *Tan, tant, tend* (verbe).

TENABLE (*tenir*), *adj. 2 g.* Où l'on peut se tenir sans être incommodé : *La chaleur fait que cette place n'est pas tenable.* || Se dit d'une position stratégique où l'on peut se maintenir, d'une forteresse où l'on peut se défendre : *Une ville dominée par l'ennemi n'est plus tenable.* — Fig. Que l'on peut conserver sans être tracassé : *Cet emploi n'était plus tenable.* — **Gr.** *Tenable* s'emploie surtout avec la négation.

TENACE (l. *tenacem*), *adj. 2 g.* Qui s'accroche, qui s'attache fortement aux corps : *Les tiges du grateron, la poix sont tenaces.* || Dont les parties sont difficilement séparables : *Roche tenace.* || Qui peut soutenir sans se rompre un poids considérable : *Le fil de fer est tenace.* — Fig. Opiniâtre, entêté, persévérant : *Être tenace dans ses idées. Solliciteur tenace.* || *Avoir la mémoire tenace,* ne pas oublier ce qu'on a appris. — Fig. Qui ne lâche point aisément son argent : *Un vieillard tenace.*

***TENACEMENT** (*tenace* + sfx. *ment*), *adv.* D'une manière tenace. || Avec ténacité.

TÉNACITÉ (l. *tenacitatem*), *sf.* Qualité de ce qui s'accroche ou adhère fortement à un corps. || Force que les corps et surtout les métaux opposent à la rupture, et que l'on mesure pour chacun d'eux en déterminant le poids qui en fait rompre des fils d'un diamètre donné. — Fig. Attachement invariable à une idée, à un projet. — Fig. Avarice.

TENAILLE (l. *tenacula,* choses pour tenir), *sf.* Outil de fer composé de deux branches réunies par un clou rivé autour duquel elles peuvent tourner, et qui sert à retenir les objets ou à arracher. || *Tenaille à vis,* petit étau à main. || Ouvrage de fortification composé de deux faces présentant un angle rentrant vers la campagne, et qui dans le tracé bastionné sert à protéger une courtine. — **Gr.** On emploie souvent le pluriel *tenailles* pour désigner un seul outil. — **Dér.** *Tenaillon, tenailler.*

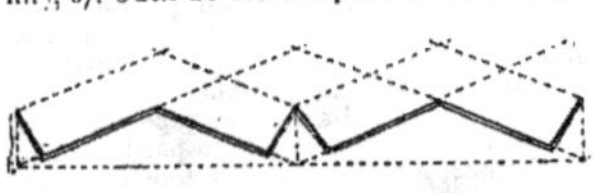

TENAILLES DE FORTIFICATION

TENAILLER (*tenaille*), *vt.* Torturer un patient en lui saisissant les chairs avec des tenailles rougies au feu. — Fig. Tourmenter.

TENAILLON (dim. de *tenaille*), *sm.* Petite fortification en forme de tenaille qui protège chaque face d'une demi-lune.

***TENANCE** (*tenant*), *sf.* Lassitude, ennui, préoccupation. || Dépendance : *Les tenances de la France.* || Fief, héritage (vx).

TENANCIER, IÈRE (*tenant*), *s.* Celui, celle qui, n'étant pas noble, recevait d'un seigneur des terres à cultiver à condition de payer certains droits annuels. || *Franc-tenancier,* celui qui, moyennant une somme une fois payée, s'était affranchi des droits annuels. || Aujourd'hui, fermier d'une petite métairie dépendante d'un domaine rural plus étendu.

TENANT, ANTE (*tenir*), *adj.* Qui dure encore : *Prendre une décision séance tenante,* avant que la séance soit terminée. — *Sm.* Celui qui, dans un tournoi, s'engageait à lutter contre tous ceux qui se présenteraient. — Fig. Celui qui soutient une opinion, une personne contre ceux qui la combattent : *Les tenants du libre-échange, du ministre de l'intérieur.* || *Être le tenant dans une maison,* y être comme le maître. || *Les tenants et aboutissants d'une pièce de terre,* les parties de sol qui l'entourent. — Fig. *Savoir tous les tenants et aboutissants d'une affaire,* en connaître à fond tous les détails. — TOUT EN UN TENANT, TOUT D'UN TENANT, *loc. adv.* Sans présenter d'interruption : *100 hectares de bois tout d'un tenant.*

TÉNARE (g. Ταίναρος), promontoire qui terminait la presqu'île S.-O. de la Laconie, et où l'on voyait un gouffre qui passait pour une entrée des enfers : c'est aujourd'hui le cap Matapan. — *Sm.* L'un des noms des enfers chez les Grecs et les Romains.

TENCE, 4 862 hab. Ch.-l. de c., arr. d'Yssingeaux (Haute-Loire). Fabrique de blondes, de dentelles noires, de rubans de velours.

TENCIN (PIERRE GUÉRIN DE) (1679-1758), cardinal, archevêque de Lyon et ministre d'État sous Louis XV. — MADAME DE TENCIN (1681-1749), sœur du précédent, femme célèbre du XVIIIe siècle, liée avec le duc d'Orléans, Dubois, Law, les philosophes; fut la mère naturelle de d'Alembert. En 1727, elle ouvrit un salon fameux où se réunissait l'aristocratie intellectuelle de l'époque et qui faisait la loi en littérature. Elle écrivit, d'un style distingué, quelques romans, parmi lesquels le *Comte de Comminges,* longtemps populaire.

TENDANCE (*tendant*), *sf.* Force qui porte un corps à se mouvoir : *La tendance de l'électricité vers la surface des corps.* || Direction d'un corps en mouvement. — Fig. Propension à appuyer, à faire prévaloir une chose : *Cet écrit a des tendances à l'absolutisme.* || *Procès de tendance,* expression créée sous la Restauration pour désigner les procès faits aux journaux plutôt pour leur esprit général qu'au sujet d'un délit déterminé. || Penchant : *Avoir une tendance à la paresse.*

TENDANT, ANTE, *adj.* et *part. prés.* de *tendre.* Qui tend, qui va à quelque but : *Une demande tendant à être déchargé d'un impôt.*

***TENDE** (*tendre* 2), *sf.* Morceau de viande de bœuf pris dans la partie interne de la cuisse. On dit ordinairement *tende de tranche.*

TENDE, 2 000 hab. Ville du Piémont (Italie), au pied du versant S. des Alpes maritimes. — **Col de Tende,** 1 795 mètres, passage des Alpes que traverse la route de Nice à Turin. Cette route franchit les cols de Braux et de Broins, atteint la Roya, passe à Saorgio, s'élève dans le bassin de Tende, puis descend par le vallon de la Vermenagua. Les Italiens ont construit les forts de Piernant, de Margheria, Giaura, Papin pour la défendre.

***TENDELET** (dm. du bl. *tenda*, tente), *sm*. Petite tente dressée sur le pont d'un navire, sur une embarcation.

TENDER [tin-dère] (mot anglais), *sm*. Chariot en fer et en tôle placé immédiatement après la locomotive d'un train et contenant l'eau et le charbon nécessaires à la production de la vapeur.

***TENDERIE** (*tendre* 2), *sf*. Chasse où l'on tend des pièges pour attraper des oiseaux, etc.

1. ***TENDEUR** (*tendre* 2), *sm*. Instrument qui sert à maintenir raides les fils télégraphiques, les courroies de transmission, etc.

2. **TENDEUR, EUSE** (*tendre* 2), *s*. Celui, celle qui tend quelque chose. ‖ Celui qui dresse des pièges. — **Tendeuses**, *sfpl*. Famille d'araignées qui font des toiles régulières.

TENDINEUX, EUSE (bl. *tendo*, génitif *tendinis*, tendon), *adj*. Qui est de la nature des tendons. ‖ Qui concerne les tendons. ‖ *Viande tendineuse*, traversée par des fibres qui la rendent coriace.

***TENDOIR**, *sm*. ou **TENDOIRE** (*tendre* 2), *sf*. Bâton qui fait partie du métier de tisserand et empêche la poitrinière de se dérouler. ‖ Perche suspendue horizontalement et sur laquelle on étend des étoffes pour les faire sécher.

TENDON (*tendre* 2), *sm*. Tissu en forme de corde ou de lamelle, composé de fibres résistantes et d'un blanc nacré, qui rattache l'extrémité d'un muscle à un os ou à une autre partie du corps. ‖ *Tendon d'Achille*, gros tendon qui part des muscles du mollet, se termine au sommet de la partie postérieure du talon, et où Achille fut, dit-on, blessé au siège de Troie. ‖ Chez les chevaux, tendon en forme de corde postérieur et parallèle au canon. ‖ *Tendon failli*, celui dont le volume n'est pas égal dans toute son étendue ou est resserré au-dessous du pli du genou. ‖ *Tendon féru*, ou *nerf-ferrure*, tumeur survenant au tendon par suite de coups.

1. **TENDRE** (l. *tenerum*), *adj*. 2 *g*. Qui peut être aisément coupé, divisé : *Bois tendre*. ‖ *Viande tendre*, que les dents broient facilement. ‖ *Pain tendre*, nouvellement cuit et mou. ‖ Qui est aisément endommagé, blessé par l'action de l'air, des objets extérieurs : *Peau tendre*. ‖ *Bouche tendre*, se dit de la bouche d'un cheval très sensible aux pressions du mors. ‖ *Vue tendre*, faible et délicate. ‖ *Tendre jeunesse, âge tendre*, les premiers temps de la jeunesse, de la vie. — Fig. Très accessible aux émotions, aux affections morales : *Père tendre, cœur tendre*. ‖ Capable d'exciter l'attendrissement : *De tendres paroles*. ‖ Touchant, gracieux : *Air tendre, voix tendre*. ‖ Peu intense, en parlant de la lumière et des couleurs : *Un jour tendre éclairait l'appartement*. — *Sm*. La partie tendre d'une chose : *Le tendre d'un gigot*. ‖ Tendresse : *Avoir du tendre pour les siens*. — **Dér.** *Tendrement, tendresse, tendreté, tendron, tendrelet*. — **Comp.** *Attendrir, attendrissement, attendrissant, attendrissante*.

2. **TENDRE** (l. *tendere*), *vt*. Rendre roide en allongeant, tirant ou courbant : *Tendre une corde, un arc*. ‖ *Tendre une tente*, la monter pour qu'on puisse s'en servir. ‖ *Tendre un piège*, le disposer pour qu'un animal puisse y être pris. — Fig. *Tendre un piège à quelqu'un*, chercher à lui faire accomplir une chose qui le mette en péril, dans l'embarras. ‖ Tapisser : *Tendre une chambre et absol. Tendre partout dans les rues*. ‖ Présenter en avançant : *Tendre la main, un livre*. ‖ *Tendre la main*, demander l'aumône. ‖ *Tendre la main à quelqu'un*, venir à son secours. — Fig. *Tendre les bras à quelqu'un*, les étendre et courber en avant pour le recevoir. ‖ *Tendre les bras à ou vers quelqu'un*, implorer son secours. ‖ *Tendre les bras à quelqu'un*, lui pardonner, lui venir en aide. ‖ *Tendre la perche à quelqu'un*, essayer de le sauver. ‖ Avancer trop : *Tendre le cou*. — *Vi*. Aller vers, aboutir : *Ce chemin tend à la mer*. ‖ Avoir pour but, viser à : *Il tend à obtenir cet emploi*. — Fig. *C'est un homme qui tend à ses fins*, qui va constamment avec adresse au but qu'il s'est proposé. — **Se tendre**, *vr*. Devenir tendu. — **Gr.** Je tends, tu tends, il tend, n. tendons, v. tendez, ils tendent; je tendais; je tendis; je tendrai; je tendrais; tends, tendons, tendez; que je tende; que je tendisse, qu'il tendît; tendant; tendu, ue. — **Dér.** *Tendant, tendante, tendance, tende, tendon, tenderie, tendoir, tendoire, tendeur* 1, *tendeur* 2, *tendeuse, tendineux, tendineuse; tendu, tendue, tendue; tente, tension*. — **Comp.** *Attendre, attendu, attente, attention, attentif, attentionné, contention, contendre; contentieux, contentieuse, contentieusement; détendre; détente, détentillon; distendre, distension, étendre, étendage, étendard, étendoir, étendue, extenseur, extensible, extensibilité, extensif, extensive, extension*, etc.; *in extenso, intention*, etc.; *intense, intensif, intensive, intensité, intensivement; intendant, intendante, intendance; ostensible, ostensiblement; ostensoir, ostensoire, ostentateur, ostentation; prétendre, prétention, prétentieux*, etc.

TENDREMENT (*tendre* 1 + sfx. *ment*), *adv*. Avec tendresse. ‖ D'une manière tendre. ‖ Délicatement.

TENDRESSE (*tendre* 1 + sfx. *esse*), *sf*. Qualité de ce qui est tendre, jeune, de forme suave : *La tendresse des bourgeons, de l'âge, d'un bas-relief*. ‖ Disposition à ressentir très vivement les impressions morales : *La tendresse du cœur est innée*. ‖ Vive affection : *La tendresse d'un père pour ses enfants*. ‖ La passion de l'amour. ‖ Sentiment d'inclination qui porte à l'indulgence : *Il a de la tendresse pour certaine faute*. — *Sfpl*. Caresses, marques d'affection : *Faire des tendresses à un enfant*.

TENDRETÉ (l. *teneritatem*), *sf*. Qualité d'un mets tendre : *La tendreté d'une viande, d'un melon*. — **Gr.** On ne peut pas dire : *La tendresse d'une viande, d'un melon*.

TENDRON (dm. de *tendre* 1), *sm*. Jeune bourgeon. — Fig. et fam. *Un jeune tendron*, une jeune fille. ‖ Les cartilages qui rattachent les côtes au sternum et les fausses côtes aux côtes : *Une fricassée de tendrons de veau*. (Boucherie.)

TENDU, UE (*tendre* 2), *adj*. Gonflé : *Avoir le ventre tendu*. ‖ Qui manque de naturel, de souplesse : *Style tendu*. ‖ Fortement appliqué : *Un esprit toujours tendu*. ‖ Qui peut amener une crise, un conflit : *Situation tendue*.

***TENDUE** (*tendre* 2), *sf*. Action de tendre des pièges pour attraper des oiseaux. ‖ Lieu où l'on a tendu ces pièges. ‖ Les pièges mêmes.

TÉNÈBRES (l. *tenebræ*), *sfpl*. Absence de lumière, obscurité profonde : *Marcher dans les ténèbres*. ‖ Désordre de la vue résultant de la perte des forces : *Les yeux du blessé se couvrirent de ténèbres*. ‖ L'enfer : *La puissance des ténèbres*, celle des démons. ‖ *Le prince* ou *l'ange des ténèbres*, le démon. ‖ *Une œuvre de ténèbres*, une action si perfide, qu'on la dirait inspirée par le démon. — Fig. Aveuglement de l'esprit, ignorance : *Dissiper les ténèbres de l'erreur*. ‖ Tout ce qui est inconnu ou difficile à connaître sur une matière : *Pénétrer les ténèbres d'une affaire*. ‖ Ce qu'on ignore par l'effet du temps ou de l'oubli : *Pénétrer les ténèbres des anciens temps*. ‖ Les matines qui se chantent l'après-midi des mercredi, jeudi et vendredi de la semaine sainte. — **Dér.** *Ténébreux, ténébreuse, ténébreusement*.

TÉNÉBREUSEMENT (*ténébreuse* + sfx. *ment*), *adv*. D'une manière ténébreuse.

TÉNÉBREUX, EUSE (l. *tenebrosum*), *adj*. Où règnent les ténèbres : *Un cachot ténébreux*. ‖ *Le séjour ténébreux*, l'enfer. ‖ Qui n'apporte aucune lumière, aucune clarté : *Discussion ténébreuse*. ‖ Inconnu, incertain, par suite du manque de documents : *Les temps ténébreux de l'histoire*. ‖ Qu'il est difficile de connaître : *Une science ténébreuse*. ‖ Qui s'exprime d'une manière obscure, inintelligible : *Un auteur ténébreux*. ‖ Bien caché : *Conduite ténébreuse*. — Fig. *Un coquin ténébreux*, qui se cache avec soin pour accomplir ses méfaits.

***TÉNÉBRION** (*ténèbres*), *sm*. Ami de l'ignorance, des ténèbres intellectuelles (vx). ‖ Genre de coléoptères hétéromères dont une espèce, d'un brun noirâtre, a des élytres striés et mesure 15 millimètres de longueur. Sa larve, cylindrique, d'un jaune tirant sur le fauve, vit dans la farine. Cette larve est connue des amateurs d'oiseaux sous le nom de *ver de farine*. Quelquefois on trouve dans le pain des débris de cette larve.

TÉNÉDOS, nom ancien d'une petite île de l'Archipel, à l'entrée des Dardanelles, dans une anse de laquelle se cacha la flotte des Grecs lorsqu'ils voulurent surprendre Troie.

TÈNEMENT (*tenir*), *sm*. Métairie qui dépendait d'une seigneurie.

TÉNÉRIFFE, la plus grande des îles Canaries, d'origine volcanique, où se voit le célèbre pic de Ténériffe (3 808 mètres), volcan dont la dernière éruption date de 1798. Beau climat, sol fertile, commerce de grains, vins dits de Malvoisie; cochenille, soie, orseille, soude. — Ch.-l. *Santa-Cruz*, résidence du gouverneur espagnol des Canaries; ville principale : *Orotava*.

TÉNESME (g. τεινεσμός, tension), *sm*. Resserrement douloureux du fondement, accompagné d'envies continuelles et presque inutiles d'aller à la selle.

TENETTE ou **TENETTES** (*tenir*), *sf*. Sorte de pinces avec lesquelles le chirurgien, après avoir fait la taille, extrait la pierre de la vessie. — D'après l'Académie, ce mot ne s'emploie qu'au pluriel.

1. **TENEUR** (l. *tenorem*), *sf*. Les paroles exactes contenues dans un écrit : *Reproduire la teneur d'un acte*. ‖ Ensemble qui ne présente pas d'interruption, de disparate : *On admire la teneur de sa conduite*. ‖ Dose qu'un corps composé contient de l'un des éléments constituants : *Certaines galènes ont une teneur en plomb de 80 p. 100*.

2. **TENEUR** (*tenir*), *sm*. Celui qui tient. ‖ *Teneur de livres*, celui qui, chez un négociant, écrit sur les livres de commerce toutes les opérations commerciales ou financières que fait la maison.

TENEZ, 30 839 hab. dont 28 410 indigènes; 120 543 hect. Ch.-l. de c. de l'arr. d'Orléansville, province d'Alger, commune de plein exercice et mixte. Vaste port sur la Méditerranée avec phare de 1re classe. Oliviers, céréales, terres excellentes, commerce actif.

TÉNIA ou **TÆNIA** (g. ταινία, bandelette), *sm*., ou Ver solitaire, genre de vers dont les espèces vivent, au nombre d'un ou plusieurs individus, dans l'intestin de l'homme et des animaux carnassiers. Le ver solitaire, long quelquefois de 30 mètres, est un composé d'un grand nombre d'animaux qui comprend

TÉNIA — ANNEAU ISOLÉ DU TÉNIA

TÉNIA

TÉNIA — TÊTE DU TÉNIA ET UN DE SES CROCHETS ISOLÉ

une tête si petite qu'on peut à peine la voir, un cou, et, à la suite, une sorte de ruban formé d'un grand nombre d'anneaux appelés *proglottis* ou *cucurbitains*. Chacun de ces anneaux est un animal complet qui produit des œufs. Souvent un anneau détaché est rendu par l'homme parmi ses excréments. Les porcs, en mangeant les excréments, avalent l'anneau, et les œufs qu'il contient, soumis à la chaleur de l'estomac, éclosent en produisant de petites larves qui traversent les parois du tube digestif, pénètrent dans les vaisseaux sanguins, et de là se répandent sous la peau et dans l'épaisseur des muscles. En ces lieux, ils deviennent un petit être de forme globuleuse dit *cysticerque*, lequel constitue la maladie connue sous le nom de *ladrerie*. Le *cysticerque* ne subit pas de changement tant qu'il reste dans la chair du porc vivant; mais, si l'homme vient à manger cette chair mal cuite, le cysticerque se développe dans son tube digestif et devient un ténia. Dès lors, l'homme ressent des coliques, des démangeaisons à l'anus et au nez, maigrit, éprouve de la faiblesse, des lassitudes, voit son appétit augmenter ou diminuer considérablement. *Remède :* faire boire en 3 verres une décoction de 60 grammes d'écorce fraîche de racine de grenadier de Portugal dans 750 grammes d'eau, ou une infusion de 20 grammes de fleurs de cousso prise en une seule fois, en avalant tout le mélange.

TENIAH, col du versant méridional du Petit Atlas, près de Mouzaïa, dans la province d'Alger.

TÉNIERS (DAVID) *le Vieux* (1582-1649), élève de Rubens. — DAVID TÉNIERS *le Jeune* (1610-1685), fils du précédent. Deux peintres flamands qui excellèrent dans la représentation des scènes de cabaret, des kermesses, des mœurs rustiques de la Flandre.

TENIET-EL-HAAD, 25827 hab. Ch.-l. de canton et commune de plein exercice, arrondissement de Milianah, province d'Alger.

TENIR (l. *tenere*), *vt.* Avoir à la main, entre les mains : *Tenir un bâton.* — Fig. *Tenir en ses mains*, être le maître, l'arbitre de : *Tenir en ses mains le sort de quelqu'un.* ‖ *Tenir le bon bout*, avoir l'avantage, la supériorité. ‖ *Se tenir les côtes de rire*, rire démesurément. ‖ *Tenir quelqu'un, quelque chose dans sa manche*, en disposer en maître, en être assuré. ‖ *Ne tenir rien*, éprouver une déconvenue. ‖ *Tenir son homme*, l'avoir amené à faire ce qu'on veut. ‖ *Tenir un enfant sur les fonts*, en être le parrain ou la marraine. ‖ Aux courses, *tenir la corde*, faire courir son cheval dans une position avantageuse, c'est-à-dire très près de la corde. — Fig. Avoir l'avantage. ‖ Soutenir : *Tenir quelqu'un par la main.* ‖ Posséder, occuper : *Tenir une ville pour un souverain.* ‖ Occuper ou remplir un certain espace : *Cette propriété tient 10 hectares.* ‖ *Tenir lieu d'une personne, d'une chose*, la remplacer, la suppléer. ‖ *Cette armée tient la campagne*, elle est en campagne et prête à combattre. ‖ *Tenir la mer*, naviguer en pleine mer. ‖ *Tenir la côte*, naviguer près de la côte. ‖ *Tenir la chambre, le lit*, n'en point sortir. ‖ Affecter, incommoder : *La fièvre le tient.* ‖ Être à la tête de, diriger : *Tenir une école.* ‖ *Tenir table ouverte*, donner souvent à manger à ses amis. ‖ Soutenir : *Tenir quelqu'un sous les bras.* ‖ Occuper une place proportionnée à son mérite : *Tenir le premier rang.* ‖ *Tenir le haut du pavé*, avoir une influence prépondérante. ‖ Remplir une fonction : *Tenir un emploi.* ‖ Faire délibérer : *Tenir une assemblée.* ‖ Garder en un lieu : *Tenir son argent dans un coffre-fort.* ‖ Maintenir, entretenir : *Tenir une maison en bon état.* ‖ Contenir, être susceptible de contenir : *Ce tonneau tient deux hectolitres.* ‖ Faire rester tranquille : *On ne peut le tenir.* ‖ Réprimer : *Tenir sa langue.* ‖ Assujettir à : *Tenir quelqu'un dans le devoir.* ‖ *Tenir un secret*, le garder. ‖ Occuper pendant un certain temps : *Ce travail me tiendra deux heures.* ‖ Considérer comme : *Je le tiens honnête homme ou pour honnête homme.* ‖ Professer : *Tenir des maximes pernicieuses.* ‖ Saisir par l'intelligence : *Tenir la solution d'un problème.* ‖ Suivre : *Tenir une route.* ‖ *Tenir une bonne conduite*, se conduire bien. ‖ *Tenir pour quelqu'un*, être de son parti. ‖ Accomplir : *Tenir sa promesse.* ‖ Exprimer : *Tenir des propos outrageants.* ‖ Avoir la gestion de : *Tenir la caisse.* ‖ *Tenir registre d'une chose*, l'inscrire sur un registre. — Fig. S'en souvenir : *Tenir compte d'une somme à quelqu'un*, la porter sur son compte avec l'intention de la payer. — Fig. *Tenir compte d'une chose*, la prendre en sérieuse considération : *Tenir compte d'un avis.* — Fig. *Tenir tête à quelqu'un*, ne pas lui céder. — Fig. *Tenir la main à une chose*, veiller à ce qu'elle soit exécutée. ‖ *Faire tenir une lettre*, la faire parvenir à son adresse. ‖ *Tenir un pari*, l'accepter. — *Vi.* Être attaché à, fixé à : *Cette planche tient à un clou.* ‖ Être solidement fixé, sans s'ébranler : *Cette pierre tient bien dans le mur. Cela tient.* — Fig. *Cette affaire lui tient au cœur*, il s'y intéresse beaucoup. — Fig. *Tenir à quelqu'un, à la vie, à sa parole.* — Fig. *Ne tenir à rien*, n'avoir point d'appui : *Son crédit ne tient à rien.* ‖ Être dégoûté de tout : *Je ne tiens plus à rien.* ‖ Être sur le point de se faire : *Ce mariage ne tient à rien.* ‖ Dépendre, provenir de : *Cela tient à son éducation.* ‖ Avoir la conformation corporelle, le caractère de : *Cet enfant tient de ses parents.* ‖ Être immédiatement voisin de : *Cette maison tient à la mienne.* ‖ *Tenir pour*, être favorable à, du parti de : *Tenir pour le spiritualisme.* ‖ Résister, se défendre : *Tenir contre l'ennemi. Tenir ferme.* ‖ Ne point changer de manière de voir. ‖ Subsister sans changement : *Notre marché tient.* ‖ Demeurer dans le même état : *Cette couleur tient.* ‖ Être contenu dans un espace : *Tous nos meubles tiendraient dans cette chambre.* ‖ Être en séance, avoir lieu : *Le conseil général tient deux fois l'année. Le marché tient tous les samedis.* ‖ *Tiens, tenez*, prenez cela; venez prendre. ‖ *Tiens! tiens!* interj. marquant la surprise, le désappointement. ‖ *En tenir*, être blessé, lésé : *Cette perdrix, cet homme en tient.* — V. impers. *Il tient à*, il dépend de : *Il ne tient qu'à vous d'être heureux.* — **Se tenir**, *vr.* Se prendre, s'attacher à : *Se tenir à une corde.* ‖ Demeurer dans un lieu, dans une situation : *Il se tient là toute la journée. Se tenir à genoux.* ‖ *Se tenir bien*, avoir un bon maintien. ‖ *Se bien tenir*, être sur ses gardes, résister. ‖ Avoir lieu : *L'assemblée se tient toutes les semaines.* — **Gr.** Radical *ten*, qui devient *tien* devant une terminaison muette ou formée d'une consonne : Je tiens, tu tiens, il tient, n. tenons, v. tenez, ils tiennent; je tenais; je tins, tu tins, il tint, n. tînmes, v. tîntes, ils tinrent; je tiendrai; je tiendrais; tiens, tenons, tenez; que je tienne, que tu tiennes, qu'il tienne, que n. tenions, que v. teniez, qu'ils tiennent; que je tinsse, qu'il tînt, que n. tinssions; tenant; tenu, ue. — **Dér.** — *Tenant, tenante, tenancier, tenancière, tenu, ténu, ténue, tenable, tenure, tenace, ténacité; teneur* 1 et 2, *ténor; tenon, tenette* ou *tenettes; tenaille, tenaillon, tenailler; tènement.* — **Comp.** *Abstenir, abstinence*, etc.; *attenant, attenante; contenir, content*, etc.; *détenir*, etc.; *intenable; obtenir, obtention; pertinent, pertinente, pertinence, pertinemment; retenir, retenue, rétention, rétinacle*, etc.; *soutenir*, etc.; *sustenter, sustentation*, etc.

***TENNANTITE** (de *Tennant*, chimiste), *sf.* Variété de cuivre gris ou *falherz* dans laquelle l'arsenic se trouve en assez grande quantité. Ce corps est de couleur foncée et son éclat est assez vif, tandis que sa poussière est noirâtre; sa densité est d'environ 4,4. La tennantite se présente sous forme de cristaux dérivant du dodécaèdre rhomboïdal et dont la cassure est inégale et grenue. A la flamme du chalumeau, ce corps décrépite et brûle avec une flamme bleue. La tennantite contient près de la moitié de son poids de cuivre; le reste est du soufre, de l'arsenic et du fer.

TENNESSÉE, rivière des États-Unis (1287 kil.), autrefois *Cherokis*, principal affluent de l'Ohio, se forme à Kingston de la réunion des deux rivières Clinch et Holston, qui prennent leur source en Virginie, dans les monts Alleghanys; coule du N.-E. au S.-O., sort de l'État de Tennessée auquel elle donne son nom, forme une boucle de 482 kilom. de longueur dans l'Alabama, rentre en Tennessée du S. au N., et va, après avoir traversé la pointe S.-O. du Kentucky, se jeter dans l'Ohio. La navigation du Tennessée est interrompue, en Alabama, aux rapides connus sous le nom de *Muscles Shoals*. Knoxville et Chattanooga sont les principales villes arrosées par son cours, dont les beautés sont renommées. Affluents principaux : *Hiawasee, Hatchee* et *Duck-River*.

TENNESSÉE, en anglais **TENNESSEE**, 118099 kil. carrés, 1342550 hab. dont le quart noirs libres; un des États unis de l'Amérique du Nord, borné au N. par le Kentucky et la Virginie; la Caroline du Nord à l'E.; la Géorgie, l'Alabama et le Mississipi au S.; l'Arkansas et le Missouri à l'O. Villes principales : *Nashville*, sur le Cumberland, *Knoxville, Murfreesborough, Memphis, Chattanooga, Jackson.* Le système orographique divise le pays en trois parties : Est, Centre et Ouest-Tennessée. L'Est est traversé par deux rameaux de l'Alleghany (Kittatinny), le centre par les monts Cumberland (N.-E.-S.-O.). La partie montagneuse de l'Ouest est surtout calcaire; la plaine de l'Ouest est un terrain d'alluvion arrosé par le Tennessée et ses affluents (V. ci-dessus), par le Laosahatchee, le Bighatchee, le Forked Deer, l'Obion, affluents du Mississipi, qui baigne la frontière ouest du Tennessée sur un parcours de 260 kilomètres, et par le Cumberland, qui, comme le Tennessée, est un des principaux affluents de l'Ohio. Le climat de cette province est tempéré; l'hiver, assez rigoureux, y est court; les étés y sont salubres. Le sol, argile et sable à partir du pied des montagnes, produit les fruits des zones tempérées, des plantes médicinales, le chanvre, le coton, le tabac. Il est propre à la culture des céréales : froment, seigle, orge, avoine, maïs. Il exporte en quantité le goudron, la térébenthine, les résines. Le sous-sol est riche en houille, en fer, en cuivre; on y trouve de l'argent, du zinc, du manganèse, du gypse, du nitre, des marbres estimés, de l'ardoise, de la meulière. L'élève des bestiaux y est plus considérable que dans aucun autre État de l'Union. Forges, fabriques de coton, de chanvre, manufactures de tabac très importantes. Les centres commerciaux y sont nombreux : Nashville, Memphis, etc. Chemins de fer, 2625 kil., Nashville and Chattanooga Railway, Louisville and Nashville, Tennessee and Alabama, East-Tennessee and Georgia, Memphis and Charleston, Mississipi and Tennessee, Nashville and North-Western, Nashville and Deatur, Nashville and Clarksville. Les premiers établissements fondés, en 1754, dans le Tennessée furent abandonnés devant les incursions des Indiens, très nombreux dans le pays, et ne furent relevés qu'en 1765. Le Tennessée fit partie de la North-Carolina jusqu'en 1790, et fut reconnu comme État indépendant en 1796. De cette époque date sa première constitution, qui fut revisée en 1834. La constitution actuelle a été votée le 26 mars 1870. L'assemblée législative comprend 75 représentants et 25 sénateurs nommés pour deux ans, de même que le gouverneur. Le Tennessée envoie au congrès 2 sénateurs et 10 représentants. L'État est divisé en 94 comtés. Il possédait en 1870 dix-sept grandes écoles, parmi lesquelles l'université de Nashville et celle de Cumberland, qui ont des cours de droit et de médecine, Washington-College, Jackson-College, East-Tennessee-College, Union-College, etc.

TENNYSON (ALFRED), né en 1810, poète lyrique anglais. Il a succédé à Wordsworth comme poète lauréat.

TÉNOCHTITLAN, nom primitif et indigène de Mexico.

TENON (*tenir*), *sm.* Extrémité d'une pièce de charpente, de serrurerie, d'une dalle en pierre, etc., amincie en forme de parallélipipède pour pénétrer dans une mortaise creusée dans une autre pièce. ‖ Extrémité analogue d'une dalle. (V. la fig. au mot *Mortaise*.)

TÉNOR (ital. *tenore*, teneur), *sm.* Terme de musique. Ténor a remplacé l'ancien nom de haute taille et désigne la voix la plus haute de l'homme. ‖ Un chanteur qui a cette voix : *Un ténor.* On distingue le fort ténor ou ténor d'opéra et le ténor léger ou ténor d'opéra-comique. (Mus.)

TÉNOS, aujourd'hui **TINO**, l'une des Cyclades, entre Andros et Mycone.

TÉNOT (EUGÈNE) (1839-1890), publiciste et homme politique français, auteur d'une histoire du coup d'État (la *Province en décembre 1851; Paris en décembre 1851*), d'articles sur l'armée, etc. Ténot était un patriote, et ses écrits militaires étaient tenus en grande estime aussi bien en France qu'à l'étranger.

***TÉNOTOMIE** (g. τένων, tendon + τομή, section, coupure), *sf.* Opération chirurgicale qui a pour but de pratiquer la section d'un tendon. ‖ Opération dans laquelle on coupe une partie d'un organe trop tendu.

***TENREC**, *sm*. Genre de mammifère insectivore nocturne, voisin des hérissons, dont le corps est couvert de piquants, dépourvu de queue, et dont il existe deux espèces à Madagascar. (V. *Tanrec*.)

TENSION (l. *tensionem*), *sf*. Etat de ce qui est tendu : *La tension d'une corde*. ‖ Gonflement d'une partie du corps distendue. — Fig. *Tension d'esprit*, grande application. ‖ En physique, *tension de vapeur*, pression exercée, dans tous les sens, par une vapeur. On l'appelle aussi *force élastique* ou *force d'expansion*. (V. *Vapeur* et *Hygromètre*.) — **Tension électrique**. Le mot *tension* est souvent employé maintenant, en électricité, pour *différence de potentiel* ou *force électromotrice*. On dira, par exemple : *Une tension de 100 volts*. (V. *Volt* et *Unités électriques*.)

TENSON (db. de *tension*), *sf*. Pièce de poésie du moyen âge consistant en un dialogue entre deux ou plusieurs poètes sur un sujet de galanterie.

***TENTACULAIRE** (*tentacule*), *adj. 2 g*. De la nature du tentacule. ‖ Formé de tentacules.

TENTACULE (bl. *tentacula* : du l. *tentare*, toucher), *sm*. Sorte de bras charnu, flexible, terminé en pointe, servant d'organe de préhension ou de locomotion, dont il existe toujours un nombre plus ou moins considérable formant une espèce de couronne autour de la bouche des mollusques céphalopodes.

***TENTACULITE** (*tentacule*), *sf*. Genre de gastropodes fossiles appartenant à la famille des Hyaléides. Leur coquille est élancée, conique, pointue, ou terminée par un renflement en forme d'ampoule. On les rencontre surtout dans le silurien et le dévonien.

TENTANT, ANTE (*tenter*), *adj*. Qui tente. ‖ Qui cause une envie, un désir : *Une occasion tentante*.

TENTATEUR, TRICE (l. *tentatorem* : de *tentare*, tenter), *adj*. et *s*. Celui, celle qui tente. ‖ *Le tentateur* ou l'*esprit tentateur*, le démon.

TENTATION (l. *tentationem*), *sf*. Disposition d'esprit qui nous porte à faire certaines choses soit indifférentes, soit nuisibles : *J'ai la tentation de voyager*. ‖ Excitation au péché produite par la vue des objets, la suggestion du diable ou de la concupiscence : *Que Dieu nous donne la force de ne pas succomber à la tentation !*

TENTATIVE (l. *tentare*, tenter), *sf*. Action par laquelle on essaye de faire réussir quelque chose : *Une tentative d'assassinat*.

1. **TENTE** (ancien participe de *tendre*), *sf*. Sorte de petite cabane en toile ou en peau dont se servent surtout les peuples nomades et qui est également utilisée dans les camps pour abriter les soldats. — **Fig.** *Se retirer sous sa tente*, cesser de coopérer à la réussite d'une affaire, par allusion à la conduite d'Achille devant Troie. — Pl. *les tentes*, le camp d'un corps de troupes. — **Tente-abri**, petite tente qu'on peut dresser instantanément en réunissant les morceaux de toile dont plusieurs soldats sont toujours porteurs. — Pl. *des tentes-abris*.

2. **TENTE** (*tenter*), *sf*. Sonde faite de charpie et avec laquelle on explore une plaie.

TENTER (l. *tentare*), *vt*. Essayer de quelque moyen pour faire réussir une chose : *Tenter de diriger les ballons*. ‖ Risquer quelque chose pour parvenir à un but : *Tenter de faire fortune au jeu*. ‖ Éprouver la fidélité : *Dieu tenta Abraham*. — Fig. *Tenter Dieu*, lui demander des miracles sans nécessité, se jeter dans des périls dont on ne pourrait sortir que par miracle. ‖ Exciter au péché : *Le serpent tenta Ève*. ‖ Essayer de corrompre : *Tenter la fidélité d'un serviteur*. ‖ Donner envie : *Ces beaux fruits me tentent*. — **Dér.** *Tentant, tentante, tente* 2, *tentation, tentateur, tentatrice, tentatif, tentative, tentacule, tentaculaire*.

TENTURE (*tendre* 2), *sf*. Etoffe, cuir, papier peint, etc., qui sert à tapisser une chambre. ‖ Le nombre des pièces de ces choses qu'il faut employer pour tapisser un appartement.

TENTYRA ou **TENTYRIS** (aujourd'hui **DENDERAH**), ancienne ville de la haute Egypte, sur la rive gauche du Nil, où était un observatoire et un fameux temple de Hathos, déesse des eaux d'en haut, dans les ruines duquel a été trouvé le zodiaque qui est actuellement au musée du Louvre, à Paris.

TENU, UE (part. pas. de *tenir*), *adj*. *Bien tenu*, en bon état, en bon ordre : *Maison bien tenue*. ‖ *Mal tenu*, en mauvais état, en désordre : *Maison mal tenue*. ‖ Dont le prix reste élevé, en parlant d'une marchandise : *Les blés sont bien tenus*. ‖ Obligé à faire une chose : *Un domestique tenu de cirer les appartements*. ‖ Considéré comme : *Il est tenu habile*.

TÉNU, UE (l. *tenuis*), *adj*. Fin, mince, menu, peu compact : *Un fil ténu*. *Une vapeur ténue*. — *Sf*. Se dit des consonnes dures ou fortes *c* ou *k*, *p*, *t* à cause du peu de temps qu'on met à les prononcer. — **Dér.** *Ténuité*. — **Comp.** *Ténuirostre*.

TENUE, *spf*. de *tenir*. Manière de tenir : *La tenue de la plume*. ‖ *Tenue des livres*, art de tenir les livres de commerce. ‖ Fonction de celui qui les tient. ‖ Manière de diriger, de mettre en ordre : *La tenue d'une école, d'une maison*. ‖ Assiette ferme d'un homme à cheval. ‖ Degré de sécurité qu'offre le fond de la mer pour jeter l'ancre : *Fond d'une bonne tenue*. ‖ Manière de se tenir en société, et particulièrement de s'y tenir bien : *Manquer de tenue*. ‖ Manière dont on est vêtu, costume : *Une tenue irréprochable*. ‖ *Etre en grande tenue*, en habit de parade. ‖ Temps pendant lequel une assemblée se tient : *Pendant la tenue du concile*. — Fig. Persistance dans le même état, la même opinion : *Le temps n'a point de tenue*, il est fort variable. — Fig. *N'avoir pas de tenue*, être léger. ‖ Continuation d'une même note pendant plusieurs mesures. (Mus.) — TOUT D'UNE TENUE, *loc. adv*. Sans interruption.

TÉNUIROSTRE (l. *tenuis*, ténu + *rostrum*, bec), *adj. 2 g*. et *sm*. Se dit de tout oiseau qui a le bec long et grêle. — **Les ténuirostres**, *smpl*. Famille de Passereaux à bec long, grêle et flexible, vivant de larves et d'insectes mous, et dont la *huppe* est le type. — L'Académie n'emploie ce mot qu'au pluriel et dans la dernière acception seulement.

TÉNUITÉ (l. *tenuitatem*), *sf*. Qualité de ce qui est ténu : *La ténuité des fils d'araignée*.

TENURE (*tenu*), *sf*. Dépendance d'un fief par rapport à un autre. ‖ L'ensemble des conditions imposées à la possession d'un fief. ‖ Aujourd'hui, domaine donné à ferme : *Les grandes tenures produisent relativement de moindres récoltes que les petites*.

***TÉOCALLI** (mot mexicain), *sm*. Haut massif de maçonnerie en forme de pyramide tronquée au sommet duquel les anciens Mexicains faisaient à leurs dieux des sacrifices humains.

TÉORBE ou **THÉORBE** (ital. *tiorba*), *sm*. Instrument à cordes qui est une sorte de grand luth. (Mus.). — L'Académie écrit *téorbe*, sans *h*.

TÉOS, ancienne ville et port de l'Asie Mineure, sur la mer Egée, à l'entrée S. de la presqu'île de Clazomènes ; patrie d'Anacréon.

***TÉPHRITES** (g. τέφρα, cendre), *sfpl*. Laves basaltiques dans lesquelles la néphéline est un élément essentiel de la pâte microlithique, où elle est associée à l'augite, à l'oligoclase et au labrador. L'olivine s'y trouve fréquemment.

***TÉPHROÏTE** (g. τέφρα, cendre + εἶδος, forme), *sf*. Silicate de manganèse et de magnésie d'un rouge brun. (Minér.)

***TEPIDARIUM** [tépi-da-riome] (ml., de *tepidus*, tiède), *sm*. Dans les bains romains, salle modérément chauffée où l'on s'arrêtait quelque temps avant d'entrer dans le bain de vapeur et en en sortant.

TEPLER-GEBIRGE, montagnes granitiques de la Bohême occidentale situées au N. de Pilsen, entre l'Eger et la Baraun.

TEPLITZ ou **TŒPLITZ**, 16 000 hab., ville de la région volcanique du N. de la Bohême, entourée d'un charmant paysage, célèbre par ses bains d'eaux thermales sulfureuses (plus de 20 000 baigneurs par an), et par le traité que la Prusse, l'Autriche et la Russie y signèrent en 1813 contre la France. Aciéries.

TER (ml.), *adv*. qui signifie trois fois, et sert à indiquer qu'un passage de musique, de chant, doit être répété trois fois. — **Dér.** *Tercet, tercer, terser, tertio*.

TER, 180 kilom. Rivière d'Espagne qui descend des Pyrénées et coule vers le S. pour se jeter dans la Méditerranée à 15 kilomètres au-dessous de Girone, qu'elle arrose.

TÉRATOLOGIE (g. τέρας, génitif τέρατος, monstre + λόγος, traité), *sf*. Partie de l'histoire naturelle ayant pour objet l'étude des anomalies qui surviennent dans la conformation des êtres organisés animaux et végétaux. — **Dér.** *Tératologique*.

TERBIUM [ter-bi-ome], *sm*. Métal plus ou moins hypothétique, qui appartiendrait à la IIIe ou à la IVe famille.

TERBURG (GÉRARD) (1608-1681), peintre hollandais, auteur de portraits et de scènes d'intérieur de premier ordre.

TERCEIRA, 750 kilom. carrés, 30 000 hab., île volcanique de l'archipel des Açores, au Portugal. Sources chaudes. — Ch.-l. *Angra*.

TERCER ou **TERSER** (l. *tertius*, troisième), *vt*. Donner à la terre une troisième façon, qui est une sorte de binage.

TERCERO (RIO), rivière de la Plata, affluent du Parana.

TERCET (ital. *terzetto* : l. *tertius*, troisième), *sm*. Couplet ou stance de trois vers.

TERCIS, village du département des Landes (France), canton de Dax, sur le Leny. Eaux minérales sulfureuses très abondantes.

***TÉRÉBATE** (de *térébique*, par la substitution du suffixe chimique *ate*, propre au nom d'un sel, au suffixe chimique *ique*, terminant le nom des acides), *sm*. Tout sel formé par la combinaison de l'acide térébique avec une base. Ces sels sont cristallisables et ont une réaction acide : *Térébate de baryum, d'argent*.

***TEREBELLUM** (dm. de *terebra*, tarière), *sm*. Genre de mollusques gastropodes appartenant à la famille des Strombidées. Leur coquille est lisse, cylindrique, enroulée à spire à peine saillante : l'ouverture en est longue, étroite vers le haut, élargie vers le bas, où elle présente un court canal. Ils se trouvent à l'état fossile depuis l'éocène, où le genre est très abondant. Aujourd'hui une espèce se rencontre dans les mers de Chine, aux Philippines.

***TÉRÉBÈNE** (*térébenthine*), *sm*. Combinaison liquide de carbone et d'hydrogène qui se forme lorsque l'on fait réagir l'acide sulfurique sur l'essence de térébenthine. Il a pour formule $C^{20}H^{16}$.

***TÉRÉBENTHÈNE** (*térébenthine*), *sm*. Hydrocarbure liquide, $C^{20}H^{16}$, qui représente la partie la plus considérable de l'essence de térébenthine, et qui en exhale l'odeur. Le térébenthène s'oxyde très facilement et jouit de la propriété de céder facilement l'oxygène absorbé, en produisant des phénomènes de décoloration utilisables dans l'industrie. Il ne se dissout pas dans l'eau, mais dans l'éther ainsi que dans l'alcool absolu.

***TÉRÉBENTHILIQUE** (de *térébinthe*), *adj*. Se dit d'un acide qui se forme lorsque l'on fait passer de la terpine anhydre sur de la chaux sodée. Cet acide est solide, blanc, plus lourd que l'eau, fond à 90° et se volatilise à 250. Il exhale une légère odeur de bouc. Il est très soluble dans l'alcool et l'éther, peu dans l'eau bouillante. Son éther éthylique a une odeur d'ananas.

TÉRÉBENTHINE (l. *terebenthina*, sous-ent. *resina*, résine), *sf*. Tout suc liquide plus ou moins épais, visqueux, transparent, odorant, plus ou moins coloré, formé du mélange d'une huile essentielle et d'une résine, qui découle naturellement, ou au moyen d'incisions, de plusieurs espèces d'arbres de la famille des Térébinthacées et de celle des Conifères. En médecine, les térébenthines sont employées à l'extérieur comme stimulantes et révulsives, et à l'intérieur comme anticatarrhales, diurétiques, antihémorragiques, antinévralgiques et antirhumatismales. Les principales sont : la *térébenthine de Chio*, fournie par le térébinthe ; celle de Venise, qui provient du mélèze ; la *térébenthine commune, de Bordeaux* ou *de France*, recueillie dans les Landes et en Sologne sur le pin maritime, épaisse et d'un jaune clair ; la *térébenthine de Strasbourg* ou *des Vosges*, qui a une odeur de citron, et exsude naturellement du faux sapin. La térébenthine brute et concrétionnée sur l'arbre constitue le *galipot*. En brûlant lentement des copeaux de bois d'arbres verts imprégnés de térébenthine et les pailles sur lesquels on a filtré cette substance pour la clarifier, on obtient la *poix noire* ou *brai gras*. Par la distillation, on sépare la térébenthine en *essence de térébenthine* et en *colophane*. La colophane agitée bouillante avec de l'eau donne la *poix-résine* ou *brai sec*. La *térébenthine jaune* du faux sapin constitue la *poix de Bourgogne*. Le goudron est de la térébenthine partiellement décomposée et mêlée à divers produits empyreumatiques. || *Essence ou huile de térébenthine*, liquide incolore, limpide, très coulant, d'une odeur forte et désagréable, soluble dans l'alcool, formé de charbon et d'hydrogène, qu'on obtient en distillant la térébenthine. Elle dissout les résines, le caoutchouc, les corps gras; elle est employée pour le dégraissage des étoffes, la fabrication des vernis, le délayage de la céruse. Usitée en médecine comme stimulant énergique et pour combattre les névralgies, la sciatique, le tétanos, les fièvres intermittentes et typhoïdes, les catarrhes de la vessie, les hémorragies, l'empoisonnement par le phosphore.

TÉRÉBINTHACÉES (*térébinthe*), *sfpl*. Famille d'arbres et d'arbrisseaux dicotylédones des pays chauds, voisine des Rutacées, dont le *térébinthe* est le type (V. *Pistachier*), qui fournit les laques, de la térébenthine et comprend le pistachier, le manguier, les sumacs, l'anacardier, etc. La tige des plantes de la famille des Térébinthacées laisse couler des résines ou des gommes-résines parmi lesquelles nous citerons : la myrrhe, l'oliban, l'encens, l'élémi, le bdellium, le baume de la Mecque, la résine tacamaque, le mastic, la térébenthine de Chio, etc., etc. Les fruits de quelques térébinthacées sont comestibles; on les mange soit crus ou en conserve; on en fait aussi des boissons fermentées ou rafraîchissantes. Tels sont les fruits des monbins, qui ressemblent à des prunes et sont, pour cette raison, connus sous le nom de *prunes d'Amérique* ou *d'Espagne*. La noix des anacardiers renferme un suc âcre, caustique même, qui est employé contre les maux de dents. On retire par expression de l'huile des graines de certaines espèces. Les fleurs d'autres de ces plantes servent à faire des infusions aromatiques recommandées contre les maladies du larynx, des yeux, etc. Tout le monde a entendu parler de la *pistache*, si recherchée comme condiment, de la *mangue*, le fruit le plus renommé des pays chauds, et que l'on accommode de différentes manières. Les feuilles d'un grand nombre de térébinthacées renferment beaucoup de tanin et sont par conséquent astringentes. Les sumacs sont pour cette raison employés dans la teinture des étoffes et au tannage des peaux. On récolte sur certaines térébinthacées de fausses galles, telles que le *caroub de Judée* ou *pomme de Sodome*, qui contiennent beaucoup de tanin, et par suite servent à teindre en noir. Le bois de beaucoup de térébinthacées est recherché pour l'ébénisterie; tel est celui des sumacs, des pistachiers, du manguier, etc. Enfin nous cultivons dans nos parcs, comme plantes d'ornement, ces sumacs dont les grappes de fleurs sont si déliées et si fines, tandis que leur feuillage prend à l'automne une couleur rouge si brillante. (V. *Myrrhe, Oliban*, etc.; *Pistachier, Manguier*, etc.) — *Sf.* **Une térébinthacée**, une plante quelconque de la famille des Térébinthacées.

TÉRÉBINTHE (g. τερέβινθος), *sm*. Petit arbre du genre pistachier de la famille des Térébinthacées, qui croît dans les pays voisins de la Méditerranée, fournit la térébenthine de Chio, et dont les galles des feuilles servent à teindre la soie. (V. *Pistachier*.) — **Dér.** *Térébenthine, térébenthène, térébinthacées, térébène; térébique, térébenthilique, terpine, terpilène, terpinol.*

***TÉRÉBIQUE** (de *térébinthe*), *adj*. Se dit d'un acide obtenu par l'oxydation de la colophane ou de l'essence de térébenthine par l'acide nitrique. C'est un corps solide, cristallisable, soluble dans l'eau bouillante et l'alcool chaud.

TÉRÉBRANT, ANTE (l. *terebrare*, percer), *adj*. Qui perce, qui perfore : *Coquille térébrante*, celle dont les animaux percent la pierre. — Fig. *Douleur térébrante*, poignante. — *Sm*. Famille d'insectes hyménoptères. — **Dér.** *Térébration, térébratule, térébratuline, térébratelle.*

***TÉRÉBRATELLE** (de *terebra*, tarière), *sf*. Genre de brachiopodes de la famille des Térébratules, à coquille de forme variable. Le crochet de la valve ventrale est pourvu d'une grande ouverture, d'un deltidium incomplet et d'une area plus ou moins développée. Valve dorsale à septum médian, auquel les branches divergentes du support brachial sont unies par un prolongement transversal perpendiculaire. Actuel et fossile depuis le lias.

TÉRÉBRATION (l. *terebrationem*), *sf*. Action de percer, particulièrement de percer les arbres pour en extraire un suc résineux.

***TÉRÉBRATULES**, famille de brachiopodes, à coquille ponctuée, à contour ovale, à surface lisse, striée ou plissée. Crochet de la valve ventrale perforé et pourvu d'un deltidium. Les formes diverses du support brachial ont conduit à les classer en trois groupes : terebratulina, terebratula et waldheimia. Le genre térébratule se distingue par une coquille lisse à contour ovale. La valve dorsale porte en général deux plis entourant un sillon médian. Valve ventrale à bourrelet médian. Crochet à grande ouverture avec deltidium. Pas de septa médians. Apophyses crurales non réunies. Actuel et fossile depuis le trias.

***TÉRÉBRATULINE** (*térébratule*), *sf*. Genre de mollusques brachiopodes, voisin des térébratules. Leur coquille est peu bombée et finement striée; le support brachial est court et forme un anneau simple. Actuel et fossile depuis le jurassique.

TEREK, 500 kilom., rivière de Russie qui descend du Kasbek (Caucase), arrose Wladikaukas, et se jette dans la mer Caspienne.

TÉRENCE (192-159 av. J.-C.), élégant poète comique latin, dont la verve n'égale pas celle de Plaute et dont il nous est resté six comédies : les *Adelphes*, l'*Andrienne*, l'*Hécyre* ou la *Belle-Mère*, l'*Heautontimorumenos* (l'Homme qui se punit lui-même), l'*Eunuque* et le *Phormion*.

TÉRENTIA, dame romaine, épouse de Cicéron, qui le poussa, dit-on, à sévir contre Catilina. Ambitieuse, hautaine et prodigue, elle amassa contre son mari des haines violentes dont il fut plus tard victime. Cicéron divorça d'avec elle en l'an 46; elle se remaria alors successivement avec Salluste, avec l'orateur Corvinus Messala, puis avec Vibius Rufus, et mourut à 103 ans, ou même, selon Pline, à 117 ans.

***TERGAL, ALE** (l. *tergum*, dos), *adj*. Qui a rapport au dos des insectes.

***TERGIVERSATEUR** (l. *tergiversatorem*), *sm*. Celui qui tergiverse.

TERGIVERSATION (l. *tergiversationem*), *sf*. Action de tergiverser.

TERGIVERSER (l. *tergum*, dos + *versare*, tourner), *vi*. Prendre des détours. || Atermoyer, différer : *Il faut agir promptement et non tergiverser*. — **Dér.** *Tergiversation, tergiversateur.*

TERGLOU (3100 mètres), massif montagneux des Alpes Juliennes (Alpes autrichiennes, dans la province de Carniole). On le regarde comme la borne des trois races allemande, slave et italienne.

TERGNIER, 3708 hab. Commune du cant. de la Fère, arr. de Laon (Aisne); bifurcation des lignes de Paris à Lille et à Maubeuge : grands ateliers et dépôts de la compagnie du Nord.

TERME (l. *termen*), *sm*. Le point au delà duquel on ne doit ou ne peut aller : *Un coursier parvenu au terme de la carrière*. || *Le dieu Terme*, dieu protecteur des limites des champs chez les Romains, et qui était représenté simplement par une borne qu'il n'était jamais permis de déplacer. — Fig. *Ne bouger pas plus qu'un terme*, demeurer complètement immobile. || Pilier de pierre surmonté d'une tête humaine, qu'on place dans les allées d'un jardin. || Limite, fin : *Le terme de la vie*. || *Mener une affaire à son terme*. || Temps fixé d'avance, particulièrement pour un paiement : *Prendre un terme pour payer*. || *Marché à terme*, qui ne doit être exécuté que plus tard, mais à date fixe. || *Opération à terme*, opération de bourse qui doit être liquidée tel jour fixé d'avance. || Durée de trois mois pendant laquelle on occupe une maison comme locataire. || Somme due pour un loyer pendant cette durée : *Payer son terme*. || Époque à laquelle une femme doit accoucher. || Mot, expression : *S'exprimer en termes convenables*. || *Mesurer, peser ses termes*, parler en prenant bien garde à ce que l'on dit. || *Ne pas ménager ses termes*, dire avec dureté des choses désagréables. || Façon de parler particulière à une science, un art, un métier : *C'est un terme d'histoire naturelle*. || *Terme de comparaison*, objet auquel on en compare un autre. || Chacune des trois parties principales d'une proposition, sujet, verbe, attribut. (**Gr.**) || *Terme d'un syllogisme*, chacune des trois idées dont le syllogisme établit la convenance. (Logique.) || Chacune des quantités qui entrent dans la composition d'une fraction, d'un rapport, d'une proportion : *Les deux termes d'une fraction sont le numérateur et le dénominateur*. || Quantité algébrique séparée des autres par le signe + (*plus*) ou par le signe — (*moins*) : *L'expression* $a + b - c$ *se compose de trois termes*. || Condition, clause : *Aux termes du traité*. — *Smpl.* État où est une affaire, position où est une personne à l'égard d'une autre ou par rapport à une affaire : *L'affaire est en termes d'accommodement*. *Vivre en bons termes avec ses voisins*. — **Gr.** *Employer les termes propres*, se servir de mots qui expriment très exactement les idées. *Rapporter les propres termes de quelqu'un*, les paroles mêmes qu'il a prononcées. — **Dér.** *Terminer, terminé, terminée, terminal, terminale, terminaison, terminatif, terminative; terminaire, terminateur, terminatrice, terminationnel, terminationnelle.* — **Comp.** *Atermoyer, atermoiement; terminologie.*

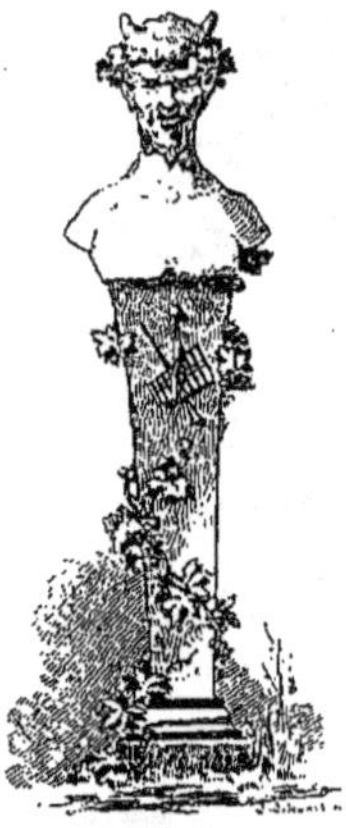

TERME

TERMÈS (l. *tarmes*, ver rongeur), *sm*. (V. *Termite*.)

***TERMINAIRE** (du l. *terminus*, limite), *sm*. Celui des moines d'un monastère qui était chargé de quêter et devait se renfermer dans les limites assignées à sa communauté.

TERMINAISON (l. *terminationem*), *sf*. État d'une chose qui se termine, cesse, finit. || Point où un tissu anatomique cesse d'être visible : *La terminaison d'un nerf*. || Syllabe, ensemble de syllabes ou simple lettre qui se trouve à la fin d'un mot variable et en modifie la signification : *Tous les adverbes de manière ont la terminaison* ment.

TERMINAL, ALE (l. *terminalem*), *adj*. Qui termine une chose. || Qui est à l'extrémité supérieure d'une chose : *Bourgeon terminal*, celui qui est situé le plus haut sur la tige.

***TERMINALIER** (*terminal*), *sm*. Genre de plantes dicotylédones de la famille des Combrétacées, composé d'un très grand nombre d'espèces indigènes des pays chauds. Ce sont des arbres et des arbrisseaux dont les feuilles sont ramassées aux extrémités des branches et dont les fruits sont des drupes comprimées à noyau ligneux. L'espèce la plus remarquable est le *terminalier badamier*, originaire des Indes, cultivé dans les Antilles pour son fruit, qui donne des graines comestibles dont le goût rappelle celui de la noisette. On en extrait une huile bonne à manger et rancissant difficilement; on en fait aussi des émulsions. Cet arbre est connu sous le nom vulgaire de *badamier* ou de *badamier-amandier*.

***TERMINATEUR, TRICE** (l. *terminatorem* : de *terminare*, terminer), *adj*. Qui limite.

***TERMINATIF, IVE** (l. *terminare*, terminer), *adj*. Qui forme la terminaison d'un mot : *Syllabe terminative*.

***TERMINATIONNEL, ELLE** (*termination*), *adj*. Se dit des langues agglutinatives dans lesquelles les mots se combinent pour en former de nouveaux. (V. *Langue*.)

TERMINÉ, ÉE (*terminer*), *adj*. Bien arrêté, qui n'a rien de vague : *Dessin à contours terminés*.

TERMINER (l. *terminare* : de *termen*, terme), *vt*. Limiter, borner, marquer la fin : *Des montagnes terminent l'horizon*. ‖ Achever, finir : *Terminer un travail*. — **Se terminer**, *vr*. Être borné, achevé. ‖ Aboutir : *C'est à cela que se terminèrent ses intrigues*. ‖ Avoir une certaine terminaison grammaticale. — **Syn**. (V. *Achever*.)

TERMINI, 19 739 hab. Ville forte de Sicile, port sur la mer Tyrrhénienne. Eaux minérales renommées.

TERMINOLOGIE (l. *terminus*, terme + g. λόγος, traité), *sf*. L'ensemble des termes employés uniquement dans une science, dans un art : *La terminologie de la botanique*.

***TERMINUS** [ter-mi-nu-ce], ml. qui signifie *limite*; il désigne aussi le dieu *Terme*. ‖ Point où s'arrête une ligne de chemin de fer, le trajet d'un omnibus.

TERMITE (*termès*), *sm*. Genre d'insectes névroptères des pays chauds, appelés vulgairement *fourmis blanches*, qui vivent en sociétés composées de mâles, de femelles, d'ouvrières et de neutres ou soldats chargés de garder et de défendre l'habitation commune. Celle-ci, chez plusieurs espèces, est un monticule de terre quelquefois haut de 4 mètres, creusé intérieurement de loges et de galeries, et si solide, que l'homme seul peut le détruire. Les termites se font la guerre de tribu à tribu. Une petite espèce, le *termite lucifuge*, a envahi la Rochelle et tout le département de la Charente-Inférieure, où elle a occasionné de grands dégâts en minant et taraudant les pièces de charpente, mais en prenant soin d'en épargner la superficie. Elle a ainsi détruit les bâtiments entiers et rongé les archives de la préfecture.

TERMITE

COUPE D'UN NID DE TERMITES EXOTIQUES

TERMONDE, 8 245 hab. Ville de Belgique (Flandre orientale). Chanvre, lin, graines oléagineuses, filature.

TERNAIRE (l. *ternarium*), *adj. 2 g*. Composé de 3 unités. ‖ *Nombre ternaire*, le nombre 3 et ses multiples. ‖ *Système ternaire de numération*, celui dans lequel tous les nombres seraient représentés au moyen des trois chiffres 1, 2 et 0. ‖ Distribué 3 par 3. ‖ En chimie, *Composé ternaire*, corps formé par la combinaison de deux composés binaires qui ont un élément commun : *Les sels proprement dits sont des composés ternaires oxygénés*, parce que chaque sel ne contient que trois éléments distincts.

TERNAUX (1765-1833), célèbre industriel patriote qui créa en France, sous le premier Empire, de grandes manufactures de toutes sortes de tissus, fut député indépendant sous la Restauration et mourut ruiné, mais après avoir satisfait à tous ses engagements.

1. TERNE (VHA. *tarni*, voile), *adj. 2 g*. Qui n'a pas d'éclat ou qui en a peu : *Couleur terne, œil terne*. ‖ Fig. *Style terne*, sans éclat, sans mouvement. — **Dér**. *Ternir, ternissure*.

2. TERNE (l. *ternum*, triple), *sm*. Réunion de trois numéros pris à la loterie royale et qui ne pouvaient faire gagner que s'ils sortaient tous trois au même tirage. — Fig. *C'est un terne à la loterie*, c'est un avantage, un bien que le hasard seul procure. ‖ Coup de dé qui amène deux 3.

TERNÉ, ÉE (l. *ternum*, triple), *adj*. Se dit d'organes semblables disposés par trois sur un même support. (Hist. nat.)

TERNES, 1 177 hect. Forêt domaniale des Vosges, peuplée de chênes, de hêtres et de charmes.

TERNEUSE, 5 000 hab. Ville forte de Hollande (Zélande), sur l'Escaut occidental, à l'extrémité du canal de Gand.

TERNI, 15 037 hab., l'ancienne *Interamna*, ville d'Italie sur la Nera, dans l'Ombrie. Grandes aciéries; manufacture d'armes occupant 2 000 ouvriers. Aux environs, magnifique cascade de la Marmora, formée par le Velino, l'une des merveilles de l'Italie (165 mètres).

TERNIN, 48 kilom., rivière de France, affluent de l'Arroux et qui passe à Autun.

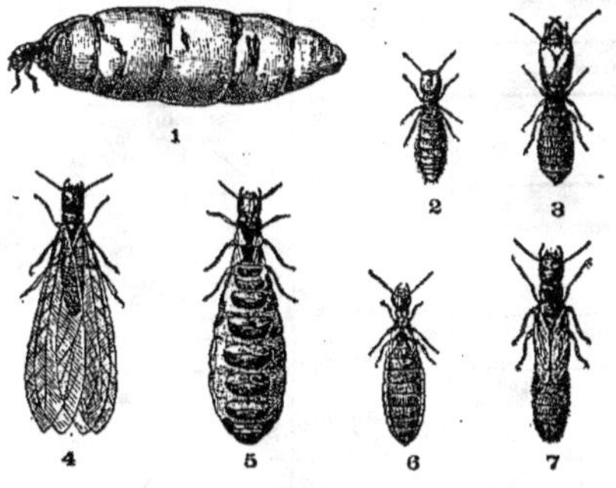

TERMITES

1. Femelle pondeuse de Guinée. — 2. Termite lucifuge, ouvrier. — 3. Soldat. 4. Termite mâle. — 5. Termite femelle. — 6. Nymphe à petits étuis. — 7. Nymphe à longs étuis.

TERNIR (*terne* 1), *vt*. Rendre terne ou plus terne : *Le soleil ternit les couleurs*. — Fig. Amoindrir, souiller : *Ternir sa réputation*. ‖ Priver un corps de sa transparence : *Le temps ternit le verre*. — **Se ternir**, *vr*. Devenir terne.

TERNISSURE (*ternir*), *sf*. État de ce qui est terni : *La ternissure d'une glace*.

TERNOISE, 46 kilom., rivière du Pas-de-Calais, qui arrose Saint-Pol et se jette dans la Canche à Hesdin.

TERPANDRE (VIIe siècle avant J.-C.). Poète et musicien grec de Lesbos qui ajouta trois nouvelles cordes aux quatre que possédait primitivement la lyre, et apaisa, dit-on, par ses chants, une sédition à Sparte.

***TERPILÈNE** (*terpine*), *sm*. Carbure d'hydrogène liquide, d'une odeur de citron, ayant la même composition chimique que le térébenthène, et que l'on obtient en traitant par la chaux le chlorhydrate de térébenthine.

***TERPINE** (mot tiré de *térébenthine*), *sf*. Substance cristallisée qui se forme spontanément lorsqu'on abandonne à l'humidité de l'essence de térébenthine. Elle est employée en médecine comme succédané de cette essence. Elle a des propriétés analogues, mais plus actives au point de vue thérapeutique, sans en présenter tous les inconvénients. — **Dér**. *Terpinol, terpilène*.

***TERPINOL** (*terpine*), *sm*. Liquide huileux, volatil, obtenu en faisant bouillir la terpine en présence de l'eau pure ou additionnée d'acide sulfurique ou d'acide chlorhydrique. Cette substance a les mêmes usages médicinaux que la terpine elle-même.

TERPSICHORE [ter-psi-ko-re] (g. τέρψις, amusement + χόρος, danse), *sf*. Celle des neuf muses qui présidait à la danse. ‖ *L'art de Terpsichore*, la danse.

TERRACINE, 7 376 hab. Ville d'Italie, à la pointe S.-E. des marais Pontins, sur la mer Tyrrhénienne, dans un nid de verdure.

1. TERRAGE (*terre*), *sm*. Sorte de dîme que certains seigneurs prélevaient sur les récoltes.

2. TERRAGE (*terrer*), *sm*. Opération qui consiste à appliquer une galette d'argile détrempée dans l'eau sur la base des pains de sucre, pour les blanchir et les raffiner.

TERRAIN ou **TERREIN** (l. *terrenum*, de terre), *sm*. Portion plus ou moins grande du sol terrestre : *Cultiver un terrain. Bâtir sur un terrain*. ‖ *Ménager le terrain*, l'employer le plus utilement possible. — Fig. User avec prudence des moyens qu'on a pour réussir. ‖ Portion plus ou moins grande de la surface du sol. ‖ *Aller sur le terrain*, se battre en duel. ‖ *Disputer le terrain*, à la guerre, combattre avec ténacité pour n'être point forcé de reculer. — Fig. *Disputer le terrain*, défendre vigoureusement une opinion, des intérêts. ‖ *Gagner du terrain*, à la guerre, avancer en faisant reculer l'ennemi. — Fig. *Gagner du terrain*, se propager, s'étendre. ‖ Faire des progrès : *Cette opinion gagne du terrain*. — Fig. Milieu plus ou moins défavorable au développement d'une chose : *La Grèce antique fut un terrain privilégié pour les arts*. — Fig. L'état exact des choses : *Il ne connait pas le terrain*. ‖ *Tâter, sonder, reconnaître le terrain*, tâcher de s'éclairer sur certaines choses qu'on ignore. ‖ Matière que l'on connaît bien : *Être sur son terrain*, parler, s'occuper de choses que l'on connaît bien. — Fig. Attitude prise par une personne, manière d'agir : *Se placer sur un bon, sur un mauvais terrain*, embrasser une bonne ou une mauvaise cause, bien choisir ses moyens d'attaque ou de défense. ‖ Le sol considéré par rapport à sa nature et à sa fécondité : *Terrain argileux, marécageux, stérile*. ‖ *Terrains perméables*, ceux à travers lesquels l'eau de pluie passe aisément pour se rendre dans les profondeurs de la terre. Les terrains perméables sont : les sables et les grès, la craie blanche, les calcaires oolithique et grossier; ils donnent naissance à des cours d'eau paisibles et sont propres à l'élevage des moutons. ‖ *Terrains imperméables*, ceux qui arrêtent les eaux de pluie et les empêchent de descendre dans les profondeurs de la terre. Les terrains imperméables sont : le granit, le lias, les schistes ardoisiers, les argiles, la craie verte et les marnes vertes. Ils donnent naissance à des cours d'eau torrentiels et sont propres à l'élevage de la race bovine. ‖ En peinture, toutes les parties d'un paysage qui représentent la terre nue ou seulement revêtue d'herbe. — **Terrain géologique**. En stratigraphie, la réunion homogène et rationnelle de plusieurs étages constitue un système ou terrain embrassant dans le temps toute une période. On distingue dans la série des formations sédimentaires trois grands groupes de terrains : 1° *Terrains primaires* ou *paléozoïques* caractérisés par la grande distance qui sépare leurs types organiques de ceux du temps présent; ils comprennent les formations sédimentaires qui se sont succédé depuis la consolidation de l'écorce primitive jusqu'au moment où, l'atmosphère ayant été purifiée, la surface du globe est devenue habitable pour les animaux à respiration aérienne. 2° *Terrains secondaires* ou *mésozoïques* où commencent à apparaître les précurseurs du monde organique actuel; ils renferment les dépôts compris entre la purification définitive de l'atmosphère terrestre et le réveil de l'activité interne. 3° *Terrains tertiaires* ou *néozoïques* qui offrent déjà la faune et la flore des temps modernes; les conditions physiques et biologiques jusqu'alors remarquablement uniformes se sont différenciées.

Voici la classification actuelle des terrains avec les étages et sous-étages qui ont été successivement créés.

GROUPES ET TERRAINS.	ÉTAGES.	SOUS-ÉTAGES.			FAUNE. Vertébrés.	FAUNE. Invertébrés.	FLORE.	ÉRUPTIONS.	DISLOCATIONS.
Ère primaire.	Cambrien.	Ardennais				Arenicolites Oldhamia antiqua. — radiata Lingula prima	Algues Psilophyton Annularia Romingeri Protostigma sigillaroïdes	Granites. Diorites. Diabases.	Plissements du massif armoricain et des Ardennes.
		Scandinavien.	Olénidien Paradoxidien			Olenus. Paradoxides spinosus. — bohemicus. Lingula (brachiopodes).			
	Silurien.	Armoricain				Dalmanites socialis. Trinucleus ornatus Asaphus expansus. Ogygia Desmaresti Endoceras duplex. Orthis biforata Nautilus Orthoceras bohemicum. Graptolithes.			
		Bohémien			Premiers poissons.	Calymene Blumenbachi. Cardiola interrupta. Goniatites	Lycopodiacées. Calamitoïdes.		
	Dévonien.	Rhénan.	Gedinnien		Ganoïdes ou poissons cuirassés hétérocerques. Holoptychius, Osteolepis, etc.	Spirifer Mercuri. — Dumonti. Homanolotus Rœmeri. Tentaculites grandis.	Spirophyton. Lycopodiacées Lepidodendron. Calamites. Nevropteris. Sphenopteris Caulopteris. Sphenopteris flaccida.	Granulites. Diabases. Filons stannifères.	
			Taunusien			Spirifer paradoxus. Avicula lamellosa.			
			Coblencien			Spirifer cultrijugatus. Calceola sandalina Rhynchonella Orbignyi. Athyris undata.			
		Eifelien.	Schistes à calcéoles.		Crossoptérygiens. Cephalaspis. Pterychtis Coccosteus *Squales :*	Phacops latifrons. Spirifer ostiolatus Orthis striatula. Productus subaculeatus. Calceola sandalina.			
			Calcaire de Givet (givétien).		Onchus. Ctenodus.	Stringocephalus Burtini.			
		Famémien.	Frasnien.	Schistes de Frasne. Calcaire de Givet.	*Ichthyodorulites.*	Cardium palmatum. Orthis striatula. Spirifer Verneuilli.			
			Famémien (stricto sensu).	Facies schisteux. Facies arénacé.		Spirifer Verneuilli. Atrypa reticularis.			
	Permo-carbonifère.	Anthracifère.	Calcaires carbonifères de Visé. Dolomies (Namur). Grauwacke (Thann).		*Premiers reptiles :* Sauropus primævus. Labyrinthodontes	Coraux. Productus. Productus giganteus. Athyris Roissyi. Spirifer striatus. Goniatites retrorsus.		Porphyres. Porphyrites. Mélaphyres. Pechsteins.	Ridement du Hainaut.
		Houiller.	Houiller moyen.		Eosaurus *Poissons :* Sélaciens.		Lepidodendron aculeatum. Sigillaria elongata, — lævigata. — tessellata. Stigmaria ficoïdes. Annularia radiata. Calamites Suckovi. Alethopteris Nevropteris. Sphænopteris.		
			Houiller supérieur		Ganoïdes. *Insectes :* Névroptères et orthoptères		Dicranophyllum. Stigmaria ficoïdes. Annularia stellata. Asterophyllites. Odontopteris Brardi. Pecopteris cyathea Callipteridium.		
		Permien	Schistes d'Autun.		Dinobatraciens.		Walchia hypnoïdes.		
			Grès rouge.		Actinodon.				
			Zechstein.		Protriton. Lacertiens. Ganoïdes.	Productus horridus. Strophalosia Marrisi.			
Ère secondaire.	Triasique.	Vosgien.	Grès bigarré		Chirotherium. Brontozoum. *Reptiles nageurs :* Placodus. Simosaurus. *Lacertiens :* Belodon Dinosauriens.		Voltzia heterophylla. Pterophyllum. Anomopteris Caulopteris. Tæniopteris Equisetum Schizoneura. Encrinites lilliformis (Muschelkalk).	Mélaphyres. Euphotides. Epanchements quartzeux. Gîtes cuprifères.	Failles du Morvan.
		Franconien (Muschelkalk)				Ceratites nodosus. Gervillia socialis. Cœnothyris vulgaris. Encrinites liliiformis.			
		Keupérien (Marnes irisées).				Trachyceras aon.			

GROUPES et TERRAINS.	ÉTAGES.		SOUS-ÉTAGES.		FAUNE. VERTÉBRÉS.	FAUNE. INVERTÉBRÉS.	FLORE.	ÉRUPTIONS.	DISLOCATIONS.
Ère secondaire.	Jurassique.	Liasique.	Rhétien.			Avicula contorta.	Baïera Munsteriana. Podozamites distans. Clathropteris platyphylla.		
			Hettangien.		*Crocodiliens :* Pelagosaurus. *Reptiles nageurs :* Plesiosaurus dolichodeirus. Ichthyosaurus. *Squales :* Hybodus. Acrodus, etc. *Ganoïdes :* Lepidotus, Ptycholepis, etc. *Débris d'insectes :* Coléoptères et hyménoptères.	Psiloceras planorbis. Schlotheimia angulata. Pecten valoniensis.	Montlivaultia.		
			Sinémurien.			Arietites bisulcatus. Belemnites acutus. Gryphæa arcuata. Plagiostoma giganteum. Spiriferina Walcotti.	Clathropteris. Chondrites. Sphærococcites.	Filons quartzeux, barytiques et plombifères.	
			Liasien.	Z^1 Ammonites Davæi. Z^2 Ammonites margaritatus. Z^3 Ammonites spinatus.		Amaltheus margaritatus. Amaltheus spinatus. Ægoceras capricornus. Plicatula pectinoïdes. Pecten æquivalvis. Gryphæa cymbium. Zeilleria quadrifida. — numismalis.	—		
			Toarcien.			Megateuthis tripartita. Ludwigia opalina. Hildoceras bifrons. Lioceras elegans. Rhynchonella cynocephala.	—		
		Oolithique.	Bajocien.	Aalénien. Bajocien.		Belemnopsis sulcata. Parkinsonia Parkinsoni. Cosmoceras Garanti. Oppelia subradiata. Terebratula Philippsi. Acanthoceras spinosa.			
			Bathonien.	Inférieur (vésulien).		Terebratula maxillata. Clypeus sinuatus.	Ctenopteris.		
				Moyen.		Rhynchonella decorata.	Cycadopteris.		
				Supérieur (Bradfordien).		Lopha costata. Dictyothyris coarctata. Zeilleria digona. Eudesia cardium.	Lomatopteris.		
			Callovien.		*Marsupiaux.* Amphiterium. Triconodon. *Plagiaulax.* Lézards volants. *Sauriens. Dinosauriens.* Megalosaurus. Iguanodon. *Crocodiliens.* Cetiosaurus. Apparition des chéloniens. Ganoïdes homocerques. Apparition des *téléostéens* (poissons osseux).	Stephanoceras coronatum. Reineckia anceps. Macrocephalites macrocephalus. Dysaster ellipticus.			
			Oxtordien.			Belemnopsis hastata. Cardioceras cordatum. — Lamberti. Cosmoceras Duncani. Gryphæa dilatata. Lopha flabelloïdes. — gregarea. Rhynchonella Thurmani.	Brachyphyllum.		Émersion progressive du bassin anglo-français.
			Corallien ou Rauracien.	Argovien. Glypticien. Dicératien.		Nerinea Mosæ. Diceras arietinum. — eximium. Rhynchonella corallina. Cidaris florigemma. Glypticus hieroglyphicus.	Scyphia reticulata. Calamophyllia. Thamnastræa. Zamites Moreanus.		
			Kimméridien.	Séquanien ou Astartien.		Trichites Saussurei. Terebratula subsella. Zeilleria humeralis. Astarte obliqua.	Cycadopteris.		
				Ptérocérien.		Pteroceras Oceani. Waldheimia humeralis.			
				Virgulien.		Exogyra virgula. Cidaris glandifera.	Zamites.		
				Bolonien.		Ammonites gigas. Pygope diphya.			
			Portlandien.	Portlandien.		Trigonia gibbosa. Ostrea expansa.			
				Purbeckien.		Corbula inflexa. Terebratula diphyoïdes.			
	Crétacée.	Infracrétacé.	Néocomien.	Valenginien. Hauterivien.	Iguanodon Mantelli. *Tortues.* *Crocodiles.*	Duvalia dilata. Crioceras Duvali. Hoplites radiatus. Olcostephanus Astieri. Exogyra Couloni. Neithea atava. Terebratula semistriata. Toxaster complanatus.	Salisburia pluripartita (wealdien). Sphenopteris Hartlebeni (néocomien). Anomozamites. Glossozamites. Podozamites.		Maximum de l'émersion du bassin français.

GROUPES ET TERRAINS.	ÉTAGES.	SOUS-ÉTAGES.		FAUNE. VERTÉBRÉS.	FAUNE. INVERTÉBRÉS.	FLORE.	ÉRUPTIONS.	DISLOCATIONS.
Ère secondaire.	Crétacé. Infracrétacé.	Urgonien.			Requienia ammonia. . Monopleura trilobata.	Lonchopteris . . . Gleichenia. . : . . Gleichenia Zippei (urgonien). . . . Sequoia. . . . . . Salisburia. . . . . Pinus. . . . . . . Cedrus . . . . . . Abietites		Maximum de l'émersion du bassin français.
		Aptien. . . .	Calcaires marneux.		Exogyra aquila. . . . Plicatula placunea. . Ammonites Martini. . Belemnites minimus. Crioceras Matheronianus. . . . . Hoplites Deshayesi. .			
			Sables	Plesiosaurus . Ichthyosaurus. Pterodactylus. Iguanodon . . Lepidotus. . .				
		Albien. . . .	Gault et Gaize . . .		Acanthoceras mamillare . . . . Acanthoceras Lyelli . Hoplites interruptus. . — lautus. . . . Hamites attenuatus. . Turrilites catenatus. .			
	Crétacé.	Cénomanien.	Rothomagien (craie glauconieuse). . .		Pecten asper. . . . . Ostrea vesiculosa. . . Orbitolina concava. . Anorthopygus orbicularis			
			Carentonien		Trigonia crenulata. . Exogyra flabellata . . Turrilites costatus . . Scaphites æqualis. . . Schlœnbackia varians. Ammonites Mantelli . Terebratula biplicata. Rhynchonella compressa . . . . Holaster subglobosus. Discoïdea cylindrica . Epiaster crassissimus.			
		Turonien. . .	Ligérien . . . . . . Angoumien.	*Oiseaux :* Ichthyornis. . Odontornis . . Hesperornis . *Reptiles :* Dinosauriens . Crocodiliens. . Mosasaurus. . *Poissons :* Corax. . . . . Otodus. . . . Ptychodus. . . Lamna. . . . Euchodus. . . Beryx.	Inoceras labiatus. . . Terebratula carentonensis. . . . . Terebratula gracilis. . Hippurites cornuvaccinum. . . . . Ammonites Requieni. Radiolites cornupastoris.	Dicotylédones angiospermes. Peupliers. Hêtres. Palmiers. Lauriers, etc. Credneria. . . . . Hymenea. . . . . Aralia. . . . . . . Magnolia. . . . . Platanus . . . . . Protophyllum. . . Hedera, etc. . . . Araucaria. . . . . Abietites. . . . . . Sequoia, etc. . . Flabellaria. . . . Lomatopteris. . . Cycadites.		Nouvelle immersion du bassin anglo-français.
		Sénonien. . .	Santonien (craie à bimicraster) . . .		Sphærulites Toucasi. . Exogyra auricularis. . Rhynchonella vespertilio. . . . . Micraster cortestudinarum. . . . . Micraster coranguinum. Echinoconus conicus. .			Contraction de la zone tropicale.
			Campanien (craie à belemnites). . . .		Belemnites mucronatus. Gonioteuthis quadrata. Ostrea vesicularis. . . Terebratula carnea. . Magas pumilus . . . . Rhynchonella limbata. Echinocorys vulgaris.			
		Danien. . . .	Maestrichtien. . . .		Baculites anceps . . . Hemipneustes radiatus. Ostrea decussata . . .			
			Garumnien.		Micraster tercensis. .			
Ère tertiaire.	Eocène. .	Suessonien. .	Maudunien. . . . . (Sables de Bracheux).		Arca crassissima. . . Cardita pectuncularis.			
			Sparnacien. . . . . (Argile plastique). .	*Marsupiaux :* Plagiaulax . . Didelphys, etc. Arctocyon, etc. et placentaires. . . . . . Passage des singes aux suiliens : . . Cebochœrus. . *Pachydermes :* Palæotherium. Coryphodon, etc. . . . . *Ruminants :* Xiphodon. . . Dichodon, etc. *Solipèdes :* Dinoceras. . . Cynodon . . . Oiseaux marcheurs. . . . Gastornis. . . *Sauriens :* Simœdosorus. *Squales :* Lamna, etc. .	Melania inquinata. . . Cerithium funatum. . Cyrena cuneiformis. .			
			Yprésien. . . . . . (Sables nummulitiques).		Nerita Schmiedeli. . . Turritella edita. . . . . Cyrena Gravesi. . . . Nummulites planulata.	Quercinées . . . . Laurinées. . . . . Laurus . . . . . . Litsæa . . . . . . Sassafras. . . . . Osmunda . . . . . Alsophyla. . . . . Nipadites. . . . . *Palmiers :* Dracena. . . . . Cercis. . . . . . . Acacia . . . . . . Chondrites . . . . Dactylopora. . . .		Emersion. . Retour de la mer nummulitique . . Contraction de la zone tropicale. .
		Parisien. . .	Lutétien. . . . . . (Calcaire grossier). .		Turritella carinifera. . Lucina Saxorum. . . . Cardita planicosta. . . Crassatella plumbea. . Cytherea semisulcata. Cerithium giganteum. — lapidum. . — cinctum. . Natica Villemeti. . . . Fusus Noœ. . . . . . Cyclostoma mumia. . Echinolampas calvimontanus. . . . . . Nummulites lævigata.		Serpentines. Euphotides. Ophites. . . Liparites granitoïdes.	
			Bartonien. Sables de Beauchamp.		Fusus subcarinatus. . Cerithium mutabile. . — tuberculosum. — tricarinatum. . Nummulites variolaria.			

GROUPES et TERRAINS.	AGES.	SOUS-ÉTAGES.		FAUNE. VERTÉBRÉS.	FAUNE. INVERTÉBRÉS.	FLORE.	ÉRUPTIONS.	DISLOCATIONS.
Ère tertiaire.	Eocène. .	Parisien. . .	Bartonien. Calcaire de St-Ouen		Lymnea pyramidalis.. Cyclostoma mumia. .			
			Ligurien. . Gypse. Calcaire de Brie.					
	Miocène. .	Tongrien . .	Sables de Fontainebleau.	Mammifères très développés. . . . . *Ruminants.* *Cétacés.* Pachydermes : Tapirus.. . . . Rhinoceros, etc. *Proboscidiens :* Mastodon. . . Elephas. . . . Singes . . . . Hippopotamus. Gelocus. . . . Apparition des herbivores..	Natica crassatina. . . Cerithium plicatum. . — trochleare. Pectunculus obovatus. Ostrea cyatula. . . .	Sequoia. . . . . . Glyptostrobus, etc . . . . Osmunda . . . . . Flabellaria. . . . Phœnicites. . . . Cinnamomum. . . Maximum de la richesse végétale.	Basaltes anciens de l'Auvergne. . . . Andésites. . Dacites. . . Minerais nobles de Hongrie. .	Invasion de la mer mollassique. Soulèvement des Alpes.
		Aquitanien. .	Calcaire de Beauce.		Helix Ramondi. . . . Potamides Lamarcki. Nucula Lyelli. . . .			
		Mayencien. .	Sables de la Sologne et de l'Orléanais.		Melania aquitanica. .			
		Helvétien . . Tortonien . .	Faluns.		Murex turonensis. . . Voluta rarispina. . . Cardita Jouanneti. . . — crassa. . . . Ostrea crassissima . . Cerithium papaveraceum. . . . . Pyrula semireticulata. Amphiope bioculata. .			
	Pliocène. .	Messinien . . . . Astien		Proboscidiens. Mastodon arvernensis. . Développement des mammifères.	Fusus rostratus. . . . Nassa prismatica . . — semistriata. . .	Déclin de la flore.	Domites. . . Trachytes. . Andésites et basaltes. .	Apparition des hivers. . Soulèvement des Andes.
Quaternaire.	Chelléen. . Moustérien. . . Solutréen. Magdalénien. . . Moderne.	Époques à. .	Elephas antiquus. . — primigenius Renne. . . . . Tourbe.	Extinction des grands proboscidiens. . Apparition de l'homme. . .	Faune actuelle. . . .	Flore actuelle. . .	Volcans latins. . . . Volcans à cratères d'Auvergne. . . .	Grands glaciers. Limon à cailloux éclatés. Adoucissement de la température.

TERRAL (*terre*), *sm.* Le vent qui souffle de terre vers la mer. || Vent qui, dans la péninsule espagnole, souffle du plateau central, surtout en été et en automne, et souvent par bourrasques.

***TERRAMARE** (corruption de *terre de marne*), *sf.* Se dit d'amas de terre mélangés de cendres, de charbon, d'ossements d'animaux domestiques, de débris de poteries et d'autres restes de l'industrie humaine, riches en matières azotées et en phosphates, existant en Italie, principalement dans l'Emilie, formés par les débris de cuisine d'un peuple de l'âge du bronze, et exploités comme engrais par les cultivateurs. || Tout emplacement de l'Emilie et d'autres provinces d'Italie où l'on trouve des restes de cabanes élevées sur une plate-forme établie sur des pilotis dans un ancien étang par des peuples de l'âge du bronze, qui ne connaissaient ni l'usage du tour, ni celui du four de potier, et jetaient dans les eaux environnantes leurs débris de cuisine employés aujourd'hui comme engrais.

TERRANOVA, 14 911 hab. Ville de Sicile, port sur la Méditerranée.

TERRAQUÉ, ÉE (l. *terra*, terre + *aqua*, eau), *adj.* Composé de terre et d'eau : *Le globe terraqué*, le globe terrestre.

TERRASSE (bl. *terracea : de terraceum*, fait de terre), *sf.* Massif de terre terminé supérieurement par une surface plane, et ordinairement soutenu par un mur en maçonnerie que l'on établit dans un jardin pour la vue, la promenade : *La terrasse de Saint-Germain en Laye.* || Ouvrage de maçonnerie en forme de balcon, de galerie, élevé au-dessus du sol environnant sur le devant d'une habitation. || Toit d'une maison quand il est plat et non en dos d'âne. || Sorte de quais naturels que la mer forme en se retirant. C'est ainsi qu'en Norvège et dans d'autres contrées le retrait de la mer produit, le long des côtes, des déplacements qui donnent naissance à des terrasses littorales. — **Dér.** *Terrasser, terrassement, terrassier.*

TERRASSEMENT (*terrasser*), *sm.* Travail qui consiste à modifier la surface du sol en enlevant ou en rapportant des masses de terre. || Ouvrage qui résulte de ce travail.

TERRASSER (*terrasse*), *vt.* Etablir un massif de terre derrière une muraille pour la fortifier : *Terrasser un mur.* || Faire des travaux de terrassement. || Jeter violemment par terre : *Terrasser un agresseur.* — Fig. Frapper d'épouvante et d'un découragement irrémédiable : *Terrasser l'ennemi.* || Mettre dans l'impossibilité de répondre : *Terrasser l'avocat adverse.*

TERRASSIER (*terrasser*), *sm.* Entrepreneur de terrassements. || Ouvrier qui travaille aux terrassements.

TERRASSON, 4078 hab. Ch.-l. de c., arr. de Sarlat (Dordogne), sur la Vézère ; mines de houille ; filature de laine, corderie, distillerie.

TERRASSON (L'ABBÉ) (1670-1750), de l'Académie française, professeur de philologie grecque et latine au Collège de France, écrivit en faveur du système de Law. Il est l'auteur de *Séthos*, roman politique sur l'ancienne Egypte, pâle imitation du *Télémaque*.

***TERRASSON,** *sm.* Ouvrage en poterie ou en ciment destiné à recueillir les eaux d'une terrasse.

TERRAY (L'ABBÉ) (1715-1778), contrôleur général des finances depuis 1769 jusqu'à la fin du règne de Louis XV, qui prit une foule de mesures impopulaires.

TERRE (l. *terra*, littéralement *la sèche*), *sf.* Le sol sur lequel nous marchons, nous bâtissons et qui produit les végétaux : *Cultiver la terre.* || *A terre, Par terre*, sur le sol, sur le carreau ou le parquet d'un appartement : *Ramasser un fruit à terre.* || *Ligne de terre*, se dit en géométrie descriptive de la ligne d'intersection des deux plans de projection, horizontal et vertical. — Fig. *Battre quelqu'un à terre*, abuser de quelqu'un qui ne peut plus se défendre. — Fig. *Ce propos n'est pas tombé à terre*, on y a pris garde, on l'a relevé. || *Mettre, jeter par terre*, abattre, démolir, détruire : *Mettre par terre un arbre, une maison.* — Fig. Déposséder d'une fonction, du pouvoir : *Mettre un tyran par terre.* || *Ce cheval va terre à terre*, il a un galop de deux temps et de deux pistes. — Fig. *Terre à terre*, sans éclat, sans originalité, sans élévation : *Style terre à terre.* — Fig. *Sous terre*, secrètement : *Agir sous terre.* || Portion du sol qu'on déplace : *Terres rapportées*, qu'on a tirées d'un endroit pour les porter dans un autre. || *Remuer de la terre*, faire des terrassements, des fortifications, des tranchées de siège. || Sol dans lequel on enterre les morts : *Porter en terre.* || *Terre sainte*, un cimetière bénit. || Le sol arable considéré par rapport à sa qualité ou à sa nature, *forte* ou *froide* : *Une terre argileuse.* || *Terre vierge*, sol qui n'a pas encore été cultivé : || *Terre franche*, sorte de terre jaune, argileuse, grasse, dont on fait du mortier et que les fumistes emploient exclusivement. || *Terre végétale*, la couche meuble et superficielle du sol dans laquelle croissent les végétaux. || *Terre de bruyère*, sable léger mélangé d'une forte proportion d'humus provenant de la décomposition des bruyères, des genêts, des fougères, et dans laquelle les horticulteurs font croître beaucoup de variétés de fleurs. || *Végétal de pleine terre*, qui n'est pas cultivé dans une caisse. || *Terre cuite*, cette même argile façonnée en vases, en statues et durcie au feu : *Un groupe en terre cuite.* || *Terre de fer*, nom que l'on donne à une espèce de faïence fine, dense, opaque, à glaçure transparente. || Ancien nom générique des oxydes qu'on prenait pour des corps simples, comme la potasse, la chaux, la baryte, la strontiane, la magnésie. On désigne encore aujourd'hui en chimie sous le nom de *terres* les oxydes des métaux des deux premières classes. On donne plus spécialement le nom de *terres alcalines* aux bases, baryte, chaux, strontiane, en réservant celui de *terres* proprement dites aux oxydes de magnésium (magnésie), cérium (cérine), lanthane, didyme, yttrium, erbium, terbium, thorium (thorine), zirconium (zircone) et souvent aussi à l'alumine. ‖ Nom de diverses substances qu'on tire directement ou indirectement du sol : *Terre d'Almagra*, terre rouge, ocreuse, analogue à la sanguine, employée pour la peinture à fresque. — *Terre d'Arménie*, sorte d'ocre rouge employée comme couleur dans la peinture à fresque. — *Terre bleue*, nom donné au phosphate de fer pulvérulent. — *Terre bolaire*, sorte de terre argileuse employée jadis comme médicament astringent. (V. *Bol d'Arménie.*) — *Terre brune de Cologne* ou *terre de Cassel*, sorte de lignite terreux, employé quelquefois pour falsifier les tabacs à priser, et plus communément comme couleur et comme combustible. — *Terre cimolée*, terre argileuse grise, employée jadis comme matière astringente et résolutive, et qu'on tirait de l'île Cimolis, dans la mer de Crète. — *Terre décolorante*, nom vulgaire du *lignite d'Auvergne*, qui a la propriété de décolorer certains liquides organiques, comme le vinaigre rouge. — *Terre foliée mercurielle*, acétate de mercure. — *Terre foliée minérale*, acétate de soude. — *Terre foliée de tartre*, acétate de potasse. — *Terre à foulon* ou *smectite* (du g. σμήχω, nettoyer), argile impure, contenant des alcalis, de la chaux, du fer et du manganèse. Elle sort surtout à enlever aux draps l'huile employée dans leur fabrication. En certains pays même, on s'en sert en guise de savon pour nettoyer le linge. Elle contient en moyenne : 45 p. 100 de silice, 20 d'alumine et 25 d'eau. On en extrait de bonne qualité en Angleterre ; il y en a aussi de nombreux gisements en France, notamment à Lisieux, Saint-Mauvieux, dans la vallée du Chiers, etc. — *Terre glaise*, argile sédimentaire impure, mélangée de calcaire et passant à la *marne*, quand la proportion de calcaire varie de 15 à 50 p. 100. — *Terre d'Italie*, ocre brune, formée de limonite et d'acerdèse, employée pour la peinture. — *Terre de Lemnos*, argile blanche ou rouge venant des îles de l'Archipel, employée en Égypte comme astringent, à la façon du *bol d'Arménie*. (V. ce mot.) — *Terre d'ombre*, argile d'un beau brun foncé, dû aux oxydes de fer et de manganèse, originaire de l'Ombrie et employée en peinture. (V. *Lignite*, tome II, p. 335, col. 3.) — *Terre de pipe* ou *à pipe*, variété d'argile plastique et réfractaire gris foncé. Délayée en pâte avec de l'eau, elle absorbe les matières grasses, et est utilisée pour le dégraissage. Cuite, elle devient d'un beau blanc qui la fait employer pour la fabrication des pipes à fumer et d'autres objets : plats, assiettes, etc. — *Terre à porcelaine*, nom vulgaire du kaolin. — *Terre pourrie*, sorte de tripoli très fin et très léger, employé pour donner le dernier poli aux corps durs. La plus estimée est celle des gisements de Backwell (Derbyshire) en Angleterre. — *Terre de Sienne*, ocre d'un beau jaune, contenant de l'oxyde de fer et provenant des environs de Sienne, en Toscane. On l'emploie comme couleur, soit à l'état naturel, soit à l'état calciné, sous le nom de *terre de Sienne*. Elle est alors rouge brunâtre. — *Terre sigillée* (l. *sigillum*, sceau), nom donné à la *terre de Lemnos* et au *bol d'Arménie*, parce que jadis on formait avec ces terres de grosses pastilles sur lesquelles on imprimait le sceau du Grand Seigneur. On l'employait aussi dans l'antiquité en guise de cire, pour sceller les actes. (V. *Sceau*.) — *Terre de Sinope*, variété d'ocre rouge. — *Terre verte de Vérone*, appelée aussi *baldogée* ou *delessite*, argile verte, très estimée en peinture, qui provient des environs de Vérone : c'est un silicate hydraté d'alumine, renfermant une grande quantité d'oxyde de fer, de la magnésie, de la potasse et de la soude. — *Terre vitrifiable*, sable composé de silice presque pure. ‖ L'un des quatre éléments des anciens. ‖ La planète que nous habitons : *La Terre est ronde.* — La Terre est une planète située entre Vénus et Mars ; elle tient le milieu entre les planètes qu'on appelle, par rapport à elle, *planètes supérieures* et *planètes inférieures*. Elle a pour signe ♁.

Forme et dimensions de la Terre. — Quand on examine l'horizon dans un pays de plaine, on reconnaît qu'il a la forme d'un cercle entourant l'observateur : l'étendue de ce cercle augmente quand l'observateur se place sur un point élevé. Ce simple phénomène suffirait à prouver la sphéricité de la Terre ; mais un phénomène plus sensible encore rend manifeste la courbure des mers. On sait, en effet, que quand on observe sur le bord de la mer un navire s'éloignant du rivage, il arrive un moment où les parties inférieures disparaissent graduellement jusqu'à ce que les voiles elles-mêmes soient cachées derrière l'horizon. On peut ajouter d'autres preuves non moins intéressantes : les voyages de circumnavigation, le mouvement des astres se couchant d'un côté à l'horizon pour reparaître au bout de 24 heures au côté opposé, et, dans les éclipses de Lune, la forme de l'ombre de la Terre qui, à mesure qu'elle envahit le disque brillant de l'astre des nuits, est toujours celle d'un segment de cercle.

La forme arrondie de la Terre avait du reste été soupçonnée par Pythagore, et, dès le IIIe siècle avant Jésus-Christ, Ératosthènes mesurait la distance entre Syène et Alexandrie, ainsi que la différence de latitude de ces deux villes, et il en concluait que la circonférence de la Terre était longue de 200 000 stades (environ 45 millions de mètres). Des mensurations du même genre furent tentées par Ptolémée et Posidonius. Dans les temps modernes, Fernel (1550) entreprit de mesurer la longueur d'un degré du méridien et il la trouva de 57 070 toises ; puis, en 1615, Snellius imagina l'emploi d'une chaîne de triangles pour mesurer l'arc qui s'étend d'Alkmaër à Malines. Dans la suite, de nombreuses mesures furent exécutées par Picard (1769), Bouguer, Lacondamine, Maupertuis, et finalement par Méchain et Delambre, qui, en calculant la longueur du méridien de Paris entre Dunkerque et Barcelone, se proposaient de déterminer l'aplatissement du globe et aussi de fixer la longueur du mètre. De tous les calculs faits jusqu'ici, il résulte que la Terre, au lieu d'être rigoureusement sphérique, est aplatie vers les pôles, c'est-à-dire que les méridiens, au lieu d'être des circonférences de cercle, sont à peu près elliptiques. Le rayon de l'équateur est de 6 378 kilom. et le rayon polaire de 6 356 kilom. : la dépression à chaque pôle est donc d'un peu plus de 21 kilom. Le rapport numérique entre la différence du rayon du pôle et de l'équateur d'une part, et le rayon équatorial de l'autre, constitue l'*aplatissement* du sphéroïde terrestre. Il est de 1/294 d'après l'Annuaire du bureau des longitudes ; c'est une différence relative si faible, que l'œil aurait certainement de la peine à la reconnaître, sur un globe de 1 mètre de rayon, par exemple.

La surface totale du globe est d'environ 510 millions de kilom. carrés ; son volume de 1 083 milliards de kilom. cubes et la densité moyenne est telle qu'à égalité de volume, la matière terrestre pèse près de 5 fois 1/2 autant que l'eau, ce qui, pour le poids de la Terre entière, donne le nombre énorme de 2 875 quintrillions de tonnes de 1 000 kilog.

Mouvement de la Terre. — La Terre est animée d'un mouvement de *rotation* et d'un mouvement de *translation*.

I. Le mouvement de *rotation* autour du diamètre polaire (axe terrestre) se fait en 86 164 secondes de temps moyen ; la durée d'une rotation entière est donc plus courte de 236 secondes que celle du *jour moyen* de 24 heures. C'est cette durée qui constitue le *jour sidéral*. La rotation de la Terre donne lieu au phénomène du *mouvement diurne*, mouvement apparent des astres qui décrivent des arcs d'un mouvement uniforme autour d'un point du ciel paraissant immobile. C'est au même phénomène qu'est due la succession des jours et des nuits. Le mouvement de rotation de la Terre, soupçonné par quelques anciens, a été scientifiquement démontré par Copernic en 1543. Marchant sur les traces de ce savant chanoine de Thorn, Galilée voulut faire triompher cette doctrine, ce qui lui valut la persécution de l'Inquisition (1617). Actuellement c'est un fait reconnu par tout le monde : du reste, aux preuves astronomiques, sur lesquelles nous n'insistons pas, viennent s'ajouter des preuves expérimentales : la déviation orientale, très petite à la vérité, mais constatée par l'observation, qui a lieu dans la chute d'un corps tombant d'une certaine hauteur sous l'influence de la gravité ; puis la déviation apparente du plan d'oscillation d'un pendule librement suspendu (expériences de Foucault au Panthéon).

II. La Terre décrit annuellement autour du Soleil une courbe plane, nommée *écliptique*. Comme toutes les orbites planétaires, l'orbite terrestre est une *ellipse* dont l'un des foyers est occupé par le Soleil, et dont les dimensions sont exprimées par les nombres suivants :

Distance périhélie (minimum).	145 700 000	kilom.
Distance moyenne	148 250 000	—
Distance aphélie (maximum) .	151 800 000	—

La longueur totale de l'écliptique est d'environ 930 millions de kilomètres et la vitesse moyenne du globe sur cette courbe de 2 602 kilomètres par heure. Cette vitesse est d'ailleurs variable ; elle diminue quand la Terre s'éloigne du Soleil, de sorte qu'à l'aphélie elle n'est que de 28 960 mètres par seconde, tandis qu'au périhélie elle est de 30 000 mètres. Le mouvement de rotation est uniforme, tandis que la vitesse de translation de la Terre est variable. Il en résulte que les jours solaires ne sont pas égaux, et que leur inégalité est accrue encore par l'obliquité du plan de l'écliptique par rapport au plan de l'équateur. Le *jour moyen*, qui sert à mesurer le temps civil, est la moyenne des durées inégales des jours solaires de toute une année. La durée d'une *année* ou du parcours complet de l'écliptique est d'environ 365 jours 1/4, *jours solaires moyens*, bien entendu.

Le double mouvement de notre planète est la cause des phénomènes annuels connus sous le nom de *saisons* : d'un jour à l'autre les habitants d'un même lieu voient le Soleil s'élever au-dessus de leur horizon à des hauteurs variables.

Les points de l'orient ou de l'occident où l'astre se lève et se couche changent de place ; le Soleil à midi s'élève plus ou moins haut et la durée de son séjour diurne au-dessus de l'horizon donne aux jours et aux nuits des longueurs inégales et variables. De là, pour un même lieu, des températures, des conditions climatériques très diverses ; de là les *saisons*, dont les durées moyennes sont les suivantes :

	Jours.
Printemps (21 mars)	92,9
Eté (21 juin).	93,6
Automne (22 septembre).	89,7
Hiver (21 décembre).	89,0

Les températures moyennes de chaque saison sont bien différentes pour tous les points d'un même hémisphère ; ainsi l'on peut distinguer sur la surface du globe cinq zones correspondant à un climat différent : 1° La *zone torride*, qui comprend, au N. et au S. de l'équateur, tous les pays où le Soleil monte deux fois par an jusqu'au zénith : elle est bornée par les *tropiques*, cercles parallèles à l'équateur aux latitudes de 23° 27′ N. et S. 2° Les deux *zones tempérées*, qui s'étendent de part et d'autre des tropiques jusqu'à une latitude de 66° 33′, c'est-à-dire jusqu'aux *cercles polaires* : dans ces régions, le Soleil ne s'élève jamais jusqu'au zénith, sauf aux tropiques mêmes. 3° Les deux *zones glaciales* ou *circumpolaires*, entre les latitudes de 66° 33′ et les pôles : là, le Soleil s'abaisse jusqu'à l'horizon et disparaît même au-dessous, pendant des temps qui varient entre 1 jour et 6 mois.

Répartition des continents. — Il y a une grande différence entre la répartition de l'élément liquide et de l'élément solide. Ainsi, la superficie entière du globe étant de 510 millions de kilomètres carrés, il y en a 375 millions recouverts par les mers et 135 millions occupés par les continents, soit 8 parties d'eau pour 3 parties de terre environ. Cette inégalité de distribution se trouve encore plus accentuée quand on étudie le mode de répartition de la mer et de la terre ferme entre les deux hémisphères. Ainsi la terre ferme est concentrée d'une façon plus marquée dans l'hémisphère boréal, surtout quand on s'approche du cercle polaire, que dans l'autre hémisphère : à moitié chemin du pôle et de l'équateur il n'y a plus d'autre continent que les terres australes. En outre, sur 135 millions de kilomètres carrés il y en a 100 800 000 dans l'hémisphère boréal. Quant à la forme des continents, on a depuis longtemps remarqué leur disposition générale symétrique en massifs terminés en pointes vers le S. On peut dire que les masses continentales se comportent comme si elles étaient groupées autour de trois arêtes saillantes tendant à se rapprocher de l'axe des pôles à mesure qu'on descend de l'équateur vers les latitudes australes. En outre, un caractère commun à ces trois masses c'est leur division en deux parties par une zone transversale de dépression qui fait le tour du globe, n'ayant d'autre interruption que l'isthme de Panama et comprenant la Méditerranée, la mer Rouge et la mer des Indes.

Quelque profonde que soit l'impression produite par la vue de certaines montagnes, le relief terrestre n'a en somme qu'une faible importance par rapport au rayon du globe ; le *Gaurisankar*, la plus haute cime connue, n'est que les 1/720 de ce rayon. Les altitudes moyennes des continents sont, d'après les données actuelles :

Europe.	20m,70
Asie.	281m
Afrique.	130m
Amérique du Nord. . .	120m
Amérique du Sud . . .	72m

Ensemble des terres : 646 mètres, en sorte que la surface de la terre ferme, supposée pourvue d'un relief uniforme, eût à peine dépassé de 600 mètres le niveau de l'Océan.

En revanche, la profondeur moyenne des océans est beaucoup plus considérable, quoique d'après les chiffres fournis par les campagnes du *Tuscarora* et du *Challenger* la profondeur des mers ne dépasse guère nulle part 8 500 mètres, c'est-à-dire à 300 mètres près l'altitude des plus hautes cimes de l'Himalaya. En chiffres ronds, on peut dire que la *profondeur moyenne* des mers est de 4 000 mètres, soit près de *sept fois* l'altitude moyenne des continents : par suite, le volume des mers est à peu près 19 fois celui de la partie émergée de l'écorce terrestre.

On peut donner des reliefs des continents la formule générale suivante : *Toute grande ligne de hauteurs, émergée ou non, est une arête saillante formée par l'intersection de deux versants également inclinés.* Le plus abrupt plonge vers une grande dépression, habituellement occupée par une mer ; le moins raide s'abaisse doucement, sous la forme d'ondulations successives, vers une dépression moins marquée, qui, le plus souvent, peut rester continentale. Le pied du versant abrupt est l'arête en creux d'une intersection inverse de la première et dont le talus à pente modérée remonte peu à peu jusqu'aux régions de profondeur moyenne des océans.

Géographie. — La surface du globe est, d'après ce que nous avons dit, partagée en deux grandes divisions : les *terres* et les *eaux*. Nous étudierons seulement les terres en renvoyant à l'article *Mers* pour l'autre partie.

Les *terres* occupent au milieu des eaux trois grands continents : l'*ancien continent*, comprenant l'Europe, l'Asie et l'Afrique ; le *nouveau*, ou l'Amérique ; et le *continent austral*, beaucoup moins considérable, formé par l'Australie. Chacun des deux grands continents est partagé en deux pentes principales ou deux versants. Dans l'ancien continent, les deux versants de l'océan Atlantique et de l'océan Glacial arctique d'une part, de l'océan Pacifique et de l'océan Indien d'autre part, sont séparés l'un de l'autre par une chaîne immense de montagnes qui commence au cap *Oriental* (N.-E. de l'Asie) et finit au cap de *Bonne-Espérance*. Cette chaîne prend le nom de monts *Jablonoï*, dans le N.-E. de l'Asie, puis se divise au centre de cette partie du monde en deux branches qui se rejoignent ensuite, après avoir formé un vaste plateau borné par les monts d'*Altaï*, les monts *Célestes*, les monts *Bolor*, et les monts *Kara-Koroum*. Plus loin, elle traverse l'occident de l'Asie et s'appelle successivement *Caucase indien*, *Elbrouz*, *Taurus* et *Anti-Liban*. Elle passe par l'isthme de Suez et traverse le N.-E. de l'Afrique sous les noms de *chaîne Arabique* et de montagnes de l'*Abyssinie*, puis arrive dans le S. de cette région avec les monts *Sneeuwberg* (mont de neige) et *Nieuwveld* (nouveau champ).

Le nouveau continent est divisé en versant oriental (Atlantique et océan Glacial) et versant occidental (océan Pacifique). Ces deux versants sont séparés l'un de l'autre depuis le cap *Occidental*, au N., jusqu'au cap Froward, au S., par une longue chaîne qui porte, dans le N., le nom de monts *Rocheux* ; puis forme les montagnes du *Mexique* et de l'*Amérique centrale*, passe par l'isthme de Panama et présente, dans l'Amérique méridionale, la haute *cordillère des Andes*. Ces deux grandes chaînes partageant les deux grands continents en versants sont, en quelque sorte, la continuation l'une de l'autre, car elles ne sont séparées que par le détroit de Behring, entre les caps Oriental et Occidental. Comme chaînes secondaires, il faut ajouter dans l'ancien continent : les monts *Ourals*, les monts *Carpathes* et les *Alpes*, les *Pyrénées*, en Europe ; le mont Atlas, en Afrique ; les montagnes *Bleues* et les *Alpes australiennes* en Australie, et les monts *Himalaya*, en Asie.

Les principaux fleuves du globe sont : en *Europe*, la Vistule, l'Oder, le Rhin, la Tamise, la Seine, la Loire, la Garonne, le Douro, le Tage, la Guadiana, la Petchora, le Volga, le Danube et la Dwina septentrionale ; en *Afrique* : le Sénégal, la Gambie, le Niger et le Zambèze ; en *Asie* : l'Amour, le fleuve Jaune (Hoang-Ko), le fleuve Bleu (Kiang), le Cambodge, l'Indus et le Gange, l'Euphrate et le Tigre ; en *Amérique* : le Saint-Laurent, le Mississipi, l'Orénoque, l'Amazone et le Rio de la Plata. Les fleuves les plus étendus de chaque partie du monde sont ; en *Asie*, le Kiang (4 500 kilom. de cours) ; en *Afrique*, le Nil (5 000 kilom.) ; en *Europe*, le Volga (3 500 kilom.) ; en *Amérique*, le Mississipi (plus de 7 000 kilom.) et l'Amazone (5 000 kilom.).

La population absolue du globe terrestre est d'environ 1 017 014 000 hab., répartis en :

Europe.	272 014 000 hab.
Asie et Afrique	580 000 000 —
Amérique	60 000 000 —
Océanie.	30 000 000 —

Magnétisme terrestre. — La Terre agit sur les aimants de la même façon qu'un gros aimant qui aurait ses pôles voisins des pôles astronomiques. Depuis les découvertes d'Ampère, on assimile cette action à celle d'un immense solénoïde parcouru par une infinité de courants parallèles dirigés de l'E. vers l'O. Parmi les causes de ce magnétisme, la plus importante est sans doute l'action calorifique du Soleil, qui détermine un échauffement de la Terre se propageant de l'E. à l'O. : ce courant thermique a pour conséquence un courant électrique. L'action de la Terre sur l'aiguille aimantée se manifeste par deux effets distincts : l'inclinaison et la déclinaison. On appelle *équateur magnétique* le lieu des points de la surface du globe pour lesquels l'inclinaison est nulle : il fait un angle de 10° avec l'équateur terrestre qu'il coupe près de l'île *San Tomé*, à 3°20' de longitude orientale. Le *méridien magnétique* est le lieu des points pour lesquels la direction de l'aiguille aimantée est la même. Ajoutons que l'équateur et les méridiens magnétiques non seulement subissent des variations annuelles, mais changent aussi suivant les saisons et les heures du jour. (V. *Magnétisme*, tome II, pages 448 et 449.)

Chaleur à la surface de la Terre. — Il faut distinguer la *chaleur interne*, dont nous parlerons plus loin, de la chaleur superficielle due à l'action calorifique du Soleil. Cette dernière action est considérable ; on a évalué à 200 trillions de chevaux-vapeur son énergie calorifique. Une partie de cette chaleur solaire est absorbée par l'atmosphère terrestre, qu'elle est obligée de traverser sous une épaisseur d'autant plus grande que les rayons arrivent plus obliquement ; mais cette portion n'est pas perdue pour la surface du globe, car l'atmosphère se comporte à la fois comme un réservoir de chaleur et comme un régulateur de température. Ce pouvoir absorbant est notablement augmenté par la présence de la vapeur d'eau et de l'acide carbonique. Comme, à mesure que l'on s'élève, l'atmosphère devient impropre, à cause de sa raréfaction, à absorber et à répandre par rayonnement la chaleur solaire, il en résulte que la température décroît à mesure que l'altitude augmente. Ainsi, en Suisse, pour une moyenne annuelle de 10° à 360 mètres au-dessus du niveau de la mer, on n'a plus que 0° à 2 000 mètres. Le taux de cette diminution varie avec les circonstances géographiques, depuis l'équateur jusqu'aux latitudes élevées. Il est moindre en hiver qu'en été, parce qu'en hiver il y a moins de différence entre la chaleur du sol et celle des zones élevées de l'atmosphère. Indépendamment de l'altitude, le relief du sol agit aussi d'une façon marquée sur la distribution de la température : ainsi une ligne de hauteurs exposée au midi se comporte, à l'égard de la plaine située à son pied, comme un réflecteur, en dehors de la protection qu'elle offre contre les vents du N. Les conditions qui influent sur la température d'un pays sont donc très complexes, surtout si l'on ajoute aux influences précédentes celles des vents et des courants atmosphériques. En réunissant à l'aide d'une courbe tous les points du globe qui présentent la même température moyenne annuelle, on obtient des *lignes isothermes*. La plus haute moyenne annuelle de l'air sur le globe est d'environ 27°,5 : l'isotherme qui la définit s'appelle *équateur thermal*. Les isothermes définissant les plus basses moyennes connues paraissent envelopper deux pôles distincts, avec des moyennes de — 17°,2 et de — 19°,7. Les isothermes, loin d'être parallèles, présentent une allure irrégulière, à l'exception de celle de 0° dans l'hémisphère austral, mais on peut poser en principe que la distribution de la température est bien plus régulière dans l'hémisphère austral que dans l'hémisphère boréal. (V. *Isochimène*, *Isothère* et *Isotherme*, tome II, pages 120, 121 et 122, ainsi que les cartes.)

Nous avons indiqué plus haut la division du globe en trois zones résumant l'ensemble des conditions thermiques exprimées par la position des isothermes.

Chaleur interne. — Lorsqu'on mesure la température du sol à des profondeurs croissantes, on observe que pour *une profondeur de 15 mètres la température reste à peu près constante pendant toute l'année*, mais qu'elle augmente à mesure qu'on s'avance davantage. On appelle *degré géothermique* le nombre de mètres dont il faut descendre pour que la température augmente de 1° : il est en moyenne de 30 mètres. Les principales observations sur la chaleur interne du globe ont été faites dans les sondages des puits de mine et dans les grands tunnels. Les résultats les plus complets ont été fournis par les puits de Grenelle, de Sperenberg (1 269 mètres) et de Schladebach, près Leipzig (1 669 mètres). Les résultats discordants observés dans beaucoup de cas sont dus à la différence dans la nature des terrains ; leur conductibilité joue en effet un rôle prépondérant sur la transmission de cette chaleur interne. Voici quels chiffres ont donnés les observations aux puits en question, pour les degrés géothermiques :

Grenelle. . .	24° de 0 à 300m. 45° de 300 à 584m (T = 28°).
Sperenberg (près Berlin).	25°,30 de 0 à 300m. 35°,3 de 534m à 1 064m. 32° de 1 064m à 1 269m. Température au fond : 48°.
Schladebach.	Mêmes valeurs jusqu'à 1269m. 39° de 1269m à 1656m. Température au fond : 45°.

LA TERRE

HÉMISPHÈRE OCCIDENTAL

Échelle des teintes

pour les hauteurs:

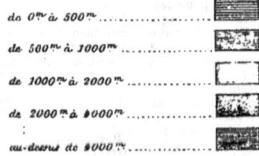

- de 0m à 500m
- de 500m à 1000m
- de 1000m à 2000m
- de 2000m à 4000m
- au-dessus de 4000m

pour les profondeurs.

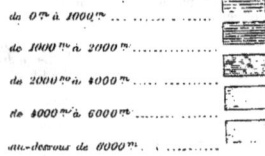

- de 0m à 1000m
- de 1000m à 2000m
- de 2000m à 4000m
- de 4000m à 6000m
- au-dessous de 6000m

LA TERRE

HÉMISPHÈRE ORIENTAL

Échelle des teintes

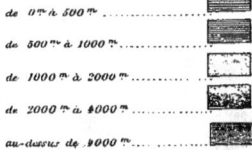

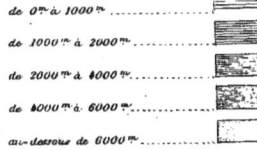

pour les hauteurs	pour les profondeurs
de 0m à 500m	de 0m à 1000m
de 500m à 1000m	de 1000m à 2000m
de 1000m à 2000m	de 2000m à 4000m
de 2000m à 4000m	de 4000m à 6000m
au-dessus de 4000m	au-dessous de 6000m

Les résultats donnés par l'observation des grands tunnels sont assez différents des précédents, quoique conduisant à la même conclusion : il faut, en effet, distinguer nettement la chaleur souterraine de la chaleur sous les montagnes. En construisant pour le Saint-Gothard les courbes d'égales températures (altitudes en abscisses, températures en ordonnées), on a observé que ces lignes suivaient les irrégularités du sol de la montagne en les atténuant d'autant moins qu'on est plus rapproché de la surface. Quoi qu'il en soit, on est arrivé à imaginer qu'il y avait au centre de notre planète un noyau liquide formé de matières incandescentes. Cette hypothèse du noyau central n'a pas été sans trouver des contradictions : en Angleterre, notamment, Hopkins a voulu, sinon en nier l'existence, du moins le réduire à très peu de chose : d'après lui, cette masse liquide devrait présenter des marées qui se transmettraient aux océans et aux continents de la surface terrestre. Delaunay a réfuté ces théories : on ne se trouve pas, en effet, dans le cas d'une sphère creuse renfermant une masse fluide; la croûte terrestre ne se distingue pas aussi nettement du noyau central, et, aux pressions considérables qui doivent exister au centre de la Terre, il n'y a probablement pas de différence marquée entre l'état solide et l'état liquide : ce serait un phénomène analogue à celui du point critique des gaz aux pressions élevées.

Agriculture. — Les terres arables ou végétales, considérées au point de vue chimique, contiennent les substances minérales : alumine, fer, chaux, magnésie, potasse, soude, acides phosphorique, sulfurique, carbonique et chlorhydrique, et en outre une partie organique : l'*humus*. La terre arable n'a pas partout la même profondeur; mais, en général, elle est voisine de $0^m,50$, comprenant :

Sol superficiel	$0^m,10$ à $0^m,13$
Sol moyen.	$0^m,16$ à $0^m,18$
Sol profond	$0^m,24$ à $0^m,27$

Ce qui vient au-dessous est le *sous-sol*, portion non cultivable. Avec de Gasparin on peut distinguer : 1° le *sol actif*, mêlé de terreau, qui constitue la portion cultivée; 2° le *sol inerte*, de même nature minérale que le précédent, non attaqué par le labour; 3° le *sous-sol*, de composition minérale différente des précédentes; 4° une *couche imperméable*, contenant surtout de l'argile et de profondeur variable.

Au point de vue de la culture, on classe les terrains d'après la proportion d'argile, de sable, de calcaires et d'alcalis qu'ils contiennent. Les classifications sont variables. L'une des plus adoptées est la suivante :

- 1° Terrains argileux.
  - Sol d'argile pure.
  - — argilo-ferrugineux.
  - — argilo-calcaire.
  - — argilo-sableux.
    - Terres fortes (arbres).
    - Terres franches (très fertiles).
- 2° Terrains sableux.
  - Sol de sable pur.
  - — sablo-argileux.
  - — quartzeux.
  - — volcanique.
  - — sablo-argilo-ferrugineux.
  - — sablo-humifère (terre de bruyère).
- 3° Terrains calcaires.
  - Sable calcaire.
  - Sol crayeux.
  - — tuffier.
  - — marneux.
- 4° Terrains magnésiens.
- 5° Terrains humifères.
  - Terrains tourbeux.
  - — marécageux.

Les terrains argileux sont caractérisés par une couleur brune, parfois jaune rougeâtre. Ils sont excellents pour la culture, particulièrement pour celle du froment, mais il faut y employer des engrais longs qui divisent la terre. Les deux analyses suivantes donnent une idée approximative de leur composition :

SOL D'ARGILE PURE	
Argile	77,5
Sable.	8
Calcaire. . . .	4
Humus	10,5
	100

SOL ARGILO-FERRUGINEUX (CLAMART)	
Argile sablonneuse .	57
— fine	33
Graviers.	8,4
Carbonate de chaux.	0,6
Terreau.	1
	100

Les terrains calcaires, au contraire, sont peu productifs : ils exigent beaucoup d'engrais, car ceux-ci y sont rapidement consumés. La culture du sainfoin semble surtout y être avantageuse. Ces terrains, très répandus dans la Champagne et dans certaines parties de la Normandie, contiennent souvent du *tuf*, carbonate de chaux plus compact que la craie ordinaire et qui peut être utilisé aux constructions. Exemple :

TERRE DES ENVIRONS DE REIMS (CRÉTACÉ)	
Carbonate de chaux.	66,70
Phosphate de chaux	2
Hydrate de peroxyde de fer. . .	2
Alumine	2,30
Silice	27
	100

Les terrains *humifères* contiennent une forte proportion de matières organiques, mais non sous la forme d'humus. Ils sont peu propres à la culture. Comme type de sols sablo-humifères, nous donnerons l'analyse des terres (de bruyères) des landes de Bordeaux :

Sable fin siliceux.	83
Gros débris organiques	1
Humus.	9
Argile.	6
Chaux.	0,5
Oxyde de fer.	0,5
	100

Les différentes opérations employées pour améliorer les propriétés physiques et chimiques des terres sont les suivantes : 1° préparation mécanique (labours, hersage, roulage); 2° additions d'engrais, naturels ou chimiques; 3° additions d'amendements (marnes, chaux, plâtre, argile); 4° *écobuage*, travail consistant à enlever la partie superficielle d'un terrain couvert de végétation et à la faire sécher; puis à la soumettre à l'action du feu, et à répandre à la surface les produits de la combustion, en remplaçant ainsi des végétaux nuisibles par leurs cendres fertilisantes; 5° *drainage*, il a pour but de faire disparaître l'eau qui est à l'état stagnant dans une terre; 6° *irrigation*, pour donner aux terres l'humidité qui leur fait défaut en temps de sécheresse; 7° *colmatage*, c'est-à-dire dériver une partie des eaux d'une rivière chargée de limon, pour les conduire sur un terrain stérile et à les y retenir jusqu'à ce qu'elles aient déposé les matières qu'elles tenaient en suspension, et enfin les évacuer après ce dépôt.

Analyse d'une terre au point de vue agricole. L'analyse chimique d'une terre a pour objet de déterminer les éléments suivants :

Acide phosphorique total.	Chlore.
Potasse.	Acide sulfurique.
Chaux.	Acide nitrique.
Magnésie.	Ammoniaque.
Fer et alumine.	Azote total.

1° *Dosage de l'acide phosphorique.* — On traite 20 grammes de terre par 20 centimètres cubes d'acide azotique, on évapore à sec au bain de sable, on reprend le résidu par 20 centimètres cubes d'acide azotique et 30 centimètres cubes d'eau; on filtre et on lave à l'eau distillée. On réduit, par évaporation, le volume à 50 centimètres cubes et on précipite l'acide phosphorique par la *liqueur molybdique* obtenue en dissolvant 100 grammes d'acide molybdique dans 400 parties d'ammoniaque [d (densité) $= 0,96$] et versant cette dissolution filtrée dans 1500 parties d'acide azotique ($d = 1,20$). Le phosphomolybdate précipité par cette liqueur est recueilli sur un filtre, lavé avec de l'eau azotique (20 p. 100), séché à 100° et pesé : 100^{gr} de phosphomolybdate d'ammonium correspondent à $3^{gr},14$ d'acide phosphorique anhydre. Le phosphomolybdate est redissous par l'ammoniaque chaude, peu étendue, quand on veut obtenir une mesure précise; dans la dissolution ammoniacale on ajoute de l'acide chlorhydrique, puis du chlorure de magnésium qui précipite du phosphate ammoniaco-magnésien : ce précipité, lavé avec du chlorure d'ammonium, est séché, puis calciné et pesé ensuite à l'état de pyrophosphate de magnésie, qui contient 63 p. 100 d'acide phosphorique anhydre.

2° *Dosage de la chaux.* — On attaque 10 grammes de terre par 10 ou 15 centimètres cubes d'acide azotique, en chauffant au bain de sable tant qu'il se dégage des vapeurs rutilantes; on reprend par l'eau distillée, on filtre et on lave. Dans la liqueur claire, on verse de l'ammoniaque qui précipite le fer et l'alumine; après neutralisation, on recueille ce précipité sur un filtre, et dans la dissolution filtrée on précipite la chaux par l'oxalate d'ammoniaque. Le précipité, recueilli sur un filtre, est séché, puis calciné et pesé à l'état de chaux caustique.

3° *Dosage du fer et de l'alumine.* — Le précipité de fer et d'alumine, formé dans l'opération précédente, est séché et pesé; on a le poids total de $Fe^2O^3 + Al^2O^3$. Après calcination, on attaque ce précipité par l'acide chlorhydrique. On dose le fer, réduit à l'état de protoxyde, au moyen d'une solution titrée de permanganate de potasse, et on en déduit la proportion d'alumine par différence.

4° *Dosage de la potasse et de la magnésie.* — On traite 20 grammes de terre par 20 centimètres cubes d'acide azotique; on chauffe au bain de sable jusqu'à disparition des vapeurs rutilantes, on reprend par l'eau et on filtre. Dans la liqueur, on précipite successivement le fer et l'alumine par l'ammoniaque, et la chaux par l'oxalate d'ammonium; on filtre et on évapore la liqueur claire jusqu'à sec. Le résidu, calciné avec une petite quantité d'acide oxalique et un peu d'acide tartrique, est repris par l'eau : la partie insoluble, recueillie sur un filtre et calcinée, est la magnésie caustique : MgO. — La partie soluble, acidulée par l'acide chlorhydrique, est évaporée et pesée : ce résidu est formé de chlorure de potassium et de chlorure de sodium. On le dissout dans un peu d'eau, on y ajoute du chlorure de platine, on évapore jusqu'à consistance sirupeuse et on ajoute de l'alcool. Après repos, le chlorure double de platine et de potassium est recueilli sur un filtre, lavé avec un mélange d'eau et d'alcool, séché à 100° et pesé : ce sel contient alors 19, 3 p. 100 de potasse. On a la soude par différence.

5° *Dosage de l'acide azotique.* — On épuise par l'eau distillée 30 grammes de terre dans une allonge; on concentre, puis on reprend par du protochlorure de fer la solution versée dans une petite cornue tubulée de 50 centimètres cubes. La capsule qui a servi à l'attaque est lavée par de l'acide chlorhydrique, qui est ensuite versé dans la cornue. On balaye l'air de l'appareil au moyen d'un courant d'acide carbonique, après avoir adapté un tube qui vient plonger dans la cuve à mercure. En chauffant ensuite la cornue, on dégage le bioxyde d'azote, résultant de la réduction de l'acide azotique; ce gaz est recueilli dans une éprouvette graduée. A la fin du dégagement, on balaye de nouveau l'appareil par un courant d'acide carbonique. On agite le gaz contenu dans la cloche en présence d'une solution de potasse; et le volume de gaz restant, mesuré exactement, donnera la totalité du bioxyde d'azote, d'où l'on déduit l'acide azotique.

6° *Dosage de l'ammoniaque.* — On traite 100 grammes de terre par de l'acide chlorhydrique à 1/5, versé à chaud jusqu'à ce qu'il n'y ait plus d'effervescence. On filtre, on lave et le liquide est distillé avec de la magnésie calcinée dans un ballon avec l'appareil de Schlœsing : un serpentin en verre s'adapte par sa partie inférieure au ballon et, par son extrémité supérieure, à un petit réfrigérant en verre, muni d'un tube en platine. Le tube de platine est prolongé par un entonnoir effilé qui conduit l'ammoniaque distillée dans une liqueur d'acide sulfurique normal, et coloré par quelques gouttes de tournesol. On détermine ensuite l'excès d'acide par une liqueur titrée de potasse.

7° *Dosage de l'azote total.* — On calcine

2 ou 3 grammes de matière avec de la chaux sodée dans un tube à combustion, contenant au fond une petite quantité d'oxalate de chaux; l'ammoniaque qui se dégage est recueillie dans un tube à boules, contenant de l'acide sulfurique titré comme dans l'opération précédente. || *On ne voit ni ciel ni terre*, l'obscurité est complète. || *Être sur terre*, vivre, exister. || *Tant que terre nous pourra porter*, aussi loin que nous pourrons aller. — Fig. *Remuer ciel et terre*, employer tous les moyens imaginables pour parvenir à son but. || Pays, contrée, région : *Les terres australes*. || L'ensemble des pays soumis à un même gouvernement : *Les terres d'Espagne*. || *La Terre de promission, la Terre promise, la Terre sainte*, la Palestine. — Fig. *Une terre de promission*, très fertile presque sans culture : *Taïti est une terre de promission*. || Champ : *Labourer sa terre*. || Grande propriété à la campagne : *Acheter une terre*. — Fig. *Chasser sur les terres d'autrui*, prétendre à une chose qui appartient à un autre, empiéter sur les droits d'autrui. || *Prendre terre, descendre à terre*, débarquer. || *Perdre terre*, cesser d'apercevoir la terre en naviguant. — Fig. *Faire perdre terre à quelqu'un dans une discussion*, le réduire à ne savoir que répondre. || *Aller bord à terre*, naviguer en longeant la côte. || *Vivre bien avant dans les terres*, très éloigné de la mer. || *Terre ferme*, le continent, par opposition à île. || Autrefois, la partie des États de Venise qui était sur le continent italien. || *Armée, forces de terre*, les troupes qui combattent sur terre. — Fig. Les hommes qui habitent la terre : *La terre se tut devant Alexandre*. — Fig. Un très grand nombre de personnes : *Toute la terre s'occupe de cet homme*. || Les biens, les jouissances de la vie présente : *Tenir trop à la terre*. — **La Terre**, déesse des anciens, qui personnifiait la terre féconde, mère de tous les êtres, et fut successivement confondue avec *Gæa*, épouse d'Uranus et mère des Titans; avec *Rhéa*, femme de Chronos et mère de Jupiter; enfin avec *Cybèle*, déesse de la nature sauvage. — **Gr.** On dit *à terre* en parlant d'un objet qui d'abord n'y touchait pas, et *par terre* en parlant d'un corps qui, dans sa situation normale, touche au sol : *Le ballon est tombé à terre. L'arbre est tombé par terre*. — **Dér.** *Terreau, terreauder, terreauter; terrer, terrement, terreux, terreuse, terrestre; terrien, terrienne; terrain* ou *terrein, terrier 1, 2, 3; terrine, terrinée; terrir, territoire, territorial, territoriale, terroir; terrasse, terrasser, terrassement, terrassier; terral*. — **Comp.** *Atterrer, atterrage; atterrir, atterrissage, atterrissement; déterrer, enterrer, enterrement, enterreur; terragué, terraqué; terre-plein, terre-noix; Terre-Neuve; terre-neuvier; Terramare*.

TERRE (LA BASSE-) (V. *Basse*.)

TERREAU (dim. de *terre*), *sm.* L'humus, terre noirâtre, légère, perméable à l'eau, attirant l'humidité, qui résulte de la décomposition des corps des animaux et des végétaux, et fertilise le sol quand il n'y existe pas en trop grande quantité. || Terre mêlée de fumier pourri qui sert à faire des couches dans les jardins potagers. — **Dér.** *Terreauder, terreauter*.

***TERREAUDER** ou **TERREAUTER** (*terreau*), *vt.* Améliorer une terre avec du terreau. || Couvrir de terreau les racines d'une plante.

TERRE AUSTRALE DU SAINT-ESPRIT. (V. *Hébrides (Nouvelles-)*.)

TERRE DE BARI (anc. *Apulie*), 493 594 hab., 8 529 kilom. carrés. Province de l'Italie sur la côte de l'Adriatique, traversée par un chaînon des Apennins, arrosée par l'Ofanto. Sol fertile; climat sain.

TERRE DE DÉSOLATION ou **ÎLE KERGUELEN.** (V. ce mot.)

TERRE DE FEU, ou **ARCHIPEL DE MAGELLAN.** Groupe d'îles de l'Amérique du Sud, près des côtes de Patagonie, entre les deux Océans, qui comprend, outre la Terre de Feu proprement dite à l'E., les îles Occidentales, le groupe de l'Ermite, où se trouve le cap Horn, et l'île des États. On y rencontre des montagnes couvertes de neiges éternelles et de grands volcans en activité. Le climat est très froid; les habitants s'adonnent à la pêche et à la chasse. Cet archipel fut découvert par Magellan en 1520.

TERRE DE LABOUR ou **CAMPANIE**, 697 403 hab., 5 974 kilom. carrés. Province de l'Italie, le long de la mer Tyrrhénienne, arrosée par le Volturno. La partie méridionale, comprise entre le Volturno et le promontoire de Sorrente, est désignée sous le nom de *Campagna felice* : c'est une plaine voisine de Naples, parfaitement irriguée et d'une fertilité renommée. Les montagnes orientales sont bien cultivées; mais au N. et au S., le long des golfes de Gaëte et de Salerne, il existe des marécages malsains désolés par la mal'aria. Le chef-lieu est *Caserte*, et les chefs-lieux d'arr. *Gaëte, Piedimonte, Alife, Nola di Gaëte, Sora*.

TERRE DE LECCE ou **D'OTRANTE**, 493 594 hab., 8 529 kilom. carrés. Province du S. de l'Italie, baignée par l'Adriatique et par le canal d'Otrante. Terres très fertiles. Chef-lieu *Lecce*; chefs-lieux d'arr. : *Brindisi, Gallipoli, Tarente*.

TERRE DES PAPOUS ou **NOUVELLE-GUINÉE.** (V. *Guinée*.)

***TERREMENT** (*terrer*), *sm.* Opération qui consiste à amener au moyen des eaux des terres dans un lieu inondé que l'on veut exhausser.

TERRE-NEUVE (ang. *Newfoundland*), grande île de l'Amérique du Nord, située dans l'océan Atlantique, à l'E. du golfe Saint-Laurent, près du Labrador; elle fut découverte en 1497 par Sébastien Cabot et appartient à l'Angleterre. Elle n'est guère habitée que sur les côtes, qui offrent quelques bons ports au fond de baies bien abritées. L'intérieur est stérile, le sol granitique, parsemé de lacs et de tourbières, et les côtes sont escarpées. Le climat est froid et brumeux. A l'E. et au S.-E. se trouve le fameux banc de Terre-Neuve (1 000 kilom. sur 300), où plus de 2 500 navires se rendent chaque année pour la pêche de la morue. Terre-Neuve nourrit une race de chiens de forte taille. La France céda cette île aux Anglais lors du traité d'Utrecht (1713), mais les traités de Paris de 1763 et de Versailles de 1783 lui ont assuré le droit de pêche sur une étendue considérable du grand banc. La capitale de l'île est *Saint-Jean*. Sa population totale est de 161 374 habitants. || *Sm.* Grand chien à longs poils soyeux, très habile à nager, dont la race est originaire de Terre-Neuve. — Pl. *des terre-neuve*.

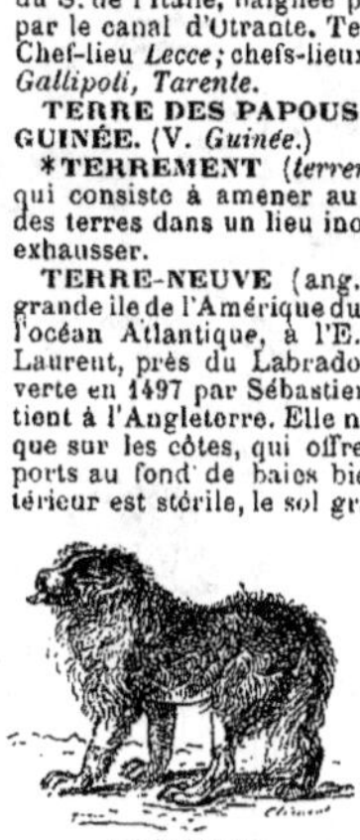

TERRE-NEUVE

TERRE-NEUVIER (*Terre-Neuve*), *sm.* Pêcheur qui va à la pêche des morues sur le banc de Terre-Neuve. || Navire servant à cette pêche. || Chien de Terre-Neuve. — Pl. *des terre-neuviers*.

TERRENOIRE, 6 415 hab. Commune du département de la Loire (canton de Saint-Étienne). Mines de houille. Grandes usines métallurgiques.

TERRE-NOIX (*terre* + *noix*), *sf.* Plante dicotylédone de la famille des Ombellifères, croissant dans les bois sablonneux et les champs maigres, dont la racine tuberculeuse, un peu plus grosse qu'une noisette, est alimentaire.

TERRE-PLEIN (*terre* + *plein*), *sm.* Massif fait de terre rapportée, entouré de murs et terminé par une surface horizontale. || Massif de terre en dedans du parapet d'une fortification sur lequel le défenseur peut circuler à l'abri. || Terrasse. — Pl. *des terre-pleins*. — **Gr.** On devrait écrire *terre-plain*, du latin *planus*, plane.

TERRE PROMISE. (V. *Palestine*.)

TERRER (*terre*), *vt.* Mettre de la nouvelle terre au pied d'une plante. || Rapporter de la terre dans un champ. || Enduire une étoffe de terre à foulon. || Opérer le terrage du sucre. — *Vi.* Creuser un trou dans la terre pour s'y loger, en parlant des animaux : *Le renard terre*. — **Se terrer**, *vr.* Être couvert de terre. || Subir l'opération du terrage. || Se loger dans un trou sous terre, en parlant des animaux. || Se mettre à couvert du feu de l'ennemi par des fortifications en terre.

TERRE SAINTE. (V. *Palestine*.)

TERRESTRE (l. *terrestrem*), *adj. 2 g.* Qui constitue la terre : *Globe terrestre*. || Situé sur la terre : *Habitation terrestre*. || Qui vient de la terre : *Exhalaison terrestre*. || *Paradis terrestre*, le lieu où Dieu plaça Adam et Ève après leur création. — Fig. Lieu délicieux et regorgeant de biens. || Qui vit ou pousse sur la terre, par opposition à aquatique. || Attaché aux biens de la terre : *Homme terrestre. Pensée terrestre*.

***TERRET**, *sm.* Cépage du Midi.

TERREUR (l. *terrorem*), *sf.* Peur violente qui nous ôte l'usage de nos facultés : *Éprouver une vive terreur*. || Personne, objet qui inspire de la terreur : *Ce juge est la terreur des méchants*. — La *Terreur*, l'époque sanglante de la Révolution française, pendant laquelle le pouvoir exécutif fut exercé par le Comité de salut public, qui dura depuis la chute des Girondins (31 mai 1793) jusqu'au 9 Thermidor (27 juillet 1794). || *Terreur blanche*, lutte sanglante, en 1815, entre les royalistes et les hommes qui avaient servi les régimes issus de la Révolution. — **Dér.** *Terroriser, terrorisme, terroriste; terrible, terriblement*. — **Comp.** *Terrifier*.

TERREUX, EUSE (l. *terrosum*), *adj.* Qui est de la nature de la terre ou s'y rapporte : *Matière terreuse. Goût terreux*. || Mêlé, sali de terre : *Sable terreux. Avoir les mains terreuses*. || Qui a la couleur terne de la terre : *Visage terreux*.

TERRIBLE (l. *terribilem* : de *terrere*, effrayer), *adj. 2 g.* Qui cause ou qui peut causer la terreur : *Homme, visage terrible*. || Extrêmement violent : *Tempête terrible*. || Extrêmement critique : *Situation terrible*. || Extraordinaire, étrange : *Une terrible colère*. || Importun, fatigant, dont on ne peut se débarrasser : *Un terrible homme*. — *Sm.* Ce qui cause la terreur. — **Dér.** *Terriblement*.

TERRIBLE (MONT), 998 mètres. Montagne de Suisse au S.-E. de Porentruy (canton de Berne).

TERRIBLEMENT (*terrible* + sfx. *ment*), *adv.* De manière à inspirer la terreur : *Il tonne terriblement*. || Extrêmement, excessivement : *Travail terriblement fatigant*.

TERRIEN, IENNE (l. *terrenum*, de terre), *adj.* Qui possède des terres ou beaucoup de terre : *Propriétaire, seigneur terrien*.

1. **TERRIER** (*terre*), *adj.* et *sm.* *Papier terrier*, ou simplement *terrier*, désignait une sorte de cadastre des terres dont jouissaient les particuliers relevant d'une seigneurie, ou de celles d'un monastère. || *Terrier ecclésiastique*, registres contenant la statistique des biens du clergé de France, qui étaient déposés au couvent des Grands-Augustins, à Paris, et qui furent anéantis par ces moines en 1789.

2. **TERRIER** (*terre*), *sm.* Trou que certains animaux creusent sous terre pour s'y loger : *Un terrier de lapins, de renards*. — Fig. Retraite profonde : *Se retirer dans un terrier*.

3. ***TERRIER** (*terre*) *adj.* et *sm.* Se dit d'un chien basset propre à la chasse des animaux qui se retirent dans des terriers.

***TERRIFIER** (l. *terrificare* : de *terror*, terreur + *ficare*, faire), *vt.* Frapper de terreur, épouvanter : *Cette nouvelle l'a terrifié*.

TERRINE (*terre*), *sf.* Vase en terre cuite, à fond plat, rond, à bords évasés, destiné à contenir du lait, des confitures, etc. Sorte de pâté cuit, conservé et servi froid dans une terrine : *Une terrine de foie gras*. — **Dér.** *Terrinée*.

TERRINÉE (*terrine*), *sf.* Le contenu d'une terrine.

TERRIR (*terre*), *vi.* Venir sur le rivage de la terre pour y pondre, en parlant des tortues. || Arriver à la vue d'une terre pendant qu'on navigue.

TERRITOIRE (l. *territorium*), *sm.* Étendue de terre qui dépend d'un État, d'une division administrative, d'une ville, d'une commune : *Le territoire français. Cette commune a un vaste territoire.* ‖ Aux Etats-Unis, canton qui n'est pas assez peuplé pour avoir le titre d'Etat, et qui est administré au nom du congrès fédéral.

TERRITORIAL, ALE (l. *territorialem*), *adj.* Qui s'applique à un territoire : *L'étendue territoriale de la France.* ‖ Levé sur un territoire : *Impôt territorial.* ‖ *Armée territoriale*, troupe non soldée et laissée dans ses foyers en temps de paix, créée en France par la loi du 27 juillet 1872, destinée à la défense intérieure du territoire, et composée de tous les hommes âgés de moins de 45 ans qui ont accompli le temps de service prescrit

SAINT-PIERRE ET MIQUELON

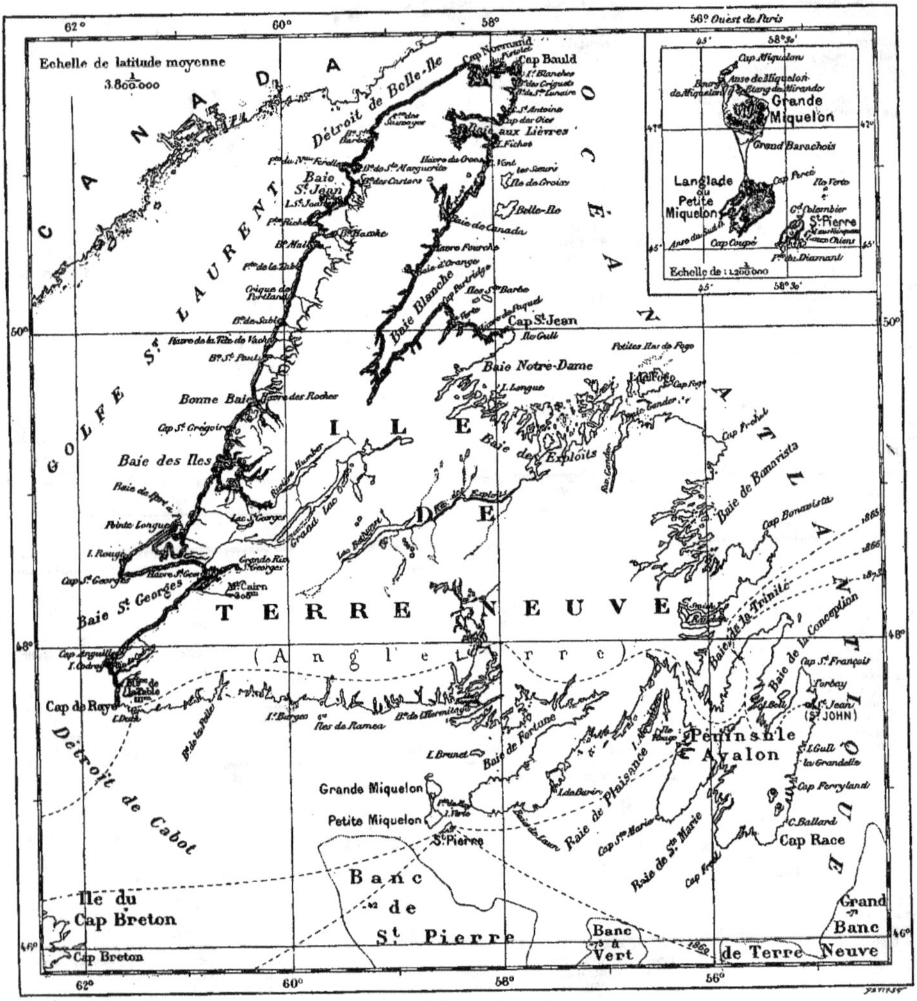

Gravé par R. Hausermann.

"Côte française" (French Shore)

Câbles télégraphiques - - - - -

pour l'armée active et pour la réserve.

TERROIR (*terre*), *sm.* Portion de sol considérée au point de vue des récoltes qu'elle peut produire : *La Normandie est un terroir de pâturages.* ‖ *Ce vin sent le terroir*, il a un goût qui dépend de la composition du sol où il a été récolté. — Fig. *Sentir le terroir,* avoir les défauts qu'on attribue aux gens du pays où l'on est né.

***TERRORISER** (du l. *terror*, terreur), *vt.* Gouverner par la terreur, inspirer de la terreur.

***TERRORISME** (du l. *terror*, terreur), *sm.* Système de gouvernement appliqué en France pendant la Terreur. ‖ Tout système analogue.

***TERRORISTE** (du l. *terror*, terreur), *sm.* Partisan, agent du terrorisme.

TERSER. (V. *Tercer.*)

TERTIAIRE (l. *tertiarium*), *adj. 2 g.* Qui occupe le troisième rang. ‖ Formé en troisième lieu. || *Terrain tertiaire,* nom donné par les géologues à l'ensemble des couches sédimentaires de l'écorce terrestre qui se sont formées depuis le dépôt de la craie jusqu'à celui des alluvions anciennes. Le terrain tertiaire présente une constitution minéralogique très variée et forme des pays peu accidentés, éminemment favorables à la culture; il a vu naître des mollusques analogues à ceux d'aujourd'hui (Lamellibranches, Gastéropodes, succédant aux Céphalopodes, aux Brachyopodes et aux Ammonites), apparaître les grands mammifères, peut-être l'homme et les plantes dicotylédones les plus parfaites. Parmi les minéraux qui se sont fait jour à travers les fentes rouvertes de l'écorce terrestre dominent l'or et l'argent, métaux précieux qui sont nés en quelque sorte avec l'homme. Ce terrain, appelé encore *néozoïque*, est subdivisé en *éocène, miocène, pliocène.* (V. ces mots.) Le sol du bassin de Paris appartient à ce terrain.

Les divisions et subdivisions de l'époque tertiaire sont les suivantes :

Eocène. .	Parisien . .	Ligurien.
		Bartonien.
		Lutétien.
	Suessonien.	Yprésien.
		Sparnacien.
		Maudunien.
Miocène.	Tortonien.	
	Helvétien.	
	Mayencien.	
	Aquitanien.	
	Tongrien.	
Pliocène.	Astien.	
	Messinien.	

|| *Époque* ou *période tertiaire,* celle pendant laquelle se sont déposées les couches du terrain tertiaire.

TERTIO [ter-cio] (ml.), *adv.* Troisièmement. || Indique le troisième article d'une série et s'écrit en abrégé 3°.

TERTRE (vx fr. *teltre;* dans Froissart, *terne;* mot d'origine incertaine; les uns le faisant venir de *terræ torus,* élévation de terre, les autres de *terrinus,* de terre), *sm.* Butte de terre, éminence, monticule qui s'élève dans une plaine : *Un tertre couvert de gazon.* || *Tertre funéraire,* butte de terre où l'on a enterré un certain nombre de morts, spécialement après un combat, une bataille.

***TERTULLIANISME** (*Tertullien*), *sm.* La doctrine de Tertullien.

***TERTULLIANISTE** (*Tertullien*), *sm.* Partisan de la doctrine de Tertullien.

TERTULLIEN (160-245), docteur de l'Église latine, né à Carthage, qui fut d'abord païen. Devenu chrétien, il écrivit en latin en faveur du christianisme, dans un style dur, mais plein de vivacité et d'éclat, un grand nombre d'ouvrages dont le plus beau est l'*Apologétique.* Il adopta ensuite l'hérésie des *montanistes,* et finit par créer une secte nouvelle appelée de son nom le *tertullianisme.* — **Dér.** *Tertullianisme, tertullianiste.*

TERUEL, 9482 hab., ville d'Espagne (Aragon), au confluent du Guadalaviar et de l'Alfambra. Lainages, tanneries, etc.

TES (l. *tuos* et *tuas*), *adj. pl.* 2 *g.* Qui signifie *de toi,* et annonce que plusieurs objets sont possédés par un seul individu : *Tes parents.*

TESCHEN, 10 000 hab., ville d'Autriche-Hongrie (Silésie). Cuirs, laines, draps, vins. Le traité de Teschen (1779), sous Joseph II, consacra l'annexion à l'Autriche du quartier bavarois de l'Inn, à la suite de l'extinction de la ligue bavaroise des Wittelsbach.

***TESCHÉNITE,** *sf.* Roche à texture granitoïde; c'est une pâte cristalline grenue d'éléolithe, d'augite et d'amphibole, renfermant des cristaux de labrador, de fer titané et d'apatite. Le sphène et le mica magnésien y figurent comme éléments accessoires.

TESCOU, 60 kilom., rivière affluent du Tarn à Montauban.

TESSALA (MONTS DE), *smpl.* Montagnes d'Algérie qui limitent au S. le bassin au centre duquel est le lac salé qui porte le nom de *Sebkha d'Oran.* Leur limite orientale extrême est le Djebel Tafaroui (1 858 mètres), voisin des gorges où passe le chemin de fer de Sidi-bel-Abbès; leurs pentes septentrionales sont très fertiles. Le principal centre de la contrée est Aïn-Témouchent.

TESSÉ (COMTE DE) (1650-1725), maréchal de France et diplomate protégé de Louvois.

TESSÈRE (l. *tessera*), *sf.* Petite plaque de bois, d'ivoire ou de métal qui, chez les Romains, servait de signe de reconnaissance, de jeton, de billet de théâtre, etc. || *Tessère militaire,* celle sur laquelle on écrivait le mot d'ordre dans une légion. || *Tessère hospitalière,* celle que des hôtes échangeaient entre eux pour se reconnaître plus tard.

TESSIER (ALEXANDRE-HENRI) (1742-1837), agronome français qui, comme directeur de la bergerie modèle de Rambouillet, propagea les moutons mérinos en France. Il est, en outre, l'auteur d'un grand nombre d'écrits sur l'agriculture.

TESSIN (ital. *Ticino*), 280 kilom. Rivière de Suisse et d'Italie, qui descend du col de Nufenen, dans les environs du Saint-Gothard, non loin des sources de la Reuss; il coule vers le S., arrose le canton du Tessin (val Levantine), passe à Airolo (1 179 mètres), Giornico, Biasca, Bellinzona, où viennent converger les routes du Saint-Gothard, du Luckmanier et du San Bernardino, ainsi que la nouvelle voie ferrée. Il forme ensuite le lac Majeur, qui a 64 kilom. de longueur, 6 kilom. de largeur moyenne et 200 mètres de profondeur. Sur ses bords se trouvent Locarno, Luino, Intra, Pallanza, Stresa, en face des îles Borromées, et Arona. Le Tessin sort du lac à Sesto-Calende, coule vers le S., et se jette dans le Pô, près de Pavie. De Sesto-Calende à Pavie, la distance est d'environ 100 kilom. (largeur moyenne 95 mètres). Dans les crues, toute la vallée est couverte par les eaux. Le Tessin reçoit à droite : 1° la *Verzasca;* 2° la *Maggia,* venue du Griesborn, qui aboutit à Locarno, dans le lac Majeur; 3° la *Toce,* qui arrose le val Formazza, passe à Domo-d'Ossola et se jette dans le lac Majeur, à l'anse de Pallanza grossie de la *Diveria,* de l'*Anza,* de la *Strona.* A gauche, le Tessin reçoit le *Breno,* la *Moresa,* la *Tresa* et le *Bardello,* qui servent de déversoir aux lacs de Lugano et de Varese. Un peu en amont de Turbigo s'embranche sur le Tessin le canal de *Naviglio-Grande,* qui aboutit à Milan.

TESSIN (CANTON DU), division politique de la Suisse. Borné au N. par les cantons d'Uri et du Valais, au N.-E. par les Grisons, au S.-O. et à l'O. par l'Italie, il est couvert par les Alpes, et dans ses principales vallées coulent le *Tessin* et la *Maggia;* au S. sont les lacs Majeur et Lugano. (V. *Suisse.*) Les habitants en sont catholiques et parlent en général l'italien. La superficie du canton est de 2 818 kilom. carrés, et sa population de 131 000 hab. Ch.-l. *Bellinzona.*

TESSON (bl. *testonem :* de *testum,* argile), *sm.* Morceau de bouteille cassée, de pot cassé : *On garnit le chaperon des murs de tessons de bouteilles.*

TESSY-SUR-VIRE, 1461 hab. Ch.-l. de c., arr. de Saint-Lô (Manche).

1. TEST ou **TÊT** (l. *testum,* argile), *sm.* Tesson. || Petite coupelle de terre dans laquelle les chimistes grillent les échantillons de minerai pour en faire l'analyse quantitative. || *Test percé,* coupelle analogue, mais percée d'un trou, que l'on renverse sous l'eau ou le mercure et sous laquelle on introduit l'extrémité libre d'un tube abducteur.

2. TEST ou **TÊT** (l. *testum,* couvercle), *sm.* Coquille calcaire des mollusques. || Enveloppe calcaire des crustacés. || Se dit, par abus, de la carapace des tortues, de la cuirasse des tatous. — **Dér.** *Test* 1, *têt, tesson, testacé, testacée.*

3. TEST (mot ang., *épreuve,* usité dans *serment du test*), *sm.* Serment écrit qui était exigé, avant 1829, des fonctionnaires anglais et dans lequel ils déclaraient qu'ils ne croyaient pas à la transsubstantiation et qu'ils rejetaient le culte de la Vierge et des saints.

TESTACÉ, ÉE (l. *testaceum*), *adj.* Dont le corps est enveloppé d'une coquille, d'une enveloppe calcaire : *Un animal testacé.* — *Sm.* Un mollusque : *L'escargot est un testacé.*

TESTAMENT (l. *testamentum*), *sm.* Acte toujours révocable par lequel une personne déclare qu'elle lègue tout ou partie de ses biens à un ou plusieurs individus qui entreront en jouissance après sa mort. Un testament, pour être valable, doit être fait par une personne saine d'esprit et en possession de ses droits civils. Celui qui a 21 ans et la femme mariée qui n'ont point d'enfants peuvent disposer de la totalité de leurs biens. Le mineur qui a plus de 16 ans ne peut disposer que de la moitié. — Le *testament,* dans les temps les plus reculés de l'histoire romaine, se faisait par déclaration publique devant l'assemblée du peuple, qui servait de témoin. Plus tard, il consista en un écrit contenant les volontés du testateur, ou en une déclaration verbale de ces volontés, attestées, dans les deux cas, par sept témoins. Du droit romain et du droit coutumier du moyen âge procèdent les diverses formes de testament autorisées par la loi française. 1° Le *Testament olographe* (de ὅλος, entier; γράφω, j'écris) est un acte écrit en entier, daté et signé de la main du testateur, sans que celui-ci puisse faire guider la main pour former ses lettres. Le testament olographe doit mentionner le jour, le mois et l'année où il a été écrit. Si la date est incomplète ou inexacte, il faut, pour qu'il demeure valable, qu'elle puisse être complétée ou corrigée par des éléments justificatifs puisés dans l'acte même. Un testament daté du 31 avril, ce mois n'ayant que 30 jours, serait nul si aucune donnée puisée dans cette pièce même ne permettait de rectifier l'erreur de date. Il doit enfin être signé du nom de famille du testateur ou de sa signature habituelle. Des fautes d'orthographe dans le nom, l'absence du paraphe habituel ne vicient pas la signature quand le nom de famille est entier et lisible. Une croix ne peut être admise comme signature. Le testament olographe peut être écrit sur papier libre ou sur toute autre matière. Des dispositions prises à des époques diverses peuvent porter chacune sa date ou, toutes ensemble, la date du jour où le testament a été terminé. Un mot reconnu écrit d'une main étrangère, quoique sous les yeux du testateur ou avec son consentement et faisant partie du testament, peut suffire à le rendre nul. Toutefois une clause additionnelle écrite par un tiers de l'aveu du testateur, bien que nulle, n'entraîne pas forcément la nullité du reste de l'acte. Le testament olographe doit être, au jour du décès du testateur, envoyé au président du tribunal civil de l'arrondissement. Celui-ci en prend connaissance, écrit et signe une ordonnance de mise en possession et renvoie le testament à un notaire. 2° Le *Testament par acte public,* celui qui est dicté par le testateur à un notaire en présence de quatre témoins, ou à deux notaires en présence de deux témoins. Les notaires ne doivent pas être parents ou alliés du testateur en ligne directe et ne peuvent l'être en ligne collatérale que jusqu'au degré d'oncle ou de neveu. Les témoins doivent jouir de leurs facultés intellectuelles et de leurs droits civils. Ils ne doivent pas être pris parmi les légataires, ni parmi les parents ou alliés jusqu'au quatrième degré. Le testament doit être dicté par le testateur : il serait nul s'il était fait sur interrogations du notaire et réponses du testateur. Il doit être écrit de la main du notaire même. Une fois écrit, il doit être lu au testateur et porter la mention de l'accomplissement de toutes les formalités légales. Enfin il doit être signé du testateur, s'il sait signer, d'au moins la moitié des témoins et du ou des notaires. 3° Le *Testament mystique* ou *secret,* testament écrit ou au moins signé par le testateur, et remis par lui clos et scellé à un notaire en présence de six témoins. Le testateur écrit ou fait écrire ses volontés et les signe. Il remet la feuille close et scellée au notaire en présence des six témoins et déclare de vive voix ou par écrit que le pli contient son testament. Le notaire dresse sur le pli clos et scellé le certificat de dépôt, qu'on appelle *acte de suscription,* et le signe avec le testateur et les témoins, sans avoir le droit de procéder à d'autres actes entre la présentation du testament et la signature de l'acte de suscription. Les personnes qui ne sauraient ou ne pourraient lire ne peuvent tester sous cette forme. — La loi a tenu compte des difficultés créées par certaines situations, telles que celle du soldat malade ou blessé en guerre hors du territoire français ou prisonnier chez l'ennemi, des marins ou des passagers en mer, des habitants d'un pays isolé pour cause de contagion. Les testaments faits dans ces circonstances, testaments *militaires, maritimes, en temps de peste,* sont dits *privilégiés,* parce que les testateurs ne sont pas tenus à toutes les formalités ordinaires. Néanmoins ces testaments ne sont plus valables six mois après que le testateur est rentré dans un pays où les formes ordinaires de tester peuvent être appliquées. Tout testament est *révocable* soit par un testament postérieur, soit par un acte notarié. Si la révocation totale n'est pas expresse, certaines dispositions spéciales peuvent être regardées comme seules révoquées. Un testament devient *caduc* quand il ne peut être exécuté par défaut du légataire ou de la chose léguée, si elle a péri du vivant du testateur ou après sa mort sans qu'il y ait de la faute de l'héritier, ou enfin quand l'héritier désigné est *incapable* d'hériter. || *Testament inofficieux,* qui ne fait pas mention des héritiers de droit les plus proches. || *Testament politique,* écrit réel ou supposé d'un homme d'Etat, dans lequel celui-ci expose les motifs de sa conduite ou développe ses vues sur les affaires à venir : *Le testament politique de Richelieu est authentique; beaucoup d'autres sont apocryphes.* || **L'Ancien Testament,** les livres saints des Juifs écrits avant la naissance de Jésus-Christ, et comprenant le Pentateuque, le livre de Josué, celui des Juges, les deux livres de Samuel, les deux livres des Rois, les deux livres des Chroniques, les livres de Ruth et de Job, les Psaumes, les livres attribués à Salomon (Proverbes, Ecclésiaste, Cantique des Cantiques) et les écrits des prophètes. — Se dit aussi de l'alliance de Dieu avec les Juifs. || **Le Nouveau Testament,** les livres postérieurs à la naissance de Jésus-Christ, reconnus comme saints par les chrétiens et comprenant : les quatre Evangiles, les Actes des apôtres, les Epitres de saint Paul, de saint Pierre, de saint Jacques, de saint Jean, de saint Jude et l'Apocalypse de saint Jean. — *Nouveau Testament* désigne aussi l'alliance de Dieu avec les chrétiens. — **Dér.** *Testamentaire.*

TESTAMENTAIRE (l. *testamentarium*), *adj. 2 g.* Qui a rapport à ou dérive d'un testament : *Héritier, disposition, droit testamentaire.* || *Exécuteur testamentaire,* la personne désignée par un testateur pour l'exécution de son testament.

TESTATEUR, TRICE (l. *testatorem*), *s.* Celui, celle qui fait un testament : *La volonté d'un testateur doit être sacrée.*

TESTE (Jean-Baptiste) (1780-1852). Ministre de la justice et des travaux publics sous Louis-Philippe, condamné pour concussion en 1846 par la cour des pairs.

TESTE, 2 442 hect. Forêt domaniale de la Gironde, peuplée de pins maritimes.

TESTE DE BUCH (LA), 6 401 hab. Ch.-l. de c., arr. de Bordeaux (Gironde). Port sur le bassin d'Arcachon, bains de mer, huîtres, poissons, térébenthine.

TESTER (l. *testari,* témoigner), *vi.* Déclarer par testament ce que l'on veut qui soit exécuté après sa mort. — **Dér.** *Testateur, testatrice, testament, testamentaire; testimonial, testimoniale.*

***TESTICULAIRE** (*testicule*), *adj. 2 g.* Qui appartient aux testicules.

TESTICULE (l. *testiculum*), *sm.* Organe glandulaire propre au mâle, qui sécrète le sperme. Les testicules, au nombre de deux, sont contenus dans une poche ou bourse appelée *scrotum.* Chaque testicule a un peu la forme d'un œuf aplati et est composé de trois parties : 1° une enveloppe fibreuse ou *tunique albuginée,* résistante, de couleur blanchâtre et nacrée, épaisse d'environ 1 millimètre et présentant à sa partie supérieure un épaississement intérieur désigné sous le nom de *corps de Highmore;* 2° un tissu propre ou *pulpe du testicule,* formé par une substance molle et jaunâtre. Ce tissu est constitué par un grand nombre de tubes appelés *tubes séminifères* ou *canalicules spermatiques.* Chacun de ces tubes commence par un cul-de-sac se repliant sur lui-même, puis ils se réunissent par trois ou quatre et forment ainsi les *lobules du testicule,* qui sont au nombre de 275 environ. Les tubes séminifères deviennent rectilignes vers le sommet du lobule et pénètrent dans le corps de Highmore, où ils s'entre-croisent, s'anastomosent entre eux et forment le *réseau de Haller* donnant naissance à 10 ou 12 *canaux* ou *cônes efférents.* Ceux-ci se réunissent et se fondent en quelque sorte en un tube replié sur lui-même, long d'environ 10 centimètres, appelé *épididyme,* et qui débouche dans le canal de l'urèthre. 3° Enfin, le testicule renferme des vaisseaux et des nerfs. Pour que le testicule puisse remplir ses fonctions il faut qu'il soit descendu dans le scrotum.

TESTIF (*x*), *sm.* Poil de chameau.

TESTIMONIAL, ALE (l. *testimonialem*), *adj.* Qui sert de preuve, de témoignage. || *Preuve testimoniale,* preuve par témoins. — M. pl. *Testimoniaux.*

TESTON [tes-ton] (vx fr. *teste,* tête), *sm.* Ancienne monnaie d'argent frappée à l'effigie des rois de France, depuis Louis XII (1513) jusqu'à Henri III inclusivement (1575) et dont la valeur varia de 10 sous à 12 sous 6 deniers.

TESTONNER (vx fr. *teston,* tête), *vt.* Peigner les cheveux, les arranger avec soin (vx).

TESTRY, village de l'arr. de Péronne (Somme). || Victoire de Pépin d'Héristal sur Thierry III, roi de Neustrie (687).

TÊT (db. de *test*), *sm.* Tesson. || Petit vase de terre réfractaire dont se servent les chimistes pour griller les échantillons de minerais et en faire l'analyse. || Vase semblable percé d'un trou dans lequel on engage l'extrémité d'un tube abducteur. || Le crâne (vx). || La partie de l'os frontal d'où partent les bois du cerf. || Le test des mollusques, des crustacés, etc.

TÊT (LE), 125 kilom. Petit fleuve côtier de France qui passe au pied de Montlouis, baigne Prades, Perpignan et se jette dans la Méditerranée. Débit considérable. La vallée du Têt a une grande importance au point de vue militaire : elle permet aux Français d'entrer en Catalogne par les vallées du Sègre et du Ter.

***TÉTANIE** (*tétanos*), *sf.* Maladie infectieuse causée par l'introduction dans le tissu conjonctif sous-cutané, ou dans une plaie, de la boue des rues des villes. Par exemple, si l'on met dans une incision faite à la base de la queue d'un animal un fragment de terre des rues gros comme un pois, l'animal tombe malade de deux à quatre jours après l'opération. L'un des membres postérieurs se raidit et demeure paralysé. L'autre membre a bientôt le même sort, en sorte que le train de derrière est paralysé; dix ou douze heures après, la nuque et les membres antérieurs sont atteints de la même façon, et l'animal meurt de la même manière que l'homme malade du tétanos. Les liquides recueillis chez des individus affectés de cette dernière maladie et inoculés à des lapins ont produit une affection semblable à la tétanie, ce qui tendrait à prouver que le tétanos et la tétanie sont dus à la même cause, c'est-à-dire à la présence d'un micro-organisme.

TÉTANIQUE (*tétanos*), *adj. 2 g.* Qui est de la nature du tétanos : *Accident tétanique.* — *Adj.* et *sm.* Qui a le tétanos : *Un malade tétanique.*

TÉTANOS [té-ta-noce] (g. τέτανος : de τείνειν, tendre), *sm.* Maladie ordinairement mortelle dans laquelle tous les muscles du corps ou plusieurs d'entre eux sont tellement tendus, raides et immobiles, qu'aucun effort n'est capable de les fléchir. Des plaies ou des blessures graves déterminent parfois le tétanos. On croit aujourd'hui que le *tétanos* est produit par un microbe. (V. *Tétanie.*) — **Dér.** *Tétanie, tétanique.*

TÊTARD (*tête*), *sm.* Batracien tout jeune qui n'a pas encore de pattes, possède une longue queue aplatie servant de nageoire et porte de chaque côté du cou de grandes branchies en forme de panache : *Le têtard de la grenouille.* (V. *Grenouille,* tome Ier, p. 882, col. 2 et 3.) || Arbre que l'on étête et que l'on étale au-dessus du sol pour que sa partie supérieure s'accroisse en forme de

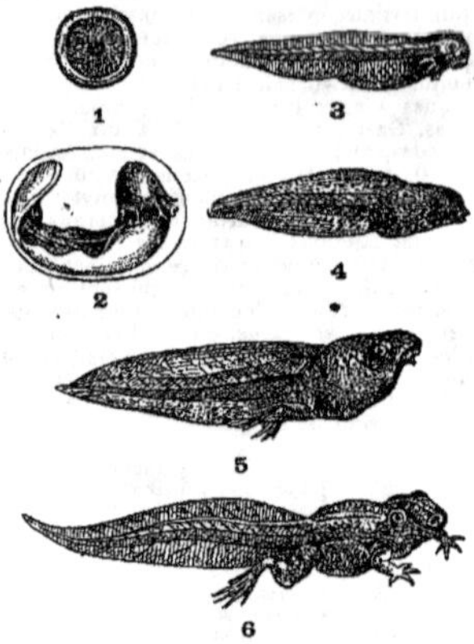

TÊTARDS DE GRENOUILLE

1. Œuf. — 2. Embryon dans l'œuf. — 3. Têtard sortant de l'œuf. — 4. Têtard ordinaire. — 5. Apparition des pattes postérieures. — 6. Apparition des pattes antérieures.

massue et produise une épaisse touffe de branches : *Le chêne, le frêne, l'aune, le charme, le saule* surtout se cultivent en têtards, dont on coupe les branches tous les sept ou tous les neuf ans. || Le chabot.

TÊTE (vx fr. *teste* : l. *testa,* vase de terre cuite), *sf.* L'extrémité supérieure ou antérieure plus ou moins arrondie du corps de l'homme et de beaucoup d'animaux, formée de deux parties, l'une postérieure, ou *crâne,* qui contient le cerveau; l'autre antérieure, ou *face,* réunie par le *cou* au reste du corps. (V. *Crâne* et les figures de ce mot.) || *Porter sa tête sur l'échafaud,* avoir la tête tranchée. || *Mettre la tête de quelqu'un à prix,* promettre une somme à qui le tuera. || *Avoir 50 ans sur la tête,* être âgé de 50 ans. — Fig. *Avoir des affaires, des dettes par-dessus la tête,* en être accablé. — Fig. *Ne savoir où donner de la tête,* ne savoir que faire, que devenir. || *Monter la tête à quelqu'un,* lui mettre martel en tête. || *C'est donner de la tête contre un mur,* c'est tenter une chose impossible. — Fig. *Avoir la tête près du bonnet,* être prompt à se fâcher, à se mettre en colère. — Fig. *Laver la tête à quelqu'un,* lui faire une forte réprimande. — Fig. *Aller partout tête levée,* sans craindre aucun reproche, aucun affront. — Fig. *Lever la tête,* se montrer avec effronterie. || *Relever la tête,* reprendre de la hardiesse. — Fig. *Y aller, y donner tête baissée,* se précipiter aveuglément dans le péril. — Fig. *Crier à tue-tête, du haut de sa tête, à pleine tête,* crier de toute sa force. — Fig. *Jeter une chose à la tête de quelqu'un,* la lui offrir sans qu'il la demande. — Fig. *Se jeter à la tête des gens,* les rechercher trop, leur faire trop d'avances. — Fig. *Tenir tête à quelqu'un,* lui résister. — Fig. *Faire tête à l'orage,* se montrer ferme dans le danger. || *Mettre un homme en tête à quelqu'un,* le lui opposer comme adversaire. || *Tête de mort,* tête humaine dont il ne reste plus que les os. — Fig. Fromage de Hollande en forme de boule. || Le crâne : *Tête chauve.* || Chevelure : *Une tête frisée.* || Le dedans de la tête : *Avoir mal à la tête.* — Fig. *Fendre la tête à quelqu'un,* l'incommoder en faisant un grand bruit. || *Rompre la tête à quelqu'un de quelque chose,* l'en importuner. || *Se rompre la tête à faire quelque chose,* s'y appliquer avec toute la force d'esprit dont on est capable. — Fig. *Avoir martel en tête,* avoir l'esprit tourmenté de certaines choses. || *Porter, monter à la tête,* se dit d'une odeur, d'une vapeur qui incommode : *Ce vin monte à la* *tête.* || Vie : *Il paya ce crime de sa tête.* || Personne : *Dîner à tant par tête.* || *Tête couronnée*, empereur ou roi. || Individu : *Troupeau de 200 têtes.* || Intelligence, entendement : *Mettez-vous cela dans la tête.* || Capacité intellectuelle : *Il faut avoir beaucoup de tête pour comprendre cette affaire.* || *Un homme de tête,* capable et ferme. || Bon sens, raison : *Perdre la tête.* || Caractère d'où dépend la conduite : *C'est une bonne, une forte tête*, un homme d'un jugement droit et sain. || *Une mauvaise tête,* personne sujette à des écarts, des travers dans la conduite; personne querelleuse. || *Tête légère* ou *à l'évent,* personne inconséquente ou frivole. || *Tête folle*, personne extravagante. || *Coup de tête,* action hardie faite sans réflexion. || Représentation d'une tête humaine : *Une tête d'étude.* || Figure humaine sur une monnaie. || Les bois d'un cerf. — Fig. Chef : *Il est la tête de l'Etat.* || Direction, administration : *Être à la tête d'une maison de commerce.* || Partie supérieure d'une chose : *La tête d'un arbre, d'un mât.* || Extrémité supérieure arrondie ou plate : *La tête d'une épingle, d'un clou.* || Assemblage d'organes de même nature surmontant un autre organe : *Une tête d'artichaut.* || Face antérieure : *La tête d'un voussoir.* || Ornement de sculpture figurant une tête d'homme ou d'animal. || *Tête de mur*, ce qui paraît de l'épaisseur d'un mur dans une ouverture. || L'endroit où une chose commence : *La tête d'un bois.* || *La tête du camp,* la partie du camp qui regarde le terrain où l'on doit mettre les troupes en bataille. || *Tête de pont,* fortification placée en avant d'un pont. || Commencement d'un livre, d'un écrit : *Son nom est en tête de la liste.* || *Tête de ligne,* chacune des deux stations situées aux extrémités d'un chemin de fer. || La partie d'une armée, d'une foule qui marche la première : *La tête d'un cortège.* — A LA TÊTE, *loc. adv.* A la première place, au premier rang, avec autorité sur : *Il était à la tête de la révolte.* — DE TÊTE, *loc. adv.* Mentalement, de mémoire : *Calculer de tête.* — TÊTE A TÊTE, *loc. adv.* Seul à seul. — TÊTE POUR TÊTE, *loc. adv.* L'un devant l'autre (vx). — **Dér.** *Teston, testonner; têteau, têtard, têtier; têtière, têtoir : têtu.* — **Comp.** *Entêter, entêté, entêtée, entêtement : désentêter; tête-à-tête, tête-bêche; tête-bleu; têtigué, têtiguenne, têtigoy.*

TÊTE-À-TÊTE (*tête + à + tête*), *sm.* Rencontre, entretien de deux personnes seules. — Pl. *des tête-à-tête.*

***TÊTEAU** (dm. de *tête*), *sm.* Extrémité d'une grosse branche.

***TÊTE-BÊCHE** (*tête* + vx fr. *be + chevet*, chevet à contresens), *loc. adv.* Tête contre pied et réciproquement. || A rebours.

***TÊTE-BLEU** (*tête + bleu*, pour *Dieu*), *interj.* Jurement de l'ancienne comédie.

TÊTE-DE-FLANDRE, forteresse située sur l'Escaut, vis-à-vis d'Anvers.

TETER ou **TÉTER** (*tette*), *vt.* Sucer le lait de la mamelle. — **Gr.** Pour *teter* on double le *t*, devant une syllabe muette : il tette; il tettera. Pour *téter* on change *té* en *tè* devant une syllabe muette, excepté au futur et au conditionnel : ils tètent; il tétera, il téterait.

TÊTES RONDES, nom par lequel les *cavaliers*, ou partisans de Charles Ier, roi d'Angleterre, désignaient les soldats, puis les individus du parti du parlement.

TÉTHYS, principale déesse de la mer, née du Ciel et de la Terre, épave de l'Océan, mère des Fleuves et des Nymphes de la mer. (Myth.) — Ne pas la confondre avec *Thétis.*

***TÊTIER** (*tête*), *sm.* Ouvrier qui fait les têtes d'épingle. || Autrefois, rameur de l'avant dans une ancienne embarcation.

TÊTIÈRE (*tête*), *sf.* Petite coiffure de toile qu'on met aux enfants nouveau-nés. || Partie supérieure de la bride qui passe derrière le toupet du cheval et soutient le mors. || Cordage cousu au bord supérieur d'une voile pour la fortifier.

*** TETIGUÉ, TÊTIGUENNE** ou **TÊTIGOY**, *interj.* Jurement que l'ancienne comédie mettait dans la bouche des paysans et qui est une altération de *tête-Dieu.*

TETIN (*tette*), *sm.* Le bout de la mamelle.

TETINE (*tetin*), *sf.* Mamelle d'un animal. || Chacun des quatre trayons du pis de la vache. || Pis de la vache ou de la truie, considéré comme mets. — Fig. Enfoncement qu'une balle produit sur une cuirasse lorsqu'elle ne la perce pas d'outre en outre.

***TÊTOIR** (*tête*), *sm.* Machine à frapper les têtes d'épingle.

TETON (*tette*), *sm.* Mamelle de la femme. || *Teton de Vénus,* variété de pêche très grosse et à peau vermeille.

TÉTOUAN, 30 000 hab., ville du Maroc, près de la Méditerranée, fabriques d'armes, laines, maroquin, fruits.

TÉTRA (g. τέτρα, pour τέσσαρα, quatre), préfixe qui signifie *quatre.*

TÉTRACORDE (*tétra + corde*), *sm.* Ancienne lyre à cordes. || Sorte de gamme des anciens Grecs, composée de quatre sons.

***TÉTRADACTYLE** (pfx. *tétra* + g. δάκτυλος, doigt), *adj. 2 g.* Se dit des animaux qui ont quatre doigts à chaque pied. (Zool.)

TÉTRADRACHME (*tétra + drachme*),

TÉTRADRACHME
D'ALEXANDRE LE GRAND. (CABINET DES MÉDAILLES.)

sm. ou *f.* Monnaie d'argent des anciens Grecs qui valait 4 drachmes ou 3 fr. 72.

*** TÉTRADYNAME** ou ***TÉTRADYNAMIQUE,** *adj. 2 g.* Qui appartient à la tétradynamie.

TÉTRADYNAMIE (*tétra* + g. δύναμις, puissance), *sf.* Dans le système de Linné, classe de plantes dont la fleur possède 6 étamines, dont 4 longues, égales entre elles, et 2 plus courtes : *Les plantes crucifères appartiennent à la tétradynamie.*

TÉTRAÈDRE (*tétra* + g. ἕδρα, face), *sm.* La pyramide dont les quatre faces sont des triangles. — **Dér.** *Tétraédrite, tétraédrique.*

*** TÉTRAÉDRIQUE** (*tétraèdre*), *adj. 2 g.* Qui a rapport au tétraèdre.

TÉTRAÉDRITE (*tétraèdre*), *sf.* Minéral cuivreux, souvent argentifère, et alors exploité comme minerai d'argent. Sa couleur est d'un gris d'acier; son éclat est métallique; sa densité 4,8. La tétraédrite est fragile. A la flamme du chalumeau, elle donne des vapeurs abondantes d'antimoine et quelquefois d'arsenic; elle se boursoufle et se fond en une scorie. La forme primitive de ses cristaux est le tétraèdre régulier. Sa substance essentielle est un antimoniosulfure de cuivre auquel se joignent du fer, du zinc, de l'argent, de l'arsenic et de l'antimoine.

TÉTRAGONE (*tétra* + g. γωνία, angle), *adj. 2 g.* Se dit d'un organe qui présente quatre angles et quatre côtés. — *Sm.* Quadrilatère.

***TÉTRAGONIE** (*tétra* + γωνία, angle), *sf.* Genre de plantes dicotylédones de la famille des Portulacées, composé de plantes herbacées et sous-frutescentes indigènes des îles de l'hémisphère austral. L'espèce la plus remarquable de ce genre est la *tétragonie étalée,* plante annuelle qui croît à la Nouvelle-Zélande et au Japon et rendit à Cook de grands services comme antiscorbutique. On l'a introduite dans les jardins potagers, où on la cultive pour ses feuilles, que l'on mange en guise d'épinards. Elle est connue en Europe sous le nom d'*épinard de la Nouvelle-Zélande.*

***TÉTRAGRAMME** (*tétra* + g. γράμμα, lettre), *adj. 2 g.* et *sm.* Se dit d'un mot composé de quatre lettres.

TÉTRALOGIE (*tétra* + λόγος, discours), *sf.* Ensemble de quatre pièces de théâtre, composé de trois tragédies liées entre elles et d'un drame satirique que les poètes grecs présentaient au concours.

***TÉTRAMÈRE** (*tétra* + g. μέρος, partie), *adj. 2 g.* Se dit des insectes dont les tarses sont composés de quatre articles.

TÉTRANDRIE (*tétra* + g. ἀνήρ, génitif ἀνδρός, homme), *sf.* Dans le système de Linné, classe de plantes dont la fleur a quatre étamines.

***TÉTRAPODE** (*tétra* + g. πούς, génitif ποδός, pied), *adj. 2 g.* Qui a quatre pieds.

*** TÉTRAPTÈRE** (*tétra* + g. πτερόν, aile), *adj. 2 g.* Qui a quatre ailes.

TÉTRARCHAT ou **TÉTRARCAT** [tétrar-ka] (*tétrarque*), *sm.* Autorité, dignité d'un tétrarque. || Durée de ses fonctions.

TÉTRARCHIE (*tétra* + ἀρχός, chef), *sf.* Dans la phalange grecque, ensemble de quatre files de seize hommes chacune. || Sous l'empire romain, sorte de sous-préfecture, fraction de certaines grandes provinces ou préfectures conquises, partagées en quatre sections administratives. (Hist. anc.)

TÉTRARQUE (g. τετράρχης), *sm.* Gouverneur ou souverain du quart d'un pays ou qui partage l'autorité avec trois autres : *Hérode tétrarque de Galilée.* — **Dér.** *Tétrarchat, tétrarcat, tétrarchie.*

TÉTRAS [té-tra] (g. τέτραξ), *sm.* Genre d'oiseaux de l'ordre des Gallinacés, caractérisés par un bec robuste, court, dont la mandibule supérieure, voûtée et recourbée à son extrémité libre, recouvre l'inférieure de toutes parts. Ce bec a beaucoup de ressemblance avec celui des oiseaux de proie. Les narines sont en partie recouvertes par des plumes; les sourcils sont nus et garnis d'une peau verruqueuse. Les tarses sont emplumés et les pieds ont quatre doigts, dont trois sont dirigés en avant et l'autre en arrière. Les ailes des tétras sont courtes et arrondies. Les principales espèces de ce genre sont : le *coq de bruyère,* le *petit coq de bruyère,* le *lagopède,* la *gelinotte.* 1° *Le coq de bruyère* ou *grand tétras* est originaire de la Gaule, où il était très nombreux. Aujourd'hui on ne le rencontre plus guère que dans quelques localités sauvages des départements montagneux voisins des chaînes des Alpes et des Pyrénées, comme les Vosges, le Jura, l'Isère, l'Alsace, etc. C'est, après l'outarde, la plus belle espèce de gibier à plume de l'Europe, le poids du mâle égalant celui d'un dindon, c'est-à-dire 5 à 6 kilogrammes; mais la femelle est de moitié plus petite. Le *grand tétras,* appelé par les Allemands *auerhan,* c'est-à-dire *coq sauvage*, a la tête forte et garnie de plumes; ses yeux sont vifs, pleins de feu et surmontés d'une bande de sourcils d'un rouge écarlate; son bec est robuste et a beaucoup d'analogie avec celui des oiseaux de proie. Il a le corps couvert de plumes noires; celles du dos ont un reflet vert ou bleu, tandis que les ailes portent en travers une grande tache blanche. Les pattes, courtes et garnies de duvet jusqu'à la naissance des doigts, ne présentent jamais d'éperon. Par sa livrée autant que par sa taille, le mâle diffère de la femelle; celle-ci, en effet, est d'un jaune terreux et ressemble un peu à notre poule domestique. Le coq de bruyère vit ordinairement solitaire; mais, au printemps, à l'époque des amours, le mâle cherche un lieu où il puisse se pavaner et faire ressortir toutes les beautés de son plumage : le plus souvent il choisit un tronc d'arbre renversé ou un tertre peu élevé. Dès qu'il a trouvé un endroit propice, il se perche sur le sommet d'un arbre et fait entendre une série de notes criardes et stridentes. Dès qu'il a attiré un certain nombre de femelles, car il est polygame, il descend de l'arbre, emmène tout son monde devant le petit théâtre qu'il s'est choisi, y monte, se hérisse, ébouriffe son plumage, fait la roue, cherche on un mot à séduire par ses belles manières le cœur des poules de son harem. Cette sorte de parade amoureuse a lieu deux fois dans les vingt-quatre heures, le matin et le soir, et ce n'est qu'au bout de plusieurs jours qu'il féconde les femelles. Celles-ci se retirent alors dans un lieu solitaire, et chacune

TÉTRAS

d'elles dépose au pied d'un arbre ou dans un trou que tapissent des feuilles amassées par le vent 7 ou 8 œufs. Les petits naissent couverts de plumes et courent en sortant de l'œuf; ils ont, du reste, la livrée de leur mère, et ce n'est qu'au bout de trois ans qu'ils sont arrivés à l'état parfait. Le coq de bruyère est omnivore : il se nourrit d'insectes, de baies, d'herbes, de chatons de bouleau, de graines de sapin, etc., mais il préfère les fruits de l'airelle myrtille. La chair de cet oiseau est noire, lourde et un peu sèche; elle est cependant recherchée des amateurs de gibier. II° Le *petit coq de bruyère* est le moule amoindri du grand tétras, dont il a les mœurs : c'est un oiseau de la taille du faisan, dont le corps, d'un beau noir lustré, a des reflets bleuâtres. La femelle, de taille moins forte que le mâle, a, comme la faisane dorée, le plumage couvert de stries. Ce qui différencie les deux espèces, ce sont les rectrices extérieures, qui, chez le coq de bruyère, sont plus longues que les médianes et, se recourbant en dehors à leurs extrémités, dessinent une lyre. Cette espèce ne se rencontre plus en France que dans deux ou trois localités des Alpes du Dauphiné, dans le Bugey, et le Jura. (V. *Lagopède* et *Gelinotte*.)

TÉTRASTYLE (*tétra* + g. στῦλος, colonne), *adj. 2 g.* et *sm.* Se dit d'un temple ancien qui possède quatre colonnes sur la façade. Ex. : le temple de la *Fortune virile* à Rome.

***TÉTRASYLLABE** (*tétra* + *syllabe*) ou **TÉTRASYLLABIQUE,** *adj. 2 g.* Formé de quatre syllabes : *Mot tétrasyllabe*.

TÉTRICUS, général des armées romaines qui, pendant l'époque d'anarchie dite des *Trente Tyrans*, se fit proclamer à Bordeaux, en 268, empereur pour la Gaule, l'Espagne et la Bretagne, trahit sa propre armée à la bataille de Châlons-sur-Marne (274), et passa du côté de son compétiteur Aurélien, qui le nomma gouverneur de Laconie.

TETSCHEN, 5 160 hab., ville de l'Autriche-Hongrie, sur l'Elbe. Filatures, papeteries.

TETTE (anc. scand. *tite*), *sf.* Bout de la mamelle chez les animaux : *Les tettes de la vache*. — **Dér.** *Tetin, tetine, teton, teter, téter.*

TÊTU, UE (*tête*), *adj.* et *s.* Qui persévère obstinément dans ses idées malgré tout ce qu'on peut dire et faire : *Un enfant têtu*. — *Sm.* Gros marteau à tête carrée avec lequel on dégrossit les pierres de taille près des arêtes.

TETZEL ou **TEZEL** (1470-1519), dominicain allemand, né à Pyrna, chargé par le saint-siège de la vente des indulgences en Allemagne au profit de l'achèvement de la basilique de Saint-Pierre.

TEUCER, premier roi de la Troade, fils du fleuve Scamandre et de la nymphe Idée, beau-père de Dardanus. — Fils de Télamon et d'Hésione, qui, étant revenu du siège de Troie sans avoir vengé son frère Ajax, fut chassé par son père et alla fonder une nouvelle Salamine dans l'île de Chypre. (Myth.)

TEUCRIE, nom primitif de la Troade.

***TEUCRIETTE** (g. τεύχριον, germandrée), *sf.* La véronique des montagnes. (V. *Véronique*.)

***TEUCRIUM** (g. τεύχριον, germandrée), *sm.* Nom botanique du genre germandrée. (V. ce mot.)

TEUFEN, bourg de Suisse (Appenzell). Fabriques de mousseline. Eaux minérales.

TEUTATÈS, l'un des principaux dieux des Gaulois et des plus redoutés; il était regardé comme l'inventeur des arts, le protecteur du commerce et des routes. On lui immolait des victimes humaines. Les Romains l'ont identifié avec Mercure.

TEUTBERG ou **TEUTOBURGERWALD** (*Teutoburgensis Saltus*), chaîne de collines crayeuses et calcaires de l'Allemagne du Nord, entre l'Ems supérieur et le Weser, couverte de forêts, coupée de cluses ou brèches profondes (doren); les principales sont franchies par les voies ferrées de Hanovre à Duisburg et de Munster à Osnabrück. Elle s'appelle Der Osning au sud d'Osnabrück et de Bielefeld (Dorenberg, 261 mètres), et prend le nom de Lippscherwald au sud de Detmold. Son altitude moyenne est de 200 mètres. C'est sur les crêtes du Teutberg que les légions romaines, conduites par Varus, furent massacrées par Arminius l'an 9 de notre ère.

TEUTON, ONNE, *adj.* Se dit de toute la race germanique et de ce qui lui appartient : *L'idiome teutonique* ou *le teuton*, l'ancienne langue germanique. — **Les Teutons,** peuple germain des bords de la Baltique, qui, de concert avec les Cimbres, vint fondre sur le midi de l'Europe. Essayant de pénétrer en Italie par la Gaule, les Teutons furent anéantis par Marius, près d'Aix en Provence, l'an 102 av. J.-C. — **Dér.** *Teutonique.*

TEUTONIQUE (*teuton*), *adj. 2 g.* Qui appartient, qui a rapport aux anciens Teutons. — *Ordre Teutonique* ou des *chevaliers teutoniques*, ordre religieux et militaire fondé par les croisés en 1190, pendant le siège d'Acre, pour secourir les malades allemands de l'armée, et transporté en Allemagne en 1230, où il soumit et convertit les Prussiens et les Livoniens. L'un de ses grands maîtres, ayant embrassé la Réforme, chassa les chevaliers de la Prusse, et depuis l'ordre ne fit plus que végéter jusqu'à sa suppression par Napoléon Ier, en 1809. — **Hanse germanique.** (V. *Hanse*.)

TEVERONE (*petit Tibre*), l'ancien *Anio*, 80 kilom., rivière du royaume d'Italie qui prend sa source dans l'Apennin romain et passe à Tivoli, où elle forme de belles cascades; elle se jette dans le Tibre (rive gauche) au N. de Rome.

TEWKESBURY, bourg d'Angleterre, comté de Glocester, au confluent de la Severn et de l'Avon. Bonneterie. Édouard IV y battit Marguerite d'Anjou, qui fut faite prisonnière avec son fils (4 mai 1471).

TEXAS, ancienne dépendance du Mexique, sur la côte N.-O. du golfe du Mexique, formant, depuis 1845, l'un des États unis de l'Amérique du Nord; sol marécageux sur la côte, ondulé, bien arrosé, présentant des vallées très boisées et de belles prairies au centre. Pins, cyprès, maïs, canne à sucre, soie, vin, tabac. Des Peaux-Rouges errent encore dans la partie N.-O. (Comanches, Pawnees, etc.). Cap. *Austin*.

TEXEL, 6 400 hab., île de la Hollande, dans la mer du Nord, à l'entrée N.-O. du Zuyderzée, près de laquelle la cavalerie française, s'avançant sur la glace, s'empara, en 1794, d'une flotte hollandaise.

TEXTE (l. *textum* : de *texere*, tisser), *sm.* Les propres paroles d'un auteur, par opposition aux commentaires ou notes dont elles peuvent être accompagnées. ‖ *Restituer un texte*, le rétablir tel qu'il était en sortant des mains de l'auteur. ‖ Passage de l'Écriture sainte qu'un prédicateur prend pour sujet de son sermon. — Fig. Sujet de conversation, d'enseignement : *Fournir un texte à la médisance*. — Fig. *Revenir à son texte*, au sujet principal de la conversation. ‖ *Gros texte*, se dit des caractères d'imprimerie quelconques employés pour le corps d'un ouvrage par opposition à ceux employés pour les notes. ‖ *Petit texte*, se dit des caractères d'imprimerie quelconques employés pour les notes d'un ouvrage par opposition à ceux employés pour le corps de l'ouvrage. — **Dér.** *Textuel, textuelle, textuellement, texture, textile, textilité.* Même famille : *Toile*, etc., *tisser*, etc. ; *mante, manteau*, etc. — **Comp.** *Contexte, contexture; prétexte* 1 et 2, *prétexter; subtile, subtilité*, etc.

TEXTILE (l. *textilem* : *texere*, tisser), *adj. 2 g.* Dont on peut faire des fils propres à fabriquer des tissus : *Le lin, le chanvre, l'ortie, le coton*, etc., *sont des plantes textiles*. ‖ Qui a rapport à la fabrication des tissus : *L'industrie textile*.

***TEXTILITÉ** (*textile*), *sf.* Qualité d'une matière textile.

TEXTUAIRE (l. *textum*, texte), *adj. 2 g.* Qui concerne le texte. — *Sm.* Livre qui ne contient que le texte, sans notes ni éclaircissements.

TEXTUEL, ELLE (du l. *textus*, texte), *adj.* Qui reproduit un texte mot à mot : *Citation textuelle*. — **Dér.** *Textuellement.*

TEXTUELLEMENT (*textuelle* + sfx. *ment*), *adv.* D'une manière entièrement conforme au texte.

TEXTURE (l. *textura*), *sf.* Action de tisser. ‖ État d'une chose tissue. ‖ Disposition, arrangement, entrelacement des parties qui composent un corps : *La texture des os*. ‖ La liaison des différentes parties d'un ouvrage littéraire : *La texture d'un poème*.

TEZCUCO, 5 000 hab., ville du Mexique, au N.-E. de Mexico, dont elle est séparée par un lac où l'on voit des jardins flottants. C'était, avant le xve siècle, la capitale savante d'un État astèque relativement civilisé.

THABOR, montagne de la Palestine, au S.-E. de Nazareth, dans la tribu d'Issachar (Galilée inférieure), où eut lieu la transfiguration de J.-C., et où 4 000 Français, commandés par Bonaparte et Kléber, défirent 35 000 Turcs en 1799.

THACKERAY (1811-1863), romancier et dessinateur humoristique anglais, auteur de la *Foire aux vanités*.

THADDÉE ou **THADÉE.** (V. *Jude* [saint].)

THAÏ-BIHN, fleuve de l'Indo-Chine qui se jette dans le golfe du Tonkin. (V. ce mot.)

THAÏS, fameuse courtisane d'Athènes qui, dans le sac de cette ville, tomba au pouvoir d'Alexandre le Grand, le subjugua par sa beauté, le suivit en Asie, et, pour venger les cruautés exercées contre sa patrie par Xerxès, fit incendier dans un accès d'ivresse la ville de Persépolis. Ce conquérant mort, Thaïs épousa Ptolémée Lagus et en eut deux fils et une fille.

THALBERG (SIGISMOND), célèbre pianiste, fils du prince Maurice Dietrichstein et de la baronne de W..., naquit à Genève en 1812 et mourut à Naples en 1871. Il composa, pour son instrument, particulièrement des fantaisies sur les opéras les plus connus, tels que *Moïse, Don Juan*, les *Huguenots*, etc.

THALER [ta-lère], *sm.* Monnaie d'argent d'Allemagne, frappée d'abord dans la ville de Joachimsthal (Bohême), d'où elle fut appelée *Joachimsthaler Munzen* (monnaie de Joachimsthal), puis *thaler*. Valeur actuelle : 3 fr. 68.

THALÈS DE MILET (né vers 640 av. J.-C.), savant philosophe, l'un des sept sages de la Grèce, fonda l'école philosophique dite *ionienne* ou *sensualiste*, fit plusieurs découvertes en géométrie, entre autres celle de la mesure des angles par des arcs de cercle, fixa à 365 jours la durée de l'année, parvint à prédire des éclipses, et constata les propriétés électriques de l'ambre. C'est à lui qu'appartient la fameuse maxime : *Connais-toi toi-même*.

THALIE (g. θαλία, fête), l'une des neuf Muses des anciens, qui présidait aux banquets, à la comédie et à la vie rustique. On la représentait couronnée de lierre, tenant un pédum d'une main et un masque de théâtre de l'autre.

***THALLE** ou **THALLUS** (g. θάλλος, jeune pousse), *sm.* Organe en forme de feuille qui constitue pour les plantes cryptogames, algues, champignons, lichens, le *corps de la plante* même et remplace en quelque sorte la tige. Le thalle ne présente jamais ni racines ni feuilles proprement dites. (V. *Lichen*, t. II, p. 325, col. 3.) Le *thalle* se montre sous des formes très variées; il est réuni aux corps sur lesquels il végète par des filaments dont l'ensemble a reçu le nom d'*hypothalle*. On dit que le thalle est *fruticuleux* quand il présente la forme d'une tige dépourvue de feuilles et dont les divisions sont plus ou moins grandes; il peut, en outre, être simple ou ramifié. On le dit *foliacé* lorsqu'il ressemble à une membrane dont les bords sont lobés, ondulés et comme frisés. Le thalle est *crustacé* quand il est mince, étalé et appliqué fortement sur la substance où il vit; on ne peut alors le détacher sans le mettre en morceaux. Le thalle peut n'être composé que d'une seule cellule, le plus souvent ramifiée; mais ordinairement il est formé par un grand nombre de cellules qui se divisent à mesure qu'elles s'accroissent; les cellules sont unies en séries linéaires et constituent des filaments articulés qui se développent par leur extrémité. Ces filaments se ramifient soit en dichotomie, soit sur leurs bords. Toutes ces branches s'entre-croisent et forment une sorte de feutrage plus ou moins résistant. Dans d'autres plantes, les agarics, par exemple, les filaments se sont accolés en assez grand nombre, et ils s'allongent en commun ; le thalle est alors constitué par des cordons plus ou moins gros et ramifiés. Dans certains ordres, comme dans les myxomycètes, le thalle n'a point de membrane de cellulose; aussi se déforme-t-il quand la plante se déplace, mais le plus souvent il est enveloppé dans une membrane de cellulose qui lui donne une forme déterminée. Le thalle se développe tantôt à l'extérieur, tantôt à la surface du corps nutritif sur lequel il est implanté. Dans ce dernier cas, il envoie certaines de ses branches dans l'intérieur de la masse nutritive. Ces filaments sont d'ailleurs plus courts et plus ramifiés que les autres et ils jouent un rôle analogue à celui des poils radicaux des plantes phanérogames. — **Dér.** *Thallium, thallite.* — **Comp.** *Thallophytes, thalléiochine.*

***THALLÉIOCHINE** (du g. θαλλός, jeune pousse verte), *sf.*, ou **VERT DE QUININE.** Substance résineuse verte, insoluble dans l'eau, l'éther, le sulfure de carbone et les alcalis; soluble, au contraire, dans l'alcool, l'esprit-de-bois et la glycérine, et que l'on obtient en traitant un sel de quinine par le chlore, ou par une solution concentrée de chlorure de calcium, ou bien encore par du chlorure de chaux, de l'ammoniaque et de l'acide chlorhydrique. Cette matière sert à teindre en vert le coton, la laine et la soie.

***THALLITE** (g. θαλλός, jeune pousse verte), *sf.*, ou **ÉPIDOTE**, silicate d'alumine et de chaux renfermant du sesquioxyde de fer qui remplace une partie de l'alumine, et du protoxyde de fer et de la magnésie qui se sont substitués à la chaux. Ce corps se présente sous la forme de cristaux prismatiques agglomérés en masses compactes d'un vert pistache, olive, passant au brun ou au jaune. Les cristaux d'épidote sont translucides ou opaques, fragiles, et présentent le phénomène de la double réfraction ; leur cassure est inégale. On les trouve dans beaucoup de roches cristallines comme les syénites, les granites, etc.

THALLIUM [tal-li-ome] (g. θαλλός, jeune pousse verte), *sm.* Métal découvert en 1861 et 1862 par Crookes et Lamy, ayant l'aspect et les propriétés physiques du plomb, analogue au potassium par ses propriétés chimiques, donnant une raie verte, d'où son nom, et se trouvant surtout dans les pyrites de fer et les boues des chambres où se fabrique l'acide sulfurique.

***THALLOPHYTES** (g. θαλλός, jeune pousse verte + φυτόν, plante), *sfpl.* L'un des quatre grands groupes dans lesquels on a rangé les végétaux. Les plantes de cette classe sont pourvues d'un *thalle* et comprennent les champignons et les algues. Les quatre embranchements sont : les *Thallophytes*, les *Muscinées*, les *Cryptogames vasculaires* et les *Phanérogames.* — *Sf.* **Une thallophyte**, une plante quelconque du groupe des Thallophytes.

THALWEG [tal-vè-gue] (mot allem., *chemin de la vallée : thal*, vallée + *weg*, chemin), *sm.* Ligne formée par les points les plus bas d'une vallée et constituant le milieu du fond du courant d'eau qui le parcourt. Le thalweg est une ligne de plus grande pente, caractérisée par cette propriété spéciale qu'on ne peut s'en éloigner perpendiculairement sans s'élever. De plus, si l'on suit un thalweg à la descente, il rencontre les courbes de niveau par leur convexité. Il existe toujours un thalweg entre deux lignes de faîte.

THAMAPS-KOULI-KHAN ou **NADIR-CHAH** (1688-1747), conducteur de chameaux et chef de brigands, qui, en 1736, se fit proclamer schah de Perse, battit les Ottomans, pénétra dans les États du Grand Mogol jusqu'à Delhi, mais se rendit odieux par sa tyrannie et fut tué par ses généraux dans une expédition contre les Kourdes.

THAMES, 65 kilom., rivière d'Angleterre qui arrose le comté de Buckingham, et se joint à l'Isis, à Dorchester, pour former la Tamise.

***THANE**, *sm.* Guerrier anglo-saxon possesseur d'un fief.

THANET, ancienne île de la mer du Nord, au S. de l'embouchure de la Tamise, que des envasements ont réunie au continent, qui forme aujourd'hui la pointe N.-E. du comté de Kent, et où les Saxons vinrent s'établir en 449 comme auxiliaires des Bretons contre les Pictes.

THAN-HOA, province de l'Annam annexée au Tonkin par le traité du 25 août 1883 avec Diep-Hoa, roi d'Annam.

THANN, 8000 hab., ancien canton de Belfort (Haut-Rhin), aujourd'hui Alsace-Lorraine. Belle église de Saint-Théobald, xvᵉ siècle ; filatures de coton, toiles peintes, teintureries, brasseries, tanneries, fabriques de machines pour filatures, peignes à tisser, chapeaux de feutre; vin blanc.

***THAPSIA**, *sm.* Genre de plantes dicotylédones de la famille des Ombellifères, composé d'herbes vivaces propres à la région méditerranéenne. Les différentes espèces de ce genre renferment des sucs d'une grande âcreté. Les anciens employaient la racine pilée du *thapsia asclepium*, vulgairement appelée *panacée d'Esculape* ou *laser d'Hercule*, pour nettoyer les ulcères rebelles. Une autre espèce, le *thapsia villosa*, désignée sous les noms vulgaires de *malherbe*, de *faux turbith*, a des racines purgatives. Mais l'espèce la plus usitée en médecine est le *thapsia garganica*, dont la racine, volumineuse, charnue, tuberculeuse et d'un brun foncé, renferme en abondance un suc extrêmement âcre et irritant. C'est un purgatif drastique et un emménagogue : l'écorce surtout contient une résine employée comme résolutive. Les Arabes se servent de cette écorce comme de vésicatoire. Ils appliquent simplement la face interne de l'écorce sur la peau. Cette écorce se trouve dans le commerce en fragments brisés de petites dimensions ou en lanières assez longues et roulées sur elles-mêmes. C'est avec la résine contenue dans les racines de cette plante que l'on fait l'*emplâtre de thapsia*, si usité aujourd'hui dans le traitement des bronchites chroniques, des rhumatismes, etc. L'emploi de ce médicament énergique présente un petit inconvénient : comme il produit à l'endroit de la peau où il est appliqué une démangeaison extrêmement vive et désagréable, le malade y porte instinctivement la main ; les doigts se chargent d'une petite quantité du médicament et vont le déposer sur d'autres parties du corps et du visage. Tous les endroits touchés ne tardent pas à leur tour à être le siège d'une démangeaison insupportable. Il faut donc bien recommander aux malades de ne pas toucher à l'emplâtre. Celui-ci se compose de *colophane*, 150 grammes ; *cire jaune*, 180 grammes ; *élémi*, 125 grammes ; *térébenthine*, 50 grammes et *résine de thapsia*, 35 grammes. Cet emplâtre est, pour plus de commodité, étendu sur une toile comme le sparadrap. Le *thapsia garganica* croît sur les bords des ruisseaux et dans les marais de toutes les régions qui bordent la Méditerranée, ainsi que dans les îles de cette mer. Cette plante est très commune au Maroc et en Algérie, où elle est connue des Arabes sous le nom de *bounefa.*

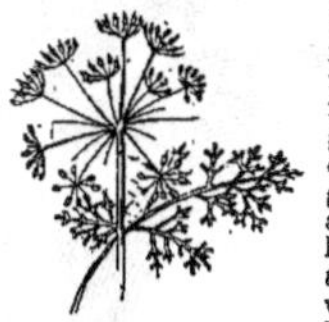

THAPSIA

THAPSUS, ancienne ville d'Afrique, sur la côte de la Méditerranée, dans la Tunisie actuelle, où Jules César, après Pharsale, vainquit, en 46 av. J.-C., l'armée républicaine commandée par Cécius Scipion, Labienus, Varus, Sextus Pompée et appuyée par les troupes de Juba.

THARSIS, ville d'Espagne, que l'on identifie avec l'antique Ophir.

THASOS, île grecque du N. de l'Archipel, à 5 kilomètres du littoral turc, cédée par la Turquie au vice-roi d'Egypte, remarquable par sa luxuriante végétation, colonisée d'abord par les Phéniciens et célèbre dans l'antiquité par ses mines d'or et de fer, ses carrières de marbre blanc, ses vins, son commerce et ses 100000 habitants alliés d'Athènes.

THAU (ÉTANG DE), profond étang d'eau salée au N. de l'embouchure de l'Hérault, longeant la Méditerranée, dont il n'est séparé que par une plage étroite, très poissonneux, dont la navigation est très importante et qui communique avec la Méditerranée, par le canal de Cette. Longueur, 20 kilom., largeur moyenne, 4 kilom. Sur les bords de l'étang on trouve les villes de Cette, Balaruc, Marseillan. Le canal du Midi débouche dans l'étang aux Onglous, et celui des Etangs, près de Cette.

THAUMATURGE (g. θαυματουργός : de θαῦμα, génitif θαύματος, prodige + ἔργον, ouvrage), *adj.* et *s.* 2 *g.* Qui fait des miracles. ‖ Qui prétend faire des miracles. — **Dér.** *Thaumaturgie, thaumaturgique.*

THAUMATURGIE (*thaumaturge*), *sf.* En mauvaise part. Ensemble de pratiques chimériques prétendant à un résultat surnaturel.

***THAUMATURGIQUE** (*thaumaturge*), *adj.* 2 *g.* Qui a rapport à la thaumaturgie.

THAURION, 96 kilom., rivière du département de la Creuse qui arrose Bourganeuf, Chatelus et se jette dans la Vienne à Saint-Priest, après avoir reçu le Villeneuve, la Gane, la Vige.

THAY-NGUYEN, ville du Tonkin située dans les montagnes du N., sur le cours du Thaï-Binh.

THÉ (chinois, *icha*), *sm.* Genre de plantes dicotylédones de la famille des Ternstrœmiacées, originaires de la Chine et des pays montueux qui s'étendent entre les plaines de la Chine et celles de l'Inde. Ce sont des arbrisseaux hauts de 1ᵐ,50 à 2 mètres, toujours verts, et dont les feuilles alternes, pétiolées, un peu coriaces, sont légèrement dentées en scie sur leurs bords. Les fleurs du thé, régulières et hermaphrodites, sont solitaires, et se développent sur des pédoncules axillaires. Elles se composent d'un calice formé le plus souvent de cinq sépales, rarement d'un plus grand nombre; d'une corolle blanche à cinq pétales, quelquefois de six à huit, alternant avec les pièces du calice. L'androcée compte un nombre indéfini d'étamines légèrement soudées à leur base avec les pétales ; les filets sont, en outre, unis entre eux dans leur partie inférieure ; mais à mesure que l'on s'approche du centre de la fleur, ces filets sont libres et indépendants les uns des autres ; chaque anthère est biloculaire et les deux loges sont séparées l'une de l'autre par un connectif épais, ovale ou cordiforme. Ces loges s'ouvrent d'ailleurs chacune par une fente longitudinale. Le gynécée est supère, et constitué par un pistil composé d'un ovaire à trois loges que surmonte un style d'abord unique, mais qui ne tarde pas à se partager en trois tubes ; ceux-ci se terminent supérieurement par des papilles stigmatiques. L'angle interne de chacune des loges de l'ovaire est muni d'un placenta supportant quatre ovules anatropes. Cet ovaire donne naissance à un fruit vert et charnu se transformant tardivement en une capsule loculicide, dont chaque loge, au nombre de trois au plus, ne renferme qu'une ou deux graines, munies d'un embryon charnu et huileux. Au genre *thé* se rattachent les *camellia*, qui ne s'en distinguent que par la grandeur de leur corolle, par une étamine

THÉ CHINOIS

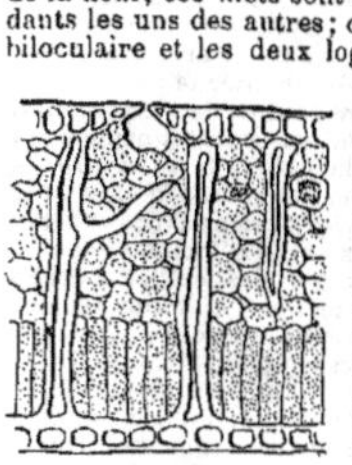

THÉ CHINOIS

COUPE TRANSVERSALE DE LA FEUILLE

intérieure libre placée en face de chaque pétale. Le thé est cultivé en Chine depuis une haute antiquité ; certains auteurs font remonter l'emploi de cette plante à 2700 ans av. J.-C. De nos jours, les Anglais en ont introduit la culture dans l'Assam et à Ceylan. Les produits qu'ils en retirent atteignent un chiffre considérable (140 millions de livres en 1889), et ce thé est, dit-on, de meilleure qualité que celui tiré de la Chine elle-même. On conseille de l'introduire dans nos possessions de l'extrême Orient. L'usage du thé s'est introduit en Europe dans la seconde moitié du XVIIe siècle. En l'année 1669, on n'en consomma en Angleterre qu'à peu près *69 kilogrammes*, tandis qu'aujourd'hui on en importe près de 150 millions de kilogrammes! L'infusion des feuilles du thé constitue une boisson alimentaire et médicinale qui favorise la digestion, ranime les forces et excite momentanément les facultés cérébrales ; mais l'accoutumance oblige d'en augmenter constamment la dose et de faire des infusions de plus en plus fortes. De là naissent des tiraillements d'estomac, des frissons, des mouvements convulsifs des membres, un poids incommode dans la partie antérieure du thorax, des soupirs profonds et fréquents, un sommeil agité de soubresauts ; en outre, la face se rougit et se couvre de stries violettes. L'excitation passagère que donne le thé est quelquefois alors suivie d'une dépression qui peut amener une syncope et se traduit habituellement par une inertie physique et morale très caractérisée. On a remarqué en Chine que les individus qui boivent du thé en excès sont maigres, faibles et de méchante humeur ; ils ont le teint plombé, les dents noires et sont sujets au diabète. On fait par an trois récoltes de feuilles de thé dont les qualités vont en décroissant. La préparation des feuilles consiste en dessiccations rapides opérées dans des chaudières très chaudes dans lesquelles on les tourne et retourne continuellement, ce qui a pour effet de les ployer en rouleaux de diverses manières. Il existe deux variétés de thé : le *thé vert*, plus excitant, qu'on obtient avec des feuilles non fermentées et le *thé noir*, fait avec des feuilles ayant subi un commencement de fermentation. Les principaux *thés verts* sont, par ordre de mérite : le *thé impérial*, le *thé poudre à canon*, le *thé schulong*, le *thé perlé* et le *thé hyswen*. Les principaux thés noirs sont : le *pékao*, le *souchong*, le *pouchong*, le *congo*, et le *bohéa*. Les thés sont parfumés par les Chinois avec les fleurs de différentes plantes. || La feuille même du thé. || Infusion faite avec les feuilles du thé : *Prendre une tasse de thé*. || Collation du soir où l'on sert du thé et de légères pâtisseries. || *Thé d'Europe*, la véronique officinale. || *Thé du Paraguay*, les feuilles du maté, espèce de houx. || *Thé de Haller*, infusion stomachique faite avec un mélange de parties égales de sommités de sauge, de mille-feuille, de lierre terrestre, de mélisse, de petite centaurée, d'hysope, de caille-lait, de fleurs de camomille. || *Thé suisse*, mélange pour infusion stimulante et carminative de 50 grammes de chacune des plantes suivantes : véronique, lierre terrestre, feuille de scabieuse, feuille de tussilage, et de 10 grammes de feuilles de mélisse, de sauge (3 grammes par litre d'eau). || *Thé de bœuf*, infusion de viande de bœuf hachée très menu que l'on donne aux convalescents : prenez 500 grammes de bœuf maigre haché aussi finement que possible et jetez-les dans 500 grammes de bouillon chaud ; au bout de 4 ou 5 minutes, jetez sur une passoire fine et exprimez la viande. — **Dér.** *Théine, théière*. — **Comp.** *Théiforme*.

THÉAKI, l'ancienne Ithaque, l'une des îles Ioniennes, au N.-E. de Céphalonie, sur l'un des sommets de laquelle M. Schliemann a découvert récemment les ruines cyclopéennes du palais d'Ulysse.

THÉATIN, membre d'un ordre religieux établi à Rome en 1525 par Pierre Caraffa, archevêque de Chieti (en lat. *Theate*), qui en fut le premier supérieur.

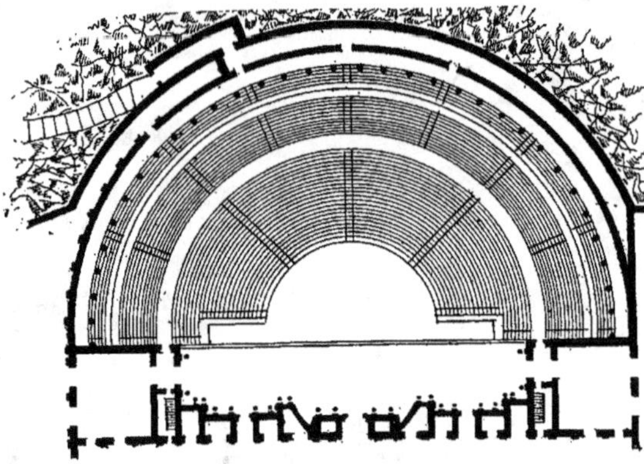

THÉATRE ROMAIN A ORANGE

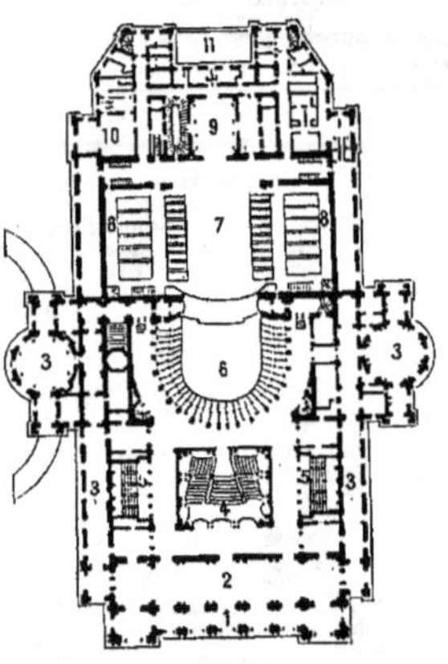

THÉATRE

PLAN DU THÉATRE DE L'OPÉRA, A PARIS

1. Portique. — 2. Foyer du public. — 3. Cafés. — 4. Grand escalier. — 5. Escaliers desservant tous les étages. — 6. Salle. — 7. Scène. — 8. Remise des décors. — 9. Foyer de la danse. — 10. Foyer du chant. — 11. Cour de l'administration.

THÉÂTRAL, ALE (*théâtre*), *adj*. Qui appartient au théâtre : *Une tenue théâtrale*. || *Année théâtrale*, la partie de l'année pendant laquelle les théâtres sont ouverts. || Outré à dessein pour produire plus d'effet : *Plaintes théâtrales*. || Qui cherche à en imposer : *Une générosité théâtrale*. — **Gr.** Masc. pl. *théâtraux*. La Harpe a employé *théâtrals*, l'adj. étant alors de nouvelle formation. — **Dér.** *Théâtralement*.

THÉÂTRALEMENT (*théâtrale* + sfx. *ment*), *adv*. Conformément aux règles du théâtre. || D'une manière théâtrale, en cherchant à en imposer.

THÉÂTRE (l. *theatrum* ; g. θέατρον : θεάομαι, contempler), *sm*. Lieu construit et disposé pour y donner des spectacles, y représenter des comédies, des tragédies, des drames, etc. || Les théâtres grecs se composaient d'une série de gradins en demi-cercle établis sur la pente d'une colline, laissant au bas et au centre un espace vide de même forme dit *orchestre*, où se tenait le chœur, et en face duquel s'élevait la scène, composée d'un corps de bâtiment et de deux ailes, construction sur le devant de laquelle se tenaient les acteurs. Ces théâtres n'étaient point couverts ; ceux des Romains, disposés de même, étaient quelquefois abrités par un voile de pourpre. || *Théâtre-Français*, théâtre situé à Paris, rue de Richelieu, et où l'on joue les pièces classiques. || *Second théâtre français*, l'Odéon, à Paris. || *Théâtre en plein vent* ou *forain*, les représentations qu'on donne à la foire. || La scène. || *Changements de théâtre*, les changements de décoration dans une pièce de théâtre. || *Habits de théâtre*, ceux que revêtent les acteurs quand ils jouent. || *Monter sur le théâtre*, exercer la profession de comédien. || *Quitter le théâtre*, renoncer à cette profession. — Fig. *Un roi de théâtre*, sans autorité effective. || *Personnage de théâtre*, individu qui s'exagère son importance et en fait parade. || La profession d'acteur : *Entrer au théâtre*, se faire comédien. || La littérature dramatique : *Connaître les règles du théâtre*. || *Coup de théâtre*, événement imprévu qui arrive dans une pièce et change la situation d'un ou de plusieurs personnages, au grand étonnement des spectateurs. — Fig. Événement important et qui surprend le public : *Sa nomination au ministère fut un coup de théâtre*. || Recueil de toutes les pièces d'un auteur dramatique : *Le théâtre de Racine*. || L'ensemble des pièces dramatiques écrites dans une langue : *Le théâtre des Grecs, le théâtre français*. || Lieu où s'accomplit un événement : *Le théâtre d'un crime*. — Fig. Position qui distingue un homme de la foule : *Son talent était digne d'un plus vaste théâtre*. — **Dér.** *Théâtral, théâtrale, théâtralement*. — **Comp.** *Amphithéâtre*.

***THÉBAÏCINE** (du g. θηβαϊκός, de Thèbes), *sf*. Base isomérique avec la thébaïne, que l'on obtient en traitant la thébaïne ou la thébénine par l'acide chlorhydrique concentré et bouillant. Cette substance est solide, amorphe, jaune, insoluble dans l'eau, l'éther et l'ammoniaque ; elle se dissout un peu dans l'alcool bouillant. Elle colore en bleu l'acide sulfurique concentré, et en rouge l'acide azotique.

THÉBAÏDE, nom ancien de la partie S. de l'Égypte ou haute Égypte, qui avait Thèbes pour capitale, et était limitée à l'O. et à l'E. par deux chaînes de montagnes, dans les solitudes desquelles vécurent au IIIe et au IVe siècle une foule de pieux solitaires chrétiens. — Fig. Lieu désert, solitude profonde : *Se retirer dans une Thébaïde profonde*.

***THÉBAIN, AINE** (*Thèbes*), *adj*. et *s*. Qui était de Thèbes en Béotie, qui en était citoyen. || *Légion thébaine*, légion romaine composée de chrétiens, commandée par saint Maurice, et qui, sous Dioclétien, aima mieux se laisser massacrer que de sacrifier aux dieux du paganisme.

***THÉBAÏNE** (*Thèbes*), *sf*. Alcaloïde cristallisé d'une saveur âcre, qui est un des principes les plus actifs de l'opium, et dont le principal effet physiologique se manifeste par de violentes convulsions. Il ne se dissout ni dans l'eau froide, ni dans l'éther, mais il se dissout facilement dans l'alcool bouillant.

***THÉBAÏQUE** (g. θηβαϊκός, de Thèbes d'Egypte), *adj. m.* Se dit de l'extrait aqueux d'opium, fait avec l'opium d'Egypte, qui est le plus répandu dans le commerce.

***THÉBAÏSME** (de θηβαϊκός, de Thèbes), *sm.* L'ensemble des symptômes qui caractérisent l'emprisonnement par l'opium et ses composés.

***THÉBÉNINE** (*Thèbes*), *sf.* Substance qui présente la même composition centésimale que la thébaïne $C^{38}H^{24}AzO^{6}$, et qui se forme lorsqu'on traite cette dernière par l'acide chlorhydrique concentré.

THÈBES, surnommée aux *Cent portes*, ancienne et immense ville de la haute Egypte, sur les deux rives du Nil, ancienne capitale de toute l'Egypte depuis la XIe jusqu'à la XXe dynastie; prise et pillée successivement par les Ethiopiens, les Assyriens et les Perses, détruite par Ptolémée Lathyre, renversée à moitié par un tremblement de terre (27 av. J.-C.), et sur les vastes et imposantes ruines de laquelle s'élevèrent un grand nombre de villages subsistant encore aujourd'hui, et dont les plus connus sont *Karnak* et *Louqsor*, sur la rive droite. — **Thèbes**, capitale de l'ancienne Béotie, fondée suivant la tradition par le Phénicien Cadmus, fut l'alliée de Sparte pendant la guerre du Péloponèse, lutta ensuite victorieusement contre cette puissante république, prit parti pour les Phocidiens pendant les guerres sacrées, fut détruite de fond en comble par Alexandre, qui n'épargna que la maison du poète Pindare. Rebâtie en 315 av. J.-C. par Cassandre, elle ne fit que décliner et n'est plus aujourd'hui qu'un bourg appelé *Thiva*. — **Dér.** *Thébaïde, thébain, thébaïne, thébaïne, thébénine, thébaïcine, thébaïsme, thébaïque.*

THECEL. (V. *Mane, Thecel, Pharès.*)

THÈCLE, religieuse qui a donné son nom à un onguent appelé *onguent de la mère.* (V. *Onguent.*)

THÉGONNEC (SAINT-), 3409 hab. Ch.-l. de c., arr. de Morlaix (Finistère). Toiles, clouteries.

THÉIÈRE (*thé*), *sf.* Vase dans lequel on prépare et sert le thé.

THÉIFORME (*thé* + *forme*), *adj. 2 g.* Analogue à l'infusion de thé : *Infusion théiforme.*

THEIL (LE), 1079 hab. Ch.-l. de c., arr. de Mortagne (Orne), sur l'Huisme.

***THÉINE** (*thé*), *sf.* Autre nom de la caféine, substance cristallisée existant dans le café et le thé, qui lui doivent leur principale propriété. Sa composition chimique est représentée par la formule $C^{16}H^{10}Az^{4}O^{4}$.

THÉIS (ALEXANDRE-ÉTIENNE-GUILLAUME, BARON DE) (1765-1842), frère de la princesse Constance de Salm-Dick, administrateur français, auteur de plusieurs ouvrages sur l'antiquité, notamment du *Voyage de Polyclète à Rome*, où il décrit la vie des anciens Romains.

THÉISME (g. Θεός, Dieu), *sm.* Croyance de ceux qui admettent l'existence de Dieu et rejettent toute révélation. — **Dér.** *Théiste.*

THEISS (hong. *Tisza*), 1300 kilom. Affluent de gauche du Danube. Elle se forme au pied du versant S. des Carpathes, au N. du massif du Csernahora et arrose d'abord le Marmaros, haute vallée d'où elle sort au défilé de Huszth. Elle coule à travers la Hongrie, d'abord à l'O. jusqu'à Tokay, où elle se heurte aux montagnes qui la détournent vers le S.-O. A partir de Szolnok, elle devient navigable, prend la direction du S. et se jette dans le Danube au pied du plateau de Titel; sa largeur, aux eaux moyennes, est est de 200 à 300 mètres. La Theiss divaguait jadis à travers la plaine et la longueur de son cours était de 1300 kilom. pour une vallée de 670 kilom. La nappe d'eau atteignait souvent, de mars à juillet, une largeur de 20 à 30 kilom., en déposant sur le sol un limon fertile. Aujourd'hui, les méandres ont disparu, le fleuve est endigué, mais les travaux, mal conçus, ont causé une accumulation d'eau considérable à la partie inférieure du bassin. La rupture des digues amène des désastres lors des grandes crues (Szegedin, 1880). Des ponts de chemin de fer existent à Tokay, Szolnok et Szegedin; il y a de plus des ponts de bateaux. La Theiss reçoit à droite le Bodrog, l'Hernad, la Zagiva; à gauche, la Viso, la Maros, la Bega.

THÉISTE (g. Θεός, Dieu), *s. 2 g.* Personne qui admet l'existence de Dieu, mais rejette toute révélation.

THELEKEN, île de la mer Caspienne, en face de la baie de Mikhaïlov.

THÉLÈME, nom donné par Rabelais à une abbaye imaginaire, fondée par Gargantua sur les bords de la Loire. Elle était richement dotée, et les moines, dits *thélémites*, ne suivaient d'autre règle que leur bon plaisir. Rabelais dit : *En leur reigle nestoyt que ceste clause :* FAY CE QUE VOULDRAS.

THELLE, 922 hect. Forêt domaniale de l'Oise, peuplée de chênes, de hêtres et de bois blancs.

***THÉMATIQUE** (*thème*), *adj. 2 g.* Qui a rapport au thème d'un mot : *Suffixe thématique.*

THÈME (g. θέμα, thèse), *sm.* Sujet, proposition que l'on entreprend de démontrer ou de développer : *Soutenir bien son thème.* || Morceau qu'un écolier doit traduire de sa langue maternelle dans celle qu'on veut lui apprendre. || Travail de l'écolier qui fait cette traduction. — Fig. *Faire son thème en deux façons*, exprimer la même chose de deux manières différentes. || Essayer de deux moyens pour arriver à un résultat. || *Fort en thème*, élève laborieux, mais de peu d'imagination. || Réunion d'une racine et d'un suffixe à laquelle il ne manque plus qu'une désinence pour constituer un mot en usage dans une langue. *Finiss* est le thème de *nous finissons* (**Gr.**). || Passage d'un morceau de musique sur lequel on peut faire des variations. — **Dér.** *Thématique.*

THÉMINE (PONS DE LAUZIÈRE, MARQUIS DE) (1552-1627), sénéchal du Quercy, qui empêcha les Ligueurs de s'emparer du Rouergue et du Languedoc; arrêta, en 1616, le prince de Condé, et fut à cette occasion promu maréchal de France. Il fut nommé gouverneur de Bretagne en 1627 et mourut, dit-on, du chagrin que lui causèrent les plaintes portées contre lui par le parlement de cette province à propos des désordres commis par ses troupes.

THÉMINE, rivière du département du Lot qui se perd dans les causses.

THÉMIS [té-mi-ce] (Θέμις), fille du Ciel et de la Terre, l'une des épouses de Jupiter, déesse de la Justice, que l'on représentait assise, avec un bandeau sur les yeux, tenant d'une main une épée nue et de l'autre une balance.

THÉMISTOCLE (533-470 av. J.-C.), illustre homme d'Etat et général athénien, rival d'Aristide, qui se couvrit de gloire à Marathon, à qui les Grecs durent l'anéantissement de la flotte de Xerxès à Salamine, et les Athéniens la reconstruction de la ville. Devenu suspect à ses concitoyens et banni par ostracisme, il se retira chez les Perses. Thémistocle ne voulant pas servir contre la Grèce, s'empoisonna à Magnésie en 470.

***THÉNAR** (g. θέναρ, paume de la main), *sm.* Saillie que forment sur le bord de la paume de la main les muscles moteurs du pouce.

THÉNARD (BARON) (1777-1857), célèbre chimiste et professeur français, pair de France et chancelier de l'Université sous Louis-Philippe; découvrit le bore, fit de nombreuses applications de la chimie à l'industrie et trouva la préparation du bleu Thénard (protoxyde de cobalt et d'alumine). Il était membre de l'Institut. — **Dér.** *Thénardite.*

***THÉNARDITE** (*Thénard*), *sf.* Sulfate de soude anhydre. Sa densité est 2,73; la thénardite est soluble dans l'eau; elle s'effleurit en attirant l'eau de l'atmosphère. Elle cristallise en octaèdres droits.

THENAY, 1069 hab., village du canton de Montrichard, près de Pontlevoy (Loir-et-Cher), où l'abbé Bourgeois découvrit en 1867 des silex taillés qui sont le plus ancien monument de l'industrie humaine, et portent à fixer à l'époque miocène l'apparition de l'homme sur la terre.

THÉNEZAY, 2375 hab. Ch.-l. de c., arr. de Parthenay (Deux-Sèvres).

THENON, 1928 hab. Ch.-l. de c., arr. de Périgueux (Dordogne).

***THÉOBROME** (g. Θεός, Dieu + βρῶμα, nourriture), *sm.* Nom botanique du cacaoyer. — **Dér.** *Théobromine.*

***THÉOBROMINE** (*théobrome*), *sf.* Alcaloïde du cacao. C'est un corps cristallin qui se dissout surtout dans l'eau de baryte. Il se dissout en très petite quantité dans l'eau froide, en quantité un peu plus grande dans l'eau bouillante. Ses effets physiologiques sont analogues à ceux de la caféine.

***THÉOCRATE** (g. Θεός, Dieu + κράτος, puissance), *sm.* Membre d'une théocratie. || Celui qui exerce un pouvoir théocratique. — **Dér.** *Théocratie, théocratique, théocratiquement.*

THÉOCRATIE (g. θεοκρατία : de Θεός, Dieu + κράτος, puissance), *sf.* Gouvernement dans lequel les prêtres exercent toute l'autorité au nom de Dieu : *L'empire des Incas était une théocratie.*

THÉOCRATIQUE (*théocratie*), *adj. 2 g.* Qui appartient à la théocratie. || Qui a le caractère de la théocratie. — **Dér.** *Théocratiquement.*

***THÉOCRATIQUEMENT** (*théocratique* + sfx. *ment*), *adv.* D'une manière théocratique.

THÉOCRITE, poète grec de premier ordre, né à Syracuse, en Sicile, vers 290 av. J.-C. Il fut le créateur de la poésie pastorale, et il a laissé 29 idylles dont on admire la simplicité, la grâce, le naturel et la naïveté. Il vécut très longtemps à la cour de Ptolémée Philadelphe.

THÉODAT, roi des Ostrogoths, neveu de Théodoric le Grand, successeur d'Athalaric, dont il épousa la mère Amalasonte, qu'il fit bientôt assassiner. Prince voluptueux, il ne put résister aux armes de Justinien Ier, fut déposé par son armée et tué en tentant de fuir (536).

THÉODEBALD, roi d'Austrasie de 548 à 553, fils de Théodebert Ier, ne fit rien de remarquable et mourut à dix-neuf ans.

THÉODEBERT Ier, petit-fils de Clovis, roi d'Austrasie, de 534 à 548, après la mort de son père Thierry Ier; envahit l'Italie, battit successivement les Ostrogoths et les Romains, mais fut forcé par la disette et la maladie à repasser les Alpes et mourut d'un accident de chasse.

THÉODEBERT II, fils et successeur de Childebert II, roi d'Austrasie de 595 à 612, vaincu et mis à mort avec ses enfants par son frère Thierry II, roi de Bourgogne, à l'instigation de son aïeule Brunehaut.

THÉODELINDE, femme d'Autharis, roi des Lombards, épousa en secondes noces Agilalphe, duc de Turin, qu'elle fit parvenir au trône et détermina à embrasser le catholicisme. M. en 625.

THÉODEMIR, prince Wisigoth qui, après la conquête de l'Espagne par les Maures, conserva le centre du pays dans une quasi-indépendance et forma un petit État qui comprenait Valence, Murcie et la Nouvelle-Castille (713), où il se maintint jusqu'à sa mort.

THÉODICÉE (g. Θεός, Dieu + δίκη, justice), *sf.* Titre d'un ouvrage de Leibnitz dans lequel ce philosophe se propose de justifier la Providence de l'existence du mal. || Aujourd'hui partie de la philosophie qui traite de l'existence de Dieu, de ses attributs et de ses rapports avec l'homme.

***THÉODOLITE** (*x*), *sm.* Instrument destiné à mesurer l'*azimut* et la *hauteur apparente* d'un astre, deux coordonnées, rapportées à l'horizon du lieu d'observation, qui fixent la position de l'astre sur la *sphère céleste.* L'appareil se compose d'un cercle gradué dont le plan est horizontal, et qu'on appelle *cercle azimutal;* d'un axe TZ perpendiculaire au plan de ce cercle et passant par son centre T; d'un second cercle gradué, mobile autour de cet axe, qui est un de ses diamètres : ce dernier cercle se nomme *cercle vertical.* Appelons C son centre. Une alidade, TI, perpendiculaire à l'axe TZ, située dans le plan du cercle vertical, se meut avec lui autour de l'axe TZ, et décrit, en tournant autour du centre T, le cercle azimutal. Une lunette dont l'axe optique se meut autour de C dans le plan du cercle vertical, porte un vernier destiné à mesurer sur ce cercle l'angle qu'elle fait avec TZ.

Pour se servir de l'instrument, on le dispose de manière que le cercle azimutal soit bien horizontal, et que son diamètre qui porte le zéro de la graduation soit dirigé vers le point de l'horizon qu'on a choisi pour origine des azimuts : soit TS, cette direc-

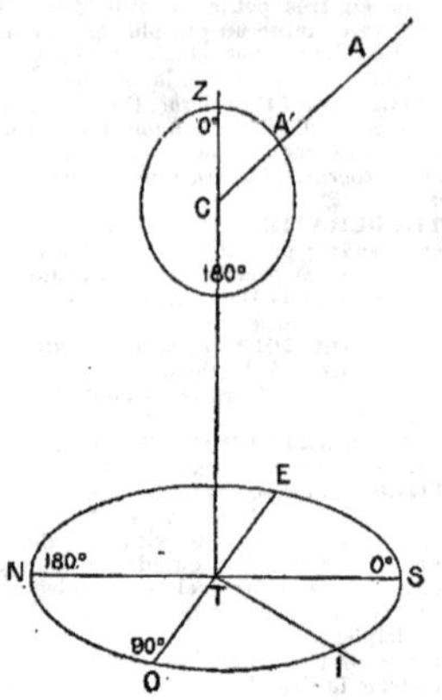

THÉODOLITE

tion. Ensuite on dirige le cercle vertical et la lunette située dans son plan de telle sorte que l'étoile à observer soit sur le prolongement de l'axe optique CA'A. On lit alors sur le cercle vertical l'angle formé par l'axe TZ avec le rayon visuel qui va à l'étoile : on a ainsi la *distance zénithale* dont le complément donne la *hauteur apparente*. On lit aussi sur le cercle azimutal l'angle formé par l'alidade avec TS : cet angle est l'*azimut* de l'astre.

Théodolite magnétique. Boussole de déclinaison pourvue d'une lunette astronomique qui est mobile sur un cercle gradué et qui permet de déterminer le méridien astronomique. Pour trouver ce méridien, on peut, ou bien observer, à l'aide de la lunette, la hauteur du soleil et calculer l'azimut au moyen du triangle sphérique formé par le soleil, le zénith et le pôle, ou bien observer la direction du soleil avant et après midi, au moment où les hauteurs sont les mêmes; la demi-distance lue sur le cercle donne alors la direction du méridien.

THÉODORA, comédienne qui devint femme de Justinien Ier, et le poussa à disgracier Bélisaire. M. en 548.

THÉODORET (387-458), écrivain ecclésiastique né à Antioche, partagea d'abord les erreurs de Nestorius; auteur d'une histoire ecclésiastique, d'un traité de la Providence, etc.

THÉODORIC Ier, roi des Wisigoths d'Espagne de 419 à 451, contribua à vaincre Attila dans la bataille des champs Catalauniques, où il fut tué. — THÉODORIC II, fils du précédent, roi des Wisigoths d'Espagne, de 453 à 466; tué par son frère Euric.

THÉODORIC Ier LE GRAND (455-526), jeune prince des Ostrogoths de Pannonie qui, élevé comme otage à la cour de Constantinople, reçut de l'empereur Zénon la mission de délivrer l'Italie de la domination des Hérules. Il réussit dans cette entreprise, fit mettre à mort Odoacre, leur roi (493), établit la domination des Ostrogoths en Italie, dont il se proclama roi, fixa sa résidence à Ravenne, devint l'arbitre des barbares, essaya de ressusciter la domination romaine, protégea les lettres, le commerce et les sciences, s'entoura des hommes les plus distingués, Cassiodore, Festus, Symmaque, Boèce, et mourut, dit-on, de remords après avoir ordonné le supplice de ces deux derniers.

THÉODOROS, négus ou roi d'Abyssinie à qui les Anglais firent la guerre pour avoir retenu prisonniers des missionnaires de leur nation. Vaincu par eux, il se donna la mort en 1868.

THÉODOSE Ier LE GRAND (346-395), empereur romain qui, le dernier, réunit sous son sceptre (394) les empires d'Orient et d'Occident, combattit l'arianisme, se soumit à une pénitence publique imposée par saint Ambroise pour avoir fait massacrer les habitants de Thessalonique révoltés, et mourut en partageant l'empire entre ses deux fils Arcadius et Honorius. — THÉODOSE II, fils d'Arcadius, empereur d'Orient de 408 à 450, laissa le gouvernement à sa sœur Pulchérie, ne sut défendre l'empire ni contre les Perses ni contre les Vandales, paya un tribut à Attila, et ne se signala que par la promulgation du code Théodosien. — **Dér.** *Théodosien, théodosienne.*

THÉODOSIEN, IENNE (*Théodose*), *adj.* *Code Théodosien,* recueil des lois des empereurs romains depuis Adrien, et surtout des empereurs chrétiens, promulgué par Théodose II. || *Table théodosienne* ou de *Peutinger,* carte des routes militaires de l'empire romain exécutée sous Théodose Ier ou Théodose II, dont une copie fut découverte à Spire vers 1500 par *Conrad Celtes*, et léguée après celui-ci à Peutinger, confident de Maximilien Ier.

THÉODULPHE, savant italien que Charlemagne appela à sa cour et nomma évêque d'Orléans. M. en 821 à Angers, où Louis le Débonnaire l'avait relégué comme complice de Bernard. Il est l'auteur du *Gloria, laus,* hymne qui se chante à la procession du dimanche des Rameaux.

THÉOGNIS (VIe siècle av. J.-C.), poète grec né à Mégare, auteur de sentences morales en vers.

THÉOGONIE (g. θεογονία : de θεός, dieu + γόνος, génération), *sf.* Génération ou généalogie des dieux, titre d'un poème d'Hésiode. || Tout système religieux des anciens : *La théogonie assyrienne.* — **Dér.** *Théogonique, théogoniste.*

THÉOGONIQUE (*théogonie*), *adj. 2 g.* Qui a rapport à la théogonie.

***THÉOGONISTE** (*théogonie*), *sm.* Celui qui traite de la théogonie.

THÉOLOGAL, ALE (*théologie*), *adj.* Qui a rapport à Dieu : *Les trois vertus théologales,* la foi, l'espérance, la charité. — *Sm.* Chanoine du chapitre d'une cathédrale ou d'une collégiale chargé de prêcher et d'enseigner la théologie. — **Gr.** *Smpl. Théologaux.* — *Sf.* Dignité de théologal. — **Dér.** *Théologalement.*

***THÉOLOGALEMENT** (*théologale* + sfx. *ment*), *adv.* Avec toute l'autorité d'un théologal.

THÉOLOGIE (g. Θεός, Dieu + λόγος, doctrine), *sf.* Science qui a pour objet les dogmes et les préceptes d'une religion : *La théologie catholique.* || Cours de théologie : *Faire sa théologie.* || *Théologie dogmatique,* celle qui traite du dogme. || *Théologie morale,* celle qui traite de la morale religieuse. || *Théologie naturelle,* la partie de la philosophie appelée aujourd'hui théodicée. || Doctrine théologique : *La théologie de saint Thomas d'Aquin.* || Recueil des ouvrages d'un théologien : *La théologie de Bellarmin.* — **Dér.** *Théologien, théologique, théologiquement, théologal, théologale, théologalement.*

THÉOLOGIEN (*théologie*), *sm.* Celui qui sait la théologie, qui écrit sur la théologie. || Étudiant en théologie.

THÉOLOGIQUE (*théologie*), *adj. 2 g.* Qui concerne la théologie : *Question théologique.*

THÉOLOGIQUEMENT (*théologique* + sfx. *ment*), *adv.* Selon les principes de la théologie.

THÉOLS, rivière de l'Indre qui prend sa source près de Saint-Christophe en Boucherie, arrose Issoudun, Sainte-Lizaigne, Diou et se jette dans l'Arnon, à Reuilly. Elle reçoit la petite Thouarse, le Liennet, la Vignale et la Tournemine.

***THÉOMANCIE** (g. Θεός, Dieu + μαντεία, prédiction), *sf.* Prétendue divination inspirée par une divinité. — **Dér.** *Théomancien, théomancienne.*

***THÉOMANCIEN, IENNE** (*théomancie*), *s.* Celui, celle qui a la prétention de prédire l'avenir sous l'inspiration d'une divinité.

THÉON, nom de trois mathématiciens grecs de l'époque alexandrine, dont le second, *Théon de Smyrne* (IIe siècle), a écrit une arithmétique et une astronomie qui nous sont parvenues, et dont le troisième, *Théon d'Alexandrie* (IVe siècle), est le père de la célèbre Hypatia.

THÉOPHILANTHROPE (g. Θεός, Dieu + φίλος, ami + ἄνθρωπος, homme), *sm.* Membre d'une secte de déistes qui s'était formée en France en 1796, et dont le culte subsista jusqu'en 1801. — **Dér.** *Théophilanthropie.*

THÉOPHILANTHROPIE (*théophilanthrope*), *sf.* La doctrine des théophilanthropes, qui se réduisait à la croyance en Dieu et à l'amour des hommes.

THÉOPHILE, empereur de Constantinople de 829 à 842.

THÉOPHRASTE (371-296 av. J.-C.), illustre philosophe grec, disciple d'Aristote et son successeur dans la direction de l'école du Lycée, auteur de *Caractères* traduits par La Bruyère avec peu d'exactitude, d'une *Histoire des plantes,* l'ouvrage le plus considérable des anciens sur la botanique, et d'une foule de traités sur des matières de physique et de météorologie.

THÉOPOMPE (770-723 av. J.-C.), roi de Sparte, sous lequel commença la première guerre de Messénie. Battu par Aristodème près du mont Ithome, il fut égorgé en l'honneur de Jupiter d'Ithome.

THÉOPOMPE, de Chio, orateur et historien grec du IVe siècle av. J.-C., qui écrivit deux ouvrages importants réimprimés et traduits, sauf quelques lacunes, dans la Bibliothèque grecque de Didot : 1° *Hellenica,* continuation de Thucydide, comprenant 12 livres et s'arrêtant à la bataille de Cnide; 2° *Philippica,* récit des événements contemporains de l'auteur, en 58 livres. Il avait fait en outre un abrégé d'Hérodote.

THÉORBE. (V. *Téorbe.*)

THÉORÈME (g. θεώρημα, objet d'étude), *sm.* Proposition qui ne devient évidente qu'après avoir été démontrée, à la différence de l'*axiome*, proposition évidente par elle-même : *Un théorème de géométrie.*

THÉORICIEN (*théorie*), *sm.* Celui qui connaît les principes d'un art sans le pratiquer. || Celui qui s'appuie uniquement sur le raisonnement et ne tient aucun compte de l'expérience.

1. **THÉORIE** (g. θεωρία : de θεωρεῖν, contempler), *sf.* L'étude rationnelle qu'on fait d'une chose sans passer à la pratique : *Théorie agricole.* || L'ensemble des principes généraux auxquels peuvent se rattacher tous les faits de détail relatifs à un sujet d'études : *La théorie de l'électricité.* || *Théorie des planètes,* la science des mouvements des planètes. || *Théorie d'une planète,* l'ensemble des quantités dont la connaissance permet de déterminer sa position à un instant donné. || *Théorie de la terre,* l'ensemble des anciennes hypothèses géologiques. Titre d'un célèbre ouvrage de Buffon. || Système de doctrine : *Les théories socialistes.* || L'ensemble des préceptes relatifs aux manœuvres militaires : *Ce soldat connaît la théorie.* || *Faire la théorie,* l'enseigner. || Leçon de théorie : *Il y a théorie tous les jours dans les casernes.* — **Dér.** *Théorique, théoriquement, théoriser.*

2. **THÉORIE** (g. θεωρία), *sf.* Députation, procession qu'une ville grecque envoyait à un sanctuaire pour y faire des offrandes à une divinité.

THÉORIQUE (*théorie* 1), *adj. 2 g.* Qui appartient à la théorie. || Qui concerne la théorie : *Leçon théorique.*

THÉORIQUEMENT (*théorique* + sfx. *ment*), *adv.* D'une manière théorique. || Au point de vue de la théorie.

***THÉORISER** (*théorie*), *vi.* Créer une ou des théories.

THÉOSOPHE (g. Θεός, Dieu + σοφός, sage), *sm.* Celui qui pratique la théosophie ou qui l'enseigne. — **Dér.** *Théosophie, théosophique, théosophisme.*

THÉOSOPHIE (g. θεοσοφία), *sf.* Doctrine de ceux qui prétendent entrer en communication directe avec Dieu ou avec les puissances surnaturelles.

***THÉOSOPHIQUE** (*théosophe*), *adj. 2 g.* Qui a rapport à la théosophie, aux théosophes.

***THÉOSOPHISME,** *sm.* Caractère des spéculations théosophiques.

***THÈQUE** (g. θήκη, coffre), *sf.* Sac membraneux rempli de spores qui existe dans les lichens et un grand nombre de champignons.

THÉRA, petite île en forme de croissant qui fait partie du groupe volcanique des îles Santorin. Sa côte occidentale représente un immense cirque immergé en partie (7 kilom. sur 11), dont les bords sont formés par les parois verticales de l'île, qui s'élèvent à pic jusqu'à 400 mètres de hauteur. Au S.-E. de l'île se trouve le massif métamorphique du mont Saint-Élie (567 mètres), composé de schistes et de calcaires saccharoïdes en couches fortement redressées. Un tuf ponceux, d'un blanc de neige (40 mètres d'épaisseur), recouvre les flancs de ce cratère marin. En 1866 une grande éruption eut lieu et donna naissance à l'îlot de Nea Kameni. (V. *Volcans.*)

THÉRAIN, 90 kilom., petite rivière de France. Elle arrose Songeons, Crillon, Milly, Beauvais, Hermes et se jette dans l'Oise, rive droite, à Montataire. Le Thérain reçoit le Thérinet (23 kilom.) à Milly, et l'Avelon à Beauvais.

THÉRAMÈNE, démagogue athénien du ve siècle avant J.-C. Il fut d'une versatilité sans exemple, aidant à rétablir le lendemain ce qu'il avait détruit la veille. C'est ainsi qu'il s'unit à Pisandre et Antiphon pour renverser la démocratie, et que quelques mois plus tard il rappela Alcibiade. Il fit partie des 30 tyrans; mais Critias, son ennemi, le condamna à boire la ciguë (403 av. J.-C.).

THÉRAPEUTE (g. θεραπευτής, serviteur), *sm.* Membre d'une secte juive qui avait adopté un genre de vie tout à fait semblable à celui des moines chrétiens.

THÉRAPEUTIQUE (g. θεραπευτικός : θεραπεύειν, soigner), *adj. 2 g.* Qui a rapport au traitement des maladies : *Les propriétés thérapeutiques du fer.* — *Sf.* Partie de la médecine qui traite des propriétés des médicaments et de la manière de les employer.

***THÉRAPEUTISTE** (*thérapeute*), *sm.* Celui qui s'occupe de thérapeutique.

THÉRAPIA, village de Turquie sur le Bosphore, à 16 kilom. N.-E. de Constantinople, résidence d'été de l'ambassadeur français.

THÉRÉSA (Emma Valadon, dite), née en 1837, à la Bazoche-Gonet (Eure-et-Loir), chanteuse de café-concert, d'un réel talent; à la fin du troisième Empire, elle eut une réputation colossale. Les chansonnettes où elle se fit surtout remarquer sont : *Rien n'est sacré pour un sapeur*, la *Femme à barbe*, la *Gardeuse d'ours*, *C'est dans le nez que ça me chatouille*, etc.

THÉRÈSE (sainte) (1515-1582), religieuse espagnole, réformatrice des Carmélites, célèbre par son mysticisme, composa un grand nombre d'ouvrages ascétiques.

THÉRÉSIENSTADT, 2334 hab. Ville forte de Bohême (Autriche), au confluent de l'Elbe et de l'Eger, construite de 1780 à 1788 en arrière du massif du Mittel-Gebirge pour appuyer la défense des routes venant de la Saxe par l'Erz-Gebirge.

THÉRÉSIOPEL, 60000 hab. Ville de Hongrie. Grand commerce de blé. Tanneries.

THÉRIACAL, ALE (*thériaque*), *adj.* Qui contient de la thériaque. || Qui a des propriétés analogues à celles de la thériaque : *Eau thériacale.*

THÉRIAQUE (g. θηριακή, s.-ent. ἀντίδοτος, remède contre la morsure des bêtes sauvages : de θήρ, bête sauvage), *sf.* Médicament de la consistance d'une pâte molle, qui ne contient pas moins de 71 drogues, parmi lesquelles de l'opium et de la poudre de vipère desséchée, inventée, dit-on, par Mithridate; considéré autrefois comme propre à guérir la morsure des animaux venimeux et administré aujourd'hui comme tonique contre la gastralgie. — **Dér.** *Thériacal, thériacale.*

THERMAÏQUE (golfe), nom ancien du golfe de Salonique.

THERMAL, ALE (*thermes*), *adj.* Se dit des eaux minérales employées en médecine qui sortent chaudes du sein de la terre et dont les sources sont toujours situées dans les terrains granitiques ou dans leur voisinage. (V. *Eau.*)

***THERMALITÉ,** *sf.* Nature, qualité des eaux thermales.

***THERMÉLÆOMÈTRE** (g. θέρμη, chaleur + ἔλαιον, huile + μέτρον, mesure), *sm.* Appareil imaginé par M. Ferdinand Jean pour contrôler la pureté des huiles par la mesure de l'élévation de température qui se produit lorsqu'on fait réagir l'acide sulfurique.

THERMES (g. θέρμη, chaleur), *smpl.* Chez les Romains, édifice public renfermant tout ce qui composait un établissement complet de bains. Sous les empereurs, les thermes furent de magnifiques palais, présentant un assemblage de toutes sortes d'établissements d'utilité et de plaisir, comme bains, palestres, gymnases, bibliothèque, jardins, etc. Tels étaient à Rome les thermes de Néron, de Titus, de Domitien, de Caracalla, d'Antonin et de Dioclétien. || *Les thermes de Julien,* à Paris, boulevard Saint-Michel, restes d'un

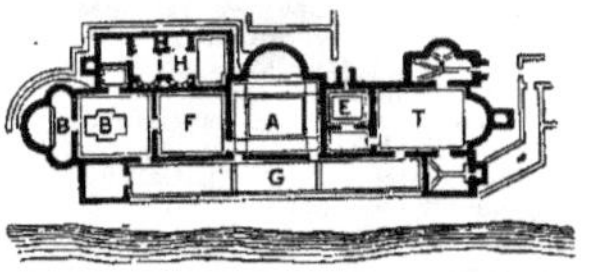

THERMES A JURANÇON

G. Galerie. — A. Atrium. — B. Salles à baignoires. — E. Étuve. — T. Tepidarium. — F. Frigorium. — H. Hypocauste.

palais que les empereurs romains du ive siècle avaient eu face de Lutèce, où Julien fut proclamé empereur, où résidèrent les rois de la 1re et de la 2e race, et sur l'emplacement duquel fut construit, au commencement du xve siècle, pour les abbés de Cluny, un hôtel devenu depuis 1843 un musée d'antiquités du moyen âge. || Aujourd'hui, établissement d'eaux thermales pour le traitement des maladies chroniques. — **Dér.** *Thermal, thermale, thermique.* — **Comp.** *Thermidor, thermidorien* 1, *thermidorien* 2, *thermidorienne*, *thermochimie*, *thermodynamique*, *thermomètre*, etc.; *Thermopyles*, *thermoscope*, etc.; et tous les mots composés dont le premier élément est *thermo*.

THERMIDOR (*mois des chaleurs* : g. θέρμη, chaleur + δῶρον, don), *sm.* Le 11e mois du calendrier républicain, du 19 juillet au 18 août. || *Journée du 9 thermidor, an II* (27 juillet 1794), celle où s'accomplirent les événements qui amenèrent la chute de Robespierre.

1. **THERMIDORIEN** (*thermidor*), *sm.* Nom désignant les membres de la Convention qui provoquèrent la chute de Robespierre.

2. **THERMIDORIEN, IENNE** (*thermidor*), *adj.* Qui appartient aux thermidoriens, qui est leur fait. || *Réaction thermidorienne*, celle qui suivit la chute de Robespierre.

***THERMIQUE** (g. θέρμη, chaleur), *adj. 2 g.* Qui a rapport à la chaleur. || *Machines thermiques*, se dit des machines motrices exigeant l'emploi d'une certaine quantité de chaleur pour leur alimentation, telles que les machines à vapeur, à gaz, à air chaud, etc.

***THERMO,** thème du mot grec θερμός, chaud, qui forme le premier élément d'un grand nombre de mots composés français.

***THERMOCHIMIE** (*thermo + chimie*), *sf.* Ensemble des lois thermiques qui président aux divers phénomènes chimiques. La thermochimie peut se résumer en trois lois, que M. Berthelot a formulées comme il suit : I. *Principe des travaux moléculaires.* La quantité de chaleur dégagée dans une réaction quelconque mesure la somme des travaux chimiques et physiques accomplis dans cette réaction. II. *Principe de l'équivalence calorifique des transformations chimiques*, ou *principe de l'état initial et de l'état final.* Si un système de corps simples ou composés, pris dans des conditions déterminées, éprouve des changements physiques ou chimiques capables de l'amener à un nouvel état sans donner lieu à aucun effet mécanique extérieur au système, la quantité de chaleur dégagée ou absorbée par l'effet de ces changements dépend uniquement de l'état initial et de l'état final du système; elle est la même, quelles que soient la nature et la suite des états intermédiaires. III. *Principe du travail maximum.* Tout changement chimique accompli sans l'intervention d'une énergie étrangère tend vers la production des corps ou du système de corps qui dégagent le plus de chaleur.

***THERMODYNAMIQUE** (théorie), *sf.* Théorie moderne ayant pour objet de prouver que la chaleur est une transformation du travail et d'établir les lois de l'*équivalence mécanique* de la chaleur. — **Historique.** Pendant longtemps, l'idée d'assimiler la chaleur à un mouvement vibratoire, c'est-à-dire d'admettre le *calorique-mouvement*, triompha difficilement de la notion du *calorique-matière.* Pourtant, Lavoisier et Laplace exposaient, en 1780, que la chaleur pourrait bien n'être qu'une transformation de la force vive due au mouvement des molécules, mais ils ne cherchaient pas à en déduire l'explication de la chaleur dégagée par le frottement sur ce point; on admettait généralement que les particules solides détachées du corps par le frottement avaient une chaleur spécifique moindre que celle du corps. Rumford prouva que cette explication était fausse, en mesurant directement la chaleur spécifique des copeaux détachés par le forage d'un canon. Il insista nettement (vers 1798) sur la solution entrevue par Lavoisier et Laplace, et établit expérimentalement la quantité de travail nécessaire pour produire une unité de chaleur. Ses expériences, faites à Munich dans une fonderie de canons, consistaient à mesurer la quantité d'eau vaporisée par la chaleur que dégage le forage d'une pièce de canon et à évaluer en même temps le travail de la machine motrice. Cette détermination grossière de l'équivalent mécanique de la chaleur conduisait à considérer un travail de 570 kilogrammètres comme produisant une grande calorie. Ce chiffre, trop élevé, tenait aux frottements accessoires et à la chaleur perdue par rayonnement, phénomènes négligés par Rumford dans ses déterminations. En 1799, Davy insistait encore plus sur les idées nouvelles apportées par Rumford : il montrait que le frottement de deux morceaux de glace l'un contre l'autre et dans le vide produisait de la chaleur déterminant la fusion de la glace; or l'eau liquide ainsi produite a une chaleur spécifique supérieure à celle de la glace. Malgré toutes ces expériences, la matérialité du calorique était encore admise au début du siècle, en dépit des études de Montgolfier (1800) et de Séguin (1839). Le premier travail établissant nettement l'équivalence entre la chaleur et le travail est dû au médecin allemand J.-R. Mayer, de Heilbronn (1842). Ce médecin arriva à la conception exacte des phénomènes thermiques en étudiant les phénomènes vitaux et la production de la force motrice chez les animaux. C'est lui qui fit cette expérience convaincante : en agitant pendant longtemps de l'eau dans un vase, la température s'est élevée de 12° centigrades à 13°. Il imagina le terme d'*équivalent mécanique de la chaleur*, et en fit la première détermination à peu près exacte. En 1843, M. Joule fit, sans connaître les travaux de Mayer, une série de recherches sur le travail dû aux frottements et sur la loi de l'équivalence. Il donna la meilleure valeur admise jusqu'aujourd'hui de l'équivalent mécanique. Puis, M. Hirn vint compléter ces travaux et contribua à établir nettement la première loi de la thermodynamique, loi dont nous reparlerons plus loin, et qui fut bientôt suivie d'une seconde, énoncée par Sadi Carnot et généralisée par Clausius. Il faut encore mentionner, parmi les savants qui ont contribué à l'avancement de la thermodynamique, les noms de MM. Favre, Helmholtz, Macquard, Rankine, W. Thomson, Tyndall et Verdet.

Théorie déduite des expériences de MM. Joule et Hirn. — Tout le monde sait que le frottement de deux corps l'un contre l'autre dégage de la chaleur, et l'expérience de Tyndall montre la relation entre cette chaleur créée et le travail dépensé. L'appareil employé (fig. 1) se compose d'un tube T rempli en partie d'éther et fermé par un

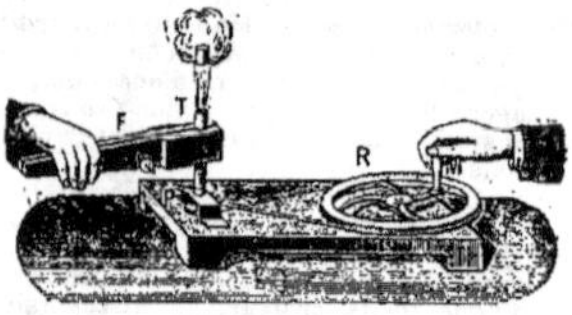

THERMODYNAMIQUE

Fig. 1.

bouchon de liège : une roue horizontale R, actionnée à la main par une manivelle M, permet de communiquer un mouvement de rotation rapide à la petite poulie P et au tube T, que l'on serre fortement dans une pince en bois F. Par suite du frottement de cette pince, la température s'élève dans le tube et la vaporisation d'éther qui en résulte projette vivement le bouchon dans l'air. Dans cette expérience, le travail dépensé par l'opérateur a été transmis au système du tube et de la pince, qui pourtant ne subit aucun changement visible dans l'énergie potentielle ou actuelle de ses diverses parties. Cette augmentation certaine de l'énergie du système, manifestée seulement par une plus grande quantité de chaleur, peut être désignée sous le nom d'*augmentation d'énergie calorifique*. Les expériences de M. Joule montrent qu'il y a un rapport *constant* entre cette augmentation d'énergie calorique, mesurée par le travail effectué, et la chaleur créée par le frottement mesurée en calories. Ce rapport est *indépendant de la nature des surfaces frottantes*, et l'on peut dire qu'il faut en nombre rond 425 kilogrammètres pour produire une grande calorie, ou 42 mégergs pour créer une calorie. M. Joule fit, à cet effet, trois séries d'expériences sur les frottements entre l'eau et le laiton, le mercure et le fer, et enfin fonte contre fonte. Voici comment il opéra pour l'eau : un calorimètre C (fig. 2) reposant sur un support en bois et rempli d'eau, contient un support en laiton A complètement baigné dans l'eau. Sur ce support repose la partie inférieure d'un axe vertical C, porteur de palettes *p*, également en laiton. Des écrans fixes *q* empêchent l'eau de prendre un mouvement continu de rotation entre les palettes. Le mouvement de l'axe vertical est transmis par une bobine B sur laquelle s'enroulent en sens contraire deux cordons, allant eux-mêmes s'enrouler chacun sur une bobine horizontale R, R'. Chaque bobine fait corps avec un cylindre horizontal H, H', qui prend un mouvement de rotation quand on laisse descendre les disques P, P' par leur poids. Enfin, la température du calorimètre est donnée par un thermomètre très sensible permettant d'évaluer la centième partie d'un degré Fahrenheit. L'opération se fait de la manière suivante : on rend la bobine B indépendante de l'axe en enlevant la goupille O, on soutient l'appareil sur le support S et on soulève les poids P, P' par la rotation de la manivelle M. Cela fait, on rétablit la liaison en O et l'on détermine exactement la température du calorimètre. Abandonnant la manivelle M, le mouvement des palettes se fait dans le liquide dont la température s'élève. Quand les disques P, P' sont en bas de leur course, la température de l'eau n'étant pas suffisamment élevée pour faire une détermination précise, on recommence la même expérience en ayant soin, pour remonter les poids P, de séparer la bobine B par l'enlèvement de la goupille O. Après vingt opérations (35 minutes environ), on détermine la température du calorimètre. La détermination exacte de la température ambiante avant et après l'expérience permet de corriger la température finale de l'effet du rayonnement. On connaîtra donc la *chaleur produite par le frottement*.

Il faut ensuite calculer la valeur de l'énergie calorifique créée w, en désignant par W le travail total dû à la force motrice, la pesanteur ; w et w' l'énergie calorifique créée par les frottements, w pour les palettes dans le calorimètre, w' pour les frottements accessoires ; p la masse de chaque disque en plomb P ; h la hauteur de chute des disques ; n le nombre des opérations.

On sait que, d'après le théorème des forces vives, l'accroissement de force vive est égal au travail produit. Ce travail est W, diminué de la portion de travail transformée en chaleur ou de $(w + w')$. Pour chaque poids, la force vive est : $\frac{1}{2} pv^2$ et pour les deux poids : $2 \times \frac{1}{2} pv^2$ ou pv^2, ce qui fait npv^2 après n opérations.

On a donc :

$$npv^2 = W - (w + w')$$

ou

$$npv^2 = W - w - w' ;$$

d'où l'on déduit w connaissant W et w'. Pour W, on a :

$$W = 2npgh.$$

Car les deux masses P, P' ont pour poids $2pg$; en tombant de la hauteur h, le travail produit, égal à la force multipliée par le déplacement, est $2pgh$, et, comme on fait n opérations, le travail total est bien

$$W = 2npgh.$$

Quant à w', M. Joule employait pour le déterminer le procédé suivant : le cylindre B était détaché de l'arbre à palettes et placé verticalement entre deux pivots ; un seul fil s'enroulait autour du cylindre et sur les deux bobines plates, de sorte que les disques se mouvaient en sens contraire et se faisaient équilibre. En déterminant la surcharge à mettre sur l'un des disques pour produire un mouvement uniforme de même vitesse que précédemment, on aura le travail employé à vaincre les frottements : ce travail, qui est celui de la pesanteur sur le poids additionnel, est sensiblement w' ; il suffit de faire une légère correction due aux frottements sur les pivots, ce qu'a fait M. Joule d'une manière très précise.

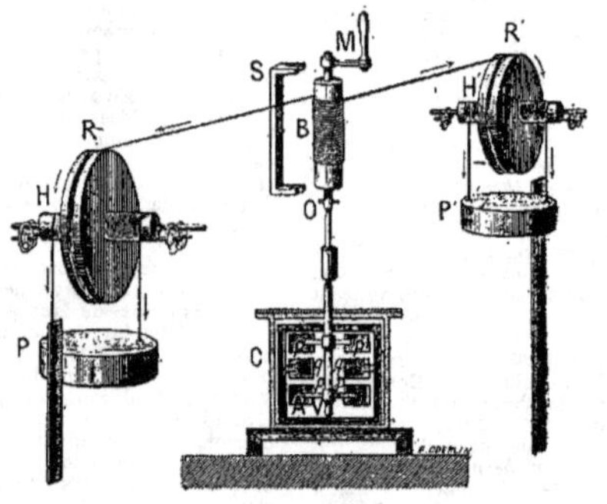

THERMODYNAMIQUE

Fig. 2.

Cinq séries d'expériences ont donné les moyennes suivantes pour le rapport de l'énergie calorifique à la quantité de chaleur correspondante :

	UNITÉS FRANÇAISES : kilogrammètre et grande calorie.
Eau et laiton.	424,1
Mercure et fer..	424,8
Fonte (de fer) et fonte.	425,9 et 424,8

Soit donc, en moyenne, le nombre *constant* 425.

M. Hirn est arrivé à la même conclusion, en faisant des déterminations analogues non plus sur les phénomènes de frottement, mais sur les phénomènes de choc. Quand une balle de plomb lancée par une arme à feu vient frapper un obstacle résistant, elle s'aplatit et ne rebondit que faiblement, mais sa température s'élève notablement. D'une manière générale, quand deux corps non élastiques se choquent, on constate une élévation de température, et comme il ne résulte pas du choc une augmentation d'énergie potentielle égale à l'énergie actuelle visible disparue, et que d'ailleurs aucune force extérieure n'a pu intervenir, on peut en conclure qu'une portion de l'énergie s'est transformée en chaleur, sous forme d'*énergie calorifique* (fig. 3). M. Hirn opéra sur un morceau

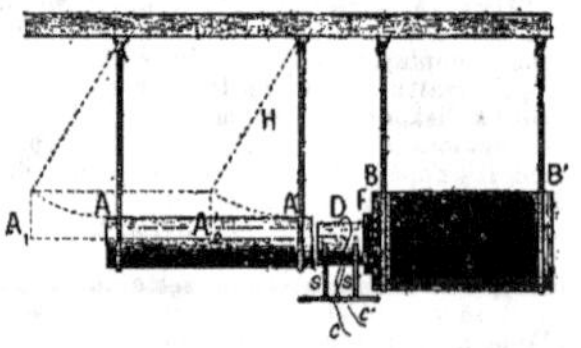

THERMODYNAMIQUE

Fig. 3.

de plomb D placé entre une enclume BB', en grès, suspendue par deux cordes, et un cylindre en fer forgé AA' de 350 kilogrammes, également soutenu par deux cordes. Le bloc de grès était protégé contre le choc par une plaque de fer F, et le morceau de plomb D, soutenu par des fourchettes en bois s, s'. Pour faire l'opération, on soulève le bélier AA' (jusqu'en $A_1A'_1$) et on note la température du plomb en introduisant un thermomètre dans une cavité creusée à cet effet. Puis, on laisse tomber le bélier de la hauteur H ; il vient écraser le plomb qui s'échauffe, en même temps que l'enclume et le bélier se relèvent, par suite du choc, à des hauteurs h et h'. Au moyen des cordes c, c', on tire vivement le morceau de plomb qu'on suspend par les cordes à une petite potence, de façon à pouvoir emplir d'eau la cavité et à en déterminer la température (on tient compte des pertes par rayonnement). On a ainsi toutes les données nécessaires à la solution du problème, et, en désignant par P et P' les masses du bélier et de l'enclume :

$$PgH - (Pgh + P'g'h') = g[P(H - h) - P'h']$$

sera l'accroissement d'énergie calorifique. Cette théorie suppose que l'énergie communiquée par le choc à la masse de plomb accroissait seulement son énergie calorifique ; ce qu'il est facile d'établir, car, d'une part, la masse restant à peu près immobile après le choc, l'énergie actuelle visible est presque nulle, et d'autre part, comme le plomb ne s'écrouit pas par la déformation, il reprend les mêmes propriétés physiques après le choc, c'est-à-dire qu'il conserve la même énergie potentielle. La moyenne de six expériences a donné, pour le rapport de l'accroissement d'énergie calorifique à l'accroissement du nombre de calories, le même nombre 425 qu'avait trouvé M. Joule dans le cas du frottement.

Pour compléter la théorie que nous venons d'exposer, il convient d'ajouter que le phénomène inverse existe : on peut obtenir du travail mécanique par une dépense de chaleur toujours dans les proportions indiquées, ainsi que l'ont prouvé les expériences exécutées par M. Hirn dans une filature de coton à Logelbach (Colmar), sur de puissants moteurs à vapeur.

Lois de la thermodynamique. — Ces lois sont au nombre de deux : 1° la loi de l'équivalence ou de conservation de l'énergie; 2° la loi de Clausius. Nous allons les examiner successivement :

1° *Loi de l'équivalence.* Les expériences de Joule ont montré qu'en détruisant une calorie, on obtient une quantité déterminée E (425 kilogrammètres) de travail et que réciproquement une quantité d'énergie E qui disparaît sans produire aucun travail donne naissance à une calorie. Telle est la *loi de l'équivalence* entre le travail et la chaleur, et ce nombre E est appelé *équivalent mécanique de la chaleur*. En exprimant le travail en kilogrammètres et la chaleur en grandes calories (chaleur nécessaire pour élever 1 kilogramme d'eau de 0° à 1°), cet équivalent est 425, c'est-à-dire que *425 kilogrammètres équivalent à 1 grande calorie* (ou à 1 000 calories).

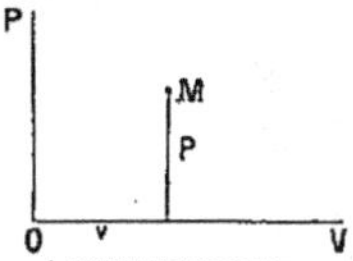

THERMODYNAMIQUE

Fig. 4.

L'une des premières applications de cette loi est de donner une idée nette de la chaleur. Au lieu de dire que la chaleur est ce qui existe en plus grande quantité dans un corps devenu plus chaud par rapport à un autre, nous dirons que *l'énergie calorifique est plus grande dans le premier corps que dans l'autre*, et que *la chaleur est une des formes de l'énergie.* Les faits d'expérience semblent établir qu'une partie au moins de l'énergie calorifique se trouve sous forme d'énergie actuelle, de force vive, et, d'une manière générale, on peut dire que les phénomènes calorifiques sont dus à des mouvements insensibles des particules des corps : on conçoit alors comment le frottement et le choc, qui produisent des vibrations sonores, peuvent aussi produire des vibrations calorifiques. On a souvent l'habitude de représenter par une équation la loi de l'équivalence. Soient Q le nombre de calories entrées dans un corps; W le travail extérieur produit; I_1, I_2 l'énergie de la masse considérée au début et à la fin de la transformation; E l'équivalent mécanique de la chaleur. On peut écrire que la variation d'énergie I_1 I_2, pendant la transformation, est égale à $E \times Q - W$ ou :

$$EQ = I_1 - I_2 + W.$$

Telle est l'équation de l'*équivalence*.

Sadi Carnot voulut mieux utiliser encore les principes suivants, et Clapeyron eut l'idée, comme lui, de représenter géométriquement la manière dont s'effectue une transformation d'un corps. On imagine facilement qu'étant donnée une masse déterminée d'un corps, on peut regarder sa température et ses autres propriétés comme une fonction de deux variables indépendantes, son volume et sa force élastique (en désignant ainsi la pression uniforme exercée par le corps sur l'unité de surface du milieu ambiant) (fig. 4). On peut alors caractériser l'état d'un corps par ces deux quantités, et pour figurer graphiquement l'état de la masse, on portera en abscisse la valeur du volume v, en ordonnée la valeur p de la force élastique et on dira que M (v, p) est le *point figuratif* de l'état du corps. Quand cet état varie d'une manière continue, v et p variant, M décrit une ligne qui représente la manière dont s'effectue la transformation : si la transformation se fait, par exemple, sans changement de volume, la ligne est une parallèle à *op* : alors v = constante. Quand la transformation se fait à température constante, la ligne représentative prend le nom de *ligne isotherme* (fig. 5). On sait que pour un gaz parfait, à température constante,

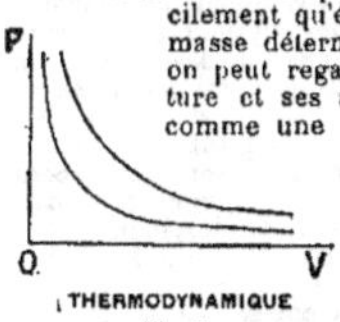

THERMODYNAMIQUE

Fig. 5.

$$pv = \text{constante}.$$

A chaque température, la série des états possibles d'un gaz parfait sera donc représentée par une hyperbole équilatère, différente pour chaque température, et ayant pour asymptotes les axes de coordonnées. On désigne de même sous le nom de *ligne adiabatique* celle qui correspond à une transformation opérée sans fournir ni sans enlever de chaleur à la masse. Laplace a montré que pour un gaz parfait, on avait la relation :

$$pv = \text{constante}$$

avec $\gamma = 1,41$.

Partant de ces principes, si on suppose qu'un corps se trouvant d'abord à l'état A (fig. 6) subisse une série de transformations, puis revienne à cet état A, la ligne figurative sera fermée : on dit alors que le point figuratif a décrit un *cycle fermé*. Quand il en est ainsi, la variation d'*énergie interne* (énergie totale diminuée de l'énergie actuelle visible) est nulle; par suite, dans l'équation de l'équivalence : $I_2 - I_1 = o$ et cette équation devient : $EQ = W$. Si $Q > o$, la chaleur fournie au corps est employée uniquement à effectuer le travail total accompli pendant la transformation.

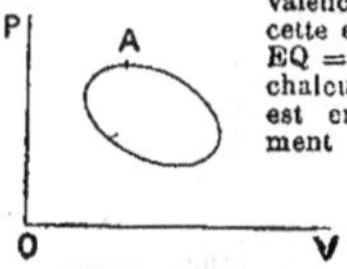

THERMODYNAMIQUE

Fig. 6.

Comme exemple de cycle fermé, nous citerons le *cycle de Carnot* (fig. 7) fourni par deux isothermes et deux adiabatiques : un corps éprouve d'abord une dilatation de volume à température constante : le point figuratif décrit une portion de ligne isotherme AB. A l'état B, on laisse le corps se refroidir jusqu'en B' sans céder ni enlever de chaleur, d'où la ligne adiabatique BB'. En B on comprime à température constante t $(t' < t)$ jusqu'à l'état A' tel que, sans fournir ni enlever de chaleur au corps, on puisse l'amener à l'état primitif A (en suivant la ligne adiabatique A'A). Le cycle ABB'A' ainsi parcouru est le cycle de Carnot, sur lequel nous reviendrons au sujet de la deuxième loi de la thermodynamique. Dans les problèmes de thermodynamique, on a souvent à évaluer la valeur du travail extérieur : ce travail peut se réduire dans certains cas au travail qu'accomplit la masse quand, en se dilatant, elle repousse le milieu extérieur qui exerce une pression à sa surface (détente) ou au travail qu'elle reçoit quand son volume diminue. Considérons, par exemple, un gaz travaillant dans un cylindre de façon à pousser le piston (de section S) depuis AB jusqu'en A'B' (fig. 8); le travail extérieur produit est $psdl$, p étant la pression par unité de surface, s l'unité de section, d le diamètre du cylindre, l sa longueur; mais $sdl = dv$, donc le travail extérieur produit est pdv, en désignant par dv (positif ou négatif) l'augmentation ou diminution de volume. On en conclut que la valeur du travail extérieur, correspondant à une transformation AB, est égale à l'aire du quadrilatère mixtiligne AB*ab*. Pour un cycle fermé ABCD, le travail extérieur pendant la période ADC est : + ADC*ca*, et pour la période ABC : ABC*ca*, c'est-à-dire que pour tout le cycle le travail extérieur est positif et représenté par l'aire ABCD (fig. 9).

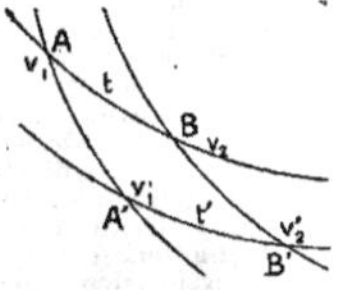

THERMODYNAMIQUE

Fig. 7.

2° *Loi de la thermodynamique.* Son énoncé suppose la définition du *rendement* : quand un moteur thermique quelconque fonctionne, le fluide qui travaille emprunte à une source chaude, à t_1, une quantité de chaleur Q_1 : cette chaleur est partiellement transformée en travail $(Q_1 - Q_2)$ et le reste Q_2 est rendu à une source froide, à t_2. On a l'identité évidente :

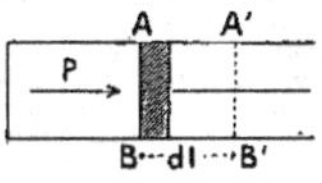

THERMODYNAMIQUE

Fig. 8.

$$Q_1 = (Q_1 - Q_2) + Q_2.$$

Le rendement du moteur est le rapport de la chaleur transformée en travail à celle qu'on emprunte au réchauffeur, soit :

$$\frac{Q_1 - Q_2}{Q_2}.$$

En étudiant ainsi le rendement du cycle qui porte son nom (V. plus haut, même article), Carnot fut conduit à énoncer la loi suivante : Le rendement de ce cycle est indépendant des agents mis en œuvre pour le réaliser; sa valeur dépend seulement des températures des isothermes entre lesquelles a lieu la transformation. Telle est la *loi de Carnot;* pour un moteur à air fonctionnant entre les isothermes de 0° et 1°, on aurait :

$$\frac{Q_1 - Q_2}{Q_1} = 1,395$$

et pour un moteur à vapeur d'eau dans les mêmes conditions, le nombre est : 1,290. Cette loi expérimentale se trouve justifiée par l'exactitude de ses conséquences, dont nous allons examiner quelques-unes.

En partant des deux lois de la thermodynamique, sir W. Thomson put imaginer, en 1848, une échelle absolue des températures, c'est-à-dire un procédé tel que les températures indiquées par l'agent thermométrique fussent indépendantes de la nature de cet agent. Il montra, en effet, que *la quantité de chaleur* T *prise par une substance qui décrit la portion d'une isotherme comprise entre deux adiabatiques est indépendante, pour une même température, de la nature de cette substance.* Cette quantité de chaleur est ce qu'on appelle la *température absolue* de l'isotherme considérée. Au point de vue pratique, on obtient la température absolue T en ajoutant la constante 273 à la température t indiquée par le thermomètre à air de Regnault :

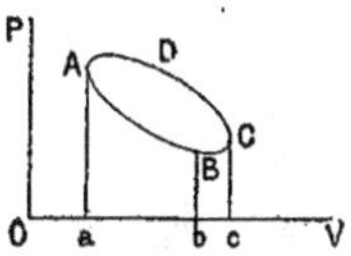

THERMODYNAMIQUE

Fig. 9.

$$T = 273 + t.$$

Cela posé, pour un corps dont le figuratif décrira d'une manière réversible le cycle de Carnot entre les températures absolues T_1 et T_2, le rendement r sera :

$$r = \frac{T_1 - T_2}{T_2};$$

donc, d'après la définition du rendement :

$$\frac{Q_1 - Q_2}{Q_1} = \frac{T_1 - T_2}{T_2} \text{ ou } \frac{Q_2}{Q_1} = \frac{T_2}{T_1}.$$

Le rendement du cycle de Carnot est donc indépendant de l'écartement des lignes adiabatiques. L'on voit en même temps que : *dans des transformations réversibles, les quantités de chaleur prises par un corps dont le point figuratif parcourt successivement des tronçons d'isothermes comprises entre deux mêmes adiabatiques, sont proportionnelles aux températures absolues de ces isothermes.*

Loi de Clausius. — La loi de Clausius n'est qu'une forme plus générale de la loi de Carnot. On sait bien que si la chaleur passe naturellement des corps chauds aux corps froids, elle ne peut passer d'elle-même d'un corps froid à un plus chaud. Ce phénomène peut se produire à l'aide d'une machine : ainsi, en faisant fonctionner une machine à vapeur à rebours, on peut faire passer de la chaleur du condenseur dans la chaudière, à condition de dépenser du travail mécanique : on peut d'ailleurs emprunter ce travail à une autre machine fonctionnant dans le sens direct. Partant de ces considérations, Clausius a énoncé la loi suivante : *Il est impossible de faire passer de la chaleur d'un corps froid sur un autre plus chaud sans dépenser du travail ou sans qu'une certaine quantité de chaleur passe d'un corps chaud à un autre plus froid.*

***THERMO-ÉLECTRICITÉ** (*thermo* + *électricité*), *sf.* L'ensemble des phénomènes électriques résultant de l'inégalité de température qui existe entre les parties d'un corps. ‖ La partie de la physique qui traite de ces phénomènes.

***THERMO-ÉLECTRIQUE** (*thermo* + *électrique*), *adj. 2 g.* Qui est du domaine de la thermo-électricité : *Courant thermo-électrique.* ‖ Qui produit quelque phénomène électrique par l'effet d'une inégalité de température entre les diverses parties d'un corps : *Pile thermo-électrique.* (V. *Pile.*)

***THERMOGRAPHE** (*thermo* + g. γράφειν, écrire), *sm.* Thermomètre enregistreur.

***THERMOLOGIE** (*thermo* + λόγος, traité). Traité de la chaleur. ‖ Doctrine de la chaleur.

***THERMOLOGIQUE,** *adj. 2 g.* Qui a rapport à la thermologie.

***THERMOMAGNÉTIQUE,** *adj. 2 g.* Qui a rapport au thermomagnétisme.

***THERMOMAGNÉTISME,** *sm.* Magnétisme développé par la chaleur. (Phys.)

THERMOMÈTRE (*thermo* + g. μέτρον, mesure), *sm.* Instrument destiné à mesurer numériquement les variations de l'état calorifique. Il est basé sur l'augmentation et la diminution du volume des corps, sous l'influence de l'échauffement ou du refroidissement. On nomme température le nombre par lequel le thermomètre indique l'état calorifique dans lequel il se trouve. Ce nombre est conventionnel. Le thermomètre ordinaire, inventé au commencement du XVIIe siècle, consiste en un tube très fin, hermétiquement fermé, terminé inférieurement par un réservoir en forme de boule ou de cylindre, et contenant une certaine quantité de mercure ou d'alcool. La colonne liquide s'élève plus ou moins dans le tube, selon que la température est plus ou moins chargée de calorique, et sa hauteur est indiquée par des divisions tracées sur le tube ou la planche qui le porte. On gradue un thermomètre en marquant le point où s'arrête la colonne liquide dans la glace fondante et le point où elle s'arrête dans la vapeur d'eau bouillante, divisant l'intervalle entre ces deux points en un certain nombre de parties égales et prolongeant les divisions de chaque côté. ‖ *Thermomètre centigrade :* celui dont l'échelle contient 100° entre le point de la glace fondante, marqué 0, et le point de la vapeur d'eau bouillante, marqué 100. Les divisions au-dessous du 0 indiquent les degrés de froid. ‖ *Thermomètre de Réaumur,* celui dont l'échelle contient 80 degrés entre le point de la glace fondante, marqué 0, et le point de la vapeur d'eau bouillante, marqué 80. ‖ *Thermomètre de Fahrenheit,* usité en Allemagne et en Angleterre : celui dont l'échelle contient 180 divisions entre le point de la glace fondante, marqué 32, et le point de la vapeur d'eau bouillante, marqué 212. — 4 degrés Réaumur valent 5 degrés centigrades et 9 degrés Fahrenheit. On convertit les degrés Réaumur en degrés centigrades en les multipliant par $\frac{5}{4}$ et les degrés centigrades en degrés Réaumur en les multipliant par $\frac{4}{5}$. On écrit les degrés au-dessus de 0 en les faisant précéder du signe + et les degrés au-dessous en les faisant précéder du signe —. Le thermomètre à alcool sert pour les très basses températures. ‖ *Thermomètre à air,* thermomètre très sensible, à l'usage des physiciens, et dans lequel le mercure est remplacé par de l'air déplaçant un index. ‖ *Thermomètre à poids ;* très employé en physique, il se compose d'un réservoir en verre terminé par un tube recourbé et rempli de mercure ; ce tube, ouvert à son extrémité, plonge dans une capsule en verre contenant également du mercure. Celui-ci entre dans le réservoir ou en sort en plus ou moins grande quantité, suivant la température. Le poids du mercure en plus ou en moins dans la capsule indique la température. ‖ *Thermomètre à maxima et à minima,* thermomètre qui enregistre automatiquement la plus haute et la plus basse température qu'a subies un milieu dans un temps donné. Le *thermomètre à maxima* est un thermomètre ordinaire dont la tige, au lieu d'être verticale, est horizontale ; seulement, dans l'intérieur du tube on a introduit un *petit cylindre de fer* qui peut y glisser à frottement doux. Imaginons que l'on veuille avoir la température la plus élevée d'un lieu donné et dans un temps déterminé. Pour cela, on met le petit cylindre de fer en contact avec le mercure. Si la température augmente, le mercure, en se dilatant, pousse devant lui le cylindre de fer ; mais si plus tard la température vient à diminuer, *le mercure ne possédant pas la propriété d'attirer le fer,* il n'entraîne pas avec lui le petit cylindre en se contractant, et ce dernier marque alors le plus haut point où le mercure s'est avancé.

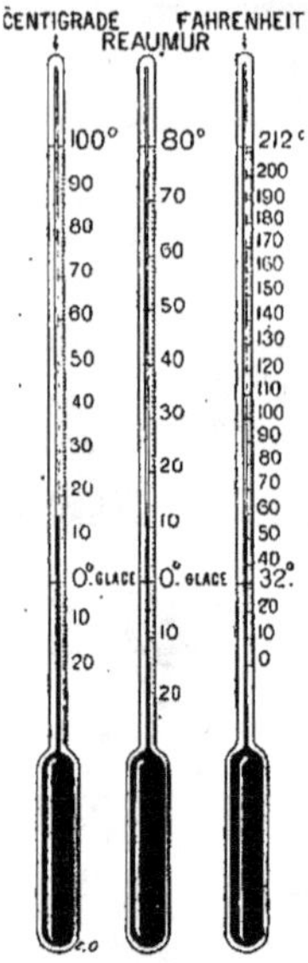

THERMOMÈTRES

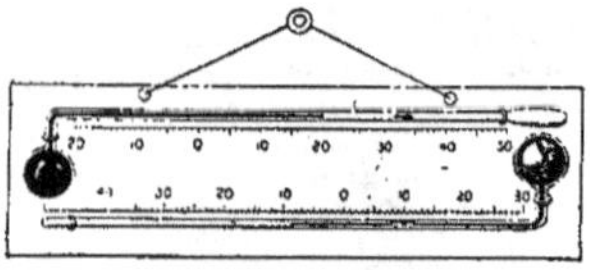
THERMOMÈTRE A MAXIMA ET A MINIMA

THERMOMÈTRE A DÉVERSEMENT

Le *thermomètre à minima* est construit de la même manière que le *thermomètre à maxima,* seulement, c'est un *thermomètre à alcool,* et le cylindre intérieur est en émail, et, de plus, il ne remplit pas exactement le diamètre du tube, de sorte que l'alcool qui est dans le thermomètre peut passer facilement au delà du cylindre. Si l'on veut avoir la température la plus basse d'un lieu donné et pour un temps déterminé, on amène le petit cylindre d'émail à l'extrémité de la colonne d'alcool et en contact avec elle, puis on abandonne l'appareil à lui-même. Si la température vient à baisser, l'alcool, *jouissant de la propriété d'attirer l'émail,* se contracte et emmène avec lui le petit cylindre. Si plus tard la température augmente, l'alcool se dilatera ; mais comme ce liquide trouve assez d'espace pour s'épancher au delà du cylindre d'émail, il laisse toujours celui-ci dans sa dernière position, c'est-à-dire à l'endroit où la colonne d'alcool avait le moins de volume et, par suite, où elle avait la *moindre température.* On a donné, du reste, des formes différentes à ces sortes de thermomètres : c'est ainsi que l'on a les *thermomètres à déversement.* Ceux-ci sont munis à leur extrémité supérieure d'un réservoir où vient se répandre l'excès du mercure amené par l'augmentation de volume qu'il a subi à la plus haute température. Une expérience comparative détermine la température maxima qui a produit le volume de mercure déversé. ‖ *Thermomètre métallique* ou *de Bréguet,* thermomètre très sensible qui indique les températures par la torsion d'un ruban formé de deux métaux différents superposés. (V. *Pyromètre.*) — Fig. Indice : *L'instruction est le thermomètre de la civilisation dans un pays.* — **Dér.** *Thermométrie, thermométrique.*

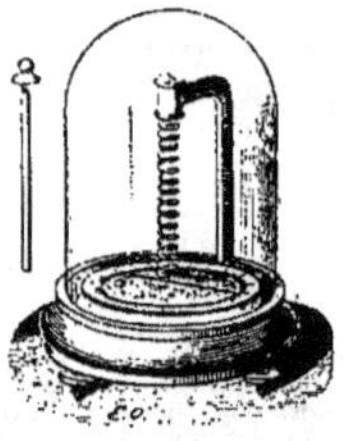
THERMOMÈTRE MÉTALLIQUE OU DE BRÉGUET

***THERMOMÉTRIE** (*thermomètre*), *sf.* Mesure de la chaleur.

THERMOMÉTRIQUE (*thermomètre*), *adj. 2 g.* Qui a rapport à la mesure de la chaleur : *Échelle thermométrique.*

***THERMOMÉTROGRAPHE** (*thermomètre* + g. γράφειν, écrire), *sm.* Thermomètre enregistreur indiquant la température des eaux de la mer à diverses profondeurs.

***THERMOMULTIPLICATEUR** (*thermo* + *multiplicateur*), *sm.* Appareil de physique composé d'une pile thermo-électrique et d'un galvanomètre et servant à mesurer de faibles variations dans la température.

THERMOPYLES (g. Θερμοπύλαι, portes chaudes : de *thermo* + πύλαι, portes). Étroit défilé entre le golfe de Lamia et le mont Œta, sur le cours du Sperchius, où se trouvent des sources chaudes sulfureuses, et qui servait de passage pour entrer de la Thessalie dans la Locride. C'est là que Léonidas, avec 300 Spartiates, combattit contre toute l'armée de Xerxès (480 av. J.-C.), et que les Romains défirent Antiochus le Grand (191 av. J.-C.). — Fig. Position stratégique qui peut arrêter une invasion : *Dumouriez a dit : Les défilés de l'Argonne seront les Thermopyles de la France.*

***THERMOSCOPE** (*thermo* + g. σκοπεῖν, regarder), *sm.* Le thermoscope de Rumford est un instrument de physique qui indique les faibles différences de température de deux milieux. On le nomme aussi *thermomètre différentiel.* Il se compose de deux boules en verre réunies par un long tube horizontal, dont les deux extrémités sont recourbées verticalement ; dans le tube, une goutte d'acide sulfurique, servant d'index, indique, par sa position au milieu du tube, que la température des deux boules est la même. La graduation de l'instrument se fait par comparaison avec un thermomètre ordinaire placé dans les mêmes conditions que l'une des boules. Le thermoscope ne marque que des différences de degrés.

***THERMOSIPHON** (*thermo* + *siphon*), *sm.* Appareil destiné au chauffage des serres et fondé sur la circulation, dans une conduite fermée, d'une colonne d'eau dont les branches sont à des températures différentes.

THÉROIGNE DE MÉRICOURT (1759-1817), femme née dans les environs de Liège, qui prit part aux grandes journées de la Révolution française et mourut folle à la Salpêtrière.

THÉROUANNE, 957 hab. Village du canton d'Aire (Pas-de-Calais), sur la Lys. Autrefois ville importante, ruinée par Charles-Quint.

THÉROULDE, Normand que l'on présume être l'auteur de la *Chanson de Roland*. M. en 1098.

THERSANDRE, roi de Thèbes en Béotie, fils de Polynice, tué par Télèphe au siège de Troie.

THERSITE, Grec difforme et lâche, qui insultait les plus illustres chefs de l'armée au siège de Troie, et fut tué d'un coup de poing par Achille. (Myth.) — Fig. Lâche insulteur.

***THÉSAURISATION** (l. *thesaurisationem*), *sf.* Action d'amasser des trésors.

THÉSAURISER (l. *thesaurisare* : de *thesaurus*, trésor), *vi.* Amasser de l'argent, un trésor. — **Dér.** *Thésauriseur, thésauriseuse, thésaurisation.*

THÉSAURISEUR, EUSE (*thésauriser*), *s.* Celui, celle qui amasse de l'argent, un trésor.

THÈSE (g. θέσις, action de poser), *sf.* Proposition, assertion que l'on énonce avec l'intention de la défendre contre des contradicteurs. — Fig. *Cela change la thèse*, cela modifie mes idées sur ce point. ‖ Écrit qu'un étudiant compose pour démontrer devant une faculté quelque vérité nouvelle, littéraire ou scientifique, afin d'obtenir le grade de docteur. ‖ Examen qu'une faculté fait de cet écrit : *Soutenir une thèse.* — **Comp.** *Antithèse.* Même famille : *Thème.*

THÉSÉE, héros solaire, roi légendaire d'Athènes, fils d'Egée et d'Æthra, tua le géant Périphètes, les brigands Sinnis et Procruste; triompha du Minotaure avec l'aide d'Ariane, prit part à la chasse du sanglier de Calydon, à l'expédition des Argonautes, à la guerre contre les Amazones; épousa successivement Médée, Antiope, Phèdre; tenta, avec Pirithoüs, d'enlever Proserpine des Enfers; quitta Athènes en proie à la guerre civile, et périt à Scyros, traîtreusement tué par le roi Lycomède. Les Athéniens le regardaient comme l'un des fondateurs de leur État. (Myth.)

***THESMOPHORE** (g. θεσμός, loi + φόρος, qui porte), *sf.* Surnom de Cérès, considérée comme la législatrice des hommes. — **Dér.** *Thesmophories.*

THESMOPHORIES (*thesmophore*), *sfpl.* Fête que les femmes d'Athènes célébraient en l'honneur de Cérès.

THESMOTHÈTE (g. θεσμός, loi + θέτης, qui pose), *sm.* Titre des six derniers archontes d'Athènes préposés à la justice.

***THESPIEN, IENNE** (*Thespies*), *adj.* et *s.* Qui appartient à Thespies, qui habite cette ville.

THESPIES, ancienne ville de Béotie, entre Thèbes et la mer d'Alcyon (golfe de Corinthe). — **Dér.** *Thespien, thespienne.*

THESPIS (VIe siècle av. J.-C.), le créateur de la tragédie grecque, banni d'Athènes par Solon.

THESPROTIE, canton de l'ancienne Epire, sur la mer Ionienne.

THESSALIE, contrée de la Grèce (depuis 1881) riveraine de la mer Egée, qu'elle domine de la chaîne du Pélion ou Plessidi (1618 mètres) qui se prolonge dans l'île d'Eubée et dans les Cyclades et du mont Ossa ou Kissowo (1953 mètres); bornée au N. par la chaîne de l'Olympe (2973 mètres) et les monts Cambuniens, qui la séparent de la Macédoine; à l'O. par le Pinde (2156 mètres), qui prolonge au S. les monts Grammos et la sépare de l'Épire; au S. par la chaîne de l'Œta, traversée dans sa partie méridionale par les monts Othrys (1722 mètres) dirigés de l'O. à l'E. et qui forment l'ancienne limite de la Thessalie et de la Grèce. Au N. la chaîne de Volutza, formée de plateaux peu élevés, sépare la Thessalie de la Macédoine. Le seuil de Metzovo, entre le Pinde et les monts Grammos, est le nœud des principales communications de la Thessalie avec l'Épire et l'Albanie; elle est arrosée par le Pénée, grossi de nombreux affluents, et par le Sperchius. La Thessalie est divisée en Hestiéotide, Pélasgiotide, Thessaliotide, Phthiotide et péninsule de Magnésie. Son territoire fut autrefois un lac ou un groupe de lacs qu'un tremblement de terre mit à sec en ouvrant le défilé de Tempé. La Thessalie est une province essentiellement grecque, elle contient des campagnes très fertiles; ses habitants se livrent à l'agriculture. Considérée comme le berceau de la race grecque, elle fut d'abord habitée par les Éoliens Pélasges, des Penhèbes, des Doriens, puis conquise par des Thessaliens venus d'Épire, et ne fut plus qu'une dépendance de la Macédoine, dont elle partagea le sort à dater du temps de Philippe, père d'Alexandre le Grand. Son sol d'alluvion la rend très fertile dans les lieux où ne dominent pas les marécages. Elle est aujourd'hui peuplée de Grecs amis de l'instruction et des lumières, groupés en commun et qui s'administrent eux-mêmes. Anc. cap. *Arné*, puis *Larisse*, 13169 hab.; cap. actuelle *Tricala*, 5563 hab.; Volo, 4987 hab., au fond du golfe qui découpe profondément la Thessalie au S.-E., possède un très bon port : c'est le principal entrepôt maritime de la province. — **Dér.** *Thessalien, thessalienne.*

THESSALIEN, IENNE (*Thessalie*), *adj.* et *s.* Qui appartient à la Thessalie, qui l'habite.

THESSALONIQUE, l'ancienne *Therma*, ville et port de la Macédoine sur la mer Egée, qui est aujourd'hui *Salonique*.

THÉTIS, nymphe de la mer, fille de Nérée et de Doris, épouse de Pélée et mère d'Achille, aux noces de laquelle la Discorde jeta la pomme d'or. — Fig. La mer.

THEUDIS, premier roi élu des Wisigoths en Espagne, de 531-548, mort assassiné.

THÉURGIE (g. Θεός, dieu + ἔργον, ouvrage), *sf.* Espèce de magie par laquelle on croyait pouvoir disposer de l'intervention des divinités bienfaisantes. — **Dér.** *Théurgique.*

THÉURGIQUE (*théurgie*), *adj. 2. g.* Qui appartient, qui a rapport à la théurgie.

THEUX, 6000 hab. Ville de la province de Liège (Belgique). Marbres, draps.

THÈVE. Petite rivière du département de l'Oise, qui sort des étangs de Mortefontaine, traverse la forêt de Chantilly, sert de déversoir aux étangs de Commelle et tombe dans l'Oise en aval de Boran.

THÉVENOT (JEAN DE) (1633-1667), voyageur français en Orient, introduisit, dit-on, le café en France, et écrivit des relations de ses voyages.

THÈZE, 524 hab. Ch.-l. de c., arr. de Pau (Basses-Pyrénées).

THIAN-CHAN (MONTS) ou **MONTS CÉLESTES**, vaste massif de montagnes qui s'étend sur une longueur de 2500 kilom. depuis le Turkestan jusqu'en Mongolie. Il est borné au S. par la vallée du Tarim, la dépression de Terek-Davan et la plaine de Kokan; à l'O. par le Syr-Daria; au N. par le Turkestan, la Sémiretchie et la Dzoungarie. Les monts Célestes comprennent plusieurs chaînes dirigées de l'E. à l'O. auxquelles se rattachent des chaînons obliques. Les roches dominantes sont le granit et la syénite, et les vallées que recouvre souvent une importante épaisseur de lœss, appartiennent aux terrains jurassiques ou triasiques. Le Thian-Chan oriental commence près de Hami, au voisinage du désert de Gobi. On y remarque le col de *Kocheti* (2374 mètres), puis le massif élevé de *Bogdo*. Plus à l'O., la chaîne se divise en cinq branches parallèles : dans les vallées coulent le *Tékès*, le *Koungès*, affluents de l'*Ili*; on rencontre ensuite le *Nan-Chan*, chaînon très élevé. La vallée de l'Ili est limitée au N. par une arête détachée du massif principal au N.-O. : ce sont l'*Iren-Khabirgan* et le *Boro-Choro*. L'*Ala-Taou* dzoungare forme à l'E. la frontière russo-chinoise. La Dzoungarie chinoise présente une forte dépression (Thian-Chan-Pe-Lou) limitée par les monts de *Barlouk* et *Tarbagataï*. Au centre, le Thian-Chan présente ses sommets les plus élevés à l'O. du col de *Mouz-Art* : le *Khan-Tengri* atteint 6500 mètres. Au delà, une arête méridionale soutient les plateaux du centre (4000 mètres); ses vallées livrent passage à un affluent du Syr-Daria : le *Naryn*, et à ceux du Tarim. La dépression de Terek-Davan sépare le Thian-Chan du Pamir et de l'Altaï. Le centre du massif est marqué par l'*Issik-Koul* (lac chaud), lac sans écoulement, situé à 1500 mètres d'altitude et au S. duquel s'élève l'*Ala-Taou-Terskeï* (5000 mètres). Au N. courent l'*Ala-Taou-Koungeï* (3600 mètres) et l'*Ala-Taou transilien* (4300 mètres), qui séparent le lac de la vallée de l'Ili; entre ces chaînes coulent le *Grand-Kebus* et le *Tchilik*, affluent de l'Ili. Les monts d'*Alexandre* terminent au N. les plateaux du Thian-Chan (Semenov, 4700 mètres). Au S.-O., le *Talas-Taou* (3300 mètres) sépare le *Ferghana* des steppes. Le dernier rameau occidental du Thian-Chan est le *Kara-Taou* (2000 mètres), connu par ses mines de houille, de fer, de cuivre, de plomb argentifère.

THIANGES (MARQUISE DE), sœur de Mme de Montespan, et, comme elle, célèbre par son esprit.

***THIANILINE** (g. θεῖον, soufre + *aniline*), *sf.* Corps solide, cristallisable, incolore, soluble dans l'eau chaude, très soluble dans l'alcool et l'éther, qui se forme en traitant l'aniline par le soufre. Cette substance fond à 105°; quand on la chauffe au delà de ce degré, elle se décompose en aniline, hydrogène sulfuré et charbon.

THIAN-TSING, ville de Chine sur le Pei-ho, où fut signé en 1859 le traité de commerce qui ouvrit la Chine aux Européens.

THIARD (PONTUS DE) (1521-1606), poète français qui fit partie de la Pléiade, et fut évêque de Châlon-sur-Saône.

THIAUCOURT, 1474 hab. Ch.-l. de c., arr. de Toul (Meurthe-et-Moselle).

***THIBAUD**, nom de l'agneau dans les fables de La Fontaine.

THIBAUDE (*x*), *sf.* Étoffe faite de poil de vache et servant à doubler les tapis.

THIBAUDEAU (COMTE) (1765-1854), conventionnel, puis membre du conseil des Cinq-Cents, qu'il présida, préfet sous le premier Empire, exilé par la Restauration, sénateur sous le second Empire.

THIBAUT, nom de plusieurs comtes de Champagne, dont le plus célèbre fut *Thibaut IV le Chansonnier* (1201-1253), tour à tour adversaire et soutien de Blanche de Castille pendant la minorité de saint Louis, roi de Navarre en 1234, connu par ses tensons, qui le placent parmi les meilleurs poète du moyen âge.

THIBERVILLE, 1323 hab. Ch.-l. de c., arr. de Bernay (Eure). Rubans de fil et de coton.

THIBET, région du centre de l'Asie centrale (empire chinois), bornée au N. par le Turkestan oriental, au S.-O. par l'Hindoustan, au S. par l'Hindoustan et la Birmanie, au S.-E. par la Chine. Le Thibet, couvert par l'Himâlaya et ses ramifications, est un des pays les plus élevés du globe. La chaîne centrale de l'Himâlaya court le long de la frontière méridionale. Les principaux sommets sont le Gaurisankar (Everest), qui atteint 8840 mètres; le Dschamalari (7330 mètres); le Kantschindschinga (8580 mètres), qui sont les plus hautes montagnes connues du globe. Le Brahmapoutra longe l'Himâlaya de l'O. à l'E. Le Sindh et son affluent la Gara prennent leur source dans la partie occidentale du pays. Le Yang-tse-Kiang sort du Thibet au S. des monts Kuen-Lun, sous le nom de Britschu. Les régions élevées du Sud renferment un grand nombre de lacs : lac Tengrinoor (5013 mètres), lac Mansaraur (5030 mètres), lac Baldhi. Le Thibet occupe la partie méridionale du grand plateau de l'Asie centrale : le climat, extrêmement rigoureux en hiver, est tempéré dans les autres saisons. Il existe dans le Thibet des mines de pierres précieuses et de métaux divers (mercure, cuivre, fer, plomb). Les représentants les plus remarquables de la faune du pays sont : le daim musqué, le kiang (cheval sauvage), le yak, et surtout la chèvre dont les poils, longs et soyeux, servent à fabriquer les châles de Kaschmir. Le Thibet s'étend sur 1000 kilom. du N. au S. et 2800 de l'O. à l'E. Il est divisé en 4 provinces; la capitale du pays est *Lassa*; la population est évaluée à 6000000 d'habitants, ayant une langue et une religion qui les distinguent des autres peuples de l'empire.

***THIBÉTAIN, AINE,** *adj.* et *s.* Qui appartient au Thibet. ‖ Habitant de ce pays. — *Sm.* **Le thibétain,** langue monosyllabique qui présente déjà des caractères de l'agglutination, et est parlée dans le haut plateau compris entre l'Himâlaya et Karakoroum. Le thibétain présente un assez grand nombre de dialectes, parmi lesquels nous citerons le *leptcha*, le *mourmi*, le *gourouny*, le *limbou*, etc. Cette langue possède 8 voyelles brèves, 28 consonnes; son orthographe a été fixée au VIIe siècle de notre ère. Ses caractères sont alphabétiques et ont une origine indienne. Tout thème peut remplir, comme en chinois, le rôle de nom ou de verbe; aussi la syntaxe joue-t-elle un rôle prépondérant dans la phrase.

THIBOUST (LAMBERT) (1826-1867). Ecrivain et auteur vaudevilliste et dramatique français. Elève du Conservatoire, il joua quelque temps à l'Odéon, puis en province, et écrivit ensuite, soit seul, soit en collaboration, une centaine de vaudevilles, tels que la *Mariée du mardi gras*, la *Consigne est de ronfler*, etc., et quelques drames.

THIÉBLEMONT, 340 hab. Ch.-l. de c., arr. de Vitry-le-François (Marne).

THIEL, 6000 hab. Ville de la Gueldre (Hollande), sur le Waal. Toiles, lainages.

THIELT, 11 000 hab. Ville de Belgique (Flandre occidentale). Toiles, dentelles.

THIÉRACHE, ancien petit pays de Picardie, formant le N. du département de l'Aisne. Villes principales Guise, La Capelle, Marle, La Fère, Vervins. On comprend sous ce nom la partie occidentale des Ardennes. L'Oise y prend sa source. La Thiérache s'étend au S. de Chimay, de Guise à Rocroi; c'est un pays coupé de bois et de petits cours d'eau.

THIERRI Ier ou THÉODORIC, fils aîné de Clovis, roi d'Austrasie de 511 à 534, conquit la Thuringe. — THIERRI II (587-613), deuxième fils de Childebert II, et petit-fils de Brunehaut, d'abord roi de Bourgogne et d'Orléans, régna sur l'Austrasie après avoir vaincu et mis à mort son frère Théodebert, et périt, dit-on, empoisonné. — THIERRI III, troisième fils de Clovis II, roi nominal de Neustrie sous les maires Ebroïn et Pepin d'Héristal. Mort en 691. — THIERRI IV, fils de Dagobert II, roi de Neustrie de 720 à 737. Charles Martel gouverna sous son nom.

THIERRY (AUGUSTIN) (1795-1856), célèbre historien français, professeur, puis secrétaire du philosophe Saint-Simon, mort aveugle et paralysé par suite de travaux excessifs, auteur de l'*Histoire de la conquête de l'Angleterre par les Normands*, des *Lettres sur l'histoire de France*, des *Récits des temps mérovingiens*, d'une *Histoire du tiers état*, etc. — AMÉDÉE THIERRY (1797-1872), frère du précédent, sénateur sous le deuxième Empire, auteur d'une *Histoire des Gaulois*, d'une *Histoire de la Gaule sous l'administration romaine*, d'une *Histoire d'Attila et de ses successeurs*.

THIERS, 16754 hab. S.-préf. (Puy-de-Dôme), à 430 kilom. de Paris, sur la Durolle, et aux flancs de la montagne du Besset. Centre important pour la fabrication de la grosse coutellerie, manufacture de papier timbré.

THIERS (LOUIS-ADOLPHE) (1797-1877), historien, orateur et homme d'État français, né à Marseille d'une famille bourgeoise alliée aux Chénier. Reçu avocat à Aix en 1820, il vint à Paris, en 1821, rejoindre son ami M. Mignet. Il entra dans la rédaction du journal d'opposition *le Constitutionnel*, écrivit dans les *Tablettes historiques*, et fit paraître vers la fin de 1823 les deux premiers volumes de l'*Histoire de la Révolution*, terminée en 1827 (10 volumes), ce qui le mit, dès lors, tout à fait en vue. A l'arrivée du ministère Polignac, il fonda, pour le combattre, avec MM. Mignet et Armand Carrel, le *National*, dans les bureaux duquel fut rédigée la fameuse protestation contre les Ordonnances du 26 juillet; cette protestation, œuvre de M. Thiers, fut, le 29, suivie d'un éclatant appel au duc d'Orléans, que M. Thiers visitait même le 30, à Neuilly, pour le décider à accepter la lieutenance générale du royaume, en attendant l'avènement au trône, qui eut lieu le 9 août. D'abord conseiller d'État, député, sous-secrétaire d'État au ministère des finances, M. Thiers entra, après la mort de Casimir Périer, au ministère de l'intérieur (11 octobre 1832), où il fit preuve d'une implacable autorité; passa, après la prise d'Anvers (déc. 1832), au ministère du commerce et des colonies; prit (22 février 1836), avec le ministère des affaires étrangères, la présidence d'un cabinet *centre gauche*, et le 25 août se retira, ayant eu avec le roi des dissentiments au sujet de la politique espagnole. Il fut remplacé par MM. Molé et Guizot, ce dernier devenu son adversaire. Rentré aux Affaires étrangères avec le cabinet du 1er mars 1840, M. Thiers sortit définitivement du ministère en octobre 1840. Pour combattre l'influence de Guizot, il se rangea dans l'opposition, comme député de Paris et comme inspirateur de divers journaux. Il entreprit alors la publication de son *Histoire du Consulat et de l'Empire*, qui lui fut payée 500 000 francs et dont les 20 volumes parurent de 1845 à 1862. Après 1848, il ne prit aucune part active aux affaires publiques : à l'Assemblée constituante, il siégea du côté de la droite et publia son petit traité : *De la propriété*. Au coup d'État de 1851, M. Thiers fut arrêté et exilé, mais en 1852 il rentrait en France et se livrait tout entier à *ses chères études*, suivant sa propre expression. En 1863, malgré une vigoureuse opposition du gouvernement impérial, il fut élu député de la Seine au Corps législatif, où il se fit remarquer dans différentes questions politiques, et ce mandat lui fut renouvelé en 1869. En 1870, il combattit le plébiscite et fit une opposition énergique au projet de déclaration de guerre à la Prusse. Après le 4 septembre, il accepta du gouvernement de la Défense nationale la mission de faire une tentative diplomatique auprès des grandes puissances. Reçu avec des égards personnels par les cabinets de Londres, de Rome, de Vienne et de Pétersbourg, il revint sans résultat pratique; il fut alors chargé de faire à M. de Bismarck des ouvertures en vue d'un armistice, mais les conditions imposées lui parurent inacceptables pour la France. Après les élections du 8 février 1871, M. Thiers fut nommé, à Bordeaux, chef du pouvoir exécutif (17 février). Aussitôt les préliminaires de paix votées (1er mars) par l'Assemblée nationale siégeant à Bordeaux, il obtint la translation des pouvoirs exécutif et législatif à Versailles; mais la Commune éclata le 18 mars et Paris subit un second siège. L'ordre rétabli dans la capitale à la suite de la semaine sanglante de mai, M. Thiers employa toute son activité à la conclusion définitive du traité de paix de Francfort; un emprunt de 5 milliards fut immédiatement émis et couvert quatorze fois, d'après les chiffres officiels, et la rançon de la France très promptement soldée. L'évacuation du territoire national par les troupes allemandes eut lieu avant le temps prévu, et M. Thiers se vit décerner le titre de *libérateur du territoire*. Cependant, depuis plusieurs mois toujours en butte à l'opposition systématique du parti royaliste de l'Assemblée nationale, il finit par donner, le 14 mai 1873, sa démission, plusieurs fois offerte, mais qui cette fois, contre ses prévisions peut-être, fut acceptée : le maréchal de Mac-Mahon fut élu à sa place. Nommé sénateur du Territoire de Belfort, puis député de Paris, M. Thiers fut reconnu comme chef par tout le parti républicain. Il mourut à Saint-Germain en Laye le 3 septembre 1877. Ses funérailles donnèrent lieu, à Paris, à une immense manifestation républicaine. Ses amis et admirateurs lui ont élevé une statue à Saint-Germain. Reçu en 1834 à l'Académie française et à l'Académie des sciences morales et politiques, M. Thiers fut promu grand officier de la Légion d'honneur en 1840, et grand-croix, en 1871, comme chef de l'État.

THILLOT (LE), 2942 hab. Ch.-l. de c., arr. de Remiremont (Vosges). Filatures de coton et de laine, fabriques d'étoffes, limes, savon, scieries mécaniques.

THIMERAIS, petit pays de l'ancienne France (Perche), dans le département d'Eure-et-Loir.

***THIONIQUE** (g. θεῖον, soufre), *adj. 2 g.* Se dit d'un ensemble de corps appelé *série thionique*, qui est composée de trois acides liquides, incolores, très facilement décomposables; ce sont l'acide trithionique, S^3O^5,HO; l'acide tétrathionique, S^4O^5,HO; l'acide pentathionique S^5O^5,HO.

THIONVILLE, 7376 hab., en allemand *Diedenhofen*, ancienne s.-préf. du département de la Moselle, sur la rive gauche de la Moselle, place forte, aujourd'hui à la Prusse qui en a fait un important centre de concentration redoutable pour la frontière française.

THIRON-GARDAIS, 615 hab. Ch.-l. de c., arr. de Nogent-le-Rotrou (Eure-et-Loir.)

THIRONNE, 28 kilom. Rivière de France, affluent du Loir, qui prend sa source près de Thiron, et se jette dans le Loir en aval et près d'Illiers.

THIS, THINIS ou THÉNI, ville de la Thébaïde, capitale primitive de l'ancienne Egypte, sur un canal dérivé du Nil, métropole du culte d'Osiris, pourvue d'un observatoire, rapidement déchue après la deuxième dynastie.

THISBÉ. (V. *Pyrame*.)

THIVIERS, 3625 hab. Ch.-l. de c., arr. de Nontron (Dordogne). Truffes, faïenceries, papeteries, fromages renommés.

THIZY, 4537 hab. Ch.-l. de c., arr. de Villefranche (Rhône). Fabriques de toiles et d'étoffes.

THLASPI (g. θλάσπις), *sm.*, ou **TABOURET.** Genre de plantes dicotylédones de la famille des Crucifères, auquel appartiennent la *monoyère* ou *herbe aux écus*, le *thlaspi perfolié* et le *thlaspi des montagnes*. On donne aussi ce nom à la *bourse-à-pasteur* (*capsella*, *bursa pastores*), appelée encore *boursette*, *tabouret*, et qui a une saveur forte et amère. Cette plante, qui renferme une huile volatile, est antiscorbutique et astringente.

THOGRUL ou TOGRUL. Nom de trois sultans turcs, dont le premier, petit-fils de Seldjouk, fonda la dynastie des Seldjoucides, qui conquit presque toute l'Asie occidentale, régna avec gloire et mourut en 1063. Le dernier, d'une débauche sans frein, fut tué dans une bataille en 1194.

THOISSEY, 1538 hab. Ch.-l. de c., arr. de Trévoux (Ain). Bon vin, pêches, tanneries, mégisseries.

THOLEN ou TOOLEN. Ville forte de la Hollande, située dans l'île du même nom, à l'embouchure de la Meuse, au N.-O. de Berg-op-Zoom.

THOMAS (saint), surnommé *Didyme*, c'est-à-dire le *jumeau*, l'un des douze apôtres de J.-C., ne voulut croire à la résurrection de son maître qu'après avoir touché ses plaies; alla évangéliser les Parthes, puis les Indous, chez lesquels il fut martyrisé. Fête 21 décembre.

THOMAS D'AQUIN (saint) (1227-1274), né au château de Rocca-Secca, près d'Aquin, en Italie, de l'ordre de Saint-Dominique, docteur de l'Eglise, célèbre philosophe et théologien du moyen âge surnommé l'*Ange de l'école*, composa l'office de la fête du Saint-Sacrement, et est l'auteur des célèbres traités de philosophie et de théologie intitulés *Somme philosophique contre les gentils* et *Somme théologique contre les hérétiques*. — **Dér.** *Thomisme, thomiste*.

THOMAS (ANTOINE-LÉONARD) (1732-1785), poète et écrivain français, auquel on reproche de la monotonie et de l'enflure, auteur du poème de la *Pétréide*, en l'honneur de Pierre le Grand, de divers Eloges et d'un Essai sur les éloges, son meilleur ouvrage.

THOMAS (CLÉMENT) (1809-1871), ancien représentant du peuple, général de la garde nationale pendant le siège de Paris, assassiné à Montmartre le 18 mars, au début de la Commune.

THOMAS (CHARLES-LOUIS-AMBROISE), né à Metz le 5 août 1811, célèbre compositeur, directeur du Conservatoire national de musique et membre de l'Institut. Il a fait représenter plus de vingt ouvrages à l'Opéra-Comique et à l'Opéra; les plus connus sont le *Caïd*, *Psyché*, le *Songe d'une nuit d'été*, *Mignon*, et enfin *Hamlet*, son chef-d'œuvre.

THOMAS (SAINT-). Ile du golfe de Guinée, voisine d'Annobor et de l'île du Prince. Sol montagneux, plaines très fertiles au N. et au S.-O. Cap. *Saint-Thomas*.

THOMAS (SAINT-), l'une des petites Antilles, dans le groupe des îles Vierges, cédée par le Danemark aux États-Unis en 1867.

THOMASSIN (Les), famille de graveurs originaire de Troyes (1580-1741).

THOMÉ (SAN), 20 000 hab., 2 000 kilom. carrés. Ile du golfe de Guinée appartenant aux Portugais.

THOMERY, 983 hab., village du canton de Fontainebleau (Seine-et-Marne), sur la rive gauche de la Seine, où l'on cultive le raisin de table dit *chasselas de Fontainebleau*.

***THOMISME** (*Thomas*), *sm.* La doctrine philosophique et théologique de saint Thomas d'Aquin.

***THOMISTE** (*Thomas*), *s. 2 g.* Qui a rapport à la doctrine de saint Thomas d'Aquin; qui a embrassé cette doctrine.

THOMSON (James) (1700-1748), poète anglais, né en Écosse, auteur du poème des *Saisons*.

THOMSON (sir William), physicien anglais, contemporain, né à Belfast en 1824, a publié plusieurs mémoires sur l'électricité, la densité de la terre, le magnétisme, etc., etc.

***THOMSONITE** (*Thomson*, nom d'homme), *sf.* Hydrosilicate d'alumine et de chaux sodique, contenant 13 p. 100 d'eau. Ses cristaux dérivent d'un prisme rectangulaire presque carré. Ils sont blancs, quelquefois translucides.

THOMYRIS, reine des Massagètes qui, selon Hérodote, fit mettre à mort Cyrus devenu son prisonnier.

THON (g. θύννος), *sm.* Poisson de mer voisin du maquereau, de l'ordre des Acanthoptérygiens proprement dits, dont le corps piriforme présente autour du thorax une sorte de corselet formé par une disposition particulière des écailles, plus grandes et plus rugueuses en ce point. Le thon est généralement long de plus d'un mètre, quelquefois même on trouve des individus qui atteignent jusqu'à $2^m,50$ et même 3 mètres. L'espèce la plus intéressante pour nous est le *Thon commun*, dont la partie supérieure du corps est d'un noir bleuâtre, tandis que le ventre est grisâtre avec des taches argentées. Ce poisson est très commun dans la Méditerranée, où on le pêche surtout sur les côtes de Sardaigne, de Sicile et de Provence, qu'il longe par troupes. On le capture de deux manières, soit avec la *thonaire*, soit avec la *madrague*.

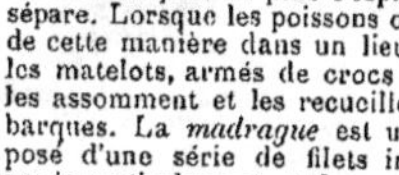

THON COMMUN

Lorsque l'on se sert du premier de ces engins on met sur une hauteur, près du rivage, une sentinelle qui, apercevant une troupe de thons, prévient les pêcheurs et indique la direction qu'elle a prise. Aussitôt, les barques sont mises à l'eau et les pêcheurs jettent leurs filets à la mer, enveloppant ainsi la bande de tous côtés; puis ils s'avancent vers le rivage rétrécissant de plus en plus l'espace qui les en sépare. Lorsque les poissons ont été amenés de cette manière dans un lieu peu profond, les matelots, armés de crocs et de bâtons, les assomment et les recueillent dans leurs barques. La *madrague* est un engin composé d'une série de filets immobiles disposés verticalement et de manière à former une sorte de labyrinthe. Les animaux s'y engagent et on les chasse de manière à les faire arriver dans un endroit, près du rivage, où la tuerie s'effectue de la même manière que par le moyen précédent et avec les mêmes instruments. Cette pêche du thon remonte à une haute antiquité et elle a été une source de richesse pour Byzance et l'Espagne. C'est pour sa chair que ce poisson est recherché; elle a des goûts différents selon les parties du corps où on la prend: là elle ressemble au veau, ailleurs au porc; dans d'autres points, elle est semblable à la viande du bœuf, quoiqu'un peu plus pâle; celle du ventre est la plus délicate et, par suite, la plus recherchée. On conserve la chair du thon, soit salée, soit cuite, et ensuite plongée dans l'huile. Ces animaux vivent la plus grande partie de l'année dans les profondeurs de la mer; mais, à certaines époques, ils se réunissent en bandes et se rapprochent des côtes; c'est alors qu'a lieu la pêche. Sur les rivages de la Provence, on fait une *pêche d'arrivée*, commençant en mars et se continuant jusqu'en juillet, et une *pêche de retour*, du 15 juillet jusqu'à la fin d'octobre. Autrefois, on croyait qu'ils venaient de l'Atlantique par le détroit de Gibraltar pour s'avancer le long des côtes jusqu'au delà de Bosphore et revenir ensuite à leur point de départ; mais c'est là une opinion erronée. Les bandes innombrables de thons sont ordinairement précédées par des sardines et suivies par des dauphins et des espadons, qui s'en nourrissent. D'autres espèces de thons habitent l'Atlantique, le Pacifique et la mer des Indes; parmi elles, nous citerons la *bonite* et la *thonine* ou *germon*. — **Dér.** *Thonaire, thonine*. — **Hom.** *Ton*.

THON, 40 kilom. Petite rivière de France, affluent de l'Oise et dont le cours est dans le département de l'Aisne, par Aubenton et Origny.

***THONAIRE** (*thon*), *sf.* Sorte de filet avec lequel on pêche le thon sur les côtes de Provence.

THÔNES, 2883 hab. Ch.-l. de c., arr. d'Annecy (Haute-Savoie). École d'horlogerie, corderies, scieries, tissus de coton, pelleteries, kirsch.

***THONINE** (*thon*), *sf.*, ou **GERMON**, *sm.* Espèce de poisson du genre *thon* qui se distingue de ce dernier en ce qu'il a les nageoires pectorales plus longues que celles du thon proprement dit, et atteignant la longueur de son corps. Ce poisson vit dans l'océan Atlantique; chaque été des troupes innombrables de thonines viennent sur les côtes du golfe de Gascogne, où les pêcheurs les capturent pour leur chair, un peu plus blanche que celle des thons proprement dits.

THONNES, petite rivière de France, qui se jette dans la Chiers, affluent de la Meuse.

THONON, 5447 hab. S.-préf. (Haute-Savoie), sur le lac de Genève, fromages renommés.

THOR, dieu du tonnerre chez les anciens Scandinaves et fils d'Odin et de Rinda, que l'on représente armé d'une massue, portant une ceinture magique et monté sur un char traîné par deux boucs, dont le roulement produit le tonnerre. — **Dér.** *Thorium, thorinium, thorite*.

THOR (LE), 3054 hab., bourg (Vaucluse), près d'Avignon. Fabrique de gomme.

THORACIQUE (*thorax*), *adj. 2 g.* Qui appartient à la poitrine. || *Membres thoraciques*, les bras. || *Canal thoracique*, gros vaisseau lymphatique qui part de l'abdomen et porte le chyle dans la veine sous-clavière gauche. || Bon contre les maladies de poitrine : *Médicament thoracique*.

THORAX (g. θώραξ), *sm.* La poitrine. || La partie du corps des insectes qui porte les pattes. — **Dér.** *Thoracique*.

THORDA, 7000 hab. Ville de Transylvanie (Hongrie), sur l'Aranyos. Salines considérables.

THORÉ, 52 kilom. Rivière de France descendue de la Montagne-Noire (Tarn), arrose la Bastide, Lacabarède, Sauveterre, Naves, et se jette dans l'Agout près de Castres. Elle reçoit le Larn et la Larnette.

THORENS (LES), 2512 hab. Ch.-l. de c., arr. d'Annecy (Haute-Savoie). Tuileries, moulins.

THORINS (LES), vignoble renommé de la commune de Romanèche (Saône-et-Loire).

***THORITE** (*Thorium*), *sf.* Silicate hydraté de thorium, qui se trouve en Norvège. Il cristallise dans le système cubique.

***THORIUM** ou **THORINIUM** (le dieu *Thor*), *sm.* Métal rare dans la nature, découvert par Berzélius en 1828, et que l'on obtient sous la forme d'une poudre grisâtre qui prend par la pression un éclat métallique. Ce métal appartient à la troisième famille des métaux, dits *métaux magnésinoïdes*. Lorsqu'on le chauffe à l'air, il brûle en donnant une flamme très brillante et laisse un résidu blanc; il n'attaque pas l'eau froide ni l'eau bouillante.

THORN, 20600 hab. Ville de la Prusse occidentale, sur la rive droite de la Vistule, que traverse un pont de chemin de fer de 800 mètres de longueur. La ville, munie d'une enceinte, est entourée de forts détachés qui en font un camp retranché important. Bois et céréales. Patrie de Copernic.

THORNYCROFT, célèbre constructeur anglais connu pour ses travaux sur les torpilles.

THORSHAVN, cap des îles Feroë, dans l'île Stromoë.

THORWALDSEN (Bertel) (1770-1844), célèbre sculpteur danois, né à Copenhague.

THOT, dieu des anciens Égyptiens, représenté avec une tête d'ibis, auquel l'ibis et le singe cynocéphale étaient consacrés, qui personnifiait l'intelligence divine, était regardé comme le dieu des lettres et fut identifié par les Grecs avec Hermès ou Mercure.

THOTMÈS, THOUTMÈS ou **THOUTMOSIS**, nom de quatre rois égyptiens de la XVIIIe dynastie : Thotmès Ier, fils Amenhotep Ier, fut le premier des rois égyptiens qui envahit l'Asie. — Thotmès II, fils du précédent, ne régna que peu d'années. — Thotmès III, frère du précédent, régna 54 ans, conquit toute la Syrie et la Mésopotamie, porta ses armes jusqu'au fond de l'Éthiopie, éleva ou répara un grand nombre de monuments publics. — Thotmès IV, fils d'Amenhotep II, fit plusieurs expéditions heureuses en Syrie et en Éthiopie et continua les grandes constructions.

THOU (Jacques-Auguste de) (1553-1617), président à mortier au parlement de Paris, serviteur fidèle de Henri III et de Henri IV, écrivit en latin une Histoire de son temps qui va de 1543 à 1607. — François-Auguste de Thou (1607-1642), conseiller d'État, décapité à Lyon avec Cinq-Mars pour n'avoir pas révélé la conspiration de ce dernier.

THOUARCÉ, 1653 hab. Ch.-l. de c., arr. d'Angers (Maine-et-Loire).

THOUARET, 46 kilom. Rivière de France (Deux-Sèvres), affluent du Thouet.

THOUARS, 4992 hab. Ch.-l. de c., arr. de Bressuire (Deux-Sèvres), sur le Thouet. Beau pont suspendu, édifices du moyen âge.

THOUET, 133 kilom. Rivière de France qui prend sa source près de Secondigny (Deux-Sèvres), baigne Azay, Parthenay, Saint-Loup, Airvault, Montreuil-Bellay, Saumur et tombe dans la Loire à Saint-Hilaire-Saint-Florent. Il reçoit la Viette, le Cébron, le Thouaret, l'Argenton, la Dive.

THOUIN (André) (1747-1823), jardinier en chef du Jardin des Plantes et professeur de botanique, acclimata en France beaucoup de végétaux exotiques.

THOULOURENC, 45 kilom. Rivière de France (Drôme), affluent de l'Ouvèze.

THOURET (1746-1794), député aux États généraux de 1789 et nommé quatre fois président de l'Assemblée nationale, prit une grande part aux réformes que fit cette assemblée et périt sur l'échafaud comme partisan des girondins.

THOUROUT, 9000 hab. Ville de Belgique (Flandre occidentale). Amidon, tanneries, distilleries.

THOUTMOSIS. (V. *Thotmès*.)

THOUVENEL (Édouard-Antoine) (1818-1866), ambassadeur français à Constantinople, ministre des Affaires étrangères de 1860 à 1862.

THRACE, nom par lequel les Grecs désignèrent d'abord toute la partie de l'Europe située au N. de leur pays, et qui s'appliqua ensuite seulement à la contrée comprise entre l'Ister ou Danube au N., le Pont-Euxin et la Propontide à l'E., la mer Egée au S., le Strymon, le mont Scomios et l'Oscios, affluent du Danube, à l'O. La Thrace constitue aujourd'hui avec la Macédoine la province de Roumélie. Elle s'étend au S. des Balkans jusqu'au massif du Rhodope et à la mer de Marmara. Elle est baignée à l'E. par la mer Noire. Elle comprend la vallée de la Maritza, la plus grande de la péninsule des Balkans. Elle est habitée au N. et à l'O. par les Bulgares, sur les côtes par des Grecs, et dans les villes par des Turcs. La vallée de la Maritza, abritée par la chaîne des Balkans, jouit d'un climat très doux; elle possède de belles cultures et est fort peuplée. La Maritza descend du Rilo Dagh : elle passe à Tatar Bazardjick, où elle reçoit la Topolnica venue du Balkan d'Etropol. Elle arrose ensuite Philippopoli (4 000 hab.), ch.-l. de la Roumélie orientale et reçoit le Giopsur. A Tirnoro aboutit le Sazlu-Dare. A Andrinople (Edirné, 80 000 hab.), la Maritza, grossie de l'Arda et de la Toundja, fait un coude et va se jeter dans la mer Egée à Enos. Les côtes de la Thrace sur la mer Noire sont bordées par les monts Ghandja ; le principal port est Bourgas, puis, plus au S. Midia, port d'Andrinople. Dans la mer de Marmara sont Rodosso (30 000 hab.), Constantinople et Gallipoli (17 000 hab.). Sur la mer Egée le port d'Enos (6 000 hab.), ensablé, a été remplacé par le port de Dedeagacht. Habitée d'abord par des Pélasges, envahie avant l'époque des guerres médiques par une foule de peuplades barbares, colonisée sur la côte par les Grecs, soumise momentanément en partie par Darius Ier, la Thrace finit par tomber sous la domination de la peuplade des Odryses, et, malgré les conquêtes de Philippe, père d'Alexandre, poussées jusqu'au Nestus, malgré sa réunion temporaire à la Macédoine sous Alexandre et ses successeurs, elle forma, sous la domination des Odryses, un Etat indépendant jusqu'au temps de l'empereur Claude, qui la réduisit en province romaine. (V. *Bosphore, Chersonèse.*) — *Adj. 2 g.* Qui appartient à la Thrace. ‖ Habitant de ce pays. L'épithète de *Thrace* était considérée par les Grecs comme la plus sanglante injure.

THRASÉAS (Pætus), philosophe stoïcien et sénateur romain, gendre de Pætus et d'Arrie, qui, condamné à mort sous Néron, se fit ouvrir les veines en 66 ap. J.-C.

THRIDACE (g. θρίδαξ, laitue), *sf.* Médicament calmant qu'on obtient en concentrant au bain-marie le suc de laitue. La thridace, obtenue en plaques minces, doit être conservée dans des flacons bien bouchés, car elle absorbe l'humidité et devient presque liquide. (V. *Lactucarium.*)

***THRIPS** (g. θρίψ, ver qui ronge le bois), *sm.* Genre d'insectes plus connu sous le nom de *thysanoptère.* (V. ce mot.)

THROMBUS (g. θρόμβος, caillot), *sm.* Petite tumeur qui se forme quelquefois à l'endroit où l'on a ouvert une veine pour pratiquer la saignée et qui s'oppose à l'écoulement du sang.

THUAN-AN, port de Hué. Les forts de Thuan-An ont été enlevés les 20-21 août 1883 par l'amiral Courbet.

THUCYDIDE (471-395 av. J.-C.), célèbre historien grec et général athénien qui, exilé par ses concitoyens pour avoir laissé surprendre Amphipolis, écrivit en homme d'Etat, d'un style nerveux et concis, l'admirable *Histoire de la guerre du Péloponèse.*

THUEYTS, 2 770 hab. Ch.-l. de c., arr. de Largentière (Ardèche). Magnifiques prismes de basalte, sources alcalines.

***THUG,** membre d'une secte d'assassins fanatiques de l'Hindoustan qui étranglent les étrangers.

THUGUT (François, baron) (1739-1818), homme d'État autrichien qui fut envoyé d'abord à Constantinople comme interprète, devint plus tard secrétaire aulique et représenta son pays près de diverses cours européennes. Une des clauses secrètes du traité de Campo-Formio fut pour lui une première cause de disgrâce ; François II le rappela cependant au ministère des affaires étrangères, mais il fut de nouveau sacrifié au traité de Lunéville (1801).

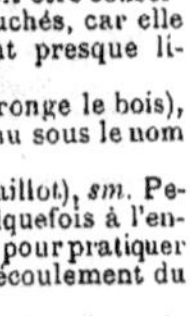

THUIA

THUIA ou **THUYA** (g. θυΐα : de θύον, parfum), *sm.* Nom vulgaire de plusieurs arbres d'ornement, résineux, toujours verts, de forme pyramidale, de la famille des Conifères, tribu des Cyprès, parmi lesquels on distingue : le *thuia articulé,* très commun en Algérie, qui fournit la *sandaraque,* et dont la racine, à cause de la belle nuance de ses veines, est employée en ébénisterie ; le *thuia oriental de la Chine* ou *arbre de vie ;* le *thuia occidental* ou *du Canada,* qu'on trouve dans l'Amérique du Nord, depuis le Canada jusqu'à la Caroline, très répandu dans nos jardins paysagers, très estimé pour la confection des palissades.

THUIN, 9 000 hab. Ville de Belgique (Hainaut), sur la Sambre. Draps, lainages.

THUIR, 2 799 hab. Ch.-l. de c., arr. de Perpignan (Pyrénées-Orientales). Liège, vins, abeilles, vers à soie.

THULÉ, la terre la plus septentrionale de l'Europe que connussent les anciens, située dans la mer Glaciale ou dans son voisinage, visitée par Pythéas, que l'on conjecture être soit les Shetland, soit l'Islande, soit quelque côte ou île du Jutland ou de la Norvège. — **Dér.** *Thulite.*

THULÉ AUSTRALE, la plus méridionale du groupe des îles Sandwich, entre l'océan Atlantique et l'océan Glacial antarctique ; découverte par Cook en 1773.

***THULITE** (*Thulé*), *sf.* Silicate d'alumine, de chaux et de sesquioxyde de fer. Ce minéral est rose et se trouve en Norvège.

THUMERSTEIN (*Thum,* ville de Saxe + all. *stein,* pierre), *sm.* Substance analogue à la tourmaline, formée de silice, d'acide borique, d'alumine, de chaux, d'oxyde de fer et de manganèse. La forme primitive du cristal est un prisme bioblique à base parallélogramme ; la cassure est vitreuse. Le thumerstein raye le verre. Il est fusible avec bouillonnement en un verre d'une couleur vert foncé. On le trouve en lames à Thum, en Saxe. Une variété violâtre se rencontre au pic d'Arbizon, dans les Hautes-Pyrénées.

THUN, 6 500 hab. Ville de Suisse, sur l'Aar et près du lac de son nom, canton de Berne ; école militaire fédérale. ‖ *Lac de Thun,* lac de Suisse traversé par l'Aar et communiquant avec le lac de Brienz.

THUR, 110 kilom. Rivière de Suisse qui prend sa source dans le canton de Saint-Gall, arrose ceux de Thurgovie et de Zurich et se jette dans le Rhin, près de Schaffhouse ; elle reçoit la Sitter et le Murg.

THUR, 55 et 88 kilom. Rivière d'Allemagne (Alsace) qui prend sa source dans les Vosges (1 319 mètres) ; elle arrose Vildenstein, Kruth, Oderen, Wisserling, Thann, Cernay et se jette dans l'Ill à Einsisheim et à Colmar par deux bras.

THURGOVIE, 99 552 hab. Canton suisse de langue allemande, au S.-O. du lac de Constance. Vins, bestiaux, fabrication mécanique de broderies. — Ch.-l. *Frauenfeld.*

THURIFÉRAIRE (l. *thus,* génitif *thuris,* encens + *ferre,* porter), *sm.* Membre du clergé inférieur qui, à l'église, porte l'encensoir et la navette où est l'encens. — Fig. Prôneur, flatteur outré. (Néol.)

THURINGE, région centrale de l'Allemagne, bornée au S., du Fichtelgebirge à la Werra, par les monts de la forêt de Franconie (Frankenwald) et de la forêt de Thuringe (Thuringerwald) ; elle est inclinée vers le N. et le N.-E., montueuse, boisée, coupée de nombreuses vallées, parsemée de grottes, arrosée par l'Elster supérieur et son affluent la Preisse, par la Saale et ses affluents, l'Ilm et l'Unstrutt, qui reçoit lui-même la Wipper, la Helme, la Helde, la Salza, la Losse, la Géra, etc. La Thuringe est, en somme, un pays très découpé, se prêtant à la division politique. Elle est formée principalement des Saxes ducales, du N. de la Saxe prussienne, des deux principautés de Schwarzbourg, des deux principautés de Reuss, de la lisière orientale de la Hesse, etc. Le sous-sol du plateau est triasique. On y trouve du minerai de fer. Suhl, sur l'Aue ou Lauter, et Sömmerda, sur l'Unstrutt, possèdent d'importantes fabriques de fusils. Pâturages et bestiaux, fabriques de jouets d'enfants dits de *Nuremberg.* — Villes principales : Erfurt, Weimar, Iéna, Gotha, Eisenach, Meiningen, Rudolstadt, Cobourg, Géra, Nordhausen et Sondershausen. — La Thuringe, qui formait un État indépendant à l'époque mérovingienne, fut ensuite un comté de l'empire carlovingien et se morcela plus tard en une foule de petites principautés. — **Dér.** *Thuringien, thuringienne.* — **Comp.** *Thuringerwald.*

THURINGERWALD, *sm.* Chaîne de montagnes de l'Allemagne. Aujourd'hui, dans les duchés de Saxe, la Hesse-Cassel et la principauté de Schwarzbourg-Rudolstadt. Elle forme le prolongement du Frankenwald et sépare les affluents de gauche de la Saale de la haute vallée de la Werra. C'est une chaîne continue, sans dépression, séparant deux régions de climats très différents ; elle s'élève entre deux plateaux de trias et est elle-même formée de granit, de porphyre et de grès. Les points culminants n'atteignent pas 1 000 mètres ; le Beerberg, aux sources de la Géra, a 983 mètres ; l'Inselberg, au S. d'Eisenach, 915 mètres. Les rivières y coulent dans de profonds ravins. A son extrémité, la crête est coupée par la Werra en aval de Vacha ; elle se prolonge sur la rive gauche par les montagnes de la Hesse. Le Thuringerwald est couvert de forêts ; un ancien chemin, appelé le *Remisseig,* en suit la crête.

***THURINGIEN, IENNE** (*Thuringe*), *adj.* et *s.* Qui appartient à la Thuringe. ‖ Habitant de ce pays.

THUROT (François) (1727-1760), fameux corsaire français qui fit éprouver de grandes pertes à la marine anglaise. Promu au commandement d'une flotte pendant la guerre de Sept ans, il poursuivit les Anglais jusque dans le golfe d'Edimbourg et sur les côtes de Norvège. En 1759, il débarqua en Irlande et s'empara par un coup de main de Carrick-Fergus (1760) ; mais il fut tué dans un combat naval à bord de la frégate qui ramenait prisonnière la garnison de cette dernière ville.

THURY-HARCOURT, 1 161 hab. Ch.-l. de c., arr. de Falaise (Calvados). Filatures de coton, fabriques de blondes ; tanneries.

THYADE (g. θυάς, génitif θυάδος : de θύω, se précipiter), *sf.* Bacchante.

THYESTE, fils de Pélops et frère d'Atrée, à qui ce dernier, outragé, fit servir dans un festin les corps de ses neveux. (Myth.)

THYM

THYM (l. *thymus :* g. θύω, parfumer), *sm.* Genre de plantes dicotylédones de la famille des Labiées, très odoriférantes, auquel appartiennent le *thym serpolet,* dont les lapins ne se nourrissent pas, comme on le croit communément, mais dont on fait une infusion pectorale agréable ; et le *thym pouliot,* cultivé dans les jardins comme condiment. — **Dér.** *Thymène, thymol.*

THYMBRÉE, lieu de Phrygie où Crésus fut battu par Cyrus (548 av. J.-C.).

***THYMÈNE** (*thym*), *sm.* L'un des deux hydrocarbures qui, avec le thymol, constituent l'essence de thym. Le second est le cymène, $C^{10}H^{14}$. Tous deux sont liquides. Le thymène, $C^{10}H^{16}$, exhale l'odeur caractéristique du thym.

***THYMOL** (*thym*), *sm.* Corps cristallisé, d'une odeur agréable, d'une saveur poivrée, que l'on extrait de l'essence de thym, et qui possède des propriétés antiputrides dont on tire grand parti en chirurgie ainsi que pour conserver des préparations anatomiques.

***THYMUS** (g. θύμος, cœur), *sm.* Organe en forme de glande situé dans le haut de la poitrine, derrière le sternum, à la base du cou, qui existe dans les premiers temps de la vie des enfants et des animaux, pour disparaître ensuite peu à peu ; c'est le *thymus du veau* qu'on mange sous le nom de *ris de veau.*

1. ***THYRA** (θύρα, porte), *sf.* Genre de coléoptères pentamères, tribu des Colaspides, divisé en deux espèces, dont l'une habite Cayenne et l'autre le Brésil.

2. **THYRA,** *sf.* Nom de la cent quinzième planète télescopique, découverte par Watson en août 1871.

THYROÏDE (g. θυρεός, bouclier + εἶδος, forme), *adj. 2 g.* Qui a la forme d'un bouclier. ‖ *Cartilage thyroïde,* grand cartilage situé aux parties antérieure et supérieure du larynx, et composé de deux lames dont la réunion constitue la saillie appelée *pomme d'Adam.* ‖ *Glande thyroïde,* glande sanguine, sans conduit excréteur, qui recouvre en avant le bas du larynx ainsi que les premiers anneaux de la trachée-artère, et dont l'accroissement démesuré constitue le *goitre.*

THYRSE (g. θύρσος), *sm.* Javelot terminé à l'un de ses bouts par une pomme de pin, entouré de pampre et de lierre, que Bacchus et les bacchantes tenaient à la main.

***THYSANOPTÈRES** (g. θύσανος, frange + πτερόν, aile), *sm.* Groupe d'insectes dont la place n'est pas encore bien déterminée, les uns les rangeant parmi les hémiptères, les autres dans les orthoptères. Ce sont des insectes très petits ne subissant qu'une demi-métamorphose, les larves ne différant de l'insecte parfait que par l'absence d'ailes et la couleur plus claire de leur peau. Ces petits êtres vivent sur un grand nombre de végétaux et en rongent les feuilles et les fleurs. Les fleurs de la chicorée, de plusieurs Composées, les épillets des céréales sont attaqués par des insectes de cette classe, qui causent quelquefois des dégâts considérables.

***THYSANOURES** (g. θύσανος, frange + οὐρά, queue), *smpl.* Groupe d'insectes dont on avait fait autrefois une classe, mais que l'on range aujourd'hui parmi les névroptères, dont ils se rapprochent par de nombreux caractères : leur bouche est constituée comme celle des névroptères; ils ne subissent pas de métamorphoses. Ce sont des insectes de petite taille et dépourvus d'ailes. L'extrémité de leur abdomen porte des appendices filiformes, repliés sous le ventre, que l'animal redresse lorsqu'il veut se déplacer en sautant. Parmi les espèces les plus remarquables de thysanoures nous citerons : 1° Le *lépisme du sucre*, que l'on rencontre fréquemment dans les garde-manger et les buffets. C'est un animal assez vif, long de quelques millimètres, d'un blanc argenté; il doit sa couleur à la présence de petites écailles microscopiques semblables à celles des papillons. 2° La *podurelle aquatique*, insecte de petite taille que l'on rencontre dans les lieux humides, à la surface des eaux stagnantes, de la neige, etc., et qui, au moyen d'un appendice fourchu, placé à l'extrémité de son abdomen, fait des sauts assez grands.

TIARE (g. τιάρα), *sf.* Coiffure qui était l'insigne du pouvoir chez les anciens Perses et les autres peuples orientaux. ‖ Grand bonnet arrondi par en haut, entouré de trois

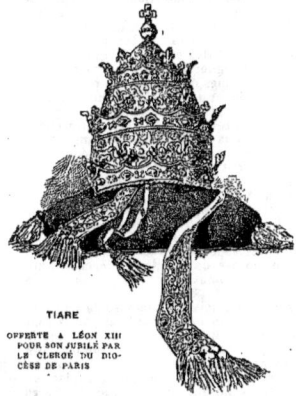

TIARE

OFFERTE A LÉON XIII POUR SON JUBILÉ PAR LE CLERGÉ DU DIOCÈSE DE PARIS

couronnes, surmonté d'un globe et d'une croix, que porte le pape dans les grandes cérémonies religieuses. — Fig. La dignité du pape : *Parvenir à la tiare.*

TIARET, 20034 hab. Ch.-l. de c. de l'arr. de Mostaganem (Algérie), près des sources du Nahr-Ouassel, et au centre des prairies des Harrar.

TIBBOUS, peuplade berbère du Sahara, au S. du Fezzan, qui escorte ou pille les caravanes.

TIBÈRE, issu d'un premier mariage de Livie, dernière femme d'Auguste et fils adoptif de ce dernier, second empereur romain, de 14 à 37, régna d'abord avec bon sens et modération; puis, poussé par son favori Séjan, il fit périr Germanicus et la plupart des membres de sa famille; commit une foule d'autres crimes, qu'il ordonnait de Caprée, où il s'était retiré, et où il mourut, étouffé, par ordre de Macron, entre des matelas. — Tibère II, empereur d'Orient de 578 à 582, succéda à Justin II, et est considéré comme le Titus du Bas-Empire. — Tibère III, empereur d'Orient de 698 à 705, mis à mort par Justinien II.

TIBÉRIADE (auj. *Tabarieh*), ville de Palestine, tribu de Zabulon, fondée par Hérode Antipas, sous le règne de Tibère, sur les bords du lac de son nom, traversé par le Jourdain et appelé encore *lac de Génésareth* et *mer de Galilée.* Son niveau est à 236 mètres au-dessous de la Méditerranée.

TIBET. (V. *Thibet.*)

TIBÉTAIN. (V. *Thibétain.*)

TIBIA (l. *tibia*, flûte), *sm.* Le plus gros des deux os longs de la jambe, situé du côté interne, correspondant au gros orteil, et analogue au radius du bras. Le tibia est une colonne prismatique triangulaire qui, au lieu d'être droite, présente deux courbures : la supérieure, occupant les deux tiers environ de la longueur de l'os, a sa convexité tournée vers l'intérieur, tandis que la seconde courbure présente sa convexité vers l'extérieur. Des trois faces du prisme, l'une est placée à la partie postérieure de l'os, et les deux autres sont latérales; de sorte qu'en avant le tibia montre une des arêtes du prisme, arête qui a reçu le nom de *bord antérieur* ou de *crête du tibia.* Celle-ci se termine supérieurement par une éminence arrondie appelée *tubérosité antérieure du tibia.* La face postérieure de l'os est arrondie; sa face interne est plus ou moins plane; mais sa face externe est creusée dans sa partie supérieure d'une gouttière assez prononcée. Le tibia se termine en haut par une tête qui est son *extrémité supérieure* ou *fémorale.* Cette extrémité est limitée du côté du fémur par une surface presque plane au milieu de laquelle s'élève une éminence nommée *épine du tibia*, au-devant et en arrière de laquelle on voit une dépression rugueuse. A droite et à gauche de cette épine du tibia il existe une surface unie, presque plane, dont la réunion forme les *cavités glénoïdes du tibia*, et dans lesquelles viennent s'articuler les condyles du fémur. La cavité interne est elliptique, un peu plus profonde que l'extérieure, qui est circulaire. Le contour de la tête du tibia est formé par deux bosses très grosses que l'on connaît sous le nom de *tubérosités du tibia*; la tubérosité interne est plus volumineuse que l'externe, mais cette dernière est plus saillante en avant que l'interne, et sa partie postérieure et inférieure présente une facette articulaire recevant la tête du péroné. Les deux tubérosités sont séparées : 1° en avant, par une surface triangulaire, criblée de trous, et dont le sommet, dirigé vers le sol, se continue par la *tubérosité antérieure*; c'est sur sa partie supérieure que se place la rotule; 2° en arrière par une petite échancrure au-dessous de laquelle se trouve une dépression très large et rugueuse. Sept ou huit centimètres plus bas, on remarque un trou dont l'ouverture se dirige vers le bas de l'os : c'est le trou nourricier de celui-ci.

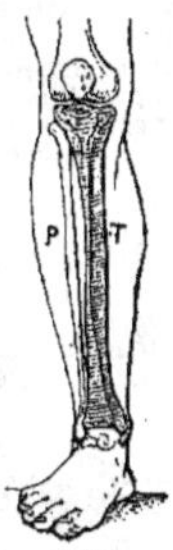

TIBIA

T. Tibia. P. Péroné.

L'*extrémité inférieure* ou *tarsienne* du tibia est beaucoup moins volumineuse que son extrémité supérieure. Elle est aplatie d'arrière en avant, en sorte qu'elle est plus épaisse transversalement. Sa *face inférieure* est horizontale, concave; elle représente une sorte de quadrilatère dont le côté le plus long est du côté de l'extérieur et confine à l'extrémité inférieure du péroné. Cette face inférieure est séparée en deux parties à peu près égales par un très petit mamelon qui va d'arrière en avant. Le bord externe présente une large gouttière où vient s'articuler l'extrémité inférieure du péroné. Cette gouttière est flanquée en avant et en arrière de deux tubercules concourant à former la *malléole externe*, tandis que le bord interne de la base du tibia est constitué par une saillie très volumineuse qui est la *malléole interne.* C'est par la face inférieure que la jambe s'articule avec le pied par l'intermédiaire de l'astragale. Le tibia présente dans son intérieur un canal médullaire, long d'environ $0^m,18$, plus étroit à la partie moyenne de l'os qu'à ses extrémités. Le milieu du canal est formé par un tissu réticulaire, tandis que les extrémités sont constituées par du tissu spongieux; celui-ci est très dense dans le voisinage des surfaces articulaires tant supérieures qu'inférieures. Le tibia se développe par quatre points d'ossification : un point primitif pour le corps, un point complémentaire pour chacune des extrémités et un point pour la tubérosité antérieure de l'os. Ce dernier point osseux n'apparaît guère que vers l'âge de treize ans et ne se soude à l'épiphyse voisine que six ou huit mois après pour ne se souder que plus tard au corps de l'os. L'extrémité tarsienne ne se soude au milieu de l'os qu'entre seize et dix-huit ans; l'extrémité fémorale ou supérieure ne s'unit à la diaphyse qu'à vingt et un, vingt-deux et même quelquefois à vingt-quatre ans. (V. *Platycnémie, Platycnémique.* — **Dér.** *Tibial, tibiale; tige, tigelle, tigette.*

TIBIAL, ALE (*tibia*), *adj.* Qui appartient, qui a rapport au tibia.

TIBRE (anc. *Tiberis*, ital. *Tevere*), 270 kilom. Fleuve qui prend sa source au mont Comero, dans l'Apennin toscan, et coule du N. au S. en arrosant Pieve, San-Stefano, Borgo-San-Sepolcro et Citta di Castello, puis il passe au pied des hauteurs de Pérouse. A l'E. de Pérouse, sa vallée se resserre et se réduit, en aval de Todi, à un étroit défilé. Le fleuve devient navigable à partir d'Orte, au confluent de la Néra; il franchit entre le mont Soracte (686 mètres) et le Gennaro (1269 mètres) le défilé de la *Porte Triomphale* et pénètre dans la campagne de Rome, où règne la mal'aria. Il arrose Rome, puis se jette dans la Méditerranée par deux bras qui entourent l'île Sacrée et aboutissent l'un à Fiumicino, l'autre à Ostie. Les eaux du Tibre sont jaunâtres, malsaines; il est sujet à des crues fréquentes et très rapides.

Le Tibre reçoit à gauche : 1° le *Chiascio*, grossi du Topino, qui arrose Foligno, et reçoit le Clituno; 2° la *Nera*, descendue des monts Sibylliens, qui arrose Terni, et se jette dans le Tibre au-dessous d'Orte, après avoir reçu le Velino, qui forme de belles cascades (*cascata delle Marmore*); 3° le *Teverone* (*Anio*), qui forme les chutes de Tivoli. A droite, le Tibre se grossit de la Paglia.

TIBULLE (Aulus-Albius Tibullus) (44 av. J.-C. — 18 ou 19 ap.). Poète latin, auteur d'élégies dont on admire le naturel et l'harmonie.

TIBUR, ancienne ville d'Italie, aujourd'hui Tivoli, sur l'Anio (Teverone), qui y forme d'admirables cascatelles, dans un délicieux paysage, et où les Romains riches avaient des maisons de plaisance magnifiques. Horace y avait aussi sa petite villa.

TIC (ital. *ticchio*), *sm.* Contraction convulsive des muscles du cou et du poitrail chez le cheval. ‖ Mouvement convulsif et habituel de divers muscles de la face chez certaines personnes. ‖ *Tic douloureux*, névralgie de la face. ‖ Habitude plus ou moins ridicule que l'on a contractée sans s'en apercevoir : *Cet homme a un tic.* — **Dér.** *Tiquer, tiqueur, tiqueuse.*

TIC TAC (*onomatopée*), *sm.* Bruit sec, cadencé, fréquent et régulier : *Le tic tac d'un moulin, d'une horloge.*

TIECK (Louis) (1773-1853). Écrivain et poète dramatique et lyrique allemand, de l'école romantique. — Tieck (Frédéric-Christian) (1776-1851), sculpteur, frère du précédent.

TIÈDE (l. *tepidum*), *adj. 2 g.* Qui n'est ni trop chaud ni trop froid : *Boisson tiède. Air tiède.* — Fig. Qui manque d'ardeur, de zèle : *Partisan tiède.* — **Dér.** *Tiédement, tiédeur, tiédir.*

TIEDEMANN (Dietrich) (1745-1803), philosophe éclectique allemand qui adopta la doctrine de Locke, a écrit plusieurs ouvrages de philosophie et des analyses sur les pères de l'Eglise et les scolastiques du moyen âge.

TIÈDEMENT (*tiède* + sfx. *ment*), *adv.* Avec tiédeur, nonchalance, sans ardeur.

TIÉDEUR (*tiède*), *sf.* Qualité de ce qui est tiède : *La tiédeur d'une boisson.* — Fig. Nonchalance, manque d'ardeur, de zèle : *On accuse sa tiédeur.*

TIÉDIR (*tiède*), *vi.* Devenir tiède.

***TIEMANNITE** (*Tieman*, nom d'homme), *sf.* Séléniure de mercure d'un gris clair, découvert par Tieman dans le Harz, où il est mélangé au quartz et associé au cuivre pyriteux. On en trouve aussi une variété à Saint-Onophre, au Mexique, où il porte le nom d'*onophrite*.

TIEN, TIENNE (vx fr. *ten* : de *ton*), *adj. poss.* Qui est à toi : *Cela est tien.* — *Le tien, la tienne, les tiens, les tiennes*, pr. poss. : *Cette maison est la tienne.* — *Sm.* **Le tien**, le bien qui t'appartient. || *Le tien et le mien*, la propriété en général. — *Smpl.* **Les tiens**, tes parents, tes amis, tes partisans.

TIEN-TÉ, prétendant à l'empire de Chine et chef de la célèbre révolte des Taïpings qui éclata en 1850 dans le Kouang-si.

TIEN-TSIN, ville de Chine située au S.-E. de Pékin, où fut signé en juin 1859 un traité entre la France, la Russie, l'Angleterre, les Etats-Unis et la Chine.

TIEPOLO (Jacopo), doge de Venise de 1229 à 1249, qui prit part à la guerre des guelfes contre Ferrare.

TIERCE (fém. de *tiers* : du l. *tertia*), *sf.* Intervalle musical de trois notes qui se suivent et dont on ne fait pas entendre l'intermédiaire. || *Tierce majeure*, qui comprend deux tons : *Do-mi.* || *Tierce mineure*, qui comprend un ton et un demi-ton diatonique *do-mi* bémol. (V. *Ton musical*.) Ensemble de trois cartes de même couleur qui se suivent : *Tierce majeure*, formée de l'as, du roi et de la dame. (Piquet.) || Position du poignet tourné en dedans dans une situation horizontale, l'épée étant à droite de celle de l'adversaire. (Escrime.) || Office de l'Eglise catholique qui, primitivement, se chantait à la troisième heure du jour (9 heures du matin). || Epreuve d'imprimerie sur laquelle se fait la dernière revision avant le tirage. || La soixantième partie d'une seconde, dans la mesure du temps et des angles. — **Dér.** *Tiercement, tierceron.*

TIERCELET (dm. du vx fr. *tierçol*, autour mâle; dm. du l. *tertius*, troisième), *sm.* Oiseau de proie mâle d'un tiers plus petit que sa femelle. — Fig. Homme qui s'exagère beaucoup son mérite, son importance.

TIERCEMENT (*tiercer*), *sm.* Surenchère du tiers du prix d'une adjudication (vx). || Augmentation d'un tiers sur le prix d'une chose.

TIERCE OPPOSITION. (V. *Tiers*.)

TIERCER (*tiers*), *vt.* Mettre une surenchère égale au tiers du prix de l'adjudication. || Surenchérir en triplant le prix de l'adjudication d'une ferme du roi. || Donner aux terres le troisième labour : *Tiercer une vigne.* — *Vi.* Augmenter d'un tiers le prix d'une chose. — **Gr.** Le *c* prend une cédille devant *a, o* : nous tierçons ; je tierçais.

TIERCERON (*tierce*), *sm.* Nervure de voûte ogivale entre l'arc-doubleau et le formeret.

TIERÇON (*tiers*), *sm.* Le tiers d'une mesure quelconque de capacité (vx). || Caisse contenant du savon. || Long tonneau contenant du riz.

TIERS, TIERCE (l. *tertium*, troisième), *adj.* Troisième : *Remettre un objet en main tierce*, entre les mains d'une troisième personne. || *Tiers arbitre*, troisième arbitre choisi pour en départager deux autres. || *Tiers parti*, celui dont les opinions tiennent le milieu entre celles de deux partis extrêmes. || *Tiers état* ou le *tiers*, jusqu'à 1789, la classe des bourgeois, c'est-à-dire des Français qui ne faisaient point partie de la noblesse ni du clergé, mais jouissaient de privilèges qui les affranchissaient, dans une certaine mesure, de l'autorité et de la juridiction de ces deux ordres : *Mirabeau était député du tiers aux états généraux.* || Qui revient tous les trois jours : *Fièvre tierce.* — *Sm.* Une troisième personne, une personne quelconque : *S'en rapporter à un tiers.* || *Etre en tiers dans une entreprise*, y participer sur le pied de l'égalité avec deux autres personnes. || *Tiers détenteur*, le possesseur actuel d'un bien grevé par la personne qui le lui a vendu. || *Tiers porteur*, le second endosseur d'un billet à ordre, d'une lettre de change. || *Tiers saisi*, celui entre les mains duquel on a fait une saisie-arrêt, une opposition. || *Tiers opposant*, celui qui, n'ayant point été appelé à figurer dans un procès, s'oppose, par un acte appelé *tierce opposition*, au jugement intervenu. || *Le tiers et le quart*, n'importe qui : *Se moquer du tiers et du quart.* || Une des parties d'un tout divisé en trois parties égales : *Le tiers d'un héritage, d'une somme.* || *Le tiers consolidé*, le capital des rentes sur l'Etat tel qu'il a figuré au grand-livre après qu'en 1797 le gouvernement français l'eut réduit à un tiers de la valeur des créances. — **Dér.** *Tierce, tiercelet, tiercement, tiercer, tierçon.* — **Comp.** *Tiers ordre, tiers-point, tierce opposition.*

TIERS ORDRE. (V. *Ordre*.)

TIERS-POINT, *sm.* Le sommet d'un triangle équilatéral. || Courbure de l'ogive formée par deux arcs de cercle ayant chacun leur centre à la naissance de l'arc qui lui est opposé. || Lime triangulaire pour affûter les dents de scie. — Pl. *des tiers-points.*

TIFLIS, 104024 hab. Ville forte et commerçante de la Russie d'Asie, au S. du Caucase, sur le Kour; chef-lieu de la lieutenance du Caucase et du gouvernement de Géorgie.

TIGE (l. *tibia*, jambe), *sf.* La partie d'un végétal qui porte les feuilles et les organes de la fructification et tend toujours à se diriger vers le ciel, tandis que la racine se dirige constamment vers le centre de la terre. Ce dernier organe est doué de ce que l'on appelle le *géotropisme positif*, tandis que la tige possède au plus haut degré le *géotropisme négatif*. (V. *Géotropisme*, tome I, p. 816, col. 1 et 2.) Nous commencerons par décrire le mode de structure de la tige des plantes dicotylédones qui sont les plus parfaites, puis nous dirons les différences qui existent entre elle et celle des plantes des autres embranchements. Pour cette étude, prenons un jeune rameau et coupons-le perpendiculairement à son axe. Si nous regardons attentivement la section, nous reconnaîtrons qu'à première vue, elle présente un certain nombre de cercles concentriques. Coupons maintenant ce rameau parallèlement à son axe, de telle sorte que la section passe par le centre du rameau et suivant un des rayons de la première coupe. Si nous examinons ces deux sections au moyen d'un microscope, nous constaterons alors que la tige est formée de cylindres emboîtés les uns dans les autres et que ceux-ci sont constitués par des éléments anatomiques différents. Aussi les botanistes ont-ils reconnu la présence de six catégories de tissus, savoir, de dehors en dedans : 1° l'*épiderme* et le *liège* auquel il donne naissance, 2° le *tissu cortical*, 3° le *liber*, 4° le *cambium*, 5° le *bois*, 6° la *moelle*. Nous renvoyons le lecteur aux mots *Épiderme, Écorce, Liège* et *Liber* pour l'étude des trois premiers cylindres, et nous dirons un mot du *cambium*, du *bois* proprement dit et de la *moelle*. En dedans des faisceaux du liber, on trouve au printemps une zone très étroite, claire, formée par deux ou trois couches de cellules aplaties, à parois très minces et dont l'intérieur contient du protoplasma au sein duquel nagent de fines granulations.

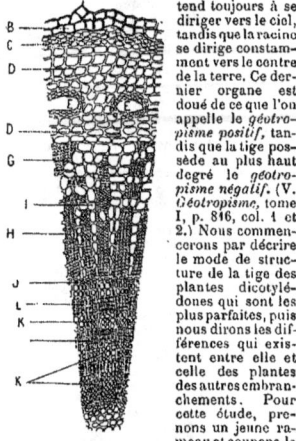

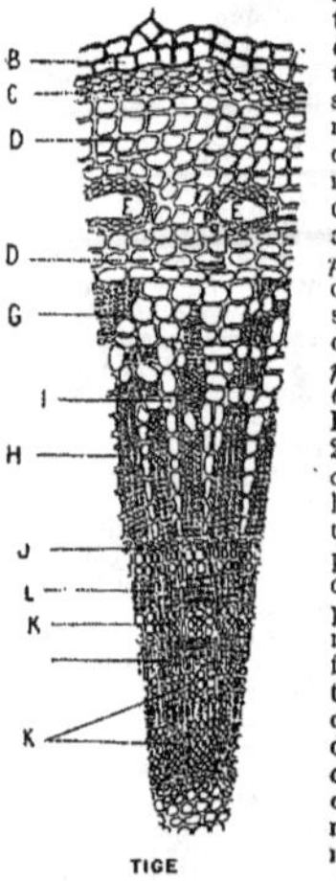

TIGE

COUPE TRANSVERSALE D'UN TRONC DE SAPIN DE 5 MILLIMÈTRES

B. Zone de cellules subéreuses. — C. Zone subéro-cortigène. — D. Zone corticale contenant E des canaux sécréteurs. — G. Zone libérienne. — H. Cellules libériennes. — I. Rayons médullaires. — J. Zone de cambium. — K. L. Zones concentriques du bois.

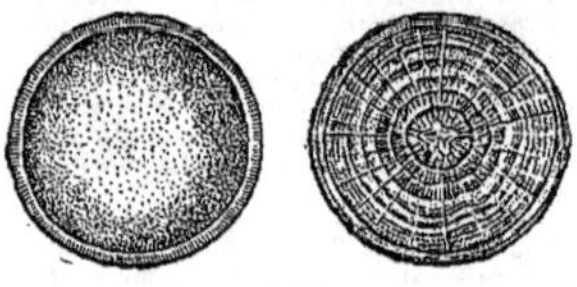

TIGES

COUPE DU PALMIER — COUPE DU CHÊNE

Cette couche est le *cambium*; elle s'étend sur toute la tige, l'enveloppe de toutes parts sans montrer la moindre discontinuité. Tout le monde a remarqué la facilité avec laquelle, au printemps, l'écorce d'un jeune rameau se sépare de la branche; cette facilité est due au cambium qui est en voie de formation; car on voit alors la surface du rameau ainsi dépouillé et l'intérieur de l'écorce recouverts d'une couche gluante constituée par les jeunes cellules cambiales. Ces cellules, en se divisant dans le sens tangentiel et dans le sens radial, forment chaque année une couche externe de *liber* et une couche interne de *bois*. En dedans du cambium, on trouve une couche plus ou moins épaisse de bois, qui est elle-même partagée en autant de zones que le rameau examiné a d'années : quatre zones s'il a quatre ans, cinq s'il a cinq ans, etc. La coupe transversale montre que le bois est constitué par des cellules disposées comme celles du liber en faisceaux rayonnants; elles sont quadrangulaires, leurs parois sont épaisses et chaque zone présente, sur son contour, des cellules dont la cavité est large, tandis qu'au centre cette cavité est plus étroite. Cette différence des deux tissus du bois juxtaposés, les cellules étroites, étant placées à côté des cellules larges, rend faciles à distinguer les diverses couches ligneuses les unes des autres. Si maintenant nous examinons une couche longitudinale du bois, nous apercevons d'abord de petits amas de cellules qui ne sont autre chose que les rayons médullaires séparant les différents faisceaux. Ces rayons médullaires ne traversent pas toutes les couches du bois : il en est qui n'en traversent que deux ou trois, tandis que d'autres s'étendent depuis le liber jusqu'à la moelle. Ces rayons médullaires ont la forme de fuseaux et sont constitués par plusieurs files de cellules elliptiques superposées les unes aux autres. Chaque masse de cellules se termine ordinairement en haut et en bas par une seule cellule.

Le reste du bois est composé de très longues cellules en fuseau dont les parois sont très épaisses, brillantes, et qui ont reçu le nom de *fibres ligneuses*. Si l'on examine leurs parois avec un grossissement suffisant, on voit qu'elles présentent de place en place de petits trous faisant communiquer les fibres les unes avec les autres. Chacune de ces petites ouvertures, appelées *ponctuations aréolées*, est placée entre deux cellules et est constituée par une petite cavité elliptique communiquant avec chacune des deux fibres voisines par deux petits canaux latéraux. Sur le grand axe de la petite chambre se trouve, dans le jeune âge, une cloison formant tapisserie qui se détruit plus tard. Les ponctuations aréolées se remarquent surtout dans le bois des conifères; elles sont plus rares dans celui des autres phanérogames. Elles sont alors remplacées par des orifices circulaires ou elliptiques faisant communiquer deux fibres voisines. Les cellules des faisceaux voisins de la moelle ne présentent pas de ponctuations aréolées. On remarque aussi sur une coupe tangentielle quelques canaux sécréteurs enveloppés du haut en bas par de petites cellules sécrétantes. Ces canaux ne sont jamais en grand nombre, et ils se trouvent soit au milieu d'un rayon médullaire, soit dans son voisinage. Ces rayons médullaires sont accompagnés de cellules semblables à celles que l'on rencontre dans les fibres du liber; mais leurs parois sont plus épaisses; elles ont été nommées *cellules parenchymateuses* du bois. Indépendamment des fibres dont il vient d'être question, on rencontre, surtout dans le voisinage de la moelle, des fibres dépourvues d'aréoles ou de trous : elles sont, du reste, fusiformes, mais leurs parois, plus épaisses, sont formées par une sorte de fil roulé en spirale : ce sont des *trachées*. A côté de ces derniers tubes, et en dehors, gisent des cellules formant des sortes de réseaux à mailles lâches; on leur a donné le nom de *fibres réticulées*. Les trachées et les fibres réticulées se trouvent rarement dans le bois des conifères; elles sont, au contraire, très nombreuses dans celui des autres phanérogames; les trachées surtout s'y trouvent constamment dans les parties qui avoisinent la moelle. Tout à fait au centre du rameau, on trouve la *moelle* ou *canal médullaire*. Celle-ci est composée de cellules parenchymateuses irrégulières, arrondies ou polygonales; leur cavité est très grande et leurs parois sont minces. Des méats assez larges existent entre ces cellules.

Telle est l'organisation de la tige chez les végétaux dicotylédones. Chez les monocotylédones, le cambium manque toujours et les faisceaux libéro-ligneux, contournés en spirale, sont disséminés dans la masse de la tige. La région centrale de celle-ci est formée par un parenchyme contenant beaucoup d'amidon, tandis que la périphérie renferme un grand nombre de faisceaux libéro-ligneux. Dans toutes les plantes vasculaires, les faisceaux libéro-ligneux viennent se terminer au niveau des points où naissent les feuilles, c'est-à-dire au niveau des nœuds. Chaque faisceau perce le parenchyme cortical et vient aboutir à une feuille. Les faisceaux ne se forment pas toujours de bas en haut : il en est qui, au contraire, se montrent en haut d'un nœud et descendent vers l'entre-nœud inférieur. Dans d'autres cas, ils naissent aux deux points extrêmes d'un entre-nœud pour se développer, l'un en allant de bas en haut, l'autre en sens inverse, pour se rejoindre au milieu de l'entre-nœud.

Si maintenant on veut savoir comment ces différentes parties de la tige ont pris naissance, on devra examiner un rameau au moment où il commence à paraître. On verra alors qu'il présente trois zones de cellules superposées. La zone la plus extérieure, appelée *dermatogène*, est composée de cellules irrégulières, polygonales, à parois minces et à cavité remplie de protoplasma au milieu duquel nage un gros noyau. En se développant, le dermatogène formera l'*épiderme*. La couche moyenne ou *périblème* est constituée par des cellules à peu près semblables à celles du dermatogène; elle formera le parenchyme cortical. Enfin, au centre du rameau, on trouve la troisième zone, en forme de cylindre, et appelée *plérome*. Celui-ci est composé d'éléments un peu allongés dans le sens de l'axe du rameau; à la base du cylindre on voit des faisceaux. Les différentes parties du plérome, en se différenciant, donnent naissance au liber, au bois et à la moelle. Un grand nombre de phanérogames voient les trois zones dont nous venons de parler naître de la totalité des cellules qui terminent le rameau; aussi lui a-t-on donné le nom de *cellules initiales communes* ou de *méristème primitif*; dans d'autres plantes de ce même groupe, le dermatogène, le périblème et le plérome n'ont chacun qu'une seule cellule initiale, tandis que, chez d'autres encore, le premier de ces tissus a, au début, des cellules qui lui sont propres et les deux autres des cellules communes.

La tige se termine vers le sol par la racine. Celle-ci, lorsqu'elle est développée, ne présente pas une constitution très différente de la tige. Elle n'est cependant formée que de trois couches, savoir : 1° une couche jaunâtre de liège; 2° un parenchyme cortical au sein duquel on remarque des méats; 3° enfin un cylindre de fibres libéro-ligneuses plus larges que celles du bois de la tige et qui s'avancent jusque dans le centre même de la racine, en sorte que le canal médullaire n'existe pas, et que, par suite, la moelle fait absolument défaut. La racine se ramifie comme la tige et donne des racines de plus en plus petites qui constituent le *chevelu*. Chaque brin du chevelu se termine par une sorte de dé à coudre dont les bords sont tantôt appliqués contre la racine, tantôt formant un petit bourrelet. Ce dé, dans lequel est enchâssée l'extrémité de la racine, a reçu le nom de *coiffe* et celle-ci est formée par des cellules qui sans cesse se dissocient et tombent à mesure qu'il s'en forme d'autres en dessous aux dépens de la couche superficielle de l'écorce. La surface des racines est couverte de poils qui se développent sur l'assise la plus extérieure de l'écorce, assise qui a été nommée *assise pilifère*. Ces poils, relativement longs, se montrent surtout vers l'extrémité des racines et servent à celles-ci d'organes d'absorption. Ils sont cylindriques, terminés en cul-de-sac arrondi et presque jamais cloisonnés ni en long ni en travers. L'extrémité des racines est douée d'une *sorte de sensibilité* qui lui fait découvrir les parties du sol où elle trouvera la nourriture nécessaire à la plante. Ainsi, l'extrémité des racines fuira le contact d'un corps dur, de la pierre, par exemple, et se dirigera vers un endroit humide où ses poils se gorgeront de l'eau tenant en dissolution des matières minérales et organiques. Si ces mêmes racines ne peuvent tourner l'obstacle; si, par exemple, on les oblige à être en contact avec du marbre, elles l'attaquent au moyen de l'acide carbonique qu'elles élaborent et le transforment en bicarbonate de chaux soluble.

La ligne de séparation entre la tige et la racine a reçu le nom de *collet*; mais celui-ci n'est pas nettement apparent, et pour le déterminer d'une manière précise, il faut avoir recours au microscope. Chez les très jeunes plantes, l'épiderme ne se compose, au-dessus du *collet*, que d'une seule couche de cellules, tandis qu'au-dessous de ce même point, on trouve immédiatement un tissu composé de deux couches de cellules. La plus externe ne tarde pas à se détacher, tandis que les éléments de la seconde se transforment en poils : aussi, dans la plante plus âgée, le caractère qui distingue extérieurement la tige de la racine, c'est que la première est blanche et lisse, tandis que la seconde se montre couverte de poils. Ce qui, anatomiquement, indique encore le collet, c'est que, dans la plupart des cas, les faisceaux ligneux et les faisceaux libériens de la racine sont séparés les uns des autres; tandis qu'au contraire ces deux sortes d'éléments se réunissent juste à la hauteur du collet et se confondent pour former les faisceaux libéroligneux du bois qui se rendent aux nœuds, où chacun d'eux communique avec une feuille. En outre, les racines ne renferment jamais de chlorophylle; néanmoins, si on les découvre et qu'on les laisse végéter au contact de l'air, elles ne tardent pas à devenir vertes et à donner naissance à des bourgeons. L'extrémité des racines possède aussi la curieuse propriété de se déplacer, soit dans le sol, soit dans l'air humide, et de décrire une petite ellipse. Ce mouvement a reçu le nom de *circummutation*; il a son siège dans le point où la racine s'accroît, et est dû à ce que les cellules se développent d'une manière inégale. Le rôle physiologique des racines est de rechercher et de puiser dans le sol les matières nécessaires à la nutrition du végétal; les poils, relativement très longs, dont elles sont recouvertes en sont les organes indispensables : on comprend dès lors combien il importe de ne pas les briser ou les endommager lorsque l'on veut transplanter un végétal. (V. *Cellule*, *Écorce*, *Géotropisme*, *Liber*, *Liège*, *Lenticelle*, *Racine*. etc.) || *Tige ligneuse*, celle qui végète plusieurs années. || *Tige herbacée*, celle qui ne végète qu'un an. (V. *Dicotylédone*.) || *Hautes tiges* ou *arbres à haute tige*, arbres dont on laisse la tige s'élever naturellement. || *Basses tiges* ou *arbres à basse tige*, ceux dont on empêche la tige de s'élever. || Homme de qui descendent toutes les branches d'une famille : *Le duc d'Orléans, frère de Charles VI, fut la tige des Valois.* || *Faire tige*, être celui de qui descendent tous les membres d'une famille. || Tout corps long et cylindrique : *Tige d'un piston, d'une colonne, d'un flambeau.* || Pied, support : *La tige d'un guéridon.* || *La tige d'une botte*, la partie de la botte qui entoure la jambe. — **Dér.** *Tigelle*, *tigette*. (V. *Tibia*.)

***TIGELLE** (dm. de *tige*), *sf*. Partie de la plantule qui deviendra la tige quand le végétal se développera.

TIGETTE (dm. de *tige*), *sf*. Espèce de tige ornée de feuilles d'où sortent les volutes du chapiteau corinthien.

TIGNASSE (*tigne* ou *teigne?*), *sf*. Mauvaise perruque.

TIGNES (VAL DE). Nom que l'on donne à la haute vallée de l'Isère ou Tarentaise supérieure.

TIGNON (*tigne* ou *teigne?*), *sm*. Chignon. — **Dér.** *Tignonner*.

TIGNONNER (*tignon*), *vt*. Mettre en boucles les cheveux du tignon. — **Se tignonner**, *vr*. Se prendre l'une l'autre par le chignon, en parlant de deux femmes.

TIGRANE. Nom de plusieurs rois d'Arménie, dont le plus connu, TIGRANE III *le Grand* (95-60 av. J.-C.), gendre de Mithridate, fit d'importantes conquêtes sur les Séleucides, mais fut obligé de céder aux Romains la Syrie, la Cappadoce et la Cilicie.

TIGRANOCERTE (*ville de Tigrane*). Ancienne capitale de l'Arménie, sur une montagne; ruinée depuis longtemps. Aujourd'hui, *Diarbékir* se trouverait, croit-on, sur l'emplacement de ses ruines.

TIGRE (l. *Tigris*), 1250 kilom. Fleuve de la Turquie d'Asie, qui descend, comme l'Euphrate, du versant méridional des montagnes d'Arménie, rase le pied de la terrasse occidentale de l'Iran, inonde souvent la Mésopotamie, et se joint à l'Euphrate pour former le Chat-el-Arab, qui tombe dans le golfe Persique. Il arrose aujourd'hui Mossoul, Bagdad, Kornah, et arrosait dans l'antiquité Amida, Ninive, Ctésiphon, Séleucie, Apamée. Le Tigre est très rapide; les Arabes l'appellent *Djidjleh* (flèche).

TIGRE (g. τίγρις; l. *tigris*; zd. *tighra* flèche), *sm*.; **TIGRESSE**, *sf*. Mammifère carnassier du genre chat, dont la taille égale et surpasse même celle du lion, mais est plus mince que celle de ce dernier, au pelage d'un fauve vif en dessus, d'un blanc pur en dessous, partout couvert de raies noires transversales. Les tigres du Nord présentent une teinte plus pâle, et une laine fine et serrée se développe entre les poils plus longs. La tête de cet animal se rapproche beaucoup de celle des chats : elle est ronde, busquée en avant; des favoris blanchâtres encadrent le visage, leur barbe est formée de poils longs, touffus et raides; les pupilles des yeux sont ronds et brillants, et les mâchoires armées de dents fortes et tranchantes; les jambes sont robustes, assez courtes, armées de griffes acérées; elles supportent un corps bien proportionné dont l'arrière-train n'est pas efflanqué comme celui du lion (V. ce mot); il peut atteindre deux mètres de longueur, du museau à la naissance de la queue, celle-ci mesurant un mètre. Le tigre est le plus redoutable des carnassiers : il s'attaque à tous les animaux, et, loin de fuir l'homme armé, il n'hésite pas à l'attaquer, il recherche même sa présence; plus d'une fois l'on a vu un de ces animaux sortir d'un fourré, s'élancer au milieu d'une troupe de cavaliers et emporter l'un d'eux avant qu'on ait eu le temps de le

TIGRE

poursuivre. Le rhinocéros, l'éléphant, l'ours jongleur et le buffle sont les seuls animaux des pays où on le rencontre qui osent lui tenir tête. Le tigre se nourrit de toute sorte de chair; il ne dédaigne ni les paons ni les faisans. Grimpeur agile en même temps que nageur intrépide, il ne redoute aucun obstacle lorsqu'il est en quête d'une proie; il traverse à la nage non seulement les fleuves et les rivières, mais encore des bras de mer. Il habite principalement les Indes orientales; mais son aire géographique s'étend du S. au N. des îles de la Sonde aux rives de l'Amour, et de l'E. à l'O., de la Chine au Caucase. S'il préfère les taillis de bambous des régions basses et marécageuses des pays chauds, il habite aussi les plateaux élevés et pierreux, les hautes forêts et les coteaux boisés; on le rencontre même en Sibérie, où l'hiver il se creuse des retraites dans la neige. Rusé et courageux, le tigre est celui de tous les animaux sauvages qui dévore le plus d'êtres humains. Aussi, de tous temps, a-t-on organisé des chasses nombreuses pour tâcher de l'exterminer. On réunissait un grand nombre d'hommes armés de lances et montés sur des éléphants, et toute cette troupe traquait les fauves en rétrécissant de plus en plus le cercle humain dans lequel on les avait enfermés. Aujourd'hui ces chasses se font avec moins d'apparat : on emploie les trappes, les fosses très profondes, les filets, etc., et l'on détruit plus de tigres qu'autrefois; néanmoins cette chasse est loin d'être une partie de plaisir, et plus d'un brave officier anglais y a trouvé la mort ou en est revenu estropié pour le reste de ses jours. Pris jeune, le tigre s'apprivoise assez facilement et il est susceptible de quelque amitié pour son maître, auquel il obéit volontiers; mais il faut toujours craindre que son caractère sauvage ne reprenne le dessus. On a attribué à une espèce de tigre, le *felis spelæa*, des ossements trouvés dans des cavernes de l'Allemagne, de la Belgique, de l'Angleterre et de France. Les terrains où ces vestiges étaient déposés appartiennent au quaternaire et surtout au chelléen. Les tigres avaient disparu depuis longtemps de notre Europe occidentale, car ce n'est que sous Auguste que l'on en vit apparaître pour la première fois à Rome. || *Tigre noir*, variété du tigre ordinaire que l'on rencontre quelquefois en Chine. Les grandes lignes de son pelage, au lieu d'être droites, se recourbent pour entourer des parties plus claires. — Fig. Homme très cruel, impitoyable : *C'est un tigre*. || Nom donné, par abus, au *jaguar*, au *couguar* et au *chat-pard*. — Adj. *Chat tigre*, *chiens* ou *chevaux tigres*, *juments tigres*, qui sont marqués de bandes de poil ou de mouchetures comme les tigres. || Très petite punaise qui s'établit sous les feuilles du poirier en espalier, qu'elle pique et crible de petites pustules noires. || Nom vulgaire d'un coquillage, le *cône millèponctué*. — **Dér**. *Tigrer*, *tigré*, *tigrée*, *tigridie*.

TIGRÉ (le). Contrée septentrionale de l'Abyssinie, séparée de la mer Rouge par le territoire de Massouah et s'étendant jusque sur la vallée du Tacazzé. Ce pays montagneux, parcouru par la chaîne du Semen, dont le point culminant est l'*Abba-Yared* (4 548 mètres), présente des vallées très fertiles, mais il est infesté d'hyènes, de léopards et de reptiles. Capitale *Adoua*. *Axoum*, anc. capit., a des ruines intéressantes. — Le *Tigré*, ancien royaume indépendant, forme une province de l'empire d'Abyssinie depuis 1855. En 1889-90, la partie N. qui regarde Massouah a été occupée par les Italiens.

TIGRÉ, ÉE (*tigrer*), *adj*. Rayé ou moucheté comme la peau du tigre. *Jument tigrée*. *Tapis tigré*.

***TIGRER** (*tigre*), *vt*. Marquer de raies qui imitent celles de la peau du tigre, de la panthère.

***TIGRIDIE** (*tigre*), *sf*. Genre de plantes dicotylédones de la famille des Iridées, originaires du Mexique, remarquables par leurs feuilles en forme d'épée et par leurs grandes fleurs dont les pièces extérieures sont violettes à leur base, entourées de jaune et terminées à leur partie supérieure par une tache rouge, tandis que les pièces du périanthe interne, plus petites, sont jaunes et tachées de rouge. La *tigridie*, appelée encore *queue de paon*, se cultive en pleine terre, mais on doit la couvrir dans les hivers rigoureux, ou bien on rentre ses oignons dès que les feuilles sont tombées.

TILBURG (van) (1625-1678), peintre né à Bruxelles, et qui florissait vers 1658.

TILBURG, 28 980 hab. Ville de Hollande (Brabant septentrional). Fabrique de draps.

TILBURY (nom du carrossier anglais inventeur de cette voiture), *sm*. Cabriolet ordinairement découvert et très léger. — Pl. *des tilburys*.

TILIACÉES (l. *tilia*, tilleul), *sfpl*. Famille de plantes dicotylédones composée d'herbes et d'arbres dont le plus grand nombre croissent dans les régions chaudes du globe; quelques-unes cependant végètent dans les parties tempérées des deux hémisphères. Les fleurs des Tiliacées sont construites sur le type de celles des tilleuls. (V. ce mot.) Cette famille est très voisine de celles des Malvacées et des Ternstrœmiacées; leur tige renferme des faisceaux de fibres libériennes qui fournissent une matière textile. Leur parenchyme est souvent le siège de dépôts mucilagineux sécrétés par des cellules spéciales. Aussi les plantes de la famille des Tiliacées sont-elles douées de propriétés mucilagineuses et émollientes qui les font employer en médecine. Les feuilles de l'une d'elles, le *corchorus*, plante herbacée que l'on rencontre aux Antilles, sont employées en guise d'épinards. Certains genres ont des fruits avec lesquels on confectionne des boissons rafraîchissantes; la chair du péricarpe de plusieurs *elæocarpus* de l'Asie est mangée crue ou confite avec du sucre. Il en est de même du fruit charnu des *aristotelies*, qui, au Chili, servent à fabriquer une sorte de vin. Les feuilles et l'écorce de certaines espèces sont, au contraire, astringentes, et renferment une notable proportion de tanin. La graine de plusieurs Tiliacées contient de l'huile; celle du *corchorus olitorius* est purgative. Beaucoup de plantes de cette famille fournissent un bois employé dans la sculpture, dans l'ébénisterie, etc., et les fibres donnent de la filasse qui, comme celle des tilleuls, est employée à divers usages depuis une haute antiquité; c'est le genre *corchorus* qui fournit le fil de *jute* (V. ce mot) importé d'Asie et d'Afrique en Europe. Du *vallea cordiflora* du Pérou, on extrait une teinture jaune; et avec les noyaux de plusieurs *elæocarpus* de l'Inde on fabrique des bijoux; on les incruste d'or et de pierres précieuses, et on en fait des colliers, des chapelets, etc., d'un prix très élevé. Enfin quelques Tiliacées sont cultivées dans nos serres à cause de la beauté de leurs fleurs, tandis que d'autres, comme les tilleuls, font l'ornement de nos parcs et de nos promenades publiques. — *Sf*. **Une tiliacée**, une plante quelconque de la famille des Tiliacées.

***TILKÉRODITE** (*Tilkerode*, localité du Harz), *sf*. Variété de *clausthalie* ou *plomb séléníé*. Elle contient presque toujours, en assez forte proportion, de l'argent, du mercure et du cuivre.

TILLAC [ll mouillés] (vx scand. *thilia*, plancher, parquet), *sm*. Le pont d'un navire, et surtout d'un navire marchand.

***TILLAGE** [ll mouillés] ou ***TEILLAGE** (*tiller* ou *teiller*), *sm*. Action de tiller le chanvre, le lin.

***TILLANDSIE** (*Tillands*), nom d'un botaniste suédois), *sf*. Genre de plantes dicotylédones de la famille des Broméliacées, originaires des parties chaudes de l'Amérique, et composé d'herbes à tiges feuillées. Les fleurs sont réunies en épis ou en panicules et supportées par une hampe haute d'environ 0m,40, garnie de grandes bractées d'un rose violacé. Les fleurs sont vertes, le sommet des pièces de leur périanthe interne est bleu. On cultive ces plantes, en serre chaude et humide, dans un sol composé de terre de bruyère en fragments disposés comme pour les orchidées. Les principales espèces sont : 1° La *tillandsie agréable* (*tillandsia amæna*), décrite plus haut. 2° La *tillandsie brillante* (*tillandsia splendens*), originaire de la Guyane, dont les feuilles sont zébrées sur les deux faces. Au centre de ces feuilles se dresse un épi de fleurs jaunes entremêlées à des bractées imbriquées d'un beau rouge écarlate. 3° La *tillandsie bulbeuse* (*tillandsia bulbosa*), indigène de la Jamaïque, dont la tige, renflée à sa base, porte des feuilles longues, étroites, vertes à la base, mais passant au rouge corail rayé de jaune et de vert à mesure qu'elles s'approchent du sommet de l'épi; les fleurs, d'un violet brillant, laissent échapper au dehors leurs étamines de même couleur, et sont enveloppées de bractées rouges. 4° La *tillandsie naine* (*tillandsia stricta*), du Brésil, est une petite plante aux feuilles longues, linéaires et blanchâtres, disposées en rosettes radicales du milieu desquelles se dresse une tige florale munie d'écailles rouges et surmontée d'un bouquet de petites fleurs d'un beau bleu. 5° La *tillandsie à double bandelette* (*tillandsia bivittata*), originaire du Brésil, à feuilles dures et épineuses, placées sur une tige d'un vert foncé et présentant des bandes longitudinales d'un vert plus tendre et deux bandes d'un blanc d'ivoire. Les fleurs sont aussi d'un blanc pur.

1. **TILLE** 92 kilom. Rivière de France (Côte-d'Or), affluent de la Saône entre Auxonne et Saint-Jean-de-Losne. Elle reçoit l'Ignon.

2. **TILLE** [ll mouillés] (l. *tillia*, tilleul), *sf*. Le liber ou couche de l'écorce du tilleul, composée de filaments dont on fait des cordes à puits. || L'écorce fibreuse du chanvre. — **Dér**. *Tiller*, *teiller*, *tilleur*, *teilleur*, *teilleuse*.

3. **TILLE** [ll mouillés] (nordois *telgja*, instrument à tailler), *sf*. Sorte de petite hachette servant à la fois de hache et de marteau.

4. **TILLE** [ll mouillés] (vx scand. *thilia*, parquet), *sf*. Petite cabane ou armoire en planche à l'avant ou à l'arrière d'une barque non pontée.

TILLEMONT (Le Nain de) (1637-1698), historien et prêtre français, élève de Port-Royal, auteur d'une histoire des empereurs pendant les six premiers siècles de l'Église, de mémoires sur l'histoire ecclésiastique des six premiers siècles, et d'une vie de saint Louis.

TILLER [ll mouillés] ou **TEILLER** (*tille* 2), *vt*. Briser avec la main la chènevotte pour en détacher les filaments : *Tiller du chanvre*.

TILLEUL [ti-lleul, ll mouillés] (l. *tiliola* : dim. de *tilia*, tilleul), *sm*. Genre de plantes dicotylédones de la famille des Tiliacées, composé d'arbres souvent élevés, à feuilles alternes, simples, cordiformes, et dont le pétiole est muni de deux stipules latérales. Les fleurs sont réunies en grappes et portées sur un pédoncule commun qui est soudé dans sa moitié inférieure à une bractée jaune, longue, étroite et en forme de languette. La fleur du tilleul, placée sur un réceptacle convexe, se compose d'un calice à cinq sépales en forme de coupe; d'une corolle à cinq pétales d'un jaune pâle, alternes avec les pièces du calice. L'androcée se compose d'un nombre indéfini d'étamines toutes à peu près libres ou légèrement soudées à la base en cinq faisceaux opposés aux pétales de la corolle. Les filets des étamines s'insèrent très près de la corolle et se terminent supérieurement par une très petite fourche dont chacune des dents porte une loge de l'anthère. Ces loges sont extrorses et s'ouvrent par une fente longitudinale. Le gynécée est supère, libre et placé au-dessus des étamines; il se compose d'un ovaire à cinq loges alternant avec les pétales; cet ovaire est globuleux, sphérique et recouvert de duvet. A sa partie supérieure naît le style unique dont l'extrémité terminale se renfle un peu et se partage en cinq dents couvertes

TILLEUL

de papilles stigmatiques. Chaque loge de l'ovaire renferme dans son angle interne deux ovules ascendants et anatropes, dont le micropyle est dirigé en bas et en dehors. Le fruit, sec et indéhiscent, ne contient qu'une seule graine ou un très petit nombre; celles-ci sont munies d'un albumen charnu, enveloppant un embryon à cotylédons foliacés et lobés, et dont les bords sont incurvés ou involutés. Les tilleuls sont de grands et beaux arbres originaires de l'Europe, de l'Asie et de l'Amérique du Nord. On connait plusieurs espèces de tilleuls, dont les principales sont : 1° le *tilleul à larges feuilles* (*tilia platyphylla*), ou *tilleul commun;* c'est celui que l'on plante dans nos parcs ou sur nos promenades; il supporte le mieux la tonte, mais il a l'inconvénient de perdre ses feuilles de bonne heure dans les terrains secs. Il est susceptible d'acquérir de grandes dimensions, témoin le *tilleul de Neustadt* (Wurtemberg), déjà célèbre en 1229 et qui en 1831 mesurait, à 5 ou 6 pieds du sol, 36 pieds de circonférence. On reconnait cette espèce à ce que ses feuilles, lorsqu'elles sont complètement développées, sont garnies sur leur face inférieure d'un duvet mou; 2° le *tilleul des bois* (*tilia sylvestris*), qui a des feuilles plus petites et glauques en dessous; 3° le *tilleul argenté* (*tilia argentea*), originaire de Hongrie, à grandes feuilles blanches et cotonneuses en dessous, lequel donne des fleurs qui fleurissent un mois plus tard et exhalent une odeur des plus suaves. Cette espèce présente l'avantage de conserver ses feuilles plus longtemps; 4° le *tilleul d'Amérique* (*tilia americana*), différant peu du tilleul commun. On multiplie le tilleul soit de graines, ou de marcottes, dans des terrains frais et sablonneux. Son bois, d'un jaune pâle, presque blanc, est d'un grain serré et uni, qui le fait rechercher pour la sculpture; on l'emploie aussi dans l'ébénisterie et la fabrication des touches de piano. Il fournit en outre un charbon léger dont on se sert pour confectionner la poudre à canon. Son écorce, flexible et résistante, est utilisée pour faire des câbles grossiers, des cordes à puits, des nattes, etc. Les Romains employaient les feuilles du tilleul comme fourrage pour le bétail, et de nos jours on s'en sert pour le même usage en Suisse et dans les pays du nord de l'Europe. La sève de cet arbre est très sucrée, et l'on peut en extraire du sucre comme on le fait pour l'érable. On a fait aussi avec ses fruits torréfiés et ses fleurs une sorte de chocolat, mais on a dû renoncer à cette fabrication, parce que le produit qu'on obtenait ne se gardait pas. Les fleurs sont employées en médecine comme antispasmodiques et sudorifiques; leur infusion a un goût et une odeur très agréables. || La fleur même du tilleul. || L'infusion de ces fleurs : *Prendre une tasse de tilleul.* — **Gr.** Ce mot est employé au féminin dans certains patois.

***TILLEUR** [LL mouillés] ou ***TEILLEUR, EUSE** (*tille* 2), *s.* Celui, celle qui tille le chanvre.

TILLY (JEAN TSERCLAES, COMTE DE) (1559-1632), général allemand connu pour sa sévérité et sa rudesse (sac de Magdebourg en 1631, où 30 000 hab. périrent dans l'incendie); il se signala contre les Turcs et pendant la guerre de Trente ans dans les armées impériales, et fut mortellement blessé à Ingolstadt en combattant Gustave-Adolphe.

TILLY-SUR-SEULLES, 1 034 hab. Ch.-l. de c., arr. de Caen (Calvados). Dentelles, chapellerie.

TILMANT (THÉOPHILE-ALEXANDRE) (1799-1878), violoniste et l'un des meilleurs chefs d'orchestre de ce siècle. Il dirigea l'orchestre de l'Opéra-Comique et celui de la société des concerts du Conservatoire.

TILSIT ou **TILSITT,** 22428 hab., ville lithuanienne de la Prusse orientale, sur le Niémen et la Tilse; célèbre par ses marchés et son commerce de contrebande. Napoléon Ier y signa le traité du 9 juillet 1807 avec la Russie et la Prusse, traité qui constituait le royaume de Westphalie et le duché de Varsovie.

TIMAGÈNE, historien grec né à Alexandrie, qui fut fait prisonnier lors de la prise de cette ville par Gabinius (54 avant J.-C.) et acheté par Faustus, fils de Sylla. Celui-ci l'ayant affranchi, il fut obligé de se faire cuisinier et porteur de litière. Il sut gagner la faveur d'Asinius Pollion et celle d'Auguste; mais il se brouilla avec ce dernier et, furieux de sa disgrâce, brûla son *Histoire d'Auguste.* Il avait, en outre, composé une *Histoire des Gaules* et une *Histoire des Rois* (Alexandre et ses successeurs), un *Périple de la mer,* ouvrages qui ne nous sont pas parvenus.

TIMANTE (IVe siècle av. J.-C.), peintre grec, rival de Parrhasius, auteur d'un tableau célèbre représentant le sacrifice d'Iphigénie.

TIMAR (m. turc : bénéfice militaire), *sm.* Domaine concédé par le sultan des Turcs à un soldat, à charge de servir dans l'armée avec un certain nombre d'hommes. — **Dér.** *Timariot.*

TIMARIOT (*timar*), *sm.* Soldat turc pourvu d'un timar. Mahmoud supprima les timariots.

TIMBALE (ital. *timballo :* ar. *thabal,* tambour), *sf.* Tambour de cavalerie consistant en une cloche hémisphérique fermée par une peau tendue sur laquelle on frappe. || Gobelet de métal ayant la forme d'un verre sans pied : *Une timbale d'argent.* || Pâté fait et cuit dans un moule de cuivre dont il conserve la forme. || Ce moule même. || *Décrocher la timbale,* remporter le prix. — **Dér.** *Timbalier.*

TIMBALIER (*timbale*), *sm.* Musicien qui joue des timbales pour augmenter l'effet des fanfares de la cavalerie. On croit que l'usage de ces instruments nous est venu de l'Inde ou de la Perse; il s'est perpétué en France jusqu'à nos jours. On vit figurer le timbalier à la tête des cuirassiers et des guides avec un costume rappelant son origine orientale. || Celui qui fabrique les gobelets appelés timbales.

TIMBALIER

TIMBO, 9000 hab. Ville de Sénégambie, capitale du Fouta-Djalon, sur un plateau élevé qui lui a donné son nom.

TIMBRAGE (*timbrer*), *sm.* Action de timbrer un acte, d'apposer un cachet ou timbre.

TIMBRE (l. *tympanum,* tambour), *sm.* Sorte de petite cloche immobile en airain, dont le battant est remplacé par un marteau qui frappe sa surface extérieure : *Le timbre d'une horloge.* — Fig. Le crâne, le cerveau : *Avoir le timbre fêlé,* être un peu fou. || Le son que rend un timbre. || Sonorité de la voix : *Sa voix a un beau timbre.* || Le caractère qui différencie les sons d'un instrument des sons de même intensité et de même hauteur produit par un autre instrument et qui est dû aux sons harmoniques accompagnant le son fondamental : *Personne ne confond le timbre de la flûte avec celui de la trompette.* || *Le timbre d'un tambour,* la corde à boyau tendue diamétralement en double sur la peau du dessous. || Le premier vers d'une chanson bien connue écrit en tête d'une autre pour indiquer que celle-ci est sur le même air : *Le timbre de cette chanson est :* Au clair de la lune. || Casque surmontant un écu d'armoiries et qui était la marque distinctive des princes et des gentilshommes. || Tout insigne placé de même et indiquant la qualité des personnes, comme *tiare, chapeau rouge, crosse* et *mitre, couronne ducale,* etc. || Dessin que le gouvernement fait apposer, au moyen d'un poinçon, sur le papier qui doit servir pour tous les écrits publics et privés destinés à constater un droit ou à être produits en justice et sur certains imprimés. La vente de ce *papier timbré* est une source de revenus pour l'État, qui le fait vendre dans des bureaux spéciaux ou chez les marchands de tabac. Il est défendu d'écrire sur le recto du timbre sous peine d'une amende de 25 francs. || *Timbre sec,* celui qui n'est marqué qu'en blanc et par la pression du poinçon. || *Timbre de dimension,* celui dont le prix dépend de la grandeur du papier employé, et qui sert surtout dans les transactions entre particuliers et pour les actes de l'administration. || *Timbre proportionnel,* celui dont le prix est en rapport avec le montant des sommes stipulées sur le papier et non avec la grandeur de celui-ci : les lettres de change, les billets à ordre, les titres et certificats d'actions sur les compagnies et sociétés, les titres de rentes, emprunts et autres effets publics sont soumis au timbre proportionnel. || *Timbre à l'extraordinaire,* timbre noir qu'on appose après coup sur les actes qui auraient dû être écrits sur papier timbré; par exemple, sur des affiches. || Bâtiment où l'on timbre : *Aller au timbre.* || *Bureau de timbre,* où l'on vend en détail du papier timbré. || *Timbre mobile,* petit carré de papier empreint du timbre proportionnel qu'on peut coller sur les effets de commerce écrits sur papier libre dont la valeur ne dépasse pas 20 000 fr. et qu'on annule en y inscrivant la date de l'apposition et sa signature. || *Timbre quittance,* timbre mobile spécial du prix de 10 centimes dû par le débiteur, qu'on colle quand la somme dépasse 10 francs sur les quittances et les factures qu'on acquitte, et qu'il faut annuler en y inscrivant la date et sa signature. || Marque que chaque bureau de poste appose sur les lettres pour indiquer soit le lieu et le jour du départ, soit le lieu et le jour de l'arrivée : *Une lettre au timbre de Marseille.* — **Dér.** *Timbrer.*

TIMBRÉ, ÉE (*timbrer*), *adj.* Marqué d'un timbre : *Papier timbré.* || *Écu timbré,* surmonté d'un casque ou timbre. (Blas.) — Fig. Un peu fou.

***TIMBRE-DÉPÊCHE** (*timbre + dépêche*), *sm.* Timbre mobile qu'on peut apposer sur une dépêche télégraphique pour en opérer d'avance l'affranchissement. — Pl. *des timbres-dépêches.*

***TIMBRE-POSTE** (*timbre + poste*), *sm.* Timbre mobile spécial, d'un prix proportionnel à l'objet à envoyer, qu'on colle sur une lettre, un paquet, etc., pour l'affranchir d'avance. Quand le timbre-poste est insuffisant, on paie le port dû pour l'objet non affranchi, déduction faite de la valeur du timbre apposé. (V. *Affranchissement.*) — Pl. *des timbres-poste.*

TIMBRER (*timbre*), *vt.* Mettre l'insigne appelé timbre au-dessus d'un écu d'armoiries : *Les armes du pape sont timbrées d'une tiare.* || Apposer le timbre de l'État sur le papier destiné à certains actes spécifiés par la loi : *Timbrer un passeport.* || Marquer du timbre de la poste : *Timbrer une lettre.* || Écrire en tête d'un acte la nature de cet acte, sa date et le sommaire de ce qu'il contient.

TIMBREUR (*timbrer*), *sm.* Celui qui appose le timbre.

TIMÉE DE LOCRES, philosophe pythagoricien du IVe siècle av. J.-C., dont les écrits sont perdus. — TIMÉE, de Tauromenium (Sicile), historien grec du IVe siècle av. J.-C., dont il ne reste que des fragments.

TIMEO DANAOS ET DONA FERENTES, expression latine signifiant : *Je crains les Grecs même quand ils font des présents,* et qui signifie que l'on doit toujours se défier de ce qui vient d'un ennemi. Ces paroles sont celles que Virgile met dans la bouche de Laocoon lorsque les Troyens voulurent entrer le cheval de bois dans leur ville.

TIMIDE (l. *timidum :* de *timere,* craindre), *adj. 2 g.* Qui manque de hardiesse ou d'assurance : *Homme, conduite timide.* — **Dér.** *Timidement, timidité.* Même famille : *Timoré.*

TIMIDEMENT (*timide* + sfx. *ment*), *adv.* Avec timidité.

TIMIDITÉ (l. *timiditatem*), *sf.* Manque de hardiesse, d'assurance : *Surmonter sa timidité.* || Qualité de ce qui émane d'une personne timide : *La timidité d'une démarche.*

TIMOK, anc. *Timacus,* envir. 200 kilom.,

rivière de Serbie, affluent du Danube à Widdin.

TIMOLÉON (415 à 410-337 av. J.-C.), général corinthien qui, après avoir poignardé son frère Timophane pour avoir usurpé le souverain pouvoir dans sa patrie, se retira en Sicile, rétablit la république à Syracuse en chassant Denis le Jeune (343), délivra l'île des Carthaginois et abdiqua ensuite.

TIMON (l. *temonem*), *sm.* Longue pièce de bois fixée horizontalement à l'avant-train d'une voiture, et des deux côtés de laquelle on attelle les chevaux : *Le timon sert à diriger la voiture.* ‖ La barre du gouvernail d'un navire. ‖ Le gouvernail même. — Fig. Gestion : *Être au timon des affaires.* — **Dér.** *Timonier, timonerie.*

TIMON LE MISANTHROPE (ve siècle av. J.-C.). Philosophe athénien, célèbre par sa haine contre le genre humain et par ses boutades satiriques.

***TIMONERIE** (*timonier*), *sf.* Service de la pavillonnerie, des signaux, des compas ou boussoles, etc. ‖ Surveillance de la route, à bord d'un navire de guerre. ‖ La portion du pont qui est à l'arrière du navire et où se tiennent les timoniers. ‖ *Maître de timonerie*, officier marinier qui commande aux timoniers et qui est chargé de tous les objets de timonerie d'un bâtiment de guerre.

TIMONIER (*timon*), *sm.* Matelot affecté au service de la timonerie. ‖ Chacun des chevaux qui sont de chaque côté du timon d'une voiture.

TIMOR, 450 kilom. sur 120. Ile montagneuse et très boisée de l'archipel de la Sonde, au N.-O. de l'Australie, dont la partie O., capitale *Coupang*, est sous la suzeraineté des Hollandais, et la partie E., capitale *Dilly*, sous celle des Portugais.

TIMORÉ, ÉE (l. *timoratum* : de *timor*, crainte), *adj.* Qui est pénétré de la crainte salutaire d'offenser Dieu : *Conscience timorée.* ‖ Scrupuleux à l'excès : *Homme timoré.* — **Gr.** Même famille que *Timide*, etc.

TIMOTHÉE, fils de Conon, général athénien qui assura à sa patrie l'empire de la mer, mais n'en fut pas moins exilé et mourut à Lesbos en 354 av. J.-C.

TIMOTHÉE (saint), disciple et compagnon des courses apostoliques de saint Paul, qui lui adressa deux épîtres devenues canoniques, évangélisa la Macédoine et fut martyrisé en 97, étant évêque d'Éphèse. Fête le 24 janvier.

TIMOUR ou **TIMOUR-LENG** (*Timour le Boiteux*). (V. *Tamerlan.*)

TIMSAH, lac d'Égypte, traversé par le canal de Suez, et sur le bord duquel a été bâtie la ville d'Ismaïlah.

TIN (l. *tignum*, poutre), *sm.* Sorte de billot posé à plat sur lequel les constructeurs de navires placent la pièce de bois qu'ils travaillent. — **Dér.** *Tinter* 2.

***TINAMOU** (nom de l'oiseau à la Guyane), *sm.* Genre d'oiseaux de l'ordre des Gallinacés, caractérisé par un bec grêle, presque droit, à pointe arrondie, à mandibule supérieure élargie en dessus et percée vers le milieu de narines ovoïdes. Les tarses sont assez allongés et recouverts, sur leurs parties postérieures, de petits tubercules ; les doigts sont courts et le pouce est petit lorsqu'il existe, ce qui n'a pas toujours lieu. Les ailes sont courtes et concaves ; la queue est petite, souvent cachée, et composée de dix rectrices. Les tinamous sont des oiseaux exclusivement américains et sont, dans le nouveau monde, les représentants des perdrix de l'ancien continent. Ils ressemblent beaucoup aux perdrix et ont souvent été confondus avec elles par les Européens établis en Amérique. Doux et craintifs, ils ne peuvent être domestiqués, leur caractère farouche reprenant toujours le dessus. Ils vivent ordinairement en petites troupes et ne s'accouplent qu'à l'époque des amours. Leur vol est pesant, saccadé, bas, horizontal et de peu d'étendue ; mais leur marche est très rapide ; lorsqu'ils se sentent poursuivis, ils se blottissent contre un obstacle et ne quittent leur retraite qu'à la dernière extrémité, confiant leur sort dans la course. Les tinamous déposent leurs œufs, au nombre de 7 ou 8, d'un violet brillant ou d'un vert-pré, dans un trou qu'ils recouvrent d'herbes sèches ; à peine éclos, les petits se mettent à courir et quittent leur mère peu de temps après et vivent séparés, mais néanmoins demeurent dans son voisinage. Les tinamous se nourrissent de fruits, de graines, d'insectes, etc., qu'ils recherchent le matin et le soir et quelquefois même au clair de la lune ; ce sont, en outre, des oiseaux pulvérateurs. Ce genre comprend plusieurs espèces dont les unes, comme le *tinamou isabelle*, recherchent les gras pâturages et les hautes herbes ; les autres, comme l'*ynambui*, aiment les terres incultes et les bois les plus fourrés ; ces derniers sont, du reste, d'une indolence extrême et restent des journées entières sans faire le moindre mouvement. Certaines espèces sont recherchées pour leur chair, qui passe pour être très délicate. On leur fait à Montevideo une chasse des plus actives ; les sauvages se servent des plumes de ces oiseaux pour empenner leurs flèches. On les désigne sous le nom de *pezus* au Brésil et d'*ynambui* au Paraguay.

TINAMOU

***TINCAL** ou ***TINKAL** (ar. *tinkal*), *sm.* Borax brut qui nous vient principalement de la Perse, du Thibet et de l'Inde.

TINCHEBRAI, 4361 hab. Ch.-l. de c., arr. de Domfront (Orne). Tribunal de commerce. Trafic considérable de quincaillerie, serges. Blanchisseries de coton, teinturerie. Henri Ier d'Angleterre y vainquit et fit prisonnier son frère Robert Courte-heuse (1106).

TINCTORIAL, ALE (l. *tinctorium*), *adj.* Qui sert à teindre. ‖ *Plantes tinctoriales*, celles dont on tire des couleurs propres à la teinture des étoffes.

TINE (l. *tina*), *sf.* Tonneau pour transporter de l'eau, du minerai. — **Dér.** *Tinette.*

TINED, 75 kilom. Torrent du département des Alpes-Maritimes, affluent du Var. Ce cours d'eau reçoit le Castillon et le Molière.

TINEH, l'ancienne *Péluse*, ville de la basse Égypte et port sur la Méditerranée, près du lac Menzaleh.

TINETTE (dm. de *tine*), *sf.* Sorte de petit cuvier qui sert pour transporter le beurre fondu, les vidanges, etc.

TINGIS, auj. *Tanger*. (V. *Tanger.*)

TINGITANE, nom donné à la partie de la Mauritanie qui avait pour chef-lieu *Tingis.*

TINNE (Alexandrine), célèbre voyageuse hollandaise, née à la Haye en 1839, assassinée dans le Fezzan (1869).

TINO, anc. *Tenos*. Ile de l'archipel des Cyclades (Grèce) ; ch.-l. *Tino*. Céréales, vins, fruits. Élève d'abeilles et de vers à soie.

TINTAMARRE (*tinter* 1 + *marre*, pelle des vignerons : frapper sur la marre), *sm.* Grand bruit accompagné de désordre. ‖ Grand remue-ménage. — Fig. Vive impression morale ressentie par le public.

TINTAMARRER (*tintamarre*), *vi.* Faire du tintamarre.

TINTEMENT (*tinter* 1), *sm.* Action de tinter. ‖ Son d'une cloche qu'on tinte. ‖ Prolongement de plus en plus faible du son d'une cloche après que le coup a frappé. ‖ Série de petits bruits secs qui se succèdent à peu d'intervalle : *Un tintement de pièces de monnaie.* ‖ *Tintement d'oreille*, suite de petits sons aigus et presque continus comparables à ceux d'une petite cloche dont on a la sensation dans l'oreille, mais qui n'ont rien de réel.

TINTENAGUE, *sf.* (V. *Toutenague.*)

TINTÉNIAC, 2213 hab. Ch.-l. de c., arr. de Saint-Malo (Ille-et-Vilaine), sur le canal d'Ille-et-Rance.

1. TINTER (l. *tintinnare*), *vt.* Faire sonner lentement une cloche en sorte que le battant ne frappe que d'un côté. ‖ *Tinter la messe*, tinter la cloche pour annoncer que la messe va commencer. — *Vi.* Sonner par coups successifs, en parlant d'une cloche. ‖ Produire des sons analogues à ceux d'une cloche qu'on tinte. ‖ Résonner en devenant de plus en plus faible : *Ce bruit tinte encore à mes oreilles.* ‖ *L'oreille lui tinte*, il croit avoir la sensation d'un tintement d'oreille. — Fig. *Les oreilles doivent vous avoir tinté*, on a beaucoup parlé de vous en votre absence. — **Dér.** *Tintement, tintouin.* — **Comp.** *Tintamarre, tintamarrer.*

2. TINTER (*tin*), *vt.* Soutenir avec des tins : *Tinter la quille d'un navire.*

TINTINGUE, ville et port de Madagascar, sur la côte Est, vis-à-vis l'île Sainte-Marie.

TINTORET (Jacopo Robusti, dit *le*) (1512-1594), célèbre peintre vénitien, élève du Titien, dont les compositions, quelquefois négligées, sont pleines de fougue et de vie.

TINTOUIN (*tinter* 1), *sm.* Bourdonnement qu'on croit entendre dans ses oreilles. — Fig. Inquiétude, embarras que cause une affaire : *Cela me donne bien du tintouin.*

***TIOU-TIOU** (onomatopée), *sm.* Oiseau des bords du lac de Genève et dont la chair est bonne à manger. (J.-J. Rousseau.) — Pl. *des tiou-tiou.*

TIPPO-SAÏB, TIPPOU-SAËB ou **TIPPOO-SAHEB**, dit *Behadour* (le brave) (1749-1799), dernier nabab du Maïssour (Mysore) [Hindoustan], fameux par son faste, par sa sympathie pour la France et par sa haine implacable contre les Anglais, auxquels il fit la guerre pendant tout son règne. Il fut tué en défendant contre eux Séringapatam, sa capitale.

TIPTON, 30013 hab. Ville du comté de Stafford (Angleterre). Mines de houille et de fer. Hauts fourneaux.

***TIPULE** (l. *tippulla*), *sf.* Genre d'insectes diptères qui ont l'aspect de grands cousins, mais ne piquent pas, et auquel appartient une espèce très nuisible, la *tipule potagère*, dont les larves, de couleur terreuse, à peau coriace, appelées *vers à jaquette de cuir* par les Anglais, fouillent au pied des pommes de terre, des laitues, des betteraves, etc., pour ronger leurs radicelles ; elles détruisent parfois en quelques semaines des prairies entières. On s'en débarrasse en fouillant la terre de bon matin et en écrasant les larves. Il faut aussi écraser les nymphes, reconnaissables aux deux petites cornes qu'elles ont à la tête et aux épines qui couvrent leur corps.

TIPULE

TIQUE (ang. *tick*), *sf.*, ou **IXODE**, *sm.* Genre de très petits arachnides acariens qui vivent sur les buissons et arbrisseaux des bois, se fixent dans la peau des hommes et des animaux par leur suçoir et y acquièrent un volume considérable en se gorgeant de sang ; il ne faut pas les arracher, mais les toucher avec une goutte d'essence de térébenthine ou de benzine : ils se détachent aussitôt en entier. — **Dér.** *Tiquet.*

TIQUE

TIQUER (*tic*), *vi.* Avoir un tic. ‖ Avoir l'habitude de mordre les mangeoires, en parlant des chevaux.

***TIQUET** (dm. de *tique*), *sm.* Nom vulgaire des *altises.*

TIQUETÉ, ÉE (*x*), *adj.* Tacheté, marqué de petites taches : *Fruit tiqueté.* — **Dér.** *Tiqueture.*

***TIQUETURE** (*tiqueté*), *sf.* État d'une chose tiquetée.

TIQUEUR, EUSE (*tiquer*), *s.* Se dit d'un cheval, d'une jument qui tique.

TIR, *sm.* de *tirer*. Action de lancer un projectile vers un but avec une arme à feu ou un autre engin : *Tir au fusil, à l'arbalète.* ‖ Manière dont on s'y prend pour lancer le projectile : *Un tir juste.* ‖ La direction dans laquelle on tire une pièce de canon. ‖ *Tir direct* ou *perpendiculaire*, celui dans lequel le projectile frappe perpendiculairement le front visible de l'objet à atteindre. ‖ *Tir indirect*, celui dans lequel on ne voit pas le but; on pointe alors les pièces dans la direction voulue par repérage ou au moyen de jalonnements. On pointe aussi en hauteur en donnant aux pièces une inclinaison correspondante à la distance. || *Tir percutant*, celui dans lequel le projectile éclate en frappant le but. || *Tir fusant*, celui dans lequel le projectile éclatait en l'air, en avant du but. || *Tir vertical*, dans lequel le projectile, après s'être élevé à une grande hauteur, vient tomber sur le but suivant une direction se rapprochant de la verticale. Ce tir s'appelait autrefois *tir en bombe*. || *Tir en brèche*, destiné à faire une trouée dans un mur de fortification. || *Tir de démolition*, effectué pour démolir tout ou partie d'un obstacle en terre ou en maçonnerie. || *Tir de rupture*, au moyen duquel on cherche à percer la cuirasse d'un navire ou une tourelle cuirassée. || *Tir d'écharpe*, celui dans lequel le projectile frappe obliquement le front de l'objet à atteindre. || *Tir d'enfilade*, celui dans lequel le projectile tend à traverser l'objet d'un bout à l'autre. || *Tir à revers*, tir d'écharpe frappant par derrière. || *Tir de plein fouet*, dirigé en ligne droite sur le but qui n'est masqué par rien. La charge de l'arme doit être très forte. || *Tir plongeant*, dirigé en l'air par-dessus un obstacle. On l'obtient en inclinant la pièce de façon que la trajectoire du projectile ait une courbure suffisante pour que ce projectile vienne atteindre le but en passant par-dessus une masse qui en dérobe la vue. La charge est moins forte que dans le tir de plein fouet. || *Tir à ricochet*, dirigé le plus près possible de terre, de façon que le projectile fasse des ricochets sur le sol. || *Tir à toute volée*, de façon que le projectile atteigne le plus loin possible. || Lieu où l'on s'exerce à tirer des armes à feu : *Il y a dans ce jardin un tir au pistolet.*

TIRADE (*tirer*), *sf.* Action de tirer pour allonger. — Fig. Passage dans lequel un auteur développe amplement une idée : *Tirade magnifique, ennuyeuse.* || L'ensemble des phrases qu'un auteur débite sans être interrompu : *Les grandes tirades du théâtre de Corneille.* || Passage qu'exécute la voix ou un instrument d'une note à une autre en faisant entendre dans une certaine mesure les notes intermédiaires. (Mus.) — TOUT D'UNE TIRADE, *loc. adv.* : Sans s'interrompre.

TIRAGE (*tirer*), *sm.* Action de tirer pour allonger : *Le tirage d'une étoffe.* || Action de tirer pour faire avancer : *Cheval d'un bon tirage.* || Effort qu'il faut déployer pour faire avancer : *Il y a du tirage sur cette route.* — Fig. Difficulté : *Il y a du tirage dans cette affaire.* || Action de faire passer par la filière : *L'or s'étend plus au tirage que les autres métaux.* || *Le tirage de la soie*, action de dévider les cocons. || *Le tirage d'une loterie*, action de tirer les billets, les numéros. || *Tirage au sort* ou *tirage*, action de tirer au sort. (V. *Recrutement.*) || Action d'imprimer avec la presse les feuilles d'un livre. || Réimpression d'un ouvrage avec les mêmes formes : *Le dixième tirage*, la dixième réimpression d'un ouvrage. || Le résultat de cette action : *Un bon tirage.* || La partie du bord d'un cours d'eau où est établi le chemin de halage.

Tirage des cheminées. — Mouvement ascensionnel d'une colonne d'air s'élevant à l'intérieur d'une cheminée. Le tirage a pour effet d'enlever tous les produits de la combustion effectuée dans le foyer et d'y appeler une quantité d'air au moins égale à celle qui est nécessaire pour la combustion. Il est déterminé par l'échauffement et, par suite, par la diminution de densité de la colonne d'air de la cheminée en activité. La théorie indique et l'expérience vérifie que le tirage doit augmenter avec la hauteur de la cheminée; cependant, avec un foyer établi dans des conditions déterminées, il ne faut pas augmenter la hauteur de la cheminée au delà d'une certaine limite, car l'air brûlé, se refroidissant à mesure qu'il s'élève, pourrait perdre sa force ascensionnelle avant d'atteindre l'orifice supérieur. L'expérience indique 5 mètres comme le minimum de hauteur à donner aux cheminées. Il existe d'autres causes de l'insuffisance du tirage : 1° Une *largeur trop grande de la cheminée* ne permet pas à l'air de s'échauffer d'une manière suffisante : il s'établit alors, en même temps que les courants ascendants d'air chaud, des courants descendants d'air froid; ceux-ci entraînent toujours un peu de fumée et la font refluer dans l'appartement. 2° Une *ventilation insuffisante* : quand la chambre est trop bien close, l'air extérieur ne peut y pénétrer pour remplacer celui qui passe dans la cheminée; l'air se raréfie dans la chambre et n'exerce plus sur l'orifice de la cheminée une pression suffisante pour soulever la colonne d'air chaud; cette colonne cesse alors de monter, ou même reflue en entraînant de la fumée; il faut alors recourir aux *ventouses* et aux *vasistas*. 3° L'*action réciproque de deux cheminées* communiquant entre elles : le tirage de la cheminée qui tire le mieux raréfie l'air dans l'autre pièce; il en résulte que, dans cette seconde pièce, il se produit le plus souvent de la fumée. 4° Le *vent* peut aussi, dans certains cas, occasionner de la fumée : s'il est horizontal ou faiblement ascendant, il n'exerce que peu d'influence sur le tirage; s'il a une direction descendante, il peut refouler l'air chaud ou en empêcher partiellement la sortie. C'est pour éviter ces effets que l'on coiffe les cheminées, à leur partie supérieure, de *mitres* de tôle ou de maçonnerie.

TIRAILLEMENT (*tirailler*), *sm.* Action de tirailler; son résultat. — Fig. Difficultés qui surviennent entre des autorités, des administrations, des individus, au sujet de leurs attributions respectives : *Il y a du tiraillement dans cette maison de commerce.* || Malaise qu'on éprouve dans quelque organe intérieur du corps, et qu'on attribue à un tiraillement : *Un tiraillement d'estomac.*

TIRAILLER (*tirer* + sfx. dépréciatif *aill*), *vt.* Tirer à diverses reprises avec opiniâtreté ou violence : *Tirailler quelqu'un pour qu'il se réveille.* || Solliciter quelqu'un de venir à soi : *Chacun des deux partis le tiraille.* || Déranger, soucier : *Cette affaire me tiraille.* — *Vi.* Tirer d'une arme à feu mal et souvent : *Ce chasseur ne fait que tirailler.* || Tirer sur l'ennemi irrégulièrement et à volonté, en parlant de fantassins déployés en avant ou sur les ailes d'un corps de troupes. — **Se tirailler**, *vr.* S'acharner à se tirer l'un l'autre. — **Dér.** *Tiraillement, tirailleur, tiraillerie.*

TIRAILLERIE (*tirailler*), *sf.* Action de tirailler.

TIRAILLEUR (*tirailler*), *sm.* Celui qui tiraille. || Chasseur qui tire mal. || Fantassin qui, au début, ou suivant les nécessités du combat, tiraille en avant ou sur les flancs d'un corps de troupes : *Une ligne de tirailleurs a gravi le coteau.* || *Les tirailleurs algériens*, vulgairement *les turcos*, corps de troupes à pied créé en Algérie, pendant la conquête, avec des éléments indigènes encadrés d'éléments français : *Le 1er régiment des tirailleurs algériens date du 18 mars 1854.* || *Les tirailleurs sénégalais*, corps de troupes à pied indigènes créé dans le Sénégal.

TIRANT (*tirer*), *sm.* Cordon servant à ouvrir et à fermer une bourse. || Morceau de cuir placé sur le côté du soulier et qui se rabat sur le cou-de-pied, où il s'attache. || Anse d'étoffe en forme de ruban cousu à la partie supérieure et intérieure d'une botte, et que l'on tire pour chausser cette botte. || Anneau de cuir que l'on fait glisser pour bander les ficelles qui servent à tendre les peaux des fonds du tambour. || Barre de charpente ou pièce de fer solidement fixée par ses deux extrémités et qui sert à empêcher l'écartement de deux pièces de charpente, de deux murs, d'une voûte, etc. || Faisceau de fibres co-riace et jaunâtre, qui se trouve dans la viande de boucherie. || *Tirant d'eau*, la profondeur à laquelle un navire s'enfonce dans l'eau.

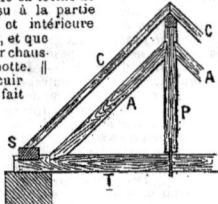

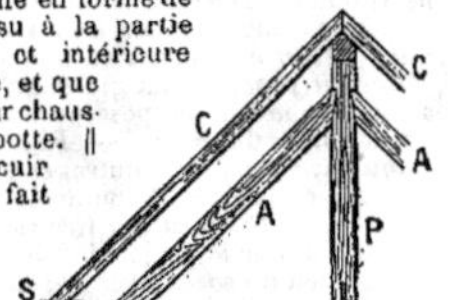

TIRANT

T. Tirant. — C. Chevron. A. Arbalétrier. P. Poinçon. — S. Sablier. — M. Mur.

TIRARD (PIERRE-EMMANUEL), homme politique français, né à Genève, en 1827, de parents français. Il fut d'abord ingénieur et, après 1851, fonda une maison de commerce de bijouterie et d'horlogerie. Nommé député à l'Assemblée nationale le 8 février 1871, il siégea toujours à gauche, fut l'un des 363 députés républicains opposés au Seize Mai et fut plusieurs fois ministre, notamment pendant l'exposition de 1889 et lors des élections législatives de cette même année.

TIRASPOL, 7000 hab. Ville du gouvernement de Kherson (Russie), sur le Dniester.

TIRASSE, *svf.* de *tirasser*. Filet pour prendre des cailles, des alouettes, des perdrix, etc., et que le chasseur tire à soi quand il y voit des oiseaux.

TIRASSER (*tirer* + sfx. *asse*, dim. et dépréciatif), *vt.* et *vi.* Attraper des oiseaux avec la tirasse. — Absol. *Il s'amuse à tirasser.* — Neutral. *Tirasser aux grives.*

TIRE, *svf.* de *tirer*. Continuité. || *Coupe faite à tire et à aire* ou *à tire et aire*, coupe faite en allant toujours devant soi et ne laissant que les arbres réservés. (Sylv.) || Action de tirer des poches des objets qu'on dérobe : *Voleur à la tire.* || Rangée d'ornements d'argent qui ont la forme de cloches de jardin renversées, et qui, posées sur un champ d'azur, constituent le *vair*. (Blas.) — TOUT D'UNE TIRE, *loc. adv.* Sans discontinuation.

TIRÉ, ÉE (part. pas. de *tirer*), *adj.* Allongé, amaigri, abattu par la fatigue, la souffrance : *Visage tiré.* || Bien tendu. || *Être tiré à quatre épingles*, avoir une mise très soignée et même prétentieuse. || Qu'on a fait couler d'un vase. — Fig. *Puisque le vin est tiré, il faut le boire*, il faut poursuivre jusqu'au bout cette affaire commencée. || Prêt à servir : *En être aux couteaux tirés*, être ennemis déclarés. || Extrait : *Maxime tirée de l'Écriture.* || Copié sur : *Dessin tiré d'un livre.* || Imprimé : *Ouvrage tiré à 1000 exemplaires.* || Peu naturel : *Raisonnement tiré de loin, tiré par les cheveux.* — *Sm.* Celui à qui est adressée une lettre de change pour qu'il la paye. || Chasse à coups de fusil : *Un beau tiré.* || Taillis maintenu à hauteur d'homme pour qu'on puisse y chasser facilement : *Chasser dans les tirés.*

TIRE-BALLE (*tirer* + *balle*), *sm.* Instrument de chirurgie pour extraire les balles profondément logées dans les chairs. || Instrument pour décharger, sans déterminer l'explosion, une arme à feu se chargeant par la bouche. — Pl. *des tire-balles.*

TIRE-BOTTE (*tirer* + *botte*), *sm.* Petite planche percée d'un trou qui a la forme du pied, et dans lequel on engage la semelle des bottes pour les quitter. || Crochets de fer qu'on passe dans les tirants d'une botte pour se chausser. || Tirant de botte. — Pl. *des tire-bottes.*

TIRE-BOUCHON (*tirer* + *bouchon*), *sm.* Vis de fer ou d'acier terminée par une poignée ou un anneau, et à l'aide de laquelle on tire les bouchons des bouteilles. || Mèche de cheveux frisée en spirale. — Pl. *des tire-bouchons.*

TIRE-BOURRE (*tirer* + *bourre*), *sm.* Instrument à hampe composé de deux vis pointues pour ôter la bourre des armes à feu se chargeant par la bouche. || Nom d'outils employés dans diverses professions. — Pl. *des tire-bourre.*

TIRE-BOUTON (*tirer* + *bouton*), *sm.* Petit crochet de fer emmanché dont on se sert pour faire entrer les boutons dans les boutonnières. — Pl. *des tire-boutons.*

***TIRE-BRAISE** (*tirer* + *braise*), *sm.* Long crochet de fer emmanché servant à tirer la braise du four. — Pl. *des tire-braise.*

***TIRE-CARTOUCHE** (*tirer* + *cartouche*), *sm.* Instrument servant à retirer du canon du fusil les débris de cartouche. — Pl. *des tire-cartouches.*

TIRE-D'AILE (*tirer* + *de* + *aile*), *sm.* Battement d'ailes qu'un oiseau exécute avec une grande vitesse quand il vole rapidement. — A TIRE-D'AILE, *loc. adv.* Avec une rapidité extrême. — **Gr.** Pl. *des tires-d'aile*, suivant Littré, *tire* étant le substantif verbal féminin de *tirer*, et n'étant pas, comme cela a lieu généralement, l'*impératif* du verbe *tirer*, et d'après l'Académie, *des tire-d'aile*. Voltaire a écrit des *tire-d'ailes*. — L'Académie fait le mot masculin; mais, à cause de son premier élément *tire*, qui est du féminin, *tire-d'aile* devrait être de ce même genre.

***TIRE-FEU** (*tirer + feu*), *sm.* Instrument au moyen duquel on enflamme les étoupilles qui servent à mettre le feu aux pièces. (Artillerie.) — Pl. *des tire-feu.*

TIRE-FOND (*tirer + fond*), *sm.* Vis dont la tête est garnie d'un anneau et dont se servent les tonneliers pour faire entrer dans la rainure la dernière douve du fond d'un tonneau. || Longue vis dont la tête porte un anneau et que l'on enfonce au milieu d'un plafond pour soutenir un crochet servant à suspendre une lampe ou tout autre objet. || Grosse vis à tête carrée et à large chapeau, qui sert à fixer sur les traverses les rails d'une voie ferrée. — Pl. *des tire-fond.*

***TIRE-GARGOUSSE** (*tirer + gargousse*), *sm.* Crochet destiné à retirer des bouches à feu la douille des gargousses. — Pl. *des tire-gargousses.*

***TIRE-LAINE** (*tirer + laine*) (vx), *sm.* Filou qui volait les manteaux. — Pl. *des tire-laine.*

TIRE-LAISSE (*tirer + laisser*), *sm.* Déception : *Un fâcheux tire-laisse.* — Pl. *des tire-laisse.*

TIRE-LARIGOT (À). (V. *Larigot.*)

TIRE-LIGNE (*tirer + ligne*), *sm.* Couteau très effilé avec lequel les plombiers tracent des raies sur les lames de plomb. || Sorte de petite pince d'acier munie d'un manche dont les deux branches pointues peuvent être rapprochées au moyen d'une vis et dont se servent les dessinateurs pour tracer des lignes à l'encre de Chine ou à la couleur. — Fig. *Un tire-ligne*, un architecte sans talent. — Pl. *des tire-lignes.*

TIRE-LIGNE

TIRELIRE (mot de fantaisie, pendant de *tirelure*, Littré), *sf.* Petit vase en forme de tonneau dont le fond supérieur est percé d'une fente par laquelle on fait entrer des pièces de monnaie qu'on ne peut plus ensuite retirer qu'en brisant le vase.

TIRE-MOELLE (*tirer + moelle*), *sm.* Sorte de petite cuiller d'argent en forme de gouttière dont on se sert à table pour tirer la moelle d'un os. — Pl. *des tire-moelle.*

TIRE-PIED (*tirer + pied*), *sm.* Lanière de cuir avec laquelle les cordonniers assujettissent leur ouvrage sur leurs genoux. — Pl. *des tire-pieds.*

***TIRE-PLOMB** (*tirer + plomb*), *sm.* Rouet dont les plombiers se servent pour réduire le plomb en petites lanières ou baguettes. — Pl. *des tire-plomb.*

***TIRE-POINT** (*tirer + point*) ou ***TIRE-POINTE** (*tirer + pointe*), *sm.* Sorte d'alène toute droite.

TIRER (goth. *tairan*, déchirer), *vt.* S'efforcer de faire mouvoir en amenant vers soi ou après soi : *Tirer un cordon. Le cheval tire la voiture.* || *Tirer le verrou*, le pousser dans la gâche pour fermer une porte. || *Tirer un criminel à quatre chevaux*, lui faire arracher les membres par quatre chevaux qui les tirent chacun de son côté. (V. *Ecarteler.*) — Fig. *Tirer quelqu'un à quatre*, le presser sans relâche pour le décider à quelque chose. || Faire monter en produisant le vide, s'imbiber de : *Ce piston, ce cuir tire l'eau.* || *Ce navire tire un mètre d'eau*, il s'enfonce d'un mètre dans l'eau. — Fig. *Tirer la couverture à soi*, prendre plus que sa part. — Fig. *Tirer les yeux*, les fatiguer. — Fig. *On aura bien à tirer dans cette affaire*, on aura bien de la peine à la faire réussir. || Faire sortir une chose d'une autre d'un lieu : *Tirer du vin d'un tonneau, des pierres d'une carrière.* || *Tirer du vin au clair*, en mettre la partie limpide dans un autre vase. — Fig. *Tirer une affaire au clair*, l'éclaircir, la débrouiller. || *Tirer la langue*, l'avancer hors de la bouche. — Fig. *Faire tirer la langue à quelqu'un*, le faire languir dans l'attente. || *Tirer du sang*, saigner. — Fig. *Tirer son épingle du jeu*, se retirer adroitement et sans perte d'une mauvaise affaire. || *Tirer les marrons du feu*, faire une besogne difficile dont un autre a tout le profit. — Fig. *Tirer à quelqu'un une épine du pied*, le délivrer d'un grand embarras. — Fig. *Tirer à quelqu'un les vers du nez*, l'amener adroitement à dire des choses qu'on veut savoir. || *Tirer l'épée contre quelqu'un*, se battre contre lui, se révolter. || *Tirer des sons d'un instrument*, lui faire rendre des sons. || *Tirer du feu d'un caillou*, le frapper avec un corps dur pour qu'il jaillisse des étincelles. || *Tirer des larmes des yeux de quelqu'un*, l'émouvoir au point de le faire pleurer. || Faire sortir d'une boîte, au hasard, des numéros, des billets, des noms : *Tirer une loterie. Tirer les numéros indiquant les lots que l'on gagne.* || Faire venir d'un autre pays : *On tire le quinquina de l'Amérique du Sud.* || Faire sortir quelqu'un d'un endroit, lui faire quitter une chose : *On ne peut le tirer du jeu.* || Délivrer : *Tirer quelqu'un de prison.* || *Tirer quelqu'un de la boue, de la poussière, de l'obscurité*, le faire sortir d'un état misérable ou bas. — Fig. *Tirer quelqu'un d'un mauvais pas*, le délivrer d'un danger, d'un embarras. || Allonger : *Tirer l'or, l'argent*, les réduire en fils. — Fig. *Tirer une affaire en longueur*, en retarder le plus possible la conclusion. || Etendre, développer. || *Tirer les rideaux*, les ouvrir ou les fermer. — Fig. *Tirer le rideau sur quelque chose*, n'en plus parler, résoudre de l'oublier. || Lancer avec un arc, une arbalète : *Tirer des flèches.* || Faire partir une arme à feu : *Tirer le canon.* || Tâcher de tuer d'un coup d'arme à feu : *Tirer un lièvre.* || Recueillir, obtenir : *Tirer un bon revenu d'une propriété.* || *Tirer de l'argent de quelqu'un*, en obtenir de lui à force de sollicitations ou de menaces. || *Tirer raison* ou *satisfaction d'une injure*, obliger son auteur à la réparer. || *Tirer vengeance*, se venger. || *Tirer parti d'une chose*, d'une manière utile, avantageuse. || *Tirer son origine, sa source*, avoir pour origine, pour lieu d'origine : *Cet homme tire son origine d'une famille princière. La Moselle tire sa source du ballon d'Alsace.* || *Tirer ses chausses, ses grègues. Tirer pays, chemin*, s'en aller, s'enfuir (vx). || Obtenir un corps en le séparant d'un autre par distillation, fabriquer avec : *C'est de la houille qu'on tire le gaz d'éclairage.* || *Il tirerait de l'huile d'un mur*, il sait tirer profit de tout. || Faire naître de : *Dieu tira le corps de l'homme du limon de la terre.* || Trouver par le calcul : *Tirer la racine carrée d'un nombre.* || Extraire, puiser, emprunter : *D'où cette maxime est-elle tirée?* || Déduire, conclure : *On tire de ce principe des conséquences importantes.* || *Tirer les cartes*, chercher à prédire l'avenir par l'inspection des cartes mêlées au hasard. || Tracer : *Tirer une ligne.* || Etablir d'après un tracé : *Tirer un mur, un canal d'un point à un autre.* || Faire le portrait de : *On l'a tiré en peinture* (vx). || Imprimer : *Tirer un livre à 1 000 exemplaires.* || *Tirer une lettre de change sur quelqu'un*, le charger de payer pour soi une certaine somme au porteur de cette lettre. || Porter un coup en faisant des armes : *Tirer une estocade.* — *Vi.* Exercer une traction : *Tirer sur une corde.* || Faire partir une arme à feu ou de trait : *Tirer à balle.* || *Tirer au vol*, sur un oiseau qui vole. || *Tirer au jugé*, sur un gibier qu'on ne voit pas, mais que l'on suppose se trouver dans une certaine direction. — Fig. *Tirer sur quelqu'un*, l'attaquer, l'outrager en paroles. || Partir, en parlant d'une arme à feu : *Le canon tire.* || *Un fusil qui tire juste*, qui ne fait point dévier le projectile. || S'en remettre à la décision du sort : *Tirer à la conscription, à la courte paille.* || Aller, s'acheminer : *Tirer vers la ville.* || Tendre vers : *Ce pays tire sur le nord.* || *Tirer de long*, s'enfuir, apporter des délais dans une affaire. || *Tirer au large*, s'éloigner, s'enfuir. || *Tirer à sa fin*, être près de finir, d'être terminé : *Ce travail tire à sa fin.* || *Ce malade tire à sa fin*, il va mourir. || *Tirer en longueur*, se prolonger. || Ne pas se terminer : *Ce procès tire en longueur.* || Faire des armes, de l'escrime : *Ce militaire sait bien tirer.* || *Cette chose tire à conséquence*, elle pourrait servir de précédent ou avoir de graves conséquences. || *Tirer à* ou *sur*, avoir quelque ressemblance avec. || Se rapprocher de la nuance de : *Cette couleur blonde tire sur le roux.* — **Se tirer**, *vr.* Se dégager, se délivrer, sortir : *Se tirer de la foule, du danger.* || *S'en tirer*, sortir heureusement d'une maladie, d'un danger, d'une difficulté, d'une épreuve. || Etre apporté de son lieu d'origine : *L'ivoire se tire de l'Afrique.* || Etre obtenu par distillation, par séparation, être fabriqué avec : *Le sucre se tire de la canne ou de la betterave.* || Etre extrait du sol : *La houille se tire de la terre.* || Etre imprimé : *Ce livre se tire en ce moment.* || Etre recueilli, obtenu : *De grands profits se tirent de cette exploitation.* || Etre l'objet d'un tirage au sort : *Cette loterie se tire demain.* || Résulter : *Plusieurs conséquences se tirent de ce fait.* — **Dér.** *Tir, tire, tirel, tirette, tirant, tiré, tirée, tirade, tirage, tireur* 1 et 2, *tireuse, tiroir, tirasser, tirasse; tirailler, tiraillement, tiraillerie, tirailleur.* — **Comp.** *Attirer*, etc.; *détirer; étirer*, etc.; *retirer*, etc.; *soutirer*, etc.; et tous les mots composés dont le premier élément est *tire.*

TIRÉSIAS, célèbre devin de Thèbes, fils de Phorbas ou d'Evérès et de la nymphe Chariclo. Il était très habile dans la nécromancie et dans l'art de dire l'avenir d'après le vol des oiseaux. Il fut frappé de cécité pour avoir vu Minerve au bain dans l'Hippocrène; d'autres traditions disent qu'il dut cette infirmité à Junon, contre laquelle il se prononça dans une discussion qu'elle avait avec Jupiter; enfin on rapporte que c'est Jupiter lui-même qui le rendit aveugle pour le punir d'avoir révélé les secrets de l'Olympe. C'est Tirésias qui conseilla aux Thébains de donner la main de Jocaste au vainqueur du sphinx. Il fut le père de la prophétesse de Manto; il avait un oracle renommé à Orchomène. (Myth.)

***TIRE-SOU** (*tirer + sou*), *sm.* Celui qui a l'habitude d'extorquer de petites sommes. || Usurier. — Pl. *des tire-sous.*

TIRET [ti-rè] (*tirer*), *sm.* Petit ruban de parchemin tortillé en spirale, servant à enfiler et à attacher des papiers ensemble. || *Trait d'union* des grammairiens, *division* des imprimeurs, qui est une petite ligne droite horizontale (-) qu'on met au bout de la ligne quand un mot n'est pas fini, ou entre les éléments d'un mot composé. Ex. : *Chef-d'œuvre.* (V. *Division* et *Trait d'union.*) || Trait horizontal (—) indiquant, dans un dialogue écrit, que c'est une autre personne qui parle et servant aussi, dans le discours ou la narration, à renfermer les incidentes.

TIRETAINE (esp. *tiritana*, espèce de soie mince), *sf.* Etoffe grossière, moitié laine et moitié fil.

***TIRETTE** (*tiret*), *sf.* Chacun des cordons fixés à la jupe d'une robe de dame, et servant à relever cette jupe pour qu'elle ne traîne point. || Plaque mobile dans une coulisse servant à fermer un tuyau.

1. **TIREUR** (*tirer*), *sm.* Celui qui tire. || Celui qui a l'habitude de tirer ou de chasser avec un fusil : *Un bon tireur.* || Chasseur qu'on entretient pour tuer du gibier. || Celui qui fait des armes, de l'escrime : *Tireur d'armes, d'escrime.* || *Tireur de laine.* (V. *Tire-laine.*) || Celui qui tire une lettre de change sur quelqu'un et qui doit la payer en cas de protêt.

2. **TIREUR, EUSE**, *s.* Nom par lequel on désigne dans divers métiers un ouvrier, une ouvrière chargés, ensemble ou séparément, d'un service spécial. || *Tireur d'or*, ouvrier qui réduit l'or en fil. || *Tireur d'horoscope*, astrologue qui prétendait prédire l'avenir d'un enfant en observant les astres au moment de sa naissance. || *Tireuse de cartes*, prétendue devineresse qui fait métier de prédire aux personnes ce qui doit leur arriver, d'après l'inspection de cartes à jouer mêlées au hasard.

TIRIDATE Ier, roi d'Arménie qui, détrôné par le général romain Corbulon, fut de nouveau investi de la royauté par Néron (M. en 73). — Tiridate II, dit *le Grand*, roi d'Arménie, protégé des Romains. Il défit Sapor Ier, roi de Perse, se fit chrétien, et fut empoisonné en 314.

TIRLEMONT (fl. *Thienen*), 14 074 hab. Ville du Brabant méridional (Belgique), sur la Grande Geete. Industrie et commerce considérables. Tirlemont fut pris en 1635, 1792 et 1794 par les Français.

TIRNOVA, 12000 hab. Ville de Bulgarie, près des Balkans.

TIROIR (*tirer*), *sm.* Caisse en bois formée d'un fond et de quatre faces, qui glisse, entre deux coulisses, dans un meuble et que l'on tire à soi au moyen d'un bouton, d'un anneau ou d'une clef. || La pièce d'une machine à vapeur qui, par un mouvement de va-et-vient, distribue alternativement la vapeur de chaque côté du piston. — Fig. *Pièce à tiroir*, pièce de théâtre dont chaque scène est presque indépendante des autres. Ex. : *Les Fâcheux de Molière.* || Le deuxième rang d'un corps de troupe formé sur trois rangs. (Milit.)

TIRON, affranchi, puis secrétaire et intendant de Cicéron. — **Dér.** *Tironien, tironienne.*

TIRONIEN, IENNE (*Tiron*), *adj.* Se dit des signes d'écriture rapide qui furent employés par Tiron (V. *Sténographie*) et des notes qui ont été écrites à diverses époques d'après ce système. L'alphabet se compose de traits empruntés à l'écriture romaine ordinaire, principalement aux majuscules. On a recours, autant que possible, à des abréviations. L'initiale remplace souvent le mot entier. Seulement on a recours à des signes auxiliaires pour distinguer les mots de même initiale. Ainsi, la lettre *h* seule signifie *homo;* accompagnée d'un point, elle représente, suivant la position de ce point : *hinc, hodie, heri,* etc. Les notes tironiennes ont été employées par les scribes de l'époque mérovingienne; ils s'en servaient pour corriger les manuscrits ou mettre des notes dans les marges. Les signatures des diplômes de cette époque sont aussi accompagnées de notes tironiennes. Cette écriture abrégée était connue de tous les notaires du IXe siècle; mais son usage commença à tomber en désuétude dans les provinces de l'E. de la France, tandis qu'elle se conserva dans celles de l'O., où l'on trouve encore des chartes du XIe siècle qui possèdent des notes tironiennes. Il est vrai d'ajouter que certains notaires ajoutaient ces signes à la fin de leurs actes sans les comprendre.

TIRSO DE MOLINA (GABRIEL TELLEZ, dit) (1585-1648), célèbre auteur dramatique espagnol, né à Madrid.

TIRYNTHE, ancienne ville du Péloponèse, en Argolide, au N.-E. de Nauplie, qui fut détruite, d'après Schliemann, par l'invasion dorienne, et sur l'emplacement de laquelle on a trouvé un grand nombre d'objets appartenant à une très ancienne civilisation. On a mis au jour les substructions des murs cyclopéens de l'ancienne citadelle. Au milieu de ces constructions, on a découvert des silex taillés, des idoles en terre cuite, des poteries d'une seule couleur et préhistoriques, et des vases de provenance orientale, probablement phénicienne, etc.

TISAMÈNE, fils de Thersandre et petit-fils de Polynice, qui fut le dernier roi de Thèbes de la race d'Œdipe. (Myth.) — Un autre TISAMÈNE était fils d'Oreste et d'Hermione; il régna sur Argos et Sparte, et fut détrôné par les Héraclides; retiré en Achaïe, il y mourut en combattant les Ioniens. (Myth.)

TISANE (l. *ptisana* : g. πτισάνη, s.-ent. κριθή, orge pilée), *sf.* Eau dans laquelle on a fait bouillir ou infuser en petite quantité une matière végétale légèrement médicamenteuse et qui, édulcorée avec du sucre ou du miel, sert de boisson habituelle aux malades. || *Tisane de Champagne*, vin de Champagne plus sucré et moins alcoolique que le champagne ordinaire.

TISIPHONE (g. Τισιφόνη : de τίσις, punition + φόνος, meurtre). L'une des trois Furies du Tartare des anciens, qui personnifiait la vengeance que l'on devait tirer du meurtre.

TISON (l. *titionem*), *sm.* Reste, éteint ou non, d'un morceau de bois dont une partie a été brûlée. — Fig. *Garder les tisons,* rester au coin du feu. — Fig. Tout ce qui excite les mauvaises passions ou déchaîne les calamités : *Ce fut un tison de guerre civile.* || *Un tison de discorde*, personne, chose qui fait naître la discorde. || *Un tison d'enfer*, personne très méchante, très vicieuse, qui mérite les peines de l'enfer. — **Dér.** *Tisonner, tisonné, tisonnée, tisonneur, tisonneuse, tisonnier.*

TISONNÉ, ÉE (*tison*), *adj.* Se dit de la peau d'un cheval marquée de taches noires irrégulières, comparables aux taches que ferait un tison.

TISONNER (*tison*), *vt.* Remuer. || Arranger les tisons du feu avec les pincettes par manière de passe-temps.

TISONNEUR, EUSE (*tisonner*), *s.* Celui, celle qui aime à tisonner.

TISONNIER (*tisonner*), *sm.* Longue tige de fer, ordinairement recourbée, qui sert à attiser le feu de la forge et à en retirer le mâchefer.

TISSAGE (*tisser*), *sm.* Action de tisser. || Ouvrage de celui qui tisse.

TISSANDIER (GASTON), né en 1843, aéronaute et chimiste français contemporain, qui s'adonna à l'étude de la météorologie. C'est dans ce but qu'il entreprit un grand nombre d'ascensions en ballon. Dans l'une d'elles, exécutée le 15 avril 1875 et accompagné de *Crocé-Spinelli* et de *Sivel*, il s'éleva dans le ballon *le Zénith* à 8 600 mètres. Mais ses deux compagnons trouvèrent la mort dans ces régions élevées de l'atmosphère. Il ne dut son salut qu'à son tempérament particulier.

TISSAPHERNE, satrape qui rendit de grands services à Artaxerxès Mnémon, lors de la révolte de Cyrus le Jeune, reçut en récompense le gouvernement de toute l'Asie Mineure et fut ensuite mis à mort sous prétexte de trahison (396 av. J.-C.).

TISSER (l. *texere*), *vt.* Faire de la toile, une étoffe, en entrelaçant des fils. — **Dér.** *Tissu* 1 et 2, *tissue, tisseur, tistre, tisserand, tisseranderie, tissage, tissure, tissuterie, tissutier, tisserin.*

TISSERAND (*tisser* + sfx. *and*), *sm.* Ouvrier qui fait de la toile ou une étoffe de laine ou de soie.

TISSERANDERIE (*tisserand*), *sf.* Profession du tisserand, de celui qui vend les ouvrages faits par le tisserand.

***TISSERIN** (*tisser*), *sm.* Genre d'oiseaux de la famille des Fringillidées, de l'ordre des Passereaux, caractérisés par un bec robuste, dur, fort, conique, dont la pointe ne présente pas d'échancrure et dont les bords des mandibules sont recourbés en dedans. Les narines, ovoïdes et ouvertes, sont placées à la base du bec. Les tarses sont médiocres et les ailes de moyenne longueur. Ces oiseaux, qui sont particuliers à l'Afrique et aux Indes orientales, sont remarquables par leur industrie : ils tissent leur nid et lui donnent des formes qui varient suivant les espèces; tantôt ce nid est roulé en spirale, tantôt il ressemble à un alambic, ou à une poire, ou bien encore il est pyramidal. Il est fait de joncs, de paille, de feuilles, de laine, etc. et est suspendu à l'extrémité de la branche d'un arbre. Les individus de certaines espèces se réunissent et suspendent ainsi leurs nids aux branches d'un même arbre : celui-ci en porte alors jusqu'à cinq ou six cents. Les tisserins se réunissent souvent par troupes et comme ils se nourrissent de bourgeons, de grains, etc., ils occasionnent de grands dégâts dans les rizières. Ce sont des animaux criards, et il n'y a parmi eux que peu d'oiseaux chanteurs.

TISSERIN LORIOT

TISSERIN NID

TISSEUR (*tisser*), *sm.* Ouvrier qui tisse.

TISSOT (PIERRE-FRANÇOIS) (1768-1854), membre de l'Académie française et professeur de poésie latine au Collège de France, auteur d'une traduction en vers des *Bucoliques* de Virgile et de plusieurs autres ouvrages.

1. **TISSU**, *sm.* de *tistre*. Petit ouvrage en étoffe fait au métier. || Etoffe : *Un tissu de laine.* || Manière dont une étoffe est tissée : *Un tissu serré.* || Chaque substance solide, distincte, qui entre dans la composition du corps des animaux et des végétaux, qui est formée d'éléments anatomiques de même nature et arrangés de la même manière : *Tissu musculaire, tissu nerveux.* — Fig. Enchaînement, suite : *Un tissu d'absurdités.* || Agencement des parties d'une œuvre littéraire : *Le tissu d'un roman.*

2. **TISSU, UE** (pp. de *tistre*), *adj.* Fait par entrelacement : *Etoffe tissue de lin.*

TISSURE (*tisser*), *sf.* Liaison de ce qui est tissu : *Une tissure lâche.* || Agencement des parties d'un tout : *La tissure d'un discours.*

***TISSUTERIE** (*tisser*), *sf.* Art du passementier, du rubanier.

TISSUTIER (vx fr. *tissut*, pp. de *tistre*), *sm.* Ouvrier qui fait des rubans, des ganses, des galons, etc.

TISTRE (l. *texere*), *vt.* Tisser (vx). — **Gr.** Part. pass. *tissu.* Ce verbe n'est plus d'usage qu'aux temps composés: *J'ai tissu*, etc.

TISZA (KOLOMAN DE), homme d'État hongrois, né à Gerzt en 1830. Reconnu comme chef du parti libéral à la mort du comte Téléki, il fut ministre de l'intérieur en Hongrie. Il s'est toujours montré l'adversaire du panslavisme et de la Russie, et partisan de l'alliance allemande.

TITAN (g. Τιτάν), Chacun des douze géants (six mâles et six femelles), enfants du Ciel et de la Terre, qui, selon la Fable, luttèrent contre les dieux, tentèrent d'escalader l'Olympe, furent foudroyés par Jupiter et précipités dans le Tartare. Le mythe des géants est le récit poétique d'un bouleversement géologique survenu dans le N. de la Grèce. (Myth.) — **Dér.** *Titanique.*

***TITANE** ou **TITANIUM** (g. τίτανος, terre blanche), *sm.* Métal du groupe de l'étain, découvert en 1791 par Grégor, et qui n'a pas encore été obtenu pur. — **Dér.** *Titanite, titanifères.*

***TITANIFÈRES** (*titane*), *smpl.* Se dit de filons caractérisés par la présence des trois oxydes du titane : *rutile, anatase* et *brookite.* Ces filons traversent en petites veines les gneiss micaschistes et chloritoschistes du Saint-Gothard, du haut Valais et de l'Oisans. Les minéraux titanifères y sont accompagnés de quartz, d'orthose, d'albite, de chlorite et on y trouve souvent du sphène, de l'apatite, de la fluorine, de la tourmalinine et de l'axinite, ce qui atteste l'intervention du bore et du fluor dans la production de ces gites.

TITANIQUE (*titan*), *adj. 2 g.* Qui appartient aux titans. || Gigantesque : *Orgueil titanique.* || L'*acide titanique,* combinaison d'un équivalent de titane et de deux équivalents d'oxygène. Il se trouve presque pur dans l'anatase, le brookite et le rutile.

***TITANITE** (*titane*), *sf.* Silicate de chaux et d'oxyde titanique, de couleur brune.

TITE LIVE (59 av. J.-C. — 19 ap. J.-C.). Célèbre historien latin, né à Padoue, auteur d'une grande histoire romaine en 140 livres, dont nous avons les dix premiers, les livres de XXI à XLV, et des fragments de plusieurs autres.

TITERY, TITTERY ou **TITTERIE**, ancienne province de l'Algérie centrale qui fut soumise par les Français en 1842; elle est aujourd'hui comprise dans la province d'Alger et a pour villes principales: *Milianah, Médéah, Hamza.* Au S. se trouve le lac de Tittery.

TITHON (g. τίθων, brillant). Fils de Laomédon et frère de Priam, époux de l'Aurore, qui obtint pour lui l'immortalité de Jupiter, mais oublia de demander qu'il conservât une jeunesse éternelle. Tombé dans la décrépitude et n'ayant plus que la voix, il fut changé en cigale. Tithon est l'image du jour. (Myth.)

***TITHONIQUE**, *adj.* Etage tithonique, élément de la série des terrains géologiques qui caractérise le faciès pélasgique des couches de passage entre le jurassique et le crétacé.

TITHYMALE (g. τιθύμαλος : de τιθή, mamelle), *sm.* Ancien nom du genre euphorbe et particulièrement de l'euphorbe petit-cyprès. (V. *Euphorbe.*)

TITICACA ou **CHUCUITO**, 110 kilom. sur 30, grand lac situé sur un haut plateau des Andes, entre le Pérou et la Bolivie, au S. de Cuzco, parsemé d'îles, dont l'une, appelée aussi *Titicaca*, passe pour le lieu d'origine de Manco Capac, et montre d'imposantes ruines du palais des Incas. Des ruines analogues existent sur les bords du lac à Tiahuanaco, Capacabana, etc.

TITIEN (Tiziano Vecellio, dit *le*) (1477-1576), célèbre peintre vénitien, auteur d'un grand nombre de chefs-d'œuvre qui en font le premier des coloristes.

***TITILLANT, ANTE** (*titiller*), *adj.* Qui chatouille agréablement.

TITILLATION (l. *titillationem*), *sf.* Chatouillement agréable.

TITILLER (l. *titillare*), *vt.* Chatouiller agréablement. — **Dér.** *Titillant, titillante, titillation.*

1. **TITRE** (vx fr. *title*: du l. *titulum*), *sm.* Les quelques lignes imprimées en gros caractères au commencement d'un livre pour en faire connaître le sujet et souvent l'auteur : *Titre imprimé en rouge et noir.* ‖ Intitulé d'une subdivision d'un livre. ‖ *Titre courant*, ligne ordinairement en capitales placée au haut des pages d'un livre, et qui en reproduit presque toujours l'intitulé. ‖ Subdivision d'un code, d'un ouvrage de jurisprudence : *Le Code civil est subdivisé en livres, titres, chapitres et articles.* ‖ Mot exprimant le rang qu'on occupe dans la société, la dignité : *Le titre de roi, de baron.* ‖ Qualification honorifique : *On donne au roi le titre de Majesté.* ‖ Qualification qu'on donne à une personne pour ses relations, ses actes : *Le titre de père, de bienfaiteur.* ‖ Droit absolu qu'on possède de remplir une fonction, une charge : *Professeur en titre.* ‖ Profession qu'on ne peut exercer que quand on a un brevet, un diplôme : *Il a le titre de médecin.* ‖ Écrit qui sert à établir un droit, une qualité : *Les titres de propriété d'une maison. Des titres de noblesse.* ‖ *Titre authentique*, celui qui est dressé par un officier public. ‖ *Titre nouvel*, celui par lequel un nouveau possesseur s'oblige de payer ce que devait l'ancien; nouvel engagement que souscrit un débiteur lorsque le temps de la prescription approche. ‖ *Titre de rente*, écrit par lequel l'État s'engage à payer une rente à celui qui est porteur de cet écrit. ‖ *Titre nominatif*, titre de rente qui porte le nom du propriétaire. ‖ *Titre au porteur*, titre de rente qui ne porte aucun nom. ‖ Cause qui rend légitime propriétaire : *Posséder un bien à titre onéreux*, après en avoir payé la valeur d'une façon ou d'une autre. ‖ Droit qu'on a de demander, de faire quelque chose : *Réclamer à juste titre.* ‖ Capacité, services, qualités qui donnent droit à une chose : *Avoir des titres à la députation.* ‖ La proportion d'or et d'argent pur que contient une monnaie, de la vaisselle, une pièce d'argenterie, un lingot, etc. ‖ Le titre légal de nos monnaies est de 0,900 pour les pièces de 5 francs en argent, et de 0,835 pour les autres pièces d'argent. Le titre est de 0,900 pour toutes les pièces d'or. Les contrôleurs du bureau de garantie indiquent le titre exact des bijoux, des objets de vaisselle, des médailles, avant la mise en vente. (V. *Alliage.*) ‖ Le poids d'une substance chimique que contient chaque centimètre cube d'une liqueur à l'aide de laquelle on peut analyser certains liquides. — A titre de, *loc. prép.* En qualité de : *Rendre un service à titre d'ami.* — A titre d'office, *loc. adv.* En vertu de sa qualité, de sa charge : *Présider à titre d'office.* — **Dér.** *Titrer, titré, titrée, titrier, titulaire, titulariat.*

2. **TITRE** (l. *titulum*), *sm.* Petit trait horizontal mis au-dessus d'une ou de plusieurs lettres pour indiquer l'abréviation. Ex. : N̄re pour *notre*.

TITRÉ, ÉE (*titrer*), *adj.* Pourvu d'une dignité, d'une qualification honorifique, d'une charge, d'un titre de noblesse : *Personnage titré.* ‖ *Terre titrée*, celle qui forme un duché, un marquisat, un comté, etc. ‖ *Liqueur titrée*, liquide dont chaque centimètre cube contient un poids déterminé d'une substance chimique et dont on se sert pour faire l'analyse quantitative de divers liquides.

TITRER (*titre*), *vt.* Donner un titre d'honneur à une personne, à une terre. ‖ Donner à une personne les privilèges attachés à un titre. ‖ *Titrer une liqueur*, y dissoudre un poids déterminé d'une substance chimique. — **Se titrer**, *vr.* Se donner à soi-même un titre de dignité, etc.

TITRIER (*titre*), *sm.* Autrefois, religieux chargé de veiller à la conservation des titres d'un monastère. ‖ Aujourd'hui, celui qui falsifie des titres, qui en fabrique de faux.

TITTERY. (V. *Titery.*)

***TITUBANT, ANTE** (*tituber*), *adj.* Qui chancelle étant debout.

TITUBATION (l. *titubationem*), *sf.* Action de chanceler quand on est debout.

TITUBER (l. *titubare*), *vi.* Chanceler étant debout ou en marchant. — **Dér.** *Titubant, titubante, titubation.*

TITULAIRE (l. *titularem* : de *titulus*, titre), *adj.* 2 *g.* Qui est régulièrement et légalement pourvu d'une dignité, d'une charge, qu'il en remplisse ou non les fonctions : *Le titulaire d'une chaire de professeur.* ‖ Qui possède un titre purement honorifique : *Le titulaire d'un évêché* in partibus.

***TITULARIAT** (l. *titularem*), *sm.* Charge, fonction qui donne un titre à celui qui le remplit.

TITUREL, héros des légendes du moyen âge.

TITUS, fils de Vespasien, empereur romain de 79 à 81, prit et détruisit Jérusalem pendant le règne de son père, ne signala son pouvoir que par des bienfaits et fut surnommé les *Délices du genre humain.* — *Coiffure à la Titus*, imitée de la coiffure des bustes et statues de Titus, dont les cheveux sont représentés courts, avec de petites mèches aplaties appliquées sur la tête.

TITYE, géant célèbre qui, ayant voulu faire violence à Latone, fut tué par les enfants de la déesse, Apollon et Diane. Il fut jeté dans le Tartare, où ses entrailles, sans cesse renaissantes, étaient dévorées par un vautour.

TIVOLI, 8105 hab., autrefois *Tibur*, ville d'Italie dans les anciens États de l'Église; évêché; sur le Teverone, qui y forme de belles cascades. Situé au pied des monts Gennaro, à l'O., et sur l'étage inférieur du versant O. de la rampe de Frosinone, Tivoli offre l'aspect d'un paysage très pittoresque. Elle possède de beaux édifices modernes, et l'on y voit les ruines des villas de Mécène, d'Adrien, et de plusieurs autres édifices antiques. La villa d'Este, avec ses beaux jardins, est un legs princier de la Renaissance.

TIZI-OUZOU, 23638 hab. Ch.-l. d'arr. de la province d'Alger, au centre de la vallée du Sébaou. Marchés importants.

TLASCALA ou **TLAXCALA**, 15000 hab. Ville de plateau du Mexique, au N. de la Puebla; capitale d'une ancienne république qui aida Cortès dans la conquête du Mexique.

TLEMCEN, 25111 hab. Ville d'Algérie, s.-préf. du département d'Oran, dans le Tell, près des frontières du Maroc, bien arrosée et située au pied d'une chaîne de montagnes calcaires. Tlemcen comptait autrefois plus de 100000 hab. et brilla d'un vif éclat dans les arts et dans les sciences. L'arrondissement de Tlemcen renferme des mines de plomb à Gar-Roubban, à Ouled-Mazig, d'antimoine à Sidi-Aramon, de fer à Tillat.

TLEMCEN (massif de). Région montagneuse de l'Algérie formée d'une série de crêtes parallèles qui séparent la plaine de la Sikkah du plateau de la Daya Ford, et dont les pentes les plus raides sont vers le N. La plus haute crête s'élève au S.-O. de la combe de Sebdou (1800 mètres). Le Djebel Nador a 1520 mètres. Le Djebel Attar et le Djebel Roumelia dominent Tlemcen (1250 mètres).

***TMÈSE** (g. τμῆσις, coupure), *sf.* Figure de grammaire d'un fréquent usage en grec, en latin, en allemand, et qui consiste à séparer les éléments d'un mot composé en intercalant entre eux un ou plusieurs mots. Nous n'en avons d'exemples en français qu'avec les conjonctions *lorsque, puisque*, etc. : *Lors donc qu'il eut fini.*

TMOLUS, montagne de l'ancienne Lydie, au S. de Sardes, qui contenait des mines d'or et où le Pactole prenait sa source.

***TOARCIEN** (de *Thouars*), *sm.* Nom que l'on donne à la partie supérieure du lias. (Géol.)

TOAST [tôste] ou **TOSTE** (m. ang.; vx fr. *tostée*, rôtie trempée dans du vin : du l. *tostus*, rôti), *sm.* Proposition de boire à la santé de quelqu'un, à l'accomplissement d'un vœu, au souvenir d'un événement : *Porter un toast.* — **Dér.** *Toaster* ou *toster.*

TOASTER ou **TOSTER** (*toast* ou *toste*), *vt.* et *i.* Porter un toast : *Toster la paix.*

TOBIE, Israélite qui, emmené captif à Ninive, consacra ses biens au soulagement de ses compatriotes, devint pauvre et aveugle, mais fut guéri avec le fiel d'un poisson par son fils, appelé aussi Tobie, au retour du voyage en Médie que fit ce dernier en compagnie d'un ange.

TOBLACH, ville du Tyrol autrichien dans la vallée du Puster-Thal, au confluent de la Drave et de la Rienz. Très fréquentée par les touristes.

TOBOL, 900 kilom. Rivière de la Russie d'Asie qui sort des monts Kitchik-Karatcha, arrose le gouvernement de Tobolsk et se jette dans l'Irtisch.

TOBOLSK, 25000 hab. Ville de la Russie d'Asie, ch.-l. de la Sibérie occidentale, sur le Tobol, affluent de l'Irtisch; archevêché russe; lieu de transit, grand commerce de pelleterie et de produits chinois.

TOBOSO (EL), 3000 hab. Bourg d'Espagne (Manche), province de Tolède. Rendue célèbre par Cervantès, qui en a fait la patrie de Dulcinée.

TOC (onomatopée), *interj.* Exprimant l'idée d'un bruit sourd causé par un choc. — *Sm.* Sonnerie sourde d'une montre à répétition sans timbre : *Montre à toc.*

TOCADE. (V. *Toquade.*)

TOCANE (provençal *gota d'ogan*, goutte de l'année?), *sf.* Vin nouveau fait de la mère goutte.

TOCANTINS, 2000 kilom., rivière du Brésil, affluent de droite de l'Amazone, descend du plateau brésilien, coule lentement du S. au N. et est d'une navigation difficile à cause des rochers qui l'encombrent.

TOCKEMBOURG ou **TOGGENBOURG**, vallée de la Suisse du canton de Saint-Gall, que traverse la Thur et qui formait autrefois un comté. A la mort du dernier de ses comtes (1436), les deux cantons de Zurich et de Schwitz se la disputèrent. Quelques-uns des autres cantons prirent part à la lutte, ce qui amena la *première guerre de Tockembourg* et faillit briser le lien fédéral. Mais les moines de l'abbaye de Saint-Gall achetèrent le comté en 1469 et le conservèrent jusqu'en 1705, époque à laquelle les habitants se soulevèrent. Soutenus par les cantons suisses, ils furent vainqueurs dans cette *seconde guerre de Tockembourg* et s'affranchirent du joug de l'abbaye. Le traité de Bade (1718) consacra leur émancipation.

TOCQUEVILLE (de) (1805-1859), homme politique et publiciste français, député sous Louis-Philippe et sous la deuxième république, ministre des Affaires étrangères en 1849. Partisan du régime parlementaire, il était opposé au coup d'État du 2 décembre 1851. Il est l'auteur du *Système pénitentiaire* et de la *Démocratie en Amérique*, qui lui valut un fauteuil à l'Académie française.

TOCSIN (*toquer* + vx fr. *sin*, cloche : du l. *signum*, signal), *sm.* Bruit d'une cloche qu'on tinte à coups précipités pour donner l'alarme en cas d'incendie, de danger public, etc. ‖ Cloche spécialement destinée à sonner le tocsin. — Fig. Ce qui surexcite les passions. — Fig. *Sonner le tocsin*, soulever l'esprit public.

TÖDI (chaîne du). Hauteurs qui s'élèvent en Suisse, au N. de la vallée du Vorder Rhein et s'étendent depuis la dépression formée par la vallée de la Reuss jusqu'au Rhin vers Coire et Ragatz. Elle est limitée au N. par le Klausen-Pass, la haute vallée de la Linth et le lac de Wallenstadt. Les principaux sommets sont : l'Oberalpstock (3300 mètres), le Tödi (3623 mètres), le Ringel-Spitz (3249 mètres), le Spitzmeclen (2505 mètres). On y trouve les cols de Kreusli, entre Disentis sur le Rhin, et Am-Steg sur la Reuss, du Panixer-Pass (2770 mètres) entre Ilanz sur le Rhin, et Glaris sur la Linth et Kunkel-Pass (1351 mètres), qui conduit de Ragatz à Reichenau par les gorges de Tamina et Pfeffers.

TODI (1748-1792), célèbre cantatrice née en Portugal.

***TODIER**(*x*),*sm.* Genre d'oiseaux de l'ordre des Passereaux, caractérisé par un bec long, plus large que haut et dont la base est recouverte de longs poils; la mandibule supérieure est terminée en pointe, tandis que l'inférieure est obtuse et comme tronquée. Les pieds sont composés de quatre doigts, trois sont dirigés en avant et le quatrième en arrière; ils sont plus ou moins unis entre eux. Ce genre renferme plusieurs espèces que l'on rencontre aux Antilles; la plus connue est le *todier vert de Saint-Domingue*, où il est connu sous le nom de *perroquet de terre*. Son plumage est d'un beau vert; cet oiseau se tient presque constamment sur le sol et vit de mouches et d'autres insectes; il niche sur le bord des rivières et fait son nid dans des trous qu'il tapisse de mousse, de brindilles, de coton, de plumes, etc.; la femelle y dépose quatre œufs d'un gris bleu avec des taches d'un jaune foncé.

TODLEBEN. (V. *Totleben.*)

TŒPLITZ. (V. *Teplitz.*)

TOGE (l. *toga : de tegere,* couvrir), *sf.* Longue robe de laine que les Romains portaient par-dessus leur tunique. — **Gr.** Même famille que *Toit*, etc.

TOGE

TOGRUL Ier ou **TOGROUL-BEG** (993-1063), fondateur de la dynastie turque des Seldjoucides. Il s'empara de Bagdad et devint le véritable maître de l'empire des khalifes abbassides.

TOHU-BOHU (m. héb. du 2e verset du 1er chapitre de la Genèse), *sm.* Le chaos primitif. — **Fig.** Confusion, désordre extrême : *Il y eut un vrai tohu-bohu.*

TOI (l. *tibi*), *pr. pers.* 2e *pers.* du *sing.* et *2 g.* S'emploie aujourd'hui comme sujet, comme attribut, comme complément direct après un impératif et comme complément indirect avec les prépositions; il signifie proprement *à ta personne;* l'ancien français ne l'employait jamais comme sujet.

TOILE (l. *tela*), *sf.* Etoffe tissée avec des fils de lin ou de chanvre : *Les meilleures toiles de lin sont celles de Hollande et de Bretagne; les meilleures toiles de chanvre sont celles d'Alençon, de Mamers, de Château-du-Loir et du Mans.* ‖ Par extension, étoffe de coton.—On reconnaît la matière dont une toile est faite au moyen de l'acide azotique, qui ne colore pas les fils de lin, qui teint en jaune pâle les fils de chanvre et en rouge ceux de *phormium tenax.* ‖ Tissu fait de quelque autre matière. ‖ *Toile métallique,* faite de fils de fer, de laiton, etc. ‖ *Toile cirée,* enduite d'une composition que l'eau ne traverse pas. ‖ *Toile peinte,* étoffe de coton peinte à la main de diverses couleurs. ‖ *Toile imprimée,* toile peinte par impression et nommée encore *indienne* ou *rouennerie.* — Fig. *La toile de Pénélope,* un travail que l'on recommence sans cesse avant de l'avoir achevé. — **Fig.** *Déchirer* la toile, en termes militaires, faire un feu de peloton dont la détonation successive et non instantanée ressemble au bruit que fait la toile que l'on déchire vivement. ‖ Etoffe de lin ou de chanvre clouée sur un cadre, enduite d'une couleur blanchâtre, et sur laquelle les peintres peignent leurs tableaux.— Fig. Tableau : *Une toile de Raphaël.* ‖ *Toile à voile,* forte toile de chanvre dont sont faites les voiles des navires. ‖ *Toile,* l'ensemble des voiles déployées sur un navire : *Ce bâtiment a trop de toile.* ‖ Piège en forme de filet pour prendre des mouches, que tissent les araignées avec des fils qu'elles font sortir de leur ventre, et dont la matière est propre à arrêter l'écoulement du sang : *Enlever les toiles d'araignée.* ‖ Rideau qui cache la scène dans un théâtre : *Lever, baisser la toile.* ‖ Tente : *Les soldats couchaient sous la toile.* — *Sfpl.* Enceinte en forme de parc, faite de grosse toile de chanvre, pour prendre les sangliers. ‖ Grands filets pour prendre des cerfs, des biches, des chevreuils. ‖ *Toiles d'un moulin à vent,* les toiles tendues sur les ailes pour le faire mouvoir. — **Dér.** *Toilette, toilerie, toilier, toilière.* — **Comp.** *Entoiler,* etc., *rentoiler,* etc.

TOILERIE (*toilier*), *sf.* Etoffe faite d'une toile quelconque. ‖ Etablissement où l'on fait ou vend de la toile. ‖ Le commerce des toiles.

TOILETTE (dm. de *toile*), *sf.* Petite pièce de batiste délicatement travaillée. ‖ Toile dont on enveloppe des effets d'habillements pour les transporter. ‖ Pièce d'étoffe étendue sur le meuble contenant tous les objets dont on a besoin pour se laver le visage et les mains, se coiffer et se parer : *Une toilette de dentelle.* ‖ L'ensemble des vases qui sont sur ce meuble : *Toilette de porcelaine.* ‖ Ce meuble même : *Une toilette d'acajou.* ‖ *Dessus de toilette,* linge orné dont on recouvre tout ce qui est sur le meuble appelé *toilette.* ‖ *Marchande, revendeuse à la toilette,* femme qui va offrir dans les maisons des hardes, des étoffes, des bijoux pour les vendre. ‖ Action de se parer, de s'habiller, pour paraître en société, en public : *Faire sa toilette.* ‖ Mise, costume : *Une toilette élégante.* ‖ *Cabinet de toilette,* petite chambre où l'on se pare, où l'on s'habille. ‖ *Toilette des condamnés à mort,* coupe des cheveux et du col de chemise des condamnés qui se pratique avant de les conduire au supplice. ‖ *Bleu de toilette,* la teinture bleue qui sert à bleuir le linge blanc avant de le repasser. ‖ *Toilette de porc,* le péritoine dont on enveloppe les saucisses, etc. — **Syn.** (V. *Ajustement.*)

TOILIER, IÈRE (*toile*), *adj.* et *s.* Qui fait ou vend de la toile. ‖ Qui concerne la fabrication de la toile : *L'industrie toilière.*

TOIRAS (Jean du Caylard de Saint-Bonnet, seigneur de) (1585-1636), maréchal de France. D'abord favori de Louis XIII, il défendit avec succès l'île de Ré contre les Anglais, et Casale contre les Autrichiens et les Espagnols (1630). Privé ensuite de son commandement par Richelieu, il passa au service de la Savoie, et fut tué au combat de Fontanelle.

TOISE (bl. *tensa,* longueur des bras étendus, *spf.* de *tendere,* tendre), *sf.* Ancienne mesure de longueur française qui valait 1m,949 et se partageait en 6 pieds. — Fig. *Mesurer quelqu'un à la toise,* regarder plutôt l'extérieur que les qualités. — Fig. *Mesurer les autres à sa toise,* en les comparant à soi-même. ‖ *Toise carrée,* carré dont chaque côté est long d'une toise et dont la surface vaut 3m²,7986. ‖ *Toise cube,* cube dont chaque arête a une toise de longueur et dont le volume vaut 7m³,403471. — **Dér.** *Toiser, toisé, toiseur.* Même famille que *Tendre.*

TOISÉ, *spm.* de *toiser.* Mesurage à la toise : *Le toisé d'un mur.* ‖ L'art de mesurer les surfaces et les volumes : *Un traité de toisé.* ‖ Devis, mémoire d'un travail de construction, etc.

TOISER (*toise*), *vt.* Mesurer à la toise ou avec toute autre mesure : *Toiser un bâtiment* (vx, on dit aujourd'hui *métrer*). ‖ *Toiser un soldat,* mesurer sa taille. — Fig. *Toiser quelqu'un,* l'examiner attentivement pour apprécier son mérite ou lui témoigner du dédain. — Fig. *Cette affaire est toisée,* elle est terminée désavantageusement. — **Se toiser,** *vr.* Se regarder l'un l'autre avec un air de dédain ou de provocation.

TOISEUR (*toiser*), *sm.* Celui qui toise, qui mesure les ouvrages de construction, de terrassement.

TOISON (l. *tonsionem,* tonte), *sf.* L'ensemble de tous les brins de laine, groupés par mèches, qui sont sur le corps d'un mouton. — Une toison a d'autant plus de prix que les brins sont plus rapprochés, plus cylindriques, plus fins, plus doux, plus forts et d'une longueur plus uniforme. Le diamètre des brins ne doit pas dépasser 3 centièmes de millimètre pour les toisons fines et 4 centièmes pour les toisons communes. Il est au-dessus de 4 centièmes pour les toisons grossières. La toison des moutons doit être coupée tout à la fois chaque année à une époque déterminée de l'été. ‖ L'ensemble des poils laineux de certains animaux : *La toison des lamas.* — *La toison d'or,* la toison en or du bélier qui, suivant la Fable, emporta Phryxus et Hellé à travers les airs, et

TOISON D'OR

pour la conquête de laquelle les Argonautes entreprirent leur expédition en Colchide. ‖ *La Toison d'or,* ordre de chevalerie qui fut institué à Bruges, en 1429, par Philippe le Bon, duc de Bourgogne, et comprit successivement 24, 30 et 50 membres. Il a pour insigne un mouton en or suspendu à un collier de même métal, garni de pierres précieuses et d'ornements en forme de B. Le souverain d'Espagne est grand maître de l'Ordre.

TOIT (l. *tectum : de tegere,* couvrir), *sm.* Partie la plus élevée d'un bâtiment et qui sert à le couvrir. ‖ *Toit en terrasse,* formé d'une seule surface plane, peu inclinée, sur laquelle on peut marcher aisément, et adoptée fréquemment dans les pays chauds. ‖ *Toit à deux égouts,* ou *à bâtière,* formé par l'assemblage de deux plans inclinés, et qui est le plus commun dans les pays tempérés et froids. ‖ *Toit à croupe,* formé de quatre plans inclinés sur chacun des quatre murs, qui sont d'égale hauteur. — Les toits sont faits en chaume, en tuiles, en ardoises, en feuilles de plomb ou de zinc, en carton bitumé, etc. — Fig. D'après l'Evangile, *prêcher, dire une chose sur les toits,* la publier, l'annoncer partout et en toute occasion. — **Fig.** Maison, domicile : *Le toit paternel.* ‖ *Un humble toit,* une chaumière, une petite maison habitée par de pauvres gens. ‖ *Un toit hospitalier,* une maison où l'on donne volontiers l'hospitalité. ‖ *Toit à porcs,* petit bâtiment où on loge les porcs. ‖ *Toit d'un filon,* l'espèce de voûte qui sépare ce filon des roches situées au-dessus. C'est celle des parois qui, par suite du défaut de verticalité, s'appuie sur l'autre, tandis que la seconde s'appelle *mur;* l'ensemble des deux parois reçoit le nom d'*épontes.* — **Dér.** *Toiture.*

TOITURE (l. *tectura*), *sf.* L'ensemble formé par un toit et par les charpentes sur lesquelles il s'appuie.

TOKAI ou **TOKAY,** 7100 hab. Ville de la haute Hongrie, sur la Theiss, sur les dernières pentes volcaniques d'une ramification méridionale des Carpathes (monts Hegyallya), dont le territoire fournit le vin de liqueur réputé le plus fameux du monde, et fabriqué avec des raisins qu'on a laissés se dessécher à moitié sur le cep. — *Sm.* Le vin récolté à Tokay. ‖ Nom d'un cépage, appelé aussi *furmint,* importé de Hongrie dans le bas Languedoc, et qui donne un vin délicieux.

TOLAIN (Henri-Louis), né à Paris en 1828, ouvrier français. Successivement délégué des ouvriers parisiens à divers congrès et l'un des fondateurs de l'*Association internationale des travailleurs* (1863); il fut nommé député à l'Assemblée nationale le 8 février 1871. S'étant spécialisé dans l'étude des questions économiques et ouvrières, il a pris la parole dans plusieurs circonstances (marine marchande, matières premières, etc.). En 1876, il a été nommé sénateur et siège encore dans la haute assemblée.

***TOLANE** (*Tolu*), *sm.* Corps solide, isomère de l'anthracène que l'on obtient en chauffant à 130° le bromure de stilbène avec de la potasse alcoolique, ou bien en traitant le chlorobenzile à 200° par le perchlorure de phosphore. Le tolane est très soluble à chaud dans l'alcool et l'éther; ce dernier corps, en se refroidissant, abandonne le tolane en grands cristaux transparents; la solution alcoolique donne de longs prismes ou des lames. Le tolane fond à 60° et se réduit en vapeur à une haute température sans se décomposer.

TOLBIAC (auj. *Zulpich*), ville de l'ancienne Gaule, dans le territoire des Tongriens, au S.-E. de Cologne. Clovis y remporta sur les Alamans la célèbre victoire qui le décida à embrasser le christianisme (496).

TÔLE (vx fr. *taule;* dér. de *table :* l. *tabula*, planche), *sf.* Fer battu réduit en plaque mince par un laminage spécial. || *Tôle galvanisée*, recouverte d'une mince couche de zinc au moyen de la galvanoplastie. || *Tôle striée*, dont l'une des faces est couverte de stries destinées à la rendre moins glissante et qui sert pour les marches d'escalier, les seuils, et les recouvrements de fosses dans les usines. || *Tôle émaillée*, celle dont une des faces est recouverte d'une couche d'émail. — **Dér.** *Tôlier, tôlerie.* Même famille que *Table.*

TOLÈDE, 20 086 hab. Ville de la Nouvelle-Castille (Espagne), sur la rive gauche du Tage, au S.-O. de Madrid, bien déchue de son antique splendeur, capitale de l'Espagne sous les rois wisigoths et jusqu'en 1560. Magnifique cathédrale, qui est l'église primatiale d'Espagne, construite de 1227 à 1535 ; beaux monuments des époques musulmane et chrétienne. Manufacture d'armes blanches jadis très renommée.

TOLÈDE (Pierre de) (1484-1553), vice-roi de Naples sous Charles-Quint.

TOLEDO, 50 137 hab. Ville de l'État d'Ohio (Amérique du Nord), à l'extrémité S.-O. du lac Érié. Grand centre de chemins de fer.

TOLENTINO, 3 000 hab. Ville d'Italie dans les anciens États de l'Église, au S.-O. d'Ancône. Le pape Pie VI y signa, en 1797, avec Bonaparte, un traité qui reconnaissait à la France la possession du comtat Venaissin et abandonnait la Romagne, Bologne et Ferrare à la république Cisalpine.

TOLÉRABLE (l. *tolerabilem*), *adj. 2 g.* Qu'on peut tolérer, supporter. — **Dér.** *Tolérablement.*

***TOLÉRABLEMENT** (*tolérable* + sfx. *ment*), *adj.* D'une manière tolérable, supportable.

TOLÉRANCE (l. *tolerantia*), *sf.* Action de laisser faire impunément ce qu'on peut ou doit empêcher : *Laisser mendier par tolérance.* || Indulgence : *Avoir de la tolérance pour la légèreté d'un enfant.* || Absence de toute animosité envers ceux qui ont des opinions religieuses, politiques ou philosophiques que l'on n'approuve pas : *Prêcher la tolérance.* || Façon d'agir d'un gouvernement qui permet l'exercice de tous les cultes : *La tolérance de la Hollande y attira autrefois une foule d'étrangers.* || Ce que la loi permet de donner aux monnaies d'or et d'argent en plus ou en moins que le titre ou le poids légal : *La tolérance sur les monnaies d'or et pour les monnaies d'argent est de deux millièmes tant pour le titre que pour le poids.* || Déficit que la loi excuse relativement au poids des denrées vendues : *La tolérance sur le pain est plus grande que sur la viande.* || Accoutumance à supporter un médicament à une dose dangereuse : *La tolérance des poisons végétaux s'établit facilement.*

TOLÉRANT, ANTE (*tolérer*), *adj.* Qui tolère, qui a de la tolérance, qui est indulgent.

TOLÉRANTISME (*tolérant*), *sm.* Opinion de ceux qui soutiennent qu'on doit permettre l'exercice de tous les cultes.

TOLÉRER (l. *tolerare*, supporter), *vt.* Avoir de la tolérance pour : *Tolérer les abus.* || Ne pas avoir d'animosité pour ce que l'on désapprouve : *Tolérer l'hérésie.* || N'être pas incommodé par : *Tolérer l'opium.* — **Se tolérer**, *vr.* Avoir de la tolérance, de l'indulgence l'un pour l'autre : *Ces deux compétiteurs se tolèrent.* — **Dér.** *Tolérant, tolérante, tolérance, tolérantisme, tolérable, tolérablement.* — **Comp.** *Intolérant, intolérance, intolérable, intolérablement.*

***TÔLERIE** (*tôle*), *sf.* Tout objet en tôle. || Art du tôlier. || Fabrique de tôle.

***TOLET** (anglo-saxon *tholl;* ang. *thole*), *sm.* Cheville fichée dans l'épaisseur du flanc d'un navire et à laquelle on accroche l'aviron au moyen d'un anneau.

TOLHUYS (*Tolhus*, d'après Boileau), village de la Gueldre (Hollande) sur le Rhin, où Louis XIV passa ce fleuve en 1672.

***TÔLIER** (*tôle*), *sm.* Fabricant de tôle.

TOLIMA, montagne de la Nouvelle-Grenade, dans la chaîne des Andes (5 584 mètres).

TOLLE ou **TOLLÉ** (impér. l. *tolle*, enlève : cri par lequel les Juifs demandèrent à Pilate la condamnation de J.-C.), *sm.* Cri d'indignation poussé contre quelqu'un : *Il y eut contre lui un tollé général.* — Plur. *des tolle* ou *tollé.*

TOLOSA (ancien nom latin de *Toulouse*), 8 557 hab., ville d'Espagne, anc. capitale du Guipuscoa, entourée de manufactures. Fabriques d'armes. Les rois de Navarre, de Castille et d'Aragon y remportèrent, le 16 juillet 1212, sur les Maures, une grande victoire qui mit fin à leur domination dans le midi de l'Europe.

TOLOSATES, peuple gaulois de Toulouse et des environs.

TOLSTOÏ (Pierre, comte de) (1645-1728), diplomate russe qui jouit d'un grand crédit sous Pierre le Grand, représenta ce monarque auprès du sultan, l'accompagna dans son voyage en Europe et dans son expédition contre la Perse. Il fut aussi envoyé à Vienne, à Paris, à Berlin. Il conserva sa situation à la cour de Catherine II ; mais, à la mort de cette princesse, sous Pierre II, petit-fils de Pierre le Grand, il fut dépossédé de tous ses biens et dignités et enfermé au monastère de Solovetsk, où il mourut.

TOLSTOÏ (Léon, comte de), né en 1827, officier russe qui devint plus tard un romancier de talent. Peintre exact des mœurs de sa nation, écrivain d'une rare intensité dramatique, mais peut-être un peu faible dans la logique des faits et dans les dénouements ; il est l'auteur de *la Guerre et la Paix*, d'un récit émouvant du siège de Sébastopol, auquel il prit part.

TOLTÈQUE, nom d'un peuple indien qui au VIIe siècle occupait le pays situé au N. du plateau de Mexico ou d'*Anahuac.* Au IXe siècle, les Toltèques vainquirent les Olmèques et s'emparèrent du plateau mexicain que ce dernier peuple possédait. C'est sous le règne de *Quetzalcohuatl*, roi et pontife, que le nouvel empire atteignit l'apogée de sa puissance. Ce monarque transporta le siège de son gouvernement de *Tollan* à *Cholullan*, qu'il fit bâtir au pied du Popocatepetl. Sous son règne, il fit construire des routes, des ponts, etc., encouragea le commerce, et étendit sa religion et la langue *nahuatl* jusqu'à l'isthme de Panama. Cet empire fut renversé, vers le milieu du XIVe siècle, par des peuplades sauvages venues du Nord, les *Chichimèques* et les *Aztèques.* Mais ceux-ci subirent l'influence morale des vaincus et adoptèrent leurs mœurs et leur religion.

TOLÈDE

PUERTA DEL SOL

Encore à l'époque de la conquête espagnole on venait en pèlerinage à un temple que Quetzalcohuatl avait élevé au sommet d'une pyramide. C'est là que les princes aztèques avaient entassé de riches offrandes composées de tissus soyeux de poils de lapin, de fines étoffes de coton aux couleurs brillantes et variées, des ouvrages d'orfèvrerie et d'écaille, de belles poteries, etc., etc., qui rappelaient l'art des Toltèques et faisaient l'admiration des conquérants européens. Les édifices de toutes sortes que l'on rencontre jusque dans l'Amérique centrale et que l'on trouve à chaque pas, sont des preuves indéniables de la vitalité de ce peuple, dont les hiéroglyphes, écrits en langue nahuatl, ont permis d'écrire l'histoire du Mexique avant la conquête.

TOLU, ville et port de la Nouvelle-Grenade.—*Sm.* Baume-résine d'un fauve clair que l'on extrait par incision d'un grand et bel arbre de la famille des Légumineuses, tribu des Sophorées. Cette plante se rencontre en Colombie, près de Tolu, de Corozol, de Tarbaco, à l'embouchure du fleuve Sime et sur les bords de la Magdeleine. On l'obtient en perçant de trous assez profonds le tronc des arbres au moyen de tarières. Le baume s'écoule alors et ressemble à de la térébenthine; mais il durcit bientôt à l'air. On en connaît deux sortes : 1° Le *baume de Tolu sec*, qui nous arrivait autrefois dans de petites calebasses, et plus tard dans des potiches en terre. Aujourd'hui, on l'envoie dans des boîtes de fer-blanc. Il est solide, cassant, rougeâtre, mais, abandonné à lui-même, il coule comme de la poix. Il se ramollit sous la dent et donne à l'haleine une odeur parfumée. Il est soluble dans l'alcool et l'éther; insoluble dans l'eau; mais, digéré dans ce liquide, il lui cède ses acides aromatiques. 2° Le *baume de Tolu mou*, qui a l'aspect de la térébenthine épaisse; il a plus de transparence et une teinte plus foncée que le baume sec. On le regarde comme un produit plus récent; il contient moins d'acide cinnamique. Le baume de Tolu renferme du toluène, de l'acide cinnamique, de l'acide benzoïque; deux résines, l'une brune, cassante, soluble dans l'alcool froid, et l'autre insoluble dans ce même corps. Le baume de Tolu est un stimulant balsamique très précieux; on l'emploie soit en nature, soit en sirop, en pastilles, en alcoolé, en éthéré, pour combattre les maladies de poitrine, notamment dans le catarrhe pulmonaire. Le *sirop de Tolu* s'obtient en faisant digérer au bain-marie, pendant 12 heures, 50 grammes de baume de Tolu dans 1000 grammes d'eau bien pure, en ayant soin d'agiter la masse de temps en temps. On passe la liqueur et on y ajoute le double de son poids de suc *très blanc* que l'on fait dissoudre en vase clos. — Les tablettes au baume de Tolu s'obtiennent en incorporant 60 grammes de teinture alcoolique de Tolu à 200 grammes de sucre en poudre et à quantité suffisante de gomme adragante, et en divisant en pastilles. — La *teinture de Tolu* s'obtient en faisant macérer, pendant 10 jours, 100 grammes de baume sec de Tolu dans 500 grammes d'alcool, puis filtrant. — **Dér.** ***Toluène, toluol, tolane, toluidine, toluïne, tolurétine.***

TOLUCA, 12000 hab. Ville de l'État de Mexico (Mexique).

TOLUÈNE (de *Tolu*), *sm.* Hydrocarbure liquide, $C^{14}H^{8}$, qui rappelle la benzine par l'ensemble de ses propriétés, et qui fait partie de la benzine commerciale, laquelle s'obtient par la distillation des huiles légères fournies elles-mêmes par la distillation du goudron de houille. Ce liquide se dissout à peine dans l'eau, mais il se dissout bien dans l'alcool, dans l'éther et le sulfure de carbone. On s'en sert pour préparer la toluidine.

***TOLUIDINE** (*toluène*), *sf.* On donne le nom générique de toluidines à des composés organiques azotés, jouant le rôle de bases, que l'on obtient ensemble en traitant le toluène par l'acide azotique et en faisant réagir ensuite l'hydrogène naissant sur le produit de la réaction. On obtient ainsi trois toluidines : la plus grande partie du mélange est de la *paratoluidine*, corps cristallisé; les deux autres, qui sont l'*orthotoluidine* (appelée aussi *pseudotoluidine*) et la *métatoluidine*, sont liquides. La toluidine, mélangée avec la fuchsine, sert à fabriquer la *fuchsine* ou *rouge* d'aniline, et la *safranine*, qui a supplanté le carthame dans la teinture sur soie et sur coton. La toluidine, sans aniline, sert à préparer le *rouge de toluène*.

***TOLUÏNE** (*Tolu*), *sf.* Le toluène. (V. ce mot.)

***TOLUOL** (*Tolu*), *sm.* Le toluène. (V. ce mot.)

***TOLURÉTINE** (*Tolu*), *sf.* Nom donné aux résines que contient le baume de Tolu.

TOLZAC, 52 kilom. Rivière de France (Lot-et-Garonne), affluent de la Garonne en aval de Tonneins.

TOM, 500 kilom. Rivière de la Russie d'Asie (Sibérie), affluent de l'Obi, qui arrose Tomsk.

***TOMAHAWK** [to-ma-auk], *sm.* Espèce de hache de guerre des sauvages de l'Amérique du Nord.

TOMAISON (*tome*), *sf.* Indication du tome auquel appartient chaque feuille d'impression d'un ouvrage en plusieurs volumes.

TOMAN (mot tartare, *dix mille*), *sm.* Monnaie de compte des Persans qui vaut environ 50 francs.

TOMATE (mexicain, *tomatl;* esp. *tomate*), *sf.* Genre de plantes dicotylédones de la famille des Solanées, composé d'herbes à tige dressée ou couchée et dont les feuilles alternes sont profondément découpées et souvent d'une manière irrégulière. Toute la plante exhale une odeur vireuse, désagréable et est couverte de poils. Les fleurs, portées sur des pédoncules extra-axillaires, sont réunies en nombre variable; chacune d'elles est composée d'un calice à 5 ou 6 sépales velus extérieurement et formé de deux ou plusieurs parties. La corolle compte un nombre égal de pétales jaunes soudés à leur base en un tube court, et alternant avec les pièces du calice. L'androcée se

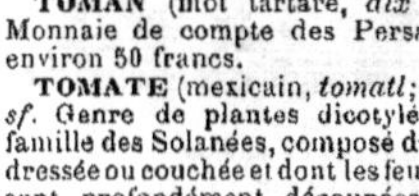

Fleur. Fruit.
TOMATE

compose de 5 ou 6 étamines à filets très courts, insérés sur le tube de la corolle et surmontés d'anthères très longues, réunies au sommet par une membrane allongée. Ces anthères s'ouvrent sur leur face interne par une fente longitudinale, ce qui les distingue des solanum, dont les anthères sont extrorses. Le gynécée est formé d'un ovaire à deux ou plusieurs loges, surmonté d'un style simple que termine un stigmate obtus, légèrement bilobé. L'ovaire contient un grand nombre d'ovules. A cet ovaire succède un fruit charnu et juteux, présentant un grand nombre de loges, ce qui est dû à une multiplication anormale des carpelles. La *tomate* est originaire du Pérou, où on la rencontre à l'état sauvage sur la côte à Tarapato, et plus au N., sur les confins du Mexique et des États-Unis, vers la Californie; dans cet état, ses fruits sont de la grosseur d'une cerise. C'est dans ces contrées qu'elle a d'abord été cultivée, et sa culture s'est répandue ensuite sur tout le continent américain, aux Antilles et dans l'archipel Malais, où on l'appelle *tomatte*. Aujourd'hui, la tomate est cultivée dans tous nos jardins potagers pour ses fruits très succulents, qui ont une saveur acidule très agréable, et avec lesquels on fait des sauces renommées. Ces fruits sont très volumineux et quelquefois ils sont formés par la soudure de plusieurs fleurs, ce qui lui donne une forme très irrégulière. La tomate, plante des pays chauds, demande pour se développer une température assez élevée : aussi la sème-t-on sur couche et sous châssis, pour repiquer les jeunes plants en pleine terre lorsque les gelées ne sont plus à craindre. Dès que les plants ont atteint une hauteur suffisante, 0m,80 à 1 mètre, on les attache à un tuteur et on coupe l'extrémité de leurs rameaux, au-dessus des fleurs. Quand les fruits sont arrivés à la moitié de leur grosseur, on commence à effeuiller et l'on coupe les pousses nouvelles; enfin, à l'arrière-saison, on enlève les feuilles pour que les fruits reçoivent le plus de chaleur possible et mûrissent. Lorsque l'on veut avoir des tomates vers la fin de juin, on les sème en janvier sur couche et on repique également sur couche et sous châssis en février. La couche doit être maintenue à une température assez élevée au moyen de réchauds et être à l'abri de l'humidité. Aussitôt que mars est arrivé, on repique de nouveau les jeunes plants sur une nouvelle couche de 0m,80 de largeur, sur deux rangées en échiquier, puis on recouvre chacun d'eux d'une cloche que l'on enlève toutes les fois que le temps le permet. On n'ôte tout à fait les cloches que vers le milieu du mois de mai, lorsque les gelées ne sont plus à craindre, et on cultive alors ces plants comme ceux qui sont en pleine terre. On peut remplacer les échalas par des cordes tendues d'un bout de la couche à l'autre, auxquelles on fixe les lianes.

L'espèce la plus connue du genre est la *tomate commune* (*lycopersicum esculentum* ou *solanum lycopersicum*), appelée encore vulgairement *pomme d'amour* et dont le fruit est d'un beau rouge, quelquefois jaune. Cette espèce a donné naissance par la culture à un assez grand nombre de variétés dont les plus intéressantes sont : la *grosse rouge*, la *grosse rouge très hâtive de pleine terre*, la *tomate perfection*, la *tomate rouge à tige raide de Laye*, le *roi Humbert*, etc., etc. Mais la plus belle est la *tomate mikado*, obtenue en Provence, et qui est assez précoce. Son fruit est gros, lisse, d'un rouge très vif, et sa chair est épaisse et contient peu de graines. Elle est recherchée pour faire les conserves. Une autre variété très recommandable est la *tomate champion*, qui a été obtenue en Amérique par le croisement de la *tomate à tige raide de Laye* avec une tomate à gros fruit. Les fruits de cette variété sont lisses, de moyenne grosseur, très nombreux et de couleur rose violacé. Elle est aussi très précoce. On conserve la tomate entière dans l'eau salée; on en fait aussi des conserves en faisant cuire le jus et en le rapprochant. On le met alors dans des flacons bien bouchés et cachetés. || Le fruit de la tomate. || *Sauce tomate*, sauce faite avec le jus de la tomate que l'on a exprimé. On met sur le feu, dans une casserole, un morceau de beurre, on y ajoute un peu de farine; quand elle est bien délayée, on y ajoute le jus de tomate passé au tamis et l'on fait cuire à petit feu. || *Tomate farcie*. On coupe les tomates en deux, on les vide de leur pulpe et on les dispose dans un plat de fer ou de cuivre, avec de petits morceaux de beurre; on les remplit avec un mélange de chair de porc et de fines herbes, finement hachées, et on verse sur chaque tomate le jus passé et un peu épaissi que l'on a retiré des tomates. On fait cuire au four.

TOMBAC [tom-ba-que] (malais *tambaga*, cuivre), *sm.* Alliage formé de 85 parties de cuivre et de 15 parties de zinc. Le tombac est, on le voit, plus riche en cuivre que le laiton. On l'emploie pour fabriquer divers ustensiles et des organes de machines; mais on en fait surtout des objets de luxe que l'on dore ensuite. En lames minces, il constitue le *clinquant*.

***TOMBAL, ALE** (*tombe*), *adj.* Se dit de grandes dalles en pierre dont on recouvrait, au moyen âge, les sépultures des personnes enterrées dans les églises. Etablies au niveau du pavé, ces dalles représentaient en creux les traits du personnage inhumé et étaient entourées d'un cadre portant une inscription. Les pierres tombales des XIIIe et XIVe siècles étaient surtout remarquables. (V. *Tombeau.*)

TOMBANT, ANTE (*tomber*), *adj.* Qui tombe : *Maison tombante.* || Qui est prêt de finir : *Dynastie tombante.* || Incliné vers la terre : *Tige tombante.*

TOMBE (l. *tumba*), *sf.* Dalle de pierre posée horizontalement sur la fosse où l'on a enterré un mort. || Tombeau. — Fig. La mort : *Etre sur le bord de la tombe*, être près de mourir. — **Dér.** *Tombeau, tombelle, tombal, tombale; tomber, tombant, tombante, tombereau, tombelier, tombola.* — **Comp.** *Retomber.*

TOMBEAU (vx fr. *tumbel*, dm. du l. *tumba*, tombe), *sm*. Monument élevé sur le sol où a été enterré un mort pour perpétuer la mémoire de celui-ci. || Construction souterraine faite pour y déposer le corps d'un ou de plusieurs morts : *nécropoles, hypogées, catacombes, galeries, grottes sépulcrales, dolmens, tumuli, cryptes, caveaux*, etc. (V. ces mots.) || *Tombeau de famille*, celui dans lequel les membres d'une famille sont enterrés.

Aussi loin que nous pouvons remonter dans l'histoire, nous voyons tous les peuples de la terre montrer pour leurs morts un très grand respect : tous ont cherché à les mettre à l'abri des profanations. Pour arriver à ce résultat, ils ont pris des moyens appropriés à leur génie, à leurs ressources, à leur manière de vivre. Les uns, comme certains peuples sauvages, les exposaient sur des arbres élevés ; d'autres brûlaient leur corps et plaçaient leurs cendres dans des vases qu'ils confiaient ensuite à la terre, dans des cavernes ou des tombeaux creusés pour cet usage ; d'autres encore enfouissaient leurs morts dans le sein de la terre. Les Egyptiens embaumaient les corps de leurs parents et les déposaient dans des sarcophages placés dans des tombeaux construits à grands frais. (V. *Hypogée*, *Mastaba*; *Egypte ancienne*, tome Ier, pages 523 et 524 ; *Pyramide*, etc.) Quant aux corps des gens du peuple, ils étaient embaumés rapidement et entassés les uns sur les autres dans des hypogées qui représentaient la *fosse commune* de nos jours. Dans l'Inde, on élevait aussi, aux morts de distinction, des monuments funéraires d'une grande richesse qui avaient quelque ressemblance avec de petits temples, fig. 1. Les Lyciens construisaient aussi des tombeaux somptueux. La base était occupée par le sarcophage, fait le plus souvent en marbre ; au-dessus s'élevait un petit édifice, également en marbre, mais dont les diverses parties simulaient un assemblage de poutres en

Fig 1
TOMBEAU INDIEN

bois. Le monument était surmonté d'un toit en ogive sur lequel étaient sculptés des bas-reliefs très plats ou des ornements de métal, etc., figurant un poêle. Il y avait chez les Etrusques deux modes de sépultures. L'un était pratiqué par les tribus d'origine étrangère et consistait à ensevelir les morts embaumés et placés sur un lit de parade ou sur des banquettes et revêtus de leurs habits. L'intérieur des nécropoles était recouvert de peintures qui représentaient des scènes de la vie, des festins funèbres, etc. Beaucoup faisaient allusion à la vie future. Les parents avaient l'attention de placer auprès du mort les objets qui lui avaient appartenu pendant sa vie. C'est ainsi qu'on ensevelissait un enfant avec ses jouets, une femme avec ses bijoux, un guerrier avec ses armes. Aussi le mobilier funéraire des Etrusques que nous avons exhumé est-il assez riche. Les plus célèbres de ces tombeaux ont été trouvés à Tarquinies, à Volterra, à Chiusi et à Perrugia, etc. Dans d'autres circonstances les morts étaient déposés dans des sarcophages en terre cuite. Les tribus aborigènes, au contraire, brûlaient leurs morts et en plaçaient les cendres dans des urnes en marbre et en terre cuite, que l'on mettait dans des salles dont les murs étaient creusés de niches. Ces sortes de tombeaux étaient des *columbarium*. Les Grecs et les Romains incinéraient aussi les cadavres, et, comme les Étrusques, ils mettaient les cendres dans des vases ; ceux-ci étaient enfermés dans des constructions souvent considérables, comme le tombeau de *Cecilia Metella* ou celui du *Boulanger*, à Rome. Quelques grandes familles romaines cependant faisaient exception à cette règle et n'incinéraient pas leurs morts. Ceux-ci étaient alors déposés dans des sarcophages placés au milieu d'une chambre sépulcrale souterraine, qui était surmontée d'un monument ou de statue. Telle était la *gens Cornelia*, à laquelle appartenaient les *Scipions*. Nous donnons, fig. 2, le tombeau de *Lucius Cornelius Scipion Barbatus*, qui

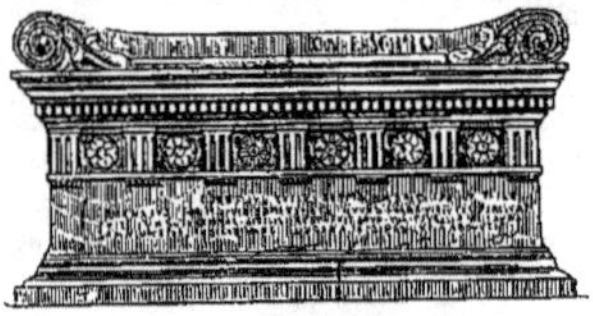

Fig. 2.
TOMBEAU DE SCIPION
(MUSÉE DU VATICAN, A ROME)

fut consul en 298 av. J.-C. Ce sarcophage d'ordre dorique était placé dans un tombeau à deux étages et sur lequel se dressaient les statues des Scipions et celle d'Ennius. Il était placé non loin de la porte Capène, entre la voie Appienne et la voie Latine. Ce sarcophage, aujourd'hui au Vatican, portait sur le bord de son couvercle une inscription peinte dont il ne reste que le fragment :

O. CN. F. SCIPIO

et qui était sans doute contemporaine de Scipion Barbatus. Le corps du sarcophage présente une autre inscription gravée dans la pierre ; elle est moins ancienne que celle qui était peinte, et n'est pas contemporaine du personnage qu'elle loue. Cette épitaphe est en vers saturniens et est ainsi conçue :

EST. . . . .

1. CORNELIUS LUCIUS SCIPIO BAR ATUS
[GNAIVOD PATRE]
2. PROGNATUS FORTIS VIR SAPIENSQUE
[QUOIUS FORMA VIRTUTEI PARISUMA]
3. FUIT CONSOL, CENSOR, AIDILIS QUEI
[FUIT APUD VOS TAURASIA, CISAUNA.]
4. SAMNIO CEPIT SUBIGIT OMNE
[LOUCANAN OPSIDESQUE ABDOUCIT.]

Ce qui signifie :

EST . . . .

Cornelius Lucius Scipion Barbatus, fils de son père Cneius, homme courageux et sage dont la beauté égalait la vertu, qui fut chez nous consul, censeur, édile ; il prit Taurasia, Cisauna au Samnium ; il soumit toute la Lucanie et ramena des otages.

Dans l'antiquité, les tombeaux étaient placés le long des routes, à la porte des villes, et faisaient en quelque sorte suite aux faubourgs. La voie Appienne était ainsi bordée de ces tombeaux. Les simulacres de la mort n'éveillaient pas dans l'esprit des anciens cette horreur qu'ils nous inspirent aujourd'hui ; ils allaient volontiers se promener au milieu des monuments qui recélaient dans leur sein les cendres de leurs pères ; ils s'y entretenaient même d'affaires. Il en fut ainsi pendant la période gallo-romaine et le père de notre histoire, Grégoire de Tours, nous montre qu'il en était encore ainsi de son temps dans les Gaules. Du reste, le moyen âge conserva la tradition de l'antiquité : les cimetières, placés à l'entrée des villes, étaient éclairés la nuit par un fanal et des bâtiments spéciaux y servaient d'asiles aux pauvres et aux voyageurs attardés. (V. *Cimetière*.) Des peuplades demi-sauvages ou barbares qui se sont succédé sur le sol des Gaules antérieurement à la période gallo-romaine, les unes ont enterré leurs morts, les autres les ont incinérés. C'est dans les *tumuli* et les *dolmens* (V. *Tumulus*, *Dolmen*) que l'on doit rechercher les restes de ces premiers occupants de notre pays. On trouve encore quelquefois des amas de pierres qui cachent la dernière demeure d'un chef gaulois. On voit dans l'une des cours de l'hôtel de Cluny, à Paris, un de ces tombeaux.

Le christianisme modifia complètement les mœurs à ce sujet : au lieu de brûler les morts, il prescrivit à ses adeptes de les enterrer. Mais comme à l'aurore des nouveaux temps les chrétiens étaient persécutés, ils furent obligés de cacher le lieu de leurs sépultures. C'est pourquoi ils les placèrent dans les catacombes de Rome. De l'origine du christianisme jusqu'à la seconde moitié du IIIe siècle, les sarcophages furent placés à terre, adossés aux parois des vestibules, des grandes voies ou encore au milieu de chambres construites exprès. Plus tard, on creusa, dans la paroi même des galeries souterraines, des excavations longitudinales dans lesquelles on déposait les corps et que l'on refermait en avant au moyen de trois grandes plaques en terre cuite que l'on cimentait. Quelquefois aussi le sarcophage était creusé perpendiculairement à la paroi et bouché au moyen d'une seule brique. Ces sépultures ont reçu le nom de *loculi* (*loculus* au singulier). Les briques recevaient souvent une inscription et les emblèmes du christianisme. Souvent aussi on voyait sur le côté un petit vase dans lequel on mettait de l'eau bénite et que quelques archéologues ont appelé *vase de sang*, parce que l'on croyait que les premiers chrétiens y déposaient le sang des martyrs qui avait été recueilli avec des éponges ou des linges pendant le supplice d'un de leurs frères. Les sépultures plus riches consistaient en un tombeau également creusé dans la masse du mur des catacombes ; ce tombeau avait la forme d'un sarcophage fermé supérieurement au moyen d'une dalle servant quelquefois d'autel. Au-dessus on avait pratiqué une sorte de niche en plein cintre ; l'ensemble de ce petit édifice avait reçu le nom d'*arcosolium* (*arco*, arc + *solium*, urne en marbre ou en terre dans laquelle les anciens plaçaient les cendres de leurs morts). Les sarcophages chrétiens se distinguent surtout de ceux des païens par le sujet des sculptures dont leurs parois étaient recouvertes. Les tombeaux païens nous montrent, en effet, des épisodes de la vie du défunt ou des scènes empruntées à la mythologie, tandis qu'au contraire les sculptures des sarcophages chrétiens nous retracent des scènes de l'Ancien ou du Nouveau Testament, de la vie de Jésus, de celle de la Vierge, etc. On les reconnaît aussi aux symboles : le monogramme du Christ, les colombes buvant dans une coupe ou perchées sur une croix, l'agneau portant une croix, un phénix, un paon, une couronne ou encore un dauphin, des poissons, des palmiers, etc.

Les archéologues ont classé les tombeaux dans deux catégories, savoir : 1° les *tombeaux apparents* ; 2° les *tombeaux non apparents* ou *recouverts de terre*.

Les premiers renfermaient les corps de personnages importants et étaient placés soit dans des cimetières, soit dans des églises, des chapelles, des cryptes ou sous des arcades, etc. Ils étaient faits de marbre ou de pierre et ornés de personnages en bas-reliefs ou de moulures. Quelques-uns, et entre autres celui d'Honorius à Ravenne, simulent de petits édicules dont le couvercle en plein cintre et recouvert d'imbrications paraît supporté par des colonnes. Les côtés montrent deux portes également en plein cintre et entre lesquelles se trouve une sorte de portique qui abrite un mouton supportant une croix ; sur celles-ci sont perchées deux colombes. Sur l'une des extrémités du tombeau se trouvent sculptés deux colonnes et un vase où deux colombes s'inclinent pour boire. Ces petits monuments sont empreints des caractères de l'architecture romaine et tous ceux que l'on a trouvés dans le midi de la France ont des caractères communs avec ceux de l'Italie, ce qui fait penser qu'il existait dans ce dernier pays des fabriques de ces objets ; ceux-ci étaient ensuite entreposés dans les Gaules, surtout dans le Midi. On peut voir aujourd'hui au musée de Bordeaux un autre genre de sarcophages provenant de l'église de Saint-Seurin; il consiste en une cuve évasée, dont les côtés sont ornés de colonnettes, de feuilles de vigne et d'une rosace au centre de laquelle se trouve le monogramme du Christ. Le couvercle est en retrait et partagé en compartiments recouverts de feuillages; ici encore apparaît le monogramme du Christ avec les lettres A et Ω. Un grand nombre de cercueils ne portent aucun bas-relief représentant des personnages, mais entre les compartiments dont ils sont formés on voit des cannelures en forme d'hélice allongée et que l'on nomme *strigiles*. Vers le VIIe siècle, l'ornementation des tombeaux fut modifiée : on n'y plaça plus le monogramme du Christ; ce qu'on y remarque surtout, ce sont des cercles dans lesquels sont tracés une croix, des vaisseaux renversés, des arcatures, des feuillages ou des cercles entrelacés. Le couvercle des sarcophages imite un toit à deux pentes ou est arrondi comme l'indique celui de la figure 3. Cette figure représente le couvercle d'un tombeau de l'époque carlovingienne trouvé dans le cimetière de Méré (canton de Montfort-l'Amaury, Seine-et-Oise). On remarquera qu'il ne porte aucune sculpture et que du côté de la tête il porte le mot RADONE, nom de celui qu'il contenait. Ce couvercle est en granit de Cherbourg, et montre que l'on faisait souvent venir les cercueils de loin. Ces objets étaient faits en pierre et ordinairement ils étaient d'un seul morceau. On creusait le bloc de pierre en forme d'auge; pendant l'époque mérovingienne, ils étaient aussi larges à la tête qu'aux pieds; mais un peu plus tard, il n'en fut plus ainsi; le côté de la tête fut plus large que celui des pieds. Dans les pays où la pierre faisait défaut, le cercueil, enfoui dans le sol, fut confectionné de plusieurs morceaux juxtaposés et recouverts d'un couvercle tantôt plat ou en dos d'âne, ou comme celui de Méré. A l'époque mérovingienne, on enterra les morts avec leurs armes, leurs bijoux, des vases, etc. Aussi les cimetières de cette époque sont-ils des mines pour ainsi dire inépuisables, d'où l'on a tiré une quantité considérable d'objets de toutes sortes : épées, poignards, boucliers, agrafes, lances, casques, haches, bracelets, boucles d'oreilles, fibules, bagues, pinces, vases en terre et en verre, verres à boire, etc. La forme des cercueils varia peu; cependant, à partir du XIIe siècle, l'intérieur du coffre montrait un espace circulaire destiné à recevoir la tête; dans d'autres cas, la place de celle-ci était indiquée par deux arêtes. De plus, les cercueils sont plus étroits aux pieds qu'à la tête. Ils renferment, outre un vase pour l'eau bénite, de petits pots à ventre renflé et percé de trous. Ces pots contiennent du charbon allumé au moment de l'inhumation et sur lequel on jetait de l'encens, sans doute pour masquer la mauvaise odeur du cadavre. Souvent on mettait quatre de ces pots, deux aux pieds et deux à la tête du mort. Le couvercle de ces cercueils était ou plat ou prismatique. Le même cercueil contient quelquefois plusieurs corps, appartenant sans doute à une même famille; la tête de ceux qui avaient été inhumés les premiers avait été ramenée aux pieds du dernier défunt.

Pendant le XIe siècle, les tombeaux apparents furent placés le long des murs des églises et dans des arcades pratiquées dans leur épaisseur; on les établissait aussi à l'extérieur des églises sous l'égout du toit, ou bien encore dans les salles capitulaires, dans les cloîtres, etc. Quelquefois, mais plus rarement, on les mettait isolés dans des cryptes ou dans des chapelles. Ceux qui étaient adossés aux murs, sous des arcades, se composent d'un sarcophage dont le coffre ressemble à une auge de maçon; le couvercle est plat ou en forme de toit à deux pentes. Le côté de celui-ci qui est extérieur au mur est recouvert de sculpture; tantôt ce sont des feuillages, tantôt des scènes de la vie, des chasses, etc. Le tout est supporté sur des colonnettes ou sur des chantiers. Au XIIe siècle, l'ornementation devient beaucoup plus riche. Les côtés se divisent en arcades sous lesquelles s'abritaient des statues en bas-relief; les colonnettes sont aussi garnies de

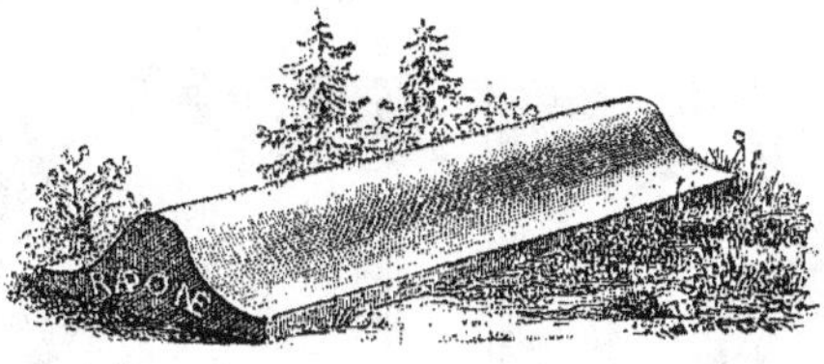

Fig. 3.

PIERRE TOMBALE

COUVERCLE D'UN SARCOPHAGE DE L'ÉPOQUE CARLOVINGIENNE TROUVÉ DANS LE CIMETIÈRE DE MÉRÉ, CANTON DE MONTFORT-L'AMAURY (SEINE-ET-OISE), OU ON PEUT ENCORE VOIR ACTUELLEMENT CETTE PIERRE TOMBALE. ELLE PORTE L'INSCRIPTION « RADONE », NOM DE L'INDIVIDU QU'ELLE RECOUVRAIT ON TROUVE DANS LE PAYS DES PERSONNES QUI S'APPELLENT REDON

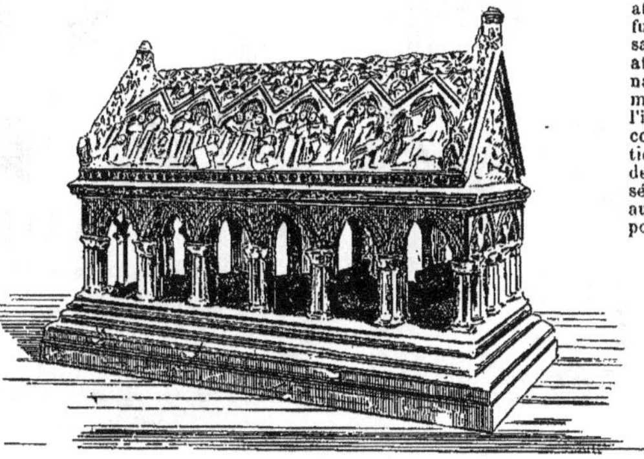

Fig. 4.

TOMBEAU DE SAINT ÉTIENNE

A OBAZINE, XIIIe SIÈCLE

sculptures, et des cordons de feuillages, etc., courent sur les moulures. Les chantiers qui supportent les sarcophages sont souvent remplacés par des lions ou des chiens. Sur le couvercle, on voit aussi figurés des croix grecques, des palmettes, des instruments, tels qu'un marteau, etc. Ce fut aussi pendant le XIIe siècle que l'on commença à sculpter l'image du défunt. Ces statues étaient alors peintes. Quelquefois aussi la statue était placée sous une sorte de petit monument simulant un autel à claire-voie revêtant tous les caractères de l'architecture de cette époque. Quelquefois aussi les tombeaux des grands personnages étaient couverts de plaques de métal, d'argent ou de cuivre émaillé.

Parmi ces tombeaux il y en avait qui étaient peu élevés au-dessus du sol; ils étaient munis aux quatre coins de douilles dans lesquelles s'engageaient des tringles de métal ou de bois qui, à certains jours, anniversaire ou fête du saint patron, etc., supportaient un poêle et des cierges allumés. On enterrait aussi les morts sous le pavé des églises et on recouvrait les cercueils de dalles historiées. Peu de celles du XIe siècle sont parvenues jusqu'à nous, car elles ont été usées par les chaussures des fidèles. Mais nous voyons par celles qui restent que les ornements étaient dessinés en creux. Ce sont des zigzags, des losanges, des croix, des feuillages, etc. Il en est aussi qui présentent des figures : telle est la pierre tombale de Frédégonde, aujourd'hui déposée dans la cathédrale de Saint-Denis, et qui est composée d'une dalle en pierre de liais, incrustée de fragments de verre et de pierres dures, entremêlés de filets de cuivre. Les vêtements sont dessinés par des réserves laissées dans la pierre. La place de la figure, des mains et des pieds est lisse et devait être autrefois recouverte de peinture. Ce travail date de la première moitié du XIIe siècle et avait été fait sur la demande des moines de Saint-Germain des Prés et placé dans le chœur de leur église. C'est surtout au XIIIe siècle que les plates-tombes devinrent communes, bien que déjà au XIe siècle on en fit qui présentaient des effigies en demi-relief. On sait que la statuaire fit au XIIIe siècle des progrès très sensibles. Aussi les tombeaux apparents furent-ils ornés de statues qui se recommandent à nous à plus d'un point de vue; elles nous ont fourni de précieux documents pour l'histoire du costume. Ces statues tombales étaient peintes des plus riches couleurs, et les personnages qu'elles représentaient étaient différenciés par les attitudes, ou les attributs du défunt. Les évêques, très reconnaissables à leur mitre et aux autres attributs de l'épiscopat, se reconnaissent, en outre, à ce que leur main droite est levée, et à ce que l'index et le médius sont déployés comme pour donner la bénédiction. Cependant, quelques-unes de ces statues ont les mains croisées; cette attitude est commune aux abbés ayant le privilège de porter la crosse et la mitre; un prêtre est accompagné d'une croix et d'un calice, etc. Les chevaliers sont représentés tout armés, vêtus de longs habits retenus par une ceinture à laquelle étaient suspendus une épée, un couteau, etc. Le bras gauche portait un bouclier; quant aux mains, elles étaient croisées sur la poitrine ou les paumes des mains appliquées l'une contre l'autre dans l'attitude de la prière. Il est à remarquer, en outre, que les yeux des statues sont ouverts et qu'aucun signe de mort n'existe dans ces compositions. Lorsqu'une date n'est pas inscrite sur le monument, le style dans lequel il a été construit suffit toujours pour établir à quelle époque il a été élevé. Pendant le XIIIe siècle, on édifia un certain nombre de tombeaux appliqués contre les murs des églises; sur le sarcophage reposait la statue du défunt et le côté apparent présentait des arcatures dans lesquelles se dressaient des statues; ces arcatures sont tantôt ogivales, tantôt trilobées. Il est des tombeaux qui ont la forme d'autel; tel est celui que l'on voit aux Cerisiers (Yonne) et qui date de 1226. Sa face antérieure présente quatre arcatures trilobées au milieu de chacune desquelles est percée un quatre-feuilles à jour, laissant voir la statue couchée de la défunte; les arcatures retombent sur de petites colonnes dont les chapiteaux sont décorés comme ceux du XIIIe siècle; entre les arcatures sont des motifs de feuillage. Tel est encore le tombeau de saint Étienne à Obazine et dont nous donnons la représentation (fig. 4). D'autres tombeaux sont composés comme celui de la reine Bérengère, femme de Richard Cœur de Lion : une statue de grande dimension est couchée sur un cercueil dont les grands côtés sont ornés de quatre-feuilles arrondis et cantonnés, aux quatre coins, chacun de petites roses. La reine est étendue les mains sur la poitrine et tenant un petit tableau ; sa tête repose sur un coussin. Quelquefois la statue principale est accompagnée de figures plus petites : ce sont des anges thuriféraires, des clercs tenant des cierges, les quatre évangélistes que l'on reconnaît à leurs livres ouverts, ou d'autres personnages bibliques, etc. Ces statuettes ont commencé à apparaître dans la seconde moitié du XIIIe siècle. Les grandes statues des tombeaux n'étaient pas toujours en pierre; il y en avait aussi en bronze, mais elles ont presque entièrement disparu. On peut en citer néanmoins deux beaux spécimens qui se voient actuellement dans la cathédrale d'Amiens : l'une est la tombe de *Ewrad du Fouilloy*, mort en 1223 et qui posa la première pierre de l'église en 1220; l'autre est celle de son successeur *Geoffroy d'Eu*, qui trépassa en l'an 1237. Sur la première tombe, l'évêque, revêtu de ses habits pontificaux, est couché la tête appuyée sur un coussin et les pieds sur des reptiles ; il donne la bénédiction de la main droite. Cette statue est dans un arc trilobé et accompagnée de quatre petites statuettes. Ce tombeau de bronze, porté par six lions servant de pieds, était sans doute posé sur une épaisse table de pierre. Certaines statues étaient en cuivre recouvert d'émaux où le rouge, le bleu, le violet dominaient ; d'autres étaient en cuivre jaune.

Parmi les tombeaux élevés pendant le XIIIe siècle, nous devons signaler celui de Dagobert, réédifié par Louis IX et que l'on voit encore aujourd'hui dans la cathédrale de Saint-Denis. Il se compose d'une grande niche ogivale surmontée d'un gable; la partie inférieure du monument montre le roi couché sur un sarcophage; de chaque côté se dressent les statues de sa femme Nantilde et de son fils aîné Sigebert. Au-dessus du sarcophage, et au fond de la niche, se trouve représentée, sur trois bandes horizontales, la légende de la mort de Dagobert. On voit aussi à Saint-Denis des tombes doubles qui datent de la même époque et sur lesquelles sont étendues les deux statues des défunts. A la tête, sur des sortes de chevets, sont des herses placées entre deux colonnettes supportant deux flambeaux. Tout cet appareil servait à illuminer les tombes à certains jours. Au XIVe siècle, on éleva des monuments funéraires d'une grande richesse; mais dont l'ensemble ne se distingue pas de ceux du siècle précédent. Ils sont empreints des caractères du style de l'époque qui les a élevés. On les adossa, comme précédemment, aux murs des églises ou bien on les construisit entre deux colonnes ou deux piliers. Sur le sarcophage, placé à la hauteur du sol, était étendue, comme au siècle précédent, la statue du défunt; un dais de pierre ajouré et finement découpé surmontait le monument. Ce dais était formé par des arcs en ogives avec gables ornés de fleurons, et les colonnettes étaient surmontées de pinacles. Les statuettes, placées dans des arcatures, venaient encore ajouter à la richesse du monument. Toutes les parties de celui-ci étaient richement peintes et la voûte de l'édicule l'est en bleu.

Les pierres tombales du XIVe siècle sont d'une très grande perfection; les détails du costume, aussi bien que les ornements d'architecture qui accompagnent l'image du défunt, sont admirablement traités. Ces plates-tombes formaient le dallage des églises. Le plus souvent elles étaient rectangulaires; une inscription en caractères du temps courait sur les bords de la dalle; au centre était gravée en creux l'image du défunt, qui était placée le plus souvent au milieu d'un arc ogival et représente soit une travée d'une église ou une chapelle. Nous donnons ici (fig. 5 et 6,) deux de ces pierres tombales qui étaient jadis dans l'église de l'abbaye d'Arcelet (commune de Roberval) et qui se trouvent aujourd'hui dans le chœur de l'église de Saint-Gervais-de-Pontpoint (Oise). L'inscription qui court autour de la première est ainsi conçue :

✝ CI GIST JEHANNE DOVCRVES FAME OVDART DVCRVS MAISTRE ET ENQVESTEVR DES EAVES ET DES FORES LE ROY QVI TREPASSA LE MARDI DES FOIRIERS DE PASQVES LAN M CCC XXVI. PRIES POVR LAME DE LI.

(Ci-gît Jeanne Ducrues, femme de Oudart Ducrus, maître et enquêteur des eaux et des forêts du roy, qui trépassa le mardi des fêtes de Pâques l'an 1326. Priez pour son âme.)

Au centre de la pierre se trouve l'image de *Jehanne Ducrues*, les mains jointes et les pieds posés sur un chien. De chaque côté s'élève un chêne couvert de feuilles et de glands. Au-dessus de sa tête sont deux anges tenant d'une main un encensoir et de l'autre une cassolette. La seconde est celle de *Oudart Ducrus*, mari de Jehanne. (V. son inscription, t. II, p. 72, col. 1 et 2.) Son effigie le montre revêtu du costume du temps, les mains jointes et les pieds posés sur un chien; de chaque côté, à la hauteur des épaules, est gravé son écu. Cette figure est placée au milieu d'une ogive trilobée surmontée d'un gable fleuronné renfermant un trèfle. L'ogive retombe sur des colonnettes qui se terminent par des pinacles. Les espaces compris entre les deux pinacles supérieurs et le galbe sont occupés par deux anges debout, qui encensent l'image du mort. Ces deux compositions sont admirablement dessinées en creux ; le trait est hardi et montre qu'il est dû à une main exercée. Ces tombes étaient en bon état lorsque nous les avons dessinées (août 1879), mais toutes celles que l'on trouve dans nos églises sont malheureusement vouées à une destruction prochaine : le frottement des chaussures en efface chaque jour le trait. Aussi serait-il urgent de les dresser le long des murs afin d'en assurer la conservation.

Fig. 5.

Fig. 6.

PIERRES TOMBALES

ACTUELLEMENT DANS LE CHŒUR DE L'ÉGLISE DE SAINT-GERVAIS DE PONTPOINT (OISE) ET AUTREFOIS DANS L'ÉGLISE DE L'ABBAYE D'ARCELET, COMMUNE DE ROBERVAL (OISE)

Un certain nombre de ces tombes du XIVe siècle sont géminées, c'est-à-dire que sur la même dalle sont gravées deux effigies recouvrant chacune un corps. Telles sont, par exemple, celles de *Jehan Rose*, bourgeois de Meaux, et de sa femme, que l'on voit dans la cathédrale de cette ville, et celle d'*Andrieu d'Averton, sire de Belin*, et de sa femme *Isabeau de Breinville*, qui se trouve à Saint-Ouen en Bélin (Sarthe). Cette dernière surtout est d'une richesse de dessin incomparable. L'architecture en est très belle, et indépendamment des figures des défunts, on voit le long des colonnes extérieures de la travée que le tombeau représente de petites figures de femmes admirablement drapées dans leurs longs vêtements. Les deux gables qui enserrent les deux ogives sont ornés intérieurement de rosaces et cantonnés d'anges thuriféraires. La place de la figure, des mains et des pieds était souvent réservée et incrustée de marbre blanc, ou quelquefois de cuivre.

Au XVe siècle, les tombeaux arqués, construits le long des murs des églises, présentent des ogives munies intérieurement de festons trilobés; de plus, cette ogive fait place à l'arc en accolade; les moulures prismatiques envahissent la partie apparente du cercueil et la pierre est chargée d'une infinité de détails d'architecture qui enlèvent à toutes ces compositions du XVe siècle cet aspect léger et élancé qu'elles avaient aux siècles précédents. Dans certaines provinces, en Bretagne, par exemple, les églises se remplirent d'un grand nombre de ces monuments funéraires, auxquels on donne le nom d'*enfeux*. Au-devant de quelques-uns de ces tombeaux arqués on plaçait un autel où l'on venait dire des messes d'obit.

Les pierres tombales du XVe siècle sont également surchargées d'ornements; les effigies ont les yeux fermés et sont représentées au milieu de portails, de chapelles ou d'églises ; mais la perspective de ces monuments laisse beaucoup à désirer. Sur les côtés des dalles, qui comme au XIVe siècle sont rectangulaires, sont placées, dans des niches et à différentes hauteurs, de petites figures de saints. Celles-ci sont souvent, comme la figure, les mains et les pieds du personnage principal, en marbre blanc ou, plus rarement, en cuivre rapporté. Ces parties faisaient un peu saillie et caractérisent le XVe siècle, bien qu'on ait commencé à pratiquer ce luxe d'exécution au siècle précédent. Pendant le cours du XVe siècle, on a placé dans les cimetières beaucoup de croix sculptées dont l'extrémité des bras est ornée de feuilles frisées. On rencontre aussi dans les cimetières de cette époque quelques tombes ayant la forme de pupitre : on pouvait y placer un livre et le côté portait un petit bénitier.

Avec le XVIe siècle apparaissent sur les tombeaux les emblèmes et les attributs de la mort, de la douleur, de la séparation éternelle. On y voit figurés des squelettes, des corps décharnés et en train de se décomposer; des cadavres soulevant le couvercle de leur cercueil, des têtes de mort placées au-dessus de deux os disposés en croix, etc. L'ogive fait partout place au plein cintre de la Renaissance; sur les piliers qui le supportent sont placées des pleureuses abritées dans de petites niches. Quant aux grandes compositions, elles sont dans le style de la Renaissance ; le défunt est représenté mort, à la partie inférieure de l'édifice, tandis qu'à sa partie supérieure il est à genoux dans l'attitude de la prière. Parmi les magnifiques tombeaux de cette époque, on peut citer celui de François Ier dont le plan fut fait par *Philibert de l'Orme*. Les *Images nues*, du roi et de la reine Claude, œuvre de *Jean Goujon*, sont étendues sous le cénotaphe, tandis qu'au-dessus sont leurs statues agenouillées. Elles sont accompagnées de celles du Dauphin François, de Charles d'Orléans et de Charlotte de France. Les bas-reliefs du stylobate sont dus à l'habile ciseau de *Pierre Bontemps*, maître sculpteur, bourgeois de Paris ; *Germain Pilon* fit les huit figures de *Fortune*, placées sur la voûte du cénotaphe ; *Ambroise Perret* exécuta les quatre évangélistes ; enfin *Bastide Galles, Jacques Chantrel, Jean de Bourgy* et *Pierre Bigoïgne* furent chargés de l'ornementation. On peut voir encore à Saint-Denis les tombeaux de Louis XII, de Henri II, dont les statues sont dues à Germain Pilon. Le XVIIe siècle imita le XVIe et renchérit même sur lui touchant les attributs de la mort. Beaucoup de pierres tombales de cette période, ne contenant qu'une inscription surmontée d'un crâne et d'os de mort, sont fixées dans nos églises ou sur leurs murs extérieurs. || Endroit où l'on trouve la mort : *La Guyane fut le tombeau d'une foule de Français.* — Fig. La mort. || *Descendre au tombeau*, mourir. || *Tirer du tombeau*, sauver la vie. || *Suivre quelqu'un au tombeau*, mourir peu de temps après lui. || *Conduire au tombeau*, causer la mort : *Le chagrin l'a conduit au tombeau.* — Fig. Séjour comparable à un tombeau : *Le tombeau d'un vivant*, un cachot. — Fig. Fin, destruction : *La satiété est le tombeau des désirs.* — **Dér.** *Tomber, tombée, tombereau, tomberelle, tombeur, tombiseur, tombant, tombante, tombal, tombale, tombelle.* — **Comp.** *Retomber, retombe, retombée.*

TOMBÉE, *spf.* de *tomber*. Chute en bloc : *La tombée d'une avalanche.* || Moment où une chose finit : *La tombée du jour.* || Moment où une chose commence : *La tombée de la nuit.*

TOMBEKBEE, 700 kilom. Rivière des Etats-Unis, affluent de l'Alabama qui arrose les Etats de Mississipi et d'Alabama.

TOMBELIER (vx fr. *tombrelier :* vx fr. *tomberel*, tombereau), *sm.* Charretier qui conduit un tombereau.

***TOMBELLE** (vx fr. *tumbel :* dm. de *tombe*), *sf.* Eminence de terre ou de pierres brutes sur le lieu où un mort a été enterré.

TOMBER (vx fr. *thumer, tumer, thumber :* du l. *tumba*, tertre), *vi.* Etre entraîné de haut en bas en vertu de son propre poids : *Tomber dans un précipice. Tomber du ciel.* || *Faire tomber la tête de quelqu'un*, le faire mourir de la main du bourreau. || *Tomber du haut mal, d'épilepsie*, être épileptique. || *Tomber les quatre fers en l'air*, être renversé sur le dos. || *Tomber mort, tomber raide mort*, mourir instantanément. || *Tomber de son haut, de toute sa hauteur*, être renversé par terre pendant que l'on est debout. — Fig. Etre saisi d'étonnement : *Cette nouvelle me fit tomber de mon haut.* — Fig. *Tomber de bien haut, tomber d'étonnement, les bras m'en tombent, tomber des nues*, être très étonné, très surpris d'une chose. || *Tomber des nues*, ne savoir quelle contenance prendre : *En arrivant dans cette société je tombai des nues.* — Fig. Arriver à l'improviste, sans être préparé, attendu : *Cette parole tombe des nues.* || *Tomber du ciel*, se dit d'une chose qui arrive inopinément : *Cette somme d'argent m'est tombée du ciel.* || *Tomber sur ses pieds*, tomber de manière qu'on reste debout et sans se blesser. — Fig. Se tirer heureusement d'une circonstance fâcheuse, embarrassée. || *Tomber par terre*, se dit de ce qui, touchant à terre, tombe de sa hauteur : *Cet homme, cet arbre est tombé par terre.* — Fig. Se dit d'une chose qui se perd, à laquelle on n'attache plus d'importance : *La puissance des grands empires tombe aussi par terre.* || *Tomber à terre*, se dit de ce qui est placé au-dessus du sol et tombe sur la terre : *Cet aéronaute est tombé à terre. Les fruits de cet arbre sont tombés à terre.* — Fig. *Cette parole, cette action n'est pas tombée à terre*, elle a été remarquée. — Fig. *Faire tomber les armes des mains de quelqu'un*, l'apaiser, le fléchir. — Fig. *Les armes tombent des mains*, le droit de faire la guerre s'évanouit. — Fig. *La plume lui tombe des mains*, il n'a pas le courage, le goût d'écrire. || *Faire tomber la plume des mains*, dégoûter d'écrire. — Fig. *Ce livre me tombe des mains*, sa lecture m'écœure. — Fig. *Tomber du côté où l'on penche*, se laisser aller à ses passions. || On dit qu'un *rhume tombe sur la poitrine* lorsque l'inflammation s'étend de la gorge aux bronches. || *Laisser tomber une voile*, la laisser aller à son propre poids lorsque l'on dénoue les cordes qui la retiennent fixée contre la vergue. (Mar.) || Mourir : *Le cœur percé d'une balle, le soldat tomba à l'entrée de la redoute.* || Succomber, périr : *Il est tombé sous les efforts du plus grand nombre.* || Ne pouvoir se soutenir : *Nous tombions tant nous avions marché.* || *Tomber de faiblesse, d'inanition*, être dans une grande faiblesse, être près de se trouver mal faute de nourriture. || *Tomber de sommeil*, avoir besoin de dormir. || *Tomber aux genoux, aux pieds de quelqu'un*, s'y jeter par respect ou par crainte. || *Tomber sur*, se précipiter sur, se jeter à l'improviste sur, attaquer avec violence : *Cet homme est tombé sur son adversaire et l'a frappé. Les régiments de cuirassiers tombèrent sur l'ennemi et le massacrèrent. Jean Bart, avec ses vaisseaux, tomba sur une flotte marchande.* — Fig. *Tomber sur*, critiquer amèrement, blâmer : *On est tombé bien à tort sur ce ministre qui s'efforçait de faire son devoir.* — Fig. et fam. *Tomber sur le corps à quelqu'un, sur sa friperie*, l'attaquer violemment par des paroles ou des écrits. || *Tomber sur un mets, sur un plat*, en manger avec avidité. || Rencontrer inopinément : *Les chasseurs tombèrent sur une compagnie de perdreaux.* || *Ne tomber que sur*, rencontrer à chaque instant. || *Tomber entre les mains, dans les mains, aux mains de quelqu'un*, devenir son prisonnier, devenir sujet à sa volonté, son caprice, etc. : *L'armée tomba aux mains de l'ennemi.* || *Tomber sous la main de quelqu'un*, se trouver sous sa dépendance, à portée de sa colère, de son ressentiment. On dit aussi familièrement : *Tomber sous la patte de quelqu'un.* || *Tomber sous la coupe de quelqu'un*, devenir en son pouvoir. (Fam.) || *Tomber sous les lois*, sous leur application. || Être amené par hasard ou malgré soi : *Tomber dans une embuscade. Le renard tombe rarement dans les pièges qu'on lui tend.* || Arriver à l'improviste chez quelqu'un : *Je me promets de tomber chez vous un de ces jours.* || *Tomber sur les bras de quelqu'un*, arriver chez lui sans l'avoir prévenu et l'embarrasser. — Fig. et fam. Devenir à sa charge au moment où il ne s'y attendait pas. || *Tomber sur les bras*, attaquer, causer du dommage : *Un parti de francs-tireurs était posté dans un bois et pouvait à chaque instant tomber sur les bras de l'ennemi.* || Aller d'un lieu dans un autre : *En quittant la forêt, nous tombâmes sur une lande couverte de bruyères.* || Trouver sans avoir cherché : *En parcourant ce volume de vers, je tombai sur un très beau passage.* || *Tomber sur un sujet de conversation*, arriver à parler de choses auxquelles on n'avait pas pensé d'abord. || Vivre à une certaine époque, dans un certain milieu où l'on a été amené par le hasard : *En arrivant dans cette ville, je tombai au milieu d'une bonne société.* || *Tomber bien ou mal*, faire une bonne ou une mauvaise rencontre. || *Tomber au sort, à conscription*, être désigné par le sort pour faire partie de l'armée. || Être affecté, atteint de maladie : *Je suis tombé malade en 1885.* || *Tomber malade, amoureux*, devenir malade, amoureux. || *Tomber en défaut*, se dit des chiens lorsqu'ils perdent la piste du gibier. (Chasse.) || *Tomber en arrêt*, se dit d'un chien qui arrête un gibier. — Fig. *Tomber en, dans*, être réduit à : *Cet homme est tombé dans la peine, dans la misère, dans le désespoir.* || *Tomber en disgrâce, dans la disgrâce*, n'être plus dans les bonnes grâces de quelqu'un, n'avoir plus de part à sa bienveillance, à sa faveur. || *Tomber dans le mépris*, devenir un objet de mépris. || *Faire tomber quelqu'un en confusion*, lui faire éprouver, lui causer une grande confusion. — Fig. *Tomber de... en*, passer de... en : *Le voyageur tombe de surprise en surprise.* — **Prov.** et Fig. TOMBER DE CHARYBDE EN SCYLLA, en voulant éviter un mal, tomber dans un autre. — **Prov.** et Fig. TOMBER DE FIÈVRE EN CHAUD, tomber d'un état fâcheux dans un pire. — Fig. *Tomber en, dans*, faire une chose qui mérite d'être blâmée : *Cet auteur tombe dans l'afféterie.* || *Tomber en faute, tomber dans le crime, tomber dans le péché*, commettre une faute, un crime, un péché. || *Tomber*, pécher (dans le style de l'Écriture). — Fig. *Tomber dans l'aveuglement, dans l'endurcissement*, devenir aveugle, insensible aux vérités de la religion. || *Tomber dans l'erreur, dans la contradiction, en contradiction*, se tromper, se contredire. || *Tomber dans le ridicule*, faire une action ridicule. — Fig. *Tomber dans*, se laisser aller à : *Tomber dans des transports de joie.* || *Tomber dans la dévotion*, devenir dévot. — Fig. Perdre une haute position : *Adam, en quittant le Paradis terrestre, a dû sentir combien il était tombé.* — Fig. Décroître, perdre de ses forces, de son mérite : *Cet auteur, en vieillissant, n'a rien perdu de son mérite.* || *C'est un homme qui tombe*, qui est affaibli de corps et d'esprit ; qui a perdu son crédit. || Ne pas réussir au théâtre, en parlant d'une pièce : *Cette pièce est tombée à la première représentation.* || *Tomber d'accord*, convenir, avouer : *Je tombe d'accord que vous avez raison.* || *Tomber d'accord avec quelqu'un*, convenir d'une chose avec lui. || *Tomber dans le sens, Tomber dans le sentiment de quelqu'un*, se ranger à son avis. || *Tomber*, avec un nom de chose pour sujet, ne plus se soutenir : *Cette maison tombe de vétusté.* || Se séparer, se détacher : *Dans la gangrène sèche, les membres tombent tout seuls.* || Etre vaincu, se rendre : *Paris ne tomba qu'après un siège long et rigoureux.* || Déchoir, diminuer, périr : *La puissance allemande tombera comme les autres.* — Fig. Perdre en autorité, en crédit, en vogue : *Cet homme a été ministre, mais il est tombé. La mode des culottes courtes est tombée depuis longtemps.* — Fig. *Tomber de haut*, éprouver une grande décadence. || Qui n'est plus en faveur : *La chasse au faucon est bien tombée aujourd'hui.* || Qui est très négligé : *L'étude de la botanique est tombée.* || Cesser, discontinuer, abandonner : *Les poursuites tombèrent d'elles-mêmes. La conversation tomba.* || *Laisser tomber*, ne pas s'occuper de, ne pas apporter d'attention : *Laisserez-vous tomber vos réunions du soir?* || *Il faut laisser tomber cela*, il faut faire en sorte qu'on n'en parle plus. ‖ *Ces bruits commencent à tomber*, on commence à ne plus s'en occuper. ‖ Arriver : *La nuit tombait.* ‖ *La nuit est tombée,* il fait nuit. ‖ S'apaiser, se calmer : *La fièvre est tombée.* ‖ *La mer tombe,* son agitation diminue, ses vagues sont moins fortes. (Mar.) ‖ *Le vent tombe,* il est moins violent. ‖ Pencher sur : *Le mât tombait sur l'arrière du navire.* (Mar.) ‖ Etre pendant : *De belles nattes de cheveux tombaient sur les épaules de cette jeune fille.* — On dit que des regards tombent sur quelqu'un quand on le regarde comme d'en haut : *Laisser tomber sur quelqu'un un regard de pitié, de dédain, d'envie,* etc., le regarder avec pitié, dédain, envie, etc. ‖ *Son regard tombe sur cette personne, cet objet,* il regarde par hasard cette personne, cet objet. ‖ *Ce navire tombe sous le vent d'un point,* ce navire s'éloigne de ce point placé plus près que lui de l'endroit où souffle le vent. (Mar.) ‖ Se dit d'un coup qui vient d'en haut : *Le coup lui tomba sur la tête.* ‖ Céder, disparaître : *Venez, et les difficultés tomberont.* — Fig. *Les portes tombent,* ce qui empêchait d'arriver disparaît. ‖ Faiblir, manquer : *Laisserez-vous tomber votre courage?* ‖ *Tomber en, dans,* arriver, en y joignant une idée de déchéance : *Les lois sans les armes tombent dans le mépris.* ‖ *Tomber en putréfaction, en pourriture,* se pourrir. ‖ *Tomber en poussière,* se réduire en poussière. ‖ *Tomber en loques, en pièces,* se dit d'un habit qui se déchire partout. ‖ *Tomber en déliquescence,* se dit d'un corps solide qui absorbe de l'humidité et s'y dissout. ‖ *Tomber en désuétude,* cesser d'être en usage. ‖ *Tomber dans l'oubli,* ne plus s'en souvenir. ‖ Dégénérer en : *Cela tombe dans le maniéré.* ‖ *Cette maison est tombée en quenouille,* il n'en reste que des filles. ‖ *Cette couronne, cette souveraineté tombe en quenouille,* les filles peuvent en hériter au défaut des mâles. ‖ *Tomber à rien,* se réduire à très peu de chose. ‖ *Cette dépense tombe en pure perte,* elle ne produit rien. ‖ Devenir l'objet, la possession : *Rome fit tomber les royaumes sous ses lois.* ‖ Passer dans : *Les biens de cette maison sont tombés dans nos mains.* ‖ *Tomber dans le domaine public,* se dit d'une propriété privée qui devient publique. — Fig. *Tomber dans la conversation,* devenir un sujet commun de conversation. ‖ Echoir : *Les honneurs sont tombés sur notre éditeur.* ‖ *Le sort tomba sur lui,* il fut désigné par le sort. ‖ *Tomber sous la main,* se présenter par hasard : *Cet objet me tomba sous la main à l'instant où je n'y pensais pas.* ‖ *Tomber dans l'esprit,* se présenter à l'esprit. ‖ *Cela ne me serait jamais tombé dans l'esprit,* je ne me serais jamais avisé de cela. ‖ *Cela ne peut tomber que dans la tête, dans l'esprit d'un fou,* il n'y a qu'un fou qui puisse imaginer cela. ‖ *Faire tomber la conversation sur,* l'amener sur. ‖ *Tomber sur,* avoir son point principal en. ‖ Etre à la charge de : *Tout tombe sur ce pauvre homme!* ‖ Avoir pour objet : *L'interdiction du feu et de l'eau chez les anciens tombait sur les choses nécessaires à la vie.* ‖ *Tomber sur,* être porté sur, attaquer : *La haine tombera sur moi.* ‖ *Le soupçon tombe sur lui,* on le soupçonne d'avoir fait la chose dont il s'agit. ‖ *Faire tomber sur,* rejeter sur. ‖ *Tomber bien ou mal,* arriver heureusement ou malheureusement. ‖ Aboutir : *Le chemin de Boissy tombe sur la grande route. La Marne tombe dans la Seine.* ‖ Coïncider, arriver : *Cette fête tombe le jeudi.* ‖ *Faire tomber les pages les unes sur les autres,* faire que la page du recto et celle du verso se correspondent exactement. (Impr.) ‖ *Tomber sous,* ranger, appartenir à : *Les haricots tombent sous la famille des Légumineuses.* ‖ *Tomber sous le sens,* être évident. ‖ *Tomber sous le sens,* être perceptible par les sens. ‖ Faiblir : *Sa voix tombait en chantant.* ‖ *Laisser tomber ses paroles,* parler négligemment. ‖ *V. impers. Tomber* s'emploie impersonnellement avec les mots *pluie, grêle, neige, brouillard,* etc., et dans certaines tournures de phrases : *Il est tombé de la neige ce matin. Et que serait-ce donc s'il fût tombé de l'arbre une masse plus lourde? Il m'est tombé entre les mains une petite pièce de vers,* etc. — **Prov.** QUAND LA POIRE EST MÛRE, IL FAUT QU'ELLE TOMBE, quand les affaires sont venues à un certain point, il faut nécessairement qu'elles éclatent. — SI LE CIEL TOMBAIT, IL Y AURAIT BIEN DES ALOUETTES PRISES, se dit à ceux qui font des suppositions impossibles et ridicules. — **Gr.** Bien que *tomber* se conjugue ordinairement avec l'auxiliaire *être* dans les temps composés, il peut aussi être employé avec *avoir* : *Le faucon a tombé sur la perdrix,* il a fondu tout à coup sur elle. Il est, du reste, des cas où l'emploi de *avoir* est absolument nécessaire. Ainsi : *Mon enfant est tombé,* veut dire *qu'il est par terre.* Au contraire : *Mon enfant a tombé* signifie *qu'il a fait une chute il y a un instant.* (LITTRÉ.) — Dans l'ancien français et jusqu'au XVIe siècle, *tomber* s'employait à la voix active. Cette façon de parler n'est plus usitée que dans le langage populaire et notamment dans l'argot des lutteurs, où l'on dit *tomber son adversaire,* c'est-à-dire *renverser son adversaire.* Depuis quelque temps, cet emploi tend à reconquérir son droit de cité, et l'on dit : *Tomber un ministre,* etc., pour renverser, attaquer violemment un ministre. — **Dér.** *Tombée, tombant, tombante, tombereau, tombelier.* — **Comp.** *Retomber,* etc.

TOMBEREAU (*tomber*), *sm.* Charrette en forme de caisse pour porter du sable, des pierres, du fumier, de la boue et que l'on peut faire basculer d'avant en arrière. Un tombereau n'est pas un *tronc de pyramide ;* car les deux rectangles, l'un inférieur, formant le fond, l'autre supérieur, constituant ses deux bases, ne sont pas semblables entre eux, leurs côtés n'étant pas proportionnels. Il faut donc, pour calculer son volume, avoir recours à un procédé particulier. Pour l'ob-

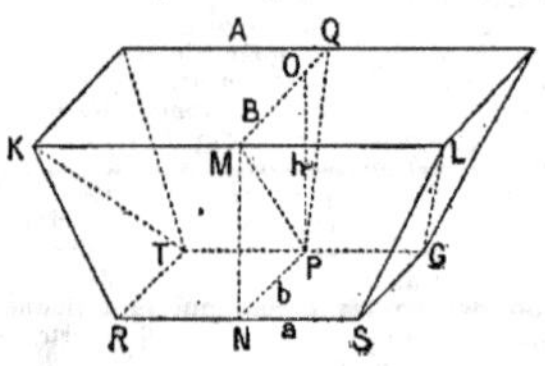

TOMBEREAU

tenir on fait passer un plan par les deux arêtes opposées KL et TG du tombereau, ce qui partage celui-ci en deux troncs de prisme. Puis on mène un plan MNPQ perpendiculaire aux deux arêtes KL et TG. On sait que le *volume d'un tronc de prisme triangulaire a pour mesure la surface de sa section droite multipliée par le tiers de la somme de ses arêtes.* Par conséquent, nous aurons, en représentant par v le volume du tronc de prisme antérieur, par v' celui du tronc postérieur ; par a les arêtes RS et TG, et par A les arêtes KL et Q :

$$v = \mathrm{MNP} \times \frac{1}{3}(2a + \mathrm{A}),$$

$$v' = \mathrm{MPQ} \times \frac{1}{3}(2\mathrm{A} + a).$$

Si nous représentons par B la largeur MQ de la partie supérieure du tombereau ; par b la largeur inférieure NP ; et par h la ligne PO menée du point P perpendiculairement à MQ, c'est-à-dire la hauteur du tombereau, on aura :

$$\mathrm{MNP} = \frac{bh}{2}; \quad \mathrm{MPQ} = \frac{\mathrm{B}h}{2}.$$

En remplaçant dans v et v' les bases MNP et MPQ par leurs valeurs, on aura :

$$v = \frac{bh}{2} \times \frac{1}{3}(2a + \mathrm{A}) = \frac{bh}{6}(2a + \mathrm{A}),$$

$$v' = \frac{\mathrm{B}h}{2} \times \frac{1}{3}(2\mathrm{A} + a) = \frac{\mathrm{B}h}{6}(2\mathrm{A} + a).$$

En additionnant ces deux dernières équations, et en représentant par V le volume $v + v'$ du tombereau, on aura la valeur suivante :

$$\mathrm{V} = \frac{h}{6}[(2a + \mathrm{A})b + (2\mathrm{A} + a)\mathrm{B}].$$

On obtient de la même manière le volume de la *boîte à métrer la pierre* avec laquelle on mesure les tas de cette substance que l'administration des ponts et chaussées dépose le long des routes pour l'empierrement de celles-ci.

***TOMBERELLE** (*tomber*), *sf.* Grand filet avec lequel on prend des perdrix.

***TOMBEUR** (*tomber*), *sm.* Nom par lequel on désigne un ouvrier qui opère les démolitions.

***TOMBISEUR** (*tomber, vt.*), *sm.* Nom donné au faucon qui attaque le premier le héron dans son vol. (Chasse au faucon.)

TOMBOLA (mot ital. *culbute*), *sf.* Loterie de société où l'on gagne des lots d'agrément ou de valeur.

TOMBOUCTOU ou **TIMBOUCTOU**, 17 000 hab., ville du Soudan occidental (Afrique), sur le Niger, au milieu d'une plaine de sable, capitale d'un royaume nègre mahométan, principal marché de la région que le projet de chemin de fer transsaharien a pour but de réunir à l'Algérie.

TOME (l. *tomum :* g. τόμος, coupure), *sm.* Subdivision d'un ouvrage renfermée en un seul volume. ‖ Volume. — Fig. Partie : *C'est le premier tome de mon voyage.* — Fig. *Faire le tome second de quelqu'un,* lui ressembler. — **Dér.** *Tomer, tomaison.*

TOMÉ, 6 000 hab. Port de commerce du Chili (Amérique méridionale), sur l'océan Pacifique.

TOMÉ (SAN-), environ 2 000 kilom. carrés, 15 000 hab., île de la côte occidentale d'Afrique, dans le golfe de Guinée ; par 0°27' de lat. N. et 4°24' de long. E. Au S. et touchant à l'équateur, se trouve l'islet de *las Rodas,* et au N. celui de *las Capras.* Le pic le plus élevé de l'île a 2 000 mètres d'altitude, et *San-Tomé,* sur la côte E., est le port principal. Cette île appartient aux Portugais.

TOMENTEUX, EUSE (l. *tomatum,* bourre), *adj.* Recouvert de poils longs, mous, flexueux, crépus ou feutrés, ayant une apparence cotonneuse : *Tige tomenteuse.* (Bot.)

***TOMER** (*tome*), *va.* Partager un ouvrage en volumes. ‖ Indiquer, au bas des feuilles d'un livre, le numéro d'un tome. ‖ Marquer du numéro chaque tome d'un ouvrage. (Impr.)

TOMES. Ville de la Mésie inférieure ; lieu d'exil d'Ovide.

***TOMME,** *sm.* Nom d'un fromage fabriqué dans le Dauphiné. Il est d'abord tendre et blanc et se durcit après avoir fermenté.

TOM-POUCE (ang. *Tom,* abrégé de *Thomas + pouce*), *sm.* Nain d'un conte de fée. ‖ Surnom d'un nain des États-Unis qui se fit voir en Europe vers 1845. — Fig. Homme de très petite taille.

TOMSK, 37 000 hab. Ville de la Russie d'Asie (Sibérie), la plus industrielle du pays. ‖ Gouvernement de Tomsk.

1. **TON** (l. *tuum*), *adj. poss. m. sg. ; fém.* **ta** ; *pl. 2 g.* **tes**. Qui est à toi : *Ton cheval.* **Gr.** (V. *Mon.*) — **Hom.** *Ton* 2, *thon.*

2. **TON** (l. *tonum,* tension, *ton*), *sm.* Vigueur d'un tissu anatomique, d'un organe : *Le bon vin donne du ton à l'estomac.* ‖ Accent tonique : *En français, le ton tombe sur la dernière syllabe d'un mot quand elle n'est pas muette.* ‖ Degré d'élévation ou d'abaissement de la voix : *Un ton assourdissant.* ‖ Manière de parler qui trahit les dispositions d'esprit de celui qui parle : *S'exprimer d'un ton fier.* — Fig. *Le prendre sur un ton,* employer des sons de voix, des manières qui trahissent les dispositions d'esprit où l'on est : *Le prendre sur un ton de raillerie.* — Fig. *Prendre un ton,* se donner des airs d'importance, de supériorité. — Fig. *Parler à quelqu'un du bon ton,* de manière à produire sur lui une profonde impression. — Fig. *Faire baisser le ton à quelqu'un,* l'obliger à parler d'un ton plus humble, à ne plus prendre des airs de supériorité. — Fig. *Changer de ton,* changer de langage, de manières, de conduite. ‖ Son musical plus ou moins aigu : *Donner à une note un ton trop haut.* ‖ Intervalle entre deux notes consécutives de la gamme, excepté les intervalles entre le *mi* et le *fa,* et le *si* et l'*ut,* qui ne sont que d'un demi-ton. ‖ La gamme sur laquelle est composé un morceau de plain-chant ou de musique qui prend son

nom de la note qui la commence, et qui est caractérisée par la place qu'y occupent les deux demi-tons : *Un morceau dans le ton de ré.* || *Ton majeur*, la gamme dans laquelle la tierce est formée de deux tons. || *Ton mineur*, la gamme dans laquelle la tierce n'est formée que d'un ton et demi. || *Donner le ton*, faire entendre, avant d'exécuter un morceau, au moyen de la voix, d'un instrument de musique ou d'un diapason, le *la* d'après lequel doivent se régler les chanteurs et les instrumentistes. — Fig. Exercer sur les autres une influence telle qu'ils nous imitent. — Fig. *Faire chanter quelqu'un sur un autre ton*, l'obliger à changer de langage, de conduite. — Fig. *C'est le ton qui fait la musique*, c'est la manière de dire les choses qui fait connaître les dispositions de celui qui les dit. || Degré d'élévation du son des instruments. — Fig. *Se mettre au ton de quelqu'un*, imiter ce qu'il fait. || Manière dont on écrit ou parle : *Prendre le ton oratoire.* || Façon dont on se comporte dans le monde : *Le bon ton*, manière dont se comportent les personnes bien élevées. || Intensité, éclat d'une couleur : *Ton chaud*, teinte vive et qui semble projeter une lumière empourprée. — **Dér.** *Tonalité, tonique, tonner*, etc., *tonarion*. — **Comp.** *Détonner, détoner*, etc., *entonner* 2, *intonation*.

TONALITÉ (*ton*), *sf.* Propriété caractéristique d'un ton, c'est-à-dire de la gamme qui domine dans un morceau. (Mus.)

TONARION (g. τονάριον : de τόνος, ton), *sm.* Flûte dont on se servait chez les anciens pour donner le ton aux orateurs.

***TONDAGE** (*tondre*), *sm.* Action de tondre : *Le tondage d'un cheval.*

***TONDAILLE** (LL mouillés) (*tondre*), *sf.* La tonte. || Autrefois, repas qui la suivait.

TONDAISON (*tondre*), *sf.* La tonte.

TONDEUR, EUSE (*tondre*), *s.* Celui, celle qui tond. — *Sf.* Machine pour tondre les draps. || Espèce de cisailles au moyen desquelles on tond les chevaux, etc.

TONDRE (l. *tondere*), *vt.* Couper la laine des moutons, le poil des bêtes, l'extrémité des branches : *Tondre une brebis, un chien, une haie.* || *Tondre les draps*, les rendre unis et ras en en coupant les poils. || Couper les cheveux très ras. || *Tondre un homme*, le faire moine. — Fig. *Il tondrait sur un œuf*, il lésine sur tout. || Brouter l'herbe jusqu'à la racine : *Les moutons ont tondu ce pré.* — **Dér.** *Tonte, tonture, tondaison, tondage, tondeur, tondeuse, tontisse, tonsure, tonsuré, tonsurer, tonselle.* — **Comp.** *Retondre.*

TONGA (ARCHIPEL DE), ou **îles des Amis.** Groupe d'îles de la Polynésie (Océanie), au S.-E. de Fidji, découvert en 1643 par Tasman, et dont l'île principale est *Tonga-Tabou*. Végétation tropicale (arbre à pin, bananier, cocotier, bois de sandal, etc.). Population paisible et industrieuse, convertie au protestantisme.

TONGOUSES ou **TOUNGOUSES,** peuple de la Sibérie orientale, de race mongole, nomade, dont le territoire entoure comme d'une ceinture le bassin de la Léna, étant borné à l'O. par l'Iénisséi, au S. par le plateau central de l'Asie, et comprenant à l'E. tout le bassin de l'Amour jusqu'au Pacifique. Alertes, gais, très intelligents, chevaleresques, généreux et hospitaliers, convertis en apparence au christianisme, mais ayant conservé une foule de superstitions de leurs ancêtres, les Tongouses, au nombre de 70 000 environ, vivent à grand'peine de la chasse dans les immenses forêts dont est semé leur pays. Il y en a cependant qui élèvent des chevaux, du bétail ou des rennes.

TONGRES, 8379 hab. Ville de Belgique (Limbourg), sur le Geer, affluent de gauche de la Meuse, sur la limite S. des landes de la Campine; ancienne capitale des *Aduatuques*, où il reste une partie d'un colossal rempart de l'époque romaine, et dans le voisinage de laquelle sont deux hautes buttes funéraires d'une époque inconnue.

TONGRIEN (*Tongres*), *sm.* Étage géologique situé à la base du système miocène, ainsi nommé de Tongres en Limbourg. Il est représenté dans le bassin de Paris par les sables de Fontainebleau. (V. *Miocène.*)

***TONICITÉ** (*tonique*), *sf.* Vigueur d'un tissu anatomique, d'un organe du corps.

TONIQUE (*ton* 2), *adj. 2 g.* Doué de tonicité, de vigueur. || Qui a la propriété d'augmenter la vigueur d'un tissu anatomique, d'un organe : *Médicament tonique.* || *Accent tonique.* (V. *Accent.*) || *Note tonique*, la plus basse et la première d'un ton, d'une gamme. — **Sm.** *Un excellent tonique.* Les principaux toniques sont : le quinquina, la quinine et ses composés, la salicine, le café, le fer, le manganèse et leurs préparations, tous les amers (gentiane, petite centaurée, quassia amara, lichen d'Islande, trèfle d'eau). — *Sf.* La note tonique d'un ton, d'une gamme. (Mus.)

***TONKA** ou **TONCA,** *sm.* Arbre de la Guyane, de la famille des Légumineuses, dont la graine, dite *fève tonka*, plus longue et plus grosse qu'une fève de marais, sert à parfumer le tabac à priser. (V. *Coumarou.*)

TONKIN (GOLFE DU). Golfe formé par la mer de Chine et limité au N. par la Chine, à l'O. par le Tonkin, au S.-O. par l'Annam, et à l'E. par l'île d'Haïnan.

TONKIN, région de l'Asie orientale, partie septentrionale de l'Annam, située entre la Chine au N., la Cochinchine au S. et le Laos à l'O. Le Tonkin comprend une grande partie du bassin du *Song-Koï* (fleuve Rouge). Au N.-O. s'élève un massif montagneux traversé par le fleuve Rouge et qui envoie vers le golfe du Tonkin deux ramifications; la plus septentrionale (1 400 kilom.) sépare le bassin du fleuve Rouge de celui du *Sé-Kiang* ou rivière de Canton. Trois cols traversent cette chaîne et mènent du Tonkin dans la province chinoise du Yun-Nan. Le deuxième rameau court du N.-O. au S.-E. et aboutit au golfe du Tonkin au S. de la province de Ninh-Binh. Son point culminant, situé près de Son-Tay, atteint 1 800 mètres. Au S. de ces plateaux élevés s'étendent de vastes plaines d'alluvions constituant les deltas du *Thaï-Binh* et du fleuve Rouge. Ce dernier fleuve vient du Yun-Nan, entre à Lao-Kaï sur le territoire tonkinois; il coule dans un lit de granit et franchit des rapides; sa direction générale est du N.-O. au S.-E. Le delta commence en aval de Son-Tay : le fleuve, dont la largeur est de 1 000 mètres, se divise en deux branches : le *Day* coule à l'O. par Phu-Ly et Ninh-Binh; il est navigable pour les embarcations calant 2 mètres; le second bras est plus large et arrose Hanoï, Hong-Yen et Nam-Dinh. Un grand nombre de canaux réunissent ces bras entre eux et au *Thaï-Binh*. Le fleuve Rouge reçoit : 1° à droite, la rivière *Noire*, qui prend sa source dans les montagnes du N.-O., coule vers le S.-E. jusqu'à Phuong-Lam, où elle remonte brusquement vers le N. pour aller tomber dans le fleuve Rouge un peu en aval de Hong-Hoa : en amont de Phuong-Lam, des rapides interrompent la navigation; 2° à gauche, la rivière *Claire*, qui vient du N., et dont le lit est obstrué par des roches jusqu'à Thuyen-Quan, où elle commence à devenir navigable : elle reçoit le *Song-Gam* et le *Song-Chaï*. Le *Thaï-Bing* ou *Song-Cau* arrose Cao-Binh, Thaï-Nguyen, Bac-Ninh et se jette dans la mer par une infinité de branches dont la plus profonde, le *Cua-Cam*, passe à Haï-Phong. Le long du Delta la côte est basse et n'offre aux navires aucun bon abri; au N. elle est, au contraire, escarpée et semée d'îlots. On y trouve la baie d'*Along*, dont le mouillage est excellent pour les grands navires. A l'O. de la baie d'Along, le port de Quang-Yen est dans une bonne situation. Les deltas du fleuve Rouge et du Thaï-Binh forment un triangle de 140 kilomètres de base sur 140 de hauteur : les seules voies de communication sont des digues de 8 mètres de hauteur sur 1 mètre seulement de largeur au sommet; cette région est couverte de rizières qui donnent jusqu'à trois récoltes par an. Les villes principales du Tonkin sont : *Hanoï*, ville de 100 000 habitants, *Nam-Dinh, Haï-Phong, Bac-Ninh, Son-Tay, Thaï-Nguyen, Lang-Son, Tuyen-Quan.*

Climat. — Les saisons au Tonkin se réduisent à deux, et correspondent aux moussons du N.-E. et du S.-O. : l'hiver d'octobre à mars, l'été d'avril à octobre. La température, qui descend jusqu'à 7° dans le haut du pays, ne dépasse pas 10° aux alentours du delta. L'hiver est, en général, marqué par des pluies fines et prolongées auxquelles les marins donnent le nom de *crachin* : elles durent de janvier en avril et donnent aux habitations une humidité malsaine. Pendant l'été la température maxima s'élève à environ 40° (juillet). La moyenne des minima est dans cette saison de 27° et celle des maxima de 30°. Les pluies d'été sont rares, mais très abondantes (août); elles amènent de fortes crues des rivières en mai et en juillet. Les typhons sont des phénomènes atmosphériques fréquents au Tonkin; ils sont, en général, annoncés par une baisse du baromètre, qui descend jusqu'à 750 millimètres. La végétation forestière a beaucoup à souffrir des typhons, que des observatoires desservis par des lignes télégraphiques sous-marines permettent d'annoncer en temps utile.

Les régions montagneuses sont les plus malsaines du pays : les fièvres et la dysenterie y règnent à l'état endémique. Quelques parties du territoire, voisines de la mer, se signalent aussi par leur insalubrité. Les variations de température sont très accidentées; il faut en hiver combattre l'humidité, tandis qu'en été des précautions doivent être prises contre la dysenterie, les fièvres et le choléra : une bonne hygiène, bien appropriée aux conditions locales, permet aux Européens de conserver leur santé.

Agriculture. — Parmi toutes les cultures, celle du riz est la plus florissante, grâce aux nombreux cours d'eau qui alimentent les canaux d'irrigation. Cependant le Tonkin est moins bien doté que la Cochinchine au point de vue de la culture du riz, à cause du climat, qui est moins favorable qu'au Cambodge et de la mauvaise répartition des périodes de pluie et de sécheresse, qui surviennent mal à propos. Les cyclones causent aussi de sérieux dégâts dans les rizières, et les disettes qu'ils amènent ne sont pas rares. Le riz du Tonkin est plus estimé que celui de la Cochinchine; malheureusement la production est insuffisante, et dans les meilleures années le pays exporte à peine 2 000 000 piculs (le picul équivaut à 60 kilogr.). Par suite de la densité de la population, chaque hectare de terrain devrait nourrir dix individus, c'est-à-dire dix fois plus qu'en France.

Dans les parties élevées du Tonkin, on cultive du maïs. Dans les environs de Bac-Ninh et de Lang-Son, l'insuffisance des moyens d'irrigation a fait remplacer le riz par le sarrasin. Le tarau (tubercule analogue à la patate) couvre de vastes espaces près de Bac-Ninh et de Phu-Lang-Thuong. La canne à sucre réussit très bien sur les bords des cours d'eau, mais cette culture est restreinte par le manque d'amendements. Le thé, qui vient bien dans la partie supérieure du pays, ne fournit que des produits de qualité médiocre qui pourraient être améliorés par la culture. Les principaux arbres fruitiers sont : le bananier, les orangers, les citronniers, le pommier, le poirier, le prunier, le pêcher; mais, en général, leurs fruits manquent de saveur. La culture du cotonnier est malheureusement peu importante, car elle apporterait du bien-être aux petits propriétaires, à qui convient très bien ce genre d'exploitation. Le mûrier nain abonde dans les provinces supérieures du pays; il couvre de vastes champs dans les terrains bas et humides des environs de Hanoï. Le mûrier arborescent ne se rencontre guère que dans la province de Bac-Ninh. Parmi les plantes tinctoriales les plus importantes sont l'indigo et le cunao (tubercule qui fournit une couleur brune). Les arachides réussissent aussi très bien, mais ne donnent lieu qu'à des exploitations restreintes; le cocotier est, au contraire, très répandu; il fournit une huile excellente pour l'éclairage et des fibres très résistantes. Il en est de même de l'aréquier, dont la noix, mélangée aux feuilles du bétel, plante grimpante de la même famille que le poivre, fait partie de la chique tant estimée des Asiatiques. On trouve encore au Tonkin : le badianier, dont le fruit, distillé, fournit une essence odorante recherchée par les Chinois; le cannellier (la cannelle du Tonkin a une odeur moins délicate que celle de Ceylan). Le Tonkin est mal partagé au point de vue forestier, et il est difficile de s'y procurer les quelques bois de charpente qu'on y rencontre, à cause de l'insuffisance des moyens de communication; sur les montagnes qui bordent le fleuve Rouge et la rivière Noire les forêts se réduisent à des broussailles et à de petits arbres chétifs.

L'animal domestique le plus répandu est le buffle, qui sert au labourage et aux charrois; la chaleur lui est très nuisible, aussi ne le fait-on marcher que la nuit ou par des temps couverts. Les bœufs appartiennent à l'espèce indienne qu'on appelle *zébu*; ils sont employés aux mêmes usages que les buffles; on peut même les dresser pour le trot et les atteler à des chars légers : le centre de l'élevage des bœufs sont les provinces de Nghé-An et de Thanh-Hoa. Les chevaux existent dans les parties hautes du pays, dont les plaines basses ne

TONKIN

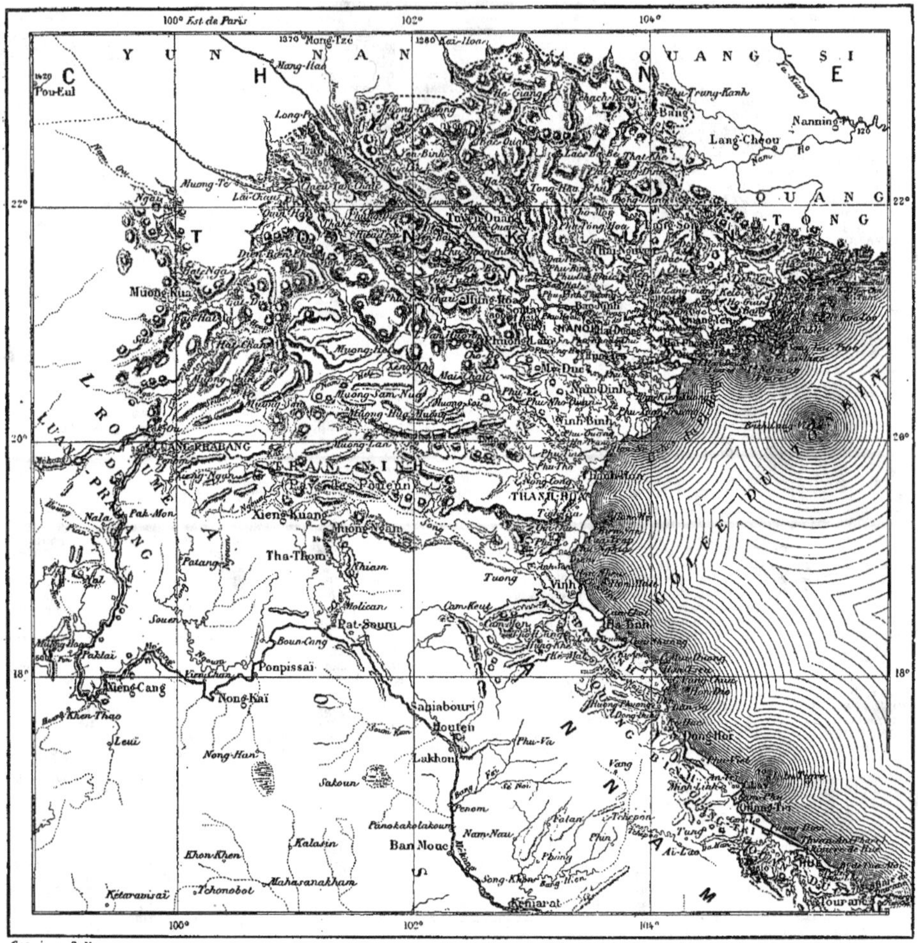

Les chiffres expriment en mètres l'altitude au dessus du niveau de la mer.

Échelle de : $\frac{1}{5.000.000}$

0 50 100 150 200 250 Kil.

leur conviennent pas; ils sont petits, mais résistants; les tentatives d'amélioration ont échoué jusqu'à présent. Les moutons manquent au Tonkin comme dans toute l'Indo-Chine; le porc y est, au contraire, abondant; mais sa chair, molle et huileuse, est peu agréable. Parmi les industries locales les plus florissantes sont la bijouterie et l'ébénisterie; les ouvriers patients et habiles modifient heureusement des modèles chinois ou indiens. Le ver à soie du Tonkin est pâle et indolent; les soies sont, en général, très grossières; plusieurs filatures qui avaient été fondées ont successivement dû fermer leurs portes. La canne à sucre, mince et pauvre, est traitée par des méthodes primitives, car une puissante usine ne pourrait trouver assez de matière première pour s'alimenter. On rencontre beaucoup de briqueteries; la chaudronnerie est florissante au Tonkin, et il y avait autrefois d'importantes fonderies de bronze. La vannerie du bambou est prospère : on en fait des nattes, des chapeaux, des paniers, etc. La fabrication de la chaux est la principale industrie du pays : on l'obtient en traitant les marbres qui forment les massifs montagneux des bords de la mer et les

les des baies de Ha-Long et de Fitz-Long. Les impôts français ont beaucoup nui aux salines, dont les produits étaient exportés en Chine.

Des études se poursuivent pour connaître plus à fond la richesse houillère du pays : le charbon retiré jusqu'à présent est maigre; il pourrait, mélangé à des matières plus grasses, fournir des agglomérés de bonne qualité et alimenter les stations de charbon de Hong-Kong.

Le Song-Koï avait été découvert par la mission de Lagrée, partie en 1866 de Saïgon pour explorer le bassin du Mékong. M. Dupuis, voulant continuer ces études interrompues par la mort des chefs de l'expédition de 1866, quitta Canton en 1869, dépassa Laokaï, mais ne put franchir les avant-postes annamites et revint en France. En 1872, il remontait le Song-Koï, avec deux canonnières, gagna le Yun-Nan et revint finalement à Hanoï. En 1873, Francis Garnier fit une campagne d'exploration sur le Yang-Tsé-Kiang; il fut ensuite envoyé à Hanoï, pour y apaiser des dissensions survenues entre M. Dupuis et les mandarins : les choses en vinrent à ce point, que malgré la faiblesse des moyens dont il disposait (2 canonnières et 150 hommes) il dut se rendre maître des citadelles de Hanoï, de Haï-Phong, de Haï-Duong et de Nam-Dinh : il fut tué à la fin de 1873; nous perdîmes tout le Tonkin et on signa avec la cour de Hué, en 1874, un traité qui nous concédait seulement l'occupation des postes de Hanoï, de Haï-Phong et de Quinhone, l'établissement de consuls français à Hué et à Quinhone, et le droit de percevoir les douanes du pays. L'inobservation partielle et même quelquefois complète de ces clauses rendit nécessaires de nouvelles opérations : le commandant Rivière prit Hanoï (1882), Haï-Phong et Nam-Dinh (mars 1883); il périt presque au même endroit que Garnier (mai 1883). Le général Bouet fut mis à la tête de 3000 hommes, envoyés de Cochinchine et de la Nouvelle-Calédonie, et l'amiral Courbet eut le commandement de la flottille; on occupa Haï-Duong et Quang-Ten (août 1883), mais on échoua dans l'attaque des lignes de Phu-Hoaï défendues par les Pavillons-Noirs. L'amiral Courbet s'était emparé des forts de Thuan-An, à l'embouchure de la rivière de Hué (août 1883). Notre protectorat sur l'Annam et le Tonkin fut reconnu par Diep-Hoa, roi d'Annam, successeur de Tu-Duc, par un traité signé avec M. Harmand, notre commissaire général; la province de Binh-Tuan était rattachée à la Cochinchine et celles de Ha-Tinh, Nghé-An et Than-Hoa au Tonkin. La Chine, inquiète, envoya du Yun-Nan des troupes régulières qui vinrent soutenir les Annamites et les Pavillons-Noirs. Devant ce redoublement d'hostilités, le gouvernement français porta le chiffre du corps expéditionnaire à 9000 hommes au moyen de troupes tirées d'Algérie et nomma l'amiral Courbet commandant en chef de toutes les forces. Son-Tay fut pris (décembre 1883). Sur ces entrefaites, Kien-Phuoc succéda sur le trône d'Annam à Diep-Hoa, son oncle, que les lettrés de Hué avaient fait étrangler. Le corps expéditionnaire, fort de 15000 hommes, sous le commandement du général Millot (brigades Brière de l'Isle et de Négrier), occupa Bac-Ninh (mars 1884), Phu-Lang-Thuong et Thay-Nguyen. Dans une deuxième campagne, Liu-Vinh-Phuoc, chef des Pavillons-Noirs, fut chassé de Hang-Hoa et on mit garnison dans Tuyen-Quan, et Ninh-Binh, où le général Brière de l'Isle s'établit. En mai 1884, le traité de Tien-Tsin était signé par le capitaine de frégate Fournier et par le vice-roi du Pé-tchi-Li : il stipulait l'évacuation du Tonkin par les Chinois et la conclusion d'un traité de commerce. Ce traité ne devait pas recevoir d'exécution, car en juin les troupes qui devaient occuper Lang-Son y furent reçues à coups de fusil, ainsi qu'à Bac-Lé. Le gouvernement français, n'ayant pu obtenir l'indemnité qu'il réclamait à propos de ce guet-apens, l'amiral Courbet bombarda l'arsenal de Fou-Tchéou et força les passes de la rivière Min, où la flotte chinoise fut détruite. Les opérations devant Formose et le blocus de l'île n'eurent pas grand résultat. Les Chinois furent plus sensibles au blocus du Pé-tchi-Li et à l'assimilation du riz au matériel de guerre. Sur terre, le général Brière de l'Isle battit les Chinois et les Pavillons-Noirs à Kep, à Chu et à Tuyen-Quan, où une garnison fut laissée (novembre 1884). En 1885, Lang-Son fut occupé (13 février). Les Chinois furent défaits par le général Négrier à la Porte de Chine; mais, à la suite d'une blessure qu'il reçut, une panique se produisit et, abandonnant Lang-Son, notre petite armée se retira sur Dong-Sung. Sur ces entrefaites, la paix fut signée le 6 juin 1884 par M. Patenôtre; le traité de Tien-Tsin était confirmé, sauf l'indemnité, qui était supprimée. Auprès des fonctionnaires annamites sont placés des résidents qui contrôlent leurs actes, centralisent les impôts, surveillent leur perception et leur emploi. Les pirates ont continué à parcourir le pays pendant longtemps et ont nécessité l'envoi de nombreuses colonnes, dont la suppression totale serait à désirer, car leur présence est loin de produire de bons résultats et entretient chez les Annamites de l'animosité contre la France. Le Tonkin compte environ 12000000 d'habitants.

TONLIEU (bl. *telonium :* du g. τελώνειον, bureau des impôts), *sm.* Droit que payaient les marchands pour pouvoir étaler leurs marchandises sur un marché.

TONLY-SAP (LAC DE). Profonde dépression formant un réservoir naturel, située à l'embouchure du Mékong, qui s'étend, à l'époque des hautes eaux, sur une longueur de 125 kilom. et une largeur de 25 kilom., avec une profondeur de 14 mètres. Au moment de la saison sèche le lac se vide, on n'a plus qu'un mètre de profondeur et un sixième de sa superficie.

TONNAGE (*tonne*), *sm.* Capacité d'un navire évaluée en mètres cubes : *Un vaisseau d'un fort tonnage.* ‖ Droit que paye un navire de commerce en proportion de sa capacité.

TONNANT, ANTE (*tonner*), *adj.* Qui produit le tonnerre ou un bruit semblable au tonnerre. ‖ *Jupiter tonnant*, considéré comme se vengeant en lançant la foudre. ‖ *L'airain tonnant*, le canon. — Fig. *Une voix tonnante*, forte et éclatante.

TONNAY-BOUTONNE, 1244 hab. Ch.-l. de c., arr. de Saint-Jean-d'Angély (Charente-Inférieure).

TONNAY-CHARENTE, 3904 hab. Ch.-l. de c., arr. de Rochefort (Charente-Inférieure). Pont de 204 mètres en fil de fer sur la Charente, port annexe de Rochefort, chantier de construction, entrepôt d'eaux-de-vie, vins.

TONNE (bl. *tunna*), *sf.* Grand tonneau fortement renflé par le milieu. ‖ Le vin qu'il peut contenir : *Une tonne de vin.* ‖ *Le jus de la tonne*, le vin. ‖ Grosse bouée. ‖ *Tonne d'or*, monnaie de compte qui valait cent mille florins en Hollande et cent mille thalers en Allemagne. — Fig. *Avoir des tonnes d'or*, être excessivement riche. ‖ Poids de 1000 kilogrammes employé comme unité de poids dans la marine, les mines, les chemins de fer, etc. ‖ Nom de plusieurs coquilles d'une seule pièce et de forme arrondie. — **Dér.** *Tonneau, tonnelet 1, tonnelle, tonneler, tonneleur, tonnelier, tonnellerie, tonnage; tunnel.* — **Comp.** *Entonner; entonnage, entonnement, entonnoir.* — **Db.** *Tonneau.*

TONNEAU (vx fr. *tonnel :* dm. de *tonne* et db. de *tunnel*), *sm.* Grand vase de bois à peu près cylindrique, dont le contour est formé de douves ou planches courbes en leur milieu, maintenues étroitement juxtaposées par des cerceaux, fermé aux deux bouts ou fonds par un assemblage de planches et qui sert à mettre des liquides ou des marchandises : *Les tonneaux furent inventés par les Gaulois.* ‖ Nom que les modernes donnent aux énormes vases en terre cuite des anciens, tels que celui dont Diogène faisait son habitation. — Fig. *Rouler son tonneau*, faire un travail sans objet pour ne pas paraître oisif. ‖ *C'est le tonneau des Danaïdes*, c'est une besogne toujours à recommencer, une œuvre qui exige des sommes immenses. (V. *Danaïdes*.) ‖ Le contenu d'un tonneau : *Un tonneau de bière.* — Pour évaluer la capacité des tonneaux, on peut faire usage de diverses formules. La surface d'un tonneau est une surface de révolution engendrée par la génératrice courbe AB tournant autour de l'axe HH'.

Le plan mené par le centre de la bonde perpendiculairement à l'axe divise le volume en deux parties égales.

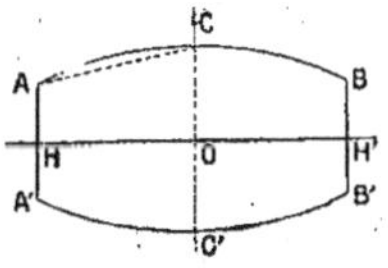

TONNEAU

En négligeant la courbure de l'arc AC, on pourrait assimiler le volume du tonneau à celui de deux troncs de cône accolés par leurs bases C,C'.

Soit R le rayon du cercle CC' (bouge), r celui du cercle BB' (jable), h la hauteur OH; on aurait pour expression du volume total :

$$\frac{2}{3}\pi h(R^2+Rr+r^2).$$

On a donc un volume trop faible, puisque l'on a négligé la courbure de AC : pour en tenir compte, on remplace le produit Rr par R^2 et on prend comme expression du volume :

$$\frac{2}{3}\pi h(2R^2+r^2).$$

Soit $D=CC'=2R \quad d=AA'=2r,$
$H=HH'=2h.$

En représentant par V le volume du tonneau et en substituant ces valeurs dans la formule précédente, on a la formule d'Ougtred :

$$V=\frac{1}{12}\pi H(2H^2+d^2).$$

Ou, en mettant à la place de π sa valeur et en effectuant les calculs :

$$V=0,262\,H(2D^2+d^2).$$

On prend donc le carré du diamètre du jable, on y ajoute le double du carré du diamètre du bouge, on multiplie la somme par la longueur du tonneau et on multiplie par 0,262.

La formule précédente, qui a été longtemps celle que suivait l'administration des contributions indirectes, est aujourd'hui remplacée par la règle suivante, dite *formule de Dez :*

$$V=\pi H\left[R-\frac{3}{8}(R-r)\right]^2$$

Ou, en remplaçant π par sa valeur approchée 3,14... :

$$V=3,14\,H\left[R-\frac{3}{8}(R-r)\right]^2,$$

qui donne un résultat un peu plus faible que la formule précédente.

Si les surfaces des bases sont elliptiques, elles équivalent à un cercle dont le rayon serait la moyenne géométrique entre le plus grand et le plus petit rayon de l'ellipse. On prend ce rayon pour celui du bouge ou du jable. ‖ Mesure pour les vins dont la valeur diffère d'un pays à l'autre. ‖ *Tonneau de mer*, autrefois unité de volume égale à 40 pieds cubes, ou unité de poids égale à 2000 livres. ‖ Aujourd'hui, unité de volume qui vaut un mètre cube, ou unité de poids qui vaut 1000 kilogrammes : *Navire de 300 tonneaux.* ‖ Jeu que l'on joue en tâchant de jeter de loin de petits palets de cuivre dans des trous dont est percé le dessus d'une sorte de caisse en bois. ‖ Cette caisse même.

TONNEINS, 8073 hab. Ch.-l. de c., arr. de Marmande (Lot-et-Garonne), sur la Garonne, qu'on y traverse sur un beau pont suspendu; manufacture de tabacs, grand commerce de fruits.

TONNELER (*tonnelle*), *vt.* Prendre des oiseaux avec le filet appelé *tonnelle.*

1. **TONNELET** (dm. du vx fr. *tonnel*, tonneau), *sm.* Très petit tonneau.

2. **TONNELET** (dm. du bl. *tonacella :* de *tunica*, tunique), *sm.* Le bord inférieur et très ornementé des habits à la romaine dont se revêtaient les acteurs.

TONNELEUR (*tonneler*), *sm.* Chasseur qui prend des perdrix avec la tonnelle.

TONNELIER (vx fr. *tonnel*, tonneau), *sm.* Ouvrier qui fait et raccommode les tonneaux.

TONNELLE (vx fr. *tonnel*, tonneau), *sf.* Treillage en forme de berceau et couvert de verdure : *Manger sous une tonnelle.* ‖ Filet pour prendre des perdrix. ‖ Voûte en plein cintre.

TONNELLERIE (*tonnelier*), *sf.* Profession, du tonnelier. ‖ Atelier où se font et se réparent les tonneaux.

TONNER (l. *tonare*), *vi.* et souvent *impers.* Produire un bruit prolongé, en parlant du tonnerre : *Il éclaire et il tonne.* ‖ Causer le bruit du tonnerre : *Jupiter tonne.* ‖ *On n'entendrait pas Dieu tonner*, on fait un bruit assourdissant. ‖ Produire un bruit comparable à celui du tonnerre : *Le canon tonne.* — Fig. Parler avec une extrême violence contre quelqu'un ou quelque chose : *L'orateur tonne contre les abus.* — **Prov.** LORSQU'IL TONNE EN AVRIL, LE VIGNERON SE RÉJOUIT, c'est-à-dire le tonnerre d'avril annonce une bonne récolte. — **Dér.** *Tonnant, tonnante, tonnerre.*

TONNERRE (l. *tonitru*), *sm.* Bruit ordinairement prolongé qui se produit dans l'air quand les électricités contraires de deux nuages se réunissent : *Le tonnerre gronde.* ‖ Effet de la foudre sur un objet situé à la surface de la terre : *Le tonnerre est tombé sur cette maison.* — Fig. *Une voix de tonnerre*, une voix retentissante. — Fig. *Un coup de tonnerre*, un événement imprévu et désastreux. ‖ Faisceau de trois dards de feu dont les anciens croyaient que Jupiter était armé. ‖ Poét. *Le maître du tonnerre*, Jupiter. ‖ *L'oiseau qui porte le tonnerre*, l'aigle. — Fig. *Un tonnerre d'airain*, un canon. — Fig. Force irrésistible : *Un tonnerre d'éloquence*, un orateur très éloquent. ‖ La partie qui dans le canon d'une arme à feu portative est destinée à recevoir la charge. ‖ *Pierre de tonnerre*, sorte d'aérolithe qu'on croyait tomber du ciel avec le tonnerre. — **Prov.** TOUTES LES FOIS QU'IL TONNE, LE TONNERRE NE TOMBE PAS, l'effet ne suit pas toujours immédiatement la menace.

TONNERRE, 5681 hab. Sous-préfecture de l'Yonne, à 197 kilom. de Paris, sur l'Armançon et le canal de Bourgogne. Pierre à bâtir du calcaire jurassique, pierre lithographique; vin estimé.

TONNERRE (MONT) (all. *Donnersberg*), 689 mètres. Montagne porphyrique du Palatinat bavarois qui, sous le premier Empire, donnait son nom à un département français dont Mayence était le chef-lieu, et sur le sommet de laquelle se trouvent les restes d'un rempart élevé par des peuples inconnus.

TONQUIN. (V. *Tonkin.*)

***TONSELLE**, *sf.* (V. *Tontelée.*)

TONSURE (l. *tonsura* : de *tondere*, tondre), *sf.* Cérémonie par laquelle un évêque coupe les cheveux à un homme, sur le sommet de la tête, pour le faire entrer dans l'état ecclésiastique. ‖ Espace rond au sommet de la tête sur lequel un sous-diacre, un diacre ou un prêtre catholique a les cheveux rasés.

TONSURÉ (*tonsurer*), *sm.* Membre du clergé qui porte la tonsure.

TONSURER (*tonsure*), *vt.* Donner la tonsure : *L'évêque l'a tonsuré.*

TONTE (anc. p. pass. f. de *tondre*), *sf.* Action de couper la laine des moutons, le poil des bêtes, les extrémités des branches. ‖ Laine coupée sur le dos des moutons : *Vendre la tonte d'un troupeau.* ‖ L'époque de l'année où l'on tond les troupeaux.

***TONTELÉE** (*x*), *sf.* Genre d'arbres et d'arbrisseaux grimpants qui croissent dans l'Amérique intertropicale. Ce genre, renfermant plusieurs espèces, appartient à la famille des Hippocratéacées.

TONTINE (du nom du banquier napolitain *Tonti*, qui imagina les tontines au XVIIe siècle), *sf.* Association d'individus qui mettent des capitaux en commun et en touchent le revenu, à condition que la part des décédés sera versée aux survivants. La *tontine* était comme une sorte de loterie sur la vie : un édit de novembre 1653 créa la première en France. Laurent Tonti, qui est l'inventeur de ce système de rentes viagères, avait divisé celle qu'il créa en dix fonds, chacun de 102 500 livres; les actions étaient de 300 livres, et les actionnaires étaient rangés dans 10 classes, de 7 en 7 ans (en commençant de 1 à 7 ans). Au fur et à mesure des décès, les actions s'éteignaient, et les intérêts appartenaient aux survivants de la même classe, mais le capital devenait la propriété de l'État. Dix tontines furent successivement établies; la dernière date de 1759. Mais on trouva qu'elles devenaient trop onéreuses à l'État, et elles furent toutes supprimées le 5 juillet 1770. ‖ Revenu que touche annuellement celui qui a mis à une tontine. — Adj. *Rentes tontines.* — **Dér.** *Tontinier, tontinière.*

TONTINIER, IÈRE (*tontine*), *s.* Celui, celle qui a des rentes de tontine.

TONTISSE (*tonte*), *adj. f.* Qui provient de la tonte des draps : *Bourre tontisse.* — *Sf.* Toile sur laquelle on a appliqué des tontures de drap pour figurer différents dessins. ‖ *Papier tontisse*, papier de tenture fait comme la toile dite *tontisse.*

TONTURE (*tonte*), *sf.* Le poil que l'on tond sur les draps. ‖ Les branches, les feuilles que l'on retranche à une bordure de végétaux en la tondant. ‖ Nom donné à la courbure des ponts d'un navire en bois dans le sens longitudinal, et aussi à la flèche qui mesure cette courbure. Par l'effet de la tonture, les ponts présentent vers le milieu de leur longueur une moindre hauteur au-dessus de la quille que vers les extrémités pour pouvoir combattre l'arcure en sens contraire que le navire éprouve, surtout au mouillage, alors que la mer soulève sa partie médiane et que les extrémités sont maintenues par les ancres. (Mar.)

TOPAYOS, 1 000 kilom. Rivière du Brésil (Amérique méridionale), affluent de l'Amazone.

TOPAZE (g. Τόπαζος, île de la mer Rouge), *sf.* Pierre précieuse jaune, cristallisée et transparente. C'est la *chrysolithe* des anciens. Il y a trois classes de topazes : 1° la *topaze orientale*, qui est un corindon jaune et possède à peu près la dureté du corindon; 2° les *topazes* du Brésil, de Saxe, de Sibérie, qui sont des fluosilicates d'alumine; 3° les *fausses topazes* de Bohême, de Suisse, d'Auvergne, etc., qui sont du cristal de roche jaune. Toutes les topazes se trouvent dans les terrains granitiques. La topaze du Brésil peut acquérir par le chauffage une coloration permanente. Il est probable que certains prétendus rubis du Brésil sont des topazes ainsi traitées. Il y a à la Bibliothèque nationale des gravures sur topaze. — **Comp.** *Topazolite.*

***TOPAZOLITE** (*topaze* + g. λιθός, pierre), *sf.* Variété de grenat, d'un rouge orangé clair et d'un éclat très vif. On l'appelle aussi *grenat vermeil.*

TOPER ou ***TÔPER** (ital. *tōppare*), *vi.* Consentir à jouer aux dés la somme que propose l'adversaire. ‖ Consentir à une chose quelconque. — **Gr.** On dit par ellipse : *Tope* pour *je tope*, c'est-à-dire je consens.

***TOPETTE** (*x*), *sf.* Petite fiole de verre blanc. — **Dér.** *Topetterie.*

***TOPETTERIE** (*topette*), *sf.* Ensemble de bouteilles de verre, de verres à vitres, etc.

TÖPFFER (RODOLPHE) (1799-1846), littérateur, instituteur et dessinateur suisse. Il écrivit en français de délicieux romans moraux, tels que les *Nouvelles génevoises*, le *Presbytère*, *Rose et Gertrude*, les *Voyages en zigzag*, etc.

***TOPHACÉ, ÉE** (l. *tofaceus*), *adj.* Qui est de la nature, qui provient du tophus. (Méd.)

TOP-HANÉ (*maison des canons*), un des faubourgs de Constantinople, sur le Bosphore. Arsenal, port, mosquée.

***TOPHUS** (l. *tophus* ou *tofus*, tuf : du g. τόφος, tuf), *sm.* Dépôt de substance saline dure qui se forme dans l'épaisseur des tissus ou dans le voisinage des articulations. Dans le premier cas, ce dépôt est formé par du phosphate de chaux; dans le second, il est composé d'azotate de soude.

TOPINAMBOUR (mot américain : de *Topinambous*, nom d'une tribu du Brésil), *sm.* Plante dicotylédone de la famille des Composées (*helianthus tuberosus*), originaire de l'Amérique du Nord, où on la trouve à l'état sauvage dans l'État d'Indiana. Ce végétal est du même genre que le grand soleil des jardins; il a été introduit dans la grande culture de l'Europe et prospère dans les plus mauvaises terres; ses tubercules, appelés aussi *topinambours*, bosselés, très sucrés, ayant un goût de fond d'artichaut, servent d'aliment aux hommes et aux bestiaux, principalement aux moutons, et peuvent fournir une grande quantité d'excellent alcool. Ses tiges et ses feuilles constituent un assez bon fourrage. Le topinambour, appelé encore *poire de terre* et *artichaut de terre*, a été introduit en Europe dans les premières années du XVIIe siècle. Ses tiges sont hautes, dressées et portent des feuilles opposées, les supérieures alternes, grandes et dentées sur leurs bords. Les fleurs sont jaunes; leur involucre est composé de folioles imbriquées dont les externes sont étalées et herbacées; le fruit est un akène. Les tubercules sont recouverts d'un épiderme rougeâtre ou d'un blanc rosé, tandis que leur chair est d'un blanc jaunâtre. Vilmorin est parvenu à en créer une variété dont les tubercules sont moins irréguliers et recouverts d'un épiderme jaune. Le topinambour se développe dans les plus mauvaises terres et demande peu de façons; il ne craint pas le froid, mais seulement un excès d'humidité. On ne doit arracher les tubercules qu'à mesure du besoin, car ils s'altèrent facilement à l'air, et deviennent, dit-on, nuisibles à la santé des animaux. Leur chair ne renferme pas de fécule, mais de l'*inuline* qui se transforme en glucose; elle contient en outre du sucre incristallisable et une résine particulière qui la rend aromatique. Cette plante n'est attaquée par aucun parasite et est d'une multiplication très facile; on a même quelque difficulté à en débarrasser les champs où on l'avait plantée, car il suffit d'un tubercule ou de quelques bourgeons pour en infester une culture; aussi doit-on leur faire succéder une culture sarclée.

TOPINAMBOUR

TOPINAMBOUX ou **TOPINAMBOUS.** Peuplade sauvage du Brésil, à l'embouchure de l'Amazone. — Fig. Gens fort grossiers.

TOPINO, fleuve d'Italie, affluent du Tibre (r. g.), qui prend sa source près de Nocera, passe à Foligno et arrose une belle plaine lacustre.

TOPINO-LEBRUN (1769-1802), peintre français, élève et ami de David, condamné à mort et exécuté avec Arena.

TOPIQUE (g. τοπικός : de τόπος, lieu), *adj. 2 g.* Qui appartient à un lieu déterminé : *Les curiosités topiques d'un pays.* — Fig. Qui convient à la question : *Raisonnement topique.* — *Sm.* Médicament appliqué sur une partie du corps : *Les cataplasmes, les emplâtres, les onguents sont des topiques.* — *Sf.* La partie de l'ancienne rhétorique qui enseignait à envisager un sujet sous tous ses aspects et à trouver des preuves. — *Smpl.* Traité sur les lieux communs : *Les Topiques d'Aristote, de Cicéron.* — **Gr.** Même famille : *Topographe*, etc.; *topologie.*

***TOPOGRAPHE** (g. τοπογράφος : de τόπος, lieu + γράφω, je décris), *sm.* Celui qui s'occupe de topographie. — **Dér.** *Topographie, topographique, topographiquement.* Même famille : *Topique.*

TOPOGRAPHIE (g. τοπογραφία : de τόπος, lieu + γράφω, je décris), *sf.* Description détaillée d'un lieu, d'une région, d'un gîte houiller ou métallifère : *La topographie des environs de Paris. La topographie souterraine.* ‖ L'art de représenter sur le papier un terrain avec tous les accidents de sa surface : *La topographie est indispensable aux officiers.* (V. *Plan* et *Levé des plans.*)

TOPOGRAPHIQUE (*topographe*), *adj. 2 g.* Qui appartient à la topographie. ‖ Qui représente la configuration exacte et détaillée d'un lieu, d'un canton, etc. : *Carte topographique.*

***TOPOGRAPHIQUEMENT** (*topographique* + *sfx. ment*), *adv.* Par les procédés de la topographie.

TOPOLIAS. (V. *Copaïs.*)

***TOPOLOGIE** (g. τόπος, lieu + λόγος, discours), *sf.* Étude des sources où doivent puiser les prédicateurs. (Rhétorique.)

TOQUADE (*toquer*), *sf.* Inclination, goût excessif pour une chose, une idée. (Pop.)

***TOQUANTE** (*toquer*), *sf.* Une montre. (Pop.)

TOQUE (kymr. *toc;* ital. *tocco*), *sf.* Sorte de bonnet cylindrique un peu plus large en haut qu'en bas, recouvert de velours ou de soie, plat par dessus et plissé tout autour : *Les juges, les avocats, les professeurs portent la toque.* || Espèce de casquette sans visière. — **Dér.** *Toquet.*

***TOQUÉ, ÉE** (*toquer*), *adj.* Un peu fou. (Très fam.)

TOQUER (db. de *toucher*), *vt.* Frapper, toucher. — Fig. Offenser (vx). — **Se toquer,** *vr.* S'éprendre d'une chose : *Il s'est toqué de cette maison.* (Pop.) — **Dér.** *Toqué, toquée, toquade, toquante.*

TOQUET (dm. de *toque*), *sm.* Sorte de bonnet de ménagère, de paysanne ou d'enfant (vx).

TORANO, bourg d'Italie, au pied de l'Apennin, célèbre par ses carrières de marbre de Carrare.

TORBAY, baie et port d'Angleterre sur la Manche (Devonshire). Lieu de réunion des forces navales anglaises. Guillaume d'Orange y débarqua en 1688.

TORCHE (bl. *tortia* : de *torquere*, tordre), *sf.* Faisceau de choses tordues ensemble. || Bouchon de paille. || Bourrelet de linge qu'on se met sur la tête pour porter un fardeau. || Luminaire consistant en un bâton de bois résineux recouvert de cire et de mèche ou en une corde enduite de résine. — Fig. *Une torche de discorde,* une cause de discorde. — **Dér.** *Torchon, torchère, torcher, torchis.* — **Comp.** *Torche-cul, torche-nez.*

TORCHE-CUL (*torcher* + *cul*), *sm.* Linge, papier servant à s'essuyer l'anus après qu'on a été à la garde-robe. — Fig. Ecrit méprisable : *Certains pamphlets ne sont que des torche-culs.*

TORCHE-NEZ (*torcher* + *nez*) ou **TORD-NEZ,** *sm.* Bâton à l'extrémité duquel est assujettie une grosse ficelle formant une boucle dans laquelle on engage le nez d'un cheval pour le serrer et maintenir l'animal au repos.

TORCHER (*torche*), *vt.* Nettoyer en frottant avec un bouchon de paille, un linge, etc. || Enduire d'un torchis. — Fig. *Tableau bien torché,* bien fait. || *Ouvrage mal torché,* mal fait. || *Cette personne est mal torchée,* mal ou ridiculement habillée. — **Se torcher,** *vr.* Se nettoyer; être nettoyé en frottant.

TORCHÈRE (*torche*), *sf.* Grand candélabre ou applique dont la tige, ornée de sculptures, est surmontée d'un plateau qui

TORCHÈRE ITALIENNE
EN FER FORGÉ ET TÔLE
(XVIIe SIÈCLE)

supporte une lumière. || Vase métallique à jour, adapté à l'extrémité d'une hampe, dans lequel on met des résines ou toute autre matière combustible pour éclairer.

TORCHIS [tor-chi] (*torcher*), *sm.* Mortier composé d'argile et de paille hachée, et avec lequel on construit des murs dans les campagnes.

TORCHON (dm. de *torche*), *sm.* Poignée de paille tortillée dont on garnit, pour les garantir, les arêtes des pierres de taille que l'on transporte. || Morceau de grosse toile avec lequel on essuie la vaisselle, les meubles. — Fig. et pop. *Le torchon brûle à la maison,* on se querelle dans le ménage. — Fig. *Se donner un coup de torchon,* se battre. — Adj. *Papier torchon,* sorte de papier grenu pour l'aquarelle et la gouache.

TORCOL (*tordre* + *col*), *sm.* Genre d'oiseaux de l'ordre des Grimpeurs, de la famille des Pics, qui habitent l'Europe et l'Afrique. Ce nom de *torcol* lui vient de l'habitude qu'a cet oiseau de tourner le cou d'un mouvement lent, ondulé comme celui du serpent, au point d'élever le bec du côté du dos : les petits eux-mêmes exécutent sans cesse ce mouvement dans leur nid, ou plutôt dans le trou qui leur sert de nid, car c'est toujours dans le creux d'un arbre que la femelle pond ses huit ou dix œufs d'un blanc d'ivoire. Une autre particularité à signaler, c'est que, renfermé dans une cage, le torcol hérisse et relève les plumes de sa tête dès que l'on s'en approche, étale sa queue en roue, s'avance, puis se retire brusquement en frappant du bec; mais si l'on s'en éloigne, il cesse aussitôt ce manège. A peu près conformés comme les pics (V. ce mot), les torcols, au lieu de grimper, se cramponnent aux troncs d'arbres pour chercher leur nourriture à l'aide de leur langue, très extensible, qui s'introduit sous l'écorce et dans les fentes du tronc. Ils ne se perchent ordinairement que pour dormir, car le plus souvent ils vivent à terre. Les fourmis sont leur nourriture préférée : pour les prendre, ils dardent leur langue dans les fourmilières et la retirent chargée de fourmis engluées dans l'humeur visqueuse qui la recouvre. On distingue deux espèces de *torcols* : c'est le *torcol verticille* (*yunx torquilla*), qui est l'espèce la plus connue. La manière de vivre de cet oiseau est remarquablement solitaire, excepté à l'époque de la reproduction. A ce moment, il fait entendre un cri qui est fort monotone, et qui devient un petit sifflement aigu aux autres époques. On l'appelle aussi **torcot et torcou.**

TORCOL

TORCY (JEAN-BAPTISTE COLBERT, MARQUIS DE) (1665-1746), neveu du grand Colbert, honnête et habile diplomate français, secrétaire d'État des affaires étrangères sous Louis XIV.

TORDAGE (*tordre*), *sm.* Action de tordre. || Façon qu'on donne à la soie, en doublant les fils sur les moulinets.

TORDENSKIOLD (PIERRE WESSEL, dit) (1691 - 1720), célèbre marin danois né à Trondhjem (Norvège), tué en duel par le colonel suédois Stahl.

***TORDEUR, EUSE** (*tordre*), *s.* Ouvrier, ouvrière qui tord le fil, la laine, la soie. — *Sf.* Ouvrière chargée de placer les pièces de soie sur le métier. || Machine pour tordre ensemble les fils de fer entrant dans la confection des câbles. — *Sf.* Nom des chenilles d'un groupe de papillons nocturnes, lesquelles roulent, plient ou cousent les feuilles des arbres fruitiers pour s'y enfermer et les ronger. Les tordeuses, vulgairement appelées *pyrales,* causent d'immenses dégâts dans les vergers. (V. *Pyrale* et *Tortrix.*)

TORD-NEZ (*tordre* + *nez*), *sm.* (V. *Torche-nez.*)

TORDRE (l. *torquere*), *vt.* Tourner un corps long et flexible par les deux extrémités en sens contraire ou par une seule, l'autre étant fixe : *Tordre du linge.* || *Tordre du fil,* tordre un faisceau de fils pour en faire un cordon. || Tourner violemment : *Tordre le bras.* || *Tordre le cou,* étrangler. || Tourner de travers : *Tordre la bouche.* || *Ne faire que tordre et avaler,* manger gloutonnement. — **Prov.** QUI TE TORDRAIT LE NEZ, IL EN SORTIRAIT ENCORE DU LAIT, se dit avec ironie à un blanc-bec qui se mêle de choses qui ne sont pas en rapport avec son âge. — Fig. Détourner une phrase de son sens naturel pour lui donner une interprétation fausse et forcée : *Tordre un passage.* — **Se tordre,** *vr.* Faire des mouvements convulsifs. || *Se tordre de rire,* rire au point de se faire mal. || Devenir tordu : *Cette branche se tord.* — **Gr.** Je tords, tu tords, il tord, n. tordons, v. tordez, ils tordent; je tordais; je tordis; je tordrai; je tordrais; tords, tordons, tordez; que je torde; que je tordisse; tordant, tordu, etc. — **Dér.** *Tordage, tordeur, tordeuse, torche,* etc.; *tors, torse, torsade, torsion, tarte, tartelette; tourte, tourteau; tourtelette; tourment, tourmente, tourmentin, tourmenter, tourmentant, tourmentante, tourmenté, tourmentée, tourmenteux, tourmenteuse; tors, torse, torsion, tort, torte, tortelle, tortil, tortile, tortille, tortiller, tortillant, tortillante, tortillage, tortillard, tortillart, tortillement, tortillon, tortillère, tortillis, tortionnaire, tortis; tortu, tortue, tortuer, tortueux, tortueuse, tortueusement, tortuosité; torture, torturer, torturant.* | — **Comp.** *Retordre,* etc.; *torcol, entortiller,* etc.; *torticolis.*

TORE (l. *torum* : du g. τόρος), *sm.* Grosse moulure ronde qui décore ordinairement la base d'une colonne. — **Tore circulaire.** Volume géométrique engendré par un cercle tournant autour d'une droite située dans son plan, mais ne passant point par le centre. Un plan sécant passant par l'axe de rotation coupe le tore suivant deux cercles. Un anneau circulaire est un *tore.* Si nous représentons OB par *a*, OA par *b*, la surface S du tore sera représentée par :

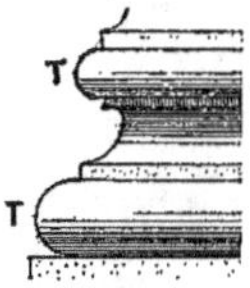

TORE (T)

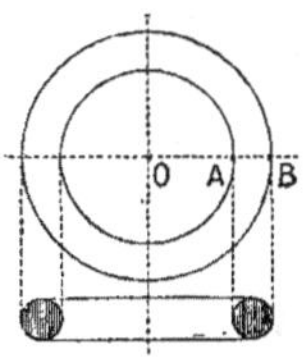

TORE CIRCULAIRE

$$S = \pi^2 (a^2 - b^2)$$

et son volume par

$$V = S \times \frac{a \times b}{4}.$$

Un *organeau de quai* ou anneau pour attacher les bateaux est un tore.

TORÉADOR (mot esp. : *torear,* combattre un taureau), *sm.* Individu qui combat les taureaux dans une arène, en Espagne et dans le midi de la France. — Pl. *des toréadors.*

TORÉADOR

TORELLI, célèbre famille italienne originaire de Ferrare.

TOREUTIQUE (g. τορευτική, sous-ent. τέχνη), *sf.* L'art de ciseler les métaux et l'ivoire.

TORFOU, 2224 hab. Commune du cant. de Montfaucon, arr. de Cholet (Maine-et-Loire).

TORGAU, 12000 hab. Ville forte de la Saxe prussienne, sur l'Elbe. Les luthériens y tinrent plusieurs assemblées célèbres en 1536 et 1574. Frédéric II y battit, le 3 novembre 1760, les Autrichiens commandés par Daun.

***TORGNIOLE** ou ***TORGNOLE** (db. de *tourniole*), *sf.* Sorte de panaris qui fait le tour du doigt. || Petit coup sec appliqué avec les doigts.

TORIGNY-SUR-VIRE, 2013 hab. Ch.-l. de c., arr. de Saint-Lô (Manche). Filatures de laine, tanneries, mégisserie.

***TORIL** (mot esp. : de *toro,* taureau), *sm.* Lieu de l'arène où l'on tient, avant le combat, un taureau enfermé.

TORJOK, 12000 hab. Ville de la Russie d'Europe, dans le gouvernement de Tver.

TORLONIA, famille italienne issue du

banquier Jean Torlonia, duc de Bracciano. M. en 1829.

TORMENTILLE (*tourment*), *sf.* Plante dicotylédone de la famille des Rosacées à fleurs jaunes, du genre potentille. Elle est commune dans les bois; la racine est employée en médecine comme un astringent énergique, et, dans le nord de l'Europe, sert à tanner les peaux.

TORMÈS, 200 kilom. Rivière d'Espagne, affluent du Douro.

***TORNADE** (du portug. *tornado*), *sf.* Grain très violent, mais de courte durée, particulier à la côte occidentale d'Afrique (Sénégal et golfe de Guinée), pendant lequel le vent souffle parfois en ouragan, et qui est suivi d'une pluie diluvienne. La tornade présente un aspect particulier et une forme arquée très prononcée.

***TORNADO** (mot portugais), *sm.* Ouragan très fréquent sur les côtes des Etats-Unis, où il se produit sur une très vaste étendue; il se dirige vers l'E. en remontant un peu vers le N., et dans son intérieur l'air afflue vers le centre. Le tornado a une vitesse moyenne de 64 kilomètres à l'heure et présente un front de 1 kilomètre 1/2 environ. Il se déplace par bonds. Quelquefois plusieurs tornados s'avancent sur des lignes parallèles, à une distance variant entre une vingtaine et une centaine de kilomètres. — Pl. *des tornados.*

TORNÉA, 476 kilom. Fleuve du N. de l'Europe, qui sépare la Suède de la Russie. La Tornéa traverse le lac du même nom et se jette au fond du golfe de Bothnie; elle reçoit le Muonio et le Lainio. — **Tornéa,** 900 hab. Ville de la Finlande russe, à l'embouchure de la Tornéa.

TORO, 5000 hab. Ville d'Espagne, sur le Douro. (V. *Castille.*)

TORON (*tore*), *sm.* Assemblage de fils de caret qui entre dans la composition d'une corde, d'un câble. ‖ Gros tore à l'extrémité d'une surface droite.

TORONTO, 56000 hab. Ville et port sur la côte N.-O. du lac Ontario, capitale du haut Canada. Blés, bois.

TORPEUR (l. *torporem*), *sf.* Trouble du système nerveux dans la totalité ou une partie du corps, caractérisé par un sentiment de pesanteur, la diminution de la sensibilité, la difficulté des mouvements. — Fig. Inertie de l'esprit.

TORPILLE [LL mouillés] (l. *torpere*, être engourdi), *sf.* Poisson de mer cartilagineux, du genre raie, pourvu, dans le voisinage du cerveau, d'un appareil électrique qui cause un engourdissement aux personnes qui le touchent. La torpille est commune sur les côtes de l'Océan et surtout dans la Méditerranée. ‖ Engin de guerre, en forme de vase métallique, rempli de poudre ou de toute autre matière explosive et que l'on fait éclater sous les formes d'un navire. Il existe plusieurs sortes de *torpilles* : 1° les *torpilles fixes*, qui sont dites *dormantes* lorsqu'elles reposent sur le fond de la mer, et *vigilantes* lorsqu'elles sont électriques ou mécaniques; 2° les *torpilles mobiles*, qui sont *portées* ou automobiles. — **Dér.** *Torpilleur.*

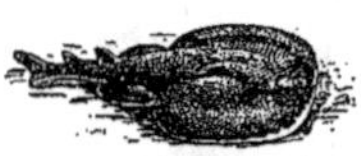

TORPILLE

***TORPILLEUR** [LL mouillés] (*torpille*), *sm.* Marin qui dispose les torpilles. — *Adj. m.* et *sm.* Se dit d'un petit bâtiment chargé de lancer des torpilles. (V. la figure au mot *Navire.*)

TORQUAY, 21767 hab. Ville d'Angleterre, comté de Devon. Port maritime.

***TORQUE** (db. de *torche*), *sf.* Bourrelet figuré sur le haut du heaume des armoiries. — **Dér.** *Torquet, torquette.*

TORQUEMADA (JEAN DE) (1388-1468), dominicain espagnol né à Valladolid. Célèbre théologien, il représenta le pape Eugène IV au concile de Bâle.

TORQUEMADA (THOMAS DE) (1420-1498), inquisiteur général d'Espagne, célèbre par sa cruauté. Le pape Alexandre VI dut intervenir afin de modérer son zèle. Il multipliait les autodafés et les confiscations, qui rendirent son nom odieux.

***TORQUES** ou ***TORQUIS** (l. *torques*), *sm.* Collier des Gaulois, des Perses, des Grecs, des Romains. Le torques était à Rome une récompense militaire : celui des soldats auxiliaires était en or, celui des légionnaires en argent.

TORQUES

TORQUET (dm. de *torque* 1), *sm.* Objet placé pour cacher un piège. ‖ *Donner le torquet*, tromper. ‖ *Donner dans le torquet*, donner dans le panneau (vx).

TORQUETTE (dm. de *torque* 1), *sf.* Enveloppe de paille ou panier d'osier contenant du poisson, de la volaille, du gibier.

TORRE (DELLA) ou **TORRIANI**, illustre famille italienne guelfe qui eut l'autorité souveraine à Milan de 1242 à 1312.

TORRE (GIOVANNI-MARIA DELLA) (1713-1782), savant italien. Il osa, le premier, descendre dans le cratère du Vésuve.

TORRE (DUC DE LA). (V. *Serrano.*)

TORRE-DEL-GRECO, 5000 hab. Ville et port d'Italie, sur le golfe de Naples, au pied du Vésuve, détruite en partie par l'éruption du 15 juin 1794. Pêche du corail très importante.

TORRE-DELL'ANNUNZIATA, 22000 hab. Ville et port d'Italie, sur le golfe de Naples, au pied du Vésuve.

***TORRÉFACTEUR** (*torréfier*), *sm.* Appareil pour torréfier.

TORRÉFACTION (*torréfier*), *sf.* Action de torréfier.

TORRÉFIER (l. *torreficare* : de *torrere*, griller + *ficare*, faire), *vt.* Griller une substance végétale ou animale : *Torréfier du café.* — **Gr.** Je torréfie, n. torréfions; je torréfiais, n. torréfiions, v. torréfiiez; que je torréfie, que n. torréfiions, que v. torréfiiez. — **Dér.** *Torréfaction, torréfacteur.*

TORRENS (ACT), acte immatriculaire constituant un titre de propriété, et mis en pratique en Australie depuis 1861. Ce titre incommutable, mais transmissible dans les mêmes conditions que les obligations des chemins de fer ou nos rentes sur l'État, peut être donné en nantissement par tout propriétaire foncier, moyennant certaines formalités faciles à remplir, telles que l'immatriculation au cadastre communal, et le paiement de frais extrêmement réduits. La loi du 1er juillet 1885, modifiée par les décrets du 16 mai et 14 juin 1886, introduisit en Tunisie le régime de l'*act Torrens*. Les frais d'immatriculation seraient de 1 fr. 25 par hectare; toutefois, ils deviennent moindres, environ les deux tiers, quand il s'agit d'une grande contenance.

TORRENT (l. *torrentem*, qui se dessèche), *sm.* Courant d'eau impétueux, susceptible de se dessécher pendant les chaleurs, dont la pente est considérable, qui se forme surtout dans les montagnes et les sols granitiques : *Les torrents des Alpes.* — L'eau d'un torrent acquiert, en raison de sa masse et de la pente du lit, une force vive considérable; le torrent réunit ainsi en un seul flot l'eau tombée pendant un certain temps sur un espace étendu, grâce à la configuration du sol et au bassin de réception à la faveur duquel s'opère la concentration des eaux pluviales. Les pluies font ruisseler leurs eaux sur les pentes du cirque qui sert de *bassin de réception* ou d'*entonnoir* à un torrent. Ces entonnoirs, suivant que la roche est dure ou meuble, sont le résultat du travail des eaux ou bien de mouvements antérieurs du sol. La rapidité de concentration des eaux torrentielles est quelquefois considérable. Les bassins de réception ont souvent une superficie très limitée; ils aboutissent, par une sorte de goulet, à un *canal d'écoulement* ou *couloir*. L'eau étant divisée en filets minces dans l'entonnoir, le travail qui s'y accomplit est moins violent que dans le canal d'écoulement. Des barrages momentanés pouvant se former, on a une vraie lave capable de tout bouleverser sur son chemin et de transporter des blocs énormes. Les eaux torrentielles peuvent contribuer à creuser au pied des monts des marmites de géants analogues à celles que les galets marins pratiquent au pied des falaises. Le canal d'écoulement d'un torrent vient souvent déboucher dans une vallée assez large pour que l'eau y perde de suite sa vitesse; elle dépose donc tous les matériaux qu'elle transportait sous forme d'un amas conique appelé *cône de déjection.* Ces dépôts forment à la longue une sorte de digue au sommet de laquelle coule le torrent. Les matériaux se stratifient suivant l'ordre inverse de leur grosseur; les blocs restent au-dessus des galets qui surmontent eux-mêmes les graviers. Les graviers se déposent en eaux calmes; puis les galets surviennent, et enfin les blocs sont amenés pendant les crues. Le canal d'écoulement étant très court, beaucoup de galets conservent leurs arêtes vives.

Les torrents sont des phénomènes temporaires qui tendent vers un état d'équilibre relatif et un affaiblissement de leur puissance destructive. Le torrent crée d'abord la courbe du lit qui, très raide dans le bassin de réception, se brise une première fois à l'entrée de la gorge, et une seconde à la jonction du canal d'écoulement avec le cône de déjection. Ce dernier angle tend à s'ouvrir de plus en plus. Puis, la pente du lit, que le torrent s'est creusé à la surface du cône, s'adoucit et on arrive à une courbe continue, concave vers le ciel. Dans une dernière phase, la stabilité s'établit, le torrent ne dégrade plus ses parois. Parmi les torrents, les uns sont persistants, les autres temporaires. Quand un torrent débouche dans un lac au lieu d'aboutir dans une vallée, on constate la formation d'un delta torrentiel dont le trait caractéristique est la superposition d'une couche horizontale de gros galets à un ensemble d'assises très inclinées de sable et de graviers. — Fig. Tout ce qui coule ou s'avance avec impétuosité : *Un torrent de lave, de flammes.* ‖ Grande et impétueuse émission : *Un torrent de larmes, de paroles, d'injures.* ‖ Irruption d'une multitude : *Un torrent de barbares, de sauterelles.* ‖ Personne, puissance que rien ne peut arrêter : *Attila fut un torrent.* ‖ Succession rapide : *Le torrent des années, des affaires.* ‖ Explosion des passions, des sentiments : *On ne put arrêter le torrent de sa colère.* ‖ Force, influence qui entraîne : *Suivre le torrent de la mode.* — **Dér.** *Torrentiel, torrentielle, torrentueux, torrentueuse.*

TORRENTIEL, ELLE (*torrent*), *adj.* Qui est produit par les torrents : *Eaux torrentielles.* ‖ Qui ressemble à un torrent : *Pluie torrentielle.*

***TORRENTUEUX, EUSE** (*torrent*), *adj.* Qui a le caractère d'un torrent : *Le lit torrentueux d'un cours d'eau.*

TORRÈS ou **ENDEAVOUR** (DÉTROIT DE), le détroit qui s'étend entre la Papouasie et l'Australie, sur une longueur de 150 kilom. La navigation y était autrefois très dangereuse par suite de l'existence de récifs nombreux; mais aujourd'hui, grâce à l'éclairage et au balisage et surtout à la connaissance exacte de ces récifs, elle est devenue facile.

TORRES-VEDRAS (*vieilles tours*), 1500 hab. Petite ville de l'Estramadure portugaise où Wellington établit, en 1810, ses fameuses lignes de défense contre l'armée française.

TORRICELLI (EVANGELISTA) (1608-1647), célèbre mathématicien et physicien italien, disciple de Galilée, inventeur du baromètre. — **Théorème de Torricelli.** Proposition relative à l'écoulement d'un liquide par un orifice percé en mince paroi et qui est ainsi conçu : *Chaque molécule liquide possède au sortir de l'orifice la vitesse qu'elle aurait acquise en tombant verticalement dans le vide d'une hauteur égale à la distance du niveau supérieur du liquide au centre de l'orifice.* Ce théorème est fondé sur les mêmes hypothèses que celui de Bernouilli, à savoir qu'il faut que le mouvement puisse être considéré comme à peu près permanent, c'est-à-dire que le niveau supérieur reste à peu près constant, que les frottements soient négligeables et qu'il n'y ait point de changement brusque dans la section du vase.

TORRIDE (l. *torridum*), *adj. 2 g.* Brûlant, excessivement chaud : *Chaleur torride.*

|| *Zone torride*, la portion de la surface de la terre comprise entre les deux tropiques, traversée en son milieu par l'équateur et jouissant toute l'année d'une température très élevée.

TORS, ORSE (vx fr., p. pass. de *tordre*), *adj*. Tordu : *Soie torse*. || *Bois tors*, bois présentant des courbures qui permettent de les utiliser dans certaines constructions courbes. || Tourné de travers, difforme : *Jambe torse*. || *Colonne torse*, celle dont le fût est contourné en spirale. (V. *Colonne*.) — *Sm*. Le degré de torsion d'un câble. || Gros cordon de soie tordu comme un câble et employé dans la tapisserie. — **Dér.** *Torsade, torsion*.

TORSADE (*tors* + sfx. *ade*), *sf*. Frange tordue en spirale dont on orne les tentures, les rideaux, les draperies. — *Sfpl*. Faisceau de fils d'or ou d'argent tordus en spirale, en forme de petits rouleaux, et garnissant le pourtour des épaulettes des officiers : *Les épaulettes des capitaines sont à petites torsades; celles des colonels, des généraux à grosses torsades, dites* à graine d'épinards.

TORSE (ital. *torso*, trognon de chou : du l. *thyrsus*, tige), *sm*. Statue sans tête ou sans membres. || Buste, tronc du corps d'une statue entière ou d'une personne vivante : *Il a un beau torse*.

TORSE DU BELVÉDÈRE
SIGNÉ D'APOLLONIUS, FILS DE NESTOR L'ATHÉNIEN (MUSÉE DU VATICAN)

TORSION (l. *tortionem*), *sf*. Action de tordre : *La torsion d'un fil, d'une branche*. || État de ce qui est tordu, contourné en spirale, tourné de travers : *La torsion de la bouche*. || *Force de torsion*, effort que fait un corps élastique tordu pour se détordre. || *Balance de torsion*, appareil de physique inventé par Coulomb pour mesurer de très petites forces et notamment les attractions et les répulsions électriques. Au point de vue mécanique, la force de torsion est un effort transversal qui, exercé sur un solide prismatique, tend à faire tourner une de ses sections droites autour d'un axe intérieur au prisme et parallèle à sa longueur. Toutes les sections du prisme tournent autour du même axe de quantités angulaires proportionnelles aux distances de ces sections à la base fixe. Cet axe fixe qui passe par les centres de gravité de toutes les sections transversales du prisme est appelé *axe de torsion*. On appelle *angle de torsion par unité de longueur* l'angle θ décrit par la section placée à 1 mètre de distance de la base fixe. Pour un point situé dans une section à la distance h de cette base et à la distance r de l'axe, l'arc décrit serait : $\theta_1 hr$. On admet que la résistance à la torsion par mètre carré sur un élément situé à la distance I de la base fixe et à la distance r de l'axe est proportionnelle à l'arc décrit $\theta_1 r$.: le rapport de ces deux quantités, constant pour chaque corps déterminé, est appelé *coefficient de torsion*. Ce coefficient G est déterminé par la formule :

$$G = \frac{P.p.H}{\theta.I},$$

dans laquelle : P est la valeur des forces qui produisent la torsion; p, la distance de ces forces; H, la longueur du prisme; θ, l'angle dont la base mobile a tourné par rapport à la base fixe; I, le moment d'inertie de la section transversale par rapport à l'axe de torsion.

On a déterminé ainsi les coefficients des corps suivants :

	Coefficient de torsion.
Fer	6.10^9
Acier	10.10^9
Fonte	2.10^9
Cuivre	$4,37.10^9$

TORSTENSON (1595-1654), célèbre général suédois qui, quoique devenu paralytique, fit toutes les campagnes de la guerre de Trente ans.

TORT (bl. *tortum*, injustice : du l. *torquere*, tordre), *sm*. Ce qui est opposé à la justice, à la raison : *Mettre quelqu'un dans son tort*, se conduire envers lui de telle sorte qu'il soit forcé de s'avouer déraisonnable ou injuste. || Lésion, dommage, préjudice : *Le phylloxera a fait du tort à nos vignes*. — À TORT, *loc. adv*. Sans raison, injustement. — À TORT ET À TRAVERS, *loc. adv*. Sans précaution, sans discernement. — À TORT ET À DROIT, *loc. adv*. Sans examiner si la chose est juste ou injuste. — À TORT OU À DROIT, À TORT OU À RAISON, *loc. adv*. Avec droit ou sans droit, avec ou sans raison valable. — **Prov.** LES ABSENTS ONT TOUJOURS TORT, LE MORT A TOUJOURS TORT, un homme absent ou mort n'étant point là pour se défendre, on le charge le plus possible de tous les méfaits.

TORTE (l. *torta*), *adj. f*. Torse : *Jambe torte*.

TORTELLE (*tordre*), *sf*. Le sisymbre officinal, vélar ou herbe aux chantres, plante dicotylédone de la famille des Crucifères.

TORTICOLIS [tor-ti-ko-li] (l. *tortum collum*, cou tordu), *sm*. Rhumatisme ou inflammation d'un muscle du cou qui force à tenir la tête toujours dans la même position, inclinée soit en avant, soit sur l'un des côtés ou bien en arrière. — *Adj*. et *sm*. Qui porte le cou de travers, qui a un torticolis.

***TORTIL** (l. *tortile*), *sm*. Chapelet de perles qui entoure une couronne de baron. (Blas.) || Turban qui orne une tête de Maure.

***TORTILE** (l. *tortilem*), *adj. 2 g*. Qui s'enroule ou s'entortille naturellement comme les vrilles, les tiges volubiles. (Bot.)

TORTILLAGE [LL mouillés] (*tortiller*), *sm*. Langage embarrassé, sans franchise : *User de tortillage*. || Détour, échappatoire.

***TORTILLANT, ANTE** [LL mouillés] (*tortiller*), *adj*. Dont le corps s'enroule en anneau. (Blas.)

***TORTILLARD** ou **TORTILLART** [LL mouillés] (*tortiller*), *sm*. Orme champêtre dont les fibres sont contournées en spirale et dont le bois sert à faire des moyeux.

TORTILLE [LL mouillés] (fém. de *tortil*), *sf*. Allée étroite, tortueuse et ombreuse d'un parc, d'un jardin anglais.

TORTILLEMENT [LL mouillés] (*tortiller*), *sm*. Action de tortiller. || État d'une chose tortillée. — **Fig.** Faux-fuyants, subterfuges.

TORTILLER [LL mouillés] (bl. *torticulare* : de *tortus*, tordu), *vt*. Tordre à plusieurs tours une chose facile à plier : *Tortiller du papier, des cheveux*. — Vi. *Tortiller des hanches*, marcher en se balançant. — **Fig.** Chercher à circonvenir : *Tortiller autour de quelqu'un*. || Chercher des détours dans une affaire : *Il n'y a pas à tortiller*. — **Se tortiller**, *vr*. Se replier plusieurs fois sur soi-même comme un ver, un serpent. — **Dér.** *Tortillant, tortillante, tortillement, tortillage, tortillon*. — **Comp.** *Entortiller*.

TORTILLÈRE [LL mouillés] (db. de *tortille*), *sf*. Tortille.

***TORTILLIS** [LL mouillés] (*tortiller*), *sm*. Se dit des ornements en forme de vers que l'on met dans les bossages. On dit plus communément : *bossage vermiculé*.

TORTILLON [LL mouillés] (*tortiller*), *sm*. Coiffure des jeunes filles pauvres qui tortillent leurs cheveux autour de leur tête. || Bourrelet fait de linge tordu. — **Fig.** Petite servante de campagne (vx).

TORTIONNAIRE [tor-si-o-nère] (l. *tortionem*, torture), *adj. 2 g*. Inique et violent : *Mesure tortionnaire*. || Qui sert à torturer : *Appareil tortionnaire*. — *Sm*. Le bourreau.

TORTIS (bl. *torticius*), *sm*. Assemblage de fils tordus ensemble. || Couronne de fleurs. || Cercle de perles entourant la couronne d'un baron (vx). (Blas.)

TORTONE, 13 504 hab. Ville du royaume d'Italie, dans la province d'Alexandrie, sur la Scrivia.

***TORTONIEN** (*Tortone*), *sm*. Étage du miocène, représenté surtout en France par des formations marines. (Géol.)

TORTONNE. Rivière du département de l'Orne, affluent de l'Aure.

TORTOSE, 24 700 hab. Ville forte de Catalogne (Espagne) dont les fortifications sont aujourd'hui en partie démolies. Port sur l'Èbre. Blés, bois.

***TORTRIX** (ml. de *torqueo*, tordre), *sf*. Genre de lépidoptères nocturnes, désigné encore sous le nom de *pyrale*. (V. la figure au mot *Pyrale*.) Ce genre comprend plus de quatre cents espèces. Il a pour caractères des antennes simples, des palpes épaisses, une trompe courte et presque nulle, une tête assez forte, un corps mince et les deux ailes supérieures terminées carrément et quelquefois légèrement courbées à leur sommet. Deux espèces de ce groupe d'insectes sont intéressantes pour nous à cause des dégâts qu'elles occasionnent dans nos vergers et nos vignobles. Ce sont : 1° La *pyrale verte*, appelée encore *tordeuse verte* (*tortrix viridis*), qui a des ailes d'un vert noirâtre avec la côte et la frange blanchâtre sur les ailes antérieures et d'un gris cendré sur les postérieures. Les quatre ailes sont d'un blanc argenté en dessous. La chenille de ce papillon est verte et présente des points noirs en forme de verrues qui portent chacun un poil également noir. Elle roule les feuilles des arbres, se blottit au milieu de cette espèce de cornet et se nourrit des cloisons de sa loge. C'est là qu'elle se réfugie dès qu'elle se sent menacée de quelque danger et s'y précipite avec une vivacité extrême. Si on vient à la poursuivre jusque dans sa retraite, elle en sort et se laisse tomber le long d'un fil qu'elle dévide à mesure du besoin et le long duquel elle remonte dès qu'elle croit tout danger passé. C'est aussi là que la chenille se transforme en chrysalide, et plus tard en papillon. Ces chenilles sont quelquefois si nombreuses aux environs de Paris, que les arbres fruitiers ont toutes leurs feuilles rongées et qu'ils en sont complètement dépouillés. 2° La *pyrale de la vigne*, papillon dont l'envergure dépasse à peine 2 centimètres, avec la tête, le corselet et les ailes supérieures d'un jaune verdâtre à reflets métalliques dorés, tandis que les ailes inférieures sont brunes, à franges plus claires et à reflets soyeux; les ailes supérieures des mâles sont marquées de lignes obliques d'un rouge ferrugineux, plus larges chez le mâle que chez la femelle. La *pyrale de la vigne* voltige d'un cep de vigne à l'autre, surtout au coucher du soleil; elle demeure au repos pendant le jour, surtout au moment où l'ardeur du soleil se fait le plus sentir. Les femelles déposent, sur la face inférieure des feuilles de vigne, des œufs d'abord verts, qui passent au jaunâtre, puis au brun. La chenille qui naît de cet œuf est d'un vert jaunâtre et longue d'environ 3 centimètres; on lui a donné les noms vulgaires de *ver de l'été, ver de la vigne, ver de la vendange, conque*. Aussitôt qu'elle est née, elle s'insinue dans les crevasses du bois des ceps ou dans celles des échalas, s'y file un petit cocon de soie grisâtre et demeure dans cette retraite jusqu'au mois de mai. Aussitôt que les feuilles ont commencé à se développer, le *ver de la vigne* sort de sa coque et enroule les feuilles au moyen de fil de soie, dévorant surtout ces organes, mais s'attaquant aussi aux raisins. Le nombre de ces chenilles est quelquefois considérable et peut causer de grands dégâts dans nos vignobles. C'est, dit-on, à la fin du XVIe siècle que la *pyrale de la vigne* se montra pour la première fois aux environs de Paris, dans les vignobles d'Argenteuil, et les habitants de cette commune regardèrent l'arrivée, en 1562, de cet insecte comme un fléau de Dieu. Aussi l'évêque de Paris ordonna-t-il des prières publiques. Mais rien n'y fit, et les terribles ravageurs apparurent de nouveau en 1629, 1717 et 1723, portant la désolation dans les vignes de Colombes et d'Aï. Ils envahirent plus tard le Mâconnais, le Beaujolais, et en 1836, 1837 et 1838, ils gagnèrent les départements de Saône-et-Loire, de la Côte-d'Or, de la Marne et du Rhône. Ils s'étendirent même jusque dans la Charente-Inférieure, la Haute-Garonne, les Pyrénées-Orientales et l'Hérault. Vers la fin de juin et les premiers jours de juillet, les chenilles se réfugient dans les cornets de feuilles desséchées qui leur ont en partie servi de nourriture, se filent un cocon et se transforment, au bout de deux ou trois jours, en chrysalides, qui, à leur tour, deviendront papillons quatorze à seize jours plus tard. Le moyen le plus sûr pour diminuer les ravages occasionnés par la pyrale de la vigne est de couper les feuilles de ce végétal sur lesquelles on trouve des œufs et de les brûler.

Le groupe des *Tortrix* ou *Tordeuses* renferme un grand nombre d'espèces toutes remarquables par leur industrie, qui consiste à rouler les feuilles des arbres sur lesquels elles vivent, tantôt perpendiculairement à leur nervure médiane, tantôt parallèlement à cette même nervure, et à fixer le rouleau au moyen de fils de soie. Il en est même qui réunissent ensemble plusieurs de ces feuilles ainsi roulées et en font des paquets qui ressemblent à la pâtisserie légère appelée *cigarette* par les glaciers. Les chênes, les sorbiers, les pruniers, etc., sont atteints par ces insectes. (V. *Pyrale, Tordeuse*, etc.)

TORTU, UE (bl. *tortucum*), *adj.* Qui n'est pas droit, qui est de travers : *Arbre tortu.* || *Le bois tortu*, la vigne. — Fig. Qui raisonne mal : *Esprit tortu.* || Défectueux : *Raisonnement tortu.* — *Adv.* De travers : *Marcher tortu.*

TORTUE (fém. de *tortu*), *sf.* Genre de reptiles de l'ordre des Chéloniens (V. la figure au mot *Chélonien*), remarquable par la disposition de leur squelette, qui offre de grandes anomalies dans la structure des os du tronc. Ceux-ci, dans leur ensemble, constituent comme deux grands boucliers, l'un supérieur ou dorsal, l'autre inférieur ou ventral. Ces boucliers forment par leur réunion une boîte osseuse présentant des échancrures pour le passage du cou, de la queue et des pattes. Le bouclier dorsal se nomme *carapace*, et le bouclier ventral s'appelle *plastron*. La carapace et le plastron ne sont recouverts extérieurement que par une peau garnie d'écailles. Vue par sa face supérieure, la carapace de la tortue apparaît comme formée d'un grand nombre de lames osseuses juxtaposées : 8 de ces plaques occupent la ligne médiane; 16 autres sont rangées autour de ces 8 plaques médianes et elles sont elles-mêmes bordées de 25 ou 26 pièces qui constituent en quelque sorte le *cadre* de la *carapace*. Il suffit de regarder la face intérieure de la carapace pour reconnaître la nature des plaques osseuses dont elle se compose : les 8 plaques médianes sont des dépendances des vertèbres dorsales dont on voit le corps en avant de la face interne de la carapace; ces 8 plaques ne sont que le dos des vertèbres dorsales considérablement élargies et aplaties. Les 16 plaques qui entourent les 8 plaques médianes sont les côtes de l'animal, qui se sont élargies au point de se souder entre elles; elles sont, par suite, complètement immobiles. Les 25 ou 26 plaques qui constituent le cadre de cette même carapace représentent les cartilages qui, chez les mammifères, relient les extrémités des côtes au sternum. Chez certaines espèces de tortues, ces plaques demeurent cartilagineuses, mais chez presque toutes les *plaques marginales* sont soudées littéralement avec le plastron. Celui-ci n'est que le *sternum*, qui s'est prodigieusement développé en s'étendant de la base du cou à l'origine de la queue. Il est composé de 9 pièces. En général, il se soude par ses deux bords avec la carapace au moyen de cartilages ou par un prolongement osseux. Chez certaines espèces de tortues, il est solide dans toute son étendue; chez d'autres, il est évidé au centre et a la forme d'un cadre; chez d'autres encore, il se subdivise en 3 parties dont l'antérieure et la postérieure sont un peu mobiles, tandis que la portion du milieu est fixe. C'est dans l'intérieur de cette boîte osseuse formée par le plastron et la carapace que se trouvent tous les muscles et les viscères de l'animal. L'épaule de la tortue est placée dans l'intérieur du thorax, et le bassin est dans l'intérieur de l'abdomen, ce qui est le contraire de ce qui a lieu chez les mammifères. Les os de l'épaule s'articulent d'une part avec la colonne vertébrale et de l'autre avec le plastron et forment une espèce d'arc. Celui de ces os qui va de la colonne vertébrale à la naissance de l'humérus est le représentant de l'*omoplate* des mammifères; le second, qui vient s'appuyer sur le plastron, est l'analogue de la *clavicule* ou au moins de l'*apophyse acromion*; le troisième, dirigé en bas et ressemblant un peu à un éventail, est l'analogue de l'os *coracoïdien* des oiseaux. Le bassin présente les mêmes os que chez les mammifères, mais disposés d'une manière différente. Nous avons dit au mot *Reptile* comment s'opère la circulation et la respiration des Chéloniens; nous n'y reviendrons pas ici. (V. *Reptile*). L'ordre des *Chéloniens* ou *Tortues* comprend quatre familles, savoir : I. Les *Chéloniens terrestres* ou *Tortues proprement dites*, reconnaissables à leurs pieds propres à la marche et non à la nage; leurs doigts sont extrêmement courts. Ces tortues habitent principalement les pays chauds et se nourrissent de végétaux, de mollusques et d'insectes. Dans les pays tempérés, elles s'engourdissent en hiver. En tous temps, leurs allures sont d'une lenteur devenue proverbiale. Toutes sont ovipares, se développent avec une extrême lenteur et vivent très longtemps. En Europe, les tortues se rencontrent dans la partie méridionale de cette partie du monde et dans le bassin méditerranéen. Les espèces principales de tortues sont : 1° la *tortue grecque*, que l'on rencontre en Grèce, en Italie et dans les îles avoisinantes; 2° la *tortue mauresque*, que l'on trouve à la fois sur les bords de la mer Caspienne et en Algérie; 3° la *tortue bordée*, indigène de la Grèce. Ces tortues sont de petite taille. L'Inde, les îles de la côte de Mozambique, l'Amérique méridionale, l'archipel des Galapagos, etc., nourrissent des tortues de grande taille auxquelles on a donné le nom d'*éléphantine*, de *géante*, de *carbonnière*, de *perrault*, etc. Certaines de ces tortues peuvent atteindre un poids de 200 à 250 kilogrammes. — II. Les *Chéloniens de marais*, formant une famille dont le genre principal est constitué par les *Émydes*. Ce genre se compose d'environ 40 espèces vivant toutes dans les eaux douces et stagnantes. On les rencontre dans toutes les parties du monde, excepté en Australie. L'Europe n'en nourrit que deux espèces : 1° l'*émyde caspienne*, dont la carapace est de couleur olivâtre et sillonnée de lignes flexueuses d'un jaune sale; on la trouve en Morée et sur les bords de la mer Caspienne; 2° l'*émyde sigriz*, habitant l'Espagne et la Barbarie, et dont la carapace, également olivâtre, est enrichie de taches orangées et cerclées de noir. — III. Les *Chéloniens des fleuves* ou *Trionyx*. Ces reptiles hantent les grands cours d'eau de l'Afrique, de l'Asie et de l'Amérique septentrionale. Leur carapace et leur plastron ne sont pas complètement ossifiés et leur peau n'est pas recouverte d'écailles. La tête et les pattes ne peuvent pas rentrer dans la boîte osseuse; les pattes, propres à la nage, sont munies chacune de 3 ongles. Parmi les espèces de cette famille, nous citerons la *trionyx* d'Égypte, qui habite le Nil. Aucune autre espèce de ce genre n'habite l'Europe, bien qu'on en rencontre à l'état fossile. — IV. Les *Chéloniens marins* ou *Chélonées*, qui ont les pattes aplaties et organisées pour la nage; ces êtres vivent au sein des mers, où ils se meuvent avec une merveilleuse agilité; par contre, leurs mouvements sont très embarrassés lorsqu'ils viennent à terre. Les *chélonées* sont toutes de grande taille; on les trouve en grand nombre dans les mers intertropicales. Elles sont très recherchées par l'homme à cause de l'excellence de leur chair, l'abondance de leurs œufs et la finesse de l'écaille que plusieurs d'entre elles fournissent à l'industrie. Les principales espèces de cette famille sont : 1° La *tortue franche*, ou *chélonée franche*, dont la carapace est verdâtre et plus ou moins marbrée, mesure jusqu'à 1m,50 ou 2 mètres de long et atteint un poids de 300 à 400 kilog. Elle habite principalement l'océan Atlantique et vient à terre pour y déposer ses œufs. Les lieux les plus fréquentés par la chélonée franche pour la ponte sont : l'île aux Caïmans, dans la mer des Antilles; l'île de Saint-Vincent, au Cap-Vert; l'île de l'Ascension, dans l'océan Atlantique; et en général un grand nombre d'îles et de rivages situés dans des parages éloignés et déserts. La femelle gagne la terre et dépose sur le rivage ses œufs exposés à l'ardeur du soleil. Une seule chélonée franche pond jusqu'à 200 et même 300 œufs, ronds comme des biscaïens, à coque granuleuse et peu résistante. Ces œufs sont excellents à manger, mais leur albumine ne se coagule pas comme celle des œufs d'oiseaux. Ils éclosent au bout d'environ 17 jours. Dès que les jeunes ont brisé la coque, ils gagnent la mer en ligne droite; mais bien que la distance qui les sépare des flots de l'Océan soit généralement très courte, ces animaux sont mangés par les oiseaux de proie; arrivés dans l'eau, ils y trouvent d'autres ennemis, les crocodiles et les poissons. Il est facile de s'emparer des *tortues franches* lorsqu'elles sont endormies à la surface de l'eau ou qu'elles y viennent pour respirer; des plongeurs habiles se glissent sous l'animal et le saisissent. On transporte souvent en Europe des chélonées franches vivantes; leur chair figure avec avantage sur les tables riches; on s'en procure assez facilement à Londres, où la *soupe aux tortues* jouit d'une grande réputation. On a même établi, sur les côtes anglaises, des parcs ou des viviers dans lesquels on conserve les chélonées que le commerce amène vivantes. La chair des tortues est par elle-même fort bonne à manger et très goûtée des gourmets, mais elle donne aux sauces un goût délicieux qui la fait surtout rechercher. Leur graisse fond à une température peu élevée et est aussi très estimée, malgré sa couleur verdâtre. 2° Le *caret* ou *chélonée imbriquée*, avec une carapace à fond jaunâtre marbré de brun. Cette carapace a la forme d'un toit, et présente de fortes dentelures à la partie postérieure. Le *caret* n'atteint jamais la taille de la *tortue franche* et son poids ne dépasse pas 100 kilog. Sa chair est moins estimée que celle de l'espèce précédente, et c'est surtout pour son écaille qu'on la recherche. Celle-ci est infiniment plus belle et par suite plus précieuse que celle de la chélonée franche ou celle de la caouanne. On détache l'écaille des carapaces en approchant celles-ci du feu; l'écaille non travaillée se nomme *écaille brute*. Chacun sait que l'on fait un grand usage de cette substance dans la tabletterie. Elle a une grande ressemblance avec la corne, se travaille comme elle, mais s'en distingue par sa transparence si richement nuancée et par sa nature compacte au lieu d'être fibreuse ou lamelleuse. L'écaille possède aussi la propriété de se ramollir par l'action de l'eau bouillante; aussi se sert-on de ce moyen et de la compression pour agglutiner les rognures d'écaille et en faire des morceaux plus gros. On lui donne alors le nom d'*écaille fondue*. C'est principalement sur les côtes américaines de l'Atlantique, dans la mer des Indes, depuis Madagascar jusqu'à la Nouvelle-Guinée, que l'on pêche le caret qui se trouve dans le commerce. 3° La *chélonée caouanne*, dont la carapace est allongée et très carénée. On la rencontre dans la Méditerranée et dans tout l'océan Atlantique. On en trouve accidentellement sur les côtes d'Angleterre et de France. L'écaille de cette espèce est moins estimée que celle du caret. — Fig. *Marcher à pas de tortue*, très lentement. || Espèce de toit que les soldats romains, au moment de monter à l'assaut, formaient en tenant leurs boucliers au-dessus de leur tête et en les serrant les uns contre les autres pour être à couvert des traits de l'ennemi. || Toit monté sur des roues et qui servait au même usage.

TORTUE (LA), 6 000 hab. Ile du groupe des Antilles, dans l'Amérique centrale, et voisine d'Haïti. Ch.-l. *Tayona.*

TORTUER (*tortu*), *vt.* Rendre tortu. — **Se tortuer**, *vr.* Devenir tortu.

TORTUEUSEMENT (*tortueuse* + sfx. *ment*), *adv.* D'une manière tortueuse.

TORTUEUX, EUSE (l. *tortuosum*), *adj.* Qui présente des courbures nombreuses et en différents sens : *Ruisseau tortueux.* — Fig. Qui manque de loyauté, de franchise : *Conduite tortueuse.* — **Dér.** *Tortueusement.*

TORTUOSITÉ (l. *tortuositatem*), *sf.* Etat de ce qui est tortueux.

TORTURANT, ANTE (part. pr. de *torturer*), *adj.* Qui torture. ‖ Qui cause un grand chagrin : *La torturante nouvelle de la mort de ma mère.*

TORTURE (l. *tortura* : de *torquere*, tordre). Action de faire souffrir à quelqu'un de vives souffrances corporelles : *L'assassin exerça des tortures sur ses victimes.* ‖ Tourment que l'on faisait souffrir autrefois aux accusés, aux criminels, pour leur arracher des aveux ou des révélations : *La torture fut abolie en France en 1780.* — Fig. Violente douleur corporelle : *Sa goutte le met à la torture.* ‖ Grande souffrance morale : *Je suis à la torture.* ‖ Embarras pénible : *Cette question le mit à la torture.* ‖ Effort extraordinaire de l'esprit : *Mettre son esprit à la torture pour résoudre un problème.* ‖ Interprétation forcée d'un texte : *Les commentateurs mettent souvent leur auteur à la torture.* — **Dér.** *Torturer, torturant, torturante, tortionnaire.*

TORTURER (*torture*), *vt.* Exercer des tortures contre quelqu'un. ‖ Faire subir la torture à un accusé, à un criminel. — Fig. Causer une souffrance morale cuisante et persistante : *Les remords torturent le coupable.* ‖ *Torturer un texte, un mot,* l'interpréter d'une manière abusive. — **Se torturer**, *vr.* Se donner beaucoup de peine.

***TORULE** (l. *torus,* lit), *sm.* Cavité dans laquelle est placée la base de chaque antenne des insectes. (Zool.)

***TORULEUX, EUSE** (du l. *torus,* renflement), *adj.* Qui présente des renflements de distance en distance.

***TORUS** (ml. *lit*), *sm.* Disque nectarifère qui existe sur le réceptacle de certaines plantes, entre le pied des étamines et le gynécée.

TORY (mot anglais venu du celtique irlandais avec le sens de *sauvage*), *sm.* Nom que l'on donna d'abord aux Irlandais soulevés contre le Long Parlement, ensuite aux partisans de Charles II, et par lequel les Anglais désignent aujourd'hui le parti conservateur, défenseur des prérogatives royales et des privilèges de la noblesse. Le parti contraire est le parti *wigh* ou *libéral.* — *Adj. 2 g.* Qui appartient au parti des torys : *Un ministère tory.* — **Gr.** Fém. sing. *tory;* pl. *torys* ou *tories.* — **Dér.** *Torysme.*

TORYSME (*tory*), *sm.* Système politique des torys.

***TOSAJO** (mot caraïbe), *sm.* Viande coupée en minces lanières que les habitants de l'Amérique du Sud conservent en la faisant sécher au soleil. On la nomme encore *carne secca,* viande sèche.

TOSCAN, ANE (du l. *tuscus;* ital. *toscano*), *adj.* Se dit d'un des cinq ordres de l'architecture classique et de ce qui appartient à cet ordre. L'ordre toscan n'est que le dorique introduit en Étrurie (aujourd'hui la Toscane) et rendu plus simple. On l'emploie dans les constructions qui exigent une grande stabilité; il se distingue de l'ordre dorique par les proportions et par l'absence de triglyphes sous la frise. ‖ *Chapiteau toscan, colonne toscane,* chapiteau, colonne d'ordre toscan. (V. *Ordre.*) ‖ *Architecture toscane,* essentiellement composée d'arcades et de bossages. — *Sm.* L'ordre toscan. ‖ Le dialecte italien que l'on parle à Florence, et qui est devenu la langue littéraire. — *Adj.* et *s.* Qui est de la Toscane, qui l'habite : *Les mœurs toscanes. Les Toscans.*

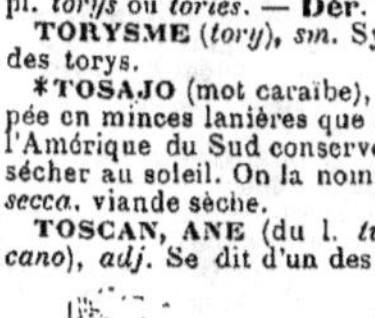

TOSCAN ROMAIN

(CHAPITEAU)

T. Tailloir ou abaque. — E. Échine. — G. Gorgerin. — A. Astragale. — F. Fût de la colonne.

TOSCANE (GRAND-DUCHÉ DE) (*Tusci,* les Etrusques), 2 294 605 hab., 24 053 kilom. carrés, l'*Etruria* des anciens. Autrefois État de l'Italie centrale, limité à l'O. par la mer Méditerranée (mer de Toscane), au N. par le duché de Modène, à l'E. et au S. par les anciens États de l'Église.

L'Apennin forme en Toscane un rempart continu, du golfe de Gênes à l'Adriatique, entre le col de la Cisa et les sources du Tibre; il se prolonge jusqu'à Rimini par des contreforts élevés. Le versant N. est limité par l'ancienne voie Émilienne qui menait de Plaisance à Rimini; le versant S. s'étend jusqu'à la vallée de l'Arno. Les principaux sommets sont l'Alpe de Succiso (2020 mètres), l'Alpe de San Pellegrino, le mont Rondinaja, le mont Cimone (2168 mètres), le mont Falterona (1648 mètres), le mont Comero (1208 mètres). Au N. existent de longs contreforts parallèles entre eux et perpendiculaires à la chaîne; ils sont séparés par les vallées profondes des torrents de l'Émilie. Au S., des massifs parallèles à la crête principale enferment de hautes vallées où coulent la Vara, la Magra, le Serchio, l'Ombrone florentin, la Sieve et l'Arno. Entre le val d'Arno et les plateaux volcaniques du Latium s'étend le Subapennin toscan, limité à l'E. par le val di Chiana : c'est un plateau découpé par les eaux et recouvert par des collines tertiaires arrondies et dénudées; les points culminants de la région sont le Poggio di Montieri (1051 mètres), le cône trachytique du mont Amiata (1732 mètres). Des vignobles renommés couvrent les flancs des monts de Chianti, de Montalcino et de Montepulciano.

La Toscane appartient tout entière au versant de la mer Tyrrhénienne. En descendant du N. au S., on rencontre : 1° La *Magra,* qui prend sa source à l'E. du mont Gottero, coule au S. en arrosant Pontremoli et Sarzana, et se jette dans la mer à l'E. du golfe de la Spezzia. 2° Le *Serchio,* né au S. de l'Alpe de Succiso et se dirigeant vers le S. entre les Alpes de San Pellegrino et les Alpes Apuanes (1850 mètres), où se trouvent les carrières de marbre de Carrare : il passe à Lucques, après avoir franchi le défilé de Diecimo, puis se jette dans la mer. Le Serchio reçoit, à gauche, la Lima. 3° L'*Arno,* qui descend du mont Falterona (1648 mètres), traverse le val Casentino, coule au S. jusque vers Arezzo, reçoit le canal di Chiana et fait un coude brusque pour remonter vers le N. entre le Prato Magno et les monts de Chianti. A Pontassieve, au sortir d'un défilé, il change de direction pour couler vers l'O. : il arrose Florence et les belles plaines qui entourent cette ville, où il reçoit l'Ombrone; au S. du mont Albano, il franchit un nouveau défilé et se grossit à droite de la Pescia, à gauche de la Pesa, de l'Elsa et de l'Era. En aval d'Empoli et de Pontedera, l'Arno se déroule à travers la plaine marécageuse où se trouve Pise, puis tombe dans la mer. L'Ombrone passe à Pistoia et à Prato. Le Reno, dont les sources sont à Pruneta, découpe profondément l'Apennin toscan. La Sieve vient du col de la Futa (912 mètres) et coule dans le val Mugello; elle se jette dans l'Arno à Pontassieve. 4° La *Cecina* est un petit fleuve qui arrose une vallée profonde, riche en mines, en salines, en lagoni (salines de Volterra), mais très malsaine. 5° L'*Ombrone siennois,* qui descend aussi du plateau de Toscane : il prend sa source au mont Luco, au N. d'Asciano et se jette dans la mer, un peu au-dessous de Grossetto, sur la côte fiévreuse des Maremmes; il reçoit à droite l'Artia, à gauche l'Orcia, venue des hauteurs de Radicofani. 6° Le *Tibre.* (V. ce mot.)

La Toscane serait la contrée la plus favorisée de l'Italie au point de vue des richesses minérales et agricoles, si certaines parties du pays n'étaient pas très malsaines, surtout dans la partie méridionale des Maremmes, où le mélange des eaux douces et salines engendre la *mal'aria,* principalement dans les régions dont le sol est argileux. La partie la plus infectée est située entre les promontoires de Piombino et du monte Argentario. Le vent entraîne le mauvais air jusque dans les vallées supérieures de la Cecina et de l'Ombrone toscan. La côte est semée d'îles rocheuses : les deux massifs du Piombino (199 mètres) et du monte Argentario (635 mètres) sont d'anciennes îles reliées à la terre ferme par des alluvions modernes. La chaîne des Apennins, intimement liée à celle des Alpes, n'a cependant pas tout à fait la même histoire. La période aquitanienne fut pour les Apennins une époque d'affaissement : à l'helvétien inférieur correspond la formation d'une mer profonde suivie de soulèvement : un affaissement auquel succéda la création d'un important bassin maritime caractérise les époques helvétienne et tortonienne, tandis que le messinien et le pliocène sont accompagnés de dépôts marins. L'un des versants de la chaîne abonde en plis et en refoulements; l'autre a été profondément déchiré par des éruptions volcaniques. Les *salses,* ou *volcans de boue,* sont très abondants dans les Apennins : elles dégagent des hydrocarbures et même du bitume. Ces émanations gazeuses, s'opérant à la surface d'un sol sec et pierreux ou bien au sein de sources, donnent lieu aux fontaines et aux terrains ardents qui exhalent souvent une forte odeur de pétrole. Le néocomien est représenté en Toscane par des calcaires massifs (monte Nerone); de même, le crétacé comprend des calcaires compacts et une roche spéciale. L'éocène toscan appartient au type alpin : on y trouve à la base des calcaires marneux auxquels succèdent des serpentines, des gabbios (Ligurie maritime et Émilie), les jaspes du monte Catini et les argiles écailleuses du mont Amiata. Dans le pliocène se rangent les marnes blanches du val d'Arno, et les dépôts d'eau douce des environs de Pavie et de Sinigaglia. Les richesses minérales de la Toscane sont considérables. On exploite au pied de massifs trachytiques d'importants gisements d'acide borique (lagoni); les mines d'Orbitello fournissent de l'antimoine, celles du monte Catini donnent des cuivres gris, pyriteux ou panachés, encaissés dans des gabbios. Le mercure s'exploite à Grasso, Seravezza, Azasa, le fer à l'île d'Elbe, le soufre à Peretta, le borax dans les lagoni des environs de Volterra, les marbres à Carrare. On récolte en Toscane des blés, des vins liquoreux, des olives, du coton, de la soie. On y fabrique des pâtes alimentaires, du papier, etc. — Annexée le 22 mars 1860 au royaume d'Italie, la Toscane (avec plus de 2 millions d'habitants) fut divisée en 8 provinces. La capitale du nouveau royaume fut un moment *Florence* et les villes principales sont : *Sienne, Pise, Livourne, Lucques, Pistoia, Grossetto, Arezzo.* Florence, Pise, Lucques et Sienne possèdent des universités. Florence est le chef-lieu du 8e corps d'armée italien (Florence et la Spezzia).

TOSQUES ou **TOSKES**, une des deux grandes divisions des tribus albanaises.

TOSTE, *sm.* (V. *Toast.*)

TOSTER, *vt.* et *i.* (V. *Toaster.*)

TÔT (vx fr. *tost :* l. *tostum,* brûlé), *adv.* Sans délai, sans retard : *Allez tôt.* ‖ De bonne heure : *Se lever tôt.* — AU PLUS TÔT, *loc. adv.* Au plus vite. ‖ PLUS TÔT QUE PLUS TARD, *loc. adv.* Au plus vite. ‖ TÔT OU TARD, *loc. adv.* Dans peu de temps ou dans un temps considérable : *Nous mourrons tôt ou tard.* — **Comp.** *Bientôt, plutôt, sitôt, tantôt, tôt-fait.*

TOTAL, ALE (l. *totalem :* de *totus,* tout), *adj.* Entier, complet : *Ruine totale.* — *Sm.* L'assemblage de toutes les parties d'une chose : *Léguer le total de son bien.* ‖ Le résultat d'une addition : *Il y a une erreur au total.* — Pl. m. *Totaux.* — AU TOTAL, EN TOTAL, *loc. adv.* Tout compensé : *Au total, je fais un bénéfice.* — SOMME TOTALE, *loc. adv.* En comptant tout : *J'ai déboursé une somme totale de 1 000 francs.* — **Dér.** *Totalement, totalité, totaliser, totalisateur.*

TOTALEMENT (*totale* + sfx. *ment*), *adv.* Entièrement, tout à fait : *J'approuve totalement.*

***TOTALISATEUR** (*totaliser*), *adj. m.* Qui donne l'ensemble des résultats partiels de plusieurs opérations successives : *Le résultat d'une multiplication est le nombre totalisateur des produits partiels.*

***TOTALISER** (*total*), *vt.* Former un total, additionner. (Néol.)

TOTALITÉ (*total*), *sf.* Le total, le tout, l'intégralité : *Le total d'une succession.*

***TOTEM** [to-tème], *sm.* Animal que chaque classe d'une tribu de Peaux-Rouges a adopté pour son fétiche particulier et qu'il vénère comme un génie protecteur.

TÔTES, 834 hab., ch.-l. de. c., arr. de Dieppe (Seine-Inférieure).

***TÔT-FAIT** (*tôt* + *fait*), *sm.* Mets que l'on prépare très vite en faisant cuire au four, dans une tourtière beurrée, une bouillie obtenue en délayant, dans un mélange de lait aromatisé, de blancs d'œufs battus et de sucre, une pâte faite de farine et de jaunes d'œufs. — Pl. *des tôt-faits.*

TOTH ou **THOTH.** Une des principales divinités des Égyptiens, regardé comme le dieu de la science et de l'art et représenté avec une tête d'ibis. On lui attribuait les livres sacrés de l'Égypte et les inscriptions le nomment le *Maître des bibliothèques* et *deux fois grand.*

TOTILA, roi des Ostrogoths de 541 à 552, qui conquit deux fois sur les empereurs d'Orient la plus grande partie de l'Italie, mais qui fut défait et blessé mortellement dans un combat que lui livra Narsès.

TOTILON, parent de Louis le Débonnaire, qui le fit premier duc amovible de Gascogne, en 819, pour avoir chassé les Normands de ce pays.

TOTIS, 12 000 hab. Ville du comitat de Gran (Hongrie).

TOTLEBEN (François-Édouard, comte) (1818-1884), fils d'un négociant de Mittau (Courlande), ingénieur militaire et général russe. Élevé à Riga et sorti du collège des ingénieurs de Saint-Pétersbourg, il se distingua, sous le général Schilders, dans la campagne du Danube, et en 1854 fut envoyé en Crimée, comme capitaine du génie. Il déploya la plus grande activité dans la défense de Sébastopol; sa vigoureuse direction et son système d'ouvrages en terre contribuèrent à faire de cette ville, en peu de temps et sous le feu même des assiégeants, une place forte inexpugnable : ce qui lui valut, en moins d'un an, l'avantage de passer successivement par les grades de capitaine commandant, lieutenant-colonel, adjudant colonel, maréchal de camp et adjudant général. En outre on lui conféra la haute récompense de la décoration de l'ordre de Saint-André, décoration réservée aux souverains et aux princes. En 1860, il fut promu lieutenant général et depuis lors occupa de hautes fonctions dans l'empire. En 1877, pendant la guerre contre la Turquie, il fut chargé du commandement supérieur de l'armée russo-roumaine. C'est au général Totleben que furent dus l'investissement et la prise de la position de Plewna, dont l'ensemble formait un formidable camp retranché : après la guerre, il reçut le titre de comte. Gouverneur général d'Odessa en 1879 et de Wilna depuis 1880, on lui a érigé un monument à Sébastopol en 1890. Il laisse un ouvrage intitulé : *Défense de Sébastopol*, publié en 1864.

TOTON (l. *totum*, tout), *sm.* Dé à jouer traversé d'une petite cheville sur laquelle on le fait tourner, et marqué d'une lettre sur chacune de ses quatre faces latérales. Quand, après avoir tourné, il tombe en présentant la face marquée d'un T, celui qui l'a mise en mouvement gagne *tout l'enjeu.* ‖ Petite rondelle de bois ou d'os traversée d'une cheville sur laquelle on le fait tourner. — Fig. *Faire aller quelqu'un comme un toton*, lui faire faire tout ce que l'on veut. — **Gr.** Ne prononcez pas *tonton.*

TOTTENHAM, 12 000 hab. Ville d'Angleterre, à 6 kilomètres N.-N.-E. de Londres, habitée surtout par des commerçants de la Cité.

TOUAGE (*touer*), *sm.* Action de touer. ‖ Entreprise de halage mécanique des bateaux sur les rivières et canaux. ‖ Salaire payé pour ce service.

TOUAILLE (VHA. *duahilla* : de *duahun* ou *thvahan*, laver), *sf.* Essuie-mains fixé à un rouleau horizontal autour duquel on peut l'enrouler.

TOUAMATOU (Îles) ou Îles Basses, 7 270 hab. Archipel de la Polynésie formé de 82 îlots disséminés au N.-E. de Taïti; colonie française. La plupart ne sont que des attolls. On y exploite la nacre et les huîtres perlières.

TOUAREG ou **TARGUI**, nom par lequel on désigne les individus d'une peuplade mahométane de race berbère répandue dans le

TOUAREG
TRIBU DU SAHARA

Sahara entre le Touat, le Niger et le Fezzan. Ils vendent leur protection aux caravanes qui traversent le désert.

TOUAT, région de l'Afrique septentrionale au S. du Sahara algérien entre le 27° et le 29° degré de latitude. Elle renferme 300 et 400 villages répandus dans cinq groupes principaux d'oasis. Les ksours groupés en commandements constituent de petites républiques fédératives. Les habitants du Touat vivent de commerce et de la culture des oasis situées entre la rive gauche de l'Oued Guir et les derniers contreforts du plateau de Tedmaït.

TOUBOUAI (Îles), archipel de la Polynésie formé de cinq îles volcaniques dont deux, Toubouai et Raïvavoé, sont des colonies françaises.

TOUC, *sm.* (V. *Toug.*)

1. **TOUCAN** (mot brésilien signifiant *plume*), *sm.* Nom d'une constellation de l'hémisphère austral située près du cercle polaire antarctique, entre le Phénix et le Paon.

2. **TOUCAN** (brés. *toucan*, plume), *sm.* Genre d'oiseaux de l'ordre des Grimpeurs, type de la famille des Rhamphastidés (g. ῥαμφαστος, qui a le bec crochu), qui habitent les forêts tropicales de l'Amérique du Sud. Cette famille comprend les genres *toucan* et *aracari*; elle se distingue par la difformité et la disproportion du bec de ces oiseaux aussi bien que par la conformation de leur langue, qui a la forme d'une véritable plume. Le bec, énorme mais léger, tricolore, n'est qu'un corps caverneux, diaphane, formé de cellules vides, séparées les unes des autres par une substance osseuse, de la mince épaisseur d'une feuille de papier : le tout est recouvert par une membrane tellement faible, qu'à peine elle résiste à l'impression du doigt. Sur 50 centimètres qui marquent la longueur ordinaire du toucan, le bec en mesure 20. Ce bec présente, à sa base, la même grosseur que la tête. Quand l'oiseau se redresse en l'air, le bec a l'apparence d'une poutre en équilibre au front d'un clown. S'ouvrant comme dans une sorte de bâillement, il se referme avec le bruit sec d'un couvercle de tabatière. C'est ce bec énorme qui a fait surnommer le toucan l'*oiseau tout bec*; à la Guyane française, on ne l'appelle que l'*oiseau gros bec.* Pour se nourrir, le toucan est obligé d'avaler tout entières les graines; c'est avec difficulté même qu'il rompt les fruits tendres, à cause du peu de solidité de ses longues mandibules. La mandibule supérieure, recourbée en bas en forme de faux, arrondie en dessus et crochue à son extrémité, a sur les bords, ourlés de pourpre et de safran, des dentelures plus prononcées que celles de la mandibule inférieure, qui est d'ailleurs plus courte et plus étroite. La langue, ainsi que nous le disons plus haut, est une sorte de plume dont la tige est constituée par une substance cartilagineuse, large de deux lignes et hérissée des deux côtés de barbes très serrées, dirigées en avant et toutes semblables à celles d'une plume ordinaire. Le toucan ne peut picorer, aussi fait-il sauter en l'air sa pâture pour la recevoir dans le bec. Ses yeux de créole sont cerclés de rouge, de jaune ou de bleu; la physionomie paraît intelligente et le regard très fin. Ses jambes, courtes, sont guêtrées de vert; malgré ses pieds écartés, sa démarche est grave. Aussi variée qu'éclatante, la robe du toucan passe pour être la mieux décorée de tous les oiseaux du monde : sorte de pastel vivant, elle présente des couleurs vives, fraîches et éblouissantes. Les toucans, bien qu'errants et voyageurs, suivent cependant les saisons pour la maturité des fruits; ils recherchent surtout ceux du palmier. Ils habitent dans les terrains humides, aux bords des rivières, et là où croissent les palétuviers. Leur vol est lourd et pénible à cause de la petitesse de leurs ailes et du volume de leur bec : ils s'élèvent pourtant parfois jusqu'à la cime des grands arbres. Ils vivent, en général, par bandes de six à dix. Les trous d'arbres abandonnés par les pics ou les creux des troncs d'arbres vermoulus leur servent à disposer leur nid : ils ne pondent que deux œufs. Lorsque le toucan quitte son nid, on dirait une flamme ailée qui s'élance de l'arbre et en lèche les rameaux. Les toucans sont très attentifs et très défiants. Dans les arbres, ils sautent de branche en branche; mais à terre, ils sautillent en suivant une ligne oblique, aussi leur démarche est-elle disgracieuse, car ils tiennent toujours leurs jambes écartées. Ils dorment sur les branches, le bec enfoncé dans les plumes de leur corps, la queue ramenée sur le bec; ils ont alors l'apparence d'une boule de plumes, d'une pelote coloriée. Le toucan a différents noms, suivant les pays qu'il visite : au Brésil, son nom vulgaire est *toucaraca* et *toutacata*; à Cayenne, il s'appelle *oiseau prédicateur*; à Surinam, *cajacui* ou *bouarabek.* On emploie souvent des gorges de toucan pour la pelleterie; la mode brésilienne en fait des garnitures éclatantes et de couleurs très vives pour les robes et les manchons. On connaît, dans l'Amérique tropicale, 16 espèces de *toucans* parmi lesquelles on cite : le *toucan gorge jaune* du Brésil, dont les plumes servent à faire des garnitures pour la toilette des dames; le *toucan toto*, le plus grand des toucans de la Guyane, dont le cri se rapproche de la syllabe *rac*; le *toucan à ventre rouge*, plus grand que la pie, commun au Brésil, et dont le cri exprime le mot *touraca.* ‖ *Toucan à collier*, le cochicat du Mexique.

TOUCAN

TOUCH, 75 kilom. Rivière de France (Haute-Garonne), affluent de la Garonne près de Toulouse. Elle reçoit la Bure, l'Ayguebelle et le Merdagnon.

1. **TOUCHANT, ANTE** (part. prés. de *toucher*), *adj.* Qui touche à, qui est en contact avec. ‖ *Point touchant*, point de contact (vx) (Géom.). — Fig. Bien approprié, topique : *Voilà une observation touchante.* ‖ Qui impressionne vivement, qui émeut, attendrit : *Une scène, une prière touchante.* — *Sm.* Ce qui est pathétique : *Le touchant d'un discours.* — Sf. *La touchante*, la tangente (vx).

2. **TOUCHANT** (*toucher*), *prép.* Relativement à, au sujet de : *Je veux vous parler touchant cette affaire.*

***TOUCHAU** (*toucher*). Petit instrument présentant, d'ordinaire sous forme de cinq branches d'étoile, des alliages d'or et de cuivre diversement riches, lesquels, frottés sur la *pierre de touche*, donnent une trace caractéristique. Les alliages sont généralement aux titres de 583, de 625, de 667, de 708 et de 750. La comparaison de la trace avec celle d'un alliage d'or et de cuivre à un titre inconnu (V. *Pierre de touche*) permet d'apprécier approximativement la quantité d'or et d'argent contenue dans cet alliage.

TOUCHE (*spf.* de *toucher*). Action de toucher, de frapper. ‖ Action d'atteindre la bille de billard sur laquelle on joue : *Manquer de touche.* ‖ Ancien procédé d'aimantation de l'acier par frottement contre un aimant. On distinguait trois procédés principaux : la *simple touche*, la *touche séparée* et la *double touche*. La *simple touche* consiste à frotter l'aiguille ou la tige d'acier un certain nombre de fois sur l'extrémité d'un barreau puissant, en la faisant glisser suivant sa longueur et toujours dans le même sens. La *touche séparée* consiste à placer sur un support horizontal deux gros barreaux aimantés dont les pôles contraires sont dirigés l'un vers l'autre, mais séparés par une règle de bois. Sur ce système on place la lame à aimanter. On prend ensuite dans chaque main un autre barreau aimanté; on les appuie tous les deux sur le milieu de la lame par le pôle de même nom que celui qui termine le barreau le plus voisin servant de point d'appui, et on incline ces deux barreaux d'environ 30 degrés. On les fait alors glisser en sens contraire, chacun vers l'une des extrémités de la lame. Ce mouvement terminé, on enlève les deux barreaux en même temps, on les reporte au milieu de la lame, et on recommence l'opération un certain nombre de fois. Dans la *double touche*, la disposition est la même que dans la *touche séparée*, sauf que les barreaux *mobiles* sont séparés par une petite pièce de bois et qu'on les incline d'environ 20 degrés sur la lame. On les fait glisser, sans les séparer l'un de l'autre, vers l'une des extrémités de la lame, puis de cette extrémité vers l'autre, et ainsi de suite. ‖ Essai des matières d'or ou d'argent au moyen de la pierre de touche. ‖ *Pierre de touche,* sorte de pierre basaltique, noire, très dure, sur laquelle on frotte les petits bijoux en or ou en argent pour en évaluer le titre. — Fig. Tout ce qui fait connaître la valeur d'une chose : *Le dévouement est la pierre de touche de l'amitié.* ‖ Chacune des petites lames d'ivoire, d'ébène, etc., sur lesquelles on appuie en jouant du piano ou de tout autre instrument analogue. ‖ Petit crochet d'ivoire pour jouer aux jonchets. ‖ Façon de peindre d'un artiste : *La touche du Poussin.* ‖ Style : *La touche de Corneille.* ‖ Troupeau de bœufs gras qu'on amène au marché. — Fig. Mortification, accident fâcheux : *Eprouver une touche.*

***TOUCHE-À-TOUT** (*toucher* + *à* + *tout*), *sm.* Celui qui touche à tous les objets qu'il voit. — Fig. Personne qui se mêle de tout, qui touche à tout. — Pl. *des touche-à-tout.*

1. **TOUCHER** (VHA. *zuchôn,* tirer), *vt.* Mettre la main à ou sur : *Toucher le bras.* — Fig. *Faire toucher une chose au doigt et à l'œil,* la démontrer clairement, en fournir la preuve irrécusable. ‖ Se mettre en contact avec un objet par n'importe quelle partie du corps : *Toucher le sol du pied.* ‖ Éprouver avec une pierre de touche : *Toucher un bijou.* ‖ Atteindre, à l'escrime, d'un coup de fleuret ou d'épée : *Toucher son adversaire.* — Absol. *J'ai touché.* ‖ Frapper pour faire avancer : *Toucher des bœufs.* — Absol. *Touche, hardi!* ‖ Jouer d'un instrument de musique à touches ou à cordes : *Toucher le piano, la harpe.* — Fig. *Il ne faut pas toucher cette corde-là,* il ne faut pas parler de cela. — Fig. *Toucher la grosse corde,* traiter le point le plus important d'une affaire. ‖ Recevoir de l'argent : *Toucher une grosse somme.* ‖ Etre en contact avec, en parlant des choses : *Ce meuble touche le mur.* ‖ Etre attenant à : *Sa maison touche la mienne.* ‖ Représenter par la peinture, le discours : *Cet orateur touche bien les passions.* ‖ Parler incidemment d'une chose : *Je n'ai pas voulu toucher ce sujet.* ‖ Impressionner en bien ou en mal, émouvoir, attendrir : *Son infortune me touche.* ‖ Intéresser, concerner, regarder : *En quoi cela vous touche-t-il?* ‖ Être parent, allié : *Cet homme ne me touche ni de près ni de loin.* — *Vi.* Mettre la main sur : *Ne touchez pas à cela.* ‖ Se trouver en contact avec : *Cette montagne touche aux nues.* ‖ Heurter contre : *Le navire a touché sur un écueil.* ‖ Etre assez grand pour atteindre à : *Sa tête touche au plancher.* ‖ Etre près d'une certaine époque à venir : *Nous touchons à l'hiver.* ‖ Prendre, ôter d'une chose : *Toucher à son capital.* ‖ Apporter quelques modifications, quelques remaniements à une chose : *Toucher à la Constitution.* ‖ Etre attenant à : *La Russie touche à la Prusse.* ‖ N'être pas loin d'arriver à : *Nous touchons au gîte.* ‖ *Toucher à un port,* y relâcher pour peu de temps. ‖ Intéresser, concerner : *Cette question touche à mes intérêts.* ‖ *Toucher dans la main à quelqu'un,* mettre sa main dans la sienne en signe de réconciliation, de conclusion de marché, etc. ‖ *N'avoir pas l'air d'y toucher,* agir avec malice ou perfidie en affectant la bonhomie. — **Se toucher**, *vr.* Etre attenant : *Ces jardins se touchent.* ‖ Avoir certains points communs : *Les extrêmes se touchent.* — **Dér.** *Toucher* 2, *touche, touchant* 1, *touchante, touchant* 2, *toucheur.* — **Comp.** *Attoucher, attouchement, retoucher, retouche,* etc.

2. **TOUCHER** (*svm.* de *toucher* 1). Celui des cinq sens par lequel nous connaissons certaines propriétés physiques de la surface des corps, comme la température, la forme, la dureté, etc. Il a son siège dans toute l'étendue de la peau, mais plus spécialement dans la main. (V. *Derme, Épiderme, Peau, Tact,* etc.) ‖ Manière dont un musicien joue d'un instrument à touches ou à cordes : *Ce pianiste a le toucher moelleux.* — **Syn.** Le *toucher* est le sens même qui transmet au cerveau les qualités des corps; le *tact* est l'exercice de ce sens, tandis que l'*attouchement* est l'action de toucher. Le *contact* s'exerce entre deux corps insensibles.

TOUCHET (Marie) (1549-1638), maîtresse de Charles IX. Son fils fut duc d'Angoulême.

TOUCHE-TRÉVILLE (LA). (V. *La Touche-Tréville.*)

TOUCHEUR (*toucher*), *sm.* Celui qui touche. ‖ Celui qui prétend guérir les malades en les touchant. ‖ Conducteur de bœufs.

TOUCHKOR, 20000 hab. Ville de Turquie d'Europe, sur la Kilia, affluent du Danube.

TOU-COI (*tout* + *coi*), *interj.* Mot que les chasseurs emploient pour faire taire un limier lorsqu'il crie.

TOUCOULEURS, nom que les Français donnent, au Sénégal, à des métis musulmans de *Pouls* et de nègres *Ouolofs,* qui fondèrent dans ce pays un puissant empire au XIVe siècle.

TOUCY, 3203 hab. Ch.-l. de c., arr. d'Auxerre (Yonne), petite ville très industrieuse.

TOUE (*svf.* de *touer*). Action de touer. ‖ Sorte de bac pour passer l'eau. ‖ Petite barque plate.

TOUÉE (p. pass. f. de *touer*), *sf.* Action de touer. ‖ Câble servant à touer.

TOUER (ang. *to tow*), *vt.* Haler un navire à l'aide d'amarres ou à la cordelle. ‖ Le remorquer. — **Dér.** *Toue, touée, toueur.*

TOUEUR (*touer*), *sm.* Remorqueur à vapeur mû par un mécanisme qui soulève hors de l'eau et tend successivement les diverses parties d'une chaîne plongée au fond d'un cours d'eau dans toute la longueur de celui-ci.

TOUFFE (vx fr. *toffe* : du l. *tufa,* aigrette; BA. *topp,* poignée), *sf.* Assemblage de brins nombreux et très drus de nature végétale ou animale : *Une touffe d'arbres, d'herbe, de cheveux, de plumes.* — **Dér.** *Touffu, touffue, toupet, toupillon, toupie, toupiller.*

TOUFFEUR (esp. *tufo* : g. τύφος, vapeur), *sf.* Bouffée de chaleur qu'on sent en entrant dans un endroit très chaud.

TOUFFU, UE (*touffe*), *adj.* Qui est en touffe, épais, bien garni : *Bois touffu. Barbe touffue.*

TOUG ou **TOUC** (turc *tough,* queue de cheval), *sm.* Etendard consistant en une demi-pique au haut de laquelle est attachée une queue de cheval avec un bouton d'or et que l'on porte en Turquie devant les vizirs, les pachas, les gouverneurs.

TOUGOURT, ville d'Algérie, à 440 kilom. de Constantine et à 205 kilom. de Biskra, ch.-l. de l'Oued-Rir, grande oasis que des sondages récents ont rendue très fertile; occupée en 1854. Centre de la culture des palmiers dattiers.

***TOUILLAGE** (*touiller*), *sm.* Action de touiller.

***TOUILLER** (kymr. *tywyllu,* rendre sombre, obscurcir), *vt.* Remuer, brasser, mélanger. — **Dér.** *Touillage.*

TOUJOURS (*tous* + *jours*), *adv.* Pendant toute la durée des temps. ‖ Sans fin, sans interruption : *La Lune tourne toujours autour de la Terre.* ‖ Encore, dans un état, une occupation qui se prolonge : *Il ne prend point sa retraite, il remplit toujours sa charge.* ‖ Sans exception, en toute occasion : *On a toujours raison, le destin toujours tort.* ‖ En attendant, néanmoins : *Dormez toujours, je vous éveillerai au moment de partir.* ‖ Au moins : *S'il n'est point persuadé, toujours fait-il semblant de l'être.* — A TOUJOURS, POUR TOUJOURS, *loc. adv.* A perpétuité, sans possibilité de changement, de retour : *Adieu pour toujours.* — Sm. *Le toujours,* un très long temps dans l'avenir.

TOUL (l. *Tullum*), 10012 hab. S.-préf. (Meurthe-et-Moselle), à 320 kilom. de Paris, place forte sur la rive gauche de la Moselle, au milieu d'une plaine ondulée à l'O. du plateau de la Haye. Les nouveaux forts construits depuis 1874 font de Toul une grande place de manœuvres en même temps qu'une position d'arrêt barrant la ligne de Strasbourg à Paris : la ville est ainsi reliée au plateau de la Haye et aux côtes de la Meuse. Ancien évêché; belle cathédrale de Saint-Etienne du XIIIe au XVe siècle.

TOULA, 60000 hab. Ville de la Russie d'Europe, sur l'Oupa, au centre d'un riche bassin houiller. Industrie très active; célèbre manufacture impériale d'armes, forges nombreuses. Arsenal. Capitale du gouvernement du même nom.

TOULLIER (1752-1835), célèbre jurisconsulte français, doyen de la faculté de Rennes, auteur du *Droit civil français selon l'ordre du Code.*

TOULON, 70103 hab. S.-préf. et préf. maritime (Var), second port militaire de la France et port de commerce. Toulon est une grande place maritime et la base de la défense de la Provence et de Marseille. La ville et l'arsenal sont situés au fond d'une magnifique rade naturelle formée de deux parties : 1° la petite rade fermée par la presqu'île du *Balaguier* (rades de l'*Aiguillon* et de la *Seyne*); 2° la grande rade, séparée de la mer par la presqu'île *Cépet* (rades du *Lazaret,* des *Vignettes* et du *Creux-Saint-Georges*). Arsenal maritime construit par Vauban et occupant 10000 ouvriers (arsenaux du Castigneau et du Mourillon), fonderies de fer et de cuivre; hôpitaux de la marine et de Saint-Mandrier, lazaret. Le port et la ville sont protégés par des batteries de côtes, des redoutes et douze forts en dehors de l'enceinte proprement dite.

TOULON-SUR-ARROUX, 2054 hab. Ch.-l. de canton, arr. de Charolles (Saône-et-Loire).

TOULOUBRE, 68 kilom. Rivière du département des Bouches-du-Rhône, affluent de l'étang de Berre, près de Saint-Chamas. Elle reçoit la Concernade et une partie des eaux du canal de Craponne, qui la met en communication avec la Durance.

TOULOUSE (l. *Tolosa*), 140280 hab. Préf. (Haute-Garonne), à 835 kilom. de Paris, anc. cap. du Languedoc, sur la rive droite de la Garonne, sur le canal et le chemin de fer du Midi. Cour d'appel, archevêché, chef-lieu d'académie et d'une division militaire. Facultés des sciences, des lettres, de droit; écoles de médecine, des beaux-arts, de musique; académie des Jeux Floraux. Nombreux moulins, fabriques; magnifique église romane de *Saint-Sernin,* cathédrale Saint-Etienne du XIIIe au XVIIe siècle; hôtel de ville dit *Capitole*; jardin des plantes, observatoire. *Toulouse* fut successivement la capitale des Volkes Tectosages, du royaume des Wisigoths et du comté de son nom créé par Charlemagne.

TOULOUSE (Louis-Alexandre de Bourbon, comte de) (1678-1737), fils légitimé de Louis XIV et de Mme de Montespan, grand amiral de France. Il vainquit les Anglais à la bataille de Malaga (24 août 1704). Son fils, le duc de Penthièvre, fut le père de la princesse Louise-Marie-Adélaïde, qui épousa Philippe-Égalité et devint la mère du roi Louis-Philippe. (V. *Raymond*.)

TOULTSCHA, 25000 hab. Ville de la Turquie d'Europe, sur le Danube.

***TOUNDRAS** (*x*), *sm*. Nom des vastes marais tourbeux qui existent en Sibérie sur les bords de l'océan Glacial, principalement aux embouchures des grands fleuves.

TOUNG-OUN, 100000 hab. Ville de l'île de Haïnan (Chine).

TOUNGOUSE. (V. *Tongouse*.)

TOUNGOUSKA-NIJNIIA, 2300 kilom. Rivière de Sibérie qui prend sa source dans la province d'Irkoutsk, arrose le gouvernement d'Iénisséi et se jette dans l'Iénisséi.

TOUNGOUSKA-SREDNIIA, 1250 kilom. Rivière de Sibérie, affluent de l'Iénisséi.

TOUNGOUSKA SUPÉRIEURE, 1750 kilom. Rivière de Sibérie formée par la réunion de l'Ilim et de l'Angara; elle arrose Irkoutsk et se jette dans l'Iénisséi.

TOUPET (dm. du vx fr. *toupe;* db. de *touffe*, toupe de cheveux), *sm*. Petite touffe de poils, de cheveux, de crin, de laine. ‖ Touffe de cheveux sur le haut du front. — Fig. et pop. *Avoir du toupet*, avoir une grande hardiesse, de l'audace, un aplomb inconvenant. ‖ *Relever le toupet*, réprimander. ‖ Touffe de crin qui tombe entre les oreilles d'un cheval.

TOUPIE (germ. *top*, pointe), *sf*. Jouet de buis en forme de poire terminé inférieurement par une pointe de fer, et que les enfants font tourner sur le sol en la lançant en même temps qu'ils lâchent une ficelle enroulée autour. On dit qu'une *toupie dort* quand elle tourne rapidement sur place. — Fig. *Dormir, ronfler comme une toupie*, profondément. ‖ *Toupie d'Allemagne*, toupie creuse et percée d'un côté, qui fait du bruit en tournant. — **Dér.** *Toupiller*.

TOUPILLER [LL mouillés] (*toupie*), *vi*. Tournoyer comme une toupie. — Fig. Ne faire qu'aller et venir sans but dans une maison.

TOUPILLON [LL mouillés] (dm. de vx fr. *toupe*, toupet), *sm*. Petit toupet. ‖ Poils de la tête du veau. ‖ Branches inutiles et confuses d'un oranger.

TOUQUES, 120 kilom., fleuve côtier de la Normandie qui sort du Merlerault, arrose le pays d'Auge, passe à Lisieux et à Pont-l'Évêque et se jette dans la Manche près de l'estuaire de la Seine, entre Trouville et Deauville. Elle est grossie de la Calonne et de l'Orbec.

TOUQUES, 1300 hab. Petit port et commune du Calvados, sur la Manche. Cabotage assez actif. Plage de villégiature.

1. **TOUR** (l. *turrim*), *sf*. Bâtiment rond, carré ou polygonal, d'une hauteur considérable par rapport à sa base, dont on fortifiait jadis l'enceinte des villes, des châteaux. ‖ *Tour de Babel*. (V. *Babel*.) — Fig. Lieu où tout le monde parle à la fois et sans s'entendre : *Ce meeting a été une vraie tour de Babel* (ou *de Babylone*). ‖ Clocher : *Une tour romane*. ‖ Phare élevé sur les côtes de la mer : *La tour de Cordouan*. ‖ *La Tour de Londres*, ancienne forteresse bâtie à l'E. de la Cité, au bord de la Tamise, par Guillaume le Conquérant, dominée par la masse carrée d'une grande tour dite la *Tour Blanche*, qui servit de prison d'État jusqu'en 1820, et où furent supploiciés un grand nombre de personnages historiques. C'est aujourd'hui un arsenal et un musée d'armes; on y conserve aussi les joyaux de la couronne. ‖ *La Tour du Temple*, à Paris, grosse tour flanquée de quatre tourelles qui faisait partie du monastère du Temple, et où Louis XVI fut détenu. ‖ Machine en forme de tour que les anciens, à la guerre, attachaient sur le dos des éléphants et d'où combattaient des archers. ‖ *Tour roulante*, tour en bois portée sur des roues dont les anciens se servaient dans les sièges. ‖ *Tour Eiffel*, construction de 300 mè-

TOUR EIFFEL
ÉLEVÉE PAR L'INGÉNIEUR G. EIFFEL

tres de haut, en fer assemblé en treillis et qui s'élève au Champ de Mars, à Paris, à près de cent mètres de la rive gauche de la Seine. Cette tour a été édifiée lors de l'Exposition universelle de 1889 par l'ingénieur Eiffel. On accède à ses trois plates-formes par des ascenseurs et un escalier. ‖ Pièce de jeu d'échecs nommée autrefois *roc*, en forme de tour, placée aux angles de l'échiquier, et dont la marche est celle des dames au jeu de dames. — **Dér.** *Tourelle, tourette, tourière, tournelle, turricule, turriculé, turrilite.*

2. **TOUR** (vx fr. *tor*, *svm*. de *tourner*), *sm*. Machine-outil pour façonner en rond le bois, l'ivoire, les métaux. Elle consiste essentiellement en un arbre tournant horizontal portant la pièce à travailler, mû par une roue à pédale, et en un appui solide où l'ouvrier pose son outil. — Fig. *Être fait au tour*, parfaitement bien fait. ‖ *Tour de potier*, disque horizontal tournant autour d'un axe vertical et sur lequel le potier façonne et arrondit les vases de terre. ‖ Treuil. ‖ Petite armoire ronde, tournant sur un pivot, établi dans le vide d'une baie pratiquée dans un mur, et dont on se sert pour faire passer de l'autre côté du mur des provisions et toutes sortes de menus objets : *Il y a des tours dans les couvents, les hospices, etc., et aussi entre des cuisines et des salles à manger pour le service des mets.* ‖ Armoire ronde à pivot, disposée à la porte d'un hospice et où l'on déposait autrefois les enfants abandonnés. ‖ Mouvement en rond : *Un tour de roue*. ‖ *A tour de bras*, de toute la force du bras. ‖ *En un tour de main*, en aussi peu de temps qu'il en faut pour tourner la main. ‖ *Tour de broche*, révolution que fait la broche en tournant sur son axe et présentant successivement au feu toutes les parties de la pièce à rôtir. ‖ *Un tour, deux tours de clef*, action de tourner une fois, deux fois la clef dans la serrure. ‖ *Tour de reins*, foulure des muscles des reins causée par quelque effort. ‖ *Demi-tour*, demi-révolution qu'un homme fait en tournant sur ses talons. ‖ Dans les exercices militaires, mouvement par lequel on fait face du côté où l'on tournait le dos. ‖ Action de faire un peu de chemin, petite promenade, petit voyage : *Aller faire un tour à la campagne*. ‖ Sinuosité, replis : *Les tours et détours d'un fleuve*. ‖ Périmètre, pourtour, circonférence d'un lieu, d'un objet : *Le tour d'un jardin, d'un arbre*. ‖ *Faire le tour de*, parcourir toute la circonférence de : *Faire le tour d'un lac*. ‖ S'étendre autour de : *La rivière fait le tour de la ville*. ‖ *Faire son tour de France*, voyager de ville en ville pour y exercer son métier. ‖ *Tour d'échelle*, droit qu'a le propriétaire d'un mur ou d'un bâtiment de poser une échelle sur l'héritage du voisin pour réparer ce mur ou ce bâtiment. ‖ *Tour de lit*, étoffe qui environne le lit et est attachée au bois d'en haut. ‖ Toute partie de l'habillement, de la parure qui se met en rond : *Un tour de cou*. ‖ *Un tour de cheveux*, mèche de faux cheveux qui contourne le haut du front. — Fig. Toute action qui exige de l'agilité, de l'adresse, de la force : *Un tour de gobelet*. ‖ *Tour du bâton*, profit secret illicite. ‖ *Tour de force*, action qui exige beaucoup de force. ‖ Niche, fourberie, action cruelle qu'on fait à quelqu'un : *Il m'a joué un mauvais tour*. ‖ Manière dont on fait voir une affaire, dont elle se présente, dont elle marche : *Notre entreprise prend un bon tour*. ‖ Manière dont on exprime ses pensées, dont on arrange ses phrases, ses mots : *Ce tour est digne de Cicéron*. ‖ *Avoir un tour d'esprit agréable*, présenter les choses sous une forme agréable. ‖ Rang successif, alternatif : *C'est mon tour de veiller*. ‖ *Tour de faveur*, représentation d'une pièce de théâtre avant d'autres qui auraient dû être représentées auparavant. ‖ Se dit de toute chose qui passe avant son tour. — TOUR A TOUR, *loc. adv*. Alternativement. — **Prov.** A CHACUN SON TOUR, si tu l'emportes aujourd'hui sur moi, je l'emporterai peut-être demain sur toi. — **Dér.** *Touret, tourillon, touriste.*

TOUR (MAURICE-QUENTIN DE LA). (V. *Latour.*)

TOURA, 400 kilom. Rivière du gouvernement de Perm (Russie d'Asie), affluent du Tobol.

***TOURAILLAGE** (*touraille*), *sm.* Action de chauffer progressivement les grains d'orge germés pour en arrêter la germination.

***TOURAILLE** (l. *torrere*, dessécher), *sf.* Etuve dans laquelle le brasseur expose l'orge germée à un courant d'air graduellement échauffé afin d'arrêter la germination. On emploie surtout les tourailles à air avec canaux de chauffage en tôle ou en fonte disposés en spirales montantes. — **Dér.** *Touraillage, touraillon.*

***TOURAILLON** (*touraille*), *sm.* Radicelle de l'orge germée qui a été desséchée dans la touraille, et qu'on utilise pour engraisser les bestiaux.

TOURAINE (l. *Turonia*, pays des Turons), ancienne province du centre, surnommée le *Jardin de la France*, à cause des productions de la vallée de la Loire qui la traverse, et formant la presque totalité du département d'*Indre-et-Loire*. Elle comprend : 1° la *Gâtine*, au N. de la Loire, infertile et sans eaux courantes; 2° la *Varenne*, riche terre d'alluvions entre la Loire et le Cher; 3° la *Champeigne*, région de hautes terres entre le Cher et l'Indre; 4° au S. de l'Indre le *plateau de Sainte-Maure*, autre Gâtine, à l'aspect morne et au sol pauvre; 5° le *Véron*, pointe triangulaire de craie entre la Loire et la Vienne; 6° l'extrémité N.-O. de la Brenne, marécageuse. Les bords de la Loire et ceux de ses affluents, l'Indre, le Cher et la Vienne, sont embellis de magnifiques châteaux historiques : Amboise, Chenonceaux, Loches, Azay-le-Rideau, Chinon, Langeais, etc. La Touraine possède de beaux pâturages, produit des céréales, du vin, du chanvre et fait un grand commerce de pruneaux. Capit. *Tours*; villes principales, *Amboise, Chinon, Loches.*

TOURAN, nom que les anciens Perses donnaient au Turkestan. — **Dér.** *Touranien, touranienne.*

TOURANE, ville de l'empire d'Annam, au fond d'une baie de 12 kilom. de longueur sur 6 kilom. de largeur. Une expédition franco-espagnole commandée par l'amiral Rigault de Genouilly y débarqua en 1858.

TOURANGEAU, ELLE (*Touraine*), *adj.* et *s.* Qui appartient à la Touraine; qui en est originaire : *Rabelais et Descartes étaient deux Tourangeaux.*

TOURANIEN, IENNE (*Touran*), *adj.* et *s.* Se dit des peuples qui parlent les langues ouralo-altaïques et de ce qui leur appartient. — *Langues touraniennes*, famille de langues agglutinatives qu'on appelle plutôt aujourd'hui *langues ouralo-altaïques* et qui comprend cinq groupes : *samoyède, finnois, turc* ou *tatare, mongol, tongouse.*

1. **TOURBE** (l. *turba*), *sf.* Troupe méprisable; vile multitude : *La tourbe des solliciteurs.*

2. **TOURBE** (all. *torf*), *sf.* Espèce de charbon très impur chargé d'acide ulmique, léger, spongieux, brunâtre, que l'on trouve dans le sol, et qui se forme dans les tourbières, lieux humides ou marécageux, où s'accomplit, sous une couche d'eau, la décomposition lente de plantes herbacées aquatiques, principalement de *conferves* et de *sphaignes*. Il faut, pour qu'il y ait formation de tourbe, que la végétation aquatique soit vigoureuse et que les plantes continuant à se développer en hauteur périssent lentement par leur pied constamment immergé. Cette condition est remplie par certaines familles de mousses qui se développent dans une eau limpide sous l'influence d'un climat humide et d'une chaleur modérée. La tourbe ne se montrera donc jamais dans des régions situées entre l'équateur et les zones tempérées ou dans des pays entrecoupés d'étangs et de marécages à fond d'argile. On pourra au contraire en trouver sur des sables, sur de la craie et même sur des pentes où il semble qu'il soit impossible à des nappes d'eau de se maintenir.

Il faut, pour qu'il se produise de la tourbe, une plante croissant par sa partie supérieure exposée à l'air libre, tandis que sa base immergée se décompose lentement sans qu'une nappe d'eau préexistante soit nécessaire; car certains végétaux, tels que les mousses du genre *sphagnum*, peuvent absorber jusqu'à quinze fois leur poids d'eau et plus. Ces sphaignes se développent facilement dans les pays humides où l'eau est limpide et la chaleur modérée. Les mousses meurent du pied à mesure qu'elles se développent en hauteur à l'air libre, et leur décomposition a lieu sous l'eau qu'elles ont aspirée; la matière organique est ainsi brûlée incomplètement et donne naissance à la tourbe. La transformation est progressive. La tourbe récente de la surface a un tissu très lâche qui laisse encore apercevoir les filaments végétaux : c'est la *tourbe mousseuse.*

Plus bas, elle est *feuilletée*, prend une coloration plus foncée, et s'enrichit en carbone. Beaucoup de végétaux peuvent prendre part à la formation de la tourbe, bien que le sphaigne joue un rôle dominant. Dans les contrées calcaires, une mousse du genre *hypnum* joue le rôle du sphaigne : dans la vallée de la Somme, l'*hypnum* est associé à des cypéracées du genre carex. Les tourbières de l'Amérique du N. ne contiennent pas de mousses.

Le développement des plantes qui donnent de la tourbe demande le libre accès du grand air. L'ombre des arbres qui peuvent exister au milieu d'un marais tourbeux produit une dépression circulaire d'où l'eau se trouve chassée. Les ruissellements de vase ou de sable, les engrais, etc., qui troublent la limpidité de l'eau sont contraires à cette végétation et arrêtent la formation de la tourbe. De même, une forte évaporation due à la chaleur du climat empêche la concentration de l'eau dans les mousses. La température la plus favorable aux tourbières est une moyenne de 8° (Irlande). La composition chimique de la tourbe se rapproche des chiffres suivants : Charbon 54 p. 100; eau 45 p. 100; hydrogène (libre) 1; cendres 1 à 30 p. 100. La tourbe séchée à l'air contient jusqu'à 25 p. 100 d'eau. Sa densité est de 0,11 à 0,4. Comme les eaux limoneuses et rapides empêchent la production de la tourbe, et que pendant l'époque quaternaire les fleuves étaient très violents, ce n'est qu'à la fin de cette époque que nos tourbes ont pu prendre naissance sur les rives des cours d'eau limpides et à crues tranquilles qui arrosaient les vallées larges et peu escarpées des terrains perméables. Les couches de tourbe sont situées en général à une faible profondeur au-dessous de la surface du sol. La tourbe est d'autant plus dure, plus compacte, plus noire et plus estimée qu'elle a été extraite d'une plus grande profondeur. Elle sert de combustible et chauffe un peu mieux que le bois, mais elle a l'inconvénient de donner une fumée d'une odeur très désagréable. Ses cendres s'emploient avec succès pour l'amendement des terres. (V. *Tourbeux, Tourbière.*) — **Dér.** *Tourber, tourbeux, tourbeuse, tourbier, tourbière, tourbier 2, tourbière.*

TOURBE, 40 kilom. Rivière du département de Seine-et-Marne, affluent de l'Aisne.

***TOURBER** (*tourbe* 2), *vi.* et *t.* Extraire de la tourbe.

TOURBEUX, EUSE (*tourbe* 2), *adj.* Qui contient de la tourbe : *Sol tourbeux.* || Qui est composé de tourbe : *Couche tourbeuse.* || *Terrain tourbeux*, terrain brun ou noir, spongieux, élastique, plus ou moins acide et ferrugineux, frais en été et chaud en hiver, perméable en grand, quoique retenant l'humidité dans ses pores, formant de mauvais pâturages où abondent les joncs et les carex et tout à fait impropre à la culture. Il ne peut devenir productif qu'après avoir été desséché à l'aide de fossés, amendé avec de la chaux ou des cendres et écobué : alors il peut devenir propre au jardinage et convenir aux fèves de marais, au lin, aux choux, au colza, à l'œillette, aux céréales à l'exception du blé, aux pommes de terre, et, parmi les plantes fourragères, le trèfle, la fléole des prés et l'agrostide stolonifère peuvent y réussir. Les arbres n'y peuvent prospérer. On y plante cependant quelquefois l'aulne, le bouleau, le peuplier.

1. * **TOURBIER, IÈRE** (*tourbe*), *adj.* Tourbeux.

2. ***TOURBIER**, *sm.* Ouvrier qui extrait la tourbe, qui la transporte. || Propriétaire d'une tourbière.

TOURBIÈRE (*tourbe*), *sf.* Terrain d'où l'on extrait la tourbe. La réunion d'une masse d'eau importante ne pouvant se faire que sur un sol suffisamment plat, on rencontrera surtout les tourbières dans les plaines et les vallées.

Les grands marais tourbeux des contrées septentrionales (Irlande, Lithuanie, Holstein) appartiennent à la catégorie des tourbières de plaines. En Irlande, les tourbières occupent plus d'un million d'hectares : on y distingue les *tourbières noires*, qui occupent les plaines basses, et les *tourbières rouges*, situées sur les pentes des collines; elles sont beaucoup moins humides que les premières. Grâce à de certaines conditions, il peut se former de la tourbe sur des terrains granitiques (Morvan, Ariège), qui offrent la réunion d'un fond argileux imperméable et d'une superficie spongieuse qui absorbe l'humidité. Ces tourbières des plaines se gonflent souvent en leur milieu à cause de la vigueur avec laquelle les sphaignes s'y développent. Les tourbières des vallées proprement dites (Somme) sont beaucoup plus limitées que les précédentes, et garnissent uniquement le fond plat de vallées d'érosion. Les végétaux qui leur donnent naissance sont surtout des mousses du genre *hypnum*, et des cypéracées du genre *carex*, qui demandent aussi une eau limpide et une température modérée. Il faut donc qu'il existe des sources dans ces vallées, dont la pente doit être assez faible pour permettre la concentration des eaux; il faut aussi que sa largeur soit supérieure à celle du cours d'eau qui la suit.

Il existe dans les hautes vallées montagneuses des marais tourbeux qui présentent les caractères généraux des tourbières de vallées et qui portent la marque de l'action glaciaire (Jura). Elles occupent le fond de vallées offrant la forme de cuvettes allongées, terminées par deux cols qui retiennent les eaux. La tourbe de ces régions provient, dans le Jura, par exemple, de mousses des genres *hypnum, sphagnum*, associées aux genres *carex, scirpus* et *saxifraga.*

L'action tourbeuse se manifeste souvent sur de grands végétaux quand la destruction d'une forêt a été accompagnée de la stagnation des eaux au milieu de ses débris. De même, les bois flottés, charriés par de grands fleuves, finissent par s'accumuler en îlots stables, qui se décomposent lentement à leur partie inférieure et donnent de la tourbe fibreuse.

En raison de l'origine des tourbières, les objets de l'industrie humaine que l'on peut y trouver ne remontent pas au delà de la pierre polie, et elles ne renferment que des restes d'animaux semblables à ceux d'aujourd'hui. La Hollande exploite d'immenses tourbières. En France, les tourbières les plus importantes sont celles des vallées de la Somme et de l'Oise. (V. *Tourbe.*)

TOURBILLON (dm. du vx fr. *tourbille* : bl. *turbicula*, dm. de *turbinem*, tourbillon), *sm.* Vent impétueux et tournoyant. || Dépression à la surface de la mer, d'une rivière où l'eau s'engouffre en tournoyant. || Toute masse de matière qui tournoie avec une grande rapidité : *Un tourbillon de flamme, de feu, de poussière.* || Dans le système de Descartes, courant de matière cosmique qui entraîne les astres. — Fig. Tout ce qui entraîne les hommes : *Le tourbillon des affaires, des plaisirs.* — Absol. *Être dans le tourbillon.* — **Gr.** Il est permis de dire par pléonasme : *Un tourbillon de vent.* — **Dér.** *Tourbillonner, tourbillonnant, tourbillonnante, tourbillonnement.*

***TOURBILLONNANT, ANTE** (*tourbillonner*), *adj.* Qui tourbillonne.

***TOURBILLONNEMENT** (*tourbillonner*), *sm.* Mouvement d'un corps qui tourbillonne.

TOURBILLONNER (*tourbillon*), *vt.* Se mouvoir en tournoyant rapidement : *La poussière tourbillonne sur la route.* || Etre agité ou s'agiter comme un tourbillon : *Les danseurs tourbillonnaient.* || Reculer en tournoyant en désordre sous le feu de l'ennemi.

TOURCOING, 58008 hab. Ch.-l. de c.,

arr. de Lille (Nord). Chef-lieu de deux cantons, situés, avec Roubaix, tout près de la frontière belge, l'un des principaux centres industriels de France. Nombreuses filatures de laine, de coton, de lin et de soie; fabriques de tissus de laine de toutes espèces, drap, velours, tapis, etc. Seize fabriques de bonneteries; ateliers de construction de machines. Victoire des Français sur les Hollandais en 1793, et des généraux français Moreau et Souham sur les coalisés, le 18 mai 1794.

1. **TOURD** (l. *turdum*), *sm.* Poisson de mer de l'ordre des Acanthoptérygiens appelé aussi *vieille.*

2. **TOURD** (l. *turdum*, grive), *sm.* Espèce de grive nommée encore *tourdelle* et *litorne*, qui habite le N. de l'Europe, mais qu'on voit de passage à l'automne dans le centre et le midi de la France.— **Dér.** *Tourdelle, tourdille.*

TOUR-D'AUVERGNE (Théophile-Malo Corret de la). (V. *La Tour-d'Auvergne.*)

TOURDELLE, *sf.* (V. *Tourd* 2.)

TOURDILLE (l. *turdus*, grive), *adj. 2 g.* Qui a la couleur de la grive : *Gris tourdille.*

TOURELLE (dm. de *tour* 1), *sf.* Petite tour des demeures fortifiées du moyen âge qui s'élevait sur un encorbellement et servait à la surveillance. Les habitations privées avaient aussi des tourelles placées soit de chaque côté de la porte d'entrée, soit aux angles extérieurs ou intérieurs des bâtiments. Elles formaient de petits cabinets ou contenaient des escaliers. || Petite tour de fer sur le pont d'un navire cuirassé ou sur un ouvrage de fortification.

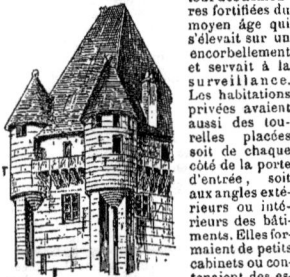

TOURELLES
PORTE DU CROUX, A NEVERS (XIVe SIÈCLE)

TOURET (dm. de *tour* 2), *sm.* Petite roue mise en mouvement par une plus grande. || Dévidoir de cordier. || Rouet à filer. || Cheville qui est sur le bord d'un bachot et où l'on met l'anneau de l'aviron quand on rame. || Petit tour des graveurs en pierres fines. || Nom de divers organes de machines. || Gros clou à tête arrondie de la branche d'un mors.

TOUR-ET-TAXIS, ancienne famille princière, originaire du Milanais dont l'un des membres, Roger Ier, alla s'établir en Allemagne où il fut créé chevalier par Frédéric III. Il fonda la poste aux chevaux dont le privilège resta dans la famille jusqu'à la chute de l'Empire, époque à laquelle les principaux États de la Confédération rachetèrent le monopole des postes aux princes de Tour-et-Taxis.

***TOURETTE** (l. *turritis*: de *turris*, tour), *sf.* Genre de plantes dicotylédones de la famille des Crucifères dont une espèce, la *tourette glabre*, bisannuelle, à fleurs d'un blanc jaunâtre, est assez commune dans les bois sablonneux, les lieux arides et pierreux.

TOURETTE

TOURGUÉNEFF (Ivan), célèbre écrivain russe, né à Orel le 9 novembre 1818, mort en France le 3 septembre 1883. Ses œuvres ont été traduites dans toutes les langues. La plus importante est celle intitulée *Récits d'un Chasseur*. Les mœurs russes y sont dépeintes avec une vérité saisissante. Ce livre contribua beaucoup à la grande mesure de l'affranchissement des serfs.

TOURIE (*x*), *sf.* Sorte de grande bouteille de grès entourée de paille ou d'osier et qui sert ordinairement à mettre des acides.

TOURIÈRE (*tour* 1), *sf.* Servante de dehors qui, dans les monastères de filles, fait passer au tour les objets qu'on y apporte. || *Mère tourière*, la religieuse qui s'occupe du tour en dedans.

TOURILLON (dm. de *tour* 2), *sm.* Chacun des deux petits cylindres de bois ou de fer reposant sur des coussinets, implantés dans chaque bout d'un arbre, tournant sur le prolongement de son axe et fournissant à l'arbre ses points d'appui pendant sa rotation : *Les tourillons d'un treuil.* (V. la figure au mot *Treuil.*) — Les tourillons ont le même axe que le treuil ou que l'arbre, mais ils sont d'un plus petit diamètre. On diminue le frottement en faisant ce diamètre aussi petit que possible et employant pour leur fabrication un métal, du fer, par exemple. Le diamètre des tourillons se détermine par des calculs de résistances, d'après les efforts auxquels ils sont soumis. En désignant par l la longueur du tourillon, F la réaction de son appui, s'exerçant au milieu de cette longueur, R la résistance du métal à la flexion et D le diamètre du tourillon, la formule qui détermine ce diamètre est la suivante :

$$D = 2\sqrt{\frac{3F}{lR}},$$

condition nécessaire et suffisante, tant pour éviter la flexion que pour éviter la rupture. || Pivot cylindrique mobile engagé dans un coussinet, sur lequel tourne une grille, une porte cochère, etc. (V. *Pivot*, fig. 2.) || Pièce cylindrique en métal, adaptée en saillie de chaque côté d'une bouche à feu entre la culasse et la volée, et portant sur l'affût. Le tourillon sert à abaisser ou relever la volée suivant les nécessités du tir. || Partie mobile d'un tiret destinée à tendre ou détendre une corde, etc.

TOURISTE (anc. *tourist* : de *tour* 2), *sm.* Personne qui voyage à pied pour son plaisir et son instruction.

TOURKMANTCHAÏ (traité de). Convention intervenue entre le czar et la Perse, à la suite des succès de Paskievitch (1826-28). Elle donnait à la Russie les provinces d'Érivan et de Nakhitchevan.

TOURLAVILLE, 6207 hab. Village du département de la Manche, arr. de Cherbourg. Ancienne manufacture de glaces fondée par Colbert en 1665, aujourd'hui abandonnée.

***TOURLOUROU** (*x*), *sm.* Jeune soldat d'infanterie. (Pop.) || Le crabe de terre des Antilles. — **Gr.** L'origine de ce mot est incertaine; les uns le font venir de *turlureau*, joli garçon; les autres proposent *turelure*, porte flanquée de tours; *tourlourou* serait un soldat qui défend une *turelure.*

TOURMALET, 2461 mèt. Pic des Pyrénées entre les vallées du Bastan et de l'Adour.

TOURMALINE (mot venu du cinghalais), *sf.* Minéral cristallisé en prisme à six ou neuf pans qu'on trouve dans les terrains de cristallisation et qui est un mélange de borosilicate d'alumine et d'une ou plusieurs bases alcalines ou terreuses. Il y a des tourmalines noires, vertes, bleues, rouges ou violettes; elles rayent le quartz, s'électrisent quand on les chauffe et ont la propriété d'éteindre une des deux images produites par la double réfraction. La *tourmaline* est très employée dans l'étude de la lumière polarisée. (V. *Polarisation.*) || *Pince à tourmaline*, petite pince terminée par deux anneaux dans lesquels sont enchâssées deux lames de tourmaline taillées parallèlement à l'axe de cristallisation et croisées à angle droit. Elles servent à reconnaître si une substance possède ou non la double réfraction. Pour cela, on interpose une lame de ces substances entre les deux tourmalines : si l'endroit du croisement des deux plaques de tourmaline reste obscur, la substance essayée ne possède que la réfraction simple; s'il s'éclaircit, elle possède la double réfraction.

TOURMANCHE (val). Défilé des Alpes, suivi par un sentier menant de Zermatt à Châtillon, par le col de Saint-Théodule.

TOUR-MAUBOURG (Jean-Hector de Fay, marquis de la) (1684-1764), maréchal de France en 1757. — **Tour-Maubourg** (Marie-Charles-César de Fay, comte de la) (1758-1831), général français, aide de camp de Lafayette qu'il suivit en 1792 dans sa fuite et en captivité. Après le 18 brumaire, il entra au Corps législatif et, en 1806, au Sénat. Après 1814, il fut créé deux fois pair de France, par Louis XVIII, puis par Napoléon. — **Tour-Maubourg** (Marie-Victor de Fay, marquis de), frère du précédent, général français. (V. *La Tour-Maubourg.*) — **Tour-Maubourg** (Charles de Fay, comte de la) (1781-1737), neveu du précédent et fils aîné du comte César, diplomate français. — **Tour-Maubourg** (Armand-Charles-Septime de Fay, comte de la) (1801-1841), diplomate français, frère du précédent. — **Tour-Maubourg** (César de Fay, marquis de la) (1820-1886), homme politique français, né à Dresde (Saxe). Officier supérieur démissionnaire en 1848, il fut élu et successivement réélu député de la Haute-Loire au Corps législatif depuis 1852 jusqu'en mai 1869. Il était officier de la Légion d'honneur depuis 1861. Son fils, Rodolphe, fut glorieusement blessé à l'ennemi en janvier 1871, à la tête des mobiles de la Haute-Loire; mort quatre mois après.

TOURMENT (l. *tormentum* : de *torquere*, tordre), *sm.* Violente douleur corporelle : *Les tourments de la sciatique.* || Supplices, tortures que l'on fait subir à quelqu'un : *On fit périr Ravaillac dans les tourments.* — Fig. Grande peine d'esprit : *Les tourments de l'ambition.* — **Dér.** *Tourmenter, tourmente; tourmentin, tourmentant, tourmentante, tourmenté, tourmentée, tourmenteux, tourmenteuse.*

TOURMENTANT, ANTE (*tourmenter*), *adj.* Qui tourmente.

TOURMENTE, *svf.* de *tourmenter.* Orage, bourrasque, tempête sur la mer : *Les matelots craignent la tourmente.* || Ouragan dans les hautes montagnes : *Les tourmentes sévissent au mont Saint-Bernard.* — Fig. Troubles profonds dans un pays : *La tourmente révolutionnaire.*

TOURMENTE, 25 kilom. Rivière du département de l'Indre.

TOURMENTE, 30 kilom. Rivière affluent de la Dordogne. Elle reçoit la Douce et le Meissac.

TOURMENTÉ, ÉE (*tourmenter*), *adj.* Très accidenté, contourné : *Les flancs tourmentés d'une montagne.* || Bouleversé : *Un pays tourmenté par les tremblements de terre.* || Travaillé avec un effort qui se fait sentir : *Dessin, style tourmenté.*

TOURMENTER (*tourment*), *vt.* Faire souffrir des tortures, le supplice : *Tourmenter un criminel.* || Causer des douleurs, en parlant d'une maladie, d'une opération chirurgicale, des besoins du corps : *La faim le tourmente.* — Fig. Causer des peines d'esprit : *Le remords tourmente les coupables.* || Importuner, harceler : *Tourmenter quelqu'un de questions.* || Agiter violemment : *Le vent tourmente les arbres.* || Inquiéter, châtier mal à propos : *Tourmenter son cheval.* (Man.) || Retravailler avec un effort qui laisse des traces : *Tourmenter son style, un tableau.* — **Se tourmenter**, *vr.* S'agiter, se remuer : *Les malades se tourmentent souvent.* — Fig. Se déjeter : *Ce bois se tourmente.* || Se donner bien de la peine : *Se tourmenter pour réussir.* || S'inquiéter : *Se tourmenter de ne pas recevoir de nouvelles.*

TOURMENTEUX, EUSE (*tourmente*), *adj.* Sujet aux tempêtes : *Mer tourmenteuse.*

TOURMENTIN (*tourmente*), *sm.* Petit foc dont on ne se sert que dans les tourmentes. (Mar.) || Pétrel.

***TOURNAGE** (*tourner*), *sm.* Action de façonner avec le tour.

TOURNAILLER (*tourner* + sfx. péj. *aill*), *vi.* Faire beaucoup de tours et de détours sans s'éloigner : *Cet enfant tournaille autour de moi.* || Rôder autour : *Le renard tournaille autour des fermes.*

TOURNAN, 1809 hab. Ch.-l. de c., arr. de Melun (Seine-et-Marne).

1. **TOURNANT** (ppr. de *tourner*), *sm.* Le coin d'une rue : *Je l'ai rencontré au tournant de la rue.* || Coude d'un chemin, d'une rivière : *Le bateau s'arrêta au premier tournant.* || Endroit dangereux de la mer, d'une rivière où l'eau tournoie toujours : *Les ma-*

riniers évitent les tournants. || *Moulin à deux tournants*, à deux paires de meules. — Fig. Moyen déterminé : *Il réussit par un tournant.*

2. **TOURNANT, ANTE,** *adj.* Qui tourne : *Un pont tournant.* || *Mouvement tournant*, fait pour prendre l'ennemi à revers. (Strat.)

TOURNAY ou **TOURNAI,** 33255 hab. Ville de Belgique, dans le Hainaut, sur les deux rives de l'Escaut, ancienne capitale des Nerviens et du royaume de Childéric; archevêché. Belle cathédrale du XIIe siècle, avec cinq clochers et deux absides. Hôtel de ville, qui a le plus vieux beffroi de la Belgique. Fabriques de bonneteries et de tapis. Chaux hydraulique renommée.

TOURNAY, 1318 hab. Ch.-l. de c., arr. de Tarbes (Hautes-Pyrénées).

TOURNÉ, ÉE (part. passé de *tourner*), *adj.* Façonné au tour. — Fig. *Bien tourné, mal tourné*, qui a le corps bien fait, mal fait. — Fig. *Esprit mal tourné*, qui prend les choses de travers. || Orienté d'une certaine façon : *Maison bien tournée.* || *Église bien tournée*, qui a son maître-autel au levant et son portail au couchant. || Qui commence à se colorer, à mûrir : *Raisins tournés.* || Altéré, détérioré : *Lait, vin tourné.*

***TOURNE-À-GAUCHE** (*tourner + à + gauche*), *sm.* Levier à œil, servant à tourner un outil quelconque qu'on engage dans cet œil. || Outil pour contourner le fer sur lui-même. || Outil servant à écarter alternativement à droite et à gauche les dents d'une scie pour lui donner de la voie. — Pl. *des tourne-à-gauche.*

TOURNEBRIDE (*tourner + bride*), *sm.* Espèce de cabaret établi auprès d'un château ou d'une maison de campagne pour recevoir les domestiques et les chevaux des étrangers qui y viennent (vx).

TOURNEBROCHE (*tourner + broche*), *sm.* Machine servant à faire tourner la broche. || Petit garçon chargé de tourner la broche. || Chien qu'on met dans une roue pour faire tourner la broche.

2. **TOURNÉE,** *spf.* de *tourner.* Voyage qu'on entreprend avec l'intention de visiter l'une après l'autre plusieurs localités, plusieurs personnes. || Voyage que fait un fonctionnaire pour inspecter les lieux, les établissements sur lesquels il a autorité : *On alloue des frais de tournée aux inspecteurs primaires.* || Voyage qu'un individu fait périodiquement pour ses affaires, son commerce et dans lequel il visite ses clients : *Ce commis voyageur est en tournée.* || Outil consistant en un fer recourbé percé en son milieu d'un trou qui reçoit un manche ayant une extrémité plate et l'autre en pointe, et servant à fouiller les terres dures et pierreuses. || Rasade offerte au cabaret. (Pop.) — Fig. *Recevoir une tournée*, recevoir une volée de coups.

TOURNEFORT (JOSEPH PITTON DE) (1656-1708), savant botaniste français, professeur au Jardin des Plantes de Paris et au Collège de France. Il fit dans le Levant un voyage d'herborisation resté célèbre, et créa un système de classification des végétaux, ayant pour base la forme de la corolle, et qui fit faire des progrès à la science.

TOURNELLE (dm. de *tour*), *sf.* Petite tour. || *La Tournelle*, nom de divers châteaux anciens. || Nom de deux chambres de justice du Parlement de Paris : la *Tournelle criminelle*, instituée en 1453 pour juger les affaires criminelles, et la *Tournelle civile*, établie pour juger les affaires civiles au-dessus de 3000 livres. Les membres du Parlement y siégeaient à *tour de rôle.*

TOURNEMAIN (*tourner + main*), *sm.* Action de tourner la main. || *En un tournemain*, en aussi peu de temps qu'il en faut pour tourner la main (vx).

TOURNEMENT (*tourner*), *sm.* Mouvement de ce qui tourne. || *Tournement de tête*, vertige.

TOURNEMINE (RENÉ-JOSEPH, LE PÈRE) (1661-1739), savant jésuite et critique français qui dirigea le *Journal de Trévoux* de 1702 à 1736.

TOURNER (l. *tornare*), *vt.* Arrondir, façonner avec le tour : *Tourner le pied d'une table.* — Fig. Exprimer ses pensées, arranger les mots d'une certaine manière : *Tourner un compliment, un vers.* || Mouvoir en rond : *Tourner une roue.* || Déplacer par un mouvement de rotation : *Tourner la tête, les yeux.* || *Tourner les pieds en dedans*, les faire tourner sur les talons pour en rapprocher les pointes. || *Tourner ses souliers*, les déformer en marchant. || *Tourner le dos à quelqu'un*, lui présenter le dos. — Fig. Le délaisser. || *Tourner le dos*, fuir. — Fig. *La fortune lui a tourné le dos*, lui est devenue contraire. || Diriger : *Tourner un pistolet contre quelqu'un.* — Fig. *Tourner son attention, ses désirs.* || Faire le tour de : *Tourner un bois.* || *Tourner une position militaire*, la prendre à revers. — Fig. Éluder : *Tourner une difficulté.* || Changer de sens, de face : *Tourner les feuillets d'un livre.* — Fig. *Tourner casaque*, quitter son parti. || *Tourner bride*, retourner sur ses pas, en parlant d'un cavalier. — Fig. *Tourner la tête à quelqu'un*, l'étourdir, l'importuner, le rendre passionné ou fou, le porter à des actes extravagants : *Sa fortune lui tourne la tête.* || Faire paraître : *Tourner les choses à son avantage.* || *Tourner en ridicule*, faire paraître ridicule. || *Tourner une chose en raillerie*, ne pas la prendre au sérieux, s'en moquer. || Interpréter : *Tourner tout en mal.* || *Tourner le sang*, troubler, mettre hors de soi. || Traduire (vx). || Influencer l'esprit de : *Il a tourné tout le monde.* || *Tourner quelqu'un de tous les sens*, essayer de lui faire dire ce qu'il sait ou ce qu'il pense. || *Tourner quelqu'un*, l'interroger avec adresse, le circonvenir. — *Vi.* Se mouvoir en rond, par translation ou par rotation : *La Terre tourne sur elle-même et autour du Soleil.* || Changer de direction en se mouvant : *Tourner à gauche.* || *Tourner court*, brusquement. — Fig. Abréger : *L'orateur a tourné court.* — Fig. *Tourner du côté de quelqu'un*, se ranger de son parti. — Fig. *Ne savoir plus de quel côté tourner*, ne savoir plus que faire. || Marcher successivement en divers sens : *Il ne fait que tourner autour de moi.* — Fig. *Tourner autour du pot*, ne point aller droit au fait. || *La tête lui tourne*, il a des étourdissements, il ne sait quel parti prendre, il devient fou, il se méconnaît dans sa nouvelle fortune. || Dépendre de : *L'affaire tourne sur lui.* || Changer : *La chance a tourné.* || *Tourner en*, être changé en : *Son amitié tourna en haine.* || Présager un certain dénouement : *Notre affaire tourne mal.* || *Ce jeune homme tourne mal*, il ne réalise pas ce qu'on avait espéré de lui. || *Tourner à*, s'approcher de : *Ce bleu tourne au noir.* || Être cause de : *Cette action tourne à sa honte.* || S'altérer, se détériorer : *Le vin a tourné.* || Commencer à se colorer, à mûrir : *Le raisin tourne.* — *V. imp.* Au jeu de cartes : *Il tourne carreau*, la retourne est du carreau. — Fig. *De quoi tourne-t-il?* de quoi s'agit-il? — **Se tourner**, *vr.* Être façonné au tour : *Le bois se tourne bien.* || Être mû en rond : *Cette manivelle se tourne aisément.* || Se déplacer par un mouvement de rotation : *Se tourner de côté.* || Se diriger vers : *Ses regards se tournent vers moi.* || Avoir recours : *Se tourner vers Dieu.* || *Se tourner contre quelqu'un*, l'attaquer. || *Se tourner du côté de quelqu'un*, se mettre de son parti. || Se changer : *Son sang se tourne en graisse.* — **Dér.** *Tour* 2, *touret, tourillon, touriste; tournant* 1, *tournant* 2, *tournante; tournée* 2, *tourné, tournée, tournement, tournage; tournelle, Tournelle; tournette, tourneur, tourniole, tourniquet, tournis, tournisse; tournure; tournoyer, tournoyant, tournoyante, tournoiement, tournoîment, tournoi, tournailler, tourniller.* — **Comp.** *Entour, à l'entour de; autour; entourer*, etc.; *atour, contourner*, etc.; *détourner, détour, détourné, détournement; pourtour, retourner*, etc.; *tournesol, tourne-à-gauche, tournebride, tournebroche, tournemain, tournevent, tournevire, tournevis.*

TOURNEHEM, 706 hect. Forêt domaniale du Pas-de-Calais, peuplée de chênes, de hêtres, etc.

TOURNESOL [tour-ne-ssol] (*tourner* + l. *sol*, soleil), *sm.* L'héliotrope d'Europe ou *herbe aux verrues.* || L'hélianthe annuel ou grand soleil des jardins. || Matière colorante bleue qu'on obtient en faisant fermenter certains lichens réduits en poudre dans un mélange de potasse et d'urine et qui rougit au contact des acides. || *Tournesol en pains*, le tournesol pétri avec de la craie. || *Tournesol en drapeaux*, matière colorante bleue qu'on obtient en trempant des chiffons dans le suc du croton des teinturiers, et en les exposant aux vapeurs ammoniacales qui se dégagent d'un mélange de chaux et d'urine putréfiée. Cette couleur sert à colorer l'extérieur des fromages de Hollande et à teindre en bleu les papiers qui enveloppent les pains de sucre.

TOURNESOL

1. ***TOURNETTE** (dm. dérivé de *tourner*), *sf.* Dévidoir qui tourne sur un pivot. || Cage tournante pour les écureuils.

2. **TOURNETTE,** 2564 mètres. Montagne du département de la Haute-Savoie au S. de Thônes.

TOURNEUR (*tourner*), *sm.* Celui qui tourne. || Ouvrier qui fait des ouvrages au tour : *Tourneur en bois, en ivoire.* — *Adj. m.* Se dit d'un derviche qui tourne longtemps et rapidement sur lui-même.

***TOURNE-VENT** (*tourner + vent*), *sm.*, ou GUEULE-DE-LOUP. Tuyau de tôle coudé qu'on met au-dessus d'une cheminée pour empêcher de fumer et que le vent fait tourner comme une girouette. — Pl. *des tourne-vent.*

***TOURNEVIRE** (*tourner + virer*), *sf.* Gros cordage enroulé autour du cabestan et auquel on attache le câble de l'ancre quand on veut lever celle-ci. (Mar.)

TOURNEVIS (*tourner + vis*), *sm.* Sorte de ciseau non tranchant, en acier, qu'on emploie pour serrer et desserrer les vis.

***TOURNILLER** (fréq. de *tourner*), *vi.* Faire un grand nombre de petits tours. — Fig. S'agiter beaucoup sans résultat.

***TOURNIOLE** ou **TORGNIOLE** (*tourner*), *sf.* Panaris. (Pop.)

TOURNIQUET (ital. *tornichetto* : du bl. *tornicare*), *sm.* Appareil installé dans certains lieux pour obliger les piétons à ne passer que un à un, et consistant en une croix de bois ou de fer à bras égaux qui tourne horizontalement sur un pivot vertical. Il y a des tourniquets munis d'un compteur et servant à compter les personnes qui entrent dans un lieu public. || Poutre garnie de pointes de fer que l'on place dans une brèche ou dans toute autre ouverture pour barrer le passage à l'ennemi. || Petit rectangle de bois tournant sur un pivot et soutenant un châssis à coulisse lorsqu'il est relevé. || Petite lame de fer droite ou en forme d'S tournant sur un pivot scellé dans le mur et servant à maintenir ouverts des contrevents. || Cercle tournant de métal sur lequel sont gravés des numéros, et dont le pivot porte une aiguille qui fait gagner ou perdre suivant qu'elle correspond à un nombre plus fort ou plus faible quand le cercle s'arrête. || *Tourniquet hydraulique, tourniquet électrique*, nom de deux petits appareils de physique.

TOURNIS [tour-ni] (*tourner*), *sm.* Maladie du mouton caractérisée par un tournoiement continuel de la tête et causé par la présence dans son cerveau d'une larve de ténia du chien. Voici comment cette larve a pu parvenir là : les œufs du ténia du chien tombent avec les excréments de celui-ci dans un pâturage; le mouton les avale en broutant, les larves éclosent dans son intestin et se rendent dans le cerveau par les vaisseaux sanguins. *Préservatif :* enfouir profondément ou brûler les moutons morts du tournis, guérir les chiens du ténia.

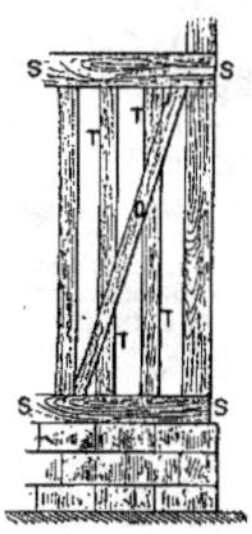

TOURNISSE

S. Sablière. — D. Décharge. — T. Tournisse.

***TOURNISSE** (*tourner*), *sf.* Poteau de remplissage qui, dans un pan de bois, se trouve compris entre une sablière et une décharge.

TOURNOI, *svm.* de *tournoyer.* Fête militaire du moyen âge dans laquelle les chevaliers, armés de lances sans pointe de fer, d'épées émoussées ou de bâtons, se livraient un combat simulé dans une lice entourée d'estrades où siégeaient les dames en magnifiques atours, les juges de la joute et les nobles. Le chevalier qui s'était le plus distingué recevait le prix des mains de la dame qui présidait au tournoi. — **Fig.** Lutte entre concurrents.

TOURNOIEMENT ou **TOURNOÎMENT** (*tournoyer*), *sm.* Action de ce qui tournoie : *Le tournoiement de l'eau.* ‖ *Tournoiement de tête,* indisposition du cerveau qui fait qu'on croit voir tous les objets tourner.

TOURNOIS [tour-noi] (l. *Turonensis,* de Tours), *adj. 2 g.* S'est dit d'abord de la monnaie que faisait frapper l'abbaye de Saint-Martin de Tours et qui valait un cinquième de moins que celle de Paris.‖ S'est dit ensuite des livres valant 20 sous, pour les distinguer des livres parisis, qui en valaient 25, et des sous, qui valaient 12 deniers au lieu de 15, valeur des sous parisis : *Payer en livres tournois.*

TOURNON, 5 092 hab. S.-préf. (Ardèche), à 570 kilom. de Paris, avec deux ponts sur le Rhône ; lycée. Vins, soieries, draperies, bois de construction, marrons.

TOURNON, 1 325 hab. Ch.-l. de c., arr. de Villeneuve (Lot-et-Garonne). Marbre, truffes.

TOURNON (CARDINAL DE) (1489-1562), archevêque de Lyon, diplomate, qui protégea les gens de lettres et les savants et se montra très rigoureux contre les calvinistes.

TOURNON-SAINT-MARTIN, 1 622 hab. Ch.-l. de c., arr. du Blanc (Indre).

TOURNOUX (FORT DE). Ouvrage militaire qui barre les routes du col de Vars et la route de Barcelonnette.

TOURNOYANT, ANTE (*tournoyer*), *adj.* Qui tournoie ; où il y a des tournoiements : *Rivière tournoyante.*

TOURNOYER (vx fr. *tournier* : bl. *tornicare,* fréq. de *tornare,* tourner), *vi.* Tourner en faisant plusieurs tours. — Fig. Temporiser, user de détours. — **Gr.** Je tournoie, n. tournoyons ; je tournoyais, n. tournoyions ; je tournoierai ; que je tournoie, que n. tournoyions. — **Dér.** *Tournoyant, tournoyante, tournoi, tournoiement, tournoîment.*

TOURNURE (*tourner*), *sf.* Copeaux que le tour détache quand on façonne un objet : *De la tournure de cuivre.* ‖ Conformation extérieure du corps : *Ce jeune homme a une belle tournure.* ‖ Aspect sous lequel on présente les choses : *Il donne une tournure agréable à tout ce qu'il dit.* ‖ Aspect sous lequel une chose se présente : *Notre affaire prend une bonne tournure.* ‖ Etat mental particulier à un individu : *Une tournure d'esprit romanesque.* ‖ Manière dont sont arrangés les mots d'une phrase : *Une tournure hardie.* ‖ Bande d'étoffe raide ou empesée, ordinairement montée sur des fils d'acier, que les femmes mettent autour de leurs reins, sous leur robe, pour la faire bouffer.

TOURNUS, 5 556 hab. Ch.-l. de c., arr. de Mâcon (Saône-et-Loire), sur la Saône. Belle église romane de Saint-Philibert. Pierres, bétail, porcs, tonneaux, cercles, échalas, vins.

TOUROUKHA, 400 kilom. Rivière de la Russie d'Asie, affluent de l'Iénisséi. Elle reçoit la Baïka.

TOUROUVRE, 1 852 hab. Ch.-l. de c., arr. de Mortagne (Orne). Verrerie.

TOURS (l. *Cæsarodunum* et *Turones*), 52 209 hab. Préf. (Indre-et-Loire), capit. de l'anc. Touraine, sur la r. g. de la Loire, à 230 kilom. de Paris ; nœud de nombreux réseaux de voies ferrées ; archevêché. Bibliothèque, musée ; soieries pour meubles, gros de Tours, laine, porcelaine vernissée, pruneaux. Tours fut très florissante sous Louis XI et au XVIIe siècle à cause de ses fabriques d'étoffes, mais déchut promptement à la révocation de l'Edit de Nantes. — **Dér.** *Touraine, tourangeau, tournois.*

TOURTE (l. *torta,* chose roulée, gâteau : de *torquere,* tordre), *sf.* Pâtisserie en forme de boîte ronde dont l'intérieur est rempli de viandes, de quenelles et qui se mange chaude. ‖ Gros pain en forme de disque. — **Db.** *Tarte.* — **Dér.** *Tourteau, tourtelette, tourtia, tourtière.*

TOURTEAU (vx fr. *tourtel* : dm. de *tourte*), *sm.* Sorte de gâteau (vx). ‖ Masse en forme de galette qu'on obtient en pressant les résidus de graines ou de fruits dont on a extrait de l'huile. Les tourteaux de noix, de faîne, de cameline et d'olives servent à fumer les terres ; ceux de pavot, à engraisser les bœufs, les cochons et la volaille ; enfin les tourteaux de lin, de chènevis, de navette et de colza sont employés soit pour fumer les terres, soit pour nourrir le bétail. ‖ Composition dans laquelle il entre de la poix, du suif et des mèches. Cette préparation sert à éclairer les retranchements et les fossés dans une place assiégée, ou à brûler les fascines. ‖ Figure qui, en or, se nomme *besant* et, en émail, *tourteau.* (Blas.)

***TOURTELETTE** (dm. de *tourte*), *sf.* Petite tourte.

TOURTEREAU (vx fr. *tourterel,* forme masculine de *tourterelle*), *sm.* Jeune tourterelle. — Fig. *S'aimer comme deux tourtereaux,* s'aimer beaucoup, en parlant de jeunes époux très amoureux l'un de l'autre.

TOURTERELLE (l. *turturella* : dm. de *turtur,* tourterelle), *sf.* Genre d'oiseau qui ressemble beaucoup au pigeon et appartenant au même genre, mais qui est plus petit et dont on fait l'emblème de la tendresse et de la fidélité. Les deux principales espèces sont : la *tourterelle des bois,* au plumage cendré, et la *tourterelle de Barbarie,* à peu près blanche, avec un collier noir, que l'on élève en cage. — Fig. *Heureux comme deux tourterelles en cage,* se dit de deux jeunes époux tendrement unis dans la vie, ou bien de deux jeunes amies habitant ensemble extrêmement heureuses. ‖ *S'aimer comme deux tourterelles,* s'aimer beaucoup.

TOURTERON, 571 hab. Ch.-l. de c., arr. de Vouziers (Ardennes). Kirsch.

TOURTIA (db. de *tourte*), *sm.* Poudingue glauconieux à galets de quartz qui repose directement sur les couches primaires, ainsi dénommé par les ouvriers des puits de mine de la Flandre, où il existe toujours.

TOURTIÈRE (*tourte*), *sf.* Sorte d'ustensile ou casserole large et peu profonde qui sert à faire cuire des tourtes.

TOURTRE (l. *turturem,* tourterelle), *sf.* La tourterelle considérée comme mets : *Un plat de tourtres* (vx).

TOURVILLE (COMTE DE) (1642-1701), célèbre marin français, vice-amiral et maréchal de France. Il eut le commandement de nos flottes pendant les guerres de Louis XIV, perdit contre les forces doubles des Anglais la bataille navale de la Hogue (1692), mais prit sa revanche l'année suivante à la hauteur du cap Saint-Vincent.

TOURY, 1 704 hab. Commune du canton de Janville, arr. de Chartres (Eure-et-Loir). Sucrerie.

TOUS, pl. de *tout.* (V. *Tout.*)

TOUSELLE (vx fr. *tousel,* imberbe, jeune garçon : du bl. *tonsellus* : de *tonsus,* tondu, rasé), *adj. 2 g.* et *sf.* Tout froment à grain tendre dont les épis sont sans barbes et dont la paille est creuse. (V. *Blé.*)

TOUS-LES-SAINTS (BAIE DE), golfe formé par l'Atlantique sur la côte du Brésil, sur laquelle est bâtie Bahia.

TOUSSAINT (vx fr. la *feste tous saints*), *sf.* La fête de tous les saints, que l'Église catholique célèbre le 1er novembre. — **Gr.** Ce mot prend toujours une majuscule ou capitale.

TOUSSAINT-LOUVERTURE (1743-1803), nègre qui se rendit maître de notre colonie de Saint-Domingue pendant les troubles de la Révolution. Bonaparte le fit enlever, transporter en France et enfermer au fort de Joux, où il mourut.

TOUSSENEL (ALPHONSE) (1803-1885), publiciste français qui s'occupa d'abord d'agriculture, puis de journalisme. Il a écrit des ouvrages charmants sur l'histoire naturelle : l'*Esprit des Bêtes,* le *Monde des Oiseaux,* etc. Disciple fervent de Fourier, il a laissé des ouvrages de polémique, entre autres : les *Juifs rois de l'époque, Histoire de la féodalité financière,* etc.

TOUSSER (l. *tussire*), *vi.* Faire l'effort et le bruit que cause la toux. ‖ Faire ce même bruit à dessein. — **Dér.** *Tousseur, tousseuse.*

TOUSSEUR, EUSE (*tousser*), *s.* Celui, celle qui tousse souvent.

1. TOUT, TOUTE, pl. **TOUS, TOUTES** (l. *totum*), *adj.* et *pr. ind.* Qui est entier, où il ne manque rien. ‖ Qui comprend sans exception les objets de même sorte : *Toute cette poire est excellente. Tous les hommes sont mortels.* ‖ *Somme toute,* en joignant toutes les sommes ensemble : *Somme toute, il doit 1 000 francs.* — Fig. A tout prendre, dans l'ensemble, finalement : *Somme toute, on doit l'approuver.* ‖ Chaque : *En toute occasion.* ‖ *Tous deux, tous les deux,* l'un et l'autre. ‖ *Tous les jours, tous les mois,* chaque jour, chaque mois. ‖ *Toutes les deux heures,* de deux heures en deux heures. ‖ *Courir à toutes jambes, à toute bride,* aussi vite que possible. ‖ *Prendre de toutes mains,* par tous les moyens possibles. ‖ *Lire tout un auteur,* tous les ouvrages d'un auteur. ‖ Rien autre chose que : *Ce sont toutes fables.* ‖ *A tout hasard,* en s'exposant à tous les risques. ‖ *A toute force,* par toute sorte de moyens : *Il veut m'emmener à toute force.* ‖ A la rigueur, absolument : *On pourrait à toute force lui concéder ce point.* — **Dér.** *Tout* 2 et 3. — **Comp.** Les mots composés dont le premier élément est *tout* ou *toute* ; *Toussaint.*

2. TOUT (l. *totum*), *sm.* Une chose considérée en son entier : *Le tout est plus grand que sa partie.* ‖ La totalité : *Il réclame tout.* ‖ Toutes sortes de choses : *Il s'occupe de tout.* ‖ *Se faire à tout,* s'accommoder aux circonstances. ‖ Tout le monde : *Tout fuyait.* ‖ *Le tout,* le principal, le plus important : *Le tout est de s'entendre.* ‖ *Mon tout,* expression par laquelle on désigne le mot d'une charade. ‖ *Faire son tout d'une chose,* l'aimer uniquement. ‖ Au jeu, *le tout,* partie dans laquelle on met pour enjeu tout ce qu'on a perdu précédemment. — A TOUT, *loc. adv.* indiquant qu'on joue une carte de la couleur de la retourne. (V. *Atout.*) — A TOUT PRENDRE, *loc. adv.* En somme : *A tout prendre, je l'excuse.* — APRÈS TOUT, *loc. adv.* Tout bien considéré, dans le fond : *Après tout, il a raison.* — DU TOUT, *loc. adv.* Entièrement. ‖ Sert à renforcer une négation : *Il n'est point du tout aimable.* — EN TOUT, *loc. adv.* Tout compris : *J'ai dépensé 1 000 francs en tout.* — EN TOUT ET PARTOUT, *loc. adv.* Entièrement, complètement : *Je t'approuve en tout et partout.* — **Gr.** *Tout, sm.,* conserve le *t* au pluriel : Réunir les *touts. Plusieurs touts distincts les uns des autres.* (ACAD.).

3. TOUT (l. *totum*), *adv.* Entièrement, complètement, sans réserve : *Du vin tout pur.* ‖ *C'est tout un,* cela revient au même. ‖ En s'occupant de : *Tout en courant.* — TOUT... QUE, *loc. conj.* Quoique, encore que. ‖ Quelque... que : *Tout savant qu'il est.* — **Gr.** *Tout* est adjectif et variable quand il modifie un nom ou un pronom. *Tout* adj. fait au pl. masc. *tous,* et non *touts,* parce que le français évite l'accumulation des consonnes à la fin des mots. — *Tout* reste au masc. sing. devant un nom fém. de ville parce qu'il équivaut à *le peuple de* : *Tout Rome, tout Venise.* — *Tout* est adv., et par conséquent invariable, quand il modifie un adj., un part. ou un adv. : *Des vins tout purs. Tout étourdis qu'ils sont. La rivière coule tout doucement.* — Devant un adj. ou un part. au masc., on peut faire de *tout* un adj. ou un adv. suivant le sens que l'on veut donner à la phrase : *Ces livres sont tous rongés par les vers,* c'est-à-dire *tous ces livres. Ces livres sont tout rongés par les vers,* c'est-à-dire *sont complètement rongés.* Au XVIIe siècle, *tout* était toujours adj. devant un adj. ou un part. ; maintenant il ne l'est plus que devant un adj. fém. commençant par une consonne ou un *h* aspiré : *Une chose toute nouvelle. Elles sont toutes stupéfaites, toutes honteuses.* — Devant un adj. ou un part. fém. commençant par une voyelle ou un *h* muet, on fait *tout* adv. quand on veut exprimer l'excès, l'intensité et que *tout* ne peut pas être déplacé : *Elle était tout en larmes.* Mais on le fait adj. quand on veut exprimer la totalité et que *toute* peut être déplacé : *La forêt lui parut toute enflammée.*

— *Tout* est adv. dans les expressions *tout yeux, tout oreilles, tout en larmes, tout en sang.* Devant *autre, tout* est adj. quand il signifie *quelque* et qu'on peut mettre *autre* après le substantif : *Toute autre maison me plaisait davantage;* mais il est adv. quand il signifie *tout à fait : Cette personne est tout autre qu'on ne me l'avait dépeinte.* — Dans la locution *tout entier, tout* est toujours adv. : *La ville tout entière assistait à ses funérailles.*

TOUTE-BONNE (*tout* + *bonne*), *sf.* La *sauge sclarée* ou *orvale.* || Sorte de poire. — Pl. *des toutes-bonnes.*

TOUTE-ÉPICE (*tout* + *épice*), *sf.* La nigelle de Damas, que l'on mêle au pain et que l'on emploie pour assaisonner les viandes dans certains pays. — Pl. *des toutes-épices.*

TOUTEFOIS (*tout* + *fois*), *adv.* Néanmoins, cependant, mais, pourtant : *Ce pain est noir, toutefois il est bon.*

TOUTENAGUE (pers. *toûtiyânâk*, qui ressemble à la tutie), *sf.* Alliage de cuivre, de zinc et de quelques millièmes d'arsenic.

TOUTE-PUISSANCE (*tout* + *puissance*), *sf.* La puissance sans bornes de Dieu. || La puissance d'un homme regardée comme illimitée : *La toute-puissance des czars.*

TOUTE-SAINE (*tout* + *saine*), *sf.* L'androcème officinal, plante de la famille des Hypéricinées. — Pl. *des toutes-saines.*

TOU-TOU, *sm.* Un chien, dans le langage des enfants.

TOUT-OU-RIEN (*tout* + *ou* + *rien*), *sm.* Partie de la répétition d'une montre, d'une pendule, qui fait qu'elle répète entièrement l'heure indiquée par les aiguilles, ou qu'elle ne répète rien, ce qui arrive quand on n'a pas assez poussé le bouton. — Pl. *des tout-ou-rien.*

TOUT-PUISSANT, TOUTE-PUISSANTE (*tout* + *puissant*), *adj.* et *s.* Qui peut tout ce qu'il veut : *Dieu est tout-puissant.* || *Le Tout-Puissant*, Dieu. || Qui a un très grand pouvoir, un très grand crédit : *Être tout-puissant à la cour.* — Pl. m. *Tout-puissants;* — fém. *Toutes-puissantes.*

***TOUT-VENANT** (*tout* + *venant*), *sm.* Houille contenant à la fois les gros et les menus morceaux. (Comm.)

TOUVET (LE), 1550 hab. Ch.-l. de c., arr. de Grenoble (Isère).

TOUVRE, 110 kilom. Rivière du département de la Charente, formée de deux sources très abondantes, le *Dormant* et le *Bouillant* : elle traverse Ruelle dont elle actionne les usines, ainsi que de nombreuses papeteries. Elle se jette dans la Charente au-dessous d'Angoulême.

TOVA, 2649 hect. Forêt domaniale de la Corse, peuplée de pins laricios, de pins maritimes et de chênes verts.

TOWTON, village d'Angleterre où les partisans de la maison d'York remportèrent une victoire complète sur ceux de la maison de Lancastre.

TOUX [tou] (l. *tussis*), *sf.* Suite d'expirations saccadées et bruyantes de l'air contenu dans la poitrine, causées par un resserrement de la muqueuse au point où la trachée-artère donne naissance aux bronches. || *Toux sèche*, non accompagnée de crachats. || *Toux humide*, accompagnée d'une expectoration abondante. — **Dér.** *Tousser*, etc.

***TOXASTER** (g. τόξον, arc + ἀστήρ, étoile), *sm.* Genre d'oursins (Échinodermes, de la famille des Spatangidés), cordiformes, à symétrie bilatérale. Leurs ambulacres sont pairs inégaux ; leur bouche pentagonale est placée près du bord antérieur. Ces animaux fossiles appartiennent au terrain crétacé.

***TOXICITÉ** (g. τοξικόν, poison), *sf.* Propriété d'empoisonner, que possède une substance.

TOXICODENDRON (g. τοξικόν, poison + δένδρον, arbre), *sm.* Espèce de sumac très vénéneux.

TOXICOLOGIE (g. τοξικόν, poison + λόγος, traité), *sf.* Science qui a pour but l'étude des poisons. || Traité sur les poisons.

TOXIQUE (g. τοξικόν, poison : de τόξον, arc, parce qu'on empoisonnait autrefois les flèches), *adj. 2 g.* Qui a la propriété d'empoisonner : *Substance toxique.* — *Sm.* Poison. — **Dér.** *Toxicité.* — **Comp.** *Toxicologie, toxaster, toxicodendron, toxodon.*

***TOXODON** (g. τόξον, arc + ὀδούς, génitif ὀδόντος, dent), *sm.* Mammifère fossile qui par la dentition se rapprochait des Edentés en même temps que des Rongeurs. Il atteignait la taille des genres Rhinocéros et Hippopotame. On en trouve les débris dans les alluvions de l'Amérique du Sud.

***TRA**, l'une des formes du préfixe *trans, tra, très, tré.* Ex. : *tra-vestir.* (V. *Trans.*)

***TRABAN** (all. *trabant*, un piéton, un coureur ; mais Littré fait venir ce mot du l. *trabes*, poutre (V. *Trabe*), *sm.* Garde des princes allemands qui était armé d'une hallebarde.

***TRABE** (l. *trabes*, poutre), *sf.* Bâton qui supporte une bannière. (Blas.) || Partie de l'ancre qui en traverse la tige par le haut. || Météore en forme de poutre. — **Dér.** *Traban.*

TRABÉE (l. *trabea*), *sf.* Manteau de cérémonie que portaient à Rome les consuls, les chevaliers et les prêtres, et qui s'attachait sur l'épaule droite.

TRABESSON (PIC DE) (2565 mètres). Montagne de France, dans les Pyrénées, entre la Garonne et l'Aude.

***TRABUCAIRE** (esp. *trabuco*, tromblon), *sm.* Brigand des Pyrénées.

***TRABUCOS** (esp. *trabuco*, tromblon), *adj.* et *sm.* Se dit de cigares de la Havane, gros, courts et en forme de fuseau. — **Dér.** *Trabucaire.*

TRAC (holl. *treck*, trait), *sm.* Allure du cheval, du mulet. || Piste de bête fauve.

***TRAÇAGE** (*tracer*), *sm.* Opération qui a pour but de préparer l'exploitation d'un gîte métallifère. Elle consiste à diviser ce gîte en massifs disposés de manière à permettre une exploitation facile.

TRAÇANT, ANTE (*tracer*), *adj.* Se dit d'une plante qui émet de grands rhizomes ou des tiges longuement rampantes.

TRACAS [tra-ca], *svm.* de *tracasser.* Peine physique que l'on se donne le plus souvent pour des choses de peu d'importance : *Le tracas du déménagement.* — Fig. Préoccupation pénible : *Le tracas des affaires.*

TRACASSER (fréq. de *traquer*), *vi.* Se démener, s'agiter, aller et venir pour peu de chose : *Il tracasse toujours chez lui.* || Agir en tatillon, en brouillon : *Cet homme tracasse toujours.* — *Vt.* Inquiéter, tourmenter : *Cet enfant me tracasse.* — **Se tracasser**, *vr.* Etre péniblement préoccupé. || S'inquiéter, se tourmenter l'un l'autre. — **Dér.** *Tracas, tracasserie, tracassier, tracassière.*

TRACASSERIE (*tracasser*), *sf.* Peine physique que l'on se donne pour des choses de peu d'importance : *Les tracasseries du ménage me répugnent.* || Chicane, mauvaise difficulté : *Soulever des tracasseries.* — *Pl.* Menées, propos qui tendent à brouiller les gens entre eux. || Leur résultat : *La jalousie engendre les tracasseries.*

TRACASSIER, IÈRE (*tracasser*), *s.* et *adj.* Qui s'évertue mal à propos. || Tatillon, brouillon. || Qui molește, qui vexe pour des riens : *Police tracassière.*

TRACE, *svf.* de *tracer.* Marque qu'un homme ou un animal laisse à l'endroit où il a passé : *La trace des pas d'un homme.* — Fig. *Pl.* Exemple : *Il suit les traces de son père.* || Marque, impression que laisse une voiture : *Les traces d'un chariot.* || Toute marque que laisse une chose quelconque : *On voit encore les traces de cet incendie.* — Fig. Impression que les objets font dans l'esprit, dans la mémoire : *La dernière guerre a laissé de profondes traces dans notre esprit.* — Fig. Marque, impression que laisse une chose quelconque : *La littérature latine porte la trace de l'imitation des auteurs grecs.* || Ligne que l'on fait sur le terrain pour mettre un plan à exécution : *Faire la trace d'un bâtiment.* || *Trace d'une droite*, le point où elle perce chacun des deux plans de projection. || *Trace d'un plan*, la droite suivant laquelle il coupe des plans de projection. (Géom. descript.) || Premiers points, premiers traits indiquant sur un canevas les contours d'un ouvrage à l'aiguille.

***TRACÉ**, *spm.* de *tracer.* Opération qu'on exécute sur le terrain pour marquer d'une manière exacte l'emplacement d'un bâtiment. || Dessin représentant les lignes principales d'un ouvrage de maçonnerie, de terrassement, etc. || L'ensemble des localités par où passe une voie de communication, route, chemin de fer, canal, etc. : *Le tracé du chemin de fer du Nord par Pontoise, par Chantilly.*

***TRACELET** (*tracer*), *sm.* Outil pointu qui sert à tracer les divisions des instruments de mathématiques.

TRACEMENT (*tracer*), *sm.* Action de tracer.

TRACER (bl. *tractiare* : de *tractus*, tiré, p.p. de *trahere*, tirer), *vt.* Faire une ligne : *Tracer un sillon, une circonférence.* — Fig. *Tracer le chemin à quelqu'un*, lui donner l'exemple. || Indiquer par des lignes le contour d'une chose : *Tracer un bâtiment.* || Tirer sur le papier, etc., des lignes qui représentent le plan ou le dessin d'un objet : *Tracer une épure, une volute.* || Faire les principaux points du contour d'un ouvrage à l'aiguille : *Tracer de la tapisserie.* || *Tracer des lettres*, les écrire. — Fig. *Tracer l'image, le tableau d'une chose*, la décrire, la représenter par le discours. — Fig. Formuler des règles d'après lesquelles quelqu'un doit se guider : *Tracer un plan de conduite.* — *Vi.* S'allonger horizontalement dans l'intérieur du sol ou à sa surface : *Ses racines ont tracé. Les stolons du fraisier tracent beaucoup.* — **Se tracer**, *vr.* Etre tracé. — **Dér.** *Trace, tracé, tracelet, traçant, traçante, traçage, tracement, traceret, traceur, traceuse, traçoir.* Même famille. *Traction*, etc.; *tractoire.* — **Comp.** *Retracer*, etc.

***TRACERET** (*tracer*), *sm.* Tige de fer dont un bout est terminé par un anneau, l'autre par une pointe, et dont les charpentiers et les menuisiers se servent pour marquer des lignes ou des points sur le bois.

***TRACEUR, EUSE** (*tracer*), *s.* Celui, celle qui trace.

***TRACHÉAL, ALE** (*trachée*), *adj.* Qui est en relation avec la trachée-artère.

TRACHÉE (g. τραχύς, raboteux), *sf.* Nom de vaisseaux ou tubes qui existent chez les végétaux, et dont la paroi intérieure est tapissée d'un filament roulé en spirale. On

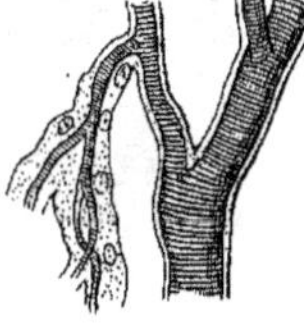
TRACHÉE D'INSECTE

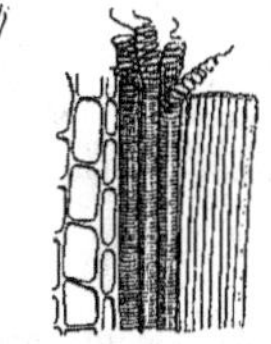
TRACHÉES VÉGÉTALES

aperçoit bien ce filament quand on casse le pétiole d'une feuille de ronce. || Nom des vaisseaux qui transportent l'air dans toutes les parties du corps d'un insecte. Ils sont en communication avec l'atmosphère par les stigmates, et ont leurs parois composées de trois enveloppes dont la moyenne est formée d'un filament élastique enroulé en spirale comme un élastique de bretelle. — **Dér.** *Trachéen, trachéenne, trachéite.* — **Comp.** *Trachée-artère, trachéocèle, trachéotomie.*

TRACHÉE-ARTÈRE (g. τραχεῖα, raboteuse + ἀρτηρία, artère), *sf.* Tube formé d'anneaux cartilagineux qui va du larynx aux bronches et qui conduit l'air extérieur dans les poumons. (Anat.)

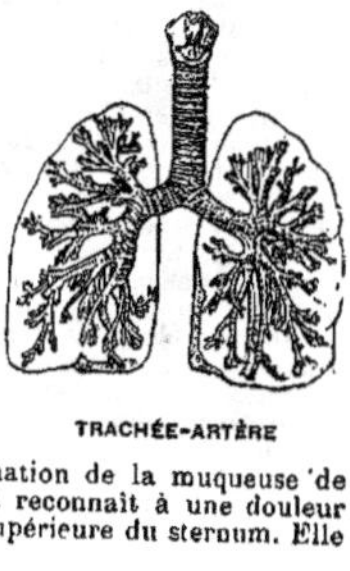
TRACHÉE-ARTÈRE

***TRACHÉEN, ENNE**, *adj.* Qui a des trachées.

***TRACHÉITE** (*trachée* + sfx. médical *ite*, indiquant inflammation), *sf.* Inflammation de la muqueuse de la trachée. On la reconnaît à une douleur vive à la partie supérieure du sternum. Elle est le résultat d'une inspiration de vapeurs irritantes, d'un refroidissement de la partie antérieure du cou alors que le reste du corps est en sueur. On la traite de la même manière que les angines, etc.

***TRACHÉOCÈLE** (*trachée* + κήλη, tumeur), *sf.* Tumeur qui se développe sur la trachée-artère.

TRACHÉOTOMIE (*trachée* + g. τομή, coupure), *sf.* Opération de chirurgie qui consiste à faire une ouverture à la trachée-artère, au-dessous du larynx, pour y faire entrer l'air extérieur quand il ne peut plus y pénétrer par la glotte.

TRACHINE (l. *Trachis*), ancienne ville de Thessalie. La mythologie grecque y faisait vivre Déjanire. — **Dér.** *Trachinien, trachinienne.*

TRACHINIEN, ENNE (*Trachine*), *adj.* Qui est de Trachine, de la Trachinie. || *Roches Trachiniennes,* les rochers qui entouraient Trachine. — *Sf.* **Les Trachiniennes**, tragédie de Sophocle qui représente la mort d'Hercule.

TRACHONITIDE, région rocailleuse de l'ancienne Syrie, à l'E. de la demi-tribu orientale de Manassé ; aujourd'hui le *Hauran.*

***TRACHY**, préfixe tiré du grec τραχύς, raboteux, et qui signifie *rude*, raboteux.

*** TRACHYCÉRAS** (g. τραχύς, âpre + κέρας, corne, trompe), *sm.* Genre de mollusque céphalopode appartenant à la famille des Ammonites, caractérisé par une ornementation développée, des selles arrondies et simples, des lobes anguleux.

***TRACHYDIORITE** (pfx. *trachy* + *diorite*), *sf.* Roche amphibolique de la classe des Andésites que l'on rencontre en Hongrie et en Transylvanie.

*** TRACHYSAURE** (g. τραχύς, rugueux + σαῦρος, lézard), *sm.* Espèce de reptile saurien insectivore de la famille des Scincoïdiens, dont l'espèce type vit en Australie. Grosse queue terminée en tubercule; écaillure osseuse, très épaisse, rugueuse, en pomme de pin ; cou très court, étranglé ; dos en forme de toit ; tête grosse, aplatie, triangulaire ; pattes courtes aux doigts courts peu onglés ; teinte du corps brun jaunâtre, avec piquetures en chevrons ; dents grêles, acérées, courtes et coniques ; langue plate, en fer de lance, squameuse, échancrée à la pointe : tel est le trachysaure.

TRACHYSAURE

***TRACHYTE** (g. τραχύς, raboteux), *sm.* Roche feldspathique, constituée par une pâte microlithique, en général rude et caverneuse, de couleur grise, dans laquelle sont disséminés de gros cristaux de sanidine et des cristaux plus petits de plagioclase, d'hornblende, de pyroxène et de mica noir. Les grains sont souvent fins, impossibles à distinguer au microscope et laissant entre eux des vides qui donnent aux trachytes une texture poreuse, une cassure inégale, un toucher raboteux.

Dans d'autres variétés, la structure fluidale domine et la masse est vitreuse. La couleur des trachytes est en général le gris clair ou le rouge tirant sur le vert. La pâte se compose de microlithes feldspathiques, que certains auteurs rapportent à la sanidine et d'autres à l'oligoclase. La magnétite abonde en général, ainsi que l'apatite et la tridymite.

Dans les trachytes proprement dits, les éléments essentiels sont des feldspaths auxquels s'ajoutent l'amphibole ou l'augite. Le feldspath dominant est en général la sanidine ou orthose sodique. On y trouve aussi la hornblende en grains ou en grands cristaux, le mica en lamelles hexagonales. La domite est un trachyte friable terreux, gris, où l'on distingue des cristaux de feldspath de grosseur moyenne. On cite aussi des trachytes globulaires, sphérolithiques, bréchiformes.

A la famille des roches trachytiques appartiennent les liparites, les sanidophyres ou porphyres trachytiques, les andésites, les phonolithes et certains tufs ou conglomérats trachytiques. Les roches trachytiques semblent avoir surgi pendant l'éocène supérieur dans la région du Sieben-Gebirge. Dans les montagnes Rocheuses, c'est au miocène qu'on rapporte l'apparition des andésites à amphibole ou à augite.

En France, les domites ont apparu, pendant le pliocène, en massifs isolés au travers de la chaîne des Puys ou Dômes. Les premières liparites des îles Lipari, de Vulcano, du Stromboli, les dacites de Santorin sont de la même époque, ainsi que les trachytes et les phonolithes du Brisgau.

Au pliocène appartiennent encore le mont Dore, les trachytes à sanidine et les andésites à augite. — **Dér.** *Trachytique.* — **Comp.** *Trachytoïde, trachydiorite.*

***TRACHYTIQUE** (*trachyte*), *adj. 2 g.* Composé de trachyte : *Montagne trachytique.*

***TRACHYTOÏDE** (*trachyte* + εἶδος, forme), *sm.* Arpago qui a la forme des trachytes. Les *trachytoïdes* constituent un des types auxquels on rapporte les roches dans la classification des minéraux.

***TRAÇOIR** (*tracer*), *sm.* Traceret.

TRACONNE (LA), 2448 hect. Forêt domaniale de la Marne, peuplée de chênes, de hêtres, etc.

TRACTION (l. *tractionem* : de *trahere*, tirer), *sf.* Action d'une force qui tire un corps, soit directement comme un cheval attelé dans les limons d'une voiture, soit par l'intermédiaire d'une corde comme les chevaux qui halent un bateau. — **Traction électrique.** Depuis quelque temps on a appliqué l'électricité à la traction des voitures de tramway. Le plus souvent on amène le courant par un fil ou câble de cuivre posé le long de la voie : de là le courant, par un contact mobile, entre dans la voiture, où il actionne un moteur électrique : ce moteur fait tourner la roue à l'aide d'un engrenage, et fait ainsi avancer le tramway sur les rails. Le retour du courant se fait le plus souvent par les rails et la terre. Ces tramways marchent à une vitesse de 12 à 20 kilomètres à l'heure et sont actuellement très répandus en Amérique. Un autre système consiste à placer des accumulateurs dans la voiture même ; mais ce système est beaucoup moins employé.

***TRACTOIRE** (l. *tractorium*), *adj. 2 g.* Qui exerce une traction : *Force tractoire.* — *Sf.* Courbe étudiée par Huyghens. Elle est définie par cette propriété que la longueur de la tangente de la courbe à l'axe des x est constante. Sa développée est une chaînette.

TRACY (DESTUTT DE) (1754-1836), philosophe sensualiste français, pair de France sous la Restauration, auteur de divers ouvrages de philosophie.

***TRADE'S UNIONS** (mot anglais : *associations des métiers*), *sf.* Associations ouvrières anglaises dont l'organisation eut pour but de combattre la loi du maximum et dont le rôle actuel est de poursuivre l'augmentation des salaires et la limitation des heures de travail.

TRADITEUR (l. *traditorem* : de *tradere*, livrer), *sm.* Mauvais chrétien qui, pendant les persécutions, livrait les livres sacrés aux païens.

TRADITION (db. de *trahison* ; l. *traditionem* : de *tradere*, livrer), *sf.* Action de livrer une chose à quelqu'un : *Tout marché est suivi de la tradition de la chose vendue.* || L'œuvre que font les générations successives lorsqu'elles se transmettent de vive voix, et sans le secours de l'écriture, la connaissance d'une croyance ou d'une pratique religieuse, d'un fait historique, d'une légende, etc. : *La tradition rapporte que le lac de Grand-Lieu occupe l'emplacement d'une ville détruite par un débordement de la Loire.* || Tout fait qui n'est connu que par les dires des générations successives : *Une tradition admissible.* || *Traditions judaïques*, les interprétations des docteurs juifs sur les livres de Moïse et les additions qu'ils y avaient faites. || Tout procédé, tout usage transmis de génération en génération par l'exemple ou la parole : *La tradition des étrennes.* — **Dér.** *Traditionnel, traditionnelle, traditionnellement, traditionnaire, traditionalisme, traditionaliste.* — **Comp.** *Extradition*, etc.

TRADITIONNAIRE (*tradition*), *sm.* Sectaire juif qui explique l'Écriture par les traditions du Talmud. Le caraïte, au contraire, rejette la tradition et n'admet que l'Écriture.

***TRADITIONALISME** (*tradition*), *sm.* Attachement aux anciens usages. || Opinion des catholiques qui pensent que l'idée de l'infini n'est pas une idée innée, mais qu'elle a été donnée par Dieu à Adam qui l'a transmise à ses descendants.

***TRADITIONALISTE** (*tradition*), *sm.* Partisan du traditionalisme. || Nom donné aux catholiques qui font dépendre la pensée de l'enseignement et de la parole qui constituent la tradition.

TRADITIONNEL, ELLE (*tradition*), *adj.* Fondé sur la tradition : *Coutume traditionnelle.*

TRADITIONNELLEMENT (*traditionnelle* + sfx. *ment*), *adv.* Par la tradition : *Savoir traditionnellement.*

TRADUCTEUR (l. *traductorem*), *sm.* Celui qui traduit d'une langue dans une autre.

TRADUCTION (l. *traductionem*), *sf.* Action de traduire : *La traduction d'une lettre.* || Reproduction d'un livre dans une langue différente de celle où il a été écrit : *Faire une traduction de l'Iliade.*

TRADUIRE (l. *traducere* : de *trans*, au delà + *ducere*, conduire), *vt.* Mener un prisonnier d'une prison dans une autre. || Appeler à comparaître devant un tribunal : *On le traduisit en police correctionnelle.* || Reproduire un écrit dans une langue différente de celle où il a été composé : *Traduire un livre allemand en français.* || *Traduire un auteur,* traduire ses ouvrages : *Littré a traduit Hippocrate.* || Expliquer, interpréter : *Traduisez mieux votre pensée.* || Rendre apparent : *Son silence traduit son mécontentement.* — **Se traduire,** *vr.* Être traduit. || Être rendu apparent : *La douleur se traduit par les cris et les larmes.* — **Gr.** Ce verbe se conjugue comme *conduire.* — **Dér.** *Traducteur, traduction, traduisible.* — **Comp.** *Intraduit, intraduite, intraduisible.*

TRADUISIBLE (*traduire*), *adj. 2 g.* Qui peut être traduit.

***TRAEZ** (*x*), *sm.* Amendement calcaire abondant sur les côtes de Bretagne. Il provient de dépôts arénacés transformés par des coquilles.

TRAFALGAR, cap du S. de l'Espagne, au N.-O. du débouché du détroit de Gibraltar dans l'océan Atlantique. Le 21 octobre 1805, la flotte anglaise, commandée par Nelson, y battit la flotte franco-espagnole dont l'amiral était Villeneuve, ayant sous ses ordres les vice-amiraux Magon et Alava Gravina ; Nelson et Gravina y furent tués.

TRAFI (LES), *smpl.* Importante tribu algérienne qui occupe le centre du plateau oranais. Elle est entièrement soumise à l'influence prédominante des Ouled-Sidi-Cheikh et a pris part à toutes les insurrections du Sud oranais.

TRAFIC, *svm.* (de l'arabe *târif,* action de faire connaître + *âqd, prix du marché,* ar. vulg. *trâf-êqd :* chez les *Arabes,* en dehors du lieu où se tenait le marché, le vendeur, sous peine de nullité du contrat et de confiscation de la marchandise, était tenu de *faire connaître* à l'acheteur *le prix* du dernier *marché*), *sm.* Commerce de marchandises : *Trafic lucratif.* — Fig. Profit illicite qu'on tire de certaines choses : *Faire trafic de son influence.* — **Syn.** (V. *Négoce.*)

TRAFIQUANT (*trafiquer*), *sm.* Celui qui s'occupe de trafic.

TRAFIQUER (*trafic*), *vi.* Faire trafic. — Fig. Tirer de quelque chose un profit illicite, malhonnête, honteux : *Trafiquer de son honneur.* — **Gr.** Ce mot vient, suivant les uns, du préfixe *tra,* et de *vices,* échange ; d'autres y voient le thymérique *trafu,* remuer.

TRAGACANTHE (g. τραγάκανθα : de τράγος, bouc + ἄκανθα, épine), *sf.* Nom par lequel on désigne les astragales qui produisent la gomme adragante.

TRAGÉDIE (g. τραγῳδία : de τράγος, bouc + ᾠδή, chant : *chant de bouc,* parce qu'à l'origine on donnait un bouc à l'auteur de la meilleure tragédie ; l. *tragœdia*), *sf.* Pièce de théâtre en vers faite pour exciter la pitié, la terreur, finissant d'ordinaire par un événement lugubre, meurtre, empoisonnement, etc., et dont le sujet est un trait de la vie de personnages illustres. Dans la tragédie classique, l'action doit être une, s'accomplir en un seul lieu et dans l'espace de vingt-quatre heures. || *Les tragédies de Racine,* les tragédies composées par Racine. || *La tragédie d'*ATHALIE, celle dont le sujet est la mort d'Athalie. || L'art de faire une tragédie : *Racine entendait admirablement la tragédie.* — Fig. Événement sanglant, catastrophe : *Le règne de Clovis fut fécond en tragédies.* — **Dér.** *Tragédien, tragédienne.*

TRAGÉDIEN, IENNE (*tragédie*), *s.* Acteur, actrice qui joue la tragédie : *Talma fut un grand tragédien.*

TRAGI-COMÉDIE (*tragique + comédie*), *sf.* Pièce de théâtre qui ne diffère de la tragédie que par un dénoûment heureux et l'introduction d'incidents gais et comiques. Ex. : l'*Amphitryon* de Plaute.

TRAGI-COMIQUE (*tragique + comique*), *adj. 2 g.* Qui prête à rire, quoique fâcheux ou funeste : *Événement tragi-comique.*

TRAGIQUE (g. τραγικός, de bouc), *adj. 2 g.* Qui appartient à la tragédie : *Style tragique.* || Qui fait, qui joue des tragédies : *Auteur, acteur tragique.* || Sombre, lugubre, effrayant : *Prendre un air tragique.* — *Sm.* Le genre de la poésie tragique : *Aborder le tragique.* || Auteur de tragédies : *Les trois tragiques grecs, Eschyle, Sophocle, Euripide. Les trois tragiques français, Corneille, Racine, Voltaire.* — Fig. Issue funeste : *Cette affaire tourne au tragique.* || Appréciation pessimiste : *Prendre les choses au tragique.* — **Dér.** *Tragiquement, tragus.* — **Comp.** *Tragédie, tragédien, tragédienne, tragi-comédie, tragi-comique, tragacanthe, tragopogon.*

TRAGIQUEMENT (*tragique* + sfx. *ment*), *adv.* D'une manière tragique, funeste.

***TRAGOPOGON** (g. τράγος, bouc + πώγων, barbe), *sm.* Nom scientifique du salsifis à feuilles de poireau, à fleurs violacées. (V. *Salsifis.*)

***TRAGUS** (g. τράγος, bouc), *sm.* Le petit tubercule, de forme triangulaire, placé en dehors et au-devant du trou auditif, et qui se recouvre de poils à mesure que l'on vieillit. Le *tragus* est dans l'oreille la saillie mamelonnée placée au-devant de la conque et qui peut boucher l'entrée du conduit auditif lorsqu'on appuie dessus. L'*antitragus* est en face du *tragus,* en arrière de la conque, et surmonte le lobule.

TRAHIR (vx fr. *traïr :* l. *tradere,* livrer), *vt.* Agir en secret pour livrer ou perdre quelqu'un que l'on a le devoir de secourir : *Trahir sa patrie.* || Nuire à : *Trahir les intérêts de quelqu'un.* || Ne pas répondre à ce qu'on attendait de nous : *Trahir la confiance de son maître.* || Ne pas remplir ses devoirs envers : *Trahir son ami.* || Parler contre : *Trahir la vérité.* || Agir contrairement à : *Trahir ses serments.* || Révéler : *Trahir le secret d'un ami.* || Faire découvrir fortuitement : *Ces mots trahirent sa pensée.* || Ne pas seconder : *La fortune m'a trahi. Ses forces l'ont trahi.* — **Se trahir,** *vr.* Agir contre ses propres intérêts. || Découvrir par hasard ou imprudemment ce qu'on voulait tenir caché. — **Dér.** *Trahison, tradition,* etc. ; *traître,* etc.

TRAHISON (db. de *tradition :* l. *traditionem*), *sf.* Action de celui qui trahit. || *Crime de haute trahison,* qui menace la sûreté de l'État.

TRAILLE ou **PONT VOLANT** (*tiraille*), *sf.* Assemblage de bateaux recouverts de planches et dont on se sert comme d'un bac pour passer une rivière.

***TRAILLER** (contraction de *tirailler*), *vt.* Tirailler. || Tirer de temps en temps une ligne pour voir si le poisson mord à l'hameçon. (Pêche.)

TRAIN (vx fr. *traïn :* bl. *tragimen,* action de tirer : de *tragere* pour l. *trahere,* tirer), *sm.* Allure du cheval et même de l'homme. || *Aller un train de poste,* très vite. || *A fond de train,* d'une allure très rapide. — Fig. *Mener quelqu'un bon train,* ne point le ménager. || L'ensemble des valets, des chevaux qui accompagnent un grand personnage : *Il avait un train de roi.* || Troupe de gens de mauvaise conduite (vx). || Bruit, tapage : *Ces enfants font beaucoup de train.* || Manière dont vont les choses : *Notre affaire va son train.* || *Cette affaire va grand train,* on s'en occupe activement. || Genre de vie : *Mener un train d'enfer,* faire des extravagances, des prodigalités. || *Aller son train,* continuer. || *Être en train,* être en action, en mouvement. || Être disposé à, occupé à : *Être en train de jouer.* || Mettre en train, exciter et particulièrement à la joie, au plaisir : *C'est lui qui met en train toute la société.* || *Mettre une affaire en train,* la commencer. || *Train de devant,* les épaules et les jambes de devant d'un animal. || *Train de derrière,* les hanches et les jambes de derrière d'un animal : *Ce cheval est faible de son train de derrière.* || *Train d'une voiture,* les pièces de bois qui en supportent la carcasse. || *Train d'une machine,* la partie du mécanisme qui la met en mouvement. || Suite de bêtes destinées à la subsistance ou au transport. || *Train de bois flotté,* long radeau fait de morceaux de bois de chauffage ou de bois de charpente liés ensemble, supportés par des tonneaux vides et qu'on laisse aller au fil de l'eau pour les transporter économiquement. || *Train de bateaux,* plusieurs bateaux qui s'avancent attachés les uns à la suite des autres. || Suite de wagons que traîne une locomotive. || *Train-poste,* celui qui transporte les lettres et dépêches. || *Train express,* train rapide établi sur les longues lignes et ne s'arrêtant qu'aux gares principales. || *Train omnibus,* celui qui a des wagons de toutes les classes et qui s'arrête à toutes les stations. || *Train de marchandises,* celui qui transporte des marchandises et non des voyageurs. || *Train de plaisir,* train à prix réduit organisé pour un parcours déterminé d'où il ramène les voyageurs au point de départ, dans un temps donné. || *Train d'artillerie,* autrefois le matériel supplémentaire d'artillerie d'un corps d'armée et tous ses accessoires. || Les soldats qui les conduisent. || *Train des équipages,* les fourgons qui transportent les vivres et le mobilier d'ambulance d'un corps d'armée. || Les soldats qui conduisent ces fourgons. — **Dér.** *Traîner, traînant, traînante, traîne, traînée, traîneau, traînage, traînard, traînasse, traînasser, traîneur.* — **Comp.** *Entrain, entraîner, entraînement, entraînant, entraînante, entraîneur.*

TRAÎNAGE (*traîner*), *sm.* Action de traîner, surtout des traîneaux.

TRAÎNANT, ANTE (*traîner*), *adj.* Qui traîne à terre : *Robe traînante.* || *Drapeaux traînants, piques traînantes,* ceux, celles qu'on portait renversés et qu'on laissait traîner à terre aux funérailles d'un général d'armée. — Fig. Plein de longueur et sans vivacité : *Style traînant.* || Monotone et lent : *Voix traînante.*

TRAÎNARD (*traîner* + sfx. péj. *ard*), *sm.* Soldat qui reste en arrière des autres. — Fig. Homme lent, négligent. || Bâtiment qui ne peut suivre la flotte à laquelle il appartient.

TRAÎNASSE (*traîner* + sfx. péj. *asse*), *sf.* Long filet qu'on traîne dans les champs pour prendre des oiseaux. || La renouée des oiseaux. Plante dicotylédone de la famille des Polygonées, à petites fleurs rougeâtres dont les tiges, grêles et longues, rampent sur le sol.

TRAÎNASSER (*traîner* + sfx péj. *asse*), *vt.* Traîner en longueur, faire durer longtemps : *Traînasser une affaire.*

TRAÎNE, *svf.* de *traîner.* Action d'être traîné. || *Embarcation à la traîne,* filée derrière un navire auquel elle est rattachée par une corde. || Queue d'une robe traînante : *S'embarrasser dans la traîne de sa robe.* || Corde où les matelots attachent leur linge pour le laisser traîner à la mer. || Grand filet qu'on traîne sur le fond : *Pêche à la traîne.* || Broussailles sur la lisière d'un bois. || *Perdreaux en traîne,* qui ne peuvent pas encore voler et se séparer de leur mère.

TRAÎNEAU (vx fr. *traînel :* de *traîner*), *sm.* Voiture sans roues dont on se sert sur la neige ou sur la glace ou pour transporter des fardeaux. || Grand filet qu'on traîne pour attraper des oiseaux ou du poisson.

TRAÎNÉE, *spf.* de *traîner.* Petite quantité d'une chose en poudre ou en petits morceaux, répandue en longueur : *Une traînée de cendre.* || Longue suite linéaire de poudre à canon pour mettre le feu à une mine ou à une amorce quelconque. || Morceaux de charogne posés de place en place pour attirer un loup dans un piège. || Trace que laisse de son passage un animal rampant : *La traînée d'un escargot.*

TRAÎNER (*train*), *vt.* Tirer après soi : *Traîner une voiture.* || *Traîner la jambe,* la porter en avant avec effort et sans qu'elle quitte le sol. — Fig. *Traîner quelqu'un dans la boue,* le vilipender en parlant ou en écrivant. || Emporter dans son cours : *La rivière traîne du gravier.* || Se faire suivre par : *Traîner une nombreuse suite.* || Contraindre à venir : *Traîner devant les tribunaux.* || Causer : *La guerre traîne après elle l'incendie et le pillage.* — Fig. Passer misérablement : *Traîner ses jours.* || Proférer lentement : *Traîner ses paroles.* || Modeler en promenant un calibre : *Traîner une corniche.* || Faire durer longtemps : *Traîner une affaire.* || *Traîner quelqu'un,* différer de conclure avec lui. — *Vi.* Pendre jusqu'à terre : *Votre manteau traîne.* || N'être pas rangé à sa place : *Ces livres traînent.* — Fig. *Cela traîne dans tous les livres,* cela se trouve déjà dans beaucoup de livres. || Être en langueur sans pouvoir se rétablir : *Ce malade traîne depuis deux ans.* || Ne pas avancer : *Cette affaire traîne.* || Être long, froid, languissant : *Ce discours traîne.* || Demeurer en arrière d'une troupe : *Il y a des soldats qui traînent.* — **Se traîner,** *vr.* Se glisser en rampant : *Il faut se traîner* *dans ce souterrain.* || Implorer à genoux : *Se traîner aux pieds de quelqu'un.* || Se vautrer : *Cet enfant se traîne sur le gazon.* || Marcher péniblement : *Se traîner pendant toute la route.* || Manquer de vivacité, de chaleur : *Ce discours se traîne.*

TRAÎNEUR (*traîner*), *sm.* Celui qui traîne quelque chose. — Fig. *Traîneur de sabre*, militaire fanfaron. || Conducteur d'un traîneau. || Celui qui chasse avec le filet appelé traîneau. || Celui qui reste en arrière de la troupe dont il fait partie : *L'ennemi atteignit les traîneurs.*

***TRAINGLOT** (*train*), *sm.* Soldat du train. (Pop.)

TRAIRE (l. *trahere*, tirer), *vt.* Faire sortir le lait du pis d'un animal : *Traire une vache.* — **Gr.** Je trais, tu trais, il trait, nous trayons, vous trayez, ils traient; je trayais, nous trayions, vous trayiez, ils trayaient; pas de passé défini; je trairai; je trairais; trais, trayons, trayez; que je traie, que nous trayions, que vous trayiez, qu'ils traient; pas d'imparfait du subjonctif; trayant; trait, traite. — **Dér.** *Traite, trayon.* Même famille : *Traiter.*

TRAISEN (LA). Rivière d'Autriche-Hongrie, affluent du Danube, qui passe à Saint-Pölten.

TRAIT, *spm.* de *traire.* Action de tirer. || *Cheval de trait*, qui sert à tirer les voitures, par opposition à cheval de selle. || Courroie avec laquelle un cheval tire une voiture : *Couper les traits.* || Train de bateaux. || Charge nécessaire pour qu'un des plateaux d'une balance incline plus que l'autre. || Quantité de boisson qu'on avale sans reprendre haleine : *Boire à longs traits*, lentement et en savourant ce qu'on boit. || Action d'avaler un liquide sans reprendre haleine : *Vider son verre d'un seul trait.* || Projectile lancé autrement qu'avec une arme à feu : *Les flèches, les javelots, les pierres de fronde sont des traits.* — Fig. Paroles qui attaquent : *Un trait mordant.* — Fig. Tout ce qui atteint avec la rapidité d'un trait : *Les traits de la lumière*, les rayons du soleil. *Un trait de lumière*, une parole, une pensée qui éclaire subitement l'esprit. || Tout ce qui émeut l'âme, la change : *Les traits de la grâce.* || Ligne tracée : *Un trait de plume, de crayon.* || *Trait d'union*, petite ligne droite horizontale servant à joindre des mots ensemble. Ex : *Chef-d'œuvre.* || *Ruiner quelqu'un d'un trait de plume*, en écrivant ou rayant quelques mots. || Ligne imitant le contour d'un objet. || *Copier trait pour trait*, exactement, scrupuleusement. — Fig. *Peindre à grands traits*, raconter, décrire d'une manière entraînante. || Les lignes d'un dessin qui n'est pas ombré : *Dessin au trait.* || Les lignes tracées sur un morceau de pierre ou de bois pour indiquer au tailleur de pierre ou au charpentier comment il doit le tailler. || *Pièce de trait*, modèle d'un ouvrage de maçonnerie, de charpente. || *Trait carré*, une perpendiculaire. || *Trait biais*, une oblique. || Ligne qui sert de marque : *Trait de repère.* || *Trait de niveau*, ligne horizontale tracée au moyen du niveau sur un mur. || *Trait de scie*, ligne tracée pour guider la scie. || Coupe faite avec une scie sur la pierre ou sur le bois. || Linéaments du visage : *Cet homme a les traits fins.* — Fig. Action qui décèle une intention bonne ou mauvaise : *Un trait de dévouement, de cruauté.* || Action remarquable : *Il a fait de beaux traits à la guerre.* || Fait, événement historique remarquable : *Les beaux traits de l'histoire de France.* || Ce qui distingue ou caractérise une personne, une chose : *C'est un trait de son caractère.* || Passage brillant d'une œuvre littéraire : *Ce discours est plein de traits d'éloquence.* || Pensée vive, brillante, imprévue : *Un trait d'esprit.* || Verset qu'on chante à la messe entre le graduel et l'évangile. || Rapport entre deux choses : *Ce que vous dites n'a pas trait à notre affaire.*

TRAITABLE (l. *tractabilem*), *adj. 2 g.* Avec qui l'on peut facilement traiter. || Accommodant, doux : *Un esprit traitable.*

TRAITANT (*traiter*), *sm.* Celui qui, sous l'ancienne monarchie, prenait à ferme le recouvrement des impôts.

TRAITE, *spf.* de *traire.* Exportation de denrées d'une province dans une autre, ou d'un État dans un autre : *Une grande traite de vins* (vx). || Trafic que font des navires sur les côtes d'Afrique. || *La traite des nègres*, opération qui consistait à acheter et à vendre des esclaves nègres et qui est aujourd'hui sévèrement défendue par des lois internationales. || Opération entre deux banquiers qui habitent deux places de commerce différentes (vx). || Lettre de change : *Une traite sur Paris.* || Autrefois droit sur l'exportation, l'importation, la circulation des marchandises, soit à l'entrée ou à la sortie de France, soit à la ligne de séparation de certaines provinces. || Chemin qu'un voyageur fait sans se reposer. || Action de traire le lait; son produit. || *Traite foraine*, droit payé par certaines marchandises à l'entrée ou à la sortie de Paris.

TRAITÉ, *spm.* de *traiter.* Livre où l'on traite d'un art, d'une science, d'une matière particulière : *Traité de dessin. Traité de chimie. Traité de la machine à vapeur.* || Convention que des particuliers concluent entre eux par écrit ou qu'un particulier, une compagnie conclut avec le gouvernement, l'administration : *Faire un traité avec un entrepreneur.* || Convention écrite entre souverains, entre États. — Principaux traités mentionnés dans l'histoire de France : *Traité d'Andelot* (587), qui assure aux leudes la propriété viagère de leurs bénéfices et par lequel Gontran reconnaît Childéric II, fils de Brunehaut, pour son héritier. || *Traité de Verdun* (843), réglant le partage de l'empire de Charlemagne entre Charles le Chauve (provinces à l'O. de la Meuse, de la Saône et du Rhône), Louis le Germanique (Germanie), et Lothaire (Lorraine, Bourgogne, Provence, Italie). || *Traité de Saint-Clair-sur-Epte* (912) : Charles le Simple cède la Normandie à Rollon. || *Traité de Brétigny* (1360), Jean le Bon recouvre sa liberté et Édouard III acquiert tout le S.-O. de la France. || *Traité de Troyes* (1420) : Charles VI déshérite son fils au profit de Henri V, roi d'Angleterre, auquel il donne sa fille Catherine en mariage. || *Traités de Conflans et de Saint-Maur* (1465) : Louis XI accorde des territoires considérables aux chefs de la ligue du Bien public. || *Traité de Picquigny* (1475) : Louis XI s'engage à payer 50 000 écus par an à Henri IV, roi d'Angleterre. || *Traité d'Arras* (1482), entre Louis XI et Maximilien, dont la fille, Marguerite, est fiancée au Dauphin et doit lui apporter en dot l'Artois et la Franche-Comté. || *Traité de Madrid* (1526), entre François Ier et Charles-Quint : le premier recouvre sa liberté en renonçant au royaume de Naples et en cédant à l'empereur la Bourgogne et ses annexes et en recevant en grâce le connétable de Bourbon. || *Traité de Cambrai* (1529), signé par Louise de Savoie au nom de François Ier et Marguerite d'Autriche, tante de Charles-Quint, confirmant le traité de Madrid moins la cession de la Bourgogne et stipulant que François Ier payera deux millions d'écus d'or pour la rançon de ses fils. || *Traité de Crépy-en-Laonnois* (1544), entre Charles-Quint et François Ier qui renonce à tous ses droits sur l'Italie, la Flandre et l'Artois, mais garde la Bourgogne et ses dépendances. || *Traité de Cateau-Cambrésis* (1559), entre Philippe II, roi d'Espagne et Henri II, qui lui restitue 189 villes fortifiées en Italie et en France, lui donne en mariage sa fille Élisabeth et conserve Calais reconquis. || *Traité de Longjumeau* (1568), rétablissant la paix entre les catholiques et les protestants. || *Traité de Saint-Germain-en-Laye* (1570), où fut signée une nouvelle paix entre les catholiques et les protestants. || *Traité de Vervins* (1598), par lequel Henri IV et Philippe II d'Espagne firent la paix sur les bases du traité de Cateau-Cambrésis. || *Traité de Westphalie* (1648), conclu entre la Suède qui acquit d'importants territoires en Allemagne, l'empereur Ferdinand III, les princes électeurs de l'Empire qui se firent céder des évêchés sécularisés et obtinrent pour les protestants la liberté de conscience, enfin la France qui fut mise en possession des trois évêchés (*Metz, Toul* et *Verdun*) et de l'Alsace, moins Strasbourg et Montbéliard. || *Traité des Pyrénées* (1659), signé entre Mazarin pour Louis XIV et don Louis de Haro pour Philippe IV d'Espagne, donnant à la France le Roussillon, l'Artois, les parties S. de la Flandre, du Hainaut et du Luxembourg et stipulant que Louis XIV épouserait Marie-Thérèse, fille de Philippe IV, en renonçant pour elle à la succession éventuelle au trône d'Espagne. || *Premier traité d'Aix-la-Chapelle* (1668), qui termina la guerre de la dévolution et par lequel Louis XIV rendit la Franche-Comté à l'Espagne, en conservant la Flandre. || *Traité de Nimègue* (1678), entre la France, la Hollande, l'Espagne et l'Empire. La France y recouvra la Franche-Comté et plusieurs villes de Flandre. || *Traité de Ryswick* (1697), entre la France, la Hollande, l'Angleterre, l'Espagne et l'Empire, en vertu duquel Louis XIV garda les possessions que lui assurait le traité de Nimègue, mais reconnaissait Guillaume III comme roi d'Angleterre. || *Traités d'Utrecht* (1713) et de *Rastadt* (1714), qui mirent fin à la guerre de la succession d'Espagne : les puissances de l'Europe y reconnurent Philippe V. || *Traité de Vienne* (1738), qui mit fin à la guerre de la succession de Pologne entre la France et l'Espagne d'une part, la maison d'Autriche de l'autre, donna à Stanislas la Lorraine et le Barrois avec retour à la France et à don Carlos, deuxième fils de Philippe V, le royaume des Deux-Siciles. || *Deuxième traité d'Aix-la-Chapelle* (1748), qui mit fin à la guerre de la succession d'Autriche, mais n'assura à la France aucun avantage. || *Traité de Paris* (1763), qui termina la guerre de Sept ans, mais en vertu duquel la France céda à l'Angleterre le Canada et beaucoup d'autres colonies. || *Traité de Versailles* (1783), signé entre la France, l'Espagne, la Hollande d'une part, et de l'autre, l'Angleterre, qui reconnut l'indépendance des États-Unis, restitua à la France et à la Hollande une partie de leurs colonies et à l'Espagne la Floride. || *Traité de Campo-Formio* (1797), entre Bonaparte, au nom de la République française, et l'Autriche, qui reconnut la République Cisalpine et garantit à la France la Belgique avec la frontière du Rhin. || *Traité de Lunéville* (1801), conclu entre la France et l'Autriche et confirmant le traité de Campo-Formio. || *Traité d'Amiens* (1802), qui pacifia un instant l'Europe : la France, l'Angleterre, l'Espagne et la Hollande y prirent part. La première conserva ses conquêtes, s'engageant à évacuer les États romains et le royaume de Naples, la seconde restitua aux autres puissances la plupart de ses conquêtes coloniales. || *Traité de Presbourg* (1805), intervenu entre Napoléon Ier et l'empereur François II, après Austerlitz. L'Autriche abandonnait les États vénitiens à la France et le Tyrol à la Bavière. || *Traité de Tilsitt* (1807), signé après les journées d'Iéna, d'Eylau et de Friedland et dans lequel la Russie et la Prusse adhéraient au blocus continental. || *Traité de Vienne* (1809), qui fut la conséquence de la victoire de Wagram : l'Autriche céda à la France les provinces illyriennes. || *Traité de Paris* (1814), imposé par les coalisés à la France qui reprit ses limites de 1792. || *Traités de 1815*, qui résultèrent du Congrès de Vienne, réduisirent la France à ses limites de 1789 et remanièrent la carte de l'Europe, dans le but d'annihiler les effets de la Révolution. || *Traité de Paris* (1856), imposé à la Russie après la prise de Sébastopol par la France, l'Angleterre, la Sardaigne et la Turquie, garantissant l'intégrité de cette dernière, ouvrant à toutes les nations le commerce de la mer Noire et interdisant à la Russie d'avoir des arsenaux militaires sur le rivage de cette mer. || *Traité de Zurich* (1859), signé après la guerre d'Italie entre la France, la Sardaigne et l'Autriche, celle-ci cédant la Lombardie à la France qui, à son tour, la donnait à la Sardaigne. || *Traité de Paris* (1860), par lequel la Sardaigne cédait à la France la Savoie et le comté de Nice. || *Traité de Francfort* (1871), intervenu à la suite de la guerre franco-allemande, stipulant l'annexion à l'Allemagne de l'Alsace-Lorraine et le payement, par la France, d'une indemnité de guerre de 5 milliards. || *Traité de commerce*, convention établie entre deux États pour fixer les droits que paieront les marchandises introduites de l'un dans l'autre. — **Syn.** La *convention* est le résultat de l'accord qui s'est établi entre deux ou plusieurs personnes. Le *traité* est une convention où les intérêts à régler sont considérables; il se dit surtout des actes internationaux. Le *pacte* est un traité de paix; c'est en vertu d'un pacte que les hostilités cessent entre les partis.

TRAITEMENT (*traiter*), *sm.* Manière d'agir avec quelqu'un, accueil qu'on lui fait : *Combler de bons traitements.* || *Mauvais traitements*, violences, coups. || Manière d'agir avec les animaux : *Un traitement humain rend les animaux doux.* || Salaire annuel d'un employé. || Honneurs qu'on rend dans les cours à des personnes de distinction : *Il y a un traitement spécial pour les ambassadeurs.* || Repas que le roi faisait donner en certaines occasions aux ambassadeurs. || L'ensemble des moyens qu'on emploie pour combattre et guérir une maladie. || Action de modifier la composition ou les propriétés d'un corps en faisant réagir sur lui un autre corps ou en le soumettant à certaines opérations.

TRAITER (l. *tractare* : fréq. de *trahere*, tirer), *vt.* Agir de telle ou telle manière avec quelqu'un : *Il traite poliment les visiteurs.* || *Traiter quelqu'un du haut en bas*, avec mépris. || *Traiter quelqu'un de Turc à More*, avec une extrême rigueur. || Essayer de guérir : *Traiter un malade, une maladie.* || Modifier la composition ou les propriétés d'un corps par l'action d'un autre corps, par quelque opération : *En traitant l'amidon par un acide, on le change en dextrine.* || Donner à manger à, régaler : *Traiter ses amis.* || Donner à manger à quelqu'un pour de l'argent. || S'occuper de conclure : *Traiter une affaire.* || Effectuer l'achat, la vente de : *Traiter mille balles de coton.* || Raisonner, discourir, écrire sur : *L'auteur a bien traité ce sujet.* || Exécuter une œuvre de dessin, de peinture : *Ce peintre a bien traité les raccourcis.* || Qualifier de : *Il l'a traité d'Excellence.* — *Vi.* Entrer en négociation pour : *Traiter de l'achat d'une propriété.* || Raisonner, discourir, écrire sur : *Pascal a traité de la pesanteur de l'air.* — **Se traiter**, *vr.* S'occuper de se guérir soi-même. || Se donner l'un à l'autre un repas. || Se nourrir d'une certaine façon. || Faire le sujet d'une négociation, d'une vente, d'un raisonnement, d'un discours, d'un écrit. || Se qualifier de. — **Dér.** *Traitant, traité, traitable, traitement, traiteur.*

TRAITEUR (*traiter*), *sm.* Celui qui donne à manger pour de l'argent, restaurateur : *Je mange chez le traiteur.*

TRAÎTRE, ESSE (l. *traditorem* : de *tradere*, livrer), *adj.* Qui trahit : *Un homme traître.* || Qui mord, égratigne ou rue en parlant des animaux : *Les chats sont souvent traîtres.* || Qui caractérise la trahison, la perfidie : *Une proposition traîtresse.* || Qui est dangereux sans le paraître : *Un jeu traître.* || *Liqueur traîtresse*, qui semble douce et enivre aisément. — Fam. *Il ne m'en a pas dit un traître mot.* — S. Celui, celle qui fait une trahison : *Ceux mêmes qui se servent des traîtres les méprisent.* || *Traître de mélodrame*, l'acteur qui joue le rôle de traître; le personnage qui affecte l'air sombre du conspirateur. — EN TRAÎTRE, *loc. adv.* En trahison : *Prendre quelqu'un en traître.* — **Dér.** *Traîtreux, traîtreuse, traîtreusement, traîtrise.* Même famille : *Trahir*, etc.

TRAÎTREUSEMENT (*traîtreuse* + sfx. *ment*), *adv.* En trahison.

***TRAÎTREUX, EUSE** (*traître*), *adj.* Qui a le caractère d'une trahison, en parlant des choses : *Une recommandation traîtreuse.*

***TRAÎTRISE** (*traître*), *sf.* Action de trahir : *Il fut pris par traîtrise.* (Fam.)

TRAIT-SAINT-VANDRILLE, 1759 hect. Forêt domaniale de la Seine-Inférieure, peuplée de chênes, de charmes et de bois blancs.

TRAJAN, empereur romain de 98 à 117, Espagnol d'origine, fils adoptif de Nerva. Il gouverna sagement l'empire, rendit de l'autorité au Sénat, essaya de ramener la vie dans les provinces, fit en Dacie plusieurs expéditions victorieuses, réduisit ce pays en province romaine, y envoya de nombreux colons, envahit l'empire des Parthes et dicta la paix à leur roi Khosroès; il réduisit la Syrie et la Mésopotamie en province romaine et mourut à Sélinonte. — **Dér.** *Trajane.*

TRAJANE (COLONNE), colonne de marbre blanc couverte de bas-reliefs en spirale, élevée (l'an 114) par les Romains pour immortaliser les victoires de Trajan contre les Daces, et qui se voit encore aujourd'hui à Rome. Cette colonne a 32 mètres de haut.

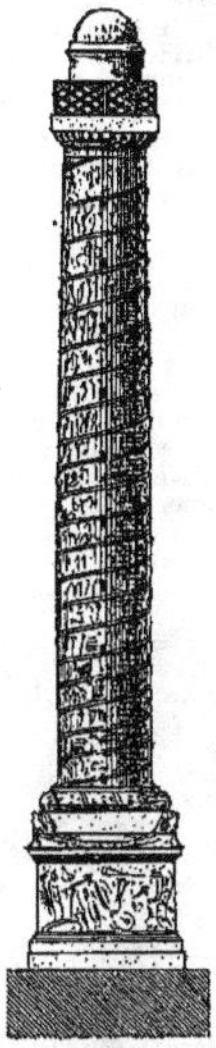

COLONNE TRAJANE

TRAJANOPOLI ou **ORIKHOVA**, 14000 hab. Ville de la province d'Andrinople (Turquie d'Europe), sur la Maritza, au pied du mont Despoto-Dagh.

TRAJECTOIRE (bl. *trajectoria*, qui traverse), *sf.* Ligne que décrit le centre de gravité d'un corps en mouvement : *La trajectoire d'un boulet de canon.* — Adj. *La ligne trajectoire.*

TRAJET (l. *trajectum*), *sm.* Espace qu'il faut traverser pour aller d'un lieu à un autre : *Le trajet est long de Paris à Rome.* || Action de parcourir un trajet : *Le trajet fut pénible.* || Parcours : *Le trajet d'un nerf, d'une artère.* || Espace occupé par une plaie, etc., à l'intérieur des chairs. (Chir.) — **Dér.** *Trajectoire.*

TRAKTIR (PONT DE), sur la Tchernaïa, rivière de la Crimée (Russie d'Europe), qui se jette au fond de la baie de Sébastopol. Le 16 août 1855, les Russes y furent battus par les Français et les Sardes.

TRALLES, auj. *Sultan-Hissar.* Ville d'Asie Mineure, près du Méandre.

TRALLES (TABLES DE). Tables établies par le physicien Tralles et donnant le moyen de réduire promptement les poids spécifiques de l'alcool en proportions centésimales de volumes (15°,56 C = 12°,44 R). Étant donné le volume et par conséquent le poids spécifique ou densité de la vapeur d'eau (V. *Densité*) prise à la température de 100°, Tralles a déterminé la densité de l'alcool absolu déshydraté à l'aide du chlorure de calcium et l'a fixée à 0,7939 (chiffre indiqué à la fin de ce tableau) par rapport à cette vapeur

0	0,9991								
1	9976	21	0,9741	41	0,9494	61	0,9104	81	0,8603
2	9961	22	9731	42	9478	62	9082	82	8575
3	9947	23	9720	43	9461	63	9059	83	8547
4	9933	24	9710	44	9444	64	9036	84	8888
5	9919	25	9700	45	9427	65	9013	85	8458
6	9906	26	9689	46	9409	66	8989	86	8453
7	9893	27	9679	47	9391	67	8965	87	8428
8	9881	28	9668	48	9373	68	8941	88	8397
9	9869	29	9657	49	9354	69	8917	90	8365
10	9857	30	9646	50	9335	70	8892	90	8332
11	9845	31	9634	51	9315	71	8867	91	8299
12	9834	32	9622	52	9295	72	8843	92	8265
13	9823	33	9609	53	9275	73	8817	93	8230
14	9812	34	9596	54	9254	74	8791	94	8194
15	9802	35	9583	55	9234	75	8765	95	8157
16	9791	36	9570	56	9213	76	8739	96	8118
17	9781	37	9556	57	9192	77	8712	97	8077
18	9771	38	9541	58	9170	78	8685	98	8034
19	9761	39	9526	59	9148	79	8658	99	7988
20	9751	40	9510	60	9126	80	8631	100	7939

prise à la même température de 100° : en connaissant la densité d'un mélange à la température pour laquelle les tables ont été construites, on trouve immédiatement, en regard, la proportion d'alcool en poids ou en volume que renferme ce mélange mesuré à l'alcoolomètre centésimal. (V. *Alcoolomètre.*) Les colonnes à un ou deux chiffres de ces tables indiquent les proportions d'alcool; celles à nombres décimaux, les densités.

*** TRAM** [tramm] (mot annamite), *sm.* Arbre avec l'écorce duquel les Annamites forment les toits de leurs cases.

TRAMAIL ou *** TRÉMAIL** [L mouillé], (vx fr. *trémail* : bl. *tremaculum* : de *tres*, trois + *macula*, maille), *sm.* Grand filet à trois nappes dont le milieu se compose de mailles plus serrées que celles qui forment les deux bouts. || Filet pour prendre des oiseaux. (V. *Hallier* 2.) — Pl. *des tramails.*

TRAMAYES, 2192 hab. Ch.-l. de c., arr. de Mâcon (Saône-et-Loire).

TRAME (l. *trama*), *sf.* Fil que le tisserand passe avec la navette entre les fils de la chaîne préalablement tendus sur le métier. || Étoffe dont la chaîne est de fil et la trame de coton. — Fig. et poét. Le cours de la vie : *La Parque coupa la trame de ses jours.* — Fig. Complot : *Ourdir une trame.* — **Dér.** *Tramer, trameur, trameuse.*

TRAMER (*trame*), *vt.* Passer la trame entre les fils tendus sur le métier du tisserand : *Tramer une étoffe.* — Fig. Machiner : *Tramer un complot.* — **Se tramer**, *vr.* Être tramé, machiné. — Impers. *Il se trame quelque chose contre lui.*

***TRAMEUR, EUSE** (*tramer*), *s.* Ouvrier, ouvrière qui dispose les fils des trames.

TRAMONTANE (ital. *tramontana* : du l. *tra* pour *trans*, au delà + *montem*, montagne, s.-ent. *stella*, étoile), *sf.* Nom que les Italiens et les marins de la Méditerranée donnent à l'étoile polaire qui leur apparaît au delà des Alpes. — Fig. *Perdre la tramontane*, être fort troublé, ne savoir plus où l'on en est. || Vent du nord. || Le nord.

TRAMWAY [tra-mou-è] (m.angl. : de *tram*, rail plat + *way*, voie), *sm.* Chemin de fer sur rails plats ou à gorge, établi ordinairement sur un des bas côtés d'une route, parcouru par des voitures traînées par des chevaux ou une petite locomotive. || *Tramway électrique*, tramway actionné par un courant électrique qui circule sur potence ou le long des rails. (V. *Traction.*) || Extensiv., la voiture elle-même qui court sur les rails. — Pl. *des tramways.*

TRANCHANT (*trancher*), *sm.* La partie coupante d'un couteau, d'une épée, etc. : *Émousser le tranchant d'un rasoir.* || *Épée à deux tranchants*, dont chaque bord est coupant. — Fig. Tout ce qui blesse ou nuit de deux façons différentes : *Un dilemme est une épée à deux tranchants.* — Fig. *Une lame à deux tranchants*, une personne double dans sa conduite.

TRANCHANT, ANTE (*trancher*) *adj.* Qui coupe : *Instrument tranchant.* || *Écuyer tranchant*, officier qui coupe les viandes à la table des rois, des princes. — Fig. Qui décide hardiment : *Esprit tranchant.* || Qui annonce une décision irrévocable : *Ton tranchant.* || Décisif, sans réplique : *Raisonnement tranchant.* || Qui produit un contraste marqué : *Couleurs tranchantes.*

TRANCHE, *svf.* de *trancher*. Morceau d'une substance comestible coupé mince et suivant des faces planes : *Une tranche de jambon, de melon.* || Partie de la chair du bœuf entre le gîte à la noix et l'aloyau. || Plaque faite d'un corps dur : *Une tranche de pierre.* || Division arithmétique par trois chiffres, réduite quelquefois à deux chiffres ou même à un seul, d'un nombre qu'on a partagé par des espaces ou des virgules pour le lire plus facilement : *1 180 760.* || Surface unie formée par l'épaisseur de tous les feuillets d'un livre du côté où on les a rognés : *Livre doré sur tranche.* || Circonférence des monnaies modernes portant en relief une légende ou un cordonnet. || Face la plus étroite d'un objet : *Poser une pierre de taille sur sa tranche.* || Surface plane terminant un lieu élevé, etc. : *Les tranches pyramidales d'un mont.* || La terre retournée par la charrue. || Nom de plusieurs outils en fer.

TRANCHÉE, *spf.* de *trancher*. Trou dans le sol en forme de fossé : *Dessécher un marais en y ouvrant des tranchées.* || Grand fossé que creusent les assiégeants d'une place de guerre pour se mettre à couvert du feu des assiégés et protégé du côté de la place par un parapet formé des terres provenant de la fouille : *Être de tranchée, monter la tranchée*, être de service à la tranchée. || *Tranchée de mur*, entaille pratiquée dans un mur pour y loger l'extrémité d'une poutre. (Maç.) — *Sfpl.* Douleurs très aiguës qu'on ressent dans les entrailles. || *Tranchées rouges*, douleurs d'entrailles très violentes chez les chevaux.

***TRANCHEFIL** (*trancher + fil*), *sm.* Petite chaîne qui fait partie du mors. (Manège.) || Instrument au moyen duquel on donne le velouté au tapis de Turquie.

TRANCHEFILE (*trancher + file*), *sf.*, Petit rouleau de papier ou de parchemin, recouvert de fil, qui se met au haut et au bas du dos d'un livre qu'on relie pour maintenir les cahiers assemblés.

TRANCHELARD (*trancher + lard*), *sm.* Couteau très mince pour couper des tranches de lard.

TRANCHE-MONTAGNE, *sm.* Fanfaron. — Pl. *des tranche-montagnes.*

***TRANCHE-PAPIER** (*trancher + papier*), *sm.* Couteau à couper le papier. — Pl. *des tranche-papier.*

TRANCHER (l. *truncare*), *vt.* Séparer en coupant : *Trancher la tête.* — Fig. et poét. Faire cesser brusquement : *Le poignard trancha sa destinée.* || Résoudre : *Trancher une question.* || Finir brusquement : *Trancher la conversation.* || *Trancher le mot,* dire sa pensée sans ménagement : *Tranchons le mot, vous avez tort.* — *Vi.* Décider hardiment : *Les ignorants tranchent sur tout.* || *Trancher dans le vif,* parler, agir sans ménagements. || Rompre tout à coup des relations nuisibles. || *Trancher net,* s'expliquer laconiquement et sans ménagements. || *Trancher court,* terminer un discours en peu de mots. || Se donner des airs de : *Trancher du grand seigneur.* || Former un contraste marqué : *L'or tranche bien sur le vert.* || *Cette pensée tranche dans son discours.* — **Se trancher,** *vr.* Être tranché. — **Dér.** *Tranchant, tranchante, tranchant, tranchée, tranche, tranchet, tranchoir* 1 et 2, *trancheur.* — **Comp.** *Tranchefil, tranchefile, tranchelard, tranchemontagne, tranche-papier, retrancher, retranchement.*

TRANCHET (*trancher*), *sm.* Lame de fer dont l'un des bouts est tranchant d'un côté et avec laquelle les cordonniers coupent le cuir. || Outil pour couper le plomb, etc.

***TRANCHEUR** (*trancher*), *sm.* Ouvrier qui coupe en minces lamelles les bois de placage. || Matelot qui ouvre le corps des morues. (Pêche.) || Terrassier qui isole par des tranchées les masses à extraire. (Mines.)

1. **TRANCHOIR** (*trancher*), *sm.* Tablette de bois sur laquelle on découpe la viande.

2. ***TRANCHOIR** (*trancher*), *sm.* Genre de poissons de mer de l'ordre des Acanthoptérygiens, remarquable par la forme arrondie et comprimée de leur corps, qui est presque circulaire, et se rapproche beaucoup d'un disque. Les dents sont implantées sur les deux mâchoires, mais le palais n'en présente aucune ; la bouche est terminée en avant par une sorte de bec. Leurs écailles sont petites et donnent à leur peau l'aspect du cuir. Leur nageoire dorsale, unique et écailleuse, est terminée par de longs filaments jaunes frangés de noir et recourbés en arrière en forme de parabole. Ces poissons sont jaunes et blancs, avec trois larges bandes noires. L'espèce la plus connue est le *tranchoir cornu,* portant deux petites pointes ou cornes relevées sur l'orbite de l'œil, et qui habite les mers des Indes. Il est craint et très respecté des Malais, qui, lorsqu'ils l'ont pêché, s'empressent de le rejeter à la mer, non sans lui avoir fait des excuses accompagnées d'un grand nombre de génuflexions. Le *tranchoir cornu* peut atteindre un poids de 8 kilogrammes et sa chair est bonne à manger. On le rencontre des îles Mascareignes jusqu'aux îles du Pacifique (Vanikoroo, Sandwich, etc.). Une seconde espèce, le *tranchoir* *à moustache épineuse,* est moins répandue.

TRANI (l. *Turenum*), 25 000 hab. Ville et port de la province de Bari (Italie), sur l'Adriatique.

TRANQUEBAR, 15 000 hab. Ville et port de l'Hindoustan anglais, sur la côte de Coromandel, à l'embouchure du Kavery. Elle fut vendue à l'Angleterre par les Danois en 1845.

TRANQUILLE (l. *tranquillum*), *adj. 2 g.* Qui n'est point agité : *Mer tranquille.* || Exempt de trouble, d'inquiétude : *Vie tranquille.* || Qui ne trouble le repos de personne : *C'est un voisin tranquille.* || *Baume tranquille.* (V. *Baume.*) — **Dér.** *Tranquillité, tranquillement, tranquilliser, tranquillisant, tranquillisante.* — **Syn.** *Tranquille* est employé pour caractériser l'état dans lequel se trouvent l'esprit et le corps d'un être qui n'a ni trouble ni inquiétude. *Calme* indique ce même état survenant après une violente agitation. *Rassis* s'applique à un homme que les passions de la jeunesse ont troublé, et qui, en

TRANCHOIR

prenant de l'âge, n'est plus troublé par rien. *Posé* s'applique à un homme ferme que rien ne peut troubler.

TRANQUILLEMENT (*tranquille* + sfx. *ment*), *adv.* D'une manière tranquille.

TRANQUILLISANT, ANTE (*tranquilliser*), *adj.* Qui tranquillise.

TRANQUILLISER (*tranquille*), *vt.* Rendre tranquille. || Délivrer d'inquiétude : *Cette bonne nouvelle me tranquillise.* — **Se tranquilliser,** *vr.* Se tenir tranquille. || Commencer à n'être plus inquiet.

TRANQUILLITÉ (l. *tranquillitatem*), *sf.* État de ce qui est sans agitation, sans inquiétude : *La tranquillité de l'air, de l'esprit.* — **Syn.** La *tranquillité* est l'état dans lequel se trouve un homme qui n'est pas troublé dans son intérieur. La *paix* s'applique aux relations avec l'extérieur. On *est en paix* avec ses voisins. Le *calme* succède à l'agitation, à la guerre. La *quiétude* est l'état d'un esprit tempéré, sévère. Le *repos* est l'état dans lequel on se trouve après avoir travaillé.

TRANS, préfixe emprunté du latin qui signifie *au delà, au travers* et prend dans quelques cas la forme *tra.* Ex. : *Transpercer.*

TRANSACTION [tran-za-kssion] (l. *transactionem*), *sf.* Acte par lequel on termine un différend, un procès en se faisant des concessions mutuelles : *Proposer une transaction.* || Action de conclure une affaire : *Les transactions commerciales.* || *Les Transactions philosophiques,* recueil des travaux scientifiques de la Société royale de Londres. — **Dér.** *Transactionnel, transactionnelle.*

***TRANSACTIONNEL, ELLE** (*transaction*), *adj.* Qui contient une transaction : *Traité transactionnel.* || Qui résulte d'une transaction : *Obligation transactionnelle.*

TRANSALTAÏ (LE) (pfx. *trans + Altaï*). Chaîne de montagnes qui, avec l'Altaï, limite au N. le plateau de Pamir. Son point culminant est le *pic Kaufmann* (7 500 mètres) ; le *Chelveli,* à l'O., est presque aussi élevé. L'arête est limitée au delà du Chelveli par la coupure du Sourghab, affluent du Mouksou.

TRANSALPIN, INE pfx. (*trans + Alpes*), *adj.* Qui est au delà des Alpes par rapport au lieu où l'on se trouve : *Les Romains donnaient à notre pays le nom de Gaule Transalpine.* || *République Transalpine* ou *République Cisalpine,* État politique créé en Italie en 1797, dissous en 1799 par la 2e coalition, rétabli après Marengo, et devenu en 1802 la *République Italienne,* qui prit en 1805 le nom de *royaume d'Italie.*

TRANSATLANTIQUE [tran-za-tlan-tike] (pfx. *trans + Atlantique*), *adj. 2 g.* Qui traverse l'Atlantique d'un bord à l'autre. || *Câble transatlantique,* celui qui, plongé au fond de l'Océan, fait communiquer télégraphiquement l'Europe et l'Amérique. — *Sm.* Paquebot à vapeur faisant le service entre l'Europe et l'Amérique.

TRANSBAÏKAL (GOUVERNEMENT DU), 320 000 habitants environ. Division administrative de la Russie d'Asie, dans la Sibérie orientale, comprise entre le lac Baïkal à l'O., le gouvernement d'Irkoutsk au N. et au N.-E., la Daourie chinoise à l'E. et la Mongolie au S. Villes principales : *Verkhné, Nertchinsk* et *Kiakhta.*

TRANSBORDEMENT (*transborder*), *sm.* Transport d'objets d'un navire dans un autre ou de marchandises d'un train de chemin de fer dans un autre. || Choses transbordées.

TRANSBORDER (pfx. *trans + bord*), *vt.* Transporter d'un navire dans un autre : *Transborder des vivres.* || Transporter des marchandises d'un train de chemin de fer dans un autre. || Passer d'un navire ou d'un train dans un autre. (Néol.)

***TRANSCANADIEN, IENNE** (pfx. *trans + Canada*), *adj.* Qui traverse le Canada ; qui est situé au delà de ce pays. — **Le Transcanadien,** *sm.* La grande artère de chemin de fer qui, à travers le Canada, relie l'océan Atlantique à l'océan Pacifique. Le Transcanadien part du golfe de Saint-Laurent en deux bras, l'un d'Halifax, l'autre du cap Breton, passe à Québec et à Montréal, touche au N. le lac Supérieur, dessert Winnipeg où s'embranche un tronçon bifurquant à Chicago (États-Unis), et, franchissant les montagnes Rocheuses, atteint Victoria, en face l'île Vancouver (Pacifique). Un prolongement de cette ligne vers le N. est en voie d'exécution à travers la Colombie et viendrait aboutir à l'extrême pointe du cap du Prince-de-Galles (détroit de Behring), en traversant l'Alaska. C'est par cette grande artère, réunie au *Transsibérien* (V. ce mot), que dans l'avenir New-York serait relié à Paris.

***TRANSCASPIEN, IENNE** (pfx. *trans,* au delà + *Caspienne*), *adj.* Qui est situé ou habite au delà de la mer Caspienne. — Sm. *Un Transcaspien.* — **Le Transcaspien,** *sm.* La voie ferrée qui relie le Turkestan au port de Mickaïlov, sur la mer Caspienne.

TRANSCAUCASIE (pfx. *trans*, au delà + *Caucase*), *sm*. La contrée située au S. du Caucase, à l'entrée de l'Asie, conquise depuis 1859 par les Russes sur les Circassiens, qui ont émigré depuis. Ce sont de vastes plaines, steppes incultes, des marécages formés par des cours d'eau sans issue où campent aujourd'hui des tribus de Kalmouks et de Cosaques.

TRANSCENDANCE (*transcendant*), *sf*. Supériorité marquée d'une personne ou d'une chose sur une autre : *La transcendance du talent*. || Qualité de ce qui est transcendant.

TRANSCENDANT, ANTE (l. *transcendere*, monter au delà), *adj*. Éminemment supérieur : *Génie, mérite transcendant*. || Qui appartient à la partie la plus élevée d'une science. || En algèbre, *quantités transcendantes*, les expressions exponentielles, logarithmiques, les fonctions trigonométriques directes et inverses, en un mot, toute quantité dont on ne peut avoir la valeur approchée que par la sommation d'une série. || *Équation transcendante*, celle qui contient des quantités transcendantes. || *Courbe transcendante*, celle qui est représentée par une équation transcendante. || *Mathématiques transcendantes*, l'ensemble du calcul différentiel et du calcul intégral. || Qui possède la plus grande extension et dont la compréhension est la plus restreinte : *Le mot être est un terme transcendant*. (Philosoph.) || *Philosophie transcendante*, la philosophie de Kant qui se propose de déterminer le degré d'aptitude du moi à la perception de la vérité, et qui aboutit à l'idéalisme le plus absolu. || *Idées transcendantes*, celles qui sont le produit des spéculations de la raison pure. — **Dér.** *Transcendance, transcendantal, transcendantale, transcendantalement, transcendantalisme, transcendantaliste*.

TRANSCENDANTAL, ALE [d'après l'Académie] (*transcendant*), *adj*. Qui a sa source dans la nature du moi et n'est point suggéré par la perception extérieure : *Notions transcendantales*.

*** TRANSCENDANTALEMENT** (*transcendantale* + sfx. *ment*), *adv*. D'une manière transcendantale.

***TRANSCENDANTALISME** (*transcendantal*), *sm*. Système philosophique qui ne tient aucun compte des données de la perception externe : *Le transcendantalisme de Kant*.

***TRANSCENDANTALISTE** (*transcendantal*), *sm*. Philosophe partisan du transcendantalisme.

TRANSCONTINENTAL, ALE (pfx. *trans*, à travers + *continent*), *adj*. Qui traverse un continent. — **Le Transcontinental**, *sm*. La ligne ferrée qui va de New-York à San-Francisco à travers le continent américain. Le *Transcontinental*, qu'on appelle aujourd'hui plutôt *Central Pacific* ou *Union Pacific Railroad*, se dirige de New-York vers le passage situé entre le lac Érié et le lac Ontario, passe à Chicago, au S.-E. du lac Michigan, d'où part un embranchement sur le *Transcanadien* (V. ce mot), puis monte au lac Salé, pour descendre ensuite à San-Francisco, sur l'océan Pacifique.

***TRANSCRIPTEUR** (l. *transcribere*, transcrire), *sm*. Celui qui transcrit.

TRANSCRIPTION (l. *transcriptionem*: de *transcribere*, transcrire), *sf*. Action d'écrire sur un autre papier ce qui a déjà été écrit : *La transcription d'un acte*. || Le nouvel écrit qui résulte de cette opération : *Voici la transcription de ce document*. || Insertion légale, sur un registre tenu par le conservateur des hypothèques, des actes concernant les mutations, les démembrements ou les charges d'une propriété : *Le registre des transcriptions est toujours accessible au public*. || Action d'arranger un morceau de musique pour qu'il puisse être joué sur un instrument autre que celui pour lequel il avait été composé.

TRANSCRIRE (pfx. *trans* + *scribere*, écrire), *vt*. Écrire de nouveau ce qui a déjà été écrit, copié : *Transcrire un manuscrit, un acte*. || Faire la transcription d'un morceau de musique. — **Dér.** *Transcripteur, transcription*.

***TRANSDANUBIEN, IENNE** (pfx. *trans*, au delà + *danubien*), *adj*. Situé ou qui habite au delà du Danube. — *Sm*. **Un Transdanubien**.

TRANSE, *svf*. de *transir*. Grande crainte d'un mal qu'on croit prochain : *Vivre dans des transes continuelles*.

***TRANSENNE** (l. *transenna*, grillage, clôture), *sm*. Balustrade à jour, ordinairement de marbre, qui, dans les catacombes, entourait les autels et les tombeaux des martyrs. C'est l'équivalent des grilles qui enclosent le sanctuaire et les chapelles dans les églises modernes. (Archéol.)

TRANSEPT ou **TRANSSEPT** (pfx. *trans* + *septum*, enceinte), *sm*. La partie qui, dans une église en forme de croix, figure les bras de cette croix. || Par abus, les deux murs qui terminent le transept au N. et au S. Il y a des églises qui ont deux transepts, de sorte que leur plan figure une croix d'archevêque.

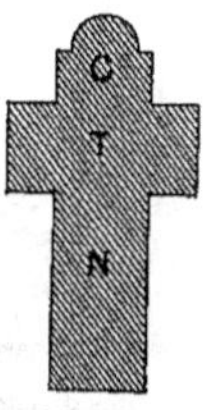

TRANSEPT
T. Transept.
C. Cœur. — N. Nef.

TRANSFÈREMENT (*transférer*), *sm*. Action de transférer.

TRANSFÉRER (pfx. *trans* + *ferre*, porter), *vt*. Porter, faire passer d'un lieu dans un autre : *Transférer des prisonniers d'une prison dans une autre*. || Déplacer d'une ville le siège d'une autorité, d'une juridiction pour l'installer dans une autre : *La préfecture de la Loire a été transférée de Montbrison à Saint-Étienne*. || Remettre d'un jour à un autre : *Transférer une fête*. || Céder une chose à quelqu'un en accomplissant les formalités requises : *Transférer ses droits à une succession*. — **Se transférer**, *vr*. Être transféré. — **Dér.** *Transfèrement, transfert*.

TRANSFERT (bl. *transfertus*), *sm*. Acte par lequel on déclare céder à un autre la propriété d'une rente sur l'État, d'une action, d'une obligation financière, d'une marchandise en entrepôt : *Le transfert des rentes se fait sur les registres du Trésor*. || Changement de propriétaire d'une action nominative soit par endos, soit par signature des deux parties.

TRANSFIGURATION (l. *transfigurationem*), *sf*. Changement d'une figure en une autre : *La transfiguration de Notre-Seigneur*, l'état glorieux où Jésus parut sur le mont Thabor en présence de Pierre, Jacques et Jean. || Fête catholique célébrée le 6 août. || *La Transfiguration de Raphaël*, tableau de ce peintre représentant la transfiguration.

TRANSFIGURER (pfx. *trans* + *figurer*), *vt*. Changer une figure en une autre. || Changer, en l'améliorant, l'état d'une chose : *Transfigurer une maison*. — **Se transfigurer**, *vr*. Être transfiguré. — **Dér.** *Transfiguration*.

***TRANSFILER** (pfx. *trans* + *fil*), *vt*. Relier ensemble, à l'aide d'une ligne ou cordage, deux parties de voiles dont les bords sont percés d'œillets, ou relier une voile à une corne à l'aide d'une ligne.

***TRANSFIXION** (l. *transfixum*, supin de *transfigere* : de *trans*, au delà + *figere*, piquer), *sf*. Procédé d'amputation qui consiste à percer d'un seul coup de couteau les chairs saines et la peau, de manière à tailler un lambeau; ou encore à ouvrir brusquement une tumeur que l'on disséquera ensuite.

*** TRANSFORMATEUR** (pfx. *trans* + *formateur*), *sm*. Appareil électrique, d'invention toute récente, qui transforme les courants de basse tension en courants de haute tension ou *vice versa*. La bobine de Ruhmkorff, qu'on trouve dans tous les cabinets de physique, transformait déjà le courant de basse tension provenant d'une pile en courant de haute tension. Les transformateurs produisent ce même effet; mais en outre ils transforment en courants de basse tension les courants alternatifs de haute tension. Le transformateur le plus simple et le plus souvent employé consiste en un anneau de fil de fer sur lequel on a enroulé deux fils bien isolés l'un de l'autre. Le premier est gros, et fait, par exemple, cent tours autour de l'anneau ; l'autre est fin et fait dix fois plus de tours, soit mille tours. Lorsqu'on lance dans le fil fin un courant alternatif (il est essentiel que le courant soit alternatif, car avec un courant continu on n'obtiendrait aucun résultat) de 1000 volts et 1 ampère, par exemple, on recueille dans le gros fil un courant de 100 volts et de 10 ampères ; ce courant est capable d'actionner des lampes à incandescence placées en dérivation, ce qu'on ne pourrait pas faire avec le courant primitif. L'avantage de ces appareils, qui sont actuellement très employés dans l'industrie électrique, consiste en ce qu'ils permettent de distribuer à plusieurs kilomètres l'électricité provenant d'une station centrale.

TRANSFORMATION (l. *transformationem*), *sf*. Changement de forme : *La transformation d'une chenille en papillon*. || Changement qui modifie le caractère d'une chose ou l'améliore : *La transformation d'un cabaret en restaurant*. || *Transformation d'une équation*, changement d'une équation en une autre dont les racines ont une relation déterminée avec celles de la première.

TRANSFORMER (pfx. *trans* + *former*), *vt*. Donner une nouvelle forme à une personne, à une chose : *La fable dit que Daphné fut transformée en laurier*. || Changer l'état présent, la destination, les propriétés, la composition d'une chose : *Les acides étendus d'eau transforment l'amidon en sucre de raisin*. || Changer le caractère, les habitudes d'une personne : *Transformer un avare en prodigue*. || Chercher à faire passer une chose pour une autre : *Transformer la sottise en timidité*. — **Se transformer**, *vr*. Changer de forme. — **Fig.** Se déguiser, prendre plusieurs caractères selon ses vues ou ses intérêts. || Être changé en : *L'amidon peut se transformer en glucose*. — **Dér.** *Transformée, transformation, transformateur, transformisme, transformiste*.

*** TRANSFORMÉE** (*transformer*), *sf*. Courbe déduite d'une autre, suivant une loi quelconque. (Géom.)

***TRANSFORMISME** (*transformer*), *sm*. Système des naturalistes qui admettent que les espèces animales ou végétales proviennent les unes des autres par des modifications lentes, mais accumulées, dues au changement du milieu, du climat, des conditions de l'existence. Par exemple, les oiseaux seraient des reptiles métamorphosés. Le système du transformisme créé par Lamarck a été renouvelé avec éclat par Darwin. (V. *Darwinisme*.)

***TRANSFORMISTE** (*transformer*), *sm*. Naturaliste partisan du transformisme.

TRANSFUGE (l. *transfuga* : du pfx. *trans* + *fugere*, fuir), *sm*. Soldat qui passe à l'ennemi : *Les transfuges sont punis de mort*. || Celui qui abandonne son parti pour passer dans le parti contraire : *Un transfuge de la liberté*.

TRANSFUSER (bl. *transfusare*, fréq. de *transfundere*, verser au delà), *vt*. Faire passer un liquide d'un récipient dans un autre. || Opérer la transfusion du sang. — **Dér.** *Transfusion*.

TRANSFUSION (l. *transfusionem*), *sf*. Action de transfuser. || *Transfusion du sang*, opération de chirurgie qui consiste à introduire dans le sang d'un homme ou d'un animal malade du sang pris à un homme ou à un animal sain : *Plusieurs guérisons ont été dues à la transfusion du sang*.

*** TRANSGANGÉTIQUE** (pfx. *trans* + *Gange*), *adj*. 2 *g*. Qui est au delà du Gange. || *Inde transgangétique*, nom que l'on donne à l'Indo-Chine.

TRANSGRESSER (bl. *transgressare*, fréq. de *transgredi*, marcher au delà), *vt*. Ne pas se conformer à, désobéir à : *Transgresser les ordres de son maître*. *Transgresser la loi*. — **Dér.** *Transgresseur, transgression*.

TRANSGRESSEUR (*transgresser*), *sm*. Celui qui transgresse.

TRANSGRESSION (l. *transgressionem*), *sf*. Action de transgresser.

*** TRANSHUMANCE** [tran-zu-man-se] (*transhumer*), *sf*. Pratique agricole qui consiste à conduire les troupeaux de moutons des pays de plaine dans les pâturages des montagnes, afin qu'ils y passent les chaleurs de l'été. La transhumance est en usage chez les Espagnols, qui mènent les moutons de l'Andalousie, de l'Estramadure et de la Nouvelle-Castille passer l'été (juin à septembre) dans les montagnes des Asturies ou même des Pyrénées. Elle est aussi en usage dans le S.-O., le S. et le S.-E. de la France dont les cultivateurs envoient leurs troupeaux dans les Pyrénées, les monts Lozère ou les Alpes du Dauphiné.

***TRANSHUMANT, ANTE** [tran-zu-man] (*transhumer*), *adj.* Se dit d'un mouton, d'un troupeau qu'on mène passer l'été dans les pâturages des montagnes : *Les mérinos d'Espagne sont transhumants. Les troupeaux transhumants.* ‖ Qui mène paître dans les montagnes : *Les pâtres transhumants sont aux frais du propriétaire.*

***TRANSHUMER** [tran-zu-mé] (esp. *trashumar* : du l. *trans*, au delà + *humus*, terre), *vt.* Mener les moutons paître dans les montagnes pendant l'été. — *Vi.* Paître dans les montagnes pendant l'été. — **Dér.** *Transhumant, transhumante, transhumance.*

***TRANSI, IE** [tran-ci] (*transir*), *adj.* Pénétré et engourdi par le froid : *Avoir le visage transi.* — Fig. Engourdi par l'affliction, la peur : *On le vit transi de frayeur.* ‖ *Amoureux transi*, amant que l'excès de la passion rend tremblant et interdit auprès de sa maîtresse.

TRANSIGER [tran-zi-gé] (l. *transigere*, conduire à terme), *vi.* Terminer un différend, un procès en se faisant mutuellement des concessions. ‖ Passer un acte par lequel on transige : *Les deux plaideurs ont transigé.* — Fig. Se payer soi-même de mauvaises raisons pour s'excuser : *Transiger avec sa conscience.* — *Vt.* Terminer un différend entre l'administration et un particulier par des concessions mutuelles : *Les employés des Droits réunis transigèrent l'affaire.*

TRANSIR [tran-cir] (l. *transire*, passer, trépasser), *vt.* Pénétrer et engourdir de froid : *La neige transit le voyageur.* ‖ Rendre comme engourdi par l'effet de l'affliction, de la peur : *Cette nouvelle m'a transi.* — *Vi.* Etre saisi de froid ou de peur. — **Dér.** *Transi, transie, transe, transissement; transit, transiter, transitaire, transitif, transitive, transitivement, transition, transitoire, transitoirement.*

TRANSISSEMENT [tran-ci-ce-man] (*transi*), *sm.* Etat d'une personne transie de froid, de peur, d'affliction.

TRANSIT [tran-zi-t'] (l. *transitum*, passage), *sm.* Faculté accordée, sous certaines conditions, par la douane ou les contributions indirectes, de faire passer des marchandises, des denrées au travers d'un État, d'une ville sans payer de droits d'entrée : *Marchandises en transit.* ‖ *Marchandises de transit*, celles qui sont consignées provisoirement dans un entrepôt.

***TRANSITAIRE** [tran-zi-tè-re] (*transit*), *adj.* 2 *g.* Qui a rapport au transit. ‖ Qui permet le transit : *État transitaire.* — *Sm.* Commerçant qui use du transit.

***TRANSITER** [tran-zi-té] (*transit*), *vt.* Faire passer en transit : *Transiter du vin.* — *Vi.* Passer en transit : *Les marchandises expédiées d'Italie en Angleterre transitent par la France.*

TRANSITIF, IVE [tran-zi-tif] (l. *transitivum* : de *transire*, passer), *adj.* Se dit d'un verbe exprimant une action faite par le sujet et reçue par un complément direct. On reconnaît mécaniquement un verbe transitif à ce qu'on peut mettre après lui *quelqu'un* ou *quelque chose* : *Frapper* est un verbe transitif parce qu'on peut dire *frapper quelqu'un* ou *quelque chose.*

TRANSITION [tran-zi-cion] (l. *transitionem*, action de passer), *sf.* Manière de passer d'un ordre d'idées à un autre, de lier ensemble deux parties consécutives d'une œuvre littéraire : *Cet auteur trouve des transitions heureuses.* — Fig. Passage d'un état de chose à un autre, d'un régime politique à un autre : *La transition de la barbarie à la civilisation, de l'esclavage à la liberté.* ‖ Passage d'une nature de roche à une autre par des modifications graduées : *La transition des trachytes aux basaltes.* ‖ *Terrains de transition*, se disait naguère, en géologie, des couches sédimentaires formant les étages *laurentien, cambrien, silurien* et *devonien.* Quelques géologues y ajoutaient le *carbonifère.* ‖ *Style, architecture de transition*, style, architecture intermédiaire entre le roman et le gothique dans lequel ont été construits les édifices du XIIe et du XIIIe siècle dont les ornements appartiennent encore au roman, et où l'ogive commence à succéder au plein cintre.

***TRANSITIVEMENT** [tran-zi-ti-ve-man] (*transitive* + sfx. *ment*), *adv.* Avec un sens transitif : *Verbe employé transitivement.*

TRANSITOIRE [tran-zi-toi-re] (l. *transitorium* : de *transire*, passer), *adj.* 2 *g.* Qui ne doit durer que peu de temps : *État transitoire.* ‖ Qui ne doit durer qu'en attendant un état définitif : *Les états transitoires d'une loi.*

***TRANSITOIREMENT** [tran-zi-toi-re-man] (*transitoire* + sfx. *ment*), *adv.* D'une manière transitoire.

TRANSJURAN, ANE (pfx. *trans* + *Jura*), *adj.* Qui est au delà du Jura. ‖ *Bourgogne transjurane*, la partie O. et S.-O. de la Suisse et le N. de la Savoie.

***TRANSLATAGE** (*translater*), *sm.* Reproduction successive et un à un de tous les lats d'un dessin de tissage confondus dans la première mise en carte. Dans la fabrication des articles lancés, chaque coup de navette, de duite, de couleur, s'appelle *lat* et l'ensemble de tous les coups de dessin porte le nom de *passée.* Suivant que l'on répète constamment les mêmes couleurs ou bien que l'on augmente ou supprime une ou plusieurs couleurs, on dit que les *lats sont suivis* ou bien *interrompus.* (Techn.)

***TRANSLATER** (bas-lat. *translatare* : de *translatum*, supin du verbe latin *transferre*, transporter), *va.* Traduire d'une langue en une autre (vx). ‖ Reproduire, dans la seconde mise en carte, tous les lats d'un dessin compris dans la première : *Translater un dessin.* (Techn.) — **Dér.** *Translatage, translateur, translatif, translative, translation.* Même famille : *Transfert*, etc.

TRANSLATEUR (l. *translatorem*), *sm.* Celui qui transporte. ‖ Traducteur (vx).

TRANSLATIF, IVE (l. *translativum*), *adj.* Par lequel on transporte, on cède une chose : *Acte translatif d'une propriété.*

TRANSLATION (l. *translationem*), *sf.* Action de faire passer d'un lieu à un autre : *La translation des reliques d'un saint. La translation d'une capitale, d'une préfecture.* ‖ Déplacement suivant une ligne droite ou courbe : *La Terre est animée d'un mouvement de rotation autour de son axe et d'un mouvement de translation dans l'espace.* ‖ Remise à un autre jour : *La translation d'une fête.* ‖ Action de céder à une personne ce qui était à une autre : *La translation d'une charge, d'une propriété.*

Mouvement de translation de la Terre autour du Soleil. — La Terre décrit, dans l'espace, une ellipse dont le Soleil occupe un des foyers : c'est le mouvement de translation. Les preuves de ce mouvement sont nombreuses : 1° Le Soleil est environ 1 300 000 fois plus volumineux que la Terre, et puisqu'il faut que l'un des deux corps tourne autour de l'autre avec une grande vitesse, il est plus simple d'attribuer ce mouvement à la Terre. 2° Les planètes tournent toutes autour du Soleil, en même temps qu'elles tournent sur elles-mêmes : en admettant qu'il en soit de même pour la Terre, celle-ci devient une planète comme les autres, soumise aux mêmes lois, et le système solaire présente une extrême simplicité.

En outre, des faits viennent à l'appui. Nous citerons notamment l'existence de la parallaxe annuelle de certaines étoiles. Si la Terre était immobile, la direction du rayon visuel mené à une étoile ne changerait pas. Or on reconnaît un changement lorsque, à six mois d'intervalle, on mesure l'angle à l'étoile, en prenant pour base le diamètre de l'orbite terrestre, qui vaut environ 300 millions de kilomètres, diamètre dont, à six mois d'intervalle, la Terre occupe les deux extrémités. Le diamètre même de la Terre est trop petit pour servir de base, car les lignes qui iraient de ses extrémités à l'étoile sembleraient parallèles, à cause de l'immense distance, et on n'obtiendrait pas de triangle dont l'étoile serait le sommet.

La précession des équinoxes détermine un déplacement de 50" par an dans la ligne suivant laquelle l'équateur coupe le plan de l'écliptique. Or on a reconnu que la précession n'altère pas les latitudes des étoiles, c'est-à-dire leurs distances perpendiculaires à l'écliptique. Aussi on ne peut pas expliquer le changement de la ligne d'intersection des deux plans par un déplacement du plan de l'écliptique; car un pareil déplacement changerait quelque peu les latitudes des étoiles. Mais si la Terre est immobile dans l'espace, son équateur sera fixe et sa ligne d'intersection avec le plan de l'écliptique, immobile lui-même, aura une position invariable; on est alors amené forcément à la conséquence que les étoiles, indépendamment de leur mouvement apparent quotidien, éprouvent un déplacement de 50" par an, en vertu duquel elles doivent correspondre à des points de l'écliptique de plus en plus orientaux. Une telle conséquence est bien improbable : en effet, elle tend à supposer que toutes les étoiles, malgré les immenses distances qui les séparent de la Terre, malgré les distances plus prodigieuses encore qui les séparent les unes des autres, malgré leur isolement et leur indépendance mutuelle, s'entendent, pour ainsi dire, pour se mouvoir parallèlement au plan de l'écliptique de 50" par an, avec le mince résultat de s'éloigner simultanément de l'équinoxe de cette quantité. Si nous supposons, au contraire, la Terre mobile, rien ne nous empêchera d'attribuer un petit déplacement à son équateur. En admettant le mouvement de la Terre, nous supposerons que le parallélisme de l'intersection n'est pas parfait, et que sa direction forme, après 12 mois, avec celle qu'elle avait l'année précédente, un angle de 50", la nouvelle intersection étant toujours plus orientale que la précédente. Dans cette explication, on n'a pas besoin de faire mouvoir d'un mouvement commun les milliards d'étoiles dont le firmament est parsemé : tout est représenté par un déplacement d'un des plans coordonnés, par un déplacement de l'équateur auquel les étoiles sont rapportées.

Si la Terre se meut autour du Soleil, le temps de sa révolution sera égal à la durée de la révolution sidérale de cet astre, c'est-à-dire à 366 jours, 2564 sidéraux. Kepler a trouvé la loi suivant laquelle les temps des révolutions des planètes proprement dites sont liés à leurs distances au Soleil. (V. la troisième loi de Kepler, t. II, p. 204, col. 2.) La Terre et sa distance au Soleil se conforment à cette loi.

TRANSLEITHANIE (LA) (pfx. *trans* + *Leithanie*). Division politique de l'empire austro-hongrois, qui est séparé de la Cisleithanie par la Leitha, affluent de droite du Danube. La Transleithanie est le pays des Hongrois ou Magyars, qui ont leur diète spéciale composée de la *Table des magnats* (415 membres) et de la *Table des députés* (447 membres). D'après la constitution dualiste de 1867, les affaires qui ont trait aux deux parties de la monarchie sont gérées par trois ministres communs; celui des affaires étrangères et de la maison impériale, celui de la guerre et celui des finances générales. Les pays transleithans supportent 30 p. 100 des dépenses communes. La Transleithanie comprend deux groupes distincts de provinces : d'une part, la Hongrie proprement dite et la Transylvanie; de l'autre, la Croatie et la Slavonie. Ces deux derniers pays possèdent une diète locale siégeant à Agram, et leur chef ou *ban*, nommé par le souverain, est responsable devant la diète.

La Hongrie est divisée en municipes qu'administrent des assemblées municipales composées pour moitié de membres élus pour six ans, et pour moitié des citoyens les plus imposés. Une commission administrative gère les affaires dans l'intervalle des sessions, qui ont lieu tous les six mois. Les comitats, sièges ou districts de la Transylvanie, se divisent en *cercles.* En Slavonie et en Croatie, les comitats ont à leur tête une assemblée dite *Skupstina* et un *Ober-Gespan*. Au point de vue de l'instruction publique, la Transleithanie compte 178 gymnases ou realschulen où se donne l'instruction secondaire, et 4 universités : celles de Pesth, Agram, Klausenburg et Hermannstadt. En Transleithanie, les *honveds* ou réserves de l'armée active forment une force permanente, même en temps de paix ; elles comprennent 92 bataillons et 10 régiments de cavalerie : elles sont indépendantes de l'autorité des commandants des grandes circonscriptions militaires.

TRANSLUCIDE (pfx. *trans*, à travers + *lucide*, clair), *adj. 2 g.* Qui laisse passer la lumière sans qu'on puisse voir distinctement les objets à travers : *Le verre dépoli est translucide. Les agates sont translucides. Le sel gemme est au moins translucide, et presque toujours transparent.* — **Dér.** *Translucidité.*

***TRANSLUCIDITÉ** (*translucide* + sfx. *ité*), *sf.* La qualité de ce qui est translucide.

***TRANSMARIN, INE** (pfx. *trans*, au delà + *marin*), *adj.* Qui est situé au delà des mers : *Terres transmarines.* ‖ Qui provient d'au delà des mers : *Denrées transmarines.*

***TRANSMETTEUR** (*transmettre*), *sm.* Appareil qui sert à transmettre les signaux téléphoniques ou télégraphiques.

TRANSMETTRE (pfx. *trans* + l. *mittere*, envoyer), *vt.* Faire passer à un autre : *Transmettre des ordres, une lettre.* ‖ Faire passer en la possession d'un autre : *Transmettre un héritage.* ‖ Communiquer : *C'est une roue hydraulique qui transmet le mouvement aux meules d'un moulin. Les parents transmettent souvent leur tempérament aux enfants.* ‖ Faire parvenir à la connaissance de : *Un historien nous a transmis ce fait.* — **Se transmettre**, *vr.* Être transporté : *La chaleur se transmet au travers des corps.* ‖ Être mis en la possession de. ‖ Être communiqué. — **Gr.** Ce verbe se conjugue comme *mettre.* — **Dér.** *Transmetteur, transmission, transmissible, transmissibilité.*

TRANSMIGRATION (pfx. *trans* + l. *migrationem*), *sf.* Émigration en masse. ‖ *La transmigration de Babylone*, le transport et le séjour des Juifs en Babylonie. ‖ Passage des âmes d'un corps dans un autre : *Les pythagoriciens croyaient à la transmigration.*

***TRANSMIGRER** (pfx. *trans* + l. *migrare*, changer de résidence), *vi.* Quitter en masse son pays pour aller s'établir dans un autre. — **Dér.** *Transmigration.*

TRANSMISSIBILITÉ (*transmissible*), *sf.* Qualité de ce qui est transmissible : *La transmissibilité du son.* ‖ Pouvoir de transmettre : *Certains nerfs possèdent la transmissibilité.*

TRANSMISSIBLE (l. *transmissibilem*), *adj. 2 g.* Que l'on peut faire passer à un autre : *Droit transmissible.* ‖ Qui peut être communiqué : *La rage est transmissible.*

TRANSMISSION (pfx. *trans* + l. *missionem*, envoi), *sf.* Action de faire passer à un autre : *La transmission d'un droit, d'une propriété.* ‖ Communication : *La transmission d'un caractère ancestral, d'une maladie.* ‖ *Transmission de lumière, de chaleur*, action d'un corps qui laisse passer la lumière, la chaleur. ‖ *Transmission de mouvement*, action d'un corps qui en fait mouvoir un autre. ‖ *Transmission de la force motrice*, action de transmettre cette force d'un moteur à un récepteur. La transmission absorbe toujours une fraction de la force à transmettre. L'exemple de transmission le plus ancien est la corde sans fin qui entraîne des roues à gorge; puis sont venues les transmissions par courroies et par engrenages. On peut citer : les tubes qui amènent l'eau sous pression; les conduites de vide ou d'air comprimé qui transportent au fond d'une galerie de mine ou de tunnel, ou dans les ateliers des villes, une énergie développée ailleurs; les transmetteurs électriques, qui peuvent actionner les machines à une distance considérable, etc. (V. *Transport électrique de l'énergie.*) La *transmission de l'heure* s'effectue par l'air comprimé, et aussi par plusieurs applications de l'électricité. La *transmission de la parole, de l'écriture, des signaux*, s'opère par des procédés indiqués aux mots *Signaux, Télégraphe, Téléphone.*

TRANSMUABLE (pfx. *trans* + *muable*), *adj. 2 g.* Qui peut être transmué.

TRANSMUER (pfx. *trans* + *muer*), *vt.* Changer un corps en un autre : *Les alchimistes cherchaient à transmuer une substance quelconque en or.* — **Dér.** *Transmuable, transmutabilité, transmutation.*

TRANSMUTABILITÉ (du l. *transmutare*, changer en), *sf.* Propriété de ce qui peut être transmué.

TRANSMUTATION (pfx. *trans* + *mutation*), *sf.* Changement d'une chose en une autre : *La transmutation du phosphore ordinaire en phosphore rouge.*

***TRANSOCÉANIEN, IENNE**, *adj.* ou **TRANSOCÉANIQUE** (pfx. *trans*, au delà + *Océan*), *adj. 2 g.* Qui est au delà de l'Océan : *Les contrées transocéaniennes.*

***TRANSPADAN, ANE** (pfx. *trans*, au delà + *Padus*, le Pô), *adj.* Qui est au delà du Pô. ‖ *Gaule Transpadane*, nom donné par les Romains au pays compris entre les Alpes et le Pô. ‖ *République Transpadane*, nom d'un État politique que Bonaparte forma en 1796 avec le Milanais. Il l'organisa provisoirement sous le nom de *République Transalpine* (V. ce mot), puis le réunit à la Cispadanie (province de Reggio, de Modène et Romagne) avec le titre de *République Cisalpine* (juin 1797).

TRANSPARENCE (*transparent*), *sf.* Qualité de ce qui est transparent : *La transparence de l'air, du verre. La transparence du teint.* — On distingue la *transparence* de la *translucidité.*

TRANSPARENT, ENTE (pfx. *trans* + l. *parere*, paraître), *adj.* Qui donne passage à la lumière et permet de voir les objets au travers : *L'air, le verre, l'eau sont transparents.* — Fig. Qui ne paraît pas, mais peut être deviné : *Son mécontentement était transparent.* ‖ Dont il est aisé de deviner le sens : *Une allégorie transparente.* ‖ Qui paraît à travers d'autres couleurs secondaires; qui laisse paraître plus ou moins les effets de certaines autres couleurs mises dessous : *Couleurs transparentes.* (Peint.) — **Fig.** *Teint transparent*, celui à travers lequel le regard semble pénétrer dans l'épiderme. — *Sm.* Papier sur lequel sont tracées des lignes noires parallèles et que l'on met sous le papier où l'on écrit pour écrire droit. ‖ Papier huilé ou étoffe transparente couverte ou non de dessins derrière laquelle on place des lumières dans les décorations des fêtes de nuit. ‖ Toile ou taffetas de couleur blanche bien tendu, dont on se sert dans les expériences d'optique. ‖ Robe de dentelle noire que l'on mettait, au XVIIe siècle, par-dessus un habit de brocart d'or. — **La transparente**, *sf.* Espèce de pomme. — **Dér.** *Transparence.*

TRANSPERCER (pfx. *trans* + *percer*), *vt.* Percer de part en part : *Transpercer son ennemi d'un coup d'épée.* — Fig. Causer une extrême douleur : *Cette nouvelle le transperça.* — **Se transpercer**, *vr.* Se percer soi-même de part en part. — **Gr.** Ce verbe se conjugue comme *percer.*

TRANSPIRABLE (*transpirer*), *adj. 2 g.* Qui peut sortir par la transpiration. ‖ A travers quoi la transpiration peut s'effectuer : *Tissu transpirable.*

TRANSPIRATION (*transpirer*), *sf.* Sortie continuelle à travers la peau, et par les très petites ouvertures dont elle est percée, d'un liquide, plus ou moins abondant, principalement composé de sueur et de gaz où domine l'acide carbonique : *La suppression de la transpiration amène rapidement la mort.* ‖ *Transpiration cutanée*, la sortie de la sueur. ‖ *Transpiration pulmonaire*, celle qui a lieu par la surface de la muqueuse des poumons. ‖ *Transpiration des plantes*, sortie de vapeur d'eau et de gaz par la surface de leurs feuilles : *Le produit de la transpiration.* — Fig. Indice, signe révélateur : *Un si vaste complot ne pouvait assurément être machiné sans qu'il s'en produisît quelque transpiration.*

TRANSPIRER (pfx. *trans* + l. *spirare*, souffler), *vi.* Sortir du corps par la peau : *La sueur transpire même quand on ne l'aperçoit pas.* ‖ Produire la transpiration : *Ce malade transpire beaucoup.* — Fig. Se laisser voir à travers : *La vie transpire à travers cette peinture.* — Fig. Commencer à être connu du public : *Cette aventure transpira.* — **Dér.** *Transpiration, transpirable.*

***TRANSPLANTABLE** (*transplanter*), *adj. 2 g.* Qui peut être transplanté.

TRANSPLANTATION (*transplanter*), *sf.* Action de déplanter un végétal pour le replanter ailleurs : *La transplantation doit avoir lieu de préférence avant les premières gelées.* ‖ Action de faire passer quelqu'un de son pays dans un autre pour qu'il s'y établisse : *Une transplantation de colons en Algérie.*

TRANSPLANTER (pfx. *trans* + *planter*), *vt.* Déplanter un végétal et le replanter ailleurs : *Transplanter un pommier.* — Fig. Faire passer une personne, une chose d'un pays dans un autre pour l'y établir : *Charlemagne transplanta les Saxons en Flandre. Les Grecs transplantèrent la civilisation dans le sud de l'Italie.* — **Se transplanter**, *vr.* Être transplanté. — Fig. Aller s'établir dans un pays autre que le sien. — **Dér.** *Transplantation, transplantable, transplanteur.*

***TRANSPLANTEUR** (*transplanter*), *sm.* Celui qui transplante. — Adj. *Matériel, personnel transplanteur*, employé à la transplantation des arbres des promenades de Paris.

TRANSPORT, *sm.* de *transporter.* Action de porter, de faire passer d'un lieu dans un autre : *Transport de marchandises, de troupes.* ‖ Voitures servant à porter les choses nécessaires à une armée. ‖ Navire servant à transporter des troupes, des vivres, des munitions, etc. ‖ Action d'une personne qui, par autorité de justice, va constater une chose sur les lieux : *Il y eut transport d'experts.* ‖ *Droit de transport*, indemnité accordée aux magistrats, témoins, etc., pour déplacement. ‖ *Terrain de transport*, terrain formé de matières transportées de plus ou moins loin par les eaux. — Fig. Cession d'un droit qu'on a sur une chose : *Faire le transport d'une créance.* — Fig. Violente émotion causée par un sentiment, une passion : *Un transport de joie, de colère. Applaudir avec transport.* ‖ Enthousiasme : *Dans un transport poétique.* ‖ *Transport* ou *transport au cerveau*, délire causé par la maladie : *Il a eu le transport pendant son dernier accès de fièvre.* — **Transport électrique de l'énergie.** Qu'on se figure une machine dynamo-électrique mue par une machine à vapeur, ou par un moteur hydraulique, une turbine, par exemple. La dynamo fournira un certain courant dont la tension dépend de l'enroulement des bobines. Plaçons à une distance quelconque de cette dynamo une autre dynamo identique, et relions ces deux machines à l'aide d'un fil de cuivre ou de fer. On constatera que la deuxième dynamo commencera à tourner et qu'elle fournira une certaine quantité d'énergie. Si le fil intermédiaire est court et de fort diamètre, la deuxième dynamo récupérera une portion notable de l'énergie fournie par la première, qu'on appelle *la génératrice*, tandis que l'autre s'appelle *la réceptrice.* Si la distance entre les deux machines est considérable, on peut, pour transporter convenablement l'énergie fournie par la génératrice, ou bien prendre un conducteur intermédiaire de gros diamètre, ce qui coûte cher, ou bien augmenter la tension du courant. L'énergie d'un courant électrique est, en effet, égale au produit de l'intensité par la différence du potentiel absolument comme l'énergie transportée par l'eau d'une rivière est égale au produit de la quantité d'eau transportée dans l'unité de temps par la différence de niveau des deux points. Or, on peut donc transporter la même énergie en prenant un gros débit et une faible différence de niveau, ou bien en prenant un faible débit avec une grande différence de niveau. Mais, d'un autre côté, pour transporter un gros débit, il faut un canal ou un fil de forte section. De même, si l'on veut employer du fil de section réduite, il faut que les courants aient, avec des intensités faibles, de fortes tensions ou différences de potentiel. Mais, lorsqu'on veut transporter à de grandes distances des quantités d'énergie considérables, on préfère, par raison d'économie, employer des fils de petit diamètre ; on est donc amené par cela même à donner aux courants de très fortes tensions, des tensions représentant des milliers de volts. Ces courants sont assez dangereux ; ils sont difficiles à isoler, et ils font courir des risques aux dynamos. Quoi qu'il en soit, on est amené actuellement à se servir communément du courant électrique pour le transport de l'énergie dans certaines conditions spéciales. (V. *Transformateur.*)

TRANSPORTABLE (*transporter*), *adj. 2 g.* Qui peut être transporté : *Le blessé n'est pas transportable.*

TRANSPORTATION (l. *transportationem*), *sf.* Action de transporter une masse d'hommes d'un pays dans un autre. ‖ Mesure par laquelle un condamné politique ou un forçat est relégué dans une colonie française : *La transportation à Cayenne.*

***TRANSPORT-CESSION** ou ***CESSION-TRANSPORT** (*transport* + *cession*), *sm.* Aliénation au profit exclusif d'une autre personne de créances ou autres droits incorporels. Les effets du *transport-cession* ou de la *cession-transport* sont de mettre le *cessionnaire* à la place du *cédant* (art. 1690 du Code civil) : cette cession se fait pour toutes les créances dont l'objet est dans le commerce, *excepté* : 1° pour les pensions servies par l'État ou par les administrations publiques ; 2° pour les rentes viagères fournies par la Caisse des retraites jusqu'à concurrence de 360 francs ; 3° pour les créances d'aliments ; 4° enfin pour les créances saisies-arrêtées. Le cessionnaire d'un titre exécutoire ne peut poursuivre l'expropriation qu'après que la signification du transport a été faite au débiteur (art. 2214 du Code civil).

1. **TRANSPORTÉ, ÉE** (*transporter*), *adj.* Violemment ému : *Transporté de colère, de plaisir.* ‖ Qui est dans l'enchantement, enthousiasmé : *Perrette là-dessus saute aussi, transportée.*

2. **TRANSPORTÉ** (*transporter*), *sm.* Celui à qui a été appliquée la mesure de la transportation.

TRANSPORTER (pfx. *trans* + *porter*), *vt.* Porter d'un lieu dans un autre : *Transporter des troupes, des vivres.* ‖ Reléguer dans une colonie par mesure politique ou après condamnation : *Transporter des insurgés.* — Fig. Déplacer le siège d'une juridiction, d'une autorité pour l'établir ailleurs : *En 1870 le siège du gouvernement fut transporté à Bordeaux.* ‖ Introduire dans un texte : *Transporter une phrase d'un ancien dans un livre moderne.* ‖ Faire entrer dans une pièce de théâtre : *Transporter un événement sur la scène.* ‖ Changer le sens d'une expression : *Transporter la signification d'un mot en l'employant au figuré.* ‖ Mettre à une autre place : *Transporter au commencement d'une phrase ce qui était à la fin.* ‖ Céder le droit qu'on a sur une chose : *Transporter une créance.* ‖ Faire éprouver une émotion extrême : *Ces paroles le transportèrent de colère.* — **Se transporter**, *vr.* Se rendre en un lieu, surtout pour faire une constatation judiciaire : *Les arbitres se transportèrent sur le terrain.* — Fig. Supposer que l'on soit dans un lieu dans un temps donné : *Transportons-nous par la pensée dans une île de l'Océanie.* — **Dér.** *Transporté, transportée, transporté 2, transport, transportable, transportation.*

***TRANSPOSABLE** (*transposer*), *adj. 2 g.* Qui peut être transposé.

TRANSPOSER (pfx. *trans* + *poser*), *vt.* Mettre une chose à une autre place que celle où elle était : *Transposer des mots dans une phrase.* ‖ Exécuter ou écrire un air de musique sur un ton différent de celui où il a été composé. — *Transposer la gamme*, obtenir une mélodie semblable en prenant pour tonique l'une quelconque des notes ordinaires, et en particulier la dominante *sol.* Écrivons d'abord les notes de la gamme dans leur ordre habituel, en commençant par *sol*, et indiquons par T, T' et *t* les intervalles compris entre deux notes consécutives. (V. *Ton musical.*)

Intervalles : *sol la si ut ré mi fa sol.*
T' T *t* T T' *t* T

Cette série que nous appellerons série (2) diffère de la série (1)

ut ré mi fa sol la si ut
T T' *t* T T' T *t*

qui caractérise la succession des intervalles de la gamme, par ses premier, deuxième, sixième et septième termes ; toutefois, avant de corriger la série (2) pour en faire une gamme exacte, il faut remarquer que le rapport des deux intervalles T et T', savoir : $\frac{9}{8} : \frac{10}{9}$ ou $\frac{81}{80}$, est assez peu différent de l'unité pour qu'on puisse, sans blesser l'oreille, substituer un ton majeur à un ton mineur, ou réciproquement. Cet intervalle est celui qu'on désigne sous le nom de *comma.* En particulier, dans la gamme de *sol*, il sera permis de conserver leurs valeurs précédentes à toutes les notes, jusqu'à la note *mi* inclusivement. Mais, l'intervalle *mi-fa* n'étant qu'un demi-ton, il faut hausser la note *fa* pour rétablir la mélodie : c'est ce qu'on fait en multipliant l'intervalle *mi-fa* par $\frac{25}{24}$, ce qui donne $\frac{16}{15} \times \frac{25}{24}$ ou $\frac{10}{9}$, c'est-à-dire un ton mineur que l'on peut substituer, comme il vient d'être dit, au ton majeur. La note qui remplace alors *fa* prend le nom de *fa dièse*, et s'indique par *fa* ♯. L'intervalle de *fa* à *fa* ♯, savoir $\frac{25}{24}$, s'appelle demi-ton mineur. Quant à l'intervalle de *fa* à *sol*, il est alors $\frac{27}{25}$; il n'a pas exactement la valeur du demi-ton majeur $\frac{16}{15}$; mais il est au demi-ton majeur dans le rapport $\frac{81}{80}$, c'est-à-dire qu'il peut être considéré comme équivalent pour l'oreille.

En définitive, la gamme de *sol* est alors composée comme il suit :

sol la si ut ré mi fa ♯ sol.

On voit que toutes les notes, à l'exception de l'avant-dernière, qu'on nomme la *note sensible*, ont les mêmes valeurs que dans la gamme de *ut* ; la note sensible seule a été diésée, c'est-à-dire haussée d'un demi-ton mineur.

En général, *pour passer d'une gamme quelconque à celle qui aurait pour tonique la dominante de la première, il suffit de reproduire, dans leur ordre naturel, toutes les notes de celle-ci, en diésant seulement la* note sensible *de la nouvelle gamme.* C'est ainsi que la gamme de *ré* devra comprendre deux notes diésées : savoir *fa* ♯, comme la gamme de *sol*, et, en outre, *ut* ♯. La gamme de *la* devra comprendre trois notes diésées, et ainsi de suite.

L'usage des *bémols* s'introduit par des considérations semblables à celles qui nous fournissent les *dièses.* Si, par exemple, on veut obtenir une gamme en partant de la note *fa*, ou *sous-dominante* de *ut*, on reconnaît facilement que la série *fa, sol, la, si, ut, ré, mi, fa*, ne devient une gamme exacte que si l'on a soin de diminuer l'intervalle *la-si* et d'augmenter l'intervalle *si-ut* ; c'est ce qu'on fait en baissant la note *si* d'un demi-ton, c'est-à-dire en la remplaçant par une nouvelle note, appelée *si bémol*, et telle que l'intervalle de *si bémol* à *si* soit égal à $\frac{25}{24}$. On la désigne par la notation *si* ♭ ; la gamme de *fa* se compose donc des notes suivantes :

fa sol la si♭ *ut ré mi fa.*

En général, *pour passer d'une gamme à celle qui aurait pour tonique la sous-dominante de la première, il suffit de conserver à toutes les notes de celle-ci leurs valeurs, en ayant soin seulement de bémoliser la* sous-dominante *de la nouvelle gamme.* Ainsi, en partant de la gamme de *fa*, on aura la gamme de *si* ♭, savoir :

si♭, *ut ré mi*♭ *fa sol la si*♭.

— Absol. *Apprendre à transposer* ‖ **Se transposer**, *vr.* Être transposé. — **Dér.** *Transposable, transpositeur, transposition, transpositif, transpositive.*

TRANSPOSITEUR (*transposer*), *s.* et *adj. m.* Se dit d'un instrument qui transpose mécaniquement un morceau de musique : *Piano transpositeur.*

TRANSPOSITIF, IVE (l. *transpositivum*), *adj.* Qui permet de placer les mots dans l'ordre que l'on veut : *Le latin est une langue transpositive.*

TRANSPOSITION (pfx. *trans* + *position*), *sf.* Action de mettre une chose à la place d'une autre ; son résultat : *Il y a une transposition de mots dans cette phrase, une transposition de feuilles dans ce livre.* ‖ Action de faire passer les termes d'une équation dans une autre. (Alg.) ‖ Action d'écrire, d'exécuter un morceau de musique sur un autre ton que celui où il a été composé. (V. *Transposer.*)

TRANSRHÉNAN, ANE (pfx. *trans* + l. *Rhenus*, le Rhin), *adj.* Qui est au delà du Rhin : *La Prusse transrhénane.*

TRANSSEPT. (V. *Transept.*)

***TRANSSIBÉRIEN, IENNE** (pfx. *trans*, à travers + *Sibérie*), *adj.* Qui traverse la Sibérie ; qui est situé au delà de cette contrée. — **Le Transsibérien**, *sm.* La ligne de chemin de fer russo-asiatique, de plus de 7000 kilomètres, qui, ayant son amorce principale en Europe, à Nijni-Novgorod ou à Orenbourg, est destinée à traverser, de l'O. à l'E., les steppes sibériens jusqu'à son point terminus en extrême Orient. Après avoir franchi l'Oural, la voie ferrée, se dirigeant à travers le bassin de l'Irtisch, sur Irkoutsk, grand entrepôt de commerce avec la Chine, desservirait le bassin du lac Baïkal et celui de la haute Léna, atteindrait la vallée de l'Amour et aboutirait soit à Vladivostok ou à Okhotsk, sur le Pacifique. De cette grande artère se détacheraient ensuite des embranchements envoyés par toutes les grandes vallées sur l'Empire Chinois, et notamment sur Pékin. Le capital d'établissement de la ligne transasiatique, de Yekaterinbourg au Pacifique, dépasserait 2 milliards : le premier tronçon est construit jusqu'à Tiunen. Un prolongement, projeté le long du littoral extrême-asiatique, relierait plus tard le golfe de Pierre-le-Grand ou de l'Amour au détroit de Behring : c'est par ce détroit que, dans l'extrême Nord, l'Europe se reliera un jour à l'Amérique. (V. *Transcanadien.*)

TRANSSUBSTANTIATION (*transsubstantier*), *sf.* Changement d'une substance en une autre. ‖ Changement miraculeux du pain et du vin en la substance du corps et du sang de Jésus-Christ : *Les protestants n'admettent pas la transsubstantiation, et les catholiques en font un article de foi.*

TRANSSUBSTANTIER (*trans* + l. *substantia*, substance), *vt.* Changer une substance en une autre. ‖ Changer le pain et le vin en la substance du corps et du sang de Jésus-Christ. — **Dér.** *Transsubstantiation.*

TRANSSUDATION (*transsuder*), *sf.* Action d'un liquide qui passe à travers les parois d'un corps et se réunit en gouttelettes sur l'une des surfaces de ses parois : *La transsudation de l'eau à la surface d'un alcarrazas.*

TRANSSUDER (pfx. *trans* + l. *sudare*, suer), *vi.* Passer au travers des pores d'un corps et former des gouttelettes sur une de ses faces : *L'eau transsude à travers ce mur.* — *Vt.* Faire apparaître à la surface par transsudation : *Les cerisiers transsudent une sorte de gomme.* — **Dér.** *Transsudation.*

TRANSTÉVÉRIN

TRANSTAMARE (Henri II, comte de) (1333-1379), frère de Pierre le Cruel, roi de Castille, qu'il essaya de renverser du trône avec le secours de Du Guesclin. Vaincu d'abord à Navarette, il défit ensuite son frère à Montiel où il le tua de sa main (1369), et fit prospérer son royaume.

*** TRANSTÉVÉRIN, INE** (ital. *trasteverino* : du pfx. *trans* + ital. *Tevere*, Tibre), *adj.* Qui est situé au delà du

Tibre. — *Sm.* Se dit des habitants de Rome dont la demeure est sur la rive droite du Tibre : *Les Transtévérins.*

TRANSVAAL (RÉPUBLIQUE DE), 285 000 kilom. carrés, 1 million d'hab. (dont plus de 50 000 Boers). Etat de l'Afrique australe, fondé sur un plateau montagneux à l'O. de la Cafrerie, entre le Limpopo (fleuve qui se jette dans l'océan Indien), au N. et à l'O., et le Vaal (affluent du fleuve Orange), au S., par des colons hollandais et dont les descendants sont connus sous le nom de *Boers* (paysans); capit. *Pretoria.* — On l'appelle aussi *République Sud-Africaine.*

***TRANSVASATION** (*transvaser*), *sf.* Action de transvaser : *Transvasation d'un liquide, du sang.* — **Gr.** Il ne faut pas dire *transvasion.*

TRANSVASEMENT (*transvaser*), *sm.* Action de transvaser.

TRANSVASER (pfx. *trans + vase*), *vt.* Verser d'un vase dans un autre : *Transvaser du vin.* — **Se transvaser,** *vr.* Être transvasé. — **Dér.** *Transvasement, transvasation, transvaseur.*

***TRANSVASEUR** (*transvaser*), *sm.* Appareil à transvaser. ‖ Pompe. ‖ Siphon. ‖ Ouvrier qui transvase.

TRANSVERSAL, ALE (*transverse*), *adj.* Qui passe, qui coupe en travers : *Raie transversale.* ‖ Placé obliquement : *Muscle transversal du nez.* — *Sf.* Ligne droite qui en coupe plusieurs autres. En géométrie, ce nom a été donné à toute droite rencontrant les trois côtés d'un triangle ou leurs prolongements. La théorie des transversales, très ancienne d'ailleurs, a donné lieu à des applications d'une remarquable simplicité. Elle repose sur la convention suivante. Soit la transversale *abc* (fig. 1) : on convient de donner des signes à chacun des segments formés sur chaque côté, en prenant pour origines de ces segments les points *a, b, c.* Les segments relatifs à un même côté sont donc de signes contraires ou de même signe, suivant que le point de rencontre de la transversale avec ce côté est sur lui-même ou sur son prolongement.

Théorème de Ménélaüs. — *Quand un triangle* ABC (fig. 1) *est coupé par une transversale* abc, *on a, entre les segments déterminés sur les côtés, la relation :*

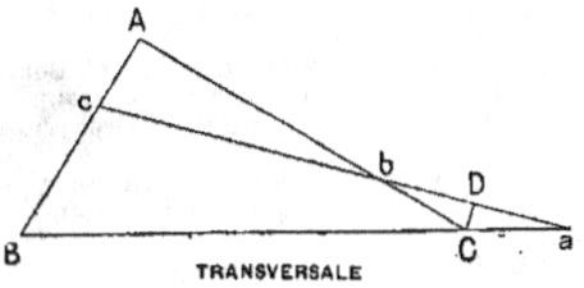

TRANSVERSALE

Fig. 1.

THÉORÈME DE MÉNÉLAÜS

$$(1) \qquad \frac{aB}{aC} \cdot \frac{bC}{bA} \cdot \frac{cA}{cB} = +1,$$

en convenant de considérer aB comme positif et Ba comme négatif. En effet, en menant CD parallèle à AB, on a, dans les triangles semblables aCD, aBc :

$$\frac{aB}{aC} = \frac{cB}{DC}$$

et dans les triangles semblables bCD, bcA :

$$\frac{bC}{bA} = \frac{DC}{cA},$$

et en multipliant les deux proportions membre à membre :

$$\frac{aB}{aC} \cdot \frac{bC}{bA} = \frac{cB}{DC} \times \frac{DC}{cA} = \frac{cB}{cA},$$

ou

$$\frac{aB}{aC} \cdot \frac{bC}{bA} \cdot \frac{cA}{cB} = 1,$$

en valeur absolue.

Quant au signe, il suffit de remarquer qu'il ne peut se présenter que deux cas : ou bien la transversale coupe deux côtés et le prolongement de l'autre, et alors deux des rapports sont négatifs et le troisième positif, ou bien la transversale coupe les prolongements des trois côtés et les trois rapports sont positifs : de toutes façons, le produit est positif.

Réciproquement. — Si sur les trois côtés d'un triangle, considérés comme indéfinis, on prend trois points *a, b, c* (fig. 1), tels que la relation (1) soit vérifiée, les points *a, b, c* sont en ligne droite. Ce théorème peut s'employer toutes les fois que l'on veut démontrer que trois points sont en ligne droite. On peut l'appliquer, en particulier, pour démontrer la propriété de la bissectrice d'un angle d'un triangle : *La bissectrice d'un angle partage le côté opposé en deux segments proportionnels aux côtés adjacents.* En effet, si la transversale *abc* (fig. 1) est perpendiculaire à la bissectrice de l'angle C, le triangle C*ba* est isocèle, et les côtés aC et bC sont égaux en valeur absolue; d'ailleurs, ils ont le même signe, d'après nos conventions; la relation (1) devient donc :

$$\frac{cA}{cB} = \frac{bA}{aB} \quad \text{ou} \quad \frac{cA}{cB} = \frac{CA}{CB},$$

si on suppose que la transversale soit la bissectrice elle-même.

Transversales réciproques. — On dit que deux transversales *abc*, αβγ (fig. 2) sont *réciproques* lorsque leurs points de rencontre

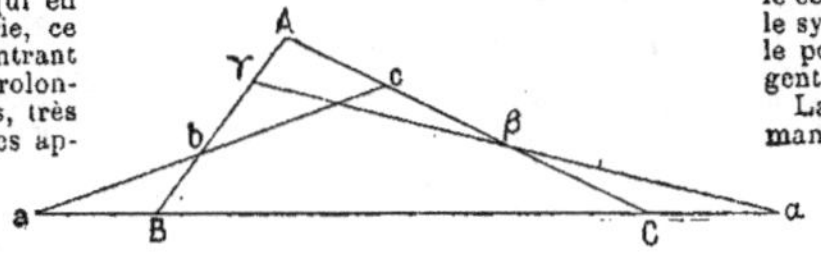

TRANSVERSALE RÉCIPROQUE

Fig. 2.

avec les côtés d'un triangle supposés indéfinis sont symétriques par rapport aux milieux de ces côtés. Il faut observer, en effet, d'après le théorème de Ménélaüs, que les points α, β, γ (symétriques des points de rencontre *a, b, c,* de la première transversale avec les côtés du triangle par rapport aux milieux des côtés) sont en ligne droite, puisque l'égalité :

$$\frac{aB}{aC} \cdot \frac{cC}{cA} \cdot \frac{bA}{bB} = -1,$$

devient

$$\frac{\alpha B}{\alpha C} \cdot \frac{\beta C}{\beta A} \cdot \frac{\gamma A}{\gamma B} = -1,$$

en remarquant que les segments aB, aC, etc., sont respectivement égaux aux segments αB, αC, etc.

La notion des transversales réciproques est utilisée pour construire facilement et géométriquement la tangente en un point de certaines courbes algébriques. Considérons en particulier la *strophoïde* : cette courbe est engendrée de la manière suivante : par l'extrémité A (fig. 3) du diamètre AA' d'un cercle O, on mène un rayon vecteur AD sur lequel on prend à chaque instant AI = CD. La courbe décrite par le point I est la *strophoïde.* Pour construire la tangente à cette courbe au point I, menons un rayon vecteur infiniment voisin AC'D' : le

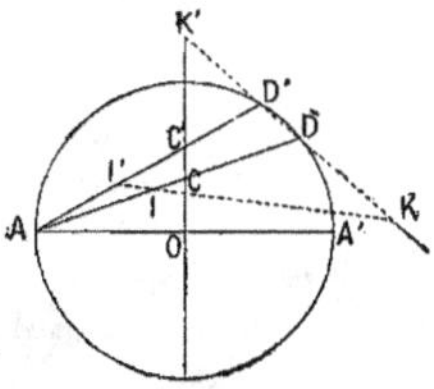

TRANSVERSALE

Fig. 3.

point I' tel que AI' = C'D' est un point de la strophoïde. Nous pouvons remarquer que les droites II'K et CC'K' sont des transversales réciproques par rapport au triangle ADD', puisque les points C' et I', C et I sont symétriques par rapport aux milieux des côtés AD', AD. Supposons que la droite AD' se rapproche indéfiniment de AD, I' vient en I, la sécante II' devient la tangente à la strophoïde en I, et DD' devient la tangente au cercle au point D : la propriété précédente subsiste et le point H (fig. 4) est symétrique du point H' par rapport au point D. Donc, pour

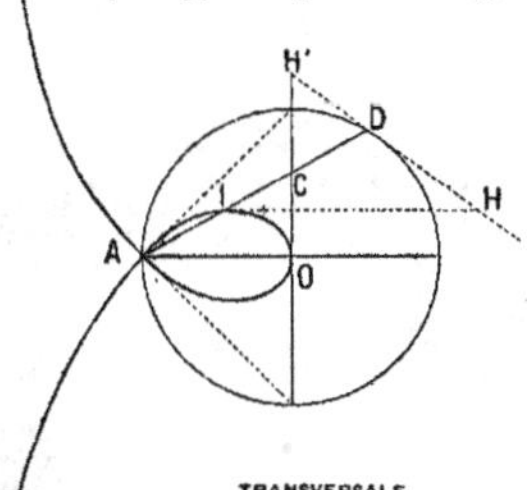

TRANSVERSALE

Fig. 4.

TRACÉ D'UNE TANGENTE A LA STROPHOIDE.

mener la tangente en un point de la strophoïde, on mène le rayon vecteur de ce point; et en son point de rencontre D avec le cercle, on mène la tangente au cercle DH' : le symétrique H du point H' détermine avec le point I de la courbe considérée la tangente demandée.

La même construction s'applique d'une manière analogue pour la plupart des courbes remarquables étudiées dans la géométrie analytique. ‖ *Coupures transversales,* se dit des déchirures profondes, le plus souvent étroites, qui tranchent brusquement une chaine de montagnes ou un ensemble de chaines et de vallons, montrant sur les parois déchirées la composition interne du massif entamé. Les cluses du Jura représentent un type simple de coupure transversale.

TRANSVERSALEMENT (*transversale* + sfx. *ment*), *adv.* En travers, obliquement.

TRANSVERSE (pfx. *trans,* en travers + l. *versus,* tourné), *adj. 2 g.* Situé en travers. ‖ *Les apophyses transverses des vertèbres,* celles qu'on voit de chaque côté de ces os. (V. *Vertèbre.*) — *Sm.* Nom de plusieurs muscles, à la face, au menton et dans la région lombaire. ‖ *Axe transverse d'une hyperbole,* celui des deux axes qui passe par les deux foyers réels de la courbe. (Géom.) — **Dér.** *Transversal, transversale, transversalement.*

***TRANSVIDER** (pfx. *trans + vider*), *vt.* Verser dans un vase ce qui reste dans un ou plusieurs autres.

***TRANSYLVAIN, AINE** ou **TRANSYLVANIEN, IENNE** (*Transylvanie*), *adj.* Qui est de la Transylvanie. — S. Habitant de ce pays.

TRANSYLVANIE (pfx. *trans* + l. *sylva,* forêt), en hongrois *Erdély-Orszag,* en allem. *Siebenbürgen,* en holland. et flam. *Zevenbergen,* en roumain *Ardealoul.* Région de l'empire d'Autriche, bornée au N. et à l'O. par la Hongrie, au S. par la Valachie, à l'E. par la Moldavie. La superficie de la Transylvanie est de 54 948 kilom. carrés occupés par une population de 2 115 940 hab. Elle est entourée de hautes montagnes et forme une saillie au milieu de la plaine de Roumanie. Le plateau est soutenu à l'E. par les Karpathes méridionales et au S. par les Alpes de Transylvanie. Aux sources de la Szamos et de la Bistritza s'élève le pic gneissique et granitique du Kuhhorn (2 280 mètres). Les Karpathes se dédoublent au passage de Borgo entre la Bukovine et la Transylvanie; elles forment deux chaines parallèles qui se soudent à l'ancien volcan du Pietroszul (2 102 mètres). La chaine orientale (monts de Gyergyö, de Czik et de Bereczk) est formée de gneiss et de quartz au N. : le cirque de Borszek et le mont Lohovas (1 611 mètres), où l'Aluta prend sa source, sont au contraire calcaires. La chaine occidentale est volcanique, elle prend successivement les noms de monts de Görgeny (1 777 mètres), de

Hargita (1798 mètres), de Persany (1200 mètres). Au S. s'étend la région des hautes plaines, limitée par les monts de Bodza (Czukas, 1958 mètres), et par les monts rocheux de Brasso (Bucses, 2508 mètres). A l'intérieur de cette ceinture s'étendent de grandes plaines dont les plus riches sont celles de Barcza (500 mètres), de Rosnyo, d'Erdovidek, d'Haromszek, de Gyergyö (709 mètres). Au S. les Alpes de Transylvanie sont couvertes de belles forêts. Leurs sommets principaux sont : le Bucses (2508 mètres), le Negoï (2536 mètres), le Surian (2061 mètres), le Sarka (2500 mètres). A l'O. les monts Bihar (1845 mètres) séparent le plateau de la plaine hongroise; au S. ce massif se termine par l'Erzgebirge de Transylvanie, qui renferme les plus riches mines du pays. Au delà des monts Bihar, s'élèvent les montagnes de Kraszna et les monts Bück (1000 mètres). A l'E. de la Szamos, les montagnes du Lapos bordent la Transylvanie au N. et se réunissent au massif du Csibles.

Trois principales rivières recueillent les eaux du plateau de Transylvanie : la *Szamos* et la *Maros*, affluents de la *Theiss;* l'*Aluta*, qui les conduit au Danube. La Szamos est formée de la *petite* et de la *grande Szamos*. Cette dernière reçoit la *Bistritza*. La *petite Szamos* arrose Klausenburg. La *Maros* passe à Szasz-Regen, à Maros-Vasarhelz, à Karlsburg, à Arad : elle reçoit la *Kokel*. L'*Aluta* court du N. au S. en sens inverse de la Maros, elle arrose Czik-Szereda, György, traverse les plaines du Barcza et de Fogaras; elle passe à Kronstadt, grande ville industrielle. Le *Sihyl* ou *Jiu* est formé par la réunion du *Jiu valaque* et du *Jiu hongrois*, qui baigne le bassin houiller de Petroszeny.

La Transylvanie forme avec la Hongrie un centre éruptif bien défini où l'on peut distinguer cinq catégories d'épanchements. Le dépôt de l'éocène supérieur a été interrompu par des venues de labradorites et d'andésites à augite suivies par les dacites (Vorôspatak) et par les andésites amphiboliques (Kapnik et Lapos-banya). On observe ensuite des rhyolithes (porphyres molaires et perlites avec obsidiennes et rétinites). La série éruptive se termine en Transylvanie par des basaltes. L'activité volcanique s'est donc étendue depuis l'éocène supérieur jusqu'au pliocène. Le climat de la Transylvanie est très froid dans les régions montagneuses; la température est au contraire très élevée dans les plaines et dans les vallées. L'amélioration des moyens de transport permet de tirer meilleur parti qu'autrefois de la fertilité du sol : on récolte de bons vins, et les bestiaux donnent lieu à d'importantes transactions commerciales. La grande richesse du pays sont les produits des mines. On trouve de l'*or natif* ou associé à divers métaux : *tellure, argent, cuivre*. Il existe aussi de riches filons de *zinc*, de *plomb*, de *fer*, d'*arsenic*, d'*antimoine*. Les principales mines d'or sont celles de Zalathna, Vorôspatak, Nagyag, Vulkoï, Offenbanya, Resbanya. A Vulkoï, on trouve l'or dans un quartz blanc laiteux; les trachytes y recoupent les grès carpathiques. On rattache au type californien les gisements aurifères de Vorôspatak-Nagyag reliés étroitement aux éruptions de dacite de la contrée. On distingue en outre deux catégories de filons : les uns contenus dans les andésites amphiboliques, les autres qui traversent la syénite et les schistes anciens. A Offenbanya, on observe dans les trachytes des filons de tellure. La plupart des mines appartiennent au gouvernement hongrois. On trouve dans les terrains tertiaires d'importantes salines : celles de *Marmaros* (Szlatina, Ronaszek), sur les confins de la Bukowine et de la Galicie, ont plus de 100 kilom. d'étendue; les salines de *Maros-Ujvar* ont aussi une importance considérable. A *Petroszeny*, on exploite de la houille.

L'industrie produit en Transylvanie beaucoup de produits manufacturés : papiers (Hermanstadt, Cronstadt), verre, etc. Les routes de la Transylvanie sont bonnes et mieux entretenues que celles de la Hongrie. La Transylvanie est réunie à la Hongrie par deux voies ferrées venant d'Arad et de Grosswardein; elles aboutissent toutes deux à Klausenburg. La ligne de Tövis se détache de celle d'Arad et assure les communications avec la Roumanie par Kronstadt et le col de Tomös. Des embranchements desservent les centres industriels et miniers. La Transylvanie comprend trois grandes divisions : à l'O. le pays des Hongrois, à l'E. celui des Szeklers, au S. celui des Saxons. Le ch.-l. est *Klausenburg*.

Le pays, qui depuis 1004 appartenait aux Hongrois, devint royaume indépendant en 1526, sous Jean Zapoly. Le traité de Carlowitz (1699) le mit sous la dépendance de l'Autriche, et, à l'extinction de la famille des Zapoly, il fut réuni à la Hongrie (1765). En 1849, la Transylvanie fut le théâtre d'une glorieuse campagne de Bem, à qui Kossuth avait confié la défense du pays. — **Dér.** *Transylvain, transylvaine, transylvanien, transylvanienne.*

***TRANTANEL** (*x*), *sm.* Nom vulgaire de la *passerine des teinturiers*. (V. *Passerine*.)

TRANTRAN (*son.* du vx. fr. *trantraner :* holl. *tranten*, se promener çà et là), *sm.* Le courant, la routine des affaires : *Mener son trantran.* — **Gr.** Ne dites pas *traintrain*.

***TRAPAN** (suédois *trappa*, escalier), *sm.* Le haut d'un escalier où finit la rampe. ‖ Grande planche à trous, dans les papeteries.

TRAPANI, 38000 hab., l'ancienne *Trepanum*. Ville forte et port sur la Méditerranée, à la pointe O. de la Sicile. — La province dont elle est le chef-lieu a 236000 habitants.

TRAPÈZE (bl. *trapezium :* g. τράπεζα, table à *quatre pieds*), *sm.* Quadrilatère qui a deux côtés parallèles et inégaux. Ces côtés parallèles sont les *bases* du trapèze, la droite menée perpendiculairement de l'un à l'autre en est la *hauteur*. La parallèle aux bases menée par le milieu de la hauteur s'appelle *l'élément moyen du trapèze*. On obtient la surface d'un trapèze (fig. 1) en multipliant la moitié de la somme des bases par la

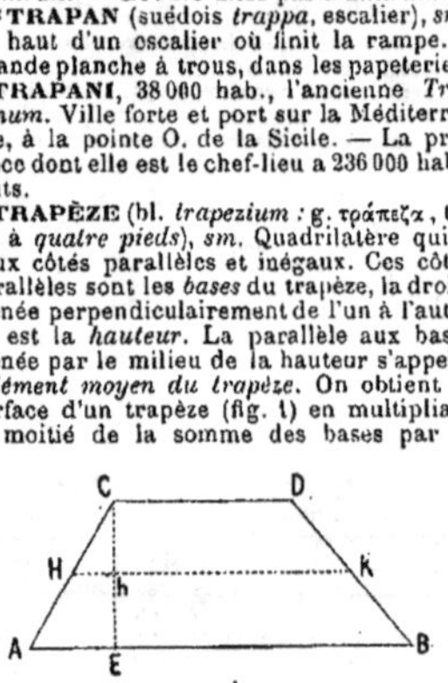

TRAPÈZE
Fig. 1.

hauteur, ou encore en multipliant l'élément moyen par la hauteur. Si la base AB a 25 mètres, la base CD 11 mètres, et la hauteur CE 10 mètres, la surface du trapèze sera :

$$\frac{25+11}{2} \times 10 = 180 \text{ mètres carrés.}$$

‖ *Pour partager un trapèze en deux parties équivalentes en surface, on joint par une ligne droite les deux milieux des deux bases.* Ainsi, le trapèze ABCD (fig. 2) est partagé en deux autres trapèzes égaux en surface

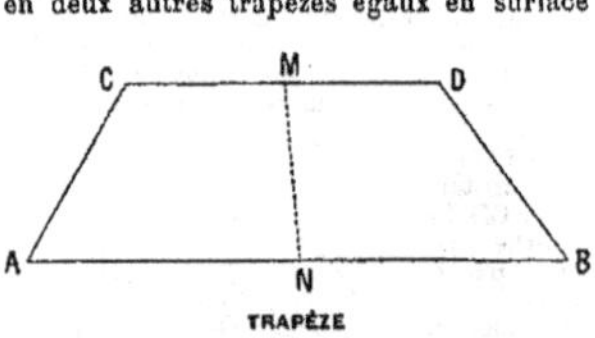

TRAPÈZE
Fig. 2.

par la ligne MN qui joint les milieux M et N des deux bases AB et CD. ‖ Appareil consistant en deux cordes d'égale longueur fixées par leur bout supérieur au portique d'un gymnase et reliées inférieurement par un bâton auquel on se suspend pour faire différents exercices de gymnastique. — *Adj.* et *sm.* Le premier os de la deuxième rangée du carpe du côté du radius. ‖ Muscle pair du dos qui s'attache à l'omoplate et à la colonne vertébrale. — **Comp.** *Trapézoèdre, trapézoïdal, trapézoïdale, trapézoïde, trapézo-métacarpien, trapézo-métacarpienne.*

***TRAPÉZOÈDRE** (*trapèze* + g. ἕδρα, face), *sm.* Forme secondaire des cristaux du système de l'octaèdre caractérisée par vingt-quatre faces quadrilatères.

***TRAPÉZOÏDAL, ALE** (*trapézoïde*), *adj.* Qui a la forme d'un trapézoïde.

TRAPÉZOÏDE (*trapèze* + g. εἶδος, forme), *sm.* Quadrilatère dont tous les côtés sont obliques entre eux. — *Adj.* et *sm.* Le second os de la deuxième rangée du carpe, en commençant à compter du côté du radius.

TRAPEZONTE (l. *Trapezos*), aujourd'hui **TRÉBIZONDE**. Ville d'Asie Mineure, sur le Pont-Euxin, où les Dix Mille s'embarquèrent.

***TRAPÉZO-MÉTACARPIEN, IENNE** (*trapèze*+*métacarpe*), *adj.* Se dit de l'articulation du premier métacarpien avec le trapèze. Elle donne au pouce sa grande mobilité et lui permet de s'opposer aux autres doigts. La capsule synoviale de cette articulation est indépendante des autres synoviales du carpe.

***TRAPP** (suédois *trappa*, escalier), *sm.* Roche éruptive amphibolique ou pyroxénique, de couleur foncée, composée d'une pâte compacte et homogène, formant des dykes, des filons ou des nappes et dont les escarpements sont taillés en gradins. Les trapps ont apparu entre les porphyres et les basaltes. ‖ *Trapptuf*, le tuf volcanique. (V. *Trass*.) — **Dér.** *Trapan, trappéen, trappéenne; Trappe (la), trappe* 1 et 2, *trappeur, trappiste, trappistine.*

1. TRAPPE (VHA. *trapo*, piège), *sf.* Porte posée horizontalement sur une ouverture pratiquée au niveau du sol ou dans un plancher : *Ouvrir la trappe de la cave.* ‖ Cette ouverture même : *Sortir par une trappe.* ‖ Porte ou fenêtre qu'on ouvre ou ferme en la faisant glisser dans une coulisse : *La trappe d'un colombier.* ‖ Plaque de tôle analogue, pouvant fermer l'ouverture inférieure d'une cheminée. ‖ Trou fait en terre, recouvert de branchage et de feuillage ou d'une bascule pour prendre les bêtes fauves. — **Dér.** *Trappeur.* — **Comp.** *Attraper*, etc.

2. TRAPPE (NOTRE-DAME DE LA) ou **LA TRAPPE** (suédois *trappa*, escalier). Abbaye de l'étroite observance de Cîteaux, fondée dans la commune de Soligny, près de Mortagne (Orne), en 1140, réformée par l'abbé Jean le Bouthillier de Rancé en 1662; chef-lieu de l'ordre religieux de la Trappe. ‖ Nom donné aux divers couvents de cet ordre : *La trappe de Staouëli.* — **Dér.** *Trappiste, trappistine.* (V. *Trapp*.)

***TRAPPÉEN, ENNE** (*trapp*), *adj.* Composé de trapp. ‖ Qui ressemble au trapp. ‖ *Roches trappéennes*, nunettes et porphyrites micacées. (Michel Lévy.)

TRAPPEUR (*trappe* 1), *sm.* Chasseur de l'Amérique du Nord, qui prend les animaux dans des trappes.

TRAPPISTE (*la Trappe*), *sm.* Religieux de l'ordre de la Trappe. ‖ Qui mène la vie la plus austère. — Fig. Homme très austère.

***TRAPPISTINE** (*la Trappe*), *sf.* Religieuse de l'ordre de la Trappe. ‖ Liqueur d'élixir que fabriquent les trappistes.

***TRAPPON** (*trappe* 1), *sm.* Trappe à fleur du sol pour descendre à une cave.

TRAPU, UE (gaél. *tarp*, monceau; Diez le fait venir de MHA. *dapfer*, solide, ramassé), *adj.* Gros et court : *Un homme trapu.*

TRAQUÉ, *svf.* de *traquer*. Action de traquer.

TRAQUENARD (*x*), *sm.* Piège en forme de trébuchet pour prendre des animaux nuisibles. — Fig. Ruse qui fait l'effet d'un piège : *Être victime d'un traquenard.* ‖ Allure défectueuse d'un cheval, comparable à l'amble. ‖ Cheval qui a cette allure.

TRAQUER (hol. *trekken*, tirer), *vt.* Parcourir un bois pour en faire sortir le gibier : *Les chasseurs traquèrent ce canton de la forêt.* ‖ Déloger le gibier d'un bois et l'acculer dans une enceinte d'où il ne puisse sortir : *Traquer un loup.* — Fig. Resserrer quelqu'un dans un lieu pour le prendre : *Traquer des voleurs.* ‖ Persécuter sans relâche : *Traquer des ennemis politiques.* — **Dér.** *Traque, traquer, traqueur.* — **Comp.** *Détraquer.*

TRAQUET [tra-kè] (*traquer*), *sm.* Piège qu'on tend aux bêtes puantes. — Fig. *Donner dans le traquet*, se laisser tromper par un artifice. ‖ Morceau de bois attaché à une corde passant au travers de la trémie et dont le mouvement oscillatoire fait tomber le blé sous la meule du moulin. — **Fig.** *Un traquet de moulin*, un bavard. ‖ Genre d'oiseaux voisins des grives, qui se plaisent dans les lieux découverts, perchent sur des mottes de terre où ils balancent continuellement leur queue, se nourrissent principalement de vers et d'insectes et auquel appartient le *traquet motteux*. (V. *Saxicole*.)

TRAQUET MOTTEUX

TRAQUEUR (*traquer*), *sm.* Individu qu'on emploie pour traquer le gibier.

TRARAS (MONTS DES). Montagnes d'Algérie parallèles au littoral de la province d'Oran. Elles font suite aux monts de Tessala et sont très riches en minerai de fer.

TRARZAS (LES), grande tribu maure du Sahara occidental, habitant sur la rive droite du fleuve Sénégal.

TRASEN, 75 kilom., rivière d'Autriche, affluent du Danube. Elle arrose Durriutz, Wilhelmsburg et Saint-Polten.

TRASIMÈNE (LAC). Nom ancien du lac de Pérouse, dans l'Italie centrale, sur les bords duquel Annibal battit Flaminius en 217 av. J.-C. — Ce lac avait donné, en 1809, son nom à un département du premier Empire français; ch.-l. *Spolète*.

TRAS-OS-MONTES (mots portugais : *au delà des monts*). Ancienne province montueuse formant l'extrémité N.-E. du Portugal; capit. *Bragance*.

***TRASS** (*x*), *sm.* Variété de conglomérat ponceux, appelé aussi *trapp-tuf*. Ce sont des roches terreuses, mates, grisâtres, formées d'une poussière ocreuse décomposée qui englobe des fragments de ponce ou de lave. Le trass forme des couches puissantes sur la rive gauche du Rhin; il alterne avec le lōss, dont il est contemporain.

TRASYBULE ou **THRASYBULE** (ve et ive siècle av. J.-C.). Général athénien. A la tête d'une poignée de ses concitoyens, réfugiés comme lui à Thèbes après la malheureuse guerre du Péloponèse, il expulsa d'Athènes les trente tyrans (401), mais ne put rendre à la république l'ordre et la prospérité. Il fut tué en 390, durant une guerre contre Sparte, par les habitants d'Aspende révoltés.

***TRAULET** [trô-lè] (*x*), *sm.* Pointe d'acier adaptée à une petite hampe pour marquer des points sur un plan.

TRAUMATIQUE (g. τραυματικός : de τραῦμα, blessure), *adj. 2 g.* Causé par une blessure : *Fièvre traumatique*.

***TRAUMATISME** (g. τραῦμα, gén. τραύματος, blessure : de τράω, percer), *sm.* État de stupeur occasionné dans l'organisme par une blessure grave. ‖ Effet résultant de cet état.

***TRAUMATOLOGIE** (g. τραῦμα, génitif τραύματος, blessure + λόγος, discours), *sf.* Traité sur l'art de décrire et de soigner les blessures.

TRAUN (l. *Traunus*). Rivière d'Autriche qui prend sa source au N.-O. de la Styrie, dans le Todtes-Gebirge. Elle coule à travers le Salzkammergut, traverse le lac d'Hallenstadt, reçoit à Ischl le déversoir du lac de Saint-Wolfgang, puis forme le Traun-See, dont elle sort à Gmünd. Elle recueille par l'Ager les eaux du Zeller-See, du Mond-See et de l'Alter-See, et se jette dans le Danube par un delta en aval de Linz.

TRAUNIK ou **TRAWNIK**. (V. *Trawnik*.)

TRAUNSTEIN, 4000 hab. Ville de la Bavière, sur la Traun. Salines et sources minérales.

TRAUTENAU, 9000 hab. Ville de Bohême (Autriche-Hongrie), sur l'Aupa, affluent de l'Elbe. Toiles.

TRAUTMANNSDORFF, 350 hab. Bourg de la basse Autriche, près de la Leitha (r. g.). Château princier.

TRAUTMANNSDORFF (MAXIMILIEN, COMTE DE), 1584-1650, diplomate autrichien. Après s'être habilement acquitté de plusieurs missions en Allemagne et à Rome, il fit conclure la paix de Prague (1635) et fut le principal négociateur du traité de Westphalie (1648). — TRAUTMANNSDORFF (FERDINAND, PRINCE DE), 1749-1827, de la même famille que le précédent, ministre d'État de l'empire d'Autriche. Premier conseiller de l'empereur Joseph II et chargé à ce titre de missions importantes, il était ministre plénipotentiaire dans le Brabant, en 1789, lorsque la Belgique se mit en révolte contre l'Autriche. Il a laissé des fragments historiques s'étendant de 1787 à 1789.

TRAVAIL (bl. *trabaculum*, assemblage de poutres : du l. *trabem*, poutre), *sm.* Sorte de grande cage en charpente dans laquelle on met les chevaux méchants ou peureux pour les ferrer ou les panser. — Pl. *Travails : Ce maréchal a deux travails.* ‖ Difficulté, gêne, fatigue, souci, douleur : *Les travaux du voyage.* ‖ *Être en travail*, souffrir pour arriver à un résultat. ‖ Peine qu'on prend pour faire quelque chose : *Cette entreprise exige un travail de corps et d'esprit.* ‖ *Homme de travail*, qui exerce un métier pénible. ‖ *Homme de grand travail*, très laborieux. ‖ Opération : *Un travail difficile.* ‖ Activité que déploient les animaux domestiques qui nous rendent un service : *Le travail des bœufs.* ‖ Opération exécutée par une machine. ‖ *Travail moteur*, celui d'une force qui tend à produire un mouvement. ‖ *Travail résistant*, l'effort à vaincre pour triompher de l'inertie des organes d'une machine. ‖ *Travail d'une force*, le produit de cette force par le déplacement qu'elle fait subir à un point d'application. (Mécanique.) L'unité de travail correspond à un kilogramme élevé à un mètre de hauteur : c'est le *kilogrammètre*. Le travail correspondant à 75 kilogrammètres par seconde est le *cheval-vapeur* : c'est l'unité adoptée pour le travail des machines. (V. *Kilogrammètre*.) Quand une force, quelle qu'elle soit, est employée à vaincre une résistance, on dit qu'il y a *travail produit* : un cheval qui tire une voiture, un homme qui élève un fardeau *produisent* un certain travail.

Travail d'une force constante. — Quand une force constante en grandeur et en direction agit sur un corps et que le point d'application de cette force se déplace en ligne droite dans la direction de celle-ci, *le travail mécanique est égal par définition au produit de la force par le déplacement de son point d'application.* Soit W le travail, F la valeur de la force et *e* le chemin parcouru par le point d'application, on a :

$$W = Fe. \tag{1}$$

Donc le travail est proportionnel : 1° à la force; 2° au déplacement du point d'application. Quand l'unité de force et l'unité de longueur sont fixées, l'unité de travail l'est aussi : c'est *le travail accompli par l'unité de force déplaçant dans sa direction son point d'application de l'unité de longueur.* On prend le kilogramme comme unité de force et le mètre comme unité de longueur : l'unité de travail employée est le *kilogrammètre*. *Le kilogrammètre est le travail accompli par une force d'un kilogramme dont le point d'application se déplace d'un mètre dans la direction de la force.* Dans le système d'unité C G S (c'est-à-dire *centimètre-gramme-seconde*) adopté par le congrès des électriciens, l'*unité de travail* a reçu le nom d'*erg* (de ἔργον, travail); c'est une unité très petite, puisque 1 milligramme tombant de 1 centimètre produit à peu près un erg. La valeur du kilogrammètre en ergs sera :

$$0{,}98096 \times 10^6 \times 10^2 = 0{,}98096 \times 10^8 \text{ ergs.}$$

Soit 98,096 *mégergs* (1 *mégerg* = 1 million d'*ergs*). On a donné le nom de *poncelet* à une unité pratique de 100 kilogrammètres remplaçant l'ancien cheval-vapeur. Quand une force constante en grandeur et en direction a un point d'application qui se déplace en ligne droite suivant une direction XX' (fig. 1) différente de la sienne, la définition du travail est la suivante : c'est le produit de la projection *f* de la force F sur la direction du mouvement par l'espace AB franchi par le point d'application M, le sens positif de XX' étant le sens du mouvement de M sur cet axe.

C'est donc le travail d'une force *f* égale à la projection de F sur la direction du mouvement. Soit α l'angle de F avec XX'; on a :

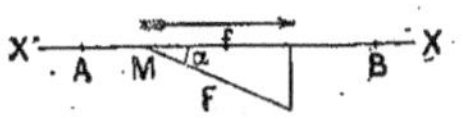

TRAVAIL

Fig. 1.

$f = F\cos\alpha$. Soit *e* le chemin parcouru par le point d'application, le travail W est égal et donné par la relation :

$$W = Fe\cos\alpha. \tag{2}$$

Si $\alpha = o$, on a $w = Fe$, ce qui rentre dans le premier cas. Si $\alpha = 90°$, W est nul ainsi que *f*; donc une force perpendiculaire au déplacement du point d'application n'accomplit aucun travail. Si α est un angle aigu, son cosinus est positif, le travail est positif ou moteur. Si α est obtus, cos α est négatif, le travail est négatif ou résistant.

Considérons une force F (fig. 2) variable en grandeur et en direction dont le point d'application décrit une trajectoire rectiligne ou curviligne. Décomposons la portion de trajectoire AB, parcourue dans le temps où l'on considère le travail, en un grand nombre d'éléments tels que CD, assez petits pour que chacun d'eux puisse être considéré comme une ligne droite, et que la force reste sensiblement constante pendant le temps très court où il est franchi. Pour chaque élément, le travail est donné par la définition précédente : c'est le produit de la longueur E de l'élément par la projection de la force F sur sa direction; on donne à ce travail le nom de *travail élémentaire*. Soit *w* sa valeur, F la valeur numérique de la force, et α son angle avec la direction de l'élément, c'est-à-dire avec la tangente MK en M, on a :

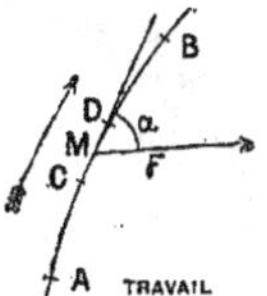

TRAVAIL

Fig. 2.

$$w = F\varepsilon\cos\alpha, \tag{3}$$

ou $w = F\varepsilon'$, ε' représentant la projection de l'élément ε sur la direction de la force. On prendra, pour définition du travail total entre A et B, la somme algébrique des travaux élémentaires $w_1\, w_2\, w_3 \ldots + w_n$ dans les *n* éléments qui constituent AB.

$$W = w_1 + w_2 + w_3 + \ldots + W_n = \Sigma w.$$

(Le signe Σ représente la somme algébrique d'une série de termes semblables.)

$$\text{Ou bien } W = \Sigma F\varepsilon\cos\alpha = \Sigma F\varepsilon'.$$

Si une force est constamment perpendiculaire à l'élément de trajectoire que décrit son point d'application, chaque travail élémentaire étant nul, le travail total est nul. Ainsi, quand on fait tourner en cercle un corps tenu par une corde dont l'extrémité est fixée au centre du cercle, *le travail de la tension de la corde est nul.* Soit une force F (fig. 3) constante en grandeur et en direction, dont le point d'application se déplace suivant une courbe AB quelconque. Pour trouver le travail accompli pendant le trajet AB, considérons un élément CD de la trajectoire de longueur ε. Projetons CD sur la droite PP' parallèle à la direction constante de la force F. Soit *cd* la projection, ε' sa longueur. Le travail élémentaire de CD est Fε'. Si on désigne par $\varepsilon'_1\, \varepsilon'_2\, \varepsilon'_3 \ldots\ldots \varepsilon'_n$ la projection

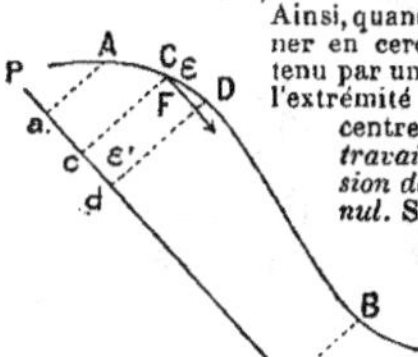

TRAVAIL

Fig. 3.

sur PP' des *n* éléments suivant lesquels on a décomposé AB, on a pour le travail total :

$$W = F\varepsilon'_1 + F\varepsilon'_2 + F\varepsilon'_3 + \dots + F\varepsilon'_n$$

ou $$W = F(\varepsilon'_1 + \varepsilon'_2 + \varepsilon'_3 + \dots + \varepsilon'_n).$$

Or, la parenthèse représente la longueur *e'* de *ab*, d'où :

$$W = Fe'.$$

Donc le *travail d'une force constante en grandeur et en direction est égal au produit de cette force par la projection sur sa direction du chemin parcouru*, que ce chemin soit une ligne droite ou une ligne courbe.

Travail d'une force centrale. — On appelle *force centrale* une force toujours dirigée vers un même point, quelle que soit la position du mobile sur lequel elle agit et dont la valeur ne dépend que de la distance de son point d'application au centre (attraction du Soleil sur la Terre). *Le travail d'une force centrale dont le point d'application se déplace d'une façon quelconque ne dépend que de la distance initiale et de la distance finale de ce point d'application au centre.* En particulier, *quand le point d'application revient à son point de départ après avoir parcouru un chemin quelconque, le travail est nul.* Ainsi, soit A (fig. 4) la position initiale, B la position finale du point d'application qui parcourt l'arc ACB; le travail accompli sera le même que si le mobile parti de A' arrivait en B' en décrivant l'arc A'C'B' pourvu que A et A' se trouvent, ainsi que B et B', à la même distance de O.

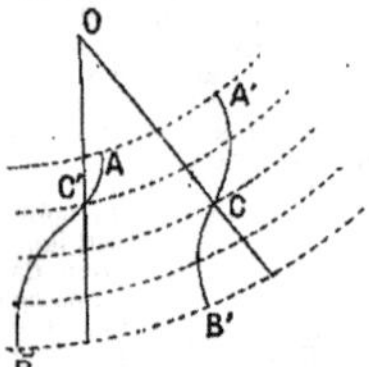

TRAVAIL
Fig 4.

Travail de la résultante. — 1° *Le travail de la résultante de deux ou de plusieurs forces appliquées en un même point est égal à la somme algébrique des travaux des composantes.* En particulier, *quand plusieurs forces appliquées en un même point se font équilibre, la somme des travaux de ces diverses forces est nulle*, puisque, leur résultante étant nulle, son travail est nul. 2° Le travail de la résultante de plusieurs forces parallèles appliquées à un corps de forme invariable est égal à la somme algébrique des travaux des composantes. Le travail élémentaire d'une force appliquée en un point d'un corps solide auquel on imprime un mouvement infiniment petit de rotation autour d'un axe est égal *au produit du moment de la force, par rapport à cet axe, par le déplacement angulaire du corps.*

Représentation graphique du travail. — Le travail total d'une force variable peut être évalué graphiquement en construisant une courbe telle que A'E' (fig. 5) ayant pour abscisses AB, BC, CD, c'est-à-dire les projections *e*, *e'*, *e''*,... des éléments de chemin, et pour ordonnées les valeurs successives F, F', F'' de la force. L'aire de la surface AA'EE' représente le travail cherché. En effet, les divers travaux élémentaires sont représentés par les aires des rectangles ABA'A'', BCB'B'', etc.

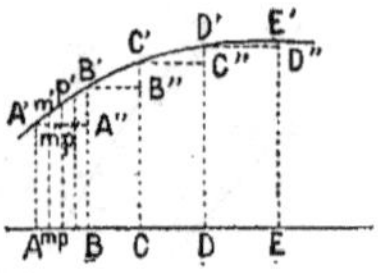

TRAVAIL
Fig. 5.

Si la force F ne restait constante que pendant que son point d'application parcourt des éléments quatre fois plus petits, les travaux élémentaires seraient représentés par les aires des rectangles AmA'm'', mm'pp''. Il est évident que la somme des aires de tous ces rectangles a pour limite l'aire AA'C'E'E, qui représente ainsi le travail total de la force variable. On évalue ces aires au moyen de la formule de T. Simpson. S'il entrait dans le travail total d'une force des travaux élémentaires moteurs et des travaux élémentaires résistants, on calculerait séparément la somme des travaux moteurs et la somme des travaux résistants; la différence entre les deux sommes donnerait le travail total de la force variable. — (V. *Force, Virtuel.*) ‖ Action des forces naturelles : *Le travail de la pluie sur les roches.* ‖ Le produit d'une opération : *Cette statue est un travail magnifique.* ‖ Manière dont un ouvrage est fait : *Ce bijou est d'un travail délicat.* ‖ Manière dont on travaille : *Avoir le travail facile.* ‖ Peine que l'on se donne pour bien faire une chose : *Ce discours sent le travail.* ‖ Ouvrage qui est à faire ou que l'on est en train de faire : *Commencer, continuer un travail.* ‖ Construction d'un édifice : *Les travaux de cette maison marchent lentement.* ‖ *Travaux publics*, ceux que l'État fait exécuter. — *Ministère des travaux publics*, celui qui a l'administration des ponts et chaussées, la surveillance des voies ferrées, de la navigation et de l'hydraulique industrielle et agricole. Créé le 19 mai 1830, supprimé à la révolution de Juillet, rétabli en 1839, il fut fondu en 1853 dans le département de l'agriculture et du commerce, mais redevint un ministère distinct en 1868. ‖ *Travaux des champs* ou *de la campagne*, toutes les opérations qu'exécutent les cultivateurs. ‖ Ce que font des troupes qui remuent des terres, creusent des tranchées pour attaquer ou pour se défendre : *Vauban conduisait le travail des sièges.* ‖ Compte qu'un ministre rend au chef de l'État ou qu'un fonctionnaire rend à un ministre : *Le roi loua ce travail de son ministre.* ‖ Élaboration, fermentation : *Le travail du vin.* — **Travaux**, *smpl.* Ensemble d'ouvrages faits pour l'embellissement ou l'assainissement : *Travaux de dessèchement.* ‖ Fortification : *Les travaux avancés d'un fort.* ‖ *Travaux forcés*, peine afflictive et infamante, prononcée à perpétuité ou à temps, que subissent, dans des établissements coloniaux où ils sont employés à des travaux de colonisation ou d'utilité publique, les individus condamnés pour crime. Les *travaux forcés* ont remplacé les *galères*; ils étaient autrefois subis dans les bagnes. ‖ Les actes d'une assemblée délibérante : *Les travaux de la Chambre des députés.* — Fig. Entreprises mémorables, littéraires et scientifiques : *Les travaux d'Annibal, de Cuvier.* ‖ *Les travaux d'Hercule*, les douze principaux exploits que la fable lui attribue. — **Gr.** *Travail* fait, au pluriel, *travails* quand on parle de machines à ferrer les chevaux et de comptes d'administration. Il fait *travaux* dans tous les autres cas. — **Dér.** *Travailler, travaillant, travaillante, travaillé, travaillée; travailleur, travailleuse.* Même famille : *Travée.*

* **TRAVAILLANT, ANTE** (*travailler*), *adj.* Qui travaille.

TRAVAILLÉ, ÉE (*travailler*), *adj.* Façonné : *Bois travaillé.* ‖ Raffiné : *Style travaillé.* ‖ Fatigué : *Cheval trop travaillé.* ‖ Tourmenté : *Homme travaillé de la goutte.* ‖ Poussé à la révolte : *Pays travaillé par les factions.*

TRAVAILLER (*travail*), *vt.* Faire souffrir : *La maladie le travaille.* ‖ Agiter péniblement : *L'ambition le travaille.* ‖ Pousser à la révolte : *Travailler les esprits.* ‖ Exercer, fatiguer : *Travailler un cheval.* ‖ Façonner : *Travailler le fer.* ‖ Raffiner : *Travailler son style.* — *Vi.* Faire un ouvrage avec plus ou moins de peine : *Travailler continuellement.* ‖ Avoir de l'ouvrage : *Cet ouvrier a trouvé à travailler.* ‖ Fonctionner : *Cette machine travaille.* ‖ Être en activité, en ignition latente. *Ce volcan travaille.* ‖ Se faire rendre compte : *Le roi travaille avec son ministre.* ‖ Se déjeter : *Ce bois travaille.* ‖ Sortir de l'aplomb : *Cette maison travaille.* ‖ Être détérioré par heurt ou frottement : *Ce navire, cette roue travaille.* ‖ Fermenter : *Ce vin travaille.* ‖ Changer avec le temps. *Ces couleurs travaillent.* — Fig. Être dans l'agitation, la contention : *Son esprit travaille.* ‖ *Travailler à*, s'efforcer de produire, de réaliser : *Travailler à son bien-être.* ‖ *Travailler pour* ou *contre*, s'efforcer de favoriser ou d'entraver : *Travailler pour quelqu'un.* — **Se travailler**, *vr.* Être façonné : *Le zinc ne se travaille pas à froid.* ‖ S'efforcer, s'inquiéter, se tourmenter : *Se travailler pour réussir.*

TRAVAILLEUR, EUSE (*travail*), *adj.* Qui a du goût pour le travail : *Écolier travailleur.* — *Sm.* Homme appliqué au travail : *Travailleur infatigable.* ‖ Ouvrier : *Les intérêts des travailleurs.* — *Smpl.* Soldats qu'on occupe à faire des terrassements.

***TRAVAÏOLE** (du l. *trabea*, robe blanche), *sf.* Voile blanc de baptême.

TRAVANCORE, 12 201 kilom. carrés, 1 million d'hab., royaume situé à la pointe S.-O. de l'Hindoustan; capit. *Trivanderum.*

TRAVE (LA), rivière d'Allemagne qui sort des lacs du Holstein. Elle arrose Lubeck et se jette dans la Baltique, par la baie de Neustadt, à Travemunde, avant-port de Lubeck. Le canal de la Delvenau et de la Stecknitz unit l'Elbe et la Trave entre Lubeck et Lauenburg. La Trave a été canalisée, pour permettre aux gros bâtiments de remonter à Lubeck.

TRAVÉE (bl. *trabata* : du l. *trabem*, poutre), *sf.* L'ensemble des solives d'un plancher qui se trouve entre deux poutres. ‖ Partie d'une construction, comprise entre deux piliers : *Une travée de la nef d'une église, d'un pont.* ‖ *Travée de comble*, l'espace compris entre deux fermes.

TRAVEMUNDE (l. *Dragamuntina*), 1 500 hab. Ville de l'Allemagne du Nord, à l'embouchure de la Trave.

1. TRAVERS [tra-vè] (l. *traversus* et *transversus*, tourné en travers), *sm.* La largeur d'une chose : *La taille de cet insecte est d'un travers de doigt.* ‖ *Droit de travers*, péage établi, au moyen âge, sur le passage des marchandises, soit sur les routes, soit sur les rivières, ou bien aux portes des villes, etc. ‖ Biais, irrégularité : *Le travers d'un mur.* ‖ Flanc d'un navire : *Le vaisseau reçut une bordée de canon dans son travers.* ‖ *Être par le travers d'un vaisseau*, être par une ligne perpendiculaire à sa longueur. ‖ *Mettre un navire en travers*, placer l'un de ses flancs perpendiculairement à la direction du vent, mettre en panne. — Fig. Bizarrerie d'esprit, d'humeur : *Il n'a qu'un seul travers.* ‖ Inconduite : *Donner dans le travers.* — EN TRAVERS, *loc. adv.* D'un côté à l'autre dans le sens de la largeur : *Tendre une corde en travers d'une rue.* — DE TRAVERS, *loc. adv.* Obliquement : *Enfoncer un clou de travers.* — Fig. *Regarder quelqu'un de travers*, avec malveillance, avec colère. ‖ Tout autrement qu'il ne faudrait : *Faire quelque chose tout de travers.* ‖ *Esprit de travers*, mal fait. — A TRAVERS, AU TRAVERS, *loc. prép.* De part en part : *Il lui passa son épée au travers du corps.* ‖ Au milieu, à l'intérieur de : *Errer à travers la forêt.* — Fig. Malgré l'obstacle de : *On devine sa ruse à travers sa bonhomie.* — A TORT ET A TRAVERS, *loc. adv.* Au hasard, sans réflexion, sans retenue : *Parler à tort et à travers.* — **Gr.** Nulle différence de sens entre *à travers* et *au travers. A travers* s'emploie comme prép. mais ne doit jamais être suivi de *de* : *A travers les flammes. Au travers* doit être toujours suivi de *de* pour former une loc. prép. : *Au travers des flammes.* — **Dér.** *Travers* 2; *traverser, traversée* 1 et 2, *traverse, traversier, traversière, traversin, traversine.*

2. TRAVERS (VAL), pittoresque vallée du Jura suisse, à l'O. de Neuchâtel, traversé par la Reuss, ayant le caractère d'une cluse et où se voit la combe dite *Creux du vent.* — **Val-Travers** (LE), 5 000 hab. Nom sous lequel on désigne tout le groupe des villages de cette vallée. Fabriques d'horlogerie et exploitation de bitume.

TRAVERSE, *sf.* de *traverser.* Route plus courte que le grand chemin ou conduisant à un endroit ou celui-ci ne mène pas : *Prendre la traverse.* ‖ *Rue de traverse*, petite rue qui va d'une grande rue à une autre. ‖ Butte de terre élevée sur le terre-plein d'un rempart pour empêcher qu'il ne soit enfilé par les projectiles de l'ennemi. ‖ Pièce de bois horizontale fixée au travers d'un panneau, d'un châssis pour les consolider, et qui s'assemble avec les montants. ‖ Barre de fer horizontale percée de trous dans lesquels sont engagés les barreaux d'une grille. || Pièce de charpente posée en travers d'une voie de chemin de fer sur laquelle reposent les coussinets qui soutiennent les rails dans les voies faites avec des rails à double champignon, ou sur laquelle repose le patin du rail dans les voies du système Vignole. Dans ce dernier système, qui est actuellement le plus employé, le patin du rail est fixé à la traverse au moyen de *tirefonds.* (V. ce mot.) || *Saboter une traverse,* pratiquer des entailles sur une traverse pour y poser les rails ou les coussinets. || *Traverse de joint,* traverse un peu plus large que les autres, et placée sous le joint de deux rails consécutifs. Les Allemands emploient des traverses métalliques. || Barre de bâtardise sur un écu. (Blas.) — Fig. Obstacle, affliction, revers : *Essuyer bien des traverses.*

1. **TRAVERSÉE,** *spf.* de *traverser.* Tout voyage sur mer, et principalement voyage outre-mer. || Sa durée : *Une heureuse traversée.*

2.***TRAVERSÉE,** *spf.* de *traverser.* Appareil de voie ferrée situé à l'intersection de deux voies et servant au passage d'un train sur l'une d'elles au travers de l'autre. || *Traversée-jonction,* appareil analogue, mais servant en outre à relier les deux voies, suivant les besoins. Ces appareils sont du type anglais.

TRAVERSELLE, village du Piémont (Italie) qui a donné son nom à une variété de *diopside.*

***TRAVERSELLITE** (*Traverselle*), *sf.* Variété de diopside qui se présente sous forme de prismes rectangulaires de couleur vert foncé, offrant des stries longitudinales et généralement terminées d'une façon irrégulière.

TRAVERSER (*travers,* adv.), *vt.* Passer d'un bord au bord opposé : *Traverser une rivière, la mer, un champ.* || Être situé au travers de : *La route traverse la forêt.* || Façonner dans le sens de la largeur : *Traverser une planche avec un rabot.* || Percer de part en part : *La pluie traversa ses vêtements.* — Fig. Se présenter soudainement à : *Cette pensée lui traversa l'esprit.* — Fig. Susciter des obstacles à : *Traverser quelqu'un, traverser ses desseins.* — *Vi.* Être situé en travers. — **Se traverser,** *vr.* Être traversé d'un bord à l'autre : *Les rivières d'Afrique se traversent souvent à gué.* || Se susciter des obstacles mutuellement : *Ces deux hommes ne font que se traverser.* || N'avoir pas les hanches et les épaules exactement sur la même ligne, en parlant d'un cheval : *Ce cheval se traverse.*

TRAVERSIER, IÈRE (*traverser*), *adj.* Situé en travers : *Rue traversière.* || Qu'on tient parallèlement au visage : *Flûte traversière.* || Qui sert à faire une petite traversée sur l'eau : *Barque traversière.* || Vent favorable qui souffle dans une direction perpendiculaire à la route qu'on veut suivre : *Vent traversier.* (Mar.) — **Traversier,** *sm.* Verge qui forme la croix du haut d'une bannière. || Pinnule mobile appelée ordinairement *curseur.* — **Traversière,** *sf.* Cordage fixé au diamant d'une ancre pour la traverser. || Faisceau de cordages qui retient les corps de support flottants entre eux ou à la rive, dans la construction d'un pont militaire.

TRAVERSIN (*travers,* adv.), *sm.* Long oreiller cylindrique placé au chevet d'un lit et qui va d'un bord à l'autre. || Pièce de bois qui relie transversalement un assemblage de charpentes. || Planche appliquée diamétralement sur la surface extérieure du fond d'un tonneau pour le renforcer. || Le fléau d'une balance.

***TRAVERSINE** (*traversin*), *sf.* Passerelle pour passer à bord d'un bateau. || Traverse d'un grillage. || Solive d'un radier d'écluse, dont chacun des deux bouts est reçu dans une entaille faite à un pilot.

TRAVERTIN (ital. *travertino*), *sm.* Pierre calcaire, ordinairement caverneuse, constituée par des masses sphéroïdales composées de minces feuillets concentriques qui ont été déposées dans les lacs de l'époque quaternaire par des sources minérales chargées de carbonate de chaux. Il existe à Tivoli des carrières d'un travertin grisâtre et d'excellente qualité avec lequel ont été construits les principaux édifices anciens et modernes de Rome.

TRAVESTI, IE (*travestir*), *adj.* Qui a pris un vêtement différent de celui que réclame le sexe, la condition. || *Bal travesti,* où tous les assistants sont travestis. — Fig. Modifié d'une façon burlesque : *L'Énéide travestie de Scarron.* — *Sm.* Nom donné à l'une des nombreuses variétés de tulipe.

TRAVESTIR (pfx. *tra* + *vestir,* vêtir), *vt.* Faire prendre un vêtement différent de celui qui est habituel au sexe, à la condition : *Des soldats espagnols travestis en paysans s'emparèrent d'Amiens en 1597.* — Fig. Modifier un ouvrage sérieux de manière à le rendre burlesque : *Boileau a travesti l'une des belles scènes du* Cid. || Présenter sous un jour faux ou défavorable : *On travestit souvent le caractère des grands hommes.* || Reproduire inexactement : *On a travesti ma pensée.* — **Se travestir,** *vr.* Prendre un vêtement qui n'est pas habituel à son sexe, à sa condition. || Se déguiser sans se masquer : *Se travestir pour aller au bal.* — Fig. Changer sa manière ordinaire, déguiser son caractère : *Les filous savent se travestir.* — **Dér.** *Travesti, travestie, travestissement, travestisseur.* Même famille : *Vêtir,* etc.

TRAVESTISSEMENT (*travestir*), *sm.* Action de prendre ou de faire prendre un vêtement qui n'est pas habituel au sexe, à la condition : *Un travestissement bizarre.* || *Pièce* ou *rôle à travestissements,* où un acteur, changeant vivement de costume, joue plusieurs personnages. — Fig. Action de représenter une chose sous un jour faux et défavorable. || Reproduction inexacte.

***TRAVESTISSEUR** (*travestir*), *sm.* Celui qui travestit un ouvrage.

***TRAVON** (*travée*), *sm.* Pièce de bois qui couronne la file des pieux d'une palée de pont, et qui porte les poutrelles de la travée. (Constr.)

TRAVOT (Jean-Pierre, baron) (1767-1836), général français. Adjudant général avec Hoche (1794), il s'empara de Charette en 1796, et fut promu général de division en 1805. Junot le fit disgracier par jalousie. Remis en activité pendant les Cent-jours, il fut arrêté, sans raison, le 14 janvier 1816 et envoyé au fort de Ham, d'où il sortit mourant quatre ans après. La Roche-sur-Yon lui a érigé une statue.

***TRAVOUIL** [l mouillé] (*x*), *sm.* Dévidoir pour mettre le fil en écheveaux.

***TRAVURE** (*travée*), *sf.* Ensemble des solives qui composent une partie de plancher comprise entre deux murs ou deux poutres : *Le poids de la travure.*

TRAWNIK, 12000 h. Ville de Bosnie, sur la Laschwa. Coutellerie, manufacture de sabres. Grand commerce.

TRAYON (*traire*), *sm.* Chacun des bouts du pis d'une vache, d'une chèvre, etc. : *La vache a quatre trayons.*

***TRÉ, TRES** (vx fr. *tres* : du l. *trans*). Préfixe qui signifie *au delà, à travers, entièrement.* Ex. : *Trépasser, tressaillir.*

TREBBIA. (V. *Trébie.*)

***TREBEL** (*x*), *sm.* Plante composée dont les feuilles servent à aromatiser les cigares de la Havane.

TRÉBELLIANIQUE ou **TRÉBELLIENNE** (de *Trebellius,* jurisconsulte romain), *adj. f.* On ne l'emploie que dans cette locution : *Quarte trébellianique* ou *trébellienne,* le quart que l'héritier institué a droit de retenir sur la succession grevée de fidéicommis, en remettant l'hérédité.

TRÉBELLIEN, ancien chef de pirates qui se fit proclamer empereur en Isaurie sous le règne de Gallien (264-265).

TRÉBELLIUS POLLION (ive siècle). L'un des écrivains de l'*Histoire d'Auguste* dont il reste une histoire des empereurs romains, de Valérien à Claude II.

TRÉBIE (anciennement *Trebia*), 106 kilom. Rivière d'Italie, affluent de la rive droite du Pô, sur les bords de laquelle Annibal défit Sempronius (218 av. J.-C.). Victoire de Souvarow sur Macdonald en 1799.

TRÉBIGNE ou **TRÉBINIÉ,** 12000 hab. Ville de l'Herzégovine (Turquie d'Europe, avant 1878). Elle relève aujourd'hui du protectorat de l'Autriche-Hongrie.

TRÉBIZONDE (l'ancienne *Trapezonte*), 50000 hab. Ville et grand port de la Turquie d'Asie, sur la côte S.-E. de la mer Noire, l'une des principales échelles du Levant; grand entrepôt du commerce de la Perse et de l'Arménie avec l'Europe. Trébizonde fut, de 1204 à 1461, la capitale d'un petit empire fondé par les souverains de Constantinople après l'établissement de l'empire latin.

TRÉBONIUS (Caïus), tribun du peuple en 56 av. J.-C., l'un des lieutenants de César en Gaule et l'un de ses meurtriers. Il fut tué par Dolabella en l'an 43 av. J.-C.

***TRÉBUCHAGE** (*trébucher*), *sm.* Action de trier, pour les fondre, les pièces de monnaie excédant le poids.

TRÉBUCHANT, ANTE (*trébucher*), *adj.* Qui trébuche. || Qui a le poids légal, en parlant des monnaies : *Des écus bien trébuchants.*

TRÉBUCHEMENT (*trébucher*), *sm.* Action de trébucher.

TRÉBUCHER (pfx. *tré* + vx fr. *buc,* tronc du corps humain), *vi.* Manquer de tomber en marchant : *Une pierre m'a fait trébucher.* — Fig. Commettre une faute en conduite : *Le sage trébuche quelquefois.* || Tomber : *La voiture trébucha dans le fossé.* — Fig. Être déchu de : *Trébucher du pouvoir.* || L'emporter par le poids, en parlant d'un corps mis dans l'un des plateaux d'une balance : *Cette pièce de monnaie trébuche.* — **Dér.** *Trébuchant, trébuchante, trébuchage, trébuchement, trébuchet.* — **Syn.** *Trébucher* signifie que l'on perd l'équilibre et que l'on est sur le point de tomber; cela arrive lorsque l'on n'a pas le pied ferme. *Broncher,* c'est faire un faux pas pour avoir heurté contre un accident de terrain. — **Gr.** Pour marquer l'action, *trébucher* prend l'auxiliaire *avoir : Il a trébuché contre une pierre.* Mais pour exprimer l'état de chute, il veut être précédé de *être : Elle est trébuchée sur une touffe de ronces.*

TRÉBUCHET [tré-bu-chè] (*trébucher*), *sm.* Machine de guerre du moyen âge qui servait à lancer des pierres contre les murailles pour les abattre. || Piège en forme de cage pour attraper des oiseaux. || Piège pour prendre les bêtes nuisibles. — Fig. Embûche : *Cet homme s'est laissé prendre au trébuchet.* || Petite balance très sensible pour peser les métaux précieux, les pierres précieuses, les objets très légers.

***TREDAME** (abréviation de *Notre-Dame*), *interj.* Par Notre-Dame (vx).

TREFFORT, 1708 hab. Ch.-l. de c., arr. de Bourg (Ain). Poterie, tuileries.

TRÉFILER (pfx. *tré* + *filer*), *vt.* Faire passer un cylindre de métal par la filière : *Tréfiler du laiton.* — *Absol.* Travailler à la tréfilerie. — **Dér.** *Tréfileur, tréfilerie.*

TRÉFILERIE (*tréfiler*), *sf.* Machine pour tréfiler. || Fabrique où l'on tréfile.

TRÉFILEUR (*tréfiler*), *sm.* Ouvrier qui tréfile.

TRÈFLE (l. *trifolium :* de *tres,* trois + *folium,* feuille), *sm.* Genre de plantes dicotylédones de la famille des Légumineuses, composé d'herbes vivaces, très souvent gazonnantes, et originaires de toutes les régions tempérées du globe. Leurs feuilles se composent le plus souvent de trois folioles, rarement d'un plus grand nombre; elles sont, en outre, accompagnées de deux stipules latérales soudées au pétiole. Les fleurs sont réunies en capitules ou en épis serrés; quelquefois, mais rarement, elles sont solitaires. Elles se développent à l'aisselle de bractées membraneuses, persistantes ou caduques, étroites, peu développées, et souvent presque nulles. La fleur du trèfle est hermaphrodite et irrégulière. Le réceptacle est généralement peu développé, peu concave à son sommet, qui est tapissé par une mince couche de tissu glanduleux. Le calice est gamosépale et partagé à sa partie supérieure en cinq dents, dont les antérieures sont plus longues. La corolle est papilionacée et se compose de cinq pétales soudés entre eux à leur partie inférieure en un tube qui se soude lui-même à la gaine que forme le filet des étamines. L'étendard est plus long que les ailes, qui sont très étroites; celles-ci sont elles-mêmes plus longues que la carène. Les étamines, au nombre de dix, sont diadelphes : neuf d'entre elles ont leurs filets soudés entre eux et avec la corolle, tandis que la dixième est libre et légèrement agglutinée sur une certaine étendue aux bords de la gouttière formée par la soudure des filets des neuf autres étamines. Le gynécée se compose d'un ovaire sessile, supère et terminé à sa partie supérieure en un style grêle ou plus ou moins renflé et recourbé. L'ovaire renferme un ou plusieurs ovules généralement peu nombreux. Le fruit est une gousse oblongue, cylindrique, aplatie et entourée des pièces du calice et de la corolle qui se sont desséchées. Le genre *trifolium* renferme un grand nombre d'espèces, dont quelques-unes sont cultivées comme fourrage. Ce sont : 1° Le *trèfle des prés* (*trifolium pratense*), encore appelé vulgairement *trèfle commun, grand trèfle, trémière, clave*, et quelquefois aussi *trèfle rouge*. Cette espèce, connue dans l'antiquité de tous les peuples de l'Europe et de l'Asie tempérée occidentale, était, d'après Palladius, qui vivait plusieurs siècles av. J.-C., donnée aux animaux de la basse-cour. Mais ce n'est qu'au VIe siècle que l'usage du *trèfle* s'introduisit dans les Flandres et que cette plante entra dans la grande culture. Les Espagnols ayant expulsé les protestants des Pays-Bas, ceux-ci se réfugièrent en Allemagne, où ils s'établirent sous la protection de l'électeur palatin, et transportèrent dans leur nouvelle patrie la culture du trèfle. C'est aussi des Flandres que, vers 1633, Richard Weston, père du favori de Guillaume III, l'introduisit en Angleterre. Ce n'est guère que dans les dernières années du XVIIIe siècle que l'on commença à cultiver le trèfle en France, alors que Mayer de Hupferzel (1769) eut démontré que cette légumineuse pourrait rendre de grands services à l'agriculture et être avantageusement semée dans toutes les terres amendées au moyen du plâtre. Le trèfle des prés est vivace, prospère dans les climats à étés pluvieux et dans les sols humides, argileux ou argilo-calcaires, mais perméables; il prospère aussi dans les sables froids que l'on amende avec de la chaux ou de la marne; mais il se développe mal dans les contrées où les étés sont secs et les sols desséchés : aussi manque-t-il souvent dans le midi de la France, à moins que l'on ne puisse soumettre à l'irrigation les champs où il a été semé. Il demande, du reste, un terrain riche en chaux et en potasse, exige un sol ameubli depuis longtemps et bien fumé; il craint cependant les défoncements récents, car la gelée, en soulevant la terre, peut déchausser les jeunes plants et les faire périr. Le fumier frais ne saurait lui convenir à cause des graines qu'il contient et qui, en germant, développeraient des plantes nuisibles à sa croissance. Aussi doit-on lui donner des engrais liquides, des composts, de la poudrette, des cendres, des engrais marins, du plâtre, etc., etc. Dans les sols où l'élément calcaire fait défaut, on répandra de la marne, des composts à la chaux, des cendres vitrioliques, etc. Le trèfle doit être semé de préférence sur le blé qui suit une récolte de racine. On sèmera donc à l'automne un blé, et au printemps, après un hersage, on répandra la graine de trèfle à raison de 18 à 20 kilogrammes par hectare, en observant qu'il en faudra plus dans les terres légères que dans les terres fortes, et davantage quand le produit de la tréflière devra être consommé en vert plutôt que fané. Il suffira, le plus souvent, pour l'enterrer, d'y faire passer le rouleau, qui aura, en outre, l'avantage de tasser la terre et de détruire les limaces, si nuisibles aux tréflières. Quelques agronomes conseillent de faire les semailles en deux fois et à quelques jours d'intervalle : la première, on répand 10 ou 12 kilogrammes, la seconde, 5 ou 6 seulement. Cette graine doit être belle, nouvelle et tirée d'une contrée où le trèfle prospère. Dans le Midi, c'est en automne que l'on établit les tréflières, tandis que dans le Nord c'est au printemps; mais, dans une contrée comme dans l'autre, il y a toujours avantage à associer sa culture à celle d'une autre plante. Il est très avantageux de le plâtrer dès que les jeunes pousses sont sorties de terre, et de répandre des engrais pulvérulents, de la poudrette, de la colombine, des cendres, etc.; des arrosages avec le purin alternant avec le plâtre donnent aussi des résultats excellents. Le trèfle ne doit pas être sarclé, mais, au contraire, roulé; le pâturage des moutons, en tassant la terre, produit le même effet. On doit le récolter dès que les fleurs commencent à noircir, ou du moins quand elles sont bien épanouies; car si on veut le transformer en foin, il est très difficile à faner avant qu'il soit dans cet état. S'il n'a pas été bien desséché, il moisit lorsqu'il est rentré, devient poudreux et perd ses fleurs et ses feuilles, c'est-à-dire ses parties les plus nourrissantes. Récolté par des temps tantôt humides, tantôt secs, il devient dur, insipide et perd ses feuilles; si, au contraire, on le fait trop rapidement, il devient dur et cassant et perd encore ses parties les plus substantielles. Aussi, pour l'obtenir à l'état convenable, faut-il répandre les andains alors que les plantes sont encore vertes, et les retourner le matin. Il doit, en outre, être conservé dans un endroit sec. Le trèfle est un aliment très recherché des animaux; mais on ne doit pas en faire leur nourriture exclusive; il doit toujours être mêlé à d'autres fourrages. Il convient mieux aux ruminants qu'aux chevaux; les vaches laitières auxquelles on ne donne que du trèfle et des racines (betterave, carotte, etc.) sécrètent un lait bleu; par contre, on peut en donner une certaine quantité aux bœufs de travail; il entre également pour une petite part dans la ration des animaux à l'engrais et des brebis qui nourrissent. Quant aux chevaux qui en sont exclusivement nourris avec de l'avoine, ils sont mous et se couvrent de sueur à la moindre fatigue. On donne aussi le trèfle en vert aux animaux, et quelquefois il y a un grand avantage à le faire pâturer; mais alors il a le grave inconvénient de produire la météorisation. C'est surtout par les temps secs et au printemps que l'on doit redouter cet accident. Il a plus souvent lieu sur les tréflières où les plantes sont vigoureuses et qui ont été plâtrées; celles, au contraire, où les pieds sont chétifs et presque fanés, le produisent moins fréquemment. La météorisation se voit aussi davantage dans le Midi que dans le Nord ou dans l'Ouest; dans cette dernière région, elle est très rare, bien qu'on laisse les herbivores pâturer au milieu des champs de trèfle. Il y a, dans certains cas, avantage à récolter la graine du trèfle. On doit alors semer celui-ci très clair, et dès que la graine de la seconde coupe est arrivée à maturité, on la fait cueillir à la main ou bien on se sert alors d'une sorte de pelle à claire-voie qui a la forme d'un peigne. Au bout de dix-huit mois, deux ans au plus, la tréflière doit être retournée, son produit diminuant sensiblement. Il y a même avantage à enterrer la dernière récolte, qui fournit un bon engrais vert; l'on doit attendre sept ou huit ans pour remettre du trèfle sur un même champ. Le trèfle est souvent attaqué par une petite limace grise, par des insectes, par la cuscute et l'orobanche. Nous avons parlé de ces diverses maladies au mot *Luzerne*, et nous y renvoyons le lecteur. 2° Le *trèfle blanc, trèfle rampant, petit trèfle de Hollande* ou *triolet*, vivace, à fleurs blanches et à tiges rampantes, qui se plaît dans tous les climats, sur les sols calcaires, légers et frais, qui a dans l'assolement la même place que le trèfle rouge et que l'on fait pâturer en vert, surtout par les vaches laitières. Cette espèce a d'abord été cultivée en Hollande et aime les lieux humides; ce trèfle craint peu le froid et se développe très bien dans les terres légères, siliceuses ou calcaires, où les autres espèces de trèfles viennent mal. Du reste, il s'accommode des mêmes engrais et sa culture est à peu près la même. On le sème en automne ou au printemps, soit seul, soit associé au trèfle commun ou à la lupuline, soit encore sur une céréale. La quantité de graine est de 10 kilogrammes par hectare. On peut le transformer en foin, mais il est plus avantageux de le faire manger en vert. Il donne, du reste, l'été, un fourrage recherché des animaux et qui ne leur donne que rarement des indigestions. Il est très usité en Allemagne pour la nourriture des vaches. On le donne aussi aux moutons pour les engraisser. 3° Le *trèfle incarnat, trèfle du Roussillon, trèfle annuel, trèfle très rouge* (*trifolium incarnatum*), encore appelé *farouch*. Il croît spontanément dans le midi de la France, dans les Pyrénées, dans la Biscaye, la Catalogne; il existe aussi en Italie, en Dalmatie, en Macédoine, en Sardaigne et dans la province d'Alger; mais on ne le trouve pas dans les îles Baléares. On en rencontre une variété à fleurs jaunes dans la Cornouaille anglaise. Le nom de *farouch*, qui lui vient de ses noms patois du midi de la France (*farradje*, en Roussillon; *farratage*, en Languedoc; *féroutjé*, en Gascogne), montre que cette plante a été très anciennement cultivée en France dans la région des Pyrénées. C'est de là qu'elle s'est répandue depuis environ quatre-vingts ans dans les autres parties de la France. Le trèfle incarnat préfère les sols légers et craint les sols humides; mais, dans le Midi, il croît bien l'hiver, ce qui le rend précieux pour ces contrées. On le sème après une céréale; il épuise peu la terre; il ne donne qu'une seule récolte et laisse le sol libre à l'époque où l'on peut y mettre des pommes de terre ou des betteraves, du maïs, du millet, des pois, etc. On répand la graine après un simple labour superficiel; cette graine doit être lisse, luisante et jaunâtre; il faut avoir soin de la prendre jeune, car, en vieillissant, elle devient noire et perd sa qualité germinative. On doit en semer 20 à 25 kilogrammes par hectare; mais comme cette semence est difficile à obtenir bien pure, on la sème en gousses, et alors on en met 60 à 100 kilogrammes à l'hectare. C'est en août ou en septembre que se font les semailles. Il suffit d'un hersage ou d'un coup de rouleau pour couvrir la graine. Le trèfle incarnat se sème généralement seul; cependant, on l'associe quelquefois au millet, au maïs, à l'avoine. Dans le Roussillon, on le sème, en automne, mêlé au lupin, et il sert à nourrir l'hiver les moutons qui ont passé l'été sur les Pyrénées. Il demande peu de soins : un coup de rouleau pour écraser les limaces et deux plâtrages, un en automne, l'autre au printemps. On le récolte dès que les premières fleurs se sont épanouies, car il est rare qu'on le transforme en foin. Aussi y a-t-il avantage à semer ensemble les deux variétés, l'une précoce, l'autre tardive; on arrive ainsi à faire durer plus longtemps la prairie. Le trèfle incarnat a l'avantage d'être très précoce; mais il a l'inconvénient de ne pas être recherché du bétail. Cependant, donné en vert à la fin de l'hiver, les animaux le mangent volontiers parce qu'ils ont été soumis pendant toute la mauvaise saison au régime du sec. La graine du farouch peut remplacer l'avoine. Dans le Midi, ce sont les agneaux, les brebis et

TRÈFLE DES PRÉS OU TRÈFLE ROUGE

TRÈFLE BLANC OU TRÈFLE RAMPANT

TRÈFLE INCARNAT

les vaches qui le pâturent; en Normandie, on le fait manger en vert aux jeunes poulains; mais les nombreux poils dont sont garnies ses sommités fleuries forment, dans les organes digestifs des animaux, des pelotes de 4 à 6 centimètres de diamètre qui déterminent quelquefois des accidents mortels. A l'état sec, le trèfle incarnat ne donne qu'un fourrage de médiocre qualité. || *Trèfle d'eau.* (V. *Ményanthe.*) || L'une des quatre couleurs du jeu de cartes caractérisée par une couleur en forme de trèfle. || Petite ouverture usitée dans l'architecture gothique et dont le contour est formé par la juxtaposition de trois cercles incomplets. Ce membre de l'architecture ogivale fut employé dès la fin du XIIe siècle jusqu'au XVIe. Cette figure est entrée fréquemment dans la composition des meneaux des fenêtres, des arcatures, etc. On la traçait sur un triangle équilatéral. Quelquefois les points de rencontre des cercles sont terminés par un ornement : c'est tantôt un bouquet de feuilles, tantôt une tête humaine ou celle d'un animal. Il arrivait quelquefois aussi que l'on inscrivait un trèfle dans chacun des cercles qui formaient le trèfle primitif. — **Dér.** *Tréfler, tréflé, tréflée, tréflerie.*

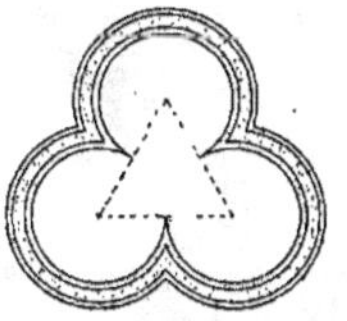

TRÈFLE
(Architecture.)

TRÈFLE, 48 kilom., petite rivière du département de la Charente, affluent de la Seugne. Elle arrose Barbezieux et reçoit le Tatre.

***TRÉFLÉ, ÉE** (*tréfler*), *adj.* En forme de trèfle. || Orné de trèfles : *Croisée tréflée.* || *Mine tréflée,* à trois fourneaux en forme de trèfle. || Qui se termine en trèfle. (Blas.) || Mal rengrené, marqué d'une double effigie irrégulière : *Médaille tréflée.* (Num.)

***TRÉFLER** (*trèfle*), *va.* Mal rengrener, marquer d'une double effigie, en parlant du monnayage, etc. || Faire en forme de trèfle. || Orner de trèfles.

***TRÉFLIÈRE** (*trèfle*), *sf.* Champ où l'on a semé du trèfle.

1. **TRÉFONCIER** (*tréfonds*), *sm.* Propriétaire du fonds et du tréfonds.

2. **TRÉFONCIER, IÈRE** (*tréfonds*), *adj.* Qui s'étend au tréfonds.

TRÉFONDS ou **TRÈS-FONDS** (pfx. *très* + *fonds*), *sm.* Toute la profondeur de terre qui est au-dessous du sol arable. || La propriété complète et entière d'une chose. — Fig. *Savoir le fonds et le tréfonds d'une affaire,* la connaître parfaitement. — **Dér.** *Tréfoncier* 1, *tréfoncier* 2, *tréfoncière.*

***TRÉGOU** ou ***TROGOU** (*x*), *sm.* Nom que l'on donne, dans le Midi, au goujon.

TRÉGUIER, 58 kilom. Petit fleuve du département des Côtes-du-Nord, formé à Tréguier par la réunion du Jaudy et du Guindy. Il se jette dans la Manche vis-à-vis l'île d'*Er*. Les deux rivières de Tréguier et de Trieux sont séparées par le promontoire des Épées.

TRÉGUIER, 3193 hab. Ch.-l. de c., arr. de Lannion (Côtes-du-Nord). Port sur l'estuaire du même nom, au confluent du Jaudy et du Guindy, à 2 kilom. de la Manche. Ancienne ville épiscopale fondée par des Bretons émigrés; belle cathédrale des XIe, XIIIe, XIVe et XVe siècles; beau cloître du XVe siècle; grande pêche; commerce d'importation et d'exportation. Cette ville a donné son nom à l'un des quatre principaux dialectes du bas breton.

***TRÉHALA** (*x*), *sm.* Coque creuse, de la grosseur d'une olive, qu'une sorte de charançon fabrique en guise de nid sur une espèce d'échinops, et qui constitue une matière alimentaire féculante, gommeuse et sucrée, employée en Syrie et en Perse comme l'est chez nous le tapioca. — **Dér.** *Tréhalose.*

***TRÉHALOSE** (*tréhala*), *sf.* Sucre que l'on extrait du tréhala. On peut aussi l'extraire du seigle ergoté ainsi que de quelques champignons. Il est soluble dans l'eau, très soluble aussi dans l'alcool bouillant, propriété dont on tire parti pour le purifier. Sa solution dévie à droite le plan de polarisation de la lumière. Il ne fermente qu'avec difficulté sous l'action de la levure de bière.

TRÉHOUART (FRANÇOIS-THOMAS) (1798-1873), amiral français. Entré comme mousse dans la marine, il commandait la flotte française au combat d'Obligado (20 nov. 1845). Contre-amiral en 1846, vice-amiral en 1851, puis successeur de l'amiral Bruat, il rapatria l'armée de Crimée.

TREIGNAC, 3001 hab. Ch.-l. de c., arr. de Tulle (Corrèze), sur la Vézère, au centre d'un beau paysage. Belle cascade à 4 kilom.

TREILHARD (JEAN-BAPTISTE, COMTE) (1742-1810), conventionnel, puis membre du Directoire. Il prit une part active à la rédaction de nos codes, devint sénateur, comte de l'Empire et fut inhumé au Panthéon.

TREILLAGE [LL mouillés] (*treille*), *sm.* Assemblage de perches ou de lattes attachées les unes sur les autres et laissant entre elles des vides en forme de carré ou de losange. Les treillages servent de clôture ou s'appliquent contre les murs pour soutenir des espaliers.

***TREILLAGER** (*treillage*), *vt.* Garnir de treillage. || Peindre en vert de treillage.

TREILLAGEUR (*treillage*), *sm.* Ouvrier qui fait des treillages ou des treillis.

TREILLE [LL mouillés] (l. *trichila*, tonnelle), *sf.* Ceps de vigne entrelacés formant berceau et soutenu par un treillage : *Reposer sous la treille.* || Espalier formé de ceps de vigne. — Fig. *Le jus de la treille,* le vin. — **Dér.** *Treillis* 1, *treillage, treillager, treillisser, treillageur.*

1. **TREILLIS** [LL mouillés] (*treille*), *sm.* Assemblage de fils de métal laissant entre eux des vides semblables aux mailles d'un filet, et qui sert de clôture : *Fenêtre garnie*

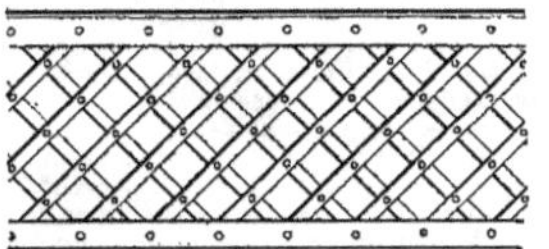

TREILLIS

d'un treillis. || *Poutre en treillis,* poutre métallique composée de fers plats ou cornières se croisant en forme de mailles d'un filet et très employée dans les ouvrages d'art modernes, par suite de leur légèreté, de leur solidité et de leur aspect agréable. Ce genre de construction est dû principalement aux Américains, qui en ont, les premiers, fait un grand usage. || Toute fermeture dormante métallique à barres maillées et en losange. || Châssis subdivisé en carrés par des fils et dont on se sert pour copier un dessin. || Grille formant la visière d'un heaume. (Blas.) — **Dér.** *Treillisser.*

2. **TREILLIS** (vx fr. *treslice* : l. *trilix,* tissu de trois fils), *sm.* Toile grossière : *Une vente de treillis.* || Sorte de toile gommée et luisante.

***TREILLISSÉ** (p. p. de *treillisser*), *sm.* Etoffe disposée en treillis.

TREILLISSER (*treillis* 1), *vt.* Garnir de treillis : *Treillisser une fenêtre.* || Disposer en treillis.

TREIRE, 26 kilom. Rivière de la Haute-Marne, affluent de la Marne à Poulain.

***TREIZAINE** (*treize*), *sf.* Ensemble de treize objets de même nature.

TREIZE (l. *tredecim*), *adj. num. card.* Dix plus trois : *Treize convives.* — Les gens superstitieux ont la faiblesse de croire que quand on se trouve *treize à table,* l'un des convives mourra dans l'année. Cette opinion absurde est née de ce que, pendant la cène, Jésus-Christ était assis à table avec ses douze apôtres, parmi lesquels était le traître Judas. || Treizième : *Page treize, Louis treize* (ou *Louis XIII*). — *Sm.* Le nombre ou le numéro treize : *Amener un treize à la loterie.* || *Le treize du mois,* le treizième jour du mois. || Jeu de hasard, joué avec 52 cartes. — **Dér.** *Treizaine, treizième, treizièmement.* — **Comp.** Tous les mots composés où entre le nombre *treize.*

TREIZIÈME (pfx. *treize* + sfx. *ième*), *adj. num. ord.* Qui occupe dans une série le rang, la place marquée par le numéro treize : *Le treizième chapitre d'un livre.* — *Sm.* Une partie d'un tout partagée en treize parties égales. On dit aussi la *treizième partie.*

TREIZIÈMEMENT (*treizième* + sfx. *ment*), *adv.* En treizième lieu.

***TREJETER** (pfx. *tre* pour *tra* + *jeter*), *va.* Transvaser le verre fondu, des pots dans les cuvettes. (Ind.)

TRÉLAT (ULYSSE) (1828-1890), chirurgien français. Son intelligence supérieure, son éloquence originale et pénétrante, son habileté opératoire et son grand sens clinique lui ont rapidement conquis l'une des plus hautes situations scientifiques. On lui doit plusieurs publications importantes; mais ses écrits, brusquement interrompus par une mort prématurée, ne sauraient donner la juste mesure de sa haute valeur. L'influence qu'il a exercée sur les progrès de la chirurgie n'en reste pas moins très grande; son enseignement comme professeur de clinique à la Faculté de médecine de Paris a laissé des traces profondes, et c'est à juste titre que ce maître français doit être considéré comme l'un des plus remarquables chirurgiens de notre siècle.

TRÉLAZÉ, 5944 hab. Village à 9 kilom. S.-O. d'Angers (Maine-et-Loire). Célèbres carrières d'ardoises (des Grands et des Petits Carreaux, de l'Hermitage, etc.).

TRÉLINGAGE (ital. *strelingaggio*), *sm.* Faisceau formé par la juxtaposition des parties égales d'un même cordage et reliant entre eux les haubans opposés d'un bas mât. — **Dér.** *Trélinguer.*

***TRÉLINGUER** (*trélinguer*), *vt.* Faire le trélingage.

TRÉLON, 3946 hab. Ch.-l. de cant., arr. d'Avesnes (Nord). Mines de fer, marbre, forges, verreries.

TRÉMA (g. τρῆμα, trou), *sm.* Nom des deux points qu'on met sur une voyelle pour indiquer qu'elle doit être prononcée isolément et comme si la voyelle précédente n'existait pas. Ex. : *Héroïne.* — Pl. *des trémas.* — *Adj. inv.* Se dit d'une voyelle surmontée d'un tréma (*ä, ë, ï, ö, ü*) : *Des ï tréma.*

TRÉMAIL, *sm.* (V. *Tramail.*)

***TRÉMATODES** (g. τρηματώδης, plein de trous : de τρῆμα, trou), *adj.* Percé de plusieurs trous. — **Les trématodes,** *smpl.* Groupe de vers allongés ou discoïdes, aplatis, mous, inarticulés, et munis de ventouses ou de suçoirs qui leur servent à se fixer aux viscères des animaux sur lesquels ils vivent en parasites. On en distingue surtout trois genres : 1° la *douve* ou *distome,* avec deux ventouses, très commune dans le foie du mouton, du cheval, du bœuf et du porc; 2° les *monostomes* ou *festucaires,* qui ont une seule ventouse, et vivent en parasites chez les oiseaux, les poissons et les reptiles; 3° les *amphistomes,* possédant une ventouse à chaque extrémité du corps, parasites chez les mammifères et aussi chez les oiseaux.

***TRÉMATOSAURE** (g. τρῆμα, trou + σαῦρος, lézard), *sm.* Genre de reptiles sauriens fossiles que l'on trouve dans le grès bigarré.

TREMBLADE (LA), 3210 hab. Ch.-l. de c., arr. de Marennes (Charente-Inférieure), sur la Seudre; petit port sur le chenal de l'Atelier. Parcs à huîtres, salines, bains de mer.

TREMBLAIE (*tremble* 1), *sf.* Lieu planté de trembles.

1. **TREMBLANT, ANTE** (*trembler*), *adj.* Qui tremble : *Il a la main tremblante.* || Qui oscille, qui remue : *Pont tremblant.* || Qui chevrote : *Une voix tremblante.* — Fig. Qui éprouve, qui annonce une grande crainte : *Des regards tremblants.* — *Sm.* Soupape disposée dans le porte-vent d'un jeu d'orgue

et qui, abaissée, fait rendre aux tuyaux un son tremblotant. — *Sf.* Nom vulgaire du gymnote électrique et de la torpille.

2.***TREMBLANTE** (*trembler*), *sf.* Maladie très dangereuse des bêtes ovines qui se manifeste souvent par des démangeaisons. Celles-ci commencent à la base de la queue, s'étendent peu à peu aux reins et gagnent toutes les parties du corps. Le mouton est, en outre, triste et est pris de frayeur subite. D'autres fois, la maladie se rapproche de l'épilepsie : elle débute par une raideur des lombes; le mouton a les oreilles basses, est embarrassé dans ses mouvements, il se tient mal sur le train de derrière; il a de temps à autre des tremblements qui dégénèrent en convulsions. On a essayé bien des traitements; ce qui réussit le mieux, ce sont des injections sous-cutanées d'essence de térébenthine.

TREMBLAY, 2625 hab. Commune du canton d'Antrain, arr. de Fougères (Ille-et-Vilaine). Patrie de René Desfontaines. Minoteries.

TREMBLAY (FRANÇOIS LECLERC DU), dit LE PÈRE JOSEPH (1577-1638), célèbre capucin, agent très zélé du cardinal de Richelieu. Il s'acquitta avec habileté de différentes missions. (V. *Joseph.*)

1. **TREMBLE** (l. *tremula*, qui tremble), *sm.* Espèce de peuplier de moyenne taille, à écorce lisse et d'un gris blanchâtre, à feuilles arrondies, d'un vert clair en dessus, largement dentées, supportées par un long pétiole s'amincissant par le sommet, ce qui fait qu'elles s'agitent au moindre vent. L'écorce est utilisée comme fébrifuge et pour le tannage des peaux. Les feuilles, fraîches ou sèches, constituent un très bon fourrage et le bois fournit un charbon propre à la fabrication de la poudre. (V. *Peuplier.*)

2. ***TREMBLE** (*trembler*), *sf.* L'un des noms vulgaires de la torpille (poisson).

3. ***TREMBLE** (*trembler*), *sm.* État de celui qui tremble. — **PROV.** ILS N'AURONT PAS CHAUD, CAR ILS ONT VENDU LEUR BOIS JUSQU'AU TREMBLE, se dit de ceux qui n'ont pas de bois l'hiver, par jeu de mots entre *tremble* et le bois du *tremble*, qui est un mauvais chauffage.

TREMBLÉ, ÉE (*trembler*), *adj.* Tracé en zigzags par une main tremblante : *Écriture tremblée.* ‖ Produit en exécutant le tremblement : *Sons tremblés.* (Mus.) — *Sm.* Filet d'imprimerie, serpentant et alternativement gras et maigre. (Typogr.)

TREMBLEMENT (*trembler*), *sm.* Suite de mouvements de va-et-vient répétés et irréguliers : *Le tremblement des vitres d'une fenêtre.* ‖ **Tremblement de terre**, ébranlement du sol dont les effets produisent tantôt des ondulations à peine perceptibles, tantôt le bouleversement complet d'une région. On a constaté trois sortes d'effets mécaniques : 1° les secousses verticales, où le choc a lieu de bas en haut; 2° les secousses horizontales, accompagnées de chocs latéraux; et 3° les mouvements ondulatoires. La combinaison de ces effets peut donner lieu à des effets tourbillonnaires.

Intensité des secousses. — Les points sur lesquels l'action des tremblements de terre porte le plus directement sont ceux qui se trouvent sur la verticale du foyer souterrain : le district où s'observe le maximum d'effet a reçu le nom d'*épicentre;* il est en relation, au point de vue de l'étendue et de la configuration, avec le centre d'ébranlement situé dans les profondeurs du globe. L'épicentre a, en général, une forme allongée à peu près elliptique; cette ellipse est d'autant moins étendue que le centre d'ébranlement est moins profond. En 1883, l'épicentre du tremblement de terre d'Ischia mesurait 1500 mètres de longueur sur 500 de largeur; au contraire, celui du tremblement de terre des Calabres, dont le centre d'ébranlement siégeait à une grande profondeur, atteignait des centaines de kilomètres. Le sens de l'allongement de l'épicentre est toujours donné par un accident géologique : ainsi une grande secousse a affecté en 1878 tout le versant S. de l'Himalaya. Au lieu de suivre la crête de la chaîne, le phénomène se produit quelquefois tout le long d'un ravin correspondant à une cassure transversale. Il peut arriver, comme dans le tremblement de terre des Calabres, que le centre d'ébranlement se transporte peu à peu souterrainement pendant des mois entiers, entraînant avec lui l'épicentre. Par contre, on observe souvent une constance remarquable dans la disposition des épicentres qui se manifestent dans une localité, même à de longs intervalles. En dehors de l'épicentre, les secousses vont en s'affaiblissant vers la périphérie, et on peut tracer autour de ce point des courbes concentriques passant par toutes les localités atteintes au même degré par le mouvement séismique; ce sont les *courbes isoséistes.* MM. Forel et de Rossi ont fait adopter une échelle comprenant les divers degrés d'intensité que peuvent atteindre les mouvements séismiques. Ces courbes sont d'ailleurs très irrégulières et se modifient par suite d'influences géologiques locales, comme la présence des chaînes de montagnes. Quand un tremblement de terre se produit sur une région côtière, il en résulte souvent un soulèvement du fond de la mer et la formation de vagues d'une hauteur et d'une amplitude considérables (tremblement de terre de Lisbonne, 1755). L'aire d'ébranlement d'un tremblement de terre est toujours beaucoup plus étendue qu'on ne se l'imagine, et on ne peut se fier à nos sens pour l'apprécier. Plusieurs sortes d'instruments sont employées pour ces mesures. On donne le nom de *séismomètres* à ceux qui exigent le concours d'un observateur, et de *séismographes* à ceux qui enregistrent eux-mêmes leurs indications. Ces appareils indiquent, en général, l'intensité, la direction des secousses. Dans les unes, le mouvement se révèle par le déplacement d'un liquide; dans les autres, on a recours à un pendule; d'autres encore ont la forme d'un battant de porte ou d'une girouette. Les pendules à charnière ont été jusqu'à présent déclarés les meilleurs pour ce genre d'observation. La composante horizontale du mouvement est déterminée, le plus souvent, au moyen de deux pendules à fil rigide oscillant dans deux plans perpendiculaires entre eux : l'enregistrement se fait sur du papier ordinaire à l'aide d'un crayon ou bien sur du papier enduit de noir de fumée au moyen d'un style. Le papier est souvent déroulé par un mouvement d'horlogerie : deux pendules à charnière, disposés à angle droit, servent à déterminer la composante horizontale du mouvement. Pour apprécier la composante verticale on emploie un ressort à spirale attaché à un point fixe par une de ses extrémités et portant à l'autre extrémité un stylet transversal : l'inscription a lieu sur une feuille de papier qui se déroule dans un plan vertical et est entraînée horizontalement par un mouvement d'horlogerie. L'amplitude de l'oscillation des séismographes dépend de la grandeur de la composante correspondante de la force qui produit l'ébranlement; on admet qu'elle croît proportionnellement à cette composante et qu'elle peut servir à l'évaluer. M. Cavalleri admet que, dans un tremblement de terre, le meilleur pendule, au point de vue de l'étude des intensités, est celui dont les indications sont synchrones avec la durée de l'ondulation du sol. On installe aujourd'hui, dans les observatoires, des séries de 6 à 10 pendules de longueurs différentes : cette disposition a pour but d'assurer, en cas de tremblement de terre faible, le fonctionnement de celui qui est le plus en harmonie avec le mouvement terrestre. Le professeur Palmieri emploie, pour l'étude des mouvements séismiques, un appareil composé de tubes en **U** contenant du mercure : la graduation de l'instrument est arbitraire. Le caractère des secousses est variable avec la valeur relative des composantes du mouvement; si l'on détermine en chaque point les intensités relatives des deux composantes horizontale et verticale, on peut tracer une série de courbes passant par les points où ce rapport possède telle valeur qu'on voudra, et connaître, par exemple, le contour de la surface où la composante horizontale est nulle : la région où la composante verticale existe seule peut être prise comme définissant l'épicentre. Cette opinion a été combattue par plusieurs savants, qui regardent les mouvements ondulatoires comme plus dangereux que les trépidations : certains pensent que le maximum de destruction a lieu aux points où les deux composantes ont la même valeur. Hayden définit l'intensité du mouvement en un point donné par l'énergie de l'effort exercé sur l'unité de surface de la vague séismique en ce point. Milne a institué des expériences ayant pour but de tracer des courbes isoséistes correspondant à la conception scientifique de l'intensité. La commotion était produite par des explosions de dynamite, et le mouvement transmis par le sol était observé à des distances connues au moyen de séismographes à charnière. L'un donnait l'action de la composante verticale du mouvement; deux instruments enregistreurs étaient disposés de manière à recevoir le tracé des deux composantes horizontales du mouvement, l'un agissant dans le sens de la transmission, l'autre perpendiculairement. Les actions étaient enregistrées séparément et l'on a constaté qu'en un point de la surface du sol le mouvement transmis était représenté par une série d'oscillations inégales en durée et en amplitude. L'amplitude est approximativement en raison inverse de la distance à l'origine : dans une station voisine de l'origine, la période d'ondulation, d'abord courte, s'allonge à mesure que l'ébranlement se propage et finit par devenir égale à celle du mouvement transversal. Près de l'origine l'amplitude du mouvement longitudinal est plus grande que celle du mouvement transversal. Le mouvement vertical commence par des vibrations petites et rapides et se termine par des vibrations lentes à longues périodes. On observe souvent dans les tremblements de terre des mouvements giratoires qui ont des effets curieux de torsion. L'observation des azimuts dans lesquels ont lieu les oscillations séismiques peut donner, d'une façon grossière, la situation de l'épicentre; en effet, les points de croisement des plans d'oscillations sont multiples et se trouvent groupés dans un espace plus ou moins étendu qui contient l'épicentre.

Direction des secousses. — On emploie, pour déterminer la direction des secousses, les séismographes pendulaires, ou bien des quilles que les secousses jettent de côté sur un lit de sable. L'examen des édifices et des divers objets ébranlés par la secousse renseigne sur sa direction, à défaut d'instruments, bien que dans certains cas ces indications soient erronées; on constate souvent des ondes d'azimuts multiples, qui sont sans doute le résultat de phénomènes de réflexion et de réfraction : les mouvements ondulatoires qui viennent s'ajouter aux trépidations de l'épicentre doivent être attribués à cette cause. On peut attribuer ces anomalies à un déplacement du centre d'ébranlement pendant la durée de la secousse. En général, l'observation donne seulement l'angle que forme la direction de la secousse avec la méridienne, mais n'en donne pas le sens; si le tracé des appareils enregistreurs est suffisamment net, le trait correspondant à la première oscillation simple fournit à ce point de vue une excellente indication. Étudions maintenant la vitesse avec laquelle le séisme étend son action. Le choc initial se propage suivant une série d'ondes concentriques et arrive en chaque point après avoir parcouru le trajet le plus direct : il se fait sentir d'abord sur une portion assez étendue de la surface qui correspond plus ou moins exactement avec l'épicentre. Autour de l'épicentre, la secousse arrive de plus en plus tardivement à mesure qu'on s'éloigne; on peut donc tracer des courbes telles que chacune d'elles représente l'ensemble des points où l'ébranlement arrive au même instant; on les appelle *homoséistes.* Pour les tracer, il faut connaître exactement l'heure de l'arrivée de l'ébranlement en chaque lieu : on se guidera sur l'heure intérieure des gares de chemins de fer, qui sont en général réglées sur les indications d'un observatoire astronomique; il y a cependant dans ces observations de nombreuses causes d'erreur provenant de la différence de construction des diverses horloges, qui peuvent s'arrêter plus ou moins vite après la secousse. Pour connaître, à une minute près, l'heure du mouvement, le meilleur procédé est de consulter sa montre et d'aller ensuite à la gare ou au bureau télégraphique pour y contrôler l'heure. Il serait bon de construire des horloges dont une secousse séismique provoque l'arrêt immédiat. En cas de tremblement de terre peu intense ou bien quand l'observateur se trouve à une grande distance de l'épicentre, on emploie des *avertisseurs* qui révèlent les plus petits mouvements du sol. Celui de *Cecchi* consiste en un pendule renversé surmonté d'un clou qui tombe à la moindre secousse; on peut obtenir l'heure initiale du tremblement de terre en faisant déclancher un réveille-matin par le pendule au moyen de la fermeture d'un courant électrique. L'*avertisseur de Bertelli* se compose d'un pendule dont la pointe pénètre dans une petite cavité produite au milieu d'une surface de mercure par la saillie du fond d'une cupule. Une spirale métallique sert de fil au pendule, tandis qu'une autre porte la cupule; au moment du contact le courant s'établit et arrête une horloge. Les séismographes les plus complets sont les appareils analyseurs analogues à celui de Cecchi : ce dernier comprend quatre pendules fonctionnant deux par deux dans des plans verticaux en face d'une caisse de bois à section carrée dont les parois sont enduites de noir de fumée. Un avertisseur fait mouvoir un déclanchement qui met une horloge en marche au moment de la secousse et provoque la descente de la caisse en bois au contact des styles enregistreurs fixés aux pendules; on a ainsi l'amplitude des oscillations et l'heure à laquelle chacune d'elles s'est produite. Les résultats obtenus sont très différents. Les vitesses varient dans des limites très considérables. J. Schmidt trouva, pour le tremblement de terre du Rhin (29 juillet 1846), une vitesse de 459 mètres par seconde.

Pour le tremblement de terre ressenti à Genève le 28 juin 1880, on a enregistré des vitesses variant entre 50 et 115 mètres. Dans des secousses observées en Amérique, la vitesse de propagation a été trouvée (tremblement de terre de Charleston, 31 août 1886) de 4860 mètres à Chattanoga et de 6000 à Baltimore. Un autre problème, beaucoup plus délicat, est la détermination du *centre d'ébranlement* ou du *foyer* du séisme. On peut le résoudre d'une manière grossière par cette remarque que plus le foyer est profond et plus l'épicentre couvre une vaste superficie, plus l'intensité des mouvements communiqués décroît lentement à mesure qu'on s'écarte de la région la plus maltraitée. Si le foyer coïncidait avec le centre du globe, les secousses auraient partout la même intensité; au contraire, si le centre d'ébranlement se trouvait près de la superficie de l'écorce, l'épicentre se réduirait à un point et le mouvement transmis cesserait rapidement d'être perceptible. R. Mallet a proposé de mener des normales aux plans de fracture constatés dans les constructions situées en dehors de la zone épicentrale, leur point de convergence souterraine donnerait la position du foyer séismique.

Ces règles ont presque toujours été trouvées en défaut par les observateurs qui ont cherché à les appliquer. Les formules de Mallet et de Falb, fondées sur la chute d'un corps à forme géométrique, donnent également des résultats suspects.

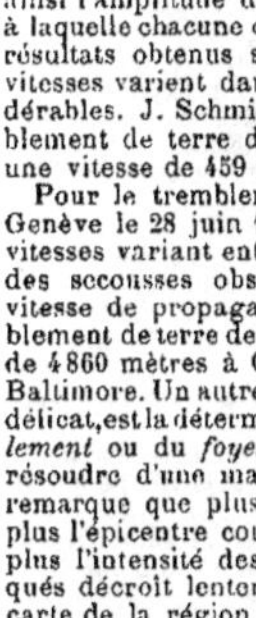

TREMBLEMENT DE TERRE

La considération de l'heure où commence la secousse en des points également distants de l'épicentre est beaucoup plus intéressante. Si le centre d'ébranlement est à faible distance de la surface du sol, les secousses se propagent avec une vitesse uniforme et les courbes homoséistes sont à des distances égales les unes des autres. Dans l'autre cas, la vitesse, d'abord très grande, ne devient consistante qu'en des points très éloignés de l'épicentre.

Soit OE ou h la profondeur du centre d'ébranlement; OD ou x la distance d'un point de la surface ébranlée à ce centre; ED ou y la distance du même point à l'épicentre réduit à un point unique, appelé *point épicentral*. On a :

$$(1) \qquad x^2 - y^2 = h^2,$$

équation qui représente une hyperbole équilatère dont le demi-axe est égal à h. Soit T le moment de la secousse initiale en o, et t celui où elle arrive en D : la distance x est parcourue dans le temps $t - T$, et si v est la vitesse de propagation de l'ébranlement dans le sol,

$$x = (t - T)\,v;$$

en substituant à x cette valeur dans l'équation (1),

on a : $$(t - T)^2 \times v^2 - y^2 = h^2;$$

d'où $$(t - T)^2 \times v^2 = h^2 + y^2;$$

d'où $$(t - T)^2 = \frac{h^2 + y^2}{v^2}.$$

Extrayant la racine carrée des deux membres, on aura :

$$(t - T) = \frac{\sqrt{h^2 + y^2}}{v};$$

d'où $$t = T + \frac{\sqrt{y^2 + h^2}}{v}.$$

La connaissance de y et de t pour trois points différents D donne le moyen de calculer h, v et T. On peut objecter à cette méthode le défaut de considérer la portion de sol qui est le théâtre du séisme comme homogène. Seebach, qui l'a beaucoup préconisée, répond que le revêtement extérieur de l'écorce terrestre peut être négligé par rapport à la partie sous-jacente et que l'on rencontre à une certaine profondeur dans le sein de la terre des masses cristallisées homogènes. Ceci n'a d'intérêt que si le foyer du séisme est profond, sinon la partie homogène du sol et la croûte qui la recouvre ont même épaisseur et nous ne pouvons plus raisonner comme sur un milieu identique. La méthode doit être rejetée quand la vitesse de propagation superficielle augmente au lieu de diminuer avec la distance à l'épicentre. M. Offret a constaté que les vitesses croissent avec la distance à l'épicentre. Von Lasaulx et Fouqué n'ont pu obtenir de résultats exacts avec cette méthode, qu'ils ont appliquée aux tremblements de terre d'Herzogenrath et de Ligurie : ce dernier cependant était particulièrement favorable au point de vue de la constatation des heures, à cause des nombreuses gares et stations astronomiques qui se trouvent dans la région éprouvée. Falb a essayé de fonder une méthode de calcul sur l'observation de l'intervalle qui s'écoule entre l'arrivée d'une secousse et celle du bruit qui l'accompagne ordinairement. Malheureusement, il y a une grande incertitude sur la vitesse du son dans le sol.

Secousses microséismiques. — Quand une région est sujette aux tremblements de terre, la cause qui les produit se maintient en activité constante, ce que l'on peut constater au moyen d'appareils très sensibles, tels que les *microséismographes* enregistreurs, dont le plus connu est celui de Rossi. Il se compose de cinq pendules de longueurs inégales, reliés entre eux par de petits fils de soie au milieu desquels est suspendu un poids très faible, soutenu au centre d'une capsule de mercure. Au moindre choc séismique, le poids entre en contact avec le mercure, un courant électrique est établi et un point se trouve inscrit sur un papier à mouvement continu. L'instrument est très sensible, mais difficile à régler.

Les *tromomètres* remplissent le même but, mais ne sont pas enregistreurs : le plus commun se compose d'un petit poids suspendu à un fil de soie sans torsion, formant pendule. Sur une des faces du poids est gravé un trait vertical. Une cage en verre protège l'instrument contre les courants d'air. En face du trait se trouve un microscope qui peut tourner autour de l'axe d'oscillation du pendule : il est mis au point de manière à permettre de suivre les plus petites oscillations du trait. Dans beaucoup de régions, l'appareil n'est jamais au repos, et lors d'un tremblement de terre, les tromomètres s'agitent à des centaines de kilomètres de l'épicentre. Ces appareils exigent malheureusement la présence incessante d'un observateur au microscope et, de plus, ils peuvent être influencés par des causes étrangères aux séismes, telles que les mouvements de l'atmosphère. On a constaté que les appareils magnétiques dont sont munis les observatoires pour l'étude des courants terrestres constituaient d'excellents tromomètres enregistreurs. Les séismes sont accompagnés d'une perturbation magnétique. Certains savants ont nié ce fait, que l'on pourrait contrôler exactement en comparant un tromomètre et un appareil magnétique placés dans des conditions identiques. L'excellence des appareils magnétiques comme tromomètres tient à leur mode d'enregistrement fondé sur la photographie et excluant toute influence de frottement. Le barreau aimanté mobile porte un miroir sur lequel se réfléchit un rayon lumineux d'incidence constante. Le rayon réfléchi donne son image sur un papier photographique qui se déroule au moyen d'un mouvement d'horlogerie. Quand le miroir est immobile, l'image tombant dans une direction fixe décrit une ligne droite sur le papier sensible; si le miroir remue, la ligne devient sinueuse. Le papier se déroule malheureusement avec trop de lenteur (10 millimètres à l'heure en France). On a essayé sans grand succès d'étudier, à l'aide de microphones, les bruits souterrains qui accompagnent les séismes. En Suisse et en Italie, où les tremblements de terre sont très fréquents, on a fait appel à des observateurs de bonne volonté disséminés en grand nombre dans le pays : les résultats obtenus en Suisse sont réunis et coordonnés à Berne dans un bureau spécial pour les tremblements de terre, tant actuels que passés. De même, en Italie, la Sicile et quelques autres provinces sont couvertes d'observatoires locaux qui reçoivent l'heure exacte à laquelle les phénomènes séismiques se produisent au moyen d'un réseau télégraphique très complet.

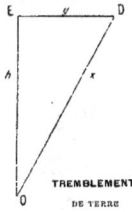

Relations entre les tremblements de terre et d'autres phénomènes physiques. — Les tremblements de terre se rattachent à d'autres phénomènes physiques, tels que les dégagements de gaz et de vapeurs qui les accompagnent quelquefois dans des régions dépourvues de volcans. Un examen sérieux montre que souvent ces phénomènes sont tout superficiels et ne sauraient se lier à la cause profonde du séisme. Les dégagements boueux ou gazeux sont dus, la plupart du temps, au fendillement de croûtes imperméables qui laissent échapper ces matières, en petite quantité d'ailleurs. On attribuait autrefois aux tremblements de terre le pouvoir de produire dans l'écorce terrestre des dislocations permanentes et des fentes assimilables aux failles que l'on constate dans les dépôts des temps géologiques. Ces failles anciennes ont pour caractéristique la dénivellation des deux bandes de terrain qui en forment les lèvres, et les fissures qui se produisent actuellement offrent des différences de niveau dues au glissement des parties superficielles sur des couches inclinées situées plus profondément; la fente se produit au point de séparation de la partie qui glisse et de celle qui demeure en place. L'observation décide le peu d'importance des effets causés par les tremblements de terre quand on s'enfonce dans le sol : les sources seules sont affectées dans leur débit, leur limpidité ou leur température. Les secousses séismiques ne causent jamais de bouleversement dans les mines. On explique les désordres presque exclusivement superficiels des tremblements de terre en comparant l'effet produit à ce qui a lieu quand des billes d'ivoire suspendues à un fil se trouvent en contact et que l'on donne un choc à celle qui est placée à une extrémité de la série : celle qui est au bout opposé se met seule en mouvement. Les étages supérieurs des maisons sont bien plus éprouvés par les tremblements de terre que le sous-sol ou les étages inférieurs. On s'est efforcé de trouver un lien entre la fréquence des tremblements de terre et d'autres phénomènes physiques, tels que les taches solaires, l'attraction de la Lune et du Soleil, le passage des essaims d'astéroïdes, les variations barométriques, les pluies, les actions magnétiques. Ces observations pèchent par la base. En effet, le dénombrement des tremblements de terre est une chose très délicate, attendu que beaucoup de secousses sont faibles et ne sont ressenties que par quelques personnes, alors que d'autres les nient. A. Perrey soutenait que les séismes sont dus à des marées du noyau igné interne et que l'époque du maximum d'effet des attractions lunaire et solaire coïncidait avec celle de la plus grande fréquence des mouvements du sol. Il avait donc dressé un catalogue de 5 588 tremblements de terre, dont 2 761 ont eu lieu au moment des syzygies et 2 627 au moment des quadratures. Perrey voyait dans ces chiffres une vérification de sa loi, oubliant ainsi que la différence ne représentait que trois centièmes du total des mouvements séismiques figurant dans cette statistique d'ailleurs incomplète. L'idée de Perrey que les secousses sont plus fréquentes aux syzygies, au périgée et au moment du passage de la Lune au méridien ne peut donc être soutenue malgré certaines coïncidences curieuses. On a cherché sans succès à établir l'existence de périodes de 10 ans, de 20 ans pour l'importance et la fréquence des tremblements de terre. L'incertitude qui pèse sur les documents statistiques relatifs aux tremblements de terre empêche aussi de contrôler les observations de Merian, qui regarde l'hiver comme un moment de plus grande fréquence en Suisse, alors que le contraire aurait été constaté pour la plus grande partie du globe. On est de même autorisé à regarder les secousses comme plus fréquentes la nuit que le jour, sans que l'on puisse vérifier le fait avec exactitude. Il est certain que les tremblements de terre sont accompagnés de troubles magnétiques. Quoi qu'il en soit, il faut attendre, pour discuter avec preuve à l'appui ces observations, que les stations séismographiques soient suffisamment nombreuses et pourvues d'appareils délicats.

Relations entre les tremblements de terre et la constitution géologique du sol. — Suess et d'autres savants ont montré l'importance de la relation qui existe entre l'aire d'un séisme et la constitution géologique du sol qui en est le siège. Suess a montré la constance de direction des tremblements de terre en Autriche-Hongrie et la relation qui lie l'allongement de leur épicentre avec l'alignement des Alpes ; les uns sont parallèles, les autres perpendiculaires à la chaîne : il appelle les premiers longitudinaux et les seconds transversaux. La cassure abrupte que présentent les Alpes orientales aux environs de Vienne est aussi une direction suivant laquelle s'allongent souvent les épicentres des tremblements de terre en Autriche. Dans l'E. des États-Unis, l'épicentre suit généralement la direction des Apalaches et des Alleghanys. Le même savant établit entre les séismes longitudinaux et les séismes transversaux une distinction qui est d'ailleurs loin d'être absolue. Les premiers seraient caractérisés par le défaut de fixité du centre d'ébranlement qui se promène le long de la fente : ils ont une durée de plusieurs mois, et l'épicentre se déplace en même temps que le foyer souterrain. Au contraire, les tremblements de terre transversaux semblent fixes et de courte durée. D'ailleurs, ces conceptions se trouvent souvent en défaut ; car on constate fréquemment des directions beaucoup plus nombreuses que ces deux directions perpendiculaires.

On a remarqué que les tremblements de terre sont beaucoup plus fréquents dans les régions qui ont acquis récemment leur dernier relief (Andes et Apennins), ce qui rend assez plausible l'opinion de MM. Suess et Dana que les tremblements de terre constituent un des phénomènes de la formation des montagnes.

Vitesse de propagation des secousses dans l'intérieur du sol. — Quelques savants ont eu recours à l'expérimentation pour déterminer la vitesse de translation des secousses dans des sols de natures diverses. Les études de Mallet, de Pfaff et d'Abbot, réalisées dans un laboratoire, ont une valeur moindre que celles du premier de ces observateurs, effectuées sur place. L'ébranlement était produit au moyen d'une charge de poudre sur une plage de sable de 800 mètres de longueur. On constatait l'arrivée de la secousse au moyen de rides qu'elle produisait sur la surface d'un bain de mercure ; le temps était mesuré par un chronographe Wheatstone. Les nombres trouvés étaient voisins de 250 mètres. Dans le granit compact on constata une vitesse de 473 mètres. D'autres séries d'expériences furent instituées par Mallet dans les carrières de schistes quartzeux de Holyhead (Anglesey) avec la méthode qui avait servi à Killeney, mais perfectionnée. On introduisit des corrections relatives au défaut d'instantanéité des courants électriques, à l'inertie du mercure et à l'allumage de la poudre. La vitesse, qui était de 330 mètres dans les micaschistes proprement dits, fut trouvée de 406 mètres dans la zone riche en quartz. Abbot à New-York, Milne au Japon, Fauqué en France ont employé la même méthode. Le dernier de ces savants a fait au Creusot des études très complètes au moyen d'un appareil enregistreur automatique dans lequel l'œil de l'observateur est remplacé par une plaque sensible. On utilisa, soit le choc du marteau-pilon de 100 kilogrammes, soit l'ébranlement produit par l'inflammation de charges de poudre ou de dynamite.

Nous ne donnerons pas la statistique, même abrégée, des nombreux tremblements de terre qui ont agité la surface du globe. Quelques-uns, comme ceux de Lisbonne et des Calabres, ont laissé d'effrayants souvenirs, bien que d'autres, plus terribles encore, nous soient sans doute inconnus faute d'études et de documents suffisants. || Suite de mouvements rapides oscillatoires et involontaires qui exécute tout le corps ou une partie du corps : *Un tremblement de main.* || Suite de sons précipités produits par la voix ou un instrument. — Fig. Grande crainte : *On n'approche des tyrans qu'avec tremblement.*

TREMBLER (bl. *tremulare :* de *tremulus*, tremblant), *vi.* Être animé de petits mouvements de va-et-vient, rapides et irréguliers : *Les feuilles tremblent agitées par le vent. La main lui tremble.* || S'ébranler facilement : *Les ponts suspendus tremblent sous les pieds des passants.* || Onduler, en parlant de la lumière : *Un rayon d'or tremblait à la surface de l'eau.* || Craindre, appréhender : *Je tremble de ne pas réussir.* || Éprouver de la crainte en : *Je tremble à lui déplaire.* — Vt. *Trembler la fièvre*, par l'effet de la fièvre. — **Dér.** *Tremblant, tremblante* 1, *tremblante* 2, *tremblé, tremblée, tremble* 1, 2, 3; *tremblement, trembleur, trembleuse, trembloter, tremblote, tremblotée*, etc.; *trémie, tremelle, trémière, trémellon, trémolo.*

TREMBLEUR, EUSE (*trembler*), *s.* Celui, celle qui tremble. || Personne trop craintive, trop circonspecte : *Cet homme est un trembleur.* || Nom par lequel on désigne quelquefois les *quakers.* (V. ce mot.) — *Sm.* Organe percutant d'une sonnerie électrique.

TREMBLOTANT, ANTE (*trembloter*), *adj.* Qui tremblote : *Lumière tremblotante.*

***TREMBLOTÉ, ÉE** (p. p. de *trembloter*), *adj.* Chanté ou prononcé d'une voix tremblotante. (Néol.)

***TREMBLOTEMENT** (*trembloter*), *sm.* Action de trembloter.

TREMBLOTER (dm. de *trembler*), *vi.* Trembler faiblement. — **Dér.** *Tremblotant, tremblotante, trembloté, tremblotée, tremblotement.*

***TRÉMELLE** (l. *tremere*, trembler), *sf.* Genre de champignons de la famille des Excidiées, dont le réceptacle est une masse gélatineuse et de forme indéterminée, et qui croissent sur les bois pourris.

TRÉMIE (vx fr. *tremuye :* de *trembler*), *sf.* Caisse quadrangulaire en bois, dont l'ouverture est beaucoup plus grande que le fond, faisant partie du mécanisme d'un moulin animé horizontalement d'un mouvement de va-et-vient, et dans laquelle on met le blé, d'où il tombe sur les meules. || Auge en forme de pyramide renversée avec le dessus en cuir et le dessous en treillis de fil de laiton formant crible, et placée sur un cuvier qui reçoit les grains criblés. || Mesure pour le sel. || Sorte de grand entonnoir en planches ou en maçonnerie par lequel on verse du mortier, du minerai. || Espèce de mangeoire pour la volaille. || Espace réservé dans un plancher pour recevoir l'âtre d'une cheminée ou pour éclairer les pièces de l'étage inférieur.

TRÉMIÈRE (*x*), *adj. f.*, ou **ROSE TRÉMIÈRE.** Espèce de plantes dicotylédones du genre *Guimauve* (V. ce mot), de la famille des Malvacées, et dont les fleurs ont été comparées à celles du rosier. On la connaît encore sous les noms de *passe-rose*, de *rose d'outre-mer*, de *rose de Damas.* Cette espèce (l. *althæa alcea*), originaire de Syrie, est triannuelle et très rustique ; sa tige atteint deux et même trois mètres de hauteur ; elle porte de larges feuilles arrondies, alternes, à l'aisselle desquelles naissent une ou plusieurs fleurs qui s'épanouissent l'été, du mois de juillet au mois de septembre. Ces fleurs sont grandes et doublent facilement par la culture. On en a obtenu un très grand nombre de variétés dont la couleur des fleurs présente toute la gamme des teintes du blanc pur jusqu'au jaune foncé, et du rouge cramoisi jusqu'au rouge noir. Cette plante exige une terre franche, légère et substantielle ; on la multiplie de graines, mais lorsqu'on veut conserver certaines variétés on est obligé de recourir à la greffe en fente, ou au bouturage. Dans ces dernières années, on a obtenu des variétés à très grandes fleurs doubles, dont la couleur des pétales est très variée et très bizarre. Une autre espèce de trémière, la *guimauve de la Chine*, est bisannuelle, fleurit de juillet à octobre et a des fleurs panachées de blanc et de pourpre ; elle a donné aussi des variétés à fleurs rouges. — **Gr.** L'origine du mot *trémière* est incertaine : quelques-uns le font venir de la corruption *d'outre-mer* ; d'autres, du nom du botaniste *Trémier ;* enfin, d'autres encore l'ont rattaché au verbe latin *tremere*, trembler.

***TRÉMILLON** (du l. *tremere*, trembler), *sm.* Chacune des deux pièces de bois qui soutiennent la trémie.

***TRÉMION** (du l. *tremere*, trembler), *sm.* Barre de fer qui soutient la hotte d'une cheminée.

TRÉMOÏLLE (LA). (V. *La Trémoïlle.*)

***TRÉMOIS** [tré-moi] (l. *trimense*, s.-ent. *triticum*, blé de trois mois : de *tres*, trois + *mensis*, mois), *sm.* Blé de mars, blé de trois mois. || Mélange de blé, de seigle, d'avoine, de pois, de vesce, etc., que l'on sème pour être coupé et mangé en vert au printemps.

***TRÉMOLITE** (ital. *Tremola*, vallée du Saint-Gothard où abonde cette pierre), *sf.* Sorte d'amphibole silicate de chaux et de magnésie, qui est un des éléments des roches silicatées. Sa dureté est de 5,5 ; sa densité, de 2,9. La trémolite est blanche, vert-pomme ou grise ; souvent fibreuse, elle a l'éclat soyeux. Elle fond facilement avec un faible bouillonnement et donne une sorte de verre blanchâtre inattaquable aux acides. Le jade de Chine, la néphrite et certains asbestes sont des amphiboles trémolites.

TREMOLO (m. ital., *tremblant*), *sm.* Mouvement rapide et continu sur une note. — Fig. Tremblement de la voix. (Mus.)

TRÉMOUSSEMENT (*trémousser*), *sm.* Action de se trémousser.

TRÉMOUSSER (bl. *transmotiare :* du l. *transmotus*, déplacé), *vt.* Obliger à se remuer : *Trémousser quelqu'un.* — *Vi.* Exécuter force mouvements : *Cet oiseau trémousse dans sa cage.* — **Se trémousser**, *vr.* Faire des mouvements vifs et irréguliers : *Ce chien se trémousse.* — Fig. Multiplier ses démarches, ses efforts pour qu'une affaire réussisse : *Se* *trémousser pour obtenir une place.* — **Dér.** *Trémoussement, trémoussoir.*

TRÉMOUSSOIR (*trémousser*), *sm.* Fauteuil mécanique dans lequel on a le corps remué comme si l'on voyageait en voiture.

TREMPAGE (*tremper*), *sm.* Action de tremper.

TREMPE, *svf.* de *tremper.* Action de plonger dans un liquide. || Action d'humecter le papier sur lequel on doit imprimer. || Eau qui fait fermenter le grain, dans les brasseries. || Opération qui consiste à plonger dans l'eau froide ou dans l'huile l'acier chauffé au rouge pour le rendre plus dur. || *Trempe à la volée,* la trempe ordinaire d'une pièce d'acier. || *Trempe en paquet,* la trempe de petites pièces de fer préalablement cémentées et dont la surface seule est à aciérer. || Qualité que l'acier acquiert par la trempe : *Cette lame est d'une bonne trempe.* || *Trempe du verre,* opération qui consiste à plonger dans l'huile le verre chauffé ou à le soumettre à l'action de la vapeur d'eau surchauffée pour le rendre incassable. — Fig. Degré de vigueur du corps, valeur intellectuelle ou morale : *Les hommes de cette trempe sont rares.*

TREMPÉ, ÉE (*tremper*), *adj.* Imbibé. || Mouillé : *Cet homme est tout trempé.* || Coupé, mélangé d'eau : *Vin trempé.* || Couvert : *Trempé de sueur.* || Qui a subi la trempe : *Acier trempé.* — Fig. Vigoureux de corps, d'esprit, de caractère : *Ame bien trempée.*

***TREMPÉE**, *spf.* de *tremper.* Façon qu'on donne à une chose en la trempant dans un liquide. || Volée de coups : *Donner une trempée à quelqu'un.* (Fam.)

TREMPER [tran-pé] (vx fr. *temprer,* db. de *tempérer*), *vt.* Couper, mélanger avec de l'eau : *Tremper son vin.* || Plonger dans un liquide : *Tremper un linge dans l'eau.* || *Tremper la soupe,* verser le bouillon sur les tranches de pain. — Fig. *Tremper une soupe à quelqu'un,* lui donner une volée. (Pop.) || Imbiber, mouiller : *La pluie a trempé mes habits.* — Fig. *Tremper ses mains dans le sang,* commettre un meurtre ou y participer. || *Tremper le papier,* l'humecter d'eau avant d'imprimer dessus. || *Tremper l'acier,* le plonger tout rouge dans l'eau froide pour le durcir. — *Vi.* Séjourner dans un liquide : *Ce lard a trempé dans la saumure.* — Fig. Participer à : *Tremper dans un complot.* — **Se tremper,** *vr.* Être plongé dans un liquide, être soumis à l'opération de la trempe : *Le cuivre se trempe mal.* — **Dér.** *Trempé, trempée* (adj.), *trempée* (s.), *trempe, trempage, tremperie, trempette, trempeur.* — **Comp.** *Détremper* 1 et 2, *détrempe; retremper, retrempe.*

TREMPERIE (*tremper*), *sf.* L'endroit d'une imprimerie où l'on trempe le papier.

***TREMPETTE** (dm. de *trempe*), *sf.* Petit morceau de pain coupé en long. || *Faire la trempette,* tremper du pain dans du vin.

***TREMPEUR** (*tremper*), *sm.* Ouvrier chargé de tremper le papier, dans une imprimerie. || Ouvrier qui trempe l'acier.

TREMPLIN [tran-plin] (vx fr. *trepeler,* dm. de *tréper,* sauter : de l'all. *trampeln*), *sm.* Planche élastique et inclinée de dessus laquelle les sauteurs s'élancent pour faire le saut périlleux. || Saut exécuté à l'aide du tremplin. — Fig. *Être sur le tremplin,* dans une situation critique. — **Gr.** Même famille que *Trépigner.*

TRENCK (**François, baron de**) (1711-1749), célèbre capitaine de pandours, né à Reggio (Calabre), mort à la forteresse de Spielberg.

***TRÉNITZ** (nom d'un danseur du temps du Directoire), *sf.* L'une des anciennes figures du quadrille français.

TRENT, rivière d'Angleterre qui prend sa source dans les marais du Staffordshire. Il reçoit à droite la Taine et le Soar, à gauche la Derwent. Il se réunit à l'Ouse pour former l'Humber.

TRENTAIN (*trente*). Terme invariable en usage au jeu de paume, qui signifie que les joueurs ont chacun *trente* : *Le marqueur crie trentain. Nous sommes trentain.*

TRENTAINE (*trente*), *sf.* Nombre de trente ou environ : *Une trentaine de personnes.* || L'âge de trente ans : *Atteindre la trentaine.*

TRENTE (l. *triginta*), *adj. num. card.* 2 *g.* Trois fois dix : *Trente ans.* || *Les trente tyrans* ou *les trente,* les magistrats que les Lacédémoniens chargèrent de gouverner Athènes après qu'ils eurent pris cette ville à la fin de la guerre du Péloponèse, et qui furent chassés par Thrasybule. — Fig. *Les trente tyrans,* les vingt individus qui essayèrent de s'emparer de la pourpre impériale pendant le règne de Gallien. || *Combat des trente,* célèbre combat dans lequel trente Bretons, commandés par Jean de Beaumanoir, vainquirent trente Anglais le 27 mars 1351, entre Ploërmel et Josselin. — *Guerre de Trente ans.* (V. *Guerre.*) || Trentième : *Page trente.* || *Trente et un* et *trente et quarante,* noms de jeux de hasard qui se jouent avec des cartes. — *Sm.* Le nombre trente : *30 est un multiple de 5.* || *Le trente du mois,* le trentième jour du mois. — **Dér.** *Trentaine, trentième.* — **Comp.** *Trentenaire* et tous les nombres dans lesquels entre le mot *trente* : *Trente-deux-pieds,* etc.

TRENTE, 15 000 hab. Ville tout italienne, sur la rive gauche de l'Adige et capitale du Tyrol autrichien, remarquable par ses vieux édifices et surtout par l'église de Sainte-Marie-Majeure, où se tint le concile ; évêché. — *Concile de Trente,* célèbre concile œcuménique qui se tint de 1545 à 1563, où assistèrent 378 prélats, où furent condamnés les protestants, et où l'on fixa définitivement les doctrines catholiques. Bombardée par Vendôme en 1703, Trente fut occupée par les Français en 1796 (5 septembre) et en 1805 (14 novembre). D'importants traités y ont été signés : le 7 mai 1347, le 25 juin 1414, le 13 octobre 1501, etc. — **Dér.** *Trentin.*

***TRENTE-DEUX-PIEDS** (*trente-deux + pied*), *sm.* Un des tuyaux de l'orgue d'église.

TRENTENAIRE (*trente + an*), *adj.* 2 *g.* Qui est d'une durée de 30 ans, qui est acquis au bout de 30 ans : *Prescription trentenaire.*

TRENTIÈME (*trente* + sfx. *ième*), *adj. num. ord.* 2 *g.* Qui, dans une série, occupe le rang, la place marquée par le numéro 30 : *La trentième année du siècle.* — Sm. *Le trentième, la trentième partie d'un tout,* chaque partie d'un tout partagé en 30 parties égales.

TRENTIN (*Trente*), *sm.* Le territoire de l'évêché de Trente. — *Adj.* Qui appartient à Trente. — S. *Les Trentins,* les habitants de Trente ou du Trentin.

TRENTON, 22 874 hab. Ville et capitale du New-Jersey (États-Unis d'Amérique), sur la Delaware ; chemin de fer.

TRÉPAN (ital. *trepano*), *sm.* Instrument de chirurgie en forme de vilebrequin, à l'aide duquel on peut, ou percer la boîte du crâne, ou enlever une rondelle de l'un des os de la tête pour relever des pièces d'os enfoncées, ou faire écouler du pus amassé dans les méninges : *Le trépan à couronne. Le trépan perforatif. Le trépan exfoliatif.* || Opération faite avec le trépan : *Il a subi le trépan.* || Appareil employé pour la désagrégation des roches dans les opérations de sondage : *Trépan de sonde.* || Outil à percer et à creuser les pierres ou le bois. || Tarière à percer des trous dans les pierres tendres. || Foret pour percer le ciel d'une galerie de mine, afin d'y augmenter la circulation de l'air. || Outil à tailler et percer le roc dans le creusement des puits artésiens. || Machine pour faire tourner un foret tenu verticalement. (Ind.) — **Dér.** *Trépaner, trépanation.*

***TRÉPANATION** (*trépaner*), *sf.* Opération de chirurgie faite avec le trépan. || *Trépanation préhistorique,* opération que l'on pratiquait à l'époque de la pierre polie sur les enfants atteints de maladies convulsives, et qui consistait à faire un trou au crâne avec un silex dans le but de faire sortir le mauvais esprit auquel on attribuait la maladie. || *Trépanation préhistorique posthume,* opération par laquelle on enlevait, après la mort, une rondelle du crâne d'un individu trépané de son vivant afin de la porter sur soi en guise d'amulette.

TRÉPANER (*trépan*), *vt.* Faire à quelqu'un l'opération du trépan : *On trépane rarement aujourd'hui.* || Perforer : *Trépaner une côte.* (Chir.) || Percer le ciel d'une galerie avec le trépan : *Trépaner une mine.*

***TRÉPANG** [tré-pan] (mot malais), *sm.* L'holothurie comestible, nommée vulgairement *biche de mer,* zoophyte marin qui fait l'objet d'une pêche et d'un commerce importants dans les îles de la Malaisie.

TRÉPAS, *svm.* de *trépasser.* Passage de la vie à la mort, en parlant de l'homme. — Poét. : *Affronter le trépas.* || *Aller de vie à trépas,* mourir. — **Syn.** (V. *Mort.*)

TRÉPASSÉ, ÉE (*trépasser*), *adj.* et *s.* Dont une mort naturelle a terminé la vie : *Pâle comme un trépassé.* || *Le jour des Trépassés,* la fête des Morts, le 2 novembre. || *Baie des Trépassés,* baie creusée dans la pointe de la Cornouaille bretonne (France), entre le cap Sizun et la pointe du Raz, fertile en naufrages, et où les matelots bretons croient entendre les plaintes des noyés.

TRÉPASSEMENT (*trépasser*), *sm.* Trépas (vx).

TRÉPASSER (vx fr. *trespasser,* passer au delà), *vi.* Passer naturellement de la vie à la mort, décéder : *Il trépassa hier.* — **Gr.** En vieux français, *trépasser* signifiait passer au delà, à travers, franchir. Dans le dialecte de Jersey, on dit encore : *Il est défendu de passer, de trépasser dans ce champ,* c'est-à-dire de traverser ce champ. — *Trépasser* se conjugue avec *avoir* quand il exprime l'action et avec *être* quand il exprime l'état : *Il a trépassé hier. Il est trépassé depuis hier.* — **Dér.** *Trépas, trépassé, trépassée, trépassement.*

***TRÉPHINE** [tré-fi-ne] (g. τρέπειν, tourner), *sf.* Instrument à trépaner des chirurgiens anglais.

TRÉPIDATION (l. *trepidationem,* tremblement), *sf.* Légères oscillations. || Légère secousse de tremblement de terre. || Sorte de mouvement légèrement saccadé, produit par le contre-coup de résistance à la vapeur, mais qui ne fait parcourir aucun espace sensible : *La trépidation des navires à vapeur.* (Mar.) || Balancement du N. au S. et du S. au N. que d'anciens astronomes attribuaient au firmament. (Astr.)

TRÉPIED (l. *tripedem* : de *tres,* trois + *pes,* génitif *pedis,* pied), *sm.* Support en fer à trois pieds dont on se sert dans les cuisines pour soutenir une marmite, un chaudron, etc. || Meuble à trois pieds. || Vase antique à trois pieds. || *Le trépied d'Apollon,* siège à trois pieds sur lequel s'asseyait la Pythie quand elle recevait des oracles. || *Être sur le trépied,* parler avec enthousiasme.

TRÉPIGNEMENT (*trépigner*), *sm.* Action de trépigner.

TRÉPIGNER (dér. de vx fr. *tréper* : holl. *trippen,* sauter, danser), *vi.* Frapper le sol avec les pieds de coups rapides et multipliés : *Trépigner de joie.* — *Vt.* Fouler : *Trépigner l'argile.* || *Trépigner les laines,* en mélanger les couleurs. — **Dér.** *Trépignement.*

TRÉPOINTE (pfx. *tré* + *pointe*), *sf.* Mince bande de cuir que les cordonniers, les bourreliers, etc., mettent entre deux cuirs épais qu'ils veulent coudre ensemble.

TRÉPORT (LE), 4 467 hab. Bourg de l'arr. de Dieppe ; petit port de pêche, sur la Manche, à l'embouchure de la Bresle. Bains de mer très fréquentés.

TRÈS (l. *trans,* au delà), *adv.* Extrêmement, au plus haut degré. *Très* se met devant les adj., les part., les adv. et les loc. adv. pour former le superlatif absolu : *Très beau, très estimé, très tard, très à la mode.* — **Gr.** Au XVIe siècle et dans les siècles antérieurs, *très* se soudait comme préfixe à tous les adjectifs : *Tresillustre, tresprécieux.* A partir du XVIIe siècle, on sépara *très* de l'adj., mais on mit entre eux un trait d'union : *Très-juste.* La septième édition (1877) du Dictionnaire de l'Académie a supprimé le trait d'union : *Très juste.*

TRESA, rivière d'Italie qui unit le lac Majeur au lac de Lugano.

***TRÉSAILLE** [tré-zâ-ille] (vx fr. nominatif *tres,* du vx fr. *tref* : du l. *trabs,* poutre, pieu de bois), *sf.* Pièce de bois qui maintient les ridelles d'une charrette. — **Dér.** *Trésillon, trésillonner.* — **Comp.** *Étrésillon, étrésillonner.*

***TRESCHEUR** ou ***TRÉCHEUR** [trékeur] (vx fr. *trecoir, trecors, trecouer* : du bl. *tressorium*, tresse), *sm*. Tresse étroite figurant une bordure un peu en retrait des bords de l'écu. (Blas.)

TRESCKOW (HERMANN VON), né en 1805, général prussien. Chef d'état-major du général Werder en 1863, général et chef du cabinet militaire en 1865, il contribua très activement à la réorganisation de l'armée prussienne et des troupes de la Confédération du Nord de l'Allemagne. En 1870, il commandait le 17e corps d'armée allemand sous les ordres du grand-duc de Mecklembourg : il livra à l'armée de la Loire les combats de Dreux, d'Orléans, de Loigny, du Mans et laissa incendier Châteaudun.

TRESCKOW (UDO VON), né en 1810 à Jerichow (Silésie), général prussien. Sorti des écoles militaires, il était commandant de la place de Mayence en 1866. En 1870, il assiégea vainement Belfort et livra plusieurs combats à l'armée de l'Est, commandée par le général Bourbaki. Il mourut en 1885.

TRESCROUTS, 2578 hect. Forêt domaniale des Hautes-Pyrénées, peuplée de hêtres.

TRÉ-SEPT (l. *tres*, trois + *sept*), *sm*. Sorte de jeu de cartes, où le *trois* et le *sept* ont grande importance.

TRÈS-HAUT (LE). Dieu.

***TRÉSILLON** (*trésaille*), *sm*. Morceau de bois à l'aide duquel on lie ensemble, bien serrés, deux cordages. ‖ Morceaux de bois qu'on met entre des planches nouvellement sciées quand on les empile pour les faire sécher. — On dit aussi : *Étrésillon*.

***TRÉSILLONNER** (*trésillon*), *vt*. Lier deux cordages au moyen d'un trésillon. ‖ Mettre des trésillons entre des planches neuves empilées.

TRÉSOR [tré-zor] (l. *thesaurum*, avec un *r* inorganique intercalé), *sm*. Réserve importante d'or ou d'argent monnayé ou d'autres objets de grande valeur : *Amasser un trésor*. ‖ Lieu où le trésor est renfermé : *Il a toujours la clef de son trésor*. ‖ L'ensemble des reliques, des vases sacrés, des ornements d'une église. ‖ Le lieu où l'on garde ces objets : *Visiter le trésor de Notre-Dame de Paris*. ‖ *Trésor public, trésor de l'État*, les revenus de l'État, les sommes destinées à payer les dépenses publiques. ‖ Edifice où sont déposés et administrés les revenus de l'État : *Aller au Trésor*. ‖ Autrefois, *chambre du trésor*, celle des chambres de la Cour des comptes qui vérifiait les recettes et les dépenses du domaine royal. ‖ Tribunal où on jugeait en première instance les affaires du domaine royal. ‖ Lieu où l'on gardait des archives : *Le trésor des chartes de l'abbaye de Cluny*. ‖ Toute chose cachée ou enfouie sur laquelle personne ne peut justifier de sa propriété et qui est découverte par un pur effet du hasard. — Un trésor appartient à celui qui le trouve dans son propre fonds ; s'il est trouvé dans le fonds d'autrui, il appartient pour moitié à celui qui l'a découvert et pour l'autre moitié au propriétaire du fonds. — Fig. Tout ce qui est très beau, très parfait, très utile : *Un véritable ami est un trésor inestimable*. ‖ Accumulation de documents : *Ce livre est un trésor d'observations*. ‖ Titre de certains recueils littéraires, de certains grands ouvrages d'érudition : *Le Trésor poétique de la jeunesse. Le Trésor de la langue grecque de Henri Estienne*. ‖ Dans l'Écriture, assemblage de diverses choses bonnes ou mauvaises : *Le trésor des vengeances célestes*. ‖ *L'Eglise ouvre ses trésors*, accorde des indulgences. ‖ Objet d'un vif attachement : *Cet enfant est le trésor de sa mère*. — *Smpl*. Grandes richesses : *Les trésors de la Californie*. ‖ Poét. *Les trésors de la terre*, ses productions. ‖ *Les trésors de Cérès*, les moissons. ‖ *Les trésors de Bacchus*, les raisins. ‖ *Les trésors du printemps*, les fleurs. ‖ *Les trésors de l'automne*, les fruits. — **Dér.** *Trésorier, trésorerie, trésorière*.

TRÉSORERIE (*trésorier*), *sf*. Lieu où l'on garde et où l'on administre le trésor public. ‖ Le ministère des finances, en Angleterre. ‖ *Banc de la trésorerie*, le banc des ministres au Parlement anglais. ‖ Dignité de trésorier d'un chapitre. ‖ Habitation de ce trésorier.

TRÉSORIER (*trésor*), *sm*. Employé chargé de recevoir les revenus et de payer les dépenses d'un grand personnage, d'une communauté, d'une société : *Le trésorier d'une société de bienfaisance*. ‖ *Trésorier payeur général*, fonctionnaire qui, dans un département, reçoit les revenus de l'État et paye ses dépenses. ‖ Sous l'ancien régime, *trésorier de France*, fonctionnaire qui, dans chaque généralité, s'occupait de la répartition des tailles, de l'entretien des chemins et de la vérification des comptes. ‖ Ecclésiastique qui, dans les églises collégiales, avait la garde des vases sacrés, du trésor et des archives. — **Prov.** UN TRÉSORIER SANS ARGENT EST UN APOTHICAIRE SANS SUCRE, un homme qui n'est pas fourni des choses qui appartiennent à sa profession ne peut tarder à se trouver à bout de ressources.

TRÉSORIÈRE (*trésorier*), *sf*. Celle qui, dans une association ou une communauté de femmes, reçoit les revenus, les souscriptions et paye les dépenses.

***TRESSAGE** (*tresser*), *sm*. Action de tresser.

***TRESSAILLÉ** [tré-sa-illé] (du vx fr. *trézaler*, passer), *adj*. Qui a la surface ou la couverte toute fendillée : *Tableau tressaillé. Porcelaine tressaillée*.

TRESSAILLEMENT (*tressaillir*), *sm*. Frisson qui parcourt la peau et est souvent causé par une impression morale. ‖ Frémissement causé par une émotion subite. ‖ Vulgairement, *tressaillement de nerfs*, mouvement convulsif de certains muscles. ‖ *Tressaillement d'un nerf*, déplacement momentané d'un tendon.

TRESSAILLIR (pfx. *tres* + *saillir*), *vi*. Éprouver subitement une émotion vive, mais passagère : *Tressaillir de joie*. — **Gr.** Ce verbe suit la première conjug., excepté à l'inf., au pas. déf. et aux temps qui en sont formés : Je tressaille, tu tressailles, il tressaille (Montesquieu, Buffon, J.-J. Rousseau, Diderot ont cependant écrit : [il] *tressaillit*), n. tressaillons, v. tressaillez, ils tressaillent ; je tressaillais, n. tressaillions, v. tressailliez, ils tressaillaient ; je tressaillis ; je tressaillirai ; je tressaillirais ; tressaille, tressaillons, tressaillez ; que je tressaille, que n. tressaillions, que v. tressailliez, qu'ils tressaillent ; que je tressaillisse, qu'il tressaillît ; tressaillant ; tressailli. On ne dit pas aujourd'hui au prés. : il tressaillit. — **Dér.** *Tressaillement*.

***TRESSAILLURE** [tré-sa-illu-re] (*tressaillé*), *sf*. Défaut de la couleur ou du vernis qui se fendille.

TRESSAN (LOUIS-ÉLISABETH DE LA VERGNE, COMTE DE) (1705-1783), littérateur français. Compagnon d'études et d'amusements de Louis XV, il servit avec distinction et, promu lieutenant général, devint grand maréchal de la cour du roi Stanislas. Il écrivit sur l'électricité et traduisit en langue provençale des romans de chevalerie ; il fut membre de l'Académie française et de l'Académie des sciences.

TRESSE (g. τρίχα, en trois parties), *sf*. Tissu plat fait de fils, de cheveux, de cordons entrelacés : *Une tresse de cheveux*. ‖ Cheveux assujettis sur trois brins de soie dont les perruquiers font les perruques. ‖

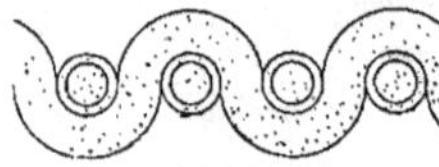

TRESSE SIMPLE
(Architecture.)

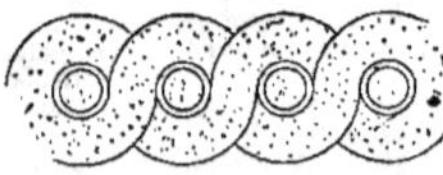

TRESSE DOUBLE
(Architecture.)

‖ Ornement décoratif en forme d'enroulements : *Tresse simple. Tresse double*. (Arch.) ‖ Cordage plat. ‖ Gros papier gris : *Papier tresse*. — **Dér.** *Tresser, tresseur, tresseau*. Même famille que *Treille*.

***TRESSEAU** (*tresse*) ou ***VÉRO**, *sm*. Cépage de vin rouge, produisant un raisin très allongé et cultivé dans le département de l'Yonne.

TRESSER (*tresse*), *vt*. Entrelacer pour faire une tresse : *Tresser de la paille*.

TRESSEUR, EUSE (*tresse*), *s*. Celui, celle qui tresse des cheveux pour en faire des perruques, des chaînes, des bracelets, etc.

TRÉTEAU (kymr. *trestyl*), *sm*. Solive portée sur quatre pieds et servant à soutenir des tables, des échafauds, des théâtres : *Renverser table et tréteaux*. — *Pl*. Théâtre de saltimbanque. ‖ Théâtre bouffon : *Pièce digne des tréteaux de la foire*. — Fig. *Monter sur les tréteaux*, se faire comédien.

TRETORRE, 613 hect. Forêt domaniale de la Corse, peuplée de pins larices, de pins maritimes et de sapins.

TRETS, 2821 hab. Ch.-l. de c., arr. d'Aix (Bouches-du-Rhône). Houille, vins, eaux-de-vie. Marius livra aux Teutons, dans les environs de Trets, la célèbre bataille dite d'*Aix*.

TREUIL [l mouillé] (l. *torculum*, pressoir), *sm*. Machine pour élever verticalement les fardeaux (fig. 1). Elle se compose essentiellement d'un cylindre horizontal A (fig. 2), ordinairement en bois et d'une section assez faible par rapport à sa longueur. Ce cylindre, appelé *tambour*, est terminé à ses deux extrémités par deux autres cylindres en fer O, O, d'un diamètre plus petit, nommés *tourillons*, reposant sur deux pièces concaves appelées *coussinets* et faisant partie d'un support reposant sur le sol. Le tambour peut donc prendre autour de son axe un mouvement de rotation qu'on utilise pour enlever les fardeaux. A cet effet, le corps est attaché à l'extrémité d'une corde qui, après s'être

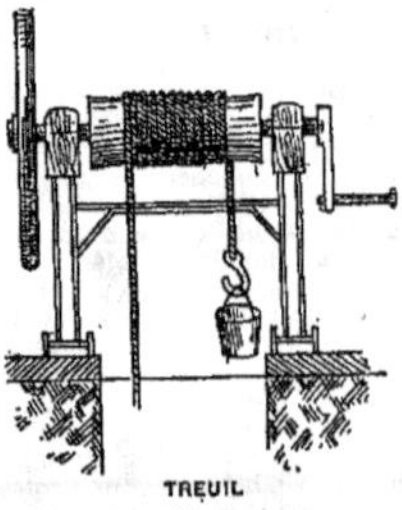

TREUIL
Fig. 1.

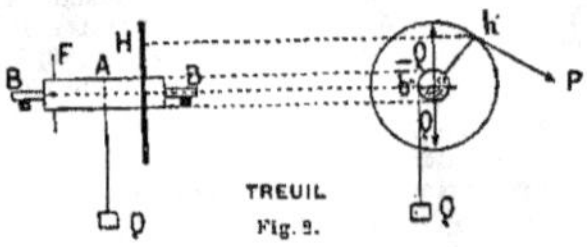

TREUIL
Fig. 2.

enroulée plusieurs fois sur la surface du cylindre A, vient se fixer, par son autre extrémité, en un point de sa longueur. La puissance agit par l'intermédiaire d'organes différents qui constituent les diverses variétés du treuil ; dans la figure 2, la puissance est appliquée à l'extrémité d'une roue, et c'est en agissant sur cette roue que l'on produit le mouvement de rotation du treuil et, par suite, l'enroulement de la corde et l'élévation du poids Q. Le treuil étant un solide assujetti à tourner autour de l'axe fixe OO, la condition d'équilibre se réduit à l'équation des moments des forces extérieures pris par rapport à cet axe, ce qui donne

$$P \times Oh = Q \times Ob; \quad \text{d'où} \quad \frac{P}{Q} = \frac{Ob}{Oh}.$$

C'est-à-dire que, lorsqu'un treuil est en équilibre, *la puissance est à la résistance comme le rayon du tambour est au rayon de la circonférence décrite par le point d'application de la puissance*, c'est-à-dire en raison inverse des bras de levier. On voit qu'avec une force P donnée on fera équilibre à un poids Q aussi grand que l'on voudra, en employant un treuil dans lequel le rayon Ob du cylindre serait suffisamment petit par rapport au rayon de la roue Oh. Les déplacements des points d'application des forces P et Q, qui se font équilibre, sont en raison inverse de ces forces, de sorte que pour élever d'une petite quantité le poids Q avec une force P, il faudra faire parcourir, au point d'application *h* de cette force, un chemin d'autant plus grand que la force P est plus petite. Pour obtenir la pression sur les tourillons on décompose les forces P et Q en deux composantes parallèles appliquées en A et B. Ces deux nouvelles forces se composent en une seule qui représente en grandeur et en direction la pression sur le tourillon. Le *treuil* diffère du *cabestan* en ce que ce dernier a son cylindre vertical. Dans le *treuil différentiel*, le tambour A se divise en deux parties ayant leurs axes en prolongement l'un de l'autre, mais dont les rayons sont différents. L'extrémité d'une corde est fixée solidement sur le cylindre qui a le plus grand diamètre, et, après y avoir fait quelques tours, elle s'en détache et passe sur la gorge d'une poulie mobile; elle remonte ensuite pour s'enrouler sur le cylindre de plus petit diamètre auquel se fixe l'autre extrémité. Cette corde est enroulée de manière que, s'enroulant sur le gros cylindre, elle se déroule sur le petit et réciproquement, suivant que le fardeau monte ou descend; les manivelles sont calées à 180°. Dans un tel treuil, la puissance varie en raison directe de la différence R—*r* des rayons du tambour : on peut donc faire équilibre à une très grande résistance avec une très faible puissance. Soit P la puissance, *l* la longueur des manivelles, R et *r* les rayons du tambour, Q la résistance appliquée à la chape de la poulie mobile; on a :

$$\frac{P}{Q} = \frac{R-r}{2l}.$$

C'est-à-dire que la puissance est à la résistance comme la différence des rayons du tambour est au double du rayon de la manivelle. ‖ *Treuil des carriers*, appareil pour extraire les pierres de carrières souterraines, connu aussi sous le nom de *roue à chevilles*. A la jante d'une roue de 4 à 6 mètres de diamètre calée sur un tambour sont fixées des chevilles implantées perpendiculairement à son plan. Les hommes montent sur ces chevilles comme sur des échelons et agissent par leur poids pour déterminer, par la rotation du tambour, l'élévation des blocs de pierre suspendus à l'extrémité d'une corde roulant sur ce cylindre.

TREUILLE DE BEAULIEU (ANTOINE-HECTOR-THÉSÉE, BARON) (1810-1886). Général français, né à Lunéville (Meurthe). Il fit construire en France les premiers canons rayés (1858); c'est encore lui qui le premier a fait fabriquer des canons frettés et a imaginé la fermeture de culasse à vis à filets interrompus.

TREULON, 30 kilom. Rivière de France, affluent de l'Erve qui forme la limite des départements de la Sarthe et de la Mayenne.

TREVARESSE (CHAÎNE DE LA). Montagnes du département des Bouches-du-Rhône, entre les vallées de la Touloubre et de la Durance.

TRÊVE (vx fr. *trive* : VHA. *triuwa*, sécurité), *sf*. Cessation de tout acte d'hostilité entre les belligérants pendant un temps déterminé : *Les deux armées conclurent une trêve de deux mois.* ‖ *Trêve marchande*, trêve durant laquelle le commerce est permis entre deux États qui sont en guerre. ‖ *Trêve de Dieu* ou *du Seigneur*, injonction faite au XIe siècle par l'Église aux seigneurs féodaux de cesser entre eux les hostilités depuis le mercredi soir jusqu'au lundi matin de chaque semaine. ‖ Cessation momentanée, relâche : *Le blessé n'a point de trêve à ses douleurs.* ‖ TRÊVE DE, TRÊVE A, locutions elliptiques qu'on emploie pour enjoindre de cesser une chose : *Trêve de plaisanterie, de récrimination! Trêve aux compliments!*

TRÈVES, 32972 hab. (all. *Trier*, anct. l. *Augusta Trevirorum*). Ville de la Prusse rhénane, sur la rive droite de la Moselle, en aval du confluent de la Sarre, ancienne capitale des Trévires et la plus antique cité de la Germanie. Très florissante sous les Romains, qui y élevèrent de nombreux monuments dont plusieurs subsistent debout ou en ruines : la *Porte Noire*, ruine du palais de Constantin, amphithéâtre, thermes, aqueduc. Capitale de l'Allemagne religieuse au moyen âge, Trèves fut le chef-lieu d'un archevêché et d'un électorat (1356-1794) dont son archevêque était titulaire. Belle église ogivale de Notre-Dame; célèbre pèlerinage de la Sainte-Tunique. Riche musée d'antiquités. — **Électorat de Trèves**, une des grandes principautés de l'ancien empire d'Allemagne. Il comprenait toute la vallée inférieure de la Moselle depuis la frontière française jusqu'à Coblentz.

TRÈVES, 513 hab. Ch.-l. de c., arr. du Vigan (Gard). Mines de houille, d'argent, de cuivre et de plomb.

TRÉVEZET, 32 kilom. Petite rivière du département du Gard qui prend sa source dans l'Aigoual : affluent de la Dourbie.

TRÉVIÈRES, 1122 hab. Ch.-l. de c., arr. de Bayeux (Calvados). Beau clocher roman; beurre renommé.

TREVIGLIO, 6700 hab. Ville d'Italie, province de Bergame entre le Brembo et le Serio. Élève de vers à soie.

TRÉVILLE (LA TOUCHE-). (V. *La Touche-Tréville.*)

TRÉVIRES ou **TRÉVÈRES** (*Trèves*), nom d'un peuple de la Gaule Belgique dont *Trèves* était la capitale.

TRÉVISE (ital. *Treviso* : du l. *Tarvisium*), 31000 hab. Ville d'Italie, dans l'ancienne Vénétie, sur la Sile, au N.-O. de Venise; évêché. — **Trévise** (DUC DE). (V. *Mortier.*)

TRÉVOUX, 2661 hab. S.-préf. (Ain), à 460 kilom. de Paris, sur la Saône, anc. capit. de la principauté de Dombes, possédée par le duc du Maine, qui y établit, en 1671, une célèbre imprimerie d'où sortirent les *Mémoires* ou *Journal de Trévoux*, publication critique et littéraire des jésuites (1701-1782), et le *Dictionnaire de Trévoux* (1704), grand dictionnaire français, œuvre de Furetière, revu par Basnage et augmenté par les jésuites. Ce livre fut dédié au duc du Maine et publié sous ses auspices. Le *Dictionnaire des Mots et des Choses* a été rédigé en partie dans un château ayant appartenu au même duc. ‖ *On lit dans Trévoux*, c'est-à-dire dans le Journal ou le Dictionnaire de Trévoux.

TRÉZEL (CAMILLE-ALPHONSE) (1780-1860), général français. Il défendit Mayence en 1814, prit une part brillante aux campagnes d'Algérie, se distingua au siège de Constantine, devint pair de France (1846) et fut ministre de la guerre de 1847 à 1848.

TRÉZÈNE, ancienne ville du Péloponèse, dans l'Argolide, près du golfe Saronique, en face de l'île de Calaurie. *Pogon* était son port.

1. ***TRI** (g. τρί, l. *tri*). Préfixe qui signifie *trois*. Ex. : *Triangle, trinôme.*

2. **TRI** (l. *tri*, trois?), *sm*. Jeu d'hombre qu'on joue à trois et où la couleur de carreau n'est représentée que par le roi.

3. ***TRI** ou ***TRIC** (angl. *trick*, levée de cartes), *sm*. Au whist, levée qu'on fait de plus que les adversaires.

4. ***TRI**, *svm*. de *trier*. Action de trier : *Faire le tri.*

TRIADE (g. τριάς, génitif τριάδος), *sf*. Assemblage de trois divinités, de trois personnes, de trois entités : *La triade ou trinité hindoue était composée de trois dieux : Brahma, Vichnou, Siva.* ‖ *Triade de l'école d'Alexandrie*, la réunion de l'être, de l'intelligence et de l'âme. ‖ *Triades gauloises*, nom donné à des sculptures représentant un groupe de trois divinités, au nombre desquelles est un dieu accroupi à la manière orientale.

***TRIADELPHE** (pfx. *tri* + g. ἀδελφός, frère), *adj. 2 g*. Se dit d'étamines disposées en trois groupes dans lesquels elles sont soudées entre elles par leurs filets.

TRIAGE (*trier*), *sm*. Action de trier. ‖ Ensemble de choses triées. ‖ Action de séparer le minerai du plus gros de sa gangue. ‖ Canton d'une forêt assigné à un garde.

TRIAIRE (l. *triarium*), *sm*. Vieux soldat d'élite pesamment armé des légions romaines qui occupait le troisième rang dans la profondeur de la ligne de bataille.

TRIAL (ANTOINE) (1736-1795), né à Avignon, acteur qui donna son nom à l'emploi des ténors comiques. Ses meilleurs rôles furent le *Déserteur*, *Zémire et Azor*, etc. Il s'empoisonna.

TRIALÈTES (MONTS). Montagnes de la Caucasie, au N. du gouvernement de Transcaucasie.

TRIANDRIE (pfx. *tri* + g. ἀνήρ, génitif ἀνδρός, mâle), *sf*. Classe du système botanique de Linné, composée de plantes dont les fleurs ont trois étamines.

TRIANGLE (pfx. *tri* + *angle*), *sm*. Surface plane terminée par trois lignes droites qui se coupent deux à deux et qui a conséquemment trois angles. La partie de chaque droite comprise entre les points où elle rencontre les deux autres est un *côté* du triangle et ses extrémités portent le nom de *sommets*. Chacun des angles formés par deux côtés consécutifs est un *angle* du triangle. ‖ *Triangle scalène*, dont les trois côtés sont inégaux. ABC (fig. 1) est un triangle scalène. ‖ *Triangle isocèle*, qui a deux côtés égaux. Les angles opposés à ces côtés sont aussi égaux entre eux. (V. *Isocèle.*) ‖ *Triangle équilatéral*, qui a ses trois côtés égaux et ses angles égaux; c'est donc un polygone régulier. ‖ *Triangle rectangle*, qui a un angle droit. Le côté du triangle opposé à l'angle droit est l'*hypoténuse* de ce triangle. Ainsi le côté AB (fig. 2) du triangle ACB, qui est opposé à l'angle C, est l'hypoténuse de ce triangle. (V. *Hypoténuse.*) ‖ *Triangle acutangle*, qui a ses trois angles aigus. ‖ *Triangle obtusangle*, qui a un angle obtus. ABC (fig. 1) est un triangle obtusangle, puisque son angle C est obtus.

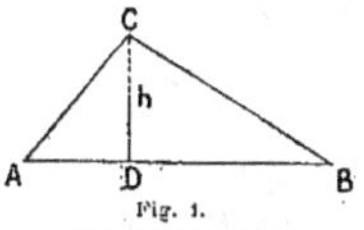

Fig. 1.
TRIANGLE SCALÈNE

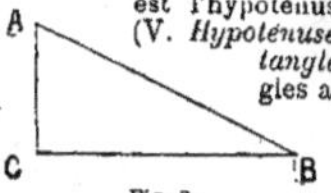

Fig. 2.
TRIANGLE RECTANGLE

Dans un triangle, on peut prendre pour *base* un côté quelconque; la *hauteur* du triangle est la perpendiculaire abaissée sur la base du sommet opposé à cette base. Considérons le triangle ABC (fig. 1); si nous prenons le côté AB pour *base*, sa *hauteur* sera la ligne CD abaissée du sommet C sur cette base AB. De la définition même du triangle, on déduit les deux propriétés fondamentales suivantes : 1° *Un côté AC est plus petit que la somme des deux autres* AB + BC (fig. 3); puisque la droite AC est le plus court chemin entre les points A et C : AC < AB + BC. 2° *Un côté quelconque AB est plus grand que la différence des deux autres :* AC — BC. En effet, l'inégalité AC < AB + BC peut s'écrire en retranchant BC des deux membres :

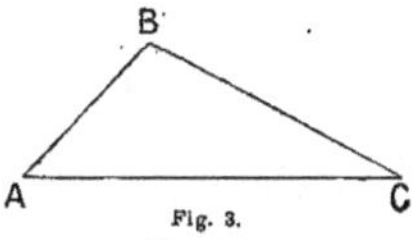

Fig. 3.
TRIANGLE

$$AC - BC < AB.$$

Il en résulte que : pour que trois droites de longueurs données puissent former un triangle, il faut que la plus grande d'entre elles soit inférieure à la somme des deux autres.

Égalité des triangles ordinaires. — Par définition, deux triangles sont égaux lorsqu'on peut les appliquer l'un sur l'autre de manière qu'ils coïncident. La démonstration des cas d'égalité de deux triangles suppose celle des deux théorèmes suivants :

Théorème. — Si l'on joint un point D (fig. 4) pris à l'intérieur d'un triangle aux extrémités A et C d'un côté, la somme AD + DC est plus petite que la somme AB + BC des côtés qui aboutissent aux mêmes sommets. En effet, si nous prolongeons AD jusqu'en E, nous voyons que

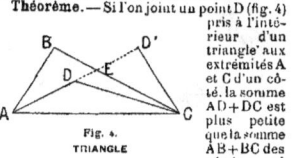

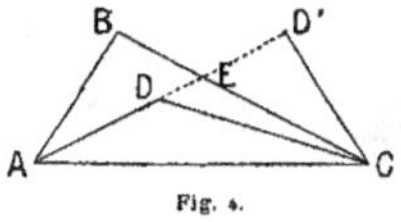

Fig. 4.
TRIANGLE
ÉGALITÉ DES TRIANGLES ORDINAIRES

dans le triangle ABE on a, en remarquant que $AE = AD + DE$:

$$AD + DE < AB + BE;$$

et de même, dans le triangle CDE :

$$CD < CE + ED;$$

d'où, en ajoutant membre à membre ces inégalités, et retranchant de part et d'autre dans la somme le terme commun DE :

$$AD + CD < AB + BE + EC$$

ou

$$AD + CD < AB + BC.$$

Scolie. — Si le point D' (fig. 4) est extérieur au triangle, la somme des deux côtés qui ne se croisent pas $AB + D'C$ est moindre que la somme des côtés qui se croisent : $AD' + BC$. On a, en effet, dans le triangle ABE :

$$AB < AE + EB,$$

et, dans le triangle CED' :

$$D'C < CE + ED';$$

d'où, en ajoutant membre à membre :

$$AB + D'C < AD' + BC;$$

car $AE + D'E = AD'$ et $BE + CE = BC$.

Théorème. — *Si deux triangles ont un angle inégal compris entre deux côtés égaux chacun à chacun, les troisièmes côtés sont inégaux et au plus grand angle est opposé le plus grand côté.* En effet, si dans le cas précédent on suppose que les deux triangles ADC (fig. 5) (ou un triangle égal) et ABC ont, outre le côté AC commun (ou égal), les côtés CD et BC égaux, l'inégalité déjà établie : $AD + DC < AB + BC$ deviendra, en faisant $CD = BC$:

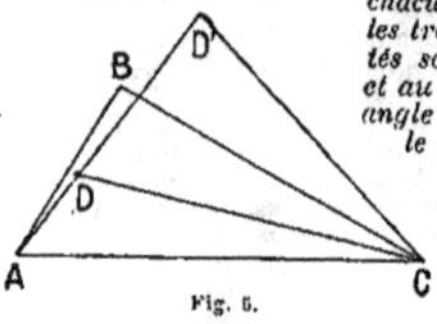

Fig. 5.
TRIANGLE

$$AD < AB;$$

De même pour les triangles ACD', ACB; en supposant $CD' = BC$, on aurait :

$$AB + CD' < AD' + BC;$$

d'où

$$AB < AD'.$$

Conditions d'égalité. — Deux triangles sont égaux : 1° *lorsqu'ils ont un côté égal adjacent à deux angles égaux, chacun à chacun;* 2° *lorsqu'ils ont un angle égal compris entre deux côtés égaux, chacun à chacun;* 3° *lorsqu'ils ont les trois côtés égaux, chacun à chacun.* En effet, dans les deux premiers cas, si on transporte le second triangle sur le premier de manière à faire coïncider deux à deux les éléments égaux, les deux triangles coïncideront entièrement et leur égalité est ainsi établie. Quant au troisième cas, il résulte du théorème précédent que les triangles ayant déjà deux côtés égaux, les troisièmes côtés ne peuvent être égaux qu'autant que les angles opposés sont égaux; on se trouve alors ramené au cas de deux triangles égaux en vertu du deuxième cas d'égalité : un angle égal compris entre côtés égaux.

Remarque. — Dans deux triangles égaux, les côtés opposés aux angles égaux sont égaux et réciproquement : car, par la superposition des deux triangles, tous ces éléments coïncident.

Théorème. — Dans un triangle quelconque : 1° Si deux angles sont égaux, les côtés

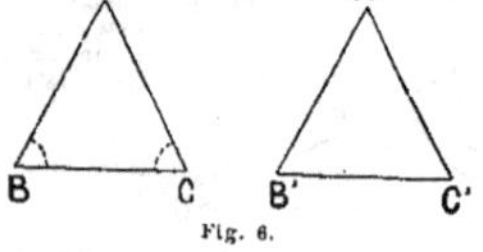

Fig. 6.
TRIANGLE

opposés le sont aussi et le triangle est isocèle. En effet, considérons un triangle A'B'C' (fig. 6) exactement égal au triangle proposé ABC et plaçons-le sur ce dernier en le renversant : B' en C et C' en B. L'angle C' est égal à C et, par suite, à l'angle B; donc C'A' prendra la direction de BA; de même B'A' sur AC : les deux triangles coïncideront et l'on aura : $AB = A'C'$ et comme, par construction, $AC = A'C'$, il en résulte que $AB = AC$, c'est-à-dire que le triangle est isocèle.

2° Si deux angles sont inégaux, le côté opposé au plus grand de ces deux angles est plus grand que le côté opposé à l'autre angle. En effet, si nous menons la droite BD (fig. 7) telle que l'angle DBA soit égal à l'angle DAB, le triangle ADB sera isocèle et BD égal à AD. Or, dans le triangle CBD,

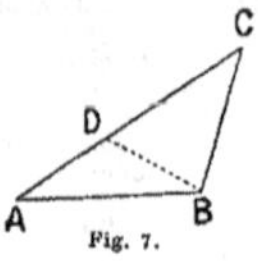

Fig. 7.
TRIANGLE

$$BC < DC + DB;$$

Donc, en remplaçant dans cette inégalité DB par AD :

$$BC < CD + BD \quad \text{ou} \quad BC < AC.$$

Réciproquement. — Si un triangle est isocèle, les angles opposés aux côtés égaux sont égaux; et si un triangle a deux côtés inégaux, au plus grand côté est opposé le plus grand angle.

Remarques. — I. On démontrerait de la même façon que tout triangle qui a ses trois angles égaux est équilatéral, et, réciproquement, que tout triangle équilatéral est nécessairement équiangle (trois angles égaux).

II. Dans un triangle isocèle ABC (fig. 8), la droite qui joint le sommet A au milieu I de la base BC est perpendiculaire sur cette base et divise l'angle au sommet A en deux parties égales. En effet, si $BI = IC$, les triangles AIB, AIC sont égaux comme ayant les trois côtés égaux; d'où il résulte : 1° que les angles adjacents AIB, AIC sont égaux, c'est-à-dire que la droite AI est perpendiculaire à BC; 2° que les angles BAI, IAC sont égaux ou que AI est bissectrice.

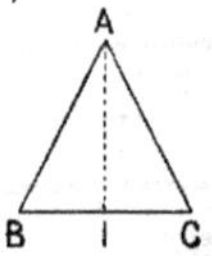

Fig. 8.
TRIANGLE

Égalité des triangles rectangles. — Deux triangles rectangles sont égaux : 1° *lorsqu'ils ont l'hypoténuse égale et un angle aigu égal;* 2° *lorsqu'ils ont l'hypoténuse égale et un côté de l'angle droit égal.* En effet : 1° Soit (fig. 9) : $AC = A'C'$ et $CAB = C'A'B'$. Si on transporte le triangle A'B'C' sur ABC de manière que A'C' coïncide avec AC : A' en A et C' en C, le côté A'B' prendra la direction AB, et comme du point C on ne peut abaisser qu'une perpendiculaire sur AB, la droite C'B' perpendiculaire à A'B' se confondra avec CB, perpendiculaire à AB, et les deux triangles coïncideront.

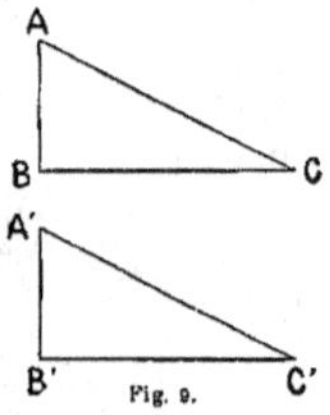

Fig. 9.
TRIANGLE

2° Soit : $AC = A'C'$ et $AB = A'B'$. Transportons encore le triangle A'B'C' en ABC, en plaçant A' en A et B' en B : les droites B'C', BC coïncideront en direction par suite de l'égalité des angles droits et comme les obliques AC, A'C' sont égales, il faut qu'elles s'écartent également du pied de la perpendiculaire B; donc $B'C' = BC$ et le point C' viendra en C. Donc, les deux triangles, coïncidant, sont égaux.

Somme des angles d'un triangle. — *La somme des angles d'un triangle est égale à deux angles droits.* En effet, si par le sommet C (fig. 10) du triangle on mène les droites CD, prolongement de BC, et CE, parallèle à BA, on voit que les angles BAC, ACE sont égaux comme alternes-internes, et les angles ABC, ECD, comme correspondants. La somme des angles A, B, C du triangle est donc la même que celle des trois angles adjacents en C : comme ces derniers ont une somme égale à deux angles droits, la somme des angles du triangle est bien deux angles droits.

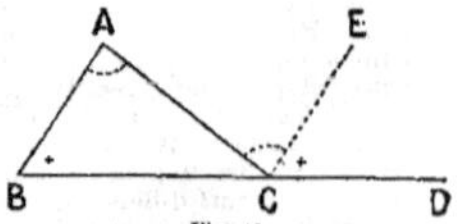

Fig. 10.
TRIANGLE

Corollaires. — I. Tout angle ACD (fig. 10), extérieur à un triangle, c'est-à-dire formé par un côté et le prolongement d'un autre côté, est égal à la somme des angles intérieurs qui ne lui sont pas adjacents. — II. Un triangle ne peut avoir qu'un seul angle droit ou qu'un seul angle obtus.

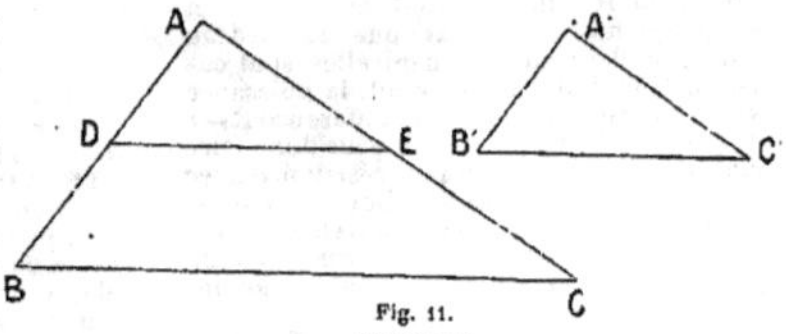

Fig. 11.
TRIANGLE
SIMILITUDE DES TRIANGLES

Similitude des triangles. — On dit que deux triangles sont *semblables* lorsqu'ils ont les angles égaux et les côtés *homologues* proportionnels : par *côtés homologues*, on entend les côtés adjacents aux angles égaux. L'établissement des cas de similitude de deux triangles repose sur les deux lemmes suivants : 1° *toute droite parallèle à un côté partage les deux autres en segments proportionnels;* 2° *cette parallèle forme à l'intérieur du triangle un autre triangle semblable au premier.* Cela posé, *deux triangles sont semblables : 1° quand ils ont deux angles égaux, chacun à chacun; 2° quand ils ont un angle égal compris entre côtés proportionnels; 3° quand ils ont les côtés proportionnels.* En effet : 1° soit (fig. 11) $A = A'$, $B = B'$. En transportant le triangle A'B'C' de façon à placer le côté A'B' sur AB et A' en A, le point B' vient en D tel que $A'B' = AD$ et B'C' prend la position DE, parallèle à BC, en vertu de l'égalité des angles B', B, D. Comme les triangles ADE, ABC sont semblables, la similitude des triangles A'B'C', ABC est par cela seul établie.

2° En supposant $A = A'$, $AD = A'B'$, $AE = A'C'$ et transportant le triangle A'B'C' en ADE, on verrait encore que DE est parallèle à BC; et par suite les deux triangles sont semblables.

3° Soit :

$$\frac{AB}{A'B'} = \frac{BC}{B'C'} = \frac{AC}{A'C'}.$$

Prenons sur AB la longueur AD telle que $AD = A'B'$ et menons par le point D une parallèle DE à BC : par suite de ce parallélisme :

$$\frac{AE}{AC} = \left(\frac{AD}{AB} = \frac{A'B'}{AB}\right) = \frac{A'C'}{AC};$$

donc $A'C' = AE$. On verrait de même que $DE = B'C'$, donc les triangles A'B'C', ADE ont leurs côtés égaux et sont égaux; comme d'ailleurs les triangles ADE, ABC sont semblables, il en résulte que les triangles A'B'C', ABC le sont aussi.

Relations métriques entre les différents éléments d'un triangle. — I. Si du sommet de l'angle droit d'un triangle rectangle on abaisse une perpendiculaire sur l'hypoténuse (fig. 12) : 1° chaque côté de l'angle droit est moyenne proportionnelle entre l'hypoténuse et sa projection sur l'hypoténuse; 2° la perpendiculaire AD est moyenne proportionnelle entre les deux segments de l'hypoténuse. En effet : 1° les triangles ABD,

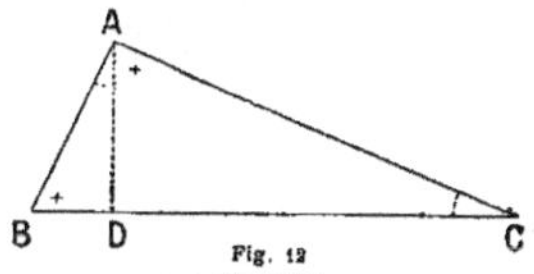

Fig. 12
TRIANGLE
RELATIONS MÉTRIQUES ENTRE LES DIFFÉRENTS ÉLÉMENTS D'UN TRIANGLE

ABC sont semblables comme ayant leurs angles égaux (côtés perpendiculaires) et par suite :

$$\frac{BD}{AB} = \frac{AB}{BC} \quad \text{ou} \quad \overline{AB}^2 = BD \times BC.$$

2° Les triangles ABD, ADC sont semblables comme ayant les angles égaux (côtés perpendiculaires) et :

$$\frac{BD}{AD} = \frac{AD}{CD} \quad \text{ou} \quad \overline{AD}^2 = DB \times CD.$$

II. Le carré de l'hypoténuse d'un triangle rectangle est égal à la somme des carrés des côtés de l'angle droit. En effet, le théorème précédent donne :

$$\overline{AB}^2 = BC.BD,$$
$$\overline{AC}^2 = BC.CD.$$

D'où, en ajoutant ces égalités membre à membre :

$$\overline{AB}^2 + \overline{AC}^2 = BC.BD + BC.CD$$
$$= BC\,(BD + CD) = BC.BC = \overline{BC}^2.$$

(V. *Hypoténuse*, t. I, page 1034.)

III. Dans tout triangle, le carré d'un côté opposé à un angle aigu est égal à la somme des carrés des deux autres côtés, moins le double produit de l'un de ces côtés par la projection du second sur le premier. On a, en effet (fig. 13) :

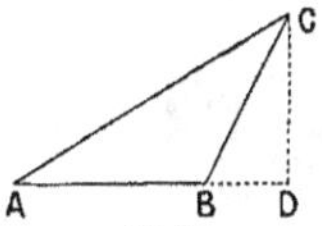

Fig. 13.
TRIANGLE

$$\overline{BC}^2 = \overline{BD}^2 + \overline{CD}^2,$$
Or $$BD = AD - AB,$$
et $$\overline{CD}^2 = \overline{AC}^2 - \overline{AD}^2.$$

On a donc

$$\overline{BC}^2 = (AD - AB)^2 + \overline{AC}^2 - \overline{AD}^2$$
$$= \overline{AB}^2 + \overline{AC}^2 - 2\,AB.AD.$$

IV. Dans tout triangle, le carré d'un côté opposé à un angle obtus est égal à la somme des carrés des deux autres côtés, plus le double produit de l'un de ces côtés par la projection du second sur le premier (fig. 13) :

$$\overline{AC}^2 = \overline{AB}^2 + \overline{BC}^2 + 2\,AB.BD.$$

Remarque. — On peut déduire de ces théorèmes l'expression de la hauteur en fonction des côtés. En effet, soit dans le théorème IV (fig. 13) :

$$CD = h,\ BC = a,\ AC = b,\ AB = c;$$

on a : $$h^2 = b^2 - \overline{AD}^2;$$

d'ailleurs $a^2 = b^2 + c^2 - 2c \times AD$,

d'où $$AD = \frac{b^2 + c^2 - a^2}{2c},$$

et $$h^2 = \frac{4b^2c^2 - (b^2 + c^2 - a^2)^2}{4c^2},$$

ou

$$h^2 = \frac{[2bc - (b^2 + c^2 - a^2)][2bc + (b^2 + c^2 - a^2)]}{4c^2},$$

ou

$$h^2 = \frac{(a+b+c)(a+b-c)(c+a-b)(a+b-c)}{4c^2},$$

et, en posant : $a + b + c = 2p$ (p vaut la moitié du périmètre du triangle),

$$h = \frac{2}{a}\sqrt{p(p-a)(p-b)(p-c)}$$

On démontre de même que : 1° La somme des carrés de deux côtés d'un triangle est égale à deux fois le carré de la médiane relative au troisième côté, plus deux fois le carré de la moitié de ce troisième côté :

$$\overline{AB}^2 + \overline{AC}^2 = 2\overline{AD}^2 + 2\overline{BD}^2.$$

On peut ainsi calculer la médiane m en fonction des côtés et l'on voit qu'elle a pour expression :

$$m = \frac{1}{2}\sqrt{2(b^2 + c^2) - a^2}.$$

2° La différence des carrés de deux côtés d'un triangle est égale au double produit du troisième côté par la projection de la médiane correspondante sur ce même côté (fig. 14) :

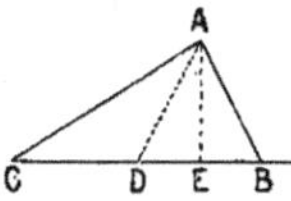

Fig. 14.
TRIANGLE

$$\overline{AC}^2 - \overline{AB}^2 = 2\,BC \times DE.$$

3° Soit AD la bissectrice de l'angle A dans le triangle ABC (fig. 14).

On a :

$$AB \times AC = AD^2 + DB \times DC;$$

c'est-à-dire que le produit de deux côtés d'un triangle est égal au produit des deux segments additifs que la bissectrice de leur angle détermine sur le côté opposé augmenté du carré de cette bissectrice. En considérant la bissectrice AD' (fig. 15) de l'angle extérieur en A, on aurait :

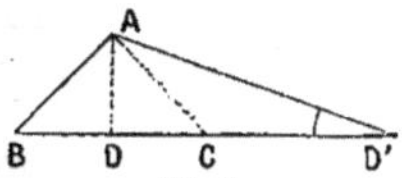

Fig. 15.
TRIANGLE

$$AB \times AC = D'B \times D'C - \overline{AD'}^2.$$

Soit α la longueur de la bissectrice AD : si a, b, c désignent les côtés dont la somme est $2p$,

$$\alpha = \frac{2}{b+c}\sqrt{bcp(p-a)}.$$

La bissectrice $\alpha' =$ AD' serait trouvée égale à :

$$\alpha' = \frac{2}{c-b}\sqrt{bcp(p-b)(p-c)}.$$

Cercle circonscrit. — Le cercle circonscrit à un triangle, passant par les trois sommets du triangle, a pour centre le point de rencontre des perpendiculaires élevées au milieu des côtés. Le diamètre de ce cercle est égal au quotient de deux côtés du triangle par la hauteur relative au troisième côté. En effet, les triangles rectangles ABD, AEC (fig. 16) sont semblables, car les angles aigus D et C sont égaux comme inscrits dans le même segment ; donc :

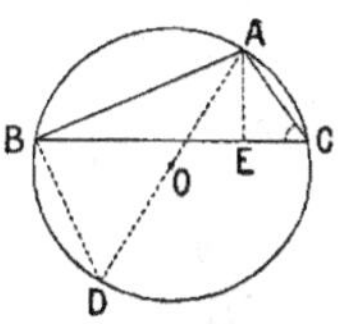

Fig. 16.
TRIANGLE
CERCLE CIRCONSCRIT

$$\frac{AB}{AD} = \frac{AE}{AC},$$

ou $$AB \times AC = AD \times AE,$$

ou $$bc = 2\,R\,.\,h.$$

On a donc pour le rayon R du cercle circonscrit :

$$R = \frac{bc}{2h},$$

ou, en remplaçant h par la valeur trouvée ci-dessus :

$$R = \frac{abc}{4\sqrt{p(p-a)(p-b)(p-c)}}.$$

Cercle inscrit. — Le centre du cercle inscrit, devant se trouver à la même distance des trois côtés du triangle, est le point de rencontre des trois bissectrices.

On sait que les segments AB', AC' (fig. 17)

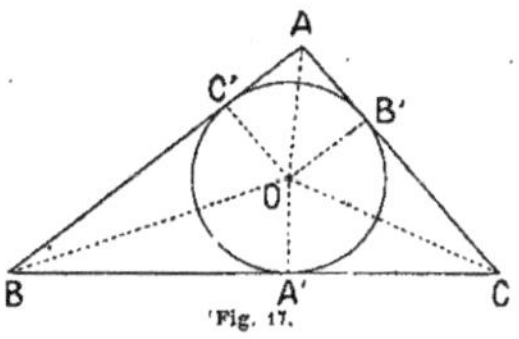

Fig. 17.
TRIANGLE
CERCLE INSCRIT

sont égaux ; de même CB' et CA', BA' et BC'. En posant $a + b + c = 2p$, on aura :

$$2\,AB' + 2\,CB' + 2\,CA' = 2p,$$
$$\text{ou } AB' + CB' + BA' = p;$$
$$\text{d'où } AB' = AC' = p - (CB' + BA') = p - a,$$
$$CB' = CA' = p - c,$$
$$BA' = BC' = p - b.$$

On appelle *cercle exinscrit* (fig. 18) à un triangle un cercle tangent à un côté et aux prolongements des deux autres : il y a donc

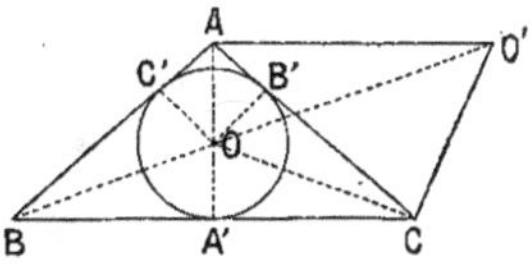

Fig. 18.
TRIANGLE
CERCLE EXINSCRIT

trois cercles exinscrits pour un même triangle. En désignant par r, r_a, r_b, r_c les rayons du cercle inscrit et des cercles exinscrits tangents aux côtés a, b, c, on trouve, par des calculs faciles d'ailleurs, les valeurs :

$$r = \sqrt{\frac{(p-a)(p-b)(p-c)}{p}},$$
$$r_a = \sqrt{\frac{p(p-b)(p-c)}{p-a}},$$
$$r_b = \sqrt{\frac{p(p-a)(p-c)}{p-b}},$$
$$r_c = \sqrt{\frac{p(p-a)(p-b)}{p-c}}$$

Surface du triangle. — ***L'aire d'un triangle est égale à la moitié du produit de la base par la hauteur.*** En effet, si par les sommets A et C (fig. 19) on mène des parallèles aux côtés AB, BC, on obtient un parallélogramme de surface double du triangle, car les triangles ABC, ACD sont égaux comme ayant un côté commun adjacent à deux angles égaux chacun à chacun. Or le parallélo-

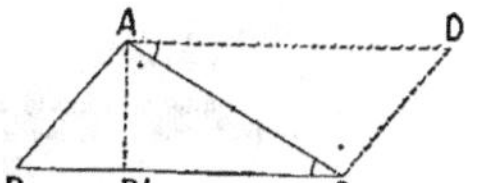

Fig. 19.
TRIANGLE
SURFACE DU TRIANGLE

gramme a pour surface ADBC ; donc la surface du triangle est exprimée par le même nombre que $\frac{AD}{2}$ BC. D'une manière générale, si S désigne la surface, h la hauteur, a, b, c les côtés respectivement opposés aux angles A, B, C, on a :

$$S = \frac{1}{2}ah.$$

Comme

$$h = \frac{2}{a}\sqrt{p(p-a)(p-b)(p-c)},$$

on peut écrire :

$$S = \sqrt{p(p-a)(p-b)(p-c)},$$

ou en fonction du rayon du cercle circonscrit (voir ci-dessus l'égalité $bc = 2\,\mathrm{R}\,h$) :

$$S = \frac{abc}{4\mathrm{R}},$$

et, en fonction des rayons des cercles inscrit et exinscrits :

$$\left\{\begin{array}{l} S = pr, \\ S = (p-a)r_a, \\ S = (p-b)r_b, \\ S = (p-c)r_c. \end{array}\right.$$

Nota. — r_a désigne le rayon du cercle exinscrit dans l'angle A.

Ces dernières valeurs se vérifient en remarquant que la surface du triangle est la somme des surfaces des triangles AOC, AOB, BOC :

$$S = \frac{a}{2}\cdot r + \frac{b}{2}\cdot r + \frac{c}{2}\cdot r = pr.$$

Soit O′ (fig. 18) le centre du cercle exinscrit dans l'angle B (rayon r_b) ; on aurait :

$$S = \mathrm{O'CB} + \mathrm{O'BA} - \mathrm{O'AC} = \frac{ar_b}{2} + \frac{cr_b}{2} - \frac{br_b}{2},$$

ou $$S = r_b.\frac{a+c-b}{2} = (p-b)r_b;$$

de même $$S = (p-c)r_c,$$
$$S = (p-a)r_a.$$

Pour inscrire un triangle équilatéral dans un cercle, on opère comme pour inscrire un hexagone, c'est-à-dire que l'on porte six fois le rayon sur la circonférence donnée : puis l'on joint les points obtenus de deux en deux. On a, par exemple, le triangle ACD (fig. 20). On démontre facilement que l'apothème OB est égal à la moitié du rayon.

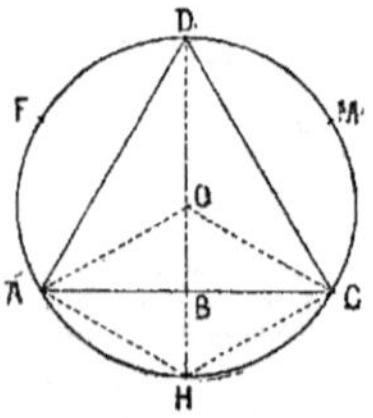

Fig. 20.
TRIANGLE
TRIANGLE ÉQUILATÉRAL INSCRIT

Joignons le centre O du cercle circonscrit aux sommets A et C du triangle équilatéral inscrit. La considération du triangle AOB nous donne :

$$\mathrm{AO}^2 = \mathrm{AB}^2 + \mathrm{OB}^2.$$

Si nous représentons le rayon OA par R et le côté AC du triangle équilatéral ACD par a, cette égalité pourra s'écrire :

$$\mathrm{R}^2 = \frac{a^2}{4} + \frac{\mathrm{R}^2}{4},$$

ou $$\frac{4\mathrm{R}^2}{4} = \frac{a^2}{4} + \frac{\mathrm{R}^2}{4};$$

d'où l'on tire :

$$\frac{4\mathrm{R}^2 - \mathrm{R}^2}{4} = \frac{a^2}{4},$$

ou $$a^2 = 3\mathrm{R}^2,$$

d'où $$a = \sqrt{3}\,\mathrm{R},$$

valeur du côté du triangle équilatéral en fonction du rayon du cercle circonscrit.

La surface S du triangle ADC est représentée par

$$S = \frac{\mathrm{AC} \times \mathrm{DB}}{2} = \frac{a \times h}{2},$$

h étant égal à la hauteur DB.

Mais $$h = \mathrm{OD} + \mathrm{OB} = \mathrm{R} + \frac{\mathrm{R}}{2} = \frac{3\,\mathrm{R}}{2}.$$

Donc, si dans l'expression de la surface nous remplaçons a et h par leur valeur respective, nous aurons :

$$S = \sqrt{3}\mathrm{R} \times \frac{3}{2}.\mathrm{R}$$

ou $$S = \frac{3}{2}\mathrm{R}^2\sqrt{3},$$

formule qui donne la surface du triangle équilatéral en fonction du rayon du cercle circonscrit.

Théorème de Ménélaüs. (V. *Transversale*.)

Théorème de J. de Céva. — Les droites menées d'un point O aux trois sommets d'un

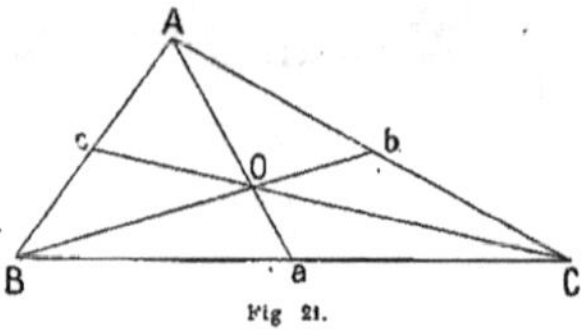

Fig. 21.
TRIANGLE
THÉORÈME DE J. DE CÉVA

triangle ABC (fig. 21) rencontrent les côtés opposés, considérés comme indéfinis, en trois points a, b, c, qui satisfont à la relation :

(1) $$\frac{a\mathrm{B}}{a\mathrm{C}}\cdot\frac{b\mathrm{C}}{b\mathrm{A}}\cdot\frac{c\mathrm{A}}{c\mathrm{B}} = -1.$$

En effet, le triangle ACa, coupé par la transversale Bb, donne, d'après le théorème de Ménélaüs (V. *Transversale*) :

$$\frac{\mathrm{B}a}{\mathrm{BC}}\cdot\frac{\mathrm{OA}}{\mathrm{O}a}\cdot\frac{b\mathrm{C}}{b\mathrm{A}} = 1.$$

De même, le triangle ABa, coupé par la transversale Cc, donne :

$$\frac{\mathrm{CB}}{\mathrm{CA}}\cdot\frac{\mathrm{O}a}{\mathrm{OA}}\cdot\frac{c\mathrm{A}}{c\mathrm{B}} = 1.$$

En multipliant ces deux égalités membre à membre on a :

$$\frac{a\mathrm{B}}{a\mathrm{C}}\cdot\frac{b\mathrm{C}}{b\mathrm{A}}\cdot\frac{c\mathrm{A}}{c\mathrm{B}}\cdot\frac{\mathrm{CB}}{\mathrm{BC}} = 1,$$

ou, en remarquant que $\frac{\mathrm{CB}}{\mathrm{BC}} = -1$

$$\frac{a\mathrm{B}}{a\mathrm{C}}\cdot\frac{b\mathrm{C}}{b\mathrm{A}}\cdot\frac{c\mathrm{A}}{c\mathrm{B}} = -1.$$

Réciproquement. — Si, par les sommets d'un triangle ABC, on mène trois droites Aa, Bb, Cc, telles que la relation (1) soit vérifiée, ces trois droites passent par un même point. Ce théorème de Céva permet de démontrer très simplement les propriétés suivantes : 1° *Dans tout triangle, les trois médianes passent par un même point* : car si les droites Aa, Bb, Cc sont des médianes, chacun des rapports $\frac{a\mathrm{B}}{a\mathrm{C}}$, etc., est égal à -1.

2° *Dans tout triangle les bissectrices des trois angles passent par un même point.* Car, d'après un théorème déjà énoncé, chacun des rapports

$$\frac{a\mathrm{B}}{a\mathrm{C}},\quad \frac{b\mathrm{C}}{b\mathrm{A}},\quad \frac{c\mathrm{A}}{c\mathrm{B}}$$

est égal aux rapports

$$\frac{\mathrm{AB}}{\mathrm{AC}},\quad \frac{\mathrm{BC}}{\mathrm{AB}},\quad \frac{\mathrm{AC}}{\mathrm{BC}},$$

dont le produit est égal à (-1).

3° *Dans tout triangle, les trois hauteurs* Aa, Bb, Cc *passent par un même point.* En effet, les triangles semblables BAb, CAc donnent :

$$\frac{c\mathrm{A}}{b\mathrm{A}} = \frac{\mathrm{AC}}{\mathrm{AB}},$$

et l'on a de même :

$$\frac{a\mathrm{B}}{c\mathrm{B}} = \frac{\mathrm{AB}}{\mathrm{BC}} \quad\text{et}\quad \frac{b\mathrm{C}}{a\mathrm{C}} = \frac{\mathrm{BC}}{\mathrm{AC}};$$

d'où l'on voit, en multipliant membre à membre, que le produit

$$\frac{a\mathrm{B}}{a\mathrm{C}}\cdot\frac{b\mathrm{C}}{b\mathrm{A}}\cdot\frac{c\mathrm{A}}{c\mathrm{B}}$$

est, en valeur absolue, égal à 1 ou plutôt à (-1), car chacun de ces rapports est négatif.

Triangles sphériques. — On appelle *triangle sphérique* la portion de la surface de la sphère comprise entre trois arcs de grand cercle moindres qu'une demi-circonférence ; ces arcs sont les *côtés*, et leurs points de rencontre sont les *sommets* du triangle. Un tel triangle est isocèle, équilatéral ou rectangle dans les mêmes conditions qu'un triangle rectiligne. En joignant les sommets d'un triangle sphérique au centre de la sphère, on forme un angle trièdre OABC (fig. 22) dont les faces OAB, BOC... ont la même mesure que les côtés AB, BC... du triangle sphérique, et dont les angles dièdres OA, OB... ont la même mesure que les angles A, B... de ce triangle. D'après cela, *à chaque propriété des angles trièdres répond une propriété analogue des triangles sphériques.* Il suffit, pour énoncer cette propriété, de remplacer respectivement les mots *face* et *angle dièdre* par les mots *côté* et *angle*. Ainsi nous pouvons énoncer les propriétés suivantes : 1° Pour qu'un triangle sphérique soit superposable à son symétrique, il faut et il suffit qu'il ait deux angles égaux, et dans un tel triangle les côtés opposés aux angles égaux sont égaux, c'est-à-dire que ce triangle est *isocèle.* 2° Dans tout triangle sphérique, un côté quelconque est moindre que la somme des deux autres. En effet :

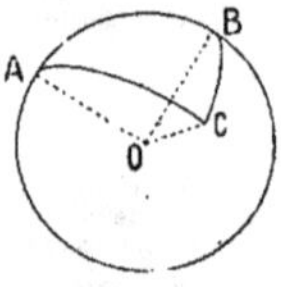

Fig. 22.
TRIANGLE
TRIANGLE SPHÉRIQUE

$$\mathrm{AOB} < \mathrm{BOC} + \mathrm{COA}$$

ou $$\text{arc AB} < \text{arc BC} + \text{arc CA}.$$

3° Dans tout triangle sphérique, au plus grand angle est opposé le plus grand côté (propriété démontrée pour les trièdres). 4° Dans tout triangle sphérique, la somme des angles est comprise entre deux et six angles droits et le plus petit angle augmenté de deux droits surpasse la somme des deux autres.

Triangle polaire. — On nomme *triangle polaire* d'un triangle sphérique ABC (fig. 23) un nouveau triangle A′B′C′ dont les sommets A′, B′, C′ sont définis de la manière suivante : A′ est celui des deux pôles du grand cercle BC qui est, par rapport à ce grand cercle, du même côté que le sommet opposé A ; de même, B′ est le pôle de AC situé du même côté de AC que C′ ; de même pour C′. On peut dire inversement que le triangle ABC est le triangle polaire de A′B′C′. D'une manière générale, on obtient le triangle polaire A′B′C′ d'un triangle sphérique, en décrivant des sommets A, B, C de ce triangle, pris successivement pour pôles, trois circonférences de grand cercle, et choisissant les sommets A′B′C′ de telle façon que A et A′ soient d'un même côté par rapport à BC, B et B′ d'un même côté par rapport à AC, etc.

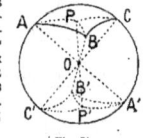

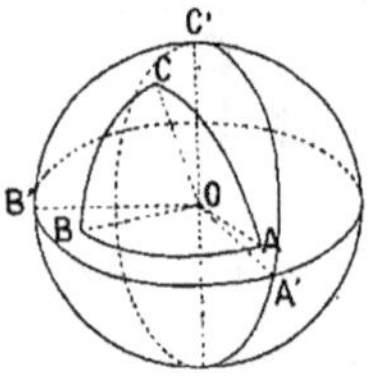

Fig. 23.
TRIANGLE
TRIANGLE POLAIRE

Théorème. — *Deux triangles sphériques,* ABC, A′B′C′ (fig. 24) *symétriques sont équivalents.* Soient P et P′ les pôles des petits cercles passant par les sommets des deux triangles. Joignons P, P′ respectivement aux sommets A, B, C et A′B′C′. L'égalité des angles POA, P′OA′ entraîne : PA = P′A′ ; de même PB = P′B′, PC = P′C′, et comme

$$\mathrm{PA} = \mathrm{PB} = \mathrm{PC},$$

on a :

P′A′ = P′B′ = P′C′. Donc, les triangles PAB, PBC, PAC sont respectivement symétriques

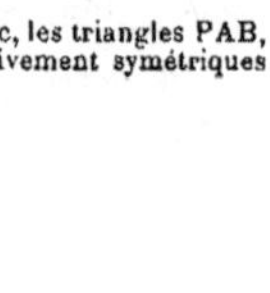

Fig. 24.
TRIANGLE
TRIANGLES SPHÉRIQUES SYMÉTRIQUES

et superposables aux triangles P'A'B', P'B'C', P'A'C', et par suite les triangles sphériques ABC, A'B'C sont équivalents, comme sommes de triangles égaux.

Aire du triangle sphérique. — L'expression de cette aire se déduit de celle du *fuseau* sphérique. On sait que le *fuseau* est la portion de surface sphérique comprise entre deux demi-grands cercles terminés à leur diamètre commun : l'angle de ces deux cercles est *l'angle du fuseau*. Si l'on prend, pour unité d'angle, l'angle droit et, pour unité d'aire, l'aire du trièdre trirectangle, le fuseau a pour mesure le double du nombre qui mesure son angle. On en déduit le théorème suivant :

Si l'on prend l'angle droit pour unité d'angle et le triangle trirectangle pour unité d'aire, l'aire d'un triangle sphérique a pour mesure la somme des nombres qui mesurent ses angles, diminuée de 2.

Soit le triangle sphérique ABC (fig. 25) : prolongeons les grands cercles en A' et B'. On aura :

$$(1)\quad \begin{cases} ABC + BCA' = \text{fuseau A}, \\ ABC + ACB' = \text{fuseau B}, \\ ABC + B'CA' = \text{fuseau C}. \end{cases}$$

La somme des premiers membres de cette égalité se compose de la demi-sphère et de deux fois l'aire du triangle ABC. Comme, dans le système d'unités adopté la demi-sphère a pour mesure le nombre 4, si on désigne par S l'aire du triangle et par ABC les nombres qui mesurent les angles du triangle sphérique, on aura, par l'addition des égalités (1) :

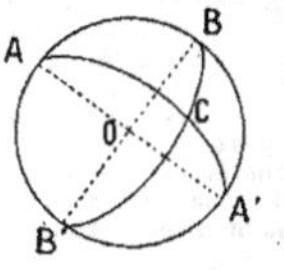

Fig. 25.
TRIANGLE
MESURE DE L'AIRE D'UN TRIANGLE SPHÉRIQUE

$$4 + 2S = 2A + 2B + 2C;$$

D'où

$$S = A + B + C - 2.$$

Soient R le rayon en mètres de la sphère à laquelle appartient le triangle sphérique; σ la surface en mètres carrés de ce triangle; α, β, γ, les angles du triangle évalués en degrés; on aura, en observant que le triangle trirectangle est égal au huitième $\frac{1}{2}\pi R^2$ de la sphère,

$$A = \frac{\alpha}{90},\quad B = \frac{\beta}{90},\quad C = \frac{\gamma}{90},\quad S = \frac{\sigma}{\frac{1}{2}\pi R^2},$$

d'où, en vertu de la relation $S = A + B + C - 2$,

$$\frac{\sigma}{\frac{1}{2}\pi R^2} = \frac{\alpha}{90} + \frac{\beta}{90} + \frac{\gamma}{90} - 2,$$

d'où $$2\sigma = \frac{\pi R^2(\alpha + \beta + \gamma) - 180}{90},$$

et $$\sigma = \frac{\alpha + \beta + \gamma - 180}{180}\pi R^2.$$

Exemple. — Soit, par exemple, un triangle ayant pour angles : 51°37', 73°11', 87°43', sur une sphère dont le rayon est 2m,4; on aura pour la surface de ce triangle :

$$\sigma = \frac{51°37' + 73°11' + 87°43' - 180°}{180}\pi(2,4)^2,$$

ou $\sigma = 1,041 \times r = 3^{m^2},27.$

Remarque. — On évalue parfois les angles en parties du rayon; alors l'angle droit répond à $\frac{\pi}{2}$ et si A', B', C' sont les mesures des angles ainsi évalués en parties du rayon, on a :

$$A = \frac{A'}{\frac{\pi}{2}} = \frac{2A'}{\pi},\quad B = \frac{2B'}{\pi},\quad C = \frac{2C'}{\pi},$$

et par suite

$$A + B + C - 2 = \frac{2}{\pi}(A' + B' + C' - \pi).$$

Or $A + B + C - 2 = S$,

et $S = \frac{2S'}{\pi}$,

S' étant le nombre qui mesure l'aire du triangle dans ce nouveau système d'unités; d'où :

$$S' = A' + B' + C' - \pi.$$

On donne à ce nombre abstrait $A' + B' + C' - \pi$ le nom d'*excès sphérique du triangle*.

Résolution trigonométrique des triangles. — Résoudre un triangle dont on connaît trois éléments, c'est calculer les éléments inconnus. Cette résolution repose sur diverses relations que nous devons d'abord établir.

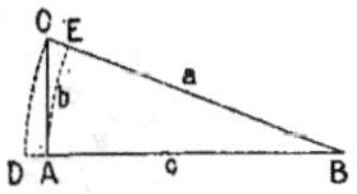

Fig. 26.
TRIANGLE
RÉSOLUTION TRIGONOMÉTRIQUE D'UN TRIANGLE RECTANGLE

I. *Triangles rectangles.* — *a* étant l'hypoténuse d'un triangle rectangle ABC (fig. 26), *b* et *c* les deux autres côtés, on a les relations :

$$(1)\ \begin{cases} b = a\sin B, \\ c = a\sin C, \end{cases}\qquad (2)\ \begin{cases} b = a\cos C, \\ c = a\cos B. \end{cases}$$

Les relations se déduisent de la définition même du sinus et du cosinus, car en décrivant de B comme centre un arc de cercle de rayon BC, on a :

$$\sin B = \frac{AC}{BC} = \frac{b}{a},\ \text{d'où}\ b = a\sin B,$$

et

$$\cos B = \frac{AB}{BC} = \frac{c}{a},\ \text{d'où}\ c = a\cos B.$$

Si du même point B on décrit un arc de cercle de rayon BE = BA, on aura de même :

$$\text{tang}\,B = \frac{AC}{AB} = \frac{b}{c},\ \text{d'où}\ b = c\,\text{tang}\,B,$$

et

$$\text{cotg}\,B = \frac{AB}{AC} = \frac{c}{b},\ \text{d'où}\ c = b\,\text{cotg}\,B.$$

II. *Triangles quelconques.* — 1° Soit 2R (fig. 27) le diamètre du cercle circonscrit au triangle ABC et de centre O. Abaissons OI perpendiculaire à BC et appliquons les formules précédentes au triangle rectangle OIB, dans lequel l'angle BOI a pour mesure la moitié de l'arc BC et est par suite égal à A. Nous aurons :

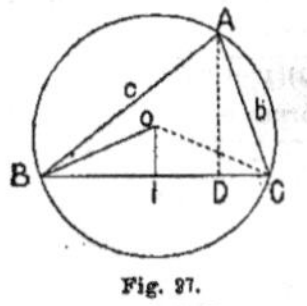

Fig. 27.
TRIANGLE
RÉSOLUTION TRIGONOMÉTRIQUE D'UN TRIANGLE QUELCONQUE

$$BI = \frac{BC}{2} = OB\sin A,$$

ou $\frac{a}{2} = R\sin A$; donc $\frac{a}{\sin A} = 2R.$

On aura donc par raison de symétrie :

$$\frac{a}{\sin A} = \frac{b}{\sin B} = \frac{c}{\sin C} = 2R.$$

2° Abaissons AD perpendiculaire à BC; nous aurons :

$$b^2 = a^2 + c^2 - 2a\,BD.$$

Or, dans le triangle rectangle ACD on a : $BD = c\cos B$;

donc $b^2 = a^2 + c^2 - 2ac\cos B.$

De même $a^2 = b^2 + c^2 - 2bc\cos A$
$c^2 = a^2 + b^2 - 2ab\cos C.$

3° On a immédiatement : $BC = CD + BD$; d'où :

$$a = b\cos C + c\cos B$$
$$b = a\cos C + c\cos A$$
$$c = a\cos B + b\cos A.$$

RÉSUMÉ DES FORMULES

I. *Triangles rectangles.*

a : hypoténuse.

$$\begin{vmatrix} b = a\sin B \\ c = a\sin C \end{vmatrix}\quad \begin{vmatrix} b = a\cos C \\ c = a\cos B \end{vmatrix}$$
$$\begin{vmatrix} b = c\,\text{tang}\,B \\ c = b\,\text{tang}\,C \end{vmatrix}\quad \begin{vmatrix} b = c\,\text{cotg}\,C \\ c = b\,\text{cotg}\,B \end{vmatrix}$$
$$B + C = 90°.$$

II. *Triangles quelconques.*

a, b, c : étant les côtés.

$$\frac{a}{\sin A} = \frac{b}{\sin B} = \frac{c}{\sin C}.$$

$$\begin{cases} a^2 = b^2 + c^2 - 2bc\cos A \\ b^2 = a^2 + c^2 - 2ac\cos B \\ c^2 = a^2 + b^2 - 2ab\cos C \\ A + B + C = 180°. \end{cases}$$

$$\begin{vmatrix} a = b\cos C + c\cos B \\ b = a\cos C + c\cos A \\ c = a\cos B + b\cos A \end{vmatrix}$$

Résolution des triangles rectangles. — 1er Cas : *On donne l'hypoténuse a et un côté de l'angle droit b. Calculer* B, C, c. Pour que le triangle existe, il faut que l'hypoténuse *a* soit plus grande que *b*.

On a, d'après les formules ci-dessus :

$$\sin B = \cos C = \frac{b}{a}.$$

et $$c = \sqrt{a^2 - b^2}.$$

Pour rendre cette formule calculable par logarithmes, on écrit :

$$c = \sqrt{(a + b)(a - b)},$$

d'où

$$\log c = \frac{1}{2}[\log(a + b) + \log(a - b)].$$

Il vaut mieux déterminer les angles par leurs tangentes. On a :

$$\text{tang}\,\frac{C}{2} = \frac{\sin\frac{C}{2}}{\cos\frac{C}{2}} = \sqrt{\frac{1 - \cos C}{1 + \cos C}};$$

et, en remplaçant cos C par sa valeur $\frac{b}{a}$,

$$\text{tang}\,\frac{C}{2} = \sqrt{\frac{a - b}{a + b}}.$$

2e Cas. — *On donne l'hypoténuse* a *et l'angle aigu* B. *Calculer* C, b *et* c. On a :

$$C = 90° - B,$$
$$b = a\sin B,$$
$$c = a\cos B.$$

3e Cas. — *On donne un côté de l'angle droit* b *et un angle aigu* B. On aura :

$$C = 90° - B,$$
$$a = \frac{b}{\sin B},$$
$$c = b\,\text{cotg}\,B.$$

4e Cas. — *On donne les deux côtés de l'angle droit.* On aura pour *a*, B, C :

$$\text{tang}\,B = \text{cotg}\,C = \frac{b}{c},$$

et $$a = \frac{b}{\sin B},$$

ou $$a = \sqrt{b^2 + c^2}.$$

Pour rendre cette dernière formule calculable par logarithmes, on écrit :

$$a = b\sqrt{1 + \frac{c^2}{b^2}}.$$

Désignons par φ un angle auxiliaire et posons :

$$\text{tang}\,\varphi = \frac{b}{c},$$

nous aurons :

$$a = b\sqrt{1 + \cos^2\varphi} = b\sqrt{1 + \frac{\cos^2\varphi}{\sin^2\varphi}}$$
$$= b\sqrt{\frac{\sin^2\varphi + \cos^2\varphi}{\sin^2\varphi}}.$$

Ou, plus simplement:

$$a = \frac{b}{\sin\varphi}.$$

Résolution des triangles quelconques. — 1er Cas : *On donne un côté* a *et les deux angles adjacents* B *et* C. Les formules précédentes donnent :

$$A = 180° - (B + C)$$

et $$b = \frac{a\sin B}{\sin A},\quad c = \frac{a\sin C}{\sin A}.$$

Pour avoir la surface S, remarquons que :

$$S = \frac{1}{2} a \times AD,$$

or $\quad AD = b \sin C = \frac{a \sin B \sin C}{\sin A},$

donc $\quad S = \frac{a^2}{2} \cdot \frac{\sin B \sin C}{\sin A}.$

Remarque. — Si $B + C < 180°$, le problème est toujours possible et n'admet qu'une solution.

2e Cas. — *On donne deux côtés* a, b *et l'angle compris* C. Alors :

$$(1) \quad A + B = (180° - C).$$

D'ailleurs, la formule

$$\frac{a}{\sin A} = \frac{b}{\sin B},$$

donne

$$\frac{a-b}{\sin A - \sin B} = \frac{a+b}{\sin A + \sin B},$$

ou $\quad \frac{a-b}{a+b} = \frac{\sin A - \sin B}{\sin A + \sin B},$

d'où

$$\frac{a-b}{a+b} = \frac{2 \sin \frac{A-B}{2} \cos \frac{A+B}{2}}{2 \sin \frac{A+B}{2} \cos \frac{A-B}{2}} = \frac{\operatorname{tang} \frac{A-B}{2}}{\operatorname{tang} \frac{A+B}{2}},$$

et, comme $\quad \frac{A+B}{2} = 90° - \frac{C}{2},$

$$(2) \quad \operatorname{tang} \frac{A-B}{2} = \frac{a-b}{a+b} \operatorname{cotg} \frac{C}{2}.$$

On a donc A et B par les formules (1) et (2). Enfin :

$$c = \frac{a \sin C}{\sin A}.$$

Quant à la surface, on a :

$$S = \frac{1}{2} a.AD = \frac{1}{2} ab \sin C,$$

car $\quad AD = b \sin C.$

On peut écrire aussi :

$$S = \frac{abc}{4R}, \quad \text{puisque} \quad \sin C = \frac{c}{2R}.$$

3e Cas. — *On donne deux côtés* a, b *et l'angle* A *opposé à l'un d'eux.* On emploie les formules :

$$\sin B = \frac{b \sin A}{a},$$

puis $\quad C = 180° - (A + B)$

$$c = \frac{a \sin C}{\sin A},$$

et $\quad S = \frac{1}{2} ab \sin C.$

Le problème n'est pas toujours possible et on peut établir la discussion de la manière suivante :

$a < b \sin A$. . . . . 0 solution

$$a > b \sin A \begin{cases} A < 90° & \begin{cases} a < b \ldots 2 \text{ solutions} \\ a > b \ldots 1 \text{ solution} \end{cases} \\ A > 90° & \begin{cases} a < b \ldots 0 \text{ solution} \\ a > b \ldots 1 \text{ solution} \end{cases} \\ A = 90° & \begin{cases} a = b \ldots 0 \text{ solution} \\ a > b \ldots 1 \text{ solution} \end{cases} \end{cases}$$

4e Cas. — *On donne les trois côtés,* a, b, c *du triangle.* Pour que le triangle existe il est nécessaire et il suffit que le plus grand côté soit plus petit que la somme des deux autres. On a :

$$a^2 = b^2 + c^2 - 2 bc \cos A.$$

D'où $\quad \cos A = \frac{b^2 + c^2 - a^2}{2bc},$

qu'on rend calculable par logarithmes en observant que :

$$1 - \cos A = 2 \sin^2 \frac{A}{2} \, ; \, 1 + \cos A = 2 \cos^2 \frac{A}{2}.$$

Or

$$1 - \cos A = 1 - \frac{b^2 + c^2 - a^2}{2bc} = \frac{a^2 - (b-c)^2}{2bc}$$

$$= \frac{(a+b-c)(a-b+c)}{2bc}.$$

D'où

$$\sin \frac{A}{2} = \sqrt{\frac{(a+b-c)(a+c-b)}{4bc}}.$$

On aurait de même :

$$\cos \frac{A}{2} = \sqrt{\frac{(b+c+a)(b+c-a)}{4bc}}.$$

D'où, en posant, comme plus haut,

$$a + b + c = 2p :$$

$$\begin{cases} \sin \frac{A}{2} = \sqrt{\frac{(p-b)(p-c)}{bc}}, \\ \cos \frac{A}{2} = \sqrt{\frac{p(p-a)}{bc}}, \\ \sin \frac{B}{2} = \sqrt{\frac{(p-a)(p-c)}{ab}}, \\ \cos \frac{B}{2} = \sqrt{\frac{p(p-b)}{ac}}, \\ \sin \frac{C}{2} = \sqrt{\frac{(p-a)(p-b)}{ab}}, \\ \cos \frac{C}{2} = \sqrt{\frac{p(p-c)}{ab}}, \end{cases}$$

D'où, en divisant le sin par le cos :

$$\operatorname{tang} \frac{A}{2} = \sqrt{\frac{(p-b)(p-c)}{p(p-a)}},$$

$$\operatorname{tang} \frac{B}{2} = \sqrt{\frac{(p-a)(p-c)}{p(p-b)}},$$

$$\operatorname{tang} \frac{C}{2} = \sqrt{\frac{(p-a)(p-b)}{p(p-c)}}.$$

La formule de la surface :

$$S = \frac{1}{2} bc \sin A,$$

peut se transformer, en remplaçant sin A par $2 \sin \frac{A}{2} \cos \frac{A}{2}$ ou

$$\sin A = \frac{2}{bc} \sqrt{p(p-a)(p-b)(p-c)},$$

et ainsi :

$$S = \sqrt{p(p-a)(p-b)(p-c)}.$$

Remarque. — La formule

$$\operatorname{tang} \frac{A}{2} = \sqrt{\frac{(p-b)(p-c)}{p(p-a)}},$$

peut s'écrire :

$$\operatorname{tang} \frac{A}{2} = \frac{r}{p-a},$$

en posant :

$$r = \sqrt{\frac{(p-a)(p-b)(p-c)}{p}}.$$

Cette quantité r est précisément le rayon du cercle inscrit (V. ci-dessus). On peut donc compléter les formules précédentes par les suivantes :

$$\operatorname{tang} \frac{A}{2} = \frac{r}{p-a},$$

$$\operatorname{tang} \frac{B}{2} = \frac{r}{p-b},$$

$$\operatorname{tang} \frac{C}{2} = \frac{r}{p-c},$$

et $\quad S = pr.$

Centre de gravité du périmètre d'un triangle. — Soit le triangle ABC (fig. 28). Le centre de gravité de chacun de ses côtés se trouve en son milieu a, b, c. Nous avons donc à composer trois forces parallèles appliquées aux points a, b, c, représentées par les poids des côtés respectifs et, par conséquent, proportionnelles à leur longueur. La résultante des forces appliquées en c et en b se trouvera sur la droite cb, et son point d'application g la partagera en deux parties, telles que l'on aura :

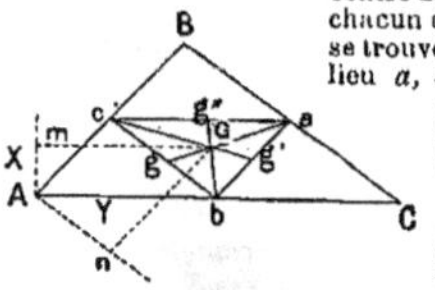

Fig. 28.
TRIANGLE
CENTRE DE GRAVITÉ DU PÉRIMÈTRE D'UN TRIANGLE

$$\frac{bg}{cg} = \frac{AB}{AC}.$$

Ce point g est le pied de la bissectrice de l'angle cab. En effet, dans le triangle ABC, on a :

$$ab = \frac{AB}{2}, \quad ac = \frac{AC}{2}.$$

D'où

$$\frac{ab}{ac} = \frac{AB}{AC}, \text{ et, par suite : } \frac{bg}{gc} = \frac{ab}{ac}.$$

En composant la force appliquée en g et représentée par AB × AC avec la force appliquée en a, représentée par BC, on trouvera la résultante finale, dont le point d'application donnera le centre de gravité cherché; ce point se trouve donc sur la bissectrice ag. On démontrerait de même qu'il se trouve sur une autre bissectrice cg', par exemple, et par suite, il se trouve au point de concours des bissectrices des angles, du triangle abc. Donc, le centre de gravité du périmètre d'un triangle est le centre du cercle inscrit dans le triangle que l'on forme en joignant les milieux des côtés du triangle donné. On peut traiter la question au point de vue mécanique en considérant les poids des trois côtés AB, BC, CA. Prenons les moments par rapport à un plan perpendiculaire au plan de la figure et passant par le côté AC. En appelant R la résultante, P + P' + P'' et X la distance de son point d'application au plan des moments, on aura :

$$R \times (P + P') \frac{h}{2},$$

puisque le moment de la force P' est nul. De cette équation, on tire :

$$X = \frac{h}{2} \left(\frac{P + P'}{R} \right).$$

En prenant ensuite les moments par rapport à un plan passant par le côté AB, on trouverait de même :

$$Y = \frac{h'}{2} \left(\frac{P + P''}{R} \right).$$

Connaissant les distances X et Y, le point G est déterminé. Il suffit de mener, par le sommet A, les droites Am et An, respectivement perpendiculaires aux côtés AC et AB; de prendre sur ces droites des longueurs Am, An égales à X et Y, et, par les points m et n, de tracer des parallèles mG et nG, aux mêmes côtés : l'intersection G de ces deux droites déterminera la position du centre de gravité.

Centre de gravité de l'aire d'un triangle. — Soit le triangle ABC. Supposons que sa surface soit décomposée en tranches infiniment minces parallèles à l'un des côtés BC (fig. 29); chacune de ces tranches, ou filets élémentaires, pourra être considérée comme une ligne homogène et aura son centre de gravité en son milieu. Le lieu des points milieux de toutes ces tranches étant la médiane AD, il s'ensuit que cette droite contient le centre de gravité G du triangle. On démontrerait de même que ce point doit se trouver sur la médiane BE, et, par suite, il est à leur point de concours. Les triangles ABG et GED donnent :

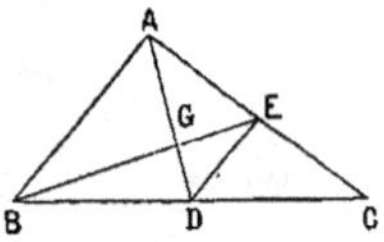

Fig. 29.
TRIANGLE
CENTRE DE GRAVITÉ DE L'AIRE D'UN TRIANGLE

$$\frac{DG}{AG} = \frac{ED}{AB} = \frac{1}{2}.$$

Donc, le centre de gravité de l'aire d'un triangle se trouve sur l'une quelconque des médianes et au tiers de cette ligne à partir de la base.

Centre de pression d'un triangle ayant sa

base AA′ (fig. 30) *dans la surface libre et son sommet en* D. — Du point D élevons sur le plan DAA′ la perpendiculaire D*d*′ égale à la distance du point D à la surface libre, et considérons la pyramide triangulaire AA′*d*′D. Si B est la surface du triangle ADA′ et *h* la distance du sommet D au plan d'eau, le volume de la pyramide est 1/3B*h*, et, par suite :

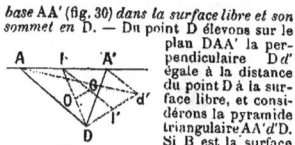

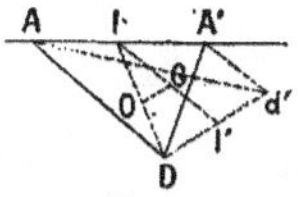

Fig. 30.
TRIANGLE
CENTRE DE PRESSION D'UN TRIANGLE.

$$P = \frac{H}{3} B h,$$

P désignant la pression totale sur la paroi.

Le centre de gravité G de la pyramide est au milieu de la droite II′ qui joint les milieux des arêtes opposées AA′, D*d*′. Projetant sur le plan de la paroi la droite II′, on a la médiane ID du triangle, et le centre de pression D en occupe le milieu. || **Aire engendrée par un triangle**, tournant autour d'un axe situé dans son plan et passant par un de ses sommets sans traverser sa surface. (V. *Volume*.)

Triangle arithmétique. — Tableau imaginé par Pascal pour obtenir d'une manière simple et rapide les coefficients des puissances d'un binôme. Pour former le coefficient C^m_n du terme de rang *n* dans le développement d'une puissance du binôme, on fait la somme des coefficients des termes de même rang et du terme précédent dans la puissance immédiatement inférieure. Imaginez écrits sur une ligne horizontale les coefficients de la puissance *m* du binôme. Pour former ceux (C^{m+1}_n) de la puissance *m* + 1, supposés écrits sur la ligne au-dessous afin d'avoir deux coefficients de même rang sur une même colonne verticale, on ajoute chaque terme de la ligne déjà formée avec le précédent de la même ligne et l'on porte le résultat au-dessous du second de ces deux termes :

0	1	0								
0	1	1	0							
0	1	2	1	0						
0	1	3	3	1	0					
0	1	4	6	4	1	0				
0	1	5	10	10	5	1	0			
0	1	6	15	20	15	6	1	0		
0	1	7	21	35	35	21	7	1	0	
0	1	8	28	56	70	56	28	8	1	0
0	1	9	36	84	126	126	84	36	9	1

On écrit une colonne de zéros, qui représente les valeurs de C^m_{-1}, puis à côté une colonne de 1 qui représente C^m_0. On écrit dans la seconde ligne horizontale le coefficient 1 du binôme, puis on applique la règle. Les termes de la colonne (3) sont les nombres naturels; ceux de la colonne (4) sont les nombres figurés du premier ordre; ceux de la colonne (5), les nombres figurés du deuxième ordre. Un nombre quelconque est égal à la somme de ceux de la colonne précédente qui sont au-dessus de lui. Ainsi, dans la colonne (4), 21 est égal à

$$0 + 1 + 2 + 3 + 4 + 5 + 6,$$

c'est-à-dire aux nombres de la colonne (3) situés au-dessus de 21. || Nom de deux constellations situées : l'une, dans l'hémisphère boréal, entre le *Bélier*, *Andromède* et la *Tête de Méduse*; l'autre, dans l'hémisphère austral, sur le cercle polaire antarctique, non loin de l'Autel. || Instrument de musique composé de trois tiges d'acier assemblées en triangle et qu'on frappe intérieurement avec une baguette de même métal pour accompagner certains airs de musique instrumentale. || Equerre de menuisier dont une branche est plus mince que l'autre. || Un des attributs franc-maçonniques. || Echafaud servant à la construction ou réparation des côtés d'un navire. — **Dér.** *Triangulaire, triangulairement, trianguler, triangulation.*

TRIANGULAIRE (pfx. *tri* + *angulaire*), *adj.* 2 *g.* Qui a la forme d'un triangle : *Cour triangulaire.* || *Prisme triangulaire, pyramide triangulaire*, dont la base est un triangle. — Sm. *Le triangulaire*, le muscle triangulaire des lèvres. (Méd.) — **Dér.** *Triangulairement.*

***TRIANGULAIREMENT** (*triangulaire* + sfx. *ment*), *adv.* En forme de triangle.

TRIANGULATION (*triangle*), *sm.* Opération géodésique qui consiste à déterminer les sommets des triangles qui serviront de canevas à la carte d'un pays ou dont les éléments devront être employés pour la mesure d'un arc du méridien. Soit à calculer l'arc AB de la méridienne de Paris. On mesure avec soin une base AC allant de l'extrémité A du méridien à une première station C. Puis on choisit, de part et d'autre de la méridienne, d'autres stations D, E, F, G, etc., de chacune desquelles on puisse voir les stations voisines; et l'on mesure les angles de chacun des triangles ACD, CDE, EDF, etc., que les stations forment entre elles. Cette première opération permet de résoudre ces divers triangles par la trigonométrie, car, dans le premier, on connaît AC et les angles, et l'on peut calculer CD; dans le deuxième on connaît CD et les angles, et l'on peut calculer DE; dans le troisième, on connaît DE et les angles, et l'on peut calculer EF, et ainsi de suite. Puis on détermine en A la direction de la méridienne par le procédé connu, et l'on mesure l'angle MAC que cette direction fait avec la base AC; on connaît donc, dans le triangle ACM, le côté AC et les angles adjacents, et l'on peut calculer le premier tronçon AM de la méridienne. On calcule en même temps l'angle M et le côté CM; on connaît donc, dans le triangle MDN, le côté DM = CD — CM, et les angles adjacents, et l'on peut calculer le deuxième tronçon MN de la méridienne, l'angle N et le côté DN. On connaît alors, dans le triangle NEP, le côté EN = DE — DN et les angles adjacents, et l'on peut calculer le troisième tronçon NP de la méridienne, et ainsi de suite. On déterminera de cette manière par parties la longueur de l'arc total AB. Si l'on ne pouvait pas déterminer directement la base AC, on en mesurerait une autre dans une plaine voisine, et on la relierait au côté AC, et, par suite, au réseau des triangles, par une série de triangles auxiliaires, dont on calculerait d'abord les éléments de la même manière. On obtiendrait de la sorte, par le calcul, la longueur de la droite AC, et l'on opérerait alors sur cette droite comme il a été dit. Supposé l'arc mesuré circulaire, on détermine facilement le nombre de degrés qu'il contient : ce nombre est donné par la différence des latitudes des deux extrémités de l'arc mesuré. On a réellement exécuté ces opérations sous différentes latitudes pour calculer la valeur d'un degré du méridien.

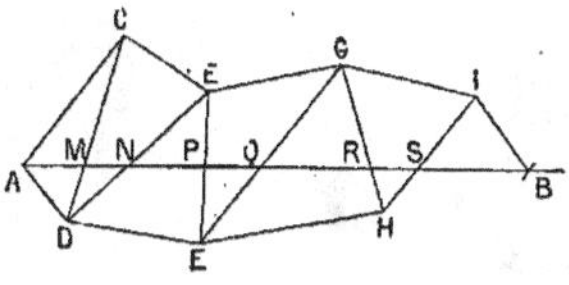

TRIANGULATION

Les *dimensions de la Terre* ont de tous temps été l'objet des recherches des astronomes. A la fin du XVIIe siècle, Huyghens et Newton s'occupèrent de la *forme* de la Terre; avant eux, elle était regardée comme sphérique. Déjà les anciens avaient cherché à déterminer ses dimensions. Aristote (330 ans av. J.-C.) lui attribue 400 000 stades de circonférence; mais on ne connaît pas la valeur exacte du stade. Eratosthène (276 ans av. J.-C.) attribuait à cette circonférence 252 000 stades. Posidonius (106 ans av. J.-C.) lui donnait 240 000 stades. Ptolémée (125 ans ap. J.-C.) donne à *un* degré de la circonférence de la Terre une valeur de 5 000 stades. Au IXe siècle, le calife Almamoun fit mesurer un degré dans les plaines de Singlar; ses mathématiciens marchèrent les uns vers le N., les autres vers le S., sur un même méridien, en mesurant la distance parcourue, et en calculant la différence de latitude par la hauteur méridienne du Soleil. Ils arrivèrent au même résultat que Ptolémée.

Parmi les modernes, en 1550, Fernel, médecin et astronome, en comptant le nombre des tours de roue de sa voiture, mesura l'arc du méridien compris entre Paris et Amiens, et trouva que le degré valait 57 070 toises. En 1616, Snellius, géomètre hollandais, appliqua le premier la trigonométrie à cette question, et trouva le degré égal à 55 021 toises, valeur trop faible. C'est à Picard que l'on doit la première mesure réellement mathématique de la Terre. Cet illustre géomètre employa dans ses opérations, en 1669, des méthodes nouvelles, inventées par lui, et qui sont le fondement de celles que l'on emploie aujourd'hui. Il détermina la distance de Malvoisine à Amiens et trouva le degré égal à 57 060 toises. C'est cette mesure qui servit à Newton pour calculer l'attraction qui retient la Lune dans son orbite autour de la Terre, et pour découvrir le grand principe de la gravitation universelle. On s'occupa, quelques années après, de mesurer tout l'arc du méridien qui traverse la France. En 1683, Dominique Cassini commença seul, puis, en 1700, il s'adjoignit son fils Jacques Cassini et son neveu Philippe Maraldi. Il poussa le travail jusqu'à la frontière méridionale; il trouva le degré égal à 57 097 toises, à la latitude de 45°. Puis, en 1718, Jacques Cassini, Dominique Maraldi, neveu de Philippe, et de La Hère fils continuèrent dans le Nord, d'Amiens à Dunkerque, la mesure commencée par Picard; ils trouvèrent que le degré valait 56 960 toises à la latitude de 50°. On voit que ces deux mesures conduisent à la conséquence de l'*allongement de la Terre dans le sens des pôles*. Newton et Huyghens avaient cependant formulé auparavant l'opinion opposée, fondée sur des considérations mécaniques. On mesura ensuite les degrés du méridien dans des régions assez éloignées en latitude. Godin, Bouguer et La Condamine partirent pour le Pérou (1736), tandis que Maupertuis, Clairaut, Camus, Lemonnier et Outhier allèrent en Laponie. Les travaux de ces académiciens et ceux de Picard pour la France donnèrent raison à Newton et à Huyghens contre Cassini. En 1739, Cassini de Thury et Lacaille recommencèrent les mesures exécutées en France. Ce travail confirma les résultats obtenus par Picard, fit découvrir les erreurs de Dominique et de Jacques Cassini, et donna une mesure exacte du méridien. Ce fut alors que Cassini de Thury construisit sa belle carte de France, en couvrant le pays d'un vaste réseau de triangles qui lui servirent à déterminer les positions des points principaux. Il prolongea ensuite en Allemagne, jusqu'à Vienne, la perpendiculaire au méridien de Paris. D'autres savants exécutèrent dans leur pays des travaux semblables. Plus tard, on voulut relier les observatoires de Greenwich et de Paris, pour fixer leur position relative : on mesura une première base, en 1784, dans la plaine de Hounslowheat, au S.-O. de Londres, et en 1787 on commença la chaîne des triangles qui devait rattacher Londres à Douvres; puis on relia cette dernière ville à la méridienne de France.

Pour établir l'unité des mesures, l'Assemblée constituante chargea l'Académie des sciences de constituer le *système métrique*. Les commissaires Borda, Lagrange, Laplace, Monge, Condorcet, chargés de ce travail, convinrent de choisir, comme base du système métrique, une partie aliquote de la circonférence. Il fallait, pour cela, connaître la longueur exacte du méridien. On pouvait la déduire de celle de l'arc qui traverse la France, de Dunkerque aux Pyrénées, et mesurée en 1740. Mais, d'après Laplace, une nouvelle détermination d'un arc plus grand encore, faite avec des moyens plus exacts, devait inspirer, en faveur du nouveau système des poids et mesures, un intérêt propre à le répandre; on résolut de mesurer l'arc du méridien terrestre compris entre Dunkerque et Barcelone. Cette grande opération fut confiée à Delambre et à Méchain et menée à bonne fin. Ils trouvèrent que le quart du méridien était égal à 5 130 740 toises. Ce résultat fut adopté par le Corps législatif, le 4 messidor an VII (22 juin 1799). On a pris la dix-millionième partie de cette longueur ou 0^m,513 074 pour valeur du mètre. Le mètre légal vaut donc 0 toise 3 pieds 0 pouce 11 lignes 296. On était arrivé à la *valeur du mètre légal*, en combinant l'arc elliptique, mesuré par Delambre et Méchain, entre Monjouy et Dunkerque, avec l'*aplatissement* supposé égal à $\frac{1}{334}$. Mais cette évaluation ne reproduit pas tout à fait la dix-millionième partie du quart du méridien terrestre; elle est un peu trop petite, ce qui tient aux irrégularités locales et à l'aplatissement employé.

En 1806 et 1807, Biot et Arago ont prolongé l'arc de France jusqu'à la petite île de Formentera (Baléares). D'autres savants ont exécuté des triangulations semblables en Angleterre, en Russie, en Allemagne, aux Indes.

En jetant les yeux sur une carte d'Europe, on trouve une immense série de travaux géodésiques qui couvrent actuellement d'un bout à l'autre les îles Britanniques, la France, l'Espagne et l'Algérie. Il importait de relier entre eux ces grands réseaux de triangles pour en faire un tout, allant de la plus septentrionale des îles Shetland, par 61° de latitude, jusqu'au grand désert d'Afrique, par 34°. Il s'agit là du tiers à peu près de la distance de l'équateur au pôle. Biot et Arago, à leur retour d'Espagne, avaient entrevu cette possibilité dans un lointain avenir, si jamais, disaient-ils, la civilisation s'établissait de nouveau sur les rives qu'Arago avait trouvées si inhospitalières. Ce rêve a été réalisé par le général Perrier, directeur du dépôt des cartes au ministère de la guerre, et le général Ibañez, de l'armée espagnole. M. Perrier avait reconnu, en 1872, que de tous les points géodésiques du premier ordre compris entre Oran et la frontière du Maroc, on pouvait distinguer, par des temps favorables, les crêtes dentelées des sierras de Grenade et de Murcie. Les quatre cimes choisies furent : Mulhacen et Tetica, en Espagne; Filhaoussen et M'Sabiha, entre Oran et la frontière du Maroc, pour former, par-dessus la Méditerranée, le quadrilatère de jonction. Les signaux solaires échouèrent. On eut recours à la lumière électrique qui, à l'aide du projecteur Mangin, dut franchir des espaces de 270 kilomètres. La machine électro-magnétique de Gramme produisait les courants; l'appareil de M. Serrin les transformait en lumière. Il fallut hisser tous ces appareils sur des cimes de 1 000, 2 000 et 3 550 mètres d'altitude, créer des routes sur ces montagnes désertes, organiser des relais d'approvisionnement pour l'eau et le charbon, placer et nourrir à chaque station une compagnie de trente à cent hommes et quinze ou vingt bêtes de somme. Depuis bien des mois les soldats travaillaient à l'entreprise, aux routes, aux tentes, écuries, magasins. Le 20 août 1879, tout le monde était à son poste; le colonel Barraque sur la cime de Mulhacen, le major Lopez sur celle du Tetica, le capitaine Bassot sur le mont Filhaoussen, M. Perrier à la station de M'Sabiha. Après vingt jours d'insuccès et d'anxiété, les observateurs aperçurent leurs feux électriques, et entrèrent dans la période des observations définitives. Commencées le 9 septembre, elles étaient terminées le 18 octobre. La jonction géodésique des deux continents était réalisée; et la science possède un arc méridien de 27°, le plus grand qui ait été mesuré sur la Terre et projeté astronomiquement sur le ciel. Ensuite, M. Perrier réunit à Tetica et à M'Sabiha les éléments astronomiques de contrôle et forma un grand polygone de longitude, ayant pour sommets Paris, Marseille, Alger et Madrid.

***TRIANGULER** (l. *triangulum*, triangle), *vt*. Partager en triangles. ‖ Faire la triangulation d'un pays.

TRIANON, nom de deux petits palais enclavés avec leurs jardins dans le parc de Versailles et construits, le *Grand Trianon* par Louis XIV, le *Petit Trianon* par Louis XV.

TRIAS (g. τριάς, triade ou groupe à triple formation), *sm*. Importante assise des formations géologiques dont le nom est tiré de sa division en trois principaux étages. Le trias inférieur (grès des Vosges et grès bigarré) forme l'étage *vosgien;* sous le nom de *franconien*, on désigne l'étage moyen (muschelkalk ou calcaire conchylien). Le keupérien se trouve à la partie supérieure du système. Les vertébrés étaient représentés par des sauriens nageurs et des reptiles lacertiens à qui leur conformation permettait de se tenir debout. Les poissons comprenaient des ganoïdes hétérocerques, des dipnoés pourvus à la fois de branchies et de poumons, et des squales. Les ammonitidés atteignaient une expansion remarquable et les ostracés y font leur apparition en compagnie de nombreux mollusques acéphales. Les conifères, les cycadées, les fougères arborescentes abondaient dans les forêts de la période triasique. Nous examinerons les formations triasiques dans trois régions classiques : la Franconie, les Vosges et les Alpes. Le trias de la Souabe et de la Franconie comprend trois étages, qui sont, à partir de la base : 1° le *grès bigarré*, formation littorale arénacée où les plantes terrestres dominent; 2° le *muschelkalk*, formation calcaire et marine; 3° le *keuper*, constitué par des marnes, du gypse et du grès. Comme son nom l'indique, le *grès bigarré* comprend des grès de colorations très diverses et nettement stratifiées. En Franconie, sa puissance varie de 200 à 500 mètres. L'assise inférieure est formée de grès et d'argiles rouges; au milieu, on rencontre les grès bigarrés proprement dits avec des restes nombreux de la flore fossile : *equisetum, voltzia, caulopteris* (régions de Wurzburg, Bade, Meiningen). Enfin, à la partie supérieure correspondent des marnes et des argiles bariolées connues sous le nom de *röth* et caractérisées par des fossiles marins (*myophora, ceratites*).

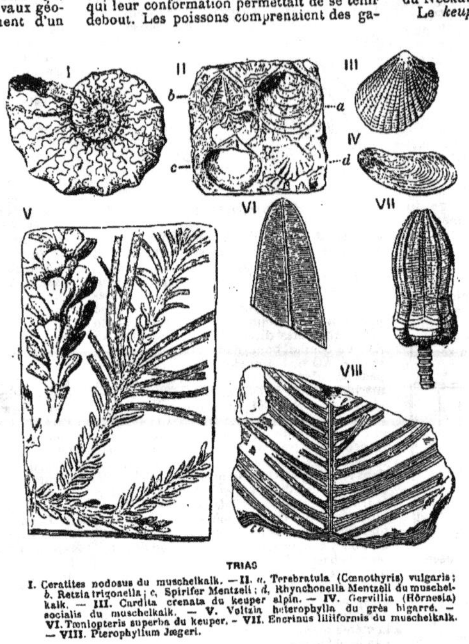

TRIAS

I. Ceratites nodosus du muschelkalk. — II. *a*. Terebratula (Cœnothyris) vulgaris; *b*. Retzia trigonella; *c*. Spirifer Mentzeli; *d*. Rhynchonella Mentzeli du muschelkalk. — III. Cardita crenata du keuper alpin. — IV. Gervillia (Hörnesia) socialis du muschelkalk. — V. Voltzia heterophylla du grès bigarré. — VI. Tæniopteris superba du keuper. — VII. Encrinus liliiformis du muschelkalk. — VIII. Pterophyllum Jægeri.

La Franconie est la région classique du *muschelkalk* (calcaire coquillier). Le *muschelkalk supérieur* (ou *calcaire de Friedrichshall*), comprend des couches à cératites (*ceratites nodosus, gervillia socialis*) et des encrines (*encrinus liliiformis*). Le groupe de l'*anhydrite* ou *muschelkalk* moyen est constitué par des dolomies mélangées de gypse, d'anhydrite et de sel, ne contenant guère, comme fossiles, que des dents et des os de sauriens (*Erfürt*). Le *wellenkalk*, ainsi nommé à cause de la tendance des lits de stratification à former des surfaces ondulées, représente l'étage inférieur du muschelkalk. A l'assise moyenne, essentiellement dolomitique, correspondent les granits, gisements salifères de la Thuringe, du Wurtemberg et du Neckar.

Le *keuper* est principalement constitué par des argiles ou marnes bariolées, gypsifères, alternant avec des grès tendres. On y distingue : l'assise inférieure ou *lettenkohle*, qui, à cause des lits charbonneux qu'elle contient, est formée de grès, d'argiles et des chistes marneux; on y trouve de nombreux végétaux, tels que : *voltzia heterophylla, equisetum arenaceum*. Vient ensuite une couche dolomitique avec fossiles marins (*gervillia socialis, terebratula vulgaris*). A Tubingen, cette assise renferme de remarquables brèches à ossements (*bone bed*), de poissons et de sauriens (*ceratodus* et *mastodon saurus Jægeri*). Enfin, à la partie supérieure s'étend le keuper gypseux et bariolé.

Dans les Vosges, le trias offre avec celui de Franconie quelques différences importantes. A la base du grès bigarré, on rencontre le grès des Vosges; de plus, les gisements salifères sont intercalés dans le keuper au lieu d'être concentrés dans le muschelkalk. On divise le grès vosgien en deux parties : le *grès des Vosges* et le *grès bigarré* proprement dit. Le grès des Vosges est un grès grossier formé de grains de quartz, cimentés par du protoxyde de fer : les poudingues abondent dans ces couches sous des épaisseurs de 300 à 500 mètres. Le grès bigarré, ou à voltzia, se compose surtout de marnes bariolées et de grès micacés. Le *muschelkalk vosgien* est un calcaire compact, grisâtre, souvent marneux ou dolomitique (*encrinus liliiformis, ceratites nodosus, terebratula vulgaris, gervillia socialis, lima striata*). Les marnes irisées dominent dans le keuper, dont la coupe est la suivante :

6, marnes bariolées;
5, dolomies de Beaumont;
4, marnes bariolées;
3, grès moyen de la Lorraine;
2, marnes gypsifères avec sel gemme;
1, marnes bariolées et lettenkohle (200 mètres).

Le sel de la Lorraine correspond au keuper gypsifère. A Dieuze, depuis la surface jusqu'à la profondeur de 300 mètres, il existe 13 couches d'une épaisseur totale de 60 mètres de sel gemme.

Tout à fait différente des autres est la constitution du *trias alpin*. Toutes les assises sont de formation marine, sauf le grès : dans le keuper, de puissantes masses de dolomies ou de marbres se substituent aux marnes bariolées de la Franconie et de la Lorraine. Les couches salifères du Salzkammergut appartiennent au *kohlenkeupfer;* une autre série de gisements du même genre est enclavée, à la base du trias alpin, dans des couches synchroniques du röth franconien.

L'étage vosgien occupe de vastes surfaces dans la vallée de l'Adige : les schistes micacés de Werfen et de Guttenstein sont regardés comme l'équivalent du röth franconien (*ceratites cassianus, posidonia clara*).

Le *wellenkalk* est représenté par des calcaires ondulés, riches en bitume (*ceratites binodosus, gervillia socialis, encrinus liliiformis*). Au calcaire de Friedrichshall on rapporte les calcaires noirs en plaquettes avec rognons de silex de Buchenstein, et les schistes avec tufs porphyriques de Wengen. Le trias supérieur débute par les couches de *Saint-Cassian*, formées par des tufs de porphyre augitique avec marnes et schistes marneux. Les couches de *Partnach* correspondent, au N. des Alpes, aux couches de Saint-Cassian, que représentent dans le Salzkammergut les calcaires de Hallstadt, caractérisés par des ammonites de grande taille (gites salifères de Hallstadt et de Ischl).

Les couches de *Raibl* terminent le keuper dans le Tyrol méridional : elles comprennent des couches sableuses, oolithiques, ferrugineuses, ou des calcaires marneux.

On trouve encore le trias avec des modifications de détail dans la vallée de la Moselle, en Belgique (vallée de la Semois, Malmédy), dans le Jura, les Corbières, les Pyrénées, le Boulonnais, en Lombardie, en Silésie et dans les Balkans. En Amérique, le trias affleure dans la région des Apalaches, dans celle des montagnes Rocheuses et dans celle du Pacifique. Nous donnons ci-dessous le tableau des étages du trias dans l'ordre où on les observe dans la nature.

ÉTAGES.	FRANCONIE.	VOSGES.	RÉGION ALPINE.
Tyrolien.	Gypskeuper.	Marnes bariolées. Marnes gypsifères avec sel.	Calcaire du Dachstein et grande dolomie. Couches à cardita. Couches de Raibl. (Calcaire de Hallstadt.)
	Lettenkohle.	Marnes bariolées sans gypse.	Couches de Saint-Cassian. Couches de Wengen. Couches de Buchenstein. (Calcaire de Hallstadt.)
Franconien.	Calcaire de Friedrichshall. Groupe de l'anhydrite et du sel. Wellenkalk.	Muschelkalk à ceratites. Dolomies, marnes et gypse. Dolomie et grès coquillier.	Calcaire de Virgloria et dolomie de Mendola. Couches de Recoaro.
Vosgien.	Röth. Grès bigarré principal. Grès bigarré inférieur.	Marnes parfois gypsifères. Grès à voltzia. Grès des Vosges.	Couches de Werfen, Seiss et Campel.

TRIASIQUE (*trias*), *adj. 2 g.* Qui appartient au trias : *Fossile triasique.* ‖ Qui concerne le trias : *Époque triasique.*

***TRIATOMIQUE** (pfx. *tri*, trois + *atomique*), *adj. 2 g.* Se dit d'un corps dont un atome peut se combiner avec 3 atomes d'hydrogène.

TRIAUCOURT, 960 hab. Ch.-l. de c., arr. de Bar-le-Duc (Meuse).

***TRIAURIQUE** [tri-ô-ri-ke] (pfx. *tri* + *aurique 2*), *adj. Sel triaurique*, sel aurique qui contient trois fois autant de base que le sel neutre correspondant.

TRIBADE (g. τριϐάς, génitif τριϐάδος : de τρίϐω, je frotte), *sf.* Femme qui abuse de son sexe avec une autre femme. — **Dér.** *Tribadisme.*

***TRIBADISME** (*tribade*), *sm.* Abus que certaines femmes dissolues font de leur sexe. ‖ Passion vicieuse des tribades passée à l'état d'habitude. — Le *tribadisme* est un des vices les plus redoutables contre nature : l'ébranlement nerveux qu'il détermine chez les femmes qui s'y livrent a pour conséquences fatales l'étisie, le marasme, enfin l'état d'abrutissement qui, au moral, paralyse les fonctions intellectuelles du cerveau et, au physique, se résout souvent en complications intérieures irrémédiables.

***TRIBAL, ALE** (de *tribu*), *adj.* Qui vit en tribu : *Les Peaux-Rouges tribals.*

***TRIBALE** (g. τριϐελής, à trois dards?), *sm.* Genre d'insectes coléoptères pentamères, dont l'espèce type vit au Cap de Bonne-Espérance.

***TRIBALLE** (*svf.* de l'anc. verbe *triballer*, agiter), *sf.* Instrument en fer qui sert aux fourreurs pour assouplir les peaux. — **Dér.** *Triballer.*

***TRIBALLER** (*triballe*), *va.* Passer sur la triballe.

***TRIBART** (pfx. *tri* ou *trib* + norm. *hart*, grosse branche?), *sm.* Bâton suspendu au cou d'un chien pour l'empêcher de courir dans les vignes. ‖ Carcan formé de trois bâtons que l'on met au cou d'un porc pour l'empêcher de passer à travers les haies.

***TRIBARYTIQUE** (pfx. *tri* + *barytique*), *adj. Sel tribarytique*, sel barytique qui contient trois fois autant de base que le sel neutre correspondant.

***TRIBASICITÉ** (*tribasique*), *sf.* Propriété des acides tribasiques.

***TRIBASIQUE** (pfx. *tri* + *basique*), *adj. 2 g.* Se dit de tout sel formé de 3 équivalents de base et de 1 équivalent d'acide : *Phosphate de chaux tribasique.*

***TRIBOMÈTRE** (g. τρίϐω, je frotte + μέτρον, mesure), *sm.* Instrument qui sert à mesurer l'intensité du frottement.

TRIBONIEN, célèbre jurisconsulte romain, qui fut comblé d'honneurs par Justinien et composa de 530 à 534 les trois fameuses collections de lois, nommées le *Code*, le *Digeste* ou les *Pandectes* et les *Institutes*. Mort en 547.

TRIBORD (vx fr. *stribord* : du vieux nordois *styri*, gouvernail + *bord*), *sm.* Le côté droit d'un navire pour celui qui fait face à l'avant. *Bâbord* est le côté gauche. — Fig. *Faire feu de tribord et de bâbord*, faire usage de toutes ses ressources, de tous les moyens dont on dispose. ‖ L'une des deux portions de l'équipage d'un navire pour le service de quart à bord. (Mar.)

***TRIBOUILLER** [LL mouillés] (vx fr. *tribouler* : du l. *tribulare*, tourmenter), *vi.* Être agité.

TRIBOULET, fou de Louis XII et de François Ier. Mort en 1536. — *Sm.* Homme gros et court. ‖ En Bretagne, la culbute. ‖ Cylindre en bois pour arrondir. (Orfèv.)

TRIBRAQUE (g. τρί, trois + βραχύς, bref), *sm.* Pied des vers grecs et latins, composé de trois syllabes brèves.

TRIBU (l. *tribus*), *sf.* Subdivision principale de la nation dans les anciennes républiques grecques, chez les Romains et quelques autres peuples de l'antiquité. Chaque tribu avait son dieu particulier, son prêtre, son chef, ses assemblées qui rendaient des décrets obligatoires pour tous ses membres, son tribunal pour juger ceux-ci. ‖ Chez les Juifs, l'ensemble des descendants de chacun des fils de Jacob. Il y avait en tout douze tribus, dont dix tiraient directement leur nom des fils de Jacob, et les deux autres, celles de Manassé et d'Ephraïm, des fils de Joseph. La tribu de Lévi, dite *tribu sacrée* ou *tribu sainte*, exerçait le sacerdoce. ‖ Peuplade qui fait partie d'une nation beaucoup plus considérable : *Une tribu de Peaux-Rouges.* ‖ Les membres d'une même famille. (Fam.) ‖ Chacune des divisions principales d'une famille d'animaux ou de végétaux : *La famille des Crucifères se partage en deux tribus : la tribu des siliqueuses et celle des siliculeuses.* — **Dér.** *Tribun, tribune, tribunal, tribunitien, tribunitienne; tribut, tributaire.* — **Comp.** *Attribuer, attribution; contribuer, contribution, contribuable; distribuer, distributeur; rétribuer, rétribution.* — **Hom.** *Tribut.*

TRIBULATION (l. *tribulationem* : de *tribulum*, herse pour battre le blé), *sf.* Affliction, adversité, et particulièrement adversité supportée avec une résignation religieuse : *Souffrir mille tribulations.*

***TRIBULE** (l. *tribulus* : du g. τρίϐολος), *sm.* Genre de plantes, le *trapa* des botanistes, dans lequel on distingue la *macre*, très commune dans nos étangs du centre. (V. *Macre.*)

TRIBUN (l. *tribunum* : de *tribus*, tribu), *sm.* A l'origine, chef de tribu. ‖ *Tribuns militaires*, nom de magistrats qui, à Rome, remplacèrent les consuls de l'an 444 à 366 avant J.-C. ‖ *Tribuns des soldats*, nom des officiers supérieurs qui commandaient tour à tour la légion romaine. Il y en avait six pour chaque légion. ‖ *Tribuns du peuple*, nom de magistrats annuels, créés à Rome, l'an 493 avant J.-C., après la retraite du peuple sur le mont Sacré, pour protéger les plébéiens contre la tyrannie des patriciens. Il y en eut dix à partir de l'année 296 avant J.-C., et ils finirent par devenir les maîtres de l'État. — Fig. Orateur qui se fait le défenseur des intérêts et des droits du peuple : *Parler en tribun.* — Fig. Factieux, démagogue : *C'est un vrai tribun.* ‖ En France, membre du tribunat créé par la constitution de l'an VIII.

TRIBUNAL (l. *tribunal* : de *tribunus*, tribun), *sm.* Siège du juge, du magistrat : *Il s'assit sur son tribunal.* ‖ Magistrat ou réunion de magistrats investis du pouvoir de rendre la justice. ‖ *Tribunal civil* ou *de première instance*, ou *d'arrondissement*, tribunal établi dans chaque arrondissement, composé de trois juges au moins et de six au plus pour juger les affaires civiles en dernier ressort jusqu'à une valeur de 1 500 francs, et en première instance, c'est-à-dire sauf appel, les affaires plus importantes. A certains jours, il s'érige en *tribunal correctionnel* pour juger les délits. ‖ *Tribunal de simple police*, celui du juge de paix et du maire. ‖ *Tribunal de commerce*, tribunal composé de négociants élus par les commerçants eux-mêmes pour juger les affaires purement commerciales. Dans les arrondissements où il n'y a pas de tribunal de commerce, c'est le tribunal civil qui en remplit les fonctions. ‖ *Tribunal militaire*, tribunal chargé de juger les militaires. ‖ *Tribunal révolutionnaire*, tribunal institué par la Convention en 1793 pour juger les crimes et les délits politiques, et supprimé le 12 prairial an III (31 mai 1795). ‖ Édifice où siège un tribunal : *Aller au tribunal.* ‖ *Le tribunal de la pénitence*, le confessionnal. ‖ *Le tribunal de Dieu*, la justice de Dieu. ‖ Jugement que prononce une puissance morale : *Le tribunal de l'opinion.* — Fig. Appréciation intime de nos actes : *Le tribunal de la conscience.* ‖ La partie postérieure des basiliques, en forme d'hémicycle. (Arch.) — Pl. *des tribunaux.*

TRIBUNAT [tri-bu-na] (l. *tribunatum* : de *tribunus*, tribun), *sm.* Charge de tribun. ‖ Sa durée : *Tiberius Gracchus obtint le tribunat.* ‖ En France, assemblée politique instituée par la constitution de l'an VIII (1799), qui discutait les lois sans les voter. D'abord formé de cent membres appelés *tribuns*, puis en 1802 de cinquante, le tribunat fut supprimé le 19 août 1807.

TRIBUNE (bl. *tribuna*), *sf.* Sorte d'estrade du haut de laquelle les orateurs grecs et romains haranguaient le peuple : *La tribune d'Athènes retentit des accents de Démosthène.* ‖ Estrade d'où parlent les orateurs des assemblées délibérantes : *Ce député monta à la tribune.* ‖ *L'éloquence de la tribune*, celle qui est propre aux débats des assemblées politiques. ‖ *La tribune sacrée*, la chaire des prédicateurs. ‖ Dans les églises et les salles d'assemblées publiques, lieu élevé et réservé, ordinairement avec balcon. ‖ Sur les champs de courses, galeries élevées sur des colonnes ou des encorbellements, etc., et où se placent des personnes privilégiées. ‖ *Tribune d'orgues*, grande tribune où est installé le buffet d'orgue, dans une église. ‖ Balcon qui entoure la lanterne d'un dôme. ‖ Balcon ou galerie qui court autour des murs à mi-étage, dans les bibliothèques publiques. || Salon carré de peinture et de sculpture à la galerie des Offices de Florence.

TRIBUNITIEN, IENNE (l. *tribunitium*, de tribun), *adj.* Qui appartient aux tribuns : *La puissance tribunitienne.* — Fig. *Éloquence tribunitienne*, fougueuse, démagogique.

TRIBUR, bourg de la Hesse-Darmstadt où se réunit en 887 une diète qui déposa Charles le Gros.

TRIBUT [tri-bu] (l. *tributum:* de *tribuere*, répartir par tribu), *sm.* Ce qu'un État dépendant d'un autre est obligé de payer à ce dernier à époques fixes : *Les Romains soumettaient au tribut les peuples vaincus.* || Les impôts que lève un gouvernement : *Les contributions indirectes sont un tribut onéreux.* || *Payer tribut*, être tributaire. || *Payer le tribut*, acquitter l'imposition fixée. — Fig. Ce qu'on est moralement obligé d'accorder, de souffrir, de faire : *On doit un tribut de reconnaissance à ses bienfaiteurs.* || Rétribution : *Le laborieux tire de son travail un tribut légitime.* || Hommage : *Le tribut de l'amour.* || *Payer le tribut à la nature, à la mort*, mourir. — Fig. et poét. *Les fleuves portent à la mer le tribut de leurs ondes*, ils les versent dans la mer. — **Hom.** *Tribu.* — **Dér.** *Tributaire.* (V. *Tribu.*)— **Syn.** (V. *Impôt.*)

TRIBUTAIRE (l. *tributarium : de tributum*, tribut), *adj.* 2 *g.* Qui paye tribut à un État, à un souverain ou qui est sous sa dépendance : *La Roumanie et la Serbie ne sont plus tributaires des Turcs.* — Fig. Qui est assujetti à une cause morale inéluctable : *Nous sommes tous tributaires de la douleur.* || Qui force de s'approvisionner à l'étranger d'un certain produit : *La France est tributaire de la Russie et de l'Amérique pour les blés.* — *Sm.* Celui qui paye un tribut ou qui est soumis à un État, à un souverain : *La Turquie perd un à un tous ses tributaires.* || *Tributaire d'un fleuve*, rivière, affluent de ce fleuve.

***TRICAGE** (g. τρίχα, en trois), *sm.* Action de dresser les faces opposées des pièces destinées à la construction d'un mât d'assemblage. (Mar.)

TRICALA, 10 000 hab. Ville de la Thessalie, sur un affluent de la Salembria.

TRICASSES, peuple gaulois dépendant des Sénonais et dont Troyes était la capitale.

***TRICÉPHALE** (g. τρί, trois + κεφαλή, tête), *adj.* 2 *g.* Qui a trois têtes : *Divinité, monstre tricéphale.*

TRICEPS (ml. : *tri*, trois + *caput*, tête), *adj.* et *sm.* Se dit de tout muscle dont un bout se termine par trois faisceaux de fibres : *Le triceps brachial.*

TRICHER (vx fr. *trecher :* du l. *tricari*, chercher des détours), *vt.* et *i.* Tromper au jeu. — Fig. Tromper en de petites choses et par de bas subterfuges. || Chercher à cacher un défaut de symétrie, une irrégularité : *Le tailleur a triché dans la coupe de cet habit.* — **Dér.** *Tricherie, tricheur, tricheuse.*

TRICHERIE (*tricher*), *sf.* Tromperie au jeu. || Tromperie en de petites choses. — **Prov.** Tricherie revient a son maître, le trompeur a été dupe de ses propres machinations.

TRICHEUR, EUSE (*tricher*), *s.* Celui, celle qui trompe au jeu.

TRICHINE [tri-ki-ne] (g. τρίχινος, de la nature du cheveu), *sf.* Ver parasite microscopique qui se trouve parfois dans de petites poches disséminées au milieu des muscles de la poitrine, des reins et du cou de certains animaux, tels que le porc, le chat, le lapin, le rat, la souris et aussi de l'homme. Tant que la trichine reste dans les muscles, elle ne se développe ni ne se reproduit ; mais quand la chair qui la contient est mangée par un des animaux précités, les trichines se développent dans les intestins de ce dernier, y pondent des œufs d'où sortent des larves qui percent les parois du tube digestif et traversent les organes pour aller se loger dans les muscles. De là, une maladie souvent mortelle pour l'homme et pour les animaux. Le porc étant l'animal le plus souvent infesté de trichines, sa viande, pour peu qu'elle soit suspecte, ne doit être mangée qu'après avoir été examinée au microscope ou avoir subi une cuisson prolongée pendant six heures au moins. Les trichines, importées de l'Orient par le surmulot, se propagent surtout par les rats et les porcs. — **Dér.** *Trichiné, trichinée, trichinose.*

TRICHINES

GROSSIES ENVIRON 100 FOIS

TRICHINES ENKYSTÉES

GROSSIES 40 FOIS

TRICHINES

PORTION DE MUSCLE COUVERT DE KYSTES DE TRICHINES

***TRICHINÉ, ÉE** [tri-ki-né] (*trichine*), *adj.* Dont les muscles sont infestés de trichines : *Porc trichiné. Viande trichinée.*

***TRICHINOSE** [tri-ki-noze] (*trichine*), *sf.* Maladie souvent mortelle causée par la présence de la trichine dans les intestins ou dans les muscles et dont les symptômes successifs sont : la perte de l'appétit, la diarrhée, une fièvre très intense, une grande gêne de la respiration, des douleurs qui forcent à garder le repos et l'enflure des paupières. Au début, on combat la maladie par des vermifuges ou des purgatifs ; mais, plus tard, la science reste désarmée contre elle. Quand les trichines sont peu nombreuses, on peut recouvrer la santé. Jusqu'ici la trichinose a surtout sévi en Allemagne et en Amérique.

***TRICHITE** [tri-ki-te] (g. θρίξ, génitif τριχός, poil, cheveu), *sf.* Genre de mollusques lamellibranches à coquille épaisse inéquivalve, un peu irrégulière et à bords ondulés, que l'on rencontre à l'état fossile dans le terrain jurassique en France et en Angleterre. On trouve dans les collines de Cotterwold des fragments qui ont plus de 3 centimètres d'épaisseur et qui font supposer que les individus arrivés à tout leur développement atteignaient un mètre de diamètre.

***TRICHOCÉPHALE** [tri-ko-cé-fa-le] (g. θρίξ, génitif τριχός, cheveu + κεφαλή, tête), *sm.* Genre de vers de l'ordre des Nématoïdes, dont le corps est pour ainsi dire partagé en deux parties : la première est filiforme et renferme la bouche, l'œsophage et la première partie de l'intestin ; la deuxième, élargie brusquement, renferme la seconde portion de l'intestin et l'appareil génital. Ces vers vivent en parasites dans le tube intestinal des mammifères, surtout dans le bout du gros intestin et le cæcum. On le rencontre également chez l'homme, et comme il est fréquent pendant la fièvre typhoïde, on lui a attribué la production de cette terrible maladie ; mais il est aujourd'hui démontré qu'il n'en est rien. Les œufs de ces vers, expulsés avec les fecès de l'hôte, ne se développent qu'après un séjour prolongé dans des lieux humides. Il existe, du reste, plusieurs espèces de ce genre.

***TRICHODESMIUM** [tri-ko-dé-ssmi-ôme] (g. θρίξ, génitif τριχός, poil, cheveu + δέσμη, botte), *sm.* Genre d'algues marines se présentant sous la forme de filaments réunis en petites bottes par une substance mucilagineuse et qui flottent à la surface des eaux. Cette algue est d'un rouge de sang et a fait donner au golfe Arabique, où on la rencontre, son nom de *mer Rouge.* On la trouve aussi dans d'autres parties de l'Océan, sur les côtes de Californie par exemple, en face de Libertad, près de San-Salvador.

***TRICHOPHYTON** [tri-ko-fi-ton] (g. θρίξ, génitif τριχός, cheveu + φυτόν, végétal), *sm.* Végétal parasite, formé de spores, qui, se développant dans l'intérieur longitudinal des cheveux, produit une espèce de teigne. Pour combattre ce parasite, on doit d'abord faire couper les cheveux, enlever les croûtes, nettoyer avec l'eau savonneuse la partie atteinte, épiler les poils malades, et enfin traiter par des lotions et des pommades parasiticides. (Méd.)

***TRICHOSANTHE** [tri-ko-zan-te] (g. θρίξ, génitif τριχός, cheveu + ἄνθος, fleur), *sm.* Genre de plantes dicotylédones de la famille des Cucurbitacées, à tige grimpante au moyen de vrilles, portant des feuilles alternes, grandes, en cœur à la base et composées de 3 à 5 lobes entiers et dentés. Les pieds sont monoïques, plus rarement dioïques ; le calice présente 5 sépales entiers, dentés ou laminés ; la corolle se compose de 5 pétales blancs frangés ou prolongés en vrille ; les étamines insérées vers la gorge du réceptacle et au nombre de 5 ont leurs filets soudés en 3 faisceaux ; leurs anthères sont flexueuses. Le fruit est charnu, grêle, cylindrique, teinté de vert, de jaune et de rouge ; il atteint jusqu'à 2 mètres de longueur, et son extrémité enroulée simule la queue d'un serpent. Ce genre, originaire de la Chine, a été transporté dans toute l'Asie tropicale, aux Mascareignes, etc. ; il renferme un assez grand nombre d'espèces. On en cultive chez nous une espèce, le *trichosanthe herbe aux serpents* (*trichosanthes colubrina*), dont les fruits, cylindriques, se mangent à moitié mûrs comme les concombres. On le sème sur couche et on le replante à une bonne exposition dans une terre riche et substantielle. Une autre espèce, le *trichosanthes cucumerina*, indigène de l'Inde, a des fruits dont la pulpe, très amère, est un purgatif énergique. Au Malabar, on emploie son extrait comme un bon stomachique.

TRICLINIUM (ml. : g. τρί, trois + κλίνη, lit), *sm.* Chez les Romains, table de salle à manger, dont trois côtés étaient bordés chacun d'un lit sur lequel pouvaient s'étendre trois convives ; le quatrième côté restait libre pour le service. || La salle à manger elle-même.

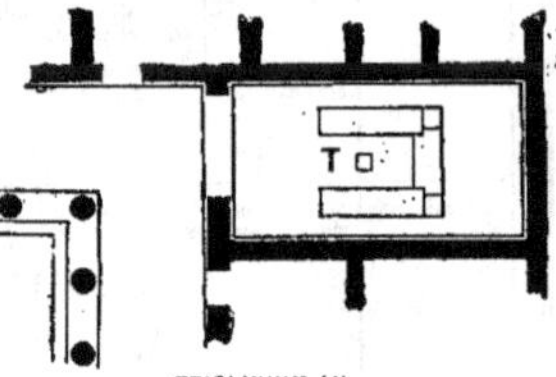

TRICLINIUM (1)

TRICOISES (altération de *turquoises*, tenailles turques), *sfpl.* Tenailles qui servent à ferrer et à déferrer les chevaux. || Tenailles à deux mâchoires des menuisiers.

TRICOLOR (l. *tri*, trois + *color*, couleur), *sm.* Espèce d'amarante à grandes feuilles mêlées de jaune, de vert et de rouge. || Variétés d'œillets. || Nom d'un oiseau, appelé aussi *tangara.*

TRICOLORE (l. *tri*, trois + *color*, couleur), *adj.* 2 *g.* Qui est de trois couleurs : *Le drapeau tricolore.*

TRICORNE (l. *tri*, trois + *cornu*, corne), *sm.* Chapeau à trois cornes. — Adj. *Un chapeau tricorne.* — Le chapeau tricorne était formé par trois retroussis de ses bords, tantôt élevés, tantôt couchés, présentant des modifications de volume et de hauteur, suivant la mode, et donnant lieu à une ornementation de galons et de plumes, ou bien

TRICORNE

à une simple bordure. Le tricorne fut, pendant longtemps, la coiffure militaire. || Surmonté de trois cornes.

1. **TRICOT** (dm. de *trique*), *sm.* Tissu fait en mailles, soit à la main avec de grandes aiguilles sans pointe, soit au métier : *Bas de tricot.* || *Tricot d'abeille* ou *tricot de Berlin*, le tulle noué, fait à jours, uni et façonné, fabriqué au métier. — **Dér.** *Tricoter* 1, *tricoteur, tricoteuse, tricotage, tricotets.*

2. **TRICOT** (dm. de *trique*), *sm.* Bâton gros et court. — **Dér.** *Tricoter* 2.

TRICOTAGE (*tricot* 1), *sm.* Travail d'une personne qui tricote. || L'ouvrage qu'elle fait.

1. **TRICOTER** (*tricot* 1), *vt.* Faire le tissu appelé *tricot.* || Faire de la dentelle à la main sur un tambour à fuseaux. — *Vi.* Marcher en remuant les pieds l'un vers l'autre.

2. **TRICOTER** (*tricot* 2), *vt.* Frapper, battre : *Tricoter les côtes.* (Pop.)

TRICOTETS (*tricot*), *smpl.* Sorte d'ancienne danse.

TRICOTEUR, EUSE (*tricoter*), *s.* Celui, celle qui tricote. — **Tricoteuses,** *sfpl.* Les femmes qui, pendant la Révolution, assistaient, en tricotant, aux séances des assemblées politiques. — *Sm.* Métier à faire le tricot. — *Sf.* Machine à tricoter.

TRICOUPIS (Spiridion) (1791-1873), écrivain et homme d'État grec, né à Missolonghi. A partir de la guerre de l'Indépendance, il joua un rôle des plus actifs d'abord dans la lutte contre les Turcs, puis dans l'administration et dans la diplomatie ; sous le règne d'Othon, il devint président du conseil des ministres, et contribua ensuite à la révolution de septembre 1843. Outre ses discours et son éloge funèbre de lord Byron, il a laissé un *Poème sur les Klephtes* et une *Histoire de la révolution grecque.*

TRICOUPIS (Charilaos), homme d'État grec contemporain, fils du précédent, né en 1832. Entré dans la diplomatie en 1852 et chargé en 1865 des négociations relatives à la cession des îles Ioniennes à la Grèce, il reçut, en 1866, le portefeuille des affaires étrangères, qu'il quitta et reprit plusieurs fois ; en 1875, il remplaça à la présidence du conseil Coumoundouros, dont il était le rival politique.

TRICTRAC (onomatopée), *sm.* Jeu que l'on joue avec des dés et des dames sur le fond d'une caisse en forme de tiroir à deux compartiments, fond sur les côtés longs duquel sont incrustées vingt-quatre flèches d'ivoire, alternativement blanches et vertes, sur lesquelles on pose les dames. || La partie de trictrac. || La caisse sur laquelle on joue ce jeu. || Bruit que font plusieurs chasseurs pour effaroucher des canards sauvages et autres oiseaux aquatiques qu'ils veulent faire tomber dans leur piège. || Espèce de moulin pour le tabac. — Fig. *Le trictrac du monde,* le train courant, la manière d'être.

***TRICUSPIDE** (pfx. *tri* + l. *cuspis,* gén. *cuspidis,* pointe), *adj.* 2 *g.* Garni de trois pointes. || *Valvule tricuspide,* celle qui fait communiquer l'oreillette droite avec le ventricule droit du cœur.

TRICYCLE (g. τρί, trois + κύκλος, cercle), *sm.* Autrefois, voiture à trois roues. || Vélocipède à trois roues. (V. *Vélocipède.*)

***TRIDACNE** (g. τρί, trois + δάκνω, je mords), *sm.* Genre de mollusques lamellibranches qui habitent les eaux de l'océan Indien, les mers de la Chine et l'océan Pacifique. La coquille de l'espèce, appelée vulgairement *bénitier,* est très grande et présente des côtes rayonnantes, des écailles et ses bords sont profondément dentés ; elle est fixée aux rochers par un byssus. On peut voir dans l'église Saint-Sulpice, de Paris, où elle sert de bénitiers, une paire de valves du *tridacne gigantesque,* pesant plus de 250 kilogrammes et mesurant 0m,60 de largeur. L'animal renfermé dans la coquille du tridacne pèse jusqu'à 10 kilogrammes et sa chair est bonne à manger. Darwin dit que si un homme introduisait la main dans l'intérieur de la coquille il ne pourrait pas la retirer tant que l'animal serait vivant.

***TRIDACTYLE** (g. τρί, trois + δάκτυλος, doigt), *sm.* Espèce de reptile de la famille des Scinques qui habite l'Australie. Son corps est allongé et ses pattes sont courtes et terminées par trois doigts. — Genre d'insectes orthoptères, de très petite taille, que l'on trouve sur le bord des eaux et qui se creusent des galeries souterraines dans le sable. Ces insectes, fort répandus dans les localités sablonneuses du midi de la France, ont les jambes munies d'appendices très mobiles qui leur permettent de faire à la surface d'un sol bien meuble ou à celle de l'eau des sauts rapides.

TRIDE (angl. *to tread,* marcher), *adj.* 2 *g.* Vif, serré. (Manège.)

TRIDENT (pfx. *tri* + *dent*), *sm.* Fourche à trois dents dont on a fait le sceptre de Neptune. || Fourche à trois dents avec laquelle les pêcheurs percent le poisson au fond de l'eau. || Bêche à trois dents. || Fourche à trois pointes de fer pour remuer les foins. — **Dér.** *Tridenté, tridentée.*

***TRIDENTÉ, ÉE** (*trident*), *adj.* Qui a trois dents ou trois pointes.

TRIDI (pfx. *tri* + *dies,* jour), *sm.* Le troisième jour de la décade dans le calendrier républicain.

TRIDUO (l. *triduum,* espace de trois jours), *sm.* Exercices religieux qui durent trois jours.

TRIE (la), rivière du département de la Somme, affluent de ce fleuve en face de Port-le-Grand.

TRIE, 1589 hab. Ch.-l. de c., arr. de Tarbes (Hautes-Pyrénées).

***TRIÈDRE** (g. τρί, trois + ἕδρα, face), *adj.* et *sm.* Se dit d'un angle solide formé par trois plans qui passent par un même point et se coupent deux à deux. Le point commun aux trois plans est le *sommet* du trièdre, les trois angles plans partant de ce sommet en sont les *faces* et les intersections des trois plans en sont les *arêtes.* Le coin du plafond d'une chambre est un angle trièdre. Ainsi trois plans se coupant suivant des droites SA, SB, SC (fig. 1), concourant en un même point S, forment un *angle trièdre.* Les droites SA, SB, SC sont les *arêtes* du trièdre ; les angles ASB, ASC, BSC ses *faces,* et le point commun S son *sommet.* On distingue, de plus, les dièdres BA, BC, BS. Dans tout angle trièdre, à un plus grand angle dièdre est opposée une plus grande face, et réciproquement. On nomme *trièdre supplémentaire* d'un trièdre SABC un nouveau trièdre SA'B'C' formé de la manière suivante : par le sommet S, on mène une perpendiculaire SC' à la face ASB du même côté que SC par rapport au plan de cette face ; on mène SB' perpendiculaire à la face ASC du même côté que SB par rapport au plan ASC, et on trace enfin SA' perpendiculaire à la face BSC du même côté que SA par rapport au plan BSC. On déduirait, par une construction analogue, le trièdre SABC du trièdre SA'B'C'. Si SABC, S'A'B'C' sont deux trièdres supplémentaires, chaque angle dièdre de l'un de ces trièdres est le supplément de la face opposée dans l'autre. Cette propriété se démontre en s'appuyant sur la remarque suivante. Quand par un point O (fig. 2), pris sur l'arête d'un angle dièdre OI, on élève sur la face IOA une perpendiculaire OA' du même côté du plan IOA que la face IOB, et sur la face IOB une perpendiculaire OB' du même côté du plan IOB que la face IOA, l'angle A'OB' est le supplément de l'angle plan AOB, qui mesure le dièdre. Dans tout trièdre, la somme des angles dièdres est comprise entre deux droits et six droits. De même, dans tout trièdre, le plus petit angle dièdre, augmenté de deux droits, est plus grand que la somme des deux autres dièdres. Deux angles trièdres sont égaux : 1° *Quand ils ont une face égale adjacente à deux angles dièdres égaux chacun à chacun et semblablement disposés.* 2° *Quand ils ont un angle dièdre égal compris entre deux faces égales chacune à chacune et semblablement disposées.* 3° *Quand ils ont leurs faces égales chacune à chacune et semblablement disposées.* 4° *Quand ils ont leurs angles dièdres égaux chacun à chacun et semblablement disposés.* Pour qu'un angle trièdre puisse être construit avec des éléments donnés, il faut : 1° que la plus grande face soit inférieure à la somme des deux autres ; 2° que la somme des faces données soit plus petite que quatre angles droits. La géométrie descriptive donne les méthodes qui peuvent servir à résoudre les angles trièdres dans les six cas suivants. On donne : 1° les trois faces A, B, C ; 2° deux faces et le dièdre compris A, B, γ ; 3° deux faces et le dièdre opposé à l'une d'elles A, B, α ; 4° une face et les dièdres adjacents A, β, γ ; 5° une face, un dièdre adjacent, le dièdre opposé A, β, α ; 6° les trois dièdres α, β, γ (α, β, γ désignant les dièdres, respectivement opposés aux trois faces A, B, C, a, b, c sont les nombres qui mesurent les faces).

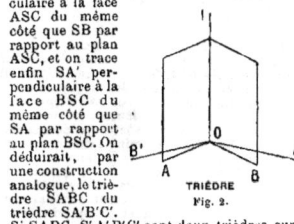

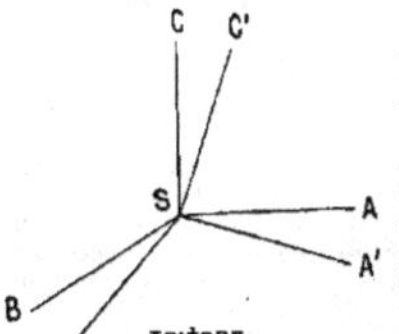

TRIÈDRE
Fig. 1.

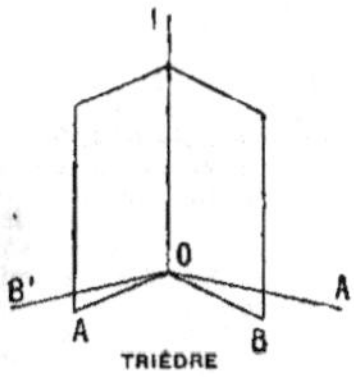

TRIÈDRE
Fig. 2.

TRIEL, 2550 hab. Commune du cant. de Poissy, arr. de Versailles (Seine-et-Oise).

TRIENNAL, ALE (pfx. *tri* + *annum,* an), *adj.* Qui dure trois ans. || Conféré ou élu pour trois ans. || Qui ne s'exerce qu'un an sur trois : *Office triennal.* || Qui revient tous les trois ans : *Assolement triennal.* — **Dér.** *Triennalité.* Même famille : *Triennat, triennium.*

TRIENNALITÉ (*triennal*), *sf.* Durée de trois ans d'une charge ou d'un mandat politique.

TRIENNAT (l. *triennem,* de trois ans), *sm.* Espace de trois ans. || Exercice d'un emploi pendant trois ans.

***TRIENNIUM** (ml. : *espace de trois ans*), *sm.* Au moyen âge, le cours de théologie qui durait trois ans et couronnait les études.

***TRIENS** (ml. : *d'un tiers*), *sm.* Le tiers de la livre, chez les anciens Romains. || Pièce de monnaie d'airain romaine, valant le tiers d'un as (2 cent. 1/8) et souvent marquée d'une proue de navire.

TRIER (du l. *tritum,* broyer), *vt.* Choisir ce qu'il y a de plus parfait parmi beaucoup de choses de même nature ou parmi des personnes pour le mettre à part : *Trier des haricots.* — **Se trier,** *vr.* Être trié. — **Dér.** *Triage, trieur, trieuse.*

TRIÉRARCHIE (*triérarque*), *sf.* Charge de triérarque.

TRIÉRARQUE (*trière* + g. ἀρχός, chef), *sm.* Chef d'une galère chez les Grecs. || Citoyen d'Athènes que la loi obligeait à équiper une galère à ses frais. — **Dér.** *Triérarchie.*

***TRIÈRE** (g. τριήρης), *sf.* Galère à trois rangs de rames des anciens.

TRIESTE, 145000 hab., l'ancienne *Tergeste.* Ville forte et port de l'empire austro-hongrois, au fond du golfe du même nom qui termine l'Adriatique au N.-E., à 580 kilom. de Vienne ; population italienne ; dans l'Istrie. Marché le plus important de l'Adriatique, communiquant avec Vienne par un chemin de fer ; siège du Lloyd autrichien, fondé en 1833. Prise par les Français en 1797, réoccupée en 1805, puis en 1809, elle resta soumise à la France jusqu'en 1814.

TRIEUR, EUSE (*trier*), *s.* Ouvrier, ouvrière qu'on emploie à trier. — *Sm.* Machine pour nettoyer le grain. — *Sf.* Machine pour éplucher la laine.

TRIEUX (le), 72 kilom. Rivière du département des Côtes-du-Nord. Elle arrose Guingamp, Pontrieux, et se jette dans la Manche en face l'île de Bréhat.

***TRIFACIAL, ALE** (pfx. *tri* + *fascia,* bande), *adj.* et *sm.* Se dit du nerf de la cinquième paire dont l'extrémité se subdivise en trois faisceaux qui se distribuent à la face.

TRIFELS, bourg de Bavière. Ruines d'un

château qui servit de prison à Richard Cœur de Lion.

TRIFIDE (l. *trifidum* : pfx. *tri* + l. *findere*, fendre), *adj.* 2 *g.* Fendu en trois parties jusqu'au milieu : *Feuille trifide.* (Bot.)

***TRIFOLIÉ, ÉE** (pfx *tri* + *folié*), *adj.* Qui a trois folioles : *La feuille du ményanthe est trifoliée.*

***TRIFOLIUM** [tri-fo-li-ome] (ml., *trois feuilles*), *sm.* Nom botanique du trèfle.

***TRIFORIUM** [tri-fo-ri-ome] (l. *tri*, trois + *fores*, porte), *sm.* Galerie qui règne à l'intérieur sur tout le pourtour d'une église au-dessus des grandes arcades de la nef et d'où l'on a vue sur cette nef par une série d'arcatures. Le triforium fut voûté à partir du XIIe siècle. Il est surmonté des grandes fenêtres de la nef.

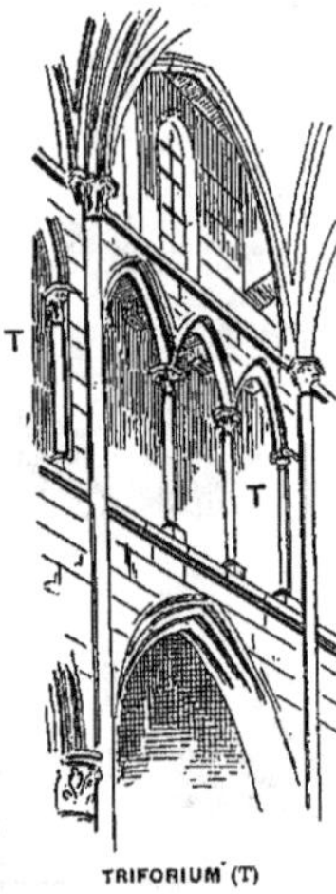

TRIFORIUM (T)

***TRIGAME** (pfx. *tri* + g. γάμος, mariage), *adj.* et *s.* Celui, celle qui s'est successivement marié trois fois. || Celui, celle qui a contracté trois mariages les uns pendant la durée des autres. || *Corps trigame*, qui se combine dans le rapport de trois équivalents des corps qui s'unissent. (Chim.) || Qui porte trois fleurs de sexe différent. (Bot.)

***TRIGAMIE** (*trigame*), *sf.* État de quiconque s'est successivement marié trois fois. || Crime de quiconque a illégalement contracté mariage avec trois personnes vivantes à la fois.

TRIGAUD, AUDE (bl. *tricaldum*, du l. *tricari*, user de finesse), *adj.* et *s.* Qui use de détours, d'échappatoires. — **Dér.** *Trigauder, trigauderie.*

TRIGAUDER (*trigaud*), *vi.* User de détours, d'échappatoires. — *Va.* Tromper.

TRIGAUDERIE (*trigaud*), *sf.* Action de trigaud.

***TRIGÉMINÉ, ÉE** (pfx. *tri* + *géminé*), *adj.* Se dit d'un minéral présentant la combinaison de six solides identiques deux à deux. (Minér.)

***TRIGLE** (g. τρίγλα), *sf.* Genre de poissons de mer, de l'ordre des Acanthoptérygiens proprement dits, remarquables par leur tête cuirassée et plus grosse que le corps; celui-ci est à peine écailleux; les nageoires pectorales sont grandes et présentent en dessous trois rayons séparés et libres; elles permettent même à certaines espèces d'exécuter une sorte de vol; la nageoire dorsale antérieure est courte, épineuse et séparée de la postérieure. Ces poissons présentent cette curieuse particularité de faire entendre, sous l'eau ou dans les filets où ils sont pris, une sorte de grognement qui leur a fait donner, par les pêcheurs, le nom de *grondins*. Les trigles sont aussi connus à Paris sous le nom de *rougets*, à cause de la couleur de leur corps, qui est d'un beau rouge. On les appelle encore *gallines, gallinettes* ou *coqs de mer*. On voit sur le marché de Paris deux espèces de trigles dont l'une, appelée *perlan* ou *rouget grondin*, est rouge, mais a la nageoire pectorale plus grande que celle de l'espèce appelée *rouget*. On pêche sur les côtes de la Manche une autre espèce que les Anglais désignent sous le nom de *gurnard*, de *grondin gris* et que l'on trouve aussi communément sur nos marchés que le rouget. La Méditerranée nourrit encore plusieurs espèces de trigles, dont l'une est connue des pêcheurs sous le nom d'*orgue*.

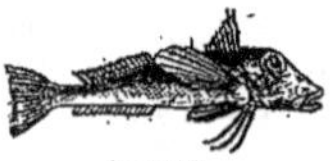
TRIGLE

***TRIGLOTTE** (g. τρί, trois + γλῶττα, langue), *adj.* 2 *g.* Fait en trois langues : *Vocabulaire triglotte.* — **Syn.** *Trilingue.*

TRIGLYPHE (g. τρίγλυφος : de τρί, trois + γλυφή, gravure), *sm.* Ornement composé de trois rainures verticales qui ornent la frise dorique et séparent les métopes les unes des autres. Les triglyphes aboutissent à une bande au-dessous de laquelle sont sculptées des gouttes en forme de petits troncs de cône.

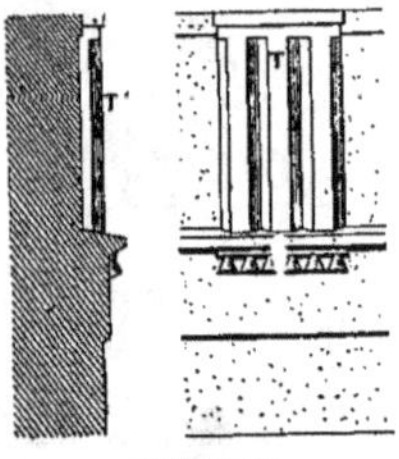

TRIGLYPHES

T. Triglyphe, vu de face.
T'. Triglyphe, vu de profil.

***TRIGONE** (g. τρί, trois + γωνία, angle), *adj.* 2 *g.* Qui a trois angles ou trois parties en pointe : *Fruit trigone.* — **Trigone**, *sm.* Triangle, objet en forme de triangle. || Aspect de deux planètes éloignées de 120° l'une de l'autre. — Adj. *Aspect trigone* ou *trin aspect.* (V. *Trin.*) || Nom d'une coquille. || Nom d'un coléoptère.

***TRIGONELLE** (*trigone* + sfx. dm. *elle*), *sf.* Le fenugrec, plante dicotylédone de la famille des Légumineuses dont la tige et les feuilles servent de fourrage et dont la graine sert à nourrir les bestiaux.

***TRIGONIE** (g. τρί, trois + γωνία, angle, coin), *sf.* Genre de mollusques lamellibranches dont la coquille est épaisse, tuberculeuse et ornée de côtes rayonnantes ou concentriques, et presque entièrement nacrée. On en pêche plusieurs espèces sur les côtes de l'Australie; mais on suppose que celles-ci émigrent, car il est rare que l'on en ramène avec la drague. Il en existe un grand nombre d'espèces fossiles que l'on trouve dans le trias et la craie. Les moules internes de ces mollusques nuisent beaucoup à la qualité de la pierre et ont reçu des carriers de Portland le nom de *têtes de chevaux*.

TRIGONIA NAVIS
(JURA BRUN (ALSACE))

***TRIGONOCÉPHALE** (g. τρίγωνος, triple + κεφαλή, tête), *sm.* Serpent très venimeux dont la morsure, comme celle du crotale, est mortelle pour l'homme et les animaux domestiques, qui se trouve au Brésil et aux Antilles, surtout à la Martinique et à Sainte-Lucie. On en rencontre aussi en Asie. Ce reptile, long de 1m,50 à 2 mètres, est jaune et grisâtre, plus ou moins taché de brun. On lui donne encore les noms de *serpent jaune des Antilles*, de *vipère fer de lance*. Il n'a pas, comme le crotale, la queue terminée par une sonnette; mais sa tête présente une écaille en forme d'écusson et celles qui recouvrent son corps sont carénées. Le trigonocéphale fait beaucoup de victimes parmi les nègres des plantations de cannes à sucre.

TRIGONOMÉTRIE (g. τρίγωνον, triangle + μέτρον, mesure), *sf.* Partie des mathématiques qui a pour but, étant données trois des six parties (angles et côtés) qui composent un triangle, de calculer la valeur des trois autres. || *Trigonométrie rectiligne*, calcul des parties inconnues d'un triangle terminé par trois lignes droites. || *Trigonométrie sphérique*, calcul des parties inconnues d'un triangle sphérique. Hipparque fut le créateur de la trigonométrie sphérique.

TRIGONOMÉTRIQUE (*trigonométrie*), *adj.* 2 *g.* Qui appartient à la trigonométrie : *Calcul trigonométrique.*

Tables trigonométriques. — Ces tables ont un double objet : étant donné un arc, de calculer ses lignes trigonométriques, et, inversement, étant donnée une ligne trigonométrique, de déterminer les arcs qui correspondent à cette ligne; elles contiennent les lignes trigonométriques des arcs de 10″ en 10″ depuis 0° jusqu'à 90°; il est inutile d'y introduire des arcs négatifs et des arcs supérieurs à 90°, parce qu'à un arc quelconque correspond un arc compris entre 0° et 90° qui, au signe près, a les mêmes lignes trigonométriques. La construction de ces tables repose sur un certain nombre de principes que nous allons exposer :

Théorème. — *Un arc* AM, *positif et moindre que* $\frac{\pi}{2}$, *est compris entre son sinus et sa tangente.* Soit M′ le symétrique de M par rapport au diamètre AA′; MS et M′S les tangentes en M, M′. On a évidemment, d'après la figure :

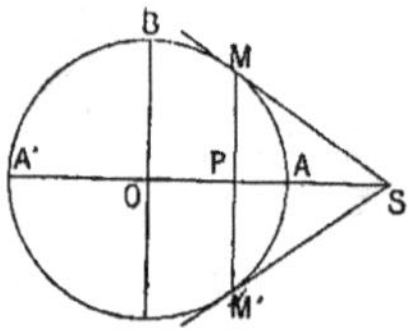

TRIGONOMÉTRIE

$$MPM' < \text{arc } MAM' < MS + M'S,$$

ou, en divisant par 2 :

$$MP < \text{arc } AM < MS.$$

Donc, en désignant par x un arc quelconque :

$$\sin x < x < \text{tang } x.$$

Remarque. — En divisant par $\sin x$ tous les termes de cette double inégalité, on a :

$$1 < \frac{x}{\sin x} < \frac{1}{\cos x}.$$

Si l'arc x diminue et tend vers 0, $\cos x$ tend vers 1, donc le rapport $\frac{x}{\sin x}$, compris entre 1 et un rapport tendant vers 1, est à la limite égal à l'unité : *Le rapport du sinus à l'arc tend vers* 1, *quand l'arc tend vers* 0.

Théorème. — *Le sinus d'un arc* x, *positif et moindre que* $\frac{\pi}{2}$, *est compris entre* x *et*

$$x - \frac{x^3}{4}.$$

On a, en effet, comme nous venons de le voir :

$$\text{tang}\frac{x}{2} > \frac{x}{2},$$

ou, en multipliant de part et d'autre par $2\cos^2\frac{x}{2}$:

$$2\sin\frac{x}{2}\cos\frac{x}{2} > x\cos^2\frac{x}{2},$$

ou, en remplaçant $2\sin\frac{x}{2}\cos\frac{x}{2}$ par $\sin x$ et $\cos^2\frac{x}{2}$ par $1 - \sin^2\frac{x}{2}$:

$$\sin x > x\left(1 - \sin^2\frac{x}{2}\right).$$

Si, dans cette inégalité, on remplace $\sin\frac{x}{2}$ par une quantité plus grande $\frac{x}{2}$, on renforce l'inégalité, et l'on a :

$$\sin x > x\left(1 - \frac{x^2}{4}\right),$$

ou

$$\sin x > x - \frac{x^3}{4}.$$

Comme d'ailleurs x est plus grand que $\sin x$, on a bien :

$$x > \sin x > x - \frac{x^3}{4}.$$

Il s'ensuit que si l'on prend pour le sinus d'un arc x, positif et moindre que $\frac{\pi}{2}$, l'arc lui-même, on commet une erreur moindre que $\frac{x^3}{4}$.

Théorème. — *Le cosinus d'un arc x, moindre que $\frac{\pi}{2}$, est compris entre $1-\frac{x^2}{2}$*

et $$1-\frac{x^2}{2}+\frac{x^4}{16}.$$

En effet, on a :

$$\cos x = \cos^2\frac{x}{2}-\sin^2\frac{x}{2},$$

ou, en remplaçant $\cos^2\frac{x}{2}$ par $\left(1-\sin^2\frac{x}{2}\right)$,

$$(1)\quad \cos x = 1-2\sin^2\frac{x}{2}.$$

Or, d'après le théorème précédent, on a :

$$\frac{x}{2} > \sin\frac{x}{2} > \frac{x}{2}-\frac{4}{x^3}.$$

Si, dans le second membre de l'équation (1), on remplace $\sin\frac{x}{2}$ par la quantité plus grande $\frac{x}{2}$, on aura :

$$\cos x > 1-\frac{x^2}{2}.$$

Si, au contraire, on remplace dans le second membre $\sin\frac{x}{2}$ par la quantité moindre :

$$\frac{x}{2}-\frac{x^3}{32},$$

on augmente le second membre, et, par suite :

$$\cos x < 1-\frac{x^2}{2}+\frac{x^4}{16}-\frac{2x^6}{32},$$

ou, à fortiori :

$$\cos x < 1-\frac{x^2}{2}+\frac{x^4}{16}.$$

On a donc, en réunissant ces deux inégalités :

$$1-\frac{x^2}{2} < \cos x < 1-\frac{x^2}{2}+\frac{x^4}{16}.$$

Donc, si l'on prend

$$1-\frac{x^2}{2}$$

pour la valeur du cosinus d'un arc $< \frac{\pi}{2}$ on commet une erreur moindre que $\frac{x^4}{16}$.

Ceci posé, on calcule les lignes trigonométriques des arcs dans l'ordre suivant :

1° *Calcul du sinus et du cosinus de l'arc de 10″.*

Dans un cercle de rayon 1, la longueur d'un arc de 1° est $\frac{\pi}{180}$; par suite on aura :

$$\text{arc}\,10'' = \frac{\pi}{180\times60\times6} = \frac{3\ 14159\ 26535\ 89794}{64\ 800}$$
$$= 0{,}00004\ 84813\ 681 \text{ à } \left(\frac{1}{10}\right)^{13} \text{ près.}$$

Pour avoir sin 10″, il faudrait de cet arc retrancher une quantité moindre que

$$\frac{(\text{arc}\,10'')^3}{4}.$$

Cet arc 10″ est moindre que $\frac{5}{10^5}$. Donc, si l'on prend pour sin 10″ la valeur

0,00004 84813 681,

on aura une approximation suffisante (à la quatorzième décimale près).

Pour cos 10″, nous avons la valeur

$$1-\frac{(\text{arc}\,10'')^2}{2}.$$

L'erreur commise sera $< \frac{1}{16}(\text{arc}\,10'')^4$, c'est-à-dire moindre que $\frac{4}{10^{19}}$. On trouve ainsi :

$$\cos 10'' = 0{,}999\ 999\ 998\ 824\ 778\ 433$$

à moins de $\frac{1}{10^{18}}$.

TABLES TRIGONOMÉTRIQUES DE CALLET

′	″	Sin.	D.	Tang.	D. c.	Cotg.	Cos.	D.	′	′
0	0	1,7 794 630		1,8 771 144		0,1 228 856	1,9 023 486		0	60
	10	794 910	280	771 582	438	228 418	023 327	159	50	
	20	795 189	279	772 020	438	227 980	227 169	158	40	
	30	795 468	279	772 458	433	227 542	023 010	159	30	
	40	795 748	280	772 896	438	227 104	022 851	159	20	
	50	796 027	279	773 334	438	226 666	022 693	158	10	
1	0	796 306	279	773 772	438	226 228	022 534	159	0	59
	10	796 585	279	774 210	438	225 790	022 375	159	50	
	20	796 865	280	774 648	438	225 352	022 216	159	40	
	30	797 144	279	775 086	438	224 914	022 058	158	30	
	40	797 423	279	775 524	438	224 476	021 899	159	20	
	50	797 702	279	775 962	438	224 038	021 740	159	10	
2	0	797 981	279	776 400	438	223 600	021 581	159	0	58
	10	798 260	279	776 838	438	223 162	021 422	159	50	
	20	798 539	279	777 276	438	222 724	021 263	159	40	
	30	798 818	279	777 714	438	222 286	021 104	159	30	
	40	799 097	279	778 152	438	221 848	020 946	158	20	
	50	799 376	279	778 590	438	221 410	020 787	159	10	
3	0	799 655	279	779 027	437	220 973	020 628	159	0	57
	10	799 934	279	779 465	438	220 535	020 469	159	50	
	20	800 213	279	779 903	438	220 097	020 310	159	40	
	30	800 492	279	780 341	438	219 659	020 151	159	30	
	40	800 770	278	780 779	438	219 221	019 992	159	20	
	50	801 049	279	781 217	438	218 783	019 833	159	10	
4	0	801 328	279	781 654	437	218 346	019 674	159	0	56
	10	801 607	279	782 092	438	217 908	019 515	159	50	
	20	801 885	278	782 530	438	217 470	019 356	159	40	
	30	802 164	279	782 968	438	217 032	019 196	160	30	
	40	802 443	279	783 405	437	216 595	019 037	159	20	
	50	802 721	278	783 843	438	216 157	018 878	159	10	
5	0	803 000	279	784 281	438	215 719	018 719	159	0	55
	10	303 278	278	784 719	438	215 281	018 560	159	50	
	20	803 557	279	785 156	437	214 844	018 401	159	40	
	30	803 836	279	785 594	438	214 406	018 242	159	30	
	40	804 114	278	786 032	438	213 968	018 082	160	20	
	50	304 392	278	786 469	437	213 531	017 923	159	10	
6	0	804 671	279	786 907	438	213 093	017 764	159	0	54
	10	804 949	278	787 345	438	212 655	017 605	159	50	
	20	805 228	279	787 782	437	212 218	017 445	160	40	
	30	805 506	278	788 220	438	211 780	017 286	159	30	
	40	805 784	278	788 657	437	211 343	017 127	159	20	
	50	806 062	278	789 095	438	210 905	016 968	159	10	
7	0	806 341	279	780 533	438	210 467	016 808	160	0	53
	10	806 619	278	789 970	437	210 030	016 649	159	50	
	20	806 897	278	790 408	438	209 592	016 490	159	40	
	30	807 175	278	790 845	437	209 155	016 330	160	30	
	40	807 453	278	701 283	438	208 717	016 171	159	20	
	50	807 732	279	791 720	437	208 280	016 011	160	10	
8	0	808 010	278	792 158	438	207 842	015 852	159	0	52
	10	808 288	278	792 595	437	207 405	015 693	160	50	
	20	808 566	278	793 033	438	206 967	015 533	169	40	
	30	808 844	278	793 470	437	206 530	015 374	159	30	
	40	809 122	278	793 908	438	206 092	015 214	160	20	
	50	809 400	278	794 345	437	205 655	015 055	159	10	
9	0	809 677	277	794 782	437	205 218	014 895	160	0	51
	10	809 955	278	795 220	438	204 780	014 736	159	50	
	20	810 233	278	795 657	437	204 343	014 576	160	40	
	30	810 511	278	796 095	438	203 905	014 416	160	30	
	40	810 789	278	796 532	437	203 468	014 257	159	20	
	50	811 067	278	796 969	437	203 031	014 097	160	10	
10	0	1,7 811 344	277	1,8 797 407	438	0,1 202 593	1,9 013 938	159	0	50
′	″	Cos.		Cotg.		Tang.	Sin.		″	′

2° *Calculs des sinus et des cosinus des arcs de 10″ en 10″.* — On déduit ces lignes de celles de l'arc de 10″. On a, en effet :

$$\sin(a+b)+\sin(a-b) = 2\sin a\cos b,$$
$$\cos(a+b)+\cos(a-b) = 2\cos a\cos b.$$

Soit $b = 10''$ et posons : $2\cos 10'' = 2-\text{K}$; ces formules deviennent :

$$\sin(a+10'')+\sin(a-10'') = 2\sin a-\text{K}\sin a,$$
$$\cos(a+10'')+\cos(a-10'') = 2\cos a-\text{K}\cos a,$$

qu'on peut écrire :

$$\sin(a+10'')-\sin a = \sin a-\sin(a-10'')-\text{K}\sin a,$$
$$\cos(a+10'')-\cos a = \cos a-\cos(a-10'')-\text{K}\cos a.$$

En donnant alors à a les valeurs 10″, 20″, 30″, etc., on aura les formules suivantes :

$$\begin{cases}\sin 20''-\sin 10'' = \sin 10''-\text{K}\sin 10'',\\ \cos 20''-\cos 10'' = \cos 10''-1-\text{K}\cos 10'',\end{cases}$$

$$\begin{cases}\sin 30''-\sin 20'' \\ \quad = \sin 20''-\sin 10''-\text{K}\sin 20'',\\ \cos 30''-\cos 20'' \\ \quad = \cos 20''-\cos 10''-\text{K}\cos 20'',\end{cases}$$

$$\begin{cases}\sin 40''-\sin 30'' \\ \quad = \sin 30''-\sin 20''-\text{K}\sin 30'',\\ \cos 40''-\cos 30'' \\ \quad = \cos 30''-\cos 20''-\text{K}\cos 30'',\end{cases}$$

et comme K est une quantité connue :

0,000 000 00225,

ces formules (dites de Simpson) permettent de calculer, de proche en proche, les sinus et les cosinus des arcs de 10″ en 10″. On s'arrêtera à l'arc de 45°, car le sinus d'un arc plus grand que 45° est le cosinus d'un arc plus petit que 45° et réciproquement. La table des sinus et des cosinus étant formée, on peut en déduire celle des tangentes et cotangentes, par les relations

$$\text{tang}\,x = \frac{\sin x}{\cos x}$$

et $$\text{cotg}\,x = \frac{\cos x}{\sin x}.$$

On simplifie les calculs à partir de 30°. En effet, le sinus de 30° est la moitié de la corde d'un arc de 60°, c'est-à-dire la moitié du côté d'un hexagone régulier inscrit; on aura donc $\sin 30° = \frac{1}{2}$ et, par conséquent, on pourra écrire, comme précédemment :

$$\sin(30°+a)+\sin(30°-a)$$
$$= 2\sin 30°\cos a = \cos a$$
$$\cos(30°+a)-\cos(30°-a)$$
$$= 2\sin 30°\sin a = -\sin a,$$

d'où :

$$\sin(30°+a) = \cos a-\sin(30°-a)$$
$$\cos(30°-a) = \cos(30°-a)-\sin a.$$

Si l'on a déjà formé la table des sinus des arcs de 10″ en 10″, depuis 0° jusqu'à 30°, ces formules permettent de calculer facilement les sinus et les cosinus des arcs de 10″ en 10″, de 30° à 45°.

3° *Calcul direct des sinus et cosinus de certains arcs.* — Comme tous ces calculs se déduisent les uns des autres, afin d'éviter qu'une erreur faite dans l'un d'eux ne se reproduise dans tous les résultats suivants, on établit directement les sinus et cosinus de certains arcs, pour avoir des points de repère, permettant de contrôler les résultats et de déterminer le degré d'exactitude.

Ainsi, on sait que :

$$\sin 45° = \cos 45° = \frac{\sqrt{2}}{2},$$

et aussi que :

$$\sin 30° = \frac{1}{2} \quad \text{et} \quad \cos 30° = \sqrt{1-\sin^2 30°} = \frac{\sqrt{3}}{2}.$$

On établit en géométrie que le côté du décagone régulier inscrit dans un cercle de rayon 1 est égal à $\frac{1}{2}(\sqrt{5}-1)$. Or, l'arc sous-tendu par ce côté étant de 36°, la moitié du côté du décagone régulier inscrit est le sinus de 18°. On a donc :

$$\sin 18^\circ = \frac{1}{4}(\sqrt{5} - 1),$$

et

$$\cos 18^\circ = \sqrt{1 - \sin^2 18^\circ} = \frac{1}{4}\sqrt{10 + 2\sqrt{5}},$$

et ainsi de suite.

Tables logarithmiques. — La plupart des calculs trigonométriques se font par logarithmes; c'est pourquoi, dans les tables, au lieu des lignes trigonométriques, on inscrit les logarithmes de ces lignes. On comprend, d'ailleurs, qu'avec une table des sinus et des cosinus des arcs de 10″ en 10″, depuis 0° jusqu'à 90°, il est facile de former une table de logarithmes des sinus et cosinus des mêmes arcs, et, par suite, celle des logarithmes des tangentes et cotangentes; car : $\log \operatorname{tang} x = \log \sin x - \log \cos x$ et $\log \operatorname{cotg} x = \log \cos x - \log \sin x$. Il faut dire, toutefois, que ce procédé, *théorique*, n'a pas été employé pour construire les tables trigonométriques, et qu'on a eu recours à des méthodes plus compliquées, mais plus expéditives, reposant sur les mêmes principes.

Dispositions et usage des tables de Callet. — Les tables de Callet contiennent les logarithmes des sinus, cosinus, tangentes et cotangentes des arcs de 10″ en 10″, depuis 0° jusqu'à 90°. De 0° à 45° le nombre de degrés est marqué en haut de la page, le nombre de minutes dans la première colonne à gauche, le nombre de dizaines, de secondes dans la colonne suivante. La lecture se fait du haut en bas. De 45° à 90° la table revient en quelque sorte sur elle-même; le sinus d'un arc plus petit que 45° est le cosinus d'un arc plus grand que 45°, la tangente d'un arc plus petit que 45° est la cotangente d'un arc plus grand que 45° et réciproquement. Le nombre de degrés est inscrit en haut de la page, le nombre de minutes dans une colonne à droite, le nombre de dizaines de secondes dans la colonne qui précède et la lecture se fait de bas en haut. Pour les sinus et cosinus de 0° à 90°, les tangentes de 0° à 45° et les cotangentes de 45° à 90° (lignes moindres que 1) les logarithmes sont négatifs : dans les tables, on a évité les caractéristiques négatives, en augmentant tous ces logarithmes de 10 unités; il faut donc toujours avoir le soin de rétablir pour ces angles le logarithme exact en retranchant 10 du nombre inscrit dans la table. On voit aussi dans les tables une colonne intitulée D, où sont inscrites les différences *tabulaires* (différences entre deux logarithmes consécutifs). Il y a deux colonnes semblables, l'une pour les sinus, l'autre pour les cosinus. Une troisième renferme les différences tabulaires correspondant aux tangentes : ce sont aussi les différences pour les cotangentes; mais les premières sont positives, tandis que les autres sont négatives. On a, en effet :

$$\frac{\operatorname{tang}(x+h)}{\operatorname{tang} x} = \frac{\operatorname{cotg} x}{\operatorname{cotg}(x+h)},$$

d'où :

$$\log \operatorname{tang}(x+h) - \log \operatorname{tang} x = \log \operatorname{cotg} x - \log \operatorname{cotg}(x+h),$$

c'est-à-dire que la différence des logarithmes des tangentes de deux arcs est égale et de signe contraire à la différence des logarithmes des cotangentes des mêmes arcs.

L'usage des tables de Callet comprend deux problèmes distincts :

Problème I. — *Trouver le logarithme d'une ligne trigonométrique d'un angle donné.*

Si l'angle contient un nombre exact de dizaines de secondes, on trouve immédiatement dans la table le logarithme demandé. Mais si l'angle ne contient pas un nombre exact de dizaines de secondes, on devra faire usage des parties proportionnelles comme nous allons le montrer : 1° Soit à chercher le logarithme de sin 37° 43′ 56″. On prend dans la table le logarithme de sin 37° 43′ 50″; ce logarithme est $\overline{1},7867152$, et la différence tabulaire est 272. Si on augmentait l'angle de 10″, le logarithme de son sinus augmenterait de 272 unités du 7e ordre décimal. En admettant la proportionnalité entre les accroissements des arcs et ceux des logarithmes (du moins pour les arcs inférieurs à 10″), on peut dire : à l'accroissement de 10″ dans l'angle correspond dans le logarithme un accroissement de 272 unités du 7e ordre décimal; donc à l'accroissement 6″ de l'angle correspondra un accroissement du logarithme de $272 \times 0,6 = 163$. On dispose les calculs comme il suit :

$$\begin{array}{ll} \log \sin 37^\circ 43' 50'' = & \overline{1},7867152 \\ \text{pour} \quad 6'' & \quad 163 \\ \hline \log \sin 37^\circ 43' 56'' = & \overline{1},7867315 \end{array}$$

2° Le calcul est exactement le même pour un cosinus; mais à une augmentation de l'arc correspond (du moins de 0° à 90°) une diminution du logarithme.

3° Soit à trouver le logarithme de tang 6. 83° 7′ 16″,4. On prend dans la table le logarithme de tang 83° 7′ 10″; l'angle étant plus grand que 45°, il faut lire le nombre de degrés au bas de la page et prendre les minutes et les secondes dans les colonnes de droite. On trouve pour ce logarithme 0,9184044, et pour la différence tabulaire (lue en remontant) 26. Si l'angle 83°7′10″ augmentait de 10″, le logarithme de sa tangente augmenterait de 26 unités du 6e ordre décimal. En admettant comme tout à l'heure la proportionnalité des accroissements de la tangente et du logarithme, on en conclut que, pour une augmentation de l'arc de 6″,4, le logarithme de la tangente augmente de $26 \times 0,64 = 16,64$ ou de 17 unités (en forçant) du 7e ordre décimal. On dispose les calculs de la façon suivante :

$$\begin{array}{lll} \log \operatorname{tang} 83^\circ 7' 10'' & = 0,9184044 & 26 \times 0,64 \\ \quad 7'',4 & \quad 17 & \\ \hline \log \operatorname{tang} 83^\circ 7' 17'',4 & = 0,9184061 & \end{array}$$

4° Le calcul est identique pour le log d'une cotangente, à cela près que le logarithme varie en sens inverse de l'angle.

Problème II. — *Étant donné le logarithme d'une ligne trigonométrique, trouver l'angle moindre que 90° qui lui correspond.*

1° Soit :

$$\log \sin x = \overline{1},7432684.$$

On cherche dans la table celui des log. sinus qui approche le plus par défaut de $\overline{1},743268$.

On trouve

$$\overline{1},7432543 \text{ pour } \log \sin 33^\circ 37' 10''.$$

D'ailleurs, la différence tabulaire est 316, et la différence de ce logarithme au logarithme proposé est 141. En appelant n le nombre de secondes qu'il faudrait ajouter à l'angle 33° 37′ 10″ pour que son log. sin. fût le nombre proposé, on peut écrire :

$$\frac{n}{10} = \frac{141}{316},$$

d'où $n = 4,5.$

L'angle cherché est donc 33° 37′ 14″,5.

On dispose les calculs de la façon suivante :

$$\begin{array}{ll} \log. \sin x = & \overline{1},7432684 \\ \log. \sin 33^\circ 37' 10'' = & \overline{1},7432543 \\ \quad 4'',5 & \quad 141 \\ \hline \log \sin. 33^\circ 37' 14'',5 = & \overline{1},7432684 \end{array}$$

2° On opérerait de même pour chercher x connaissant log tang x.

3° Soit $\log \cos x = 1,2742545$.

On cherche dans la table celui des log cos qui approche le plus par excès de $\overline{1},2742545$ et on trouve $\overline{1},2742687$ pour log cos 79° 9′ 40″. Différence tabulaire : 1100. Différence du logarithme de la table et du logarithme proposé : 142. Donc, si l'on retranche 1100 du log cos trouvé, l'angle augmente de 10″ et l'on diminue le logarithme de 142, l'angle augmentera d'un nombre n de secondes, tel que :

$$\frac{n}{10} = \frac{142}{1100},$$

d'où $n = \frac{1420}{1100} = 1,2.$

Les calculs seront indiqués comme il suit :

$$\begin{array}{ll} \log \cos x = & \overline{1},2742545 \\ \log. \cos 79^\circ 9' 40'' = & \overline{1},2742687 \\ \quad 1'',2 & \quad - 142 \\ \hline \log. \cos 79^\circ 9' 41'',2 = & \overline{1},2742545 \\ x = 79^\circ 9' 41'',2. & \end{array}$$

4° Les calculs seraient absolument les mêmes pour trouver un angle x donné par la valeur de log cotg$x$. — **Dér.** *Trigonométrique, trigonométriquement.*

TRIGONOMÉTRIQUEMENT (*trigonométrique* + sfx. *ment*), *adv.* Par les procédés de la trigonométrie.

***TRIHEBDOMADAIRE** (pfx. *tri* + *hebdomadaire*), *adj. 2 g.* Qui paraît trois fois par semaine : *Journal trihebdomadaire.*

***TRI-IODURE** (pfx. *tri* + *iodure*), *sm.* Iodure composé de trois équivalents d'iode et d'un équivalent de métal.

***TRIJUMEAU** (pfx. *tri* + *jumeau*), *adj.* et *sm.* Se dit du nerf trifacial ou de la cinquième paire.

***TRIKLASITE** (pfx. *tri* + g. κλάσω, futur de κλάω, casser), *sf.* Silicate d'alumine combiné avec un silicate à bases de magnésie, de potasse et de protoxyde de fer. Sa couleur est foncée, sans éclat. Cette pierre est souvent désignée par le nom de *fahlunite tendre.* Peu dure, elle se laisse rayer au couteau. Elle fond, quoique difficilement, en un verre blanc.

TRIL ou ***TRILL** [tri-l], *sm.* (V. *Trille.*)

***TRILABE** (pfx. *tri* + λαβεῖν, prendre), *sm.* Instrument de chirurgie lithotritique à tige d'acier creuse et divisée à l'un de ses bouts en trois parties inégales.

TRILATÉRAL, ALE (pfx. *tri* + *latéral*), *adj.* Qui a trois côtés.

TRILATÈRE (pfx. *tri* + *latus,* génitif *lateris,* côté), *sm.* Triangle. — **Dér.** *Trilatéral, trilatérale.*

***TRILINGUE** (pfx. *tri* + *lingua,* langue), *adj. 2 g.* Écrit en trois langues : *Les inscriptions trilingues de Bisoutoun (Perse) sur les tombeaux des Achéménides.* — **Gr.** Même famille : *Triglotte.*

***TRILITHE** (pfx. *tri* + g. λίθος, pierre), *sm.*, ou LICHAVEN. Monument mégalithique en forme de porte composé d'une pierre plate horizontale supportée par deux pierres plantées verticalement dans le sol.

***TRILITTÈRE** (pfx. *tri* + *littera,* lettre), *adj. 2 g.* Dont les mots contiennent trois consonnes. ‖ *Les langues trilittères,* les langues sémitiques.

TRILLE [tri-le], **TRIL** ou ***TRILL** (ital. *trillo,* tremblement de voix), *sm.* Enjolivement musical consistant à faire entendre deux notes à distance d'un ton ou d'un demi-ton rapidement et alternativement plusieurs fois de suite dans un temps donné. — **Dér.** *Triller.*

***TRILLER** [tri-lé] (*trille*), *vt.* Enjoliver de trilles.

***TRILLIE** (du l. *trilix,* d'un triple tissu), *sm.* Genre de plantes monocotylédones, de la famille des Liliacées, originaires de l'Amérique septentrionale et du nord de l'Asie. Ce sont des plantes herbacées, vivaces, dont la tige, de couleur rouge, porte des feuilles ovales-allongées, d'un vert foncé, et marquées de taches blanchâtres. L'espèce la plus intéressante est la *trillie sessile* (*trillium sessile*) de la Caroline, dont la fleur, hermaphrodite, d'un brun rougeâtre, est fixée au centre d'un verticille de trois feuilles. Cette fleur est, du reste, construite, comme celles des Liliacées, sur le type trois. La trillie sessile se cultive en terre de bruyère, à une exposition ombragée au levant ou au midi; elle fleurit au printemps et se multiplie de graines, ou par division des souches. On doit couvrir les feuilles du collet avec un peu de litière ou de paille. Une autre espèce, la *trillie à grande fleur* (*trillium grandiflorum*), a des fleurs blanches, pédonculées et penchées et des feuilles rhomboïdales à cinq nervures. On la cultive comme l'espèce précédente et elle doit être relevée tous les deux ans.

TRILLION (pfx. *tri* + la terminaison de *million* ou *billion*), *sm.* Mille fois mille millions, ou mille billions.

***TRILOBAIRE** (pfx. *tri* + *lobe*), *adj. 2 g.* Qui se produit en trois lobes : *Division trilobaire.*

***TRILOBÉ, ÉE** (pfx. *tri* + *lobé*), *adj.* Partagé en trois lobes : *Feuilles trilobées.*

***TRILOBITE** (g. τρί, trois + λοδός, lobe), *sf.* Importante division des crustacés paléozoïques. Leur carapace dorsale, bien développée, se compose d'un bouclier céphalique, d'un thorax formé de segments plus ou moins nombreux (2 à 26) et d'un pygidium, parfois assez semblable au bouclier céphalique, mais le plus souvent très différent de celui-ci. Le corps est divisé en trois régions transversales par deux sillons séparant : sur le bouclier céphalique, la glabelle, des joues ; sur le thorax et le pygidium, le rachis des plèvres. Le bouclier céphalique est souvent armé de longs aiguillons jugaux (pointes génales) ; la suture faciale le divise en plusieurs pièces et détermine sur les joues une partie fixe reliée avec la glabelle, et une partie mobile souvent isolée du reste du bouclier céphalique : les pointes génales appartiennent, soit aux joues fixes, soit aux joues mobiles. Les yeux, tantôt rudimentaires, tantôt absents, sont situés sur les joues mobiles ; ils sont néanmoins très compliqués et le nombre des cristallins peut varier de 15 jusqu'à 15 000. Le thorax se compose de 2 à 26 segments dont chacun montre une partie centrale (anneau) et deux parties latérales (plèvres). Dans quelques espèces, le pygidium atteint le même développement que la tête, et le tronc ne comprend alors que deux anneaux. Le nombre d'anneaux varie d'ailleurs chez un même individu suivant son âge. On a pris successivement comme base pour la classification des Trilobites soit la présence ou l'absence d'yeux (Dalman), soit le nombre des segments (Quenstedt). La classification de Barrande sépare les Trilobites en deux groupes : ceux qui ont la tête et le pygidium différemment conformés et ceux qui les ont identiques. On distingue ensuite des sous-groupes au moyen du développement du pygidium et d'après la conformation des plèvres, munies tantôt de sillons, tantôt de côtes.

TRILOBITES AVEC TÊTE
ET PYGIDIUM TRÈS DIFFÉREMMENT CONFORMÉS.

Plèvres à sillons.....	Harpes. Remopleurides. Paradoxides. Bohemilla. Conocephalites. Arionellus. Sao. Ellipsocephalus. Prœtus. Harpides. Philippsia. Phacops. Dalmanites. Calymene. Homalonotus. Trinucleus. Asaphus. Ogygia. Illœnurus.
Plèvres à bourrelets.	Acidaspis. Cheirurus. Dindymene. Cromus. Bronteus.
Plèvres lisses.......	Illœnus.

TRILOBITES AVEC TÊTE
ET PYGIDIUM SEMBLABLEMENT CONFORMÉS.
Agnostus.

Ces animaux marins paraissent être les premiers représentants des crustacés. On les remarque dans le silurien et le dévonien.

***TRILOCULAIRE** (pfx. *tri* + l. *loculus*, loge), *adj. 2 g.* Dont l'intérieur est partagé en trois loges : *Le fruit des iris est triloculaire.* (Bot.)

TRILOGIE (pfx. *tri* + g. λόγος, discours), *sf.* Ensemble de trois tragédies grecques dont les sujets sont la continuation l'un de l'autre. ‖ Poème divisé en trois parties. — **Dér.** *Trilogique.*

***TRILOGIQUE** (*trilogie*), *adj. 2 g.* Qui se rapporte à une trilogie : *Poème trilogique.*

***TRIMBALAGE** (*trimbaler*), *sm.* Action de trimbaler. (Pop.)

***TRIMBALEMENT** (*trimbaler*), *sm.* Action de trimbaler. (Pop.)

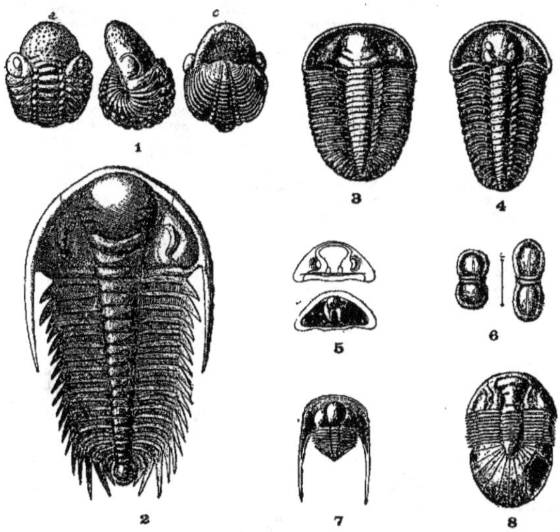

TRILOBITES

1. Phacops cephalotes, corda. Silurien supérieur de la Bohème. Etage G. Exemplaire enroulé ; *a*, vu de dessus ; *b*, vu de côté ; *c*, vu de dessous. — **2**. Paradoxides spinosus. Silurien de la Bohème. Etage C. Barrande. — **3-4**. Calymene incerta. Silurien inférieur de la Bohème. Etage D. Barrande. Variété longue et variété large. — **5**. Asaphus expansus. Silurien inférieur. — **6**. Agnostus nudus, Beyr. Etage C. Skrey. — **7**. Trinucleus Goldfussi. Silurien inférieur de la Bohème. Etage D. — **8**. Bronteus planus. Silurien supérieur de la Bohème.

TRIMBALER (du néerl. *trekken*, tirer), *vt.* Traîner, porter partout avec soi : *Trimbaler son mobilier.* (Pop.) — **Dér.** *Trimbalage, trimbalement.* — **Gr.** Même famille que *Triqueballe* et *tringueballe.*

TRIMER (b. bret. *tremeni* ; kymr. *tramwy*, courir çà et là), *vi.* Marcher longtemps et jusqu'à être fatigué : *Trimer tout le jour.* ‖ *Faire trimer quelqu'un*, lui faire faire inutilement force allées et venues.

***TRIMÈRE** (g. τρεῖς, trois + μέρος, partie), *adj. 2 g.* Se dit d'animaux dont le corps est partagé en trois parties, comme les trilobites. ‖ L'une des classes dans lesquelles on a partagé les coléoptères. Les insectes de cette division sont caractérisés par leurs torses composés de trois articles.

TRIMESTRE (l. *trimestrem* : de *tri*, trois + *mensem*, mois), *sm.* Espace de trois mois : *Les quatre trimestres de l'année.* ‖ Paye, salaire d'un trimestre : *Recevoir son trimestre.* — **Dér.** *Trimestriel, trimestrielle, trimestriellement.*

TRIMESTRIEL, ELLE (*trimestre*), *adj.* Qui dure trois mois. ‖ Qui paraît ou revient tous les trois mois : *Journal trimestriel.*

***TRIMESTRIELLEMENT** (*trimestre* + sfx. *ment*), *adv.* Par trimestre. ‖ Tous les trois mois.

***TRIMÉTHYLAMINE** (pfx. *tri*, trois + *méthyle* + *amine*), *sf.* Corps gazeux, liquéfiable à + 9°, provenant de la distillation des vinasses que laisse la fermentation industrielle des mélasses de betteraves, fermentation qui fournit de l'alcool. Ce corps répand une odeur repoussante, très pénétrante. La terminaison *amine* indique que c'est une ammoniaque composée ; *tri* et *méthyle* annoncent que le radical *méthyle* remplace chacun des trois atomes d'hydrogène de l'ammoniaque, dont la constitution est prise pour type.

TRIMÈTRE (g. τρίμετρος : de τρί, trois + μέτρον, mesure), *adj.* et *sm.* Se dit du vers ïambique, grec ou latin, composé de trois mesures de deux pieds chacune.

***TRIMORPHE** (g. τρίμορφος : de τρί, trois + μορφή, forme), *adj. 2 g.* Se dit d'un corps qui peut se présenter sous trois états physiques différents dans chacun desquels il acquiert des propriétés chimiques spéciales : *Le soufre est trimorphe.* ‖ Qui peut cristalliser dans trois systèmes différents : *Minéral trimorphe.* — **Dér.** *Trimorphisme.*

***TRIMORPHISME** (*trimorphe*), *sm.* État d'un corps ou d'un minéral trimorphe.

TRIMOUILLE (LA), 1 810 hab. Ch.-l. de c., arrond. de Montmorillon (Vienne), sur la Benaise.

***TRIMOURTI** (sanscr. *tri*, trois + *mûrti*, corps), *sf.* La trinité des Hindous, composée de Brahma, Vichnou et Siva.

TRIN, *adj. m.* ou **TRINE** (l. *trinum*, qui est au nombre de trois), *adj. 2 g.* Qui fait partie d'une trinité. ‖ *Trin* ou *trine aspect de deux planètes*, celui qu'elles présentent quand elles sont éloignées l'une de l'autre du tiers du zodiaque. (Astrol.) — **Dér.** *Trinalité.*

TRINACRIE (g. Τρινακρία : de τρεῖς, trois + ἄκρα, promontoire, sommet), le plus ancien nom de la Sicile, qui se termine par trois promontoires.

***TRINALITÉ** (*trin*), *sf.* Propriété de ce qui est trine.

***TRINERVÉ, ÉE** ou **TRINERVIÉ, ÉE** (pfx. *tri* + *nerf*), *adj.* Qui possède trois nervures : *Feuille trinervée.*

TRINGA (*x*), *sm.* Le bécasseau, vulgairement *cocorli*, oiseau de l'ordre des Échassiers.

TRINGLE (du l. *strix*, raie, cannelure), *sf.* Baguette cylindrique de métal servant à soutenir un rideau, une draperie, etc. ‖ Moulure plate et étroite. ‖ Perche dont on fait le treillage. ‖ Baguette en acier pour frapper le triangle. (Mus.) ‖ Ligne droite tracée par le cordeau, noirci ou blanchi, sur une pièce de charpente. (Men.) — **Dér.** *Tringler, tringlette.* — Le bas latin a le mot *tarinca*, qui, d'après les textes, est gaulois.

TRINGLER (*tringle*), *vt.* Tracer une ligne droite sur une pièce de charpente au moyen d'un cordeau frotté de craie ou de pierre noire.

***TRINGLETTE** (dm. de *tringle*), *sf.* Petite tringle.

***TRINGUEBALLE** (db. de *triqueballe*), *sf.* Poutre montée en bascule dont on se sert, en Picardie, dans l'extraction des tourbes, pour épuiser l'eau.

***TRINGUELTE** (allem. *trinkgeld* : de *trinken*, boire + *geld*, argent), *sm.* Pourboire.

TRINIDAD (LA), 450 kilom. Rivière des États-Unis (Texas) qui se jette dans la baie de Galveston, l'une des échancrures du golfe du Mexique.

TRINIDAD (LA), 27 654 hab. Ville et port de commerce de l'île de Cuba, située sur la côte S. et sur l'anse de Caballones.

TRINITAIRE (*trinité*), *sm.* Celui qui admet le dogme de la Trinité. || Membre d'une secte chrétienne qui avait sur la Trinité des opinions différentes de celles de l'Église catholique. || Membre d'un ordre religieux fondé en 1198 par saint Jean de Matha et Félix de Valois pour le rachat des chrétiens captifs chez les musulmans. Ces religieux s'appelaient aussi *Mathurins*; supprimés en 1790. Ils étaient vêtus de blanc, avec une croix rouge et bleue sur la poitrine. || L'hépatique des jardins.

TRINITÉ (l. *trinitatem*: de *trinus*, qui est au nombre de trois), *sf.* Un seul Dieu en trois personnes : Père, Fils et Saint-Esprit : *Le mystère de la Trinité est un des dogmes du christianisme.* || Fête que l'Église catholique célèbre annuellement le premier dimanche qui suit la Pentecôte : *Le dimanche de la Trinité.* || *Trinité*, dans certaines religions païennes, trois divinités réunies en une : *La trinité des Hindous.* || *Trinité philosophique*, la triade des philosophes de l'école d'Alexandrie. (V. *Triade*.) — **Dér.** *Trinitaire.*

TRINITÉ (LA), 155 000 hab. L'une des îles sous le Vent, du groupe des Petites Antilles, en face des embouchures de l'Orénoque; capitale, *Spanish-Town.* Asphalte, pierre calcaire, cacao, canne à sucre. Cette île appartient aujourd'hui aux Anglais, mais elle est habitée surtout par des Français.

TRINITÉ (LA), 7000 hab. Ville et port de la côte E. de la Martinique.

TRINITÉ-PORHOËT (LA), 1222 hab. Ch.-l. de c., arr. de Ploërmel (Morbihan).

TRINÔME (g. τρί, trois + νόμος, division), *sm.* Quantité algébrique composée de trois termes : $A + B$ — *C'est un trinôme.* — Adj. *Les facteurs trinômes.*

***TRINQUART** (*x*), *sm.* Petit navire dont nos marins des côtes de la Manche se servent pour la pêche du hareng.

TRINQUEMALÉ ou, en anglais, **TRENCOMALEE**, 3000 hab. Ville et port bien abrité de la côte N.-E. de l'île de Ceylan.

TRINQUER (all. *trinken*, boire), *vi.* Choquer amicalement les verres avant de boire.

TRINQUET (esp. *trinquete*, voile triangulaire ?), *sm.* Le mât de l'avant des anciennes galères. || Le mât de misaine des navires latins de la Méditerranée. — **Dér.** *Trinquette.*

TRINQUETTE (*trinquet*), *sf.* Voile triangulaire. || Voile de misaine d'un bâtiment à voiles latines. (Mar.)

***TRINUCLÉUS** (g. τρί, trois + l. *nucleus*, noyau), *sm.* Crustacé de la famille des Trilobites (série des plèvres à sillons). La tête, semi-circulaire, est grosse; le limbe, large, est orné de perforations régulières; les épines génales dépassent la longueur du corps. La glabelle est très renflée, les yeux faibles ou absents. Le thorax comprend six segments et le pygidium affecte une forme triangulaire. Ce groupe se rencontre dans l'étage primordial et dans le silurien inférieur.

TRIO (m. ital. : *tres*, trois), *sm.* Morceau de musique à trois parties. || Réunion de trois personnes intimes ou de même acabit. — Pl. *des trios.* — **Dér.** *Triolet* 1 et 2.

***TRIOBOLE** (pfx. *tri* + *obole*), *sm.* Monnaie et poids des anciens Grecs, qui était le sixième de la drachme. Le triobole était le salaire journalier des juges du tribunal des héliastes à Athènes.

TRIOBRIS, nom latin de la Truyère.

***TRIŒCIQUE** ou ***TRIOÏQUE** (pfx. *tri* + g. οἰκία, maison), *adj.* 2 *g.* et *s.* Qui contient trois sortes de fleurs d'un sexe différent, hermaphrodites, mâles et femelles : *Le caroubier est une trioïque.*

1. **TRIOLET** (dm. de *trio*), *sm.* Petite pièce de poésie de huit vers dont le premier se répète avec le troisième et qui se termine par la répétition des deux premiers vers. || Groupe de trois notes pour deux.

2. ***TRIOLET** (dm. de *trio*), *sm.* Le trèfle blanc, ou trèfle rampant, très commun dans les prairies, les pelouses, sur les bords des chemins. (V. *Trèfle*.)

TRIOMPHAL, ALE (l. *triumphalem*), *adj.* Employé dans un triomphe : *Char triomphal.* || Qui sert d'ornement dans un triomphe : *Arc triomphal.* — Fig. Qui annonce un triomphe : *Air triomphal.* || *Porte Triomphale*, porte de l'ancienne Rome par laquelle entraient les triomphateurs. || *Voie Triomphale*, rue de l'ancienne Rome qui partait du pont du Vatican, traversait le Champ de Mars, passait dans le Vélabre et conduisait à la voie Sacrée (à l'E. du Palatin), et par laquelle les triomphateurs se rendaient au Capitole. || *Insignes triomphaux*, la robe et la couronne triomphales. — **Dér.** *Triomphalement.*

TRIOMPHALEMENT (*triomphale* + sfx. *ment*), *adv.* En triomphe.

TRIOMPHANT, ANTE (l. *triumphantem*), *adj.* Qui triomphe. || Qui a eu la supériorité dans une lutte : *Le parti triomphant.* || Irrésistible : *Argument triomphant.* || Splendide, glorieux : *Entrée triomphante.* || Qui annonce la confiance dans le succès, le contentement d'avoir réussi : *Air triomphant.* || *L'Église triomphante*, les bienheureux qui sont dans le ciel, par opposition à l'*Église militante.*

TRIOMPHATEUR (l. *triumphatorem*), *sm.* Général romain qui entrait solennellement dans Rome pour y jouir des honneurs du triomphe après une grande victoire. || Chef d'armée qui a terminé victorieusement une guerre : *Tous les peuples exaltent les triomphateurs.* || Celui qui l'a emporté dans une lutte quelconque : *L'éloquence a ses triomphateurs.* — Fig. *Adj.* Qui triomphe : *Courtisans triomphateurs.* || Qui surmonte : *Vaisseaux triomphateurs des vents et de l'Océan.* — **Gr.** Au féminin, **triomphatrice**, *s.* et *adj.*, se rencontre chez quelques écrivains, dans Voltaire entre autres : *Catherine triomphatrice de l'empire ottoman.*

1. **TRIOMPHE** (l. *triumphum*), *sm.* Honneur décerné par les Romains au général en chef ayant gagné une bataille décisive où il avait péri au moins 5000 ennemis. Le général vainqueur, ou *imperator*, revêtu d'une tunique bordée de palmes, d'une toge de pourpre à rosaces d'or, ayant une couronne de laurier sur la tête, et tenant à la main un sceptre d'ivoire surmonté d'un aigle, traversait Rome, monté sur un char à quatre chevaux blancs attelés de front, quelquefois remplacés par quatre éléphants; tandis qu'un héraut, ordinairement un esclave, debout derrière le vainqueur, criait à intervalles répétés : « Souviens-toi que tu es homme. » Précédé de musiciens, du butin, des captifs enchaînés, de licteurs, et suivi de toute l'armée, le triomphateur se rendait ainsi au Capitole, où l'on faisait un sacrifice suivi d'un festin. A partir d'Auguste, les généraux victorieux n'eurent plus que les insignes triomphaux, c'est-à-dire la robe et la couronne, le triomphe étant uniquement réservé aux empereurs. Bélisaire en obtint cependant un à Constantinople en 534 : ce fut le 350e et dernier de l'histoire romaine. Sur le mont Albain s'élevait jadis un temple dédié à Jupiter Latin, où eut lieu le triomphe de plusieurs généraux vainqueurs qui tenaient à s'affranchir de l'autorisation du sénat et du peuple. || *Petit triomphe.* (V. *Ovation*.) || *Char de triomphe*, le char sur lequel était monté le triomphateur. || *Mener des captifs en triomphe*, les faire marcher devant le char du triomphateur. || *Arc de triomphe*, arcade de feuillage sous laquelle passe le cortège d'un général qui triomphe; monument ayant quatre arcades et en forme de porte voûtée, élevé en mémoire de faits glorieux et orné de bas-reliefs et d'inscriptions pour les rappeler : *L'arc de triomphe à Paris fut élevé à la gloire des armées françaises de la Révolution et de l'Empire.* — Fig. *Porter quelqu'un en triomphe*, le porter à bras pour lui faire honneur. || *Son entrée fut un triomphe*, on l'accueillit avec enthousiasme. || Victoire éclatante : *Les triomphes d'une armée.* || Succès éclatant que quelqu'un remporte sur ses rivaux : *On applaudit à son triomphe.* || *Jour de triomphe*, signalé par un événement glorieux, par un avantage marqué. || Chose où l'on excelle : *Les raccourcis sont les triomphes de ce peintre.* || Motif de gloire : *Quel triomphe pour lui s'il réussit!* — EN TRIOMPHE, *loc. adv.* D'une façon triomphale; avec une satisfaction triomphante. — **Dér.** *Triompher, triomphe, triomphant, triomphante, triomphal, triomphale, triomphalement, triomphateur.*

2. **TRIOMPHE**, *svf.* de *triompher*. Jeu de cartes analogue à l'écarté : *Jouer à la triomphe.* || Atout : *La triomphe emporte toutes les autres cartes.* — Fig. *Voilà de quoi est la triomphe*, ce dont il s'agit maintenant.

TRIOMPHER (l. *triumphare*), *vi.* Faire une entrée solennelle dans Rome après une grande victoire : *Scipion triompha plusieurs fois.* || Vaincre à la guerre : *César triompha des Gaulois.* — Fig. L'emporter en quelque chose que ce soit : *Il triompha de ses rivaux.* || Surmonter, venir à bout de : *Triompher de tous les obstacles.* || *Triompher du temps*, subsister très longtemps. || Exceller en quelque chose : *Ce poète triomphe dans les descriptions.* || Tirer avantage : *Il triomphe de l'aveu de ses adversaires.* || Être ravi de joie : *Il triomphe de cet événement.* || Tirer vanité : *Il triomphe de son succès.*

***TRIONYX** (g. τρεῖς, trois + ὄνυξ, ongle), *sm.* Famille de Chéloniens ou Tortues dont les individus vivent dans les fleuves de l'Afrique, de l'Asie et de l'Amérique. Leur corps est aplati en forme de disque et leur carapace aussi bien que leur plastron ne sont pas complètement ossifiés. Leurs pattes, terminées par trois ongles, sont conformées pour la nage. Ni leur tête ni leurs pieds ne peuvent rentrer sous la carapace. La tête est longue, étroite et les narines sont prolongées en avant en une sorte de tube; les mâchoires portent des lèvres cutanées mobiles. Ces Chéloniens sont carnassiers et dépeuplent les fleuves, où ils vivent en en dévorant le poisson.

TRIOUSONNE, 48 kilom., rivière du département de la Corrèze, qui prend sa source au plateau de Millevache; affluent de la Dordogne.

***TRIOXYAMYLAMINE** (pfx. *tri* + *oxy* + *amylamine*), *sf.* Base, découverte par Erdmann, qui diffère de la triamylamine par 3 atomes d'oxygène qu'elle renferme en plus. Elle a pour formule $Az(C^5H^{11}O)^3$.

TRIPAILLE [LL mouillés] (*tripe*), *sf.* Amas de tripes. || L'ensemble des boyaux d'un animal.

***TRIPARTI, IE** (pfx. *tri* + *parti*, participe passé), *adj.* Où un certain élément entre pour un tiers. || *Chambre tripartie*, tribunal où les deux tiers des juges étaient catholiques et l'autre tiers protestants.

TRIPARTIT, ITE (l. *tripartitum*), *adj.* Fendu en trois jusqu'au delà du milieu : *Feuille tripartite.* || Divisé en trois parties. — **Dér.** *Tripartition.*

***TRIPARTITION** (pfx. *tri* + *partition*), *sf.* Division en trois parties égales.

TRIPE (kymr. *tripa*; irlandais *triopas*; b. br. *stripen*), *sf.* Les boyaux d'un animal. || Étoffe peluchеuse qui se fabrique comme le velours : *Tripe de velours.* — *Sfpl.* Mets très indigeste composé des quatre estomacs du bœuf, grattés, nettoyés dans plusieurs eaux, blanchis dans l'eau bouillante, dégorgés dans l'eau froide et cuits six ou sept heures avec bardes de lard, carottes, oignons, bouquet de thym, clous de girofle, gousses d'ail, muscade râpée, poivre et sel, vin blanc. Ce sont les *tripes à la mode de Caen.* || *Œufs à la tripe*, tranches d'œufs durs fricassés avec des oignons. || Nom donné aux feuilles formant l'intérieur d'un cigare. — **Dér.** *Tripier, tripière, triperie, tripaille, tripette.*

TRIPE-MADAME, *sf.* (V. *Trique-madame.*)

***TRIPENNÉ, ÉE** (pfx. *tri* + *penné*), *adj.* Se dit des feuilles dont la nervure médiane émet latéralement des nervures secondaires qui, à leur tour, en portent d'autres sur les côtés desquelles les folioles sont implantées. (Bot.)

TRIPERIE (*tripier*), *sf.* Lieu où l'on vend des tripes et autres abats d'animaux. || Commerce du tripier.

***TRIPÉTALE** (pfx. *tri* + *pétale*), *adj.* 2 *g.* ou **TRIPÉTALÉ, ÉE**, *adj.* Qui a trois pétales : *Corolle, fleur tripétale.* (Bot.)

TRIPETTE (dm. de *tripe*), *sf.* Petite tripe. — Fig. *Cela ne vaut pas tripette,* ne vaut absolument rien.

***TRIPHANE** (g. τρεῖς, trois + φάνος, apparent), *sm.* Silicate naturel d'alumine et de lithine. Le nom de cette pierre indique qu'elle présente trois clivages.

***TRIPHASIE** (g. τριφάσιος, triple, à trois parties), *sf.* Genre de plantes dicotylédones de la famille des Aurantiacées, originaires de l'Inde. Une espèce, la *triphasie trifoliée* (*triphasia trifoliata*), est un arbrisseau de 0m,70 à 1 mètre, dont les feuilles sont ovales, persistantes et parsemées de glandes. Ses fleurs, qui s'épanouissent en mai ou juin, sont blanches, odorantes, et ont trois pétales beaucoup plus grands que les sépales du calice. Les fruits, gros comme le bout du petit doigt, sont ovales, rouges, succulents et de saveur douce. Dans les pays chauds, on en fait des confitures.

TRIPHTONGUE ou ***TRIPHTHONGUE** (g. τρί, trois + φθόγγος, son), *sf.* Syllabe qui fait entendre trois sons. ‖ Improprement, ensemble de trois voyelles consécutives : *Oui, oie.* — **Gr.** L'ancienne orthographe *triphthongue* valait étymologiquement mieux que la nouvelle. Il n'y a pas de *vraies triphtongues* en français.

TRIPHYLIE, partie S. de l'ancienne Élide, entre l'Alphée et la Néda ; capitale *Scillonte*.

***TRIPHYLINE** (g. τρεῖς, trois + φυλή, race), *sf.* Minéral qui se présente sous la forme de masses lamelleuses d'un gris verdâtre taché de bleu. Il se trouve dans les roches granitiques, où il constitue des veines. C'est un mélange de phosphate de fer, de phosphate de manganèse et de phosphate de lithine ; mais le premier de ces sels domine ; des traces de soude, de chaux, de magnésie entrent aussi dans sa composition. Ce minéral se clive en prismes rhombiques ; ses lames, minces, sont translucides et ont un aspect gras et résineux. La *triphyline* se rencontre en Finlande, en Bavière et en France près de Limoges.

***TRIPHYLLE** (g. τρί, trois + φύλλον, feuille), *adj. 2 g.* Qui a trois feuilles, ou disposées trois par trois, ou divisées en trois lobes. (Bot.)

TRIPIER, IÈRE (*tripe*), *s.* Marchand, marchande de tripes et d'abats des animaux de boucherie. ‖ *Couteau de tripière,* qui coupe des deux côtés ; au figuré, celui qui est de deux partis contraires.

TRIPIER (Nicolas-Jean-Baptiste) (1765-1840), avocat et célèbre jurisconsulte français, pair de France en 1832. Il plaida plusieurs causes célèbres, entre autres celle de La Valette.

TRIPLE (l. *triplum*), *adj. 2 g.* Qui contient trois fois une chose, une quantité, un nombre : *Une triple cuirasse.* ‖ *Triple couronne,* la tiare du pape. ‖ *Triple croche,* note de musique qui vaut le huitième d'une noire et est terminée par trois crochets. ‖ *Triple alliance,* traité d'alliance offensif et défensif conclu ouvertement ou secrètement entre trois grands États et dirigé contre un ou plusieurs autres. Parmi les principaux traités de triple alliance, on cite : celui de 1663, signé entre l'Angleterre, la Hollande et l'Espagne contre la France ; celui de 1717, entre la France, l'Angleterre et la Hollande contre l'Espagne ; puis, de nos jours, celui de 1883, entre l'Allemagne, l'Autriche-Hongrie et l'Italie, qui dure encore, mais qui paraît devoir être renouvelé jusqu'en 1897. — Fig. *Triple coquin,* foncièrement coquin. — Fig. *Menton à triple étage,* qui descend fort bas et fait plusieurs plis. — *Sm.* Trois fois autant : *Rendre le triple de ce qu'on a reçu.* — **Dér.** *Triplement* 1 et 2, *tripler, triplé, triplée, triplite, triplet.* — **Comp.** *Triplicité, triplicata.*

TRIPLÉ, ÉE (p.p. de *tripler*), *adj.* Rendu triple. ‖ *Intervalle triplé,* porté à la double octave. (Mus.)

1. **TRIPLEMENT** (*tripler*), *sm.* Augmentation jusqu'au triple.

2. **TRIPLEMENT** (*triple* + sfx. *ment*), *adv.* Trois fois, en trois façons, extrêmement.

TRIPLER (*triple*), *vt.* Rendre trois fois plus grand : *Tripler son capital.* — *Vi.* Devenir trois fois plus grand ; *Sa fortune a triplé.*

***TRIPLET** (l. *triplex*, triple), *sm.* Combinaison de trois lentilles destinée à renforcer les effets de la loupe, du microscope, des appareils photographiques, etc.

TRIPLICATA (pfx. *tri* + l. *plicare*, plier), *sm.* Troisième copie, troisième expédition d'un acte. — Pl. *des triplicatas.*

TRIPLICITÉ (l. *triplicitatem* : de *triplex*, triple), *sf.* Qualité de ce qui est triple.

***TRIPLINERVÉ, ÉE** (pfx. *tri* + *nerf*), *adj.* Se dit d'une feuille dont le limbe offre à sa base, de chaque côté de la nervure médiane, une nervure émise de cette dernière mais plus grosse que les suivantes. (Bot.)

***TRIPLITE** (l. *triplex*, triple), *sf.* Minéral qu'on rencontre en assez grande quantité, sous forme de masses lamelleuses brun foncé, assez fragiles, rayant le verre, dans la pegmatite, près de Limoges. C'est un phosphate de protoxyde de fer et de protoxyde de manganèse.

TRIPOLI, en turc **TARABOLOUS**, 5 000 hab. Ville et port de Syrie, sur la Méditerranée, au pied du Liban ; commerce assez actif. Pendant les croisades, Tripoli fut érigée par Raymond de Toulouse en comté (1109-1163), puis en principauté (1163-1289). — **Dér.** *Tripoli* (sm.).

TRIPOLI (g. τρεῖς, trois + πόλις, ville), l'ancienne *Œia*, 30 000 hab. Ville et port du N. de l'Afrique, sur la Méditerranée, dans la belle oasis de la Mechiah. Elle se compose de trois groupes de villages très rapprochés et est la capitale de la *régence de Tripoli*, vaste contrée, à l'E. de la Tunisie, qui forme un vilayet dépendant de la Turquie, mais qui n'est habitable que dans quelques rares oasis. — **Dér.** *Tripolitaine.*

TRIPOLI (*Tripoli*, Syrie), *sm.* Poudre siliceuse, très fine et très dure, rougeâtre ou rose pâle, qu'on emploie délayée avec de l'eau ou de l'huile pour polir les pierres et les métaux. Chaque grain de tripoli est la dépouille d'une infusoire fossile. Cette matière forme dans le sol, en Toscane, en Bohême, en Hesse, en Saxe, à Riom, au mont Charraix (Ardèche), des couches composées de feuillets minces qui se désagrègent facilement.

TRIPOLITAINE (la) (*Tripoli*), 892 000 kilom. carrés. Région de l'Afrique septentrionale, baignée : au N. par la Méditerranée ; limitée à l'E. par l'Égypte et le désert de Libye ; au S. et au S.-O. par le Sahara ; à l'O. par la Tunisie. Elle comprend quatre groupes de contrées habitables entourées de régions désertiques : la *Cyrénaïque* et les groupes de *Tripoli*, de *Rhadamès* et du *Fezzan*. La Cyrénaïque, la Pentapole des Grecs, s'étend sur les flancs et les plateaux du beau massif calcaire de l'Akhdar (500 mètres), riches en sources et en pâturages. Cette région porte aussi le nom de *Barkah*. En se dirigeant vers l'O., à partir de l'Égypte, on longe pendant 150 lieues une côte assez inhospitalière, bordée par une étroite bande de terrains stériles qui n'offre que les baies de Bou-Chaïfa, de Berek-Marsa, de Mellah et enfin le golfe de Bomba : ce dernier est une des bonnes rades de l'Afrique septentrionale. Non loin de là, vers l'O., est le petit port de Derneh. Bengazi, dont le port s'ensable, est assez importante. Le littoral, depuis Bengazi jusqu'à Mezurate, est un pays désert qui forme le golfe de la *Grande Syrte* ; les marées y sont presque aussi fortes que dans l'Océan. Au S. de Mezurate commence un pays montagneux qui comprend le *Djebel*, les districts de *Gharian* et de *Binbelad*. Le versant méditerranéen est séparé de celui du Soudan par un haut plateau (*Hamada*) pierreux, auquel se rattachent les montagnes de l'*Harudj*. Au delà s'étend le Fezzan avec les oasis de *Mourzouk* (6 000 hab.), dont le marché est important, de même que celui de *Rhât*. L'oasis de *Rhadamès* est située à la limite du Sahara. Le pays manque de cours d'eau importants. On y récolte des dattes, des figues, des raisins ; le sel et la potasse y abondent. La capitale est *Tripoli*, port sur la Méditerranée (30 000 hab.). Elle exporte des spartes, des plumes d'autruche, des dents d'éléphant, des céréales. Importation d'étoffes de tout genre, anglaises et suisses, etc. La population totale de la Tripolitaine est de 2 500 000 hab. : Maures, Arabes, Berbères ou Kabyles, Turcs, Koulouglis, Juifs, Nègres, Européens. Occupée par les Arabes au VIIe siècle, conquise par Ferdinand le Catholique à la fin du XVe, enlevée en 1551 aux chevaliers de Malte par Soliman II, la Tripolitaine vit se fonder en 1714 avec Hamet Bey une dynastie tributaire de la Porte. Un pacha gouverne le pays depuis 1835 au nom du Sultan, qui y entretient garnison.

TRIPOLITZA. Ville de Grèce, chef-lieu du nome d'Arcadie. Détruite par les Turcs en 1825, cette ville n'a plus que quelques maisons au milieu de ruines.

TRIPOT (du vx fr. *triper*, sauter, danser ?) *sm.* Jeu de paume (vx). ‖ Maison de jeu : *Jouer dans les tripots.* ‖ Maison mal fréquentée. ‖ *Tripot comique,* assemblée de comédiens. — Fig. Intrigue, manigance. — **Dér.** *Tripoter, tripotage, tripotée, tripoteur, tripoteuse, tripotier, tripotière.*

TRIPOTAGE (*tripoter*), *sm.* Mélange dégoûtant. — Fig. Assemblage de choses disparates : *Il y a du tripotage dans cette affaire.* ‖ Petits travaux courants : *Faire le tripotage de la cuisine.* ‖ Manigances : *Le tripotage produit la discorde.*

***TRIPOTÉE**, *spf.* de *tripoter*. Volée de coups. (Pop.)

TRIPOTER (*tripot*), *vi.* Faire un mélange malpropre de différentes choses : *Les enfants aiment à tripoter.* — Fig. Trafiquer inconsidérément ou peu loyalement : *Tripoter à la Bourse.* ‖ Agir pour brouiller une affaire, semer le désaccord : *Tripoter dans les élections.* — *Vt.* Manigancer : *Tripoter une affaire.* ‖ Spéculer avec : *Tripoter sa fortune.* ‖ Toucher de manière à défraîchir : *Tripoter de la viande.* — **Se tripoter**, *vr.* Être tripoté.

TRIPOTIER, IÈRE ou ***TRIPOTEUR, EUSE** (*tripoter*), *s.* Celui, celle qui tient un jeu de paume, une maison de jeu. ‖ Celui, celle qui fait des manigances, un trafic peu honorable.

***TRIPTÈRE** (g. τρί, trois + πτερόν, aile), *adj. 2 g.* Qui a trois ailes.

TRIPTOLÈME, premier roi légendaire d'Éleusis, à qui Cérès enseigna le labourage, et qui fonda dans son pays le culte de cette déesse sous le nom de *Thesmophories*. ‖ Un des noms de la constellation des Gémeaux.

TRIPTYQUE [tri-pti-ke] (g. τρίπτυχος, plié en trois), *sm.* Chez les anciens, tablette de trois feuillets qui se repliaient les uns sur les autres. ‖ Au moyen âge, tableau sur trois volets dont les deux latéraux se repliaient sur celui du milieu.

TRIQUE (pour *étrique* : du néerl. *strijken*, frapper), *sf.* Gros bâton : *Donner des coups de trique.* ‖ Nom de la petite joubarbe. (V. *Trique-madame.*) — **Dér.** *Tricot* 1 et 2, *triquet, triquer, tricoter* 1 et 2. — **Comp.** *Triqueballe, trique-madame.*

TRIQUEBALLE (du néerl. *trekken*, tirer + *balle*), *sm.* Espèce de haquet à quatre roues

TRIQUEBALLE

pour le transport des plus grosses pièces de charpente. ‖ Grosse voiture pour le transport des pièces de canon.

TRIQUE-MADAME (*trique* + *madame*), *sf.* L'orpin blanc, plante crassulacée qui croît sur les vieux murs, les toits de chaume, les rochers, les champs pierreux en friche.

***TRIQUER** (*trique*), *vt.* Trier les pièces de bois dans un chantier. ‖ Frapper à coups de trique. ‖ Faire le tricage des pièces servant à construire un mât d'assemblage. (Mar.)

TRIQUET (dm. de *trique*), *sm.* Battoir étroit pour jouer à la paume. ‖ Échafaud en triangle des couvreurs. ‖ Échelle double.

***TRIQUETRAC** (*trictrac*), *sm.* Bruit confus.

***TRIQUEUR** (*triquer*), *sm.* Ouvrier qui trique le bois flotté.

***TRIRECTANGLE** (pfx. *tri* + *rectangle*), *adj.* Qui a trois angles droits : *Le trièdre trirectangle est un trièdre dont les trois angles dièdres sont droits. Le triangle sphérique trirectangle est le huitième de la sphère.*

TRIRÈGNE (pfx. *tri*, trois + ital. *regno*, couronne), *sm.* La tiare du pape.

TRIRÈME (pfx. *tri* + l. *remum*, rame), *sf.* Galère munie de trois rangs de rames de

TRIRÈME

chaque côté : *A Salamine, les trirèmes décidèrent la victoire des Athéniens contre les Perses.*

***TRIROTE** (pfx. *tri* + l. *rotam*, roue), *sf.* Chaise roulante à trois roues, dont se servent mécaniquement les invalides.

TRISAÏEUL, EULE (g. τρίς, trois fois + *aïeul*), *s.* Le père, la mère du bisaïeul ou de la bisaïeule. — Pl. *des trisaïeux*, fém. *des trisaïeules.*

***TRISANNUEL, ELLE** (g. τρίς, trois fois + *annuel*), *adj.* Qui vit trois ans : *Plante trisannuelle.*

***TRISECTEUR, TRICE** (pfx. *tri* + *secteur*), *adj.* Qui coupe en trois parties égales. — Sm. *Trisecteur de l'angle*, instrument qui partage un angle en trois parties égales. (Géom.)

TRISECTION (pfx. *tri* + *section*), *sf.* Division d'une chose en trois parties égales. || *La trisection d'un angle*, manière de partager un angle en trois parties égales : *Platon découvrit la trisection de l'angle.*

***TRISÉPALE** (pfx. *tri* + *sépale*), *adj. 2 g.* Qui a trois sépales : *Calice trisépale.*

***TRISÉQUER** (pfx. *tri* + *secare*, couper), Partager en trois. — **Dér.** *Trisection, trisecteur, trisectrice.*

TRISMÉGISTE (g. τρίς, trois fois + μέγιστος, très grand), *adj. m.* Surnom donné par les Grecs au Mercure égyptien ou Hermès.

***TRISMUS** (du g. τρίζειν, grincer), *sm.* Contraction spasmodique des muscles élévateurs de la mâchoire inférieure, avec grincement des dents.

***TRISPERME** (g. τρί + σπέρμα, graine), *adj.* 2 *g.* Qui a trois graines ou spores.

***TRISSE** (*x*), *sf.* Palan pour éloigner ou approcher les canons de leur sabord.

***TRISSER** (l. *trissare*), *vi.* Crier, en parlant de l'hirondelle.

TRISSIN (JEAN-GEORGES TRISSINO, dit LE) (1478-1550), poète italien, dont l'œuvre la plus remarquable est sa tragédie de *Sophonisbe* (1515), en vers non rimés dits *sciolti.*

TRISSOTIN, personnage de la comédie des *Femmes savantes* de Molière, qui est le type du pédant. Le poète a voulu désigner sous ce nom l'abbé Cotin.

TRISSYLLABE (g. τρίς, trois fois + *syllabe*), *adj. 2 g.* et *sm.* Se dit d'un mot qui a trois syllabes : *Pro-pre-té.* — **Dér.** *Trissyllabique.*

***TRISSYLLABIQUE** (*trissyllabe*), *adj. 2 g.* Qui appartient à un mot de trois syllabes.

***TRISTACHYÉ, ÉE** [tri-sta-ki-é] (g. τρί, trois + σταχύς, épi), *adj.* Dont les fleurs forment trois épis. (Bot.)

TRISTAN (LOUIS) (XVe siècle), grand prévôt de Louis XI et l'exécuteur des supplices qu'il ordonnait. Ce roi l'appelait familièrement son *compère.*

TRISTAN D'ACUNHA (NUÑO), navigateur portugais qui se rendit aux Indes en 1506, avec Albuquerque, et, chemin faisant, découvrit dans l'Atlantique, au S.-O. du cap de Bonne-Espérance, un archipel de trois îles qui porte son nom.

TRISTAN L'HERMITE (FRANÇOIS) (1601-1655), poète tragique français, regardé par ses contemporains comme le rival de Corneille, et qui est l'auteur de la tragédie de *Marianne* (1637), où il y a quelques belles scènes.

TRISTE (l. *tristem*), *adj. 2 g.* Qui laisse paraître son chagrin, son affliction : *Tu sembles tout triste.* || Qui annonce le chagrin, l'affliction : *Visage triste.* || *Faire une triste figure quelque part*, y paraître mal à l'aise. || *Faire triste mine à quelqu'un*, l'accueillir sévèrement, froidement. || Inspiré par le chagrin, la mélancolie : *Avoir de tristes pensées.* || Qui chagrine, afflige : *Il a eu un triste sort.* || Malheureux, funeste : *Un triste événement.* || Pénible, fâcheux : *Il est triste d'être accusé quand on est innocent.* || Obscur, sombre : *Appartement triste.* || Couvert de nuages noirs : *Le temps est triste.* || De peu de valeur : *Une triste consolation. Un triste repos.* || Incapable : *Un triste médecin.* || Stérile : *L'auteur a traité un triste sujet.* — Smpl. *Les Tristes d'Ovide*, élégies qu'Ovide composa pendant son exil sur les bords du Pont-Euxin. — **Dér.** *Tristement, tristesse.* — **Comp.** *Attrister, contrister.*

TRISTE (GOLFE), sur la côte du Venezuela (mer des Antilles).

TRISTEMENT (*triste* + sfx. *ment*), *adv.* Avec tristesse : *S'en aller tristement.* || D'une manière triste, péniblement, misérablement : *Finir tristement ses jours.*

TRISTESSE (l. *tristitia*), *sf.* Affliction, abattement de l'âme qui se manifeste au dehors : *La tristesse est empreinte sur sa figure.* || Disposition naturelle à la mélancolie : *Il y a en lui un fonds de tristesse.* || Manque d'entrain, d'agrément : *La cérémonie fut d'une tristesse indicible.* — **Syn.** Le *chagrin*, moindre que la *peine*, affecte l'esprit et est déterminé par les ennuis, les tracasseries, les malheurs qui nous assaillent; il a pour origine des causes extérieures, et cependant celui qui a du chagrin peut le cacher à ses semblables. La *tristesse*, au contraire, se manifeste extérieurement et laisse voir une préoccupation constante de l'esprit causée par les tribulations; elle a quelque chose de pénible. Elle peut aussi être l'état ordinaire d'une personne. La *mélancolie* est l'état de langueur dans lequel se trouve une personne qui considère la vie comme étant dépourvue de gaieté; la *mélancolie* a cependant quelque chose de doux qui entraîne une sorte d'abattement moral. (V. *Affliction.*)

***TRISTIQUE** [tri-sti-ke] (g. τρί, trois + στίχος, rang), *adj. 2 g.* Disposé sur trois rangs. (Bot.)

***TRISTYLE** (pfx. *tri* + *style*), *adj. 2 g.* Qui a trois styles.

***TRISULCE** [tri-ssul-sse] ou ***TRISULQUE** (pfx. *tri* pour *tres*, trois + l. *sulcus*, sillon), *adj. 2 g.* Se dit d'un animal dont le dessous du pied est partagé en trois par deux sillons longitudinaux.

***TRISULFURE** (pfx. *tri* + *sulfure*), *sm.* Sulfure qui contient trois équivalents de soufre et un de métal.

TRITCHINAPALI, 40 000 hab. Ville de l'Hindoustan anglais (Madras), sur le Kavery.

TRITHEIM ou **TRITHÈME** (JEAN) (1462-1516), théologien et chroniqueur allemand qui devint abbé de Wurzbourg en 1506. Il a laissé de nombreux ouvrages, entre autres une chronique assez importante pour l'histoire du moyen âge.

TRITH-SAINT-LÉGER, commune du canton sud et arr. de Valenciennes (Nord). Grandes aciéries.

1. **TRITON** (l. *Tritonem*), dieu de la mer, fils de Neptune et d'Amphitrite, qui avait le buste d'un homme, dont le corps se terminait en queue de poisson et qui précédait le char de ses parents en soufflant dans une conque. Avec le temps on imagina une foule de tritons formant l'escorte de Neptune et d'Amphitrite. (Myth.) — *Sm.* Genre de mollusques marins gastéropodes, pourvus d'une coquille en spirale, parmi lesquels il existe de très grandes espèces, et dont le test sert de trompette à plusieurs peuples sauvages. || Genre de salamandres aquatiques nommées vulgairement *lézards d'eau*, qui possèdent parfois des couleurs très vives et très variées. On en trouve plusieurs espèces dans les mares des environs de Paris. || Nom d'un certain appareil de plongeur. — **Dér.** *Triton* 2.

TRITON
(LÉZARD D'EAU)

2. **TRITON** (LAC DU), anciennement nom d'un lac situé au S.-E. de la Tunisie, et qui s'écoulait dans la Petite Syrte. Les anciens croyaient que Minerve était née sur ses bords. D'après le docteur Rouire, ce lac serait aujourd'hui le *lac Kelibia.*

3. **TRITON** (pfx. *tri* + *ton*), *sm.* Intervalle de musique formé de trois tons entiers et désigné le plus souvent sous le nom de *quarte augmentée.*

TRITOXYDE (g. τρίτος, troisième + *oxyde*), *sm.* Oxyde formé d'un équivalent d'un métal et de trois équivalents d'oxygène. Les tritoxydes sont souvent de véritables acides.

TRITURABLE (*triturer*), *adj. 2 g.* Qui peut être trituré.

TRITURATION (l. *triturationem*), *sf.* Action d'écraser un corps solide pour le réduire en poudre ou en pâte : *La mastication opère la trituration des aliments.*

***TRITURE** (l. *tritura*, broiement), *sf.* Habileté acquise par la pratique : *Avoir la triture des affaires.* (Néol.) — **Dér.** *Triturer, triturable, trituration.*

TRITURER (l. *triturare*), *vt.* Écraser avec le pilon, mais sans la frapper, une matière solide pour la réduire en poudre ou en pâte : *Triturer de la cannelle, les aliments.*

TRIUMVIR [tri-ome-vir] (ml. : *tres*, trois + *vir*, homme), *sm.* Primitivement, titre d'un magistrat romain chargé conjointement avec deux collègues d'une partie de l'administration publique. || *Triumvirs monétaires*, les trois magistrats qui surveillaient l'atelier des monnaies. || *Triumvirs capitaux*, ceux qui gardaient les prisonniers et présidaient aux exécutions. || Nom qui, chez les Romains, servit à désigner Pompée, César et Crassus (premier triumvirat), qui s'étaient associés pour résister au parti oligarchique du sénat (60 av. J.-C.), et plus tard (43 av. J.-C.) Octave, Antoine et Lépide (deuxième triumvirat), qui s'entendirent pour s'emparer du pouvoir absolu. — **Dér.** *Triumvirat, triumviral, triumvirale.*

TRIUMVIRAL, ALE (l. *triumviralem*), *adj.* Qui appartient aux triumvirs.

TRIUMVIRAT (l. *triumviratum*), *sm.* Charge de triumvir. || Association de trois citoyens puissants qui s'entendent pour asservir l'État. || Association, entente de trois personnages influents.

TRIVANDERAM, capitale du petit État de Travancore, sur la côte de Malabar.

TRIVELIN, fameux acteur de l'ancienne troupe italienne de Paris. — **Fig.** Baladin, bouffon. — **Dér.** *Trivelinade.*

TRIVELINADE (*Trivelin*), *sf.* Bouffonnerie.

TRIVIAIRE (l. *trivium*, carrefour), *adj. 2 g.* Où trois routes se croisent : *Carrefour triviaire.*

TRIVIAL, ALE (l. *trivialem* : de *trivium*, carrefour), *adj.* Très commun, bas : *Expression triviale.* || Que personne n'ignore : *Vérité triviale.* — *Sm.* Ce qui est trivial : *Un vulgarisateur doit descendre jusqu'au trivial.* — **Gr.** Le pluriel masculin *triviaux* s'emploie rarement.

TRIVIALEMENT (*trivial* + sfx. *ment*), *adv.* D'une manière triviale.

***TRIVIALISER** (*trivial*), *vt.* Rendre trivial. (Néol.)

TRIVIALITÉ (*trivial*), *sf.* Qualité de ce qui est trivial : *La trivialité d'une expression.* || Chose triviale : *Débiter des trivialités.*

TRIVIER-DE-COURTES (SAINT-), 1 436 hab. Ch.-l. de c., arr. de Bourg (Ain).

TRIVIER-SUR-MOIGNANS (SAINT-), 1 650 hab. Ch.-l. de c., arr. de Trévoux (Ain).

***TRIVIUM** [tri-vi-ome] (ml. : point de croisement de *trois voies*, lieu public), *sm.* Partie élémentaire de l'enseignement du moyen âge qui comprenait la grammaire, la rhétorique et la dialectique et était suivi du *quadrivium.* (V. ce mot.) — **Dér.** *Triviaire, trivial, triviale, trivialement, trivialiser, trivialité.*

TRIVIUM, nom latin de *Trévoux.*

***TRIVOLTAIN, AINE**, ou ***TRIVOLTIN, INE** (ital. *tri*, trois + *volta*, fois), *adj.* Se dit de vers à soie qui ont la faculté de produire trois générations par an. Il y a aussi des races de vers à soie univoltines et bivoltines. (V. *Ver à soie.*)

TRIVULCE ou **DE' TRIVULZI** (Jean-Jacques de) (1447-1518), marquis de Vigevano, seigneur milanais qui devint maréchal de France en 1499. Passé au service de la France, il conquit pour Louis XII le duché de Milan dont il devint gouverneur, provoqua une insurrection par ses cruautés, fit prisonnier Ludovic Le More et Jean Galéas à la bataille de Novare, commanda en chef l'armée française dans la guerre de la ligue de Cambrai contre Venise, contribua sous François Ier à la victoire de Marignan (1515), mais échoua devant Brescia et tomba ensuite en disgrâce. — **Trivulzi** (Théodore de') (1456-1532), marquis de Pizzighitone, neveu du précédent. Il combattit également pour la France et fut fait maréchal par François Ier en 1526.

TROADE (l. *Troas*), petite contrée de l'Asie Mineure sur les rivages de la mer Égée et de l'Hellespont, bornée au S. par le mont Ida, arrosée par le Scamandre et dont l'antique *Troie* était la capitale.

TROARN, 706 hab. Ch.-l. de c., arr. de Caen (Calvados), près de la Dives. Ancienne abbaye de bénédictins, fondée en 1050 par Roger de Montgommery.

TROC, *svm.* de *troquer*. Marché que l'on conclut en échangeant un objet contre un autre. — Troc pour troc, *loc. adv.* En échangeant un objet contre un autre sans donner de supplément.

TROCADÉRO, fort avancé sur une petite presqu'île, près de Cadix (Espagne), pris le 31 juillet 1823 par l'armée française sur les troupes de la junte insurrectionnelle. — Nom donné au versant d'une des collines de Paris qui bordent la rive droite de la Seine, en face du Champ de Mars, et sur lequel a été bâti un palais de style oriental pour les expositions.

TROCART ou **TROIS-QUARTS** (pour *trois-carres* : de *trois* + *carre*, angle, face), *sm.* Instrument de chirurgie dont on se sert pour faire des ponctions et consistant en une tige cylindrique contenue dans une canule d'argent et terminée à son extrémité par une pointe triangulaire bien coupante.

TROCHAÏQUE [tro-ka-ïque] (g. τροχαϊκός), *adj.* et *sm.* Se dit d'un vers grec ou latin composé totalement ou en grande partie de trochées.

TROCHANTER [tro-kan-tère] (g. τροχαντήρ : de τροχᾶν, courir), *sm.* Nom de deux éminences situées, au-dessous du col de cet os, à la partie supérieure du fémur et où s'attachent les muscles qui font tourner la cuisse : *Le grand trochanter est en dehors et le petit trochanter en dedans.* (V. *Fémur.*)

1. ***TROCHE** (all. *traube*, grappe : VHA. *drupo*), *sf.* Trochet. — **Dér.** *Trochet, trochée* 2, *troches* (?), *trochure*. — **Gr.** Ce mot est peut-être le même que *torche* par la transposition de *r*.

2. ***TROCHE** (g. τροχός, sabot, toupie), *sf.* Coquillage en sabot.

1. **TROCHÉE** [tro-chée ; d'après l'Académie, tro-kée] (g. τροχαῖος, coureur), *sm.* Pied des vers grecs et latins composé d'une syllabe longue suivie d'une syllabe brève. C'est le contraire de l'ïambe.

2. **TROCHÉE** (du vx fr. *troche*, faisceau), *sf.* L'ensemble des rameaux que pousse un arbre venu de graines après avoir été coupé à quelques centimètres de terre.

TROCHES (*x*), *sfpl.* Fiente d'hiver des bêtes fauves, fumées à demi formées. — **Gr.** Ce mot a peut-être la même origine que *trochée* 2, à cause de la forme de ces produits.

TROCHET (dm. du vx fr. *troche*, faisceau), *sm.* Bouquet de fleurs ou de fruits sur une même branche : *Un trochet de noisettes.*

***TROCHILE** (g. τροχίλος : de τρέχειν, courir), *sm.* Oiseau qui vit aux bords du Nil. ‖ Nom du roitelet muscivore.

***TROCHISQUE** (g. τροχίσκος, pastille ronde), *sm.* Sorte de petit pain conique ou pyramidal, composé d'une ou plusieurs poudres médicamenteuses ou autres.

***TROCHLÉE** [tro-klée] (l. *trochlea*, poulie : g. τροχαλία, roue), *sf.* Surface articulaire creusée en gorge de poulie qui se trouve à l'extrémité inférieure de l'humérus et à celle du fémur.

***TROCHOÏDE** [tro-ko-ïde] (g. τροχός, roue + εἶδος, forme), *adj. 2 g.* Qui ressemble à une roue. — *Sm.* Apparence de fuseau qui représente une corde vibrante. — *Sf.* La cycloïde ou roulette.

TROCHU (Louis-Jules), né en 1815, général français contemporain, chef du gouvernement de la Défense nationale pendant la guerre de 1870-71. Aide de camp du maréchal Saint-Arnaud en Crimée, général de brigade en 1854 et de division en 1859, il fut nommé gouverneur de Paris le 17 août 1870 ; proposé ensuite par Gambetta pour être mis à la tête de la défense de Paris, ce n'est qu'après le 4 septembre qu'il centralisa tous les pouvoirs. Pour échapper à la capitulation, il remit, le 22 janvier 1871, le commandement de l'armée de Paris au général Vinoy, qui fit cesser la résistance le 27. Élu aux élections du 8 février 1871, il donna sa démission de député en 1872 et rentra dans la vie privée en 1873. Il a laissé deux ouvrages militaires : *l'Armée française en* 1867 et *l'Armée française en* 1879.

TROCHURE (vx fr. *troche*, faisceau), *sf.* Quatrième andouiller de la tête du cerf.

1. ***TROCHUS** [tro-kuss] (g. τροχός, roue, toupie ; l. *trochus*), *sm.* Cercle d'airain, d'environ 1 mètre de diamètre, qui servait à certains jeux chez les anciens Grecs.

2. ***TROCHUS** ou ***TROQUE** (du g. τροχός, roue, disque, toupie), *sm.* Genre de mollusques gastéropodes, dont la coquille, en forme de cône, présente des tours très nombreux ; l'ouverture de cette coquille est oblique, rhomboïde et nacrée intérieurement. Ce genre renferme un très grand nombre d'espèces, que l'on rencontre dans toutes les mers, depuis le niveau des basses eaux jusqu'à 27 mètres de profondeur, les petites espèces descendant jusqu'à 185 mètres. Le nombre des espèces fossiles est considérable (361) ; elles apparaissent dès les âges silurien, dévonien et carbonifère pour augmenter beaucoup à l'époque triasique, diminuer pendant le jurassique et le crétacé et abonder pendant la période tertiaire.

TROÈNE ou **TROËNE** (b.br. *draen*, épine), *sm.* Genre d'arbrisseau dicotylédone de la famille de l'Olivier, dont une espèce, *le troène commun*, à fleurs blanches et odorantes, à fruits d'un noir bleuâtre, abonde dans nos haies et jouit de propriétés astringentes. Sa couleur, foncée, très tenace, sert aussi à la coloration des vins. Ses tiges servent de liens.

TROÈNE, 24 kilom. Rivière du département de l'Oise. Elle arrose Chaumont en Vexin et se jette dans l'Epte à Gisors.

TROGLODYTE, pl. **TROGLODYTES** (g. τρωγλοδύτης : de τρώγλη, caverne + δύειν, pénétrer), *sm.* Ancien peuple d'Afrique, de petite taille, qui vivait dans des cavernes : *Les Troglodytes.* ‖ Par extension, nom donné à tous les peuples sauvages qui habitaient des cavernes ou se creusaient des demeures souterraines. ‖ Nom donné par les anthropologistes à des peuples de l'époque quaternaire et de l'époque néolithique qui habitaient dans des cavernes naturelles ou artificielles : *Les troglodytes de la Madeleine, de la vallée du Petit Morin.* ‖ Le chimpanzé. ‖ Genre de petits oiseaux insectivores à chant mélodieux qui nichent dans les trous des murailles, sous le chaume, et dont l'espèce la plus commune est vulgairement appelée *roitelet.* — **Dér.** *Troglodytique.*

TROGLODYTE

***TROGLODYTIQUE** (*troglodyte*), *adj. 2 g.* Qui appartient aux troglodytes.

TROGNE (kymr. *trwyn*, museau), *sf.* Visage d'ivrogne, de gourmand : *Une trogne rubiconde.*

TROGNON (*x*), *sm.* Le milieu non comestible d'un fruit, d'un légume. — Fig. et pop. Une petite fille. — **Gr.** On donne comme origine à ce mot le vx fr. *tron*, qui lui-même viendrait de *tronçon*. — **Dér.** *Trognonner.*

***TROGNONNER** (*trognon*), *vi.* Avoir l'aspect d'un trognon. (Victor Hugo.)

TROGOFF (Jean-Honoré, comte de) (1751-1794), contre-amiral français, un des traîtres qui livrèrent Toulon aux Anglais (27 août 1793).

TROGUE-POMPÉE (Ier siècle après J.-C.). Historien latin d'origine gauloise, auteur d'une *Histoire des animaux*, entièrement perdue, et d'une précieuse *Histoire universelle* dont il ne nous reste qu'un abrégé par Justin.

TROIE ou **ILION**, ancienne et célèbre ville de l'Asie Mineure, non loin de l'Hellespont, dominée par la citadelle de Pergame, et dont le siège par les Grecs fait l'objet de l'*Iliade.* Elle fut deux fois ruinée et reconstruite depuis cette époque reculée. M. Schliemann vient de retrouver les ruines superposées des trois villes. — **Dér.** *Troïle, Troïlus, troyen, troyenne.*

***TROÏKA** [tro-ï-ka] (mot russe), *sf.* Voiture à trois chevaux attelés de front et qui est en usage en Russie.

TROÏLUS ou **TROÏLE**, fils de Priam et d'Hécube, tué par Achille pendant le siège de Troie.

TROIS (l. *tres*), *adj. num. card.* Deux plus un : *Trois personnes.* ‖ *Les trois quarts du temps*, le plus ordinairement. ‖ **Règle de trois**, problème dans lequel on propose de trouver un nombre au moyen de trois autres qui sont connus ; ou bien encore problème où il s'agit de trouver un nombre au moyen de plusieurs autres que l'on peut, à l'aide d'un raisonnement, réduire à trois nombres seulement. Il y a deux sortes de règles de trois : la *règle de trois simple* et la *règle de trois composée.*

De la règle de trois simple. — On appelle *règle de trois simple* un problème dans l'énoncé duquel il entre quatre nombres, dont trois sont connus et dont le quatrième est inconnu. Pour reconnaître si un problème est une règle de trois simple, il faut examiner trois choses : 1° s'il y a dans l'énoncé du problème quatre quantités, dont une soit inconnue et dont les trois autres soient connues ; 2° si parmi ces quatre quantités, il y en a deux qui soient de même nature entre elles et deux autres qui soient aussi de même nature entre elles ; 3° enfin, s'il y a proportionnalité entre la quantité cherchée et celle de nature contraire avec laquelle elle se trouve liée.

Manière de résoudre une règle de trois simple. — Dans la résolution des règles de trois simple, il y a deux cas à considérer : 1er cas : *la proportionnalité est directe ;* 2e cas : elle est inverse.

Premier cas : *Il y a proportionnalité directe.* — Dans ce cas, il y a deux choses à faire : 1° préparer l'opération ; 2° l'effectuer.

1° *Préparation de l'opération.* — Soit à résoudre cette question :

12 *ouvriers font* 100 *mètres d'un certain ouvrage en une semaine ; dites combien* 8 *ouvriers en feraient de mètres dans le même temps ?*

Pour résoudre commodément ce problème, nous allons en dresser un tableau qui en sera comme le résumé. Pour cela, nous allons nous poser les questions suivantes, et les résoudre : Que demande-t-on ? Des mètres. — Quels sont les mètres connus ? Ce sont les 100 mètres qui ont été faits par les 12 ouvriers en une semaine. On écrit donc le nombre 100 un peu à droite du milieu de la page ; puis on continue et l'on dit : Par qui les 100 mètres ont-ils été faits ? Par 12 ouvriers. — On écrit le nombre 12 sur la même ligne horizontale que 100, mais un peu à gauche. Ensuite on continue de la manière suivante ; on se dit : Quel est le nombre connu de même nature que 12 ? C'est 8. — On écrit 8 sous 12. Enfin on complète le tableau en plaçant un *x* sous 100. On convient que cet *x* représentera les mètres cherchés. On obtiendra de cette manière le tableau ci-dessous :

12 ouvriers. .	100 m.
8 » . .	*x*.

2° *Opération.* — Lorsqu'on a posé le ta

bleau précédent, il reste peu de chose à faire pour achever la règle de trois. On écrit le nombre qui est au-dessus de x, c'est-à-dire 100; on tire au-dessous une ligne horizontale pour indiquer la division. Ensuite on considère le nombre 12, qui se trouve avec 100 sur une même ligne horizontale, et l'on dit : Si 12 ouvriers ont fait 100 mètres d'ouvrage en une semaine, un seul ouvrier en fera douze fois moins ou $\frac{100}{12}$. Voilà le nombre de mètres que ferait un seul ouvrier; 8 ouvriers, au lieu d'un, en feraient 8 fois plus. Or $\frac{100}{12}$ est une expression fractionnaire; pour la rendre 8 fois plus forte, il faut multiplier son numérateur par 8, ce qui donne :

$$\frac{100 \times 8}{12}.$$

Tel est le nombre de mètres que feront 8 ouvriers en une semaine. En effectuant les opérations, on trouve 66m,66.

Du raisonnement qui précède, on conclut la pratique suivante : Pour résoudre une règle de trois simple lorsqu'il y a proportionnalité directe, commencez par écrire le tableau que nous avons figuré ci-dessus, puis tracez une croix de Saint-André dont les bras joignent deux à deux les quatre nombres du tableau; multipliez l'un par l'autre les deux nombres connus qui sont aux deux bouts de l'un des bras, et divisez le produit par le seul nombre connu qui se trouve à l'une des extrémités du second bras. Pour plus de clarté, nous figurons ici la croix dont il vient d'être parlé :

Aux deux extrémités du bras incliné de droite à gauche, il y a deux nombres connus 8 et 100; on les multiplie l'un par l'autre, et l'on divise le produit 100×8 par 12, le seul nombre connu qui soit à l'une des extrémités de l'autre bras.

On voit par tout ce que l'on vient de dire qu'une règle de trois simple est en quelque sorte résolue dès qu'on a formé le tableau dans lequel les nombres proportionnels entre eux sont groupés ensemble, et que l'on a reconnu si les nombres d'un même groupe sont en proportionnalité directe ou en proportionnalité inverse.

DEUXIÈME CAS : *Il y a proportionnalité inverse.* — Il y a encore deux choses à faire : 1° préparer l'opération; 2° l'effectuer.

1° *Préparation de l'opération.* — Soit à résoudre le problème suivant :

20 ouvriers font un ouvrage en 30 jours; combien 25 ouvriers mettraient-ils de jours pour faire le même ouvrage?

On dresse le tableau résumé du problème, absolument de la même manière que si la proportionnalité était directe. Voici donc ce que l'on écrit :

20 ouvriers. . . . . 30 j.
25 — x

2° *Opération.* — Ce tableau une fois dressé, on écrit le nombre qui est au-dessus de x, c'est-à-dire 30, et on tire au-dessous une ligne horizontale. Ensuite on considère le nombre 20 qui se trouve sur la même ligne que 30 et l'on dit : Si 20 ouvriers ont mis 30 jours pour faire un ouvrage, un seul ouvrier, au lieu de 20, mettrait 20 fois plus de jours ou 30×20. Voilà le nombre de jours que mettrait un seul ouvrier pour faire l'ouvrage. Si, au lieu d'un ouvrier, il y en avait 25, ceux-ci iraient 25 fois plus vite, c'est-à-dire mettraient 25 fois moins de jours qu'un seul ouvrier. Pour avoir le nombre de jours qu'ils emploieraient, il faut donc rendre 25 fois plus petit le produit 30×20. Cela se fait en divisant ce produit par 25. On obtient ainsi un nombre de jours représenté par :

$$\frac{30 \times 20}{25}.$$

En effectuant les opérations, on trouve 24 jours.

Du raisonnement qui précède, on conclut la pratique suivante : Pour résoudre une règle de trois simple, lorsqu'il y a proportionnalité inverse, commencez par dresser le tableau que nous avons déjà figuré; puis multipliez l'un par l'autre les deux nombres connus qui composent la première ligne horizontale de ce tableau; divisez le produit obtenu par le seul nombre connu qui se trouve dans la seconde ligne horizontale, et le quotient sera la solution du problème donné.

De la règle de trois composée. — On appelle *règle de trois composée* une question dans laquelle on se propose de trouver une quantité inconnue au moyen de plusieurs autres connues qui, prises deux à deux d'une manière convenable, sont proportionnelles entre elles.

Pour qu'un problème soit une règle de trois composée, il faut qu'il satisfasse aux conditions suivantes : 1° il faut que les quantités connues soient en nombre impair; 2° il faut que ces quantités connues puissent être réduites à trois seulement au moyen d'un raisonnement particulier; 3° enfin, il faut que le problème ainsi simplifié satisfasse aux conditions exigées pour une règle de trois simple.

Nous allons voir par quel raisonnement on peut réduire à trois toutes les quantités connues qui entrent dans l'énoncé d'une règle de trois composée. Supposons que l'on ait à résoudre le problème que voici :

15 ouvriers, en travaillant 5 jours et 9 heures par jour, ont fait 248 mètres d'ouvrage. Combien 22 ouvriers feraient-ils de mètres du même ouvrage en travaillant 7 jours et 10 heures par jour?

Pour réduire à trois seulement toutes les quantités connues qui entrent dans l'énoncé de ce problème, voici comment on raisonne : Si pour faire les 248 mètres d'ouvrage on avait travaillé un seul jour pendant 9 heures, au lieu de travailler 5 jours et 9 heures par jour, on aurait dû employer 5 fois plus d'ouvriers, c'est-à-dire en prendre un nombre exprimé par 15×5. Tel est le nombre qui exprime combien il faudrait d'ouvriers pour faire 240 mètres en travaillant un jour et 9 heures par jour. Si l'on voulait que la même besogne fût faite en ne travaillant qu'une heure pendant ce jour, il faudrait se servir de neuf fois plus d'ouvriers, c'est-à-dire de $15 \times 5 \times 9$ ouvriers. Ceux-ci feraient les 248 mètres en travaillant un seul jour pendant une heure. Semblablement, pour faire les x mètres que l'on cherche en ne travaillant qu'un seul jour et seulement une heure, il serait nécessaire d'employer un nombre d'ouvriers égal à $22 \times 7 \times 10$. Le problème se trouve maintenant ramené à celui-ci :

$15 \times 5 \times 9$ ouvriers feraient en une heure 248 mètres d'ouvrage; combien $22 \times 7 \times 10$ ouvriers feraient-ils de mètres dans le même temps?

On reconnaît dans cet énoncé une règle de trois simple, dans laquelle il y a proportionnalité directe entre $15 \times 5 \times 9$ et 248 d'une part, et entre $22 \times 7 \times 10$ et x d'autre part.

Manière de résoudre une règle de trois composée. — Pour résoudre une règle de trois composée, il y a deux choses à faire : 1° préparer l'opération; 2° l'effectuer.

1° *Préparation de l'opération.* — Soit à résoudre le problème suivant :

15 ouvriers, en travaillant 5 jours et 9 heures par jour, ont fait 175 mètres d'un certain ouvrage; dites combien de mètres seraient faits par 22 ouvriers qui travailleraient 12 jours et 10 heures par jour.

Pour résoudre commodément ce problème, nous allons en dresser un tableau qui en sera comme le résumé. Pour cela, nous dirons : Que demande-t-on? Des mètres. — Quels sont les mètres connus? Ce sont les 175 mètres qui ont été faits par 15 ouvriers travaillant 5 jours, et 9 heures par jour; ces 175 mètres constituent ce que l'on appelle *le nombre à modifier*. On écrit 175 tout à fait à la droite de la page; ensuite, à la gauche de ce nombre et sur la ligne horizontale où on l'a placé, on écrit toutes les quantités qui sont avec lui dans une relation telle que si quelqu'une d'entre elles venait à changer de valeur, ce nombre lui-même en changerait. En conséquence, à la gauche de 175, on écrit 15 ouvriers, 5 jours et 9 heures. Cela fait, sous 175 on place un x destiné à représenter les mètres cherchés, et, à la gauche de cet x, on écrit les quantités qui sont avec lui dans une relation telle que si quelqu'une d'entre elles venait à changer de valeur, le nombre représenté par x en changerait également. Il faut avoir soin de mettre ces quantités juste au-dessous des quantités de même nature qui se trouvent dans la ligne horizontale déjà formée. On obtiendra de la sorte le tableau ci-dessous :

15 ouv. . . 5 j. . . 9 h. . . 175 m.
22. . . . . 12. . . . 10. . . . x

2° *Opération.* — On écrit le nombre qui est au-dessus de x dans le tableau précédent; c'est 175. Au-dessous de 175, on tire une ligne horizontale pour indiquer la division. Ensuite, on passe au nombre 15 qui est à l'extrême gauche de la première ligne horizontale du tableau, et l'on dit : Si 15 ouvriers, en travaillant 5 jours, et 9 heures par jour, ont fait 175 mètres d'un certain ouvrage, un seul ouvrier, dans les mêmes conditions, ferait 15 fois moins de mètres ou $\frac{175}{15}$. Cette fraction exprime le nombre de mètres que ferait un ouvrier en travaillant pendant 5 jours, et 9 heures par jour. Si ce même ouvrier, au lieu de travailler 5 jours, ne travaillait que pendant un seul jour, il ferait 5 fois moins de mètres, c'est-à-dire $\frac{175}{15 \times 5}$, puisque, pour rendre une fraction 5 fois plus petite, il suffit de multiplier son dénominateur par 5. Nous venons de trouver le nombre de mètres que ferait un ouvrier en travaillant 1 jour et 9 heures par jour; ce nombre est exprimé par $\frac{175}{15 \times 5}$. Si l'ouvrier, au lieu de travailler 9 heures dans sa journée, ne travaillait qu'une seule heure, il ferait 9 fois moins de mètres, ou

$$\frac{175}{15 \times 5 \times 9}$$

Voilà le nombre de mètres que ferait un ouvrier en travaillant un jour, et une heure par jour. Si, au lieu d'un seul ouvrier travaillant un jour, et une heure par jour, on en avait 22 travaillant dans les mêmes conditions, ceux-ci feraient 22 fois plus de mètres, ou

$$\frac{175 \times 22}{15 \times 5 \times 9}$$

Voilà l'ouvrage fait par 22 ouvriers travaillant un jour, et une heure par jour. Si, au lieu de travailler un seul jour, ces ouvriers travaillaient pendant 12 jours, ils feraient 12 fois plus de mètres, c'est-à-dire

$$\frac{175 \times 22 \times 12}{15 \times 5 \times 9}.$$

C'est là le nombre de mètres qui seraient faits par 22 ouvriers travaillant 12 jours, et une heure par jour. Si, au lieu de travailler pendant une seule heure par jour, les 22 ouvriers travaillaient 10 heures par jour, ils feraient 10 fois plus de mètres, ou :

$$\frac{175 \times 22 \times 12 \times 10}{15 \times 5 \times 9}.$$

Tel est le nombre de mètres que feraient 22 ouvriers en travaillant 12 jours, et 10 heures par jour. En effectuant les opérations, on trouverait pour résultat : 684m,44.

Du raisonnement qui précède, on conclut la pratique suivante : Pour résoudre une règle de trois composée, il y a trois choses à faire : 1° écrire le tableau que nous avons figuré ci-dessus; 2° calculer ce que deviendrait le nombre à modifier, si tout d'un coup chacune des quantités avec lesquelles il se trouve lié se réduisait à l'unité; on obtiendrait ainsi une certaine expression qui, par des modifications ultérieures, donnerait la solution du problème; 3° chercher ce que deviendrait l'expression dont nous venons de parler, si toutes les quantités que nous avons supposées un instant réduites à l'unité, devenaient égales aux quantités de même nature qui sont en rapport avec *x*. ‖ Troisième : *Chapitre trois. Henri trois* (ou *Henri III*). — *Sm.* Le nombre *trois* et le chiffre qui le représente (3). ‖ *Le trois du mois,* le troisième jour du mois. ‖ Carte marquée de trois points : *Le trois de cœur.* ‖ Face du dé marquée de trois points : *Amener un trois.* — *Le trois pour cent,* rente payée par l'État au taux normal de 3 francs pour 100 francs. — **Dér.** *Troisième, troisièmement.* — **Comp.** Tous les mots composés dont le premier élément est le mot *trois.*

TROIS-DENTS (PIC DES), 1365 mèt. d'altitude, un des trois principaux sommets du mont Pilat (ou Pila), dans le Forez. De ce pic, on jouit d'un beau panorama sur le Dauphiné, les Alpes, le Jura et le Vivarais.

***TROIS-ÉTOILES** (*trois+étoile*), *sm.* Expression par laquelle on désigne une personne inconnue ou que l'on ne veut pas nommer et que l'on représente par ***.

TROIS-ÉVÊCHÉS (LES), ancien territoire de France formé par les trois évêchés de Metz, Toul et Verdun, et conquis par Henri II en 1562.

TROIS-FONTAINES (LES), 4920 hectares. Forêt domaniale du département de la Marne, peuplée de chênes, de charmes et de bois blanc. — Nom d'une abbaye, de l'ordre de Cîteaux, qui fut fondée en 1220, près de Saint-Dizier, par Hugues, comte de Champagne.

TROISIÈME (*trois* + sfx. *ième*), *adj. num. ord. 2 g.* Qui, dans une série, occupe le rang, la place indiquée par le nombre trois : *Cet élève est le troisième de sa classe.* — *Sm.* Une troisième personne : *Il nous vint un troisième.* ‖ Le troisième étage d'une maison : *Il demeure au troisième.* — *Sf.* La classe d'un lycée ou d'un collège qui précède de deux ans la classe de rhétorique : *Professeur de troisième.* — **Dér.** *Troisièmement.*

TROISIÈMEMENT (*troisième* + sfx. *ment*), *adv.* En troisième lieu.

TROIS-MÂTS (*trois+mât*), *sm.* Navire qui a trois mâts. ‖ *Mât de misaine,* grand mât et mât d'artimon.

TROIS-MOUTIERS (LES), 1203 hab. Ch.-l. de c., arr. de Loudun (Vienne).

***TROIS-PIEDS** (*trois+pied*), *sm.* Cercle en fer supporté par trois pieds de même métal, sur lequel on met une chaudière, une marmite pour la soumettre à l'action du feu.

***TROIS-PONTS** (*trois+pont*), *sm.* Navire à trois batteries couvertes ou à trois étages de canons.

TROIS-QUARTS (*trois+ quart*), *sm.* Instrument de chirurgie servant à faire des ponctions. (V. *Trocart.*) ‖ Fiacre. ‖ Petit violon.

TROIS-RIVIÈRES, 10000 hab. Ville du Canada, au confluent du Saint-Maurice et du Saint-Laurent. Grand commerce.

***TROIS-SIX** (*trois+six*), *sm.* Eau-de-vie du commerce à 36° (on écrit ordinairement 3/6).

TROIS TOISONS D'OR, ordre de chevalerie créé par Napoléon Ier le 15 août 1809.

TROÏTZKAÏA (en russe, *la Trinité*), célèbre couvent russe, à 60 kilom. de Moscou, fondé par saint Serge en 1330. Ce couvent est enclos d'épaisses murailles de 4 kilomètres de tour.

TRÔLE, *spf.* de *trôler.* Action d'un ouvrier qui va de magasin en magasin offrir de vendre un meuble qu'il a fabriqué : *Ouvrier à la trôle.*

TRÔLER (allem. *trollen*, trotter), *vt.* Promener partout avec soi. — *Vi.* Courir çà et là, flâner : *Il ne fait que trôler.* — **Dér.** *Trôle.*

TROLLE (*x*), *sf.* Action de découpler les chiens d'une meute pour les mettre à la poursuite d'un cerf dans une forêt.

TROLLHATTA. Canal latéral à la Gotha, en Suède, qui met en communication le lac Wener et le Cattégat.

TROMBE (l. *turbinem*, tourbillon ; ital. *tromba*, tube ; esp. *trompa*, toupie), *sf.* Masse d'eau à l'état vésiculaire en forme de cône dont la pointe est en bas et dans le voisinage du sol, qui se déplace dans l'atmosphère en tournoyant avec une extrême

TROMBE

rapidité et renverse les maisons, les arbres. ‖ Soufflet de haut fourneau. — **Syn.** (V. *Typhon.*)

TROMBLON (dm. de l'ital. *tromba*, tube), *sm.* Ancienne arme à feu portative dont l'ouverture du canon, évasée en entonnoir, permettait de lancer plusieurs balles à la fois. — **Gr.** Même famille : *Trombone.*

TROMBONE (ital. *trombone* : de *tromba*, tube), *sm.* Sorte de trompette composée de deux tubes dont l'un glisse dans l'intérieur de l'autre. Dans la famille des trombones on remarque : le *trombone à coulisse* et le *trombone à pistons.* ‖ Musicien qui joue du trombone.

***TROMMEL** (mot allem. : *tambour*), *sm.* Crible métallique tournant employé pour le grillage et le débourbage des minerais et pour le lavage des pommes de terre dans les féculeries.

TROMP (MARTIN) (1597-1653), amiral hollandais qui gagna sur les Espagnols la bataille des Dunes (1639), lutta avec avantage contre les flottes anglaises et fut tué au combat de Catwick. — **Tromp** (CORNEILLE) (1621-1691), fils du précédent, amiral hollandais qui combattit contre les Anglais, les pirates barbaresques et la France.

1. **TROMPE** (l. *tuba*, tube, avec intercalation de *r* et *m*), *sf.* Trompette : *Publier à son de trompe,* au son de la trompette. — Fig. Annoncer à tout le monde. ‖ Cor de chasse consistant en un tuyau d'argent ou de bronze courbé en cercle. ‖ Guimbarde. ‖ Nez très allongé de l'éléphant. ‖ Nez du tapir. ‖ Bouche en forme de tube des insectes suceurs. ‖ Coquille de mer en forme de spirale. ‖ Angle de voûte posée en encorbellement. ‖ Immense soufflet de forge. ‖ *Trompe d'Eustache.* (V. *Oreille.*) — **Dér.** *Trompe 2, trompette 1* et 2, *tromper, tromperie, trompeur, trompeuse, trompeusement, trompeter, trompeteur, trompillon.* — **Comp.** *Détromper, trompe-l'œil.*

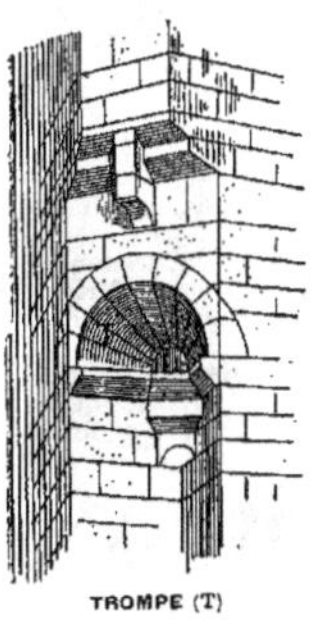

TROMPE (T)
(Architecture.)

2. **TROMPE** (*trompe*), *sf.* Machine qui permet d'atteindre le vide presque absolu et aussi de recueillir et d'utiliser les gaz pompés et entraînés par une très rapide chute de liquide. La trompe à mercure de Sprengel met à profit l'aspiration due à l'accélération de la chute d'une masse de mercure. Un tube vertical, d'une longueur plus grande que $0^{m},76$, fait communiquer un entonnoir supérieur, rempli de mercure, avec une cuvette située dans le bas, et fait écouler dans celle-ci le mercure de l'entonnoir lorsqu'un robinet spécial est ouvert. Au dessous de ce robinet est un renflement qui est mis en communication, à l'aide d'un tube en caoutchouc, avec un réservoir de gaz. Quand on a ouvert le robinet, l'accélération de l'écoulement détermine une aspiration qui appelle le gaz du réservoir dans le tube vertical. Ce gaz est entraîné mécaniquement par le mercure qui s'écoule dans la cuvette inférieure. Là, le mélange se brise contre un disque horizontal, le mercure reste dans la cuvette ; le gaz se dégage et peut être recueilli, dirigé et utilisé.

La construction des trompes à eau est fondée sur le même principe ; celles qui alimentent d'air les foyers des fours catalans et la trompe à grand débit des laboratoires ne diffèrent pas théoriquement de la machine précédente. Un réservoir alimenté par un ruisseau ou par une prise d'eau communique, au moyen d'un canal vertical en bois, avec un récipient inférieur d'où l'eau s'échappe par une ouverture latérale. Dans sa partie supérieure, le canal en bois porte un ajutage conique qui étrangle la veine liquide ; celle-ci passe ensuite devant deux ouvertures du canal, par lesquelles elle aspire l'air du dehors. Il se forme ainsi à ces ouvertures un mélange d'air et d'eau ; l'air est entraîné mécaniquement par l'eau, et le mélange vient se briser dans le récipient inférieur contre un disque horizontal. Là, l'air, se séparant du liquide, remonte à la surface et se dégage, par un conduit, avec une pression bien plus grande que la pression atmosphérique.

***TROMPE-LA-MORT** (*tromper + la + mort*), *sm.* Personne très vieille, ou qui, ayant été malade, s'est rétablie contre toute espérance.

TROMPE-L'ŒIL (*tromper+le+œil*), *sm.* Tableau représentant des objets de nature morte qu'on croirait réels. — Pl. *des trompe-l'œil.*

TROMPER (*trompe*), *vt.* Convoquer à son de trompe comme font les charlatans. ‖ Mettre dans l'erreur en usant de ruse, de mensonge : *Ce marchand trompe ses clients.* ‖ Échapper à un surveillant : *Ce prisonnier trompa ses geôliers.* ‖ Donner lieu à une erreur, à une méprise : *Les apparences m'ont trompé.* ‖ Ne pas réaliser une chose sur laquelle quelqu'un comptait : *Cet enfant a trompé les espérances de ses parents.* ‖ Surprendre en bien ou en mal : *Cet événement m'a trompé.* ‖ Faire qu'on oublie, qu'on ne s'aperçoive pas de : *Tromper l'attente, le chemin.* — **Se tromper**, *vr.* Commettre une erreur.

TROMPERIE (*tromper*), *sf.* Action de tromper.

1. **TROMPETER** (*trompette*), *vt.* Autrefois, assigner, à son de trompe, à comparaître en justice dans trois jours : *On trompeta ce grand coupable.* ‖ Réclamer à son de trompe un objet perdu. ‖ Publier partout. ‖ Divulguer une chose qu'on devait tenir cachée : *Trompeter une confidence.* — *Vi.* Jouer de la trompette. ‖ Faire entendre un bruit de trompette, en parlant du cri de l'aigle : *L'aigle trompette là-haut sur le rocher.* — **Gr.** On double le *t* devant une syllabe muette : je trompette, nous trompetons.

TROMPETEUR (*trompeter*), *sm.* Le muscle buccinateur, situé dans l'épaisseur de chaque joue.

1. **TROMPETTE** (dm. de *trompe*), *sf.* Instrument à vent, en bronze, qui a un son très éclatant et dont on se sert surtout à la guerre et dans les réjouissances publiques. — Fig. *Emboucher la trompette,* prendre le ton de la haute poésie. ‖ *Nez en trompette,* nez relevé. ‖ *Déloger sans trompette,* clandestinement. ‖ *La trompette de la Renommée,* la propagation rapide des nouvelles. — Fig. Personne qui excite les autres ou qui dit partout tout ce qu'elle sait : *Il est le trompette de la ville.* ‖ Tout mollusque du genre buccin ayant une coquille spirale d'une seule pièce. ‖ *Trompette parlante,* grand porte-voix en fer-blanc. ‖ *Trompette marine,* instrument de musique de la famille des violons qui n'a qu'une corde. ‖ *Trompette de brume,* appareil hydraulique ou électrique établi sur les côtes et émettant des sons retentissants par les temps de brume. (Mar.)

2. **TROMPETTE** (*trompette 1*), *sm.* Individu qui sonne de la trompette. ‖ *Trompette-major,* celui qui commande et dirige les trom-

pettes d'un régiment de cavalerie. — Fig. *Être bon cheval de trompette*, n'être intimidé ni embarrassé de rien. — Fig. Celui qui loue, exalte une chose : *Il fut le trompette de cette action.*

TROMPETTE (CHÂTEAU-). Forteresse de Bordeaux, construite sous Charles VII, démolie par Vauban.

***TROMPETTISTE** (*trompette* 1), *sm.* Celui qui, dans un orchestre, joue de la trompette.

TROMPEUR, EUSE (*tromper*), *adj.* et *s.* Qui trompe : *C'est double plaisir de tromper un trompeur.*

***TROMPEUSEMENT** (*trompeuse* + sfx. *ment*), *adv.* D'une manière trompeuse.

TROMPILLON (dm. de *trompe*), *sm.* Petite trompe. ‖ Partie inférieure d'une trompe. ‖ Pierre sur laquelle repose la trompe d'une voûte. ‖ Petite ouverture dans les machines hydrauliques ou trompes qui remplacent les soufflets.

TROMSŒ, 800 hab. Ville et port de la province de Finmark (Suède).

TRON ou **TROND** (saint) (mort en 662), prêtre, fondateur de l'abbaye qui portait son nom au diocèse de Liège (Belgique) et qui donna naissance à la ville de Saint-Trond.

***TRONA** (*x*), *sm.* Sesquicarbonate de soude qu'on trouve en Amérique. (Minér.)

TRONC [tron] (l. *truncum*), *sm.* La partie la plus grosse d'un arbre et d'où partent la racine et les branches : *Le tronc d'un hêtre.* ‖ La partie la plus grosse d'une artère, d'une veine qui n'a pas encore émis de branches : *Tronc artériel.* ‖ Le corps humain moins la tête et les membres. ‖ La même partie du corps chez les animaux. ‖ Fragment du fût d'une colonne. — Fig. Les ancêtres communs à deux familles de parenté déjà éloignée. ‖ Coffre de bois ou de fer placé dans une église ou autre lieu pour recevoir les dons du public, qui les introduit par une fente pratiquée à la partie supérieure. Ce coffre était anciennement et est encore parfois un tronc d'arbre creusé. ‖ **Tronc de cône,** ce qui reste d'un cône quand on l'a coupé par un plan parallèle à sa base et qu'on a enlevé la pointe obtenue par cette section. On appelle *bases du tronc de cône* la base du cône entier, et la surface de la section faite par le plan coupant; *hauteur du tronc de cône*, la perpendiculaire commune, menée d'une base à l'autre ; *apothème du tronc de cône*, la partie de l'apothème ou génératrice du cône entier qui est comprise entre les deux bases. La surface convexe d'un tronc de cône droit à la base circulaire a pour mesure le produit de la demi-circonférence de ses bases par son apothème. Le volume d'un tronc de cône droit à base circulaire est équivalent à la somme des volumes de trois cônes droits ayant pour hauteur commune la hauteur du tronc et pour bases respectives la base inférieure du tronc, sa base supérieure et une moyenne proportionnelle entre ces deux bases. Si R et r sont les rayons des bases du tronc de cône et si h est sa hauteur, son volume V sera :

TRONC EN BOIS
DE L'ÉGLISE DE FRIBOURG (XIVe SIÈCLE)

$$V = \frac{1}{3}\pi h\,(R^2 + r^2 + Rr).$$

‖ **Tronc de prisme triangulaire,** ce qui reste d'un prisme coupé par un plan non parallèle aux bases. Le volume d'un *tronc de prisme triangulaire droit* est égal au produit de la surface de sa base droite par le tiers de la somme de ses trois arêtes. On désigne ici par *base droite* celle à laquelle les arêtes du prisme sont perpendiculaires. Ainsi le volume V du tronc du prisme ABCDEF sera donné par la formule :

$$V = ABC \times \left(\frac{AD + BE + CF}{3}\right).$$

Pour obtenir le volume d'un *tronc de prisme oblique*, on mène une section droite qui décompose le tronc de prisme oblique en deux troncs de prismes droits. On calcule le volume de chacun d'eux, on en fait la somme et l'on a de la sorte le volume du tronc du prisme oblique. Si l'on a à trouver le volume d'un tronc de prisme droit à base polygonale, on le décompose en troncs de prismes triangulaires; on calcule le volume de chacun d'eux et on en fait la somme. (V. *Tombereau.*) ‖ **Tronc de pyramide,** volume obtenu en coupant une pyramide par un plan parallèle à sa base. Si l'on désigne par B sa base inférieure, par b sa base supérieure et par h la hauteur du tronc, c'est-à-dire la perpendiculaire abaissée de la base supérieure sur l'inférieure, le volume V du tronc de pyramide sera représenté par la formule :

$$(1) \qquad V = \frac{1}{3}h\left(B + b + \sqrt{Bb}\right).$$

Les bases B et b du tronc de pyramide étant des polygones semblables, si l'on désigne par A et a deux côtés homologues, on a la proportion :

$$\frac{b}{B} = \frac{a^2}{A^2}$$

d'où

$$b = B \times \frac{a^2}{A^2}.$$

Remplaçant cette valeur de b dans la formule V du volume du tronc de pyramide, on a :

$$V = \frac{1}{3}h\left(B + B\frac{a^2}{A^2} + \sqrt{B \times B \times \frac{a^2}{A^2}}\right),$$

ou

$$V = \frac{1}{3}h\left(B + B\frac{a^2}{A^2} + B \times \frac{a}{A}\right).$$

ou, en simplifiant :

$$(2) \qquad V = \frac{1}{3}hB\left(1 + \frac{a}{A} + \frac{a^2}{A^2}\right),$$

formule plus commode à appliquer en ce sens qu'il n'y a pas de racine carrée à extraire. — **Dér.** *Tronchet, tronçon, tronce* ou *tronche, troncature, tronquer, tronqué, tronquée ; tronçonner.*

TRONÇAIS, 10 435 hectares. Forêt domaniale du département de l'Allier, peuplée de chênes, de hêtres, etc. Abondante fabrication de merrains.

***TRONCATURE** (l. *truncare*, tronquer), *sf.* Endroit où un objet est tronqué. ‖ Remplacement d'un angle ou d'une arête d'un cristal par une facette.

***TRONCE** ou ***TRONCHE** (forme féminine du l. *truncus*, tronc), *sf.* Grosse souche de bois, ou bûche de Noël. ‖ Arbre de futaie émondé. ‖ Tronçon gros et court. ‖ En argot, la tête. — Fig. Homme stupide.

TRONCHET (dm. de *tronc*), *sm.* Gros billot de bois supporté par trois pieds.

TRONCHET (François-Denis) (1726-1806), avocat et jurisconsulte français, l'un des défenseurs de Louis XVI devant la Convention. Membre du conseil des Anciens de 1795 à 1799, puis président du tribunal de cassation, il contribua à la rédaction de nos codes, surtout du code civil, et mourut sénateur.

TRONCHIENNES, 5000 hab. Bourg de la Flandre orientale (Belgique), sur la Lys.

TRONÇON [tron-sson] (dm. de *tronc*), *sm.* Morceau coupé ou rompu d'un objet plus long que large : *Un tronçon de colonne.* ‖ *Tronçon d'un chemin de fer*, chacune des parties d'un chemin de fer qui ne sont pas encore réunies entre elles. ‖ Morceau que l'on coupe dans un poisson ou un reptile de forme allongée : *Les tronçons d'un serpent.* ‖ Partie solide de la queue d'un cheval, près de la croupe. (Man.) — **Dér.** *Tronçonner.*

TRONÇONNER (*tronçon*), *vt.* Couper par tronçons : *Tronçonner une anguille.*

TROND (SAINT-), 12 000 hab. Ville de la province de Limbourg (Belgique).

TRÔNE (l. *thronum* : g. θρόνος, siège), *sm.* Siège d'apparat des rois, des empereurs, etc., quand ils exercent les fonctions solennelles de la souveraineté : *Le roi monta sur son trône.* — Fig. La puissance souveraine. ‖ *Monter sur le trône*, devenir roi. ‖ *Descendre du trône*, cesser d'être roi. ‖ *Chasser du trône*, faire qu'un individu ne soit plus roi. — Fig. Le gouvernement d'un roi, d'un empereur : *Un soutien du trône.* ‖ *Discours du trône*, discours qu'un souverain constitutionnel prononce à l'ouverture de chaque session des Chambres législatives. ‖ Siège élevé où le pape prend place dans certaines cérémonies publiques. ‖ Siège placé dans le chœur d'une église, et où l'évêque se met quand il officie pontificalement. — *Smpl.* **Les Trônes,** l'un des neuf chœurs des anges. — **Dér.** *Trôner.* — **Comp.** *Introniser, intronisation ; détrôner.*

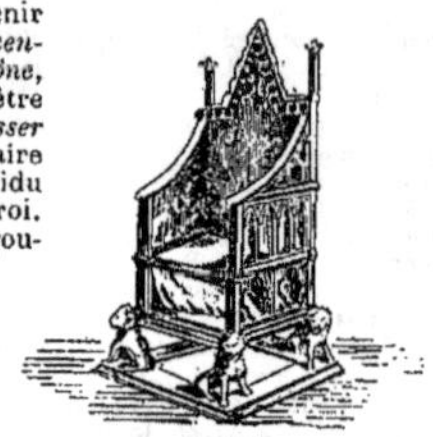

TRONE
SERVANT AU COURONNEMENT DES ROIS D'ANGLETERRE (XIVe SIÈCLE). ABBAYE DE WESTMINSTER

TRÔNER (*trône*), *vi.* Etre assis sur un trône. — Fig. Exercer la prééminence. ‖ Affecter la prééminence, la supériorité : *Il aime à trôner.*

TRONQUÉ, ÉE (*tronquer*), *adj.* Rendu incomplet par le retranchement de l'une des extrémités ou des deux : *Statue tronquée.* ‖ Qui n'a plus ou n'a jamais eu sa partie supérieure : *Colonne tronquée.* ‖ *Cône tronqué, pyramide tronquée*, tronc de cône, tronc de pyramide. ‖ Dont la forme naturelle semble le résultat d'une mutilation : *Feuille tronquée.* — Fig. Incomplet : *Il a des connaissances tronquées.*

TRONQUER (l. *truncare* : de *truncus*, tronc), *vt.* Couper, mutiler : *Tronquer les branches d'un arbre.* — Fig. Supprimer quelque passage important d'une œuvre littéraire : *Tronquer une édition.*

TRONQUIÈRE (LA), 562 hab. Ch.-l. de c., arr. de Figeac (Lot).

TRONSON DU COUDRAY (Guillaume-Alexandre) (1750-1798), avocat français, défenseur de Marie-Antoinette. Membre du conseil des Anciens, il fut déporté le 18 fructidor par le Directoire à Sinnamari (Guyane), où il mourut.

TROOST (Louis-Joseph), chimiste français contemporain, né en 1825, qui s'est surtout fait remarquer par ses recherches intéressantes sur les alliages métalliques formés avec l'hydrogène, et par ses études spéciales sur le fer, le nickel, le cobalt et le manganèse. On lui doit aussi divers ouvrages et de savants mémoires.

TROP (dt. de *troupe*), *sm.* Excès : *Son trop de bonté l'a perdu.* ‖ *Vous n'êtes pas de trop*, se dit à une personne pour lui faire entendre qu'elle peut assister à une conversation. ‖ Choses plus nombreuses qu'il ne faut : *Qui demande trop n'obtient rien.* — **Prov.** Qui trop embrasse, mal étreint, qui entreprend trop de choses à la fois ne réussit à rien. — *Adv.* Plus qu'il ne faut, avec excès : *Parler trop.* ‖ Très fort : *Trop heureux de rendre un service.* — Par trop, *loc. adv.* Excessivement, plus qu'il ne faut : *Il est par trop bavard.* — **Gr.** On met le verbe au pluriel après un nom pluriel précédé de *trop de* : *Trop de gens pensent ainsi.* — **Comp.** *Trop-bu, trop-plein.*

***TROP-BU** (*trop* + *bu*), *sm.* Ce qui excède la quantité de consommation fixée.

TROPE (g. τρόπος, tournure, trope), *sm.* Figure de rhétorique qui consiste à employer un mot dans un sens plus étendu ou plus restreint que son sens propre. Ex. : *Village de cent feux, de cent maisons.* Les principaux tropes sont : l'*antonomase*, la *catachrèse*, la *métaphore*, la *métonymie*, la *synecdoque*. ‖ *Les Tropes du Dumarsais*, le traité des tropes de Dumarsais. — **Gr.** Même famille : *Trophée, tropique*, etc. — **Comp.** *Tropologie, tropologique.*

***TROPÉOLÉES** ou ***TROPÆOLÉES** (l. *tropæolum*, la capucine), *sfpl.* Famille de plantes dicotylédones, très voisine des Géraniacées, et qui a pour type le *tropæolum majus* ou capucine. La fleur des plantes de cette petite famille est hermaphrodite et irrégulière. Le réceptacle a la forme d'une coupe et se prolonge inférieurement en un éperon long de 2 centimètres ; le calice compte 5 sépales dont l'un correspond à l'éperon et se confond avec lui inférieurement. La corolle est formée d'autant de pétales qu'il y a de pièces au calice, et alternant avec elles. Les pétales postérieurs sont plus grands que les antérieurs ; ceux-ci, du reste, peuvent devenir très petits ou s'atrophier complètement. L'androcée est formé de 2 verticilles composés chacun de 4 étamines. C'est l'étamine superposée à l'éperon qui manque, tandis que, dans le verticille interne, c'est l'étamine antérieure. Chacune de ces étamines se compose d'un filet libre et d'une anthère biloculaire s'ouvrant par 2 fentes longitudinales, intérieures ou latérales. Le gynécée est libre, composé d'un ovaire à 3 loges et surmonté d'un style dont le sommet est partagé en 3 branches dont la face interne est couverte de pupilles stigmatiques. Chaque loge de l'ovaire renferme un seul ovule attaché dans l'angle interne. Le fruit est composé de 3 akènes, renfermant chacun une graine à embryon charnu. Les plantes de cette famille sont des herbes, souvent grimpantes, à feuilles alternes ; elles sont toutes originaires de l'Amérique méridionale, surtout des régions tempérées. — *Sf.* Une **tropéolée**, une plante quelconque de la famille des Tropéolées.

TROPEZ (SAINT-), 3330 hab. Ch.-l. de c., arr. de Draguignan (Var). Ville forte et port de la Méditerranée, sur le golfe de même nom, dans un des sites les plus ravissants de la France ; école d'hydrographie, construction de navires ; pêche de thon, d'anchois, de sardines, de corail ; bois, liège, bouchons ; marrons dits *de Lyon*, provenant surtout de la Garde-Freinet. Patrie du général Allard.

TROPHÉE (g. τρόπαιον : de τροπή, action de faire tourner le dos), *sm.* La dépouille d'un ennemi vaincu qu'on mettait sur un tronc d'arbre et dont on se parait. ‖ Sorte de monument élevé en souvenir d'une victoire et consistant en armes prises à l'ennemi et artistement groupées. Les Romains érigeaient sur le champ de bataille une pyramide ou une tour en pierres, sur laquelle le vainqueur gravait son nom et inscrivait ses exploits ; en 121 av. J.-C., ils se mirent à couronner le trophée de morceaux d'armes des vaincus. ‖ Ouvrage de sculpture ou de peinture représentant un monument de ce genre : *Les arcs de triomphe sont souvent décorés de trophées.* — **Fig.** Victoire : *Un héros fier de ses trophées.* — Fig. *Faire trophée d'une chose*, en tirer vanité. ‖ Ensemble des attributs d'un art, d'une science représentés par la peinture ou la sculpture : *Un trophée d'instruments de musique.* — **Gr.** Même famille : *Trope*, etc.

TROPHIME (saint) (Ier-IIe siècle), premier évêque et patron d'Arles, qu'il évangélisa sous l'empereur Dèce (249-251). Fête, le 29 décembre.

***TROPHIQUE** [tro-fi-ke] (g. τροφή, nourriture), *adj. 2 g.* Qui a rapport à la nutrition. ‖ Se dit de la partie des aliments qui est susceptible de s'assimiler. ‖ Se dit aussi de l'influence exercée par certaines parties du système nerveux qui activent la nutrition d'autres organes.

TROPHONIUS, architecte qui, avec son frère Agamède, construisit, suivant la Fable, le premier temple d'Apollon, à Delphes. Les deux frères ayant voulu voler un trésor, Agamède fut pris dans un piège. Trophonius le décapita pour qu'il ne fût point reconnu. En punition de cet acte, la terre l'engloutit près de Lébadée, en Béotie, et à l'endroit où il avait disparu se forma une caverne, siège d'un oracle célèbre.

TROPICAL, ALE (*tropique*), *adj.* Qui appartient au tropique. ‖ Qui est, qui croît entre les tropiques terrestres : *Région tropicale. Plante tropicale.* — Fig. Très chaud : *Climat tropical.*

TROPIQUE (g. τροπικός : de τρέπειν, tourner), *sm.* Chacun des deux petits cercles de la sphère céleste menés par les points solsticiaux perpendiculairement à l'axe du monde et distants de l'équateur de 23° 27′ 32″. Celui qui passe par le solstice d'été est le *tropique du Cancer*, et celui qui passe par le solstice d'hiver est le *tropique du Capricorne.* ‖ Chacun des deux parallèles terrestres qui sont distants de l'équateur terrestre de 23° 27′ 32″ et entre lesquels est comprise la zone torride. Celui qui est dans l'hémisphère N. est le *tropique du Cancer*, et celui qui est dans l'hémisphère S. est le *tropique du Capricorne.* Une fois par an, les habitants des lieux où passe le tropique ont le Soleil d'aplomb sur leur tête et n'ont point d'ombre. — Adj. *Année tropique*, le temps qui s'écoule entre deux passages consécutifs du centre du Soleil au même équinoxe et qui est de 365 jours 5 heures 48 minutes 52 secondes ou un an. (V. *Soleil* et *Terre.*) ‖ *Fleur tropique* ou *équinoxiale*, qui s'ouvre le matin et se ferme le soir (vx). — **Dér.** *Tropical, tropicale.* Même famille : *Trope.*

***TROPIQUE** (*atropine*), *adj. 2 g.* Se dit d'un acide organique, cristallisé, qui provient de la décomposition de l'atropine par l'acide chlorhydrique.

TROPLONG (Raymond-Théodore) (1795-1869), jurisconsulte, homme politique français, président du Sénat sous le second Empire. Son principal ouvrage est le *Code civil expliqué*, en 28 volumes.

***TROPOLOGIE** (g. τρόπος, trope + λόγος, doctrine), *sf.* Emploi des tropes dans le discours. — **Dér.** *Tropologique.* (V. *Trope.*)

TROPOLOGIQUE (g. τροπολογία, langage figuré), *adj. 2 g.* Figuré : *Le sens tropologique d'un mot.*

TROPPAU, 20 000 hab. Place forte de la Silésie autrichienne, sur l'Oppa. En 1820 s'y tinrent les conférences préliminaires qui amenèrent le congrès de Laybach.

TROP-PLEIN (*trop* + *plein*), *sm.* Le liquide qui déborde d'un vase après que celui-ci est plein : *Le trop-plein d'un tonneau.* ‖ Puisard creusé auprès d'une citerne dont il reçoit l'excès d'eau. — Pl. *des trop-pleins.*

1. *TROQUE, *svm.* de *troquer.* Commerce qui se fait en échangeant des marchandises contre d'autres de nature différente. ‖ Usage en vertu duquel chaque cultivateur de la rive gauche de la Loire et du Morbihan avait droit à 100 kilogrammes de sel exempts d'impôt.

2. *TROQUE (g. τροχός, roue, disque, toupie), *sm.* Genre de mollusques gastéropodes marins connu sous le nom de *trochus.* (V. ce mot.)

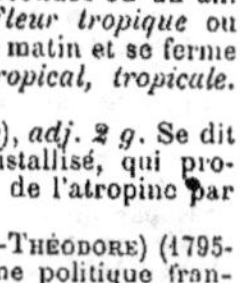
TROQUE

TROQUER (esp. *trocar*), *vt.* Céder un objet en échange d'un autre : *Troquer une maison contre un champ.* — Fig. *Troquer son cheval borgne contre un aveugle*, échanger une mauvaise chose contre une pire. — **Dér.** *Troque 1, troqueur, troqueuse.* — **Syn.** *Changer* veut dire que l'on a pris une chose pour une autre, par mégarde, sans que la volonté y ait été pour quelque chose : on *change* son chapeau contre celui d'un autre. Il signifie aussi remplacer une chose par une autre ayant la même valeur. *Échanger* entraîne avec lui l'idée de commerce, de transaction, où la valeur de l'objet joue un rôle ; l'intervention de cette valeur est même nécessaire. *Troquer* a quelque chose de vulgaire, et indique que l'on a donné pour un objet un autre objet de même valeur.

TROQUEUR, EUSE (*troquer*), *s.* Celui, celle qui aime à troquer.

TROS, héros légendaire qui donna son nom à Troie, où il régna.

TROSSULE, nom donné à certains chevaliers romains et qui leur venait de *Trossulum*, ville d'Étrurie prise par eux.

TROT [tro], *svm.* de *trotter.* Allure en diagonale du cheval, du mulet, de l'âne, etc., où les quatre extrémités se lèvent et se baissent simultanément. Le *pas* fait sonner quatre battues, le *trot* en fait entendre deux

TROT

séparées par des intervalles réguliers, et le *galop* bat trois temps. — Fig. *Mener une affaire au trot, au grand trot*, vivement.

***TROTTABLE** (*trotter*), *adj. 2 g.* Où l'on peut trotter : *Route trottable.*

***TROTTADE** (*trotter*), *sf.* Petite course faite à pied ou en voiture. — Fig. Nom que le président de Bellièvre donnait aux injures que les frondeurs adressaient à Mazarin.

TROTTE, *svf.* de *trotter.* Espace de chemin : *Faire une bonne trotte.*

***TROTTE-MENU** (*trotter* + *menu*), *adj. inv.* Qui trotte à petits pas. ‖ *La gent trotte-menu*, les souris.

TROTTER (bl. *tolutare*), *vi.* Aller le trot : *Ce cheval trotte bien.* ‖ Par extension, marcher beaucoup à pied : *Trotter toute la journée.* ‖ *On entendrait une souris trotter*, on n'entend pas le plus léger bruit. — Fig. Faire bien des courses, des démarches pour quelque affaire : *Trotter pour un emploi.* ‖ Aller et venir, se déplacer continuellement en parlant des choses : *Cette douleur me trotte par tout le corps.* — Fig. Revenir sans cesse : *Cette pensée me trotte par la tête.* — **Prov.** Qui ne peut galoper, qu'il trotte, que celui qui ne peut suffire au luxe d'un rang élevé sache descendre au rang qui convient à sa position. — **Dér.** *Trot, trotte, trottin, trotteur, trottiner, trottoir, trottable, trottade, trotterie.* — **Comp.** *Trotte-menu.*

***TROTTERIE** (*trotter*), *sf.* Action de trotter, de faire une trotte.

TROTTEUR (*trotter*), *sm.* Cheval qui va habituellement le trot : *Un bon trotteur.*

TROTTIN (dm. de *trot*), *sm.* Petit laquais. ‖ Petit commissionnaire.

TROTTINER (*trottin*), *vi.* Trotter en raccourci. ‖ Marcher à petits pas et vite, en parlant des personnes.

TROTTOIR (*trotter*), *sm.* Chemin établi pour les piétons de chaque côté d'une rue, d'un pont, etc., et un peu plus élevé que la chaussée : *Trottoir bitumé.* — Fig. *Être sur le trottoir*, être en voie d'arriver à la considération, à la fortune (vx). ‖ *Fille de trottoir*, prostituée. ‖ *Faire le trottoir*, courir après l'amour d'aventure. (Pop.)

TROU (bl. *traugum*), *sm.* Ouverture à peu près aussi longue que large faite de part en part dans un corps : *Ce mur a des trous.* — Fig. *Mettre la pièce à côté du trou*, remédier à un mal par un mauvais moyen. — Fig. *Boucher un trou*, payer une dette. — Fig. *Faire un trou à la lune*, s'enfuir sans payer ses créanciers. ‖ *Trou ovale* ou *trou de Botal*, ouverture dans la cloison des oreillettes du fœtus et qui se ferme immédiatement après la naissance. (Anat.) ‖ *Trou du souffleur*, petit réduit pratiqué sur le devant de la scène d'un théâtre, et dont l'ouverture dissimulée est opposée aux spectateurs. ‖ *Trou du chat*, trou carré pratiqué au milieu d'une hune. ‖ *Trous d'écoutes*, passages des écoutes. (Mar.) ‖ Creux pratiqué ou existant naturellement dans la terre, dans un mur : *Un trou de renard, de souris.* ‖ *Trous de loup*, excavations coniques, avec piquet au fond, que l'on dispose comme

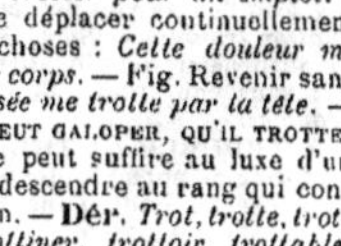
TROUS DE LOUP
(Fortification.)

défense accessoire en avant de certains ouvrages de fortification passagère. — Fig. *Il a fait son trou*, il s'est créé une position avantageuse. (Fam.) || *Faire en deux coups six trous*, aller vite en besogne. — Fig. Mauvais petit logement, localité désagréable : *Sa maison n'est qu'un trou. Le bourg que nous habitons n'est qu'un trou.* — **Prov.** AUTANT DE TROUS, AUTANT DE CHEVILLES, autant de fautes, de questions, etc., autant d'excuses, de réponses. || A PETIT TROU, PETITE CHEVILLE, une chose doit toujours être en rapport avec l'emploi qui lui est propre. — **Dér.** *Trouer, trouée.* — **Comp.** *Trou-madame.*

TROUBADOUR (prov. *trobador*, proprement inventeur : du l. *turbare*, remuer), *sm.* Nom donné aux galants poètes provençaux qui fleurirent du XIe au XIVe siècle. || Celui qui aime à chanter en société. — *Adj.* Qui a un air galant : *Mine troubadour.*

TROUBLANT, ANTE (part. prés. de *troubler*), *adj.* Qui trouble : *Récits troublants. Pensée troublante.*

1. **TROUBLE**, *sm.* de *troubler*. Confusion, désordre : *Il y eut du trouble dans la fête.* || Mésintelligence, brouillerie : *Il y eut du trouble dans le ménage.* || Etat d'un esprit qui n'a pas la pleine possession de ses facultés : *Ame pleine de trouble.* || Action de disputer à quelqu'un la jouissance d'une propriété : *Le vendeur garantit l'acheteur de tout trouble.* — *Smpl.* Suite d'émeutes, de séditions : *Les troubles de la Ligue, de la Fronde.* — **Syn.** (V. *Agitation.*)

2. **TROUBLE** (bl. *turbulum*), *adj. 2 g.* Qui n'est pas clair : *Vin trouble.* — Fig. *Pêcher en eau trouble*, tirer profit des désordres publics ou particuliers. || A travers quoi l'on ne voit point distinctement : *Air trouble.* || Où l'on ne voit pas ce qui en est : *Situation trouble.* — *Smpl.* Matières terreuses en suspension qui diminuent la transparence des eaux courantes : *Ce fleuve charrie des troubles.*

3. **TROUBLE** ou **TRUBLE** (*x*), *sf.* Filet en forme de poche soutenu par un cerceau, accroché au bout d'une perche et servant à prendre le poisson.

TROUBLE-FÊTE (*troubler* + *fête*), *sm.* Personne qui empêche des gens assemblés de se divertir. || Événement qui met fin à la joie d'une société. — Pl. *des trouble-fête.*

TROUBLER (bl. *turbulare*, fréq. de *turbare*, remuer), *vt.* Rendre trouble : *Troubler l'eau.* || Rendre agité, inquiet : *Troubler le sommeil.* || Susciter des émeutes, des séditions qui nuisent à la tranquillité publique : *Troubler l'État.* || Causer de la mésintelligence, de la brouillerie : *Troubler une famille.* || Rendre incapable de percevoir, de combiner, de réfléchir, de se souvenir : *Troubler les sens, l'esprit, la mémoire.* || Empêcher d'avoir lieu : *Troubler la digestion.* || Interrompre, déranger : *Troubler un entretien.* — **Se troubler**, *vr.* Devenir trouble, éprouver une émotion qui ôte à l'esprit l'usage de ses facultés. — **Dér.** *Trouble* 1 et 2, *troubleur.* — **Comp.** *Trouble-fête.*

***TROUBLEUR** (*troubler*), *sm.* Celui qui trouble.

TROUDE (AIMABLE-GILLES) (1762-1824), amiral français. S'étant distingué dans différentes campagnes contre les Anglais, il était capitaine en 1795. Après l'expédition d'Égypte, il passa dans l'escadre de l'amiral Linois : il se battit avec une rare bravoure contre les Espagnols, et reçut les félicitations publiques du premier Consul (1801). A bord du *Suffren*, il foudroya, en présence des Anglais, la ville du Roseau (Dominique), et battit plus tard l'amiral Stopford aux Sables-d'Olonne. Cerné ensuite aux Antilles par une division anglaise, il força le passage et revint en France : Napoléon le nomma contre-amiral (1811). En 1814, il reçut l'ordre de ramener Louis XVIII de Portsmouth en France.

TROUÉE, *spf.* de *trouer*. Ouverture, passage dans une clôture. || Percée faite dans un bois. || Vide produit dans les rangs de l'ennemi.

TROUER (*trou*), *vt.* Faire un trou, une percée, un vide. — **Se trouer**, *vr.* Devenir troué.

TROU-MADAME (*trou* + *madame*), *sm.* Jeu qui consiste à pousser de petites boules d'ivoire dans des ouvertures en forme d'arcades. || Meuble qui sert pour ce jeu. — Pl. *des trous-madame.*

TROUPE (bl. *troppa*, troupeau), *sf.* Groupe de gens assemblés : *Une troupe d'émeutiers.* || Groupe d'animaux : *Une troupe d'oies sauvages.* || Groupe d'acteurs qui doivent jouer ensemble : *La troupe de Molière.* || Ensemble de soldats : *Une troupe de cavaliers.* || *Troupe de ligne*, l'infanterie. || Ensemble des soldats et des sous-officiers d'un corps d'armée : *Haranguer la troupe.* || *Enfant de troupe*, fils d'un père ancien militaire ou en activité de service, élevé au régiment avec une solde spéciale ou dans une école militaire. || *Officier de troupe*, tout officier au-dessous du grade de général, qui commande directement la troupe. || *Chevaux de troupe*, propres au service de l'armée, par opposition aux *chevaux d'officiers.* — *Sfpl.* Corps de gens de guerre : *Il est arrivé des troupes.* — **Db.** *Trop.* — **Dér.** *Troupeau, troupier.* — **Comp.** *Attrouper, attroupement.*

TROUPEAU (vx fr. *tropel*: dm. de *troupe*), *sm.* Réunion d'animaux domestiques élevés et nourris dans un même lieu : *Un troupeau de bœufs, de dindons.* || Réunion de moutons qui paissent ensemble : *Le berger mène son troupeau.* — Fig. Les fidèles administrés par un curé, un évêque : *Ce pasteur veille sur son troupeau.* || *Le troupeau de Jésus-Christ*, l'Église. — Fig. Groupe de personnes méprisables : *Un troupeau d'esclaves.*

***TROUPIALE** (*troupe*), *sm.* Genre d'oiseaux de l'ordre des Passereaux, voisin des Étourneaux, et caractérisé par un bec gros, conique et très pointu. Les tarses sont de médiocre longueur, mais robustes ; leurs ailes sont allongées, pointues et leur queue est échancrée ou étagée. Les troupiales vivent en nombreuses sociétés, parcourent les plaines, les champs cultivés, les vergers et commettent de grands dégâts, car, bien qu'ils mangent des insectes et des vers, ils se nourrissent également de graines et de baies. Certaines espèces se rencontrent dans les savanes, tandis que d'autres préfèrent les endroits couverts de roseaux. Ils déploient généralement une grande industrie dans la construction de leur nid, qu'ils suspendent souvent à l'extrémité d'une branche flexible. Ils accumulent la nourriture dans leur œsophage et la dégorgent dans le bec de leurs petits. Les troupiales sont des oiseaux vifs et défiants ; mais, en captivité, ils montrent beaucoup d'intelligence et de gentillesse ; quelques espèces imitent même la voix humaine. Ces oiseaux habitent le nouveau monde, surtout au Chili et au Paraguay.

TROUPIALE

TROUPIER (*troupe*), *sm.* Soldat : *Un vieux troupier.* (Pop.)

TROUSSE, *svf.* de *trousser*. Paquet, faisceau de choses liées ensemble : *Une trousse de linge, d'herbe.* || Carquois (vx). || Étui où les barbiers, les chirurgiens mettent les instruments de leur profession : *Ce médecin a oublié sa trousse.* || Chausses, culotte courte. — Fig. *Être aux trousses de quelqu'un*, le poursuivre, ne pas le quitter. || Ce qu'un cavalier porte derrière lui sur son cheval. — EN TROUSSE, *loc. adv.* En croupe : *Prendre quelqu'un en trousse.*

TROUSSÉ, ÉE (pp. de *trousser*), *adj.* Mis en paquet. || Qui a arrangé ses vêtements pour marcher ou agir bien à l'aise. || Habillé d'une certaine façon : *Un enfant bien troussé.* || Organisé, préparé : *Un dîner bien troussé.* || Tourné d'une certaine façon : *Compliment bien troussé.*

TROUSSEAU (*trousse*), *sm.* Paquet, faisceau : *Un trousseau de clefs.* || Habits, hardes, linge qu'on donne à une fille en la mariant. || Linge, habits, etc., dont doit être pourvu un élève mis en pension.

TROUSSEAU (ARMAND) (1801-1867), célèbre médecin français, dont un hôpital de Paris (ancien hôpital Sainte-Eugénie) a reçu le nom. Il fut élu député d'Eure-et-Loir en 1848, et remplaça à l'Hôtel-Dieu le docteur Chomel, démissionnaire. Il a laissé de nombreux ouvrages.

***TROUSSE-BARRE** (*trousser* + *barre*), *sf.* Madrier qui sert à joindre ensemble les coupons d'un train de bois flotté.

TROUSSE-ÉTRIERS (*trousser* + *étrier*), *sm.* Porte-étriers.

TROUSSE-GALANT (*trousser* + *galant*), *sm.* Toute maladie à laquelle on succombe promptement. || Le choléra-morbus. || Le charbon au pied du cheval.

TROUSSE-PÈTE (*trousser* + *x*), *sf.* Petite fille. (Mépris.) || Au masculin, **trousse-pet.**

TROUSSE-PIED (*trousser* + *pied*), *sm.* Corde ou courroie qu'on enroule autour de l'avant-bras et du canon fortement fléchis l'un sur l'autre pour empêcher le cheval de se défendre.

TROUSSE-QUEUE (*trousser* + *queue*), *sm.* Cuir ou étoffe dont on enveloppe l'extrémité de la queue d'un cheval. — Pl. *des trousse-queue.*

1. **TROUSSEQUIN** (vx fr. *trousquer*, de *trousser*), *sm.* Partie postérieure, verticale et arrondie d'une selle.

2. ***TROUSSEQUIN** ou ***TRUSQUIN** (wallon *cruskin* : dim. de l'all. *kreuz*, croix), *sm.* Outil en bois dont les charpentiers et les menuisiers se servent pour tracer des lignes droites parallèles.

TROUSSER (bl. *tortiare* : de *torquere*, tordre), *vt.* Mettre en paquet. — Fig. *Trousser bagage*, s'enfuir. || *Trousser une volaille*, lui lier les ailes et les cuisses contre le corps, la préparer pour la faire cuire à la broche. — Fig. *Trousser quelqu'un en malle*, l'enlever (vx). || *Trousser une affaire*, l'expédier rapidement. — Fig.

TROUSSER (Manège.)

Faire sortir de ce monde : *La maladie l'a troussé en deux jours.* || Replier, relever ses vêtements : *Trousser son manteau.* — *Vi.* Lever fortement les membres antérieurs, en parlant d'un cheval au trot. Ce défaut nuit à la vitesse de l'allure et vient généralement de la brièveté de l'avant-bras : *Beaucoup de chevaux andalous troussent, les anglais rarement.* — **Se trousser**, *vr.* Relever ses vêtements. — **Dér.** *Trousse, troussé, troussée, trousseau, troussis.* — **Comp.** *Troussebarre, trousse-étrier, trousse-galant, trousse-queue, trousse-pète, troussequin* 1 ; *retrousser, détrousser*, etc. Même famille que *Tordre.*

TROUSSIS (*trousser*), *sm.* Pli qu'on fait au bas d'une robe, d'une jupe pour la raccourcir.

TROUVABLE (*trouver*), *adj. 2 g.* Qui peut être trouvé.

TROUVAILLE (*trouver*), *sf.* Chose trouvée heureusement. || *Faire une trouvaille*, être assez heureux pour trouver quelque chose par hasard.

TROUVÉ, ÉE (p.p. de *trouver*), *adj.* Rencontré. || Inventé : *Réponse bien trouvée.* || Qui s'offre spontanément : *C'est une fortune toute trouvée.* || *Enfant trouvé*, enfant abandonné par ses parents et recueilli par la charité publique. || *Hospice des Enfants trouvés* ou *les Enfants trouvés*, établissement qui donne asile aux enfants abandonnés ou recueillis par la charité publique. || *Expression trouvée*, neuve et heureuse.

TROUVER (l. *turbare*, remuer), *vt.* Rencontrer soit en cherchant, soit en ne cherchant pas : *Trouver une bourse.* || *Aller trouver, venir trouver quelqu'un*, aller pour le voir, lui parler. || *Trouver à qui parler*, éprouver de l'opposition, de la résistance. || Surprendre : *On le trouva escaladant le* *mur*. || Voir de ses yeux l'état d'une personne, d'une chose : *Je l'ai trouvé malade*. || *Trouver grâce aux yeux de quelqu'un*, gagner sa bienveillance. || *Trouver son compte à quelque chose*, y trouver son avantage. || Inventer, découvrir par l'application de l'esprit : *Trouver le moyen de diriger les ballons*. || Estimer, juger : *Je trouve qu'il a tort*. || *Trouver bon, mauvais*, approuver ou désapprouver : *Je trouve bon que tu te reposes*. || *Trouver à*, trouver le moyen, l'occasion de : *Trouver à vendre sa maison*. || *Trouver à redire*, trouver quelque défaut, quelque sujet de blâme. || Remarquer en quelqu'un ou en quelque chose : *Je lui trouve de la bonhomie*. — **Se trouver**, *vr*. Etre trouvé : *Cela ne se trouve pas souvent*. || Se rencontrer quelque part, se rendre en un lieu, y être : *Il se trouva à la bataille*. || Etre, exister en un lieu, en parlant des choses : *Langres se trouve sur une montagne*. || Etre dans tel état, dans telle situation : *Se trouver dans la misère*. || Se rendre témoignage qu'on est dans telle situation, qu'on éprouve telle chose : *Il se trouve soulagé par ce remède*. || *Se trouver bien*, éprouver du bien-être, être satisfait de sa position. || *Se trouver mal*, éprouver une défaillance, perdre connaissance. — V. imp. *Il se trouve*, il y a : *Il se trouva un homme bienfaisant*. || Il arrive que, il est reconnu que : *Il se trouva que tous les deux avaient tort*. — **Dér.** *Trouvé, trouvée, trouvable, trouvaille, trouveur, troubadour, trouvère*. — **Comp.** *Retrouver*, etc.

TROUVÈRE (cas sujet du mot de la langue d'oïl qui correspondait à *troubadour*), *sm*. Nom qu'on donne aux poètes qui écrivirent en langue d'oïl du XIe au XIVe siècle et qui composèrent les *chansons de geste*. On a dit aussi *trouveur*.

TROUVEUR (*trouver*), *sm*. Celui qui trouve, qui invente.

TROUVILLE-SUR-MER, 6 308 hab. Ch.-l. de c., arr. de Pont-l'Évêque (Calvados); port sur la Manche à l'embouchure de la Touques; ville de luxe et de plaisirs, célèbre par ses bains de mer.

TROWBRIDGE, 15 000 hab., ville d'Angleterre, sur la Ware. Draps et lainages.

***TROX** (g. τρώξ, qui ronge), *sm*. Genre d'insectes coléoptères pentamères dont les nombreuses espèces sont répandues sur toute la surface du globe. Une espèce, le *trox sabulones*, est répandue aux environs de Paris, et se trouve, ainsi que sa larve, sous les vieux haillons et sous les peaux des animaux morts.

TROY, 40 000 hab., ville de l'État de New-York (États-Unis), sur l'Hudson. Fonderies, papeteries, etc.

TROY (DE) ou **DETROY**, nom d'une famille de peintres : NICOLAS (XVIIe siècle); JEAN (1640-1700); FRANÇOIS (1645-1730); JEAN-FRANÇOIS, mort en 1752, auteur du *Chapitre de l'ordre du Saint-Esprit* au Louvre, de la *Peste de Marseille*, etc., et de divers portraits.

***TROYEN, ENNE** (*Troie* et *Troyes*), *adj*. et *s*. Qui appartenait à l'ancienne Troie; qui l'habitait. || Citoyen de la Troade. || Qui est de Troyes en Champagne; qui l'habite.

TROYES, 46 972 hab. Préf. (Aube), sur la Seine, anc. capit. de la Champagne, célèbre au moyen âge par ses foires. Grande fabrication de bonneterie en laine et en coton. Pépinières, usines. Troyes fut la ville principale des Tricasses; elle fut presque complètement ruinée par la révocation de l'édit de Nantes. Belle cathédrale avec magnifiques vitraux du XIIIe siècle. Jolie église ogivale de Saint-Urbain; très riche bibliothèque, musée.

TROYON (CONSTANT) (1810-1865), peintre français, auteur du *Retour à la ferme* (Louvre) et des *Vaches à l'abreuvoir* (Rouen), etc.

TRUAND, ANDE (kymr. *truan*, misérable), *s*. Vagabond qui mendie par fainéantise : *C'est un vrai truand*. — **Dér.** *Truander, truandaille, truanderie; trucher, trucheur, trucheuse*.

TRUANDAILLE (*truand*), *sf*. La classe des truands. || Troupe de truands.

TRUANDER (*truand*), *vi*. Gueuser, mendier.

TRUANDERIE (*truander*), *sf*. Etat de mendiant vagabond.

TRUBIA, village de la province d'Oviédo, dans les Asturies (Espagne), au confluent du Trubia et du Nalon. Fonderies de canons.

TRUBLE, *sf*. (V. *Trouble*.)

***TRUBLEAU** (dm. de *truble*), *sm*. Petite truble.

TRUBLET (NICOLAS-CHARLES-JOSEPH, ABBÉ) (1697-1770), membre de l'Académie française, écrivain qui avait critiqué Voltaire et à qui celui-ci reprochait de n'être qu'un compilateur.

1. **TRUC** (allem. *drucken*, presser), *sm*. Autrefois, coup. || Espèce de billard très long. || Aujourd'hui, adroite façon d'opérer, d'agir : *Avoir le truc*. (Pop.) || Tout mécanisme employé au théâtre, surtout dans les féeries pour opérer les changements de décors à vue. || La science des détails, en parlant d'un écrivain.

2. **TRUC** ou **TRUCK** (mot angl.), *sm*. Wagon consistant en un plancher monté sur roues et dont on se sert pour transporter par chemin de fer les matériaux encombrants ou les voitures.

TRUCHEMAN ou **TRUCHEMENT** (db. de *drogman* : de l'ar. *tardjemân*, interprète), *sm*. Celui qui explique à deux personnes ignorant la langue l'une de l'autre ce qu'elles se disent en causant : *Les ambassadeurs recourent souvent aux truchemans*. || Personne qui parle à la place d'une autre, qui explique les intentions d'une autre : *N'avoir pas besoin de trucheman pour exposer sa demande*. — Fig. Indice révélateur : *Les yeux sont le trucheman de la pensée*.

TRUCHER (*x*), *vi*. Mendier par fainéantise. — **Gr.** Quelques étymologistes rapprochent ce mot de *truand*, qui, en bas latin, était *trutannus* (racine *trut*).

TRUCHEUR, EUSE (*trucher*), *s*. Celui, celle qui mendie (vx).

TRUCHTERSHEIM, 600 hab. (Alsace-Lorraine). Ancien ch.-l de cant. de l'arr. de Strasbourg (Bas-Rhin).

TRUDAINE (DANIEL-CHARLES) (1703-1769), directeur des ponts et chaussées, qui, sous Louis XV, fit construire quantité de beaux ponts et de belles routes. — Son fils, PHILIBERT TRUDAINE DE MONTIGNY (1733-1777), lui succéda dans sa charge d'intendant des finances.

TRUELLE (l. *trulla*, dm. de *trua*, cuiller à pot), *sf*. Lame de fer ou de laiton, en forme de trapèze, munie d'un manche recourbé, et dont les maçons se servent pour étendre le mortier ou faire les enduits de plâtre. || *Truelle bretée*, truelle en fer, à bords dentelés comme une lame de scie, ayant un manche perpendiculaire à la lame et dont on se sert pour gratter la surface d'un enduit. — Fig. La bâtisse, le goût de la bâtisse : *Le goût de la truelle*. || Sorte de longue cuiller d'argent pour couper et servir le poisson. || *Truelle vernie* ou *à ramoneur*, champignon polypore.— **Dér.** *Truellée, trullisation*.

TRUELLE

TRUELLÉE (*truelle*), *sf*. Quantité de plâtre ou de mortier qui peut tenir sur une truelle.

TRUFFE (l. *tuber*, tumeur, bosse, truffe), *sf*. Genre de champignons qui croissent dans les sols sablonneux, à une profondeur de 8 à 10 centimètres, sous forme de tubercules charnus, de la grosseur d'une noix ou d'un œuf, recouverts d'une peau chagrinée ou bien surmontés de petites éminences. L'intérieur contient des spores renfermées dans des espèces de petits sacs; la chair en est d'abord blanchâtre, puis grise, et enfin noire, parsemée de veines blanches ou rousses; l'odeur et la saveur en sont très agréables. Les truffes, surnommées les *diamants de la cuisine*, fournissent un aliment et un assaisonnement des plus recherchés. On les trouve surtout dans les bois de chênes et de châtaigniers du S. et de l'E. de la France où on emploie des porcs pour les découvrir. Les plus estimées sont celles du Périgord, de l'Angoumois et du Quercy. Il y en a aussi en Bourgogne, en Dauphiné et en Piémont. L'intérieur de celle-ci est blanc ou roux. Il existe aussi des truffes blanches qui sont très parfumées. Dans les environs de Paris, on trouve une espèce de ces truffes, mais qui n'ont aucun parfum. — **Dér.** *Truffer, truffé, truffée, truffier, truffière* (adj.), *truffière* (s.) Même famille : *Tubéracé, tubéracée; tubercule*, etc.

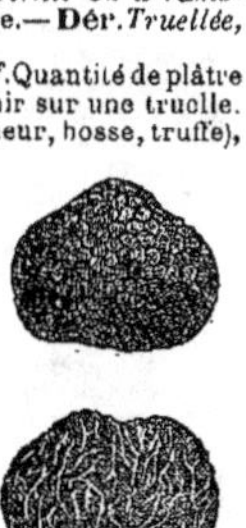

TRUFFES

TRUFFÉ, ÉE (*truffer*), *adj*. Garni de truffes : *Dinde truffée*.

TRUFFER (*truffe*), *vt*. Garnir de truffes : *Truffer une volaille*.

***TRUFFIER, IÈRE** (*truffe*), *adj*. Qui produit des truffes. || *Chênes truffiers*, chênes maladifs qui passent pour aider à la production des truffes. — *Sm*. Le pourceau qui découvre les truffes.

TRUFFIÈRE (*truffe*), *sf*. Terrain où il pousse des truffes, ordinairement dépourvu de toutes plantes.

TRUGUET (LAURENT-JEAN-FRANÇOIS, COMTE) (1752-1839), amiral français qui releva les premières cartes marines de l'Archipel, de la mer de Marmara et de la mer Noire, et se distingua dans les campagnes de 1792 contre les Anglais. Devenu ministre de la marine en 1795, il arma la flotte qui devait servir au transport de l'expédition de Hoche en Irlande. En 1802, il commandait la flotte franco-espagnole à Cadix; mais l'indépendance de son caractère le fit tomber en disgrâce auprès de Napoléon en 1804. Rentré en activité en 1809 et mis à la tête des débris de la flotte française, il devint pair de France sous la Restauration.

TRUIE (bas bret. *tourc'h*, verrat), *sf*. La femelle du porc. || *Truie de mer*, la scorpène, poisson acanthoptérygien d'une forme bideuse et bizarre.

TRUISME (mot angl. : *true*, vrai), *sm*. Vérité si évidente qu'elle n'a pas besoin d'être démontrée.

TRUITE (l. *tructa* : du g. τρώκτης, le mangeur), *sf*. Genre de poissons de l'ordre des Malacoptérygiens abdominaux, très voisins des saumons par leur conformation tant interne qu'externe et par leurs mœurs. Les truites se rencontrent dans les eaux limpides et dont le courant est rapide. Les principales espèces sont : 1° La *truite commune* (*trutta fario*), qui a le corps assez haut, médiocrement allongé et comprimé sur les côtés; le dos ainsi que les parties supérieures sont d'un vert olivâtre qui va en s'affaiblissant sur les flancs et passe au jaunâtre; les parties inférieures et le ventre sont d'un jaune clair et brillant comme le laiton. Cette robe se trouve parsemée sur le dos, les opercules et la nageoire dorsale de taches noires plus ou moins arrondies et de taches rondes d'un rouge orangé entourées par un cercle de teinte pâle ou bleuâtre. Ces dernières taches se remarquent sur les flancs de la truite, dans la région de la ligne latérale. La nageoire caudale et les inférieures sont sablées de noir et lisérées d'une bande de même couleur. Du reste, ces teintes varient avec l'habitat de la truite : car celles que l'on pêche dans les ruisseaux des Vosges ont le dos d'un bleu d'acier; les flancs présentent de larges taches transversales bleuâtres entre lesquelles on voit des taches rouges; dans les Alpes, les truites sont uniformément noires, tandis que dans nos cours d'eau du midi de la France, comme la Durance, la Sorgue, etc., elles ont le dos d'un gris bleuâtre ou verdâtre assez clair et semé de très petits points noirs; quant aux taches rouges, elles sont très réduites et manquent quelquefois entièrement. Les écailles de la truite commune sont petites; mais elles sont plus allongées que celles des autres espèces. La tête est épaisse, le museau large et obtus, l'œil grand; l'opercule varie

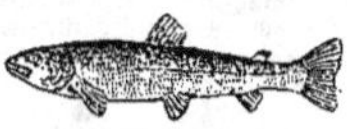

TRUITE COMMUNE

beaucoup : tantôt il est assez étroit, tantôt, au contraire, il est assez large. Du reste, aucun animal ne subit plus l'influence du milieu que la truite. Ce poisson atteint quelquefois des dimensions assez grandes, et l'on en a pêché qui pesaient jusqu'à 10 kilogrammes; mais c'est là une rareté et l'on en trouve beaucoup plus dont le poids est de 1, 2, 3 ou 4 kilogrammes. La truite est un animal très vorace qui se nourrit surtout de vers et d'insectes, elle se fait même un jeu d'attraper ceux qui viennent voltiger à la surface des eaux; aussi la prend-on souvent à la ligne volante amorcée avec une mouche. Elle se nourrit aussi du frai des autres poissons et l'on dit même qu'elle détruit une grande quantité d'œufs de saumon dans les rivières où celui-ci vient pour frayer. Mais on a reconnu que les truites nourries avec des mouches deviennent beaucoup plus grosses dans le même temps que celles qui l'ont été avec des vers ou des larves. C'est dans les premiers jours d'octobre que la truite commence à frayer; la ponte se continue pendant les mois suivants pour s'arrêter à la fin de janvier; la femelle dépose ses œufs dans des cavités qu'elle a formées dans le gravier. Ces œufs sont assez gros et éclosent au bout de quarante à soixante jours. 2° La *truite des lacs* (*trutta lacustris*), qui habite les grands lacs de l'Europe, où elle acquiert souvent une grande taille; elle est très recherchée pour l'excellence de sa chair; celles qui viennent du lac Léman sont particulièrement renommées, et sont connues, sur les marchés de Paris et de Lyon, sous le nom de *truites du lac de Genève*. Le corps de celles-ci est plus long que celui de la truite commune; il est aussi plus épais et est presque cylindrique. La robe de cette espèce est plus claire que celle de ses congénères : le dos est gris de perle, passant au bleuâtre ou au verdâtre; les flancs sont d'un gris très pâle et le ventre et les parties inférieures sont d'un blanc d'argent. Des taches noires sont jetées çà et là sur l'opercule et sur les côtés; il en est ainsi de la nageoire dorsale. Les jeunes présentent, en outre, quelques rares taches d'un jaune orangé. La tête de la truite des lacs forme un peu moins du quart du corps de l'animal; son museau est court et obtus, et sa mâchoire supérieure possède une petite échancrure dans laquelle vient s'engager le tubercule de la mâchoire inférieure. Les dents, placées sur le vomer, offrent un caractère propre à distinguer les espèces de truites les unes des autres. On sait, d'ailleurs, que les saumons n'ont de dents sur le vomer que dans le premier âge. Chez la truite des lacs, la pièce antérieure du vomer porte quatre dents placées sur une rangée transversale; sur la pièce principale, les dents sont d'abord sur une seule ligne médiane, puis elles sont rangées sur deux lignes, mais d'une façon irrégulière; chez la truite commune, au contraire, la pièce antérieure du vomer porte trois dents implantées sur une ligne transversale; puis viennent deux séries de dents parallèles et longitudinales. L'opercule est assez large et coupé postérieurement presque à angle droit. La truite des lacs atteint souvent des dimensions considérables; on en prend assez fréquemment dans le lac de Genève qui pèsent jusqu'à 15 ou 18 kilogrammes. Il arrive que parmi ces poissons certains individus, placés dans des conditions encore mal connues, deviennent stériles et diffèrent quelque peu des individus féconds; ils n'acquièrent jamais les dimensions de ces derniers. La truite des lacs est soumise à des migrations périodiques; à l'époque du frai, celles qui ont un certain âge quittent les eaux des lacs, s'engagent dans les rivières et remontent le cours de celles-ci à une distance assez grande pour y frayer. C'est vers la fin de septembre que ce voyage commence. Les truites alors se parent des plus vives couleurs, qui se modifient selon les cours d'eau où elles vivent; lorsqu'elles retournent dans les eaux des lacs, elles sont maigres et décolorées; mais elles ne tardent pas à reprendre leur embonpoint, grâce à l'abondance de la nourriture qu'elles trouvent au sein des eaux lacustres. 3° La *truite de mer* (*trutta argentea*), qui a les mœurs du saumon et vit alternativement dans la mer et les fleuves côtiers. On l'appelle encore *truite saumonée*. Son corps est allongé, arrondi et rappelle la forme du saumon. Sa tête est petite; l'opercule est plus étroit que celui de la truite commune et son bord postérieur est coupé droit; ses nageoires sont plus courtes, surtout la dorsale. La pièce antérieure du vomer porte trois ou quatre dents disposées sur une ligne transversale; la pièce principale de ce même os montre des dents d'abord sur une seule ligne, puis en arrière deux séries de dents, mais un peu confuses. La truite saumonée a le dos d'un gris bleuâtre, les flancs sont argentés et parsemés de petites taches noires, tandis que le ventre et les parties inférieures sont d'un blanc éclatant. A l'époque du frai, la couleur bleue du dos s'avive et ses flancs présentent des taches orangées. Cette espèce a du reste des mœurs analogues à celles du saumon. Elle remonte les fleuves pour y frayer, et dès qu'elle a atteint une certaine taille, elle descend à la mer. La truite de mer fraye du mois de septembre à la fin de novembre. Sa chair, très estimée des gourmets, a une teinte rose, une *couleur saumonée*. Cette truite, qui pèse fréquemment 1 à 5 kilogrammes et quelquefois même 12 à 45 kilogrammes, se pêche surtout dans les eaux du Rhin, de l'Ill, de la Meuse, de la Moselle et de leurs affluents; on en trouve aussi dans la Loire et ses affluents. — **Dér.** *Truité, truitée.*

TRUXALE A GRAND NEZ

TRUITÉ, ÉE (*truite*), *adj.* Qui a de petites taches rougeâtres comme une truite. ‖ *Cheval truité*, à poil blanc mêlé de noir et de fauve. ‖ *Porcelaine truitée*, celle dont la couverte est fendillée de raies dans lesquelles on a fait pénétrer des couleurs. ‖ *Fonte truitée*, fonte blanche parsemée de taches grises et qui est de bonne qualité.

TRULLISATION (l. *trulla*, truelle), *sf.* Action de faire un enduit, un crépi avec la truelle.

TRUMEAU (du vx fr. *tumer*, s'agiter, sauter : du l. *tremere*, trembler), *sm.* Morceau de la chair du bœuf qui est au-dessus de la jointure du genou. ‖ Partie d'un mur qui se trouve entre deux fenêtres ou deux portes. ‖ Boiserie qui recouvre cette partie.

TRUN, 1628 hab. Ch.-l. de c., arr. d'Argentan (Orne). Blanchisseries de toiles, tanneries.

***TRUQUEUR, EUSE** (*truc* 1), *s.* et *adj* Celui ou celle qui a l'habitude d'user des trucs.

TRURO, 9000 hab. Ville de la Cornouailles (Angleterre), sur la baie de Falmouth. Minerais d'étain et de cuivre.

***TRUSQUIN**, *sm.* (V. *Trousequin* 1.)

***TRUSTE** (allem. *trost*, consolation, aide), *sf.* Privilège de protection accordé par le roi aux hommes libres particulièrement attachés à son service. ‖ Ressort judiciaire où, sous les Mérovingiens, s'exerçait la juridiction d'un membre de la truste (VIIe siècle).

***TRUXALE** (g. τρύζω, je murmure), *sm.* Genre d'insectes orthoptères sauteurs, de la famille des Acridiens, type de la tribu des Truxalides, qu'à la forme bizarre de leur tête l'on distingue des sauterelles et des criquets. Les truxales, armés de mandibules terminées par plusieurs dents, et montés sur de longues pattes épineuses, ont le corps allongé, comprimé, étroit; la tête, qui avance en pyramide, porte à l'extrémité deux antennes longues, cunéiformes, prismatiques, comprimées; le corselet est plus court que la tête, l'abdomen étroit; les ailes, grandes et arrondies, sont dépassées par des élytres plus longs, allongés et pointus à l'extrémité. Comme les criquets, dont ils ont les mœurs migratrices, les truxales dévastent les cultures sur lesquelles ils s'abattent en nuées avec un sinistre *murmure*. L'espèce type des Truxalides habite le midi de l'Europe et le nord de l'Afrique; dans le midi de la France, on rencontre surtout le *grylloïde* et le *truxale à grand nez*.

TRUXILLO ou **TRUJILLO**, 4000 hab. Port du Honduras (Amérique centrale), sur la baie de ce nom. — Ville du Venezuela (Amérique méridionale), 7000 hab. — Ville du Pérou (Amérique du S.), sur le Rio de Noche, près de l'océan Pacifique, 15000 hab. — Ville de la province de Cacérès (Espagne), 6000 hab.

TRUYÈRE ou **TRUEYRE** (l. *Triobrem*), 175 kil. Rivière très abondante du département de la Lozère, qui sort en nombreuses sources du pic des Trois-Sœurs (monts de la Margeride), au-dessus de la Villedieu (1486 mètres), et qui devient affluent du Lot à Entraygues. Elle reçoit le Mézeri (ou la Mézère), le Triboulin, la Rimeize et la Limaniole dans la Lozère, le Bès et le Brezons dans le Cantal, le Senig, le Goul et la Selves dans l'Aveyron.

TSANA ou **TZANA** (LAC). (V. *Dembéa.*)

TSAR. (V. *Czar.*)

TSAREWITZ ou **TSAREVITCH.** (V. *Czarewitz.*)

TSARIEN, IENNE ou **CZARIEN, IENNE** (*tsar* ou *czar*), *adj.* Qui appartient au tsar : *Sa Majesté tsarienne* ou *czarienne.*

***TSCHEWKINITE** ou ***TSCHEFFKINITE**, *sf.* Minéral qui se présente sous la forme de masses d'un noir de velours, presque opaques, et à cassure conchoïdale. C'est un silico-titanate de cérium et de fer, renfermant des traces de chaux, de manganèse et d'alumine. On en trouve sur la côte de Coromandel et dans les monts Ilmen.

TSCHUDI (GILLES) (1505-1572), historien suisse, disciple de Zwingle, de Glareanus, puis de Lefèvre d'Étaples. Il a laissé des ouvrages intéressants, entre autres une *Chronique de la Suisse* (de 1000 à 1470).

***TSETSÉ** (mot africain), *sf.* Mouche de la grosseur de notre mouche domestique, commune au bord des eaux de l'Afrique centrale, particulièrement sur le Zambèze, et dont la piqûre est mortelle pour le bœuf, le cheval, le mouton et le chien.

TSEU-SSÉ (515-453 av. J.-C.), philosophe chinois, petit-fils et disciple de Confucius. Il a laissé un livre de morale, le *Tcheunh-young* (l'*Invariable milieu*).

TSIAO-POO, ville de l'empire chinois, prise sur les Taï-pings par les Anglo-Français (17 avril 1862).

TU, TOI, TE (l. *tu, tibi, te*), *pr. 2e pers. sg. 2 g.* *Tu* est toujours sujet : *Tu marches, tu parles.* || *Toi* signifie proprement *à toi*, mais c'est la seule forme du pronom de la 2e pers. qui s'emploie comme complément d'une préposition : *J'attends cela de toi. Je compte sur toi.* || *Toi* peut être complément direct : 1° Après un verbe à la 2e pers. sg. de l'impér. : *Modère-toi.* 2° Quand il est joint à un autre pronom ou à un nom : *Je verrai ton père ou toi.* 3° Quand il représente le pronom de la 2e pers. répété : *Je te loue, toi qui as pardonné.* — Par abus, *toi* est sujet : 1° Quand il est joint à un autre pronom ou à un nom : *Toi et ton ami viendrez.* 2° Quand il est en apposition avec *tu* : *Toi tu mens.* — Par abus, *toi* peut être attribut du sujet *ce* : *Le coupable, c'est toi.* — *Te* peut être : 1° Complément direct : *Je te loue.* 2° Complément indirect avec le sens de *à toi* : *Je te déclare.* || *Te* ne s'emploie jamais après une préposition. — Fam. *Être à tu et à toi avec quelqu'un*, le tutoyer et être tutoyé.

TUABLE (*tuer*), *adj. 2 g.* Qui peut être tué. || Bon à tuer : *Animal de boucherie tuable.*

TUANT, ANTE (*tuer*), *adj.* Fatigant : *Besogne tuante.* || Ennuyeux, importun : *Un personnage tuant.*

TU-AUTEM [tu-ô-tème] (ml. : *mais toi*), *sm.* Le point essentiel, la difficulté d'une affaire : *Voilà le tu-autem.*

***TUBAGE** (*tuber*), *sm.* Action de mettre en tube.

***TUBAIRE** (*tube*), *adj. 2 g.* Qui concerne les tubes des bronches. || *Souffle tubaire*, bruit qui se passe dans les bronches quand le poumon est engorgé ou comprimé. || Qui concerne les trompes de Fallope.

TUBALCAÏN, fils de Lamech et descendant de Caïn, qui, selon la Bible, inventa l'art de travailler les métaux.

TUBE (l. *tubum*), *sm.* Tuyau, cylindre creux : *Le tube d'un baromètre, d'un thermomètre.* || *Tube acoustique*, cornet qui sert de porte-voix. || *Tube de sûreté*, tube de verre recourbé que les chimistes adaptent à leurs appareils de préparation des gaz pour empêcher que l'eau de la cuve à eau ne monte dans la cornue ou le ballon qu'ils chauffent. || *Tube d'un calice, tube d'une corolle*, espèce de tube formé par la soudure de la partie inférieure des sépales ou des pétales. La partie supérieure non soudée de ces organes forme le limbe. || — **Dér.** *Tuber, tubage, tubulaire, tubulé, tubulée, tubuleux, tubuleuse, tubulure.* — **Comp.** *Tubulibranche.*

***TUBER** (*tube*), *va.* Garnir d'un tube les parois d'un trou creusé dans la terre. || *Tuber un canon*, introduire un tube à l'intérieur du corps d'un canon pour le renforcer.

***TUBÉRACÉ, ÉE** (l. *tuber*, truffe), *adj.* Qui ressemble à la truffe. — *Smpl.* Les **Tubéracés**, famille de champignons hypogés et charnus à laquelle appartient la truffe.

TUBERCULE (l. *tuberculum*), *sm.* Renflement qui se forme à la partie souterraine des tiges de certaines plantes et qui est principalement constitué par un amas de fécule : *Les tubercules de la pomme de terre.* || Élevure qui survient sur la peau ou sur toute autre partie de l'organisme. || Production morbide qui peut prendre naissance dans les poumons, les intestins, les ganglions, le péritoine, la plèvre, les os, la pie-mère, le cerveau, les reins, la rate et le foie, et se présente successivement sous trois états : 1° celui de petits corps grisâtres demi-transparents, de la grosseur d'un grain de millet ou de chènevis (granulations grises) ; 2° celui de masses arrondies plus ou moins volumineuses, jaunâtres, friables, se laissant écraser sous le doigt comme du fromage (tubercules crus) ; 3° celui d'une masse liquide et visqueuse analogue au pus, qui est rejetée au dehors et laisse à sa place une caverne ulcéreuse. L'existence des tubercules dans les poumons constitue la *phtisie pulmonaire* et le *carreau* est dû à la présence de ces mêmes tubercules dans les ganglions du mésentère. — **Dér.** *Tuberculeux, tuberculeuse, tuberculiser, tuberculisation, tuberculose.* Même famille : *Tubéreux, tubéreuse, tubéracé, tubéracée, truffe.*

TUBERCULEUX, EUSE (*tubercule*), *adj.* Qui présente des éminences à sa surface. || Qui est de la nature du produit morbide appelé tubercule : *Matière tuberculeuse.* || *Méningite tuberculeuse*, maladie causée par la présence de granulations grises dans la pie-mère. — S. Celui, celle qui est malade de la phtisie par suite de la présence de tubercules dans les poumons.

TUBERCULISATION (*tuberculiser*), *sf.* Formation de tubercules dans un tissu du corps.

***TUBERCULISER** (*tubercule*), *vt.* Produire des tubercules. — **Se tuberculiser**, *vr.* Devenir tuberculeux. — **Dér.** *Tuberculisation.*

TUBERCULOSE (*tubercule*), *sf.* Maladie anatomiquement caractérisée par des productions étrangères à l'organisme et vivant d'une vie spéciale. Celles-ci peuvent se localiser dans tous les organes du corps, et elles donnent naissance à une maladie générique, la diathèse tuberculeuse, se manifestant par des affections qui, quoique identiques par leur nature, ont reçu des noms différents suivant le point envahi. Le siège le plus fréquent de ces productions anatomiques est le poumon : aussi le mot *tuberculose*, employé seul, indique-t-il toujours la tuberculose pulmonaire. Envahissant les enveloppes du cerveau (méninges), la maladie porte le nom de *méningite tuberculeuse*; siégeant dans les ganglions du mésentère, elle constitue le carreau ; dans les articulations, les tubercules donnent naissance aux tumeurs blanches : les plus fréquemment envahies sont celles du genou, du coude, de l'épaule, mais surtout celles de la hanche, dont la maladie tuberculeuse est décrite sous le nom de *coxalgie*. Citons encore, comme localisations les plus fréquentes, celles sur la peau, les organes génito-urinaires, le péritoine, les ganglions, la langue, la voûte palatine, le larynx et les os. Pour indiquer ces diverses localisations, on fait suivre le mot *tuberculose* du nom de l'organe atteint ou de l'adjectif correspondant : c'est ainsi qu'on dit *tuberculose laryngée* ou du *larynx*, etc. Toutefois, la tuberculose des vertèbres (*tuberculose vertébrale*) est plus généralement appelée *mal de Pott*, du nom du médecin anglais qui l'a, le premier, décrite en 1792.

La nature de ces productions, dites *tubercules*, a été de tous temps l'objet de recherches intéressantes et de discussions violentes. Confondus longtemps avec les lésions scrofuleuses, les tubercules en furent séparés par Baillie, puis par Bayle, qui substitua la diathèse tuberculeuse à la diathèse scrofuleuse. C'est à Laennec que revient l'honneur d'avoir nettement consacré l'indépendance de la tuberculose, malgré la vive résistance de Broussais et de ses élèves, qui s'obstinaient à ne voir dans le tubercule que le résultat de l'inflammation simple. En décembre 1865, un savant professeur du Val-de-Grâce, M. Villemin, annonçant à l'Académie de médecine le résultat de ses habiles inoculations sur différents animaux et particulièrement sur les lapins, proclama la transmissibilité de la tuberculose par un agent spécial qui resta quelque temps inconnu. Cette découverte importante marque une époque dans l'histoire de la médecine. Les expériences de H. Martin ont eu raison des objections qu'elle souleva, objections qui devaient, quelques années plus tard, tomber complètement anéanties par la découverte d'un micro-organisme générateur des tubercules (Koch, *Société médicale de Berlin, 1882*). Ce micro-organisme, connu sous le nom de *bacille de Koch*, se retrouve dans les produits tuberculeux, et le microscope révèle sa présence, grâce à des réactifs. Le réactif d'Ehrlich fait voir, sur un fond d'éléments bruns, des bâtonnets colorés en bleu et mesurant en longueur moyenne de 1µ,5 à 3,5 sur 0µ,3 de largeur (µ = 1 millième de millimètre). Légèrement courbés en général, ils présentent des étranglements rappelant la forme de boudins irréguliers ou de chaînons en chapelet. Ce bacille se cultive facilement sur divers milieux solides : son développement nécessite une température assez élevée : la multiplication, qui commence à 28°, se fait au mieux à 38°, tandis qu'à 42° on n'observe plus aucune croissance.

Cliniquement, un fait domine toute l'évolution de la tuberculose, c'est la préexistence du bacille de Koch. Ce bacille pénètre le plus souvent dans l'organisme par les vaisseaux aériens avec les poussières de l'air; ce qui explique la plus grande fréquence de la tuberculose pulmonaire. Il arrive ainsi aux alvéoles du lobule pulmonaire, où il se comporte différemment, suivant que celui-ci se trouve dans des conditions de vitalité favorables ou défavorables. Dans le premier cas, le bacille est impuissant et meurt rapidement; dans le second cas, il provoque des altérations spéciales qui aboutissent à la formation du follicule tuberculeux; il envahit progressivement les parties voisines, donne naissance à d'autres follicules tuberculeux qui, s'agglomérant, constituent la granulation grise. On y observe des cellules géantes, des cellules épithéliales, des cellules embryonnaires et un très grand nombre de bacilles de Koch. A ce moment, le tubercule peut évoluer de deux façons différentes : tantôt il se transforme en tissu fibreux et guérit, tantôt il se caséifie et donne naissance à des foyers de pus qui sont l'origine des abcès froids : dans le poumon, sa fonte produit les cavernes tuberculeuses. (V. *Phtisie*.) Ce pus, caséeux, bacillifère, est expulsé ou aspiré dans une nouvelle partie du poumon, où le processus va se développer à nouveau. En même temps, le bacille est transporté dans d'autres organes du corps par le sang qui circule dans les lymphatiques et détermine, dans ceux où des conditions défectueuses d'existence auront créé un lieu de moindre résistance, des lésions analogues à celles produites dans le tissu pulmonaire : ces nouveaux tubercules portent le nom de *tubercules métastatiques*; ils sont voués à la même destinée que celle des tubercules primitifs, nommés, par opposition à ceux-ci, *tubercules directs*.

Le poumon n'est pas cependant la porte d'entrée exclusive du bacille de Koch. Celui-ci peut encore envahir l'organisme en pénétrant directement, soit par les vaisseaux sanguins, soit par les espaces lymphatiques : une plaie superficielle, sur laquelle on a déposé des amas tuberculeux, peut être le point de départ de la production de tubercules à ce niveau et déterminer des tuberculoses locales : celles-ci, quand elles restent limitées, appartiennent au domaine chirurgical quant à la thérapeutique. Malheureusement les tubercules se propagent souvent, déterminant avec rapidité d'autres localisations qui rendent impossible, ou du moins inutile, toute intervention locale. L'intestin est encore une des voies par où le bacille de Koch fait sa trouée pour pénétrer dans l'organisme. Des vaches auxquelles on a fait manger des matières bacillifères ont été rendues tuberculeuses. (Expériences de Chauveau.) Dans tous ces cas, l'air est le véhicule de l'agent infectieux. Les crachats, rejetés par les malades, se dessèchent et se transforment en poussières qui sont entraînées dans l'atmosphère et de là dans l'organisme par les bronches, le tube digestif, les muqueuses et la peau (piqûres, écorchures, plaies). Les déjections des phtisiques renferment aussi le bacille de Koch, car les malades avalent leurs crachats; ou bien les intestins sont également le siège de lésions tuberculeuses où pullulent les bacilles. Les draps, le linge, etc., se trouvent aussi souillés et viennent s'ajouter au premier élément de contagion.

La présence du bacille n'est pas cependant la condition suffisante de la tuberculose. Il faut, de plus, que l'organisme lui fournisse un terrain favorable : ainsi s'explique l'hérédité tuberculeuse. Transmise de génération en génération, elle se traduit chez certains ascendants par des manifestations méningitiques ; chez d'autres, par des troubles pulmonaires ; chez d'autres enfin, par les diverses localisations qui, toutes, dépendent de la diathèse tuberculeuse. Ce qui se transmet, ce n'est pas le principe infectieux, la graine de la maladie, mais bien la prédisposition à contracter la tuberculose, la nature du terrain favorable à son éclosion : « *On ne naît pas tuberculeux*, mais *tuberculisable;* » et, dans ces conditions, la diffusion très grande du bacille dans l'air explique que le *tuberculisable* devienne tuberculeux à une époque plus ou moins avancée : celle-ci ne se fait pas longtemps attendre; et, en effet, la maladie frappe de préférence l'âge adulte.

En dehors de l'hérédité, d'autres conditions fournissent le terrain favorable au développement et à la reproduction du bacille de Koch : ce sont toutes les causes qui peuvent affaiblir l'organisme et entraîner « l'inanitiation ». La respiration d'un air vicié (ateliers, casernes, lycées, usines, etc.), une nourriture insuffisante, des fatigues excessives, des grossesses répétées, les maladies antérieures ou coexistantes, et, parmi celles-ci, la coqueluche, la fièvre typhoïde, la rougeole et la scarlatine, la syphilis, le cancer, l'impaludisme et le diabète constituent des causes prédisposantes à la tuberculose; mais, de toutes ces conditions, c'est l'intoxication par l'alcool et par les essences qui offre à la tuberculose ses plus nombreuses victimes, surtout dans les centres ouvriers des grandes villes, où toutes les conditions favorables à l'éclosion de la tuberculose semblent se trouver groupées.

La description symptomatique de la tuberculose est très complexe; et de la variété des localisations résulte la variété des troubles qu'elle entraîne : aussi cette description ne trouve-t-elle pas ici sa place. (V. *Phtisie, Tumeurs blanches, Coxalgie*, etc., etc.)

Parmi les mesures prophylactiques que l'on doit employer, les unes ont pour but de diminuer la diffusion du bacille, et voici à ce sujet les conclusions récentes de l'Académie de médecine (1889) :

1° Recevoir les crachats des phtisiques dans des crachoirs en porcelaine contenant non du sable, mais de l'eau; on les lavera à l'eau bouillante après avoir jeté au feu leur contenu. Il faudra éviter de déposer ce contenu soit sur le fumier, soit dans le jardin, car les volailles, en les avalant, pourraient être tuberculisées.

2° Ne point laisser sécher le linge sali par les déjections des tuberculeux, mais, au contraire, le tremper dans l'eau bouillante avant de le donner au blanchissage.

3° Ne pas coucher dans le lit d'un tuberculeux, et ne pas habiter sa chambre avant qu'elle ait été désinfectée.

4° Obtenir que les chambres d'hôtels, les maisons garnies, les chalets et villas, etc..., habités par des phtisiques, soient meublés de telle sorte que leur désinfection soit facile.

5° Ne se servir des objets employés par un tuberculeux qu'après leur désinfection soit à l'étuve, soit avec l'acide sulfureux.

Quant à l'alimentation, on devra rejeter la viande des animaux tuberculeux, et il faudra s'assurer de la bonne inspection de ces viandes à l'abattoir. Le lait de vache devra être bouilli, surtout si l'on ignore sa provenance : cette précaution sera toujours prise pour l'alimentation des jeunes enfants, en raison de leur aptitude à contracter la tuberculose. Dans le même ordre d'idées, une mère tuberculeuse ne pourra pas allaiter son enfant.

Les autres mesures prophylactiques, d'un intérêt peut-être plus grand encore que les précédentes, auront pour but de veiller à l'hygiène publique, et de diminuer les causes prédisposantes de la tuberculose. Les maladies que nous avons énumérées plus haut devront être suivies avec vigilance. Les diverses administrations, sous le contrôle de l'État, devront veiller à ce que les locaux occupés par plusieurs individus (ouvriers, employés, collégiens, etc.), soient assez aérés et enfin, il faudra autant que possible enrayer, par des répressions équitables, la marche envahissante de l'alcoolisme.

On comprend que ces conseils devront être surtout ponctuellement suivis par les individus qui sont, du fait de l'hérédité, sous le coup de la diathèse tuberculeuse. A ceux-ci, on conseillera en plus une nourriture fortifiante, des exercices corporels bien réglés, et une vie tranquille à la campagne. On en fera des paysans.

La prophylaxie de la tuberculose, qui donne d'excellents résultats, est d'autant plus importante que, malheureusement, les moyens curatifs sont d'une efficacité assez restreinte. Cependant certains d'entre eux rendent de réels services, et, employés dès le début de la maladie, ils peuvent enrayer celle-ci. L'hydrothérapie, la vie à la campagne, l'huile de foie de morue à haute dose, la glycérine, la créosote, aidées d'une alimentation fortifiante, et au besoin du gavage, donneront d'excellents résultats. De plus, chacune des localisations de la tuberculose présente une thérapeutique spéciale. (V. *Phtisie, Tumeurs blanches, Coxalgie*, etc.)

La thérapeutique de la la tuberculose bénéficiera-t-elle de la découverte du microbe? Oui, et il est probable que, dans un avenir prochain, on parviendra à atténuer le bacille en se basant sur des idées analogues à celles qui ont conduit à la découverte de la vaccine. (Congrès de Berlin, 1890. Koch; — Académie de médecine de Paris, Grancher et Martin.)

TUBÉREUSE (*tubéreux*), *sf.* Plante monocotylédone de la famille des Liliacées des pays chauds, à grosse bulbe, à fleur odoriférante dont la corolle blanche est légèrement lavée de rose sur le limbe, que l'on cultive sur couches aux environs de Paris et qu'on ne met en pleine terre qu'au moment de la floraison.

TUBÉREUX, EUSE (l. *tuberosum : de tuber*, tumeur), *adj.* Qui présente des renflements, des tubercules : *Racine tubéreuse.* — **Dér.** *Tubéreuse, tubéracé, tubéracée, tubérosité.*

TUBERON (Louis) (XVIe siècle), abbé et historien dalmate, auteur du récit très clair de ce qui s'est passé de son temps en Hongrie, depuis la mort de Matthias Corvin.

TUBÉRON (*Quintus Ælius Tubero*) (1er siècle avant J.-C.), jurisconsulte romain, que Cicéron réfuta victorieusement dans l'affaire de Ligarius. Plusieurs des décisions de Tubéron sont passées dans les *Institutes.*

TUBÉROSITÉ (l. *tuberosum : de tuber*, tumeur), *sf.* Renflements charnus sur les racines d'une plante. ‖ Parties proéminentes d'un organe creux : *Les tubérosités de l'estomac.* ‖ Partie saillante et raboteuse d'un os, où s'attache un ligament ou un muscle : *La tubérosité du tibia.*

***TUBICOLE** (*tube* + l. *colere*, habiter), *adj. 2 g.* Se dit des annélides qui habitent dans des tubes calcaires, siliceux, membraneux ou formés par l'agglomération de matières végétales. Tels sont les *serpules*, les *térébelles*, etc.

***TUBICOLÉES** (*tubicole*), *sfpl.* Famille de mollusques acéphales lamellibranches, dans laquelle on range les pholades, les tarets, etc. Les animaux de ce groupe ont les deux valves de la coquille enveloppées par un tube calcaire, libre et soudé à cette coquille. Quelquefois ce tube n'est soudé qu'à une seule valve; il n'est pas toujours complet et présente alors des pièces accessoires. Les mollusques de cette famille se creusent des sortes de galeries dans le bois, la vase, la pierre, d'où ils ne peuvent sortir; ils vivent souvent en société et se trouvent par myriades non loin du niveau de la basse mer.

TUBINGUE, all. **TÜBINGEN**, 9 000 hab., ville du Wurtemberg, sur le Neckar, à son confluent avec le Steinbach, près de la forêt Noire. Célèbre université fondée en 1477 et où l'on étudie surtout la théologie et l'exégèse; château, appelé le *Pfalz*, dont on a fait un musée scientifique.

***TUBIPARE** (*tube* + *parere*, engendrer, produire), *adj. 2 g.* Qui produit des tubes chez les animaux inférieurs.

TUBULAIRE (l. *tubulum*, petit tube), *adj. 2 g.* Qui a la forme d'un tube. ‖ *Chaudière tubulaire*, celle des machines à vapeur qui est traversée de part en part par un grand nombre de tubes que parcourt la flamme du foyer, qui est ainsi en contact presque immédiat avec l'eau contenue dans cette chaudière. ‖ *Pont tubulaire*, galerie en forme de tube pour traverser une rivière, etc.

***TUBULAIRES** (*tubulaire*), *sfpl.* Groupe de polypiers marins, simples ou ramifiés, associés à des capsules closes dans lesquelles se développent les méduses. Ces capsules, en se rompant, laissent échapper les méduses qu'elles renferment. Les tubulaires ne sont donc que l'état embryonnaire de ces animaux.

TUBULÉ, ÉE (l. *tubulatum*), *adj.* Qui a un ou plusieurs goulots : *Cornue tubulée.* ‖ Dont la partie inférieure forme un tube : *Corolle tubulée.* (Bot.) ‖ Dont le bas est tuyauté : *Robe tubulée.*

TUBULEUX, EUSE (*tube*), *adj.* Qui est en forme de tube : *Tige tubuleuse.*

***TUBULIBRANCHES** (l. *tubulus*, tube + *branchies*), *smpl.* Ordre de mollusques gastéropodes, caractérisé par une cavité respiratoire en forme de tube dans laquelle se trouve une branchie pectinée. La coquille de ces mollusques est adhérente aux corps marins. Ces animaux sont très voisins des pectinibranches.

TUBULURE (*tube*), *sf.* Goulot : *Flacon à trois tubulures.* (Chimie.) ‖ Petit tube qui existe naturellement dans certaines plantes.

TUCHAN, 1 665 hab. Ch.-l. de c., arr. de Carcassonne (Aude). Distilleries.

***TUCHIN** (*tue-chien* ?), *sm.* Nom donné à des brigands qui, au XIVe siècle (1382-1385), infestaient le Poitou et l'Auvergne.

TUCUMAN (SAN MIGUEL DE), 11 000 hab. Ville de la confédération de la Plata. Le congrès argentin y proclama l'indépendance en 1816. — **Tucuman**, affluent du rio Dulce.

TUDE, 43 kilom. Rivière du département de la Charente, affluent de la Drôme.

TUDELA, 6 000 hab. Ville de la province de Navarre (Espagne), sur l'Èbre; évêché. Huile, savon, lainage. Victoire de Lannes sur le général espagnol Castaños (23 novembre 1808).

TUDESQUE (ital. *tedesco* : VHA. *diutisc*), *adj. 2 g.* Germanique. — Fig. Grossier, sans grâce : *Style tudesque.* — **Le tudesque**, *sm.* La langue germanique.

TUDIEU (pour *tue Dieu*), *interj.* Juron de l'ancienne comédie.

TUDOR, famille royale d'Angleterre qui descendait par les femmes du duc de Lancastre, troisième fils d'Édouard III et qui, par le mariage de Henri VII avec Élisabeth d'York, fille d'Édouard IV, réunit les droits à la couronne des Lancastre et des York. Cette famille régna sur l'Angleterre de 1485 à 1603 et lui fournit cinq souverains consécutifs : Henri VII, Henri VIII, Édouard VI, Marie, Élisabeth. (V. ces mots et *York*.)

TU-DUC (HAONG-GIAM) (1830-1883), empereur d'Annam, de la dynastie de Nguyen, fils cadet de l'empereur Treui-tri. A la mort de son père, il prit le nom de Tu-Duc (1851). En 1856, il publia des édits de persécution contre les missionnaires catholiques de son royaume, et la mort de l'évêque espagnol Diaz (1857) eut pour conséquence l'expédition franco-espagnole commandée par l'amiral français Rigault de Genouilly; celui-ci bombarda Tourane en 1858, et s'empara ensuite de Saïgon. Ayant rouvert les hostilités, Tu-Duc se vit enlever, outre Saïgon, trois provinces, et imposer le traité du 15 juin 1862 : un nouveau traité du 15 juillet 1864, qu'il dut signer encore, donna définitivement à la France la possession de ses conquêtes et lui attribua un droit de protectorat sur le reste de la Cochinchine. C'est sous le règne de Tu-Duc qu'eut lieu l'expédition de Francis Garnier au Tonkin, en 1873, et à la suite de laquelle fut conclu le traité du 15 mars 1874 qui ouvrait le fleuve Rouge au commerce européen. Mais Tu-Duc cherchait toujours à violer la foi des traités signés avec notre pays. Une expédition française fut enfin envoyée au Tonkin (V. *Tonkin*), et l'amiral Courbet, forçant les passes de la rivière de Hué, s'empara des forts de Thuan-An. Tu-Duc mourut au moment où les troupes françaises occupaient Hué, sa capitale. Il eut pour successeur Diep-Hoa, qui reconnut notre protectorat sur l'Annam et le Tonkin.

TUE-CHIEN (*tuer+chien*), *sm.* Le colchique d'automne, plante monocotylédone de la famille des Liliacées, dont les belles fleurs d'un violet clair se montrent dans les prés à l'automne. Toutes les parties de cette plante sont vénéneuses : oignon, graines, etc. (V. *Colchique*.) || Autrefois, l'employé qui, dans certains pays du Nord, avait charge de tuer les chiens errants.

TUER (l. *tutari*, protéger), *vt.* Autrefois, protéger, conserver : *Tuer le feu*, le recouvrir de cendres pour qu'il se conserve. || Étouffer. || Aujourd'hui, faire mourir en blessant : *Tuer d'un coup d'épée, de pistolet.* || Faire mourir accidentellement ou par maladie : *La foudre, le choléra l'a tué.* || Causer la mort : *Le chagrin l'a tué.* || Égorger ou assommer un animal pour s'en nourrir : *Tuer un mouton, un poulet.* || Faire périr, en parlant des éléments : *La gelée a tué ces arbres.* — Fig. Fatiguer excessivement, fatiguer la santé : *Le travail le tue.* — Fig. Incommoder, importuner extrêmement : *Sa conversation me tue.* — Fig. Empêcher de prospérer, faire disparaître, anéantir : *Les chemins de fer ont tué le roulage.* — Fig. *Tuer le temps*, chercher à le faire paraître moins long en s'amusant. — Fig. *Tuer un auteur*, le faire oublier en le surpassant. — Fig. *La lettre tue*, en prenant un écrit trop à la lettre, on en tire des conséquences fausses, absurdes. — **Se tuer**, *vr.* Se donner la mort en se blessant soi-même : *Il s'est tué d'un coup de pistolet.* || Mourir par accident : *Il s'est tué en tombant d'un arbre.* || Compromettre sa vie, altérer sa santé : *Il se tue à travailler.* || Se donner beaucoup de peine : *Je me tue à les convaincre.* || S'annihiler réciproquement : *Ces deux commerçants se tuent.* — A TUE-TÊTE, *loc. adv.* En criant de toutes ses forces, de manière à incommoder les auditeurs. — **Dér.** *Tuerie, tueur.* — **Comp.** *Tue-chien, tuevent.*

TUERIE (*tuer*), *sf.* Carnage, massacre. || Abattoir. — **Syn.** (V. *Massacre*.)

TUEUR (*tuer*), *sm.* Celui qui tue. || Qui a tué plusieurs personnes.

***TUE-VENT** (*tuer + vent*), *sm.* Tout ce qui abrite les arbres, les plantes contre le vent. — Pl. *des tue-vent.*

TUF (l. *tofum*), *sm.* Couche pierreuse, tendre, friable, ordinairement infertile, qui existe souvent au-dessous de la terre végétale. || *Tuf volcanique*, dépôt formé par les cendres, les ponces, les débris de laves des volcans, et dont les parties sont réunies par des ciments de diverses natures. || *Tuf calcaire*, calcaire qui s'est déposé dans le sol par suite de l'évaporation d'eaux chargées de bicarbonate de chaux. C'est une roche très tendre, mais qui durcit à l'air; elle est employée dans les constructions en Wurtemberg, en Autriche, en Italie, etc. || *Tuf calcaire siliceux*, tuf de même nature et de même origine, mais mêlé de silice. || Tuffeau. — Fig. Apparence trompeuse. || *Découvrir le tuf*, ce qui est dessous. — **Dér.** *Tuffeau, tufier, tufière, tufacé, tufacée.*

***TUFACÉ, ÉE** (*tuf*), *adj.* Qui a le caractère du tuf. || Qui renferme du tuf.

TUFFÉ, 1623 hab. Ch.-l. de c., arr. de Mamers (Sarthe). Toiles, poteries.

***TUFFEAU** (*tuf*), *sm.* Craie d'un blanc jaunâtre qui se trouve dans le terrain crétacé inférieur et qui, lorsqu'elle est exclusivement calcaire, sert pour la construction, comme en Touraine. Quand elle est marneuse, on l'emploie pour l'amendement des terres. — Adjectiv. *Craie tuffeau.*

TUFIER, IÈRE (*tuf*), *adj.* Qui est de la nature du tuf.

***TUGEND-BUND** (LE) (mot allem. : *lien de vertu*). Société politique fondée par les étudiants allemands en 1813 dans le but de chasser les Français de leur pays et supprimée en 1815 par les gouvernements de l'Allemagne.

TUGGURT. (V. *Tougourt*.)

TUILE (l. *tegula* : de *tegere*, couvrir), *sf.* Plaque ou demi-cylindre d'argile cuite dont on se sert pour couvrir les maisons. || Plaque d'autre matière servant au même usage : *Une tuile de marbre.* || *Être logé sous la tuile*, à l'étage le plus haut d'une maison. — Fig. Accident imprévu dont on est atteint comme d'une tuile qui tomberait d'un toit : *Il a reçu une fameuse tuile sur la tête.* (Fam.) || *Tuile flamande*, tuile creuse à profil en ∽. || *Tuile de Guienne*, tuile creuse à profil en demi-canal. || *Tuiles gironnées*, plus étroites en haut qu'en bas. || *Tuile romaine*, tuile épaisse à cannelures d'emboîtage. || *Battre la tuile*, annoncer, en frappant sur une tuile, l'arrivée des frères d'un autre couvent, en parlant des capucins. || Planche de bois pour l'étirage du fil de fer. || Planche de sapin des drapiers pour coucher le poil des étoffes. — **Dér.** *Tuileau, tuilette, tuilier, tuilerie.*

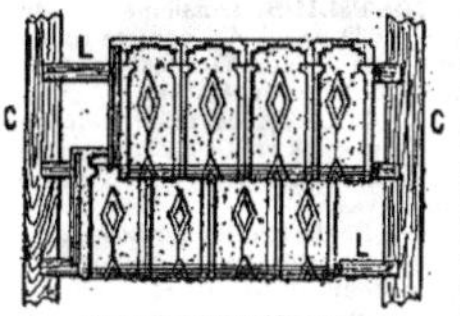

TUILES A EMBOITEMENT

C. Chevrons. — L. Lattes.

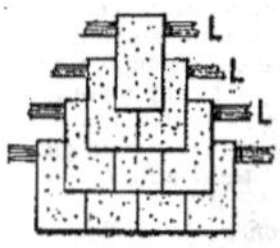

TUILES PLATES

L. lattes

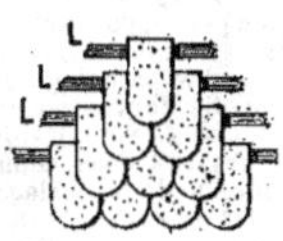

TUILES PLATES

EN ÉCAILLES

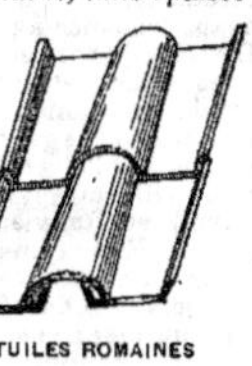

TUILES ROMAINES

MODERNES

TUILEAU (dm. de *tuile*), *sm.* Morceau de tuile cassée : *On écrase les tuileaux, puis on les mélange avec de la chaux pour en faire du ciment.*

TUILERIE (*tuilier*), *sf.* Lieu où l'on fait de la tuile. || Métier de tuilier. — **Les Tuileries**, *sfpl.* Palais construit à Paris sur la rive droite de la Seine par Catherine de Médicis, en 1564, sur les plans de Philibert Delorme et de Jean Bullant. Les constructions primitives, élevées sur l'emplacement d'anciennes fabriques de tuiles, furent modifiées, complétées ou augmentées, sous Henri IV, Louis XIII et Louis XIV, par Du Cerceau et Levau. Napoléon Ier décida de rattacher les Tuileries au Louvre; cette œuvre, reprise par Visconti en 1851, fut achevée par Lefuel en 1856, sous Napoléon III. Le palais des Tuileries était, à Paris, la résidence officielle des souverains depuis 1800; il fut brûlé, en mai 1871, sous la Commune. || Jardin attenant à ce palais, refait par Le Nôtre : *Le bassin des Tuileries.* || Autrefois, *cabinet des Tuileries*, le gouvernement français considéré par rapport aux gouvernements étrangers.

***TUILETTE** (dm. de *tuile*), *sf.* Petite tuile. || Plaque d'argile cuite pour diminuer l'ouverture d'un fourneau de fusion.

TUILIER (*tuile*), *sm.* Ouvrier qui fait des tuiles. || Celui qui exploite une tuilerie.

TULIPE (vx fr. *tulipan* : ital. *tulipano* : persan *dulband*, turban), *sf.* Genre de végétaux monocotylédones de la famille des Liliacées, comprenant des plantes herbacées et bulbeuses. La bulbe est conique, allongée et donne naissance à deux ou trois feuilles étroites, aiguës et pliées; du milieu de cette rosette de feuilles se dresse une hampe longue de 0[m],50, qui se termine supérieurement par une ou deux fleurs. Celle-ci se compose d'un périanthe, en cloche, coloré diversement suivant les espèces, à six divisions, dont trois extérieures et trois intérieures. Aucune de ces pièces ne porte de glandes nectarifères. L'androcée se compose de six étamines disposées sur deux verticilles. Le gynécée est formé d'un ovaire à trois loges surmonté d'autant de stigmates. Chacun de ceux-ci est constitué par une lame bilobée, presque plane, et portant sur le bord de leur face interne des papilles stigmatiques. Ces lobes s'appliquent l'un contre l'autre pendant la floraison pour s'étaler dès que celle-ci est terminée. Le fruit est une capsule à trois loges renfermant plusieurs graines horizontales, planes et comprimées. Les principales espèces de tulipes sont : 1° la *tulipe sauvage* (*tulipa sylvestris*), appelée vulgairement *avant-Pâques*, assez rare aux environs de Paris, et qui croît dans les vignes, les endroits herbeux des parcs, les taillis. Ses fleurs, grandes, en cloche et un peu penchées, sont jaunes; les pièces externes du périanthe sont tachées de vert à leur base; 2° la *tulipe odorante* (*tulipa suaveolens*), appelée encore *duc de Thol*, qui est originaire du midi de l'Europe et a, en mars, des fleurs dressées exhalant une odeur suave; elles sont d'un rouge éclatant, bordées de jaune à leur extrémité supérieure, tandis que l'onglet est taché de jaune verdâtre. Cette espèce donne des variétés à fleurs blanches sur les bords et diversement panachées. Les mulots et les souris sont très avides de ses oignons; 3° la *tulipe de Gesner* (*tulipa Gesneriana*), nommée vulgairement *tulipe des fleuristes*, qui porte le nom d'un célèbre botaniste du XVIe siècle et est originaire du Levant. Ses fleurs, dressées, sont jaunes, rouges ou blanches ou panachées. Les innombrables variétés de cette espèce ornent les parterres de nos jardins et de nos parcs; 4° la *tulipe de Clusius* ou de l'*Écluse* (*tulipa Clusiana*). Sa bulbe est laineuse et petite; ses fleurs, qui s'épanouissent vers le milieu d'avril, ont les divisions du périanthe aiguës; les trois extérieures sont d'un rose foncé, bordées de blanc, tandis que les trois intérieures sont blanches; toutes ont une tache pourpre violet à la base; 5° la *tulipe œil-de-soleil* (*tulipa oculus-solis*). Elle vient, dit-on, de l'Orient; sa bulbe est allongée, et sa tige et ses feuilles sont assez développées. Toutes les pièces du périanthe sont d'un rouge éclatant et présentent vers l'onglet une tache noirâtre, veloutée et encadrée de jaune. Les pièces du verticille externe sont aiguës, tandis que celles du verticille interne sont obtuses; 6° la *tulipe turque* (*tulipa turcica*), nommée aussi *flamboyante, dragonne, Mont-Etna, tulipe à lobes étroits*, originaire de la Thrace et qui présente trois variétés : l'une à fleurs blanches, à divisions du périanthe étroites, longues et aiguës; la deuxième, à fleurs rouges, munies de dents éparses; la troisième a des fleurs d'un assez beau rouge, jaunes à la base et à bords ondulés; 7° la *tulipe de Cels* (*tulipa Celsiana*); elle est indigène, mais moins haute que la tulipe sauvage; ses fleurs sont d'un jaune plus safrané, et les trois divisions du verticille externe du périanthe sont rouges en dehors. Les tulipes sont partagées en deux grandes sections, suivant que le fond de la fleur est coloré ou ne l'est pas : la première section renferme les *tulipes bizarres*; la seconde, les *tulipes à fond blanc* ou *tulipes flamandes.* Ces plantes se multiplient de graines et de caïeux; mais les caïeux seuls reproduisent les variétés. Les pieds qui proviennent des graines donnent des fleurs dont les teintes sont diverses. Les premières, qui apparaissent la quatrième ou la cinquième année, ont des teintes vagues; mais les années suivantes les couleurs se démêlent, se séparent de plus en plus et atteignent leur perfection après un temps plus ou moins long. Ce temps d'ébauche peut durer de 2 à 15 ans; tant qu'elle est dans cet état d'incertitude, la tulipe est dite *baguette*. Les graines provenant d'une *tulipe à fond blanc*, et surtout d'une tulipe dont l'onglet des pétales est blanc, donnent des fleurs parfaites dès la deuxième ou la troisième floraison. On doit, du reste, regarder comme défectueuses, les tulipes dont les premières fleurs ont une corolle mal faite et une tige sinueuse et grêle. On sème les tulipes en octobre, dans une terre substantielle, pour les replanter la deuxième année dans un bon terrain dès que les feuilles sont fanées. Sous le climat de Paris, c'est vers la première quinzaine de mai que les fleurs de la tulipe s'épanouissent; dès qu'elles sont défleuries, on en coupe les fruits et on enlève les oignons à la fin de juin, alors que les tiges peuvent s'enrouler sur le doigt sans se briser. Les oignons doivent être nettoyés de leurs tiges, de la terre, des racines et de la vieille tunique qui les enveloppe. On doit aussi en séparer les caïeux, que l'on met à part. Les oignons ainsi préparés doivent être placés dans un tiroir, à l'abri du froid et où l'air peut se renouveler facilement. Il faut aussi avoir soin que les petits mammifères rongeurs ne puissent s'introduire dans les tiroirs. On plante les caïeux dans le courant de septembre; car on en perdrait beaucoup si l'on attendait le mois de novembre. On doit éviter de laisser les oignons exposés au soleil; on risquerait d'en faire périr une grande quantité. Le nombre des variétés qu'a produites la tulipe est innombrable; cependant le nombre des variétés remarquables ne dépasse pas 800. C'est de 1555 à 1575 que la tulipe fut importée de Constantinople en Hollande; elle fut ensuite introduite à Aix en Provence, où Peiresc la cultiva pour la première fois. C'est de là qu'elle se répandit en France. La culture de cette plante était célèbre naguère en Flandre et en Hollande, et les oignons des tulipes à fond blanc ou *tulipes flamandes* atteignirent un prix que l'on peut taxer d'exorbitant. Aussi ces amateurs du XVIIe et du XVIIIe siècle furent-ils nommés *fous-tulipiers*. Aujourd'hui encore les *tulipes de Harlem* sont très estimées et très recherchées. Cette vogue est bien un peu tombée, mais néanmoins on recherche encore les belles variétés à fleurs simples. || La fleur de la tulipe. — **Dér.** *Tulipier*.

TULIPIER (*tulipe*), *sm.* Grand et bel arbre d'ornement de l'Amérique du Nord, de la famille des Magnoliacées, dont les feuilles ont la forme d'une lyre et dont les fleurs, solitaires, d'un jaune verdâtre, rappellent par leur forme celles de la tulipe. Son écorce est tonique et fébrifuge. Il se plaît dans les bonnes terres un peu fraîches et à une exposition couverte ou vers le N.

TULLE (l. *Tutela*), 16 277 hab. Préf. (Corrèze), à 470 kilom. de Paris, sur la Corrèze; évêché. Manufacture d'armes. — **Dér.** *Tulle, tullerie, tulliste, tullière*.

TULLE (*Tulle*, qui en fut, dit-on, le premier lieu de fabrication), *sm.* Tissu très clair à mailles carrées ou rondes, fait de fil très fin, de lin, de coton ou de soie : *Une robe de tulle*. || *Tulles fantaisies*, tulles en bandes, façonnés. || *Tulle noué*. (V. *Tricot* 1.) || *Tulle-bobin*, espèce de tulle fait à la mécanique.

***TULLERIE** (*tulle*), *sf.* L'industrie du tulle.

TULLIANUM (LE) (ml. : de Servius *Tullius*), *sm.* Cachot creusé au-dessous de la prison Mamertine, dans l'ancienne Rome, et d'où les cadavres des criminels étaient tirés avec des crocs pour être exposés sur les degrés de l'escalier des *Gémonies*. Cette prison existe encore, au N.-E. du mont Capitolin, et l'ancien Tullianum est aujourd'hui la chapelle de Saint-Pierre-ès-Liens.

TULLIE (l. *Tullia*), fille de Servius Tullius, sixième roi de Rome. Elle empoisonna son premier mari Aruns et sa propre sœur mariée à Lucius Tarquin, épousa alors ce dernier qu'elle poussa à faire assassiner Servius, son père, sur le corps palpitant duquel elle fit passer son char (534 av. J.-C.). — **Tullie**, fille de Cicéron, qui eut pour troisième mari Cnéius Cornélius Dolabella; morte 45 av. J.-C.

***TULLIÈRE** (*tulle*), *adj. f.* Qui se rapporte à l'industrie du tulle.

***TULLISTE** (*tulle*), *s.* Ouvrier en tulle.

TULLINS, 4 590 hab. Ch.-l. de c., arr. de Saint-Marcellin (Isère). Acier, machines, papeterie.

TULLIUS, nom d'une famille ou *gens* romaine à laquelle appartenait Cicéron.

TULLN, plaine formée d'un vaste territoire situé le long du Danube en Hongrie et dans laquelle se réunirent en 1683 les armées chrétiennes qui délivrèrent Vienne assiégée par les Turcs.

TULLUS HOSTILIUS, troisième roi de Rome, de 670 à 639 av. J.-C., sous le règne duquel eurent lieu le combat des Horaces et des Curiaces et la ruine d'Albe.

TULOU (JEAN-LOUIS) (1786-1865), célèbre flûtiste qui fit longtemps partie de l'orchestre de l'Opéra et du Conservatoire, où il a formé de nombreux élèves.

TUMBO (ILE), île du groupe de *Los* (Afrique occidentale), plate et longue, séparée du littoral par un cours d'eau, dans le chenal duquel est établi un ponton. A la pointe S.-O. se trouve la factorerie française de *Conakry*; dépôt de charbons de la compagnie du Sénégal.

TUMÉFACTION (*tuméfier*), *sf.* Mot qui, en médecine, désigne un gonflement diffus et sans limite nette. Ce caractère la différencie des tumeurs en général. La tuméfaction d'une région peut apparaître isolée; plus souvent elle doit être rattachée, avec d'autres signes, à un ensemble pathologique qui se rapporte à la maladie dont elle n'est qu'une des manifestations. Elle est un des quatre signes classiques de l'abcès chaud : tuméfaction, rougeur, douleur, chaleur.

TUMÉFIER (bl. *tumeficare*), *vt.* Rendre enflé. — **Se tuméfier**, *vr.* Devenir enflé. — **Dér.** *Tuméfaction*.

***TUMELIÈRES** (vx fr. *trumeau*, jambe), *sfpl.* Plaques de métal de l'armure qui couvraient les jambes, plus tard appelées *grèves*.

TUMEUR (l. *tumorem*), *sf.* Nom donné, en médecine, à tout tissu de formation nouvelle ayant tendance à persister ou à s'accroître. Divisées d'abord en bénignes et malignes, les unes restant localisées et n'entraînant que des troubles mécaniques, les autres progressant, s'ulcérant et se généralisant, les tumeurs ont, depuis, été l'objet de nombreuses classifications (Billroth, Virchow, Broca). Celle de Cornil et Ranvier est aujourd'hui seule admise. Elle repose sur ce fait que toute tumeur est constituée par des éléments semblables à ceux qui existent normalement dans l'organisme; à chacun des tissus correspond un genre de tumeurs, et on a : les sarcomes développés aux dépens du tissu embryonnaire, myxomes (tissu muqueux), fibromes (tissu fibreux), lipomes (tissu cellulo-graisseux), carcinomes (tissu conjonctif), chondromes (tissu cartilagineux), ostéomes (tissu osseux), myomes (tissu musculaire), névromes (tissu nerveux), angiomes (tissu vasculaire), épithéliomas (tissu épithélial), adénomes (tissu glandulaire), et enfin les kystes, qui sont des tumeurs constituées par des cavités closes renfermant une substance liquide et molle, indépendante de la circulation générale. L'origine des tumeurs est encore une question obscure. Certains faits demeurent cependant acquis : l'influence des traumatismes, la transformation d'une tumeur en une autre, la gravité suivant le siège occupé, la récidive des tumeurs malignes et leur généralisation plus ou moins rapide.

La marche de ces tumeurs varie, suivant la variété à laquelle on a affaire. Le plus souvent, elle est chronique pendant toute la durée de la maladie. Dans beaucoup de cas la tumeur est restée longtemps stationnaire (10, 15 et 20 ans), puis elle prend rapidement un développement extrême, menaçant la vie du malade. Enfin, d'autres tumeurs ont une marche aiguë dès l'origine. La mort est la conséquence naturelle et forcée de ces tumeurs malignes, mais ne survient pas toujours avec la même rapidité (siège des sarcomes, carcinomes, épithéliomas). Elle est quelquefois accélérée par une complication (pleurésie par propagation, hémorrhagies, etc.).

La symptomatologie et le pronostic de la maladie dépendent de la nature de la tumeur.

L'intervention chirurgicale est la seule de quelque utilité, qu'il s'agisse d'une guérison qu'on peut espérer radicale ou d'un retard dans la terminaison forcément fatale.

Tumeur blanche. — Nom donné à une maladie articulaire, caractérisée par la production de fongosités ayant tendance et aboutissant à la production de pus (bacille de Koch).

Cette maladie constitue une des nombreuses localisations de la tuberculose et est souvent appelée aujourd'hui *arthrite tuberculeuse*, nom qui prête moins à la confusion que le précédent. Elle peut frapper toutes les articulations, mais siège de préférence à la hanche (coxalgie), au genou, au poignet, au coude et aux articulations de la main et du pied. Rares après trente-cinq ans, elles sont le plus fréquentes dans l'enfance et l'adolescence. Le terrain sur lequel elle évolue est celui décrit dans notre article *Tuberculose*.

Tantôt elle présente un début lent, insidieux, tantôt elle débute sous forme d'arthrite rhumatismale aiguë, c'est-à-dire d'une façon violente. Quel que soit le début, les signes sont les mêmes bientôt. La douleur est un des premiers symptômes, elle siège au niveau de l'articulation, s'irradiant souvent vers l'articulation voisine; dans certains cas, la douleur n'existe que dans celle-ci. Les mouvements deviennent difficiles. On remarque du gonflement de la jointure, des attitudes vicieuses suivant l'articulation envahie, puis l'empâtement devient superficiel. La région est globuleuse, la peau blanche, amincie. La tumeur blanche peut guérir, mais il reste des vestiges du mal (déformations, claudication). Plus souvent, elle envahit les parties profondes et superficielles et le pus gagne les diverses couches (fluctuation), puis apparaît au dehors : dans ces conditions, on voit survenir de graves accidents du côté des poumons, du péritoine, des méninges, et le malade meurt de phtisie, péritonite, méningite, quelquefois d'épuisement dû à l'abondance de la suppuration.

La thérapeutique, dès le début, rend des services incontestables. Le traitement général de la tuberculose sera immédiatement institué : huile de foie de morue, douches froides, amers, nourriture fortifiante, saison à la mer ou mieux à Salies-de-Béarn (Basses-Pyrénées). Le traitement local consistera à immobiliser la jointure malade dans la gouttière dite *de Bonnet* ou l'appareil de Lannelongue : point capital. On ajoutera des badigeonnages à la teinture d'iode, frictions et pointes de feu. Plus tard, on aura recours, si besoin, à une opération sanglante : résection ou amputation, suivant les cas. || Excroissance, loupe des végétaux. — **Dér.** *Tuméfier, tuméfaction*.

***TUMIDE** (l. *tumidum*, gonflé), *adj. 2 g.* Qui présente une tuméfaction.

TUMULAIRE (l. *tumulum*), *adj. 2 g.* Qui fait partie d'un tombeau, qui y appartient : *Pierre tumulaire. Inscription tumulaire*. || *Le mégapode tumulaire*, oiseau des îles malaises qui construit de petits monticules pour y cacher ses œufs.

TUMULTE (l. *tumultum*), *sm.* Grand mouvement accompagné de bruit et de désordre : *Il s'éleva un grand tumulte*. || *Le tumulte du monde, des affaires*, l'agitation que cause la fréquentation de la société, le maniement des affaires. — **Fig.** Trouble de l'esprit : *Le tumulte des passions*, le trouble qu'elles excitent dans l'âme. || A Rome, *tumulte gaulois*, l'état où se trouvait le peuple romain quand il était en guerre avec les Gaulois. — EN TUMULTE, *loc. adv.* En confusion et avec grand bruit. — **Dér.** *Tumultueux, tumultueuse, tumultueusement; tumultuaire, tumultuairement*.

TUMULTUAIRE (l. *tumultuarium*), *adj.* 2 *g.* Qui est de la nature du tumulte. || Qui se fait avec désordre : *Assemblée tumultuaire.*

TUMULTUAIREMENT (*tumultuaire* + sfx. *ment*), *adv.* En tumulte : *S'assembler tumultuairement.*

TUMULTUEUSEMENT (*tumultueuse* + sfx. *ment*), *adv.* En tumulte.

TUMULTUEUX, EUSE (l. *tumultuosum*), *adj.* Où il y a du tumulte, de l'agitation, du désordre : *Assemblée tumultueuse. Vie tumultueuse.*

TUMULUS [tu-mu-lu-s'] (mot lat. : *terre amoncelée*), *sm.* Tas conique de pierres brutes et de terre que l'on élevait sur l'endroit où l'on venait d'enterrer un mort. Les dolmens étaient toujours recouverts d'un tumulus plus ou moins élevé, et destiné à mettre la chambre sépulcrale à l'abri de la pluie et à empêcher les carnassiers d'atteindre les cadavres qui y étaient déposés. Ces tumulus étaient composés de matières différentes, selon les localités où on les élevait. Celui du mont Saint-Michel, à Carnac, le plus considérable que l'on connaisse, forme une petite colline mesurant 40 000 mètres cubes; il est composé d'un dolmen recouvert de couches alternatives de pierrailles et de relais de mer amené d'assez loin. Il n'y a pas de dolmen sans tumulus, et ceux de ces monuments qui n'ont plus leur revêtement de terre l'ont perdu dans la suite des temps; il a été enlevé soit par les intempéries, soit par la main de l'homme, qui, en cultivant ses champs, en a nivelé le sol; mais il existe des tumulus sans dolmen. C'est ainsi que dans les Causses, où nombre de ces monuments funéraires subsistent encore, on a trouvé des tumulus renfermant des mégalithes, tandis que d'autres n'en contiennent pas; on peut même suivre le passage des premiers monuments aux seconds, qui, du reste, sont les plus nombreux. Dans les tumulus qui ne surmontent pas de dolmens, les corps étaient déposés dans des cercueils. Ceux-ci étaient de deux sortes : les uns étaient faits d'un tronc d'arbre fendu dans le sens de son axe; les deux moitiés étaient alors creusées; mais l'inférieure l'était moins à l'extrémité qui devait recevoir la tête. De plus, deux trous étaient pratiqués dans cette cuve de bois, l'un à la hauteur des genoux, l'autre vers le dos. La seconde sorte de cercueils était faite de deux madriers épais de 5 à 6 centimètres placés de champ au fond de la fosse et une planche de même épaisseur les reliait supérieurement; le fond du cercueil était formé de trois baguettes de bois disposées entre les madriers et dans le sens longitudinal. C'est sur ces baguettes que le corps du défunt était déposé. La plupart des tumulus contenaient peu de cadavres; cependant celui de Bousin, près de Landrecies (Nord), renfermait cent squelettes. Les corps avaient été déposés sur le sol naturel et recouverts d'une couche de terre d'environ 0m,50 d'épaisseur. Par-dessus, on avait placé des pièces de charpente en chêne et des fascines. Sur le tout, on avait amoncelé une masse de terre haute de 9 mètres et dont le diamètre était de 19 mètres à la base. Les tumulus les plus anciens datent de la fin de l'époque néolithique; ils ont été en usage tout le temps qui s'est écoulé depuis cet âge reculé jusqu'à l'époque mérovingienne. Ils ont dû servir à enterrer les morts d'une même famille ou d'une même tribu. Aussi trouve-t-on dans leur sein des restes de toutes sortes : âge de la pierre, âge du bronze, âge du fer ont déposé dans leurs entrailles de riches mobiliers funéraires qui accusent des mœurs différentes; on voit aussi que l'on y a pratiqué des inhumations et des incinérations. A l'époque hallstattienne, on pratiquait un genre d'inhumation particulier qui nous est révélé par plusieurs tumulus, notamment par celui de la *Motte d'Apremont* (Haute-Saône). A 2m,30 de profondeur, on trouva les débris d'un char avec des ferrures rouillées et présentant des traces d'étoffes. Le corps était entièrement consommé et sa place n'était indiquée que par les objets qu'il portait au moment de son ensevelissement. Le corps avait été placé au milieu du char : à la place du cou se trouvaient des perles d'ambre et un collier d'or massif (232 grammes); vers la poitrine trois fibules d'or; au côté droit un bassin de bronze avec poignées en fer, une petite coupe en or du poids de 50 grammes et une tête d'épingle en os; à gauche un bracelet d'os ou d'ivoire. Ordinairement, les mobiliers funéraires des tumulus de France sont moins riches que ceux que l'on rencontre en Allemagne. On peut se demander comment de pareilles masses de terre, quelquefois si considérables, ont pu être ainsi transportées et amoncelées sur des sépultures. Il faut supposer que toute une population a dû y participer. Peut-être en trouvera-t-on l'explication dans un passage d'Hérodote (livre VII, § 117), où ce père de l'histoire raconte qu'à la mort d'Achéménide, général des Perses, *l'armée tout entière versa de la terre sur le tombeau* (ἐτυμβοχοέε δὲ πᾶσα ἡ στρατιή). Ne pourrait-on voir aussi dans l'usage catholique de jeter une pelletée de terre sur le cercueil, au moment de l'inhumation d'un mort, un souvenir de cette pratique plusieurs fois séculaire? Au reste, cet usage s'est perpétué chez les nomades du Sahara occidental : aucun d'eux ne passerait devant un tumulus sans y déposer une pierre. En Europe, les tumulus se rencontrent un peu partout : on en voit en Russie notamment dans le Caucase, en Autriche, en Allemagne, en France, en Espagne. On en trouve aussi en Algérie et au Maroc, où on en élève encore de nos jours. (V. *Dolmen.*)

***TUN** (*x*), *sm.* Nom d'une sorte de craie du Nord. — **Dér.** *Tunage, tune.*

***TUNAGE** ou ***TUNE** (*tun*), *sm.* Couche de fascines traversées de plusieurs rangs de piquets et de clayons et chargées d'un lit de gros gravier.

TUNGARAGUA, 5 200 mètres d'altitude, volcan des Andes, dans la république de l'Équateur (Amérique méridionale). — **Tungaragua**, 1 300 kilom., rivière de l'Amérique du Sud qui, réunie à l'Ucayali, forme le fleuve des Amazones.

***TUNGSTATE** (*tungstène* + sfx. chimique *ate*), *sm.* Tout sel formé par la combinaison de l'acide tungstique avec un oxyde. On trouve des tungstates dans la nature, où ils sont assez rares, il est vrai : tels sont le wolfram (V. ce mot) et le schéelin, calcaire qui est un tungstate de chaux.

TUNGSTÈNE (allem. *tungstein*, pierre pesante), *sm.* Métal très lourd, d'un gris clair, spongieux ou grenu très dur, friable ou sous forme d'une poudre noire très peu fusible, découvert par Scheele en 1781, que l'on extrait de certains minerais associés à ceux de l'étain. (V. *Wolfram.*) Les aciers et les fontes au tungstène sont remarquables par leur grande dureté. On les prépare en ajoutant du wolfram à ces produits métallurgiques. Ce corps est rangé aujourd'hui parmi les métalloïdes et constitue une famille avec le molybdène. — **Dér.** *Tungstique, tungstate.*

***TUNGSTIQUE** (*tungstène* + sfx. chimique *ique*), *adj. m.* Se dit de l'acide formé par la combinaison de l'oxygène avec le tungstène et qui est une poudre blanche ou jaunâtre.

***TUNICIER** (*tunique*), *sm.* Autre nom par lequel on désigne les molluscoïdes, animaux marins intermédiaires entre les mollusques et les zoophytes, se reproduisant par œufs ou par bourgeonnements, pourvus d'un grand manteau en forme de sac et formant des agrégations d'individus plus ou moins soudés entre eux. Ex. : les *biphores*, les *ascidies.*

***TUNICINE** (*tunicier*), *sf.* Cellulose qui forme le manteau des tuniciers et celui des ascidies. Elle est analogue à la chitine; seulement celle-ci provient de la carapace des articulés.

TUNIQUE (l. *tunica*), *sf.* Vêtement de dessous des anciens en forme de blouse, en fil ou en laine. On en portait d'ordinaire deux l'une sur l'autre; elles avaient des manches longues, des manches courtes ou pas de manches du tout. || Habillement que les évêques portent sur leur chasuble quand ils disent la messe. || Sorte de chasuble des diacres et des sous-diacres, qui a deux pans couvrant les épaules. || Sorte de veste que les rois de France portaient sous le manteau royal pendant la cérémonie du sacre. || Redingote d'uniforme des militaires et des collégiens. || Aujourd'hui, sorte de corsage à taille que portent les femmes par-dessus leur robe. || Membrane qui enveloppe un organe du corps ou qui forme les parois d'une cavité : *Les tuniques de l'œil.* || Enveloppe ordinairement ouverte au sommet d'un organe végétal : *Les tuniques de l'ovule.* || Feuille charnue qui entre dans la constitution d'une bulbe : *Les tuniques de l'oignon.* — **Dér.** *Tunicier, tunicine, tuniqué, tuniquée.*

TUNIQUE ROMAINE

***TUNIQUÉ, ÉE** (*tunique*), *adj.* Se dit des organes, animaux ou végétaux, qui possèdent une ou plusieurs enveloppes ou tuniques.

TUNIS (l. *Tunes*), 150 000 hab. Ville de l'Afrique septentrionale, à 45 kilom. de la Méditerranée, bâtie en amphithéâtre au fond de la lagune de Boghaz, qui communique avec la Méditerranée par un canal à l'embouchure duquel est le port de la *Goulette;* chemin de fer. Capit. de la Tunisie. — **Dér.** *Tunisie, tunisien, tunisienne.*

TUNISIE (BEYLIK DE), 116000 hectares, 1 500 000 hab. (V. la carte, p. 603.), l'*Africa* des anciens Romains, comprenant la Byzacène et la Zeugitane. La Tunisie, une des trois régences barbaresques, est située au N. de l'Afrique, entre la Méditerranée au N. et au N.-E., la régence de Tripoli au S.-E., le Sahara au S., l'Algérie à l'O. La Tunisie n'est, en somme, que le prolongement oriental de l'Algérie : la constitution géologique et la population des deux pays offrent une similitude bien marquée. Le Tell et la région des plateaux sont à peu près confondus : le sol, très accidenté, est partout susceptible de culture, et les eaux convergent dans le bassin de la Medjerdah. La chaîne qui parcourt l'Afrique du Nord vient se terminer en Tunisie par le djebel Kessera, le djebel Bellota (1180 mètres), le djebel Bargou, le djebel Djoukar (1171 mètres), le djebel Zaghouan (1300 mètres) et le djebel Zid au N. Au cap Bon (ras Addar) viennent aboutir les montagnes de la presqu'île de Daklat-el-Mahouin; à ces hauteurs se rattachent le djebel Trozza (1001 mètres) et le djebel Ousselet, au S.-E. de Kairouan, avant-chaîne qui se prolonge au S. jusqu'à Gafsa et aux Chotts. Les vallées de ces montagnes sont fertiles et habitées par des populations sédentaires. Les Romains avaient percé dans cette région des routes qui existent encore et qui joignent Tunis et le Kef à Sousse et à Kairouan, Tunis à Hammamet, Tebessa à Kairouan et à Gafsa. Au N. s'étend une avant-chaîne dont les principaux points sont : le djebel Dir au N.-O. de Tebessa, les montagnes volcaniques du Kef, les cluses de la Medjerdah au S. de Béja, le djebel Eidous et le ras El-Mekki. Au Kef vient passer la route de Tunis à Constantine : de là partent d'autres chemins vers Tabarka et la Calle. Dans l'espace compris entre ces chaînes et la côte se dressent les montagnes granitiques et gneissiques des Khroumirs (2 200 mètres), bien arrosées et couvertes de belles forêts. A l'E. de la région des Khroumirs est le Mogod, que domine le djebel Tabouda. Les eaux qui coulent sur les pentes se réunissent dans une nappe d'eau douce, le garaât Ech-Kheul, qui se déverse dans le lac de Bizerte. La Medjerdah est le principal cours d'eau de la Tunisie. Elle prend sa source sur les hauts plateaux de la province de Constantine; son bassin est la région vraiment riche et peuplée de la Tunisie; il est séparé en trois parties par des défilés étroits. La première est la plaine de *Soukahras* en Algérie; la seconde, la plaine de la *Daklat*, de *Ghardimaou* à *Béja*, où vient aboutir l'oued Mellègue; la troisième est la plaine de *Tebourba*, bien arrosée par un système d'irrigations (le barrage de Tebourba a été établi en 1622 par des ingénieurs hollandais); elle s'étend de Testour à Tunis et à la mer. La largeur de la rivière, qui est de 100 mètres dans son cours moyen, se réduit à 35 mètres dans les défilés de Béja; elle aboutit au golfe de Porto-Farina. Elle reçoit à gauche quelques torrents peu importants. A droite, ses affluents sont : 1° l'*oued Mellègue,* qui vient des hauteurs de l'Aurès et arrose la plaine de Tebessa : il passe près du Kef et se jette dans la Medjerdah à Souk-el-Arbâ; 2° l'*oued Khalled,* qui coule à travers la plaine d'Es-Sers; 3° l'*oued Zar-Siliana,* qui aboutit un peu en amont de Testour; 4° l'*oued Miliana,* qui vient du djebel Bargou : son cours, parallèle à celui de la Medjerdah, se termine au fond du golfe de Tunis; 5° l'*oued Merguellil,* qui prend sa source près de Tebessa et va se perdre au voisinage de Kairouan, dans des *hatch*, après avoir parcouru des plaines stériles. Le lac *Kelibia* (l'ancien lac du *Triton,* d'après le docteur Rouire), qui sert de déversoir à l'*oued Bagla,* s'étend au N. de Kairouan. Enfin, plus près de la mer, s'étend le *Sahel,* longue bande pierreuse couverte d'oliviers. Les côtes de la Tunisie dessinent dans la mer Méditerranée une avancée qui donne à ses ports une importance considérable. La côte septentrionale fait immédiatement suite à celle de l'Algérie; on y remarque : 1° à l'E. du cap *Roux,* frontière de la Tunisie et de l'Algérie, la baie de *Tabarka* que ferme l'île du même nom; 2° entre le *ras El-Abiod* et le cap *Zebib*, la baie de *Bizerte* (on pourrait facilement, en draguant les sables qui en obstruent les passes, transformer en une station militaire très forte Bizerte, à l'entrée du lac du même nom); 3° entre le ras Sid-Ali-el-Mekki et le cap Bon, le golfe de *Tunis;* la baie de Tunis proprement dite forme le fond du golfe entre le cap *Carthage* et le *ras El-Fortas.* La ville de Tunis est assise sur les bords du lac *El-Bahira,* auquel on rend aujourd'hui son ancienne importance en y creusant un canal profond. Le port actuel de Tunis est la *Goulette*, sur la rive N. du lac : un chemin de fer réunit le port à la ville. A 2 kilomètres à l'O. de Tunis est le *Bardo,* l'ancienne résidence des beys, qui était tout à la fois un palais, une forteresse et une caserne. A l'E. de la Tunisie, les côtes sont basses et marécageuses depuis le cap Bon jusqu'au golfe de Gabès et aux frontières de la Tripolitaine. De Hammamet à Sfax, le long de la mer, s'étend le *Sahel* avec ses forêts d'oliviers poussant sur un sol de pierres; puis au S., jusqu'à Gabès, l'*Arad*, coupé çà et là de belles oasis. Au large s'élève une ceinture d'îles : les îles *Kouriat* et *Conegliera,* qui ferment au S. le golfe d'Hammamet; en face de Sfax, les îles *Kerkenah*, qui en abritent la rade; au S. du golfe de Gabès, l'île de *Djerba,* qui produit de bons fruits et dont le principal port, Houmt-es-Souk, est un marché important. On rencontre sur cette côte une série de ports : Kelibia, Hammamet, Sousse (l'ancienne Adrumète), reliée à Kairouan par une route et un chemin de fer à voie étroite; Monastir, Mahadia ou Mehedia, non loin des ruines de Thapsus; Sfax, 30 000 hab., habitée par une population active et industrieuse; Gabès, où l'on a créé un port. La région saharienne de la Tunisie s'étend au S. du bassin de l'oued Merguellil : la dépression des *Chotts* (chotts Gharsa, El-Djerid et El-Fedjedj), qui aboutit au golfe de Gabès, la sépare en deux portions. La partie au N. des Chotts est divisée en deux versants, le *Djerid* à l'O. et l'*Arad* à l'E. Le Djerid, qu'arrose l'*oued Thapfaoui,* contient plusieurs belles oasis, entre autres, celles de *Gafsa*, *El-Guettar*, *El-Hamma*, *Touzeur*, *Nefta*. Dans l'*Arad* se trouvent les oasis de *Gabès* et d'*El-Hamma*. A quelques kilomètres du chott El-Fedjedj et du golfe de Gabès se terminent les hauteurs calcaires (djebel Douerât) qui forment les bords de la cuvette saharienne. Au S. des Chotts s'étendent les territoires des *Nefzaoud* et des *Ourghamna*. Enfin, sur le littoral, la Tunisie est séparée de la Tripolitaine par le lac des *Bibans* (Portes), ainsi nommé à cause des nombreux canaux par lesquels il communique avec la mer.

Dans la régence, les pluies commencent en automne (octobre) et finissent en mars : elles sont surtout abondantes en décembre et janvier; le thermomètre marque alors 15-18°, et le vent souffle en général de l'O. et du N.-O. Au printemps, les pluies sont rares. Les chaleurs de l'été commencent en juin et augmentent jusqu'en août; la moyenne de la température est de 25-30°; mais le thermomètre atteint souvent 40°; le siroco, vent du S.-E., rend la chaleur particulièrement pénible; l'absence d'humidité dans cette saison dessèche la végétation.

Les principales cultures indigènes sont celles des céréales, des oliviers et des dattiers. Les céréales, principalement le blé dur et l'orge, sont cantonnées dans les plaines de la Medjerdah, la vallée de Béja à Ghardimaou (80 kilom. de long), celle d'Utique. Dans l'E. et le S., ces cultures sont répandues dans la partie du pays, entre la mer et les montagnes. Les terres à céréales sont en général des terres louées : le métayage est très répandu; les métayers portent le nom de *khammès*; ils reçoivent du propriétaire, pour 10 hectares, une paire de bœufs, qu'ils doivent entretenir et nourrir, une charrue et le grain nécessaire à l'ensemencement. Quand le grain et l'orge, nettoyés, sont rentrés après la récolte, le propriétaire prend quatre cinquièmes de la récolte pour lui et laisse l'autre cinquième au khammès. Dans une année moyenne, ceci ne représente qu'une centaine de francs. Aussi le propriétaire doit-il faire des avances de grain au khammès, qui devient ainsi son serf. La culture reste stationnaire, car ni le khammès ni le propriétaire n'ont intérêt à augmenter le rendement. Les oliviers sont cultivés sur une grande échelle aux environs de Tunis et de Bizerte, dans le Sahel, l'île de Djerba et les environs de Sfax et de Gafsa. La qualité des arbres est très inégale, et la récolte est bien inférieure à ce qu'elle serait s'ils étaient bien entretenus et si cette culture était débarrassée des formalités vexatoires dont l'administration l'entoure. Les dattiers sont cantonnés dans les oasis de Gabès, des Nefzaoua, et dans le Djerid. Il faut pour le dattier un sol humide en même temps qu'un soleil ardent : ces conditions se trouvent surtout réalisées dans le Djerid. Les oasis du bord de la mer ne donnent que des produits peu estimés. Les oliviers et les dattiers payent un certain droit par pied d'arbre. Le tabac n'est pas, comme en France, l'objet d'un monopole exclusif de l'Etat qui, au contraire, travaille à le supprimer au profit de la régie française. La culture du chanvre est interdite comme nuisant à celle du tabac. En effet, les indigènes fument les pellicules qui entourent le fruit du chanvre, qui donnent une sorte de haschisch. L'alfa abonde en Tunisie; Gafsa est le marché principal de cette graminée. Autrefois la culture était libre; aujourd'hui, par suite de circonstances qu'il serait trop long de rapporter ici, la culture de l'alfa dans la régence se trouve également concédée à une compagnie anglaise : la production est d'environ 10 000 tonnes par an.

La Medjerdah sépare les deux grands groupes des forêts tunisiennes : dans le N. dominent les chênes et les chênes-lièges; dans l'O. et le centre, on trouve surtout le pin d'Alep et le chêne vert. Ces forêts font partie du domaine beylical : l'administration française, qui agit au nom du bey, a adopté le système de la mise en œuvre directe avec vente des produits par l'État. Près de Talah, à 69 kilom. de Gafsa, se trouve une forêt d'acacias gommifères malheureusement très mal entretenue. Les compagnies de chemins de fer ont entrepris, pour la protection de leurs ouvrages d'art, des plantations d'eucalyptus résinières mélangées de pins d'Alep et d'acacia cyanophylla. On nourrit, en Tunisie, une grande quantité de bœufs, de moutons à grosse queue et de chèvres. Les bœufs sont de petite taille, mais bien faits. Les chevaux, de race arabe, sont petits, quoique solides; ils sont malheureusement peu nombreux. Le nombre des chameaux est également restreint. Les ânes, très petits, mais très robustes, dominent dans la régence. Les animaux, sauf les chevaux, vivent constamment en plein air. Le droit de pâturage est concédé moyennant une indemnité d'un mouton ou d'une chèvre pour cent. Malheureusement, les animaux, mal soignés, s'accouplent librement et la race se trouve ainsi abâtardie. De plus, les droits de sortie qui frappent le bétail à l'exportation empêchent les propriétaires de chercher dans l'élevage une source de revenus.

L'industrie tunisienne indigène est très rudimentaire; elle comprend quatre branches : huilerie, tannerie, teinturerie et tissage.

Depuis l'occupation de la Tunisie par les Français, il a été créé de grands établissements agricoles, où nos colons ont engagé des capitaux considérables. On a heureusement évité le système officiel des concessions de terres, qui a tant nui au développement de l'Algérie. Les plus grands domaines sont ceux de l'*Enfida,* de *Sidi-Tabet* et d'*Utique :* ces deux derniers sont situés dans la vallée de la Medjerdah, qui est la partie la plus fertile et la mieux cultivée de la régence. On commence à s'occuper d'améliorer les races de chevaux et de bœufs, dont la taille était primitivement très exiguë. La culture de la vigne prend en Tunisie une extension considérable. La grande culture est heureusement presque tout entière entre les mains des Français. Les Italiens, si nombreux dans le pays, ne possèdent aucune propriété rurale et ne s'occupent que de commerce. On a creusé en Tunisie de nombreux puits artésiens vers la région des Chotts, dans le but de fertiliser les terres et de se procurer ainsi l'argent nécessaire aux travaux, qui permettraient de faire venir dans les Chotts l'eau de la Méditerranée et de créer une mer intérieure (projet Roudaire). On a installé à Tunis des minoteries perfectionnées pour la fabrication des semoules, et de nombreuses huileries, dont quelques-unes à vapeur, traitent les olives et les grignons d'olive. Le sol de la régence est en général constitué par des terrains crétacés, tertiaires ou jurassiques; elle ne paraît pas très riche en mines; jusqu'à ces derniers temps, les seules mines concédées étaient les gîtes de fer des Nefzas et des Mikhnas. On en tire des hématites rouges ou brunes, tenant de 52 à 60 p. 100 de fer et 2 à 10 p. 100 de manganèse et sans traces nuisibles de soufre, ni de phosphore. On trouve le plomb à l'état de sulfure ou de carbonate à Djebba, dans la vallée de la Medjerdah. A Djebel-Ressas, près de Tunis, une compagnie italienne exploite depuis longtemps une mine de galène et de calamine. Ces deux minerais se rencontrent encore au djebel Bouguernine, au djebel El-Kohol, près de Zaghouan, et au Kanguet-Kef. Entre Béja et Tabarka, de nombreux gîtes de phosphate de chaux ont été découverts au contact du crétacé et de l'éocène sur les deux versants de la chaîne qui, entre Gafsa et la frontière d'Algérie, sépare la région des Hauts Plateaux de celle des Chotts. On exploite à Chemtou, près de Ghardimaou, dans la vallée de la Medjerdah, des carrières de très beaux marbres. L'activité commerciale de la Tunisie a beaucoup augmenté depuis l'établissement du protectorat français. Tunis, Sfax, Sousse, Mehedia, Tabarka, Gabès ont vu rapidement croître leur importance. La Tunisie exporte principalement ses produits en Italie et en Tripolitaine; puis viennent l'Angleterre, l'Algérie et la France continentale. Les exportations portent sur les huiles d'olive, le blé dur, l'orge, l'alfa, les dattes, les peaux, les éponges. Les points où se produisent les transactions commerciales les plus importantes sont, par ordre d'importance, la Goulette, Sousse, Sfax, Gabès, Djerba, Monastir, Mehedia, Tabarka et Bizerte. Parmi les autres places d'échange, on remarque Ghardimaou, Gafsa, Sidi-Youssef, Babouk. Les importations sont supérieures aux exportations. Les établissements de crédit, si nécessaires au développement du commerce et de l'industrie, commencent à prendre une grande importance et à soustraire les propriétaires indigènes et européens aux exigences des usuriers; l'intérêt de l'argent a baissé de 12 p. 100 (en 1879, chez les banquiers de Tunis) à 7 p. 100 (Banque de Tu-

TUNISIE

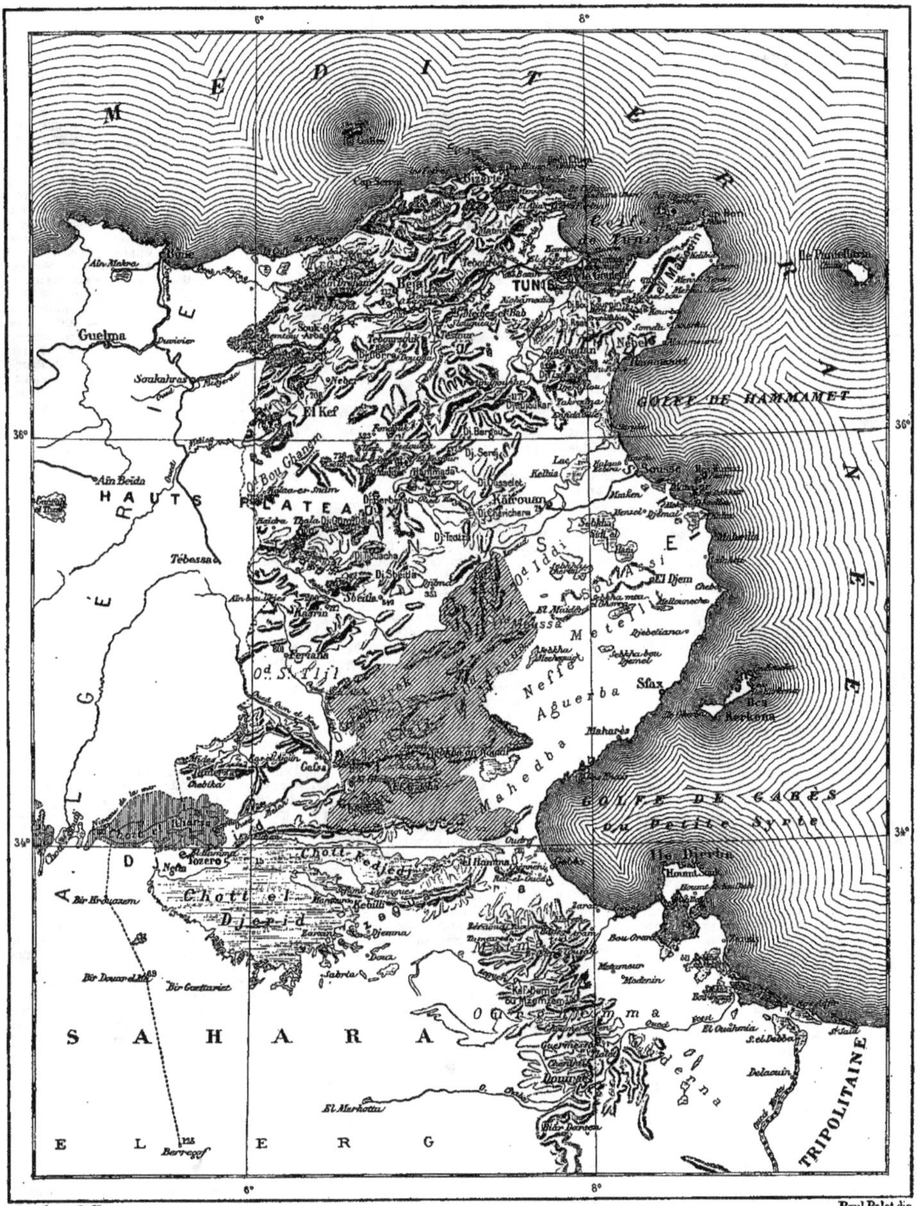

Gravé par R. Hausermann.

Les chiffres expriment en mètres l'altitude au dessus du niveau de la mer.

Paul Pelet dir.

Echelle de : $\frac{1}{2.900.000}$

0 25 50 100 150 200 Kil.

Région de l'alfa

nisie, 1885). Les impôts sont de deux sortes en Tunisie : I. Les contributions directes, qui comprennent : 1° l'impôt de capitation ou *medjba*, payable par les indigènes seuls, à raison de 45 piastres 25 par individu mâle adulte (sont exempts les soldats, les étudiants et les infirmes); 2° le *kanoun* sur les oliviers et les dattiers; 3° la *dîme* sur les produits des oliviers; 4° l'*achour* sur les céréales, payable en nature ou en argent; 5° les *m'radjas* (impôts sur les cultures maraîchères, etc.). II. Les contributions indirectes comprennent : 1° les droits de timbre; 2° les droits de *karoube* sur la vente des immeubles; 3° le produit des monopoles et marchés affermés (sel, chaux, briques, tabac, vente des animaux, etc., etc.); 4° le produit des marchés non affermés; 5° le produit des *mahsoulats* (impôts sur les produits de la terre autres que le blé et l'orge, etc.); 6° les *kodous*; 7° les droits de douane à l'importation et à l'exportation. Les douanes tunisiennes admettent en franchise les céréales (blé, orge, maïs, les pierres meulières et les lingots d'or et d'argent). La capitale de la régence est Tunis (225000 hab.), où il se fait un commerce important : la création du nouveau port y apportera une activité plus grande. Les autres villes sont : la *Goulette* (2500 hab.), *Bizerte* (6000 hab.), *Gabès* (9000 hab.), *Mehedia* (4500 hab.), *Monastir* (2500 hab.), *Sfax* (30000 hab.), *Sousse* (10000 hab.), *Kaïrouan* (50000 hab.).

L'instruction publique a toujours été l'objet de la sollicitude des beys. Toutes les localités importantes sont pourvues d'une école primaire arabe. Bizerte, le Kef, Kaïrouan, Sfax, Sousse possèdent des établissements d'instruction secondaire (grammaire, théologie, droit). A la grande mosquée de Tunis est rattachée une sorte d'université où l'on enseigne les lettres, les sciences, le droit et la théologie. Le protectorat a laissé subsister cette organisation, tout en créant un système d'enseignement français qui comprend un certain nombre d'écoles primaires et trois collèges où se donne l'instruction secondaire : le collège Sadiki, le collège Saint-Charles et le collège Allaoui. L'armée tunisienne a été dissoute ; il ne reste qu'un bataillon, un escadron et une batterie constituant la garde d'honneur du bey. Les troupes françaises stationnées en Tunisie comprennent actuellement trois régiments d'infanterie, deux de cavalerie et deux batteries d'artillerie. Les compagnies de Bone-Guelma et de l'Est-algérien sont concessionnaires d'une longueur d'environ 410 kilom. de voies ferrées :

Tunis à la Goulette.	17k,5
Ariana à la Marsa et la Goulette.	15
Tunis au Bardo.	6
Tunis à Bone	354
Tunis à Hammam-Lif.	18
TOTAL. . .	410k,5

La Tunisie, soumise à Carthage, forma, après la chute de cette colonie phénicienne (146 av. J.-C.), la province romaine d'Afrique englobée par la Numidie. Jugurtha vaincu, Rome occupa tout le pays, y compris la Mauritanie et la Numidie. Les Vandales, qui avaient envahi le pays en 438, en furent chassés par Bélisaire, et la Tunisie fit partie de l'empire d'Orient jusqu'en 646, époque à laquelle commencèrent les incursions des Arabes. Kairouan, fondée par les musulmans, devint la métropole religieuse et scientifique de l'Afrique. Au XIIIe siècle, les princes de Tunis succédèrent aux khalifes. Tunis fut le but de la dernière croisade et saint Louis y mourut de la peste en 1270. En 1534, Barberousse prit Tunis au nom des Turcs, et à partir du XVIIe siècle la Tunisie fut gouvernée par des beys qui recevaient l'investiture de la Porte. Le pays, ruiné par les prodigalités de Mohammed-el-Sadok (1859-1882), dut aliéner les revenus des impôts entre les mains des Européens pour assurer le service de la dette. Vers 1880, des difficultés s'élevèrent au sein de la commission, composée de Français, d'Anglais et d'Italiens; ces derniers, cherchant à prendre à Tunis une influence qui eût été gênante pour l'Algérie, qui aurait même compromis la sécurité de cette belle colonie, la régence fut occupée par nos troupes et le traité de Kasr-es-Saïd imposé au bey (12 mai 1881); la convention de la Marsa le compléta (8 juin 1881). La dette (150 millions) a été convertie sous notre garantie; le régime des capitulations a été aboli d'accord avec les puissances; les lois françaises régissent actuellement les Arabes et les étrangers. Le bey n'est plus qu'un haut fonctionnaire à notre solde soumis au contrôle de notre résident général.

***TUNISIEN, IENNE** (*Tunis*), *adj.* et *s.* De Tunis. ‖ Habitant de cette ville.

TUNISIEN JOUANT DU TANBOUR

TUNNEL (db. du vx fr. *tonnel*, tonneau), *sm.* Souterrain construit pour le passage d'un chemin sous une rivière, un bras de mer, à travers une montagne : *Le tunnel de la Tamise, à Londres, fut creusé par l'ingénieur français Brunel* (1825-1843). *Le tunnel du mont Cenis a été terminé en 1871.*

TUORBE, *sm.* (V. *Téorbe.*)

***TUPA** (*Tupas*, nom d'une tribu indienne du Brésil), *sm.* Genre de plantes dicotylédones, de la famille des Lobéliacées, originaire du nouveau monde. Les principales espèces, cultivées comme plantes d'ornement, sont : 1° le *tupa à larges feuilles* (*lobelia tupa*), originaire du Chili, dont la racine est volumineuse et donne naissance à plusieurs tiges herbacées, garnies de grandes feuilles un peu velues. Ces tiges se terminent par un épi de grosses fleurs rougeâtres éloignées les unes des autres et qui s'épanouissent en août et septembre; 2° le *tupa rouge feu* (*tupa ignescens*), originaire du Mexique, à tiges rameuses et violacées, et dont les fleurs rouges sont disposées en longues grappes portées sur de longs pédicelles; 3° le *tupa à feuilles de saule* (*lobelia salicifolia*), à tige arborescente, rameuse, haute de 1m,50 à 2 mètres, portant des feuilles lancéolées, éparses, étroites. Les fleurs, d'un rouge ponceau, forment de longues grappes feuillées qui s'épanouissent en juillet. Ces plantes viennent en pleine terre et en orangerie.

***TUPAIA** ou ***TUPAJA** (mot malais), *sm.* Genre de mammifères insectivores voisins des hérissons. Ce sont des animaux couverts de poils, très agiles et grimpant facilement sur les arbres. Les tupaias habitent l'archipel Indien; on en connaît plusieurs espèces, au nombre desquelles se trouve le *tana*. (V. ce mot.)

TURBAN (pers. *dulband* : de *dul*, tour + *band*, bande), *sm.* Longue pièce d'étoffe que les Turcs et autres Orientaux enroulent et entrelacent comme coiffure autour de leur tête par-dessus un bonnet. — Fig. *Prendre le turban*, se faire mahométan. ‖ Coiffure semblable à un turban qu'ont portée les femmes d'Europe. ‖ Sorte de toile de coton des Indes rayée de bleu et de blanc pour faire les turbans. ‖ Nom par lequel on désigne plusieurs espèces de mollusques. ‖ Nom du lis de Pomponne, de la famille des Liliacées.

TURBAN AFGHAN

***TURBANET** (*turban*), *sm.* Le giraumon. (V. ce mot.)

TURBE (l. *turba*, foule), *sf.* Nombre considérable de témoins pris parmi les habitants d'un lieu. ‖ *Enquête par turbe*, faite en recueillant le témoignage de beaucoup d'habitants d'une localité (vx). — **Dér.** *Turbulent*, etc., *turbine*, etc., *tourbillon*, etc.

TURBIE (LA), 848 hab., commune de Villefranche (Alpes-Maritimes), au-dessus de Monaco. Cette position barre complètement la route de la Corniche : c'était, du temps des Romains, la frontière entre la Gaule et l'Italie.

TURBIGO, bourg de la province de Milan (Italie), au N.-E. de Magenta, sur la rive gauche du Tessin. Le 3 juin 1859, l'armée française y passa cette rivière en culbutant les Autrichiens devant elle.

***TURBINAIRES** (*turbo* : du l. *turbo*, génitif *turbinis*, toupie), *smpl.* Groupe des animaux des coquilles turbinées appelées *sabots*. (V. *Turbo*.)

TURBINE (l. *turbinem*, toupie), *sf.* Roue hydraulique horizontale et par conséquent à axe vertical, à aubes courbes, qui a la propriété de fonctionner sous l'eau. Elle fut inventée par Euler en 1754, et modifiée par M. Fourneyron. Les turbines ont sur les roues hydrauliques ordinaires les avantages suivants : elles n'occupent que très peu de place, elles marchent avec une vitesse assez grande, et, ce qui est le plus important, elles s'approprient à toutes les chutes, à toutes les dépenses d'eau. La turbine se compose de deux couronnes horizontales, concentriques, réunies entre elles par des aubes en tôle ou en fonte, qui sont des surfaces cylindriques à génératrices verticales. La roue plonge dans l'eau du bief inférieur, et cette immersion n'empêche pas l'eau du réservoir de venir agir sur les aubes de la roue. L'écoulement se produit en vertu de la différence de niveau des deux biefs. Des mécanismes particuliers permettent de manœuvrer une vanne, destinée à rétrécir plus ou moins l'ouverture par laquelle l'eau se rend dans la roue; d'élever ou d'abaisser à volonté la roue, de manière qu'elle soit exactement en regard de l'ouverture qui laisse arriver l'eau sur elle; de transmettre le mouvement à l'arbre de couche de l'usine. On guide le liquide, avant son entrée dans la roue, à l'aide d'aubes ou de cloisons courbes appelées *directrices*.

Les expériences du général Morin ont établi que le rendement de la *turbine Fourneyron* atteint 70 p. 100. En outre, cette turbine fonctionne toujours à l'époque des crues comme au moment des basses eaux; la totalité de la chute est utilisée, la machine marche au moment des fortes gelées, puisque l'eau ne passe à l'état de glace qu'à la surface des cours d'eau. Elle peut marcher avec des vitesses très différentes de celle qui correspond au rendement maximum, sans que l'effet utile s'écarte beaucoup de ce maximum. Cette turbine peut être adaptée à toute espèce de chute.

M. Callon a modifié la turbine Fourneyron en disposant plusieurs vannes indépendantes, qui permettent de diminuer la quantité d'eau sortant du réservoir, sans diminuer l'épaisseur de la lame d'eau; il suffit de fermer complètement quelques-unes des vannes partielles et de laisser les autres entièrement ouvertes. La roue peut ainsi être toujours couverte dans toute sa hauteur. On évite aussi les remous accompagnés de pertes de vitesse. Mais cette turbine présente quelques inconvénients.

La *turbine Fontaine* diffère de celle de Fourneyron en ce que les molécules liquides, au lieu de se déplacer dans des plans horizontaux, agissent de haut en bas. Elle est située au-dessus du bief d'aval et ordinairement plus près du bief supérieur que du bief inférieur. Par cette disposition, on perd une grande partie de la hauteur de chute, mais cette perte est compensée par l'aspiration qui se produit dans la partie du puits située au-dessous de la roue.

Dans la *turbine Kœchlin*, l'eau agit de haut en bas, comme dans la turbine Fontaine. La situation de cette turbine, entre les deux niveaux d'amont et d'aval, permet de la mettre facilement à sec; pour cela, il suffit de laisser ouverte la vanne du canal de fuite et de fermer celle du canal d'arrivée. Les visites et les réparations deviennent ainsi faciles à faire.

La *turbine hydropneumatique*, due à MM. Callon et Girard, remédie à la diminution de rendement qui se produit dans la turbine Fontaine, quand elle est noyée, et à l'inconvénient que présente la turbine Fourneyron lorsque la vanne n'est pas complètement levée. On règle la dépense sans occasionner de perte sensible dans le rendement. Dans cette turbine on a voulu réunir les avantages de la marche sous l'eau et ceux de la marche dans l'air. Pour éviter l'élévation du niveau d'aval, on entoure la turbine d'une grande cloche en tôle dont les bords se trouvent à quelques centimètres au-dessous de la couronne inférieure de la roue. Au moyen d'une pompe mise en mouvement par la machine elle-même, on comprime l'air sous cette cloche; le niveau du liquide à l'intérieur s'abaisse alors jusqu'aux bords de la cloche et ne peut descendre plus bas; car l'air s'échappe et retourne dans l'atmosphère en traversant l'eau du bief d'aval. De cette manière, la roue ne sera pas noyée; elle se trouvera à une petite distance au-dessus du niveau de l'eau environnante, et elle sera toujours placée de même par rapport à ce niveau, quelle que soit la hauteur de l'eau dans le bief d'aval. Le rendement de ces turbines est sensiblement de 75 p. 100, quelle que soit la quantité d'eau dépensée. — **Dér.** *Turbinelle, turbiné, turbinée, turbinelle, turbinite.*

TURBINÉ, ÉE (*turbine*), *adj.* Qui a la forme d'une toupie aplatie : *La racine de la rave est turbinée.* ‖ Se dit d'une coquille spirale formant un cône surbaissé, et composée d'un petit nombre de spires.

***TURBINELLE** (dm. de *turbine*), *sf.* Genre de mollusques gastéropodes à coquille spirale dont les nombreuses espèces vivent dans les mers des régions chaudes (Amérique du Sud, Afrique, Ceylan, Philippines, océan Pacifique, etc.). Les Cingalais sculptent la coquille de l'espèce appelée par eux *chank* et qui est la *turbinelle poire;* certaines variétés sont considérées par les prêtres indiens comme sacrées. Le terrain miocène renferme vingt espèces fossiles.

TURBINITE (l. *turbinem*, toupie), *sf.* Genre de mollusques gastéropodes marins à coquille en spirale, brillamment nacrée lorsque l'épiderme et la couche externe de la coquille ont été enlevées. Aussi emploie-t-on plusieurs espèces de ce genre pour l'ornementation.

TURBITH (ar. *turbid*), *sm.* Espèce de liseron de l'Inde, dont la racine est un violent purgatif et était autrefois très employée. ‖ *Turbith minéral,* sulfate jaune de mercure, purgatif.

***TURBO** (ml. : *toupie*), *sm.*, ou SABOT. Genre de coquilles turbinées dont il existe plus de trois cents espèces fossiles, à partir du terrain silurien. La nature actuelle en nourrit environ soixante espèces que l'on rencontre dans les mers tropicales, aux Antilles, dans la Méditerranée, au Cap, dans l'Inde, la Chine, l'océan Pacifique, l'Australie, la Nouvelle-Zélande, le Pérou, etc. — **Dér.** *Turbine, turbinaires, turbinelle, turbiné, turbinée, turbinite.*

TURBOT (kymr. *turbwt;* bas breton *turboden, turbozen;* gaël. *turbaid.* Quelques étymologistes le font venir du l. *turbo,* toupie; mais ce poisson plat ne ressemble guère à cet objet), *sm.* Genre de poissons de la famille des Pleuronectes et de l'ordre des Malacoptérygiens subbranchiaux, caractérisés par un corps aplati et rhomboïdal. Les yeux sont situés du même côté de la tête, du côté gauche; la tête et tout ce côté du corps sont colorés en brun roussâtre, tandis que le côté droit est blanc. La peau du turbot est recouverte de petits tubercules calcaires à base étoilée, plus nombreux du côté gauche que du côté droit. La nageoire dorsale s'étend sur tout le dos de l'animal depuis la queue jusqu'à la tête et s'avance entre les deux yeux, et tous ses rayons sont égaux; il n'a pas, comme la *barbue,* qui appartient au même genre, des filets longs et détachés. Le turbot vit en grande abondance sur les côtes de la Suède, du Danemark, de l'Angleterre, de la France et de l'Espagne; on le rencontre aussi dans la Méditerranée. Sa chair est très estimée des gourmets, surtout celle de ces poissons qui ont été pêchés sur les côtes rocheuses; elle est plus ferme et plus savoureuse que celle des turbots qui ont habité sur une côte vaseuse. La *barbue,* qui appartient au même genre, a la peau lisse, dépourvue de tubercules, et les rayons antérieurs de sa nageoire dorsale sont allongés en filaments divisés et libres au delà de la membrane même de la nageoire. Cette espèce a le même habitat que le turbot, et sa chair, blanche, est aussi recherchée. On la dit même plus légère et plus convenable pour les convalescents. — **Dér.** *Turbotière.*

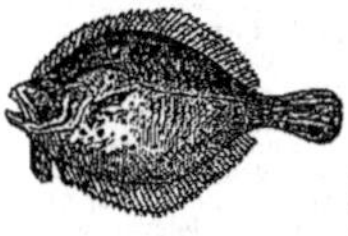

TURBOT

TURBOTIÈRE (*turbot*), *sf.* Vase de cuivre ou de fer battu à forme losangique comme celle du turbot et dans lequel on fait cuire ce poisson.

TURBOTIN (dm. de *turbot*), *sm.* Petit turbot.

TURBULEMMENT (*turbulent* + sfx. *ment*), *adv.* Avec turbulence.

TURBULENCE (l. *turbulentia*), *sf.* Disposition à faire du bruit, du désordre.

TURBULENT, ENTE (l. *turbulentum :* de *turba,* trouble), *adj.* Porté à faire du bruit : *Enfant turbulent.* ‖ Qui aime à troubler, à mettre le désordre : *Esprit turbulent.* ‖ Où il y a du bruit, du désordre, du trouble : *Réunion turbulente.* ‖ Violemment agité : *Les flots turbulents.* (Poét.) — **Dér.** *Turbulemment, turbulence.*

1. TURC, TURQUE, *adj.* De la Turquie. ‖ Qui appartient à la Turquie : *L'armée turque.* ‖ *Empire turc,* la puissance qui possède la Turquie d'Europe et la Turquie d'Asie et a une suzeraineté nominale sur la Bulgarie, l'Égypte et la régence de Tripoli. (V. *Turquie.*) — *S.* Celui, celle qui est originaire de Turquie et de la race maîtresse de ce pays. ‖ *Fort comme un Turc,* d'une force extraordinaire. — **Fig.** *Cet homme est un vrai Turc,* il est sans pitié. — **Fig.** *Traiter quelqu'un de Turc à More,* avec la dernière rigueur. ‖ *Le Grand Turc,* l'empereur de Turquie. ‖ *Je ne pense pas plus à lui qu'au Grand Turc,* je n'y pense nullement. ‖ Par abus, mahométan : *Se faire Turc.* — **Le turc,** *sm.* La langue des Turcs, de la famille ouralo-altaïque. — A LA TURQUE, *loc. adv.* A la façon des Turcs, sans ménagements. — **Les Turcs,** *smpl.* Rameau de la race ouralo-altaïque, qui habitait primitivement le massif de l'Altaï. Ils en descendirent à une époque très reculée pour se répandre dans le Turkestan. Au XIe siècle, ils habitaient entre la Caspienne et la mer d'Aral, d'où ils sortirent sous la conduite de Togrul Beg, le premier des Seldjoucides, pour conquérir la Perse, prendre Bagdad (1055) et se rendre maîtres de l'empire des Abbassides. Un descendant de Togrul, *Othman,* s'empara d'une grande partie de l'Asie Mineure, fit de Konieh sa capitale (1299) et fonda l'empire turc, qui, de son nom, fut appelé *empire Ottoman* ou des *Osmanlis,* et Soliman Ier, son quatrième successeur (1403-1410), commença la conquête de l'empire grec que Mahomet II acheva par la conquête de Constantinople (1453). — **Dér.** *Turquie, turco, turcoman, turquet, turquette, turquin, turquoise.*

2. TURC (du vx fr. *tur,* ver blanc de hanneton; ou de *Turc* 1), *sm.* Nom vulgaire du ver blanc de hanneton. ‖ On a désigné sous ce nom un petit ver qui s'engendrerait entre l'écorce et le bois de certains arbres, tels que le poirier bon-chrétien, et qui en sucerait la sève.

***TURCARET,** *sm.* Principal personnage d'une comédie de Le Sage qui a donné son nom à la pièce, et dont cet écrivain a fait le type d'un parvenu de la finance, bête, grossier et vicieux. — *Sm.* Homme grossier et ignorant, qui s'est enrichi par des opérations financières peu délicates.

TURCIE (bas bret. *torcia, torsia,* XIIe siècle), *sf.* Levée de terre au bord d'une rivière pour en empêcher le débordement.

***TURCIQUE** (l. *turcicum :* de *Turcæ,* Turcs), *adj.* Employé dans l'expression anatomique *selle turcique,* qui désigne la face supérieure du corps du sphénoïde et sur laquelle repose le corps pituitaire.

TURCKHEIM, 3 000 hab., commune d'Alsace-Lorraine, arr. de Colmar (anc. départ. du Haut-Rhin). Victoire de Turenne sur les Impériaux (5 janvier 1675).

***TURCO** (*Turc* 1), *sm.* Tirailleur indigène de l'armée française d'Afrique. Le premier bataillon de *tirailleurs indigènes* fut formé en 1841; plus tard (18 mars 1854), il se constitua en régiment pour aller en Crimée. C'est après les batailles de l'Alma et d'Inkermann que fut donné aux tirailleurs le nom populaire de *turcos;* voici comment : les Russes, sur lesquels ils s'élançaient, les ayant pris pour des Turcs à cause de leur uniforme à l'orientale, s'écrièrent : « Turcos! Turcos! » Au bivouac, les zouaves, qui avaient recueilli ce cri, ne les appelèrent dès lors que *les turcos;* nom que, dans la langue ordinaire, les tirailleurs ont gardé pendant les guerres d'Italie, du Mexique, de 1870, du Tonkin, où ils ont pris partout une part des plus brillantes. Après la guerre de Crimée, chaque bataillon du régiment de tirailleurs indigènes portait le nom d'une des trois provinces algériennes : *tirailleurs d'Alger, de Constantine* et *d'Oran.* Mais lorsqu'ils furent organisés en plusieurs régiments, la langue officielle leur attribua le nom général de *tirailleurs algériens.* Leur costume est bleu de ciel avec ceinture et calotte-chachia cramoisies et galons jonquille. — Pl. *des turcos.*

TURCO

TURCOMANS ou **TURKOMANS,** peuple du rameau ouralo-altaïque, qui vit à l'état nomade dans les déserts compris entre la mer Caspienne, la mer d'Aral et la Perse, et dont l'unique industrie est l'élevage des chameaux, des chevaux, des bœufs et des moutons.

***TURDE** (l. *turdum,* grive), *sm.* Nom des grives dans le Languedoc. Leur nom vulgaire est : la *draine* ou *traye,* la *litorne,* le *mauvis* ou la *calandrote,* le *moqueur.* ‖ Merle d'eau, appelé *turde cincle.*

***TURDOÏDE** (l. *turdus,* grive + g. εἶδος, forme), *sf.* Nom spécifique d'une espèce de rousserolle qui habite l'été les marais du N. de la France.

TURCOMAN

TURDÉTANS, peuple de l'ancienne Bétique (Espagne) qui occupait la partie S.-O. de l'Andalousie, et dont Gadès (Cadix) était la capitale.

TURDULES, peuple de l'ancienne Bétique (Espagne). Son territoire correspondait aux provinces de Cordoue et de Séville.

TURELURE (onomatopée), *sf.* Refrain de chanson qui a pris le sens de *chose, façon : C'est toujours la même turelure.*

TURENNE (HENRI DE LA TOUR D'AUVERGNE, VICOMTE ET PRINCE DE) (1611-1675), illustre capitaine et maréchal de France, l'émule du grand Condé. Déjà connu par ses exploits à l'avènement de Louis XIV, il servit tour à tour les rebelles et le gouvernement pendant la Fronde, et se joignit même un moment aux Espagnols; il conquit ensuite l'Artois et la Flandre, pénétra en Allemagne jusqu'à l'Elbe, sauva par ses victoires l'Alsace d'une invasion, et fut tué à Salzbach d'un boulet de canon (27 juillet 1675), au moment où il allait livrer bataille à Montecucculi. On l'inhuma dans l'église de Saint-Denis; depuis 1822 ses cendres reposent dans la chapelle des Invalides, où est son tombeau.

TURENNE, 1 684 hab., commune de l'arr. de Brives (Corrèze), sur la Tourmente. Ruines d'un château ayant appartenu au maréchal de Turenne.

TURF (m. angl. : *gazon*), *sm.* Champ où se font les courses de chevaux : *Un habitué du turf.*

***TURFOL** (angl. *turfoil*), *sm.* Produit huileux extrait de la tourbe distillée.

TURGESCENCE (*turgescent*), *sf.* Tout gonflement des tissus par l'afflux actif du sang dans les capillaires.

TURGESCENT, ENTE (l. *turgescere*, être gonflé), *adj.* Gonflé par la turgescence. — **Dér.** *Turgescence.*

TURGI, ville de Suisse, au confluent de la Limmat et de l'Aar.

***TURGIDE** (l. *turgidum*), *adj. 2 g.* Uniformément renflé. — **Dér.** *Turgidité.* — Même famille : *Turgescent, turgescence.*

***TURGIDITÉ** (*turgide*), *sf.* État de ce qui est turgide.

TURGOT (ANNE-ROBERT-JACQUES), baron de L'AULNE (1727-1781), célèbre économiste français qui, nommé en 1761 à l'intendance de Limoges, se rendit populaire par d'heureuses réformes. Devenu contrôleur général à l'avénement de Louis XVI, il fit décréter la libre circulation des grains, l'abolition des jurandes, des corvées et des dîmes provinciales, réformes admirables qui furent mal appréciées et causèrent son renvoi (1776). Il a laissé de nombreux écrits sur les matières économiques, et est regardé comme l'un des précurseurs de la linguistique moderne, aussi bien littéraire que scientifique.

TURIN, en italien **TORINO**, 230 183 hab., l'ancienne capitale des *Taurins*. Ville d'Italie, dans une vaste plaine, au confluent du Pô et de la Ripa, capitale du Piémont et ancienne capitale de l'Italie jusqu'en 1865, aux rues larges, régulières, coupées à angle droit. Centre commercial et point de convergence du réseau des chemins de fer de tout le nord de la péninsule; papeterie, manufacture de soieries et de lainages; bibliothèque, beau musée. Chef-lieu du 1er corps d'armée italien. Académie militaire. Écoles pour les officiers de l'artillerie et du génie. Plusieurs traités ont été signés à Turin entre la France et les princes de la maison de Savoie. Le traité de Turin (1742), confirmé par celui de Worms (1743), valut au roi de Sardaigne Vigevano et le comté d'Anghiera pour prix de l'aide prêtée à Marie-Thérèse pendant la guerre de la succession d'Autriche.

***TURION** (l. *turionem*), *sm.* Jeune tige encore souterraine qui part de la souche d'une plante vivace : *Les turions de l'asperge.*

TURKESTAN (*Turc* 1) ou **TOURAN**, contrée de l'Asie qui s'étend sur les versants N.-E. et O. du plateau de Pamir : l'Hindou-Kouch et les monts Kouen-Loun le limitent au S. Il comprend : 1° au N., le *Turkestan russe*, dont les cours d'eau se dirigent vers la mer d'Aral et le lac Balkhach; 2° à l'E., le *Turkestan chinois* (bassin du Tarim ou Kachgarie); 3° au S.-O. le *Turkestan afghan* (Bactriane), dont les rivières coulent de l'Hindou-Kouch vers l'Amou-Daria.

Le plateau de *Pamir* (toit du monde) est un plateau de 4 000 mètres d'altitude qui forme le nœud géographique de l'Asie centrale : ses eaux contribuent à grossir l'Oxus (Amou-Daria). Il est limité au N. par l'Alaï et le Trans-Alaï (pic *Kaufmann*, 7 500 mètres), au S. par l'Hindou-Kouch (6 000-7 000 mètres), à l'E. par le Kizil-Art (*Tagharma*, 7 500 mètres). On peut le franchir de juin à septembre par d'assez bons chemins de caravane : la dépression du Terek-Davan le sépare du Thiân-Chân. (V. ce mot.) L'*Alaï* (5 000 mètres), prolongement occidental du Thiân-Chân, est, comme lui, formé de granit et de diorite : il limite au S. le Ferghana et n'est franchissable que par des cols très élevés; au delà de la passe d'*Isfaïran* (3 600 mètres), l'Alaï augmente graduellement d'altitude et sépare le Karatégin du Ferghana. Le *Trans-Alaï* surpasse l'Alaï en hauteur, bien que l'Alaï-Tagh ait des sommets de 6 000 mètres couverts de glaciers immenses. Au N. la chaîne se continue sous le nom de *Karatche-Taou* (4 000 mètres), puis s'abaisse vers Samarkand. Vers l'O., les crêtes du *Karatégin* se prolongent sous le nom de *chaîne du Zarafchan* et de *montagnes du Hissar* (5 580 mètres), à l'extrémité desquelles s'élèvent les sommets du Samarkand-Taou (4 500 mètres). L'*Hindou-Kouch* est séparé de l'Himâlaya par l'Oxus et se joint au Karakoroum vers les sources du Pandja (une des branches de l'Oxus). Il est parallèle à la direction principale des monts Thiân-Chân et sépare les Tartares au N. des Iraniens afghans. Au S. les cols de l'Hindou-Kouch atteignent presque tous 4 000 mètres. On le désigne souvent sous le nom de *Caucase indien*. A l'O. le *Koh-i-Baba* (6 000 mètres) et d'autres chaînons prolongent l'Hindou-Kouch. Vers les sources du Mourgh-Ab et de l'Héri-Roud, on observe une série de crêtes dirigées du S.-E. au N.-O. : monts du Genlistan, de *Kopet-Dagh* (2 800 mètres), du *Kiourian-Dagh*, le *Petit* et le *Grand Balkan* (1 602 mètres). Ces chaînons limitent au N. les plateaux de l'Iran et dominent les steppes du Touran.

Malgré l'importance considérable de ces montagnes et de leurs glaciers, le Turkestan renferme peu de cours d'eau, à cause de la rareté des pluies. Les principaux fleuves du Turkestan russe sont : l'*Ili*, le *Tchou*, le *Syr* et l'*Amou-Daria*, qui aboutissent tous à des bassins fermés. Le *Tékès* et le *Koungès*, sortis du Thiân-Chân, se réunissent pour former l'*Ili*, dont les nombreux bras se perdent dans les steppes de Sémiretchie, à l'exception du plus méridional, qui se rend au lac Balkhach. Le *Tchou* descend des glaciers du Terskeï-Ala-Taou; il traverse le plateau du Kachgar, sort du Thiân-Chân par une passe profonde et reçoit la Karagah. Malgré l'importance de son volume d'eau, il se perd dans le steppe d'Ak-Koum, de même que le *Talas* et le *Sari-Sou*, qui vient des plateaux situés entre l'Obi et le Balkhach. Le *Syr* (Yaxarte) sort, sous le nom de *Naryn*, des glaciers méridionaux du Terskeï-Ala-Taou et traverse le milieu du Thiân-Chân; il arrose ensuite la belle plaine du Kokan ou Ferghana, célèbre par sa fertilité due à un système très complet d'irrigations. Le fleuve, après avoir reçu le *Kara-Daria* près de Nasrangan, prend le nom de *Syr*; il franchit la passe de Khodjent, puis coule au N.-O. en limitant le vaste désert de Kizil-Koum. Le Syr aboutit au lac d'Aral par un delta. L'*Amou-Daria* (Oxus) recueille les eaux du plateau de Pamir, mais au-dessous du confluent du Koundouz, il ne reçoit que des affluents sans importance. Les rivières du Turkestan afghan, le *Mourgh-Ab* de Merv et l'*Héri-Roud* de Saraks, se perdent dans les sables avant de l'atteindre. A droite, le *Zarafchan* est épuisé par les irrigations. L'*Amou-Daria* a en certains endroits 2 kilom. de largeur et 5 à 6 mètres de profondeur; il atteint la mer d'Aral à Noukans ayant eu la moitié de ses eaux absorbées par les irrigations du pays de Khiva. L'Amou-Daria a souvent changé de cours. Le lac d'*Aral* est situé à 250 kilom. à l'E. de la Caspienne; sa superficie est de 66 000 kilom. carrés et son altitude à 45 mètres, au-dessus de la mer Noire.

Le climat du Turkestan a beaucoup varié par suite de la dénudation progressive du pays et de l'abaissement du niveau général des eaux, qui souvent ont disparu aujourd'hui sous les sables. Les steppes sont des plaines argileuses rocheuses recouvertes de sable; les plus connus sont le steppe de la *Faim*, au N. du Tchân; l'*Ak-Koum*, au S. du Tchou; le *Kizil-Koum* (sables rouges), entre le Syr et l'Amou; le *Kara-Koum* (sables noirs), au S. de l'Amou.

La côte orientale de la Caspienne est basse, marécageuse et semée de golfes qui peu à peu s'isolent de la masse d'eau principale. Les principaux ports sont : *Nikolaïevsk*, à l'extrémité de la péninsule de Manghichlak; la baie de *Kusderli*, en face Derbent; le port de *Kratnovodsk*; *Mikhaïlov*, reliée par une voie ferrée à Kizil-Arvat.

Les populations du Turkestan appartiennent aux races aryenne et touranienne. La race touranienne comprend : 1° Les *Turkmènes* ou *Turcomans* (1 000 000 environ), mahométans sunnites, depuis la Caspienne jusqu'au pays de Balkh. 2° Les *Kirghiz* (2 000 000) du Volga au Tarim et de l'Oxus à l'Irtisch. On les subdivise en Kirghiz Kasaks à l'O., dans la plaine, et en Kirghiz Noirs, dans les montagnes de l'E. 3° Les *Kalmouks* (100 000), répandus dans le Thiân-Chân et la haute vallée de l'Ili. 4° Les *Ouzbegs* (1 000 000). La race aryenne est représentée par les *Tadjiks*, nombreux dans la Boukharie, le Ferghana et le Zarafchan. Les *Ghaltchas*, descendants, dit-on, de Gallo-Grecs, émigrés en Asie, occupent le Pamir occidental. Les *Russes* émigrés sont au nombre d'environ 600 000.

TURKESTAN (GOUVERNEMENT GÉNÉRAL DE), 1 604 892 kilom. carrés, 4 millions d'hab., territoire de l'Asie centrale appartenant à l'empire de Russie, et borné au N. par les provinces d'Ouralsk, de Tourgaï, d'Akmolinsk et de Semipalatinsk, à l'E. par la Dzoungarie et le Turkestan chinois, au S. par le Pamir, la Boukharie et la Perse, à l'O. par la mer d'Aral et la Caspienne. Le *Turkestan russe* comprend : les provinces de *Semejetschenk*, et de *Syr-Daria*, le cercle de *Zarafchan*, la province de *Ferghana* (Khokand), l'arrondissement d'*Amou-Daria* et la province *Transcaspienne*. *Merv*, avec son oasis, et l'*Ili occidental* sont des annexes, et *Khiva*, la *Boukharie* et les *pays de Pamir*, des dépendances de ce gouvernement. Les villes principales sont : *Tachkent*, chef-lieu, 55 000 hab.; *Khodjent*, 35 000 hab.; *Samarkand*, 33 000 hab., reliée à la Caspienne par un chemin de fer; *Namandgon*, 32 000 hab.; *Audidjan*, 30 000 hab.

TURKMÈNES, nom sous lequel on désigne quelquefois les Turcomans.

TURLUPIN (*x*), *sm.* Nom qu'on donna à des sectaires cyniques venus d'Allemagne, de Flandre ou d'Italie vers 1372, et que Charles V fit brûler. ‖ Nom de théâtre d'un fameux acteur de farces qui vécut de 1583 à 1634. — Fig. Homme qui se plaît à faire de basses allusions, de mauvais jeux de mots. — **Dér.** *Turlupiner, turlupinade, turlupinage.*

TURLUPINADE (*turlupin*), *sf.* Basse plaisanterie fondée sur quelque grossière équivoque de mots.

***TURLUPINAGE** (*turlupin*), *sm.* Action de turlupiner.

TURLUPINER (*turlupin*), *vi.* Faire des turlupinades. — *Vt.* Tourner en ridicule par des plaisanteries de mauvais goût.

TURLURETTE (*x*), *sf.* Espèce de guitare en usage au XIVe siècle. ‖ Mot qui figure dans le refrain de vieilles chansons.

***TURLUT**, ***TURLU** ou ***TURLUR** (onomatopée), *sm.* Nom vulgaire de la farlouse.

***TURLUTAINE** (de *turlut* ou de *turlututu*), *sf.* Paroles que l'on répète sans cesse.

***TURLUTUTU**, *interj.* A d'autres! ‖ Mot employé dans des refrains de chansons. — *Sm.* Un mirliton.

TURNÈBE (ADRIEN) (1512-1565), savant philologue, né aux Andelys, qui dirigea l'Imprimerie royale pour les livres grecs.

TURNEPS ou mieux **TURNEP** (angl. *turnip*, navet : du celt. *tura*, rond + gaël. *neip*, navet), *sm.* Le chou-rave rabioule, qui réussit bien dans le N. de l'Europe et dont la racine est une excellente nourriture pour tous les bestiaux.

TURNER (1775-1851), célèbre peintre et aquarelliste anglais.

***TURNÈRE** (*Turner*, botaniste), *sf.* Genre de plantes dicotylédones de la famille des Turnéracées, composé d'un grand nombre d'espèces herbacées, sous-frutescentes et frutescentes, originaires de l'Amérique tropicale et qui sont cultivées comme plantes d'ornement. La principale espèce est la *turnère élégante* (*turnera elegans*), remarquable par ses grandes fleurs solitaires, d'un blanc jaunâtre, et dont l'onglet des pétales est coloré en pourpre violacé. Cette plante, que l'on multiplie de boutures et de graines, se cultive en serre chaude.

TURNHOUT, 14 000 hab. Ville de la province d'Anvers (Belgique), dans la Campine. Fabrique de draps.

***TURNIX** (l. *turnix*), *sm.* Genre d'oiseaux de l'ordre des Gallinacés, caractérisés par un bec médiocre, grêle, droit, comprimé, des ailes médiocres et des tarses allongés terminés par trois doigts dirigés en avant. Ces oiseaux, très voisins des cailles, dont ils diffèrent par l'absence du pouce, habitent les terrains sablonneux et couverts de hautes herbes de l'ancien continent et de l'Australie. Ce sont des oiseaux coureurs qui ne volent que rarement. Lorsqu'on parvient à leur faire prendre leur envolée, ils s'élèvent à 2 mètres au-dessus des hautes herbes, puis regagnent le sol et s'y blottissent de telle sorte que le chasseur peut les prendre à la main s'il ne les écrase pas en marchant. Une des espèces, le *turnix tachydrome*, vit en Sicile, dans le midi de l'Espagne et en Algérie. Sa chair est excellente. Une autre espèce est élevée à Java, où les habitants les dressent à combattre. Des paris considérables sont engagés entre les Javanais, absolument comme en Angleterre il s'en fait dans les combats de coqs.

TURNU-SEVERINU, 7 000 hab. Ville de Roumanie, sur le Danube, près des ruines du pont de Trajan.

TURNUS, roi légendaire des Rutules. Fiancé à Lavinie, fille du Latium, il fut tué en combat singulier par Énée, qui venait d'épouser cette princesse.

TURNUS, poète satirique latin, né à Aurunca, et qui parvint à de grands honneurs sous Titus et Domitien. Balzac (XVIIe siècle) aurait découvert de lui trente beaux vers sur Néron : c'est tout ce qui resterait de ses œuvres.

TURONS ou **TURONES**, ancien peuple de la Gaule, dont *Tours* était la capitale.

***TURPÉTHINE** (*turbith*), *sf.* Poudre grise insoluble dans l'éther, restant comme résidu après l'épuisement de la racine de turbith par ce dissolvant. Elle est soluble dans l'alcool. Pour les chimistes, c'est un glucoside, $C^{34}H^{28}O^{16}$.

TURPIN, d'abord moine de Saint-Denis, puis archevêque de Reims en 753, mort vers 800, quoique la *Chanson de Roland* le fasse mourir avec celui-ci à Roncevaux. Ce fut un prélat guerrier, ami de Charlemagne; on lui a attribué faussement une chronique romanesque de la vie de Charlemagne et de Roland.

TURPIN DE CRISSÉ (Lancelot, comte) (1716-1795), général et tacticien français. Capitaine de cavalerie à dix-huit ans, il se distingua à Ettlingen, à Philippsbourg et à Raucoux (1746), et puis, comme brigadier, à Lawfeld et à Maëstricht. Après sa sortie de la Trappe où il était entré subitement, et son mariage avec la fille du maréchal de Lowendahl, il se livra à des études spéciales sur l'art militaire. Rentré au service actif en 1757, il fit les campagnes d'Allemagne (1757-1762); en 1781, il commandait le fort de la Scarpe, à Douai. En 1792, il émigra en Allemagne, où il mourut. — **Turpin de Crissé** (Lancelot-Théodore, comte) (1782-1859), peintre-paysagiste français, auteur du *Temple de Minerve à Athènes*, du *Château de l'Œuf à Naples*, etc.

TURPITUDE (l. *turpitudinem*), *sf.* Action, façon de penser abjecte : *Reprocher à quelqu'un sa turpitude.* ‖ Action honteuse. ‖ Paroles qui offensent la pudeur.

TURQUES (les), 1 300 hab., groupe de trois petites îles de la mer des Antilles, près la côte N. de Haïti; mine de sel importante appelée la *Petite Saline*. Ces îles appartiennent aux Anglais.

***TURQUET** (dm. de *turc* 1), *sm.* Variété de blé poulard à épi blanc ou rougeâtre, supportant bien le froid, très répandu dans le midi et l'O. de la France. ‖ Nom vulgaire du maïs. ‖ Espèce de petit chien à poil ras.

TURQUETTE (dm. de *turc* 1), *sf.* La herniaire glabre ou herbe de Turc, plante de la famille des Paronichiées, qui pousse dans les lieux sablonneux et est un bon diurétique.

TURQUIE ou **Empire ottoman**. (V. carte, p. 609.) État de l'ancien continent qui, s'avançant en couloir dans l'Europe orientale jusqu'à la mer Adriatique, s'étend à l'E., en Asie, des côtes de la mer Noire au golfe Persique et jusqu'à la mer Rouge. Cet empire se compose de trois parties : la *Turquie d'Europe*, la *Turquie d'Asie* et la *Tripolitaine*. Sa domination est donc directe, ou purement nominale, dans trois parties du monde, en Europe, en Asie et en Afrique : dans cette dernière, l'influence du Sultan pénétrait autrefois jusqu'au Maroc; Tunis était une de ses dépendances; l'*Egypte* est encore tributaire, bien que depuis 1882 elle se trouve sous le protectorat discuté des Anglais (V. *Egypte*); il ne lui reste une autorité effective que sur la *Tripolitaine*. (V. ce mot.) Voici d'ailleurs le tableau de toutes les possessions actuelles, immédiates ou tributaires, de l'empire ottoman :

POSSESSIONS.	KILOM. carrés.	POPULATION.
Possessions immédiates.	165 483	575 025
Bosnie et Herzégovine, } occupées par l'Autriche.	51 110	1 336 091
Sandjak de Novibazar. . } occupées par l'Autriche.	9 955	168 000
Bulgarie, principauté tributaire.	64 493	3 154 375
Roumélie orientale, province autonome. . . .	34 783	
En Europe.	325 779	10 233 491
Possessions immédiates.	1 890 000	16 227 351
Samos, principauté tributaire.	468	43 901
En Asie	1 890 468	16 771 262
Vilayet de Tripoli. . . .	1 033 000	1 000 000
Egypte : protectorat . .	1 021 354	6 817 265
En Afrique	2 054 354	7 817 265
Empire Ottoman	4 270 601	34 322 008
Possessions immédiates.	3 088 438	22 802 376
États tributaires et protectorats.	1 182 163	11 519 632

La péninsule des Balkans, qui était naguère entièrement soumise aux Turcs, se trouve aujourd'hui partagée entre cinq États nés à des époques différentes : la *Grèce*, la *Serbie*, la *Roumanie*, la *Bulgarie* et le *Monténégro*. (V. ces mots.)

La presqu'île est limitée au N. par le Danube et la Save : elle est montueuse et dépourvue de voies de communication. Au centre domine le granit d'où émergent de nombreux cônes trachytiques. De Sofia à Sliven, la crête du Balkan est granitique; au N. s'étagent des terrains schisteux, calcaires et crétacés s'étendant jusqu'au Danube. A l'intérieur de la Péninsule, on trouve des bassins d'alluvions. A l'O., de longues crêtes calcaires prolongent celles de *Karst*. Les affluents de droite de la *Save* parcourent la Bosnie; leurs vallées sont séparées par d'épais massifs appartenant au trias, et composés de dolomies et de calcaires anciens. Au soulèvement des Pyrénées appartiennent les montagnes calcaires de la Croatie et du Monténégro, les monts *Othrys*, les chaînes qui se dressent au N. et au S. du golfe de Lépante. Le Balkan est contemporain du Tatra. La chaîne du Pinde, celle qui renferme l'Ossa, le Pélion et l'Olympe, ainsi que les chaînes terminales de la Morée et de la péninsule Chalcidique, se rattachent au soulèvement du Viso. Le nœud hydrographique et orographique central de la péninsule est le plateau de *Mésie* (500 à 600 mètres). C'est une région au climat rude, où les moyens de communication sont rares et difficiles. C'est de là que descendent la *Morawa bulgare*, l'*Ibar*, le *Drin*, le *Vardar*, le *Strymon*, l'*Isker*, la *Maritza*. Au centre du plateau s'élève le *Kara-Dagh* (2 000 mètres); au S. de Prisrend et d'Uskub s'étend le *Schar-Dagh* (3 000 mètres). A l'O. de la plaine de Kossowno, comprise entre Prisrend, Uskub et Pristina, on rencontre les *planinas* albanaises; au S., d'autres *planinas* enserrent le Vardar et la Strouma. A l'E., on trouve le *Perim-Dagh* (2 681 mètres), entre le Strymon et le Karasou; le *Rilo-Dagh* (2 750 mètres), aux sources de l'Isker, ainsi que le *Vitosch* (2 330 mètres). Au N.-O. du plateau de Mésie s'étendent les montagnes de Dalmatie et de Croatie, séparées par les crêtes calcaires des Alpes Dinariques; dans cette même direction s'élèvent les monts de la Bosnie et de l'Herzégovine, ainsi que les *planinas* du Monténégro dont les principaux sommets sont : le *Dormitor*, 2 606 mètres; le *Kom*, 2 436 mètres, et le *Visitor* 2 079 mètres. A la suite des crêtes calcaires on trouve en Bosnie et en Serbie des roches triasiques, des dolomies et des serpentines. L'Albanie et l'Épire, qui sont très accidentées, sont arrosées principalement par le *Drin*, dont la vallée est très profonde. La Thessalie, vallée actuelle du *Salamvrias*, est un ancien bassin lacustre; la chaîne du *Pinde* (2 156 mètres) lui sert de limite à l'O.; ces hauteurs sont prolongées au S. par les Alpes helléniques connues sous le nom de monts *Grammos*; à l'E. par le soulèvement de l'*Olympe* (2 973 mètres), de l'*Ossa* ou *Ristowo* (1 953 mètres) et du *Pélion* ou *Plessidi* (1 618 mètres). La Grèce et la Thessalie étaient autrefois limitées par les monts *Othrys* (1 722 mètres), de même que la Thrace et la Macédoine ont pour limite la chaîne peu élevée de *Voloutza*. Le sol de la Macédoine est constitué par une série de terrasses inclinées vers la mer Égée (mont *Nidje*, 2 517 mètres); le mont *Peristeri* (2 859 mètres) est le point culminant des crêtes qui séparent l'Albanie de la Macédoine. Tout le territoire compris entre la Maritza et la mer Égée est occupé par le *Rhodope* ou *Despoto-Dagh* (2 300 mètres); à l'O. du *Karasou*, qui s'est creusé une profonde vallée, le *Perim-Dagh* (2 681 mètres) se dresse en un massif isolé. Les points culminants du Rhodope sont le mont *Krujova* (2 275 mètres) et le mont *Kujlar* (2 177 mètres). Entre les golfes de Salonique et d'Orfani s'avance la péninsule Chalcidique, où s'élèvent les monts *Kostatch* (1 200 mètres) et *Kolomonda*, et qui est terminée par les promontoires de *Kassandra*, de *Longos* et de *Hagion-Oros*; à l'extrémité de ce dernier se trouve le célèbre mont *Athos* (1 935 mètres). Le *Balkan proprement dit* (ancien *Hæmus* ou *Emineh-Dagh*) se dresse entre la Thrace et la Bulgarie. Le soulèvement, qui accuse une direction générale O.-E., est formé de plusieurs chaînes parallèles de roches éruptives offrant assez de ressemblance avec celles des Vosges. On ne trouve dans cette région, surtout au centre, que des plateaux couverts de broussailles dont l'altitude maxima est de 2 330 mètres. Au S., le Balkan se termine par un versant abrupt dont le pied est formé par une grande faille qu'on peut suivre sur une étendue considérable et qui est jalonnée par une ligne presque ininterrompue d'épanchements éruptifs. On trouve dans le Balkan des assises triasiques analogues à celles de la Silésie. Le grès rouge recouvre le muschelkalk caractérisé par de nombreux fossiles, tels que la lima striata et la terebratula vulgaris. Dans la vallée de l'Isker, le culm se montre sous la forme de grès alternant avec des schistes argileux que recouvrent des grès rouges permiens. La chaîne du *Golubinskc-Planina* (mont *Stole*, 1 135 mètres) est parallèle au Schar-Dagh; ses rameaux sillonnent le pays compris entre la Morawa et le Timok. Au S.-E. des Balkans, les hauteurs granitiques des monts *Strandja* longent la mer Noire en suivant une direction parallèle à celle des Alpes Dinariques (1 200 à 500 mètres).

La chaîne des Balkans a environ 500 kilomètres d'étendue, depuis le Timok jusqu'à la mer Noire : elle se divise en trois parties : 1° le *Balkan occidental*, du Timok à la trouée de l'Isker; 2° le *Balkan central*, qui se termine à Sliven; 3° et le *Balkan oriental*, de Sliven au cap Emineh. Ce dernier, peu élevé (600 à 700 mètres), est constitué par des assises horizontales de craie; sur le versant méridional alternent des tufs, des trachytes et autres formations. Le *Kameik* et le *Lom* sont les seuls cours d'eau du pays qui méritent d'être mentionnés ici. Les principales routes de la région conduisent de Varna à Missivri et à Burgas par le col de *Bana* (437 mètres); de Pravadi à Aïdos, par *Nadir-Derbent* (600 mètres); de Choumla à Karnabad, par le col du *Caliknvak* (446 mètres); de Choumla à Jamboli, par le col d'*Azap-Tepe*; d'Osmenbazar à Karnabad ou à Sliven, par le col de *Kazan* (724 mètres). La route de Burgas à Constantinople passe par le défilé d'*Omur-Faki* et celle de Karnabad ou d'Aïdos à Andrinople franchit la passe de *Kül-*

chuk-Derbent. La portion centrale du Balkan est constituée par des roches cristallines (1 700 à 2 330 mètres au *Mara-Gueduk*). C'est une crête continue sans pics dominants, sur laquelle se greffent les avant-chaînes du *Karadja-Dagh* et du *Stredna-Gora*. La *Jantra*, l'*Osma* et le *Wid*, affluents du Danube, coulent sur le versant septentrional. Plusieurs routes franchissent le Balkan central; elles conduisent de Tirnovo : 1° à Sliven par Elena et Bebrovo par le col de *Zouvandji-Mesari* (1 098 mètres); 2° à Tvardica par Elena et le col de *Haïdouteï-Cokar* (1 085 mètres); 3° à Kazanlik par le col de *Tipourika-Paljana* (1 200 mètres), ou par celui de *Chipka* (1 207 mètres). Deux sentiers difficiles empruntent les défilés de *Rosalita* (1 930 mètres), de *Troïan* (1 600 mètres), de *Babanica* (1 916 mètres), de *Slatica* (1 496 mètres), d'*Etropol* (1 050 mètres), et de *Vraca* (1 412 mètres). Le Balkan occidental offre des sommets de porphyre, de granit, de gneiss et de micaschiste; au S., ses pentes sont formées de couches calcaires, secondaires ou tertiaires. L'*Isker*, le *Skit*, l'*Ogost*, la *Cibriça*, le *Lom*, naissent sur le versant septentrional; au S. coule la *Nissava* et à l'O. le *Timok*. La route du col de *Ginci* (1 508 mètres) conduit de Lom sur le Danube à Sofia ou à Pirot; des chemins difficiles empruntent les défilés de *Kom* (1 919 mètres) et de *Verça-Glava* (1 897 mètres). La route de Widin à Pirot et Ak-Palanka passe au col de *Sveti-Nicola* (1348 mètres). Le Balkan oriental et le Balkan occidental sont très boisés, de même que le versant N. du Balkan central. La vigne et les noyers poussent au S. du Balkan central et du Balkan oriental.

Le climat de la partie centrale de la péninsule des Balkans est très rude; les vents du N.-E., balayant les plateaux élevés et découverts, provoquent en hiver de terribles ouragans de neige, et même en été refroidissent subitement la température. En Roumanie, l'écart des températures moyennes atteint 61° (— 25° à + 36°). Le Danube est souvent pris, et le lac de *Janina* gèle régulièrement chaque année. La Thrace, la Thessalie et la Macédoine ont un climat très doux, tandis qu'à Constantinople il fait très froid; le Bosphore charrie quelquefois des glaçons. La Grèce jouit d'un air pur et d'une température très douce.

La péninsule des Balkans est occupée par plusieurs États dont quelques-uns doivent leur existence au traité de Berlin du 13 juillet 1878, qui corrigea le traité de San-Stefano conclu à la suite de la guerre turco-russe. Ce sont : le *Monténégro*, la *Serbie*, la *Roumanie*, la *Bulgarie*, la *Turquie* et la *Grèce*. Cinq races principales peuplent ces divers pays : les Grecs, les Albanais (de souche pélasgienne comme les Grecs), les Slaves (Bulgares et Serbes), les Roumains, d'origine latine, et les Turcs. Les Juifs, les Arméniens et les Tziganes comptent en tout environ 1 million d'individus dans la péninsule. (Voir, pour plus de détails, les mots *Roumanie, Serbie, Monténégro, Bulgarie*.)

La **Turquie d'Europe** proprement dite comprend ainsi aujourd'hui : la *Roumélie* (Thrace et Macédoine); l'*Albanie* et l'*Epire*; la *Crète* (V. ce mot) et ses dépendances. La *Bulgarie* n'est qu'une principauté tributaire, et la *Roumélie orientale* jouit de son autonomie. La Turquie d'Europe est donc bornée au N. par la mer Noire, la Roumanie et la Serbie; à l'O. par l'Autriche et l'Adriatique, au S. par la Grèce, et à l'E. par l'Archipel, la mer de Marmara, le Bosphore et la mer Noire.

La THRACE s'étend au S. des Balkans jusqu'au Rhodope et à la mer de Marmara; à l'E., elle est baignée par la mer Noire. Elle comprend la vallée de la Maritza, c'est-à-dire la majeure partie de la péninsule; elle est occupée par des peuples d'origine diverse : les Bulgares au N. et à l'O., les Grecs sur les côtes, et les Turcs dans les villes. Le climat de cette région est très doux et son sol est bien cultivé et très peuplé. La *Maritza* prend sa source au Rilo-Dagh; elle arrose Tatar-Bazardjik, Philippopoli, Tirnovo, Andrinople (turc, *Edirneh*), et Enos, où elle se jette dans la mer Egée. La Maritza reçoit : 1° la *Topolnica*, venue du Balkan d'Etropol, qui se jette à Tatar-Bazardjik; 2° le *Giopsu*, qui descend du Balkan central et se joint à la Maritza en aval de Philippopoli; 3° le *Sazlu-Dere*, dont le confluent est à Tirnovo; 4° l'*Arta*, venue du Rhodope; 5° la *Toundja*, qui a sa source au col de Rosalita, et coule parallèlement aux Balkans par Kazanlik, Sliven, Jamboli et Andrinople, où elle se jette dans la Maritza; 6° le *Tchorlou*, qui descend des monts Strandja. Les monts Strandja bordent les côtes de Thrace sur la mer Noire; on y trouve les ports de *Burgas* et de *Midia*. Le *Bosphore*, entre la mer Noire et la mer de Marmara, est un canal long de 30 kilom. environ, dont la largeur varie de 600 à 3 200 mètres : sa profondeur est partout considérable. Un fort courant entraîne les eaux de la mer Noire vers la Méditerranée. Des fortifications armées de nombreuses pièces d'artillerie défendent le Bosphore (forts de *Kilia*, de *Roumili Kavak*, d'*Anadouli Kavak*, etc.). Constantinople se trouve à l'extrémité S. du Bosphore, sur les bords d'une longue baie, appelée la *Corne d'or*. Sur la rive gauche, on trouve *Galata*, le quartier des commerçants européens; *Pera*, celui des ambassades. Sur la rive droite s'élève la vieille ville (*Stamboul*), *Fanar*, le quartier grec, et *Balata*, le faubourg juif. *Rodosto*, sur la mer de Marmara, fait un commerce assez important. Le détroit des Dardanelles met en communication la mer de Marmara et la mer Égée : il a 67 kilom. de longueur sur une largeur qui varie de 1 260 à 7 590 mètres. Les vents du N.-E. y sont très violents. Les îles d'*Imbros* et de *Tenedos* masquent l'entrée des Dardanelles. Du côté de la mer Egée, au N. de Tenedos, est la baie de *Betika*; à l'O., au débouché de l'Hellespont, se trouve le port de *Gallipoli*. Pour remplacer le port d'Enos, qui s'ensablait, on a créé sur la mer Egée *Dede-Ayatch*, point terminus du chemin de fer d'Andrinople.

La MACÉDOINE appartient au bassin de la mer Egée; elle s'étend du Rhodope au Schar-Dagh et aux monts Grammos. Au N., le Kara-Dagh et le Rilo-Dagh la limitent. Les Bulgares occupent l'intérieur, les Grecs les côtes, les Turcs les montagnes; la partie méridionale est peuplée d'Albanais. La Macédoine est arrosée par trois cours d'eau dont les vallées sont parallèles : le *Karasou*, la *Strouma* et le *Vardar*. Le Karasou s'ouvre un passage à travers le Rhodope; à l'O., le Perim-Dagh limite sa vallée. La Strouma prend sa source non loin de Sofia, au mont Vitosch; elle arrose les villes bulgares de Radomir, Dubnica, Kostendil, Sérès et Orfani, où elle se jette dans la mer par une embouchure ensablée. Le Vardar, que suit le chemin de fer de Salonique, prend sa source dans la plaine de Kossovo; sa fertile vallée, en général plus large que les précédentes, est resserrée en quelques endroits par les contreforts du Schar-Dagh et du Kara-Dagh, puis, plus bas, à la Porte de Fer. Le Vardar arrose Uskub (28 000 hab.), Koprili; son principal affluent est la *Czerna*. La *Vistritza* recueille les eaux qui coulent des pentes des monts Grammos; les monts *Voloutza* la repoussent vers l'E.

L'ALBANIE s'étend entre le Schar-Dagh, les monts Grammos, le Pinde et l'Adriatique, depuis le Monténégro jusqu'à la frontière de Grèce. L'Albanie se divise en deux régions : l'*Epire* ou *basse Albanie*, au S. du Scombi, et la *Vieille Serbie*, au N. du Schar-Dagh. L'Albanie est rocheuse et les rivières qui l'arrosent ont toutes des vallées sauvages. La côte est malsaine et inhospitalière. L'Albanie appartient aux bassins de l'Adriatique et de la mer Ionienne. Le *Drin* est formé par la réunion du *Drin Blanc* et du *Drin Noir*. Le premier prend sa source aux limites du Monténégro, près de Plava, arrose Spek, Djakova, Prisrend. Le Drin Noir sort du lac d'*Okhrida* et coule vers le N. dans une vallée encaissée qui s'élargit vers Scutari. Il se divise alors en deux bras, dont l'un se réunit à la *Bojuna*, déversoir du lac de *Scutari*; l'autre aboutit à la mer, en aval d'Alessio. Le *Scombi* arrose Elbassan. L'*Ergent* passe à Berat et reçoit le *Tomor*. La *Voioutza* prend sa source près de Metzovo. Le *Kalamas* se jette dans la mer en face de Corfou. Le *Mavropotamos* est l'*Achéron* de l'antiquité, qui recevait les eaux du *Cocyte* et du *Phlégéton*. L'*Arta* prend sa source près de Metzovo et sert pendant longtemps de frontière entre la Grèce et la Turquie. L'ancienne limite de 1830, entre la Turquie et la Grèce, a été modifiée par le traité de Berlin (1878). La frontière part actuellement du golfe d'Arta, remonte la rivière de ce nom, coupe la chaîne du Pinde au N. de Metzovo, laisse à la Grèce une grande partie de la Thessalie, traverse le versant méridional de l'Olympe et atteint le golfe de Salonique au N. de la *vallée de Tempé*. La Turquie a refusé d'abandonner les importantes positions de Janina et de Metzovo. Les principaux ports de la côte sont : 1° *Medua*; 2° *Durazzo* (ancien Dyrrachium), qui fait face à *Brindisi*; 3° *Avlona*, à 72 kilom. de la Terre d'Otrante; sa rade est très sûre, mais les marais environnants en rendent le climat malsain; 4° *Parga*, en face l'île de Paxo; 5° *Prévésa*, à l'entrée du golfe d'Arta, en face du promontoire d'*Actium*. Le lac de *Janina* se déverse dans le golfe d'Arta par des conduits souterrains appelés *katavothra*.

La **Turquie d'Asie** (1 890 000 kilom. carrés environ) occupe, au S.-O. de l'Asie, ce qu'on appelle le « versant méditerranéen asiatique » : elle appartient aussi, par l'Euphrate et le Tigre, au versant de l'océan Indien (golfe Persique). Elle est bornée à l'O. par la Méditerranée et l'Archipel; au N., par le détroit des Dardanelles, la mer de Marmara, le Bosphore, la mer Noire; au N.-E., par la lieutenance générale de Transcaucasie, et le gouvernement d'Érivan qui forme l'Arménie russe; à l'E., par la Perse (provinces de Aderbeïdjan, Kurdistan, Louristan et Chusistan); enfin au S., par l'Arabie proprement dite. La Turquie d'Asie comprend ainsi sept régions bien distinctes les unes des autres, sous le rapport physique du sol et de ses produits, comme aussi sous celui des peuples qui l'habitent. Ces sept régions sont : l'*Anatolie* ou *Asie Mineure*, les *Iles* (Méditerranée), l'*Arménie*, la *Syrie*, le *Kurdistan*, l'*Al-Djezireh*, l'*Irak-Arabi* et l'*Arabie* dite *ottomane*. L'ANATOLIE et la SYRIE sont les plus importantes. Pour la description de ces deux contrées, voir les articles *Anatolie* (t. Ier), *Palestine* (t. II) et *Syrie* (t. III).

L'Asie Mineure est divisée administrativement en sept vilayets (ou eyalets), qui sont : *Khodavendjiar*, *Ismir* ou *Smyrne*, *Konieh*, *Angora*, *Kastamouni*, *Sivas*, *Trébizonde*. L'ancienne Cilicie a formé la province d'*Itch-Ili*, capitale *Adana*, 20 000 hab., sur le Djihoun. Les voies de communication manquent en Asie Mineure : *Scutari*, faubourg asiatique de Constantinople, et *Smyrne* sont chacune la tête d'un double réseau de voies ferrées destiné à relier entre eux les grands centres de commerce. La mer est encore, de nos jours, la voie la plus rapide et la plus fréquentée; les navires de commerce visitent régulièrement les ports échelonnés sur les côtes de l'Asie occidentale et qu'on appelle les *Échelles du Levant*; ce sont : *Boudroun, Scala-Nova, Smyrne, Ourlak, Ayvali, Sinope, Samsoun, Trébizonde, Batoun, Adalia* et *Tarse*.

La Syrie (ar. *Scham*) est aujourd'hui divisée en trois gouvernements particuliers : le *vilayet d'Alep*, ch.-l. *Alep*, 100 000 hab., sur le Kouaïk, entrepôt du commerce de toute la Syrie, ville très industrieuse et commerçante; le *vilayet de Syrie* ou *Souriè*, capitale *Damas* (ar. *Dimisch*), 120 000 hab., sur la Baradah, ville très renommée pour ses étoffes de soie et ses tapisseries, et dont *Beyrouth* est le port d'exportation sur la Méditerranée. La *Palestine* fait partie du gouvernement de la Syrie et forme trois arrondissements (*livas*) : *Saint-Jean-d'Acre*, *Naplouse* et *Jérusalem* (ar. *El-Kods*, la Sainte). (V. *Palestine*.) Le *Liban* et l'*Anti-Liban* sont réunis en un gouvernement, le *Mutessariflik du Liban*, et le gouverneur, un chrétien, réside à *Deïr-el-Khamar*. Les tribus principales du Liban sont : les *Maronites*, protégés français, les *Druses* et les *Métoualis*, ces derniers habitant la vallée de Bekáa, qui possède la petite ville de *Balbek*, bâtie sur les ruines d'Héliopolis. (V. *Liban*.)

Les Iles forment un gouvernement particulier, le *Bahr Sefid*; elles sont situées dans la Méditerranée, la mer de l'Archipel et la mer de Marmara. Ce sont : *Rhodes, Stanco, Patmo, Nikaria, Samos* (principauté), *Ipsara, Chio* ou *Scio, Métélin* (ancienne Lesbos), *Tenedos*, qui garde l'entrée des Dardanelles,

TURQUIE D'EUROPE, BULGARIE, SERBIE, ROUMANIE, MONTÉNÉGRO

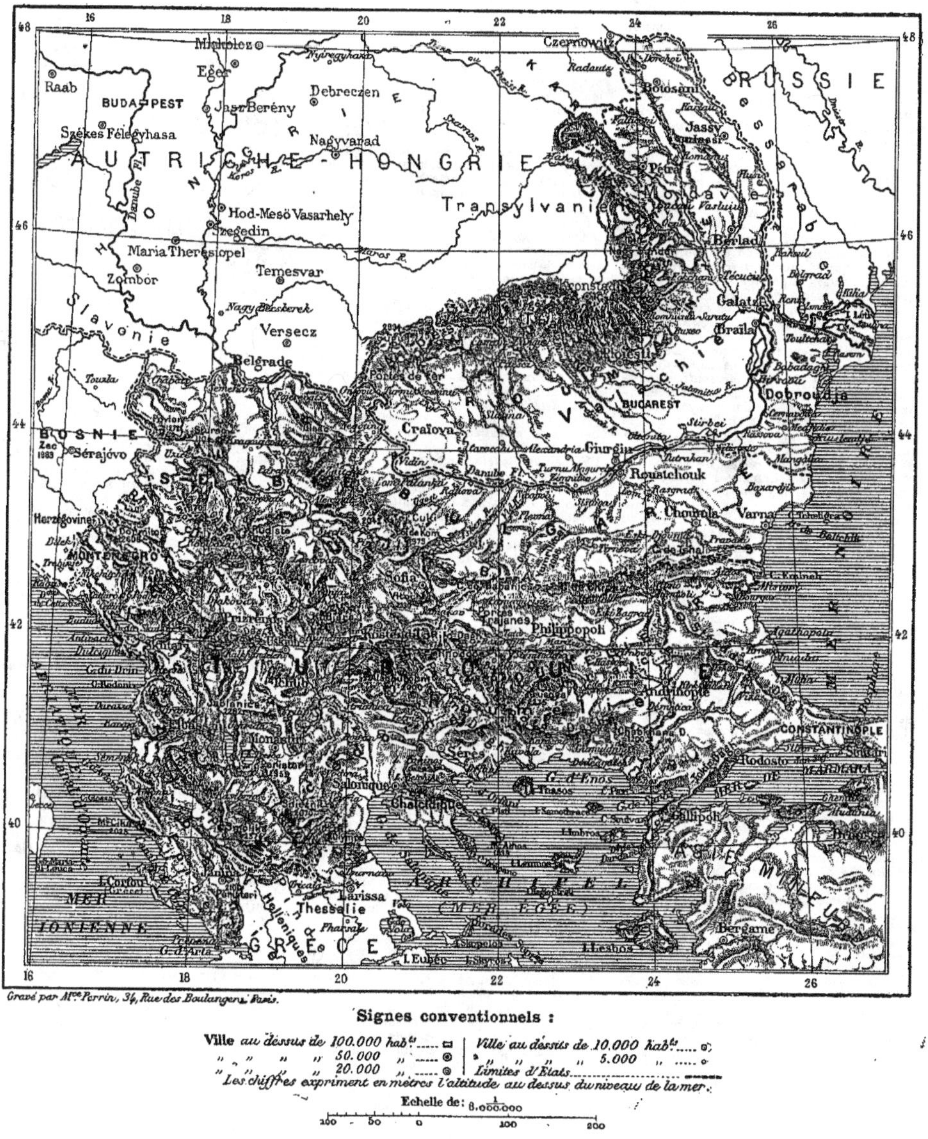

Gravé par Al^ce Perrin, 34, Rue des Boulangers, Paris.

Signes conventionnels :

Ville au dessus de 100.000 hab^ts ..... | Ville au dessus de 10.000 hab^ts .....
" " " " 50.000 " ..... | " " " " 5.000 " .....
" " " " 20.000 " ..... | Limites d'États.....

Les chiffres expriment en mètres l'altitude au dessus du niveau de la mer.

Echelle de : $\frac{1}{8.000.000}$

200 – 50 – 0 – 100 – 200

et *Marmara*. *Chypre* a été cédée à l'Angleterre en 1878 et ne fait plus partie de ce groupe.

L'Arménie, au N.-E. de l'Asie Mineure, occupe un plateau élevé, dominé de tous côtés par des massifs montueux ; il est constitué par une suite de plaines calcaires appuyées sur les flancs de plusieurs chaînes granitiques d'où émergent çà et là des pics volcaniques, jadis en partie ignivomes : l'*Ararat* (5155 mètres), le *Bingeul-Dagh*, le *Dadian-Dagh*, le *Karth-Chal*, le *Sipan-Dagh*. L'Arménie est partagée aujourd'hui en *Arménie russe, Arménie persane* et *Arménie turque*. Celle-ci forme le *vilayet d'Erzeroum*, dont la capitale du même nom, appelée *Garem* par les Arméniens, compte 100 000 hab. et est l'entrepôt du commerce entre la Russie du Caucase, la Perse et la Turquie d'Asie. Des montagnes de l'Arménie descendent : la *Tchorakh*, qui coule vers la mer Noire ; le *Kour* et l'*Aras*, tributaires de la mer Caspienne ; le *Kara-Sou*, qui arrose Erzeroum, et le *Mourad-Sou*, autrement dits l'Euphrate occidental et l'Euphrate oriental, qui se réunissent en amont de Kieban-Maâden, à peu de distance de Kharpout (Kurdistan).

Le Kurdistan ottoman, au S. de l'Arménie, est traversé de l'O. à l'E. par une chaîne de montagnes, aux sommets couverts de neige, qui sépare la vallée du haut Euphrate de la vallée supérieure du Tigre. Les pics les plus hauts sont : le *Djelo-Dagh*, le mont le plus élevé (4500 mètres), l'*Argeros-Dagh*, le *Verek-Dagh*, l'*Arnos-Dagh*. L'*Euphrate* traverse le Kurdistan de l'E. à l'O. et en sort brusquement, en décrivant un **S**, pour s'ouvrir à travers monts un passage vers le S. ; le *Tigre*, appelé par les Turcs *Chatt* ou *Didjhleh*, prend sa source dans les monts qui dominent *Diarbékir*, ville que baigne le cours supérieur du fleuve persique ; trois affluents du Tigre, les deux *Zab* et la *Djala*, arrosent à l'E. les régions frontières de la Perse. A 1 623 mètres au-dessus du niveau de la mer est le lac *Van*, dépendant physiquement de l'Arménie. Le Kurdistan turc forme les vilayets de *Kurdistan*, de *Kharpout* et de *Van*. *Mossoul*, ville industrieuse et commerçante de 50 000 hab., se trouve dans ce dernier vilayet, sur la rive droite du Tigre ; et en face, sur l'autre rive, *Kouyoundjik*, où l'on a retrouvé les ruines de Ninive. *Khorsabad*, à 20 kilom. au N., recouvre les restes de l'ancienne Sargoun et de ses immenses palais, dont quelques débris sont aujourd'hui au Louvre ; et à 45 kilom. au S. est *Nimroud*, l'antique Kahah. Entre le grand et le petit Zab s'élève *Erbil* (l'ancienne Arbelles), 4000 hab., village dans les plaines duquel Darius fut vaincu pour la troisième fois par Alexandre le Grand (331 av. J.-C.). Le commerce du Kurdistan, fait par caravanes, suit trois routes principales : celles d'Alep et de Damas, pour atteindre la Méditerranée, et celle de Bassorah, pour se diriger vers le golfe Persique.

En allant vers le S., on franchit le *Chabour*, affluent de l'Euphrate, et le *Zab-Asfal*, affluent du Tigre, qui longent le Kurdistan turc et l'Al-Djezireh (*l'Ile*), la *Mésopotamie* des anciens ; la petite chaîne de l'*Arroman* sépare celle-ci de la Perse. Situé entre le Tigre et l'Euphrate, comme enfermé dans une île, l'Al-Djezireh occupe de vastes étendues, à l'aspect très monotone, où l'on élève la célèbre race chevaline des Schammars (*Anézieh*), si appréciée en Europe, et de nombreux troupeaux de moutons à la laine épaisse. Des plantes salines recouvrent par grandes plaques le sable mouvant ou le gypse de ces landes : l'absinthe, sur des espaces immenses, en bannit toute autre plante. Le *Tigre* arrose les plaines de l'E. avec ses affluents de gauche, le *Zab-Asfal*, le *Djalah* et le *Mandéleh*, qui descendent tous trois de la Perse ; les plaines de l'O. sont fertilisées par l'Euphrate, qui reçoit à gauche le *Schirvan* (Chabour). L'Al-Djezireh avec l'Irak-Arabi forme le *vilayet de Bagdad*, chef-lieu *Bagdad*, 40 000 hab., sur le Tigre ; c'est l'ancienne capitale des khalifes arabes, et aujourd'hui l'entrepôt du commerce de la Turquie avec la Perse et l'Inde. Au S. de cette métropole commerciale commence l'Irak-Arabi, l'ancienne *Babylonie*, comprenant les cours inférieurs de l'*Euphrate* et du *Tigre*, puis, après la réunion de ces deux fleuves, le *Chatt-el-Arab*, jusqu'à son embouchure dans le golfe Persique. L'Irak-Arabi, sillonné en tous sens d'innombrables canaux, est très fertile ; les Arabes y élèvent beaucoup de chevaux, de moutons et de chèvres ; le riz, les dattes, les bananes sont leurs principaux produits de culture et d'exportation. Sur l'emplacement des ruines de Babylone s'élève aujourd'hui la petite ville d'*Hillah*, 10 000 hab. ; tout près de là, à *Birs-Nimroud*, on montre les restes de la fameuse *Tour de Babel* (?). *Bassorah* ou *Bas'rah*, sur le Chatt-el-Arab, avec les marais pestilentiels qui l'entourent, n'a qu'une importance commerciale ; elle est desservie par un double service de bateaux à vapeur qui la relient à Bagdad au N. et au golfe Persique au S.

L'Arabie ottomane, directement rattachée à la Turquie d'Asie, se compose de la lisière qui longe la mer Rouge ; elle constitue les vilayets de l'*Hedjaz* et de l'*Yémen*. Au N., comme un prolongement du désert de Syrie, s'élève le *djebel El-Thy*, plateau accidenté, stérile, désert et paraissant couvert d'une pluie de pierres, coupé seulement par la vallée de l'*ouad El-Arisch*, qui se verse dans la Méditerranée, et par celle de l'*ouad El-Arabah*, débouchant dans le golfe d'Ababah (mer Rouge). Au S. de ce plateau, on rencontre le massif granitique du *Sinaï* (*Thor Sina*), qui a pour point culminant le *djebel Mousa* (montagne de Moïse), 2619 mètres, et le *djebel Katerin* (2 287 mètres), qui tire son nom du couvent grec de Sainte-Catherine, situé au pied de la montagne. Le mont *Horeb* (ou *Khourybi*), simple mamelon qui émerge du Sinaï, est à l'O. de celui-ci. L'*Hedjaz* (le *passage*), pays stérile, s'étendant le long des côtes de la mer Rouge et entrecoupé de quelques vallées un peu fertiles, est compris entre les montagnes et la mer. *Djeddah*, port et entrepôt sur la mer Rouge ; *la Mecque* (cité sainte de l'islamisme), résidence du schérif des musulmans ; *Médine* (la ville du prophète), célèbre par le tombeau de Mahomet, ses mosquées et ses écoles, sont les villes principales de l'Hedjaz. L'*Yémen*, l'*Arabie Heureuse* des anciens, qui continue l'Hedjaz au S., est un pays montagneux et boisé dont les vallées, arrosées par de petits cours d'eau, sont assez fertiles. Le port de l'Yémen est *Hodeida*, entrepôt du commerce du café qui était autrefois à *Moka*, ville aujourd'hui déserte et à peu près abandonnée. Au S.-E. de Moka, à l'extrémité d'une presqu'île aride et montagneuse, s'élève *Aden*, tombée au pouvoir des Anglais depuis 1839. (Pour l'intérieur de l'Arabie, V. *Wahabites*.)

Au point de vue administratif, la Turquie est divisée en *vilayets* (ou *eyalets*), subdivisés eux-mêmes en *sandjaks* ou en *livas*. Le pouvoir absolu appartient au *Sultan*, appelé aussi *Grand Turc*, et dont le gouvernement est désigné, en diplomatie, sous le nom de *la Porte* ou *Sublime Porte*. Les deux principaux fonctionnaires sont : le *grand vizir*, chargé de la direction de la politique, de la guerre, de l'intérieur et des finances ; et le *cheikh-ul-Islam*, qui est l'interprète de la loi, le chef des *ulémas*, et, en cette qualité, chargé de l'instruction publique. La religion officielle est la religion musulmane ; cependant tous les cultes sont représentés dans les vastes possessions du Sultan : catholiques arméniens, chrétiens, juifs et orthodoxes grecs. Le turc est la langue parlée.

Ainsi qu'on l'a vu ci-dessus (V. *Turc* 1), Osman ou Othman s'étant mis, au XIIIe siècle, au service du sultan seldjoucide de Roum, donna son nom aux Turcs Ottomans ou Osmanlis. L'Etat de Roum ayant été détruit en 1307, les Turcs dominèrent le pays en maîtres et étendirent leur souveraineté en Asie Mineure et du côté de l'Europe. Les relations de la Turquie avec la France datent seulement de 1507 : sous le nom de *trêve marchande*, Bajazet II accorda, cette même année, au commerce français des privilèges fort étendus. Sous François Ier, une flotte turque se joignit à celle de ce roi pour lutter contre Charles-Quint dans la Méditerranée, et les corsaires de Dragut, sous Henri II, conquirent l'île de Corse, côte à côte avec les compagnies françaises du baron de La Garde (1553). Le traité de 1569 nous accorda de nouveaux privilèges commerciaux en Orient, et notre protection s'établit dès lors sans conteste sur tous les chrétiens des pays mahométans. Les anciennes capitulations furent renouvelées en 1673, et, en 1740, un traité d'amitié et de commerce préluda à celui de 1802 ; ce dernier, habilement négocié, après la campagne d'Egypte, par le général Sébastiani, est encore en vigueur. Sous la Restauration, la France, unie à l'Angleterre et à la Russie, prit fait et cause pour les Grecs insurgés, et nos troupes, après le combat naval de Navarin (1827), occupèrent la Morée (1828-1833). En 1854, la guerre de Crimée fut engagée pour défendre, de concert avec l'Angleterre, l'empire turc menacé d'une invasion russe : elle se termina par la prise de Sébastopol (1855). De nos jours, le traité de Berlin de 1878 a, sous des apparences toutes diplomatiques, dépouillé la Turquie de la plus grande partie de ses possessions européennes, en attendant le jour où elle se sera de ce qui lui reste encore.

2. ***TURQUIE** (*Turquie*), *sf.* Le maïs ou blé de Turquie.

TURQUIN (ital. *turchino* : de *Turc* 1), *adj. m.* Se dit d'un bleu foncé : *Bleu turquin*. — *Sm.* Marbre bleuâtre de Belgique sillonné de veines d'un bleu très foncé.

TURQUOISE (*Turc* 1), *sf.* Pierre d'ornement opaque d'un bleu clair ou verdâtre dont il y a deux espèces : 1° la *turquoise orientale* ou *calaïte*, d'un bleu pâle tirant sur le verdâtre, qui est un phosphate triple d'alumine de chaux et d'oxyde de cuivre, qu'on tire de la Perse ou de la Syrie et qui est employée en bijouterie ; 2° la *turquoise occidentale* ou *osseuse*, qui n'est autre qu'un fragment d'ivoire ou d'os fossile pénétré de phosphate de fer, qui vient du Gers et du canton d'Argovie et a beaucoup moins de prix que la précédente. Lorsque la turquoise osseuse est décolorée, on peut lui rendre sa couleur par immersion dans une certaine solution de cuivre ; mais cette nouvelle couleur n'est pas durable. Les turquoises ainsi traitées sont dites *turquoises baignées* ; inutile de dire que, dans le commerce, on les évite autant que possible. La forme que l'on donne généralement aux turquoises par la taille est celle de goutte de suif, ronde ou ovale. Il est bien rare de voir des turquoises taillées en poire ou en cabochon. Les Orientaux gravent, sur turquoise, souvent des versets du Coran, et remplissent le creux avec de l'or. Les Grecs et les Romains la gravaient ordinairement en relief.

TURR (Étienne), général de nationalité hongroise entré au service de l'Italie, né à Baja en 1825. Aide de camp de Victor-Emmanuel, il fut envoyé dans différentes missions à l'étranger. En 1869, il eut une entrevue avec Napoléon III dans le but de préparer, en cas de guerre franco-prussienne, une entente entre la France, l'Italie et l'Autriche ; l'attitude du duc de Gramont, ministre des affaires étrangères, fit échouer cette mission.

TURREAU DE LINIÈRES (Louis-Marie, baron) (1756-1816), général français. Il livra le combat de Boulou (1793) ; puis, dans la guerre de Vendée, s'empara de Noirmoutier et organisa les *colonnes infernales* qui dévastèrent ce pays. Il a laissé des *Mémoires*.

***TURRICULÉ, ÉE** (l. *turriculatum* : de *turricula*, petite tour), *adj.* Se dit de toute coquille spirale dont la forme est très allongée.

TURRIERS, 523 hab. Ch.-l. de c., arr. de Sisteron (Basses-Alpes). Tour en ruines.

***TURRILITE** (l. *turris*, tour), *sf.* Genre de coquilles turriculées fossiles appartenant aux céphalopodes tentaculifères qu'on trouve dans le lias et les terrains crétacés.

TUSCIE, nom de l'ancienne Étrurie.

***TUSCULANES** (*Tusculum*), *sfpl.* Nom de cinq traités philosophiques que Cicéron composa dans sa villa de Tusculum.

TUSCULUM [tus-cu-lome], ville de l'Italie ancienne dont on voit les ruines au-dessus de Frascati, dans la campagne de Rome, et où Cicéron avait une villa, ainsi que beaucoup d'autres grands personnages romains.

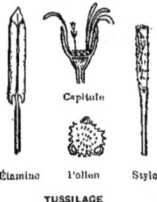

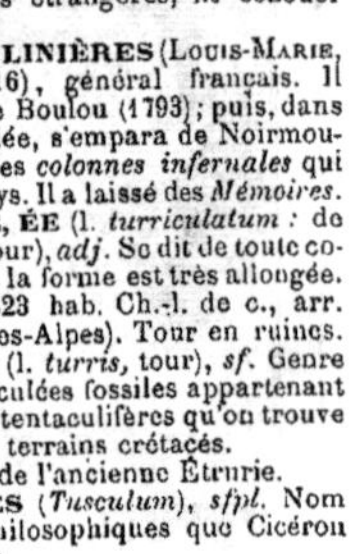

TUSSILAGE

TUSSILAGE (l. *tussilago*), *sm.* Genre de plantes dicotylédones de la famille des Composées, dont l'espèce la plus remarquable est le *tussilage pas-d'âne*, des terrains argileux, dont les fleurs jaunes, semblables à celle du pissenlit, se montrent au premier printemps avant les feuilles, qui sont très grandes. Fleurs et feuilles servent à faire une tisane pectorale adoucissante.

TUTELA, divinité gauloise honorée dans l'Aquitaine et dans les pays du Rhône.

TUTÉLAIRE (l. *tutelarem*), *adj. 2 g.* Qui a rapport à la tutelle : *Autorité tutélaire.* || Qui protège : *Puissance tutélaire.*

TUTELLE (l. *tutela* : de *tueri*, défendre), *sf.* Charge publique et gratuite que la loi impose à une personne capable, ou que celle-ci accepte, de prendre soin de la personne et des biens d'un mineur ou d'un interdit. La tutelle appartient : 1° d'abord, avec droit légitime, légal et naturel, au *survivant des père et mère* ; puis, 2° soit à *une personne désignée par le dernier mourant des père et mère* ; 3° soit à l'*un des ascendants* ; 4° soit à *un individu nommé par le conseil de famille.* La mère n'est point tenue d'accepter la tutelle. Le père, tuteur de ses enfants mineurs, ne perd pas leur tutelle en convolant en secondes noces, tandis que la mère, en se remariant, y renonce implicitement : le conseil de famille, réuni devant le juge de paix du canton, peut seul la lui maintenir, mais en y adjoignant son nouveau mari comme cotuteur, si toutefois celui-ci présente les garanties de moralité et de solvabilité requises. Aux termes de l'article 391 du Code civil, le père peut nommer à la mère survivante ou tutrice un conseil spécial, appelé *conseil de tutelle*, qui l'assiste pour certains actes déterminés et pour la totalité des actes de la gestion tutélaire. La seconde des tutelles dans l'ordre juridique est la *tutelle testamentaire*, c'est-à-dire celle par laquelle le survivant des père ou mère, mais le survivant seul, peut, par son testament ou par tout autre acte recevable, désigner un tuteur aux enfants qu'il prévoit devoir, à sa mort, laisser en état de minorité : la mère, remariée et non maintenue dans la tutelle, est déchue du droit de désigner un tuteur. En l'absence de tuteur testamentaire, la tutelle est dévolue légalement et de plein droit à l'*aïeul paternel* des mineurs et, à défaut de celui-ci, à leur *aïeul maternel*. En l'absence d'aïeul paternel ou maternel, la tutelle remonte et elle est légalement attribuée aux *ascendants des degrés supérieurs*, avec préférence d'abord du degré plus proche sur le degré plus éloigné, et, à égalité de degré, en préférant l'ascendance paternelle à l'ascendance maternelle. Enfin, à défaut de tuteur testamentaire ou à défaut d'ascendants survivants ou capables de gérer, il y a lieu à la *tutelle dative*, c'est-à-dire conférée par le conseil de famille; celui-ci se réunit à cet effet devant le juge de paix du lieu du domicile du mineur (art. 406 du Code civil), sur la réquisition d'un parent, d'un créancier ou d'autres parties intéressées, soit même d'office et à la poursuite du juge de paix, toute personne pouvant dénoncer le fait qui donne sujet à l'ouverture de la tutelle. Le *conseil de famille* se compose de six parents ou alliés du mineur, les plus proches en degré, et pris par moitié dans la ligne paternelle, par moitié dans la ligne maternelle. Sont dispensés de toute tutelle dative ou testamentaire : 1° les personnes âgées de soixante-cinq ans révolus, à moins qu'elles ne soient déjà en fonction, auquel cas elles n'en sont exonérées qu'à soixante-dix ans révolus; 2° les infirmes; 3° ceux qui gèrent déjà deux tutelles; 4° le père de cinq enfants légitimes (à l'exception de la tutelle de ses propres enfants); 5° certains fonctionnaires; 6° les sénateurs; 7° les députés; 8° les militaires en activité de service. Les femmes (la mère et les ascendantes exceptées), les mineurs, les interdits, ceux qui ont ou ont eu (ou leur père et mère) un procès important avec le mineur, sont légalement déclarés incapables de tutelle. Outre les incapacités, il existe encore des causes d'indignité ou d'exclusion de tutelle; ce sont : une condamnation à une peine afflictive ou infamante qui entraîne la destitution de plein droit; 2° une inconduite notoire; 3° et l'infidélité ou l'incapacité manifeste du tuteur prouvée par sa gestion. En cas d'indignité, le conseil de famille peut destituer le tuteur en fonction; si ce dernier résiste à cette destitution, le subrogé tuteur poursuit l'homologation de la décision du conseil devant les tribunaux. La loi du 24 juillet 1889 a autorisé les tribunaux à déclarer, dans certains cas, le père et la mère déchus de la puissance paternelle, et à organiser la tutelle des enfants. || *Être en tutelle,* être sous l'autorité d'un tuteur, en parlant d'un mineur ou d'un interdit. || *Rendre la tutelle,* rendre les comptes d'une tutelle. — Fig. État de celui sur qui quelqu'un a pris assez d'ascendant pour le faire agir à sa guise : *Tenir quelqu'un en tutelle.* — Fig. Protection : *Réclamer la tutelle des lois.* — **Dér.** *Tutélaire.* — **Gr.** Même famille : *Tuteur, tutrice, tuer,* etc.

TUTEUR (l. *tutorem*), fém. **TUTRICE** (l. *tutricem*), *s.* Personne chargée par la loi, ou par le survivant des père ou mère, ou bien par le conseil de famille, de prendre soin de la personne d'un mineur ou d'un interdit et d'administrer ses biens. (V. *Mineur*.) L'avis du conseil de famille est indispensable au tuteur : 1° pour accepter ou répudier une succession échue au pupille, et qui ne saurait être (si elle l'est toutefois) acceptée que sous bénéfice d'inventaire; 2° pour intenter, au nom du pupille, une action immobilière; 3° pour acquiescer à une action de même nature; 4° pour intenter une demande en partage, mais non pour y défendre; 5° enfin, pour accepter une donation faite au mineur. Mais l'autorisation du conseil de famille ne suffit plus, sans que l'avis de ce conseil soit homologué par le tribunal, lorsqu'il s'agit : 1° d'emprunts contractés dans l'intérêt du mineur; 2° d'hypothèques consenties sur ses biens; enfin 3° de l'aliénation de ses biens immeubles. La loi exige, en outre, un surcroît de garanties pour les transactions relatives aux droits litigieux du mineur : l'homologation du tribunal est précédée d'une consultation délivrée par trois jurisconsultes. La loi du 27 février 1880 interdit au tuteur d'aliéner les valeurs mobilières sans l'avis du conseil de famille : s'il s'agit de plus de quinze cents francs, l'homologation du tribunal est nécessaire; en outre, le tuteur est tenu, dans les trois mois de l'ouverture de la tutelle, de convertir en titres nominatifs tous titres au porteur appartenant au mineur : cette conversion doit avoir lieu également pour les titres qui pourraient échoir ultérieurement au mineur, et dans les trois mois de leur attribution. De même le tuteur doit faire emploi de tous capitaux. Le subrogé tuteur est chargé de surveiller l'accomplissement de ces diverses formalités, et, au besoin, de convoquer le conseil de famille. Le mineur a une hypothèque légale sur les immeubles du tuteur; il n'en est pas toujours ainsi quand il s'agit de la tutelle organisée en vertu de la loi du 24 juillet 1889 après déchéance prononcée de la puissance paternelle. Aux termes de l'article 469 du Code civil, tout tuteur est comptable de sa gestion lorsqu'elle finit, c'est-à-dire qu'il est tenu d'en rendre compte, par états de situation annuels, à son ancien pupille, lors de sa majorité ou de son émancipation; seulement le compte est rendu aux frais de ce dernier, et c'est le tuteur qui est tenu de faire les avances. Les intérêts de ce qui sera dû au tuteur par le mineur ne courront que du jour de la sommation de payer qui aura suivi la clôture du compte, tandis que c'est à partir de cette clôture que le reliquat dû par le tuteur portera intérêt, même sans demande. Toute action du mineur contre son tuteur relativement aux faits de la tutelle se prescrit par dix ans à compter de la majorité (art. 475 du Code civil). || *Tuteur ad hoc,* celui qui est nommé à un mineur pour un objet déterminé. — Fig. Protecteur : *Les hommes de talent sont les tuteurs naturels du talent naissant.* — *Sm.* Perche solide qu'on enfonce en terre à côté d'un jeune arbre et à laquelle on attache celui-ci pour le soutenir ou le redresser : *Mettre des tuteurs à des arbres à fruits.*

TUTIE ou ***TUTHIE** (ar. *toutiyâ*), *sf.* Dépôt verdâtre d'oxyde de zinc, coloré par de l'oxyde de fer, qui se dépose à la partie supérieure des hauts fourneaux, lorsque les minerais de fer que l'on traite contiennent du zinc. Ce produit peut servir comme minerai de zinc. Il renferme quelquefois de l'arsenic.

TUTOIEMENT ou **TUTOÎMENT** (*tutoyer*), *sm.* Action de tutoyer : *Ils en sont au tutoiement.*

TUTOYER (formé de *tu* et *toi*), *vt.* Employer *tu* et *toi* au lieu de *vous*, en parlant à quelqu'un : *Ce père tutoie ses enfants.* — **Se tutoyer,** *vr.* Se dire l'un à l'autre *tu* et *toi* au lieu de *vous*. — **Gr.** Je tutoie, tu tutoies, il tutoie, nous tutoyons, vous tutoyez, ils tutoient; je tutoyais, nous tutoyions, vous tutoyiez, ils tutoyaient; je tutoyai; je tutoierai; je tutoierais; tutoie, tutoyons, tutoyez; que je tutoie, que nous tutoyions, que vous tutoyiez, qu'ils tutoient; que je tutoyasse, qu'il tutoyât; tutoyant; tutoyé, ée. — **Dér.** *Tutoiement.*

TUTTI [toutti] (mot ital. : *tous*), *smpl.* Mot qui indique, sur la musique écrite, que toutes les parties doivent se faire entendre ensemble. — *Smsg.* Passage d'un morceau de musique à l'exécution duquel concourent toutes les parties : *Un beau tutti.*

TUTTI QUANTI [toutti couanti] (mot ital.). Tous tant qu'ils sont : *Je le méprise, lui, et tutti quanti.*

TUTTLINGEN (6 000 hab.). Ville de Wurtemberg (Allemagne), sur le Danube. Forges, lainages, etc. Victoire des Impériaux sur les Français en 1643.

TUYAU (vx fr. *tuyel* : du l. *tubellus*, dm. de *tubus*, tube), *sm.* Canal le plus souvent cylindrique qui sert à l'écoulement des liquides et des gaz. || *Tuyau de poêle,* ouverture d'une cheminée depuis le manteau jusqu'en haut. || Bout creux de la plume des oiseaux du côté qui tient à la chair. || Tige creuse d'une plante. || *Dire quelque chose dans le tuyau de l'oreille,* dire en secret. || Gros pli cylindrique que fait à une étoffe : *Les tuyaux d'une collerette.* — **Tuyaux sonores.** Tuyaux de forme prismatique ou cylindrique, dont on fait particulièrement usage dans les jeux d'orgue, et que l'on fait *parler* en y amenant un courant d'air plus ou moins rapide, d'un réservoir d'air comprimé, ou *sommier*. Dans les *tuyaux à bouche*, le vent arrive par le bas, traverse une fente étroite qu'on nomme la *lumière*, et vient se briser contre un *biseau* qui constitue la *lèvre supérieure* de la bouche. Une partie de cet air pénètre dans le tuyau et détermine, dans la colonne d'air intérieure, des vibrations qui donnent naissance à un son. L'expérience montre que les petites vibrations des parois du tuyau ne modifient pas la hauteur du son, au moins lorsque ces parois sont suffisamment épaisses; elles n'ont guère d'autre influence que de donner au son un *timbre* ou un autre, selon qu'elles sont en métal ou en bois. Quant au mouvement vibratoire dont l'air intérieur est animé, on peut le rendre sensible par diverses expériences. On distingue les tuyaux sonores en *tuyaux ouverts* et *tuyaux fermés*, selon que l'extrémité opposée à la bouche est ouverte, ou fermée par une paroi solide. On peut faire rendre à un même tuyau une série de sons, de plus en plus élevés, à mesure qu'on rend plus rapide le courant d'air fourni par la soufflerie. Le plus grave de ces sons a reçu le nom de *son fondamental.*

Les *lois des longueurs* se formulent ainsi : 1° *Pour des tuyaux de même espèce, les nombres de vibrations qui correspondent au son fondamental varient en raison inverse des longueurs de ces tuyaux.* Pour établir cette loi, on dispose sur la soufflerie trois tuyaux, tous ouverts ou tous fermés, dont les longueurs soient entre elles comme les nombres 1, 4/5, 2/3. On constate que ces tuyaux donnent les notes de l'accord parfait, dont les nombres de vibrations sont entre eux comme 1, 5/4, 3/2. 2° *Le son fondamental d'un tuyau fermé est l'octave grave de celui d'un tuyau ouvert de même longueur.* On le démontre en adaptant sur la soufflerie un tuyau ouvert, donnant, par exemple, la note la_3. Si l'on ferme l'ouverture supérieure au moyen d'une paroi solide, le son se transforme en son octave grave la_2.

Il résulte de ces deux lois qu'un *tuyau fermé donne le même son fondamental qu'un tuyau ouvert de longueur double.* C'est ce qu'on vérifie à l'aide d'un tuyau traversé en son milieu par une coulisse mi-partie pleine et mi-partie évidée. En poussant cette coulisse dans un sens ou dans l'autre, on obtient à volonté un tuyau fermé, ou un tuyau ouvert de longueur double, sans que le son soit changé. Ce résultat explique la substitution qu'on fait ordinairement, dans les orgues, du *bourdon,* ou tuyau fermé de cinq mètres de longueur environ, au tuyau ouvert de dix mètres.

Un même tuyau sonore, ouvert ou fermé, *peut rendre une série de sons différents, qu'on nomme* sons harmoniques. Pour produire ces divers sons, on adapte, sur l'une des ouvertures de la soufflerie, un tuyau étroit dont le pied est muni d'un robinet : en ouvrant graduellement le robinet, et en appuyant avec la main sur le soufflet par l'intermédiaire d'une tige, on produit un courant d'air de plus en plus rapide. On entend alors, d'abord le ton fondamental, puis une série de sons de plus en plus élevés. Pour un *tuyau fermé,* l'expérience montre que la série des harmoniques se compose de sons dont les nombres de vibrations, déterminés au moyen de leurs rapports de hauteur musicale, sont entre eux comme les *nombres impairs :* 1, 3, 5, 7, 9, etc. Pour un *tuyau ouvert,* la série des harmoniques se compose de sons dont les nombres de vibrations sont entre eux comme les *nombres entiers* successifs : 1, 2, 3, 4, 5, 6, 7, 8, 9, etc.

En assimilant le mouvement vibratoire produit par l'arrivée de l'air dans un tuyau au mouvement que produisent les vibrations d'une lame ou d'un piston mobile, on voit qu'il doit se produire une série d'ondes, composées chacune d'une demi-onde condensée et d'une demi-onde dilatée, et se propageant dans la longueur du tuyau. Chacun des éléments de ces ondes, à mesure qu'il arrive sur la paroi solide qui constitue le fond d'un tuyau fermé, éprouve une réflexion : de là, la production d'ondes réfléchies, marchant en sens inverse, c'est-à-dire du fond vers l'entrée du tuyau. Ces deux mouvements se propagent indépendamment l'un de l'autre, comme deux systèmes d'ondulations se propagent à la surface d'une eau tranquille et se traversent sans se troubler. Par la superposition de ces deux effets, il se forme dans le tuyau : 1° des *nœuds fixes,* c'est-à-dire des tranches où la vitesse vibratoire résultante est constamment nulle, mais où la compression ou la dilatation est plus grande que dans toute autre tranche du tuyau, au même instant; 2° des *ventres fixes,* c'est-à-dire des couches où la vitesse vibratoire résultante est plus grande que celle de toutes les autres tranches, au même instant, mais où il n'existe jamais ni compression, ni dilatation. En résumé, *dans un tuyau fermé les nœuds et les ventres consécutifs sont à des distances égales les uns des autres;* deux nœuds consécutifs sont toujours séparés par un ventre, et deux ventres consécutifs par un nœud. Le fond du tuyau doit toujours correspondre à un nœud, puisque la tranche d'air qui est en contact avec lui ne peut subir aucun déplacement. La bouche du tuyau doit correspondre à un ventre, puisque la tranche d'air qui s'y trouve communique avec l'atmosphère, et doit être, à tout instant, soumise à la pression extérieure. *Dans les tuyaux ouverts, les nœuds et les ventres alternent entre eux et sont également espacés, comme dans les tuyaux fermés.* Mais les deux extrémités du tuyau correspondent ici à des ventres, puisqu'elles communiquent l'une et l'autre avec l'atmosphère. La distance de deux nœuds ou de deux ventres fixes consécutifs, dans un tuyau ouvert ou fermé, est égale à la moitié de la longueur de l'onde.

On détermine la vitesse du son dans les gaz au moyen des tuyaux sonores. On fait rendre à un tuyau sonore, ouvert ou fermé, un harmonique d'un certain ordre, et on détermine, par l'expérience, la distance D qui sépare deux nœuds consécutifs. La longueur de l'onde correspondante sera 2 D, et si l'on désigne par n le nombre de vibrations et par v la vitesse de propagation du son dans l'air, on aura :

(1) $$v = 2\,D n.$$

On fait parler le même tuyau avec un gaz autre que l'air, et on l'amène à donner l'harmonique de même ordre. La longueur D sera toujours la distance de deux nœuds consécutifs; si n' est le nombre des vibrations, et v' la vitesse du son dans ce gaz, on aura :

(2) $$v' = 2\,D n'.$$

Des égalités (1) et (2) on tire :

$$\frac{v'}{v} = \frac{n'}{n},$$

ou : $$v' = v \times \frac{n'}{n};$$

et v, vitesse dans l'air, étant connu, on tirera v'. Dulong a ainsi mesuré les vitesses du son dans divers gaz.

Une *anche* est une lame élastique mise en vibration par l'impulsion de l'air; ordinairement, elle se place à la partie supérieure d'un tuyau que l'on fixe sur la soufflerie. *L'anche battante* rend un son dont le timbre est généralement éclatant et nasillard; on le rend plus agréable en fixant au-dessus un *cornet d'harmonie,* dont l'air entre en vibration en même temps que l'anche. *L'anche libre* produit des sons moins stridents. On l'emploie peu dans les grandes orgues, mais elle figure exclusivement dans l'harmonium et dans l'orgue expressif.

Les *instruments à vent* se rapportent à ces différents types de tuyaux sonores. Dans les *orgues,* on emploie des tuyaux à bouche, ouverts ou fermés, et des tuyaux à anche. Ils sont tous montés sur un même sommier, qui reçoit l'air de soufflets puissants. Des *registres* particuliers permettent à l'organiste de produire à volonté chaque note au moyen des tuyaux de l'une ou de l'autre espèce. De là, les effets si variés et si imposants qu'on obtient avec ces instruments. Pour la *flûte,* le mode d'ébranlement de l'air est le même que dans les tuyaux ordinaires. Le vent, donné par la bouche du joueur, se brise contre les parois de l'ouverture; une partie pénètre dans le tuyau et y produit les vibrations. Des trous pratiqués de distance en distance peuvent être ouverts ou fermés, soit avec les doigts, soit à l'aide de clefs à ressorts; quand l'exécutant découvre un de ces trous, il détermine dans la tranche d'air correspondante un centre de vibration, modifie par conséquent la distribution des nœuds et des ventres à l'intérieur du tuyau, et fait varier la hauteur du son. Le *cor de chasse* est un tuyau d'une grande longueur, contourné sur lui-même et s'ouvrant par un *pavillon;* il ne donne pas le son fondamental, mais seulement les harmoniques supérieures 8, 9, 10, etc., suivant qu'on force plus ou moins le vent. Ces harmoniques représentent une assez grande partie des notes de la gamme; on obtient quelques-unes de celles qui manquent, en fermant plus ou moins, avec le poing, l'ouverture du pavillon. Le *hautbois,* la *clarinette* et le *basson* sont des instruments à anche. Dans la *trompette,* les lèvres jouent le rôle de véritables anches. Dans le *trombone,* l'exécutant allonge ou raccourcit à volonté le tuyau sonore, et produit ainsi des sons plus ou moins élevés. Dans le *cornet à pistons* il modifie la longueur du tuyau au moyen de pistons, qui interceptent ou font entrer dans la partie vibrante diverses portions supplémentaires. — **Dér.** *Tuyère, tuyauter, tuyautage.* Même famille : *Tube,* etc.

***TUYAUTAGE** (*tuyau*), *sm.* Action de faire des tuyaux à une étoffe. || L'ensemble des tuyaux d'une machine à vapeur.

***TUYAUTÉ** (part. pass. de *tuyauter*), *sm.* Étoffe tuyautée.

TUYAUTER (*tuyau*), *vt.* Former avec un fer rond chauffé des tuyaux à une étoffe : *Tuyauter un bonnet.*

TUYEN-QUAN, ville du Tonkin, chef-lieu de province, sur la rive droite de la rivière Claire. Le 25 novembre 1884 le commandant Dominé, avec 600 hommes et le sergent du génie Bobillot, y fut investi par les troupes chinoises du Yunnan; et le 3 mars 1885 le général Giovaninelli débloquait la place en enlevant d'assaut une redoute formidable qui la dominait.

TUYÈRE (*tuyau*), *sf.* Tuyau en fer légèrement conique par lequel le vent d'un soufflet arrive dans une forge.

TVER, 38 000 hab. Ville de Russie, sur la rive droite du Volga, qui y reçoit la Tvertza et la Tymoka; ch.-l. du gouvernement de même nom; chemin de fer, à 540 kilom. S.-E. de Pétersbourg. Grains, bois, filatures.

TWEED [touide], 160 kilom., fleuve d'Angleterre qui sort des monts Cheviots et qui, dans son cours inférieur, sépare l'Angleterre de l'Écosse et se jette dans la mer du Nord à Berwick.

TWICKENHAM, 8 000 hab. Ville du comté de Middlesex (Angleterre), sur la Tamise. Nombreuses maisons de campagne.

***TWINE** [touine] (mot angl. : *fil retors*), *sf.* Paletot sans taille.

TYANE, aujourd'hui **KARA-HISSAR,** ville de Cappadoce. Patrie de l'imposteur Apollonius.

TYBURN, village à l'O. de Londres, où il y avait un gibet.

***TYCHO-BRAHÉ** (1546-1601), célèbre astronome suédois qui fut pendant 17 ans à l'observatoire d'Uranienberg et résida ensuite à Prague, où l'avait appelé l'empereur Rodolphe II. Il fut l'auteur d'un faux système du monde, supposant que le Soleil avec les planètes tournait autour de la Terre.

TYDÉE, fils d'Œnée, roi de Calydon et père de Diomède; tué au siège de Thèbes.

***TYLER** (John) (1790-1862), président des États-Unis d'Amérique, successeur du général Harrison en 1841. Il annexa à la république les États du Texas, d'Iowa et de Floride.

***TYLOPHORE** (g. τύλος, callosité + φέρειν, porter), *sm.* Plante des Indes, de la famille des Asclépiadées, dont on emploie les feuilles vomitives dans le traitement de la dysenterie, à la place de l'ipécacuanha.

TYMPAN (l. *tympanum,* tambour : du g. τύπτειν, frapper), *sm.* L'oreille moyenne dans laquelle se trouvent les osselets de l'ouïe et qui communique avec l'arrière-bouche par la trompe d'Eustache. || *Membrane du tympan* ou *le tympan,* membrane transparente située au fond du canal auditif externe qu'elle sépare de l'oreille moyenne et dont la perforation ou la destruction n'entraîne pas la surdité. (V. *Oreille.*) || *Bruit à briser le tympan,* très fort. || Carré de parchemin ou d'étoffe tendu sur un châssis de bois ou de fer et sur lequel on étend les feuilles d'imprimerie. || La surface triangulaire qu'entourent les trois corniches d'un fronton et qui est lisse ou décorée de sculptures. || La surface ogivale comprise entre le linteau d'une porte du moyen âge et l'arc de décharge qui la surmonte et qui est ordinairement remplie de sculptures en bas-relief : les tympans les plus remarquables sont ceux du XIIe siècle. || Panneau de menuiserie entouré de moulures. || Pignon monté sur un arbre tournant et engrenant avec les dents d'une roue. || Cylindre creux tenant lieu de la roue d'un treuil et dans lequel marchent des hommes pour le faire tourner. || Machine pour élever l'eau, consistant en un cylindre mobile autour de son axe et dans lequel sont des cloisons disposées en spirale. — **Dér.** *Tympanique, tympaniser, tympanisme, tympanite.* Même famille : *Tympanon.*

TYMPAN (T)
L. linteau — A. archivolte.
(Architecture.)

***TYMPANIQUE** (*tympan*), *adj.* 2 *g.* Qui se rapporte au tambour. — *Sf.* **La tympanique,** l'art d'exécuter des batteries de caisse. || *Son tympanique,* semblable à celui du tambour et produit par les cavités closes remplies d'un gaz. (Méd.) || Qui concerne la cavité du tympan.

TYMPANISER (l. *tympanizare*, jouer du tambour), *vt.* Faire connaître, vanter sans cesse et avec grand fracas : *C'est lui qui dans des vers vous a tympanisée.* (MOLIÈRE.) (vx). ‖ Décrier hautement et publiquement. — **Se tympaniser**, *vr.* S'exposer au ridicule.

***TYMPANISME** (*tympan*), *sm.* Etat d'un organe atteint de tympanite.

TYMPANITE (g. τυμπανίτης : de τύμπανον, tambour), *sf.* Distension gazeuse de l'abdomen telle que la percussion en ce point dénote un son qui rappelle celui d'un tambour plus ou moins tendu. Elle ne constitue pas à elle seule une maladie, car elle n'est qu'un symptôme apparaissant dans le cours d'affections diverses. Tantôt elle trahit la flatulence de la dyspepsie nerveuse, le ballonnement hystérique de l'abdomen, tantôt elle est la conséquence de la paralysie des intestins, que celle-ci soit directe ou réflexe (tympanite de la fièvre typhoïde, de la diphthérie, etc.), tantôt elle est liée au développement exagéré de gaz qui suit l'indigestion gastro-intestinale (haricots, pois, choux), tantôt enfin elle se rattache aux occlusions intestinales, dont elle est une des manifestations les moins équivoques.

Dans tous les cas, elle se manifeste par un développement plus ou moins marqué de l'abdomen, auquel on donne un des noms suivants, selon que le degré de ce développement est plus ou moins accentué : flatulence, météorisme, ballonnement ou tympanisme. La tympanite peut se localiser à une partie de l'abdomen ; plus souvent elle est généralisée. La palpation fait sentir un abdomen dur, mais élastique ; sa percussion est celle du tambour.

Enfin, on note en même temps des borborygmes et des gargouillements, des douleurs lombaires, des déplacements du cœur, des troubles respiratoires par refoulement de ces organes. La constipation est la règle, d'où la dénomination ancienne de *choléra sec.*

Le traitement devra s'adresser naturellement à la cause pathogénique de l'affection : on cherchera à lever l'obstacle qui s'oppose à la circulation intestinale, soit par une intervention chirurgicale (hernie étranglée, etc., soit par des moyens médicaux (lavements, purgatifs). Se basant sur la méthode de guérison journellement employée pour les ruminants météorisés, certains auteurs ont proposé de recourir à la ponction intestinale faite avec l'aiguille des appareils aspirateurs. Dans quelques cas rares, où la mort, par compression des organes voisins, semble possible, on devra y avoir recours en s'entourant de tous les soins antiseptiques que nécessite une si grave intervention. ‖ Ballonnement des animaux domestiques. (V. *Ballonnement.*)

TYMPANON (g. τύμπανον, tambour), *sm.* L'un des noms du psaltérion.

TYNDALL (JOHN), né vers 1820, physicien anglais contemporain, qui s'est surtout fait connaître par ses travaux sur la chaleur considérée comme un mode de mouvement, sur l'électricité, sur les glaciers, sur les signaux en mer. Il a publié divers ouvrages, entre autres un traité intitulé : *De la chaleur considérée comme un mode de mouvement*, dont la dernière édition (1874) contient une théorie nouvelle sur la constitution des comètes et la formation de leur queue.

TYNDARE, roi légendaire de Sparte, époux de Léda, dont il eut Hélène, Clytemnestre, Castor et Pollux. Les mythologues postérieurs regardent Hélène et Pollux comme nés de Jupiter et de Léda. Tyndare n'est qu'un surnom de Jupiter ; Léda représente la nuit ; Pollux et Castor sont le soleil et la lune. (Myth.) — **Dér.** *Tyndaride.*

***TYNDARIDE** (*Tyndare*), *adj.* et *s.* Né de Jupiter et de Léda. Ce sont surtout Pollux et Castor qu'on appelle les *Tyndarides.*

TYNE, 73 kilom., rivière du Northumberland (Angleterre), qui coule à l'E., arrose Newcastle, North-Shields, Tynemouth, et se jette dans la mer du Nord. Elle reçoit le Derwent.

TYNEMOUTH, 39 000 hab. Ville du Northumberland (Angleterre), sur la Tyne.

TYPE (l. *typum;* g. τύπος, empreinte : τύπτειν, frapper), *sm.* Coin servant à faire des empreintes. ‖ Caractère d'imprimerie : *Un beau type.* ‖ Modèle. ‖ Exemplaire primitif et original : *Le Jupiter Olympien de Phidias a servi de type à tous les sculpteurs.* ‖ Objet auquel on compare les objets de même nature : *Le mètre en platine du Conservatoire est le type des mètres dont nous faisons usage.* ‖ Corps composé dont un ou plusieurs éléments peuvent être remplacés par d'autres sans que le groupement moléculaire soit altéré : *Le chlore se substitue à l'hydrogène dans plus d'un type.* ‖ Genre de plantes dont les caractères composent les traits essentiels d'une famille : *La giroflée est le type des crucifères.* ‖ L'ensemble des caractères distinctifs d'une race d'hommes ou d'animaux : *Le type nègre. Le type américain.* ‖ En histoire naturelle, sujet résumant les caractères les plus généraux d'un groupe d'êtres. ‖ Le représentant le plus parfait d'une catégorie d'hommes : *Trissotin est le type du pédant.* ‖ Symbole : *L'agneau pascal est le type de Jésus-Christ.* ‖ Figure symbolique gravée sur une médaille : *Le type de cette médaille est piété.* ‖ Ordre de succession des symptômes d'une maladie : *Fièvre à type intermittent.* — **Dér.** *Typique.* — **Comp.** *Typographe, typographie, typographique, typographiquement, typochromie, typolithographie, typomètre.*

***TYPHACÉES** (g. τύφη, la massette), *sfpl.* Famille de plantes monocotylédones aquatiques dont la massette ou *typha* est le type. (V. *Massette.*)

TYPHÉE (db. de *Typhon*), géant à cent têtes, fils du Tartare et de la Terre, père de Géryon et de Cerbère, qui se révolta contre les Dieux et que Jupiter ensevelit sous l'Etna.

***TYPHIQUE** (*typhus*), *adj. 2 g.* Qui est de la nature du typhus. ‖ Qui en a le caractère.

***TYPHLITE** (g. τυφλόν, le cæcum), *sf.* Inflammation du cæcum, très souvent suivie ou précédée de l'inflammation des parties voisines, et presque toujours accompagnée de *pérityphlite* (περί, autour). A côté des causes communes de l'inflammation du tube digestif (froid, abus de certains mets, constitution), il faut noter quelques causes particulières, telles que constipation, présence de corps étrangers (noyaux de fruits, pépins, vers intestinaux). D'ailleurs, les conditions anatomiques de cette région ne sont pas les causes les moins efficaces de la typhlite ; c'est en ce point, en effet, que les matières ont le plus de tendance à séjourner du fait de l'abouchement de l'iléon dans le cæcum (barrière des apothicaires ou valvule iléo-cæcale), et on comprend que leur présence irrite à la longue les parois du tube digestif. Quelquefois l'inflammation des parties voisines (pérityphlite) se produit d'abord et la typhlite ne s'établit que plus tard par propagation de l'élément inflammatoire.

Fréquente chez l'adolescent et l'adulte, frappant de préférence l'homme que la femme, elle semble atteindre surtout les individus qui, se nourrissant bien, ont une vie sédentaire.

La constipation est le premier signe qui attire l'attention, bientôt suivie de douleur plus ou moins vive dans l'extrémité inférieure droite du tronc (fosse iliaque droite) ; puis apparaissent le ballonnement du ventre et des vomissements alimentaires et bilieux. La région est empâtée, tuméfiée, et il n'est pas rare de sentir une tumeur affectant la forme de cæcum (percussion, palpation). Souvent la maladie cède à l'administration de lavements et purgatifs. Dans d'autres cas, les matières fécales, obstruant complètement le tube digestif, donnent naissance aux signes de l'occlusion intestinale, ou bien le péritoine s'enflamme à son tour par propagation, entraînant une péritonite aiguë fréquemment mortelle : la pérityphlite est la complication la plus fréquente et celle-ci peut aboutir à l'ouverture, à l'extérieur, sous forme de fistules (fistules pyo-stercorales) donnant issue à l'extérieur à du pus mélangé à des matières fécales.

Quand elle guérit, c'est-à-dire dans la grande majorité des cas, sa durée est très variable. D'ailleurs, elle est très sujette aux récidives, qui tiennent aux mêmes causes que la première atteinte.

Les constipés devront, dans la mesure du possible, avoir une vie active, mouvementée. L'hydrothérapie, les douches froides, le massage, les exercices du corps seront d'une très grande utilité pour prévenir la typhlite. Celle-ci sera traitée, dès le début, par des purgatifs doux : huile de ricin, par exemple, aidés de lavements émollients ; la douleur sera combattue par le repos au lit, les cataplasmes chauds sur la région. A la période de tumeur, l'intervention chirurgicale sera indiquée par les complications possibles. La fistule pyo-stercorale sera traitée par la suture des parois intestinales (U. Trélat).

***TYPHLOGRAPHE** (g. τυφλός, aveugle + γράφειν, écrire), *sm.* Instrument dont se servent les aveugles pour écrire.

***TYPHLOPS** (g. τυφλώψ, aveugle), *sm.* Genre de reptiles voisins des orvets et qui ressemblent à des vers. Ce sont de petits serpents à corps arrondi, vermiforme, à écailles semblables, à bouche petite, non dilatable et n'ayant de dents qu'à l'une des deux mâchoires. Ces dents ne portent pas de venin. Les typhlops n'ont point de membres, mais seulement des vestiges du bassin. Leurs yeux sont plus ou moins rudimentaires, et cachés sous la peau. Ces reptiles, dont les plus gros sont de la grosseur de notre orvet et dont certaines espèces ont le diamètre d'une plume de corbeau, se nourrissent de larves, d'insectes, de vers. Ils vivent dans les endroits humides, sous les pierres, et se creusent des terriers. Les nombreuses espèces de ce genre sont répandues dans l'Europe orientale, en Asie, dans l'archipel Indien, en Afrique et en Amérique.

***TYPHOGÈNE** (*typhus* + g. γεννᾶν, engendrer), *adj. 2 g.* et *s.* Qui engendre le typhus.

TYPHOÏDE (*typhus* + g. εἶδος, forme), *adj. 2 g.* Qui ressemble au typhus. ‖ **Fièvre typhoïde**, encore appelée *fièvre muqueuse*, *fièvre maligne*, *typhus abdominal.* La fièvre *typhoïde* ou *dothiénentérie* (g. δοθιήν, bouton + ἔντερον, intestin) est une maladie infectieuse, aiguë, miasmatique, contagieuse et endémo-épidémique, occasionnée par la présence, dans l'organisme, du bacille dit *d'Eberth* ou *de Friedländer* (1880-1881). Celui-ci a l'aspect de petits bâtonnets arrondis à leurs extrémités. Frais, il est très mobile, et se colore très difficilement par les réactifs appropriés. Contenu dans les matières fécales, les parois de l'intestin, le foie, les reins, le poumon et la rate, l'eau lui offre un moyen de culture excellent, et c'est celle-ci qui sert le plus souvent de véhicule au microbe. Des enquêtes médicales bien conduites ont déterminé, dans un grand nombre de cas, l'origine aqueuse d'épidémies locales ou de maison (épidémies de Pierrefonds, de Clermont-Ferrand). Ne voit-on pas d'ailleurs annuellement, à Paris, des quartiers infectés par l'eau de Seine, alors que dans des quartiers voisins, où celle-ci n'est pas consommée, n'apparaît aucune épidémie? L'agent contagieux se transmet aussi fréquemment par les poussières de l'air.

Endémique dans les grandes villes, surtout à Paris, elle prend très souvent une forme épidémique : chaque épidémie présente un cachet particulier. Elle frappe de préférence les jeunes gens, surtout ceux qui sont dans un grand centre depuis cinq ou six mois, ceux qui se nourrissent mal, travaillent à l'excès, en un mot, fatiguent l'organisme de quelque façon.

La fièvre typhoïde a longtemps été confondue avec les maladies contagieuses et éruptives, connues sous les noms de *fièvre putride*, de *fièvre ataxo-adynamique*, etc. Ses lésions propres, entrevues au commencement de ce siècle, furent décrites comme des lésions inflammatoires (Broussais) ; puis, comme lésions spécifiques, par Petit et Serres ; mais, pour ces auteurs, les lésions intestinales étaient toute la maladie. Bretonneau, en complétant la description des altérations de la fièvre typhoïde, les rattacha à la maladie elle-même, et créa le mot *dothiénentérie.* C'est Louis qui la différencia nettement de la classe des fièvres éruptives, qu'il décrivit complètement, et c'est vers cette époque que parurent les descriptions plus complètes de la maladie (Trousseau, Bouillaud). La découverte du bacille est de date récente (1880-1881), et les travaux modernes ont surtout enrichi la thérapeutique de la fièvre typhoïde.

Précédée d'une période d'incubation dont

la durée est très variable, la fièvre typhoïde a un début insidieux, souvent difficile à préciser. On note d'abord un malaise général, un manque d'entrain, une céphalalgie croissante, de l'insomnie et des saignements de nez très fréquents; puis, après cinq à six jours, quelquefois deux ou trois semaines, la fièvre apparaît précédée de frissons. Rarement celle-ci existe dès le début. Établie, la fièvre suit une marche régulière, présentant trois périodes, qui ont servi à diviser la maladie.

Période des oscillations ascendantes. — Débutant avec l'élévation de la température, elle se caractérise par l'exagération des premiers symptômes : céphalalgie, insomnie, abattement général. La soif est vive, l'appétit manque; la langue, chargée d'enduits blanchâtres sur sa partie centrale, est d'un rouge vif à la pointe et sur les bords : les selles sont diarrhéiques, fétides, de couleur jaunâtre. Par la pression de la fosse iliaque droite, on détermine une douleur vive et une sensation de gargouillement. La rate est déjà volumineuse (percussion); à l'auscultation du poumon, on note des râles de bronchite. Certains malades ont souvent même, dès le début, un air de prostration, qui se transformera plus tard en stupeur. Pendant toute cette période, qui, à cause de sa durée habituelle (sept jours) est appelée *premier septénaire*, la température du soir est plus élevée que celle du matin et que celle du soir précédent (oscillations progressivement ascendantes).

Période des oscillations stationnaires. — A partir de ce moment, la fièvre revêt un type régulier, la température du soir atteint ou dépasse 40 degrés, il n'y a au matin qu'une faible rémission; et cela, pendant plusieurs jours (oscillations stationnaires).

Dès le début de cette période (sixième ou septième jour) apparaissent au dos, au ventre, à la racine des membres de petites taches dites *rosées lenticulaires*, qui ne font pas saillie sous la peau, s'effacent par la pression du doigt pour reparaître immédiatement après. Chacune d'elles disparaît sans laisser de traces, après cinq à six jours; on en observe pendant une à deux semaines.

Pendant l'éruption, les maux de tête sont moins violents et disparaissent même; les troubles digestifs augmentent (diarrhée, gargouillement, tympanite); on note de la congestion pulmonaire; les urines sont rares, rouges, souvent albumineuses, la rate est très hypertrophiée; mais ce qui domine, c'est l'ensemble des phénomènes généraux, la lassitude et la prostration du malade, dont le visage est très amaigri, couvert de sueurs et dénote l'indifférence absolue aux choses extérieures. Dans la forme ataxique, l'excitation du malade remplace la prostration.

Période d'oscillations descendantes. — Si le malade doit guérir, il se produit entre le quatorzième et le vingt-cinquième jour environ une chute lente de la température jusqu'à la normale (oscillations progressivement descendantes), en même temps que tous les autres symptômes diminuent graduellement d'intensité.

Le malade entre alors en convalescence; celle-ci sera longue et entravée peut-être par des rechutes habituellement terminées par la guérison complète. La récidive est exceptionnelle. La fièvre typhoïde est souvent suivie de la chute temporaire des cheveux et de la vergeture de la peau (cuisses, abdomen). A côté de cette forme viennent se grouper : la fièvre typhoïde légère, dite *fièvre muqueuse*, dans laquelle il y a atténuation de tous les symptômes; la *fièvre abortive*, qui, légère ou grave au début, se termine vite favorablement; la *fièvre typhoïde adynamique*, dans laquelle la prostration est extrême dès le début et qui se termine le plus habituellement par la mort; la *fièvre typhoïde ataxique*, dans laquelle, à l'élévation très grande de la température, vient s'ajouter le délire violent, furieux : c'est, de toutes les formes, la plus funeste : citons encore la forme hémorrhagique de la fièvre typhoïde, qui, souvent associée à la précédente, est d'un pronostic très grave.

D'ailleurs, des complications plus ou moins graves apparaissent fréquemment dans chacune de ces formes : du côté de l'appareil digestif, on note des angines simples, le plus souvent des ulcérations du pharynx; des troubles gastriques (vomissements répétés, douleur), mais surtout des hémorrhagies intestinales dues à des ulcérations de l'intestin : elles apparaissent du quatorzième au quinzième jour, d'autant plus graves qu'elles sont plus abondantes, se manifestant par une chute de la température et la présence du sang dans les matières fécales (melæna). La péritonite, complication grave, se fait, soit par propagation de l'élément inflammatoire, soit à la suite d'une perforation intestinale, accident redoutable; la guérison, dans ces cas, est l'exception.

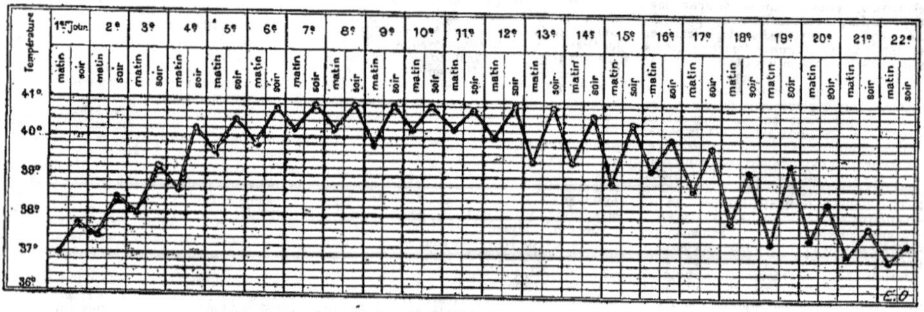

RELEVÉ D'UN TRACÉ TYPE DE LA TEMPÉRATURE DANS UNE FIÈVRE TYPHOIDE NORMALE

L'appareil respiratoire présente aussi ses complications : le larynx est souvent le siège d'ulcère, qui peut se compliquer d'œdème de la glotte et entraîner la mort par asphyxie; ou, évoluant d'une façon chronique, être suivi de rétrécissement. Les congestions pulmonaires, les pneumonies lobaires (fréquentes), les pleurésies (plus rares), sont des complications graves : la tuberculose suit assez souvent la fièvre typhoïde. (V. *Tuberculose.*)

Les altérations du muscle cardiaque (myocardite) rendent compte de la mollesse et de l'irrégularité du pouls, qui tend à disparaître en même temps que les extrémités se refroidissent. La mort arrive dans le collapsus. Les hydropisies ne sont pas rares; elles ont tantôt une origine dyscrasique, tantôt une origine mécanique (oblitération d'un tronc veineux).

Les reins peuvent aussi être atteints dans leur parenchyme (urémie). On note aussi fréquemment des furoncles, des abcès, de la gangrène, des eschares, des paralysies généralisées ou localisées, des troubles cérébraux et spinaux (aphasie, méningite cérébro-spinale). Enfin, on voit dans certains cas la mort subite survenir au cours de la convalescence. Elle est le résultat de la syncope due probablement à une action réflexe ayant son point de départ dans l'intestin malade, et son centre dans les noyaux du pneumogastrique (nœud vital).

La longue énumération de ces complications rend sombre le pronostic de cette affection, d'autant que celles-ci peuvent très bien apparaître au cours de la fièvre typhoïde, qui, jusque-là, évoluait bénigne. La mortalité varie d'ailleurs avec les diverses épidémies; elle serait de 18 à 20 p. 100 (Murchison, Griesinger), de 20 p. 100 (Jaccoud).

La lésion anatomique caractéristique de la fièvre typhoïde porte sur l'intestin grêle (follicules clos et surtout plaques de Peyer). Elle aboutit à la formation d'ulcérations peu profondes qui arrivent à perforer les parois (mort par péritonite après perforation) ou à se cicatriser (guérison) lentement. Les ganglions mésentériques présentent un volume anormal dû à la dilatation des vaisseaux et à la prolifération considérable des cellules lymphatiques. La rate est très volumineuse, molle, congestionnée. Chacune des complications entraîne avec elle des altérations spéciales localisées ou généralisées.

La thérapeutique de la fièvre typhoïde est toute une thérapeutique « d'indications »; et la maladie tend par elle-même à la guérison, c'est-à-dire à la cicatrisation des ulcérations intestinales. Elle varie aux diverses époques de la maladie, qui doit être attentivement suivie. Dans les cas légers, le repos au lit, le régime lacté exclusif et les soins de propreté les plus minutieux suffiront pendant toute la durée de la maladie (lotions froides sur tout le corps). Si la diarrhée est trop abondante, on donnera du sous-nitrate de bismuth à la dose de 4 grammes par jour. La dépression sera combattue par l'acétate d'ammoniaque, le champagne, les boissons alcoolisées. Contre le délire et l'agitation, on prescrira le chloral et le bromure de potassium. L'usage de l'eau sulfo-carbonée (Dujardin-Beaumetz) rend d'excellents services au point de vue de l'asepsie du tube digestif. Enfin, la température du malade, qu'il faudra prendre tous les jours à l'aisselle avec la plus grande exactitude, fournira les indications thérapeutiques de la plus haute valeur. On combattra l'intensité de la fièvre, au début, par la quinine ou l'antipyrine, qui donnent d'excellents résultats; et si la fièvre se maintient très élevée (40° et plus), on aura recours à l'usage des bains froids, préconisés par Brand, dont on semble avoir fait, et peut-être à tort, un spécifique de la fièvre typhoïde. Les bains froids sont d'une efficacité incontestable, mais ils ne doivent répondre qu'à une indication : diminuer la fièvre, opinion qui compte aujourd'hui le plus grand nombre de partisans parmi les médecins. « Lorsque la température est très élevée et surtout lorsque les rémissions matinales sont peu accusées, lorsque les symptômes ataxiques ouvrent la scène ou deviennent dominants, il faut faire usage des bains froids, que l'on renouvellera deux ou trois fois par vingt-quatre heures. » (Dieulafoy.)

Au point de vue prophylactique, on n'oubliera pas que l'eau est le véhicule ordinaire de la maladie, et dans une localité frappée de fièvre typhoïde, il faudra rechercher l'origine de l'infection. Pendant l'épidémie, on fera usage d'eaux minérales, ou du moins on fera filtrer l'eau destinée à la consommation. (V. *Filtre*.)

En 1881 une affection qui avait beaucoup d'analogie avec la fièvre typhoïde de l'homme sévit dans les écuries de la Compagnie des Omnibus et dans celles de plusieurs régiments de cavalerie en garnison à Paris. Quelques médecins l'identifièrent tout à fait à la fièvre typhoïde de l'homme et lui donnèrent le nom de *fièvre typhoïde du cheval*.

***TYPHOÏDIQUE** (*typhoïde*), *adj. 2 g.* Qui a rapport à la fièvre typhoïde, qui en a le caractère : *Symptômes typhoïdiques*.

1. **TYPHON** (g. τύφειν, faire de la fumée), *sm.* Le même que Typhée. Il personnifiait l'orage. || Le dieu du mal, chez les Égyptiens. — **Dér.** *Typhonique*.

2. **TYPHON** (chinois *taï fong*, grand vent), *sm.* Tempête tournante des mers de la Chine et du Japon, ou trombe marine. L'époque de la plus grande fréquence des typhons est celle pendant laquelle se produisent les changements des moussons. Les typhons apparaissent donc surtout pendant les mois de septembre et d'octobre ; ils ne se présentent jamais pendant les quatre premiers mois de l'année.

***TYPHONIQUE** (*Typhon* 1), *adj. 2 g.* Se dit des vallées de dislocation observées en Portugal où, par suite de failles, le système oolithique supérieur est en contact direct avec le rhétien. On y trouve presque toujours des ophites associées à des épanchements d'une roche considérée comme une sorte de syénite éléolithique ou de tschénite. Les vallées typhoniques sont remarquables par le grand nombre de sources thermales sulfureuses ou salines qui s'y font jour.

TYPHUS (g. τῦφος, vapeur : de τύφειν, brûler), *sm.* Nom générique de plusieurs affections correspondant au groupe des maladies typhoïdes. Employé seul, il s'applique au typhus des armées. Nous étudierons successivement : 1° *typhus proprement dit ;* 2° *typhus à rechute ;* 3° *typhus cérébro-spinal ;* 4° *typhus intestinal ;* 5° *typhus icterodes*.

1° **Typhus proprement dit**, encore appelé *typhus pétéchial, exanthématique, des camps ou des armées ; peste de guerre, typhus fever*.

Le typhus exanthématique doit dater de la plus haute antiquité, et certaines descriptions de peste des médecins grecs et arabes s'y rapportent probablement ; mais la première épidémie authentique date du siège de Grenade par Ferdinand et Isabelle la Catholique (1489). Le typhus fit 17 000 victimes : les médecins qui le décrivirent alors le nommèrent *el tabardillo*. Quelques années plus tard, il paraît en Italie, ravage cette contrée de 1505 à 1550. Frascator, qui le décrit, le nomme *febris pestilens*. De l'Italie, la maladie se répand en Hongrie (1533). L'armée de Charles-Quint la fait passer d'Italie au siège de Metz en 1552, où elle apparaît en décembre et contribue, avec la rigueur de l'hiver, à décimer assiégeants et assiégés. L'épidémie qui envahit le Poitou (1557) fut décrite par A. Paré. Celle de Hongrie (1566) fut une des plus meurtrières et rayonna jusqu'en Suisse. En Autriche, elle fit de nombreuses victimes, surtout par les complications gangréneuses dont elle fut fréquemment suivie. Citons encore les épidémies de Weidhausen (1621), de Montpellier (1623), celle d'Oxford (1643), décrite par Willis, celle de Londres, dite *grande peste de Londres*, et décrite par Sydenham. En 1708, le typhus fait son apparition en Irlande ; il y reparaît dix ans plus tard, y devient endémo-épidémique en 1728-1731. Dès cette époque, on le vit fréquemment à bord des navires ; il règne aussi sur les armées suédoise, danoise, allemande et française pendant la guerre de Trente ans. La maladie arrive à son apogée pendant les guerres de la République et du premier Empire (Nantes, Aix, Toulon), apparaît à Gênes, à Vienne après Wagram, à Saragosse, et surtout pendant la retraite de Russie. De 1814 à 1817, le typhus règne dans l'Europe entière, où chacune des nations coalisées le rapporte chez elle.

Depuis, il a surtout sévi en Irlande et en Silésie. Nous devons cependant noter aussi l'épidémie de la guerre de Crimée, celle de l'Algérie (famine de 1868). Nous en fûmes heureusement préservés durant la guerre de 1870. Enfin, récemment, il a fait de nombreuses victimes pendant la guerre turco-russe (1877-1878).

D'abord décrit comme maladie à part, puis confondu au commencement du siècle avec la fièvre typhoïde, il en fut définitivement séparé par les médecins anglais et les médecins militaires français après la guerre de Crimée.

C'est une maladie contagieuse et épidémique qui tantôt naît sur place des mauvaises conditions hygiéniques, de l'encombrement de produits animaux en état de fermentation, qui tantôt, au contraire, se transmet d'homme à homme. Ce dernier mode de propagation est des plus manifestes, et lorsque le typhus sévit sur une armée, il frappe surtout les médecins et les infirmiers. Le microbe du typhus pétéchial n'a pas encore été décrit : il est probable qu'il le sera un jour.

La maladie débute brusquement, après une incubation de 12 jours, par un frisson violent, accompagné de céphalée, tremblements, vertiges et vomissements ; l'abattement est extrême, le pouls fréquent et la température très élevée dès le premier jour (40° à 40°,5) ; le début, dans quelques cas, est précédé de prodromes de durée plus ou moins longue. Puis la fièvre se maintient, la face se gonfle, les conjonctives s'injectent, et l'éruption apparaît du troisième au cinquième jour, débutant par l'abdomen, envahissant les membres, respectant le visage. Rosées et peu saillantes, ces taches s'effacent par la pression du doigt pendant les deux ou trois premiers jours, puis deviennent persistantes. A l'encontre de ce qui se passe dans les autres fièvres éruptives, les symptômes généraux s'aggravent quand l'éruption apparaît. Le délire est très violent, l'agitation rappelle celle des alcooliques ; puis, à la période d'excitation succède la période de dépression. La langue, d'abord blanche, se dessèche, la constipation est la règle : la rate est grosse. Lorsque le malade doit guérir, la chute de la fièvre apparaît vers le douzième jour, et la température redevient normale au quatorzième. Tous les symptômes s'amendent et l'état du malade s'améliore ; mais la convalescence est de longue durée, et l'on doit craindre encore à ce moment des complications (lésions inflammatoires des plèvres, des poumons, abcès, gangrènes). Le typhus, pas plus que la fièvre typhoïde, ne récidive.

La contagion très grande de la maladie nécessitera l'isolement des malades dans les salles et même dans les hôpitaux spéciaux, dont le service sera fait, si possible, par des personnes ayant eu déjà le typhus. La désinfection des objets appartenant aux malades sera faite rigoureusement. Enfin, on n'oubliera pas que la faim, la misère, l'encombrement font le milieu favorable au développement de la maladie.

C'est grâce à l'amélioration des conditions sociales que le typhus tend de plus en plus à disparaître, et actuellement il n'existe plus à l'état endémique qu'en Silésie et en Irlande, terres classiques de la misère et de la famine. Mais il sévit encore de temps en temps sur les grands centres industriels, et surtout chez les armées en campagne.

2° Le **Typhus à rechute** ou *typhus récurrent, fièvre récurrente, fièvre de famine, relapsing fever*. Il apparaît d'abord en Irlande en 1816, y séjourne quelque temps, puis s'étend vers l'Écosse, reparaît en Irlande (épidémies de 1847-1848), puis gagne toute la Grande-Bretagne. Il éclate à Paris en 1851.

Son second foyer est la Silésie, d'où il gagne la Russie (Saint-Pétersbourg, 1864). Il existe encore à Odessa, sous forme endémique. En 1872, on le retrouve à Berlin et à Breslau. En dehors de l'Europe, on le retrouve aussi en Égypte, à Bombay, à Pékin, etc. Partout il frappe la classe pauvre, les mendiants, les vagabonds, précédant ou suivant des épidémies de typhus, de dysenterie, de scorbut et de fièvre typhoïde ; c'est une maladie épidémique et contagieuse caractérisée par la marche de la fièvre, qui lui a valu son nom. Causée par un micro-organisme (*spirillum Obermeieri*), on découvre celui-ci dans le sang des malades pendant l'accès, sous forme de filament ondulé, présentant de 8 à 12 courbures et effilé à ses deux extrémités ; à l'état de repos, il se dispose quelquefois en anneau ou en **8**. Six fois plus longs qu'un globule rouge, leur nombre est considérable. Dans le sang, ils se déplacent avec une très grande vitesse et avancent par oscillations, soit en suivant la ligne droite, soit par translation latérale. On est parvenu à inoculer le typhus à rechute de l'homme au singe, et on a retrouvé dans le sang des animaux inoculés d'autant plus d'éléments pathogènes que la fièvre était plus intense. Les inoculations faites à des lapins et à des pigeons ont échoué.

Précédé d'une période d'incubation variable, le typhus à rechute débute brusquement par un frisson violent, des céphalées intenses, des vomissements et une douleur lombaire accentuée. Le thermomètre marque 42° à l'aisselle, le pouls bat 120 pulsations à la minute : les malades sont très abattus. La peau présente souvent de larges taches rouges marbrées, la rate est hypertrophiée (percussion). Après 5 à 10 jours, la fièvre tombe, l'appétit revient, les maux de tête disparaissent : cette amélioration est précédée de sueurs abondantes : le malade semblait guéri depuis 8 à 10 jours, lorsque survient un nouvel accès qui dure moins que le premier. Celui-ci est souvent suivi d'un troisième survenant dans les mêmes conditions, puis la convalescence s'établit. Une première atteinte ne confère pas l'immunité. On a rapproché de cette maladie la fièvre typhoïde bilieuse, qui en serait une variété grave (50 morts p. 100). Le typhus à rechute n'entraîne la mort que dans une faible proportion (4 p. 100, Murchinson). Une autre variété du typhus, rencontrée sur les différents points de la Méditerranée, a été nommée *Malta fever, rock fever, mediterranean fever* (Gibraltar, Minorque, Malte, Corfou, Échelles du Levant). La nature de cette affection n'est cependant pas encore complètement élucidée, et certains auteurs se refusent à la grouper autour du typhus à rechute.

Le traitement prophylactique du typhus à rechute est le même que celui du typhus exanthématique. Griesinger préconise le sulfate de quinine à la dose de 1 gramme pendant l'accès, et ce traitement semble donner des résultats satisfaisants, surtout dans les régions où règne la fièvre palustre.

3° **Typhus cérébro-spinal.** (V. *Méningite cérébro-spinale épidémique*.) 4° **Typhus abdominal ou intestinal.** (V. *Fièvre typhoïde*.) 5° **Typhus icterodes, typhus amaril.** (V. *Fièvre jaune*.)

Typhus bovin, typhus des bêtes à cornes, typhus contagieux, maladie contagieuse qui s'attaque au gros bétail. Lorsqu'elle se répand dans un pays, elle y cause de véritables désastres ; aussi est-elle très redoutée des agriculteurs de toutes les nations de l'Occident, qui l'ont gratifiée d'un très grand nombre de noms, puisqu'on l'appelle encore : *peste bovine, peste du gros bétail, peste varioleuse, fièvre continue, fièvre typhoïde avec redoublements ;* les Russes la désignent sous le nom de *tchouma*, les Allemands sous celui de *Rinderpest* et les Anglais la nomment *cattle-plague*. La maladie débute par une prostration générale, une lassitude extrême et la perte de l'appétit ; la sécrétion du lait diminue chez les vaches ; puis la maladie s'accentuant, la marche devient chancelante, le dos se voûte, les yeux pleurent en même temps que la salive s'écoule abondamment de la bouche et qu'il y a du jetage par les naseaux ; une fièvre intense, accompagnée de sueurs, s'établit. Les excréments, d'abord entourés de mucosités grisâtres, deviennent liquides et fétides ; ils prennent une teinte jaune verdâtre, deviennent mousseux et sanguinolents ; la défécation est douloureuse et le ventre, ballonné au début, s'affaisse bientôt. Les muqueuses se tuméfient, deviennent rouges et elles sont même le siège d'éruptions aphteuses ; la langue est pendante, bleuâtre et offre des plaies sanguinolentes. Enfin l'animal maigrit très vite, ses membres sont agités par des soubresauts convulsifs, et la mort arrive entre le quatrième et le huitième jour. On constate à l'autopsie des lésions de la muqueuse de l'estomac et de l'intestin, qui est tapissée par un mucus glutineux, grisâtre ou rougeâtre; de plus on remarque que des membranes diphthéritiques se sont développées le long des parois internes de l'intestin; les plaques de Peyer sont gonflées, congestionnées et remplies d'une substance jaunâtre; quelquefois elles sont gangrenées, et il en sort par la pression une matière noirâtre; les ganglions lymphatiques du mésentère sont rouges et hypertrophiés; en un mot, l'intestin présente à peu près les lésions de la fièvre typhoïde de l'homme. Le *typhus des bêtes à cornes* doit être dû à la présence d'un ferment figuré; mais celui-ci n'a pas encore pu être isolé; on a essayé les inoculations préventives, mais elles n'ont pas réussi et le mieux qu'il y ait à faire pour préserver les troupeaux de cette terrible maladie, qui dans nos pays enlève, lorsqu'elle sévit, jusqu'à 95 pour 100 des animaux, est d'empêcher l'entrée chez nous des bêtes de race bovine venant de l'Orient, où le typhus bovin est à l'état endémique et fait relativement peu de victimes. La peste bovine s'attaque à tous les ruminants : bœufs, moutons, cerfs, antilopes, etc. Mais elle dépeuple surtout nos étables; chose curieuse, elle n'épargne pas non plus le pécari, qui n'est pas un ruminant, mais dont l'estomac est composé de plusieurs poches. Cette maladie a pour foyer les steppes du S.-E. de la Russie d'Europe, qui est peuplée par de nombreux troupeaux de bœufs; mais là le typhus bovin n'est pas grave. De ces steppes, il rayonne à l'E., vers le plateau central asiatique, vers la Chine et l'Inde, et à l'O. il tend à envahir l'Autriche, l'Allemagne, la France, etc. Sa première apparition dans l'Europe occidentale date de l'invasion des Huns, commandés par Attila, et depuis cette époque il s'est montré à la suite de toutes les armées venues de l'Orient : guerres de Charlemagne, mouvement des hordes mongoles de Gengis-Khan au XIIIe siècle, guerres de Charles XII contre la Russie, conquête de la Silésie par Frédéric le Grand, guerres de Sept ans, de la République et du premier Empire, guerre de 1870, toutes amènent dans l'Occident de l'Europe la peste bovine qui dépeuple nos étables et ruine nos campagnes. Mais la guerre n'est pas la seule à nous gratifier de ce fléau : le commerce, lui aussi, le transporte avec les bœufs qu'il va chercher en Russie. En 1841 et en 1864 un troupeau de bœufs des steppes est importé en Égypte, infecte cette contrée ainsi que l'Europe; en 1862, des bœufs de Dalmatie, transportés en Italie, communiquent la peste à la péninsule et à la Sicile; en 1865, un troupeau est embarqué à Revel, sur la Baltique, à destination de l'Angleterre. Les animaux à peine arrivés, la maladie éclate aussitôt et enlève 350 000 têtes de bétail. L'Irlande défendit l'introduction du bétail contaminé et fut sauvée du désastre. Quelques animaux ayant alors été importés d'Angleterre en Allemagne, la Hollande perdit 150 000 bêtes. C'est grâce à l'énergie de Bouley, le savant professeur de l'École vétérinaire d'Alfort, que la France fut préservée de l'épizootie, car il ne cessa de demander de fermer nos frontières, ce qui eut lieu. Aussi le seul remède que l'on puisse opposer à ce terrible fléau, c'est d'empêcher l'introduction du bétail dans une contrée et d'abattre immédiatement les sujets qui en sont atteints. — **Dér.** *Typhique.* — **Comp.** *Typhoïde, typhoïdique.*

TYPIQUE (g. τυπικός : de τύπος, modèle), *adj. 2 g.* Caractéristique. ‖ Symbolique, allégorique : *Le sens typique d'une parabole.*

***TYPOCHROMIE** (g. τύπος, type + χρῶμα, couleur), *sf.* Impression typographique en couleur.

TYPOGRAPHE (g. τύπος, empreinte + γράφειν, écrire), *sm.* Celui qui connaît, qui pratique l'art de l'imprimerie : *Ouvrier typographe.*

TYPOGRAPHIE (*typographe*), *sf.* L'art d'imprimer en relief avec des types ou caractères. ‖ Établissement d'imprimerie. (V. *Imprimerie.*)

TYPOGRAPHIQUE (*typographie*), *adj. 2 g.* Qui a rapport à l'imprimerie en relief avec des types ou caractères : *Procédé typographique.*

***TYPOGRAPHIQUEMENT** (*typographique* + sfx. *ment*), *adv.* D'après les procédés de l'imprimerie en relief avec des types ou caractères.

***TYPOLITHOGRAPHIE** (g. τύπος, type + λίθος, pierre + γράφειν, écrire), *sf.* Procédé d'impression à l'aide d'une pierre lithographique établie partie par la gravure directe, partie par report typographique.

***TYPOMÈTRE** (g. τύπος, type + μέτρον, mesure), *sm.* Règle en bois ou en métal, pliante ou rigide, graduée d'un côté par séries de 3, 6 ou 12 points typographiques (V. *Point*) et de l'autre en millimètres et centimètres, et dont on se sert, dans les imprimeries, pour mesurer les longueurs.

TYR, très ancienne ville de la Phénicie, au S. de Sidon, en partie sur le continent et en partie dans une petite île de la Méditerranée, voisine de la côte, avec deux bons ports. Longtemps gouvernée par ses rois particuliers, elle fut la ville maritime par excellence et la métropole commerciale du monde entier. Elle colonisa Chypre, les îles de la mer Égée, divers cantons de la Grèce, la Sicile, tout le N. de l'Afrique, où elle fonda Carthage; elle s'établit dans l'Espagne méridionale, dans le S. de la Sardaigne; elle forma même des établissements en Gaule et dans les îles Britanniques. L'industrie de la pourpre y florissait. Elle fut prise plusieurs fois par les rois assyriens. Alexandre s'en empara. Elle passa, après la conquête de la Syrie, sous la domination des Romains, puis appartint aux Arabes, aux Croisés, aux Mameluks, et enfin aux Turcs, qui la nomment aujourd'hui *Sour* ou *Tsour.* Ce n'est plus qu'un petit village. — **Dér.** *Tyrien, tyrienne.*

TYR (GUILLAUME DE). (V. *Guillaume de Tyr.*)

TYRAN (g. τύραννος), *sm.* Individu qui, dans une république de la Grèce ancienne, s'emparait du pouvoir et prétendait l'exercer en faveur du peuple contre l'aristocratie, comme firent Pisistrate à Athènes, Théagène à Mégare et Denis à Syracuse. ‖ Prince qui gouverne despotiquement et avec cruauté : *Néron fut un tyran.* ‖ Quiconque abuse de son autorité et de son influence : *Être le tyran de sa famille.* — Fig. Ce qui domine, maîtrise absolument : *La mode est un tyran.* ‖ Genre d'oiseaux de l'ordre des Passereaux, caractérisés par un bec robuste allongé, par des tarses forts, des ailes moyennes et une queue de forme variable, longue dans certaines espèces. Les *tyrans* sont des oiseaux querelleurs, solitaires, mais courageux : ils font la guerre aux oiseaux de proie, aux éperviers, aux crécerelles et les forcent à quitter les parages où ils ont établi leurs nids. Ils se nourrissent d'insectes, de lézards et de petits oiseaux. Certaines espèces nichent dans des troncs d'arbres, d'autres établissent leur demeure sur les branches. Ce genre renferme un grand nombre d'espèces, toutes indigènes de l'Amérique du Sud et du Mexique. — **Dér.** *Tyranneau, tyranniser, tyrannie, tyrannique, tyranniquement.* — **Comp.** *Tyrannicide* 1 et 2.

TYRANNEAU (dm. de *tyran*), *sm.* Individu subordonné à un autre et qui abuse de l'autorité qu'on lui a confiée : *La féodalité vit se multiplier les tyranneaux.*

1. **TYRANNICIDE** (l. *tyrannicidium :* de *tyrannus*, tyran + *cædere*, tuer), *sm.* Meurtre d'un tyran : *Prêcher le tyrannicide.*

2. **TYRANNICIDE** (l. *tyrannicida :* de *tyrannus*, tyran + *cædere*, tuer), *sm.* Meurtrier d'un tyran : *Harmodius et Aristogiston furent tyrannicides.*

TYRANNIE (g. τυραννία), *sf.* Souveraineté usurpée et illégale, bienfaisante ou nuisible : *La tyrannie de Cromwell.* ‖ Gouvernement injuste et cruel, mais légitime : *La tyrannie de Henri VIII, roi d'Angleterre.* ‖ Autorité oppressive et violente : *Ce fonctionnaire administre avec tyrannie.* ‖ Tendance à maîtriser ceux qui nous entourent : *Il affecte la tyrannie envers ses amis.* ‖ Pouvoir que certaines choses ont ordinairement sur les hommes : *La tyrannie de l'argent, de la mode.*

TYRANNION, grammairien et géographe, affranchi de Murena et ami de Cicéron, qui publia le premier les ouvrages d'Aristote.

TYRANNIQUE (g. τυραννικός), *adj. 2 g.* Qui a le caractère de la tyrannie, injuste, violent : *Loi tyrannique.* ‖ Qui cherche à soumettre les autres à son autorité, à ses caprices : *Visées tyranniques.* — Fig. Qui influe grandement sur nos déterminations, notre conduite : *Le pouvoir tyrannique de l'argent.*

TYRANNIQUEMENT (*tyrannique* + sfx. *ment*), *adv.* Avec tyrannie : *Gouverner tyranniquement.*

TYRANNISER (*tyran*), *vt.* Gouverner avec violence et cruauté : *Philippe II tyrannisa l'Espagne.* ‖ Chercher à imposer ses volontés, ses caprices : *Cet enfant tyrannise ses camarades.* ‖ Exercer une influence presque irrésistible : *L'ambition nous tyrannise.*

TYRIEN, IENNE (*Tyr*), *adj.* et *s.* De Tyr : *La pourpre tyrienne.* ‖ Celui, celle qui était originaire de Tyr.

***TYRINE** (du g. τυρός, fromage), *sf.* La caséine. — **Dér.** *Tyrosine.* — **Comp.** *Tyroglyphes, tyronnèmes.*

***TYROGLYPHES** (g. τυρός, fromage + γλύφειν, sculpter), *sm.* Genre d'acariens à corps comprimé, allongé, grisâtre, avec un sillon circulaire sur le dos, qui naissent et vivent sur la croûte des fromages.

TYROL, 293 368 kilom. carrés, 805 176 hab. province qui forme, avec le VORARLBERG, un gouvernement de l'Autriche-Hongrie. Il est borné au N. par la Bavière, à l'E. par le pays de Salzbourg et la Carinthie, au S. par la Carinthie, l'Italie et la Suisse, à l'O. par la Suisse. Le *Tyrol* et le *Vorarlberg* comprennent : l'*Inn-Thal*, le *Lech-Thal*, l'*Ill-Thal*, la *rive droite du Rhin*, en amont du lac de Constance, la *haute vallée de l'Adige* et la *Pustér-Thal*. Le Tyrol est couvert par les *Alpes Rhétiques* et leurs ramifications. Les principales divisions de ces montagnes sont : les *Hohe-Tauern*, qui s'étendent depuis le Brenner jusqu'à la Mur, au N. de la Drave et du Puster-Thal. Au pied de la chaîne principale des Alpes règne une profonde dépression que suivent une route et un chemin de fer : elle est marquée par la vallée de l'*Ill* jusqu'à Bludenz, par le *Kloster-Thal*, l'*Arlberg* (1 797 mètres), le *Stanzer-Thal*, l'*Inn-Thal*, depuis Landeck jusqu'au confluent du Zill, le *Ziller-Thal* jusqu'à Zell, le col de *Gerlos* (1 437 mètres), la vallée de la *Salzbach*. Au N. de cette ligne s'élèvent les *Alpes calcaires* (*Kalk-Alpen*). Les Alpes calcaires tyroliennes du N. bordent l'Inn-Thal au N. depuis le Lech jusqu'au col de Kufstein. Leurs principaux massifs sont : le *Mieminger* (2 746 mètres), les *Wetterstein-Gebirge* (2 900 mètres au *Zug-Spitz*), le *Schlankhaar-Spitz* (2 753 mètres); quatre routes principales traversent cette chaîne aux cols de *Lemoss*, de *Scharnitz*, de l'*Achen-Pass* et de *Urspring*.

L'*Iller*, le *Lech* et l'*Isar* recueillent les eaux du versant septentrional des Alpes calcaires du Tyrol. L'*Inn* prend sa source en Suisse au défilé de Martinsbrück et pénètre dans le Tyrol au défilé de Finstermünz. Sa vallée est connue sous le nom de *Ober-Inn-Thal*, en amont, et de *Unter-Inn-Thal*, en aval d'Innsbrück; en amont de Landeck, ce n'est plus qu'un étroit couloir. Au débouché du Stanzer-Thal et du val de Paznaun est située Landeck. La vallée de l'Inn s'élargit en aval d'Imst, où aboutit l'*Œtzthal*. Innsbrück se trouve au débouché du *Wipp-Thal* (ou *Siller-Thal*), que suit la route du Brenner. L'Inn reçoit ensuite le *Siller*, puis entre en Bavière au col de Kufstein. L'*Adige* naît au col de Reschen, arrose le Vintschgaü, et baigne une vallée bien cultivée jusqu'à Roveredo, en passant par Neumarkt, San-Michele, Lavis, Trente, Calliano. Au S. de Roveredo, la vallée de l'Adige, qu'on désigne sous le nom de *Lagarina*, forme un long défilé qui se termine à la cluse de Vérone. L'Adige traverse la frontière près d'Ala, reçoit au S. de Botzen l'*Eisach*, sortie du Brenner, dont la vallée supérieure, jusqu'à Mittewald, porte le nom de *Wipp-Thal :* elle passe à Steszing et se joint à la *Rienz* à Brixen. Entre Klausen et Botzen, l'Eisach suit les défilés du Kuntersweg. La

Rienz sort du Monte Cristallo, passe à Toblach et arrose le Puster-Thal ; après le défilé de Percha, elle passe à Bruneck et à Mühlbach. La *Drave* prend sa source au col de Toblach ; sa vallée supérieure et celle de la Rienz forment le *Puster-Thal.* Près de Lienz, au débouché de l'Isel-Thal, la rivière franchit un étroit défilé, puis arrose Ober-Drauburg, Greiffenburg, Sachsenburg et Spital, puis pénètre en Carinthie. L'*Isar* n'appartient au Tyrol que pendant quelques kilomètres, ainsi que le *Lech.* La *Brenta* (180 kilom.) a son origine près de Trente, puis se dirige vers l'Italie. Au S. le *lac de Garde* (*Bonacus lacus*), traversé par le *Mincio,* forme une vaste nappe d'eau longue de 50 kilomètres et large de 9 en moyenne. Au N. se trouve le *lac de Constance* (*Boden-See*), formé par le Rhin et ayant 200 kilomètres de tour ; ses eaux, profondes et poissonneuses, bordées de rives riantes et pittoresques, sont sujettes à des crues et à des baisses subites appelées *ruhss.*

Il existe d'importants glaciers dans les Alpes Tyroliennes, et surtout dans les massifs de l'Ortler, de l'Œtzthal et du Gross-Glockner. Les monts de l'Œtzthal offrent 229 glaciers dont l'un, celui de *Gepaatch,* a près de 12 kilomètres de long ; celui de *Vernagt* en a 8, et celui de *Pasterze,* environ 10. Ces glaciers offrent des alternances régulières de progrès et de recul. Le glacier de Vernagt, le plus régulier de tous, s'est gonflé cinq fois depuis 1599, comme un fleuve qui déborde pour reculer ensuite. En même temps que les neiges diminuent dans l'Œtzthal et le Stubay, de nouveaux champs de glace apparaissent à l'E. des Tauern.

Le trias est très développé dans le Tyrol. Le keuper gypsifère est représenté par les couches de Heiliger-Kreuz, sur le plateau du Schlern, et par celles de Raibl ; au keuper inférieur (*kohlenkeuper*) appartiennent les dolomies du Schlern, les couches de Saint-Cassian et les calcaires du Wetterstein. Les assises de Wengen à Daonella et le calcaire de Buchenstein représentent le calcaire de Friedrichshall avec les couches de Partnach. Le groupe de l'anhydrite et le wellenkalk sont constitués par le calcaire de Virgloria et la dolomie de Mendola. Les couches de Werfen et de Guttenstein sont représentées par le röth et le grès bigarré. La série des roches éruptives du Tyrol méridional comprend : la monzonite (muschelkalk de Predazzo), la granulite à tourmaline, les porphyres augitiques et les mélaphyres. Le climat du Tyrol est très rude dans le N., mais plus tempéré dans le voisinage de l'Italie. On y trouve beaucoup de mines de plomb, de cuivre, de houille, et des sources minérales. L'industrie du pays produit des soieries, des dentelles, des cotonnades. — La capitale du Tyrol est *Innsbrück,* jolie ville de 20 500 habitants ; les villes principales sont : *Trente, Brixen, Bregenz* et *Roveredo.* Le Tyrol forme, avec le Vorarlberg, un commandement militaire spécial. Trente est entouré de six forts qui barrent les routes du Brenner et du Puster-Thal. Les fortifications de Franzensfeste commandent la route et le chemin de fer du Brenner. La race et la langue italiennes font des progrès dans le Tyrol ; la frontière entre les deux races correspond à la ligne de partage des eaux de la Noce et de l'Adige, de l'Avisio et de l'Eisach. Trois lignes ferrées très importantes parcourent le Tyrol. L'une, partant de Feldkirk, traverse l'Arlberg et joint les chemins de fer suisses aux lignes de la *Staatsbahn* par Landeck et Innsbrück. De cette ville se détache vers le S. la ligne du *Brenner,* qui se bifurque à Franzensfeste en deux branches : l'une, à l'E., se dirige par Toblach vers Villach ; l'autre, au S., unit les chemins de fer autrichiens et italiens par Botzen, Trente et Roveredo. — Constitué en comté en 1180, il passa en 1363 dans les possessions de la maison d'Autriche pour lui servir quelquefois d'apanage ; dès 1665, il fit partie des États héréditaires, puis fut cédé à la Bavière en 1805, mais revint à l'Autriche en 1814. — **Dér.** *Tyrolien, tyrolienne, tyrolithe* ou *tyrolite.*

TYROLIEN, IENNE (*Tyrol*), *adj.* et *s.* Qui est du Tyrol. ‖ Qui est indigène de ce pays. — *Sf.* Chanson montagnarde. ‖ Danse ou valse du Tyrol.

***TYROLITHE** ou ***TYROLITE** (*Tyrol* + g. λίθος, pierre), *sf.* Arséniate de cuivre qui contient de la chaux et qui se présente sous forme de lames conchoïdales verdâtres. On la trouve dans le Tyrol.

TYRONE, 250 000 habitants, comté du N. de l'Irlande, dans la province de l'Ulster.

***TYRONIEN.** (V. *Tironien.*)

***TYRONNÈMES** (g. τυρός fromage + νέμειν, dévorer), *sm.* Genre d'acariens fouisseurs qui, naissant dans les fromages, s'y creusent des galeries pour les dévorer.

***TYROSINE** (g. τυρός, fromage), *sf.* Corps solide se présentant sous la forme d'aiguilles cristallines blanches et soyeuses, qui prend naissance dans le corps humain et en dehors de lui par la décomposition, sous l'action de la potasse, des matières azotées, d'origine animale. Elle est représentée par la formule : $C^{18}H^{11}AzO^{6}$. La tyrosine se trouve aussi dans le corps des animaux inférieurs, la cochenille par exemple.

TYRRHÉNIE, l'un des noms de l'Etrurie.

TYRRHÉNIEN, IENNE (*Tyrrhénie*), *adj.* Qui est de la Tyrrhénie. ‖ Qui habitait ce pays. ‖ *Mer Tyrrhénienne,* la portion de la Méditerranée comprise entre l'Italie, la Sicile, la Sardaigne et la Corse.

TYRTÉE (VIIe siècle av. J.-C.), poète boiteux de l'Attique que les Athéniens envoyèrent par dérision pour chef aux Spartiates, à qui un oracle avait recommandé de s'adresser à leurs rivaux dans leur détresse. Tyrtée, par ses conseils, apaisa la discorde, enflamma par ses chants le courage des Lacédémoniens et les rendit victorieux dans la deuxième guerre de Messénie.

TZANA (LAC). (V. *Dembéa.*)

TZAR, TZARINE. (V. *Czar, Czarine.*)

TZARITZIN, 26 000 hab. Ville de la Russie d'Europe, au confluent du Volga et de la Tzaritza.

TZARSKOÉ-SÉLO, 8 000 hab. Ville de la Russie d'Europe, à 26 kilomètres de Saint-Pétersbourg. Palais impérial avec de beaux jardins.

TZIGANE ou **TZINGARI,** *sm.* Tout individu de la classe des vagabonds, improprement appelés *Bohémiens* et originaires des bouches de l'Indus, qui parcourent par petites troupes l'Asie occidentale et l'Europe en exerçant la chaudronnerie et en disant la bonne aventure. On ne sait s'ils ont quelque chose de commun avec le peuple de l'Asie aux petites mains qui, dans les temps préhistoriques, introduisit le bronze en Europe. Les Tziganes commencèrent leurs migrations vers l'an 1 000 de notre ère, séjournant en Perse, en Arménie, dans les pays de langue grecque et dans le S.-E. de l'Europe, d'où ils se répandirent dans tout le reste de ce continent. Actuellement il y en a encore plus de 50 000 en Espagne. — *Sm.* La langue de ces vagabonds, idiome aryen, congénère des sept idiomes hindous, mais pénétrée d'une foule de mots empruntés aux pays où ils ont séjourné.

TUNIS

MOSQUÉE DSEMKIA (DES CORDONNIERS)

UNIVERSITÉ DE VALLADOLID

(ESPAGNE)

U

U (la sixième lettre de l'alphabet phénicien représentant le mot **vav**, qui signifie clou; cette lettre est devenue l'υ (*upsilon*), vingtième lettre de l'alphabet grec, et l'*u* des latins, qui le prononçaient *ou*. Du latin, elle est passée dans le français), *sm*. La 21e lettre de l'alphabet, voyelle labiale presque aussi aiguë que *i*. On la représentait anciennement de la même manière que V, ce qui amenait une certaine confusion dans la lecture et donnait lieu aux grammairiens de l'appeler, suivant les cas, *v* consonne (le *v* actuel) ou *v* voyelle (l'*u* actuel). En 1562, Ramus proposa de distinguer le *v* voyelle de *v* consonne en arrondissant l'angle du bas; mais ce ne fut qu'en 1629 que les imprimeurs introduisirent définitivement l'*u* dans les livres. Dans le passage du latin au français, le son latin figuré par le signe *u* demeure, lorsqu'il est en position, c'est-à-dire quand il est suivi de deux consonnes; mais alors il est représenté en français par le groupe *ou*. C'est ainsi que : *ampulla* a donné *ampoule*; *bucca*, *bouche*; *cultrum*, *coutre*; *crusta*, *croûte*; *curvus*, courbe; *dulcem*, *doux*; *diurnum*, *jour*; *pulverem*, poudre; *furnum*, *four*; *gutta*, *goutte*; *musca*, *mouche*; *russus*, *roux*; *pulsus*, *pouls*; *ursum*, ours; etc. Mais lorsque **u** latin, en position, se trouve devant une nasale, il se traduit en français par **o**. Exemple : *Columba*, *colombe*; *colomna*, *colonne*; *autumnus*, *automne*; *fondus*, fonds; *Burgundia*, *Bourgogne*; *rotundum*, *rond*; *pumicem*, *ponce*; *rumpere*, *rompre*; *summa*, *somme*; *sunt*, sont, etc. Si la nasale précède une gutturale, **u** devient **oi**. C'est ainsi que *jungere*, *punctum*, *pugnum*, *pungere*, etc., sont devenus : *joindre*, *point*, *poing*, *poindre*, etc. Cependant **u***ngula*, **u***nquam*, *juncus*, *truncus* ont donné respectivement : *ongle*, **o***nques*, *jonc*, *tronc*, malgré la présence de la gutturale. Quand **u** latin précède la gutturale **c** suivie d'une dentale, il devient **ui**. Ainsi, *fructum* a donné *fruit*; *lucta*, *luite*; *tructa*, *truite*; *instructum*, *instruit*; *buxus* (pour *bucsus*), *buis*; *conduc(e)re*, *conduire*; *luc(e)re*, *luire*. L'**u** qui précède la labiale *l* dans le suffixe *uculus* se change en *ou* et est suivi d'un **i**. C'est ainsi que *colucula* a donné *quenouille*; *fœnuculum*, *fenouil*; *genuculus*, *genouil*, *genou*; *veruculum*, *verrouil*, *verrou*; *peduculus*, *pouil*, *pou*; *ranuncula*, *renouille*, d'où *grenouille*, etc. Le *ou* (*u*) du latin devient *o* dans *crupta*, *grotte*, qui donne aussi *croute* dans le sens de *crypte*; *gurges*, *gorge*; *Cadurci*, *Cahors*; *multum*, *mot*; *nuptiæ*, *noces*; **u***lmus*, **o***rme*, tandis que *u* a passé du latin au français avec sa valeur moderne dans : *amaritudinem*, *amertume*; *consuetudinem*, *coutume*, *de* **u***sque*, *jusque*; *fustis*, *fût*; *humilem*, *humble*; *justus*, *juste*; *nullus*, *nul*; *pulicem*, *puce*; *rusticum*, *rustre*; *urna*, *urne*, et dans les mots d'origine savante comme *suc*, de *succum*; *absurde*, de *absurde*; *musc*, de *muscum*. Lorsque *u* latin n'est pas en position, c'est-à-dire qu'il n'est pas suivi de deux consonnes, **u** long, qui se prononçait **ou**, devient en français **u**. C'est ainsi que : *acutus* a donné *aigu*, *bruma*, *brume*; *brutus*, *brut*; *canutus*, *chenu*; *cupa*, *cuve*; *culus*, *cul*; *confusum*, *confus*; *durum*, *dur*; *figura*, *figure*; *jus*, *jus*; *jejunus*, *jeun*; *legumen*, *légume*; *luna*, *lune*; *mula*, *mule*; *maturus*, *mûr*; *minutus*, *menu*; *nudus*, *nu*; *nubes*, *nue*; *pluma*, *plume*; *natura*, *nature*; *usus*, *us*; *unus*, *un*; etc. Certains noms de ville suivent la même règle : *Augustodunum*, *Autun*; *Eburodunum*, *Embrun*; *Melodunum*,

Melun; Verodunum, Verdun; tandis que dans d'autres cet **u** est remplacé par un **o**. Ex. : *Laudunum, Laon; Lugdunum, Lyon; Sedunum, Sion*; etc. **U** bref latin, en passant dans le français, est devenu : 1° **u** comme dans *duc* venant de *ducem*; *grue*, de *gruem*; *rude*, de *rudis*; *sur*, de *supra*; 2° **ou**, comme dans *loup*, de *lupum*; *arbouse*, de *arbutum*, *joug*, *jugum*; *où*, de *ubi*; 3° **eu** comme dans *couleuvre*, de *colubra*; *gueule*, de *gula*; *jeune*, de *juvenis*; 4° **oi**, comme dans *angoisse*, de *angustia*; *croix*, *crucem*; *noix*, de *nucem*; 5° **ui** comme dans *cuivre*, de *cuprum*; *juin*, de *junius*; *pluie*, de *pluvia*, etc. — On met toujours un *u* après un *q*, excepté à la fin du mot *cinq*. *U* précédé de *q* ne se prononce presque jamais : *Quatre, qui, que, quoi*. Dans certains mots, on le fait entendre avec le son qui lui est propre : *Équitation, questeur*; dans d'autres, il a le son *ou* : *Quadrupède, aquatique*. *U* se met après le *g* pour donner à celui-ci le son dur devant un *e* ou un *i* : *Gué, guide*. *U* prend un tréma (*ü*) quand il suit une autre voyelle et qu'il doit se prononcer séparément de celle-ci : *Saül, Antinoüs*. Dans un grand nombre de mots français dérivés du latin, on a introduit un *u* devant *l* pour faciliter l'articulation de cette consonne : *Alnus, aulne, aune*. Cet *u* se prononçait séparément de la voyelle précédente *a-ulne*, mais aujourd'hui il forme diphtongue avec elle. (Voir *L*.) ‖ Qui est recourbé en forme d'**U** : *Tube en* **U**. ‖ *U*, notation de l'uranium. (Chim.) ‖ *Fers en* **U**, fers très employés dans les ouvrages métalliques et dont la section transversale présente la forme d'un ⊔. ‖ *Tubes en* **U**, tubes en verre employés en chimie pour purifier, au moyen de substances chimiques introduites dans ces tubes, les gaz qui les traversent.

UBALDINI (Ruggieri d'), archevêque de Pise en 1276, chef des gibelins de cette ville, qui fit enfermer Ugolin et ses enfants dans une tour, où ils moururent de faim.

UBAYE, 82 kilom., torrent de France (Basses-Alpes), qui sort du lac du Longet, situé à une altitude de 2655 mètres. Il coule dans la vallée de la Blachière, passe à Saint-Paul, au fort de Tournoux, à la Condamine, à Barcelonnette et tombe dans la Durance près du Sauze. Il reçoit le Mary, l'Ubayette, le Parpaillon, le Verdon et le Bachelard.

UBAYETTE, 24 kilom., torrent des Basses-Alpes; affluent de l'Ubaye, au pied du fort de Tournoux.

UBERTI (Farinata degli), chef des gibelins de Florence, qui, chassé de cette ville en 1250, y rentra en 1260 après la victoire de l'Arbia. Il mourut en 1266, et fut chanté par le Dante.

UBIENS (l. *Ubii*), peuple de l'ancienne Germanie, transportés par Auguste de l'E. à l'O. du Rhin et dont Cologne était la capitale.

UBIQUISTE [u-bi-kuis-te] (l. *ubique*, partout), *sm*. Docteur en théologie de l'université de Paris, qui n'était attaché à aucune grande école particulière. ‖ Homme qui se trouve bien partout. ‖ Homme qui voyage si souvent et si vite, qu'il paraît être dans plusieurs lieux à la fois.

UBIQUITAIRE (l. *ubique*, partout), *s. 2 g*. Luthérien qui admet que le corps de Jésus-Christ est présent dans l'eucharistie.

UBIQUITÉ (l. *ubique*, partout), *sf*. État de ce qui est partout : *L'ubiquité de la pesanteur*. ‖ *Cet homme a le don d'ubiquité*, on le voit partout. — **Dér.** *Ubiquiste, ubiquitaire*.

***UCA** (*x*), *sm*. Genre de crabes terrestres de l'Amérique.

UCAYALI, 1000 kilom., rivière du Pérou (Amérique du S.), affluent de l'Amazone. (V. *Tungaragua*.)

UCCELLO (Paolo di Dono, dit) (1389-1472), peintre florentin, auteur du *Saint Jérôme* de Munich et des cinq portraits réunis de *Giotto, Donatello, Brunelleschi, Manetti* et de lui-même, que l'on voit au Louvre.

UCCLE, 7000 hab., bourg du Brabant méridional (Belgique), à 5 kilomètres au S. de Bruxelles.

UCHARD (Mario), littérateur français contemporain, né en 1824. Il est l'auteur de plusieurs drames, la *Fiammina*, le *Retour du mari*, la *Charmeuse*, etc., et de divers romans, entre autres celui de *Mon oncle Barbassou*.

UCHATIUS (François, baron d') (1811-1881), général autrichien, inventeur du métal à canon connu sous le nom de *bronze Uchatius* ou de *bronze-acier* (*stahlbronze*). Le procédé de fabrication a pour but d'augmenter la résistance du bronze ordinaire; il consiste dans une diminution de la proportion d'étain entrant dans l'alliage, un coulage en coquilles et un refroidissement rapide. Le métal subit, après un alésage partiel préliminaire, plusieurs mandrinages successifs qui le compriment et donnent à la pièce son diamètre définitif.

UCHORÉUS, roi d'Egypte qui, après l'expulsion des Hyksos, refortifia et agrandit Memphis.

UCKER, 50 kilom. Rivière de Prusse, affluent de gauche de l'Oder. Elle sort du lac d'*Ucker*, traverse le Brandebourg et se jette dans le Kleine-Haff (mer Baltique).

UCLÈS, 1200 hab., ville de la province de Cuença (Espagne); évêché. Victoire des Almoravides en 1108 et des Français en 1811.

UDINE (l. *Utinum*), 32020 hab. Ville forte d'Italie, dans l'ancienne Vénétie, sur la Roja; évêché. Occupée par les Français en 1805, elle fut le ch.-l. du département de *Passeriano*, sous Napoléon Ier. — **Udine** a aujourd'hui donné son nom à une province d'Italie.

UDINE (Giovanni Ricamatore, dit Nanni da) (1489-1561), peintre italien, qui excella dans l'ornement et la nature morte, et aida Raphaël dans quelques-uns de ses travaux.

***UDOMÈTRE** (g. ὕδωρ, eau + μέτρον, mesure), *sm*. Instrument servant à mesurer la quantité d'eau qui tombe dans un lieu. (V. *Pluviomètre*.)

***UDOMÉTRIQUE** (*udomètre*), *adj. 2 g*. Qui a rapport à l'udomètre.

UFENS, en ital. **OFANTO**, 21 kilom., rivière d'Italie qui traverse les Marais Pontins.

UGALDE (Delphine Beaucé, Mme), célèbre cantatrice contemporaine, née à Paris en 1829. Elle a créé, à l'Opéra-Comique, le *Caïd*, les *Monténégrins, Galatée*, etc.

UGINE, torrent de la Haute-Savoie, qui se jette dans la Dranse d'Abondance, près de Chevenoz.

UGINES, 2631 hab. Ch.-l. de c., arr. d'Albertville (Savoie).

UGOLIN (della Gherardesca), chef des gibelins de Pise, qui s'empara du pouvoir dans cette ville et régna par la terreur. L'archevêque de Pise, Ubaldini, le fit saisir en 1288 et enfermer avec ses fils dans la tour *de' Gualandi*, où il mourut de faim, après avoir essayé de manger ceux-ci. Cet événement tragique est raconté dans l'*Enfer* du Dante.

UHLAN, HULAN ou **HOULAN** (mot allem. tiré du polonais *ula*, lance), *sm*. Lancier de l'armée autrichienne ou de l'armée allemande, qui est employé principalement comme éclaireur. Originaire d'Asie, cette cavalerie s'introduisit en Europe par la Pologne : ses armes étaient le sabre, des pistolets et une lance avec flamme. Le maréchal de Saxe composa en France un régiment mi-partie de hulans et de dragons; il fut licencié après sa mort. — **Gr.** *U* ne se lie point avec la consonne finale du mot précédent : *Le uhlan, les uhlans*.

UHLAN

UHLAND (Jean-Louis) (1787-1862), poète lyrique et patriote allemand, célèbre par ses ballades et ses romances.

UHRICH (Jean-Jacques-Alexis) (1802-1886), général français. Sorti de l'école de Saint-Cyr, il fit les campagnes de Crimée et d'Italie. Appelé en juillet 1870 au commandement de la place de Strasbourg, il fut investi le 8 août par le général allemand de Werder : sommé de se rendre, il refusa (23 août); le lendemain le bombardement commençait, mais Strasbourg ne capitula que le 27 septembre, après l'ouverture d'une brèche et la destruction de deux ouvrages avancés. Le général Uhrich a publié en 1872 un ouvrage intitulé : *Documents relatifs au siège de Strasbourg*.

UISCACHE. (V. *Viscache*.)

UJFALVY DE MEZŒ-KŒVESD (Charles-Eugène d'), orientaliste et voyageur contemporain, né en 1842. Il a été chargé par le gouvernement français de plusieurs missions en Asie (1876-1882), et a déjà publié un grand nombre d'ouvrages d'ethnographie et de linguistique. — Ujfalvy-Bourdon (Mme), sa femme, née à Chartres en 1845, a aussi publié diverses relations de ses voyages dans le Turkestan (1881 et 1887).

UKASE [ou-ka-ze] (du russe *ukasati*, indiquer), *sm*. Édit de l'empereur de Russie.

UKÉRÉWÉ ou **OUKÉRÉOUÉ** (l'), lac de l'Afrique équatoriale, appelé aussi Victoria-Nyanza et découvert par Speke en 1858. Il reçoit plusieurs rivières et s'écoule au N. par le Kari vers le lac Albert. Sa superficie est de 89234 kilom. carrés, et sa distance du lac Tanganyika est de 500 kilom.

UKRAINE (*pays des frontières*), contrée de la Russie d'Europe, qui forme à peu près tout le bassin du Dnieper et est constitué par d'immenses steppes très fertiles, dont les produits, surtout le blé, sont exportés par Odessa. Chevaux, bœufs, abeilles. Le pays est habité par la race des Petits-Russiens et forme aujourd'hui quatre gouvernements dont les chefs-lieux sont : *Kiev, Pultava, Tchernigov* et *Kharkov*.

ULBACH (Louis) (1822-1889), littérateur français contemporain, bibliothécaire de l'Arsenal. Ayant débuté dans la presse au journal *l'Artiste* et au *Musée des familles*, puis devenu un des rédacteurs de la *Revue de Paris*, il écrivit dans le *Temps*, au *Figaro*, sous le pseudonyme de Ferragus. Plusieurs fois condamné pour délits de presse avec la *Cloche* qu'il dirigeait (1869-1872), il fut dès 1872 correspondant de l'*Indépendance belge* et collaborateur de la *Revue politique et littéraire*. Il a publié de nombreux romans et nouvelles, et donné un drame à l'Odéon, une comédie au Vaudeville.

***ULCÉRATEUR, TRICE** (du l. *ulcerare*, ulcérer), *adj*. Qui produit l'ulcération.

***ULCÉRATIF, IVE** (du l. *ulcerare*, ulcérer), *adj*. Qui se rapporte à l'ulcération.

ULCÉRATION (l. *ulcerationem*), *sf*. Mot qui, en médecine, désigne le travail de cause interne aboutissant à l'ulcère. Cependant, dans le langage usuel, on appelle *ulcération* des solutions de continuité peu étendues en superficie et en profondeur : par exemple, celles qui siègent sur les muqueuses. On devra distinguer l'*ulcération* de la *gangrène* : celle-ci est la cause de l'ulcération; le travail qui se produit au moment où a lieu l'élimination de l'eschare n'est autre que l'ulcération. Citons comme variétés des ulcérations : la *fistule*, qui est une ulcération canaliculée; l'*exulcération*, variété superficielle, mais légèrement saillante. L'*érosion* est une perte de substance dont le fond est sec et ne donne ni pus ni matière : elle se différencie donc nettement de l'ulcération. ‖ Ulcère superficiel.

ULCÈRE (l. *ulcus*, gén. *ulceris*), *sm*. Plaie ouverte à l'extérieur n'ayant pas de tendance à la cicatrisation. Les ulcères sont connus dès la plus haute antiquité. L'*Iliade* nous rapporte que Télèphe, blessé par Achille, vit sa plaie dégénérer en ulcère, d'où le nom d'*ulcères téléphiens* donné par les anciens. On les nommait encore *ulcères chironiens*, du nom du centaure Chiron, spécialiste, nous dit la Mythologie, dans la guérison des plaies de mauvaise nature; ou bien, d'après leurs caractères, ulcères malins, loups rongeants, corrosifs, dysépulotiques, cacoèthes, etc. Ce n'est qu'à la fin du siècle dernier que John, Hunter, Bell s'occupèrent de les classer d'une façon scientifique, tandis que Wiseman, Underwood, S. Cooper et Baynton en étudiaient le traitement rationnel. Bientôt Roux et Ph. Boyer répandirent en France les idées émises par les chirurgiens anglais. Citons depuis les travaux de MM. Marjolin, Sappey, Rigaud et tout récemment les recherches pathogéniques de MM. Verneuil, Terrier et Quenu.

On peut diviser les ulcères de la façon suivante :

- I. Ulcères de cause locale.
  - Simples.
    - Phagédéniques.
    - Fongueux.
    - Vermineux.
    - Atones.
    - Calleux.
    - Irritables.
    - Inflammatoires.
  - Symptomatiques.
- II. Ulcères de cause générale.
  - Infectants.
    - Primitifs.
      - Syphilitiques (accident primitif).
      - Pustules malignes.
    - Secondaires.
      - Tuberculeux.
      - Cancéreux.
      - Farcino-morveux.
      - Actinomycosiques.
      - Syphilitiques (secondaire et tertiaire).
  - Non infectants.
    - Scorbutiques.
    - Diabétiques.
    - Phagédéniques des pays chauds.

Les ulcères simples siègent habituellement sur le membre inférieur gauche, surtout à la jambe : ils sont fréquents chez les individus qui restent longtemps debout et immobiles (laquais, cuisiniers, scieurs de long, serruriers, imprimeurs, blanchisseuses). Ils apparaissent de 30 à 50 ans, surtout chez des variqueux : d'où le nom d'*ulcères variqueux* que l'on donne quelquefois aux ulcères simples. C'est le plus souvent à la suite d'un choc, d'une égratignure, d'un furoncle que débute l'ulcère. D'autres fois la peau est sèche, foncée à l'endroit où se fera l'ulcération. Le malade y ressent de vives démangeaisons, se gratte, s'écorche, et la solution de continuité existe. Elle va aller en s'agrandissant de plus en plus. Ses bords sont rouges, violacés, enflammés, boursouflés, rejetés en dehors, taillés à pic. Le fond de l'ulcère, que l'épaississement des bords fait paraître plus profond, est irrégulier, gris sale, parsemé de saillies rouges. Il saigne au moindre contact et est toujours baigné d'un pus sanguinolent, putride, d'odeur repoussante. Le mal gagne ainsi en profondeur et en étendue. La peau qui l'avoisine est épaisse et présente des troubles variables de la sensibilité, soit à la température, soit à la piqûre. Quand l'ulcère guérit, il se forme sur les bords un liséré blanc cicatriciel qui rétrécit de plus en plus la surface ulcérée. Cette cicatrice est peu vivace : aussi la récidive est-elle la règle.

L'ulcère présente des variétés nombreuses : il est *phagédénique*, lorsqu'il tend à s'accroître de proche en proche en profondeur et en superficie; il est *fongueux*, lorsque sa surface se recouvre de bourgeons charnus de mauvaise nature; il est *vermineux*, lorsqu'à sa surface se développent des larves d'insectes (malpropreté). L'ulcère à fond lisse, presque sec, d'un gris sale, est dit *ulcère atone*. Ses bords sont-ils saillants, sa base indurée, c'est un *ulcère calleux*. L'ulcère douloureux, qui peut apparaître chez des gens nerveux, ou lorsque la perte de substance a mis à nu un ramuscule nerveux, constitue l'*ulcère irritable*. Quand enfin l'ulcère s'enflamme et que la peau prend un aspect phlegmoneux, il est dit *inflammatoire*.

Dans le second groupe se placent les *ulcères symptomatiques*, provoqués par une lésion de voisinage (affection de l'os ou de l'articulation situés au-dessous, corps étrangers laissés dans une plaie, etc.).

Dans la classe des ulcères de cause générale, nous trouvons, en tête du groupe des ulcères infectants primitifs, l'*ulcère syphilitique*, c'est-à-dire le chancre induré initial, qui est essentiellement une papule qui s'érode ou s'ulcère, et la *pustule maligne*.

Les ulcères infectants secondaires sont plus nombreux. Les tuberculeux, dits aussi scrofuleux, siègent soit sur la peau, soit sur les muqueuses. Atones, indolents multiples, ils sont presque toujours dus à une lésion tuberculeuse sous-cutanée. On y retrouve le bacille de Koch. L'ulcère du cancer fait partie de l'évolution de celui-ci. L'excoriation par laquelle s'inocule la morve ou le farcin donne quelquefois lieu à un ulcère analogue au chancre syphilitique ou à la pustule maligne : c'est l'*ulcère farcino-morveux*. Enfin, M. Landau a décrit certains ulcères liés à « l'actinomychose » sur la surface desquels il a trouvé des actinomycètes.

Les ulcères syphilitiques comprennent les plaques muqueuses (accidents secondaires) et les gommes suppurées (accidents tertiaires).

Les ulcères non infectants ne comprennent que trois variétés : l'*ulcère scorbutique*, facile à reconnaître, grâce aux signes concomitants (V. *Scorbut*); l'*ulcère diabétique*, grave par son caractère phagédénique. Il se développe souvent après une cause futile, telle que bouton d'acné, furoncle, piqûre simple, d'où le précepte de rechercher le sucre de l'urine quand on est en présence d'un ulcère qui s'agrandit rapidement. Une dernière variété est l'*ulcère phagédénique des pays chauds*, dit *plaie d'Yémen*, *plaie de l'Hedjaz*, *ulcère de Mozambique*, *de Cochinchine*, *de Guyane*, *d'Annam*, *de la Nouvelle-Calédonie*, noms qui indiquent leur fréquence et leur étendue sur la zone torride. Peut-être pourrait-on en rapprocher le *clou de Biskra* et *de Gafsa*. L'ulcère augmente ici rapidement ainsi que la suppuration, qui est abondante, fétide et sanguinolente, recouverte de lambeaux de tissu gangrené. C'est au-dessus des parties insensibles qu'il faudra faire l'amputation du membre atteint, seule thérapeutique efficace. Cette affection n'a jamais pu être inoculée aux animaux et semble bien, jusqu'à ces jours-ci, ne pas être sous la dépendance d'un agent microbien.

La formation de l'ulcère, quelle qu'en soit l'origine, dépend toujours d'une gangrène moléculaire qui gagne de proche en proche, ce qui explique que toutes les causes qui entraveront la circulation amèneront plus facilement l'ulcère (œdème des membres, varices, épaississement et dégénérescence des artères). Enfin les altérations des nerfs jouent un rôle important dans la production des ulcères; ce qui explique que les maladies du système nerveux central se compliquent fréquemment d'ulcères sur les points du corps qui reposent sur le lit (sacrum, fémur, etc.).

Contre les ulcères simples on instituera un traitement local. Le repos absolu au lit, la jambe malade reposant sur un coussin et enveloppée d'un pansement occlusif quelconque, bandelettes imbriquées (méthode de Baynton), ou mieux d'un pansement antiseptique (iodoforme salol, etc.), donne d'excellents résultats. On utilisera aussi avantage la bande élastique, qui ne devra pas être trop serrée, ce qui entraînerait de graves désordres (gangrène); les cautérisations au thermo-cautère ou au nitrate d'argent. Bien que la guérison des ulcères atoniques ait été quelquefois observée après un érysipèle, l'inoculation de cette affection proposée contre les ulcères sous le nom d'*érysipèle curatif* est trop dangereuse pour qu'on y ait recours. On conseillera un séjour plus ou moins prolongé à Barèges, Aix-les-Bains, etc. Si la perte de substance a été trop considérable, on rendra possible la guérison par l'emploi de greffes épidermiques; dans quelques cas, la marche envahissante de l'ulcère nécessitera l'amputation.

A cette thérapeutique on ajoutera un traitement général approprié à la maladie causale (tuberculose, diabète, syphilis, etc.). ‖ Maladie des arbres causée par la destruction graduelle des couches ligneuses. — **Dér.** *Ulcérer, ulcéré, ulcérée, ulcération, ulcérateur, ulcératrice, ulcératif, ulcérative, ulcéreux, ulcéreuse.* — **Comp.** *Ulcériforme.*

ULCÉRÉ, ÉE (p.p. de *ulcérer*), *adj.* Attaqué par un ulcère. — Fig. Accablé de remords : *Conscience ulcérée.* ‖ Accablé de chagrin : *Esprit ulcéré.* ‖ Plein de ressentiment : *Avoir le cœur ulcéré d'un affront.*

ULCÉRER (l. *ulcerare*), *vt.* Causer un ulcère. ‖ Inspirer un ressentiment profond et durable : *Ce procédé l'a ulcéré.* — **S'ulcérer**, *vr.* Devenir ulcéré. — **Gr.** *É* devient *è* devant les syllabes muettes, excepté au futur et au conditionnel : j'ulcère, n. ulcérons; j'ulcérerai, j'ulcérerais.

ULCÉREUX, EUSE (*ulcère*), *adj.* Couvert d'ulcères : *Jambe ulcéreuse.* ‖ Qui est de la nature de l'ulcère : *Plaie ulcéreuse.*

***ULCÉRIFORME** (l. *ulcus*, gén. *ulceris*, ulcère + *forme*), *adj. 2 g.* Qui ressemble à un ulcère.

ULÉA, 135 kilom. Rivière de la Russie d'Europe, qui coule en Finlande et se jette dans le golfe de Bothnie.

ULÉABORG, 10000 hab. Ville de la Finlande (Russie d'Europe), à l'embouchure de l'Uléa; à 610 kilom. N.-O. de Pétersbourg. Commerce actif. Chantiers de navires.

ULÉMA (ar. *âlim*, sage, plur. *oulemâ*, savants : du verbe *âlima*, apprendre, enseigner), *sm.* Corps constitué de docteurs et d'officiers chargé, en Turquie, de fonctions à la fois religieuses et juridiques. Le Coran est confié à sa garde, et les ulémas sont chargés d'en assurer la tradition par la pratique et l'interprétation par l'étude. De là, les deux grandes divisions du clergé musulman : les imans, ou en turc *imam* (prêtres), chargés de la tradition, et les cadis (juges), chargés de l'interprétation. *Mollah* (seigneur) est le titre donné aux jurisconsultes. Les ulémas se reconnaissent à leur turban blanc; ceux qui ont fait le pèlerinage de la Mecque ont le privilège de porter le turban vert. Le *cheikh-ul-Islam* (le *chef*, c'est-à-dire représentant direct du pouvoir spirituel du khalifat de l'Islam) est chef des ulémas, mais il n'est lui-même ni prêtre ni magistrat; son attribution propre et essentielle est l'interprétation de la loi : il a le titre d'Altesse et ses *fetva* ou décisions sont irréfragables. — **Gr.** *Ulemâ* ou *doulemâ*, par l'intercalation de *ou* (lettre arabe *ouâou*), a la forme du pluriel; c'est donc par abus que le Dictionnaire de l'Académie écrit : *Le corps des ulémas.*

ULÉMA

***ULEX** (ml.), *sm.* Nom botanique du genre *ajonc.* (V. ce mot.)

***ULIGINAIRE** (du l. *uligo*, gén. *uliginis*, humidité naturelle de la terre), *adj. 2 g.* Qui vient, qui croît dans les lieux humides : *Le vergne est uliginaire.*

***ULIGINEUX, EUSE** (l. *uliginosum* : de *uligo*, génitif *uliginis*, humidité naturelle de la terre), *adj.* Très humide, très marécageux : *Sol uligineux.* ‖ Qui pousse dans les lieux humides : *Plante uligineuse.*

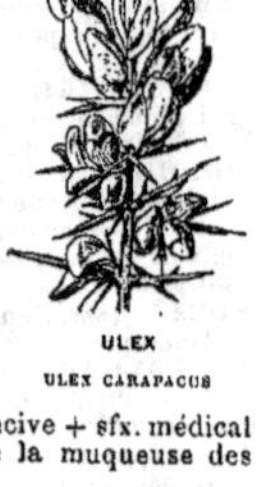

ULEX

ULEX CARAPACUS

***ULITE** (g. οὖλον, gencive + sfx. médical *ite*), *sf.* Inflammation de la muqueuse des gencives.

ULLA, 150 kilom. Rivière d'Espagne qui arrose la province de Lugo, sépare la province de Pontevedra de celle de Corogne et se jette dans l'Atlantique.

ULLOA (Jérôme), général napolitain et écrivain militaire distingué, né en 1810. Aide de camp du général Guillaume Pepe; en 1848, il partit avec ce dernier au secours de Venise insurgée contre la domination autrichienne; il y resta enfermé du 13 juin 1848 au 28 mai

1849, jour de la capitulation. Il s'exila ensuite et vint à Paris. En 1859, Ulloa, reparti pour la guerre de l'Indépendance, fut mis à la tête de l'armée qui opérait en Toscane. Après la paix de Villafranca, il se livra tout entier à des études militaires et historiques. — **Ulloa** (Pierre), frère du précédent, général napolitain, qui fut le dernier ministre de la guerre de François II, roi de Naples.

ULLOA (SAINT-JEAN-DE-), fort avancé qui commande le port de Vera-Cruz (Mexique), bâti sur un îlot. Il fut pris en 1838 par les Français.

ULLOA (Antonio de) (1716-1795), marin et savant espagnol. Il fut chargé en 1735 de protéger les savants français envoyés au Pérou pour mesurer un arc du méridien; puis il dota l'Espagne de l'observatoire de Cadix, du premier cabinet d'histoire naturelle, du premier laboratoire de métallurgie. L'Espagne lui doit, en outre, la première idée du canal de navigation de la Vieille-Castille et la connaissance de diverses découvertes scientifiques.

***ULLUQUE** [ul-luk] (x), *sm.* Plante dicotylédone de la famille des Portulacées, originaire de l'Amérique du Sud, où on lui donne encore, suivant les localités, les noms de *olluco* et de *melloco*. C'est une plante herbacée, vivace, que l'on cultive dans les jardins, sur les hauts plateaux du Pérou et de la Bolivie, à cause des tubercules que produit sa tige souterraine, et qui servent d'aliment aux habitants de ces contrées. Aussi, en 1848, chercha-t-on à introduire en Europe l'ulluque pour le substituer à la pomme de terre, dont l'existence semblait menacée. Mais les espérances que l'on avait fondées sur cette culture ne se réalisèrent point : car la température de notre climat n'étant pas assez élevée, les tubercules ne mûrissent pas; on doit ajouter qu'ils fournissent peu de matière alimentaire et qu'ils sont à peine mangeables pour l'homme; ils présentent, en outre, le grave inconvénient de ne pouvoir se conserver que deux ou trois mois dans un lieu sec et frais. C'est pourquoi l'on a renoncé à cultiver l'ulluque en France. En Amérique, on le multiplie au moyen des petits tubercules, tandis que chez nous on trouve préférable d'en faire des boutures.

ULLUQUE
ULLUCUS TUBEROSUS

ULM, 37500 hab. Place stratégique très forte de l'Allemagne, sur le Danube (largeur du fleuve, 77 mèt.; profondeur, 2 mèt.), au point de croisement de plusieurs grandes routes, et composée de la ville d'*Ulm*, qui appartient au Wurtemberg, et du faubourg *Neu-Ulm*, qui est bavarois. Les fortifications d'Ulm ont été construites de 1842 à 1860. Une douzaine de forts détachés entourent la place, qui est munie d'une enceinte continue. Vaste cathédrale de style flamboyant appelée le *Munster*; nombreuses fabriques d'étoffes. C'est là qu'en 1805 le général autrichien Mack, enfermé par Ney après la bataille d'Elchingen, se rendit aux Français, avec son armée de 30 000 hommes.

***ULMACÉES** (l. *ulmus*, orme), *sfpl.* Famille de végétaux dicotylédones, dont l'orme est le type. (V. *Orme* et *Micocoulier*.)

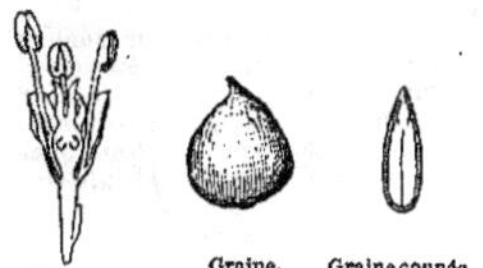

Coupe de fleur. Graine. Graine coupée verticalement.

ULMACÉES

ULMAIRE (l. *ulmus*, orme), *sf.* ou Spirée ulmaire. La reine des prés, plante dicotylédone de la famille des Rosacées. (V. *Spirée*.)

ULMAIRE

***ULMANNITE** (*Ulmann*, nom d'homme), *sf.* Minerai de nickel, antimonié sulfuré. La forme primitive des cristaux est le cube. La couleur de l'ulmannite est le blanc d'argent un peu grisâtre. L'éclat est métallique et assez vif. Ce corps fond au chalumeau en répandant une fumée antimoniale.

***ULMATE** (du l. *ulmus*, orme + sfx. chimique *ate*), *sm.* Tout sel formé par la combinaison de l'acide ulmique avec un oxyde.

***ULMINE** (du l. *ulmus*, orme), *sf.* Corps brun qui a la même composition que l'acide ulmique, mais possède des propriétés différentes. (V. *Humine* et *Humus*.) — **Gr.** Même famille : *Ulmique, ulmate, ulmaire, ulmacées.*

***ULMIQUE** (l. *ulmus*, orme), *adj. 2 g.* Se dit de substances brunes ou noires qui existent dans le terreau, la tourbe, le fumier, le purin, dans les trous des ormes malades, et qui sont le résultat final de la putréfaction des matières animales ou végétales. ‖ *Acide ulmique*, substance acide noire qui est l'un des produits ultimes de la décomposition des matières animales ou végétales.

***ULNAIRE** (l. *ulnarem*), *adj. 2 g.* Qui se rapporte à l'os cubital.

***ULOTRICHE** [u-lo-tri-ke] (g. οὖλος, frisé + θρίξ, génitif τριχός, cheveu), *adj. 2 g.* Qui a les cheveux crépus : *Les nègres sont ulotriches.*

ULPHILAS ou **WULFILAS** (311-381), célèbre évêque arien qui conduisit les Goths en Mésie et traduisit pour eux la Bible en gothique. Il reste de cette traduction une grande partie de l'Ancien Testament dans le *Codex argenteus*, conservé à Upsal, manuscrit dont le parchemin est pourpre, les lettres d'argent, et la reliure en argent massif.

ULPIEN (Domitius Ulpianus), célèbre jurisconsulte romain et principal ministre d'Alexandre Sévère. Il fut massacré par les prétoriens en 230.

ULRIC (saint) (xe siècle), évêque d'Augsbourg. Fête, le 4 juillet.

ULRIQUE-ÉLÉONORE (1688-1741), sœur de Charles XII, roi de Suède. En 1719, elle succéda à son frère sur le trône et, en 1720, se démit du gouvernement en faveur de son mari, Frédéric de Hesse-Cassel.

ULSTER, 22189 kilom. carrés, 1833000 hab., province du N. de l'Irlande. — Villes principales : *Belfast, Londonderry, Armagh.* Les *O'Neill* furent jusque sous Élisabeth les rois particuliers de l'Ulster. — *Sm.* Vêtement d'homme en forme de pardessus, très long, mis à la mode en 1875.

ULTÉRIEUR, EURE (l. *ulteriorem* : de *ultra*, au delà), *adj.* Qui est au delà, en parlant d'un pays, par opposition à *citérieur.* ‖ *La Calabre ultérieure*, celle des deux Calabres qui est la plus voisine de la Sicile. — Fig. Qui se fait, qui arrive après : *On a des nouvelles ultérieures.* — **Dér.** *Ultérieurement.*

ULTÉRIEUREMENT (*ultérieure* + sfx. *ment*), *adv.* Par delà, outre ce qui a été dit ou fait. ‖ Postérieurement, ensuite : *Je le vis ultérieurement.*

ULTIMATUM [ul-ti-ma-tome] (ml. : de *ultimus*, le dernier), *sm.* Les dernières conditions irrévocablement fixées, auxquelles on se déclare être disposé à conclure un traité : *Envoyer à l'ennemi son ultimatum.* ‖ Les dernières conditions auxquelles on consent à conclure une affaire. ‖ Résolution irrévocable, dernier mot : *Voici mon ultimatum.*

***ULTIME** ou ***ULTIÈME** (l. *ultimum*, le dernier), *adj. 2 g.* Dernier, qui vient à la dernière place, à la fin : *La syllabe ultime d'un mot.* — **Dér.** *Ultimatum, ultimo.*

***ULTIMO** (ml.), *adv.* En dernier lieu, à la fin.

***ULTIMUM MORIENS** (ml.), *sm.* L'oreillette droite du cœur, ainsi appelée parce que c'est la dernière des parties de cet organe qui cesse de se contracter.

ULTRA (ml. : *au delà*), préfixe indiquant dans un mot composé l'*exagération*, l'*excès*. Ex. : *Ultra-conservateur.* — *Sm.* Homme exagéré dans ses opinions, ses doctrines : *Défions-nous des ultras.* — **Nec-plus-ultra**, *sm.* La dernière limite : *Le nec-plus-ultra de la fatuité.* — **Dér.** *Ultérieur, ultérieure, ultérieurement, ultimo.* — **Comp.** *Ultramontain, ultramontaine, ultramontanisme, ultra-libéral, ultra-libéralisme, ultra-révolutionnaire, ultra-royalisme, ultra-royaliste, ultra-zodiacal, ultra-rouge, ultra-violet.*

***ULTRA-LIBÉRAL, ALE** (pfx. *ultra* + *libéral*), *adj.* et *s.* Qui exagère les opinions libérales. — Smpl. *Ultra-libéraux.*

***ULTRA-LIBÉRALISME** (*ultra* + *libéralisme*), *sm.* Opinions, système des ultra-libéraux.

ULTRAMONTAIN, AINE (l. *ultra*, au delà + *montanus*, montagnard : de *ultra montes*, au delà des monts, par rapport à la France), *adj.* Qui est au delà des Alpes : *Les pays ultramontains.* ‖ Favorable à l'omnipotence absolue à laquelle prétend la cour du pape : *Les opinions ultramontaines.* — *S.* Celui, celle qui admet l'omnipotence du pape en toutes choses : *Il y a des ultramontains dans tous les pays catholiques.* — **Dér.** *Ultramontanisme.*

ULTRAMONTANISME (*ultramontain*), *sm.* La doctrine de ceux qui admettent en toutes choses l'omnipotence et la suprématie du pape.

***ULTRA-PETITA** (l. *ultra*, au delà + *petitum*, supin de *petere*, demander, réclamer), *sm.* Terme juridique venu du latin et employé pour désigner les cas où, sur la requête civile de ceux qui ont été parties ou dûment appelés, pourrait être rétracté un jugement, contradictoire ou par défaut, rendu en dernier ressort, et qui n'est plus susceptible d'opposition. Les causes qui peuvent donner lieu à rétractation sont les suivantes (Code de procédure, art. 480) : « 1° s'il y a eu dol personnel; 2° si les formes prescrites à peine de nullité ont été violées, soit avant, soit lors des jugements, pourvu que la nullité n'ait pas été couverte par les parties; 3° s'il a été prononcé sur choses non demandées; 4° s'il a été adjugé plus qu'il n'a été demandé; 5° s'il a été omis de prononcer sur l'un des chefs de demande; 6° s'il y a contrariété de jugements en dernier ressort, entre les mêmes parties et sur les mêmes moyens, dans les mêmes cours ou tribunaux; 7° si, dans un même jugement, il y a des dispositions contraires; 8° si, dans le cas où la loi exige la communication au ministère public, cette communication n'a pas eu lieu, et que le jugement ait été rendu contre celui pour qui elle était ordonnée; 9° si l'on a jugé sur pièces reconnues ou déclarées fausses depuis le jugement; 10° si, depuis le jugement, il a été recouvré des pièces décisives, et qui avaient été retenues par le fait de la partie. » S'il n'y a ouverture que contre un chef de jugement, il sera seul rétracté, à moins que les autres n'en soient dépendants. La requête civile doit être signifiée avec assignation, dans les trois mois.

***ULTRA-RÉVOLUTIONNAIRE** (pfx. *ultra* + *révolutionnaire*), *adj.* et *s. 2 g.* Qui pousse à l'excès les revendications, les demandes du parti révolutionnaire.

***ULTRA-ROUGE** (l. *ultra* + *rouge*), *adj. 2 g.* *Rayons ultra-rouges*, rayons obtenus dans la décomposition de la lumière par le prisme, et qui occupent l'extrémité du spectre solaire opposée à celle où sont les rayons violets.

***ULTRA-ROYALISME** (pfx. *ultra* + *royalisme*), *sm.* Système des ultra-royalistes.

***ULTRA-ROYALISTE** (pfx. *ultra* + *royaliste*), *adj. 2 g.* et *sm.* Qui réclame pour les rois un pouvoir absolu et despotique : *Les ultra-royalistes de la Restauration.*

***ULTRA-VIOLET, ETTE** (l. *ultra* + *violet*), *adj.* *Rayons ultra-violets*, rayons à peine perceptibles, obtenus dans la décomposition de la lumière blanche par le prisme, et qui, existant dans toute lumière, se voient au delà du violet dans le spectre solaire.

ULTRA-ZODIACAL, ALE (pfx. *ultra* + *zodiacal*), *adj*. Qui est en dehors de la largeur du zodiaque.

ULUG BEIGH (XIVe-XVe siècle), souverain et astronome tartare, qui vivait à Samarcande vers 1430. Il a laissé un catalogue d'étoiles ainsi qu'une table de longitudes et de latitudes.

***ULULATION** (l. *ululationem*), *sf*. Cri semblable à un aboiement.

***ULULEMENT** (l. *ululare*, crier comme la chouette), *sm*. Cri de la chouette et des autres oiseaux nocturnes.

***ULULER** (l. *ululare*), *vi*. Crier comme la chouette.

***ULVACÉES** (l. *ulva*, ulve), *sfpl*. Famille d'algues marines, dont l'*ulve* est le type.

***ULVE** (l. *ulva*), *sf*. Toute plante de marais, suivant les anciens. || Aujourd'hui, genre d'alguesmarines, à thalle membraneux et à frondes vertes, dont on trouve plusieurs espèces sur les bords de la mer, où elles se développent sur les pierres et les rochers. Certaines d'entre elles sont comestibles. C'est ainsi que les habitants des côtes de l'Irlande, de l'Écosse, de la Norvège, etc., mangent en salade l'*ulva latissima*, l'*ulva edulis*, etc. — **Dér**. *Ulvacées*.

ULVE

ULVA BULLOSA

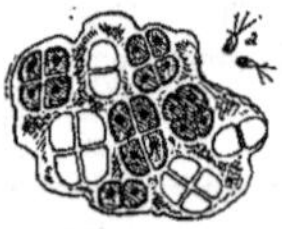

ULVE

PORTION DE FRONDES MONTRANT LES CELLULES

a. Zoospores.

ULYSSE (du g. Ὀδυσσεύς), roi légendaire d'Ithaque, fils de Laërte, mari de Pénélope et père de Télémaque, le plus avisé des héros grecs qui allèrent au siège de Troie. Il erra dix ans sur les mers après la destruction de cette ville et revint dans sa patrie, où il extermina les prétendants de Pénélope. Il est un des héros de l'*Iliade*, et ses courses et ses aventures maritimes forment le sujet de l'*Odyssée* attribuée à Homère.

***UMBILICAIRE** (l. *umbilicum*, ombilic), *sf*. Genre de lichens que l'on rencontre, soit dans les régions polaires, soit sur le sommet des hautes montagnes, où ils végètent sur des rochers de granit ou de grès. Une espèce, l'*umbilicaria deusta*, fournit une belle couleur violette.

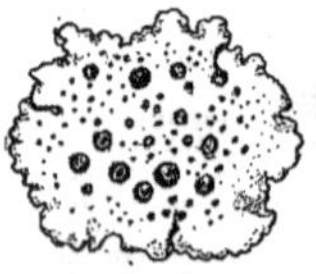

UMBILICAIRE

UMBILICARIA VELLEA

UMBLE [on-ble] ou ***UMBRE**, *sm*. Espèce de poisson de la même famille que le saumon, nommé encore *ombre-chevalier*, très commun dans l'E. de la France, en Russie et dans le Tyrol. (V. *Ombre*.)

***UMBO** ou ***UMBON** (l. *umbonem*), *sm*. Bosse saillante au centre d'un bouclier. || Proéminence. || Le bec ou partie saillante des coquilles bivalves.

***UMBRACULE** (l. *umbracula*, ombrelle), *sm*. Nom du chapeau chez certains champignons.

***UMBRE**. (V. *Umble*.)

***UMBRINE** (l. *umbrina*), *sf*. Autre nom de l'*ombrine*. (V. ce mot.)

UMÉA, 450 kilom. Rivière du nord de la Suède, qui prend sa source dans les monts Kiœlen et se jette dans le golfe de Bothnie, près du port d'*Uméa* (2000 hab.), à 080 kilom. N. de Stockholm.

UN, UNE (l. *unum*), *adj. num. card*. Qui n'est joint avec aucun autre de même espèce : *Il s'est écoulé un an*. — *Adj. qual*. Qui n'admet pas de pluralité, de diversité : *La vérité est une*. || Qui ne forme qu'un tout indivisible : *La patrie est une. L'action d'une pièce de théâtre doit être une*. || *N'être qu'un, ne faire qu'un*, ne pouvoir être distingués l'un de l'autre. || Être intimement uni : *Ces deux hommes ne font qu'un*. || *C'est tout un*, c'est la même chose. || Qui ressemble à : *Ce poète est un Virgile*. — *Adj. indéf*. Quelque, quelconque : *Il y a un village à l'entrée de la forêt*. — L'UN, *pr. indéf*. Celui-ci, s'unit ou s'oppose souvent à *l'autre*, celui-là : *L'un dit oui, l'autre dit non*. || *Les uns et les autres*, tout le monde indistinctement. || *L'un l'autre*, réciproquement : *Ils se sont insultés l'un l'autre*. — *Sm*. L'unité, le chiffre 1 : *Mettre un zéro pour un un*. — UNE, *sf*. Supercherie : *En donner d'une à quelqu'un*, l'attraper. — UN A UN, *loc. adv*. L'un après l'autre et un seul à la fois. — L'UN PORTANT L'AUTRE, *loc. adv*. En moyenne, les plus forts compensent les plus faibles : *Vendre des chevaux 500 francs l'un portant l'autre*. — **Gr**. Après *l'un et l'autre* employés comme sujet on peut mettre le verbe au sing. ou au pl. : *L'un et l'autre déclare* ou *déclarent*. — **Dér**. *Unième, unièmement, unir, uni, unie, unicité, uniment, unio, oignon, union, unioniste, unique, uniquement, unité, unitaire, unitarisme, unitif, unitive, uniment*. — **Comp**. *Unanime, unanimement, unanimité, unicaule, unicellulaire, unicolore, unifier, unification, unifolié, unifoliée, uniflore, uniforme* (s.), *uniforme* (adj.), *uniformément, uniformiser, uniformité, unijugué, unijuguée, unilabié, unilabiée, unilatéral, unilatérale, unilobé, unilobée, uniloculaire, uninominal, uninominale, unipare, unipersonnel, unipersonnelle, unipersonnellement, unipétale, unipétalé, unipétalée, unipolarité, unipolaire, uniréfringent, uniréfringente, unisérié, unisériée, unisexué, unisexuée, unisexuel, unisexuelle, unisson, univalve, univers*, etc.; *univoque, univocation, univoltain, univoltaine, univoltin, univoltine, non, nul, nulle, réunir*, etc.; *désunir*; *undécime*, tous les nombres composés où entre le nombre *un*.

UNANIME (l. *unanimum* : de *unus*, un + *animus*, âme), *adj. 2 g*. Qui pense de la même manière. || Qui est du même avis : *Tous sont unanimes à blâmer sa conduite*. || Qui concorde, qui réunit tous les suffrages : *Le consentement unanime des assistants*. — **Dér**. *Unanimement*.

UNANIMEMENT (*unanime* + sfx. *ment*), *adv*. D'une commune voix, d'un commun sentiment.

UNANIMITÉ (l. *unanimitatem*), *sf*. Accord de sentiments. || Même façon d'agir : *Il fut élu président à l'unanimité*.

UNAU (mot brésilien), *sm*. Mammifère de l'ordre des Edentés et de la famille des Paresseux, originaire de Cayenne et de Surinam. Sa taille dépasse celle de l'aï et atteint 0^m,70. L'unau a le corps svelte, terminé en avant par une grosse tête dont le museau est large et proéminent; son pelage est d'un gris olivâtre, plus clair sous le ventre. Il n'a pas de queue; ses pattes antérieures sont munies de deux griffes, tandis que les postérieures en possèdent trois. Les canines des deux mâchoires sont très fortes et présentent une coupe triangulaire; celles de la mâchoire supérieure s'usent par leur face postérieure, tandis que celles de la mâchoire inférieure s'usent par leur face antérieure; les premières recouvrent donc les secondes quand l'animal a la bouche fermée. Les quatre molaires sont rondes et s'usent en arêtes transversales. Toutes ces dents sont recouvertes d'une couche de cément. L'unau, lorsqu'il est à terre, marche avec beaucoup de difficulté à cause de la conformation de ses pieds; mais il est, au contraire, d'une très grande agilité quand il grimpe dans les arbres. (V. *Édentés*.)

UNAU

UNCIALE, *adj*. (V. *Onciale*.)

UNCIFORME (l. *uncus*, gén. *unci*, crochet), *sm*. Nom donné à un des os de la rangée inférieure du carpe, connu également sous le nom d'*os crochu*. On remarque sur sa face antérieure une saillie dite *apophyse unciforme*.

***UNCINÉ, ÉE** (l. *uncinatum*), *adj*. Terminé en crochet, en pointe. — Même famille : *Uncite, unciforme, uncipression, uncipressure, uncirostre*.

***UNCIPRESSION** ou ***UNCIPRESSURE** (l. *uncus*, gén. *unci*, crochet + *pressionem*). *sf*. Procédé hémostatique pratiqué au moyen de deux crochets enfoncés en sens contraire au fond d'une plaie.

***UNCIROSTRE** (l. *uncus*, génitif *unci*, crochet + *rostrum*, bec), *adj. 2 g*. Qui a le bec recourbé, comme les oiseaux de la famille des Échassiers.

***UNCITE** (du l. *uncus*, crochet), *sm*. Genre de mollusques brachiopodes du groupe des Apygia. La coquille, fortement bombée des deux côtés, est très allongée et de structure fibreuse; le crochet de la valve ventrale, très saillant, présente une petite ouverture chez les jeunes. En arrière se trouve un grand deltidium concave. On trouve les uncites dans le dévonien (*uncites gryphus* du calcaire eifélien.)

UNCITE

GRYPHUS CALCAIRE EIFÉLIEN

***UNDECIMO** (ml.), *adv*. En onzième lieu, onzièmement.

UNDERWALD. (V. *Unterwald*.)

UNGÄRN, nom allemand de la Hongrie.

UNGER (Mme SABATIER, CAROLINE) (1805-1877), cantatrice italienne remarquable. Plusieurs opéras italiens furent écrits pour elle, entre autres la *Straniera, Niobé, Belisario*, etc.

UNGHVAR, 6500 hab., ville d'Autriche-Hongrie, sur l'*Ungh*, affluent de la Laborcza. Eaux ferrugineuses.

***UNGUÉAL, ALE** (l. *unguem*, ongle), *adj*. Qui a rapport à l'ongle. || *Phalanges unguéales*, les troisièmes phalanges unguifères.

***UNGUIFÈRE** (l. *unguis*, ongle + *ferre*, porter), *adj. 2 g*. Qui porte l'ongle ou les ongles : *Les phalanges unguifères*.

UNGUIS (OS) (l. *unguis*, ongle), *sm*. Os pairs, minces et transparents situés à la partie antéro-interne de l'orbite, qu'ils séparent des fosses nasales. La présence de ces os, liée à la sécrétion des larmes, ne s'observe pas chez les animaux dépourvus de glandes lacrymales. — **Dér**. *Unguéal, unguéale*. — **Comp**. *Unguifère*. Même famille : *Ungulite*.

***UNGULITES OBOLUS** (du l. *ungula*, sabot + *obolus*), *sm*. Genre de mollusques brachiopodes du groupe des Pleuropygia. La coquille, très déprimée, est à contour orbiculaire et un peu inéquivalve. La valve ventrale présente un faible septum médian. Les adducteurs naissent, dans chaque valve, de deux paires d'impressions, dont les postérieures sont voisines du bord cardinal et les antérieures situées presque au milieu. On trouve ces coquilles dans le silurien, principalement en Russie, dans les grès dits *à obolus*.

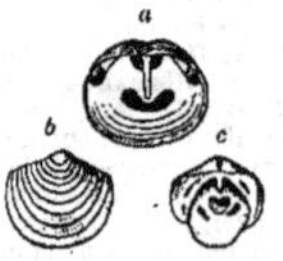

UNGULITES OBOLUS

a. Coquille ventrale vue de dedans. — *b*. Valve dorsale vue de dehors. — *c*. Valve dorsale vue de dedans.

***UNI** (l. *unus*, un), préfixe qui exprime l'*unité*, la *simplicité*. Ex. : *Uniforme*, qui n'a qu'une seule forme.

UNI, IE (p. p. de *unir*), *adj*. Qui touche à, qui tient avec : *Deux terres unies par un isthme*. || Qui communique avec : *Deux rivières unies par un canal*. || Qui forme une société politique avec : *Provinces-Unies*, l'ancienne république de Hollande. || *États-Unis*, grande république de l'Amérique du Nord. || Alliés dans une guerre : *L'Angleterre unie à l'Allemagne*. || Où l'on vit en bonne intelligence : *Famille unie*. || Qui n'offre ni hauts ni bas, non accidenté : *Terrain uni*. || Qui n'a point d'aspérités : *Toile unie*. || Qui a un diamètre uniforme : *Fil uni*. || Sans ornement : *Habit uni*. || Qui ne fait point de façons, de cérémonies : *Un homme tout uni*. ||

Qui est toujours le même, uniforme : *Une conduite unie*. — A L'UNI, *loc. adv.* De niveau. — **Dér.** *Uniment.*

***UNICAULE** (pfx. *uni* + l. *caulis*, tige), *adj. 2 g.* Qui n'a qu'une seule tige : *Végétal unicaule.*

***UNICELLULAIRE** (pfx. *uni* + *cellulaire*), *adj. 2 g.* Qui n'est composé que d'une seule cellule : *Plante unicellulaire.*

***UNICITÉ** (l. *unicum*, unique), *sf.* Propriété de ce qui est unique.

***UNICOLORE** (pfx. *uni* + l. *colorem*, couleur), *adj. 2 g.* Qui est d'une seule couleur : *Étoffe unicolore.*

UNIÉ ou ILE DES PINS, colonie française au S. de la Nouvelle-Calédonie, dont elle est une des dépendances.

UNIÈME (*un*), *adj. ord. 2 g.* qui correspond à *un*, et ne s'emploie qu'avec un autre nombre : *Être dans sa vingt et unième année.*

UNIÈMEMENT (*unième* + sfx. *ment*), *adv.* qui correspond à *unième* et s'emploie de même : *Vingt et unièmement.*

UNIEUX, 4 005 hab., commune du canton du Chambon-Feugerolles, arr. de Saint-Étienne (Loire), sur une hauteur au pied de laquelle coulent l'Oudène et l'Etay. Aciéries.

UNIFICATION (*unifier*), *sf.* Action de réunir plusieurs personnes ou plusieurs choses en un tout. — **Unification de l'heure.** La question de « l'heure unique », discutée en 1883 au congrès scientifique de Rome et, en 1884, au congrès diplomatique de Washington, devient tous les jours plus pressante et réclame une solution définitive.

La navigation, la circulation par chemins de fer, la grande télégraphie commerciale souffrent de la confusion apportée dans les relations et dans les affaires par la multiplicité des « premiers méridiens », c'est-à-dire des points de départ de l'heure.

Pour se rendre compte des inconvénients attachés à la multiplicité des *heures locales*, il suffit de savoir qu'une dépêche télégraphique, dont la transmission peut sensiblement être regardée comme instantanée, expédiée de Paris le 31 décembre à 11 heures du soir, arriverait le *lendemain matin*, 1er janvier de l'année suivante; à Moscou, vers 1^h 1/4; à Pondichéry, vers 4 heures; à Pékin, vers 6^h 1/2; à Melbourne, vers 8^h 1/2. Une deuxième dépêche expédiée de Paris le 1er janvier à 1 heure du matin, arriverait la *veille au soir*, 31 décembre : à San-Francisco, vers 5 heures; à Mexico, vers 6^h 1/4; à la Nouvelle-Orléans, vers 7 heures; à Panama, vers 7^h 1/2; à New-York, vers 8 heures.

Pour se limiter aux capitales de l'Europe, on trouve que, lorsqu'il est *midi* à Paris, les *heures locales* pour les villes suivantes sont :

Lisbonne, $11^h 13^m 55^s$ mat.	Rome, midi 47^m.
Madrid, $11^h 35^m 54^s$ mat.	Copenhague, midi $40^m 58^s$.
Londres, $11^h 50^m 16^s$ mat.	Berlin, midi $44^m 14^s$.
La Haye, midi $7^m 53^s$.	Vienne, midi $56^m 10^s$.
Bruxelles, midi $8^m 8^s$.	Stockholm, $1^h 2^m 53^s$ soir.
Amsterdam, midi $10^m 12^s$.	Athènes, $1^h 25^m 34^s$ soir.
Genève, midi $15^m 15^s$.	Constantinople, $1^h 46^m 35^s$ soir.
Berne, midi 26^m.	St-Pétersbourg, $1^h 51^m 59^s$ soir.
Milan, midi $27^m 24^s$.	Moscou, $2^h 20^m 56^s$.
Christiania, midi $33^m 32^s$.	
Venise, midi 40^m.	

Pour un même instant, l'écart extrême entre les « heures locales » peut atteindre 12 heures, soit en avant, soit en arrière. L'heure locale indique non le temps vrai, mais le *temps moyen*.

Comme on ne peut compter que 180 degrés vers l'Orient ou vers l'Occident, l'écart entre les heures locales ne peut dépasser 12 heures. Sur le méridien 180, il sera minuit lorsqu'il sera midi à Paris. Mais il se présente, pour ce cas limite, une ambiguïté. Si à Paris on est au *midi* du 15 octobre, sur le méridien 180 sera-t-on au *minuit* du 14 ou au *minuit* du 15? Cette ambiguïté ne se présenterait pas si l'on comptait les longitudes toujours dans le même sens à partir du « premier méridien », et en comptant de 0 à 360 degrés.

Le congrès scientifique de Rome et le Congrès diplomatique de Washington ont, à une grande majorité, adopté pour « premier méridien », comme méridien servant de point de départ aux longitudes et aux heures, celui de Greenwich. Les délégués de la France réclamaient un « premier méridien » neutre, et ne se rallièrent pas à la décision des congrès; ils furent suivis par un très petit nombre de délégués dont les marines, sauf celle du Brésil, n'ont pas une grande importance, en regard des marines de l'Angleterre et des États-Unis et de celles de leurs partisans.

Pour la France et l'Algérie, l'heure de Paris est maintenant l'heure unique, l'heure nationale ou légale.

UNIFIER (pfx. *uni* + l. *ficare*, faire), *vt.* Réunir plusieurs personnes ou plusieurs choses en un tout.

UNIFLORE (pfx. *uni* + l. *florem*, fleur), *adj. 2 g.* Qui n'a qu'une seule fleur : *Pédoncule uniflore.*

***UNIFOLIÉ, ÉE** (pfx. *uni* + *folium*, feuille), *adj.* Qui ne porte qu'une seule feuille.

UNIFORME (pfx. *uni* + *forme*), *adj. 2 g.* Qui est partout semblable ou égal. ‖ *Mouvement uniforme*, celui dans lequel un mobile parcourt des espaces égaux dans des temps égaux. (Méc.) ‖ De même nature, sans variété : *Terrain, style uniforme.* ‖ Commun à une catégorie de gens : *Habit uniforme.* — *Sm.* Costume que les gens d'une certaine catégorie sont obligés de porter : *L'uniforme du collège.* ‖ L'habit militaire. — Fig. *Quitter l'uniforme*, se retirer du service militaire. — **Dér.** *Uniformément, uniformiser, uniformisation.*

UNIFORMÉMENT (*uniforme* + sfx. *ment*), *adv.* D'une manière uniforme. ‖ *Mouvement uniformément varié*, celui dans lequel la vitesse augmente ou diminue proportionnellement aux temps écoulés et auquel sont assujettis les corps tombant dans le vide.

***UNIFORMISATION** (*uniformiser*), *sf.* Action de rendre uniforme.

***UNIFORMISER** (*uniforme*), *vt.* Rendre uniforme. — **Dér.** *Uniformisation.*

UNIFORMITÉ (l. *uniformitatem*), *sf.* Ressemblance des parties d'une chose ou de plusieurs choses entre elles : *L'uniformité des opinions.*

UNIGENITUS (BULLE), bulle de Clément XI (1713), commençant par *Unigenitus Dei filius* (le fils unique de Dieu), par laquelle ce pape condamnait les réflexions morales sur le Nouveau Testament du père Quesnel, janséniste.

***UNIJUGUÉ, ÉE** (pfx. *uni* + *jugus*, qui réunit), *adj.* Qui porte une seule paire de folioles, en parlant d'une feuille. (Bot.)

***UNILABIÉ, ÉE** (pfx. *uni* + *labium*, lèvre), *adj.* Qui n'a qu'une seule lèvre : *Corolle unilabiée.* (Bot.)

UNILATÉRAL, ALE (pfx. *uni* + *latéral*), *adj.* Placé d'un seul côté : *Les fleurs des borraginées sont unilatérales.* ‖ Qui ne lie qu'une seule des parties contractantes : *Contrat unilatéral.* (Dr.)

***UNILOBÉ, ÉE** (pfx. *uni* + *lobe*), *adj.* Pourvu d'un seul lobe.

***UNILOCULAIRE** (pfx. *uni* + *loculus*, loge), *adj. 2 g.* Qui n'a qu'une seule loge : *Fruit uniloculaire.* (Bot.)

UNIMENT (*unie* + sfx. *ment*), *adv.* Également et toujours de même sorte : *Fil filé uniment.* ‖ Simplement, sans façon.

UNINOMINAL, ALE (*uni* + *nominal*), *adj.* Où l'on n'énonce qu'un seul nom à la fois. ‖ Qui ne porte qu'un seul nom : *Bulletin uninominal.*

***UNIO** (ml. : *perle*), *sf.* Genre de mollusques lamellibranches connu sous le nom de *mullette* (V. ce mot), et dont une espèce, l'*unio margaritiferus*, fournissait autrefois les *perles de la Grande-Bretagne*. La pêche de ce mollusque dura en Écosse jusqu'à la fin du XVIIIe siècle; elle était faite, surtout dans le Tay, par les paysans, avant l'époque de la moisson, et donnait environ une perle de la grosseur d'un pois sur cent mullettes. Ce sont surtout les individus vieux et déformés qui renferment la précieuse sécrétion. On trouve les unio dans les rivières de la Grande-Bretagne, de la Laponie, du Canada, où elles gisent dans le sable le côté ouvert tourné vers l'aval. Aujourd'hui, les valves de la coquille de ces mollusques sont employées à la fabrication des boutons de nacre. Ce genre renferme, en outre, un très grand nombre d'espèces qui habitent l'Europe, l'Asie, l'Afrique, l'Amérique du Nord et du Sud et l'Australie. (V. *Mullette.*) — Pl. *des unio.*

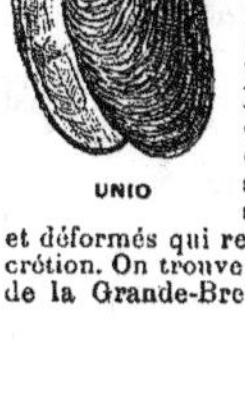

UNIO

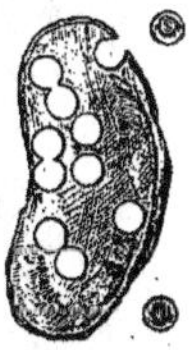

UNIO

VALVE APRÈS SON EMPLOI DANS L'INDUSTRIE POUR LA FABRICATION DES BOUTONS

***UNIOLE** (l. *uniola* : de *unio*, union des glumes), *sf.* Genre de plantes monocotylédones de la famille des Graminées, croissant dans l'Inde et l'Amérique tropicale, et dont les feuilles, planes, sont assez larges; les fleurs sont divisées en panicules, leurs épillets sont pédiculés, à plusieurs fleurs et distiques.

UNION (l. *unionem*), *sf.* Action de mettre plusieurs choses ensemble pour en former un seul tout : *L'union de deux propriétés contiguës.* ‖ Action de mettre deux ou plusieurs choses à côté les unes des autres : *L'union des mots, des phrases.* ‖ Mariage : *Une union assortie.* ‖ Bonne intelligence, concorde, amitié : *Il règne entre eux une grande union.* ‖ *Esprit d'union*, esprit de paix et de concorde. ‖ Traité d'alliance, ligue, confédération. ‖ *Sainte Union*, alliance que le pape Jules II, Venise et Ferdinand le Catholique conclurent ensemble contre Louis XII. ‖ La Ligue. ‖ *Édit d'union*, acte de réconciliation de juillet 1588 entre la Ligue et Henri III, chassé de Paris; il précéda la réunion des États généraux à Blois, où le duc de Guise périt assassiné. ‖ *Union de la Hollande*, ordre de chevalerie remplacé par l'ordre impérial de la *Réunion*, qui fut créé par Napoléon Ier en octobre 1811. ‖ **L'Union** ou l'*Union américaine*, nom sous lequel on désigne souvent les États-Unis. (V. *États-Unis.*) ‖ Association. ‖ *Union des femmes de France*, société créée en 1882 et ayant pour objet la préparation et l'organisation de secours aux blessés ou malades de l'armée française. Sa caisse est alimentée au moyen de dons et offrandes et d'une cotisation annuelle (10 fr.) de ses membres.

Union postale universelle. Convention signée à Berne le 9 octobre 1874 et développée ensuite par les conférences de Berne (1876), de Paris (1880), et les congrès postaux de Paris (1878) et de Lisbonne (1885). L'Union comprend presque tous les pays civilisés du globe. Depuis la mise en vigueur du traité de Berne (1er juillet 1875) elle a vu son action s'étendre sur 87 millions de kilom. carrés (au lieu de 37) et sur 915 millions d'habitants (au lieu de 350). Elle a puissamment contribué au développement des relations et des recettes postales, bien que la taxe qui frappe les lettres affranchies ait été réduite à 0 fr. 25 par 15 grammes. Un office central, connu sous le nom de *Bureau international de l'Union postale*, fonctionne à Berne aux frais de toutes les administrations de l'Union. Font actuellement partie de l'Union : l'Europe et l'Amérique entières. En Asie : la Russie d'Asie, la Turquie d'Asie, la Perse, l'Inde anglaise (Hindoustan, Birmanie, établissements postaux d'Aden, Mascate, Guadur); le Japon, Siam, les colonies anglaises, françaises, hollandaises, portugaises et espagnoles, et les établissements postaux de la Grande-Bretagne, de la France et du Japon en Chine et en Corée. En Afrique : l'Égypte, l'Algérie, la Tunisie, Tripoli, Libéria, l'État indépendant du Congo, les Açores, Madère; les établissements postaux de l'Espagne au Maroc et dans le N. de l'Afrique; l'établissement postal de l'Inde à Zanzibar; les colonies françaises, portugaises, espagnoles et italiennes; une partie des colonies anglaises; les comptoirs allemands de Togo et de l'Afrique occidentale du S.; enfin, l'établissement postal français à Tamatave (Madagascar). En Océanie : Hawaï, les îles Marshall et les colonies anglaises, hollandaises, françaises et espagnoles.

UNION (LA), port de l'État de San Salvador (Amérique centrale), sur la baie de Fonseca, formée par l'océan Pacifique.

UNION (LOUIS-FIRMIN CARVAJAL, COMTE DE **LA**) (1752-1794), général espagnol, né à Lima (Pérou), qui tenta vainement d'envahir le Roussillon en 1794 et périt peu après.

***UNIONISTE** (*union*), *sm.* Celui qui était opposé à la sécession pendant la guerre entre le Nord et le Sud des États-Unis d'Amérique. ‖ Membre d'une union ouvrière.

***UNIPARE** (l. *unus*, un + *parere*, enfanter), *adj.* Qui n'a qu'un seul produit : *La jument est unipare.* ‖ Qui n'a qu'une seule fleur. (Bot.)

UNIPERSONNEL, ELLE (pfx. *uni* + *personnel*), *adj.* Se dit des verbes qui ne s'emploient qu'à la 3e pers. du singulier et que l'on appelle aussi *impersonnels*, parce que le sujet n'en est pas formellement exprimé : IL NEIGE *est un verbe unipersonnel.* (V. *Impersonnel.*)

***UNIPERSONNELLEMENT** (*unipersonnel*), *adv.* A la manière d'un verbe unipersonnel : ÊTRE, AVOIR *sont souvent employés unipersonnellement.*

***UNIPÉTALE** ou ***UNIPÉTALÉ, ÉE** (pfx. *uni* + *pétale*), *adj.* Qui n'a qu'un seul pétale : *Corolle unipétale.*

***UNIPOLAIRE** (pfx. *uni* + *polaire*), *adj. 2 g.* Qui n'a qu'un seul pôle. (Phys.) ‖ Qui n'a de prolongement que sur un pôle. ‖ Qui ne passe que sur un point de sa surface.

***UNIPOLARITÉ** (pfx. *uni* + *polarité*), *sf.* Action produite sur un corps lorsque l'électricité de l'un des pôles prédomine en un certain point plus que l'électricité de l'autre pôle.

UNIQUE (l. *unicum* : de *unus*, un), *adj. 2 g.* Seul de son espèce : *Il n'y a plus qu'un unique exemplaire de cet ouvrage.* — **Fig.** Qui n'a point d'égaux. ‖ Bien supérieur à tous les autres : *Un talent unique.* ‖ Par dérision, qui n'a pas son pareil pour le ridicule, l'extravagance : *C'est un homme unique.* ‖ Très étonnant : *Voilà qui est unique.* — **Dér.** *Uniquement.*

UNIQUEMENT (*unique* + sfx. *ment*), *adv.* Exclusivement à toute autre chose : *Il est uniquement occupé de cette affaire.* ‖ Préférablement à tout : *Il l'aime uniquement.*

UNIR (l. *unire* : de *unus*, un), *vt.* Mettre en contact. ‖ Faire tenir deux ou plusieurs choses ensemble : *Unir des pièces de charpente.* ‖ Faire communiquer ensemble : *Le canal du Midi unit l'Atlantique à la Méditerranée.* ‖ Aplanir : *Unir le sol.* ‖ Faire que des personnes se trouvent ensemble : *Cette fête unit tous les habitants du pays.* ‖ Rendre parents : *Le sang les unit.* ‖ Rendre amis, alliés : *L'intérêt, un traité les unit.* ‖ Marier : *Unir deux fiancés.* ‖ Avoir à la fois : *Unir la modestie au talent.* — **S'unir**, *vr.* Etre en contact. ‖ Tenir ensemble. ‖ Se combiner : *L'oxygène s'unit à l'hydrogène pour faire de l'eau.* ‖ Etre mis en communication avec : *La Loire s'unit à la Saône par le canal du Centre.* ‖ Former des liens de parenté, une alliance, une association, se marier.

***UNIRÉFRINGENT, ENTE** (pfx. *uni* + *réfringent*), *adj.* Qui ne donne lieu qu'à une seule image : *Cristal uniréfringent.* (Phys.)

***UNISÉRIÉ, ÉE** (pfx. *uni* + *série*), *adj.* Qui ne forme qu'une seule série.

UNISEXUEL, ELLE et ***UNISEXUÉ, ÉE** (pfx. *uni* + *sexe*), *adj.* Qui n'a que l'un des deux sexes. ‖ Se dit surtout d'une fleur qui n'a que des étamines sans pistil, ou des pistils sans étamines : *Le melon a des fleurs unisexuées.*

UNISSON (l. *unus*, seul + *sonus*, son), *sm.* Égalité de hauteur de deux sons, caractérisée par l'égalité entre les nombres de vibrations produites, pour chacun d'eux, dans le même temps. — Fig. Ressemblance : *Leurs caractères sont à l'unisson.*

***UNISSONNANT, ANTE** (*unisson*), *adj.* Qui est à l'unisson.

UNITAIRE (*unité*), *adj. 2 g.* Qui n'a que les éléments complets ou incomplets d'un seul individu : *Monstre unitaire.* ‖ Qui tend à l'unité : *Politique unitaire.* ‖ Qui appartient à l'unitarisme : *Les croyances unitaires.* — *Sm.* Sectaire qui n'admet en Dieu qu'une seule personne et nie la Trinité : *Les sociniens sont unitaires.* — **Dér.** *Unitarisme.*

UNITARISME (*unitaire*), *sm.* La doctrine des unitaires et particulièrement des sociniens.

UNITÉ (l. *unitatem* : de *unus*, un), *sf.* Le nombre *un*, dont sont formés tous les autres : *L'unité ajoutée à elle-même donne le nombre 2.* ‖ Quantité prise arbitrairement, à laquelle on compare toutes les autres quantités de même espèce : *Le mètre est l'unité de longueur.* ‖ La mesure d'une grandeur s'effectue en recherchant combien de fois une autre grandeur de même espèce, prise comme *unité*, est contenue dans la première. Le choix des unités qui servent à la mesure des diverses grandeurs pourrait être arbitraire, mais il vaut mieux établir entre elles une certaine dépendance qui amènera presque toujours des simplifications dans les formules. Soit un rectangle dont les côtés ont pour longueur l et l' et s sa surface mesurée avec une unité quelconque, la perche, par exemple ; l et l' sont mesurés, je suppose, avec la toise comme unité :

$$s = a \times l \times l',$$

a étant un coefficient numérique qui exprime la surface d'un carré ayant une toise de côté. Si nous convenons de prendre, comme unité de surface, le carré construit sur l'unité de longueur, on aura :

$$a = 1 \quad \text{et} \quad s = l \times l'.$$

Un système de mesures faites avec des unités, telles que les coefficients se réduisent à 1 dans les principales formules employées, s'appelle un système de *mesures absolues*. Le système métrique en est un exemple ; puisqu'en prenant le mètre, le mètre carré et le mètre cube pour unités de longueur, de surface et de volume, on a les formules $s = l \times l'$ pour l'aire d'un rectangle, et $v = l \times l' \times l''$ pour le volume d'un parallélipipède rectangle dont les côtés ont pour longueur l, l', l''. Si nous supposons que l'on ait adopté, comme unité de longueur, le centimètre et comme unité de temps la seconde, il sera convenable de prendre : 1° comme *unité de vitesse*, celle du mobile qui parcourt l'*unité de longueur dans l'unité de temps*, ce qui supprime le coefficient dans la formule $l = vt$; 2° comme *unité d'accélération*, celle d'un mobile animé d'un mouvement uniformément accéléré dont la vitesse s'accroît d'une unité dans l'unité de temps : on aura alors la formule (v étant la vitesse à un moment t donné, v_0 la vitesse initiale, g l'accélération et t le temps).

$$v - v_0 = gt.$$

Si l'unité de masse est le gramme, nous devrons prendre comme *unité de force* celle qui imprime à l'unité de masse l'unité d'accélération, d'après la formule $m = \frac{f}{g}$. Cette unité de force choisie, nous pourrons en déduire les mesures absolues d'autres grandeurs. La base du système sera donc le choix des unités de trois grandeurs convenables : une de longueur, une de temps et une de masse. On pourrait, au lieu de ces trois *unités fondamentales*, en choisir d'autres parmi celles qui, dans notre système, seront des *unités dérivées* ; nous pourrions aussi, au lieu d'adopter le centimètre comme unité de longueur, choisir soit la toise, soit la perche. L'entente définitive sur le choix des unités absolues a eu lieu en 1881 au congrès international des électriciens, à Paris. Le système adopté est celui de l'Association britannique, qui offre de nombreux avantages : on peut cependant lui reprocher d'exprimer, par des quantités trop petites, certaines unités comme celles de travail ou de résistance électrique, alors que d'autres, celles de capacité électrique, par exemple, sont exprimées par des nombres trop grands. Il a fallu adopter pour ces grandeurs une unité secondaire à laquelle on donne un nom spécial et qui représente l'unité absolue multipliée par une puissance de 10 convenablement choisie. Ainsi, l'*ohm*, unité de résistance électrique, vaut 10^9 unités absolues. Les unités fondamentales adoptées dans ce système sont celles de longueur, de masse et de temps.

Unités fondamentales. — 1° UNITÉ DE LONGUEUR : *Le centimètre défini comme la centième partie de la longueur à 0° de l'étalon prototype en platine déposé aux Archives* (loi du 18 germinal an III sur les poids et mesures) *et représentant le mètre.* Ce mètre étalon n'est pas exactement le $\frac{1}{40\,000\,000}$ de la longueur d'un méridien, ce qui n'empêche pas l'unité de longueur d'être parfaitement définie.

2° UNITÉ DE MASSE : *La masse du gramme définie comme la millième partie de la masse de l'étalon prototype en platine déposé aux Archives et représentant le kilogramme.* Le kilogramme devait être, d'après la décision de la Convention nationale, le *poids d'un décimètre cube d'eau pure à 4° pesée dans le vide, à Paris.* Par suite d'erreurs d'observation, l'étalon prototype a une masse un peu moindre qu'un décimètre cube d'eau pure à 4°. (Un centimètre cube d'eau pure à 4° a pour masse 1,000013.)

3° UNITÉ DE TEMPS : *La seconde définie comme la fraction* $\frac{1}{24 \times 60^2}$ *du jour solaire moyen.* Le choix des trois unités, *centimètre, gramme, seconde*, a fait donner à ce système le nom de système C. G. S.

Des unités fondamentales découlent un certain nombre d'*unités dérivées* :

1° UNITÉ DE VITESSE : *La vitesse d'un mobile, animé d'un mouvement uniforme qui franchit l'unité de longueur dans l'unité de temps.* Si un mobile animé d'un tel mouvement parcourt l'espace L dans le temps T, avec la vitesse V, on a la relation

$$VT = L \,; \quad \text{d'où} \quad V = \frac{L}{T}.$$

On dit que le rapport $\frac{L}{T}$ est la *dimension* de la vitesse. La lumière, parcourant 300 000 kilomètres par seconde, sa vitesse de propagation en unités C. G. S est 3×10^{10}.

2° UNITÉ D'ACCÉLÉRATION : *L'accélération d'un mobile animé d'un mouvement uniformément accéléré dans lequel la vitesse s'accroît d'une unité dans l'unité de temps.* Si v représente au temps T la vitesse V d'un mobile animé d'un mouvement uniformément accéléré, V_0 sa vitesse initiale et G l'accélération, on a

$$V - V_0 = GT$$

G vaut, à Paris, 980,96 unités C. G. S.

Si $V_0 = o$, on a $G = \frac{V}{T}$; ou $G = \frac{L}{T^2}$.

Unité de force : *La force qui imprime à un mobile ayant l'unité de masse l'unité d'accélération.* Si F est la force qui agit sur un mobile de masse M et qui lui communique l'accélération G, on a :

$$F = MG.$$

D'où $$F = \frac{ML}{T^2}.$$

$\frac{ML}{T^2}$ est la dimension de la *dyne*.

Cette unité a reçu le nom de *dyne* (δύναμις, force). Le *poids d'un gramme* à Paris, communiquant à sa masse (unité de masse C. G. S.) une accélération égale à 980,96 unités C. G. S., vaut donc 980,96 dynes.

Le poids d'un milligramme équivaut à : 0,98096 dynes, soit 1 dyne ; d'un gramme, à : $0{,}98096 \times 10^3$ dynes, soit 0,98096 kilodyne ; d'un kilogramme, à : $0{,}98096 \times 10^6$ dynes, soit 0,98096 mégadyne.

On emploie les préfixes *déca, hecto, kilo, méga* pour désigner des unités secondaires qui sont dix, cent, mille ou un million de fois plus grandes que les unités ordinaires absolues, de même que les préfixes *déci, centi, milli, micro* servent à désigner des unités qui sont le dixième, le centième, le millième ou le millionième de l'unité. L'unité de force C. G. S est petite puisqu'elle correspond à peu près à un poids de 1 milligramme.

Unité de travail : *Le travail produit par l'unité de force qui déplace dans sa direction son point d'application de l'unité de* *longueur*. Soit F la valeur de la force, E le chemin parcouru dans sa direction par le point d'application et W le travail produit

$$W = FL = \frac{ML^2}{T^2}.$$

Cette unité a reçu le nom de *erg* (ἔργον, travail).

$\frac{ML^2}{T^2}$ est la dimension de l'*erg*.

Le kilogramme équivaut donc à :

$0,98096 \times 10^6 \times 10^2 = 0,98096 \times 10^8$ *ergs*

ou 98,986 *mégergs*.

Unité de puissance : *La puissance d'un moteur qui produit une unité de travail dans l'unité de temps*. Si J est la puissance d'un moteur qui fournit un travail W dans le temps T, on a :

$$W = JT.$$

D'où
$$J = \frac{W}{T} = \frac{LM^2}{T^3}.$$

Cette unité est d'une petitesse extrême, car une mouche produit un travail de plusieurs unités. Le cheval-vapeur, qui est la puissance d'un moteur produisant 75 kilogrammètres par seconde, vaut donc : $75 \times 0,98096 \times 10^8 = 0,73572 \times 10^{10}$ unités C. G. S. On a choisi la formule de Laplace pour servir de lien entre les grandeurs électriques et les unités absolues mécaniques; on a ainsi constitué le *système électromagnétique des unités électriques absolues*.

Unité de magnétisme : *C'est la quantité de magnétisme qui exerce sur une quantité égale placée à 1 centimètre une force égale à 1 dyne*. Soit Q cette unité, F la valeur de l'attraction ou de la répulsion exercée entre les deux pôles d'aimant situés à une distance L égale à 1 centimètre, on aura :

$$F = \frac{Q^2}{L^2},$$

d'après la loi de Coulomb, d'où $Q = L\sqrt{F}$. Mais si M désigne l'unité de masse et T la seconde, on a :

$$F = \frac{ML}{T^2} \text{ puisque } F = MG \text{ et que } G = \frac{V}{T}.$$

Donc, en remplaçant F par sa valeur $\frac{ML}{T^2}$ dans la formule $Q = L\sqrt{F}$,

on a :
$$Q = \frac{M^{\frac{1}{2}} L^{\frac{3}{2}}}{T}.$$

Ce qui donne la *dimension* de l'unité de magnétisme.

Unité de champ magnétique : *C'est le champ magnétique dans lequel l'unité de magnétisme subit une attraction ou une répulsion égale à 1 dyne*. Soit H cette unité; d'après la loi de Coulomb, on a :

$$F = HQ, \quad \text{d'où} \quad H = \frac{F}{Q}.$$

Mais
$$F = \frac{ML}{T^2} \quad \text{et} \quad Q = \frac{M^{\frac{1}{2}} L^{\frac{3}{2}}}{T},$$

donc :
$$H = \frac{\frac{ML}{T^2}}{\frac{M^{\frac{1}{2}} L^{\frac{3}{2}}}{T}} = \frac{M^{\frac{1}{2}}}{L^{\frac{1}{2}}} T.$$

Unité de moment magnétique : *C'est le moment d'un aimant de longueur égale à 1 centimètre, dont les pôles renferment chacun l'unité de magnétisme*. Soit J cette unité. On a par définition $J = QL$, ou, en remplaçant Q par sa valeur :

$$J = \frac{M^{\frac{1}{2}} L^{\frac{3}{2}}}{T} \times L = \frac{M^{\frac{1}{2}} L^{\frac{5}{2}}}{T}.$$

Unité de courant : *C'est un courant d'intensité telle qu'une longueur de 1 centimètre de ce courant, décrivant un cercle de rayon égal à 1 centimètre exerce au centre du cercle, sur l'unité de magnétisme, une force égale à 1 dyne*. Soit I la dimension de cette unité :

$$I = \frac{F}{HL} = \frac{\frac{ML}{T^2}}{\frac{M^{\frac{1}{2}} \times L}{TL^{\frac{1}{2}}}} = \frac{M^{\frac{1}{2}} L^{\frac{1}{2}}}{T}.$$

Unité d'électricité : *C'est la quantité d'électricité qui traverse en 1'' la section du conducteur parcouru par l'unité de courant*. Soit A l'unité, on a :

$$A = IT = \frac{M^{\frac{1}{2}} L^{\frac{1}{2}}}{T} \times T = M^{\frac{1}{2}} L^{\frac{1}{2}}.$$

Unité de résistance : *C'est celle d'un conducteur dans lequel l'unité de courant dépense (sous forme de chaleur) 1 erg en 1''*. Soit R l'unité :

$$R = \frac{W}{I^2T} = \frac{\frac{ML^2}{T^2}}{\frac{ML \times T}{T^2}} = \frac{L}{T}.$$

Cette dimension est donc la même que celle de la vitesse.

Unité de force électro-motrice ou de différence de potentiel : *C'est celle qui communique l'unité d'énergie à l'unité d'électricité*. Soit E l'unité :

$$E = IR = \frac{M^{\frac{1}{2}} L^{\frac{1}{2}}}{T} \times \frac{L}{T} = \frac{M^{\frac{1}{2}} L^{\frac{3}{2}}}{T^2}.$$

Unité de capacité : *C'est celle d'un condensateur dont les armatures seraient chargées de l'unité d'électricité pour une différence de potentiel égale à l'unité*. Soit C l'unité :

$$C = \frac{A}{E} = \frac{M^{\frac{1}{2}} L^{\frac{1}{2}}}{\frac{M^{\frac{1}{2}} L^{\frac{3}{2}}}{T^2}} = \frac{T^2}{L}.$$

Dans la pratique, plusieurs de ces unités sont peu commodes; elles sont ou trop grandes ou trop petites par rapport aux grandeurs électriques que l'on est habitué à considérer. On leur substitue des unités secondaires qui en sont des multiples ou des sous-multiples et qu'on a appelées *ampère* (intensité), *coulomb* (quantité), *ohm* (résistance), *volt* (force électro-motrice), *farad* (capacité).

Unité secondaire de courant : Elle est égale à $\frac{1}{10}$ d'unité absolue : on l'appelle *ampère*; dans l'industrie, sa valeur est généralement représentée par la quantité d'argent qu'il dépose par seconde (111 888 milligrammes par seconde).

Unité secondaire d'électricité : Elle est égale à $\frac{1}{10}$ d'unité absolue : on l'appelle *coulomb*. C'est la quantité d'électricité que traverse un conducteur pendant 1'' quand l'intensité est de 1 ampère. D'après M. Mascart, l'unité absolue d'électricité est capable de décomposer 0milli,9373 d'eau en 1''.

Unité secondaire de résistance : Elle est égale à $\frac{1}{10^9}$ d'unités absolues : on l'appelle *ohm*. Cette unité peut se réaliser matériellement : on a construit un ohm-étalon représenté par une colonne de mercure à 0° de 1 milligramme de section et d'une longueur de 106 centimètres. Un ohm mesure à peu près la résistance d'un fil de cuivre de 1 millimètre de diamètre et de 48 mètres de longueur (ou 100 mètres de fil de fer de 4 millimètres de diamètre).

Unité secondaire de force électro-motrice ou de différence de potentiel : Elle est égale à 10^8 unités absolues : on l'appelle *volt*. C'est la force électro-motrice qui soutient un courant de 1 ampère dans une résistance de 1 ohm. Le volt est à peu près égal à la force électro-motrice d'un élément Daniell ordinaire.

Unité secondaire de capacité électrique : Elle est égale à $\frac{1}{10^9}$ d'unité absolue. On l'appelle *farad*. Un condensateur de 1 farad se charge de 1 coulomb sur chacune de ses armatures pour une différence de potentiel de 1 volt. Le farad est une unité trop considérable dans la pratique; on construit des condensateurs-étalons donnant le microfarad et ses sous-multiples. Une batterie électrique de 10 jarres ayant une surface de 1 mètre carré et un verre de 1 millimètre d'épaisseur, a pour capacité $\frac{1}{55}$ de microfarad. On emploie beaucoup, dans les mesures industrielles, le terme *ampère-heure*. L'ampère-heure est la quantité d'électricité que traverse un conducteur pendant une heure, quand l'intensité du courant est de 1 ampère : 1 ampère vaut donc 3600 coulombs, puisque le coulomb représente par définition la quantité d'électricité qui passe dans ces conditions pendant une seconde.

D'après la loi de Joule et l'équivalence du travail et de la chaleur, le travail transformé en chaleur par le passage du courant est égal au produit de la différence du potentiel par la quantité d'électricité. Ce produit a reçu le nom de *volt-coulomb* ou de *joule*. L'unité de volt-coulomb correspond par suite au travail de 1 coulomb pour une différence de potentiel de 1 volt. Le produit de la différence de potentiel par l'intensité représente la puissance du courant : il porte le nom de *volt-ampère* ou *de watt*. L'unité de *volt-ampère* est la puissance d'un courant dont l'intensité est de 1 ampère pour une différence de potentiel de 1 volt.

Pour transformer en kilogrammètres la valeur d'un travail obtenue en volt-coulomb, on multiplie la différence de potentiel E par l'intensité I et on divise le produit par l'accélération g de la pesanteur; on a ainsi le travail du courant pendant une seconde ou, en d'autres termes, la puissance du courant $\left(\frac{EI}{g}\right)$. Le cheval-vapeur était l'unité adoptée pour la puissance des machines : il valait 75 kilogrammètres par seconde. Aujourd'hui on évalue cette puissance en *poncelets*. Un poncelet correspond à la production de 100 kilogrammètres par seconde. On appelait *cheval-heure* le nombre de kilogrammètres fournis par le travail de 1 cheval pendant 1 heure (3600'') : le *cheval-heure* valait donc $75 \times 3600 = 270\,000$ kilogrammètres.

Unité de chaleur. On a adopté comme unité de chaleur la quantité de calorique nécessaire pour porter de 0° à 1° la température de 1 gramme d'eau : on lui a donné le nom de *calorie*. L'unité que l'on appelle *grande calorie* correspond à une quantité de chaleur mille fois plus grande, nécessaire pour élever de 0° à 1° un kilogramme d'eau.

Unités photométriques. La valeur absolue de l'intensité d'une source lumineuse est *la quantité de lumière qui tombe normalement sur l'unité de surface placée à l'unité de distance de la source*. Si les unités de longueur et de quantité de lumière sont fixées, l'intensité d'une source a une valeur parfaitement déterminée et réciproquement. Soit I l'intensité d'une source lumineuse. D'après la loi de Kepler, la quantité de lumière qui tombe par unité d'aire sur une surface qui reçoit normalement les rayons lumineux et qui est placée à une distance D de la source est $\frac{I}{D^2}$. D'après la loi de l'obliquité, si la normale à la surface fait un angle α avec la direction des rayons incidents, la quantité de lumière l reçue par unité de surface est donnée par la formule :

$$l = \frac{I}{D^2} \cos \alpha.$$

On choisit pour unité d'intensité celle d'une source qui reste autant que possible identique à elle-même. On employait depuis 1861 en France (Dumas et Regnault), comme unité, l'*intensité d'une lampe carcel brûlant 42 grammes d'huile de colza épurée à l'heure*. En Angleterre et en Allemagne, on se sert de bougies de composition et de dimension bien déterminées (*candells*). La carcel normale vaut 74 bougies stéariques de l'Étoile, de 5 au paquet. M. Violle a fait adopter au Congrès des électriciens (tenu à Paris en 1881) une unité absolue qui est l'intensité dans une direction normale d'un centimètre carré de la surface d'un bain de platine à la température de fusion (1 760° environ). La carcel réglementaire vaut 0,481 unité absolue.

Unité de convergence optique. *L'unité de convergence est la convergence d'une lentille ayant pour distance focale l'unité de longueur employée, qui est le mètre* : cette unité s'appelle *dioptrie*. Si la distance focale d'une lentille est de 5 centimètres, la convergence vaut $\frac{1}{0,05} = 20$ dioptries. Si le système est divergent, sa convergence est négative. Si plusieurs lentilles minces sont superposées les unes aux autres, la convergence du système est la somme algébrique des convergences des lentilles. Les verres des lorgnons sont aujourd'hui numérotés en dioptries.

Unités de longueur, de surface, de volume, d'angles, etc. (V. ces mots.) Qualité de ce qui est un par opposition à pluralité : *L'unité du moi.* ‖ *Unité de la matière,* hypothèse chimique d'après laquelle tous les corps existants seraient composés d'une seule et même substance diversement modifiée. ‖ *Unité de composition,* principe d'après lequel les animaux les plus dissemblables pourraient se ramener à un type commun, de même pour les végétaux. ‖ Identité, conformité : *Il y a entre nous unité d'opinions.* ‖ Harmonie qui existe entre les parties d'un tout : *Il y a de l'unité dans cet édifice.* ‖ En littérature, *La règle des trois unités,* celle qui exige qu'une pièce de théâtre soit le développement d'une action unique accomplie en un même lieu, dans l'espace de 24 heures et qui exige conséquemment *l'unité d'action, l'unité de lieu* et *l'unité de temps.* Cette règle a été formulée pour la première fois par Aristote, d'après l'observation des tragédies grecques. — **Dér.** *Unitaire, unitarisme.*

UNITIF, IVE (l. *unitivum : de unire,* unir), *adj.* Qui sert à unir. ‖ Terme de dévotion mystique, s'emploie dans l'expression : *Vie unitive,* état de l'âme dans l'exercice du pur amour.

UNIVALVE (pfx. *uni + valve*), *adj. 2 g.* et *sm.* Qui n'est formé que d'une seule valve ou pièce : *La coquille de l'escargot est univalve, celle de l'huître est bivalve.*

UNIVERS (l. *universum*), *sm.* L'ensemble de tous les astres existant ou en voie de formation, ou à l'état de débris, étoiles fixes ou soleils, planètes, satellites, comètes, matière cosmique, météorites : *Les astronomes étudient la structure de l'Univers.* Dans l'univers, notre monde solaire, si étendu qu'il soit, n'est qu'un point insensible. Au delà de la sphère d'attraction du Soleil, sphère imaginaire dont le rayon dépasse un milliard de lieues, il existe, à des distances que nous ne pouvons ni mesurer, ni concevoir, des milliers d'étoiles visibles, qui sont des soleils comme le nôtre. Ils sont lumineux comme notre Soleil, aussi éloignés les uns des autres qu'ils le sont de nous, indépendants entre eux, et ils sont probablement les centres d'autant de mondes planétaires.

D'autres étoiles sont disséminées avec une telle profusion dans certaines régions du ciel, et leurs distances à la Terre sont si considérables, qu'elles ne produisent sur nos yeux que l'impression d'une lumière pâle et laiteuse; elles constituent cette immense zone appelée la *voie lactée;* on les compte par milliers, lorsqu'on les sépare à l'aide des télescopes.

En outre, plus de 6000 *nébuleuses* sont dispersées dans toutes les directions : quelques-unes d'entre elles se *résolvent,* comme la voie lactée, en amas d'étoiles, lorsqu'on les examine à l'aide de puissantes lunettes; presque toutes résistent au grossissement produit par les meilleurs instruments et n'offrent à nos yeux que de faibles nuages, blanchâtres, indécomposables; plusieurs nous présentent l'aspect d'anneaux circulaires dont le centre est vide.

Les astronomes ont pensé que notre Soleil, avec son cortège de planètes et de comètes, est au milieu d'une première agglomération sphérique composée des étoiles brillantes du *firmament,* et qu'il en est lui-même un des éléments. Cet amas globulaire est entouré, à une distance considérable, par une zone immense, formée elle-même de plusieurs millions d'étoiles et constituant la voie lactée. Chaque nébuleuse est une voie lactée, aussi riche en étoiles et aussi étendue que la nôtre; et, vue du point extérieur où nous sommes placés, elle nous apparaît comme un anneau dont le diamètre apparent dépend de la distance qui nous sépare de la nébuleuse considérée. Les dimensions de notre système planétaire, dépassant 1 000 millions de lieues, sont presque nulles comparées aux distances qui existent entre notre Soleil et les étoiles visibles à l'œil nu. Ces distances sont elles-mêmes insensibles relativement au diamètre de la voie lactée; et ce diamètre lui-même est infiniment petit, si on le compare aux distances qui séparent les nébuleuses les unes des autres, et la nôtre de chacune d'elles.

La lumière émanée de l'étoile la plus voisine met trois ans à parvenir à notre œil; il lui faudrait des milliers d'années pour aller d'une nébuleuse à une autre. ‖ La terre, ou quelque grande partie de la terre : *Aller au bout de la terre.* ‖ Les habitants de la terre : *Tout l'univers est soumis à la mort.* — Fig. L'étendue de pays, l'ensemble des choses qui nous intéressent : *Cette vallée est tout mon univers.* — **Dér.** *Universel, universelle, universellement, universaux, universaliser, université, universitaire, universaliste, universalisme.*

***UNIVERSALISER** (l. *universalis,* universel), *vt.* Rendre universel. ‖ Répandre dans tous les pays, dans toutes les classes de la société : *Universaliser l'instruction.* (Néol.)

***UNIVERSALISME** (*universel*), *sm.* Doctrine des universalistes.

***UNIVERSALISTE** (l. *universalis,* universel), *sm.* Membre d'une secte religieuse qui croit que les hommes sont sauvés, quelles que soient leurs opinions religieuses. — *Adj.* Qui embrasse le monde tout entier.

UNIVERSALITÉ (l. *universalitatem*), *sf.* Qualité de ce qui est universel : *L'universalité des propriétés de la matière.* ‖ Caractère de ce qui est commun à un très grand nombre de pays, d'hommes, de siècles : *L'universalité de la lutte entre les hommes.* ‖ Totalité : *Léguer à quelqu'un l'universalité de ses biens.* ‖ Grande multiplicité : *On admire l'universalité de ses connaissances.* ‖ La qualité d'une proposition universelle. (Logique.)

UNIVERSAUX (*universel*), *smpl.* Dans la philosophie scolastique, les cinq notions générales qui, appliquées à un être, en donnent une connaissance parfaite; ce sont : le *genre,* l'*espèce,* la *différence entre espèces,* le *propre* et l'*accident.*

UNIVERSEL, ELLE (l. *universalem*), *adj.* Qui s'étend à tout, qui s'étend partout : *La pesanteur est une force universelle.* ‖ Qui appartient à toutes les parties d'un ensemble. ‖ *Suffrage universel,* droit de voter que la constitution d'un pays accorde à tous les citoyens qui ont atteint un certain âge. Il a été institué en France en 1848; entravé par la loi restrictive du 31 mai 1850, il fut rétabli en 1851. ‖ Qui a de vastes connaissances dans toutes les branches du savoir humain : *Homme universel.* — *Sm.* Ce qui est commun aux individus d'un même genre, d'une même espèce. — **Joint universel,** appelé encore *joint hollandais* ou *joint de Cardan* (fig. 1), organe de transmission qui a pour but de transformer un mouvement de rotation autour d'un axe, AB, en un mouvement de rotation autour d'un autre axe, CD, rencontrant le premier de telle manière que l'un fait un tour entier en même temps que l'autre. Les deux directions des axes se coupent en un point O. On établit la transmission en ajoutant aux deux arbres des fourchettes HBE et MDN demi-circulaires de centre O, dont les plans sont perpendiculaires entre eux. Les fourchettes sont percées aux points C, D, A, B pour recevoir les extrémités des branches d'un croisillon solide HMEN. Les branches HE et MN se coupent au point O à angle droit en parties égales. Si l'on fait tourner la fourchette HBE autour de AB, la branche HE du croisillon est entraînée dans ce mouvement. Les points H et E décrivent une circonférence dans un plan perpendiculaire à l'axe OA. L'angle HON reste toujours droit et les points N et M restent à des distances constantes de H et de E, tout en parcourant une circonférence dont le plan est normal à CD. Quand le point H revient à son point de départ, OA a fait un tour entier, ainsi que

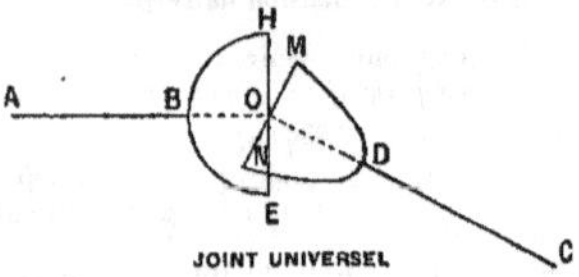

JOINT UNIVERSEL
OU JOINT CARDAN
Fig. 1.

l'arbre CD. Bien que le nombre des révolutions des deux arbres soit le même, l'arbre conducteur aura un mouvement uniforme et l'arbre conduit un mouvement varié. Le rapport des vitesses angulaires des deux arbres varie suivant l'angle des axes et d'autant plus que cet angle devient plus petit. Soient ω, ω' les vitesses angulaires et α l'angle que font entre eux les deux arbres; on a :

$$\frac{\tan \omega'}{\tan \omega} = \cos \alpha$$

d'où : $$\frac{\omega'}{\omega} = \frac{\cos \alpha}{1 - \sin^2 \alpha \sin^2 \omega}.$$

Si les arbres sont perpendiculaires entre eux, la transmission est impossible, car la rotation tend à tordre les tourillons et non à les faire tourner. En général, il faut, pour

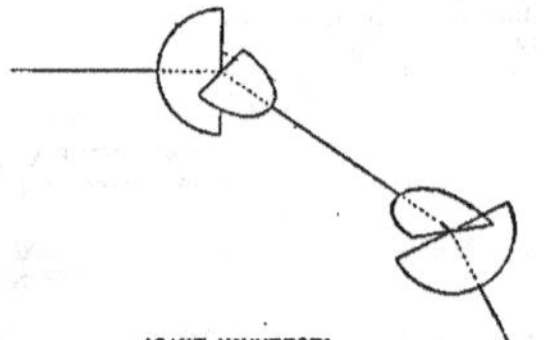

JOINT UNIVERSEL
Fig. 2.

pouvoir employer cette transmission, que l'angle α ne soit pas inférieur à 135°. Le *joint universel* s'emploie dans les ateliers où l'on doit installer un arbre tournant d'une très grande longueur qui demanderait un nombre de paliers tellement considérable, que des flexions seraient à redouter. On fractionne l'arbre en tronçons et on les réunit par un système de fourchettes et de croisillons (fig. 2). Les angles de deux tronçons successifs étant très voisins de 180°, les rapports des vitesses angulaires ont à peu près la même valeur que si l'arbre était continu (cette valeur est sensiblement égale à l'unité). Ce dispositif est fréquemment adopté pour les arbres de couche dans les navires à hélice. En Hollande, le joint universel sert à trans-

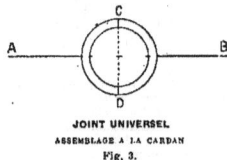

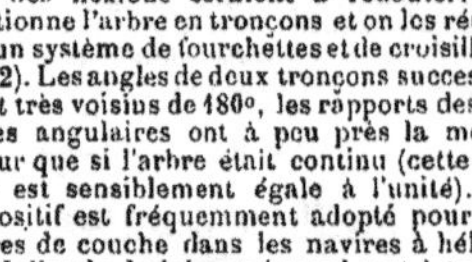

JOINT UNIVERSEL
ASSEMBLAGE A LA CARDAN
Fig. 3.

mettre à des vis d'Archimède le mouvement donné par l'arbre d'un moulin à vent destiné à l'épuisement des polders. Si deux axes ne se coupent pas, ou se coupent sous un angle inférieur à 135°, on emploie un troisième axe intermédiaire coupant les deux premiers sous un angle de 135° environ. On donne le nom d'*assemblage à la Cardan* (fig. 3) à une variété du joint universel, consistant dans deux circonférences massives concentriques mobiles, l'une autour de son diamètre AB, l'autre autour de son diamètre CD perpendiculaire à AB. Ce mode d'assemblage est utilisé pour la suspension des boussoles marines et autres instruments analogues, qui restent ainsi verticaux sans se ressentir des oscillations du navire. On employait encore le joint universel dans les presses typographiques pour transmettre le mouvement des rouleaux qui portent la composition à la table de marbre sur laquelle est placé le papier. Pour éviter les variations de vitesse de la table et des rouleaux (papillotage), on assure la transmission par un pignon ovale engrenant avec une crémaillère ondulée. — **Dér.** *Universellement.*

UNIVERSELLEMENT (*universelle* + sfx. *ment*), *adv.* D'une manière universelle. ‖ Sans exception, partout : *Les hommes sont universellement vains.* ‖ Très généralement : *Il est universellement blâmé.*

UNIVERSITAIRE (*université*), *adj. 2 g.* Qui appartient à l'Université : *Usage universitaire.* ‖ Qui émane de l'Université : *Programme universitaire.* — *Sm.* Fonctionnaire de l'Université. ‖ Partisan de l'Université.

UNIVERSITÉ (l. *universitatem*), *sf.* Avant 1789, corporation de professeurs établie légalement dans une grande ville, jouissant de privilèges très étendus, chargés de donner l'enseignement supérieur et de conférer les grades de bachelier, licencié et docteur et maître ès arts. La plus célèbre de ces corporations était l'université de Paris, qui existait dès 1200, dont les membres ne pouvaient être jugés que par le prévôt de la ville. Elle envoyait des députés aux conciles et aux états généraux, et ne contribuait point aux charges de l'État. On la qualifiait de *Fille aînée des rois.* Elle avait à sa tête un recteur, qui, dans les cérémonies publiques, figurait immédiatement après les princes du sang. Il y avait dans le reste de la France vingt-trois universités analogues, parmi lesquelles celle de Montpellier était la plus célèbre. Des établissements de même nature ont existé ou existent encore dans la plupart des contrées de l'Europe. ‖ Les étudiants de l'Université : *L'Université se révolta.* — Aujourd'hui, l'ensemble de tous les fonctionnaires chargés de donner en France l'enseignement public sous la direction du ministre de l'instruction publique, assisté du *conseil supérieur.* L'Université, créée en 1806, donne l'enseignement supérieur dans les facultés, l'enseignement secondaire dans les lycées et collèges, et l'enseignement primaire dans les écoles primaires. Au point de vue administratif, l'Université est subdivisée en académies dont chacune est sous l'autorité d'un *recteur*, assisté d'un conseil académique. La surveillance de ses établissements est confiée à des inspecteurs généraux (ceux de l'enseignement supérieur ont été supprimés en 1888), à des inspecteurs d'académie et à des inspecteurs primaires. (V. *Instruction*, t. II.) ‖ *Grand maître de l'Université*, le ministre de l'instruction publique qui en tient lieu, depuis 1850. — **Dér.** *Universitaire.*

UNIVOCATION (l. *univocationem*), *sf.* Caractère de ce qui est univoque.

***UNIVOLTAIN, AINE** ou ***UNIVOLTIN, INE** (pfx. *uni* + ital. *volta*, fois), *adj.* Se dit des vers à soie qui ne font qu'une ponte par an. (V. *Ver à soie.*)

UNIVOQUE (l. *univocum* : du pfx. *uni* + l. *vox*, voix, mot), *adj. 2 g.* Se disait, en philosophie scolastique, de deux êtres dissemblables pouvant être rangés dans une même classe plus générale et embrassant l'un et l'autre : *L'homme et le chien sont univoques comme appartenant à la classe des Animaux, qui les comprend l'un et l'autre.* ‖ Qui n'a qu'un sens : *Mot univoque.* ‖ Qui a le même son, mais des sens différents : *Dé à jouer et dé à coudre sont univoques.* ‖ Se dit de deux notes de même nom, mais à une ou plusieurs octaves l'une de l'autre. (Mus.)

UNKIAR-SKELESSI, village de la Turquie d'Asie, sur le Bosphore, en face de Thérapia. Un traité y fut conclu le 8 juillet 1833 pour huit années, entre la Turquie et la Russie, qui s'engageait à aider le sultan contre Méhémet-Ali pacha ; par un article secret, le Bosphore et les Dardanelles étaient ouverts aux navires russes et fermés aux navires des autres puissances européennes.

UNNA, 200 kilom. Rivière de la Turquie d'Europe qui descend des Alpes Illyriennes et se jette dans la Save, près d'Usicza.

URAÈTE AUDACIEUX

DÉVORANT UN CADAVRE DE KANGUROO

UNSTRUTT, 190 kilom. Rivière de Prusse (Saxe), qui rejoint la Saale à Naumbourg. Elle reçoit la Wipper, la Salza et la Géra.

UNTER-SEE, nom que porte la partie occidentale du lac de Constance.

UNTERWALD (CANTON D'), 27348 hab., 776 kilom. carrés, un des 22 cantons suisses; au centre du pays. Unterwald (*Unterwalden*, c'est-à-dire *sous les forêts*) est divisé en deux demi-cantons : l'*Obwald* (475 kilom. carrés), et le *Nidwald* (290 kilom. carrés). Le canton est borné au N. par le lac des Quatre-Cantons, à l'O. par le canton de Lucerne, au S. par celui de Berne, à l'E. par celui d'Uri. Les Alpes d'Unterwald se détachent du massif du Titlis (3240 mètres) ; l'une de leurs ramifications sépare le pays en deux vallées parallèles qui s'ouvrent sur le lac des Quatre-Cantons. L'*Aa de Sarnen* et l'*Aa d'Engelberg* sont les deux principaux cours d'eau du canton. Le climat, doux près du lac des Waldstætten, est rude dans les hautes vallées. Le sol, assez fertile, produit des céréales et des fruits ; les forêts et les pâturages occupent la plus grande partie du territoire, dont les habitants ont pour principale occupation l'élevage des bestiaux. Le ch.-l. de l'Obwald est *Sarnen* (4039 hab.); celui du Nidwald, *Stanz* (2210 hab.).

UNYAMOUESI ou **OUNYAMOUESI** (*contrée de la Lune*), région de l'Afrique équatoriale, au S. du lac Ukéréoué, entre le lac Tanganyika à l'O. et les monts Kénia et Kilimandjaro à l'E. Les Allemands ont établi des comptoirs dans ce pays.

UPAS (mot javanais qui signifie *poison végétal*), *sm.* Nom de deux poisons végétaux foudroyants des îles de la Sonde et de l'archipel des Moluques, dont l'un est fourni par l'*upas antiar*, arbre de la famille des Artocarpées, et l'autre par l'*upas tieuté*, grande liane de la même famille que les strychnos. L'*upas antiar* provoque des vomissements, tandis que l'*upas tieuté* détermine des convulsions. (V. *Strychnine.*) L'action toxique de ces upas est très forte et très rapide ; les naturels de ces contrées s'en servent pour empoisonner leurs armes.

UPSAL ou **UPSALA**, 17000 hab. Archevêché et ancienne capitale de la Suède, au N. du lac Mælar. Cathédrale du XIIIe siècle, construite par un Français ; célèbre université ; jardin botanique dû à Linné ; palais royal ; superbe bibliothèque où se voit le *Codex Argenteus.* (V. *Ulphilas.*) L'archevêque luthérien d'Upsal est primat de Suède. — **Upsal** (LAN OU PRÉFECTURE D'), 112000 hab., département du royaume de Suède.

***UPSILON** (mot grec, *u* ténu), *sm.* La 20e lettre de l'alphabet qui a la valeur de notre *u* et qui est devenue un *y* dans les mots français tirés du grec.

UR, très ancienne ville de la Chaldée, sur la rive droite du bas Euphrate ; patrie d'Abraham. Ur fut un port d'où les vaisseaux partaient pour le golfe Persique et les mers des Indes.

***URACONISE** (*urane* + g. κόνις, poussière), *sf.* Matière jaune pulvérulente, formée d'un sesquioxyde hydraté de métal terreux, qui recouvre l'urane oxydulé, ainsi que certains minerais de molybdène et de tungstène.

***URAÈTE** (g. οὐρά, queue + g. ἀετός, aigle), *sm.* Grand oiseau d'Australie de la famille des Aigles, de l'ordre des Rapaces ou oiseaux de proie, section des Diurnes, ressemblant à l'aigle fauve quant au port et au plumage, mais se distinguant de ce dernier par un bec plus fort, par une queue plus longue, fortement tronquée et étagée, et enfin par la longueur plus qu'ordinaire des plumes qui garnissent la nuque. L'espèce ou variété la plus connue jusqu'ici est l'*uraète audacieux.* Mesurant 1 mètre de long et une envergure de 2 mètres à 2m,60, ce rapace, à l'œil brun et aux pattes d'un jaune clair, est armé d'un bec fortement recourbé, jaunâtre à la base et jaune à la pointe ; la cire et le cercle nu qui entoure l'œil sont blanc jaunâtre ; le dessus et les côtés du cou sont roux ; la tête, la gorge sont d'une couleur brun noirâtre, ainsi que la face dorsale et la face ventrale ; un liséré brun clair borde les plumes de ces parties, particulièrement les couvertures supérieures des ailes et de la queue. Il existe deux espèces du genre *uraète* : l'une, plus rare, à corps plus trapu, à plumage plus sombre ; l'autre à taille plus élancée, à plumage clair. Errant dans toute l'Australie par paires ou par familles, l'*uraète audacieux* se rencontre partout, dans les forêts les plus épaisses aussi bien que dans les plaines, mais surtout, et en très grand nombre, dans les endroits fréquentés par les kanguroos. Survient-il un chasseur de ces marsupiaux, durant des journées entières l'*uraète audacieux* le suit, l'expérience lui ayant appris que ces chasses lui apportent toujours quelque profit. Prototype de la férocité, de la force et du courage aquilins, il est la terreur de la forêt, des plaines et des rivages : il attaque et enlève les kanguroos, chasse l'outarde, le manchot, et les éleveurs de troupeaux le redoutent comme un fléau. Lorsqu'il ne peut enlever les grands kanguroos, il s'empare des petits et les dévore; on l'a vu quelquefois arracher les petits de la poche même de leur mère. Si la femelle résiste aux attaques de l'uraète, celui-ci la suit, la harcèle : il sait qu'épuisée, à bout de forces, elle finira par jeter son petit en le lui abandonnant. La proie favorite des uraètes est la charogne; souvent, au nombre de trente ou quarante, ils se réunissent autour d'une proie morte pour s'en repaître; une fois rassasiés, ils s'envolent sur les arbres voisins et font ainsi place à d'autres qui viennent s'attabler au festin. L'uraète établit son aire sur un des arbres les plus inaccessibles de la contrée, ordinairement à une assez faible hauteur au-dessus du sol, mais toujours hors de l'atteinte de l'homme. Durant plusieurs années, le couple conserve le même réduit, le réparant et l'agrandissant à chaque nouvelle saison. Le nid est bâti avec de grosses branches au-dessus desquelles est enchevêtrée une couche de branches plus faibles; à l'intérieur, il est garni d'herbes et de petites ramilles. A l'époque des amours, qui ont lieu à la fin de notre été, en août, l'uraète femelle y pond deux œufs arrondis, à coquille rugueuse, ayant environ 0m,08 de longueur sur 6 centimètres et demi de largeur; ces œufs sont blancs, semés de points plus ou moins nombreux, roux, brun jaunâtre clair, et bleu roux. Pour chasser l'uraète et pouvoir le tuer, on l'attire dans un endroit déterminé au moyen d'une charogne, ou bien, ce qui est plus facile, on le prend dans un piège dressé à cet effet. Sous nos latitudes européennes, l'uraète s'acclimate assez bien et supporte facilement la captivité. Mais l'Australie paraît être bien réellement la patrie de ces pillards de l'air; on y trouve encore, dans plusieurs forêts, un grand nombre d'aires abandonnées : nul doute que ces rapaces ne fussent très communs autrefois dans le continent australasien avant l'arrivée des Européens.

***URAGOGA** (mot brésilien) ou ***URAGOGUE** (g. οὖρον, urine + ἄγειν, pousser), *sm.* Genre de plantes dicotylédones de la famille des Rubiacées et dont fait partie l'ipécacuanha. Les racines et les rhizomes de ces végétaux jouissent de propriétés vomitives ou évacuantes. (V. *Ipécacuanha.*)

URAGUAY. (V. *Uruguay.*)

* **URAGUE** (g. οὐρά, queue + ἄγειν, conduire). *sm.* Genre d'oiseaux, voisin des pyrrhules. || Genre d'insectes coléoptères tétramères, de la famille des Longicornes cérambycins, habitant la Patagonie.

***URANATE** (*urane* + sfx. chimique *ate*), *sm.* Tout sel formé par la combinaison de l'acide uranique et d'un oxyde.

URANE (*Uranie*, nom mythologique), *sm.* Le protoxyde d'uranium, longtemps considéré comme un corps simple. Cet oxyde est employé dans la fabrication des verres verdâtres. || *Urane oxydulé*, minerai qui est un oxyde d'urane correspondant au fer oxydulé ou aimant. Il se présente en masses noires ou d'un noir brunâtre, d'un éclat luisant et résineux, faciles à casser. Sa densité est 6,25. Il est infusible au chalumeau; il colore la flamme en vert. On le trouve dans certains filons de cobalt, d'argent et de plomb.

* **URAN-GLIMMER** (all. *uran*, urane + *glimmer*, mica), *sm.* Phosphate hydraté de chaux et de cuivre, auquel Beudant a donné le nom de *chalkolite*. Il est remarquable par sa belle couleur, vert d'émeraude ou vert d'herbe, passant, mais rarement, au jaune serin. La forme cristalline est un prisme à base carrée.

URANIE (g. οὐρανία, céleste). La muse de l'Astronomie, chez les anciens. — *Sf.* Petite planète télescopique découverte en 1854. || Genre de papillons diurnes qui habitent les régions tropicales de l'Amérique du Sud, les Indes et Madagascar. Les uranies ont leurs antennes filiformes et s'amincissant à leur extrémité; leurs palpes inférieures sont grêles, allongés et le deuxième article est comprimé, tandis que le dernier est beaucoup plus fin et presque cylindrique. Ce genre renferme plusieurs espèces dont la plus remarquable est l'*uranie rhiphée*, que l'on rencontre à Madagascar, à Bourbon et sur la côte de Coromandel. C'est le plus beau papillon connu : le dessus de ses grandes ailes est noir et traversé par une multitude de petites lignes vertes; les ailes supérieures présentent, en outre, un disque d'un vert doré très brillant, et les ailes inférieures sont coupées en leur milieu et dans leur partie terminale par une bande également verte. Le dessous des ailes supérieures est semblable au dessus, tandis que le dessous des ailes inférieures est d'un vert doré, tacheté de points noirs à la base et à l'extrémité; leur partie médiane est ornée d'une large bande d'un rouge doré à reflet violet et qui est marquée de points noirs. La femelle ressemble au mâle mais elle est un tiers plus grande que lui. La chenille de l'uranie rhiphée vit sur le manguier et est elle-même très curieuse : en sortant de l'œuf, elle est lisse et verdâtre; après sa première mue, elle change de couleur, devient noire et se recouvre d'épines, tandis que deux cornes rétractiles de couleur rose apparaissent sur le premier anneau. Lorsqu'elle a atteint ses plus grandes dimensions, elle mesure 0m,08 et porte sur les côtés un feston formé de lignes irrégulières de points blancs et jaunes, et les cornes, de rose tendre qu'elles étaient, sont devenues d'un carmin foncé. La chrysalide est verte et offre des bandes transversales dorées, tandis que son extrémité est d'un vert plus foncé et tachée de points dorés. L'insecte parfait sort de sa prison au bout de trois semaines environ. — **Dér.** *Urane, uranium, uranite, uranate, uranique.* — **Comp.** *Uraconise, uranographie, uranographique, uranoplastie, uranoscope, uranorama, uranglimmer.*

URANIE

***URANIQUE**, *adj. m.* Se dit d'un acide formé d'uranium et d'oxygène.

***URANITE** (*urane*), *sf.* ou URANE OXYDÉ. Hydrophosphate de peroxyde d'urane, combiné à environ 10 p. 100 d'un autre phosphate dont la base est tantôt la chaux et tantôt le cuivre. Ordinairement ce corps se présente en lamelles d'un jaune serin. Sa densité est 3,12, et il se laisse rayer par l'ongle. Il appartient aux terrains granitiques de l'âge de l'étain.

URANIUM [u-ra-ni-ome] (*Uranus*), *sm.* Métal ayant à peu près l'aspect du fer, très rare dans la nature, découvert en 1841 par Peligot.

URANOGRAPHIE (g. ουρανός, ciel + γραφή, description), *sf.* Description du ciel. || Science qui s'occupe de cette description. || Nom de divers ouvrages d'astronomie. — **Dér.** *Uranographique.*

URANOGRAPHIQUE (*uranographie*), *adj. 2 g.* Qui concerne l'uranographie.

***URANOPLASTIE** (g. οὐρανός, voûte + πλάσσειν, faire, former), *sf.* Opération chirurgicale destinée à combattre les divisions de la voûte du palais. Le procédé le plus ancien est le procédé par glissement (Roux), qui consiste à détacher la muqueuse des bords qui limitent la perforation dans une étendue de quelques millimètres, et de suturer les lèvres rapprochées. Les procédés dits *par renversement* consistent tous à tailler de chaque côté de la perforation un lambeau de muqueuse que l'on rabat et qu'on fixe par des points de suture de façon que la face que l'on a détachée de ses adhérences premières regarde la cavité buccale. Sur ce principe sont basés de nombreux modes opératoires (Krüner, Velpeau, etc.). Le procédé par déplacement latéral est aujourd'hui plus généralement employé. Après avoir avivé les deux bords muqueux de la fente palatine et fait une incision le long de l'arcade dentaire supérieure, on détache la muqueuse de ses insertions profondes jusqu'au niveau de la fente : d'où résultent deux lambeaux qui, fixés par leurs parties antérieure et postérieure, sont rapprochés par leurs bords internes avivés que l'on suture. On obtient ainsi un pont membraneux au-dessous de la perforation. Entre le bord externe du lambeau et l'arcade dentaire, il reste une perte de substance qui se cicatrise bientôt, reproduisant une nouvelle portion de muqueuse. Les instruments nécessaires à cette opération comprennent un écarteur, un bistouri, une rugine pour décoller la fibro-muqueuse du palais, et une aiguille à suture (aiguille de Trélat).

***URANORAMA** (g. οὐρανός, ciel + ὅραμα, vue), *sm.* Vue du ciel. || Exposition du système planétaire, à l'aide d'une sphère mobile.

URANOSCOPE (g. οὐρανός, ciel + σκοπέω, je regarde), *sm.* Genre de poissons marins de l'ordre des Acanthoptérygiens et de la famille des Percoïdes, remarquables par la disposition de leurs yeux placés sur la face supérieure de leur grosse tête cubique. Leur bouche est munie, en avant de la langue,

URANOSCOPE

d'un appendice charnu que l'animal plonge dans la vase pour saisir les petits poissons qui s'y sont réfugiés. L'uranoscope est, en outre, armé d'une épine acérée qui est implantée sur l'épaule. L'espèce la plus connue est l'*uranoscope vulgaire* (*uranoscopia scaber*), qui habite la Méditerranée et la mer des Indes.

URANUS (g. οὐρανός, ciel), *sm.* Le Ciel, le plus ancien des dieux, fils et époux de la Terre, père des Cyclopes, des Géants et de Saturne, qui le détrôna. Il ne fut jamais, du reste, une divinité bien distincte. C'est le *Varunas* des Védas, où il représente surtout le firmament nocturne. Son nom vient de la racine sanskrite *var*, qui veut dire *couvrir*. — *Sm.* Planète découverte en 1781, par Herschel, qui, à la recherche des étoiles doubles avec son puissant téléscope, aperçut un disque rond, bien terminé, d'un éclat uniforme et un peu terne. Il vit ensuite l'astre se déplacer peu à peu parmi les étoiles voisines, et il reconnut ainsi l'existence d'une nouvelle planète. Il calcula son orbite et mesura son diamètre. Bien plus petit que Saturne, Uranus est 74 fois plus gros que la Terre. Sa distance au Soleil est de 732 millions de lieues; il met 84 ans à faire sa révolution annuelle. Son aplatissement, qu'on

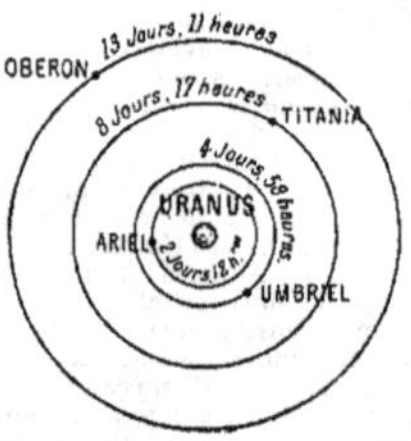

URANUS

évalue à 1/9, semble indiquer une rotation rapide. La durée de sa révolution synodique est de 369 jours et demi. La surface du Soleil doit y paraître les 0,003 de ce qu'elle est pour nous : la chaleur et la lumière doivent donc y être très faibles. *Uranus* porta d'abord le nom de l'illustre astronome qui le découvrit et dans la *Connaissance des temps* pour 1784 les astronomes français l'appellent *Horschelle.* Cette planète est accompagnée de quatre lunes ou satellites : *Ariel, Umbriel, Titana, Obéron*, qui tournent en sens inverse des satellites des autres planètes, c'est-à-dire de l'est à l'ouest. L'équateur d'Uranus étant incliné de 76°, le Soleil s'éloigne, pendant le cours de son année de 84 ans terrestres, jusqu'à cette latitude. Aussi observe-t-on sur Uranus des points où l'astre du jour reste 21 ans au-dessus de l'horizon, sans se coucher, et 21 ans au-dessous, sans se lever.

Lorsque l'orbite d'Uranus fut connue approximativement, on constata qu'avant sa découverte elle avait été observée vingt fois comme étoile fixe de sixième grandeur, depuis 1690 jusqu'à 1771. Vers 1820, Bouvard a entrepris la théorie de cette planète, en prenant pour point de départ les travaux de Laplace sur les *perturbations* d'Uranus, causées par Jupiter et Saturne. Disposant de quarante années d'observations régulières modernes, de 1781 à 1820, et des vingt observations anciennes, échelonnées entre 1690 et 1771, il construisit les tables d'Uranus, dont les astronomes se sont servis pendant un quart de siècle; *mais* il ne put les établir d'une façon satisfaisante. Il émit l'idée d'une action *étrangère et inaperçue*, qui aurait agi sur la planète; et cette opinion fut bientôt confirmée. La question de l'irrégularité des mouvements d'Uranus se trouva ainsi mise à l'ordre du jour. Dans le courant de l'été de 1845, Arago la signala d'une manière pressante à Le Verrier. Celui-ci se mit à l'œuvre. Plein de confiance dans l'exactitude de la loi de Newton sur la gravitation universelle, il aborda résolument l'hypothèse d'une planète encore ignorée, et chercha si les perturbations produites par cette planète permettraient d'expliquer les irrégularités du mouvement d'Uranus. Enfin, le 18 septembre 1846, Le Verrier écrivit à M. Galle, astronome de Berlin, pour lui communiquer la position d'une nouvelle planète, *Neptune*. Le jour même où il reçut cette lettre, le 23 septembre, Galle observa la planète à 52 minutes de la position assignée. En même temps que Le Verrier et même avant lui, un jeune géomètre anglais, devenu depuis un astronome illustre, M. Adams, trouvait de son côté, par une voie absolument différente, une solution du problème; mais sa publication est postérieure à celle de Le Verrier. Par suite, l'honneur de la découverte revient intégralement à Le Verrier, sans que le mérite de M. Adams en soit en rien diminué.

***URAO** (*urée*), *sm.* Soude naturelle du Mexique.

***URARI**, *sm.* Nom brésilien du *curare*. (V. ce mot.)

URATE (*urée*), *sm.* Tout sel formé par la combinaison de l'acide urique avec un oxyde.

URBAIN, AINE (l. *urbanum* : de *urbs*, ville), *adj.* De la ville, par opposition à rural : *Mœurs urbaines*. — **Dér.** *Urbanité*.

URBAIN, nom de huit papes, qui furent : URBAIN Ier, élu pape en 222, et mort en 230. — URBAIN II (1088-1099), Champenois, qui lutta énergiquement contre l'empereur d'Allemagne Henri IV, excommunia Philippe Ier, roi de France, et prêcha la première croisade au concile de Clermont (1095). — URBAIN III (CRIVELLI), Milanais, mort en 1187 à la nouvelle de la prise de Jérusalem par Saladin. — URBAIN IV (1261-1264), fils d'un savetier de Troyes, et qui offrit à Charles d'Anjou la couronne de Sicile. — URBAIN V (GUILLAUME DE GRIMOARD ou GRIMOALD) (1309-1370), né au château de Grizac (diocèse de Mende), élu pape en 1362. Il fut très libéral et protégea les lettres. — URBAIN VI (1318-1389), Italien. Elu pape en 1378, il rétablit le siège pontifical à Rome, mais vit élire à Avignon un antipape, Clément VII (Robert de Genève); il fut batailleur et très cruel. — URBAIN VII (CASTAGNA), Romain, né en 1521, élu pape en 1590, mort 13 jours après. — URBAIN VIII (BARBERINI) (1568-1644), Italien, qui, élu pape en 1623, condamna en 1642 le livre de Jansénius sur la grâce.

***URBANISTES** (du pape *Urbain VIII*, qui donna une règle à l'ordre), *sfpl.* Religieuses de Sainte-Claire, qui peuvent posséder des fonds meubles ou immeubles.

URBANITÉ (l. *urbanitatem* : de *urbs*, ville), *sf.* Savoir-vivre exquis des anciens Romains. ‖ Politesse que donne l'usage du monde.

URBIN (l. *Urbinum*), 9000 hab. Ville des anciens États de l'Église, faisant partie de la province de Pesaro (Italie); archevêché, ancien palais ducal. Patrie de Raphaël et du Bramante. Blé et soie. Cette ville fut la capitale d'un duché de même nom, puissant au XIVe siècle et légué au saint-siège en 1631.

***URCÉOLAIRE** (l. *urceolum*, petite tasse), *sf.* Nom sous lequel on désigne quelquefois la pariétaire.

***URCÉOLE** (l. *urceolum*, petite tasse), *sf.* Genre d'apocynées des Indes. — *Sm.* Disque charnu en forme de bourse ou de coupe qui entoure le pistil du carex, les ovaires des pivoines, etc. (V. *Utricule*.) — **Dér.** *Urcéolé, urcéolée, urcéolaire*.

URCÉOLÉ, ÉE (l. *urceolatum : de urceus*, vase à pied), *adj.* Qui a la forme d'un vase à ventre renflé et à goulot étroit : *La corolle du muguet est urcéolée*. (Bot.)

URDOS, 600 hab., commune du canton et de l'arr. d'Oloron (Basses-Pyrénées). Un fort commande le *port d'Urdos*.

***URDU** (mot mongol : *camp*), *sm.* L'une des langues qu'on parle actuellement dans l'Hindoustan.

URE (l. *urus*), *sm.* Taureau sauvage. (V. *Urus*.)

***URÉDINÉES** (l. *uredo*, brûlure), *sfpl.* Famille de plantes cryptogames composées de champignons microscopiques, parasites sur les végétaux terrestres, chez lesquels ils déterminent des maladies très graves. Ces champignons sont remarquables par leur mode de propagation, qui donne lieu, chez certains d'entre eux, à des générations alternantes. Le thalle de ce champignon, composé de filaments cloisonnés et très ramifiés, se développe dans les méats intercellulaires des feuilles, enveloppant les cellules de toutes parts, sans jamais pénétrer dans leur intérieur. Lorsqu'il a atteint son développement complet, il produit des spores quelquefois d'une sorte seulement, mais le plus souvent de deux, trois, quatre et même cinq sortes différentes. L'exemple le plus complet de ces modes successifs de générations nous est donné par la *puccinie du blé* ou *rouille des cultivateurs*. Examinons-la en été, alors qu'elle se fixe sur les feuilles du blé. Le thalle se développe, comme nous l'avons dit plus haut, dans les méats intercellulaires; il produit un grand nombre de filaments perpendiculaires à la surface de la feuille, qui apparaissent bientôt en paquets rougeâtres et parallèles aux nervures des feuilles. Chacun de ces filaments se renfle à son extrémité en une spore ovoïde, dont le protoplasma contient de fines granulations rouges, et sa membrane présente quatre pores germinatifs situés sur son pourtour. L'épiderme de la feuille, cédant bientôt à la pression que ces petites masses exercent, se déchire, et les spores se répandent sur les feuilles des plantes de même espèce ou d'espèces voisines. Au bout de quelques heures, chaque spore germe et donne naissance à un tube qui s'enfonce par l'ouverture d'un stomate, gagne les espaces intercellulaires et s'y développe en un nouveau thalle, produisant, au bout de 6 à 10 jours, de nouvelles spores. On a donné aux champignons qui se montrent ainsi sur les céréales en taches rouges le nom d'*urédo*, et aux spores qu'ils engendrent celui d'*urédospores*. Les choses se passent ainsi pendant tout le cours de l'été, produisant la *rouille orangée* des agriculteurs. Mais, avec l'automne, la marche des choses est modifiée : au lieu de produire une spore ronde à une seule cellule, l'extrémité de chaque filament donne naissance à une spore allongée, à protoplasma incolore, et partagée en deux cellules par une membrane brune, dont chaque moitié possède un pore germinatif : c'est alors que les blés ont la *rouille noire*, et chacune de ces spores a reçu le nom de *téleutospore*. Ces dernières demeurent tout l'hiver sans germer, la vie restant chez elles à l'état latent. Mais dès les premiers beaux jours du printemps, de chacune des deux cellules d'une spore (*téleutospore*) s'échappe un filament cloisonné qui cesse bientôt de s'allonger; les quatre articles terminaux se gonflent latéralement en un petit filet portant à son extrémité une *spore secondaire* ou *sporidie*. Ces sporidies, libres et très légères, emportées par le vent, se disséminent de tous côtés et ne germent alors qu'autant qu'elles tombent sur les feuilles de l'*épine-vinette*. Là, mais là seulement, les sporidies se développent en un tube allongé, qui perfore la membrane de la feuille et s'introduit entre les cellules. Au bout de quelques jours, le thalle s'est installé sur les deux faces de la feuille d'épine-vinette et donne naissance à deux sortes de végétations dont les produits sont différents. Sur la face supérieure, les filaments du thalle se réunissent en masses compactes et constituent des cavités en forme de bouteille, d'où s'échappe une houppe de poils. Les filaments qui tapissent l'intérieur de la bouteille développent, à leur extrémité, des spores qui s'échappent bientôt par le goulot de la bouteille et sont emportées par le vent; chacune de ces cavités en forme de bouteille a reçu le nom d'*écidiole*, et les spores qui en naissent sont des *écidiolispores*. Pour germer, celles-ci ont besoin de tomber sur les feuilles de l'épine-vinette; ailleurs, elles demeurent stériles et meurent. Sur la face inférieure de l'épine-vinette, le thalle se ramifie et ses branches se serrent les unes contre les autres, en donnant naissance à des masses de faux parenchyme entourées de filaments. Cette masse finit par crever l'épiderme de la feuille et forme alors une coupe, appelée *œcidium*, *æcidie* ou *écidie* (g. οἰκίδιον, logette : de οἰκία, maison), dont le fond est occupé par des cellules allongées, qui produisent, du sommet à la base, une série de spores nommées *écidiospores*, à granulations rouges, d'abord polyédriques, mais qui s'arrondissent à mesure qu'elles sont moins pressées, et s'échappent pour se disséminer dans l'air; mais ces *écidiospores* ne germent qu'autant qu'elles tombent sur une céréale, pour y recommencer le cycle de leurs transformations successives.

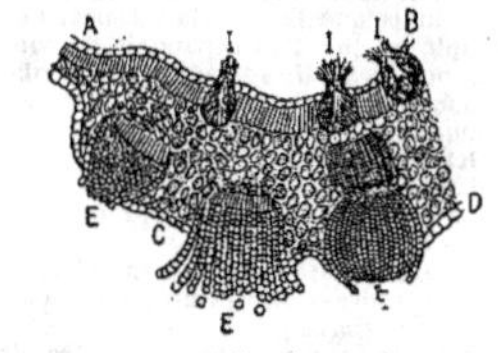

URÉDINÉES

Fig. 1.

Coupe transversale d'une feuille d'épine-vinette (berbères vulgaires) présentant sur sa face supérieure AB des écidioles I, I, I, et sur sa face inférieure CD des écidies E, E, E.

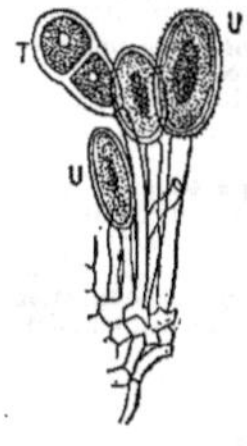

URÉDINÉES

Fig. 2.

Fragment d'urédo montrant les urédospores U, U, et une téleutospore T.

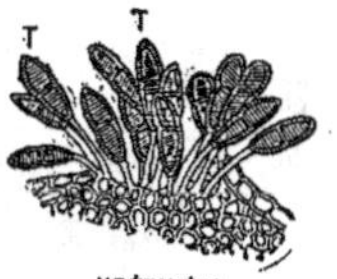

URÉDINÉES

Fig. 3.

Amas de téleutospores T, T, sur une feuille de triticum repens.

Les végétaux qui, comme la puccinie, passent une saison sur une plante, tandis qu'ils végètent une autre saison sur une seconde plante différente de la première, sont dits *hétéroïques*, et l'action de vivre ainsi est appelée *hétérœcie*. C'est ainsi que le *puccinia straminis* passe le printemps sur la *buglosse* et sur la *petite buglosse* (Borraginées), et l'été sur des plantes de la famille des Graminées, où il donne lieu à une rouille très redoutée; le *puccinia coronata* végète au printemps sur le *nerprun* et la *bourdaine*, et l'été sur l'*avoine* et la *houlque*; le *puccinia carius* vit au printemps sur l'*ortie*, et l'été sur le *carex*; le *puccinia sessilis* se développe au printemps sur l'ail d'ours, et l'été sur deux graminées : le *brachypode des bois* et la *baldingue*. Le *puccinia arundinacea* croît au printemps sur le *rumex* et la *renoncule rampante*, et l'été sur le *roseau à balais*. Enfin le *puccinia moliniæ* envahit l'été les *orchis* et la *neottia ovale*, et l'été la *guinche*. Cependant, toutes les puccinies ne sont pas hétéroïques : il en est, au contraire, qui sont *homoïques*, c'est-à-dire qui développent leurs quatre appareils reproducteurs sur une seule et même plante nourricière. On dit alors qu'il y a *homœcie*. Ainsi, le *puccinia compositarum* parcourt toutes les phases de sa végétation sur des plantes de la famille des Composées ; il en est de même du *puccinia discoïdearum*, qui vit sur l'*armoise* et la *tanaisie*. Depuis 1866, cette dernière espèce ravage, dans toute la Russie, les plantations de grand-soleil dont les graines fournissent de l'huile. Quelquefois aussi le parasite ne reproduit pas toutes les espèces de spores ; il saute pour ainsi dire une forme : ainsi le *puccinia suaveolens*, qui vit sur le chardon des champs, n'a pas d'*écidies* ; le *puccinia anemones*, parasite sur l'anémone des bois (*anemone nemorosa*), ne produit pas d'*urédo*. Le *puccinia prunorum* et le *puccinia malvacearum* ne donnent, à la fin de l'été, que des téleutospores. Cette dernière espèce de puccinie s'est répandue en Europe depuis 1875 ; elle avait été importée du Chili en Espagne en 1869.

Les autres genres de la famille des Urédinées ont une histoire à peu près semblable à celle des puccinies. Les *uromyces* se distinguent des *puccinies* en ce que les téleutospores ne sont composées que d'une seule cellule ; ce genre présente, du reste, des espèces hétéroïques et des espèces homoïques. Parmi les premières, nous citerons l'*uromyces pisi*, qui, au printemps, vit sur l'euphorbe, et l'été et l'automne attaque les pois, les vesces, les *lathyrus* ; l'*uromyces dactilydis*, végétant au printemps sur les renoncules, et l'été et l'hiver sur les poas et les dactyles de nos prairies (Graminées). Parmi les espèces homoïques de ce même genre *uromyces* se trouvent : 1° l'*uromyces betæ*, qui donne toutes ses formes de spores sur la betterave ; 2° l'*uromyces phaseolorum*, se développant sur le haricot ; 3° l'*uromyces apiculatus*, parasite sur les feuilles de trèfle. Quelques autres espèces vivent sur les légumineuses.

Le genre *posidoma* possède des *téleutospores* à deux loges ; mais la membrane de leur pédicelle se transforme en une matière gélatineuse et les enveloppe entièrement ; ces téleutospores, en se collant les unes aux autres, forment sur les branches des conifères de petites masses coniques ou hémisphériques, d'un brun jaunâtre, qui atteignent 1 centimètre de hauteur et même plus, lorsque le temps est humide. Tout le printemps et l'été les *posidoma* vivent sur les feuilles des Pomacées, produisent des écidies et des écidioles, tandis que l'hiver ils le passent sur les conifères, où ils donnent naissance à des téleutospores biloculaires. C'est ainsi que le *posidoma sabinæ* végète le printemps et l'été sur les feuilles du *poirier*, et l'hiver sur le *genévrier* et le *pin d'Alep* ; et que le *posidoma juniperum* passe le printemps et l'été sur le *sorbier des oiseleurs* et l'hiver sur le *genévrier commun*.

Le genre *chrysomyxa* se distingue des précédents en ce que ses téleutospores sont formées de plusieurs cellules disposées en une série qui se divise au sommet et constituent de petites masses gélatineuses d'un jaune orangé. Les espèces les plus intéressantes de ce genre sont : 1° le *chrysomyxa abietis*, qui produit la *rouille* de l'*épicéa*, sur lequel il est homoïque ; 2° le *chrysomyxa rhododendri*, espèce hétéroïque, développant au printemps et en été des écidies et des écidioles ; en automne, il attaque la *rose des Alpes* (*rhododendron ferrugineum*), demeure sur cette plante tout l'hiver, produit ses téleutospores au printemps, et les sporidies répandues alors dans l'atmosphère vont germer sur les jeunes feuilles des épicéas voisins. Mais, chose curieuse : si les épicéas font défaut dans le voisinage, le parasite passe le printemps et l'été sur la rose des Alpes ; tandis que si c'est, au contraire, l'épicéa qui manque, le rhododendron n'est pas atteint. Le *chrysomyxa rhododendri* est donc hétéroïque pour l'épicéa et homoïque pour la rose des Alpes. Il en est de même du *chrysomyces ledi* ; celui-ci passe l'hiver sur une éricacée du genre *ledum*, et attaque les épicéas des forêts de la Finlande.

Il est une urédinée qui cause de grands dégâts dans les forêts de pins : c'est le *coleosporium senecionis*. Ce parasite vit à la fois sur le seneçon, où il produit des téleutospores de couleur rouge, et sur le pin, où il donne naissance à des écidies et à des écidioles ; mais le thalle qui produit ces deux sortes de spores est vivace et il envahit les feuilles, les branches du pin et détermine leur mort. Enfin, la famille des Urédinées compte encore un assez grand nombre de genres et d'espèces tant hétéroïques qu'homoïques qui s'attaquent à diverses plantes et y déterminent des maladies plus ou moins graves.

Les champignons de cette famille avaient été remarqués dès une haute antiquité ; car Moïse menaçait déjà les Juifs de la *rouille du blé*, lorsqu'ils ne lui obéissaient pas. La rouille était également pour les agriculteurs romains un ennemi redoutable : aussi avaient-ils élevé au dieu *Robigus* et à la déesse *Robigo* des temples où on allait implorer la clémence de ces deux divinités. Numa avait institué en leur honneur des fêtes appelées *rubigales* : elles se célébraient le 15 avril de chaque année et on leur immolait une brebis et un chien, tandis que l'on brûlait l'encens dans le temple et que l'on répandait du vin en abondance. — *Sf.* **Une urédinée**, une plante quelconque de la famille des Urédinées. (V. *Rouille*.)

***URÉDO** (l. *uredo*, brûlure), *sm.* Une des phases par lesquelles passent les champignons de la famille des Urédinées. (V. ce mot.) — Pl. *des urédo*.

***URÉDOSPORE** (*urédo + spore*), *sf.* Les spores engendrées par les urédo des puccinies. (V. *Urédinées*.)

URÉE (de la racine *ur*, qui entre dans *urine*), *sf.* Substance organique azotée, cristallisée, incolore, d'une saveur fraîche, qui se forme dans le corps de l'homme et des animaux aux dépens des matières protéiques. Elle existe toujours en petite quantité dans le sang et très abondamment dans l'urine de l'homme, qui en contient 26 grammes par litre. Par la putréfaction, elle se transforme en carbonate d'ammoniaque. Sa formule est $C^2O^2Az^2H^4$. — **Comp.** *Uréide, urao, urate, urémie, urémique, uréomètre, uromètre.*

URÉE
(CRISTAUX)

***URÉIDE** (*urée* + g. εἶδος, forme), *sm.* Corps dérivé de l'urée par élimination des éléments de l'eau.

***URÉMIE** (*urée* + g. αἷμα, sang), *sf.* État pathologique occasionné par l'accumulation dans le sang des principes azotés qui, provenant de la combustion nutritive, devraient normalement être éliminés par la peau, mais surtout par les reins. L'urémie est, en effet, presque toujours la conséquence des diverses altérations rénales qui s'opposent à un fonctionnement régulier de l'appareil urinifère. Les signes par lesquels se révèle cliniquement cet état pathologique sont multiples, variés quant à leur groupement ; et, à ce point de vue, il faut, avec les auteurs, admettre deux formes essentielles de l'urémie : une *forme gastro-intestinale* dans laquelle l'élimination des principes azotés se fait par les muqueuses du tube digestif, donnant naissance à des troubles gastriques variés ; une *forme cérébro-spinale*, caractérisée par divers symptômes, se localisant dans un grand nombre d'appareils, mais dépendant tous d'une même cause, l'accumulation des principes azotés au niveau du bulbe rachidien. Dans sa forme gastro-intestinale, l'urémie peut se manifester par des désordres buccaux et pharyngiens que caractérise, avec le dégoût des aliments et la somnolence du malade, l'apparition de fausses membranes envahissant les parois de ces organes ; mais ces faits sont exceptionnels, et plus souvent on observera l'urémie gastrique, dans laquelle les vomissements tiennent le premier rang. Après quelques jours de malaise, de mauvaises digestions, de dégoût pour la viande, surviennent des vomissements muqueux, peu abondants, légèrement verdâtres et à odeur ammoniacale, qui se renouvellent dans le courant de la journée, et cela pendant plusieurs jours. L'urémie intestinale se révèle par une diarrhée qui n'est pas précédée de douleurs, fatigue peu les malades et donne des matières séreuses grisâtres. Ce symptôme diarrhée ne devra pas être combattu, car l'intestin agit, dans ce cas, comme un véritable émonctoire favorisant l'élimination des principes excrémentitiels contenus en excès dans l'appareil digestif. Il n'est pas rare de voir ces variétés, séparées d'une même forme de la maladie, exister seules, mais souvent elles se trouvent associées l'une à l'autre, et l'on a ainsi la forme gastro-intestinale complète. Dans la forme cérébro-spinale de l'urémie, on peut étudier séparément les accidents cardiaques et pulmonaires et les accidents cérébraux. Les premiers ont pour manifestation essentielle la dyspnée. Au début les malades sont essoufflés au moindre effort et à chaque mouvement exagéré : c'est la dyspnée simple. Dans d'autres cas, on note la respiration connue en médecine sous le nom de *respiration de Cheyne-Stokes*, dans laquelle, à une période d'arrêt dans la respiration, succède une période d'inspirations et d'expirations progressive. Enfin, plus souvent, la dyspnée est spasmodique, survenant surtout pendant la nuit, suivie ou précédée de vomissements, et rappelant l'accès d'asthme, dont elle diffère par ce fait qu'ici, il n'y a ni sifflement ni expectoration abondante. Du côté du cœur, on note des palpitations irrégulières et intermittentes qui entraînent souvent l'insomnie. Un seul de ces signes bien observé doit suffire pour attirer l'attention du médecin sur les reins et faire rechercher dans les urines émises la présence de l'albumine. (V. *Urine*.)

Les accidents cérébraux peuvent ou accompagner ceux que nous venons de décrire ou exister seuls. Ils se résument en désordres de la sensibilité, désordres du mouvement et désordres de l'intelligence. Les premiers comprennent des démangeaisons très vives, localisées sur tout le corps, des fourmillements, des picotements, mais surtout des céphalées (mal de tête). Celles-ci surviennent principalement la nuit, occupant la région frontale ou la région occipitale, donnant la sensation d'un casque étroit enserrant la tête comme dans un étau. Dans d'autres cas, elles prennent la forme de migraines, et, moins intenses, durent de quelques heures à plusieurs jours. Il n'est pas rare d'observer en même temps des vertiges, de l'affaiblissement de la vue allant, dans certains cas, jusqu'à la cécité presque complète. Les désordres moteurs se manifestent par des contractures fréquentes surtout aux muscles de la région postérieure du cou (raideur du cou), des convulsions partielles (soubresauts des tendons et muscles, secousses) ou généralisées (éclampsie urémique) et des paralysies affectant, en général, un grand nombre de muscles à la fois. Les désordres psychiques comprennent le coma et le délire urémiques, graves symptômes rarement isolés, plus souvent associés à d'autres manifestations. Le coma ou somnolence complète du malade peut arriver graduellement ou subitement (attaque apoplectique). Quant au délire, il est le plus souvent violent et bruyant, présentant des rémissions et des paroxysmes. Manifestation d'un désordre grave de l'organisme qui aboutit à l'altération des reins, l'urémie doit toujours être considérée comme une complication grave qu'il faut combattre énergiquement. Le danger est d'autant plus grand que le malade est plus âgé, et ajoutons que la forme gastrique est plus bénigne que la forme cérébro-spinale. Le traitement qu'on instituera doit répondre à deux indications, l'évacuation des principes azotés qui occasionnent les phénomènes morbides et le rétablissement normal de la fonction rénale. Les diurétiques (scille, digitale, scammonée) et les purgatifs énergiques et répétés remplissent cette première indication. Le régime lacté exclusif sera institué pour répondre à la seconde. Dans le cas où le rétablissement de la fonction urinaire est tardif (il est quelquefois impossible), il faudra, par des lavements répétés et des diurétiques, suppléer à cette fonction. La saignée peut rendre, dans ces cas, d'excellents services. — **Dér.** *Urémique.*

***URÉMIQUE** (*urémie*), *adj.* 2 *g.* Qui se rapporte à l'urémie : *Céphalée urémique. Vomissements urémiques.*

***URÈNE** (l. *urena*), *sf.* Genre de plantes dicotylédones de la famille des Malvacées, et composé d'arbrisseaux à feuilles lobées et portant, en dessous, attachée à la nervure médiane, une glande nectarifère. Les fleurs, solitaires ou rapprochées supérieurement en grappes, sont jaunes ou roses. Les diverses espèces de ce genre habitent entre les tropiques, principalement en Asie et en Afrique. L'une d'elles, l'*urène lobée* (*urena lobata*), originaire du Brésil, est considérée comme émolliente, et ses fleurs sont employées comme expectorantes.

URÈNE LOBÉE

***URÉOMÈTRE.** (V. *Uromètre.*)

URES (LOS), 9 700 hab., chef-lieu de l'État de Sonora (Mexique), sur le rio de Los Ures.

***URÈSE** (g. οὔρησις : de οὐρεῖν, uriner), *sf.* Production, excrémentition, excrétion urinaires.

URETÈRE (g. ουρητήρ : de οὐρεῖν, uriner), *sm.* Conduit musculo-membraneux destiné à porter l'urine du rein à la vessie. Il est séparé du rein lui-même par les calices qui, au nombre de 8 à 10 pour chaque rein, se réunissent entre eux donnant naissance au bassinet à l'extrémité inférieure duquel naît l'uretère. Long de 25 à 30 centimètres environ, l'uretère se trouve successivement situé dans la région abdominale, où il est entouré de tissu cellulaire lâche, puis dans le grand et le petit bassin. Vertical dans ses deux premières portions, il décrit dans le petit bassin une courbe à concavité antérieure, supérieure et interne, avant d'aborder la base de la vessie par une embouchure en bec de flûte. Les orifices des deux uretères sont réunis entre eux par un faisceau musculaire transversal, et ils forment, avec l'orifice de l'urètre, les trois angles du trigone vésical. Le calibre de cet organe, variable entre celui d'une plume à écrire et celui d'une plume de corbeau, présente des variations dans les différentes parties de son étendue : le rétrécissement le plus accusé est celui que l'on observe à l'union du bassinet avec l'uretère. Sur sa face interne on ne remarque ni saillies, ni valvules, ni dépressions. Sa structure comprend une couche conjonctive mince avec des fibres élastiques entre-croisées, une couche musculaire très épaisse comprenant des fibres longitudinales et des fibres circulaires et une couche muqueuse à surface lisse, à épithélium stratifié en plusieurs couches.

L'action de la pesanteur, favorisée par les mouvements de contraction propres de l'uretère, explique le fonctionnement normal de cet organe à travers lequel l'urine, continuellement excrétée par le rein, arrive jusque dans la vessie. La sensibilité vive de l'uretère et sa contraction spasmodique sous l'influence de corps étrangers en contact avec ses parois rendent compte des douleurs intolérables, des coliques néphrétiques occasionnées par l'arrêt dans l'uretère d'un calcul provenant du rein. — **Dér.** *Uretérique, uretérite.* — **Comp.** *Uretérolithiase.*

***URETÉRIQUE** (*uretère*), *adj.* 2 *g.* Qui concerne l'uretère : *Ischurie uretérique.*

***URETÉRITE** (*uretère* + sfx. médical *ite* indiquant inflammation), *sf.* Inflammation des uretères.

***URETÉROLITHIASE** (*uretère* + *lithiase*), *sf.* Formation de calculs dans les uretères.

***URÉTHRAL, ALE** ou **URÉTRAL, ALE** (*urèthre* ou *urètre*), *adj.* Qui a rapport à l'urèthre : *Muqueuse uréthrale. Saillies uréthrales.*

***URÉTHRALGIE** (*urèthre* + g. ἄλγος, douleur), *sf.* Douleur qui se fait sentir dans l'urètre et qui n'est pas accompagnée d'inflammation.

***URÈTHRE** ou **URÈTRE** (d'après le Dictionnaire de l'Académie (g. οὐρηθρά : de οὐρεῖν, uriner), *sm.* Canal excréteur de l'urine, qui s'étend du col de la vessie au méat urinaire. Chez les mâles de la plupart des mammifères, il est en outre excréteur du sperme dans une partie de son trajet. L'urètre est susceptible de dilatation, surtout chez les jeunes sujets; et, pour les besoins thérapeutiques. L'urètre est un organe sensible surtout dans sa partie profonde, où le contact de l'urine suffit à provoquer le *besoin d'uriner.* Il est élastique, ce qui permet de le dilater et de régulariser le jet de l'urine. Il est contractile, et c'est grâce à la contractilité de ses fibres musculaires que l'urine ne s'écoule pas involontairement au dehors. Chez l'homme, l'urètre fait partie des organes génitaux à partir du verumontanum. La pathologie de l'urètre se divise en : 1° *vices de conformation :* rétrécissement, imperforation, épispadias, hypospadias; 2° *lésions traumatiques :* plaies, ruptures; 3° *lésions inflammatoires :* uréthrite; 4° *tumeurs.* — **Gr.** L'Académie française, dans son Dictionnaire, écrit *urètre;* nous avons cru devoir quand même conserver l'orthographe étymologique *urèthre* à tous les dérivés ou composés de ce mot. — **Dér.** *Uréthral, uréthrale, uréthrite.* — **Comp.** *Uréthralgie, uréthrotome, uréthrotomie, uréthrosténie, uréthroscope, uréthroplastie, uréthrorrhaphie, uréthro-cystotomie.*

***URÉTHRITE** (*urèthre*+sfx. médical *ite* indiquant inflammation), *sf.* Inflammation de l'urètre.

***URÉTHRO-CYSTOTOMIE** (*urèthre* + *cystotomie*), *sf.* Opération pratiquée par l'incision de l'urètre en deux pour pénétrer jusque dans la vessie dont on a à retirer les calculs qui s'y sont formés.

***URÉTHROPLASTIE** (*uréthre*+g. πλάσσειν, former), *sf.* Opération chirurgicale dirigée contre les fistules de l'urètre qui s'accompagnent d'une grande perte de substance. La méthode française la plus employée dans cette opération consiste dans la formation de lambeaux qu'on déplace par glissement et qui viennent combler la perte de substance.

***URÉTHRORRHAPHIE** (*urèthre* + g. ῥαφή, suture), *sf.* Opération chirurgicale qui consiste à aviver les deux lèvres d'une fistule uréthrale et à les suturer avec des fils métalliques après rapprochement. C'est la méthode chirurgicale de choix préconisée contre cette affection.

***URÉTHROSCOPE** (*urèthre* + g. σκοπεῖν, examiner), *sm.* Instrument servant à l'exploration de l'urètre. Basé sur le même principe que l'endoscope, il consiste essentiellement en une sonde qui, écartant les parois de l'organe, donne passage aux rayons lumineux émanés d'une source de lumière placée latéralement et réfléchis sur un miroir situé au-devant de la sonde. L'uréthroscope rend de grands services en permettant l'examen direct des muqueuses uréthrale et vésicale, la constatation dans les parois de ces organes ou dans leur intérieur de calculs, tumeurs, etc.

***URÉTHROSTÉNIE** (*urèthre*+g. στενός, étroit), *sf.* Rétrécissement de l'urètre.

***URÉTHROTOME** (*urèthre* + g. τομή, section), *sm.* Instrument chirurgical servant à l'incision des rétrécissements de l'urètre. Imaginé au XVIe siècle, cet instrument a été l'objet de plusieurs modifications, et a porté les noms des divers chirurgiens qui l'ont successivement perfectionné : uréthrotome de Ricord, Charrière, Civiale, Thompson, Horteloup et Maisonneuve. L'instrument proposé par ce dernier chirurgien, encore généralement employé, se compose : 1° d'un conducteur métallique courbe, présentant sur toute sa longueur une cannelure, et à l'extrémité de sa portion courbe un pas de vis extérieur; 2° d'une bougie filiforme (sonde en gomme élastique) se terminant en cône et pouvant par son extrémité opposée s'ajuster sur le pas de vis du conducteur; 3° d'une lame tranchante, triangulaire, reposant par sa base sur un mandrin qu'on peut faire mouvoir, dans l'intérieur du conducteur, par glissement. Le sommet du triangle est mousse et permet la distension des parois de l'urètre, tandis que les deux côtés du triangle, tranchants, agissent sur le rétrécissement, soit que le chirurgien fasse manœuvrer l'instrument d'arrière en avant, soit qu'il le conduise d'avant en arrière.

***URÉTHROTOMIE** (*uréthrotome*), *sf.* Opération qui a pour but d'inciser les portions rétrécies de l'urètre. Suivant que l'incision du rétrécissement se fait de dedans en dehors ou de dehors en dedans, on dit que l'uréthrotomie est interne ou externe. Pour le premier de ces procédés, on se sert généralement de l'uréthrotome de Maisonneuve (V. *Uréthrotome*), qui donne d'excellents résultats. L'uréthrotomie externe consiste à sectionner de dehors en dedans les diverses parties qui constituent le rétrécissement lui-même. Tantôt le rétrécissement peut être franchi par une sonde introduite dans l'urètre, et l'opération est facilitée par la présence dans le canal d'un conducteur métallique (uréthrotomie avec conducteur), tantôt, au contraire, le rétrécissement est infranchissable, et l'opérateur doit se passer de ce guide (uréthrotomie sans conducteur). Chacun de ces procédés opératoires offre ses indications spéciales qui sont sous la dépendance de la nature du rétrécissement, de l'âge du malade et des complications déjà produites.

URFÉ (HONORÉ D') (1568-1625), militaire, diplomate et romancier français. Il est l'auteur du roman pastoral de l'*Astrée*, fort en vogue au XVIIe siècle, dont les aventures ont pour théâtre les bords du Lignon, dans le Forez : c'est un récit allégorique des événements contemporains.

URGEL ou **LA SEU D'URGEL,** 5 000 hab. Ville de la Catalogne (Espagne), au pied des Pyrénées, sur la Sègre. L'évêque d'Urgel, conjointement avec le gouvernement français, exerce un protectorat sur la république d'Andorre. Prise par les Français en 1794 et en 1800.

URGENCE (*urgent*), *sf.* Qualité de ce qui est urgent, pressant : *L'urgence d'une mesure.*

URGENT, ENTE (l. *urgentem :* de *urgere*, presser), *adj.* Pressant; qui ne souffre point de retard : *Précaution urgente.* — **Dér.** *Urgence.*

***URGINÉE** (l. *urginea*), *sf.* La *scille maritime,* plante de la famille des Liliacées, que l'on trouve sur le littoral de la mer, notamment sur celui de nos départements méridionaux, en Afrique sur les bords de la Méditerranée, en Sicile, en Syrie, etc. Sa bulbe est diurétique et expectorante, et ses tuniques, desséchées, sont connues en pharmacie sous le nom de *squames de scille* ou de *squille;* à haute dose, elles sont vénéneuses. La plus grande partie de la scille que l'on consomme en Europe nous vient de l'Europe méridionale et de l'Orient. Il en existe deux variétés : la première est rouge et désignée dans le commerce sous le nom de *scille mâle, scille d'Espagne, scille d'Italie;* la seconde est blanche et connue sous le nom de *scille femelle* ou *scille d'Italie.* Les squames doivent être desséchées rapidement afin de conserver toutes leurs propriétés. (V. *Scille.*)

URGINÉE

***URGONIEN** (de *Orgon*, près d'Arles), *sm.* Nom que porte un des étages du système infracrétacé situé entre le néocomien et l'aptien. Comme restes fossiles caractéristiques, nous citerons la *requiemia ammonia* et la *gleichenia Zippei*, qui est une fougère. A Orgon, dans la vallée de la Durance, l'urgo-

URGONIEN
REQUIENIA AMMONIA

nien est constitué par les assises suivantes :

3. Calcaire compact (30 mètres) avec couches marneuses à la base (*crioceras, ancyloceras, toxaster, ricordeanus*).
2. Calcaires compacts à rognons de silex (100 mètres) et calcaires marneux (200 mètres) (*toxaster complanatus, ostrea Couloni, Janira atava, corbis corrugata*.
1. Calcaire cristallin (20 mètres) à bélemnites (*belemnites latus, belemnites dilatatus*).

Le célèbre calcaire d'Orgon, dit *à caprotines* ou *à chama*, est un calcaire très blanc, presque crayeux, renfermant des nérinées gigantesques et des polypiers. Le calcaire d'Orgon repose sur des calcaires à silex sans fossiles, sur les bancs à spatangues du néocomien. On trouve l'urgonien dans le Jura (près du mont Salève, à Noirvaux, au confluent du Rhône et de la Valserine), dans la Haute-Marne (couche rouge de Wassy), dans le Gard (aux environs d'Alais), dans l'Ariège, la Haute-Garonne, les Corbières; en Espagne, aux environs de Bilbao (mines de Sommorostro), de Santander, de Tolosa, dans la province de Valence.

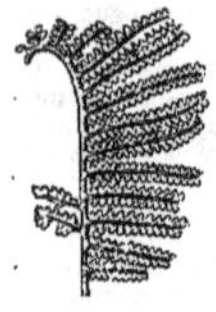

URGONIEN
GLEICHENIA ZIPPEI

URI (CANTON D'), 17284 hab., 1076 kilom. carrés, un des 22 cantons suisses. Il est au centre du pays, entre ceux de Schwytz au N., de Glaris et des Grisons à l'E., du Tessin au S., du Valais au S.-O., de Berne et d'Unterwald à l'O. Le canton d'Uri est très montagneux; au S. s'élève le massif du Saint-Gothard (Leckihorn, Mutthorn, Galenstock, Crispalt), à travers lequel la vallée d'Urseren creuse un profond sillon. Les Alpes d'Uri (*Urseren-Alpen*) se séparent des Alpes bernoises au *Galenstock* et se dirigent vers le N.; leurs principaux sommets sont : le *Tillis* (3240 mètres), le *Sustenhorn*, le *Dammastock*, le *Spanort*. Du *Crispalt* se détachent les Alpes glaronnaises (*Oberalpstock*) et le rameau où s'élève le *Bristenstock* (3000 mètres). Les Alpes de Schwytz prennent naissance au massif des Clarides et envoient à l'O. deux rameaux qui vont rejoindre la Reuss et le lac des Quatre-Cantons. La vallée de la Reuss, creusée entre les Alpes d'Uri et de Schwytz, vient aboutir au lac de Waldstætten; elle comprend une région inférieure (Uri proprement dit) et une région supérieure (Urseren). Le *Meienthal*, le *Maderanerthal*, le *Schæchenthal* sont des vallées secondaires qui s'ouvrent dans celle de la Reuss. Cette rivière, qui sort du lac du *Lucendro*, voisin du col du Saint-Gothard, coule vers le N. entre les Alpes d'Uri et celles de Glaris. Elle reçoit à gauche la *Reuss de Realp*, la *Reuss de Gœschenen*, la *Reuss du Meienthal*; à droite : le *Kærstelenbach*, et le *Schæchenbach*. Le climat, doux dans la partie inférieure de la vallée de la Reuss, est très rude dans la région d'Urseren et le fœhn y souffle fréquemment. (V. *Suisse*.) De bons pâturages couvrent les flancs des montagnes; l'élève du bétail est d'ailleurs la seule source de richesse du pays. Le ch.-l. est *Altorf* (2900 hab.). La ligne du Saint-Gothard pénètre sur le territoire d'Uri à Sisikon, passe à Fluelen, à Altorf et remonte la vallée jusqu'à Gœschenen, où commence le grand tunnel qui aboutit à Airolo (14912 mètres).

URIAGE ou **SAINT-MARTIN-D'URIAGE**, 2165 hab. Petite ville du département de l'Isère, située dans l'arrondissement et près de Grenoble, dans une vallée pittoresque, célèbre par ses eaux minérales chlorurées sodiques et sulfatées calciques et sodiques (température de 22° à 27°), usitées contre les rhumatismes, les névralgies, l'eczéma, etc. Saison du 15 mai au 15 septembre. Les eaux d'Uriage ont été analysées par M. Péligot, et voici le résultat de la décomposition des sels :

	grammes.
Bicarbonate de soude	0,55
Sulfate de chaux	1,52
Sulfate de magnésie	0,60
Sulfate de soude	1,19
Chlorure de sodium	6,00
Chlorure de potassium	0,40
Silice	0,08
Arséniate de soude	0,002

Ces eaux, employées en boissons et en bains, sont surtout conseillées pour les maladies de la peau et les affections scrofuleuses.

***URIDROSE** ou ***URHIDROSE** (g. οὖρον, urine + ἱδρώς, sueur), *sf.* Sueur dont la composition se rapproche de celle de l'urine.

URIE, général des troupes de David, que celui-ci exposa aux coups de l'ennemi et fit ainsi périr afin d'épouser sa femme Bethsabée.

***URIEL** (héb. *ur*, lumière + *el*, seigneur). L'ange de la lumière.

URINAIRE, *adj. 2 g.* Qui se rapporte à l'urine. L'expression *voies urinaires* sert à désigner les organes excréteurs de ce liquide et comprend les reins, les uretères, la vessie et l'urètre. (V. ces mots.) Calculs urinaires ou calculs formés aux dépens de l'urine. (V. *Calcul*.) ‖ S'applique aussi à un individu atteint d'une affection des voies urinaires : *Ce malade est un urinaire.*

URINAL (ml. : *vase urinaire*), *sm.* Vase fermé, pourvu d'un col incliné, dont se servent les malades alités pour uriner sans changer la position horizontale.

***URINATION** (*uriner*), *sf.* Fonction de la vie végétative qui consiste à débarrasser le corps, soit des végétaux, soit des animaux, de tous principes liquides ou solides tenus en dissolution, une fois que les uns et les autres sont devenus impropres à la nutrition. Les principes rejetés sont généralement cristallisables. Les organes urinaires constituent un appareil aussi net et aussi distinct que ceux de la digestion et de la circulation, et qu'il faut placer sur le même rang que l'appareil respiratoire. La fonction de cet appareil, c'est l'*urination*. On distingue quatre groupes d'actes secondaires dans cette fonction, accomplis par autant de subdivisions de l'appareil urinaire : 1° l'*acte de production de l'urine*, ou *acte rénal*, excrémentition accomplie par tout le système rénal et auquel concourent indirectement les capsules surrénales par l'intermédiaire des veines; 2° l'*acte d'excrément de l'urine*, exécuté par les bassinets, les calices et les uretères; 3° l'*acte d'accumulation de l'urine*, ou *acte vésical*, qui s'accomplit spécialement dans la vessie; 4° enfin l'*acte de déjection, de miction* ou d'*expulsion de l'urine*, provoqué indirectement par les parois abdominales et par la vessie, mais qui se produit directement par l'urètre avec l'action musculaire qu'il met en mouvement.

URINE (l. *urina* : du g. οὐρεῖν, uriner), *sf.* Liquide excrémentitiel qui, sécrété par les reins, est rejeté au dehors à travers l'urètre après avoir séjourné pendant un temps variable dans la vessie. La quantité normale d'urine émise en vingt-quatre heures varie pour l'homme entre 1200 et 1300 centimètres cubes; pour la femme, entre 1000 et 1100 centimètres cubes; toutefois, cette quantité varie aussi suivant le plus ou moins d'activité de l'individu, l'augmentation ou la diminution de la transpiration, de la nourriture et surtout des boissons. Peu abondante dans les maladies fébriles (rhumatisme aigu, pneumonie, etc.), vers la fin des maladies mortelles, soit aiguës, soit chroniques, elle peut, dans le cours des maladies chroniques, disparaître presque totalement (hydropisie) ou se montrer très abondante (diabète). Les diurétiques (scille, digitale, scammonée, café, etc.) agissent en augmentant la production d'urine. Normalement, l'urine présente une couleur jaune citrin, remplacée quelquefois par une urine incolore (diabète, urines nerveuses, ingestion d'alcool); dans d'autres cas, elle est d'un jaune très foncé indiquant sa richesse en éléments solides. Mélangée aux pigments biliaires (jaunisse), elle est jaune verdâtre; mélangée au sang, elle est brune ou noire même; mélangée au pus, elle prend une teinte blanche sale caractéristique, en même temps que son aspect est troublé; tandis que l'urine normale est transparente. Inodore au moment de son émission, l'urine prend vite une odeur fétide, ammoniacale. L'urine normale est acide et rougit franchement le papier de tournesol, grâce à la présence de phosphates acides; cette recherche doit être faite peu de temps après l'émission de l'urine chez des individus qui, bien portants, ne font pas usage d'eaux alcalines (Vichy, Vals). La densité varie, à l'état normal, entre 1015 et 1020. Voici, d'après Charles Robin, sous forme de tableau, les différents éléments d'une urine normale :

Eau	965,00
Chlorure de sodium	8,00
Sulfates (SO, NaO, CaO)	3,00
Phosphates	3,00
Urates	1,00
Urée	15,00
Créatine	1,40

L'urée est celui de ces éléments dont les variations sont les plus importantes, et en rapport avec le régime de l'individu, son activité, son âge et aussi son sexe. Le repos de la nuit, l'indolence, une alimentation végétale diminuent sensiblement la quantité d'urée, qui se trouve augmentée thérapeutiquement par l'emploi des ferrugineux, chlorures alcalins, etc.; pathologiquement, dans les maladies aiguës et fébriles, le diabète et les fièvres intermittentes. Parmi les éléments minéraux, le plus constant est le chlorure de sodium ou sel marin, dont la quantité diminue dans les maladies fébriles, notamment dans la pneumonie. Les urates proviennent, comme l'urée, de la transformation des éléments azotés. Les phosphates peuvent, dans certains cas, être très abondants dans l'urine et précéder un ensemble de phénomènes morbides classés sous le nom de *diabète phosphatique* ou *phosphalurie*, considéré souvent comme un symptôme de tuberculose ou un indice de diabète sucré. A côté de ces éléments normaux, on peut rencontrer dans l'urine d'autres éléments dont les uns sont de nature organique, les autres de nature minérale, d'autres enfin représentent des éléments organisés. L'albumine est, de tous les éléments anormaux de l'urine, celui que l'on y rencontre le plus souvent et qu'on devra rechercher cliniquement par divers procédés (chaleur, acide azotique, réactif de Tanret). La présence de cet élément organique constitue l'albuminurie, symptôme d'une maladie qui se localise le plus souvent sur les tissus du rein, soit primitivement, soit secondairement. Le sucre est avec l'albumine l'élément anormal organique que l'on découvre le plus généralement dans l'urine, donnant naissance au diabète sucré. Sa présence peut y être décelée soit par la potasse caustique qui, mélangée à une urine glycosurique, donne une coloration jaune brun allant jusqu'au noir foncé par l'ébullition, soit par une liqueur dite *de Fehling*, qui donne à la surface de séparation de l'urine et de la liqueur elle-même une couche d'abord bleuâtre qui passe rapidement au jaune, à l'orangé et au rouge. La présence des éléments de la bile dans l'urine (sels et pigments biliaires) se révèle par le réactif de Gmælin (pigments), qui donne à la surface de séparation, de bas en haut, des disques successivement colorés en vert, bleu, violet, rouge et jaune, et par le réactif de Petenkofer (acides), qui donne une coloration violette qui passe au rouge. Les éléments anormaux d'origine minérale sont des composés ammoniacaux provenant de la décomposition de l'urée sous l'influence d'un catarrhe vésical ou d'un cathétérisme septique. L'examen microscopique de l'urine peut faire découvrir la présence de sédiments ou calculs uriques formés d'urates, de phosphates de chaux ou de magnésie, d'oxalates de chaux ; enfin, dans d'autres cas, on y découvrira du pus, des cellules épithéliales provenant soit du vagin, soit de la vessie, des globules sanguins, des cylindres muqueux, cireux ou graisseux, des ferments en grand nombre. La recherche du bacille de la tuberculose devra être faite, d'après le procédé ordinaire, dans les urines toutes les fois que l'on soupçonnera une tuberculose des voies génito-urinaires. En ce qui concerne les propriétés utilisables de l'urine, elle constitue en agriculture un précieux engrais. — **Dér.** *Uriner, urination, urineux, urineuse; urinoir; urinal, urinaire; urique, urate, urèse, urose.* — **Comp.** *Hippurate; urobiline; urinipare, urinifère, uragoga; urinomètre, uromètre, uréomètre, urémie, urémique, uridrose, urolithe, urochrome, urocystite, urodynie, urogénital, urogénitale, uromancie,* etc.; *uroxanthine.* — Même famille : *Urée, urètre,* etc.; *uretère, urétérique, urétérite, urétérolithiase, uroscopie.*

URINER (*urine*), *vi.* Rendre de l'urine.

URINEUX, EUSE (*urine*), *adj.* Qui a rapport à l'urine, qui en contient, qui en a l'odeur.

***URINIFÈRE** (*urine* + l. *ferre,* porter), *adj. 2 g.* Qui porte l'urine : *Canaux urinifères.*

***URINIPARE** (*urine* + l. *parere,* produire), *adj. 2 g.* Qui produit l'urine : *Tubes uripares des reins.*

***URINOIR** (*urine*), *sm.* Endroit public où l'on peut aller uriner.

***URINOMÈTRE.** (V. *Uromètre.*)

URIQUE (de la racine *ur,* qui entre dans *urine*), *adj. 2 g.* Se dit d'un acide azoté, cristallisé, blanc, inodore ou insipide, qui existe dans l'urine à l'état d'urate de soude, d'ammoniaque, de potasse, de chaux et de magnésie. C'est l'urate de soude qui forme la partie blanche des excréments des oiseaux et des serpents. Sa formule est $C^{10}H^2, Az^4O^4, 2HO$. || *Calcul urique,* le calcul d'acide urique.

URNE (l. *urna*), *sf.* Chez les anciens, vase pour puiser de l'eau, vase où l'on conservait les cendres des morts. || Chez les anciens et chez les modernes, vase destiné à recevoir les suffrages ou bulletins de vote. || Vase sur lequel sont appuyées les figures des dieux et des déesses des fleuves et des fontaines. || Tout vase qui a la forme d'une urne antique. || Petite cavité à parois membraneuses et fermée par une sorte de couvercle qui contient les spores des mousses. || *Urne épineuse,* coquille du genre volute.

***UROBILINE** (g. οὖρον, urine + l. *bilis,* bile), *sf.* Nom donné par Jaffé à une des matières colorantes de l'urine. L'urobiline est une substance rouge, incristallisable, soluble dans l'alcool et dans l'eau.

***UROCHROME** (g. οὖρον, urine + χρῶμα, couleur), *sm.* Matière colorante de l'urine. (V. *Urobiline* et *Uroxanthine.*)

***UROCYSTITE** (g. οὖρον, urine + *cystite*), *sf.* Inflammation de la vessie chez l'homme et les animaux.

***URODÈLES** (g. οὐρά, queue + δῆλος, apparent), *adj.* et *s.* Se dit d'un ordre de Batraciens dont le corps est terminé par une queue apparente. Le corps des Urodèles est allongé et arrondi ; leurs membres, au nombre de quatre, sont grêles et égaux entre eux. La queue est arrondie chez les espèces qui vivent à terre, comme les salamandres, et aplatie transversalement chez celles qui habitent les eaux. Les Urodèles pondent des œufs isolés et distincts que l'animal fixe sur une plante aquatique. La larve qui naît de chacun de ces œufs porte sur les côtés du cou une houppe ou une lame frangée sur les bords, qui ne sont autre chose que les branchies. Celles-ci disparaissent dès que l'animal est arrivé à l'âge adulte : mais il n'y a pas de différence entre la taille de la larve et celle de l'animal à l'état parfait ; du reste, ces animaux sont généralement petits et ils ne dépassent pas 0m,15 ou 0m,20. Cependant, la salamandre du Japon fait exception à cette règle et atteint 1 mètre de longueur. Les Urodèles présentent un phénomène singulier : si l'on vient à leur couper un membre, la place se cicatrise bientôt et l'on voit apparaître un bourgeon charnu qui, en se développant, donnera naissance à un membre semblable à celui que l'on a amputé. Ce phénomène a reçu le nom de *rédintégration.* Un certain nombre d'Urodèles conservent leurs branchies tout le cours de leur existence : ils constituent le groupe des *Pérennibranches;* les principaux animaux de ce groupe sont le *protée* et la *sirène,* dont le corps ressemble à celui d'une anguille. Le protée atteint 0m,25 de longueur et vit dans les lacs souterrains de la Dalmatie et de la Carniole. Le gouvernement austro-hongrois a pris cet animal sous sa protection et la pêche en est rigoureusement interdite. La *sirène* atteint 1 mètre de longueur ; elle se trouve dans les eaux stagnantes de la Caroline du Sud (Amérique). Elle a aussi la forme d'une anguille, et manque même des pattes postérieures. Les autres genres de l'ordre des Urodèles sont : la *salamandre,* le *triton* et l'*axolotl;* ce dernier se trouve au Mexique, où il est très recherché pour sa chair, que les indigènes trouvent délicieuse. Il présente un phénomène des plus curieux : sa larve jouit de la faculté de pouvoir pondre des œufs, qui éclosent et se développent entièrement, comme ceux de l'animal parfait. Aussi a-t-on cru pendant longtemps que l'*axolotl* conservait ses branchies toute sa vie. Mais des observations minutieuses ont montré qu'il n'est que la larve de l'*amblystome,* connue depuis longtemps, mais dont on ignorait les relations physiologiques avec l'axolotl. Cet animal a été acclimaté en Europe, et l'on en voit dans tous les aquariums. — *Sm.* **Un urodèle,** un batracien de l'ordre des Urodèles.

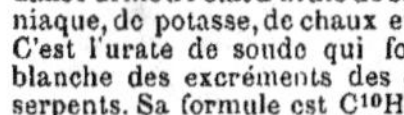

URODÈLE

***URODYNIE** (g. οὖρον, urine + ὀδύνη, douleur), *sf.* Sensation douloureuse qu'on éprouve en urinant.

***UROGASTRE** (g. οὐρά, queue + γαστήρ, ventre), *sm.* Queue d'écrevisse.

***UROGÉNITAL (SINUS)** (g. οὖρον, urine + *génital*). Nom donné, en embryologie, à la cavité antérieure du cloaque qui se trouve séparée de la cavité postérieure ou anorectale par suite de l'abaissement de la cloison de séparation du rectum et de l'allantoïde.

***UROÏDE** (g. οὐρά, queue + εἶδος, forme), *adj. 2 g.* En forme de queue. — Même famille : *Uraète, urodèle, urogastre, uropode, uroptère, uropygial, uropygiale, uropygien, uropygienne,* tous mots composés venant du g. οὐρά, queue.

***UROLITHE** (g. οὖρον, urine + λίθος, pierre), *sm.* Calcul urinaire.

***UROMANCIE** (g. οὖρον, urine + μαντεία, divination), *sf.* Prétendue divination par l'inspection des urines. — **Dér.** *Uromancien, uromancienne.*

***UROMANCIEN, IENNE** (*uromancie*), *s.* Celui, celle qui pratique l'uromancie.

***UROMÈTRE** (g. οὖρον, urine + μέτρον, mesure), *sm.* Appareil destiné à mesurer la quantité d'urée contenue dans les urines.

***UROPODE** (g. οὐρά, queue + ποῦς, gén. ποδός, pied), *adj. 2 g.* Qui a les pieds placés non loin de la queue.

***UROPTÈRE** (g. οὐρά, queue + πτερόν, aile, nageoire), *adj. 2 g.* Qui a des nageoires placées près de la queue. — *Sm.* Nageoire caudale.

***UROPYGIAL, ALE** ou ***UROPYGIEN, IENNE** (g. οὐρά, queue + πυγή, croupion, fesse), *adj.* Qui concerne le croupion. || *Glande uropygienne,* la glande sébacée du croupion des oiseaux qui sécrète une matière huileuse avec laquelle les oiseaux lissent leurs plumes. || *Plumes uropygiales,* les plumes insérées sur le croupion.

***UROSCOPIE** (g. οὖρον, urine + σκοπεῖν, examiner), *sf.* Analyse des urines. — **Dér.** *Uroscopique.*

***UROSCOPIQUE** (*uroscopie*), *adj. 2 g.* Qui a rapport à l'uroscopie, à l'analyse des urines.

***UROSE** (g. οὖρον, urine + sfx. médical *ose* indiquant affection), *sf.* Maladie des voies urinaires.

***UROXANTHINE** (g. οὖρον, urine + ξανθός, jaune), *sf.* Matière colorante de l'urine.

URQUIJO (Mariano-Luis de) (1768-1817), homme d'État espagnol qui signa en 1800, avec le premier Consul, le traité d'Aranjuez. Par ce traité, Bonaparte obtenait, pour la France, Parme, l'île d'Elbe, la Louisiane, en échange du royaume d'Étrurie, destiné à l'infant Louis de Parme. Godoï fit disgracier Urquijo, qui fut enfermé dans Pampelune jusqu'en 1808. Mis en liberté, il se rallia au roi Joseph, et, après 1814, se retira à Paris, où il mourut.

URRACA (1081-1126), reine de Castille, fille d'Alphonse VI et mère d'Alphonse VIII. Ses désordres lui firent enlever le pouvoir royal en 1122.

URSEL, 2400 hab., commune de la Flandre orientale (Belgique). Tissage de lin.

URSEL (prince d'), patriote belge, né vers 1750, mort au commencement de ce siècle. Il fut, en 1790, avec l'avocat Vonck, un des plus actifs promoteurs du soulèvement démocratique dirigé contre la domination de l'aristocratie autrichienne. Après l'arrivée des vonckistes au pouvoir, il fut envoyé comme ambassadeur à Naples ; mais, à l'entrée des Français en Belgique, il dut se retirer à Vienne, où il mourut.

URSEREN ou **ANDERMATT,** village du canton d'Uri (Suisse), près du pont du Diable et du trou d'Uri, dans la vallée de la Reuss. — **Urseren** (combe d'), défilé que traverse le Rhin.

URSINS (Juvénal des). (V. *Juvénal.*)

URSINS (les), nom français de la célèbre famille italienne des *Orsini.*

URSINS (Anne-Marie de la Trémoïlle, princesse des) (1641-1722), célèbre intrigante, agent politique de Louis XIV à Rome. Veuve du prince de Chalais, puis du duc de Bracciano, Flavio Orsini, elle devint, en 1701, la *camerera mayor* de Louise de Savoie, femme de Philippe V, roi d'Espagne. Après la mort de cette reine (1714), elle fut chassée de la cour d'Espagne par Élisabeth Farnèse, dont elle avait elle-même noué le mariage avec le roi, et revint se fixer à Rome, où elle mourut. Elle a laissé plusieurs volumes de correspondance ou de lettres.

***URSON** (péjor. du l. *ursus*), *sm.* Rongeur herbivore de l'Amérique du Sud, armé de piquants plus courts que ceux du porc-épic, et qui vit sur les arbres.

URSULE (sainte), princesse de la Grande-Bretagne, martyrisée avec ses suivantes à Cologne par les Huns vers le milieu du ve siècle, fait qui donna lieu à la légende du martyre des 11 000 vierges. — **Dér.** *Ursulines.*

URSULINES (*Ursule*), *sfpl.* Ordre de religieuses qui se consacraient à l'éducation gratuite des jeunes filles. Fondé en Italie en 1537, il fut introduit en France en 1596.

***URSUS** (ml. : *ours*), *sm.* Genre de mammifères plantigrades fossiles qui abondaient

URSUS SPELÆUS
QUATERNAIRE

dans le quaternaire. Les genres *ursus arctoïdes* et *ursus priscus* rappelaient les ours actuels ; au contraire, l'*ursus spelæus* les dépasse tous quant à la taille : il possède une forte crête sagittale, une brusque dépression frontale et pas de prémolaires. Ces dernières sont présentes chez l'*ursus arvernensis* des tufs du puy de Dôme et l'*ursus etruscus* de la vallée de l'Arno. (V. *Ours,* t. II du Dictionnaire, p. 850, col. 3.) — Même famille : *Urson, Ursins.*

***URTICACÉES,** *sfpl.* (V. *Urticées.*)

URTICAIRE (l. *urtica,* ortie), *sf.* Affection cutanée caractérisée par l'apparition spontanée de saillies lenticulaires, dures au toucher, de couleur différente de celle de la peau environnante, tantôt plus rouges, tantôt plus pâles, saillies qui, se généralisant, déterminent bientôt sur tout le corps une sensation de démangeaison très grande. Ces élevures disparaissent sans laisser de trace, mais elles ne tardent pas à se reproduire. Leur aspect est d'ailleurs des plus variables, soit quant à leur volume, qui rappelle celui d'un léger pointillé ou celui d'une plaque de plusieurs millimètres de diamètre, soit quant à leur couleur, qui va du blanc pâle au rouge pourpre. L'apparition brusque, la mobilité, la disparition et la réapparition de l'exanthème sont des caractères très importants de l'éruption de l'urticaire, ceux qui permettent souvent de la différencier de certaines autres affections de la peau. Se localisant souvent à une partie du corps (membre supérieur, tronc, etc.), l'urticaire atteint généralement toute la surface du corps, soit simultanément, soit successivement, et envahit même, dans certains cas, les organes internes. Il n'est pas rare de voir tous ces phénomènes évoluer sans fièvre ni phénomènes généraux; il nous faut noter cependant que souvent aussi l'urticaire est précédée, accompagnée et suivie de frissons, diarrhée, phénomènes gastriques, et d'une légère élévation de température. D'ailleurs, chacune des plaques d'urticaire évolue en quelques heures; mais à côté de la plaque qui vient de disparaître en naît une nouvelle, et ainsi le cycle se continue pendant un temps indéterminé. La variété la plus simple de l'affection succède à l'ingestion de certains aliments ou médicaments et est connue sous le nom d'*urticaire ab ingestis*. Celle-ci, se présentant avec quelques phénomènes généraux (frissons, maux de tête) porte le nom d'*urticaire fébrile*. Une autre variété survient chez les rhumatisants chroniques : c'est l'*urticaire rhumatismale*. Pénible et désagréable par la démangeaison qu'elle occasionne et qui dure très longtemps dans les cas chroniques, l'urticaire n'est pas une maladie grave. La thérapeutique varie d'ailleurs avec la cause de l'affection. Les personnes sujettes à l'urticaire devront s'abstenir des mets qui, très variables d'ailleurs, suivant les individus, favorisent l'éruption (moules, poissons, choux, champignons, glaces, fraises, truffes, etc.). De plus, le médecin devra surveiller l'administration de certains médicaments (copahu, cubèbe, chloral, bromures). Les émotions vives déterminent l'apparition de l'urticaire chez les gens prédisposés. Disparaissant spontanément dans la plupart des cas aigus après une durée de quelques jours, l'urticaire est, dans les cas chroniques, rebelle à tout traitement : on a préconisé les lotions à l'eau vinaigrée, au chloral hydraté, des pommades chloroformées ou laudanisées. La médication interne se résume dans l'emploi du sulfate de quinine, de l'arsenic, du salicylate de soude, suivant les cas. De tous ces agents thérapeutiques, c'est encore au régime hygiénique qu'il faudra donner la préférence.

***URTICANT, ANTE** (du l. *urtica*, ortie), *adj*. Qui produit une sensation analogue à celle des orties : *Les actinies sont des animaux urticants.*

URTICATION (du l. *urtica*, ortie + sfx. *ation* indiquant action), *sf*. Action dérivative produite sur la peau par le contact de feuilles d'ortie. L'effet de ce contact, différent d'ailleurs suivant la sensibilité cutanée des individus, a été employé autrefois en médecine comme dérivatif; mais l'action manifestement plus énergique des sinapismes et des vésicatoires a fait délaisser complètement aujourd'hui cette méthode thérapeutique, qui cependant peut encore trouver son application dans les cas d'absence d'autres topiques irritants.

URTICÉES ou ***URTICACÉES** (l. *urtica*, ortie), *sfpl*. Famille de plantes dicotylédones à fleurs monoïques, dioïques ou polygames dont l'ortie est le type et à laquelle appartiennent l'ortie et la pariétaire. (V. ces deux mots *Ortie* et *Pariétaire*, pour la description de la fleur.) Les plantes qui composent cette famille se rencontrent partout à la surface du globe, et certaines d'entre elles, comme les orties, par exemple, ont accompagné l'homme dans toutes ses migrations. Néanmoins, on peut faire la part de chaque partie du monde : ainsi le nouveau monde compte un tiers des espèces qui entrent dans cette famille; l'Asie et la Malaisie réunies, un second tiers; l'Afrique et l'Océanie, les neuf dixièmes du troisième tiers, tandis que l'Europe n'en compte que douze espèces. Chacun sait, du reste, que l'ortie et la pariétaire pullulent autour de nos villages et de nos demeures, croissant dans les lieux incultes et pierreux. Les Urticées sont aussi plus répandues dans les îles que dans les continents voisins. Les plantes de cette famille possèdent peu de propriétés : on mange en guise d'épinards les jeunes feuilles de certaines orties; beaucoup d'entre elles sont couvertes de poils renfermant un liquide âcre et irritant qui produit sur la peau l'effet d'une brûlure. Les poils de certaines espèces tropicales renferment un liquide d'une énergie extrême; aussi les Indiens redoutent-ils beaucoup la piqûre du *mealum-ma* (*dendrocnide crenulata*). Leschenault raconte que, se promenant un jour dans le jardin botanique de Calcutta, il fut atteint à la main par cette plante, et bien que trois doigts seulement eussent été piqués, il n'en ressentit pas moins aussitôt des douleurs intolérables suivies d'inflammation et d'accidents tétaniques qui ne disparurent qu'au bout de huit jours. Les Malais se servent de l'*urtica decumana*, qu'ils appellent *dan guttal besaer*, pour pratiquer des urtications; la peau devient rouge et se couvre de vésicules qui disparaissent par l'application d'un peu d'huile. Les Javanais frottent avec une espèce d'ortie (l'*urtica stimulans*) les buffles qui doivent combattre les tigres; l'*ogna-wa* (*urtica ferox*) des Néo-Zélandais détermine des douleurs très vives qui ne s'atténuent qu'au bout de huit jours. Enfin, l'*urtica urentissima*, appelée *feuille du diable* (*daoun setan*) à Timor, passe pour causer des blessures longues et difficiles à guérir et qui, selon les indigènes, amèneraient la mort. Les plantes de cette famille se font surtout remarquer par leur liber souvent textile : les orties sont cultivées dans certaines parties de l'Europe en vue de la filasse qu'on en peut retirer et avec laquelle on fabrique une toile grossière, mais très résistante; dans les pays chauds, certaines espèces sont aussi employées à cet usage; la plus intéressante à ce sujet, le *ma*, *chu-ma* ou *tchou-ma* des Chinois, est connue au Bengale sous le nom de *rhea*, et à Sumatra sous celui de *caloui*; c'est le *china-grass* des Anglais, la *ramie* (V. ce mot) des Javanais, le *chanvre de Chine* des Français et le *bœhmeria nivea* des botanistes, originaire de l'Asie tropicale, et que l'on cultive en grand dans les régions tempérées et chaudes de l'Est, en Chine, aux Indes, au Mexique, etc., en Russie et jusque dans le midi de la France. (V. *Ramie*.) C'est la matière textile par excellence des habitants de l'archipel indien, qui en font des cordages, des vêtements, etc. La toile qu'on en obtient est très résistante, légère, fraîche et absorbe très facilement la sueur. On peut aussi extraire de la racine et des sommités fleuries d'ortie une matière tinctoriale jaune.

La famille des Urticées est considérée comme un type amoindri des Tiliacées et des Malvacées; elle est très voisine aussi des Pipéracées, des Cannabinées, des Morées, des Ulmacées et des Artocarpées, dont elle se sépare par son ovaire à un seul carpelle. — *Sf*. **Une urticée** ou **une urticacée**, une plante quelconque de la famille des Urticées ou Urticacées.

***URUBU** (mot américain), *sm*. Oiseau de proie de la famille des Vautours, de la taille d'un petit dindon, et dont le plumage est d'un noir brillant. Il habite l'Amérique du Sud, dont il nettoie les villes des immondices et des cadavres, qui, sans lui, infecteraient l'atmosphère et en rendraient le séjour impossible. Aussi est-il placé sous la protection des lois : au Pérou, notamment, il est défendu de tuer un de ces animaux sous peine d'une amende de 250 francs. Les urubus sont des oiseaux très sociables et vivent en troupes nombreuses; ils suivent, du reste, l'homme dans toutes ses migrations et, comme ils sont placés sous la protection des lois, ils se multiplient beaucoup; quelques-uns même sont d'une effronterie incroyable. A. d'Orbigny raconte avoir vu l'un d'eux, estropié et n'ayant qu'une patte, se présenter dans deux Missions différentes pour avoir sa part d'une distribution de viande que l'on faisait aux Indiens. Cet oiseau connaissait très bien les jours de cette distribution et était connu des Indiens auxquels il arrachait leur part de nourriture. L'urubu se perche soit sur les branches des arbres, soit sur le toit des maisons. Le matin il se met en quête de sa nourriture, qui se compose de cadavres; dès qu'il s'est repu, il se perche, étend ses ailes, rentre son cou dans ses épaules et digère tranquillement. Il s'exhale de son corps un liquide huileux qui, en s'évaporant, procure une certaine fraîcheur à l'oiseau, mais répand une odeur désagréable.

***URUCURU** (mot américain), *sm*., ou CHEVÊCHE A TERRIER. Oiseau de l'ordre des Rapaces et de la famille des Chouettes, qui habite les plaines ou pampas de l'Amérique du Sud. Cet animal niche dans les terriers, que les renards, les tatous ou autres animaux fouisseurs se sont creusés; il ne renvoie point les propriétaires de ces terriers par la violence, mais l'odeur désagréable qu'il répand les oblige à déguerpir. L'urucuru chasse le jour et la nuit, et il s'associe, pour cela, avec d'autres animaux, tels que les viscachos. Il se nourrit de rats, de reptiles et d'insectes; il s'apprivoise assez facilement, et les indigènes de l'Amérique s'en servent pour se débarrasser des souris et des rats qui infestent leurs demeures.

URUGUAY, 1700 kilom., rivière de l'Amérique du Sud, qui a donné son nom à la république de l'Uruguay. Elle naît dans la sierra do Mar (Brésil), coule à l'O. jusqu'à la frontière argentine, puis au S.-O. et au S. pour aller former la Plata en se réunissant au Parana. Une cataracte, le *Salto-Grande*, est à 400 kilom. en amont de ce point de jonction. Dans son cours inférieur, ce fleuve forme un vaste estuaire de 5 à 10 kilom. de largeur, s'allongeant de la mer pendant plus de 160 kilom. Il reçoit à gauche le rio Negro, qui vient du rio Grande do Sul (Brésil).

URUGUAY [ou-rou-gouaï] (RÉPUBLIQUE ORIENTALE ou encore BANDE ORIENTALE), 217 187 kilom. carrés, 580 000 hab. (Français, 15 000; Italiens, 35 000; Brésiliens, 20 000; Espagnols, 40 000), contrée située dans l'Amérique du Sud entre 30° 51′ et 35° de latitude S., et 56° 25′ et 60° 45′ de longitude O. du méridien de Paris. L'Uruguay a pour limites, au S., le rio de la Plata; au S.-E., l'océan Atlantique (400 kilom. de côtes); au N., les rivières Yaguaron et Cuareim et une ligne conventionnelle qui le sépare du Brésil; à l'O., le rio Uruguay, qui marque la frontière de la République Argentine. L'Uruguay est placé dans une situation très favorable, au N. de l'estuaire du rio de la Plata; les côtes, basses et plates, offrent d'excellentes stations maritimes (rades de Montevideo, de Maldonado, de Colonia). La configuration générale du pays est celle d'un plateau ondulé, présentant des terrasses étagées, et recoupé par des chaînes de montagnes étroites et peu élevées appelées *cuchillas* (700 mètres); la principale d'entre elles porte le nom de *Cuchilla-Grande* et partage l'Uruguay en deux régions (occidentale et orientale); elle forme le prolongement de la sierra Geral (Brésil); de nombreuses rivières en découlent et procurent au pays une grande fertilité. Ces cours d'eau sont presque tous des tributaires du rio Uruguay; les plus importants sont : le *rio Negro*, qui coule du N.-E. au S.-O.; le *rio Cuareim* et le *Yi*. Le *rio Cebollate* est un affluent du grand lac *Merim*, sur les bords duquel il y a des ports assez importants. Le climat de l'Uruguay est doux et salubre : c'est un climat maritime. Les températures moyennes sont de 19° au printemps, 22° en été, 14°,6 en automne, 12° en hiver. En réalité, on ne distingue dans l'Uruguay que deux saisons : l'une, chaude, d'octobre à juin; l'autre, plus fraîche, de juin à septembre. Les variations de température, dans l'espace de 24 heures, sont souvent considérables et atteignent 15° à 18° (entre le lever du soleil et 2 heures de relevée). Dans l'intérieur, les températures sont plus extrêmes (hiver + 2°, été + 35°). En général, les montagnes de l'Uruguay appartiennent aux terrains cristallins; les terrains bas se classent dans la période des alluvions modernes. Les plaines sont recouvertes d'une forte couche de terre végétale. Les richesses minérales du pays sont considérables : on y trouve du plomb et du cuivre argentifère, de l'antimoine; l'argent et l'or se rencontrent dans les provinces limitrophes du Brésil; les rios qui descendent de la Cuchilla-Grande entraînent une grande quantité de paillettes d'or. Les calcaires présentent de nombreux gisements qui fournissent de beaux marbres. L'agriculture s'est beaucoup développée dans ces derniers temps. Les principaux produits sont : le blé, le maïs, l'orge, le cacao, la canne à sucre; parmi les principaux arbres on remarque : l'olivier, l'indigotier, le bananier, le palmier et le cotonnier. Les espèces bovine et ovine comptent dans l'Uruguay d'immenses troupeaux, qui paissent librement : les bœufs sont abattus dans des établissements spéciaux appelés *saladeros* et transportés en Europe au moyen de navires dont les cales sont maintenues à une basse température par de puissants appareils frigorifiques. De grandes fabriques ont été installées pour travailler sur place une partie de ces viandes et les transformer en conserves et en bouillon concentré. On remarque aussi un certain nombre de tanneries importantes. Les chevaux de l'Uruguay sont très estimés et font l'objet d'une exportation active. La république est obligée d'importer un grand nombre d'objets manufacturés, tels que les tissus, les vêtements confectionnés, les livres, la parfumerie, les bijoux, les armes, le sel, le charbon, etc. La forme du gouvernement est celle d'une république représentative régie par une constitution qui a été sanctionnée en 1829; le président est assisté de deux Chambres. Le territoire, dont la capitale est *Montevideo*, est divisé en 18 départements. Les principales villes sont : *Montevideo*, port considérable à l'embouchure du rio de la Plata (134 346 hab., dont 60 000 étrangers); *Colonia del Sacramento* (27 051 hab.), port qui jouit d'une franchise de 5 p. 100 sur les droits d'entrée; *Durazno* (5 000 hab.); *Mercédès*, sur le rio Negro; *Salto* (10 573 hab.), port sur l'Uruguay; *Maldonado* (6 000 hab.).

Les chemins de fer se sont beaucoup développés dans l'Uruguay, qui est desservi par quatre principales lignes de chemins de fer : 1° le chemin de fer central de l'Uruguay, de Montevideo à Durazno; 2° le chemin de fer de l'E. de Montevideo vers Minas et Maldonado; 3° le chemin de fer du N. de Montevideo à la barre du fleuve Santa-Lucia (20 kilom.); 4° le chemin de fer du Salto à Santa-Rosa.

Des lignes de navigation régulières relient Montevideo à Anvers, Barcelone, Bordeaux, Brême, Gênes, Hambourg, le Havre, Lisbonne, Marseille, Rotterdam. L'émigration amène dans le pays environ 20 000 personnes en moyenne par an.

Les missionnaires jésuites s'établirent les premiers à demeure dans l'Uruguay, en 1622; puis vinrent des Espagnols et des Portugais. Après de vives rivalités entre l'Espagne et le Portugal, ce territoire finit par rester aux Espagnols (1724). Sous le nom de la *Banda oriental*, il fit partie en 1776 de la vice-royauté de Buenos-Ayres. Uni à celle-ci pour soutenir la guerre de l'indépendance de 1811, il tomba au pouvoir de José Artigas en 1814; et à la chute de celui-ci, en 1821, les Portugais annexèrent la *Banda oriental* au Brésil. Mais en 1825 l'Amérique du Sud se leva pour l'indépendance, et l'Uruguay fut partagé : la partie nord resta annexée au Brésil, et l'autre fraction forma la *république de l'Uruguay* (1825). Depuis lors, bien des secousses politiques ont troublé le pays : d'abord la révolution d'Oribe, où intervint Rosas, le dictateur de Buenos-Ayres; puis celle de Flores (1860), qui, battu en 1863, fut rétabli par le Brésil en 1865 : c'est alors que fut conclu un traité d'alliance entre la République Argentine, le Brésil et l'Uruguay contre le Paraguay.

URUS (ml. : venu du sanscr. *usra*, taureau, et transformé en *ûr*, *ûro* dans le VHA.), *sm*. Nom sous lequel on désignait, dans l'antiquité, une espèce de bison remarquable par ses cornes formidables, qui vivait dans les forêts de l'Europe et est aujourd'hui complètement éteinte. Ce nom a été donné depuis le XVI° siècle au *bison d'Europe*, le *wisent* des Allemands, le *subr* des Polonais, que Pline appelle *bonassus*, et qui portait une crinière très épaisse. Il existe encore, dans la forêt de Byalowicsa, en Lithuanie, et près des sources du Terek et du Kouban, quelques représentants de cette dernière espèce, connue aujourd'hui sous le nom d'*aurochs*. (V. ce mot.)

URVILLE (DUMONT D'). (V. *Dumont d'Urville*.)

***URVILLÉE** (de *Dumont d'Urville*), *sf*. Genre de plantes dicotylédones, de la famille des Sapindacées, qui habitent l'Amérique tropicale. Ce sont des arbustes grimpants, dont les tiges, sarmenteuses, portent des feuilles alternes à trois folioles. Le fruit est une samare, et les graines sont logées dans une cavité située à la moitié de la hauteur.

URVILLÉE

1. **US** [u-ss] (l. *usus*), *smpl*. Usages : *Les us et coutumes d'un pays*. — **Dér.** *Usage, usager, user* 1 et 2, *usé, usée, usant, usante, usance, usable, usine, usinage, usinier, usité, usitée; ustensile; usuel, usuelle, usuellement; usure, usurer, usurier, usurière, usuraire, usurairement; utile, utilement, utilité, utiliser, utilisable, utilisation, utilitaire, utilitarisme*. — **Comp.** *Mésuser, mésusage; usucapion; usufruit, usufruitier, usufruitière, usufructuaire; usurper, usurpation, usurpateur, usurpatrice; ad usum; abus, abuser, abuseur, abusif, abusive, abusivement; inutile, inutilement, inutilité; inusité, inusitée*.

2. **US** [u-sse], *sm*. Terminaison d'un grand nombre de mots latins : *Savant en us*, qui sait bien le latin et en fait de fréquentes citations.

***USABLE** (*user*), *adj. 2 g*. Qui peut s'user.

USAGE (bl. *usaticum*), *sm*. Emploi qu'on fait habituellement d'une chose : *Faire usage d'un médicament*. || Profit, utilité qu'on tire d'une chose : *Cette étoffe est d'un bon usage*. || Jouissance, usufruit : *On lui a laissé l'usage de cette maison*. || Droit qu'ont les voisins de consommer le bois d'une forêt, les arbres d'un pâturage : *Avoir droit d'usage*. || Emploi habituel ou exceptionnel d'un mot, d'une expression : *Cette locution est hors d'usage*. || Habitude : *C'est un usage ancien*. || Savoir-vivre : *Avoir de l'usage*. (V. *Us* 1).

USAGER (*usage*), *sm*. Qui a le droit de consommer les produits d'une forêt, d'un pâturage.

USANCE (*user*), *sf*. Manière habituelle d'agir. || Délai de 30 jours ou de plusieurs fois 30 jours affecté au payement d'une lettre de change : *Lettre à 3 usances, à 90 jours*.

USANT, ANTE (p. p. de *user*), *adj*. Qui use insensiblement. || Qui n'est plus en tutelle : *Fille majeure usante et jouissante de ses droits*.

USBECKS. (V. *Uzbeks*.)

USCOQUES ou **USKOKS**, peuple agriculteur de la Dalmatie, d'origine slave, autrefois pillard, que les Ottomans forcèrent à quitter la Serbie.

USÉ, ÉE (*user*), *adj*. Détérioré, diminué de volume par le frottement, l'usage : *Les marches usées d'un escalier*. — Fig. Affaibli : *Tempérament usé*. || Rendu improductif par une culture forcée : *Sol usé*. || Rendu commun, trivial par l'abus qu'on en fait : *Coutume usée. Expression usée*.

USEDOM, 11 000 hab. Ile située à l'embouchure de l'Oder, sur les côtes de la Baltique, entre le Pommersche-Haff, la Swine et la Peene.

1. **USER** (bl. *usare* : de *uti*, se servir), *vt*. Épuiser : *User une mine*. || Consommer : *User beaucoup de bois*. || Détériorer peu à peu par l'usage : *User ses vêtements*. || Rendre sans force, sans vigueur : *User sa vie, ses yeux*. || Dépenser : *User ses ressources*. || Diminuer par le frottement : *User un parquet*. — *Vi*. Faire consommation : *User de viande rôtie*. || Se servir : *User de ruse*. || *En user*, agir de telle ou telle manière : *Il en use bien avec moi*. — **S'user**, *vr*. Se détériorer insensiblement par l'usage : *Les livres s'usent à les feuilleter*. || Être réduit de volume par le frottement : *Le parquet s'use sous les pieds*. || Être affaibli : *Ma vue s'use tous les jours*. || Perdre toute efficacité, toute influence : *La violence s'use vite*. || Devenir improductif : *Un champ s'use par la culture continue d'une même plante*. — **Dér.** (V. *Us* 1.)

2. **USER** (*user* 1), *sm*. Emploi prolongé : *Étoffe bonne à l'user*. — Fig. *Homme bon à l'user*, avec qui les relations sont sûres et agréables.

***USINAGE** (*usine*), *sf*. Série d'opérations par lesquelles les bouches à feu sont amenées de l'état brut à l'état fin. L'usinage d'une bouche à feu en acier comprend : 1° un centrage sur le tour; 2° un tournage; 3° un premier forage; 4° un nouveau tournage; 5° un second forage; 6° un alésage partiel; 7° un rayage; 8° un alésage définitif de l'âme. L'usinage des canons, de même que celui des projectiles, a lieu en France dans les arsenaux de l'État. Depuis quelque temps, l'adoption des gros calibres et la liberté dont jouit la fabrication des engins de guerre a amené l'État à acheter des pièces d'artillerie et des obus complètement terminés dans des usines privées.

USINE (bl. *usina* : de *usus*, usage), *sf*. Autrefois, toute machine hydraulique. || Aujourd'hui, établissement industriel où les machines font le travail le plus important : *Usine à vapeur*. — **Dér.** *Usinier, usinière*.

***USINIER** (*usine*), *sm*. Celui qui fait valoir une usine.

USITÉ, ÉE (l. *usitatum* : de *usitare*, fréquentatif de *uti*, se servir), *adj*. Dont on fait usage : *Expression très usitée*.

USKOKS. (V. *Uscoques*.)

***USNÉE** (bl. *usnea* : de l'arabe *ashnah*, mousse), *sf*. *Usnée humaine*, espèce de mousse verdâtre que l'on recueillait sur des crânes humains longtemps exposés à l'air, surtout sur ceux des pendus, et à laquelle l'ancienne médecine attribuait des propriétés merveilleuses. || Aujourd'hui, genre de lichens croissant sur les rochers et les arbres, et dont le thalle, d'abord dressé, devient pendant, très rameux et de couleur vert pâle. Les organes reproducteurs, ou apothécies, sont arrondis et de la même couleur que le thalle. L'espèce la plus intéressante est l'*usnée barbue*, que l'on trouve communément sur les grands arbres de nos forêts et qui était jadis employée en médecine comme astringente.

USNÉE BARBUE

***USQUEBAC** (irl. *uisce*, eau + *beatha*, vie), *sm*. Eau-de-vie de grain aromatisée avec du safran et quelques autres plantes.

USSAT, 325 hab., village du canton de Tarascon (gare, à 3 kilom.), arr. et à 20 kilom. S. de Foix (Ariège). Nombreuses cavernes aux environs. Ussat possède des eaux thermales bicarbonatées calciques, dont la température varie entre 30° et 35° C. Le traitement est un traitement balnéaire qui dure d'un mois à six semaines : il est institué surtout contre les affections nerveuses (hystérie, chorée, névralgie, etc.). Les affections utérines chroniques qui sont sous la dépendance du système nerveux sont très heureusement influencées par l'emploi des bains d'Ussat.

USSEAU, village près de Carcassonne (Aude), où se fabrique le drap appelé *drap d'Usseau*.

USSEL, 4534 hab. S.-préf. (Corrèze), à 470 kilom. de Paris, entre la Sarsonne et la Diège. Fabriques de lainages.

USSÉRIUS ou **USHER** (James) (1580-1656), savant chronologiste irlandais, archevêque anglican d'Armagh.

USSES, 42 kilom. Torrent de la Haute-Savoie, qui prend sa source près du Salève, passe à Frangy et se jette dans le Rhône près de Seyssel. Il reçoit les Petites Usses près de Sallenove, le Fornant près de Musiège.

USSON, 960 hab., village du canton et arr. d'Issoire (Puy-de-Dôme). Ruines d'un château où habita Marguerite de Valois après son divorce. Usson possède des eaux minérales riches en sulfure de sodium et renfermant aussi du chlorure de sodium, des carbonates, sulfates et silicates alcalins. Employées presque exclusivement par les personnes des contrées avoisinantes, les eaux d'Usson, d'un goût légèrement amer, trouvent leur indication dans les affections cutanées et les catarrhes des voies aériennes.

USTARITZ, 2453 hab. Ch.-l. de c., arr. de Bayonne (Basses-Pyrénées). Ancienne capitale du Labourd.

USTENSILE (vx fr. *utensile*; l. *ustensilia*, choses dont on se sert : de *uti*, se servir), *sm*. Vase ou autre objet dont on fait usage dans une cuisine. || Outil. || Ce qu'un hôte est obligé de fournir aux soldats qu'il loge.

***USTÉRIE** (dédié au botaniste *Usteri*), *sf*., ou Maurandie, *sf*. Genre de plantes dicotylédones de la famille des Scrofularinées originaires du Mexique. Les principales espèces sont : 1° la *maurandie toujours fleurie* (*maurandia semperflorens*), belle plante grimpante longue de $1^{m},50$ à 2 mètres, dont les nombreuses fleurs, grandes et solitaires, sont d'un rose pourpre et hivernent en orangerie; 2° la *maurandie à fleurs de muflier* (*maurandia antirrhiniflora*), également grimpante et ayant des fleurs de couleur lilas; 3° la *maurandie de Barclay* (*maurandia Barclayana*), à fleurs d'un beau bleu violacé, et doubles de celles des espèces précédentes; en outre, son calice est orné de poils bruns visqueux. On a obtenu diverses variétés de ces espèces, qui se distinguent les unes des autres par la couleur de leurs fleurs.

USTÉRIE

USTICA, 3000 hab., île à l'O. des îles Lipari, qui appartient à l'Italie.

***USTILAGINÉES** (du l. *ustulo*, je brûle), *sfpl*. Famille de champignons microscopiques, parasites sur les plantes des familles des Composées, des Polygonées, des Caryophyllées, des Renonculacées et sur les céréales. Quelquefois ces champignons n'attaquent la plante sur laquelle ils se développent qu'en des endroits déterminés; mais le plus souvent ils se logent dans la plantule et envahissent la plante nourricière à mesure qu'elle se développe, pénétrant dans tous ses organes pour donner des spores dans des organes déterminés. C'est ainsi que la *carie des céréales* se substitue entièrement à leur ovule et que le grain est remplacé par des spores (V. *Carie*); il en est de même de l'*ustilago maïdis*, qui déforme les grains du maïs (V. ce mot) et les remplace entièrement. Le même phénomène se produit aussi chez les Polygonées. Pour la famille des Composées et des Caryophyllées, ce sont les étamines qui sont le siège du mal. Néanmoins il est des espèces d'Ustilaginées qui développent leurs spores dans l'intérieur des tissus des végétaux : tels sont ceux qui rongent les bulbes de l'oignon ordinaire, etc. — *Sf*. **Une ustilaginée**, une plante quelconque de la famille des Ustilaginées.

USTION (l. *ustionem*), *sf*. Action de brûler.

***USTRINE** (l. *ustrina* : de *ustum*, supin de *urere*, brûler), *sf*. Dans l'ancienne Rome, endroit funéraire où l'on brûlait les corps des morts.

USUCAPION (l. *usucapionem* : de *usus*, usage + *capere*, prendre), *sf*. Droit à la possession d'une propriété acquis par une longue jouissance.

USUEL, ELLE (l. *usualem* : de *usus*, usage), *adj*. Dont on se sert ordinairement : *Procédé usuel*. || *Connaissances usuelles*, celles dont on fait usage dans la pratique journalière de la vie. — **Dér.** *Usuellement*.

USUELLEMENT (*usuelle* + sfx. *ment*), *adv*. Ordinairement, couramment.

USUFRUCTUAIRE (l. *usufructuarium* : de *usus*, usage + *fructus*, fruit), *adj*. 2 *g*. Qui a rapport à l'usufruit.

USUFRUIT (l. *usufructum* : de *usus*, usage + *fructus*, fruit), *sm*. Droit de jouissance temporaire ou viagère des choses dont un autre ou d'autres ont la propriété, comme le ferait le propriétaire lui-même, mais à la charge d'en laisser intacte la substance. D'après l'article 581 du Code civil, l'usufruit peut être établi sur toutes espèces de biens meubles ou immeubles, soit purement et simplement, soit à jour déterminé ou bien sous certaines conditions. L'usufruit est constitué, soit par la loi, soit par convention ou bien encore par testament. Le père ou la mère, ayant tutelle d'un enfant non émancipé avant dix-huit ans, jouit d'un véritable usufruit et ne peut céder cette jouissance. L'usufruitier a droit à tous les objets qui sont soumis à l'usufruit et peut se servir de chacun selon sa destination. Lui appartiennent : 1° les *fruits naturels*, c'est-à-dire les produits spontanés de la terre, le produit et le croît des animaux; 2° les *fruits industriels*, ceux qui sont obtenus par la culture sur un fonds d'exploitation; 3° les *fruits civils*, c'est-à-dire les loyers ou fermages des maisons ou autres immeubles, les intérêts des capitaux exigibles, les arrérages des rentes. Les *fruits naturels et industriels pendants par branches ou racines* au moment de l'ouverture de l'usufruit appartiennent à l'usufruitier; seulement ceux qui se trouvent dans le même état au moment où s'éteint l'usufruit reviennent au propriétaire du fonds usufruité, sans qu'il y ait lieu, de part ni d'autre, à récompense pour frais de labour et de semences. Quant aux *fruits civils*, ils sont réputés s'acquérir jour par jour, et n'appartiennent à l'usufruitier qu'à proportion de la durée de son usufruit. Si dans l'usufruit sont compris de l'argent, des grains, des boissons, etc., l'usufruitier a le droit d'en disposer selon son bon plaisir, mais il est tenu, à l'expiration de son usufruit, de les remplacer en même quantité et même qualité et valeur, ou par estimation; si c'est du linge ou des meubles, il doit les rendre dans l'état où ils se trouvent après usage, à moins de détériorations commises par sa faute. L'usufruitier n'a pas le droit de pratiquer des coupes dans les taillis, et il ne peut consentir des baux pour une période de plus de neuf ans. Il peut jouir par lui-même, donner à ferme à un autre, vendre même son droit ou le céder à titre gratuit. Maintenant, voici les obligations imposées à l'usufruitier : 1° faire dresser un inventaire des meubles et un état descriptif des immeubles usufruités avant d'entrer en jouissance; 2° donner caution valable de jouir en bon père de famille (les père ou mère usufruitiers exceptés); 3° contribuer, pendant la durée de l'usufruit, aux charges annuelles de l'héritage, impositions, réparations d'entretien, etc., qui sont censées charges des fruits. Si l'usufruit porte sur tout le fonds ou bien sur une quotité (c'est-à-dire la moitié, le quart, etc.), l'usufruitier contribue avec le propriétaire au payement des dettes. En cas de constructions nouvelles ou de grosses réparations ou d'améliorations faites sans conventions spéciales, l'usufruitier n'a aucun droit de réclamer une indemnité. Les causes qui donnent lieu à extinction d'usufruit sont : 1° la mort de l'usufruitier; 2° l'expiration du terme conventionnel; 3° l'accomplissement de la condition résolutoire stipulée; 4° la réunion (ou *consolidation*) sur une seule tête des qualités d'usufruitier et de propriétaire; 5° la destruction totale de la chose usufruitée; 6° la renonciation à l'usufruit; 7° l'abus de jouissance; 8° le non-usage pendant trente ans; 9° l'expiration d'une période de jouissance trentenaire, s'il n'y a pas de terme fixe; 10° la résolution du droit du propriétaire qui avait constitué l'usufruit; 11° la prescription acquise au profit d'un tiers possesseur. Le droit d'usufruit peut être exproprié sur les poursuites d'un créancier de l'usufruitier. — **Dér.** *Usufruité, usufruitée, usufruitier, usufruitière, usufructuaire*.

***USUFRUITÉ, ÉE** (*usufruit*), *adj*. Grevé d'usufruit.

USUFRUITIER, IÈRE (*usufruit*), *s*. Celui, celle qui a l'usufruit d'une propriété. — Adj. *Réparation usufruitière*, celle qui sert à la charge de l'usufruitier.

***USUM (AD)** (ml.), locution adverbiale qui signifie *à l'usage*.

USURAIRE (l. *usurarium* : de *usura*, usure), *adj*. 2 *g*. Où il y a de l'usure : *Profit usuraire*.

USURAIREMENT (*usuraire* + sfx. *ment*), *adv*. En faisant l'usure.

USURE (l. *usura* : de *uti*, servir), *sf*. Autrefois, intérêt de l'argent. || Aujourd'hui, intérêt de l'argent dépassant les taux de 5 et 6 p. 100, fixés par la loi : *Prêter à usure*. — Fig. *Rendre avec usure*, au delà de ce qu'on a reçu. || Détérioration résultant de l'usage d'une chose : *L'usure d'un meuble, d'un habit*. — **Dér.** *Usurier, usurière, usuraire, usurairement*.

***USURER** (*usure*), *vi*. Faire l'usure (vx).

USURIER, IÈRE (*usure*), *s*. Celui, celle qui prête de l'argent à un taux supérieur à celui qui est fixé par la loi. || Par extension, personne qui profite des malheurs ou des nécessités d'autrui pour s'enrichir. — *Adj*. Qui a le caractère de l'usure : *Procédé usurier*.

USURPATEUR, TRICE (l. *usurpatorem* : de *uti*, se servir), *s*. Celui, celle qui réussit à prendre un bien, un pouvoir qui ne lui appartient pas légitimement : *L'usurpateur d'une fortune, d'un trône*. || Qualification que les royalistes donnaient à Napoléon Ier.

USURPATION (l. *usurpationem*), *sf*. Action d'usurper, son résultat. || La chose usurpée.

***USURPATOIRE** (l. *usurpatorium*), *adj*. 2 *g*. Qui a le caractère de l'usurpation.

USURPER (l. *usurpare* : de *uti*, se servir), *vt*. S'emparer sans droit d'une chose, d'un pouvoir, d'un titre : *Usurper le trône*. — *Vi*. Commettre une usurpation. — Fig. *Réputation usurpée*, sans fondement. — **Dér.** *Usurpation, usurpateur, usurpatrice, usurpatoire*.

UT (premier mot de l'hymne de saint Jean *Ut queant laxis*...), *sm*. Première note de la gamme. || Signe qui la représente. || *Ut de poitrine*, note très aiguë que peuvent faire entendre certains ténors.

UTAH, 144786 hab., 220063 kilom. carrés. Territoire des États-Unis de l'Amérique du Nord, sur le haut plateau compris entre les montagnes Rocheuses et la sierra Nevada, parsemé de lacs où se déversent des rivières qui ne communiquent pas avec l'Océan, et principalement habité par les Mormons. Capitale : *Great-Salt-Lake-City*.

UTELLE, 1827 hab. Ch.-l. de c., arr. de Nice (Alpes-Maritimes). Huile d'olive.

***UTÉRALGIE** (*uterus* + g. ἄλγος, douleur), *sf*. Douleur nerveuse de l'utérus.

UTÉRIN, INE (l. *uterinum* : de *uterus*, matrice), *adj*. Qui a rapport à l'utérus. || *Fureur utérine*, la nymphomanie. (V. ce mot.) || *Plexus utérin*, l'ensemble du feutrage nerveux qui, né du nerf grand sympathique, va se terminer dans l'utérus en se divisant en rameaux postérieurs, latéraux et antérieurs, suivant les portions de l'utérus qu'ils innervent. (Anat.) || *Artère et veine utérines*, vaisseaux sanguins destinés aux parois de l'utérus. L'artère provient de l'artère hypogastrique, dont elle constitue une des branches collatérales principales. Il y en a une de chaque côté du corps. Les veines, doubles de chaque côté, naissent des parois de l'utérus et se jettent dans la veine hypogastrique. || Se dit des enfants nés de la même mère, mais non du même père : *Frères utérins*. — **Dér.** *Utérinité*.

***UTÉRINITÉ** (*utérin*), *sf*. État, droit d'un parent utérin.

***UTÉRO-OVARIENNE** (*utérus+ovaire*), *adj*. Qui concerne l'utérus et l'ovaire. || *Artère et veine utéro-ovariennes*, vaisseaux sanguins qui vont se terminer aux organes génitaux internes de la femme (utérus et ovaire). L'artère utéro-ovarienne naît de la face antérieure de l'aorte au niveau de l'artère rénale (rein), et se termine par deux branches qui vont l'une à l'utérus, l'autre à l'ovaire. Elle est remarquable par sa longueur et ses flexuosités. Les veines nées de l'utérus et de ses annexes forment, en se fusionnant, le plexus pampiniforme, et se terminent, celle de gauche, dans la veine rénale correspondante, celle de droite, dans la veine cave inférieure.

***UTÉRO-OVARIQUE** (*utérus + ovaire*), *adj. 2 g.* Qui se rattache à l'utérus et à l'ovaire. || *Plexus utéro-ovarique*, se dit de l'ensemble des nerfs qui se rendent soit à l'utérus, soit à l'ovaire.

***UTÉROTOMIE** (*utérus* + g. τομή, section), *sf*. Opération chirurgicale consistant dans la section de l'utérus.

UTÉRUS (l. *uterus*, matrice ; sanscr. *udara*, ventre), *sm*. Organe de la gestation dans lequel l'œuf fécondé est reçu et conservé jusqu'au moment de la maturité. Chez la femme, il a la forme d'un cône à base supérieure qui présenterait une grosse extrémité, ou *corps* de l'utérus, séparée de la partie la plus mince, ou *col*, par un sillon assez étendu, auquel on réserve le nom d'*isthme*. L'organe est en entier situé dans le petit bassin au-dessus du vagin dans lequel proémine le col, en avant du rectum, dont il est séparé par un repli du péritoine (cul-de-sac utéro-rectal), en arrière de la vessie, dont il est également séparé par un repli de la séreuse péritonéale (cul-de-sac utéro-vésical), qui remonte plus ou moins haut, suivant l'état de réplétion ou de vacuité de la cavité vésicale. Supporté par ces organes, l'utérus est surtout maintenu dans cette position par 3 ligaments doubles, 2 ligaments larges ou latéraux, 2 ligaments postérieurs ou utéro-sacrés, 2 ligaments antérieurs ou ronds. Son volume varie avec l'âge et l'état sexuel de la femme : il en est de même du poids, qui est en moyenne de 42 grammes. L'utérus, au point de vue de la structure et de la physiologie, est un organe musculaire auquel convient parfaitement la dénomination de *muscle creux*, qui lui a été donnée par un grand nombre de médecins et reste aujourd'hui classique. On rencontre de dehors en dedans une tunique séreuse, dépendance du péritoine qui ne recouvre l'utérus qu'incomplètement, une tunique musculaire et une muqueuse. La musculaire, de beaucoup la plus importante, s'hypertrophie pendant la grossesse et ses fibres lisses interviennent activement dans le travail de l'accouchement. Elle comprend trois plans de fibres : profond, moyen, superficiel. La muqueuse, très adhérente aux parties sous-jacentes, est une muqueuse à cils vibratiles dans le corps, une muqueuse à épithélium pavimenteux à la partie inférieure du col. — **Dér.** *Utérin, utérine, utérinité*. — **Comp.** *Utéralgie, utérotomie, utéro-ovarienne, utéro-ovarique*.

UTICA, 33 915 hab. Ville de l'État de New-York (États-Unis d'Amérique), sur la Mohawk et le canal d'Érié.

UTILE (l. *utilem* : de *uti*, se servir), *adj. 2 g.* Qui sert à quelque chose, profitable, avantageux : *Procédé utile*. || Qui ne dépasse pas le délai fixé par les lois : *En temps utile*, dans le temps où l'on peut faire valoir ses droits. — *Sm*. Ce qui est utile : *L'utile et l'agréable*. — **Dér.** *Utilement, utilité, utiliser, utilisable, utilisation, utilitaire, utilitarisme*.

UTILEMENT (*utile* + sfx. *ment*), *adv*. D'une manière utile : *S'occuper utilement*.

***UTILISABLE** (*utiliser*), *adj. 2 g.* Qui peut être utilisé.

***UTILISATION** (*utiliser*), *sf*. Action d'utiliser.

UTILISER (*utile*), *vt*. Tirer parti de. || Employer à son avantage : *Utiliser un terrain*.

UTILITAIRE (*utile*), *adj. 2 g.* Qui vise à l'utilité. — *Sm*. Celui qui méprise la théorie et ne considère que le profit que les choses peuvent rapporter.

UTRICULAIRE

***UTILITARISME** (*utilitaire*), *sm*. Doctrine des utilitaires.

UTILITÉ (l. *utilitatem*), *sf*. Profit, avantage qu'on retire d'une chose : *Il y a de l'utilité à savoir nager*. — *Sfpl*. Les rôles secondaires, mais indispensables, des acteurs dans une pièce de théâtre.

***UTI POSSIDETIS** (ml. : *comme vous possédez*, comme chacun possède), *sm*. L'état présent des choses considéré comme réglant la possession, les droits.

UTIQUE, ville et port de l'Afrique ancienne, sur la Méditerranée, au N.-O. de Carthage; capitale de l'Afrique romaine et où le second Caton se donna la mort.

UTLIBERG, montagne de Suisse, au N. de l'Albis.

UTOPIE (g. οὐ, non + τόπος, lieu), *sf*. Pays imaginaire dans lequel Thomas Morus supposait que l'on jouissait d'un bonheur parfait. — Fig. Le rêve impossible d'un gouvernement dans lequel tout le monde jouirait de toutes les douceurs de la vie et serait parfaitement heureux. || Supposition irréalisable : *Faire des utopies*. — **Dér.** *Utopiste*.

UTOPISTE (*utopie*), *sm*. Celui qui forge des utopies ou qui y croit.

***UTRAQUISTES** [u-tra-kui-ste] (du l. *sub utraque specie*, sous les deux espèces), *smpl*. Sectaires hussites de Bohême qui regardaient comme indispensable la communion sous les deux espèces.

UTRECHT, 70 000 hab. Ville de Hollande, ch.-l. de la province du même nom, sur le Vieux-Rhin et sillonnée de nombreux canaux. Centre de la défense du pays et des chemins de fer. Archevêché catholique, séjour de beaucoup de jansénistes, célèbre université. Grandes écoles de l'État. Fabriques de velours et tapis. Commerce de grains et bétail. C'est dans cette ville que fut signé, en 1713, le traité qui termina la guerre de la succession d'Espagne. Philippe V avait l'Espagne et ses colonies; Charles VI les Pays-Bas espagnols, Naples, la Sardaigne et le Milanais; le duc de Savoie obtenait la Sicile, et l'Angleterre, Minorque, Gibraltar, l'Acadie et Terre-Neuve.

UTRERA, 13 900 hab. Ville de la province de Séville (Espagne).

***UTRICULAIRE** (*utricule*), *adj. 2 g.* Qui a la forme d'un utricule. || Cellulaire : *Le tissu utriculaire des plantes*. — *Sf*. Genre de plantes dicotylédones de la famille des Utriculariées ou Lentibulariées, dont plusieurs espèces vivent aux environs de Paris. Ce sont des herbes aquatiques vivaces, à tige ramifiée et portant des feuilles submergées et à segments nombreux; elles sont en outre munies de vésicules fermées par un opercule et qui, avant la floraison, sont pleines d'un liquide assez lourd pour maintenir la plante au fond de l'eau; mais dès que les fleurs commencent à paraître, la plante sécrète de l'air qui se rend dans les vésicules, en chasse le liquide et les rend plus légères; les feuilles et les fleurs montent à la surface de l'eau; ces dernières s'y épanouissent et fructifient; alors les vésicules se remplissent de nouveau et les fleurs fécondées sont ramenées au fond de l'eau où la graine est semée naturellement dès que les fruits sont mûrs. Ces utricules remplissent, du reste, une fonction beaucoup plus importante, comme on va le voir. Ce sont de petits sacs en forme de poire dont la partie inférieure, la plus rapprochée de la tige, est presque plane et a reçu le nom de *surface ventrale*, tandis que la supérieure est bombée et a été appelée *surface dorsale*. A son extrémité la plus fine, l'utricule présente une sorte de bec abritant une ouverture garnie d'une valvule qui en ferme l'entrée. Des poils, dirigés en dehors et disposés sur la partie externe de l'ouverture, dessinent, par leur ensemble, une sorte d'entonnoir, tandis que la valvule porte intérieurement de petits appendices disposés en sens inverse. La valvule, du reste, est assez rigide pour qu'il faille exercer une certaine pression pour la faire céder. La paroi interne de l'utricule est recouverte de glandes dont quelques-unes sont munies de processus terminés par quatre pointes. Lorsqu'un petit animal, un crustacé, un ver, un insecte, etc., se présente à l'entrée de l'utricule, il pousse sur la valvule, qui cède quelquefois tout d'un coup et se referme de même. Une fois entré dans le petit sac, notre petit aventurier n'en peut plus sortir et ne tarde pas à mourir asphyxié; son cadavre se décompose, et l'eau de l'utricule, chargée de matières albuminoïdes provenant de cette décomposition, est

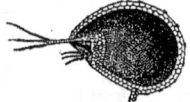

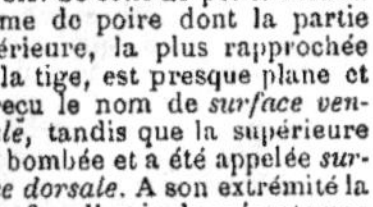

UTRICULAIRE

COUPE D'UTRICULE

absorbée par les diverses glandes et les processus qui tapissent l'intérieur de l'utricule. Les *utriculaires* sont donc des plantes *carnivores*. Du reste, elles vivent toutes dans des eaux sales et, par conséquent, chargées de matières organiques en décomposition. Une espèce, l'*utriculaire des montagnes* (*utricularia montana*), vit cependant sur la terre, dans le creux des rochers. Cette plante émet de fins rhizomes très nombreux portant de petites vessies dont l'organisation se rapproche de celle des utricules des autres plantes du genre qui nous occupe. Mais ces rhizomes présentent une autre particularité intéressante : on trouve également sur ces rhizomes des tubercules remplis d'eau; ceux-ci ne sont pas destinés à nourrir la plante comme les petites vessies; mais ce sont des organes où l'eau est emmagasinée pour que la plante puisse, dans les moments de sécheresse, trouver une réserve nécessaire à son existence. Il est bon de noter que l'*utriculaire des montagnes* vit dans les parties tropicales de l'Amérique du Sud.

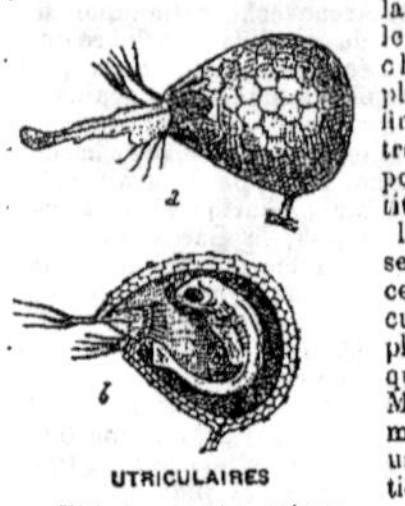

UTRICULAIRES

a. Utricule prenant un poisson.
b. Coupe d'utricule contenant un poisson.

Une plante voisine des utriculaires, le *gentisea ornata*, que l'on trouve au Brésil, a des utricules beaucoup plus compliquées : imaginez une petite ampoule terminant la partie supérieure d'une feuille filiforme. De son autre extrémité part un tube qui se termine supérieurement par un petit orifice; là naissent deux bras simulant une petite fourche. Mais ces bras ont cela de particulier, qu'ils sont formés chacun par un ruban disposé en spirale et de manière que ses bords se recouvrent exactement. La paroi interne du tube et celle de l'utricule sont recouvertes de petits poils dirigés de haut en bas; ils empêchent, par cette disposition, les petits animaux qui ont eu l'imprudence de s'aventurer dans leur intérieur de pouvoir retourner en arrière. Leur substance est décomposée, dissoute dans le liquide intérieur et absorbée par de petits tubercules composés de quatre cellules représentant les processus quadrifides des utriculaires ordinaires. La fleur des utriculaires est irrégulière et hermaphrodite. Le calice, gamosépale, est composé de cinq pièces et bilabié; la corolle est gamopétale, en gueule, et présente deux lèvres; inférieurement, elle se termine par un tube finissant en éperon. Les étamines, au nombre de deux, portent des anthères dont les filets dilatés entourent l'ovaire; celui-ci est supère et renferme un grand nombre de graines insérées sur un placenta central. Le fruit est une capsule. Les espèces que l'on rencontre sous le climat de Paris sont : 1° L'*utriculaire commune* (*utricularia vulgaris*), à fleurs d'un beau jaune, dont le palais est strié de lignes orangées; la corolle se termine inférieurement par un éperon égalant environ la moitié de la longueur de la corolle. Cette plante vit dans les mares, les étangs, les fossés tourbeux. 2° L'*utriculaire intermédiaire* (*utricularia intermedia*) présente deux sortes de feuilles : les unes possédant des vésicules, les autres n'en ayant pas; ses fleurs ont une corolle d'un jaune pâle dont l'éperon est aussi long que la corolle; le palais est marqué de stries purpurines. Cette plante fleurit rarement aux environs de Paris, où on la rencontre, du reste, rarement; elle vit dans les flaques d'eau des marais tourbeux. 3° L'*utriculaire mineure* (*utricularia minor*) a des feuilles d'une seule forme, dont les segments, réduits à deux ou trois, sont terminés par des vésicules. Le calice a ses lèvres ovales, et sa petite corolle, d'un jaune pâle, possède un palais orné de lignes ferrugineuses. L'éperon est réduit à une bosse conique, beaucoup plus courte que la corolle. Cette plante, assez rare aux environs de Paris, se trouve, comme les espèces précédentes, dans les flaques d'eau des tourbières. Citons encore : l'*utricularia neglecta*, espèce très rare que l'on rencontre en Angleterre; l'*utricularia clandestinea*, indigène de l'Amérique du Sud, où on la trouve dans les flaques d'eau, et l'*utricularia montana*, originaire des parties tropicales de l'Amérique du Sud, où elle habite dans le creux des rochers.

***UTRICULARIÉES** (*utriculaire*) ou LENTIBULARIÉES, *sfpl*. Famille de végétaux dicotylédonés, que l'on rencontre entre les tropiques ou dans les régions tempérées. Ces plantes vivent dans les eaux stagnantes ou à la surface des marais; les tiges herbacées des premières portent des feuilles partagées en lanières étroites, qu'accompagnent des vésicules remplies d'un mucus assez pesant pour maintenir la plante sous l'eau jusqu'au moment où commence la floraison; à cette époque, la plante sécrète de l'air, qui, en s'accumulant dans les utricules, en chasse le mucus et rend les feuilles plus légères, ce qui fait qu'elles viennent flotter à la surface, où s'opère la floraison et la fructification. Dès que celle-ci est terminée, les vésicules se remplissent de nouveau de mucus, et la plante est ramenée au sein des eaux. Le second groupe des Utriculariées, celui qui comprend les plantes vivant à la surface des marais, a des feuilles entières, épaisses et ramassées en rosettes. Toutes les plantes de cette famille possèdent des hampes qui portent hors de l'eau une ou plusieurs grappes de fleurs. Celles-ci sont hermaphrodites et irrégulières. Leur réceptacle est convexe et porte un calice composé de cinq sépales soudés entre eux; une corolle également composée de cinq pièces soudées entre elles. Cette corolle est bilabiée et en gueule. La lèvre supérieure est entière ou bilobée, tandis que l'inférieure est entière ou composée de trois lobes. La corolle se termine inférieurement par un éperon, tandis que supérieurement elle porte souvent un palais plus ou moins apparent. L'androcée ne compte que deux étamines insérées sur le tube de la corolle, vis-à-vis le milieu de la lèvre inférieure. Les filets des étamines, souvent dilatés, portent des anthères à une seule loge, s'ouvrant par une fente longitudinale. L'ovaire, supère et uniloculaire, renferme un placenta central couvert d'ovules. Le fruit est une capsule à plusieurs graines sans albumen. Les fleurs des Utriculariées sont disposées en grappes; elles sont jaunes, bleues, violettes ou panachées, mais rarement blanches.

Les Utriculariées sont très voisines des Primulacées : ce sont des Primulacées à fleurs irrégulières et à anthères uniloculaires. — *Sf*. **Une utriculariée**, une plante quelconque de la famille des Utriculariées.

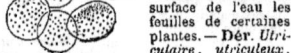

UTRICULE (l. *utriculum*, petite outre), *sm*. Cellule du tissu cellulaire des végétaux. (V. *Cellule*.) ‖ Petite poche remplie d'air, servant à maintenir à la surface de l'eau les feuilles de certaines plantes. — **Dér.** *Utriculaire*, *utriculeux*, *utriculeuse*. Même famille : *Utriforme*.

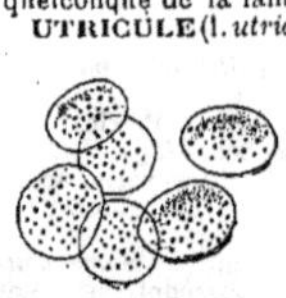

UTRICULES

***UTRICULEUX, EUSE** (*utricule*), *adj*. Garni de petites outres ou petits sacs. (Bot.)

***UTRIFORME** (l. *uter*, génitif *utris*, outre + *forme*), *adj*. 2 *g*. En forme d'outre; qui ressemble à une outre.

***UVAIRE** (du l. *uva*, raisin), *sf*. Genre de plantes dicotylédones de la famille des Anonacées, dont une espèce, l'*uvaire trilobée* (*uvaria triloba*), est un arbrisseau des pays chauds, à feuilles alternes simples et sans stipules. Ses fleurs, solitaires, régulières et hermaphrodites, ont deux corolles d'un pourpre vineux très foncé. Les fruits de cette plante, qui aux États-Unis est connue sous le nom d'*assimier*, de *monin*, de *papaw*, sont comestibles, mais d'un goût peu agréable. On en prépare cependant, à Pittsburg, une liqueur alcoolique obtenue par fermentation. Les feuilles, pilées, ainsi que la pulpe des fruits, servent à cicatriser les ulcères et elles hâtent, dit-on, la maturation des abcès. Les graines sont âcres et, réduites en poudre, on les emploie comme vomitif; elles servent aussi à détruire les poux qui se développent sur la tête des enfants.

UVAIRE

UVARIA TRILOBA

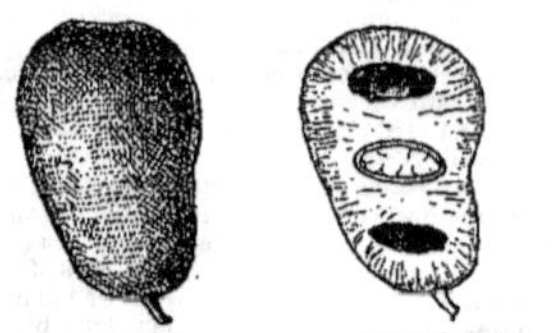

Fruit. Coupe du fruit.

UVAIRE

***UVA-URSI** (ml. : *raisin d'ours*), *sm*. Arbrisseau dicotylédoné traînant, toujours vert, appelé aussi *busserole* ou *arbousier*, *raisin d'ours*, de la famille des Éricacées ou Bruyères, et que l'on trouve dans les Alpes et le nord de l'Europe, en Asie et dans l'Amérique du Nord. (V. *Arbousier*.) Son écorce sert, en Suisse et en Russie, pour le tannage; ses baies sont employées dans les ménages pour faire des confitures. La médecine a dès longtemps utilisé ses feuilles qui, rappelant par leur conformation les feuilles du buis, renferment du tanin, de l'acide gallique, de la gomme, un extractif amer et des sels à base de chaux. Employées en infusion, les feuilles d'uva-ursi ont été longtemps conseillées contre les affections des voies urinaires et surtout contre les calculs vésicaux; on les employait à la dose de 2 à 4 grammes. Leur usage est complètement abandonné aujourd'hui.

***UVE** (l. *uva*, grappe de raisin), *sf*. Ovaire en grappe. (Ichtyol.) — Même famille : *Uvaire*, *uvifère*, *uviforme*, *uvique*, *uvulaire*, *uvette*.

UVÉA ou **OUVÉA** (île), une des îles du groupe *Loyauté*. (V. ce mot.)

UVÉE (l. *uva*, grain de raisin), *sf*. Nom donné en anatomie à la masse pigmentaire qui recouvre la choroïde et qui est formée par la juxtaposition de cellules hexagonales à gros noyau entouré de granulations pigmentaires. Ces cellules ont pour fonction d'absorber les rayons lumineux après que ceux-ci ont produit leur action sur la rétine. Les individus dont la choroïde est dépourvue d'uvée sont dits *albinos*; en même temps que cette anomalie, on observe chez ces individus d'autres symptômes qui ont été groupés sous le nom d'*albinisme*. (V. ce mot.) — **Dér.** *Uvéite*.

***UVÉITE** (*uvée* + sfx. médical *ite* indiquant inflammation), *sf*. Inflammation de la face postérieure de l'iris.

***UVETTE** (dm. du l. *uva*, raisin), *sf*. Genre de plantes conifères qui produisent des baies douces et comestibles. ‖ Raisin de mer, ou éphèdre.

***UVIFÈRE** (l. *uva* + *ferre*, porter), *adj*. 2 *g*. Qui produit du raisin.

***UVIFORME** (l. *uva*, grain de raisin + *forme*), *adj*. 2 *g*. Qui ressemble à une grappe de raisin.

***UVIQUE (ACIDE).** (V. *Tartrique*.)

***UVULAIRE** (l. *uvula*, petite grappe), *sf*. Genre de plantes monocotylédones de la famille des Colchicacées, composé d'herbes indigènes de l'Amérique septentrionale et des parties montagneuses de l'Inde et de la Chine. Les deux espèces les plus intéressantes sont : 1° L'*uvulaire de la Chine* (*uvularia sinensis*), dont la tige, rameuse, porte des feuilles alternes, embrassantes, lancéolées et lisses; les fleurs sont d'un rouge brun et réunies, au nombre de 2 à 4, sur des pédoncules rameux opposés aux feuilles. Cette espèce, qui se multiplie à l'automne par les racines, se cultive en terre de bruyère, en orangerie ou en pleine terre avec couverture pendant l'hiver. 2° L'*uvulaire à grandes fleurs* (*uvularia grandiflora*), qui a ses feuilles sessiles, un peu ondulées à la base et d'un vert tendre. Ses fleurs sont d'un jaune clair ; elles sont solitaires et naissent sur des pédoncules opposés aux feuilles. Cette espèce se multiplie d'éclats et s'accommode de terre de bruyère tourbeuse et fraîche.

UVULAIRE

***UVULE** (l. *uvula* : dm. de *uva*, grappe de raisin), *sf.* La luette.

UXBRIDGE, 10 000 hab. Ville du comté de Middlesex (Angleterre), sur la Colne et le canal de Great Junction. Grand marché de grains.

UXELLODUNUM, ville de l'ancienne Gaule, prise par César l'an 50 avant J.-C. ; ce serait aujourd'hui le Puy-d'Issolu [?] (Lot).

***UXORIEN, IENNE** [u-kso-rien] (l. *uxor*, femme mariée), *adj.* Qui est du côté de la femme : *Neveux uxoriens.*

UZ (Jean-Pierre) (1720-1796), poète allemand, auteur de *Poésies lyriques*, de l'*Art d'être toujours joyeux*, poème didactique, et d'*Odes et Chansons*, etc.

UZBEK, khan du Khaptchak (1305-1342), qui a donné son nom aux *Uzbeks* (V. ci-après). Il domina un moment toute la Moscovie et, en 1327, saccagea par vengeance Torjok, Tver, etc.

UZBEKS ou **OUZBEGS,** peuplade ouralo-altaïque du Turkestan établie dans la Russie méridionale et dans le gouvernement de Tobolsk. Ils mènent une vie nomade et guerrière, et parlent le turc oriental.

UZEL, 1 472 hab. Ch.-l. de c., arr. de Loudéac (Côtes-du-Nord).

UZERCHE, 3 019 hab. Ch.-l. de c., arr. de Tulle (Corrèze), sur un mamelon escarpé au pied duquel coule la Vézère. Sites pittoresques aux environs. Patrie du chirurgien Boyer. Forges importantes ; papeteries ; tanneries.

UZÈS, 5 293 hab. S.-préf. du Gard, à 710 kilom. de Paris, sur l'Auzon ; ancien évêché. Ancienne cathédrale des XIe et XIIe siècles, avec beau clocher. Soie, bonneterie, grains, vins, huile d'olive. Au bas de la ville sont des sources dont les eaux étaient conduites à Nîmes par un aqueduc romain passant sur le pont du Gard. A l'époque de la Réforme, les habitants embrassèrent le calvinisme. En 1629, Louis XIII fit prendre Uzès et raser les murailles. Uzès est la patrie l'amiral Brueys et du peintre Sigalon.

UZÈS, nom d'une vicomté du Vivarais créée par Philippe le Bel. Erigée en comté en 1483, en duché en 1565 en faveur d'Antoine de Crussol, vicomte d'Uzès (V. *Crussol*), puis en pairie en 1572 en faveur de Jacques de Crussol, duc d'Uzès, maréchal de France, elle a donné son nom à une famille française dont le duché est le plus ancien existant. Parmi ses membres on remarque : Jacques de Crussol, surnommé d'Acier, chef des calvinistes, mort en 1586. — **Uzès** (François comte d'), lieutenant général, mort en 1736. — **Uzès** (Armand-Emmanuel de Crussol, duc d') (1808-1872), homme politique français, député. — **Uzès** (Amable-Antoine-Jacques-Emmanuel de Crussol, duc d'), (1840-1878), fils du précédent, député à l'Assemblée nationale de 1871.

URI (CANTON D')

STATUE DE GUILLAUME TELL A ALTORF

VENISE

VUE DU GRAND CANAL

V

V [*ve*, suivant l'ancienne épellation; *ve*, suivant la nouvelle] (sixième lettre de l'alphabet phénicien, représentant le mot *vav*, qui signifie *clou;* elle est devenue, un peu modifiée, le *digamma éolique*; de ce dialecte grec, elle est passée en latin et de là dans le français [V. *F* et *U*]), *sm.* La vingt-deuxième lettre de l'alphabet français et la dix-septième des consonnes, appelée autrefois **u** consonne. C'est une consonne labiale aspirée. Dans le passage du latin au français, la consonne labiale **v** reste inaltérée au commencement des mots : Ex. : *Valere* a donné *valoir*; *venationem*, *venaison*; *vanum*, *vain*; *venenum*, *venin*; *veritatem*, *vérité*; *vinum*, *vin*; *vox*, *voix*; *vena*, *veine*; *veritatem*, *vérité*; *verba*, *verbe*; *virtutem*, *vertu*; etc. Cependant cette règle présente des exceptions, savoir : 1° **v** se change quelquefois en **g**, comme il le fait dans les langues celtiques et germaniques : Ainsi : de *vespa*, on a fait *guêpe*; de *vadum*, *gué*; de *vagina*, *gaine*; de *vadium*, *gage*; de *viscus*, *gui*; de *Vasconem*, *Gascon*. 2° **v** initial se change en **b**, transformation qui se produisait déjà en latin et a été signalée par les grammairiens latins : *Brebis* vient de *vervex* (bl. *berbix*), *bélier*; *Vesontio*, de *Besançon*; *Versemonum*, de *Bargemont*. 3° **V** s'est changé en **F** dans *vicis* qui a donné au français *fois*; et peut-être aussi dans *flacon*, qui suivant certains étymologistes viendrait de *vasculum*. A l'intérieur des mots **V** demeure généralement lorsqu'il est placé entre deux voyelles. Ainsi *frivolum* a donné *frivole*; *gengiva*, *gencive*; *lavare*, *laver*; *levare*, *lever*; *lixivia*, *lessive*. Mais il tombe dans un certain nombre de mots : *aviolum* est devenu *aïeul*; *caveola*, *geôle*; *pavonem*, *paon*; *pavorem*, *peur*; *avunculum*, *oncle*; *pluvia*, *pluie*. Au contraire, il a été intercalé entre deux voyelles afin d'éviter l'hiatus dans *pouvoir*, de l'infinitif barbare *potere* substitué à *posse*; dans *pleuvoir*, de *pluere*; dans *gravir*, de *gradire*. En vertu du principe qui défend en français l'accumulation des consonnes, **v** médian tombe encore, lorsque, par la syncope d'une voyelle, il se trouve devant une consonne. C'est à cause de cette loi que *civ*(i)*tatem* a donné *cité*; *nav*(i)*gare*, *nager*; *cav*(e)*a*, *cavja*, *cage*; *leva*(i)*arium*, *levjarium*, *léger*. Il prend aussi quelquefois le caractère de **u** voyelle : *av*(i)*ca*, bl. *auca*, a fourni *oie*; *av*(i)*cellum* devenu *aucellum*, puis *oiseau*; *av*(is)*struthio*, *autruche*; *av*(is)*tarda*, *outarde*. Cependant **v** persiste lorsqu'il précède **r** comme dans *vivere*, *vivre*. Il disparait dans *guéret*, venant de *vervactum*, qui a donné le bl. *veractum*. Il demeure aussi quand il vient après une consonne : *advocatum*, *avoué*; *adversarium*, *adversaire*; *advenire*, *avenir*; *cervisia*, *cervoise*; *malva*, *mauve*; et se change quelquefois en **b** lorsqu'il est placé après un **r** : *corvellum*, *corbeau*; *curvus*, *courbe*; il en est de même après **n** dans *involare*, vx. fr. *embler* (dérober), *emblée*. A la fin des mots, **v** se transforme en **f**. C'est ainsi que l'on a : *bref* de *brevis*; *cerf* de *cervus*; *nerf* de *nervum*; *grief* de *gravis*; *clef* de *clavem*; *nef* de *navem*; *neuf* de *novus*; *œuf* de *ovum*; *bœuf* de *bovem*; *vif* de *vivum*; *sauf* de *salvum*; *captif* de *captivum*. L'ancien français, imitant le provençal, vocalisait ce **v** final précédé d'une voyelle. C'est de la sorte que l'on a *clou* de *clavum*; *Anjou* de *Andegavi*; *Poitou* de *Pictavi*. || **V**, chiffre romain qui équivaut à 5. || *V. A.*, Votre Altesse. || *V. E.*, Votre Excellence, Votre Eminence. || *V. M.*, Votre Majesté. || *V. S.*, Votre Sainteté. || **V** sur les partitions de musique indique la partie du violon; il signifie aussi *volti*, tourne; V. S., *volti subito*, tourne subitement. || Dans les livres de plain-chant ou d'église, **V** ou ℣ veut dire *verset*. || En imprimerie, **V°** signifie folio *verso*. || Dans le commerce, *v/c* signifie *votre compte*. || **Va**, notation du vanadium. || **V** *lingual*, les deux rangées de papilles caliciformes qui se rencontrent à angle aigu sur la langue. || **V**, os de la face inférieure des vertèbres coccygiennes des castors, cétacés, etc.

1. **VA** (l. *vadere*, aller), 3e pers. sg. du prés. de l'ind. de *aller* : *Il va*. || 2e pers. sg. de

l'impératif : *Va, mon fils, où le devoir t'appelle!* || Sorte d'interj. signifiant *courage*.

2. ***VA** (3e pers. sg. prés. de *aller*), *sm*. La *vade*, à certains jeux de cartes.

VAAST-DE-LA-HOUGUE (SAINT-), 2805 hab., commune du cant. de Quettehou, arr. de Valognes (Manche) ; port et belle rade sur la Manche. Bains de mer, pêche du maquereau et du hareng, construction de navires.

VABRE, 2629 hab. Ch.-l. de c., arr. de Castres (Tarn). Fabriques de laines, draps.

VABRES, 1500 hab., bourg de l'arr. et à 5 kilom. S.-O. de Saint-Affrique (Aveyron), sur le Dourdou; ancien évêché (1319).

VACANCE (*vacant*), *sf*. Temps pendant lequel une fonction, une charge n'est pas remplie : *La vacance du saint-siège, du trône*. — *Sfpl*. Temps pendant lequel les études sont interrompues chaque année dans les écoles et les collèges pour donner du repos aux écoliers : *Les grandes vacances ont lieu en août et septembre*. || Temps pendant lequel les tribunaux ne jugent pas. — Remarque. Dans les deux dernières acceptions, on dit au sing. : *Un jour de vacance*.

VACANT, ANTE (l. *vacantem*, vide), *adj*. Qui n'est pas habité, occupé, rempli : *Chambre vacante. Lit vacant*. || Qui n'est actuellement rempli par personne : *Emploi vacant*. || Qui n'a pas de propriétaire : *Biens vacants*. || Que personne ne réclame : *Succession vacante*.

VACARME (holl. *wach-arme*, malheur au misérable; Scheler y voit plutôt le mot *wak*, éveillé), *sm*. Grand tapage de gens qui crient, se querellent, font du désordre.

VACATION (l. *vacationem*), *sf*. Métier (vx). || Chaque séance qu'un homme de loi, un expert consacre à l'examen d'une affaire : *Ce procès a exigé plusieurs vacations*. || Honoraires qu'on paie aux gens de loi ou d'affaires : *Le tarif règle les vacations des architectes*. || Vacance d'un emploi, d'une charge : *Cette fonction est en vacation*. — *Sfpl*. Vacances d'un tribunal : *Chambre des vacations*, chambre qui rend la justice pendant les vacances des tribunaux.

VACCA (la Βάγα de Plutarque), ville de l'Afrique ancienne, près des frontières de Numidie, qui fut ruinée par Métellus pour avoir massacré une garnison romaine. C'est aujourd'hui *Beja*.

VACCARO (Andréa) (1598-1670), peintre napolitain, dont le musée du Louvre possède un tableau, *Vénus pleurant la mort d'Adonis*.

VACCAJ (Nicolas) (1791-1848), compositeur dramatique italien dont l'ouvrage le plus remarquable, *Giulietta e Romeo*, a été joué il y a environ 30 ans, à l'Opéra de Paris.

VACCÉENS, ancien peuple de la Tarraconaise (Espagne), au S. des Cantabres; ch.-l. *Palentia*.

1. ***VACCIN, INE** (l. *vaccinum*, de vache), *adj*. Qui provient de la vache. || Qui se rapporte à la vaccine.

2. **VACCIN** (*vacca*, vache), *sm*. Liquide séreux qui provient originellement des pustules du cowpox naturel. Cette sérosité, inoculée à l'homme, détermine alors la *vaccine*, maladie bénigne, inoculable, à pustules, qui le met à l'abri de la variole pendant un temps plus ou moins long. La partie active du vaccin réside dans de fines granulations visibles au microscope et qui ne prennent jamais la forme de bacilles. Ces granulations sont tuées par l'oxygène pur comprimé, tandis que, mises longtemps en contact avec l'oxygène de l'air, elles perdent de leur virulence. La chaleur agit de la même manière; aussi le vaccin envoyé dans les pays chauds est souvent stérile. On se sert aujourd'hui, pour vacciner, tantôt de la sérosité des pustules du vaccin humain, tantôt de celle des pustules de cowpox artificiel, qu'on provoque généralement par inoculations sur les jeunes veaux. Dans le premier cas, on fait la vaccination d'homme à homme, dite *jennérienne*; dans le second cas, la vaccination animale; mais la source initiale du vaccin est toujours la même, le cowpox naturel, tantôt humanisé, tantôt animalisé pour ainsi dire. La *vaccination jennérienne*, ainsi appelée du nom de son inventeur, Jenner, est, au point de vue de la prophylaxie de la variole, celle qui donne les meilleurs résultats; mais il faut, pour les obtenir, que le médecin vaccinateur s'entoure de nombreuses précautions. Le vaccinifère doit être un enfant de cinq à six mois, vigoureux et en bonne santé né de parents bien portants, non syphilitiques, exempt lui-même de tares analogues, de maladie du cuir chevelu, etc. On ne devra se servir, en outre, que de la sérosité de pustules qui datent de six à sept jours au plus, laissant de côté la lymphe de pustules enflammées ou percées spontanément. Le vaccin devra être transparent, sans mélange de sang. Le vaccin humain conserve longtemps sa virulence; aussi peut-il être recueilli, et employé pour des vaccinations ultérieures. On le conserve soit dans des tubes de verre capillaires qu'on ferme hermétiquement à la lampe après les avoir remplis de vaccin, soit sur des pointes d'ivoire qu'on enduit de vaccin en les frottant sur les pustules ouvertes; puis, après dessiccation, on met le vaccin à l'abri de l'air en recouvrant les pointes d'une couche de gomme arabique. Le vaccin humanisé donne, dans ces conditions, des résultats supérieurs à ceux du vaccin animal; malheureusement, il peut être, par l'incurie du vaccinateur, l'agent de propagation de la syphilis; et d'ailleurs, il ne suffit plus depuis longtemps déjà au nombre considérable des vaccinations quotidiennes. Aussi le vaccin animal rend-il aujourd'hui les plus grands services. Moins actif que le précédent, il doit être inoculé à l'enfant sur une surface plus large, pour donner d'aussi bons résultats. On choisira comme vaccinifères des veaux âgés de plus d'un mois, en parfaite santé, et nourris au lait et aux œufs crus pendant toute la durée de la vaccine. On recueillera la sérosité des pustules vers le quatrième ou le cinquième jour, au moment où se forme un liséré blanc, argenté, caractéristique. On obtient ainsi un liquide rougeâtre, qu'on recueille dans un verre de montre et qu'on additionne d'eau glycérinée pure. L'émulsion, ainsi obtenue, est connue sous le nom de *pulpe* (établissements de Bruxelles, Weimar, Lancy), que l'on expédie également dans des tubes capillaires (*vaccin en tube*) ou sur des plaques-verres (*vaccin en plaque*). Les indications générales de l'emploi du vaccin animal ont été nettement formulées par A. d'Espine, qui a fait de la vaccination l'objet de travaux intéressants. « Dans toutes les vaccinations officielles, où le nombre des individus à vacciner est considérable et où la vaccination est obligatoire, la vaccine animale est préférable à la vaccine humaine, parce qu'elle rassure entièrement le public contre la possibilité d'une infection syphilitique et parce qu'elle couvre ainsi la responsabilité soit de l'État, soit des médecins vaccinateurs. Les médecins vaccinogènes rendent, en outre, d'immenses services comme pourvoyeurs de vaccin, dans toutes les saisons de l'année, et particulièrement pendant les épidémies de variole. Il devient de plus en plus difficile aujourd'hui de se procurer un nombre d'enfants vaccinogènes suffisant pour les vaccinations ordinaires; et ce nombre est entièrement insuffisant au moment des vaccinations en masse, nécessaires en temps d'épidémie. » La vaccination jennérienne est loin cependant de perdre ses droits, et, ajoute le même auteur, « dans la clientèle privée surtout, où le médecin peut arriver à connaître d'une façon certaine la santé des enfants vaccinifères et de leurs parents, la vaccination de bras à bras conserve encore toutes ses prérogatives et doit être préférée à la vaccination animale ». || Terme s'appliquant aujourd'hui, depuis les belles découvertes de M. Pasteur, à tout liquide dans lequel on a cultivé le microbe d'une maladie contagieuse pour obtenir un vaccin atténué capable de donner une maladie semblable, mais très bénigne, et préservant d'une maladie plus grave. C'est ainsi que l'on a le *vaccin du charbon, du rouget, du choléra des poules, de la rage*. — **Dér.** *Vaccine, vaccinique, vacciner, vacciné, vaccinée, vaccination, vaccinateur, vaccinatrice, vaccinable, vaccinal, vaccinole*. — **Comp.** *Revacciner, vaccinifère, vaccinogène, vaccinelle, vaccinide, vaccinoïde*.

***VACCINABLE** (*vacciner*), *adj. 2 g*. Qui peut être vacciné.

***VACCINAL, ALE** (*vacciner*), *adj*. Qui contient du vaccin. || Produit par le vaccin : *Bouton vaccinal*.

***VACCINATEUR, TRICE** (*vacciner*), *s*. Celui, celle qui vaccine.

VACCINATION (de *vacciner*), *sf*. Inoculation du vaccin dans l'organisme. Cette opération se trouve décrite, d'après Husson, dans un vieil ouvrage sanscrit, le *Sancteya-Granthana*, et elle n'était pas inconnue en Perse et dans l'Amérique du Sud, d'après Bruce et Humboldt. Les paysans de certains comtés d'Angleterre, où le cowpox était fréquent, ne tardèrent pas à remarquer que les personnes qui s'inoculaient inconsciemment le mal, à la main, en trayant les vaches atteintes, étaient à jamais préservées de la variole; et c'est en se basant sur cette croyance préservatrice du cowpox contre la variole que l'un d'eux, plus hardi, Benjamin Jesty, cultivateur du Gloucestershire, pratiqua le premier, en 1774, l'inoculation du cowpox sur sa femme et sur ses deux fils; toutefois, c'est le médecin anglais Edward Jenner qui doit être regardé comme le vrai fondateur de la vaccination; car c'est lui qui l'édifia sur des bases scientifiques incontestables et fut le vulgarisateur de ce préservatif puissant contre une maladie qui faisait, surtout à cette époque, de très grands ravages. Après avoir inoculé la variole sans résultat, sur des individus atteints accidentellement de cowpox, Jenner fit la première vaccination officielle le 14 mai 1796, sur un garçon de huit ans, à qui il inocula plus tard la variole sans succès : le vaccin qui servit à cette première vaccination provenait d'une femme qui s'était inoculé le cowpox, en soignant des vaches malades. (V. le cul-de-lampe de la lettre **J**, t. II, p. 193.) Deux ans plus tard, parut le traité de Jenner, enrichi de nouvelles observations; et de cette époque date la pratique de la vaccination dans le monde entier. Les succès remarquables du début furent, au milieu de ce siècle, remplacés par le retour d'épidémies varioliques occasionnant un grand nombre de morts, faits qui démontrèrent l'immunité vaccinale limitée à un certain nombre d'années et la nécessité des revaccinations. Au début, on n'employait que le vaccin humanisé dit *jennérien*, mais quelques cas de transmission de la syphilis par le vaccin humanisé, et les besoins toujours croissants du virus furent le point de départ de la vaccination dite *animale*, dans laquelle on se sert de vaccin provenant de cowpox obtenu artificiellement. Depuis la découverte mémorable de Jenner, bien d'autres questions, soit théoriques, soit pratiques, ont été soulevées : on les trouvera indiquées au cours des différents articles : *Vaccin 2, Vaccination* et *Vaccine*.

Aujourd'hui, admise sans conteste, la vaccination favorisée, très développée en France et exigée dans la plupart de nos administrations et services publics, a été rendue obligatoire dans beaucoup de pays, notamment en Bavière, en Suède, en Danemark, en Angleterre (*vaccination-extension act*, 1853), et en Allemagne par la loi du 1er avril 1875, qui exige la vaccination de tous les enfants avant la fin de la première année, et la revaccination dans le cours de la douzième année.

A quel moment doit-on vacciner les enfants? Dans un milieu où règne la variole, la vaccination s'impose immédiate, quelles que soient d'ailleurs les conditions dans lesquelles se trouve l'enfant ou la personne à vacciner. Quand rien ne presse, au contraire, et que l'on peut choisir le moment favorable, il faut s'entourer de toutes les conditions de réussite désirables. On vaccinera donc l'enfant vers le troisième ou le quatrième mois, au printemps ou à l'automne, et on aura soin de ne vacciner que des enfants bien portants, surtout dans les hôpitaux, où des complications sont plus facilement possibles (érysipèle, phlegmon, eczéma, etc.). La première revaccination aura lieu entre douze et quinze ans, et à partir de cette époque une sage prévoyance dicte une revaccination tous les huit ou dix ans. De nombreux procédés de vaccination ont été proposés (massage, injections hypodermiques, vésicatoires, piqûres, etc.). Le manuel opératoire le plus usité est le suivant : Après avoir lavé avec une solution antiseptique le bras du vaccinifère et de la personne à vacciner, on ouvre les pustules vaccinales par de petites piqûres superficielles faites avec une lancette en fer de lance ; puis, prenant une lancette ordinaire que l'on aura eu soin de faire flamber au préalable à la flamme d'une lampe à alcool, on recueille une gouttelette de vaccin sur chaque face de la lancette. On saisit le bras de la personne à vacciner avec la main gauche, on tend la peau du bras un peu au-dessus de l'insertion inférieure du muscle deltoïde, et l'on fait deux ou trois scarifications très superficielles qui ne doivent provoquer aucun écoulement sanguin. Si l'enfant porte un nævus, les scarifications devront être faites en ce point, car elles ont été proposées comme moyen thérapeutique contre eux. On pratique, en général, l'opération successivement au bras gauche et au bras droit, et le médecin doit avoir soin de rendre ses instruments complètement aseptiques après chaque vaccination. La vaccination d'animal à homme ne diffère nullement, quant au manuel opératoire, de la vaccination de bras à bras que nous venons de décrire.

La vaccine est la conséquence de la vaccination (V. *Vaccin* 2) qui constitue actuellement la principale cause d'immunité de la variole. L'immunité que confère la vaccine est moins complète que celle que donne une première atteinte de variole ou l'inoculation de la variole elle-même, souvent dangereuse, d'ailleurs. Elle est également moins durable, et si, dans certains cas, elle peut se prolonger pendant toute la vie, il faut avouer qu'en général elle ne dépasse pas huit à dix ans. Très meurtrière au XVIIIe siècle, où elle était parvenue à son maximum d'intensité, la variole est aujourd'hui une maladie beaucoup moins fréquente, beaucoup plus inoffensive, et cela grâce à la vaccination : c'est ce qui résulte de l'étude des statistiques, qui prouve que plus la vaccination est rendue rigoureuse dans un pays, plus la variole devient rare et bénigne.

La vaccination pratiquée pendant l'incubation d'une variole a-t-elle quelque influence sur l'évolution de la maladie? On l'a recommandée sous forme d'injections hypodermiques et elle ne doit pas être négligée, quoique cependant son action semble dans ces cas assez limitée.

Aujourd'hui on inocule aux bêtes à cornes le *charbon bactéridien* atténué par la méthode pastorienne. Cette opération ne détermine que très rarement une maladie mortelle ; dans la généralité des cas, elle cause une maladie bénigne qui confère à l'animal inoculé une immunité complète, surtout si l'on a soin de le vacciner tous les ans avec un virus de moins en moins atténué. Cette opération rend chaque année de grands services aux agriculteurs, notamment à ceux de la Beauce, et prend de jour en jour une faveur plus grande. (V. *Charbon, Microbe.*)

VACCINE (*vaccin* 2), *sf.* Affection générale provoquée chez l'homme par l'inoculation d'un virus dit *vaccin*, et dont les signes les plus constants restent localisés au point d'inoculation. Bénigne en elle-même, non contagieuse, mais inoculable, elle a pour effet de préserver de la variole, ou du moins d'en atténuer les dangers. Toujours consécutive à une inoculation du vaccin chez l'homme, elle existe à l'état naturel dans l'espèce bovine, et particulièrement chez les vaches, où elle a été décrite sous le nom de *cowpox*; on la retrouve aussi primitive dans l'espèce chevaline sous le nom de *horsepox*. L'histoire de la *vaccine humaine* étant intimement unie au *cowpox* et au *horsepox*, dont elle dérive, doit donc être précédée de celle de ces deux affections.

I. **Cowpox.** — Maladie rare, le cowpox naturel n'a été observé que chez la vache, et on l'a noté dans tous les pays de l'Europe, en Asie, dans l'Amérique du Nord et dans l'Amérique du Sud. Activement recherché après les premiers travaux de Jenner, on le délaissa dès que le vaccin jennérien (vaccin provenant de l'homme) remplaça le vaccin animal, jusqu'en 1825, époque où l'on discuta vivement la dégénérescence du vaccin humanisé. On retrouve alors le cowpox naturel un peu dans tous les pays, mais notamment en Angleterre (travaux de Ceely), et en France, où la première découverte du cowpox naturel fut celle du cas de Passy, resté célèbre (travaux de Bousquet, 1836). Spontané, le cowpox siège au pis et sur les trayons de la vache. L'éruption est formée d'un nombre relativement peu considérable de pustules, rarement plus de 20. On remarque d'abord une période de rougeur, puis le point rouge s'indure et il se forme une vésicule qui arrive à maturité au bout de cinq ou six jours, présentant à sa base une induration caractéristique. Les dimensions de la pustule varient de celles d'une lentille à celles d'un pois. Elle laisse couler lentement, et après plusieurs scarifications, une sérosité un peu visqueuse, claire, qui est le virus vaccin dans toute son activité. La dessiccation de la pustule ne commence que vers le huitième ou le dixième jour. La croûte, épaisse et brunâtre, tombe dans la troisième semaine, laissant une cicatrice ronde ou ovale. Ces signes locaux peuvent s'accompagner de symptômes généraux qui se bornent généralement à une fièvre modérée, de l'inappétence et de la torpeur, phénomènes qui ne durent que cinq à six jours. On a produit artificiellement le cowpox dans la race bovine par des inoculations faites avec le vaccin du cowpox naturel, et ces essais ont aussi bien réussi sur les taureaux, les veaux, les génisses et les bœufs que sur les vaches, seules atteintes par le cowpox naturel. Une première inoculation entraîne comme effet de rendre l'animal réfractaire à une nouvelle inoculation. Le cowpox artificiel peut être produit également par l'inoculation aux animaux du vaccin humain, et cette opération, connue sous le nom de *rétro-vaccination*, a été préconisée comme devant combattre la dégénérescence du vaccin et augmenter sa virulence, opinion qui fut vivement combattue, surtout par M. Chauveau, dans son important travail sur « la vaccine originelle ». « On a, dit-il, souvent recommandé, pour donner une nouvelle vigueur au *vaccin humain*, dit *jennérien*, de le rapporter sur une vache et de l'y cultiver par des inoculations successives. Retrempe-t-on ainsi le virus? Je n'en crois rien, car la vaccine, entretenue constamment dans la même espèce, y subit une sorte d'acclimatement qui contribue au succès de la culture indéfinie du virus. »

II. **Horsepox.** — Fréquent en Angleterre du temps de Jenner, noté en Italie, en Danemark, plus rarement en Angleterre, assez souvent en France, le *horsepox* a été longtemps confondu dans une même description avec le javart (nécrose des tissus cartilagineux de la région digitale du cheval) et en a été nettement séparé par Jenner et son élève Loy (1802). Il est essentiellement constitué par un exanthème bénin localisé aux pieds ou au pourtour des lèvres et des narines sous forme de nodosités qui s'emplissent de sérosité et arrivent à maturité vers le huitième ou le dixième jour. En se rompant, ces pustules donnent une sérosité visqueuse, jaunâtre, qui, inoculée sur un autre animal ou sur l'homme, reproduit la maladie, donnant chez le premier le *horsepox artificiel*, déterminant chez le second la *vaccine par équination*, qui donne d'aussi bons résultats que la vaccination, au point de vue de la prophylaxie de la variole, mais ne sera jamais employée ; car : 1° elle détermine souvent une réaction inflammatoire trop violente chez les enfants ; 2° elle constitue un danger par la fréquence, chez le cheval, de la morve, maladie essentiellement inoculable et souvent difficile à différencier du horsepox.

III. **Vaccine humaine.** — La vaccine n'existe pas chez l'homme à l'état naturel, et elle est toujours sous la dépendance de l'inoculation dans l'organisme d'un virus qui provient originellement du cowpox ou du horsepox, soit directement, soit après avoir été cultivé plus ou moins longtemps sur l'homme (vaccine jennérienne). Un sujet peut rarement être réfractaire à deux ou trois inoculations, et les insuccès doivent être mis, en général, sur le compte d'un manque opératoire ou sur la mauvaise qualité du vaccin, à moins que le sujet n'ait été antérieurement ou vacciné ou varioleux ; et encore faut-il que la vaccination ou la variole ne remonte pas à une date plus ancienne que dix ans.

Immédiatement après la vaccination, on observe une rougeur qui disparaît à la fin du premier jour ; au quatrième jour, on voit apparaître au point d'insertion une tache qui, d'abord papuleuse, se transforme au sixième jour en une vésicule qui atteint sa maturité du septième au huitième jour : blanche, nacrée, à bords festonnés, elle est entourée d'un liséré rouge et donne issue à un liquide clair, un peu filant, par la piqûre. Puis, au huitième jour, la vésicule perd sa transparence et devient pustule. En même temps, la réaction inflammatoire s'opère (rougeur de la peau, tuméfaction des ganglions axillaires) et ces phénomènes, diminuant vers le neuvième ou le dixième jour, ont totalement disparu vers le treizième ou le quatorzième. Le onzième jour, la dessiccation commence : on note une croûte brunâtre qui se dessèche, tombe petit à petit, laissant une cicatrice indélébile. Pendant cette évolution de la pustule vaccinale, il n'est pas rare de noter un peu de fièvre (à maximum au huitième jour), quelques nausées, de la courbature, de la céphalalgie, de la diarrhée, exceptionnellement des convulsions chez les enfants. Telle est la marche habituelle de la vaccine : son traitement dans les cas où la réaction fébrile est assez intense comportera le repos au lit, une diète légère, des lavages et des soins hygiéniques.

A côté de ces cas types de vaccine, de beaucoup les plus fréquents, on a noté : des *vaccines latentes*, dans lesquelles la période d'incubation se prolonge au delà de deux à trois jours ; des *vaccines sans éruption*, se traduisant par l'immunité vaccinale et variolique communiquée au sujet inoculé ou bien par quelques symptômes généraux ; des *vaccines généralisées* par auto-inoculation le plus souvent. Chacune de ces variétés est susceptible d'ailleurs de complications qui peuvent tenir au virus vaccinal lui-même, à la prédisposition individuelle ou à une autre maladie infectieuse inoculée par la vaccination. Nous citerons, parmi ces complications : la *roséole*, *variole vaccinale*, sorte de *rash* pseudo-exanthématique qui débute autour des vésicules et se généralise sur tout le corps ; la *miliaire vaccinale*, plus rare ; le *pemphigus*, qui apparaît surtout chez les enfants cachectiques ; l'*impétigo*, l'*eczéma*, l'*ecthyma*, la *furonculose*, la *septicémie vaccinale*, et l'*érysipèle vaccinal*, qui est l'accident le plus redoutable de la vaccination. Enfin, dans certains cas, très peu nombreux, il est vrai, mais suffisants pour avoir attiré l'attention des sociétés médicales, on a noté la transmission de la syphilis du vaccinifère au vacciné, se caractérisant par le développement d'un chancre sur la pustule infectée. Toutes ces complications ne sont heureusement qu'exceptionnelles, et la vaccine est, de toutes les affections, une des plus bénignes. Ses effets et son histoire ont été l'objet d'une étude spéciale à l'article *Vaccination*.

***VACCINÉ, ÉE** (p. p. de *vacciner*), *adj.* Qui a reçu l'inoculation du vaccin : *Enfant vacciné.* — Subst. *Les vaccinés.*

***VACCINELLE** (dm. de *vaccine*), *sf.* Eruptions cutanées pustuleuses ayant l'aspect du bouton vaccinal. (V. *Vaccinide.*) || Eruptions vaccinales concomitantes à un début de variole et qui sont à la vaccine ce que les varicelles sont à la variole.

VACCINER (*vaccin*), *vt.* Piquer la peau d'un enfant, d'un homme avec une lancette chargée de vaccin pour lui communiquer la vaccine et le préserver de la variole : *Les enfants qui fréquentent les écoles doivent être vaccinés.*

***VACCINIACÉES** ou ***VACCINIÉES** (l. *vaccinium*), *sfpl.* Famille de végétaux dicotylédones composée d'arbrisseaux ou de sous-arbrisseaux qui vivent dans les contrées tempérées et froides de l'hémisphère septentrional. Les espèces que l'on rencontre sous les tropiques ne se trouvent que sur les montagnes, à une certaine altitude au-dessus du niveau des mers. Leurs feuilles sont alternes, simples, entières ou dentées, et quelquefois coriaces; chez certaines espèces, elles sont persistantes et présentent sur leur face inférieure des glandes noires. Leurs fleurs sont solitaires ou réunies en grappes. Chacune d'elles se compose d'un calice gamosépale implanté sur les bords d'un réceptacle peu évasé. La corolle gamopétale a la forme d'un grelot et son limbe présente quatre lobes. L'androcée est composé de deux verticilles de chacun quatre étamines, et alternant avec les pièces de la corolle; elles sont, du reste, insérées sur les bords de la coupe réceptaculaire. Les anthères ont deux loges qui se prolongent supérieurement en un tube ouvert à son extrémité. Le pistil est formé d'un ovaire infère, surmonté d'un style dont le sommet s'élargit et est divisé par quatre tubercules stigmatiques. L'ovaire a quatre loges superposées aux divisions de la corolle. Dans l'angle interne de chaque loge se trouve un placenta chargé d'ovules anatropes. Le fruit est une baie portant supérieurement les vestiges des enveloppes florales; il renferme des graines à albumen charnu entourant l'embryon. La famille des Vacciniées est très voisine de celle des Éricinées, puisque quelques botanistes en font une simple section de cette famille. (V. *Vaccinier.*) — *Sf.* **Une vacciniacée** ou **une vacciniée**, une plante quelconque de la famille des Vacciniées.

***VACCINIDE** (*vaccin* 2+g. εἶδος, forme), *sf.* Éruption de pustules ou de taches rouges qui apparaissent sur la peau. La vaccinide se produit quelquefois après une vaccination et est le résultat de l'action du virus vaccinal sur l'économie tout entière. — On a dit aussi *Vaccinoïde.*

RACE PARTHENAISE

RACE AUVERGNATE

RACE BRETONNE

RACE CHAROLAISE

RACE LIMOUSINE

RACE FLAMANDE

RACE GARONNAISE

RACE SUISSE

RACE DES VOSGES

RACE HOLLANDAISE

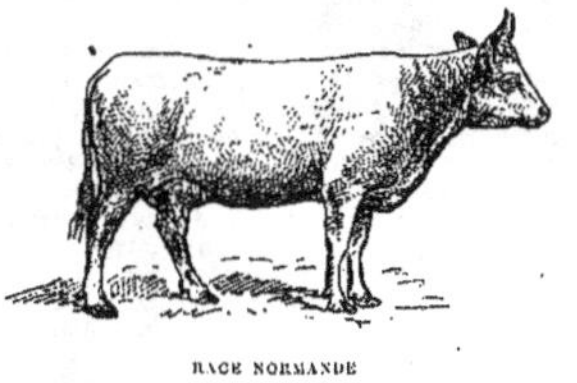

RACE NORMANDE

DIFFÉRENTS TYPES DE VACHES

***VACCINIER** (l. *vaccinium*), *sm.* Genre de plantes dicotylédones de la famille des Vacciniées, voisine des Éricacées, composé d'arbustes à feuilles alternes et persistantes et que l'on trouve dans les contrées de l'Europe centrale et septentrionale, dans le N. de l'Asie et de l'Amérique. Les espèces les plus intéressantes de ce genre sont : 1° le *vaccinier myrtille* ou *airelle*, encore appelé *abrétier, abret noir* (V. *Airelle* et *Myrtille*); 2° le *vaccinier des marais* (*vaccinium uliginosum*), qui croît dans les tourbières du N. de l'Europe et produit des fruits moins estimés que ceux de l'espèce précédente, mais qui, néanmoins, sont employés aux mêmes usages. Les feuilles de ces deux espèces sont tombantes. 3° Le *vaccinier ponctué* (*vaccinium vitis idæa*) est indigène, mais ses feuilles, luisantes, d'un vert foncé en dessus, présentent sur leur face inférieure une multitude de petites glandes noires. Les fleurs, disposées en grappes courtes et penchées, sont blanches ou rosées. Cette plante, appelée encore vulgairement *abret rouge, faux abrétier*, est rare aux environs de Paris, où on la rencontre dans les bruyères et les bois montueux. 4° Le *vaccinium arcto-staphylos*, vulgairement appelé *airelle raisin-d'ours*, originaire du Caucase et de l'Amérique, est un arbrisseau toujours vert, dont les fleurs, réunies en grappes, sont blanches ou rosées; le fruit est bleu et bon à manger. Outre ces espèces, on en cultivait naguère d'autres, originaires de l'Amérique du Nord, mais elles ont été délaissées pour les nôtres. Du reste, les vaccinium sont des plantes difficiles à cultiver; on a beaucoup de mal à les reproduire de marcottes ou de graines, et elles vivent peu de temps. Elles demandent une exposition fraîche et ombragée, et un sol fait de terre de bruyère mêlée de terreau. — **Dér.** *Vacciniées* ou *vacciniacées.*

VACCINIER (VITIS IDÆA)

***VACCINIFÈRE** (*vaccin* 2 + l. *ferre*, porter), *adj. 2 g.* et *s.* Qui produit, qui fournit le vaccin : *Cheval, génisse, enfant vaccinifères.*

***VACCINIQUE** (*vaccin* 1), *adj. 2 g.* Qui vient de la vache. ‖ *Acide vaccinique*, obtenu par saponification du beurre.

***VACCINOGÈNE** (*vaccin* 1 + g. γεννᾶν, produire), *adj. 2 g.* Qui produit le vaccin.

VACHE (l. *vacca*), *sf.* La femelle du taureau, qu'on élève comme animal domestique, principalement à cause des produits alimentaires comme lait, beurre, fromage qu'on en tire. Les races de vaches laitières se rencontrent surtout dans les pays humides du N. de l'Europe, principalement dans le voisinage de la mer; elles ont la respiration moins active que les autres races. La meilleure de toutes les races laitières est la race *hollandaise*. En France, les vaches laitières sont, par ordre de mérite : la *flamande*, la *normande*, la *bretonne* qui fournit beaucoup de beurre, la *comtoise* et l'*ardennaise*. En Angleterre, la race d'Alderney ou des îles de l'archipel Normand et celle du comté d'Ayr; en Suisse, les races de *Schwytz* et de *Fribourg*. Les signes auxquels on reconnaît une bonne vache laitière sont de deux sortes : les signes généraux et les signes locaux. Parmi les premiers, on range ceux que fournit la physionomie. Une bonne vache laitière doit, tout en conservant les caractères de sa race, différer autant que possible du mâle; elle doit être douce, se laisser toucher, rechercher même les caresses et s'avancer pour vous flairer lorsqu'on l'approche; elle doit avoir la poitrine large et bien développée; son pis, volumineux, doit être flasque dès qu'on l'a traite. Les signes locaux sont donnés par les mamelles, les veines, la peau, les poils. Les mamelles, au nombre de quatre, constituent le pis, celui-ci doit être volumineux et peu charnu. Lorsqu'une vache est très bonne laitière, ses quatre trayons sont longs, gros et très souples, cependant les deux antérieurs doivent être un peu plus grands que les deux postérieurs. C'est aussi un bon signe quand, outre les trayons ordinaires, le pis en présente deux ou trois rudimentaires. La peau qui enveloppe les mamelles doit être très ample, fine et très plissée. Les veines de l'abdomen donnent un signe beaucoup plus certain. Celles qui courent sur le ventre sont les *veines lactées*; elles apparaissent à l'angle antérieur et externe du pis et se dirigent vers la poitrine. Chez les bonnes laitières, elles sont grosses, anguleuses et pour ainsi dire variqueuses. Les trous par lesquels elles pénètrent dans le corps de l'animal, et que l'on nomme *portes du lait*, sont larges. Les veines du pis doivent être volumineuses et flexueuses; celles que l'on appelle *veines du périnée* ne sont bien développées que chez les bonnes vaches. Un dernier signe local est fourni par ce que l'on nomme *épi* ou *écusson*. C'est la surface plus ou moins étendue et couverte de poils dirigés de bas en haut, qui se trouve vers le périnée, en arrière du pis. Les vaches chez lesquelles l'écusson est très ample et bien développé sont généralement bonnes laitières. || *Le plancher des vaches*, la terre ferme par opposition à la mer et sur laquelle on voyage avec plus de sûreté. — Fig. *Parler français comme une vache espagnole*, corruption de *parler français comme un Basque ou une Basque espagnole*, parler très mal le français. — Fig. *La vache est à nous*, nous sommes sûrs de réussir. || *Vache à lait* ou *vache laitière*, celle qui donne journellement une grande quantité de lait. — Fig. *C'est une vache à lait*, c'est une source de continuels et importants profits. || La chair de la vache, dont la qualité égale quelquefois celle du bœuf. — Fig. *Manger de la vache enragée*, mener une vie de privations et de fatigues. || Cuir fait avec la peau de la vache : *Des souliers de vache*. || Sorte de berceau d'osier recouvert de cuir qu'on met par-dessus certaines voitures. || Le couvercle en cuir qui ferme le grand coffre de l'impériale des diligences. || *Placer un canon en vache*, le serrer le long du bâtiment. (Mar.) || *Nœud de vache*, nœud plat manqué. || Pile ou meulon de sel. || *Vache biche*, le bubale. || *Vache bleue*, l'antilope bleue ou le nilgau. || *Vache grognante* ou *de Tartarie*, le yak. || *Vache blanche*, l'antilope cervicapre. || *Vache marine*, le morse. || Branloire d'un soufflet dans les forges. || Cadre ou carré en bois servant au battage des grains dans une grange. || *Vaches*, cordes qui arrêtent le train de la presse mécanique. (Impr.) || *Arbre à vache*, le galactodendron. || *Blé des vaches*, le mélampyre. || *Vache à Dieu*, la coccinelle. || Nom d'un coléoptère appelé aussi *anthophage vache*. — **Dér.** *Vacher, vachère, vacherie; vaccin* 1 et 2, *vaccine* (adj.) et *vaccine* (s.).

VACHE (PUY DE LA), altitude 1170 mètres. Volcan du département du Puy-de-Dôme, remarquable par son immense cratère.

VACHER, ÈRE (*vache*), *s.* Celui, celle qui mène paître les vaches et qui les garde.

VACHÈRES, torrent des Hautes-Alpes, affluent de la Durance, près d'Embrun.

VACHERIE (*vacher*), *sf.* Étable destinée à loger les vaches. || A Paris, établissement où l'on nourrit des vaches dont on vend le lait au public.

VACHEROT (ÉTIENNE), écrivain et philosophe français contemporain, né en 1809. Directeur des études à l'École normale pendant l'administration de Victor Cousin, il suppléait en 1839 ce dernier dans sa chaire de la Sorbonne. Son *Histoire critique de l'école d'Alexandrie* (1846-1851) fut l'objet d'une ardente polémique entre le Père Gratry, aumônier de l'École, et M. Vacherot; cette polémique eut pour résultat la démission forcée de ce dernier. Plus tard, un écrit sur la *Démocratie* (1859) lui attirait une condamnation à trois mois de prison et la privation de ses droits politiques, maintenue jusqu'en 1870; mais, en 1868, l'Académie des sciences morales et politiques lui donnait le fauteuil de Victor Cousin. Les élections du 8 février 1871 l'envoyèrent à l'Assemblée nationale, et il fut un des trois députés de Paris qui acceptèrent les préliminaires de paix; il siégea au centre gauche, soutint d'abord M. Thiers, puis se rallia au ministère de Broglie. Après la séparation de l'Assemblée, il reprit sa collaboration assidue à la *Revue des Deux Mondes*, et continua d'écrire dans diverses feuilles politiques ou littéraires. M. Vacherot a publié un grand nombre d'ouvrages critiques de philosophie.

***VACHETTE** (dm. de *vache*), *sf.* Cuir de petite vache. || Nom vulgaire de la lavandière, oiseau.

***VACIET** (dm. du l. *vaccinium*), *sm.* L'airelle myrtille. (V. *Vaccinier*.) || Le *muscari commosum* ou muscari chevelu. (V. *Muscari*.)

VACILLANT, ANTE (*vaciller*), *adj.* Qui oscille, branlant, chancelant : *Lumière, échelle vacillante*. — Fig. Qui n'est pas ferme; inconstant, irrésolu : *Santé vacillante. Esprit vacillant*.

VACILLATION (l. *vacillationem*), *sf.* Mouvement de ce qui vacille. || Oscillation : *La vacillation de la lumière*. — Fig. Variation, irrésolution : *On blâme la vacillation de ses opinions*.

***VACILLATOIRE** (du l. *vacillare*, vaciller), *adj. 2 g.* Qui est de la nature de la vacillation. (Néol.)

VACILLER (l. *vacillare*), *vi.* Osciller, branler, chanceler : *Cette lampe vacille*. || Mal prononcer un mot ou prononcer un mot pour un autre : *Sa langue vacille*. — Fig. Être changeant, irrésolu, incertain : *Il vacille dans ses réponses*. — **Dér.** *Vacillant, vacillante, vacillation, vacillatoire, vacillité*.

***VACILLITÉ** (*vaciller*), *sf.* Propriété de ce qui vacille.

VAÇOUS ou **VASOUS** (LES), dieux ou génies de la mythologie brahmanique immédiatement inférieurs à Brahma. Au nombre de huit, ils régissent chacun les huit régions de l'univers : *Indra*, le dieu de l'air et du jour, à l'Est; *Jama*, le génie de la mort et le dieu des Enfers, au Sud; *Nirouti*, le chef des mauvais esprits, au Sud-Ouest; *Agni*, le dieu du feu, au Sud-Est; *Pratcheta* ou *Varouna*, le génie suprême du ciel, des eaux et le dieu de l'Océan, à l'Ouest; au Nord, *Poulastia*, le génie qui avait la garde des trésors enfouis dans le centre de la Terre; au Nord-Ouest, *Marouta* ou *Pavana*, le roi de l'air, des vents et des odeurs; enfin, au Nord-Est, *Içania*, l'incarnation de Siva.

VACQUERIE (AUGUSTE), littérateur français contemporain, né en 1819. Disciple de l'école romantique, il débuta comme critique dans les journaux le *Globe* et l'*Époque*; après la révolution de 1848, il collabora avec assiduité à l'*Événement*, qui disparut peu de temps après. En 1869, il contribua, avec Paul Meurice et les fils de Victor Hugo, à la fondation du *Rappel*, dont il devint le rédacteur en chef. M. Vacquerie a publié des ouvrages littéraires de divers genres : entre autres, pour le théâtre, le mélodrame de *Tragaldabas*, le drame des *Funérailles de l'honneur*, et *Jean Baudry*, comédie; un recueil d'articles, *Profils et Grimaces*; etc., etc. Sa dernière œuvre, parue en 1890, est *Futura*, poème scénique plein d'imagination.

***VACUISME** (du l. *vacuum*, vide), *sm.* Système des physiciens qui admettaient le vide dans la nature.

VACUITÉ (l. *vacuitatem* : de *vacuus*, vide), *sf.* L'état d'une chose vide : *La vacuité de l'estomac*.

***VACUOLE** (l. *vacuus*, vide), *sm.* Petit vide qui existe dans un corps.

***VACUUM** (ml. : *vide*), *sm.* Espace sans matière. — **Dér.** *Vacuisme, vacuité, vacuole*. — Même famille : *Vagin, gaine*, etc.; *vague* 3. etc.; *vain, vaine*, etc.

VADE [vad'] (ital. *vada*, qu'il aille), *sf.* La somme que met à certains jeux de cartes le joueur qui ouvre le jeu. — Fig. Quote-part, mise.

VADÉ (JEAN-JOSEPH) (1720-1757), poète burlesque français qui inventa le genre dit *poissard*, ou imité du langage des halles. C'est dans ce style qu'il a écrit la *Pipe cassée, poème épi-tragi-poissardi-héroï-comique*, les *Lettres de la Grenouillère*, les *Bouquets poissards*. Vadé est aussi l'auteur de fables, d'opéras comiques, de comédies-vaudevilles; et, en 1749, il fit jouer au Théâtre-Français la comédie en vers *les Visites du jour de l'an*.

***VADE-IN-PACE** (ml. : *va en paix*), *sm.* Prison pour les moines dans l'intérieur d'un couvent.

VADEMANQUE (*vade* + *manque*), *sm.* Diminution des fonds d'une caisse.

VADE-MECUM [va-dé-mé-come] (ml. signifiant *va avec moi*), *sm.* Toute chose qu'on porte ordinairement et commodément sur soi. || Petit livre de connaissances usuelles et indispensables que l'on porte toujours sur soi : *Le vade-mecum des architectes*.

VADIUS, personnage des *Femmes savantes*, comédie de Molière.

***VADROUILLE** [LL mouillés] (*x*), *sf.* Tampon en laine fixé à un long manche pour le nettoyage des bateaux ou des vaisseaux.

VADUZ, 1000 hab., capitale de la principauté de Lichtenstein, près du Rhin, au S.-O. de Bregenz.

***VÆJOVIS**. (V. *Vejovis* 2.)

VÆSTERÆS, 3500 hab. Ville de Suède, ch.-l. du län de ce nom, sur le lac Mælar. En 1544 s'y tint la diète qui constitua la Suède en monarchie héréditaire.

VA-ET-VIENT (*va-et-vient*), *sm.* La partie d'une machine qui exécute continuellement un mouvement d'allée et venue en ligne droite. || Mouvement de cette nature. || Allées et venues incessantes : *C'est un va-et-vient continuel dans cette maison*. || Sorte de petit bac pour passer une rivière. || Cordage dont on s'aide pour communiquer de la terre avec un navire au moyen de petites embarcations.

***VÆ VICTIS!** (mots latins : *malheur aux vaincus!*), expression venue du latin et dont l'énergique concision symbolise la loi injuste du plus fort. — Après la néfaste journée d'Allia (390 av. J.-C.) où, à 15 kilom. N.-E. de Rome, l'armée romaine fut taillée en pièces par les Gaulois, la panique avait précédé l'armée ennemie à Rome : tout le peuple s'était enfui. Il ne restait dans la ville que les 80 sénateurs qui attendaient, impassibles sur leurs chaises curules, et la jeunesse patricienne enfermée dans le Capitole, devant lequel les Gaulois mirent aussitôt le siège. Après sept mois d'assauts infructueux et de laborieuses négociations, les Gaulois consentirent à se retirer moyennant 1000 livres pesant d'or. La rançon fut apportée par le consul Sulpicius. Pendant que l'on pesait l'or, survint une contestation entre vainqueurs et vaincus, ces derniers reprochant à ceux-là de se servir de faux poids; alors le brenn ou chef des Gaulois (Brennus) s'avança hardiment, et, jetant sa lourde épée dans la balance, s'écria : « *Væ victis!* (Malheur aux vaincus!) » Cette exclamation brutale est depuis lors devenue proverbiale; elle proclame que le vaincu est à la merci du vainqueur et que la force est au-dessus du droit.

VAGA ou **VACCA**. (V. *Vacca*.)

VAGA, 360 kilom., rivière de la Russie d'Europe, affluent de la Dwina du Nord.

VAGABOND, ONDE (l. *vagabundum* : de *vagari*, errer), *adj*. Qui erre çà et là : *Un chien vagabond.* — Fig. Déréglé, désordonné : *Imagination vagabonde.* — *S.* Celui, celle qui est toujours en voyage. ‖ Personne sans domicile ni moyens d'existence, qui erre de pays en pays, vivant d'expédients, d'aumônes ou de larcins. — **Dér.** *Vagabonder, vagabondage.*

VAGABONDAGE (*vagabonder*), *sm*. État du vagabond. Le vagabondage est un délit puni de 3 à 6 mois d'emprisonnement, et celui qui en est reconnu coupable est placé sous la surveillance de la haute police pour une durée de 5 à 10 ans.

VAGABONDER (*vagabond*), *vi*. Être vagabond, faire le vagabond.

VAGIN (l. *vagina*, gaine), *sm*. Canal musculo-membraneux situé entre l'utérus et la vulve. Oblique en avant et en bas, il décrit une légère courbe à concavité antérieure présentant un rétrécissement à sa partie inférieure. Il se trouve situé en arrière de la vessie et de l'urètre, en avant du rectum et du périnée, séparé du premier à sa partie supérieure par un cul-de-sac du péritoine appelé *cavité de Douglas.* Par son extrémité supérieure, cet organe embrasse le *col de l'utérus*, qui proémine dans sa cavité, formant ainsi des culs-de-sac divisés en un *antérieur*, un *postérieur*, deux *latéraux*, l'un *droit*, l'autre *gauche*, très importants en gynécologie. Chez la femme vierge, on trouve près de l'orifice inférieur une membrane dite *membrane hymen.* La cavité vaginale elle-même est recouverte d'une muqueuse rouge et humide formant de nombreux plis, surtout à sa partie inférieure. — **Db.** *Gaine.* — **Dér.** *Vaginelle, vaginule, vaginal, vaginale, vaginant, vaginante, vaginé, vaginée, vaginaire, vaginite, vaginisme, vaginalite.* — **Comp.** *Vaginiforme, invagination.*

***VAGINAIRE** (l. *vagina*, gaine), *sf*. Genre d'infusoires rotateurs ou systolides, voisin des furculaires. ‖ La fuirène, arbuste de la famille des Cypéracées, qui végète dans les régions chaudes de l'Amérique, notamment dans la Floride. ‖ La disa, orchidée à feuilles simples, habitant le Cap de Bonne-Espérance. ‖ Le microcoléus, algue confervoïde de la tribu des Oscillariées.

VAGINAL, ALE (*vagin*), *adj*. Cet adjectif, en anatomie, présente deux sens bien distincts : 1° Qui a rapport au vagin : *Plexus vaginal*, ensemble des nerfs qui, nés du nerf grand sympathique, s'imbriquent entre eux avant de gagner les parois du vagin dans l'épaisseur desquelles ils se perdent. ‖ *Artère vaginale*, branche collatérale de l'artère hypogastrique qui se porte sur les côtés du vagin et descend jusqu'à la vulve. ‖ *Veine vaginale* ; double de chaque côté, elle forme par ses ramifications, un lacis vasculaire très accusé, et se jette dans la veine hypogastrique. ‖ *Orifice vaginal, paroi vaginale, mucus vaginal*, etc., etc. ‖ 2° Qui prend la forme d'une gaine : *Apophyse vaginale* ou *engainante*, nom donné à une lamelle située en avant de l'une saillie de l'os temporal appelée *apophyse styloïde*, qu'elle engaine par son bord inférieur, sans y adhérer. ‖ *Tunique vaginale*, nom donné à la membrane séreuse qui enveloppe immédiatement le testicule : elle constitue une des enveloppes qui ont été réunies sous le nom de *bourses*. Dans le langage médical, on emploie plus souvent l'adjectif seul, le mot *tunique* étant sous-entendu. La *vaginale*, comme toutes les séreuses, présente deux feuillets : le feuillet pariétal tapisse la face interne de la tunique fibreuse située au-devant de lui, et est essentiellement constitué par du tissu conjonctif sur lequel repose un épithélium pavimenteux simple. Le feuillet viscéral est en connexion par sa face externe avec la face interne du feuillet pariétal, et par sa face interne avec la glande elle-même, sur laquelle elle se moule, formant sur la face externe, entre le bord supérieur du testicule et la face inférieure de l'épididyme (appendice qui surmonte le testicule) un cul-de-sac dit *vaginal.* Ce feuillet se compose d'une simple couche très mince de cellules épithéliales. Les deux feuillets de la vaginale s'appliquent donc à l'état normal et glissent l'un sur l'autre, ce qui facilite les mouvements du testicule : ils limitent ainsi une cavité virtuelle qui ne peut devenir apparente que dans les cas pathologiques, dans lesquels il se produit un liquide de nature quelconque qui, distendant les parois, vient remplir plus ou moins complètement la poche ou cavité vaginale naturelle. On peut d'ailleurs, sur le cadavre, se rendre compte de cette disposition en insufflant la vaginale elle-même. Suivant que le liquide contenu dans la vaginale est un liquide séreux ou sanguin, on a une des affections connues sous le nom d'*hydrocèle* ou d'*hématocèle vaginales.*

***VAGINALITE** (*vaginal* + sfx. médical *ite* indiquant inflammation), *sf*. Affection caractérisée par un épaississement de la tunique vaginale dû au dépôt de fausses membranes sur la face interne de cette séreuse : elle s'accompagne le plus souvent d'accumulation de liquide *séreux* (hydrocèle) ou *sanguin* (hématocèle) dans la cavité que limitent les deux feuillets de la vaginale. La marche de l'affection est longue et la maladie dure en général plusieurs mois ; mais son pronostic est grave, car il n'est pas rare de voir survenir des phénomènes inflammatoires qui peuvent aller jusqu'à la suppuration s'accompagnant de phénomènes généraux intenses. Si les ponctions et les injections iodées consécutives n'ont pas réussi au début, on devra recourir aux opérations sanglantes.

***VAGINANT, ANTE** (l. *vagina*, gaine), *adj*. Qui entoure comme une gaine.

***VAGINÉ, ÉE** (l. *vagina*, gaine), *adj*. Qui est entouré par une gaine.

***VAGINELLE** (dm. du l. *vagina*, gaine), *sf*. Stipule embrassant la base des feuilles de pin.

***VAGINIFORME** (l. *vagina*, gaine + *forme*), *adj. 2 g.* En forme de gaine ; qui lui ressemble.

***VAGINISME** (*vagin* + sfx. *isme* indiquant état, affection), *sm*. Affection qui reconnaît pour cause la contraction spasmodique et involontaire du sphincter de l'orifice inférieur du vagin et met obstacle à tout rapprochement sexuel. Survenant assez fréquemment chez des femmes nerveuses et hystériques, au début de la vie sexuelle, cette affection cède le plus souvent sous l'influence d'un traitement topique comprenant des applications émollientes, des bains chauds, aidés d'une médication bromurée. Dans les cas rebelles, on devra avoir recours à la dilatation forcée sous chloroforme, au moyen d'instruments de chirurgie spéciaux, ou à une opération sanglante, suivant les cas.

***VAGINITE** (*vagin* + sfx. médical *ite* indiquant inflammation), *sf*. Inflammation du vagin. Qu'elle se présente, dès le début, à l'état aigu, ou à l'état chronique, ou qu'à l'état aigu ait succédé l'état chronique, cette inflammation doit toujours reconnaître pour cause soit l'infection blennorrhagique, soit des causes banales d'irritation ; dans quelques cas, elle est en rapport avec l'état de grossesse (*vaginite granuleuse*). Aiguë, elle se caractérise par des cuissons et des démangeaisons sur les parties génitales de la femme, qui, à l'examen, se présentent rouges et recouvertes d'un liquide sale blanchâtre, qui humecte également les parois du vagin. Il n'est pas rare d'observer en même temps du côté de l'urètre des douleurs vives, devenant intolérables pendant la miction, irradiant souvent vers les membres, les aines et l'abdomen, pouvant aussi s'accompagner de l'inflammation des parois de la vessie (*cystite*). Chronique, l'affection ne se caractérise, dans la plupart des cas, que par un écoulement de même nature que celui que nous avons signalé dans la forme aiguë de l'affection, mais les phénomènes douloureux tendent de plus en plus à disparaître. De grands bains prolongés, des injections émollientes chaudes, remplacées, plus tard, par des injections astringentes, constitueront la méthode thérapeutique de choix.

***VAGINULE** (dm. de *vagin*), *sf*. Petite gaine enveloppant la base du pédicelle de l'urne des mousses.

VAGIR (l. *vagire*), *vi*. Pousser des cris pareils à ceux d'un enfant nouveau-né. ‖ Crier, en parlant du lièvre. — **Dér.** *Vagissant, vagissante, vagissement.*

VAGISSANT, ANTE (p. prés. de *vagir*), *adj*. Qui vagit.

VAGISSEMENT (*vagir*), *sm*. Cri des enfants nouveau-nés.

***VAGON**. (V. *Wagon*.)

***VAGONNIER**. (V. *Wagonnier*.)

1. **VAGUE** (VHA. *wâc*), *sf*. Portion continue de l'eau de la mer, d'un lac, d'une rivière soulevée au-dessus des parties voisines par le vent ou par toute autre cause : *Les vagues se brisaient contre le rocher.* — **Dér.** (V. *Vague* 4 et *Vaguer* 2.)

2. **VAGUE** (l. *vagum*, errant), *adj. 2 g.* Qui change souvent de place : *Rhumatisme vague.* ‖ Placé sans ordre : *Les fleurs de cet épi sont vagues.* ‖ *Année vague*, année des anciens Égyptiens qui était constamment de 365 jours seulement et dans laquelle l'équinoxe du printemps tombait à toutes les dates de l'année dans une période de 1460 ans. — **Dér.** *Vaguer* 1.

3. **VAGUE** (l. *vacuum*, vide), *adj. 2 g.* Qui n'est pas cultivé : *Terrain vague.* ‖ Dont les limites sont variables ou ne peuvent être déterminées exactement : *La marée couvre un espace vague sur le bord de la mer.* — Fig. Qui manque de précision, de netteté : *Paroles vagues.* ‖ Indéfini, confus : *Une vague rêverie.* ‖ Qui présente des formes indécises, des teintes aériennes ou vaporeuses : *Les tons vagues d'un tableau.* — *Sm.* Grand espace vide ou qu'on se figure vide : *Le vague des airs.* ‖ Manque de netteté, de précision, de clarté : *Le vague d'un projet.* ‖ Manque de formes arrêtées, de teintes tranchées : *Le vague de la couleur dans un tableau.* ‖ Ce qui ne peut aboutir à rien : *Le vague d'un projet.* — Fig. *Se perdre dans le vague*, faire de longs raisonnements qui ne mènent à rien. — **Dér.** *Vaguement.*

4. ***VAGUE** (de l'island. *vag*, agiter), *sf*. Instrument à vaguer la bière. — **Dér.** *Vaguer* 2.

VAGUEMENT (*vague* 3 + sfx. *ment*), *adv*. D'une manière vague. ‖ Sans précision, sans limites, sans but déterminé.

VAGUEMESTRE (all. *wagen*, voiture + *meister*, maître), *sm*. Officier chargé de la conduite des équipages dans une armée. ‖ Dans un régiment, sous-officier chargé d'aller retirer à la poste et de distribuer aux hommes du régiment les lettres et l'argent qui leur sont adressés. ‖ Officier marinier chargé d'aller porter à la poste la correspondance d'un navire et d'en rapporter les lettres à destination de ce bâtiment.

1. **VAGUER** (l. *vagari*), *vi*. Aller çà et là et à l'aventure : *Il ne fait que vaguer dans la ville.* — Fig. Passer d'une idée à l'autre sans se fixer à aucune : *Laisser vaguer ses pensées.*

2. ***VAGUER** (irlandais *vag*, agiter), *vt*. Brasser la bière.

***VAGUESSE** (ital. *vaghezza* : de *vago*, vague, charmant), *sf*. Ton léger d'une peinture. ‖ Formes vaporeuses et indécises dans un tableau.

VAIGATSCH, île du gouvernement d'Arkangel (Russie d'Europe), dans la mer Glaciale, entre la Nouvelle-Zemble et le continent, dont elle est séparée par les détroits de Kara et de Vaigatsch. Elle est habitée par des Samoyèdes.

***VAIGRAGE** (*vaigre*), *sm*. Revêtement intérieur de la coque d'un navire, ainsi nommé des *vaigres* ou planches qui le composent. Ces vaigres sont généralement disposées bout à bout, en files ou *virures.* Toutefois, pour combattre la tendance des bâtiments à s'arquer dans le sens de la longueur, on remplace généralement ce *vaigrage horizontal* par le *vaigrage oblique*, dans lequel les vaigres coupent les couples de levée sous un angle aigu. (Marine.) ‖ Action de vaigrer un navire.

***VAIGRE** (holl. *weeger*), *sf*. Planche à revêtir intérieurement la membrure d'une carcasse de navire.

***VAIGRER** (*vaigre*), *va*. Poser les vaigres. ‖ Exécuter le vaigrage.

VAÏ-HOU ou Île de Pâques, 1600 hab.,

île du groupe des Sporades australes (Polynésie). Elle fut reconnue le jour de Pâques, 1722, par le navigateur hollandais Roggeween.

VAILLAMMENT (*vaillant* + sfx. *ment*), *adv.* Avec vaillance.

VAILLANCE (*vaillant*), *sf.* La valeur exacte d'une chose, d'une personne (vx). ‖ Courage, bravoure dans les combats, les périls, les luttes : *La vaillance d'un capitaine, d'un voyageur.* — **Syn.** La *vaillance* est la manière d'être et la qualité permanente et en quelque sorte latente d'une personne qui a du courage, de la valeur; c'est elle qui commande d'être valeureux. Le *cœur* est cette force de l'âme qui répudie toute crainte et qui fait que l'on reste inébranlable au milieu des dangers : un *cœur faible* fléchit en présence du moindre péril; un *cœur fort*, au contraire, demeure serein au milieu des plus grands chagrins comme des plus grandes catastrophes. Le *courage* est cette vertu de l'âme qui fait affronter tous les chagrins de la vie, tous les périls auxquels on peut être exposé. Il est de tous les états et de toutes les situations; on en a besoin dans la vie privée comme dans la vie publique. La *valeur* se manifeste partout où il y a un péril à affronter et des lauriers à conquérir. La *bravoure* ne sait pas ce que c'est que la peur et va au-devant du danger et préfère l'honneur à tout, même à la vie; mais elle peut s'acquérir par l'exemple ou la réflexion.

1. VAILLANT, ANTE (*valoir*), *adj.* Qui montre du courage dans les combats, les périls, les luttes : *Un vaillant soldat.*

2. VAILLANT (anc. p. prés. de *valoir*), *sm.* Ce que l'on possède, capital : *Dépenser tout son vaillant.* — *Adv.* En toute propriété : *Il a cent mille francs vaillant.* ‖ *N'avoir pas un sou vaillant*, n'avoir ni bien ni argent.

VAILLANT (Sébastien) (1669-1722), médecin et botaniste français, directeur du Jardin des Plantes, dit alors *Jardin du Roi*, membre de l'Académie des sciences, auteur du *Botanicon Parisiense*, flore des environs de Paris.

VAILLANT (J.-B.-Philibert) (1790-1872), maréchal de France, membre du Bureau des Longitudes. Officier du génie, il prit la part la plus active aux fortifications de Paris en 1840, et, bien que commandant en second, il dirigea complètement les opérations du siège de Rome en 1849. Promu maréchal de France en 1851, ministre de la guerre de 1854 à 1859, major général de l'armée des Alpes en 1859, il fut maréchal du palais et ministre de la maison de l'empereur Napoléon III de 1860 à 1870. Son fils est aujourd'hui général de cavalerie.

VAILLANT (Jean-Foy) (1632-1706), numismate français. Envoyé en mission en Italie et en Grèce par Colbert, il fut, à son retour en France, poursuivi par un corsaire; au moment d'être pris, il avala, pour les sauver, une vingtaine de médailles rares en or. Il explora ensuite l'Europe orientale, l'Égypte et la Perse et en rapporta des collections d'objets d'antiquité. On lui doit de nombreux ouvrages relatifs à la numismatique.

***VAILLANTIE** (*Vaillant*, botaniste), *sf.* Genre de la famille des Rubiacées auquel appartient la *croisette velue.*

VAILLANTISE (*vaillant*), *sf.* Acte de courage voisin de la témérité, et que l'on fait souvent par gloriole.

***VAILLE QUE VAILLE** (subj. prés. du verbe *valoir*), *loc. adv.* Tout bien considéré, en courant un certain risque, à tout hasard.

VAILLY, 1628 hab. Ch.-l. de c., arr. de Soissons (Aisne); fabrique de sucre, distillerie de betteraves; pulvérisation de phosphate de chaux fossile.

VAILLY, 1092 hab. Ch.-l. de c., arr. de Sancerre (Cher).

VAIN, AINE (l. *vanum*, même sens que *vacuus*, vide), *adj.* Inculte : *Terres vaines et vagues.* ‖ *Vaine pâture*, endroit d'une commune où tous les habitants ont le droit de faire paître leurs bestiaux. ‖ Qui n'a rien de réel : *Un vain fantôme.* ‖ Inutile : *De vains efforts.* ‖ Chimérique, frivole : *Une vaine espérance.* ‖ Qui s'exagère son mérite, s'en fait accroire, plein d'orgueil : *Ne soyons pas vains.* — En vain, *loc. adv.* Inutilement. — **Dér.** *Vainement, vanter, vanterie, vantard, vantarde, vantardise.*

VAINCRE (l. *vincere*), *vt.* Avoir l'avantage sur ses ennemis à la guerre : *Annibal vainquit les Romains.* ‖ Avoir l'avantage sur ses concurrents, ses compétiteurs : *Vaincre ses rivaux.* ‖ Être supérieur à : *Vaincre tout le monde en bons procédés.* ‖ Venir à bout de : *Vaincre un obstacle.* ‖ Comprimer, étouffer : *Vaincre ses passions.* ‖ *Se laisser vaincre*, se laisser attendrir, persuader. — **Se vaincre**, *vr.* Comprimer ses passions, ses sentiments. — **Gr.** Je vaincs, tu vaincs, il vainc, n. vainquons, v. vainquez, ils vainquent; je vainquais; je vainquis; je vaincrai; je vaincrais; vaincs, vainquons, vainquez; que je vainque; que je vainquisse, qu'il vainquît; vainquant; vaincu, ue. — **Dér.** *Vaincu, vaincue, vainqueur.* — **Comp.** *Invaincu; convaincre*, etc. — Même famille : *Victoire*, etc.

VAINCU, UE (p. p. de *vaincre*), *adj.* Qui a eu le dessous à la guerre. ‖ Surmonté : *Difficulté vaincue.* ‖ Touché, fléchi, persuadé : *Vaincu par sa bonne foi.* — *Sm.* Celui qui a eu le dessous à la guerre : *Malheur aux vaincus!* (V. *Væ victis!*)

VAINEMENT (*vaine* + sfx. *ment*), *adv.* Inutilement.

VAINQUEUR (*vaincre*), *sm.* Celui qui a vaincu, qui a réduit ses ennemis à l'impuissance. ‖ *Le vainqueur de Cannes*, Annibal, qui vainquit les Romains à Cannes. ‖ *Le vainqueur de Rocroy*, le grand Condé. ‖ Celui qui l'a emporté sur un rival : *Le vainqueur d'un concours.* ‖ Celui qui a surmonté, dompté : *Se rendre vainqueur d'un obstacle.* — *Adj. m.* Qui captive, subjugue : *Regard vainqueur.* ‖ Qui dénote l'infatuation : *Prendre des airs vainqueurs.*

VAIR (l. *varium*, varié), *sm.* Fourrure d'un écureuil qui a le poil d'un gris violacé en dessus et blanc en dessous, avec laquelle on garnissait les manteaux des hauts personnages. ‖ L'un des émaux du blason consistant en rangées de cloches qui sont alternativement d'argent et d'azur. — **Dér.** *Vairé, vairée, vairon* 1 et 2.

VAIRE, 32 kilom., torrent des Basses-Alpes, affluent du Var. Il reçoit le Coulomp et la Gallange.

***VAIRÉ, ÉE** (*vair*), *adj.* Chargé de vairs : *Ecu vairé.* ‖ Qui imite le vair par la figure et qui a d'autres couleurs. (Blas.)

***VAIREUSE.** (V. *Vareuse.*)

1. VAIRON (*vair*), *adj.* Se dit d'un œil dont l'iris est entouré d'un cercle blanchâtre, ou des deux yeux d'un animal qui n'ont pas la même couleur.

2. VAIRON (*vair*), *sm.* L'un des noms vulgaires du goujon.

VAISE, faubourg de Lyon, sur la rive droite de la Saône; nombreuses fabriques.

VAISON, 3098 hab. Ch.-l. de c., arr. d'Orange (Vaucluse), sur l'Ouvèze, au pied du mont Ventoux. Pont romain, nombreuses ruines romaines; cathédrale des xe, xie et xiie siècles; ancien évêché. Filatures de soie.

VAISSEAU (vx fr. *vaissel* : du l. *vascellum*, petit vase), *sm.* Tout vase propre à contenir des liquides : *Un vaisseau d'argile.* ‖ Grand navire de guerre : *Une flotte de 50 vaisseaux. Vaisseau à trois ponts.* ‖ *Vaisseau de rang, vaisseau de ligne*, propre à combattre en ligne. ‖ *Vaisseau de 80 canons*, armé de 80 pièces de canon. ‖ *Vaisseau de 1er rang*, armé de 120 canons en 4 batteries : *vaisseau de 2e rang*, de 100 canons en 3 batteries; *vaisseau de 3e rang*, de 90 canons en 3 batteries; *vaisseau de 4e rang*, de 80 canons. ‖ *Vaisseau amiral*, monté par un amiral ou portant le pavillon d'amiral. ‖ *Vaisseaux pavillons*, ceux qui autrefois avaient à bord des officiers généraux. ‖ *Vaisseau de registre*, bâtiment espagnol enregistré pour un voyage dans les mers du Sud. ‖ *Vaisseau roulier*, barque hollandaise pour transport sur les canaux. ‖ *Vaisseau en caque*, bâtiment armé pour un chargement de morue. ‖ *Vaisseau-hôpital*, grand navire servant d'hôpital aux marins en voyage.

Nous avons donné aux articles *Marine* et *Navire* un aperçu sommaire de l'art nautique primitif jusqu'à nos navires cuirassés; il s'agit maintenant d'exposer la théorie de la

Construction des vaisseaux. — L'étude de construction des vaisseaux, plus généralement désignée sous le nom de *théorie du navire*, se rapporte à l'équilibre et au déplacement des vaisseaux. Les principaux éléments à déterminer sont les suivants :

1° *Calcul du déplacement et du poids propre.* Le déplacement est le volume d'eau occupé par la partie immergée du navire. Le poids de cette eau déplacée est égal au poids total du bâtiment, qui comprend : 1° la coque; 2° la mâture, les cordages, ancres, chaînes, etc.; 3° l'équipage, avec effets et vivres; 4° le chargement. Pour les bâtiments à vapeur, il faut ajouter : 1° les machines et leurs annexes; 2° le charbon nécessaire; pour les bâtiments à passagers : le poids des passagers, avec effets et vivres, etc. Pour les bâtiments à voiles, on entend par *poids propre* la somme des poids 1, 2 et 3; le chargement porte le nom de *port* ou *tonnage*. Le déplacement est la somme de ces deux poids : le port est habituellement connu; quant au *poids propre* G, il se détermine empiriquement :

a). Pour les bâtiments à voiles, on le calcule en fonction de D, valeur du déplacement quand la ligne de flottaison se confond avec l'arête extérieure du bordage : pour les bâtiments marchands ordinaires :

$$G = \frac{5}{12} D,$$

et pour les grands navires en fer :

$$G = \frac{4}{9} D.$$

b). Pour les bâtiments à vapeur : soient L la longueur entre perpendiculaires, B la largeur maxima et H la hauteur, de l'arête supérieure de la quille au trait inférieur du plat-bord, G le poids de la coque (sans le gréement, les machines, le charbon, etc.). On a, pour les grands bâtiments :

$$G = 162 - 237\ LBH \text{ (en kilogrammes).}$$

Le poids du gréement avec ancres, chaînes, etc., se prend égal à :

0,04 à 0,05 D pour navires marchands,
0,06 D pour navires de guerre.

Les autres poids se déterminent par les chiffres suivants : Équipage : 110 kilogr. par homme, avec ses effets. Vivres : 1kilogr.25 par homme et par jour et 4 à 6 kilogrammes d'eau. Machine avec les chaudières et annexes : 150 à 200 kilogrammes par cheval indiqué pour les bâtiments à roues; et 140 à 190 kilogrammes pour les bâtiments à hélice. Dépense de charbon : 1kilogr.1 par cheval-heure indiqué, ou 70-100 kilogrammes par mètre carré de grille et par heure.

La somme de tous ces poids doit ensuite être convertie en mètres cubes d'eau de mer. Or, 1 mètre cube d'eau de mer pèse environ 1026 kilogrammes; il suffit donc de diviser le poids total en kilogrammes par 1026.

2° *Détermination des principales dimensions.* En désignant par : L, la longueur de la carène; B, sa plus grande largeur; T, sa profondeur; V, le déplacement; A, la plus grande section transversale immergée; W, la surface de flottaison (en charge);

a). Pour les bâtiments à voiles :

1° A grande vitesse : V = 0,56 LBT A = 0,8 BT et W = 082 LB; 2° à vitesse moyenne : V = 0,595 LBT, A = 0,83 BT et W = 0,875 LB; 3° à marche lente : V = 0,63 LBT, A = 0,855 BT et W = 0,90 LB. Notons que le centre de gravité du déplacement doit se trouver de 0,01 L à 0,015 L en arrière du milieu.

b). Pour les bâtiments à vapeur :

1° Navires de mer moyens à roues :

$$\frac{L}{B} = 8 \text{ à } 12, \quad \frac{T}{B} = 0{,}33 \text{ à } 0{,}45.$$

2° Bateaux fluviaux à roues :

$$\frac{L}{B} = 12 \text{ à } 20, \quad \frac{T}{B} = \text{variable avec l'eau.}$$

3° Grands navires de mer, à hélices :

$$\frac{L}{B} = 7 \text{ à } 11, \quad \frac{T}{B} = 0{,}34 \text{ à } 0{,}52.$$

4° Vapeurs moyens à hélice :

$$\frac{L}{B} = 6 \text{ à } 9, \quad \frac{T}{B} = 0,34 \text{ à } 0,52.$$

Le centre de gravité du déplacement doit être de 0,008 à 0,015 L en arrière du milieu.

3° *Mesure du tonnage*. Plusieurs méthodes peuvent être employées : la méthode abrégée que nous indiquons s'emploie surtout pour un bâtiment chargé en totalité ou en partie. La longueur du bâtiment l est mesurée, sur le pont supérieur, de la surface extérieure des bordages à l'étrave jusqu'à la surface arrière de l'étambot. De cette longueur l, on soustrait la distance d comprise entre la surface arrière de l'étambot et le point où la râblure d'étambot coupe le bordage de la voûte; soit $l - d = \lambda$. Enfin, on mesure la plus grande largeur du bâtiment L entre les surfaces extérieures des bordages. Puis, à l'endroit de cette largeur, on marque la hauteur du pont supérieur sur ces bordages, et on tend une chaîne dans un plan normal au plan de flottaison par-dessous la quille et passant par les deux points marqués ; puis on mesure la partie c de la chaîne comprise entre ces deux points. A la moitié de cette longueur c, on ajoute la moitié de la plus grande largeur L. En multipliant le carré de cette somme par la longueur λ obtenue précédemment, on obtient un nombre qui, multiplié par un coefficient f, donne en mètres cubes la capacité T du bâtiment au-dessous du pont supérieur :

$$T = f\lambda\left(\frac{c}{2} + \frac{L}{2}\right)^2,$$

pour un bâtiment en fer : $f = 0,18$; pour un bâtiment en bois : $f = 0,17$.

Il faut naturellement déduire, de cette capacité brute, la contenance de tous les espaces nécessités par l'équipage, ou occupés par les machines à vapeur, chaudières, soutes à charbon, etc. La déduction de tous ces espaces peut atteindre, au maximum, la moitié de la capacité brute. Pour les bâtiments à vapeur, on peut déduire en général 15 p. 100 pour l'emplacement occupé par les machines.

4° *Détermination des cylindres à vapeur*. Soient : N, la puissance en chevaux indiqués ; D, le diamètre des cylindres en *cm* ; A, le nombre des cylindres ; c, la course du piston en m ; v, la vitesse du piston, en mètres par minute ; n, le nombre de tours par minute ; p_m, la pression moyenne, en kilogrammes par mètre carré. On emploie les formules :

$$\begin{cases} N = \dfrac{\pi D^2}{4} p_m \times A \dfrac{v}{60.75}, \\ v = 2Cn. \end{cases}$$

pour calculer D, après avoir choisi v et A, et calculé p_m d'après la pression absolue des chaudières ; v varie entre 120 et 180 mètres. En général, le nombre de tours diminue quand la puissance augmente : 50 à 70 tours par minute, pour les grosses machines ; 90 à 120, pour les petites.

Quant à la valeur de N, elle se déduit de la résistance totale R en kilogrammes, qu'éprouve le bâtiment à se mouvoir et de la vitesse V du bâtiment (en m par seconde), au moyen des formules :

$$\begin{cases} N = 2,7 \dfrac{R.V}{75}, \\ R = 4SV_1^2. \end{cases}$$

S étant la superficie en mètres carrés de la surface mouillée du bâtiment et V_1 la vitesse en milles marins à l'heure.

5° *Mesure de la vitesse*. Les vitesses obtenues s'évaluent en milles marins. C'est la soixantième partie d'un degré, autrement dit c'est la *minute du méridien terrestre*. Le mille marin vaut 1 852 mètres ou 6 080 pieds anglais. On mesure quelquefois la vitesse en milles anglais (*statute miles*) ; le mille anglais vaut 5 280 pieds anglais = 0,868 mille marin. En France, on emploie aussi la lieue marine de 5 555 mètres. La longueur entre les nœuds de la ligne du loch (instrument qui sert à mesurer la vitesse, V. ce mot) est de 15m,10. Les plus grandes vitesses constatées jusqu'à présent dans les services réguliers de navigation à vapeur sont de 22 nœuds ; la moyenne des navires rapides à voyageurs oscille autour de 18 nœuds. Les navires à hélice bien construits atteignent des vitesses qui vont jusqu'à 24 nœuds : le *City of Paris*, qui appartient à la ligne Inman, a fait la traversée de l'Atlantique, soit 5 285 kilom., en 5j,23h,7', ce qui correspond à une vitesse de 20 milles à l'heure, soit 37 kilomètres.

TABLEAU COMPARATIF DES TYPES DE MACHINES MARINES AVEC LEUR FORCE MOTRICE

NOM du NAVIRE.	NATIONALITÉ.	Déplacement en tonneaux.	Longueur. (En pieds pour les navires anglais.)	Largeur.	Tirant d'eau.	SYSTÈME DE LA MACHINE.	FORCE EN chev.-vapeur.	NOMBRE de cylindres.	DIAMÈTRE DES CYLINDRES (en pouces pour les nav. anglais).	PRESSION de la vapeur.	Vitesse en nœuds (tirage naturel).	Vitesse en nœuds (tirage forcé).
						NAVIRES DE GUERRE						
Amiral-Duperré. .	Franç., cuir. d'esc.	10 322[1]	97	20		Compound	6075-7397	6	»	»	14,5	»
Hoche	—	10 581	102	20	8	—	12 000	»	»	»	15	»
Amiral-Tréhouart.	—	6 590	86,5	17,5	6,7	Triple expansion.	7500 8400	»	»	»	20	»
Cécille	Franç., croiseur.	5 500	117,5	15	6	»	10 500	»	»	»	19,2	»
Jean-Bart	—	4 103	107.7	13	5.7	»	8 000	»	»	»	19	»
Forbin	—	1 847	95	9,8	4	Compound	6 000	»	»	»	19,5	»
Davout.	—	3 027	90.7	12	5,3	»	9 000	»	»	»	19,5	»
Pelayo	Espag., cuir. d'esc.	9 900	105	20,2		»	6 800	»	»	»	15	»
Piemonte.	Italien, croiseur.	2 500	91,5	11,5	4,6	Triple expansion.	8000-11600	»	»	»	20	21,5
Tchesmé	Russe, cuirassé.	10 000	104	2		—	9 000	»	»	»	16	»
						NAVIRES DE COMMERCE						
Clyde	Transatl. anglais.	5 650	456	33,5	19,5	Triple expansion.	7 010	6	43, 66, 92	150 lb	17,3	18
City of New-York.	—	14 500	560	63	25	—	20 000	»	45, 71, 113	150 lb	»	20
Umbria.	—		500	57	22	Compound.	14 321	»	71, 105	110 lb	»	19.0
Maria-Christina . .	Transat. espagnol.		122m	14,5		Triple expansion.	»	»	0m86, 1m45, 2m31	12 k	16,9	17,4
Kaiser Wilhelm II.	Transat. allemand.	6 000	137	15,5	11	—	6 500	»	»	162	17	»
Champagne. . . .	Transatl. français.	10 000	155	16		»	9 700	»	»	»	»	»
Touraine	—	9 000	164	17		Triple expansion.	12 500	»	»	»	18,5	»

Le tableau ci-dessus permettra au lecteur de se faire une idée des dimensions principales des navires de guerre et de commerce actuels ainsi que des machines dont ils sont pourvus.

6° *Choix d'une machine*. Pendant longtemps, toutes les machines marines étaient du système compound ; actuellement, on les construit de préférence à triple et même à quadruple expansion. Les cylindres sont très souvent verticaux et disposés soit sur une même ligne, soit l'un au-dessus de l'autre, c'est-à-dire en tandem. Dans des navires très récents, on est cependant revenu aux cylindres horizontaux qui permettent de consacrer moins de place à l'appareil moteur. Les conditions d'une bonne machine marine sont : l'économie de poids et de combustible, le peu de place occupée, et une longue marche assurée sans accidents. Pour les bâtiments marchands, le travail moteur demandé est constant ; mais pour les navires de guerre, il faut pouvoir disposer d'une force motrice considérable à certains moments donnés, et en général on exige en outre, pour ceux-ci, que tout l'appareil moteur soit en dessous de la ligne de flottaison. Les pressions de vapeur sont habituellement de 10 à 12 kilogrammes (au-dessus de la pression atmosphérique). Quant aux types de machines, ils diffèrent suivant l'espèce de propulseur.

Le poids des machines marines atteint des proportions considérables. Voici quelques exemples de poids d'appareils moteurs :

	Ch.-v.	Poids de la machine.
Victoria, cuirassé anglais. . .	14 700	1 800 000k
Etruria, transatlant. anglais. .	14 500	1 100 000k
Benbow, cuirassé anglais. . .	10 850	1 323 700k
Iris, croiseur anglais	7 830	1 026 200k

1° *Bâtiments à roues*. On emploie encore actuellement, aux Etats-Unis, les machines à balancier. Elles sont abandonnées en Europe, où on a adopté les machines à connexion directe, à 2 cylindres, avec manivelles calées à angle droit. On emploie aussi des cylindres verticaux, avec bielles très courtes (ayant 3 fois, 2 la longueur de la manivelle), ou même des cylindres inclinés. On avait imaginé l'emploi des cylindres oscillants, qu'on tend à délaisser. Les bâtiments à roues, en général plus larges et mieux appuyés que les navires à hélice, font un bon service pour les trajets courts qui demandent une grande vitesse.

2° *Bâtiments à hélice*. On a utilisé depuis longtemps la machine à connexion directe, à cylindres horizontaux ou légèrement inclinés, avec bielles ayant 3 fois la longueur de la manivelle. La machine à fourreau peut convenir dans le cas d'une seule hélice, malgré les inconvénients que présentent ses complications et le refroidissement considérable de la vapeur : dans cette machine, le cylindre est traversé par un large fourreau dans l'intérieur duquel est articulée la bielle. La machine Dupuy de Lôme, compound avec bielle en retour, est également avantageuse, ainsi que la *machine-pilon* verticale, au point de vue de l'économie d'emplacement et des consommations. Les distributions des machines marines se font généralement par coulisses ou par tiroirs cylindriques. Quant aux consommations de charbon, on doit chercher à les réduire le plus possible : on peut arriver à 750 ou 700 grammes de charbon par cheval-heure. || Navire de grandes dimensions, mais aménagé pour servir à n'importe quelle destination : *Vaisseau marchand.*— Fig. Toute grande institution sociale considérée par rapport à la manière dont elle doit être gouvernée : *Le vaisseau de l'État, de l'Église.* || Tout objet flottant sur l'eau et pouvant transporter : *L'onde emporte ces vaisseaux de fleurs où vient se poser la libellule.* (Poét.) || *Vaisseau voguant*, vaisseau figuré avec ses voiles. (Blas.) || L'intérieur d'un grand édifice : *Le vaisseau de l'église Notre-Dame de Paris.* || En anatomie, on désigne sous le nom générique de **vaisseaux** les divers canaux dans lesquels circulent le sang, le chyle et la lymphe, de sorte que cette dénomination comprend les vaisseaux sanguins et les vaisseaux lymphatiques, dont les vaisseaux chylifères ne diffèrent que par la nature du liquide qui y circule. Il faut, dès le début, établir une différence essentielle entre les vaisseaux sanguins et les vaisseaux lymphatiques : c'est que, tandis que ceux-ci transmettent leur contenu de la périphérie au centre, quel que soit le point où on les considère, les seconds, au contraire, comprennent, à ce point de vue, trois départements bien nettement séparés, l'un dans lequel le contenu liquide est charrié du cœur vers la périphérie par les *artères*, l'autre qui sert au transport du sang de la périphérie au centre par les *veines*, le troisième enfin qui réunit vers la périphérie les deux systèmes artériel et veineux par des vaisseaux minces et multipliés, connus sous le nom de *capillaires*, de sorte que le sang chassé du cœur par la contraction de la fibre musculaire cardiaque est recueilli dans les artères qui le portent aux ramifications capillaires, où s'effectuent les échanges nutritifs intimes, et est ramené au cœur par les veines. (V. *Sang*.)

Vaisseaux sanguins. — Le système artériel naît des *ventricules droit* et *gauche* du cœur par deux gros troncs volumineux, dont l'un, destiné à transmettre le sang veineux du *ventricule droit* aux lobules pulmonaires (où le sang devient artériel par son contact avec l'oxygène de l'air), est connu sous le nom d'*artère pulmonaire*. Ce tronc n'émet point de branches collatérales, et, après un trajet vertical de quelques centimètres, il se partage en deux branches destinées aux deux poumons droit et gauche. Du *ventricule gauche* naît le second tronc artériel, qui se recourbe bientôt en arrière sous forme de crosse, se place à gauche de la colonne vertébrale qu'il longe jusqu'au niveau de la quatrième vertèbre lombaire, d'où partent deux branches principales destinées aux membres inférieurs : c'est l'*artère aorte*, d'où naissent comme d'un tronc commun toutes les artères destinées à la nutrition de l'organisme. On peut, sur la figure ci-jointe, suivre dans ses grandes lignes la répartition des diverses branches collatérales qui peuvent se diviser en branches antérieures, postérieures, supérieures et inférieures. Parmi les premières, nous citerons : les deux *artères cardiaques*, destinées aux parois du cœur lui-même; les *artères bronchiques*, les *œsophagiennes*, celles de l'*estomac*, qui naissent toutes par un tronc commun (*tronc cœliaque*); les *artères mésentériques*, destinées au gros et au petit intestin; les *artères rénales*. Les branches postérieures de l'aorte constituent les *artères intercostales*, qui se perdent dans l'épaisseur des espaces intercostaux. Les branches supérieures naissent de la partie convexe de la crosse de l'aorte et fournissent les artères des membres supérieurs, du cou, de la face et de l'encéphale par des troncs volumineux qui vont d'avant en arrière : le *tronc brachio-céphalique*, qui se divise en *carotide primitive droite* et *sous-clavière droite*, l'*artère-carotide primitive gauche* et l'*artère sous-clavière gauche*. Les branches inférieures ou de bifurcation de l'aorte, au nombre de deux, portent le nom d'*artère iliaque primitive* droite et gauche. Chacune d'elles se divise en *iliaque interne*, destinée aux organes du bassin, et *iliaque externe*, qui, à la cuisse, prend le nom de *fémorale* et se perd dans le membre inférieur sous les noms de *poplitée*, *tibiale antérieure* et *postérieure*, *péronière*, *pédieuse* et *plantaire*. Rectilignes dans la plus grande partie de leur trajet, toutes ces artères émettent de nouvelles branches collatérales dans tous les sens, de façon que tous les territoires de l'organisme reçoivent les éléments de nutrition nécessaires à leur existence. Il y a entre toutes ces branches des canaux communs dits *anastomoses*, qui sont destinés à assurer la libre circulation du sang dans les cas pathologiques. Si l'on considère maintenant l'ensemble des vaisseaux artériels qui émanent de l'aorte, on remarque que ce système de vaisseaux augmente de capacité à mesure que l'on s'éloigne du cœur. La pression du sang sur les parois artérielles et la vitesse de celui-ci dans les différentes parties du système sont donc plus grandes près du cœur que vers les extrémités, et c'est pour cette raison que les artères sont d'autant plus riches en éléments élastiques qu'elles se rapprochent de la partie supérieure de l'aorte, le rôle des artères ne se bornant pas à celui de simple conducteur inerte, mais intervenant aussi pour régulariser la marche du sang et la rendre continue. C'est dans ce système de vaisseaux que se produit le phénomène bien connu du *pouls*, qui se manifeste par des soulèvements successifs que perçoit le doigt qui appuie sur une artère reposant sur un plan résistant. La structure de ces vaisseaux comprend une tunique interne à épithélium pavimenteux, une tunique moyenne ferme et souple renfermant des fibres élastiques et musculaires, et une tunique externe. Les dernières ramifications des artères se continuent avec les *vaisseaux capillaires*, vaisseaux sanguins de très petit calibre, dans lesquels se fait la transformation du sang artériel en sang veineux, de sorte qu'ils constituent la partie la plus importante de la circulation périphérique, car, selon la comparaison imagée de Claude Bernard, « les gros vaisseaux, les artères, les veines ne sont que les rues qui nous permettent de parcourir une ville; mais avec les capillaires, nous pénétrons dans les maisons, où nous pouvons observer directement la vie, les occupations, les mœurs des habitants ».

Aux capillaires fait suite le système veineux qui ramène le sang dans les cavités auriculaires du cœur : celui qui arrive dans l'oreillette par l'intermédiaire des veines pulmonaires est un *sang artériel* qui s'est oxygéné au niveau des lobules pulmonaires, tandis que celui qui aboutit à l'oreillette droite est un *sang veineux*. Toutes ces veines suivent dans leur trajet les artères correspondantes, mais elles sont doubles ou général, et aboutissent en fin de compte dans l'un des gros troncs veineux suivants : les *veines pulmonaires*, qui sont au nombre de quatre, deux pour chaque poumon; la *veine cave inférieure*, tronc commun de toutes les veines situées au-dessous du diaphragme, telles que *veine porte*, *rénale*, *lombaire*, *iliaque*, etc.; la *veine cave supérieure*, tronc commun des veines de l'encéphale, du cou, de la face et

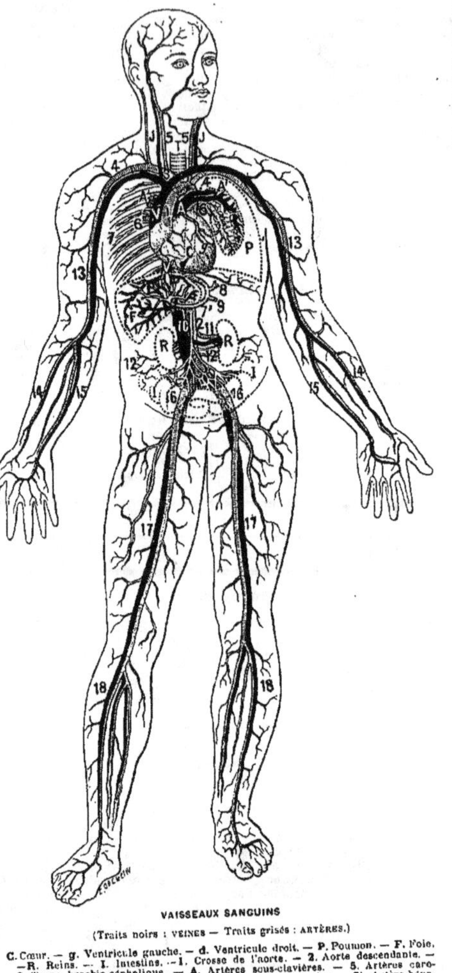

VAISSEAUX SANGUINS

(Traits noirs : VEINES — Traits grisés : ARTÈRES.)

C. Cœur. — g. Ventricule gauche. — d. Ventricule droit. — P. Poumon. — F. Foie. — R. Reins. — I. Intestins. — 1. Crosse de l'aorte. — 2. Aorte descendante. — 3. Tronc brachio-céphalique. — 4. Artères sous-clavières. — 5. Artères carotides. — 6. Artères pulmonaires. — 7. Artères intercostales. — 7'. Artère hépatique. — 8. Artère coronaire stomachique. — 9. Artère splénique. — 10. Artère mésentérique supérieure. — 11. Artères rénales. — 12. Artères lombaires. — 13. Artères humérales. — 14. Artères radiales. — 15. Artères cubitales. — 16. Artères iliaques. — 17. Artères fémorales. — 18. Artères tibiales. — A. Artère pulmonaire. — AA'. Branches de l'artère pulmonaire. — V. Veine cave supérieure. — V'. Veine cave inférieure. — J. Jugulaire. — T. Trachée.

des membres supérieurs; et enfin, un système spécial qui reçoit les veines intra-rachidiennes, quelques veines extra-rachidiennes, et qui porte le nom de *système azygos*. La structure de ces vaisseaux ne diffère de celle des artères que par la diminution du tissu élastique, la richesse en éléments contractiles et l'existence de replis valvulaires destinés à faciliter la circulation du sang. (V. *Veine* et *Sang*.)

Vaisseaux lymphatiques et chylifères. — Sous le nom de *système lymphatique*, on désigne un ensemble de vaisseaux qui, par une de ses parties, vient se terminer dans la veine sous-clavière par l'intermédiaire de deux troncs principaux (*canal thoracique* et *grande veine lymphatique*), tandis que d'autre part il se trouve en rapport avec les différents tissus. Ces vaisseaux sont répartis en très grand nombre dans l'organisme, surtout à la surface des muqueuses intestinale, stomacale et linguale, autour des orifices naturels et aux extrémités des membres. L'origine de ces vaisseaux a été le sujet de discussions vives entre l'école allemande et l'école française : l'opinion française, qui admet que les vaisseaux lymphatiques à leur origine communiquent avec les capillaires sanguins, a été soutenue surtout par M. le professeur Sappey. Nés par pelotons nombreux, les lymphatiques forment des vaisseaux de plus en plus volumineux qui passent à travers les ganglions lymphatiques et vont se terminer dans le canal thoracique et la grande veine lymphatique. Celle-ci ne reçoit que les lymphatiques du bras droit et de la moitié droite du cou et de la tête. La structure de ces vaisseaux se compose d'une tunique externe comprenant des fibres élastiques nombreuses, d'une tunique moyenne de fibres élastiques et musculaires, et enfin d'une tunique interne. Tous les vaisseaux lymphatiques sont munis de valvules disposées par paire. Ces vaisseaux renferment la lymphe. Ceux de l'intestin grêle contiennent, pendant la digestion, le chyle; mais ils ne diffèrent des précédents que par leur fonction spéciale. (V. *Chyle* et *Lymphe*.) || *Vaisseaux laticifères*, ceux qui contiennent le latex des végétaux. || *Le Vaisseau*, aussi appelé *Argo*, ou *le Navire*, ou *le Chariot de mer*, constellation australe, située vers la partie méridionale de l'écliptique, entre le Petit Chien et l'Hydre femelle ou la Couleuvre. Canopus, l'étoile australe si brillante, est placée sur le gouvernail du Vaisseau. On remarque une étoile double, *R* d'Argo. Dans ce couple, la grande étoile est bleue; la petite est d'un rouge sombre. || *Ordre du Vaisseau*, ordre franc-maçonnique des deux sexes établi au siècle dernier dans l'Amérique du Nord. || *Fête du vaisseau d'Isis*, célébrée au printemps, chez les anciens Égyptiens, en l'honneur d'Isis. || *Vaisseau de mer*, espèce de frégate ou d'albatros. || *Le Vaisseau fantôme*, titre d'un opéra du compositeur allemand Richard Wagner. — **Fig.** *Vaisseau* ou *vase d'élection*, créature chérie de Dieu. || *Vaisseau de miséricorde*, Dieu. || *Vaisseau d'iniquité*, le pécheur. (Théol.) || Auge creusée dans un tronc d'arbre pour servir à fouler et à faire dégorger les étoffes. — **Dér.** *Vaisselle, vaissellerie, vaisselier, vaxel.*

***VAISSELIER** (*vaisselle*), *sm.* Meuble où l'on serre la vaisselle. || Petite galerie ajourée qui fait partie d'un buffet, etc., et où l'on place des assiettes, etc.

VAISSELLE (l. *vascella*, pl. de *vascellum*, petit vase), *sf.* L'ensemble des plats, assiettes et autres vases qu'on emploie pour servir les mets et servir à table. || *Vaisselle montée*, tout vase ou plat composé de plusieurs pièces soudées ensemble. || *Vaisselle plate*, autrefois plats et assiettes composés d'une seule pièce; aujourd'hui, plats et assiettes en argent.

***VAISSELLERIE** (*vaisselle*), *sf.* L'ensemble de tous les vases en bois formés d'une ou plusieurs pièces, dont on se sert dans un ménage : sébiles, seaux, égrugeoirs, salières de cuisine, etc.

VAISSÈTE (DOMINIQUE-JOSEPH, DOM) (1685-1756), savant bénédictin français, auteur d'une *Histoire générale du Languedoc*, d'une *Dissertation sur l'origine des Français*, d'une *Géographie historique, ecclésiastique et civile*.

***VAIVODE.** (V. *Vayvode*.)

***VAIVODIE.** (V. *Vayvodie*.)

VAIVRE, 4 638 hect. Forêt domaniale de la Corse, peuplée de pins laricios, de sapins et de hêtres.

VAJDA HUNYAD, ville de Hongrie, population roumaine. Importantes usines pour le traitement des minerais d'or et d'argent.

***VAKOUF** (mot arabe), *sm.* Bien de mosquée pour l'entretien de l'uléma, et exempt d'impôt.

VAL (l. *vallem*, vallée), *sm.* Petite vallée, ou dépression entre deux monts : *Le val d'Andorre*. — Pl. *Vaux*, et *vals* dans le langage des ingénieurs : *Les vaux de Cernai. Les vals de la Loire.* || *Voyager par monts et par vaux*, à travers les montagnes et les vallées, être toujours en voyage. — **Gr.** *Val* a quelquefois la forme *vau* au singulier. (V. *Vau*.) — **Dér.** *Vallon, vallée, vallécule, valléculé, vallécülée, vallonnement, vallonner.* — **Comp.** *Aval, avaler, avalant, avalage, avalaison, avalasse, avalanche, avalement, avaleur, avaloire; ravaler*, etc.; *à vau-l'eau, à vau-de-route, à vau-vent; Vallombreuse.*

VALABLE (*valoir*), *adj. 2 g.* Qui doit être accepté en justice comme vrai et authentique : *Testament valable.* || Qui ne peut être écarté, dédaigné : *Raison, excuse valable.* || Qui a une valeur d'une certaine importance : *Effets valables.* — **Dér.** *Valablement.*

VALABLEMENT (*valable* + sfx. *ment*), *adv.* D'une manière valable : *Un enfant mineur ne peut valablement contracter.*

VALACHIE (LA), principauté de l'Europe orientale, située entre la Moldavie et la Transylvanie au N., la Serbie à l'O., la Bulgarie au S. et à l'E. La Valachie forme une vaste plaine au pied des Alpes de Transylvanie; on y distingue trois régions. La première, la plus élevée, est occupée par des montagnes boisées; les couches tertiaires y succèdent aux terrains plus anciens; les richesses minérales y abondent, mais sont peu exploitées. La seconde correspond au diluvium jaune : le sol est couvert de vignobles, de vergers, de prairies. Dans la troisième région, celle du pays plat, on rencontre un diluvium noir très fertile, qui produit du blé, du maïs et du tabac. A l'E. de Bucharest s'étendent, entre la Jalomnitsa et le Danube, les steppes de Baragan, immenses plaines absolument nues. En langage du pays, la Valachie porte le nom de *Zara-Roumaneska*.

La Valachie appartient au bassin du Danube : elle est principalement arrosée par ses affluents de gauche, qui ont presque tous un cours torrentiel. Le *Jiu* prend sa source en Transylvanie et franchit les montagnes à l'O. du col de Vulcan; il arrose Tergu-Jiu, se grossit de la *Motru* à Ciucareni, passe à Craïova (Krajova) et se jette dans le Danube en face de Rahova. L'*Olt* traverse les Alpes de Transylvanie au défilé de la Tour-Rouge : il arrose Rimnik, Dsagasani, Slatina, où il devient navigable, et se jette dans le Danube un peu en amont de Nicopoli; il reçoit, à droite, l'*Oltez*. La *Vede* passe à Rutche et à Alexandria. L'*Arges* prend sa source au Negoï, arrose Curtea, Piterci et Turtucaï. Elle reçoit, à gauche, la *Dombovitsa*, qui passe à Bucharest. La *Jalomnitsa* descend du mont Buites, passe à Tirgoviste, à Slobosia : elle reçoit la *Prahova*, qui passe à Sinaïa. Le climat du pays est chaud et humide : les vallées renferment de beaux pâturages, où l'on élève une bonne race de chevaux. Les serfs ont été affranchis en Roumanie en 1736; depuis 1862, le paysan peut devenir propriétaire, et l'on a attribué à chaque famille un lot de 2 à 5 hectares, moyennant une indemnité réglée sous forme d'obligations. L'agriculture est en progrès, quoique les pâturages de la Valachie soient mal aménagés. On récolte du maïs, du blé, de l'orge, du colza et du vin. L'industrie est encore dans l'enfance, mais on exploite déjà des salines, des gisements de pétrole; il y a des raffineries et des papeteries. La *Valachie* forme aujourd'hui, avec la *Moldavie*, le royaume de *Roumanie* (V. ce mot et la carte de *Turquie*). La capitale est *Bucharest*. — **Dér.** *Valaque.*

VALAIS (l. *Vallis Pennina*), 5 247 kilom. carrés, 96 900 hab. Un des 22 cantons de la Confédération helvétique au S. de la Suisse, formé principalement par la vallée du Rhône; ch.-l. *Sion*. Contrée montagneuse; forêts, pâturages. En 1810, le Valais, autonome depuis 1802, forma le département français du *Simplon*.

VALAISANNES (ALPES). Nom que l'on donne souvent aux Alpes Pennines qui séparent l'Italie du Valais; elles se terminent au mont Blanc.

VALAQUE (*Valachie*), *adj.* et *s. 2 g.* Qui est de la Valachie. || Indigène de ce pays. — *Sm.* L'un des noms du *roumain*, langue néo-latine.

VALAZÉ (CHARLES-ELÉONOR DU FRICHE DE) (1751-1793), conventionnel girondin, qui se poignarda, après la défaite de son parti, en entendant sa condamnation à mort par le tribunal révolutionnaire. — **Valazé** (ELÉONOR-BERNARD-ANNE-CHRISTOPHE-ZOA DU FRICHE, BARON DE) (1780-1838), général français qui, mis à la tête du génie destiné à opérer contre Alger en 1830, contribua beaucoup à la prise de cette ville.

VALBENOÎTE, faubourg de Saint-Étienne (Loire), sur le Furens. Aciéries, forges, teintureries.

VALBONNAIS, 1 451 hab. Ch.-l. de c., arr. de Grenoble (Isère).

VALBONNE (CAMP DE LA), camp d'instruction militaire situé près de Lyon, entre la ligne du chemin de fer de Genève et le confluent de l'Ain et du Rhône.

VALBONNE, 1 303 hect. Forêt domaniale du Gard, peuplée de chênes, pins et rouvres.

VALCARÈS, 21 000 hect. Étang salé formé par la Méditerranée sur les côtes de France, dans le delta de la Camargue (Bouches-du-Rhône). École régionale de tir.

WALCKENAER (LOUIS-GASPARD) (1715-1785), célèbre philologue, né à Leeuwarden, province de Frise (Hollande).

VALCKENAER. (V. *Walckenaer*.)

VALDAÏ (MONTS), chaîne de montagnes peu élevées, constituant plutôt un plateau, et qui s'étend, en Russie, sur une longueur de 500 kilom., du N.-E. au S.-O., dans le gouvernement de Novgorod. Le point culminant est le *Papova-Gora*, qui a 285 mètres d'altitude. Cette chaîne est surtout remarquable parce qu'elle sert de séparation aux bassins de la mer Baltique et de la mer Noire. Plusieurs rivières de la Russie y prennent leur source, notamment : la Volga, le Don, le Dniéper, la Duna et la Dvina. Le sol de ce plateau consiste principalement en argile et en pierre à chaux; on y trouve de l'alun, de la houille, du fer, du cuivre et du vitriol.

VAL-D'AJOL (LE), 7 546 hab. Commune du canton de Plombières, arr. de Remiremont (Vosges), sur la Combeauté. Brasseries, kirsch; scieries. Sites pittoresques et vues admirables.

VAL D'ANDORRE. (V. *Andorre*.)

VAL D'ARAN (LE), vallée supérieure de la Garonne, fermée de toutes parts par de hautes montagnes. Elle appartient à l'Espagne et communique avec la France par une bonne route qui suit la Garonne et traverse la frontière à Pont-du-Roi (585 mètres). On pénètre en Espagne par les sentiers du port de Pallas, du Pla de Beret, du port d'Espot et du port de Viella.

VAL D'AOSTE. (V. *Aoste*.)

VAL-DE-GALBE, 2 111 hect. Forêt domaniale des Pyrénées-Orientales, peuplée de pins à crochets.

VAL-DE-GRÂCE, ancien couvent de bénédictines, dans la partie S. de Paris, élevé par Anne d'Autriche et converti aujourd'hui en hôpital militaire. L'église fut construite sur les dessins de Mansart et la coupole peinte par Mignard.

VAL DEL BOVE, échancrure en forme d'amphithéâtre, qui s'ouvre dans les flancs de l'Etna.

VALDEMAR, nom de quatre rois de Danemark dont le premier (1157-1182) maria sa fille à Philippe-Auguste; dont le deuxième (1220-1241) gouverna sagement, aidé de son fils, Valdemar III, qu'il avait associé au trône, mais perdit, sur la fin de sa vie, plusieurs de ses possessions. Le quatrième (1340-1376) eut un sort analogue. — MARGUERITE DE VALDEMAR. (V. *Marguerite*.)

VALDEMAR, roi de Suède de 1250 à 1288, détrôné par son frère Magnus, et mort en prison.

VAL-DE-PEÑAS, 13 600 hab. Ville de la province de Ciudad-Real, dans la Nouvelle-Castille (Espagne). Vins renommés, grains.

VALDERIÈS, 1 021 hab. Ch.-l. de c., arr. d'Albi (Tarn). Houille.

VAL-DE-SENONES, 4 158 hect. Forêt domaniale des Vosges, peuplée de sapins.

VALDIEU (col de), altitude 353 mètres, passage situé dans la trouée de Belfort, entre les Vosges et le Jura.

VALDIVIA, capitaine espagnol, compagnon de Pizarre, qui conquit et administra le Pérou et fut tué par les Araucans (1559).

VALDIVIA, 4000 hab. Ville et port du Chili, sur le Pacifique, à l'embouchure de la rivière du même nom.

VALDO (Pierre de Vaux ou), marchand de Lyon du XIIe siècle, fondateur de la secte des Vaudois. (V. *Vaudois*.)

VAL-D'OSNE (LE), commune d'Osne-le-Val (1 335 hab.), arr. de Vassy (Haute-Marne). Hauts fourneaux et fonderie pour fontes d'art.

***VALDRAGUE (EN)** (*x*), *loc. adv.* Avec précipitation, en désordre. (Mar.)

VAL-DU-PUITS, 588 hect. Forêt domaniale de la Côte-d'Or, peuplée de chênes, de hêtres et de charmes.

VALÉE (Silvain-Charles, comte) (1773-1846), maréchal de France. Sous le premier Empire il se signala surtout à Eylau et à Friedland. Envoyé en Espagne, il commanda l'artillerie de Suchet et eut la gloire de ramener en 1814 son immense matériel en deçà des Pyrénées. Napoléon le créa comte de l'Empire. Membre du comité d'artillerie de 1815 à 1828, il introduisit dans ce corps une série de réformes importantes, connues sous le nom de *système Valée*. En 1837, il avait la direction du génie et de l'artillerie dans la seconde attaque de Constantine; après la mort du général Damrémont, il prit le commandement des opérations du siège et enleva la ville. Nommé gouverneur de l'Algérie, il pacifia la province de Constantine, puis il fit l'expédition des Portes de Fer et battit Abd-el-Kader à Boufarik (1840). Le général Bugeaud le remplaça à Alger. Une statue a été élevée au maréchal Valée à Constantine.

VALENÇAY, 3 554 hab. Ch.-l. de c., arr. de Châteauroux (Indre), sur le Nahon. Magnifique château du XVIe siècle, où furent détenus successivement Ferdinand VII et don Carlos.

VALENCE, 142 057 hab. Ville d'Espagne, sur le Guadalaviar, à 2 kilom. de la Méditerranée, dans une campagne délicieuse et bien arrosée; université célèbre; archevêché. Grand commerce d'oranges, de soie et de produits agricoles. Valence a donné son nom à une ancienne province qualifiée de royaume (677 890 hab.). Elle est située à l'E. et au pied du grand plateau central de l'Espagne; fertile en vins, blé et fruits, surtout en oranges. — *Sf.* Sorte d'oranges qui viennent du royaume de Valence: *Voilà des valences.*

VALENCE, 24 502 hab. Préfecture de la Drôme, à 617 kilom. de Paris, sur la rive gauche du Rhône; évêché. Belle cathédrale du XIe siècle. Filature de soie et de coton; vins, huile, fabriques de gants. Patrie du général Championnet.

VALENCE, 3 557 hab. Ch.-l. de c., arr. de Moissac (Tarn-et-Garonne). Plumes à écrire, toile.

VALENCE-D'AGEN, 1 705 hab. Ch.-l. de c., arr. de Condom (Gers), au confluent de la Bayse et de l'Auloue. Pierres meulières.

VALENCE-EN-ALBIGEOIS, 1 877 hab. Ch.-l. de c., arr. d'Albi (Tarn).

VALENCIA-NUEVA, 36 145 hab. Ville de l'État du Venezuela (Amérique du Sud).

VALENCIENNES, 27 607 hab. S.-préf. du département du Nord, sur l'Escaut, au confluent de la Rhonelle. Place de guerre de première classe à laquelle se rattache le fort de Curgies. Vaste système d'inondation qui se relie à celui de Condé; houille, betterave, chicorée, distilleries, raffineries, industries variées, batistes et linons, dentelles.

VALENCIENNES (*Valenciennes*), *sf.* Sorte de dentelle fabriquée d'abord à Valenciennes: *Capote garnie de valenciennes.*

VALENCIENNES (bassin de), bassin houiller qui fournit à lui seul plus du quart de la production totale des bassins du Nord et du Pas-de-Calais. Il est divisé en plusieurs concessions, appartenant à sept compagnies distinctes, dont les principales sont celles d'Anzin, de Douchy et d'Aniche. Leur superficie totale est de 53 692 hectares, qui produisent annuellement 3 950 322 tonnes de houille. Comme type de la constitution géologique du terrain, nous citerons celle des concessions d'Anzin. Après les morts-terrains, dont l'épaisseur varie depuis 5 mètres jusqu'à 200 mètres, on trouve: 1° les terrains d'alluvion: sables, tourbe, gravier, sables boulants et aquifères, sur une épaisseur de 10 à 13 mètres; 2° en dessous des alluvions: l'étage inférieur du terrain tertiaire comprend des bancs de sables argileux verts et des grès (10 à 15 mètres); 3° l'étage crétacé est composé de roches calcaires, argileuses ou arénacées, reposant sur des *dièves* (roches argileuses, compactes) ayant de 5 à 20 mètres d'épaisseur; 4° au-dessous des dièves se trouve le *tourtia*, conglomérat à pâte calcaire, plus ou moins argileux, mélangé de grains de silicate de fer et de silex; son épaisseur est de 2 ou 3 mètres. Au N., vers la frontière belge, où le terrain houiller se trouve à 5 ou 6 mètres du sol, tous les terrains crétacés disparaissent en affleurant à la surface. Les concessions du bassin de Valenciennes renferment les meilleures qualités de charbon de toute nature, depuis le charbon maigre anthraciteux jusqu'au charbon bitumineux propre à la fabrication du gaz. Les couches de charbon maigre sont inférieures à toutes les autres et reposent au N. sur le calcaire carbonifère; puis viennent, par ordre de superposition, les charbons quart-gras, demi-gras et gras pour forge et pour coke; enfin, les charbons à gaz.

VALENGIN, 700 hab. Village du canton de Neuchâtel (Suisse). Autrefois chef-lieu d'un comté de même nom qui fut réuni à la principauté de Neuchâtel, et dont le roi de Prusse fut reconnu souverain par le traité d'Utrecht (1713).

***VALENGINIEN** (*Valengin*), *sm.* Nom sous lequel les géologues désignent les trois assises inférieures du néocomien.

VALENS, empereur romain de 364 à 378, à qui son frère Valentinien Ier, empereur d'Occident, confia l'administration de l'Orient. Il favorisa les Ariens, permit aux Goths poursuivis par les Huns de s'établir en Mésie; mais bientôt attaqué par eux et vaincu à Andrinople, il fut brûlé dans une chaumière où il s'était réfugié.

VALENSOLLE, 3 020 hab. Ch.-l. de c., arr. de Digne (Basses-Alpes).

VALENTIA, bourg situé dans une petite île à la pointe S.-O. de l'Irlande, qui est le point de l'Europe le plus rapproché de l'Amérique et où fut immergé en 1858 le premier câble transatlantique. C'est de là que l'on envoie des dépêches concernant la météorologie.

VALENTIGNEY, 2 530 hab. Commune du canton d'Audincourt, arr. de Montbéliard (Doubs), sur le Doubs. Taillanderies.

VALENTIN, hérésiarque égyptien qui fonda une secte de gnostiques, mort en 161.

VALENTIN (Basile), nom d'un alchimiste qui vivait, dit-on, vers 1413, à Erfurt, et aurait été moine bénédictin. On lui attribue la découverte de l'antimoine. Mais son existence est mise en doute et l'on suppose que ce nom est un pseudonyme sous lequel se cacha un personnage qui vivait à une époque plus rapprochée de nous. L'édition la plus ancienne de ses œuvres remonte à l'année 1602.

VALENTIN (Marie-Edmond) (1823-1879), homme politique français, sénateur. Après avoir été professeur à l'école militaire de Woolwich de 1860 à 1870, il rentra en France au moment du plébiscite. Le gouvernement de la Défense nationale l'envoya comme préfet à Strasbourg assiégé: il entra dans cette ville le 19 septembre, après avoir traversé à la nage l'Ill et les fossés d'enceinte, sous le feu de l'ennemi et de la place. Lors de la capitulation, il fut arrêté sur l'ordre du général de Werder et envoyé en Allemagne, où il fut détenu quatre mois dans la forteresse d'Ehrenbreistein. Rendu à la liberté après la paix, il fut nommé préfet à Lyon et eut à y tenir tête aux insurgés de la Commune (avril-mai 1871).

VALENTINE DE MILAN, fille de Galéas Visconti, duc de Milan, et épouse de Louis, duc d'Orléans, frère de Charles VI, mort en 1408. Les Valois héritèrent de ses droits sur le Milanais.

VALENTINIEN Ier, empereur d'Occident de 364 à 375. Il repoussa les Germains et résida presque toujours à Trèves. — Valentinien II, empereur d'Occident de 375 à 392, fils du précédent. Il eut recours à Théodose pour triompher de l'usurpateur Maxime et fut assassiné dans les Gaules, à Vienne, par le Franc Arbogaste. — Valentinien III, empereur d'Occident de 424 à 455, sous le règne duquel eut lieu l'invasion d'Attila. Il fit tuer Aétius et mourut assassiné par le sénateur Pétrone Maxime.

***VALENTINIENS** (de *Valentin*, le chef du gnosticisme), *smpl.* Secte de gnostiques du IIe siècle qui professait la doctrine de l'émanation et la croyance aux éons (c'est-à-dire aux émanations ou intelligences éternelles formant l'ensemble des forces qui animent l'univers).

***VALENTINITE** (de Basile *Valentin*), *sf.* Oxyde naturel d'antimoine dont la composition (Sb^2O^3) est la même que celle de la sénarmontite. Cet oxyde cristallise en prismes rhomboïdaux, et les cristaux, blancs ou jaunâtres, sont translucides et présentent un éclat adamantin. Leur densité varie entre 2, 3 et 5. La valentinite est facilement fusible et volatile et se sublime lorsqu'on la chauffe dans un matras.

VALENTINO (Henri-Justin-Joseph) (1785-1865), célèbre chef d'orchestre, qui dirigea tour à tour l'orchestre de l'Opéra et celui de l'Opéra-Comique. Il tenta de fonder en 1831 des concerts populaires de musique classique dans une salle, au faubourg Saint-Honoré, connue depuis sous le nom de *Salle Valentino.*

VALENTINOIS, ancien petit pays de France dans le bas Dauphiné, avec le titre de duché. Il fut vendu en 1419 au Dauphin, fils de Charles VII, puis acquis par le duc de Savoie, qui le céda à la France en échange du Faucigny (1446). En 1498, le pays fut érigé en duché-pairie pour César Borgia. En 1548, Diane de Poitiers eut le titre de duchesse de Valentinois. En 1642, Louis XIII donna le duché à Honoré Grimaldi, prince de Monaco, dont les héritiers le conservèrent jusqu'en 1789. — Capitale: *Valence.* Villes principales: *Romans, Saint-Marcellin, Crest, Montélimar.*

VALENZA, 9 831 hab. Ville de la province d'Alexandrie (Italie), sur le Pô. Fabriques de joaillerie et d'orfèvrerie.

***VALÉRAL** (de *valériane*), *sm.* Corps neutre que l'on obtient en distillant rapidement de l'essence de valériane dans un courant d'acide carbonique. A 0°, il cristallise en prismes incolores fusibles à 20°. A l'état liquide, il est plus léger que l'eau et n'y est que peu soluble; au contraire, il est très soluble dans l'alcool et l'éther. On l'a extrait aussi de l'essence de la lupuline.

VALÈRE MAXIME, historien latin, contemporain de Tibère, auteur d'un recueil de faits et paroles mémorables.

VALERIA, nom d'une *gens* ou famille patricienne romaine, d'origine sabine, qui remontait, dit-on, à Volusus, compagnon de Tatius. C'était l'une des plus anciennes de Rome. Valerius Publicola, l'un des fondateurs de la République romaine, comptait parmi ses membres les plus illustres.

***VALÉRIANACÉES** ou ***VALÉRIANÉES** (*valériane*), *sfpl.* Famille de plantes dicotylédones croissant dans les régions froides et tempérées de l'hémisphère boréal. Elles sont moins abondantes dans l'Amérique du Nord, tandis que dans l'O. de l'Amérique du Sud et dans la région des Andes on les voit réapparaître plus nombreuses; les contrées orientales de l'Amérique du Sud et les Antilles ainsi que l'Asie tropicale en comptent un très petit nombre. L'Afrique australe n'en a pas, ou du moins celles qu'on y trouve appartiennent au genre Valérianelle et ont été introduites par l'homme. Enfin, la flore de l'Australie ne renferme, dit-on, aucune plante de cette famille. Les Valérianées sont des plantes herbacées, quelquefois sous-frutescentes, annuelles ou vivaces; les feuilles sont ou rapprochées à la base de la tige ou opposées à ses nœuds; elles sont dépourvues de stipules, entières ou divisées plus ou moins profondément en segments. Les fleurs sont disposées en cymes; elles sont irrégulières et hermaphrodites dans la plupart des espèces. Le réceptacle a la forme d'une bourse dans laquelle est logé l'ovaire. Sur les bords de l'orifice de cette cavité se trouve le calice gamosépale, presque régulier, à cinq divisions assez profondes. La corolle est aussi d'une seule pièce, campanulée supérieurement, tandis qu'inférieurement elle se rétrécit tout à coup en un tube court et étroit. Un peu au-dessus de ce tube, et dans sa partie antérieure, la corolle porte une petite gibbosité tapissée intérieurement de glandes. Le limbe de la corolle est partagé en cinq lobes presque égaux. L'androcée se compose de quatre étamines à peu près égales et insérées sur les parois de la cloche de la corolle. Chaque filet porte une anthère à deux loges s'ouvrant par deux fentes longitudinales. Le gynécée est formé par un ovaire infère logé dans la cavité du réceptacle; il présente trois loges : une grande, fertile, renfermant une ovule descendant; les deux autres, plus petites, placées de l'autre côté de la fleur; elles sont stériles ou ne contiennent qu'un ovule mal développé. Le style se détache de l'ovaire par une petite saillie, s'incurve un peu au moment où il sort de la fleur et se termine supérieurement par deux ou trois stigmates libres ou soudés. Le fruit, sec et indéhiscent, a trois loges dont une seule renferme un graine dépourvue d'albumen. Les plantes de la famille des Valérianées se font remarquer par la présence dans leur tissu d'une essence dont l'odeur est presque toujours désagréable, mais jouissant cependant, dans certaines espèces, de propriétés antispasmodiques, fébrifuges et anthelminthiques. C'est surtout la racine qui renferme cette huile volatile. Toutes les plantes de la famille des Valérianées possèdent ces propriétés; mais c'est chez la valériane officinale qu'elles sont le plus développées. (V. *Valériane.*) Les *valeriana celtica* et *saliunca* fournissent le *nard celtique,* médicament jadis très célèbre et qui entre dans la composition de la thériaque. On emploie encore aujourd'hui ce *nard* dans la parfumerie; mais il est bien inférieur au *nard indien,* si recherché comme parfum par les Orientaux. Cette dernière substance n'est autre chose que la racine du *nardostachys jatamansi* et qui fait également partie de cette famille des Valérianées. Au Pérou, certaines espèces sont employées comme vulnéraires et antispasmodiques. Les plantes du genre Valérianelle sont potagères : la *mâche* ou *doucette* est, comme chacun sait, mangée en salade. Enfin, beaucoup de valérianées sont cultivées dans nos jardins comme plantes d'ornement.

La famille des Valérianées ne renferme qu'un très petit nombre de genres, et Jussieu la confondit dans celle des Dipsacées, avec laquelle elle a beaucoup d'affinités. C'est De Candolle qui, en 1815, en fit une famille à part, et depuis cette époque les botanistes lui ont conservé son autonomie. — *Sf.* **Une valériance** ou **une valérianacée**, une plante quelconque de la famille des Valérianées ou des Valérianacées.

***VALÉRIANATE** ou ***VALÉRATE** (*valérianique*), *sm.* Tout corps formé par la combinaison de l'acide valérianique avec une base. Plusieurs valérianates sont employés en médecine. Parmi les plus importants, il faut citer : le *valérianate de zinc* et le *valérianate d'ammoniaque* que l'on administre surtout dans les cas de névralgie faciale; le *valérianate de quinine* est employé pour combattre les fièvres pernicieuses et les névralgies.

VALÉRIANE (l. *valeriana*), *sf.* Genre de plantes dicotylédones, de la famille des Valérianées, comprenant un très grand nombre d'espèces, cent environ, que l'on rencontre surtout dans l'hémisphère boréal. Ce sont des herbes vivaces à feuilles opposées, dont le rhizome exhale, surtout quand il est sec, une odeur très forte. Les espèces les plus remarquables de ce genre sont : 1° La *valériane officinale* (*valeriana officinalis*), appelée aussi *valériane, valériane médicinale, valériane sauvage, herbe aux chats, herbe de Saint-Georges, herbe à la meurtrie,* plante herbacée vivace que l'on trouve dans les bois humides et sur le bord des ruisseaux. Ses tiges, hautes de 0m,50 à 1 mètre, portent des feuilles opposées, pubescentes et pinnatiséquées. Les fleurs sont hermaphrodites et disposées en corymbes axillaires et terminaux. Chacune d'elles se compose d'un verticille extérieur que l'on considère comme un calice; il a la forme d'un entonnoir, est court et composé d'une seule pièce qui se partage bientôt en un nombre variable de languettes terminées en pointes et plumeuses; celles-ci sont d'abord enroulées sur elles-mêmes, puis elles s'étalent et forment une sorte de parachute destiné à transporter la graine au loin. La corolle, gamopétale, rouge ou blanche, est irrégulière, présentant une gibbosité à sa base et en avant; son limbe se termine supérieurement en cinq divisions, rarement quatre ou six. L'androcée est formé de trois étamines seulement, la postérieure et une de celles qui alternent avec le lobe antérieur de la corolle ayant avorté. Le gynécée se compose d'un ovaire infère présentant trois loges dont une seule est fertile; le style est long et se termine supérieurement par un stigmate trifide. Le fruit ne renferme qu'une seule graine, les deux autres loges ne contenant que des graines invisibles. La *valériane officinale* est employée en médecine à cause de sa souche qui contient un puissant antispasmodique. Cette plante a même été préconisée comme fébrifuge, comme vermifuge et comme antiépileptique.

VALÉRIANE OFFICINALE

De cette souche, on peut extraire de l'acide valérique, une huile hydrocarbonée appelée *valérine,* une huile volatile et une huile oxygène, le *valéral.* On l'administre en infusion, 10 grammes pour un litre d'eau; en poudre, en extrait, en teinture, etc. On se sert aussi de l'acide valérique combiné avec la quinine, l'atropine, la caféine, l'oxyde de zinc, etc., pour combattre la fièvre intermittente et les affections nerveuses. 2° La *valériane des jardins* (*valeriana phu*), appelée aussi *grande valériane,* plante indigène et vivace dont la tige, haute de 1 mètre à 1m,30, porte des feuilles ovales à trois segments. Ses fleurs, disposées en corymbe, sont blanches et odorantes, et s'épanouissent de mai à juillet. 3° La *valériane des Pyrénées* (*valeriana pyrenaica*) nous vient, comme son nom l'indique, des Pyrénées. Sa tige, un peu rougeâtre, atteint 1m,60 et porte des feuilles en forme de cœur ou à trois segments. Ses fleurs sont nombreuses, rosées et produisent dans nos jardins, où on cultive cette espèce comme plante d'ornement, un bel effet. 4° La *valériane dioïque* (*valeriana dioïca*), appelée encore *valériane des marais,* est indigène de nos contrées et croît dans les prés humides. Ses fleurs, rougeâtres, sont dioïques et se cultivent dans les rocailles humides. On cultive encore plusieurs espèces comme plantes d'ornement, entre autres la *valériane à feuille d'alliaire* (*valeriana alliariæfolia*), originaire du Caucase, et la *valériane d'Alger* ou *valériane corne d'abondance* (*valeriana cornucopiæ*), à fleurs rouges et nombreuses, dont on mange les feuilles en salade comme celles de la mâche. Toutes les valérianes jouissent des mêmes propriétés que la *valériane officinale,* mais cependant à un moindre degré. — **Dér.** *Valérianelle, valérine, valéral, valérique, valérianique, valérate, valérianate, valérianées, valérianacées.* — **Comp.** *Valérol.*

***VALÉRIANELLE** (dm. de *valériane*), *sf.* Nom scientifique de la mâche ou doucette, de la famille des Valérianées, qui se mange en salade.

VALÉRIANELLE (VALERIANELLA OLITORIA)

***VALÉRIANIQUE** (*valériane*), *adj. 2 g.* Se dit d'un acide organique, liquide, plus léger que l'eau, incolore, d'une odeur désagréable et caractéristique, qui se trouve, à l'état naturel, dans l'essence de valériane, et qui se produit par la fermentation de matières albuminoïdes. Cet acide a pour formule $C^{10}H^{10}O^4$. On peut l'extraire de la racine de valériane ou le préparer en oxydant l'alcool amylique de fermentation.

VALÉRIEN, empereur romain de 253 à 260. Fait prisonnier par Sapor, roi de Perse, celui-ci s'en servit comme d'un marchepied pour monter à cheval et fit tanner sa peau après sa mort.

VALÉRIEN (MONT), altitude 173 mètres, colline à l'O. de Paris, sur les bords de la Seine, et surmontée d'une forteresse importante. ‖ *Le Mont-Valérien,* nom de cette forteresse même.

***VALÉRINE** (*valériane*), *sf.* Huile hydrocarbonée que l'on retire de la racine de valériane. On connaît trois sortes de *valérines* ou *glycérides valériques :* 1° la *monovalérine,* $C^8H^{16}O^4$, corps neutre, huileux, peu stable, à odeur désagréable que l'on obtient en chauffant de la glycérine et de l'acide valérique pendant trois heures; 2° la *divalérine,* $C^{13}H^{24}O^5$, liquide oléagineux répandant une odeur désagréable d'huile de poisson, et de saveur amère; 3° la *trivalérine* ou *phocénie,* corps neutre, huileux, d'une odeur faible, mais désagréable, et qui existe dans l'huile grasse extraite du dauphin.

***VALÉRIQUE** (*valériane*), *adj. 2 g.* (V. *Valérianique.*)

VALÉRIUS FLACCUS, poète latin du Ier siècle, auteur du poème de l'*Argonautique.*

VALÉRIUS PUBLICOLA. (V. *Publicola.*)

***VALÉROL** (*valériane* + l. *oleum,* huile), *sm.* Liquide incolore, à légère odeur de foin, qui forme la plus grande partie de l'essence de valériane. L'eau ne le dissout pas, mais l'alcool et l'éther le dissolvent très facilement. Sa formule chimique est $C^{12}H^{10}O^2$.

VALÉRY-EN-CAUX (SAINT-), 4103 hab. Ch.-l. de c., arr. d'Yvetot (Seine-Inférieure), petit port sur la Manche. Soude de varech, huîtres, pêche du hareng, constructions de navires, bains de mer.

VALÉRY-SUR-SOMME (SAINT-), 3506 hab. Ch.-l. de c., arr. d'Abbeville (Somme); port sur la Manche; école d'hydrographie. Bains de mer, pêcheries. Guillaume le Conquérant s'y embarqua pour aller subjuguer l'Angleterre (1066).

VALET (vx fr. *vaslet :* de *vasselet,* dm. de *vassal*), *sm.* Au moyen âge, jeune noble placé en apprentissage chez un chevalier pour devenir écuyer. ‖ Aujourd'hui, domestique, serviteur : *Valet de ferme, d'écurie.* ‖ *Maître valet,* celui qui commande aux autres valets. ‖ *Valet de chambre,* domestique qui aide à la toilette de son maître. ‖ *Valet de comédie,* domestique intrigant. ‖ *Valet de place,* celui qui, dans les villes, se met temporairement au service des étrangers. — Fig. Vil flatteur. ‖ Carte sur laquelle est représenté un valet. — Fig. *Valet de carreau,* homme méprisable. ‖ Poids suspendu à l'extrémité d'une corde derrière une porte et

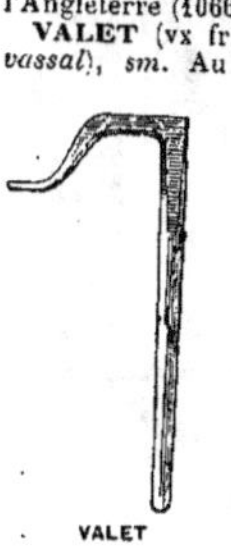

VALET (OUTIL)

qui fait que celle-ci se ferme sans qu'on y touche. || Outil de fer formé d'une branche verticale et d'une branche horizontale recourbée à son extrémité, et dont les menuisiers se servent pour assujettir une planche sur l'établi. || Petit morceau de fer pour empêcher une fermeture de retomber ou de s'ouvrir. — **Dér.** *Valeter, valetage, valetaille.* — **Comp.** *Valet-à-Patin.*

VALETAGE (vx fr. *valeter*), *sm.* Service de valet. — Fig. Servilité.

VALETAILLE (*valet* + sfx. péj. *aille*), *sf.* Troupe, multitude de valets, se dit par mépris : *Avoir affaire à la valetaille.*

VALET-À-PATIN (*valet* + Guy *Patin*), *sm.* Pince de chirurgien avec laquelle on saisit les vaisseaux sanguins pour en faire la ligature.

VALETER (*valet*), *vi.* Chercher à plaire à quelqu'un par des assiduités, des complaisances serviles.

VALETTE (LA) ou **VILLEBOIS-LA-VALETTE.** (V. *Villebois.*)

VALETTE (LA), 60 000 hab., capitale de l'île de Malte, sur la côte E., dans une presqu'île, formidablement fortifiée, aux rues régulières, entre deux grands ports, l'un commercial et l'autre militaire; arsenal. Lieu de relâche pour les navires qui vont à Constantinople et en Égypte, grand commerce de transit. Assiégée en 1565 par Soliman Ier, elle fut défendue victorieusement par Parisot de La Valette, 48e grand maître de l'ordre de Jérusalem; prise par Bonaparte en 1798. (V. *Malte.*)

VALETTE (Jean Parisot de La) (1494-1568), grand maître de l'ordre de Malte. Il soutint une lutte glorieuse contre l'armée de Mustapha, que secondait la flotte de Soliman II commandée par Dragut. Il releva le fort Saint-Elme et bâtit la nouvelle ville qui a reçu son nom. Le pape Pie IV offrit le chapeau de cardinal à La Valette, qui le refusa.

VALETTE (Antoine-Marie Chamans, comte de La) (1769-1830), général français, directeur général des postes sous le premier Empire. Entièrement dévoué à Napoléon, il fut un de ceux qui préparèrent le retour de l'île d'Elbe. Arrêté après 1815 et condamné à mort, il fut sauvé par le dévouement de sa femme qui se substitua à son mari dans sa prison, après avoir changé de vêtements avec lui.

VALETTE (Claude-Denis-Auguste) (1805-1887), jurisconsulte français, membre de l'Institut. En 1840, il devint, avec M. Duvergier, un des directeurs de la *Revue de droit français et étranger,* fondée par M. Fœlix. Après 1848, il fut élu représentant du Jura aux deux Assemblées nationales. Chargé de rendre compte de l'état insurrectionnel dans les journées de Juin, il alla, sous le feu des barricades, remplir sa mission et reçut le général Damesme mourant dans ses bras. En 1851, il fut arrêté au coup d'État et incarcéré à Vincennes. Il remplaça Troplong à l'Académie des sciences morales et politiques, en 1869. Ses nombreuses publications sur la jurisprudence civile sont très remarquables.

VALÉTUDINAIRE (l. *valetudinarium* : de *valetudinem*, santé et mauvaise santé), *adj.* 2 g. Qui a habituellement une mauvaise santé : *Personne valétudinaire.*

***VALETUDINARIUM** (ml. : de *valetudinarium*, malade), *sm.* Local où l'on traitait les esclaves malades, dans les maisons de l'ancienne Rome. || Dans les camps romains, lieu destiné au traitement des soldats malades.

VALEUR (l. *valorem* : de *valere*, valoir), *sf.* Courage, bravoure à la guerre : *Un capitaine de grande valeur.* || Le prix dont il est juste qu'on paie une chose : *La valeur d'une maison.* || *Terre en valeur,* que l'on cultive pour qu'elle rapporte des produits. || Argent, papier-monnaie, effet public ou de commerce : *Avoir sur soi des valeurs.* || *Valeur nominale,* valeur arbitraire donnée par la loi aux pièces d'or ou d'argent. || *Valeur réelle* ou *intrinsèque,* valeur du métal qui constitue la pièce. || *Valeur reçue,* celle dont on a touché le montant ou l'équivalent. || *Valeur en compte,* celle qu'un commerçant porte au compte d'une personne. || *Valeurs mobilières,* les titres d'emprunts publics, actions et obligations de société, et tout autre titre de même nature, soit nominatif, soit au porteur. On ne peut négocier les valeurs mobilières admises en bourse que par l'intermédiaire des agents de change. || Quantité arithmétique ou algébrique : *Valeur positive ou négative.*

Vraie valeur. En algèbre, il arrive souvent que certaines expressions fractionnaires, dont les deux termes sont fonctions d'une même variable x, prennent, pour certaines valeurs de la variable x, l'une des formes $\frac{\infty}{\infty}$, ou $\frac{0}{0}$. Ce sont là des valeurs apparentes qui n'ont aucun sens par elles-mêmes, et qui tiennent généralement à un facteur commun aux deux termes, facteur qui devient nul ou infini pour la valeur de la variable considérée; en supprimant ce facteur commun, on obtient la *valeur réelle* ou vraie valeur de l'expression. Soit, en effet, l'expression :

$$y = \frac{\sin^2 x}{1 - \cos x} \cdot$$

TABLES DE VALEURS ACTUELLES PAR ANNUITÉS

VALEUR ACTUELLE DE LA SOMME PRODUITE AU BOUT DE n ANNÉES

Par une annuité de 1 fr. payée à la fin de chaque année.

Valeur actuelle . . . $\frac{1}{r}\left[1 - \frac{1}{(1+r)^n}\right]$. 1 fr.

Table I.

Années n.	Taux de l'intérêt r. 3 ½	4	4 ½	5
	fr.	fr.	fr.	fr.
1	0,966 184	0,961 538	0,956 938	0,952 381
2	1,899 694	1,886 095	1,872 068	1,859 410
3	2,801 637	2,775 091	2,748 964	2.723 248
4	3,673 079	3,629 895	3,587 526	3,545 950
5	4,515 052	4,451 822	4,389 977	4,329 477
6	5,328 553	5,242 137	5,157 872	5,075 692
7	6,114 544	6,002 055	5,892 701	5,786 373
8	6,873 955	6,732 745	6,595 886	6.463 213
9	7,607 686	7.435 332	7.268 790	7.107 822
10	8,316 605	8,110 896	7,912 718	7,721 735
11	9,001 551	8,760 477	8,528 917	8,306 414
12	9.663 334	9,385 074	9,118 581	8.863 252
13	10,302 738	9,985 648	9,682 852	9,393 573
14	10,920 520	10,563 123	10,222 825	9,898 641
15	11,517 411	11,118 387	10,739 546	10,379 658
16	12,094 117	11,652 296	11,234 015	10.837 770
17	12,651 321	12,165 669	11,707 191	11,274 066
18	13,189 682	12,659 297	12,159 992	11,689 587
19	13.709 837	13,133 939	12,593 294	12.085 321
20	14,212 403	13.590 326	13,007 936	12,462 210
21	14,697 974	14.029 160	13,404 724	12.821 153
22	15,167 125	14,451 115	13,784 425	13.163 003
23	15,620 410	14,856 842	14.147 775	13.488 574
24	16,058 368	15,246 963	14,495 478	13,798 642
25	16,481 515	15,622 080	14,828 209	14.093 945
26	16,890 352	15,982 769	15,146 611	14,375 185
27	17.285 364	16,329 586	15,451 303	14.643 034
28	17,667 019	16,663 063	15,742 873	14,898 127
29	18,035 767	16,983 715	16,021 888	15,141 074
30	18,392 045	17,292 033	16,288 888	15,372 451
31	18,736 276	17,588 494	16,544 391	15,592 810
32	19,068 865	17,873 551	16,788 891	15,822 677
33	19,390 208	18,147 046	17,022 862	16,002 549

Par le placement à intérêts composés de 1 fr. au commencement de chaque année.

Valeur actuelle . . $\frac{1+r}{r}\left[1 - \frac{1}{(1+r)^n}\right]$. 1 fr.

Table II.

Années n.	Taux de l'intérêt r. 3 ½	4	4 ½	5
	fr.	fr.	fr.	fr.
1	1,000 000	1,000 000	1,000 000	1,000 000
2	1,966 184	1,961 538	1 956 938	1,952 381
3	2.899 694	2,886 095	2,872 068	2,859 410
4	3,801 637	3,775 091	3,748 964	3,723 248
5	4,673 079	4,629 895	4,587 526	4.546 950
6	5.515 052	5,451 822	5,389 975	5,329 477
7	6.328 553	6.242 137	6,157 872	6.075 692
8	7,114 554	7,002 056	6,892 701	6.786 373
9	7,873 955	7.732 745	7,595 886	7,463 213
10	8.607 686	8,435 332	8.268 792	8.107 822
11	9,316 605	9,110 896	8,912 718	8,721 733
12	10,001 551	9,760 477	9,528 917	9.306 714
13	10,663 334	10,385 074	10,118 581	9,863 252
14	11.302 738	10,985 648	10.682 852	10,393 573
15	11.920 520	11,563 123	11,222 825	10,898 641
16	12.517 411	12,118 387	11,739 546	11,379 658
17	13,094 117	12.652 296	12.234 015	11,837 770
18	13.651 321	13,165 669	12,707 191	12,274 066
19	14,189 682	13,659 297	13,159 992	12,689 587
20	14,709 837	14,133 939	13,593 269	13,085 321
21	15,212 403	14,590 326	14,007 936	13,462 210
22	15,697 974	15,029 160	14,404 724	13,821 153
23	16,167 125	15,451 115	14.784 425	14,163 003
24	16,620 310	15,856 842	15,147 775	14,488 574
25	17,058 368	16,246 963	15,495 478	14.798 642
26	17,481 515	16,622 080	15,828 209	15.093 945
27	17,890 352	16,982 769	16,146 611	15,375 185
28	18,285 354	17,329 586	16,451 303	15,643 034
29	18,667 019	17,602 263	16,742 874	15,898 127
30	19,035 767	17,983 715	17,021 889	16,141 074
31	19,392 045	18,292 033	17,288 889	16,372 451
32	19,736 276	18,588 494	17,544 391	16,592 810
33	20,078 865	18,873 551	17,788 891	16,802 677

VALEUR ACTUELLE DE 1 FR. PAYABLE A LA FIN DE n ANNÉES

Valeur actuelle . . . . $\frac{1 \text{ fr.}}{(1+r)^n}$.

Table III.

Années n.	Taux de l'intérêt 2	2 ½	3	3 ½	4	4 ½	5	6
	fr.	fr.	fr.	fr.	fr.	fr.	fr.	fr.
1	0,980 392	0,975 610	0,970 873	0,966 184	0,961 538	0,956 938	0,952 381	0.943 396
2	0,961 169	0,9 1 814	0,942 596	0,933 511	0,924 556	0,915 730	0,907 030	0,889 996
3	0,942 322	0,928 599	0,915 142	0,901 943	0,888 996	0,876 297	0,863 838	0,839 616
4	0,923 845	0,905 951	0,888 487	0,871 442	0,854 804	0,838 561	0,822 702	0,792 094
5	0.905 731	0,883 854	0,862 600	0,841 973	0.821 927	0,802 451	0,783 526	0,747 258
6	0,887 971	0,862 297	0,837 484	0,813 501	0,790 314	0,767 896	0,746 215	0,704 960
7	0,870 560	0,841 265	0,813 091	0,785 991	0,759 918	0,734 829	0,710 681	0,665 057
8	0,853 490	0,820 747	0,789 409	0,759 412	0.730 690	0,703 185	0,676 839	0,627 412
9	0,836 706	0,800 728	0.766 417	0.733 731	0.702 587	0.672 904	0.644 609	0,591 898
10	0,820 348	0.781 198	0.744 094	0.708 919	0,675 564	0,643 928	0,613 913	0,558 393
11	0,804 263	0.762 145	0,722 421	0,684 946	0,649 581	0,616 199	0,584 679	0,526 788
12	0.788 493	0.743 556	0,701 380	0.661 783	0,624 597	0,589 664	0,556 837	0,496 969
13	0,773 032	0.725 420	0,680 951	0,639 404	0,600 574	0,564 272	0,530 321	0.468 839
14	0,757 875	0,707 727	0,661 118	0.617 782	0,577 475	0,539 973	0,505 068	0,442 301
15	0,743 015	0.690 466	0,641 862	0,596 891	0,555 264	0,516 720	0,481 017	0,417 265
16	0,728 446	0,673 625	0,623 167	0,576 706	0,533 908	0,494 469	0,458 111	0,393 646
17	0,714 163	0.657 195	0,605 016	0.557 204	0.513 373	0,473 176	0,436 297	0,371 364
18	0,700 159	0,641 166	0.587 395	0.538 361	0,493 628	0,452 800	0,415 521	0,350 344
19	0,686 431	0,625 528	0,570 286	0,520 156	0.474 642	0,433 302	0,395 734	0.330 513
20	0,672 971	0,610 271	0,553 676	0,502 566	0.456 387	0,414 643	0,376 889	0.311 805
21	0,659 776	0,595 386	0,537 549	0,485 571	0,438 834	0,396 787	0,358 942	0,294 155
22	0,646 839	0,580 865	0,521 892	0,469 151	0.421 955	0.379 701	0,341 850	0,277 505
23	0,634 156	0,566 697	0.506 692	0,453 286	0.405 726	0,363 350	0,325 571	0,261 797
24	0.621 721	0,552 875	0,491 934	0,437 957	0,390 121	0.347 703	0,310 068	0,246 978
25	0,609 531	0,539 391	0,477 606	0.423 147	0,375 117	0,332 731	0,295 303	0,328 999
26	0.597 579	0,526 233	0.463 695	0.408 838	0,360 689	0.318 402	0,281 241	0,219 810
27	0,585 862	0,513 400	0,450 189	0,395 012	0,346 817	0,304 691	0,267 848	0,207 368
28	0.574 375	0,500 878	0,437 077	0,381 654	0,333 477	0.291 571	0,255 094	0,195 630
29	0,563 112	0,488 661	0,424 346	0,368 748	0,320 651	0,279 015	0,242 946	0,184 557
30	0.552 071	0,476 743	0,411 987	0,356 278	0,308 319	0,267 000	0.231 377	0,174 110
31	0,541 246	0,465 115	0.399 987	0,344 230	0,296 460	0.255 502	0.220 360	0,164 255
32	0,530 633	0,453 771	0.388 337	0,332 590	0,285 058	0.244 500	0,209 866	0,154 957
33	0.520 229	0,442 703	0,377 626	0,321 343	0,274 094	0,233 971	0,199 872	0.146 186
34	0,510 028	0,431 905	0,366 045	0,310 476	0,263 552	0,223 896	0,190 355	0,137 911

On voit que, pour $x=0$, $y=\frac{0}{0}$. Mais ce n'est là qu'une valeur apparente, car on peut écrire :

$$y=\frac{1-\cos^2 x}{1-\cos x},$$

ou

$$y=\frac{(1-\cos x)(1+\cos x)}{1-\cos x}=1+\cos x,$$

et pour $x=0$, on a $y=2$. Telle est la vraie valeur de cette expression dont les deux termes, contenant le facteur $(1-\cos x)$, s'annulaient pour $x=0$.

Une autre forme d'indéterminée, dont on a souvent à trouver la vraie valeur, est celle qui aboutit à 1^∞. On ramène la solution de ce genre d'indéterminée à la valeur limite de l'expression $\left(1+\frac{1}{m}\right)^m$ quand $m=\infty$: on démontre, en effet, en mathématiques, que cette limite est un nombre bien déterminé qu'on désigne par la lettre $e\,(=2,3)$: c'est aussi la vraie valeur de l'expression $(1+\alpha)^{\frac{1}{\alpha}}$ pour $\alpha=0$. Toutes les expressions conduisant à la valeur 1^∞ se ramènent à cette limite de la façon suivante; soit, en effet, la fonction :

$$y=(1+\cos x)^{\operatorname{tang} x}$$

qui devient 1^∞ pour $x=90°$. On écrira :

$$y=\left[(1+\cos x)^{\frac{1}{\cos x}}\right]^{\sin x}$$

et comme

$$\lim(1+\cos x)^{\frac{1}{\cos x}}=e,$$

on a pour la vraie valeur de y :

$$y=e^{\sin x}$$

valeur bien déterminée puisqu'elle se déduit de la valeur du nombre e.

Valeur actuelle. On appelle ainsi la valeur d'un certain capital que l'on devra payer ou toucher dans un nombre n d'années. On a vu à *Intérêts* et à *Logarithmes* que 1 franc payable dans n années vaut $\frac{1}{(1+r)^n}$; r étant le taux de l'intérêt annuel de 1 franc. La table I donne en fraction de franc la valeur de la fraction $\frac{1}{(1+r)^n}$ correspondant à n et à r. Exemple : quelle somme faut-il payer actuellement pour se libérer d'une somme de 2629 fr. 35 exigible dans vingt ans, le taux de l'intérêt étant de 4 p. 100.

La table pour $n=20$ et $r=4$ donne 0 fr.456387, qui est la valeur actuelle de 1 franc dans de semblables conditions. En faisant le produit de 2629 fr. 35×0 fr. 456387, on trouve 1200 fr. pour la valeur actuelle cherchée. On trouvera de même, à l'aide des multiplicateurs inscrits dans la table II, la valeur actuelle de la somme produite au bout de n années par le placement à intérêt composé de 1 franc au commencement de chaque année, valeur qui est donnée par la formule

$$\text{Valeur actuelle}=\frac{1}{r}\left[1-\frac{1}{(1+r)^n}\right]1\text{ fr.}$$

La table III donnera la valeur actuelle de la somme produite au bout de n années par une annuité de 1 franc payée à la fin de chaque année :

$$\text{Valeur actuelle}=\frac{1+r}{r}\left[1-\frac{1}{(1+r)^n}\right]1\text{ fr.}$$

Fig. Prix qu'on attache à une chose intellectuelle ou morale. || Degré d'estime qu'on a pour une personne : *Poème, poète d'une grande valeur.* || Signification exacte d'un mot : *Donner à un mot sa valeur.* || Intensité : *La valeur d'une couleur.* (Peint.) || La durée d'une note de musique : *Une blanche a une valeur double de celle de la noire.* || *La valeur de*, l'équivalent de : *Il a marché la valeur de deux lieues.* — **Dér.** *Valeureux, valeureuse, valeureusement.* — **Syn.** (V. *Vaillance.*)

VALEUREUSEMENT (*valeureuse* + sfx. *ment*), *adv.* Avec bravoure, avec courage : *Combattre valeureusement.*

VALEUREUX, EUSE (*valeur*), *adj.* Qui a de la bravoure, du courage à la guerre, de la persistance en quoi que ce soit : *Homme valeureux.*

VALGORGE, 1234 hab. Ch.-l. de c., arr. de Largentière (Ardèche).

***VALGUS** (l. *valgus*, qui a les jambes tournées en dehors), *sm.* Variété rare de pied bot, acquis ou congénital, qui peut être simple ou associée aux autres variétés, et que caractérise la déviation de la plante du pied qui regarde en dehors, la convexité du bord interne qui repose sur le sol et la concavité du bord externe qui regarde en haut. Cette variété de pied bot rend la marche excessivement difficile et s'accompagne souvent de douleurs plus ou moins vives. Les manipulations, bandages et appareils proposés pour combattre ces malformations donnent de bons résultats dans cette variété de pied bot qui guérit en quelques mois et est rarement suivie de récidive.

VALISNÉRIE SPIRALE

VALHALLA. (V. *Walhalla.*)

VALHUBERT (JEAN-MARIE-MELLON-ROCH) (1764-1805), général français plein de bravoure qui se distingua à Marengo à la tête de la 28e demi-brigade. Promu général en 1804, il fut tué à Austerlitz. Napoléon Ier donna son nom à une place de Paris, près du pont d'Austerlitz, et Avranches, sa ville natale, lui érigea une statue.

VALIDATION (*valider*), *sf.* Action de rendre valable, effectif : *La validation d'une élection.*

VALIDE (l. *validum*), *adj. 2 g.* Vigoureux, qui jouit d'une bonne santé : *Homme valide.* || Valable, effectif : *Contrat valide.* — **Dér.** *Validement, valider, validation, validité.* — **Comp.** *Invalide, ravauder*, etc.

VALIDÉ (ar. *oualidet*, mère), *sf.* Titre de la mère du sultan, chez les Turcs : *La sultane Validé.*

VALIDEMENT (*valide* + sfx. *ment*), *adv.* Avec vigueur : *Combattre validement.* || D'une manière valable, efficacement. || Avec droit et justice : *Un mineur ne peut contracter validement.*

VALIDER (*valide*), *vt.* Rendre valable, efficace : *Valider un acte.*

VALIDITÉ (l. *validitatem*), *sf.* Qualité de ce qui est rendu exécutoire par l'accomplissement de certaines formalités : *La validité d'un contrat, d'une vente.*

VALINCOUR (JEAN-BAPTISTE-HENRI DU TROUSSET DE) (1653-1730), historiographe du roi, membre de l'Académie française et de l'Académie des sciences, à qui Boileau dédia sa XIe satire.

VALISE (ital. *valigia*), *sf.* Long sac de voyage en cuir dans lequel on met des hardes. — **Gr.** Diez fait venir le mot italien de *vidulus*, malle en cuir, qui se trouve dans Plaute; d'où *vidulitia* et *vellitia*; Ascoli demande si les *valises* ne seraient pas les *valeurs* que l'on emporte avec soi. Enfin, Devic cite le mot arabe *ualiha*, sac où l'on met le froment, et le persan *walitchè*, grand sac; mais il ignore si ces mots sont indigènes dans ces idiomes.

VALISNÈRE ou **VALISNÉRIE** (*Vallisnieri*, botaniste italien du XVIIe siècle), *sf.* Genre de plantes dioïques d'eau douce, de la famille des Hydrocharidées, auquel appartient la *valisnérie spirale*, très commune dans le Rhône et le canal du Languedoc, dont les fleurs femelles, supportées par un pédoncule en spirale, nagent à la surface de l'eau, où elles sont fécondées par les fleurs mâles détachées de leur support. Après la fécondation, elles rentrent sous l'eau pour y mûrir leur fruit.

VALKYRIE (AHA. *Walküren* ou *Walkyrien*, celles qui choisissent les morts : de *Wal*, ensemble de ceux qui ont été tués sur le champ de bataille + *küren*, choisir), nom donné à certaines déesses messagères scandinaves qui, selon la religion d'Odin, étaient chargées de conduire au ciel les guerriers morts sur le champ de bataille et de leur verser la cervoise et l'hydromel. Brunehild, une des héroïnes des *Niebelungen*, était une valkyrie.

VALLA (LORENZO ou LAURENT) (1406-1457), érudit italien, né à Rome, protégé d'Alphonse V d'Aragon, et qui fut en lutte constante avec la cour pontificale. Il fut l'ardent adversaire de Poggio, qu'il finit même par vaincre dans une joute littéraire. Les travaux de Valla ont donné une forte impulsion à la renaissance des lettres en Italie : il a traduit en latin l'*Iliade*, Esope, Hérodote et Thucydide.

VALLADOLID (l. *Pintia*), 54792 hab. Ville et ch.-l. de la province du même nom, dans la Vieille-Castille (Espagne), au confluent de l'Esgueva et de la Pisuerga, affluents du Douro, et près du canal de la Castille; archevêché; ancienne capitale de l'Espagne. Beaux monuments, nombreuses fabriques. Célèbre Université fondée en 1348 (V. l'en-tête de l'U); bibliothèque publique très riche en manuscrits et en éditions anciennes. Christophe Colomb mourut à Valladolid en 1506, et Philippe II y naquit en 1627. En 1808, victoire des Français au pont de Cabezon (12 juin). Durant le mois de janvier 1809, Valladolid fut le quartier général de Napoléon. Le principal monument de cette ville, après la cathédrale, est le Palacio Real, ancienne résidence royale, qu'habita Napoléon pendant son séjour en Espagne.

VALLADOLID, 25 000 hab. Ville de l'État de Mechoacan (Mexique).

VALLAIRE (l. *vallarem*: de *vallum*, pieu), *adj. f.* Se disait, chez les Romains, de la couronne qu'on décernait au soldat qui, le premier, avait franchi les retranchements de l'ennemi. — Même famille : *Circonvallation, intervalle, intervallaire.*

***VALLÉCULE** (dm. de *vallée*), *sf.* Chacune des petites dépressions longitudinales et remplies de résine qui existe à la surface du fruit des ombellifères. (Bot.) — **Dér.** *Valléculé, valléculée.*

***VALLÉCULÉ, ÉE** (*vallécule*), *adj.* Pourvu de vallécules.

VALLE-D'ALESANI, 621 hab. Ch.-l. de c., arr. de Corte (Corse). Forges.

VALLÉE (*val*), *sf.* Espace de terrain compris entre deux montagnes ou deux chaînes de montagnes. La formation primitive des vallées est la conséquence immédiate des soulèvements qui ont produit les chaînes de montagnes pendant la période de formation de l'écorce terrestre. En général, les vallées sont parcourues par des cours d'eau ou des rivières, formés par les eaux descendant des montagnes. Ces rivières viennent ainsi produire dans les vallées un double travail de creusement et d'alluvionnement qui influent sur leur forme et leur constitution géologique. Le travail normal des cours d'eau comporte un remaniement et un déplacement, à peu près continuels, des alluvions dont le cours supérieur a fourni les éléments. Quand le cours d'eau, gonflé par des eaux pluviales, se répand sur son lit majeur (lit débordé), sa puissance est assez grande pour charrier, au sein même de sa masse débordée, des cailloux et des graviers. Et, comme c'est au moment où les grandes eaux s'étalent par-dessus les rives du lit mineur, que leur vitesse s'amortit le plus brusquement, c'est dans le voisinage de ces rives que les matériaux les plus grossiers doivent se déposer et leur dépôt a lieu en couches inclinées, à cause de la vitesse du courant; les sables sont entraînés plus loin et les limons ne se précipitent que quand la nappe d'eau est devenue stagnante, ce qui a toujours lieu à une certaine distance du lit normal. De cette manière, les alluvions de gravier et de sable forment, sur les deux rives du lit mineur, une sorte de bourrelet, généralement plus élevé que le reste du lit majeur. En dehors des vallées terrestres, on peut constater, à l'inspection des courbes de niveau du fond des mers, au voisinage des embouchures des fleuves, de véritables vallées sous-marines, formant comme le prolongement de l'estuaire du fleuve. Ces vallées ne peuvent avoir été creusées par le fleuve actuel, dont toute la puissance d'érosion était perdue avant l'embouchure : il faut admettre qu'elles ont été creusées à l'air libre, à une époque où le niveau de l'embouchure était plus élevé qu'aujourd'hui. — **Fig.** *La vallée de larmes, de misère*, ce bas monde. ‖ Vaste pays traversé dans sa longueur par un grand cours d'eau : *La vallée du Gange, du Nil.* ‖ Ville, en langage franc-maçonnique. ‖ *La Vallée*, ancien marché de Paris, près du Pont-Neuf, où l'on vendait de la volaille et du gibier. ‖ *Vallée de Josaphat.* (V. *Josaphat.*)

VALLEIX (François-Louis-Isidore) (1807-1855), médecin français des hôpitaux de Paris. Il fut attaché successivement à l'hôpital Beaujon et à l'hôpital de la Pitié, et il écrivit plusieurs traités, parmi lesquels nous citerons : le *Guide du médecin praticien*, son *Traité des névralgies*, la *Clinique des maladies des enfants nouveau-nés*, et ses *Leçons sur les déviations utérines.*

VALLEMALA, 877 hect. Forêt domaniale de la Corse, peuplée de pins maritimes.

VALLERAUGUE, 3124 hab. Ch.-l. de c., arr. du Vigan (Gard). Élève de vers à soie, filatures de soie.

VALLET, 4961 hab. Ch.-l. de c., arr. de Nantes (Loire-Inférieure). Vins.

VALLIA ou **WALLIA**, quatrième roi des Wisigoths d'Espagne de 415 à 419. Il combattit avec succès les Suèves, les Vandales et les Alains.

VALLIER (SAINT-), 508 hab. Ch.-l. de c., arr. de Grasse (Alpes-Maritimes). Marbre, sables, lignites, forges.

VALLIER (SAINT-), 3475 hab. Ch.-l. de c., arr. de Valence (Drôme), sur le Rhône. Étoffes de soie, faïences et porcelaine.

VALLIER (SAINT-), 156 hab. Village de l'arr. de Mirecourt (Vosges). Eaux minérales ferrugineuses.

VALLIER (Charles-Raymond de la Croix de Chevrières, comte de **SAINT-**) (1833-1886), sénateur et diplomate français contemporain, qui fut ambassadeur de la République française à Berlin de 1877 à 1881 (novembre).

VALLIER (mont), altitude 2839 mètres. Pic des Pyrénées ariégeoises.

VALLIÈRE (Jean-Florent de) (1667-1759), lieutenant général et directeur de l'artillerie, qui aurait assisté à 60 sièges et à 10 batailles rangées. Il commandait l'artillerie française à la bataille de Dettingen (1743). — **Vallière** (Joseph-Florent, marquis de) (1717-1776), fils du précédent, lieutenant général et directeur de l'artillerie et du génie comme son père. Il organisa en Espagne l'artillerie de Charles III, et celle du royaume de Naples.

VALLIÈRE (Mlle de La). (V. *La Vallière.*)

VALLIN (Louis, comte) (1770-1854), général français sous le premier Empire qui, du champ de bataille de Waterloo, ramena l'arrière-garde française jusqu'à Paris. Il commandait l'avant-garde à l'armée d'Espagne en 1823.

VALLISNIERI (Antoine) (1661-1730), naturaliste italien, élève de Malpighi. L'histoire naturelle lui doit une foule d'observations relatives aux insectes surtout.

VALLOIRE, 1208 hab. Village du département de la Savoie, dans la Maurienne.

VALLOIRE, torrent de la Savoie qui descend du col du Galibier, passe à Valloire et se jette dans l'Arc.

VALLOMBREUSE (*vallée ombreuse*), vallée de la Toscane, à l'E. de Florence, où saint Gualbert fonda, vers 1038, une célèbre abbaye de bénédictins. ‖ Cette abbaye même.

VALLON (dm. de *val*), *sm.* Petite vallée. ‖ Poét. *Le sacré* ou *le double vallon*, la double gorge qui est au pied du Parnasse et que les anciens considéraient comme le séjour des Muses. — Fig. La poésie : *Être nourri dans le sacré vallon.* — **Dér.** *Vallonner, vallonnement.*

VALLON, 2398 hab. Ch.-l. de c., arr. de Largentière (Ardèche). Pont naturel d'Arc, percé par les eaux de l'Ardèche dans les flancs d'un rocher énorme.

***VALLONÉE** (*x*), *sf.* Capsule du gland du chêne égilops, qui sert à la teinture en noir et dont on fait un grand commerce en Asie Mineure et en Turquie.

***VALLONNEMENT** (*vallon*), *sm.* Disposition du sol en une série de petits vallons.

***VALLONNER** (*vallon*), *vt.* Faire des vallonnements.

VALLOUISE (Alpes de la), nom que l'on donne au massif de l'Oisans qui s'élève entre le Drac, la Romanche et la Durance. On y rencontre la *Barre des Écrins* (4103 mètres), dans le massif du Pelvoux.

VALLS, 13319 hab. Ville de la province de Catalogne (Espagne). Tanneries, distilleries.

VALMIKI, très ancien poète de l'Inde, auquel on attribue le poème épique sanscrit du *Râmâyana.*

VALMONT, 862 hab. Ch.-l. de c., arr. d'Yvetot (Seine-Inférieure), dans le pays de Caux. Ancienne abbaye de bénédictins; moulins, blanchissage de toile.

VALMONT DE BOMARE (Jacques-Christophe) (1731-1807), naturaliste et voyageur français, membre de l'Académie des sciences, auteur d'un grand *Dictionnaire raisonné universel d'histoire naturelle.*

VALMORE (Desbordes, Mme). (V. *Desbordes-Valmore.*)

VALMY, 380 hab. Village du c. et arr. de Sainte-Menehould (Marne), célèbre par la victoire que les Français, sous les ordres de Dumouriez et de Kellermann, y remportèrent sur les Prussiens, commandés par le duc de Brunswick et le roi de Prusse, le 21 septembre 1792, et qui arrêta l'invasion des puissances coalisées contre la Révolution. — **Duc de Valmy.** (V. *Kellermann.*)

VALOGNES, 5782 hab. S.-préf. (Manche), à 313 kilom. de Paris et 12 kilom. de la mer. Blondes et dentelles; tanneries, teintureries.

VALOIR (l. *valere*, être fort), *vi.* Jouir de plus ou moins d'ascendant, d'influence, de considération : *Cet homme vaut surtout par ses talents.* ‖ Etre d'un certain prix, avoir un certain mérite : *La bienfaisance vaut par la manière dont on l'exerce.* ‖ *Cet objet vaut de l'argent*, il est d'un prix considérable. ‖ *Cette chose vaut son pesant d'or*, on ne la saurait payer trop cher tant elle est bonne. ‖ *Savoir ce qu'en vaut l'aune*, connaître par expérience les inconvénients d'une chose. ‖ *Cela ne vaut pas la peine d'y penser*, c'est de peu d'importance. ‖ *Ne valoir rien*, être d'une utilité, d'un mérite, d'une valeur à peu près nulle : *Cette étoffe ne vaut rien*, elle n'a aucune qualité. ‖ *Cela ne vaut rien*, ne présage rien de bon. — Impers. *Il vaut mieux*, il est préférable. ‖ Procurer un certain profit, un certain bénéfice : *Cette place vaut 6 000 francs par an.* ‖ *Faire valoir*, tirer tout le parti, tout le profit possible : *Faire valoir son argent.* ‖ Exploiter, cultiver : *Faire valoir une ferme.* ‖ Rehausser le prix, faire paraître meilleur : *La modestie fait valoir le talent.* ‖ Vanter le mérite, l'importance : *Faire valoir ses services.* ‖ Mettre en crédit, en relief : *Faire valoir quelqu'un.* ‖ Etre l'équivalent de, avoir la signification de : *Un X vaut 10 en chiffres romains.* ‖ Avoir une certaine efficacité : *Cela vaudra ce que de raison.* — *Vt.* Procurer, produire : *Cette conduite lui valut les éloges de tout le monde.* — A valoir, *loc. adv.* En déduction sur une somme due : *Je lui ai donné 100 francs à valoir.* — Vaille que vaille, *loc. adv.* A tout hasard. — **Gr.** Je vaux, tu vaux, il vaut, n. valons, v. valez, ils valent; je valais; je valus; je vaudrai; je vaudrais; valons, valez; que je vaille, que n. valions, que v. valiez, qu'ils vaillent; que je valusse, qu'il valût; valant; valu. Le participe *valu* ne s'accorde que quand il signifie procuré, produit : *Les éloges que cette action lui a valus.* Dans toute autre acception, il doit rester invariable : *Cette maison ne vaut plus la somme qu'elle a valu.* — **Dér.** *Value, valable, valablement, valeur, valeureux, valeureuse, valeureusement, valorem* (*ad*). — **Comp.** *Plus-value, moins-value.*

VALOIS, ancien pays de France, formant la partie S.-E. du département de l'Oise et la partie S. du département de l'Aisne; capitale *Crépy.* Il fut donné en apanage en 1284 par Philippe III le Hardi à son fils Charles, père de Philippe VI, érigé en 1402 en duché par Charles VI en faveur de son frère Louis, duc d'Orléans et en duché-pairie par Louis XIV pour son frère Philippe d'Orléans, dont les descendants le possédèrent jusqu'à la Révolution (1790).

VALOIS, maison royale de France formant la deuxième branche des Capétiens, qui monta sur le trône avec Philippe VI (1328) et s'éteignit avec Henri III (1589). Elle se subdivise en *Valois directs, Valois Orléans* (Louis XII) et *Valois Angoulême* (François Ier, Henri II, François II, Charles IX et Henri III).

VALOIS (Adrien de) (1607-1692), seigneur de La Mare, illustre érudit français, historiographe du roi. Il a écrit en latin : *Gesta Francorum* (les gestes des Franks) et *Notitia Galliarum*, géographie savante de la Gaule.

VALON (À) (db. de *à vau-l'eau*), *loc. adv.* A la dérive. — Fig. Sans effort pour résister.

VALOR (Mohammed Aben Houmeya, suivant les Arabes; selon les chrétiens, Ferdinand de) (1543-1569), descendant des rois de Grenade, qui fut l'un des premiers à prendre part à l'insurrection des Maures de Grenade contre Philippe II (1568). Après avoir été proclamé roi, il éloigna ses partisans par des mesures impolitiques et fut étranglé par un traître.

VALORBE, 1 800 hab., bourg du canton de Vaud (Suisse), à 12 kilom. S.-O. d'Orbe; non loin de la *Grotte des Fées.*

VALOREM (AD) (ml.), *loc. adv.* Selon la valeur des choses : *Payer l'entrée d'une denrée ad valorem.*

VALORI, nom d'une illustre famille sénatoriale de Florence (Italie), qui a produit : **Valori** (BARTHÉLEMY), dit l'*Ancien* (1354-1427), homme d'État florentin, toujours choisi comme ambassadeur de la République dans les différentes affaires à traiter. — **Valori** (FRANCESCO) (1439-1498), homme d'État florentin, « le plus grand citoyen de Florence » selon Machiavel. Intimement lié avec Savonarole, il périt assassiné pour avoir tenté de réformer les abus dénoncés par son fougueux ami. — **Valori** (BACCIO) (1535-1606), érudit florentin, d'un savoir très solide. — La branche aînée s'éteignit en 1687 avec ALEXANDRE **Valori**, petit-neveu du précédent.

VALORI, nom d'une famille française, issue de la famille florentine précédente et établie en France dès le XIVe siècle. Parmi ses membres on remarque : **Valori** (CHARLES, COMTE DE) (1658-1734), ingénieur militaire, qui devint gouverneur du Quesnoy, où il mourut. — **Valori** (LOUIS-GUY-HENRI, MARQUIS DE) (1692-1774), fils du précédent, lieutenant général et diplomate. — **Valori** (FRANÇOIS-FLORENT, COMTE DE) (1763-1822), général français qui, arrêté après la fuite de Varennes et remis ensuite en liberté, émigra en Prusse. — **Valori** (HENRI-ZOSIME, COMTE, puis MARQUIS DE) (1786-1859), littérateur français. — **Valori** (CHARLES, PRINCE RUSTICHELLI, MARQUIS DE) (1820-1883), écrivain et érudit français. — **Valori** (HENRI, PRINCE DE), publiciste français, né en 1833, qui a consacré sa plume à la défense des droits de la monarchie légitime en Espagne et en France. Il a publié un grand nombre d'ouvrages et divers opuscules biographiques sous le pseudonyme de LORD ONE.

VALOUSE, 52 kilom., rivière du Jura, affluent de l'Ain.

VALOUSE, rivière du département de la Dordogne, affluent de l'Isle.

VALOUTINA, village de Russie, près du Dnieper, sur la route de Smolensk à Moscou. Combat du 18 août 1812, où périt le général français Gudin en chargeant les Russes.

VALPARAISO, 100 000 hab. Ville et port du Chili, sur l'océan Pacifique, au fond d'une bonne rade; grand entrepôt de commerce de cette république avec l'étranger. Importation de sucre et d'étoffe; exportation de cuivre, de laine, de cuirs, de blé et de farine.

VALRÉAS, 4 808 hab. Ch.-l. de c., arr. d'Orange (Vaucluse). Élève de vers à soie; filature de soie.

VAL-RICHER, ancienne abbaye cistercienne fondée en 1146 près de Cambremer (Calvados). Guizot, qui en acquit la propriété, y avait réuni une belle bibliothèque.

VALROMEY (l. *Vallis romana*), ancien pays de France, sis dans le Bugey et formant aujourd'hui la partie E. du département de l'Ain; ch.-l. *Châteauneuf*, puis *Champagne*.

VALS, 3 410 hab., bourg de l'arr. de Privas (Ardèche), au fond d'un vallon, sur la Volane et près de son confluent avec l'Ardèche. Vals possède des eaux minérales très connues, émergeant de sources abondantes, classées par groupes. Parmi celles-ci, citons les plus importantes : *Nationale, Marie, Saint-Jean, Pauline, Impératrice, Chloé, Camuse, Marquise, Vivaraises,* n° 3 et n° 9. Vals possède deux établissements thermaux : le *grand établissement*, construit en 1845, et le *petit établissement*, moins important. Le goût des eaux de Vals n'a rien de désagréable; leur température varie entre 9° et 19° centigrades. Elles contiennent des bicarbonates de soude, de chaux, de potasse, de magnésie, des chlorures de sodium et de potassium, des silicates, des iodures alcalins et quelques traces d'arsenic. Divisées en fortes, moyennes et faibles, les eaux de Vals ont longtemps été employées exclusivement en boisson, soit à jeun, à la dose de 5 à 6 verres, soit pendant les repas (eaux faibles). Les eaux fortes, fournies surtout par les *Vivaraises*, ne doivent pas être employées en quantité supérieure à 3 ou 4 verres. Aujourd'hui les eaux de Vals sont aussi utilisées pour l'usage externe, tel que bains et douches, chauffées, ou à la température naturelle. Ces eaux trouvent leurs indications dans les maladies du tube digestif, les coliques hépatiques, les engorgements du foie, dans les manifestations paludéennes et arthritiques.

VAL-SAINT-LAMBERT, abbaye située dans la commune de Seraing, province de Liège (Belgique). Grande cristallerie.

VAL-SAINT-PIERRE, 788 hect. Forêt domaniale de l'Aisne, peuplée de chênes, de hêtres, etc.

VALSALVA (ANTOINE-MARIE) (1666-1723), anatomiste italien né à Imola (Romagne). Élève de Malpighi à l'université de Bologne, il fut nommé professeur d'anatomie en 1697 à la même université et chirurgien de l'hôpital des Incurables. Ses travaux eurent principalement pour objet l'organe de l'ouïe et le cône osseux formant l'axe du limaçon a gardé son nom jusqu'à nos jours. Son nom encore est resté attaché, en anatomie, au renflement qui surmonte les valvules sigmoïdes de l'aorte, renflement connu sous le nom de *sinus de Valsalva.* On a de lui : *De aure humana tractatus* (1704), ouvrage capital sur la matière et souvent réimprimé.

VALSE, *svf.* de *valser.* Danse que des couples de danseurs exécutent en tournant ensemble sur eux-mêmes et autour de la salle. || Air sur lequel on exécute cette danse.

VALSER (all. *walzen*, tourner en rond), *vi.* Danser la valse. — Fig. et fam. *Faire valser quelqu'un*, le chasser. — **Dér.** *Valse, valseur, valseuse.*

VALSERINE, 52 kilom. Rivière du département de l'Ain, affluent du Rhône. Elle reçoit la Semine.

VALSERRE, torrent des Pyrénées-Orientales, affluent de l'Aude.

VALSEUR, EUSE (*valser*), *s.* Celui, celle qui valse.

VALSPIRE, nom que l'on donne à la haute vallée du Tech.

VAL-SUZON, 2105 hect. Forêt domaniale de la Côte-d'Or, peuplée de chênes, hêtres et charmes.

VALTELINE (LA), 3 278 kilom. carrés, 107 000 hab., contrée de l'Italie septentrionale entre l'Adda et le lac de Côme. Elle est parcourue par l'Adda. La Valteline est une vallée fertile et peuplée, longue de 100 kilomètres et large de 4 en moyenne : elle produit d'excellents vins. La route du Stelvio la suit depuis son origine; celle du Bernina la rejoint à Tirano, où débouche la vallée de Poschiavo. *Sondrio* est la capitale du pays, et les localités principales sont : *Bornico, Tirano, Ponte-Morbegno* et *Traona.*

VALTIERMONT-JOVILLIERS, 1110 hect. Forêt domaniale de la Meuse, peuplée de chênes, hêtres et charmes.

VAL-TRAVERS. (V. *Travers.*)

VALUE, *spf.* de *valoir.* Le prix d'une chose. || *Plus-value*, ce que rapporte une chose au delà de son prix d'estimation. || *Moins-value*, la valeur réalisable d'une chose au-dessous de son prix d'estimation.

***VALVACÉ, ÉE** (*valve*), *adj.* Indéhiscent, mais avec soudure valvaire : *Fruit valvacé.*

***VALVAIRE** (*valve*), *adj.* 2 *g.* Dont les valves ou pièces se touchent : *Préfloraison valvaire.* (Bot.)

VALVASONE (ERASMO DE) (1523-1593), poète italien né dans le Frioul, qui partagea son temps entre la chasse et la littérature. Parmi ses travaux littéraires on distingue le poème intitulé *Della Caccia*, l'un des meilleurs de l'Italie.

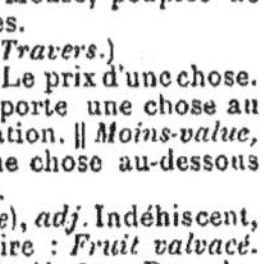
VALVES
HUÎTRE (MOLLUSQUE BIVALVE)

VALVE (l. *valvam*, porte), *sf.* Chaque pièce d'un coquillage : *La coquille de l'huître a deux valves.* || Chaque pièce d'un verticille, d'un péricarpe de la fleur. (Bot.) — **Dér.** *Valvaire, valvacé, valvacée, valvule, valvulaire.* — **Comp.** *Valvicide, valviforme.*

VALVES
(Botanique.)

***VALVÉ, ÉE** (*valve*), *adj.* Muni de valves. || Disposé comme des valves : *Corolle valvée.*

VALVERDE (VINCENT DE), missionnaire espagnol fanatique, évêque de Cuzco, qui fut dévoré par les Indiens en 1543.

VALVERDE, 1 600 hab. Ch.-l. de l'île de Fer (Canaries).

***VALVICIDE** (*valve* + l. *cædere*, couper), *adj.* 2 *g.* Qui s'opère par la rupture des valves d'un fruit : *Déhiscence valvicide.*

***VALVIFORME** (*valve* + *forme*), *adj.* 2 *g.* Qui ressemble à une valve.

***VALVULAIRE** (*valvule*), *adj.* 2 *g.* Qui a des valvules.

VALVULE (l. *valvulam*, petite porte), *sf.* Chacune des pièces des enveloppes florales des graminées. (Bot.) || Tout repli membraneux qui, dans les différentes parties du corps, empêche les liquides de refluer ou sert à régulariser dans les canaux la marche de leur contenu. C'est ainsi, par exemple, que les veines sont munies sur toute leur longueur de replis destinés à supporter la colonne sanguine située au-dessus et à faciliter la marche du sang veineux, de la périphérie vers le centre. Au cœur, on décrit des valvules nombreuses ayant chacune un rôle spécial : 1° *valvule tricuspide* (l. *tres*, trois + *cuspis*, pointe), membrane mince, souple, divisée en trois parties ou valves qui, mobiles, permettent le passage du sang de l'oreillette droite au ventricule correspondant, mais s'opposent au reflux du sang du ventricule à l'oreillette; 2° *valvule mitrale* ou *bicuspide* (l. *bis*, deux + *cuspis*, pointe), présentant deux valves qui jouent pour le cœur gauche un rôle analogue à celui des trois valves de la valvule tricuspide pour le cœur droit; 3° *valvule sigmoïde* ou *semi-lunaire*, repli membraneux placé à l'orifice pulmonaire et aortique affectant une forme en nid de pigeon. Au nombre de trois à l'orifice de chacun de ces canaux, les valvules sigmoïdes s'opposent au reflux du sang de ces vaisseaux vers le cœur et ferment les orifices aortique et pulmonaire hermétiquement, grâce à l'existence de petits nodules connus sous le nom de *tubercules d'Arantius;* 4° *valvule d'Eustachi*, repli valvulaire placé à l'orifice de la veine cave inférieure; 5° *valvule de Thébésius*, repli analogue situé à l'orifice de la grande veine coronaire qui ramène à l'oreillette droite le sang qui a servi à la nutrition des parois mêmes du cœur. Dans l'intestin, on a : 1° *valvules conniventes*, replis de la muqueuse qui donnent à l'intestin un aspect hérissé et ont pour fonction d'augmenter la surface d'absorption; 2° *valvule iléo-cæcale* ou *valvule de Bauhin*, dite aussi *des apothicaires*, valvule formée par l'invagination de l'intestin grêle dans le gros intestin; marquant nettement la limite entre ces deux portions, elle est formée par deux valves qui s'opposent au passage rétrograde des matières contenues dans le gros intestin; 3° *valvules de Tarin*, replis membraneux qui appartiennent au cervelet; 4° *valvule de Vieussens*, prolongement du noyau blanc central du cervelet. — **Dér.** *Valvulaire.*

VALVULES
D'UNE VEINE

VAMBÉRY (ARMINIUS), voyageur hongrois contemporain, né en 1832. Ayant pris part en 1849 au mouvement national hongrois, il eut une jambe cassée au siège de Comorn. Après le triomphe de l'Autriche, il émigra en Turquie et se livra, à Constantinople, à l'étude des langues orientales. Puis, déguisé en derviche, il partit en 1862 pour l'Asie centrale et fut le premier Européen qui parcourut le Turkestan. En 1863, il visita Boukhara et Samarkand, puis revint en Europe. On lui doit de nombreuses publications géographiques et philologiques relatives à l'Asie centrale.

VAMPIRE (x), *sm.* Être imaginaire que l'on supposait sortir des tombeaux pour sucer le sang des vivants. — Fig. Personne qui s'enrichit aux dépens du peuple par des pratiques déshonnêtes. ‖ Genre de mammifères de l'ordre des Cheiroptères ou Chauves-souris, propres à l'Amérique du Sud, et qui constituent une famille très nombreuse en espèces. La plus grande espèce de ce genre est le *vampire proprement dit* (*phyllostoma spectrum*), mesurant jusqu'à 0m,72 d'envergure, et dont le corps, d'un brun roux, ne présente pas de queue. Il est terminé en avant par une tête courte et grosse, surmontée de grandes oreilles en forme de cuiller et d'oreillons petits et pointus. La bouche est lar-

VAMPIRE
(PHYLLOSTOMA SPECTRUM)

gement fendue et bordée de lèvres minces garnies de tubercules faisant saillie. Les narines sont petites et surmontées d'une feuille nasale en fer de hallebarde. Chaque mâchoire porte deux incisives petites, mais larges, à couronne tranchante et à bords en scie; puis, deux canines crochues et très pointues et à bords tranchants; celles de la mâchoire inférieure se font remarquer par leur taille. Viennent ensuite, de chaque côté, deux prémolaires, dont la couronne présente plusieurs pointes; la dernière prémolaire est très petite; enfin, en arrière, se trouvent de chaque côté trois prémolaires; en sorte que la formule dentaire des vampires est la suivante

$$\frac{2.1.2.3}{2.1.2.3} = 32.$$

Cependant, quelques espèces ont deux incisives de plus. On a raconté sur les vampires un grand nombre de fables : on les a représentés comme se nourrissant exclusivement du sang de l'homme et des animaux. La vérité est que ce sont avant tout des insectivores et qu'à défaut de cette proie, ils mangent des fruits. Cependant, poussé par la famine, le vampire s'attaque aux oiseaux et aux mammifères, et, en dernier ressort, à l'homme. Il s'approche, en silence, des animaux ou de l'homme, applique ses lèvres sur une partie nue, par exemple, l'orteil qu'un dormeur laisse passer sous la couverture, y pratique une sorte de ventouse et fait une petite plaie avec ses incisives et en aspire le sang. Mais aucun voyageur sérieux n'a constaté la mort d'un homme blessé par un vampire. Du reste, ces animaux sont si nombreux dans l'Amérique du Sud, que s'ils avaient les mœurs qu'on leur attribue, il serait absolument impossible d'y élever le moindre bétail. — **Dér.** *Vampirique, vampirisme.*

VAMPIRIQUE (*vampire*), *adj. 2 g.* Qui est de la nature du vampire.

***VAMPIRISME** (*vampire*), *sm.* Croyance aux vampires. — Fig. Avidité extraordinaire.

VAN (l. *vannum*), *sm.* Instrument d'osier à deux anses et en forme de coquille dans lequel on agite les grains du blé et des autres céréales pour les séparer de la balle et des ordures. — **Dér.** *Vannel, vannette, vanner 1, vanné, vannée, vannier, vanneur, vanneau 1 et 2, vannes, vannage; vanne (?), vannoir, vannure.*

***VAN** (allem. *von*, de), *f.* Particule qui précède les noms des nobles en Hollande et en Belgique.

VAN (LAC DE), l'ancien *Arissa Palus*, lac qui s'étend dans le pachalik de Van (Turquie d'Asie), au S.-O. du mont Ararat et de l'Ala-Dagh, près des sources de l'Euphrate, à une altitude de 1623 mètres; il mesure 150 kilom. du N.-E. au S.-O., 60 kilom. de largeur et 7650 kilom. carrés de superficie. Il reçoit le Kara et le Koch. Ses eaux, saumâtres, sont plus salées au S. qu'au N.

VAN, 30000 hab., ville fortifiée de l'Arménie, sur les bords du lac du même nom.

***VANADATE** (*vanadium* + sfx. chimique *ate*), *sm.* Tout corps formé par la combinaison d'un acide vanadique avec un sel : *Vanadate de zinc.*

***VANADINE** (*vanadium*), *sf.* ou ACIDE VANADIQUE NATUREL. Substance minérale jaune, qui forme des enduits sur le cuivre natif, que l'on trouve, en Amérique, sur les bords du lac Supérieur. Cette substance se rencontre très rarement dans la nature.

***VANADINITE** (*vanadium*), *sf.* Corps formé par le vanadate de plomb et le chlorure de plomb qui se présente sous la forme de petites tables hexagonales. On la rencontre généralement en petits mamelons ou même en globules. Sa couleur est comprise entre le jaune et le brun. Sa densité est 7. Sa dureté est égale à celle du calcaire. On la trouve au Mexique, en Carinthie, en Écosse.

***VANADIOLITE** (*vanadium* + g. λίθος, pierre), *sf.* Substance minérale composée d'acide vanadique, de chaux, de silice, de magnésie et d'alumine, et que l'on trouve sur les bords du lac Baïkal en petits cristaux indéterminés, d'un vert foncé ou d'un vert émeraude.

***VANADIQUE** (*vanadium* + sfx. chimique *ique*), *adj. m.* Se dit des acides que forme le vanadium en se combinant avec l'oxygène.

***VANADIUM** (*Vanadis*, déesse scandinave), *sm.* Métal de la famille de l'Étain (neuvième famille, dite des *Métaux métalloïdiques*), découvert au commencement du XIXe siècle dans des minerais de plomb et de fer sous la forme d'une poudre cristalline qui a le brillant de l'argent. On le trouve dans les minerais pisolithique et argileux, dans les cuivres schisteux, les trapps, les basaltes et les météorites. A l'état libre, il forme des cristaux brillants argentins, dont la densité égale 5,5. C'est un métal inaltérable à l'air et dans l'eau bouillante; mais, chauffé dans l'oxygène, il y brûle avec un vif éclat. On l'extrait des scories résultant de l'affinage du fer et des fontes, et on l'emploie dans l'industrie des couleurs d'aniline. Il produit des composés oxygénés, qui ont une tendance à se suroxygéner et à céder ensuite leur oxygène à des corps oxydables, tels que les matières organiques. Les vanadates ont beaucoup d'analogie avec les phosphates. Le *vanadium* fut d'abord découvert en 1801 par Del Rio, en analysant un minerai de plomb, le *zimapan*; ce chimiste lui donna le nom d'*erythronium*; mais on l'assimila faussement au chrome. En 1830, Sefstrœm ayant découvert un nouveau métal dans un fer très ductile venant des mines de Taberg, près Jönköping (Suède), lui donna le nom de *vanadium*; la même année, Wœhler démontra que ce nouveau métal n'était autre que celui découvert par Del Rio en 1801. Son symbole est : Va. — **Dér.** *Vanadique, vanadate, vanadine, vanadiolite.*

***VANANT** (x), *adj. m.* *Papier vanant*, moins fin et moins blanc que le papier blanc.

VANCOUVER (GEORGE) (1757-1798), célèbre navigateur anglais. Il débuta dans la marine en 1771 et prit part, en qualité de *midshipman* aux deuxième et troisième voyages de Cook autour du monde (1772-1780). Il fut nommé lieutenant en 1780, puis fut désigné en 1789 par le gouvernement anglais pour faire partie d'une expédition dans les mers du Sud : cette expédition ne put avoir lieu à cause des nouvelles des déprédations commises par les Espagnols à Nootka (Amérique du N.) aux dépens du commerce anglais. Deux ans après, on confia à Vancouver la mission d'aller, avec les vaisseaux *Discovery* et *Chatham*, prendre possession de Nootka, que l'Espagne abandonnait à l'Angleterre. Il devait, en outre, relever la côte N.-O. de l'Amérique du Nord pour rechercher les communications possibles avec le Canada, puis visiter les îles Sandwich et explorer les côtes occidentales de l'Amérique du Sud, afin de reconnaître les établissements les plus méridionaux des Espagnols. L'expédition partit de Falmouth le 1er avril 1791 et Vancouver ne rentra en Angleterre qu'après avoir rempli sa mission (15 septembre 1795), un an après avoir été promu post-captain. Dès lors, il ne fut occupé, jusqu'à sa mort, qu'à la publication du journal de son expédition. Il mourut en 1798, avant d'avoir pu achever son œuvre, que son frère John Vancouver publia sous le titre : *Voyages de découvertes à l'océan Pacifique du Nord et autour du monde.* Sa mort prématurée fut la suite des fatigues endurées pendant sa dernière expédition.

VANCOUVER (ILE), 63700 kilom. carrés, île du Grand Océan Pacifique, sur la côte N.-O. de l'Amérique septentrionale, et faisant partie de la Colombie anglaise depuis 1840. Capitale, *Victoria*, au S.-E.; ville principale, *Esquimault*, bon port. Vancouver porte aussi le nom de *Quadra-et-Vancouver;* autrefois elle s'appelait *Nootka.*

VANDA ou **VENDA** (VIIIe siècle), princesse polonaise, fille de Cracus, fondateur de Cracovie. Après la mort de son père et de ses deux frères, elle devint reine de Pologne (vers 750). Un chef germain, Ritiger, ayant demandé sa main, elle refusa. Ritiger insista avec fureur. Vanda se mit en mesure de tenir tête, par les armes, aux menaces du Germain; mais celui-ci abandonna son projet d'invasion, et Vanda rentra à Cracovie au milieu des ovations de son peuple. Atteinte plus tard d'une maladie noire, elle se jeta, du haut d'un pont, dans la Vistule.

VANDALE, peuple germain barbare et arien qui, parti des bords de la Vistule, ravagea en 406 la Gaule avec les Alains et les Suèves, passa en Espagne, puis dans le N. de l'Afrique (429), où il succéda à la domination romaine, pilla Rome (455) et fut subjugué par Bélisaire en 534. — *Sm.* Destructeur de la civilisation comme on admet que l'étaient les Vandales. — **Dér.** *Vandalisme.*

VANDALISME (*Vandale*), *sm.* Système de ceux qui sont ennemis de la civilisation, des lettres, des arts, des sciences et détruisent les monuments historiques.

VANDAMME (DOMINIQUE-RENÉ), COMTE D'UNEBOURG (1770-1830), général français. De 1793 à 1799, il se montra brillant soldat et chef intelligent aux armées du Nord, du Rhin, du Danube. Napoléon l'apprécia et l'appela au camp de Boulogne en 1804. L'année suivante, il se distinguait à Austerlitz, puis en Prusse, en Pologne, en Silésie, enfin, en 1809, à Abensberg et à Eckmühl. Dans la campagne de Saxe (1813), en poussant une pointe sur la Bohême, il fut, aux défilés de Culm, enveloppé par un ennemi bien supérieur et fait prisonnier. En 1815, il assurait le succès de Ligny, et il se battait à Wavres pendant la journée de Waterloo. Proscrit en 1815, il se rendit aux États-Unis, où il s'adonna à l'agriculture; puis il vint mourir à Cassel, sa ville natale.

***VANDE** ou ***VANDA** (mot indien), *sm.* Genre de plantes monocotylédones, de la famille des Orchidées, dont les espèces sont originaires de l'Asie et de l'Amérique et que l'on cultive dans nos serres à cause de la beauté de leurs fleurs. Les principales espèces sont : 1° le *vanda suave* (*vanda suavis*), originaire de l'Inde, dont les feuilles en ruban sont recourbées et flasques. Les fleurs, réunies en grappes allongées, sont grandes, belles et exhalent une odeur des plus suaves; ces fleurs sont blanches ou jaunes et ont le labelle violet; 2° le *vanda à fleur bleue* (*vanda cærulea*), qui nous vient également de l'Inde; ses splendides fleurs sont d'un bleu d'azur et leur labelle est de couleur pourpre; 3° le *vanda de Roxburgh* (*vanda Roxburghii*), présentant six ou huit fleurs jaunes rayées en damier de lignes rouges, tandis que le labelle est lilas; 4° le *vanda tricolore* (*vanda tricolor*), dont les feuilles canaliculées dépassent l'inflorescence; les fleurs, peu nombreuses et réunies en grappe, sont blanches en dehors et jaune cannelle en dedans avec des taches brunes, tandis que le labelle est d'un rose plus ou moins foncé; 5° le *vanda de Low* (*vanda Lowii*), plante grimpante dont les tiges épaisses d'environ 0m,03 portent des feuilles coriaces longues de 0m,10 à 0m,80. Les fleurs, au nombre de 30 à 50, forment des grappes longues de 2 à 3 mètres. Les deux fleurs terminales sont d'un jaune fauve ponctué de rouge, tandis que les autres sont d'un vert pâle, marbré de taches brun rougeâtre. Cette magnifique plante est originaire de Bornéo.

***VANDELLIE** (de *Vandelli*, naturaliste italien), *sf.* Genre de plantes intertropicales, de la famille des Scrofulariées, qui habite l'Amérique tropicale et Madagascar.

VAN DEN EECKHOUT (GHERBRAND) (1621-1674), peintre hollandais, élève et imitateur habile de Rembrandt.

VAN DEN VELDE (ISAÏE) (1597-1653), peintre hollandais et graveur à l'eau-forte. — **Van den Velde** (GUILLAUME), dit *le Vieux* (1610-1693), peintre royal de Charles II et de Jacques II, rois d'Angleterre. — **Van den Velde** (GUILLAUME), dit *le Jeune* (1633-1707), peintre de marine hollandais, élève de son père et de Simon de Vlieger. — **Van den Velde** (ADRIEN) (1639-1672), peintre et graveur hollandais, élève de Jean Wynants. Le musée du Louvre possède de lui deux paysages et le *Canal glacé*.

VAN DER HELST (BARTHÉLEMY) (1613-1678), peintre hollandais, émule de Gérard Dow par le coloris. Le Louvre a de lui deux portraits et une *Délibération de chefs d'arbalétriers*.

VAN DER LINDEN (JEAN-ANTONIADE) (1609-1664), médecin hollandais.

VAN DER MEULEN (1634-1690), peintre de batailles, originaire de Bruxelles, attiré en France par Louis XIV, dont il reproduisit les conquêtes sur la toile. On a de lui 23 tableaux au musée du Louvre.

VANDERMONDE (CHARLES-AUGUSTIN) (1727-1762), médecin français, professeur de chirurgie. — **Vandermonde** (ALEXANDRE-THÉOPHILE) (1735-1796), mathématicien français dont le plus beau des travaux a pour titre : *Sur la résolution des équations*.

VAN DER WERF (ADRIEN) (1659-1722), peintre hollandais, élève d'Eglon Van der Neer. Plusieurs de ses tableaux sont au Louvre.

***VANDIÈRE** (*x*), *sf.* Genre de poissons acanthoptérygiens, appelé aussi *callionyme lyre*.

VAN DIEMEN. (V. *Diemen.*)

VAN-DIEMEN (TERRE DE). (V. *Tasmanie.*)

VANDOISE (picard *ventoise;* berrichon *vandoise :* de *x*), *sf.* Genre de poissons d'eau douce de l'ordre des Acanthoptérygiens dont on connaît trois espèces, savoir : 1° La *vandoise commune* (*squalius leuciscus*), dont le corps est oblong et un peu comprimé ; le dos présente, jusqu'à la ligne latérale, une teinte d'un gris verdâtre ou bleue avec d'étroites raies blanches longitudinales à bord un peu diffus. Les côtés du ventre sont tantôt jaunâtres, tantôt d'un blanc d'argent. Les nageoires dorsales et caudales sont d'un gris noirâtre, tandis que les nageoires inférieures sont jaunâtres, teintées d'orange vif; l'iris de l'œil est jaune argenté. La *vandoise commune* se plaît dans les eaux claires et limpides du nord et du centre de la France; mais elle ne se rencontre pas dans les rivières de nos départements méridionaux. Elle fraye en mars et avril sur des fonds pierreux ou sur le gravier. Il en existe un grand nombre de variétés différant entre elles par la couleur de leur corps. On leur attribue aussi des noms divers, suivant les localités. C'est ainsi que l'une d'elles, dont le dos est d'un vert tendre, est appelée *rouzon;* une autre, dont la couleur est un peu plus vive, se nomme *poissonnet*. Une autre variété, désignée sous le nom de *rostrée*, a le museau assez effilé. 2° La *vandoise autour* (*squalius bearnensis*) a le corps comprimé latéralement et le dos assez élevé; la tête, effilée en avant, est assez grande et représente le quart de l'animal entier; la mâchoire supérieure dépasse à peine l'inférieure; l'œil est très grand et l'opercule très large. Le dos et les parties supérieures de la tête sont bruns à reflets bleuâtres, et l'on remarque sur les écailles des taches brunes et des points de même couleur sur les joues et les opercules. Cette espèce est très commune dans le lac du Maricot, près Biarritz. 3° La *vandoise bordelaise* (*squalius burdigalensis*) est très voisine de la vandoise commune; son corps, très effilé, se termine en avant par une tête plus grande que celle de cette même espèce ; son museau est obtus. Le dos est gris verdâtre ou bleuâtre, mais assez clair sur les parties supérieures. Les flancs sont d'un blanc pur et les écailles sont légèrement pointillées de brun. La *vandoise bordelaise* se trouve assez communément dans la Garonne et la Gironde, et mesure, comme les espèces précédentes, de 0m,15 à 0m,20.

VANDRILLE (SAINT-), ancienne abbaye de bénédictins, à 4 kilom. de Caudebec (Seine-Inférieure), sur la Seine.

VANILLE

PIED DE VANILLE AVEC SES RACINES ADVENTIVES

VAN DYCK (ANTOINE) 1599-1641), célèbre peintre et graveur originaire d'Anvers, élève de Van Balen, puis de Rubens. Il excella surtout dans le portrait, et fut appelé en Angleterre par Charles Ier. Parmi les tableaux que possède de lui le musée du Louvre, on cite : *Jésus élevé en croix, Saint Sébastien, la Vierge et l'Enfant Jésus, Vulcain demandant des armes pour Énée*, etc.; le *Couronnement d'épines* est à Courtrai, et le *Saint Augustin en extase*, à Anvers.

***VANESSE** (*x*), *sf.* Genre de papillons diurnes dont le corps est couvert de taches dorées et argentées et auquel appartiennent le *paon de jour* (V. *Io* 2), la *belle dame* et le *vulcain*. Ces deux derniers nuisibles aux artichauts et à quelques plantes des jardins.

VANESSE

(VANESSA ATALANTA)

VAN EYCK, nom de deux frères, peintres flamands : l'un (1386-1440), surnommé JEAN DE BRUGES, passe pour l'inventeur de la peinture à l'huile.

***VANGA** (*x*), *sm.* Genre d'oiseaux de l'ordre des Passereaux, caractérisé par un bec robuste, comprimé, recourbé, crochu et très denté à la pointe. Les espèces de ce genre sont indigènes de l'ancien continent, de l'Océanie et de Madagascar. Ce sont des oiseaux très turbulents, d'une très grande férocité et se nourrissant de petites proies vivantes. Ils habitent ordinairement la lisière des grandes forêts et ne se montrent jamais dans les plaines ou les lieux cultivés. On en connaît plusieurs espèces, parmi lesquelles on peut citer : le *vanga à tête blanche*, de Madagascar; le *vanga destructeur*, de la Nouvelle-Hollande ; et le *vanga cap-gris*, de la Nouvelle-Guinée.

VANGA

***VANGERON** (*x*), *sm.* Poisson d'eau douce des lacs de Lausanne et de Neuchâtel.

VANGIONS, ancien peuple de la Germanie, qui habitait les environs de Worms.

***VANGUIER** (*x*), *sm.* Genre de petits arbres coféacés, de la famille des Rubiacées, qui végètent dans l'Afrique australe, à Madagascar et aux Indes. Ses baies, globuleuses, sont souvent comestibles. Parmi les cinq ou six espèces du genre, la plus remarquable est le *vanguier comestible*, petit arbre à feuilles pétiolées, ovales, à fleurs en cymes axillaires, et dont le fruit, gros comme une pomme, ombiliqué, se divise intérieurement en cinq loges renfermant chacune une semence en forme d'amande. On mange ces fruits quand ils sont très mûrs. Peu connu en Europe, le vanguier se cultive beaucoup à Madagascar et surtout à la Réunion.

VAN HELMONT (JEAN-BAPTISTE) (1578-1644), célèbre médecin belge.

VANIÈRE (JACQUES) (1664-1739), jésuite, qui composa en vers latins le *Prædium rusticum* (le domaine rustique).

VANIKORO. Groupe d'îles de l'Océanie, à 12° de latitude S. et 163° 30' longitude E., comprenant deux îles : l'une est plus spécialement désignée sous le nom de *Vanikoro*, car elle est la plus étendue; l'autre est l'*île Tevaï*. Elles sont surtout connues des navigateurs pour leurs côtes élevées, entourées de récifs très dangereux. Découvertes en 1606 par Quiros, elles furent visitées par La Pérouse, qui y périt en 1788 avec son équipage, par l'Anglais Dillon en 1782 et enfin par Dumont d'Urville en 1828 : c'est ce dernier qui y découvrit les débris du vaisseau de La Pérouse, et éleva un mausolée en souvenir de ce dernier.

VANILLE (esp. *vainilla :* de *vaina*, gaine), *sf.* Genre de plantes monocotylédones de la famille des Orchidées, originaire des contrées chaudes de l'Asie et de l'Amérique. Ce sont des plantes herbacées croissant dans les fentes des rochers, s'accrochant aux arbres voisins par des racines adventives et s'élevant ainsi très haut. Leurs feuilles sont alternes, sessiles, oblongues et entières; leurs fleurs, d'un blanc verdâtre, sont grandes et disposées en grappes terminales. Le fruit qui leur succède est une capsule très allongée, en forme de silique et ses parois sont très épaisses. Ce fruit est composé de trois valves inégales portant chacune un placenta sur lequel se trouvent implantées une multitude de graines, petites, noires et brillantes. Ces fruits renferment, en outre, une pulpe très parfumée et très recherchée qui constitue la *vanille*. Cette plante est originaire des forêts chaudes et humides du Mexique, et de là sa culture s'est répandue aux Antilles, au Brésil, en Colombie, dans les îles de France et de Bourbon, à Java, etc. On la cultive même en Europe dans des serres chaudes, où l'on est obligé de la féconder artificiellement si l'on veut lui faire produire des fruits. On pense que dans son pays d'origine vit un insecte qui est chargé de ce soin, mais que cet insecte n'a pas été transporté avec elle. Dès que les plants de vanille ont atteint une longueur de $0^m,35$ à $0^m,40$, on place près d'eux le tronc d'un arbre auquel ses nombreuses racines adventives ne tardent pas à s'attacher. Sans cette précaution la vanille végéterait sans s'accroître beaucoup. La culture de la vanille peut, dans nos pays et en serres chaudes, être rémunératrice, car les fruits que l'on obtient sont tout aussi parfumés que ceux qui nous viennent du Nouveau Monde. On doit cueillir les fruits un peu avant leur maturité, on les fait sécher à l'ombre et on les enduit d'huile afin de leur conserver de la souplesse et de les mettre à l'abri de l'attaque des insectes; puis on les réunit en petites bottes de 50 ou 60. La vanille de bonne qualité est lourde, d'un brun rougeâtre et répand une odeur suave et balsamique; l'intérieur est rempli d'un très grand nombre de petites graines noires et brillantes. Le commerce connaît trois sortes de vanilles, savoir : 1° la *vanille lec* ou *légitime* (*vanilla sativa*), dont les siliques, improprement appelées *gousses*, sont longues de $0^m,16$ à $0^m,20$ et épaisses de 7 à 9 millimètres; la surface est ridée longitudinalement, onctueuse, brun noirâtre, et se couvre de cristaux en forme d'aiguilles et composés de *vanilline*. Cette vanille est dite *givrée* et est la plus estimée. 2° La *vanille simarouna* ou *bâtarde* (*vanilla sylvestris*) semble n'être qu'une variété de la précédente; ses gousses sont moins longues et moins épaisses, plus pâles et plus sèches; elle est moins parfumée et ne se givre pas. 3° Le *vanillon* (*vanilla pompona*) se présente en gousses longues de $0^m,11$ à $0^m,19$, mais beaucoup plus épaisses que la *vanille lec*. Elles sont, en outre, très foncées en couleur et répandent une odeur très forte, mais peu balsamique. Ces gousses, très souvent ouvertes, sont visqueuses et recouvertes d'un liquide épais et noirâtre. La vanille sert à aromatiser le chocolat, les crèmes, etc. — **Dér.** *Vanillier, vanilline, vanillique, vanillon, vanillisme.*

VANILLE
(Fleur.)

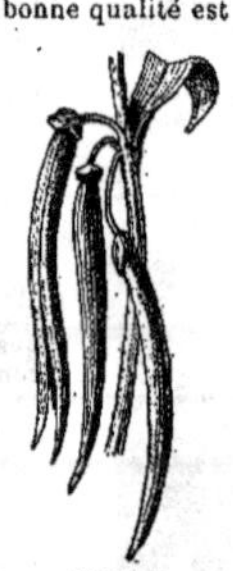

VANILLE
(Fruit.)

VANILLIER (*vanille*), *sm.* La plante qui produit la vanille.

***VANILLINE** (*vanille*), *sf.* Substance odorante que l'on retire de la vanille au moyen de l'éther, et à laquelle les gousses doivent leur parfum. La vanilline se dépose sur les gousses et dans les boites qui les renferment. Elle se présente sous forme d'aiguilles incolores, groupées en étoiles, dures et croquant sous la dent. Elle fond vers 80° et est sublimable; elle exhale, surtout à chaud, une forte odeur de vanille; sa saveur est piquante. La vanilline est peu soluble dans l'eau, davantage dans l'eau chaude, très soluble dans l'éther, l'alcool, le chloroforme. On obtient artificiellement cette substance en oxydant la coniférine ou l'alcool coniférylique au moyen de l'acide sulfurique ou du bichromate de potasse. Sa formule chimique est $C^8H^8O^3$.

***VANILLIQUE** (*vanille*), *adj. 2 g.* Se dit d'un acide, cristallisé, fusible, sublimable, qui se produit par l'oxydation de la vanilline et qui a pour formule $C^{16}H^8O^8$.

***VANILLISME** (*vanille* + sfx. *isme*), *sm.* L'ensemble des accidents causés par la vanille. Les préparations vanillées, telles que glaces et crèmes à la vanille, sont le plus généralement les agents du vanillisme, qui peut d'ailleurs se produire aussi chez les ouvriers appelés à manipuler cette substance. Les faits de vanillisme ont reçu une interprétation très différente suivant les médecins; mais aujourd'hui tout le monde admet l'effet toxique de la vanille. Les symptômes que l'on observe rappellent assez ceux du début du choléra. Quelques heures après l'ingestion de préparations vanillées, telles que glaces ou crèmes, le malade est pris de douleurs épigastriques bientôt suivies de vomissements abondants, de selles diarrhéiques, de refroidissement général et de crampes dans les jambes. Ces signes peuvent, dans certains cas, se répéter à intervalles variables, mais rarement ils durent au delà de 24 à 48 heures. La diarrhée est un des symptômes qui dure le plus longtemps; mais la guérison a lieu dans tous les cas. Les ouvriers qui sont en contact continuel avec la vanille sont sujets à des accidents qui sont dus en partie à un parasite, la *mite des vanilles*, qui présente un corps blanc arrondi, visible à la loupe. Le docteur Layet a réuni ces accidents sous le nom de *vanillisme professionnel*. Les ouvriers se plaignent de démangeaisons vives qui s'accompagnent de taches papuleuses, de larmoiements et de coryza; et en même temps ils éprouvent des maux de tête, des vertiges, des étourdissements qui les forcent à quitter le travail, du moins momentanément. Ces derniers phénomènes nerveux sont probablement dus aux émanations odorantes de la vanille. Aucun de ces accidents n'entraîne de graves désordres, mais leur concomitance force, dans certains cas, les ouvriers à abandonner un métier désiré : c'est, d'ailleurs, la seule thérapeutique rationnelle du vanillisme.

***VANILLON** (*vanille*), *sm.* La vanille de qualité inférieure et la moins estimée. (V. *Vanille*.)

VANINI (Lucilio) (1585-1619), médecin et philosophe italien.

VANITÉ (l. *vanitatem* : de *vanus*, vain), *sf.* Manque de valeur, de sérieux, inutilité d'une chose : *La vanité des plaisirs.* ‖ Désir de se faire valoir, admirer, qui perce au dehors : *Être plein de vanité.* ‖ *Faire, prendre, tirer vanité d'une chose*, s'en glorifier. ‖ Ce que l'on fait par le désir de briller : *La générosité n'est que vanité.* — *Sfpl.* Personnes qui cherchent à briller : *Il y a bien des vanités dans cette société.* — Sans vanité, *loc. adv.* Sans me flatter. — **Dér.** *Vaniteux, vaniteuse.*

VANITEUX, EUSE (*vanité*), *adj.* Qui montre une vanité ridicule : *Homme vaniteux.*

VANLOO, nom de deux frères nés d'un père hollandais : Le premier, Jean-Baptiste (1684-1745), à Aix, et dont les tableaux d'histoire ont grand mérite. Le musée du Louvre a de lui : *Henri III instituant l'ordre du Saint-Esprit*, etc. — Le deuxième, Charles-André ou Carle (1705-1765), né à Nice, eut une grande réputation. A Paris, on possède de lui : *Apollon faisant écorcher Marsyas*, le *Mariage de la Vierge*, *Enée portant son père Anchise*, au musée du Louvre; *Vie de la Vierge* en trois tableaux, à l'église Saint-Sulpice; *Saint Charles Borromée*, à l'église Saint-Merry; l'*Histoire de saint Augustin*, aux Petits-Pères, etc., etc. Les deux frères ont été tous deux d'excellents portraitistes.

VANLOO. (V. *Venloo*.)

1. VANNAGE (*vanner*), *sm.* Action de nettoyer les graines des céréales au moyen du van ou du tarare.

2. VANNAGE (*vanne*), *sm.* Système de vannes. ‖ Lieu où l'on a établi des vannes.

VANNE, 62 kilom. Joli affluent de la rive gauche de l'Yonne dont les sources sont au S.-E. de Troyes, qui se jette dans l'Yonne en amont de Sens et dont les eaux sont amenées à Paris par un aqueduc qui traverse la forêt de Fontainebleau. Son débit est de 70 000 mètres cubes par jour.

VANNE (bl. *venna*, *vinna*, lieu pratiqué dans une rivière pour arrêter et prendre le poisson. Scheler y voit le mot *van*), *sf.* Sorte de porte qui se hausse et se baisse à volonté, et sert à retenir ou à laisser passer en plus ou moins grande quantité les eaux d'un cours d'eau, d'une écluse, d'un étang, etc. Vers son centre et du côté d'amont s'adapte une tige terminée par une crémaillère, qui engrène avec une roue dentée : cette roue est mue au moyen d'une manivelle et d'une vis sans fin, de façon à soulever ou à abaisser la vanne. La vanne peut être verticale ou inclinée : si elle est verticale et si le fond du pertuis est un peu au-dessus de celui du canal, la contraction de la veine est peu diminuée et le *coefficient de contraction* (V. *Veine liquide*) est de 0,625 environ. Si elle est inclinée, la contraction diminue notablement, et le coefficient est de 0,74 pour une inclinaison de $\frac{2}{1}$, et de 0,80 pour une inclinaison de $\frac{1}{1}$. Quant à la quantité d'eau qui peut passer par l'orifice de la vanne, elle est donnée par la formule :

$$Q = 0{,}43\, b\sqrt{2g}\left[(h_1+k)^{\frac{3}{2}} - (h_0+k)^{\frac{3}{2}}\right] + 0{,}65\, b\, a\sqrt{2g(h_1+k)},$$

dans laquelle : b est la largeur de l'orifice en mètres; h_1 = la différence de niveau du canal de part et d'autre de la vanne; h_0 = la distance du niveau dans le bief supérieur à la partie supérieure de l'orifice; a = la distance du niveau dans le bief inférieur au bas de l'orifice; $k = \frac{v^2}{2g}$, v étant la vitesse de l'eau affluente, en mètres. ‖ *Vanne plongeante*, nom donné spécialement à une vanne placée à la partie supérieure du réservoir et qui s'abaisse pour laisser l'eau s'écouler en déversoir. ‖ *Vannes de travail*, nom donné, dans les usines employant l'eau comme moteur, aux vannes qui amènent l'eau sur les roues hydrauliques. Il y a généralement aussi dans ces usines, surtout si le cours d'eau a un régime variable, des *vannes de décharge*, qui servent à faire écouler l'excès d'eau fourni par le bief d'amont. ‖ *Eaux-vannes*, eaux chargées de matières organiques dissoutes ou en suspension, qu'on fait écouler hors des fosses d'aisances ou des fabriques, telles que féculeries, sucreries, etc. — **Dér.** *Vannage 2.*

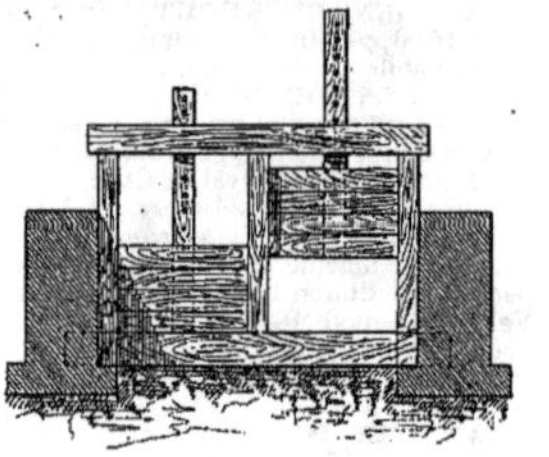

VANNE

***VANNÉ** (p. p. de *vanner*), *adj.* Nettoyé au moyen du van : *Blé vanné.* ‖ Épuisé par excès, fatigué à n'en pouvoir mais : *Il est vanné.* (Néol.)

1. VANNEAU (*van*), *sm.* Genre d'oiseaux de l'ordre des Echassiers, caractérisé par un bec court, grêle, droit, comprimé et renflé à l'extrémité des deux mandibules. Les narines sont allongées et pratiquées dans un sillon. Les tarses sont grêles et présentent en avant trois doigts, et en arrière un pouce très faible touchant presque à terre, et presque imperceptible dans certaines espèces. Ces oiseaux vivent ordinairement en bandes nombreuses. Ils recherchent surtout les ter-

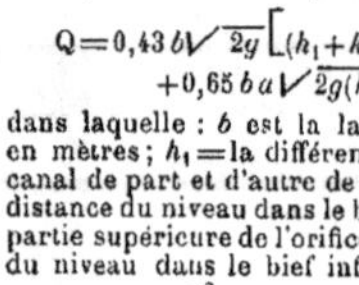

VANNEAU HUPPÉ

rains humides, les bords des rivières, les rivages de la mer ou des lacs. Ils se nourrissent de larves d'insectes, de limaces, du frai des batraciens, de vers de terre, etc. Ils se procurent ces derniers en piétinant la terre avec leurs pattes; les lombrics, croyant à la venue d'un ennemi souterrain, sortent de terre et sont alors happés par l'oiseau. Le vanneau est très propre; car il se lave deux ou trois fois par jour les pattes et le bec. Il émigre deux fois l'année : l'été, il habite les pays du nord, tandis que l'hiver, il gagne les contrées dont le climat est plus doux. C'est en octobre qu'a lieu son passage dans nos pays; il est alors gras et peut être mis à la broche; sa chair est très recherchée. Au contraire, au printemps, il est maigre; et il doit être mangé en salmis. Aussi l'Église le considère-t-elle comme maigre pendant le carême. L'homme ne se contente pas de manger l'oiseau: il recherche encore ses œufs, qui, dit-on, sont un mets délicieux. A l'époque de la ponte, qui a lieu en février, les vanneaux se réunissent par couple. La femelle dépose ses œufs, au nombre de trois ou quatre, dans un nid placé sur de petites buttes de terre, au milieu des marais. Les petits éclosent au bout de vingt jours; et, sortant de l'œuf, ils peuvent suivre leur mère. Les espèces les plus intéressantes pour nous sont: 1° Le *vanneau huppé*, bel oiseau de la grosseur d'un pigeon, dont le manteau est de couleur vert changeant, le plastron noir et le ventre blanc; sa tête est, en outre, ornée d'une huppe. Cette espèce, que l'on trouve assez communément en France, habite surtout la Hollande, où elle rend de grands services en mangeant les vers qui perforent les digues. Il se plaît, du reste, dans tous les lieux humides et détruit une grande quantité de chenilles, de limaces, de colimaçons, etc., nuisibles à l'agriculture. 2° Le *vanneau suisse*, appelé encore *squatarole*, a beaucoup de ressemblance avec le pluvier; il n'a pas, comme le vanneau proprement dit, de huppe sur la tête; son plumage est moins sombre et son pouce est rudimentaire. Il habite les pays tempérés de l'Europe et se rencontre fréquemment en France, en Suisse, etc. 3° Le *vanneau armé*, espèce dont les ailes sont garnies d'éperons.

2. **VANNEAU** (*vanneau* 1), *sm.* Plume d'essor des oiseaux et surtout des oiseaux de proie. (Fauconnerie.)

1. **VANNER** (*van*), *vt.* Nettoyer les grains du blé ou d'autres céréales au moyen d'un van ou d'un tarare : *Vanner du blé.*

2. ***VANNER** (*vanne*), *vt.* Poser des vannes. || Garnir de vannes.

VANNERIE (*vannier*), *sf.* Le métier de vannier. || Toute marchandise que vend le vannier.

VANNES, 19284 hab. Préfecture du Morbihan, à 500 kilom. de Paris; évêché; place de commerce maritime, sur un chenal du golfe du Morbihan; ancienne capitale des *Vénètes*. Elle a l'aspect d'un grand village. Riche musée préhistorique; école d'artillerie.

2. ***VANNES** (ital. *vanni* : du l. *vannus*, van). (V. *Vanneau* 2.)

***VANNET** (dm. de *van*), *sm.* Meuble d'armoiries représentant une coquille dont on voit le creux, et qu'on appelle encore *vanette* : *D'azur, à un vannet d'or.* (Blas.) || Filet tendu sur les grèves recouvertes par le flux de la mer. || Nom donné, sur les côtes normandes, à la coquille de Saint-Jacques.

VANNETTE (dm. de *van*), *sf.* Grand panier rond à bords peu élevés dont on se sert pour vanner l'avoine avant de la donner aux chevaux.

VANNEUR (*vanner*), *sm.* Celui qui vanne les grains.

VANNIER (*van*), *sm.* Ouvrier qui fait toutes sortes d'ouvrages en osier, tels que vans, paniers, corbeilles, claies, hottes, etc.

***VANNOIR** (*van*), *sm.* Grand bassin de bois dans lequel on remue, pour les rendre plus brillants, des morceaux de laiton dont on doit faire des clous d'épingle.

VANNUCCI (PIETRO, dit LE PÉRUGIN) (1446-1524), peintre italien, né près de Pérouse. Il eut Raphaël pour élève, exécuta beaucoup de peinture à la détrempe, à l'huile et à fresque dans la chapelle Sixtine, à Pérouse, à Florence. Parmi les tableaux qui sont de lui au musée du Louvre, on cite : une *Nativité*, *la Vierge à l'Enfant Jésus adoré par sainte Catherine*, le *Combat de l'Amour et de la Chasteté*, la *Magdeleine enlevée au ciel*, *Saint Pierre marchant sur les eaux*, etc. — **Vannucci**, dit ANDRÉ DEL SARTO (1488-1530), peintre florentin, qui passa quelque temps en France auprès de François Ier. Ses peintures manquent de force, mais sont admirables par la pureté des contours. Il y a de lui, au Louvre, deux *Sainte Famille*, la *Charité*, l'*Annonciation*.

***VANNURE** (*van*), *sf.* La poussière, les impuretés qui sont chassées lorsqu'on vanne le grain.

VANOISE (ALPES DE LA), 3933 mètres. Massif de montagnes qui s'élève entre la Tarentaise et la Maurienne.

VAN OSTADE (ISAAC) (1610-1685), né à Lubeck, peintre de l'école hollandaise qui passa sa vie à Amsterdam et peignit surtout des scènes de la campagne et de la vie commune. Son chef-d'œuvre est le *Paysage rustique*.

VANS (LES), 2626 hab. Ch.-l. de c., arr. de Largentière (Ardèche). Filatures de soie.

VAN SWIETEN (GÉRARD) (1700-1772), médecin hollandais. Élève du célèbre médecin Boerhaave, il devint le médecin de l'impératrice Marie-Thérèse, et fut successivement nommé président perpétuel de la Faculté de médecine de l'Université de Vienne, directeur du service médical des armées, inspecteur supérieur de la Bibliothèque impériale. Quelques-uns de ses écrits nombreux et savants ont été traduits en français par Paul et Moublet, et nous citerons : *Traité de la pleurésie*, *Commentaires sur les aphorismes de Boerhaave*, *Maladies des armées*, les *Épidémies*. Sous le nom de *liqueur de Van Swieten*, on connaît, en médecine, une préparation au mercure que ce médecin préconisa contre les affections syphilitiques. La liqueur de Van Swieten, dont la formule a subi quelques modifications depuis le commencement du XVIIIe siècle, est composée aujourd'hui de : deutochlorure de mercure, 1 gramme; eau distillée, 900 grammes; alcool à 80 degrés, 100 grammes. Elle est d'un emploi quotidien.

VANTAIL (vx fr. *ventail* : de *vent*), *sm.* Battant de porte ou de fenêtre. — Pl. *Vantaux*.

VANTARD, ARDE (*vanter*), *adj.* et *s.* Qui a l'habitude de se vanter : *Faire le vantard*.

VANTARDISE (*vantard*), *sf.* Habitude de se vanter.

VANTER (l. *vanitare* : de *vanus*, vain), *vt.* Louer extrêmement : *Vanter la douceur d'un climat.* — **Se vanter**, *vr.* Se louer avec exagération : *Il se vante sans cesse.* || *Se vanter de*, se glorifier de : *Se vanter de son habileté.* || S'engager à : *Il se vante de parcourir ce chemin en une heure.* || Publier partout : *Se vanter d'une escapade.*

VANTERIE (*vanter*), *sf.* Louange exagérée qu'on se donne à soi-même : *On est fatigué de ses vanteries.*

VA-NU-PIEDS (*va* + *nu* + *pieds*), *sm.* Homme qui n'a pas même de souliers, qui est dans la plus profonde misère. — Pl. *des va-nu-pieds.*

VANVES, 12005 hab. Village de l'arr. de Sceaux (Seine). Lycée, maison d'aliénés; fort. Pierre à bâtir, argile; blanchisseries, produits chimiques, diverses fabriques.

VANVITELLI (GASPARD **VAN WITTEL** ou) (1653-1736), peintre hollandais qui s'était établi à Rome dès 1679. Le musée du Louvre a de lui deux *Vues de Venise*. — **Vanvitelli** (LUIGI) (1700-1773), fils du précédent, architecte et peintre italien. Entre autres monuments, il construisit le couvent de Saint-Augustin, à Rome; mais son chef-d'œuvre est le palais de Caserte, avec le superbe aqueduc qui y amène l'eau, d'une distance de 42 kilomètres.

***VANVOLE (À LA)**. (V. *Venvole*.)

VAOUR, 562 hab. Ch.-l. de c., arr. de Gaillac (Tarn).

***VA-OUTRE** (*va* + *outre*), *sm.* Terme employé par le valet de limier qui, ayant allongé le trait, met le chien devant lui pour le lancer en quête.

VAPEREAU (LOUIS-GUSTAVE), littérateur français contemporain, inspecteur général de l'instruction publique (1877), né en 1819. Il est l'auteur du *Dictionnaire des contemporains* et du *Dictionnaire universel des littératures*, et collabore à diverses revues.

VAPEUR (l. *vaporem*), *sf.* En langage ordinaire, sorte de brouillard ou de fumée qui s'échappe parfois des corps humides : *Le fumier dégage souvent des vapeurs.* || Nuage : *Le ciel se couvre de vapeurs.* || En physique, corps analogue aux gaz, dans lequel se transforme un liquide, soit dans le vide ou bien dans un milieu gazeux, soit à froid ou bien à chaud, soit avec ébullition ou sans ébullition. La vapeur est donc un état identique à l'état gazeux que peuvent prendre les liquides ou les solides sous certaines conditions de température et de pression. Il n'y a pas, à proprement parler, de *point de vaporisation*, car un liquide ou un solide peut exister à l'état de vapeur à toute température, ou du moins à toute température supérieure à une limite impossible à préciser d'après nos connaissances. Quand on introduit quelques gouttes d'un liquide dans le vide de la chambre barométrique, on peut constater : 1° que ce liquide se transforme en vapeur et que sa *tension* ou sa *force élastique* augmente; 2° que, si la quantité de liquide est suffisante, cette force élastique finit par atteindre une valeur maxima, qu'elle ne peut dépasser. On dit, dans ces derniers cas, que cette vapeur est *saturante* et que l'espace occupé est *saturé*. Si l'on réduit le volume de cette vapeur saturante, une certaine quantité de vapeur reprend l'état liquide, et la force élastique reste la même : Ainsi, à chaque température, la force élastique maxima d'un liquide donné a une valeur unique bien déterminée. Au contraire, cette force élastique maxima croit avec la température; d'où cette loi importante : une vapeur ne peut subsister sous une pression déterminée à toute température; au-dessous d'une *température minima*, pour laquelle la force élastique maxima F de la vapeur fait équilibre à cette pression, elle se condense, puisque la plus grande force élastique qu'elle puisse avoir alors est inférieure à F. Ainsi, quand une vapeur est saturante, si l'on abaisse sa température on détermine sa condensation, totale si l'on maintient la même pression, partielle seulement si on laisse celle-ci diminuer par le fait même de la condensation. En fait, il n'y a pas une différence bien marquée entre une vapeur et un gaz : on peut dire ainsi qu'une vapeur est un gaz voisin de son point de liquéfaction. Des expériences de Cagniard-Latour, puis de Drion, ont montré que quand on élève graduellement la température d'un gaz ou d'une vapeur, au-dessus d'un certain point, les propriétés de l'état liquide se rapprochent de plus en plus de celles de l'état gazeux, jusqu'à l'identité complète, atteinte pour une certaine température, qu'on appelle le *point critique*. Au-dessus de ce point critique, le corps ne peut avoir que l'état gazeux. Au-dessous, outre l'état de *gaz* ou de *vapeur*, le corps peut prendre d'autres états, qui, à mesure que l'on s'écarte du point critique, prennent rapidement les propriétés caractéristiques de l'état liquide.

Tout ce qui vient d'être dit relativement à une vapeur formée dans un espace *vide* s'applique à une vapeur formée dans un espace *gazeux*. Dalton l'a démontré, et il a énoncé la loi suivante : *La force élastique de la vapeur qui sature un espace gazeux est toujours la même que celle qui sature à la même température un espace primitivement vide*, quelles que soient la nature du gaz et sa force élastique. Gay-Lussac, puis Regnault ont vérifié successivement l'exactitude de cette loi de Dalton, au moyen d'appareils précis, et sont arrivés aux mêmes conclusions. Dans un mélange de gaz et de vapeurs, la force élastique du mélange est égale à la somme des forces élastiques qu'aurait chaque gaz ou chaque vapeur en occupant seul le volume total du mélange. Enfin, pour terminer les analogies des vapeurs et des gaz, il faut ajouter que les vapeurs non saturantes se compriment en suivant la loi de Mariotte, ou plutôt en se rapprochant d'autant plus de cette loi qu'elles sont plus éloignées de l'état de saturation.

Mesure des forces élastiques maxima des vapeurs. — Comme la force élastique maxima d'une vapeur dépend de la température, les procédés de mesure diffèrent sui-

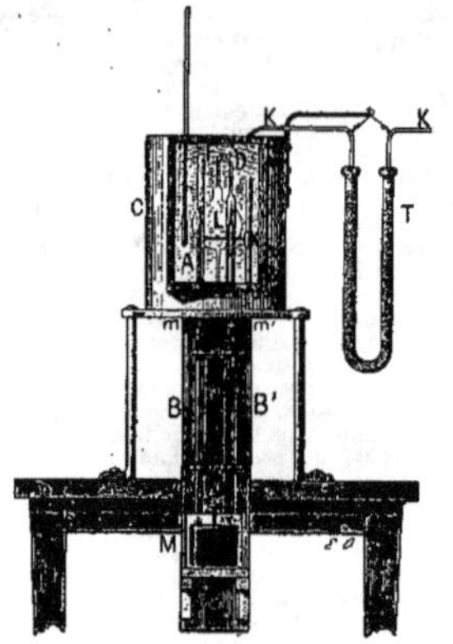

VAPEUR

MESURE DES FORCES ÉLASTIQUES MAXIMA DES VAPEURS

Fig. 1.

MESURE AUX TEMPÉRATURES ORDINAIRES. MÉTHODE EMPLOYÉE PAR REGNAULT

B B'. Tubes barométriques. — **A**. Thermomètre. — **M**. Cuvette à mercure. — **mm'**. Tubulures. — **C**. Caisse en tôle galvanisée. — **D**. Tube en cuivre à trois branches. — **L**. Ballon. — **T**. Tube en U. — **KK**. Tube de la machine pneumatique. — **F**. Lame de cristal.

vant les limites entre lesquelles on veut faire varier la valeur de celle-ci :

1° *Mesure aux températures ordinaires.* Dalton employait un procédé fort simple. Dans une cuvette à mercure sont placés deux tubes barométriques. L'un d'eux sert à déterminer la pression atmosphérique : dans l'autre on introduit avec une pipette le liquide dont on veut étudier la vapeur ; un manchon, contenant de l'eau chaude, entoure la chambre barométrique et un thermomètre placé dans l'eau du manchon donne la température de la vapeur. La différence de niveau dans les deux tubes barométriques représente la force élastique maxima de la vapeur à cette température.

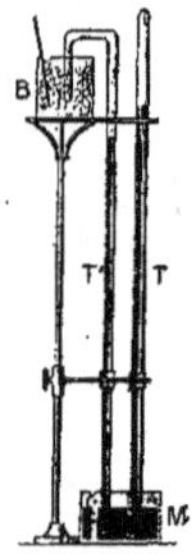

VAPEUR

MESURE DES FORCES ÉLASTIQUES MAXIMA DES VAPEURS

Fig. 2.

MESURE AUX TEMPÉRATURES INFÉRIEURES A ZÉRO. MÉTHODE EMPLOYÉE PAR GAY-LUSSAC ET PAR REGNAULT

T. Baromètre. — **T'**. Baromètre à vapeur. — **B**. Mélange réfrigérant. — **M**. Cuvette à mercure.

Regnault a opéré d'une façon plus précise, en employant un appareil basé sur le même principe. Deux tubes barométriques BB' reposent sur une cuve à mercure M (fig. 1) : l'un d'eux B' communique avec un ballon L d'un demi-litre de capacité, dans lequel on introduit au début une ampoule de verre fin, contenant le liquide d'expérience bien privé d'air. Un manchon B, contenant de l'eau à une température donnée, entoure les parties supérieures des tubes B et B' et le ballon L. Enfin, un branchement K permet de faire le vide dans le ballon L au moyen d'une machine pneumatique : on fait le vide plusieurs fois de suite en laissant rentrer chaque fois de l'air sec. Au bout de plusieurs opérations, le vide est à peu près complet et on note, d'après la différence de niveau des deux tubes, la hauteur de la colonne mercurielle h_0, qui fait équilibre à la force élastique de l'air restant amené à 0°, en entourant le ballon de glace. Cela fait, on détermine la rupture de l'ampoule au moyen de charbons ardents dont le rayonnement dilate le liquide. La vaporisation est immédiate et l'espace est de suite saturé de vapeur. Il suffit alors de retrancher de la différence de niveau des deux baromètres, après l'avoir réduite à ce qu'elle serait (H) si la température du mercure était 0°, la hauteur h de la colonne mercurielle qui ferait équilibre à la force élastique de l'air à la température du ballon, et cette différence (H—h) est la force élastique de la vapeur saturante à cette température.

2° *Mesure aux températures inférieures à zéro.* — Le principe de la méthode employée par Gay-Lussac, puis par Regnault, consiste à prendre deux tubes barométriques T et T' (fig. 2), dont l'un, T', est recourbé à sa partie supérieure. Cette partie recourbée plonge dans un mélange réfrigérant B, et, d'après le principe de Watt, la vapeur qui se trouve dans la chambre barométrique prend tout entière la température de ce mélange réfrigérant B. Gay-Lussac mesurait la différence de niveau dans les tubes au moyen d'une lunette horizontale glissant sur une règle verticale graduée.

3° *Mesure aux températures élevées.* — Cette mesure a une grande importance à cause des machines à vapeur ; aussi ce point a-t-il été le sujet de travaux nombreux de Dalton, Dulong et Arago, et Regnault.

La méthode employée par Regnault était basée sur le principe suivant : Le liquide étudié est porté à l'ébullition dans un vase clos, dont la pression, mesurée par un manomètre, est maintenue constante par suite de la condensation continuelle de la vapeur émise. Cette pression est exactement la force élastique maxima de la vapeur à la température à laquelle a lieu l'ébullition. En outre, l'opérateur peut faire varier à son gré la pression de l'atmosphère artificielle qui surmonte le liquide, et faire varier le point d'ébullition.

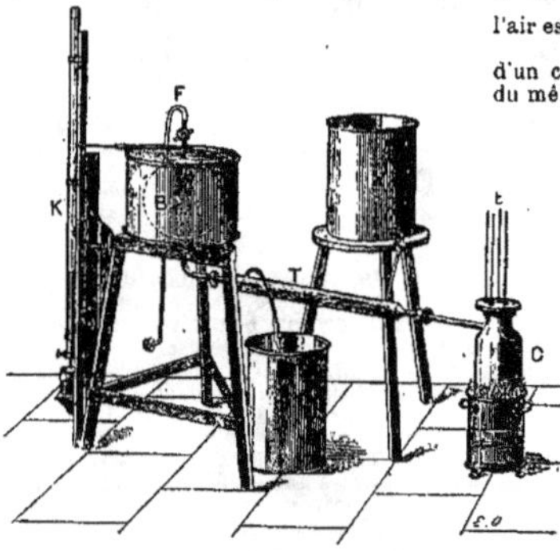

VAPEUR

Fig. 3.

MESURE DES FORCES ÉLASTIQUES MAXIMA DES VAPEURS

MESURE AUX TEMPÉRATURES ÉLEVÉES. MÉTHODE EMPLOYÉE PAR REGNAULT

C. Chaudière. — **B**. Ballon entouré d'eau froide. — **F**. Tube de la machine pneumatique. — **K**. Manomètre. — **T**. Tube refroidi par un courant d'eau. — **t**. Thermomètre.

L'appareil employé se compose d'une chaudière en cuivre rouge C, dans laquelle plongent des tubes (fig. 3), renfermant des thermomètres t. Les vapeurs du liquide se condensent dans le tube T, refroidi par un courant d'eau froide. Ce tube T communique avec un ballon B, où on peut raréfier ou comprimer l'air à volonté, à une pression donnée par le manomètre K.

Les méthodes précédentes ont permis de résumer les résultats trouvés dans des tableaux, et Regnault a voulu établir une formule générale représentant les variations de la force élastique maxima F, avec la température. Voici la formule qu'il a empruntée à Biot :

$$\log F = a + b\alpha^t + c\beta^t,$$

a, b, α, β étant des coefficients variables pour chaque liquide, et t la température donnée par le thermomètre à air. Les valeurs des coefficients a, b, α, β sont données par des tables spéciales construites par Regnault. Pour l'eau, on a :

$$\log \alpha = \bar{1},998\,343, \quad \log(-b) = 0,659\,312$$
$$\log \beta = \bar{1},994\,049, \quad \log(-c) = 0,020\,760$$
$$a = 5,264\,034,$$

b et c sont négatifs. On suppose F évaluée en centimètres de mercure.

Enfin, Regnault a fait les déterminations exactes des forces élastiques maxima de la vapeur d'eau aux diverses températures. Ces valeurs sont réunies dans le tableau suivant :

FORCE ÉLASTIQUE MAXIMA DE LA VAPEUR D'EAU (D'APRÈS REGNAULT)

TEMPÉRATURE	HAUTEUR En centimètres de la colonne de mercure à 0° qui fait équilibre à Paris à la force élastique de la vapeur.	VALEUR De la force élastique en atmosphères C. G. S.	TEMPÉRATURE	HAUTEUR En centimètres de la colonne de mercure à 0° qui fait équilibre à Paris à la force élastique de la vapeur.	VALEUR De la force élastique en atmosphères C. G. S.
		Atmos.			Atmos.
−30°	0,038 6	0,000 515	+110°	107,537	1,434 2
20	0,092 7	0,001 237	120	149,128	1,989 0
10	0,209 3	0,002 792	130	203,028	2,707 8
0	0,460 0	0,006 135	140	271,763	3,264 5
10	0,916 5	0,012 224	150	358,123	4,776 3
20	1,739 1	0,023 194	160	465,162	6,203 9
+30	3,154 8	0,042 076	170	596,166	7,951 2
40	5,490 6	0,073 229	180	754,630	10,066
50	9,198 2	0,122 68	190	944,270	12,594
60	14,870	0,198 45	200	1.168,896	15,590
70	23,309	0,310 88	210	1.432,480	19,105
80	35,461	0,472 99	220	1.739,036	23,194
90	52,545	0,700 80	230	2.092,640	27,910
100	76,000	1,013 6			

Densités des vapeurs. — Comme pour les gaz, la densité d'une vapeur par rapport à l'air est définie par le rapport $\frac{P}{p}$ de la masse P d'un certain volume de vapeur à la masse p du même volume d'air pris dans les mêmes conditions de température et de force élastique.

1° *Méthode de Gay-Lussac.* — On se sert d'un appareil comprenant : une cuvette à mercure en fonte, reposant sur un fourneau et contenant une éprouvette remplie de mercure et graduée ; un manchon en verre entoure cette éprouvette et est rempli d'un bain d'huile, dont la température est exactement connue par un thermomètre. La détermination d'une densité comprend les opérations suivantes : on pèse dans une ampoule quelques décigrammes de liquide, le poids P, qu'on introduit dans l'éprouvette de mercure. On chauffe le bain d'huile jusqu'à T° en agitant constamment, et on lit à cette température le volume V de la vapeur sur la graduation de l'éprouvette. On mesure également la hauteur de la colonne de mercure h depuis le niveau extérieur, dans la marmite, jusqu'au sommet du ménisque dans l'éprouvette; puis, la hauteur H du baromètre réduite à 0°. En désignant par k le coefficient de dilatation cubique du verre, on aura pour le poids du volume d'air p égal à celui de la vapeur dans les mêmes conditions :

$$p = \frac{V(1+kT)\,0{,}001293\left[H - h\dfrac{5550}{5550+T}\right]}{(1+0{,}0367 \times T)\,760},$$

d'où le poids spécifique D par rapport à l'air :

$$D = \frac{P}{p}.$$

2° *Méthode de Dumas.* — On se sert d'un ballon en verre soufflé très mince et à col très effilé. Ce ballon est taré, plein d'air sec, à la température t^o et à la pression extérieure H réduite à 0°. On introduit le liquide dans le ballon (par chauffage et refroidissement); on le chauffe dans un bain d'huile à T° et on ferme le col à la lampe. On essuie le ballon tiède et on le pèse froid. On détermine ainsi l'excès de poids P, à la pression H' (réduite à 0), du ballon plein de vapeur sur celui du ballon plein d'air. Enfin on remplit le ballon de mercure, en brisant la pointe du col dans une cuvette à mercure, et l'on mesure finalement ce mercure dans une éprouvette graduée et jaugée : on en déduit ainsi le volume V du ballon à zéro. On a ainsi toutes les données nécessaires au calcul, et

$$p = \frac{V(1+kt)\,0{,}001293 \times H}{(1+0{,}00367.T)\,760}$$

est le poids de l'air sec contenu dans le ballon.

$B = P + p$ est le poids de la vapeur seule, et

$$A = \frac{V(1+kT)\,0{,}001293.H'}{(1+0{,}00367.T)\,760}$$

est le poids d'un volume d'air égal à celui de la vapeur dans les mêmes circonstances. On en déduit la densité D par rapport à l'air :

$$D = \frac{B}{A}.$$

Voici le tableau des densités de quelques vapeurs :

	DENSITÉ expérimentale.	TEMPÉRATURE à laquelle la densité a été prise.
Brome . . .	5,54	15°
Iode. . . .	8,70	440°-860°
Soufre . . .	6,51	500°
— . . .	2,23	860°-1040°
Phosphore .	4.42	213°
Arsenic. . .	10,6	564°
Mercure.. .	6,7	882°
Eau.. . . .	0,622	15°

Enfin, pour la vapeur d'eau, Regnault a trouvé les densités suivantes :

à 30°,82.	0,64693
32°,37.	0,62499
41°,51.	0,62195
45°,78.	0,62003
55°,41.	0,62078

‖ **Machine à vapeur,** machine motrice dont le piston est mis en mouvement par la pression de la vapeur d'eau produite dans une chaudière et qui de là passe dans un corps de pompe où se meut le piston. ‖ *Machine à vapeur fixe,* ou *pompe à feu,* celle qui est établie à demeure dans une usine pour mettre en mouvement divers mécanismes. ‖ *Machine à vapeur locomotive,* ou *locomotive,* celle dont on se sert pour faire marcher les wagons sur les chemins de fer. ‖ *Bateau, paquebot à vapeur,* qui marche au moyen d'une machine à vapeur. — Un ingénieur français, SALOMON DE CAUS, mort en 1626, eut, le premier, l'idée d'employer la force de la vapeur d'eau pour mettre des machines en mouvement; un autre savant français, DENIS PAPIN (1647-1710), réfugié en Allemagne après la révocation de l'édit de Nantes, proposa d'utiliser la vapeur d'eau comme moteur universel et fit marcher sur la Fulde, en 1707, un bateau à roues mû par une machine à vapeur; enfin, l'Écossais WATT (1736-1819) créa la machine à vapeur moderne que le Français SEGUIN, par l'invention de la chaudière tubulaire, mit en état de trainer une série de voitures sur des rails avec une grande vitesse. Dans les premières machines à vapeur (XVIIIe siècle), la vapeur était admise dans un cylindre à simple effet et à la pression atmosphérique. La vapeur, après avoir chassé le piston, était condensée dans le cylindre lui-même. Watt (1769-1781) eut l'idée de faire la condensation dans un cylindre distinct et d'entourer le cylindre d'une chemise de vapeur. Puis on utilisa la vapeur à pression élevée, ainsi que le travail produit par la détente. Plus tard, on fit condenser la vapeur dans un cylindre refroidi par injection d'eau. En 1804, on créa des machines à deux cylindres : dans la machine de Woolf, les deux cylindres sont réunis de telle sorte que la vapeur qui s'échappe à la partie inférieure de l'un est admise à la partie supérieure de l'autre, et inversement. Enfin, dans les machines compound (voir plus loin), les deux cylindres communiquent avec un réservoir intermédiaire. En 1872, on créa les machines à triple expansion, où la vapeur travaille successivement dans trois cylindres.

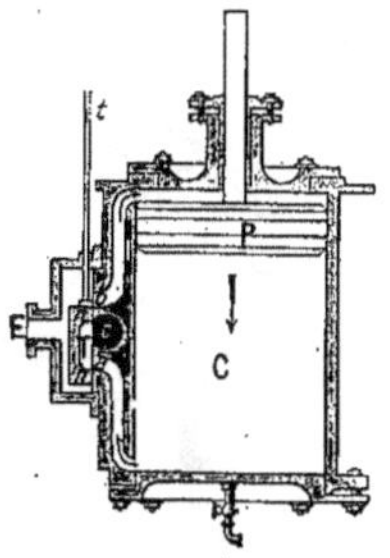

MACHINE A VAPEUR

Fig. 4.

TIROIR A COQUILLE

T. Tiroir. — c. Orifice d'échappement. — t. Tige de l'excentrique. — a et b. Lumières. — n n. Bandes. — E. Entrée de la vapeur. — P. Piston. — C. Cylindre

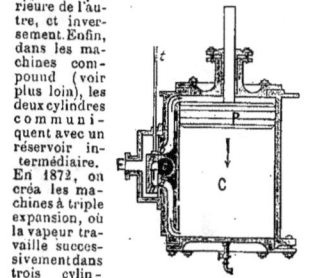

Classes diverses de machines à vapeur. — Ce qui précède permet de classer les machines à vapeur, non pas seulement d'après leur application, mais d'après le mode de travail de la vapeur. Ainsi, on pourra distinguer : 1° les *machines sans détente et sans condensation,* dans lesquelles l'échappement de la vapeur se fait dans l'atmosphère, d'où le nom de *machines atmosphériques;* 2° les *machines à détente avec condensation,* où la vapeur, après s'être détendue, est recueillie dans un appareil refroidi appelé *condenseur;* 3° les *machines intermédiaires* entre ces deux types : *détente avec condensation* ou *condensation sans détente.* Dans un autre ordre d'idées, on peut distinguer : 1° les *machines à simple expansion,* où la vapeur travaille dans un seul cylindre; 2° les *machines à double, triple* ou *quadruple expansion,* où la vapeur travaille dans deux (Woolf et compound) ou plusieurs cylindres en succession.

Travail de la vapeur d'eau dans les machines à vapeur. — Le principe des machines à vapeur consiste à faire travailler la vapeur alternativement sur l'une et l'autre face d'un piston qui se déplace dans un cylindre. Pendant une partie de la course du piston, la vapeur est admise sur une face; puis l'admission cesse et la vapeur continue à pousser le piston en se détendant; quand le piston est à fond de course, la vapeur s'échappe, tandis qu'une nouvelle admission se fait sur l'autre face. Ces trois phases, *admission, détente* et *échappement,* se reproduisent ainsi d'une manière continue, grâce à des organes spéciaux de la machine, qui sont les *organes de distribution.*

1° *Distribution de la vapeur dans les machines à un cylindre.* — L'appareil le plus simple de distribution est le *tiroir à coquille.* C'est un prisme rectangulaire en fonte T (fig. 4) qui se meut longitudinalement dans la boite à vapeur E, et possède une cavité demi-cylindrique qui communique avec le condenseur ou avec l'atmosphère par l'orifice d'échappement c situé entre les lumières a, b. Ce tiroir T a un mouvement rectiligne alternatif qui lui est communiqué par une tige t reliée par un excentrique à l'arbre de la machine. Dans la position indiquée sur la figure, la vapeur en dessous du piston s'échappe par le canal a et la lumière c; il y a en même temps admission, par la lumière b, sur la face supérieure du piston, qui descend. En principe, et pour une machine où il n'y aurait pas de détente : les bandes $n\,n'$ du tiroir ont la largeur des lumières a et b, la cavité T a une longueur égale à la distance des bords extrêmes de la lumière c et de chaque lumière a, b; et la longueur totale du tiroir est égale à la distance extrême des lumières a et b; enfin l'*angle de calage* du rayon de la manivelle (qui conduit le piston) avec celui de l'excentrique (qui conduit la tige du tiroir) est de 90°. En pratique, il n'en est pas ainsi. D'abord, avec cet angle de 90°, la vapeur qui remplit le cylindre, quand le piston achève sa course dans un sens, ne peut s'échapper instantanément dans le condenseur ou dans l'atmosphère, car la lumière ne livre passage à la vapeur qu'à mesure que l'espace occupé par celle-ci diminue : il en résulte une contre-pression qui absorbe une partie du travail moteur. C'est pour diminuer cette perte de travail qu'on a été conduit à prendre un angle de calage un peu supérieur à 90°. On obtient ainsi une *avance à l'échappement,* qui consiste à ouvrir la lumière d'échappement un peu avant que le piston ait terminé sa course, et aussi une *avance à l'admission :* la lumière d'admission de la vapeur est ouverte un peu avant que le piston ait terminé sa course en sens contraire, de sorte que la vapeur, subissant une moindre compression en entrant dans le cylindre, peut atteindre sa tension maxima quand le piston recommence sa course. L'avance à l'admission, toujours très faible, varie de 1 millimètre à 5 millimètres. L'avance à l'échappement est plus considérable, surtout pour les machines à grande vitesse, notamment pour les locomotives.

Enfin, pour profiter du travail de *détente* de la vapeur, on fait les bandes du tiroir plus larges que les orifices d'admission, ce qui constitue le *recouvrement extérieur.* Il y a aussi un *recouvrement intérieur,* c'est-à-dire que la largeur du tiroir est plus petite que la distance des bords intérieurs des lumières a et b : l'effet de ce dernier recouvrement est d'éviter l'inconvénient d'une avance à l'échappement trop considérable, pouvant résulter du recouvrement extérieur, surtout pour les machines à petite vitesse. Les recouvrements sont soigneusement calculés, de façon qu'à un moment donné de la course, la vapeur ne puisse ni entrer ni sortir, et le calage de la manivelle et de l'excentrique est déterminé de façon à obtenir l'avance voulue. Le tiroir ainsi construit permettra d'obtenir toujours la même période de détente, c'est-à-dire une *détente fixe.*

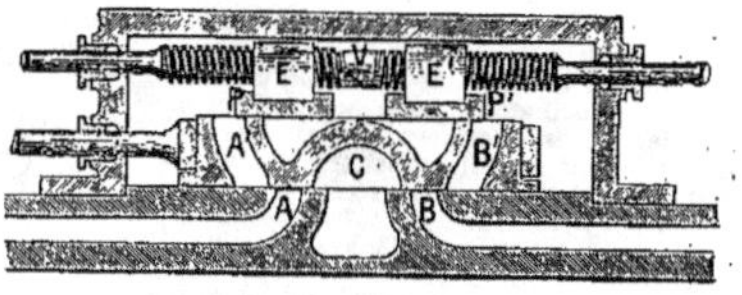

MACHINE A VAPEUR

Fig. 5.

DÉTENTE VARIABLE, SYSTÈME MEYER

A'. B'. Lumières du tiroir. — A, B. Lumières du cylindre. — C. Partie demi-circulaire correspondant avec le condenseur. — P, P'. Glissières. — E, E'. Écrous fixés sur PP'. — V. Vis.

La distribution Meyer (fig. 2) permet d'augmenter ou de diminuer la détente à volonté. Cette *détente variable* est obtenue au moyen d'un tiroir dont le dos est percé de deux lumières A', B' (fig. 5), que peuvent fermer deux tuiles P et P', munies d'écrous E, E'. Ces écrous peuvent se déplacer sur les pas de vis V de sens contraires, de manière à régler la détente. Quant à la tige de cette vis V, elle est mise en mouvement par un second excentrique circulaire calé à côté de celui qui commande le tiroir. Tel est le principe de la détente variable, système Meyer, qui a été perfectionnée par M. Farcot (1838) dans le but de fermer plus rapidement la fermeture des orifices du tiroir.

Dans les grandes machines, on emploie des distributions perfectionnées permettant la fermeture instantanée des orifices d'admission et la réduction du minimum des espaces nuisibles. Alors le tiroir à coquille ordinaire est remplacé par quatre tiroirs indépendants et séparés, qui opèrent, soit l'admission, soit l'échappement. Ce sont des *distributeurs* de forme circulaire dans les distributions *Corliss* (fig. 6) (perfectionnées par MM. Cail et Cie). Deux capacités cylindriques A et B sont alésées suivant une direction perpendiculaire à l'axe longitudinal de la machine et contiennent chacune un distributeur (ou *tiroir*). Le distributeur A (supérieur à droite) opère l'admission de la vapeur contenue dans le conduit C, dès que son arête *b* découvre la lumière *a*. Le distributeur B sert pour l'échappement : en son milieu est un espace libre que doit traverser la vapeur pour se rendre en D et de là au condenseur. Deux autres distributeurs remplissent les mêmes fonctions à l'extrémité opposée du cylindre. Le mouvement des distributeurs est obtenu par une tige prismatique, terminée par une partie cylindrique qui est fixée en leur milieu. Cette partie cylindrique traverse, avec un presse-étoupes, les couvercles d'avant qui ferment hermétiquement les capacités A et B; les

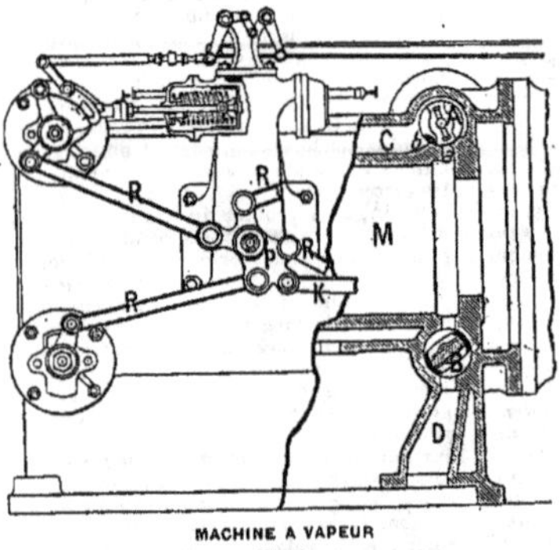

MACHINE A VAPEUR

Fig. 6.

DISTRIBUTIONS CORLISS PERFECTIONNÉES PAR CAIL ET Cie.

A et B. Distributeurs ou tiroirs. — C. Conduite de vapeur. — b. Arête. — a. Lumière. — M. Cylindre. — D. Conduite d'échappement. — P. Plateau central. — K. Barre de l'excentrique. — R. Bielles.

couvercles d'arrière sont pleins. Un plateau P, placé au milieu du cylindre et mobile autour d'un axe horizontal, reçoit un mouvement d'oscillation d'une barre K, commandée par un excentrique. C'est à ce plateau que sont articulées les têtes des quatre bielles R dont les autres extrémités actionnent les distributeurs. Au même genre appartiennent les distributions Farcot (type nouveau) et Wheelock.

2° *Travail de la vapeur dans les machines à deux cylindres.* — Le type actuel des machines à deux cylindres est représenté par les *machines compound :* deux cylindres, de dimensions différentes, communiquent entre eux par l'intermédiaire d'un réservoir. La vapeur travaille d'abord dans le petit cylindre, puis s'échappe dans le réservoir d'où elle passe dans le grand cylindre : on peut ainsi faire travailler la vapeur à des pressions plus élevées en ayant une détente plus complète.

Les figures 7-8 ci-dessous montrent la disposition théorique d'une machine compound.

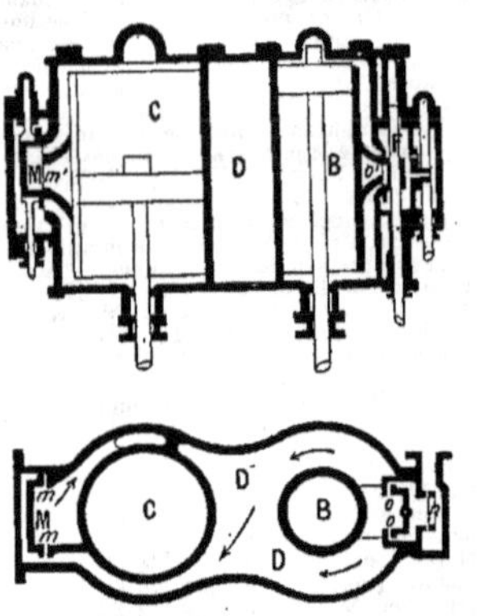

MACHINE A VAPEUR COMPOUND

Fig. 7-8.

TRAVAIL DE LA VAPEUR DANS LES MACHINES A DEUX CYLINDRES

F. Boîte de distribution. — n. Tiroir. — B. Petit cylindre — o. Orifice. — o'. Orifice d'échappement. — D. Réservoir entourant les deux cylindres B et C. — C. Grand cylindre. — M. Tiroir. — m. Orifices. — m'. Orifice d'échappement.

La vapeur arrive à pression élevée dans la boîte de distribution F par un petit tiroir *n* et entre dans le cylindre B par les lumières *o*. Elle accomplit alors un premier travail avec détente. En s'échappant ensuite par *o'*, elle va au réservoir D, qui entoure les cylindres et passe dans la boîte à vapeur du grand cylindre C. Là, elle accomplit un second travail en agissant par expansion et se rend enfin au condenseur par l'orifice d'échappement *o'*. On a ainsi, dans le réservoir, une pression à régime constant, qui est la contre-pression dans le petit cylindre et la pression initiale dans le grand, tout en faisant produire à la vapeur son plus grand effet utile. La proportion établie entre les cylindres est généralement de 2,75 à 3 et le volume du réservoir est 1,5 ou 2 fois celui du grand. La distribution de la vapeur s'opère généralement au moyen de deux tiroirs à détente fixe ; on peut aussi employer une détente variable.

Représentation graphique du travail de la vapeur. — *Machines à un seul cylindre.* — Supposons qu'on trace le cycle, représentant les différents états de la vapeur dans le cylindre (V. à ce sujet le mot *Thermodynamique*), obtenu en portant sur deux axes rectangulaires : les volumes en abscisses et les pressions en ordonnées. Le travail moteur utile (fig. 9) produit par la vapeur sera représenté par la surface hachée 123456. En étudiant la figure, on voit que : en 1 cesse la communication avec

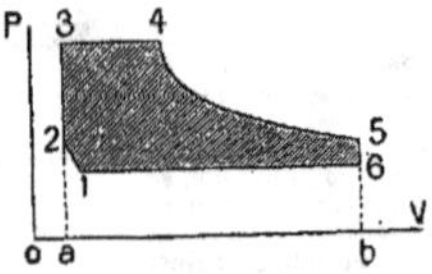

MACHINE A VAPEUR

Fig. 9.

REPRÉSENTATION GRAPHIQUE DU TRAVAIL DE LA VAPEUR. MACHINE A UN SEUL CYLINDRE

le condenseur ; en 2 commence l'admission qui dure jusqu'en 4 ; la période 4-5 correspond à la période de détente. Puis en 4 commence la communication avec le condenseur : c'est la période d'échappement. En observant que la période 345 (fig. 10) donne un travail moteur représenté par l'aire 345 *ab*, mais que pendant le retour du piston 52, il y a un travail résistant représenté par l'aire 612 *ab*, on voit bien que la partie hachée représente le travail utile de la vapeur (fig. 9). Le cycle ainsi considéré est théorique : en réalité, diverses causes viennent diminuer ce rendement, et le cycle a la forme

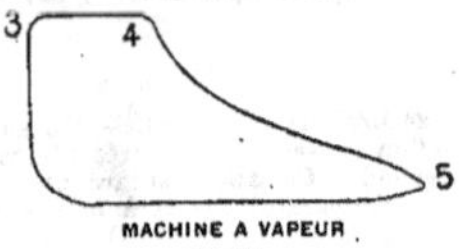

MACHINE A VAPEUR

Fig. 10.

REPRÉSENTATION GRAPHIQUE DU TRAVAIL DE LA VAPEUR. MACHINE A UN SEUL CYLINDRE

représentée figure 10. C'est le cycle tel qu'il est fourni par l'*indicateur*. Cet appareil est destiné, en effet, à faire connaître la pression de la vapeur dans le cylindre, à constater sa variation pendant la période de détente et à déterminer directement le travail pendant une course double du piston. L'*indicateur de Watt* (fig. 11) consiste à faire reproduire à une plus petite échelle les évolutions de la vapeur dans un cylindre de dimensions réduites C, et à noter la marche du piston poussé par un ressort, au moyen d'un crayon D, qui touche une feuille de papier appliquée sur le cylindre rotatif E. Après la course double du piston, ou a, en déroulant la feuille de papier, un diagramme analogue à celui que nous avons décrit. Pour avoir sur ce diagramme la ligne de pression nulle, il suffit de faire tracer une ligne par le crayon, en laissant fermé le robinet R, qui établit la communication avec le cylindre à vapeur. On peut ainsi construire le diagramme pour chaque face du piston. La principale utilité des indicateurs est de pouvoir constater la bonne utilisation de la vapeur en déterminant expérimentalement son travail effectif.

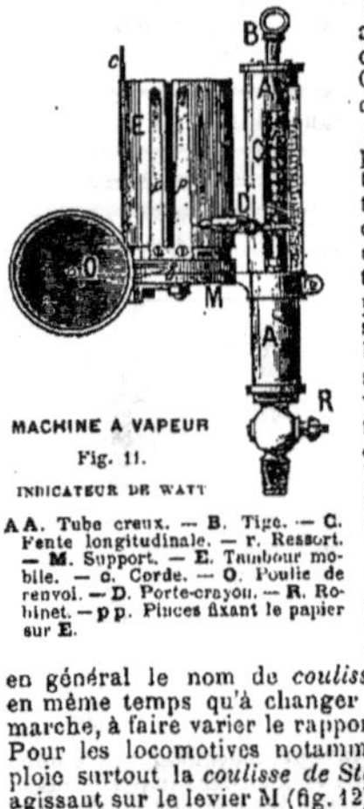

MACHINE A VAPEUR

Fig. 11.

INDICATEUR DE WATT

AA. Tube creux. — B. Tige. — C. Fente longitudinale. — r. Ressort. — M. Support. — E. Tambour mobile. — c. Corde. — O. Poulie de renvoi. — D. Porte-crayon. — R. Robinet. — pp. Pinces fixant le papier sur E.

Organes de changement de marche. Ces organes, qui portent en général le nom de *coulisses*, servent, en même temps qu'à changer le sens de la marche, à faire varier le rapport de détente. Pour les locomotives notamment, on emploie surtout la *coulisse de Stephenson*. En agissant sur le levier M (fig. 12), l'on abaisse ou l'on soulève le coulisseau B, dans lequel glisse un bouton fixé à la tête F de la tige du tiroir. AA' sont deux excentriques calés sur l'arbre de la machine. Dans la position de la figure, c'est l'excentrique A, ou *excentrique de marche en avant*, qui commande le tiroir. Si on vient à fermer le régulateur, pour empêcher l'entrée de vapeur dans le cylindre, et si on ramène le levier MK vers R, le tiroir sera commandé par l'excentrique A', dit *de la marche en arrière :* en ouvrant le régulateur, la marche recommencera, mais en sens contraire. Enfin, on conçoit qu'en plaçant le bouton en un point intermédiaire du coulisseau, on fera varier la course du tiroir, et par suite, on changera le degré de détente. Tel est le principe de la coulisse Stephenson, souvent remplacée dans les machines par celles de Gooch, de Trick, d'Allan ou de Walschaert.

Organes accessoires des machines à vapeur. Les *régulateurs* sont destinés à maintenir la vitesse dans des limites données, et à remédier aux variations qui peuvent résulter des variations de la résistance ou de la puissance; tels sont : le régulateur à boules de

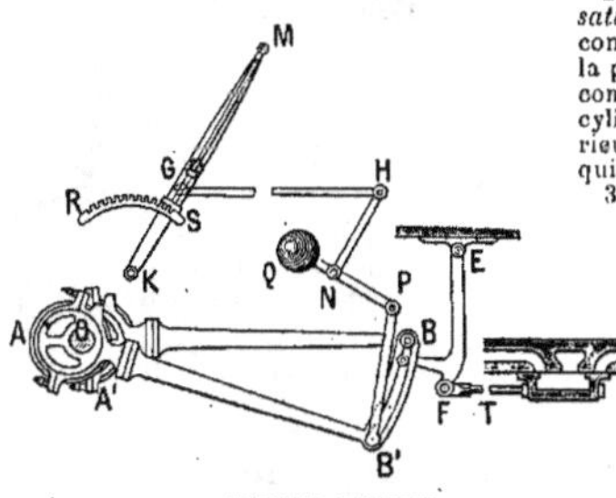

MACHINE A VAPEUR

Fig. 12.

COULISSE STEPHENSON

A et **A'**. Excentriques. — **O**. Arbre moteur.— **B B'** Coulisse. — **E F**. Arbre de suspension. — **T**. Bielle. — **G H**. Barre. — **K M**. Levier de changement de marche. — **H N**. Manivelle. — **NP**. Arbre de relevage. — **P B'**. Bielle. — **Q**. Contrepoids. — **R S**. Crémaillère.

Watt (V. *Watt*), celui de Farcot, etc. Au contraire, les *volants* (V. ce mot) ont pour effet de remédier aux variations prévues et périodiques de la vitesse, dépendant de la nature même de la machine.

On a souvent à résoudre sur les machines à vapeur deux problèmes importants : calculer le travail disponible pour une machine donnée, ou déterminer les dimensions du cylindre d'une machine devant fournir un travail donné. Les formules suivantes permettent de résoudre ces deux questions :

Détermination du travail dans les machines à vapeur. — 1° *Machines à condensation sans détente.* — Soit à déterminer le travail produit par une telle machine pendant une course de piston (fig. 13).

Soient : H la longueur totale de la course du piston; ω l'aire du piston; P la pression de la vapeur par unité de surface; P' la pression de la vapeur sur la face opposée du piston, qui est égale à la tension dans le condenseur et qu'on appelle *contre-pression*; T le travail effectif. On aura :

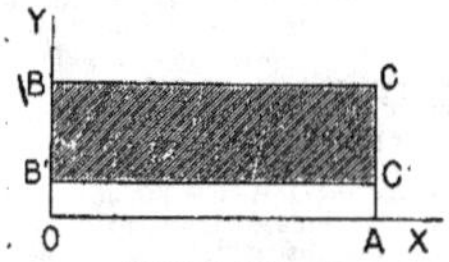

MACHINE A VAPEUR

Fig. 13.

DÉTERMINATION DU TRAVAIL DANS LES MACHINES A VAPEUR. MACHINE A CONDENSATION SANS DÉTENTE

$$T = P\omega H - P'\omega H$$

ou

$$T = \omega H(P - P').$$

$P\omega H$ est l'expression du travail exercé par la pression P, diminué de celui qui est dû à la contre-pression P'. ωH est égal au volume engendré par le piston, c'est-à-dire au volume de la vapeur introduite : soit V ce volume. On aura :

$$T = V(P - P').$$

Soit n le nombre de coups de piston : le travail par seconde s'obtiendra en divisant le résultat par 60. Le travail effectif, exprimé en chevaux-vapeur N, sera par suite :

$$N = \frac{nV(P-P')}{60 \times 75} = \frac{nV(P-P')}{4500}.$$

Pour obtenir graphiquement l'expression de ce travail, nous porterons, sur une ligne d'abscisses OX (fig. 13), une longueur OA égale ou proportionnelle à la course du piston; sur l'axe OY, et à la même échelle, une quantité OB représentant l'effort exercé $P\omega$. L'aire du rectangle OBCA, construit sur ces deux droites, donne le travail de la pression P, dont il faut déduire celui de la contre-pression P' (qui est représenté par l'aire du rectangle OB'C'A ayant même base que le précédent, et $P'\omega$ pour hauteur). La différence BB'CC' des aires représente le travail effectif de la machine.

2° *Machines sans détente et sans condensation.* — Dans ce cas, la valeur P' de la contre-pression sera remplacée par celle de la pression atmosphérique; car, aussitôt la communication établie entre l'air libre et le cylindre, la vapeur ne conserve, à l'intérieur de celui-ci, qu'une tension égale à celle qui s'exerce à l'extérieur.

3° *Machines à condensation et à détente.* — Dans ces machines, on détermine le travail en supposant que la pression de la vapeur, en se détendant, suit exactement la loi de Mariotte. La formule employée d'une façon courante pour cette détermination est la formule de Poncelet et Morin (dont la démonstration, facile d'ailleurs, exigerait quelques développements) :

$$T = \frac{PV}{m}\left(1 + 2{,}3026 \log m - \frac{P'm}{P}\right)$$

en désignant par :

T, le travail effectif produit; P, la pression de la vapeur pendant la période d'admission; P', la pression résultant de la contre-pression; m, le rapport de détente, ou le rapport de la course totale du piston à celle parcourue à pleine pression; V, le volume du cylindre.

Représentons ce travail graphiquement (fig. 14) : OB=portion de course à pleine pression; OA=pression sur le piston; OA' = contre-pression. En supposant la loi de Mariotte applicable pour le travail de détente, on aura une hyperbole équilatère CE pour représenter les évolutions de la vapeur : alors ACOD représente le travail de la vapeur à pleine pression; CEDB', le travail de détente; A'FOB' le travail négatif de la contre-pression : finalement, le travail effectif de la machine sera représenté par la partie hachée.

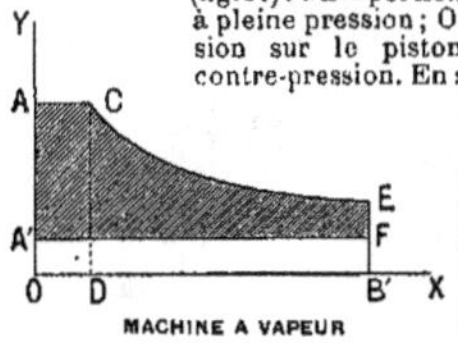

MACHINE A VAPEUR

Fig. 14.

MACHINE A CONDENSATION ET A DÉTENTE

4° *Machines à détente et sans condensation.* — Le calcul se fait comme dans les machines à condensation et à détente, en substituant à la valeur de la contre-pression celle de la pression atmosphérique.

REMARQUE. — Les calculs qui précèdent permettent de déterminer quelles doivent être les dimensions d'un cylindre pour une machine devant produire un travail donné T. Il suffit de considérer, dans les équations précédentes, V comme inconnue, T étant une quantité connue.

‖ *Vapeur d'eau surchauffée*, vapeur chauffée hors du contact de l'eau à une température très élevée et qui possède en partie les propriétés d'un gaz permanent; on en fait usage pour revivifier le noir animal, extraire les huiles de schistes, carboniser le bois en vase clos, cuire les pierres à plâtre, le pain, distiller le mercure, préparer l'essence de térébenthine, tremper le verre pour le rendre incassable, etc. ‖ *Vapeur d'eau atmosphérique.* (V. *Hygromètre.*) ‖ La force élastique de la vapeur d'eau : *Ce moulin marche par la vapeur.* ‖ *Bain de vapeur*, celui qu'on prend en séjournant dans une chambre remplie de vapeur chaude. ‖ Vapeur d'eau bouillante dans laquelle on plonge un vase contenant une substance que l'on veut distiller. ‖ *Les vapeurs du vin*, l'effet que le vin pris en trop grande quantité produit sur le cerveau. — *Spl.* Accident subit causé par les maladies nerveuses et que les anciens attribuaient à des vapeurs qui du bas-ventre ou de l'estomac auraient monté au cerveau. — **Dér.** *Vaporiser, vaporeux, vaporeuse, vaporisateur, vaporisation.* — **Comp.** *Évaporer, évaporation*, etc.

VAPOREUX, EUSE (l. *vaporosum*), *adj.* Où il y a de la vapeur, de la fumée, des nuages : *Ciel vaporeux.* ‖ Qui présente quelque chose d'indécis, de confus, de semblable aux objets vus à travers le brouillard : *Tableau, style vaporeux.* ‖ Qui est sujet aux accidents nerveux appelés *vapeurs* : *Personne vaporeuse.* ‖ Qui cause ces accidents : *Maladie vaporeuse.* — *S.* Personne sujette aux vapeurs.

***VAPORISATEUR** (*vaporiser*), *sm.* Vase dont on se sert pour faire vaporiser une substance.

VAPORISATION (*vaporiser*), *sf.* Passage d'un corps de l'état liquide à l'état gazeux par l'action de la chaleur. ‖ Transformation rapide d'un liquide en vapeur sous l'influence de la chaleur, comme cela a lieu dans l'ébullition. — REMARQUE. Ne pas confondre la *vaporisation* avec l'*évaporation*, formation lente de vapeurs à la surface d'un liquide non chauffé et quelle que soit la température. Certains corps solides présentent aussi le phénomène de l'évaporation, sans passer par l'état liquide : tels sont la glace, le camphre, l'iode, etc. Ce mot désigne, d'une façon générale, la transformation d'un solide ou d'un liquide en vapeur. Certains corps donnent des vapeurs à la température ordinaire; d'autres exigent une température plus ou moins élevée; mais, d'une façon générale, un liquide abandonné, au contact de l'air ou d'un milieu gazeux, dégage des vapeurs en quantité notable. Ce phénomène de production lente de vapeurs au contact de la surface libre est spécialement désigné sous le nom d'*évaporation*; on réserve alors le mot de *vaporisation* (pris dans son sens restreint) pour désigner la formation rapide de vapeurs sous l'influence de la chaleur : l'ébullition est ainsi un cas particulier de la vaporisation. On sait que la vaporisation spontanée dans le vide ou dans un gaz est soumise à des lois déterminées. (V. le mot *Vapeur*.) L'*ébullition*, c'est-à-dire la vaporisation tumultueuse prenant naissance au sein du liquide, est soumise également à trois lois : 1° Pour un liquide donné à une pression déterminée, l'ébullition a lieu à une température fixe. 2° La température du liquide reste invariable pendant toute la durée de l'ébullition. 3° La température d'ébullition croît ou décroît en même temps que la pression extérieure. Des expériences de M. Dufour, de M. Boutigny et de M. Donny ont prouvé nettement que les deux phénomènes de vaporisation, l'*ébullition* et l'*évaporation*, n'étaient, en somme, que deux variétés du même phénomène : l'ébullition n'est, en effet, qu'une évaporation qui se produit à la fois par les surfaces libres intérieures et extérieures du liquide; et même, elle ne se produit qu'autant qu'il existe au sein du liquide des atmosphères gazeuses, à la surface libre desquelles se produit l'évaporation, jusqu'au moment où les vapeurs ainsi formées acquièrent une tension suffisante pour traverser la masse liquide. Comme tous les travaux moléculaires internes (V. *Thermodynamique*), la vaporisation, lente ou rapide, d'un liquide absorbe de la chaleur. C'est sur ce principe que sont fondés les appareils Carré pour la fabrication de la glace. On appelle *chaleur (latente) de vaporisation* le nombre de calories nécessaires pour réduire en vapeur 1 kilogramme du liquide étudié, sans changement de température. Les appareils employés par Rumford, Dulong, Despretz, puis Regnault, pour mesurer la chaleur de vaporisation d'un liquide, comprennent essentiellement les dispositions suivantes : Une cornue tubulée, dans laquelle on met le liquide à étudier et qui repose sur un fourneau, communique par un tube avec un serpentin placé dans un calorimètre contenant de l'eau : la vapeur formée se condense dans ce serpentin et s'écoule dans une capacité inférieure qui communique par deux tubes, soit avec l'atmosphère ambiante, soit avec une atmosphère artificielle. Des thermomètres donnent la température de la vapeur dans la cornue et celle de l'eau du calorimètre. Au début de l'expérience, l'eau du calorimètre est à une température de 4° ou 5° au-dessous de l'air ambiant. Dès que l'ébullition commence dans la cornue, on fait communiquer celle-ci avec le serpentin; la vapeur formée se condense alors dans le serpentin en élevant la température de l'eau ambiante. On arrête l'opération quand la température du calorimètre est devenue supérieure à celle de l'atmosphère de 4° à 5°. Soient alors : *p*, le poids de vapeur liquéfiée; T, la température de la vapeur dans la cornue; *t*, celle de l'air ambiant; $t - n$, la température initiale du calorimètre; $t + n$, la température finale; *c*, la chaleur spécifique du liquide; P, l'équivalent en eau du calorimètre; λ, la chaleur de vaporisation. On aura :

$$p\lambda + pc(T - t) = 2nP.$$

En effet, la chaleur $p\lambda$ perdue par la vapeur en se liquéfiant, plus celle abandonnée par le liquide formé pour passer de T à *t*, est égale à la quantité de chaleur gagnée par le calorimètre, $2nP$, pour passer de $(t - n)$ à $(t + n)$.

Les chiffres trouvés par Regnault, dans des expériences précises faites sur la vapeur d'eau avec un appareil perfectionné, ont été réunis dans une formule générale. En supposant qu'on parte de l'eau à 0°, on désigne sous le nom de *chaleur totale de vaporisation* la somme de chaleur nécessaire pour amener l'eau depuis zéro jusqu'à la température de vaporisation et de la chaleur latente. Regnault a trouvé que cette chaleur totale λ pouvait s'évaluer, en fonction de la température de vaporisation T, par la formule générale :

$$\lambda = 606{,}5 + 0{,}305\,T$$

ou, approximativement :

$$\lambda = 607 + \frac{1}{3}\,T.$$

Ainsi, pour T = 100°, à la pression de 760 millim., la chaleur totale est de $636^{cal}.67$ et la chaleur latente de vaporisation, $536^{cal}.67$.

L'étude de la vaporisation de l'eau présente un intérêt considérable au point de vue des *générateurs à vapeur*, dont la *puissance* est caractérisée par le poids de la vapeur d'eau produite par heure. La puissance d'un générateur dépend de la grandeur de la surface de chauffe et de la nature du combustible employé. L'*utilisation* d'une chaudière est le nombre de kilogrammes de vapeur sèche produite par 1 kilogramme de combustible. Il faut noter, en effet, que l'on perd 36 p. 100 environ de la chaleur fournie par le combustible, et l'on en perd d'autant plus que la surface de chauffe est moindre. En général :

1 kg. de houille	vaporise	4 kg.	à 9 kg.	d'eau.
1 kg. de coke	—	4,7	à 5,8	—
1 kg. de bois	—	2,5	à 3.6	—
1 kg. de lignite	—	2	à 4,5	—
1 kg. de tourbe	—	1,5	à 2,5	—

On peut se proposer de déterminer, en outre, le travail produit par la vaporisation de 1 kilogramme d'eau. Ce travail se calcule par les formules suivantes : 1° pour les machines sans détente :

$$T = \frac{12\,844(1 + 0{,}00366\,t)}{P_0}(P - P');$$

2° pour les machines à détente :

$$T = \frac{12844(1 + 0{,}00366\,t)P}{P_0}\left(1 + 2{,}3\log\frac{H}{h} - \frac{P'H}{Ph}\right),$$

en désignant par : P_0, pression de la vapeur dans la chaudière; P, pression de la vapeur pendant la période d'admission; P′, pression résultant de la contre-pression; H, course totale du piston; *h*, course du piston pendant l'admission; *t*, température de la vapeur. Ces formules donnent le travail réel produit. Quant à la quantité de travail fourni réellement par chaque kilogramme d'eau vaporisée, il faut la déduire pratiquement : 1° de la force totale de la machine en chevaux indiqués, relevée sur l'*indicateur* (V. *Vapeur* : Machines à vapeur, fig. 11), et 2° du poids total d'eau vaporisée, mesuré par la quantité d'eau fournie à la chaudière. On en déduit en même temps la quantité de vapeur consommée par heure et par cheval indiqué, quantité qui ne doit pas dépasser en général $7^{kil}.5$ pour que la machine fonctionne dans de bonnes conditions.

VAPORISER (du l. *vapor*, génitif *vaporis*, vapeur), *vt*. Transformer un liquide en vapeur : *Vaporiser l'eau*. — **Se vaporiser**, *vr*. Être transformé en vapeur, en parlant d'un liquide : *L'eau se vaporise à 100°*.

***VAQUE-À-TOUT** (*vaquer* + *à* + *tout*), *sm*. Celui, celle qui s'emploie à toute chose.

VAQUER (l. *vacare*), *vi*. Être vacant, n'être pas occupé, rempli : *Cet emploi vaque depuis longtemps*. ‖ Être vide, disponible : *Plusieurs lits vaquent à l'hôpital*. ‖ Être en vacances : *Les tribunaux vaquent en ce moment*. ‖ S'appliquer à, s'occuper de : *Vaquer à ses affaires*.

***VAQUETTE** (db. de *vachette*), *sf*. Un des noms du pied-de-veau ou gouet. (V. *Pied-de-veau*.)

***VAQUOIS** (polynésien *vacoua*), *sm*. Genre d'arbres monocotylédones et dioïques des pays chauds, à longues feuilles bordées de dents épineuses et auquel appartiennent : le *vaquois odorant*, de l'Océanie, des Indes, de la Chine et de l'Arabie, dont l'inflorescence mâle produit un suave parfum; le *vaquois utile*, de Madagascar et de la Réunion, cultivé à l'île de France et aux Antilles, et dont les feuilles, longues de 2 mètres, servent à faire des nasses dans lesquelles on transporte en Europe le café et les autres denrées coloniales; le *vaquois comestible*, de Madagascar, dont on mange les graines.

VAQUOIS

PANDANUS CANDELABRUME

VAR (LE), 125 kilom., fleuve torrentiel de France, qui naît au pied du mont Garret, dans les Alpes-Maritimes, traverse des cluses très pittoresques, n'arrose plus depuis 1860 le département du Var auquel il a donné son nom, mais seulement le département des Alpes-Maritimes et une très petite portion de celui des Basses-Alpes, passe à Entrevaux, à Puget-Théniers, et se jette dans la Méditerranée à l'O. de Nice.

VAR (DÉPART. DU), 283 689 hab., 604 400 hect. (V. carte, p. 665). Département formé en 1790 d'une partie de la Provence, tirant son nom de la rivière précédente qui, avant 1860, limitait sa frontière orientale, et dont l'arrondissement de Grasse fut alors détaché pour être réuni au département des Alpes-Maritimes. Le département du Var est borné : au N. par le département des Basses-Alpes; à l'O. par celui des Bouches-du-Rhône; au N.-E. par celui des Alpes-Maritimes; au N.-O. par celui de Vaucluse, et partout ailleurs par la Méditerranée. Les seules limites naturelles du département du Var sont la Méditerranée au S. et le *Verdon*, affluent de la Durance, au N., dont le cours suit à plusieurs reprises la limite entre le département et celui des Basses-Alpes. Le Var est traversé, du N. au S., par le 4ᵉ degré de longitude E., et, de l'E. à l'O., le 43ᵉ degré de latitude N. passe au S. de sa partie continentale. Celle-ci est comprise entre le 43ᵉ et le 44ᵉ degré, sans toucher ni l'un ni l'autre de ces parallèles, le 43ᵉ degré coupant l'île du Levant et l'île de Porquerolles. Sa longueur, de l'E. à l'O., est de 100 kilom., et sa largeur, du N. au S., de 95 kilom. environ.

Le littoral du Var est l'un des plus beaux de l'Europe, grâce à ses rives découpées et pittoresques. En le suivant depuis le golfe de La Ciotat à l'O., situé aux frontières des Bouches-du-Rhône, on rencontre d'abord : la petite baie des *Lèques*, qu'abrite à l'E. le cap d'*Alon*. Au S.-E., on rencontre la *Pointe-Rousse*, puis le ravissant petit golfe de *Bandol*, sur lequel est la ville du même nom dont le port est peu profond, mais l'entrée facile. La côte décrit un arc de cercle terminé par le cap de *Crède*, se dirige à l'E., forme la petite baie de *Saint-Nazaire*, comprise entre les caps de *Portissal* à l'O. et *Nègre* au S.-E. Au fond de cette petite baie se trouve le port de Saint-Nazaire et l'embouchure de la *Reppe* ou *Rèpe*, torrent qui descend des hauteurs du canton du Beausset et naît d'un *foux* (*foux*, dans le dialecte du pays, est pour *founs*, forme altérée du l. *fons*, génitif *fontis*, source, fontaine) ou source donnant à l'étiage 106 litres d'eau par seconde. A partir de là, le rivage se dirige au S., laisse à l'O. l'île du *Grand-Rouvet*, celle plus importante des *Embiez*, et l'île du *Grand-Gaou*, qui se trouve dans le bras de mer séparant l'île des Embiez du continent. Au cap *Mourel*, la côte prend la direction S.-E. jusqu'au cap *Notre-Dame*, court à l'E., et, au cap des *Jonquiers*, dominé par une hauteur de 360 mètres où se trouve une chapelle dédiée à Notre-Dame-de-la-Garde, se relève vers le N. jusqu'à l'anse des *Sablettes*; va de nouveau à l'E. pour former la côte méridionale de la presqu'île du cap *Cépet*, se détachant de la presqu'île de *Sicié*. En quittant l'anse des Sablettes, on rencontre successivement la pointe et la batterie *Saint-Elme* que domine le fort du même nom construit à l'entrée de l'isthme des *Sablettes* reliant la presqu'île Cépet à celle du cap Sicié; la pointe du *Marigal*, la baie de *Saint-Joseph*, la pointe *Rascas*. Là, la côte décrit un arc de cercle dirigé de l'E. à l'O., et forme la côte septentrionale de la presqu'île de Cépet, sur laquelle on relève : le cap *Cépet*, la pointe et batterie du *Puits*; le fort de la *Croix-des-Signaux*, au S. duquel se dresse la *Pyramide de Cépet*, haute de 130 mètres au-dessus du niveau de la mer, et le *sémaphore Cépet* (134 mètres); puis la *pointe des Petits-Frères*, puis l'*hôpital* et la *chapelle Saint-Mandrier*; un peu avant, on a construit une digue qui se dirige perpendiculairement à la côte et se termine par un feu. A l'O. de Saint-Mandrier est la pointe *Saint-Georges*, là, la mer creuse du N. au S. une profonde découpure appelée *Creux de Saint-Georges*; qui partage la petite presqu'île de Cépet en deux parties. En face de la pointe Saint-Georges, un peu au N.-O., se détache de la côte une petite jetée terminée par un feu, et qui est en quelque sorte continuée plus loin par la *jetée de la Grosse-Tour*, bâtie au milieu de la *Grande Rade* de Toulon. Au delà de la petite jetée, on trouve la *pointe de la Piastre* et l'on entre dans la *rade du Lazaret*; sur la côte est le *Lazaret*, et plus loin l'*isthme des Sablettes*. A cet endroit le rivage se redresse vers le N. jusqu'à la pointe de *Balaguier*, sur laquelle est construit le fort de ce nom. A cette pointe succède une petite anse, puis la pointe et le fort de l'Eguillette. On entre alors dans la *rade de l'Eguillette*. La côte court directement à l'O. jusqu'à *La Seyne*, où sont, indépendamment du port, des ateliers de construction. La côte décrit de la pointe de l'Eguillette à la *Grosse-Tour* un grand arc de cercle sur les bords duquel sont placées les différentes parties du port et de la ville de Toulon, et embrasse la baie de *La Seyne* à l'O. et la *Petite Rade* à l'E. Au S. de la ville se trouvent la Grosse-Tour, fort et batterie, et l'extrémité N. de la jetée de la Grosse-Tour; à l'E. est la pointe *Pipady*; le fort *Saint-Louis*, le fort *La Malgue*, le *cap Brun*, embrassant la *rade des Vignettes*, forment la partie N. de la Grande Rade de Toulon. Au delà du cap Brun, et toujours à l'E., on rencontre la pointe et le fort *Sainte-Marguerite*. De tous côtés sur les bords de la rade de Toulon se dressent de nombreux forts et batteries qui en défendent l'entrée. A l'E. est la rade de *Giens*, séparée de celle d'*Hyères* par la presqu'île de *Giens*. Celle-ci ressemble à un champignon dont le chapeau serait disposé parallèlement à la côte, tandis que le pédicelle constituerait l'isthme. La presqu'île proprement dite était probablement jadis une île, que des atterrissements ont réunie à la côte; elle est traversée dans le sens de sa plus grande dimension, de l'E. à l'O., par une suite de hauteurs. A l'O. elle est terminée par la pointe des *Salins* et à l'E. par le cap d'*Esterel*; elle est flanquée de deux îles : la *Longue* et la *Ratounière*; au S. se trouve l'île du *Grand-Roubaud*. et le long du 43ᵉ degré de latitude s'étend l'archipel des *îles d'Hyères*, formé des *îles Porquerolles* (147 mètres), de *Bagaud*, de *Port-Cros*

(197 mètres) et du *Levant* (129 mètres). Porquerolles est séparée de la presqu'île de Giens par le détroit appelé la *Petite-Passe* et de l'île de Port-Cros, par celui de la *Grande-Passe*. Entre l'île Bagaud et Port-Cros se trouve la *passe du Sud-Ouest*, et cette dernière île est séparée de l'île du Levant par la *passe des Grottes*. La presqu'île de Giens est reliée à la terre par deux bandes étroites de sable entre lesquelles est l'étang de *Pesquiers*. A l'E. de cet isthme se trouve la *baie d'Hyères*, s'étendant en demi-cercle du cap d'*Esterel* au cap *Benat*, et dans laquelle viennent se jeter plusieurs petits fleuves côtiers descendus des Maures. Des alluvions modernes forment la côte depuis les rivages de l'isthme de Giens jusqu'à l'embouchure de l'Argentière, et des marais salants sont éta-

DÉPARTEMENT DU VAR

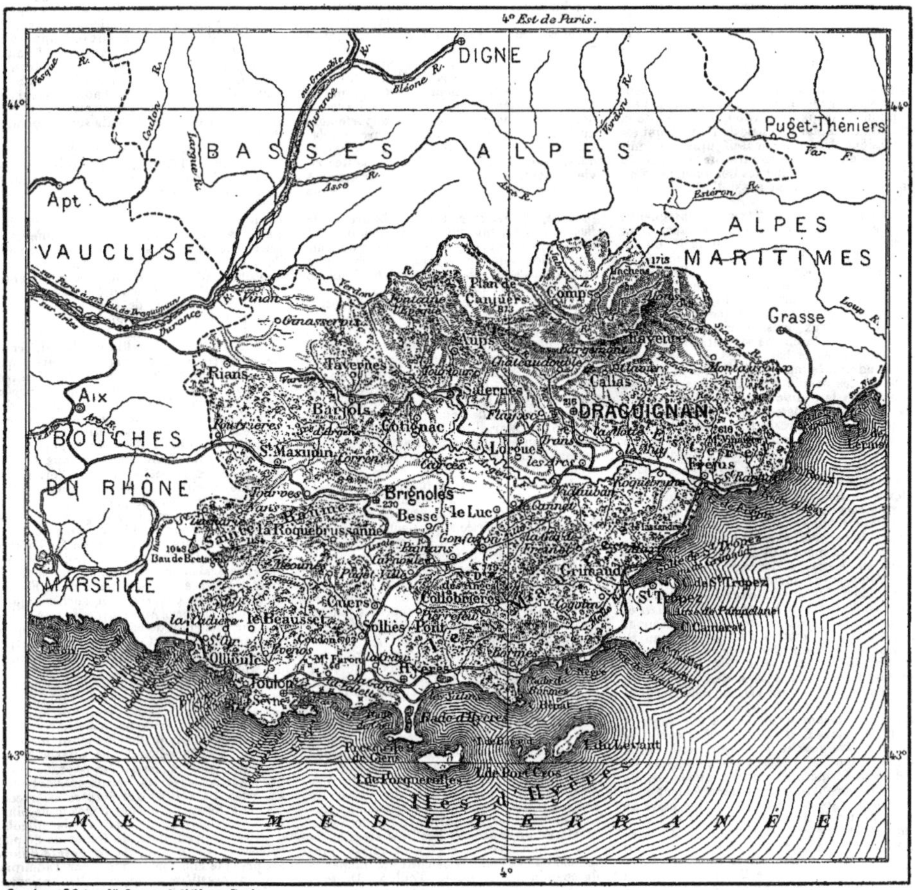

Gravé par J. Geisendörfer, 12, r. de l'Abbaye. Paris.

Signes conventionnels :

PRÉFECTURE	*Plus de 100 000 hab.*	*De 10 000 à 20 000*	*Place forte. Fort*	*Origine de la navigation*
Sous-Préfecture	*De 50 000 à 100 000*	*De 5 000 à 10 000*	*Frontière*	*Canal*
Canton	*De 30 000 à 50 000*	*De 2 000 à 5 000*	*Limite de Dépᵗ*	*Col*
Commune, Village	*De 20 000 à 30 000*	*Moins de 2 000*	*Chemin de fer*	*Forêts*

Les chiffres expriment en mètres l'altitude au dessus du niveau de la mer.

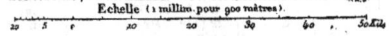

Echelle (1 millim. pour 900 mètres). 10 5 0 10 20 30 40 50 Kil.

blis le long de ce rivage. Mais les terrains granitiques se montrent de nouveau et projettent dans la mer le cap *Léaube* et celui de *Brégançon*.

Au delà du cap *Bénat*, qui s'avance assez avant dans la mer, et de la pointe de l'*Esquillier*, on voit la rade de *Bormes*, limitée à l'E. par la pointe du cap *Nègre*; puis vient le cap *Cavalaire*, limitant à l'O. la baie de *Cavalaire* et sa ravissante plage qui se termine au cap *Lardier*. Entre cette dernière baie de Cavalaire et le golfe de Saint-Tropez, les montagnes des Maures projettent dans la mer une sorte de presqu'île massive présentant des sommets de 309 mètres, de 214 mètres (à *Gassin*). Non loin du cap Lardier, à l'E., on rencontre le cap de *Taillat* et celui de *Camarat*, haut de 131 mètres; la mer dessine ensuite l'anse de *Pampelane*, limitée au N. par le cap du *Pinet*. Puis vient le cap de *Saint-Tropez*, au delà duquel la Méditerranée creuse le golfe de *Saint-Tropez* ou de *Grimaud*, qui s'étend à l'O. et reçoit la rivière de *La Garde*. La côte court alors vers le N.-E. en projetant dans la mer des pointes plus ou moins prononcées jusqu'au golfe de *Fréjus* où vient déboucher l'*Argens*, le fleuve le plus important des cours d'eau du département et dont le delta est formé d'alluvions modernes. De cette embouchure au cap *Dammond*, le rivage est constitué par des terrains anciens. A l'E. du cap Dammond, la mer a creusé la rade d'*Agay* dans le massif porphyrique de l'*Esterel*, où se trouve la *grotte de Sainte-Baume*. Ce massif de l'Esterel projette dans la mer plusieurs petits caps dont le dernier, sur le territoire du département du Var, est la pointe du *cap Roux*. La limite du département se trouve un peu avant d'arriver à la pointe de l'*Esguillon*, qui appartient aux Alpes-Maritimes. La côte du département du Var est généralement granitique, à l'exception de la petite partie qui s'étend de la baie de La Ciotat à la baie de Bandol, qui est jurassique. Un autre massif jurassique, minuscule du reste, se montre sur le rivage du golfe de Gênes. Toutes les îles qui dépendent du département sont aussi d'origine granitique.

Le département du Var est montagneux; il présente deux massifs principaux : l'un s'étend de l'E. à l'O. sur tout le N. du département, tandis que l'autre en couvre le S. jusqu'aux bords de la mer. Entre ces deux massifs coule le cours d'eau le plus important du département du Var, l'*Argens* et ses affluents descendant des versants opposés des deux massifs montagneux. Le versant N. de la chaîne septentrionale verse ses eaux dans le bassin de la Durance, qui les conduit à la mer par le Rhône; son versant S. les écoule dans l'Argens. Le versant N. de la chaîne de la *Sainte-Baume* et des *Maures* envoie ses eaux dans l'Argens, tandis que leur versant S. les porte à la Méditerranée par de petits fleuves côtiers. La partie N.-E. est la plus élevée du département; elle est formée par les derniers contreforts des Alpes et ses sommets les plus élevés se trouvent sur les confins des départements voisins, des Alpes-Maritimes et des Basses-Alpes. La montagne la plus élevée est le *Lachens*, haut de 1713 mètres; puis viennent : la montagne de *Brouis* (1595 mètres), au N.-E. de Bargème; la montagne de *Malay* (1427 mètres), à l'E. de Roque-Esclapon; plus à l'O., dans l'un des méandres du Verdon, et à l'extrémité du *Petit* et du *grand Plan de Canjuers* se dresse le mont *Aiguines* (1577 mètres); un peu plus au S. se trouvent le mont *Barjaude* (1175 mètres); le *Cabrière* (1130 mètres), et à l'E. de ce dernier le *Pierriou* (1086 mètres). A mesure que l'on s'avance vers l'O. du département, le sol s'abaisse peu à peu et descend à des altitudes variant entre 578 et 300 mètres. Dans la partie E. du département comprise entre la rive gauche de l'Argens et le cours de la Siagne, se dressent les montagnes de l'*Esterel*, formées de roches anciennes, de rocs de porphyre, et qui jadis étaient couvertes de forêts. Le point le plus élevé de cette partie du département est le mont *Vinaigre* (616 mètres) d'où l'on jouit d'un panorama magnifique; puis vient le mont des *Civières* (560 mètres) et le mont *Marsaou* (552 mètres). A l'O. de Bagnols, on relève des hauteurs de 561 mètres. A mesure que l'on se rapproche de la vallée de l'Argens, le sol s'abaisse, tandis que vers la mer il projette des caps élevés comme le cap *Roux* (489 mètres). Sur la rive droite de l'Argens, au S. de son embouchure et dans une direction N.-E.-S.-O., court, parallèlement à la mer, la chaîne des *Maures* dont l'altitude moyenne ne dépasse guère 400 mètres. Le pic de *Notre-Dame-des-Anges* (779 mètres) et celui de *Sauvette* (779 mètres) sont les plus élevés de cette région. Puis viennent la roche de *Valescure* (648 mètres), située au N.-E. de Collobrières; le *Boussicaut* (640 mètres), qui domine la *Chartreuse de la Verne* (629 mètres); le roc de *La Garde-Freinet* (451 mètres), où les Sarrasins avaient établi une citadelle dont ils restèrent maîtres jusqu'à la fin du xe siècle; les *Pradels* (524 mètres), commandant la plage de *Cavalaire*, et le *Bisquart* (481 mètres), au N. du cap Nègre. A l'O. de Brignoles et du département se trouve la *Sainte-Baume*, nœud hydrographique dont le sommet le plus élevé atteint 1154 mètres d'altitude; puis on remarque le *Joug de l'Aigle* (1120 mèt.); le *Baou* ou *Bau de Bretagne* (1043 mèt.), situé sur la frontière des Bouches-du-Rhône et du Var; le *Saint-Pilou* (994 mètres). Au S. du massif de la Sainte-Baume sont les collines sur lesquelles on a élevé les forts défendant les approches de Toulon et de sa rade. Parmi ces hauteurs on cite le *Faron* ou *Pharon* (546 mètres) et le *Coudon* (702 mètres).

De ces montagnes descendent un grand nombre de petits cours d'eau coulant dans diverses directions; le plus important est l'*Argens*, qui est aussi la rivière la plus considérable du département. C'est au golfe de Fréjus que vient se jeter dans la mer l'*Argens*, dont tout le cours est dans le département du Var. Ce fleuve sinueux, qui parcourt des vallées souvent rétrécies en gorges pittoresques, reçoit un grand nombre de petites rivières, assez courtes, mais roulant de grandes quantités d'eau; telles sont : la rivière de *Sceaux*, le *Cauron*, la *Cassole*, l'*Issole*, la *Bresque*, la *Floriège*, l'*Aille*, l'*Endre* et le *Beyran*. L'Argens passe à Châteauvert, à Correns, à Carcès et près de l'abbaye du Thoronet. Non loin de Vidauban, il forme la belle cascade du *Saut de Saint-Michel*, et entre dans une vallée assez large. A l'endroit connu sous le nom de *Perte de l'Argens*, le fleuve coule sous deux ponts naturels, débris d'une grotte où il s'engouffrait jadis et qu'un effondrement a divisée en deux passages voûtés. L'Argens porte en moyenne à la Méditerranée 12688 litres par seconde, après un cours de 115 kilom. Il est flottable depuis Le Muy jusqu'à la mer, et il amène effectivement des pins et des planches aux villes de Toulon et Marseille. Après l'Argens, les cours d'eau les plus importants sont : l'*Arc*, qui naît à 3 kilom. S.-O. de Saint-Maximin et tombe dans l'étang de Besse, après un cours de 80 kilom.; la *Siagne* (cours, 50 kilom.), rivière courte, mais abondante; le *Verdon* (cours, 170 kilom.), rivière charmante, dont la plus grande partie appartient au département des Basses-Alpes. Enfin la *Fontaine-l'Évêque* est l'une des plus grandes sources de la France, car son débit est encore de 5000 litres d'eau par seconde à la saison des eaux basses. Elle naît près de Bauduen, et conduit au Verdon les eaux fournies par les hauts plateaux d'Aups et de Tavernes et par le grand Plan de Canjuers.

Près de la ville d'Hyères se trouve l'embouchure du *Gapeau*, qui descend de *foux* abondantes du vallon de Signes; il reçoit également les eaux de nombreuses *foux* (celles de *Pignans*, de *Carnoules*, de *Cuers*, etc.) et de quelques cours d'eau : le *Latay*, le *Réal-Martin*, etc. Le Gapeau verse dans la mer 1718 litres d'eau par seconde à l'étiage, après un parcours de 51 kilomètres.

La partie N.-E. du département du Var ainsi que l'O. sont constitués par le terrain crétacé inférieur; dans l'O. cependant, autour de Salernes, de Barjols, à l'O. de Saint-Maximin, on rencontre des îlots assez étendus de miocène. La région comprise entre le pied de ces collines calcaires et la partie du chemin de fer reliant Toulon à Draguignan, entre Cuers et les Arcs, est composée par les couches du trias (*muschelkalk*); sur l'autre rive du chemin de fer s'étend, de Gonfaron à Montauroux, une bande plus ou moins large de grès bigarré (*trias*). L'Esterel est formé de roches plutoniques, porphyres rouges; au N. de cette contrée se trouve un lambeau de terrain houiller orienté dans le sens du S.-O. au N.-O. A l'O. de ce terrain carbonifère et dans un sens perpendiculaire gît un ruban étroit de roches plutoniques. Le reste du département est constitué par des roches granitiques. Il en est de même des îles d'Hyères. Ces îles, qui doivent leur nom ainsi que la rade à la ville d'Hyères, appartiennent au département du Var. A part les îlots, on en distingue trois : *Porquerolles*, longue de 8 kilom. et large de 2 kilom., qui n'est guère qu'une forêt de chênes et de pins; *Port-Cros*, de 4000 mètres sur 2500, qui est une île à peu près sauvage, et l'île du *Levant* ou du *Titan*, qui est presque aussi étendue et aussi boisée que Porquerolles.

Près d'Hyères, on voit une petite masse de jurassique. Ce terrain forme, du reste, une frange étroite sur le bord E. du crétacé de Toulon à Carnoules. Les alluvions modernes se sont déposées, comme nous l'avons vu plus haut, pour former l'isthme de la presqu'île de Giens et le delta de l'Argens.

Le climat du Var est le plus doux de la France : la température moyenne de l'année est, à Toulon, de 14°,4 et à Hyères de 15°, grâce à la barrière naturelle que les montagnes du littoral opposent aux intempéries du nord et aux bourrasques du mistral : aussi certaines vallées mal abritées sont-elles froides. Ce sont les vents de S.-E. et de S.-O. qui amènent la pluie. La hauteur moyenne de l'eau tombée dans l'année atteint 746 millimètres, et les jours de pluie sont au nombre de 40.

Sur les 604400 hectares du département, il n'y a que 153379 hectares de terres labourables, qui sont loin de produire la quantité de blé nécessaire à la consommation de ses habitants. En revanche, on y cultive beaucoup la vigne, l'olivier et les arbres fruitiers; la sériciculture tient aussi une large place. Les meilleurs vignobles sont : celui de *La Malgue*, dont le vin sec, difficile à conserver, n'est pas de très bonne qualité, et ceux du *Beausset*, de *La Cadière*, du *Castelle*, de *Saint-Cyr*, de *Croux*, qui fournissent, sous le nom de *Bandol*, un vin riche en alcool, supportant bien la mer, et qu'on expédie au Brésil, dans l'Inde et la Californie. La production de ces vignobles, ainsi que de ceux de *Brignoles*, *Cuers*, *Saint-Nazaire*, *Laroque*, *Lorgues*, *Pierrefeu*, *Saint-Tropez*, *Saint-Zacharie*, *Tourves*, etc., produisant des vins d'ordinaire estimés, a malheureusement été réduite à 363000 hectolitres par an depuis les ravages de l'oïdium et du phylloxera. Les principaux fruits récoltés dans le Var sont : la poire, la pêche, la prune, l'orange, la grenade, le citron, la figue, l'amande, etc.; la région d'Hyères est particulièrement célèbre par ses admirables vergers : elle l'est également par son grand commerce de fleurs et de graminées. Le village de *La Valette*, près de Toulon, cultive des fraises et des violettes également renommées. Le département du Var est le seul point de la France où l'on puisse cultiver avec succès le jujubier et le câprier. Aussi expédie-t-on à l'étranger beaucoup de câpres confites dans le vinaigre. Enfin, c'est du Var que sont expédiées à Paris la plupart des primeurs venant du Midi.

Plus du tiers de la superficie du département est occupé par des *forêts* (214338 hectares) de chênes blancs, de chênes verts, de chênes-lièges et de pins maritimes. Jadis l'Esterel n'était qu'une immense forêt de pins et de chênes-lièges, que Charles-Quint fit brûler pour en chasser les paysans qui le harcelaient. Ces forêts fournissent des truffes estimées. La *chaîne des Maures* est recouverte de forêts de chênes-lièges et de pins; la *Sainte-Baume*, de hêtres, de tilleuls, d'ormes, de peupliers, de frênes et de pins sylvestres. Cette *forêt de la Sainte-Baume* est presque une forêt vierge, car l'administration forestière a respecté les anciennes ordonnances qui défendaient d'en couper les arbres.

Nous avons vu précédemment que l'on pouvait distinguer deux zones distinctes au point de vue géologique : 1° une zone *granitique* ou *schisteuse*, qui longe le littoral, et à laquelle appartiennent les Maures et l'Esterel; 2° une zone *calcaire* et *marneuse*, qui occupe les parties moyennes et supérieures du département. A chacune de ces zones se rattachent des collines d'une nature particulière; les unes graveleuses ou sablonneuses, les autres volcaniques et carbonifères. Les montagnes du Var, intéressantes au point de vue géologique, sont également importantes pour leur richesse minière. En explorant le littoral depuis le fort de *La Malgue* (Toulon), placé sur les schistes de transition, jusqu'au fort *Sainte-Catherine*, élevé sur le grès bigarré, on a trouvé une zone de terrain houiller, en couches très inclinées, formant une bande large de 800 mètres environ. Ces couches, recouvertes en certains endroits par les dépôts du trias, sont généralement anthracifères et à stratifications irrégulières. On a trouvé cependant, près de *Collobrières*, du charbon gras de bonne qualité : ce charbon gras est surmonté de grès bigarré qui recouvre en général toute la zone houillère aux endroits où l'inclinaison des couches est faible. On compte actuellement 9 concessions de mines de houille anthracifère (aux *Adrets*, à *Bagnols*, *Callian*, *Collobrières*, *Fréjus*, *Montauroux*, *Tanneron* et *La Garde*) et 9 concessions de lignite (sur les territoires de *La Cadière*, *Nans*, *Ollioules*, du *Plan-d'Aups*, de *Saint-Zacharie*, *Salernes* et *Toulon*). La superficie totale de ces 18 concessions est de 8 920 hectares, qui produisent environ 1 900 tonnes de combustible par an.

Le département possède aussi des *mines de fer* à *Ampus*, à *Collobrières* et à *Montferrat*; des mines de plomb associé souvent à l'argent, à *Cogolin*, à *Grimaud*, à *Sainte-Maxime*, etc. (les mines de *Cogolin* renferment 10 millièmes d'argent), et des carrières de minerais d'aluminium, à *Cabasse*. On peut y ajouter les carrières de marbre blanc de *Béguines*, du *Saint-Pilou*, d'*Ampus*, de *Tourves*, etc., et les marais salants d'Hyères (400 hectares fournissant 12 000 tonnes de sel). Les principaux établissements industriels du département sont : les établissements de la Société des Forges et chantiers de la Méditerranée, à *La Seyne*; des ateliers de construction de navires (*Saint-Tropez*, *Bandol* et *La Seyne*); des filatures de soie et de laine; des fabriques de draps; des tanneries (*Barjols*, etc.); des papeteries; des fabriques de savon, etc. Toulon possède l'arsenal de la marine, et tout près de celui-ci l'arsenal de Castigneau, construit sur pilotis; celui du Mourillon est situé en dehors de la ville.

Enfin, la pêche du thon, de la sardine, de l'anchois est des plus actives sur les côtes (1 million de francs). Le Var exporte aux Indes, au Brésil et en Californie : des vins, des eaux-de-vie, des bois à brûler, des huiles, des olives, des fruits secs, des fleurs, du plâtre, des tuiles et briques, du sel, du liège, etc. L'importation consiste surtout en fourrages, sucre, café, fer, houille, épicerie, nouveautés, fournitures de la marine, etc. Ce commerce se fait par les ports des *Lèques*, de *Bandol*, de *Saint-Nazaire*, de *La Seyne*, de *Toulon*, des *Salettes*, de *Porquerolles*, de *Port-Cros*, de *Saint-Tropez*, de *Sainte-Maxime* et de *Saint-Raphaël*.

Le sol du département du Var fut occupé très anciennement par les populations ligures. Les premiers colons qui s'établirent sur ces rivages furent des Phéniciens, que l'amour du négoce chassait de leur patrie; ils y fondèrent des comptoirs, où l'on faisait le commerce avec la Gaule. Puis vinrent les Phocéens; ceux-ci, profitant des travaux de leurs prédécesseurs, les dépossédèrent entièrement. Les Romains vinrent à leur tour, d'abord en alliés et en protecteurs des cités marchandes, qui avaient des démêlés journaliers avec les chefs indigènes, puis en conquérants. Elle formait alors ce que l'on appelait la *Province*, d'où le nom de *Provence*. Tous ces peuples laissèrent dans le sol des vestiges de leur passage et de leur civilisation. Les Goths succédèrent aux Romains; puis vinrent les Francs, qui disputèrent longtemps le territoire aux Sarrasins; ceux-ci ne furent définitivement expulsés qu'en 972 par Guillaume Ier, fils de Boson, comte de Provence. Le Var ne fut réuni à la couronne de France qu'avec la Provence, en 1481. Mais le pays fut longtemps livré aux dissensions et ravagé par la guerre. Richelieu comprit, le premier, l'importance qu'avaient pour nous les rives de la Méditerranée; aussi améliora-t-il le port de Toulon, où il réunit ses flottes. Louis XIV suivit son exemple. (V. *Toulon*.)

Le département est traversé par 5 lignes de chemins de fer (309 kilom.) : 1° le chemin de fer *de Marseille à Nice et à Gênes*, par Bandol, La Seyne, Toulon, Roquebrune, Fréjus, Saint-Raphaël et le Trayas (parcours, 139 kilomètres); 2° le chemin de fer *de Toulon aux Salins d'Hyères*, qui se détache de la ligne précédente (18 kilom.); 3° l'embranchement *des Arcs à Draguignan* (13 kilom.); 4° l'embranchement d'*Aix à Carnoules*, par Brignoles, Saint-Maximin et Pourcieux (55 kilom.); 5° le chemin de fer de *Draguignan à Meyrargues* (84 kilom.) par Lorgues, Barjols, Esparron, et Port-Sec-des-Roques. En résumé, il y a : 309 kilom. de chemins de fer; 273 kilom. de routes nationales; 794 kilom. de routes départementales; 873 kilom. de chemins de grande communication; 249 kilom. de chemins d'intérêt commun.

La religion la plus répandue dans le Var est le catholicisme. Ainsi, sur 283 689 habitants, on ne compte que 1 500 protestants et 450 israélites. Dans les campagnes, on ne parle guère que la langue provençale, issue du latin comme le français, et où l'on rencontre encore des expressions celtiques, grecques, latines et arabes. Le département du Var forme l'évêché de *Fréjus*, suffragant d'Aix, et ressortit : aux 1re et 2e subdivisions de la 15e région militaire (Marseille); à la cour d'appel et à l'Académie d'Aix. Il fait partie du 5e arrondissement maritime, dont *Toulon* est le chef-lieu et qui comprend tout le littoral de la Méditerranée. Le chiffre de la population moyenne est de 49, tandis que celui de toute la France est de 72. Le département du Var se compose de 3 arrondissements, 28 cantons et 145 communes. — Ch.-l., *Draguignan*; — S.-préf., *Brignoles* et *Toulon*.

VARADES, 9 449 hab. Ch.-l. de c., arr. d'Ancenis (Loire-Inférieure). Houille.

VARAIGNE (db. de *varenne*), *sf*. L'ouverture par laquelle l'eau de la mer entre dans un marais salant.

***VARAIRE**, *sm*. (V. *Vératre*.)

***VARAN** (ar. *ouaran*), *sm*. Genre de grands reptiles des pays chauds, d'une taille un peu moindre que celle des crocodiles. Leur peau est recouverte d'écailles enchâssées les unes à côté des autres et entourées d'une série de petits tubercules. Leur tête est garnie de plaques polygonales, rarement bombées. Les espèces aquatiques sont pourvues d'une sorte de poche placée à l'ouverture des narines et qui leur permet de respirer sous l'eau. Une espèce de varan vit en Algérie et en Égypte, où elle détruit les œufs de crocodile.

VARAN

***VARANDER** (*x*), *vt*. Faire égoutter les harengs en les tirant de la saumure, avant de les mettre en caque.

VARANGÉVILLE, 1 654 hab. Ch.-l. de c., arr. de Nancy (Meurthe-et-Moselle), sur la Meurthe, et le canal de la Marne au Rhin. Salines.

VARANGUE (suéd. *vränger*, les côtes d'un navire), *sf*. Pièce inférieure et horizontale de chaque *couple* formant la *maîtresse partie* de la membrure d'un navire. On sait, en effet, que sur la quille du navire, et perpendiculairement à sa longueur, s'élèvent une série de constructions formant la maîtresse partie de la membrure et auxquelles on donne le nom de *couples* : ceux-ci présentent deux branches symétriques par rapport à l'axe longitudinal, et sont formés de pièces assemblées à écart simple normalement à la courbure. Quant à la pièce inférieure de chaque couple ou *varangue*, elle s'assemble par entaille à la contre-quille. Les couples et les varangues changent de forme depuis le *maître couple*, couple situé vers la partie moyenne de la coque et plus large que les autres, jusqu'aux extrémités du navire, et l'on appelle *varangues plates* ou *varangues de fond* celles qui avoisinent le maître couple. ‖ *Demi-varangue*, pièce de charpente entre les deux pieds des genoux de la varangue. ‖ *Fausses varangues*, pièces accotées à la véritable varangue et destinées à suppléer à la longueur des genoux. ‖ *Bâtiment à plate varangue*, à fond plat et à faible tirant d'eau. (Mar.)

VARASDIN (MONTAGNES DE), hauteurs de la Croatie-Esclavonie, qui forment le prolongement des Alpes. Elles comprennent différents massifs, tantôt parallèles, tantôt perpendiculaires aux cours de la Drave et de la Save. Le *Matzel* (683 mètres) est situé à la frontière de la Styrie et resserre la Drave à son entrée en Hongrie. Le *Slema-Vrh* (1 035 mètres) et le mont *Uskoken* (1 181 mètres) resserrent la Save en amont d'Agram. L'*Ivanscica* (1 060 mètres) domine Varasdin.

VARASDIN. (V. *Warasdin*.)

VARDAR, 290 kilom. Rivière de la Turquie d'Europe, qui descend de la plaine de Kossovo. Sa vallée est fertile et large; elle arrose Uskub, Koprili, Gradiska, et se jette dans le golfe de Salonique. Elle reçoit à droite la *Czerna*, qui arrose Monastir.

VARDER RHEIN, ou RHIN ANTÉRIEUR, un des principaux torrents qui contribuent à la formation du fleuve; il se réunit au Rhin postérieur (*Hinter Rhein*) à Reichenau, pour former la conque de Coire.

VARE (esp. *vara*, verge), *sf*. L'ancienne aune des Espagnols et des Portugais et dont la longueur était d'un peu moins d'un mètre.

VARECH [va-rek] ou **VAREC** (anc. sax. *vräc*, chose rejetée), *sm*. Tous les débris que la mer rejette sur la côte. ‖ *Droit de varech*, droit qu'avaient autrefois les habitants du littoral de s'emparer de tout ce que la mer rejetait sur ses côtes. ‖ Navire coulé. ‖ Nom vulgaire de toutes les algues marines appelées encore *fucus* ou *goémons*, que l'on récolte en France sur les côtes de Normandie et de Bretagne, soit qu'on les recueille quand la mer les a rejetées sur la grève, soit qu'on les coupe sur les rochers découverts à marée basse. Ces plantes sont précieuses pour l'industrie et l'agriculture. L'industrie les brûle pour en avoir les cendres, qui sont riches en soude du commerce, et pour préparer l'iode avec les eaux mères dans lesquelles on a fait dissoudre la partie soluble de ces cendres. L'agriculture utilise les varechs comme engrais. Riches en azote, ils valent mieux que le fumier. On les enterre à l'état frais ou on en fait des composts avec de la terre ou de la chaux. Ils sont particulièrement efficaces dans la culture du lin.

VARECH (FUCUS SERRATUS)

VARÈGUES, peuplade de Scandinavie que les Slaves, divisés entre eux, appelèrent en 862 à Novgorod pour arrêter les incursions des Finnois. Ils s'établirent à Kiev et à Novgorod. Au xe siècle, leur prince Oleg, fils de Rurik, prit Kiev comme capitale et réunit sous le même sceptre toutes les peuplades russes.

VARENNE (db. de *garenne*), *sf*. Terrain inculte, peuplé de gibier, et où l'on peut aussi faire paître des bestiaux. ‖ Nom de plusieurs localités.

VARENNE, 66 kilom., rivière du département de l'Orne qui arrose Domfront et se jette dans la Mayenne. Elle reçoit la Hallouse, l'Audainette et l'Égrenne.

VARENNE DU LOUVRE (LA), canton dont le roi se réservait la chasse.

VARENNE-SAINT-MAUR (LA). Quartier de la commune de *Saint-Maur-les-Fossés* (V. ce mot, au t. II), canton de Charenton, arr. de Sceaux (Seine). Villégiature.

VARENNES-EN-ARGONNE, 1 385 hab. Ch.-l. de c., arr. de Verdun (Meuse). Exploitations de phosphate de chaux; fabrique de biscuits et macarons; abeilles. Louis XVI y fut arrêté avec sa famille, le 22 juin 1791.

VARENNES-SUR-ALLIER, 2 562 hab. Ch.-l. de c., arr. de La Palisse (Allier).

VARENNES-SUR-AMANCE, 1 207 hab. Ch.-l. de c., arr. de Langres (Haute-Marne). Pierres meulières et à bâtir.

VARENT (SAINT-), 1 899 hab. Ch.-l. de c., arr. de Bressuire (Deux-Sèvres).

VARÈSE, 14 000 hab., ville d'Italie, à l'O. de Côme. Elle donne son nom à un petit lac appartenant au groupe des lacs du versant S. des Alpes, qui se sont formés après la retraite des anciens glaciers.

VAREUSE ou ***VAIREUSE** (*vair?*), *sf.* Sorte de blouse courte que les matelots et les ouvriers mettent par-dessus leurs habits. ‖ Veste très ample en gros drap.

VARÈZE, 43 kilom., rivière du département de l'Isère, qui se jette dans le Rhône à Saint-Alban.

VARGAS (Louis de) (1502-1568), peintre espagnol qui excella dans les sujets religieux.

***VARGUE** (*x*), *sf.* Etage d'un moulin à dévider la soie : *La vargue supérieure. La vargue inférieure.*

***VARI** (mot madécasse), *sm.* Nom d'un mammifère prosimien de Madagascar, de la famille des Makis, et dont le pélage est varié de noir et de blanc. Ce petit animal, long de 0m,55, habite les forêts de Madagascar où il porte le nom de *vari cossi*. On le dit d'un caractère très sauvage; mais en captivité ses mœurs sont douces.

VARI
(LEMUR VARIUS)

***VARIA** (ml. : *choses diverses*), *smpl.* Mot latin désignant une collection de morceaux variés : *C'est écrit dans mes Varia.*

VARIABILITÉ (*variable*), *sf.* Disposition habituelle au changement, à l'instabilité : *La variabilité du temps.* ‖ Propriété qu'ont certaines espèces de mots de prendre diverses terminaisons suivant l'usage qu'on en fait : *La variabilité des verbes, des participes.* ‖ Propriété que possède une quantité ou une fonction algébrique de prendre successivement une infinité de valeurs différentes. ‖ Propriété de présenter des variétés : *La variabilité des espèces.*

VARIABLE (*varier*), *adj. 2 g.* Sujet à éprouver des changements, des modifications : *La température est variable dans ce climat.* ‖ Qui se présente sous diverses formes. (Bot.) ‖ Susceptible de prendre différentes terminaisons : *Mots variables.* **(Gr.)** — *Sf.* Nom donné, en algèbre, à des lettres représentant des quantités susceptibles de recevoir un nombre de valeurs indéterminé. Les variations d'une fonction dépendent de celles des variables qui y entrent; et quand on remplace ces variables, sauf une, par des valeurs données, il en résulte, en général, une valeur finie et bien déterminée pour la dernière variable. On dit, dans ce cas, que celle-ci est la *variable dépendante*, car sa valeur dépend de celles données à toutes les autres, qui sont les *variables indépendantes*. Il peut y avoir plusieurs variables dépendantes, n par exemple, et si l'on a autant de relations qu'il y a de ces variables, soit n, ces variables dépendantes se déduiront en nombre fini des variables indépendantes. Dans le cas particulier d'une fonction de deux variables x, y, on peut dire que la variable dépendante y dépend de la variable indépendante x : $y = f(x)$, et l'on peut représenter graphiquement les variations de la fonction y par une courbe telle qu'à une valeur OP de x correspond une valeur MP de y. Ainsi une fonction de deux variables peut être représentée par une courbe plane. Le problème connu sous le nom de *changement de variable* consiste, dans le cours des calculs, à employer de nouvelles variables liées aux premières par certaines relations. — *Sm.* Le point où s'arrête la colonne de mercure ou l'aiguille d'un baromètre indiquant que le temps est incertain : *Le temps est au variable.* — **Dér.** *Variabilité.*

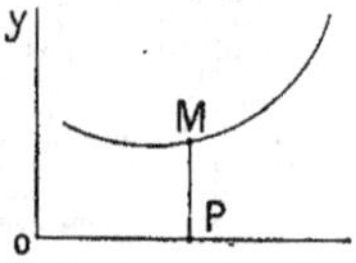

VARIABLE ALGÉBRIQUE

***VARIABLEMENT** (*variable* + sfx. *ment*), *adv.* D'une façon variable.

VARIANT, ANTE (p. prés. de *varier*), *adj.* Qui change souvent.

VARIANTE (*varier*), *sf.* Différence légère, en parlant des passages d'un texte qui ne sont pas semblables dans les diverses éditions : *Les nombreuses variantes de la Bible.*

VARIATION (l. *variationem* : de *variare*, varier), *sf.* Etat d'une chose qui est tantôt d'une façon et tantôt d'une autre : *Les variations de prix d'une marchandise.* ‖ Changement d'opinion, de croyance : *L'Histoire des Variations*, livre de Bossuet retraçant l'histoire des changements survenus dans le dogme chez les protestants. ‖ Différence possible entre les valeurs d'une même donnée astronomique mesurées à des époques différentes : *Les variations de l'inclinaison de l'écliptique.* ‖ Déclinaison de l'aiguille aimantée. ‖ **Compas de variation**, boussole portative employée à bord des navires pour mesurer l'azimut d'un astre ou d'un objet terrestre. La boîte de l'aiguille aimantée est munie de deux pinnules opposées, et de deux fils tendus à angle droit : l'un dans le sens des pinnules, l'autre perpendiculairement. Pendant que l'observateur vise, à l'aide des pinnules, l'objet à relever, un aide lit l'angle que forme le fil perpendiculaire au fil de la visée avec la direction N.-S. de la boussole. Cet angle est le complément de celui que fait le vertical de l'objet observé avec le méridien magnétique. Pour qu'on puisse relever un astre avec le compas de variation (nommé aussi *boussole de relèvement*), il faut que sa hauteur ne dépasse pas 15 degrés. En général, cet instrument est placé sur une plate-forme du navire située au-dessus du dôme de l'escalier d'arrière. ‖ **Variation du compas** ou bien simplement **variation**, nom donné par les marins à la *déclinaison de l'aiguille aimantée*, c'est-à-dire à l'angle que fait le méridien magnétique (direction de l'aiguille aimantée) avec le méridien géographique. Elle est occidentale quand le nord magnétique (indiqué sur le cadran mobile) est à l'ouest du nord vrai ; orientale, dans le cas où il en est à l'est. Le moyen usuel, surtout aux faibles latitudes, pour déterminer la variation en mer consiste à observer l'amplitude ortive du soleil (angle du premier vertical avec le vertical du soleil à son lever), en relevant en même temps au compas de variation (V. plus haut) le point où le soleil se lève. La différence entre l'amplitude calculée et l'amplitude observée, à l'aide du compas, exprime la variation. On peut aussi la déduire de l'azimut d'un astre, dont la hauteur ne dépasse pas 15 degrés : on observe la hauteur de cet astre, on en déduit son azimut; on relève directement sa position à la boussole, puis la différence entre l'azimut observé et l'azimut calculé donne la variation cherchée. Enfin, il existe d'autres méthodes de détermination, basées sur le passage d'un astre au premier vertical, ou au méridien, ou sur le lever ou le coucher de la lune, etc. La déclinaison de l'aiguille ne varie pas seulement avec les lieux, et en chaque lieu avec le temps; ses indications varient suivant la route, ou suivant le *cap* du navire, d'après l'expression habituelle des marins. Ces variations tiennent à l'action des masses de fer qui entrent dans la construction du bâtiment, action qui s'exerce comme si elle émanait d'un centre situé dans la partie moyenne du vaisseau, et près du plan longitudinal de symétrie. Il est par suite nécessaire, pour faire des observations précises, de déterminer d'abord directement, et le plus souvent possible, les déviations correspondantes aux différents caps du navire, et de dresser, d'après les résultats ainsi trouvés, ce qu'on appelle des *tables de déviations*. Ces tables sont construites généralement pendant les relâches, dans le port ou dans la rade; mais on peut également les faire en mer. — *Sfpl.* Changement qu'on fait subir à un air de musique en y ajoutant des notes et des ornements sans en altérer foncièrement la mélodie et le mouvement.

VARICE (l. *varicem*), *sf.* Nom donné à l'inflammation chronique des parois des veines que caractérise cliniquement leur dilatation permanente. Les veines du membre inférieur sont les plus exposées aux varices; aussi le mot *varice*, employé sans être suivi d'un adjectif indiquant le point atteint, implique-t-il toujours la localisation aux jambes : les altérations débutent dans les veines profondes pour n'apparaître que plus tard vers la superficie. Au bras, les varices sont exceptionnelles; celles du cordon testiculaire, presque aussi fréquentes que celles du membre inférieur, sont décrites sous le nom de *varicocèle*; celles du rectum constituent les *hémorroïdes*. Telles sont les localisations les plus habituelles des varices, qu'on peut rencontrer, d'ailleurs, dans toutes les parties de l'organisme (face, cou, tronc, paroi abdominale, œsophage, estomac, vessie, etc.). Dans ces diverses régions, les veines peuvent se montrer cylindroïdes constituant des tumeurs variqueuses, tantôt rectilignes ou serpentines, tantôt limitées et circonscrites en forme d'ampoules, soit que la dilatation porte sur tout le contour de la veine, soit qu'elle n'ait lieu qu'aux dépens d'une partie du calibre de celle-ci. D'ailleurs, quelle que soit la forme de l'altération, on peut toujours la rattacher à un des degrés que les travaux de MM. Cornil et Ranvier ont rendus désormais classiques. La distension simple des parois veineuses constitue le premier degré des varices; et elle peut apparaître à la suite d'un obstacle nouveau à la circulation veineuse ; c'est à ce groupe qu'appartiennent les varices passagères de la femme enceinte. Au deuxième groupe apparaît la lésion anatomique : à la coupe, la veine reste béante, et la surface intérieure est sillonnée de rides longitudinales nombreuses dues à l'augmentation d'épaisseur de la tunique moyenne du conduit veineux. Les varices du troisième degré sont caractérisées par cette augmentation d'épaisseur de la tunique moyenne en certains points, contrastant avec l'amincissement des parois de la veine en des points plus éloignés : ce qui explique les dilatations partielles, ampullaires et fusiformes qui augmentent la longueur du vaisseau et le rendent flexueux. Les valvules des veines se renversent, deviennent insuffisantes; puis les lésions envahissant les ramuscules veineux et les *vasa vasorum* (petits rameaux destinés aux parois des vaisseaux eux-mêmes), la nutrition des parties circonvoisines s'effectue mal et entraîne des troubles de la peau par manque de nutrition de celle-ci.

Quelle est la cause des varices? Certaines conditions mécaniques ont été invoquées pour expliquer l'existence des varices; et les localisations les plus fréquentes de celles-ci prouvent, en effet, d'une manière irréfutable, que toutes les conditions qui mettent quelque obstacle à la marche du sang veineux de la périphérie au cœur favorisent leur apparition (éloignement du cœur, existence normale d'anneaux fibreux entourant la veine malade, abus de jarretières, courbure de certaines veines au point d'abouchement, fréquence de varices chez les personnes dont la profession exige la station debout, tels que laquais, sergents de ville, imprimeurs, menuisiers, blanchisseuses, etc.). Ces conditions mécaniques rendent compte de la prédisposition des varices à se localiser en certains points, mais elles n'expliquent pas la cause de l'altération elle-même qui, pour certains auteurs, doit être rattachée à un état général, à une manière d'être de l'organisme. Pour eux, les varices, qu'elles siègent aux jambes, au rectum ou au cordon testiculaire (il n'est pas rare, d'ailleurs, de les observer en même temps en ces divers points) ne constituent qu'un symptôme, dans un ensemble, une maladie complexe que les uns appellent *arthritisme* (Bazin), auquel les autres donnent le nom d'*herpétisme* (Lancereaux), mais que tous les médecins tendent aujourd'hui à admettre. Les varices s'accompagnent, surtout vers le début, de signes douloureux en rapport avec l'existence des varices profondes : ce sont des fourmillements pendant la marche, une lourdeur inaccoutumée, des crampes qui précèdent souvent et accompagnent les varices qui se dessinent sous la peau sous forme de varicosités, se transforment bientôt en saillies arrondies, bleuâtres, caractéristiques, qui s'étendent plus ou moins. La marche de l'affection est, en effet, essentiellement variable suivant les individus et surtout les soins dont ils s'entourent. Chez les uns, les varices se développent très peu. Chez les autres, sous l'influence d'un effort, d'un traumatisme ou de troubles nutritifs de la peau, il se produit une hémorragie dont l'abondance dénote la gravité. Comme autres complications, nous citerons l'inflammation possible des tissus voisins, le phlegmon circonscrit ou diffus, et l'inflammation aiguë des parois de la veine, qui peut entraîner des accidents mortels par complications du côté du système sanguin général (thrombose, embolie).

Le traitement des varices doit être appliqué, surtout, dès le début de l'affection : autant à une période avancée il peut être difficile, autant, dès le début, il est susceptible de donner d'excellents résultats. Le port d'un bas en coutil, en peau de chien souple ou mieux d'un bas élastique, ni trop serré, ni trop large, sera conseillé au variqueux, qui devra, autant que possible, s'abstenir de marches pénibles et de station debout. Le repos complet au lit, la jambe posée sur un coussinet assez ferme ne peut être exigé pour une affection si bénigne en somme, mais il devra être imposé avec autorité quand les varices auront tendance à s'exulcérer et que l'on prévoira une complication. (V. *Ulcère*.) Chacune de celles-ci a sa médication spéciale. Dans certains cas, le chirurgien a recours à une opération : extirpation, résection ou cautérisation. Ces interventions sont surtout possibles pour les hémorroïdes et la varicocèle. (V. *Varicocèle*.) — **Dér.** *Variqueux, variqueuse.* — **Comp.** *Varicocèle, varicomphale.*

VARICELLE (ital. *varicella* : dm. irrégulier de *variole*), *sf.* Fièvre éruptive, contagieuse, appelée aussi *petite vérole volante*. La varicelle ne reconnaît actuellement pour cause que la contagion, et celle-ci se fait par l'air, le contact du varicelleux n'étant point nécessaire pour que la maladie se transmette. Aussi la varicelle apparaît-elle généralement sous forme de petites épidémies frappant presque exclusivement les enfants en bas âge, se montrant très fréquente entre un et trois ans, presque rare à partir de dix ans. La vaccination ne met point à l'abri de la varicelle, mais une première atteinte de la maladie elle-même n'est qu'exceptionnellement suivie d'une seconde varicelle à une époque reculée, car il ne faut pas confondre la rechute, qui est sous la dépendance d'une première contagion, et la récidive, qui comprend, elle, une nouvelle contagion avec ses conséquences naturelles. Certains auteurs ont signalé la concomitance fréquente de la varicelle avec la coqueluche et la rougeole, sans vouloir en identifier la nature; d'autres, et plus nombreux, ont rapproché la variole de la varicelle, dont ils ont fait une variole légère. Cette opinion, aujourd'hui complètement délaissée, a été violemment combattue par d'Espine et Picot, qui ont établi la *spécificité*, c'est-à-dire la nature spéciale, propre, de la maladie, en se basant sur ce que : 1° la varicelle ne préserve pas de la variole; 2° la variole ne préserve pas de la varicelle; 3° la varicelle n'est pas un obstacle à la vaccine; 4° la vaccine n'empêche pas l'évolution naturelle de la varicelle; 5° la varicelle n'est pas inoculable comme la variole; 6° l'inoculation de la variole, même la plus atténuée possible, n'a jamais produit la varicelle. D'ailleurs, pourquoi la variole, maladie de tous les âges, resterait-elle limitée à l'enfance quand elle se présente sous la forme bénigne? Ajoutons aussi que, cliniquement, la varicelle se différencie de la variole par son mode d'invasion, la nature *bulleuse* de son éruption, sa marche et sa terminaison. Aussi doit-on la classer définitivement dans le cadre des fièvres éruptives comme maladie spéciale ayant son autonomie, sa *spécificité*; et, malgré la similitude des mots *variole* et *varicelle*, il importe de séparer nettement ces deux affections, car la bénignité de celle-ci contraste étrangement avec la gravité d'une variole, même légère. On comprend combien la confusion de ces mots jetterait, à tort, de trouble dans l'esprit du public.

Entre le moment où se produit la contagion et le début de la varicelle, il existe une période qui, variable de 12 à 17 jours, constitue la période d'incubation de la fièvre. Le malade commence alors à se plaindre de lassitude générale, de douleurs musculaires, de somnolence, phénomènes qui peuvent, dans certains cas, être remplacés par une fièvre élevée (40° de température) des maux de tête violents, des douleurs intenses siégeant le long de la colonne vertébrale. Toutefois, il n'est pas rare de voir l'éruption apparaître seule, comme premier symptôme, sous forme de petites taches arrondies, d'un rouge foncé, à peine saillantes, et disparaissant sous le doigt; remplacées bientôt par des bulles oblongues, à contours nets, ou se continuant par une auréole rosée. Ces bulles renferment un liquide clair comme de l'eau, qui se trouble au second jour; puis elles se dessèchent en 24 heures, formant des croûtes qui tombent du quatrième au cinquième jour. Cette éruption qui, généralement, n'apparaît qu'au deuxième jour de la maladie, débute par la face, se localisant spécialement au cuir chevelu; puis, elle gagne le tronc et se généralise, mais le nombre des taches reste limité le plus souvent entre 50 et 300. L'éruption se fait par poussées successives et chacune de ces poussées est marquée par une élévation de température en rapport avec l'abondance des taches, qui peuvent s'étendre aux muqueuses de la bouche et de la gorge.

La varicelle évolue le plus souvent sans phénomènes généraux et reste limitée à l'éruption, qui peut se prolonger successivement de 18 à 20 jours, laissant quelquefois sur les parties atteintes des cicatrices indélébiles : celles-ci sont plus rares que dans la variole. Cette fièvre éruptive est certainement la plus bénigne de toutes et ce n'est qu'exceptionnellement qu'elle met la vie en danger. Elle se complique alors de gangrène et on la rencontre chez les enfants qui offrent une constitution délicate. On a observé aussi, comme complication (mais le pronostic est encore ici favorable), des altérations du rein (néphrite), l'angine, la stomatite et l'apparition de larges plaques précédant l'éruption spéciale de la maladie : c'est le *rash scarlatiniforme*. Ces complications, exceptionnelles d'ailleurs, ne peuvent pas rendre sombre le pronostic de la varicelle qui tend naturellement vers la guérison. Au point de vue du traitement, on conseillera les soins hygiéniques que dicte l'intensité de toute fièvre, on donnera des purgatifs légers, et l'on imposera au malade l'obligation de rester dans un appartement bien chauffé, pour éviter la néphrite. Contre l'éruption, on emploiera un traitement local, c'est-à-dire une poudre inerte quelconque, qui facilitera la dessiccation. On recommandera également au petit malade de ne pas se gratter les croûtes du visage, de crainte de cicatrices persistantes. — Même famille que *Variole, variolette.*

VARICOCÈLE (l. *varicem*, varice + g. κήλη, tumeur), *sf.* Nom donné aux varices du cordon testiculaire. (*V. Varice.*) Fréquent entre dix et trente-cinq ans, la varicocèle est une affection très commune chez les jeunes soldats et une cause assez sensible de réforme dans l'armée. Elle peut siéger des deux côtés, mais, plus souvent, elle est unilatérale, occupant alors de préférence le côté gauche ; celui-ci est aussi toujours pris le premier quand l'affection doit être bilatérale; et cette fréquence plus grande de la varicocèle à gauche semble tenir à la déclivité du testicule gauche qui descend plus bas que le droit (ce qui augmente la hauteur de la colonne sanguine que les veines ont à supporter), et au mode d'abouchement de la veine spermatique gauche qui se jette perpendiculairement dans la veine rénale gauche, tandis que la veine spermatique droite aborde obliquement la veine cave inférieure. De chaque côté, d'ailleurs, la varicocèle peut être ou totale, envahissant alors toutes les veines, ou partielle, occupant, dans ce cas, soit le faisceau antérieur des veines, soit le faisceau postérieur, et cette dernière disposition semble être la plus fréquente. Les altérations que présentent les conduits atteints sont les mêmes que celles que nous avons décrites dans notre article *Varice*, auquel nous renvoyons aussi le lecteur pour l'étude des autres causes qui favorisent l'apparition de la varicocèle. Rarement la varicocèle a un début brusque (*varicocèle aiguë*) et plus souvent c'est d'une façon insidieuse, lente qu'apparaît l'affection. On constate une légère augmentation dans le volume des bourses qui se présentent plus ou moins distendues. Sa palpation montre et la réductibilité de la varicocèle, en faisant refluer le sang veineux vers le cœur, et les variations de volume que présente la tumeur sous diverses influences (toux, effort, station, repos horizontal, etc.). Le variqueux accuse en même temps, comme symptômes, de la gêne, de la pesanteur des parties, et une douleur variable dans son intensité, irradiant en divers sens et se montrant dans certains cas tellement violente, qu'elle entraîne l'hypocondrie avec ses funestes conséquences, ce qui faisait dire à Ambroise Paré que dans la *hargne* (c'est ainsi qu'il nommait la varicocèle) « les veines sont pleines d'un sang mélancolique ». Quoi qu'il en soit, la varicocèle doit être considérée comme une affection bénigne et les soins hygiéniques, aidés d'appareils destinés à maintenir soulevées les parties, suffiront au traitement. Dans certaines circonstances, cependant, le pronostic de cette affection est plus sérieux, car on doit avoir recours à une des opérations chirurgicales qui ont été proposées par divers chirurgiens. Dans un travail remarquable d'érudition et de netteté, le Dr Paul Segond a rangé sous sept chefs les circonstances dans lesquelles la varicocèle est susceptible d'une intervention chirurgicale : « Ces circonstances sont, dit-il, 1° la rapidité d'accroissement de la varicocèle et son volume; 2° l'inaptitude à remplir un service public et la nécessité de renoncer à une carrière désirée; 3° l'hypocondrie et les perturbations mentales; 4° l'atrophie du testicule; 5° l'intensité des douleurs; 6° la coexistence d'une autre affection de la région ou d'une lésion plus éloignée tenant les varices sous leur dépendance; 7° les complications inflammatoires. » Les procédés opératoires sont nombreux, mais on peut les grouper en trois variétés; et chacune d'elles trouve son indication suivant l'intensité des douleurs, le volume de la varicocèle et la longueur du scrotum. — **Gr.** Plusieurs écrivains font *varicocèle* masculin; mais l'Académie en fait un substantif féminin, suivant l'analogie des mots terminés en *cèle* (du g. κήλη, fém.).

***VARICOMPHALE** (*varice* + g. ὀμφαλός, ombilic), *sf.* Tumeur variqueuse à l'ombilic.

VARIÉ, ÉE (*varier*), *adj.* Dont les parties ne se ressemblent pas ou contrastent les unes avec les autres : *Récits variés.* || *Air varié*, que l'on a modifié en y introduisant des variations. (Mus.) || *Mouvement varié*, celui dans lequel la vitesse du mobile change à chaque instant. || *Mouvement uniformément varié*, celui dans lequel la vitesse augmente ou diminue d'une quantité proportionnelle au temps.

VARIER (l. *variare*), *vt.* Rendre varié : *Varier son travail.* || *Varier la phrase*, dire la même chose en d'autres termes. || *Varier un air*, le modifier en y introduisant des variations. — *Vi.* Devenir autre : *Le vent a varié.* || Apprécier, raconter différemment : *Les avis varient sur cette question. Les historiens varient sur la manière dont ce fait a eu lieu.* — **Se varier**, *vr.* Devenir autre. — **Dér.** *Variant, variante* (adj.), *varié, variée, variante* (s.), *variation, variable, variabilité, variété; varia, variorum, varietur* (ne). — **Comp.** *Invariable, invariabilité, invariablement, invariant.*

VARIÉTÉ (l. *varietatem*), *sf.* État d'une chose dont les parties ne se ressemblent pas ou même contrastent entre elles : *Il y a de la variété dans le spectacle.* || Groupe d'individus qui appartiennent à une même espèce, mais s'en distinguent par un ou plusieurs caractères constants, mais de peu d'importance : *La culture a obtenu beaucoup de variétés de tulipes.* — *Sfpl.* Partie d'un journal qui traite de différents sujets plus ou moins étrangers à la spécialité de ce journal. ‖ *Les Variétés*, nom d'un théâtre de Paris.

VARIETUR (NE) [né-va-rié-tur] (ml. : *qu'il ne soit pas varié*), formule que des juges apposent ou font apposer revêtue de signatures sur un écrit afin qu'il n'y soit rien changé.

VARIGNON (Pierre) (1654-1722), célèbre géomètre français, né à Caen. Il contribua puissamment aux progrès de la mécanique théorique et du calcul infinitésimal. — **Théorème de Varignon**, théorème qui établit une relation entre deux forces appliquées à un point matériel, leur résultante et les distances de ces forces à un point pris dans le plan. Il suppose la définition du *moment d'une force* par rapport à un point : on désigne ainsi le produit de cette force par la distance au point où le bras de levier, et on considère ce moment comme positif ou négatif, suivant que la force tend à faire tourner son bras de levier dans un sens déterminé ou en sens contraire. Cela posé, le théorème de Varignon s'énonce ainsi : *Si deux forces* P *et* Q *sont appliquées en un point, la somme algébrique de leurs moments, par rapport à un point* O *du plan, est égale au moment de leur résultante.* Cela revient à démontrer que l'on a :

(1) $MR \times OC = MP \times OA + MQ \times OB.$

Or, les produits partiels renfermés dans cette égalité représentent respectivement la moitié des aires des triangles OMR, OMP, OMQ. Il suffit donc de vérifier que l'aire du premier triangle OMR est égale à la somme des deux autres. Mais on peut considérer ces triangles comme ayant pour base OM, et pour hauteurs respectives les distances des points R, P, Q, à cette droite OM : ces distances sont les projections des droites MR, MP et MQ, sur une droite perpendiculaire à OM. D'après une propriété connue (théorème des projections), la projection d'un côté d'un triangle sur un axe est égale à la somme *algébrique* des projections des deux autres côtés. Dans le cas actuel (en projetant sur un axe perpendiculaire à OM) :

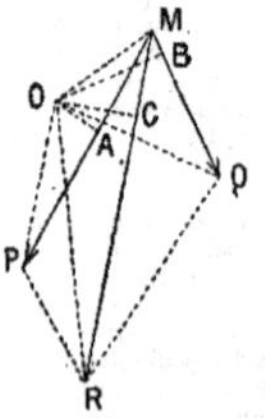

THÉORÈME DE VARIGNON

$$\text{proj. } MR = \text{proj. } MP + \text{proj. } PR,$$

mais PR = MQ, donc : la distance du point R à OM est la somme algébrique de celles des points P et Q, et la propriété énoncée se trouve vérifiée, puisque l'on a entre les triangles OMR, OMQ et OMP la relation :

$$OMR = OMP + OMQ,$$

qui revient à l'égalité (1). Le théorème de Varignon est général et s'étend : 1° à un nombre quelconque de forces concourantes (V. *Forces*, t. Ier du *Dictionnaire*); 2° à des forces parallèles, dirigées dans le même sens ou en sens contraires, et l'on peut dire que le moment de la résultante de plusieurs forces situées dans un plan est égal à la somme *algébrique* des moments de leurs composantes. Dans le cas particulier d'un *couple* (forces parallèles, égales et de sens contraires), il n'y a plus de résultante et la proposition n'a plus lieu. Dans ce cas, on peut vérifier que le *moment du couple* (c'est-à-dire la somme des moments des deux forces du couple), par rapport à un point situé dans son plan, est constant et égal au produit de l'une des forces par la distance des deux forces. On peut ajouter enfin que la proposition énoncée s'étend aux projections, sur un même plan, d'un système quelconque de forces concourantes situées comme on voudra dans l'espace.

VARILHES, 1 667 hab. Ch.-l. de c., arr. de Pamiers (Ariège).

VARIN (Pierre-Amédée), né en 1818, graveur français. — **Varin** (Pierre-Adolphe), artiste graveur français, né en 1821 ; auteur de nombreuses planches très estimées.

VARIN (Charles) (1798-1869), auteur dramatique et vaudevilliste des plus féconds.

VARINAS, 12 100 hab., ville de la République de Venezuela (Amérique du Sud), sur le Santo-Domingo, à 480 kilom. S.-O. de Caracas. Tabac, coton, café.

1. **VARIOLE** (bl. *variola* : de *varius*, tacheté), ou encore petite vérole ou picote, *sf.* Maladie éruptive, fébrile, contagieuse, épidémique, inoculable, mais conférant l'immunité dès la première atteinte. La nature pustuleuse de son éruption la différencie nettement des autres fièvres éruptives, de la rougeole et de la scarlatine notamment. Son histoire se confond cependant à l'origine avec celle de ces deux affections et celle des éruptions syphilitiques. On trouve la variole décrite sous ce nom pour la première fois par Marius d'Avenches au VIe siècle, et la maladie que décrit Grégoire de Tours « avec mauvaises pustules et fièvre » semble aussi se rapporter à la variole que l'on désignait dans le langage populaire sous le nom de « *corales* ». Le IXe siècle nous fournit une première description très exacte de la maladie due à l'observation attentive de Rhazès. A partir de cette époque, la variole commence à être bien connue en Europe, et de nombreux travaux sont consacrés à son étude. Les épidémies apparaissent très nombreuses et graves pendant le XVe et le XVIe siècle, mais il nous faut arriver au XVIIe siècle pour trouver dans les descriptions de Sydenham une division nette des formes normales et anormales de la variole et un traitement méthodique de l'affection. Au commencement du XIXe siècle, la thérapeutique s'enrichit de la découverte mémorable de Jenner (V. *Vaccine, Vaccination*) et la vaccination est substituée à l'inoculation de la variole elle-même qui avait été jusqu'à ce temps le seul moyen, mais moyen quelquefois dangereux, proposé comme prophylactique. Aujourd'hui, grâce à la vaccine, la variole est devenue une maladie excessivement rare, et on ne la retrouve, endémiquement, que dans les grands centres (Paris) où des cas isolés apparaissent de temps à autre, épidémiquement, que dans les pays reculés réfractaires à toute civilisation ; c'est ainsi que dernièrement encore (octobre 1890), M. le professeur Proust a communiqué à l'Académie de médecine de Paris un rapport sur les épidémies de variole qui sévissent en Bretagne, où la revaccination est à peu près inconnue, et a suscité dans la presse un courant qui tendrait à rendre la vaccination obligatoire en France, comme elle l'est déjà dans différents pays. (V. *Vaccination*.) Les recherches actives sur l'agent de la variole n'ont pas encore donné de résultats définitifs, mais il est très vraisemblable que cette maladie est causée par la multiplication dans l'organisme d'un germe contenu dans le liquide des pustules, mais non encore définitivement isolé. Ce germe se transmet le plus habituellement par le pus desséché et par les croûtes que laissent les pustules. L'abondance des pustules de la variole, étant le plus habituellement en rapport avec l'intensité des phénomènes généraux concomitants, a été prise, de tous temps, comme base de la division des formes de la maladie, et, avec Trousseau, on décrit deux formes principales, l'une *discrète*, l'autre *confluente* : chacune de celles-ci peut d'ailleurs être normale ou anormale dans ses allures. Dans sa forme la plus habituelle, la variole est discrète et présente à étudier cinq périodes bien distinctes, qui sont : l'*incubation*, l'*invasion*, l'*éruption*, la *suppuration* et la *dessiccation*.

Période d'incubation. — Cette période, comprise entre le moment où se produit la contagion et celui où apparaissent les premiers symptômes, est en moyenne de 8 à 10 jours : elle est plus courte quand il s'agit de variole produite par l'inoculation du liquide contenu dans les pustules d'un varioleux ; elle présente peu de différence, selon que la variole qui va suivre sera grave ou bénigne. On note souvent pendant cette période quelques céphalées, un peu de fatigue et d'autres signes auxquels le malade attache, en général, peu d'importance. On conçoit combien ceux-ci sont significatifs lorsqu'ils surviennent dans un pays où sévit une épidémie.

Période d'invasion. — Celle-ci est annoncée *brusquement* par un frisson violent unique, accompagné d'une élévation subite de la température : dès le premier jour, le thermomètre placé dans le creux de l'aisselle oscille entre 39°,5 et 40°. Le malade éprouve une sensation de chaleur très pénible et le pouls bat de 110 à 130 pulsations à la minute. La fièvre est accompagnée de malaise et de maux de tête excessivement violents qui jettent le malade dans un état d'abattement extrême. Les sueurs sont profuses sur tout le corps. L'appétit a disparu complètement, la langue est sèche, la constipation est la règle, et le malade est souvent pris de délire dès le début. Parmi les symptômes dont la signification présente une importance capitale, nous devons noter les *vomissements*, très abondants de matières alimentaires mélangées à de la bile, s'accompagnant de douleurs très violentes du côté des parois abdominales, et la *rachialgie*, ou douleur vive siégeant sur la colonne vertébrale présentant son maximum d'intensité vers la partie inférieure de cette région. Tous ces signes s'accentuent le deuxième jour, et on peut voir apparaître une éruption qui, précédant l'éruption de la maladie elle-même, a été décrite par les médecins anglais sous le nom de *variolous rash*, se localisant, sous forme de rougeur diffuse, aux aines et à la racine des membres inférieurs.

Période d'éruption. — L'éruption de la variole se produit à la fin du troisième jour de la maladie, et, à ce moment, le varioleux entre dans une période de diminution des symptômes fonctionnels : les maux de tête sont moins violents, les douleurs tendent à disparaître, les vomissements sont moins fréquents, et la température tombe brusquement de 40°,3 à 38°,5 ou à 38°, pour diminuer progressivement. L'éruption débute par la face, dont toutes les parties sont envahies, et elle y reste localisée exclusivement pendant 24 heures, puis elle s'étend aux autres régions envahissant successivement le tronc, les membres supérieurs, la paroi abdominale, les membres inférieurs et gagnant aussi les muqueuses, notamment celles de la voûte palatine et du voile du palais. Elle se présente constituée par des *macules* d'un rouge sombre qui se transforment en *papules* arrondies et acuminées vers le cinquième jour, contenant un liquide déjà louche et trouble. Chacun des boutons est séparé des boutons voisins par des intervalles de peau saine.

Période de suppuration. — Vers le huitième jour, les papules contiennent un liquide blanc laiteux : la *pustule* est constituée et on observe, en même temps qu'un léger degré d'inflammation autour de la pustule, une nouvelle élévation de la température en rapport avec la suppuration qui se produit. Celle-ci commence par la face, de sorte qu'il n'est pas rare de trouver le même jour sur le corps d'un varioleux et des pustules (*face*) et des vésicules (*tronc*); à cette période surtout appartiennent les complications inflammatoires de la maladie (œdème de la glotte, perforation du tympan, phlegmons, congestion pulmonaire, etc...). La température reste cependant moins élevée à ce moment qu'au début de l'affection : elle ne dépasse pas 39°,5, à moins de complications graves.

Période de dessiccation. — Avec cette nouvelle période de la maladie qui débute au neuvième jour de la variole, on observe la chute progressive de la température. Ses pustules se rompent, s'affaissent et laissent, à leur place, une croûte brunâtre. L'élimination des croûtes est achevée au vingtième jour. Tous les autres signes disparaissent progressivement, le délire est remplacé par un sommeil calme réparateur, la langue devient normale et les fonctions digestives, bientôt redevenues suffisantes, sont l'indice d'une convalescence qui s'annonce dans les meilleures conditions. Les malades sont tourmentés par des démangeaisons, et lorsque les croûtes sont épaisses et adhérentes, on peut prévoir que la variole laissera sur le corps et surtout sur le visage du malade des cicatrices indélébiles (*picote*). Telle est, dans sa marche et avec ses symptômes ordinaires, la variole discrète commune. A côté d'elle, on peut observer des varioles anormales, soit par leur bénignité, soit par leur malignité. Les premières appartiennent surtout aux varioles provoquées volontairement par l'inoculation de virus atténué. (V. *Varioloïde.*) Les deuxièmes offrent deux types distincts : *variole confluente* et *variole hémorragique.* Dans la *variole confluente*, les symptômes du début sont les mêmes que ceux de la *variole discrète*, peut-être plus accentués ; mais l'éruption est plus abondante, les vésicules plus rapprochées les unes des autres, surtout sur la face et le tronc. D'ailleurs, on n'observe pas la disparition des maux de tête, des vomissements et de la rachialgie au moment de l'éruption, et, au contraire, l'agitation et le malaise persistent ; puis la suppuration débute au sixième ou au septième jour, avec une élévation considérable de la température, un gonflement très marqué du visage devenu méconnaissable. La salivation est continuelle et on note une éruption semblable à celle de la peau sur un grand nombre de muqueuses. C'est à la période de suppuration que le malade court le plus grand danger et l'apparition de l'œdème est un signe de sombre pronostic. La guérison de cette forme est l'exception et quand elle a lieu, elle laisse des cicatrices affreuses sur tout le corps. La *variole hémorragique*, décrite aussi sous le nom de *variole noire* ou *variole pourprée*, est une des plus fréquentes et des plus terribles, parmi les formes malignes. Elle semble surtout atteindre les individus que des causes étrangères à la maladie ont mis dans un état de réceptivité plus grand, et, parmi ces causes, on doit citer la misère physiologique, l'inanition, le surmenage et surtout l'alcoolisme. La grossesse serait aussi une cause fréquente de prédisposition à la variole hémorragique. En dehors de ces conditions, il faut faire aussi intervenir la nature spéciale de l'épidémie imprimant son cachet propre, sa tendance aux hémorragies dans les diverses parties de l'organisme. Cette tendance hémorragique peut se manifester dès le début de la maladie, et d'emblée celle-ci revêt une gravité exceptionnelle en rapport avec la quantité de sang épanché. Plus souvent, les hémorragies n'apparaissent qu'au cours de l'affection, qui cependant avait débuté avec des symptômes généraux de la plus haute intensité. La mort survient en général du sixième au neuvième ou dixième jour. Dans chacune de ces formes, des complications sont possibles ; nous ne ferons que citer l'œdème de la glotte, la nécrose du larynx, la bronchite pustuleuse, la broncho-pneumonie variolique, la pneumonie lobaire, la pleurésie, la péricardite, l'endocardite, la myocardite, l'albuminurie, l'orchite varioleuse, les altérations musculaires et articulaires, les troubles psychiques, les paralysies, les furoncles, les gangrènes, et les complications diverses des organes. L'énumération rapide de ces complications et l'exposé des diverses formes de la variole rendent assez sombre le pronostic de la variole, qui, heureusement, tend de plus en plus à disparaître ; mais ces complications ne sont pas fatales et, en résumé, on peut distinguer avec E. Besnier, au point de vue du pronostic : « 1° les varioles qui guérissent seules, telles que varioles discrètes, varioloïdes ; 2° les varioles graves par suite de causes diverses, mauvais état général, alcoolisme, complications (ces varioles ne sont pas toujours au-dessus des ressources du traitement) ; 3° les varioles confluentes, malignes, hémorragiques, dans lesquelles la destruction de l'organisme est décrétée dès le principe. »

Le traitement de cette affection comprend deux parties distinctes ; et le médecin doit s'évertuer : 1° à mener à bonne fin une variole qui évolue chez un malade ; 2° à restreindre l'épidémie dans un cadre le plus petit possible. Les soins hygiéniques les plus minutieux doivent être institués chez le variolique, que l'on isolera dans une chambre modérément chauffée. La *diète sera rigoureuse* pendant toute la durée des phénomènes fébriles. On combattra les phénomènes douloureux par l'emploi des opiacés ou des préparations chloroformées ou laudanisées. L'usage des bains froids, préconisé par un grand nombre de médecins, donne de moins bons résultats que dans la fièvre typhoïde ; la quinine et l'antipyrine donnent de bons résultats pour abaisser la température. Dans la période d'éruption, les médicaments stimulants, le vin, l'alcool, le café trouvent leurs indications, ainsi que pendant la période de suppuration dans laquelle les ablutions, avec des solutions antiseptiques, seront journellement employées. Le malade devra être surveillé attentivement pendant la convalescence, et les bains sulfureux, les douches chaudes, le massage seront d'excellents adjuvants. Quant aux moyens qu'il faudra employer pour limiter l'épidémie, ils ont été laconiquement résumés par Lorrain dans les trois termes suivants : « contagion, isolement, vaccination. » Et le Dr Vidal les a formulés d'une façon catégorique dans un rapport à l'Académie de médecine : 1° déclaration obligatoire de tout cas de variole confirmée ; 2° isolement rigoureux des varioleux dans des hôpitaux spéciaux ; 3° transport des varioleux dans des voitures spéciales ; 4° désinfection soigneuse de tous les objets qui ont été en contact avec un varioleux (lits, vêtements, etc.) ; 5° vaccination obligatoire des enfants, dans les six premiers mois de leur existence ; 6° revaccination obligatoire tous les dix ans. (V. *Vaccination.*) — **Dér.** *Variolette, variolé, variolée, varioleux, varioleuse, variolique, varioline, variolite.* — **Comp.** *Varioloïde, varioliforme.* Même famille : *Varicelle, vérole.*

2. **VARIOLE** (dm. du l. *varius*, varié), *sf.* Genre de poissons de l'ordre des Acanthoptérygiens et très voisins des perches, dont ils ne diffèrent que par les fortes dentelures et la petite épine à l'angle du préopercule. On en connaît trois espèces, qui vivent aujourd'hui dans les pays chauds. Une espèce habite le Nil et était connue des anciens sous le nom de *latos.*

VARIOLE

(VARIOLA INDICA)

***VARIOLÉ, ÉE** (*variole* 1), *adj.* et *s.* Qui porte les marques de la petite vérole.

***VARIOLETTE.** (V. *Varicelle.*)

VARIOLEUX, EUSE (*variole* 1), *adj.* et *s.* Qui est atteint de la variole.

***VARIOLIFORME** (*variole* 1 + *forme*), *adj.* 2 *g.* Qui ressemble à la variole : *Eruption varioliforme.*

***VARIOLINE** (*variole* 1). (V. *Variolite.*)

VARIOLIQUE (*variole* 1), *adj.* 2 *g.* Qui appartient à la variole, qui est causé par la variole : *Boutons varioliques.*

***VARIOLITE** (de *variole* 1, à cause des taches provenant de ses noyaux), *sf.* Roche cristallisée formée de pâte de pétrosilex ou de porphyres aux diverses couleurs, constituée en noyaux sphéroïdaux feldspathiques dont la couleur diffère de celle de la pâte. La variolite est aussi appelée *pierre de la petite vérole* ou *pierre à picot.* ‖ *Variolite verdâtre*, ou simplement *la variolite*, nom d'une sorte de variolite trouvée dans la Durance et formée de morceaux roulés.

***VARIOLOÏDE** (*variole* 1 + g. εἶδος, forme), *sf.* Nom donné à toute variole qui n'arrive pas à la période de suppuration. Le mot *varioloïde* n'est pas synonyme de *variole bénigne*, car si, dans la majorité des cas, la maladie se présente avec ce caractère bénin, il n'en est pas moins vrai que, dans d'autres cas, elle peut apparaître cohérente et accompagnée de phénomènes généraux dont l'intensité rappelle celle des signes du début d'une variole grave. Elle ne doit pas être confondue surtout avec la varicelle, maladie éruptive tout à fait différente des varioles. (V. *Varicelle.*) La contagion de la varioloïde est de même nature que celle de la variole, et on tend aujourd'hui à admettre que la nature du terrain sur lequel doit agir le germe contage suffirait à expliquer l'apparition ou d'une variole ordinaire, ou d'une varioloïde : celle-ci frapperait surtout les individus mis en garde contre la maladie, soit par une première atteinte de la maladie elle-même, soit par une vaccination antérieure ; et sur ce terrain, le cycle normal de l'affection ne s'effectuerait pas complet. Cette explication, acceptée par un grand nombre de médecins, est rejetée par d'autres, qui ne voient dans la varioloïde qu'une forme spéciale de la maladie, nullement en rapport avec le terrain sur lequel elle évolue. Le début de la varioloïde est brusque, accusé par une élévation subite de la température, qui peut aller jusqu'à 40°. Les maux de tête, la rachialgie (V. *Variole*), les vomissements apparaissent bientôt, et, pendant deux jours, se présentent avec une grande intensité ; puis, au troisième jour, on note un abaissement de la température et le corps se recouvre de taches analogues à celles que nous avons décrites dans notre article *Variole ;* mais on ne tarde pas à s'apercevoir que ces boutons n'ont aucune tendance à suppurer ; aussi les voit-on disparaître progressivement sans laisser de cicatrice. Il n'y a pas ici de redoublement de fièvre vers le septième ou le huitième jour, comme dans la variole. La varioloïde est complètement terminée et le malade entre dans la période de convalescence pendant laquelle les croûtes qui ont succédé aux boutons disparaissent petit à petit sous forme d'écailles furfuracées. Toutes les formes que nous avons décrites à la variole sont possibles dans la varioloïde, qui peut même affecter la forme hémorragique, et, dans ces cas, devenir une maladie dangereuse. Une sage prévoyance dictera, en présence d'un malade atteint de varioloïde, toutes les mesures prophylactiques qui ont été proposées pour les cas de variole. Le traitement devra s'adresser aux phénomènes prédominants, et dans la majorité des cas, les moyens hygiéniques suffiront à assurer une évolution normale de la maladie.

***VARIORUM** [va-rio-rome] (ml. : *de plusieurs*), *adj.* et *s.* 2 *g.* Se dit d'auteurs imprimés avec des notes de plusieurs commentateurs : *Un Virgile variorum.*

VARIQUEUX, EUSE (l. *varicosum*), *adj.* Affecté de varices : *Veines variqueuses.* ‖ Causé par des varices : *Ulcère variqueux.* ‖ Qui a des renflements comparables à des varices.

VARIUS (Lucius), poète latin ami de Virgile et d'Horace et dont les œuvres ne nous sont point parvenues. Il fut chargé par Virgile de revoir et de publier l'*Enéide.*

VARLET (db. de *valet*), *sm.* Jeune noble qui, au moyen âge, était placé chez un gentilhomme pour faire l'apprentissage de la chevalerie et remplissait auprès de lui l'office de page.

VARLOPE (neerl. *weer-loop*, qui va en retour), *sf.* Grand rabot employé par les menuisiers et les charpentiers. ‖ *Demi-varlope*, rabot à deux poignées des menuisiers.

VARLOPE

***VARLOPER** (*varlope*), *vt.* Dresser ou finir avec la varlope.

***VARME** (*x*), *sf.* Côté où se trouve la tuyère dans un fourneau d'affinage.

VARNA, 22 000 hab. Ville de la Bulgarie, port sur la mer Noire où aboutit le chemin de fer de Routschouk ; grand commerce de blé, de bois de construction et de cuirs.

VAROLE (PONT DE) (*Varoli*, médecin). Grosse éminence saillante, appelée encore *mésencéphale*, située à la face inférieure de l'encéphale, traversant d'un pédoncule moyen du cervelet à l'autre, et offrant dans sa partie moyenne un sillon longitudinal dans lequel passe l'artère basilaire. (V. *Moelle épinière.*) Le pont de Varole repose sur la gouttière basilaire, au devant de la moelle allongée et du cervelet (V. *Cervelet* et *Cerveau*), derrière les pédoncules du cerveau. L'hémorragie du *pont de Varole* peut aboutir à l'apoplexie foudroyante ; pourtant, si la lésion n'atteint qu'un seul côté des faisceaux conducteurs de la sensibilité et du mouvement, l'intelligence reste intacte.

VAROLI (1543-1570), anatomiste italien, premier médecin du pape Grégoire XIII. ‖ *Pont de Varole.* (V. *Varole* [*pont de*].)

***VAROU** ou ***VARO** (mot malais), *sm.* Espèce de malvacée arborescente des Indes et de Madagascar, appelée aussi *ketmie à feuilles de tilleul* (*hibiscus tiliaceus*). L'écorce du varou donne des fibres textiles. (V. *Ketmie.*)

VAROUNA. (V. *Varuna.*)

VARRON (Caïus Terentius), fils d'un boucher, qui fut consul romain avec Paul-Émile (216 av. J.-C.), et perdit la bataille de Cannes contre Annibal.

VARRON (Marcus Terentius) (116-26 av. J.-C.), savant auteur et antiquaire latin dont les deux principaux ouvrages sont : un traité d'agriculture (*De re rustica*), et un livre sur la langue latine (*De lingua latina*).

***VARPIÉ** (*x*), *sm.* Plaque de fer appliquée aux oreilles de la charrue.

***VARRE** (*x*), *sf.* Sorte de harpon employé en Amérique pour prendre les tortues de mer. — **Dér.** *Varrer, varreur.*

***VARRER** (*varre*), *vt.* Pêcher à la varre.

***VARREUR** (*varre*), *sm.* Pêcheur de tortues. ‖ Celui qui lance la varre.

VARS (col de). Prolongement du col de l'Argentière, dans le massif de Vallouise (Hautes-Alpes).

VARSOVIE (pol. *Warszava;* all. *Warschau*), 350 000 hab. parmi lesquels il y a 150 000 juifs. Ville de la Russie d'Europe, ancienne capitale de la Pologne, sur la rive gauche de la Vistule, et réunie par un beau pont au faubourg de *Praga;* archevêché, université, ancien palais royal. Grande activité industrielle et commerciale, nombreuses filatures et manufactures d'étoffes, de machines, d'outils, de meubles ; brasseries, tanneries, savonneries. Varsovie devint capitale de la Pologne en 1566, fut prise par Charles XII en 1703, saccagée par Souwaroff en 1794, devint de 1807 à 1815 la capitale du grand-duché de Varsovie créé par Napoléon, fut donnée aux Russes par les traités de 1815, s'insurgea en 1830, mais fut reprise en 1831, puis bombardée en 1848 après une révolte inutile.

***VARTIGUÉ** (corruption de *vertu Dieu*), *interj.* Sorte de jurement : *Ah! vartigué!*

VARUNA [va-rou-na] (du sanscrit *var*, couvrir), dieu de la mythologie hindoue représentant le firmament nocturne opposé au jour. On l'a identifié au grec Ouranos (οὐρανός, la voûte des cieux).

VARUS, général romain, gouverneur de la Gaule Belgique, qui, l'an 9 av. J.-C., fut massacré avec trois légions, dans la forêt de Teutberg, par Arminius, chef des Chérusques. Après ce désastre, Auguste répétait souvent : *Varus, rends-moi mes légions!*

***VARUS** (l. *varus*, tourné en dedans, plié), *sm.* et *adj.* Variété de pied bot, congénital ou acquis, caractérisée par la déviation du pied en dedans et l'enroulement de celui-ci sur lui-même. Cette variété s'accompagne dans la grande majorité des cas de l'extension permanente du pied, variété connue sous le nom de *pied bot équin.* Cette malformation s'accompagne souvent de certains autres vices de conformation, tels que l'ankylose congénitale des deux genoux, l'absence de la rotule. Le traitement du varus par les appareils orthopédiques donne de bons résultats ; mais, dans certains cas, on devra avoir recours à la section du tendon d'Achille (*ténotomie*) ; malheureusement, les récidives sont fréquentes et cette variété de pied bot devra être très activement surveillée dans le cours du traitement prolongé par les appareils orthopédiques.

***VARY-REVARY** (*x*), *interj.* Sorte d'exclamation que l'on crie aux chiens quand l'animal a fait un retour.

VARZIN, petit village de la Poméranie (Prusse). Château du prince de Bismark, ancien chancelier de l'empire allemand.

VARZY, 2 941 hab. Ch.-l. de c., arr. de Clamecy (Nièvre) ; collège, école normale d'instituteurs. Patrie des trois Dupin.

VASA. (V. *Wasa.*)

***VASAIS** (*vase* 1), *sm.* ou ***VASIÈRE**, *sf.* Réservoir supérieur d'un marais salant.

***VASARD** (*vase* 1), *adj. m.* Mêlé de vase : *Fond de sable vasard.* — Subst. *Un vasard.*

VASARHÉLY, 7 000 hab. Ville de Hongrie (Csongrad), sur les marais du Hod et le canal Carolin. Tabac, vins, fruits ; élève de bestiaux.

VASARHÉLY (MAROS-), all. Markstadt ou Neumarkt, l. *Agropolis*, 15 000 hab., ville forte et ch.-l. du district de Maros (Transylvanie), sur le Maros, à 72 kilom. S.-E. de Klausenbourg. Tabac, grains.

VASARI (Giorgio ou Georges) (1512-1574), peintre et architecte italien, élève de Michel-Ange et d'Andrea del Sarto, et qui eut pour protecteur la famille des Médicis. C'est Vasari qui a fondé l'Académie des beaux-arts de Florence, en 1561. Comme biographe, il est l'auteur du recueil intitulé : *le Vite de' più eccellenti pittori, scultori e architetti.*

VASCO DE GAMA. (V. *Gama.*)

VASCONCELLOS (Miguel de), homme d'État portugais, vice-ministre de Marguerite de Savoie à Lisbonne. Lorsque les Portugais s'insurgèrent contre la domination espagnole, il fut la première victime de la conjuration ; découvert dans une armoire où il s'était caché, il fut criblé de coups d'épée et jeté par la fenêtre de son palais.

VASCONCELLOS (Francisco-Diego-Bernardo Perreira de), homme d'État brésilien, né en 1794 dans les Minas Geraës.

VASCONS, ancien peuple de l'Espagne entre l'Ebre et les Pyrénées (Navarre et partie de la Biscaye). Il émigra au commencement du VIIe siècle et vint s'établir dans une partie du S.-O. de la France, qui de son nom a été appelée *Vasconie* ou *Gascogne.*

VASCULAIRE (l. *vasculum*, petit vase), *adj. 2 g.* Qui sert à former les vaisseaux ou tubes des corps organisés : *Parois vasculaires.* ‖ Formé de vaisseaux : *Système vasculaire*, l'ensemble des artères et des veines d'un animal. ‖ Composé de vaisseaux unis à du tissu cellulaire et à des fibres : *Plantes vasculaires*, celles qui ont déjà des vaisseaux, par opposition à *plantes cellulaires*, celles qui, comme les champignons, ne sont formées que de cellules. — **Dér.** *Vasculeux, vasculeuse, vasculose, vascularisation, vascularité.*

***VASCULARISATION** (*vasculaire*), *sf.* Formation de nouveaux vaisseaux ou augmentation du nombre des vaisseaux dans un tissu organique.

***VASCULARITÉ** (*vasculaire*), *sf.* Qualité d'un tissu organique où il existe des vaisseaux.

VASCULEUX, EUSE (du l. *vasculum*, petit vaisseau), *adj.* Vasculaire.

***VASCULOSE** (l. *vasculum*, petit vaisseau, capsule), *sf.* Matière qui forme la paroi des cellules vasculaires des plantes. Elle est soluble dans les alcalis et non dans les acides, et, par sa distillation, elle produit l'esprit-de-bois.

1. **VASE** (anc. sax. *vase*), *sf.* Boue qui se trouve au fond de l'eau : *La vase d'un ruisseau, d'un étang.* ‖ *Fond de vase*, fond de la mer d'une bonne tenue pour les ancres des navires, surtout lorsque cette vase n'est pas trop molle. — **Dér.** *Vaseux, vaseuse, vasé, vasée, vasière, vasais, vason, vasard.*

2. **VASE** (l. *vasum*), *sm.* Objet creux destiné à contenir des liqueurs, des fruits, des mets de parfums, etc., ou qui sert d'ornement dans les jardins, les maisons : *Un vase de porcelaine.* ‖ *Vases sacrés*, calice, ciboire, patène, ostensoir, custode. ‖ *Vases communiquants*, ensemble de vases qui communiquent les uns avec les autres. Quelle que soit leur forme, ils s'emplissent jusqu'à la même hauteur quand on verse un liquide dans l'un d'eux. (V. *Hydrostatique*, t. I, p. 1025, col. 1.) ‖ *Vase de Tantale.* (V. *Siphon.*) ‖ *Vase de Mariotte*, appareil inventé par l'abbé Mariotte pour obtenir l'écoulement régulier d'un liquide. Il se compose d'un flacon dont le goulot est fermé par un bouchon que traverse le tube LK ; ce tube plonge dans le liquide contenu dans le vase qui possède un ou plusieurs orifices *a*, *b* placés à des hauteurs différentes, percés en mince paroi et pouvant être fermés par des bouchons. Supposons que le liquide s'élève à une hauteur K dans le tube : débouchons l'orifice *a*, le liquide s'écoule rapidement d'abord, puis plus lentement. Quand le tube est plein d'air, des bulles de gaz se dégagent de l'extrémité O du tube et gagnent la partie supérieure du flacon. Soit *h*, la distance entre les plans horizontaux qui passent par *a* et par O, le principe de Torricelli donne pour la vitesse d'écoulement :

$$V = \sqrt{2gh}.$$

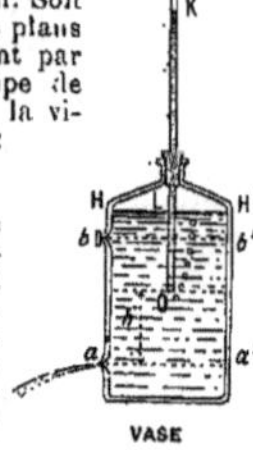

VASE DE MARIOTTE (Phys.)

expression qui reste constante tant que le niveau du liquide n'est pas descendu en dessous de O. Si on débouchait l'orifice *b* au lieu de l'orifice *a*, l'écoulement aurait lieu par *b* jusqu'à ce que le niveau se soit abaissé dans le tube jusqu'en L : à partir de ce moment, il y a équilibre et l'écoulement cesse. Supposons que l'orifice *a* étant ouvert et l'écoulement étant régulier, on débouche *b*; l'équilibre ne peut subsister, des bulles d'air s'introduisent par l'orifice *b*; le niveau du liquide remonte alors dans le tube et l'équilibre se rétablit dès qu'il atteint le plan *bLb'*. ‖ *Vases communiquants.* — *Pression sur le fond des vases.* (V. *Hydrostatique.*) ‖ Arbre fruitier auquel on a donné la forme d'un vase. — Fig. *Vase d'élection* ou *vase d'élite*, personne très agréable à Dieu. ‖ *Vase de miséricorde, de pureté*, personne très miséricordieuse, très pure. ‖ *Vase de chapiteau*, la masse du chapiteau corinthien. — **Dér.** *Vaseline, vaseau.* — **Comp.** *Vasiducte, vasolymphe, vaso-moteur, vaso-motrice.*

***VASÉ, ÉE** (de *vase* 1), *adj.* Couvert de vase, de limon : *Prairie vasée.* ‖ *Foin vasé*, celui qui a été submergé à la suite d'un débordement ou d'un orage.

***VASEAU** (dm. de *vase* 2), *sm.* Sébile de bois.

***VASELINE** (*vase* 2 + sfx. chimique *ine*), *sf.* Substance blanche, translucide, onctueuse, sans odeur ni saveur, très fusible, plus légère que l'eau qui ne la dissout pas, résultant de l'action prolongée de la chaleur sur les goudrons de pétrole et d'une décoloration consécutive. La vaseline a de nombreux usages ; elle les doit, pour la plupart, à sa consistance onctueuse et à sa propriété d'être inoxydable. En pharmacie, par exemple, elle remplace, dans bien des cas, l'axonge et la cire ; ne s'altérant point à l'air, elle a été adoptée, en médecine, pour un grand nombre d'usages : elle sert au pansement et constitue un des excipients les plus employés dans la préparation des diverses pommades thérapeutiques. Dans l'industrie, elle sert à graisser les surfaces métalliques et les cuirs ; elle prend le cirage, ce qui, pour les chaussures, par exemple, la fait préférer aux corps gras. Elle est employée, étendue sur des cadres de toile de coton, pour absorber les parfums de certaines plantes, telles que la violette, le lis, l'héliotrope, le réséda, la tubéreuse, l'iris, le jasmin, etc. ; les parfums de ces fleurs, en effet, ne supportent pas la distillation ; c'est pourquoi on les fait passer, par simple contact à froid, dans un corps onctueux, auquel on les enlève ensuite par l'alcool. Ce sont ces solutions alcooliques que l'on appelle *extraits* ou *bouquets* de telle ou telle fleur.

VASEUX, EUSE (*vase* 1), *adj.* Formé de boue : *Le fond vaseux d'un étang.* ‖ Où il y a de la boue : *Mare vaseuse.*

***VASIDUCTE** (l. *vas*, gén. *vasis*, vaisseau + *ductum*, conduit), *sm.* Ligne saillante formée par les vaisseaux nourriciers et les faisceaux de fibres sous le tégument propre de la graine, avant qu'ils se ramifient : *Le vasiducte sert de passage entre le hile et la chalaze.* (V. *Hile.*)

***VASIÈRE** (*vase* 1), *sf.* Réservoir de marais salant. (V. *Vasais.*) ‖ Trou de vase. ‖

Lieu vaseux : *Un champ de production d'huîtres a remplacé cette vasière.* || Parc à moules.

VASILI ou **BASILE**, nom de cinq grands princes de Russie, qui gouvernèrent de 1272 à 1609, dont le quatrième (1505-1533) prit le titre d'autocrate, et le cinquième (1605-1609) celui de czar.

VASILIKO, petit village de la nomarchie d'Achaïe (Grèce). Aux environs, ruines de l'ancienne Corinthe.

VASILI-POTAMO (*fleuve royal*), l'ancien Eurotas, fleuve de Laconie, qui arrosait Sparte. Il se jette dans le golfe de Kolokythia.

VASISTAS [va-zi-stasse] (corrupt. de l'all. *was ist das*, qu'est-ce que cela), *sm.* Vitre faisant partie d'une porte ou d'une fenêtre et que l'on peut ouvrir à volonté sans ouvrir toute la porte ou toute la fenêtre. || Espèce de jalousie devant une portière de voiture. — **Gr.** Ne dites pas *vagistas*.

***VASOLYMPHE** (l. *vas*, vaisseau + *lymphe*), *sm.* Vaisseau lymphatique. (Anat.)

***VASO-MOTEUR, TRICE** (l. *vas*, vaisseau + *moteur*), *adj.* Qui possède la propriété de mettre en mouvement le sang ou d'élever la température dans les vaisseaux. (Anat.) || **Nerfs vaso-moteurs**, rameaux nerveux qui, émanant du grand nerf sympathique, vont se ramifier dans les parois des vaisseaux, dont ils déterminent tantôt la dilatation (*nerf vaso-dilatateur*), tantôt le resserrement (*nerf vaso-constricteur*). La découverte de ces nerfs, à fonction déterminée, est de date récente, car elle remonte à Claude Bernard, quoique certains auteurs aient, avant lui, mentionné l'existence de rameaux nerveux sur les parois vasculaires, sans toutefois soupçonner le rôle spécial qui leur était dévolu. Les premières expériences de l'éminent professeur du Collège de France portèrent sur la section du cordon sympathique cervical chez le lapin, section qui fut suivie d'une dilatation des vaisseaux de l'oreille du côté correspondant, d'un afflux considérable de sang rouge et de l'élévation de la température locale, tandis que l'excitation du bout périphérique sectionné amenait un resserrement des vaisseaux de l'oreille avec les conséquences naturelles au point de vue de l'afflux du sang et de la température. C'est ainsi que fut démontrée l'existence de nerfs déterminant le resserrement des vaisseaux et que Claude Bernard appela *nerfs vaso-constricteurs*. Restait à découvrir des nerfs dont l'excitation amènerait directement la dilatation des vaisseaux, et ce fut encore Claude Bernard qui démontra leur existence en excitant le bout périphérique de la corde du tympan sectionnée, excitation qui déterminait l'augmentation de la sécrétion salivaire et la rougeur de la glande par suite de l'afflux considérable du sang : ces nerfs agissaient donc en déterminant la dilatation des canaux artériels correspondants, d'où le nom de *vaso-dilatateurs*. L'existence de rameaux nerveux ayant la même fonction que ceux-ci dans d'autres points fut, dans la suite, découverte par les recherches de Claude Bernard et de Vulpian qui déterminèrent, en plus, les rapports, les origines et les trajets complexes des nerfs vaso-constricteurs et vaso-dilatateurs; mais ils démontrèrent aussi que si les premiers agissent directement sur les vaisseaux eux-mêmes, les seconds n'ont sur ces parois qu'une action par contre-coup, c'est-à-dire que les nerfs vaso-dilatateurs exerçaient sur les nerfs vaso-constricteurs « une sorte d'action suspensive, une action d'arrêt » dans les fonctions de ces derniers. A cette action paralysante des vaso-dilatateurs sur les vaso-constricteurs, Claude Bernard a donné le nom d'*interférence nerveuse*.

***VASON** (du vx fr. *wason*, gazon), *sm.* Masse de terre préparée pour faire les tuiles.

VASQUE (l. *vascum*, vide), *sf.* Sorte de coupe gigantesque et peu profonde en pierre, en marbre ou en bronze, dans laquelle tombe l'eau d'un jet d'eau ou d'une fontaine.

VASQUEZ (Gabriel) (1551-1604), jésuite, casuiste dont les doctrines se rapprochent de celles d'Escobar.

VASQUEZ (Alphonse) (1575-1645), peintre italien, auteur de fresques célèbres, mais qui ont disparu.

VASSAL, ALE (bl. *vassalem* : bl. *vassum*; kymr. *gwas*, serviteur), *s.* Celui, celle qui tenait un fief de la générosité d'un autre seigneur ordinairement plus puissant. || *Grands vassaux*, ceux à qui le roi de France avait conféré directement des fiefs. || Par abus, vilain qui tenait des terres d'un seigneur. — Fig. Celui, celle qui vit dans la dépendance. — **Dér.** *Vassalité, vasselage.* — **Comp.** *Vavasseur, vavasserie* ou *vavassorie*.

VASSALITÉ (*vassal*), *sf.* Condition de vassal. || L'ensemble des vassaux d'un suzerain.

VASSELAGE (*vassal*), *sm.* Condition du vassal. || *Droit de vasselage*, ce qu'un seigneur suzerain avait droit d'exiger de son vassal.

***VASSET** (*x*), *sm.* Coquille univalve appelée aussi *troque de Pharaon*, parce qu'il habite la mer Rouge et la Méditerranée.

***VASSOLE** (*x*), *sf.* Chambranle à rainure qui reçoit le cailleboutis et entoure les écoutilles. (Mar.)

VASSY, 3 584 hab. S.-préf. (Haute-Marne), à 250 kilom. de Paris; minerais de fer, forges et hauts fourneaux. Les gens du duc François de Guise y massacrèrent le 1er mars 1562 des protestants célébrant leur culte dans une grange, ce qui fut le signal des guerres de religion.

VASSY, 2635 hab. Ch.-l. de c., arr. de Vire (Calvados).

VASSY-LÈS-AVALLON, 438 hab. Village de la commune d'Étaulles, canton d'Avallon (Yonne). Fabrique de ciment romain. (V. *Ciment*.)

***VASTANGUE** (*x*), *sf.* Un des noms de la raie-pastenaque. (V. ce mot.)

VASTE (l. *vastum*), *adj. 2 g.* Qui est d'une très grande étendue : *Une vaste place.* || Qui s'étend au loin : *Un vaste silence.* || Considérable : *Une vaste entreprise.* || Qui connaît, embrasse beaucoup de choses : *Esprit vaste, une vaste érudition.* — Subst. *Le vaste interne* et *le vaste externe*, parties musculaires du triceps fémoral. — **Dér.** *Vastement, vastité, vastitude.*

VASTEMENT (*vaste* + sfx. *ment*), *adv.* D'une manière vaste.

VASTHI, femme d'Assuérus, roi de Perse, répudiée pour être remplacée par Esther.

***VASTITÉ** (l. *vastitatem* : de *vastus*, vaste), *sf.* Qualité de ce qui est vaste. On a dit aussi **vastitude** : *Les vastitudes sablonneuses du Sahara.* (Mot vieilli, mais devrait être remis en usage.)

VATABLE (François Watebled, Gatebled ou), hébraïsant français, professeur au Collège de France en 1530, mort en 1547. Il traduisit les *Parva naturalia* d'Aristote, et il est l'auteur d'une double version de la Bible, l'une faite sur le texte de la Vulgate et l'autre sur celui de Léon de Juda; cette version est connue sous le nom de *Bible Vatable*.

VATAN, 2 893 hab. Ch.-l. de c., arr. d'Issoudun (Indre); commerce de fer, d'ardoises et de bois.

VATAS (Jean II, Ducas), empereur grec de Nicée de 1222 à 1255, qui remporta d'importants succès sur les empereurs latins de Constantinople.

VATEL ou **WATTEL** (François), maître d'hôtel de Fouquet, attaché ensuite au prince de Condé. En 1671, la marée ayant manqué lors d'une fête donnée à Chantilly par le prince, Vatel se perça de son épée.

VATER, nom de deux médecins allemands distingués : Christian (1657-1732), né à Jüterbog, docteur en médecine de la faculté de Wittemberg en 1686. Nommé professeur de cette faculté en 1690, il s'occupa surtout de physiologie expérimentale et d'hygiène. — Adam (1684-1751), fils de Christian, professeur d'anatomie en 1733. Il se consacra presque exclusivement à l'étude de l'anatomie et plus tard à celle de la thérapeutique. Il fut doyen de la faculté de Wittemberg en 1746. Son nom est resté attaché à la description de l'orifice par lequel le canal cholédoque pénètre dans le duodénum, en formant une saillie connue sous le nom d'*ampoule de Vater*.

VATHI, 2400 hab., capitale de l'île de Samos (Archipel grec).

VATICAN (mont), une des collines de Rome, sur la rive droite du Tibre et qui n'était pas comprise dans le périmètre de l'ancienne ville. Elle était autrefois entourée de marais qu'Héliogabale fit dessécher. — **Vatican** (palais du), résidence des papes depuis 1377, au N.-O. de Rome, bâtie sur la colline du Borgo réunie à la ville en 852 par le pape Léon IV. Le vaste palais du Vatican, d'abord construit, dit-on, par Constantin ou par le pape saint Symmaque (fin du ive siècle), fut rebâti par Eugène IV (xie siècle), successivement agrandi depuis Nicolas V jusqu'à Sixte Quint, et plus récemment par Pie VI et Pie VII. Il renferme : la chapelle Sixtine, où l'on admire le *Jugement dernier* de Michel-Ange; les *Stanze* ou *Loges* de Raphaël; les Musées de sculpture et de peinture, avec leurs richesses artistiques inestimables (le *Laocoon*, le *Jupiter romain*, l'*Apollon du Belvédère*, etc., etc.), et la bibliothèque Vaticane, fondée en 1378, où sont logés 105 000 volumes et près de 25 000 manuscrits. Le palais du Vatican est attenant à la basilique Saint-Pierre, et se trouve à environ 500 mètres du fort Saint-Ange. Le 8 décembre 1869, Pie IX inaugura dans ce palais le premier *concile œcuménique du Vatican*. — **Vatican** (jardins du), vaste parc d'une ancienne villa, dessiné par Bramante et qui s'étage derrière le palais du Vatican et la basilique Saint-Pierre, n'étant séparés de ces derniers que par un chemin de ronde. — Fig. La cour de Rome. || *Les foudres du Vatican*, l'excommunication. — **Dér.** *Vaticane*.

***VATICANE** (*Vatican*), *adj.* et *sf.* *La bibliothèque vaticane* ou *la Vaticane*, la bibliothèque du Vatican, très riche en manuscrits.

VATICANUS (du l. *vates*, oracle), nom d'une divinité de la mythologie romaine qui présidait aux premiers sons de la voix humaine. Les champs qui entourent le mont Vatican étaient placés sous la protection de ce dieu.

***VATICINATEUR** (l. *vates*, prophète + *canere*, chanter), *sm.* Celui qui prédit l'avenir. — **Dér.** *Vaticination*.

***VATICINATION** (l. *vaticinationem*), *sf.* Action de prédire l'avenir.

VATIMESNIL (de) (1789-1860), avocat et jurisconsulte français, ministre de l'instruction publique dans le ministère Martignac.

VA-TOUT (*va* + *tout*), *sm.* Action de celui qui joue aux cartes tout l'argent qu'il a devant lui. — Fig. *Jouer son va-tout*, risquer tout ce que l'on possède. — Pl. *des va-tout*.

VATOUT (Jean) (1792-1848), bibliothécaire de Louis-Philippe, membre de l'Académie française, député de la Côte-d'Or, auteur de chansons et de poésies légères et de souvenirs historiques des résidences royales.

VATTEL (Emmerichs de) (1714-1767), originaire de la principauté de Neuchâtel, conseiller privé d'Auguste III, duc de Saxe. Il a laissé un traité intitulé : *le Droit des gens*, etc.

VATTEVILLE (Jean de) (1613-1703), abbé et aventurier franc-comtois. Après avoir servi en Espagne, il se fit chartreux, puis s'enfuit à Constantinople, devint pacha de Morée, livra aux Autrichiens les troupes turques qu'il commandait et reçut en récompense l'abbaye de Baume-les-Dames, d'où il aida Louis XIV à s'emparer de la Franche-Comté.

***VAU**, forme de *val*, dans *vaudeville* et dans les deux locutions *à vau-de-route*, *à vau-l'eau*.

***VAU** [vo], *sm.* Lettre hébraïque, qu'on prononce aussi *vav*. || Nom du *v* allemand. (Voyez *V*.)

VAU (Louis Le) (1612-1670), architecte français. On lui doit le château de Vaux du surintendant Fouquet, les pavillons de Flore et de Marsan aux Tuileries, etc. (V. *Levau*.)

VAUBAN (Sébastien Le Prestre, marquis de) (1633-1707), célèbre ingénieur militaire et maréchal de France. Il conduisit presque tous les sièges entrepris par les Français pendant les guerres de Louis XIV; inventa la fortification moderne, répara plus de 300 places fortes et en construisit 33 nouvelles, parmi lesquelles : Dunkerque, Maubeuge, Longwy, Belfort, Besançon, Toulon, Bayonne, Rochefort et Brest. Ayant publié un projet d'impôt unique sous le titre de la *Dîme royale*, il encourut la disgrâce de Louis XIV et en mourut de chagrin.

VAUBECOURT, 957 hab. Ch.-l. de c., arr. de Bar-le-Duc (Meuse).

VAUCANSON (JACQUES DE) (1709-1782), célèbre mécanicien français qui construisit plusieurs automates et perfectionna diverses machines employées dans le tissage des étoffes, entre autres le métier à organsiner.

VAUCELLES, 110 hab., ancien village du Cambrésis, auj. hameau de la commune de Crèvecœur, canton de Marcoing, arr. et à 8km,5 de Cambrai. Une trêve y fut signée entre Henri II et Charles-Quint le 5 février 1556.

VAUCHAMPS, 334 hab. Bourg du canton de Montmirail, arr. et à 34 kilom. S.-O. d'Épernay (Marne). Succès des Français sur Blücher le 14 février 1814.

VAUCHELET (AUGUSTE-THÉOPHILE) (1802 1873), peintre français, auteur de la *Capitulation de Magdebourg* et du *Combat d'Ocaña*, qui se trouvent au musée de Versailles, et des portraits en pied du *Prince Poniatowski*, *Choiseul*, *Le Courbe*, etc., à la galerie des maréchaux et lieutenants généraux. Vauchelet a peint aussi la *France modératrice* du palais du Sénat, etc., etc.

VAUCHER (1763-1841), botaniste genevois.

***VAUCHÉRIE** (de *Vaucher*, botaniste), *sf*. Genre d'algues filamenteuses, de la famille des Fucacées, groupe des Fucoïdées, et comprenant une vingtaine d'espèces. Ces algues croissent pour la plupart dans les eaux douces, courantes ou stagnantes, et se multiplient au moyen de simples spores, qui se forment extérieurement. Leur reproduction se distingue par une particularité très curieuse : les thalles de la vauchérie sont tubuleux, plus ou moins transparents et se terminent par des cavités ou *conceptacles* en forme de bouteille (fig. 1), où sont logés de nombreux petits sacs ou *anthéridies*. Ces sacs renferment des granules ordinairement rouges; lorsqu'ils viennent à s'imbiber d'eau, leurs parois se déchirent et les *anthérozoïdes* nés de la cellule mère s'élancent hors du *sporange* sous forme de petits corpuscules pyriformes (fig. 2), pénètrent dans l'*archégone* par l'*ostiole* du conceptacle, imperceptible à l'œil nu, s'introduisent dans l'*oogone*, et atteignent l'*oosphère* où logent les corps femelles (V. *Fucacées*) : les deux corpuscules, *oosphère* et *anthérozoïde*, se fondent alors ensemble et produisent les œufs : la fécondation est opérée. Ces œufs, pourvus de cils très déliés, excessivement ténus, agités avec une grande activité par le mouvement des eaux, tombent ensuite dans l'élément liquide : dès qu'ils rencontrent un corps où ils puissent se fixer, ils s'y développent et produisent de nouveaux filaments. Parmi les différentes espèces, on cite : la *vauchérie murale* des eaux douces, qui naît dans les saisons de grandes pluies; la *vauchérie dichotome*, aux filaments simples ou rameux et rudes au toucher, qui croît dans les fossés, mares ou endroits humides; la *vauchérie commune*, se formant dans les tonneaux d'arrosage des jardins potagers, dans les flaques d'eau pluviale, et même jusque dans les vases destinés aux expériences microscopiques dans les laboratoires.

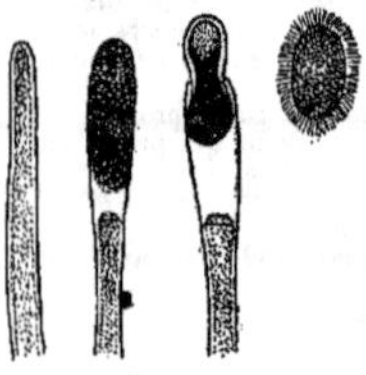

VAUCHÉRIE
Fig. 1.
FORMATION DE LA SPORE

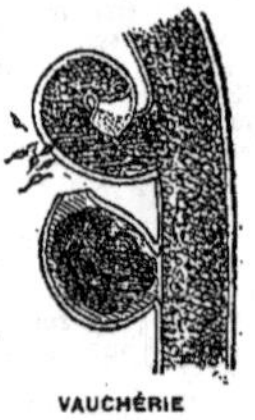

VAUCHÉRIE
Fig. 2.
FORMATION DE L'ŒUF

VAUCLUSE (MONTS DE), point culminant 1 242 mètres. Chaîne de montagnes du S.-E. de la France, au S. du mont Ventoux qu'elle relie au mont Lubéron. Ils supportent des plateaux incultes remplis d'entonnoirs où se perdent les eaux qui voyagent sous terre et ressortent en une seule masse formant la célèbre *fontaine de Vaucluse*.

VAUCLUSE (l. *Vallis Clusa*, vallée fermée), 844 hab., village du canton d'Avignon (Vaucluse), sur le territoire duquel se trouve la célèbre *fontaine de Vaucluse*, l'une des plus belles sources de France, qui sort d'une caverne au pied d'un rocher à pic, forme la Sorgue, affluent du Rhône, a été chantée par Pétrarque et donne son nom au département de *Vaucluse*.

VAUCLUSE (DÉPART. DE), 356 762 hectares, 244 149 hab. (Voir carte p. 675.) Département du Sud-Est de la France, formé en 1790 d'une partie de la Provence, du Comtat Venaissin et de l'ancienne principauté d'Orange, et tirant son nom de la fontaine de Vaucluse, près de la ville de l'Isle. Situé entre 43° 39' et 44° 26' de latitude N. et entre 2° 18' et 3° 25' 30" de longitude O., il est borné : au N., par le département de la Drôme; à l'E., par les Basses-Alpes; au S., par le Gard et l'Ardèche. Le Rhône et la Durance le longent au S. et à l'O. et constituent à peu près ses seules limites naturelles : le premier sur une étendue de 63 kilom., la seconde sur une étendue de 96 kilom. Sa plus grande longueur, du N.-O. au S.-E., est de 110 kilom.; sa plus grande largeur, du N.-O. au S.-O., d'un peu plus de 60 kilom. La vallée du Rhône occupe à elle seule presque le tiers du département, qui est hérissé ailleurs de montagnes et de collines ayant parfois une hauteur considérable. Cette vallée a, au début, une largeur de 10 kilom., mais elle se resserre près des rochers de Mornas, pour s'élargir ensuite et former une large plaine qui a, en certains endroits, 25 kilom. de large. C'est au S. de cette plaine, près des frontières du département, que se trouve le confluent de la Durance et du Rhône. Sous la latitude de Carpentras, la plaine s'étend plus à l'E. entre le Ventoux et la chaîne de Vaucluse, et découpe des vallées, ou plutôt des plaines immenses, fertiles et peuplées. Des chaînes de collines viennent pourtant rompre la monotonie du paysage et divisent ces vallées en trois plaines : au N., celle d'*Orange*; au centre, celle de *Carpentras*; au midi, celle de *Cavaillon*.

Le sol du département de Vaucluse, incliné vers l'O., est partagé en deux parties bien distinctes : l'une, située à l'E., est montagneuse; l'autre, à l'O., est formée par une plaine d'alluvions. La partie montagneuse est coupée en plusieurs massifs par les vallées de l'*Ouvèze*, de la *Nesque* et du *Coulon*. Le massif qui se trouve au N. du département, sur la rive droite de l'Ouvèze, est peu élevé; ses altitudes les plus remarquables sont celles de 478, de 398, de 359 mètres, qui descendent même à 134 dans le voisinage des vallées. Le second massif, situé sur la rive gauche de la même rivière d'Ouvèze, et au S. du précédent, est constitué par les monts du *Rissas*, atteignant 1 037 mètres au signal de *La Plat*; plus à l'E., sur la rive droite de la *Toulousène*, se dresse le *mont Ventoux*, où l'on trouve des sommets de 1 911, de 1 801 et de 1 433 mètres. A mesure que l'on s'avance vers l'O., le terrain s'abaisse et l'on passe par les altitudes de 842 et de 669 mètres; près de Beaumes, elles ne sont plus que de 522. Il en est de même lorsque l'on se dirige vers le S., où l'on ne rencontre plus que des hauteurs de 906, de 864, de 760 mètres. Mais bientôt, après avoir franchi la Vesque, on voit le sol se relever de nouveau pour former la chaîne de *Vaucluse*, dirigée du N.-E. au S.-E. et dont le sommet le plus élevé, le *signal de Saint-Pierre*, s'élève à une altitude de 1 242 mètres. Les *plateaux de Saint-Christol* présentent en outre des hauteurs de 1 180, de 1 187 (*signal de Bère*), de 1 054 mètres; mais le sol s'abaisse encore dans la direction du S., où, sur la rive droite du Coulon, il n'est plus qu'à 465 mètres. Lorsqu'on a traversé ce dernier cours d'eau, le terrain s'élève de nouveau et présente d'abord des altitudes de 687, de 719 mètres, et l'on arrive insensiblement à la montagne de *Lubéron* ou *Lébéron*, dont le point culminant atteint 1 125 mètres. Cette chaîne court de l'E. à l'O. et va se terminer brusquement près de Cavaillon. A cet endroit, elle présente encore des sommets hauts de 720 mètres, tandis que la ville de Cavaillon n'est qu'à 70 mètres au-dessus de la mer. Du Lubéron coulent une grande quantité de petits cours d'eau qui vont porter à la Durance les eaux tombées sur le sommet de la montagne : aussi le terrain s'abaisse-t-il assez rapidement jusqu'à la Durance, non loin des bords de laquelle on relève encore des altitudes de 246, de 341, de 362 mètres. Tandis que toutes ces montagnes ne présentent que des plateaux froids, des rochers arides et déchiquetés, au contraire les plaines qu'elles dominent, grâce aux canaux qui les sillonnent, sont douées d'une fécondité, d'une verdure qui rappellent les campagnes du nord de la France. Sur les bords du Rhône, on trouve de nombreux étangs formés par les débordements; autour de ces étangs, comme sur les îles du Rhône, s'élèvent de véritables forêts vierges, où les grands arbres, platanes, peupliers, frênes, etc., poussent vigoureusement au milieu de roseaux et de vignes sauvages.

Le *Rhône* est le cours d'eau le plus important du département, qui appartient tout entier d'ailleurs à son bassin. Il entre dans le département de Vaucluse au-dessous des rochers du *Robinet*, près de Pierrelatte, par 50 mètres d'altitude. Non loin de là, il reçoit l'Ardèche, en amont du Pont-Saint-Esprit; puis, longeant toujours le département, il arrose les territoires de Mondragon, de Mornas, de Caderousse, de Sorgues, de Pontet, d'Avignon. Dans cette partie de son cours, il forme plusieurs îles, remarquables par leur végétation active, et qui appartiennent, les unes au département du Gard, les autres au département de Vaucluse : parmi ces dernières, qui sont les plus importantes, citons les îles du *Colombier*, de la *Piboulette*, d'*Oiselet* et de la *Barthelasse*. Cette dernière est située au confluent de la Sorgue, et sa pointe S. fait face à Avignon. C'est à 6 kilomètres au-dessous d'Avignon que le Rhône sort du département, au point même où il reçoit la Durance. Le Rhône reçoit, sur le territoire de Vaucluse, six cours d'eau : le *Lauzon*, le *Lez*, l'*Aygues*, la *Meyne*, la *Sorgue* et la *Durance*. 1° Le *Lauzon* vient de Monségur (Drôme), arrose Bollène et Lamotte (Vaucluse) et tombe dans le Rhône en face de l'Ardèche, après un cours de 21 kilomètres, dont 13 dans le département. 2° Le *Lez*, né dans la montagne de la Lance (Drôme), contourne le canton isolé de Valréas (Vaucluse) avant de pénétrer dans le département, à 3 kilomètres au-dessous de Suze-la-Rousse, à 75 mètres d'altitude. Il arrose Bollène, Mondragon, et se jette dans le Rhône, au-dessus de Mornas, après un cours de 75 kilomètres, dont 14 dans Vaucluse. Ses principaux affluents dans le département sont : la *Coronne* (17 kilom.), entièrement dans le canton de Valréas; le *Talobre* (10 kilom.) et le *Hérein* (21 kilom.), qui traverse seulement Vaucluse (sur 12 kilom.) et a ses deux extrémités dans la Drôme. 3° L'*Aygues* est un vrai torrent à certaines époques; il sert, sur une longueur de 13 kilomètres, de limite au département auquel il appartient sur un parcours de 25 kilomètres. Né dans le canton de Rémuzat (Drôme), il entre en Vaucluse par 127 mètres d'altitude après avoir traversé la Drôme et les Basses-Alpes, et longe les territoires de Cairanne, de Travaillan, de Camaret sur sa rive gauche, ceux de Sainte-Cécile et Sérignan sur la rive droite. Il passe ensuite sous le chemin de fer de Lyon à Marseille, puis, après avoir arrosé la plaine d'*Orange*, se jette dans le Rhône en face de l'île du *Colombier*. 4° La *Meyne* a un cours de 18 kilom. Elle prend sa source non loin de Camaret, arrose Orange où elle fait mouvoir plusieurs usines. Elle est grossie par un canal qui lui amène les eaux de l'Aygues. A partir d'Orange, elle se dirige vers le S. et joint le Rhône en aval de Caderousse, en face des collines de Lampourdier (124 mètres) qui s'élèvent au N.-O. de Bédarrides. 5° La *Sorgue* (cours de 40 kilom.) sort de la *fontaine de Vaucluse*, qui fournit un flot pouvant atteindre 120 mètres cubes par seconde. Le flot, qui jaillit d'abord lentement du fond d'un cirque, gagne bientôt un seuil de rocher qui lui sert de déversoir et trouve un lit, incliné de 15 centimètres par mètre : là, les eaux s'écoulent avec fracas en se brisant contre les rochers qui parsèment leur lit; puis elles reprennent leur calme au bas de la cascade. C'est à ce moment que commence, en réalité, la Sorgue, rivière qui baigne 2 000 hec-

DÉPARTEMENT DE VAUCLUSE

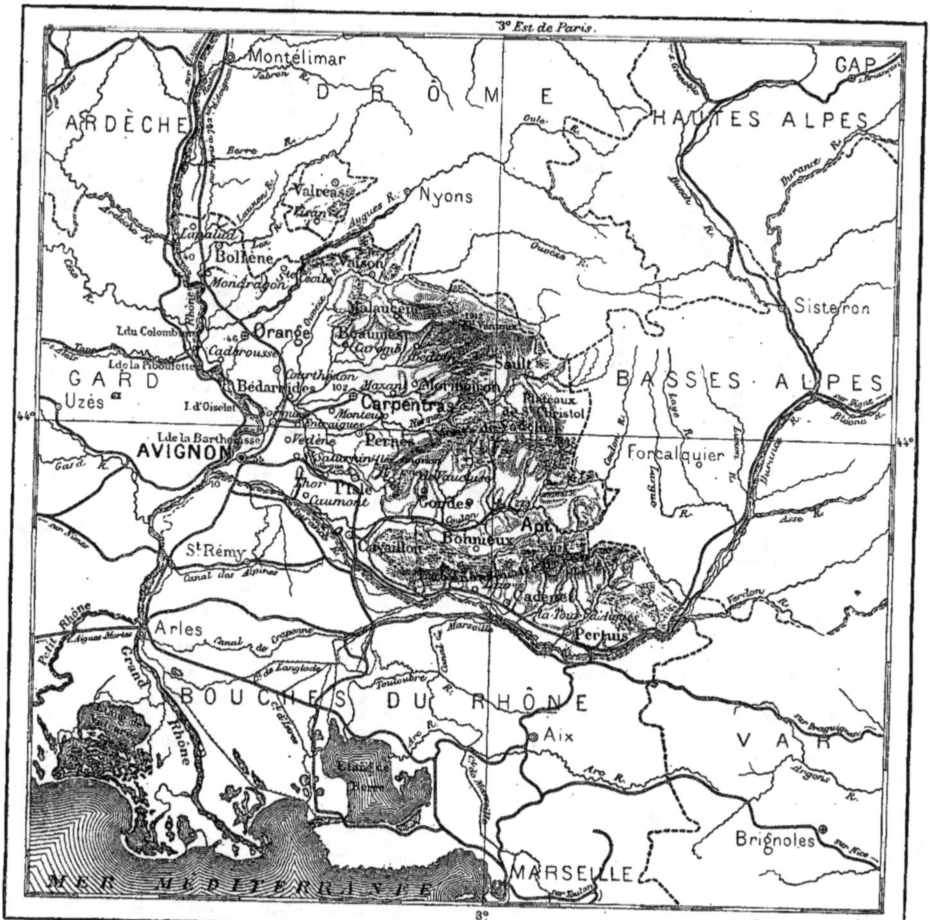

Gravé par J. Geisendörfer, 12, r. de l'Abbaye, Paris.

Signes conventionnels :

PRÉFECTURE
Sous-Préfecture
Canton
Commune, Village

Plus de 100 000 hab. — *De 50 000 à 100 000* — *De 30 000 à 50 000* — *De 20 000 à 30 000*

De 10 000 à 20 000 — *De 5 000 à 10 000* — *De 2 000 à 5 000* — *Moins de 2 000*

Place forte. Fort — *Frontière* — *Limite de Dépt* — *Chemin de fer*

Origine de la navigation — *Canal* — *Col* — *Forêts*

Les chiffres expriment en mètres l'altitude au dessus du niveau de la mer.

Échelle (1 millim. pour 900 mètres).
10 5 0 10 20 30 40 50 Kil.

tares de terre et alimente plus de 200 usines. Le débit minimum de la fontaine de Vaucluse, formée par les eaux engouffrées dans des abîmes creusés dans le terrain néocomien, est de 5mc,5 par seconde, et, en étiage ordinaire, de 8 mètres cubes. La Sorgue se divise en deux branches : celle de *Velleron*, qui alimente le canal de Villefranche et se jette dans le Rhône, près de la pointe N. de la Barthelasse; et celle de l'*Isle*, qui se divise en plusieurs rameaux et revient se perdre en majeure partie dans la Sorgue, à peu de distance de Bédarrides. Les affluents de la Sorgue sont : la *Nesque*, l'*Auzon*, la *Grande Lévade*, l'*Ouvèze* et la *Seille*, tous sur la rive droite. La *Nesque* (39 kilom.) naît dans le Ventoux, au N. des plateaux de Saint-Christol, arrose Sault, où elle reçoit le *Croc*, à Monieux coule au milieu de gorges sauvages, passe au pied des rochers du *Sire* (864 mètres), baigne Méthamis, passe au pied d'une colline où est creusée la *Chapelle du Corbeau,* puis à Vénasque, Saint-Didier, reçoit le *Barbara*, ruisseau qui vient du Beausset, coupe le canal de Carpentras, arrose Pernes et joint la Sorgue. L'*Auzon* prend sa source sur le versant du Ventoux, non loin de Flassan, arrose Villes, se grossit de la *Combe des Boyers* et de celle de *La Canaud,* passe à Mormoiron, Mazan, contourne Carpentras au N., arrose Monteux, et tombe dans la Sorgue en amont de Bédarrides, après un cours de 32 kilom. La *Grande Lévade* est formée de deux ruisseaux qui confondent leurs eaux au-dessous de Sarrians, et se jette dans la Sorgue à Bédarrides, après un cours de 8 kilom. L'un de ces ruisseaux est la *Mède*, descendue du Ventoux; il baigne Saint-Pierre-de-Vassols, Modène, où il reçoit le *Lauron,* ruisseau torrentueux, dont les eaux s'accumulent dans le réservoir dit l'*Écluse de Caromb,* passe à Serre, à Loriol et se joint au *Brégoux* en aval de Sarrians, après un cours de 20 kilom. Le *Brégoux* naît dans le Ventoux, arrose Le Barroux, Aubignon où il se grossit des *Sablettes,* torrent formé par la réunion de plusieurs ruisseaux, et s'unit au Mède après 19 kilom. de cours. Le plus important de ces cours d'eau est l'*Ouvèze* (cours de 95 kilom.), qui a sa source dans la montagne de la Clamouse (Drôme) et pénètre en Vaucluse par une vallée sinueuse. Il baigne Entrechaux, Saint-Marcellin et Vaison, puis, après une nouvelle sinuosité, Roaix, Rasteau, Violès; traverse les plaines de Jonquières et de Courthézon et tombe dans la Sorgue à Bédarrides. Ses affluents, dans le département, sont, sur la rive droite : l'*Aiguemarse* (15 kilom.) et l'*Auzon* (21 kilom.); sur la rive gauche : le *Toulourenc* (45 kilom.) et le *Grozeau.* 6° La *Durance,* qui limite le département. (V. *Durance.*) Elle baigne, sur la rive de Vaucluse, Villelaure, Cadenet, Lauris, Puget, Mérindol, Cheval-Blanc, Cavaillon, Caumont et tombe dans le Rhône, à 4 kilomètres S.-O. d'Avignon après un cours de 380 kilomètres. Cette rivière n'est pas navigable; elle est seulement flottable au-dessous de sa jonction avec l'Ubaye; mais elle alimente de nombreux canaux, notamment celui de Marseille, celui de Craponne et celui de Carpentras, qui lui enlèvent ensemble 40 mètres cubes d'eau par seconde. Elle reçoit, dans le département, des cours d'eau qui ne sont guère que des petits ruisseaux : le *Corbières* (12 kilom.), l'*Aillade* (6 kilom.), le *Sainte-Marie,* la *Lèze* (19 kilom.), la *Mardarie* (7 kilom.), le *Laval* (10 kilom.), l'*Aiguebrun* (19 kilom.) et le *Coulon* ou *Calavon* (84 kilom.), qui est le plus important de tous. Il prend sa source dans le département des Basses-Alpes, au S. des monts de Lure, près de Banon, coule du N. au S., entre dans le département du Vaucluse, contourne les hauteurs qui joignent à l'E. les monts de Vaucluse au Lubéron, passe à Viens, à Saint-Martin-de-Castillon, où elle reçoit la *Buègne*, venue de Gignac, laisse Saignon sur la gauche, reçoit à droite la *Doua*, qui passe près des usines de Rustrel, arrose Apt, en aval de laquelle il se grossit de l'*Urbane,* passe près de Goult, à Notre-Dame-des-Lumières, où il reçoit le *Limergue*, à Baumettes, entre dans la plaine de Cavaillon et se jette dans la Durance entre Cavaillon et Caumont. Autrefois, le département comptait un certain nombre d'étangs aujourd'hui desséchés. Parmi ces derniers, nous citerons les étangs salés de *Courthézon* et de *Beaumes*, où il existe un établissement de bains. Le seul des étangs qui ait subsisté est celui de la *Bonde,* près la Motte-d'Aigues, très poissonneux, et dont le canal d'écoulement, après avoir mis en mouvement plusieurs moulins, se jette dans la Lèze, affluent de la Durance. Il y a aussi sur les bords du Rhône de grands réservoirs naturels d'eau, changeant de dimensions avec le régime du fleuve. Des marécages se voient aussi dans certains endroits : à l'O. de Carpentras, on les nomme *pouillasses,* et *coufins* aux environs de Monteux; dans la vallée de la Durance, on les appelle *iscles*.

Le climat du département est le climat méditerranéen, analogue à celui des contrées qui bordent le golfe du Lion; mais il est moins tempéré dans la région montueuse de l'E. La vallée de l'Aygues n'est pas glacée par le souffle du mistral; celle de la Durance l'est encore moins; c'est la région la plus chaude, tandis que la vallée de l'Aygues, moins bien protégée, est la plus froide. Dans les plaines, même en hiver, on jouit toujours d'une agréable température. La température moyenne du département est en hiver de 5°,8, et en été de 23°,1; celle de l'année est de 13°,07 à Orange et de 14°,42 à Avignon. Les températures extrêmes observées sont + 40°,2 et — 15°. La neige ne tombe que très rarement dans la plaine, tous les cinq ou six ans. On compte 59 jours de pluie par an, et quelques jours à peine d'orage. Mais le *mistral* souffle à certaines époques avec une violence capable de déraciner les arbres et de renverser les toitures. Le vent du S., moins fort pourtant, se fait sentir souvent en été et amène ordinairement la pluie. La hauteur moyenne annuelle de la pluie est de 695 millimètres; la saison de l'année la plus pluvieuse est l'automne, la hauteur moyenne égalant 308 millimètres, presque la moitié de la hauteur annuelle.

Le sol du département de Vaucluse appartient, dans les vallées du Rhône et de la Durance, occupées jadis par la mer, aux terrains d'alluvions que ces fleuves y ont déposés. A l'E. de ces dépôts, on trouve le terrain miocène, couvrant les plaines du département, ainsi que toute la vallée du Coulon. Le mont Ventoux, ceux de Vaucluse et le Lubéron appartiennent au crétacé inférieur, étage du grès vert. Sur les flancs de ces montagnes apparaît le miocène, où l'on trouve en grande quantité des débris de vertébrés fossiles. Ce terrain couvre aussi l'angle S.-E. du département. A l'E. de Pertuis, dans l'anse formée par la Durance, réapparaît le crétacé inférieur. Un îlot de ce dernier terrain se trouve aussi au S. de Vaison.

Le département est essentiellement agricole, et peut, à ce point de vue, se diviser en deux zones : 1° les *plaines* et les *vallées;* 2° les *montagnes.* Dans les plaines, on trouve des prairies naturelles et artificielles, des vignes, arbres fruitiers, mûriers, champs de garance, etc. Les arbres fruitiers, les oliviers, la vigne et les mûriers se plaisent particulièrement dans les vallons. Dans les régions de montagnes, au contraire, les champs de seigle et les forêts couvrent seuls les plateaux; souvent même la culture y est rare et on ne trouve plus que des genêts et des chênes kermès en abondance. La culture de la vigne couvrait, avant les ravages du phylloxera, près de 32 000 hectares, réduits maintenant à 5 ou 600 hectares. Les crus les plus appréciés sont ceux de *Châteauneuf, Sorgues, Rasteau, Sarrians, Saint-Saturnin-d'Apt* et les vins de liqueur de *Mazan* et de *Beaumes.* Les agriculteurs ont remplacé récemment la vigne par la culture de la ramie et de la betterave. Le commerce des truffes a une importance toute spéciale, surtout à Carpentras et à Apt, où se tiennent les marchés. On rencontre les chênes truffiers sur le Ventoux, les monts de Vaucluse et ceux de Lubéron. Les légumes et les primeurs de toutes natures sont cultivés avec succès dans les environs de Cavaillon, d'Avignon et de Carpentras; le tabac, dans les arrondissements de Carpentras, Avignon et Orange. Enfin, le climat se prête à merveille à l'horticulture et à l'arboriculture.

De nombreux canaux d'irrigation viennent fertiliser les plaines. Les uns sont alimentés par la Durance : ce sont ceux de *Pertuis*, de *Janson*, du *Plan-Oriental*, de *Carpentras*, de *Saint-Julien-de-l'Hôpital*, le *Vieux-Cabedan*, le canal *Crillon*, etc.; les autres sont alimentés par la Sorgue (canal de *Villefranche à Velleron*, ceux des *Moulins*, de *Vaucluse* et de *Sorgues*), par l'Ouvèze (celui de *Violès*) et par l'Aygues (ceux de *Villedieu*, de *Tullette*, de *Camaret*). Enfin, on aura bientôt un canal d'irrigation, sur la rive gauche, de La Palud à Orange.

Le travail des champs se fait avec les mules; cependant on emploie aussi les chevaux; ceux-ci appartiennent à la race de la Camargue. L'espèce bovine est aussi celle de ce dernier pays, croisée avec la race du pays. Dans l'E., on emploie les bœufs pour la culture du sol et les transports, tandis que dans le midi et dans l'O., on fait un peu d'élevage. Les moutons sont les animaux domestiques les plus répandus : ils sont élevés dans la montagne et dans les parties les plus pauvres du territoire. On a mêlé la race du pays à la race mérinos. Les chèvres sont peu nombreuses; on les trouve surtout dans les petits ménages de la partie montagneuse; elles donnent le lait nécessaire à leurs besoins. Les animaux de basse-cour sont assez nombreux, mais leur chair laisse beaucoup à désirer. Les abeilles fournissent un miel d'excellente qualité, mais les méthodes d'élevage laissent beaucoup à désirer. Les vers à soie donnent lieu à un mouvement important. Enfin, certaines années, on récolte des mouches cantharides.

La production minérale du département n'est pas très importante : les mines de lignite de *Méthamis* et de *Piolenc* n'ont produit en 1889 que 5500 tonnes de charbon. Il existe également des mines de houille, à *Blauvac, Villes, Pernes, Saint-Didier, Mormoiron, Malemort, Vénasque, Uchaux, Mornas, Sérignan, Bollène,* dont les concessions représentent une superficie de 4388 hectares. Les gisements de minerais de fer exploités sont ceux de *Lagnes* et de *Rustrel;* mais il y en a aussi à *Bédoin, Bollène, Gargas, Gordes, Lagnes, Malaucène, Mormoiron, Roussillon, Rustrel, Saumanes* et *Vaucluse.* On exploite des carrières de plâtre importantes : au *Barroux*, à *Beaumes-de-Venise, Gargas, Gignac, Gigondas, Malaucène, Mormoiron, Malemort, Roques-sur-Pernes* et *Velleron;* des pierres de taille : à *Bonnieux, Cadenet, Courthézon, Gordes, Oppède* et *Sérignan;* des marnes argileuses : à *Avignon, Bédarrides, Apt, Bollène,* etc.; de l'argile réfractaire, à *Apt, Bédoin, Bollène, Crillon* et *Orange,* etc.

La minoterie, favorisée par la multiplicité des cours d'eau, est prospère : on compte 36 établissements, répartis entre Avignon, Bédarrides, Sorgues, Vaison, Cavaillon, Vaucluse, l'Isle, Orange, Séguret, etc. La fabrication du papier occupe 21 usines et 1 047 ouvriers à Vaucluse, Avignon, Courthézon, Sorgues, Entrechaux, Malaucène (papier à cigarettes) et Vedène. A ces industries principales il faut ajouter une foule d'industries secondaires : fabriques de draps grossiers, de produits céramiques, de mosaïques; des chapelleries; des corderies (Carpentras, Cavaillon, Orange, Valréas); des filatures de laine (l'Isle et Pertuis) et de coton (Camaret); des fonderies de fer et de cuivre (Avignon, Orange, Sorgues, etc.); des hauts fourneaux à Rustrel; des ateliers de construction mécanique; des scieries, des taillanderies, etc.

L'exportation du département consiste surtout en plâtre, pierres de taille, ocre, soufre, briques réfractaires, produits céramiques, balais, truffes, conserves alimentaires, fruits et primeurs, en bestiaux et fourrages. On importe des bœufs, mulets et chevaux, des céréales, des articles d'épicerie, de modes et de nouveautés, des meubles, de la bijouterie, et plus de 70 000 tonnes de charbon.

Au point de vue des communications, le département est desservi par six lignes de chemins de fer, représentant ensemble 218 kilomètres : 1° la ligne de *Lyon à Marseille* (57 kilom.), qui passe à La Palud, Mondragon, Mornas, Orange, Bédarrides, Sorgues et Avignon; 2° l'embranchement de *Sorgues à Carpentras* (17 kilom.), qui dessert Entraigues, Monteux et Carpentras; 3° la ligne d'*Avignon à Gap* (103 kilom.), passant à Montfavet, Morières, le Thor, Cavaillon, Mérindol, Pertuis, Mirabeau; 4° la ligne de *Cavaillon à Apt* (32 kilom.) par Robion, Maubec, le Chêne et Apt; 5° la ligne de *Cavaillon à Miramas* (5 kilom.), le long de la Durance; 6° la ligne de *Pertuis à Aix* (5 kilomètres).

Le sol du département de Vaucluse était occupé, à l'époque gauloise, par trois peuples différents : les *Cavares* possédaient Orange, Avignon et Cavaillon; les *Voconces* étaient étaient établis à Vaison, et les *Meminiens* au S. du Ventoux, à Carpentras, etc. Ces peuples commerçaient avec les Phéniciens, eplus tard avec les colonies phocéennes de la côte méditerranéenne. Les Cavares surtout étaient les alliés de Marseille; aussi, lorsque Annibal se présenta pour franchir le Rhône, firent-ils tous leurs efforts pour lui barrer la route. Les Méminiens, au contraire, suivirent le grand capitaine en Italie. Plus tard, ces trois peuplades s'unirent au reste de la Gaule pour défendre leur indépendance; mais, vaincus, avec les Arvernes, par Domitius Ænobarbus, sur les bords de la Sorgue, ils firent leur soumission et demeurèrent sous la domination romaine jusqu'à l'arrivée des barbares. Les Romains implantèrent dans ce pays leur civilisation et leurs mœurs, en embellirent les villes, en construisant des arcs de triomphe, des théâtres, des ponts, etc. Aussi trouve-t-on encore aujourd'hui non seulement des ruines des monuments de cette époque, mais encore des édifices presque entiers. Avec les barbares, Alains, Vandales, Bourguignons, Francs, commença pour les populations de ces contrées une vie très agitée et pleine de péripéties. Plus d'une fois, le pays fut saccagé, pillé, mis à rançon, les villes et les villages furent incendiés : Avignon eut à subir plusieurs sièges, notamment celui de Clovis poursuivant Gondebaud, qui s'était réfugié dans ses murs. En 737, Charles-Martel chassa de cette ville l'Arabe Youssouf, qui s'en était emparé ainsi que des cités voisines. Plus tard, le département fit partie du royaume d'Arles, et passa ensuite sous la domination des comtes de Provence et de Toulouse. Frédéric Barberousse, accordant, en 1178, des droits régaliens à *Bertrand des Baux*, prince d'Orange, fonda la deuxième souche de cette maison. A la même époque, Avignon, ayant obtenu du comte de Forcalquier son affranchissement, se constitua en république sous la suzeraineté du comte de Toulouse. Elle fut alors gouvernée par quatre consuls élus, qui, plus tard, furent remplacés par un podestat. Avignon se déclara pour le comte de Toulouse contre Simon de Montfort, et fut assiégé par Louis VIII. La ville se défendit héroïquement, mais fut néanmoins obligée de capituler (1226), et passa alors sous l'autorité de son évêque (1274). Le pape Clément V vint s'établir à Avignon en 1309, et jusqu'en 1376, départ de Grégoire XI, cette ville fut le séjour de la papauté. Celle-ci embellit Avignon, et construisit le palais des Papes, que l'on admire encore aujourd'hui. Cette contrée fut encore le théâtre des guerres de religion : catholiques et protestants rivalisèrent de cruautés et entassèrent ruines sur ruines. Cet état de choses dura jusqu'à l'avènement de Henri IV. La contrée jouit d'un peu de paix jusqu'à la mort de Guillaume de Nassau, roi d'Angleterre et prince d'Orange, époque à laquelle elle fut de nouveau en proie à la guerre civile des Vaudois. La principauté d'Orange fut alors réunie à la France; quant au Comtat Venaissin, il demeura sous la domination de la papauté jusqu'en 1791.

La langue française n'est pas encore la langue usuelle dans les campagnes, où le provençal est resté l'idiome préféré. La religion catholique est la plus répandue : sur une population de 241 149 hab., on compte 4 à 5000 protestants et 6 à 700 israélites.

Le département de Vaucluse, qui forme le diocèse d'Avignon (archevêché) et la 6e subdivision du 15e corps d'armée (Marseille), ressortit à la cour d'appel de Nîmes et à l'académie d'Aix. La population spécifique du département est d'environ 69 hab. par kilomètre carré, soit trois de moins que le chiffre (72) de la population moyenne de la France. Le département comprend 4 arrondissements, 22 cantons, 150 communes. — Ch.-l. *Avignon*, archevêché; — S.-préf. *Apt*, *Carpentras* et *Orange*.

VAUCOULEURS, 2 726 hab. Ch.-l. de c., arr. de Commercy (Meuse). Bonneterie, toiles de coton; aux environs, fonderie de Thusey. En 1429, Jeanne d'Arc vint se présenter au sire de Baudricourt, gouverneur de la place, et celui-ci, le 29 février, lui donnait une escorte chargée de la conduire au près de Charles VII.

***VAUCOUR** (*x*), *sm.* Table de potier, moins élevée que le siège, et où sont déposés les morceaux de terre à placer sur la girelle, et même l'ouvrage dès qu'il a été tourné.

VAUD (CANTON DE), en allemand *Waadt*, 251 288 hab., 3 223 kilom. carrés. Un des 22 cantons suisses, entre ceux de Genève et du Valais au S., de Fribourg à l'E., de Neuchâtel au N.; la France le limite à l'O. Il est parcouru par les Alpes vaudoises et le Jura vaudois (V. *Suisse*), entre lesquels s'étend un plateau ondulé et sillonné par les collines du Jorat et de Vully; les vallées principales sont celles de la Venoge, de l'Orbe et de la Braye. Le canton de Vaud appartient au bassin du Rhin par la Sarine et la Thièle et à celui du Rhône par l'Avençon, la Grionne et la Grand'Eau. Le lac Léman (V. *Léman*) occupe la partie méridionale du canton. On y trouve en outre les lacs de Neuchâtel, de Morat et de Joux. Le climat du canton de Vaud est doux dans les environs du lac. Dans le Jura, l'hiver est rigoureux : la *vaudaire* est un vent chaud qui souffle dans la vallée du Rhône; le *joran* se fait sentir dans le Jura. Pour les productions et pour l'industrie, voir *Suisse*. — Ch.-l. *Lausanne*; principales localités : *Ouchy, Vevey, Villeneuve, Morges, Nyon, Yverdon*, etc. — **Dér.** *Vaudois, vaudoise, vaudaire*.

***VAUDAIRE** (de *Vaud*, canton suisse), *sf.* Nom donné, en Suisse, au vent du midi qui souffle avec violence.

***VAUDE** (db. de *gaude*), *sf.* La gaude.

VAUDEMONT, 262 hab., bourg du canton de Vézelise, arr. et à 36 kilom. S.-O. de Nancy (Meurthe). Ce village avait reçu autrefois le titre de comté (1070) et, à partir de 1394, il fut l'apanage des cadets de la maison de Lorraine.

VAU-DE-ROUTE (À) (*vau* pour *val* + *de* + *route*), *loc. adv.* En fuyant avec rapidité : *Se retirer à vau-de-route.*

VAUDEVILLE (corrupt. pour *val de Vire*), *sm.* Nom qu'on donnait, au XVIe siècle, à des chansons satiriques ou joyeuses, qui se chantaient dans les villages du val de Vire, et attribuées à Olivier Basselin, foulon de Vire en Normandie, mais que Gasté, en 1884, a restituées à leur véritable auteur Jean Le Houx (XVIe-XVIIe siècles). || Aujourd'hui, chanson sur quelque événement ou sur quelque anecdote récente, qui est dans toutes les bouches et se chante sur un air populaire. || Petite comédie en prose mêlée de couplets composés sur des airs populaires. || *Théâtre du Vaudeville*, ou *le Vaudeville*, l'un des théâtres de Paris. — **Dér.** *Vaudevilliste*.

VAUDEVILLISTE (*vaudeville*), *sm.* Auteur de petites comédies appelées *vaudevilles*.

VAU-DE-VIRE. (V. *Vaudeville*.)

1. *VAUDOIS, OISE (*Vaud*), *adj.* et *s.* Qui appartient au canton de Vaud. || Celui, celle qui en est originaire.

***VAUDOIS** (de Pierre *Valdo* ou *Vaux*), *sm.* Membre d'une secte religieuse dite des *Pauvres de Lyon*, fondée au XIIe siècle par Pierre Valdo. Ces sectaires lisaient la Bible en langue vulgaire, rejetaient toute la hiérarchie catholique, étaient de mœurs pures et vivaient fort pauvrement : aussi furent-ils nommés *Cathares* (en grec, *purs*), *Humiliés*, *Sabotés*; ils demandaient que l'Eglise revînt à sa pauvreté primitive, et leurs prêtres s'appelaient *barbes*. Chassés du Languedoc et du Dauphiné, lors de la guerre des Albigeois, ils se retirèrent dans les hautes vallées de la Provence et du Piémont. Sous François Ier, le Parlement d'Aix condamna à mort ceux de Provence, et le roi, en exécution de cet arrêt, fit brûler les bourgs de Cabrières et de Mérindol et massacrer leurs habitants. Il existe encore aujourd'hui des Vaudois (dits *Barbets*) dans les Alpes du Piémont.

***VAUDOISE.** (V. *Vandoise*.)

***VAUDOUX** (*x*), *sm.* Sorcier nègre des colonies, qui fait aussi le métier d'empoisonneur.

***VAUDRE** (*x*), *sf.* Nom normand de la guède.

VAUGELAS (CLAUDE FABRE DE) (1585-1650), célèbre grammairien français, né à Chambéry, membre de l'Académie française. Hôte assidu de l'hôtel de Rambouillet, il contribua puissamment à former la langue du XVIIe siècle, et est l'auteur des *Remarques sur la langue française*.

VAUGIRARD (*val de Girard*, abbé de Saint-Germain des Prés, dont le monastère possédait ce territoire), 27 000 hab. (avant l'annexion), très gros village au S.-O. de Paris, annexé à la capitale en 1860 et faisant aujourd'hui partie du XVe arrondissement (111212 hab.). Fabriques de produits chimiques; raffineries de sucre et d'huile.

VAUGNERAY, 2014 hab. Ch.-l. de c., arr. de Lyon (Rhône).

VAUJOURS, 2 193 hab., bourg du canton de Gonesse, (arr. de Pontoise (Seine-et-Oise), sur la route de Paris à Meaux, au S. du canal de l'Ourcq. Asile Fénelon, pour enfants orphelins. Fort appartenant au système du camp retranché de Paris.

VAULABELLE (ACHILLE TENAILLE DE) (1799-1879), homme politique français. Collaborateur en 1824 au *Nain jaune*, puis à la *Révolution*, rédacteur en chef du *National* en 1838, il fut ministre de l'instruction publique sous la deuxième République (1848-1849). Ses deux œuvres principales sont : l'*Histoire des deux Restaurations* et l'*Histoire de l'Égypte de 1801 à 1833*. Il avait préparé une *Histoire de la monarchie de Juillet, de la deuxième République et du second Empire*.

VAU-L'EAU (À) (*vau* pour *val* + *à* + *l'eau*), *loc. adv.* En descendant le cours de l'eau. — Fig. En se précipitant vers sa ruine : *Cette affaire va à vau-l'eau.*

VAULION (DENT DE), montagne de la chaîne du Jura suisse dans le canton de Vaud, à 1140 mètres au-dessus du niveau du lac de Genève.

VAULUISANT, 1 330 hect. Forêt domaniale de l'Yonne, peuplée de chênes et de charmes.

***VAUPLATE** (*x*), *sf.* Fût d'une contenance très grande et d'un bois très épais, mais d'une construction frauduleuse : *La vauplate est usitée en Normandie.*

1. VAUQUELIN (1726-1763), intrépide marin français, né à Caen, qui se signala contre les Anglais au Canada et aux Indes. Il mourut assassiné par une main inconnue.

2. VAUQUELIN (LOUIS-NICOLAS) (1763-1829), célèbre chimiste français, de l'Académie des sciences, professeur à l'École polytechnique, à l'École des mines et au Muséum. Élève de Fourcroy, il découvrit le chrome et la glucine. — **Dér.** *Vauquelinite*.

3. VAUQUELIN (JEAN), sieur DE LA FRESNAYE (1535-1607), littérateur français, auteur d'idylles et sonnets, des *Foresteries*, d'un *Art poétique* en 3 chants, etc.

***VAUQUELINITE** (*Vauquelin* 2), *sf.* Chromate double de plomb et de cuivre, naturel. Sa couleur est un vert-bouteille foncé; sa densité est 7; sa dureté est égale à celle du calcaire.

VAURIEN (*vaut* + *rien*), *sm.* Celui qui ne vaut rien de bon, qui a tous les défauts possibles, dont la conduite est extravagante et détestable : *Cet homme n'est qu'un vaurien.* || Espiègle : *Cet enfant est un petit vaurien.* (Fam.)

VAURY (SAINT-), 2 576 hab. Ch.-l. de c., arr. de Guéret (Creuse).

***VAUTOIR** (*x*), *sm.* Râtelier sur lequel se distribue la chaîne des tapis.

VAUTOUR (l. *vulturium* ou *vulturem*), *sm.* Genre d'oiseaux de proie diurne de l'ordre des Rapaces caractérisés par un bec droit recourbé seulement à son extrémité, plus ou moins robuste, comprimé, dont la mandibule supérieure est crochue à son extrémité, libre et dont l'inférieure est droite et arrondie. Ce bec porte à sa base une cire dans le bord de laquelle sont percées obliquement les narines. Les tarses sont robustes et couverts de petites écailles; quelquefois ils sont nus ou emplumés; les doigts sont courts et terminés par des ongles peu robustes et à peine recourbés, ce qui empêche l'animal de saisir de grosses proies et de les emporter. Le corps des vautours est massif et porte des ailes pointues qui égalent ou dépassent même la queue courte et comptant douze rectrices. Ces ailes sont, en outre, pendantes et traînent à terre lorsque l'animal est au repos. Le cou est grêle, assez long, recouvert chez certaines espèces d'un duvet court et ressemblant à de la laine; chez d'autres, au contraire, il est nu et est orné à la base d'une collerette de plumes. La tête est petite et présente quelquefois des caroncules charnues; les yeux sont petits et à fleur de tête. Les vautours sont à la fois lâches et voraces; ils ont, si l'on peut parler ainsi, des goûts bas et dépravés : ils se plaisent surtout dans les lieux infects, et ils se nourrissent généralement de charognes; néanmoins, ils ne dédaignent pas les proies vivantes, et plus d'un voyageur a vu des vautours s'acharner sur le corps de pauvres bêtes de somme qui, exténuées par la fatigue et ne pouvant plus se défendre contre les attaques de ces vilains oiseaux, étaient dévorées vivantes. Ils errent aussi autour des lieux où l'homme se livre à l'élevage des chevaux ou des bêtes à cornes, et ils attaquent volontiers, pour s'en repaître, les petits de ces animaux; c'est ainsi qu'ils font beaucoup de tort aux troupeaux de la province de Quito, dans l'Équateur (Amérique méridionale). Mais leur nourriture habituelle étant composée de viandes corrompues ou pourries, tout le corps des vautours exhale une odeur infecte et nauséabonde qui soulève le cœur lorsqu'on les approche; de leurs narines découle une humeur visqueuse et puante. Doués d'une excellente vue et peut-être aussi d'un odorat très fin, ils accourent de loin lorsqu'ils ont aperçu une charogne. Ils s'en repaissent aussitôt et mangent si gloutonnement qu'ils sont réduits à un repos forcé tout le temps de leur digestion : ils vont alors se percher, s'ils sont dans les villes, sur le haut des édifices, et s'ils sont dans la campagne, sur des rochers élevés; car, bien que leur vol soit lourd et pesant, ils s'élèvent à de très grandes hauteurs, planant en décrivant de très grands cercles. Quand ils sont repus, le bas de leur œsophage est distendu en forme de vessie. Ces mœurs ont été mises à profit par certains peuples de l'Amérique du Sud, qui ont mis ces oiseaux sous la protection des lois : aussi est-il défendu, sous peine d'amende, de les tuer, car ils débarrassent ces contrées des immondices qui, dans les villes, pourraient déterminer des épidémies redoutables. Ce rôle d'équarrisseur leur avait déjà été reconnu par les anciens Égyptiens, qui les respectaient, les vénéraient même à cause des services qu'ils leur rendaient; ils avaient même orné la tête d'Isis de plumes de vautour, et chez eux, le vautour était l'emblème de la victoire. Ces oiseaux établissent leur aire dans des crevasses de rochers situés à des hauteurs inaccessibles; c'est là que la femelle pond deux œufs d'où naissent des petits couverts d'un duvet lanugineux. Ces petits demeurent longtemps sous la protection de leurs parents, qui les nourrissent en dégorgeant devant eux le contenu de leur jabot. Pris jeunes, les vautours s'apprivoisent facilement; on peut même alors les laisser en liberté : ils reviennent le soir au logis après s'être mis en quête, tout le jour, de viandes corrompues. Les vautours ne sont pour l'homme d'aucune utilité : leur chair ne saurait être mangée à cause de son goût détestable. Cependant certains auteurs rapportent que les Égyptiens et les habitants des îles de l'Archipel grec faisaient avec leur duvet des garnitures pour leurs vêtements et l'employaient au même usage que nous faisons des plumes de l'édredon. Les Turcs et les Grecs se servent, dit-on, de la graisse d'une espèce de vautour, le *vautour arriau*, pour combattre les douleurs rhumatismales. Les vautours habitent à peu près toutes les contrées de la terre; cependant on les rencontre de préférence dans les régions méridionales, et ils sont plus nombreux en Asie et en Afrique que partout ailleurs. Ceux qui ont leur habitat dans les contrées septentrionales le quittent à l'approche de l'hiver en émigrant vers des climats plus doux. En France, on en voit pendant la belle saison dans les Pyrénées et les Alpes. On connaît un très grand nombre d'espèces de vautours, parmi lesquels nous citerons : **I. Les vautours proprement dits**, dont la tête et le cou sont recouverts de duvet, le bec gros et fort. Parmi eux se trouvent : 1° Le *vautour arriau* ou *cendré*, très commun dans les Alpes et les Pyrénées, dans le Tyrol, dans les Balkans, l'Archipel grec, à Gibraltar, en Égypte et dans une grande partie de l'Afrique. Il est doué d'intelligence et de courage; en automne, il abandonne les contrées tempérées et va hiverner dans les pays chauds. 2° Le *vautour fauve* ou *griffon*, de la grosseur d'une oie, habitant les lieux inaccessibles des hautes montagnes et les forêts de la Hongrie, du Tyrol, de la Suisse, de l'Italie, des Pyrénées et de l'Espagne. Il est très redouté des bergers des bords de la Méditerranée, car il ravage leurs troupeaux. 3° Le *vautour oricou*, originaire des hautes montagnes de l'Afrique. C'est un oiseau de grande taille, qui mesure jusqu'à 3 mètres d'envergure; il possède une crête charnue naissant près de l'oreille et qui descend le long du cou; il est très vorace et établit son aire dans des endroits inaccessibles. 4° Le *vautour occipital* ou *à calotte*, de l'ouest et du nord de l'Afrique. 5° Le *vautour moine*, qui vit en Afrique et aux Indes. 6° Le *vautour indien*, qui se trouve dans l'Inde, à Java, à Sumatra, etc. **II. Les sarcorhamphes**, au bec droit et robuste, dont la tête est ornée de caroncules charnues; en outre, la tête et le cou sont nus ou garnis de poils épars. Ces vautours sont propres à l'Amérique. Les deux seules espèces sont : 1° le *condor* (V. ce mot), qui vit sur les sommets du Chimborazo et du Pichincha; 2° le *sarcorhamphe pape* ou *roi des vautours*, dont le collier est d'un bleu ardoisé, le cou rouge et le dessus du corps d'un blanc de chair. Cet oiseau se tient de préférence dans les plaines et les collines boisées où il place son nid dans les troncs des vieux arbres. Ses mœurs sont celles du condor; mais il est redouté des autres oiseaux de cette famille, qui n'osent pas lui disputer la proie dont il s'est emparé. Le *roi des vautours* habite le Mexique, la Guyane, le Brésil, le Pérou et le Paraguay. **III. Les percnoptères**, au nombre desquels sont : l'*urubu* (V. ce mot) et l'*aura* de l'Amérique; le *catharte percnoptère*, le plus commun des vautours et qui vit en Afrique, en Asie, en Norvège, en Suisse, en Italie, en Espagne, dans le midi de la France, en Sardaigne et en Grèce. Il est très respecté à Constantinople et dans les villes du Levant, où on lui abandonne le soin de nettoyer les rues des immondices. En outre, il suit les caravanes et notamment celles qui se rendent à la Mecque. Cet oiseau est de la taille d'une poule; aussi le nomme-t-on, en Egypte, *poule de Pharaon*. Les anciens Égyptiens l'avaient mis au nombre des oiseaux sacrés, et il est souvent représenté sur leurs monuments. Le *catharte moine*, dont la livrée se rapproche comme teinte de l'habit brun de certains ordres religieux, habite le Sénégal et a des mœurs semblables à celle de ses congénères. || *Le vautour de Prométhée*, le vautour qui, selon la Fable, se repaissait du foie toujours renaissant de Prométhée enchaîné sur le Caucase. — Fig. Les renards. — Fig. Financier rapace, usurier impitoyable. || *Le Vautour tombant*, aussi appelé *la Lyre*, constellation boréale. Elle contient Véga, étoile de première grandeur; et une étoile quadruple : ε de la Lyre. || *Le Vautour volant*, aussi appelé *l'Aigle*, constellation boréale. Son étoile *Altaïr* est de première grandeur. — Même famille : *Vulturidé, vulturidée, vulturidés; vulturiné, vulturinée.*

VAUTOUR (VULTUR FUSCUS)

***VAUTRAIT** (*vautre*), *sm.* Meute pour chasser le sanglier, l'ours, les bêtes noires.

***VAUTRE** (vx. fr. *veltre :* bl. *veltrum*), *sm.* Espèce de chien pour la chasse au sanglier. — **Dér.** *Vautrait, vautrer* 2.

1. VAUTRER (bl. *volutare :* l. *volvere*, rouler), *vt.* Enfoncer, rouler dans la boue. — **Se vautrer**, *vr.* S'enfoncer, se rouler dans la boue. — Fig. Se livrer sans retenue à : *Se vautrer dans la débauche.*

2. *VAUTRER (*vautre*), *vt.* Chasser avec les vautres le vautrait.

VAUVENARGUES (Luc de Clapiers, marquis de) (1715-1747), écrivain et moraliste français. Ayant eu les pieds gelés dans la retraite de Bohême, il sortit du service militaire et se lia avec Marmontel et Voltaire. En 1746, malgré ses souffrances continuelles, il fit paraître une *Introduction à la connaissance de l'esprit humain*, suivie de *Réflexions* et de *Maximes*.

***VAU-VENT (À)** (*vau + vent*), *loc. adv. Aller à vau-vent*, avoir le vent par derrière. (Chasse.)

VAUVERT, 4100 hab. Ch.-l. de c., arr. de Nîmes (Gard). Eaux-de-vie.

VAUVERT (*vau* pour *val + vert*), ancien château qui existait autrefois sur l'emplacement actuel du jardin du Luxembourg, à Paris, et que l'on disait fréquenté par des revenants. Après que saint Louis l'eut donné aux Chartreux, il n'y eut plus d'apparitions. — Fig. *Aller au diable Vauvert*, extrêmement loin. — Remarque. Il ne faut pas dire : *Aller au diable au vert.*

VAUVILLERS, 1186 hab. Ch.-l. de c., arr. de Lure (Haute-Saône).

VAUVILLIERS (Jean-François) (1737-1801), helléniste français, professeur de grec au Collège de France. Il est l'auteur d'un *Examen historique et politique du gouvernement de Sparte* (1769) et des *Essais sur Pindare* (1772), ainsi que d'un pamphlet intitulé *Question sur les serments ou promesses politiques* (1796). Elu au conseil des Cinq-Cents, puis proscrit au 18 fructidor, il se réfugia en Russie, où Paul Ier le prit en estime : il mourut peu après.

VAUVIZE, 56 kilom. Rivière du départ. du Cher, affluent de la Loire à Sancerre.

VAUX (Noël de Jourda, comte de) (1705-1788), maréchal de France, né au château de Vaux près du Puy-en-Velay. Il se distingua à la défense de Prague, à Fontenoy, fit lever ensuite le siège de Gœttingue, et en 1769, soumit la Corse révoltée.

VAUX, 35 kilom. Rivière du département des Ardennes, qui descend de la forêt de Ligny et se jette dans l'Aisne, à Château-Porcien.

VAUX-DE-CERNAY (LES), ancienne abbaye de l'ordre de Cîteaux, fondée en 1128, entre Chevreuse et Rambouillet (Seine-et-Oise). — **Pierre de Vaux-de-Cernay**, moine de cette abbaye, qui écrivit l'histoire de la croisade contre les Albigeois, à laquelle il prit part. Il mourut après 1218.

VAUX-DE-VIRE (V. *Vaudeville.*)

***VAUXHALL** (angl. *hall*, salle + *Devaux*), *sm.* Établissement à Londres où un sieur Devaux donnait des concerts et des bals publics. || Aujourd'hui, édifice où l'on donne au public des concerts, des bals.

VAUXOUÉ, 538 hect. Forêt domaniale de la Côte-d'Or, peuplée de chênes, de hêtres et de charmes.

***VAVAIN** (*x*), *sm.* Gros câble employé sur les rivières aussi bien qu'à la mer.

VAVASSEUR (bl. *vavassor :* de *vassus* + génitif *vassorum*, serviteur des serviteurs), *sm.* Vassal d'un autre vassal. — **Dér.** *Vavassorie* ou *vavasserie.*

***VAVASSORIE** ou ***VAVASSERIE** (*vavasseur*), *sf.* Qualité d'un fief tenu par un vavasseur. || *Vavasseries vilaines*, celles par lesquelles on devait au seigneur féodal hommage, service de cheval, deniers, rentes. || *Vavasseries nobles*, celles pour lesquelles on ne devait point de services autres que le service militaire.

VAVINCOURT, 857 hab. Ch.-l. de c., arr. de Bar-le-Duc (Meuse).

***VAXEL** [vak-sel] (du vx fr. *vaissel*, coupe, vaisseau), *sm.* Mesure pour les sels en usage dans les salines de Lorraine : *Le vaxel pèse 34 à 35 livres. Le muid contient 8 vaxels.*

***VA-Y-LA** (*va + y + là*), *sm.* Cri du valet du limier quand il veut faire retourner le chien.

***VAY-LE-CI-ALAI** [vè + le + si + a-lè] (*vois le ci aller*), *sm.* Cri poussé lorsqu'on revoit du sanglier.

VAYOU, un des dieux du vent dans la mythologie hindoue et le régent du Nord-Est. On le nomme aussi *Mârouta* ou *Pavana.* (V. *Vaçous.*)

VAYRAC, 1865 hab. Ch.-l. de c., arr. de Gourdon (Lot).

***VAYSONIER** (du nom de *Vayson*, l'inventeur), *sm.* Vase de terre cuite à trous rempli de vase tourbeuse et avec lequel on transporte les sangsues.

***VAYVODAT** ou ***VOYVODAT** (*vayvode* ou *voyvode*), *sm.* Autorité du vayvode. ‖ Territoire où s'exerce cette autorité.

VAYVODE ou **VOYVODE** [vè-vode] (bl. *voyna*, guerre + *woda*, chef), *sm.* Titre qu'on donnait autrefois aux gouverneurs de la Moldavie, de la Valachie, de la Transylvanie, etc. — **Dér.** *Vayvodie, vayvodat.*

***VAYVODIE** ou ***VOYVODIE** (*vayvode* ou *voyvode*), *sf.* Dignité du vayvode. ‖ Pays gouverné par un vayvode.

1. VEAU (vx fr. *veel* : du l. *vitellum*), *sm.* Le petit de la vache tant qu'il n'est pas âgé d'un an. ‖ *Veau de lait,* veau qui tette encore sa mère. ‖ *Veaux de rivière,* se disait des veaux nourris dans les prairies des bords de la Seine, près de Rouen. — Fig. *Faire le veau,* s'étendre nonchalamment. ‖ *Pleurer comme un veau,* pleurer en gémissant et en criant. ‖ *Veau gras,* veau que l'on a engraissé pour la boucherie. — Fig. *Tuer le veau gras,* faire un festin pour marquer la joie qu'on a du retour de quelqu'un. ‖ Le corps, la chair du veau : *Manger du veau.* ‖ *Eau de veau,* bouillon fait avec de la chair de veau et sans sel. ‖ *Veau d'or,* figure en or représentant un veau que les Israélites se firent dans le désert afin de l'adorer et qui était sans doute une imitation du bœuf Apis. — Fig. Homme considérable par ses richesses, sa puissance, mais sans talents. ‖ *Adorer le veau d'or,* flatter bassement un homme très riche ou très puissant, ne songer qu'à gagner de l'argent. ‖ Crin fait avec la peau du veau : *Des souliers de veau.* ‖ *Veau marin,* nom vulgaire du phoque. — **Dér.** *Vêle, vêler, vêlage, vêlement; vélin, velot, veau* 2. — **Comp.** *Veau-laq.*

VEAU MARIN

(CALOCEPHALUS VITULINUS)

2.*VEAU (*veau* 1), *sm.* Levée que l'on fait dans une pièce de bois, pour la cintrer suivant une courbe déterminée. — *Pl.* Ensemble des pièces de bois taillées en forme de courbe, et destinées à former un cintre pour la construction des voûtes. (Charpente.)

***VEAU-LAQ** (*x*), *sm.* Sorte de peau flexible et molle. ‖ *Chaussures en veau-laq,* faites avec cette peau.

VÈBRE, rivière du département du Tarn, qui baigne Murat, reçoit le Viau et se jette dans l'Agout au-dessous de la Salvetat.

VECHT, nom que l'on donne à un des bras du Vieux-Rhin, qui s'en sépare à Utrecht et aboutit au Zuyderzée.

VECHT, 180 kilom. Rivière d'Allemagne qui prend sa source en Westphalie, traverse le S.-O. du Hanovre, les provinces de Drenthe et d'Over-Yssel et se jette dans le Zuyderzée.

VECTEUR (l. *vectorem,* qui transporte), *adj. m. Rayon vecteur,* ligne droite menée du foyer d'une ellipse, d'une parabole ou d'une hyperbole à un point quelconque de la courbe. (V. *Hyperbole* et *Parabole.*) ‖ Ligne droite menée du centre du Soleil au centre d'une planète ou du centre d'une planète au centre d'un satellite.

***VÉCU, UE** (p. p. de *vivre*), *adj.* Écoulé, passé avec le temps : *Les âges vécus. Heures vécues dans les larmes, dans le plaisir.* (Néol.)

VÉDA (sanscrit *veda,* connaissance), *sm.* L'ensemble des livres sacrés des brahmanes de l'Inde, qui est la plus ancienne œuvre littéraire de l'humanité, plus ancienne que la Bible et les poèmes d'Homère, composée dans un sanskrit archaïque qu'on désigne sous le nom de *dialecte védique.* ‖ Chacune des quatre parties du Véda, consistant en hymnes et en traités théologiques, et qui sont : le *Rig-Véda,* qui contient les hymnes les plus anciennes, le *Sâma-Véda,* le *Yadjour-Véda* et l'*Atharva-Véda,* d'origine plus récente que les précédents. — **Dér.** *Védique.*

***VÉDASSE** (allem. *waidasche* : de *waid,* guède + *asche,* cendre), *sm.* Sel tiré de la guède pour servir à la teinture.

VEDETTE (it. *vedetta* : ital. *vedere,* voir), *sf.* Autrefois, tourelle ou guérite sur le haut d'un rempart et où l'on mettait une sentinelle. ‖ Aujourd'hui, soldat de cavalerie placé en sentinelle. ‖ Ligne qui forme l'en-tête d'une lettre et qui ne doit contenir que le titre de la personne à laquelle on écrit, comme *Monsieur, Madame, Monsieur le Ministre,* etc.

VEDETTE

VÉDIQUE (*Véda*), *adj. 2 g.* Qui appartient au Véda : *Hymen védique. Dialecte védique.*

VEGA (Lope de) (1562-1635), fécond poète dramatique espagnol qui composa plus de 2 000 pièces où s'entremêlent le sublime et le trivial, le style le plus parfait et le plus négligé. Après s'être marié deux fois, il entra dans les ordres, fut familier de l'Inquisition et abrégea sa vie par ses austérités.

VÉGA (Georges, baron de) (1756-1802), mathématicien allemand, né à Sagoritza. Il publia des tables de logarithmes renommées pour leur correction.

***VÉGÉTABILITÉ** (*végétable*), *sf.* Manière de vivre des végétaux.

VÉGÉTABLE (*végéter*), *adj. 2 g.* Qui peut se nourrir et croître, en parlant des végétaux.

1. VÉGÉTAL, ALE (bl. *vegetalem* : l. *vegetus,* qui pousse), *adj.* Qui appartient aux végétaux : *Suc végétal.* ‖ Qui a rapport aux végétaux : *Physiologie végétale.* ‖ Tiré des végétaux : *Le sucre est un produit végétal.* ‖ *Le règne végétal,* l'ensemble des arbres et des plantes. ‖ *Terre végétale* ou *terre franche.* (V. *Terre.*) — **Dér.** *Végétal* 2, *végétalisé, végétalisée, végétalisme, végétalité.*

2. VÉGÉTAL (*végétal* 1, adj.), *sm.* Être organisé, doué de la faculté de se nourrir et de respirer, mais qui diffère de l'animal en ce qu'il ne possède généralement, ni la sensibilité, ni la faculté de se mouvoir volontairement : *Tout arbre, toute plante est un végétal.*

***VÉGÉTALISÉ, ÉE** (*végétal*), *adj.* Qui est arrivé à l'état de structure, de configuration, etc., d'un végétal.

***VÉGÉTALISME** (*végétal*), *sm.* Régime des personnes qui se nourrissent exclusivement de végétaux : *Les trappistes, ainsi que certaines castes de l'Inde, pratiquent le végétalisme.* — **Gr.** *Végétalisme* n'est pas synonyme de *végétarisme.*

***VÉGÉTALITÉ** (*végétal*), *sf.* État, propriété vitale d'une plante, d'un végétal. ‖ L'ensemble des végétaux : *La végétalité et l'animalité.* ‖ Premier degré et le plus simple de la vitalité, constitué par l'ensemble des phénomènes physiologiques communs aux plantes et aux animaux et qui ne se produisent que chez les végétaux. La vie chez les végétaux aussi bien que chez les animaux découle de trois lois fondamentales : rénovation matérielle ou nutritive, développement du corps, reproduction. Sans nutrition, pas de développement; sans développement, pas de reproduction; sans végétalité, pas d'animalité. La végétalité dépend elle-même de trois lois secondaires, résultat des propriétés de contractilité, de sensibilité et de pensée. L'atrophie peut amener la perte de ces propriétés dans la substance végétale, si celle-ci n'est soumise à des alternatives d'action et de repos, ou bien si par l'exercice, ou par l'habitude provoquée par l'exercice, cette même substance n'est convenablement dirigée vers le perfectionnement animal.

VÉGÉTANT, ANTE (*végéter*), *adj.* Qui se nourrit, respire et s'accroît sans être doué de sensibilité : *Les organismes végétants.* ‖ Dont la vie est anologue à celle des plantes.

***VÉGÉTARIEN, IENNE** (du l. *vegetare,* vivifier, fortifier), *adj.* et *s.* Celui, celle qui ne se nourrit que de végétaux ou à peu près. Depuis 1880 il existe, en Amérique et en Europe, plusieurs *associations* dites *de végétariens* qui ont pour but de préconiser l'alimentation humaine par l'emploi exclusif des végétaux, fruits et légumes : elles soutiennent que ce régime est le seul qui soit capable de donner le principe essentiellement vital à l'homme aussi bien qu'à l'animal, en évitant les nombreuses maladies qui proviennent ordinairement du régime carnivore. La *Société végétarienne de Paris* a été fondée par M. Tanneguy de Wogan, un fervent adepte du végétarisme. — **Dér.** *Végétarisme, végétarianisme.*

***VÉGÉTARISME** (du l. *vegetum,* fort, vigoureux, ou de *vegetare,* rendre fort), ou

***VÉGÉTARIANISME** (*végétarien*), *sm.* Doctrine diététique ayant pour objet rationnel l'abstention de tout aliment qui ne peut s'obtenir que par la destruction d'une vie animale. Cette doctrine paraît très ancienne; mais elle avait subi des périodes d'éclipse ou des temps d'arrêt. En 1880-1882, le docteur Bonnejoy fonda en France le « végétarisme rationnel scientifique », qu'il exposa en 1889 dans un ouvrage portant le même titre, et où l'on trouve formulé ce que l'auteur appelle le *trépied végétarien,* c'est-à-dire : 1° la *force reconstituante* extraite des aliments qui ont pour base grains, graines, racines, tubercules, fruits, œufs, lait ou ses dérivés; 2° l'*introduction* dans le corps humain d'éléments purs, frais et sains, soit en air ou en boisson; 3° la *nécessité* pour chacun de fabriquer ou produire chez soi ses aliments ou boissons.

***VÉGÉTATEUR, TRICE** (du l. *vegetare,* donner le mouvement, développer), *adj.* Qui fait végéter : *Force végétatrice.*

VÉGÉTATIF, IVE (l. *vegetare,* végéter), *adj.* Qui fait qu'un corps organisé se nourrit, respire, se développe : *Force végétative.* ‖ Qui caractérise les végétaux : *Vie végétative.* ‖ *Fonctions végétatives,* celles qui sont communes aux végétaux et aux animaux.

VÉGÉTATION (l. *vegetationem*), *sf.* L'ensemble des phénomènes que présente la vie d'une plante, des fonctions que cette plante exécute : *Végétation rapide, puissante.* ‖ Ensemble de végétaux : *La végétation d'un pays.* ‖ Vie comparable à celle des plantes. ‖ Excroissance anormale qui se développe à la surface du corps d'un animal ou d'un végétal. ‖ Sous le nom de *végétations,* on décrit, en médecine, des excroissances qui se développent sur les muqueuses et la peau par multiplication exagérée des papilles du derme. Elles peuvent apparaître sur toutes les parties du corps, mais elles sont surtout fréquentes sur la région des organes génitaux externes et à l'extrémité du tube digestif où elles prennent le nom de *poireaux, chouxfleurs, framboises, fraises, crêtes de coq,* riches synonymes qui rendent assez exactement compte des formes variées sous lesquelles ces végétations se présentent. Accompagnant très fréquemment les diverses affections vénériennes, elles peuvent apparaître cependant en dehors de toute infection, et il n'est pas rare de les rencontrer chez des diabétiques et des femmes enceintes. Il résulte, d'ailleurs, d'observations cliniques quotidiennes et d'expérimentations répétées que la transmissibilité de ces productions par le contact, si longtemps accréditée, n'est qu'une pure hypothèse dans la plupart des cas, et n'existe nullement dans les autres. Ces végétations ne donnent lieu par elles-mêmes à aucun signe inquiétant : gêne et pesanteur, tels sont les deux phénomènes dont se plaignent les personnes atteintes de végétations; mais ces signes sont assez accentués pour nécessiter une intervention qui se bornera à un raclage complet des végétations, soit au moyen du bistouri, soit avec l'aide d'une branche de ciseaux. Ce procédé donne de très bons résultats, surtout quand après l'opération on touche avec une solution acide quelconque les parties qui étaient envahies par les végétations.

VÉGÉTER (l. *vegetare*), *vi.* Se nourrir et croître, en parlant des arbres et des plantes : *Le châtaignier végète dans les sols granitiques.* — Fig. Vivre dans l'inaction, l'obscurité, la gêne, la misère : *Les cultivateurs végètent dans ce pays.* — Fig. Vivre dans l'insensibilité, l'indifférence de toute chose : *Il n'a fait que végéter depuis la mort de son fils.* — **Dér.** *Végétable, végétabilité, végétal* 1, *végétale, végétal* 2, *végétant, végétante, végétation, végétatif, végétative, végétateur, végétatrice, végétalisé, végétalisée, végétalisme, végétabilité, végétarien, végétarienne, végétarisme* ou *végétarianisme.* — **Comp.** *Végéto-animal, végéto-animale; végéto-minéral, végéto-minérale; végéto-sulfurique.*

***VÉGÉTO-ANIMAL, ALE** (*végétal* + *animal*), *adj.* Qui tient de la nature des végétaux et de celle des animaux : *Matière végéto-animale.* — *Sm.* Nom appliqué à la glairine. (V. ce mot.)

***VÉGÉTO-MINÉRAL, ALE** (*végétal* + *minéral*), *adj.* Qui tient de la matière végétale et de la matière minérale. ‖ *Eau végéto-minérale*, l'acétate de plomb étendu d'eau.

***VÉGÉTO-SULFURIQUE (ACIDE)** (*végétal* + *sulfurique*), *adj.* Se dit d'un acide déliquescent et incristallisable, provenant d'une combinaison d'acide hyposulfurique et d'une matière végétale. Il se forme en même temps que le sucre quand on traite la cellulose par l'acide sulfurique.

VEGLIA, 690 kilom. carrés, 22000 hab. Ile de l'empire d'Autriche, sur les côtes de Dalmatie, dans le golfe de Quarnero; ch.-l. *Veglia*, port, évêché. Forêts et pâturages.

VÈGRE, 45 kilom. Rivière du département de Seine-et-Oise, qui sort de la forêt de Rambouillet, arrose Condé, Houdan, pénètre dans le département d'Eure-et-Loir et se jette dans l'Eure en face d'Ivry-la-Bataille.

VÈGRE, 64 kilom. Rivière du département de la Sarthe, affluent de la rivière du même nom.

VÉHÉMENCE (*véhément*), *sf.* Rapidité, impétuosité : *La véhémence du vent.* — Fig. Entrain extraordinaire, surexcitation, grande vigueur morale : *Parler avec véhémence.*

VÉHÉMENT, ENTE (l. *vehementem* : l. *vehere*, transporter), *adj.* Plein de fougue, d'ardeur : *Désir véhément.* ‖ Qui possède une vigueur entraînante, irrésistible : *Orateur véhément.* — **Dér.** *Véhémentement, véhémence.* Même famille : *Véhicule.*

VÉHÉMENTEMENT (*véhémente* + sfx. *ment*), *adv.* Très fort, grandement : *Il est véhémentement soupçonné d'avoir commis ce méfait.*

VÉHICULE (l. *vehiculum* : de *vehere*, voiturer), *sm.* Voiture quelconque : *Un modeste véhicule.* ‖ Tout ce qui sert à conduire, à faire passer d'un lieu dans un autre : *L'air est le véhicule du son.* ‖ Liquide dans lequel on fait dissoudre ou l'on met en suspension un médicament pour qu'il puisse être avalé plus facilement : *Dans un looch, l'eau est le véhicule de l'huile d'amandes douces.* — Fig. Ce qui prépare, facilite l'accomplissement d'une chose : *L'argent est un puissant véhicule.*

VEHME (SAINTE) (allem. *fehm*, tribunal criminel), *sf.* Tribunal secret établi en Allemagne par Charlemagne pour maintenir les Saxons dans le christianisme. ‖ Au XIVe et au XVe siècle, association secrète qui se forma en Westphalie et dont les membres, dits *francs-juges*, s'arrogeaient le droit de punir les coupables. Le plus souvent, sans que les accusés eussent comparu, ils les faisaient pendre à un arbre ou les faisaient poignarder par des gens masqués.

VEHMIQUE (*vehme*), *adj. 2 g.* Qui appartient à la sainte vehme : *Jugement vehmique.*

***VÉIEN, IENNE** (*Véies*), *adj.* et *s.* Habitant de l'ancienne Véies. ‖ Qui appartient à cette ville.

VÉIES (l. *Veios*), ancienne ville de l'Étrurie, bâtie sur une colline dominant le Crémère, affluent du Tibre. Elle compta, dit-on, 100000 habitants, fut souvent en guerre avec Rome, détruisit l'armée des 306 Fabius et fut enfin prise et ruinée par Camille, qui en massacra les habitants (395 av. J.-C.). Ses ruines subsistèrent jusqu'au temps de l'Empire, où elle fut repeuplée pour être plus tard détruite de nouveau. Sur son emplacement est aujourd'hui l'*Isola Farnese.*

***VEILLANT, ANTE** (p. prés. de *veiller*), *adj.* Qui veille.

***VEILLAQUE** [LL mouillés] (ital. *vigliacco*, poltron : du l. *vilis*, vil), *adj.* et *sm.* Homme sans foi, sans honneur (vx).

VEILLE (l. *vigiliam*), *sf.* Absence de sommeil pendant la nuit : *Les veilles fatiguent toujours un malade.* ‖ État d'une personne qui ne dort pas actuellement : *Les hallucinations se produisent dans l'état de veille.* ‖ *Être dans la veille et le sommeil*, n'être ni tout à fait éveillé, ni tout à fait endormi. ‖ Garde que l'on monte la nuit. ‖ Surveillance que l'on exerce pendant la nuit. ‖ *Hommes de veille*, hommes préposés à la surveillance extérieure à bord d'un navire en marche. ‖ *La veille des armes*, nuit que passait à prier et à méditer dans l'église, auprès des armes dont il devait être revêtu le lendemain, celui qui allait être fait chevalier. ‖ Le quart de la durée de la nuit chez les Romains et dont la longueur variait suivant les saisons : *Il se leva à la deuxième veille.* ‖ Le jour qui précède immédiatement le jour dont on parle : *La veille de Pâques.* ‖ *Être à la veille de*, sur le point de : *Être à la veille de partir.* — *Sfpl.* Longs et pénibles travaux d'esprit : *Recueillir le fruit de ses veilles.*

VEILLÉE, *spf.* de *veiller*. Soirée se prolongeant fort avant dans la nuit, jusqu'au coucher. ‖ Temps prolongé de la soirée que des gens de la campagne, réunis en nombre, passent l'hiver ensemble pour filer ou travailler en commun à quelque ouvrage manuel. ‖ Action de garder un malade pendant la nuit : *On doit tant de veillées à cette garde-malade.*

VEILLER (l. *vigilare*), *vi.* S'abstenir de dormir pendant le temps destiné au sommeil : *J'ai veillé très tard hier.* ‖ Ne pas dormir : *Je suis si étonné que je me demande si je veille.* ‖ Passer la soirée à travailler jusqu'à une heure assez avancée de la nuit : *Il se tue à veiller.* ‖ Monter la garde pendant la nuit : *Les sentinelles veillent sur le rempart.* — Fig. Prendre garde à, faire attention à : *Veiller à sa santé.* — *Vt.* Passer la nuit auprès de quelqu'un pour lui rendre les services dont il a besoin : *Veiller un malade.* ‖ *Veiller un mort*, passer la nuit près de son corps. — Fig. *Veiller quelqu'un*, prendre garde à sa conduite, l'épier. — **Dér.** *Veille, veillée, veillant, veillante, veilleur, veilleuse* (adj.), *veilleuse* (s.). — **Comp.** *Éveiller, réveiller, surveiller*, etc.

VEILLEUR, EUSE (*veiller*), *sm.* Celui, celle qui garde, qui inspecte pendant la nuit. ‖ Surveillant chargé de parcourir pendant la nuit toutes les parties d'un vaste édifice. ‖ *Veilleur de nuit*, homme qui parcourt la nuit les rues d'une ville et annonce les heures en chantant : *Il y a encore des veilleurs de nuit en Allemagne, en Hollande.* ‖ Celui qui parcourt la nuit une voie ferrée pour s'assurer qu'il ne se produit rien d'insolite.

VEILLEUSE (*veiller*), *sf.* Petite lampe qu'on garde allumée toute la nuit dans une chambre à coucher. ‖ Petite mèche enduite de cire qui brûle à la surface de l'huile de la veilleuse et est supportée par une rondelle de liège : *Une boîte de veilleuses.* ‖ Le colchique d'automne, appelé aussi *veillotte.*

***VEILLOTTE** (*x*), *sf.* Nom de petits tas de foin qu'on fait pendant le fanage. On dit aussi **véliote**. ‖ Un des noms vulgaires du colchique d'automne, qu'on appelle aussi *veilleuse.*

***VEINARD** (*veine*), *sm.* Celui qui a de la chance, d'heureuses veines; qui est favorisé par le sort. (Pop.)

VEINE (l. *venam* : du sanscrit *vasna*, fibre, tendon), *sf.* Nom donné, en anatomie, à chacun des conduits de diverses grosseurs et à parois molles qui ramènent aux oreillettes du cœur le sang des divers organes. (V. *Vaisseaux* et *Veineux*, pour l'étude de la distribution de ces canaux et leur division.) Les veines sont intimement liées, dans l'organisme, aux *artères*, conduits qui portent du cœur vers la périphérie le sang qui doit servir à la nutrition; mais, à l'origine, elles en sont séparées par le système des vaisseaux capillaires, tandis que, sur le reste de leur trajet, les veines, plus volumineuses et plus nombreuses, cheminent à côté des artères, tantôt en avant de celles-ci, tantôt en arrière. Elles offrent, d'ailleurs, moins de sinuosités, et leur forme générale est moins régulièrement cylindrique que celle des artères. Dans tout leur parcours, les veines communiquent entre elles par des conduits dits *anastomotiques*, qui sont plus nombreux que ceux de même nature reliant les diverses artères. Quand ces anastomoses sont très abondantes en un point, elles constituent un ensemble connu sous le nom de *plexus veineux.* La communication établie par ces divers canaux entre les veines profondes et les veines superficielles explique la suppléance possible par les veines superficielles lorsque des causes pathologiques mettent obstacle à la circulation veineuse profonde. L'ensemble des veines communique aussi avec le système lymphatique aux points où le canal thoracique et la grande veine lymphatique déversent la lymphe. Les anomalies des veines sont fréquentes, surtout pour le système veineux superficiel. Étudiées dans leur structure, les veines présentent une *tunique interne*, une *tunique moyenne* et une *tunique externe.* Sur la tunique interne, on aperçoit des replis membraneux connus sous le nom de *valvules*, accouplés et réunis par paires, de façon que leurs bords libres se juxtaposent. La tunique moyenne comprend des fibres lumineuses élastiques et musculaires, tandis que la tunique externe se compose exclusivement de fibres élastiques et de fibres lamineuses entre-croisées en tous sens. Comment le sang circule-t-il dans les veines? Le sang, chassé avec force du cœur par les contractions du ventricule, passe dans les artères, qui réagissent, grâce à leur élasticité, sur le sang qu'elles poussent vers les capillaires et de là vers l'origine du système veineux; de sorte que le liquide nourricier arrive en ce point avec une certaine vitesse et pousse devant lui la colonne liquide qui le précède. Cette cause de la circulation veineuse est la principale : on l'appelle la *vis a tergo.* La contractilité propre du tissu des veines ajoute sa faible action à celle-ci, ainsi que la pression exercée sur les parois des veines par les muscles en contraction. Ajoutons que l'inspiration favorise la marche du sang dans le système veineux, tandis que l'expiration l'entrave. Quant au rôle des valvules, il a été différemment interprété par les auteurs, et tandis que pour les uns ces appendices auraient pour fonction d'activer la circulation veineuse, pour les autres ils ne serviraient qu'à s'opposer à la marche rétrograde du sang. M. le professeur Verneuil résume son opinion sur les valvules des veines par une comparaison très heureuse : « On peut, dit-il, comparer à une échelle le tronc veineux muni de valvules : aussitôt qu'on a atteint un échelon, on n'est pas assuré de remonter plus haut, mais on est certain de ne pas redescendre. » ‖ **Veine liquide**, jet de liquide qui s'échappe par un étroit orifice percé dans la paroi du vase qui contient ce liquide. La direction que prend la veine fluide sortant d'un orifice en *mince paroi* est verticale ou parabolique suivant que l'orifice est percé dans le fond du vase ou dans une paroi latérale. Quant à la vitesse, elle est la même, d'après le théorème de Torricelli (V. ce mot), que celle que posséderait un corps tombant en chute libre de la hauteur *h*, distance du centre de l'orifice au niveau supérieur. Cette vitesse est donnée par la formule : $v = \sqrt{2gh}$. Lorsqu'on étudie la forme d'une veine en ses différents points, on observe les faits suivants : 1° Les filets liquides, se présentant à l'orifice dans toutes les directions, réagissent les uns contre les autres et prennent une forme curviligne dont la convexité est tournée vers l'axe de la veine. Il en résulte que la section de la veine va en diminuant jusqu'à une certaine distance de l'orifice où les filets deviennent parallèles. Au delà, ils divergent par l'effet de la résistance de l'air sur ceux qui entourent la veine. La section où les filets sont parallèles est appelée *section contractée* et le rapport de cette section à l'aire de l'orifice est nommé *coefficient de contraction*. On a essayé de mesurer le coefficient de contraction pour l'eau par des observations directes. Poncelet et Lesbros ont fait à cet effet des expériences multiples et ont dressé des tableaux des résultats trouvés en tenant compte de la hauteur du liquide au-dessus de l'orifice, supposé rectangulaire et de 20 centimètres de largeur. La valeur moyenne trouvée pour ce coefficient est de 0,624. 2° Lorsque l'orifice est muni d'un ajutage cylindrique, la veine subit encore une contraction en pénétrant dans cet ajutage, puis elle occupe toute la section : au point de cette contraction, il en résulte une *perte de charge*, c'est-à-dire une diminution de pression, dans la région considérée. La même perte de charge se produit lorsque la veine se trouve en présence d'un changement brusque de section ou d'un coude, cas où la veine n'occupe pas tout l'espace qui l'entoure et raréfie l'air dans les parties inoccupées. 3° Dans le cas d'un orifice en mince paroi, on peut supprimer totalement la contraction en évasant l'orifice, c'est-à-dire en donnant aux parois une forme peu différente de celle qu'affecterait la veine contractée. On la supprime partiellement en prolongeant à l'intérieur une partie des parois de l'orifice. 4° Dans le cas d'un orifice muni d'un ajutage, on évite la perte de charge en donnant à l'ajutage une forme divergente évasée vers l'extérieur. || **Veine fluide**, tout jet de liquide, de gaz ou de vapeur qui s'échappe par un orifice. Cette expression s'applique surtout aux gaz et aux vapeurs. — **Dér.** *Veiner, veiné, veinée, veinule* ou *vénule, veineux, veineuse, venelle.*

VEINÉ, ÉE (*veine*), *adj.* Marqué de ces filets ou rubans qu'on appelle veines : *Bois, marbre veiné.* || Où l'on a représenté des veines semblables à celles du bois, de certaines pierres : *Colonne en stuc veinée de rouge.*

VEINER (*veine*), *vt.* Appliquer des couleurs qui imitent les veines du bois, du marbre : *Veiner un panneau. Veiner du stuc.*

VEINEUX, EUSE (l. *venosum*), *adj.* Où il y a beaucoup de veines : *Région veineuse du corps.* || Qui appartient aux veines : *Sang veineux*, le sang noir et chargé d'acide carbonique qui passe des artères capillaires dans les veines, lesquelles le ramènent au cœur. || **Système veineux**, l'ensemble de toutes les veines du corps. Ce système, qui par sa structure et la fonction générale qu'il est destiné à remplir doit être groupé en un seul faisceau, peut être divisé en trois départements bien distincts, si l'on considère l'aboutchement de chacune de ses parties dans le système circulatoire. Aux deux systèmes artériels *aortique* et *pulmonaire* correspondent deux systèmes veineux spéciaux, dont l'un, destiné à transmettre des poumons au cœur le sang redevenu artériel, vient se terminer dans l'oreillette gauche (*veines pulmonaires*) et dont l'autre a pour attribut de ramener à l'oreillette droite le sang veineux qui provient des divers organes (*veines caves*). Mais à côté de ce double système, il faut décrire un troisième système veineux, qui n'a pas d'analogue dans le système artériel et qui est connu sous le nom de *système porte*. Nous trouvons dans l'organisme deux exemples remarquables de cette circulation veineuse, constituée par une partie de l'appareil circulatoire dans laquelle le sang va des capillaires d'un organe vers les capillaires d'un autre organe. Cette disposition du système veineux est éminemment favorable à augmenter la surface de transsudation en ralentissant le cours du sang, et elle joue un rôle important dans la physiologie du rein, où l'on retrouve une veine porte rénale située entre le système capillaire des glomérules et celui du tissu rénal qui se continue avec les branches d'origine de la veine rénale. Un exemple plus remarquable encore nous est offert par la circulation veineuse abdominale, dans laquelle on voit naître des capillaires des organes de la digestion (*estomac, intestin, rate*) un ensemble de rameaux qui, se réunissant au niveau de la tête du pancréas, forment un tronc unique, volumineux, lequel ne tarde pas à se diviser pour se perdre dans le tissu du foie. C'est à cet ensemble que l'on a donné le nom de *système veineux abdominal* ou mieux de *veine porte*, dénomination plus fréquemment employée. (V. *Porte* et *Vaisseau*, p. 648.) || Qui présente des filets et des rubans dont la couleur tranche sur les parties avoisinantes : *Bois, marbre veineux.*

VEINULE (l. *venula* : dm. de *vena*, veine), *sf.* Veine d'un très petit diamètre. || Veine capillaire.

***VEJOVIS** (ml.), *sm.* Nom sous lequel les anciens Romains adoraient Jupiter enfant représenté tenant à la main une poignée de traits, ou bien, selon d'autres, le dieu du mal.

***VEJOVIS** ou ***VÆJOVIS** (l. *Vejovis*, dieu du mal ?), *sm.* Genre d'arachnides scorpions, de l'ordre des Scorpionides, comprenant trois espèces, dont le type habite le Mexique.

***VÉLA** (ital. *vela*, toile étendue), *sf.* Décoration de plafond pour salles de spectacle, de concert, etc., et figurant une toile étendue horizontalement comme un grand parasol. Elle est ordinairement ornée d'arabesques.

VÉLABRE ou **VELABRUM**, quartier de l'ancienne Rome sur la rive gauche du Tibre, qui fut aussi un marais compris entre ce fleuve et les monts Aventin, Palatin et Capitolin.

***VÊLAGE** (*vêler*), *sm.* Action de vêler.

***VÉLANÈDE** ou ***AVÉLANÈDE** (*vélani* + l. *ædes*, maison), *sf.* La cupule du chêne velani, qui est énorme, hérissée d'écailles larges, épaisses et très nombreuses. Dans la vélanède est logée la base du gland.

***VÉLANI** ou ***VÉLANÈSE** (*x*), *sm.* Le chêne appelé *quercus ægilops*, dont la capsule glandaire, appelée *vallonée*, est employée, dans la teinture, aux mêmes usages que la noix de galle. Ce chêne, de taille moyenne, à feuilles oblongues, dentées, épineuses, velues en dessous, végète abondamment en Asie Mineure et en Grèce ; mais son bois est sans valeur. Les capsules du gland, connues sous trois variétés principales, *dogatté, legué* et *camatté*, font seules l'objet d'un commerce important pour la teinture, la tannerie et la corroirie.

VÉLAR (*x*), *sm.* Le sisymbre officinal ou *herbe aux chantres*, plante crucifère qui pousse sur les vieux murs, dans les décombres ; recommandé contre les enrouements.

VELARIUM [vé-la-riome] (ml.), *sm.* Grande toile rouge dont les Romains recouvraient leurs théâtres et leurs amphithéâtres pour garantir les spectateurs du soleil ou de la pluie.

VELASQUEZ (DIEGO) (1465-1523), général espagnol, compagnon de Colomb. Il s'empara de Cuba, envoya Fernand Cortez conquérir le Mexique et essaya ensuite inutilement de lui susciter des obstacles.

VÉLASQUEZ, peintre. (V. *Velazquez.*)

VELAUT (pour *voilà, haut !*), cri que poussent les chasseurs quand ils aperçoivent le sanglier, le loup, le renard ou le lièvre.

VELAY, ancien pays de France qui fait partie du massif central et consiste en un plateau volcanique situé entre la haute Loire et le haut Allier et formant le centre du département de la Haute-Loire. Capitale *Le Puy*. Villes principales : *Yssingeaux, le Monastier*.

VELAY (MONTS DU), chaîne du centre de la France, qui s'élève entre l'Allier et la Loire, et se dirige du N. au S. Son altitude moyenne est de 1 000 à 1 300 mètres : le *Bois de l'Hôpital* a 1 421 mètres. Les monts du Velay sont d'origine volcanique, ils sont constitués par des roches cristallisées, et appartiennent au soulèvement du Forez. A l'O. du Puy on observe plus de cent cratères, parmi lesquels celui de Bar (354 mètres).

VELAZQUEZ (DIEGO-RODRIGUEZ DE SILVA Y) (1599-1660), célèbre peintre espagnol qui réussit dans tous les genres et fut très apprécié de Philippe IV. Ses œuvres sont aujourd'hui en grande partie réunies au Musée de Madrid ; le Musée du Louvre en possède aussi, entre autres un admirable portrait d'*Infante*.

***VELCHE.** (V. *Welche.*)

***VELCHERIE.** (V. *Welcherie.*)

***VELCI-ALLER** (*vois le ci aller*), *sm.* Cri du valet de limier qui veut obliger son chien à suivre les voies d'une bête qu'il a rencontrée. (Chasse.)

***VELCI-REVARI-VOLCET**, *sm.* Cri d'avertissement lorsqu'un cerf ruse et revient dans ses mêmes voies. (Chasse.)

***VÊLE** (fém. de *veau*), *sf.* Veau femelle.

VELEBIT (MONTS), altitude 1 750 mètres, montagnes de la Croatie. Elles font suite aux plateaux calcaires qui terminent le Karst.

***VÉLELLE** (bl. *velella* : de *velum*, voile), *sf.* La vessie de mer, appartenant à la tribu des radiaires cœlentérés et physophores, ayant une saillie longitudinale en forme de voile et à cellules aériennes.

***VÊLEMENT** (*vêler*), *sm.* Vêlage.

VÊLER (vx fr. *véel*, veau), *vi.* Mettre bas, en parlant de la vache.

***VELET** (dm. de *voile* : l. *velum*), *sm.* Doublure blanche attachée au voile de dessous des religieuses de certains ordres.

VELEZ-MALAGA, 22 020 hab. Ville de la province et à l'E. de Malaga (Espagne), sur le Velez et à 3 kilom. de la Méditerranée.

VELEZ-RUBIO, 9 300 hab. Ville de la province d'Alméria (Espagne). Draps et lainages.

***VELIGER** (l. *velum*, voile + *gerere*, porter), *adj.* et *sm.* Muni d'un voile, d'une membrane, d'un vélum.

***VÉLIGÈRE** (l. *velum*, voile + *gerere*, porter), *adj.* 2 *g.* Qui porte un voile.

VELIKA-LOUKI, 4 000 hab. Ville de la Russie d'Europe, habitée surtout par les Cosaques.

VÉLIN (vx fr. *veel*, veau), *sm.* Peau de veau transformée en une sorte de parchemin très mince et très fin : *Écrire, peindre en miniature sur vélin.* — **Vélin, véline**, *adj.* *Papier vélin*, papier qui imite le vélin. || *Toile véline*, toile en fil d'archal sur laquelle on estampe les lettres qui doivent former le filigrane intérieur du papier à billets de la banque de France. || *Dentelle véline*, ou simplement *vélin*, ou bien encore *point royal*, sorte de dentelle faite à Alençon. || Tout ce qui, en tapisserie, sert d'âme aux ouvrages dits à cartisane. — **Dér.** *Vélineuse.*

VÉLINES, 861 hab. Ch.-l. de c., arr. de Bergerac (Dordogne).

***VÉLINEUSE** (*vélin*), *sf.* Femme qui fabrique la dentelle appelée *vélin*.

VELINO, 95 kilom. Rivière d'Italie qui se jette dans la Néra, affluent du Tibre. Elle arrose Autrodoco, Citta-Ducale, Rieti, traverse une belle plaine lacustre et forme ensuite la superbe chute appelée *Cascata del Marmore* (hauteur 300 pieds). Le Velino reçoit le Sallo, le Turano qui coulent au fond de vallées étroites.

VELINO (MONT), altitude 2 506 mètres, sommet de l'Apennin des Abruzzes.

***VÉLIQUE** (du l. *velum*, voile), *adj.* 2 *g.* Qui appartient aux voiles. || *Point vélique*, point sis à l'intersection de l'effort du vent sur les voiles et de la verticale du centre de gravité du navire. || *Centre vélique*, point d'application de la résultante de toutes les actions du vent sur la surface de voilure d'un navire.

VÉLITE ROMAIN

VÉLITE (l. *veles*, génitif *velitis*), *sm.* Soldat d'infanterie légère, chez les Romains. || Sous Napoléon Ier, on donna ce nom à des jeunes gens destinés à fournir des sous-officiers aux corps de la ligne. Il fut d'abord formé deux corps de 800 hommes chacun, attachés l'un aux grenadiers à pied, l'autre aux chasseurs à pied de la garde ; ensuite deux autres corps furent créés pour les grenadiers et les chasseurs à cheval de la garde. A partir de 1806, chaque arme de la garde eut ses vélites. En 1814, tous ces corps furent versés dans les régiments de ligne.

***VÉLIVOLE** (l. *velivola* : de *velum*, voile + *volare*, voler), *adj. 2g.* Qui vole avec la voile : *La barque vélivole.* (CHATEAUBRIAND.)

*** VELLARINE** (angl. *vellarine*), *sf.* Matière grasse, jaune, extraite de l'hydrocotyle asiatique.

VELLÉDA (Ier siècle), célèbre prophétesse issue de la nation germanique des Bructères. Sous Vespasien, elle souleva deux fois son pays contre les Romains; mais elle fut prise et menée à Rome, où elle orna le triomphe de Domitien. ‖ Nom donné par Chateaubriand à une druidesse et héroïne imaginaire de son livre des *Martyrs.*

***VELLÉIEN** (de *Velléius*), *adj. m. Décret velléien*, sénatus-consulte du sénat romain refusant aux femmes la faculté de s'engager pour autrui. Ce statut fut admis en France jusqu'en 1606. Un édit de Henri IV l'abolit; mais il subsista quand même, surtout dans le Midi. Le droit d'hypothéquer leurs biens dotaux ne fut accordé aux femmes que par la déclaration de 1664.

VELLÉITÉ [prononcez les deux L] (l. *velle*, vouloir + sfx. *ité*), *sf.* Volonté faible, indécise, qui n'est suivie d'aucun effet : *Avoir la velléité de résister.*

VELLÉIUS PATERCULUS (19 av. J.-C. à 31 ap. J.-C.), historien latin, dont il nous reste deux livres sur l'*Histoire romaine.*

***VELLE-LA** (*vois le là*), *sm.* Cri du piqueur lorsqu'il voit le lièvre, le loup ou le sanglier.

VELLETRI, 16 310 hab. Ville d'Italie, dans la Comarca, entre Rome et les marais Pontins; évêché. Beaux monuments de la Renaissance.

***VELLON** (mot espagnol = *billon*), *sm.* Mot employé en Espagne pour distinguer certaines monnaies : *Maravédis de vellon. Réaux de vellon.*

VELLY (L'ABBÉ) (1709-1759), professeur et historien français, auteur d'une *Histoire générale de France* écrite par lui jusqu'au règne de Philippe le Bel et continuée successivement par Villaret et Garnier.

VELMANYA, 1 455 hect. Forêt domaniale des Pyrénées-Orientales, peuplée de sapins, de hêtres et de pins à crochets.

***VÉLO** ou ***VÉLOCE** (l. *velox*, rapide), *sm.* Abréviation et synonyme de *vélocipède.*

VÉLOCE (l. *velocem*), *adj. 2 g.* Léger, agile, rapide. — **Dér.** *Vélocité.* — **Comp.** *Vélocifère; vélocipède, vélocipédiste, vélocipéder; vélocimètre.*

***VÉLOCIFÈRE** (l. *velox*, génitif *velocis*, rapide + sfx. *ferens*, qui porte), *sm.* Ancienne diligence à marche rapide. ‖ Premier nom du vélocipède.

***VÉLOCIMÈTRE** (*véloce* + g. μέτρον, mesure), *sm.* Appareil balistique servant à mesurer la vitesse du recul des affûts.

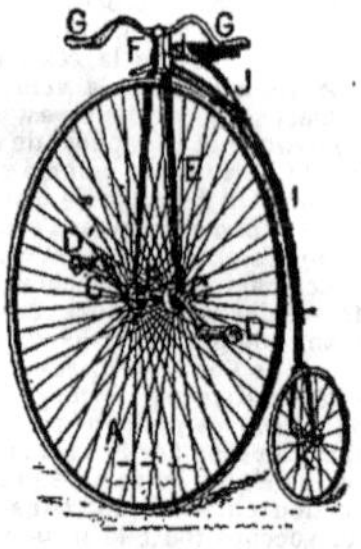

VÉLOCIPÈDE
Fig. 1.
BICYCLE ORDINAIRE

VÉLOCIPÈDE (l. *velox*, génitif *velocis*, rapide + *pes*, génitif *pedis*, pied), *sm.* Machine sur laquelle on chemine aussi vite qu'à cheval, et en faisant aller les deux roues avec les pieds. L'idée de se transporter au moyen de machines n'ayant d'autre force motrice que celle produite par l'homme est plus ancienne qu'on ne le croit généralement. Le premier document qui nous reste des essais de machines qui ont été faits est la description par Ozanam (membre de l'Académie des sciences en 1693) d'une curieuse voiture mécanique. C'était un véhicule à quatre roues, mis en mouvement par deux pédales. Il fut imaginé par un nommé Richard, médecin à la Rochelle, et fonctionna à Paris pendant un certain nombre d'années. En 1703, un certain Stephens Tarfers, d'Altdorf, construisit un petit char à trois roues muni de rouages, qu'il fit marcher tout seul. On trouve dans une publication anglaise, l'*Universal Gazette* (année 1774), la description d'une petite voiture à quatre roues, manœuvrée par deux hommes. Cinq ans plus tard, en France, une machine, mue par des ressorts, fonctionnant à l'aide des mains et des pieds, fit son apparition à la cour de Versailles; mais la force qu'il fallait dépenser pour la faire marcher était telle qu'on dut y renoncer. Il y a lieu aussi de signaler les tentatives faites par Blanchard, le futur aéronaute, vers 1780. Ce ne fut qu'en 1816 que le baron Drais, de Saverbrun, inventa la monture de laquelle est sorti le bicycle actuel, et qui fut baptisée *draisienne.* Elle se composait de deux roues d'égal diamètre, reliées par une traverse en bois sur laquelle se plaçait à cheval le cavalier. Il se servait alors de la pointe de ses pieds, qui touchaient le sol, pour mettre la machine en marche. La fatigue, et, par-dessus tout, la critique et les caricatures du temps s'acharnant sur les propagateurs de ce prétendu moyen de locomotion, empêchèrent ce véhicule de se propager. Cependant, le *célérifère*, autre nom inventé par le baron de Drais, ne fut pas tout à fait abandonné, car, en 1830, la poste et quelques administrations renouvelèrent les premiers essais. C'est alors seulement que, en présence des résultats négatifs définitivement reconnus, ces appareils furent complètement mis de côté. Une période de vingt-cinq années s'était écoulée sans que le *célérifère* fît reparler de lui, lorsqu'en 1855, M. Pierre Michaux, serrurier pour voitures à Paris, à qui l'un de ces instruments avait été donné à réparer, eut l'ingénieuse idée d'adapter au moyeu des manivelles coudées pour servir de pédales, afin de permettre de faire rouler l'instrument sans mettre les pieds à terre. C'est donc à l'année 1855 que remonte l'application de la pédale aux vélocipèdes, et c'est à un Français qu'elle est due. A partir de ce moment, les progrès des vélocipèdes se succédèrent rapidement. Les événements de 1870 interrompirent le cours des perfectionnements du vélocipède en France; mais nos voisins, les Anglais, voyant tout ce qu'on pouvait tirer de cette invention, la perfectionnèrent, et c'est de chez eux qu'en 1874 le *bicycle* nous est revenu sous sa forme actuelle.

VÉLOCIPÈDE
Fig. 2.
BICYCLETTE

VÉLOCIPÈDE
Fig. 3
TRICYCLE

Quant aux *tricycles*, ce n'est guère qu'en 1879 qu'ils commencèrent à attirer l'attention sur eux, les différents types présentés auparavant laissant beaucoup à désirer sous tous les rapports. En 1884, un nouveau type de *bicycle*, dit de *sûreté*, apparut; mais après avoir eu une certaine vogue, il dut céder la place à la *bicyclette*, qui, par les nombreux avantages qu'elle présente, a conquis rapidement la faveur du public. Par suite des perfectionnements successifs apportés dans la construction des vélocipèdes, on est arrivé aujourd'hui à fabriquer des *bicycles de route* du poids de 15 à 16 kilogrammes, des *bicyclettes* de 15 à 18 kilogrammes, et des *tricycles* de 25 à 28 kilogrammes, mais sans que ce soit pour cela au détriment de la solidité et de la rigidité de ces machines. Pour les instruments de course, on est arrivé à les établir aux poids ci-après : *bicycle*, 9 kilogrammes; *bicyclette*, 10 kilogrammes; *tricycle*, 12 kilogrammes. Le *bicycle ordinaire* se compose d'une grande roue motrice et directrice A (fig. 1) dont l'axe B porte les *manivelles* C et C', et les pédales D, D'. Cette roue est montée sur une fourche tubulaire E, surmontée d'une tête F portant le gouvernail G. Dans la tête vient s'emboiter un pivot H qui termine un grand tube recourbé I dit *corps du bicycle*, sur lequel se fixent le ressort J et la selle; à l'extrémité de ce tube se trouve la petite roue K de $0^m,40$ à $0^m,45$ de diamètre.

La *bicyclette* (fig. 2) diffère complètement du grand *bicycle*; elle a deux roues égales de $0^m,75$ de diamètre : la roue de derrière est *motrice*, la roue de devant, *directrice*. Ces deux roues sont reliées entre elles par un bâti qui porte la selle et l'axe des pédales; au moyen d'un engrenage et d'une chaîne *Galle*, l'axe des pédales met en mouvement l'axe de la roue motrice; les engrenages sont calculés de façon que la vitesse soit la même que celle d'un bicycle ayant une roue de $1^m,40$ de diamètre. Les *tricycles* (fig. 3), comme leur nom l'indique, sont des machines à trois roues : les deux roues de derrière, *motrices*, ayant de $0^m,70$ à $0^m,90$ de diamètre, et la roue de devant, *directrice*, ayant de $0^m,65$ à $0^m,70$ de diamètre. Il a paru dans la *Revue scientifique* un article sur la vitesse des vélocipèdes, signé Guérin, auquel nous empruntons les données suivantes. On admet généralement qu'un vélocipède pouvant, par un mouvement de jambes relativement petit, franchir un espace de plusieurs mètres, grâce à l'énorme roue motrice de son appareil, doit nécessairement se mouvoir beaucoup plus rapidement qu'un piéton. Si c'était la seule et véritable raison des vitesses obtenues par les vélocipèdes, plus on augmenterait le diamètre de leurs roues, meilleurs seraient les résultats. C'est une erreur dont sont revenus maintenant les constructeurs, et l'on a établi la hauteur de $1^m,40$ comme étant la hauteur la plus favorable pour des voyages. Des bicyclettes de course sont multipliées jusqu'à $1^m,80$. Voici un tableau représentant le déploiement de force avec une roue de $1^m,40$:

12 kilomètres à l'heure, l'essoufflement est égal au pas à pied ;

24 kilomètres à l'heure, l'essoufflement est égal au pas gymnastique ;

35 kilomètres à l'heure, l'essoufflement est égal à la course.

Il faut cependant compter avec le vent, qui est un grand ennemi du vélocipède lorsqu'il souffle en avant. Dans les courses, les vitesses varient avec la durée de la lutte : ainsi, pour 6 kilomètres, 14 minutes, ou 25 kilomètres à l'heure ; pour 4 kilomètres, 9 minutes, ou 30 kilomètres à l'heure. On voit, par ce qui précède, combien sont avantageuses ces petites machines ; aussi, leur emploi tend-il de plus en plus à se multiplier, et notre armée a ses vélocipédistes, qui sont chargés de porter des dépêches. — **Dér.** *Vélocipédiste, vélocipéder.*

***VÉLOCIPÉDER** (*vélocipède*), *vi.* Aller sur un vélocipède : *Vélocipéder sur la route.* (Néol.)

***VÉLOCIPÉDISTE** (*vélocipède*), *sm.* Celui qui se sert d'un vélocipède. (Néol.)

VÉLOCITÉ (l. *velocitatem*), *sf.* Grande vitesse, rapidité : *Parler, courir avec vélocité.* — **Syn.** (V. *Promptitude.*)

***VÉLOT** (dm. du vx fr. *veel*, veau), *sm.* Veau mort-né avec la peau duquel on fait le vélin.

VELOUKHI (MONT) ou **MONT TYMPHRESTE**, altitude 2 319 mètres. Montagne de la Grèce, qui s'élève au point où l'Othrys se détache de la grande chaîne du Pinde.

VELOURS (vx fr. *velous* : l. *villosum*, velu), *sm.* Étoffe de soie, de coton ou de laine dont l'endroit est velu et l'envers ras. ‖ *Velours d'Utrecht*, velours qu'on emploie pour couvrir des fauteuils, des canapés, etc. ‖ *Faire patte de velours*, se dit du chat quand il retire ses griffes en donnant la patte. — Fig. Faire bon accueil à quelqu'un à qui l'on veut nuire. — Fig. *Faire habit de velours et ventre de son*, épargner sur sa nourriture pour faire des dépenses de luxe. — Fig. Gazon fin et doux : *Marcher sur le velours.* — Fig. *Chemin de velours*, moyen agréable et facile pour arriver au succès. ‖ Faute de prononciation qui consiste à remplacer un *t* final par un *s* devant un mot qui commence par une voyelle ou un *h* muet : *Il aimait-z'à rire.* — **Dér.** *Velouter, velouté, veloutée, velouté* 1, *veloutier, veloutine.* Même famille : *Velu, velue* (adj.), *velue* (s.), *velvote, velvet, velvétique, velveline, velverette, velvantine.*

1. VELOUTÉ, *spm.* de *velouter.* Galon dont tout l'endroit ou seulement les dessins qui ornent cet endroit ont l'aspect du velours. ‖ Surface douce au toucher et comparable à l'endroit du velours : *Le velouté d'une pêche, d'une fleur.* ‖ *Le velouté de l'estomac*, la membrane interne de cet organe. ‖ Sauce employée dans la grande cuisine et obtenue en faisant cuire dans une casserole beurrée des tranches de jambon maigre, de la noix de veau, une poule, des carottes, des oignons, un bouquet garni, des champignons qui trempent dans un bon bouillon, en passant ce mélange et en y ajoutant un roux blanc. On s'en sert surtout avec les viandes blanches.

2. **VELOUTÉ, ÉE** (*velouter*), *adj.* Étoffe quelconque sur l'endroit de laquelle sont appliqués des dessins en velours : *Satin velouté.* ‖ *Papier velouté*, papier de tenture orné de dessins imitant le velours. ‖ Doux au toucher, qui a l'apparence du velours : *Les fleurs de certaines pensées sont veloutées.* ‖ Couvert d'un fin et moelleux duvet : *Peau veloutée.* ‖ *Membrane veloutée*, muqueuse de l'estomac et de l'intestin. ‖ *Tissu velouté*, revêtement de la face plantaire du doigt des animaux ongulés. (Vétér.) ‖ *Vin velouté*, vin d'un rouge foncé et qui ne pique point le palais. ‖ *Pierre veloutée*, pierre précieuse de couleur riche foncée.

***VELOUTER** (*velours*), *vt.* Donner à une surface l'apparence du velours.

***VELOUTIER** (*velours*), *sm.* Ouvrier qui fabrique le velours.

***VELOUTINE** (*velours*), *sf.* Mélange de poudre de riz et de sous-nitrate de bismuth aromatisé, qui est employé dans la toilette des dames pour donner du velouté à la peau.

VELPEAU (ALFRED-LOUIS-ARMAND-MARIE) (1795-1868), célèbre chirurgien français. Les débuts de Velpeau furent très pénibles. Fils d'un pauvre maréchal ferrant, il fit ses premières études grâce à la libéralité d'un riche fermier qui le fit élever avec ses propres enfants. A vingt ans, il commença ses études de médecine à Tours ; fut reçu aide d'anatomie à la Faculté de médecine de Paris en 1821, et un an plus tard, docteur en médecine. Nommé chirurgien de l'hôpital Saint-Antoine en 1828, il fut attaché de 1830 à 1834 à l'hôpital de la Pitié, élu membre de l'Académie de médecine en 1831, et enfin appelé comme titulaire à la chaire de clinique chirurgicale de l'hôpital de la Charité en remplacement du célèbre Boyer. Ses cours, suivis avec la plus grande assiduité, furent publiés en 1866 sous le titre de : *Cliniques chirurgicales de la Charité.* En 1842, il fut élu membre de l'Institut. Travailleur infatigable, esprit lucide et d'une grande netteté, Velpeau a laissé de nombreux écrits dont quelques-uns sont très utilement consultés. Nous citerons : *De l'opération du trépan dans les plaies de tête* (Thèse de Paris, 1834) ; *Manuel d'anatomie chirurgicale topographique ; Leçons orales de clinique chirurgicale ; Traité des maladies du sein et de la région mammaire.*

VELTAGE (*velter*), *sm.* Mesurage fait avec la velte.

VELTE (*viert*, mesure de capacité), *sf.* Ancienne mesure pour les liquides qui valait 7 lit. 616. ‖ Tige de fer carrée et graduée dont on se sert pour mesurer la capacité des tonneaux. — **Dér.** *Velter, veltage, velteur.*

VELTER (*velte*), *vt.* Mesurer avec la velte.

VELTEUR (*velte*), *sm.* Celui qui mesure avec la velte.

***VELTURE**, ***VALTURE** ou ***VALTER** (*x*), *sf.* Ligature pratiquée pour réunir fortement le ton du mât inférieur avec le pied du mât supérieur, ou toute autre pièce de bois avec une autre.

VELU, UE (l. *villutum* : de *villus*, poil), *adj.* Couvert de poils : *Animal velu.* ‖ Couvert de longs poils drus et mous, en parlant des plantes : *L'anémone pulsatille est une plante velue.* — **Dér.** *Velue* (s.), *veluette, velvote.*

***VELUE** (*velu*), *sf.* Peau qui recouvre la tête des cerfs, des daims, des chevreuils, quand leur bois pousse.

***VELUETTE** (bl. *velluetum*), *sf.* Nom vulgaire de la plante appelée *piloselle.*

***VELUM** (ml. : *voile*), *sm.* Grande toile dont on abrite une réunion tenue en plein air.

***VELVANTINE** ou ***VELVENTINE** (de *velvet*), *sf.* Genre de velours en coton uni, fabriqué à Amiens et imitant le velours de soie.

***VELVERETTE** (*velvet*), *sf.* Velours de coton à côtes ou à demi-côtes.

***VELVET** ou ***VELVETINE** (mot anglais : dm. de *veluete*), *sm.* Sorte d'imitation du velours de soie, mais qui n'est qu'un velours de coton lisse. On en fabrique de diverses variétés.

***VELVÉTIQUE** (angl. *velvet*, velours), *adj. 2 g.* Qui ressemble à du velours : *L'altération velvétique des cartilages articulaires provient de la fissuration de leur substance en sens vertical.*

VELVOTE (pour *veluote*, dm. de *velu*), *sf.* Espèce de linaire poilue (famille des Scrofularinées), à tiges membraneuses et couchées sur le sol, à corolle d'un jaune mêlé de violet, commune dans les champs cultivés.

VENAISON (l. *venationem* : de *venari*, chasser), *sf.* La chair de tout gibier à poil (cerf, chevreuil, sanglier, etc.) : *Pâté de venaison.*

VENAISSIN (COMTAT), ancien pays de la Provence, borné à l'O. par le Rhône, au S. par la Durance, et qui avec la principauté d'Orange et le territoire d'Avignon a formé la partie de plaine du département de Vaucluse. Ses capitales furent *Vénasque*, puis *Carpentras* ; villes principales : *Vaison, Cavaillon.* Jeanne de Naples (1327-1382), femme d'Alphonse de Poitiers, frère de saint Louis, vendit en 1348 le Comtat Venaissin aux papes, qui le possédèrent jusqu'en 1791.

VÉNAL, ALE (l. *venalem* : de *venum*, vente), *adj.* Qui s'achète à prix d'argent, en parlant des charges, des emplois : *Avant 1789, les fonctions de juges étaient vénales en France.* ‖ *Valeur vénale d'une chose*, le prix auquel on la vend dans le commerce. — Fig. Celui qui est prêt à faire tout ce que l'on veut pour de l'argent : *Un fonctionnaire vénal.* ‖ Auteur qui soutient toutes les opinions et se met au service de celui qui le paie : *Éloquence vénale. Plume vénale.* — Pl. *vénaux.* — **Dér.** *Vénalement, vénalité.*

VÉNALEMENT (*vénale* + sfx. *ment*), *adv.* D'une manière vénale.

VÉNALITÉ (l. *venalitatem*), *sf.* Caractère de ce qui peut s'acquérir à prix d'argent : *La Révolution a supprimé la vénalité des charges dans la magistrature et des grades dans l'armée.* ‖ Caractère de celui qui, pour de l'argent, fait tout ce que l'on veut et agit contre son devoir, contre sa conscience : *La vénalité des fonctionnaires de certains pays est devenue proverbiale.*

VENANT, ANTE (p. prés. de *venir*), *adj.* qui s'emploie surtout avec *bien* ou *mal. Bien venant*, qui se développe bien : *Enfant bien venant.* ‖ Qui pousse bien : *Taillis bien venant.* ‖ Qui est payé régulièrement : *Il a 20 000 francs de rentes bien venantes.* ‖ *Mal venant*, qui est payé irrégulièrement (vx). — **A tout venant**, *sm.* Au premier venu, au premier qui se présente : *Parler à tout venant.* ‖ *Les allants et les venants*, ceux qui vont et qui viennent, tout le monde qui passe.

VENANT (SAINT-), 2 643 hab. Petite place forte de l'arr. de Béthune (Pas-de-Calais), sur la Lys ; déclassée en 1867.

VÉNASQUE, 735 hab. Bourg du canton de Pernes, arr. de Carpentras (Vaucluse), sur la cime d'un roc escarpé ; ancienne capitale du Comtat Venaissin. Chapelle du XIe siècle ; soie.

VENASQUE (PORT DE), altitude 2 417 mètres, col des Pyrénées qui livre passage à la route de Luchon à Venasque.

VENASQUE, 5 500 hab. Ville de la province de Huesca (Espagne), sur l'Essera. Eaux minérales ; mines de plomb et de cuivre argentifère.

VENCE, 2 761 hab. Ch.-l. de c., arr. de Grasse (Alpes-Maritimes), sur un rocher dominant la vallée de la Lubiane ; au moyen âge, siège d'un évêché créé en 374 et fondu au XIIIe siècle dans celui de Fréjus. Figues, fleurs pour la parfumerie.

VENCE (ABBÉ, HENRI-FRANÇOIS DE) (1676-1749), précepteur des princes de la maison de Lorraine, commentateur de la Bible.

VENCESLAS, nom de six souverains de la Bohême, dont les deux premiers : VENCESLAS Ier (saint) (907-936) et VENCESLAS II (mort en 1194) avec le titre de duc et les quatre autres avec celui de roi. Parmi ces derniers, VENCESLAS II (1270-1305) fut élu roi de Pologne en 1300 ; VENCESLAS III (1289-1306), son fils, joignit un instant la couronne de Hongrie à celle de Bohême (1301-1305) ; et VENCESLAS IV *l'Ivrogne* ou *le Fainéant* (1359-1419), prince très cruel, fut empereur d'Allemagne de 1378 à 1400. Sous son règne, une profonde anarchie désola la Bohême et l'empire ; une révolte lui fit perdre le titre d'empereur, mais il resta roi de Bohême jusqu'à sa mort en 1419.

VENDABLE (*vendre*), *adj. 2 g.* Qui peut être vendu.

VENDANGE (l. *vindemia : pour vini demia*, enlèvement du vin), *sf.* Récolte de raisins pour faire du vin : *Aller en vendange.* || Raisin récolté pour faire du vin : *Un panier de vendange.* || Raisin écrasé dans la cuve ou moût : *Tremper ses mains dans la vendange.* — *Sfpl.* L'époque de l'année où l'on récolte les raisins : *Je l'attends aux vendanges prochaines.* || *Adieu, paniers, vendanges sont faites*, on n'aura point de vin cette année. — Fig. L'affaire est manquée. — **Dér.** *Vendanger, vendangeur, vendangeuse, vendangette, vendémiaire,* | *vendangeoir, vendangeron.*

***VENDANGEOIR** (*vendanger*), *sm.* Hotte de vendange. || Endroit ou local où l'on dépose le produit de la vendange.

VENDANGER (l. *vindemiare*), *vt.* Cueillir le raisin mûr pour en faire du vin : *Vendanger une vigne, une treille.* — Fig. *La grêle a tout vendangé*, elle a détruit les raisins sur les ceps. — **Gr.** Je vendange, n. vendangeons; je vendangeais, n. vendangions; je vendangeai, n. vendangeâmes; je vendangerai; je vendangerais; vendange, vendangeons, vendangez; que je vendange, que n. vendangions; que je vendangeasse, qu'il vendangeât, que n. vendangeassions; vendangeant; vendangé, ée.

***VENDANGERON** (*vendanger*), *sm.* Nom du *rouget* ou *lepte automnal*, à cause de son apparition au moment des vendanges.

***VENDANGETTE** (*vendanger*), *sf.* Nom vulgaire de la grive, parce qu'elle mange le raisin.

VENDANGEUR, EUSE (l. *vindemiatorem*), *s.* Celui, celle qui coupe le raisin mûr pour en faire du vin. — *La Vendangeuse*, étoile faisant partie de la constellation de la Vierge; elle est située près de la main droite de la Vierge.

VENDÉE, 80 kilom. Rivière de France, affluent de gauche de la Sèvre Niortaise, qui arrose Fontenay-le-Comte et donne son nom à un département.

VENDÉE (DÉPART. DE LA), 421 642 hab., 670 350 hectares. (Voir carte, p. 685.) Département français de la région occidentale, tirant son nom d'une rivière qui le traverse dans son angle S.-E. Formé en 1790 du bas Poitou, il est borné : au S.-O. et à l'O. par l'océan Atlantique, dans lequel il possède l'île de Noirmoutier; au S., par la Charente-Inférieure; au S.-E. et à l'E. par les Deux-Sèvres; au N., par la Loire-Inférieure et Maine-et-Loire. Il n'a guère de limites naturelles qu'à l'O. où l'océan Atlantique le baigne depuis l'embouchure du *Falleron*, au N.-O., jusqu'à celle de la *Sèvre Niortaise* au S.-E. Il est cependant séparé çà et là des départements voisins, mais sur de faibles étendues, par quelques cours d'eau, tels que le *Falleron*, l'*Issoire*, la *Sèvre Nantaise*, l'*Autise* et la *Sèvre Niortaise*. Il est traversé du N. au S. par le 3e et le 4e degré de longitude O., et de l'E. à l'O. par le 47e degré de latitude N. Sa longueur, de l'E. à l'O., est de 115 kilom. environ; sa largeur, sous le parallèle des Sables-d'Olonne, n'atteint pas 50 kilom.; mais elle en compte 90 entre l'extrémité septentrionale du département et la pointe de l'Aiguillon.

La côte du département de la Vendée est en grande partie formée par des dunes et des atterrissements. Elle commence à l'embouchure du *Falleron*, qui débouche dans la baie de *Bourgneuf*, fermée à l'O. par l'île de *Noirmoutier*, à peu près reliée aujourd'hui à la terre ferme et qui n'en est séparée que par le goulet de *Fromentine*, traversable à gué en basses eaux. Au delà de ce goulet, la côte court vers le S. jusqu'à la pointe de *Monts*, séparée de l'île d'*Yeu* par le *pont d'Yeu*; puis elle s'infléchit vers le S.-E. et projette la pointe de la *Grosse-Terre*, au S. de laquelle se trouve l'embouchure de la *Vie*. Puis vient la pointe de l'*Aiguille*, protégeant le port des Sables-d'Olonne, qu'éclaire, à l'O., le phare des *Barges d'Olonne*. La côte dessine ensuite une ligne convexe au milieu de laquelle se trouve la pointe du *Perray*, à l'embouchure d'un petit golfe où viennent se déverser plusieurs cours d'eau au nombre desquels est le *Gué-Chatenay*, qui passe à Talmont. Plus loin, le rivage se dirige vers le S., est bordé de nouveau de dunes au delà desquelles se trouvent des marais salants. A la pointe du *Grouin-du-Cou*, il tourne à angle droit à l'E., forme deux petites presqu'îles dont la première se termine par la pointe de la *Roche* et la seconde par celle de l'*Aiguillon*. Entre ces deux langues de terre se trouve l'embouchure du *Lay*. Cette partie de la côte est séparée de l'île de *Ré* par le *pertuis Breton*. Lorsqu'on a doublé la pointe de l'Aiguillon, on entre dans une petite anse circulaire, l'*anse de l'Aiguillon*, dans la partie E. de laquelle débouche la Sèvre Niortaise.

Le sol du département est à une faible altitude au-dessus du niveau de la mer. C'est dans sa partie E. que se trouvent les collines les plus élevées; elles constituent les *hauteurs de Gâtine* ou *Alpes vendéennes*, qui se dressent sur la rive gauche de la Sèvre Nantaise, et dont les sommets ne dépassent pas 300 mètres. Parmi ces collines pittoresques, d'où s'écoulent de nombreuses sources et qui commencent dans le canton de La Châtaigneraie, on cite, en allant du S.-E. au N.-O., direction de la chaîne, les sommets situés autour de La Châtaigneraie et qui s'élèvent à 147, 182, 184 et 208 mètres; plus au N. est le *puy Crapeau* (279 mètres); puis vient le *mont Mercure* (285 mètres), qui avec un sommet situé près de Pouzauges et haut de 288 mètres, est l'un des points culminants du département. Encore plus au N. est le *mont des Alouettes* (245 mètres), que l'on aperçoit de très loin, et dont les moulins servirent à transmettre des signaux pendant les terribles guerres de Vendée. Non loin de là se trouvent la colline de *Concise*, haute de 245 mètres, celle des *Epesses* (220 mètres), etc. Si l'on s'avance vers l'O., le sol s'abaisse rapidement et l'on ne trouve plus guère de hauteur dépassant très peu 100 mètres qu'entre *Saint-Fulgent* et *Les Essarts*, où on relève des altitudes de 109 et 103 mètres constituant au *centre du département* une sorte de petit nœud hydrographique. Des *hauteurs de la Gâtine* les eaux coulent en éventail dans toutes les directions, se dirigeant au N. vers la Loire et le lac de Grandlieu, à l'O. vers l'Océan, et au S. vers l'Océan et la Sèvre Niortaise.

Le sol du département de la Vendée se partage naturellement en trois parties : le *Bocage*, la *Plaine* et le *Marais*. Le *Bocage* occupe l'E. et le centre du département; il s'étend sur les *hauteurs de Gâtine* et couvre l'arrondissement de la Roche-sur-Yon, la plus grande partie de celui des Sables-d'Olonne, et la partie septentrionale de celui de Fontenay-le-Comte. Son sol imperméable est sillonné par de nombreux ruisseaux au cours tortueux et alimentés par une grande quantité de petites sources. La campagne est coupée en tous sens par des plantations d'arbres et par des haies entourant les héritages. La *Plaine*, dont le sol est formé par l'oolithe inférieure, occupe l'angle S.-E. du département et s'étend sur une partie de l'arrondissement de Fontenay-le-Comte. Son sol fertile n'est parcouru que par un petit nombre de cours d'eau. Le *Marais* se partage en deux parties, situées l'une et l'autre sur le bord de la mer. L'une, placée au N.-O. du département, occupe la portion du littoral comprise entre l'embouchure du Falleron et celle de l'Ausance : c'est le *marais Breton*. Son sol était jadis occupé par les eaux de la mer, qui y creusaient un golfe dont la baie de Bourgneuf est un dernier débris. Les alluvions se sont déposées peu à peu autour des collines du crétacé inférieur qui s'étendent au S.-E. de Beauvoir et du petit massif granitique de Sallertaine. Elles ont formé l'île de *Bouin*, séparée encore du continent par le *Dain*. Cette contrée, sillonnée de canaux, de digues, de marais salants et couverte de plantations d'ormes, de peupliers, de saules et de tamaris, se rattache chaque jour davantage l'île de Noirmoutier. Autrefois, cette île était séparée du continent par un détroit assez large; aujourd'hui, on en peut, à marée basse, traverser le petit détroit de *Fromentine*, sur une route empierrée appelée *passage du Gua* ou *du Gué*. Du reste, Noirmoutier émerge à peine au-dessus des eaux : des digues la protègent sur de grandes étendues contre la fureur des flots de l'Océan. Elle ne possède ni source ni ruisseaux, mais des marais salants qui font sa richesse; une maigre forêt de pins et de chênes verts sont les seuls représentants de la végétation arborescente. L'île d'*Yeu*, située au S. de Noirmoutier et dont le sol est constitué par le gneiss et les micaschites, présente également une faible altitude au-dessus des flots (35 mètres); elle possède néanmoins des sources qui alimentent de petits ruisselets. Les bruyères couvrent la moitié de l'île.

Le territoire occupé par le *Marais Poitevin* était jadis occupé par une vaste baie semée d'îlots oolithiques sur lesquels ont été bâties autant de villes ou de villages. Ces petites élévations ont reçu le nom de *buttes*. Les principales d'entre elles sont : les buttes de Maillezais et Doix (17 mètres); de Vix (34 mètres); du Gué-de-Velluire; de Chaillé-les-Marais (9 mètres); de Champagné; de Triaize; de la Dune; de Grues, etc. Des digues et des canaux ont été construits dans le but d'assainir cette contrée et de la soustraire à l'action dévastatrice de l'Océan et aux inondations. Le *Marais Poitevin* a pour limite septentrionale une ligne courbe passant par Luçon, le Langon, Doix et au N. de Maillezais. Il est sillonné par un lacis de nombreux canaux rectilignes dont la plupart convergent vers la mer, tandis que d'autres les coupent transversalement. L'un de ces derniers, appelé *Ceinture des Hollandais*, forme la limite N. de ces canaux. Malgré ces digues et ces canaux, les *Cabaniers*, ou habitants du Marais Poitevin, voient chaque année les débordements de la Sèvre Niortaise, de la Vendée et du Lay envahir leurs campagnes qu'ils sont obligés de parcourir en bateaux.

Une partie des eaux du département de la Vendée s'écoule dans la Loire, qui ne touche le département en aucun point, mais l'un de ses affluents, la *Sèvre Nantaise*, lui appartient pendant 25 kilomètres. Née dans les Deux-Sèvres, cette rivière sépare d'abord la Vendée des Deux-Sèvres pendant une quinzaine de kilomètres; puis elle passe au pied de Mallièvre, de Saint-Laurent, de Mortagne et devient frontière du côté de Maine-et-Loire, jusqu'à Tiffauges. La Sèvre Nantaise, navigable pour les bateaux de 80 tonnes, du moins à partir du pont de Monnières, a presque tout son bassin dans le terrain granitique. Elle a pour principal affluent la *Maine* (70 kilom.), formée par la jonction de la *Grande* et de la *Petite Maine* : la première, née dans le coteau de Concise, a 36 kilom. de cours; la seconde, grossie du *Vandrenneau*, a 32 kilom. La Maine, après avoir reçu l'*Asson* à Montaigu, entre dans la Loire-Inférieure, puis va se jeter dans la Sèvre Nantaise.

Au versant du lac de Grandlieu appartiennent deux cours d'eau : l'*Ognon* et la *Boulogne*. L'*Ognon* (50 kilom.) appartient presque entièrement à la Loire-Inférieure et n'a que la partie supérieure de son cours sur le territoire vendéen. La *Boulogne* a plus d'importance, malgré son cours tortueux (75 kilom.) et le peu d'eau qu'elle débite. Née près des Essarts, elle arrose Saint-Denis-la-Chevasse, le ballon des Lucs, Rocheservière, puis forme la frontière de la Loire-Inférieure, sur une douzaine de kilomètres avant de pénétrer dans ce département et d'aller se perdre dans le lac de Grandlieu. Elle a pour affluents l'*Issoire* (32 kilom.) et la *Logne*.

Depuis la frontière de la Loire-Inférieure jusqu'à la Barre-de-Monts, le littoral est bas et vaseux; ensuite il devient sablonneux avec les dunes, où s'élève le fort de Fromentine. Ces dunes, dont on a dû arrêter l'extension progressive, cessent vers l'embouchure de la *Vie* et font place momentanément aux roches. La *Vie* (60 kilom.), née dans le département au S. de Belleville, reçoit le *ruisseau du Poiré*, puis le *Ligneron* et sépare Saint-Gilles de Croix-de-Vie. Grossie à Saint-Gilles, sur la rive gauche, par le *Jaunay* (48 kilom.), elle va se jeter dans la mer avec un lit assez large pour recevoir les navires calant 3 mètres.

Depuis la Vie jusqu'à l'*Ausance* (36 kilom.), le littoral est formé de dunes, puis de rochers : les dunes reprennent ensuite jusqu'aux Sables-d'Olonne; alors les sables alternent avec les roches jusqu'au *Perray*, où un vaste estuaire reçoit deux ruisseaux, dont le *Gué-Chatenay* est le plus important. Du Payré au *Lay* la chaîne des dunes est coupée par le goulet du Jard, où se jette le *ruisseau de Saint-Vincent-sur-Jard*. Près de la pointe du Grouin-du-Cou, à 10 kilomètres de l'île de Ré, la ligne de sable s'amincit et sépare à peine du pertuis Breton, détroit de l'Atlantique, les marais de la

DÉPARTEMENT DE LA VENDÉE

Gravé par J. Geisendörfer, rue de l'Abbaye, Paris.

Signes conventionnels :

PRÉFECTURE	*Plus de 100 000 hab.*	*De 10 000 à 20 000*	*Place forte. Fort*	*Origine de la navigation*
Sous-Préfecture	*De 50 000 à 100 000*	*De 5 000 à 10 000*	*Frontière*	*Canal*
Canton	*De 30 000 à 50 000*	*De 2 000 à 5 000*	*Limite de Dép.t*	*Col*
Commune, Village	*De 20 000 à 30 000*	*Moins de 2 000*	*Chemin de fer*	*Forêts*

Les chiffres expriment en mètres l'altitude au dessus du niveau de la mer.

Échelle (1 millim. pour 900 mètres). 10 5 0 10 20 30 40 50 Kil.

Tanche, où passe le *Troussepoil* canalisé.

Le *Lay* est formé par la réunion du *Grand Lay* et du *Petit Lay*, dont le confluent se trouve près de Saint-Vincent-du-Fort-du-Lay. Le *Grand Lay*, né près de Saint-Pierre-du-Chemin, coule d'abord au N., par Réaumur et La Meilleraye, puis se tourne vers le S.-O. et reçoit le Loing (26 kilom.) avant de s'unir au *Petit Lay*, après un cours de 52 kilom. Le *Petit Lay* (52 kilom.) descend de la colline de Saint-Michel (mont Mercure), puis traverse l'étang de la *Blottière* et passe à Saint-Mars-la-Réorthe, à Monchamps et à Sainte-Cécile. Formé de ces deux cours d'eau, le Lay se creuse une vallée de plus en plus large, puis reçoit sur sa rive gauche la *Smagne* et sur sa rive droite le *Marillet*, venu de la forêt de *La Chaize*. A La Claie, il devient navigable; plus loin, il arrive au port de Moricq, où commence la navigation maritime, à 12 kilom. de la mer. Il ne vient se jeter dans l'Océan, près du bourg d'Aiguillon, qu'après avoir longé pendant 7 kilom. le rivage dont il est séparé par une dune étroite. Les principaux affluents du Lay (110 kilom.) sont : la *Smagne* (45 kilom.), le *Marillet* (28 kilom.), l'*Yon* (56 kilom.). Ce dernier affluent naît dans la forêt de La Chaize, passe à Dompierre, à La Roche-sur-Yon et se jette dans le Lay en aval de Mareuil.

A 7 kilom. de l'embouchure du Lay, à la pointe de l'Aiguillon, on entre dans l'anse de l'Aiguillon, baie vaseuse, où aboutissent le canal de Luçon (ancienne rivière canalisée) et la Sèvre Niortaise. La *Sèvre Niortaise*, née dans les Deux-Sèvres, a généralement une allure paisible dans son cours sinueux; mais pendant la saison des pluies, elle roule 200 mètres cubes d'eau par seconde, et on a dû garantir ses rives au moyen de digues. Après avoir servi de limite aux Deux-Sèvres, elle appartient tout entière à la Vendée, puis redevient frontière avec la Charente-Inférieure. Elle reçoit, sur son parcours de 160 kilom. : l'*Autise* et la *Vendée*. L'*Autise* vient des Deux-Sèvres, puis, entrée dans le département de la Vendée, se perd au-dessous de Nieul, dans une série de petits gouffres marécageux. Plus loin, elle se reforme, grâce aux eaux du *ruisseau de Saint-Quentin*, la source la plus abondante du département, et ensuite se partage en deux branches, la *Vieille Autise* et la *Jeune Autise*, qui enferment l'île de Maillezais. La *Vendée* a également sa source dans le département des Deux-Sèvres, dans la Gâtine du Poitou, sur la lisière de la forêt de Chantemerle. Elle traverse la forêt de Vouvant, et y reçoit son principal affluent, la *Mère*. Elle baigne ensuite Pissotte, Fontenay-le-Comte, puis, dans le Marais Poitevin, le Gué-de-Velluire, l'Ile-d'Elle, et tombe dans la Sèvre Nantaise au Gouffre. Depuis Fontenay jusqu'à son embouchure (25 kilom.), elle reçoit les bateaux de moins de 27 tonnes. Son cours est de 80 kilom. Ses affluents de droite sont : la *Mère* et la *Longère*.

Le climat de la Vendée est doux et constant, grâce au voisinage de la mer et à sa position avantageuse à égale distance du pôle et de l'équateur. C'est le climat girondin, avec une température, qui est rarement supérieure à + 25° C. ou inférieure à — 8°. Chacune des trois régions a toutefois son climat particulier : dans le Bocage, les hivers sont plus rudes; et dans la Plaine, les étés sont plus chauds qu'ailleurs. Enfin, les pluies sont plus fréquentes dans le Marais, où elles sont la cause de fièvres intermittentes assez fréquentes. Le nombre des jours de pluie varie de 120 à 150. Les myrtes et les grenadiers prospèrent en pleine terre sur le littoral. Les vents dominants sont ceux du S.-O. qui amènent la pluie et les tempêtes. Le vent du N. règne souvent au printemps et amène de grandes disettes de fourrages, surtout dans le *Marais*.

Au point de vue géologique, on peut distinguer dans la Vendée : 1° la bordure N.-O. comprenant l'île de Noirmoutier, les atterrissements de la côte de Beauvoir et de Challans et la lisière de ces marais, et constitués par des micaschistes que recouvrent, au S. de Challans, des grès et des sables cénomaniens; 2° des îlots de calcaire grossier, dans les marais ou dans la mer, notamment à l'île *Chauvet* et le *Querroy*, à l'île de *Bouin* et à l'île de *Noirmoutier*; 3° des grès à *sabalites andegavensis*, représentés par les grès du Bois de la Chaise et du Pélavé, dans l'île de Noirmoutier; 4° des lambeaux de faluns, dans les environs de Challans et de Commequiers; 5° enfin, le terrain quaternaire est représenté par des sables et de l'argile à graviers et par des atterrissements d'alluvions argilo-sableuses.

Le bassin houiller de la Vendée se présente sous la forme d'une zone d'environ 1 kilomètre de largeur moyenne, formée de couches fortement inclinées et appuyées contre le terrain primitif. Cette zone commence au S. par les mines de *Saint-Laurs* et de *Faymoreau*, puis se continue en longeant la forêt de Vouvant jusqu'au delà des mines d'*Epagne*, sur une longueur de 20 kilom. Au delà de Vouvant, la zone houillère se perd sous les calcaires jurassiques, encaissés comme elle par les schistes de transition. La base du terrain houiller est formée par des assises de grès et de poudingues stériles, plongeant au N. sous un angle de 35 à 50 degrés, avec une épaisseur de 600 mètres au moins. Cette partie stérile est surmontée d'alternances de grès fins et d'argile schisteuse, contenant trois systèmes de couches de houille.

Chacune des trois régions du département conserve sa physionomie propre au point de vue de la culture. Dans la Plaine, on cultive surtout les grains, le colza et les légumes; et aussi, en certains points, le chou-moelle et la betterave. On y trouve de grandes exploitations de 20 à 40 hectares, ou métairies, pour la culture des céréales ou des prairies artificielles. Les *borderies* sont des exploitations de moindre étendue. Le Bocage, quoique couvert d'une grande quantité d'arbres, n'offre guère de grandes forêts, mais plutôt des landes de genêts, des prairies, des cultures, et surtout des champs de choux. Les prairies dominent dans les vallées, dont la fertilité contraste avec l'aridité des coteaux. On y cultive le blé, l'orge, le seigle, l'avoine, les choux, comme fourrage, et la vigne. On y élève aussi des bêtes à cornes renommées et conduites à Paris sous le nom de *bœufs gras de Cholet*. Dans le Marais, on cultive surtout le blé, les fèves et les haricots. Cette région, divisée en *marais desséchés* et en *marais mouillés*, se distingue par ses rivières nombreuses, ses champs couverts de roseaux, ses marécages, par ses dunes, dont quelques-unes sont plantées de vignes. L'élevage des bêtes à cornes y réussit à merveille, et les bœufs y sont d'une taille colossale. Les principaux marais salants sont aux environs de Luçon, sur un sol composé surtout d'argile, d'alluvion, bleus ou jaunâtre. Il y en a d'autres aussi dans l'île de *Noirmoutier*, dont ils sont l'une des principales ressources. Le reste de cette île est partagé entre des champs et des prairies, fertiles dans les terrains d'alluvion. L'île d'Yeu est moins bien partagée; car elle n'est qu'un rocher de granit, dont la moitié de la surface est occupée pourtant par des terres labourables. Les élevages de cette île consistent en moutons d'une extrême petitesse et en chevaux d'une race particulière.

La plus belle forêt du département est celle de *Vouvant* (2988 hect.), qui s'étend de la Mère à Saint-Michel-le-Cloucq, sur une chaîne de collines schisteuses. Viennent ensuite celles de *La Chaize* (1 200 hect.), de *Buchignon*, du *Parc* (856 hect.), de *Gralas* (750 hect.), d'*Aizenay* (340 hect.), etc. La production totale de ces bois est de 90 000 mètres cubes, dont 30 000 en bois d'œuvre et 60 000 en bois de chauffage. Les essences les plus communes sont : le chêne, le châtaignier, le sapin, le peuplier, le bouleau, le charme, le frêne et l'orme; et comme arbres fruitiers : le pommier, le poirier, le pêcher, le cerisier, l'abricotier, le noyer, etc.

L'exploitation minière la plus importante du département est celle de la houille, dans les bassins de *Vouvant* et de *Chantonnay*, d'une superficie totale de 6 846 hectares. Les principales mines de houille sont celles de la *Boufferie*, de *Cézais*, *Epagne*, *Faymoreau*, *Puyrinsant*, *Saint-Philbert*, et la *Tabarière*, produisant ensemble environ 18 000 tonnes de combustible par an. On trouve des gisements de fer à *La Termelière* (1 154 hect.), et à *Faymoreau* (fer carbonaté et schistes bitumineux); de l'antimoine à *La Ramée*, à *La Véronière*, à *La Flocellière* et à *Rochetrejoux*; de la galène, aux *Sarts*, à *Dissais*; de l'oxyde de fer jaune, rouge et noir. Le territoire de *Chamberteaud* renferme des pierres de quartz hyalin, qui sont vendues sous le nom de *diamants de la Vendée*. On exploite en Vendée des carrières de granit, de gneiss, de pierres calcaires et meulières, d'argile, à Sallertaine, Mortagne-sur-Sèvre, Dissais, Luçon, Chantonnay, etc. Près de Saint-Michel-en-l'Herm, on rencontre des bancs coquilliers, sur une superficie de 21 hectares, formés d'huîtres et d'autres coquillages, et qui se retrouvent à Nalliers, où on rencontre également des dépôts de cendres, d'une origine inconnue. Des sources minérales jaillissent aux Fontenelles, à la Gilardière, à Beaulieu, à Maillé, à Réaumur, à La Ramée et à Noirmoutier.

La principale industrie manufacturière consiste en filature et tissage de laine, de lin ou de coton. On fabrique ainsi des gros draps (La Châtaigneraie, Saint-Prouant, Luçon), des serges, flanelles et molletons (Mortagne-sur-Sèvre, La Châtaigneraie, La Tardière), etc. Enfin, le département possède comme industries accessoires : une verrerie à bouteilles et à bocaux (Faymoreau); des poteries (Luçon, Aizenay, La Ferrière); 5 papeteries (La Chagnais, les Herbiers, Entiers, Tiffauges, Saint-Hilaire-de-Mortagne); des tanneries et corroiries; 25 teintureries; 5 fabriques de chapeaux; 25 minoteries; des brasseries, des distilleries, des tuileries, etc.

La pêche est une grande ressource pour les habitants du littoral, notamment celle de la sardine. Près de Beauvoir-sur-Mer et des Sables-d'Olonne existent des parcs à huîtres qui sont d'un grand rapport.

L'importation du département consiste en vins de Bordeaux et de Saintonge, matériaux de construction, houilles anglaises, goudron, articles d'épicerie, modes, librairie, etc. Le mouvement des ports de Bouin, Beauvoir, Noirmoutier, Saint-Gilles, des Sables, de l'Aiguillon et de Luçon est en moyenne par an (entrées et sorties réunies) de 400 navires ou de 133 000 tonnes. L'exportation consiste en grains, froment, miel, huîtres, moules, poissons, conserves alimentaires, bestiaux, chevaux, mules, lin, chanvre, charbons de bois, houille de Vouvant, verrerie, engrais, chapeaux (Amérique), etc

Huit lignes de chemins de fer traversent le département (365 kilom.) : 1° la ligne *de Paris aux Sables-d'Olonne* (104 kilom.) par Pouzauges, Chavagnes, La Chaize, La Roche-sur-Yon, Olonne et les Sables; 2° la ligne *de Nantes à la Roche-sur-Yon* (49 kilom.); 3° la ligne *de La Roche-sur-Yon à La Rochelle* (75 kilom.) par Luçon, Velluire et l'Ile-d'Elle; 4° la ligne *d'Angers à Niort* (19 kilom.); 5° la ligne *de Nantes à Bordeaux* par Challans (62 kilom.); 6° l'embranchement *de Commequiers à Saint-Gilles-Croix-de-Vie* (12 kilom.); 7° la ligne *de Velluire à Saintes* par Niort (33 kilom.); 8° la ligne *de Clisson à Cholet* (6 kilom.).

La population spécifique du département est de 63 habitants par kilomètre carré, celui de la France entière est de 72. Les habitants des campagnes parlent le patois poitevin, mélange de mots dérivés de la langue d'*oc* et de la langue d'*oïl*. La majorité de la population est catholique : on ne compte que 3 500 protestants. La Vendée forme le diocèse de Luçon (suffragant de Bordeaux), et les 3° et 4° subdivisions du 11° corps d'armée (Nantes). Elle ressortit à la cour d'appel et à l'académie de Poitiers. — Le département de la Vendée comprend 3 arrondissements, 30 cantons, 299 communes. — Ch.-l. *La Roche-sur-Yon;* — S.-préf. *Fontenay-le-Comte* et les *Sables-d'Olonne*. — **Dér.** *Vendéen, vendéenne.*

VENDÉEN, ENNE (*Vendée*), *adj.* et *s.* Qui appartient à la Vendée : *Le Bocage vendéen.* ‖ Habitant de la Vendée. — **Les Vendéens**, les royalistes de l'O. de la France insurgés contre la Révolution.

***VENDELIN** (*x*), *sm.* Petite nacelle allongée à l'usage des pontonniers.

VENDÉMIAIRE (l. *vindemia*, vendange), *sm.* Le premier mois de l'année républicaine sous la Révolution française, commençant le 22 septembre. — *Journée du 13 vendémiaire an IV* (5 octobre 1795), nom donné à l'insurrection des royalistes parisiens contre la Convention, réprimée par le général Bonaparte.

VENDETTA [vin-det-ta] (m. ital. : *vengeance*), *sf.* État d'inimitié et de guerre qui existait autrefois entre deux familles corses et portait leurs membres à s'assassiner réciproquement : *Déclarer la vendetta.*

1. VENDEUR, ERESSE (l. *venditorem*), *s.* Celui, celle qui vend ou qui a vendu un bien meuble ou immeuble : *Le vendeur doit garantir à l'acheteur la pleine possession de la chose vendue.*

2. VENDEUR, EUSE (*vendre*), *s.* Celui,

celle dont la profession est de vendre des marchandises. || *Vendeur à découvert*, celui qui, dans une opération de bourse, vend des valeurs qu'il ne possède pas. — Fig. *Vendeur d'orviétan*, hableur, charlatan, trompeur. || *Vendeur de fumée*, individu qui cherche à duper les autres en se vantant de posséder une influence, un crédit qu'il n'a point.

VENDEUVRE-SUR-BARSE, 2017 hab. Ch.-l. de c., arr. de Bar-sur-Aube (Aube), près des sources de la Barse. Beau château. Minerai de fer, eaux ferrugineuses, fonderies, fabriques de statues et terre cuite.

VENDICATION. (V. *Revendication*.)

VENDIDAD, livre sacré des Parsis. (V. *Zend-Avesta*.)

VENDIQUER. (V. *Revendiquer*.)

VENDITION (l. *venditionem*), *sf*. Vente (vx).

VENDÔME, 9420 hab. Sous-préf. du Loir-et-Cher, à 175 kil. de Paris, sur le Loir (r. d.). Lycée. Nombreux édifices du moyen âge. Fabriques de gants de peau. Commerce de bestiaux et de grains. Combat du 15 décembre 1870 entre les Français et les Allemands.

VENDÔME (César, duc de) (1594-1665), fils légitimé de Henri IV et de Gabriel d'Estrées. Il fut gouverneur de Bretagne, intrigua et se révolta contre Richelieu qui le retint quatre ans prisonnier; se retira en Hollande, rentra en 1643, prit part à la Fronde avec son fils le duc de Beaufort, fit sa paix avec la cour et mourut gouverneur de Bourgogne et surintendant général de la navigation et du commerce. — **Louis, duc de Vendôme** (1612-1669), fils aîné du précédent. Il épousa une nièce de Mazarin et, devenu veuf, entra dans les ordres et fut fait cardinal en 1667. — **Louis-Joseph, duc de Vendôme** (1654-1712), fils aîné du précédent, général français. Il se distingua dans la guerre de Hollande, sous Turenne en Alsace, aux batailles de Steinkerque et de la Marsaille, s'empara de Barcelone à la tête de l'armée de Catalogne; joua un grand rôle dans la guerre de la succession d'Espagne, remporta plusieurs victoires en Italie; perdit en Flandre la bataille d'Oudenarde, mais en Espagne assura le trône à Philippe V par la grande victoire de Villaviciosa. Il était gouverneur de Provence depuis 1681. — **Philippe** dit le grand prieur de Vendôme, de l'ordre de Malte et grand prieur de France. Il prit part aux campagnes de Louis XIV dans les Pays-Bas et en Italie, vécut cinq ans à Rome après une disgrâce et revint à Paris dans son palais du Temple entouré d'une cour de gens de lettres.

VENDÔME (place), belle place de Paris entre les boulevards et le jardin des Tuileries. De 1805 à 1810 y fut élevée, avec le bronze pris sur l'ennemi en Allemagne, la colonne « dédiée à la gloire de la *Grande Armée* » en mémoire de la campagne d'Autriche et de la victoire d'Austerlitz. La *colonne Vendôme* a 3m,78 de diamètre et 43m,55 de hauteur, y compris statue et piédestal; elle se compose de 378 pièces de bronze formant le revêtement; à l'intérieur, un escalier à vis de 180 marches conduit à la plate-forme du chapiteau, où s'élève un amortissement circulaire, haut de 4m,55 et renflé par un hémisphère sur lequel se dresse la statue de Napoléon Ier. A l'extérieur, une spirale de bas-reliefs se déroule sur un développement de 260 mètres autour du fût; les bas-reliefs du piédestal reproduisent les costumes et les armes du premier Empire, et ceux du fût retracent en vingt-deux révolutions les glorieux faits d'armes de la campagne d'Austerlitz: les personnages principaux sont des portraits. La colonne fut renversée en 1871, sous la Commune, et réédifiée en 1875, par décret de l'Assemblée nationale : la refonte se fit sur les moules mêmes qui avaient servi à la première érection.

VENDÔMOIS, ancien petit pays de France dont Vendôme était la capitale. Il est réparti entre les départements de Loir-et-Cher et de la Sarthe.

VENDRE (l. *vendere*), *vt*. Céder à quelqu'un pour de l'argent la propriété d'un bien, d'une chose : *Vendre une maison, un cheval*. || Faire métier de céder au public pour de l'argent certaines denrées, certaines marchandises : *Vendre du vin, des légumes*. — Fig. Faire à quelqu'un un don qui lui est onéreux : *La fortune vend ce qu'on croit qu'elle donne*. (La Fontaine.) || *Vendre cher sa vie, sa peau*, se défendre jusqu'à la dernière extrémité et tuer beaucoup d'ennemis avant d'être tué. — Fig. Accorder pour de l'argent ou pour quelque autre avantage une chose dont la morale défend de trafiquer : *Vendre son vote, sa plume*. || Trahir, révéler pour de l'argent ou quelque autre avantage : *Vendre son pays à l'ennemi. Vendre ses complices*. || Déceler : *Cette parole l'a vendu*. — **Se vendre**, *vr*. Être vendu : *Le guano se vend dans presque toutes les villes de France*. || *Cette marchandise se vend bien*, on la vend à des prix avantageux, on en vend en grande quantité. || Céder pour de l'argent la propriété de la personne : *En certains pays, la misère pousse les gens à se vendre comme esclaves*. || Autrefois, se faire soldat à la place d'un autre en échange d'une certaine somme : *Cet homme s'est vendu*. — Fig. Se faire par intérêt le complaisant, le séide d'une personne, d'un parti : *Cet homme s'est vendu aux ennemis de sa famille*. || Déceler ce qu'on voulait cacher, se trahir involontairement : *Il s'est vendu étourdiment*. — **Gr.** Je vends, tu vends, il vend, n. vendons, v. vendez, ils vendent; je vendais; je vendis; je vendrai; je vendrais; vends, vendons, vendez; que je vende; que je vendisse, qu'il vendît; vendant; vendu, ue. — **Dér.** *Vente, vendeur, vendeuse, vendeur, venderesse, vendable*. — **Comp.** *Revendre*, etc.

VENDREDI (vx fr. *venredi* : du l. *Veneris dies*, le jour de Vénus), *sm*. Le sixième jour de la semaine qui, chez les Romains, était consacré à Vénus. || *Vendredi saint*, le vendredi de la semaine sainte, où l'Église fait la commémoration de la Passion de Jésus-Christ. || *Tel qui rit vendredi, dimanche pleurera*, le chagrin succède inopinément à la joie, il ne faut pas compter sur un bonheur constant. || Nom donné par Robinson au sauvage qu'il avait délivré un vendredi des mains des anthropophages et qui devint son serviteur dévoué : *La reconnaissance attachait Vendredi à Robinson*.

VENDRES, étang du département de l'Hérault qui se déverse dans l'embouchure de l'Aude et qui mesure 6 kilom. sur 4.

***VENÉ, ÉE** (p.p. de *vener*), *adj*. Mortifié, faisandé : *Viande venée*. || *Viande un peu venée*, qui commence à se gâter, à sentir.

VENEDIGER (GROSS), altitude 3534 mètres, montagne du Tyrol (Autriche), un des sommets principaux du Hohe-Tauern, entre le pic des Trois-Seigneurs à l'O. et le Gross Glockner à l'E.

VÉNÉFICE (l. *veneficium* : de *venenum*, poison + *facere*, faire), *sm*. Empoisonnement causé par un prétendu sortilège : *Au moyen âge, il y eut des gens condamnés pour vénéfice*.

VENELLE (pour *veinelle* : dm. de *veine*), *sf*. Petite ruelle. — Fig. *Enfiler la venelle*, s'enfuir.

VENELLE, 30 kilom. Rivière du département de la Côte-d'Or, affluent de la Tille.

VÉNÉNEUX, EUSE (l. *venenosum* : de *venenum*, poison), *adj*. Qui contient un poison d'origine végétale : *Les fruits sucrés de la belladone sont vénéneux*. || Qui est poison d'origine minérale : *Les sels de plomb sont vénéneux*. || Qui s'est transformé en poison par suite de quelque altération ou décomposition : *Les moules sont quelquefois vénéneuses*. — **Dér.** *Vénénosité*.

***VÉNÉNIFÈRE** (l. *venenum*, venin + *ferre*, porter), *adj. 2 g*. Qui porte du poison ou du venin.

***VÉNÉNIFIQUE** ou ***VÉNÉNIPARE** (l. *venenum*, venin + *facere*, faire, ou *parere*, produire), *adj. 2 g*. Qui produit le venin.

***VÉNÉNOSITÉ** (*vénéneux*), *sf*. Propriété de ce qui est vénéneux.

VÉNÉON, 40 kilom. Torrent qui descend du mont Pelvoux et se jette dans la Romanche. Il reçoit la Bérarde, le Montriond, etc.

VENER (l. *venari*, chasser), *vt*. Chasser à courre un animal domestique pour en attendrir la chair : *Vener un bœuf*. || *Faire vener de la viande*, la faire faisander. — **Dér.** *Vené, venée, vénerie, venaison, veneur*.

VENER (lac). (V. *Venern*.)

***VÉNÉRABILITÉ** (*vénérable*), *sf*. Qualité de ce qui est vénérable.

VÉNÉRABLE (l. *venerabilem*), *adj. 2 g*. Digne d'une estime respectueuse : *Un vieillard vénérable*. || Digne d'un pieux respect : *Des reliques vénérables*. || Qui réveille des souvenirs respectueux, attendrissants : *Un monument vénérable*. — *Sm*. Le président d'une loge de francs-maçons. — **Dér.** *Vénérablement, vénérabilité*.

***VÉNÉRABLEMENT** (*vénérable* + sfx. *ment*), *adv*. Avec vénération.

***VÉNÉRATEUR, ATRICE** (*vénérer*), *s*. Celui qui vénère.

VÉNÉRATION (l. *venerationem*), *sf*. Profonde et respectueuse estime : *Il a une grande vénération pour son maître*. || Respect qui ressemble à un culte : *Exposer des reliques à la vénération des fidèles*.

VÉNÉRER (l. *venerari* : de *Venerem*, acc., Vénus), *vt*. Estimer et respecter profondément : *Cet enfant vénère ses parents*. || Avoir un respect voisin de l'adoration : *L'Église catholique vénère les saints*. — **Gr.** *né* devient *nè* devant une syllabe muette, excepté au futur et au conditionnel : je vénère, n. vénérons; je vénérerai, je vénérerais. — **Dér.** *Vénération, vénérateur, vénératrice; vénérable, vénérablement, vénérabilité; vénérien, vénérienne, vénéridée; venin*, etc., *vénéneux, vénéneuse*, etc. — **Comp.** *Vénéfice, vénéricarde, vendredi*.

***VÉNÉRICARDE** (l. *Venus*, génitif *Veneris*, Vénus + g. καρδία, cœur), *sf*. Genre de mollusques marins lamellibranches qui vivent dans une coquille en forme de cœur et à côtes rayonnantes, principalement sur les fonds rocheux et dans les eaux peu profondes des mers tropicales. La *vénéricarde sillonnée* vit dans la Méditerranée, et les côtes de la Nouvelle-Zélande sont l'habitat de la *vénéricarde australe*. Le trias contient 170 espèces fossiles de ce genre.

***VÉNÉRIDÉES** (l. *Venus*, génitif *Veneris*, Vénus), *sfpl*. Famille de mollusques lamellibranches (*sinu palliata*), à coquille ovale ou allongée, avec deux ou trois dents cardinales, ligament externe, sinus palléal différemment développé, profond et dentiforme, court et triangulaire, très faible, ou bien manquant entièrement. Parmi les principaux genres on cite : *Venus, Cytherea, Tapes*.

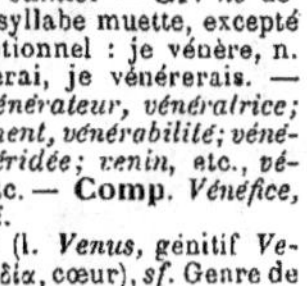

VÉNÉRIDÉE

VÉNERIE (*vener*), *sf*. L'art de chasser avec des chiens courants : *Un traité de vénerie*. || Tout ce qui concerne la chasse à courre. || Le personnel employé aux chasses du roi : *Un lieutenant de vénerie*. || Les équipages de chasse : *Emmener la vénerie*. || Les bâtiments destinés aux équipages de chasse et au personnel qui les dirige : *Aller à la vénerie*.

VÉNÉRIEN, IENNE (du l. *Venus*, génitif *Veneris*, Vénus), *adj*. Se dit de tout ce qui est intimement uni au rapprochement des sexes : *Acte vénérien. Maladie vénérienne*. Ce mot, qui aujourd'hui appartient plus au langage courant qu'à la science, a fait longtemps partie presque exclusive de la langue médicale, et il qualifiait toutes les maladies de l'appareil sexuel (xve et xvie siècles); mais comme à cette époque on n'attribuait qu'une importance restreinte à la contagiosité, on considérait les manifestations vénériennes comme des issues normales offertes au sang vicié. Depuis cette époque, le sens du mot *vénérien* a varié beaucoup, et aujourd'hui il semble, par exemple, que le nom générique de *maladie vénérienne* doive être spécialement réservé aux manifestations morbides résultant de toute contamination sexuelle impure.

VENERN ou **WENERN** (lac). Lac de Suède; superficie 5508 kilom. carrés, altitude 44 mètres, profondeur extrême 90 mètres : 145 kilom. du N.-E. au S.-O. et 67 kilom. de largeur. Il communique avec le Cattégat par le *Gotha elf*, qui aboutit à Gœteborg, et avec le lac Wettern par le canal de Trolhättan. La navigation y est très active. On trouve sur ses bords les villes de Venersborg au S.-O., Carlstad au N., Lidköping et Christinehamn à l'E. Il reçoit un grand nombre de cours d'eau : le principal est le *Klar elf*.

***VENET** (bl. *venetum*), *sm.* Enceinte de filets retenus par de petits piquets et ayant une ouverture vers la côte pour retenir les plies et autres poissons au moment de la marée descendante.

VÉNÈTES, peuple maritime de l'ancienne Gaule (département du Morbihan, arrondissement de Saint-Nazaire) qui avait de nombreuses places fortes, des ports, des îles et que César défit dans sa troisième campagne; capit. *Vindanaportus* (Locmariaker).

VÉNÈTES, peuple de l'Italie ancienne, entre les Alpes et le fond de l'Adriatique, que l'on croit originaire de l'Asie et qui donna son nom à la Vénétie.

VÉNÉTIE, contrée du N.-E. de l'Italie, à l'E. de la Lombardie, entre les Alpes et l'extrémité N. de l'Adriatique, traversée par la Brenta, l'Adige et de nombreux torrents qui descendent des montagnes, et ayant son littoral bordé de lagunes; capit. *Venise*. Climat chaud, mais beaucoup plus sain que celui de la Lombardie.

VENETTE (vx fr. *vesne*, vesse), *sf.* Peur : *Avoir la venette.* (Bas.)

VENEUR (l. *venatorem*, chasseur), *sm.* Tout individu qui dirige à la chasse les chiens courants. || *Grand veneur*, le chef des veneurs du roi, qui était en même temps grand forestier et grand fauconnier.

VENEZUELA (ÉTATS-UNIS DE) (*petite Venise*), 1 539 398 kilom. carrés, 2 198 320 hab. République fédérative de l'Amérique du Sud, bornée au N. par la mer des Antilles, à l'E. par la Guyane anglaise, au S. par le Brésil, à l'E. par la Nouvelle-Grenade. Ses côtes ont un développement de 1 200 kilomètres et sont bordées, dans la mer des Antilles, d'îles qui dépendent de cet État; ce sont : les îles de *Aves*, les *Roques*, *Orchilla*, *Tortuga*, *Blanquilla* et la *Margarita*. Le golfe et la lagune de *Maracaïbo* sont au N. et le vaste delta de l'*Orénoque* avec son embouchure, à l'E. Les Andes parcourent le Venezuela au N.-O., et la chaîne des monts Parima au S.-E.; de ces plateaux, dont le point culminant est le mont *Maraguaca* (2 508 mètres), descendent le *Topayo*, la *Zulia*, le *Tocuyo*, l'*Unare*; l'*Orénoque*, le *Cassiquiare*, l'*Apure*, le *Jacome*, le *Guarico*, la *Portuguesa*, le *Cuyuni* (affluent de l'*Essequibo*), arrosent les plaines. Au N. se trouve le lac de *Valencia*. Le Venezuela est, en même temps que minier, un pays essentiellement agricole : entre les côtes et la zone herbacée s'étend la zone culturale; la région centrale, ou zone des *llanos* (savanes) nourrit des bœufs, des chevaux, des mulets. La région S. est montagneuse et encore peuplée de quelques Indiens. Climat très chaud : la vallée de Caracas et, en général, toute la région des Hauts Plateaux jouissent d'un climat sain et tempéré (température moyenne : 21°). Mines d'or découvertes par un Français; mines de houille inexploitées; palmiers, cactus, arbres à caoutchouc, salsepareille, quinquina, café, cacao renommé dit *caraque*, indigo, canne à sucre, tabac, coton, maïs, igname, plantain comestible; nombreux chevaux et bœufs à demi sauvages; exportation de café, de cacao, de viandes salées, de peaux et de cuir; importation de vins et de modes françaises. La population vénézuélienne provient de sang espagnol, de sang mêlé, mulâtres, Zambos et Cholos; les *Caraïbes*, les *Maypures*, les *Ottomaques*, sont les principales tribus indiennes. L'espagnol est la langue officielle du pays; mais les modes parisiennes dominent à Caracas, où le français est très répandu. Séparé de l'Espagne en 1811, le Venezuela forme une république depuis 1831. Depuis 1881, cet État fédératif se compose du *District fédéral* (ch.-l. *Caracas*), de 8 *grandes Estados* et de 5 *territoires*. — Capit. *Caracas*; — villes principales : *Cumana*, *Valencia*, *Maracaïbo*, *Merida*, *Bolivar*; *La Guaira*, port, entrepôt maritime.

***VENGÉ** (mot hindou), *sm.* Arbre de l'Inde qui produit le kino, et appelé aussi *ptérocarpe officinal*.

VENGEANCE (*vengeant*), *sf.* Mal que l'on fait à un adversaire pour se dédommager de ce qu'on a souffert par son fait : *Exercer une terrible vengeance.* || *Tirer, prendre vengeance*, se venger. || *Ce forfait crie, demande vengeance*, il est nécessaire qu'il soit vengé. || Désir de se venger : *Avoir la vengeance dans le cœur.* || Châtiment infligé légitimement : *La vengeance de Dieu. La vengeance de la justice.*

VENGER (l. *vindicare*), *vt.* Dédommager quelqu'un du mal qu'on lui a fait en punissant ou affligeant ce dernier : *Venger sa famille.* || Châtier un méfait en punissant celui qui l'a commis : *Venger un affront.* || Punir : *Dieu venge toujours le crime.* || Devenir le châtiment de, en parlant des choses : *La décadence de l'Espagne vengea les cruautés qu'elle avait commises en Amérique.* || Servir de dédommagement à : *L'esprit de cet homme venge sa laideur.* — **Se venger,** *vr.* Se dédommager en rendant le mal pour le mal. || *Se venger noblement*, rendre le bien pour le mal. — **Dér.** *Vengeance, vengeur, vengeresse.* — **Comp.** *Revenger, revancher, revanche.*

VENGEUR, VENGERESSE (*venger*), *s.* et *adj.* Qui venge, qui punit : *Une voix vengeresse. Ce forfait réclame un vengeur.* || *Le Vengeur*, vaisseau de guerre français qui, dans le combat du 13 prairial an II (1er juin 1793) entre les flottes française et anglaise, soutint pendant six heures le feu de 10 vaisseaux ennemis et, troué de toutes parts, coula bas pendant que ce qui restait de son équipage, n'ayant pas voulu se rendre, poussait les cris de : « Vive la République ! Vive la Liberté ! Vive la France ! » La Convention décréta qu'un modèle en bois de ce vaisseau demeurerait suspendu aux voûtes du Panthéon.

VENIAT [vé-ni-a-te] (nl. : *qu'il vienne*), *sm.* Ordre donné par un juge supérieur à un juge inférieur de venir rendre compte de sa conduite. — Pl. *des veniat.*

VÉNIEL, ELLE (l. *venia*, pardon), *adj.* Qui peut être pardonné vu son peu de gravité : *Péché véniel.* || *Faute vénielle*, faute légère. — **Dér.** *Véniellement.*

VÉNIELLEMENT (*vénielle* + sfx. *ment*), *adv.* D'une manière vénielle, sans gravité : *Pécher véniellement.*

***VENIMÉ, ÉE** (du vx fr. *venim*, venin), *adj.* Blessé par un serpent venimeux : *Bête venimée.*

VENI-MECUM. (V. *Vade-mecum.*)

VENIMEUX, EUSE (pour *venineux*, par désassimilation, de *venin*), *adj.* Qui a du venin, en parlant des animaux qui sécrètent une humeur délétère : *La vipère est venimeuse.* — Fig. Qui produit sur l'esprit un effet comparable à celui qu'un venin produit sur le corps : *Une insinuation venimeuse.* || *Une langue venimeuse*, une personne dont les médisances font beaucoup de mal. — **Gr.** Aujourd'hui on dit *venimeux*, en parlant des animaux, et *vénéneux*, en parlant des plantes. Autrefois *venimeux* se disait aussi bien des plantes que des animaux. — **Dér.** *Venimosité.*

***VENIMOSITÉ** (*venimeux*), *sf.* Propriété de ce qui est venimeux.

VENIN (l. *venenum*, poison), *sm.* Liquide sécrété par certaines glandes chez quelques animaux qui le conservent dans des poches ou réservoirs dits *à venin*, pour s'en servir comme moyen de défense ou d'attaque : *Le venin de la vipère, de l'abeille, du scorpion.* Introduit par une morsure ou une piqûre dans l'organisme de l'homme ou des autres animaux, le venin détermine des phénomènes d'empoisonnement plus ou moins graves, quelquefois mortels. Ce liquide ne doit être confondu ni avec les virus, ni avec les poisons minéraux et végétaux, car il constitue, à l'encontre de ceux-ci, un produit de l'organisme vivant : c'est une sécrétion normale qui a été de la part des physiologistes et des chimistes l'objet de recherches intéressantes au même titre que les divers liquides excrétés par les glandes salivaires, pepsinifères, intestinales, le pancréas, etc. Dans le venin des serpents, on est parvenu à isoler un principe qui serait l'agent de l'empoisonnement : c'est la *crotaline* chez les crotales, la *vipérine* chez les vipères, etc., et tous ces principes ne produisent de phénomènes morbides qu'introduits sous la peau. Leur ingestion n'est suivie d'aucun signe d'empoisonnement, à moins qu'il n'existe une altération de la muqueuse stomacale, cas dans lequel l'ingestion équivaut à une véritable inoculation. Comment agit le venin dans l'organisme ? Il agit directement sur le sang, auquel il absorbe tout l'oxygène; aussi, expérimentalement, voit-on le sang artériel devenir noir chez l'animal mordu par un serpent, par exemple. Chez l'homme, la morsure d'un animal venimeux entraîne après elle des signes locaux que caractérisent une légère ecchymose, l'œdème de la partie atteinte, et des phénomènes généraux qui dépendent tous de la diminution des combustions : abaissement de température, convulsions, vertiges, syncope. L'élimination rapide du venin devra être facilitée par tous les moyens possibles, mais on essayera au début d'arrêter sa marche par des lavages antiseptiques, des cautérisations et au besoin par des ligatures ou l'amputation du membre mordu. Le traitement général comportera l'usage des diurétiques, des sudorifiques et des potions alcoolisées. || Le virus des maladies contagieuses : *Le venin de la rage.* — Fig. Ce qui produit sur l'esprit un effet comparable à celui qu'un venin produit sur le corps : *Le venin de la calomnie.* — Fig. Haine cachée, malignité, rancune : *Il y a bien du venin dans ces paroles.* — Fig. Doctrine pernicieuse : *Le venin de l'hérésie.* — **Dér.** *Vénéneux, vénéneuse, vénénosité, venimeux, venimeuse, venimé, venimée, venimosité.* — **Comp.** *Vénéfice, vénénifique, vénénifère, vénénipare.*

1. **VENIR** (l. *venire*), *vi.* Se transporter d'un lieu à un autre, dans lequel se trouve la personne qui parle ou à qui l'on parle : *Je viens de Rome. D'où venez-vous?* || *Venir au secours, à l'aide*, secourir, aider. || *Venir sur*, se diriger vers quelqu'un avec l'intention de l'attaquer. || *Il s'en est allé comme il était venu*, il n'a rien fait de ce qu'il aurait dû faire. || *Il semble qu'il vienne de l'autre monde*, il a l'air de tout ignorer. — Fig. *D'où venez-vous?* Vous ignorez donc tout ce qui se dit, tout ce que tout le monde sait. || *Voir venir quelqu'un*, l'apercevoir de loin alors qu'il se dirige vers l'endroit où vous êtes. — Fig. Deviner ce qu'il pense, ce qu'il va dire ou faire. || *Voir venir*, au jeu de cartes, jeter une carte pour tâter ses adversaires. || *Laisser venir, voir venir*, attendre, ne pas se presser : *Dans les affaires, il est quelquefois bon de laisser venir, de voir venir son adversaire.* || *Venir à*, gouverner un navire de manière à le mettre dans une direction déterminée : *Venir au vent*, amener un navire dans une direction où il puisse recevoir plus de vent dans ses voiles. || Arriver dans le lieu où se trouve la personne qui parle : *Le courrier vient à deux heures.* || Aller d'un lieu plus éloigné à un lieu plus proche : *Il est venu d'Alger à Marseille.* || Aller d'un lieu plus proche à un lieu éloigné, mais seulement quand celui qui parle invite un autre à l'accompagner : *Voulez-vous venir avec moi?* || *Aller et venir*, se dit de ceux qui, en un lieu donné, se dirigent dans des directions opposées : *A Marseille, on voit de nombreux navires chargés de voyageurs qui vont et viennent d'Orient.* || *Ne faire qu'aller et venir*, être toujours en mouvement; mettre très peu de temps pour aller d'un endroit à un autre et en revenir. || Se dit des choses inanimées qui ont un mouvement : *La lumière et la chaleur nous viennent du soleil.* || Être apporté, en parlant des choses : *Le cacao nous vient de l'Amérique méridionale.* || *Venir*, précédant un infinitif, ne fait que renforcer l'idée que cet infinitif exprime : *Ce malheureux est venu tomber à nos pieds.* || *Venir* s'emploie aussi avec un infinitif pour prévenir une objection : *On vient nous dire que... ; mais...* || *Faire venir quelqu'un*, le mander, lui demander de passer chez vous : *J'ai fait venir le médecin.* || *Faire venir une chose*, donner l'ordre d'apporter cette chose dans le lieu où l'on est : *J'ai fait venir de l'huile d'Aix.* || *Faire venir l'eau à la bouche*, se dit d'une chose agréable au goût et à l'odorat, qui provoque la sécrétion des glandes salivaires et excite l'appétit. — Se dit aussi au figuré et signifie qui excite les désirs : *Cette bonne opération lui a fait venir l'eau à la bouche.* — Fig. et prov. FAIRE VENIR L'EAU AU MOULIN, procurer à soi ou aux siens des avantages, de l'argent, etc., par son

industrie, son habileté, son savoir. ‖ Sortir, en parlant d'un liquide qui s'échappe d'un vase, etc. : *Le vin vient encore à cette pièce.* ‖ Monter, atteindre, s'élever : *Pendant l'inondation l'eau est venue jusqu'au premier étage de cette maison. Votre fils me vient à l'épaule.* ‖ Tomber par hasard dans la possession de quelqu'un : *Ce livre me vient de je ne sais qui.* ‖ Etre transmis de génération en génération, en parlant des traditions, des œuvres de l'esprit, etc. : *L'alphabet nous vient des Phéniciens. Les œuvres de Cicéron sont venues en grande partie jusqu'à nous.* ‖ Naître : *Je suis venu au monde le 9 mai 1839.* ‖ *Venir avant terme,* naître avant le terme ordinaire de la grossesse. ‖ *L'enfant vient bien,* se dit d'un enfant qui pendant l'accouchement se présente de la manière la plus naturelle. ‖ *Cet enfant nouveau-né est bien venu,* la mère en est accouchée heureusement. ‖ Arriver fortuitement, par accident : *Il lui est venu une succession. Un malheur ne vient jamais seul.* ‖ Apparaître à la surface du corps : *Une éruption est venue sur le corps du malade.* ‖ *Vienne une maladie, un revers,* qu'il arrive une maladie, un revers. ‖ *S'il vient faute de lui,* s'il meurt (vx). ‖ *Cela lui vient de Dieu grâce,* se dit d'une personne à qui il arrive quelque chose d'avantageux sans qu'elle se soit donné aucune peine. — **Prov.** Il faut prendre le temps comme il vient, il faut se faire à toutes les circonstances de la vie. ‖ Echoir : *A la mort des parents, leurs biens viennent aux enfants.* ‖ *Venir à une succession,* hériter : *Les Stuarts étaient venus à la succession de la couronne d'Angleterre. On vient à une succession par tête, par souche, par représentation.* ‖ *Ce roi vint jeune au trône, à la couronne,* y arriva jeune. ‖ *Venir au sou la livre,* partager au sou la livre (vx). ‖ *Venir à compte, à partage,* etc., compter, partager. ‖ Succéder, arriver suivant l'ordre des temps : *Le printemps vient après l'hiver. Ceux qui viendront après nous.* ‖ *Son heure est venue,* sa mort, sa punition est prochaine ; il va subir une grande influence morale. ‖ Prochain : *Pierre aura trente ans à Pâques qui vient.* ‖ *Vienne la Saint-Martin,* etc., quand la Saint-Martin arrivera. ‖ *Elle aura dix-neuf ans, viennent les prunes,* elle aura dix-neuf ans quand les prunes seront mûres, c'est-à-dire l'été prochain. (Pop.) ‖ *A venir,* qui doit arriver : *Le temps à venir.* — **Fig.** Se dit des choses qui sont supposées se déplacer : *Le choléra nous vient de l'Inde.* ‖ *Cela vint à ma connaissance,* cette nouvelle est arrivée jusqu'à moi. ‖ Intervenir : *Ceux-ci sont venus et ont apporté de nouvelles preuves.* ‖ *Venir à la traverse,* traverser, troubler une affaire. ‖ Etre issu, être sorti, provenir : *Les Turcs viennent des Mongols.* ‖ *Cet homme est venu de rien,* il était pauvre et a fait fortune. ‖ En parlant des langues, des mots, etc. : *Le français, l'espagnol, le portugais, l'italien, le valaque viennent du latin.* ‖ Provenir, être reçu de : *L'or vient de la Californie, de l'Australie.* ‖ Emaner, découler, procéder : *Le pouvoir de la Chambre des députés vient du peuple.* ‖ *D'où vient que,* quelle est la cause que ? ‖ *D'où vient?* quelle est la cause ? ‖ Se former dans l'esprit, dans le cœur, etc. : *Il me vint à l'esprit que l'utriculaire pourrait bien être une plante carnivore. Les beaux passages d'Homère me vinrent à la mémoire.* ‖ Naître, croître : *La vigne vient bien en Bourgogne. Savez-vous comment vient le blé?* — **Fig.** *La raison vient avec l'âge,* on devient raisonnable en vieillissant. ‖ Se développer, croître d'une certaine manière : *Cet arbre vient bien, vient mal. Ce petit enfant vient bien.* ‖ *Cet enfant a de la peine à venir,* on a de la peine à l'élever. ‖ *Venir à bien,* croître comme il faut. ‖ Se dit de ce qui s'accomplit comme il faut : *Les fruits de cet arbre sont venus à maturité.* ‖ *Venir bien à,* convenir, s'adapter : *Cette robe vient bien à sa taille. Ce que je dis vient bien à mon opinion.* ‖ S'accorder ensemble : *Ces couleurs viennent bien ensemble.* ‖ Ressortir : *Ce groupe de statues vient bien.* ‖ *Cette feuille, cette estampe est bien venue, est mal venue,* elle est sortie bien tirée, mal tirée de dessous la presse. (Impr.) ‖ *Venir à rien,* diminuer beaucoup : *Il est très malade et vient à rien.* — **Fig.** *Tous ses grands projets viendront à rien,* ils échoueront tous misérablement. ‖ *Venir à, venir sur,* avec un nom de personne pour sujet, passer à ce qui nous occupe : *Venez au fait. La discussion est venue sur ce sujet.* ‖ *Venir à une chose,* se décider à la faire, à l'accepter : *Il viendra à transiger.* ‖ *Faire venir à la raison,* amener à la raison, soit par la persuasion, soit par la force. — **Fig.** Ne pas avoir égard aux convenances : *Il en vint de suite aux injures.* ‖ Par menace, *Qu'il y vienne!* qu'il ose donc m'affronter, qu'il ait l'audace de... ‖ *Les choses en sont venues au point que,* elles sont arrivées à un tel excès que... ‖ *Venir à,* réussir à : *Je suis venu à bout de mon entreprise.* ‖ *Venir à bout de ses ennemis,* les réduire à l'impuissance. ‖ *Venir à son but, ses fins, venir à chef, venir au-dessus,* réussir à faire ce que l'on s'était proposé. ‖ La préposition *en* donne à *venir* plus de force et indique à l'esprit quelque chose d'où l'on part : *Vous en viendrez à un accommodement.* ‖ *En venir à son honneur,* réussir dans ce que l'on avait entrepris. ‖ *En venir aux mains,* commencer à se battre. ‖ *En venir aux reproches, aux injures, aux coups,* etc., se quereller jusqu'à dire des reproches, des injures, donner des coups, etc. ‖ *En venir aux extrémités, à la violence, à la force,* etc., employer les moyens extrêmes, la violence, la force, etc. ‖ *En venir là,* en arriver à ce qui est nécessaire, inévitable. ‖ *En venir,* traiter un sujet que l'on hésite à aborder : *Enfin, il faut en venir à traiter cette question.* ‖ *C'est là que j'en voulais venir, c'est où j'en voulais venir,* c'est le but où tendaient mes paroles, mes actes. ‖ *Où veut-il en venir?* que veut-il dire, faire? On peut, dans ces expressions, supprimer *en,* sans changer le sens de la phrase : *Où veut-il venir?* ‖ *Venir à,* suivi d'un infinitif, indique quelque chose d'inattendu : *Si je venais à mourir. La chose viendra à se savoir.* ‖ *Venir de,* suivi d'un infinitif, se dit d'une chose faite récemment : *Je viens de quitter la campagne.* — **Prov.** La balle vient au joueur, au bon joueur, l'occasion semble chercher ceux qui sont les plus capables d'en profiter. — **Prov.** Après la pluie vient le beau temps, après des circonstances fâcheuses en viennent de meilleures. — **Prov.** Tout vient à point à qui sait ou peut attendre, on vient à bout des choses quand on sait ou que l'on peut attendre. — *Vr.* **S'en venir** a le même sens que *venir.* — **Gr.** Ne dites pas : *Il s'est en venu;* mais : *Il s'en est venu.* — Au XVIIe siècle, quand deux verbes se suivaient et que le second était réfléchi, on mettait volontiers le pronom personnel avant le premier verbe ; on disait : *Je me viens de voir arbitre de son sort.* — **Gr.** Je viens, tu viens, il vient, nous venons, vous venez, ils viennent ; je venais ; je vins ; nous vînmes ; je viendrai ; je viendrais ; viens, venons, venez ; que je vienne, que nous venions, que vous veniez ; que je vinsse, que nous vinssions, que vous vinssiez, qu'il vînt ; venant ; venu, ue. — **Dér.** *Veniat, venir* 2, *venue.* — **Comp.** *Advenir,* etc. ; *circonvenir ; convenir,* etc. ; *inconvénient, inconvenant ; convenance, convention, conventicule ; devenir ; évent ; inventer,* etc. ; *intervenir,* etc. ; *parvenir,* etc. ; *prévenir,* etc. ; *provenir ; revenir,* etc. ; *subvenir,* etc.

2. **VENIR** (*venir* 1), *sm.* L'action de venir, usité dans *l'aller et le venir.* — **Fig.** *Avoir l'aller pour le venir,* ne rien obtenir.

VENISE, 132 497 hab. Célèbre ville du N.-E. de l'Italie, surnommée la *Reine de l'Adriatique,* sur un des deux golfes qui terminent cette mer. Elle a été élevée, au moyen de pilotis, au milieu des lagunes, sur 72 îles reliées par 379 ponts. Les canaux qui séparent ces terres servent de rues ; un pont de 3 600 mètres rattache Venise au continent et du côté de la mer de longues bandes de terre, appelées *lidi,* protègent la ville contre les eaux. Aujourd'hui Venise est encore (avec Ancône et Brindisi) un des trois seuls points de l'Adriatique où puissent se réfugier les vaisseaux de guerre, auxquels la passe de Malamocco offre un accès toujours sûr. Un grand arsenal de construction a été créé à Venise ; il est défendu par de nombreux forts et batteries nouvellement édifiés (fort Malghera, etc.) ; belles place et église Saint-Marc, ancien palais des doges, nombre immense d'autres palais, port de commerce jadis le plus important de l'Europe. On attribue sa fondation aux Vénètes fuyant l'invasion d'Attila, mais son importance ne date que du IXe siècle. Pendant tout le moyen âge, elle fut une république aristocratique gouvernée par des *doges* ou ducs, exécuteurs des volontés du conseil des Dix, d'un grand conseil et d'un sénat, et la première puissance maritime et commerciale de l'Europe ; elle atteignit son apogée à l'époque des croisades, conquit la plupart des îles de l'Archipel et beaucoup de ports sur les côtes d'Asie et de Morée, s'annexa la Dalmatie, l'Illyrie et le pays compris entre les Alpes Carniques et l'Adriatique. Ses négociants étaient les facteurs de tout le commerce méditerranéen. La découverte de l'Amérique et de la route des Indes par le Cap porta un coup mortel à son trafic ; depuis lors, elle ne cessa de décliner jusqu'en 1797, où Bonaparte mit fin à son indépendance. Réunie bientôt au royaume d'Italie, elle passa en 1815 sous la domination de l'Autriche, dont elle ne fut affranchie qu'en 1866. Son industrie commence à se relever, et elle a aujourd'hui de nombreuses fabriques de glaces, de dentelles et de verroteries. — **Dér.** *Vénitien, vénitienne.*

***VÉNITIEN, IENNE,** *adj.* et *s.* Qui appartient à Venise. ‖ Qui est originaire de Venise, qui l'habite. ‖ *L'école vénitienne,* célèbre école de peinture illustrée par le Titien, le Tintoret, le Véronèse, etc.

VENLOO, 9 150 hab. Port de Hollande (Limbourg), sur la Meuse. Autrefois fortifiée.

VENOSA, l. *Venusia,* 7 500 hab. Ville de la province de Potenza, dans la Basilicate (Italie), au pied de l'Apennin, dans une plaine fertile ; évêché. *Venusia* fut la patrie d'Horace.

VENT (Iles du), groupe d'îles de la Polynésie, dans l'océan Pacifique, qui forme, avec les îles Sous-le-Vent, l'archipel de la Société. Les îles du Vent comprennent : *Tahiti, Moorea* ou *Emeïo, Tetuaroa* ou *Tetiaroa, Mehetia* et *Maïao-iti* ou *Tapuae-Manu.* L'autre groupe renferme : *Raïatea, Taha, Huaheïne, Bora-Bora, Maupiti, Motu-iti, Mapetia, Scilly* et *Bellingshausen.* Tahiti est la plus importante de toutes. (V. ce mot.)

VENT (Iles **SOUS-LE-**), le groupe méridional des Petites Antilles situées le long de la côte méridionale de l'Amérique du Sud, depuis l'embouchure de l'Orénoque jusqu'au golfe de Maracaïbo.

VENT (l. *ventum :* du sanscr. *vâta,* vent, de la racine *vâ,* souffler), *sm.* Déplacement plus ou moins rapide de l'air qui, sous l'influence de causes diverses, comme la chaleur, le froid, une pluie instantanée, etc., s'écoule dans un sens bien déterminé et forme dans l'atmosphère des espèces de fleuves aériens. Les vents font passer sur les différents points du globe des masses d'air dont la température est tantôt supérieure, tantôt inférieure à celle de ces points. Ils constituent, pour les contrées qu'ils traversent, une cause de variation dans la répartition des températures. Le sens dans lequel soufflent les vents est déterminé par les inégalités de température que produit l'action solaire aux divers points du globe. Des relations intimes lient ces deux ordres de phénomènes. Par suite de l'échauffement d'une région du globe, les couches voisines du sol s'élèvent en vertu de leur diminution de densité, et il se produit un double courant dans l'atmosphère : l'un, en bas, allant de la partie froide à la partie plus chaude ; l'autre, en haut, allant de la partie chaude vers la région froide.

Une différence dans l'état hygrométrique de deux masses d'air voisines pourra produire le même effet, un mélange d'air et de vapeur d'eau étant moins dense que de l'air sec à la même température et à la même pression. Ces différences de densité, dues à l'action du soleil, sont les causes les plus générales des vents. Il en résulte un échange continuel de courants, surtout entre les mers et les continents. Des calmes momentanés précèdent ordinairement les changements de direction du vent.

La condensation subite d'une grande quantité de vapeur d'eau, comme cela a lieu dans les orages, produit un vide pouvant amener des coups de vent violents; l'air des régions voisines se précipite dans cet espace, où la pression est moindre. Les vents se partagent en *vents périodiques* et en *vents variables*. Les premiers comprennent : 1° Les *brises de mer et de terre*. Sur les côtes, la température du sol, le matin, est à peu près celle de la mer; mais vers neuf heures cette température commençant à s'élever, l'air qui repose sur la terre devient plus léger et gagne les hautes régions de l'atmosphère et est remplacé par l'air de la mer : de là la *brise de mer* ou *du matin*. Celle-ci commence à diminuer vers trois ou quatre heures de l'après-midi et cesse vers neuf heures, alors que la température de la côte est descendue au-dessous de la moyenne. A ce moment règnent quelques heures de calme; mais bientôt la température étant plus élevée sur la mer un mouvement en sens inverse s'établit, et le vent souffle de la terre vers la mer. On a la *brise de terre* ou *du soir*, qui dure jusqu'au lever du soleil. Ces vents ne se font pas sentir à une grande distance des côtes où règnent des vents constants. On a reconnu, dans les montagnes, la production de phénomènes analogues, par la différence d'échauffement des sommets et des vallées, aux différentes heures du jour. 2° Les *vents alizés*, dus à l'échauffement des couches d'air, qui sont frappées verticalement par les rayons solaires dans le voisinage de l'équateur. Voyons d'abord ce qui se passe dans notre hémisphère et sur l'Atlantique. A l'équateur, l'air échauffé, devenant plus léger, gagne les parties supérieures de l'atmosphère, et le vide ainsi produit est aussitôt rempli par l'air moins chaud qui se trouve vers le tropique de Cancer. De là un courant d'air venant du N. et se dirigeant vers l'équateur. C'est ce courant d'air qui a reçu le nom de *vent alizé*. Si la Terre était immobile, le vent soufflerait du N.; mais elle tourne autour de son axe, et les molécules de sa surface sont animées d'une vitesse d'autant plus grande qu'elles sont situées plus près de l'équateur; si l'on admet que les molécules d'air, à mesure qu'elles s'approchent de l'équateur, conservent la vitesse qu'elles ont sous les parallèles plus élevés, elles sembleront transportées vers l'O. et leur direction apparente sera du N.-E. au S.-O. C'est ce qui a lieu pour l'alizé de l'hémisphère boréal, qui souffle du N.-E. au S.-O. Les molécules de ce vent arrivant sur l'équateur, ou dans son voisinage, deviennent à leur tour plus légères et gagnent les hautes régions de l'atmosphère; là elles se refroidissent et prennent de nouveau une direction parallèle à celle de la Terre. C'est le courant supérieur, dirigé vers le N., qui a reçu le nom de *contre-alizé*. Il s'infléchit peu à peu vers la Terre et arrive à peu près vers le tropique du Cancer, où il devient diffus; il descend vers le sol et ferme le circuit en retournant vers l'équateur. Mais la mobilité de notre atmosphère est telle, que ces courants déterminent vers le N. un courant secondaire, moins élevé que le premier, dont la branche supérieure est dirigée vers le N., tandis que l'inférieure revient vers l'équateur. Les contre-alizés, qui règnent au-dessus des alizés inférieurs, ont pu être constatés soit par la direction dans laquelle ils transportent les nuages élevés et les cendres de certains volcans, soit par l'observation directe du vent qui règne au sommet des montagnes élevées, sur le pic du Ténériffe, par exemple.

Ces *contre-alizés*, qui s'observent dans la partie boréale de l'océan Atlantique, exercent une grande influence sur le *climat* de l'Europe occidentale. Ces courants équatoriaux, de direction S.-O., après avoir régné dans les régions supérieures, viennent, en s'abaissant progressivement, atteindre la surface du globe à des distances sans cesse variables de leur point de départ : c'est à eux qu'on doit attribuer la prédominance du vent du *sud-ouest* dans l'Europe occidentale, notamment dans la partie boréale (Angleterre, France, Pays-Bas). Ces vents du S.-O. n'atteignent, en général, notre continent qu'après avoir passé au-dessus d'une partie de l'océan Atlantique, qui est précisément traversée par le *gulf-stream*. Ces vents empruntent à la surface de la mer sa température et son humidité et amènent, sur les régions qu'ils traversent, de la pluie et une température modérée. C'est surtout en hiver que les vents du S.-O. prédominent. De là l'absence presque totale de vrais hivers dans les parties occidentales de l'Europe. C'est à ce double courant d'eau tiède (le *gulf-stream*) et d'air tempéré et humide (le courant équatorial du S.-O.) que nos pays doivent la douceur de leur climat. On observe aussi, pendant l'hiver, le *vent de nord-est*, c'est-à-dire le courant inverse, qui prend son origine dans les parties les plus froides de notre continent. C'est ce courant qui détermine nos périodes de froid.

Ce que nous venons de dire de l'hémisphère boréal s'applique à l'hémisphère austral, où les vents alizés se dirigent du S.-E. au N.-O. Mais ces alizés de l'hémisphère sud dépassent un peu l'équateur, tandis que ceux de l'hémisphère nord s'en tiennent un peu éloignés. En été, ces alizés du S. s'étendent plus au delà de l'équateur qu'en hiver. Entre les deux alizés règne la région des calmes équatoriaux, sur laquelle le soleil darde continuellement ses rayons; aussi l'évaporation des eaux de la mer n'y est jamais interrompue; la vapeur s'élève dans l'eau, atteint les régions froides de l'atmosphère, et la nuit retombe en pluie; de là, ces orages tropicaux si redoutés des navigateurs. On voit, d'après ce qui précède, que, en allant de l'équateur vers le pôle nord, on rencontre successivement : les calmes équatoriaux, les vents alizés du N.-E., les calmes tropicaux, au delà desquels sont les vents variables d'entre S.-O. et N.-O.

Pendant les longs jours sans nuit de l'été, l'air des pôles s'échauffe et se raréfie; il se répand alors avec une vitesse modérée sur les continents qui entourent le pôle, notamment sur l'Europe et l'Asie; au contraire, les froids rigoureux de l'hiver, résultant de l'absence du soleil au-dessus de l'horizon, amènent une condensation rapide de l'atmosphère et déterminent un appel des courants équatoriaux occasionnant chez nous les tempêtes qui nous assaillent pendant l'hiver. Cet état de l'atmosphère va en diminuant à mesure que le soleil, remontant vers nos régions, nous redonne et sa lumière et sa chaleur.

Le grand Océan est le théâtre des mêmes phénomènes que ceux qui se passent sur l'Atlantique; au contraire, dans la mer des Indes, la présence des terres modifie la direction des vents et y détermine ce que l'on nomme les *moussons*, vent soufflant tantôt du S.-O., tantôt du N.-O. (V. *Moussons*.) Du reste, la configuration des continents et des mers donne aussi naissance à des vents périodiques dont l'action ne s'étend que sur des régions bien déterminées. Tels sont les vents *étésiens*, reconnus dès l'antiquité, et qui se font sentir pendant la belle saison sur la Méditerranée, et sont provoqués par la présence du Sahara au midi de cette mer. Le sol de ce désert, composé de sable et de galets, échauffé l'été par les rayons du soleil, détermine la formation d'une colonne d'air qui, arrivée à une certaine hauteur, s'infléchit vers le N., et amène un écoulement de l'atmosphère en sens contraire. En effet, pendant l'été, le vent souffle du N. sur toute la Méditerranée, et les marins qui font la traversée de cette mer savent très bien que l'on met moins de temps pour aller, par exemple, de Marseille à Alger que d'en revenir. En hiver, au contraire, le soleil échauffant beaucoup moins le Sahara, il souffle de cette région un vent froid qui se fait sentir sur tout le N. du continent africain, mais qui est moins fort que le vent du N.

Aux causes que nous venons d'énumérer, il faut encore ajouter le refroidissement pour ainsi dire instantané que subissent les masses de vapeur d'eau en s'élevant dans les hautes régions de l'atmosphère. Ces eaux, en se liquéfiant et en tombant sur le sol, produisent un vide également instantané qui détermine un afflux d'air et par suite un vent d'autant plus violent que le vide est plus grand. Le passage rapide d'une masse d'air d'un parallèle à un autre plus rapproché du pôle donne aussi naissance à des vents violents, car alors la vitesse de la masse d'air en mouvement est supérieure à celle qu'elle vient remplacer. Généralement, cependant, l'air passe d'une manière insensible d'un parallèle à l'autre.

Ce qui précède montre que l'on peut partager la surface du globe, du moins celle qui correspond à l'Atlantique, en deux portions inégales : dans la première règnent les temps constants, tandis que dans la seconde ce sont, au contraire, les temps variables. La première partie s'étend du 2e degré de latitude N. jusqu'au 30°, et est formé par : 1° une zone comprise entre 2° et 4° de latitude N., où la chaleur est excessive, où les calmes alternent avec les orages nocturnes et les pluies torrentielles; 2° une zone qui s'étend du 4° au 10° de latitude N., dans laquelle le vent alizé n'amène que de beaux jours; 3° une zone allant du 10° au 18° et où, en toute saison, le vent alizé n'amène jamais de pluie; 4° enfin la zone comprise entre le 20° et 30° de latitude N. où les alizés déterminent un été sans pluie et des hivers doux et humides. Au delà de cette zone, c'est-à-dire au N. du 30° parallèle, est située la région des temps variables.

C'est dans cette région que se trouvent l'Europe et surtout le N.-O. de cette partie du monde, et par conséquent la France. L'alizé supérieur, allant de l'équateur au pôle, quitte peu à peu sa direction du S. au N. pour souffler du S.-O. En même temps, à partir du 30° de latitude N., il se rapproche du sol et perd un peu de sa chaleur. Ce sont, en effet, les vents tièdes et humides du S.-O. qui dominent sur nos côtes, puisqu'ils y soufflent environ le cinquième du temps. Le courant de retour froid et sec, soufflant du N.-O., est celui qui se fait ensuite le plus sentir. Les vents de S.-O., d'O. et de S. d'une part, et ceux de N.-E. et du N. d'autre part, ont été appelés *vents primitifs* parce qu'ils sont la cause des vents soufflant des autres points de l'horizon. Marchant en sens contraires, ils produisent sur les points où ils se côtoient des tourbillons dont le sens est variable et qui donneront naissance à des vents dont la direction et l'emplacement varieront également. La température et la configuration du sol amènent aussi des changements dans la direction des courants aériens; cette dernière cause joue quelquefois un rôle prépondérant, car les obstacles de la surface du sol obligent les courants à abandonner leur direction première. A la surface, le vent souffle souvent par rafale, tandis que, dans les parties élevées de l'atmosphère, l'air s'écoule avec la majesté d'un grand fleuve. L'hémisphère boréal se trouve donc parcouru par des courants d'air dessinant en quelque sorte, à sa surface, des bandes obliques suivant lesquelles les vents soufflent en sens inverse. Tantôt l'un de ces courants l'emporte sur les autres en intensité et réciproquement, de sorte que les vents se succèdent les uns aux autres; on a remarqué depuis longtemps que cette succession ne se fait pas au hasard, mais au contraire dans un sens déterminé, qui est celui de la marche du soleil. Il est aujourd'hui démontré que dans notre hémisphère septentrional les vents se succèdent dans l'ordre suivant :

S.-O., O., N.-O., N., N.-E., E., S.-E., S. et S.-O.

Tandis que dans l'hémisphère austral le changement a lieu dans un sens inverse.

En France, le vent du S.-O. domine dans le Nord, le Nord-Ouest et l'Ouest et souffle le plus souvent sur la côte occidentale de Bordeaux à Dunkerque, sur le massif central et jusque dans la vallée du Rhin. Ce même vent, arrêté dans sa course par les collines du Poitou et le Plateau Central, s'infléchit vers le S.-E. et s'engouffre dans la vallée de la Garonne, où le vent souffle le plus souvent de l'O. ou du N.-O. Ce courant, lorsqu'il augmente d'intensité, se précipite dans l'étroit couloir situé entre les Pyrénées au S. et les Cévennes au N., y acquiert une grande vitesse et produit alors dans le bassin de l'Hérault, dans la vallée du Rhône jusqu'à Viviers et sur le golfe du Lion, le vent si connu des Méridionaux sous le nom de *mistral*, qui est un vent de N.-O. Dans la vallée de la Saône et dans celle du Rhône jusqu'à Viviers, ce sont les vents du N. qui se font sentir le plus souvent. Si l'on considère les vents au point de vue de la température, on constate que ceux qui soufflent d'entre N. et E. sont les plus froids; ceux du S. sont, au contraire, les plus chauds. En hiver les vents de l'O. sont chauds, tandis qu'en été ils sont frais. Dans cette dernière saison, c'est le vent du N.-O. qui est le plus frais et celui du S.-O. qui est le plus chaud; les vents de S.-E. et d'E.-S. amènent des chaleurs plus intenses encore. Les vents qui ont passé sur la mer sont plus chargés d'humidité que ceux qui viennent des continents; aussi les vents d'O. sont-ils chez nous humides, tandis que les vents d'E., qui ont traversé l'Europe continentale, sont secs et froids : le minimum de vapeur contenue dans l'air correspond aux vents soufflants d'entre N. et N.-E.; la quantité de vapeur augmente entre E. et S.-E. et atteint son maximum entre S. et S.-E. pour diminuer de nouveau entre O. et N.-O. Quant au baromètre, il atteint sa plus grande hauteur par les vents d'entre N. et E., c'est-à-dire lorsque règnent les vents les plus froids; au contraire, les plus faibles pressions correspondent aux vents d'entre S. et O., qui sont les plus chauds.

Indépendamment des vents dont nous avons parlé jusqu'ici, il en est encore qui sont en quelque sorte singuliers et locaux parce qu'ils ne se font sentir que dans une région plus ou moins étendue, qu'ils soufflent toujours dans une même direction et se présentent avec les mêmes caractères. C'est ainsi que dans l'E. de la France souffle en hiver le vent du N. appelé *bise*. Il nous arrive de la mer du Nord et traverse la Hollande et la Belgique, pays alors couverts de frimas. Ce vent, quelquefois très violent, se fait sentir jusqu'en Istrie et en Dalmatie, où il est connu sous le nom de *bora*. En Espagne souffle le *gallego*, vent du N.-E., froid et quelquefois très violent. Dans le S. de la France, on a le *mistral*, dont nous avons déjà parlé, qui souffle en tempête, et qui détermine à l'O. du golfe du Lion et des Cévennes un excès de pression atmosphérique. Le mistral est un vent sec dans la vallée du Rhône; mais, avant d'avoir traversé le défilé entre les Corbières et les Montagnes Noires, il est chargé d'humidité qu'il déverse sur les départements situés à l'O. Du midi souffle au printemps le *fœhn*, le *Favonius* des Latins, vent violent et chaud venu d'Afrique, et qui fond en quelques heures les glaces que l'hiver a accumulées sur les sommets neigeux des Alpes.

Trois ou quatre fois dans le cours de chaque saison, entre le cap Vert et le cap Lopez, souffle, de l'intérieur de l'Afrique vers l'océan Atlantique, un vent d'une force modérée que l'on désigne dans la région sous le nom de *harmattan*. Il est très sec, dessèche tout sur son passage, au point de faire périr les arbres qui sont trop exposés à son action; il dépose, en outre, sur tous les objets une substance blanche. Pour se garantir autant que possible de son action, les naturels s'enduisent le corps de graisse, car sans cette précaution la peau se gerce et se pèle, les yeux et les lèvres se dessèchent et deviennent douloureux. Le *harmattan* se fait surtout sentir pendant les mois de décembre, janvier et février, dure un ou deux jours, quelquefois cinq ou six et souffle d'entre E.-S.-E. et N.-N.-E.

Vers l'époque de l'équinoxe, le désert devient le théâtre de violentes tempêtes. Parmi les vents qui s'élèvent alors est le *simoun*, vent d'une violence extrême, soufflant sur l'Egypte pendant 50 jours, 25 avant l'équinoxe et 25 après; les Egyptiens lui ont donné, pour cette raison, le nom de *khamsin* signifiant cinquante; on l'appelle encore *rih-el-yolti*, vent du S. Le simoun est très redouté des caravanes, car il transporte dans l'atmosphère des masses énormes de poussières fines et brûlantes qui rendent l'air irrespirable, pénètrent dans les oreilles, les yeux, les narines, la bouche, et déterminent une soif ardente. Plus d'une caravane a été ensevelie dans les sables, et c'est à ce vent destructeur que l'on attribue la perte totale de l'armée que Cambyse avait envoyée en Afrique pour détruire le temple de Jupiter Ammon. Les déserts de sable de l'Asie centrale sont aussi le siège de semblables phénomènes. Tel

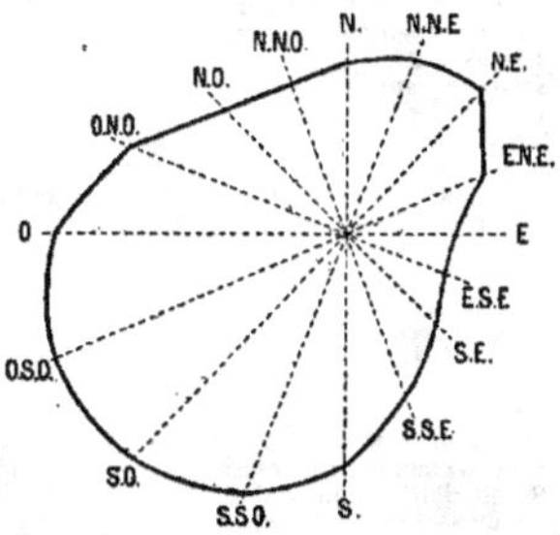

VENT

Fig. 1.

ROSE MOYENNE ANNUELLE DES VENTS A PARIS

est le *tebbad* (vent de fièvre), qui ravage le pays des Turkomans, entre Khiva et Bokhara. Ce vent souffle avec une violence extrême et emporte dans les airs des monceaux de poussières pour ainsi dire enflammées produisant sur la peau l'effet de la cendre chaude.

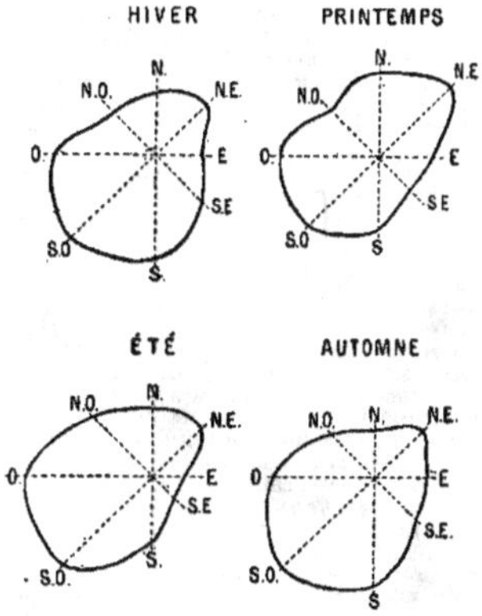

VENT

Fig. 2.

ROSES MOYENNES DES VENTS A PARIS POUR CHAQUE SAISON

Plus près de nous, en Italie et en Afrique, souffle le *siroco*, qui dessèche l'atmosphère et remplit l'air de poussière brûlante. En Espagne le *solano* produit les mêmes effets. Enfin chacun sait que le *vent d'est* est pour les Anglais le vent le plus redoutable; il produit sur les habitants d'Albion un malaise indéfinissable qui chez eux détermine le *spleen*.

Depuis près de deux cents ans, on a relevé, à l'observatoire de Paris, les observations météorologiques et l'on a dressé des tableaux qui donnent des moyennes pour la direction des vents. Ces tableaux ont été représentés graphiquement de la manière suivante. On mène deux lignes perpendiculaires N.-S., O.-E. indiquant les quatre points cardinaux; on mène ensuite les rumbs intermédiaires : N.-E., S.-E., S.-O., N.-O., etc. Sur chacune de ces lignes on porte des distances ω O., ω S.-O., etc., proportionnelles au nombre de fois que le vent correspondant a soufflé dans l'année, et l'on réunit les points extrêmes par un trait continu. C'est de la sorte que l'on a obtenu la rose moyenne annuelle des vents à Paris (fig. 1) et les quatre roses moyennes pour chaque saison dans la même ville (fig. 2). On voit par l'examen de ces figures que, sous le climat de Paris, les vents d'entre S. et O. sont les plus fréquents, et que les vents d'est sont ceux qui soufflent le moins. Les figures 2 montrent également que, pendant l'hiver et l'automne, les vents d'entre S. et O. dominent encore. Au printemps, ils soufflent aussi; mais les vents de S.-O. et de N.-O. soufflent à peu près le même nombre de fois. En été, ce sont les vents d'entre S. et O. et ceux d'entre O. et N. qui dominent. Dans les quatre saisons, les vents d'E. ne se font sentir que lus rarement.

Chacun sait que la direction des vents nous est indiquée d'une exactitude approchée par les nuages et aussi par les girouettes placées sur le haut des édifices. Indépendamment de la direction du vent, on a cherché à connaître sa vitesse (V. *Vitesse* du vent). Pour la déterminer à la surface du sol, on a construit de petits instruments appelés *anémomètres*. L'un des plus usités est l'*anémomètre* du docteur Robinson, de l'observatoire d'Armagh (Irlande). Il se compose de quatre tiges horizontales reliées entre elles, à angle droit, et fixées à l'extrémité d'une autre tige verticale. Chacune des quatre tiges horizontales porte à son extrémité libre une demi-sphère creuse dont le grand cercle est placé dans un plan vertical, la tige formant le diamètre de celui-ci. La concavité de l'une de ces demi-sphères regarde la convexité de la suivante, de sorte que si l'on rapprochait les quatre demi-sphères, elles pourraient s'emboîter les unes dans les autres. On comprend dès lors aisément qu'un vent quelconque vient toujours frapper les demi-sphères; celui qui heurte la partie creuse de l'une d'elles mettra l'appareil en mouvement, de là un mouvement de rotation d'autant plus rapide que la vitesse du vent sera plus grande. La tige verticale est reliée inférieurement à un compteur à cadran, qui indique le nombre de tours faits par l'appareil dans un temps donné. De là, il est facile de déterminer la vitesse du vent. La vitesse du vent, à une grande hauteur, s'obtient en mesurant la vitesse de l'ombre des nuages sur le sol. C'est ainsi que l'on a pu dresser des tableaux relatant la vitesse des vents. Voici un aperçu de ces observations :

	Mètres par seconde
Vent seulement sensible	1
Vent modéré	2
Brise	4
Vent frais (qui tend les voiles)	6
Bon frais (bon pour les moulins)	7
— (forte brise)	8
— (bon pour la marche des navires)	9
Grand frais (très forte brise)	10
— (fait serrer les hautes voiles)	12
Vent très fort	15
Vent impétueux	20
Grande tempête	27
Tempête violente	32
Ouragan	36
Ouragan tempêtueux	42
Ouragan très violent, renversant les édifices et déracinant les arbres	46

(V. *Cyclone, Typhon, Simoun*, etc., etc.). || *Vent coulis*, vent qui passe par de petites ouvertures. || *Moulin à vent*, machine mue par le vent et qui sert à moudre le grain pour en faire de la farine, à élever l'eau, etc. (V. *Moulin*.) || *Il ne fait ni vent ni haleine*, il y a un grand calme. || *Le vent tourne*, il change de direction : *Le vent tourne au nord*, il va souffler du nord. — Fig. La disposition des esprits, des choses change : *Profitez de ce que le vent tourne et sollicitez votre avancement*. || *Au vent, au gré du vent*, se dit de ce que le vent agite, pousse : *Ses cheveux flottent au gré du vent*. || *Ce vaisseau flotte au gré du vent, à la merci du vent*, il va au hasard, il n'est pas gouverné.

|| *Aller comme le vent*, très vite : *Nos chevaux allaient comme le vent*. — Fig. *Jeter la plume au vent*, prendre une résolution au hasard. || *Regarder de quel côté vient le vent*, regarder de quel côté de l'horizon il souffle. || Perdre son temps comme une personne qui s'amuse à voir d'où le vent souffle. — Fig. Observer le cours des affaires pour régler sa conduite : *Avant de rien entreprendre je regarderai de quel côté vient le vent*. || *Autant en emporte le vent*, se dit des choses légères que le vent emporte. — Fig. Se dit de promesses, de menaces qui ne doivent pas être réalisées. — Fig. *Cet homme est une girouette, il tourne à tout vent*, c'est un homme léger, inconstant. — Fig. *A tout vent*, à toutes les impulsions, à toutes les sollicitations : *Cet homme tourne à tout vent*. — Fig. *Humer le vent*, croire niaisement ce que l'on dit. — Fig. *Avoir le visage au vent*, être malheureux. — Fig. *Lier le vent*, tenter une chose impossible. — Fig. *Chercher la corde à lier le vent*, passer son temps à ne rien faire ou à chercher des choses qui ne peuvent se réaliser, comme le mouvement perpétuel : *André est un paresseux, il cherche la corde à lier le vent*. || *Coup de vent*, vent violent qui arrive tout d'un coup. — Fig. *Coiffé en coup de vent*, mal coiffé, comme une personne à qui le vent a dérangé les cheveux. || *Vents souterrains*, ceux qui se forment dans les cavités de la terre. || L'air, les airs : *J'ai confié mes secrets désirs aux vents. Les cendres de Jeanne d'Arc ont été jetées aux vents*. — Fig. *Fendre le vent*, se sauver, faire banqueroute. || *Envoyer au vent*, envoyer promener. || *Mettre flamberge au vent*, tirer l'épée. || *En plein vent*, en plein air. || Non abrité : *Nous avons été dans un théâtre en plein vent*. || *Arbre en plein vent*, qui n'est pas abrité par un mur, n'est pas en espalier et n'est généralement pas taillé. On dit encore *de plein vent, de haut vent*, et elliptiquement, *un plein vent, un haut vent*. || *Mi-vent, demi-vent*, arbre fruitier à la tige peu élevée et que l'on ne taille pas. || *Les quatre vents*, les quatre points cardinaux. || *Etre logé aux quatre vents*, à la belle étoile ou dans un lieu mal clos. || *Les Vents*, dieux de la mythologie qui étaient placés sous les ordres d'Eole. || *Têtes de vents, bouches de vents*, têtes ou bouches peintes ou sculptées à la figure bouffie, imitant un personnage qui souffle et représentant les dieux des vents. || *Vent de mer, vent de terre*, vent qui souffle de la mer, de la terre. (V. plus haut.) || *Les trente-deux vents*, la rose des vents. (Mar.) || Le vent considéré dans son action sur un navire : *Le navire partira au premier vent*. || *Pincer le vent, serrer le vent, rallier le vent ou au vent, tenir le vent*, etc., disposer les voiles d'un navire de manière à ce qu'il suive le plus près possible la ligne sur laquelle le vent souffle, en remontant vers le point d'où il souffle. || *Avoir le vent sur un navire. Etre au vent d'un navire. Avoir le dessus du vent. Gagner le vent, le dessus du vent à un navire*, se trouver ou se mettre entre le lieu d'où le vent souffle et le navire dont il s'agit. || *Cette île était au vent à nous*, elle était entre nous et l'endroit d'où soufflait le vent. || *Cette île nous restait sous le vent*, nous étions placés entre cette île et l'endroit d'où le vent soufflait. — Fig. *Gagner le vent*, l'emporter. || *Sous le vent*, du côté opposé à celui d'où vient le vent. — Fig. *Avoir le dessus du vent*, l'emporter sur quelqu'un. — Fig. *Etre au-dessus du vent*, se dit d'une personne qui est dans une position, qui jouit d'une fortune lui permettant de ne rien redouter. || *Disputer le vent*, se dit de navires qui cherchent à gagner le dessus du vent l'un par rapport à l'autre. || *Chicaner le vent*, lutter le plus possible pour aller contre la direction du vent. || *Vent fait*, vent qui semble devoir souffler pendant un certain temps d'un même point de l'horizon. || *Vents alizés*. (V. plus haut.) || *Vent forcé*, vent violent. || *Avoir vent arrière*, se dit d'un navire qui reçoit en poupe l'effort du vent; il suit donc la même direction que le vent. — Fig. Prospérer. || *Avoir vent debout, vent contraire*, se dit d'un navire qui reçoit en proue l'effort du vent; il se dirige donc dans un sens opposé à celui d'où souffle le vent. || *Avoir vent en poupe*, avoir vent arrière. — Fig. Etre favorisé par la fortune. || *Vent largue*, vent qui s'écarte au moins d'un quart de vent de la route que l'on suit. || *Vent du large*, vent qui souffle de la haute mer. || *Avoir vent et marée*, se dit d'un navire dont la marche est favorisée par le vent et la marée montante. — Fig. Avoir tout ce qu'il faut pour faire fortune. || *Aller contre vent et marée*, avoir le vent et la marée contraires. — Fig. *Aller contre vent et marée*, se dit d'un homme qui poursuit obstinément un projet malgré les obstacles qui se dressent devant lui. || *Aller selon le vent*, régler sa navigation sur le vent. — Fig. S'accommoder au temps. || *Aller tout d'un vent, d'un même vent*, faire un voyage avec un seul vent, ce qui arrive quand la route est directe et qu'un seul et même vent est nécessaire et suffisant. — Fig. *Quel bon vent vous amène?* Question posée à une personne dont l'arrivée est inattendue et agréable. || *Chasser au vent, aller dans le vent*, aller contre la direction du vent. || *Tirer au vent*, se dit d'un chien qui se place entre le point d'où souffle le vent et l'animal qu'il chasse. || *Porter le nez au vent*, se dit des animaux et principalement des chevaux quand ils redressent leur tête. — Fig. Se dit d'un homme qui a l'air fier et dédaigneux. — Fig. *Avoir le nez au vent*, suivre la marche des événements afin d'en profiter. || *Cet homme a le nez au vent*, c'est un étourdi. || *Bander au vent*, se dit d'un fauve qui se tient sur les chiens en fuyant la crécerelle. (Fauconnerie.) || *Prendre le haut du vent*, voler au-dessus du vent. || *Aller à vau-le-vent*, se dit d'un oiseau qui suit la direction du vent. — Fig. Se dit d'une influence favorable ou nuisible : *Le vent de la fortune, de la faveur, du malheur*. || Se dit de l'air mis en mouvement d'une manière artificielle, au moyen d'un instrument : *Vous faites beaucoup de vent avec votre éventail*. || *Instruments à vent*, instruments de musique dans lesquels le son est produit par l'air mis en mouvement au moyen d'une machine ou par le souffle de l'homme : *Les orgues, la flûte, le hautbois, la clarinette*, etc., *sont des instruments à vent*. || *Fusil à vent*, fusil avec lequel les balles sont chassées au moyen de l'air comprimé; celui-ci est emmagasiné dans la crosse de l'arme au moyen d'une petite machine de compression. (V. *Fusil*.) || *Le vent d'un boulet*, l'air agité par le passage d'un boulet de canon et auquel on attribuait naguère la faculté de produire des contusions. || La différence qui existe entre le diamètre d'un boulet de canon et celui de l'intérieur ou âme d'une bouche à feu. (Artillerie.) Le *vent* est spécialement la différence de diamètre entre le diamètre de l'âme d'une bouche à feu et le diamètre de la *grande lunette* de réception. On sait qu'en artillerie on appelle *lunettes* les anneaux d'acier servant à vérifier le calibre des projectiles. On appelle *vent effectif moyen* la différence qu'il y a entre le diamètre de l'âme et la moyenne des diamètres des deux lunettes. || Respiration, souffle, haleine : *Prendre son vent. Retenir son vent*. || *Avoir du vent*, se dit d'un cheval qui commence à devenir poussif. (Manège.) || *Donner vent au vin*, faire une petite ouverture à un tonneau plein, près de la bonde, pour permettre l'écoulement du liquide. || *Donner vent à tonneau*, y pratiquer une petite ouverture pour que les gaz résultant de la fermentation puissent s'échapper au dehors. — Fig. *Donner vent*, laisser un libre cours à : *Donner vent à sa colère*. || Les gaz qui se développent dans l'intestin de l'homme et des animaux : *Lâcher un vent. Les haricots donnent des vents*. || Odeur qu'une bête laisse dans les lieux où elle a passé. || Odeur qui s'échappe d'un corps quelconque : *Lorsque le loup sort du bois il prend le vent*, il flaire pour se rendre compte de ce qu'il y a dans la campagne. || *Avoir le vent d'une chose*, se dit des animaux qui sentent la présence de telle ou telle substance : *Les vautours ont eu vent d'une charogne*. — Fig. et fam. *Avoir vent de quelque chose*, en avoir avis : *J'ai eu vent que l'on se déciderait à me laisser clore ma propriété*. || *N'avoir ni vent ni nouvelle de quelqu'un* ou *de quelque chose*, n'en pas entendre parler : *On n'a eu ni vent ni nouvelle de ce voyageur*. — Fig. *Le vent du bureau*, ce que l'on sait ou ce qu'on croit savoir des dispositions où sont ceux de qui dépend la décision d'une affaire. || Chose vaine et légère : *De tout cela il ne sortira que du vent*. || *Sur la pointe des vents*, sur des choses de peu de valeur, sur des riens : *Notre conversation roula sur la pointe des vents*. || Vanité : *Il n'y a que du vent dans cette tête*. || Sorte de petites ampoules qui se forment entre les couches de peinture, de dorure. — **Prov.** Petite pluie abat grand vent, une petite pluie fait ordinairement cesser un grand vent. — Fig. Un petit incident, une cause légère fait quelquefois cesser de grands troubles, de grandes querelles. — **Prov.** A brebis tondue, Dieu mesure le vent, la Providence proportionne nos maux à nos forces. — **Prov.** Selon le vent, la voile, on doit déployer plus ou moins de voiles selon que le vent est plus ou moins fort. — Fig. On doit proportionner ses entreprises à ses moyens, à ses capacités. — **Prov.** On tend les voiles du côté que vient le vent, on profite des circonstances heureuses qui se présentent. — **Prov.** Il pleut à tous vents, le bien et le mal peuvent venir de tous côtés. — **Prov.** Il faut laisser courir le vent par-dessus les tuiles, il faut laisser faire ce que l'on ne peut empêcher. — **Gr.** Vaugelas croit que l'on devrait faire suivre le mot *vent* de la préposition *de* lorsqu'il est précédé par l'article indéfini *un*, et de l'article contracté *du* lorsqu'il est précédé de l'article *le*. Selon lui, on devrait donc dire : *Il s'élève un vent de midi* et non *un vent du midi*; et *le vent du midi* et non *le vent de midi*. Mais l'usage en a décidé autrement et l'on dit : *Un vent du midi. Le vent du midi*. — **Dér.** *Venter, venté, ventée, ventaison, ventage, vantail, vantaux, ventail, ventelle, ventellerie, venteux, venteuse; ventiler* 1 et 2, *ventilé, ventilée, ventilation, ventilateur, ventillon, ventouse, ventouser, ventosité, ventôse, ventolier, ventis, Ventoux*. — **Comp.** *Contrevent, éventer, éventail*, etc., *paravent*. — **Hom.** *Van*.

VENTADOUR, hameau de la commune de Moustier-Ventadour, canton d'Égletons, arr. de Tulle (Corrèze). Autrefois seigneurie, érigée en duché-pairie en 1578. On y remarque les ruines de l'ancien château.

VENTADOUR (Salle), nom porté, à Paris, par l'ancien Opéra-Italien; aujourd'hui, siège de la Banque d'escompte.

***VENTAGE** (*vent* + sfx. *age* indiquant l'action), *sm*. Action de séparer les grains des corps étrangers au moyen du vent.

VENTAIL (*vent*), *sm*. L'ouverture inférieure d'un casque. (Blason.)

***VENTAISON** (*venter*), *sf*. Maladie des froments qui vient à la suite de la violence des vents.

VENTE (anc. part. prés. f. de *vendre*), *sf*. Action de céder la propriété d'une chose en échange d'une somme d'argent convenue : *Procéder à la vente d'une maison*. || *Mettre une chose en vente*, faire annoncer qu'on la vendra. || *Ce livre est en vente*, il est publié et les libraires le vendent. || *Pousser à la vente d'une marchandise*, exciter à l'acheter. || Place publique où l'on vend des marchandises (vx). || La partie d'une forêt qui doit être ou vient d'être vendue pour être abattue : *Acheter une vente*. || *Asseoir les ventes*, marquer le bois qui doit être abattu. || La partie d'une forêt qui vient d'être abattue : *Aller chercher du bois dans une vente*. || *Jeune vente*, la partie d'une forêt où le bois vient d'être abattu et commence à repousser. || Section des sociétés secrètes des carbonari; lieu où se font leurs réunions. || *Vente suprême*, le comité directeur des carbonari.

***VENTÉ, ÉE** (*venter*), *adj*. Poussé par le vent : *Marée ventée*. || *Arbre faux-venté*, celui dont le vent a contrarié la croissance.

***VENTEAUX** (*vent*), *smpl*. Ouvertures par lesquelles l'air s'introduit dans les soufflets.

***VENTELLE** (*vent*, par le génevois *vental*, contrevent, volet), *sf*. Ouvertures pratiquées dans une ventellerie : *La manœuvre des ventelles et des portes d'écluse appartient exclusivement à l'éclusier*.

***VENTELLERIE** (*ventelle*), *sf.* Ouvrage de bois ou de maçonnerie qui sert à soutenir une retenue d'eau.

VENTER (*vent*), *vi. impers.* Faire du vent : *Il a venté cette nuit.* ‖ *Faire venter*, faire que le vent souffle. — *Vi.* Faire vent : *Le vent du midi vente fort. Quelque vent qu'il vente.*

***VENTEROLLE** (*vente* + vx fr. *rolle*), *sf.* Droit que l'acheteur d'un héritage censuel devait au seigneur.

VENTEUX, EUSE (l. *ventosum*), *adj.* Exposé au vent : *Côte venteuse.* ‖ Qui développe des gaz dans le tube intestinal : *Tous les aliments farineux sont venteux.* ‖ Causé par l'accumulation des gaz : *Coliques venteuses.*

VENTILATEUR (*ventiler*), *sm.* Appareil qui sert à produire un courant d'air sous une pression plus ou moins élevée. Les ventilateurs de mines s'installent à l'ouverture d'un puits ou d'une galerie que l'on ferme de manière à ne laisser de passage que pour le câble d'extraction ou les wagonnets (fig. 1). Le ventilateur doit être disposé sur une dérivation et non sur le puits principal. En cas d'accident, on peut ainsi balayer la mine à l'aide des appareils ainsi préservés. On distingue le ventilateur proprement dit et le moteur qui sert à l'actionner. Le moteur est une machine quelconque, en général horizontale ; il est bon d'en avoir un en réserve. On classe les ventilateurs en deux catégories : 1° *ventilateurs soufflants;* 2° *ventilateurs aspirants.* On installe les premiers sur le puits d'entrée, et les autres sur le puits de sortie. La plupart des ventilateurs de mine appartiennent à la dernière catégorie, qui permet de maintenir le courant ascensionnel, tout en ne bouchant pas le puits d'extraction. Certains ventilateurs sont *réversibles*, c'est-à-dire que, suivant le sens de leur rotation, ils fonctionnent tantôt comme ventilateurs soufflants, tantôt comme ventilateurs aspirants. Le ventilateur ne doit jamais être arrêté en principe, et surtout tant qu'il y a du personnel occupé dans la mine. On peut encore distinguer : 1° Les *appareils volumogènes*, dans lesquels une série de cloisons mobiles découpent l'atmosphère de la mine en des tranches minces qu'elles enferment dans les compartiments compris entre elles et un coursier fixe et qu'elles rejettent au dehors. Le vide qui se produit derrière chaque tranche produit un appel d'air extérieur ; il y a donc un volume engendré, et de là suit une dépression d'où le nom de *volumogène.* 2° Les *appareils déprimogènes*, dans lesquels le ventilateur produit directement une dépression qui a comme conséquence un volume ; de là le nom de *déprimogène.* Parmi les premiers, citons le *ventilateur Fabry*, formé de deux roues identiques à trois rayons chacune ; chaque rayon porte une demi-potence terminée à ses extrémités par des cames curvilignes. Les roues se meuvent dans l'intérieur d'un tambour en bois et en maçonnerie. L'air se trouve enfermé dans les cavités BMNO. On peut voir (fig. 2) que le puits est fermé par le contour. Le diamètre des roues est de 3m,5, la vitesse de 20,30 tours, le débit de 12 à 15 mètres cubes par seconde, la dépression de 20, 40 millimètres d'eau seulement. Dans cette classe se rangent encore les appareils Lemielle et les ventilateurs à piston (Mahaut, Nixon, etc.).

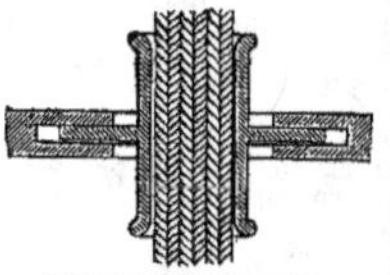

FERMETURE D'UN PUITS
Fig. 1.

Les ventilateurs déprimogènes comprennent : 1° les ventilateurs à force centrifuge ; 2° les ventilateurs à action oblique. Les premiers consistent dans une roue cylindrique tournant autour d'un axe vertical ou horizontal, parallèle aux génératrices de ses palettes ; celles-ci agissent sur les molécules d'air et les mettent en mouvement en les écartant du centre. La région centrale se viderait d'air s'il n'en pénétrait de nouvelles quantités par un orifice central (ouïe), pratiqué à travers une des joues de la roue et communiquant avec l'intérieur de la mine. L'air à extraire se précipite donc dans le volumogène et se trouve expulsé de même que le premier. On fait agir souvent plusieurs ventilateurs sur un même puits, l'ouïe de chaque appareil communiquant alors avec le débouché du précédent. La figure 3 représente le ventilateur Guibal ; les orifices sont armés d'une trompe qui a pour but de ralentir l'écoulement et de réduire la force vive emportée par l'air. MM. Harzé et Ser ont construit des ventilateurs à force centrifuge, très employés aussi. Certains appareils Guibal ont 15 mètres de diamètre et 3 à 4 mètres de largeur. On peut atteindre des dépressions de 20 centimètres d'eau et des débits de 100 mètres cubes à la seconde. Dans les appareils à action oblique, on emploie des hélices ou des ailes hélicoïdales (fig. 4).

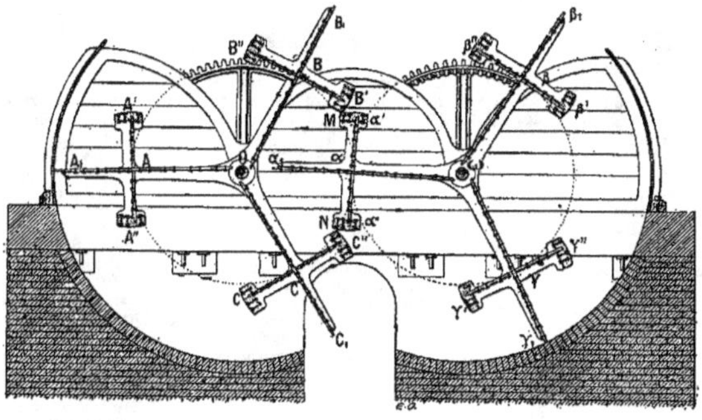

VENTILATEUR FABRY
Fig. 2.

VENTILATEUR GUIBAL
Fig. 3.

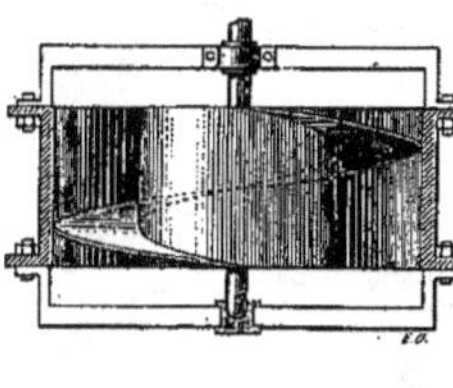

VENTILATEUR HÉLICOIDAL
Fig. 4.

1. **VENTILATION** (l. *ventilationem*), *sf.* Opération qui consiste à chasser d'un lieu, d'un appartement fermé l'air vicié par la respiration des animaux ou la combustion, et à le remplacer par l'air pur du dehors suffisamment chargé de vapeur d'eau : la ventilation doit être assez énergique pour déplacer par heure et par individu 50 mètres cubes dans les prisons, 60 à 70 mètres cubes pour les malades ordinaires dans les hôpitaux, 100 mètres cubes pour les blessés et 150 mètres cubes en temps d'épidémie. Une bonne ventilation est la première condition hygiénique que réclame l'agglomération d'un grand nombre de personnes dans un même édifice.

Ventilation des espaces fermés (appartements, usines, etc.) — Dans un espace confiné l'air est vicié par la respiration des hommes et des animaux, par les appareils de chauffage, d'éclairage, et par les opérations mécaniques ou chimiques nécessaires pour la préparation de certaines matières : laines, peaux, etc. L'air pur renferme 0,6 p. 100 d'acide carbonique au maximum ; à la température de 15° C., il est saturé par 13 grammes de vapeur d'eau. L'homme dégage, en moyenne, par heure, 0,02 mètre cube d'oxyde de carbone et 60 grammes d'eau. Un bec de gaz donnant 1 carcel et brûlant 140 litres de gaz par heure engendre dans le même temps environ 0,093 mètre cube d'acide carbonique. De même un homme dégage par heure 130 calories et la combustion d'un mètre cube de gaz 8060 calories. Une bougie brûlant $0^{kil.}013$ de stéarine suffit pour vicier $0^{m3},445$ d'air, une lampe brûlant $0^{kil.},042$ d'huile vicie $1^{m3},580$. Les chiffres minimum d'air à fournir par tête et par heure varient avec les auteurs. Dans les chambres habitées ordinaires, on compte de 15 à 20 mètres cubes par tête et par heure ; il faut que l'air, renouvelé par heure, représente une ou deux fois le contenu de la chambre. Voici, pour différents cas, la quantité d'air nécessaire par heure et par tête (d'après Morin) :

Dans les hôpitaux :	
Salles pour malades ordinaires.......	70^{m3}
— d'opérat. chirurgicales.......	80-100
— p. maladies contagieuses......	150
Dans les prisons..........................	50
Dans les casernes :	
— — de jour............	30
— — de nuit...........	40-50
Dans les ateliers :	
— — ordinaires..........	60
— — malsains...........	100
Dans les théâtres et les salles de concert.	45-50
Dans les salles de conférences et d'assemblée..............................	60
Dans les écoles :	
— — pour enfants........	15-20
— — pour adultes........	30-35
Dans les écuries (chevaux)...........	180-200

L'air frais de ventilation doit souvent être chauffé, afin que sa température ne soit pas sensiblement inférieure à celle qui règne dans l'espace à ventiler. Il faut restituer à l'air la quantité de vapeur d'eau que ce chauffage lui enlève. La vitesse de l'air ne doit pas dépasser 1m,25 par seconde.

La ventilation *naturelle* est basée sur la différence de température qui existe entre l'air extérieur de ventilation et l'air réchauffé de l'espace à ventiler. Elle se fait par des canaux se trouvant autant que possible dans les murs de refend : le réglage a lieu au moyen de clapets ou de tiroirs.

Soit Q la quantité d'air s'écoulant par seconde en mètres cubes ; V, la vitesse d'écoulement en mètres ; H, la hauteur du canal en mètres ; t, la température de l'air chaud ; t', celle de l'air froid. La section f du canal en mètres carrés et la vitesse V sont données par les formules.

$$f = \frac{Q}{3\,600\ V}\ ;\ V = 0,5\sqrt{2gH}\sqrt{\frac{t_1 - t}{273 + t}}.$$

On peut obtenir la ventilation : 1° par la différence naturelle des températures de l'air à l'intérieur et à l'extérieur ; 2° par le chauffage artificiel de l'air d'émission, ou bien par un bec de gaz brûlant devant l'ouverture d'émission ou encore par les lustres, les autres moyens de chauffage et d'éclairage existant dans la salle ; 3° par l'introduction de l'air chauffé. Si V représente le volume de gaz brûlé en une heure et V' celui de l'air éconduit en mètres cubes, correspondant à V = 1, on a les valeurs relatives suivantes :

V	V'	V	V'	V	V'
0,2	1 900	0,8	700	1,2	500
0,4	1 400	1,0	600	1,4	450

Ainsi la combustion d'un volume de 0lit.,2 de gaz permet l'évacuation de 1lit.,900 d'air vicié.

Dans le cas de cheminées basses, la quantité d'air éconduite est proportionnelle à la racine carrée de la hauteur de la cheminée.

La ventilation *artificielle* obtenue en soufflant ou en aspirant de l'air nécessite l'emploi de ventilateurs centrifuges à vis et à jet de vapeur (injecteurs ou éjecteurs). On consomme dans ce cas, par 1 000 mètres cubes d'air introduits, 8 kilom. de vapeur 0,67 mètres cubes d'eau à 3 atmosphères de pression.

Ventilation des mines. — La présence du grisou et des gaz provenant de la combustion des explosifs, ainsi que la nécessité d'assurer la santé des ouvriers, oblige les exploitants de mines à envoyer dans les travaux de grandes quantités d'air respirable. La proportion d'air à envoyer varie beaucoup avec la nature des terrains et des matières exploitées. On envoie en général un nombre de mètres cubes d'air par seconde variant entre $\frac{1}{10}$ et $\frac{1}{20}$ du nombre de tonnes extraites en 24 heures : en Belgique, on descend jusqu'à $\frac{1}{30}$. On compte en moyenne sur 20 mètres cubes d'air par ouvrier présent au fond de la mine et par 24 heures. Les chevaux exigent 60 à 75 mètres cubes. Les lampes consomment à peu près autant que les hommes. Si on travaille à la poudre, on compte 250 mètres cubes d'air par kilog. de poudre brûlée par 24 heures. La compagnie de Blanzy envoie 80 litres d'air par seconde et par ouvrier dans les puits à grisou.

Le courant doit être fortement brassé, car si le fluide chemine par filets parallèles, on peut rencontrer à côté d'une hanche non contaminée une veine de gaz explosifs. L'aérage ne doit pas être trop vif, car si on ne noie pas le gaz dans une masse d'air suffisante pour le rendre inoffensif, tout excès d'oxygène tend à alimenter la combustion. Il faut donc noyer le grisou. On peut admettre qu'on devra envoyer au minimum six fois plus d'air qu'il ne se dégage de grisou.

On appelle *dépression motrice* l'excès de tension que présente l'air de l'extérieur à l'intérieur, excès de tension qui détermine son mouvement. La ventilation des mines demande l'emploi de volumes d'air considérables, à de faibles dépressions : il y a un maximum de dépression qu'il serait inutile de dépasser à cause du peu d'étanchéité des remblais à travers lesquels l'air circule. Soit h la dépression en kilogrammes par centimètre carré ou en millimètres d'eau. *Le travail nécessaire pour envoyer dans la mine un volume d'air V est le produit de ce volume par la dépression.* Si q est le débit, c'est-à-dire le volume injecté pendant une seconde, le travail correspondant est hq, soit en chevaux $\frac{hq}{75} = 0,0133\,hq$.

On partage le parcours total de l'air dans les galeries en sections dans lesquelles on suppose constants : la vitesse de l'air v, la section S, le périmètre P. Soit L la longueur des tronçons, on a pour chaque dépression partielle :

$$h = 0,0018\,\frac{L.\ P.\ V^2}{S}.$$

Le travail effectif doit être plus fort, de 1/4 à 1/2 que le travail théorique, suivant les appareils à employer. On donne le nom de *fonction d'aérage* à la quantité $\frac{q^2}{h}$, qui prend pour chaque mine une valeur spéciale résultant de la constitution des travaux. Pour une mine donnée la dépression h est en raison du carré du débit q que l'on veut y faire circuler. La dépression augmente en raison de la longueur du parcours. La section des galeries a une influence considérable. On donne le nom d'orifice équivalent de la mine à *la section en mètres carrés de l'orifice tel que la même dépression y ferait passer dans le même temps le même volume d'air que dans la mine.* Soit a cet orifice, on a la relation :

$$a = 0,38\,\frac{q}{\sqrt{h}}.$$

Le travail à développer prend alors la forme :

$$t = 0,14\,\frac{q^3}{a^2}.$$

La vitesse V du courant est liée au débit q par la formule $V = \frac{q}{S}$. S étant la section de la galerie, elle ne doit pas dépasser 1m,2 par seconde : 0m,60 est une bonne moyenne. On évalue ces vitesses à l'aide d'anémomètres ou de manomètres. On emploie des portes d'aérage qui servent à interrompre le courant d'air sur des points où les hommes et les wagons doivent passer. On y installe quelquefois des portiers. Souvent l'air circule dans des *canars* (tuyaux en tôle de fer ou de zinc qui le portent dans les travaux éloignés) ou dans des *galandages*, cloisons qui partagent en deux travées inégales la section de la galerie. Parmi les principes généraux qui guident l'ingénieur dans l'aménagement du courant, citons : 1° *Circulation ascensionnelle.* L'air doit arriver par le pied du puits le plus creux et ne jamais circuler de haut en bas. 2° *Subdivision du courant.* Elle réduit dans une proportion considérable la force motrice ; de plus, si un accident obstrue une des galeries, l'aération subit des troubles bien moins graves. 3° *Elargissement des retours d'air*, auxquels on devrait toujours assurer une largeur suffisante pour que la vitesse n'y soit pas plus considérable que dans les autres parties de la mine. Il faut éviter les anfractuosités où les gaz viennent se loger et échappent au courant général. Les *gradins renversés* et les *maintenages* sont rendus dangereux par les angles multiples auxquels ils donnent souvent lieu : on facilite le dégagement du grisou — dans des conditions que l'on rend le moins dangereuses possible — par des coups de sonde qui *saignent* le charbon. Les vieux travaux, ou les chantiers momentanément abandonnés, constituent un sérieux danger en servant de réservoir au grisou et en causant des déperditions dans le courant d'air.

2. **VENTILATION** (l. *ventilationem : de ventilare,* ventiler), *sf.* Estimation de chaque lot d'un bien partagé faite proportionnellement à l'évaluation totale de ce bien et non d'après la valeur réelle de chaque lot.

***VENTILÉ, ÉE** (part. pass. de *ventiler*), *adj.* Où l'air est renouvelé : *Hôpital bien ventilé.* ‖ Estimé proportionnellement : *Succession ventilée.* — Fig. *Affaire ventilée,* examinée sommairement.

VENTILER (l. *ventilare,* exposer au vent), *vt.* Renouveler l'air vicié que contient un endroit clos : *Ventiler un amphithéâtre, une salle de spectacle.* — *Vt.* Estimer proportionnellement au prix total d'un bien la valeur de chacune des portions dont il se compose. — Fig. Examiner sommairement une affaire avant de délibérer en forme sur sa solution.

***VENTILLON** (dm. de *venteaux*), *sm.* Soupape qui ferme les venteaux.

***VENTIS** (*vent* + sfx. *is*), *sm.* Arbres abattus par le vent. ‖ *Faux ventis,* arbres renversés à l'aide de machines ou jetés à bas par le vent après les avoir déchaussés.

VENTOLIER (*vent*), *adj.* et *sm.* Qui résiste au vent : *Oiseau ventolier.* (Fauconnerie.)

VENTÔSE (l. *ventosum,* venteux), *sm.* Le sixième mois du calendrier républicain, qui commençait le 19 février et finissait le 20 mars.

VENTOSITÉ (*ventose*), *sf.* Amas de gaz dans le tube digestif des animaux.

***VENTOUSAIRE** (*ventouse*), *adj. 2 g.* Qui concerne les ventouses ou la ventousation.

***VENTOUSATION** (*ventouser*), *sf.* Application des ventouses. ‖ Action des ventouses soit fixatrice, soit aspiratrice.

VENTOUSE (l. *ventosa :* du l. *ventosum,* venteux), *sf.* Petit vase en verre de forme variable, mais toujours légèrement rétréci à son orifice, dont les bords sont épais. La ventouse est un appareil dont l'usage est très répandu actuellement en médecine et qui, appliquée sur la peau après que l'air a été raréfié dans son intérieur, doit amener un afflux de sang dans les points au contact desquels on la place. L'application des ventouses sur le corps est d'une extrême simplicité et doit être connue de tout le monde, d'autant que, dans certains cas, elle peut être urgente, et à la campagne, par exemple, la ventouse peut être remplacée par un vase quelconque, de petite dimension (*petit verre*). Après avoir découvert la région sur laquelle on veut appliquer les ventouses, on introduit dans l'intérieur de chacune de celles-ci un morceau de papier enflammé ou mieux une veilleuse allumée et collée contre la paroi du vase ; puis, dès que la combustion est terminée, on met la ventouse en contact par les bords de son orifice avec la région. La ventouse adhère, dans ces conditions, fortement à la peau, qui bombe dans l'intérieur de celle-ci et devient turgescente par suite de l'afflux du sang qui s'y précipite : si on laisse la ventouse en contact avec la région pendant assez longtemps, on la voit se détacher et tomber ; mais, en général, il ne faut pas attendre que la ventouse se détache spontanément et on doit la retirer soi-même. La peau reste rouge violacée et les bords de la ventouse sont nettement marqués pendant les jours qui suivent l'application. Les ventouses ainsi appliquées sont dites *ventouses sèches.* Dans les cas où l'on désire obtenir un effet révulsif plus intense, on fait sur la peau, après une première application de ventouses, des incisions soit avec le bistouri, soit avec le scarificateur ; puis on replace les ventouses, qui attirent alors dans leur cavité une certaine quantité de sang. On fait suivre cette petite opération de l'application d'un pansement simple sur les points incisés. Ces ventouses sont dites *scarifiées.* L'application des ventouses est, on le voit, une opération des plus simples, dans les deux cas, mais encore faut-il avoir soin de ne placer la ventouse sur la peau qu'après la combustion complète du papier, sinon on déterminerait une brûlure superficielle ou du moins une douleur plus ou moins vive. C'est pour obvier à cet inconvénient qu'on a essayé de produire le vide avec d'autres instruments ; mais des inconvénients d'autre nature font encore préférer la ventouse que nous avons prise pour type de notre description. Nous devons cependant mentionner la *ventouse Blatin*, en caoutchouc, modifiée par Charrière, la *ventouse Bondu* et la *ventouse Junod* destinée à produire de grands afflux de sang. Les ventouses sont aujourd'hui les meilleurs agents de la médication révulsive. || Organe à l'aide duquel certains animaux aquatiques font le vide et s'attachent à un corps pour le sucer : *La sangsue est pourvue de ventouses.* || Ouverture pratiquée sous la tablette ou aux angles d'une cheminée pour en faciliter le tirage et qui est mise en communication avec l'air extérieur par un conduit. || Petite grille en fonte appliquée extérieurement à l'orifice d'un conduit de ventouse. || Petite ouverture à la porte d'un poêle pour le passage de l'air. — **Dér.** *Ventouser, ventousaire, ventousation, ventouseur.*

VENTOUSER (*ventouse*), *vt.* Appliquer des ventouses à un malade : *On l'a ventousé.*

***VENTOUSEUR** (*ventouser*), *sm.* Celui qui applique les ventouses.

VENTOUX (MONT), altitude 1912 mètres, pic qui s'élève au S. des monts de la Drôme (contrefort des Alpes Cottiennes), au milieu de la plaine d'Aveyron.

VENTRAL, ALE (l. *ventralem* : de *venter*, ventre), *adj.* Situé au ventre : *La nageoire ventrale des poissons.* || Qui concerne le ventre.

VENTRE (l. *ventrem*), *sm.* La partie creuse de l'homme et des animaux qui est au-dessous du diaphragme et où se trouvent l'estomac, les intestins, le foie, la rate, la vessie, les reins, etc. || *A plat ventre*, en ayant le ventre appuyé contre terre. — Fig. *Se mettre à plat ventre devant quelqu'un*, le flatter bassement. || *Courir ventre à terre*, se dit d'un cheval qui court si vite et écarte tellement les pieds, que son ventre touche presque à terre. || *Passer sur le ventre à quelqu'un*, l'emporter sur lui, parvenir malgré lui à ce que l'on veut. || Le tube digestif : *Remplir son ventre.* || Manger. || *Rire à ventre déboutonné*, à l'excès. || *Faire un dieu de son ventre*, ne penser qu'à manger et à boire. || État de resserrement ou de relâchement du tube digestif : *Avoir le ventre libre.* || Proéminence de la partie du corps qui correspond au ventre : *Prendre du ventre.* || *Bas-ventre*, la partie inférieure du ventre. — Fig. *Mettre du cœur au ventre à quelqu'un*, lui redonner du courage. — Fig. *Faire rentrer les paroles dans le ventre à quelqu'un*, le faire repentir de ce qu'il a dit, l'arrêter dans ses projets. || *N'avoir pas six mois dans le ventre*, n'avoir pas pour six mois de vie. — **Prov.** VENTRE AFFAMÉ N'A PAS D'OREILLES. || La partie bombée d'une chose : *Le ventre d'une bouteille, cette muraille fait le ventre.* || La partie creuse d'une chose : *Le ventre d'une citrouille.* — **Dér.** *Ventral, ventrale, ventrée, ventricule, ventriculaire, ventrière; ventru, ventrue.* — **Comp.** *Ventrebleu, ventre-saint-gris, sous-ventrière, ventriloque, ventriloquie, ventripotent, ventripotente, éventrer.*

VENTREBLEU (euphémisme pour *ventre de Dieu*), *interj.* Sorte de juron.

VENTRÉE (*ventre*), *sf.* Toute la partie de la femelle d'un animal.

***VENTRE-SAINT-GRIS**, *interj.* Juron dont usait habituellement Henri IV.

***VENTRICULAIRE** (*ventricule*), *adj.* *2 g.* Qui appartient aux ventricules.

VENTRICULE (l. *ventriculum*), *sm.* Nom générique donné, en anatomie, à des cavités particulières à certains organes. Au cœur, on en décrit deux : le *ventricule gauche* et le *ventricule droit*. Communiquant directement avec l'oreillette correspondante, par l'intermédiaire de l'orifice auriculo-ventriculaire muni d'une valvule dite *mitrale* pour le cœur gauche, dite *tricuspide* pour le cœur droit; chacun des ventricules du cœur donne naissance par sa base à une artère volumineuse : aorte (*cœur gauche*), artère pulmonaire (*cœur droit*). (V. *Cœur* et *Circulation.*) Dans la masse encéphalique (*cerveau* et *cervelet*), on décrit quatre ventricules : deux *ventricules latéraux*, situés de chaque côté de la cloison transparente (ou *septum lucidum*; le *ventricule moyen* ou *troisième ventricule* ou *ventricule inférieur* de certains auteurs, situé au-dessous du trigone cérébral et de la toile choroïdienne, sur la ligne médiane; le *quatrième ventricule* ou *ventricule du cervelet*, qui est constitué par une cavité située entre le cervelet, la protubérance et le bulbe rachidien. C'est sur la face inférieure de ce quatrième ventricule que l'on décrit les noyaux d'origine d'un grand nombre de nerfs crâniens. Sous le nom de *cinquième ventricule*, certains auteurs ont aussi décrit une petite cavité creusée dans l'épaisseur même du *septum lucidum*. Dans le larynx, l'espace qui sépare de chaque côté la corde vocale supérieure de la corde vocale inférieure est également connu sous le nom de *ventricule du larynx*. || Estomac : *Les ruminants ont quatre ventricules.*

***VENTRIER** (*ventre*), *adj. m.* *Faisceau ventrier*, faisceau fibreux, aplati, d'un jaune rougeâtre, appliqué sur le pilier interne de l'anneau inguinal externe.

VENTRIÈRE (*ventre*) ou **SOUS-VENTRIÈRE**, *sf.* Bande de cuir qui passe sous le ventre d'un cheval et maintient en place certains harnais. || Sangle qu'on passe sous le ventre des chevaux pour les embarquer plus commodément. || Grosse pièce de charpente placée horizontalement pour en soutenir d'autres verticales implantées dans le fond d'un cours d'eau. || Pièce de bois fixée à la carène d'un navire au moment de son lancement de la cale de construction.

VENTRILOQUE (l. *ventrem*, ventre + *loqui*, parler), *adj.* et *s. 2 g.* Se dit d'une personne qui, sans remuer les lèvres d'une manière apparente, prononce d'un ton sourd des paroles qui semblent venir de très loin.

VENTRILOQUIE (*ventriloque*), *sf.* Façon de parler des ventriloques.

***VENTRIPOTENT, ENTE** (l. *venter*, génitif *ventris*, ventre + *potens*, puissant), *adj.* Adonné aux plaisirs du ventre. || Qui a un gros ventre.

VENTRON (GRAND), altitude 1209 mètres, montagne de la chaîne des Vosges entre les départements des Vosges et du Haut-Rhin.

***VENTROUILLER (SE)** (*ventre*) [LL mouillés], *vr.* Se vautrer dans la boue : *Le porc se ventrouille dans la mare.*

VENTRU, UE (*ventre*), *adj.* et *s.* Qui a un gros ventre. || Qui vit d'une sinécure ou des faveurs du gouvernement.

VENTS (LES), divinités de l'ancienne mythologie grecque et dont Eole était le roi. Les principaux étaient : Aquilon, Africus, Auster, Borée, Caurus, Eurus, Favonius, Japyx, Notus, Zéphyre. On les représentait avec des ailes à la tête et aux épaules.

VENTURA (GIOACCHINO ou JOACHIM, le PÈRE) (1792-1861), orateur et théologien italien, général de l'ordre des Théatins (1830). Il acquit, en 1848, une grande popularité lorsqu'il prononça l'oraison funèbre d'O'Connell et celle des victimes du siège de Vienne; il travailla ensuite, avec l'abbé Rosmini, à l'établissement d'une confédération italienne ayant le pape pour chef. A Paris, il fit des conférences dans plusieurs églises, et prêcha le carême aux Tuileries en 1857. On lui doit plusieurs ouvrages sur la religion et la philosophie.

VENU, UE (p. p. de *venir*), *adj.* Qui a poussé, qui s'est développé : *Les mauvaises herbes venues dans un champ.* — *Adj.* et *s.* *Bienvenu* ou *bien venu*, reçu, accueilli avec bienveillance, sympathie, cordialité : *Soyez le bienvenu; soyez la bien venue.* || *Nouveau venu*, nouvellement arrivé, récemment admis dans une société : *Faire fête aux nouveaux venus.* || *Le premier venu*, celui qui arrive le premier, la première personne qui se présente, un individu quelconque : *Se confier au premier venu.* || *N'être pas le premier venu*, être un homme de valeur, digne de considération. || *Mal venu*, qui ne s'est pas développé, qui a mal poussé : *Un enfant mal venu.* || Mal exécuté, défectueux : *Photographie mal venue.* || Reçu, accueilli avec malveillance, d'une manière hostile : *Il fut mal venu parmi nous.* || *Être mal venu à faire une chose*, rencontrer des personnes qui s'opposent énergiquement à ce qu'on la fasse.

VENUE, *spf.* de *venir.* Action de venir, arrivée. || Action de se présenter quelque part : *Sa venue excita l'étonnement.* || *Allées et venues*, action d'aller et de venir plusieurs fois. || Pas et démarches qu'on fait pour une affaire : *Passer son temps en allées et venues*, faire beaucoup de démarches inutiles. || Manière dont se développe un animal et dont pousse une plante : *Un arbre d'une belle venue.* || *Ce jeune homme est d'une belle venue*, il est grand et bien fait. || *Être tout d'une venue*, avoir le tronc du corps partout de la même grosseur, de sorte que la taille n'est point dessinée. || *Avoir la jambe tout d'une venue*, l'avoir de même grosseur dans toute son étendue. || **Venue minérale**, nom par lequel les géologues désignent le remplissage d'un système de fentes par des minéraux. Chaque genre de venue correspond à une époque géologique bien déterminée. Ainsi dans l'Erz-Gebirge, région célèbre par ses mines métalliques, on distingue les venues suivantes : 1° *Venue sulfurée ancienne :* blende, galène argentifère, mispickel, pyrite, chalcopyrite, quartz blanc laiteux, dolomie et manganèse. 2° *Venue barytique ferrugineuse :* fluorée et cuprifère, entre le Thuringerwald et le mont Viso; bournonite, galène pauvre, chalcopyrite, cuivre gris, oligiste, limonite, manganèse, quartz barytine, dolomie, fer carbonaté, fluorure. 3° *Venue sulfurée :* arsenicale et antimonifère contemporaine des Pyrénées; galène, cobalt, nickel, bismuth, avec quartz saccharoïde. 4° *Venue de barytine*, fluorine et pyrites concrétionnées s'échelonnant des Pyrénées aux Alpes occidentales. 5° *Venue de dolomie* et de calcite, contemporaine des Alpes occidentales. 6° *Venue de pechblende* et d'argent rouge avec chalcolite de l'âge des Alpes principales, associée à l'épanchement des basaltes et des phonolites.

***VÉNULE.** (V. *Veinule.*)

1.VÉNUS (l. *Venus*), la déesse de la beauté et la mère de l'Amour chez les Romains, qui fut identifiée avec l'Aphrodite des Grecs. — Fig. *Cette femme est une Vénus*, elle est d'une très grande beauté. || Plusieurs statues antiques de Vénus d'une très grande perfection sont parvenues jusqu'à nous, telles sont la *Vénus* dite de *Médicis*, conservée à Florence et que l'on suppose être une copie de la statue faite par Praxitèle pour le temple de Cnide, et la *Vénus de Milo*, à laquelle manquent les bras et qui se voit au musée du Louvre et a été découverte en 1820 par Dumont d'Urville. || Nom donné au cuivre par les alchimistes. || *Vitriol de Vénus*, le sulfate de cuivre. || *Cristaux de Vénus*, l'acétate de cuivre. || Genre de coquille marine à deux valves dont on connaît 176 espèces vivantes répandues dans toutes les mers et 200 espèces fossiles de l'oolithe. A ce genre appartiennent la *vénus verruqueuse* de la Méditerranée, ou *clovisse*, qui se mange comme les huîtres, et la *vénus croisée* de l'Atlantique, vendue sous le nom de *palourde* sur nos côtes de l'O. || Genre de mollusque lamellibranche, à coquille ovale, épaisse, lisse ou diversement ornée, avec charnière large

VÉNUS DE MÉDICIS
(Galerie Uffizi.)

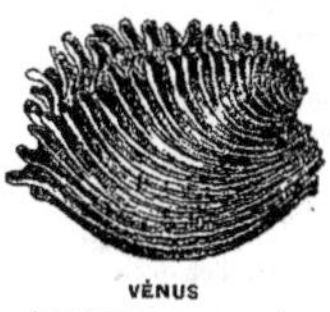

VÉNUS
(VÉNUS LAMELLIBRANCHE.)

portant trois fortes dents cardinales divergentes sur chaque valve, sinus palléal court et triangulaire.

2. **VÉNUS** (*Vénus* 1), *sf.* Vénus est connue de tout le monde sous le nom d'*étoile du soir*, d'*étoile du matin*, d'*étoile du berger*. Elle est la plus brillante planète connue. Lorsqu'elle est pleine, elle est trop voisine du Soleil et trop éloignée de nous, pour nous apparaître sous son plus grand éclat. Aux quadratures, elle est si brillante, qu'on la voit quelquefois en plein jour. Ses phases sont assez faciles à observer. Comme elle est cinq ou six fois plus près de nous vers

VÉNUS

ASPECT GÉNÉRAL

l'époque de la conjonction inférieure que vers le temps de la conjonction supérieure, elle paraît d'autant plus grosse que son croissant est plus étroit. Les variations que présentent les cornes du croissant font supposer qu'il existe à la surface de Vénus de très hautes montagnes; on pense qu'elle est entourée d'une atmosphère analogue à la nôtre. Sa distance au Soleil est d'environ 27 486 000 lieues; la chaleur et la lumière y ont à peu près deux fois autant d'intensité qu'à la surface de la Terre. Le plan de son orbite est incliné de 72° sur celui de son équateur. Les variations des saisons doivent donc y être très grandes; et la durée des jours et des nuits doit y éprouver des changements considérables, dans l'intervalle d'une révolution. Vénus présente, d'ailleurs, de grandes analogies avec la Terre : elle tourne sur elle-même dans le même temps; elle a, à peu près, le même volume, la même masse et la même densité moyenne.

La durée de sa révolution synodique est de 584 jours; elle parcourt, pendant cette période, deux circonférences entières plus 216°. Donc, après cinq révolutions synodiques, ou 2 920 jours, ou 8 années communes, elle aura parcouru 10 circonférences plus 5 fois 216°, c'est-à-dire 13 circonférences. On

VÉNUS

GRANDEUR COMPARÉE DES PRINCIPALES PHASES

voit qu'après 8 années communes, c'est-à-dire après 8 ans moins 2 jours, les conjonctions de Vénus avec le Soleil arrivent au même point du ciel.

Vénus peut, comme Mercure, lors de la conjonction inférieure, passer sur le disque du Soleil. Mais il faut, pour cela, comme pour les éclipses, que la planète soit dans le voisinage d'un de ses nœuds. On la voit alors, comme une tache noire parfaitement ronde, traverser le disque d'un mouvement uniforme, de gauche à droite. Son diamètre apparent est, dans ce cas, d'environ 1' et il est le $\frac{1}{30}$ de celui du Soleil. Le passage peut durer 6 ou 7 heures. Le passage se reproduit périodiquement. On en calcule l'époque comme celle des éclipses. Mais ces passages sont rares; les derniers ont eu lieu le 8 décembre 1874 et le 6 décembre 1882; les précédents étaient ceux de juin 1761 et 1769. Les prochains passages auront lieu le 7 juin 2004 et le 5 juin 2012. Puis, le 10 décembre 2117 et le 8 décembre 2125; le 11 juin 2247 et le 8 juin 2255; le 12 décembre 2360 et le 10 décembre 2368. Après un passage, il s'écoule 8 ans avant qu'il s'en présente un second; puis le suivant n'arrive qu'après 113 ans et demi, plus ou moins 8 ans, et ainsi qu'il suit : 8 ans, 121 ans et demi, 8 ans, 105 ans et demi, etc. Les passages ont lieu en juin ou en décembre, époques auxquelles les longitudes du Soleil sont celles des nœuds de la planète. L'irrégularité apparente de cette période des passages provient de ce que, pour qu'il y ait passage, il ne faut pas seulement qu'il y ait conjonction inférieure; il faut encore que la planète ait, à cette époque, une latitude moindre que le demi-diamètre apparent du Soleil; sans quoi, elle ne se projetterait pas sur le disque solaire. Or, elle se retrouve en conjonction inférieure tous les 584 jours; mais ses positions sur son orbite, à ces époques successives, diffèrent comme celles de la Terre sur l'écliptique : ses latitudes doivent donc aussi être différentes, et par suite il peut arriver que le passage n'ait pas lieu. Les passages de Vénus sur le disque du Soleil offrent le moyen de mesurer la parallaxe du Soleil et, par suite, la distance à la Terre, et les dimensions du système planétaire. Lors du passage, Vénus se trouve environ deux fois et demie plus près de nous que le Soleil; sa parallaxe a donc une valeur très appréciable. Il en résulte que des observateurs, placés en des points du globe terrestre suffisamment éloignés, doivent voir la pla-

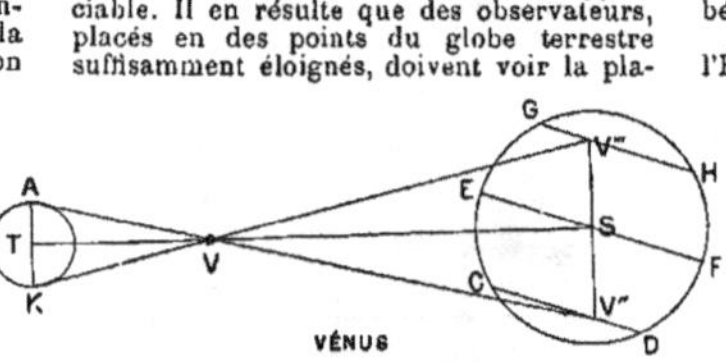

VÉNUS

MESURE DE LA PARALLAXE DU SOLEIL

nète décrire des cordes différentes du disque solaire. Ainsi soit T la Terre, V Vénus et S le disque du Soleil perpendiculaire à la ligne ST; les observateurs placés en A, T, K, voient au même instant l'astre projeté en V''SV''', et il leur paraît décrire les cordes différentes CD, EF, GH. Or, supposons, pour simplifier, que les deux observateurs A et K soient placés aux extrémités d'un diamètre terrestre, et faisons abstraction du mouvement de rotation de la Terre. Chacun d'eux pourra mesurer la corde qu'il voit décrire à la planète, soit directement, soit en évaluant le temps du passage (car le mouvement angulaire de Vénus étant parfaitement connu, le temps fournira l'espace parcouru). Les deux cordes CD et GH étant déterminées, on en conclura aisément leur distance V'' V'''. Cela posé, les deux triangles semblables AVK, V''VV''' donnent

$$\frac{VV''}{AV} = \frac{V''V'''}{AK}.$$

Or, on trouve que le rapport $\frac{VV''}{AV}$ des distances de Vénus au Soleil et à la Terre est 2 1/2 environ, au moment de la conjonction : donc $V''V''' = AK \times 2\ 1/2 = 5r$,

en désignant par r le rayon terrestre. Ainsi la distance des deux cordes vaut cinq fois le rayon de la Terre. Donc l'angle sous lequel on voit de la Terre la distance V''V''' vaut cinq fois l'angle sous lequel on verrait du Soleil le rayon terrestre, ou cinq fois la parallaxe solaire. Donc, en prenant le cinquième de la distance V''V''' mesurée, on aura la parallaxe cherchée.

La parallaxe du Soleil est un élément de la plus haute importance, puisqu'elle nous fournit la distance du Soleil à la Terre, et, par suite, nous fixe sur les dimensions de notre système solaire. Aussi les passages de Vénus ont-ils préoccupé les savants de toutes les nations civilisées, qui, en 1874 et en 1882, ont organisé de lointaines expéditions pour observer, mesurer, photographier les diverses phases du phénomène.

Pour le passage de 1874, les missions françaises étaient ainsi distribuées :

Missions australes : Ile Campbell, île Saint-Paul, Nouméa.

Missions boréales : Pékin, Yokohama, Saïgon.

En 1882, les missions furent réparties entre Port-au-Prince, le Mexique, la Martinique, la Floride, Santa-Cruz, Chubut, Rio-Negro.

VENUSIA, ville de l'ancienne Italie, dans l'Apulie. Patrie d'Horace. C'est aujourd'hui *Venosa*.

* **VÉNUSTÉ** (l. *venustatem :* de *venustus*, gracieux), *sf.* Grâce, élégance.

* **VENVOLE (À LA)** (*vent* + *voler :* qui vole au gré du vent), *loc. adv.* À la légère : *Paroles échappées à la venvole. Marié à la venvole.*

VENZEL (AUGUSTIN ZEYLER) (XVIIe siècle), moine et alchimiste allemand qui, à l'aide d'ingénieux stratagèmes, transmuait les métaux en or. Léopold Ier le combla d'honneurs et le fit *marquis de Reinersberg*; mais, un jour, l'empereur ayant conçu des doutes sur la réalité de cette science expérimentale, le moine Venzel, se voyant démasqué, s'enfuit à l'étranger.

VÉOURE, 40 kilom. Rivière du département de la Drôme, affluent du Rhône, en face de la Voulte.

VÊPRE (l. *vesper*), *sm.* Le soir, la tombée de la nuit : *Bon vêpre*, bon soir (vx).

VÊPRES (l. *vespera*), *sfpl.* Office de l'Église catholique qui se célébrait autrefois le soir et se fait aujourd'hui vers deux ou trois heures de l'après-midi : *Aller à vêpres.* ‖ *Vêpres siciliennes*, massacre général qui se fit en Sicile des soldats français au service de Charles d'Anjou, roi de Naples, et dont le signal fut donné à Palerme, le lundi de Pâques, 30 mars 1282, par les cloches de l'église de Montréal, sonnant le premier coup de vêpres. (V. *Procida*.) ‖ *Vêpres siciliennes*, titre d'une tragédie de Casimir Delavigne (1819).

VER (vx fr. *verm :* du l. *vermem*), *sm.* On comprend sous le nom général de *vers* un grand nombre d'animaux qui forment le second sous-embranchement des annelés. Le sous-embranchement des vers comprend deux sections différentiées par le système nerveux, qui, dans la première, est représenté par une chaîne ganglionnaire et dans la seconde, par des cordons lisses, émanant d'un ganglion cérébroïde. La première section comprend les *Annélides* et les *Rotateurs;* la deuxième est formée par les *Helminthes*. Parmi les Annélides, le plus connu est le *ver de terre* ou *lombric*. Son corps mou, long, à peu près cylindrique, est formé par une suite d'anneaux dont chacun est garni en dessous de très petites soies raides et crochues qui représentent les membres. Les vers de terre abondent dans les lieux humides, les terres bien fumées et sous les amas de fumier. Ne vivant que d'humus, ils ne sont pas nuisibles à l'agriculture, si ce n'est quand ils ramènent à

VER DE TERRE

ANNEAUX MONTRANT LES SOIES AMBULATOIRES

a. Partie médiane du corps. — b. Partie antérieure.

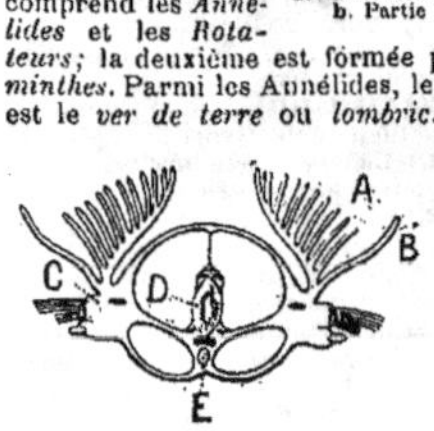

VER

COUPE THÉORIQUE TRANSVERSALE D'UN ANNEAU D'EUNICE

A. Appendices branchiaux ou *élytres*. — B. Cirres. — C. Parapodes avec des faisceaux de soies. — D. Tube digestif. — E. Système nerveux.

la surface du sol des matières terreuses chargées des germes des bactéries provenant d'animaux morts du charbon et qui n'ont pas été enfouis assez profondément, car ces germes, absorbés par les animaux domestiques, peuvent leur donner la maladie charbonneuse. Les vers de terre sont même de quelque utilité dans les terres argileuses en y creusant des tubes qui facilitent la circulation de l'air dans le sol; ils forment de bonnes amorces pour la pêche. A côté des vers terricoles, on distingue, sous le nom de *Dorsibranches*, une classe d'*Annélides errants* (Cuvier), dont font partie les *eunices* ou *léodices*, caractérisés par leur corps muni de lames membraneuses appelées *élytres*, qui leur servent de rames, ainsi que par leurs pieds, pourvus de cirres distincts; les euniciens vivent généralement dans la vase, sur les bords de la mer; ils marchent et nagent très bien. || *Etre nu comme un ver*, être entièrement nu. — Fig. *C'est un ver de terre*, c'est un homme dans la situation la plus infime, la plus abjecte. — Fig. L'homme considéré au point de vue de sa faiblesse physique et morale : *Pauvres vers de terre que nous sommes!* Les helminthes ou vers lentozoaires sont les vers qui vivent dans l'intérieur du corps de l'homme ou des animaux. On les divise en trois sections : 1° les *nématoïdes*, dont le plus connu est l'*ascaride lombricoïde*; 2° les *trématodes* (type la *douve du foie*) ; 3° les *cestoïdes*, dont le *ténia* peut être pris pour type. Nous renvoyons à ces mots pour ce qui a trait à la partie d'histoire naturelle, notre intention étant d'étudier les vers intestinaux et leurs effets dans l'organisme. I. *L'ascaride lombricoïde* est un des vers que l'on rencontre le plus fréquemment chez l'homme, où ils habitent l'intestin grêle (V. *Lombric*). Logés exceptionnellement dans l'estomac et le gros intestin, ils sont, dans ces conditions, très difficilement tolérés et rejetés soit par vomissements (*estomac*), soit avec les selles (*rectum*). C'est surtout chez les enfants qu'on les observe, et où ils sont très fréquents jusqu'à l'âge adulte. Dans certains cas, on se trouve en présence de véritables épidémies d'ascarides. Leur présence dans l'intestin peut longtemps passer inaperçue ou, au contraire, donner lieu aux signes qu'entraîne la présence de tout vers : l'aspect particulier du malade que l'on a décrit sous le nom de *facies vermineux*, le prurit des narines, la fétidité de l'haleine, un appétit exagéré ou dépravé, le ballonnement du ventre, une sensation de picotement à l'ombilic, la constipation ou la diarrhée, des démangeaisons vives au niveau de l'anus, une toux quinteuse, et enfin quelquefois des troubles cérébraux qui durent tant que l'ascaride n'est pas rejeté au dehors. Les substances les plus employées pour obtenir l'élimination des ascarides sont les purgatifs, tels que : huile de ricin, calomel, les vermifuges, la santonine, le semen-contra. (V. *Purgatif.*) II. Les *oxyures* se logent presque toujours à l'extrémité inférieure du tube digestif, rarement dans le cæcum, quelquefois dans la vessie, l'urètre ou le vagin chez la femme. Très fréquent chez les enfants, on les rencontre aussi chez l'adulte et le vieillard, dans tous les climats et sous toutes les latitudes; mais c'est surtout vers l'automne et le printemps qu'ils manifestent leur présence en provoquant une irritation très grande à l'anus, des douleurs sourdes en ces points, un prurit continu augmenté après les repas et sous l'influence de la chaleur du lit, phénomènes qui, chez l'enfant, se compliquent souvent de convulsions, d'attaques d'épilepsie ou d'hystérie. Tous ces faits ont un grand retentissement sur l'organisme, et, sous leur influence, on voit la santé des enfants s'altérer rapidement, entraînant souvent un amaigrissement très considérable. Il faut donc combattre l'affection le plus rapidement possible et faire usage de purgatifs que l'on emploiera progressivement, de plus en plus énergiques, les oxyures étant, parmi les vers intestinaux, ceux dont l'élimination définitive semble le plus difficile. III. La *filaire* est rarement observée en Europe et semble assez fréquente en Afrique et en Asie. Quand elle manifeste sa présence dans l'organisme, on retrouve la filaire formant sous la peau une tumeur plus ou moins indolente, faisant saillie et devenant bientôt le siège de vives démangeaisons. Souvent la présence de la filaire sous la peau donne naissance à des phénomènes graves de suppuration, et la mort n'est pas rare dans cette maladie, quoique, cependant, il soit plus habituel de voir les malades se rétablir après de longues suppurations. Le traitement de l'affection comprend l'extirpation de la tumeur formée sous la peau, et, dans les cas où la filaire se rompt, le raclage et l'énucléation des parties voisines, comme s'il s'agissait d'un abcès froid. IV. La *trichine*, signalée très souvent en Allemagne, se transmet à l'homme par l'usage de la chair de porc trichinée, comme l'a le premier établi Zeuker; et il n'est pas rare d'observer de véritables épidémies de l'affection, qui se caractérise au début par une grande lassitude, de l'insomnie, la perte de l'appétit, un léger degré de fièvre et des douleurs de ventre plus ou moins intenses, faits qui rappellent assez le début d'une fièvre typhoïde. Plus tard, les douleurs semblent se cantonner surtout au système musculaire, qui est endolori, et aux articulations, dont les mouvements deviennent impossibles; puis apparaît un œdème de tout le corps, surtout intense aux jambes, et la mort survient dans le coma. A chacune de ces périodes correspond une localisation spéciale des trichines qui, d'abord, siégeant dans les intestins, gagnent les muscles et les articulations, puis envahissent diverses régions. Cet envahissement de l'organisme est connu sous le nom de *trichinose*. (V. *Trichine.*) La mort survient, en général, entre la troisième et la quatrième semaine; mais la guérison est cependant possible. Elle se fait toujours très lentement, mais n'est qu'apparente dans grand nombre de cas. La repullulation des trichines n'est pas, en effet, très rare, et elle donne lieu au même cycle de phénomènes. Dans le premier stade, l'emploi de vomitifs et purgatifs, en provoquant l'évacuation des trichines, donne de bons résultats, ainsi que l'usage de substances vermifuges. V. La *douve du foie* représente, parmi les vers parasitaires de l'homme, le type le plus fréquent ou plutôt le moins rare de la classe des Trématodes. Ce n'est, en effet, qu'une maladie exceptionnelle dans laquelle on retrouve, au niveau des canaux biliaires, les deux variétés de douves connues sous les noms de *distoma hepaticum* et de *distoma lanceolatum*. Les signes auxquels ils donnent naissance sont très variables, mais ceux que l'on rencontre le plus fréquemment sont l'ictère (*jaunisse*), les convulsions et l'anémie.

Parmi les cestoïdes, le *cysticerque* ne constitue pas une espèce particulière de vers, puisqu'il n'est qu'un des stades de l'évolution du ténia : toutefois, comme à cette période il siège en tout autre point que lorsque son évolution est complète, il donne lieu à des phénomènes spéciaux qui doivent être décrits séparément. Situés au-dessous de la peau, ils constituent simplement une légère saillie indolore. Dans l'œil, le cysticerque est perceptible à l'ophthalmoscope, mais entraîne rarement des troubles graves de la vue. Dans l'encéphale, il détermine des accidents cérébraux graves, variables dans leur nature, suivant le point envahi. Le traitement de ces vers doit être chirurgical quand la chose est possible. Les moyens médicaux sont tout à fait impuissants.

L'existence d'*hydatides*, qui proviennent du *tænia echinococcus*, un des parasites fréquents du chien, provoque chez l'homme une affection qui se localise le plus souvent sur le foie. Les kystes hydatiques peuvent longtemps rester inaperçus, et ce n'est que lorsque leur volume vient troubler quelque fonction normale de l'organisme que l'affection se manifeste par des signes certains : tumeur dure, résistante, fluctuante, donnant à la palpation une sensation spéciale, décrite sous le nom de *frémissement hydatique*. Ces tumeurs ont une vie propre; aussi les voit-on augmenter de volume tant que le kyste vit; mais, fréquemment, ces poches, devenant trop volumineuses, se rompent, donnant naissance à des complications quand la poche s'ouvre dans le péritoine, par exemple; à un véritable traitement rationnel, quand celle-ci se vide à l'extérieur. Le traitement des kystes hydatiques est direct, c'est-à-dire chirurgical; ou indirect, c'est-à-dire médical, et, dans ce sens, on a proposé l'emploi du chlorure de sodium, des mercuriaux. Le traitement chirurgical est le traitement de choix. Les ténias sont, parmi les vers parasitaires de l'homme, ceux que l'on rencontre le plus fréquemment; et nous avons vu dans l'article *Ténia* (V. ce mot pour la figure) quelle en était l'origine, quelle l'évolution. Le *tænia saginata* est le plus fréquemment observé, et sa présence se manifeste par des signes variables, tels que amaigrissement, augmentation de l'appétit, démangeaisons, crises douloureuses, toux quinteuse, vomissements, etc. Un seul signe est constant et présente une importance capitale, c'est l'élimination involontaire par l'anus d'anneaux de vers séparés et isolés. Cette élimination implique toujours l'existence du *tænia saginata*, tandis que si les fragments rendus se composent de cinq, six, dix anneaux et ont été expulsés au moment des garde-robes, on est en présence d'un *tænia solium*. Ces deux variétés sont, d'ailleurs, confondues sous le nom commun de *ver solitaire*. Pourquoi cette dénomination? L'origine en est très discutée; mais il nous semble, avec bon nombre de naturalistes, que cette dénomination ne repose que sur l'erreur qui consiste à croire que le ténia se trouve toujours solitaire dans l'intestin de l'homme. Il n'en est rien, et nous n'en donnerons pour preuve que la constatation, qu'il n'est pas rare de faire en examinant les selles d'un malade atteint de ténia et à qui on administre un vermifuge. Dans ces conditions, on peut constater l'existence de deux, de trois, de quatre têtes bien distinctes et même plus, et ce nombre indique la quantité de ténias éliminés. L'administration d'un ténifuge est la méthode thérapeutique indiquée (V. *Vermifuge*), et *il faudra s'assurer que le ténia a été rendu en entier* par un examen attentif de l'animal éliminé. || Nom improprement donné aux larves sans pattes d'une foule d'insectes de divers ordres : *Il y a un ver dans ce fruit*. — Fig. *Tirer les vers du nez à quelqu'un*, le questionner adroitement pour l'amener à dire certaines choses que l'on voudrait savoir. || *Ver rongeur*, larve qui ronge un fruit, une étoffe, etc. — Fig. Le remords. || Chagrin cuisant que l'on s'efforce de cacher soigneusement. || *Ver blanc*, la larve du hanneton. (V. ce mot.) || *Ver de l'olive*, la larve d'une petite mouche, *dacus oleæ*, qui cause des dégâts considérables dans le S. de la France, en rongeant les olives, et dont on pourrait se débarrasser en cueillant les fruits avant leur maturité et en les écrasant immédiatement. || *Ver luisant*, la femelle non ailée du lampyre, insecte coléoptère, laquelle émet dans l'obscurité une vive lueur phosphorescente. Il faut recueillir cet insecte et l'apporter dans les jardins, où il détruit chenilles, limaces et colimaçons. || **Ver à soie**. On désigne sous ce nom la larve ou chenille d'une espèce de lépidoptère du genre Bombyx, originaire de l'Asie, et cultivé en Chine depuis une haute antiquité. Les annalistes chinois rapportent qu'un de leurs empereurs, qui vivait 2600 ans avant J.-C., obligea sa femme à élever cet insecte et à confectionner des étoffes, cela dans le but de répandre cette culture parmi son peuple. Du reste, cette industrie fut longtemps protégée en Chine : des lois interdisaient sous peine de mort l'exportation des insectes et les principes de l'élevage; seuls les fils et les étoffes de soie pouvaient être vendus à l'étranger. Aussi la soie était-elle dans l'antiquité d'un très grand prix; celui-ci égalait celui de l'or. Babylone eut longtemps le monopole des tapis ouvrés avec cette substance et toutes les étoffes de soie venaient alors de l'Orient. Ce fut César qui, le premier, l'introduisit à Rome. Un jour de fête, il remplaça la toile

VER LUISANT

LAMPYRE NOCTILUCE FEMELLE VUE EN DESSOUS

La partie A est seule lumineuse.

d'étoffe grossière qui garantissait de l'ardeur du soleil sa loge au Colisée par un superbe *velum* de soie; le peuple murmura, dit-on, mais admira néanmoins la magnificence du dictateur. A partir de cette époque les riches patriciens portèrent des habits de soie; mais cette matière était encore si chère sous Tibère, que le Sénat, considérant son emploi comme ruineux, défendit aux hommes de s'en vêtir. On raconte même que Vespasien refusa à sa femme une robe de soie, prétextant de son prix. Deux moines de l'ordre de Saint-Basile, ayant catéchisé les infidèles jusqu'en Chine, apprirent dans cette contrée et l'origine de la soie et la manière d'élever les insectes qui la produisaient. Revenus à Constantinople, ils proposèrent à Justinien II (empereur de 522 à 565) de doter ses Etats de la fabrication des étoffes de soie. L'empereur accepta avec joie cette proposition, et les deux moines repartirent pour l'Orient. Deux ans après, ils revinrent apportant des œufs de vers à soie qu'ils avaient cachés dans les entre-nœuds de leurs cannes de bambou. De Gasparin prétend qu'ils n'allèrent pas jusqu'en Chine, mais seulement en Tartarie, à Serinde. Dès leur arrivée, les œufs furent placés dans du fumier, afin de les faire éclore. Cette éclosion réussit parfaitement, et les chenilles furent élevées suivant les indications des deux moines. On planta dès lors une grande quantité de mûriers et la nouvelle industrie se propagea d'abord en Grèce, et c'est de cette époque que le Péloponèse prit, dit-on, le nom de *Morée*. Mais, à son tour, Constantinople voulut garder le secret de sa découverte et en conserver le monopole. Les meilleurs ouvriers de l'Asie y furent installés avec l'ordre formel de ne point révéler les procédés d'élevage et de fabrication. Cependant les Arabes amenèrent avec eux le ver à soie en Espagne, mais sa culture se répandit très peu. Au XIIe siècle, Roger II, roi de Sicile, maître par sa flotte de la Méditerranée, dans une de ses expéditions ravagea la Grèce et ramena prisonniers dans ses Etats des tisserands et des ouvriers en soie; il les installa dans son palais à Palerme (1169), où ils fabriquèrent des tissus de soie, de laine, d'or et de pierreries qui eurent à cette époque une grande vogue. De la Sicile, l'éducation du bombyx se répandit en Italie et gagna Florence et Venise. Le pape Clément V, à l'époque du schisme qui déchira l'Eglise, s'étant établi à Avignon, fit planter des mûriers autour de cette ville, et c'est de là qu'au XVe siècle la culture de cet arbre se répandit dans le Dauphiné et en Provence. Louis XI attira en France des ouvriers italiens et les établit dans la Touraine et à Lyon. François Ier encouragea à son tour les progrès de cette industrie à Lyon, et Henri II, suivant son exemple, fit planter des mûriers dans la vallée de la Loire, à Tours, à Chenonceaux, à Moulins, à Bourdezière, à Toulouse. Mais les guerres civiles arrêtèrent en France l'essor de l'industrie, et ce ne fut que sous Henri IV qu'elle reprit une réelle importance. Conseillé par Olivier de Serres, le roi fit venir d'Italie une grande quantité de graines de vers à soie et 20 000 mûriers, qu'il fit planter dans les Cévennes, en Languedoc, en Provence, dans la Touraine; on en planta même à Fontainebleau et dans le jardin des Tuileries. Mais, à la mort du Béarnais, la culture du mûrier fut négligée et ne reçut une nouvelle impulsion que sous l'intelligente administration de Colbert. La révocation de l'édit de Nantes ruina cette branche de notre industrie nationale : les protestants des Cévennes portèrent à l'étranger leur expérience, les procédés d'élevage et de fabrication. Ce ne fut que sous le premier Empire que l'on s'adonna de nouveau à la sériciculture, et depuis lors les gouvernements qui se sont succédé en France ont vu cette industrie prospérer et augmenter chaque année la quantité et la valeur de ses produits. Cependant, vers 1849, les maladies envahirent les magnaneries des Cévennes et compromirent gravement l'existence de nos races françaises. Grâce aux travaux de M. Pasteur, qui fut chargé par le gouvernement d'alors, en 1865, de rechercher les causes du mal, on sait, sinon guérir les vers atteints, du moins prévenir l'invasion du fléau et sauver d'une disparition certaine nos races de vers à soie.

La chenille du ver à soie se compose de dix anneaux présentant sur chacun des deux côtés une rangée de stomates. Le premier anneau porte trois paires de pattes articulées qui seront celles de l'insecte parfait; les quatrième, cinquième, sixième et septième anneaux sont aussi pourvus de pattes membraneuses armées d'éperons très déliés et permettant à la larve de s'accrocher aux objets environnants; mais ces pattes disparaissent dans l'insecte parfait. L'avant-dernier anneau présente sur sa face supérieure un éperon recourbé dont la pointe est dirigée en arrière. La tête du ver à soie présente en avant un museau écailleux et corné formé d'une seule pièce. La bouche se compose de deux lèvres, l'une supérieure échancrée dans son milieu et pouvant servir de pince, l'autre inférieure et portant à son extrémité une sorte de papille, munie d'un trou par l'ouverture duquel le fil de soie est amené au dehors. La bouche compte deux paires de mâchoires, les unes très grosses, et les autres plus faibles. Chacune de ces paires de mâchoires est armée d'un palpe dirigeant vers le fond de la bouche les aliments déjà broyés. Le long du canal intestinal et de chaque côté du corps de la chenille se trouve l'appareil producteur de la soie. Ce sont deux glandes en tube composées de trois parties parfaitement distinctes : la première est constituée par un tube capillaire très flexueux, mesurant 27 centimètres de longueur; c'est dans son intérieur que la matière soyeuse est élaborée. Ce tube capillaire débouche dans une sorte de sac allongé, servant de réservoir et dans lequel la matière soyeuse est versée; cette dernière substance est alors gélatineuse. De l'extrémité antérieure de chaque réservoir naît un second tube capillaire qui se réunit à son congénère pour ne former qu'un seul tube de peu d'étendue et qui débouche dans l'espèce de papille dont est munie la lèvre inférieure. Ce petit tube, formé par la réunion des deux conduits excréteurs, est la *filière*. Dans son parcours le fil de soie prend de plus en plus de consistance, se soude dans la filière à son congénère, et se recouvre d'une sorte de vernis soudant les deux fils en un seul et le préservant de l'humidité; il lui communique en outre son brillant. La matière soyeuse extraite artificiellement du réservoir de la glande séricipare peut-être étirée en fils plus ou moins ténus; mais alors ceux-ci n'ont pas l'apparence de la soie; ils ont l'aspect de la corde à boyau et sont connus sous le nom de *fils de Florence*, ils servent pour confectionner des lignes à pêcher.

Le ver à soie, avant de filer son cocon pour se transformer en chrysalide, change de peau quatre fois. L'espace de temps compris entre ces mues successives a reçu le nom d'*âges*. Le ver à soie doit donc passer par cinq âges avant de filer son cocon. Chacune de ces mues est précédée d'une période pendant laquelle l'animal mange beaucoup et que l'on nomme *frèze;* celle-ci est suivie d'un temps plus ou moins long (de 12 à 24 heures), pendant lequel l'animal ne mange plus et reste dans une sorte de torpeur que l'on désigne sous le nom de *sommeil;* puis, il se débarrasse de sa peau, et une heure après il se remet à manger. Quand le ver à soie sort de l'œuf, il est long d'environ 2 millimètres, de couleur noire et très velu; il demeure dans cet état pendant le premier âge, qui dure cinq jours. Au second âge, il devient gris et perd son duvet; puis il prend une teinte d'un blanc jaunâtre, et l'on voit se dessiner un croissant sur le deuxième et le cinquième anneau. Pendant le troisième âge, d'une durée de six jours, les poils ont complètement disparu, sa peau est devenue d'un blanc terne; le quatrième âge a la même durée que le troisième, et le ver continue à augmenter. Le cinquième âge est le plus long : il dure neuf jours. C'est dans son cours, vers le septième jour, qu'a lieu la *grande frèze*, pendant laquelle l'animal est insatiable : il dévore avec une avidité incroyable les feuilles de mûrier; une quantité relativement faible de chenilles font en mangeant un bruit qui ressemble à une forte averse de pluie. Peu de temps avant de se métamorphoser en chrysalide, le ver à soie cesse de manger, devient jaune et transparent : on dit alors qu'il a *atteint sa maturité*. Jusqu'alors, il restait sans bouger sur sa litière, ne s'occupant que de manger; maintenant, au contraire, il s'agite, se promène, remue la tête en tous sens, cherchant partout des points d'appui; peu à peu, il gagne les objets placés verticalement et cherche à grimper. Aussi cette période de son existence a-t-elle été appelée *montée*. Il se débarrasse de ses excréments, qui sont mous, verts, volumineux; de plus, il évacue un liquide blanc ammoniacal. Alors il jette de-ci de-là des fils au moyen desquels il fixe son cocon aux brins de bruyères que l'on a placés à sa portée et qui constitue la *bourre de soie*. Puis, replié sur le dos, les pattes en dehors, il dévide son fil en décrivant des

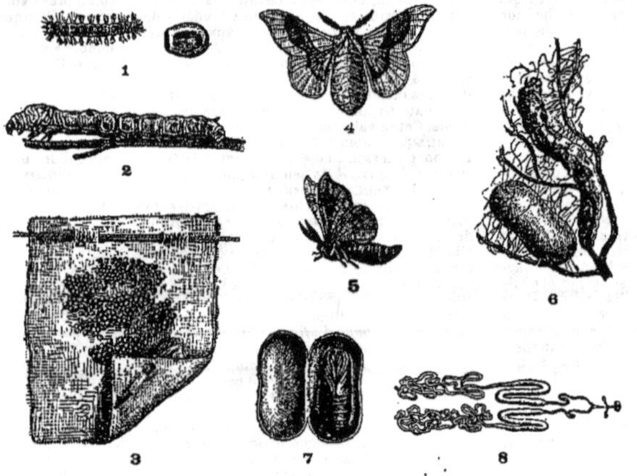

VERS A SOIE

1. Ver sortant de l'œuf (grossi). — 2. Ver prêt à filer. — 3. Grainage cellulaire par le procédé Pasteur. — 4. Papillon femelle. — 5. Papillon mâle. — 6. Ver filant et cocon achevé. — 7. Chrysalide dans le cocon. — 8. Glande séricigère d'un ver à soie.

ovales avec sa tête. Bientôt il disparaît sous les tours multiples du fil de soie, qui atteint une longueur de 1 000 à 1 500 mètres. Quatre jours après qu'il a terminé son cocon, le ver à soie devient d'un blanc cireux ; il se débarrasse de sa dernière peau et la chrysalide apparaît d'abord blanche, puis d'un rouge brun. La chrysalide demeure dans cet état de quinze à dix-sept jours. Au bout de ce temps, le papillon cherche à s'échapper de sa prison. Pour cela, il imbibe le point où il doit sortir d'une liqueur particulière contenue dans une petite vésicule dont sa tête est pourvue ; grâce à son action, les fils se décollent et l'animal, les écartant avec sa tête sans les rompre, sort du cocon, tout humide, les ailes repliées sur elles-mêmes ; mais il se sèche bientôt. La femelle apparaît avec ses ailes blanches, ses antennes peu développées et pâles, son ventre volumineux et bougeant à peine. Le mâle est plus petit, ses ailes sont nuancées de gris, ses antennes sont noires ; il est vif, agite continuellement ses ailes. A l'état domestique où nous l'avons réduit, le papillon du ver à soie ne vole pas ; mais, à l'état sauvage, il doit se déplacer comme tous les autres animaux de sa classe ; ce qui le démontre, c'est que des vers à soie élevés en plein air recouvrent cette faculté de locomotion après la troisième génération. Quoi qu'il en soit, la femelle attend l'approche du mâle, et trois jours après avoir été fécondée, elle pond de 300 à 700 œufs enduits d'un liquide visqueux. Ces œufs, appelés *graines*, ont la forme d'une petite lentille présentant une faible dépression vers le centre. D'abord jaune jonquille, ils deviennent bruns à huit jours ; puis d'un gris roussâtre et enfin gris d'ardoise, couleur qu'ils conservent jusqu'au printemps, époque à laquelle on les soumet à une douce température pour en déterminer l'éclosion. On provoque celle-ci dès que les mûriers montrent leurs premiers bourgeons. On place les œufs sur des feuilles de papier disposées dans des salles bien aérées, exposées au soleil, et dont la température est portée peu à peu jusqu'à 25° centigrades. Lorsque l'on veut recueillir la soie pour la filer, il faut empêcher le papillon de se développer et de crever le cocon. Pour cela, on le soumet à l'*étouffage*, opération qui consiste à placer les cocons dans un appareil où on les expose à l'action de la vapeur d'eau portée à 100° ; ces cocons sont ensuite livrés à l'industrie, qui les dévide et travaille la soie de manière à ce qu'elle puisse être employée au tissage, etc. La partie extérieure du cocon est appelée *bourre* ; cardée avec les déchets, on en fait la *fantaisie* ; le reste du cocon est dévidé sur un tour et constitue la *soie grège*. Les cocons qui ont été percés par le papillon ne peuvent fournir de fil de soie ; ils sont cardés et on en fait de la *filoselle*. Nous n'entrerons pas ici dans les détails de l'élevage, qui nécessite des soins minutieux et une attention soutenue. Les *magnaneries* (c'est ainsi que l'on désigne dans les Cévennes les établissements où l'on cultive le *ver à soie* ou *magnan*) doivent être bien aérées ; chaque opération doit s'effectuer dans des pièces distinctes ; la plus grande propreté doit y régner : il faut débarrasser les vers de leurs immondices, et cela sans les toucher, de crainte de les meurtrir. Aussi cette opération, appelée *délitage*, s'effectue-t-elle par les vers eux-mêmes au moyen de feuilles de papier trouées ou de filets à mailles plus ou moins serrées, selon leur grosseur, et que l'on dispose sur les endroits où ils sont placés : les chenilles passent au travers des mailles pour venir chercher la nourriture plus fraîche qu'on leur a distribuée. Les vers à soie sont nourris avec les feuilles du *mûrier noir* (*morus nigra*) donnant une soie fine et nerveuse, ou avec celles du *mûrier blanc* (*morus alba*), qui est plus nutritive, et que les vers préfèrent. On a aussi employé pour cet usage les feuilles d'autres mûriers, notamment celles du *mûrier multicaule* (*morus multicaulis*). On a aussi essayé, dans les moments de disette, de nourrir les vers à soie avec les feuilles d'autres plantes, telles que celles du rosier, de la ronce, de l'orme, de l'épine-vinette, de l'érable, etc. ; mais cette nourriture ne saurait être que temporaire.

Le ver à soie a donné naissance à diverses races dont l'un des caractères distinctifs est la couleur de la soie des cocons, qui sont blancs ou jaunes. Le commerce distingue deux espèces de soie blanche, savoir : 1° la soie de *premier blanc*, produite par la race de *Sina*, qui est d'un blanc azuré. Elle est considérée comme la plus belle et la plus précieuse ; 2° la soie de *deuxième blanc*, fournie par les races de l'*Espagnolet* et de *Roquemaure*. Les races qui donnent des cocons jaunes sont plus nombreuses et peuvent se partager en trois groupes se distinguant les uns des autres par la grosseur des cocons (petits, moyens, gros). Il existe, en outre, des races fournissant des cocons d'un blanc vert, d'autres jaunes roussâtres. Enfin, une race élevée à *Pistoie* (Toscane) file des cocons à soie rose pâle.

Les œufs des vers à soie passent l'hiver avant de pouvoir éclore. Il s'opère donc pendant ce temps, dans leur organisme, un travail préparatoire. Ces races sont dites *univoltines* ; mais il existe des races qui, deux semaines environ après la ponte, voient leurs œufs évoluer et éclore. Les papillons produits par ces œufs pondent de nouveaux œufs qui restent stationnaires pendant six mois, et parcourent ensuite les phases de leur développement ordinaire. Quelques races sont même *polyvoltines*. On est parvenu à rendre une race quelconque bivoltine en accélérant le travail, qui se fait d'ordinaire lentement dans l'œuf, et à amener celui-ci à éclore avant le temps fixé par la nature. Pour arriver à ce résultat, on soumet de la graine *très jeune* à divers traitements, savoir : 1° Le premier procédé consiste à maintenir les œufs à une température voisine de 0 degré ; mais on arrive alors à les faire éclore trois mois seulement après leur ponte. 2° On frotte les graines avec une brosse de chiendent très dure. Si la graine est jeune, les œufs éclosent au bout de 12 jours. 3° On soumet la graine à une pluie électrique, obtenue au moyen d'un pinceau électrique mis en communication avec une machine de Holtz ou bien avec une machine d'induction. 4° On plonge les œufs pendant 2 minutes dans un acide fort, notamment dans l'acide sulfurique concentré et on les lave ensuite à grande eau ; ce procédé détermine leur éclosion au bout de 10 ou 12 jours. 5° Enfin, en les plongeant dans un bain d'eau à 50° centigrades. On pense que, par ces procédés, on active la respiration des œufs, et que par suite on détermine leur maturité.

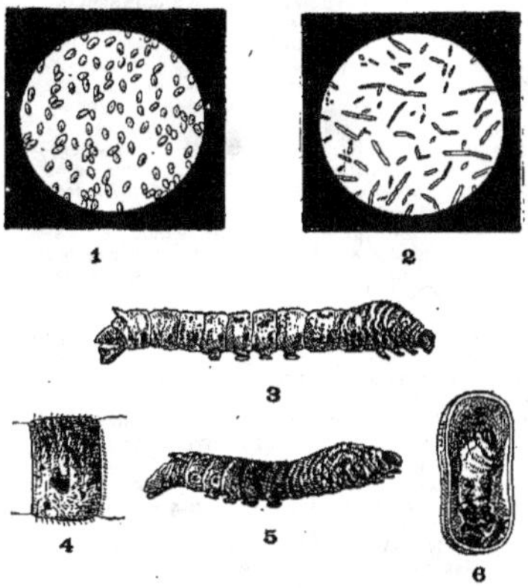

MALADIES DES VERS A SOIE

D'APRÈS PASTEUR

1. Corpuscules de la pébrine. 375/1. — 2. Vibrions de la flacherie. — 3. Ver pébriné. — 4. Anneau isolé d'un ver fortement pébriné. — 5. Ver flat. — 6. Chrysalide atteinte de muscardine (dragée).

Les vers à soie sont sujets à des maladies qui ravagent les magnaneries et ont failli détruire entièrement nos races indigènes, si remarquables à tant de points de vue. Au nombre de ces maladies sont : 1° La *pébrine* ou *maladie des corpuscules*, ainsi nommée de ce que l'organisme est envahi par de petits corps microscopiques noirs ressemblant à de petits grains de poivre qui apparaissent jusque sur la peau. Les vers atteints de cette maladie ne mangent pas, se développent mal et d'une façon inégale ; ils succombent à l'une des mues. Lorsqu'ils sont morts, ils ressemblent à une bouillie de corpuscules. La *pébrine*, *héréditaire* et *contagieuse*, est produite par l'introduction d'un champignon microscopique en forme de bâtonnets, le *micrococcus ovatus*. On ne peut guérir les vers qui en sont atteints ; mais on peut en préserver les *chambrées* au moyen de la *sélection*. On cultive les vers par la méthode due à M. Pasteur, dite *cellulaire*, où chaque ver est enfermé dans un espace restreint. On ne prend pour reproducteurs que les sujets non contaminés. 2° La *flacherie* ou *maladie des morts-flats*, engendrée par l'introduction dans l'économie de vibrions et de micrococci (*micrococcus bombycus*), qui se développent pendant la fermentation des feuilles de mûrier. Les vibrions sont très mobiles et ont beaucoup d'analogie avec ceux de la fermentation butyrique ou de la putréfaction. Les vers atteints de cette affection, qui est héréditaire et contagieuse, demeurent immobiles, languissants, ne mangent pas et meurent en quelques heures, suivant le mode de propagation du mal. Celui-ci emporte la population d'une magnanerie en deux ou trois jours. Morts, les vers sont mous, pourrissent très vite, deviennent noirs et répandent une odeur nauséabonde. 3° La *muscardine* produite par un champignon microscopique de l'ordre des Mucédinées, le *botrytis bassiana*, dont le mycélium envahit les organes du ver à soie. Les vers, lorsqu'ils sont morts, ont un aspect cireux et ils se couvrent de spores blanches. Cette maladie est contagieuse et l'on en préserve les magnaneries en les désinfectant vigoureusement. 4° La *grasserie* attaque le ver au moment où il va faire son cocon ; il augmente alors de volume, sa peau devient opaque, se déchire facilement, laissant écouler un sang jaunâtre, trouble ou laiteux. Lorsque l'insecte est mort, on constate dans son corps, devenu noir, la présence de granulations polyédriques, dont on ignore la nature. 5° La *phtisie*, dans laquelle le ver est languissant. Son corps devient brunâtre, transparent ; ses organes renferment un liquide clair alcalin, dans lequel nagent des micrococci. Cette affection attaque les chenilles vers la troisième ou la quatrième mue. Atteints par ces maladies redoutables, nos races françaises de vers à soie ont failli disparaître. M. Pasteur, après des études approfondies, a conseillé, pour régénérer ces races, de pratiquer ce qu'il appelle l'*éducation cellulaire*, c'est-à-dire d'élever isolément chaque ver dans des compartiments séparés. De cette façon, on évite la contagion et l'on peut choisir, pour la reproduction, ceux de ces animaux qui ne présentent aucun signe de maladie. On peut encore, dans une chambrée, examiner au microscope un certain nombre de sujets ; si ces témoins, pris au hasard, ne sont pas contaminés, on choisit dans l'ensemble des reproducteurs qui seront certainement à peu près indemnes. En opérant cette sélection chaque année, on arrive à avoir une graine dont les sujets seront de plus en plus exempts de maladies. On a cherché aussi à introduire dans l'industrie d'autres espèces de vers à soie ; mais ces essais n'ont guère réussi. Les insectes que l'on a cultivés appartiennent au genre *attacus*, très voisin du genre *bombyx*; ce sont : l'*attacus mylitta*, de l'Inde; l'*attacus cecropia*, originaire de l'Amérique du Nord; l'*attacus atlas*, indigène de l'Himâlaya; l'*attacus arrindia*, ou ver à soie du ricin, qui vit dans l'Inde; l'*attacus cynthia*, qui se nourrit des feuilles de l'ailante, indigène du N. de la Chine, et l'*attacus ya-mamai*, du Japon. — **Dér.** *Véreux, véreuse; vermis, vermisseau, vermicelle, vermicellier, vermeil, vermillon*, etc., *vermille, vermiller; vermine, verminière, vermineux, vermineuse, vermination, vermiculaire, vermiculé, vermiculée, vermiculeux, vermiculeuse, vermet, vermiculture.* — **Comp.** *Vermification, vermoulu, vermoulue, vermoulure, vermicide, vermifuge, vermiforme, vermivore, verlion* ou *vermilion, vermilarve.*

VERA, 1 886 hab. Ville de la province d'Alméria (Espagne). Mines de fer et de plomb.

VÉRACITÉ (l. *veracitatem*), *sf.* Qualité de celui qui se fait une règle de dire toujours la vérité : *La véracité d'un historien.* || Qualité de ce qui est vrai : *La véracité d'un témoignage.*

VERA-CRUZ, 26 000 hab. Ville du Mexique, sur la côte O. de l'Atlantique, au fond du golfe de Mexique, dans le voisinage de marais qui donnent la fièvre jaune; principal port de la république. Exportation de métaux précieux, de café, de vanille, de cochenille, de peaux de bœuf et de tabac. Le fort de Saint-Jean-d'Ulloa, qui domine le port, fut pris par les Français en 1838. La ville fut prise par les Américains de l'Union en 1847 et par les Français en 1862.

***VÉRAISON** (*x*), *sf.* État des fruits et notamment des raisins qui arrivent au moment de prendre la couleur qu'ils ont à leur maturité.

VÉRANDA ou **VÉRANDAH** (mot sanscrit *veranda*, colonnade, venant de *var*, couvrir), *sf.* Galerie couverte et vitrée construite sur le devant de la façade d'une maison.

VERANDA, une des trois nornes de la mythologie scandinave, la personnification du présent.

VÉRAN (SAINT-), 639 hab., village du canton d'Aiguilles, arr. d'Embrun (Hautes-Alpes), sur un sommet chaotique du Queyras. Saint-Véran est le village le plus élevé de France : il est situé à 2 009 mètres d'altitude.

VERA-PAZ (SAN-DOMINGO DE LA), ou **COBAN**, 12 000 hab., ville du Guatémala, sur le Potohic. Toiles.

VÉRATRE ou **VERATRUM** (l. *veratrum*, ellébore : du l. *veratrix*, qui fait dire la vérité, parce que les anciens employaient l'ellébore pour rétablir l'intelligence ou purifier le cerveau), *sm.* Genre de plantes monocotylédones de la famille des Colchicacées auquel appartiennent le *vératre blanc*, appelé vulgairement *varaire* ou *ellébore blanc*, qui contient un poison

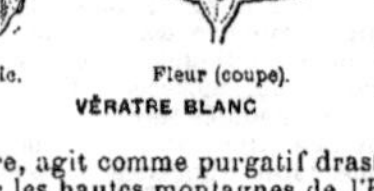

Ovule. Fleur (coupe).

VÉRATRE BLANC

âcre, agit comme purgatif drastique et croit sur les hautes montagnes de l'Europe. || Le *vératre noir*, mêmes propriétés, même station. || Le *veratre cévadille*, du Mexique, dont les grains contiennent un poison énergique employé pour chasser les vers intestinaux et détruire les poux. — **Dér.** *Vératrin, vératrine, vératrinate, vératrique, vératrinique.*

***VÉRATRIN** (*vératre*), *sm.* Résine extraite du vératre.

VÉRATRINATE (*vératrine* + sfx. chimique *ate*), *sf.* Sel formé par la combinaison de l'acide vératrinique avec une base.

VÉRATRINE (*vératre* + sfx. chimique *ine*), *sf.* Nom donné par Meissner à un alcaloïde qu'il retira des semences du *veratrum sabadilla* et que l'on a retrouvé depuis dans l'ellébore blanc, et les bulbes du colchique d'automne. Cet alcaloïde est obtenu sous forme de cristaux prismatiques blancs. Il a été employé en médecine sous forme de pilules, de teinture, de pommade et liniment, et a été préconisé dans le rhumatisme et la goutte, où il semble donner des résultats bien restreints, dans les névralgies et les différentes névroses, dans les paralysies, dans les divers tremblements, dans les maladies du cœur, dans les phlegmasies des viscères, la pneumonie, la pleurésie et dans les affections fébriles. La composition de la vératrine est représentée par la formule : $C^{74}H^{53}AzO^{22} + H^2O^2$.

***VÉRATRINIQUE** (*vératrine*), *adj. 2 g.* Qui concerne le veratrum. || *Acide vératrinique*, acide cristallisable, soluble dans l'eau bouillante, provenant des graines de la cévadille (*veratrum sabadilla*).

***VÉRATRIQUE** (*vératrine*), *adj. 2 g.* Se dit d'un acide cristallisé, sublimable, que l'on extrait de la cévadille et de la vératrine. Quelques chimistes le tiennent pour un sel organique.

***VERATRUM.** (V. *Vératre.*)

VERBAL, ALE (l. *verbalem* : de *verbum*, parole), *adj.* Fait de vive voix et non par écrit : *Promesse verbale.* || Qui sert à former un verbe : *Racine verbale.* || Qui dérive d'une forme du verbe : *Adjectif verbal*, participe présent qui a conservé son ancienne variabilité quant au nombre, qu'il a même étendue au genre et est devenu un adjectif exprimant l'état. Ex. : *Une couleur changeante.* || *Racine verbale, prédicative* ou *attributive*, racine exprimant un prédicat, un attribut. Ex. : *Ag* dans *agir*. (V. *Verbe.*) — **Procès-verbal**, *sm.* Rapport par écrit que fait un officier public, un magistrat, un fonctionnaire, un expert de ce qu'il a vu ou de ce qui a été dit et fait en sa présence : *Dresser un procès-verbal de bornage.* || Écrit relatant ce qui s'est passé dans une séance, une cérémonie, une délibération : *Le procès-verbal d'une séance de la Chambre des députés.* — Pl. *des procès-verbaux.*

VERBALEMENT (*verbale* + sfx. *ment*), *adv.* De vive voix et non par écrit : *Attester verbalement.*

***VERBALISATION** (*verbaliser*), *sf.* Action de verbaliser.

VERBALISER (*verbal*), *vi.* Énoncer des raisons ou des faits qui doivent être consignés dans un procès-verbal. || Dresser un procès-verbal : *Le garde champêtre a verbalisé.* || Faire de longs discours qui n'aboutissent à rien (vx).

VERBASCUM (nl. : *bouillon-blanc*), *sm.* Genre de plantes dicotylédones de la famille des *Verbascées*, très voisines des Solanées, puisque certains botanistes en font une simple section de cette dernière famille. Les *molènes* ou *verbascum* ont les fleurs hermaphrodites et irrégulières. Le calice est formé de cinq sépales libres; la corolle, monopétale, en roue, mais à tube très court, a son limbe divisé en cinq parties ou lobes inégaux. Voici la disposition respective que ces lobes affectent dans le bouton : le lobe antérieur, qui est le plus grand, est recouvert par les deux latéraux; ceux-ci, à leur tour, sont recouverts par les deux lobes postérieurs. Toutes les fois que cette circonstance se présente, on dit que la corolle est en préfloraison *quinconciale*. Les étamines, au nombre de cinq, sont insérées sur le tube de la corolle; elles sont inégales et toutes fertiles; leurs anthères n'ont qu'une loge; leur forme rappelle la graine du haricot; elle s'ouvre par une fente qui suit son contour extérieur. Dans les trois premières sections de la famille des Solanées, les étamines étaient toutes de même taille; comme il n'en est plus de même ici, il y a lieu de rechercher la cause de leur inégalité de développement : elle réside, à n'en pas douter, dans le principe du balancement des organes. Il consiste en ce que toute modification survenue dans l'un des verticilles d'une fleur entraîne nécessairement dans le verticille adjacent des modifications en sens contraire. Or, dans les molènes, la corolle cesse d'être régulière; elle commence déjà à présenter deux parties, l'une antérieure et l'autre postérieure. Ces deux parties, irrégulièrement développées, peuvent, jusqu'à un certain point, être assimilées aux lèvres de la corolle des labiées. C'est la différence que l'on remarque dans leurs dimensions qui amène l'inégalité des étamines; il y en a de plus longues et de plus courtes. La plus petite de toutes est superposée aux sépales postérieurs, ou, si l'on veut encore, elle alterne avec les deux pétales, que l'on peut considérer comme constituant par leur soudure partielle la lèvre postérieure de la corolle. Le pistil ressemble à celui de toutes les autres Solanées; il renferme deux loges dont chacune contient un grand nombre d'ovules insérés sur un gros placentaire. Cet ovaire est surmonté d'un style long et comprimé dont l'extrémité se renfle un peu pour former le stigmate. Le fruit est une capsule à déhiscence septifrage. On dit qu'une capsule présente la déhiscence *septifrage* lorsqu'à l'époque de la maturité chaque cloison, séparant deux loges voisines, se divise en deux. Il résulte de ce dédoublement que les feuilles carpellaires deviennent indépendantes les unes des autres. Les molènes sont des herbes à feuilles simples, dont les inférieures sont ordinairement grandes et rétrécies en pétiole à leur base, tandis que les supérieures sont sessiles et fréquemment décurrentes. Il faut entendre par là que leur limbe se prolonge sur la tige, avec laquelle il se soude dans toute la longueur de ce prolongement. Le plus souvent, les feuilles des molènes sont tellement chargées de poils blancs, qu'elles ressemblent à une étoffe de coton ou de laine. Les molènes sont des plantes particulières à l'ancien continent; elles croissent presque toutes en Europe, dans l'Afrique septentrionale et dans l'Asie moyenne. Un petit nombre d'entre elles ont été importées par les Européens dans l'Amérique méridionale. Beaucoup de molènes se trouvent en France à l'état spontané. La flore des environs de Paris en compte une douzaine d'espèces au moins; elles sont fort difficiles à distinguer nettement les unes des autres, et, ce qui ne contribue pas médiocrement à augmenter la difficulté de leur détermination, ce sont les nombreux *hybrides* provenant de leur fécondation mutuelle. Le genre Verbascum est, de tout le règne végétal, celui dans lequel les fécondations croisées s'opèrent avec le plus de facilité. Quand le pollen d'une espèce est porté par une cause quelconque sur le pistil d'une autre, les graines de cette dernière donnent naissance à un individu qui tient à la fois des caractères de ses deux parents, mais qui pourtant ne peut se rapporter exactement ni à l'un ni à l'autre. Cet individu constitue ce que l'on nomme un *hybride*. Il est dans le règne végétal ce qu'est le mulet dans le règne animal. Toutefois l'assimilation n'est pas tout à fait exacte, car tandis que le mulet est toujours stérile, l'hybride végétal produit des plantes qui, à chaque génération, ressemblent davantage à l'une des deux espèces d'où il provient lui-même. Après un très-petit nombre de générations, on revient au point de départ et l'on n'a plus que des individus identiques à l'une des deux espèces primitives. Les principales espèces du verbascum sont : le *verbascum thapsus*, le *verbascum Schraderi*, le *verbascum floccosum*, le *verbascum lychnitis*, le *verbascum nigrum*, et le *verbascum blattaria*.

De toutes ces espèces, la plus connue est le *verbascum thapsus* ou *molène bouillon-blanc*, désigné encore vulgairement sous le simple nom de *molène*, ou sous celui de *bonhomme*. C'est une très belle plante qui peut atteindre jusqu'à 2 mètres de hauteur; elle est abondamment couverte sur sa surface de poils jaunâtres ou blanchâtres. Les fleurs, étroitement serrées les unes contre les autres, forment une longue grappe en forme d'épi. Leur corolle, très grande, est de couleur jaune; les étamines supérieures ont leur filet chargé d'une laine blanchâtre; les deux inférieures sont dépourvues de poils. On exprime ce fait en disant qu'elles sont *glabres*. La molène bouillon-blanc est commune dans les lieux incultes, sur le bord des chemins, le long des haies et dans les champs sablonneux. C'est une espèce médicinale que l'on regarde comme adoucissante, pectorale et émolliente. On emploie l'infusion de ses fleurs pour combattre les rhumes, les catarrhes et les coliques. A cause des poils dont sont garnis les lobes du calice et les étamines supérieures, il faut avoir soin de passer cette infusion à travers un linge fin avant de la boire.

***VERBA VOLANT, SCRIPTA MANENT** (ml. : *les paroles s'envolent, les écrits restent*). Adage latin, adopté en français dans le langage moderne pour conseiller la circonspection dans les affaires politiques, civiles ou autres, où l'on pourrait, par imprudence, laisser des preuves matérielles d'un fait, d'une opinion, etc.

VERBE (l. *verbum*), *sm.* Parole, ton de voix : *Avoir le verbe haut,* avoir l'habitude de parler très fort. — Fig. Parler avec arrogance. ‖ La raison divine, la seconde personne de la Trinité : *Le Verbe incarné,* Jésus-Christ. ‖ Celle des dix parties du discours qui exprime l'existence, l'état ou l'action. ‖ *Verbe substantif,* le verbe *être.* — Les grammairiens ne sont pas d'accord sur la définition du verbe. Ils se partagent à ce sujet en deux écoles opposées : l'une qui admet la doctrine de Port-Royal en l'éclaircissant et en la complétant ; l'autre qui la rejette d'une manière absolue. Les illustres savants de Port-Royal, *Arnauld* et *Lancelot,* définissaient le verbe de cette manière : Le verbe est un mot dont le principal usage est de signifier l'affirmation, c'est-à-dire de marquer que le discours où ce mot est employé est le discours d'un homme qui ne conçoit pas seulement les choses, mais qui en juge et qui les affirme. Par exemple, lorsque nous disons : *la terre est ronde,* selon Port-Royal nous employons le mot *est* pour déclarer, pour affirmer que nous jugeons que la qualité *ronde* appartient à l'objet *terre.* La définition précédente, plusieurs fois modifiée dans ses termes, a été formulée par Bernard Jullien de la manière suivante : « *Le verbe est un mot qui exprime l'existence d'un attribut dans un sujet.* » Quand je dis *Dieu est saint,* ajoute-t-il, j'entends dire que l'attribut *saint* existe et se trouve dans le sujet *Dieu.* Les plus célèbres grammairiens philosophes, Dumarsais, Beauzée, Condillac, Sylvestre de Sacy, ont adopté cette définition. Elle conduit immédiatement à cette conséquence qu'il n'y a, en réalité, qu'un seul verbe, qui est le verbe *être,* et que tous les autres mots, considérés comme des verbes, équivalent au verbe *être* suivi d'un attribut. Ainsi, *le lièvre court* équivaut à : *le lièvre courant.* De là deux classes de verbes : la première classe ne comprend que le verbe *être,* que l'on appelle *verbe substantif, verbe abstrait* ou *verbe simple.* La seconde classe comprend tous les autres verbes, comme *frapper, manger, dormir,* etc., qui, par opposition au verbe substantif, sont appelés *verbes attributifs, verbes adjectifs, verbes concrets* ou *verbes composés.*

Les grammairiens de l'école opposée à la doctrine de Port-Royal dénient au verbe *être* le privilège d'être le seul verbe existant. Ils rangent tous les verbes attributifs sur le pied d'une complète égalité avec *être.* En d'autres termes, ils ne regardent pas les verbes attributifs comme formés par la combinaison du verbe *être* avec le participe présent jouant le rôle d'attribut. Ils définissent le verbe en conséquence. Leurs définitions, très variables dans les termes, ont pour caractère commun de chercher à exprimer la nature des idées que les différents verbes peuvent rappeler à l'esprit. En combinant toutes ces définitions, on obtient la suivante : *Le verbe est un mot qui exprime l'existence, l'affirmation, l'état, l'action ou la passion en même temps que leurs principales circonstances accessoires de temps, de personne, de mode,* etc. Nous estimons que des deux manières ci-dessus exposées de concevoir le verbe, la seconde est la plus juste et la plus exacte, grammaticalement parlant.

L'école de Port-Royal admet qu'il doit toujours y avoir l'accord le plus complet entre les opérations de notre esprit, telles que la psychologie et la logique les décrivent, et les procédés du langage. Puisque l'esprit humain prononce des jugements, pense-t-elle, la langue qui les exprime doit employer autant de signes distincts qu'il y a de parties dans un jugement. Mais il n'en est pas ainsi dans la réalité. « Il est dans la nature du langage, dit M. Bréal, d'exprimer nos idées d'une façon très incomplète, et il ne réussirait pas à représenter la pensée la plus simple et la plus élémentaire si notre intelligence ne venait au secours de la parole et ne remédiait, par les lumières qu'elle tire de son propre fond, à l'insuffisance de son interprète. » Ainsi, entre les parties élémentaires d'un mot, il y a presque toujours des rapports d'association ou de subordination de sous-entendus ; un travail mental, tellement spontané que nous en avons à peine conscience, les rétablit, et ce travail constitue ce que l'on a justement appelé la *syntaxe intérieure.* Les idées ainsi restituées par l'esprit, mais non justifiées par les discours, sont aussi désignées par M. Michel Bréal sous le nom d'*idées latentes du langage.* Par exemple, le sanscrit : *bodhami,* qui veut dire *je sais,* se décompose ainsi *bodh-a-mi. Bodh* est la racine attributive et signifie *savoir* en général ; *a* est une racine démonstrative que nous pourrions traduire par *là ; mi* est une seconde racine pronominale ou démonstrative équivalente à *moi. Bodh-a-mi* signifie donc littéralement *savoir là moi.* Il résulte de cette analyse que l'élément essentiel du verbe, selon Port-Royal, qui est *être,* ne figure pas dans la forme verbale précédente, et il en est de même dans toutes les formes verbales des langues indo-européennes que l'on voudra examiner. Cela revient à dire que le vrai verbe se trouve sous-entendu dans les verbes, excepté *être,* ou bien encore que l'on peut se passer à peu près complètement du verbe. Ne vaut-il pas mieux, dès lors, quand il s'agit de grammaire, définir le verbe d'après les éléments qui le constituent en réalité ? On peut encore ajouter que le verbe *être* n'a pu avoir, dans la formation du langage, l'influence excessive qu'on lui attribue, puisqu'il n'a pris que très tard le sens abstrait d'exister et qu'à l'origine il ne signifiait que *souffler, respirer.* Ce qui fait l'importance du verbe, ce n'est pas la propriété qu'il posséderait d'être le signe de l'affirmation, puisque dans tous les verbes attributifs ce signe de l'affirmation n'a qu'une existence *virtuelle.* La raison pour laquelle il est prépondérant dans le discours, c'est qu'il a la faculté de représenter à lui seul un grand nombre d'idées ; car, outre l'idée attributive, il exprime des idées de nombre, de personne, de temps, de mode, d'activité, de passivité, de réciprocité, etc. Il en dit plus à lui seul que les autres vocables de la proposition. Voilà ce qui l'a fait considérer comme le mot par excellence.

Dans toutes nos langues indo-européennes les verbes sont des assemblages de parties plus simples nommées *racines.* Il y a deux sortes de racines : les *racines attributives* et les *racines pronominales.* Les *racines attributives* sont celles qui représentent une manière d'être dans toute sa généralité. Ainsi, dans le latin *agire,* la racine attributive est *ag* qui, considérée en elle-même et sans aucun suffixe, exprime l'action d'une manière si vague, qu'elle peut être traduite indifféremment par *agir, agent, action,* etc. Les *racines pronominales* ou *démonstratives* sont celles qui renferment une simple idée d'indication. Les particules françaises *ci* et *là* en donnent une idée assez exacte. Ces racines sont peu nombreuses, monosyllabiques. Nos pronoms en sont généralement formés. Parmi les racines pronominales, on distingue, entre autres, celles qu'on nomme *désinences personnelles.* Celles-ci terminent les formes verbales ; elles sont formées, soit par un pronom personnel, soit par deux pronoms juxtaposés.

On partage tous les verbes des langues indo-européennes en deux grandes conjugaisons. La première de ces conjugaisons comprend tous les verbes qui ne sont composés que d'une *racine attributive* et d'une *désinence personnelle.* Cette conjugaison est la plus ancienne. C'est à elle qu'appartient le verbe *être,* dont la forme primitive est *asmi* pour la première personne du singulier du présent de l'indicatif. *Asmi* se décompose ainsi : *as-mi ; as* est une racine attributive qui signifiait, à l'origine, *souffler, respirer ; mi, désinence* ou *terminaison personnelle,* est une racine personnelle qui signifie *moi.* L'ensemble veut dire exactement : *soufflez-moi*

Tout verbe appartenant à la seconde conjugaison principale se compose de trois parties : 1° une *racine attributive ;* 2° une *racine pronominale* ou *démonstrative ;* 3° une seconde *racine pronominale,* qui représente la personne, et que nous nommons la *désinence* ou *terminaison personnelle.* Les verbes de la seconde conjugaison principale sont les moins anciens, mais de beaucoup les plus nombreux. La racine démonstrative (*a*) qui entre dans ces verbes s'appelle la *caractéristique.* Cette *syllabe caractéristique,* comme on l'appelle encore, ne s'ajoute pas à tous les temps du verbe ; on ne l'introduit qu'au *présent* de tous les modes, et à l'*imparfait de l'indicatif.* Ces temps sont nommés *temps spéciaux,* tandis que les autres sont dits *temps généraux.* Dans les premiers temps de nos langues, pour conjuguer un verbe il suffisait de juxtaposer la racine attributive, la caractéristique et la désinence personnelle.

Le verbe peut subir cinq modifications : la *personne,* le *nombre,* le *temps,* le *mode,* la *voix.* On appelle *personne* la forme que prend le verbe pour indiquer le rôle que son sujet remplit dans le discours. Il résulte de cette définition qu'il y a dans le verbe trois personnes correspondantes aux trois personnes du pronom personnel. On met le verbe à la première, à la seconde ou à la troisième personne, suivant que son sujet est lui-même de la première, de la seconde ou de la troisième personne. Dans le verbe, les personnes sont indiquées par des terminaisons différentes auxquelles on donne le nom de *désinences personnelles.*

Les désinences personnelles sont de nature pronominale. Elles étaient à l'origine :

Singulier.	Pluriel.
Mi (*moi*),	**Ma-si** (*moi* et *toi*),
Si (*toi*),	**Ta-si** (*lui* et *toi*),
Ti (*il, elle, cela*).	**N-ti** (*celui-là* et *celui-ci*).

Au pluriel, dans *ma-si, ma* est une ancienne forme pour *mi* de la première personne ; dans *ta-si, ta* est aussi une ancienne forme pour *ti* de la troisième personne ; dans *n-ti, n* est pour *na, celui-là.* On voit que le sens primitif des désinences du pluriel a été généralisé ; car *nous* ne correspond pas exactement à *moi et toi ;* ni *vous* à *lui et toi ;* ni enfin *ils ; elles* à *celui-là et celui-ci.* Il fut une époque où toutes les langues indo-européennes non encore distinctes suivaient invariablement la même conjugaison. Au moment de leur séparation, le présent de l'indicatif du verbe *aimer* devait se conjuguer ainsi en latin.

Singulier.	Pluriel.
Am-a-mi, j'aime,	*Am-a-masi,* nous aimons,
Am-a-si, tu aimes,	*Am-a-tasi,* vous aimez,
Am-a-ti, il aime,	*Am-a-nti,* ils aiment.

Plus tard, la voyelle finale *i* fut supprimée dans toutes les désinences ; la caractéristique *a* se changea en *o* à la première personne du singulier et l'on eut :

Singulier.	Pluriel.
Am-o-m, j'aime,	*Am-a-mas,* nous aimons,
Am-a-s, tu aimes,	*Am-a-tas,* vous aimez,
Am-a-t, il aime,	*Am-a-nt,* ils aiment.

On voit par là que les désinences avaient toujours été en se raccourcissant depuis l'origine. Ce raccourcissement continua dans le passage du latin au français ; car, pendant le moyen âge, nous conjuguions ainsi :

Singulier.	Pluriel.
J'*aime,*	Nous *aim-o-mes,*
Tu *aim-e-s,*	Vous *aim-e-z,*
Il *aim-e-t,*	Ils *aim-e-nt.*

En comparant ces formes avec les mots latins d'où elles proviennent, on constate : 1° que la caractéristique est totalement tombée à la première personne ; 2° qu'elle est devenue *o* devant la nasale *m* à la première personne du pluriel ; 3° que partout ailleurs elle s'est affaiblie en *e ;* 4° qu'à la première personne du pluriel, *mus* s'est changé en la syllabe muette *mes* par l'influence de l'accent tonique; car dans *am-a-mus* l'accent tonique est sur la caractéristique *a*; 5° que pour la même raison *am-a-tis* est devenu *aim-e-z*, *tis* se réduisant à *z*, qui originairement, représentait *ts*. Il résulte de là qu'ici il n'y a réellement que la voyelle *i* de *tis* de supprimée. La conjugaison moderne n'a modifié que très peu celle de l'ancien français. On remarque : 1° que l'*e* qui termine *aim-e* représente en quelque sorte la caractéristique; 2° que le *t* final a été supprimé à la troisième personne du singulier, excepté dans les formes interrogatives *aime-***t***-il*, où *t* n'est pas euphonique, ainsi qu'on le croit communément, mais bien la désinence de la troisième personne du singulier; 3° *o-mes* s'est réduit à *o-ns* par la suppression de l'*e* et par le changement de la labiale *m* en la dentale *n* devant la dentale *s*. Ce changement est de même nature que celui qui a lieu quand *n* devient *m* devant les labiales *p* et *b*. En résumé, si l'on considère ce qu'ont été les terminaisons personnelles, on peut constater qu'à travers une longue série de siècles, elles ne se sont que légèrement modifiées, et que ce qu'elles avaient d'essentiel a été conservé presque intact.

D'après le choix que l'on a fait des désinences personnelles dans les langues indo-européennes, on n'a pas eu besoin d'un signe particulier pour indiquer le nombre dans une forme verbale; chaque désinence personnelle porte en elle-même soit la caractéristique du singulier, soit la caractéristique du pluriel.

On sait que le *temps* est la forme que prend le verbe pour indiquer dans quelle partie de la durée le sujet s'est trouvé dans l'état ou a accompli l'action exprimée par ce verbe. Il y a trois temps naturels : le *passé*, le *présent*, le *futur*. Le *passé* et le *futur* sont en quelque sorte indéfinis et divisibles en un grand nombre de périodes et d'époques différentes. De là, pour ces deux temps, la possibilité d'établir un certain nombre de subdivisions. Mais l'*instant où l'on est* étant indivisible, il n'existe logiquement qu'une seule espèce de *présent*.

Dans les langues anciennes, en sanscrit, en grec, etc., on indiquait les différentes sortes de passés en faisant précéder la racine du verbe soit d'un préfixe, soit de la racine même redoublée. On avait de la sorte l'*augment* et le *redoublement*. L'*augment* sanscrit est la voyelle *a*, pronom démonstratif servant à indiquer un objet éloigné. La forme de l'imparfait, moins l'augment, représente simplement l'action; cette forme avec l'augment représente donc une action à distance. Or, de la distance des lieux à la différence des temps, il n'y a qu'un intervalle facile à franchir. C'est de la sorte que l'imparfait en est venu à exprimer une action passée : l'augment *a* marquait d'abord l'éloignement dans l'espace; par une généralisation très naturelle on l'a fait servir à marquer l'éloignement dans le temps. Du reste, cet *a* est devenu dans d'autres cas l'*a* privatif. L'augment sanscrit est passé en grec, où il est devenu ε; mais, en latin, l'imparfait primitif a disparu; et on attribue cette disparition à celle de l'augment lui-même. On retrouve cependant l'augment dans l'imparfait *e-ram*, etc., du verbe *sum*, je suis, où la lettre *e* n'est pas autre chose que l'augment; *eram* est pour *esam*, le s latin placé entre deux voyelles se transforme en **r**. Le français, issu du latin, n'a pas conservé l'augment.

C'est pour indiquer le *parfait* que les langues anciennes ont employé le *redoublement*. L'origine du redoublement remonte à la période la plus ancienne du langage indo-européen. Ce n'est, après tout, qu'une insistance sur la répétition de la racine. Cette répétition, du reste, n'est point particulière aux langues indo-européennes; c'est un phénomène qui se produit dans toutes les familles de langues. Ce procédé n'est pas employé seulement dans le redoublement du parfait; il est en usage dans toutes les espèces de mots. Le redoublement est un procédé naturel à l'esprit chez les enfants. Dans la langue polynésienne, qui se rapproche beaucoup du langage enfantin, l'emploi du redoublement va jusqu'à l'abus. Le redoublement joue un grand rôle dans le verbe. A la différence de l'augment, qui n'a qu'une signification, le redoublement a des sens très divers. Il peut marquer, suivant les cas : 1° la graduation dans l'idée; 2° le sens intensif; 3° le désidératif; 4° les sens itératif, causatif; 5° la durée. Le redoublement n'est donc pas l'expression exclusive du passé; il indique l'achèvement d'une action dont l'effet dure encore. Cependant, dans un certain nombre de verbes, le redoublement a encore au parfait sa signification d'intensif. Vu son origine, le redoublement devrait être, théoriquement parlant, la répétition complète du thème. Ainsi *bhar*, porter, devrait faire au parfait *bhar-bhar-ma*; mais une fois inventé, ce procédé n'a pas été appliqué dans toute sa rigueur; on a pris soin, au contraire, de le dissimuler dans une certaine mesure : on a abrégé la première moitié du thème afin de ne pas donner trop de pesanteur au parfait. Alors, au lieu de *bhar-bhar-ma*, on a dit *bha-bhar-ma*. Puis, afin de le rendre encore moins pesant, on a modifié la voyelle du thème et l'on a affaibli les désinences. Le redoublement latin est plus archaïque qu'en grec, car il a gardé la voyelle de la racine. Ainsi *tundo* a fait *tutudi*; *scindo*, *scicidi*; *disco*, *didici*; *mordeo*, *momordi*; *posco*, *poposci*, etc. Cependant, lorsque la voyelle radicale est *a*, elle se change dans le redoublement en *e* en même temps qu'elle devient *i* dans la racine elle-même. Ex. : *Cano* fait *cecini*; *pango*, *pepigi*; *tango*, *tetigi*, etc.; *a* suivi d'un *r* devient *e* dans le radical. Ex. : *Pario* fait *peperi*; *parco*, *peperci*. Dans beaucoup de verbes, la consonne initiale de la racine a disparu et il s'est fait une contraction. Ainsi *facio* a pour parfait *feci*, qui a passé par les deux formes *fefici*, *feici*. Les verbes en *io*, comme *venio*, *fodio*, *fugio*, etc., ont perdu le redoublement et ont, par compensation, allongé l'*i* de la terminaison. Quelquefois aussi le redoublement est tout à fait tombé; ainsi *tuli* est pour *tetuli*. Le latin possède une seconde classe de parfaits formés au moyen d'auxiliaires qui se trouvent répétés au moins deux fois dans chaque forme. Ces auxiliaires sont des temps des verbes *esse* et *bhu* (*fu*). Le premier se présente sous la forme **is**, venant du sanscrit *asi* devenu *es* en latin. Ex. : *Mul-***s-is***-ti*. Le **s** placé entre deux voyelles est devenu *r* en vertu du rotacisme. Le second auxiliaire *blu*, origine de la racine *fu*, se montre sous la forme **u** ou **v**. **Ex.** : *Am-a-***v***-is-ti*; *am-a-***v-er***-unt*. Les parfaits de cette seconde classe paraissent d'origine plus récente que ceux de la première, comme cela se voit d'après les verbes qui ont les deux sortes de parfaits. Par exemple : *pango* (ficher, enfoncer) a d'abord fait, au parfait, *pe-pi-gi*, puis *pan-xi*; *pungo* (piquer), *pu-pu-gi*, puis *pun-xi*; *lego*, qui fait au parfait *legi* dans le verbe simple, fait *lexi* dans les verbes qui en sont composés. Ex. : *Intellexi*, puis *inter-legi*.

Comme le parfait, le futur des langues indo-européennes est un temps composé formé au moyen des auxiliaires *esse* (être) et *bhu* (croître). Déjà, chez les Grecs et les Latins, on formait aussi des futurs composés. Ce procédé de composition est passé dans les langues romanes, excepté en valaque. On sait que notre futur s'obtient en ajoutant à l'infinitif le présent de l'indicatif du verbe *avoir*. Le latin classique montre déjà des exemples de ce futur. Ainsi, on trouve dans Ovide (*Tristes*, liv. I, Elégie I, vers 113) *mandare habebam*, j'avais à confier. A mesure que l'on descend vers la basse latinité, les exemples se multiplient. Ils sont très nombreux dans les sermons populaires de saint Augustin. On lit dans le sermon 57 : *venire habet* (il a à venir), *il viendra*; dans le sermon 44 : *videre habetis*, vous verrez (V. *Futur*). En France, c'est La Curne de Sainte Palaye qui reconnut le premier la véritable formation du futur; puis Raynouard la constata à son tour.

Les verbes sont rangés en deux classes : les *verbes transitifs* et les *verbes intransitifs*. On appelle *verbe transitif* tout verbe exprimant une action qui est ou peut être reçue par un complément direct (*frapper*, *manger*, etc.). On appelle *verbe intransitif* tout verbe qui ne peut pas avoir de complément direct (*nuire*, *rire*, etc.). Un verbe transitif peut prendre trois formes ou voix appelées : *voix active*, *voix passive*, *voix pronominale* ou *moyenne*. Le sanscrit possède les trois voix; il n'en est pas de même en grec et en latin, où la forme moyenne ou pronominale a été transportée au passif (V. *Passif*). Cette dernière voix n'a laissé en latin que quelques formes. En français, on conjugue la voix moyenne comme la voix active, mais avec cette particularité que celle-ci est accompagnée de deux pronoms de la même personne, l'un faisant l'office du sujet et l'autre celui de complément direct. Désignée sous le nom de *voix moyenne* par Palsgrave, on lui donna encore celui de *voix réfléchie* ou de *voix pronominale*. Cette dernière appellation lui fut imposée par l'abbé Dangeau, et Beauzée a conseillé de dire *verbe pronominé*. Quant au passif français, on sait qu'il est formé du verbe *être* et du participe passé du verbe que l'on conjugue.

Les grammairiens ont rangé les verbes français dans quatre classes ou *conjugaisons*, se distinguant les unes des autres par la terminaison de l'infinitif. Les verbes de la première conjugaison ont leur infinitif terminé en *er* : *aimer*, *pleurer*, etc. Cette conjugaison compte à elle seule plus de 3600 verbes, et son domaine continue à s'accroître; car quand on crée un nouveau verbe, on le fait toujours de la première conjugaison. Ex. : *Photographier*, *télégraphier*, *téléphoner*, etc. La seconde conjugaison a son infinitif terminé en *ir*; elle compte 350 verbes; la troisième, dont l'infinitif est en *oir*, n'a que 17 verbes simples; enfin la quatrième, dont l'infinitif est en *re*, ne renferme que 60 verbes environ. Ces quatre conjugaisons peuvent se réduire à deux : la première et la quatrième; car, sauf les terminaisons de l'infinitif et du participe passé, la seconde conjugaison ne diffère de la quatrième qu'en ce qu'on intercale la syllabe inchoative *iss* entre le radical et les terminaisons, et la troisième conjugaison n'est manifestement qu'une variété de la quatrième. Cette syllabe inchoative *iss* marquait, à l'origine, une augmentation croissante dans l'intensité de l'action. Les verbes inchoatifs français dérivent des inchoatifs latins, en *escere* et *iscere*, qui s'étaient beaucoup multipliés à l'époque de la basse latinité. On disait presque toujours **floresco**, *je commence à fleurir*; **ingemisco**, *je commence à gémir*; etc. Les verbes inchoatifs latins correspondent eux-mêmes aux inchoatifs grecs qui finissent en σκω à la première personne du présent de l'indicatif. Dans l'ancien français, on ne mettait la syllabe inchoative qu'aux personnes ayant une terminaison faible. Dans la grammaire de Robert Estienne, imprimée en 1577, le présent de l'indicatif se conjuguait encore de la manière suivante : *Je fin-i*, *tu fin-i-s*, *il fin-i-t*, nous *fin-ons* vous *fin-ez*, ils *fin-***iss***-ent*. On a rangé aussi les verbes en deux classes d'après la place de l'accent tonique. On a appelé *verbes forts* ceux dans lesquels l'accent tonique tombe sur la racine du verbe, et *verbes faibles*, ceux dans lesquelles ce même accent est placé sur la terminaison. On comprend facilement qu'il n'existe que très peu de verbes qui soient entièrement *forts* ou entièrement *faibles*, car l'accent tonique se déplace suivant certaines règles. (V. *Accent* tonique.) Ces dénominations de *fort* et de *faible* ont été aussi appliquées aux terminaisons verbales. On dit qu'une terminaison est *forte* lorsqu'elle est formée par une syllabe sonore, comme *ons*; on dit qu'elle est faible lorsqu'elle est composée par une consonne ou une syllabe muette : *s* et *ent* sont des terminaisons faibles. En français, on appelle *verbe irrégulier* tout verbe dont le radical ne s'écrit pas de la même manière dans tous les temps de la conjugaison. Ex. : *Mour-ir*; *qu'il meur-e*. Presque toujours, dans un verbe irrégulier, le radical s'écrit de la même manière au *participe présent*, au *pluriel du présent de l'indicatif*, à *l'imparfait de l'indicatif* et au *présent du subjonctif*. Il n'y a pas de verbes irréguliers dans le sens strict du mot; les verbes auxquels on donne cette qualification sont précisément ceux qui ont conservé en partie l'ancienne conjugaison française, beaucoup plus logique que la moderne. Les prétendues irrégularités que l'on signale habituellement sont dues : 1° *A l'influence de l'accent tonique.* Ainsi pour avoir la première personne du présent de l'indicatif du verbe *appeler*, il faut à l'attribut *appel* ajouter la terminaison *e*, ce qui donne *appele;* la dernière syllabe *le*, étant muette, ne peut porter l'accent tonique; celui-ci doit donc tomber sur l'avant-dernière, qui, elle-même étant muette aussi, doit être modifiée pour le recevoir. Aussi double-t-on le *l* (*appelle*), seul moyen de conserver la quantité de l'avant-dernière syllabe. — 2° *Au mélange des conjugaisons.* Par exemple, *cueillir, assaillir, offrir, souffrir, ouvrir, tressaillir*, étaient autrefois de la première conjugaison. Ils se conjuguent sur *aimer*, excepté au passé défini et au participe passé. *Acquérir* et *courir* étaient autrefois de la quatrième conjugaison; aujourd'hui, la conjugaison de *courir* est un mélange de la seconde, de la troisième et de la quatrième conjugaison. — 3° *A la suppression ou à la modification de la consonne finale du radical devant les terminaisons consonantiques.* Ex. : *j'écris* pour *j'écriv-is*; je *dor-s* pour je *dorms; joignant*, je *joins*. — 4° *A l'intercalation d'un* **d** *ou d'un* **t** *entre le radical et la terminaison infinitive* **re**. Ex. : *crain-d-re; pai-t-re;* etc. — 5° *A la modification de la voyelle radicale devant les terminaisons faibles.* Ex. : *mour-ant*, je *meurs; mouv-ant*, que je *meuv-e*. — 6° *A la diphtongaison de la voyelle radicale devant les terminaisons faibles.* Ex. : *devant*, ils *doiv-ent; buvant*, que tu *boives; acquérant*, j'*acquiers; tenant*, je *tiens; allant*, que j'*aille*. — 7° *A la pluralité des radicaux pour un même verbe.* Ex. : *allant*, il *va*, nous *ir-ons*. Les verbes de cette catégorie ont été nommés *verbes anomaux*. — 8° *A l'influence dialectale.* Ex. : *tenir*, infinitif dialectal *tiendre* futur, je *tiendrai; venir*, infinitif dialectal *viendre;* futur, je *viendrai*. On peut poser en principe qu'à *toute forme du futur correspond toujours une forme analogue de l'infinitif*. Dans la presque totalité des cas, cette forme analogue de l'infinitif appartient au français littéraire; mais quelquefois, comme dans les verbes *tenir, venir* et leurs composés, on l'a empruntée à un dialecte particulier; les infinitifs *tiendre* et *viendre* sont usités dans le centre. — 9° Enfin, *à l'étymologie.* Ex. : Participe passé latin *mortuus*, français *mort*. Nous n'entrerons pas ici dans le détail de tous les verbes irréguliers, la conjugaison de chacun d'eux ayant été donnée à l'article qui leur est consacré. || *Verbe attributif*, celui que l'on considère comme renfermant en lui-même le verbe *être* et un attribut. Ex. : *Manger*. || *Verbe transitif*, celui qui peut avoir un complément direct. Ex. : *Frapper*. || *Verbe intransitif*, verbe qui ne peut jamais avoir de complément direct. Ex. : *dormir, tomber*. || *Verbe actif*, la voix active du verbe transitif, qui exprime une action faite par le sujet et reçue par un complément direct : *Je loue cet homme*. || *Verbe passif*, la voix passive du verbe transitif qui exprime une action soufferte, reçue par le sujet et faite par un complément indirect : *Il est loué par tout le monde*. || *Verbe pronominal* ou *réfléchi*, la voix moyenne ou réfléchie exprimant que l'action est faite et reçue par le même individu : *Je me loue*. || *Verbe neutre*, ancien nom du verbe intransitif. || *Verbe impersonnel* ou *unipersonnel*, verbe exprimant une action dont le sujet n'est pas explicitement énoncé et qui ne se conjugue qu'à la troisième personne du singulier : *Il pleut*. || *Verbe auxiliaire*, celui qui aide à conjuguer les autres verbes : *Etre* et *avoir* sont les deux principaux verbes auxiliaires français. *Aller, venir, devoir*, servent quelquefois d'auxiliaires : *Je vais, je dois partir. Je viens de partir*. || *Verbe régulier* ou *faible*, verbe qui se conjugue d'après les quatre modèles de conjugaison. || *Verbe irrégulier* ou *fort*, verbe dont la conjugaison s'écarte de la conjugaison des verbes modèles et est demeurée conforme à la plus ancienne conjugaison française. — **Dér.** *Verbal, verbale, verbalement, verbaliser, verbalisation; verbeux, verbeuse; verbosité, verbiage, verbiager, verbiageur, verbiageuse.*

VERBÉNACÉES (l. *verbena*, verveine), *sfpl.* Famille de végétaux dicotylédones, très voisine des Labiées. Pour caractériser d'une manière précise la famille des Verbénacées, il nous faut revenir un instant sur le signalement des Borraginées. Ce groupe de plantes n'est pas tellement homogène qu'on ne puisse le scinder en deux sections distinctes. La première section comprend les Borraginées telles que nous les avons fait connaître; la seconde section se compose de celles dont le fruit est plus ou moins charnu et succulent, et chez lesquelles le style, au lieu de sortir en quelque sorte de dessous les ovaires, naît de leur sommet. Plusieurs botanistes ont fait de cette section des Borraginées une petite famille à part : c'est la famille des *Ehrétiées*, dans laquelle ils rangent l'héliotrope. (V. ce mot.) On sait qu'on peut définir les Labiées en les appelant des *Borraginées irrégulières*. On caractérisera tout aussi simplement les Verbénacées en disant que ce sont des *Ehrétiées* dont la corolle est irrégulière. En effet, chez les Verbénacées, le style ne s'enfonce pas audessous des ovaires : il commence à leur partie supérieure; de plus, ceux-ci sont en général un peu succulents. De même que la transition des Borraginées aux Ehrétiées se fait par degrés insensibles, de même on passe, en quelque sorte sans s'en apercevoir, des Labiées aux Verbénacées. Les deux genres *ajuga* et *teucrium* forment le chaînon qui unit ces deux familles l'une à l'autre; car on constate que, chez ces Labiées, les styles naissent au sommet des akènes, à cause de la forme conique que prend le réceptacle. Nous ne parlerons que d'un seul genre de la famille des Verbénacées. C'est celui auquel elle doit son nom, le genre *verveine*. Il renferme plusieurs belles espèces exotiques, cultivées dans les parterres comme fleurs d'ornement. Telles sont, par exemple, la *verveine à feuilles de chamædrys* et la *verveine à bouquets*. On pourrait encore leur adjoindre la *verveine citronnelle*, que l'on a transportée depuis quelque temps dans un autre genre, le genre *Lippia*. La verveine citronnelle est aujourd'hui très répandue dans les jardins à cause de la suave odeur de citron qui s'exhale de ses feuilles. On en prépare une infusion très agréable. C'est un arbrisseau originaire de l'Amérique méridionale. On le trouve surtout au Chili, dans la République Argentine, aux environs de Lima et de Guayaquil. L'espèce indigène que nous possédons est la *verveine officinale* (*verbena officinalis*), plante amère, astringente, en grande réputation chez les anciens, chez nos ancêtres les Gaulois et pendant tout le cours du moyen âge. « La verveine officinale, dit Endlicher, était en grande vénération chez les Romains. Ils s'en servaient pour nettoyer l'autel de Jupiter, pour purifier et sanctifier leurs demeures. Les mages en faisaient le plus grand cas. S'agissait-il d'une ambassade à l'ennemi ou de quelque réclamation à adresser, on dépêchait des hérauts couronnés de verveine. » Les druides employaient cette plante avant de rendre leurs oracles. Au moyen âge, elle jouissait d'une faveur au moins égale. Elle entrait dans la composition des philtres et jouait un rôle important dans la divination, dans les pratiques superstitieuses de la magie et de la sorcellerie. La verveine officinale est aujourd'hui déchue de son antique renommée et complètement tombée en désuétude.

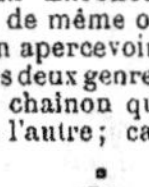

VERBÉNACÉES (Diagramme.)

VERBÉRATION (l. *verberationem*, action de frapper), *sf.* Mouvement de va-et-vient de l'air d'où résulte le son (vx).

VERBERIE, 1621 hab. Commune du c. de Pont-Sainte-Maxence, arr. de Senlis (Oise), sur la rive gauche de l'Oise; ancienne résidence des rois mérovingiens et carlovingiens.

***VERBESINA** ou ***VERBESINE** (du l. *verbena*, verveine), *sf.* Grande et belle plante de la famille des Composées, très recherchée pour l'ornementation des jardins et des parcs. Sa tige, fistuleuse, porte de grandes feuilles oblongues, sessiles et à lobes lancéolés. En automne, elle donne des capitules nombreux, mais petits. On la multiplie de boutures faites avec les rameaux de la plante et que l'on rentre pour l'hiver.

VERBEUX, EUSE (l. *verbosum* : de *verbum*, parole), *adj.* Qui abonde en paroles superflues : *Discours verbeux.*

VERBIAGE (vx fr. *verbier*, dire beaucoup de paroles), *sm.* Abondance de paroles superflues : *Tout cela n'est que du verbiage.*

VERBIAGER (*verbiage*), *vi.* Employer beaucoup de paroles pour dire peu de chose.

VERBIAGEUR, EUSE (*verbiager*), *s.* Celui, celle qui emploie beaucoup de paroles pour dire peu de chose.

***VERBI GRATIA** (ml. : *pour la grâce de l'expression*). Locution latine tenant lieu de *par exemple, pour ainsi dire, pardonnez-moi le mot*, etc.

VERBOECKHOVEN, peintre animalier belge, né, en 1799, à Warneton (Flandre occidentale).

***VERBOQUET** ou ***VERBOUQUET**. (V. *Virebouquet*.)

VERBOSITÉ (l. *verbositatem*), *sf.* Abondance de paroles superflues.

***VERBOUISSET** (prov. *verd*, vert + *bouisset*, petit buisson), *sm.* Nom vulgaire du fragon, appelé aussi houx frelon, petit houx ou housson.

VERCEIL, 27349 hab. Ville forte de la province de Novare, dans le Piémont (Italie), sur la Sésia, au-dessous du confluent de toutes les rivières qui descendent du mont Rose, dans une plaine fertile en céréales; archevêché; ch. de fer de Turin à Milan.

VERCEL, 1238 hab. Ch.-l. de c., arr. de Baume-les-Dames (Doubs).

VERCIEROVA, ville située sur la frontière de la Roumanie et de l'Autriche-Hongrie. La ligne de Vienne-Temesvar-Orsova y rejoint la voie ferrée qui mène à Varna et à Constantinople par Bucharest.

VERCINGÉTORIX (altération latine du celtique *Ver-kenn-kedo-righ*, le grand chef de cent têtes ou chefs), illustre chef gaulois du peuple des Arvernes. S'étant emparé du pouvoir pour organiser la résistance contre les légions de César, il battit ce dernier à Gergovie, provoqua une coalition de toute la Gaule en vue de l'expulsion des Romains, soutint contre eux dans Alésia un siège mémorable. Contraint à capituler par la famine, il se rendit volontairement prisonnier entre les mains de César (52 av. J.-C.). Celui-ci l'emmena à Rome pour orner son triomphe et le fit étrangler après six ans de captivité (46 av. J.-C.). Une statue colossale de Vercingétorix s'élève aujourd'hui sur le monticule d'Alise-Sainte-Reine, en Bourgogne, regardé par beaucoup d'archéologues comme l'emplacement d'Alésia.

VER-COQUIN (*ver* + *coquin*), *sm.* Nom vulgaire de la chenille de la pyrale de la vigne, de la larve, du rhynchite bacchus ou becmare, de celle de l'eumolpe de la vigne ou écrivain, trois insectes ravageurs des vignes. || Nom vulgaire du *cœnure*, ver parasite qui vit dans le cerveau du mouton et produit le tournis. || Le tournis même. — Fig. Fantaisie, caprice, lubie : *Son ver-coquin l'a repris.* — Pl. *des vers-coquins.*

VERCORS, ancien petit pays de France faisant partie du bas Dauphiné, aujourd'hui compris dans l'arrondissement de Die (Drôme). — **Soulèvement du Vercors.** Ce soulèvement, antérieur à ceux du mont Viso, des Alpes principales et des Alpes occidentales, a modifié le pays à l'O. de Grenoble. Il est incliné de 6° sur le méridien de Paris. A ce soulèvement se rattache la formation primitive des montagnes de la Chartreuse et du Jura méridional. Les *monts de Vercors* (2246 mèt.) s'élèvent au S.-O. de Grenoble; ils sont constitués par des grès verts : leurs crêtes sont orientées du N. au S. et leur élévation décroît à mesure qu'ils se rapprochent du Rhône vers Valence.

VERCORS, 3535 hect. Forêt domaniale de la Drôme, peuplée de hêtres, de sapins et d'épicéas.

VERD, E (l. *viridem*), *adj.* Ancienne orthographe de *vert*. (V. *Vert*.) — **Dér.** *Verde* (s.), *verdeur, verdir, verdissant, verdissante, verdissement, verdique, verdage, verdure, verdurier* 1 et 2, *verdagon, verdale, verdâtre, verdau, verdange, verdauge. Verde* (*sierra*), *verdée, verdelet, verdelette, verdelier, verdet* ou *verderame, verdets, verderie, verdier, verderolle, verdoulet, verdiau, verdière, verdule, verdin, verdoie, verdoyer, verdoyant, verdoyante, verdon, verdot, verduron, vergandier.* — **Comp.** *Verbouisset.*

***VERDAGE** (vx fr. *verd*+sfx. *age*), *sm.* Récolte enterrée en fleurs, et qui sert d'engrais.

***VERDAGON** (vx fr. *verd*), *sm.* Sorte de vin très vert et très mauvais.

***VERDAL** (*x*), *sm.* Pièce épaisse de verre coulé. || Raisin sec de Provence.

***VERDALE** (vx fr. *verd*), *sf.* Variété d'olivier ou d'olive.

***VERDANGE** ou ***VERDAUGE**, *sf.*, ou ***VERDELET**, *sm.* (V. *Bruant, Cochevis, Verdière.*)

VERDÂTRE (*verd* + sfx. péj. *âtre*), *adj. 2 g.* Qui tire sur le vert : *L'eau de mer est verdâtre.*

***VERDAU** (*verd*), *sm.* Nom de la larve de deux espèces d'*alucite* (V. ce mot) qui dévorent les grains de blé, comme la calandre.

VERDE (SIERRA), massif montagneux de l'Amérique du Nord, entre les États-Unis et le Mexique. Il forme le nœud orographique des trois grandes chaînes du continent américain : au N. s'allongent les monts Rocheux, au S. la cordillère des Andes, et à l'E. les collines qui séparent d'un côté les vallées du Missouri et du Mississipi, et de l'autre celles de Saint-Laurent et de Saskatchewan. Points culminants : le *mont Buza* (4202 mètres) et le *mont Florido* (3950 mètres).

***VERDE** (*verd*), *sm.* Nom du martin-pêcheur.

VERDÉE (*verd*), *sf.* Sorte de petit vin blanc de Toscane dont la couleur tire sur le vert.

VERDELET, ETTE (dim. de *verd*), *adj.* Un peu vert, un peu acide : *Vin verdelet.* || Qui est encore vigoureux, quoique vieux : *Vieillard verdelet.* || *Sm.* Un des noms vulgaires du bruant ou cochevis.

***VERDELIER** (*verd*), *sm.* Nom vulgaire de l'osier.

VERDEN, 7700 hab. Ville de la province de Hanovre (Prusse), sur la rive droite de l'Aller.

***VERDERAME**, *sm.* Nom italien du *verdet*, maladie du maïs. (V. *Verdet, Maïs, Pellagre.*)

VERDERIE (*verdier*), *sf.* Étendue de forêt soumise à la juridiction d'un verdier. || Cette juridiction même.

***VERDEROLLE** (*verdier*), *sf.* Oiseau de l'ordre des Passereaux, dont le plumage est d'un brun olivâtre depuis la tête jusqu'à l'extrémité de la queue; la gorge est d'un blanc pur, tandis que la poitrine est d'un blanc jaunâtre; les pattes sont jaunes. La femelle pond quatre ou cinq œufs d'un cendré clair, et couverts de taches bleuâtres; le nid est de forme sphérique et déposé à terre, au milieu des racines des buissons. La verderolle, appelée encore *rousserolle*, n'habite jamais au milieu des roseaux, mais perche sur les tiges du chanvre et des buissons. On la rencontre dans le centre de l'Europe. C'est un insectivore à protéger et dont le chant est très remarquable.

VERDET (dim. de *verd*), *sm.* Ancien nom de divers acétates de cuivre. On donnait le nom de *verdet cristallisé* ou de *cristaux de Vénus* à l'acétate neutre. Il sert à la préparation de l'acide acétique aromatique ou vinaigre radical; on l'emploie comme astringent et comme caustique. La peinture, la teinture et l'impression sur étoffes en tirent un bon parti. Il entre dans la préparation du vert de Schweinfurt. On désignait, par le nom spécial de *vert de Montpellier*, le vert-de-gris. || On désigne aussi, sous le nom de *verdet* ou de *verderame*, une maladie du *maïs* causée par un champignon microscopique, le *sporisorium maïdis*, dont les spores, brunes, lisses et sphériques, formant une poussière verdâtre, se développent sous l'épiderme des grains. On croyait naguère que ce champignon était la cause de la pellagre. (V. *Maïs* et *Pellagre.*)

VERDETS, nom donné à des volontaires royalistes habillés de vert qui terrorisèrent et ensanglantèrent le midi de la France après le 9 thermidor et en 1815.

VERDEUR (*verd*), *sf.* Humidité, sève contenue dans le bois qui n'est pas mort ou n'est pas encore sec. || Goût acide du vin qui n'a pas encore assez vieilli ou des fruits qui ne sont pas mûrs. — Fig. Jeunesse, vigueur de l'homme : *On admire la verdeur de ce vieillard.* || Âcreté de paroles : *Répondre avec verdeur.*

VERDI (GIUSEPPE), illustre compositeur dramatique, chef incontesté aujourd'hui de l'école italienne, né à Roncole en 1813. Ses ouvrages les plus remarquables sont : *Il Trovatore, Rigoletto, La Traviata, Don Carlos, Aïda*, etc. Verdi a été nommé sénateur du royaume d'Italie.

***VERDIAU** (*verd*), *sm.* Nom vulgaire de l'osier rouge.

VERDICT [ver-dict] (m. ang.; bl. *veredictum*, dit avec vérité), *sm.* Déclaration du jury touchant la culpabilité ou l'innocence d'un accusé.

VERDIER (bl. *viridarium* : de *viride*, verdure), *sm.* Officier qui commandait aux gardes d'une forêt éloignée des maîtrises. || Oiseau de l'ordre des Passereaux, de la famille des Conirostres, dont la tête, le cou, le dos et le croupion sont d'un vert jaunâtre, tandis que la gorge, le devant du cou, la poitrine et le ventre sont d'un jaune verdâtre; la queue est jaune et noire. Cette espèce est très répandue dans presque toutes les contrées de l'Europe, où elle habite de préférence la lisière des bois, les buissons, les parcs et les jardins. Le verdier se nourrit de graines et cause de grands dégâts dans les chènevières, les linières, les vignes et les jardins. Cet oiseau niche sur les arbres et les buissons; la femelle pond de quatre à six œufs blancs tachetés de points bruns et violets. Le verdier s'apprivoise facilement.

VERDIER

***VERDIÈRE** ou ***VERDULE**, *sf.*, ***VERDIN** ou ***VERDOIE** (*verd*), *sm.* Noms vulgaires du bruant ou proyer, appelé *verdière des prés* dans l'E. de la France.

***VERDILLON** [LL mouillés], *sm.* Levier pour détacher les blocs d'ardoise. || Pièce de bois qui sert à attacher les bouts de la chaîne dans un métier de haute lisse, et qui a la longueur des rouleaux.

***VERDIQUE (ACIDE)** (*verd*), *adj. 2 g.* Acide que l'on retire de certaines plantes et qui verdit à l'air.

VERDIR (*verd*), *vt.* Rendre vert, peindre en vert : *Verdir des contrevents.* — *Vi.* Devenir vert : *Les arbres verdissent.* || Se couvrir de vert-de-gris : *Cette casserole verdit.*

***VERDISSANT, ANTE** (part. prés. de *verdir*), *adj.* Qui verdit : *Prés verdissants.* — Fig. *Jeunesse verdissante*, où la vie est pleine de vigueur, de santé.

***VERDISSEMENT** (*verdir*), *sm.* Action de verdir : *Verdissement des plantes étiolées.*

VERDON (LE), 763 hab. Port de refuge sur la Gironde.

VERDON, 170 kilom., rivière formée dans le département des Basses-Alpes par la jonction de plusieurs torrents, arrose Villars, Beauvezer, Saint-André-de-Mouilles, Gréoux et se jette dans la Durance. Elle reçoit la Sence, l'Issole, la Volonge, le Jabron, le Colostre.

***VERDON** (*verd*), *sm.* Nom de la fauvette des Alpes, appelé aussi *pégot.*

***VERDON** (*x*), *sm. Happe le verdon*, terme de batelier pour indiquer à un camarade de se prendre au bord, en touchant une île. (Mar.)

***VERDOT** (*verd*), *sm.* Cépage donnant des vins de premier choix, appelé aussi *petit verdot.*

***VERDOULET** (*verd*), *sm.* Nom du verdier. (V. ce mot.)

VERDOYANT, ANTE (*verdoyer*), *adj.* Qui devient vert. || Qui est vert : *Campagnes verdoyantes.*

VERDOYER (*verd*), *vi.* Devenir vert. — **Gr.** *y* devient *i* devant une syllabe muette : je verdoie, n. verdoyons; je verdoyais, n. verdoyions; je verdoierai; je verdoierais; que je verdoie, que n. verdoyions, que v. verdoyiez; verdoyant; verdoyé.

***VERDULE** (*verd*), *sf.* Sorte de mousse. || Nom du proyer, en certains pays. (V. *Verdière.*)

VERDUNOIS, ancien petit gouvernement de France composé de la ville et comté de Verdun et de l'évêché de Verdun-sur-Meuse.

VERDUN-SUR-GARONNE, 3452 hab. Ch.-l. de c., arr. de Castelsarrazin (Tarn-et-Garonne).

VERDUN-SUR-LE-DOUBS, 1828 hab. Ch.-l. de c., arr. de Châlon-sur-Saône (Saône-et-Loire).

VERDUN-SUR-MEUSE, 16053 hab. Sous-préf. de la Meuse, à 258 kilom. de Paris, sur la Meuse, à un élargissement de la vallée et au point de convergence de nombreuses routes : elle forme l'extrémité septentrionale de la ligne de la Meuse et commande la voie ferrée de Reims à Metz. La place est aujourd'hui renforcée par trente forts et batteries détachés, et l'ensemble du camp retranché offre un périmètre de 44 kilom. Évêché. Fabriques de dragées, anis et liqueurs. Son territoire, formant avec *Metz* et *Toul* ce qu'on appelait les *Trois-Évêchés*, fut conquis par Henri II en 1552. Verdun fut assiégé et pris en 1792 et en 1870. — **Traité de Verdun** (843), célèbre traité de partage de l'empire de Charlemagne fait entre les fils de Louis le Débonnaire, attribuant à Charles le Chauve tout le pays à l'O. de la Meuse, de la Saône et du Rhône qui forme la France; à Lothaire, l'Italie et la région entre la Meuse, la Saône et le Rhône à l'O., le Rhin et les Alpes à l'E., et à Louis le Germanique tout le pays à l'E. du Rhin et des Alpes.

VERDURE (*verd*), *sf.* Couleur verte que présentent les végétaux : *La verdure des bois.* || Herbes, plantes ou feuilles : *Danser sur la verdure.* || *Un tapis de verdure*, une pièce de gazon. || Toutes les plantes potagères dont on mange les feuilles : *Ne vivre que de verdure.* || *Tapisserie de verdure*, tenture de tapisserie qui représente principalement des arbres.

1. **VERDURIER** (*verdure*), *sm.* Celui qui était chargé de fournir les salades dans les maisons royales.

2. ***VERDURIER, IÈRE** (*verdure*), *s.* Marchand, marchande de plantes potagères.

***VERDURON** (*verd*), *sm.* Nom vulgaire du serin d'Italie.

VERDY DU VERNOIS (JULIUS VON), général prussien contemporain, né en 1832, descendant d'une famille française émigrée en Prusse à la révocation de l'édit de Nantes. En 1870, attaché au comte de Moltke, il assista avec lui aux négociations qui aboutirent à la capitulation de Sedan, et fut, après la guerre, un des principaux rédacteurs de la *Relation officielle du grand État-major allemand sur la guerre de 1870*. En 1879, il remplaça le général Bronsart von Schellendorf au ministère de la guerre, qu'il a dû quitter en octobre 1890. Le général Verdy du Vernois a écrit divers ouvrages militaires très remarqués.

VÈRE, 58 kilom., rivière du département du Tarn, arrose Noailles, Cahuzac, et se jette dans l'Aveyron, près de Bruniquel.

VERESPATAK, ville de Hongrie; centre de mines d'or importantes. Les minerais sont traités dans les usines de l'État hongrois. L'or y est répandu dans le quartz avec les pyrites à l'état natif ou en combinaison avec le tellure. On y trouve aussi de l'or en cristaux mélangé avec une quantité sensible d'argent.

VÉREUX, EUSE (*ver*), *adj.* Dont l'intérieur contient des vers, c'est-à-dire des larves d'insectes : *Fruit véreux.* — Fig. Que l'on soupçonne d'être mal dans ses affaires : *Financier véreux.* || Que l'on soupçonne n'avoir point sa valeur apparente : *Créance véreuse.* || *Un cas véreux*, une mauvaise affaire.

VERFEIL, 2070 hab. Ch.-l. de c., arr. de Toulouse (Haute-Garonne).

***VERGADELLE** (*x*), *sf.* Nom de la merluche.

***VERGANDIER** (*verd*), *sm.* Nom sous lequel on désigne en Normandie le *petit houx* ou *fragon*.

VERGE (l. *virgam*), *sf.* Petite baguette longue et flexible : *Tenir à la main une verge de coudrier.* || Baguette que l'on regarde comme l'insigne d'un pouvoir surnaturel : *La verge de Moïse, d'Aaron.* || Baguette qu'un magicien tient à la main quand il opère. || Le pénis, membre viril : *Le canal de la verge* (Anat.). (V. *Urèthre.*) || Tringle de métal : *Verge de fer, de cuivre.* || Long morceau de baleine garni d'argent aux deux bouts et que le bedeau porte à la main quand il remplit ses fonctions à l'église. || Baguette garnie d'ivoire que portaient autrefois les huissiers. || Baguette dont on frappe quelqu'un pour le châtier. — Fig. *Gouverner avec une verge de fer*, despotiquement. — Fig. Pouvoir illimité, absolu : *Tenir quelqu'un sous sa verge.* || Pivot autour duquel oscille un balancier d'horloge. || La tige même du balancier. || Tige autour de laquelle tournent certains appareils : *La verge d'une girouette.* || La tige droite d'une ancre. || Ancienne mesure de longueur pour les étoffes. || Ancienne mesure agraire correspondant à peu près à la perche. || Tige de fer carrée qu'on coule dans les fonderies : *Acheter du fer en verge.* — *Sfpl.* Faisceau de brindilles de bouleau dont on se sert pour fouetter : *Frapper de verges un enfant.* || Autrefois, *faire passer un soldat par les verges*, le faire passer entre deux rangs de soldats qui frappent ses épaules nues avec des baguettes. — Fig. *Donner des verges pour se faire fouetter*, fournir des armes contre soi-même. — Fig. Peines, afflictions que Dieu envoie aux hommes pour les punir : *Les verges de la colère de Dieu.* || *Verge d'or*, la *solidago, virga aurea*, plante composée à fleurs jaunes, qui fleurit en automne sur les lisières et dans les clairières des bois. — Pl. *des verges d'or.* || *Verge élastique*, corps rigide dont deux dimensions sont très petites par rapport à la troisième, de sorte que la courbure qu'il prend en vibrant peut être représentée par une ligne. Une même verge peut donner différents sons, en se subdivisant en plusieurs parties séparées par des *nœuds*. Les verges peuvent être *droites* ou *courbes*. Parmi ces dernières se trouve le *diapason*. — **Db.** *Vergue.* — **Dér.** *Verger* 2, *vergé, vergée* (adj.), *vergée* (s.); *vergette, vergeter, vergetier, vergetée, vergetier, vergetture, vergeure; vergelé, vergis, vergeoise.* — **Comp.** *Enverger, envergeure.*

VERGE D'OR

VERGÉ, ÉE (l. *virgatum*), *adj.* Se dit d'une étoffe où se trouvent quelques fils d'une soie plus grosse ou d'une teinte plus foncée que le reste. || *Papier vergé*, marqué des raies appelées *vergeures*.

VERGÉE (*verge*), *sf.* La mesure agraire qu'on nomme encore *verge carrée.* || Etendue de terre égalant 40 perches.

***VERGELÉ** (anc. adj. fr. qui signifiait *rayé*), *sm.* Pierre calcaire d'un blanc jaunâtre, maigre (sans argile), et non gélive, dont quelques couches sont très dures, qui se trouve dans les assises moyennes du calcaire grossier parisien et dont la formation est très développée sur les bords de l'Oise. On écrit aussi **vergelet.**

VERGENNES (CHARLES GRAVIER, COMTE DE) (1717-1787), diplomate français, ministre des affaires étrangères sous Louis XVI. Ambassadeur en Suède en 1771, il participa activement à amener la révolution qui donna en 1772 le pouvoir à Gustave III, allié de la France. Au ministère des affaires étrangères, toute sa politique extérieure eut pour but de former une union des États secondaires sous la protection de la France; en 1778, il conclut le traité d'alliance offensive et défensive avec les *insurgents* d'Amérique, traité qui préluda à l'émancipation américaine; il évita en Europe tout conflit en préparant la paix de Teschen (1779), et signa le traité de Versailles de 1783. Il fut toutefois en partie l'auteur de la chute de Necker en 1781, et fut constamment opposé au rappel du parlement. Vergennes a laissé plusieurs *Mémoires*.

***VERGEOISE** (*verge*), *sf.* Moule garni de deux ou trois cerceaux de coudrier où l'on met le sucre pour en faire des pains. || Sorte de cassonade, sans débris ligneux ni sable. || *Fondues de vergeoises*, pains formés avec les têtes des vergeoises et autres parties de non-valeur, qu'on refond ensemble.

1. **VERGER** (l. *viridarium* : de *viridis*, vert), *sm.* Terrain planté d'arbres fruitiers. — **Dér.** *Vergerette, vergeron.*

2. **VERGER** (*verge*), *vt.* Mesurer une étoffe avec la verge. || Jauger avec la verge.

VERGER (LOUIS) (1826-1857), prêtre interdit, qui, le 3 janvier 1857, assassina Mgr Sibour, archevêque de Paris, dans l'église Saint-Etienne-du-Mont. Il fut condamné à mort et exécuté.

***VERGERETTE** (*verger*; dm. de *verge*), *sf.* Nom vulgaire d'une plante d'ornement du genre érigéron, de la famille des Composées, appelée aussi *solidage du Canada*, et dont la *solidage verge-d'or* est le type. (V. *Verge.*)

***VERGERON** (*verger*), *sm.* Espèce de fauvette des vergers et jardins.

VERGETÉ, ÉE (*vergeter*), *adj.* Nettoyé avec une vergette. || Marqué de raies de diverses couleurs, et plus ordinairement rouges : *Avoir la peau vergetée.* || *Écu vergeté*, où il y a plus de six pals. (Blas.)

VERGETER (*vergette*), *vt.* Nettoyer avec une vergette : *Vergeter un habit.* || Marquer de petites raies en frappant avec une baguette. — **Gr.** On double le *t* devant un *e* muet : je vergette, n. vergetons.

VERGETIER (*vergette*), *sm.* Fabricant, marchand de vergettes, de décrottoirs, etc.

VERGETTE (dm. de *verge*), *sf.* Petite verge. || Pal étroit qui n'est que le tiers de la largeur ordinaire. (Blas.) || Cercle qui sert à soutenir et à bander les peaux dont on couvre les tambours. || Sorte de brosse composée de soies de cochon ou de menus brins de bruyère dont on se sert pour nettoyer des habits, des étoffes. — **Gr.** S'emploie le plus souvent au pluriel.

***VERGETTURE** [ver-jè-tu-re] ou ***VERGETURE** (*vergette*), *sf.* Raie violacée ou rouge paraissant quelquefois sur la peau, surtout sur celle des cadavres. Sous le nom de *vergetures*, on décrit ordinairement les stries qui sillonnent les parois de l'abdomen chez une femme enceinte. Produites par la distension de la peau, elles s'observent dans la région située au-dessous de l'ombilic et représentent dans leur ensemble des formes variées. Elles ne disparaissent pas complètement après l'accouchement et restent dessinées sous la peau comme preuve irréfutable de la maternité. Leur nombre est d'ailleurs essentiellement variable suivant les personnes elles-mêmes et le nombre de grossesses.

VERGEURE [ver-ju-re] (*verge*), *sf.* Fil de laiton disposé dans le sens de la longueur de la forme où l'on coule le papier. || Raie que ce fil imprime sur la feuille de papier.

***VERGIS** (*verge*), *sm.* Toile fabriquée à Abbeville.

***VERGISS MEIN NICHT** ou **VERGISSMEINNICHT** [fèr-ghis-main-nicht] (m. allem. : *ne m'oubliez pas*), *sm.* Nom vulgaire du myosotis des marais.

***VERGLACER** (*verglas*), *v. impers.* Faire du verglas : *Il verglace.* || *Pavé verglacé*, glissant de glace.

VERGLAS [ver-gla] (*verre* + *glace*), *sm.* Couche de glace mince et glissante qui se forme en hiver sur le sol quand il y a beaucoup de brouillard ou quand une pluie très fine gèle à mesure qu'elle tombe : *Le pavé est couvert de verglas.* — **Dér.** *Verglacer.*

VERGNE, *sm.* (V. *Verne.*)

***VERGNETTE** (dm. de *vergne*), *sf.* Nom du merle viscivore, ainsi appelé parce qu'il mange les graines de l'aune.

VERGNIAUD (PIERRE-VICTORIN) (1753-1793), avocat de Bordeaux, député à l'Assemblée législative et à la Convention. Grand orateur et l'un des chefs du parti girondin, il fut l'un des fondateurs de la première République française. Accusé de fédéralisme et décrété d'accusation au 31 mai 1793, il mourut sur l'échafaud.

***VERGOBRET** (m. celt. : *l'homme du jugement*), *sm.* Nom du premier magistrat chez plusieurs peuples de la Gaule qui avaient un gouvernement républicain. (V. *Vierg.*)

VERGOGNE (l. *verecundia*, respect : de *vereri*, révérer), *sf.* Honte : *Être sans vergogne.* — **Dér.** *Vergogneux, Vergogneuse.* — **Comp.** *Dévergondé.*

***VERGOGNEUX, EUSE** (*vergogne*), *adj.* Qui a de la vergogne : *Enfant vergogneux et sauvage.* || *Les vergogneuses parties du corps humain* (MALHERBE), les parties honteuses du sexe.

VERGT, 1836 hab. Ch.-l. de c., arr. de Périgueux (Dordogne), au pied d'un coteau.

1. **VERGUE** (db. de *verge*), *sf.* Longue pièce de bois de sapin ronde, plus mince aux deux bouts qu'au milieu, attachée en travers d'un mât de navire pour soutenir une voile. — **Comp.** *Enverguer, envergure.*

2. ***VERGUE.** (V. *Velte.*)

***VERGUET** (dm. de *verge* ou du picard *vergue*, petite gaule), *sm.* Nom du gui dans la Bresse.

***VERGUEZ** (du verbe inusité *verguer*). Terme de commandement dans la marine, ordonnant aux matelots de se porter en ordre sur les vergues.

VERHUEL (COMTE DE SEVENAAR, CHARLES-HENRI) (1764-1845), amiral et homme d'État hollandais. Il prit part, avec l'escadre hollandaise, aux opérations du camp de Boulogne sous Napoléon Ier (1804), se fit plus tard naturaliser Français et entra à la Chambre des pairs en 1819.

VÉRICLE (l. *vitriculum*, de verre), *sf.* Fausse pierre précieuse faite de verre ou de cristal.

VÉRIDICITÉ (*véridique*), *sf.* Caractère de ce qui est vrai : *La véridicité d'un récit.* || Qualité de celui qui dit la vérité : *La véridicité d'un historien.*

VÉRIDIQUE (l. *veridicum*, qui dit vrai), *adj. 2 g.* Qui aime la vérité, qui a l'habitude de la dire : *Auteur véridique.* — **Dér.** *Véridiquement, véridicité.*

VÉRIDIQUEMENT (*véridique* + sfx. *ment*), *adv.* En respectant la vérité : *Parler véridiquement.*

VÉRIFICATEUR (*vérifier*), *sm.* Celui qui est chargé de vérifier des ouvrages, des devis, des comptes, des écritures. || *Vérificateur des poids et mesures*, fonctionnaire chargé de s'assurer si les poids et mesures employés dans le commerce sont exacts, de poinçonner ces poids et mesures, et de dresser des procès-verbaux contre ceux qui feraient usage de poids et mesures inexacts.

***VÉRIFICATIF, IVE** (du l. *verificare* : de *verum*, vrai + *ficare*, faire), *adj.* Qui sert à vérifier : *Expérience vérificative.*

VÉRIFICATION (*vérifier*), *sf.* Action de vérifier : *La vérification d'un passage d'un auteur.* || Autrefois, enregistrement par le parlement : *La vérification d'un édit.* || *Vérification des pouvoirs*, examen que fait une Chambre législative pour s'assurer si chacun de ses membres a été régulièrement nommé.

***VÉRIFIÉ, ÉE** (p. p. de *vérifier*), *adj.* Enregistré : *Traité vérifié en parlement.* || Établi par titre valable : *Duc vérifié* (vx). || Soumis à une évaluation : *Mémoire vérifié.* || Estimé sincère, authentique : *Signature vérifiée.* || Reconnu exact, vrai : *Fait vérifié. Expérience vérifiée.*

VÉRIFIER (l. *verificare* : de *verum*, vrai + *ficare*, faire), *vt.* Examiner si une chose est vraie, si elle est telle qu'elle doit être ou qu'on l'a déclarée : *Vérifier un fait, un calcul, un compte.* || Examiner si un écrit est authentique : *Vérifier une signature.* || Examiner si le mémoire d'un entrepreneur est exact ou si les prix qui y sont portés sont conformes au tarif : *Faire vérifier un mémoire par un architecte.* || Autrefois, enregistrer au Parlement : *Vérifier un édit.* || Faire voir la vérité, l'exactitude d'une chose, d'une assertion : *L'événement a vérifié nos prévisions.* — **Se vérifier**, *vr.* Être trouvé exact : *Notre conjecture s'est vérifiée.* — **Dér.** *Vérificateur, vérification, vérificatif, vérificative.*

VÉRIN ou ***VERRIN** (du l. *veru*, pique, broche à rôtir), *sm.* Nom que les carriers donnent au cérithe géant (*cerithium gigan-*

teum). ‖ Appareil de levage composé de deux vis engagées dans le même écrou, mais manœuvrant en sens opposé à l'aide d'un levier. Il sert surtout pour le décintrement des voûtes et des arches de pont, pour soulever avec un faible effort des fardeaux très lourds.

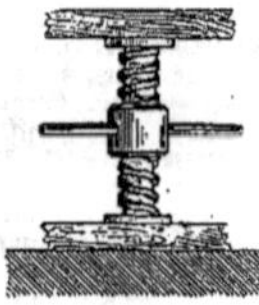

VÉRIN

1. **VÉRINE** (*Verina*, nom du village du Venezuela où l'on cultive ce tabac), *sf.* Nom de la meilleure espèce de tabac cultivée en Amérique.

2. **VÉRINE** ou **VERRINE** (*verre*), *sf.* Lampe de verre que l'on suspendait autrefois au-dessus du compas de route dans les navires pour éclairer le timonier.

***VÉRISSIME** (ital. *verissimo* : du l. *verus*, vrai), *adj. superlatif.* Très vrai.

VÉRITABLE (*vérité*), *adj.* 2 *g.* Véridique : *Un esprit véritable* (vx). ‖ Conforme à la vérité : *Une histoire véritable.* ‖ Réel : *Il m'a fait une véritable peine.* ‖ Qui est bien réellement ce qu'il semble être : *De véritable cristal. Du madère véritable.* ‖ Sur qui l'on peut compter : *Un véritable ami.* ‖ Solide, de bon aloi : *Un savoir véritable.* ‖ Bon, excellent dans son genre : *Un véritable artiste.* — **Dér.** *Véritablement.*

VÉRITABLEMENT (*véritable* + sfx. *ment*), *adv.* Conformément à la vérité : *Rapporter un fait véritablement.* ‖ Réellement, de fait : *Véritablement beau.* ‖ A la vérité : *Véritablement, je suis exigeant.*

***VÉRITAS** (*bureau*) (ml. : *vérité*), *sm.* Bureau international créé à Paris pour l'enregistrement et la cote des navires et pour donner au public des renseignements sur tous les navires et sur le lieu où chacun trouve pour le moment. *Le Bureau-Véritas fait concurrence au Lloyd anglais, et fait loi en Amérique et en Russie.* ‖ Recueil des renseignements publiés par ce Bureau et donnant, entre autres, la statistique des constructions navales, des naufrages, des avaries, etc.

VÉRITÉ (l. *veritatem*), *sf.* Qualité de ce qui est réel : *La rotation de la Terre est une vérité.* ‖ Conformité de ce que l'on dit avec ce qui est ou a été réellement : *La vérité d'un témoignage.* ‖ Personnification allégorique de la vérité sous les traits d'une femme nue tenant à la main un flambeau ou un miroir et quelquefois sortant d'un puits : *Porter dans une question obscure le flambeau de la vérité.* ‖ Chose réelle : *Dire une vérité.* ‖ Proposition, principe, maxime d'une certitude incontestable : *Les vérités mathématiques.* ‖ Sincérité, bonne foi : *Parler avec un air de vérité.* ‖ Expression fidèle de la nature : *Paysage d'une grande vérité.* — *Sfpl.* Tous les défauts, toutes les choses que l'on peut reprocher à une personne : *Dire à quelqu'un ses vérités.* — EN VÉRITÉ, *loc. adv.* Assurément de bonne foi : *En vérité, vous ne croyez pas cela.* — A LA VÉRITÉ, *loc. adv.* Qui exprime un aveu accompagné d'une explication ou d'une restriction : *J'ai été trop vif, à la vérité, mais j'ai été poussé à bout.* — **Dér.** *Véritable, véritablement, Véritas.* (V. *Vrai.*)

VERJUS (*vert*+*jus*), *sm.* Suc acide, d'un goût agréable, qu'on obtient en écrasant des raisins qui ne sont pas encore mûrs et dont on fait une sauce. ‖ Raisin qu'on cueille encore vert. ‖ Espèce de raisin à gros grains et à peau très dure qui ne mûrit qu'imparfaitement sous le climat de Paris et dont on fait des compotes, des confitures, un sirop. ‖ *Ce n'est que du verjus,* c'est un vin un peu aigre et trop nouveau. ‖ *C'est jus vert ou verjus,* ces deux choses sont à peu près identiques. — **Dér.** *Verjuter, verjuté, verjutée.*

VERJUS (LOUIS DE), COMTE DE CRÉCY (1629-1709), diplomate français. Dans sa mission en Allemagne ayant pour but de s'opposer à la suprématie autrichienne, il eut de vifs démêlés avec le baron de Lisola, qui écrivait pamphlets sur pamphlets contre Louis XIV et son ministre. En 1679, il fut plénipotentiaire à la diète de Ratisbonne, et en 1697 au congrès de Ryswick. Il était membre de l'Académie française (1679).

VERJUTÉ, ÉE (p. p. de *verjuter*), *adj.* Où l'on a mis du verjus. ‖ Qui a le goût du verjus : *Vin verjuté.*

***VERJUTER** (*verjus*), *vt.* Assaisonner avec du verjus.

VERKHOTOURIÉ, 3000 hab. Ville de la Russie d'Europe, à l'E. des monts Ourals, près de la rivière Toura. Mines de cuivre et d'or. Forges et usines très importantes.

***VERLION** ou ***VERMILION** (*ver*+*lion*), *sm.* Genre d'insectes diptères dont la larve, cylindrique, mince et très flexible, se creuse dans le sable de petits trous en forme d'entonnoir. Cachée au fond de ce petit piège, elle attend qu'un imprudent s'en soit approché. Alors elle saisit sa proie dans les replis de son corps et la dévore. Le verlion n'atteint l'état parfait qu'au bout de trois ans. Le corps de l'insecte parfait est d'un gris brunâtre et présente quatre bandes sur le thorax ; sa tête est grosse et le corps présente un amincissement vers le milieu. Cet insecte est commun dans le midi et le centre de la France.

VERMAND, 1250 hab. Ch.-l. de c., arr. de Saint-Quentin (Aisne), sur un ruisseau, et tirant son nom de l'ancienne peuplade gauloise des *Véromanduens.*

VERMANDOIS, ancien petit pays de France, en Picardie, formant la partie N.-O. du département de l'Aisne et la partie S.-E. du département de la Somme, et où se trouvent Saint-Quentin, Vermand, Ham.

VERMANDOIS (LOUIS DE BOURBON, COMTE DE), fils naturel de Louis XIV et de Mlle de La Vallière, né en 1667, légitimé en 1669, mort en 1683. On l'a fait passer à tort pour le Masque de fer.

VERMEIL, EILLE (l. *vermiculum*, petit ver désignant la cochenille femelle du chêne vert, qui fournit une belle couleur rouge), *adj.* Qui est d'un beau rouge, ni trop foncé ni trop clair : *Teint vermeil. Lèvres vermeilles.* — *Sm.* Argent doré : *Une cuiller de vermeil.* — *Sf.* Nom vulgaire de plusieurs pierres précieuses de couleur rouge. — **Dér.** *Vermillon, vermillonner* 1, *vermillonné, vermillonnée.*

VERMEILLE (MER), le golfe de Californie, dans l'océan Pacifique, entre la Vieille-Californie et le continent américain.

VERMEJO (RIO), 1000 kilom., rivière de l'Amérique du Sud, affluent du Paraguay.

VERMENTON, 2215 hab. Ch.-l. de c., arr. d'Auxerre (Yonne), sur la rive droite de la Cure. Église romane. Pierres lithographiques ; vins ; bois flotté.

***VERMET** (du l. *vermem*, ver), *sm.* Genre de Gastéropodes Prosobranches à coquille tuberculeuse, conique, mince, cloisonnée intérieurement. Ce genre est voisin des *Planorbes.* (V. ce mot.) ‖ *Le vermet dofan* ou *le dofan*, coquillage du Sénégal.

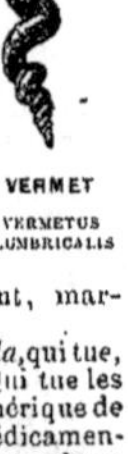

VERMET

VERMETUS LUMBRICALIS

VERMICELLE ou **VERMICEL** (ital. *vermicello*, petit ver : l. *vermis*, ver), *sm.* Pâte de farine de froment non fermentée que l'on presse pour la faire passer dans de petits tubes qui lui donnent la forme de vers longs et menus et dont on fait des potages. ‖ Potage fait avec cette pâte : *Vermicelle au gras.* — **Dér.** *Vermicellier; vermisseau.*

***VERMICELLIER** ou (suivant l'Académie) **VERMICELIER** (*vermicelle*), *sm.* Fabricant, marchand de vermicelle.

***VERMICIDE** (l. *vermis*, ver + *cida*, qui tue, de *cædere*, tuer), *adj.* 2 *g.* et *sm.* Qui tue les vers : *Poudre vermicide.* Le nom générique de *vermicide*, donné aux substances médicamenteuses qui tuent les vers intestinaux sur place, était autrefois opposé à *vermifuge ;* aujourd'hui, le premier semble devoir disparaître ; car, après l'expulsion du vers, il semble difficile de déterminer si la mort de celui-ci est due à l'action de la substance ingérée, ou aux phénomènes qui en accompagnent l'évacuation. (V. *Vermifuge.*)

VERMICULAIRE (du l. *vermiculum*, petit ver), *adj.* 2 *g.* Qui resssemble à un ver. ‖ **Appendice vermiculaire,** petit cylindre creux, long de 3 à 10 centimètres, qui naît de la partie inférieure du cæcum, qu'il prolonge. Il est libre par son extrémité terminale, descend plus ou moins verticalement vers la cavité du bassin, où il se trouve entouré par un repli du péritoine sur toute son étendue. Se terminant en cul-de-sac, l'appendice vermiculaire du cæcum communique avec cette portion de l'intestin par un orifice étroit. La cavité de l'appendice vermiculaire est en général libre, mais dans certains cas elle peut être remplie accidentellement de corps étrangers, tels que noyaux de cerises, pépins de raisin, etc..., qui ont pu devenir le point de départ d'accidents graves par propagation de l'inflammation à la tunique séreuse qui recouvre l'appendice et donne lieu à des phénomènes de péritonite généralisée. — *Sf.* **Vermiculaire âcre,** le sédum ou orpin âcre, plante dicotylédone de la famille des Crassulacées à fleurs jaunes qui croît dans les lieux pierreux, sur les vieux murs, les toits de chaume, etc.

VERMICULÉ, ÉE (l. *vermiculatum* : de *vermiculus*, petit ver), *adj.* Creusé de raies sinueuses imitant l'effet que produisent certains vers sur les bois qu'ils rongent : *Les pierres saillantes de la façade du Louvre sont vermiculées.* — **Dér.** *Vermiculures, vermiculaire.*

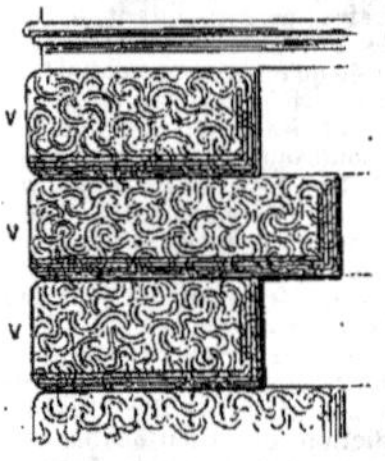

BOSSAGES VERMICULÉS (V)

***VERMICULEUX, EUSE** (l. *vermiculosum :* de *vermiculus*, petit ver), *adj.* Marqué de petites lignes colorées irrégulières : *Surface vermiculeuse.*

VERMICULURES (*vermiculé*), *sfpl.* Ornement d'architecture consistant en raies sinueuses creusées dans la surface d'une pierre.

***VERMIEN, IENNE** (*vermis*), *adj.* Qui concerne le vermis. (Anat.)

***VERMIFICATION** (l. *vermis*, ver + *ficare*, faire), *sf.* Production de vers : *La vermification dans les fromages.* — **Gr.** Ne pas confondre avec *vermination.* (V. *Vermination.*)

VERMIFORME (l. *vermis*, ver + *forme*), *adj.* 2 *g.* Qui a la forme d'un ver.

VERMIFUGE (l. *vermis*, ver + *fugare*, chasser), *adj.* 2 *g.* et *sm.* Qui débarrasse des vers intestinaux. Sous ce nom de *vermifuge*, on entend les divers médicaments préconisés pour l'évacuation de vers vivant en parasites dans l'intestin. Ces médicaments sont nombreux et ont été l'objet de classifications variées, les unes reposant sur le mode d'action de la substance (V. *Vermicide*), les autres ayant pour point de départ le règne minéral ou végétal auquel appartient le vermifuge. La médecine a, elle aussi, sa classification, et sous le nom de *vermifuges* elle range toutes les substances minérales ou végétales, qui ont été employées indistinctement pour amener l'évacuation de toute espèce de vers intestinaux, réservant le nom de *ténifuges* aux médicaments qui semblent agir surtout contre les vers rubanés, et en particulier les ténias. Parmi les *vermifuges proprement dits*, nous devons mentionner : la *mousse de Corse*, très bon vermifuge que l'on donne en décoction dans du lait sucré à la dose de 5 à 15 grammes ; l'*absinthe*, que l'on donne aussi associée en parties égales avec la *tanaisie*, la *camomille* et le *semen-contra*, par exemple. Cette dernière substance, le *semen-contra*, doit son action vermifuge à un acide organique cristallisé, la *santonine.* Nous citerons aussi : la décoction de racines de grenadier, celle de racines de fougère mâle, les graines de courge. Les sels de mercure ont été également employés comme vermifuges puissants; mais il faudra s'en abstenir à moins d'indication spéciale, que le médecin seul saura apprécier; ces préparations peuvent, en effet, dans les mains de gens inexpérimentés, provoquer des accidents souvent très graves. Les préparations d'arsenic sont dans le même cas. Un vermifuge beaucoup plus inoffensif, et très souvent employé dans les campagnes, nous est fourni par l'ail, qui rend certainement de réels services.

Les *ténifuges* sont aussi très nombreux. Trousseau et Pidoux préconisent : la *fougère mâle* et précisent le mode d'administration : « Le premier jour, le malade est soumis à une diète lactée, sévère; le second jour, on lui fait prendre le matin, à jeun, 4 grammes d'extrait éthéré de fougère mâle, en 4 doses, à un quart d'heure d'intervalle. Le troisième et dernier jour, on donne une même dose d'extrait, après laquelle on administre 30 grammes de sirop d'éther; une demi-heure plus tard, on donne un looch avec addition de trois gouttes d'huile de croton. » Le *kousso*, qui provient d'une rosacée connue sous le nom de *brayera anthelminthica*, est aussi un bon vermifuge. On l'emploie en infusion dans 250 grammes d'eau pour 15 à 20 grammes. Nous pouvons citer encore le *saoria*, le *tatzé*, le *kamala*, etc., etc. Mais, de tous les ténifuges, le plus fréquemment employé et celui qui, sans contredit, donne les meilleurs résultats, c'est la *racine de grenadier*, qui doit son action spéciale à un alcaloïde découvert en 1878 par Tanret, qui lui a donné le nom de *pelletiérine*. Les expériences qui furent faites ont prouvé que cette substance devait agir sur le ténia en le mettant dans l'impossibilité de rester attaché aux parois intestinales par ses ventouses relâchées; de sorte que si, après avoir fait prendre cette substance à l'homme porteur de ténia, on lui administre un purgatif énergique, on détermine l'évacuation du ténia, qui n'a plus de point d'attache à la paroi intestinale. Il est de toute nécessité que le purgatif soit administré pendant que le ténia se trouve encore sous l'influence de la pelletiérine, que l'on administrera chez l'adulte sous forme de tannate de pelletiérine à la dose de 1 gramme à 1gr,50. Dans un bon exposé de la question, Ch. d'Ivors résume en quelques mots le mode d'administration de ce médicament : « La veille de l'administration, dit-il, le malade doit prendre un grand lavement simple et se nourrir exclusivement de laitage au repas du soir. Le matin, *à jeun*, il ingère la dose de tannate prescrite (1 gramme à 1gr,50) suspendue dans 30 fois son poids d'eau et additionnée d'une quantité d'acide tartrique suffisante pour que la dissolution soit complète. *Une heure après*, il doit prendre un purgatif, à forte dose (40 grammes d'huile de ricin, par exemple). Presque toujours, ajoute-t-il, au bout de quelques heures le ténia sera rendu en une seule fois. » Une bonne précaution à prendre sera de faire aller le malade à la garde-robe dans un vase plein d'eau. Il faut, après l'administration de tout ténifuge, s'assurer que l'évacuation du ténia a été complète, et, pour cela, rechercher à la loupe la tête de l'animal. Sa présence est, en effet, le seul fait qui puisse permettre d'affirmer cette complète évacuation.

***VERMILARVE** (l. *vermis*, ver + *larve*), *sf.* Larve en forme de ver.

***VERMILLE** [LL mouillés] (l. *vermis*, ver), *sf.* Engin de pêche pour prendre les anguilles, et fait d'une corde garnie d'hameçons et de vers.

VERMILLER (l. *vermiculari*), *vi.* Fouiller la terre avec son groin pour y chercher des vers, des racines, en parlant du sanglier. — **Dér.** *Vermillonner* 2.

VERMILLON (dm. de *vermeil*), *sm.* Poudre de cinabre ou sulfure de mercure qui constitue une belle couleur d'un rouge foncé. Le cinabre, soluble seulement dans l'eau régale, se trouve dans la nature soit en masses grenues ou compactes, soit à l'état terreux. On le rencontre aussi en masses feuilletées, d'un rouge sombre passant au noir. Dans ce dernier cas, la roche est bitumineuse, et est désignée sous le nom de *mercure hépatique*. Elle constitue les minerais de mercure d'Idria. La richesse en mercure de cette roche est variable : lorsqu'elle est rouge brun, elle en renferme une forte proportion; au contraire, elle n'en contient que très peu lorsqu'elle est formée par un calcaire noirâtre ou par des schistes de même couleur. Le cinabre se trouve alors concentré dans des points spéciaux, par exemple dans des endroits où se trouvent une coquille, des débris végétaux, etc. Le *cinabre bitumineux* est le meilleur minerai de mercure. Le vermillon se trouve dans deux gisements principaux : 1° soit en filons, dans les schistes cristallins ou dans les terrains de cristallisations (telles sont les mines d'Almaden, en Espagne, et celles de Ripa, en Toscane); 2° soit disséminé dans les grès, les schistes et les calcaires de la période secondaire, depuis le grès houiller jusqu'au jurassique. Sur la rive gauche du Rhin, dans le Palatinat et l'ancien duché de Deux-Ponts, il gît dans le grès houiller. On remarque dans cette roche des empreintes de feuilles et de poissons dont les écailles ont été remplacées par le cinabre. A Idria (Carinthie), ce sont des calcaires et des schistes bitumineux qui sont pénétrés et comme pétris de cinabre. En France, il n'existe pas de mines de mercure; cependant on trouve des traces du minerai de ce métal à *Ménildot* (Manche) et à la *Mure* (Isère). ‖ Couleur vermeille des joues et des lèvres : *On admire le vermillon de son visage.* — **Dér.** *Vermillonner* 1.

***VERMILLONNÉ, ÉE** (p. p. de *vermillonner* 2), *adj.* Enduit de vermillon : *Image vermillonnée.* ‖ Sur quoi on a mis du vermillon : *Draperie vermillonnée.* — Fig. *Joue vermillonnée*, de couleur vermeille.

1. **VERMILLONNER** (*vermillon*), *vt.* Peindre en rouge avec du vermillon. — **Se vermillonner**, *vr.* Se mettre du vermillon, du fard, du rouge.

2. **VERMILLONNER** [LL mouillés] (db. de *vermiller*), *vt.* Fouiller la terre : *Le blaireau cette nuit a vermillonné ce sous-bois.* (Chasse.)

***VERMINATION** (l. *verminationem* : de *vermis*, ver), *sf.* Production de vers intestinaux. (Méd.)

VERMINE (du l. *vermis*, ver), *sf.* Toutes sortes d'insectes parasites, malpropres, nuisibles aux hommes et aux animaux, comme poux, puces, punaises, etc. : *Etre couvert de vermine.* — Fig. Toutes sortes de gens incommodes ou dangereux pour la société : *Ce quartier n'est habité que par la vermine.* — **Dér.** *Vermineux, vermineuse, verminière.*

VERMINEUX, EUSE (*vermine*), *adj.* Que les vers rongent. ‖ Causé par des vers parasites : *Maladie vermineuse.*

***VERMINIÈRE** (de *vermine*), *sf.* Fosse creusée dans le sol et où l'on fait multiplier des larves d'insectes pour nourrir la volaille.

***VERMIS** (ml. : *ver*), *sm.* Mot servant à désigner certaines parties du cervelet. (Anat.) ‖ *Vermis supérieur, inférieur*, éminences vermiculaires situées par devant à la face supérieure ou inférieure du cervelet. ‖ *Vermis postérieur*, saillie allongée située à l'échancrure postérieure du cervelet. — **Dér.** *Vermien, vermienne.*

VERMISSEAU (vx fr. *vermicel* + db. de *vermicelle*), *sm.* Petit ver de terre. — Fig. Infirme, chétive créature : *Pauvres vermisseaux que nous sommes.*

***VERMIVORE** (l. *vermis*, ver + *vorare*, avaler), *adj. 2 g.* Qui se nourrit de vers ou de larves : *Oiseaux vermivores.*

VERMOND (MATHIEU-JACQUES DE), né vers 1735, précepteur de Marie-Antoinette (1769) à Vienne (Autriche) et lecteur de la reine en France. Marie-Antoinette s'attacha beaucoup à lui, et en 1787 fit, sur ses conseils, nommer ministre Loménie de Brienne, ancien protecteur de Vermond. La date de la mort de Vermond est restée incertaine.

VERMONT (ÉTAT DE), 2642 kilom. carrés, 332 286 hab. Un des États de l'Union américaine du Nord, borné par le Canada au N., le Massachusetts au S., la rivière Connecticut à l'E., le lac Champlain à l'O., qui le sépare de l'État de New-York. Il est traversé du N. au S. par les montagnes Vertes, continuation des Alleghanys. Il n'y a pas de cours d'eau important, sauf le Connecticut, qui coule à l'E. du pays. Climat froid, mais très sain; pays riche en pâturages et produisant beaucoup de céréales. On y trouve des mines de fer, de pyrite, de plomb et de zinc. Capit. *Montpellier.*

VERMOULER (SE) (mot mal formé de *vermoulu*), *vr.* Etre piqué, rongé par les vers.

VERMOULU, UE (*ver* + *moulu*), *adj.* Percé, réduit en poudre par les vers : *Planche vermoulue.* — **Dér.** *Vermouler (se), vermoulure.*

VERMOULURE (*vermoulu*), *sf.* Trou fait par les vers dans une substance qu'il ronge. ‖ La poudre qui sort des trous faits par les vers.

VERMOUT [ver-mout'] (all. *wermuth*, absinthe), *sm.* Liqueur apéritive faite avec du vin blanc alcoolisé dans lequel on a fait infuser des plantes aromatiques et amères. Voici une formule de vermout : Vin blanc, 8000 gr.; aunée, chamædrys, acore, quinquina, cannelle, de chaque, 12 grammes; fleurs de sureau, sommités fleuries de tanaisie, chardon béni, sommités fleuries de petite centaurée, absinthe, de chaque, 16 grammes; écorces d'orange, 24 grammes; quassia, girofle, de chaque, 8 grammes; coriandre, badiane, de chaque, 20 grammes; muscade et galanga, de chaque, 4 grammes; alcool rectifié, 200 grammes. Faites macérer pendant huit jours, passez et filtrez. On ne doit pas abuser de cette boisson; elle produit, avec le temps, des effets analogues à ceux de l'absinthe.

***VERNAILLE** (*x*), *sf.* La télésie, c'est-à-dire le groupe des trois gemmes les plus précieuses : le rubis, le saphir et la topaze d'Orient.

VERNAISON, 35 kilom., torrent du département de la Drôme, affluent de la Bourne.

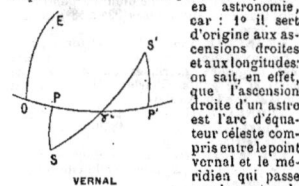

VERNAL, ALE (l. *vernalem* : *ver*, printemps), *adj.* Du printemps : *Plante vernale*, qui fleurit au printemps. ‖ *Point vernal*, le point où le soleil, paraissant décrire l'écliptique, traverse l'équateur céleste en passant de l'hémisphère austral dans l'hémisphère boréal, vers le 21 mars. (V. *Soleil, Sphère céleste* et *Zodiaque*.) Le *point vernal* ou *équinoxe du printemps* est l'un des points d'intersection de l'écliptique (grand cercle décrit par le Soleil sur la sphère céleste) avec l'équateur céleste : c'est celui qui correspond à l'instant où le Soleil passe de l'hémisphère austral dans l'hémisphère boréal. Il est donc diamétralement opposé, sur l'équateur, à l'équinoxe d'automne. Ce point est important en astronomie, car : 1° il sert d'origine aux ascensions droites et aux longitudes; on sait, en effet, que l'ascension droite d'un astre est l'arc d'équateur céleste compris entre le point vernal et le méridien qui passe par le centre de l'astre, et que la longitude est l'arc d'écliptique compris entre le point vernal et le cercle de longitude, cercle qui est l'intersection de la sphère céleste avec un plan contenant l'axe de l'écliptique et le centre de l'astre considéré; 2° l'instant de son passage au méridien sert d'origine au *temps sidéral* : on sait que le jour sidéral, dont la vingt-quatrième partie est l'heure sidérale, est l'intervalle constant écoulé entre les deux passages successifs d'une étoile au même méridien. Le *point vernal* (ou point γ) n'est pas directement observable, et on le détermine par le procédé suivant : on observe le Soleil à son passage au méridien, une première fois en S (V. la fig.), la deuxième fois en S', à 24 heures de distance, de sorte que la déclinaison, australe d'abord, est devenue boréale. Supposons qu'on prenne provisoirement le méridien d'une étoile quelconque E pour origine des ascensions droites OP, OP', correspondant à ces positions S, S', et évaluées en temps; $O\gamma = \theta$ sera l'ascension

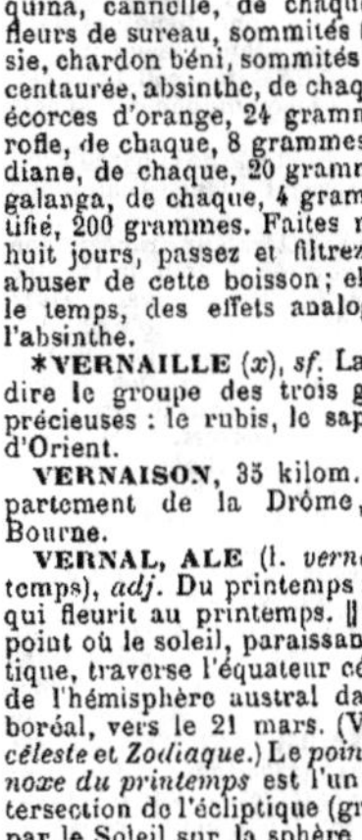

VERNAL

droite du point γ exprimée de la même façon. On aura alors, sensiblement :

$$\frac{P\gamma}{PS} = \frac{P'\gamma}{P'S'} = \frac{PP'}{PS + P'S'},$$

ou

$$\frac{O\gamma - OP}{PS} = \frac{OP' - OP}{PS + P'S'},$$

ou, les ascensions droites étant évaluées en temps : $OP = t$, $OP' = t'$, $PS = d$, $P'S' = d'$

$$\frac{0 - t}{d} = \frac{t' - t}{d + d'};$$

d'où

$$0 = t + \frac{d}{d + d'}(t' - t).$$

On aura ainsi θ, c'est-à-dire le temps qui doit s'écouler entre le passage de l'étoile E et celui du point vernal γ au méridien du lieu, et le point vernal se trouvera ainsi déterminé exactement. — **Dér.** *Vernation.*

***VERNATION** (l. *vernationem*), *sf.* Manière dont les feuilles sont disposées dans le bourgeon avant son épanouissement.

1.VERNE ou **VERGNE** (mot celt. bas-bret. *gwern*), *sm.* L'arbre communément appelé *aune.*

2. *VERNE (*x*), *sf.* Partie de la bascule qui supporte le seau servant à vider l'eau d'une ardoisière.

VERNE (JULES), littérateur français, né en 1828. Après avoir écrit pour le théâtre deux comédies, *les Pailles rompues* et *Onze Jours de siège*, il fit paraître *Cinq Semaines en ballon*, son premier roman; puis le *Magasin d'éducation et de récréation* publia toute une série de voyages, sous le titre général de *Voyages extraordinaires*. Jules Verne est, en outre, l'auteur, en collaboration avec Th. Lavallée, d'une *Géographie illustrée de la France* (1867), de deux romans, les *Enfants du capitaine Grant* et le *Tour du Monde*, d'où ont été extraits des drames à spectacle qui ont eu grand succès.

VERNET (CLAUDE-JOSEPH) (1714-1789), né à Avignon. Célèbre peintre de marine français. Il peignit les principaux ports de mer français; son chef-d'œuvre est le *Soir* ou *la Tempête*. — **Vernet** (ANTOINE-CHARLES-HORACE), dit CARLE (1758-1836), fils du précédent, peintre de batailles. — **Vernet** (JEAN-ÉMILE-HORACE) (1789-1863), fils du précédent, qui peignit les batailles du premier Empire et les combats de l'armée française en Algérie (*Prise de la Smala*, etc.).

VERNET-LES-BAINS, 1 082 hab. Ch.-l. de c., arr. de Perpignan (Pyrénées-Orientales). Mines de fer et de plomb argentifère; eaux thermales sulfureuses (29° à 58°), de mai à octobre.

VERNEUIL, 3988 hab. Ch.-l. de c., arr. d'Évreux (Eure), sur l'Avre. Établissements métallurgiques, fabriques de lainages, de toiles et de gants. Charles VII y fut défait en 1424 par les Anglais.

VERNEUIL (HENRIETTE DE BALZAC D'ENTRAGUES, MARQUISE DE) (1579-1633), maîtresse de Henri IV après Gabrielle d'Estrées.

***VERNICIFÈRE** (bl. *vernicium*, vernis + *ferre*, porter), *adj. 2 g.* Qui produit du vernis : *Arbre vernicifère.*

VERNIER (PIERRE) (1580-1637), géomètre franc-comtois, inventeur du vernier.

***VERNIER** (nom du mathématicien qui l'a inventé), *sm.* Petit instrument permettant d'apprécier les fractions des divisions tracées sur une règle ou sur un arc de cercle. En général, on l'emploie pour évaluer les fractions de millimètre dans les mesures de longueur. Le vernier consiste alors dans une échelle graduée sur une règle et qui est telle que ses 10 divisions ne représentent que 9 divisions de la réglette mobile le long de la règle : il en résulte que chaque division du vernier équivaut aux $\frac{9}{10}$ de chaque division

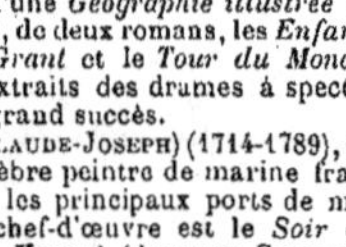

VERNIER

de la règle. Si la division 0 du vernier coïncide avec une division de la règle, la division 1 sera en retard de $\frac{1}{10}$ sur la division suivante de la règle, la division 2 le sera de $\frac{2}{10}$ sur la division 4 (cas de la figure), etc., et si la règle est graduée en millimètres, le vernier permettra d'évaluer les *dixièmes de millimètre*. Voici alors comment on opère : Étant donnée une longueur dont on a mesuré déjà un nombre entier de divisions, on détermine l'excédent en le faisant coïncider avec une portion de la réglette dépassant la règle. L'inspection de la figure montre que cet excédent (représenté par la distance des extrémités de ces 2 règles) contient 3 millimètres (chaque division étant 1 millimètre) plus une fraction de millimètre : cette fraction est exactement, dans le cas actuel, de $\frac{7}{10}$; car, la division 7 du vernier coïncidant exactement avec une division de la règle, le trait 6 du vernier est en retard de $\frac{1}{10}$ de millimètre sur la division de la réglette; le trait 5, de $\frac{2}{10}$, etc., et le zéro du vernier est à gauche du trait suivant de la réglette de $\frac{7}{10}$. Donc, le trait 2 de la réglette, qui dans la figure coïncidait avec le zéro du vernier, a, en fait, avancé de $\frac{7}{10}$ de millimètre, plus 3 millimètres, et le point initial s'est avancé de 3^{mm},7 : c'est la longueur cherchée.

Le vernier circulaire ne diffère du vernier ordinaire qu'en ce que, contrairement à celui-ci, c'est le vernier qui est mobile, et l'arc divisé qui est fixe; l'emploi en est identique. Le vernier circulaire s'adapte aux instruments destinés à la mesure des angles, comme le graphomètre, le théodolite, etc. Dans les instruments qui exigent une grande précision, on fait souvent usage de deux ou plusieurs verniers parcourant le même limbe, et on prend pour résultat la moyenne des résultats fournis par chacun d'eux.

VERNINAC-DE-SAINT-MAUR (RAYMOND-JEAN-BAPTISTE) (1794-1873), amiral et homme politique français. Il rapporta d'Égypte l'obélisque de Louqsor (1834).

VERNIR (bl. *vitrinire*, rendre comme du verre), *vt.* Enduire d'un vernis un objet quelconque autre que de la poterie : *Vernir un meuble, un tableau.* — **Dér.** *Vernis, vernissage, vernisser, vernisseur, vernissure.* Même famille : *Verre.*

VERNIS, *sm.* de *vernir*. Liquide dont on enduit la surface d'un corps pour lui donner l'apparence d'une plaque de verre et le protéger contre l'action de l'air ou de l'eau. On obtient le vernis en faisant dissoudre une ou plusieurs résines dans une huile siccative, particulièrement l'huile de lin, dans l'essence de térébenthine, dans l'alcool, l'éther ou la benzine. Les résines les plus employées pour la composition des vernis sont : le copal, le mastic, la sandaraque, les résines animé et élémi, la gomme laque, la térébenthine de Venise, le camphre, l'ambre, le santal, etc. Les vernis préparés avec l'huile de lin sont appelés *vernis gras* et servent pour la carrosserie, les bâtiments, pour recouvrir le fer. Les *vernis à l'essence* sont employées pour les tableaux et les gravures; les *vernis à l'alcool*, qui ont l'inconvénient de se fendiller, sont usités pour les boiseries, les meubles, les cartons. Les *vernis à l'éther* s'appliquent par dessus d'autres vernis pour leur donner l'aspect brillant d'une glace. || Mince couche d'une matière fusible et présentant l'apparence du verre, appelée encore *couverte* et *émail*, dont on enduit la surface de la porcelaine, des faïences et des poteries pour les rendre imperméables aux liquides. Le *vernis* ou *couverte* de la porcelaine est une poudre très fine de pegmatite délayée dans de l'eau vinaigrée; celui de la faïence est composé d'un mélange de sable, de feldspath, de minium, de litharge et de borax; celui des poteries est formé de sable, de sel, de soude, de minium et d'oxyde d'étain; celui des vases en grès consiste en poudre de scorie de forge ou de laves volcaniques fusible. — **Fig.** Ce qu'il y a de plus apparent dans une per-

VERNIS DU JAPON
AILANTHUS GLANDULOSA

sonne, une chose, une action : *Un vernis d'élégance, de pédanterie.* — **Fig.** Notion, connaissance superficielle : *Il a un vernis de science.* || *Vernis du Japon*, nom vulgaire du *sumac vernis* et de l'*ailante glanduleuse.*

VERNISSAGE (*vernisser*), *sm.* Action de vernir ou de vernisser. — **Fig.** *Jour du vernissage*, le jour qui précède l'ouverture de l'exposition annuelle des beaux-arts et qui est réservé aux cartes privilégiées.

***VERNISSÉ, ÉE** (p. p. de *vernisser*), *adj.* Qui est verni : *Poterie vernissée.* — **Fig.** *Monde vernissé*, qui a de l'apparence, de l'éclat. || Brillant, comme recouvert de vernis : *Surface vernissée.*

VERNISSER (*vernir*), *vt.* Recouvrir la porcelaine, la faïence, la poterie du vernis qui en forme la couverte ou l'émail.

VERNISSEUR (*vernisser*), *sm.* Ouvrier qui fait des vernis ou qui les emploie.

VERNISSON, 35 kilom. Rivière du département du Loiret, affluent du Puiseaux.

VERNISSURE (*vernisser*), *sf.* Action d'appliquer une couche de vernis sur un objet.

VERNON, 7 881 hab. Ch.-l. de c., arr. d'Évreux (Eure), sur la rive gauche de la Seine. Pierres de taille, grand commerce de fruits, marché important, ateliers de construction du train des équipages.

VERNON (EDWARD) (1684-1757), amiral anglais. Contre-amiral à 24 ans et chargé en 1739 de détruire les établissements espagnols du nouveau monde, il s'empara de Porto-Bello, mais échoua devant Carthagène en 1741.

***VERNONIE** (*Vernon*, nom propre), *sf.* Genre de plantes dicotylédones de la famille des Composées renfermant un nombre considérable d'espèces (375 environ), comprenant des végétaux herbacés, sous-frutescents et même arborescents, et que l'on rencontre dans l'Amérique tropicale, en Afrique, à Madagascar, aux Indes, etc. Les espèces les plus remarquables, cultivées comme plantes d'ornement, sont : 1° La *vernonie de New-York* (*vernonia Noveboracensis*), originaire de l'Amérique septentrionale, et dont la tige, haute de 1^m,50, porte des feuilles lancéolées-oblongues et dentées en scie sur leurs bords. Les capitules, de fleurs purpurines, s'épanouissent en août et septembre et sont disposés en corymbe. Cette espèce se rencontre sur la lisière des bois et dans les pâturages. 2° La *vernonie élevée* (*vernonia prœalta*), haute de 2 mètres, qui a beaucoup d'analogie avec l'espèce précédente et s'en distingue surtout par ses fleurs dont la couleur est plus foncée. 3° La *vernonie anthelminthique* (*vernonia anthelminthica*), plante herbacée annuelle, très commune aux Indes, où elle est connue sous le nom de *calageri*. Ses graines, réduites en poudre, sont employées pour tuer les vers intestinaux. On préconise aussi l'infusion de cette plante dans l'eau pour combattre les rhumatismes et la goutte. Cette espèce a été introduite en Amérique à cause de ses propriétés.

VERNONIE
(Fleur grossie.)

VERNOUX, 3041 hab. Ch.-l. de c., arr. de Tournon (Ardèche). Filatures de soie.

VERNUSSE (LA), 538 hect. Forêt domaniale de l'Indre, peuplée de chênes, de charmes et de hêtres.

VERNY, 540 hab. Ch.-l. de c., arr. de Metz (Moselle), près du ruisseau de Morfontaine. Aujourd'hui à la Prusse.

*****VÉRO** ou *****VÉROT**. (V. *Trcsseau*.)

VÉROLE (vx fr. *vairole* : du l. *varius*, bigarré), *sf.* Nom vulgaire de la syphilis. — **Dér.** *Vérolé, vérolée, vérolique.* — **Comp.** *Véroloïde.*

VÉROLE (PETITE), *sf.* Nom vulgaire de la variole.

VÉROLÉ, ÉE (de *petite vérole*), *adj.* *Tuiles vérolées*, ayant leur surface picotée de trous semblables aux stigmates de la petite vérole.

*****VÉROLETTE**. (V. *Varicelle*.)

VÉROLIQUE (*vérole*), *adj. 2 g.* Qui concerne la syphilis.

*****VÉROLOÏDE** (*vérole* + g. εἶδος, forme), *sf.* Nom donné à la seconde réinfection syphilitique.

VÉRON ou mieux **VAIRON** (*vair*), *sm.* Genre de poissons de l'ordre des Malacoptérygiens abdominaux, qui vit dans les eaux de nos rivières et jusque dans nos plus petits ruisseaux. Ce sont, du reste, de très petits poissons dont la longueur maxima n'atteint guère que 0m,08 à 0m,10. En temps ordinaire, son dos est verdâtre ou bronzé; les flancs sont ornés de taches et de bandes noirâtres, tandis que le ventre est grisâtre; à l'époque du frai, c'est-à-dire en mai et juin, le dos présente des tons bleus métalliques, tandis qu'une bande longitudinale bleue se montre sur les flancs; les lèvres, la gorge, la base des nageoires, une partie du ventre prennent une belle couleur écarlate. Le véron se nourrit de vers, d'insectes, de conferves, etc., et est lui-même la proie des truites et de tous les poissons qui hantent les mêmes eaux que lui. L'homme dédaigne sa chair, que l'on dit cependant délicate; on le mange néanmoins en friture comme les épinoches, les chabots, etc., avec lesquels il passe sa vie. On l'utilise aussi comme appât dans la pêche du brochet, de la perche et de la truite. Très commun dans tous nos cours d'eau, et principalement dans les petits ruisseaux herbeux, il a reçu une grande quantité de noms : on l'appelle en Languedoc et en Provence *veïroun* ou *véroun*; en Auvergne *vergnole* ou *loque*; dans le département de l'Aube, on le désigne sous le nom de *gravier*, et dans beaucoup de localités sous celui de *gendarme*. On l'appelle aussi *arlequin* s'il a sa parure de noce.

VÉRONAISES (PAQUES), nom donné au massacre des Français qui eut lieu à Vérone le lundi de Pâques, 17 avril 1797, et à la suite duquel Bonaparte supprima la république de Venise.

VÉRONE, 67080 hab. Ville d'Italie, dans la Vénétie, sur l'Adige. Évêché; nombreux édifices du moyen âge, reste d'un grand amphithéâtre romain. C'est l'une des quatre grandes places fortes du fameux quadrilatère. Elle est défendue par une enceinte continue, soutenue par 29 ouvrages détachés. Un congrès célèbre s'y réunit en 1822. Les questions traitées furent la traite des nègres, la piraterie dans les mers d'Amérique, la position de l'Italie, les démêlés entre la Russie et la Porte et la révolution d'Espagne.

VÉRONÈSE (PAOLO CALIARI, dit PAUL) (1528-1588), célèbre peintre italien de l'école vénitienne, né à Vérone. Il passa sa vie à Venise, dont il orna de ses tableaux les églises et les autres édifices. Le musée du Louvre a de lui douze toiles, dont une gigantesque, représentant les *Noces de Cana.*

1. **VÉRONIQUE** (g. βερονίκη, Bérénice), *sf.* Image de la figure du Christ qui se voit à Rome sur un linge et qui, suivant la légende, s'imprima sur le linge avec lequel une femme nommée Bérénice essuya le visage de Jésus pendant qu'il montait au Calvaire chargé de sa croix.

2. **VÉRONIQUE** (*Véronique 1*), *sf.* Genre de plantes dicotylédones de la famille des Scrofularinées. Il doit son nom à cette circonstance qu'il fut autrefois dédié à sainte Véronique. Il renferme plus de cent espèces, dont trente appartiennent à la flore française. Il comprend des herbes, des sous-arbrisseaux, des arbrisseaux ou même de petits arbres qui croissent dans les parties tempérées des deux hémisphères. Leurs fleurs sont remarquables en ce sens que leur corolle n'est plus bilabiée comme celle des autres genres de Scrofularinées. Leur corolle semble n'être composée que de quatre pétales, attendu que les deux postérieurs se sont intimement soudés en une seule pièce. C'est ce dont il est facile de s'assurer à l'inspection des corolles du *veronica Buxbaumii* et du *veronica spicata*. Les véroniques sont très communes en France; on n'en compte pas moins d'une vingtaine d'espèces aux environs de Paris. Chez toutes, l'androcée se trouve réduit à deux étamines, dont chacune alterne avec la pièce postérieure de la corolle et l'un des deux pétales latéraux.

VÉRONIQUE
VERONICA OFFICINALIS

Parmi les espèces les plus intéressantes de véroniques, nous citerons : 1° La *véronique officinale* (*veronica officinalis*). Cette espèce est connue vulgairement sous les noms de *thé d'Europe* et de *véronique mâle*. Elle croît dans les lieux boisés et montueux; ses tiges, couchées et même un peu rampantes, se redressent vers leur extrémité. La véronique officinale est considérée comme sudorifique, diurétique et un peu excitante. Autrefois, elle était employée dans des circonstances très diverses. Aujourd'hui, elle n'est plus guère usitée qu'en infusion et en guise de thé. 2° La *véronique beccabunga* (*veronica beccabunga*) croît le long des ruisseaux d'eau vive; on la reconnaît à ses feuilles ovales munies d'un pétiole, et à ses fleurs d'un bleu foncé. Cette espèce est un excellent dépuratif et un antiscorbutique efficace. Au printemps, on l'emploie à l'état frais concurremment avec le cresson et la chicorée. On peut la manger en salade.

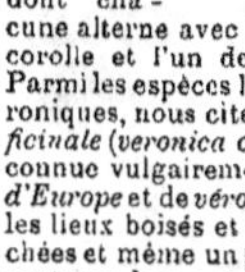

VÉRONIQUE
(Diagramme.)

3° Le *veronica chamædrys*, ou *véronique petit-chêne*, est une charmante espèce commune dans les lieux herbeux et le long des haies de toute l'Europe. On la distingue aisément à ses poils rangés sur la tige en deux lignes opposées. Ses fleurs sont d'un bleu magnifique. On la désigne sous le nom vulgaire de : *Plus je te vois, plus je t'aime.* 4° La *véronique teucriette* (*veronica teucrium*). Sa tige est haute au plus de 3 décimètres. Elle est commune dans les prairies de l'Europe ainsi que dans celles de l'Asie méridionale.

*****VÉROTIS** (*ver*), *sm.* Vers rouges servant d'appât pour les pêcheurs.

*****VERPE** (*x*), *sm.* Genre de champignons voisin de celui des morilles.

VERPILLIÈRE (LA), 1210 hab. Ch.-l. de c., arr. de Vienne (Isère).

*****VERRAILLE** (*verre* + sfx. *aille*), *sf.* Menus objets de verre.

*****VERRAIN**. (V. *Vérin*.)

VERRAT (vx fr. *ver* + sfx. *at* : du l. *verres*, porc), *sm.* Le mâle de la truie.

VERRE (db. de *vitre* : l. *vitrum*), *sm.* Substance solide non cristallisée, transparente, très dure, fragile, sonore, fondant à une température plus ou moins élevée, dont on fait des carreaux pour les fenêtres, des glaces, des miroirs, des verres à boire et autres objets de gobeleterie. Le verre a été connu dès la plus haute antiquité. Les anciens en attribuaient la découverte aux Phéniciens, qui l'auraient transmise au monde gréco-romain. Cette industrie passa ensuite, au moyen âge, aux mains des artisans vénitiens. Les célèbres verriers de Venise eurent pendant longtemps le monopole de cette fabrication. De là, elle passa en Bohême, et, jusqu'au siècle dernier, c'est de ce pays que l'on tirait les vitres blanches d'une épaisseur uniforme et de grandes dimensions. C'est Drolinvaux qui dota notre pays de la fabrication du verre : il établit une manufacture à Saint-Quirin qui fut comme la souche des fabriques de verre à vitres établies depuis dans le nord de la France, en Belgique et en Angleterre. Colbert encouragea des ouvriers verriers qui avaient surpris les procédés employés à Murano pour la fabrication des glaces; ces ouvriers fondèrent à Tourlaville, près Cherbourg, une verrerie où l'on fabriqua des glaces soufflées, comme à Venise, et qui, en 1791, fut transportée à Saint-Gobain. C'est un Français, *Abraham Thévard*, qui, le premier, en 1788, fit de grandes glaces présentant une planimétrie à peu près parfaite. Les ateliers d'Abraham Thévard étaient établis au faubourg Saint-Antoine; cette manufacture se fusionna avec celle de Tourlaville. C'est seulement en 1784 que la fabrication du cristal fut introduite en France; et la première manufacture fut installée à Saint-Cloud, mais transférée plus tard à *Mont-Cenis*, près d'Autun. La cristallerie de *Saint-Louis*, près Bitche, ne fut fondée qu'en 1790; cette manufacture rivalise avec celle de Saint-Gobain.

Le verre est très mauvais conducteur de l'électricité et de la chaleur; aussi se casse-t-il facilement sous l'influence de ce dernier agent, car alors les parties qui composent sa masse, se dilatant d'une manière inégale, il se forme instantanément des fractures. Un courant d'air, le passage d'une pièce chauffée dans une pièce qui ne l'est pas, ou inversement, etc., amènent la casse. Lorsque l'on chauffe un objet en verre, il faut avoir soin de ne pas le laisser toucher soit au charbon, soit à la mèche de la lampe, car alors il se brise instantanément. Le verre possède une certaine élasticité; néanmoins, lorsqu'on le soumet pendant quelque temps à une pression suffisante, il garde la forme qu'on lui a imprimée. Lorsqu'il est chaud, on peut l'étirer en fils très fins et très soyeux. L'air, lorsqu'il est sec, n'attaque pas le verre; l'humidité, au contraire, détériore sa surface, la transforme en plaques extrêmement minces; de là l'irisation que l'on remarque sur les objets de cette substance que l'antiquité nous a laissés et que présentent aussi les verres de mauvaise fabrication. Le verre blanc ordinaire est tantôt un silicate double de chaux et de potasse, tantôt un silicate double de chaux et de soude. Le verre qui contient de la potasse est moins fusible que celui qui contient de la soude, et est préféré pour les vases qu'on emploie en chimie. En Allemagne, en Hongrie, en Russie, en Amérique, c'est la potasse qui entre dans la composition du verre parce qu'elle est à bon marché dans ces pays. En France, on le fabrique de préférence avec le sulfate de soude *très pur*. Pour fabriquer le verre ordinaire, on chauffe dans un four des pots en argile réfractaire remplis d'un mélange intime de sable siliceux très blanc, de carbonate de soude et de chaux vive. Quand le mélange est fondu, l'ouvrier verrier cueille avec le bout d'un tube en fer appelé *canne* une certaine quantité de matière, et, en soufflant par l'autre bout, il façonne cette matière en une sorte de boule allongée comparable à une bulle de savon. En continuant à souffler et en faisant osciller sa canne comme le battant d'une cloche il en fait une sorte de manchon qu'il n'y a plus qu'à fendre dans toute sa longueur et à étaler avant qu'elle soit complètement refroidie pour obtenir une feuille de verre. Cette feuille, très fragile, si on la laisse refroidir rapidement, le devient beaucoup moins quand elle a été recuite, puis refroidie lentement. Par diverses modifications apportées à la façon précédente, on obtient tous les objets en verre dont nous faisons usage. Le plus beau verre blanc est le verre de Bohême, qu'on fabrique avec du cristal de roche pulvérisé, du carbonate de potasse raffiné et de la chaux caustique. Les verres à bouteille doivent leur couleur verte au protoxyde de fer qu'ils renferment. Ils sont faits avec un mélange de sable ocreux, de soude de varech, de cendres neuves, de cendres lessivées, d'argile ocreuse ou de débris de verre ou *calcin*. Le verre appelé *cristal* est fait avec du sable blanc pur, du minium et du carbonate de potasse purifié. On a les verres colorés en ajoutant à la pâte du verre ordinaire divers oxydes métalliques : le protoxyde de fer colore en vert foncé, le sesquioxyde de fer en jaune, l'oxyde de cuivre et l'oxyde de chrome en vert, l'oxyde de cobalt en bleu, le sesquioxyde de manganèse en violet, l'oxydule de cuivre en rouge, etc. Le rouge rubis et le rose sont obtenus au moyen de l'oxyde d'or et du pourpre de Cassius (chlorure d'or et d'étain) ; le rouge *treizième*, ainsi nommé parce qu'il imite la couleur rouge des vitraux du XIIIe siècle, s'obtient aujourd'hui au moyen de l'oxyde de cuivre ajouté dans le verre en fusion. La gamme des jaunes est produite par l'argent fin à l'état de nitro-sulfure. L'oxyde d'urane donne un jaune citron à reflets verdâtres ; le soufre colore aussi le verre en jaune. Ces diverses teintes étaient réalisées soit avec des oxydes de manganèse ou de l'oxyde de fer, soit avec la sciure du peuplier ou de l'aune. Le vert est produit par l'oxyde de cuivre, l'oxyde de fer ou le bichromate de potasse ; le bleu est dû à l'oxyde de cobalt ; ce dernier corps, additionné d'oxyde de cuivre, donne le bleu céleste. Les violets sont obtenus au moyen de l'oxyde de manganèse seul, ou combiné à l'oxyde de cobalt ou de fer. Enfin, le noir de fumée est donné par la combinaison des oxydes de cuivre, de fer et de manganèse. En trempant le verre suffisamment chaud dans un bain d'huile ou de graisse fondue porté à une température comprise entre 60° et 120°, on lui communique la propriété de résister même à des chocs très forts ; c'est ainsi qu'on se procure le *verre* dit *incassable* dont M. de La Bastie est l'inventeur. || *Verre plaqué* ou *doublé*, verre blanc sur lequel on étend, pendant l'opération du soufflage, une couche excessivement mince de verre de couleur. || *Verre double*, verre très épais. || *Verre mousseline*, celui qui est transparent à certaines places et presque opaque à d'autres, de sorte que ces parties transparentes et opaques forment un dessin à sa surface. — Fig. *Une maison de verre*, une maison telle que tout le monde sait ce qui s'y passe. || Sorte de cloche en verre : *Un verre de pendule*. || Tout objet en verre : *Un verre de montre*. || Feuille de verre qu'on applique sur une gravure, etc., encadrée pour la protéger. — Fig. *C'est à mettre sous verre*, c'est une chose qu'on a grand intérêt à conserver. || *Verre ardent*, lentille convexe en verre qu'on interpose entre le soleil et une matière inflammable pour allumer celle-ci. || *Verres de couleur*, petits vases de verre colorés, dans lesquels on place des lumières pour faire une illumination. || Vase à boire fait de verre. || La boisson contenue dans un verre à boire : *Avaler un verre de vin*. || *Petit verre*, la quantité de liqueur alcoolique contenue dans un très petit verre à boire : *Prendre un petit verre de cognac*. || *Papier de verre* (V. *Papier*.) — **Verre de cobalt.** (V. *Smalt*.) — **Verre volcanique**, matière vitreuse, dont la couleur habituelle est le noir, le gris foncé ou le vert noirâtre, et qui forme des coulées sur les volcans. Elle fond au chalumeau en une scorie boursouflée qui ressemble à la ponce et finit par se réduire en un émail blanc ou verdâtre. Les habitants du Pérou et du Mexique en faisaient jadis des miroirs, des pointes de flèche, des couteaux. — **Verre de Moscovie**, mica d'un jaune d'or, qui se présente en grandes lames. — **Dér.** *Verré, verrée* (adj.), *verrée* (s.), *verrerie, verrier, verrière* 1 et 2, *verrine, verroterie, verraille*. — **Db.** *Vitre*. (V. ce mot.) Même famille : *Vérine* 2, *véricle, vernir*, etc.

***VERRÉ, ÉE** (*verre*), *adj*. Qui a reçu l'apparence du verre : *Papier verré*.

VERRÉE (*verre*), *sf*. Le contenu d'un verre.

VERRERIE (*verrier*), *sf*. Fabrique de verre, d'ouvrages de verre. || L'art de faire du verre. || Toutes sortes d'objets en verre : *Une boutique de verrerie*.

VERRÈS (Caius Licinius), proconsul romain célèbre par ses concussions. Lieutenant du préteur Dolabella en Cilicie, il terrifia l'Asie Mineure par ses crimes, fut investi à Rome en 76 av. J.-C. de la préture urbaine et y rendit la justice pendant un an ; se fit nommer ensuite (75 av. J.-C.) préteur en Sicile, où il commit pendant trois ans un nombre infini de concussions, de vols et de meurtres. Accusé par Cicéron à sa sortie de charge, il prévint par un exil volontaire une condamnation inévitable. Cicéron rédigea ensuite contre lui cinq plaidoyers connus sous le nom de *Verrines*.

VERRIER (*verre*), *sm*. Ouvrier qui fait du verre ou des ouvrages de verre : *Les gentilshommes pouvaient être verriers sans déroger et ils avaient le droit de porter l'épée*. || Marchand de verre en boutique et dans les rues. || Panier d'osier où l'on range les verres à boire. || Celui qui fait des vitraux.

1. **VERRIÈRE** (*verrier*), *sf*. Cuvette remplie d'eau dans laquelle on place des verres.

2. **VERRIÈRE** ou **VERRINE** (*verre*), *sf*. Feuille de verre qu'on met sur le devant d'une châsse, d'un reliquaire, d'un tableau. || Vitrail en couleur d'une fenêtre d'église.

VERRIÈRE-DU-GROS-BOIS (la), 590 hect. Forêt domaniale du Doubs, peuplée de chênes et de pins.

VERRIÈRES, 1411 hab. Village de l'arrondissement de Versailles, cant. de Palaiseau, sur la Bièvre. Bois très pittoresques.

VERRIÈRES (bois de), 614 hect. Forêt domaniale de Seine et Seine-et-Oise, peuplée de chênes, châtaigniers et bois blancs.

*** VERRIN.** (V. *Vérin*.)

VERRINES (*Verrès*), *sfpl*. Les cinq plaidoyers que Cicéron écrivit contre Verrès. (V. *Verrès*.)

VERROCHIO (Andrea del) (1422-1488), peintre et sculpteur florentin, maître du Pérugin et de Léonard de Vinci. Il fit de beaux ouvrages en bronze que l'on voit encore à Florence et à Venise.

***VERROT** (*ver*), *sm*. Nom vulgaire de la courtilière. || Ver de terre.

VERROTERIE (*verre*), *sf*. Petit objet en verre (perle, bague).

VERROU (vx fr. *verrouil* : du l. *veruculum*, dm. de *veru*, broche), *sm*. Barre ou cylindre de fer portant en son milieu une sorte de poignée, engagé dans deux anneaux de fer

VERROU HENRI

VERROU

où il peut aller et venir et que l'on pousse dans une gâche pour fermer une porte. — Fig. *Être sous les verrous*, être en prison. — Pl. *des verrous*. — **Dér.** *Verrouiller*.

VERROUILLER (vx fr. *verrouil*, verrou), *vt*. Fermer au verrou : *Verrouiller une porte*. — **Se verrouiller**, *vr*. S'enfermer au verrou.

***VERRUCAIRE** (l. *verruca*, verrue), *sf*. Genre de plantes cryptogames du groupe des Lichens qui se développent sur l'écorce des arbres, sur les rochers, les pierres et la terre nue. Les espèces de ce genre sont assez nombreuses et l'on en connaît plusieurs à l'état fossile, elles accompagnent alors des bois fossiles, etc.

***VERRUCANO** (de *Verruca*, Toscane), nom que les géologues donnent aux schistes verts et rouges appartenant au terrain cambrien, dans les Alpes suisses et tyroliennes. Dans les Alpes vénitiennes, on comprend sous le nom de *verrucano* un conglomérat rouge, à cailloux de quartz, alternant avec des schistes jaunes, rouges, violets ou verts.

VERRUE (l. *verrucam*), *sf*. Petite tumeur de la peau, limitée, arrondie ou allongée, présentant la même structure que la peau avec hypertrophie plus ou moins considérable des papilles. On rencontre les verrues très fréquemment dans l'enfance et la jeunesse ; elles sont plus rares chez les vieillards ; mais, dans tous les cas, elles siègent de préférence sur les parties découvertes du corps, et la main semble leur siège de prédilection. La malpropreté et le contact de substances irritantes seraient souvent la cause de ces productions pathologiques, d'après certains auteurs. Ne causant aucune douleur, les verrues peuvent par leur abondance être un sujet de gêne, et leur siège sur des parties découvertes en fait toujours une difformité désagréable. La disparition de ces productions se fait souvent d'une façon naturelle, soit que les éléments de la petite tumeur s'atrophient progressivement, soit que celle-ci se dessèche et tombe, laissant à sa place une peau normale. Dans d'autres cas, ces tumeurs sont très tenaces et la multiplicité des moyens qui ont été préconisés pour les faire disparaître suffit à démontrer le peu d'efficacité d'un grand nombre d'entre eux. Une goutte d'acide acétique déposée une ou deux fois par jour sur la base de la verrue donne de bons résultats. L'acide chromique, employé à l'état presque solide, fait vite disparaître les verrues. Dans grand nombre de cas, le meilleur moyen de s'en débarrasser est l'excision suivie de cautérisation avec la pierre infernale. — **Dér.** *Verruqueux, verruqueuse*.

VERRUQUEUX, EUSE (l. *verrucosum*), *adj*. Parsemé de verrues. || Qui a la forme d'une verrue.

1. **VERS** (l. *versum* : *vertere*, tourner), *sm*. Ensemble de mots juxtaposés d'après certaines règles fixes et qui est l'élément du langage particulier à la poésie. Les vers grecs et latins sont constitués par une succession de syllabes longues et brèves qui doivent occuper une place déterminée. Les vers français doivent contenir un nombre fixe de syllabes et être tels que chacun d'eux rime avec un autre. || *Vers alexandrin*, vers français de douze syllabes employé dans la haute poésie, et dans lequel le sens est coupé après la sixième syllabe, ce qui partage le vers en deux hémistiches. || *Vers décasyllabique* ou *de dix syllabes*, vers héroïque français du moyen âge, qui l'employait dans les chansons de geste et dans la plupart des genres poétiques. Aujourd'hui il est surtout en usage dans l'épître et dans les poésies légères. || *Vers libres*, vers dans lesquels le nombre des syllabes peut varier de l'un à l'autre et où la rime est agencée à la volonté du poète : *Les fables de La Fontaine sont en vers libres*. || *Vers blancs*, vers non rimés, mais assujettis à ne contenir qu'un nombre déterminé de syllabes. Ils n'ont pas réussi en français ; cette langue n'admet que des vers rimés dont elle varie l'harmonie en y distribuant convenablement les accents toniques, dont la succession constitue le rythme. || Manière dont on fait des vers : *Ce poète a le vers sonore et énergique*. || *Grands vers*, les vers alexandrins ou de douze syllabes. || *Petits vers*, les vers de moins de dix syllabes. || Les poésies légères composées de ces sortes de vers : *Envoyer des petits vers à quelqu'un*. — **Dér.** *Verset, versicules, versiculets*. — **Comp.** *Versifier, versification, versificateur, versiforme*. Même famille : *Verser, version*. — **Hom.** *Ver, vert, verd, verre, vers* (prép.).

VERS (l. *versus* : *vertere*, tourner), *prép*. Situé du côté de : *La forêt est vers notre droite*. || En se dirigeant du côté de : *Le vent souffle vers le couchant*. || Auprès de : *Il est venu vers moi*. || Environ : *Je dîne vers six heures*. — **Gr.** La préposition *vers* exprime un rapport de but. Au XVIIe siècle, on l'employait souvent dans le sens de *envers*.

***VERSABLE** (*verser*), *adj. 2 g.* Sujet à verser, en parlant d'un véhicule.

***VERSAGE** (*verser*), *sm*. Opération consistant à vider les bennes amenées au jour par la machine d'extraction. (Mines.) || Premier labour donné aux jachères.

VERSAILLES, 48 324 hab. Préf. (Seine-et-Oise), évêché, à 19 kilom. de Paris, sur un plateau entouré de bois ; ville régulièrement bâtie, percée de rues larges et droites, ornée de boulevards, à laquelle on arrive du côté de l'E. par les immenses avenues de Sceaux, de Paris et de Saint-Cloud, disposées en éventail, et par les deux chemins de fer de la Rive droite et de la Rive gauche. Statues de l'abbé de l'Epée et de Hoche. Au xviie siècle, Versailles n'était qu'un village où Louis XIII fit construire un château, simple rendez-vous de chasse. Louis XIV le transforma (1661) en un immense palais construit par Levau et Mansart, d'une architecture plus que médiocre. On y admire cependant la chapelle, la salle de spectacle, le grand escalier de marbre, la grande galerie. Les appartements de Louis XIV et de Louis XVI y ont été conservés. A l'O. du château, au bas d'une grande terrasse est le parc, jardin français dessiné par Le Nôtre, décoré de nombreuses statues et de bassins avec jets d'eau alimentés par la machine de Marly. L'orangerie est la plus considérable qui existe. Deux petits palais, le *Grand* et le *Petit Trianon*, élevés, le premier par Louis XIV et le second par Louis XV, sont des annexes du château. De 1672 à 1789, Versailles fut la résidence du roi et du gouvernement, et les États généraux s'y ouvrirent le 5 mai 1789. Après les événements de 1870-71, le gouvernement fut de nouveau établi à Versailles jusqu'en 1870 et, d'après la constitution de 1875, le Congrès s'y réunit encore, soit pour l'élection du président de la République ou pour le cas de révision des lois constitutionnelles. Sous Louis-Philippe, le palais a été converti en un musée d'histoire nationale. Versailles fait un grand commerce des produits de l'horticulture.

VERSAILLES (FORÊT DE), 813 hect. Forêt domaniale de Seine-et-Oise, peuplée de chênes, de châtaigniers et de bois blancs.

1. VERSANT, ANTE (*verser*), *adj.* Qui verse facilement, qui est sujet à verser, en parlant des voitures.

2. VERSANT (*verser*), *sm.* La pente de chacun des deux côtés d'une chaîne de montagnes : *Le versant O. des Alpes et du Jura présente une longue pente, le versant E. est abrupt.*

VERSATILE (l. *versatilem* : de *versare*, tourner), *adj. 2 g.* Qui change souvent, inconstant : *Esprit versatile.* — **Dér.** *Versatilité.*

VERSATILITÉ (*versatile*), *sf.* Qualité de ce qui change souvent. ‖ Inconstance : *La versatilité des opinions d'un homme.*

1. VERSE (*svf.* de *verser*). État des céréales sur pied quand elles sont couchées sur le sol par la pluie ou par une trop grande croissance. — A VERSE, *loc. adv.* Comme quand on verse de l'eau : *Il pleut à verse.*

2. VERSE (l. *versum*, tourné), *adj. m.* *Sinus verse d'un arc* ou *d'un angle*, la partie du rayon comprise entre l'origine des arcs et le pied du sinus. (Géom.)

VERSÉ, ÉE (*verser*), *adj.* Exercé, expérimenté, très habile : *Cet érudit est versé dans la connaissance des langues italiques.*

1. VERSEAU (*verser*), *sm.* La onzième constellation zodiacale, représentée sous les traits d'un jeune homme versant l'eau contenue dans une urne, et dans laquelle, suivant la mythologie, fut changé Ganymède. Il ne faut pas confondre cette constellation avec le signe du zodiaque portant le même nom, que le Soleil parcourt du 21 janvier au 18 février environ. (V. *Zodiaque.*)

2. * VERSEAU (*verser*), *sm.* Pente du dessus d'un entablement non couvert. (Maç.)

VERSEMENT (*verser*), *sm.* Action de remettre une somme d'argent pour acquitter une dette ou coopérer à une entreprise. ‖ Action de livrer une marchandise.

VERSER (l. *versare*, tourner), *vt.* Faire sortir un liquide, des graines, des matières pulvérulentes que contient un vase, un récipient quelconque en inclinant celui-ci : *Verser de l'huile dans une lampe, de l'avoine dans un coffre, du plâtre dans une auge.* ‖ Mettre du vin ou une autre boisson dans un verre : *Verser à boire.* ‖ *Verser des larmes*, pleurer. ‖ *Verser le sang*, tuer avec un instrument tranchant ou d'une manière quelconque, commettre ou commander un meurtre : *Marius et Sylla versèrent des flots de sang.* ‖ *Verser son sang pour la patrie*, se faire tuer en la défendant. ‖ Répandre d'un lieu élevé : *Les nuages nous versent la pluie.* — Fig. *Verser le mépris sur quelqu'un*, en parler de manière à le rendre méprisable. ‖ Distribuer en abondance : *Il versa sur nous mille bienfaits.* ‖ Faire pénétrer dans l'esprit, le cœur : *Verser des consolations dans un cœur triste.* ‖ Confier : *Verser ses secrets dans le cœur d'un ami.* ‖ Apporter de l'argent à une caisse : *Verser ses économies à la caisse d'épargne.* ‖ Consacrer de l'argent à une entreprise : *Verser des fonds dans une affaire.* ‖ Faire passer un militaire d'un corps dans un autre : *Il fut versé dans l'artillerie.* ‖ Faire passer dans un autre pays l'excédent de la population, des produits : *L'Amérique du Nord nous verse ses blés et l'Europe lui verse ses émigrants.* ‖ Faire tomber sur le côté une voiture en marche, ceux qui sont dedans : *Notre cocher nous a versés.* ‖ Coucher les céréales sur le sol, en parlant du vent, de la pluie : *L'ouragan a versé nos blés.* ‖ Labourer : *Verser une luzernière.* — *Vi.* Tomber sur le côté, en parlant d'une voiture ; être couché sur le sol, en parlant d'une récolte : *La diligence a versé. Nos blés ont versé.* — **Se verser**, *vr.* Etre versé. ‖ Venir déboucher dans un autre cours d'eau ou dans la mer : *La Marne se verse dans la Seine.* — **Dér.** *Verse* 1 et 2, *versant* 1, *versante*, *versant* 2, *versé*, *versée*, *Verseau* 1 et *verseau* 2, *versement*, *verseur*, *versable* ; *versatile*, *versatilité*, *vers* (prép.), *verso*, *vers*, *verset*, *versification*, *versificateur*, *versicules* ou *versiculets* ; *vertige*, etc. ; *vervelle*, *vertex*, *vertèbre*, *vertébré*, etc. ; *versoir* ; *Vertumne*, *vertical*, *verticale*, *verticalement*, *verticalité*, *verticité*, *vertigineux*, *vertiginosité*, *verticille*, etc. ; *vertelle*, *verterelle*, *vertenelles*, *vertet* ; *verti*, *vertie* ; *verveux*. — **Comp.** *Avertir*, *averti*, *avertie*, *avertisseur*, *avertissement* ; *aversion* ; *adverse*, *adversaire*, *adversatif*, *adversité* ; *convertir*, *conversion*, etc. ; *controverser*, *controverse* ; *divertir*, *divertissant*, *divertissante*, *divertissement* ; *divers*, *diversion*, *diversité* ; *divorce*, *divorcer* ; *intervertir* ; *interverti*, *intervertie*, *inversion* ; *pervertir*, *perversion*, *pervers*, *perversité* ; *prose*, *prosateur* ; *rétroversion* ; *travers*, *traverser*, *traverse*, *traversée*, *traversement*, etc. ; *univers*, *universel*, *universelle*, *universellement*, *université* ; *versicolore* ; *invertébré*, *verticilliflore*.

VERSET (dm. de *vers* 1), *sm.* Chacun des petits alinéas numérotés qui composent un chapitre de la Bible. ‖ Petite phrase ou fragment de phrase de l'Ecriture qu'on dit ou chante dans l'office de l'Eglise, et qui est ordinairement suivi d'un répons. ‖ Signe d'imprimerie (℣) qui sert à marquer les versets.

***VERSEUR** (*verser*), *sm.* Celui qui verse. ‖ Agent des halles de Paris qui a pour fonction de disposer pour l'adjudication, sur de larges paniers plats, le poisson tout frais arrivé, afin que les espèces soient réunies et que les lots soient bien répartis.

***VERSICOLORE** (l. *versicolorem*), *adj. 2 g.* Qui présente plusieurs couleurs. ‖ Dont la couleur change d'un moment à l'autre.

VERSICULES ou **VERSICULETS** (l. *versiculum*, petit vers), *smpl.* Vers d'un petit nombre de syllabes.

VERSIFICATEUR (l. *versum*, vers 1 + *ficare*, faire), *sm.* Celui qui fait des vers. ‖ Celui qui fait facilement des vers, mais qui n'a pas l'inspiration, le génie poétique : *Il y a plus de versificateurs que de vrais poètes.*

VERSIFICATION (l. *versificationem*), *sf.* L'ensemble des règles auxquelles on doit s'assujettir en composant des vers. Il y a deux sortes de vers : le *vers métrique* et le *vers syllabique*. La construction du *vers métrique* dépend de la combinaison de syllabes brèves et de syllabes longues. Les vers grecs et latins sont des vers métriques. Ils n'emploient jamais la rime. La construction des *vers syllabiques* dépend du nombre des syllabes ou *pieds*. Les vers **français** sont syllabiques ; ils emploient toujours la rime. La versification française comprend plusieurs espèces de vers qui se distinguent les uns des autres par le nombre des syllabes. Les deux principaux vers français sont :

1° *L'hexamètre* ou *alexandrin* ou *vers héroïque*, qui se compose de douze syllabes :

1 2 3 4 5 6 7 8 9 10 11 12
C'était pendant l'horreur | d'une profonde nuit.

On pense que le vers de douze syllabes a reçu le nom d'alexandrin par suite de la vogue dont jouirent les romans du *cycle d'Alexandre*, tous écrits dans cette mesure. La première partie de ce cycle parut en 1184 et il ne fut pas fermé avant les premières années du xive siècle. Néanmoins, ce ne furent pas les auteurs de ce cycle qui inventèrent le vers de douze syllabes déjà employé antérieurement dans le *Roman de Rou*, composé vers 1170 par Robert Wace.

2° Le vers de *dix syllabes*, le seul employé dans l'ancienne poésie française. On lui donne souvent le nom de vers *décasyllabique* :

1 2 3 4 5 6 7 8 9 10
Vert-Vert vivait | sans ennuis, sans travaux.

On regarde le vers de dix syllabes comme le plus ancien de tous dans la poésie française. C'était à l'origine notre *vers héroïque*, et il est exclusivement employé dans nos plus vieilles chansons de geste.

Outre ces deux espèces de vers, il existe des vers de *huit*, de *sept*, de *six*, de *cinq* ou d'un plus petit nombre de syllabes.

En français, les articles, les adjectifs démonstratifs et possessifs, les pronoms, les prépositions et les conjonctions qui n'ont qu'une syllabe ou qui ont deux syllabes dont la dernière est muette, sont dépourvus d'*accent tonique*. Dans *je viens te prévenir*, *je* et *te* sont dépourvus d'accent tonique. Un nombre de syllabes réglementaire ne forme réellement un vers qu'à la condition de présenter des syllabes accentuées à des places rigoureusement déterminées. Dans l'alexandrin il faut que, abstraction faite des syllabes élidées, la sixième et la douzième syllabe soient accentuées. Dans le vers décasyllabique, la quatrième et la dixième syllabe doivent toujours être des toniques. Indépendamment des accents toniques occupant une place fixe dans le vers, il en est d'autres, dits *accents secondaires*, que le poète peut distribuer à volonté. Voici les principaux modes des toniques dans l'alexandrin : 1° Toutes les syllabes de rang pair sont accentuées ; ex. : C'est *peu* de *croire* en *toi*, | *bonté*, *beauté* su*prême* ! 2° Les syllabes 3, 6, 9, 12 sont accentuées ; ex. : J'ad*mirais* sa dou*ceur*, son air *noble* et mo*deste*. 3° Les syllabes 2, 4, 6, 9, 12 sont accentuées ; ex. : Le *jour* n'est *pas* plus *pur* que le *fond* de mon *cœur*. 4° Les syllabes 3, 4, 8, 10, 12 sont accentuées ; ex. : Que tou*jours* dans vos *vers* le *sens*, cou*pant* les *mots*. On voit que l'*accent tonique* joue un rôle considérable dans la composition et dans le rythme des vers français. Nos vers sont donc essentiellement des vers accentués.

On peut écrire un morceau de poésie en vers de différentes grandeurs, en *vers libres* ; il en résulte souvent d'heureuses oppositions.

Dieu descend et revient habiter parmi nous :	12 pieds.
Terre, frémis d'allégresse et de crainte.	10 —
Et vous, sous sa majesté sainte,	8 —
Cieux, abaissez-vous.	5 —

(RACINE, *Esther.*)

Il y a différentes règles à observer dans la versification ; ces règles sont relatives à l'**élision**, à la **césure**, à la **rime**, à l'**hiatus**, à l'**enjambement**.

L'élision consiste en ce que l'on ne compte pas dans la mesure du vers toute syllabe finale d'un mot qui se termine par un *e* muet, et qui est placée devant un autre mot commençant par une voyelle ou un *h* muet. Ainsi dans le vers suivant :

Le conseil était sage et facile à goûter.

On ne compte pas les syllabes muettes *ge* et *le*, dont l'*e* muet est placé devant une voyelle. Ces deux syllabes reprendraient toute leur valeur et seraient comptées si elles étaient devant une consonne ou un *h* aspiré, comme dans les vers suivants :

Un rat, hôte d'un champ, rat de peu de cervelle,
Des lares paternels un jour se trouva soûl.
Il laisse là le champ, le grain et la javelle,
Va courir le pays, abandonne son trou...

(LA FONTAINE, *Fables.*)

Toute syllabe muette finissant un vers ne

compte pas dans la mesure du vers; elle est considérée comme *élidée*. Ex. :

Le bonheur des méchants comme un torrent s'écou*le*.

On appelle **césure** (du latin *cædere*, couper) un repos dans l'intérieur du vers. La césure coupe le vers en deux parties dont chacune est nommée *hémistiche* (littéralement *moitié de vers*). Boileau a dit, en parlant de la césure :

Que toujours, dans vos vers, | le sens coupant vos mots
Suspende l'hémistiche, | en marque le repos.

(BOILEAU, *Art poétique*.)

Dans l'alexandrin ou vers de douze pieds, la césure se trouve après la *sixième syllabe*. Ex. :

Il est un heureux choix | de mots harmonieux.

Il est un heureux choix forme le premier hémistiche de six syllabes; la césure est après *choix*, parce qu'en cet endroit on peut observer un léger repos; le second hémistiche est : *de mots harmonieux*. Dans le vers de dix pieds, la césure est après la *quatrième* syllabe.

Vulcain, sortant | de sa forge embrasée.

Vulcain sortant forme le premier hémistiche de quatre syllabes; la césure est après *sortant;* le second hémistiche est *de sa forge embrasée*. Les vers au-dessous de dix syllabes n'ont pas de césure.

Le terme de *césure*, par lequel on désigne l'endroit où finit le premier hémistiche, est assez impropre, attendu que le demi-repos qu'on observe en cet endroit n'était pas, à l'origine, une nécessité du vers français. La coupure du vers après le premier hémistiche a été pratiquée d'abord par l'école de Ronsard. Aujourd'hui elle commence à tomber en désuétude. Les poètes contemporains n'hésitent pas à couper les vers en toute autre place.

Le mot *hémistiche* n'a été introduit dans notre prosodie qu'au XVIe siècle. Il est interdit de terminer un premier hémistiche par un des monosyllabes *le, la, les, de, du, des, au, aux, mon, ton, son, ma, ta, sa, mes, tes, ses, leur, leurs, ce, cet, cette, ces, je, tu, il, elle, nous, vous, ils, me, te, se, que, ne*, etc.

On appelle **rime** l'uniformité de son qui se trouve dans la terminaison de deux vers.

Je ne veux point ici rappeler le pas*sé*,
Ni vous rendre raison du sang que j'ai ver*sé*.

(RACINE, *Athalie*.)

Passé rime avec *versé*. Il y a deux natures de rime : la *rime masculine* et la *rime féminine*. On appelle *rime masculine* celle qui ne se termine pas par une syllabe muette. Dans les deux vers précédents, la rime est masculine. On appelle *rime féminine* celle qui se termine par une syllabe muette. Dans ces deux vers :

Ce que j'ai fait, Abner, j'ai cru le devoir *faire*.
Je ne prends point pour juge un peuple témé*raire*.

(RACINE, *Athalie*.)

la rime est féminine. Pour qu'une rime féminine soit bonne, il faut qu'en retranchant la syllabe muette finale *e, es, ent*, sauf la consonne initiale de cette syllabe, le reste offre une rime masculine suffisante. On appelle *vers masculin* celui qui se termine par une *rime masculine*, et *vers féminin* celui qui se termine par une *rime féminine*. Les mots *rime masculine, rime féminine* ne s'appliquent pas au *genre* des mots, mais simplement à la manière dont ils se terminent. Ainsi dans les vers suivants :

J'attendais de son fils encor plus de bon*té*;
Pardonne, cher Hector, à ma crédul*ité*.

(RACINE, *Andromaque*.)

la rime est masculine, bien que les mots *bonté, crédulité* soient du féminin. Au contraire, dans les vers suivants :

Sauve des malheureux si voisins du nau*frage*.
Dieu puissant, m'écriai-je, et rends-nous au ri*vage*.

(CRÉBILLON, *Idoménée*.)

la rime est féminine, bien que les mots *naufrage, rivage* soient du masculin.

Nos plus anciens poèmes, à proprement parler, n'étaient pas rimés. La rime y était remplacée par l'*assonance* ou rime imparfaite. Deux mots forment une assonance lorsque dans leurs dernières syllabes les voyelles se ressemblent, mais non les consonnes, ou lorsqu'au contraire les consonnes se ressemblent, mais non les voyelles. La chanson de Roland est écrite en *assonances*. Ex. : Cam*pa*gne, enfi*la*de. Une *rime masculine* est *bonne* lorsque les deux mots rimant ensemble ont leur dernière syllabe identique quant au son et jusqu'à un certain point quant à l'orthographe. Ex. : *Laideur, lourdeur; airain, serein*. Il en est de même pour la *rime féminine bonne*. Ex. : *Personne, consonne; amère, chimère*.

Les terminaisons très communes en français, comme le sont, par exemple, les terminaisons *ée, ant, ie, ier, in, on, ion, ue*, etc., ne peuvent former une rime que quand elles sont précédées de la même consonne, laquelle est souvent désignée sous le nom de *consonne d'appui*. Ex. : Por*tée*, inquié*tée*: mais por*tée* et exau*cée* ne riment pas. Sont considérées comme consonnes identiques deux *s* (*ss*) et *ç*, *ct* et *x*, *x* et *c*, deux *s* (*ss*) et *t*, *z* et *s*, etc., ayant le même son. Ex. : *Amassé, tracé; action, réflexion; Bruxelles, étincelles; passion, nation; gazon, saison*. Mais *s* ayant le son de *z* n'équivaut, comme lettre d'appui, ni à *s* dur, ni à deux *s* (*ss*). Ainsi rai*son* ne peut rimer avec pin*son* ni avec mois*son*; de même *t* dur ne peut équivaloir à *t* ayant le son de *s*. Ainsi, amnis*tie* ne peut rimer avec iner*tie*. Pour les terminaisons moins communes, mais à son plein, surtout lorsqu'elles sont féminines, on tolère la dissemblance des consonnes initiales. Ex. : In*sulte*, tu*multe*; *temple*, e*xemple*. Sont réputés pleins les sons caractérisés par les voyelles *a, o, è, ê, ai, ei, au, eau, oi, eu, ou*, les voyelles nasales, les voyelles longues, des diphtongues suivies d'une même consonne double et de l'*e* muet.

REMARQUES. — 1° Les voyelles composées et les voyelles simples de même son riment ensemble. Ex. : Troup*eaux*, et rep*os*. 2° Les consonnes muettes non finales ne comptent pas pour la rime. Ex. : Je *dois* rime avec les *doigts*. 3° Les troisièmes personnes plurielles en *ent* du présent de l'indicatif ne riment qu'entre elles. Ex. : Finiss*ent*, fleuriss*ent*. 4° Les troisièmes personnes plurielles de l'imparfait de l'indicatif et du présent du conditionnel riment entre elles. Ex. : Chanter*aient*, planter*aient*. De plus, elles sont considérées comme formant des rimes masculines. Ne peuvent rimer ensemble : 1° Une terminaison masculine et une féminine de même son. Ex. : *Détail, bataille*. 2° Un nom singulier et un nom pluriel. Ex. : *Convoi* et les *voix* ne riment pas. Cependant deux mots terminés en *s, x, z*, l'un singulier et l'autre pluriel, peuvent rimer. 3° Une consonne finale sonore avec la même consonne muette. Ex. : *Fier* (adj.) ne rime pas avec *se fier*. 4° Un mot terminé par une muette et un mot qui n'a pas cette consonne. Ex. : *Saut* ne rime pas avec vermis*seau*; ni al*tier* avec moi*tié*. 5° Une voyelle longue avec une brève. Ex. : L'*âme* et *lame* ne riment pas. 6° Un *l* mouillé et un *l* simple. Ex. : Fa*mille* et *fil* ne riment pas. 7° Le même mot avec lui-même, ni ce mot avec ses composés ni ces derniers entre eux. Ex. : Il *vient* et il par*vient*.

On distingue parfois les rimes en *insuffisantes, pauvres, suffisantes* et *riches*. La rime est *insuffisante* quand elle se borne à la lettre finale : par*ti*, fin*i*. Elle est *pauvre* quand la consonne d'appui n'est pas la même : *bord, accord*. Elle est *suffisante* quand la syllabe finale est identique dans les deux mots; Ex. : Ar*deur*, can*deur*. Elle est *riche* quand elle est formée par plusieurs syllabes identiques : *naissance, connaissance*.

Les rimes peuvent se succéder de différentes manières. De là, les rimes *plates* ou *suivies*, les rimes *croisées*, les rimes *redoublées* et les rimes *mêlées*. On dit que les rimes sont **plates ou suivies** lorsque deux vers masculins sont régulièrement suivis de deux vers féminins, auxquels succèdent immédiatement deux vers masculins, et ainsi de suite. Tel est le système de notre haute poésie.

Celui qui met un frein à la fureur des *flots* Sait aussi des méchants arrêter les com*plots*.	masculine.
Soumis avec respect à sa volonté *sainte* (crainte. Je crains Dieu, cher Abner, et n'ai point d'autre	féminine.
Cependant, je rends grâce au zèle offic*ieux* Qui sur tous nos périls vous fait ouvrir les *yeux*	masculine.
Je vois que l'injustice en secret vous ir*rite*, Que vous avez encor le cœur israé*lite*.	féminine.

(RACINE, *Athalie*.)

Lorsque dans une pièce de poésie on entrelace les deux espèces de vers, un masculin après un féminin ou deux masculins de même rime entre deux féminins qui riment ensemble, ou *vice versa*, on a ce que l'on appelle des **rimes croisées**.

Le Chêne un jour dit au Ros*eau* : Vous avez bien sujet d'accuser la na*ture*. Un roitelet pour vous est un pesant far*deau*. Le moindre vent qui d'aven*ture*	Un vers féminin alternant avec un vers masculin.
Fait rider la face de l'*eau* Vous oblige à baisser la *tête*; [pa*reil*,] Cependant que mon front, au Caucase Non content d'arrêter les rayons du so*leil*, Brave l'effort de la tem*pête*.	Deux vers masculins de même rime séparant deux féminins qui riment ensemble.

(LA FONTAINE, *Fables*.)

On appelle **rimes redoublées** un certain nombre de rimes semblables qui se suivent sans interruption :

Dans cette retraite ché*rie*
De la sagesse et du plai*sir*,
Avec quel goût je vais cueil*lir*
La première épine fleu*rie*!
Avec les fleurs dont la prai*rie*
A chaque instant va s'embel*lir*,
Mon âme trop longtemps flé*trie*
Va de nouveau s'épa*nouir*,
Et, loin de toute rêve*rie*,
Voltiger avec le zé*phir*.

(GRESSET, *Épître sur sa convalescence*.)

On appelle **rimes mêlées** celles qui ne se succèdent pas dans un ordre uniforme. La Fontaine en offre beaucoup d'exemples dans ses fables.

Une hirondelle en ses voyages [vu Avait beaucoup appris. Quiconque a beaucoup Peut avoir beaucoup retenu. Celle-ci prévoyait jusqu'aux moindres orages.	Rimes croisées.
Et, devant qu'ils fussent éclos. Les annonçait aux matelots.	Rimes plates

A propos de la rime, il faut observer les règles suivantes : 1° les deux hémistiches d'un même vers ne doivent pas rimer ensemble; 2° la fin d'un vers ne doit pas rimer avec le premier hémistiche du vers suivant; 3° les deux premiers hémistiches de deux vers consécutifs ne doivent pas rimer entre eux.

Les plus anciens poètes français aimaient, à composer le plus de vers successifs possible sur la même rime. On trouve quelquefois dans leurs œuvres jusqu'à soixante vers de suite ayant la même terminaison. Mais de bonne heure on varia davantage la rime. *Ronsard* et ses disciples sont les premiers poètes qui se sont fait une règle formelle de l'alternance des rimes masculines et féminines. Tous les poètes postérieurs se conformèrent à ce nouvel article du code de la prosodie.

Lorsqu'on lit des vers à haute voix, on doit éviter de marquer la césure et la rime. On doit s'appliquer souvent, au contraire, à les faire disparaître, sous peine de rendre la lecture d'une pièce de vers monotone et fastidieuse.

On appelle **hiatus** la consonance résultant de la rencontre d'une voyelle finale sonore qui termine un mot, avec la voyelle initiale du mot suivant; exemple : Il *a été* irrité. La voyelle *a* et l'*é* initial de *été* forment un *hiatus*. L'*é* final de *été* et l'*i* initial de *irrité* en forment un autre. L'*hiatus* est complètement banni des vers français.

Gardez qu'une voyelle à courir trop hâtée
Ne soit d'une voyelle en son chemin heurtée.

(BOILEAU, *Art poétique*.)

On sait combien est fréquent l'hiatus dans l'intérieur des mots français. Un très grand nombre de ces mots renferment des hiatus amenés par la suppression d'une consonne placée entre deux voyelles du mot latin d'où ils proviennent. Ex. : *Cru-el* de *cru-de-lem; loy-al* de *le-ga-lem*. Il semble donc que l'hiatus avait un certain charme pour les oreilles de nos pères. Aussi les poètes français du moyen âge ne s'interdisaient pas les hiatus dans leurs vers, et on en trouve de nombreux dans les poésies de Clément Marot. Ronsard et les poètes de la Pléiade se montrèrent sur ce point plus sobres que leurs devanciers. Toutefois, ce fut seulement Malherbe qui, le premier, exclut absolument l'hiatus de ses compositions poétiques. La conjonction *et*, dont le *t* final ne se prononce jamais, est considérée comme formant hiatus avec la voyelle initiale du mot suivant. Ce serait une faute d'écrire dans un vers : *et aussi*. On tolère les hiatus qui se trouvent dans quelques locutions adverbiales comme *çà et là, peu à peu* ainsi que celui qui résulte de la répétition du mot *oui*. Entre la fin d'un vers et le premier mot du vers suivant l'hiatus est permis. Ex. :

Combien de fois ainsi mon esprit abattu
A cru s'envelopper d'une froide vertu.

Les réunions de voyelles dont la dernière est un *e* muet telles que *aie, aue, ée, eie, eue, ie, oie, oue, ue, uie*, etc., lorsqu'elles terminent un mot, font que ce mot ne peut entrer dans un vers que quand le mot suivant commence par une voyelle ou un *h* muet. On peut mettre dans un vers cette expression : *la haie odorante*, mais on n'y pourrait mettre : *la haie verdoyante*. Quand les mots qui finissent par ces réunions de voyelles ont un *s* ou *nt* après l'*e* muet (les haies, ils essayent), ils ne peuvent être placés dans les vers, si ce n'est tout à fait à la fin. Cette règle est générale pour les noms. Dans les verbes il n'y a d'exception que pour les troisièmes personnes plurielles de l'imparfait de l'indicatif et du présent du conditionnel, et pour que *tu aies*, qu'ils *aient*, qu'ils *soient*. Lorsque la réunion des voyelles ci-dessus énumérées se trouve dans l'intérieur des mots, on fait abstraction de l'*e* muet et on regarde ces sons comme des monosyllabes. Ainsi, on ne compte que deux syllabes dans je *prierai*. Certains poètes écrivent même dans ce cas : *je pri-rai*. Il est presque inutile de dire que nos anciens poètes n'excluaient pas de leurs vers les mots terminés par un assemblage de voyelles dont la dernière est un *e* muet.

On appelle **enjambement** ou **rejet** la construction grammaticale qui consiste à couper une proposition en deux parties dont la première termine un vers, et dont la seconde, commençant le vers suivant, est indispensable pour l'intelligence du sens de la première.

Et fait si bien *qu'il déracine*
Celui de qui la tête au ciel était voisine.
(La Fontaine, *le Chêne et le Roseau*.)

Le *rejet* au second vers du mot *celui*, complément direct de *déracine*, constitue un *enjambement*. Malherbe et Boileau ont proscrit l'enjambement. A propos de cette réforme, Boileau dit dans son *Art poétique* :

Et le vers sur le vers n'osa plus enjamber.

De nos jours on en est revenu à tolérer l'enjambement, pourvu qu'il ne soit pas trop fréquent.

On donne habituellement le nom de *licence poétique* à toute façon de parler ou d'écrire non conforme à l'usage courant. Cette dénomination est tout à fait impropre; les prétendues licences poétiques ne sont que des archaïsmes. C'est par archaïsme que l'on écrit je *croi*, au lieu de je *crois*, à la fin des vers; que l'on écrit *encor* pour *encore*, *guères* pour *guère*, *avecque* pour *avec*, *mêmes* pour *même*, etc. ‖ Manière dont on fait les vers.

VERSIFIER (l. *versificare : de versus*, vers + *ficare*, faire), *vi*. Faire des vers. — *Vt*. Mettre de la prose en vers : *On a versifié le Télémaque*. — **Gr**. Je versifie, nous versifions; je versifiais, nous versifiions, vous versifiiez; que je versifie, que nous versifiions, que vous versifiiez.

VERSIFORME (l. *versus*, changé + *forme*), *adj. 2 g*. Dont la forme est sujette à changer, à varier.

1. VERSION (l. *versionem : de vertere*, tourner), *sf*. Action de tourner. ‖ Travail qui consiste à exprimer dans une langue un ouvrage écrit dans une autre langue. ‖ Résultat de ce travail : *Une version fidèle de Tacite*. ‖ Toute traduction ancienne de la Bible : *La version des Septante, de saint Jérôme*. ‖ Devoir d'écolier qui consiste à traduire un passage d'un auteur ancien ou étranger dans sa propre langue : *Il a fait une bonne version grecque*. ‖ Manière de raconter un fait : *Il y a sur ce fait différentes versions*.

2. VERSION (*version 1*), *sf*. Mot employé, en obstétrique, pour indiquer l'opération qui a pour but de rendre possible un accouchement ou d'éviter une complication qui pourrait survenir soit chez l'enfant, soit chez la mère, en modifiant la position de l'enfant dans l'utérus. Cette opération est assez délicate pour nécessiter toujours la présence des gens de l'art.

VERSO (l. *verso*, s.-ent. *folio*, la feuille étant tournée), *sm*. La seconde page ou le revers d'un feuillet couvert d'écriture des deux côtés. — *Pl. des versos*.

***VERSOIR** (*verser*), *sm*., ou Oreille, *sf*. Pièce de la charrue, de forme contournée, placée au-dessus et un peu en arrière du soc d'une charrue, et servant à renverser la terre quand elle a été coupée par le coutre et le soc.

VERSOIX, 1 100 hab., bourg du canton de Genève (Suisse), à l'embouchure de la rivière *Versoix* (qui naît dans l'Ain) dans le lac de Genève. Il appartint à la France jusqu'en 1789.

VERSTE (russe *versta*), *sf*. Mesure itinéraire de Russie qui vaut 1 067 mètres.

VERT, VERTE (l. *viridem*), *adj*. Qui est de la couleur de l'herbe et de la feuille des arbres : *Contrevent vert. Étoffe verte*. ‖ *Bonnet vert*, étoffe de cette couleur qu'on faisait autrefois porter aux banqueroutiers. ‖ Qui possède un reste de vie, de sève, en parlant des végétaux : *Cet arbre est encore vert*. ‖ *Bois vert*, bois qui, quoique coupé, n'a pas encore perdu, par l'évaporation, la dessiccation de tous les liquides qu'il contenait à l'état vivant. ‖ *Une volée de bois vert*, une bonne volée. ‖ *Cuir vert*, non corroyé. ‖ *Morue verte*, morue qui n'a pas été séchée. ‖ Qui a une saveur aigre faute d'être suffisamment mûr : *Il ne faut pas manger de fruits verts*. ‖ *Vin vert*, vin qui est encore acide parce qu'il n'a pas suffisamment vieilli. ‖ *Pois verts*, pois fraîchement cueillis, par opposition aux pois qui se gardent secs. — Fig. *Il trouve les raisins trop verts*, il fait semblant de mépriser ce qu'il ne peut obtenir. — Fig. Qui a la force physique, l'énergie, l'emportement de la jeunesse : *C'est une tête verte*. ‖ *Vert galant*, homme vif, ardent en amour. ‖ Qui conserve les forces, l'énergie de la jeunesse : *Une verte vieillesse*. ‖ Qui parle d'un ton aigre, qui n'use pas de ménagements : *C'est un homme bien vert*. ‖ Où l'on n'use point de ménagements : *Une verte réprimande*. — **Vert**, *sm*. La couleur verte : *Rubans vert olive. Tous vert-pomme. Un vert tendre. Vert d'émeraude. Vert brun. Vert-pré*. ‖ Toute couleur verte préparée pour la peinture ou la teinture : *Vert de chrome*. ‖ *Vert de composition*, couleur verte que l'on obtient en mélangeant du jaune et du bleu. ‖ *Vert de montagne*, variété de malachite ou hydrocarbonate de cuivre naturel. Cette substance prend le nom de *vert de montagne* lorsqu'elle se présente sous forme d'enduits, sur d'autres minerais ou sur des roches, pure ou mêlée à des matières terreuses. ‖ *Vert de Scheele*, arsénite de bioxyde de cuivre. ‖ *Vert de Schweinfurt*, combinaison double d'acétate et d'arsénite de cuivre. ‖ *Vert de zinc*, ou *vert de cobalt*, ou *vert de Saxe*, ou *vert de Rinmann*, oxyde de cobalt, associé à de l'oxyde de zinc; on l'obtient par précipitation simultanée, suivie de calcination. ‖ *Vert de vessie*, couleur verte préparée avec les baies du nerprun et contenue dans des vessies. ‖ Fourrage sur pied ou fraîchement coupé qu'on fait manger aux bestiaux : *Mettre des chevaux au vert*. — Fig. *Manger son blé en vert*, manger son revenu d'avance. ‖ L'acidité du vin nouveau : *Ce vin a encore du vert*. ‖ Nom de diverses roches ou pierres : *Vert antique*, variété de marbre qui contient de la serpentine. — **Hom.** *Vers* 1 et 2, *ver, verre*. — **Dér.** *Vertement; Verts*. (Pour les autres dérivés, V. *Verd*.) — **Comp.** *Vert-de-gris, vert-de-grisé, vert-de-grisée; vert-pré; Vert-Vert; Vauvert*.

VERT (cap), cap de la côte O. d'Afrique, sur l'océan Atlantique, dans la Sénégambie. — **Iles du Cap-Vert**, groupe de 10 îles volcaniques situé dans l'Atlantique à 500 kilom. à l'O. du cap Vert, et découvertes en 1456. Climat humide, brûlant, très malsain : riz, maïs, millet, vignes, cannes à sucre, tabac; bestiaux et volailles en abondance; grande tortue franche. Il y a plusieurs ports de relâche pour les navires qui doivent doubler le cap de Bonne-Espérance. (Au Portugal.)

VERTAIZON, 1 965 hab. Ch.-l. de c., arr. de Clermont (Puy-de-Dôme), sur l'Allier (r. dr.).

***VERTAULET** (*x*), *sm*. Engin de pêche conique à filet et à manche pour prendre les truites.

VERT-DE-GRIS (v. fr. : *verte-grez* (xiiie siècle); *vert-de-grice* (xive siècle) : de *vert aigret*, vert produit par l'*aigre*, l'acide), *sm*. Espèce de rouille verte qui se forme sur le cuivre exposé à l'air humide et qui est un carbonate basique de cuivre hydraté. ‖ *Vert-de-gris du commerce*, acétate basique de cuivre, qu'on obtient en exposant à l'air des plaques de cuivre mouillées de vinaigre ou entourées de marc de raisin.

***VERT-DE-GRISÉ, ÉE** (*vert-de-gris*), *adj*. Couvert de vert-de-gris : *Suif vert-de-grisé*.

***VERT-DE-GRISER (SE)** (*vert-de-gris*), *vr*. Se couvrir de vert-de-gris.

VERTE (rivière), ou Green River, 400 kilom. (300 navigables), rivière de l'État de Kentucky (États-Unis d'Amérique) qui se réunit à l'Ohio dans l'État d'Indiana.

VERTE (forêt), 1 431 hect. Forêt domaniale de la Seine-Inférieure, peuplée de chênes et de hêtres.

VERTÉBRAL, ALE (*vertèbre*), *adj*. Qui se rapporte aux vertèbres et à la région des vertèbres. ‖ Formé par les vertèbres : *Artère vertébrale*, branche collatérale de l'artère sous-clavière qui, après avoir contourné le sommet du poumon, longe la colonne vertébrale de chaque côté, et se trouve placée dans un canal osseux fourni par les apophyses transverses des vertèbres correspondantes. Elle arrive ainsi dans le crâne, où elle se réunit avec son homologue du côté opposé pour former l'artère basilaire. Dans ce trajet, l'artère vertébrale donne de nombreux rameaux. ‖ *Veine vertébrale*, veine qui accompagne l'artère vertébrale, mais qui ne correspond qu'à sa portion cervicale. Elle se jette dans le tronc veineux brachio-céphalique. ‖ *Nerf vertébral*, nom donné à l'ensemble des nerfs qui naissent du grand sympathique et vont se ramifier sur les parois de l'artère vertébrale. ‖ *Canal vertébral*, conduit osseux qui s'étend dans toute l'étendue de la colonne vertébrale, se continue en haut avec la cavité du crâne et se termine en bas en cul-de-sac. Contenant la moelle sur toute sa longueur, ce conduit présente une capacité plus grande que le volume de celle-ci, et sa forme varie ainsi que ses divisions dans les différents points de son trajet. Prismatique et triangulaire en haut, le canal vertébral est cylindrique au niveau de la région dorsale, redevient triangulaire dans la région lombaire et s'aplatit enfin à son extrémité terminale. ‖ *Colonne vertébrale*, dite aussi *colonne rachidienne* ou *rachis*, et *colonne épinière*, partie du tronc qui, située sur la ligne médiane et postérieure chez l'homme, constitue l'axe du squelette. Elle se compose de 26 petits os superposés les uns sur les autres et connus sous le nom de *vertèbres*. (V. *Vertèbre*.) Etendue du crâne à l'extrémité inférieure du tronc, la colonne vertébrale correspond successivement au cou, au dos, aux lombes et au bassin, d'où sa division en colonnes cervicale, dorsale, lombaire et sacro-coccygienne. Sa longueur totale présente peu de variations, qu'on la considère chez les individus de haute taille ou chez les personnes de petite stature. Elle devient sensiblement plus petite chez les vieillards, et à la suite de certaines infirmités. Dans toute sa longueur, la colonne vertébrale est verticale, mais non rectiligne, car elle décrit sur sa face antérieure les quatre courbures suivantes : dans la région cervicale une courbure à convexité antérieure, dans la région dorsale une courbure à concavité antérieure, dans la région lombaire une nouvelle courbure à convexité antérieure; enfin, dans le bassin, une dernière courbure à concavité antérieure. La face postérieure présente naturellement des courbures inverses. Sur le côté gauche de la colonne, on remarque, au niveau des vertèbres dorsales, une dépression qui est due à la présence de l'aorte. La colonne vertébrale présente un canal dit *vertébral* (V. *Vertébral*) destiné à protéger la moelle; elle sert de colonne de transmission du poids de tout le corps et soutient la tête d'une part, et s'appuie, d'autre part, sur le bassin, de sorte qu'elle transmet le poids du corps aux membres inférieurs. Elle permet aussi des mouvements soit de totalité (*flexion*), soit des mouvements partiels. || *Mal vertébral* ou *mal de Pott*, nom donné à la tuberculose des vertèbres. C'est une affection qui survient surtout chez les enfants et les adolescents, rarement chez l'adulte : elle apparaît soit accompagnée des autres signes de la tuberculose, soit comme premier et unique phénomène. (V. *Tuberculose*.) Son début est le plus souvent obscur, et à peine note-t-on quelques douleurs dans la colonne vertébrale et de la gêne à l'occasion des mouvements. Bientôt apparaissent : une *gibbosité médiane et angulaire*, qui s'exagère par la flexion du corps en avant et diminue, au contraire, par le redressement du corps en arrière ; une *douleur locale vertébrale*, à exacerbations nocturnes fréquentes, exaspérée par la pression, et les mouvements qui entraînent la flexion de la colonne vertébrale (action de se baisser, s'asseoir, lever un fardeau, etc.). La marche est rendue difficile par la raideur de la colonne vertébrale dès le début ; puis le malade ne peut plus se tenir debout, mais peut encore imprimer des mouvements aux membres inférieurs quand il est assis ou couché ; enfin tout mouvement est rendu plus tard impossible. Divers troubles de sensibilité accompagnent généralement tous ces signes. On note des douleurs en ceinture ou des douleurs fulgurantes qui apparaissent dès le début, remplacées plus tard par des fourmillements dans les jambes, des crampes. Il se produit aussi des paralysies dues à la compression des nerfs par la tumeur. Celles-ci donc sont variables, quant à leur siège, selon que la lésion occupe les régions cervicale, dorsale ou lombaire de la colonne vertébrale. La marche de l'affection est essentiellement chronique, et sa durée varie de 6 à 24 mois. Elle peut se terminer par résolution, laissant une difformité qui subsistera ; mais, plus souvent, il se forme du pus qui peut rester en place pendant plusieurs mois, et, au besoin, se résorber, ce qui est l'exception. Dans la majorité des cas, le pus formé se fait jour dans l'intérieur, ou vient constituer un *abcès* dit *par congestion*, après avoir suivi une voie qui le conduit soit aux lombes, soit à l'aine, soit dans quelque autre partie. Le mal vertébral est une affection grave, car rarement elle constitue une maladie locale, et elle est plus souvent accompagnée, suivie ou précédée de diverses manifestations tuberculeuses, dont le pronostic est toujours très sérieux. (V. *Tuberculose* et *Phtisie*.) Le traitement de l'affection devra varier dans les diverses périodes dans lesquelles on se trouvera. Avant la formation d'abcès, on conseillera la vie à la campagne, des soins hygiéniques minutieux, l'huile de foie de morue et l'hydrothérapie. L'application de pointes de feu donne de bons résultats. L'immobilisation devra, dans certains cas, être de rigueur dès le début. A une période plus avancée, le traitement est tout chirurgical.

VERTÈBRE (l. *vertebra* : de *vertere*, tourner), *sf.* Nom donné à chacune des pièces qui, réunies, forment la colonne vertébrale. Leur existence a été prise comme base de la classification du règne animal, dans lequel on distingue deux grandes classes : *vertébrés* et *invertébrés*. Chez l'homme, elles sont au nombre de vingt-six, et on les divise, d'après la région qu'elles occupent, en : sept *vertèbres cervicales*, douze *dorsales*, cinq *lombaires* et deux *sacro-coccygiennes*. Elles présentent toutes des caractères communs ; mais, en outre, dans chaque région elles offrent des caractères qui leur sont propres. Représentant un segment d'un long canal, chacune des vertèbres est constituée sur le même type et on peut lui considérer : 1° *un corps* qui présente une face horizontale supérieure s'unissant à la face horizontale inférieure de la vertèbre placée au-dessus, dont elle est séparée par une lame de tissu conjonctif, une face antérieure convexe recouverte par le ligament vertébral commun antérieur, une face postérieure concave qui répond au grand ligament commun postérieur et forme la paroi antérieure du canal vertébral ; 2° *un trou* dit *rachidien* dont la forme varie suivant les vertèbres considérées (V. *Canal vertébral*) ; 3° *deux lames vertébrales* situées à la partie postérieure du trou rachidien, se dirigeant obliquement d'avant en arrière et de haut en bas ; 4° *une apophyse épineuse* placée sur la ligne médiane et postérieure et qui forme avec celles des vertèbres sus et sous-jacentes la crête épinière si facilement accessible au doigt chez les sujets amaigris ; 5° *des apophyses transverses*, dont

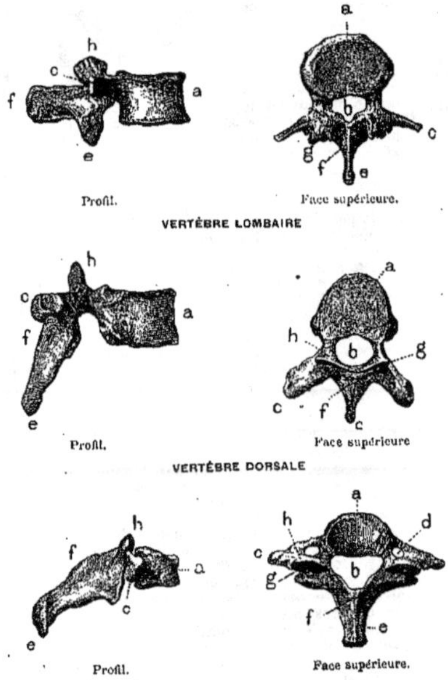

VERTÈBRE CERVICALE

a. Corps de la vertèbre. — b. Trou vertébral. — c. Apophyse transverse. — d. Trou de l'apophyse transverse. — e. Apophyse épineuse. — f. Lame vertébrale. — g. Fosse de l'apophyse articulaire supérieure. — h. Apophyse articulaire supérieure.

la longueur varie suivant les régions, mais dont la direction est toujours sensiblement la même ; 6° *des apophyses articulaires*, qui forment les quatre angles de la partie postérieure de la vertèbre. Les deux apophyses articulaires supérieures tournées en arrière s'articulent avec les inférieures de la vertèbre sus-jacente, qui regardent en avant ; 7° *des pédicules* ou parties latérales des vertèbres, qui sont au nombre de deux et servent à réunir les lames vertébrales au corps de la vertèbre. Les bords de ces pédicules présentent deux échancrures, une supérieure et une inférieure. Les différences dans le volume des corps vertébraux, la forme des trous, la longueur et la direction des apophyses articulaires et épineuses ont servi à

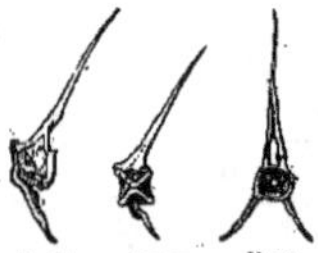

Profil. Coupe. Face.

VERTÈBRE

POISSON (PERCHE)

réunir les vertèbres en régions cervicale, dorsale, lombaire et sacro-coccygienne ; de plus, dans chacune de ces régions, quelques vertèbres sont tellement différentes, qu'elles sont décrites à part dans les divers traités d'anatomie. Ce sont la 1re cervicale, connue aussi sous le nom d'*atlas* ; la 2e cervicale ou *axis* ; la 7e cervicale, dite *vertèbre proéminente* ; les 1re, 10e, 11e et 12e dorsales ; les 1re et 5e lombaires ; enfin, les vertèbres sacrées ou coccygiennes, dites *fausses vertèbres*. Le nombre des vertèbres n'est pas le même dans toute la série animale ; leur forme varie aussi d'une classe à l'autre. C'est ainsi que chez les poissons et les reptiles les faces supérieure et inférieure présentent des surfaces coniques qui les font distinguer, à première vue, des vertèbres des autres classes d'animaux vertébrés. — **Dér.** *Vertébré, vertébrée, vertébral, vertébrale, vertébrite.* — **Comp.** *Invertébré, vertébro-iliaque.*

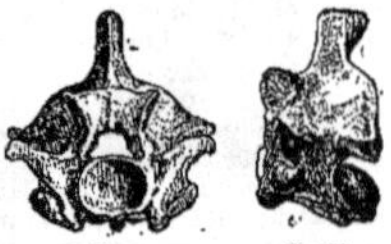

Face. Profil.

VERTÈBRE

(REPTILE)

VERTÉBRÉ, ÉE (*vertèbre*), *adj.* Qui a des vertèbres : *Animal vertébré.* — *Sm.* Tout animal ayant un squelette intérieur dont la partie principale est formée par la colonne vertébrale, c'est-à-dire par l'ensemble des vertèbres. Les vertébrés constituent l'embranchement des animaux les plus élevés et se divisent en quatre classes, qui sont, dans l'ordre de leur apparition sur la terre, les poissons, les reptiles, les oiseaux et les mammifères. Le type des vertébrés est donc toujours allé en se perfectionnant.

***VERTÉBRITE** (*vertèbre*), *sf.* Vertèbre fossile.

***VERTÉBRO-ILIAQUE** (*vertèbre* + *iliaque*), *adj. 2 g.* Qui concerne les vertèbres et l'os iliaque. || *Articulation vertébro-iliaque*, l'articulation de la dernière vertèbre lombaire avec l'os iliaque.

VERTEILLAC, 1 147 hab. Ch.-l. de c., arr. de Ribérac (Dordogne), sur un coteau. Vins mousseux.

***VERTELLE** (l. *vertere*, tourner), *sf.* Bonde qui ferme les varaignes des marais salants.

VERTEMENT (*verte* + sfx. *ment*), *adv.* Avec aigreur, vigueur, sévérité : *Répondre vertement.*

***VERTENELLES** (l. *vertere*, tourner), *sfpl.* Pentures ou charnières qui maintiennent le gouvernail. (Mar.)

***VERTERELLE** ou ***VERTEVELLE** (l. *vertere*, tourner), *sf.* Pièce de fer forgé en forme d'anneau qu'on fixe dans une porte pour retenir le verrou.

VERTÈS-GEBIRGE. Hauteurs calcaires et basaltiques de la Hongrie qui prolongent au N.-E. le Bakonyer-Wald, dont elles sont séparées par la Mur.

***VERTET** (l. *vertere*, tourner), *sm.* Petit cône en métal, surmontant le fuseau d'une quenouille. || Nom d'un champignon excellent à manger (grande columelle, agaric élevé).

***VERTEVELLE.** (V. *Verterelle*.)

***VERTEX** (ml. : *sommet*), *sm.* Le sommet de la tête, chez les animaux vertébrés. — **Dér.** *Vertical* (adj. et s.), *vertical* (adj. et s.), *verticalement, verticalité ; verticille*, etc.

***VERTI, IE** (p. p. de l'anc. verbe *vertir*, tourner : du l. *vertere*), *adj.* Retourné, en parlant des lettres renversées qui, dans les anciens manuscrits et les premiers essais typographiques, marquaient la seconde sériation des feuillets : *Un* y *verti.*

VERTICAL, ALE (l. *verticalem* : de *vertex*, sommet), *adj.* Qui est parallèle au fil à plomb et perpendiculaire à la surface des eaux tranquilles : *Ligne verticale.* || *Plan* *vertical*, tout plan qui contient en entier une ligne verticale et est perpendiculaire à la surface des eaux tranquilles ou à l'horizon. — *Sm*. Tout plan vertical mené par la verticale qui passe par le centre de la sphère céleste. (Astr.) || *Le plan vertical d'un lieu*, celui qui est perpendiculaire au méridien. || *Premier vertical*, cercle de la sphère céleste, dont le plan contient la verticale du lieu et qui est perpendiculaire au méridien de ce lieu. La trace de ce plan sur l'horizon détermine la direction E.-O. On a souvent besoin, en navigation, de connaître l'instant du passage d'un astre au premier vertical. Pour le déterminer, on considère le triangle sphérique ayant pour sommets le pôle P, le zénith Z et l'astre A. Dans ce triangle, PZ est le complément de la latitude ZE = λ, PA est le complément de la déclinaison AF = D. On a, d'ailleurs, dans le triangle sphérique PAZ, qui est rectangle en Z :

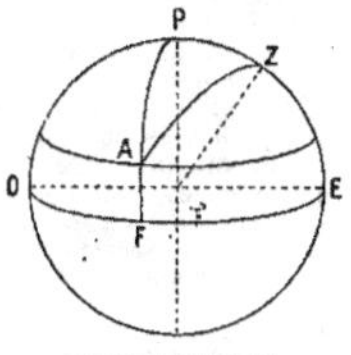

PREMIER VERTICAL

$$\cos P = \text{cotg AP} . \text{tang PZ} ;$$
ou
$$\cos P = \text{tang AF} . \text{cotg ZE},$$

qu'on peut écrire :

$$\cos P = \frac{\text{tang D}}{\text{tang} \lambda}.$$

En remplaçant D et λ par leurs valeurs dans cette formule, on aura l'angle P, ou l'angle horaire de l'astre au méridien, d'où l'on pourra déduire l'heure de ce passage. — *Sf*. Toute ligne droite verticale : *Les corps tombent suivant la verticale*. || Direction de la pesanteur en un point donné de la surface du globe terrestre. La *verticale* se détermine pratiquement au moyen du fil à plomb et est perpendiculaire à la surface des eaux tranquilles en ce lieu. Si on la prolonge jusqu'à la sphère céleste, elle vient percer celle-ci en deux points désignés sous les noms de *zénith* et *nadir*; et le plan qui contient cette verticale et qui est en même temps perpendiculaire au méridien du lieu, coupe alors la sphère céleste suivant un grand cercle qui porte, en astronomie, le nom de *premier vertical* (V. plus haut). — **Gr.** Il ne faut pas confondre *verticale* avec *perpendiculaire*. (V. *Perpendiculaire*). — **Dér.** *Verticale, verticalement, verticalité*.

VERTICALEMENT (*verticale* + sfx. *ment*), *adv*. Suivant une ligne verticale, perpendiculairement au plan de l'horizon.

VERTICALITÉ (*verticale*), *sf*. État de ce qui est vertical : *La verticalité d'un mur, d'un arbre*.

VERTICILLE (l. *verticillum*, petit sommet), *sm*. Ensemble d'organes végétaux de même nature disposés en cercle autour d'un axe de la plante : *Les feuilles du grateron sont disposées en verticilles*. || Le calice, la corolle, les étamines et le pistil sont les verticilles qui composent une fleur. — **Dér.** *Verticillé, verticillée*. — **Comp.** *Verticilliflore*.

VERTICILLE
FEUILLE DE CORNIFLE

VERTICILLE
VERTICELLA MICROSTOMA

VERTICILLÉ, ÉE (*verticille*), *adj*. Rangé en verticille : *Feuilles verticillées*.

***VERTICILLIFLORE** (*verticille* + *flos*, gén. *floris*, fleur), *adj*. Dont les fleurs sont verticillées.

***VERTICITÉ** (l. *vertere*, tourner), *sf*. Propension d'une chose à se tourner d'un certain côté : *La verticité de la boussole vers le nord*.

VERTIGE (l. *vertiginem* : de *vertere*, tourner), *sm*. Sensation bizarre due à un état particulier du système nerveux et dans laquelle tous les objets extérieurs semblent tourner en même temps que soi-même. Cette sensation est fréquemment suivie de défaillance et de chute. Le vertige suit certains phénomènes physiologiques normaux, et tout le monde a éprouvé cette sensation, soit après des mouvements de rotation forcés (*valse*), soit après une pause plus ou moins prolongée devant un tableau, une rivière qui coule, soit après un voyage en mer (*mal de mer*). D'autres vertiges dépendent du domaine des maladies et on les retrouve dans l'épilepsie, l'hystérie, après une hémorragie abondante, dans certaines affections du cœur (*insuffisance et rétrécissement de l'aorte*), dans la chlorose, dans les tumeurs cérébrales, dans l'hémorragie cérébrale et le ramollissement. Certains vertiges ont leur point de départ dans l'estomac vide (*sensation de faim*) ou dans l'oreille (*vertige auriculaire* dit de *Ménière*). Enfin, quelques vertiges sont dus à l'intoxication par l'alcool et le tabac, surtout chez les jeunes fumeurs, fréquemment pris au début de vertiges et de vomissements. Le chloroforme, le sulfate de quinine à dose prolongée, l'acide carbonique, l'oxyde de carbone produisent aussi souvent des vertiges, ainsi que certaines substances végétales, parmi lesquelles nous citerons en première ligne : l'*absinthe*, la *belladone*, l'*opium* et la *jusquiame*. Le vertige, qu'il soit produit par l'une quelconque des causes que nous venons de mentionner, se présente toujours avec ses mêmes caractères : perte de l'équilibre, sensation d'angoisse et défaillance. Néanmoins, on peut, avec les divers auteurs, admettre des variétés dans le vertige, suivant que le malade croit tomber en avant ou en arrière (*vertigo titubans*), sur le côté (*vertigo vacillans*), en cercle (*vertigo gyrans*), etc. Diverses explications ont été proposées pour expliquer ce phénomène, qui reste jusqu'ici à l'état de problème insoluble, mais il faut cependant de toute nécessité distinguer le vertige physiologique du vertige qui est la conséquence d'une lésion anatomique. Le vertige de l'individu qui tombe au fond d'un précipice ne paraît-il pas évidemment d'essence différente du vertige qui apparaît à la suite d'une altération nerveuse ou cardiaque? C'est dire que chaque espèce de vertige nécessite un traitement spécial, et qu'il est absolument impossible d'en indiquer les grandes lignes dans un article d'ensemble. — **Fig.** Égarement des sens, de la raison, sorte de folie momentanée : *Ce succès inespéré lui donna le vertige*. || *Esprit de vertige*, égarement d'esprit qui saisit à la fois un grand nombre d'individus. — **Dér.** *Vertigineux, vertigineuse, vertigo*.

VERTIGINEUX, EUSE (l. *vertiginosum*), *adj*. Sujet aux vertiges. || Qui cause le vertige : *Hauteur vertigineuse*. || Qui est de la nature du vertige : *Malaise vertigineux*.

***VERTIGINOSITÉ** (l. *vertiginosum*, vertigineux), *sf*. État de vertige.

VERTIGO (ml. : *vertige*), *sm*. Caprice, fantaisie : *Quel vertigo vous prend?* || Maladie convulsive du cheval, qu'on reconnaît à ce qu'il a les yeux hagards, qu'il chancelle, qu'il frappe violemment de la tête contre la muraille et la mangeoire, qu'il se couche et se relève à tous moments. *Remède* : saignées abondantes.

VERTOT (ABBÉ DE) (1655-1735), historien français, auteur des *Révolutions de Portugal, de Suède, de la République romaine* et d'une *Histoire de l'Ordre de Malte*. A propos de ce dernier ouvrage, comme on lui apportait des documents, trop longtemps attendus, sur le siège de Rhodes, il répondit : « *Mon siège est fait!* », expression devenue proverbiale.

VERTOU, 5376 hab. Ch.-l. de c., arr. de Nantes (Loire-Inférieure), sur un mamelon dominant la Sèvre. Eaux minérales ferrugineuses, conserves alimentaires, salaisons.

VERTS (LES), une des factions du Cirque sous Justinien.

VERTU (l. *virtutem* : de *vir*, homme), *sf*. Courage viril (vx). || Disposition habituelle et attentive de l'âme à faire le bien et à fuir le mal : *La vertu de Fénelon*. || Disposition à observer spécialement un précepte déterminé de morale : *La modestie est sa vertu dominante*. || *Les quatre vertus cardinales*, la prudence, la justice, la tempérance, la force. || *Les trois vertus théologales*, la foi, l'espérance et la charité. || Personne vertueuse : *Récompenser la vertu*. || Chasteté. || Qualité qui rend une chose propre à produire un certain effet : *Le quinquina a la vertu de guérir la fièvre*. — *Sfpl*. *Les Vertus*, nom d'un des neuf ordres d'anges. — EN VERTU DE, *loc. prép*. En conséquence de : *Il est en prison en vertu d'un jugement*. — **Db.** *Virtuose*. — **Dér.** *Vertueux, vertueuse, vertueusement*. — **Comp.** *Vertubleu, vertuchou*.

***VERTUBLEU** (altér. de *vertu de Dieu*) ou **VERTUCHOU** (*vertu* + *chou*), *interj*. Juron en usage dans l'ancienne comédie.

VERTUEUSEMENT (*vertueuse* + sfx. *ment*), *adv*. D'une manière vertueuse.

VERTUEUX, EUSE (l. *virtuosum*), *adj*. Qui a de la vertu, chaste. || Inspiré par la vertu : *Action vertueuse*.

***VERTUGADE** (esp. *vertugado*, baguette, baleine, busc : de *vertu* + *en garde*), *sf*. Gros et large bourrelet que les femmes portaient autrefois sous la jupe de la robe. Espèce de crinoline importée d'Espagne par Éléonore de Castille. Cet ornement qui, sous François Ier, éloignait la base des jupes en forme de sonnette, se nommait, sous Henri IV, *vertugadin*; en tambour rayonnant autour de la taille, il servait à éloigner cylindriquement la robe du corps. — **Dér.** *Vertugadin*.

VERTUGADE
SOUS FRANÇOIS Ier

VERTUGADIN A TAMBOUR
SOUS HENRI IV

VERTUGADIN (dm. de *vertugade*), *sm*. Vertugade. || Glacis de gazon en amphithéâtre. — **Fig.** Ce qui n'est plus de mode.

VERTUMNE (l. *Vertumnus* : de *vertere*, tourner), dieu des peuples italiques qui présidait au printemps, et surtout à l'automne. On lui attribuait le pouvoir de prendre toutes sortes de formes; invoqué comme protecteur des jardins, il était représenté en jardinier.

VERTUS, 2529 hab. Ch.-l. de c., arr. de Châlons-sur-Marne (Marne). Pépinières.

VERTUS (PLAINE DES), grande plaine du département de la Seine entre Paris et Saint-Denis, consacrée à la culture maraîchère. Elle tire son nom de *Notre-Dame-des-Vertus* ou *Aubervilliers*.

***VERT-VERT** (*vert*), *sm*. Titre d'un poème badin de Gresset, dont le héros est un perroquet nommé *Vert-Vert*.

***VÉRUE** (*ver* + l. *uva*, raisin), *sf*. Ver de vigne qui, au moment de la floraison, éclôt par les mauvais temps et s'insinue dans le grain.

VERULAM, ancienne ville d'Angleterre, dont on voit les ruines au N. de Saint-Alban (comté d'Hertford). || Titre de baronnie que posséda le chancelier Bacon.

***VERUMONTANUM** (l. *veru*, saillie, petit balustre + *montanum*, élevé), *sm*. Petite éminence ou crête formée de fibres élastiques uréthrales, très étroite, aplatie latéralement, et qui est située au niveau de la prostate. Vers le sommet du verumontanum se trouvent les embouchures des deux conduits éjaculateurs; en avant, les orifices des canaux excréteurs des glandes de Cowper; sur les côtés, ceux de la prostate; et derrière la crête uréthrale apparaît intérieurement, en forme de petit rebord circulaire, le col de la vessie.

VÉRUS, fils adoptif d'Antonin, ainsi que Marc-Aurèle. Associé par celui-ci à l'empire et envoyé en Orient, il ne se signala que par ses débauches. Mort en 169.

VERVE (l. *verva*, tête de bélier sculptée), *sf.* Autrefois, caprice, bizarrerie, fantaisie. || Aujourd'hui, chaleur d'imagination qui anime par moments le poète, l'orateur, l'artiste qui compose : *Se sentir en verve.*

VERVEINE (l. *verbena*), *sf.* Genre de plante de la famille des Verbénacées, auquel appartient la *verveine officinale* à petites fleurs d'un lilas bleuâtre, commune dans les lieux incultes, sur les bords des chemins, etc.; plante très vénérée chez les anciens, qui s'en servaient pour nettoyer les autels, faire les aspersions d'eau lustrale et dont les fériaux se couronnaient. Les druides la regardaient comme sacrée et les sorciers du moyen âge lui attribuaient des vertus surnaturelles.

VERVEINE
VERBENA OFFICINALIS

VERVELLE (bl. *vertivella* : de *vertere*, tourner), *sf.* Petit anneau ou plaque qu'on attachait au pied des faucons employés à la chasse et où étaient gravées les armes ou le nom de leur propriétaire.

VERVEUX (bl. *vertebolum* : de *vertere*, tourner), *sm.* Filet pour prendre le poisson en forme de nasse, terminé en pointe par un bout et soutenu à l'autre bout, de distance en distance, par trois ou quatre cerceaux.

VERVIERS, 42156 hab. Ville de la Belgique orientale, province de Liège, sur la Vesdre. Elle possède de grandes fabriques de tissus, confectionne des draps, des flanelles, des casimirs, des filés de laine, des articles de fantaisie exportés principalement en Angleterre.

VERVILLE (François Béroalde de) (1558-1612), philosophe et mathématicien français, auteur du *Moyen de parvenir*, satire piquante et licencieuse.

VERVINS, 3202 hab. S.-préf. de l'Aisne, à 170 kilom. de Paris, où fut conclu, le 2 mai 1598, un traité de paix entre Henri IV et Philippe II, roi d'Espagne.

VERZY, 1239 hab. Ch.-l. de c., arr. de Reims (Marne). Vin de Champagne dit *de Sillery*.

VERZY (forêt de), 1033 hect. Forêt domaniale de la Marne, peuplée de chênes, de hêtres et diverses essences.

VÉSALE (André) (1514-1564), célèbre médecin belge qui fut le créateur de l'anatomie moderne, et premier médecin de Charles-Quint et de Philippe II. Forcé par l'Inquisition de faire un pèlerinage en Terre sainte pour avoir disséqué le corps d'un gentilhomme qu'on avait cru mort, au retour il mourut de faim dans l'île de Zante, où une tempête l'avait jeté.

VÉSANIE (l. *vesania* : de *ve*, particule privative + *sanus*, sain), *sf.* Nom donné par certains médecins aliénistes aux diverses formes de l'aliénation mentale. Il se rattache plus généralement aux seuls troubles de l'intelligence.

VESCE (l. *vicia*), *sf.* Genre de plantes dicotylédones de la famille des Légumineuses Papilionacées, composé d'herbes généralement grimpantes qui croissent dans toutes les contrées tempérées et dont certaines espèces sont l'objet d'une culture en grand. Leurs feuilles, à plusieurs folioles, ont leur pétiole commun terminé en vrille. Leurs fleurs possèdent une corolle dépassant longuement le calice. Une douzaine d'espèces de vesces sont spontanées aux environs de Paris. Les principales sont : la *vesce commune* (*vicia sativa*), cultivée en grand comme plante fourragère; la *vesce à fleurs jaunes* (*vicia lutea*), belle plante des terrains sablonneux; la *vesce des haies* (*vicia sepium*) et le *vicia cracca*. Cette dernière espèce est reconnaissable à son stigmate, qui surmonte une couronne circulaire de poils.

Dans les vesces, on tire parti de la plante presque tout entière : la tige et les feuilles sont mangées en vert par les bestiaux, soit à l'étable, soit sur place; elles peuvent aussi être *employées avec succès comme engrais vert*. La graine sert pour la nourriture des pigeons, pour l'engraissement des bœufs, et parfois même, pendant de grandes disettes, pour l'alimentation de l'homme. Il faut convenir que, sous ce dernier rapport, elle n'est que d'une importance secondaire, car elle possède une saveur astringente qui empêche d'en généraliser l'usage. Toutefois, il convient de dire qu'il existe une variété de vesce dont la graine est comestible dans toute l'acception du terme.

VESCE COMMUNE
VICIA SATIVA

L'espèce introduite partout dans la grande culture est la *vesce cultivée* (*vicia sativa*); elle croît spontanément dans toutes les moissons de l'Europe; et on la regarde comme indigène de cette partie du monde. On ne saurait retirer aucune utilité des pieds de vesce disséminés parmi les céréales; cependant l'idée n'est venue qu'assez tard d'en faire l'objet d'une culture particulière. Grâce à cette culture, on peut distinguer aujourd'hui trois variétés de vesce : la *vesce de printemps*, la *vesce blanche* ou *lentille du Canada*, et la *vesce d'hiver*. 1° La *vesce de printemps*, qui est moins développée que celle d'hiver, ne peut pas supporter le froid de nos climats. On la reconnaît à ses gousses velues et à ses graines d'un gris foncé. 2° La *vesce blanche* ou *lentille du Canada* est remarquable par la couleur blanche de sa graine, qui est en outre notablement plus grosse que celle des autres espèces. Cette graine est propre à la nourriture de l'homme. Elle constitue un aliment nourrissant, mais un peu indigeste. 3° La *vesce d'hiver* est ainsi appelée parce qu'elle résiste aux hivers les plus rigoureux. Elle est plus développée dans toutes ses parties que la vesce de printemps. Ses gousses, glabres, contiennent un grain noir. Toutes les parties de la France sont à peu près également propres à la culture de la vesce, pourvu que l'on choisisse un sol convenable. Le meilleur de tous est une terre argileuse qui soit un peu compacte, mais qui ne soit ni trop sèche ni trop humide. On sait que les pois ne peuvent revenir sur le même sol qu'après un long espace de temps. Les vesces sont plus rustiques sous ce rapport. On peut se hasarder à les faire reparaître quelques années après une première culture. Il y a encore cela d'heureux que les vesces peuvent indifféremment succéder à la plupart des récoltes, ou les précéder. L'usage ordinaire est de les semer après des céréales de printemps ou avant des céréales d'hiver. Vu son tempérament rustique, la vesce est peu difficile par rapport à la préparation du sol. Elle se contente d'un seul labour. Ce labour effectué, on donne un hersage immédiatement avant de procéder à l'ensemencement. La vesce puise, comme les pois, la majeure partie de ses principes nutritifs dans l'atmosphère par l'intermédiaire de ses racines (V. *Tige*) : voilà pourquoi on la regarde comme une récolte peu épuisante. Aussi n'exige-t-elle pas un sol richement fumé. Même, le plus souvent, il convient de répandre le fumier en couverture, ainsi qu'il n'est pas rare de faire pour les pois. On ne doit fumer d'une manière notable que dans le cas où il s'agit d'un terrain léger. Il est bon de semer la vesce de printemps dès le commencement de mars, par la raison qu'elle résiste très bien aux dernières gelées printanières; mais, en définitive, l'ensemencement peut être retardé jusqu'au commencement de mai, sans que la récolte ait beaucoup à souffrir. Pour ce qui est des vesces d'hiver, on les sème en automne. Quand on sème la variété dite *vesce de printemps*, il faut répandre un hectolitre et demi de semence par hectare. Si c'est la vesce d'hiver, il faut porter la dose jusqu'à deux hectolitres pour la même étendue de terrain. La vesce n'appartient pas impunément à la famille des pois. Comme cette dernière plante, elle a besoin d'un tuteur. Celui-ci ne doit pas être aussi résistant que les rames ordinaires. On se le procure en semant, conjointement avec la vesce, une graminée à tige ferme et élevée. C'est le seigle que l'on choisit ordinairement, parce qu'il satisfait très bien aux conditions ci-dessus énoncées. On marie le seigle d'hiver à la vesce d'hiver, et le seigle d'été à la vesce de printemps. La quantité de graines de seigle qu'il est utile d'employer est d'un hectolitre par hectare.

VESCE
VICIA CRACCA

VESCE
VICIA FABA

La vesce est semée après un labour suivi d'un hersage; on termine par un second hersage. Nul soin à donner pendant la végétation, car la vesce est une plante étouffante; par son développement rapide, elle ne tarde pas à faire périr toutes les plantes nuisibles et à en nettoyer la terre.

La récolte des vesces s'effectue absolument de la même manière que celle des pois, mais elle a lieu plus tôt, parce que les vesces sont plus hâtives. En outre, il y a une distinction à faire entre les vesces d'hiver et celles de printemps, les premières mûrissant avant les secondes. Dès que la plupart des gousses sont parvenues à un degré suffisant de maturité, il ne faut pas hésiter à se mettre à l'œuvre. Un trop long retard occasionnerait une perte considérable de graine. Cela tient au mode de déhiscence des gousses. A cette époque, celles-ci s'enroulent en spirale, puis laissent échapper les graines, comme par l'action d'un ressort. Il est encore un autre motif pour lequel il sera bon d'activer la récolte : c'est que le fourrage diminue de qualité lorsque les tiges vieillissent trop sur pied. — Dér. *Vesceron*.

***VESCERON** (dim. de *vesce*), *sf.* Nom sous lequel on désigne vulgairement deux plantes du genre *vesce*, de la famille des Légumineuses Papilionacées : 1° La *vesce velue* (*vicia hirsuta*), à tige grimpante et grêle, portant des feuilles à folioles nombreuses, à fleurs très petites, d'un blanc légèrement bleuâtre, qui s'épanouissent de mai à septembre. Cette plante se rencontre dans les champs, les bois, les buissons. 2° La *vesce des haies* (*vicia sepium*), appelée *vesceron* et encore *vesce sauvage, faux pois*, à souche rameuse, et dont la tige, longue de 3 à 9 décimètres, porte des feuilles composées de quatre à huit paires de folioles. Les fleurs, disposées en grappes courtes, ont une corolle purpurine violacée dont l'étendard est glabre. Cette plante, commune aux environs de Paris, croît dans les bois herbeux, les haies et les buissons.

VESCOVATO, 1532 hab. Ch.-l. de c., arr. de Bastia (Corse). Vers à soie.

VESDRE, 50 kilom. Rivière de Belgique, affluent de l'Ourthe, arrose Limbourg et Verviers.

VÉSICAL, ALE (l. *vesica*, vessie), *adj.* Qui appartient à la vessie. || Qui affecte la vessie : *Catarrhe vésical*.

***VÉSICANT, ANTE** (l. *vesicare*, causer des ampoules), *adj.* Qui fait lever des ampoules quand on l'applique sur la peau : *Substance* *vésicante.* — **Vésicant**, *sm.* Nom donné aux substances qui, mises en contact avec la peau, déterminent le soulèvement de l'épiderme par l'accumulation de sérosité en ce point. Les agents vésicants se rencontrent dans le règne minéral, le règne végétal et le règne animal. Parmi ceux du premier ordre, nous devons citer le nitrate d'argent et surtout l'ammoniaque. Les végétaux nous fournissent : le *croton tiglium*, qui provient des plantes de la famille des Euphorbiacées ; la *moutarde*, qui provient des Crucifères, et le *thapsia*, qui appartient aux Ombellifères. Mais, de tous les agents vésicants, le plus puissant et aussi le plus fréquemment employé, la *cantharide*, nous est fourni par le règne animal. Ces substances, appliquées sur la peau, donnent d'abord lieu à des démangeaisons, des cuissons, qui se changent plus tard en douleurs plus vives ; puis il se fait un travail exsudatoire, qui se traduit par l'existence de vésicules séparées, qui ne tardent pas à se réunir en une ampoule unique. (V. *Vésicatoire.*) — **Les Vésicants**, *smpl.* Famille d'insectes coléoptères, dont la cantharide est le type.

***VÉSICATION** (l. *vesicare*, causer des ampoules), *sf.* Action de produire des ampoules à la surface de la peau en y appliquant une substance irritante.

VÉSICATOIRE (l. *vesicare*, produire des ampoules), *adj. 2 g.* Qui fait lever des ampoules quand on l'applique sur la peau : *Emplâtre vésicatoire.* — **Vésicatoire**, *sm.* Mot qui désigne soit la préparation pharmaceutique destinée à faire office de vésicant (V. ce mot), soit l'effet produit par l'agent vésicant. Le moyen le plus fréquemment employé pour déterminer la vésication est l'emplâtre vésicatoire étendu sur du sparadrap, dont nous trouvons la préparation ainsi formulée dans le *Codex* :

Résine élémi.	100	grammes
Huile d'olive.	40	—
Onguent basilicum.	300	—
Cire jaune.	400	—
Cantharides en poudre fine. .	420	—

D'autres préparations ont été proposées. Nous citerons le *vésicatoire de Trousseau*, celui de Bretonneau, et le vésicatoire très employé encore de nos jours sous le nom de *mouche de Milan*. Celui-ci se compose de poudre de cantharides, de poix blanche, de cire jaune, de térébenthine, de mélèze, d'essence de lavande et de thym. Il offre sur le vésicatoire ordinaire l'avantage d'être plus facilement maintenu adhérent à la peau. Quel que soit d'ailleurs le vésicatoire dont on devra se servir, le mode d'application doit être le même, différent cependant suivant que l'on désire déterminer sur la peau une révulsion plus ou moins intense. Quand l'effet révulsif recherché devra être limité, on appliquera un vésicatoire dit *volant* ; quand, au contraire, on voudra provoquer une révulsion plus grande, on aura recours à un vésicatoire dit *permanent*. L'un ne diffère d'ailleurs de l'autre que par les soins dont on fera suivre l'application de l'emplâtre vésicant, que l'on peut placer sur tous les points du corps, mais que l'on posera de préférence sur les bras, l'abdomen, les cuisses, le dos et la nuque, suivant les indications. Voici quel doit être ce mode d'application : Après avoir coupé sur la toile vésicante un carré de dimension plus ou moins grande, on fait avec des ciseaux, aux angles de ce carré et sur plusieurs points de ses bords, des entailles qui sont destinées à faciliter l'adhérence de l'emplâtre à la peau ; on verse sur sa surface de l'*éther camphré*, puis, après avoir lavé la partie sur laquelle on veut produire la vésication, on applique le vésicatoire, sur lequel on place une compresse que l'on a soin d'assujettir par des bandes ou des lames de diachylon. On laisse le vésicatoire en place pendant 8 à 10 heures au maximum, pendant 1 à 4 heures seulement chez les enfants et les personnes à peau fine, puis on recouvre la partie rubéfiée avec une feuille de papier brouillard ou un linge fin enduit de cérat d'une propreté irréprochable. Quatre ou cinq heures après ce premier pansement, on voit l'épiderme soulevé par des vésicules qui ne tardent pas à se réunir en une seule ampoule plus ou moins large, distendue par un liquide séreux. On perce cette ampoule avec une des branches de ciseaux, par exemple, et sur l'épiderme, *qu'on n'enlève pas*, on applique un nouveau linge cératé qu'on renouvelle tous les deux jours. Deux ou trois pansements suffisent, car au bout de 6 à 8 jours l'épiderme se reforme sans douleur et tout est terminé. Tel est le vésicatoire volant. L'application du vésicatoire permanent doit se faire avec les mêmes soins que celle du précédent, mais elle doit être maintenue pendant une durée plus longue, qui varie d'ailleurs de 10 à 24 heures. On enlève alors le vésicatoire et on remarque au point de son application une large ampoule distendue par un liquide plus ou moins abondant, qu'on va laisser s'écouler en enlevant l'épiderme à l'aide de pinces ou de ciseaux, et, cela fait, on panse la plaie avec du cérat étalé sur un linge fin et maintenu par un bandage de corps ou une bande, suivant le point occupé précédemment par le vésicatoire. On laisse ce premier pansement en place pendant 24 ou 48 heures, puis on le remplace par l'application d'une pommade au garou, par exemple, ou mieux d'un taffetas épispastique. Ce pansement doit être renouvelé tous les jours avec les plus grands soins de propreté, et l'on devra se garder de laver la surface de la plaie, qu'il vaudra mieux essuyer légèrement avec de la ouate humide. Si la surface se recouvre d'une membrane couenneuse grisâtre susceptible d'entraver la suppuration, on appliquera un petit cataplasme émollient de fécule ou de mie de pain, et si la sérosité apparaît fétide, on remplacera le cataplasme et le pansement par des compresses de charbon ou des compresses chlorurées. On pourra ainsi assurer une vésication continue pendant un temps très long, mais dès que l'on voudra supprimer le vésicatoire, il faudra panser la plaie avec une pommade de moins en moins énergique, jusqu'à ce que l'on puisse remplacer celle-ci par de simples pansements au cérat.

Sans revenir sur les effets locaux produits par les vésicatoires, étudiés déjà au cours de cet article et dans l'article *Vésicant*, il nous faut parler des phénomènes généraux qu'entraîne l'application d'un vésicatoire. Pendant tout le temps qu'il agit, on note de l'accélération du pouls, l'augmentation de la température, et une excitation en rapport avec l'état nerveux du sujet, l'intensité de l'agent vésicant et la durée de l'application. Ces phénomènes sont suivis d'ailleurs de phénomènes opposés, dès que le vésicatoire a été enlevé. Une autre conséquence de l'emploi des préparations vésicantes qui ont pour base la poudre de cantharide, c'est une complication fréquente, qui survient du côté des reins, par suite de l'absorption de cantharidine. Il n'est pas rare, en effet, d'observer l'inflammation des reins (*néphrite*) à la suite d'une application de vésicatoire ; aussi devra-t-on toujours s'assurer, dans ces conditions, du bon fonctionnement de l'appareil urinaire, et remplacer la cantharide par un autre vésicant, l'ammoniaque par exemple, quand on voudra provoquer une action révulsive chez un malade déjà atteint d'une maladie de rein. Dans tous les cas, une bonne précaution à prendre pour éviter l'apparition de toute complication rénale, c'est de saupoudrer, au préalable, de camphre l'emplâtre vésicant, opération qui réussit très bien en versant sur l'emplâtre de l'*éther camphré*. Enfin, il faut rappeler aussi que les vésicatoires doivent être l'objet de soins particuliers chez les individus prédisposés, par leur constitution, à l'apparition de poussées eczémateuses, car le mauvais entretien de la plaie serait une condition suffisante pour être le point de départ de lésions interminables et particulièrement désagréables. Dans la pratique médicale, le vésicatoire est un des moyens thérapeutiques dont on a fait de tous temps un très grand usage, et de nos jours il est encore loin d'être abandonné. C'est d'ailleurs un excellent agent des médications excitante, résolutive et révulsive, malgré les attaques violentes qui ont été récemment dirigées contre lui. Il donne de très bons résultats dans le traitement de la pleurésie, surtout pendant la période d'accumulation du liquide séreux dans la plèvre. La péricardite, ou inflammation du sac fibreux qui entoure le cœur, l'endocardite, la méningite, l'arthrite rhumatismale, la pneumonie, les diverses congestions pulmonaires, les accidents de la goutte et du rhumatisme, les névralgies sont, en général, très heureusement influencés par l'emploi méthodique du vésicatoire.

***VÉSICO-UTÉRIN, INE** (l. *vesica*, vessie + *utérin*), *adj.* Qui concerne la vessie et l'utérus : *Cul-de-sac vésico-utérin.* ‖ *Ligaments vésico-utérins*, le tissu cellulaire qui, de chaque côté de la face antérieure du col utérin, se relie à la face postérieure de la vessie, sur une étendue en hauteur de 2 centimètres environ.

***VÉSICULAIRE** (*vésicule*), *adj. 2 g.* Qui a la forme d'une vésicule : *Corps vésiculaire.* ‖ *État vésiculaire*, état des particules d'eau qui sont en suspension dans l'air et qui composent la fumée, les brouillards et les nuages ; d'après certains savants, ces particules seraient creuses, remplies d'air saturé, et assez légères pour flotter dans l'air ; on les désigne sous le nom de *vapeur vésiculaire*. Cette hypothèse est maintenant abandonnée par la plupart des savants. (V. *Sphéroïdal.*) ‖ *Glandes vésiculaires*, petites poches remplies d'une huile volatile qui se trouvent dans l'épaisseur de l'écorce, des feuilles, des fleurs de beaucoup de végétaux ; les labiées en possèdent généralement.

***VÉSICULATION** (*vésicule*), *sf.* Production de vésicules.

VÉSICULE (l. *vesicula*, petite vessie), *sf.* Nom sous lequel on désigne, en médecine, des petites saillies de la peau dues au soulèvement d'une portion limitée de l'épiderme par un liquide séreux. Ces saillies présentent un volume variable de la grosseur d'une tête d'épingle à celle d'un gros pois, et on en observe en général sur différents points de la surface cutanée, soit isolément, soit par groupes, tantôt recouvrant une portion de peau qui paraît sèche, tantôt surmontant des plaques d'un rouge plus ou moins intense. Le siège de ces vésicules, leur nombre, leur volume et leur évolution dépendent en grande partie de la nature de l'affection dont leur existence constitue un des symptômes ; mais on peut cependant, dans un chapitre d'ensemble, ramener à trois types la marche ordinaire de ces manifestations cutanées. Leur apparition est dans la grande majorité des cas précédée d'un sentiment de cuisson et de gêne, et la peau se montre par places d'un rouge plus intense que sur les parties environnantes ; puis apparaissent des élevures qui grandissent progressivement, et les vésicules sont constituées. Le liquide contenu dans leur intérieur peut être résorbé après une période plus ou moins longue, qui ne tarde pas au delà de quatre à cinq jours ; la saillie disparaît alors complètement, et une légère coloration jaunâtre subsiste à sa place pendant quelque temps comme stigmate de l'altération. Dans d'autres cas, au contraire, on voit la vésicule augmenter de volume progressivement et la production d'une nouvelle quantité de liquide distendant les parois de la vésicule. Celle-ci ne tarde pas à se rompre, donnant passage à la sérosité et étant remplacée par les débris de l'épiderme, qui laissent à la place de l'ancienne vésicule une croûte plus ou moins épaisse qui subsistera pendant deux à trois jours, quelquefois pendant une durée plus longue. Enfin, dans d'autres cas, les vésicules sont tellement rapprochées les unes des autres, que par l'augmentation progressive de leur volume elles empiètent l'une sur l'autre, formant par leur réunion une vésicule plus considérable dans laquelle est contenue une matière purulente et à laquelle on a donné le nom de *pustule*. L'étude plus complète de ces vésicules ne doit pas être séparée de celle des maladies auxquelles elles sont liées et à la nature desquelles elles empruntent des caractères particuliers. Le traitement de ces manifestations est toujours le même, au moins pour ce qui est du traitement local, qui consistera à favoriser l'évolution naturelle des vésicules par des moyens hygiéniques qui auront aussi pour but d'empêcher toute complication locale inflammatoire. La poudre d'amidon est un des corps isolants le plus efficacement employés à cet effet. (V. *Herpès, Varicelle, Eczéma, Zona, Miliaire*, etc.) || **Vésicule biliaire**. Réservoir membraneux annexé au canal excréteur du foie. Il est situé sur la face inférieure de cet organe et affecte une direction oblique en haut, en arrière et à droite. Sa longueur est de 7 à 8 centimètres au maximum, et son volume est minime, comparé à celui du foie. Il présente la forme d'un cône à base arrondie, à sommet infléchi en arc de cercle, ce qui permet de lui considérer un corps et un col. Celui-ci est rattaché aux autres parties des voies biliaires : par le canal cystique au canal hépatique, par le canal cholédoque au duodénum, portion de l'intestin grêle dans laquelle vient aboutir le liquide sécrété par le foie et connu sous le nom de *bile*. Dans l'intervalle des digestions, c'est dans la vésicule biliaire qu'est déversée la bile, qui y subit quelques modifications avant d'arriver dans l'appareil digestif. La stagnation de la bile dans la vésicule serait, pour certains auteurs, une des causes les plus importantes de la formation, dans les voies biliaires, de calculs dont l'expulsion, provoquée par les contractions musculaires de la vésicule, détermine les phénomènes douloureux de la colique hépatique. La vésicule biliaire se retrouve avec quelques modifications de détail dans la série animale : elle ne manque que chez les herbivores, les frugivores et les granivores. (V. *Foie*.) || **Vésicule germinative**. Nom donné à une vésicule close découverte par Purkuye dans l'œuf et sur laquelle on note une dépression et un aplatissement à mesure que l'œuf approche de la maturité. Elle contient un noyau sous le nom de *tache germinative*. (V. *Œuf*.) || *Vésicule aérienne*, la vessie natatoire des poissons.

***VÉSICULEUX, EUSE** (l. *vesiculosum*), *adj*. Formé d'un amas de vésicules.

***VÉSICULIFORME** (*vésicule* + *forme*), *adj. 2 g*. Qui a la forme d'une vésicule, d'une vessie, etc.

VÉSINET (LE), 3 329 hab. Nouveau village situé dans un bois, à 4 kilom. de Saint-Germain-en-Laye (Seine-et-Oise), et érigé en commune depuis 1875. Asile fondé en 1859 pour les convalescents des hôpitaux de Paris.

VESLE, 125 kilom. Rivière des départements de la Marne et de l'Aisne, qui arrose la Champagne, passe à Reims et se jette dans l'Aisne (r. g.) à Condé.

VESONTIO, nom ancien de Besançon.

VESOU (vx fr. *vese*, vessie), *sm*. Le jus qui sort des cannes à sucre écrasées quand on les met au pressoir.

VESOUL, 9 553 hab. Préf. de la Haute-Saône, à 381 kilom. de Paris, sur le Durgeon, au pied d'une colline isolée dite *la Motte de Vesoul* et au point de rencontre de quatre chemins de fer. — **Dér.** *Vesulien*.

VESPASIEN, empereur romain de 69 à 79 ap. J.-C., le premier de la famille Flavienne. Il fut proclamé par les légions de Syrie au moment où il allait réduire la dernière révolte des juifs ; rétablit la discipline militaire, réforma les finances, fit régner partout l'économie, rebâtit le Capitole incendié et construisit le Colisée. Son général, Cerealis, étouffa la double révolte de Civilis chez les Bataves et de Sabinus dans les Gaules, et son fils Titus s'empara de Jérusalem. — **Dér.** *Vespasienne*.

***VESPASIENNE** (*Vespasien*), *sf*. Urinoir public, ainsi appelé par allusion à l'impôt que Vespasien avait mis sur les urinoirs.

VESPER (ml. : *le soir*), *sm*. Nom donné par les anciens à la planète *Vénus* quand elle se couchait quelque temps après le Soleil. Quand elle précédait le Soleil à son lever, on l'appelait *Lucifer*. On dit aussi *l'étoile du soir* ou *l'étoile du berger*. (V. *Vénus*.) — **Dér.** *Vespérie, vespériser, vespertillon, vespéral, vespérale*. Même famille : *Vêpres*.

***VESPÉRAL, ALE** (l. *vesperalem*, du soir), *adj*. Qui a lieu, qui concerne le soir. — *Sm*. Livre d'église pour l'office du soir.

VESPÉRIE (l. *vesper*, soir), *sf*. Thèse que l'on soutenait autrefois le soir avant d'être reçu docteur en théologie ou en médecine, et pendant la soutenance de laquelle le président adressait des conseils au récipiendaire.

VESPÉRISER (*vespérie*), *vt*. Réprimander (vx).

***VESPERTILION** (l. *vespertilionem*, chauve-souris), *sm*. Nom générique des chauves-souris d'Europe. — **Dér.** *Vespertilionides*.

***VESPERTILIONIDES** (*vespertilion*), *smpl*. Famille de chauves-souris insectivores comprenant *l'oreillard commun*, la *barbastelle*, le *murin*, la *chauve-souris aquatique*, la *noctule*, la *pipistrelle*.

VESPÉTRO (*vesse* + *pet* + *rot*), *sm*. Liqueur de table qui est une infusion sucrée de graines d'angélique, de coriandre, d'anis et de fenouil dans l'eau-de-vie. On la regarde comme stomachique et carminative.

VESPUCE (AMÉRIC). (V. *Améric Vespuce*.)

VESSE (l. *visium*), *sf*. Gaz fétide qui sort sans bruit par l'anus. — **Dér.** *Vesser, vesseur, vesseuse*. — **Comp.** *Vesse-de-loup* ou *vesse-loup*. — **Hom.** *Vesce*.

VESSE-DE-LOUP ou **VESSE-LOUP**, *sf*. ou LYCOPERDON, *sm*. Genre de champignon en forme de boule, à surface couverte ou non de verrue, dont la chair, successivement blanche, jaune verdâtre, gris brun, se change avec le temps en une fine poussière d'un brun olivâtre, d'une odeur très désagréable, qui se répand dans l'air quand l'enveloppe vient à crever. On peut le manger tant que la *chair est blanche;* il est très efficace pour arrêter les hémorragies, et en enflammant le nuage de poussière qui en sort on produit une fumée anesthésique utilisée en Angleterre pour engourdir les abeilles dont on veut enlever le miel. — Pl. *des vesses-de-loup* ou *vesse-loups*.

VESSER (*vesse*), *vi*. Laisser échapper une vesse.

VESSEUR, EUSE (*vesser*), *s*. Celui, celle qui a l'habitude de vesser. — Fig. Poltron. (Triv.)

VESSIE (l. *vesica*), *sf*. Nom donné, en anatomie, au réservoir musculo-membraneux dans lequel l'urine, versée goutte à goutte, s'accumule et séjourne jusqu'au moment où ses parois, trop dilatées, réagissent sur ce liquide pour en produire l'élimination définitive. Intermédiaire, dans le système urinaire, aux uretères et à l'urètre, elle est située dans l'excavation du bassin, derrière la symphyse du pubis, au-devant et au-dessus du rectum chez l'homme, au-devant et au-dessus du vagin chez la femme, et se trouve maintenue dans cette position en arrière et de chaque côté par le péritoine, en haut par l'ouraque et les artères ombilicales, en bas par des adhérences très intimes avec la prostate chez l'homme, et par des adhérences plus lâches avec la paroi vaginale chez la femme. Sa fixité est donc plus grande chez l'homme que chez la femme, où ses déplacements sont connus sous le nom de *cystocèles vaginale, inguinale, crurale* et *périnéale*. Ces deux dernières variétés sont, d'ailleurs, très rares. La capacité de la vessie est très variable. A l'état de moyenne dilatation, elle contient de 500 à 600 centimètres cubes de liquide. Sa forme est également très variable. A l'état de vacuité, elle représente un triangle à base inférieure ; à l'état de dilatation, elle est fusiforme chez l'enfant, ovoïde chez l'adulte, ellipsoïde chez la femme. On considère la vessie comme un corps qui présente une face antérieure, une face postérieure, deux faces latérales, un sommet et une base. Le col représente la portion intermédiaire à la vessie et au canal de l'urètre, autour de laquelle se trouve le sphincter vésical. Cette portion reste à peu près fixe, quel que soit l'état de la vessie. Trois tuniques se superposent pour former les parois de la vessie, ce sont : la tunique séreuse, la tunique musculeuse et la tunique muqueuse. La séreuse recouvre plus ou moins la vessie, suivant l'état physiologique pendant lequel on la considère. La tunique musculeuse, très importante, comporte des éléments musculaires qui appartiennent à ceux de la vie végétative, c'est-à-dire des fibres musculaires lisses. On y décrit une couche superficielle longitudinale, remarquable par sa couleur rouge, et divisible en fibres antérieures, postérieures et latérales ; une couche moyenne plus régulière, moins rouge, formée de fibres circulaires qui s'inclinent les unes sur les autres ; et une couche interne plus pâle encore que les couches précédentes. Sa tunique muqueuse, de couleur blanche chez les enfants, d'un blanc grisâtre chez l'adulte, se voit souvent rosée chez le vieillard, rouge dans les cas d'inflammation aiguë, grisâtre dans les cas d'inflammation chronique. Elle ne présente ni papilles, ni villosités, ni orifices, mais des plis qui sont dus aux muscles sous-jacents. Par sa face externe, la tunique muqueuse est unie à la musculeuse par un tissu cellulaire lâche et fin ; elle est très adhérente au niveau du trigone, espace triangulaire dont les trois angles sont représentés par les orifices des deux uretères et celui de l'urètre. L'épithélium de cette muqueuse est un épithélium pavimenteux simple qui présente une rangée de cellules minces, larges, polygonales. Les artères qui arrivent à la vessie sont nombreuses et émanent de troncs différents : ombilicale, hypogastrique, hémorroïdale moyenne, etc. Toutes ces artères rampent dans l'épaisseur des parois vésicales, se distribuent en grande partie à la tunique musculaire et se terminent dans la muqueuse par un réseau très fin, abondant surtout au niveau du col. Les veines ne suivent pas exactement le trajet des artères. Nées du réseau muqueux, du réseau intermusculaire et du réseau sous-péritonéal, elles vont toutes se jeter dans la veine hypogastrique. Les nerfs de la vessie proviennent des plexus hypogastriques, d'où partent des filets longs et grêles qui se distribuent dans les parois de la vessie.

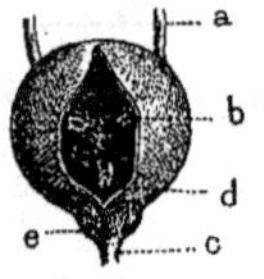

VESSIE

a. Uretère. — b. Son orifice vésical. — c. Urètre. — d. Orifice du sinus prostatique. — e. Prostate.

Dans quelles conditions se présente la vessie ? Vide, elle n'offre, pour ainsi dire, pas de cavité, et elle revient sur elle-même, grâce à l'élasticité de ses parois ; mais l'urine, poussée goutte à goutte dans ce réservoir, dilate celui-ci, et il se produit un mouvement de balance qui a été fort bien décrit par M. Sappey. Arrivée dans la vessie, comment l'urine y reste-t-elle contenue ? Elle ne peut refluer par les uretères (V. *Uretère*) à cause de la disposition de leur ouverture en bec de flûte, et, d'autre part, elle ne peut pas être éliminée par l'urètre, à cause de la tonicité musculaire du sphincter vésical, condition qui subsiste après la mort. Kuss considère aussi, comme très importante, la présence de la prostate et l'aplatissement du canal de l'urètre chez l'homme, conditions qui, indépendantes de la volonté, s'opposent mieux à l'élimination de l'urine chez l'homme que chez la femme, dont l'urine s'élimine plus souvent involontairement (rires, pleurs). Quand l'action de la volonté intervient pour s'opposer à la miction, c'est par la contraction d'un petit muscle dit *sphincter uréthral*. Ainsi contenue et collectée dans la vessie, l'urine produit l'ampliation de cet organe ; mais bientôt les parois vésicales, trop distendues, compriment leur contenu qui, triomphant de l'élasticité du col et de la prostate, pénètre dans l'urètre, et ce contact de l'urine avec la muqueuse prostatique produit le besoin d'uriner. Pour M. Guyon, le besoin naît seulement de la distension vésicale et de la mise en action des fibres musculaires lisses, et la miction est due à la contractilité vésicale et à la contraction des muscles de la paroi abdominale et du diaphragme, qui agissent directement sur la vessie pour déterminer l'élimination complète de l'urine.

Les maladies de la vessie sont nombreuses et nous citerons, parmi les vices de conformation, l'exstrophie, caractérisée par l'absence de la paroi antérieure de cet organe ; parmi les lésions traumatiques, les plaies, les ruptures, les corps étrangers de la vessie, et enfin des lésions vitales et organiques, dont les calculs représentent le type principal. La présence de ceux-ci dans l'organe vésical donne lieu à des signes que l'on a divisés en rationnels et certains. Parmi les premiers se rangent les troubles divers de la miction, la douleur qui se produit à la fin de la miction et à l'occasion de mouvements brusques, quand on se promène en voiture, par exemple, et les interruptions brusques du jet de l'urine. Les signes certains sont fournis par l'exploration de la vessie avec un instrument en métal dit *cathéter*, qui rend compte de la nature des calculs, de leur grosseur et de leur nombre et facilite le choix des moyens chirurgicaux à employer (tailles diverses, lithotritie). Parmi les affections organiques de la vessie, nous mentionnerons encore : les inflammations aiguës ou chroniques de l'organe connues sous le nom de *cystites*, les tumeurs, soit bénignes (papillome, myxome), soit malignes (carcinome, épithélioma), les troubles nerveux fonctionnels de la vessie, et enfin les déplacements de celle-ci, plus fréquents chez la femme que chez l'homme. || Cet organe tiré du corps de l'animal et desséché : *Une vessie de cochon*. — Fig. *Faire croire que des vessies sont des lanternes*, chercher à faire croire des choses absurdes et bizarres. || Petite ampoule sur la peau. || *Vessie natatoire*, poche membraneuse en forme de bissac, remplie d'air, qui existe dans l'intérieur du corps des poissons et qui est déjà une ébauche d'un poumon. — **Dér.** *Vessigon, vésicule, vésiculeux, vésiculeuse, vésiculaire, vésical, vésicale, vésicant, vésicante, vésication, vésicatoire.*

VESSIGON (*vessie*), *sm.* Tumeur affectant une membrane synoviale qui survient parfois sur l'une des parties latérales du jarret du cheval et qu'il faut cautériser avec le fer rouge.

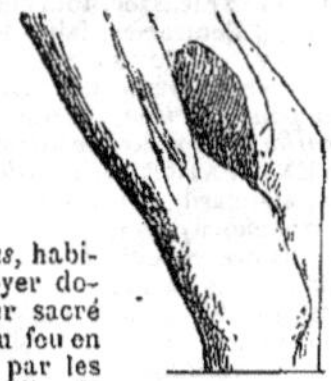

VESSIGON

VESTA (g. Ἑστία, venu du scr. *vas*, habiter). Déesse du foyer domestique, du foyer sacré de chaque ville et du feu en général, regardée par les Romains comme fille de Saturne et de Rhéa. Numa lui éleva à Rome, sur la pente du Palatin, un temple sur l'autel duquel brûlait perpétuellement le *feu sacré*; à l'entrée de chaque maison romaine, on entretenait également un *feu sacré* en l'honneur de Vesta, appelé *vestibulum* (d'où notre mot français *vestibule*). || Petite planète découverte en 1807 par Olbers et qui, comme toutes les planètes télescopiques, se trouve entre Mars et Jupiter. Le plan de son orbite est incliné de 7°8'16" sur celui de l'écliptique. La durée de sa révolution sidérale est de 1 325 jours moyens. Elle est semblable à une étoile de cinquième ou sixième grandeur; elle est visible à l'œil nu quand le ciel est serein. Aucune nébulosité n'apparaît autour de la planète; aucun indice appréciable d'atmosphère. — **Dér.** *Vestale, vestalat, vestalies.*

***VESTALAT** (*vestale*), *sm.* Le corps des Vestales chez les Romains. || La période de 30 ans pendant laquelle les vestales devaient rester vierges.

VESTALE (*Vesta*), *sf.* Nom des prêtresses chargées à Rome d'entretenir le feu sacré sur l'autel de Vesta. Elles exerçaient leur ministère pendant trente ans et faisaient vœu de virginité. Celle qui y manquait était enterrée vivante dans un caveau. Elles étaient très respectées, tous les magistrats leur cédaient le pas dans la rue et leur seule rencontre sauvait un condamné qu'on menait au supplice. La vestale coupable d'avoir laissé éteindre le feu sacré était frappée jusqu'au sang par le grand pontife. L'ordre des vestales fut aboli en 389 par l'empereur Théodose. — Fig. Femme de mœurs exemplaires.

***VESTALIES** (l. pl. *vestalia*), *sfpl.* Fêtes populaires de l'ancienne Rome en l'honneur de Vesta, durant lesquelles on promenait dans les rues des ânes couronnés de fleurs. Elles étaient célébrées le 8 ou le 9 juin.

VESTE (l. *vestem*, habit), *sf.* Tunique ajustée, mais sans ceinture, ouverte sur la poitrine, ayant des poches placées très bas par devant et que l'on portait aux XVIIe et XVIIIe siècles sous le justaucorps ou habit. || Sorte de long gilet que les Orientaux portent sous leur robe. || Aujourd'hui, sorte d'habit sans basques ou avec des basques très courtes : *Une veste d'ouvrier*. — **Dér.** *Veston, vêtir, vêtement, vestiaire, vêtu, vêtue, vêture.* — **Comp.** *Revêtir, dévêtir, investir*, etc.

VESTIAIRE (l. *vestiarium*), *sm.* Pièce ménagée dans un édifice, dans un couvent pour y déposer les costumes des membres d'une compagnie officiellement reconnue : *Le vestiaire du tribunal.* || Pièce analogue où l'on dépose momentanément des vêtements : *Le vestiaire d'un théâtre.* || Dépense faite pour l'habillement. || Lieu où des dames charitables se réunissent pour faire des vêtements destinés aux pauvres. || Réunion de dames dans ce lieu. — Adj. *Les arts vestiaires*, qui se rapportent au vêtement.

***VESTIBULAIRE** (*vestibule*), *adj. 2 g.* Qui concerne le vestibule. (Anat.) || *Ouverture vestibulaire du tympan*, la fenêtre ovoïde interne. || *Rampe vestibulaire du limaçon*, la partie de l'oreille interne. || *Taille vestibulaire*, opération chirurgicale pratiquée par le vestibule chez la femme.

VESTIBULE (l. *vestibulum* [V. *Vesta*] : de *ve*, particule privative + *stabulum*), *sm.* Chez les anciens, local placé sur le devant de la porte d'entrée d'une maison et destiné à recevoir ceux qui venaient en saluer le maître. || Aujourd'hui, lieu couvert qui donne accès aux diverses parties d'un édifice et qui est le premier endroit où l'on entre. Il n'y a de vestibule que dans les édifices publics et les demeures somptueuses. || Partie moyenne de l'oreille interne située en face de la fenêtre ovale qui la sépare de la caisse du tympan. (V. *Oreille.*) — **Dér.** *Vestibulaire.*

VESTIGE (l. *vestigium*), *sm.* Empreinte qu'a laissée le pied d'un homme ou d'un animal sur le sol où il a marché. — Fig. *Suivre les vestiges de quelqu'un*, l'imiter. || Restes d'une chose détruite : *Les vestiges d'un camp romain.* — Fig. Tout ce qui rappelle une chose qui n'est plus : *Le carnaval est un vestige des saturnales des Romains.*

***VESTITURE** (l. *vestituram*, vêture), *sf.* L'ensemble des poils, aiguillons de la surface des végétaux et autres de leurs organes accessoires.

VESTON (dm. de *veste*), *sm.* Veste sans basques ni poches, comparable à un gilet à manches.

VESTRIS (1729-1808), célèbre danseur de l'Opéra de Paris, né à Florence et qui, dans sa vanité, s'intitulait *dieu de la danse.*

VESTROGOTHIE ou **WESTROGOTHIE**, nom scandinave donné à la *Gothie occidentale.* (V. *Gothie.*)

VÉSUBIE, 50 kilom. Rivière du département des Alpes-Maritimes, affluent du Var. Elle prend sa source en Piémont (Italie).

***VÉSULIEN** (de *Vesoul*), *sm.* Nom donné par certains géologues à un des deux étages inférieurs du bathonien.

VÉSUVE (l. *Vesuvus*) altitude, 1 198 mètres, un des volcans actifs de l'Europe, situé en Italie, à 8 kilom. S.-E. de Naples. Le Vésuve présente la forme d'un double cône aigu isolé au milieu d'une plaine. Tout autour du volcan s'élèvent des villes populeuses : Portici, Torre-del-Greco, Resina, Torre-dell'-Annunziata. Les flancs de la montagne sont

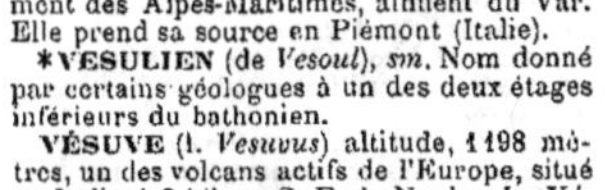

VÉSUVE

Fig. 1.

COUPE DU VÉSUVE N.-S.

a. Somma. — *b.* Atrio del Cavallo. — *f.* Torre-dell-Annunziata. — **1.** Tuf ponceux. — **2.** Tufs et leucitophyre de la Somma. — **3.** Cône de débris modernes. — **4.** Filons de lave.

bien cultivés, malgré l'invasion toujours à craindre des coulées de lave; les abords du sommet sont dénudés. Une vallée semi-circulaire, l'*Atrio del Cavallo*, sépare les deux cimes; c'est un vestige d'un cratère préhistorique (fig. 1). Un des sommets a la forme d'un mur annulaire (fig. 2); c'est le rebord du cratère dont nous venons de parler : il porte le nom de *Somma*; l'autre cime (fig. 3) constitue, au milieu de l'ancien cratère, un cône régulier, qui est le véritable Vésuve actuel, auquel a donné naissance la célèbre éruption de 79 ap. J.-C. La hauteur du volcan varie suivant la quantité de débris que les éruptions successives accumulent ou font disparaître. Le Vésuve était, depuis les temps les plus reculés, une montagne considérable, mais on ne soupçonnait pas sa nature volcanique (fig. 3). Elle se réveilla subitement au commencement de notre ère. De 63 à 79, les environs de la montagne furent agités par des secousses répétées jusqu'à la terrible éruption de 79, où Pline l'Ancien trouva la mort en voulant étudier le phénomène. Les débris rejetés par le volcan ensevelirent Herculanum,

VÉSUVE ÉTAT ACTUEL Fig. 2. — VÉSUVE DU TEMPS DE STRABON Fig. 3.

Pompéi et Stabies. Torre-del-Greco s'élève actuellement sur les ruines d'Herculanum. Jusqu'en 1631, le Vésuve eut des éruptions peu fréquentes, mais très violentes en 203, 472, 685, 903, 1036, 1139 et 1306 (?) Après un repos de plusieurs siècles, pendant lequel le cratère se couvrit de végétation, survint l'éruption de 1631, qui peut se comparer à celle de 79. Depuis cette époque, les éruptions se produisent à de courts intervalles, mais sans paroxysmes. Les principales dates sont : 1680, 1682, 1685, 1689, 1694, 1696-98, 1701, 1707, 1712-32, 1751, 1754, 1760, 1765-67, 1771-78, 1779, 1784-86, 1790, 1794, 1802, 1804, 1806, 1809-10, 1812, 1813, 1822, 1832, 1839, 1848, 1858, 1861, 1866-71, 1872. Vers 1865, le volcan semblait réduit à la condition de solfatare; puis, son activité se manifesta de nouveau sous forme d'éruptions tranquilles par le sommet, avec ascension progressive de

VÉSUVE

Fig. 4.

la lave dans le cratère. En avril 1872 eut lieu une éruption par fissure, et le Vésuve entra dans une période d'activité continue analogue à celle du Stromboli. En 1882 et 1883, le cratère était comblé, et à sa partie supérieure s'était formé un cône d'éruption, qui lançait, au milieu de nuages de vapeurs, des morceaux de lave pâteuse et incandescente. En général, il semble que, pour le Vésuve, la violence des éruptions dépend en grande partie de l'importance du repos antérieur. Les coulées de lave ne suivent plus la même direction qu'autrefois, la figure 4 montre qu'elles se reportent vers l'O., elles passent entre la Somma et l'observatoire Palmieri, par le ravin *della Vetrana*, rendant ainsi dangereuse la situation de M. Palmieri et de ses collaborateurs, qui ont installé à cet endroit un observatoire spécial pour les études séismologiques. Les laves du Vésuve appartiennent à la catégorie des roches basaltiques et forment le groupe des basaltes à leucite : les cristaux de leucite sont plus petits dans les laves actuelles que dans les laves anciennes. Outre la leucite et l'augite, la néphéline, l'anorthite et la sodalithe jouent un grand rôle dans certaines coulées. — **Dér.** *Vésuvienne.*

***VÉSUVIENNE** (*Vésuve*), *sf.* Silicate d'alumine, de chaux et de protoxyde de fer. La forme primitive est le prisme carré. La vésuvienne jouit d'une certaine transparence; sa couleur est brun verdâtre ou rougeâtre; sa densité est 3,4; sa dureté est intermédiaire entre celle de l'orthose et celle du quartz hyalin. On la rencontre au Vésuve dans les blocs de calcaire et de dolomie rejetés par la Somma.

VESZPRIEM 12 002 hab. Ville de Hongrie sur la Sed, près du lac de Balaton. Vins, grains.

VESZPRIM, 15 000 hab. Ville de Hongrie. Céréales.

***VÉTA** (*x*), *sm.* Nom donné au *mal de montagne* dans la région des Andes (Amérique du Sud).

VÊTEMENT (l. *vestimentum* : de *vestire*, vêtir), *sm.* Ce qui sert à couvrir le corps : *Un vêtement de peau, d'étoffe.*

VETERA-NEGRA-DE-SOMBRERETE, ville du Zacatecas (Mexique). Riches mines d'argent.

VÉTÉRAN (l. *veteranum* : *vetus*, génitif *veteris*, vieux), *sm.* Soldat romain qui, après avoir fait son temps de service, recevait de l'État des terres qu'il cultivait pour vivre. ‖ En France, vieux soldat faisant partie d'une compagnie sédentaire chargée du service d'une place forte ou d'une batterie de côtes. ‖ *Canonniers vétérans*, seconds maîtres, quartiers-maîtres et matelots brevetés de 1re classe qui, après quatre années passées hors de l'école, y reviennent faire un nouveau stage de quatre mois. (Mar.) ‖ Autrefois, magistrat retraité qui avait été nommé magistrat honoraire. ‖ Dans les collèges, un élève qui redouble une classe. — **Dér.** *Vétérance.* Même famille : *Vétusté, vétuste.*

VÉTÉRANCE (*vétéran*), *sf.* Qualité de vétéran.

VÉTÉRINAIRE (l. *veterinarium* : de *veterina*, bête de trait ou de somme), *adj. 2 g.* Qui a pour objet de guérir les maladies des animaux domestiques : *Art vétérinaire.* ‖ *Écoles vétérinaires*, établies pour former des vétérinaires civils et militaires. (V. *Maisons-Alfort.*) — *Sm.* Celui dont la profession est de guérir les maladies des animaux domestiques. On dit aussi *artiste vétérinaire.*

VÉTILLARD, ARDE (*vétille*), *s.* Celui, celle qui s'arrête, qui donne trop d'attention à des vétilles.

VÉTILLE (esp. *vetilla*, dm. de *veta*, raie, ruban, vétille; Scheler y voit un dm. de *vetus*, chose usée, sans valeur), *sf.* Chose de peu d'importance, bagatelle : *S'occuper de vétilles.* — **Dér.** *Vétiller, vétillard, vétillarde, vétilleur, vétilleuse, vétilleux, vétilleuse, vétillerie.*

VÉTILLER (*vétille*), *vi.* S'amuser à des vétilles. ‖ Faire des difficultés sur de petites choses : *Il ne fait que vétiller.*

***VÉTILLERIE** (*vétille*), *sf.* Chicane, raisonnement oiseux.

VÉTILLEUR, EUSE (*vétiller*), *s.* Celui, celle qui s'arrête à des vétilles, à de petites difficultés.

VÉTILLEUX, EUSE (*vétille*), *adj.* Qui demande de grands soins, une attention minutieuse, en parlant des choses : *Travail vétilleux.* ‖ Qui s'amuse, s'arrête à des vétilles, en parlant des personnes : *Un vieillard vétilleux.*

VÊTIR (l. *vestire*), *vt.* Mettre des vêtements à quelqu'un : *On l'a vêtu de neuf.* ‖ Mettre sur soi un vêtement : *Vêtir son manteau.* ‖ *Vêtir les pauvres*, leur donner des vêtements. — **Se vêtir**, *vr.* Mettre sur soi ses vêtements. ‖ *Se vêtir à la française*, s'habiller à la mode des Français. — **Gr.** Je vêts, tu vêts, il vêt, n. vêtons, v. vêtez, ils vêtent; je vêtais; je vêtis; je vêtirais; vêts, vêtons, vêtez; que je vête; que je vêtisse; vêtant; vêtu, ue. Ce verbe est peu usité au présent de l'ind. et à l'impér., où il est remplacé par le composé *revêtir*. Comme il n'est pas inchoatif, c'est une faute de dire au présent : *il vêtit, ils vêtissent.* — **Dér.** (V. *Veste.*)

VÉTIVER ou **VÉTYVER** (mot indien), *sm.* Plante monocotylédone, de la famille des Graminées, originaire de l'Inde et dont la racine, très odorante, s'emploie pour parfumer le linge et préserver le drap des atteintes des teignes. Cette plante, appelée encore *chiendent des Indes*, est l'*andropogon muricatus* des botanistes. En Orient, on la cultive en bordure. ‖ Cette racine même.

VETO [vé-to] (ml. : *je défends*), *sm.* Parole que prononçait à Rome un tribun du peuple pour déclarer qu'il s'opposait à un décret du sénat ou à un acte d'un magistrat. ‖ Aujourd'hui, dans certains pays, refus que fait le chef de l'État de sanctionner une loi votée par les Chambres : *En Angleterre, le souverain a le veto ou le droit de veto.* ‖ *Veto absolu, veto suspensif*, droit de refuser pour toujours ou pour un temps limité la sanction d'une loi votée par les Chambres. — Fig. *J'y mets mon veto*, je m'oppose à cela.

***VETTE** (l. *vittam*, bande; esp. *veta*), *sf.* Partie ou bande de terre qui entoure les aires des salines.

VETTER (LAC). (V. *Vettern.*)

***VETTER** (JEAN-HÉGÉSIPPE), peintre français, né en 1820. Il est l'auteur de *Bayard enfant*, de la *Liseuse*, de *Femme à sa toilette*, de *Mascarille présentant Jodelet à Cathos et à Madelon* (au musée du Luxembourg) et de plusieurs portraits très remarqués.

VETTERN ou **WETTERN**, lac de Suède, le second comme étendue après le lac Venern (superficie 1 899 kilom. carrés; altitude 88 mètres de profondeur, maximum 126 mètres; longueur 110 kilom du N.-E. au S.-O., largeur moyenne 30 kilom.). Le canal de Gothie, qui commence à Motala, joint le lac Wettern à la mer Baltique. On trouve sur ses rives les villes de *Jönköping*, de *Karlsborg*, d'*Askersund*, etc.

VÊTU, UE (*vêtir*), *adj.* Habillé. ‖ Qui a la peau garnie de poils : *Le mammouth était très vêtu.* ‖ *Oignon fort vêtu*, dont les enveloppes sont très épaisses et très nombreuses.

***VÉTULONIES** (l. *Vetulonia*), ancienne ville de l'Etrurie, une des 12 lucumonies étrusques, et dont *Telamone* était le port. C'est aujourd'hui *Vetulia.*

VÊTURE (l. *vestitura*), *sf.* Action de vêtir. ‖ Prise d'habit, cérémonie qu'on fait dans les couvents en donnant l'habit de l'ordre à celui ou à celle qu'on admet comme novice.

VÉTURIE, la mère de Coriolan. (V. *Coriolan.*)

***VÉTUSTE** (l. *vetustum*), *adj. 2 g.* Détérioré par le temps : *Ameublement vétuste.* ‖ Qui tombe de vétusté, en ruine : *Arbre vétuste* (vx).

VÉTUSTÉ (l. *vetustatem* : de *vetus*, vieux), *sf.* Ancienneté qui a eu pour effet de détériorer une chose, de la faire tomber en ruines : *Cette maison tombe de vétusté. Arbre tombé de vétusté.*

VÉTYVER. (V. *Vétiver.*)

VEUDE, 48 kilom. Rivière du département de la Vienne et d'Indre-et-Loire, affluent de la Vienne.

VEUF, VEUVE (l. *viduum* : de *vidua*), *adj.* et *s.* Homme dont la femme est morte et qui n'est point remarié; femme dont le mari est mort et qui n'est point remariée. ‖ *Le denier de la veuve*, ce qu'on donne en prenant sur son nécessaire. — Fig. Privé de : *Une âme veuve de joie.* — *Sf.* Tulipe panachée de blanc et de violet. ‖ Scabieuse à fleurs d'un noir pourpré, cultivée dans les jardins. ‖ Petit passereau d'Afrique dont le plumage est semé de taches sombres et dont les pennes de la queue ont, chez le mâle, une longueur démesurée. — **Dér.** *Veuvage.*

VEUVE A COLLIER

***VEUGLAIRE** (flam. *vogheleer*, oiseleur), *sm.* Sorte de bouche à feu, en fer forgé, se chargeant par la culasse, en usage au XVe siècle : *Le veuglaire était moins puissant et plus long que la bombarde, et lançait d'énormes boulets de pierre.*

VEUILLOT (Louis) (1813-1883), journaliste français, rédacteur en chef de l'*Univers*. Écrivain de grand talent, Veuillot a laissé un grand nombre d'ouvrages, entre autres le *Parfum de Rome* (1865), les *Odeurs de Paris* (1866), *Paris pendant les deux sièges* (1871), etc.

VEULE (l. *vola*, creux de la main), *adj. 2 g.* Faible, mou, sans énergie : *La chaleur nous rend veules.* ‖ Qui s'affaisse : *Tige veule*, ‖ *Terre veule*, trop légère. ‖ *Poils veules*, qui se feutrent difficilement.

VEULES, 1 010 hab. Commune du c. de Saint-Valéry en Caux (Seine-Inférieure), sur la Veule. Bains de mer.

VEUVAGE (*veuf*), *sm.* État de l'homme veuf ou de la femme veuve. — Fig. Privation d'une chose.

VEVEY, 8 000 hab. Ville de Suisse, canton de Vaud, au pied du Jorat, sur la rive N. du lac de Genève, au milieu d'un magnifique paysage qui y attire beaucoup d'étrangers et de touristes.

VEXANT, ANTE (*vexer*), *adj.* Qui contrarie, qui fait de la peine.

***VEXATEUR** (l. *vexatorem*), *adj.* et *sm.* Qui commet des vexations, qui les cause. — **Gr.** Le féminin serait **vexatrice.**

VEXATION (l. *vexationem*), *sf.* Action de tracasser, de tourmenter.

VEXATOIRE (l. *vexer*), *adj. 2 g.* Qui constitue une vexation. ‖ Qui exerce des vexations : *Impôt, administration vexatoire.*

VEXER (l. *vexare*, fréq. de *vehere*, charrier), *vt.* Tracasser, tourmenter : *Vexer son voisin.* ‖ Contrarier, faire de la peine : *Cela me vexe.* — **Se vexer**, *vr.* Se contrarier, éprouver du dépit, du ressentiment : *Il se vexe pour des riens.* — **Dér.** *Vexant, vexante, vexation, vexateur, vexatrice, vexatoire.*

VEXILLAIRE (l. *vexillarium* : de *vexillum*, étendard), *sm.* Soldat romain, ordinairement choisi parmi les plus braves, qui, dans chaque turme de cavalerie, portait la bannière rouge appelée *vexillum.* ‖ Vétéran romain envoyé en détachement. ‖ Qui a la forme d'un étendard : *Dans la fleur du pois, le pétale supérieur a une forme vexillaire.* ‖ *Préfloraison vexillaire*, celle que l'on remarque dans les Papilionacées. (Bot.)

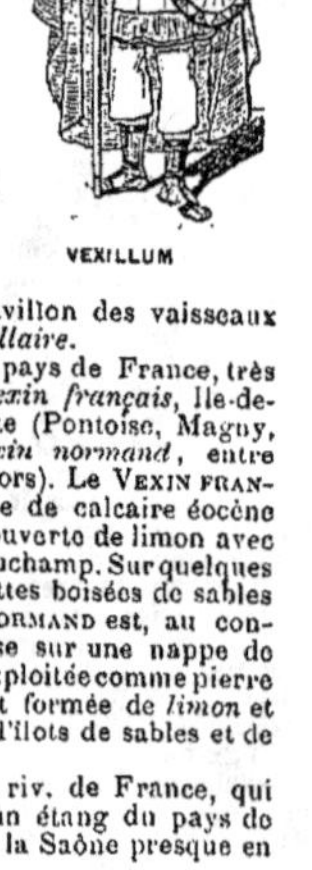

VEXILLUM

VEXILLUM (ml. : *étendard*), *sm.* Drapeau ou enseigne particulier de la cavalerie romaine à l'époque du bas-empire. C'était une pièce d'étoffe carrée sur une traverse horizontale en son milieu; un aigle terminait la hampe. ‖ Pavillon des vaisseaux romains. — **Dér.** *Vexillaire.*

VEXIN, ancien petit pays de France, très fertile, subdivisé en *Vexin français*, Ile-de-France, à l'E. de l'Epte (Pontoise, Magny, Chaumont), et en *Vexin normand*, entre l'Epte et l'Andelle (Gisors). Le VEXIN FRANÇAIS est une plate-forme de calcaire éocène dont la surface est recouverte de limon avec traces des sables de Beauchamp. Sur quelques points s'élèvent des buttes boisées de sables tongriens. Le VEXIN NORMAND est, au contraire, une plaine assise sur une nappe de *craie blanche*, souvent exploitée comme pierre de taille. La surface est formée de *limon* et d'*argile à silex* semés d'îlots de sables et de grès éocènes.

VEYLE, 75 kilom., riv. de France, qui prend sa source dans un étang du pays de Dombes et se jette dans la Saône presque en face de Mâcon.

VEYNES, 1 688 hab. Ch.-l. de c., arr. de Gap (Hautes-Alpes), sur le Buech.

VEYRE-MONTON, 1 833 hab. Ch.-l. de c., arr. de Clermont (Puy-de-Dôme), sur la Veyre, au pied de la colline de Monton. Habitations d'anciens troglodytes.

VEYS (BAIE DES). Échancrure de la côte de France qui s'ouvre entre le Cotentin et les roches de Grand-Camp. Elle reçoit l'Aure, la Vire (chenal d'Isigny), la Taute et la Douve (chenal de Carentan). On y récolte beaucoup de tangue.

VÉZELAY, 969 hab. Ch.-l. de c., arr. d'Avallon (Yonne), sur une colline du Morvan, près de la Cure. Ancienne et magnifique église abbatiale de la Madeleine (XIe et XIIe siècle), où saint Bernard, le pape Eugène III et le Louis le Jeune firent décider en 1146 la deuxième croisade.

VÉZELISE, 1 447 hab. Ch.-l. de c., arr. de Nancy (Meurthe-et-Moselle), au confluent de l'Uvry et du Brenon; anc. capit. du comté de Vaudemont. Beau clocher de 63 mètres de haut.

VÉZENOBRES, 927 hab. Ch.-l. de c., arr. d'Alais (Gard), au versant d'une colline.

VÉZÈRE, 192 kilom. Rivière torrentielle de France, qui naît sur le plateau de Millevache (départ. de la Corrèze), au pied du signal de Meymac (978 mètres), coule d'abord sur le granit dans des gorges profondes où elle forme les deux cataractes du *Saut de la Virolle* et du *Saut du Saumon*, arrose Uzerche, Vigeois; elle passe ensuite dans la craie du Périgord, devient navigable, et se jette dans la Dordogne à Limeuil (r. d.), non loin des Eyzies. Elle reçoit entre autres affluents le Coly, le Cern, la Beune. La Vézère a acquis une grande célébrité par la découverte faite sur les bords de son cours inférieur des stations préhistoriques, grottes ou abris sous roches du Moustier, de la Madeleine, de Laugerie-Haute, de Laugerie-Basse, de Cro-Magnon, des Eyzies, habitations des hommes quaternaires dans lesquelles on a découvert tant de reliques de leur industrie et de leur habileté en dessin et en sculpture.

VÉZÈRE (HAUTE) ou **AUVÉZÈRE**, 90 kilom. Rivière des départements de la Corrèze et de la Dordogne, affluent de l'Isle, près de Périgueux.

VEZINS, 1 800 hab. Ch.-l. de c., arr. de Millau (Aveyron), près du Viaur.

VEZOUSE, 64 kilom. Rivière du département de Meurthe-et-Moselle, qui prend sa source à Cirey. Elle arrose Blamont et Lunéville où elle se jette dans la Meurthe.

VEZZANI, 3 517 hab. Ch.-l. de c., arr. de Corte (Corse).

***VIA** (ml., ablatif : *voie, chemin, route*). Par la voie de, en passant par : *Via Londres*, par la voie de Londres.

1. **VIABILITÉ** (*viable*), *sf.* État de l'enfant qui, au moment de sa naissance, paraît conformé de manière à pouvoir vivre.

2. **VIABILITÉ** (l. *viare*, faire route), *sf.* Bon état d'entretien des routes, des chemins, des rues.

1. **VIABLE** (*vie*), *adj. 2 g.* Qui, au moment de sa naissance, est assez bien conformé et assez fort pour faire espérer qu'il vivra : *Enfant viable.* — **Dér.** *Viabilité* 1.

2. ***VIABLE** (l. *via*, voie + *habilem*, propre à, en bon état), *adj. 2 g.* Qui est en état de viabilité, en bon état d'entretien : *Chemin, route viable.* (Néol.) — **Dér.** *Viabilité* 2.

VIADUC (l. *via*, voie + *ductum*, conduit), *sm.* Tout grand ouvrage d'art, formé d'une suite d'arcades, qui a pour objet de faire traverser à une route ou à un chemin de fer une vallée profonde. Quand un pont traverse un fleuve, il est en général complété de chaque côté par un viaduc : l'ensemble de l'ouvrage prend alors le nom de *pont-viaduc*. On trouve souvent avantage à remplacer par un viaduc un remblai qui entraînerait de trop grandes dépenses. Les viaducs s'exécutent en bois, en pierre, en briques, en fonte, en fer forgé ou en tôle. Les *viaducs en bois*, malgré les substances antiseptiques et la peinture dont ils sont injectés et recouverts, sont sujets à une prompte destruction, et tendent à être remplacés par des ouvrages en fer. On construit cependant encore des *viaducs en pierre*, auxquels on donne deux ou trois étages, suivant la profondeur de la vallée à franchir. Parmi les viaducs en pierre les plus connus en France, citons ceux de Chaumont, de Dinan, de Nogent-sur-Marne. La pénétration au cœur d'une ville, d'une ligne de chemin de fer, ou l'établissement d'un réseau urbain nécessitent quelquefois la construction d'un viaduc, sans qu'il y ait à effectuer la traversée d'aucune dépression du sol : tels sont les viaducs du chemin de fer de Vincennes à Paris, du chemin de fer de l'État à Rotterdam et des métropolitains de New-York et de Berlin. Ces ouvrages sont généralement construits *en pierre* et *en briques*. Les *viaducs en tôle* et *en fer* sont très nombreux et souvent plus économiques que les viaducs en pierre. Des arcs métalliques, affectant une forme parabolique, ont été employés avec succès pour franchir des vallées au fond desquelles coule un large cours d'eau. On leur donne des ouvertures considérables. L'arc, s'appuyant par ses extrémités sur de solides culées en maçonnerie, supporte un tablier métallique qui sert de passage à la route ou à la voie ferrée (ponts-viaducs de Garabit, du Douro, etc.).

ABBAYE DE VÉZELAY

ÉGLISE DE LA MADELEINE (XIe-XIIe SIÈCLE)

VIAGER, ÈRE (bl. *vitaticarium*, qui est à vie), *adj.* Dont on a la jouissance pendant toute sa vie : *Bien viager. Rente viagère.* — *Sm.* Bien, revenu dont le possesseur doit jouir sa vie durant sans pouvoir le transmettre à personne : *Il a toute sa fortune en viager.* ‖ **Rentes viagères.** Une rente viagère est une rente qui se paye pendant la vie d'un individu à la fin d'une période de temps convenue, par exemple, tous les ans, tous les six mois ou tous les trois mois; supposons qu'elle se paye tous les ans. Une rente viagère est *immédiate* quand elle se paye immédiatement, c'est-à-dire à la fin de l'année qui commence à la signature du contrat. Une rente viagère *différée* est celle dont la première période de paiement ne commence qu'après un nombre d'années convenu. Une rente viagère est *temporaire* quand elle doit cesser d'être payée après un nombre fixé d'années, quand même le titulaire vivrait encore après ce temps. Le prix d'un contrat de rente viagère immédiate se paye ordinairement en entier au moment du contrat, c'est ce qu'on appelle une *prime unique*. Pour une rente viagère différée, on paye, suivant les conventions, une prime unique, c'est-à-dire une somme unique d'avance en recevant le contrat, ou bien on paye, sous le nom de *prime annuelle*, une somme fixée au commencement de chaque année de l'engagement, et en cas de vie du titulaire seulement, jusqu'au commencement de la première année de payement de la rente achetée. Les rentes viagères sont en général vendues et constituées par des compagnies d'assurance sur la vie.

Calcul des primes. — Le calcul des primes payées pour les rentes viagères est fondé sur deux bases : 1° un taux d'intérêt convenu; 2° les chances de mortalité particulières au cas proposé.

1° *Taux d'intérêt.* — La compagnie doit payer les intérêts composés à un taux convenu des sommes versées entre ses mains par les contractants (en général 4 p. 100).

Pour assurer une somme de S_n francs, payable dans n années, la compagnie fait payer comptant le jour de l'assurance une prime

$$p_n = \frac{S_n}{(1,04)^n}.$$

Ainsi, pour assurer 600 francs payables dans 3 ans, elle fait payer comptant une prime

$$p_n = \frac{600}{(1,04)^3}$$

puis, le terme arrivé, elle paye au bénéficiaire

une somme de 600 francs $= p_3 \times (1.04)^3$. Elle rembourse donc la somme p_3 qu'elle a reçue avec ses intérêts composés à 4 p. 100 par an pendant tout le temps qu'elle est restée entre ses mains.

2° *Chances de mortalité.* — Ces chances sont indiquées dans la table de mortalité employée par la compagnie pour le genre d'assurance considéré en général, la table de Deparcieux. Quelques compagnies ne suivent cette table que jusqu'à l'âge de 59 ans et emploient, pour les âges supérieurs, des tables qui leur sont particulières. Ainsi, la compagnie admet, d'après la table, que sur 702 rentiers viagers ayant tous 34 ans un même jour donné, 694 seulement survivent un an après, 686 deux ans après, etc. Les compagnies vendent les contrats le même prix à des individus de même âge, bien que réellement ces contrats aient des valeurs diverses relativement à leurs conséquences futures, les assurés pouvant mourir à des époques très rapprochées ou très éloignées. On établit donc un prix moyen qui s'obtient en faisant le prix total de tous les contrats et en le divisant par leur nombre.

Primes uniques. — Rentes viagères immédiates (vie entière). Soit à calculer le prix moyen *au comptant* d'une rente viagère immédiate de 1 franc (vie entière) assurée sur une tête de 34 ans (prime unique). Soit p le prix demandé : la table de Deparcieux donne 702 pour le nombre des vivants à 34 ans. Supposons donc que 702 individus se présentent à la fois pour s'assurer. Sur ces 702 individus, 694 seulement survivront après un an, 686 après deux ans, etc. Donc la compagnie aura certainement à payer à l'ensemble des rentiers survivants 694 francs après un an, 686 francs après deux ans, etc., 1 franc après 60 ans, puis rien, le groupe étant éteint. Elle doit donc demander *comptant pour* assurer le premier payement collectif (d'après la formule donnée plus haut) $\frac{694}{1.04}$; pour le deuxième,

$$\frac{686}{(1.04)^2}$$

etc., jusqu'à la limite; on a donc en tout, pour le total P, des assurances collectives :

$$P = \frac{694}{1.04} + \frac{(1.04)^2}{686} + \frac{678}{(1.04)^3} + \dots + \frac{2}{(1.04)^{59}} + \frac{1}{(1.04)^{60}}$$

donc, le prix moyen p sera :

$$\frac{P}{720} = \frac{1}{702}\left[\frac{694}{1.04} + \frac{686}{(1.04)^2} + \dots + \frac{2}{(1.04)^{59}} + \frac{1}{(1.04)^{60}}\right]$$

Ce raisonnement donne un prix moyen qui ne changera pas, quel que soit le nombre d'individus assuré le même jour.

On peut donner une formule générale servant à calculer le prix de la même assurance pour un âge quelconque. Soit A_n la prime due par un associé de n années,

$$V_n\, V_{n,+1},\, V_{n+2} \dots V_{94}$$

les nombres de survivants de la table de mortalité aux âges de $n, n+1, n+2$.., 94 années.

Le prix moyen se calculera à l'aide de la formule :

$$A_n = \frac{1}{V_n}\left[\frac{V_{n+1}}{1.04} + \frac{V_{n+2}}{(1.04)^2} + \dots + \frac{V_{94}}{1.04^{94-n}}\right]$$

Pour trouver le prix d'une rente viagère de S francs, il suffit de multiplier par S le prix d'une rente de 1 franc. Ces formules sont très faciles à appliquer; quand il s'agit de calculer un tarif complet, on trouve alors des relations qui simplifient beaucoup les opérations.

Rentes viagères différées sans arrérages au décès. — PROBLÈME : Trouver le prix moyen au comptant d'une rente viagère différée de 15 ans, assurée sur une tête âgée de 34 ans (prime unique). Le rentier ne devient titulaire qu'à la fin de la 15e année de l'engagement et touche la première rente à la fin de la 16e année. S'il meurt avant cette époque, la prime est acquise à la compagnie, qui n'a rien à payer.

Supposons encore 702 personnes de 34 ans assurées le même jour, soit p le prix demandé. Le prix des 702 assurances est $702\,p$. On passe tout de suite à l'âge (34 + 16) ans ou 50 ans. Le nombre des survivants donné par la table pour cet âge est 581 ; à 51 ans, il est de 571, etc. Donc, la compagnie aura certainement à payer à l'ensemble des rentiers survivants 581 francs dans 16 ans, 571 dans 17 ans, etc. Elle demandera donc comptant (d'après la première formule donnée) pour les 702 assurances,

$$P = 702\,p\ \frac{581}{(1.04)^{16}} + \frac{571}{(1.04)^{17}} + \dots + \frac{1}{(1.04)^{60}}$$

Le prix moyen p est donc :

$$p = \frac{1}{702}\left[\frac{581}{(1.04)^{16}} + \frac{571}{(1.04)^{17}} + \dots + \frac{1}{(1.04)^{60}}\right]$$

Une rente peut être assurée payable en cas de vie de l'assuré pendant un certain nombre fixé d'années. Ce temps écoulé, l'engagement est terminé et la compagnie ne paye plus. C'est ce qu'on appelle une *rente immédiate et viagère*. Si nous désignons par A_{tpk} la prime à payer pour une annuité temporaire pendant k années, nous aurons :

$$A_{tpk} = \frac{1}{V_n}\left[\frac{V_{n+1}}{1.04} + \frac{V_{n+2}}{(1.04)^2} + \dots + \frac{V_{n+k}}{(1.04)^k}\right]$$

V_n étant le nombre de vivants à l'âge de n années.

Assurance d'un capital différé en cas de vie. — Calculer le prix moyen au comptant d'un capital de 1 franc différé de 17 ans, assuré sur la tête d'un enfant de 4 ans (prime unique).

Si l'enfant atteint (17 + 4) ans = 21 ans, la compagnie paye 1 franc; s'il meurt avant, la prime est acquise à la compagnie, qui n'a rien à payer. Le nombre des vivants à 4 ans et à 21 ans est respectivement de 947 et de 806. Donc, la compagnie demandera pour 947 assurances :

$$947\,p = \frac{806}{(1.04)^{17}}$$

$$\text{d'où } p = \frac{806}{947\,(1.04)^{17}}.$$

En général, un capital différé de k années, C_{dk}, est donné par :

$$C_{dk} = \frac{V_{n+k}}{V_n\ (1.04)^k}$$

On peut chercher à déterminer par quelles primes annuelles on pourrait s'assurer les mêmes avantages que par une prime unique, souvent lourde à payer. Quand il s'agit d'une rente viagère différée, cette prime p' est donnée par la formule :

$$p' = \frac{A_{d\ \text{de}\ k}}{1 + A_{tpk}}$$

$(A)_{d\ \text{de}\ k}$ désigne le prix au comptant p de la rente différée qu'il s'agit d'assurer, et $(A)_{tpk}$, l'annuité temporaire pendant k années.

Pour assurer, en cas de vie, un capital de 1 franc différé de k années sur une seule tête, on payera une annuité donnée par la formule :

$$p' = \frac{V_{n+k}}{V_n\ (1.04)^k} \times \frac{1}{[1 + A_{tp.\,(k-1)}]}$$

V_{n+k} désigne le nombre des vivants au bout de $n+k$ années, V_n le nombre des vivants au bout de n années.

A_{tpk} désigne une rente viagère temporaire payable pendant k années ; A francs est la valeur moyenne en argent le jour de l'assurance de tous les payements essentiels que doit faire la compagnie en vertu du contrat. C'est aussi la valeur moyenne au comptant, le jour de l'assurance, de toutes les primes annuelles éventuelles à payer par le contractant, la première prime exceptée. — **Dér.** *Viagèrement, viagèreté.* Même famille : *Viatique, voyage,* etc.

VIAGÈREMENT (*viagère* + sfx. *ment*), *adv.* La vie durant.

***VIAGÈRETÉ** (*viager*), *sf.* Propriété de ce qui est viager : *Avoir la viagèreté d'une propriété.*

VIALA (AGRICOLE) (1780-1793), enfant de 13 ans qui, en juillet 1793, commandait une petite garde nationale d'enfants patriotes. Il fut tué par les insurgés royalistes du Midi, pendant qu'il s'efforçait de couper à coups de hache le câble qui maintenait les pontons sur lesquels ceux-ci tentaient de passer la Durance pour attaquer Avignon. Un décret de la Convention du 18 floréal an II (10 mai 1794) lui décerna les honneurs du Panthéon.

VIALAS, 2096 hab. Commune du canton du Pont-de-Montvert, arr. de Florac (Lozère), sur le versant S. d'un éperon des monts Lozère, entre le Gourdouze et le Luech. On y trouve de la galène argentifère avec un peu de pyrite et de blende. Les filons forment un champ de fracture bien déterminé et remarquable par la multiplicité de ses fentes métallifères. Les sources minérales qui ont amené ces galènes argentifères étaient contemporaines des assises tertiaires supérieures.

VIA MALA (GORGES DE LA). Profonde coupure suivie entre Thusis et Zillis par la route du Splugen (de Coire à Chiavenna, vallée du Hinter-Rhein). Elle était gardée par le château de Haute-Rhœtie, où les voyageurs et les marchandises payaient un droit.

VIANDE (l. *vivenda*, choses dont on se nourrit) : de *vivere*, vivre), *sf.* Autrefois, toute sorte de nourriture soit animale, soit végétale : *Les poires sont viande très salubre.* || *Viande creuse,* mets qui ne nourrit point. — Fig. Chose inutile, chimère. || Aujourd'hui, la chair musculaire des animaux domestiques, du gibier, des oiseaux, des poissons, employée à l'alimentation de l'homme. Elle est très nourrissante, à cause des matières albuminoïdes qu'elle contient. || *Viande rouge,* la viande de bœuf, de mouton, de cochon, d'âne, de cheval, de mulet, nutritive et de facile digestion. || *Viande blanche,* celle de très jeunes mammifères, veau, cochon de lait, chevreau, lapin, et des gallinacés domestiques, poulet, dinde, pigeon, oie, canard, faisan, caille, savoureuse, nutritive et de facile digestion. || *Viande noire,* celle des animaux sauvages, chevreuil, cerf, sanglier, lièvre, et des oiseaux qui habitent les cours d'eau, les lieux humides, canard sauvage, bécasse, bécassine, poule d'eau, macreuse, qui a une couleur plus foncée, un fumet plus prononcé, est aussi digestible que les précédentes, mais est très excitante, et dont on ne doit user que modérément. || *Viande de boucherie* ou *grosse viande,* le bœuf, le veau, le mouton. || *Viande neuve,* celle qui est servie pour la première fois. || *Viande faisandée* ou *hasardée,* viande de gibier qui commence à se gâter et que les gourmets estiment beaucoup. || *Viande pourrie,* viande parvenue à un état avancé de décomposition. Il faut bien se garder de la manger parce qu'il s'y forme parfois des substances appelées *ptomaïnes,* lesquelles sont de redoutables poisons. || *Viande rôtie,* viande très nourrissante et dont l'arome très développé et la saveur favorisent la digestion. || *Viande bouillie,* viande presque aussi nourrissante que la viande rôtie, mais fade et coriace et par conséquent moins favorable à la digestion ; ses parties solubles passent dans le bouillon, qui ne nourrit pas, mais excite l'appétit. La *viande crue* n'a pas les vertus qu'on lui a généralement attribuées et elle peut être très funeste à cause des animaux parasites qu'elle peut contenir ; aussi est-ce toujours d'une bonne précaution de la faire cuire suffisamment. (V. *Cysticerque, Ver solitaire, Trichine.*) || *Extrait de viande,* sortes de bouillons concentrés dont le plus connu est celui de Liebig, qui n'ont presque aucune valeur nutritive, mais sont utiles comme toniques et excitants. Il n'en faut pas abuser ; à des doses un peu fortes, ils produisent un véritable empoisonnement dû au chlorure de potassium qu'ils renferment. (V. *Salaison, Conserve.*) || *Viandes de poissons comestibles,* viandes aussi nutritives que les viandes rouges, blanches ou noires, plus légères à l'estomac, à moins qu'elles ne contiennent trop de graisse, comme celle de l'anguille, et riches en matières phosphorées utiles à la production du tissu nerveux. || *Viandes de poissons salés,* toujours fort indigestes. || *Viandes de carême,* le poisson salé, la morue, le hareng, le saumon, etc. — Fig. *Viande céleste, viande divine,* l'eucharistie. — **Dér.** *Viandis, viander.*

VIANDER (*viande*), *vi.* Pâturer, brouter l'herbe, en parlant des cerfs et des bêtes fauves analogues.

VIANDIS (*viander*), *sm.* Pâture du cerf et des autres bêtes fauves. || Les pousses tendres d'un jeune taillis.

VIARDOT (Louis) (1800-1883), écrivain français, qui collabora aux journaux le *Globe,* le *National,* le *Siècle,* à la *Revue des Deux Mondes,* à la *Revue de Paris,* etc. Il fonda en 1841 la *Revue indépendante* avec Pierre Leroux et George Sand. Directeur du Théâtre-Italien de 1838 à 1840, il épousa Mlle Pauline Garcia en 1840. Louis Viardot a laissé un grand nombre d'ouvrages très estimés sur les beaux-arts, une *Histoire des Arabes et des Maures d'Espagne,* des *Souvenirs de chasse,* et plusieurs traductions, entre autres celle très importante de *Don Quichotte.* Cette traduction ainsi que ses nombreux travaux sur l'Espagne lui valurent la double distinction de membre de l'Académie espagnole et de commandeur de l'ordre de Charles III.

VIARDOT (Michelle-Pauline **Garcia**, Mme), cantatrice française, née en 1821, sœur de la Malibran, fille du célèbre Emmanuel Garcia. Elle débuta en 1839, à Londres, dans *Otello* et la *Cenerentola,* puis à Paris, aux Italiens, dans les mêmes rôles. Elle chanta ensuite à Vienne, à Berlin, à Saint-Pétersbourg, à Moscou et à Londres. En 1848, elle créa à Paris le rôle de Fidès dans le *Prophète.* Elle chanta plus tard, également à Paris, l'*Alceste* et l'*Orphée* de Gluck. Sa carrière n'a été qu'une suite de succès. Les créations de *Fidès* et d'*Orphée* laisseront au public français un souvenir ineffaçable de la grande artiste. Mme Viardot, élève de Liszt, a été pianiste très remarquable avant de chanter. Grande musicienne, elle a écrit d'importantes compositions. Elle s'est, en dernier lieu, adonnée avec succès au professorat.

VIAREGGIO, 18000 hab. Ville et port de Toscane, sur la mer Tyrrhénienne. Bains de mer.

***VIATEUR** (l. *viatorem*), *sm.* Officier subalterne romain qui remplissait à peu près l'office d'huissier. || Officier qui précédait le tribun pour faire ranger le peuple. || Surnom de Mercure Viator. || Voyageur (vx).

VIATIQUE (db. de *voyage* : l. *viaticum,* provision de route), *sm.* Vivres, argent qu'on donne à quelqu'un pour un voyage et particulièrement à un religieux. — Fig. L'eucharistie qu'on administre à un malade en danger de mort.

VIATKA, 24000 hab. Ville de la Russie d'Europe, au confluent de la Viatka et de la Klinovka. Grains, tanneries.

VIATKA, 970 kilom. Rivière de la Russie d'Europe, affluent de la Kama (r. d.).

VIAUD (Louis-Marie-Julien), officier de marine et romancier français, né en 1850, connu sous le pseudonyme de **Pierre Loti.** Comme littérateur, il débuta dans la *Nouvelle Revue* par *Rarahu,* devenu en volume *le Mariage de Loti;* fit paraître en 1883 *Mon frère Yves,* en 1886 *Pêcheurs d'Islande.* Cette dernière œuvre consacra définitivement sa réputation d'écrivain.

VIAUR, 162 kilom. Rivière du département de l'Aveyron, qui prend sa source dans les montagnes du Lévezou, affluent de l'Aveyron à Laguépie.

VIAZMA, 12000 hab. Ville du gouvernement de Smolensk (Russie d'Europe).

***VIBICES** (l. *vibicem,* marque de coups de fouet, meurtrissure), *sfpl.* (V. *Vergeture.*)

VIBORD (ang. *waist,* milieu + *board,* planche), *sm.* Lisse de plat-bord d'un navire.

VIBORG, 7650 hab. Ville du Jutland (Danemark). Évêché.

VIBORG, 16649 hab. Port de la Finlande (Russie d'Europe), sur le golfe de Finlande. Place forte importante qui couvre le chemin de fer et la route d'Abo à Saint-Pétersbourg.

***VIBRACULAIRE** (du l. *vibrabilem,* qu'on peut lancer), *sf.* Organe des bryozoaires (g. βρύον, algue + ζῷον, animal : animal en forme d'algue), différent des aviculaires en ce qu'il porte un long filament mobile, au lieu de pince.

VIBRANT, ANTE (*vibrer*), *adj.* Qui exécute des vibrations : *Corde vibrante. Voix vibrante,* forte et puissante. || *Pouls vibrant,* grand, dur et précipité.

***VIBRATILE** (l. *vibrare,* vibrer), *adj. 2 g.* Qui peut vibrer. || Dont la fonction est de vibrer : *Les cils vibratiles des infusoires.*

***VIBRATILITÉ** (*vibratile*), *sf.* Caractère de ce qui est en vibration, ou propriété de ce qui éprouve des vibrations.

VIBRATION (l. *vibrationem*), *sf.* Mouvements d'allée et venue, exécutés par l'ensemble des molécules d'un corps, qu'une action extérieure et passagère a écartées de leur position d'équilibre. Les vibrations des gaz ont été étudiées dans les *tuyaux* sonores. (V. ce mot.) Lorsqu'une corde est tendue entre deux points fixes, on peut lui faire produire des vibrations soit *transversales,* soit *longitudinales.* Pour les vibrations *transversales,* on formule la loi suivante : Les nombres des vibrations exercées en un même temps par des cordes différentes varient : 1° en raison inverse des longueurs; 2° en raison inverse des diamètres; 3° proportionnellement aux racines carrées des poids tenseurs; 4° en raison inverse des racines carrées des poids spécifiques. Chacun des points de la corde exécute, perpendiculairement à la direction primitive de la corde, une série d'oscillations dont les amplitudes vont en décroissant successivement, mais qui restent isochrones, car le son conserve une hauteur constante aussi longtemps que durent les vibrations. On peut faire produire à une même corde, sans en changer la tension ni la longueur, une série de sons différents, qu'on nomme *ses harmoniques.* Le plus grave s'appelle le *son fondamental.* Les instruments à cordes employés en musique obéissent aux lois des vibrations transversales. Le piano et la harpe sont à *sons fixes* et exigent au moins autant de cordes qu'ils doivent produire de notes différentes. Le violon, le violoncelle et la guitare sont à *sons variables* et emploient un nombre de cordes moins considérables. Dans le piano, les vibrations sont produites par le choc de marteaux articulés que les touches mettent en mouvement. Dès qu'on abaisse une touche du clavier, elle soulève un *étouffoir* qui, en retombant quand on abandonne la touche, éteint ensuite les vibrations. Au moyen de la *pédale,* on peut éloigner à la fois tous les étouffoirs : les vibrations se prolongent alors beaucoup plus longtemps. Le passage des instruments à sons fixes à ceux dont les sons sont variables, est établi par la harpe. Dans cet instrument, les cordes qu'on fait vibrer en les pinçant avec les doigts, correspondent aux notes naturelles de la gamme; à l'aide des pédales, on peut modifier légèrement les longueurs des parties vibrantes et obtenir les dièses et les bémols. Suivant la longueur qu'on donne à sa partie vibrante, chaque corde peut produire un grand nombre de sons dans le *violon,* le *violoncelle* et la *guitare.* Cette longueur est déterminée par la pression des doigts de la main gauche, la main droite servant à faire mouvoir l'archet ou à pincer les cordes. On étudie aussi les *vibrations* des verges ou tiges, celles des plaques, celles des *membranes.* Les membranes flexibles, telles que les peaux que l'on tend sur les tambours, les feuilles de papier collées sur des cadres de bois, rendent des sons quand on les frappe ou qu'on les ébranle sous une action quelconque. Elles peuvent aussi entrer en mouvement sous l'influence des vibrations qui leur sont transmises par l'air, par exemple, au voisinage d'un timbre vibrant ou d'un tuyau sonore qui rend un son plein et soutenu. Ces propriétés trouvent leur application dans la transmission des sons extérieurs à la membrane du tympan. || Vibration d'un pendule, mouvement de va-et-vient d'un pendule. || Ondulation d'un fluide impondérable : *Les vibrations de l'éther.*

***VIBRATOIRE** (l. *vibrare*), *adj. 2 g.* Composé de vibrations : *Mouvement vibratoire.*

VIBRAYE, 2838 hab. Ch.-l. de c., arr. de Saint-Calais (Sarthe). Mines de fer, forges.

VIBRER (l. *vibrare*), *vi.* Exécuter des vibrations : *Les corps sonores ne produisent des sons que quand ils vibrent.* — **Dér.** *Vibrant, vibrante, vibratile, vibratilité, vibration, vibratoire, vibrion, vibrionien, vibrionienne, vibrisses.*

VIBRION (*vibrer*), *sm.* Champignon inférieur, microscopique, qui se présente sous la forme de filaments courts, contournés en vis, doué de mouvement, et dont on constate la présence dans le sang des malades atteints de la fièvre typhoïde. Ce champignon, auquel on donne le nom de *vibrion linéaire,* est voisin des bactéries qui causent le charbon et des spirilles qui caractérisent la fièvre récurrente.

VIBRIONS SEPTIQUES
DANS LE SANG

***VIBRIONIEN, IENNE** (*vibrion*), *adj.* Qui concerne les vibrions. — **Vibrioniens,** *smpl.* Famille d'infusoires ou schizomycètes qui, à l'aide des plus forts microscopes, apparaissent à l'état de filaments courts légèrement ondulés, dans la période où ils sont encore mobiles; oscillant, lorsqu'ils tiennent par une de leurs extrémités; se mouvant d'un lieu à un autre, soit en ondulant, soit en ligne droite, lorsqu'ils sont dégagés de la gangue mucilagineuse hyaline qu'ils sécrètent et qui les englobe en amas granuleux se transformant en spores mycélioïdes.

***VIBRISSES** (l. *vibrissas,* poils du nez), *sfpl.* Poils situés en dedans et à l'entrée de l'orifice des narines. L'état pulvérulent de ces poils est un indice diagnostique dans certaines maladies, par exemple dans la fièvre typhoïde : il indique le degré d'affaiblissement des malades. || Longs poils tactiles de la lèvre des mammifères. || Plumes à tige grêle, filiformes, voisines des commissures du bec des oiseaux.

VICAIRE (l. *vicarium : de vix,* génitif *vicis,* tour, succession), *sm.* Celui qui est chargé de remplacer un supérieur momentanément empêché de remplir ses fonctions. || Celui qui administrait une province de l'empire romain où il n'y avait point de gouverneur. || Prêtre qui aide un curé de paroisse dans ses fonctions et qui lui est subordonné. || *Grand vicaire,* ou *vicaire général,* prêtre qui aide un évêque à administrer son diocèse. || *Le vicaire de Jésus-Christ,* le pape. || *Vicaire apostolique,* prêtre délégué par le pape pour gérer les affaires religieuses des catholiques romains dans un pays non catholique. || *Cardinal-vicaire,* le cardinal à qui le pape confiait l'administration ecclésiastique de la ville de Rome. || Dans les couvents, *le Père vicaire,* religieux qui remplace le supérieur empêché de remplir ses fonctions. — **Db.** *Viguier.* — **Dér.** *Vicairie, vicariat, vicarial, vicariale, vicarier.*

VICAIRIE (l. *vicaria*), *sf.* La fonction du vicaire d'une paroisse. || Église succursale d'une paroisse.

VICARIAL, ALE (*vicaire*), *adj.* Qui a rapport au vicariat : *Fonctions vicariales.*

VICARIAT (*vicaire* + sfx. *at*), *sm.* Fonction de vicaire. || Sa durée. || Logement du vicaire. || Circonscription sur laquelle il a autorité. || Église succursale d'une paroisse.

VICARIER (*vicaire*), *vi.* Faire les fonctions de vicaire. — Fig. N'avoir qu'une place subalterne.

VICDESSOS, 824 hab. Ch.-l. de c., arr. de Foix (Ariège). Mines de fer, forges.

1. **VICE** (l. *vitium*), *sm.* Très grande imperfection. || *Vice de forme,* manière d'opérer, de procéder contraire à la règle : *Un jugement peut être cassé pour vice de forme.* || *Vice de conformation, de constitution,* structure anormale et souvent gênante d'une partie du corps. Ex. : la gibbosité. || *Vice rédhibitoire.* (V. *Rédhibitoire.*) || Disposition habituelle au mal, par opposition à *vertu* :

Le vice ravale l'homme au niveau de la bête. || Disposition naturelle ou acquise à faire souvent une action mauvaise qui est toujours la même : *L'ivrognerie est un grand vice.* || Débauche, libertinage : *S'adonner au vice.* || Personne vicieuse : *Il faut punir le vice.* — **Prov.** Pauvreté n'est pas vice, la pauvreté ne déshonore personne. — **Dér.** *Vicier, vicié, viciée, viciable, viciateur, viciatrice, viciation, vicieux, vicieuse, vicieusement.*

2. **VICE** (l. *vicem*, tour, remplacement, suppléance). Préfixe qui se met en tête d'un composé pour indiquer qu'un individu est substitué à un autre dans l'accomplissement d'une fonction. — **Gr.** *Vice* ne prend jamais d'*s* au pluriel.

VICE-AMIRAL (*vice* 2 + *amiral*), *sm.* Officier général de marine qui vient immédiatement après l'amiral et dont le grade correspond à celui de général de division dans l'armée de terre. || Vaisseau sur lequel est embarqué le vice-amiral. — Pl. *des vice-amiraux.*

VICE-AMIRAUTÉ (*vice* 2 + *amirauté*), *sf.* Charge, grade de vice-amiral. — Pl. *des vice-amirautés.*

VICE-BAILLI (*vice* 2 + *bailli*), *sm.* Celui à qui, en France, avant 1789, un prévôt des maréchaux déléguait le pouvoir de juger sans appel les vagabonds, les voleurs de grand chemin, les faux monnayeurs, etc. — Pl. *des vice-baillis.*

VICE-CHANCELIER (*vice* 2 + *chancelier*), *sm.* Celui qui fait les fonctions de chancelier en l'absence de ce dernier dignitaire. — Pl. *des vice-chanceliers.*

VICE-CONSUL (*vice* 2 + *consul*), *sm.* Celui qui fait les fonctions du consul en l'absence de ce dernier. || Agent chargé de protéger ses nationaux dans une ville où il n'y a pas de consul. — Pl. *des vice-consuls.*

VICE-CONSULAT (*vice* 2 + *consulat*), *sm.* Emploi de vice-consul. — Pl. *des vice-consulats.*

***VICE-GÉRANCE** (*vice* 2 + *gérance*), *sf.* Charge, fonction de vice-gérant. — Pl. *des vice-gérances.*

VICE-GÉRANT (*vice* 2 + *gérant*), *sm.* Celui qui remplace le gérant en son absence ou qui le seconde lorsqu'il est présent. — Pl. *des vice-gérants.*

VICE-GÉRENT (*vice* 2 + *gérent*), *sm.* Celui qui fait les fonctions de l'official en l'absence de ce dernier. — Pl. *des vice-gérents.*

VICE-LÉGAT (*vice* 2 + *légat*), *sm.* Prélat qui exerce les fonctions du légat en l'absence de celui-ci. — Pl. *des vice-légats.*

VICE-LÉGATION (*vice* 2 + *légation*), *sf.* Emploi de vice-légat. — Pl. *des vice-légations.*

VIC-EN-BIGORRE, 3557 hab. Ch.-l. de c., arr. de Tarbes (Hautes-Pyrénées).

VICENCE, 40701 hab. Ville d'Italie, dans l'ancienne Vénétie, à 80 kilom. O. de Venise, sur le Bacchiglione, ornée de superbes édifices bâtis par Palladio. — **Vicence** (province de), ancien territoire du *Vicentin*, 320000 hab., aujourd'hui province du royaume d'Italie enclavée par la Vénétie au S.-E., par le Tyrol au N., les provinces de Vérone à l'O., de Padoue au S., de Trévise et de Bellune à l'E.; cap. *Vicence* ou *Vicenza*. L'élevage des vers à soie est la principale industrie du pays. Grandes forêts. Carrières de divers marbres, du *persicheno* entre autres.

VICENCE (duc de), titre donné par Napoléon Ier au général Auguste de Caulaincourt.

VICENNAL, ALE (l. *vicennalem* : de *vicies*, vingt fois + *annus*, année), *adj.* Qui a une durée de vingt ans. || Qui se fait après vingt ans.

VICENTIN (le). (V. *Vicence*.)

***VICE-PRÉFET** (*vice* 2 + *préfet*), *sm.* Dignitaire ecclésiastique dans certaines colonies : *Le vice-préfet apostolique.*

VICE-PRÉSIDENCE (*vice* 2 + *présidence*), *sf.* Fonctions, dignité de vice-président. — Pl. *des vice-présidences.*

VICE-PRÉSIDENT (*vice* 2 + *président*), *sm.* Celui qui exerce la fonction de président en l'absence de ce dernier. — Pl. *des vice-présidents.*

***VICE-PROCUREUR** (*vice* 2 + *procureur*), *sm.* Celui qui, dans l'ordre de Malte, exerçait les fonctions de procureur en cas d'absence de ce dernier.

***VICE-RECTEUR** (*vice* 2 + *recteur*), *sm.* Celui qui exerce les fonctions du recteur en l'absence de ce dernier. || Titre du fonctionnaire de l'Université qui administre l'Académie de Paris au nom du ministre de l'instruction publique, qui en est censé le recteur. — Pl. *des vice-recteurs.*

***VICE-RECTORAT** (*vice* 2 + *rectorat*), *sm.* Charge de vice-recteur. — Pl. *des vice-recteurs.*

VICE-REINE (*vice* 2 + *reine*), *sf.* La femme du vice-roi. || Princesse qui gouverne avec l'autorité d'un vice-roi. — Pl. *des vice-reines.*

VICE-ROI (*vice* 2 + *roi*), *sm.* Celui qui gouverne au nom d'un roi un pays qui a ou a eu le titre de royaume : *L'Espagne gouvernait le Pérou par des vice-rois.* || Titre de certains gouverneurs de grandes provinces. — Pl. *des vice-rois.*

VICE-ROYAUTÉ (*vice* 2 + *royauté*), *sf.* Dignité, pouvoir de vice-roi. || Pays gouverné par un vice-roi. — Pl. *des vice-royautés.*

VICE-SÉNÉCHAL (*vice* 2 + *sénéchal*), *sm.* Ancien magistrat, portant aussi le titre de *prévôt des maréchaux*, qui, en France, avant 1789, jugeait sans appel les vagabonds, les voleurs de grand chemin, les faux monnayeurs, etc. — Pl. *des vice-sénéchaux.*

***VICE-SÉNÉCHAUSSÉE** (*vice* 2 + *sénéchaussée*), *sf.* Charge du vice-sénéchal; sa résidence. — Pl. *des vice-sénéchaussées.*

***VICÉSIMAL, ALE** (l. *vicesimum*, vingtième), *adj.* Où l'on compte par vingtaines au lieu de compter par dizaines : *Les Gaulois faisaient usage de la numération vicésimale et nous en faisons usage de 60 à 100.*

VICE VERSA [vi-cé-ver-sa] (ml. : *vice*, l'alternative + *versa*, étant tournée), *loc. adv.* Réciproquement.

VIC-FEZENSAC, 4195 hab. Ch.-l. de c., arr. d'Auch (Gers), sur la Losse; ancienne capitale du *Fezensaguet*. Grains, vins, eaux-de-vie d'Armagnac, pierres meulières.

VICH ou **VIC D'OSONA** (l. *Ausona* ou *Vicus Ausonensis*), 13000 hab., ville de la province de Barcelone (Espagne). Gîtes métallifères aux environs; le mont Seni fournit des topazes et des améthystes. Vich est l'ancienne capitale des *Ausetani*. Victoire des Français sur les Espagnols en 1810 et 1823.

VICHINYI-VOLOTCHOK (canal de), important canal de la Russie d'Europe, entre la Tvertza et la Tzna, affluent du lac Ilmen.

VICHNOU ou **VISHNOU**, la deuxième personne de la *trimourti* (trinité) brahmanique, qui symbolise la force conservatrice de l'univers. Vichnou est l'époux de Lakchmi ou Sri. Il s'est déjà incarné neuf fois et ces incarnations portent le nom d'*avatar* ou *avatâras* (descentes) : pendant le premier âge du monde, l'âge d'or (*satia-youga*), il parut sous les formes d'un poisson, d'une tortue, d'un sanglier, d'un lion; dans le deuxième (*tréta-youga*), il apparut homme, et fut successivement *Vamana* (brahme nain), *Paraçou-Rama* (brahme guerrier), *Rama* (beau prince), dont le *Ramayana* raconte les aventures; dans le troisième âge (*douapara-youga*), il s'incarne en *Krichna*, le bon pasteur, puis en *Bouddha*, le sage par excellence. Il s'incarnera une dernière fois, c'est-à-dire la dixième, sous la forme du cheval exterminateur (*Kalki*) qui, d'un coup de pied réduisant le monde en poussière, l'enverra rouler dans le néant. Le culte de Vichnou est en grand honneur dans l'Hindoustan, et le centre principal de ce culte est à Jaggrenat. Les statues représentent Vichnou avec une triple tiare sur la tête et sa femme à côté de lui.

VICHNOU-SARMA, brahmane hindou à qui sont attribuées les *Fables de Pilpaï.*

VICHY, 8500 hab. Ville du canton de Cusset, arr. de La Palisse (Allier), sur l'Allier; ch. de fer de P.-L.-M., à 365 kilom. de Paris; l'une des plus célèbres villes d'eaux du monde, dont l'établissement appartient à l'État qui l'afferme à une compagnie. C'est la station thermale la plus importante de France; elle présente des sources naturelles nombreuses, qui sont, par ordre de température : le *Puits carré* (45°), exclusivement réservé aux bains); le *Puits Chomel* (45°); la *Grande Grille* (42°); l'*Hôpital* (31°); la *Source Lucas* (29°), les *Célestins* (12°), à côté desquelles nous mentionnerons quelques autres sources : *Sources Lardy* et du *Parc* (21°); *Hauterive* (14°) et *Saint-Yorre*. La saison de Vichy commence vers le 15 mai et dure jusqu'à la fin de septembre. La cure est de 21 jours environ, et se fait en boissons, en bains et hydrothérapie. Le bicarbonate de soude est le principe qui domine dans toutes les eaux de Vichy, et auquel s'ajoutent dans des proportions très variables des sels de potasse, de magnésie, de chaux, de soude et de chlorure de chaux pour le dosage desquels nous renvoyons le lecteur à l'*Histoire chimique des eaux minérales et thermales de Vichy*, par Bouquet. Chaque source a sa proportion spéciale des diverses substances qui entrent dans la constitution des eaux de Vichy et ce fait explique l'action particulière propre à chacune de celles-ci. En effet, ce n'est pas indifféremment qu'on dirige les malades vers telle ou telle source, car il semble que chaque source ait son influence propre, et si la source de l'*Hôpital* est réservée aux affections de l'estomac, celle de la *Grande Grille* réunit tous les malades atteints d'affection du foie. Il ne faudrait pas cependant s'exagérer cette spécialisation systématique, et les médecins de Vichy sont les premiers à reconnaître les résultats excellents que donnent, pour les affections du foie par exemple, des eaux employées en général pour le traitement des maladies de l'estomac. Les *coliques hépatiques* constituent une des affections les plus heureusement influencées par l'usage des eaux de Vichy, avec les congestions de toute nature de cet organe, sauf les congestions passives, consécutives à une affection cardiaque. Le traitement de l'ictère aigu et chronique est d'une pratique journalière à Vichy, à moins qu'il ne reconnaisse pour cause une tumeur comprimant les voies biliaires. Nous en dirons autant des affections de l'estomac, de la goutte, de la gravelle et de certaines formes de diabète; car la cure de Vichy ne convient pas à tous les diabétiques, et elle paraît même funeste à ceux qui ont un diabète qui se rattache à des altérations du pancréas. Parmi les circonstances qui constituent une véritable contre-indication à l'emploi des eaux de Vichy, nous devons noter la coexistence de la fièvre, l'existence d'affections cardiaques, un grand affaiblissement, l'ascite et la grossesse. Le traitement devra être suspendu si des crises de coliques hépatiques surviennent pendant la cure. La marche rapide d'un diabète chez un individu jeune qui maigrit considérablement dictera aussi l'abstention des eaux de Vichy.

***VICIABLE** (*vicier*), *adj.* 2 *g.* Qui peut être vicié, corrompu.

***VICIATEUR, TRICE** (*vicier*), *adj.* Qui vicie, qui corrompt.

***VICIATION** (*vicier*), *sf.* Action de vicier, d'altérer, de corrompre.

VICIÉ, ÉE (*vicier*), *adj.* Altéré, corrompu : *Air vicié.*

VICIER (l. *vitiare*), *vt.* Gâter, altérer, corrompre : *La respiration et la combustion vicient l'atmosphère.* || Rendre nul ou défectueux : *L'omission de certains mots peut vicier un acte.* (Dr.) — **Se vicier**, *vr.* Devenir vicié. — **Gr.** Je vicie, n. viciions; je viciais, n. viciions, v. viciiez; je vicierai; je vicierais; que je vicie, que n. viciions, que v. viciiez. — **Dér.** (V. *Vice*.)

VICIEUSEMENT (*vicieuse* + sfx. *ment*), *adv.* D'une manière vicieuse.

VICIEUX, EUSE (l. *vitiosum*), *adj.* Qui a quelque vice, quelque grande imperfection. || *Locution vicieuse*, façon de parler condamnée par les règles de la grammaire et par l'usage. || *Cercle vicieux*, faute de raisonnement qui consiste à démontrer une proposition en s'appuyant sur une autre proposition qui, elle-même, ne peut être démontrée qu'à l'aide de la première. || Ombrageux, rétif, qui rue, qui mord : *Cheval vicieux.* || Enclin au mal, à la débauche : *Homme vicieux.* || Qui a le caractère du vice : *Conduite vicieuse.* — **Dér.** *Vicieusement.*

VICINAL, ALE (l. *vicinalem* : de *vicinus*, voisin), *adj.* Qui fait communiquer un village avec les villages voisins : *Chemin vicinal*. — **Dér.** *Vicinalité*.

VICINALITÉ (*vicinal*), *sf*. Qualité d'un chemin vicinal. || *Chemin de grande vicinalité*, chemin qui relie plusieurs communes ou qui mène à une route, à un chemin de fer.

VICISSITUDE (l. *vicissitudinem : de vix*, génitif *vicis*, alternative), *sf*. Succession de choses différentes : *La vicissitude des saisons*. || Modifications successives d'une même chose : *L'eau, suivant la température, est soumise aux vicissitudes de l'état solide, de l'état liquide et de l'état gazeux*. || Instabilité des choses humaines, disposition qu'elles ont à changer promptement de mal en bien ou de bien en mal : *Les vicissitudes de la fortune*. || Chacun des états qui sont la conséquence de l'instabilité des choses humaines : *Passer par bien des vicissitudes*.

VICKSBOURG, 14 000 hab. Ville de l'État de Missisipi (États-Unis d'Amérique). || Chef-lieu du comté de Warren (Angleterre).

VIC-LE-COMTE ou **VIC-SUR-ALLIER**, 2 716 hab. Ch.-l. de c., arr. de Clermont-Ferrand (Puy-de-Dôme), sur la rive droite d'un ruisseau, dans une plaine entourée de vignobles. Mines de houille, eaux minérales. Vic fut, au moyen âge, la capitale du comté d'Auvergne.

***VICLÉFISME**. (V. *Wiclefisme*.)

***VICLÉFISTE**. (V. *Wicléfiste*.)

VICO, 1 991 hab. Ch.-l. de c., arr. d'Ajaccio (Corse).

VICO (J.-B.) (1668-1744), savant professeur napolitain, l'un des créateurs de la philosophie de l'histoire.

VICOIGNE-RAISMES, commune du canton de Raismes, arr. de Valenciennes (Nord). Mines de houille.

VICOIN, 44 kilom. Rivière du département de la Mayenne, affluent de la rivière du même nom.

***VIÇOMTAL, ALE** (*vicomté*), *adj*. Qui concerne un vicomte, une vicomtesse : *Armoiries vicomtales. Titres vicomtaux. Terre vicomtale*.

VICOMTE (*vice* 2 + *comte*), *sm*. Celui qui, vers la fin de la dynastie carolingienne et sous la dynastie capétienne, gouvernait un territoire à la place du comte : *Civilane, vidame de Narbonne, prit le titre de vicomte en 818*. || Seigneur d'un fief féodal appelé *vicomté*. || Prévôt royal dans certaines provinces de l'ancienne France. || Aujourd'hui, simple titre de noblesse au-dessous du comte et au-dessus du baron. — **Dér.** *Vicomtesse, vicomté, vicomtal, vicomtale, vicomtier, vicomtière*.

VICOMTÉ (*vicomte*), *sf*. Fief soumis à un vicomte. || Territoire soumis à la juridiction d'un prévôt royal ayant le titre de vicomte.

VICOMTESSE (*vicomte*), *sf*. La femme d'un vicomte. || Celle qui possédait un fief ayant le titre de vicomté.

***VICOMTIER, IÈRE** (*vicomté*), *adj*. Qui appartient à une vicomté : *Justice vicomtière*. || *Chemins vicomtiers*, chemins vicinaux (vx).

VICQ-D'AZYR (FÉLIX) (1748-1794), médecin, anatomiste et professeur français de l'Académie des sciences.

VIC-SUR-AISNE, 915 hab. Ch.-l. de c., arr. de Soissons (Aisne). Fabriques de fécule et de sucre.

VIC-SUR-CÈRE, 1 685 hab. Ch.-l. de c., arr. d'Aurillac (Cantal). Eaux minérales bicarbonatées, chlorurées sodiques, ferrugineuses, gazeuses ; 1er juin au 15 septembre.

VIC-SUR-SEILLE, 2 150 hab. Ch.-l. de c., arr. de Salins (Meurthe) ; ancien château. Aujourd'hui à la Prusse. Sel gemme non exploité, plâtre. Les grès dits *grès de Vic* appartiennent à l'étage rhétien.

VICTIMAIRE (l. *victimarium : de victima*, victime), *sm*. Celui qui, chez les anciens, apprêtait le sacrifice et frappait la victime.

VICTIME (l. *victima*), *sf*. Homme, animal immolé en l'honneur d'une divinité. — Fig. Celui qui périt dans une catastrophe, qui est sacrifié à l'intérêt d'autrui ou que ses propres passions mènent à sa perte : *Les victimes d'un tremblement de terre, d'un parti. Il mourut victime de son intempérance*. — **Dér.** *Victimer, victimaire*.

***VICTIMER** (*victime*), *vt*. Rendre victime, accabler de plaisanteries. (Néol.)

VICTOIRE (l. *victoria : de victor*, vainqueur), *sf*. Avantage d'être le plus fort dans une bataille, un combat, un duel : *Remporter la victoire*. || Avantage qu'on remporte sur un rival, un concurrent. || Action de maîtriser ses propres passions. || Divinité des Anciens représentée sous les traits d'une jeune femme ayant des ailes, tenant une couronne d'une main et une palme de l'autre, ou bien élevant des trophées ou gravant sur un bouclier les exploits des vainqueurs. La Victoire avait des temples à Rome, sur le Palatin, au Capitole, et Auguste, après Actium, avait fait faire sa statue, qui fut inaugurée à la place d'honneur dans la salle des séances du Sénat. || *Jeux de la Victoire*, jeux institués dans l'ancienne Rome en souvenir des grandes batailles. — **Dér.** *Victorieux, victorieuse, victorieusement ; Victoire*, nom propre ; *Victoria ; victoriat*.

VICTOIRE (sainte) (IIIe siècle), vierge martyrisée à Rome en 249. Fête, le 23 décembre. || Nom d'une autre vierge, martyrisée à Carthage avec saint Saturnin en 304. Fête, le 11 février.

VICTOIRE (LOUISE-MARIE-THÉRÈSE, MADAME) (1733-1799), fille de Louis XV qu'elle soigna avec dévouement dans sa dernière maladie. Elle émigra en 1791 avec sa sœur Adélaïde. Elles se fixèrent en 1798 à Trieste, où elles moururent. Leurs restes ont été transportés dans les caveaux de Saint-Denis.

VICTOIRE (LA), ancienne abbaye de chanoines de Saint-Augustin, fondée par Philippe-Auguste près de Senlis (Oise), après la victoire de Bouvines.

VICTOIRE (MONTAGNES DE **SAINTE-**). Chaîne qui s'étend dans les départements du Var et des Bouches-du-Rhône sur une longueur de 60 kilom. entre les bassins du Verdon, de la Durance, de l'Arc et de l'Argens. Point culminant, 967 mètres.

VICTOIRES (PLACE DES), place de Paris, près du Palais-Royal et de forme circulaire, que le maréchal de La Feuillade fit construire sur les dessins de Mansard de 1684 à 1691 et au milieu de laquelle est aujourd'hui une statue équestre de Louis XIV.

VICTOR (saint), natif de Marseille, soldat de l'armée de Maximilien ; martyrisé en 303. Fête, le 21 juillet.

VICTOR, nom de trois papes : **Victor Ier** (saint), Africain, pape, de 185 à 197, qui fixa la fête de Pâques au dimanche qui suit le quatorzième jour de la lune de mars. Fête, le 28 juillet. — **Victor II** (GEBHARD), Allemand, pape de 1055 à 1087, ami ou parent de l'empereur germain Henri III. — **Victor III** (DIDIER), Italien, pape de 1086 à 1087. Abbé du Mont-Cassin (1057), il recueillit bon nombre de manuscrits, fut à diverses occasions choisi comme arbitre entre les princes. On dut lui faire violence pour l'obliger à accepter la tiare pontificale. — **Victor IV**, antipape en 1159, soutenu par le parti impérial allemand contre Alexandre III. Il était de la famille des comtes de Tusculum et mourut en 1164.

VICTOR (CLAUDE-VICTOR **Perrin**, dit), DUC DE BELLUNE (1764-1841), maréchal de France sous le premier Empire et sous la Restauration. Le fils du maréchal Victor a publié en 1846 des *Extraits de ses Mémoires inédits*.

VICTOR-AMÉDÉE Ier (1587-1637), duc de Savoie (1630-1637), gendre de Henri IV. — **Victor-Amédée II** (1666-1732), duc de Savoie (1675-1730), qui épousa une nièce de Louis XIV. Plusieurs fois en guerre avec la France, contre laquelle il perdit les batailles de Staffarde et de la Marsaille, il essaya sans succès d'envahir la Provence et le Dauphiné de 1707 à 1709. Au traité d'Utrecht (1703), il devint roi de la Sicile qu'il échangea en 1720 contre la Sardaigne. — **Victor-Amédée III** (1726-1796), fils et successeur de Charles-Emmanuel III, roi de Sardaigne (1773-1796), beau-père des comtes de Provence et d'Artois. Il lutta vainement contre la Révolution française, qui lui enleva une partie de ses États.

VICTOR-EMMANUEL Ier (1759-1824), frère et successeur de Charles-Emmanuel IV, roi de Sardaigne (1802-1821). Dépouillé par les Français de sa souveraineté continentale, il fut réduit à la possession de l'île de Sardaigne, mais recouvra en 1814 tous ses États, auxquels le congrès de Vienne adjoignit Gênes. En 1821, à la suite d'une insurrection libérale, il abdiqua en faveur de son frère Charles-Félix. — **Victor-Emmanuel II** (1820-1878), fils de Charles-Albert, devenu roi de Sardaigne en 1849 après l'abdication de son père, roi d'Italie en 1860, et mort à Rome.

***VICTORIA** (*Victoria*, reine d'Angleterre), *sf*. Sorte de voiture de luxe.

VICTORIA Ire (ALEXANDRINE-), reine de Grande-Bretagne et d'Irlande, impératrice des Indes, née en 1819. Fille du duc de Kent, quatrième fils de Georges III, elle monta sur le trône d'Angleterre en 1837 à la mort de son oncle Guillaume IV et épousa le prince Albert de Cobourg en 1840.

VICTORIA, 227 610 kil. car., 860 067 hab. Province coloniale autonome du S.-E. de l'Australie, en face de la Tasmanie ; cap. *Melbourne*. Mines d'or et de houille.

VICTORIA, 10 000 hab. Capitale de l'île de Vancouver. Port important sur le Pacifique, relié avec Halifax, sur l'océan Atlantique, par le « Great Central Continental Railway », voie ferrée qui traverse le continent américain.

VICTORIA, 10 000 hab. Ville de la République Argentine, sur le Parana. Colonie italienne.

VICTORIA (LA), 30 000 hab. Ville du Venezuela (Amérique du Sud), ch.-l. de la province d'Aragua. Grand centre d'une colonie agricole très prospère.

VICTORIA, 15 000 hab. Ville du Brésil, ch.-l. de la province d'Espirito-Santo. Grand centre agricole.

VICTORIA, planète télescopique découverte en 1850 par l'Anglais Hind.

VICTORIA (CHUTES DE), cataractes formées par le Zambèze (Afrique méridionale) et découvertes par Livingstone. Le fleuve, en cet endroit, est large de 1 500 mètres.

VICTORIA (TERRE DE), contrée découverte en 1841 par James Ross dans le Grand Océan austral. Climat glacé, côtes difficilement abordables. On y remarque l'*Erebus* (3 781 mètres), le volcan le plus méridional du globe.

VICTORIA NYANZA (LE) ou LAC D'UKÉRÉOUÉ, le plus grand lac d'Afrique et le second du monde entier après le lac Supérieur (Amérique du Nord). Sa longueur est de 420 kilom., sa largeur de 360 kilom. Sa superficie de 66 500 kilom. carrés ; il est situé à 1 100 mètres d'altitude. Le lac est coupé par l'équateur dans sa partie septentrionale ; les monts *Kénia* (500 mètres) et *Kilima-N'djaro* s'élèvent à l'E. et au S.-E. ; au S. et au S.-O. du lac s'étendent les territoires de l'Afrique allemande. Le *lac d'Ukéréoué* a été découvert par Speke en 1859.

VICTORIA REGIA ou **REGINA**, *sm*. ou MAÏS D'EAU. Genre de plantes dicotylédones aquatiques de la famille des Nymphéacées que l'on trouve dans l'Amérique intertropicale. Le *victoria regia* est la plus belle et la plus gigantesque des plantes aquatiques et peut être considéré comme l'une des merveilles du règne végétal. Elle croît surtout dans les lacs et les grandes rivières de la Guyane et du Brésil septentrional. Son rhizome, noueux et charnu, émet un pétiole qui part du fond des eaux et, tout hérissé d'épines d'environ 20 millimètres de longueur, supporte des feuilles peltées, de 1 à 2 mètres de diamètre ; ces feuilles flottent sur l'eau, en forme de larges disques orbiculaires, lisses et verts au-dessus, mais ayant les nervures les plus saillantes du dessous garnies d'épines ; elles sont relevées d'une bordure de 6 centimètres semblable à celle d'un large plateau. L'envers des feuilles est rougeâtre, gaufré ou divisé en une infinité de compartiments par des nervures très saillantes séparées entre elles par des espaces triangulaires ou quadrangulaires, dans lesquels se loge l'air qui contribue à maintenir les feuilles sur l'eau en les rendant capables de supporter un enfant ou un gros oiseau. Le pédoncule et le calice de la fleur sont hérissés d'épines, comme le pétiole et les grosses nervures des feuilles. Le calice de la fleur est formé de quatre feuilles de 16 à 18 centimètres de longueur sur 8 centimètres de largeur, blanches en dedans et rouge brunâtre en dehors, et sert de réservoir aux eaux du ciel où le voyageur vient se désaltérer. En dedans de ces feuilles s'épanouit, symétriquement et en rang circulaire, un groupe abondant de pétales blancs d'abord, puis passant à une couleur de plus en plus rouge à mesure que la fleur est plus avancée. Celle-ci, qui ne dure que deux jours, atteint parfois une largeur de plus de 33 centimètres : elle exhale un parfum des plus délicieux. Le fruit qui en provient est sphérique et, à sa maturité, gros comme la moitié de la tête : il contient en abondance des graines arrondies et féculentes douées de propriétés très nutritives : c'est de là que le *victoria regia* a tiré son surnom de *maïs d'eau*, qu'on lui donne communément dans l'Amérique du Sud. La culture du *victoria regia* en Europe est difficile et assez coûteuse ; aussi ne voit-on cette plante que dans un petit nombre de jardins publics ; à l'Exposition universelle de Paris en 1889, les amateurs ont pu en admirer une fort belle transplantée au Champ-de-Mars, devant le palais du Brésil.

***VICTORIAT** (l. *Victoria*), *sm.* Monnaie d'argent romaine à l'effigie de la Victoire et valant cinq as.

VICTORIA-TOWN, 80 000 hab. Capitale de l'île de Hong-Kong, colonie anglaise fondée en 1842 près des côtes de la Chine, au N.-E. de la baie de Canton. Port très important au point de vue militaire et commercial. La population de l'île est de 139 144 hab.

VICTORIEUSEMENT (*victorieuse* + sfx. *ment*), *adv.* D'une manière victorieuse.

VICTORIEUX, EUSE (l. *victoriosum*), *adj.* Qui a remporté la victoire : *Général victorieux.* — Fig. Qui procure la victoire, un avantage marqué : *Marche victorieuse, argument victorieux.* — *Sm.* Vainqueur. ‖ Surnom de quelques personnages historiques : *Charles VII le Victorieux.* — **Dér.** *Victorieusement.*

VICTORINS ou **CHANOINES DE SAINT-VICTOR**, congrégation religieuse fondée à Paris par Louis le Gros en 1113 et dont l'abbaye était située sur l'emplacement actuel de la Halle aux Vins. Les hommes les plus remarquables qui en firent partie furent : Guillaume de Champeaux, Hugues de Saint-Victor, Pierre Lombard, Santeuil.

VICTUAILLE (l. *victualia*, vivres), *sf.* Provision d'aliments.

VID, rivière de la péninsule des Balkans, affluent de droite du Danube. Elle passe à peu de distance de Plewna.

VIDA (1490-1566), poète latin moderne, évêque d'Albe, auteur de poèmes sur les *Vers à soie*, les *Échecs*, l'*Art poétique*, la *Vie du Christ*, etc.

***VIDAGE** (*vider*), *sm.* Action de vider : *Faire le vidage de la chaudière.* ‖ La terre rejetée sur chaque côté d'un canal qu'on creuse.

VIDAME (l. *vice* 2 + *dominus*, seigneur), *sm.* Seigneur séculier à qui un évêque ou une abbaye accordait des terres à condition de les administrer temporellement et de les défendre. — **Dér.** *Vidamé, vidamie.*

VIDAMÉ, *sm.* ou **VIDAMIE** (*vidame*), *sf.* Dignité de vidame. ‖ Territoire administré par un vidame.

VIDANGE (*vider*), *sf.* Action de vider. ‖ État d'un vase qui n'est plus entièrement plein de liquide : *Tonneau en vidange.* ‖ État d'un liquide qui ne remplit un vase qu'en partie : *Vin en vidange.* ‖ Les matières qu'on enlève en vidant. ‖ Fossé pratiqué le long d'une route, d'un chemin pour l'égouttement des eaux. ‖ Action d'enlever le bois coupé dans une vente. ‖ Action d'enlever les matières fécales contenues dans une fosse d'aisances. ‖ Les déjections humaines qu'on retire d'une fosse d'aisances, et à cause de l'azote, de l'ammoniaque et des phosphates qu'elles contiennent, sont un excellent engrais pour les prairies naturelles, les céréales, les légumes, mais ne profitent en rien aux prairies artificielles. Pour la salubrité et pour la fumure des terres, il est de la dernière importance de désinfecter les vidanges soit au fur et à mesure que les fosses s'emplissent de matières, soit au moins quand on les vide. On les désinfecte presque complètement en y mêlant une poudre composée de couperose verte (sulfate de fer), de plâtre, de poussier de charbon et de chaux vive. — **Dér.** *Vidanger, vidangeur.*

***VIDANGER** (*vidange*), *vt.* Opérer la vidange, vider.

VIDANGEUR (*vidanger*), *sm.* Ouvrier qui vide les fosses d'aisances.

VIDE (vx fr. *voide, vuide* : du l. *viduum*), *adj. 2 g.* Où il n'y a rien, où il n'y a que de l'air : *Tonneau vide.* ‖ Où il n'y a pas d'argent : *Bourse vide.* ‖ Où il n'y a pas de meubles : *Chambre vide.* ‖ Qui n'est pas habité : *Maison vide.* ‖ *Estomac, ventre vide*, qui n'est pas rempli d'aliments. — Fig. *Les mains vides*, sans apporter de présents : *Il ne sollicitait jamais les mains vides.* ‖ Sans accorder de présents, de gratification, sans rien donner : *Renvoyer quelqu'un les mains vides.* ‖ Sans recueillir de profit, sans gain : *Sortir d'une place les mains vides.* — Fig. *Avoir le cerveau vide*, se sentir faible, faute d'aliments. ‖ Où il n'y a personne : *Je trouvai la salle vide.* ‖ Qui n'est occupé par personne : *Fauteuil vide.* — Fig. Dépourvu : *Vide de toute ressource, de toute capacité.* ‖ Qui n'est point rempli de faits, d'idées : *Discours vide.* ‖ *Cœur vide*, sans affection, sans sentiments. ‖ Qui n'est pas occupé : *Un temps, une existence vide.* ‖ Qui n'est signalé par aucun événement remarquable : *Une époque vide.* ‖ *Avoir la tête vide*, manquer d'idées, de bon sens. — *Sm.* Espace où il n'y a rien, où il n'y a pas ce qu'il devrait y avoir : *Il y a plusieurs vides dans ce mur.* ‖ Espace céleste où il n'y a aucune matière : *Au delà de l'atmosphère règne le vide.* ‖ Espace dont on a enlevé tout gaz, toute matière pondérable : *Faire le vide avec la machine pneumatique.* (V. *Raréfaction.*) ‖ Lieu changé en désert : *Faire le vide devant l'ennemi.* ‖ Action de priver quelqu'un de toute relation avec les hommes : *On fait le vide autour de cette personne.* ‖ Interruption, solution de continuité : *Il y a un vide dans cette allée d'arbres, dans ce texte.* ‖ Privation pénible d'une personne, d'une chose : *Sa mort cause un grand vide dans sa famille.* ‖ Temps de désœuvrement : *Ne savoir comment remplir le vide de ses journées.* ‖ Absence d'affection, de ce qui peut captiver l'esprit : *Le vide du cœur, de l'âme.* ‖ Vanité, néant : *Le vide des grandeurs humaines.* — A VIDE, *loc. adv.* Sans rien contenir : *La voiture partit à vide.* ‖ Sans produire de résultat : *Travailler à vide.* — **Dér.** *Vider, vidange, vidanger, vidangeur ; veuf, veuve, veuvage, viduité.* — **Comp.** *Vide-bouteille, vide-poche, divis, diviser, division, dividende, diviseur, divisionnaire, divisible, devise, indivis, indivisible.*

VIDE-BOUTEILLE (*vider* + *bouteille*), *sm.* Petite maison avec jardin, près de la ville, où l'on va se récréer. ‖ Tube recourbé en forme d'∩, terminé à l'un de ses bouts par un tire-bouchon et dont on se sert pour vider une bouteille sans en enlever le bouchon. — Pl. *des vide-bouteilles.*

***VIDELLE** (*vider*), *sf.* Outil de confiseur pour vider certains fruits. ‖ Outil formé d'un manche et d'une roulette pour couper la pâte de pâtisserie.

***VIDEMENT** (*vider*), *sm.* Action de vider. ‖ Résultat de cette action : *Le videment des oreillettes du cœur.*

VIDE-POCHES (*vider* + *poche*), *sm.* Coupe ou petite cassette où l'on dépose les menus objets qu'on a habituellement dans ses poches. — Pl. *des vide-poches.*

***VIDE-POMME** (*vider* + *pomme*), *sm.* Outil pour enlever le cœur d'une pomme sans la couper.

VIDER (*vide*), *vt.* Rendre vide. ‖ Enlever le contenu d'un vase, d'un récipient quelconque : *Vider un tonneau, un sac.* — Fig. *Vider une bouteille, un verre*, boire le liquide qu'ils contiennent. — Fig. *Vider son coffre-fort*, dépenser beaucoup d'argent. ‖ *Vider une volaille, du gibier, du poisson*, en enlever l'estomac et les intestins. ‖ Percer d'un trou par le bout : *Vider une clé, un canon.* ‖ Purger : *Cette médecine l'a vidé.* ‖ Faire sortir d'un lieu : *L'autorité a vidé cette caserne à cause de la fièvre typhoïde.* ‖ Sortir d'un lieu : *Le locataire a vidé cet appartement.* ‖ Terminer, finir : *Vider une querelle, un procès, une affaire, un compte.* — **Se vider**, *vr.* Devenir vide. ‖ Se terminer, recevoir une solution : *Le différend se vida par les armes.*

VIDDIN. (V. *Widdin.*)

***VIDIEN, IENNE** (*Vidius*), *adj.* Qui se rapporte ou se rattache au canal ptérygoïdien : *Artère vidienne. Nerf vidien. Canal vidien.*

VIDIMER (l. *vidimus*, nous avons vu), *vt.* Collationner la copie d'un acte sur l'original et certifier qu'elle lui est conforme (vx).

VIDIMUS [vi-di-mu-ce] (ml. : *nous avons vu*), *sm.* Mot qu'on écrivait autrefois avec sa signature sur la copie d'un acte pour faire savoir qu'il avait été collationné sur l'original.

VIDIUS (VIDUS) (ital. GUIDO GUIDI) (1500-1569), anatomiste italien qui fut médecin de François Ier, puis de Cosme de Médicis, et professeur de médecine à Pise. Il a donné son nom au *nerf vidien.* — **Dér.** *Vidien, vidienne.*

VIDOURLE, 100 kilom. Fleuve du département du Gard, qui baigne Saint-Hippolyte et se jette dans la mer au *grau* du Roi. Il est sujet à des crues subites et terribles.

VIDRECOME (all. *wiederkommen*, revenir), *sm.* Grand verre à boire dont on se sert en Allemagne dans les festins.

VIDUITÉ (l. *viduitatem*), *sf.* Etat de veuvage : *Être en viduité.* — Fig. Privation, dénûment d'une chose.

***VIDURE** (*vider*), *sf.* Ouvrage à jour. ‖ Débris de volailles et autres : *Vidures de dinde.*

1. **VIE** (l. *vita* : de *vivere*, vivre), *sf.* L'état où est un végétal, un animal tant qu'il possède la faculté de respirer, de se nourrir et d'exécuter diverses autres fonctions : *Vie végétative*, l'état de vie propre aux végétaux et que les animaux possèdent aussi intégralement. (V. *Végétalité.*) ‖ *Vie animale*, tout ce qui, pour compléter la vie des animaux, s'ajoute chez eux à la vie végétative et se manifeste surtout par la sensibilité et le mouvement. ‖ État d'un homme doué de la vie : *Chacun tient à sa vie.* ‖ *Ne pas donner signe de vie*, ne donner aucune marque qu'on existe encore. — Fig. Ne témoigner par rien qu'on existe : *On était près de l'ennemi, mais il ne donna pas signe de vie.* ‖ *Être entre la vie et la mort*, être en grand danger de perdre la vie par maladie ou autrement. ‖ *Aller de vie à trépas*, mourir. — Fig. *Sa vie ne tient plus qu'à un fil*, il est mourant. ‖ *Cet homme, cet animal a la vie dure*, il est difficile de le tuer, de le faire mourir. ‖ *Donner la vie à son ennemi*, ne pas le tuer quoiqu'on le puisse. ‖ *Il demanda la vie*, il demanda qu'on ne le tuât pas. ‖ Le temps qui s'écoule depuis la naissance jusqu'à la mort : *La plus longue vie de l'homme ne dépasse guère cent ans.* ‖ *Vie moyenne*, le temps que chacun vivrait si le total des vies de tous les hommes actuellement vivants était également réparti entre eux : *La vie moyenne est aujourd'hui en France de 37 ans.* (V. Tableaux, page 727.)

— **Assurances sur la vie.** Les sociétés d'assurances sur la vie, aujourd'hui très répandues, se sont très lentement développées en France. La première société de ce genre fut fondée en Angleterre, sous la reine Anne (1706) ; elle comprenait 2 000 associés. L'application qui en fut faite en France sur le modèle anglais (1787) ne réussit pas. Ce n'est qu'en 1819 qu'une ordonnance royale autorisa une société fondée sur le principe actuel : l'expérience a montré que, pour une période de 10 ans par exemple, les chiffres de la mortalité sont identiques pour une même classe de personnes. La compagnie, contre le payement d'une prime fixe, prend envers les assurés des engagements fondés sur les tables de mortalité. Supposons que l'on considère 1 286 individus nés le même jour et qu'on les suive dans leur existence de manière à pouvoir noter le nombre des survivants du groupe à chaque anniversaire de leur naissance jusqu'au dernier décès. En écrivant en colonnes et par ordre 1286 et les nombres de survivants successifs d'année en année, on construit ce qu'on appelle une *table de mortalité.* Si les individus considérés ont été pris sans choix dans la population d'un pays, on a une *table de mortalité générale* pour tout ce pays ; si les individus ont été choisis dans certaines conditions sociales, on a une *table de mortalité pour des têtes choisies* (V. la table ci-dessous). Dans la colonne « somme des vivants » sont inscrits les nombres 51 467, 50 181, etc., qui représentent le total des nombres de la colonne *des vivants* à chaque âge, depuis l'âge considéré comme point de départ jusqu'à 95 ans, limite de la table. La table de Deparcieux signifie ceci : sur 1286 individus nés le même jour et vivant dans les conditions pour lesquelles la table a été faite, 1071 seulement atteignent l'âge d'un an, 1006 l'âge de 2 ans, 970 l'âge de 3 ans, etc., jusqu'à la limite de la table. A partir d'un âge quelconque, de 34 ans par exemple, la table indique que sur 702 personnes ayant aujourd'hui 34 ans, 694 seulement survivront dans 1 an, 686 dans 2 ans, 678 dans 3 ans, et ainsi de suite jusqu'à la fin de la table. Par suite, sur 702 n personnes ayant le même jour 34 ans, 694 n seulement survivent 1 an après, 686 n 2 ans après, etc.

Applications des tables de mortalité. — La durée de la vie probable d'un individu est le nombre d'années qu'il peut espérer de vivre encore, d'après les chances de mortalité indiquées par la table. Pour trouver la durée de la vie probable d'un individu, on cherche dans la table le nombre des vivants de son âge actuel et on prend la moitié de ce nombre, puis on cherche dans la même colonne cette moitié ou le nombre le plus rapproché en plus ou en moins; le nombre d'années correspondant à ce dernier nombre est l'âge probable que cet individu peut espérer d'atteindre. La durée probable de sa vie est l'excès de cet âge sur son âge actuel. Ex. : Un individu a 34 ans; le nombre des vivants de cet âge, d'après la table, est 702, dont la moitié est 351. Je cherche 351 dans la table : ce nombre est compris entre les nombres 364 et 347 des vivants de la table qui correspondent à 67 et 68 ans. L'individu de 34 ans peut espérer vivre jusqu'à l'âge de 67 ou de 68 ans : la durée de sa vie probable est donc de 33 à 34 ans, *chance d'atteindre un âge donné*. On appelle ainsi la probabilité que l'individu en question atteindra à cet âge. Ex. : Quelle chance un individu de 34 ans a-t-il de vivre jusqu'à 72 ans? On cherche : 1° le nombre des vivants de l'âge actuel de l'individu (702); 2° le nombre des vivants de l'âge à atteindre (271). La chance demandée est exprimée par le rapport $\frac{271}{702}$.

LOI DE LA MORTALITÉ EN FRANCE POUR DES TÊTES CHOISIES

Suivant Deparcieux (*)

Ages.	Vivants.	Ages.	Vivants.	Ages.	Vivants.	Ages.	Vivants.
0		28	750	56	514	84	59
1		29	742	57	502	85	48
2		30	734	58	489	86	38
3	1.000	31	726	59	476	87	29
4	970	32	718	60	463	88	22
5	948	33	710	61	450	89	16
6	930	34	702	62	437	90	11
7	915	35	694	63	423	91	7
8	902	36	686	64	409	92	4
9	890	37	678	65	395	93	2
10	880	38	671	66	380	94	1
11	872	39	664	67	364	95	0
12	866	40	657	68	347		
13	860	41	650	69	329		
14	854	42	643	70	310		
15	848	43	636	71	291		
16	842	44	629	72	271		
17	835	45	622	73	251		
18	828	46	615	74	231		
19	821	47	607	75	211		
20	814	48	599	76	192		
21	806	49	590	77	173		
22	798	50	581	78	154		
23	790	51	571	79	136		
24	782	52	560	80	118		
25	774	53	549	81	101		
26	766	54	538	82	85		
27	758	55	526	83	71		
28	750	56	514	84	59		

(*) *Essai sur les Probabilités de la vie humaine*, par Deparcieux, Paris, 1746.

‖ Portion considérable de la vie d'un homme : *Il a passé sa vie à voyager*. ‖ *La vie présente*, la vie dont on jouit sur la terre. ‖ *La vie future* ou *l'autre vie*, l'existence de l'âme après la mort. ‖ *La vie éternelle*, l'état des bienheureux dans le ciel. ‖ Force plus ou moins grande qu'on a de résister à la mort : *Cet enfant a beaucoup de vie*. — Fig. *Redonner la vie, rendre la vie*, relever le moral : *Cette bonne nouvelle me rend la vie*. ‖ Vérité, vécité dans l'expression, force dans l'énergie : *Ce tableau, ce style est plein de vie*. ‖ Ce qui est nécessaire pour la nourriture et l'entretien : *Demander sa vie*, demander l'aumône. ‖ *Être de grande, de petite vie*, manger beaucoup ou peu. ‖ *La vie est chère dans ce pays*, les vivres y sont chers. ‖ La manière dont on se nourrit, se traite, se divertit : *Mener bonne et joyeuse vie*. ‖ *Faire vie qui dure*, ménager sa santé, son bien. ‖ Façon dont on passe la vie : *Mener une vie tranquille*. ‖ *Rendre la vie dure à quelqu'un*, le maltraiter, le harceler. ‖ Manière de se conduire : *Une vie exemplaire*. ‖ *Mener une vie de bohème*, vivre comme un vagabond, un extravagant, un débauché. ‖ Mode d'existence qui résulte des occupations, de la profession : *Une vie laborieuse. La vie des champs*. ‖ La principale préoccupation, le penchant dominant : *La musique, c'est sa vie*. ‖ Le train dont vont les choses de ce monde : *On acquiert en vieillissant l'expérience de la vie*. ‖ L'histoire des choses remarquables de la vie d'un homme : *La* Vie de Cicéron *par Plutarque*. ‖ Grand bruit de paroles qui se fait en querellant, en réprimandant : *On fait une vie d'enfer*

TABLE DE MORTALITÉ DE DEPARCIEUX

AGES.	VIVANTS à CHAQUE AGE.	SOMME des VIVANTS.	DURÉE DE LA VIE. MOYENNE. Ans.	Mois.	PROBABLE. Ans.	Mois.	AGES.	VIVANTS à CHAQUE AGE.	SOMME des VIVANTS	DURÉE DE LA VIE. MOYENNE. Ans.	Mois.	PROBABLE. Ans.	Mois.
0	1 286	51 467	39	8	42	0	48	599	13 324	21	9	22	7
1	1 071	50 181	46	4	53	2	49	590	12 725	21	1	21	9
2	1 006	49 110	48	4	54	11	50	581	12 135	20	5	21	0
3	970	48 104	49	1	55	4	51	571	11 554	19	9	20	3
4	947	47 134	49	4	55	2	52	560	10 983	19	1	19	7
5	930	46 187	49	2	54	10	53	549	10 423	18	6	18	10
6	917	45 257	48	10	54	4	54	538	9 874	17	10	18	1
7	906	44 340	48	5	53	9	55	526	9 336	17	3	17	5
8	896	43 434	48	0	53	2	56	514	8 810	16	8	16	8
9	887	42 538	47	5	52	6	57	502	8 296	16	0	16	0
10	879	41 651	46	11	51	10	58	489	7 794	15	5	15	4
11	873	40 772	46	3	51	1	59	476	7 305	14	10	14	8
12	866	39 900	45	7	50	3	60	463	6 829	14	3	14	0
13	860	39 034	44	11	49	6	61	450	6 366	13	8	13	4
14	854	38 174	44	2	48	9	62	437	5 916	13	0	12	7
15	848	37 320	43	6	47	11	63	423	5 479	12	5	12	0
16	842	36 472	42	10	47	2	64	409	5 056	11	10	11	4
17	835	35 630	42	2	46	5	65	395	4 647	11	3	10	8
18	828	34 795	41	6	45	8	66	380	4 252	10	8	10	1
19	821	33 967	40	10	44	11	67	364	3 872	10	2	9	6
20	814	33 146	40	3	44	2	68	347	3 508	9	7	9	0
21	806	32 332	39	7	43	5	69	329	3 161	9	1	8	5
22	798	31 526	39	0	42	9	70	310	2 832	8	8	7	11
23	790	30 728	38	5	42	0	71	291	2 522	8	2	7	6
24	782	29 938	37	9	41	3	72	271	2 231	7	9	7	0
25	774	29 156	37	2	40	6	73	251	1 960	7	4	6	7
26	766	28 382	36	7	39	10	74	231	1 709	6	11	6	2
27	758	27 616	35	11	39	1	75	211	1 478	6	6	5	9
28	750	26 858	35	4	38	4	76	192	1 267	6	1	5	4
29	742	26 108	34	8	37	7	77	173	1 075	5	9	4	11
30	734	25 366	34	1	36	10	78	154	902	5	4	4	7
31	726	24 632	33	5	36	1	79	136	748	5	0	4	3
32	718	23 906	32	9	35	3	80	118	612	4	8	4	0
33	710	23 188	32	2	34	6	81	101	494	4	5	3	9
34	702	22 478	31	6	33	9	82	85	393	4	1	3	7
35	694	21 776	30	11	33	0	83	71	308	3	10	3	3
36	686	21 082	30	3	32	3	84	59	237	3	6	2	11
37	678	20 396	29	7	31	5	85	48	178	3	2	2	9
38	671	19 718	28	11	30	8	86	38	130	2	11	2	6
39	664	19 047	28	8	29	10	87	29	92	2	8	2	4
40	657	18 383	27	6	29	0	88	22	63	2	4	2	0
41	650	17 726	26	9	28	3	89	16	41	2	1	1	9
42	643	17 076	26	1	27	5	90	11	25	1	9	1	6
43	636	16 433	25	4	26	7	91	7	14	1	6	1	3
44	629	15 597	24	7	25	9	92	4	7	1	3	1	0
45	622	15 168	23	11	24	11	93	2	3	1	0	1	0
46	615	14 546	23	2	24	2	94	1	1	0	6	0	6
47	607	13 931	22	5	23	4	95	0	0	0	0	0	0

dans cette maison. — A VIE, *loc. adv.* Pendant tout le temps qu'on a à vivre : *Pension à vie.* — POUR LA VIE, A LA VIE ET A LA MORT, *loc. adv.* Pour toujours. — POUR LA VIE, *loc. adv.* Pour longtemps : *J'ai du bois pour la vie.* — DE LA VIE, DE MA VIE, etc., *loc. adv.* Jamais : *Je n'ai vu de ma vie une telle chose.*

2. ✱**VIE** (l. *via*, chemin), *sf.* Chemin dans un marais salant.

VIE, 59 kilom. Rivière du département de l'Orne, qui passe à Vimoutiers, Livarot, Grandchamp et se jette dans la Dives.

VIE, 54 kilom. Fleuve de la Vendée, qui arrose Saint-Maixent et se jette dans l'Océan.

✱**VIÉDASE** (mot provençal : du vx fr. *vis*, visage + *de* + vx fr. *as*, l. *asinus*, âne), *sm.* Terme injurieux qui, à l'origine, signifiait *visage d'âne* : *Oh! viédase!...* (Pop.) ‖ Nom de l'aubergine en Provence.

VIEIL, VIEUX, *m.* ou **VIEILLE**, *f.* (l. populaire *veclus* pour *vetulus*, dm. de *vetus*, vieux), *adj.* Qui a un grand âge : *Homme vieux. Vieux cheval. Vieil arbre.* ‖ *Vieux comme les rues, comme Hérode*, très vieux. ‖ *Il ne fera pas de vieux os*, il mourra encore jeune. ‖ *Se faire vieux*, être parvenu à un âge déjà avancé. ‖ *Être vieux avant l'âge*, paraître vieux quand on est encore jeune. ‖ Qui paraît vieux, quoique étant encore jeune : *Ce jeune homme a l'air vieux.* ‖ Avec *plus* ou *moins*, plus ou moins âgé qu'un autre : *Il est plus vieux que moi.* ‖ Qui exerce une profession depuis longtemps : *Un vieux professeur.* ‖ Qui est adonné à un vice depuis longtemps : *Un vieil ivrogne.* ‖ Qu'on a depuis longtemps : *Un vieil ami. Une vieille habitude.* ‖ *Vieux garçon, vieille fille*, celui, celle qui a passé sa jeunesse sans se marier. ‖ Dont la célébrité n'a fait que s'accroître depuis qu'il est mort : *Le vieil Homère.* ‖ Qui existe depuis longtemps, en parlant des choses : *Un vieux château.* ‖ Qui est plus ancien qu'une autre chose semblable : *Marseille se compose de la vieille ville et de la nouvelle.* ‖ Qui a perdu de sa vogue, de son importance par l'effet de son ancienneté : *Une vieille méthode.* ‖ Qui n'est plus en usage depuis longtemps : *Un vieux mot.* ‖ *Vieux style*, ancienne manière de compter le temps avant l'établissement du calendrier grégorien ou celui du calendrier républicain. ‖ Usé, qui n'est plus neuf : *Un vieil habit.* — S. Homme, femme d'un grand âge : *Un pauvre vieux.* ‖ *Conte de vieille*, fable absurde comme en débitent les vieilles femmes ignorantes et crédules. ‖ *Mon vieux*, mon cher ami. (Fam.) ‖ *Le Vieux de la Montagne.* (V. *Assassin.*) — *Sm.* Ce qui est vieux, usé : *Cordonnier en vieux.* — **Gr.** Dans l'ancien français, *vieux* s'employait exclusivement comme sujet et *vieil* comme complément direct. Aujourd'hui on se sert de *vieil* devant un nom commençant par une voyelle ou un *h* muet : *Vieil ami, vieil habit*, et de *vieux* après un nom quelconque ou devant un nom qui commence par une consonne : *Un homme vieux, un vieux tableau.* Devant un mot autre qu'un nom et commençant par une voyelle ou un *h* muet, on emploie *vieux* et non *vieil* : *Un homme vieux et infirme.* Au XVIe et au XVIIe siècle, on pouvait employer *vieil* dans tous les cas. — **Dér.** *Vieillement, vieillot, vieillotte, vieillesse, vieillir, vieillissant, vieillissante, vieillissement, vieillerie, vieillard, vieillarder.*

VIEILLARD (*vieil* + sfx. péjor. *ard*), *sm.* Homme d'un grand âge. ‖ Se dit, au pluriel, des hommes et des femmes : *Il faut respecter les vieillards.* ‖ Espèce de singe à barbe grise et à chevelure plus ou moins blanche.

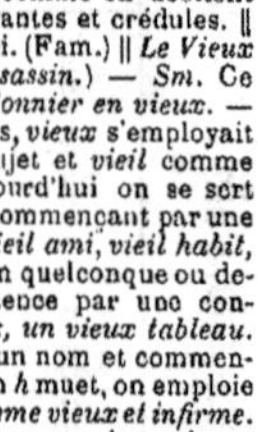
VIEILLARD (MACACUS SILENUS)

✱**VIEILLARDER** [LL mouillés] (*vieillard*), *vi.* S'altérer en vieillissant, en parlant des vins : *Les vins vieillardent en les soumettant au chauffage.*

✱**VIEILLEMENT** [LL mouillés] (*vieille* + sfx. *ment*), *adv.* A la manière des vieilles gens : *Elle s'accoutre vieillement.*

VIEILLE-MONTAGNE (all. *Altenberg*). Mine de zinc, située sur la frontière d'Allemagne et de Belgique, sur le territoire de Montzen-Moresnet ou la Calamine. Ce pays est resté longtemps indivis entre les deux États. Le riche gîte calaminaire de Moresnet, aujourd'hui épuisé, se trouvait à la rencontre d'un filon de blende avec le calcaire carbonifère : un des amas de minerai cubait 300 000 mètres cubes.

VIEILLERIE (*vieille*), *sf.* Vieilles hardes, vieux meubles : *Acheter des vieilleries.* — Fig. Idées rebattues, sujets traités un grand nombre de fois par les auteurs.

VIEILLE-SERBIE, région de la péninsule des Balkans où se trouve la plaine fameuse de Kossovo. Elle forme aujourd'hui le *sandjak de Prichtina.*

VIEILLESSE (*vieil*), *sf.* Grand âge, dernière période de la vie. — Fig. *Bâton de vieillesse*, personne jeune qui sustente, protège, console son vieux père, sa vieille mère, quelque vieux parent, quelque bienfaiteur. ‖ Ancienneté, vétusté, en parlant des choses : *La vieillesse d'un monument, d'un arbre.* ‖ Les vieilles gens, en général : *La vieillesse est plus prudente que la jeunesse.* ‖ **Caisse de retraites pour la vieillesse**, institution qui fonctionne sous le contrôle de l'État et qui assure des rentes viagères différées avec abandon ou réserve du capital ; elle paye les arrérages dus au décès du rentier. Les tarifs de la caisse sont établis d'après les principes exposés pour les rentes viagères (V. *Viagères*) servies par les compagnies ; mais on y a mis pour chaque âge la rente viagère à payer en échange de 1 franc ou de 100 francs versés comptant, au lieu d'y mettre, comme les compagnies, la prime à payer pour assurer une rente viagère de 1 franc ou de 180 francs. La caisse des retraites donne 4 p. 100 d'intérêt par an, mais n'assure jamais plus de 1 500 francs de rente sur une seule tête, ni moins de 5 francs, et le rentier ne peut entrer en jouissance avant 50 ans révolus. Elle a pour objet de faire profiter les classes laborieuses des avantages qu'offrent les capitalisations successives d'intérêts, combinées avec les lois de la mortalité. On tient compte, dans les calculs, des éléments suivants : 1° de l'intérêt composé du capital à 2 fr. 25 p. 100 par semestre ; 2° des chances de mortalité en raison de l'âge du titulaire au jour du versement, et de l'âge auquel commence la jouissance de la rente, calculée d'après la table de Deparcieux ; 3° du remboursement au décès du capital versé, si la réserve en a été faite par le déposant. Les tarifs sont établis sur l'unité de 1 franc et calculés par trimestre pour le versement et par années pour la jouissance. L'intérêt des sommes déposées est compté à partir du jour du versement. Le problème qui se pose naturellement à ce sujet est de savoir le capital nécessaire pour pouvoir constituer une rente viagère trimestrielle. Soient r l'intérêt trimestriel de 1 franc ; a la rente ; n le rang, à partir de la naissance du déposant, du trimestre qui suit immédiatement celui où le versement s'opère, et m le rang, à partir de la naissance, du trimestre où la rente doit commencer à courir. La valeur du capital à verser est donnée par la formule :

$$(1)\qquad P = a.\frac{\frac{1}{2}\left(Z_m + \frac{1}{1+r}Z_{m-1}\right)}{Z_{n-1} - Z_n},$$

dans laquelle Z_n Z_m sont des nombres, fonctions de la mortalité, indiqués dans des tables analogues à celles de Deparcieux, en regard des nombres n, m, etc. Prenons un exemple. Soit un individu né le 12 mars 1834 qui veut verser une somme, le 19 décembre 1865, pour se constituer une rente annuelle de 750 francs à partir de sa 60e année. Quelle somme devra-t-il verser ? Son âge étant calculé à partir du 1er avril 1834, il a eu, au 1er avril 1865 : 1865 — 1834 = 31. Le capital versé ne porte intérêt qu'au 1er janvier 1866, et l'individu doit être par suite considéré comme âgé de 31 ans et 9 mois, ce qui correspond à 127 trimestres : $n = 127$. Il sera considéré comme âgé de 60 ans le 1er avril 1894, et alors il touchera sa rente viagère : le premier quartier, le 1er juillet 1894. Les 60 ans représentant 240 trimestres, on a $m = 241$. Les tables spéciales donnent les valeurs suivantes :

$$Z_m = 1\,241{,}45 \quad Z_{m-1} = 1\,273{,}5130$$
$$Z_n = 11\,222{,}822 \quad Z_{n-1} = 11\,400{,}547.$$

D'ailleurs

$$a = \frac{750}{4} = 187 \text{ fr. } 50 \text{ et } -1 + r = 1{,}011.$$

On aura pour la valeur du capital à verser :

$$P = 187{,}50.\frac{\frac{1}{2}\left(1241{,}4516 + \frac{1273{,}513}{1{,}011}\right)}{11400{,}547 - 11222{,}82},$$

ou P = 1 319 fr. 21.

Ajoutons que la formule (1) permet également, la somme versée P étant connue, de déterminer la rente trimestrielle a.

VIEILLEVILLE (FRANÇOIS DE SCÉPEAUX, SIRE DE), COMTE DE DURETAL (1510-1571), maréchal de France en 1562.

✱**VIEILLI, IE** (p.p. de *vieillir*), *adj.* Entré dans la vieillesse : *Il est vieilli.* ‖ Qui a acquis une longue expérience : *Fonctionnaire vieilli dans l'administration.* ‖ Suranné : *Terme vieilli.* ‖ Qui a perdu par le temps sa force : *Le paganisme vieilli n'était plus qu'une hideur sociale.*

VIEILLIR (*vieil*), *vi.* Devenir vieux : *Mes parents vieillissent.* ‖ *Vieillir dans*, demeurer longtemps dans un emploi, dans un poste, un parti, une opinion, une situation : *Il a vieilli dans la magistrature, le commerce, le scepticisme.* ‖ Perdre avec le temps de sa force, de son éclat : *Son talent a vieilli.* ‖ Commencer à n'être plus en usage, à perdre de son importance, de sa vogue : *Ce mot vieillit. Les moulins à vent ont vieilli.* ‖ Devenir meilleur par l'action du temps : *Ce vin se vendra cher quand il aura vieilli.* ‖ Paraître vieux : *Cet homme a tellement vieilli, qu'on ne le reconnaît plus.* — *Vt.* Rendre vieux, faire paraître vieux : *Les chagrins nous vieillissent.* ‖ Dire quelqu'un plus vieux qu'il n'est : *Vous me vieillissez.* — **Se vieillir**, *vr.* Se dire ou se faire paraître plus vieux qu'on n'est : *Certaines gens aiment se vieillir.*

VIEILLISSANT, ANTE (*vieillir*), *adj.* Qui devient vieux.

VIEILLISSEMENT (*vieillir*), *sm.* État de ce qui vieillit.

VIEILLOT, OTTE (dm. de *vieil*), *adj.* Qui commence à avoir l'air vieux : *Un jeune homme vieillot.*

VIEL-CASTEL (CHARLES-LOUIS-GASPARD-GABRIEL DE **SALVIAC**, BARON DE) (1800-1887), littérateur français, membre de l'Académie française (1873) ; auteur d'une *Histoire de la Restauration.*

VIELLE (l. *vitella* : de *vitulari*, gambader comme un veau), *sf.* Instrument de musique à cordes qui fait entendre certains airs quand on tourne une manivelle. — Fig. *Il est long comme une vielle*, c'est un homme long dans tout ce qu'il fait. ‖ *Il est du bois dont on fait les vielles*, c'est un homme accommodant. — **Dér.** *Vieller, vielleur, vielleuse.*

VIELLE-AURE, 328 hab. Ch.-l. de c., arr. de Bagnères-de-Bigorre (Hautes-Pyrénées). Mines de manganèse ; eaux minérales alcalines.

VIELLER (*vielle*), *vi.* Jouer de la vielle.

VIELLEUR, EUSE (*vielle*), *adj.* Celui, celle qui joue de la vielle.

VIELLE-SAINT-GIRONS, 2 674 hect. Forêt domaniale des Landes, peuplée de pins maritimes.

VIELMUR, 1 128 hab. Ch.-l. de c., arr. de Castres (Tarn). Filature de laine, fabrique de drap.

VIEN (JOSEPH-MARIE, COMTE) (1716-1809), peintre français, qui fut le maître de David.

VIENNAISE (LA). (V. *Viennoise.*)

VIENNE, en allem. **WIEN**, 1 103 857 hab. Capitale de l'empire austro-hongrois et de l'archiduché d'Autriche, sur la rive droite du Danube, à 2 kilomètres du grand bras rectifié de ce fleuve, traversée par l'un de ses petits bras et par la Wien, au pied des dernières pentes N.-E. des Alpes, au point de croisement des grandes routes commerciales du continent européen, l'une des plus somptueuses et des plus belles villes de l'Europe, composée de la *Cité* proprement dite, aux rues étroites, principal siège de l'administration, et de dix-huit faubourgs bien percés, qui en sont séparés par de larges promenades et des prairies; archevêché, belle cathédrale gothique de Saint-Étienne avec une flèche de 136 mètres; nombreux palais et hôtels entourés de jardins et auxquels on accède par de larges avenues; belles places ornées de fontaines. Vienne est considérée en Allemagne comme étant par excellence une ville de plaisir, mais elle est aussi le grand centre manufacturier de l'empire; elle possède toutes les industries qui s'entassent dans une capitale, mais se distingue surtout par la fabrication des soieries, des voitures, des locomotives, des instruments de musique, des mécanismes de précision. Sa grande imprimerie de l'État est la première de l'Europe; elle possède une université fréquentée par plus de 4000 étudiants, un nombre considérable d'établissements littéraires et scientifiques. Neuf voies ferrées convergent à Vienne. Cette ville possède une quantité de collections scientifiques et artistiques, le beau musée de peinture du Belvédère, un musée des antiques, de grandes bibliothèques, entre autres celle du château. La résidence impériale de Schönbrunn lui est maintenant reliée par de nouveaux quartiers. Vienne, assiégée deux fois inutilement par les Turcs en 1529 et en 1683, était depuis le xve siècle le boulevard de l'Occident chrétien contre l'Orient musulman : bataille de Vienne gagnée le 12 septembre 1683 par Charles de Lorraine et Jean Sobieski sur le grand vizir Kara Mustapha. || *Traité de Vienne*, traité qui, en 1738, mit fin à la guerre de la succession de Pologne. || *Congrès de Vienne*, congrès où se réunirent du 3 octobre 1814 au 9 juin 1815 les plénipotentiaires de tous les États de l'Europe chargés de remanier la carte de cette partie du monde après la chute de Napoléon Ier et qui aboutit au fameux traité que l'on regarda quelque temps comme la sauvegarde de l'équilibre européen.

VIENNE, 26060 hab. S.-préf. (Isère), à 543 kilom. de Paris, sur la rive gauche du Rhône et au confluent de la Gère avec ce fleuve. Fabriques de draps et de ratines, filatures, ateliers de construction, établissements métallurgiques, etc. Curieux temple romain d'Auguste et de Livie, ruines de quantité d'autres monuments romains. Ancienne cathédrale de Saint-Maurice des xiie et xiiie siècles. Ancienne église Saint-Pierre des vi^e et xiie siècles, transformée en musée. Nombreuses maisons romanes, gothiques ou de la Renaissance. Cette ville fut la capitale des Allobroges, le berceau du christianisme dans les Gaules et la capitale des deux royaumes de Bourgogne. — **Dér.** *Viennois, viennoise; Viennoise, Viennoise.*

VIENNE, 372 kilom. Rivière de France, affluent de gauche de la Loire, qui descend du plateau de Millevache, traverse les bois et les pâturages du Limousin, puis, tournant au N., entre dans le Poitou où elle s'élargit considérablement et va se perdre dans la Loire à Candes. Elle reçoit la Combade, la Maude, le Taurion, la Briance, le Clain et la Creuse, arrose Eymoutiers, Saint-Léonard, Limoges, Saint-Junien, Chabanais, Confolens, Châtellerault dont elle actionne la manufacture d'armes, l'Isle-Bouchard et Chinon.

VIENNE (DÉPART. DE LA), 340295 hab., 697291 hect. (Voir carte, p. 730.) Département français de la région occidentale, qui tire son nom de la *Vienne*, l'une de ses principales rivières, et qui a été formé, en 1791, de trois portions des provinces du Berri, du Poitou et de la Touraine. C'est le Poitou qui a fourni la plus grande partie : presque les quatre cinquièmes. La Vienne est bornée : au N.-E., par le département d'Indre-et-Loire; à l'E., par le département de l'Indre; au S.-E., par celui de la Haute-Vienne; au S., par celui de la Charente; à l'O., par celui des Deux-Sèvres; au N.-O., par celui de Maine-et-Loire. Le département de la Vienne n'a de limites naturelles qu'au N.-E. où la *Creuse* le sépare de celui d'Indre-et-Loire sur une assez faible étendue, de la Roche-Posay à Port-de-Piles. De même au N.-E. la *Dive* lui sert de frontière depuis Moncontour jusqu'à sa sortie du département au N. de Nueil-sur-Dive. Le territoire du département de la Vienne est traversé par le 2e degré de longitude O., passant près de Poitiers, et par le 47e degré de latitude N., qui le coupe au N. près de Loudun; tandis que le 46e degré de latitude passe à 5' au S. Il est donc compris entre 1°,10' et 2°,20' de longitude O. et entre 46°,5' et 47°,10' de latitude N. Sa plus grande longueur, du N.-O. au S.-E., est de près de 130 kilom.; sa plus grande largeur, de l'O. à l'E., est d'environ 90 kilomètres. Le territoire de la Vienne se compose généralement de vastes plateaux mamelonnés, nus ou couverts de taillis, et les collines un peu élevées y sont assez rares : ainsi la plus élevée du département est celle de *Prun*, près des frontières de la Haute-Vienne, qui n'a que 233 mètres. A partir de là, le sol va en s'abaissant dans la direction du N., et au confluent de la Vienne et de la Creuse il n'est plus qu'à 38 mètres. Aussi toutes les eaux du département s'écoulent-elles vers le N., portées dans la Loire par l'intermédiaire de la Vienne.

Trois bassins se partagent inégalement ce territoire : ceux de la *Loire*, de la *Charente* et de la *Sèvre Niortaise*. Le bassin de la *Loire* comprend presque tout le département, sauf une partie du canton de Lusignan, et les cantons de Civray et Charroux; il occupe ainsi 662000 hectares, qui sont partagés entre deux sous-bassins, celui de la *Vienne* et celui de la *Dive du Nord*, car la Loire ne touche la Vienne en aucun point. La *Vienne* appartient au département par presque le tiers de son cours (116 kilom. sur 375). Née au plateau de Millevache, dans le département de la Corrèze, elle entre dans celui de la Vienne près d'Availles-Limousine, après avoir traversé la Corrèze, la Haute-Vienne et la Charente, puis, dirigée alors vers le N., elle arrose Availles-Limousine, l'Isle-Jourdain, Chauvigny, Bonnes, Vouneuil, Cenon, Châtellerault, Ingrandes et Dangé. Elle quitte le département au Bec-des-Eaux (confluent de la *Creuse*) pour entrer dans l'Indre-et-Loire. Quoique navigable, la Vienne reçoit peu de bateaux à cause de sa faible profondeur et de son lit large mais irrégulier. Ses principaux affluents sont : sur sa rive droite, la *Grande* et la *Petite Blourde*, l'*Auzon*, ruisseaux de peu d'importance, et la *Creuse*, sur sa rive gauche, la *Dive Centrale*, le *Clain* et l'*Envigne*.

La *Creuse* (235 kilom. de cours) n'a que 40 kilom. sur le territoire de la Vienne, qu'elle longe par sa rive gauche en la séparant d'Indre-et-Loire. Descendant, comme la Vienne, du plateau de Millevache, elle traverse les départements de la Creuse, de l'Indre et d'Indre-et-Loire, atteint une largeur moyenne de près de 100 mètres, et, un peu après son confluent avec la Gartempe, commence à toucher le département de la Vienne, où elle baigne la Roche-Posay, Lésigny, Mairé, Leugny, Saint-Remy, Buxeuil et Port-de-Piles : c'est près de Port-de-Piles qu'elle se jette dans la Vienne, au Bec-des-Eaux. Son principal affluent dans le département est la *Gartempe* (cours 170 kilom.), qui appartient à ce dernier par 70 kilom. Née dans le département de la Creuse, au S. de Guéret, elle coule d'abord de l'E. à l'O., puis du S. au N., passe de la Creuse dans la Haute-Vienne, puis dans la Vienne, où elle baigne Montmorillon, Saint-Savin et Vicq. Son seul affluent à citer est l'*Anglin*, qui n'a que 5 ou 6 kilom. dans la Vienne. Il reçoit deux petits cours d'eau : la *Benaize*, grossie de l'*Asse*, et le *Salleron*, qui tous deux arrosent l'angle S.-E. du département.

Le *Clain*, affluent de la Vienne, a un cours sinueux de 120 à 125 kilom. Il prend sa source dans le département de la Charente à l'O. et près de Confolens, et vient baigner, dans celui de la Vienne, Pressac, Saint-Martin-Lars, Payroux, Joussé, Château-Garnier, Sommières, l'abbaye de Moreaux, Anche, laisse Voulon sur la gauche, prend la direction du N., arrose Vivonne, Andille, Ligugé, Saint-Benoît, contourne la colline sur laquelle est bâtie Poitiers (118 mètres), passe entre Saint-Georges à droite et Jaulnay à gauche, à Dissay, à Saint-Cyr et non loin de Naintré, et joint la Vienne en amont de Châtellerault. Le Clain, qui n'est à l'origine qu'un simple ruisseau, acquiert ensuite une grande largeur et roule de grandes quantités d'eau venant des vallées tortueuses et encaissées de ses tributaires.

Le Clain reçoit, à droite : 1° la *Clouère*, petit ruisseau qui passe à Gençay, à Château-Larcher, et se jette dans le Clain en aval de Vivonne; 2° le *Miosson*, qui arrose Saint-Benoît. A gauche : 1° la *Dive du Sud*, qui passe à Couhé et est grossie de la *Bouleure* sur la droite; 2° la *Vonne*, qui naît dans le département des Deux-Sèvres, entre dans celui de la Vienne à Sanxay, qu'elle arrose, ainsi que Baugé, Lusignan, Cloué, Celle-l'Evescault, se grossit du *Palais* et tombe dans le Clain à Vivonne. 3° La *Boivre*, qui arrose la Chapelle-Montreuil, passe entre les deux collines où sont plantées les forêts de l'*Epine*, au S., et celle de *Vouillé-Saint-Hilaire*, au N., et se jette dans le Clain en amont de Poitiers. 4° L'*Auxance*, petite rivière qui prend sa source dans le département des Deux-Sèvres, arrose Latillé, Vouillé, Migné, et joint le Clain en aval de Poitiers. L'Auxance est grossie, sur la gauche, de la *Vandelogne*, qui la joint entre Latillé et Vouillé. 5° La *Pallu* n'arrose aucune localité importante.

La *Dive du Nord* (75 kilom.), dont le bassin appartient à celui de la Loire, conduit ses eaux non pas dans ce fleuve, mais dans le Thouet, qui en est un affluent et qui a tout son cours dans les Deux-Sèvres et dans Maine-et-Loire. La *Dive du Nord* a sa source près du village de Montgaugnier, au N.-O. de Vouillé, reçoit les eaux de sources nombreuses et abondantes, comme celles de la *Grimaudière*. Elle baigne Massognes, Verger-sur-Dive, la Grimaudière, Moncontour, puis Pas-de-Jeu, Neuil-sur-Dive, village situé dans une vallée marécageuse. Sur son cours, canalisé à partir de Pas-de-Jeu, elle porte jusqu'au Thouet des bateaux de 30 à 50 tonnes, avec un tirant d'eau de 1^m,60. Elle sert en partie de limite au département, qu'elle sépare de ceux des Deux-Sèvres et de Maine-et-Loire, et se joint au Thouet dans ce dernier département. La Dive du Nord reçoit le *Prepson*, la *Grève*, la *Briande*, contournant au N. la forêt de *Scevolle*, et enfin la *Petite Maine*, naissant près de Loudun.

Une faible partie de l'arrondissement de Civray (26000 hect.) appartient au bassin de la *Charente*, rivière sinueuse qui arrose d'abord le département de la Haute-Vienne, où se trouve sa source, pénètre dans celui de la Charente, y décrit un grand arc de cercle dans son angle S.-O., passe dans celui de la Vienne près de Charroux, arrose Savigné, Civray, et rentre dans le département qui porte son nom pour aller verser ses eaux dans l'océan Atlantique, en face de l'île d'Oléron. Dans le département de la Vienne, la Charente ne reçoit que des affluents insignifiants, comme le *Transon* et le *Cibiou*.

Enfin, quelques communes seulement du département (9000 hectares), appartiennent au bassin de la *Sèvre Niortaise*, par les sources du *Pamproux*, formées par les infiltrations des plateaux de Vouillé et de Saint-Sauvant, qui alimentent l'une des deux branches mères de la Sèvre Niortaise. Quant à cette rivière, elle ne touche point le département et n'y possède même aucun affluent. La partie du département qui confine à celui de la Haute-Vienne présente un certain nombre d'étangs que la culture dessèche chaque année davantage.

La plupart des terrains du département appartiennent à la série jurassique. En les parcourant du N. au S., on trouve d'abord au N. du département une terrasse oxfordienne qui s'étend depuis Sammarcolle jusque près de Loudun. Loudun est sur une zone de craies grises et jaunes, micacées et sableuses, de l'étage turonien, zone qui reparaît en beaucoup de points dans la région septentrionale, où elle laisse affleurer parfois les grès verts du cénomanien. Ces derniers sont plus abondants dans les environs de Lencloître depuis la forêt de Scevolle (argiles ferrugineuses grises et jaunes), jusqu'au confluent du Clain et de la Vienne (sables et marnes gris verdâtre). Dans la

DÉPARTEMENT DE LA VIENNE

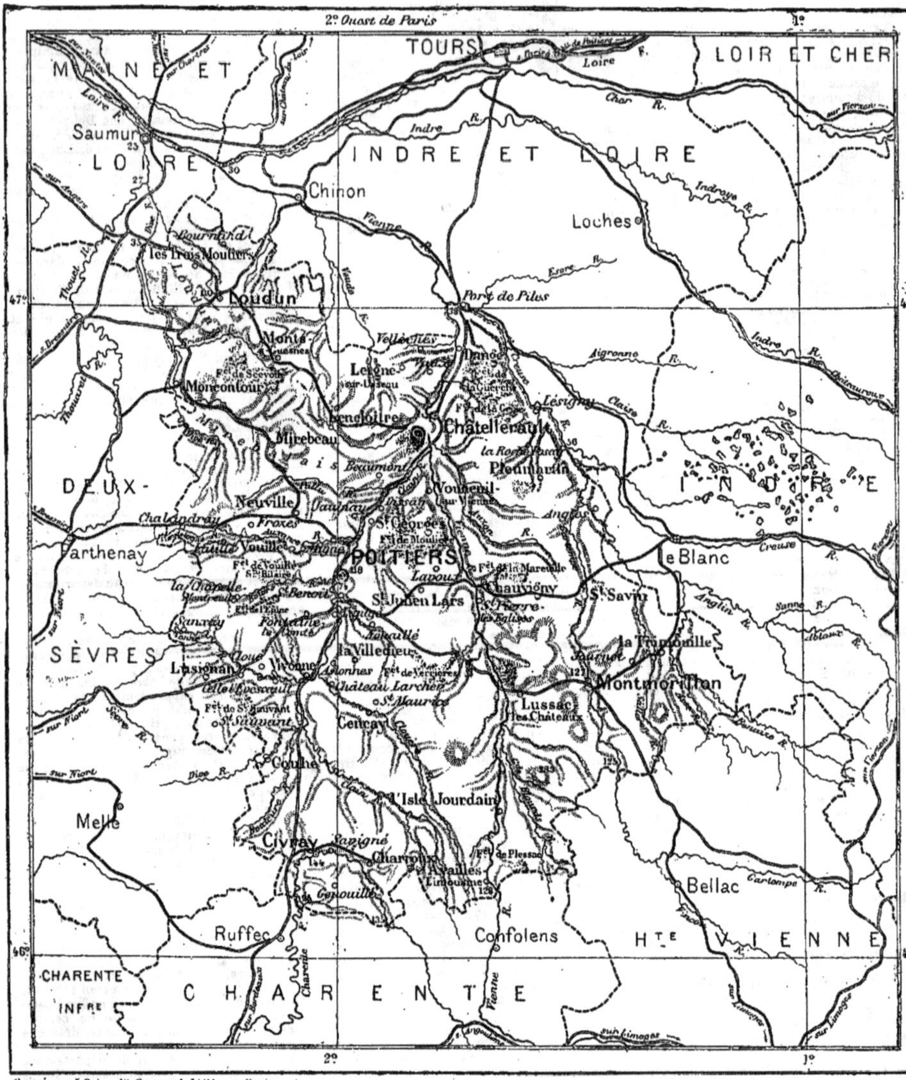

Gravé par J. Geisendörfer 12, r. de l'Abbaye. Paris.

Signes conventionnels :

PRÉFECTURE	*Plus de 100 000 hab.*	*De 10 000 à 20 000*	*Place forte. Fort*	*Origine de la navigation*
Sous-Préfecture	*De 50 000 à 100 000*	*De 5 000 à 10 000*	*Frontière*	*Canal*
Canton	*De 30 000 à 50 000*	*De 2 000 à 5 000*	*Limite de Dépt*	*Col*
Commune, Village	*De 20 000 à 30 000*	*Moins de 2 000*	*Chemin de fer*	*Forêts*

Les chiffres expriment en mètres l'altitude au dessus du niveau de la mer.

Echelle (1 millim. pour 900 mètres) 10 5 0 10 20 30 40 50 Kil.

partie moyenne du département affleure une zone de calcaires jurassiques appartenant aux assises callovienne, oxfordienne et corallienne, avec un sol argilo-calcaire. Le callovien apparait notamment près de Vouillé et forme une bande orientée de l'E. à l'O. avec des calcaires blancs et fins. La forêt de Vouillé repose sur des argiles sableuses marbrées, avec minerais de fer qui se prolongent, au S. de Poitiers, jusqu'à Vivonne et Lusignan. Le S. du département, sur la rive gauche du Clain, comprend des sols rouges mixtes (jurassique et tertiaire) avec des silex et des minerais de fer épars : au S.-O., une zone oxfordienne de calcaires blancs et gris fournit des chaux grasses et maigres. Presque toute la rive droite du Clain et la vallée de la Vienne sont formées par une zone mixte d'argiles sableuses à tuiles et de marnes blanches à meulières, sauf au S.-E. où on trouve une nappe de sables argileux marbrés mélangés de grès terreux et de minerais de fer et une zone d'affleurement du toarcien : marnes grises et calcaires argileux à chaux hydrauliques.

Le département de la Vienne appartient au climat girondin; les hivers sont généralement assez froids, mais la température moyenne de l'année est encore de +12° : 19° au moins pour l'été, et — 5° en hiver. Le voisinage de l'océan Atlantique se fait sentir et exerce une grande influence sur la végétation du département. Il tombe annuellement 576 millimètres d'eau; le mois le plus pluvieux est octobre, et celui qui l'est le moins est août. Les vents dominants sont ceux du S.-O., du S.-S.-O., de l'O.-S.-O. et de l'O.; puis viennent ceux du N.-E., du N. et du N.-O.; ceux du S. et du S.-E. sont rares.

La production agricole est assez considérable : plus de 80 millions de francs par an. On cultive l'avoine, les pommes de terre et surtout le froment en abondance et aussi, en moins grande quantité, du trèfle, du colza, de la luzerne, du maïs et de la vigne. C'est l'arrondissement de Poitiers qui est le plus riche en vignobles; viennent ensuite ceux de Montmorillon, Châtellerault et Loudun. Les seuls vins à peu près estimés sont les vins rouges de *Saint-Georges, Dissay, Couture, Chauvigny, Bonnes, Vaux,* et les vins blancs de *Roiffé, Saix et Salonne.*

Les animaux de l'espèce chevaline élevés dans la Vienne appartiennent surtout à la race du Poitou. Ces animaux sont de forte taille : ils sont hauts sur jambes; leur corps est épais, lourd et à flancs larges; la tête est volumineuse; leur peau est épaisse et recouverte de poils rudes et abondants; les membres sont gros et garnis de poils qui recouvrent en grande partie leurs larges pieds. On entretient surtout des juments destinées à la production des *mulets* dits du Poitou; cependant on élève aussi des chevaux de trait : aussi la race poitevine présente-t-elle deux types : le *type mulassier* et le *type plus léger,* donnant des chevaux de trait léger, qui peut même fournir des chevaux pour la cavalerie. Le département de la Vienne compte un certain nombre d'ânes et d'ânesses élevés surtout dans la zone crayeuse, là où le sol est assez friable pour être travaillé avec ces animaux. Les mules et les mulets sont très nombreux. Les animaux de la race bovine appartiennent, pour la plupart, aux races *parthenaise, limousine* et *auvergnate;* on rencontre aussi çà et là quelques individus des races bretonne, mancelle et hollandaise, etc.; mais celles-ci sont en minorité. Les moutons sont de race poitevine, qui se divise en *moutons de la Plaine,* produits surtout dans la commune de Romagné (canton de Couhé), et appelés pour cette raison *Romagnols,* et en *moutons de la Gâtine,* nourris dans l'arrondissement de Civray, où ils sont recherchés pour la boucherie à cause de l'excellence de leur chair. Ils sont connus sous le nom de *moutons de bruyère,* de *brande.* On cultive aussi des animaux des races solognote, berrichonne et des métis mérinos, ainsi que des sujets croisés avec les races anglaises de Dishley, de South-Down, etc. Les plateaux calcaires sont favorables à la production de la laine, tandis que les contrées marécageuses leur communiquent la pourriture. On élève aussi beaucoup de chèvres dans le département de la Vienne, et leur lait est employé à la confection de fromages appelés *chabichous;* c'est surtout aux environs de Poitiers que cette fabrication a lieu. La race *porcine de Craon* fournit la plus grande partie des cochons élevés dans la Vienne; on les croise néanmoins avec des races anglaises de Middlesex et de Manchester. Les basses-cours sont peuplées de nos meilleures races de volailles; on y trouve celles du Mans, de Crèvecœur, de Houdan, de Padoue, des cochinchinoises, etc., ainsi que des oies, des canards, des dindons et des pintades. On élève aussi des abeilles, qui élaborent un miel assez estimé.

L'industrie manufacturière, moins développée que l'industrie agricole, progresse cependant chaque jour. Malgré l'abondance des minerais de fer, on n'exploite guère que ceux de La Trimouille, Verrières, Montmorillon et du Vigeant. Les carrières de la Maladrie, du Breuil, de Buxerolles, de Lavoux, des Lourdines, de Tercé, Bonnillet, etc., fournissent des pierres à bâtir et des pierres pour la statuaire, des *tuffeaux,* des pierres lithographiques, aussi estimées que celles de Bavière, et qui se trouvent aux environs de Poitiers, Bonnillet, Bonnes, etc., de la pierre à chaux, et des *pierres meulières* (Vicq, Lésigny et Lussac). Des fours à chaux reçoivent les calcaires de Montmorillon.

Le département possède de nombreuses sources minérales, notamment à Roche-Posay, pour les maladies de la peau, les coliques néphrétiques, les leucorrhées, etc.; à Saint-Genest, Vendeuvre et Saint-Cyr (sources minérales); à Lhommaizé, Verger-Mondon (sources ferrugineuses); et à La Trimouille (sources magnésiennes).

L'usine la plus considérable est la manufacture d'armes de *Châtellerault,* qui possède cinq usines fournissant les armes en usage dans les armées de terre et de mer, et qui occupe 1 800 ouvriers environ. Châtellerault possède aussi une coutellerie importante. Citons encore comme établissements métallurgiques : deux forges (*Verrières, Luchapt*), des hauts fourneaux (*Montmorillon*), 6 fonderies, etc., et comme industries accessoires : des filatures (Marnay, Ligugé, Danlot), des papeteries (Bonneuil, Iteuil, etc.), des brasseries (Châtellerault, Montmorillon, Poitiers, etc.), des scieries (Jaulnay, Châtellerault, Poitiers), des corderies, tanneries, mégisseries, etc.

L'exportation de la Vienne consiste en grains, vins et eaux-de-vie, légumes, fourrages, truffes, bœufs, ânes et mulets, pierres meulières et lithographiques, etc. L'importation consiste en animaux de boucherie, articles de nouveautés, modes et librairie, meubles, verrerie, orfèvrerie et surtout de la houille, venant de Vouvant, de Commentry, de Valenciennes et d'Angleterre.

Huit chemins de fer (375 kilom.) sillonnent le département : 1° le chemin de fer *de Paris à Bordeaux* (112 kilom.), par les Ormes, Dangé, Châtellerault, les Barres, Clan, Poitiers, Vivonne, Épanvilliers et Civray; 2° la ligne *de Poitiers à Saint-Sulpice-Laurière* (73 kilom.); 3° la ligne *de Poitiers à la Rochelle* (38 kilom.); 4° la ligne *de Tours à Bressuire* (26kil.,5); 5° la ligne *de Saumur à Poitiers* (81 kilom.); 6° la ligne *de Poitiers à Bressuire* (21 kilom.); 7° la ligne *de Poitiers à Chauvigny* (20 kilom.); 8° la ligne *de Moncontour à Airvault* (Deux-Sèvres).

Le chiffre de la population moyenne du département de la Vienne est d'environ 49 individus par kilomètre carré, tandis qu'il est de 72 habitants pour la France entière. Le département de la Vienne forme avec celui des Deux-Sèvres le diocèse de Poitiers, et ressortit à la cour d'appel de Poitiers, à la 9e région du corps d'armée et à l'académie de Poitiers. La Vienne comprend 5 arrondissements, 31 cantons, 300 communes. — Ch.-l. *Poitiers;* — S.-préf. *Châtellerault, Civray, Loudun* et *Montmorillon.*

VIENNE (DÉPART. DE LA **HAUTE-**), 363 182 hab., 551 658 hect. (V. carte, p. 733.) Département du centre de la France qui doit son nom à sa situation sur le cours supérieur de la Vienne et qui a été formé en 1790 de quatre portions des provinces suivantes : le Limousin (321 622 hect.), la Marche (129 579 hect.), le Poitou (94 051 hect.), et le Berry (27 500 hect.). Il est borné : au N. par le département de l'Indre; au N.-O. par la Vienne; à l'O. par la Charente; au S.-O. par la Dordogne; au S.-E. par la Corrèze; à l'E. par la Creuse. Il n'a pas de limites naturelles, si ce n'est çà et là quelques ruisseaux qui le séparent des départements voisins. Il est traversé, un peu à l'E. de Limoges, par le 1er degré de longitude O., et de l'E. à l'O. par le 46e degré de latitude N. Il est situé entre le 45°,26' et le 46°,24' de latitude N., et entre le 0°,24' et 1°,42' de longitude O. Sa longueur, du N. au S., depuis Saint-Yrieix jusqu'au point où la Benaize sort du département, est de 120 kilom. environ. Sa largeur maxima, entre le point où la Vienne pénètre dans le département et celui où la Tardoire en sort, par Pierrebuffière, est de 110 kilom.

Placé sur le versant occidental du Plateau central, le département de la Haute-Vienne est montagneux. C'est un haut plateau granitique et schisteux dont la pente générale est orientée de l'E. à l'O. Il est coupé par deux rivières principales, la *Vienne* et la *Gartempe,* dont les vallées profondes et encaissées sont découpées dans les flancs de trois chaînes de montagnes se détachant des monts d'Auvergne. Le plus considérable de ces chaînons est situé sur la rive droite de la Vienne, entre cette rivière et la Gartempe, et constitue les *monts d'Ambazac,* formés par des sommets arrondis et qui présentent des altitudes de 975 mètres au *puy Vieux,* près de Laurière, de 701 mètres au *puy de Sauvagnac,* etc. Cette chaîne, à mesure qu'elle s'étend vers l'O., diminue de hauteur, et, sur les confins du département de la Charente, les *montagnes de Blond* ne présentent que des sommets dont les altitudes varient entre 515, 505 à 496 mètres. Si, au contraire, nous passons sur la rive gauche du Taurion, la partie du département de la Haute-Vienne qui s'étend sur la rive droite de la Vienne, entre Eymoutiers et Peyrat-le-Château, a des altitudes de 780, 777, 764 mètres. La même configuration du sol se présente sur la rive gauche de la Vienne. En effet, dans la contrée située entre le haut cours de la *Briance* et celui de la Vienne et sur les frontières de la Corrèze, on relève des hauteurs de 778, de 731 mètres au *mont Jargeant* ou *Gargan,* de 683 mètres à Saint-Gilles-les-Forêts. A mesure que l'on s'éloigne de cette région pour se diriger vers l'O., le sol s'abaisse et présente alors des altitudes de 479 mètres sur la rive gauche de la Briance, de 443 mètres à l'E. de Nexon, de 335 et de 337 mètres autour de Saint-Yrieix; au nord de cette ville se trouve le *signal de la Condamine,* haut de 499 mètres. Autour de Châlus, les hauteurs oscillent entre 546 et 514 mètres; près d'Oradour-sur-Vayres, le sol ne s'élève plus qu'à 323 mètres, pour tomber à 242 mètres à Rochechouart, et 157 mètres en aval de Saint-Junien, où la Vienne quitte le département pour entrer dans celui de la Charente. Sur la rive droite de la Gartempe, le sol est encore moins élevé, et à l'endroit où ce cours d'eau sort du département on relève la cote de 125 mètres.

Constitué en totalité par les terrains de cristallisation (granit, gneiss, mica), le sol du département de la Haute-Vienne est imperméable : aussi les petits cours d'eau et les étangs y sont-ils très nombreux. Les rivières qui l'arrosent ont leurs vallées taillées dans ces roches et vont verser leurs eaux dans la Loire, la Charente et la Garonne; mais c'est à la Loire qu'est charriée la plus grande partie des eaux du département, par l'intermédiaire de la Vienne et de la Gartempe.

La *Vienne,* dont la source est dans le département de la Corrèze, sur le flanc du plateau de Millevache (mont Audouze), entre, après un parcours de 25 kilom., dans le département de la Haute-Vienne, où son parcours est d'environ 140 kilom. Elle y pénètre à son angle S.-E., contournant les hauteurs de cette région, et passe au pied du mont *Chadeiras.* De ce point, elle se dirige vers le

N.-O., dans une vallée étroite et sinueuse, jusqu'à son confluent avec le Taurion, où elle tourne brusquement vers le S.-O. jusqu'au point où elle reçoit la Briance, puis reprend sa direction vers le N.-O., qu'elle ne quitte plus jusqu'à sa sortie du département. Dans le département, la Vienne passe à Rempnat, Eymoutiers, laisse Saint-Léonard un peu sur la droite, arrose Royères, Limoges, Condat, Aixe-sur-Vienne, Saint-Yrieix-sous-Aixe, Sainte-Marie-de-Vaux, Saint-Victurnien, Saint-Brice, Saint-Junien, Chaillac; en aval de cette localité, la Vienne forme une île, et quitte le département de la Haute-Vienne pour celui de la Charente.

La Vienne reçoit, dans le département de la Haute-Vienne, sur sa rive droite : la *Maude*, le *Tard*, le *Taurion*, le *Palais*, l'*Aurance* et la *Glane*. 1° La *Maude* (70 kilom.) a sa source sur le plateau de Gentioux (Creuse) et entre dans le département de la Haute-Vienne un peu après avoir formé la cascade du Gour-des-Jarraux; elle arrose ensuite les territoires de Peyrat-le-Château, de Saint-Julien-le-Petit et de Bujaleuf, et tombe dans la Vienne près des ruines de l'abbaye de l'Artige-aux-Moines. 2° Le *Tard*, affluent de peu d'importance, passe au pied de la colline de Saint-Léonard. 3° Le *Taurion* est une rivière abondante, d'une largeur moyenne de 25 mètres, née, comme la Maude, sur le plateau de Gentioux et qui appartient, par 23 kilom. environ, au territoire de la Haute-Vienne, où elle ne baigne que de petites localités. 4° Le *Palais*, ruisseau sans importance, naît dans les hauteurs situées à l'O. d'Ambazac et joint la Vienne en aval de Limoges. 5° L'*Aurance* prend sa source dans le même massif, passe à Chaptelat, coule parallèlement à la Vienne et se jette dans cette rivière en face d'Aixe-sur-Vienne, après un cours de 35 kilom. environ. Cette rivière roule, dit-on, des paillettes d'or. 6° La *Glane* prend sa source à l'E. de Nieul, qu'elle arrose ainsi que Saint-Gence, Oradour-sur-Glane, et joint la Vienne en aval de Saint-Junien, après un cours de 45 kilom. Sur sa rive gauche : la *Combade*, la *Valouène*, la *Briance*, l'*Aixette*, la *Glane*, la *Gorre* et la *Vayres*, qui la joint dans le département de la Charente. 1° La *Combade* prend sa source dans le département de la Corrèze, non loin des limites des deux départements, passe à l'E. de la montagne, haute de 683 mètres, au pied de laquelle est bâti Saint-Gilles-les-Forêts, arrose Sussac, Châteauneuf, Rosiers-Saint-Georges, et joint la Vienne à Saint-Denis-des-Murs. 2° La *Briance* descend du mont Gargan (731 mètres), passe à Saint-Vitte, à Pierrebuffière, au Vigen, à Solignac et tombe dans la Vienne après un cours de 60 kilom. Elle reçoit à gauche la *Petite Briance*, le *Blanzou* et la *Ligoure*; à droite, la *Roselle*. 3° L'*Aixette* naît au N. de la forêt des Cars, coule du S. au N., et joint la Vienne à Aixe-sur-Vienne après un cours de 30 kilomètres. 4° La *Gorre* naît dans les hauteurs qui environnent Châlus, à l'O. de la forêt des Cars, arrose Gorre, Saint-Laurent-sur-Gorre, Saint-Auvent et a son confluent avec la Vienne sur la limite de ce département avec celui de la Charente. Son cours est d'environ 40 kilomètres. La *Gartempe*, affluent de la Creuse, qui elle-même l'est de la Vienne, prend sa source dans le département de la Creuse, au S. de Guéret. Elle entre dans celui de la Haute-Vienne au N. de Laurière, coule de l'E. à l'O. jusqu'au N. de Bellac, où elle prend une direction N. Après avoir passé sous le viaduc de Rocherolle, elle arrose Bessines, Châteauponsac, Rancon, Saint-Bonnet-de-Bellac, Bussière-Poitevine et quitte le département de la Haute-Vienne pour celui de la Vienne par 125 mètres d'altitude, après un cours de 170 kilomètres, dont la moitié dans la Haute-Vienne. La Gartempe reçoit, dans le département, à droite : 1° La *Semme*, qui naît dans le département de la Creuse, arrose Fromental, passe au N. de la colline de Châteauponsac, à Villefavard, Droux et se jette dans la Gartempe en aval de cette dernière localité après un cours de 50 kilomètres. 2° La *Brame* naît également dans le département de la Creuse, coule parallèlement à la Gartempe, arrose Magnac-Laval, Oradour-Saint-Genest, Thiat et se jette dans la Gartempe au point où celle-ci entre dans le département de la Vienne; son cours est de 60 kilomètres. A gauche, la Gartempe reçoit : 1° L'*Ardour*, ruisseau qui naît dans le département de la Creuse dans des marais situés à l'E. de Vieilleville (Creuse), passe au N. de Laurière et a son confluent en aval de Rocherolle. 2° La *Couze* descend des monts d'Ambazac, passe à Roussac, Balledent et se jette dans la Gartempe en aval de Châteauponsac après un cours de 40 kilomètres. 3° Le *Vincou* naît dans les monts d'Ambazac, traverse les étangs de Thourou, laisse Nantiat sur la gauche, arrose Bellac et joint la Gartempe en aval de Peyrat-de-Bellac après un cours de 50 kilomètres. Le Vincou reçoit, à droite, la *Bazine*, qui la joint à Bellac, et à gauche la *Glayeuse*, passant à Chamborct, Vaulry. Un autre affluent de la Gartempe est l'*Anglin*, qui, étranger de par lui-même au territoire de la Haute-Vienne, lui appartient par la *Benaize* (60 kilom.), l'*Ass* (40 kilom.), et le *Salleron*, faibles rivières peu abondantes et qui arrosent l'angle N.-O. du département.

Les eaux de la partie S.-O. du département de la Haute-Vienne s'écoulent dans l'Isle, qui les mène à la Dordogne. L'Isle prend sa source dans les collines de la forêt des Cars, et coule sur le territoire de la Haute-Vienne pendant 25 kilomètres environ. Elle est grossie par la *Leris*, la *Boucheuse* et la *Dronne*, qui n'ont, elles aussi, que leurs sources dans le département. Il en est de même de la *Charente* et de la *Tardoire*.

A partir de sa source, située dans la prairie de Chéronnac, la *Charente* reste encore pendant 10 kilom. dans la Haute-Vienne, qu'elle quitte, en même temps que deux de ses affluents, plus au S., la *Tardoire* et le *Bandiat*, qui doivent la rejoindre, dans le département qui porte son nom, après sa grande courbe vers le N. La *Tardoire* (100 kilom.) a près de la moitié de son cours dans le département où elle prend sa source, en amont de Châlus, dans des collines ne dépassant pas 500 mètres. Ses eaux, rapides, teintées en rouge, vont tomber dans la Charente, près de Mansle, pendant les saisons de grandes pluies; en temps habituel, elles se perdent sur le territoire charentais par des fissures et vont former les trois sources de la *Touvre*, affluent de la Charente. La Tardoire reçoit les eaux du *Trieux*, qui coule au S. de Saint-Mathieu et passe dans la Dordogne. Le *Bandiat* (85-90 kilom.) n'a que 17 kilom. dans la Haute-Vienne, où il commence à Marval : il va se perdre sur le territoire de la Charente, dans les fentes d'un lit calcaire, et contribuer aussi à la formation de la *Touvre*. Indépendamment de ces cours d'eau, il existe un très grand nombre de petits ruisseaux recueillant les eaux qui coulent à la surface du sol ou amassées dans des réservoirs auxquels ils servent de déversoirs. Comme dans tous les pays granitiques, les étangs sont innombrables : le plus vaste est l'étang de *Cieux* (50 hect.), dont les eaux s'écoulent par un ruisseau vers la Glane.

La Haute-Vienne n'a pas un climat aussi doux que d'autres départements situés à la même latitude, car c'est un pays élevé, éloigné de la mer, et ses vallées sont presque toutes tournées vers le N.-O. ou vers le N. Les hivers y sont particulièrement rigoureux, avec une température qui s'abaisse souvent jusqu'à — 16°, sauf dans l'O. du département, où l'altitude est moindre. Ce climat, froid en général, est, du reste, celui de tout le Plateau central : c'est le climat *auvergnat* ou *limousin*. Les vents dominants sont ceux de l'O. qui, en s'engouffrant dans les vallées étroites, y acquièrent une plus grande vitesse et y déterminent des orages; ceux du N. et de l'E. venant des montagnes de l'Auvergne amènent le froid et l'humidité. Le ciel est souvent couvert et les brouillards sont fréquents; ils se résolvent souvent en pluie. La hauteur moyenne de la couche d'eau s'élève à 0m,93, supérieure à celle de la France entière, qui n'est que de 0m,77.

Le département de la Haute-Vienne est peu productif au point de vue agricole. La culture du froment, du seigle, des pommes de terre et des légumes est reléguée dans les vallées; les collines arides qui constituent la majeure partie du pays sont tantôt nues, tantôt couvertes de landes ou de bruyères, tantôt boisées de hêtres, de charmes, de noyers dont le bois est très recherché pour l'ébénisterie et la saboterie, et surtout de châtaigniers. La châtaigne est, en effet, le fruit caractéristique du Limousin; il en existe huit ou dix espèces, dont les plus renommées sont le *marron*, l'*ousillade*, la *jalade*, etc.; elle sert, avec la rave et la pomme de terre, presque de nourriture exclusive à certains paysans. Toutefois, la culture des céréales tend à remplacer les châtaigneraies, qui s'élèvent surtout sur les coteaux d'altitude moyenne. Sur les 547 934 hect. du département, on compte 202 605 hect. de terres labourables et 65 935 hect. de bois appartenant presque entièrement à des particuliers. La culture des bois est l'une des richesses du pays : les chênes et les châtaigniers y prospèrent plus que partout ailleurs et fournissent des bois très précieux pour la menuiserie, la charpente et la tonnellerie. Ceux qui sont propres à la marine sont envoyés à Rochefort. Les espèces que l'on rencontre le plus communément dans les forêts sont : le chêne, le hêtre, le châtaignier, le bouleau, le charme, le sorbier et le mérisier; puis viennent l'aubépine, le houx, le buis, le cornouiller. Ces dernières essences y acquièrent des dimensions qui rendent leur exploitation lucrative. Les arbres, disséminés dans la campagne, le long des héritages, font du pays un bocage. Le long des ruisseaux, on trouve d'assez belles prairies : 189 140 hect., et des irrigations bien entendues augmentent encore les revenus de la terre. Enfin 1 700 hect. de vignes produisent par an environ 59 000 hectolitres de vins communs.

Autrefois le Limousin possédait une race de chevaux très renommée. Cette race provenait, dit-on, des chevaux et des juments que les Maures et les Sarrasins avaient introduits dans le midi de la France en occupant cette partie de notre territoire. Le sol aride et sec était très propre au développement de cette race : aussi les chevaux du Limousin étaient-ils placés au premier rang comme chevaux de selle. La cour et les grands seigneurs ne connaissaient pas d'autre monture; c'était celle de Turenne et de Napoléon Ier. Mais, sous l'influence de causes diverses, la race dépérit peu à peu : Louis XV chercha à lui redonner son ancien lustre et fit importer dans le pays des étalons arabes, anglais, espagnols, dont la diversité d'origine amena la perte des caractères de l'ancienne race. Napoléon tenta de réagir contre le mal, et, à son retour d'Égypte, il envoya en Limousin des étalons qui n'avaient sans doute pas les qualités requises, car les produits de ce nouveau croisement ne furent que très peu estimés. Le cheval élevé aujourd'hui dans la Haute-Vienne n'appartient pas à l'ancienne race limousine : beaucoup de sang anglais coule dans ses veines; c'est avant tout un cheval d'officier et de cavalerie légère. Les juments sont aussi très employées à la production des mulets; ceux-ci sont de petite taille et légers de membres. On les vend dans le midi de la France et jusqu'en Espagne.

Les bœufs de la Haute-Vienne appartiennent à la *race limousine*, au pelage jaune mêlé de blanc. Les animaux de cette race sont de taille moyenne; ils ont la peau souple, les yeux grands et doux, entourés, ainsi que le mufle, d'une auréole blanche. Ils sont recherchés par la boucherie, et la culture s'en sert comme bête de somme, pour labourer la terre; on emploie même à cet usage les vaches. Les moutons, quoique négligés, pourraient être élevés dans les parties montagneuses du département, sur les terres incultes. Les chèvres sont aussi nombreuses, trop nombreuses même, car elles deviennent une charge pour la culture. Les porcs sont aussi d'une race locale. Ces animaux sont presque toujours pie, c'est-à-dire noirs et blancs : noirs aux deux extrémités, et blancs sur les côtés; leur tête, longue et conique, porte des oreilles petites ou moyennes, baissées, mais non pendantes. Ces animaux ont le corps bien fait et sont robustes; ils sont nourris avec les châtaignes et les pommes de terre que le pays produit en abondance.

DÉPARTEMENT DE LA HAUTE-VIENNE

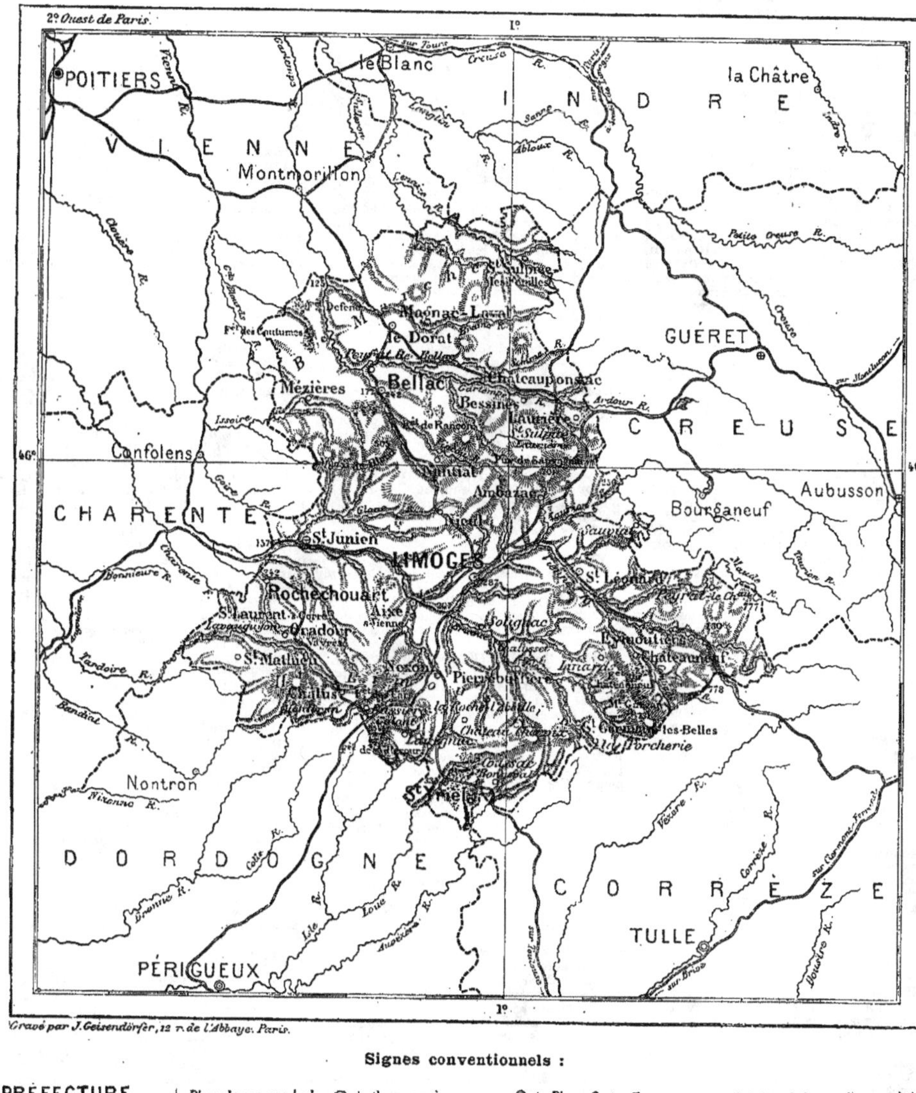

Gravé par J. Geisendörfer, 12 r. de l'Abbaye. Paris.

Signes conventionnels :

PRÉFECTURE	*Plus de 100 000 hab.*	*De 10 000 à 20 000*	*Place forte. Fort*	*Origine de la navigation*
Sous-Préfecture	*De 50 000 à 100 000*	*De 5 000 à 10 000*	*Frontière*	*Canal*
Canton	*De 30 000 à 50 000*	*De 2 000 à 5 000*	*Limite de Dép!*	*Col*
Commune, Village	*De 20 000 à 30 000*	*Moins de 2 000*	*Chemin de fer*	*Forêts*

Les chiffres expriment en mètres l'altitude au dessus du niveau de la mer.

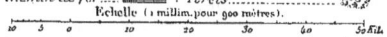

Echelle (1 millim. pour 900 mètres).

10 5 0 10 20 30 40 50 Kil.

Les étangs et les rivières nourrissent de nombreux poissons, parmi lesquels on doit citer tout d'abord la *carpe* et la *tanche;* puis l'anguille, le brochet, les perches et les truites. Le sol sur lequel coulent les ruisseaux et les rivières étant granitique, le saumon remonte les cours d'eau pour y déposer ses œufs.

Les abeilles cultivées dans les montagnes couvertes de bruyères fournissent un miel très estimé. Les forêts abritent encore des loups, des renards et des sangliers; mais le cerf et le chevreuil y sont inconnus.

La Haute-Vienne, formée de terrains primitifs avec granit, gneiss et mica, est riche en produits minéraux : serpentine de la Roche-l'Abeille, granit à mica et gneiss à grains fins, grenats rouges et noirs dans les roches du Vigen, filons d'émeraude à Chanteloube; mines de fer, de cuivre, d'étain, de wolfram (Cieux et Vaulry), d'antimoine (Rochechouart), de houille, etc. Les gisements les plus importants sont les mines de kaolin de Saint-Yrieix et de Coussac-Bonneval, qui reposent sur le gneiss et alimentent de nombreuses manufactures, notamment celle de Sèvres et celles de Limoges. Limoges est, en effet, l'un des centres les plus renommés de l'industrie de la porcelaine, qui occupe 35 manufactures, 54 ateliers de peinture et 33 maisons de commission, avec un personnel de 5 000 ouvriers. En dehors de Limoges, on trouve des manufactures de porcelaine à Sauviat, Saint-Junien, Saint-Léonard, Saint-Yrieix, Solignac et Saint-Brice. Limoges est également important pour l'industrie des tissus, qui emploie plus de 500 personnes dans des filatures de laine et coton et des fabriques de flanelle. Il existe d'autres filatures de laine à Condat, Panazol, Bosmie, Aixe, Isle, Bessines, Saint-Junien, Bellac, Saint-Laurent-sur-Gorre, etc., et des fabriques de droguets à Bessines, Saint-Yrieix et Cussac. L'industrie métallurgique est représentée par : les forges de *La Rivière* (Champagnac), *Marval* et *Saint-Mathieu*, les fonderies de fer, les fabriques de charrues et de pompes de Limoges, les taillanderies d'Ambazac, etc. La commune de Saint-Junien est particulièrement remarquable par deux industries spéciales : la ganterie et la fabrication du papier-paille. Cette dernière fabrication se fait aussi à Bosmie, Nantiat, Rochechouart, Isle, Aixe, Saint-Brice, Châteauneuf-la-Forêt, etc. Citons enfin comme industries accessoires dans le département : 27 cordonneries et 44 saboteries (Bellac, Limoges, Aixe, Saint-Junien, Saint-Léonard), etc.; 10 établissements de tannerie et corroirie (Aixe, Bellac, Saint-Léonard, Limoges, Panazol, Saint-Yrieix); des fabriques de billards, bonneterie, bouchons, brosses, chocolat, liqueurs, etc., à Limoges; des minoteries (Aixe, Bellac, Condat, Isle, Limoges, Saint-Yrieix, Saint-Léonard); des brasseries (Limoges, Saint-Léonard, Rochechouart); des fabriques de chapeaux, de carton, etc.; des faïenceries (Limoges, Saint-Junien, Thiat); des féculeries, des teintureries en laines, etc. La fabrication des *ridortas*, sortes de pains appréciés par les paysans, est la spécialité de la ville d'Aixe.

L'importation du département consiste en grains, vins (de Corrèze, Lot, Dordogne et Charente); houblon; articles de modes, librairie et épiceries; en bois; en houilles (30 000 tonnes venant de Commentry, Aubin, Decize, Bourganeuf, Ahun, de Blanzy et du Creuzot, de la Loire et de la Belgique). On exporte surtout des porcelaines en Afrique et Amérique; des tissus (en Bretagne, Anjou, Maine, Gironde, Landes); de la saboterie en Amérique; 120 000 hectolitres de vins; des chaussures, gants, cuirs travaillés, du kaolin, des châtaignes, du chanvre, des chevaux, du papier, etc.

La Haute-Vienne est sillonnée par huit lignes de chemins de fer (376 kilom.) : 1° La ligne *de Paris à Toulouse* (108 kilom.), qui vient de la Creuse, dessert Fromental, Bersac, la Jonchère, Ambazac, Limoges, Beynac, Nexon, Champsiaux, Saint-Yrieix, et passe dans la Corrèze. 2° La ligne *de Limoges à Périgueux* (18 kilom.), qui se détache de la précédente à Nexon, et dessert Lafarge et Bussière-Galant avant d'entrer dans la Dordogne. 3° La ligne *de Saint-Sulpice-Laurière à Poitiers* (47 kilom.), qui se détache de celle de Paris à Toulouse entre Bersac et Fromental, et passe à Bessines, à Châteauponsac, au Dorat et pénètre dans la Vienne. 4° La ligne *de Saint-Sulpice-Laurière à Montluçon* (7 kilom.). 5° La ligne *de Limoges à Angoulême* (48 kilom.), par Aixe, Verneuil, Saint-Victurnien, Saint-Junien et Saillat. 6° La ligne *de Limoges à Clermont-Ferrand* (50 kilom.), par le Puy-Imbert, Brignac, Saint-Léonard, Bussy-Varache et Plénartige. 7° La ligne *de Limoges au Dorat* (54 kilom.), par Nieul, la Boisserie, Nantiat, Vaulry, Bellac, Saint-Ouen et le Dorat. 8° La ligne *de Saillat à Bussière-Galant* (44 kilom.), par Rochechouart, Saint-Laurent, Champagnac, Champsac et Châlus.

Le chiffre de la population moyenne du département de la Haute-Vienne est de 66 hab. par kilomètre carré, tandis que celui de la France entière est de 72. Le dialecte limousin appartient à la langue d'oc; au moyen âge, il eut ses troubadours. Aujourd'hui, il n'est plus parlé que dans les campagnes.

Le département de la Haute-Vienne dépend du diocèse de Limoges (suffragant de Bourges) et ressortit aux 1re, 2e et 7e subdivisions du 12e corps d'armée (Limoges), à la cour d'appel de Limoges et à l'académie de Poitiers. Il comprend 4 arrondissements, 27 cantons et 203 communes. — Ch.-l. *Limoges;* — S.-préf. *Bellac, Rochechouart* et *Saint-Yrieix.*

VIENNE (Jean de) (1322-1396), célèbre homme de guerre français sous les quatre premiers Valois. Il défendit Calais assiégé par Édouard III; fit, comme amiral de France, une descente en Angleterre (1377), se signala à Rosebecque (1382), combattit contre les Maures d'Espagne et de Barbarie, commanda l'avant-garde de l'armée chrétienne contre les Turcs à la célèbre bataille de Nicopolis, où il fut tué (1396).

VIENNET (1777-1868), poète français, de l'Académie française, auteur de fables, de tragédies et d'épîtres.

VIENNOIS, ancien petit pays de France (Dauphiné), faisant aujourd'hui partie des départements de l'Isère et de la Drôme; capit. *Vienne.*

VIENNOIS, OISE (*Vienne*, ville), *adj.* et *s.* Qui est de Vienne. || Habitant de cette ville.

VIENNOISE ou VIENNAISE (la), province que les Romains établirent dans la Gaule sur la rive gauche du Rhône, depuis Mâcon jusqu'à la Méditerranée, et qui s'étendait en largeur jusqu'aux premiers contreforts importants des Alpes; habitée principalement par les Allobroges, les Ségalaunes, les Voconces. Capit. *Vienne.*

***VIERG** (corruption abréviative de *vergobret*), *sm.* (V. *Vergobret.*) C'était, à l'époque gallo-romaine, le titre du premier magistrat de la ville d'Autun, qui le conserva jusqu'à la Révolution de 1789.

VIERGE (l. *virgo*, jeune fille), *sf.* Fille qui a sa virginité || Femme qui a vécu ou qui vit dans la continence. || *La Vierge* ou *la sainte Vierge,* Marie, mère de Jésus-Christ. || *La Vierge d'août,* la fête de l'Assomption (15 août). || *La Vierge de septembre,* la fête de la Nativité de Notre-Dame (8 septembre). || Image, tableau représentant la vierge Marie : *Une Vierge de Raphaël.* || *La Vierge,* la sixième constellation du zodiaque située entre le Lion et la Balance; on l'appelle aussi *Cérès.* Ne pas confondre avec le sixième signe du zodiaque que le Soleil parcourt du 20 août au 27 septembre. — *Adj. 2 g.* Très pur, qui a vécu dans une continence parfaite : *Saint Jean l'évangéliste demeura toujours vierge.* — Fig. Qui n'a pas encore été travaillé, dont on ne s'est pas encore servi : *Terre vierge, sol vierge,* qui n'a jamais été cultivé. || *Forêt vierge,* dont le bois n'a jamais été abattu par l'homme : *Les forêts vierges de l'Amérique.* || *Cire vierge,* la cire des abeilles fondue, moulée en pains, puis blanchie. || *Huile vierge,* celle que fournissent les olives non fermentées et pressurées à froid. || *Métal vierge,* métal qu'on trouve dans le sol à l'état natif, c'est-à-dire pur. || *Parchemin vierge,* fait avec la peau de jeunes agneaux ou de jeunes chevreaux. || *Les onze mille vierges,* compagnes de sainte Ursule, au nombre de *onze,* et non de *onze mille* (erreur d'un copiste ignorant qui interpréta mal l'inscription suivante : VRSVLA ET XI MM VV, « Ursule et les XI martyres vierges »); suivant la tradition, elles furent martyrisées à Cologne en 452. — Fig. *Amoureux des onze mille vierges,* qui aime facilement, mais qui change souvent d'amourettes. — Fig. *Une réputation vierge,* une réputation intacte. || *Vigne vierge.* (V. *Vigne.*) — **Dér.** *Virginité, virginal, virginale, virginalement.*

VIERGES (îles), groupe d'une quarantaine de petites îles au N. des Petites Antilles, appartenant les unes aux Anglais, les autres aux Danois, le reste aux Espagnols.

VIERZEL, mesure de capacité usitée en Suisse. Elle vaut 273 litres 312.

VIERZON, 17 509 hab. Ch.-l. de c., arr. de Bourges (Cher), au confluent de l'Yèvre et du Cher, subdivisé en *Vierzon-Ville* (10 514 hab.) et en *Vierzon-Village* (6 995 hab.). Point d'intersection des chemins de fer d'Orléans à Limoges, etc., et de Nevers à Tours. Ville manufacturière la plus importante du département; fabriques de porcelaine, de machines agricoles; usines métallurgiques, manufactures d'étoffes, verreries.

VIERZON (forêt de), 5 294 hectares. Forêt domaniale du Cher peuplée de chênes et de bois blancs.

VIÈTE (François) (1540-1603), célèbre mathématicien français qui imagina de représenter les quantités algébriques par des lettres.

***VIETTE ou *VIÈTE** (l. *vietum,* desséché, flétri), *sf.* Partie du sarment de l'année précédente restée après la taille de la vigne.

VIEUVILLE (Charles, marquis de La) (1582-1653), surintendant des finances sous Louis XIII (1623) et ministre des finances en 1649 pendant la régence d'Anne d'Autriche.

VIEUX, VIEILLE. (V. *Vieil.*) — **Syn.** Les mots *vieux, ancien, antique,* suivent une gradation : une chose est *vieille* quand elle cesse d'être en usage ou qu'il y a longtemps que l'on s'en sert; elle est *ancienne* quand elle n'est plus en usage depuis un certain laps de temps; enfin elle est *antique* quand elle est déjà très ancienne, et qu'elle n'est plus qu'un souvenir. Ainsi, les bateaux à vapeur sont *vieux,* ceux à voiles sont *anciens* et les trirèmes sont *antiques.*

VIEUX-CONDÉ, 6 568 hab. Commune du canton de Condé, arr. de Valenciennes (Nord), sur l'Escaut. Mines de houille (concession d'Anzin).

VIEUX DE LA MONTAGNE. (V. *Assassins.*)

VIEUXTEMPS (Henri) (1820-1881), célèbre violoniste belge qui obtint des succès prodigieux dans toute l'Europe et en Amérique. Il était, en même temps que grand virtuose, compositeur de beaucoup de talent, et sa musique, spécialement écrite pour son instrument, est très appréciée.

VIEUX-BRISACH (all. *Alt-Breisach*), 3 200 hab., ville du grand-duché de Bade, à 20 kilom. O. de Fribourg, sur la rive droite du Rhin; ancienne capitale du Brisgau. Regardée autrefois comme une des clefs de l'Allemagne centrale, elle fut occupée par Louis XIV de 1648 à 1690 et bombardée par les Français en 1793.

VIF, 2734 hab. Ch.-l. de c., arr. de Grenoble (Isère), sur la Grèze. Ciment; poteries.

VIF, VIVE (l. *vivum*), *adj.* Qui est en vie : *La loi prescrit des précautions pour que les gens ne soient pas enterrés vifs.* || *Être plus mort que vif,* saisi de terreur. || *Chair vive* (par opposition à *chair morte*), chair non désorganisée, dans laquelle s'accomplissent encore tous les phénomènes qui caractérisent la vie. || *Haie vive,* formée d'arbustes vivants. || *Bois vif,* tout arbre vivant. || Doué de mouvement comme un animal en vie : *Eau vive.* || Intact, inaltéré : *Roc vif, roche vive,* la partie intérieure d'un roc, d'une roche sur laquelle les agents atmosphériques n'ont point d'action. || *Chaux vive,* la chaux qu'on n'a point encore combinée avec l'eau, c'est-à-dire qui n'a pas été éteinte dans l'eau. || *Vive arête,* toute arête de la pierre, du bois équarri qui n'est ni émoussée ni écornée. ||

Qui a beaucoup de vivacité, de pétulance, d'activité : *Enfant vif.* ‖ *Yeux vifs*, yeux brillants, pleins de feu. ‖ *Esprit vif, imagination vive*, qui comprend et qui produit promptement et facilement. ‖ Très sensible, très impressionnable : *Avoir le sentiment vif.* ‖ Très excitable, violent : *Avoir les passions vives.* ‖ Qui s'emporte facilement : *Cet homme est trop vif.* ‖ Rapide et continu : *Une vive fusillade.* ‖ Qui impressionne fortement le corps ou l'âme : *Un froid vif. Un plaisir vif.* ‖ *Air vif*, pur, frais et d'un déplacement rapide. ‖ Énergique : *Un vif désir.* ‖ Très intense : *Lumière, couleur vive.* ‖ Dont l'impression persiste : *Un vif ressentiment.* ‖ Exprimé avec force, avec chaleur : *Une vive réprimande.* ‖ Animé : *Une vive discussion.* ‖ Blessant, voisin de l'insulte : *Des paroles vives.* ‖ *Force vive*, le produit de la masse d'un mobile par le carré de sa vitesse. (Méc.) ‖ *Vive eau, marées de vive eau*, marées aux moments des nouvelles et pleines lunes. — **Vif**, *sm.* Personne en vie : *Donation entre vifs.* ‖ La chair vive : *Ce chirurgien a tranché dans le vif.* — Fig. *Trancher dans le vif*, faire un sacrifice douloureux, agir sans ménagement. — Fig. *Piquer au vif*, faire une offense très sensible. ‖ *Être touché au vif*, être profondément ému. ‖ La plus grande intensité : *Le vif du débat.* ‖ Le point le plus important : *Le vif de l'affaire.* — De vive voix, *loc. adv.* En parlant au lieu d'écrire : *S'expliquer de vive voix.* — De vive force, *loc. adv.* En usant de violence, en surmontant tous les obstacles. — **Gr.** *Vif à*, devant un infinitif : *Vif à travailler*, et devant un substantif : *Vif au travail.* — **Dér.** *Vivement.* (V. *Vivre.*) — **Comp.** *Vif-argent.*

VIF-ARGENT (*vif* + *argent*), *sm.* Le mercure, métal liquide blanc comme l'argent. — Fig. *Avoir du vif-argent dans les veines*, être d'une pétulance, d'une étourderie extraordinaire.

VIGAN (LE), 5268 hab. Ch.-l. S.-préf. (Gard), à 690 kilom. de Paris, au pied des Cévennes, sur l'Arre (r. g.). Mines de houille, pierres lithographiques; eaux thermales sulfureuses; filatures de soie, bonneteries de soie et de coton; tanneries et mégisseries. Grand entrepôt du commerce entre Nîmes et le versant N. des Cévennes.

VIGÉE (Marie-Louise-Élisabeth, Mme Lebrun-). (V. *Lebrun.*)

VIGÉE (Louis (1727-1767), peintre portraitiste français, père de Mme Lebrun-Vigée.

VIGEOIS, 2550 hab. Ch.-l. de c., arr. de Brive (Corrèze).

***VIGEON.** (V. *Vingeon.*)

***VIGEONNER** (*x*), *vt.* Déraciner les patates avec les doigts.

***VIGÉSIMO** (l. *vigesimo*, s.-ent. *loco* : en vingtième lieu), *adv.* Vingtièmement.

VIGEVANO, 18000 hab. Ville de la province de Pavie (Italie), sur la Mora.

VIGIE (port. *vigia*, veille : du l. *vigilia*, veille), *sf.* Surveillance qu'un matelot exerce sur la mer du haut du mât d'un navire : *Être en vigie.* ‖ Le matelot qui est en vigie : *La vigie signala un navire.* ‖ Poste de veille établi sur une côte : *La vigie de l'Onglet, à Cherbourg.* ‖ Rocher à fleur d'eau et en pleine mer. ‖ Sorte de guérite vitrée au sommet des fourgons qui sont en tête et en queue d'un train de chemin de fer. — **Dér.** *Vigier, vigilant, vigilante, vigilance, vigilamment.* — **Comp.** *Vigigraphe, vigigraphie, vigigraphique.* Même famille que *Veille.*

***VIGIER** (*vigie*), *vi.* Être en vigie. (Mar.)

***VIGIGRAPHE** (*vigie* + g. γράφειν, écrire), *sm.* Télégraphe de vigie. ‖ Celui qui s'en sert. — **Dér.** *Vigigraphie, vigigraphique.*

***VIGIGRAPHIE** (*vigigraphe*), *sf.* Traité de télégraphie au moyen du vigigraphe. ‖ Observation au moyen du vigigraphe.

***VIGIGRAPHIQUE** (*vigigraphe*), *adj. 2 g.* Qui se rapporte à la vigigraphie ou au vigigraphe.

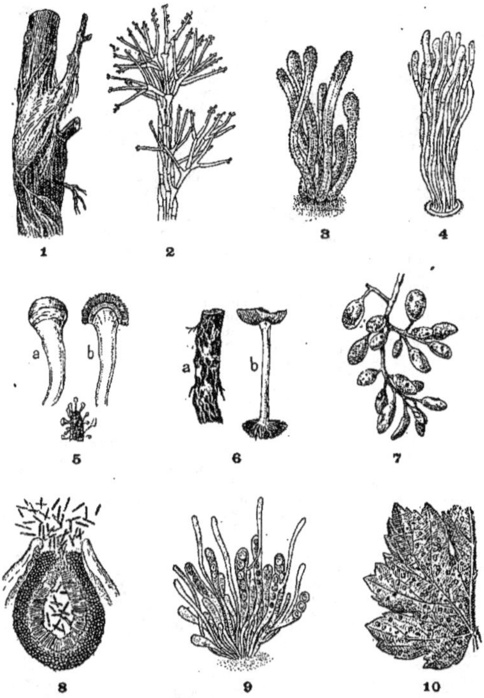

MALADIES DE LA VIGNE, D'APRÈS VIALA

1. Vigne tuée par le dematophora necatrix. — 2. Pied fructifère. — 3. Fibrilla : fragment d'une sclérole. — 4. Cladosporium viticolum. — 5. Rœsleria hypogæa : *a*, entier ; *b*, coupe ; *c*, grandeur réduite à 3/5e. — 6. Fibrillaria ampelina. *a*, racines avec plaques et cordons ; *b*, pied fructifère. — 7. Grains de raisin attaqués par l'anthracnose maculée. — 8. Black-rot : spermogonie. — 9. Rœsleria : fragment d'un fruit. — 10. Feuille attaquée par l'anthracnose maculée.

VIGILAMMENT (*vigilant* + sfx. *ment*), *adv.* Avec vigilance.

VIGILANCE (*vigilant*), *sf.* Grande attention que l'on apporte à ce que l'on doit faire : *Travailler avec vigilance.* ‖ Surveillance attentive : *Tromper la vigilance de quelqu'un.*

VIGILANT, ANTE (l. *vigilantem* : de *vigilare*, veiller), *adj.* Qui veille avec beaucoup de soin à ce qu'il doit faire. ‖ Qui surveille attentivement : *Gardien vigilant.* ‖ Qui annonce la vigilance : *Un œil vigilant.*

VIGILE (vie siècle), Romain, élu pape en 537, sous l'influence de l'impératrice Théodora et de Bélisaire, avant même la mort du pape Silvère, qui fut exilé. Ayant résisté à l'omnipotence de sa protectrice et aux menaces de Justinien, il fut exilé à son tour par ce dernier et mourut à Syracuse en 555.

VIGILE (db. de *veille*), *sf.* Le jour qui précède immédiatement ou médiatement une fête de l'Église catholique et pendant lequel on doit jeûner et s'abstenir de viande. ‖ *Vigiles des morts*, les offices de matines et de laudes célébrés la veille d'un service pour un mort. — **Dér.** *Vigie, vigilant, vigilante, vigilance, vigilamment.* Même famille que *Veille.*

***VIGILES** (l. *vigiles*), *smpl.* Gardes ou sentinelles de nuit établis par Auguste à Rome, et répartis dans les 14 quartiers de la ville. Recrutés parmi les affranchis d'élite, ils étaient divisés en 7 cohortes, de 600 hommes chacune, commandées par des tribuns et un préfet.

VIGNACOURT, 3114 hab. Commune du canton de Picquigny (Somme). Fabriques de toile et de bâches, retorderies de fil, filatures de coton.

VIGNE (Pierre de), sculpteur belge, né en 1812, auteur de beaux bustes.

VIGNE (l. *vinea : vinum*, vin), *sf.* Genre d'arbrisseaux sarmenteux, de la famille des Ampélidées, dont on connaît environ cinquante espèces qui croissent spontanément dans l'Asie moyenne et l'Amérique du Nord. L'espèce la plus importante est la vigne cultivée, à tige tortue, indigène dans nos pays, et dont le fruit, appelé *raisin*, sert à faire le vin. La vigne cultivée (*vitis vinifera*) présente une tige tortue recouverte d'une écorce noire qui se déchire naturellement en lanières plus ou moins étroites; elle porte des feuilles opposées, munies de stipules, et divisées en lobes dont les échancrures sont d'autant plus grandes que la vigne est moins cultivée et donne moins de fruits; mais, par contre, ces individus, retournés en quelque sorte à l'état sauvage, sont plus vigoureux. Les feuilles des plants cultivés et donnant beaucoup de fruits présentent encore une autre particularité : le *tablier*, partie du limbe avoisinant le pétiole, se développe beaucoup plus que chez les autres plants, et au point que ses deux bords viennent recouvrir le pétiole, qui apparaît alors comme à travers une sorte de petite lucarne. Lorsque ces deux bords de la feuille ne se croisent pas ainsi, chacun d'eux décrit une demi-ellipse dont l'extrémité vient toucher le pétiole pour s'en écarter ensuite, de sorte que le pétiole apparaît comme l'axe d'une ellipse dessinée par les bords du tablier. Il arrive aussi que ces bords se dirigent parallèlement au pétiole, pour décrire ensuite une courbe très arrondie; mais jamais ils ne s'écartent suivant une ligne perpendiculaire au pétiole, comme cela a lieu dans d'autres espèces du genre *vitis*, où les feuilles sont découpées en segments très prononcés. La vigne, plante grimpante, est pourvue de vrilles opposées aux feuilles, et qui sont des rameaux modifiés et détournés de leur destination première. Ces vrilles sont rameuses, enroulées en spirale; leurs extrémités libres portent des espèces de pelotes adhésives qui se développent dès qu'elles sont en contact avec un corps dur : la vrille s'attache alors à son support, et son extrémité se moule sur les anfractuosités les plus fines. Les fleurs, hermaphrodites ou polygames, sont disposées en panicules composées de petites cymes. Chaque fleur naît à l'aisselle d'une petite bractée et présente un calice très petit, gamosépale et terminé par cinq dents à peine visibles; elle est ornée d'une corolle verte composée de quatre ou cinq pétales soudés entre eux supérieurement et se détachant au moment de la floraison. Puis vient un verticille de glandes hypogynes au nombre de quatre ou cinq et alternant avec les pétales. Quelques botanistes les considèrent comme des étamines avortées, car dans certains cas elles se transforment en staminodes. L'androcée se compose de cinq étamines opposées aux pétales, à fibres libres et à anthères biloculaires s'ouvrant par une fente longitudinale placée sur le côté. Le gynécée est formé par un pistil composé de deux feuilles carpellaires; l'ovaire est libre, à deux loges renfermant chacune deux ovules; le style est très court et surmonté d'un stigmate bilobé. Le fruit qui succède au pistil est une baie verte, globuleuse, contenant avant la maturité un liquide acide appelé *verjus,* devenant sucré et fermentescible dès qu'elle est mûre : le fruit est alors jaune doré, rose, rouge plus ou moins foncé.

On a découvert dans les terrains tertiaires des environs de Montpellier, en Provence, etc., des feuilles de vigne qui établissent l'indigénat de cette plante dans l'Europe occidentale à cette époque géologique. Cet arbrisseau a du reste pour ancêtre le genre *cissus,* que l'on a rencontré jusqu'au pôle, où il vivait à l'époque de la craie cénomanienne mêlé aux platanes, aux chênes, aux hêtres, aux peupliers, etc. Mais, comme toutes les plantes cultivées depuis une très haute antiquité, on ne saurait lui assigner une patrie bien définie. On trouve la vigne à l'état sauvage dans la région du Caucase; des pépins ont été retirés des palafittes de l'Italie mêlés aux fruits du cornouiller, des pommiers, des glands, des noisettes. On prétend même que déjà à cette époque la vigne était cultivée et que les débris des cités lacustres recélaient des pépins de vigne sauvage mêlés à ceux de vigne cultivée. Quoi qu'il en soit, tout porte à croire que cette culture de la vigne est une importation asiatique. Les Égyptiens fabriquaient du vin cinq ou six mille ans avant notre ère. On la cultivait aussi très anciennement en Grèce. Les habitants de cette dernière contrée exportaient le vin dans des outres faites avec la peau des chèvres ou bien dans des amphores; cependant celui que l'on transportait en Égypte était mis dans des brocs de bois. De l'Orient la culture de la vigne se propagea en Italie, dans les Gaules, etc. Les auteurs latins, Columelle entre autres, ont fait des remarques très judicieuses sur cette culture et encore aujourd'hui il y a profit à lire cet agriculteur latin. Il est bon d'ajouter que la vigne retourne assez facilement à l'état sauvage : témoin les pieds que l'on rencontre fréquemment dans les haies et que l'on nomme *lambrusco* dans le midi de la France. Mais le fait le plus remarquable en ce genre est celui que présente, en Andalousie, un terrain élevé et inégal, long de deux lieues environ et large d'une demi-lieue, appelé *Algaida,* et qui se trouve au N.-O. de San-Lucar; la vigne *sauvagisée* y croît en toute liberté, formant des fourrés impénétrables ou de délicieux bosquets. Les *vignes américaines* ont leurs fleurs polygames ou dioïques : certains pieds portent des fleurs mâles seulement, et sont par conséquent *stériles,* tandis que d'autres portent des fleurs femelles; celles-ci sont toujours hermaphrodites, et les pieds qui les portent sont féconds. En Amérique, les différents pieds sont mâles, mais ceux que l'on recherche pour la culture sont choisis parmi les pieds féconds. Depuis l'invasion du phylloxera, qui ravage et détruit les uns après les autres tous nos vignobles, on introduit en Europe les vignes américaines, parce qu'elles résistent mieux aux attaques de cet ennemi implacable que nos vignes indigènes. Cette résistance, elles la doivent non à une matière résineuse contenue dans la racine, qui isolerait en quelque sorte celle-ci, mais à la constitution même du bois. Celui-ci est formé d'une écorce plus mince, de rayons médullaires plus étroits, plus nombreux et constitués par des cellules plus petites, dont les parois sont plus épaisses et à ponctuations plus fines : ces raisons rendent plus difficile l'action dévastatrice de l'insecte maudit. Lorsqu'il parvient à entamer le bois, la plaie n'est que superficielle, car il se trouve aussitôt une couche subéreuse qui isole les parties voisines et ne lui permet pas de pénétrer plus avant. Les fruits de ces vignes américaines sont loin d'avoir les qualités de nos cépages indigènes. Ils présentent ce grave inconvénient de mûrir les uns après les autres et de tomber dès qu'ils sont mûrs; en outre, leur goût est souvent détestable; certains d'entre eux ont une odeur de cassis très prononcée. Aussi ne peuvent-ils servir chez nous que comme porte-greffe. Le nombre des variétés de vigne que la culture a obtenues est considérable; on les désigne sous les noms de *cépages* et de *plants.* C'est pour son fruit, appelé *raisin,* que la vigne est cultivée. Tantôt on le mange en nature, tantôt au contraire on le récolte pour en faire du vin. La culture de la vigne ne peut avoir lieu que dans les climats tempérés : elle ne réussit ni dans le Nord, ni dans les pays tropicaux. Jusqu'à ces dernières années c'était en France qu'elle réunissait les conditions les plus avantageuses, qu'elle produisait les vins les plus divers et les plus renommés, pour lesquels le monde entier était notre tributaire. La plus grande partie de notre territoire est apte à la produire, car la limite septentrionale de sa culture est une ligne beaucoup plus sinueuse que les cartes ne l'indiquent, dont la direction générale est à peu près parallèle aux côtes de la Manche et qui, partant du Croisic, passe par Dreux, les Andelys, Beauvais, La Fère, au S. de Rethel, et ensuite se relève vers le N.-E. pour aller aboutir au confluent de la Moselle et du Rhin. La vigne réclame un climat sec; elle ne prospère ni dans les sols imperméables, ni sur les vastes plateaux, ni dans les lieux marécageux, mais s'accommode également bien d'un sol sableux, graveleux ou calcaire, pourvu qu'il soit suffisamment sec et profond. Elle réussit préférablement sur les pentes des coteaux et à mi-côte. En Champagne et en Bourgogne, les meilleures expositions sont celles du S. et du S.-E. Dans le Midi, l'exposition N. est peut-être préférable. En établissant un vignoble, il ne faudra pas prendre des cépages qui prospèrent dans les contrées situées au S. de l'endroit où vous voulez planter, mais, au contraire, il sera de toute nécessité d'avoir recours à des variétés venant du pays même ou d'un lieu placé plus au N. La vigne, pour prospérer, a besoin d'un sol riche en potasse, en phosphate, en azote, en chaux, etc. Aussi doit-on lui procurer ces matières tant par des fumures que par des amendements. Les cendres potassiques lui donneront la potasse; le fumier, l'azote. On lui procurera aussi cette dernière substance en cultivant sur le même sol des lupins ou une autre légumineuse, que l'on enterrera au moment de la floraison. Il est bon de ne pas répandre sur le sol des matières qui exhalent de mauvaises odeurs, car le vin contracterait un mauvais goût : aussi faut-il enfouir le fumier après la vendange, avant la végétation.

VIGNE BLANCHE (BRYONE)

VIGNE VIERGE

La vigne est exposée à un grand nombre de maladies causées soit par des champignons microscopiques, soit par des insectes. Parmi les nombreux parasites végétaux, nous citerons : l'*oïdium,* le *mildew,* l'*anthracnose,* le *pourridié* ou *blanc des racines,* etc. Les parasites animaux sont aussi très nombreux; mais le plus redoutable est, sans contredit, le *phylloxera* qui a ravagé tous nos vignobles. On cite encore l'*anguillule des racines,* petit ver de la classe des Nématodes; l'*érinose,* boursouflure produite à la surface des feuilles par une araignée très petite qui arrête la fonction glycogène des feuilles et nuit ainsi à l'accumulation du sucre dans les fruits; l'*eumolpe* ou *écrivain,* l'*altise* ou *pucerotte,* le *rhynchite,* le *péritèle,* la *sauterelle à sabre,* la *pyrale,* des *cicadelles,* etc., tous animaux de la classe des insectes, qui, en se nourrissant des sucs élaborés par la vigne, compromettent son existence.

Les principales régions de la France privilégiées pour la culture de la vigne sont : la région du Midi, comprenant tous les départements baignés par la Méditerranée, qui produit les vins de liqueurs et les vins propres à fournir l'alcool; la région des vallées de la Saône et du Rhône, qui donne les meilleurs vins de toute la terre; la région de la Champagne, célèbre pour ses vins mousseux; la région du Médoc, dont les crus égalent ceux de Bourgogne; la région des Charentes, dont les vins servent à fabriquer le cognac, et la vallée de la Loire, qui fournit les vins communs en abondance. (V. *Vin.*) || Étendue de terre plantée de ceps de vigne : *Cultiver sa vigne.* || *Raisin de vigne,* propre à faire du vin, par opposition au *raisin de treille* qu'on sert sur les tables. || *Pêche de vigne,* fruit du pêcher en plein vent. — Fig. *Travailler à la vigne du Seigneur,* enseigner la religion, convertir les âmes, par allusion à une parabole de l'Évangile. — Fig. *Être dans les vignes du Seigneur,* être ivre. || Nom qu'on donnait aux villas des environs de Rome : *La vigne Borghèse.* || *Vigne,* sorte de cabane formée de claies et montée sur des roues, dont les anciens se servaient dans le siège des villes. || *Vigne blanche,* la bryone dioïque et la clématite commune. || *Vigne de Judée,* la douce-amère. || *Vigne vierge,* l'ampelopsis à cinq folioles, plante grimpante dont on couvre les murs et les tonnelles des jardins et qui, comme la vigne ordinaire, appartient à la famille des Ampélidées. Ses feuilles sont composées digitées; ses fleurs sont réunies en cymes corymbiformes; ses pétales ne sont pas soudés au sommet, et ses fruits sont acerbes. — **Dér.** *Vignette* 1 et 2, *vigneron, vigneronne, vignoble, vigneau* 1 et 2. — **Comp.** *Viticulteur, viticulture.* Même famille : *Vin, vitacé, vitacée.*

1. *VIGNEAU (*vigne*), *sm.* Tertre élevé artificiellement dans les jardins normands, et formant une allée en spirale, qui était garnie d'une tonnelle de verdure autour de laquelle montaient des treilles de plaisance. || Banquettes où l'on expose la morue au soleil. || Nom d'une petite coquille, dite aussi *vignot,* et appelée *trochus cendré* ou *littorine* (V. ce mot).

2. * VIGNEAU (*vigne*), *sm.* L'un des noms vulgaires de l'ajonc ou landier.

VIGNEMALE, 3 368 mètres d'altitude. Montagne des Hautes-Pyrénées, point culminant des Pyrénées françaises.

VIGNERON, ONNE (vx fr. *viner,* cultiver la vigne), *s.* Celui, celle qui cultive la vigne.

VIGNES (PIERRE DES) (XIIe-XIIIe siècle), chancelier de Frédéric II, roi de Naples. Celui-ci, s'étant cru trahi, fit crever les yeux à son ministre qui, de désespoir, se tua dans sa prison.

***VIGNETER** (*vignette*), *vt.* Faire des vignettes.

1. VIGNETTE (dm. de *vigne*), *sf.* Dessin dont on orne le commencement ou la fin des chapitres, dont on encadre les pages ou les couvertures d'un livre, qui représentait autrefois des branches ou des feuilles de vigne, mais qui se compose aujourd'hui d'ornements de toute nature. || *Papier à vignettes,* papier à lettre, avec encadrement de guirlandes coloriées.

2. VIGNETTE (dm. de *vigne*), *sf.* L'un des noms vulgaires de la mercuriale annuelle.

***VIGNETTISTE** (*vignette*), *sm.* Celui qui fait des vignettes.

***VIGNETURE** (*vigne*), *sf.* Ornement représentant des branches et des feuilles de vignes : *Au moyen âge, on couvrait de vignetures les bordures des miniatures, dites alors vignetées.*

VIGNEULLES-LÈS-HATTONCHÂTEL, 890 hab. Ch.-l. de c., arr. de Commercy (Meuse).

VIGNOBLE (*vigne*), *sm.* Étendue de pays planté de vignes : *Les vignobles du Beaujolais.* — *Adj. 2 g.* Planté de vignes : *Pays vignoble.*

VIGNOLE (Giacomo Barozzio, dit Vignola ou) (1507-1573), architecte italien qui fut appelé en France par François Ier et est connu surtout par un traité des cinq ordres d'architecture, traduit dans toutes les langues.

***VIGNON** (corruption du l. *vinceum* pour *junceum*, de jonc), *sm.* Un des noms vulgaires du genêt épineux. (V. *Jonc.*)

VIGNON (Claude) (XVIe-XVIIe siècle), peintre français, natif de Tours, et qui fut l'ami de Vouet. Il mourut en 1670.

VIGNON (Noémi Cadiot, dame Constant, puis Rouvier, plus connue sous le pseudonyme artistique et littéraire de Claude Vignon (1833-1888), artiste et femme de lettres française.

VIGNORY, 586 hab. Ch.-l. de c., arr. de Chaumont (Haute-Marne).

VIGNY (Alfred-Victor, comte de) (1799-1863), littérateur et poète français. Entré d'abord dans l'armée, où il s'était distingué, il en sortit capitaine en 1827. En 1822 et 1824, il publia ses premières *Poésies.* En 1826, son roman de *Cinq-Mars* eut un grand succès. Il entra à l'Académie française en 1845.

VIGO, 11 070 hab. Ville forte et petit port d'Espagne (Galice), sur l'admirable baie de même nom, creusée par l'Atlantique, et dans laquelle des corsaires anglais et hollandais coulèrent, en 1702, des galions espagnols chargés de l'or du Pérou.

VIGO (Jean de) (1460-1517), célèbre chirurgien. Ses ouvrages offrent aujourd'hui peu d'intérêt; mais son nom est resté attaché à deux préparations fort en usage et employées sous forme d'emplâtres dits *de Vigo,* l'un au mercure, l'autre n'en contenant pas.

VIGOGNE (péruvien, *vicunna*), *sf.* Animal du genre *lama,* de la taille d'un mouton, qui vit à l'état sauvage dans la cordillère des Andes et que l'on chasse pour sa toison, qui fournit la plus fine et la plus moelleuse de toutes les laines connues. || Ouvrage fait en laine de vigogne : *Chapeau, habit de vigogne.*

VIGOGNE

***VIGOTE** (*x*), *sf.* Planche à trous représentant les divers calibres des pièces d'artillerie et qui servait à assortir les boulets.

VIGOUREUSEMENT (*vigoureuse* + sfx. *ment*), *adv.* Avec vigueur.

VIGOUREUX, EUSE (l. *vigorosum*), *adj.* Qui croît, qui se développe bien : *Arbre vigoureux.* || Qui déploie une grande vigueur physique ou morale : *Athlète, esprit vigoureux.* || Où il y a de la vigueur : *Pensée vigoureuse.* || Qui se fait avec vigueur : *Attaque vigoureuse.* || Exprimé avec vigueur : *Dessin, coloris vigoureux.* || Manié avec vigueur : *Pinceau vigoureux.* — **Dér.** *Vigoureusement.*

VIGOUREUX (la), empoisonneuse et prétendue sorcière, complice de la marquise de Brinvilliers, condamnée et brûlée en place de grève en 1680.

VIGSNAÈS, ch.-l. de l'île de Karmö (Norvège). Mine de cuivre. Ce gîte de pyrite de fer cuprifère (40 p. 100 de cuivre), aujourd'hui épuisé, formait un filon irrégulier ramifié dans les schistes cambriens à leur jonction avec un massif de gabbro à saussurite.

VIGUERIE (*viguier*), *sf.* Charge, fonction de viguier. || Territoire sur lequel le viguier avait autorité.

VIGUEUR (l. *vigorem*), *sf.* Plénitude de vie, force de développement : *La vigueur d'un végétal.* || Force musculaire : *La vigueur des membres.* || Énergie de l'esprit : *Répondre avec vigueur.* || Expression énergique de la pensée : *La vigueur du style.* || Représentation saisissante : *La vigueur d'une peinture, d'un tableau.* || État d'une chose à laquelle tout le monde se conforme : *Cette loi, cette coutume est encore en vigueur.* — **Dér.** *Vigoureux, vigoureuse, vigoureusement.*

VIGUIER (db. de *vicaire*), *sm.* Le juge qui, en Languedoc et en Provence, tenait lieu d'un prévôt royal. — **Dér.** *Viguerie.*

VIHIERS, 1 699 hab. Ch.-l. de c., arr. de Saumur (Maine-et-Loire). Commerce de chevaux et de bestiaux. Fabriques d'étoffes de laine.

VIL, VILE (l. *vilem*), *adj.* Qui est de peu de valeur : *Un vil légume.* || Qui est à beaucoup meilleur marché qu'à l'ordinaire : *Cette marchandise est à vil prix.* — Fig. Bas, abject, méprisable : *Un vil bouffon.* — **Dér.** *Vileté, vilité, vilement.* — **Comp.** *Avilir, avilissant, avilissement, vilipender.* — **Syn.** (V. *Bas.*)

VILAIN, AINE (bl. *villanum,* habitant de ferme : de *villa,* ferme), *s.* Autrefois, toute personne qui ne faisait point partie de la noblesse : *Les vilains étaient assujettis à la corvée.* || Aujourd'hui, celui, celle qui commet une mauvaise action : *Fi! le vilain!* || Un avare : *Les vilains enrichissent leurs héritiers.* — *Adj.* Qui déplaît à la vue : *Un vilain nez.* || Incommode, désagréable : *Un vilain chemin, un vilain temps.* || Déshonnête, méchant, infâme, fâcheux, sale : *Un vilain homme. Un vilain procédé. Un vilain métier.* || Dangereux : *Une vilaine maladie.* || Qui vit chichement, avare : *En vieillissant il devient vilain.* — **Dér.** *Vilainement, vilenie.* Même famille : *Ville.*

***VILAINAGE** (*vilain* + sfx. *age* indiquant agglomération), *sm.* Condition sociale du serf affranchi, à l'époque féodale. || Tenue de rentes, héritages ou possessions non nobles. || Fief tenu à rente et à cens. || Habitation des serfs ou vilains. (V. *Villenage.*)

VILAINE, 220 kilom. L'un des plus grands fleuves côtiers de France en partie canalisé, qui naît près de Juvigné (Mayenne), arrose Vitré, Rennes, Redon, la Roche-Bernard et se jette dans l'océan Atlantique en formant un estuaire assez vaste. Elle reçoit l'Isle, le Don, la Meu, le canal de Nantes à Brest. Navigable depuis Cesson, à 6 kilomètres au-dessus de Rennes.

VILAINEMENT (*vilaine* + sfx. *ment*), *adv.* D'une vilaine manière. || Désagréablement, grossièrement, salement, honteusement, d'une manière infâme. || Sordidement.

VILAYET (ar. *ouilâya,* province), *sm.* Nom des grandes divisions territoriales de la Turquie. Les *vilayets* sont administrés par des *valis* (gouverneurs généraux) et divisés en *livas* ou *sandjaks* (arrondissements), à la tête desquels sont les *mutessarifs* (gouverneurs). (V. *Turquie.*)

VILEBREQUIN (vx fr. *virebrequin* ; flam. *winboreken* : de *winden,* tourner + flam. *boreken,* foret), *sm.* Outil pour percer le bois composé d'une poignée et d'une manivelle coudée qui sert à faire tourner une pointe de fer ou *mèche* terminée en vrille ou en cuiller. — Fig. *En vilebrequin,* tors. || Arbre coudé. (Méc.) || Le vermet.

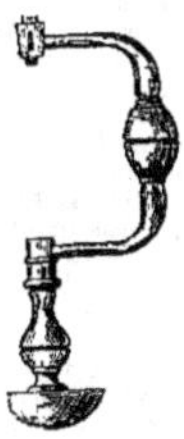
VILEBREQUIN

VILEMENT (*vile* + sfx. *ment*), *adv.* D'une manière vile.

***VILENÉ** (*vilain*) *adj. m. Lion vilené,* dont on voit le sexe, et ayant la verge d'un autre émail que le corps. (Blas.)

VILENIE (*vilain*), *sf.* Action vilaine, mauvaise : *Reprocher à quelqu'un ses vilenies.* || Parole injurieuse : *Dire des vilenies.* || Obscénité, ordure, saleté : *Débarrasser la maison de ces vilenies.* || Grande avarice : *On rit de sa vilenie.* || Nourriture malsaine.

VILETÉ ou **VILITÉ** (l. *vilitatem*), *sf.* Bas prix d'une chose : *La vileté d'une marchandise.* || Le peu d'importance d'une chose : *Le travail rehausse la vileté de la matière.* || Extrême bassesse : *La vileté de son langage.*

VILIPENDER (l. *vilipendere* : de *vilis,* vil + *pendere,* payer), *vt.* Traiter de vil, traiter avec beaucoup de mépris : *Vilipender une personne, une marchandise.* — **Syn.** (V. *Honnir.*)

VILITÉ. (V. *Vileté.*)

VILIYA, rivière de la Russie d'Europe qui se jette dans le Niémen à Kovno. Elle arrose Vilna.

VILLA (m. ital. : du l. *villa,* maison dans les champs), *sf.* Maison de plaisance, près d'une ville. || Maison de campagne élégante, mais moins vaste qu'un château. — Pl. *des villas.* — **Dér.** *Ville, villace, village, villageois, villageoise, villégiature, villanelle; vilainage, villenage* ou *vilenage.*

VILLACE (*ville* + pfx. péj. *ace*), *sf.* Grande ville mal bâtie et mal peuplée.

VILLACH, 5 400 hab. Ville de l'Autriche-Hongrie (Carinthie), sur la Drave. Station de la voie ferrée qui relie Franzensfeste à Marbourg. Mines de plomb et de fer. Eaux minérales. Carrières de marbre.

VILLAFRANCA, 8 314 hab. Ville de la Vénétie (Italie), où fut conclu le 8 juillet 1860 un armistice entre les armées franco-sarde et autrichienne et où furent arrêtés le 11 du même mois les préliminaires de paix entre les belligérants.

VILLAGE (bl. *villaticum* : *villa,* maison de campagne), *sm.* Lieu d'habitation peu peuplé et où il n'y a guère que des maisons de paysans : *Un beau village.* || *Cet homme est bien de son village,* il est bien mal instruit de ce qui se passe dans le monde. — Fig. *Le coq du village,* l'habitant du village qui a le plus d'influence, le plus de crédit.

VILLAGEOIS, OISE (*village*), *s.* Habitant, habitante d'un village : *Des villageois honnêtes.* — *Adj.* Qui appartient au village, qui est propre aux gens du village : *Une coutume villageoise.*

VILLAINES-LA-JUHEL, 2 653 hab. Ch.-l. de c., arr. de Mayenne (Mayenne).

VILLAMBLARD, 1 368 hab. Ch.-l. de c., arr. de Bergerac (Dordogne).

VILLANDRAUT, 1 039 hab. Ch.-l. de c., arr. de Bazas (Gironde) : ruines d'un château de Clément V; commerce de vins blancs, de bois de pin et de résine.

VILLANELLE (l. *villanum,* paysan), *sf.* Petite poésie pastorale dont les couplets finissent par le même refrain. || Ancienne danse villageoise. || Air fait pour cette danse.

VILLANI (Giovanni) (1275-1348), historien florentin qui sous le nom d'*Histoire florentine* a écrit l'*Histoire universelle* de son temps.

VILLARCEAU. (V. *Yvon-Villarceau.*)

VILLARD-DE-LANS, 1 915 hab. Ch.-l. de c., arr. de Grenoble (Isère); fromages dits de *Sassenage.*

VILLARÉAL, 8 000 hab. Ville de la province de Castellon-de-la-Plaña (Espagne), sur le Mijares.

VILLARÉAL-DE-SANTO-ANTONIO, 6 975 hab. Ville et port de la province d'Algarve (Portugal), sur l'Atlantique, d'où s'exporte le minerai de cuivre de Santo-Domingo.

VILLARET (Foulques de), grand maître des hospitaliers de Saint-Jean de Jérusalem. Il s'empara de Rhodes et y établit ses chevaliers en 1310. Mort en 1329.

VILLARET DE JOYEUSE (1750-1812), contre-amiral français qui livra aux Anglais le combat où coula le *Vengeur* (1794) et transporta à Saint-Domingue (1801) les troupes du général Leclerc. Il mourut gouverneur général de Venise.

VILLARS-LES-DOMBES, 1 607 hab. Ch.-l. de c., arr. de Trévoux (Ain), érigé en duché pour le maréchal de Villars en 1705.

VILLARS (Louis-Hector, duc de) (1653-1734), grand homme de guerre et maréchal de France. Il se distingua à partir de 1672 dans les guerres du règne de Louis XIV, gagna en 1702 la bataille de Friedlingen et celle d'Hochstœdt en 1703; mais son plus beau titre de gloire fut sa conduite à la tête de l'armée du Nord contre Marlborough et le prince Eugène; il leur tua 20 000 hommes à Malplaquet et sauva la France par la célèbre victoire de Denain (1712). Il fut un des négociateurs de la paix de Rastadt (1714). Il combattit encore en Italie sous Louis XV pendant la guerre de la succession de Pologne et mourut à Turin — **Dér.** *Villarsite.*

VILLARS-DU-VAR, 821 hab. Ch.-l. de cant., arr. de Puget-Théniers (Alpes-Maritimes).

***VILLARSITE** (*Villars*, nom d'un botaniste), *sf.* Silicate hydraté de magnésie et de protoxyde de fer. Il est d'un vert jaunâtre, à cassure grenue; il laisse passer la lumière sur ses bords. Ce minéral est fragile; il présente à peu près la même dureté que la serpentine. Il est infusible; sa densité est 3. La forme primitive est un prisme droit rhomboïque.

VILLATE (1770-1834), général français né à Longwy.

VILLAVICIOSA, 950 hab., village d'Espagne, dans la Nouvelle-Castille aujourd'hui dans la province de Guadalaxara). Le duc de Vendôme y remporta le 10 décembre 1710 une célèbre victoire qui assura le trône d'Espagne à Philippe V, petit-fils de Louis XIV.

VILLE (l. *villa*, maison des champs, une maison de ce genre ayant été souvent l'origine d'une ville), *sf.* Lieu d'habitation plus peuplé qu'un village, formé de l'assemblage d'un grand nombre de maisons disposées par rues et entouré parfois de fossés, de remparts, de boulevards, etc. || *Bonne ville*, titre honorifique que les rois de France accordaient à certaines villes. || *La ville est bonne*, on y trouve facilement tout ce dont on a besoin. || *La ville éternelle*, Rome. || *La ville sainte*, Jérusalem pour les chrétiens, la Mecque pour les musulmans. || *Être à la ville*, n'être pas à la campagne. || *Être en ville*, n'être pas chez soi pour le moment. || *Dîner en ville*, dans une maison où l'on est invité. || *Habit, toilette de ville*, que l'on met pour faire des visites. || L'administration d'une ville : *Avoir un procès avec la ville.* || *Le corps de ville*, les magistrats municipaux. || *L'hôtel, la maison de ville*, la maison où se réunit habituellement le conseil municipal. || *Rentes sur la ville*, les rentes que paye la ville de Paris à ceux qui lui prêtent des fonds. — Fig. *Avoir ville gagnée*, avoir surmonté une difficulté. || Séjour à la ville, manière dont on y vit : *Il aime mieux la ville que la campagne.* || L'ensemble des habitants d'une ville : *Toute la ville connaît cette nouvelle.* || **Villes hanséatiques.** (V. *Hanse*, t. 1er du Dictionnaire.) — **Dér.** (V. *Villa.*) — **Syn.** (V. *Cité.*)

VILLÉ (all. *Veiler*), 1 200 hab. Ancien ch.-l. de c., arr. de Schlestadt (Bas-Rhin); aujourd'hui à la Prusse.

VILLEBOIS-LA-VALETTE, 851 hab. Ch.-l. de c., arr. d'Angoulême (Charente).

VILLEBON, 121 hab. Commune du c. de la Loupe, arr. de Nogent-le-Rotrou (Eure-et-Loir). Château où habita Sully : il y mourut le 22 décembre 1641.

VILLEBRUMIER, 640 hab. Ch.-l. de c., arr. de Montauban (Tarn-et-Garonne), sur le Tarn.

VILLECARTIER (FORÊT DE), 980 hect. Forêt domaniale d'Ille-et-Vilaine, peuplée de chênes, de hêtres et de bouleaux.

VILLE-D'AVRAY, 1 559 hab. Bourg de Seine-et-Oise, entre Saint-Cloud et Versailles. Villégiature.

VILLEDIEU-DU-CLAIN (LA), 541 hab. Ch.-l. de c., arr. de Poitiers (Vienne).

VILLEDIEU-LES-POÊLES, 3 497 hab. Ch.-l. de c., arr. d'Avranches (Manche); chaudronnerie, fonderie de cloches, mégisseries, dentelles.

VILLE-EN-TARDENOIS, 509 hab. Ch.-l. de c., arr. de Reims (Marne).

VILLEFAGNAN, 1 550 hab. Ch.-l. de c., arr. de Ruffec (Charente). Vins blancs, eaux-de-vie; mules.

VILLEFERMOY (FORÊT DE), 2 191 hect. Forêt domaniale de Seine-et-Marne, peuplée de chênes, de charmes et de bois blancs.

VILLEFORT, 1 418 hab. Ch.-l. de c., arr. de Mende (Lozère), sur la Devèze, au pied du massif des monts Lozère. Mines de cuivre et de plomb argentifère; fabrique de gros drap.

VILLEFRANCHE, 4 299 hab. Ch.-l. de c., arr. de Nice (Alpes-Maritimes); port sur le golfe de Nice. Huîtrières, pêche du thon, arsenal et chantiers de construction; commerce d'huile, d'oranges, de vins, de soieries.

VILLEFRANCHE-D'ALBIGEOIS, 1 529 hab. Ch.-l. de c., arr. d'Albi (Tarn).

VILLEFRANCHE-DE-BELVÈS, 1 592 hab. Ch.-l. de c., arr. de Sarlat (Dordogne).

VILLEFRANCHE-DE-CONFLENT, 648 hab. Ville forte de l'arr. de Prades (Pyrénées-Orientales), à l'entrée d'une gorge défendue par une citadelle construite par Vauban. Hauts fourneaux, mines de fer, marbre.

VILLEFRANCHE-DE-LAURAGUAIS, 2 574 hab. S.-préf. (Haute-Garonne), à 868 kilom. de Paris, sur l'Hers. Commerce d'oies et de céréales.

VILLEFRANCHE-DE-LONGCHAPT, 930 hab. Ch.-l. de c., arr. de Bergerac (Dordogne), sur une colline près du Léchon.

VILLEFRANCHE-DE-ROUERGUE, 9 836 hab. S.-préf. (Aveyron), à 655 kilom. de Paris, au confluent de l'Alezon et de l'Aveyron. Mines de cuivre et d'étain, eaux minérales ferrugineuses et thermales sulfureuses. Église Notre-Dame des XIVe et XVe siècles. Ancienne chartreuse du XVe siècle très remarquable.

VILLEFRANCHE-SUR-SAÔNE, 12 518 hab. S.-préf. (Rhône), ancienne capitale du Beaujolais, à 478 kilom. de Paris. Église Notre-Dame-des-Marais (XIVe et XVe siècles); école normale d'instituteurs et école spéciale du commerce. Nombreuses fabriques d'étoffes; marché principal des vins du Beaujolais.

VILLEGAGNON (NICOLAS DURAND DE) (1510-1571), neveu de Villiers-de-l'Isle-Adam. Il combattit contre les Turcs comme chevalier de Malte, alla en 1555 fonder dans une île, à l'embouchure du Rio-Janeiro, une colonie protestante qui ne réussit point, et à son retour engagea une vive controverse avec Calvin.

VILLÉGIATURE (ital. *villegiatura*), *sf.* Séjour qu'on fait à la campagne dans la belle saison : *Être en villégiature.*

VILLEHARDOUIN (GEOFFROY DE) (1167-1213), chroniqueur français, sénéchal du comte de Champagne Thibaut V. Il prit part à la quatrième croisade, assista à la prise de Constantinople, devint maréchal de Romanie, sauva l'armée de Baudouin, après que celui-ci fut pris par les Bulgares. Il est mort en Thessalie et a laissé une célèbre *Histoire de la conquête de Constantinople*, monument des plus précieux pour l'étude de l'ancien français et pour les faits historiques qu'il contient. — Son neveu, GEOFFROY DE VILLEHARDOUIN, conquit la principauté d'Achaïe (Grèce), sur laquelle ses descendants ont dominé jusqu'à la fin du XIVe siècle.

VILLEJUIF, 3 163 hab. Ch.-l. de c., arr. de Sceaux (Seine). Carrières de plâtre et de pierre de taille.

VILLÈLE (JOSEPH, COMTE DE) (1773-1854), homme d'État français. Président du conseil des ministres du gouvernement de la Restauration de 1822 à 1827, il prit part, quoique d'une modération raisonnée, à toutes les mesures rétrogrades de cette époque et, se trouvant en minorité devant la Chambre, dut céder la place au ministère Martignac. Il renonça à la vie politique en 1830.

VILLEMAIN (ABEL-FRANÇOIS) (1790-1870), professeur et écrivain français, fit à la Sorbonne un cours célèbre sur la littérature française. Il devint en 1832 secrétaire perpétuel de l'Académie française et fut deux fois ministre de l'instruction publique, d'abord en 1839, puis de 1840 à 1844.

VILLEMESSANT (JEAN-HIPPOLYTE CARTIER, dit DE) (1812-1879), journaliste français. Il fonda successivement divers périodiques; puis, en 1854, il ressuscita le journal le *Figaro.*

VILLEMUR, 4 080 hab. Ch.-l. de c., arr. de Toulouse (Haute-Garonne) sur le Tarn.

VILLENA, 10 000 hab. Ville de la province d'Alicante (Espagne). Salines; fabriques de draps.

***VILLENAGE** ou ***VILENAGE** (du bl. *villanus*, habitant de ferme + *agium* signifiant groupement, état), *sm.* Droit de possession accordé à un métayer ou vilain à charge par celui-ci de certains services non nobles à rendre au seigneur territorial. Le villenage constituait essentiellement la propriété roturière ou paysanne, et le fief, la propriété noble ou seigneuriale. La *censive*, dont le mot date de 1260, dérive du *villenage :* la principale obligation imposée au possesseur de ferme était de payer un *cens*, c'est-à-dire une redevance fixe et annuelle; mais le paysan, par l'acquit du cens, ne devait point de service militaire, partant n'avait point d'hommage à rendre. On distinguait deux sortes de villenage : le *villenage simple* et le *villenage privilégié*. Dans le premier, le tenancier était obligé d'être à la merci du maître pour tous les services de corvée; dans le villenage privilégié, les roturiers, dépendant du roi, ne pouvaient être détachés du fonds sans leur consentement et n'étaient astreints qu'à certains services déterminés. — **Dh.** *Vilainage.*

VILLENAUXE, 2 344 hab. Ch.-l. de c., arr. de Nogent-sur-Seine (Aube). Vin blanc.

• **VILLENEUVE**, grande famille française du Languedoc, une des branches des vicomtes de Narbonne et tirant son nom de Villeneuve-lès-Béziers.

VILLENEUVE (HUON DE) (XIIIe siècle), poète français du temps de Philippe-Auguste, auteur des *Quatre fils Aymon* et d'autres romans de chevalerie.

VILLENEUVE (SYLVESTRE) (1763-1806), vice-amiral français. Il perdit en 1805, contre Nelson, la bataille de Trafalgar, où il fut fait prisonnier. De retour en France après six mois de captivité, il se donna la mort.

VILLENEUVE-D'AVEYRON, 3 079 hab. Ch.-l. de c., arr. de Villefranche (Aveyron).

VILLENEUVE-DE-BERG, 2 048 hab. Ch.-l. de c., arr. de Privas (Ardèche). Maison natale et statue d'Olivier de Serres.

VILLENEUVE-DE-MARSAN, 2 086 hab. Ch.-l. de c., arr. de Mont-de-Marsan (Landes), sur le Midou.

VILLENEUVE-L'ARCHEVÊQUE, 1 824 hab. Ch.-l. de c., arr. de Sens (Yonne). Fabriques de drap, d'instruments agricoles, etc.

VILLENEUVE-LÈS-AVIGNON, 2 644 hab. Ch.-l. de c., arr. d'Uzès (Gard), sur la rive droite du Rhône, en face d'Avignon, à laquelle Villeneuve était autrefois reliée par le pont d'Avignon. Chapelle de l'hôpital, où est le magnifique tombeau du pape Innocent VI, mort en 1362.

VILLENEUVE-SAINT-GEORGES, 4 315 hab., commune du c. de Boissy-Saint-Léger, arr. de Corbeil (Seine-et-Oise), au confluent de la Seine et de l'Yères. Fort cuirassé du camp retranché parisien défendant le passage de la Seine.

VILLENEUVE-SUR-LOT ou **D'AGEN**, 14 693 hab. S.-préf. (Lot-et-Garonne), à 592 kilom. de Paris, sur le Lot. Commerce de farine, vins et prunes.

VILLENEUVE-SUR-YONNE, 5 127 hab. Ch.-l. de c., arr. de Joigny (Yonne). Plusieurs monuments du moyen âge.

VILLERÉAL, 1 728 hab. Ch.-l. de c., arr. de Villeneuve (Lot-et-Garonne).

VILLEROI (DUC DE) (1597-1685), maréchal de France, gouverneur de Louis XIV enfant, chef du conseil des finances en 1661, duc et pair en 1663. — **Villeroi** (DUC DE) (1643-1730), fils du précédent, compagnon d'étude de Louis XIV. Il dut à la faveur de ce roi d'être fait maréchal de France, malgré son incapacité militaire, qui lui fit éprouver de désastreux échecs et perdre la bataille de Ramillies.

VILLERS-BOCAGE, 1 147 hab. Ch.-l. de c., arr. de Caen (Calvados).

VILLERS-BOCAGE, 1 045 hab. Ch.-l. de c., arr. d'Amiens (Somme). Fabrique de velours de coton, sucreries.

VILLERS-BRETONNEUX, 5 939 hab. Bourg du c. de Corbie, arr. d'Amiens (Somme). Fabriques de bonneterie, filatures de laine. Sanglante bataille livrée le 27 novembre 1870 par l'armée française, sous les ordres du général Farre, à l'armée allemande, commandée par le général Gœben.

VILLERS-COTTERÊTS, 3 790 hab. Ch.-l.

de c., arr. de Soissons (Aisne). Boissellerie. Restes d'un château où François Ier, par l'ordonnance du 10 août 1539, décréta que les actes judiciaires fussent rédigés en français et créa les registres de l'état civil. Ce château est aujourd'hui un dépôt de mendicité. — Grande forêt du même nom.

VILLERSEXEL, 1182 hab. Ch.-l. de c., arr. de Lure (Haute-Saône), sur la r. g. de l'Ognon. Victoire des Français commandés par Bourbaki sur l'armée prussienne du général de Werder (9 janvier 1871).

VILLERS-FARLAY, 711 hab. Ch.-l. de c., arr. de Poligny (Jura).

***VILLERSIEN** (*Villers*), *sm.* Nom sous lequel on désigne l'argile de Villers que la plupart des auteurs classent dans le callovien. D'autres géologues font rentrer dans l'oxfordien l'ensemble des argiles de Villers et de Dives sous le nom de *villersien*.

VILLERS-SUR-MER, 1520 hab. Village du canton de Dozulé, arr. de Pont-l'Évêque (Calvados), sur la Manche, près de Trouville. Bains de mer très fréquentés.

VILLERUPT, 1552 hab., commune du canton de Longwy, arr. de Briey (Meurthe-et-Moselle). Hauts fourneaux. Mines de fer.

VILLERVILLE, 986 hab. Bourg du canton de Trouville, arr. de Pont-l'Evêque (Calvados). Bains de mer fréquentés.

VILLES LIBRES, villes de l'ancien empire d'Allemagne et de la Confédération germanique, qui se gouvernaient elles-mêmes. Les quatre dernières furent : *Francfort-sur-le-Mein, Hambourg, Brême* et *Lubeck*.

VILLE-SUR-TOURBE, 563 hab. Ch.-l. de c., arr. de Sainte-Menehould (Marne).

VILLETTE (dm. de *ville*), *sf.* Très petite ville.

VILLETTE (LA GRANDE ET LA PETITE). Faubourg du N. de Paris, annexé à cette ville en 1860 et faisant aujourd'hui partie du XIXe arrondissement. Entrepôt et port sur le canal de l'Ourcq, qui s'y réunit au canal de Saint-Denis. Nombreuses usines, principalement de produits chimiques. Marché aux bestiaux pour l'approvisionnement de Paris.

VILLEURBANNE, 14715 hab. Ch.-l. de c., arr. de Lyon (Rhône). Fabriques de produits chimiques.

VILLEUX, EUSE (l. *villosum*), *adj.* Garni de poils velus.

VILLICUS (du l. *villa*, maison des champs), *sm.* Esclave chargé des travaux d'une propriété rurale, chez les anciens Romains. || Fermier, régisseur à l'époque gallo-romaine. || Intendant au moyen âge.

VILLIERS (DUC DE BUCKINGHAM, GEORGE). (V. *Buckingham*.)

VILLIERS-DE-L'ISLE-ADAM (PHILIPPE DE) (1464-1534), grand maître de l'ordre de Saint-Jean de Jérusalem, qui, en 1522, soutint dans Rhodes, contre le sultan Soliman II, un siège justement célèbre. Trahi et forcé de capituler, il se retira successivement à Candie, à Messine, sur les ruines de Cumes et à Viterbe jusqu'à ce que Charles-Quint lui eût donné l'île de Malte (1530).

VILLIERS-SAINT-GEORGES, 959 hab. Ch.-l. de canton, arr. de Provins (Seine-et-Marne).

***VILLIFÈRE** (l. *villus*, gén. *villi*, poil + *ferre*, porter), *adj.* 2 *g.* Qui porte de longs poils.

***VILLIFORME** (l. *villus*, gén. *villi*, poil + *forme*), *adj.* 2 *g.* Qui ressemble à des villosités.

VILLOISON (1750-1805), helléniste français qui édita beaucoup d'ouvrages grecs, et particulièrement l'*Iliade*.

VILLON (FRANÇOIS) (1431-1490), poète français qui mena une vie d'aventures, mais dont les poésies, surtout son *Grand* et son *Petit Testament*, exercèrent sur notre langue et notre littérature une influence considérable. Ses œuvres inaugurent l'ère de la poésie moderne française.

***VILLOSITÉ** (du l. *villosum*, velu), *sf.* Assemblage de poils couchés, membraneux et mous. || Saillies ou prolongements, très petits, mous, flexibles, couvrant la surface de certaines muqueuses de l'appareil digestif et donnant à cette surface l'apparence du velours. La muqueuse de l'intestin grêle est intérieurement tapissée de villosités depuis le bord libre du relief pylorique jusqu'à celui de la valvule iléo-cæcale, tandis que la muqueuse de l'estomac et celle du gros intestin en sont totalement dépourvues. || État, aspect de ce qui est villeux.

VILLOTEAU (GUILLAUME-ANDRÉ) (1759-1839), musicographe distingué. Il fit partie du corps de savants qui accompagna le général Bonaparte en Égypte.

VILNA, 120 000 hab., dont 40 000 israélites. Ville de la Russie d'Europe, sur la Viliya; ancienne capitale de la Lithuanie. Autrefois, lieu sacré où s'élevait le temple de *Perkun*, dieu du tonnerre. C'est actuellement le principal centre intellectuel des juifs de Russie.

VILOUI. (V. *Wiloui*.)

VILPION, rivière du département de l'Aisne, affluent de la Serre.

VILVORDE, 9 200 hab. Ville de la province du Brabant méridional (Belgique).

VIMAIRE (l. *vis*, force + *major*, majeure), *sf.* Mot qui indique un cas de force majeure. || Dégâts causés dans une forêt par les ouragans, les divers agents atmosphériques.

***VIMBE** (*x*), *sf.* Nom d'une espèce de cyprin, appelée aussi la *serte* (*cyprinus vimba*).

VIME (l. *vimen*, osier), *sm.* Sorte d'osier qui sert à lier les cerceaux des barriques.

VIMEIRO, 2000 hab. Ville de la province de l'Estrémadure (Portugal). Défaite des Français commandés par Junot (21 août 1808).

VIMEUX, ancien petit pays de la Picardie entre la Somme et la Bresle; ch.-l. *Saint-Valéry-sur-Somme*.

VIMINAL (l. *viminalem*, couvert d'osier, voisin d'une oseraie: de *vimen*, osier), colline de Rome, sur la rive gauche du Tibre, entre le mont Quirinal et le mont Esquilin.

VIMOUTIERS, 3630 hab. Ch.-l. de c., arr. d'Argentan (Orne), sur un petit affluent de l'Orne. Toile, cretonne, filatures; fromages de *Camembert*.

VIMY, 1602 hab. Ch.-l. de c., arr. d'Arras (Pas-de-Calais).

VIN (l. *vinum* : de l'hébreu *iin*, de *ioun*, faire effervescence), *sm.* Boisson résultant de la fermentation alcoolique des raisins frais. La fermentation alcoolique qui donne le vin est provoquée par des organismes spéciaux (*mycoderma vini*), qui agissent sur le suc du raisin, lorsque, par suite du déchirement de l'épiderme, il est mis en contact avec l'air et avec les végétations qui existent toujours à la surface extérieure du fruit. Le vin est souvent cité dans les livres juifs. Les Grecs et les Romains aromatisaient le vin avec de la myrrhe, de l'encens, et même de l'opium; à Rome, la plupart des vins les plus estimés étaient liquoreux et offraient presque une consistance de sirop. Comme ils étaient additionnés de miel et soumis à une sorte d'enfumage, il fallait les couper d'eau, les délayer, pour les boire; ces sortes de vins, dits *mulsum*, se conservaient fort longtemps sans altération. Après la France, qui tient la tête des pays vinicoles, viennent l'Espagne avec des vins de liqueur de premier choix, l'Italie et le Portugal. L'Allemagne ne cultive guère la vigne que dans la vallée du Rhin; elle produit le vin qui se vend le plus cher, le *johannisberg*. L'Autriche donne de grandes quantités de petits vins aigrelets, mais la Hongrie a d'excellents vins, notamment le *tokay*. Quoique toute récente en Amérique, la production vinicole de ce pays prend de jour en jour une grande importance; il en est de même en Algérie. La nature du sol, le climat, l'exposition de la vigne, le cépage, les conditions climatériques exercent une influence considérable sur la qualité du raisin. Un bon raisin peut donner du vin de bonne qualité; mais il arrive quelquefois que du vin fait avec des raisins excellents est désagréable au goût et ne se conserve pas. C'est que la qualité d'un vin ne dépend pas seulement de celle du raisin, mais aussi des manipulations auxquelles il est soumis au cours de sa préparation et de sa conservation. Le *moût* ou jus de raisin destiné à être transformé en vin s'obtient par l'*écrasement* ou le *foulage* des fruits; le foulage est fait par les pieds des vendangeurs, qui écrasent le raisin dans les cuves; l'écrasement se pratique aussi au moyen de machines de divers modèles. La matière colorante du raisin, contenue dans la grappe et dans la pulpe du fruit, ne devient soluble que par suite de la fermentation alcoolique; aussi ne produit-on que du vin blanc si l'on a tiré tout le liquide et fait le *pressurage* des marcs avant le commencement de la fermentation; le jus fermentant en l'absence de la matière colorante donne du vin blanc. Une grande partie du jus s'écoule d'elle-même : c'est ce qu'on appelle la *mère goutte*. Pour obtenir la totalité du jus, on porte sous la presse tous les résidus, ce qui complète l'extraction. Quelquefois on sépare le produit du pressurage de la *mère goutte*, plus souvent on l'y ajoute; il y a des viticulteurs qui assurent que, dans ce dernier cas, le vin a plus de *corps*. Le moût contient tous les éléments solubles du raisin : du sucre de raisin, qui produira l'alcool sous l'influence du ferment; des matières albuminoïdes, des matières extractives et colorantes, des acides organiques et des acides minéraux, combinés avec de la chaux, de la potasse, etc. Le moût résultant du foulage et du pressurage du raisin est recueilli et abandonné à lui-même dans de grandes cuves de bois, appelées *bouges* dans quelques vignobles de France. Lorsque la vendange est faite pendant une journée chaude, la fermentation du moût s'établit presque aussitôt et devient très active au bout de vingt-quatre ou trente-six heures, suivant la température du cellier. La première fermentation, ou *fermentation tumultueuse*, dure plus ou moins longtemps suivant la quantité de sucre contenue dans le moût et la température ambiante. Le marc soulevé et amené à la surface du moût a reçu le nom de *chapeau*. Pour éviter l'acidification des marcs qui se tiennent à la surface de la cuve, il est bon de recouvrir celle-ci avec une toile qui empêche un contact trop immédiat du chapeau avec l'air extérieur; dans quelques pays, pour seconder cette précaution, on fixe un treillage en bois à hauteur convenable dans la cuve, dans le but d'empêcher le chapeau de remonter à la surface, qui alors se compose de liquide. Lorsque le *chapeau de vendange*, d'abord soulevé par l'acide carbonique, retombe et s'affaisse, ou, dans le cas d'emploi d'un treillage, lorsqu'on ne voit plus de bulles d'acide carbonique s'échapper de la surface du liquide, c'est que la fermentation est achevée. On procède alors à l'*encuvage*, qui se fait dans de grands tonneaux appelés *foudres*. Sous l'action des ferments, le sucre de raisin s'est transformé en alcool et en acide carbonique avec production de glycérine et d'acide succinique; la matière colorante de la pulpe du raisin s'est dissoute dans le liquide alcoolique, et l'acidité du moût a diminué par suite de la précipitation d'une partie du bitartrate de potasse, moins soluble dans le vin que dans le moût; après le pressurage, la totalité du sucre n'ayant pas été entièrement décomposée dans cette première fermentation, la petite quantité qui reste inaltérée dans le vin, tendant toutefois à disparaître peu à peu, donne alors lieu à une *seconde fermentation alcoolique* accompagnée de transformations plus complexes. Pendant cette seconde période, le bouquet apparaît ou s'exalte, le vin s'éclaircit, il se forme de la lie qu'on sépare par le soutirage; vers le mois d'avril, pendant cette période, les foudres doivent être visités et remplis fréquemment, pour éviter l'acidification qui se manifeste par la production de petits champignons blancs appelés *fleurs*. Cette *seconde fermentation* est nécessaire *pour que le vin se fasse*; celle-ci s'opère encore à la longue dans les tonneaux et même dans les bouteilles. On sait que le vin s'améliore en vieillissant; il y a cependant une certaine limite de temps, variable suivant la nature du vin, et au delà de laquelle il perd de sa qualité.

Lorsque, par suite des conditions climatériques, la maturation du raisin n'a pas atteint un degré convenable, le moût est très acide et pauvre en sucre; les vins qu'on en obtient sont de qualité inférieure; c'est alors que les vignerons ont recours à la *chaptalisation*. Dans cette opération, qui se pratique, beaucoup en France, principalement sur les vins de Bourgogne, on neutralise l'acidité du moût en y ajoutant du marbre blanc en poudre et en augmentant la richesse en sucre de la vendange par l'addition d'une certaine quantité de sucre de canne (1^{kil}.700 par hectolitre et par degré alcoolique à gagner; il faut rester plutôt au-dessous qu'au-dessus, car le sucre en excès ne s'assimilerait pas). Ce procédé, imaginé par Chaptal, convient aux vins à bouquet fin. La *gallisation* a été préconisée par l'Allemand L. Gall, pour remédier au défaut de richesse saccharine du moût et pour corriger son acidité. D'après Gall, le moût de bonne qualité renfermerait 24 p. 100 de sucre, 0,6 d'acidité et 75 d'eau; on peut, en ajoutant à ce moût du sucre et de l'eau en quantité calculée, le ramener aux teneurs normales en sucre et en acidité. Comme on le voit, cette méthode a pour résultat d'augmenter considérablement la vendange, puisque un moût à 0,8 d'acidité et à 10 p. 100 de sucre, doit être additionné de 70 kilogrammes d'eau et de 30 kilogrammes de sucre pour fournir un moût présentant la composition indiquée par L. Gall. Dans la *pétiotisation*, le marc, qui a été séparé du jus par pression, avant ou après la fermentation, est mis en digestion avec une certaine quantité d'eau sucrée qui fermente: on obtient ainsi des vins désignés sous les noms de *vin de deuxième* et *vin de troisième cuvée*.

En dehors des traitements que nous venons de décrire, les moûts, une fois fermentés, sont soumis à d'autres opérations destinées à améliorer les vins et à corriger leurs défauts. Ainsi, l'on avive la couleur des vins par l'*alunage*, ou par l'addition d'acides minéraux. En Espagne, en Italie et dans le midi de la France, on atténue l'acidité des vins par le plâtrage; on masque le *mouillage* et on facilite la clarification des vins trop chargés en matières albuminoïdes par le salage ou addition de sel marin. L'opération connue sous le nom de *mutage* sert à entraver la fermentation du sucre et conserve de la douceur à certains vins. Les matières les plus employées pour produire le *mutage* sont l'acide sulfureux, l'alcool, l'acide salicylique. L'emploi de ce dernier agent est interdit en France par le Conseil d'hygiène.

Sous l'influence de ferments spéciaux qui ont été découverts et étudiés par M. Pasteur, les vins sont sujets à diverses maladies, telles que la température hydrocarbonée, l'acidification, la pousse, l'amer, la tourne, la graisse, etc. 1° La première de ces maladies, la *fermentation hydrocarbonée*, donne les *vins piqués* ou *fleuris*. Elle est produite par un champignon microscopique, le *saccharomyces vini*, appelé encore *mycoderma vini*, et vulgairement *fleur de vin*: celle-ci forme, à la surface du vin en vidange, une espèce de pellicule blanchâtre. Examinée au microscope, la fleur de vin apparait sous forme de globules ovales, assez gros, et présentant deux vacuoles très bien dessinées. Réunis en chapelets, ces globules s'isolent et se reproduisent par bourgeonnement; dans un liquide aqueux, ils donnent naissance à des spores. Ce champignon brûle entièrement l'alcool du vin, en produisant de l'acide carbonique et de l'eau. Tenir les tonneaux bien pleins est le seul moyen préventif à employer; pour guérir le vin, on le chauffe, et on le soutire dans les tonneaux soufrés. 2° L'*ascence* ou *fermentation acétique*, donnant des vins aigres, est engendrée par le *diplococcus aceti*, constitué par de très petits globules étranglés vers leur milieu et formant des séries qui s'entre-croisent. C'est l'alcool qui disparait dans les vins atteints de cette maladie et qui se transforme en acide acétique. Pour les guérir, on les additionne de tartrate neutre de potasse. 3° La *pousse* est due à des filaments extrêmement fins et déliés, de longueur variable, et constituant le plus souvent des amas mucilagineux. Les tonneaux contenant du *vin poussé* ou *monté* le laissent suinter à travers les joints des douves et leurs fonds: si on vient à les percer, le vin jaillit abondamment; recueilli dans un verre, il s'y forme une couronne de bulles gazeuses; au contact de l'air, il devient plus foncé et se trouble; au goût, il est fade et n'a plus de saveur. Le champignon qui détermine cette maladie décompose le tartre et donne naissance à de l'acide carbonique, à de l'acide propionique et à de l'acide acétique. On guérit le vin en l'additionnant de crème de tartre et on le chauffe. 4° La maladie de la *tourne*, spéciale aux vins du midi de la France, est produite par un mycoderme se présentant sous forme de longs filaments. Le *vin tourné* se trouble, s'irise à la surface; la matière colorante, de rouge qu'elle était, devient violette; le liquide prend une teinte jaunâtre et une saveur amère et légèrement acide. Il se forme de l'acide acétique, mais surtout de l'*acide tartronique*. La guérison est difficile; cependant on se trouve bien d'une addition de tanin et de crème de tartre. Le chauffage est aussi indispensable. 5° La *graisse* attaque de préférence les vins blancs, pauvres en alcool et en tanin. Les *vins gras* ou *filants* ont un aspect visqueux et mucilagineux qu'ils perdent momentanément lorsqu'on les agite violemment. Cette altération est causée par un micro-organisme qui se présente sous forme de globules sphériques réunis en chapelets. On guérit les vins qui en sont atteints en les additionnant de sucre, de tanin (15 grammes pour 250 litres de vin) ou en y mêlant des fruits du sorbier des oiseleurs, de la noix de galle (50 grammes). 6° L'*amertume*, ainsi que son nom l'indique, communique au vin un goût amer et, au début, une odeur particulière. Le microscope recèle dans son sein des filaments très fins, raides, immobiles, enchevêtrés les uns dans les autres. La matière colorante se dépose sur les parois des bouteilles en gros mamelons. Dans cette maladie, une très notable proportion de glycérine disparait et il y a formation d'acide butyrique. Le meilleur procédé pour arrêter cette fermentation est encore le chauffage. Ces maladies du vin sont prévenues par le chauffage du vin a une température de 50° à 65°, qui suffit pour tuer toutes les végétations microscopiques et conserver les vins sans nuire à leurs qualités: les vins chauffés sur les indications de M. Pasteur sont dits *pasteurisés*.

La *composition du vin fait* est complexe; on y trouve des matières volatiles, comme l'eau, l'alcool, des éthers, des matériaux fixes, tels que la glucose, le bitartrate de potasse, des sels à acides organiques, de l'acide succinique, de la glycérine, du tanin, des matières colorantes, etc., qui forment l'*extrait du vin*. Les appareils destinés à l'essai des vins, c'est-à-dire à déterminer leur teneur en alcool et en matières fixes (extraits), sont l'appareil Salleron, le réfractomètre E.-H. Amagat, l'œnobaromètre de Houdard, l'ébullioscope Malligand.

Les vins sont soumis à de nombreuses *falsifications* par addition de matières colorantes végétales et de colorants dérivés des produits de la houille, par coupages avec des piquettes ou des vins de raisins secs, par le plâtrage à dose exagérée, etc., etc.; mais, de toutes les opérations frauduleuses que l'on fait subir aux vins, le *mouillage* est celle qui se rencontre le plus souvent. Elle consiste dans une addition d'eau. Pour masquer le défaut d'extraits dans les vins mouillés, on a recours au *scheelisage*, qui consiste à introduire dans le vin une certaine quantité de glycérine. Le *vinage* s'opère sur le moût ou sur le vin; le vinage avec de l'alcool de vin n'aurait rien d'insalubre, mais il revient cher, et quelquefois on emploie alors, pour viner, des alcools de betterave ou de pomme de terre, dont la nocuité est reconnue. Quelquefois on pratique sur un même vin le mouillage et le vinage.

Les *vins de liqueur* sont des vins alcooliques et sucrés dans lesquels la fermentation du sucre s'est arrêtée spontanément par suite de la forte proportion d'alcool qui s'est formée ou dans lesquels on a arrêté la fermentation par le mutage. Les vins de liqueur sont originaires de la Sicile, de l'Espagne, de la Grèce, des îles Madère. Les *vins mousseux* se font principalement en Champagne; ils doivent être préparés uniquement avec des mélanges de vins blancs additionnés d'une certaine quantité d'un sirop de sucre candi et de liqueur alcoolique, telle que cognac, rhum, kirsch, etc. Le sirop de sucre est ajouté lors de la mise en bouteille, et on laisse s'accomplir une seconde fermentation qui produit de l'acide carbonique, lequel rend le vin mousseux.

Depuis que le phylloxera a réduit considérablement la richesse vinicole de la France, la fabrication du *vin de raisin sec* a pris une grande extension. Le procédé suivi pour obtenir ces vins consiste à verser 80 kilogrammes d'eau sur 100 kilogrammes de raisin secs placés dans une cuve; on porte la masse à une température de 25° à 30°; au bout de deux jours, la fermentation étant achevée, on soutire le liquide et on ajoute au marc 80 kilogrammes d'eau à 30° que l'on soutire quelque temps après pour la mélanger au premier liquide. Le liquide fermenté, ainsi obtenu, renferme 7 p. 100 d'alcool; on le remonte à 10° par addition d'alcool pur, mélangé avec des vins rouges du Midi ou d'Espagne.

Les vins dans lesquels on a fait dissoudre une ou plusieurs substances médicamenteuses sont désignés sous le nom d'*œnolés* ou *vins médicinaux*. Les vins que l'on emploie en pharmacie doivent être choisis purs et généreux, tantôt rouges, tantôt blancs, suivant la nature des principes qui doivent être dissous. On prépare les *vins médicinaux*: 1° par mixtion d'une teinture alcoolique à du *vin*; 2° par solution directe; 3° par macération; 4° par fermentation. On prépare le *vin de quinquina* en faisant macérer 64 grammes de quinquina gris dans 128 d'alcool et en mélangeant ensuite avec 1 kilogramme de vin rouge généreux; on laisse macérer huit jours, puis l'on filtre. Le *vin aromatique* que l'on emploie à l'extérieur en fomentations est préparé avec 128 grammes de feuilles et sommités d'absinthe, d'hysope, de menthe poivrée, d'origan, de romarin, de sauge, de thym et fleurs de lavande, mêlées en parties égales, qu'on fait macérer pendant quatre jours dans 1 kilogramme de vin rouge et 62 grammes d'eau vulnéraire spiritueuse. Le *vin émétique*, jadis appelé *vin antimonié*, employé comme vomitif, se prépare au malaga avec 10 centigrammes de tartre stibié par 32 grammes. On le préparait autrefois avec le verre d'antimoine. ‖ *Vin frais*, qui contient peu d'alcool. ‖ *Faire jambes de vin*, boire abondamment pour faire une longue route. ‖ *Ce vin se laisse boire*, il est potable. ‖ *Vin en cercles*, qui est dans des tonneaux. ‖ *Vin bon à laver les pieds des chevaux*, très mauvais. ‖ *Vin de l'étrier*, vin que l'on boit avant de quitter une compagnie. ‖ *Vin d'honneur, de ville*, vin que des officiers municipaux offrent à de grands personnages quand ils viennent visiter leur ville. ‖ *Mettre de l'eau dans son vin*, le couper avec de l'eau avant de le boire. — Fig. Modérer ses paroles, ses prétentions. ‖ *Vin doux*, vin nouveau qui n'a pas encore fermenté. ‖ *Vin bourru*, vin nouveau non fermenté et que l'on a enfermé dans un tonneau bien cerclé. ‖ *Vin coupé*, vin mêlé avec d'autres vins. ‖ *Vin de teinte* ou *de teinture*, vin très coloré que l'on mêle à des vins qui n'ont pas de couleur. ‖ *Vin de liqueur*, vin très alcoolique. ‖ Ivresse. ‖ *Etre entre deux vins*, être dans un état voisin de l'ivresse. ‖ *C'est un sac à vin*, c'est un ivrogne. ‖ *Avoir le vin bon, mauvais*, etc., avoir une ivresse bonne, mauvaise, être gai, triste quand on a trop bu. ‖ *Avoir une pointe de vin*, commencer à être gai quand on a bu avec excès. ‖ *Etre pris de vin*, être ivre. ‖ *Cuver son vin*, dormir afin de faire passer son ivresse. — Fig. Prendre le temps de réfléchir. ‖ *Vin du marché*, vin que boivent deux personnes qui ont fait une affaire. ‖ *Pot-de-vin*, argent que l'on donne en cachette à quelqu'un pour se le rendre favorable. ‖ *Tache de vin*, tache rouge qui se forme sur la peau avant la naissance et due à un lacis de vaisseaux sanguins. ‖ *Vins médicinaux*, vins qui contiennent des substances médicamenteuses. ‖ Ce mot s'applique à toutes les liqueurs fermentées: *Vin de canne, de bouleau*, etc. ‖ *Vin chinois*, liqueur préparée en faisant fermenter une décoction de millet ou de sorgho. ‖ *Vin de palme*, boisson obtenue par la fermentation de la sève sucrée des palmiers. || *Vin de prunelles*, liquide obtenu en faisant fermenter les petites prunes noires, fruit du prunelier sauvage. — Fig. Mauvais vin. || *Vin des sages*, le mercure. (Alchimie.) — **Prov.** Le vin est tiré, il faut le boire, se dit d'une affaire où l'on est trop engagé pour reculer. — **Hom.** *Vain, vingt.* — **Dér.** *Vinique, vinage, vinette, viner, vinée, vinerie, vineux, vineuse, vinacé, vinacée, vinetier, vinettier, vinaire, vinasse, vinate, vinosité, Vinaroz.* —**Comp.** *Vinaigre, vinaigrer, vinaigrette, vinaigrier, vinaigrerie, vinicole, viniculteur, viniculture, vinifère, vinification, vinomètre,* etc. Même famille : *Œnophile, œnomètre,* etc.

***VINACÉ, ÉE** (*vin*), *adj.* Qui a la couleur ou la saveur du vin.

VINADIO, 36 844 hab. Ville d'Italie, position fortifiée sur la rive gauche de la Stura, dans la province de Coni, à 30 kilomètres du col de l'Argentière, en Italie. Elle barre la communication entre les vallées de Barcelonnette et de la Stura.

VINAGE (*viner*), *sm.* Impôt que le seigneur prélevait sur le vin pendant qu'il était encore dans la cuve. || Aujourd'hui, action d'ajouter de l'alcool au vin pour en augmenter la force. Cette addition doit être faite en ajoutant au moût une quantité déterminée de sucre, lequel en fermentant augmentera la teneur du vin en alcool. (V. *Vin.*)

VINAIGRE (*vin + aigre*), *sm.* Le produit de la fermentation acide du vin, sous l'influence d'un ferment spécial, le *mycoderma aceti.* C'est un liquide limpide de couleur jaune fauve ou rouge, à odeur acide légèrement éthérée, et à saveur franche sans âcreté; il laisse par l'évaporation un extrait brunâtre acide, contenant les sels du vin. *Le vinaigre de vin* doit avoir une teneur, en acide acétique, de 53 à 106 grammes par litre. On trouve dans le commerce du *vinaigre d'alcool*, de *cidre*, de *bière*, de *glucose*, et même du *vinaigre de bois*, acide pyroligneux; on fabrique aussi du vinaigre avec des *piquettes* de raisins secs en les plaçant dans des conditions convenables au développement de la fermentation acétique. Le *vinaigre du vin* est fabriqué principalement dans l'Orléanais; on l'obtient en maintenant du vin dans des tonneaux remplis de copeaux de hêtre et en entretenant dans l'atelier une température propre à activer la fermentation de la *mère du vinaigre*, sorte de tissu cellulaire formé en majeure partie par l'agent de la fermentation acétique, le *mycoderma aceti.* Comme les vins, les vinaigres sont soumis à des falsifications nombreuses dont les plus dangereuses pour la santé sont celles qui consistent à l'additionner d'acides minéraux. Il est facile de reconnaître cette falsification en versant, dans le mélange suspect, du violet de méthylaniline, qui donne une coloration verte en présence des acides minéraux tels que l'acide sulfurique, l'acide chlorhydrique, etc. — **Dér.** *Vinaigrette, vinaigrier* 1 et 2, *vinaigrer, vinaigré, vinaigrée, vinaigrerie.*

***VINAIGRÉ, ÉE** (*vinaigrer*), *adj.* Qui est assaisonné avec du vinaigre. || Passé au vinaigre pour être désinfecté : *Papiers vinaigrés.* (Néol.)

VINAIGRER (*vinaigre*), *vt.* Assaisonner avec du vinaigre.

VINAIGRERIE (*vinaigrer*), *sf.* Fabrique de vinaigre.

VINAIGRETTE (dm. de *vinaigre*), *sf.* Sauce froide faite avec du vinaigre, de l'huile, du persil, de la ciboule, du sel et du poivre. || Viande apprêtée avec cette sauce. || Sorte d'ancienne brouette à deux roues, servant à transporter des personnes.

1. **VINAIGRIER** (*vinaigre*), *sm.* Fabricant de vinaigre. || Marchand de vinaigre et de moutarde. || Petit vase où l'on met du vinaigre.

2. *** VINAIGRIER** (*vinaigre*), *sm.* Espèce de sumac, appelé aussi *roure*, de la famille des Térébinthacées Anacardiées, et très riche en tanin.

VINAIRE (l. *vinarium* : de *vinum*, vin), *adj. m.* Destiné à contenir du vin : *Les tonneaux, les cuves sont des vaisseaux vinaires.* || Qui a rapport au vin : *Le commerce vinaire.*

VINAROZ, 9 848 hab. Ville d'Espagne, port sur la Méditerranée. Le duc de Vendôme y mourut le 11 juin 1712.

***VINASSE** (l. *vinacea*, marc de raisin), *sf.* Vin très faible. || Liquide qui reste dans la chaudière quand on a distillé le vin pour avoir l'alcool qu'il contient. || Résidu de la fermentation et de la distillation des mélasses. Lorsqu'on les distille elles-mêmes avec soin, il passe de l'alcool méthylique, de l'ammoniaque composée que l'on appelle la *triméthylamine.* Il reste, à la fin, dans la cornue, un *salin* noir et poreux, qui est composé presque exclusivement de sels de potasse parmi lesquels le carbonate prédomine. On l'en extrait par un traitement approprié.

***VINATE** (*vin* + sfx. chimique *ate*), *sm.* Sels que forment les acides viniques combinés aux bases.

VINAY, 2 592 hab. Ch.-l. de c. arr. de Saint-Marcellin (Isère). Aciéries, taillanderies, filatures de soie.

VINÇA, 1 792 hab. Ch.-l. de c., arr. de Prades (Pyrénées-Orientales). Eaux thermales.

VINCENNES, 22 237 hab. Ch.-l. de c., arr. de Sceaux (Seine), bâti sur un terrain appelé jadis la *Pissotte.* Célèbre château fort qui remonte à Philippe-Auguste, résidence des rois de France. Le donjon, commencé sous Philippe VI, servit de prison d'État; la chapelle est un chef-d'œuvre du XIVe siècle. Le bois qui entoure cette localité a été converti en parc paysagiste avec lacs et rivières. — *Chasseurs de Vincennes* ou *d'Orléans*, nom donné dès leur première formation aux bataillons de chasseurs à pied de l'armée française.

VINCENNES, 3 500 hab. Ville de l'État d'Indiana (États-Unis d'Amérique), près du confluent de l'Ohio et du Wabash; évêché catholique. Vincennes a été fondée à 200 kilom. S.-O. d'Indianapolis par des émigrants franco-canadiens en 1735.

VINCENT (saint), diacre espagnol, martyrisé sous Dioclétien. Fête le 22 janvier.

VINCENT (SAINT-), cap au S.-O. du Portugal, la pointe la plus occidentale de l'Europe. Tourville y battit la flotte hollandaise en 1693.

VINCENT (SAINT-), 35 000 kilom. carrés, 32 000 hab., île volcanique des Petites Antilles, bien boisée; ch.-l. *Kingston.* Sucre, café, rhum. (Aux Anglais.)

VINCENT DE PAUL (saint) (1576-1660), prêtre français, aumônier général des galères, créateur de l'institution des Sœurs de la Charité, de l'hospice des Enfants trouvés, de l'hôpital de la Salpêtrière. Canonisé en 1737. Fête le 19 juillet. — *Société de Saint-Vincent de Paul*, société de bienfaisance et de charité fondée à Paris en 1828 pour soulager la misère des pauvres à domicile.

VINCENT-DE-TYROSSE (SAINT-), 1 455 hab. Ch.-l. de c., arr. de Dax (Landes).

VINCI (Léonard de) (1452-1519), célèbre peintre italien, né au château de Vinci, près de Florence, fut aussi sculpteur, architecte, ingénieur, mathématicien, littérateur, musicien, etc. Ses plus célèbres tableaux sont la *Cène*, à Milan (fresque), et la *Joconde*; il créa les canaux de la Lombardie. Il vint en France, appelé par François Ier, et mourut au château d'Amboise.

VINCY, ancien village du N. de la France, entre Arras et Cambrai, où Charles-Martel vainquit les Neustriens en 717.

VINDAS [vin-da] (all. *winde* : de *winden*, guinder), *sm.* Cabestan mobile. || Mât planté en terre et au sommet duquel sont fixées des cordes entraînant un pivot mobile, et munies, à leur extrémité inférieure, d'une barre de bois ou d'une poignée appelée *étrier.* On se sert de cet appareil pour exécuter l'exercice de la *course volante.* (Gymn.)

VINDÉLICIE, contrée de l'Europe ancienne, à l'E. de l'Helvétie, bornée au N. par le Danube, à l'E. par l'Atacinus, au S. par le Danube, correspondant à la partie S. du Wurtemberg et de la Bavière occidentale; conquise par les Romains l'an 15 av. J.-C. Cap. *Augusta Vindelicorum* (Augsbourg).

VINDEX (Julius), Gaulois, propréteur de la Séquanaise, sous Néron. Il se révolta contre cet empereur, fut battu sous les murs de Besançon et se donna la mort en 68.

VINDHYA (monts). Chaîne de montagnes de l'Hindoustan, d'une longueur 660 kilomètres, qui s'étend entre Bénarès et le golfe de Cambaye.

VINDICATIF, IVE (bl. *vindicativum* : de *vindicare*, venger), *adj.* Qui a le désir de se venger : *Homme vindicatif.* || Qui annonce le désir de la vengeance : *Avoir des pensées vindicatives.* — **Gr.** Même famille : *Vindicte, venger*, etc.

***VINDICATIVEMENT** (*vindicative* + sfx. *ment*), *adv.* D'une façon vindicative.

VINDICTE (l. *vindicta*, châtiment), *sf.* La poursuite d'un crime au nom de la société : *La vindicte publique.*

VINÉE (*vin*), *sf.* Récolte de vin. || Lieu où l'on fait le vin.

***VINELLE.** (V. *Vinette.*)

VINER (*vin*), *vt.* Rendre le vin plus fort, plus transportable, en y ajoutant de l'alcool : *Viner des vins.*

***VINERIE** (*vin*), *sf.* Lieu où se fait le vin. (Néol.)

***VINETIER** ou ***VINETTIER** (*vinette*), *sm.* L'un des noms vulgaires de l'épine-vinette.

***VINETTE** (*vin* et *vigne*), *sf.* Piquette, petit vin. || Nom du bectigue, appelé aussi *jaseur* et *pipi.* (V. *Pipi*, tome II du Dictionnaire.) || L'oseille des champs.

VINEUX, EUSE (l. *vinosum* : de *vinum*, vin), *adj.* Qui a beaucoup de force, en parlant du vin : *Vin très vineux.* || Qui a le goût, l'odeur du vin : *La nèfle blette est vineuse.* || Additionné de vin : *Limonade vineuse.* || Qui produit beaucoup de vin : *Coteaux vineux.* || Qui a la couleur du vin : *Un rouge vineux.*

VINGEANNE, 76 kilom. Rivière des départements de la Marne et de la Côte-d'Or. Elle prend sa source près de Longeau, dans le plateau de Langres, et se jette dans la Saône.

***VINGEON** (*x*), *sm.* Canard siffleur. || Espèce de canard de Madagascar.

VINGT (l. *viginti*), *adj. num. card.* Vingt, deux fois dix : *Vingt chevaux.* || Beaucoup : *Je vous l'ai dit vingt fois.* || Vingtième : *Page vingt.* — *Sm.* Le nombre vingt. — *Vingt et un*, jeu de hasard, qui se joue avec des cartes. — **Gr.** *Vingt*, précédé d'un *adj.* multiplicatif et non suivi d'un autre nombre, prend un *s* : *Quatre-vingts soldats. Vingt*, suivi immédiatement d'un autre nombre, ne prend jamais d'*s* : *Quatre-vingt-sept hommes.* Autrefois *vingt* pouvait être précédé d'un autre multiplicatif que *quatre* : On disait *six-vingts* pour *cent vingt*; *sept vingts* pour *cent quarante.* C'est un reste de la numération gauloise. — **Dér.** *Vingtaine, vingtain, vingtième, vingtupler.* — **Comp.** Tous les noms de nombre renfermant le nombre *vingt.*

***VINGTAIN** (*vingt*), *sm.* Droit de la vingtième partie des fruits de la terre. — Adj. *Drap vingtain*, dont la trame est composée de 2 000 fils (20 fois 100).

VINGTAINE (*vingt*), *sf.* Vingt ou environ : *Une vingtaine de moutons.*

VINGTIÈME (*vingt*), *adj. num. ord. 2 g.* Qui occupe le rang, la place marquée par le nombre vingt : *Le vingtième arbre d'une allée.* || *La vingtième partie*, chaque partie d'un tout partagé ou supposé partagé en 20 parties égales. — *Sm.* La vingtième partie d'un tout. || Ancien impôt foncier égal au vingtième du revenu : *Il a fallu payer le vingtième.* — *S. 2 g.* Celui, celle qui occupe le vingtième rang, la vingtième place : *Cet élève a été le vingtième en composition.*

***VINGTUPLE** (*vingt* + sfx. l. *plex*, pour *plicatus*, plié : plié en vingt), *adj. 2 g.* Vingt fois autant.

***VINGTUPLER** (*vingtuple*), *vt.* Rendre vingt fois plus grand par la multiplication : *Vingtupler un nombre.*

VINH-LONG, 5 000 hab. Ville de Cochinchine (Indo-Chine), sur la rive droite du bras oriental du Mékong ou Cambodge, au S.-O. de Saïgon. Prise par les Français le 23 mars 1860.

VINICOLE (l. *vinum*, vin + *colere*, cultiver), *adj. 2 g.* Qui a rapport à la culture de la vigne et à la production du vin : *Pays, industrie vinicole.*

***VINIFÈRE** (l. *vinum*, génitif *vini*, vin + *ferre*, produire), *adj. 2 g.* Qui donne le vin : *coteaux vinifères.*

VINIFICATION (l. *vinum*, vin + *ficare*, faire), *sf.* Art de faire le vin. || Transformation du jus de raisin en vin.

***VINIQUE** (*vin* + sfx. chimique *ique*), *adj. 2 g.* Qui dérive du vin : *Acide, alcool vinique.*

***VINOMÈTRE** (l. *vinum*, vin + g. μέτρον, mesure), *sm.* (V. *Œnomètre.*)

***VINOSITÉ** (l. *vinositatem*), *sf.* Qualité d'une substance dont le goût se rapproche de celui du vin.

VINOY (Joseph) (1800-1880), général français.

VINTIMILLE, 6000 hab. Ville d'Italie, petit port à l'embouchure de la Roja, sur le golfe de Gênes.

VINTSCHGAU, nom que porte la haute vallée de l'Adige entre l'Ostler et l'Œtzthal. Le Vintschgau communique avec l'Engadine par la route de l'Ofen-Pass (route de Zurich à Vérone).

VIOL, *svm.* de *violer*. Violence faite à une femme. — **Gr.** C'est seulement au commencement du xviie siècle que ce mot est entré dans la langue; on disait autrefois *violement*. — **Hom.** *Viole.*

***VIOLA.** (V. *Viole.*)

***VIOLABILITÉ** (*violable*), *sf.* Caractère de ce qui peut être violé : *Violabilité des lettres.*

***VIOLABLE** (l. *violabilem*), *adj. 2 g.* Qui peut être violé : *Secret violable.*

VIOLACÉ, ÉE (l. *violaceum*), *adj.* Qui se rapproche du violet : *Couleur violacée.* || Qui concerne la violette.

***VIOLACÉES** ou ***VIOLARIÉES.** (V. *Violariées.*)

***VIOLACER** (du l. *violaceus*, violet), *vi.* Tirer sur le violet : *Cette teinte violace.* — **Gr.** Le *c* prend une cédille devant *a* et *o* : *violaçant.*

***VIOLANT** (du l. *viola*, violette), *adj. m.* *Gris violant*, qui tire sur le violet. — Remarque. Ne pas écrire *violent*, dans le cas ci-indiqué.

***VIOLARIÉES** ou **VIOLÉES** (l. *viola*, violette), *sfpl.* Famille de plantes dicotylédones composées d'herbes, d'arbrisseaux et d'arbres à feuilles alternes, simples, entières ou plus ou moins découpées et accompagnées de deux stipules. Les violariées sont représentées dans nos pays par le genre *viola* ou *violette*. Chacun sait que cette plante est herbacée et se trouve dans les endroits ombragés, dans les haies, sous les taillis. Sa souche émet des stolons radicants très allongés; ses feuilles sont alternes et en cœur. Les fleurs, hermaphrodites et irrégulières, sont solitaires et portées par un pédoncule plus ou moins long. Chacune d'elles est accompagnée de deux stipules latérales; le calice est composé de cinq sépales, insérés sur le bord d'un réceptacle convexe, presque égaux entre eux et se prolongeant au-dessous de leur point d'insertion en une lame membraneuse; deux sont antérieurs, deux latéraux et un postérieur; la corolle est très irrégulière : elle est composée de cinq pétales inégaux et dissemblables, alternant avec les pièces du calice. Les deux postérieurs, alternant avec le sépale postérieur, sont symétriques entre eux; les deux latéraux sont, dans le même cas, différents des précédents; enfin, le pétale antérieur, alternant avec les deux sépales antérieurs du calice, se prolonge à sa base en un éperon creux, plus ou moins long et arqué et faisant saillie entre les deux sépales. Ces pétales varient également quant à la couleur : les deux postérieurs sont plus foncés; les deux latéraux plus clairs, avec des taches plus ou moins foncées; le fond en est blanchâtre ou jaune. L'androcée compte cinq étamines alternant avec les pétales, à filets courts, à anthères biloculaires, introrses, et dont le connectif se prolonge en une lame membraneuse. Les trois étamines postérieures diffèrent des deux autres en ce que le filet de ces deux dernières se dilate sur sa face externe en un éperon glanduleux à son sommet. La partie inférieure de cet appendice s'engage dans l'éperon du pétale antérieur et y déverse le nectar. Au centre de la fleur se trouve le pistil, composé d'un ovaire uniloculaire à trois placentas pariétaux; cet ovaire est surmonté d'un style terminé par un élargissement muni en avant d'une ouverture donnant accès dans une petite cavité tapissée de papilles stigmatiques. A la maturité, l'ovaire se transforme en une capsule s'ouvrant élastiquement en trois valves, sur le milieu de chacune desquelles se trouve un placenta garni de graines. Celles-ci portent, près du hile, une petite dilatation axillaire; elle est, en outre, munie d'un albumen charnu; l'embryon est rectiligne et occupe le milieu de la graine. Certaines espèces possèdent deux sortes de fleurs : les unes, chez lesquelles la corolle est bien développée, mais dont les graines sont stériles : ces fleurs s'épanouissent au printemps; les autres, dont la corolle est peu visible, apétale même, se montrent en été et en automne et ont des graines fertiles. Les Violariées se partagent en trois séries : celle des *Paypayroles*, des *Violettes* et des *Sauvageria*. La première renferme des plantes arborescentes, originaires de l'Amérique tropicale, aux feuilles alternes et aux fleurs *régulières*; dans la troisième section, chez les *Sauvageria*, la fleur est régulière, et l'androcée compte dix étamines rangées en deux verticilles; mais dans le second rang les étamines se sont transformées en lames pétaloïdes, et forment, en quelque sorte, une seconde corolle extérieure. Il existe aussi entre les étamines fertiles du verticille externe de l'androcée un grand nombre de languettes dont l'extrémité est renflée en une petite glande. Ces appendices ont leur origine dans un disque glanduleux qui s'est ainsi développé. Chacun sait que nos violettes indigènes exhalent une suave odeur employée dans la parfumerie et la confiserie. Les pétales de ces mêmes fleurs sont légèrement purgatifs, et les racines de toutes les plantes de la famille sont vomitives. Jadis, avant la découverte de l'Amérique, la médecine se servait de ces racines comme de vomitif. Il en est encore ainsi au Brésil, où les racines de certaines Violariées sont employées à cet usage et connues sous le nom de *faux ipécacuanha*. La violette, et surtout la pensée, sont encore regardées aujourd'hui comme dépuratives et administrées sous forme de tisanes. Les semences de la violette odorante sont purgatives et entraient dans la composition du *catholicon*. (V. *Violette.*) — *Sf.* **Une violariée**, une plante quelconque de la famille des Violariées.

VIOLARIÉES (Diagramme.)

VIOLAT (l. *viola*, violette), *adj. m.* Où il entre des violettes : *Sirop, miel violat.*

VIOLATEUR, TRICE (l. *violatorem*), *s.* Celui, celle qui agit contrairement aux droits, aux lois, aux traités. || Qui profane un temple. || Séducteur.

VIOLATION (l. *violationem*), *sf.* Action que commet celui qui porte atteinte à un droit, qui profane une chose sacrée, qui agit contrairement à un ordre, à une loi, à un engagement : *Violation de sépulture.*

VIOLÂTRE (l. *viola*, violette + sfx. péj. *âtre*), *adj. 2 g.* Voisin du violet : *Une plaie violâtre.*

VIOLE (bl. *vitula* : de *vitulari*, gambader comme un veau), ou mieux

***VIOLE D'AMOUR**, *sf.* Instrument de musique qui tient le milieu entre l'alto et le violoncelle, et qui est monté de six doubles cordes. Placé ainsi entre l'alto et les sons harmoniques du violon, le timbre de la viole d'amour, faible et doux, convient aux rêveries, aux extases, aux mélodies religieuses. || Jeu d'orgues de tuyau à bouche, ouvert de quatre pieds et servant d'unisson à l'octave. — **Dér.** *Violiste, violon, violonet, violoneur, violoneux, violoniste, violoncelle, violoncelliste.*

VIOLEMENT (*violer*), *sm.* Faute que l'on commet quand on désobéit à une loi, à un ordre, quand on ne tient pas un engagement : *Le violement d'un serment.* || Violence faite à une femme (vx).

VIOLEMMENT (*violent* + sfx. *ment*), *adv.* Avec violence, avec impétuosité, avec ardeur. || Extrêmement.

VIOLENCE (l. *violentia*), *sf.* Grande intensité : *La violence de la douleur.* || Promptitude à s'irriter : *La violence du caractère.* || Action de contraindre : *User de violence.* || Action de ne pas observer, de transgresser : *Faire violence à la loi.* || Action de se maîtriser : *Se faire violence.* — *Sfpl.* Brutalités en action ou en paroles : *On ne peut souffrir ses violences.*

VIOLENT, ENTE (l. *violentum*), *adj.* Qui agit avec force : *Vent violent.* || Qui fatigue à l'excès : *Exercice violent.* || Qui fait beaucoup souffrir : *Douleur violente.* || Qui agit ou parle avec brutalité : *Homme violent.* || Qui a le caractère de la brutalité : *Moyen violent.* || Causé par un coup, un accident : *Mort violente.* || Qui agit avec trop de force : *Remède violent.* || Excessif : *Prétention violente.* — **Dér.** *Violence, violenter, violemment; violation; violer, viol, violement, violateur, violatrice, violable, violabilité.* — **Comp.** *Inviolé, inviolable.*

VIOLENTER (*violent*), *vt.* Forcer à faire une chose : *On l'a violenté pour avoir son consentement.* || Faire plier, contraindre : *Violenter les inclinations de quelqu'un.* — **Se violenter**, *vr.* Faire des efforts sur soi-même pour se contenir. — **Syn.** (V. *Obliger.*)

VIOLER (l. *violare*), *vt.* Agir contre : *Violer la loi.* || Pénétrer indûment dans : *Violer un asile, une maison.* || Profaner : *Violer un lieu sacré.* || Fouiller, dégrader dans un but coupable : *Violer une sépulture.* || Faire violence à une femme.

VIOLET, ETTE (*violette*), *adj.* Qui a une couleur semblable à celle de la fleur appelée violette : *Robe violette.* — *Sm.* Couleur violette : *Les évêques sont habillés en violet.* || *Violet végétal*, couleur obtenue en traitant les sels de plomb par l'hématoxyline.

***VIOLETER** (*violet*), *vt.* Donner une teinte violette : *Violeter la cendre bleue pour lui donner la teinte de l'outremer artificiel.* — **Gr.** Le *t* se double devant un *e* muet : *je violette, tu violetteras.*

VIOLETTE (dm. du vx fr. *viole* : *viola*, violette), *sf.* Genre de plantes dicotylédones de la famille des Violariées, auquel appartiennent : 1° la *violette odorante*, à fleur d'un bleu rougeâtre ou blanche, qui fleurit au printemps dans les lieux ombragés et frais et avec les fleurs de laquelle on fait une infusion et un sirop : celui-ci doit être préparé dans un vase en *étain* ou dans un vase en fer battu *bien étamé*; 2° la *violette de chien*, sans odeur et à fleur d'un violet plus pâle que la précédente; 3° la *violette tricolore* ou *pensée sauvage*, qui pousse dans les terrains maigres et avec toutes les parties de laquelle on fait une tisane dépurative. — **Dér.** *Violet, violette, violier, violat, violacé, violacée, violacées, violariées, violées, violâtre; violacer, violant, violeter, violine, violique.*

VIOLETTE

VIOLIER (vx fr. *viole*, la violette), *sm.* La giroflée des murailles, à fleurs jaunes.

***VIOLINE** (du l. *viola*, violette), *sf.* Alcaloïde extrait des racines de violette et qui jouit de propriétés émétiques. || Produit pourpre foncé que l'on obtient en traitant l'aniline par de l'acide sulfurique.

***VIOLIQUE** (du l. *viola*, violette), *adj. 2 g.* Qui concerne la violette. || *Acide violique*, acide blanc, cristallin, tiré des pétales de violette desséchés.

***VIOLISTE** (*viole*), *sm.* Celui qui joue de la viole.

VIOLLET-LE-DUC (Eugène-Emmanuel) (1814-1879), architecte français, élève d'Achille Leclerc, qui s'occupa spécialement de l'architecture du moyen âge. Viollet-le-Duc a laissé un *Dictionnaire raisonné de l'architecture française du XIe au XVIe siècle* en 10 volumes; un *Dictionnaire du Mobilier français de l'époque carlovingienne à la Renaissance* en 6 volumes; l'*Histoire d'une maison*, etc.

VIOLON (dm. de *viole*), *sm.* Instrument de musique, composé de quatre cordes montées sur une petite caisse d'harmonie, et dont on joue avec un archet. — Fig. *Se donner les violons de quelque chose*, en tirer vanité. — Fig. *Payer les violons*, payer les frais d'une chose dont un autre profite. || Celui qui joue du violon : *Le premier violon de l'Opéra.* || Réduit servant de prison dans l'intérieur d'un corps de garde et où l'on met pour la nuit les gens arrêtés, en attendant que la justice décide ce qu'elle en doit faire. — **Dér.** *Violonet, violoneur, violoneux, violoniste, violoncelle, violoncelliste.*

VIOLONCELLE (it. *violoncello*), *sm.* Instrument de musique de même forme, mais bien plus grand que le violon. || Celui qui joue de cet instrument. — **Dér.** *Violoncelliste.*

VIOLONCELLISTE (*violoncelle*), *sm.* Celui qui joue du violoncelle.

***VIOLONET** (dm. de *violon*), *sm.* Instrument de musique à cordes et à archet, intermédiaire entre l'alto et le violoncelle.

***VIOLONEUR** ou ***VIOLONEUX** (*violon*), *sm.* Joueur de violon.

VIOLONISTE (*violon*), *s. 2 g.* Homme ou femme qui joue du violon avec talent.

***VIONNIER** (*x*), *sm.* Cépage des côtes du Rhône dont les fruits, mêlés à ceux du cépage dit la *serine*, servent à faire le vin rouge dit de *Côte-Rôtie.*

VIONVILLE, 450 hab. Commune de l'arr. de Metz (ancien département de la Moselle); aujourd'hui à la Prusse. Grande bataille livree par les Prussiens à l'armée de Bazaine, le 16 août 1870, pour empêcher sa retraite sur Verdun.

VIORNE (l. *viburnum*), *sf.* Genre d'arbrisseaux de la famille du Chèvrefeuille (Caprifoliacées), auquel appartient la *viorne commune* à rameaux très flexibles, à feuilles convertes d'un duvet en dessous, à fleurs blanches et odorantes disposées en corymbe, à fruits d'abord rouges et ensuite noirs; et la *viorne aubier* ou *boule-de-neige*, souvent cultivée dans les jardins, où elle double.

VIORNE

VIBURNUS OPULUS

***VIOTE.** (V. *Velle.*)

VIOTTI (1755-1824), célèbre violoniste italien, et chef incontesté de l'école moderne du violon. Les concertos qu'il a composés pour violon sont devenus classiques.

VIPÈRE (vx fr. *vipre*, du l. *vipera* : de *vivipara*, qui met au monde des petits vivants), *sf.* Genre de serpents venimeux dont fait partie la *vipère commune*, qui vit dans les bois montueux et pierreux de la France, notamment dans la forêt de Fontainebleau. Sa taille est à peu près celle d'une couleuvre; elle est ordinairement brune avec deux rangées de taches noires sur le dos et une autre rangée sur chaque flanc; sa tête est plus mince que celle de l'inoffensive couleuvre, comme tronquée en avant, plus large en arrière que le corps qu'elle dépasse, et portant deux bandes noires qui figurent un **V**; la langue, molle, noire, longue, fourchue à l'extrémité et pouvant s'allonger considérablement hors de la bouche, ne peut faire aucun mal. Il n'en est pas de même des deux grandes dents, très pointues et mobiles, de la mâchoire supérieure, logées dans des replis de la gencive, quand l'animal est en repos; lorsqu'il veut mordre, il les déplie, et par le canal dont elles sont percées s'écoule un venin qui est un liquide jaunâtre, gluant, sans saveur ni odeur, qui vient tomber au fond de la plaie faite par la dent. Ce venin, en quantité suffisante, excepté chez la vipère de France, dont la piqûre est rarement mortelle, peut, en quelques cas, donner la mort avec une rapidité effrayante. Bientôt l'endroit piqué devient rouge, les parties voisines enflent et prennent une teinte jaune et rouge livide, le gonflement gagne de proche en proche. Il survient des vomissements, des sueurs froides et le blessé ne tarde pas à succomber. Il est assez rare que la morsure d'une vipère fasse mourir un homme fort; cependant des enfants et des femmes peuvent y succomber. Dès qu'une personne est mordue, il faut aussitôt sucer la plaie, si l'on n'a pas d'écorchure dans la bouche, et, en aurait-on, on doit sucer quand même : la quantité de venin qui peut entrer par cette écorchure est toujours *très faible* et incapable de déterminer aucun accident sérieux, car le poison avalé et porté dans l'estomac ne cause aucun accident, il ne produit son effet qu'en se mêlant au sang. En même temps que l'on suce la plaie, il faut serrer le membre blessé avec une ficelle liée au-dessus de la piqûre, puis brûler le fond de la plaie avec une aiguille à tricoter, chauffée au rouge blanc. L'ammoniaque ou alcali volatil, que l'on verse souvent sur la morsure, ne sert absolument à rien : il faut donc se garder de croire qu'on est à l'abri du danger quand on a fait usage de ce liquide. La chair de la vipère entrait autrefois dans la composition d'un grand nombre de médicaments, notamment dans la thériaque. || *Vipère fer de lance*, le trigonocéphale. — Fig. Personne dont on doit redouter la méchanceté. || *Langue de vipère*, personne très médisante, calomniatrice. — **Dér.** *Vipereau, vipérine* (s.), *vipérin, vipérine* (adj.), *vipérides, vipéridés, vipériens.* — **Gr.** *Vipère* est de formation savante. Sa forme populaire est *vivre, vuivre, guivre* et *givre.* (Blas.)

VIPÈRE

VIPERA ASPIS

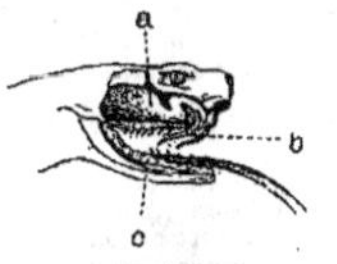

VIPÈRE

a. Glande à venin. — b. Crochet montrant le canal. — c. Glande salivaire.

VIPEREAU (dm. de *vipère*), *sm.* Le petit d'une vipère.

***VIPÉRIDES** ou ***VIPÉRIDÉS** (*vipère*), *smpl.* Famille de reptiles ophidiens solénoglyphes ayant pour type le genre *vipère : Les Vipérides sont tous vivipares.*

***VIPÉRIENS** (*vipère*), *smpl.* Tribu d'Ophidiens qui diffère des Crotaliens par l'absence de fossettes ou d'enfoncements derrière les narines et aussi par celle du bruyant appareil caudal qui a fait donner aux crotales le surnom vulgaire de *serpents à sonnettes.* La tribu des Vipériens comprend, outre le genre *Vipère*, les genres *Péliade, Echidné, Céraste, Échis* et *Acanthophis.*

***VIPÉRIN, INE** (*vipère*), *adj.* Qui concerne la vipère. || *La couleuvre vipérine* ou *la vipérine*, vulgairement *aspic* ou *serpent d'eau.* — Fig. *Grâce vipérine, langue vipérine*, aussi dangereuses que le venin de la vipère.

VIPÉRINE (*vipère*), *sf.* Plante dicotylédone de la famille des Borraginées dont la tige est chargée de poils raides insérés sur des tubercules noirâtres, et dont les fleurs, bleues ou rosâtres, sont un peu irrégulières; elle croît sur les bords des chemins, dans les lieux incultes et pierreux. Elle établit la transition entre la famille de Borraginées et celle des Labiées.

VIPÉRINE

ECHIUM VULGARE

1. ***VIRAGE** (*virer*), *sm.* Espace dont un navire a besoin pour virer de bord.

2. ***VIRAGE** (*virer* 2), *sm.* Passage graduel d'un composé, d'un réactif, d'une couleur à une autre provoqué par des causes diverses. || Immersion de l'épreuve positive photographique dans un bain de chlorure d'or et de potassium, pour déterminer l'apparition de l'image et lui donner plus d'intensité.

VIRAGO (ml. : *hommasse*), *sf.* Fille ou femme de grande taille qui a les traits, la voix, les manières d'un homme.

***VIRBOUQUET.** (V. *Virebouquet.*)

VIRCHOW (Rodolphe), célèbre médecin et homme politique allemand, né en 1821. Il s'est signalé par son opposition au prince de Bismark, de qui il s'est rapproché plus tard.

***VIRE** (*virer* 1), *sf.* Le panaris sous-épidermique, qui tourne autour de l'ongle.

VIRE, 6597 hab. S.-préf. (Calvados), à 265 kilom. de Paris, sur la rive droite de la Vire. Nombreux et beaux édifices du moyen âge; grandes fabriques de drap et de toile, filatures de laine et de coton, papeteries, tanneries; carrières de beau granit gris qu'on emploie pour les trottoirs de Paris. Plusieurs manufacturiers alsaciens y ont transféré leurs usines depuis 1871.

VIRE (la), 132 kilom., fleuve côtier de France, canalisé, qui naît dans le Bocage normand, arrose Vire, Saint-Lô et se jette dans la Manche à l'O. d'Isigny. Elle reçoit la Souleuvre, l'Elle, l'Aure et la Douve.

***VIREBOUQUET** (vx fr. *vire*, anneau, clocher + *bout* ou vx fr. *boucque*, bouche), *sm.* Cheville qui arrête une corde nouée à l'amortissement d'une flèche de clocher. || Cordage attaché à un fardeau que l'on élève pour le maintenir et l'empêcher de tourner. En ce dernier cas, on dit plutôt *verboquet.* — Même famille : *Vilebrequin*, par le genevois *virabouquin.*

***VIRÉE** (*virer* 1), *sf. Tournées et virées*, allées et venues. || Sorte d'étoffe très fine fabriquée à Amiens.

VIRELAI (*virer* + *lai*, en rond, rondeau), *sm.* Ancienne petite pièce de poésie française composée de vers courts et sur deux rimes, dans laquelle les deux premiers vers reviennent comme refrain.

VIREMENT (*virer*), *sm.* Action de virer : *Le virement du cabestan.* || *Virement de bord*, action de virer de bord. || Cession d'une créance à une personne à qui l'on doit une somme équivalente à cette créance. On dit aussi : *virement de parties.* || *Virement de fonds*, transport de fonds d'un chapitre du budget sur un autre.

***VIRÉON** (l. *vireo*), *sm.* Famille d'oiseaux insectivores d'Amérique, du genre Verdier, dont le plumage est plus ou moins teinté de vert et d'olive, et qui se rapprochent du lanier par la forme du bec et certaines habitudes. Les viréons sont pleins de vivacité et quelques espèces sont de mélodieux chanteurs. Outre les larves et les insectes, ils se nourrissent encore de baies. Un des plus beaux oiseaux de ce genre est le *viréon aux yeux rouges.*

VIRÉON

VIREON SOLITARIUS

1. **VIRER** (vx fr. *vire*, cercle, anneau : du l. *viria*, anneau), *vi.* Aller en tournant. — *Vi.* et *t.* Tourner, faire tourner : *Virer au cabestan.* || *Virer de bord*, faire tourner un navire de façon qu'il présente au vent le côté qui n'y était pas exposé. — Fig. Changer de conduite, de parti. — *Vt. Tourner et virer quelqu'un*, le faire parler pour découvrir ce qu'il pense. || *Virer les parties*, faire un virement. — **Dér.** *Virer* 2, *vire, virement, virage* 1 et 2, *vireton, virole, virolage, viroler, virolet, virure.* — **Comp.** *Virelai; environ*, etc.; *virevolte, virevousse, virevouste, virevau, vireveau, virebouquet*, etc.; *virevent, vire-vire* ou *virevaude, virevole.*

2. ***VIRER** (*virer* 1), *vt.* et *vi.* Subir ou faire subir l'opération du virage : *Cette photographie vire bien. Virer l'épreuve* (Photogr.)

***VIRES** (l. *viria*, bracelet), *sfpl.* Annelets placés les uns dans les autres et ayant tous le même centre. (Blas.) — **Dér.** *Virer* 1. (V. ce mot.)

***VIRESCENCE** (l. *virescere*, devenir vert), *sf.* Transformation des organes appendiculaires en organes foliacés, ou passage à l'état vert.

***VIRETON** (*virer* 1), *sm.* Sorte de flèche dont la plume était disposée en spirale, ce qui la faisait tourner. || Flèche d'arbalète.

VIREUX, EUSE (l. *virosum* : de *virus*, poison), *adj.* Vénéneux : *Les propriétés vireuses d'une plante.* || Nauséabond : *Les solanées exhalent une odeur vireuse.*

VIREUX-MOLHAIN, 1 510 hab. Commune du c. de Givet, arr. de Rocroi (Ardennes), sur la Meuse. On y trouve des grès dévoniens (coblencien) qu'on exploite pour pavés.

***VIREVEAU** ou ***VIREVAU** (*virer* 1 + *aval*), *sm.* Cabestan horizontal tournant sur deux tourillons, dont on se sert, sur certains navires, pour lever l'ancre, etc.

***VIREVENT** (*virer* 1 + *vent*), *sm.* Martin-pêcheur.

***VIRE-VIRE** ou ***VIREVAUDE** (*virer* 1), *sf.* Endroit où la mer forme des tourbillons.

***VIREVOLE** (*virer* 1 + *voler*), *sf.* Se dit, à certains jeux de cartes, tels que la bête, l'hombre, lorsqu'ayant tenté de faire la vole, on ne fait pas une levée : *Il a fait virevole.*

VIREVOLTE (pfx. *virer* + *volte*), *sf.* Tour et retour exécuté avec vitesse par un cheval dans un manège.

VIREVOUSSE ou **VIREVOUSTE** (corruption de *virevolte*), *sf.* Virevolte.

VIRGILE (Publius Virgilius Maro) (70-19 av. J.-C.), célèbre poète latin, d'origine gauloise. Né au village d'Andes, près de Mantoue, profondément versé dans la connaissance des antiquités de Rome. Ses principales œuvres sont : 1° les *Bucoliques*, composées de dix églogues; 2° les *Géorgiques*, poème en quatre chants sur l'agriculture; 3° l'*Énéide*, poème épique en douze chants, composé à l'instigation d'Auguste dans le but de donner une illustre origine aux Romains : l'œuvre est restée imparfaite dans les derniers chants, le poète étant mort prématurément à Brindes. Il fut enterré sur un promontoire des environs de Naples. L'harmonie, le goût, la mesure caractérisent sa poésie, empreinte d'une sensibilité exquise, mais il n'a pas le souffle puissant de Lucrèce. — **Dér.** *Virgilien, virgilienne.*

***VIRGILIEN, IENNE** (*Virgile*), *adj.* Qui rappelle la manière, la grâce des poésies de Virgile : *Un style virgilien.* || Au moyen âge, mode de divination qui consistait à ouvrir au hasard les œuvres de Virgile et à prendre pour une prophétie le premier vers de la page.

VIRGINAL, ALE (l. *virginalem*), *adj.* Qui sied aux vierges : *Modestie virginale.* || D'un blanc éclatant : *Lis virginal.* || *Lait virginal*, cosmétique liquide pour adoucir et blanchir la peau, composé d'eau de rose ou de mélilot et de teinture de benjoin. — **Dér.** *Virginalement, virginité.* Même famille : *Vierge*, etc.; *Virginie.*

VIRGINALEMENT (*virginale* + sfx. *ment*), *adv.* Comme il sied aux vierges.

VIRGINIE, jeune et belle plébéienne de Rome; le décemvir Appius Claudius, qui en était épris, engagea un de ses clients à la réclamer comme esclave devant son tribunal. Au moment où Appius donnait gain de cause à son client, le centurion Virginius, père de la jeune fille, la tua d'un coup de couteau (448 av. J.-C.). Ce tragique événement détermina le peuple à abolir le gouvernement des décemvirs.

VIRGINIE (la). État de l'ancienne Union américaine du Nord, borné à l'E. par l'Atlantique, au N. par le Maryland et la Pensylvanie, à l'O. par l'Ohio et le Kentucky, au S. par la Caroline du Nord et traversé par les monts Alleghanys. Le Potomac, le James River, l'Ohio et ses affluents arrosent la contrée. La Virginie fut nommée ainsi par Walter Raleigh en l'honneur d'Elisabeth (reine vierge); elle forme depuis la guerre de la Sécession deux États distincts : la *Virginie orientale* (109 942 kilom. carrés, 1 512 565 hab.), cap. *Richmond* (63 803 hab.), et la *Virginie occidentale* (64 178 kilom. carrés, 618 457 hab.), cap. *Wheeling* (31 266 hab.). La Virginie occidentale est riche en mines de houille, de plomb, de sel, et en sources de pétrole; le pays exporte des céréales et une immense quantité de tabac.

***VIRGINIE** (de *Virginie*, État américain), *sm.* Tabac de Virginie : *Du bon virginie.* || Variété de tulipe.

***VIRGINIQUE** (de *Virginie*), *adj.* *Huître virginique*, belle espèce d'huître.

VIRGINITÉ (l. *virginitatem*), *sf.* État d'une personne vierge.

VIRGINIUS, centurion romain, père de Virginie. (V. ce mot.)

VIRGOULEUSE (village de *Virgoulée*, près Limoges), *sf.* Sorte de poire d'hiver à chair fondante et d'un goût relevé, de grosseur moyenne qui réussit aux expositions chaudes et abritées.

***VIRGULAIRE** (*virgule*), *adj.* 2 *g.* Qui ressemble à la virgule.

VIRGULE (l. *virgula* : de *virga*, baguette), *sf.* Signe de ponctuation (,) qui indique la pose la plus faible, et sert principalement à séparer les unes des autres les parties semblables d'une même proposition, comme sujets, attributs, compléments de même nature, etc. — **Dér.** *Virgulien, virgulaire, virguler;* — **Comp.** *Virguliforme.*

***VIRGULER** (*virgule*), *vt.* Marquer les virgules. (Typogr.) — **Fig.** Marquer de taches virguliformes : *Ces corbeaux virgulaient de leur noir la couche de neige.* (Néol.)

***VIRGULIEN** (*virgule*), *sm.* Nom sous lequel Thurmann comprend quelques-unes des assises du kimméridjien, caractérisées par la présence de l'*exogyra virgula.*

***VIRGULIFORME** (*virgule* + *forme*), *adj.* 2 *g.* Qui ressemble aux virgules : *Empreintes virguliformes.*

VIRIATHE, pâtre lusitanien qui souleva ses compatriotes contre les Romains, fit à ceux-ci pendant sept ans une terrible guerre d'escarmouches, força le consul de Fabius Servilianus à signer un traité de paix, mais fut assassiné par ordre de Servilius Cépion, successeur de Fabius (140 av. J.-C.).

***VIRIDINE** (l. *viridis*, vert), *sf.* La chlorophylle. (V. ce mot.) || Alcaloïde extrait du goudron de houille. — Même famille : *Verd, vert* (V. ces mots); *viridité; viréon.*

***VIRIDITÉ** (l. *viriditatem*), *sf.* L'état vert. || Qualité de ce qui est vert.

VIRIEU, 1 065 hab. Ch.-l. de c., arr. de la Tour-du-Pin (Isère), sur la Bourbre. Tissage de soie.

VIRIEU-LE-GRAND, 1 148 hab. Ch.-l. de c., arr. de Belley (Ain). Bons vins.

VIRIL, ILE (l. *virilem* : de *vir*, homme), *adj.* Qui n'appartient qu'à l'homme : *Sexe viril.* || Qui caractérise l'homme parvenu à son complet développement : *Age viril.* || *Robe* ou *toge virile*, vêtement que prenait à dix-sept ans le jeune Romain le jour où il était inscrit sur le registre des citoyens et recevait son nom complet. — Fig. Ferme, énergique, courageux : *Ame virile.* || *Portion virile*, la quote-part de chaque héritier dans une succession. — **Dér.** *Virilement, virilité.*

VIRILEMENT (*virile* + sfx. *ment*), *adv.* D'une manière virile. || Avec vigueur.

VIRILITÉ (l. *virilitatem*), *sf.* L'âge viril. — Fig. Énergie, vigueur : *La virilité du caractère.*

***VIRLÉ** ou ***VIRLI** (*x*), *sm.* Petit poisson de mer, appelé aussi *vif* ou *venin de marée*, dont la piqûre cause une vive douleur.

VIROFLAY, 1 700 hab. Commune du canton nord de Versailles (Seine-et-Oise).

***VIROLAGE** (*viroler*), *sm.* Action de faire la virole dans les monnaies.

VIROLE (l. *viriola*, sorte de bracelet), *sf.* Anneau de fer ou de laiton qu'on met au bout d'un manche, d'une canne, etc., pour la consolider. || Anneau d'acier dans lequel on met les monnaies pour les frapper. — **Dér.** *Viroler, virolé, virolée, virolet, virolage.* Même famille : *Vires, virer*, etc.

VIROLÉ, ÉE (*virole*), *adj.* Garni d'une ou de plusieurs viroles.

***VIROLER** (*virole*), *vt.* Garnir de viroles.

***VIROLET** (dim. de *virole*), *sm.* Cylindre en sapin employé pour changer la direction d'un fil de caret que l'on tire. || *Virolet d'entrepont*, cylindre empêchant les cordages de frotter contre les corps durs. (Mar.)

VIRTUALITÉ (*virtuel*), *sf.* Caractère, qualité de ce qui est virtuel.

VIRTUEL, ELLE (l. *virtus*, vertu, propriété), *adj.* Capable de produire un effet, mais qui n'en produit point actuellement : *Faculté virtuelle.* || *Déplacement virtuel d'un point*, tout déplacement qu'il peut exécuter malgré les liaisons auxquelles il est assujetti, mais qui peut ne pas être son déplacement réel. (Méc.) || *Travail virtuel d'une force*, le travail infiniment petit qui résulte du déplacement virtuel de son point d'application. (V. *Travail.*) || *Vitesse virtuelle d'un point*, l'espace infiniment petit qu'il parcourt dans la direction de la force qui est appliquée. (Méc.) || *Foyer virtuel*, le point par où passeraient tous les prolongements des rayons lumineux ou calorifiques rendus divergents par leur incidence sur un miroir sphérique convexe ou sur une lentille. || *Image virtuelle*, l'image d'un objet produit par un miroir ou par une lentille, et qui ne peut être aperçue que quand on dirige la vue sur ce miroir ou sur cette lentille, tandis qu'une image réelle est visible de quelque côté qu'on la regarde; les miroirs ordinaires donnent des images virtuelles. — **Dér.** *Virtuellement, virtualité.*

VIRTUELLEMENT (*virtuelle* + sfx. *ment*), *adv.* D'une manière virtuelle : *Le chêne est virtuellement renfermé dans le gland.*

VIRTUOSE (ital. *virtuoso*, habile), *s.* 2 *g.* Homme, femme qui a un grand talent en musique. || Personne habile en quelque chose que ce soit. — **Dér.** *Virtuosité.*

***VIRTUOSITÉ** (*virtuose*), *sf.* L'ensemble des qualités que possède un grand musicien.

VIRULENCE (*virulent*), *sf.* Qualité de ce qui agit comme un virus. — Fig. Activité, énergie comparable dans ses effets à celle d'un virus : *La virulence d'un pamphlet.*

VIRULENT, ENTE (l. *virulentum* : de *virus*), *adj.* Qui agit à la façon d'un virus : *Substance virulente.* || Causé par l'action d'un virus : *Maladie virulente.* — Fig. D'une activité, d'une énergie dont l'effet est comparable à celui d'un virus : *Discours virulent.*

***VIRULIFÈRE** (l. *virus*, humeur âcre + *ferre*, porter), *adj.* 2 *g.* Qui porte ou engendre une matière virulente.

***VIRURE** (*virer* 1), *sf.* Suite de madriers placés bout à bout et s'étendant de l'étrave à l'étambot, pour concourir au revêtement extérieur d'un navire. (V. *Vaigrage.*)

VIRUS [vi-ru-ce] (ml. : *poison*), *sm.* Nom donné à tout élément morbide qui est susceptible de produire chez un sujet sain la maladie dont il tire lui-même son origine. La notion du virus existe en médecine depuis longtemps, bien différente de celle des poisons, avec laquelle on ne pouvait pas la confondre, tant sont disparates les effets de l'un et de l'autre; mais elle restait inexplicable et mystérieuse, lorsque les belles expériences de M. Pasteur prouvèrent que ces maladies, classées sous la dénomination de maladies virulentes, étaient des maladies à microbes, ne récidivant pas. Ces microbes, mis dans certaines conditions de culture, perdaient une partie de leur activité vitale et leur puissance de multiplication par l'accumulation de leurs produits de sécrétion et d'élimination, de sorte que, cultivés et mis en présence d'un organisme sain, ils déterminaient la maladie dont ils dérivaient, mais dans sa forme atténuée. Le principe de l'inoculation des virus de l'organisme comme moyen thérapeutique était dès lors établi. Voici, par exemple, une culture récente de microbes de la maladie connue sous le nom de *choléra des poules.* Si, par un procédé quelconque, soit en l'inoculant directement dans le corps d'une volaille, soit en la mélangeant à ses aliments, nous introduisons une certaine quantité de cette culture dans l'organisme de l'animal, nous voyons apparaître bientôt chez celui-ci tous les symptômes de la maladie et la mort survenir au bout de vingt-quatre ou quarante-huit heures. Mais si, au contraire, au lieu de nous servir d'une culture récente, nous nous servons d'un virus conservé pendant longtemps dans un bouillon défavorable à la multiplication des microbes de la maladie, nous aurons encore déterminé, il est vrai, une maladie accusée par tous les signes que nous aurons observés chez l'autre animal, mais ceux-ci ne se présenteront point avec l'intensité qu'ils offraient dans le premier cas; et l'animal sera guéri dans quelques jours. Si, après la guérison, nous essayons une nouvelle inoculation, soit avec un virus récent, soit avec un virus faible, nous ne verrons plus survenir les signes du choléra des poules. L'animal, frappé par une première inoculation dont les effets ont été bénins, est devenu réfractaire à la maladie. C'est en se basant sur des faits de cette nature, en déterminant par des moyens de culture combinés l'atténuation des virus, c'est-à-dire en diminuant la vitalité et la facilité de reproduction des microbes, que l'on a pu faire servir à la thérapeutique les agents mêmes de certaines maladies. Cette méthode, qui a donné de si bons résultats pour le choléra des poules, pour le charbon et qui a été appliquée également à la morve et à la rage, était déjà suivie d'une façon empirique dans les moyens prophylactiques employés pour la préservation de la variole. Inoculer à un individu une variole légère pour prévenir une variole qui pouvait apparaître grave au milieu d'une épidémie, n'est-ce pas, en somme, inoculer un virus faible capable de déterminer une maladie de même nature que la maladie originelle, mais de plus faible intensité ? (V. *Vaccine* et *Vaccination.*) A la variolisation a succédé la vaccination, dont le principe est absolument identique; et il est même probable que le virus vaccinal n'est qu'une forme du virus variolique. Toutes les maladies virulentes ne bénéficient pas encore de l'inoculation; mais il est possible que dans un avenir plus ou moins éloigné cette méthode leur soit appliquée avec succès. — **Dér.** *Virulent, virulente.* — **Comp.** *Virulifère.*

1. VIS (l. *visus*, vue), *sm.* Ancien mot français qui signifiait *visage* et se trouve encore dans *vis-à-vis.* — **Dér.** *Visage, visière.* — **Comp.** *Envisager, dévisager, vis-à-vis.*

2. VIS [vis-se] (l. *vitis*, sarment de vigne, vrille de plante), *sf.* Cylindre de bois ou de métal dont la surface est entaillée d'une rainure triangulaire ou rectangulaire en forme d'hélice continue dans toute la longueur du cylindre et laissant intacte une partie saillante hélicoïdale et de même forme nommée *filet de vis.* Le cylindre se termine par un renflement qui est la *tête de la vis.* En faisant tourner celle-ci, on enfonce la vis peu à peu dans un écrou ou cylindre creux qui en est comme le *moule.* Au point de vue mécanique, la vis est un organe de transformation de mouvement dans lequel la rotation autour d'un axe produit une translation suivant cet axe. La vis est formée d'un *noyau* cylindrique sur lequel s'enroule en *hélice* (V. ce mot) une saillie, ou *filet,* de forme variable. Dans la *vis à filet triangulaire,* le filet est engendré par un triangle qui se déplace de telle sorte que : 1° son plan passe toujours par l'axe du noyau; 2° l'un de ses côtés reste toujours appliqué sur le noyau; 3° les extrémités de ce côté décrivent chacune une hélice tracée sur le noyau. En remplaçant le triangle par un carré, on a une *vis à filet carré.* Dans les vis à filet triangulaire, le pas (distance verticale entre deux spires consécutives de l'hélice directrice) est égal au côté qui s'appuie sur le noyau : telles sont les vis à bois de grandes dimensions, les vis des boulons, etc. Dans les vis à filet carré, comme les vis en fer de fortes dimensions, le pas est le double de la saillie, de sorte qu'une moitié seulement de la surface du noyau est recouverte par la saillie hélicoïdale. La vis s'engage dans un *écrou,* pièce solide, présentant en creux les formes que présente la vis en relief. Si la vis est fixe, la rotation de l'écrou lui fera prendre un mouvement de translation dans le sens de l'axe, déplacement qui est toujours d'un pas à chaque tour. Si, au contraire, c'est l'écrou qui est fixe, la vis avancera à chaque tour de la même longueur. On peut ainsi produire des résultats différents, suivant les dispositions relatives de la vis et de l'écrou : 1° La vis peut être mobile dans des collets fixes qui ne lui permettent qu'un mouvement de rotation autour de son axe : telles sont les vis calantes, les vis de rappel, etc. 2° L'écrou peut être disposé de façon qu'il ne puisse que tourner autour de la vis sans avancer ou reculer dans le sens de son axe : il faut alors que ce soit la vis qui se déplace suivant cet axe. C'est le cas, par exemple, des lorgnettes jumelles de spectacle, où les oculaires sont fixés à une vis que déplace un écrou dont le mouvement de rotation est seul possible. 3° Il peut arriver que la vis soit entièrement fixe, et que ce soit l'écrou qui ait les deux mouvements de rotation et de translation; c'est le cas de l'écrou d'un boulon : le boulon reste fixe, et c'est en faisant tourner l'écrou qu'on le fait avancer de façon à serrer les pièces qu'on veut assembler. 4° Une autre disposition consiste, au contraire, à avoir un écrou fixe de façon que les deux mouvements de la vis ont lieu simultanément : c'est le cas des presses à copier, par exemple. On emploie souvent la *vis à deux pas,* dans laquelle le noyau porte deux filets, enroulés en sens contraire et de même pas. Le noyau ne peut prendre qu'un mouvement de rotation autour de son axe; au contraire, les écrous qui correspondent à chaque vis sont munis de glissières qui ne permettent que le mouvement de translation longitudinal. On conçoit alors que la rotation du noyau fait avancer en même temps les deux écrous de la même quantité et en sens contraires. Cette disposition est employée pour les tendeurs ou appareils d'attache des wagons de chemins de fer. On la retrouve également dans le tiroir de distribution de vapeur, système Meyer. (V. *Vapeur :* Distribution dans les machines.) Au point de vue pratique, on distingue deux principales sortes de vis : 1° les *vis à bois;* 2° les *vis à métaux.* Elles s'exécutent principalement en fer et en bois. Le tracé de la projection verticale d'une vis repose donc, d'après ce qui précède, sur celui de l'hélice (V. t. I, p. 946, col. 3). La fig. 1, ci-contre, montre comment on peut tracer graphiquement le profil d'une vis à filet triangulaire engendrée par un triangle isocèle se déplaçant sur l'hélice directrice A'B'C'D'... appartenant au noyau, celui-ci se projetant horizontalement suivant le cercle ABCD.... Le sommet du triangle isocèle décrit de son côté une hélice 0'1'2'3'..., qui appartient au cylindre vertical projeté horizontalement suivant le cercle 0, 1, 2, 3, 4... et qui est tracée d'après le même principe. Le profil de la vis à filet carré (fig. 2) correspondra de même : les hélices parallèles A'B'C'D'... et A"B"C"D"... décrites par les deux sommets du carré qui touchent le cylindre directeur; puis celles que décrivent les deux autres sommets O' et O" du carré générateur, hélices qui, sur la figure 2, sont représentées en 0'1'2'3'... et 0"1"2"3".... ‖ **Vis d'Archimède,** appareil employé pour élever l'eau, et composé d'une ou de plusieurs cloisons hélicoïdales en tôle, emboîtées dans une enveloppe cylindrique en bois, et un noyau de même axe en bois. En faisant plonger l'une des extrémités du noyau dans l'eau à épuiser avec une certaine inclinaison, et en faisant tourner ensuite la vis autour de son axe à l'aide d'une manivelle, on produit le mouvement ascensionnel de l'eau : l'eau pénètre dans le canal hélicoïdal formé à l'intérieur de l'appareil, et s'élève ainsi jusqu'à l'autre extrémité, par où elle s'écoule dans le bassin destiné à la recevoir. La *vis d'Archimède* s'emploie également pour le déplacement des matières pulvérulentes. Elle se meut alors dans un canal cylindrique fixe qui lui sert d'enveloppe. ‖ **Vis calantes,** vis destinées à rendre horizontal le support d'un instrument et, par suite, à rendre son axe vertical. Elles sont au nombre de trois et traversent le support, ou plutôt trois branches du support, en formant à peu près un triangle équilatéral. Pour produire l'horizontalité du support, on les fait tourner en agissant sur leur tête à bord guilloché, de façon à incliner le plateau dans un sens ou dans l'autre. On se sert à cet effet d'un niveau à bulle d'air, qu'on place d'abord parallèlement à la ligne de deux des vis : en agissant sur l'une de ces dernières, on amène la bulle du niveau au 0. On place alors le niveau dans une direction à peu près perpendiculaire à la précédente et on amène encore la bulle au point 0, en agissant seulement

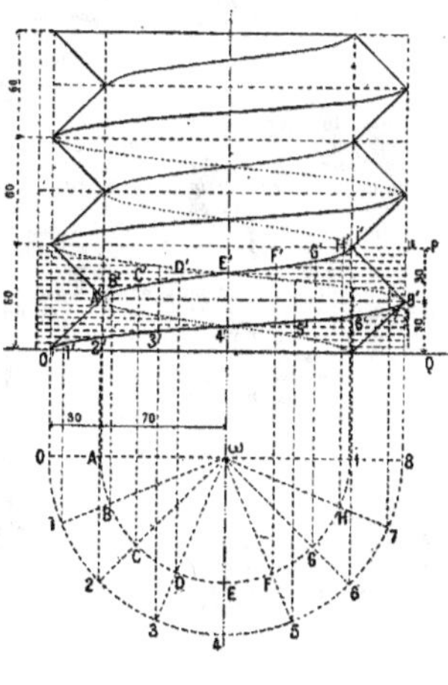

VIS A FILETS TRIANGULAIRES

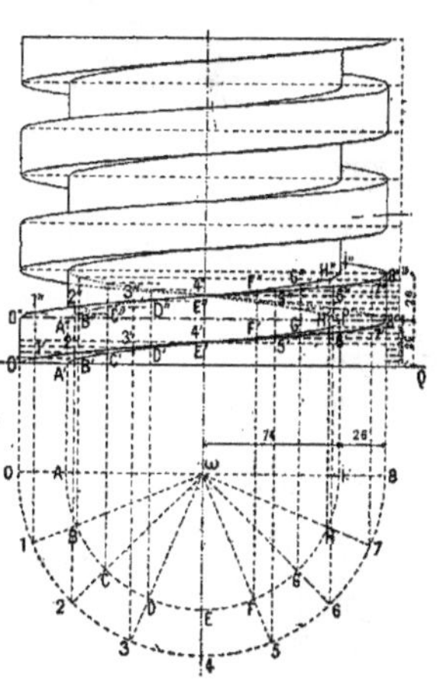

VIS A FILETS CARRÉS

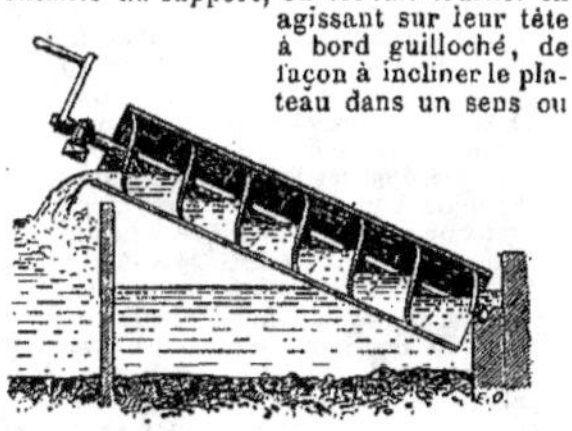

VIS D'ARCHIMÈDE

sur la troisième vis. Dans ces conditions, le support doit être horizontal puisqu'il contient deux horizontales qui se coupent. || **Vis micrométrique**, vis destinée à produire et à mesurer de très petits mouvements rectilignes. Une telle vis doit être filetée avec un soin extrême et avoir un pas très petit (un demi-millimètre, par exemple). Sa tête porte un large limbe gradué en un certain nombre de parties égales. A chaque tour, la vis avance d'un *pas;* à chaque fraction de tour, elle avance d'une fraction de pas donnée par les divisions du limbe gradué; le nombre de tours et de fractions de tour est donné par une règle verticale sur le bord de laquelle se déplace le limbe et dont chaque division représente 1 tour entier (1 *pas*). Si donc le limbe a fait 3 tours entiers et 25 parties de tour, en supposant le pas de $\frac{1}{10}$ de millimètre et le limbe divisé en 500 parties égales, l'avancement de la vis (en supposant l'écrou fixe) sera de $\left(3 + \frac{25}{500}\right)$ 0mm,1 ou de 0mm,305. La *vis micrométrique* est la partie essentielle du *sphéromètre* et s'adapte particulièrement au micromètre des instruments d'optique. || **Vis de pression**, vis à l'aide de laquelle on peut serrer une pièce mobile contre une pièce fixe pour la rendre momentanément solidaire avec celle-ci. || **Vis de rappel**, vis disposée de manière à faire mouvoir d'un mouvement lent et doux une pièce déjà amenée très près de la position qu'on veut lui faire prendre. Comme pour les vis ordinaires, tantôt c'est l'écrou qui est fixe et la vis mobile, tantôt c'est le contraire. || **Vis de pointage**, vis servant à faire varier l'inclinaison d'une bouche à feu sur son affût. || **Vis sans fin**, vis à filet carré engrenant avec une roue dentée destinée à transmettre un mouvement de rotation entre deux axes perpendiculaires entre eux. L'axe de la roue est, en effet, perpendiculaire à celui de la vis, et le point milieu de l'axe de la roue est le pied de la perpendiculaire commune aux deux axes. Habituellement, c'est la vis qui conduit la roue, mais l'inverse peut avoir lieu. On démontre, en mécanique, que la vitesse angulaire ω de la roue est à la vitesse angulaire ω' de la vis comme le nombre n' des filets de la vis est au nombre des dents de la roue n; on a donc la proportion : $\frac{\omega}{\omega'} = \frac{n'}{n}$. Si, par exemple, la roue a 60 dents et qu'il y ait trois filets, la vitesse angulaire de la roue sera 20 fois moindre que celle de la vis. La *vis sans fin* est employée en particulier dans la manœuvre des vannes (V. ce mot), parce qu'en réglant d'une manière convenable les dimensions de l'appareil, on peut faire en sorte qu'un seul homme, appliqué à une manivelle, suffise pour soulever une vanne d'un poids considérable. || **Vis à jour**, nom donné à un escalier *tournant suspendu*, c'est-à-dire tel que les marches, n'étant engagées dans le mur que par un bout, ne soient supportées par aucune construction étrangère, et que le dessous des marches forme une surface continue et hélicoïdale. || **Vis à noyau plein**, escalier dont les marches s'engagent par un bout dans un mur circulaire, et par l'autre dans un noyau cylindrique concentrique au mur. || **Vis Saint-Gilles**, voûte annulaire rampante, destinée à soutenir un escalier à vis et à noyau plein, ainsi nommée du prieuré de Saint-Gilles (Provence), où il existait une voûte de ce genre. || Sorte de clou dont la tige est terminée en vis qu'on fait entrer dans le bois en tournant et qui tient plus fortement qu'un clou ordinaire. || *Pas de vis*, l'épaisseur du filet. — **Hom.** *Vice.* — **Dér.** *Visser, vissé, vissée, vissage, visserie.* — **Comp.** *Dévisser, revisser*, etc. Même famille : *Vitacé, vitacée*, par le l. *vitis; virer, virole*, etc.

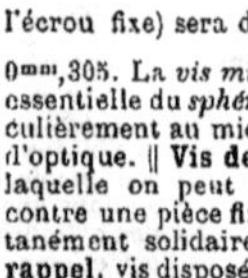

VIS SANS FIN

VISA (pour le l. *visa est*, la pièce *a été vue*), *sm.* Apposition qu'un fonctionnaire autorisé fait du mot *vu* et de sa signature au bas d'un acte pour en constater l'authenticité ou la validité. — Pl. *des visas.* — **Dér.** *Viser* 2.

VISAGE (forme allongée de *vis* 1), *sm.* Tout le devant de la tête depuis le haut du front jusqu'au bas du menton. || *Un visage de prospérité*, qui annonce une bonne santé. || *Le feu lui monte au visage*, il se met en colère. || *Son visage lui fait honneur*, on le croirait mieux portant qu'il n'est. || *Un visage de pleine lune*, une face large. || *Cela ne paraît pas plus que le nez au milieu du visage*, il est impossible de cacher cela. || *Tourner visage*, se retourner en fuyant pour résister à l'ennemi. — Fig. *Trouver visage de bois*, trouver la porte fermée en allant voir quelqu'un; ne trouver personne quoique la porte ne soit pas fermée. || Air, mine : *Visage triste.* || Accueil : *Faire bon* ou *mauvais visage à quelqu'un.* || *Se composer le visage*, prendre un air sérieux. || *Changer de visage*, rougir, pâlir, prendre un autre air que celui qu'on avait. || La personne, caractérisée surtout par son visage : *Il y avait là bien des visages inconnus.* — Fig. Chaque point de vue sous lequel une chose peut être envisagée : *Cette affaire a plusieurs visages.* — A VISAGE DÉCOUVERT, *loc. adv.* Sans masque, sans voile. — Fig. Sans déguisement, ouvertement : *Agir à visage découvert.*

VISAPOUR ou **BEDJAPOUR**. Ville de l'Hindoustan, dans le Dekkan. Autrefois capitale d'un royaume indépendant, elle fut très florissante, mais n'est plus aujourd'hui qu'un amas de ruines.

VIS-À-VIS (*vis* 1), *loc. adv.* En face, à l'opposite : *Je demeure du côté droit de la rue et mon frère vis-à-vis.* — *Sm.* Personne qui est en face d'une autre, à la danse ou à table : *Il était mon vis-à-vis.* || Voiture en forme de berline où il n'y a qu'une seule place dans chaque fond. — VIS-A-VIS DE ou VIS-A-VIS, *loc. prép.* En face de, à l'opposite de : *Il habite vis-à-vis de la mairie* ou *vis-à-vis la mairie.* — **Gr.** *Vis-à-vis la mairie* est d'un style plus familier que *vis-à-vis de la mairie. Vis-à-vis de* ne doit pas être employé dans le sens de *envers.* Dites : *Il a mal agi envers moi* et non pas *vis-à-vis de moi.*

VISBY, 7000 hab. Ville de Suède, ch.-l. de l'île de Gotland. Port de commerce considérable.

***VISCACHE** ou ***VIZCHACA** (péruv. *viscachos*), *sf.* Genre de mammifères rongeurs, originaires des pampas de l'Amérique du Sud, très répandus dans le Chili et surtout dans le Brésil. La taille de ce mammifère est celle d'un gros lièvre, avec une queue longue et la bouche ornée de moustaches noires. Les pieds de devant, armés d'ongles puissants dont il se sert pour creuser, ont quatre doigts, et ceux de derrière trois seulement. Cet animal, qui ne marche qu'en sautillant, a les mœurs timides du lapin, n'erre que la nuit, et est très nuisible aux cultures. Comme les marmottes, il vit en famille dans des terriers appelés *viscachères*, et qu'il creuse lui-même. La fourrure de la viscache est d'un gris plombé, légèrement teinté de brun et de blanchâtre; on n'utilise que son poil, qui fait d'excellents tissus feutrés.

VISCÉRAL, ALE (l. *visceralem*), *adj.* Qui appartient, qui a rapport aux viscères.

VISCÈRE (l. *viscera*, les viscères), *sm.* Tout organe situé dans le crâne, la poitrine ou le ventre, comme le cerveau, le cœur, les poumons, l'estomac, les intestins, le foie, la rate, les reins, etc. — **Dér.** *Viscéral, viscérale.*

***VISCIDITÉ.** (V. *Viscosité.*)

***VISCINE** (l. *viscum*, génitif *visci*, glu + sfx. chimique *ine*), *sf.* Matière essentielle de la glu. || Principe des matières visqueuses produites par le houx, le gui, les figuiers, etc.

***VISCIQUE** (du l. *viscum*, houx), *adj.* 2 *g.* Qui concerne le houx ou ses produits. || *Acide viscique*, acide organique obtenu en distillant sur de la soude la viscine.

***VISCIVORE** (l. *viscum*, génitif *visci*, gui + *vorare*, manger), *adj.* 2 *g.* Qui mange les fruits du gui : *Merle viscivore.*

***VIS COMICA** (ml. : *force comique*), *sf.* La verve que déploie un auteur comique ou qui règne dans une comédie.

VISCONTI, célèbre famille gibeline dont les princes régnèrent sur le duché de Milan de 1277 à 1447 et à laquelle appartenaient les trois frères MATHIEU II, GALÉAS II et BARNABO, qui exercèrent ensemble le souverain pouvoir à partir de 1354. Le premier fut assassiné par les deux autres en 1355; le deuxième, exclusivement adonné aux plaisirs, mourut en 1378 et Barnabo mourut en prison, empoisonné par son neveu Jean Galéas en 1385. Celui-ci, JEAN-GALÉAS VISCONTI (1347-1402), maria sa fille Valentine au duc d'Orléans, frère de Charles VI.

VISCONTI (JEAN-BAPTISTE-ANTOINE) (1722-1784), antiquaire italien descendant d'un bâtard de Barnabo Visconti. — **Visconti** (ENNIUS-QUIRINUS) (1751-1818), fils du précédent. S'étant réfugié en France en 1798, il y devint professeur d'archéologie, administrateur du musée du Louvre et membre de l'Institut. — **Visconti** (LOUIS) (1791-1854), fils du précédent, architecte français qui donna le plan du nouveau Louvre.

VISCOSITÉ (l. *viscosum*, visqueux), *sf.* Qualité des substances pâteuses ou liquides que l'adhérence mutuelle de leurs molécules rend sirupeuses, gluantes. — On désigne sous ce nom la propriété qu'ont les fluides, liquides ou gazeux, de résister au déplacement relatif de leurs molécules, de sorte que les différents filets de leur masse ne peuvent glisser, sans frottement, les uns sur les autres. Cette propriété est peu marquée pour certains fluides, comme l'air, l'eau, etc., sans être pourtant nulle : c'est à elle que sont dues, en effet, les bulles demi-sphériques qui se forment à la surface d'une masse d'eau traversée par un courant gazeux. Le mot de *fluides parfaits* sert à désigner les fluides où la viscosité ferait absolument défaut. En réalité, ce cas ne se présente jamais, et on est obligé d'y avoir égard toutes les fois qu'on étudie le mouvement d'un fluide dans un canal ou dans une conduite de quelque étendue, en tenant compte des différences de vitesses des divers filets. || **Viscosité électrique**, nom donné à la résistance qu'opposent les gaz au passage des étincelles électriques et qui ne paraît pas avoir de relation avec la densité du gaz, ni avec sa viscosité proprement dite. Tout ce qu'on peut dire, c'est que le rapport des viscosités électriques de deux gaz est mesuré par le rapport des distances explosives pour ces deux gaz, toutes choses égales d'ailleurs.

VISÉ, 2793 hab. Ville de la province de Liège (Belgique). Papeterie. On a donné le nom de ce village à une assise du système permo-carbonifère du bassin franco-belge.

VISÉ ou **VIZÉ** (JEAN-DONNEAU DE) (1640-1710), critique, poète dramatique, fondateur du *Mercure galant* (1672).

VISÉE *svf.* de *viser* 1. Direction de la vue vers un but que l'on veut atteindre. — Fig. Dessein, projet : *Avoir des visées ambitieuses.*

1. VISER (bl. *visare* : de *visum*, supin de *videre*, voir), *vt.* Diriger à la fois la vue et une arme vers un but que l'on veut atteindre avec un coup ou un projectile : *Viser un lapin avec un fusil.* || *Viser un article du code*, y renvoyer. — *Vi.* Diriger à la fois la vue et une arme vers un but que l'on veut atteindre avec un coup ou un projectile : *Viser à la tête d'un sanglier.* — Fig. *Viser à*, avoir l'intention d'obtenir : *Viser à un emploi, aux honneurs.* || Avoir pour résultat, pour conséquence : *A quoi ce raisonnement vise-t-il?* || Ressembler à : *Ce propos vise à la raillerie.* — **Dér.** *Visée; visa, viser* 2; *visible, visiblement, visibilité; vision, visionnaire.* — Même famille : *Voir.* (V. ce mot.) — **Comp.** *Invisible*, etc.

2. VISER (*visa*), *vt.* Apposer le visa sur : *Viser un passeport.* || *Viser pour timbre*, apposer sur une feuille de papier libre un visa qui lui donne la valeur d'un papier timbré, opération qui est faite par le receveur de l'enregistrement.

VISEU, 9000 hab. Ville de la province de Tras-os-Montes (Portugal); archevêché. Lieu de passage important dans les vallées du Douro et du Mondego; foire très fréquentée.

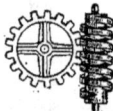

VISIBILITÉ (l. *visibilitatem*), *sf.* Propriété qu'ont la plupart des corps de pouvoir être aperçus par la vue : *Beaucoup de gaz*

ne possèdent pas la visibilité. || La qualité que possède une chose dont l'existence est indéniable : *La visibilité de l'Église.*

VISIBLE (l. *visibilem* : de *videre*, voir), *adj.* 2 *g.* Qui peut être vu : *Éclipse de soleil visible à Paris.* || *Être visible*, être en état de recevoir une visite, consentir à la recevoir : *Monsieur n'est pas visible.* Fig. Évident, manifeste : *Il est visible que le tout est plus grand que la partie.* — **Dér.** *Visiblement.*

VISIBLEMENT (*visible* + sfx. *ment*), *adv.* De manière à frapper la vue : *La rivière baisse visiblement.* || Évidemment, manifestement : *Il a visiblement tort.*

VISIÈRE (*vis* 1), *sf.* Au moyen âge, la partie du casque percée d'ouvertures qui couvrait le visage et que l'on pouvait baisser ou relever à volonté. || *Rompre en visière*, rompre sa lance en en frappant la visière de l'adversaire. — Fig. Attaquer, contredire quelqu'un en face, brusquement et brutalement. || Pièce de cuir ou de drap qui fait saillie sur le devant d'une casquette, etc., et abrite le front et les yeux. — Fam. La vue. — Fig. *Avoir la visière courte*, manquer de pénétration. || *Choquer la visière*, choquer la vue. || Rainure ou petit bouton de métal qui est au bout du canon d'un fusil pour diriger l'œil quand on vise. || Ouverture servant de passage aux essais dans un fourneau de recuisson.

***VISIF, IVE** (du l. *visum*, supin de *videre*, voir), *adj.* Qui concerne la vue, la puissance, la faculté de voir : *Puissance visive.*

VISIGOTH ou **WISIGOTH** (germ. *west*, ouest + *goth*), *sm.* Nom générique des peuples de race germanique qui formaient la fraction occidentale de la nation des *Goths.* (V. ce mot.) Les Visigoths étaient établis entre le Don et la Theiss, lorsque, fuyant devant les Huns, ils obtinrent de l'empereur Valens la permission de traverser le Danube et de s'établir en Thrace. Admis comme soldats auxiliaires de l'empire d'Orient sous la conduite de leur premier roi Alaric, ils envahirent l'Italie et pillèrent Rome en 410, puis ils se mirent à la solde d'Honorius, qui donna l'Aquitaine à leur roi Ataulf (412). En 415, ils commencèrent la conquête de l'Espagne sur les Alains, les Vandales et les Suèves. Il l'avaient achevée en 585; ils s'étaient un instant étendus en Gaule jusqu'à la Loire, mais la victoire de Clovis à Vouillé (507) ne leur laissa au N. des Pyrénées que la Septimanie. Les Visigoths étaient Ariens, relativement doux, et ils s'assimilèrent rapidement la civilisation romaine. Le royaume qu'ils établirent en Espagne y dura jusqu'à 711, époque de l'invasion musulmane dans ce pays. — *Sm.* Homme grossier et barbare. — *Adj.* Qui appartient aux Visigoths. — Fig. Grossier, barbare. — **Dér.** *Visigothique.*

***VISIGOTHIQUE** (*Visigoth*), *adj.* 2 *g.* Se dit de l'écriture et des lois des Visigoths : *Le code visigothique.*

***VISIOMÈTRE** (*vision* + g. μέτρον, mesure), *sm.* Instrument indiquant, pour toutes les vues, le degré de la force visuelle et les verres correspondants.

VISION (l. *visionem* : de *videre*, voir), *sf.* Perception des objets extérieurs par l'organe de la vue : *La vision résulte de l'impression que les rayons lumineux font sur la rétine.* || **Principe de la vision.** La rétine, qui peut être considérée comme l'expansion membraneuse du nerf optique à la face interne de la choroïde, possède la propriété d'être excitée par la lumière, dont l'impression est transmise au cerveau par le nerf optique : tel est le principe de la vision. Les impressions lumineuses seraient accompagnées d'effets produits par le calorique rayonnant obscur des rayons rouges ou de modifications chimiques dues aux rayons ultra-violets contenus dans la lumière, si les appareils protecteurs et les milieux de l'œil ne préservaient la rétine de l'influence de certaines radiations chaudes, et si le cristallin, de nature fluorescente, n'absorbait les radiations ultra-violettes. Dans ces conditions, c'est toujours exclusivement une impression lumineuse que reçoit la rétine et que transmet le nerf optique. Divers excitants mécaniques ou chimiques peuvent irriter la rétine; mais leur action se traduit toujours par une impresssion subjective de lumière et provoque toujours une sensation lumineuse. Ces sensations se produisent souvent à l'occasion de causes mécaniques internes, telles que les congestions des vaisseaux de l'encéphale. On peut les produire artificiellement en comprimant légèrement le globe de l'œil sur les paupières fermées. Elles sont désignées par le nom des *phosphènes.* Les impressions de la lumière sur la rétine persistent environ un dixième de seconde après que la cause a cessé d'agir : un point lumineux qu'on fait tourner rapidement devant les yeux donne la sensation d'une circonférence ou d'une bande lumineuses.

Mécanisme de la vision. L'ensemble de l'œil peut être comparé à une chambre photographique. Les rayons lumineux traversent les milieux réfringents, la cornée, l'humeur aqueuse, le cristallin, l'humeur vitrée, ensemble qu'on peut considérer

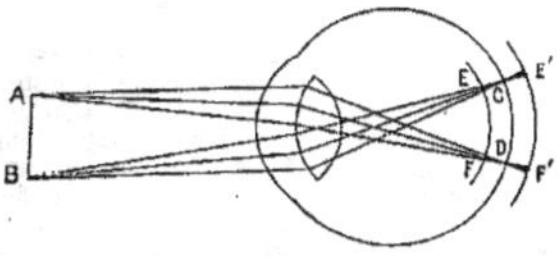

MÉCANISME DE LA VISION
Fig. 1.

comme un système convergent ou une lentille biconvexe (V. ce mot), et se réunissent sur la rétine à des points qui deviennent les foyers conjugués des points lumineux. L'ensemble de ces foyers conjugués forme sur la rétine une image renversée de l'objet lumineux. C'est ce qu'on peut voir dans l'œil d'un lapin atteint d'albinisme, c'est-à-dire dont la choroïde ne contient pas de pigment et, par conséquent, est transparente. Pour ce système lenticulaire, comme pour toutes les lentilles, il existe une droite indéfinie perpendiculaire au centre de figure de la cornée, pénétrant normalement tous les milieux réfringents et formant l'axe principal du système. On appelle cette ligne *axe optique.* Le *centre optique* de l'œil est un point situé sur cet axe, dans le cristallin, près de la face postérieure, et par lequel tout rayon lumineux peut passer sans subir de déviation. Toute droite passant par le point lumineux et le centre optique est un *axe secondaire* sur lequel se trouve le foyer conjugué. Les deux axes secondaires passant par les deux bords extrêmes de l'objet lumineux déterminent par leur écartement l'*angle visuel*, dont la valeur est inversement proportionnelle à la distance de l'objet. Pour que la vision soit nette, l'image doit se former exactement sur la rétine. Si les points C et D (fig. 1), foyers conjugués de A et B, se trouvent portés en avant de la rétine en EF ou en arrière en E'F', la rétine coupe une des nappes du cône lumineux suivant un cercle appelé *cercle de diffusion*, et alors l'image est indécise. Dans les instruments d'optique, l'image formée au foyer se rapproche ou s'éloigne de la lentille suivant que l'objet lumineux s'éloigne ou se rapproche lui-même. Dans l'œil normal, l'image se forme toujours au même point pour toutes les distances, grâce à la faculté d'*accommodation* de l'organe visuel. Cramer et Helmholtz ont démontré que l'adaptation de l'œil aux diverses distances est le résultat d'une modification passagère de la forme du cristallin, due à l'action du *muscle ciliaire.* Ce muscle est un anneau grisâtre, mou, placé à la face interne de la sclérotique en arrière de sa jonction à la cornée. Sa contraction relâche la zone de Zinn, et le cristallin prend alors une forme plus convexe. Quand le muscle ciliaire est relâché, le cristallin est *au repos* et forme sur la rétine les images des corps situés à l'infini. Dans les yeux *emmétropes*, ou normalement construits, si les corps se rapprochent, en même temps que le diamètre de la pupille varie, la courbure du cristallin augmente. Mais cette accommodation a des limites : à la tension maximum du muscle ciliaire correspond le *punctum proximum* ou minimum de la distance de la vision distincte. Ce *punctum proximum* varie avec les individus, et chez l'individu aux diverses époques de la vie. Le minimum de la distance augmente d'ordinaire avec l'âge. (V. *Presbytie.*) Si le cristallin est placé à trop grande distance de la cornée, le point de convergence des rayons parallèles venus de l'infini se trouve en avant de la rétine, et, en ce cas, les efforts d'accommodation augmentent cette convergence et raccourcissent encore la distance focale. Ce vice de conformation constitue la *myopie*, qui oblige à rapprocher l'objet de l'œil en laissant le cristallin au repos. Enfin, l'hypermétropie (V. ce mot), obligeant l'œil à des efforts d'accommodation constants, quelle que soit la distance de l'objet, rend cette accommodation impossible à la longue en causant l'hypertrophie du muscle ciliaire. On remédie à la presbytie et à l'hypermétropie au moyen de lentilles biconvexes, à la myopie au moyen de verres biconcaves. Il est plus difficile de remédier à l'*astigmatisme*, défaut des yeux dont les surfaces ne représentent pas un ellipsoïde de révolution, mais sont composées de courbures variables, qui donnent aux rayons lumineux situés sur un même plan un degré de convergence différent. L'*aberration de sphéricité* est à peu près nulle dans l'œil, grâce à l'ouverture variable de l'iris et à la constitution du cristallin, dont les couches concentriques augmentent de pouvoir réfringent à mesure qu'on approche du centre. De même, l'*achromatisme* de la lentille oculaire est à peu près parfait, le pouvoir dispersif des milieux de l'œil étant très faible. Quand de petites particules opaques existent dans les milieux transparents, elles projettent une ombre sur la rétine, et cette ombre forme une image qui paraît avoir un objet hors de nous-mêmes. C'est ainsi qu'on voit des points isolés ou en chapelet, des lignes, des stries, des ronds noirs qui dansent devant les yeux. Ces particules opaques sont extra-rétinales ou intra-rétinales. || **Vision binoculaire.** Dans la vision binoculaire, les axes optiques des deux yeux se portent simultanément sur le même point lumineux, formant un angle qui diminue à mesure que grandit la distance. Deux images du même objet se forment à la fois dans les deux yeux, et les deux impressions s'accordent pour donner une sensation unique,

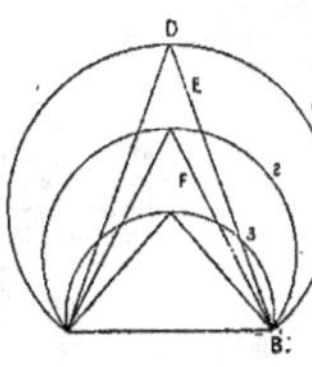

VISION BINOCULAIRE
Fig. 2

bien que ces deux impressions ne puissent être identiques, surtout quand l'objet lumineux est à courte distance. Mais il faut, pour que cet accord ait lieu, que les deux images tombent sur des points exactement correspondants des deux rétines. En effet, si, en fixant un objet avec les deux yeux, on déplace les points symétriques des deux rétines, en pressant le globe d'un des deux yeux avec le doigt, on apercevra deux images de l'objet, l'une moins distincte que l'autre. Le *lieu* des points lumineux qui produisent sur les deux rétines l'impression d'une image unique s'appelle *horoptre.* En admettant que le centre optique de l'œil est confondu avec le centre de la sclérotique, ce qui n'est pas rigoureusement exact, l'horoptre serait déterminé par une circonférence passant par les centres optiques des deux yeux A et B (fig. 2) et par le point de convergence des axes optiques D, E, F. Le cercle 1 est l'horoptre pour le point de convergence en D, le cercle 2 pour le point de convergence en E, etc. || Ce que Dieu fait voir à un homme en esprit ou par les yeux du corps : *La vision d'Ézéchiel.* || Image n'ayant rien de réel que l'on croit voir dans un égarement d'esprit ou une perversion des sens : *Les visions des hallucinés.* — Fig. Idée folle, extravagante : *On ne peut guérir la vision de ceux qui cherchent à découvrir le mouvement perpétuel.* — **Dér.** *Visionnaire.* — **Comp.** *Visiomètre.*

VISIONNAIRE (*vision*), *adj.* et *s. 2 g.* Qui croit faussement avoir des visions, des révélations. || Qui a des idées folles, extravagantes.

VISIR, *sm.* (V. *Vizir.*)

VISITANDINE (de *visiter*), *sf.* Religieuse de l'ordre de la Visitation.

***VISITATEUR, TRICE** (l. *visitatorem : de visitare*, visiter), *s.* Celui, celle qui visite. || *Visitatrice*, la religieuse chargée par la maison mère de visiter les succursales d'une congrégation.

VISITATION (l. *visitationem*), *sf. La Visitation de la sainte Vierge*, fête instituée en 1263 par saint Bonaventure en mémoire de la visite faite par la vierge Marie à sa cousine Élisabeth (2 juillet). || *Ordre de la Visitation*, ordre de religieuses dites *visitandines*, fondé en 1610 à Annecy par saint François de Sales et Mme de Chantal en l'honneur de la visitation de la Vierge.

VISITE, *svf.* de *visiter*. Action d'aller voir quelqu'un par civilité ou par devoir. || *Rendre visite à quelqu'un*, l'aller voir chez lui. || *Rendre à quelqu'un sa visite*, faire à son tour une visite à quelqu'un qui vous en a fait une préalablement. || *Carte de visite*, petit carré de carton fin sur lequel on a écrit ou fait graver son nom, et qu'on laisse chez les personnes à qui l'on va faire visite quand on ne les trouve pas chez elles. || Personne qui vient faire une visite : *La visite est restée longtemps.* || Examen que fait un médecin de l'état d'un malade qu'il va voir. || Recherche, perquisition faite dans un lieu pour y découvrir quelque chose, quelque personne ou pour voir si tout y est bien en ordre. || *Visite domiciliaire*, perquisition faite par la justice dans le domicile d'un citoyen pour y découvrir une personne qu'elle recherche, un écrit délictueux, des marchandises de contrebande, un objet volé ou recelé, des armes ou munitions de guerre, etc. Le procureur de la République, le juge d'instruction, le juge de paix, un officier de gendarmerie peuvent seuls y procéder en se faisant accompagner du maire de la commune ou du commissaire de police. Les employés des contributions indirectes et des douanes ont le droit de visite sans être astreints à d'autres formalités que de porter les insignes de leurs fonctions. || Examen que font les employés de l'octroi, les douaniers aux portes d'une ville ou aux frontières pour s'assurer si les bagages des voyageurs, les voitures, etc., ne renferment aucun objet soumis à des droits d'entrée. || Inspection que le service de santé, l'autorité maritime, la douane font d'un navire qui part du port ou qui y arrive. || Inspection qu'un navire de guerre fait en pleine mer d'un bâtiment marchand pour s'assurer s'il ne fait point la traite des nègres ou s'il n'est point chargé de contrebande de guerre. || *Droit de visite*, droit qu'a tout navire de guerre de s'assurer si un bâtiment marchand qu'il rencontre en pleine mer n'est point un négrier. || Examen d'un lycée, d'une école par un inspecteur de l'Université. || Tournée que fait un évêque dans les paroisses de son diocèse : *Visite pastorale.* || Action de se rendre à une église, à une chapelle pour y prier. || Sorte de manteau de dame.

VISITER (l. *visitare*, fréquentatif de *videre*, voir), *vt.* Aller voir quelqu'un chez lui : *Visiter un ami.* || Aller voir par charité ou par dévotion : *Visiter les prisonniers.* || Parcourir pour se renseigner, pour s'instruire ou simplement pour voir : *Visiter un pays, un musée.* || Inspecter : *Visiter une école.* || Scruter, fouiller : *Les douaniers visitent les bagages à la frontière.* || Examiner en détail : *Faire visiter une maison par un architecte.* — **Se visiter**, *vr.* Se rendre mutuellement visite. — **Dér.** *Visite, visitation, visitandine, visitateur, visitatrice, visiteur, visiteuse.*

VISITEUR, EUSE (l. *visitatorem*), *s.* Celui, celle qui visite, qui fait souvent des visites, dont l'emploi est de visiter.

***VISMIE** (*x*), *sf.* Genre d'arbres et d'arbrisseaux dicotylédones (famille des Hypéricinées) végétant en Afrique et dans l'Amérique tropicales.

***VISNAGE** ou ***VISNAGUE** (*x*), *sf.* Plante dicotylédone de la famille des Ombellifères, du midi de l'Europe, appartenant au genre ammi, et dont on fait des cure-dents.

***VISNÉE** (de *Visne*, botaniste portugais), *sf.* Genre d'arbrisseaux ou de plantes dicotylédones polypétales hypogynes, voisines des Malvacées, à feuilles alternes, simples, persistantes, sans stipules, coriaces. Elle est originaire des îles Canaries, où on l'appelle *visnea mocanera.*

VISO, 3836 mètres. Massif de montagnes qui relie les Alpes maritimes à celles du Dauphiné, où le Pô prend sa source et dont les plus hauts sommets sont visibles des plaines du Piémont et de la Lombardie. Il est traversé par une route taillée en partie dans le roc qui fait communiquer la vallée de la Durance avec le bassin du Pô. Elie de Beaumont, dans ses études sur les systèmes de montagnes, distinguait un système du mont Viso et du Pinde, séparant l'infracrétacé du crétacé.

***VISON** (*x*), *sm.* Mammifère carnassier du genre marte, qui se rapproche du putois par la structure du squelette, mais s'en distingue par la couleur de son pelage, d'un brun uniforme, serré, court et luisant. La tuberculeuse supérieure est très grande, massive, et sert à l'animal à broyer les parties dures des animaux aquatiques, comme les crustacés ou les mollusques. Le museau du vison est arrondi, les oreilles sont courtes, et son corps, dodu, est terminé postérieurement par une queue longue et bien touffue ; il est en outre porté par des pattes assez courtes et dont les doigts, surtout ceux des pattes postérieures, sont réunis par une membrane qui en fait des pieds palmés. Les glandes, puantes, sont peu développées : aussi ces animaux sentent-ils peu le fauve, excepté dans le cas où ils courent un grand danger. Le vison vit près des eaux, dans les marécages, dans les taillis situés sur le bord des lacs, des étangs, etc. Il nage et plonge bien et longtemps ; il est assez agile à la course ; il grimpe facilement mais il se tient généralement près du sol, se cachant dans les fentes des rochers, ou dans les terriers abandonnés par les petits rongeurs. Il se nourrit de tout ce qui vit au bord des eaux ou dans les eaux : poissons, écrevisses, coquillages, rats, grenouilles, etc. Pris jeune, le vison peut être facilement apprivoisé et sert alors aux mêmes usages que les furets. Il est cependant moins intelligent que les martes et les loutres et se laisse prendre aux pièges même les plus grossiers. Ils servent de passage entre les martes et la loutre. Le vison est originaire des régions polaires. On en connaît trois espèces : 1° le *vison de Sibérie*, d'un brun jaunâtre, dont la queue est longue et touffue et les pieds blanchâtres : il habite, comme son nom l'indique, la Sibérie orientale ; 2° le *vison d'Europe*, appelé *norz* par les Allemands, est gros comme un furet ; son pelage est brun taché de blanc sur le nez, et on le rencontre dans le N.-E. de l'Europe, de l'Oural au Weser ; 3° le *vison d'Amérique*, le *mink* des Américains, au pelage brun sans aucune tache, et de taille un peu plus forte que celle de l'espèce précédente, habite l'Amérique du Nord. La peau des visons est très recherchée par les fourreurs, qui la classent après la zibeline à cause de sa belle couleur châtain foncé et de la mollesse du duvet de sa fourrure.

VISON

VISON-VISU [vi-zon-vi-zu] (l. *visum*, + visu), *loc. adv.* Vis-à-vis.

VISORIUM (ml.), *sm.* Petit instrument qui sert à tenir la copie sous les yeux du compositeur typographe. (Impr.)

VISQUEUX, EUSE (l. *viscosum* : de *viscum*, gui et glu), *adj.* Gluant, poisseux, sirupeux : *Pâte visqueuse. Liquide visqueux.* — **Dér.** *Viscosité.*

VISSAGE (*visser*), *sm.* Action de visser. || Défaut dans la pâte du potier inégalement comprimée à la main, en montant la pièce sur le tour.

VISSER (*vis*), *vt.* Fixer avec des vis. — **Se visser**, *vr.* Être fixé avec des vis.

VISTRE, 68 kilom. Rivière du département du Gard, arrose Milhau, Uchaud et se jette dans le canal du Vistre, d'où elle se rend à Aigues-Mortes par le canal de la Radelle.

VISTRITZA ou **INDJE KARASOU**, rivière de la péninsule des Balkans, qui se jette dans le golfe de Salonique.

VISTULE (all. *Weichsel*, slave *Visla*), 1100 kilom., fleuve de l'Europe orientale qui prend sa source dans la Silésie autrichienne, sur le versant septentrional des Carpathes, dans les Beskides. Elle sert de frontière entre la Silésie prussienne et l'Autriche jusqu'au confluent de la Przemza ; elle passe à Cracovie et forme la limite entre la Pologne russe et la Galicie jusqu'au confluent du San, à Sandomir. Elle se dirige vers le N., puis vers l'O. par Ivangorod, Varsovie, Modlin ou Novo-Georgiewski, Plock ; pénètre en Prusse à Thorn, et, à partir du confluent de la Brahe, se dirige vers le N. Elle arrose Kulm, Graudenz et se divise en deux bras : 1° à droite, la *Nogat*, qui arrose Marienbourg et aboutit au Frische-Haff ; 2° le bras de gauche, sous le nom de *Vistule*, passe à Dirschau et se jette dans le golfe de Dantzig. La Vistule devient navigable à Cracovie ; sa largeur varie de 350 à 700 mètres dans la Pologne russe (770 mètres à Thorn, 1000 au point où elle se divise) ; sa profondeur est de 4 à 7 mètres. Le fleuve gèle chaque hiver et, en général, la débâcle est accompagnée d'inondations terribles. En Prusse, il existe des ponts fixes pour les chemins de fer à Thorn, Graudenz, Dirschau et Marienbourg. La Vistule reçoit à gauche : 1° la Przemza ; 2° la Pilica ; 3° la Bzura ; 4° la Brahe, qui arrose Bromberg. A droite : 1° la Skawa, qui vient du Baba-Gura ; 2° la Raba ; 3° la Donajek, grossie de la Poprad ; 4° la Vislokn ; 5° le San, qui arrose Szanok, Przemysl, Jaroslav et se jette à Sandomir ; 6° la Narew, qui passe à Lonza, Ostrolenka, Pultusk. A Siérock, elle reçoit le Bug, venu de Lemberg en Galicie et qui passe à Brest, Litowski, Dubienka et Nur. La Narew reçoit, en outre, la Bobra, la Pissa, l'Omulev, l'Oukra et se jette à Modlin dans la Vistule. 7° La Drevenz, qui sort du lac d'Osterode et se jette dans la Vistule près de Thorn. 8° La Wieprz, qui se termine à Ivangorod.

***VISU (DE)** [dé-vi-zu] (ml. : *d'après la vue, pour l'avoir vu*), *loc. adv.* Par ses propres yeux. || Après avoir vu : *Rapporter une chose* de visu. — **Dér.** *Visuel, visuelle.*

VISUEL, ELLE (l. *visualem* : de *visus*, vue), *adj.* Perçu par la vue. || *Rayon visuel*, tout rayon lumineux qui, partant d'un objet, pénètre jusqu'au fond de l'œil. || *Angle visuel*, celui que forment au fond de l'œil les deux rayons lumineux qui partent des deux extrémités d'un corps. || *Horizon visuel*, tout l'espace que la vue embrasse.

***VITACÉ, ÉE** (du l. *vitis*, vigne), *adj.* Qui est de la nature de la vigne.

VITAL, ALE (l. *vitalem* : de *vita*, vie), *adj.* Qui fait vivre, qui entretient la vie : *La respiration est une fonction vitale.* || *Principe vital*, force immatérielle, hypothétique que l'on croyait produire les phénomènes de la vie. — **Fig.** *Question vitale*, le point le plus important d'une affaire. (Néol.) — **Dér.** *Vitalité, vitalisme, vitaliste.*

VITALISME (*vital* + sfx. *isme*), *sm.* Doctrine qui admet un principe dit *vital* indépendant de l'organisme et duquel dépendraient les phénomènes physiologiques et pathologiques.

VITALISTE (*vital*), *sm.* Médecin qui admettait l'existence du principe vital. — Adj. *L'école vitaliste.*

VITALITÉ (l. *vitalitatem*), *sf.* Aptitude des tissus animaux et végétaux vivants à remplir les fonctions dont l'ensemble constitue la vie. || *Vitalité fœtale*, manifestations de l'état de vie du fœtus dans l'utérus. || Force de vie : *Le chat est doué d'une grande vitalité.*

VITCHOURA (all. *wildschur* : de *wild*, sauvage + *schur*, fourrure), *sm.* Sorte d'ancien pardessus garni de fourrures.

VITE (vx fr. *viste*, vue : de l'ital. *visto*, vu, rapide comme la vue), *adj. 2g.* Prompt, dont les mouvements sont très rapides : *Pouls vite.* — *Adv.* Avec vitesse, promptement : *Marcher vite.* — **Dér.** *Vitement, vitesse.*

***VITELLIENNES** (TABLES), *adj. pl.* Petit portefeuille, petit souvenir.

***VITELLIN, INE** (l. *vitellum*, jaune d'œuf), *adj.* Qui appartient au vitellus. ‖ *Membrane vitelline*, membrane qui enveloppe le jaune de l'œuf.

***VITELLINE** (l. *vitellus*), *sf.* Membrane qui entoure le vitellus de l'œuf. ‖ Substance albuminoïde qu'on retire du jaune de l'œuf et qui existe aussi dans le cristallin.

VITELLIUS, chef des légions romaines du Rhin, qui, proclamé empereur par ses soldats (69), ne se signala que par une gourmandise extraordinaire. Après huit mois de règne, il fut égorgé par les partisans de Vespasien.

***VITELLUS** (ml.), *sm.* La substance de l'ovule, moins la membrane vitelline et la vésicule germinative. ‖ *Vitellus de formation*, la petite tache connue sous le nom de *germe* ou de *cicatricule*. (V. *Œuf.*) ‖ *Vitellus de nutrition*, l'ensemble des cellules de l'œuf contenant la matière destinée à nourrir le jeune animal et qui constitue le jaune de l'œuf. (V. *Œuf.*) — **Dér.** *Vitellin, vitelline* (adj.), *vitelline* (s.).

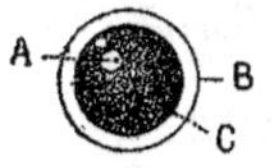

VITELLUS

(Grossi 250 fois)

OVULE DE L'HOMME

A. Vésicule germinative. — B. Zone pellucide. — C. Vitellus.

***VITELOT** (dm. du l. *vitta*, bandelette), *sm.* Ruban de pâte cuit dans une sauce piquante ou dans du lait. — **Dér.** *Vitelotte.*

***VITELOTTE** (*vitelot*), *sf.* Toute pomme de terre allongée cylindrique, couverte d'yeux très nombreux, enchâssés dans une cavité profonde : *Les vitelottes peuvent être blanches, jaunes, roses ou rouges.*

VITEMENT (*vite* + sfx. *ment*), *adv.* Avec vitesse.

VITEPSK, 32000 hab. Ville de la Russie d'Europe, sur la Dwina du Sud ou Duna, dans l'ancienne Lithuanie. Elle donne son nom à un gouvernement dont le sol est en partie couvert de forêts. Bestiaux, abeilles, cuirs et laines.

VITERBE, 20637 hab. Ville d'Italie, dans les anciens États de l'Église ; évêché.

VITESSE (*vite*), *sf.* Promptitude, rapidité dans le mouvement, le déplacement, l'action : *La vitesse des ailes d'un moulin à vent, d'une locomotive, d'un travail.* ‖ *Gagner quelqu'un de vitesse*, le dépasser en marchant. — Fig. Réussir plus tôt que lui. — La vitesse se définit différemment suivant le genre du mouvement. Dans un mouvement uniforme, la *vitesse* est le rapport constant entre un espace parcouru et le temps employé pour le parcourir : ce mouvement étant défini par la relation suivante, entre l'espace parcouru (s_0 = espace parcouru au moment pris pour origine du temps) et le temps t :

$$s = at + s_0,$$

la constante a est l'expression de la vitesse a : car $a = \frac{s - s_0}{t}$ est bien le rapport entre l'espace parcouru ($s - s_0$) et le temps employé pour le parcourir; elle s'exprime généralement en mètres par seconde et est affectée d'un signe (+ ou —), suivant la convention faite sur la direction positive du mouvement. Dans un *mouvement varié*, on appelle *vitesse moyenne* pendant un certain intervalle de temps dt, la vitesse du mouvement uniforme qu'il faudrait substituer au mouvement réel du point matériel pour que le même espace ds fût parcouru, avec ce mouvement uniforme, dans le même temps total dt : $\frac{ds}{dt} = v_m$. Si l'on suppose que les quantités ds et dt tendent vers zéro, ce rapport tend vers une limite déterminée qu'on appelle la *vitesse absolue à l'instant t*. Nous définirons donc la vitesse absolue à un instant donné : la limite du rapport entre l'espace parcouru pendant un temps infiniment court après l'instant t, et ce temps infiniment court, en supposant que ce dernier tende vers zéro, ce qu'on exprime simplement en disant qu'elle est la *dérivée de l'espace par rapport au temps*. Dans le mouvement uniformément varié, la vitesse v varie de quantités égales dans des temps égaux et peut s'exprimer en fonction du temps t par une relation de la forme :

$$v = v_0 + jt.$$

j est une constante ainsi que v_0; t, quantité positive ou négative, est l'accroissement ou la diminution de vitesse dans l'unité de temps, c'est-à-dire l'*accélération*; v_0 est l'expression de la vitesse à l'origine du temps.

On peut représenter *graphiquement* la vitesse, moyenne ou absolue, d'un point matériel de la manière suivante : Soit ox (fig. 1) l'axe des temps sur lequel on portera des abscisses proportionnelles aux temps; OM la courbe représentative du mouvement, c'est-à-dire que les points A' et B' définissent les positions du point matériel mobile aux instants t et $t + dt$: ces instants sont représentés en grandeur par OA et OB et les espaces parcourus pendant ces intervalles t et $t + dt$ le sont par AA' et BB'. D'après la définition, la vitesse moyenne entre les instants considérés sera :

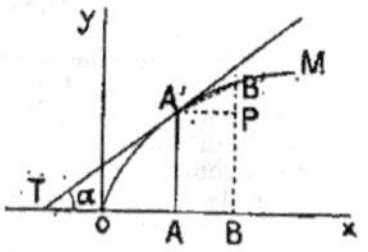

VITESSE

Fig. 1.

$$v_m = \frac{ds}{dt} = \frac{A'B'}{AB}.$$

Supposons maintenant que l'accroissement dt tende vers zéro, ce rapport tendra vers une limite déterminée qui est la vitesse au temps t. Cette limite peut se déterminer graphiquement; (car, en fait, B' P est l'espace parcouru pendant le temps dt, et on a :

$$v_m = \frac{B'P}{A'P} \text{ et } v = \lim.\frac{B'P}{A'P},$$

v = vitesse absolue; mais dans le triangle A'B'P, $\frac{B'P}{A'P}$ représente la tangente trigonométrique de l'angle A'. Quand le point B' vient se confondre avec A', cet angle a pour limite l'angle α de la tangente à la trajectoire en A', et par suite : $v = tg\,\alpha$. Donc, la vitesse à un instant quelconque d'un mouvement varié est définie par la tangente trigonométrique de l'angle que fait la tangente à la courbe représentative du mouvement, au point considéré, avec l'axe des temps (c'est donc bien la dérivée de l'espace par rapport au temps). En appliquant ce qui précède au cas du mouvement uniformément accéléré, on vérifierait les deux lois suivantes : 1° *les vitesses sont proportionnelles aux temps* ; 2° *la vitesse acquise par un mobile au bout d'un temps donné est égale à la moyenne géométrique entre l'espace parcouru et le double de l'accélération.* On exprime cette dernière loi par la formule $v = \sqrt{2je}$ (j = accélération, e = espace parcouru). Cette formule se déduit des deux relations suivantes :

$$\begin{cases} e = \frac{1}{2}jt^2 \\ v = j, \end{cases}$$

par l'élimination de t. Dans ces relations on suppose nulle la vitesse initiale v_0; sans cette réserve, les formules du mouvement uniformément varié seraient :

$$\begin{cases} e = v_0 t + \frac{1}{2}jt^2, \\ v = v_0 + jt. \end{cases}$$

Comme cas particulier de mouvement uniformément accéléré, on peut citer la chute libre d'un corps tombant d'une hauteur h. La relation $v = \sqrt{2je}$ devient alors $v = \sqrt{2gh}$, en désignant par g l'accélération de la pesanteur, qui est à Paris de $9^m,8088$. La vitesse de chute augmente donc à chaque instant comme $\sqrt{h}$. Au contraire, si l'on suppose un corps lancé verticalement de bas en haut avec une vitesse initiale v_0, la vitesse sera retardée par l'action de la pesanteur et aura pour valeur :

$$v = v_0 - gt.$$

Elle deviendra nulle au bout du temps $t = \frac{v_0}{g}$. A partir de ce moment, le corps cessera de monter et retombera avec une vitesse croissante d'après la loi précédente. Ajoutons que la loi de variation des vitesses proportionnellement aux temps, pour le mouvement uniformément accéléré, se vérifie au moyen de la machine d'Atwood et de la machine de Morin, dans le cas même de la chute des corps. ‖ *Projection des vitesses.* La vitesse de la projection d'un point sur un axe a une relation simple avec la vitesse du point. En effet, supposons que, dans la figure ci-dessus, OM soit la trajectoire d'un point situé en A' à l'instant t et en B' à l'instant ($t + dt$). La vitesse de la projection A de ce point sur ox sera : $v_x = \lim \frac{AB}{dt}$. Or AB = A'B' cos B'A'P et quand les points B' et A' viennent se confondre, l'angle B' A' P a pour limite l'angle α de la tangente à la trajectoire avec ox. On a donc : $v_x = \lim \frac{A'B'}{dt} \cos \alpha$. Mais la vitesse du point A' est $v = \lim \frac{A'B'}{dt}$, d'où $v_x = v \cos \alpha$, c'est-à-dire que la *vitesse de la projection d'un mobile sur un axe est égale à la projection de la vitesse du mobile sur le même axe.* Cela posé, si l'on projette le mouvement d'un point sur trois axes rectangulaires et si l'on désigne par α, β, γ les triangles respectifs de la tangente à la trajectoire avec ces trois axes, au point occupé par le mobile au temps t; par v_x, v_y, v_z, les vitesses respectives des projections de ce point, on aura : $v_x = v \cos \alpha$ $v_y = v \cos \beta$, $v_z = v \cos \gamma$, d'où l'on tire, en additionnant les carrés de ces trois expressions

$$v^2 = v_x^2 + v_y^2 + v_z^2,$$

ou

$$v = \sqrt{v_x^2 + v_y^2 + v_z^2}$$

car $\cos^2\alpha + \cos^2\beta + \cos^2\gamma = 1$.

Dans le cas particulier où la trajectoire est plane, on a, en projetant sur deux axes rectangulaires :

$$v = \sqrt{v_x^2 + v_y^2},$$

relation qui se déduit des suivantes :

$$v_x = v \cos \alpha \text{ et } v_y = v \sin \alpha.$$

‖ *Composition des vitesses.* Il arrive souvent qu'un point matériel est soumis à plusieurs vitesses simultanées : ainsi, une bille, roulant dans un canot, non seulement a son mouvement propre, mais aussi participe au mouvement du canot sur le fleuve, comme à ceux de la Terre, autour de l'axe polaire, sur son orbite, etc. De tous ces mouvements, doués chacun d'une vitesse propre, résulte pour la bille un mouvement *absolu* dans l'espace avec une vitesse déterminée qu'on appelle *vitesse résultante*, par opposition aux *vitesses simultanées* ou *vitesses composantes* que nous avons citées. Considérons, en particulier, le cas de deux vitesses simultanées : soit, par exemple (fig. 2), un point matériel

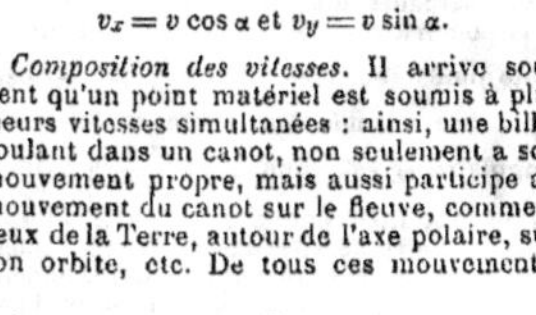

PARALLÉLOGRAMME DES VITESSES

Fig. 2.

mobile sur une droite AB : c'est là son *mouvement relatif*. La droite AB est soumise en même temps à un *mouvement d'entraînement* tel qu'au bout d'un temps t, elle serait déplacée de AB en A'B', parallèlement à elle-même : le mobile, qui a sur la droite une certaine vitesse, $u = Am$, par exemple, participera à ce mouvement d'entraînement de vitesse v; de cette façon, au bout d'une seconde, au lieu de se trouver en m, il sera en M, sur la droite CD parallèle à AB, telle que $AC = v$ et à une distance de C égale à u ou à AM. Ce raisonnement continué montrerait que pour chaque position de M les distances CM, AM sont dans le rapport constant $\frac{u}{v}$, c'est-à-dire que le triangle ACM reste semblable à lui-même. On voit donc que la vitesse absolue AM est la diagonale du parallélogramme construit sur la vitesse d'entraînement et la vitesse relative. Telle est la règle du *parallélogramme des vitesses*. Étendue au cas d'un nombre quelconque de vitesses simultanées dans un même plan, elle devient la règle du *polygone des vitesses :* Pour obtenir la vitesse résultante, on forme une ligne brisée en plaçant bout à bout les droites qui représentent en grandeur et direction les vitesses simultanées; la droite qui ferme cette ligne brisée représente, en grandeur et direction, la résultante des vitesses. Pour compléter ce qui précède, il faut ajouter que la résultante de trois vitesses, non dans le même plan, est la diagonale du *parallélipipède des vitesses*, qui a pour arêtes les droites représentatives des vitesses simultanées. || *Vitesse de la vitesse.* Dans un mouvement curviligne, on désigne souvent sous le nom de *vitesse de la vitesse* l'accélération tangentielle du mouvement. On sait, en effet, que l'accélération élémentaire au temps t (c'est-à-dire la vitesse qu'il faudrait composer avec la vitesse au temps t pour avoir la vitesse au temps infiniment voisin $t + dt$), peut se décomposer en deux composantes, dirigées, l'une suivant la tangente à la trajectoire (*accélération tangentielle*) et l'autre suivant la normale (accélération centrifuge). Ce nom de *vitesse de la vitesse* donné à l'accélération tangentielle vient de ce que celle-ci est la dérivée de la vitesse par rapport au temps, de même que la vitesse absolue est la dérivée de l'espace par rapport au temps. || **Vitesse angulaire**, nom donné dans un mouvement de rotation autour d'un axe à la vitesse d'un point qui serait situé à l'unité de distance de l'axe. On la calcule souvent, dans l'étude des machines, pour un volant, par exemple, en fonction du nombre n de tours effectués dans une minute : à chaque tour, le point situé à l'unité de distance de l'axe parcourt un chemin égal à 2π, soit $2n\pi$ pour n tours, c'est-à-dire pendant une minute ou 60 secondes; d'où $\frac{2n\pi}{60} = \frac{n\pi}{30}$ pendant une seconde. La valeur de la vitesse angulaire ω est donc $\omega = \frac{n\pi}{30}$. || **Vitesse aréolaire**, nom donné à la limite du rapport de l'*aire* décrite par un rayon vecteur au temps nécessaire pour le déplacement, quand ce déplacement et par suite l'aire parcourue sont infiniment petits. Cette définition s'applique au cas d'un mobile se déplaçant autour d'un point fixe, par exemple au cas du mouvement elliptique des planètes autour du Soleil. C'est ainsi que la deuxième loi de Kepler énonce que la *vitesse aréolaire des planètes est constante*. On sait, en effet, que les orbites des planètes sont des ellipses dont le Soleil occupe un des foyers (1re loi de Kepler). Dire alors que *la vitesse aréolaire est constante*, c'est exprimer que la portion d'aire de l'ellipse parcourue par un rayon vecteur, allant de la planète au Soleil, pendant un temps donné, est proportionnelle à ce temps. || **Vitesse des cours d'eau**. On appelle *vitesse moyenne* d'un cours d'eau en un point le quotient de la dépense par la section transversale en ce point. C'est donc en réalité la vitesse commune que tous les filets devraient avoir pour que la dépense restât la même. La détermination de la vitesse d'un cours d'eau est utile pour en faire le *jaugeage*, c'est-à-dire pour évaluer le volume d'eau qui s'écoule dans l'unité de temps par une section transversale quelconque. On déduit généralement la vitesse moyenne de la vitesse à la surface, au point où elle paraît la plus grande, et qu'on appelle le *fil de l'eau*. Pour cela, on note le temps mis par un flotteur pour parcourir, suivant ce courant, un intervalle mesuré d'avance et marqué par des jalons. De la vitesse à la surface V ainsi calculée, on déduit la vitesse moyenne U par la formule expérimentale suivante :

$$\frac{U}{V} = \frac{V + 2,37}{V + 3,15}.$$

On peut aussi se servir, pour la mesure de la vitesse moyenne, d'appareils spéciaux, comme le moulinet de Woltmann, le tachomètre de Brunings, le tube de Pitot, le pendule hygrométrique, etc., ou d'autres appareils propres à mesurer la vitesse des filets liquides à différentes profondeurs. On dresse alors la courbe des vitesses, obtenues en portant sur des verticales des ordonnées proportionnelles à ces vitesses, et on prend ensuite l'ordonnée moyenne, qu'on multiplie par 0,90, pour avoir la vitesse moyenne du courant. L'expérience a montré que, si l'on mène un plan perpendiculaire à la direction du courant, le filet ayant la vitesse moyenne de tous les filets rencontrés par ce plan se trouve à une distance de la surface égale à 0,55 environ de la profondeur du cours d'eau en chaque point considéré. Enfin, le *fil de l'eau* (filet de vitesse maxima) se trouve souvent, non pas à la surface, mais au-dessous et à une distance qui peut atteindre 0,33 de la profondeur. || **Vitesse de la lumière**. (V. *Lumière*.) || **Vitesse des projectiles**. L'étude de la vitesse d'un projectile à un instant donné peut se faire en supposant que le mouvement a lieu dans le vide ou dans l'air. L'étude du mouvement dans le vide est la base de la balistique, car elle conduit à plusieurs conséquences, que la résistance de l'air ne fait que modifier partiellement. On sait que pour étudier la trajectoire d'un mobile lancé avec une vitesse initiale v_0 dans une direction faisant l'angle donné α avec l'horizontale, on peut rapporter à chaque instant la position de ce mobile, supposé réduit à un point matériel pesant, à deux axes rectangulaires ox, oy (fig. 3), ces axes étant l'un horizontal, l'autre vertical, et passant par l'origine du mouvement. on aura, pour l'équation de la trajectoire :

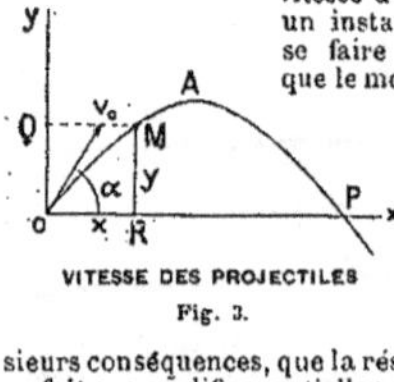

VITESSE DES PROJECTILES

Fig. 3.

$$(1) \qquad y = x \operatorname{tang} \alpha - \frac{g}{2 v_0^2 \cos^2 \alpha} x^2.$$

Cette équation (parabole) permet de déduire les relations qui existent entre la vitesse initiale v_0 et l'*amplitude* ou *portée du jet* P : ce dernier mot désigne l'abscisse du point où la trajectoire vient couper une seconde fois l'axe ox horizontal. La portée se déduit de l'équation précédente en faisant $y = o$; ce qui donne :

$$(2) \qquad P = \frac{v_0^2 \sin 2\alpha}{g}.$$

On en déduit que, pour une même vitesse initiale, les portées sont proportionnelles au sinus du double de l'angle de tir; et, pour une même inclinaison, elles sont proportionnelles aux carrés des vitesses initiales. Enfin, on peut déterminer la relation qui lie la vitesse v du projectile à un instant donné avec la vitesse initiale v_0. En effet, la vitesse de la projection d'un mobile sur un axe est égale à la projection de la vitesse du mobile sur cet axe : dans le cas actuel, le point R a la vitesse $v_0 \cos \alpha$; le point Q aura la vitesse $(v_0 \sin \alpha - gt)$, différence de la vitesse due à la vitesse initiale et de l'action de la pesanteur. D'après ce qui a été dit sur la *composition des vitesses* (V. plus haut), la vitesse résultante, c'est-à-dire la vitesse propre du projectile, est la diagonale d'un rectangle ayant ces vitesses pour côtés. Elle a donc pour valeur :

$$v = \sqrt{v_0^2 - 2v_0 \sin \alpha . gt + g^2 t^2}.$$

Telle est la vitesse du projectile à l'instant t. Cette expression montre que la vitesse atteint son minimum quand $t = \frac{v_0 \sin \alpha}{g}$: alors $v = v_0 \cos \alpha$ et le projectile est à son point culminant A. A des instants également distants de celui où il est ainsi à son point culminant, sa vitesse est la même, car si l'on fait $t = \frac{v_0 \sin \alpha}{g} \pm \theta$, on a toujours :

$$v = \sqrt{v_0^2 \cos^2 \alpha + g^2 \theta^2},$$

quel que soit le signe de θ. En particulier, quand le projectile recoupe l'axe des x en P, on a $v = v_0$. Un autre problème qui se pose naturellement est de chercher les relations qui lient la *vitesse initiale du tir* (vitesse du projectile au sortir de l'âme) avec la charge. C'est ce qui fait l'objet de la *balistique intérieure*. Le cas le plus simple à résoudre est celui où l'on suppose que, dans l'âme du canon, la densité des gaz est uniforme dans tout l'espace qu'ils occupent à un instant donné. Soient, en effet : m, M et μ les masses respectives du boulet, de la pièce et de la charge ; v et V les vitesses absolues du projectile et du canon (recul du canon). La masse gazeuse étant uniformément répartie dans l'espace qu'elle occupe, son centre de gravité aura une vitesse moyenne, qui sera la moyenne arithmétique des vitesses extrêmes, ce qui revient à attribuer à la charge une vitesse $\frac{v - V}{2}$. On peut projeter les quantités de mouvement (produit de chaque masse par la vitesse correspondante) sur l'axe de la pièce supposé horizontal et appliquer le théorème des quantités de mouvements, d'après lequel l'accroissement total des quantités de mouvement projetées sur un axe est égal à l'impulsion totale due aux forces extérieures projetée sur le même axe. Dans le cas considéré, la pesanteur ayant une projection nulle, et la résistance de l'air au mouvement du projectile et au recul étant négligeable, on a :

$$mv - m V + \mu \frac{v - V}{2} = o,$$

d'où

$$\frac{v}{V} = \frac{M + \frac{\mu}{2}}{m + \frac{\mu}{2}} = \text{constante}.$$

C'est là une relation entre v et V qui permet de calculer l'une des vitesses connaissant l'autre. Une autre relation, déduite de la même façon du théorème des forces vives, constituerait avec celle-là un système de deux équations à deux inconnues permettant de calculer v en fonction de la charge. Ce n'est là qu'une façon approchée, bien entendu, de traiter la question, puisque l'hypothèse que nous avons faite sur la distribution de la densité des gaz dans l'âme de la pièce n'est pas réalisée dans la pratique. || **Vitesse du son**. (V. *Son*.) || **Vitesse du vent**. La vitesse du vent est excessivement variable ; ainsi elle est de 1 mètre (par seconde) pour une brise légère ; 2 à 7 mètres pour un vent frais ; 10 à 12 mètres pour une forte brise ; 15 à 20 mètres pour le vent impétueux ; 25 à 30 pour celui de tempête ; 40 à 50 mètres pour l'ouragan. On peut employer, pour mesurer cette vitesse, des appareils très variés, rangés sous le nom d'*anémomètres*. Le plus simple consiste en une planche carrée que le vent comprime plus ou moins contre un ressort à boudin. L'anémomètre de Lind consiste en un tube en **U** rempli d'eau, dont une branche se recourbe horizontalement; on dirige cette branche horizontale en sens contraire de la vitesse du vent et on mesure la différence de niveau. Ces instruments manquent de précision et on leur en préfère d'autres plus exacts, comme l'anémomètre de Combes : il se compose de quatre ailettes que le vent fait tourner autour d'un axe horizontal : cet axe horizontal fait avancer d'une dent à chaque tour une roue dentée avec laquelle il engrène par une vis sans fin. A chaque tour de la roue dentée, une came fixée à celle-ci fait avancer d'une dent une roue à rochet. Deux aiguilles de repère servent à compter le nombre entier de tours sur la roue à rochet, les fractions de tours sur la roue dentée. En faisant fonctionner cet appareil pendant un temps donné, si on observe N tours, on aura pour la vitesse V une expression de la forme : $V = a + b$ N. a et b sont des constantes que l'on détermine en plaçant l'appareil dans des courants de vitesses connues. On a construit des appareils plus résistants encore, convenant mieux, aux vents très forts, que l'anémomètre Combes, dont les ailettes fléchissent facilement. Enfin, M. Delamanon a inventé un *anémomètre musical*, composé de 21 tuyaux, où le vent, en entrant, produisait, selon sa force, les notes de trois octaves successives. ‖ **Vitesse des vaisseaux de guerre et de commerce.** (V. *Vaisseaux*.) — **Syn.** La *promptitude* fait que l'on commence une chose instantanément et en quelque sorte sans y avoir réfléchi. La *célérité* fait agir de suite, mais ne souffre aucune interruption dans l'action, elle n'exclut pas la réflexion. La *vitesse* est un mouvement prompt, accéléré, continu; elle marque l'action prompte d'un animal qui fait de grands efforts pour se transporter dans un lieu donné. La *vélocité* est la vitesse portée en quelque sorte à l'excès; c'est une vitesse légère, mais violente, qui porte en elle l'idée de voler, de traverser l'espace; aussi le mot s'applique-t-il de préférence aux êtres qui volent, comme les oiseaux. La *rapidité* est la qualité d'un mouvement impétueux, violent, exécuté par un être qui n'a pas conscience de lui-même; il y a quelque chose d'instantané, d'aveugle dans la rapidité; aussi l'applique-t-on aux choses inanimées; on dit la *rapidité* d'un torrent, d'une flèche. Néanmoins les autres mots peuvent être aussi employés au figuré : on dit la *vitesse* d'un train de chemin de fer, d'un ballon, etc.

VITEX (ml. : du l. *viere*, lier), *sm*. Nom latin du genre gattilier (Verbénacées), dont une espèce, l'*agnus castus*, est un arbrisseau du midi de la France.

VITI (ILES). (V. *Fidji*.)

VITICOLE (l. *vitis*, vigne + *colere*, cultiver), *adj. 2 g.* Qui a rapport à la culture de la vigne : *L'industrie viticole.*

***VITICULTEUR** (*viticole*), *sm*. Celui qui cultive la vigne.

VITICULTURE (l. *vitis*, vigne + *culture*), *sf*. Culture de la vigne.

***VITIFÈRE** (l. *vitifer* : de *vitis*, vigne + *ferre*, porter), *adj. 2 g.* Qui produit de la vigne. ‖ Planté de vignes. ‖ Où la vigne pousse.

VITIGÈS, roi des Ostrogoths en Italie (536-540), qui se défendit héroïquement contre Bélisaire, mais que celui-ci força à capituler dans Ravenne.

VITIKIND. (V. *Witikind*.)

***VITILIGO** (ml. : *tache blanche; éléphantiasis, lèpre*), *sm*. Affection cutanée due à des troubles trophiques de la peau, et caractérisée par l'apparition, en des points disséminés, de taches blanches plus ou moins étendues, mais nettement limitées par des bords plus foncés. Elles sont dues à l'absence du pigment par places et tranchent sur la couleur normale de la peau. Cette affection a été décrite par quelques auteurs sous le nom d'*albinisme* partiel. Elle se présente sous la forme de plaques d'un blanc mat, rondes ou ovales, d'une dimension variant de quelques millimètres de diamètre à 6 ou 7 centimètres. Ces taches anormales, qui ne donnent lieu à aucun symptôme désagréable et ne provoquent ni démangeaison ni douleur, sont en général en nombre considérable, et se présentent en même temps en différentes parties, mais elles siègent de préférence sur le dos de la main, sur la face, sur les sourcils, au cuir chevelu et sur les parties génitales, qui sont généralement envahies dès le début. Quand elles occupent une région recouverte de poils ou de cheveux, on voit ceux-ci se décolorer progressivement et devenir bientôt complètement blancs, de sorte qu'il n'est pas rare de voir un malade atteint de vitiligo depuis longtemps venir se plaindre seulement de la décoloration progressive et rapide de ses cheveux, alors qu'il a des taches de vitiligo sur d'autres parties de son corps depuis plusieurs mois. Bénin, dès le début, mais entraînant une difformité désagréable surtout lorsqu'il siège sur les parties découvertes, le vitiligo, une fois établi, disparaît difficilement, mais tend au contraire à augmenter. Les plaques envahissent successivement la peau des parties voisines et constituent une affection d'autant plus disgracieuse qu'elle apparaît chez des individus à peau plus brune. L'action du soleil, dans les pays chauds et pendant l'été, en déterminant une coloration plus noire sur les parties voisines et notamment sur les bords de la plaque, concourt à rendre plus apparente la blancheur des plaques. Cette affection existe, dans certains cas, dès la naissance, mais plus souvent elle apparaît au cours de la vie et surtout vers trente à trente cinq ans, ou dans la vieillesse. Elle est fréquente chez les nègres, où l'affection est naturellement plus appréciable (*nègres pies*). Ses causes sont encore presque inconnues, mais sa concomitance fréquente chez des personnes atteintes de maladies de la moelle et du cerveau permet de soupçonner un rapport de cause à effet entre ces états et le vitiligo. On rencontre aussi souvent le vitiligo chez les goutteux, les rhumatisants et chez tous les individus que l'on a groupés sous le nom d'*herpétiques*. Les frictions irritantes, les courants électriques, les bains et douches sulfureuses, le naphtol, les injections de pilocarpine ont été tour à tour conseillés contre le vitiligo : presque toujours sans résultat favorable, et en effet, comme le dit fort bien M. le professeur Hardy, « le vitiligo résiste presque constamment aux efforts de la thérapeutique et cette résistance est précisément une raison pour placer cette affection parmi les difformités cutanées. »

VITORIA, 26 920 hab. Ville de la province d'Alava (Espagne); évêché. Près de cette ville les Anglais et les Espagnols, commandés par Wellington, remportèrent une victoire sur l'armée française (21 juin 1813).

VITOU. (V. *Witou*.)

VITRAGE (*vitrer*), *sm*. Action de vitrer. ‖ L'ensemble des vitres d'un bâtiment, d'un édifice. ‖ Cloison formée d'un châssis vitré.

VITRAIL (*vitre*), *sm*. Verrière ou châssis en fer garni de verres de couleurs montés en plomb, dont la réunion forme un dessin et qui se met surtout aux fenêtres des églises. Bien que l'antiquité ait connu le verre, puisqu'elle nous a légué un nombre infini d'objets faits de cette substance, nous ignorons absolument si les Grecs et les Romains l'employaient pour fermer l'ouverture de leurs fenêtres, petites et peu nombreuses d'ailleurs, de leurs habitations. Ce mode de décoration existait pourtant en Orient, et tout porte à croire que vers le IVe siècle et les siècles suivants on voyait déjà, dans les églises notamment, des vitraux qui avaient une certaine valeur artistique; mais aucun d'eux ne nous est resté, et celles de ces œuvres qui nous sont parvenues ne remontent pas au delà du XIIe siècle. Les verrières de ce siècle sont si belles et si remplies de qualités artistiques, que l'on ne saurait les attribuer à un art naissant, mais, au contraire, à un art en pleine possession de lui-même. Le nombre des couleurs employées par les maîtres verriers est, d'ailleurs, assez restreint : le vert, le rouge, le bleu dominent; quant au brun, au jaune, ils sont moins employés. Pendant les XIIe et XIIIe siècles, les verres sont colorés dans leur masse et le modelé est obtenu au moyen de hachures plus ou moins serrées, faites sur la plaque de verre; celle-ci est remise au feu afin d'en obtenir la vitrification. Le rouge, si beau et si pur, ne forme pas une masse uniforme; il présente, au contraire, dans son intérieur, des stries, des paillettes dont l'aspect a quelque ressemblance avec un filet de sirop en contact avec de l'eau : cette constitution de la feuille de verre produit, en renvoyant la lumière dans différents sens, des effets que l'on n'obtiendrait pas au moyen d'une masse homogène. Le fond des verrières était, au XIIe siècle, composé de compartiments ronds, rectangulaires, en forme de losanges, etc., au milieu desquels était dessinée une fleur à quatre pétales ou sur lesquels couraient des feuillages. Les bordures étaient aussi extrêmement variées et montraient des entrelacs, des feuilles, des guirlandes, etc., et dont le dessin rappelait celui des sculptures de cette époque. Au milieu de ces mosaïques transparentes, ou sur leur axe, étaient encastrés de petits cartouches circulaires ou quadrifoliés, où l'on avait représenté des sujets le plus souvent légendaires, et dont les scènes étaient en harmonie les unes avec les autres, de manière à former une histoire complète. Les figures de ces compositions sont toujours plus petites que nature. Le dessin de ces personnages est empreint de la tradition gréco-byzantine : ils sont faits sur un type convenu, et la disposition de leurs vêtements montre que l'on s'est occupé surtout du nu. Les ombres des vêtements, qui doivent faire ressortir les plis, sont faites au moyen de hachures assez espacées pour permettre au ton général de se faire jour, et, pendant les XIIe et XIIIe siècles, ce sont les fonds rouges et bleus qui sont employés pour les personnages. Au XIIe siècle, les contours du dessin sont toujours appuyés sur le plomb qui sertit la plaque de verre et en forme pour ainsi dire le trait général : ces plombs étaient alors plus étroits qu'au XIIIe siècle. A cette dernière époque, on introduisait un corps gras résineux entre le verre et le plomb afin de bien boucher les interstices qui pouvaient exister entre eux. Les différents tons généraux de la verrière étaient souvent séparés les uns des autres par des parties noires ou blanches, afin que, par l'effet de la lumière, ces teintes ne pussent pas s'altérer les unes les autres. Quelquefois on employait un orle à cet usage. Avec le XIIIe siècle apparaît l'école laïque, abandonnant la tradition byzantine : dès lors, les personnages n'ont plus rien d'archaïque; les artistes ont cherché à reproduire ce qu'ils avaient sous les yeux. Ils inclinent vers le naturalisme. Les scènes se dramatisent; le geste, l'expression du visage, etc., sont exprimés avec une vérité absolue. Les effets de lumière comptent beaucoup dans les conceptions des verriers : ainsi, les extrémités des membres des personnages sont toujours d'une maigreur extrême quand on les voit de près; mais, dès que l'on se place à une certaine distance, le jeu de la lumière rétablit aussitôt l'harmonies des proportions. Il en est de même du visage : celui-ci apparaît, lorsqu'on y touche, d'une dureté d'expression incroyable; de loin, au contraire, les contours, l'expression en sont charmants et d'une grande douceur. C'est que ces tableaux sont faits pour être placés à une grande hauteur et, par conséquent, vus de loin, afin de produire un grand effet décoratif. Au XIIIe siècle, le prix des verres colorés étant très élevé, on chercha un moyen de fermer les immenses baies des cathédrales à meilleur marché. C'est de cette nécessité que sont nés les vitraux en grisailles dont le fond était blanc et le dessin fait d'entrelacs, de figures géométriques, etc., noirs et gris. Néanmoins, le XIIIe siècle fabriqua un nombre infini de verrières : c'est qu'alors les donateurs riches et puissants étaient nombreux : rois, évêques, grands seigneurs, corporations, bourgeois, etc., tous s'unissaient pour doter les églises de ces magnifiques vitrages. Le portrait des donateurs, et souvent celui de sa famille avec ses armes, quelquefois son nom, étaient placés au bas de la verrière. Quelquefois aussi, c'est dans la rose surmontant la fenêtre que l'on trouve ce portrait. Là, comme dans les sculptures, les sujets traités sont empruntés à la Bible, à l'Ancien et au Nouveau Testament, à l'Apocalypse, aux légendes, etc. A mesure que l'on s'éloigne du XIIIe siècle, surtout de l'époque de saint Louis, les verrières deviennent moins belles, et l'on commence à substituer le dessin à la couleur. A partir du XIVe siècle on donna aux personnages des dimensions plus grandes; quelquefois même, elles furent de grandeur naturelle. Elles étaient encadrées dans les arcades surmontées de clochetons, de pinacles, etc., peints en jaune ou en couleurs claires; quant au fond, il était de couleur uniforme. Ces vitraux, pris isolément et dessinés en noir, ressemblent beaucoup aux pierres tombales de la même époque. On donne également plus de relief aux vêtements. Les morceaux de verres ont aussi des dimensions plus grandes, et, par suite, on emploie moins de plomb. C'est aussi dans ce siècle que s'introduisirent les émaux, et, vers la fin du XIVe siècle, on en faisait un grand usage. Le verre, doublé, était rongé en des endroits déterminés au moyen de la molette et de l'émeri mouillé; le verre blanc, ainsi mis à nu, était recouvert de couleurs vitrifiables et soumis à l'action du feu. Aussi voit-on, à cette époque, les vêtements des personnages enrichis d'ornements de couleurs et de teintes différentes. On opérait de la même manière pour les écus d'armoiries, etc. Ces couleurs furent d'abord appliquées sur le revers de la partie usée, afin que les différentes teintes ne fussent pas exposées à se mêler sur leurs bords; plus tard, on les étendit sur les surfaces mises à nu. On exécuta aussi au XIVe siècle des grisailles dessinées comme celles du siècle précédent; elles présentaient des entrelacs, des feuillages, des dessins géométriques (carrés, losanges, cercles, arcs de cercle raccordés, etc.).

Les verrières de ce siècle (XIVe siècle) sont assez rares aujourd'hui, car on en fabriqua peu. Celles qui nous ont été conservées sont d'un travail beaucoup moins soigné; le verre lui-même n'a pas les mêmes qualités que celui des époques précédentes; il est souvent altéré et comme piqué. En un mot, le XIVe siècle a été une époque de décadence pour l'art de la peinture sur verre, et l'on doit attribuer cette pauvreté au malheur des temps et aux aspirations nouvelles des populations.

Il nous reste encore aujourd'hui un très grand nombre de vitraux du XVe siècle, bien que l'on en ait beaucoup détruit. C'est qu'à cette époque il y eut une sorte de rénovation de cet art. Les verrières de ce temps se font remarquer par les détails de l'architecture, par les arcades, les frontons, les gables, les pinacles, etc., qui viennent encadrer les figures; ces ornements sont, du reste, tracés dans le style de l'époque; aussi disent-ils eux-mêmes à quelle partie du siècle ils appartiennent. Souvent les verriers ont tracé des inscriptions dont la forme des lettres vient préciser encore l'époque à laquelle ils ont dessiné les vitraux; quelquefois même on découvre des dates exactes écrites dans un coin. Bien que dans les verrières du XVe siècle on retrouve encore le rouge et le bleu, ce sont principalement les teintes claires, blanchâtres ou jaunes qui dominent; ces tons sont employés surtout dans les dais et les encadrements des figures. Ce qui a lieu pour la statuaire se reproduit aussi pour les vitraux : ils se ressentent beaucoup trop de l'influence de l'atelier; on ne se préoccupe plus de l'ensemble d'un édifice, on n'en voit plus que les parties séparées. Aussi remarque-t-on que l'harmonie qui régnait dans l'ensemble des verrières d'un même édifice a disparu : à côté d'une baie immense où vient se placer une verrière colorée, s'en trouve une autre dont les verres blancs ou en grisaille laissent passer la lumière sans obstacle, ce qui contrarie l'effet que la première aurait produit. Il en était de même des teintes employées dans l'intérieur de chaque verrière. C'est ainsi que le voisinage du jaune et du violet, celui du rouge et du vert, etc., répandaient dans l'intérieur des édifices une lumière grise, au lieu des tons chauds que l'on aurait dû attendre. Les figures des personnages sont finement dessinées, et l'on sent que l'artiste a fait tous ses efforts pour que ses portraits soient ressemblants. Les têtes n'ont point été colorées, mais les ombres ont été dessinées afin de donner du relief et de l'expression aux figures. Les vêtements, les tentures, peints de couleurs éblouissantes, sont couverts d'ornements d'une grande richesse, qui se détachent sur un fond trop clair pour que l'ensemble présente l'harmonie que l'on observait aux siècles précédents. Le XVIe siècle continua la tradition du XVe, et transforma même les vitraux en de véritables tableaux transparents, où les paysages trouveront leur place; les sujets furent aussi empruntés aux cartons des maîtres italiens, et la perspective, les lointains, etc., ne furent pas oubliés dans le dessin de tous ces sujets. L'emploi des émaux à la surface du verre, introduit au commencement du XVe siècle, devint général au XVIe. C'est pendant le cours des XVe et XVIe siècles que les vitraux s'introduisirent dans les châteaux et les riches demeures. Pendant la Renaissance, ces objets de décoration empruntèrent des motifs à l'ornementation de l'époque : aussi voit-on les arabesques, les rinceaux, etc., remplacer les encadrements, les gables, les pinacles, etc. Ajoutons, pour terminer, que les cisterciens n'admirent jamais les verrières de couleur dans leurs édifices; ils furent en cela imités par beaucoup d'églises de la Bourgogne. Depuis le XVIe siècle, l'art de la peinture sur verre fut plus ou moins abandonné. Pendant les XVIIe et XVIIIe siècles, on ne construisit que des vitrages blancs, dont les intérieurs de plomb étaient empruntés à une ornementation géométrique, très variée du reste. On plaçait quelquefois au milieu un petit tableau de verre émaillé, peint avec un grand art. Mais ce qui est malheureux, c'est que pendant cette période l'on s'évertua, pour ainsi dire, à enlever ces magnifiques verrières, chefs-d'œuvre de nos pères, qui avaient coûté tant de peines et d'argent et qui ornaient si richement nos monuments religieux, et on les remplaça par ces vitrages blancs que l'on voit presque partout aujourd'hui. Depuis quelques années, la peinture sur verre tend à reprendre le rang qui lui est dû dans la décoration de nos appartements. Du reste, nos artistes ont déjà reconquis le terrain perdu, et leurs œuvres rivalisent avec celles de leurs prédécesseurs. — Pl. *des vitraux.*

VITRE (l. *vitrum*, verre), *sf.*, ou CARREAU. Pièce de verre plane qui garnit les châssis d'une croisée. — Fig. *Casser les vitres*, parler sans ménagements. — **Dér.** *Vitrail, vitrer, vitré, vitrée, vitrage, vitrier, vitrière* 1 et 2, *vitrerie, vitreux, vitreuse, vitreusement, vitrosité, vitrine, vitriol, vitrioliser, vitriolisation, vitrioler, vitriolé, vitriolée, vitriolerie, vitriolique.* — **Comp.** *Vitrifier, vitrification, vitrifiable, vitrifiabilité, vitrescible, vitrescibilité, vitrophyre, vitroporphyrique.*

VITRÉ, 10 315 hab. S.-préf. (Ille-et-Vilaine), à 320 kilom. de Paris, sur une colline baignée par la Vilaine; ancien château changé en prison. A 6 kilom. au S.-E. est le château des *Rochers*, qui appartint à Mme de Sévigné.

VITRÉ, ÉE (p. p. de *vitrer*), *adj.* Garni de vitres : *Fenêtre vitrée.* ‖ Composé d'un châssis garni de vitres : *Cloison vitrée.* ‖ *Porte vitrée*, celle dont la partie supérieure ressemble à une fenêtre et la partie inférieure à une porte ordinaire. ‖ Qui ressemble au verre; qui en a la nature. ‖ *Humeur vitrée*, humeur semblable à du blanc d'œuf contenue dans une membrane transparente située derrière le cristallin qui occupe tout le fond de l'œil et remplit à peu près les deux tiers de son volume. (V. ŒIL.) ‖ *Électricité vitrée*, l'électricité positive qui se développe sur une baguette de verre lorsqu'on la frotte, et dans beaucoup d'autres circonstances. En se réunissant à l'*électricité résineuse* ou *négative* elle donne ce qu'on appelle le *fluide neutre.*

VITRER (*vitre*), *vt.* Garnir de vitres, de glaces : *Vitrer une fenêtre.* ‖ *Vitrer des peaux*, leur donner de la transparence. — **Se vitrer**, *vr.* Devenir transparent. (Techn.)

VITRERIE (*vitrier*), *sf.* Art et commerce du vitrier. ‖ Marchandise qui est l'objet de ce commerce.

***VITRESCIBILITÉ** (*vitrescible*), *sf.* Qualité de tout corps qui, après avoir été fondu, présente l'aspect du verre.

VITRESCIBLE (l. *vitrum*, verre), *adj.* 2 *g.* Qui peut en fondant prendre l'aspect du verre : *Substance vitrescible.*

***VITREUSEMENT** (*vitreuse* + sfx. *ment*), *adv.* En prenant l'électricité vitreuse : *Corps électrisé vitreusement.*

VITREUX, EUSE (l. *vitrosum* : de *vitrum*, verre), *adj.* Qui ressemble à du verre. ‖ *Cassure vitreuse*, cassure pareille à celle qui se fait dans le verre. ‖ *Œil vitreux*, dont la surface a l'aspect du verre. — **Dér.** *Vitreusement.*

VITREY-SUR-MANCE, 908 hab. Ch.-l. de c., arr. de Vesoul (Haute-Saône).

VITRIER (*vitre* + sfx. *ier*), *sm.* Ouvrier qui met des vitres aux fenêtres, aux châssis.

***VITRIÈRE** (*vitre*), *sf.* Fer aplati en verges carrées, et allongé en forme de tringles.

***VITRIFIABILITÉ** (*vitrifiable*), *sf.* Nature de ce qui est vitrifiable.

VITRIFIABLE (*vitrifier*), *adj.* 2 *g.* Qui peut être transformé en verre ou en une matière qui a l'aspect du verre : *La gangue des minerais de fer est vitrifiable.*

VITRIFICATION (l. *vitrum*, verre + *ficare*, faire), *sf.* Fusion d'une matière qui, étant refroidie, présente l'aspect et la transparence du verre : *La vitrification du sable par la foudre.*

***VITRIFIÉ, ÉE** (p. p. de *vitrifier*), *adj.* Transformé en verre : *Matière vitrifiée.* ‖ Qui par la fusion a reçu l'apparence du verre. ‖ *Photographie vitrifiée*, production d'images photographiques sur un verre sensibilisé.

VITRIFIER (l. *vitrum*, verre + *ficare*, faire), *vt.* Fondre une substance de manière qu'elle prenne l'aspect et les propriétés du verre : *Le feu vitrifie un mélange de sable et de cendres.* — **Se vitrifier**, *vr.* Prendre l'aspect du verre en se fondant et en se solidifiant ensuite. — **Gr.** Je vitrifie, n. vitrifions, v. vitrifiez; je vitrifiais, n. vitrifiions, v. vitrifiiez; je vitrifierai; je vitrifierais; que je vitrifie, que n. vitrifiions, que v. vitrifiiez.

VITRINE (*vitre*), *sf.* Châssis vitré qui ferme une armoire, une caisse, une devanture de boutique, etc., et qui permet d'examiner les objets exposés à l'intérieur.

VITRIOL (bl. *vitriolum*, dm. de *vitrum*, verre), *sm.* Ancien nom des sulfates : *Vitriol vert*, le sulfate de fer. ‖ *Vitriol bleu*, le sulfate de cuivre. ‖ *Vitriol blanc*, le sulfate de zinc. ‖ *Huile de vitriol* et, par abus, *vitriol*, l'acide sulfurique concentré.

VITRIOLÉ, ÉE (p. p. de *vitrioler*), *adj.* Qui contient du vitriol. ‖ Qui a reçu du vitriol sur le corps.

***VITRIOLER** (*vitriol*), *vt.* Lancer du vitriol sur une personne : *Elle l'a vitriolé à la figure.* (Néol.) ‖ Passer dans un bain d'acide sulfurique : *On vitriole les toiles pour détruire les matières ferrugineuses et calcaires.*

***VITRIOLERIE** (*vitriol*), *sf.* Lieu où l'on fabrique le vitriol. ‖ *La Vitriolerie*, nom d'un des forts de Lyon, sur le Rhône.

VITRIOLIQUE (*vitriol*), *adj.* 2 *g.* Qui tient de la nature du vitriol.

***VITRIOLISATION** (*vitrioliser*), *sf.* Action de réduire en vitriol. ‖ Efflorescence filamenteuse et blanchâtre, composée de sulfate de fer, qui apparaît sur les pyrites en décomposition.

***VITRIOLISER** (*vitriol*), *vt.* Transformer en vitriol. ‖ Faire du vitriol avec des sulfures métalliques. (Chimie.) — **Gr.** Ce mot n'est pas synonyme de *vitrioler.*

VITROLLES (EUGÈNE-FRANÇOIS-AUGUSTE D'ARNAUD, BARON DE) (1774-1854), homme politique et diplomate français qui rédigea en 1818 la fameuse *Note secrète* adressée à l'empereur de Russie.

***VITROPHYRE** (du l. *vitrum*, verre; g. φυρεῖν, pétrir), *sm.* Roche ancienne, acide, du type vitreux, à laquelle on donne aussi le nom de *pechstein porphyrique.* Elle résulte de l'intercalation de gros cristaux anciens dans la pâte d'un pechstein. Le type vitreux des roches basiques modernes est réalisé par les vitrophyres basaltiques, qui comprennent les *tachylites* ou verres solubles dans les acides et les *hyalomélanes* ou verres insolubles (en rognons dans les basaltes de la Hesse).

***VITROPORPHYRIQUE** (du l. *vitrum*, verre + *porphyrique*), *adj.* Se dit des roches dont la texture porphyroïde est combinée avec la texture vitreuse.

***VITROSITÉ** (*vitreux*), *sf.* Propriété de ce qui est vitreux.

VITRUVE, architecte romain, contemporain d'Auguste et auteur d'un *Traité d'archi-*

lecture en dix livres que nous possédons encore.

VITRY (DUC DE) (1581-1644), capitaine des gardes de Louis XIII, qui tua dans la cour du Louvre le maréchal d'Ancre, qu'il avait été chargé d'arrêter.

VITRY-EN-ARTOIS, 2865 hab. Ch.-l. de c., arr. d'Arras (Pas-de-Calais). Fabriques de sucre, produits chimiques.

VITRY-LE-FRANÇOIS, 7670 hab. S.-préf. du département de la Marne, à 205 kilom. de Paris. Ville fondée en 1545 par François Ier pour recevoir les habitants de *Vitry-en-Perthois*, brûlé par Charles-Quint l'année précédente.

VITRY-SUR-SEINE, 6122 hab. Commune de l'arr. de Sceaux (Seine), à 8 kilom. S.-E. de Paris. Pierre à bâtir, nombreuses pépinières.

VITTEAUX, 1557 hab. Ch.-l. de c., arr. de Semur (Côte-d'Or), sur la Brenne.

VITTEL, 1612 hab. Ch.-l. de c., arr. de Mirecourt (Vosges). Vittel possède des sources d'eaux minérales qui appartiennent à la classe des eaux calciques magnésiennes. Les principales sources sont : la *Grande Source*, la *Source Marie*, la *Source des Demoiselles* et la *Source Salée*. Ces eaux sont froides et se prêtent facilement au transport. L'exportation va au delà de 100000 bouteilles par an. Pendant la saison, le traitement comprend la boisson et les bains. L'eau se boit le matin, à jeun, par grands verres, et cette ingestion d'eau détermine une purgation douce et facile qui donne d'excellents résultats dans les maladies tributaires de la diathèse urique.

VITTORIA, 15900 hab. Ville de la province de Syracuse (Italie).

VITTORIO, 16325 hab. Ville de la province de Trevise (Italie). Papeteries, soies.

***VITULAIRE** (du l. *vitulus*, veau), *adj. 2 g.* Qui se rapporte au veau, au vêlage. || *Fièvre vitulaire*, sorte de fièvre analogue à la fièvre puerpérale de la femme et qui survient chez la vache après la mise bas. — Même famille que *Veau*.

VITUPÈRE (l. *vituperium*), *sm.* Blâme (vx). — **Dér.** *Vitupère*.

VITUPÉRER (l. *vituperare*), *vt.* Blâmer (vx).

VIVACE (l. *vivacem* : de *vivere*, vivre), *adj. 2 g.* Organisé pour vivre longtemps : *Cet homme paraît vivace.* || Se dit des plantes dont la portion souterraine vit plus d'un ou de deux ans, tandis que la tige meurt et se renouvelle chaque année, et qui dans les livres de botanique sont indiquées par le signe ♃. Ex. : *L'asperge.* || Se dit aussi des végétaux ligneux chez lesquels la tige dure autant que la portion souterraine et qu'on indique par le signe ♄. Ex. : *Les arbres et les arbrisseaux.* — Fig. De longue durée, difficile à détruire : *Une coutume vivace.*

***VIVACE** [vi-va-tché] (mot ital. : *vif, rapide*), *adj.* Mot qui, mis sur les partitions, désigne un mouvement très vif : *Allegro vivace.* || **Vivacissimo** (superlatif italien de *vivace*), très vivement. (Mus.)

VIVACITÉ (l. *vivacitatem*), *sf.* Promptitude à agir : *Saisir une arme avec vivacité.* || Rapidité dans les mouvements : *La vivacité du cerf.* || Ardeur, promptitude avec laquelle une chose est faite : *La vivacité d'une dispute.* || Énergie : *La vivacité des sentiments, des passions.* || Promptitude de l'esprit à comprendre, à imaginer, à trouver les expressions : *La vivacité de l'intelligence, d'une réplique.* || Impétuosité, fougue : *La vivacité du style.* || Tendance à s'emporter trop vite : *On se plaint de la vivacité de cet homme.* || L'éclat, le brillant d'une chose : *La vivacité d'une couleur.* || *Avoir de la vivacité dans les yeux*, les avoir brillants et pleins de feu. || *Physionomie pleine de vivacité*, qui reflète les sentiments intérieurs. — *Sfpl.* Emportements légers et passagers : *Il faut déshabituer un enfant de ses vivacités.*

VIVANDIER, IÈRE (bl. *vivenda*, choses dont on se nourrit), *s.* Homme, femme autorisée à suivre un corps de troupes pour lui vendre des vivres et surtout des boissons.

VIVANT, ANTE (*vivre*), *adj.* Qui est en vie : *Prendre un oiseau vivant.* || *Il n'y a âme vivante en ce lieu*, il n'y a personne. — Fig. *Cet homme est une bibliothèque vivante*, il sait énormément de choses. || *Le Dieu vivant*, Dieu considéré comme possédant la vie par lui-même. || Qui peut encore jouir de la vie : *S'ensevelir vivant*, se condamner prématurément à la retraite. || *Les êtres vivants, les créatures vivantes, la nature vivante*, l'ensemble des animaux et des végétaux. — Fig. Vif, animé : *Un récit vivant.* || Qui représente bien la nature : *Peinture vivante.* || Où il y a beaucoup de monde, de mouvement : *Quartier vivant.* || *Langue vivante*, langue que tout un peuple parle encore actuellement, par opposition à langue morte : *Le français est une langue vivante.* — Fig. Très ressemblant : *Cet enfant est le portrait vivant de son père.* || Présent, actuel : *Cet homme est un exemple vivant de magnanimité.* — *Sm.* Toute personne qui est en vie : *On loue plus volontiers les morts que les vivants.* || *Un vivant*, un luron. || *Un bon vivant*, un homme gai, pacifique ou qui mène joyeuse vie. || La vie : *Milton fut méconnu de son vivant.* || *En son vivant*, pendant sa vie.

VIVARAIS, ancien pays de France, dans le haut Languedoc, traversé par les Cévennes, qui y prennent le nom de *monts du Vivarais*, et par le contrefort des Coirons, borné à l'E. par le Rhône. Région granitique, volcanique et basaltique qui correspond en majeure partie au département de l'Ardèche et même s'étend un peu sur celui de la Haute-Loire. Cap. *Viviers*; villes principales : *Annonay, Tournon, Privas, Aubenas*.

VIVARAIS (MONTS DU) OU MONTS DE L'ARDÈCHE. Massif de roches cristallisées du centre de la France, qui forment le prolongement N.-E. des Cévennes. Ces montagnes ont une origine volcanique; elles sont coupées par les chaînons du *Tanargue* (1519 mètres), du *Coiron* (1061 mètres). Leurs points principaux sont le *Mézenc* (1754 mètres), le *Meygal* (1540 mètres), le *Gerbier des Joncs* (1551 mètres). Le plus beau volcan du Vivarais est la *Coupe d'Ayzac* (montagne de la coupe), près d'Antraigues, avec un cratère de 130 mètres de profondeur. Citons encore le volcan de *Montpezat*, le *Burzet*, le *Thueyts*, le *Jaujac*.

VIVAT [vi-va-te] (ml. : *qu'il vive*), *interj.* Qu'on pousse pour applaudir quelqu'un. — *Sm.* Toute acclamation par laquelle on souhaite longue vie et prospérité à quelqu'un. — Pl. *des vivats*.

VIVE (vx fr. *vivre* : l. *vipera*, vipère), *sf.* Genre de poissons de mer acanthoptérygiens, voisin des perches, à museau court, mais qui a le corps allongé comme celui des anguilles et la première nageoire dorsale armée de pointes aiguës. On en trouve quatre espèces dans la Méditerranée et deux dans l'Atlantique. Les épines qui couvrent et protègent les branchies de la vive occasionnent, en les touchant, une piqûre douloureuse; parfois cette piqûre, assez profonde, est suivie de phlegmon, à cause de la vénénosité du liquide sécrété par les culs-de-sac glandulaires de leur base, situés de chaque côté du corps. La chair de la vive, de bon goût, est très recherchée.

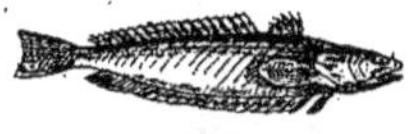

VIVE
TRACHINUS DARCO

VIVEMENT (*vive* + sfx. *ment*), *adv.* Avec vivacité. || Avec ardeur, énergie : *Solliciter vivement.* || Sensiblement, profondément : *Ressentir vivement un affront.*

VIVEROLS, 1065 hab. Ch.-l. de c., arr. d'Ambert (Puy-de-Dôme), sur la rive gauche de la Ligonne. Dentelles.

VIVEUR (*vivre*), *sm.* Celui qui s'adonne à tous les plaisirs de la vie. (Fam.) — **Gr.** *Sf.* **Viveuse**.

VIVI, poste créé par Stanley sur le bas Congo, dans l'État indépendant du Congo (Afrique occidentale).

VIVIANI (VINCENZO) (1622-1703), géomètre italien, disciple de Galilée et condisciple de Torricelli, qu'il aida plus tard dans ses expériences sur le baromètre et la pesanteur de l'air. Très versé dans l'étude de la géométrie, il restitua, par une sorte de divination, les traités d'Aristée l'Ancien et d'Apollonius de Perga sur les *sections coniques*. Sa réputation était européenne. On lui doit des ouvrages remarquables.

***VIVIANITE** (*Viviani*, nom d'homme), *sf.* Phosphate de protoxyde de fer hydraté. Ce minéral est d'un bleu vitreux; sa forme primitive est le prisme rectangulaire oblique. Sa densité est 2,66. La vivianite est très tendre. Elle est connue aussi sous le nom de *fer phosphaté*. — **Vivianite terreuse**, phosphate de fer alumineux de consistance terreuse, bleuâtre ou bleu, que l'on rencontre dans certaines argiles modernes. On l'appelait autrefois *bleu de Prusse natif, fer azuré*. Cette substance a coloré en bleu des dents de mastodonte qu'elle a transformées en une sorte de turquoise et qui ont été trouvées en Gascogne. On utilise ce corps comme matière colorante bleue, principalement pour peindre les voitures.

VIVIEN (SAINT-), 1506 hab. Ch.-l. de c., arr. de Lesparre (Gironde). Marais salants.

VIVIER (l. *vivarium* : de *vivus*, vivant), *sm.* Pièce d'eau courante ou dormante où l'on nourrit et conserve du poisson. || Bateau dans lequel est établie une sorte de caisse communiquant avec l'eau et où les pêcheurs mettent le poisson pour le conserver vivant.

VIVIERS, 3308 hab. Ch.-l. de c., arr. de Privas (Ardèche), sur la rive droite du Rhône; au pied et sur les pentes d'un rocher qui supporte la cathédrale (monument historique); évêché. Grande fabrique de chaux hydraulique; filatures de cocons.

VIVIEZ, 1524 hab., bourg du canton d'Aubin, arr. de Villefranche (Aveyron), près du Lot. Fonderie de zinc.

VIVIFIANT, ANTE (*vivifier*), *adj.* Qui donne la vie, qui ranime, qui donne de la vigueur : *Air vivifiant.*

VIVIFICATION (l. *vivificationem*), *sf.* Action par laquelle on ranime, on donne de la vigueur.

VIVIFIER (l. *vivus*, vivant + *ficare*, faire), *vt.* Donner la vie et la conserver. || Donner de la vigueur, de la force : *Le fumier vivifie les plantes.* || Donner de l'entrain : *Une profonde conviction vivifie le style.* || Rendre efficace, fructueux : *La réflexion vivifie l'étude.* || *La lettre tue et l'esprit vivifie*, la libre interprétation d'un écrit éclaire plus qu'une interprétation littérale. || Rendre populeux, animé, prospère : *L'industrie vivifie un pays.* — **Se vivifier**, *vr.* Devenir productif, plus énergique. — **Gr.** Je vivifie, n. vivifions, v. vivifiez; je vivifiais, n. vivifiions, v. vivifiiez; je vivifierai; que je vivifie; que n. vivifiions, que v. vivifiiez. — **Dér.** *Vivifiant, vivifiante, vivification, vivifique.*

VIVIFIQUE (l. *vivificum*), *adj. 2 g.* Qui a la propriété de vivifier. — **Gr.** Ce mot est moins employé que *vivifiant*.

VIVIPARE (l. *vivus*, vivant + *parere*, enfanter), *adj. 2 g.* et *sm.* Se dit d'un animal dont les petits viennent au monde tout vivants, au lieu de sortir d'un œuf qui a été couvé. || Se dit de certaines plantes dont les graines germent dans le péricarpe : *Les orangers et les citronniers sont vivipares.*

***VIVISECTEUR** (l. *vivus*, vivant + *secare*, couper), *sm.* Celui qui fait des vivisections.

***VIVISECTION** (l. *vivus*, vivant + *section*), *sf.* Toute expérience faite sur les animaux vivants, pour arriver à déterminer les propriétés des tissus et des humeurs, le fonctionnement des organes, etc. || Opération pratiquée sur les vertébrés en vie, pour apprécier par analogie une opération nouvelle à faire sur l'homme.

VIVONNE, 2456 hab. Ch.-l. de c., arr. de Vienne (Poitiers), au confluent du Clain et de la Vonne.

VIVONNE (DE ROCHECHOUART, DUC DE MORTEMART ET DE) (1636-1688), frère de Mme de Montespan, général des galères et maréchal de France. Il se signala sur terre et sur mer pendant les guerres de Louis XIV, surtout au passage du Rhin, et eut la réputation d'un fin et spirituel courtisan.

VIVOTER (dm. de *vivre*), *vi.* Vivre en étant obligé de s'imposer beaucoup de privations.

1. ***VIVRE** (l. *vivere*), *vi.* Etre en vie : *L'homme peut vivre cent ans.* || Dans le style élevé, *il a vécu*, il est mort. || Profiter de la durée de la vie : *Celui qui a planté un arbre avant de mourir n'a pas vécu inutile.* || Passer sa vie dans un certain milieu, un certain état, une certaine situation, d'une certaine manière : *Vivre à la campagne, dans le mariage, dans l'abondance.* || Mener un certain train de vie : *Vivre luxueusement, pauvrement, en grand seigneur.* || Faire ordinairement société, être en relation habituelle : *Vivre avec les gens les plus distingués.* || *Vivre avec soi-même*, dans la retraite, sans fréquenter personne. || *Vivre bien avec quelqu'un*, être en bon accord, en bonne intelligence avec lui, agir avec lui convenablement et sans manquer aux égards qu'on lui doit. || *On ne saurait vivre avec cet homme*, on ne peut s'accoutumer à son caractère, à son humeur. || Se conduire, se comporter de telle ou telle manière : *Vivre sagement, en honnête homme, en fainéant.* || Avoir les manières, se conformer aux usages des gens bien élevés : *Cet homme est reçu partout parce qu'il sait vivre.* || *Apprendre à vivre*, acquérir la connaissance des bonnes manières, s'instruire des usages des gens bien élevés. || *Je lui apprendrai à vivre*, je le corrigerai, je le punirai. || Consacrer sa vie à : *Ce fils ne vit que pour ses parents. Cet homme ne vit que pour l'étude.* || Etre dans la dépendance, la sujétion : *Vivre sous un gouvernement despotique.* — Fig. Ne pas périr, n'être pas oublié : *La gloire de ce grand homme vivra éternellement.* || Se nourrir : *Vivre de viandes rôties, de légumes.* || *Cet homme vit de rien*, il mange très peu ou dépense très peu pour sa nourriture. || *Vivre de régime*, s'astreindre, pour tout ce qui concerne ses repas, à ce qui a été prescrit par le médecin. || *Il faut que tout le monde vive*, il faut que chacun ait la possibilité de gagner sa vie. — Fig. *Vivre sur sa réputation*, être estimé du public à cause de ce que l'on a fait autrefois et non à cause de ce que l'on fait actuellement. || Tirer d'une profession, d'une chose ses moyens de subsistance : *Vivre de son travail, de ses rentes.* || *Vivre de ménage*, avec économie. || *Vivre d'industrie*, recourir à des expédients pour pouvoir subsister. || *Vivre au jour le jour*, n'avoir pour subsister que ce qu'on gagne chaque jour par son travail. — Fig. *Vivre d'espérance*, supporter le mal présent dans l'attente d'un bien à venir. || *Vive Dieu!* c'est-à-dire *que Dieu vive*, expression dont on se sert pour affirmer ce que l'on va dire. || *Vive, vivent*, formes du prés. du subj. qu'on emploie suivies d'un nom de personne ou de chose pour indiquer qu'on souhaite que cette personne, que cette chose ait longue vie, durée, prospérité : *Vive la France! Vivent les arts! Vive, vivent* s'emploient aussi pour marquer qu'on fait grand cas d'une chose : *Vive l'instruction! Vive Paris!* || *Qui vive!* cri d'une sentinelle qui voit approcher une personne, une troupe, qui entend quelque bruit. — **Gr.** Je vis, tu vis, il vit, n. vivons, v. vivez, ils vivent; je vivais; je vécus, n. vécûmes; je vivrai; je vivrais; vis, vivons, vivez; que je vive; que je vécusse, qu'il vécût; vivant; vécu (toujours invar.). — Ce verbe se conjugue toujours avec *avoir;* comme il est intransitif, son participe passé est toujours invariable et il faut se garder de prendre pour un complément direct le nom de temps ou le pronom équivalent à un nom de temps dont il est quelquefois accompagné : dans *les années qu'il a vécu à l'étranger, que* est mis pour *pendant lesquelles*. Exceptionnellement on trouve *vécu* variable après un nom de temps, ce qui n'est pas à imiter. Jusqu'au XVIIe siècle, *vivre* avait deux passés définis : *je vécu* et *je véquis* et, par suite, deux imp. du subj. : *que je vécusse* et *que je véquisse*. — **Dér.** *Vivre* 2, *vivant, vivante, vivace, vivacité, vival; vif, vive* (adj.), *vive* (s.) *vivement, viveur, vivier; viande, viander, viandis, vivandier, vivandière; vie, viable, viabilité; vivat*, etc. — **Comp.** *Vivifier, vivifiant, vivifiante, vivification, vivifique; vivipare, vipère; vivisecteur, vivisection; vivoter; vivre, guivre; revivre, survivre*, etc., *convive, provende.*

2. **VIVRE** (l'inf. *vivre* 1), *sm.* Nourriture : *On lui donne le vivre et le logement, mais point d'appointements.* — *Smpl.* Toutes les choses qui servent d'aliments : *Manquer de vivres.* || Provisions de bouche pour une armée, un navire. || L'entreprise de la fourniture des provisions de bouche pour les armées : *Faire fortune dans les vivres.* — **Dér.** *vivrier, vivrière.*

3. ***VIVRE** (db. de *guivre*), *adj.* Serpent tortueux. (Blas.) (V. *Guivre*.) — **Dér.** *Vivré, vivrée.*

***VIVRÉ, ÉE** (*vivre* 3), *sf.* Disposé comme la vivre, c'est-à-dire en ligne tortueuse. (Blas.)

***VIVRIER, IÈRE** (*vivre* 2), *adj.* Qui produit des substances alimentaires : *Terres, cultures vivrières.*

***VIVRIER** (*vivre* 2), *sm.* Employé des vivres. || Fournisseur.

***VIZCHACA.** (V. *Viscache.*)

VIZILLE, 4 310 hab. Ch.-l. de c., arr. de Grenoble (Isère), sur la Romanche. Ruines d'une forteresse, château de Lesdiguières; ville industrielle.

VIZIR (ar. *ou azîr*, porteur; pers. et turc *vézir*), *sm.* Ministre ou grand dignitaire de l'empire turc siégeant au conseil du sultan. || *Grand vizir*, le premier ministre chez les Turcs. — Fig. *C'est un vizir*, un homme d'un caractère despotique. — **Dér.** *Viziral, vizirial, viziriale, vizirat, viziriat, viziriel, vizirielle.*

***VIZIRAL** ou ***VIZIRIAL, ALE** (*vizir*), *adj.* Du vizir : *Dignité viziriale.*

VIZIRAT ou **VIZIRIAT** (*vizir*), *sm.* Dignité, fonction de vizir. || Durée de cette fonction.

***VIZIRIEL, ELLE** (*vizir*), *adj.* Qui émane du vizir : *Ordre viziriel.*

***VLADIKA** (mot slave), *sm.* Chef, chez les Monténégrins.

VLADIKAVKAS, 34 000 hab., forteresse russe et importante ville de garnison située dans le Caucase (bassin du Térek); elle défend la route de Géorgie. Commerce considérable.

VLADIMIR, 25 000 hab. Ville de la Russie d'Europe; chef-lieu du gouvernement du même nom.

VLADIMIR Ier *le Grand* ou *le Saint*, grand-duc de Russie de 980 à 1015, surnommé le *Charlemagne du Nord*. Il étendit les possessions de son bisaïeul Rurik, épousa Anne, sœur de l'empereur Basile II, se convertit, avec une partie de son peuple, au christianisme, bâtit des églises et fonda des écoles. — **Vladimir II**, grand-duc de Russie de 1113 à 1125, qui reçut le premier le titre de czar.

VLADIMIR, 12 000 hab. Ville de la Russie d'Europe et ch.-l. de gouvernement, à l'E. de Moscou, sur le Klazma, affluent de l'Oka; ancienne capitale de la Moscovie, fondée par Vladimir II.

VLADISLAS, nom de plusieurs rois de Pologne, de Bohême et de Hongrie dont le plus marquant fut *Vladislas V*, grand-duc de Lithuanie, qui régna sur la Pologne de 1386 à 1434 et fonda la dynastie des *Jagellons.*

VLADIVOSTOCK (*dominatrice de l'Occident*), ville de la Corée (Asie), sur la baie de Pierre-le-Grand (Bosphore oriental) dans l'océan Pacifique et non loin de l'embouchure de l'Amour. Les Russes, après l'abandon de Nikolaïev, y ont transporté le centre de leurs établissements maritimes dans ces mers.

***VLAN**, *interj.* qui peint un coup sec de la main, une action subite.

***VLAOO** ou **VLAAU**. (V. *Velaut.*)

VLARDINGHEN, 9 672 hab., ville de la Hollande; port important par ses armements pour la pêche du hareng.

VLISSINGEN (en français, *Flessingue*), 10 332 hab. Ville forte de la Zélande (Hollande); arsenal, grand port de commerce.

VOCABLE (l. *vocabulum*, mot : de *vocare*, appeler), *sm.* Tout mot d'une langue : OPPORTUNISTE *est un vocable nouveau.* || Choix d'un saint comme patron d'une église, d'une chapelle qui porte le nom de ce saint : *En France, beaucoup d'églises sont sous le vocable de saint Martin.* — **Dér.** *Vocabulaire, vocabuliste.*

VOCABULAIRE (l. *vocabularium* : de *vocabulum*, mot), *sm.* Dictionnaire alphabétique. || Collection de mots ordinairement rangés par ordre alphabétique et expliqués brièvement. || L'ensemble des termes techniques d'une science, d'un art : *Le vocabulaire de l'architecture*, l'ensemble des mots dont se sert un peuple ou dont s'est servi un auteur.

VOCABULISTE (*vocable*), *sm.* Auteur d'un vocabulaire.

VOCAL, ALE (l. *vocalem* : de *vox*, voix), *adj.* Qui sert à la production de la voix : *Le larynx est l'organe vocal.* || *Cordes vocales*, replis muqueux appelés ligaments supérieurs de la glotte. || Enoncé de vive voix au lieu d'être pensé seulement ou écrit : *Promesse vocale.* || *Musique vocale*, faite pour être chantée et non jouée sur un instrument. — **Vocaux, vocales**, *spl.* Ceux, celles qui avaient droit de vote dans un chapitre, une assemblée. — **Dér.** *Vocalement, vocalique, vocalisme, vocaliser, vocalise, vocalisation, vocalisateur, vocalisatrice.* Même famille : *Voix, vocatif, vocation, vociférer*, etc.

***VOCALEMENT** (*vocale* + sfx. *ment*), *adv.* Au moyen de la voix.

***VOCALIQUE** (*vocal*), *adj. 2 g.* Qui appartient aux voyelles : *Son vocalique.* || Terminé par une voyelle : *Thème vocalique.* **(Gr.)**

***VOCALISATEUR, TRICE** (*vocaliser*), *s.* Celui, celle qui vocalise avec habileté.

VOCALISATION (*vocaliser*), *sf.* Action de chanter un morceau de musique en substituant une même voyelle aux noms des notes. || Changement d'une consonne en une voyelle : *La vocalisation du* N *en* U.

***VOCALISE**, *svf.* de *vocaliser*. Exercice de vocalisation.

VOCALISER (*vocal*), *vt.* et *i.* Chanter un morceau de musique en substituant le nom d'une même voyelle aux différents noms des notes. || Changer une consonne en voyelle.

***VOCALISME** (*vocal*), *sm.* L'ensemble des voyelles d'une langue, des principes qui en règlent l'emploi.

***VOCALISTE** (*vocalise*), *s.* (V. *Vocalisateur.*)

VOCATIF (l. *vocativum* : de *vocare*, appeler), *sm.* Cas auquel on met le nom, le titre de celui qu'on appelle dans les langues qui ont des déclinaisons. En français le vocatif est souvent marqué par l'interjection *ô* placée devant le nom : *Ô mon ami!*

VOCATION (l. *vocationem* : de *vocare*, appeler), *sf.* Appel que Dieu fait à un homme pour le charger d'une mission. || *La vocation d'Abraham*, le choix que Dieu fit de ce patriarche pour être le père du peuple juif. || *La vocation des gentils*, la grâce que Dieu leur a faite en les appelant à la connaissance de l'Évangile. || Choix qu'un évêque fait d'un homme pour le sacerdoce d'après les constitutions de l'Église. || Mouvement intérieur par lequel Dieu appelle une personne à un genre de vie déterminé. || Inclination que l'on se sent pour un état : *La peinture est sa vocation.* || Disposition, talent : *Il a une vocation pour la musique.* || Destinée : *La vocation de la femme est de vaquer aux soins du ménage.*

***VOCERO** [vo-tché-ro], *sm.* Chant funèbre, en Corse, composé pour les obsèques de certains défunts. — Pl. *des voceri.*

***VOCIFÉRANT, ANTE** (p. prés. de *vociférer*), *adj.* Qui crie, qui vocifère.

***VOCIFÉRATEUR, TRICE** (l. *vociferatorem*), *s.* et *adj.* Celui, celle qui vocifère.

VOCIFÉRATIONS (l. *vociferationem*), *sfpl.* Paroles accompagnées de clameurs : *Proférer des vociférations.*

VOCIFÉRER (l. *vociferari*), *vi.* Parler avec violence, pousser des clameurs. — **Gr.** *É* devient *è* devant une syllabe muette, excepté au futur et au conditionnel : Je vocifère, n. vociférons; je vociférerai; je vociférerais. — **Dér.** *Vociférations, vociférateur, vocifératrice.* Même famille que *Voix.*

VŒRŒSMARTY (MICHEL) (1800-1855), poète hongrois, rénovateur de la poésie hongroise et chef de la nouvelle école poétique. Il a laissé, entre autres ouvrages, trois belles épopées : la *Fuite de Zalau, Cserhalom, Eger.*

VŒU (l. *votum*), *sm.* Promesse qu'on fait volontairement à Dieu d'accomplir une bonne œuvre ou de pratiquer une vertu. || *Vœu solennel*, celui qu'on fait en face de l'église et avec le cérémonial prescrit. || Ferme résolution qu'on a prise en soi-même : *J'ai fait* *vœu de ne mentir jamais.* || Offrande promise par un vœu : *Il y a de riches vœux dans cette église.* || Nom qu'on donne au suffrage dans certaines assemblées : *Donner son vœu.* || Souhait, vif désir : *Former des vœux pour la prospérité de la patrie.* || Ce à quoi l'on est obligé par une force supérieure : *Il faut satisfaire au vœu de la loi.* — *Smpl.* Engagement solennel que prend une personne lorsqu'elle embrasse l'état religieux : *Prononcer ses vœux.* — **Db.** *Vote* et *Vogue* 2. — **Dér.** *Vouer.* Même famille : *Vote, voter,* etc.

VOGELBERG (*montagne de l'oiseau*), 3423 mètres. Montagne de la Suisse, dans les Alpes Lépontiennes, où naît le Rhin postérieur.

VOGEL DE FALKENSTEIN (Ernest-Frédéric-Édouard) (1797-1885), général prussien qui, en 1813, fit comme engagé volontaire la campagne de France. Après la paix, il fonda un atelier de peinture sur verre. Rentré en activité en 1848, il occupa, en 1866, le Hanovre et força l'armée hanovrienne à capituler à Langensalza (27-29 juin), puis battit les Bavarois à Kissingen et à Hammelbourg (10 juillet) et entra le 17 à Francfort, qu'il frappa d'une énorme contribution de guerre. En 1870, il organisa la défense des côtes de la Baltique.

VOGELSBERG (*montagne des oiseaux*), 600 mètres. Immense montagne conique de la Hesse, qui est un volcan éteint.

VOGELWEIDE (Walther von der) (1165-1230 ?), célèbre minnesinger allemand.

VOGHERA, 15800 hab. Ville du royaume d'Italie, sur la Staffora.

VOGL (Jean-Népomucène) (1802-1866), poète allemand.

VOGLER (Georges-Joseph, abbé) (1749-1814), compositeur et théoricien allemand. Son œuvre musical eut peu de succès, mais son enseignement fut très recherché. L'abbé Vogler compta Weber, Meyerbeer, Winter, etc., parmi ses élèves.

VOGOUL, nom d'un peuple encore nomade, de race ouralo-altaïque, apparenté de près avec les Finnois, et qui vit dans les gouvernements russes de Perm et de Tobolsk.

VOGT (Carl ou Charles), savant naturaliste allemand, né en 1817. Il publia successivement l'*Histoire naturelle des poissons d'eau douce, Montagnes et Glaciers* (1843), *Traité de géologie et des pétrifications* (1846), *Lettres physiologiques.* On lui doit encore : *Océan et Méditerranée* (1848), *Science et Superstitions,* qui fit de son auteur le chef du matérialisme allemand, les *Microcéphales* ou l'*Homme-singe* (1866), et *Leçons sur l'homme, sa place dans la création et dans l'histoire de la Terre* (1878), etc.

1. **VOGUE**, *svf.* de *voguer.* Autrefois, la marche d'une embarcation qu'on fait avancer à force de rames : *Ce navire a de la vogue.* — Fig. Aujourd'hui, crédit, engouement, préférences du public pour une personne ou une chose : *C'est ce marchand qui a la vogue.* || Mode : *La gymnastique est actuellement fort en vogue,* elle est fort à la mode, tout le monde s'en occupe.

2. ***VOGUE** (forme corrompue du l. *votum,* vœu), *sf.* Fête patronale d'une localité dans le midi de la France : *Aller à la vogue.*

VOGÜÉ (Eugène-Melchior, vicomte), littérateur français, né en 1848. Il a fait connaître en France les grands romanciers russes, principalement Tolstoï, Tourguéneff, Dostoïewsky ; il est membre de l'Académie française depuis 1889.

VOGUER (VHA. *wagôn* et *wogôn,* se mouvoir), *vi.* Être poussé sur l'eau à force de rames. || Ramer (vx). || Naviguer de quelque manière que ce soit : *Le navire voguait à pleines voiles.* — Fig. *Vogue la galère,* arrive ce qui pourra. — **Dér.** *Vogue, vogueur.*

VOGUEUR (*voguer*), *sm.* Rameur (vx).

VOICI (vx fr. *voi,* 2e pers. sing. de l'impér. de *voir* + adv. *ci : vois ici*), *prép.* qui s'emploie : 1° Pour montrer, désigner une personne ou une chose proche de celui qui parle : *Voici mon oncle. Voici la rue que vous demandez.* || 2° Pour prévenir qu'on va exposer ou expliquer quelque chose : *Quant à votre proposition, voici ce que j'en pense.* || *En voici bien d'une autre,* cela est fort singulier, fort extraordinaire. || 3° Devant l'infinitif *venir* pour annoncer qu'une personne va arriver, qu'une chose va avoir lieu : *Voici venir l'orage.* || 4° Pour exprimer un état actuel ou le commencement d'une action : *Nous voici au terme de notre voyage. Voici que la locomotive marche.* || *Nous y voici,* cela arrive comme on l'avait prévu, j'arrive à la question. — **Gr.** Autrefois on pouvait mettre le pronom complément direct entre *voi* et *ci* et dire *voi-le-ci* au lieu de *le voici.* *Voici* sert à désigner les choses dont on va parler et *voilà* celles dont on a déjà parlé : *Voici les fruits que j'ai cueillis. La bienfaisance, voilà ce qui rend un homme recommandable.* Dans le langage familier, on peut employer *voilà* au lieu de *voici,* mais il n'est pas permis d'employer *voici* au lieu de *voilà.*

VOID, 1226 hab. Ch.-l. de c., arr. de Commercy (Meuse) ; port sur le canal de la Marne au Rhin. Fromages.

VOIE (l. *via :* de *vehere,* voiturer, venu du sanscr. *vâh,* porter), *sf.* Chemin, route, rue. || *Voie romaine,* chacune des grandes routes *militaires* ou *vicinales* construites par les Romains pour faciliter le mouvement de leurs armées dans toute l'étendue de leur vaste empire, pavées de pierres dures, irrégulières, ou d'un béton de cailloux si solide, qu'il en existe encore des tronçons considérables, et jalonnées de bornes ou colonnes milliaires indiquant les distances. Plusieurs des *voies militaires* ont été, en partie, construites par les légions romaines. (V. *Italie,* t. II, pp. 135 et 136, la carte *Italie ancienne,* p. 134, et la carte *Campagne romaine,* t. III, p. 181.) || *Être toujours par voie et par chemin,* n'être presque jamais au logis. || *La voie publique,* les rues, les chemins, les places publiques. || *Une voie ferrée,* un chemin de fer. — **Voies ferrées.** En terme de chemins de fer, ce mot désigne spécialement les files de rails sur lesquelles circulent les trains, y compris la bande de terrain qu'elles occupent, et tous les ouvrages souterrains ou à ciel ouvert qu'a nécessités leur établissement. La voie comprend donc : 1° l'*infrastructure,* c'est-à-dire la route ou plate-forme qui supporte les rails ; 2° la voie proprement dite ou *superstructure* (rails, gares, signaux, changements de voie, barrières, etc.) Le terme *voie ferrée* remplace souvent l'expression plus usitée de *chemin de fer,* pour désigner l'ensemble des services : voie et travaux, construction, matériel et traction, matériel roulant, exploitation, qui sont les éléments vitaux de ce mode de transport. Après l'accomplissement préalable de toutes les formalités administratives et de toutes les études, commence l'exécution des travaux pour la construction de la route (infrastructure), appelée aussi *plate-forme* ou *palier.* On distingue deux cas : 1° *Établissement d'une voie unique.* Coupée par un plan perpendiculaire à son axe longitudinal, la plate-forme présente l'aspect suivant (fig. 1) : La droite AB représente le sol naturel, que des travaux de terrassement ont amené au niveau voulu. De chaque côté existent des talus AM, BN, qui peuvent être inégaux. On appelle *largeur en couronne* la distance C comprise entre les arêtes AM, NB des talus supposées prolongées dans le plan de coupe, au niveau de l'arête inférieure du rail. Au-dessus du sol naturel, on dispose une couche de matériaux pierreux ou sableux, naturels ou artificiels, que l'on désigne sous le nom général de *ballast,* et qui a pour but la répartition des pressions et le maintien de la voie dans un état sec, afin d'en assurer la stabilité et la bonne conservation. Un bon ballast doit être : 1° perméable, afin de ne pas favoriser le séjour de l'eau sur la voie et la destruction de ses éléments ligneux ; 2° peu poussiéreux ; 3° suffisamment consistant pour ne pas se désagréger sous le poids des trains. Les cotes de la figure 1 indiquent pour une voie unique les dimensions moyennes usitées. Le meilleur ballast est un gravier sans sable ni argile et formé d'éléments de grosseur moyenne. La pierre cassée (pas gélive) donne une voie moins compacte. Les laitiers et l'argile cuite ont été employés avec succès. Tantôt le ballast affleure le rail (*voie à patins*), tantôt il se met à un niveau inférieur (*voie à double champignon*). La largeur totale AB d'une voie unique est de $6^m,07$ (en France). La voie est asséchée au moyen de fossés latéraux, dont le fond NK a 40 à 50 centimètres de largeur avec une pente minima de $\frac{1}{600}$ et une profondeur de 40 à 60 centimètres au-dessous de la plate-forme. La pente des talus des fossés, BN et IK, est en général de $\frac{1}{1.5}$ (avec revêtement en pierre $\frac{1}{1}$ à $\frac{1}{0.5}$. On gazonne, ou on pave les talus des fossés afin d'éviter les entraînements des terres. La pente des talus MA est en général de $\frac{1}{1.5}$ (dans le cas d'empierrement du talus, $\frac{1}{1.25}$ et de pavage $\frac{1}{1}$). On les gazonne et on établit des haies avec plantations pour combattre les éboulements. On a souvent besoin d'établir, pour maintenir le talus LH, des *murs de soutènement* en pierres cimentées ou non (V. fig. 2, 3 et 4) ; on soustrait la tête du mur à l'ébranlement direct de la masse roulante en éloignant suffisamment la voie du parement. Pour exécuter la route et lui donner la pente compatible avec les exigences de la traction des trains, on a souvent à faire de grands travaux de terrassement. On extrait les terres, soit au moyen de brouettes ou de tombereaux traînés par des hommes ou des chevaux, soit à l'aide de wagonnets ou de wagons traînés par des locomotives de type normal ou de modèle restreint. On commence, en général, par la brouette, puis on adopte un mode de transport des terres approprié avec l'importance de l'entreprise et avec la distance à laquelle les déblais et les remblais doivent être exécutés. Des tables calculées d'avance facilitent ces estimations. Les voies sont en général protégées par des clôtures sèches ou par des clôtures vives (haies en épine, aubépine, acacia et frêne, poteaux fichés en terre et reliés par un certain nombre de lisses).

2° *Établissement d'une double voie.* Cette voie consiste dans la juxtaposition de deux voies simples séparées par une entre-voie dont la largeur est généralement de 2 mètres. La largeur totale d'une telle voie est d'environ $9^m,85$.

La neige, glissant le long des talus et tendant à obstruer les voies, est arrêtée au moyen de palissades en bois (para-neige). En plaine, les amoncellements de neige se produisent aussi et le même remède sert à les combattre. Une fois la plate-forme préparée et les ponts, viaducs, etc., exécutés, on s'occupe de la pose définitive de la voie proprement dite. Pour faciliter le transport des terres et du ballast, on a souvent recours à une voie provisoire très primitive, formée de vieux rails simplement cloués sur des traverses de rebut. On commence par fixer l'axe de la voie au moyen de piquets espacés de 100 mètres, et on met les *traverses* (V. plus loin) en place au moyen d'une règle ayant la longueur d'un rail. Les rails, chargés sur des wagons qui les ont amenés, sont posés et réunis au moyen de leurs éclisses fixées provisoirement par deux boulons. (V. *Éclisses,* plus loin.) On règle ensuite les joints de manière à prévoir la dilatation des rails, on serre les éclisses et marque à la craie, sur les rails, les emplacements définitifs des traverses. Le ballast est alors mis en place sous les traverses (*bourrage*), et la cote de la tête des rails est réglée au moyen de niveaux. Les traverses portent des entailles pratiquées par l'opération du sabotage, dans lesquelles vient se loger la semelle des rails à patins ou le coussinet qui supporte le rail à double champignon. Au début des chemins de fer, on employait des rails en fonte, mais cette matière étant trop sujette à l'écrasement, on la remplaça par le fer laminé ; aujourd'hui l'acier est définitivement adopté comme offrant, sous le même poids, une résistance beaucoup plus grande. Le *rail à patins* (fig. 3) jouit d'une grande faveur, bien que des compagnies importantes (Ouest français, chemins anglais, etc.) emploient les profils (fig. 4) dits *à double champignon,* à cause de la possibilité qu'on a de les retourner sans danger de rupture. En moyenne, les rails ont 120 à 130 millimètres de hauteur; l'âme a 15 à 25 centimètres d'épaisseur.

Les règlements administratifs avaient fixé pour le poids par mètre courant des rails un minimum de 35 kilogr., au-dessous duquel on était descendu, étant donnée la résistance supérieure de l'acier. Aujourd'hui le poids considérable des locomotives et des wagons que l'on fait circuler à des vitesses de plus en plus grandes a conduit à augmenter le poids des rails, en même temps que le nombre des traverses, pour donner plus d'assiette à la voie. L'Est français a adopté un rail de 44k,2 le mètre courant; le Nord, des rails de 43 kilogr. L'État belge fait placer des voies en rails de 50 kilogr. le mètre courant (rail Goliath). Les rails, jadis très courts, surtout en France (4, 5 à 6 et 8 mètres), atteignent maintenant, dans de nombreux cas, 10 et 12 mètres de long, ce que permettent les perfectionnements apportés au laminage des métaux. Les rails longs demandent moins d'éclisses, et la diminution des joints supprime les chances de dénivellation entre les rails consécutifs, ce qui donne un roulement plus doux. L'usure des rails est variable avec leur genre de service; en rampe et dans les gares et leurs abords (à cause des freins qui font glisser les roues), les rails doivent être plus souvent remplacés qu'en palier. La partie supérieure du rail s'appelle *bourrelet* ou *champignon* (V. fig. 3 et 4), la partie inférieure est tantôt un champignon symétrique du premier (rail à double champignon), tantôt un patin (rail à patins ou Vignoles). On considère le rail, au point de vue de la résistance des matériaux, comme un support n'étant appuyé lui-même qu'en certains points. Aujourd'hui on donne au bourrelet supérieur (*surface de roulement*) la forme plane qui avait été adoptée au début. La figure 7 indique la forme et les dimensions d'un rail de l'Est français.

Manière de fixer les rails. — Le *rail à patins* se fixe au moyen de crampons ou de tire-fonds (fig. 3). Ces derniers doivent être vissés et non enfoncés à coups de masse; ce sont de grosses vis à bois, à tête carrée. Entre la traverse et le rail, on dispose des selles ou platines en feutre ou en fer qui empêchent le rail de pénétrer trop profondément dans le bois de la traverse. Le *rail à double champignon* exige l'emploi d'un support intermédiaire (fig. 4), entre le rail et la traverse; il porte le nom de *coussinet*; ses mâchoires *m*, *m'* embrassent le rail au moyen d'un coin en bois, intérieur ou extérieur à la voie, que l'on chasse à coups de masse. Ces coussinets en fonte pèsent 9 à 20 kilogr.; ils sont fixés sur la traverse au moyen de chevillettes et de tire-fonds. Les joints des rails

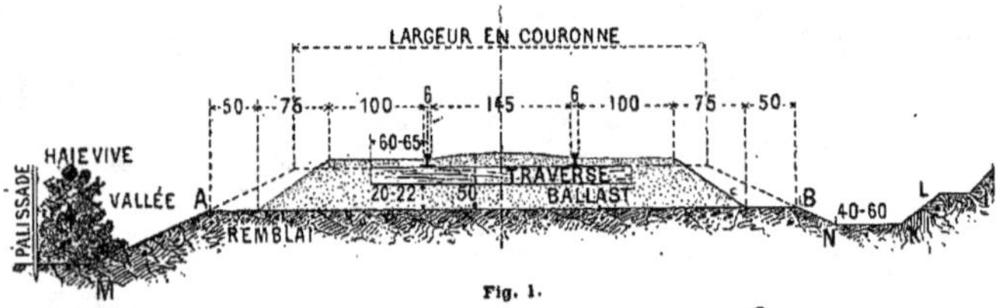

Fig. 1.

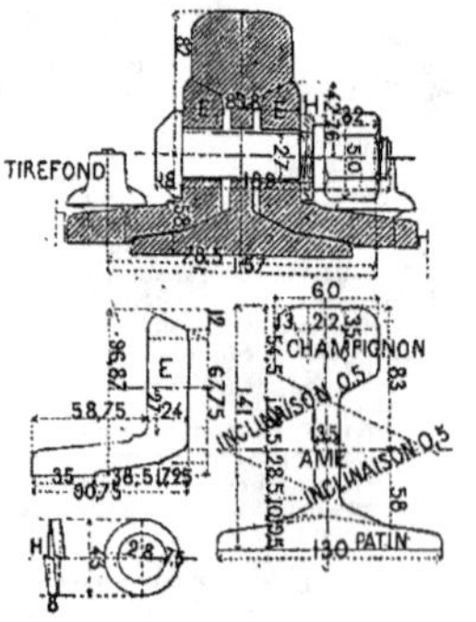

Fig. 4

Fig. 2.

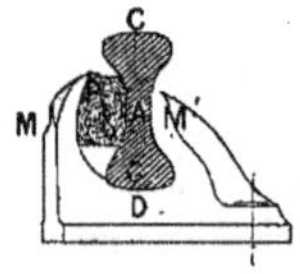

Fig. 3

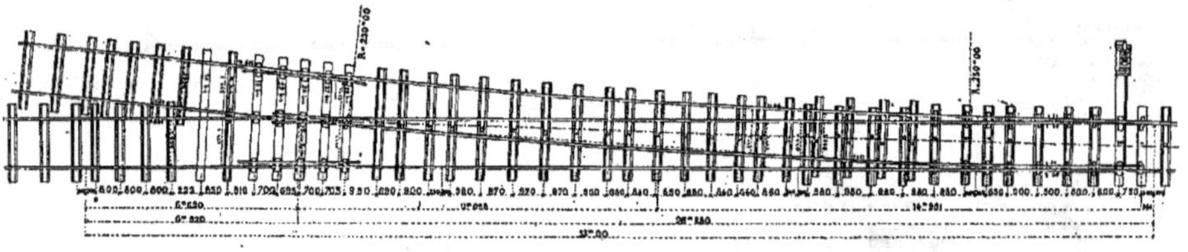

Fig. 5.

VOIES FERRÉES

Fig. 1. Coupe en travers d'un chemin à voie unique. — Fig. 2. Rail, coussinet, éclisse et accessoires de montage d'un rail de 44 k.,2. (Est français). Fig. 3. Rail à double champignon avec son coussinet. — Fig. 4. Pose des traverses dans un alignement droit. — Fig. 5. Pose des traverses dans une bifurcation.

des deux files parallèles sont dans un même plan perpendiculaire à l'axe de la voie (*joints concordants*) ou dans des plans différents (*joints chevauchés*); ce plan peut rencontrer une traverse ou bien tomber dans l'intervalle de deux traverses; dans le premier cas, on a le *joint appuyé*; dans le second cas, le *joint* est dit *suspendu*. Le *joint concordant suspendu* donne un roulement très doux (les deux roues tombant en même temps si, comme cela arrive souvent, le niveau des rails est différent en avant et en arrière du joint) et une bonne répartition des traverses. On laisse à chaque joint un jeu pour empêcher les rails de se soulever par suite de la dilatation. Les rails sont assemblés les uns aux autres au moyen d'*éclisses* en fer ou de coussinets-éclisses E, E' (fig. 3) qui emboîtent leurs extrémités et sont fixés par des boulons à ergots traversant l'âme du rail (l'écrou se met en dedans afin de faciliter la surveillance). Pour empêcher le boulon de se desserrer, on interpose entre l'écrou et l'éclisse une *rondelle en hélice* H (rondelle Grover) qui fait ressort (fig. 3).

Dans la plupart des lignes actuelles, les rails reposent par l'intermédiaire de leurs coussinets ou de leurs patins sur des traverses en bois noyées dans le ballast, ce qui s'oppose au déplacement horizontal des voies sous l'action des forces que fait naître le passage des trains. Ces traverses sont en bois ou en fer; les meilleurs bois pour traverses sont: le chêne, le mélèze, le pin et le hêtre. Le cœur de chêne s'emploie sans préparation; l'aubier ne peut servir qu'après avoir été injecté de liquides antiseptiques qui en assurent la conservation. Le cœur de hêtre n'absorbe pas les antiseptiques. Les principales substances employées pour cette opération sont: le sulfate de cuivre, le chlorure de zinc et la créosote (11 à 24 kilogr. de créosote par traverse de hêtre). Les traverses de chêne durent 12 à 15 ans, celles de hêtre 10 ans environ. On entaille ou sabote les traverses à leurs extrémités afin de loger le patin des rails et la semelle. La section des traverses doit suffire pour empêcher toute flexion et permettre de bien bourrer le ballast au point d'appui des rails : elle est de 14 cent. × 22. Leur longueur est de 2m,5 (France) : elle assure la solidité de la voie; en Angleterre, cette dimension est portée à 2m,75. La figure 5 montre la disposition des traverses en pleine voie et dans une bifurcation.

La *voie à patins* supprime les coussinets, demande des selles moins chères, mais emploie plus de ballast que la voie à double champignon. En revanche, le *rail à double champignon* se cintre plus facilement pour les courbes; il peut se retourner, ce qui diminue les dépenses de renouvellement; cette faculté de retournement est très discutée, d'autant plus que, le rail en acier pouvant durer 50 ans, la valeur actuelle du retournement est faible. Les ingénieurs anglais n'emploient que le rail à double champignon.

Dans les climats chauds, le bois se détériore rapidement. On a cherché un bon système de supports métalliques; on a employé des dés en fer ou des cloches à l'intérieur desquelles le ballast pénètre pour empêcher le ripage ou déplacement longitudinal des voies. Les traverses en fer sont très en faveur aujourd'hui dans certains pays (Allemagne,

Hollande). On leur donne la forme indiquée par les figures 6 et 7, et on recourbe leurs extrémités A et B pour empêcher le glissement latéral. Leur laminage est difficile, mais leur durée, plus longue que celle des traverses en bois, quand elles sont établies dans de bonnes conditions, peut conduire à une économie finale malgré leur prix de revient élevé. La fixation du rail sur ces traverses est un problème délicat, non encore résolu d'une manière satisfaisante. On emploie des boulons, des agrafes, et souvent on interpose une semelle en bois ou en fer entre le rail et la traverse. On a construit à l'origine, et il en reste encore aujourd'hui, une certaine longueur de voies sur longrines en bois ou métalliques. Ces longrines en bois sont des pièces de section rectangulaire, disposées parallèlement à l'axe de la voie. Brunel préconisait les premières, sur lesquelles il disposait le rail qui porte son nom, et dont la figure 10 indique la forme : ce rail tend à s'ouvrir et à se fendre dans le haut. On l'emploie souvent sur les ponts et les plaques tournantes. L'emploi des longrines métalliques permet de diminuer la section du rail, car, en augmentant celle de la longrine, on assure la rigidité de la voie, tout en diminuant la partie directement sujette à l'usure. La fixation des rails sur les longrines a lieu au moyen de boulons, ou bien d'agrafes et de vis. On peut reprocher à ce système de donner lieu à des dénivellations provenant de l'indépendance des deux files de rails. Les principaux systèmes de voies sur longrines sont les voies Hartwig, Hilf et Haarmann.

Les grandes lignes à profil normal entraînent des dépenses d'établissement trop considérables dans certains pays où le trafic est faible. Il y a avantage à les remplacer dans ce cas par des voies à profil réduit (*lignes à voie étroite*) par des rails de 25 kilogr. le mètre courant, par exemple, et des traverses d'un poids plus faible : ces lignes alimentent le trafic des premières jouant le rôle des affluents vis-à-vis d'un fleuve.

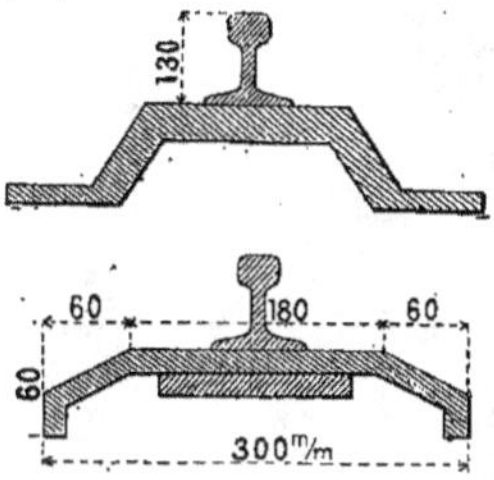

Fig. 6.

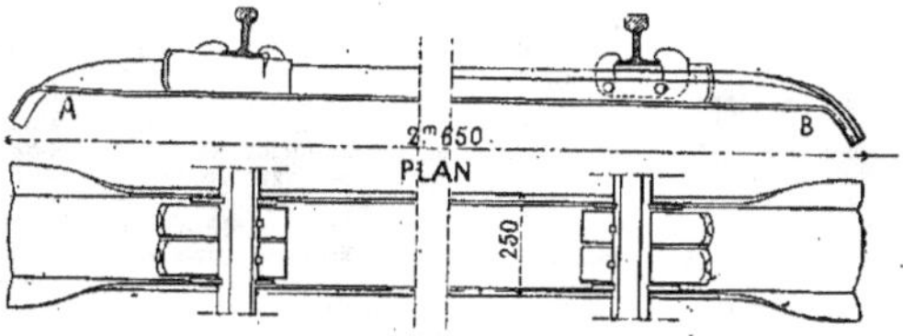

Fig. 7.

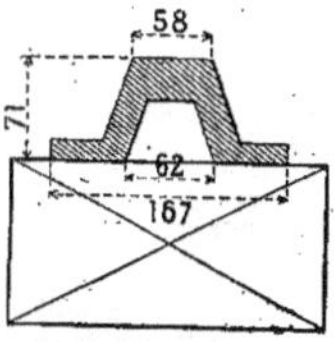

Fig. 8.

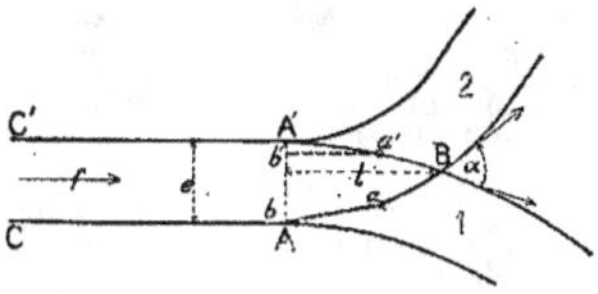

Fig. 9.

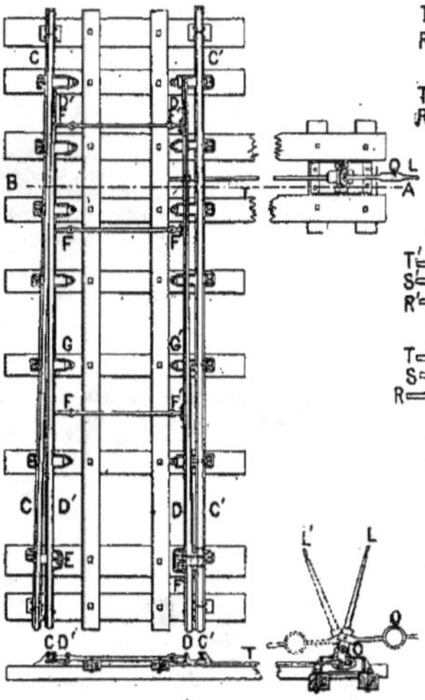

Fig. 10.

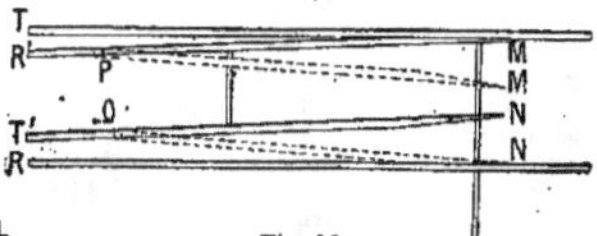

Fig. 11.

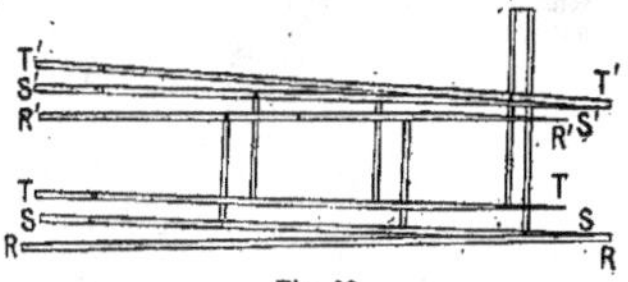

Fig. 12.

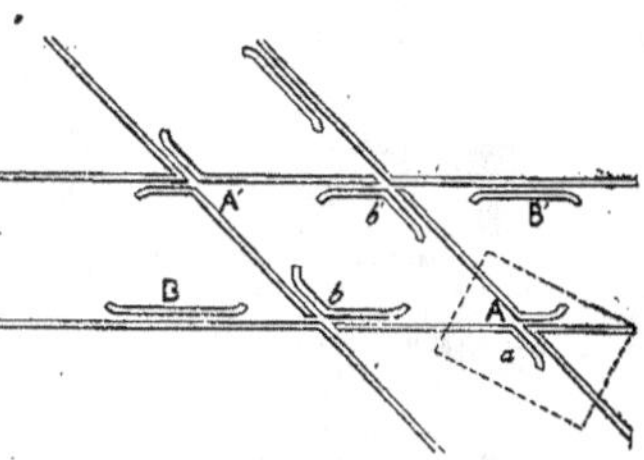

Fig. 13.

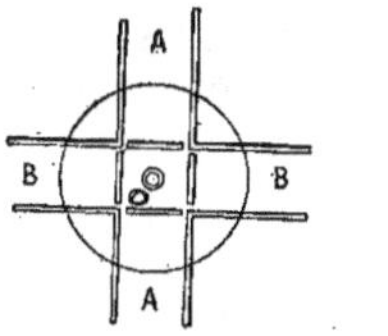

Fig. 14.

VOIES FERRÉES

Fig. 6. Traverses en fer. — Fig. 7. Traverses en fer. — Fig. 8. Rail Brunel. — Fig. 9. Changement de voie. — Fig. 10. Poste d'aiguillage. — Fig. 11. Aiguilles. — Fig. 12. Aiguilles. — Fig. 13. Croisement de voies. — Fig. 14. Plaque tournante.

Courbes. — On est souvent forcé de donner à la voie une courbure plus ou moins prononcée : le rail intérieur est alors plus court que le rail extérieur, ce qui oblige à employer des rails de longueur différentes. On doit aussi, dans les courbes, donner à la voie une largeur plus grande (15 à 25 mètres) que dans les alignements droits, afin d'éviter que le boudin des roues n'entame le rail. Les bandages ont d'ailleurs un profil conique afin de permettre aux véhicules un certain déplacement. La force centrifuge tend à faire sortir les roues du rail quand on passe d'un alignement à une courbe : on obvie à ce danger en donnant un certain surhaussement au rail extérieur.

Changement, croisement et traversées de voies. — 1° Les bifurcations et changements de voies se présentent fréquemment dans les gares et sont réalisés au moyen d'aiguilles. Supposons, en effet, deux voies 1 et 2 qui viennent se réunir en une seule AC A'C', et il faut qu'un train venant dans le sens *f*, par exemple, puisse passer de cette dernière sur l'une des deux autres (fig. 9) : les aiguilles *ab*, *a'b'*, mobiles autour des points *a*, *a'*, étant placées comme l'indique la figure, le train pourra passer sur la ligne 2, car l'aiguille *a' b'* laisse entre elle et le rail un espace suffisant pour donner passage au bandage de la roue ; pour aller au contraire sur la voie 1, il faudrait appuyer l'aiguille *a' b'* sur le rail A'C' en éloignant *ab* de AC. Pour ne pas multiplier indéfiniment les types de croisements de voies, on adopte autant que possible pour l'angle du croisement les valeurs 5°30' et 9°30.

Dans le système normal d'aiguilles, les voies ne sont pas interrompues des deux côtés, comme cela se faisait jadis, et l'une des aiguilles appartient à l'une d'elles, la seconde appartient à l'autre voie : les deux aiguilles sont rendues solidaires par des entretoises articulées et peuvent être tirées ou poussées de l'extérieur par le moyen du levier L (fig. 10), mobile autour de l'axe O. Ce levier, amené dans la position L', est maintenu en place par l'action du contrepoids Q. La figure montre suffisamment comment se fait cette manœuvre. On peut aussi avoir des *changements de voie doubles*, pour faire communiquer une voie unique avec trois voies différentes. Il faut alors quatre aiguilles manœuvrées par deux leviers distincts. Les figures 11 et 12 montrent ce changement dans deux positions différentes. Chaque aiguille peut être manœuvrée par un aiguilleur spécial au moyen du levier de manœuvre indiqué plus haut. Dans les gares importantes, cette manœuvre se fait à grande distance par un seul agent qui a sous la main les leviers d'un certain nombre d'aiguilles. Des appareils d'enclanchement spéciaux obligent cet agent à faire, avant chaque manœuvre d'aiguille, la manœuvre de signaux qui interrompent la circulation sur l'une des voies. Ces commandes à grandes distances se font par l'intermédiaire de tringles ou de fils de fer. Elles peuvent présenter un inconvénient, car l'aiguilleur ne peut être assuré que l'aiguille est bien au contact du rail. Pour éviter les accidents qui pourraient provenir ainsi d'un déplacement incomplet, on installe des appareils électriques, dits *contrôleurs d'aiguilles*, qui donnent un tintement tant que l'aiguille n'est pas exactement appliquée.

2° *Traversées de voies.* — Dans le cas général, les traversées de voies se font comme l'indique la figure 13. On voit que les rails sont interrompus aux quatre extrémités du parallélogramme A A' *b b'*. Les contre-rails *b*, *b'*, B, B'... servent à maintenir les bandages des roues sur les rails et à éviter les déraillements qui pourraient provenir des interruptions de rails.

3° *Plaques tournantes.* — Lorsqu'il s'agit de passer d'une voie sur une autre, qui lui est perpendiculaire, ou de tourner un véhicule bout pour bout, on pourrait employer des dispositions quelconques de circuits de rails pour y parvenir. Ces dispositions exigent une place considérable, et dans les gares terminus, toutes les fois qu'on a à faire les manœuvres que nous avons indiquées, on fait usage de *plaques tournantes*. La plaque tournante est constituée par un fort plateau en bois ou en fonte (fig. 14), qui peut tourner librement, autour de son centre *o*, sur des galets disposés en couronne circulaire. Leur diamètre est en général de $3^{m},40$ à $3^{m},50$ pour les wagons de marchandises, de $6^{m},10$ à $6^{m},20$ pour les voitures à voyageurs. Dans les dépôts importants, on en emploie de plus grandes de 12 à 15 mètres de diamètre qui permettent les manœuvres des machines sans qu'on ait à séparer le tender. Le mouvement de rotation est donné soit à bras, soit au moyen d'un cheval, et au moyen d'une machine à vapeur pour les manœuvres rapides. L'on conçoit facilement comment on peut ainsi, soit retourner un véhicule bout pour bout, soit l'amener d'une voie quelconque A sur une autre perpendiculaire B. S'il s'agit d'amener ce véhicule sur une voie parallèle à la première, il suffira évidemment d'ajouter une deuxième plaque tournante. Mais dans les gares importantes, comme à la gare Saint-Lazare à Paris, on fait usage du *chariot de service*. C'est un chariot établi au-dessus d'une fosse, et qu'on peut déplacer sur rails, perpendiculairement aux voies parallèles. Le fossé peut même être supprimé. On l'amène devant la voie où se trouve le wagon à déplacer, et on y reçoit celui-ci. Il suffit alors de le faire avancer jusqu'à la voie où le véhicule doit être transporté. Enfin la manœuvre peut être rendue plus rapide et plus facile au moyen de machines à vapeur.

Disposition des voies dans une gare. — On distingue les *gares de passage*, situées en un point quelconque d'une ligne, et les *gares terminus*, aux extrémités. Dans les gares importantes, des trottoirs ou *quais* sont toujours établis entre les voies des diverses directions : entre deux trottoirs se trouvent ainsi les deux voies, aller et retour, de la même ligne. Le mécanicien dirige toujours son train sur celle de gauche. Une précaution importante à prendre est de veiller à ce que toutes les aiguilles soient prises en talon, pour les voies principales comme pour les *voies de garage*. Ces dernières n'existent pas toujours; elles servent à permettre à un train de dégager momentanément la voie qu'il occupait pour y laisser passer un autre train; ce cas se présente, en particulier, lorsqu'un train express doit dépasser un train omnibus qui se trouvait devant lui. On a toujours le soin également d'établir des liaisons de voie (*bretelles*), qui permettent de ne pas interrompre le service lorsqu'une voie est encombrée, ou qui dispensent d'avoir des voies de garage. Enfin, la *gare des marchandises* doit être absolument distincte de celle des voyageurs, dès qu'elle atteint une certaine importance surtout. La disposition relative de ces deux gares varie suivant leur importance et la facilité du service. Les *gares de marchandises* comprennent de grandes halles pour la réception et la livraison des marchandises, et de larges espaces couverts de voies de service pour la formation des trains et le triage des wagons au moyen de chevaux, de locomotives ou de cabestans hydrauliques. Comme annexe de certaines grandes gares, on trouve des remises ou dépôts pour les locomotives et wagons et des ateliers de réparation ou de construction. La disposition d'une *gare à voyageurs* est elle-même très variable. Le nombre des quais varie suivant le nombre de trains qui peuvent se trouver en gare simultanément. Chacun d'eux peut servir pour quatre trains à la fois, deux sur chaque côté : on peut même avoir deux quais seulement pour cinq trains. Enfin, dans les gares *terminus*, on sépare souvent les grandes lignes des lignes de banlieue. (Pour les signaux. V. *Signaux*.) || Distance qui existe entre les deux roues d'une voiture ou les deux rails d'un chemin de fer : *Cette voiture n'a pas la voie*, il n'y a pas entre ses roues la distance d'usage. || Trace laissée sur le sol par une voiture en marche. || Chemin par où a passé un gibier poursuivi par les chasseurs. — Fig. *Mettre quelqu'un sur la voie*, le renseigner utilement. || *Être à bout de voie*, se dit des chiens qui ont perdu la piste du gibier. — Fig. N'avoir plus aucun moyen de réussir. || Tout moyen par lequel une personne, une chose arrive à destination : *Il a pris la voie de mer. Envoyer un paquet par la voie de la poste.* || *Les voies*, l'ensemble des conduits par lesquels une substance est introduite dans le corps ou en est éliminée : *Voies digestives* ou *premières voies*, le tube intestinal. || Ouverture que laisse une scie dans le bois ou la pierre : *Donner de la voie à une scie*, en incliner alternativement les dents de côté et d'autre pour qu'elles forment un trait de scie plus large. || La quantité de matière qui peut être transportée en une seule fois à dos d'homme ou dans une voiture. || *Une voie de bois*, ancienne unité de mesure pour le bois de chauffage qui valait $1^{st},9195$. || Charretée : *Une voie de sable.* || *Voie de charbon*, sac plein de charbon qu'un homme peut porter. || *Voie de charbon de terre*, un mètre cube pesant environ 1 200 kilogrammes. || *Voie de coke*, un mètre cube et demi. || *Voie d'eau*, les deux seaux d'un porteur d'eau, remplis chacun de 30 litres d'eau. || *Voie d'eau*, trou survenu par accident dans la partie d'un navire enfoncée sous l'eau. — Fig. *La voie du salut, du paradis, du ciel*, l'ensemble de ce qu'il faut faire pour y parvenir. || *La voie étroite*, la voie du salut. || *La voie large*, la voie de perdition. || *Les voies de Dieu*, ses commandements, la direction qu'il donne aux choses humaines. || Moyen dont on se sert : *Il a pris la bonne voie pour faire fortune.* || Manière d'opérer en chimie : *La voie sèche*, l'emploi du feu. *La voie humide*, l'emploi d'un liquide. || *Voies de droit*, l'emploi en justice des formes légales. || *Voie de fait*, coups, mauvais traitements. — **Voie lactée**, bande blanchâtre, irrégulière, qui partage le ciel, du N.-E. au S.-O., en deux parties à peu près égales. Elle paraît formée d'une multitude d'étoiles, trop petites pour être visibles à l'œil nu, et qui, accumulées dans une zone étroite de la sphère, produisent une lueur laiteuse qu'on voit dans les nuits sans lune. Faisant le tour entier du firmament, elle passe par les constellations suivantes : Cassiopée, Persée, les Gémeaux, Orion, la Licorne, Argo, la Croix du Sud, le Centaure, Ophiuchus, le Serpent, l'Aigle, la Flèche, le Cygne, Céphée. Elle éprouve une bifurcation à angle aigu, d'où résulte l'arc secondaire qui, après être resté séparé de l'arc principal dans l'étendue d'environ 120°, depuis α du Centaure jusqu'au Cygne, se confond de nouveau avec lui. Elle présente, en outre sur son trajet, plusieurs autres ramifications. Sa largeur semble très inégale. Dans quelques places, elle ne dépasse pas 5°; dans d'autres, cette largeur atteint 10 et même 16°. Ses deux branches, entre Ophiuchus et Antinoüs, s'étalent sur plus de 22° de la sphère céleste. Les Grecs nommaient la voie lactée *Galaxias*; les Chinois et les Arabes l'appellent le *Fleuve céleste*; elle est le *Chemin des âmes* pour les Indiens de l'Amérique septentrionale et aussi dans certaines contrées de l'O. et du S.-O. de l'Europe, et le *Chemin de Saint-Jacques de Compostelle* pour nos paysans en général. L'aspect général de la *voie lactée*, sa forme, sa composition stellaire, déduits des observations télescopiques, s'expliquent simplement si l'on suppose avec Herschel que des millions d'étoiles à peu près également espacées entre elles forment une couche, une *strate*, comprise entre deux surfaces presque planes, parallèles et rapprochées, mais prolongées à d'immenses distances. La strate, ayant la forme générale d'une meule, est très mince comparativement aux incalculables distances jusqu'où s'étendent en tous sens les deux surfaces planes qui la contiennent. Notre Soleil, autour duquel la Terre circule et dont elle ne s'écarte guère, est une des étoiles de la strate. Enfin, notre place est peu éloignée du centre de ce groupe stellaire; nous en occupons à peu près le milieu, tant au point de vue de l'épaisseur que des autres dimensions. — **Hom.** *Voix, voye.* — **Dér.** *Voyer, voyette; voirie; voyage, voyageur, voyageuse, voyager, voyagère, voyageable; velum; voile 3, voilette 2; vexillum, vexillare, voiture*, etc., *voyou, voyoute.* — **Comp.** *Envoyer*, etc.; *dévoyer, fourvoyer*, etc., *pourvoirie; dévier*, etc.; *obvier; trivial.* Même famille: *Vie 2, via, viateur, viable 2, viabilité 2.*

VOIGT (Jean) (1786-1863), historien et érudit allemand.

VOIGTLAND (l. *Variscia*), pays de l'ancien empire d'Allemagne qui comprenait le cercle de Ziegenrück (Saxe prussienne), celui de Zwickau (Saxe royale), le bailliage de Ronneburg (Saxe-Gotha), celui de Weyda (Saxe-Weimar), les principautés de Reuss. — Le *cercle de Zwickau* (royaume de Saxe) renferme aujourd'hui l'ancien cercle de Voigtland (capitale *Plauen*).

VOILÀ (vx fr. *voi* 2), 2e pers. sing. de l'imp. de *voir* + adv. *là* : *vois là*), *prép.* qui s'emploie : 1° Pour montrer, désigner une personne ou une chose assez éloignée : *Voilà le village où nous allons.* || 2° Pour désigner ou rappeler ce qui vient d'être dit : *La modestie et la bonté, voilà ce qui fait aimer un enfant.* || 3° Pour exprimer un état prochain ou actuel, une action qui commence : *Nous voilà embarqués.* — Voilà que, *loc. conj.* C'est alors que, c'est en ce moment que : *En parlant de la sorte, voilà qu'il fond en larmes. Voilà que*, marque parfois qu'une chose arrive subitement, lorsqu'on y pense le moins : *A peine sortis, voilà que l'orage nous surprend.* — *Ne voilà-t-il pas que*, exclamation de surprise : *Ne voilà-t-il pas qu'il prend la fuite.* — **Gr.** (V. *Voici.*)

1. VOILE (l. *velum*), *sm.* Pièce d'étoffe destinée à cacher quelque chose : *Quand on inaugure une statue, on fait tomber les voiles qui la dérobent à la vue.* || Pièce d'étoffe très claire dont les femmes se couvrent le visage : *Un voile de dentelle.* || Long morceau d'étoffe que les religieuses portent sur la tête : *Prendre le voile*, se faire religieuse. || Nom de l'étoffe dont sont faits les voiles des religieuses : *Une robe de voile.* || Grand rideau : *Le voile du temple de Jérusalem cachait le Saint des saints à la vue du public.* — Fig. et poét. *Les voiles de la nuit*, l'obscurité qu'elle produit. || *Avoir un voile devant les yeux*, ne pas voir les choses comme elles sont par l'effet d'un préjugé, d'une passion. || Moyen qu'on emploie pour cacher une chose, apparence, prétexte : *Livre publié sous le voile de l'anonyme.* || Qui nous dérobe la connaissance de quelque chose : *Nul homme ne peut soulever le voile de l'avenir.* || *Voile du palais*, membrane musculaire fixée par son bord supérieur à l'extrémité de la voûte du palais, séparant la bouche de l'arrière-bouche, et dont le bord inférieur, libre et flottant au-dessus de la base de la langue, présente, dans sa partie médiane, un prolongement appelé la *luette*. — **Hom.** *Voile* 2 et 3. — **Dér.** *Voilette* 1 et 3, *voiler* 1, *voilé* 1, *voilée* 1. Même famille : *Voile* 2 et 3. (V. ce mot.) — **Comp.** *Dévoiler*.

2. ***VOILE** (du l. *velum* ou *voile* 1), *sm.* La volva qui enveloppe entièrement le chapeau du réceptacle des hyménomycètes et une partie de son pédicule.

3. **VOILE** (l. *vela*, pluriel de *velum*, voile 1), *sf.* Grande pièce d'étoffe, faite ordinairement en toile très forte fixée aux vergues pour recevoir l'impulsion du vent qui fera avancer le navire : *Serrer* ou *plier*, *larguer* ou *déplier les voiles.* || *Voile latine*, voile de forme triangulaire. || *Voiles d'étai*, attachées sans vergues aux étais. || *Mettre à la voile*, commencer à naviguer, en quittant le port. || *Faire voile*, naviguer. || *Forcer de voiles*, déployer le plus de voiles possible pour que le navire avance plus vite. — Fig. *Mettre toutes les voiles au vent*, faire tous ses efforts pour réussir. — Fig. *Caler la voile dans une affaire*, se radoucir, rabaisser de ses prétentions. — Fig. Navire : *Une voile est en vue. Une flotte de trente voiles.* — **Dér.** *Voiler* 2, *voilé* 2, *voilée* 2, *voilette* 2, *voilerie*, *voilier* 1 et 2, *voilière* 2, *voilure* 1.

1. **VOILÉ, ÉE** (p. p. de *voiler* 1), *adj.* Couvert d'un voile. || Caché par quelque obstacle. — Fig. Dissimulé au moyen de quelque artifice : *Une ambition voilée.* || Adouci, atténué : *Un jour voilé.* || *Voix voilée*, qui n'a pas toute sa sonorité habituelle.

2. **VOILÉ, ÉE** (p. p. de *voiler* 2), *adj.* Garni de voiles de telle ou telle manière : *Vaisseau bien voilé.*

3. ***VOILÉ, ÉE** (p. p. de *voiler* 3), *adj.* Qui est gauchi, en parlant du bois, etc.

1. **VOILER** (l. *velare* : de *velum*, voile), *vt.* Couvrir d'un voile. || Dérober la vue d'une chose en la couvrant comme d'un voile : *Un nuage voilait le soleil.* — Fig. Cacher, dissimuler au moyen de quelque artifice : *Voiler ses projets.* — **Se voiler**, *vr.* Se couvrir d'un voile. || Être dérobé à la vue par quelque obstacle ou quelque artifice. — **Syn.** (V. *Cacher*.)

2. ***VOILER** (*voile* 2), *vt.* Garnir un bâtiment de ses voiles. || *Voiler un navire*, mettre ou placer les voiles de ce navire.

3. ***VOILER** (*voile* 1 et 3), *vi.* et ***VOILER (SE)**, *vr.* Prendre une forme convexe, semblable à celle d'un voile ou d'une voile gonflée. — **Dér.** *Voilure* 2.

VOILERIE (*voile* 3), *sf.* Atelier où l'on fabrique ou raccommode les voiles des navires.

1. ***VOILETTE** (dm. de *voile* 1), *sf.* Petit voile que les femmes portent attaché à leur chapeau.

2. ***VOILETTE** (*voile* 3), *sf.* Petite voile latine gréée sur la vergue de mestre, par les mauvais temps.

1. **VOILIER** (*voile* 3), *sm.* Ouvrier qui fait, qui raccommode les voiles des navires.

2. **VOILIER, IÈRE** (*voile* 2), *s.* Se dit de toute embarcation pour marquer de quelle manière ses voiles obéissent au vent : *Ce vaisseau est le meilleur voilier de la flotte.* || Se dit d'un oiseau pour indiquer la puissance plus ou moins grande de son vol : *Les rapaces diurnes et la plupart des oiseaux de mer sont excellents voiliers.* — Remarque. Le substantif *voilier*, *voilière*, doit toujours être accompagné d'une épithète.

1. **VOILURE** (*voiler*), *sf.* L'ensemble des voiles d'un navire. || L'étendue totale des voiles qu'on a déployées pendant la marche d'un navire : *Diminuer la voilure.* (Mar.)

2. ***VOILURE** (*voiler* 3), *sf.* État d'un objet métallique déjeté, gauchi ou voilé. || Courbure de l'acier produite par la trempe.

VOÏOUSSA (l. *Aoüs*), 200 kilom. Rivière de la péninsule balkanique, qui naît au mont Metzovo, arrose le livas de Janina (Albanie), passe à Premiti et Tebelen, et se verse dans l'Adriatique au N. du golfe d'Aulona.

VOIR (l. *videre*), *vt.* Percevoir par la vue : *Voir un homme, un arbre.* — Fig. *Voir de loin*, avoir beaucoup de pénétration, de prévoyance. || *Il ne voit pas plus loin que le bout de son nez*, il a peu de lumières, peu de prévoyance. || *Voir quelqu'un de bon œil, de mauvais œil*, avoir pour lui de la sympathie, de l'antipathie. || Être spectateur d'une action, constater l'état d'une chose : *Je l'ai vu partir, j'ai vu cette maison en ruines.* — Fig. *Voir venir quelqu'un*, deviner ses intentions, ses projets, attendre qu'il agisse le premier. || *Je voudrais bien voir cela, faites cela pour voir, nous verrons bien*, etc., expressions de défi. || Être témoin d'un événement ou en avoir entendu parler à l'époque où il s'est produit : *Nos pères ont vu la Révolution.* || *Voir le jour*, naître, être vivant; être publié, en parlant d'un livre. || Regarder avec attention : *Voyez cette statue, c'est un chef-d'œuvre.* || Examiner minutieusement, apprécier : *Cet ouvrage a été vu par un connaisseur.* || Éprouver, essayer : *Voyez si cela est bon.* || Remarquer en lisant : *On voit dans Homère.* || Inspecter avec autorité : *Cet homme n'a rien à voir chez moi.* || *Aller voir quelqu'un*, lui rendre visite. || *Voir ses juges*, aller les solliciter. || *C'est ce médecin qui voit le malade*, c'est lui qui le soigne. || Fréquenter, être en relation habituelle avec : *Nous sommes brouillés et je ne le vois plus.* || *Ne voir personne*, vivre dans la retraite. || Connaître en parcourant, en fréquentant : *Il a vu bien des pays. Il a vu le monde.* || S'informer de : *Voyez ce qu'on dit de moi.* || Connaître par l'intelligence : *Je vois ce qu'il pense.* || Comprendre, s'apercevoir : *Je vis bien qu'il était mécontent.* || Juger : *Je vois que vous avez tort.* || Être dans une situation d'où la vue s'étend ou plonge sur : *Cette forteresse voit la vallée* ou *sur la vallée.* || *Faire voir*, montrer, faire connaître : *Faire voir la lanterne magique. Faire voir son sentiment.* || *Laisser voir*, permettre de regarder : *Laissez-moi voir cette collection.* || Laisser paraître : *Laisser voir sa mauvaise humeur.* — **Se voir**, *vr.* Regarder sa propre personne : *Se voir dans un miroir.* || S'apercevoir mutuellement : *Ils ne se virent pas dans la foule.* || Se rencontrer fortuitement ou à dessein : *Mon frère et moi nous nous sommes vus la semaine dernière.* || Se fréquenter habituellement : *Étant brouillés, nous ne nous voyons plus.* || Être vu : *Les bras du télégraphe aérien se voyaient de loin.* || S'imaginer être dans telle ou telle situation : *La laitière de la fable se voyait déjà regorgeant de biens.* || S'apercevoir de l'état où l'on se trouve : *Il se voit pauvre et se désespère.* || Avoir lieu, arriver : *Cela se voit tous les jours.* — **Gr.** L'infinitif était autrefois *veoir* dans le dialecte de l'Ile-de-France, et *veer* dans le dialecte normand; aujourd'hui, dans la conjugaison, on remplace *i* par *y* devant toute voyelle autre que l'*e* muet : je vois, tu vois, il voit, n. voyons, v. voyez, ils voient; je voyais, n. voyions, v. voyiez; je vis, tu vis, il vit, n. vîmes, v. vîtes, ils virent; je verrai; je verrais; vois, voyons, voyez; que je voie, que tu voies, qu'il voie, que n. voyions, que v. voyiez, qu'ils voient; que je visse, qu'il vît, que n. vissions; voyant; vu, vue. — **Dér.** *Vu, vue, visa, viser, visée, visible, visiblement, visibilité; visif, visive; vision, visionnaire; visorium, visiter, visite, visiteur, visiteuse, visitant, visitante, visitation, visitateur, visitatrice, visitandine.* — **Comp.** *Évident, évidente, évidemment; envie, envier, enviable, envieux, envieuse, envieusement; prévoir, prévoyant, prévoyante, prévoyance; providence, prude; prudent, prudente, prudence; provision, proviseur, provisoire; pourvoir, pourvoyeur, pourvoyance; dépourvu, dépourvue; imprévu; imprévoyant, imprévoyance; visiomètre.*

VOIRE (l. *vere*), *adv.* Vraiment (vx). || Même : *Il est malade, voire en danger de mort.* — **Gr.** Dans cette dernière acception, on dit plus souvent *voire même.*

VOIRE, 52 kilom. Rivière qui prend sa source à Sommevoire (Haute-Marne), passe à Montier-en-Der et se jette dans l'Aube.

VOIRIE (*voyer*), *sf.* La partie de l'administration publique qui a pour objet l'entretien et la police des chemins et des rues, l'alignement et la solidité des édifices, le bon état des cours d'eau, etc. || *Grande voirie*, celle qui a pour objet les routes nationales et départementales, la police des ports maritimes, des fleuves et rivières navigables. Elle a pour agents les employés des ponts et chaussées, les maires ou adjoints, les commissaires de police, la gendarmerie, les gardes champêtres. Les contraventions en matière de grande voirie sont jugées par le conseil de préfecture, sauf recours au conseil d'État. || *Petite voirie* ou *voirie urbaine*, celle qui a pour objet les rues et places des villes et villages et aux prescriptions de laquelle veillent les commissaires de police, les maires ou adjoints et la gendarmerie. Les infractions en matière de petite voirie sont jugées par le juge de paix. || Terrain éloigné de toute habitation où l'on porte les boues et immondices des villes et villages, les charognes, les vidanges, etc. || Toute matière susceptible d'être portée à la voirie : *Débarrasser une ville des voiries.*

VOIRON, 11 954 hab. Ch.-l. de c., arr. de Grenoble (Isère), sur la Morge. Industrie très active; papeteries, soieries, toiles.

VOIRONS (les). Montagne du département de la Haute-Savoie.

VOISE, 45 kilom. Rivière qui prend sa source près de Voise, canton d'Auneau (Eure-et-Loir), affluent de l'Eure à Maintenon.

VOISENON (abbé de) (1708-1775), poète français, ami de Voltaire, auteur de comédies et de poésies fugitives.

VOISIN. (V. *Voysin*.)

VOISIN (Catherine Deshayes, veuve Monvoisin, dite la), célèbre empoisonneuse, réputée devineresse et sorcière, et brûlée vive en place de Grève (1680).

VOISIN, INE (l. *vicinum* : de *vicus*, rue, village), *adj.* Qui est auprès : *Un jardin voisin de la ville.* || Qui demeure auprès : *L'épicier voisin.* || Qui est sur le point de : *Un homme voisin de sa ruine.* || Qui ressemble presque à : *Un ton voisin de l'impertinence.* — *S.* Celui, celle qui demeure auprès d'une personne : *Mon voisin est un excellent homme.* — **Dér.** *Voisiner, voisinage.* — **Comp.** *Avoisiner, avoisinage, avoisinant.*

VOISINAGE (*voisin*), *sm.* Les voisins : *Tout le voisinage en parle.* || Les lieux voisins : *La grêle a ravagé tout le voisinage.* || État d'une personne, d'une chose qui est près d'une autre : *Cette maison est dans le voisinage de la forêt.* || Ressemblance approchée, affinité : *Les naturalistes placent les chauves-souris dans le voisinage des singes.*

VOISINER (*voisin*), *vi.* Visiter habituellement et familièrement ses voisins : *Se plaire à voisiner.*

VOITEUR, 1 147 hab. Ch.-l. de c., arr. de Lons-le-Saulnier (Jura). Bons vins.

VOITURAGE (*voiturer*), *sm.* Action de voiturer.

VOITURE (l. *vectura* : de *vehere*, transporter), *sf.* Toute machine destinée au transport des personnes ou des objets : *Une civière, une brouette, une litière, un bateau, etc., sont des voitures.* || Ordinairement, toute espèce de caisse ou de plancher monté sur des roues, et servant au transport des personnes ou des objets. || *Voiture suspendue*, celle dont la caisse, au lieu d'être fixée directement sur l'essieu, repose sur des ressorts en acier dont l'élasticité rend le mouvement plus doux. || Carrosse : *Il a chevaux et voiture.* || *Voiture de place*, un fiacre. || *Voiture de remise.* (V. *Remise*.) || L'ensemble des personnes ou des choses que l'on transporte : *Ce messager n'a pu trouver voiture.* || *Voiture de pierres, de vin*, chargée de pierres ou de vin. || Action de transporter des personnes ou des objets : *La voiture par bateau est la plus économique.* || *Lettre de voiture.* (V. *Lettre*.) — **Dér.** *Voiturer, voiturée, voiturier, voiturin.* Même famille : *Véhicule, convexe, convexité; vexer, vexation; voie*, etc., *voyage; dévier*, etc. (V. *Voie*.)

VOITURE (Vincent) (1598-1648), écrivain et bel esprit, membre de l'Académie française, très apprécié à l'hôtel de Rambouillet, auteur d'un sonnet sur *Uranie* et de lettres pleines d'affectation et de pointes italiennes, mais dont la vogue fut immense.

***VOITURÉE**, *spf.* de *voiturer.* Le contenu d'une voiture : *Une voiturée de bois.*

VOITURER (*voiture*), *vt.* Transporter d'une manière quelconque : *Voiturer par eau.* || Transporter par voiture : *Voiturer des pierres.* || Mener quelqu'un dans sa voiture. (Fam.)

VOITURIER (*voiture*), *sm*. Celui qui fait le métier de voiturer avec une voiture ordinaire ou autrement : *Voiturier par terre, par eau.*

VOITURIN (*voiture*), *sm*. Celui qui loue à des voyageurs des voitures attelées et qui les conduit || La voiture même que conduit le voiturin.

***VOÏVODE, *VOÏVODIE.** (V. *Vayvode, Vayvodie.*)

VOIX (l. *vocem*), *sf*. Le son que font entendre l'homme et les divers animaux et qui résulte de la mise en vibration des cordes vocales par l'air sortant des poumons, produite dans le larynx au niveau de la glotte (V. *Larynx*); elle acquiert des caractères particuliers par le renforcement de certains de ses éléments au niveau des cavités pharyngienne et buccale. Pendant longtemps on a cru que la voix était due à la vibration de la colonne d'air chassée du poumon à l'extérieur en passant dans le larynx, et on assimilait le mécanisme de la voix à celui d'un sifflet; cette interprétation est aujourd'hui démontrée erronée, et il est plus vrai de comparer le larynx à un tuyau à anche, car dans la production de la voix ce n'est pas l'air qui vibre, mais bien les cordes vocales elles-mêmes, de sorte que les qualités de la voix, telles que hauteur, intensité et timbre, sont intimement unies d'une part aux variations que le jeu des muscles du larynx peut déterminer au niveau de cordes, d'autre part à la force d'expulsion du courant d'air qui va provoquer leurs vibrations, et enfin aux diverses modifications de forme imprimées aux autres portions par où passe le son produit avant d'être émis. Quand la colonne d'air chassée par les poumons vient frapper avec force le bord des cordes vocales, elle provoque un *son intense*, tandis que l'air expiré lentement donne naissance à un *son faible*; en effet, l'intensité de la voix ne dépend que de l'effort déployé dans l'expiration, et cet effort est non seulement proportionné à la volonté de l'individu, mais aussi au bon fonctionnement des poumons et à l'énergie des muscles expirateurs. C'est pour cette raison que la voix de l'enfant est plus faible que celle de la femme, qui elle-même a une voix moins forte que celle de l'adulte. La hauteur de la voix, au contraire, est absolument indépendante de la force d'expulsion de la colonne d'air et elle n'est en rapport qu'avec la tension et la longueur plus ou moins grande des cordes vocales qui, se trouvant plus ou moins rapprochées l'une de l'autre, tendent à diminuer ou à agrandir l'espace glottique. Ces variations de longueur et de tension des cordes vocales sont sous l'influence des contractions des muscles du larynx, dans l'état physiologique; mais, même à l'état de repos, ces cordes présentent de nombreuses différences suivant les sexes, les âges et les individus, ce qui explique les variétés innombrables des voix, quant à leur hauteur. Très aiguë chez l'enfant dont la glotte présente des dimensions moitié moindres que chez l'adulte, la voix humaine peut varier dans une étendue de deux octaves; et selon que ces deux octaves se trouvent dans des régions plus ou moins hautes de l'échelle des sons musicaux, on a classé les voix, en allant de bas en haut, en *basse, baryton, ténor, contralto, mezzo-soprano* et *soprano*, ces deux dernières étant en général féminines. A côté de ces deux qualités de la voix, *intensité* et *hauteur*, il en est une troisième qui semble plus personnelle et qui permet de distinguer la voix d'un individu de celle d'un autre, par exemple, alors même que celle-ci aurait la même intensité et la même hauteur : c'est ce que l'on appelle le *timbre de la voix*, qualité qui est due à ce que les sons, simples en apparence, sont composés d'un son fondamental auquel viennent s'ajouter des sons accessoires dits *harmoniques* (Helmholtz). La vibration des cordes vocales est, nous l'avons vu, la condition indispensable de la production de la voix; mais tantôt elle s'effectue sur toute l'étendue de la corde donnant naissance à la voix dite *de poitrine*, tantôt au contraire les vibrations restent limitées au bord libre des cordes vocales produisant la voix dite *de tête*. Des altérations diverses de la voix se rencontrent dans différentes maladies, et notamment dans les maladies de l'arrière-gorge et des fosses nasales, dans les maladies de l'appareil respiratoire, dans celles du système nerveux et dans les maladies générales. Des troubles divers de la voix, nous devons rapprocher certains vices de la parole qui consistent en troubles de la formation des sons : balbutiement, grasseyement, nasillement. — Fig. *Elever la voix*, parler avec plus de hauteur et d'assurance qu'on n'en a le droit. || *Élever la voix pour quelqu'un, en faveur de quelqu'un*, parler énergiquement en sa faveur. || Poét. *La déesse aux cent voix*, la Renommée. — Fig. *Apprendre une chose par la voix de la renommée*, par la rumeur publique. || La voix modifiée pour le chant : *Ce chanteur a une belle voix.* || *Avoir de la voix*, avoir le gosier organisé pour qu'on puisse bien chanter. || *Être en voix*, en bonne disposition pour chanter. || *Voix de poitrine*, la voix naturelle de l'homme qui chante sans effort. || *Voix de tête*, la voix aiguë de l'homme qui s'efforce d'imiter la voix de femme ou d'enfant. || *La voix humaine*, nom d'un des jeux de l'orgue dont les sons se rapprochent du chant de l'homme. || Un chanteur, une chanteuse : *On a fait venir une belle voix pour ce concert.* || Aboiement des chiens qui poursuivent le gibier : *La meute donne de la voix.* || Chaque partie d'un morceau de musique vocale : *Un kyrie à deux voix.* || Chacun des sons représentés par les voyelles : *La voix a.* || Un bruit quelconque : *La voix des vagues, du tonnerre.* || Impulsion subjective : *La voix de la nature, du sang, de la raison.* || Conseil, avertissement, supplication : *Écouter la voix d'un ami.* || Vote, adhésion, suffrage : *Aller aux voix.* || *Voix délibérative*, droit de voter après avoir exprimé son opinion. || *Voix consultative*, droit d'exprimer son opinion sans avoir le droit de voter. — Fig. *Avoir voix au chapitre*, avoir de l'influence dans une famille, une société. || Sentiment, jugement, opinion. || *La voix publique*, l'approbation de tout le monde. — Fig. *La voix du peuple est la voix de Dieu*, le sentiment général est ordinairement bien fondé. || Chacune des formes que prend un verbe pour indiquer le rôle du sujet : *Voix active*, la forme que prend le verbe pour indiquer que le sujet fait une action reçue par un complément direct : *Je frappe.* || *Voix passive*, la forme que prend le verbe pour indiquer que le sujet souffre une action faite par un complément indirect : *Je suis frappé.* || *Voix moyenne*, *pronominale* ou *réfléchie*, la forme que prend le verbe pour indiquer que le sujet fait et reçoit l'action : *Je me frappe.* — **Hom.** *Voie.* — **Dér.** *Vocation, vocal, vocale; vocalique, vocalise, vocaliser, vocalisation, vocalisateur, vocalisatrice, vocalisme, vocaliste, vocatif, vocable, vocabulaire, vocabuliste, voyelle.* — **Comp.** *Avocat, avocasser, avocassier, avocassière, avocasserie; avoué, avouer, avoyer; convoquer, convocation*, etc.; *invoquer, invocation; évoquer, évocation, évocatoire, évocable; provoquer, provocation, provocateur*, etc.; *révoquer, révocation, révocable, révocabilité, révocatoire; irrévocable, irrévocablement, irrévocabilité; semi-voyelle; vociférer, vocifération, vociférant, vociférante, vociférateur, vocifératrice*, etc.

1. VOL, *svm.* de *voler* 1. Action d'un oiseau ou de tout autre animal qui se soutient ou se meut dans l'air au moyen d'ailes ou d'organes analogues : *Le vol de l'hirondelle. Le vol de la chauve-souris. Le vol des insectes.* || Étendue et durée du vol qu'un oiseau fait en une fois : *Le vol des oiseaux de mer est d'une puissance extraordinaire.* || L'ensemble des oiseaux de proie dont on se servait pour la chasse, et des gens qui en avaient la surveillance : *Entretenir plusieurs vols.* || Chasse faite avec des oiseaux de proie : *Ils se sont amusés à ce vol.* || Bande d'oiseaux : *Un vol de corbeaux.* || Envergure : *La frégate a un vol considérable.* || *Vol du chapon*, partie d'une terre seigneuriale qui environnait le manoir et qui était réservée de droit à l'aîné de la famille : *L'étendue du vol du chapon variait suivant les pays.* || Fonctionnement d'une machine à l'aide de laquelle des acteurs semblent voler dans un théâtre : *Il y a plusieurs vols dans cet opéra.* — Fig. Très courte durée : *Le vol du temps.* || Hardiesse à entreprendre ou à exécuter, élan : *Il parvint d'un vol au succès.* || Sublimité : *Le vol de Pindare.* — A VOL D'OISEAU, *loc. adv.* En ligne droite.

2. VOL, *svm.* de *voler* 2. Action de celui qui prend la chose d'un autre pour se l'approprier : *Commettre un vol.* || *Vol qualifié*, vol fait la nuit avec effraction ou escalade à main armée dans une maison habitée. || *Vol au poivrier*, celui qu'un voleur commet en faisant prendre un narcotique à celui qu'il veut voler. || *Vol à la tire*, celui que fait un voleur qui prend dans les poches d'autrui. || *Vol à l'américaine*, celui dans lequel le voleur, se disant étranger, se fait remettre de l'argent en échange d'un billet ou d'une autre chose dont la valeur est nulle. || Chose volée : *On l'a trouvé nanti du vol.*

VOLABLE (*voler* 1), *adj*. Qui peut être volé.

VOLAGE (l. *volaticum* : de *volare*, voler), *adj. 2 g.* Changeant et léger : *Homme, caractère volage.* || *Compa sa boussole volage*, où l'aiguille a une grande mobilité. || *Feu volage*, éruption qui vient au visage, surtout aux lèvres, particulièrement chez les enfants. || Peu stable sur l'eau, en parlant d'un navire ou d'une embarcation : *Ce canot est très volage.*

***VOLAGEMENT** (*volage*+sfx. *ment*), *adv.* D'une façon volage.

***VOLAGETÉ** (*volage*), *sf*. Nature de celui qui a le penchant d'être volage.

VOLAILLE (l. *volatilia*, les volatiles), *sf*. L'ensemble des oiseaux de basse-cour. || *Donner du sarrasin à la volaille.* || Une poule, un poulet, un chapon, une dinde, etc. : *Mettre une volaille à la broche.*

***VOLAILLER** (*volaille*), *sm*. Marchand de volailles. || Lieu où l'on met la volaille.

***VOLAIN** (db. de *volant* 3), *sm*. Serpe recourbée et très tranchante dont se sert le cerclier.

1. VOLANT (*voler* 1), *sm*. Sorte de petit sac rempli de sciure de bois et bouché avec une rondelle de liège sur le pourtour de laquelle sont implantées des plumes et qu'on lance en l'air avec une raquette. || Jeu qui consiste à lancer un volant avec une raquette. || Aile de moulin à vent. || Organe de machine, dont la fonction est de régulariser le mouvement. Il consiste en une roue, ordinairement en fonte et d'un grand diamètre, montée sur l'un des axes tournants de la machine : généralement sur l'axe du moteur ou de l'opérateur, suivant que c'est le premier ou le second qui reçoit les efforts les plus variables. La nécessité du volant se déduit des considérations suivantes : étant donnée une machine en marche, on peut déterminer à chaque instant l'effort tangentiel exercé sur la manivelle par la tige du piston et le travail de la machine pendant un temps donné est égal au produit de cet effort par le déplacement de son point d'application. || Bande d'étoffe froncée ou plissée, appliquée comme ornement au bas d'une robe.

2. VOLANT, ANTE (*voler* 1), *adj*. Qui a la faculté de se mouvoir dans l'air comme les oiseaux qui volent : *Poisson volant.* || Se dit d'un oiseau représenté les ailes étendues dans toute leur largeur : *D'azur à la colombe volante...* (Blas.) || *Fusée volante*, fusée attachée à une baguette et qui s'élève elle-même dans l'air quand on y a mis le feu. || Qui peut changer de place avec rapidité. || *Camp volant*, petite armée composée surtout de cavalerie et chargée de faire des courses sur les ennemis et de les observer. — Fig. *Être en camp volant*, n'avoir point de demeure fixe. || *Artillerie volante*, ou *artillerie légère*, celle dont les canonniers sont à cheval. C'est aujourd'hui l'*artillerie à cheval.* || Qui peut être placé et déplacé à volonté : *Les manœuvres volantes d'un navire. Un cabestan volant.* || *Table volante*, table à ouvrage. || *Cachet volant*, cachet qui, mis sur le pli supérieur d'une lettre sans adhérer au pli intérieur, ne ferme pas cette lettre. || *Petite vérole volante*, la varicelle, maladie bénigne.

3. *VOLANT (*volant* 2), *sm*. Sorte de faucille à large volée, en usage en Suisse et en Auvergne.

4. ***VOLANT** (*volant* 2), *sm.* Perches pliantes sur lesquelles les oiseleurs tendent des gluaux.

***VOLARDS** (*x*), *smpl.* Menues branches ou rames avec lesquelles sont faits les clayonnages.

***VOLATEUR** (de *voler* 1), *adj.* et *s.* Se dit d'un oiseau qui a le vol très puissant : *Les grues d'Australie sont de puissants volateurs.*

1. **VOLATIL, ILE** (l. *volatilem*), *adj.* Qui peut voler : *La gent volatile.* ‖ Se dit en chimie de tout corps qui se transforme en vapeur spontanément ou par l'action de la chaleur : *L'alcool, l'éther sont volatils.* ‖ *Huiles volatiles*, nom vulgaire des essences. ‖ *Alcali volatil* : l'ammoniaque. — **Hom.** *Volatile, volatile.* — **Dér.** *Volatiliser, volatilisation, volatilité, volatille.*

2. **VOLATILE** (*volatil*), *s.* 2 *g.* Animal qui vole : *Plumer un volatile.* — **Gr.** On peut à volonté faire ce mot du genre masculin ou du genre féminin.

***VOLATILISABLE** (*volatiliser*), *adj.* 2 *g.* Susceptible de se volatiliser.

VOLATILISATION (*volatiliser*), *sf.* Transformation d'un corps solide ou liquide en vapeur : *La volatilisation du camphre, de l'alcool.*

VOLATILISER (*volatil*), *vt.* Transformer un corps solide ou liquide en vapeur : *On peut volatiliser tous les corps solides ou liquides en les chauffant suffisamment, sauf ceux qui se décomposent.* — **Se volatiliser**, *vr.* Se transformer en vapeur spontanément ou par l'action de la chaleur : *L'éther se volatilise à la température ordinaire.*

1. **VOLATILITÉ** (*volatil*), *sf.* Propriété qu'ont certains corps solides et liquides de se transformer en gaz, selon la température : *La volatilité de la benzine.*

2. ***VOLATILITÉ** (*volatile*), *sf.* Aptitude à s'élever, à être porté dans les airs, à voler : *La volatilité des graines.* — Fig. Légèreté, délicatesse extrême : *La volatilité de la pensée.*

3. **VOLATILLE** [LL mouillés], (l. *volatilia*, pl. n. de *volatilis*, volatil), *sf.* L'ensemble des petits oiseaux bons à manger.

***VOLATINE** (de *voler* 1), *sf.* Trait diatonique rapide et léger. (Mus.)

VOL-AU-VENT (pour *vole*-au-vent : de *voler* 1 + *au* + *vent*), *sm.* Petite pièce de pâtisserie feuilletée, ayant la forme d'un godet dont l'intérieur est rempli de godiveaux, de quenelles et qui se mange chaude. ‖ *Vol-au-vent à la financière*, garni d'une sorte de ragoût. — Pl. *des vol-au-vent.*

VOLCANS DE LA MÉDITERRANÉE, ITALIE, GRÈCE

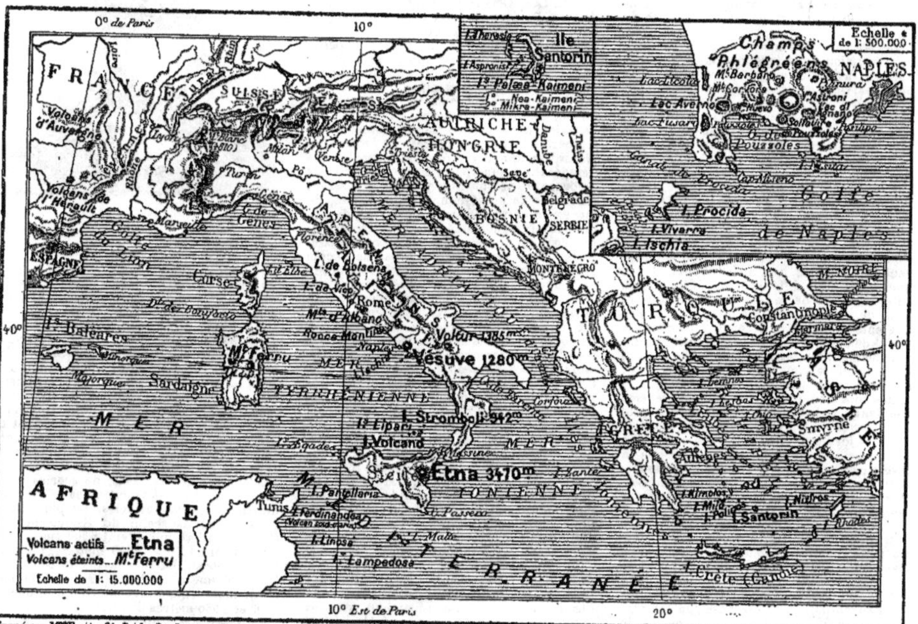

Gravé par Mme Perrin, 34, R. des Boulangers, Paris.

***VOLBORTHITE** (*Volborth*, nom de celui qui a découvert ce minéral), *sf.* Vanadate de cuivre et de chaux. La forme primitive est le rhomboèdre. Il se présente en rognons ou en lamelles vertes. Il est très friable et sa densité est 3,5.

VOLCAN (l. *Vulcanus*, Vulcain, dieu du feu), *sm.*

Définition et étude des phénomènes éruptifs. — Un volcan est un appareil naturel qui met, d'une manière temporaire ou permanente, la croûte terrestre en communication avec les matières en ignition de l'intérieur. Un volcan comprend : 1° la *cheminée*, canal par lequel a lieu l'émission des matières ; 2° un amas, généralement conique, de matériaux rejetés, au milieu duquel la cheminée débouche par une ouverture en forme d'entonnoir et appelée *cratère*. Les actions volcaniques subissent des variations très diverses ; à une période de grande intensité succède souvent un long repos. En temps d'inactivité, la cheminée est en général obstruée par un culot de laves, provenant de la dernière éruption, et à travers lequel filtrent quelquefois de la vapeur d'eau et quelques émanations gazeuses, constituant le *panache* caractéristique qui s'élève au-dessus de certains volcans au repos. Quand une éruption est proche, ces vapeurs augmentent et leur émission est accompagnée de bruits souterrains. Au début de l'éruption, des craquements se font entendre dans le cratère et des fragments de pierre sont lancés avec des blocs de lave incandescente : on leur donne le nom de *bombes* ou *lapilli*. Un panache de fumée noire s'élève alors vers le ciel ; il se compose, à sa partie supérieure, de gaz, de vapeur d'eau et de poussières volcaniques très fines. Pendant la nuit, la lueur des laves se réfléchit sur la colonne de fumée qui s'éclaire de vives lueurs. Ces panaches atteignent quelquefois des hauteurs considérables (Cotopaxi, 1 000 mètres en 1877). Un échange d'électricité continuel a parfois lieu entre les cendres et la vapeur chargées d'électricités contraires ; il se produit ainsi de véritables orages volcaniques accompagnés d'éclairs. On constate souvent la production de flammes dues à des gaz combustibles (hydrogène, chlore, carbone). Les éruptions occasionnent quelquefois un bruit qui peut s'entendre à des centaines de kilomètres du volcan. La vapeur d'eau donne naissance à des explosions qui projettent en l'air des laves et des poussières (bombes volcaniques, larmes du Vésuve). Les blocs ainsi rejetés peuvent atteindre 2 à 3 mètres de diamètre. L'Etna a lancé des blocs à une distance de 2 kilom. ; d'après la Condamine, des blocs lancés par le Cotopaxi auraient parcouru 13 kilom. Les sables des volcans proviennent de la pulvérisation de la lave liquide : on y trouve des myriades de petits cristaux (augite).

Les *cendres volcaniques* sont de la lave à un état de division très grand (cristaux d'au gite, de fer oxydulé, de leucite, etc.). Elles franchissent souvent sous l'action du vent des espaces considérables : celles du Vésuve ont été entraînées jusqu'à Constantinople. Lors de la grande éruption du *Krakatoa,* on attribua aux cendres rejetées par le volcan les illuminations crépusculaires que l'on observa en Europe. Quelquefois, la masse des cendres vomies par le cratère est tellement grande, qu'elles ensevelissent toute une ville (Krakatoa, 1883; Vésuve, 79). Le *Coseguina,* volcan du Nicaragua, a couvert de ses cendres un espace de 40 kilom. sur 5 mètres d'épaisseur. Les déluges de boue sont plus dangereux que les pluies de cendres, qui contiennent des éléments alcalins utiles au développement de la végétation. Le Cotopaxi a donné lieu en 1877 à d'épouvantables inondations : le courant boueux, animé d'une vitesse de 10 mètres par seconde, a inondé tout le pays environnant sur une largeur moyenne de 5 kilom. Ces éléments boueux, en se solidifiant, donnent naissance à des *tufs :* c'est d'un tel tuf qu'est recouverte l'ancienne cité d'Herculanum sous un manteau de 30 mètres d'épaisseur (cinérites du Cantal).

Le fait capital d'une éruption volcanique est l'*émission de la lave,* c'est-à-dire de roches en fusion légères ou lourdes, acides ou basiques. On y constate toujours la présence de matières vitreuses et de cristaux tout formés. Les laves sont en général des silicates plus ou moins basiques : les laves supérieures sont plus riches en silice que celles qui sortent à un niveau moins élevé (45 à 75 p. 100 de silice). La sortie de la lave a lieu tantôt par les bords du cratère, plus souvent par des fentes ouvertes dans les flancs de la montagne. La lave s'élève dans la cheminée du volcan, remplit une portion du cratère et alors, sous sa propre pression, elle tend à s'ouvrir un chemin. Cette pression est souvent considérable, car, au Cotopaxi, il y a quelquefois une différence de 6000 mètres entre le niveau de la lave dans le cratère et celui de l'Océan (3000 mètres pour l'Etna). Les fentes s'ouvrent tantôt à la base du cône terminal de débris qui coiffe la cheminée, tantôt sensiblement au-dessous de ce cône (Etna). Quelquefois le cône terminal se fend tout entier jusqu'au sommet (Vésuve, 1872). Ces fentes sont peu profondes, mais en général très longues (Etna, éruption de 1669 : fente de 2 mètres de large, longue de 20 kilom.); une fois formées, elles tendent à se rouvrir lors d'éruptions subséquentes. Dès que la lave a commencé à s'écouler par la fissure, l'activité volcanique se partage entre le cratère principal (*appareil central*) et la fente (*appareil adventif*). Dans l'appareil central ont lieu les projections de vapeurs, de cendres, de scories formant gerbe et panache. La fente donne naissance à un courant de laves rendu tumultueux par les gaz; il devient le siège d'explosions partielles qui forment des accumulations de débris (cônes ou cratères adventifs). Le Monte Rossi, un des cratères adventifs de l'Etna, a 324 mètres de hauteur; quand il a lieu par des fissures latérales, l'épanchement de la lave commence sous forme d'un jet quelquefois parabolique (Vésuve, 1794; Etna, 1832), puis la lave descend sur les flancs du volcan comme un fleuve de feu : ces coulées atteignent de grandes longueurs et leur vitesse se ralentit à mesure que leur étendue augmente. (V. *Vésuve.*) Même pour les grands volcans, l'éruption peut avoir lieu par débordement au-dessus des bords du cratère (Etna, 1811, Vésuve, 1867); quand la pente extérieure des cônes est trop forte pour que la lave puisse s'y solidifier en nappe régulière (île de la Réunion), la coulée se disperse en blocs et en fragments qu'on retrouve sur les flancs de la montagne en longues traînées. La plupart des laves se refroidissent très vite à la surface et sur les bords; les scories solidifiées forment une croûte solide que la lave en fusion fait souvent éclater en lui donnant un aspect hérissé et déchiqueté (*cheires* d'Auvergne). Il arrive même souvent que la lave se meut au milieu d'une véritable gaine avec moraines latérales. Cette gaine peut être fermée complètement, de sorte que la lave échappe à la vue; quand le courant cesse, la gaine persiste et il reste un tunnel qui atteint parfois une grande longueur.

La *vitesse d'un courant de lave* dépend de trois éléments : 1° la liquidité de la coulée; 2° l'importance de la masse; 3° la pente du terrain. Au Mauna Loa (1852), on a constaté une vitesse de 3m,30 par seconde, ce qui est considérable; en revanche, on en cite qui se meuvent avec une grande lenteur : 1m,5 par heure. La température des laves est souvent très élevée et capable de fondre des métaux, tels que le cuivre et l'argent; cette chaleur persiste longtemps après l'éruption; une coulée de l'Etna, en 1858, marquait encore 72° en 1865. Cependant les coulées se solidifient rapidement, et on peut marcher à leur surface. Les phénomènes calorifiques de contact auxquels donnent lieu les volcans sont, en général, peu intenses. Le Cotopaxi, dont le sommet atteint 5943 mètres, est couvert d'une couche de neige dont les éruptions ne fondent qu'une faible portion. Certaines coulées couvrent des étendues considérables; celle du Mauna Loa (1855-1856) atteignait 100 kilom. de long, 5 kilom. de largeur moyenne et jusqu'à 100 mètres de hauteur.

On donne le nom de *fumerolles* aux petits nuages de fumée qui s'échappent de la fissure ou des cratères. L'étude des gaz qui forment les fumerolles est très difficile. On les recueille dans des tubes en verre fermés à la lampe. On distingue plusieurs classes de fumerolles caractérisées par la nature et la température des gaz dégagés : 1° *Fumerolles sèches* ou *anhydres,* formées de chlorures (température supérieure à 500°), surtout de chlorure de sodium; on y observe aussi les chlorures de potassium, de manganèse, de fer et de cuivre, les sulfates de fer, de potasse et de magnésie. 2° Les *fumerolles acides* se dégagent sur la crête des moraines latérales; elles sont constituées par de l'acide chlorhydrique mélangé à de l'acide sulfureux et à une grande quantité de vapeur d'eau (l'acide sulfureux ne représente qu'un dixième de l'acide chlorhydrique). Leur température est de 300° à 400° et elles donnent lieu à d'abondants dépôts de chlorure de fer. 3° *Fumerolles ammoniacales, fumerolles froides, mofettes.* Les *fumerolles ammoniacales* contiennent surtout du chlorhydrate d'ammoniaque qui se décompose et donne de l'ammoniaque libre; la vapeur d'eau s'y trouve en quantités considérables ainsi que l'hydrogène sulfuré qui donne lieu à des dépôts de soufre. Les *fumerolles froides* sont formées de vapeur d'eau presque pure. Les *mofettes,* ou émanations d'acide carbonique, marquent la fin des éruptions. L'hydrogène et les hydrocarbures jouent un grand rôle dans les émanations volcaniques; la proportion d'hydrogène diminue à mesure qu'on s'éloigne du centre d'éruption. Ainsi on trouve :

A	1 mètre du rivage	1 de C^2H^4	pour	3,074
—	15 —	— 1	—	—	2,74
—	200 —	— 1	—	—	2,274

Les laves des volcans répandent souvent une odeur de naphte, ce qui révèle la présence des hydrocarbures. La combustion de ces gaz explique les flammes volcaniques dont nous avons parlé plus haut. Certaines substances se déposent par sublimation au voisinage des coulées de laves : 1° le fer oligiste, produit par l'action de la vapeur d'eau sur le chlorure de fer; 2° le chlorure de plomb (cotunnite); 3° l'acide borique (Vésuve, îles Lipari); 4° le réalgar et l'orpiment. La fente dégage toutes les catégories de fumerolles, sauf les fumerolles sèches. La coulée présente, à un moment donné, toute la série des fumerolles se succédant à mesure qu'on s'éloigne du centre dans l'ordre suivant : fumerolles sèches, acides, alcalines, froides, mofettes; ordre qui, par suite, est décroissant, quant à l'activité volcanique. On a constaté la transformation progressive des fumerolles sèches en fumerolles acides, puis en fumerolles froides. Ch. Sainte-Claire Deville considère un volcan comme un centre où viennent converger les produits de la combustion de divers composés gazeux; à mesure qu'on s'éloigne de ce centre, on trouve les indices d'une combustion de moins en moins énergique. L'élément initial des fumerolles paraît être le chlorure de sodium, qui, au contact de la silice au rouge, donne de l'acide chlorhydrique et du silicate de soude. Au contact de la vapeur d'eau, le chlorure de fer donne de l'oligiste.

Variation de l'activité volcanique. — L'activité volcanique comprend, en général, une succession de paroxysmes et de repos sans qu'il soit possible, d'ailleurs, d'assigner pour ces phénomènes des lois générales, chaque volcan présentant, sous ce rapport, une suite de phénomènes particuliers. (V. *Vésuve.*)

Genèse des volcans. — Les montagnes volcaniques sont formées principalement de laves et de débris rejetés, et leur aspect, plus ou moins conique, dépend de la proportion des matières qui s'éboulent sous des angles variables (fig. 1, 2, 3). Le Mauna Loa et le Mauno Kea (îles Sandwich), qui atteignent 4250 mètres sont formés uniquement de laves;

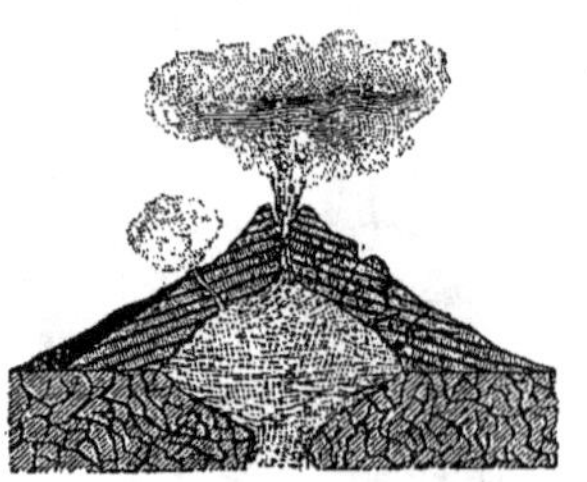

VOLCAN
Fig. 1.
COUPE IDÉALE A TRAVERS UN VOLCAN

ces cônes ont une pente de 7° à 8°. Les débris rejetés par le volcan donnent lieu à la formation de cônes de débris (laves, scories, bombes volcaniques de Lipari). Leur pente est de 35° à 40° et ils offrent des matériaux de grosseurs différentes stratifiés (Stromboli). On observe souvent une double pente. Les *cônes de débris* se forment très rapidement. Les *cônes de cendres* sont en général pointus et leur talus s'allonge dans la direction opposée à celle d'où vient le vent dominant de la contrée. Les matières boueuses en se solidifiant produisent des *cônes de tufs.* Enfin, on a observé en Nouvelle-Zélande des *cônes mixtes* de tufs, de laves, de scories et de cendres. Les cônes volcaniques offrent des dimensions très variables. Le plus grand cône connu est celui du Klioutschevskoï (Kamtschatka), qui atteint 5000 mètres; citons encore l'Etna (3300 mètres), l'Erebus (3900 mètres). Le Cotopaxi et le Gualatieri (Bolivie) sont plus élevés (5900 et 6700 mètres), mais leurs bases sont déjà situées à 2000 et 3000 mètres d'altitude.

La *forme des cratères* est sans cesse modifiée par les explosions qui se produisent à l'orifice de la cheminée. Le plus souvent, le

VOLCAN
Fig. 2.
COUPE A TRAVERS UN CRATÈRE EN CIRQUE

1. Roches fondamentales. — 2. Lave. — 3. Montagne volcanique. — 4. Sommet détruit par éboulement.

cratère est central, mais il s'ouvre quelquefois sur le flanc du cône des cratères adventifs (l'Etna en compte 700 et le Vésuve 30). Le cratère du Popocatepetl a 1600 mètres de diamètre au grand axe, et 325 mètres de profondeur. A chaque éruption, la forme du cratère se modifie. Celui de l'Etna a sauté quatre fois dans l'espace de 700 ans, mais il a toujours été reconstruit par les éruptions subséquentes. Les bords des cratères sont souvent irréguliers et échancrés par une déchirure qui leur donne une forme de fer à cheval (Ischia, puys de l'Auvergne). Les parois de certains cratères sont constituées par des laves (île de la Réunion); la forme du cratère est alors beaucoup plus stable. D'autres cratères (Kilauea) doivent leur origine à un effondrement des roches sous-jacentes fondues par les coulées successives et creusées

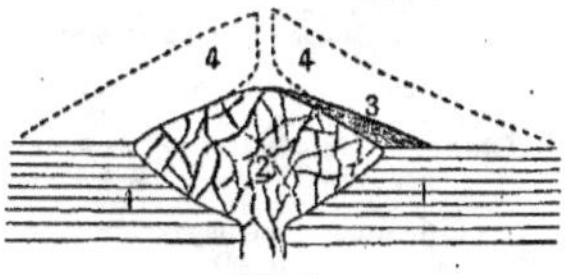

VOLCAN

Fig. 3.

COUPE A TRAVERS UN CÔNE BASALTIQUE OU DE LAVE

1. Roches fondamentales. — 2. Lave. — 3. Tuf, scories. — 4. Forme de la montagne volcanique avant la destruction.

par de nombreuses cavités. Les explosions violentes qui accompagnent les éruptions peuvent faire disparaître entièrement le cratère de débris, ne laissant à sa place qu'un gouffre. En 1638, le pic de Timor fut projeté en l'air, et un lac se forma dans la cavité produite par l'explosion. L'île de Krakatoa s'est effondrée sur une superficie de 23 kilom. carrés, après la terrible éruption de 1883, et le gouffre formé a jusqu'à 300 mètres de profondeur. Certains lacs actuels occupent l'emplacement d'anciens cratères; dans l'Eifel, ces cavités portent le nom de *maare :* tels sont encore le lac Pavin en Auvergne, les lacs d'Albano et de Nemi dans le Latium (3500 mètres sur 2200). Souvent on constate autour d'un cratère en activité une sorte de rempart circulaire figurant un cratère beaucoup plus grand que le premier et nommé *caldeira, chaudière* ou *enclos* (île Palma dans le groupe des Canaries, Somma, piton Bory à la Réunion). L'existence de ces cavités a paru à divers savants célèbres insuffisamment expliquée par l'hypothèse des cônes de débris, qu'ils ont remplacée par la théorie dite *des cratères de soulèvement*. Léopold de Buch et de Humboldt en furent les apôtres principaux. D'après eux, les cavités dont nous venons de parler sont le résultat d'un soulèvement du sol opéré sous l'action d'une poussée verticale agissant sur un seul point. Le dôme ainsi formé se serait ensuite rompu en donnant naissance à un système de fentes étoilées qui convergent au-dessus du centre de poussée et se réunissent en un abîme cratériforme : de là le nom de *cratère de soulèvement*. Le cône intérieur serait produit par les débris rejetés par la cheminée. Le Monte-Nuovo près de Naples, le volcan de Xorullo au Mexique, l'Etna, le cirque de Santorin, etc., ont été étudiés et expliqués par cette théorie, qui a encore aujourd'hui de rares partisans.

Roches volcaniques. — L'activité éruptive a subi de nombreuses variations dans la série des temps géologiques au point de vue de la nature et de la fréquence des épanchements. On distingue deux *séries d'éruptions*, l'une *ancienne* (depuis les temps primaires jusqu'au permien), l'autre *moderne* (depuis l'éocène jusqu'aux temps actuels). La première période est caractérisée par la nature *acide* des roches et par leur état nettement cristallin. Dans la seconde prédominent les types acides et neutres présentant la texture vitreuse et de nombreuses vacuoles. Les premières séries se sont formées sous une pression très forte qui permettait un ensemble de circonstances favorables à la cristallisation. Dans la série moderne, l'émission a eu lieu sous une pression faible; les gaz et la vapeur d'eau ont joué un rôle prépondérant dans la constitution des produits. Les véritables roches volcaniques proviennent des éruptions modernes. Dans les roches anciennes, on constate une diminution progressive dans la puissance de cristallisation qui se traduit par l'individualisation de moins en moins distincte de la silice en excès contenue dans la pâte.

Volcans marins. — Certains volcans ont leur origine dans le sein même de l'Océan. Le volcan de l'*île Julia* (entre la Sicile et Pantellaria) eut une éruption subite le 10 juillet 1831. Il se forma une île qui acquit successivement 800 mètres puis 4800 mètres de circonférence, puis diminua, et disparut définitivement le 28 décembre de la même année. Elle reparut, pour être de nouveau détruite en 1863. En 1796 surgit dans le groupe des Aléoutiennes l'*île Bogoslow*, qui, en 1819, atteignait 7 kilom. de tour et 750 mètres de hauteur. En 1832, elle n'avait plus que 3500 mètres de circonférence et 450 mètres de hauteur. L'île Saint-Paul est un ancien cratère ébréché qui communique librement avec la mer. Ce volcan, maintenant éteint, rappelle celui des îles Sandwich. *L'île de Santorin* (Cyclades) fut le théâtre d'éruptions volcaniques sous-marines célèbres (97 av. J.-C., 46 ap. J.-C., 726, 1573, 1751, 1707-1709). Toutes ces éruptions furent marquées par l'apparition ou par la destruction d'îles, phénomènes accompagnés d'émissions de lave.

Répartition géographique des volcans. — La formation des volcans ne paraît être ni favorisée ni entravée par la constitution géologique du sol : on en trouve dans le granit (Auvergne, Chili), dans le gneiss (Velay, Vivarais), dans les diabases (Palma, Ténériffe, Madère). Les volcans de l'Eifel reposent sur les couches dévoniennes. Un coup d'œil jeté sur le planisphère ci-contre, où sont indiqués les volcans du globe, montre qu'en général ils avoisinent les grandes étendues d'eau (mers ou lacs). La plupart des volcans connus se trouvent dans les îles ou près des côtes; ceux que l'on observe actuellement dans l'intérieur des continents rentraient sans doute dans cette loi commune à des époques géologiques où la distribution des mers était différente de ce qu'elle est aujourd'hui. Les volcans sont souvent répartis suivant des chaînes ou des groupes. Parmi les chaînes les plus remarquables, citons : celle de Quito, qui renferme 20 grands volcans entre le 2e degré de latitude S. et le 4°57' de latitude N. (Cumbal, Pichincha, Carguairazo, Antisana, Cotopaxi, Sangay); la chaîne du Pérou et de la Bolivie (630 kilom. de long) contient 15 grands volcans, et celle du Chili 34, entre 30°5' et 43°5' de latitude S. Le Kamtschatka offre également 38 volcans formant une chaîne continue. L'E. et le S.-E. de l'Asie sont limités par une vaste ceinture de volcans continentaux ou insulaires : elle commence dans le N., au Kamtschatka, se continue par les Kouriles, les îles du Japon, les Philippines, les Moluques, jusqu'aux îles de la Sonde, où elle se termine vers le 6e degré de latitude S. De même, le long des côtes occidentales du continent américain, s'étend une chaîne de volcans, en partie actifs, en partie éteints, présentant, il est vrai, quelques lacunes : elle comprend les volcans de l'Alaska, de la chaîne des Cascades, de la Sierra Nevada, de l'Orégon, des Rocky Mountains; elle se relie à la série des volcans de l'Amérique du Sud par ceux du Mexique et de l'Amérique centrale. Parmi les groupes volcaniques insulaires les plus remarquables, citons ceux des îles Gallopagos (plusieurs milliers de cratères); des îles Sandwich (Mauna Loa, Mauna Kea); des Açores, des îles du Cap-Vert, des Canaries. Ces groupes se trouvent, en général, en pleine mer. Les îles Aléoutiennes (50 volcans), qui fournissent l'exemple d'une chaîne non continentale, n'échappent cependant pas à la règle générale, car elles sont constituées par les points culminants d'un barrage qui sépare l'océan Glacial de l'Atlantique. Le nombre des volcans connus augmente à mesure que les progrès de la géographie se développent. A. de Humboldt n'en citait que 407, dont 225 actifs, alors que nous en connaissons aujourd'hui plusieurs milliers. La distinction que nous établissons entre les volcans actifs et les volcans éteints ne peut être qu'arbitraire; car certains volcans se réveillent, après être restés en repos pendant plusieurs siècles. (Voir la carte ci-jointe où figurent les principaux volcans du monde.)

TABLEAU DES VOLCANS ACTIFS

Europe.	Continent (Vésuve).	1
	Iles de la Méditerranée (Stromboli, Volcano, Etna, Nityros, Santorin, volcan sous-marin de Ferdinandea).	6
Afrique.	Continent.	17
	Iles.	10
Asie.	Asie occidentale	5
	Arabie.	1
	Asie centrale.	5
	Volcan sous-marin près de Pondichéry.	1
	Kamtschatka.	12
Amérique du Nord.	Alaska.	3
	Etats-Unis	8
	Mexique	9
Amérique centrale.	Guatemala.	6
	San-Salvador.	4
	Honduras.	1
	Nicaragua	10
	Costa-Rica.	4
Amérique du Sud.	Quito.	14
	Pérou et Bolivie	6
	Chili.	17
Australie.	Nouvelle-Guinée.	3
	Nouvelle-Zélande.	3
Iles.	Aléoutiennes.	31
	Kouriles.	10
	Japon.	17
	Entre le Japon et les Philippines.	8
	Philippines, îles de la Sonde, Moluques.	49
	Islande.	9
	Ile Jean-de-Mayen.	2
	Açores.	6
	Canaries.	3
	Iles du Cap-Vert	1
	Antilles.	6
	Volcans sous-marins de l'Atlantique.	3
	Volcans de l'Océan Indien	5
	Volcans du Grand Océan.	25
	Mer polaire du Sud.	2
		323

Volcans boueux. — Ils se distinguent des volcans ordinaires par un aspect moins grandiose et des effets moins importants. Ils forment de petites collines coniques de 6 à 10 mètres de diamètre et de 0m,5 à 1 mètre de hauteur. Parmi ceux qui font exception à ces dimensions, nous citons les volcans de la péninsule de Taman (30 à 50 mètres de hauteur), ceux de la Caspienne, de la Trinité, de l'Islande, de Java, de la Nouvelle-Zélande. Le Macaluba, en Sicile, est un cône tronqué de 50 mètres de haut, dont le sommet aplati présente 8 kilom. de circonférence. Ces cônes sont composés, en général, d'une vase argileuse et pâteuse. Les volcans boueux sont peu nombreux et isolés les uns des autres; cependant les volcans qui s'élèvent aux environs de la Caspienne présentent la disposition en chaîne. On distingue, pour les volcans boueux, comme pour les volcans ordinaires, un état de repos, un état d'activité régulière et un état d'éruption. Les gaz qui s'échappent des bouches éruptives, traversant l'argile détrempée par l'eau, forment des bulles ou projettent la vase de tous côtés, suivant son degré de fluidité : si les gaz se produisent en grande quantité et à une haute tension, la vase s'écoule en dehors du cratère. Ces phénomènes peuvent, dans certains cas, présenter une grande ressemblance avec ceux qui accompagnent les éruptions des volcans ordinaires; les produits évacués sont alors de la boue et des pierres de forte taille, et l'on constate une élévation de température considérable. Les produits liquides de ces volcans sont, en général, de l'argile et de la vase quelquefois mélangées de sels (sel marin, sulfates de soude et de magnésie). Quelques volcans boueux sont en relation avec des sources de bitume ou de pétrole temporaires ou permanentes, comme dans les régions de Bakou et de Taman. La température de ces produits varie beaucoup, et très rapidement entre 15° et 45°. Certains volcans boueux, formant une classe à part, rejettent de la vapeur d'eau. Les principaux produits gazeux sont les hydrogènes carbonés (sauf quand la température est très élevée), qui représentent 15 p. 100 du volume total des gaz ; l'acide carbonique et l'oxyde de carbone n'existent qu'en faibles proportions, ainsi que l'hydrogène sulfuré ; les hydrogènes carbonés s'allument quelquefois et donnent lieu à des éruptions très pittoresques (Zambo, 1848). On a dans l'apparente similitude des volcans de boue et des volcans ordinaires un exemple de phénomènes semblables produits par des causes diverses. On classe les volcans boueux en deux catégories : la première est caractérisée par une température constamment très élevée, la production d'une grande masse de vapeur et l'absence d'hydrogènes carbonés (Célèbes, Luçon, Nouvelle-Zélande). Ces volcans se trouvent dans le voisinage de volcans ordinaires, dont ils ne représentent que des fumerolles traversant une couche d'argile ou de cendres volcaniques. Le second groupe se distingue par l'expulsion d'une grande quantité de gaz de la classe des Hydrogènes carbonés à basse température : ce sont les véritables **volcans boueux.** Les gaz produits par la décomposition d'amas souterrains de matières organiques se font jour, comme le grisou des houillères, à travers les fissures du sol : si le courant de gaz rencontre une source propre à produire un ramollissement des argiles, il se forme un volcan boueux. Nous avons signalé la corrélation qui existe entre les volcans de boue et les sources de pétrole des terrains tertiaires ou plus récents, où se trouvent seulement les couches argileuses.

Les *solfatares* ont été étudiées à l'article *Solfatares.* || **Volcans d'air.** (V. *Mofettes.*) || **Volcans d'eau.** (V. *Salses* et *Geysers.*)

Causes du volcanisme. — L'hypothèse qui attribue au noyau central de la Terre une consistance liquide semble rendre compte des phénomènes volcaniques. Les volcans seraient donc alimentés par une nappe interne continue de matières en fusion. Certains géologues supposent l'existence de réservoirs isolés particuliers à chaque volcan. Le grand nombre de bouches d'éruption rend cette hypothèse peu admissible : aux chaînes de volcans devraient donc correspondre des séries de réservoirs intérieurs. L'existence d'une masse interne unique étant admise, il est naturel qu'elle rencontre dans l'écorce terrestre, qui s'appuie sur elle, des parties faibles et des sillons correspondant à des fentes de cette écorce : la matière fondue s'y élève, en choisissant de préférence les points de moindre résistance. Tout en s'alimentant à une source unique, les volcans peuvent puiser les matières rejetées en des points suffisamment éloignés les uns des autres pour expliquer leur indépendance. Pour expliquer les recrudescences et les périodes d'apaisement successives de l'activité volcanique, on s'est fondé sur la situation des volcans à proximité des bords de la mer. L'eau de la mer, filtrant à travers l'écorce, pénétrerait jusque dans le foyer volcanique, et, se vaporisant subitement, déterminerait l'ascension de la lave. (Expériences de Daubrée sur la pénétration d'une couche d'eau à travers une lame de grès de 2 centimètres chauffée à 160°, malgré une contre-pression de deux atmosphères.) Les produits gazeux dégagés par les volcans semblent, d'ailleurs, déceler l'influence de la vapeur d'eau (décomposition du sel marin en soude et en acide chlorhydrique). On objectera à cette théorie que l'eau ne peut guère arriver jusqu'au volcan qu'à l'état de vapeur débarrassée de tout le sel qu'elle contenait. De plus, il est difficile d'expliquer le mélange intime de la lave et de la vapeur d'eau et la présence de gaz combustibles qui nécessitent le contact de la lave avec un milieu réducteur jusqu'au moment de l'épanchement. Enfin, si l'expulsion des laves avait pour cause la production subite, au sein du volcan, d'une grande quantité de vapeur d'eau, elle devrait suivre et non précéder le dégagement de vapeur qui marque le début des éruptions. On peut remarquer que certains volcans insulaires et, par conséquent, franchement marins, comme le Stromboli et le Kilauea, ne présentent ni paroxysmes ni dégagement de vapeur d'eau abondant. Il est même certain que, dans les contacts qui se produisent entre les laves et la mer, c'est cette dernière qui a été refoulée. Les volcans de certaines régions sont bien éloignés de l'Océan pour que l'hypothèse d'une communication soit facilement admissible : les volcans de la côte occidentale de l'Amérique du Sud, qui forment cependant une chaîne qualifiée de côtière, sont distants de la mer de 200 à 250 kilomètres (Popocatepetl, 245 kilom.). Il semble préférable de rattacher le volcanisme à l'existence des lignes de fracture VF, V'G de l'écorce terrestre AE. Le refroidissement du noyau liquide interne amène un retrait suivi d'un affaissement et d'un ridement A C D de l'écorce terrestre A E à laquelle il servait de soutien. Ces rides déterminent des fentes et directions de moindre résistance dans lesquelles la lave tend à s'élever avec une intensité très variable, suivant le nombre des canaux et l'énergie de la compression : c'est ce qui explique les différences que peuvent offrir deux bouches volcaniques très voisines. Au moment de la formation de la croûte solide du globe, toute l'eau des océans existait à l'état de vapeur, et la pression peut être évaluée à 250 atmosphères. La masse fluide devait donc renfermer une grande quantité de gaz dissous : or, on sait que dans ce cas le départ des gaz a lieu à des températures déterminées.

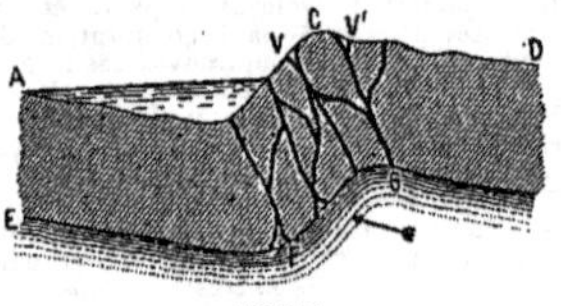

VOLCAN

Fig. 5.

RELATION DES PHÉNOMÈNES VOLCANIQUES AVEC LES DISLOCATIONS DE L'ÉCORCE TERRESTRE

Ces conditions de température se trouvant réalisées successivement par suite du refroidissement, de grandes quantités de gaz sont mises en liberté et déterminent l'expulsion des laves. Les paroxysmes volcaniques seraient dus aux déplacements de l'écorce qui tendent à modifier l'état de ses lignes de fracture. Nous citerons pour mémoire deux théories bien inférieures à la précédente. Sir R. Mallet attribue l'origine de la chaleur interne à l'écrasement du noyau et au frottement des débris de roches les uns contre les autres. Un autre savant, M. A. Julien, admet l'existence de courants d'eau universels intérieurs alimentés par la pluie ou par l'Océan : cette eau, s'échauffant, se charge de vapeur à haute pression ; si elle s'écoule dans une région soumise à un effort d'exhaussement, la sortie des vapeurs est favorisée et elles entraînent avec elles les roches dissoutes. — Fig. Batterie d'artillerie dont l'effet est comparable à celui d'un volcan. || Imagination ardente, impétueuse : *Sa tête est un volcan.* || Péril imminent, mais que l'on n'aperçoit point : *La société était sur un volcan.* — **Dér.** *Volcano* (île), *volcanique, volcanicité, volcaniser, volcanisé, volcanisée, volcanisation, volcanisme, volcaniste, volcanite.* (V. *Vulcain.*)

***VOLCANICITÉ** (*volcanique*), *sf.* Qualité d'une matière vomie par un volcan : *La volcanicité des trachytes, des basaltes.* || Toute manifestation du feu central à la surface de la terre. || État des matières qui sont au-dessus de la croûte terrestre.

VOLCANIQUE (*volcan*), *adj. 2 g.* Qui est un produit des volcans : *La lave est une matière volcanique.* || Formé par l'action des volcans : *Terrain volcanique.* — Fig. Dont l'ardeur, l'impétuosité est comparable à celle d'un volcan : *Une tête volcanique.*

***VOLCANISATION.** (V. *Vulcanisation.*)

VOLCANISÉ, ÉE (p. p. de *volcaniser*), *adj.* Où il existe, où il a existé des volcans : *Région volcanisée.*

***VOLCANISER** (*volcan*), *vt.* Amener à l'état volcanique : *Volcaniser des basaltes.* — Fig. Exalter : *Volcaniser une jeune tête.* — **Se volcaniser,** *vr.* Être volcanisé, devenir comme les roches volcaniques. — Fig. S'exalter au plus haut degré : *Ce cerveau se volcanise.*

***VOLCANISME** (*volcan* + sfx. *isme*), *sm.* Action des volcans : *Le volcanisme avec tous ses bouleversements apparaît dans cette région.*

***VOLCANISTE** (*volcan*), *sm.* Géologue qui admettait que toutes les couches terrestres devaient leur origine à l'action du feu central.

***VOLCANITE** (*volcan* + sfx. *ite*), *sf.* Pyroxène noir des volcans, ou augite.

VOLCANO (ÎLE). (V. *Vulcano.*)

***VOLCELET** (*vois-le, ce l'est*), *sm.* Ton donné au son du cor quand on revoit la bête fauve qui va fuyant.

VOLCES ou **VOLKES,** nation de la Gaule qui se divisait en deux tribus : les *Volces Tectosages,* dans les vallées de l'Ariège et de la Garonne, cap. *Toulouse,* et les *Volces Arécomiques,* cap. *Nîmes.*

VOLE (l. *vola,* paume de la main?), *sf.* Le succès d'un joueur qui, aux cartes, fait toutes les levées. — **Gr.** Ne dites pas *faire la volte.*

1. **VOLÉ, ÉE** (p. p. de *voler* 1), *adj.* Chassé par un oiseau de proie : *Tourterelle volée par le faucon.*

2. **VOLÉ, ÉE** (p. p. de *voler* 2), *adj.* Enlevé par force ou soustrait furtivement : *Portefeuille volé.* || *Être volé,* attrapé, trompé. (Pop.) — **Prov.** BIEN VOLÉ NE PROFITE PAS, ou il faut le restituer, ou il est vite dissipé.

3. ***VOLÉ, ÉE** (*vole*), *adj.* Qui a perdu la vole. (Jeu.)

VOLÉE, *spf.* de *voler.* La distance qu'un oiseau parcourt en volant sans s'arrêter : *La volée de la perdrix n'est pas longue.* || L'action d'un oiseau qui s'envole : *Prendre sa volée.* — Fig. S'affranchir de toute surveillance, en parlant d'un jeune homme. || Bande d'oiseaux qui volent ensemble : *Une volée de corbeaux.* — Fig. Troupe de gens de même âge, de même condition : *Une volée d'écoliers.* || Rang social, mérite : *Un homme de haute volée.* || *Une volée de canons,* décharge de plusieurs canons faite en même temps. || Un seul coup de canon. || *La volée d'un canon,* la partie d'un canon comprise entre la bouche et les tourillons. || *Tirer à toute volée,* en plaçant la pièce sous la plus grande inclinaison. || *Une volée de coups de bâton,* un grand nombre de coups donnés de suite. || Sonnerie continue d'une cloche en branle, par opposition à *tintement : Sonner deux volées. A toute volée.* || Le mouvement d'un boulet ou d'une balle à jouer tant qu'ils sont en l'air. || Traverse de bois à laquelle on attelle les chevaux d'une voiture, particulièrement ceux qui marchent devant les autres et qu'on appelle *chevaux de volée.* — A LA VOLÉE, *loc. adv.* En l'air, au passage : *Saisir à la volée un objet qu'on vous jette.* || Très promptement, avec opportunité : *Faire une chose à la volée.* || Sans réflexion : *Prendre un parti à la volée.* || A poignée : *Beaucoup de graines se sèment à la volée.*

1. **VOLER** (l. *volare*), *vi.* S'élever, se soutenir ou se mouvoir en l'air avec des ailes : *Les oiseaux et la chauve-souris volent.* — Fig. *Voler de ses propres ailes,* agir sans être aidé par un autre. || Traverser l'air avec une grande vitesse par suite d'une impulsion : *Les traits volaient entre les deux armées.* || Courir avec une grande vitesse : *Voler au secours d'un homme qui se noie.* || S'écouler très rapidement : *Les années volent.* || Se répandre très vite : *Cette nouvelle vola dans tout le pays.* — *Vt.* Poursuivre un gibier, en parlant des oiseaux dressés à la chasse : *Ce faucon vole la perdrix.* || Chasser en employant un oiseau de proie : *Ce gentilhomme volait le héron.* — **Dér.** *Vol* 1, *volée, volatine, volage, volagement, volageté, volant* 1, 2, 3 et 4, *volante, volain, volable, volatil, volatile* 1, *volatile* 2, *volatille, volatiliser, volatilisation, volatilité* 1 et 2 ; *volaille, volailler ; voler* 2, etc., *volerie* 1 ; *volet, voleter, volette, volière, volis, volins.* — **Comp.** *Envoler, convoler ; vol-au-vent.*

2. **VOLER** (*voler* 1), *vt.* Prendre le bien d'autrui furtivement ou par force : *Voler une montre, de l'argent.* || *Voler quelqu'un,* lui prendre un objet qu'il possède : *On a volé ce bijoutier.* — Fig. *Il ne l'a pas volé,* il a bien mérité ce qui lui arrive. — Fig. S'approprier les pensées, les expressions

VOLCANS ET CORAUX

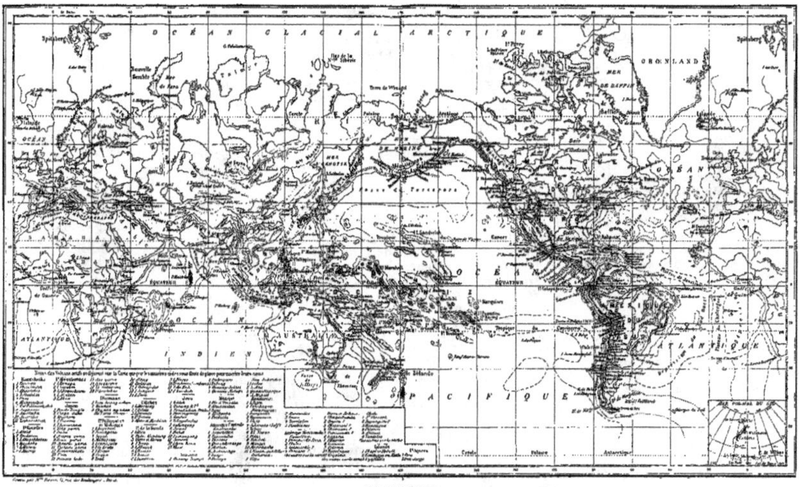

Signes conventionnels :

d'un autre : *Voler des phrases à un auteur.* — **Se voler**, *vr.* Prendre quelque chose à soi-même. ‖ Se prendre quelque chose mutuellement. — **Gr.** Ce mot est récent en français : il ne date que de la fin du XVIe siècle ; autrefois on disait *embler*. C'est de la chasse au faucon que nous est venu ce mot. On dit encore, en vénerie, *voler la perdrix, le faucon, le héron*, etc. — **Dér.** *Vol* 2, *voleur, voleuse, volereau, volerie* 2.

VOLEREAU (dm. de *voleur*), *sm.* Auteur de petite filouterie. ‖ Voleur inhabile (vx).

1. **VOLERIE** (*voler* 1), *sf.* La chasse pour laquelle était dressé un oiseau de proie. ‖ L'ensemble des diverses manières dont volent les oiseaux, et qu'on appelle : *haute volerie*, vol élevé des faucons et autres rapaces qui dépasse celui des grues ; *basse volerie*, vol plus près de terre et entre les arbres, tel que celui des éperviers, voiliers, etc.

2. **VOLERIE** (*voler* 2), *sf.* Larcin, pillerie : *Il y a eu des voleries dans cette administration.*

VOLÉRO (PUBLIUS), plébéien romain qui se fit élire tribun en 472 av. J.-C. Sorti de la dernière classe du peuple, il proposa une loi qui ne fut autre que la première institution du *plébiscite* : au lieu de faire élire les tribuns par les comices des centuries où chacune de celles-ci ne comptait que pour une voix, il proposa d'abord l'élection des tribuns par l'assemblée des tribus où les votes se comptaient par tête, et ensuite le droit pour l'assemblée plébéienne de faire des plébiscites. Malgré les attaques du consul Appius Claudius, le peuple vota cette loi.

1. **VOLET** (*voler* 1), *sm.* Planche très mince, tablette servant à trier les grains. — **Fig.** *Trié sur le volet*, choisi avec beaucoup de soin. ‖ Assemblage de planches appliqué contre une fenêtre à l'intérieur d'un appartement, qu'on peut ouvrir et fermer à volonté et dont il existe ordinairement une paire à chaque fenêtre. ‖ *Volet brisé*, composé de plusieurs parties qui peuvent se replier l'une sur l'autre dans le sens de la hauteur. ‖ Contrevent : *Des volets verts.* ‖ Colombier. ‖ Petite trappe glissant verticalement dans deux coulisses et servant à fermer le colombier. ‖ Planche disposée horizontalement à l'entrée d'un colombier. — **Gr.** Même famille que *volige* et *volis*.

2. ***VOLET** (db. *velets*, morceau d'étoffe flottant : dm. de *voile* 1), *sm.* Morceau d'étoffe précieuse enveloppant un carton qui sert à couvrir le calice sous le voile. (Lit.) ‖ Large ruban flottant attaché au sommet du casque. (Blas.)

VOLETER (fréq. de *voler* 1), *vi.* Voler en s'arrêtant fréquemment, après avoir parcouru peu d'espace : *Les oisillons voletaient.* — **Gr.** On double le *t* devant une syllabe muette.

***VOLETTE** (*volet* 2), *sf.* Bordure de ficelles garnissant l'espèce de filet qu'on met sur le dos d'un cheval en été afin de chasser les mouches.

***VOLETTEMENT** ou **VOLÈTEMENT** (*voleter*), *sm.* Action de voleter.

VOLEUR, EUSE (*voler* 2), *s.* Celui, celle qui a pris ou qui a l'habitude de prendre quelque chose à quelqu'un. ‖ *Être fait comme un voleur*, avoir les vêtements en fort mauvais état. ‖ Personne qui exige de l'acheteur plus qu'elle ne devrait lui demander : *Ce marchand est un voleur.*

VOLGA, 3 715 kilom., fleuve de Russie, le plus grand de l'Europe, qui prend sa source dans le plateau de Valdaï, coule successivement vers l'E., le S. et le S.-E., traversant d'abord des marais tourbeux, puis d'immenses steppes situées sur sa rive gauche et qu'il inonde dans les temps de crues ; arrose Tver, Ribinsk, Iaroslav, Kostroma, Nijni-Novogorod, Kazan où il entre dans la région des steppes, Simbirsk, Saratov, Astrakhan, et se jette dans la mer Caspienne par un delta de 150 kilom. de long composé d'environ 200 bouches. Il présente, comme tous les fleuves russes, une pente très faible : la différence de niveau entre sa source et son embouchure n'est que de 270 mètres (pente de 7 centimètres par kilomètre jusqu'à Iaroslav et de 7 millimètres au delà). Son cours supérieur reçoit de nombreux affluents qui, par des canaux, communiquent immédiatement avec la Baltique, la mer Blanche et la mer Noire. Les deux principaux sont : 1° l'*Oka* (1 000 kilom.) qui se jette à Nijni-Novgorod et se grossit de l'Oupa ; 2° la *Kama* (2000 kilom.). Le fleuve est navigable sur tout son cours. Sa largeur est de 630 mètres à Iaroslav, de 1400 au-dessous de Kazan et de plusieurs kilomètres près de Samara. Il présente de nombreux rapides faciles à franchir et est très poissonneux : on y pêche surtout le saumon et l'esturgeon.

VOLGSK ou **VOLSK**, 14 000 hab. Ville du gouvernement de Saratov (Russie d'Europe), sur le Volga (rive droite).

VOLHYNIE, 71 838 kilom. carrés, 1 406 000 hab. Gouvernement de la Russie d'Europe, formé d'une province de l'ancienne Pologne. Le pays appartient au bassin du Pripet, et les marais que forment ce cours d'eau et ses affluents couvrent une grande partie du territoire au N. des Karpathes, qui occupent le S. de la province. On y trouve de grandes forêts, des mines de fer. L'industrie des tissus y est assez active. Le commerce est entre les mains des juifs. Ch.-l. *Jitomir* (42 000 hab.).

VOLIÈRE (*voler* 1), *sf.* Sorte de cabane à parois en fil de fer où l'on nourrit des oiseaux : *On établit des volières dans les parcs.* ‖ Grande cage à plusieurs compartiments. ‖ Petite pièce où l'on nourrit des pigeons.

VOLIGE (*x*; V. *Volet* 1), *sf.* Mince planche de peuplier, de sapin ou autre bois blanc, qui sert à faire des cloisons ou sur laquelle on fixe les ardoises qui forment le toit d'un bâtiment. — Adject. *Latte volige.* — **Dér.** *Voliger, voligeage.*

***VOLIGEAGE** (*volige*), *sm.* Action de garnir de voliges.

***VOLIGER** (*volige*), *vt.* Garnir un toit de voliges. — **Gr.** Le *g* prend un *e* devant *a* et *o* : voligeant, n. voligeons.

***VOLIS** (*voler* 1 ; V. *Volet* 1), *sm.* Cime d'un arbre qui a été rompue ou enlevée par le vent. On dit aussi **volins** et **rompis**.

VOLITION (bl. *volere*, vouloir), *sf.* Acte par lequel se manifeste la volonté. (Phil.)

VOLKHOFF, VOLKOF ou **VOLKOFF** (THÉODORE) (1729-1763), acteur russe qui fut le créateur du théâtre en Russie. Il joua devant l'impératrice Élisabeth. Volkhoff est le fondateur du premier théâtre à Moscou (1756).

***VOLKONSKY**, famille princière de Russie qui descend, parait-il, de Rurik. Son nom lui vient de la rivière de *Volkona*, dans le gouvernement de Toula. Parmi les personnages issus de cette famille, on remarque : **Volkonsky** (PIERRE, PRINCE) (1776-1852), général russe qui fut aide de camp de l'empereur Alexandre Ier.

VOLKHOV, 200 kilom., rivière de Russie qui unit le lac de Ilmen au lac Ladoga.

VOLLON (ANTOINE), peintre français contemporain, né en 1833. Il s'adonna à l'étude et à la peinture spéciales des fruits et de la nature morte. On cite de lui surtout : un *Intérieur de cuisine*, le *Chaudron*, le *Casque de Henri II* (au Musée d'artillerie), *Vue du Tréport*, *Cour de ferme*, etc., etc.

VOLNAY, 649 hab., village de l'arr. de Beaune (Côte-d'Or). Vignoble qui produit les vins rouges les plus renommés du monde entier, et dont les principaux crus sont ceux de : *Santenot, Chevrey, Cailleret, Fremiets, Clos-des-Chênes*, etc. — Sm. *Le volnay*, vin de ce vignoble.

VOLNEY (COMTE DE) (1757-1820), écrivain, historien, orientaliste et philosophe français, de l'Académie française, qui visita l'Égypte et l'Assyrie, fut député aux états généraux de 1789 et sénateur sous le premier Empire. Il publia un *Voyage en Égypte et en Syrie* et un ouvrage intitulé *les Ruines* qui fit beaucoup de bruit au moment de son apparition, et fonda, par son testament, un prix de 20 000 francs à décerner par l'Institut tous les ans au meilleur ouvrage sur les langues orientales.

VOLO (GOLFE DE) (anc. *Iolcos*, golfe *Pélasgique* ou *Pagasétique*), vaste baie de la côte de Thessalie, située au N. de l'île de Négrepont, dont l'entrée est rétrécie par la petite île de Trikeri et où l'on voit au N. le port de *Volo*.

VOLO, 25 000 hab. Ville de la Thessalie (Grèce), port très actif sur le golfe du même nom.

VOLOGDA, 18 000 hab. Ville de la Russie d'Europe, au confluent de la Vologda et de la Soukhona, ch.-l. de l'immense gouvernement de Vologda. C'est l'entrepôt du commerce d'Arkhangel avec Moscou et Saint-Pétersbourg.

VOLOGDA (GOUVERNEMENT DE), 402 725 kilom. carrés, 1 198 602 hab., une des plus grandes provinces de la Russie d'Europe, au S. du gouvernement d'Arkhangel et à l'O. des monts Ourals. Le pays, en général plat, est arrosé par la Dwina du N. et ses affluents (*Vitchegda, Soukhona, Wim*) et à l'E. par la *Petchora*, qui coule entre une série de plateaux peu élevés à l'O. et l'Oural à l'E. Le climat est très rigoureux et l'hiver dure huit mois de l'année. On trouve dans ce gouvernement d'immenses forêts, des mines de cuivre et de fer.

VOLOGÈSE, nom de cinq rois parthes qui occupèrent le trône de 50 à 220 ap. J.-C.

VOLOGNE, 60 kilom. Torrent qui descend des Vosges, traverse les lacs de Retournemer et de Longemer ; affluent de la Moselle à Jarménil.

VOLOGNE (FORÊT DE LA), 1 806 hect. Forêt domaniale des Vosges, peuplée de sapins, d'épicéas et de hêtres.

VOLONNE, 927 hab. Ch.-l. de c., arr. de Sisteron (Basses-Alpes), sur la Durance.

VOLONTAIRE (l. *voluntarium*), *adj. 2 g.* Qu'on est libre de faire ou de ne pas faire : *Mouvement, action volontaire.* ‖ Que l'on fait de son plein gré : *Sacrifice volontaire.* ‖ Qui ne veut faire que sa volonté, qui ne veut pas obéir : *Enfant volontaire.* — *Sm.* Celui qui s'est fait soldat sans y être obligé : *Les volontaires de 1792.* ‖ Volontaires de 1815, les jeunes gens qui s'enrôlèrent en 1815 pour combattre l'invasion. ‖ *Volontaires de la Charte*, les jeunes gens de Paris qui luttèrent pour la Charte de 1830 dans les journées de Juillet et qui, plus tard, servirent à constituer un des principaux éléments du corps des zouaves d'Afrique. ‖ *Légion des volontaires de l'Ouest*, nom qui fut donné en 1870 aux zouaves pontificaux lors de leur incorporation dans l'armée de la Loire : *Les Volontaires de l'Ouest furent décimés à Loigny.* (V. *Zouave*.) ‖ *Volontaire d'un an*, jeune Français qui, conformément à la loi du 27 juillet 1872, était admis avant le tirage au sort, pourvu qu'il eût un diplôme de bachelier, eût subi un examen spécial ou appartînt à une école du gouvernement, à servir pendant un an dans l'armée de terre, à condition de verser une somme de 1 500 francs. Ce service l'exemptait de passer cinq ans dans l'armée active. Cette loi a été abrogée par celle du 15 juillet 1889. — **Dér.** *Volontairement.*

VOLONTAIREMENT (*volontaire* + sfx. *ment*), *adv.* De bonne volonté, sans contrainte.

***VOLONTARIAT** (*volontaire*), *sm.* Service que faisait dans l'armée française le volontaire d'un an : *Le volontariat est supprimé depuis 1890.*

VOLONTÉ (vx fr. *volenté* : du l. *voluntatem*), *sf.* Pouvoir qu'a l'homme ou l'animal de prendre la résolution de faire ou de ne pas faire une chose : *La sensibilité, l'entendement et la volonté sont les trois facultés irréductibles de l'esprit humain.* ‖ Résolution que prend quelqu'un de faire ou de ne pas faire une chose : *Telle est ma volonté.* ‖ *Avoir de la volonté*, être ferme dans ses résolutions. ‖ *N'avoir point de bonne volonté pour un coup de main.* ‖ *Les dernières volontés d'une personne*, ce qu'on veut qu'elle fasse après sa mort. ‖ *Acte de dernière volonté*, un testament. — *Sfpl.* Fantaisies, caprices : *Réprimer les volontés d'un enfant.* — A VOLONTÉ, *loc. adv.* Quand on veut, comme on veut : *Les artilleurs tirèrent à volonté.* ‖ *Volonté*, être prêt à faire tout ce que les autres veulent. ‖ *N'en faire jamais qu'à sa volonté*, être opiniâtre, entêté. ‖ *Bonne, mauvaise volonté pour quelqu'un, quelque chose*, inclination ou manque d'inclination pour une personne ou une chose : *Avoir de la bonne volonté pour la musique.* ‖ Etat de celui qui est prêt ou non à faire ce qu'on exige de lui : *On demande, à l'armée, des hommes de bonne volonté.*

VOLONTIERS [vo-lon-tié] (l. *voluntarie*),

adv. De bon cœur : *J'y consens volontiers.* || Aisément, ordinairement : *L'homme se plaint volontiers.*

VOLOTCHOK (VICHNYI-), 10 000 hab. Ville du gouvernement de Tver (Russie d'Europe).

VOLSMUNSTER, 1 125 hab. Ancien ch.-l. de canton de l'arr. de Sarreguemines (Moselle) ; aujourd'hui à la Prusse.

VOLSQUES, peuple de l'Italie ancienne appartenant à la race des Osques, qui occupait la partie S.-E. du Latium et qui, soumis en partie par les Romains dès le temps des rois, fut définitivement subjugué en 338 av. J.-C. Capit. *Suessa-Prometia* ; villes principales : *Antium, Anxur, Arpinum, Privernum, Vélitres.*

***VOLT** (*Volta*, le physicien), *sm.* Unité de force électromotrice dans le système des unités pratiques électro-magnétiques. Le volt est à peu près la force électromotrice ou la tension de l'élément Daniell : zinc et sulfate de zinc, cuivre et sulfate de cuivre.

***1. VOLTA** (ital. : *fois*), *sf.* Mot italien signifiant *reprise* : *Prima volta, seconda volta*, première fois, seconde fois. (Mus).

2. **VOLTA**, 620 kilom. environ, rivière de la Guinée (Afrique occidentale) qui descend des monts de Kong, sépare un moment le pays des Achantis et le royaume du Dahomey, et se jette dans le golfe de Guinée, près de Saint-Paul (côte d'Or). Des rochers et de vastes bancs de sable en obstruent l'embouchure.

3. **VOLTA** (Alessandro) (1745-1827), célèbre savant italien, professeur de physique à l'Université de Pavie, qui fit faire de grands progrès à l'électricité, inventa l'électrophore, le condensateur électrique, l'électroscope, l'eudiomètre, mais s'immortalisa surtout par la construction de la *pile à colonnes* (1794). — **Dér.** *Volt, voltaïque, voltaïsme.* — **Comp.** *Voltamètre, voltmètre.*

VOLTAÏQUE (*Volta* 3), *adj. 2 g.* Inventé par Volta : *Pile voltaïque.* || Qui résulte de la pile électrique : *Conducteur voltaïque*, chacun des deux fils métalliques au moyen desquels on met en communication les deux pôles d'une pile. || *Courant voltaïque*, le courant d'électricité qui parcourt les conducteurs d'une pile en activité. || *Arc voltaïque*, l'étincelle électrique qui jaillit entre les deux extrémités des deux fils d'une pile quand on rapproche suffisamment celles-ci l'une de l'autre.

VOLTAIRE (François-Marie Arouet de), fils d'un trésorier de la Chambre des comptes, ancien notaire au Châtelet, né à Paris le 21 novembre 1694, mort dans la même ville le 30 mai 1778, est le plus grand nom littéraire du XVIIIe siècle. Sa vie fut très agitée : élevé par les jésuites au collège Louis-le-Grand, il fut introduit tout jeune par son parrain, l'abbé de Châteauneuf, dans la société de Ninon de Lenclos et des beaux esprits épicuriens de son temps. Lorsqu'il lui fallut choisir une carrière, il fut attaché d'abord comme page auprès du marquis de Châteauneuf, ambassadeur en Hollande ; mais il fut bientôt congédié et placé quelques mois comme clerc chez un procureur. A l'avènement de Louis XV, accusé d'avoir fait une satire sur Louis XIV, il fut enfermé à la Bastille, où il ébaucha son poème de la *Henriade* et sa tragédie d'*Œdipe*. Rendu à la liberté, après un court exil et un voyage en Belgique et en Hollande, il fut de nouveau jeté à la Bastille sur la demande de Rohan-Chabot, et, après six mois de détention, forcé de s'exiler. Il passa en Angleterre (1726) où, protégé par Bolingbroke, il se livra avec ardeur à l'étude de la littérature, de la politique et de la philosophie anglaises. De retour en France, il fit paraître coup sur coup ses plus belles tragédies et ses premiers ouvrages en prose, tout en s'enrichissant par d'heureuses spéculations. La hardiesse de ses idées l'ayant rendu odieux à la cour, il se retira à Cirey (1735), auprès de la marquise du Chastelet, et y passa huit ans dans une studieuse et féconde retraite. A la mort de Fleury (1743), il revint à Paris, fut élu à l'Académie française en 1746, et jouit quelque temps des faveurs de la cour et des titres de gentilhomme de la Chambre et d'historiographe de France. Une nouvelle disgrâce l'éloigna de Versailles, et il partagea son temps entre la petite cour de Sceaux et Mme du Chastelet. Celle-ci étant morte en 1749, il céda en 1750 aux sollicitations de Frédéric II et partit pour Berlin où il vécut comme ami et commensal du roi-philosophe. S'étant brouillé avec celui-ci, il quitta précipitamment la Prusse (1743), rentra dans sa patrie, où il mena pendant quatre ou cinq ans une vie presque errante, habitant successivement Colmar, Lyon, Genève, Monteron-les-Délices ; enfin, en 1758, il se fixa définitivement dans son domaine de Ferney, qu'il ne quitta plus que pour venir mourir à Paris, malgré la défense de la cour. Génie presque universel, Voltaire réussit dans les genres littéraires les plus divers. Le poème de la *Henriade* avait été le fruit de sa première jeunesse ; les tragédies d'*Œdipe* (1718), de *Brutus* (1730), d'*Eryphile* et de *Zaïre* (1732), de *Mahomet* (1741), de *Mérope* (1743), etc., etc., le rangèrent au nombre des grands tragiques français. Il ne réussit guère dans la comédie, mais il est resté sans rivaux dans la poésie légère. Ses satires et ses épîtres sont autant de chefs-d'œuvre. Comme historien, Voltaire composa l'*Histoire de Charles XII* (1730), le *Siècle de Louis XIV* (1751), l'*Essai sur les mœurs et l'esprit des nations.* En même temps sortaient de sa plume une foule d'écrits philosophiques ou de polémique, dont la hardiesse lui attirait des admirateurs enthousiastes et des adversaires irréconciliables. Ses romans, parfois licencieux, comme *Candide, l'Ingénu, Zadig*, etc., sont des pamphlets de génie. Sa volumineuse correspondance est aussi l'une des œuvres les plus remarquables du siècle. Voltaire s'était fait le chef des *encyclopédistes* et déclarait une guerre acharnée au christianisme et aux parlements. Il commit dans cette double lutte bien des excès de plume, versant le ridicule à pleines mains sur ses adversaires ; mais sa passion pour l'humanité rachète et au delà ses écarts. Il réhabiliter Calas et essaya de sauver le chevalier de la Barre. Par la seule force de son génie, Voltaire était devenu la plus grande puissance morale de son siècle : tous les gouvernements avaient à compter avec lui et briguaient ses éloges. Son influence était telle, de son vivant, que l'époque où il brilla a été souvent appelée le *siècle de Voltaire.* || **Dér.** *Voltairien, voltairienne, voltairianisme.*

***VOLTAIRE** (Fauteuil), *sm.* Sorte de fauteuil. (C'est par abus qu'on dit simplement : *un voltaire.*)

***VOLTAIRIANISME** (*Voltaire*), *sm.* Incrédulité railleuse en matière de religion, telle qu'était celle de Voltaire.

VOLTAIRIEN, IENNE (*Voltaire*), *adj.* De Voltaire : *Style voltairien.* || Imbu de voltairianisme : *Esprit voltairien.* — S. Celui, celle qui est incrédule à la manière de Voltaire.

***VOLTAÏSME** (*Volta* 3), *sm.* Doctrine qui consiste à admettre que deux corps de nature différente, mis en contact, développent de l'électricité.

***VOLTAMÈTRE** (*Volta* 3 + g. μέτρον, mesure), *sm.* Petit appareil de physique composé d'un verre dont le fond, percé de deux trous, est traversé par deux fils de platine qu'on met en communication avec les deux pôles d'une pile. On remplit le verre d'eau acidulée avec de l'acide sulfurique et on pose au-dessus des fils de platine deux petites éprouvettes pleines du même liquide. Aussitôt que le courant est établi, l'eau du verre se décompose, l'oxygène se rend dans l'éprouvette dont le fil correspond au pôle positif, et l'hydrogène dans celle dont le fil correspond au pôle négatif. Le volume du gaz qui est dans cette dernière est à chaque instant double de celui qui se trouve dans la première, et la quantité de gaz ainsi produit étant proportionnelle à l'intensité du courant et à sa durée, on conçoit que l'on puisse, en graduant convenablement les éprouvettes, mesurer le débit électrique correspondant du circuit.

VOLTE (ital. *volta*, tour), *sf.* Mouvement qu'on fait à l'escrime pour éviter les coups de l'adversaire. || Rond qu'un cavalier fait décrire à son cheval dans un manège. || Partie du manège où s'exécute cette manœuvre. || Mouvement du cheval qui exécute la volte. — **Db.** *Volta*, 1. — **Dér.** *Volter, volté, voltée, voltiger, voltige, voltigeant, voltigeante, voltigement, voltigeur, volti.* — **Comp.** *Volte-face.*

***VOLTÉ, ÉE** (ital. *volto*, tourné), *adj.* Double, en parlant d'une croix. (Blas.)

VOLTE-FACE (*volte*, impér. de *volter* + *face*), *sf.* Mouvement que l'on fait en tournant le visage du côté où l'on tournait précédemment le dos : *Faire volte-face à l'ennemi*, s'arrêter et se retourner pour lui résister pendant qu'il vous poursuit. — Fig. Changement brusque d'opinion, de parti. — Pl. *des volte-face.*

VOLTER (*volte*), *vi.* Faire une volte à l'escrime.

VOLTERRA, 13 402 hab. Ville du royaume d'Italie (Toscane). Salines royales.

VOLTERRE (Daniel de) (1509-1566), sculpteur et peintre célèbre, né à Volterra.

***VOLTI** (ital. : *tourne*). Mot italien employé dans les locutions : *Volti subito, volti presto*, et signifiant : Tournez promptement la page. (Mus.) — Sm. *Volti-presto*, pupitre à musique au moyen duquel on tourne rapidement les pages d'une partition.

VOLTIGE, *svf.* de *voltiger.* Exercice qui consiste à monter lestement à cheval sans se servir des étriers. || Corde lâche, attachée par les deux bouts, et sur laquelle les bateleurs font des tours. || Exercice qu'un bateleur fait sur la corde lâche.

***VOLTIGEANT, EANTE** (*voltiger*), *adj.* Qui voltige continuellement.

VOLTIGEMENT (*voltiger*), *sm.* Mouvement de ce qui voltige.

VOLTIGER (ital. *volteggiare* : de *volta*, volte), *vi.* S'exercer à monter à cheval légèrement et sans étriers. || Courir à cheval çà et là : *La cavalerie légère voltigeait autour de l'ennemi.* || Faire des exercices sur la corde lâche, en parlant des bateleurs. || Voler à petites et fréquentes reprises en se dirigeant çà et là : *Le petit oiseau, le papillon, l'abeille voltigent.* || Flotter au gré du vent : *Le drapeau, la bannière voltige.* — Fig. Passer incessamment et sans esprit de suite d'une idée, d'une opinion, d'une occupation à une autre : *Cet homme voltige de projets en projets.*

VOLTIGEUR (*voltiger*), *sm.* Celui qui voltige sur un cheval ou sur la corde lâche. || Autrefois, soldat de petite taille faisant partie d'une compagnie d'élite placée à la gauche du bataillon et qui se portait rapidement là où le besoin l'exigeait. || Sous le second Empire, corps d'infanterie spécial constitué en régiment : *La garde impériale avait quatre régiments de voltigeurs et trois régiments de grenadiers.*

***VOLTMÈTRE** (*Volta* 3 + g. μέτρον, mesure), *sm.* Appareil employé, comme les électromètres et les condensateurs, pour mesurer la différence de potentiel entre deux points quelconques d'un circuit électrique. La méthode consiste à placer un galvanomètre de très grande résistance en dérivation sur les deux points en question : la déviation du galvanomètre, qui indique l'intensité du courant, est demi-proportionnelle à la différence de potentiel des deux points et il suffit d'une simple lecture pour connaître celle-ci. Les voltmètres sont tous analogues aux ampèremètres destinés à la mesure des intensités, mais on se sert d'une bobine galvanomé-

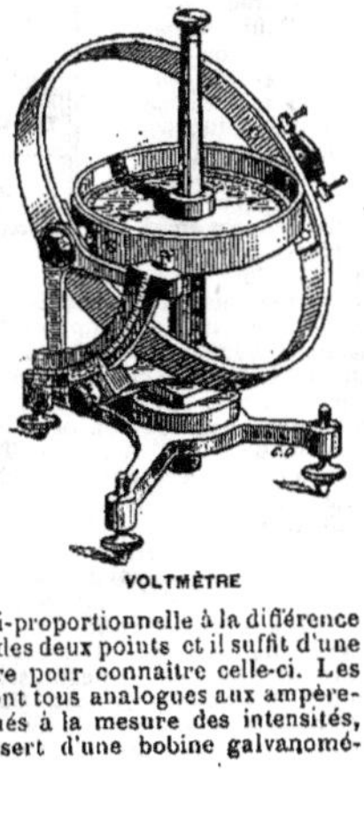

VOLTMÈTRE

trique qui est faite avec un fil très fin et possède une résistance considérable. Pour *se servir d'un voltmètre*, on doit toujours le placer *en dérivation* entre les deux points dont on cherche la différence de potentiel : ces points seront, par exemple, les deux bornes d'une batterie de piles, d'une machine, d'une lampe, etc. L'un des appareils les plus usuels dans l'industrie est le *voltmètre Deprez-Carpentier* (voir figure). Dans un champ magnétique puissant, formé par deux aimants demi-circulaires aussi identiques que possible, est placé un cadre galvanométrique composé de deux bobines cylindriques très rapprochées et reliées en quantité. Ces bobines sont placées *obliquement* par rapport aux lignes de force du champ magnétique, disposition qui a pour effet de doubler l'angle de déviation dans un sens pour une intensité donnée et de l'annuler dans l'autre. Il faut donc que le courant traverse l'appareil dans un sens déterminé, et alors on obtient des déviations plus grandes et plus précises. L'aiguille galvanométrique en fer doux est placée entre les deux pôles des aimants ; elle est mobile autour d'un axe vertical entre deux bobines juxtaposées et porte un index qui se meut devant la graduation. La division à laquelle s'arrête l'aiguille donne donc le nombre de volts cherché. La double bobine est formée par un fil de cuivre très fin et très long dont la résistance est d'environ 2000 ohms. Enfin, pour les courants très intenses, on emploie avec ce voltmètre des réducteurs qui en diminuent la sensibilité : ce sont des bobines de résistance qui se mettent en série avec le voltmètre. Pour *graduer un voltmètre*, ou pour en *vérifier la graduation*, on peut se servir d'un voltmètre étalonné et d'une exactitude connue, et opérer par comparaison. On peut aussi employer le procédé suivant, d'une exactitude généralement suffisante : on met successivement sur le voltmètre 1, 2, 3, 4..., éléments Daniell de résistance assez faible pour qu'elle puisse être négligée. Les déviations obtenues peuvent être considérées comme correspondant à des différences de potentiel de 1, 2, 3, 4... volts. Toutefois, ce n'est là qu'une méthode approchée, car l'élément Daniell ne donne pas rigoureusement 1 volt, mais bien $1^{volt},07$. — **Gr.** Ne pas confondre avec *voltamètre*.

VOLTUMNA, déesse du bon conseil, dont le temple était à Vulsinies, en Etrurie.

VOLTURNO (l. *Volturnus*), 180 kilom. Rivière du royaume d'Italie qui prend sa source dans les monts Apennins, près de Torre-della-Rochetta (province de Sannio), passe à Capoue et se jette dans la mer de Toscane ou Thyrrhénienne, près du Castelvolturno. Garibaldi, soutenu par l'armée piémontaise, y défit, en 1860, les troupes de François II, roi de Naples.

EXPRESSIONS DES VOLUMES DES PRINCIPAUX CORPS RÉGULIERS

SOLIDES	EXPRESSION DU VOLUME V	NOTATIONS EMPLOYÉES
Prisme.	$V = B \times H$	B = base. H = hauteur.
Prisme triangulaire tronqué . .	$V = F.\frac{a+b+c}{3}$	F = section normale aux arêtes. a,b,c, longueurs des arêtes.
Pyramide.	$V = \frac{1}{3} B \times H$	B = base. H = hauteur.
Tronc de pyramide.	$V = \frac{h}{3}(F + \sqrt{Ff} + f)$	h = distance des bases. F, f, aires des bases.
Cylindre	$V = \pi r^2 h$	r = rayon de base. h = hauteur.
Cylindre coupé par un plan oblique.	$V = \pi r^2 \frac{h_1 + h_2}{2}$	r = rayon de base. h_1, h_2, génératrices, la plus grande et la plus courte.
Cylindre creux (tuyau cylindrique).	$V = \pi h (R^2 - r^2)$ ou $V = \pi h e (2R - e)$	h = hauteur. R, r, = rayons extérieur et intérieur. e, épaisseur : $e = R - r$.
Cône droit	$V = \frac{1}{3} \pi r^2 h$	h = hauteur. r = rayon de base.
Cône tronqué. . .	$V = \frac{\pi h}{3}(R^2 + Rr + r^2)$	h = hauteur. R, r, rayons des cercles de base.
Sphère.	$V = \frac{4}{3} \pi R^3 = 4,1888\ R^3$ $V = \frac{1}{6} \pi D^3 = 0,5236\ D^3$	R = rayon. D diamètre.
Segment sphérique.	$V = \frac{1}{6} \pi h (3r^2 + h^2)$ $V = \frac{1}{3} \pi h^2 (3R - h)$	r = rayon du cercle de base. R = rayon de la sphère. h = hauteur du segment.
Secteur sphérique.	$V = \frac{2}{3} \pi R^2 h$	R = rayon de la sphère. h = hauteur de la calotte correspondante au secteur.
Zone sphérique. .	$V = \frac{1}{6} \pi h (3a^2 + 3b^2 + h^2)$	a,b, rayons des cercles qui limitent la zone. h = hauteur de la zone.
Ellipsoïde à 3 axes inégaux	$V = \frac{4}{3} \pi abc$	a,b,c, longueur des trois axes.
Ellipsoïde de révolution.	$V = \frac{4}{3} \pi a b^2$	a = longueur de l'axe autour duquel se fait la rotation.
Paraboloïde de révolution	$V = \frac{1}{2} \pi r^2 h$	r = rayon du cercle limite. h = distance du plan limite au sommet.
Paraboloïde tronqué.	$V = \frac{1}{2} \pi (r^2 + r_1^2) h$	r, r_1, rayons des cercles limites. h = distance de ces cercles.
Tines.	$V = \frac{\pi h}{6}[2(ab + a_1 b_1) + ab_1 + ba_1]$	a,b, = axes d'une ellipse de base. a_1, b_1, = axes de l'autre ellipse.
Tonneau	$V = \frac{\pi h}{12}(2D^2 + d^2)$	D = diamètre du bouge (à la bonde). d = diamètre du jable (fond). h = longueur du tonneau.

VOLTZIA (de *Voltz*, nom propre). Genre de plantes fossiles de la famille des Conifères, à feuilles imbriquées accompagnées de feuilles plus longues. On les trouve dans le trias.

***VOLTZINE** (*Voltz*, ingénieur), *sf.* Oxysulfure de zinc, de couleur rosâtre ou jaunâtre, d'un éclat vitreux que l'on trouve à Pontgibaud, dans le Puy-de-Dôme, sous forme de mamelons testacés.

***VOLUBILAIRE** (l. *volubilem*, qui s'enroule), *sf.* Genre d'algues marines, appelé aussi *dictyménie* ou *dictyoménie*.

VOLUBILE (l. *volubilem* : de *volvere*, s'enrouler), *adj. 2 g.* Qui s'enroule en spirale autour des tiges voisines ou d'un support, en parlant des plantes : *Les tiges du houblon sont volubiles.* — **Dér.** *Volubilis, volubilité.* Même famille : *Volume*, etc., *volute*, etc.

VOLUBILIS [vo-lu-bi-lice] (ml. : *volubile*), *sm.* Espèce de liseron de l'Amérique du Sud cultivée dans les jardins, à feuilles en cœur, à grandes fleurs en cloche, pourpres en dedans, blanches et mêlées de violet en dehors.

VOLUBILITÉ (l. *volubilitatem*), *sf.* Facilité de se mouvoir ou d'être mû en rond : *Tourner avec volubilité.* || *Volubilité de langue*, habitude de parler trop et trop vite. — Fig. Prononciation nette et rapide : *Parler avec volubilité.*

***VOLUBLE** (l. *volubilem*), *adj. 2 g.* Qui tourne aisément, en parlant de la langue. || Synonyme peu usité de *volubile*. (V. ce mot.)

***VOLUCELLE** (dm. du l. *volucer*, ailé), *sf.* Genre d'insectes diptères syrphidés : *La volucelle bourdon se loge dans les églantiers dont elle se nourrit.* || Espèce de polatouche. (V. ce mot.)

***VOLUE** (l. *volutum*, fém. *voluta*, enroulé), *adj.* Petite fusée qui porte la tissure et qui tourne dans la navette.

VOLUME (l. *volumen* : de *volvere*, tourner), *sm.* Chez les anciens, livre formé de feuillets enroulés autour d'un petit bâton. || Aujourd'hui livre relié ou broché : *Un ouvrage en trois volumes.* || *Volume in-octavo*, ou *in-8°*, composé de feuilles d'imprimerie pliées en huit. || Grosseur : *Ce paquet fait un gros volume.* || Masse d'eau que roule une rivière, un fleuve : *Le volume de la Seine.* || Intensité de la voix, des sons d'un instrument : *Ce chanteur emplit la salle du volume de sa voix.* || Espace occupé par un corps dans l'espace, abstraction faite de sa masse : *Le volume d'un bloc de pierre.* En géométrie, et dans les sciences qui en dérivent, comme la stéréotomie, on évalue le volume d'un corps solide en fonction de ses principales dimensions. Le tableau ci-contre donne les expressions des volumes des principaux corps réguliers. On a montré aux différents mots *Prisme, Pyramide*, etc., comment se calcule le volume des différents corps géométriques. — Pour les *solides de révolution*, on détermine leur volume en appliquant le « théorème de Guldin » : *Le volume engendré par une figure plane qui tourne autour d'un axe tracé dans son plan sans la traverser a pour mesure l'aire de la figure génératrice multipliée par la circonférence que décrit son centre de gravité.* Pour démontrer ce théorème, considérons d'abord le cas d'un *rectangle* ABCD tournant autour de l'axe OX ; on voit (fig. 1) que le volume v ainsi engendré est la différence des volumes des cylindres engendrés par la rotation de ABPQ et de CDPQ, c'est-à-dire que :

$$v = \pi \overline{AP}^2 \times AB - \pi \overline{CP}^2 . CD$$

ou

$$v = \pi . \overline{PQ} (\overline{AP}^2 - \overline{CP}^2)$$

$$v = \pi . PQ (AP - CP)(AP + CP).$$

En désignant par G le centre de gravité du rectangle (point de rencontre des diagonales), on a évidemment :

$$AP + CP = 2 GK,$$

d'où :

$$v = \pi . PQ . 2 GK . AC = AC . PQ . 2\pi GK$$

ou

$$v = ABCD \times 2\pi GK,$$

ce qui démontre le théorème dans ce cas particulier. — Considérons maintenant le cas d'un *solide engendré par une figure plane* quelconque ABC. En décomposant cette figure, (fig. 2) par des perpendiculaires à l'axe OX, en rectangles, tels que *mnpq*, la somme de ces rectangles a pour limite l'aire de la figure, quand la hauteur *mn* de ces rectangles tend vers zéro. En désignant : par ω l'aire d'un de ces rectangles *mnpq*, par y la distance de son centre de gravité g à l'axe, on pourra écrire que le volume V du solide est la somme des volumes engendrés par tous ces rectangles; d'où :

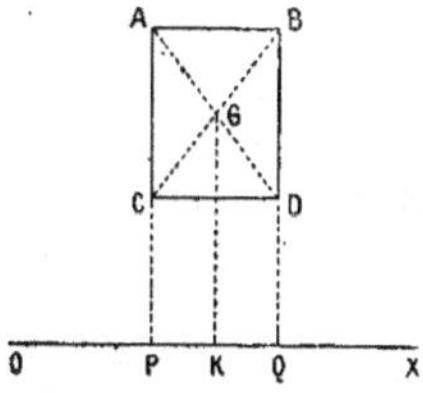

VOLUME
Fig. 1.

$$V = \Sigma \omega 2\pi y = 2\pi \Sigma \omega y.$$

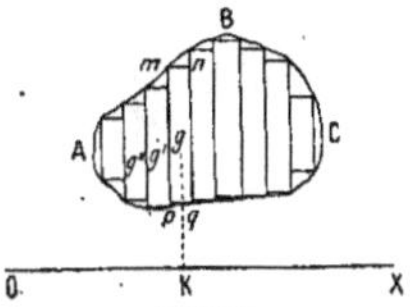

VOLUME
Fig. 2.

Soit Ω l'aire de la figure, Y l'ordonnée de son centre de gravité, on pourra prendre les moments des rectangles et de la figure par rapport à un plan, contenant l'axe et perpendiculaire à celui de la figure, et écrire :

$$\Omega Y = \Sigma \omega y,$$

d'où :

$$V = 2\pi \Omega Y = \Omega . 2\pi Y,$$

ce qui démontre le théorème de Guldin dans le cas général. En appliquant ce théorème à la rotation des *polygones réguliers* autour d'un de leurs côtés, on trouverait les expressions suivantes pour les volumes engendrés :

	Volume en fonction du rayon.	Volume en fonction du côté c.
Triangle.....	$V = \frac{3}{4}\pi R^3 \sqrt{3}$	$V = \frac{1}{4}\pi c^3$
Carré	$2\pi R^3 \sqrt{2}$	πc^3
Pentagone..	$\frac{5}{4} R\pi^3 \sqrt{5+2\sqrt{5}}$;	$\frac{1}{4}\pi c^3(5+2\sqrt{5})$
Hexagone...	$\frac{9}{2}\pi R^3$	$\frac{9}{2} c\pi^3$
Octogone....	$2\pi R^3 \sqrt{4+2\sqrt{2}}$;	$2\pi c^3(3+2\sqrt{2})$
Décagone...	$\frac{5}{2}\pi R^3 \sqrt{5}$;	$\frac{5}{2}\pi c^3(5+2\sqrt{5})$
Dodécagone.	$\frac{3}{2}\pi R^3(\sqrt{6}+\sqrt{2})$;	$3\pi c^3(7+4\sqrt{3})$

Le théorème de Guldin permet également de trouver le volume du *tore*, en supposant que la figure génératrice est un cercle de rayon r, dont le centre est à la distance d de l'axe :

$$V = \pi r^2 . 2\pi d = 2\pi^2 r^2 d.$$

‖ Le nombre de mètres cubes qu'il y a dans un corps, dans un espace creux : *Le volume de cette salle est de 40 mètres cubes.* — **Dér.** *Volumineux, volumineuse.* — **Comp.** *Voluménomètre, volumètre, volumétrique, volumétriquement.*

***VOLUMÉNOMÈTRE** (l. *volumen*, volume + g. μέτρον, mesure), *sm.* Instrument employé pour la détermination des densités des corps pulvérulents attaquables par l'eau et qui est une application des méthodes manométriques. Le *voluménomètre de Regnault* se compose d'un manomètre à mercure MN (fig. 1), muni d'un robinet à trois voies R et présentant sur l'une de ses branches V un renflement b qui communique avec un ballon B par un tube vertical rg à robinet r. Pour déterminer la densité d'un corps, on en met un poids déterminé dans le ballon B et on ferme avec soin la garniture g au moyen d'un collier à gorge. Le but du voluménomètre est de déterminer exactement le volume occupé par le poids connu de matières. A cet effet, le robinet r étant ouvert, on tourne R dans la position 1 de manière que les deux branches du manomètre communiquent entre elles, puis on verse du mercure par la branche r jusqu'à ce que le niveau dans l'autre branche N arrive en face du repère α, placé au-dessus du renflement : le niveau est à ce moment le même dans les deux branches et si l'on ferme le robinet r, on isole dans le ballon un volume d'air $V-x$, à la pression atmosphérique H, en désignant par V le volume du ballon et du tube jusqu'en α, et par x le volume du corps pulvérulent. On tourne le robinet dans la position 2 et on laisse écouler du mercure : le niveau s'abaisse graduellement en N et quand il arrive en face du trait β, marqué en dessous du renflement, on replace R dans la position primitive ; le niveau est plus bas en M et on mesure au cathétomètre la différence de niveau h dans les deux branches. La masse d'air, qui occupait précédemment le volume $(V-x)$ à la pression H, occupe donc maintenant le volume $V + v - x$ (v = volume compris entre α et β) à la pression $(H-h)$, d'où, en appliquant la loi de Mariotte :

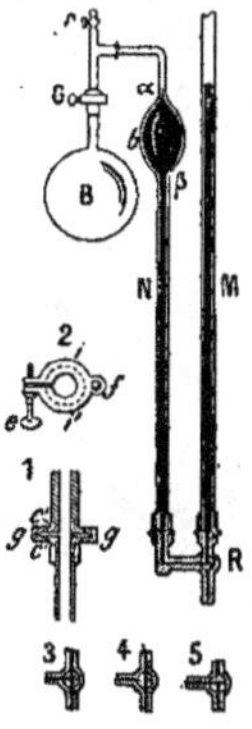

VOLUMÉNOMÈTRE

$$(V-v)\,H = (V+v-x)\,H - h)$$

d'où

$$x = V - v\,\frac{(H-h)}{h}$$

Quant à la détermination des volumes V et v, elle se fait par deux opérations préalables : 1° on jauge le volume $\alpha\,\beta$, ou v, par le poids du mercure qui l'occupe ; 2° on déduit V de v, en faisant la même série d'opérations que précédemment, sans mettre aucun corps dans le ballon ($x = 0$), ce qui conduit à une équation de la forme : $VH = (V+v)(H-h_1)$;

d'où

$$V = v\,\frac{H-h_1}{h_1}.$$

Connaissant V et v, on aura x, d'où la densité, puisqu'on connaît le poids du corps et son volume. Le voluménomètre de Regnault n'est en réalité qu'une modification d'un appareil plus simple, le *stéréomètre*, qui fut imaginé par le capitaine Say pour l'étude des poudres de guerre.

***VOLUMÈTRE** (*volume* + g. μέτρον, mesure), *sm.* Instrument de physique destiné à mesurer le poids spécifique des liquides d'après le poids du volume de liquide qu'il déplace. C'est un aréomètre, à poids constant, construit d'après le principe suivant : Supposons un cylindre parfaitement régulier qui, à partir d'un trait marqué 100, porte 100 divisions égales correspondant par suite à des capacités égales, et dont la dernière, à la partie inférieure, est le zéro de la graduation. Il est alors évident que si, plongé dans un liquide plus dense que l'eau, il affleure à la division 80, la densité de ce liquide sera $\frac{100}{80}$; et, en général, s'il affleure à la division N, la densité sera de $\frac{100}{N}$. En effet, le liquide en question de densité d pris sous le volume 80, pèse autant que l'eau de densité 1 sous le volume 100 ; quand les poids des deux corps sont les mêmes, les volumes sont en raison inverse des poids spécifiques ; on aura donc $\frac{d}{1} = \frac{100}{80}$, ou, dans le cas général, $d = \frac{100}{N}$. Tel est le principe théorique de la construction des volumètres qu'on distingue en deux classes : 1° *Volumètres pour les liquides plus denses que l'eau* (acides, sels, sirops, etc.). Leur forme est celle d'un aréomètre ordinaire (fig. 1) dont la tige doit être aussi cylindrique que possible. Quant à la graduation, elle exige deux opérations : 1° Une immersion dans l'eau ; on marque 100 au point d'affleurement qui doit être à la partie supérieure de la tige. 2° Une immersion dans un liquide de densité connue, 1,25 par exemple. Pour savoir le numéro de la graduation N qu'il faut mettre à ce nouveau point d'affleurement, il suffit, dans la formule $d = \frac{0}{-}$, de faire $d = 1{,}25$ et on a $N = 80$. Il suffit alors d'inscrire ce nombre au point d'affleurement, et, après avoir divisé en 20 parties égales l'intervalle 100 à 80 de la tige, de prolonger la graduation jusqu'à la partie inférieure. Le volumètre étant ainsi construit, la densité d'un liquide quelconque s'obtiendra en divisant 100 par le numéro d'affleurement dans ce liquide. 2° *Volumètres pour les liquides moins denses que l'eau* (pèse-esprit, pèse-éther, pèse-bière, etc.). — La méthode de graduation est la même. Mais le point 100, qui représente l'affleurement dans l'eau, doit être au bas de la tige : on détermine aussi l'affleurement 125 correspondant à un liquide de densité d connue, par exemple $d = 0{,}80$, d'où $N = \frac{100}{0{,}80} = 125$. On divise l'intervalle 100-125 en 25 parties égales et l'on prolonge les divisions jusqu'au haut de la tige (fig. 2).

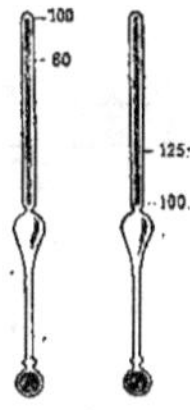

VOLUMÈTRE

VOLUMÉTRIQUE (l. *volumen*, volume + μέτρον, mesure), *adj. 2 g.* Se dit d'une méthode d'analyse chimique quantitative, qui se pratique au moyen de liqueurs titrées.

***VOLUMÉTRIQUEMENT** (*volumétrique* + sfx. *ment*), *adv.* Suivant les règles volumétriques.

VOLUMINEUX, EUSE (l. *voluminosum*), *adj.* Partagé en un grand nombre de volumes : *Une histoire volumineuse.* ‖ Qui occupe beaucoup de place : *Paquet volumineux.*

VOLUMNIE (v° siècle av. J.-C.), dame romaine, épouse de Coriolan. La légende rapporte que, celui-ci étant venu assiéger Rome, sa patrie, elle alla le trouver dans son camp, et, joignant ses supplications à celles de Véturie, sa belle-mère, elle obtint de son mari qu'il lèverait le siège de la ville.

VOLUPTÉ (l. *voluptatem*), *sf.* Tout plaisir des sens : *Savourer un mets avec volupté.* ‖ Plaisir de l'esprit : *Les voluptés de l'étude.* — **Dér.** *Voluptuaire, voluptuairement, voluptueux, voluptueuse, voluptueusement.*

VOLUPTUAIRE (l. *voluptuarem*), *adj. 2 g.* Consacré à des embellissements de luxe ou de fantaisie : *Dépenses voluptuaires.* (Dr.)

VOLUPTUEUSEMENT (*voluptueuse* + sfx. *ment*), *adv.* Avec volupté.

VOLUPTUEUX, EUSE (l. *voluptuosum*), *adj.* Qui fait éprouver un sentiment de volupté : *Repas voluptueux.* ‖ Qui exprime la volupté : *Peinture voluptueuse.* ‖ Qui aime et qui cherche la volupté : *Homme voluptueux.* — S. Personne qui se plaît dans la volupté.

***VOLUPTUOSITÉ** (l. *voluptuosum*, voluptueux), *sf.* Nature de ce qui est voluptueux.

VOLUSIEN (III° siècle), fils de l'empereur Gallus, associé par celui-ci à l'empire et massacré avec lui en 253.

VOLUTE (l. *voluta* : *volutus*, roulé), *sf.* Ornement d'architecture en forme de spirale qui décore les chapiteaux ionien, corinthien ou composite. La volute n'est pas, à proprement parler, une courbe géométrique ; elle est formée par plusieurs arcs de cercle se raccordant entre eux. Voici la manière d'obtenir son tracé : Soit O (fig. 1) le centre de la volute et A son point de départ, situé sur une droite verticale OA. On partage cette droite OA en neuf parties égales. On porte la longueur de l'une de ces parties sur la ligne OA, de O en B, et avec O pour centre et OB pour rayon, on décrit une circonférence qui est l'*œil de la volute*. On prolonge OB jusqu'en D. Puis, par le milieu O de BD, on mène la droite CE perpendiculaire à BD. On mène ensuite les cordes DE, EB, BC et CD, que l'on partage chacune en deux parties égales aux points 1, 2, 3, 4. On joint aussi les points 1 et 3 et 2 et 4, et l'on divise les quatre lignes O1, O2, O3 et O4 chacune en trois parties égales, et l'on numérote les points de division ainsi obtenus en tournant autour du point O dans le sens indiqué par 1, 2, 3, 4. On a, de la sorte, les points, 5, 6, 7, 8, 9, 10, 11, 12. On joint ensuite, par des lignes droites, ces points deux à deux et l'on prolonge ces lignes indéfiniment. On a, de la sorte, trois séries de droites : 1,2; 5,6; 9,10; 2,3, 6,7, 10,11; 3,4; 7, 8; 11, 12; 4,5; 8,9. Cela fait, on décrit des arcs de cercle : le premier ayant le point 1 pour centre et 1A pour rayon, arc qui s'arrêtera au prolongement de la ligne 1,2; le deuxième avec le point 2 pour centre et la distance qu'il y a du point 2 à celui où le premier arc de cercle coupe la droite 1,2 prolongée. Ce deuxième arc s'arrêtera à la ligne 2,3 prolongée. On continuera le tracé en prenant successivement pour centre des arcs les points 3,4,5, etc., et pour rayons les distances de ces centres aux points où l'arc précédent coupe l'une des lignes 3, 4; 4, 5, etc., jusqu'à ce qu'enfin on ait décrit avec le point 12 pour centre, l'arc, qui vient se raccorder avec l'œil en B. On donne toujours à la volute une certaine épaisseur. Pour déterminer celle-ci, on décrit une seconde volute intérieure à la première et que l'on trace comme suit : On partage l'espace AM en quatre parties égales, et on porte l'une d'elles de A en A' : ce point A' sera le point de départ de la deuxième volute. Puis on divise chacune des distances 1,5; 5,9; 9, O; 2,6; 6,10; 10, O, etc., en trois parties égales, et l'on prend pour centre des arcs de la deuxième volute les premiers points de division 1', 2', 3', 4', 5', 6', 7', etc., que l'on voit nettement sur la figure 2 qui donne le détail de l'œil de la volute. On voit que cette seconde volute, ainsi tracée, se rapproche de plus en plus de la première et finit par se confondre avec elle en B ainsi qu'avec le cercle formant l'œil de la volute. || La partie inférieure du limon d'un escalier formant un enroulement et sur laquelle est posé le pilastre de la rampe en fer. || Genre de mollusques gastéropodes dont la coquille, univalve, a la forme d'un cône contourné en hélice. — **Comp.** *Involuté, involutée.*

VOLUTE

VOLUTA ETHIOPICA

***VOLUTÉ, ÉE** (p. p. de *voluter*), *adj.* Contourné en volute : *Pignons volutés. Coquillage voluté.*

***VOLUTER** (l. *voluture*), *vt.* Enrouler en forme de volute. || Dévider le fil des fusées dans la soierie. — *Vi.* Etre enroulé en volute; former une volute.

VOLVA (l. *volva* ou *vulva*, enveloppe), *sf.* Sorte de sac sans ouverture, très mince, mou, blanc, qui enveloppe complètement beaucoup de champignons dans leur première jeunesse, qui se rompt ensuite en laissant à la base du pied une espèce de gaine : *Le champignon de couche a une volva.* La volva se rompt lors de l'étalement du chapeau et le *collier* ou *anneau* en représente les restes. — **Dér.** *Volvé, volvée, volvacé, volvacée.* Même famille : *Vulve*, etc.

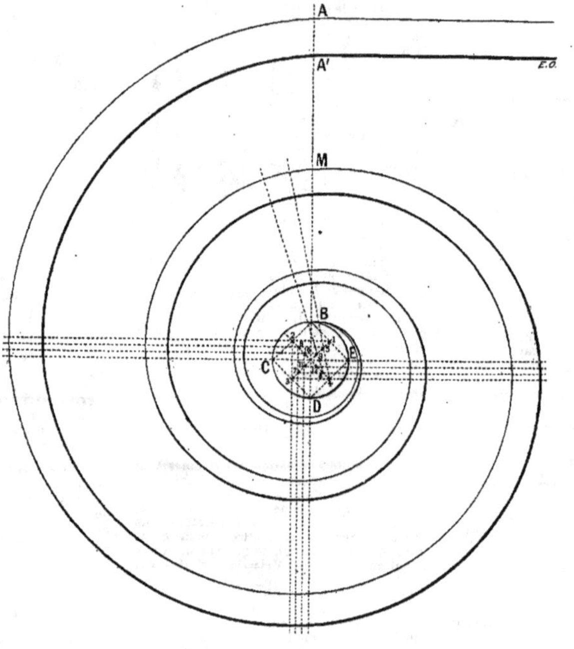

VOLUTE

Fig. 1.

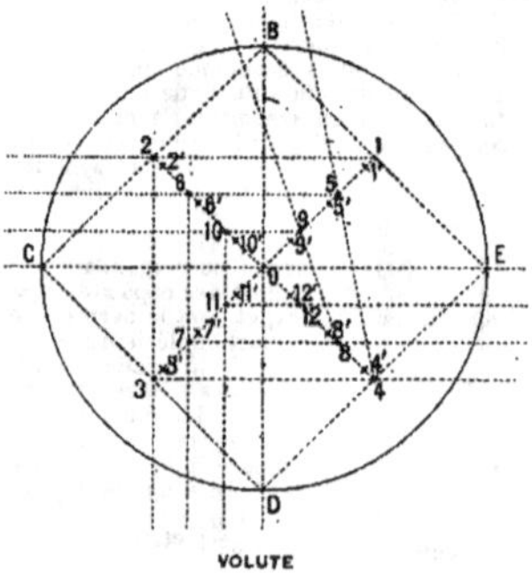

VOLUTE

Fig. 2.

***VOLVACÉ, ÉE** (du l. *volva*, bourse), *adj.* En forme de bourse, de volva.

***VOLVÉ, ÉE** (*volva*), *adj.* Muni d'une volva.

VOLVIC (l. *Volovicum*), 3780 hab., bourg du canton de Riom (Puy-de-Dôme), au pied d'un cône volcanique; école et musée d'architecture. Carrières de laves en exploitation, fournissant la pierre bleuâtre qui sert aux constructions des villes du Puy-de-Dôme ou de la Limagne, ainsi qu'à la confection des trottoirs de Paris. Aux environs, belles ruines féodales du château de Tournoel.

***VOLVOCIEN, IENNE** (*volvox*), *adj.* Qui se rapporte ou ressemble au volvox.

***VOLVOX** ou ***VOLVOCE** (l. *volvox*, chenille de la pyrale), *sm.* Genre d'animalcules infusoires flagellés, de la famille des Volvociens. L'espèce type est le *volvox globuleux* (*volvox globator*), qui se rencontre dans les eaux stagnantes. Les volvox, accolés les uns aux autres, mais unicellulaires, tourbillonnent en masses gélatiniformes arrondies, et se meuvent, en roulant dans l'eau au moyen de leurs deux flagellums, ou tentacules filiformes infiniment petits. — **Dér.** *Volvocien, volvocienne.*

VOLUTZA (MONTS). Chaîne de montagnes formée de plateaux peu élevés qui séparent la Thessalie de la Macédoine.

***VOLVULUS** (du l. *volvere*, rouler), *sm.* Nom donné à l'enchevêtrement d'une anse intestinale qui constitue une des formes de l'occlusion intestinale.

1. **VOMER** [vo-mé-re] (ml. : *soc de charrue*), *sm.* *Os vomer*, petit os impair et symétrique qui constitue la partie postérieure et inférieure de la cloison des fosses nasales. Mince, aplati et quadrilatère; il s'articule en bas avec les os maxillaires supérieurs, les os palatins; en haut avec le sphénoïde, l'ethmoïde et les cornets.

2. ***VOMER** (*vomer* 1), *sm.* Genre de poissons de la famille des Scombéroïdes, comprenant plusieurs espèces vivant dans les diverses mers, et quelques autres à l'état fossile et que l'on rencontre dans les terrains schisteux.

***VOMICINE** (*vomique* 1), *sf.* Autre nom de la brucine.

***VOMI-PURGATIF, IVE** (*vomitif*+*purgatif*), *adj.* et *s.* Qui est à la fois vomitif et purgatif. — *Sm.* **Un vomi-purgatif**, une substance qui fait vomir et qui purge.

1. **VOMIQUE** (l. *vomicum* : de *vomere*, vomir), *adj. f.* *Noix vomique*, la graine ronde et ombiliquée d'un côté du fruit du vomiquier. A très faible dose cette graine est un stomachique puissant. A haute dose, c'est un poison violent qui agit par la strychnine et la brucine qu'il contient. — **Dér.** *Vomicine, vomiquier.*

2. **VOMIQUE** (l. *vomica* : de *vomere*, vomir), *sf.* Amas de pus qui se forme quelquefois dans la poitrine et est évacué par les bronches par une sorte de vomissement.

VOMIQUIER (*vomique* 1), *sm.* Le *strychnos nux vomica*, arbre de la famille des Loganiacées, à branches irrégulières, à feuilles opposées, à fleurs petites, disposées en cymes, qui croît sur la côte de Coromandel et dans les forêts de la Cochinchine, et dont le fruit, de la grosseur d'une orange, a une saveur acide et est comestible. La graine qu'il renferme constitue la *noix vomique*. (V. *Vomique* 1.)

VOMIR (l. *vomere*), *vt*. Rejeter par la bouche et avec effort des matières contenues dans l'estomac : *Vomir son déjeuner*. || *Envie de vomir*, nausées et soulèvement de cœur. — Fig. *Cela fait vomir*, cela est fort dégoûtant. || Rejeter par la bouche des matières qui ne viennent pas de l'estomac : *Vomir du sang, du pus*. || Rejeter au dehors avec violence : *Un volcan vomit des flammes, de la lave*. — Fig. Proférer avec violence : *Vomir des injures*. || *Vomir feu et flamme*, s'emporter violemment en paroles contre quelqu'un. — **Dér**. *Vomissement, vomique* 2, *vomitif, vomitive, vomitoire, vomiturition, vomito*. — **Comp**. *Vomi-purgatif, vomi-purgative*.

VOMISSEMENT (*vomir*), *sm*. Action de vomir. || Matières vomies : *Un vomissement noir*. — Fig. *Retourner à son vomissement*, commettre une faute déjà commise.

VOMITIF, IVE (*vomir*), *adj*. Qui fait vomir : *L'ipécacuanha est une substance vomitive*. — *Sm*. Médicament qui fait vomir : *Administrer un vomitif*. Les vomitifs les plus fréquemment employés sont le tartrate de potasse et d'antimoine connu sous le nom d'*émétique*, le soufre doré d'antimoine ou kermès, le sulfate de zinc, le sulfate de cuivre, le turbith minéral, le tartre stibié, l'apomorphine et, parmi les substances végétales, l'ipécacuanha.

***VOMITO** ou ***VOMITO NEGRO** (mot esp.), *sm*. La fièvre jaune, caractérisée par des vomissements noirs.

VOMITOIRE (l. *vomitorium*), *sm*. Large

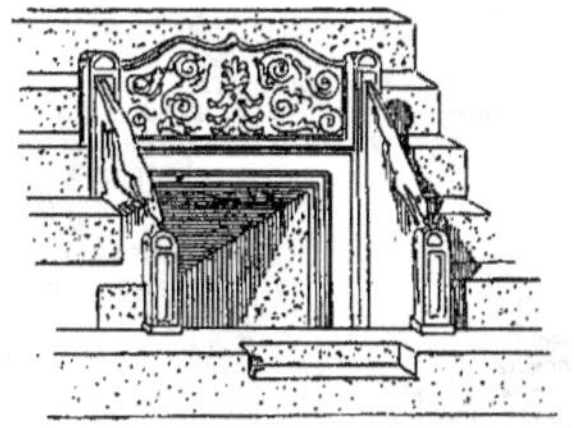

VOMITOIRE DU COLISÉE

(ROME)

issue par où les Romains sortaient de leurs théâtres à la fin du spectacle.

***VOMITURITION** (l. *vomiturire*, avoir envie de vomir), *sf*. Vomissement fréquent, mais peu pénible, peu abondant.

VONCK (François) (1735-1792), avocat et homme politique belge qui fut l'un des premiers à s'opposer aux réformes introduites par Joseph II dans la situation politique de la Belgique. Mis à la tête du comité d'opposition, il vit plus tard la cause démocratique trahie par son agent général, Van der Noot, qui était passé dans le camp de l'aristocratie. Ce dernier ayant enfin triomphé, Vonck dut se réfugier à Lille. Rentré à Bruxelles en 1791, il mourut l'année suivante.

VONGES, 320 hab. Commune de la Côte-d'Or, sur la Bèze. Poudrerie nationale.

VONNE, 54 kilom. Rivière du département des Deux-Sèvres, affluent du Clain.

***VONTACA** (mot hindou), *sm*. Grand arbre du Bengale, à rameaux nombreux et épineux, et à fruits comestibles, entourés d'une double enveloppe, l'une mince et verdâtre, l'autre dure, ligneuse, presque osseuse. Les feuilles et les fleurs du vontaca exhalent une odeur agréable. On appelle le fruit *coing du Bengale*. En médecine, on emploie le fruit contre les cours de ventre.

VOORNE, 28 000 hab. Ile de la province de la Hollande Méridionale (Pays-Bas) à l'embouchure de la Meuse; chef-lieu *Briel*.

VORACE (l. *voracem* : de *vorare*, dévorer), *adj*. 2 *g*. Qui dévore, qui mange avec avidité : *Homme vorace*. || *Estomac vorace*, qui a besoin de beaucoup de nourriture. — **Dér**. *Voracité*. — **Comp**. *Dévorer*.

VORACITÉ (l. *voracitatem*), *sf*. Avidité à manger : *La voracité des loups*. — Fig. Recherche avide d'une chose quelconque : *La voracité pour l'argent*.

VORARLBERG, 107 373 hab., 2 528 kilom. carrés, un des quatre cercles du Tyrol autrichien entre la Bavière et le lac de Constance au N., le canton suisse de Saint-Gall et la principauté de Lichtenstein à l'O., le canton des Grisons et le cercle d'Insbruck à l'E.; ch.-l. *Bregens* (3 600 hab.). Les Alpes du Vorarlberg traversent le pays (*Rothe-Wand*, 2 661 mètres; *Widder-Stein*, 2 494 mètres), dont les principaux cours d'eau sont l'*Aach*, le *Lech*, l'*Ill*, le *Fussach*, et l'*Iller*. Le pays renferme de grandes forêts et produit des vins estimés.

***VORDE** (*x*), *sf*. Nom du saule marsault.

VORDERNBERG, 3 012 hab., ville de Styrie (Autriche-Hongrie). Mines et usines à fer qui produisent un métal renommé pour sa pureté.

VOREY, 2 191 hab. Ch.-l. de c., arr. du Puy (Haute-Loire), sur la Loire; ch. de fer P.-L.-M.

***VORGE** (*x*), *sf*. Nom du *saule de rivière*, à rameaux effilés, à feuilles lancéolées.

***VORGINE** (*vorge*), *sf*. Pousse ou jeune rameau effilé des vorges. || Lieu planté de vorges.

VORONÈJE (gouvernement de), 2 millions d'hab., 66 483 kilom. carrés. Division administrative de la Russie, divisée en 13 districts. C'est un pays généralement uni, riche en bois, pâturages et céréales. Tous ses cours d'eau appartiennent au bassin du Don.

VORONTZOF. (V. *Worontzof*.)

***VORTEX** (ml. : *tourbillon*), *sm*. Tout ce qui figure un tourbillon. — **Dér**. *Vorticelle*.

***VORTICELLE** (l. *vorticella*, dm. de *vortex*, tourbillon), *sf*. Genre d'animalcules infusoires microscopiques dont le corps, transparent, se compose d'un pied ou pédoncule surmonté d'un entonnoir à bords renversés et garnis de cils dont les mouvements, au sein d'un liquide, amènent les aliments vers la bouche située dans l'épaisseur du bord. Les *vorticelles* vivent dans l'eau de mer, dans celle des marais, dans les infusions végétales ou animales. — **Gr**. Certains naturalistes ont fait à tort *vorticelle* du genre masculin.

VOS (vx fr. *voz* : du l. *vester*, dérivé de *vos*, vous), *adj. poss. pl.* 2 *g*. désignant plusieurs objets possédés et plusieurs possesseurs de la 2e *pers*., sauf le cas où l'on ne tutoie pas, dans lequel il n'indique qu'un seul possesseur : *Vos champs. Vos maisons*.

VOS (Martin de) (1519-1604), peintre flamand, élève du Tintoret. Parmi ses œuvres, on remarque : les *Noces de Cana*, *Saint Thomas l'incrédule*, *Saint Paul piqué par une vipère dans l'île de Mitylène*; ce dernier tableau est au Louvre.

VOSGES (l. *Vogesus mons*), chaîne de montagnes de l'Est de la France. Elle se dresse au N. de la trouée de Belfort, qui la sépare du Jura : elle acquiert de suite une altitude considérable, et se dirige du S. au N., parallèlement au Rhin, jusqu'au coude que forme le fleuve à Mayence. Son maximum d'épaisseur se présente au S., et varie de 60 à 70 kilom. Sur certains points les Vosges présentent une succession de dômes arrondis nommés *ballons*, dénudés ou gazonnés, réunis par des crêtes ou des plateaux couverts de forêts de sapins et de hêtres. On peut diviser la chaîne des Vosges en trois parties au point de vue de l'élévation : la première, depuis le ballon d'Alsace jusqu'à Saverne, forme les *hautes Vosges*; la seconde, de Saverne à Bitche, porte le nom de *basses Vosges*; la troisième s'étend jusqu'aux environs de Mayence, sous le nom de *Hardt*. Le soulèvement des Ballons se soude aux Vosges à la borne terminale du ballon d'Alsace.

Hautes Vosges. — Immédiatement au-dessus de Belfort et du col de Valdieu (353 mètres) s'élèvent les massifs du ballon de Servance (1189 mètres), du ballon d'Alsace (1 250 mètres) et du Barenkopf (1 077 mètres). La crête se dirige vers le N. avec une élévation toujours supérieure à 1 000 mètres : Gresson (1 249 mètres), Drumont (1 226 mètres), Grand Ventron (1 209 mètres), Rothenbach (1 319 mètres). A l'Est, les Vosges envoient des rameaux courts, mais élevés et couverts de forêts : Rossberg (1 196 mètres), ballon de Guebwiller, point culminant de la chaîne (1 428 mètres). A l'O. les rameaux sont plus étendus et moins boisés.

Chaîne des Ballons. — Elle ferme au S. la vallée de la haute Moselle et forme une crête continue jusqu'à Remiremont; au delà elle se prolonge jusqu'à Epinal, sur la Moselle, et se termine par des pentes très raides, tandis qu'au S. elle se détache de longs contreforts le long de la Saône. La chaîne des Ballons est traversée par des routes importantes au point de vue militaire : 1° de Saint-Maurice à Belfort par les Chaumes du ballon d'Alsace et Giromagny; 2° du Thillot à Lure; 3° de Rupt à Luxeuil; 4° de Remiremont à Xertigny et à Saint-Loup, par Plombières et le Val-d'Ajol. Les vallées de la Moselle et de la Moselotte sont séparées par un contrefort que traverse, au col du Ménil, la route du Thillot à Cornimont. Le contrefort qui s'étend entre les sources de la Moselotte et de la Vologne constitue une forteresse naturelle remarquable; il est traversé par les routes de Cornimont à Gérardmer par la Bresse, de Remiremont à Gérardmer, du Tholy à Docelle sur la Vologne. Une autre route doublée d'un chemin de fer suit la vallée de la Vologne. La grande route qui remonte la Moselle franchit la crête au col de Bussang (734 mètres) et atteint la Thür à Wesserling. Les cols d'Oderen (885 mètres) et de Bramont (750 mètres) livrent aussi passage à des chemins carrossables qui font communiquer les vallées de la Moselle et de la Thür par celle de la Moselotte.

Hautes Chaumes. — Au N. du Rothenbach, les hauteurs portent le nom de *hautes Chaumes* (Hohneck, 1 366 mètres). Une route qui emprunte le col de la Schlücht fait communiquer Gérardmer, sur la Vologne, avec Münster, sur la Fecht. La crête qui se maintient à une altitude de 1 300 mètres jusqu'au col du Bonhomme (949 mètres), diminue de hauteur jusqu'au Climont (974 mètres) et jusqu'au col de Saales (sources de la Brüche, 561 mètres) : elle se relève jusqu'au Donon (1 013 mètres) et au Prancey (1 012 mètres). Sur le versant alsacien, les vallées des cours d'eau sont encaissées entre des rameaux courts et élevés. Le massif boisé du Champ-du-Feu (1 095 mètres) sépare la plaine de l'Alsace de la haute vallée de la Brüche. Entre le Hohneck et le Donon, les contreforts sont peu élevés. De nombreuses routes mettent en communication l'Alsace avec la vallée de la Meurthe qui est parallèle à la crête des Vosges; la route du col du Bonhomme (949 mètres) relie Saint-Dié à Colmar; celle du col de Sainte-Marie-aux-Mines (780 mètres) joint Saint-Dié à Sainte-Marie-aux-Mines et envoie deux bifurcations sur Ribeauvillé et Schlestadt. La route, parallèle à la crête, suit le pied du versant occidental : elle réunit Saint-Maurice, le Thillot, Cornimont, la Bresse, Gérardmer, le Valtin, Fraize, la Croix-aux-Mines et Laveline. Une grande route, de Saint-Dié à Saales, descend toute la vallée de la Brüche jusqu'à Strasbourg et Mutzig. Des embranchements relient Provenchères et Villé, Bourg, Brüche, Villé et Schlestadt, Saales, Raon-l'Etape et Senones, Fouday et Barr. La route du Donon, de Schirmeck à Raon-l'Etape, suit la vallée de Celles; d'autres conduisent de Sarrebourg à Schirmeck par la vallée de Saint-Quirin, et de Sarrebourg à Wasselonne.

Basses Vosges. — Au N. de la dépression de Saverne, les Vosges s'abaissent jusqu'à 500 mètres et la crête est peu marquée. Les basses Vosges forment un plateau entre les vallées du Rhin et de la Sarre. Le canal de la Marne au Rhin et la ligne ferrée de Paris à Strasbourg franchissent les Vosges par deux tunnels au village d'Arschwiller et suivent ensuite la vallée de la Zorn; une route passe par Phalsbourg et rejoint le canal à Saverne; de là, elle se dirige sur Strasbourg par Wasselonne. De nombreuses routes traversent les basses Vosges de Sarre-Union à Neuviller, à Bouxwiller et à Ingwiller par la Petite-Pierre (379 mètres), de Saar-Union à Ingwiller par le Puberg, de

Sarreguemines à Ingwiller et Haguenau par le Kœsberg (400 mètres), de Leinberg à Linswiller par Mouterhausen, de Bitche à Niederbronn et à Wissembourg par Obersteinbach.

Hardt. — Au N. de l'ancienne frontière commence le *Hardt*, dont l'altitude varie de 500 à 600 mètres (Eschtropf, 612 mètres). Pirmasens et Kaiserslautern marquent deux dépressions qui ont joué un grand rôle dans les nombreuses campagnes dont cette région a été le théâtre. Pirmasens est relié par des routes à Deux-Ponts, Landau, Bergzabern, Wissembourg. De Kaiserslautern partent huit ou neuf routes vers Neustadt, Dürkheim, Grünstadt, Mayence, Hombourg et Pirmasens. La ligne ferrée de Hombourg à Neustadt franchit le Hardt au col de Frankenstein. Au N.-E. de Kaiserslautern, le Hardt s'abaisse pour se relever ensuite au massif du mont Tonnerre (700 mètres), qui marque l'extrémité du soulèvement des Vosges. Plus au N., on ne rencontre plus que de faibles collines de molasse. Le plateau d'Alzey s'élève au N. du mont Tonnerre ; il est très fertile et sillonné par de nombreuses voies de communication. (Pour les cours d'eau qui descendent des Vosges, V. *Vosges [département des]*.) Les terrains primitifs, le granit, le gneiss et la syénite dominent dans la partie méridionale des Vosges, où les sommets sont arrondis en forme de ballons d'une altitude de 800 à 1 426 mètres (ballon de Guebwiller). Ces terrains occupent une surface elliptique dont le grand axe est dirigé au N.-S. de Giromagny à Phalsbourg. Les masses de terrain primitif comprennent une grande variété de roches granitiques, porphyriques et trappéennes. On rencontre près de Remiremont des granites à pavés analogues à ceux de Limoges et de Guéret (granite à grain fin). On observe encore des porphyres granitoïdes (ou microgranites); les porphyres pétrosiliceux, alliés au grès rouge ou au grès bigarré, se rencontrent au Val-d'Ajol ; la minette est une syénite très micacée, agrégat d'orthose et de mica brun, qui est très développée dans les Vosges; son nom vient de son association habituelle avec la *mine de fer* (Framont). Les terrains anciens des Vosges sont parcourus par de nombreux filons, qui contiennent de l'oligiste avec du quartz et de la fluorine : à ce système appartiennent les minerais de Framont et du Val-d'Ajol : on peut les rapporter à l'époque du grès rouge ou à celle du trias. A Clefcy, les diorites micacées apparaissent en quelques points. Le cipolin s'observe dans le gneiss des Vosges au Chippal, près de Fraize, et à Laveline, aux environs de Saint-Dié. On trouve le système dévonien dans les Vosges, sous la forme de schistes gris et de schistes bréchiformes à encrines. Aux environs de Schirmeck, de Vachenbach et de Darembach, les calcaires cristallins doivent être rapportés à l'étage des marbres griottes dévoniens. Sur le pourtour des Vosges s'étendent de petits bassins houillers : 1° le groupe de Saint-Hippolyte et de Villé entre le Champ-du-Feu et les montagnes de Sainte-Marie-aux-Mines; 2° celui de Ronchamp et de Roppe, situé au S. de la ligne des Ballons. L'étage anthracifère vosgien se présente sous la forme d'une grauwacke brun jaunâtre ou verdâtre, affleurant surtout au voisinage du ballon d'Alsace. A la même formation se rattachent les schistes de Plancher-les-Mines. L'épaisseur des gisements houillers des Vosges varie de 100 à 200 mètres. Le petit bassin de Saint-Hippolyte et de Roderen superposé au granite, représente la deuxième phase de végétation (couches inférieures du terrain houiller franco-belge). Les bassins de Ronchamp et de Roppe, qui ont pour base les schistes anciens, correspondent au terrain de Rive-de-Gier et à la base du système de Saint-Etienne. Le permien des Vosges comprend, à la partie inférieure, des cuvettes de grès et de conglomérats feldspathiques (Saint-Dié, Laveline), à éléments grossiers et bréchiformes. Au grès rouge sont associés les argilolites (tufs argileux), de teintes diverses, offrant à Faymont, par exemple, une flore fossile analogue à celle de l'Autunois. Les assises triasiques occupent, dans les Vosges, une place importante. On y distingue le grès des Vosges et le grès bigarré proprement dit. Le grès des Vosges est immédiatement superposé au grès rouge permien ; ses grains grossiers ont pour ciment du peroxyde de fer, qui donne à la masse une couleur rouge-brique. Le grès des Vosges atteint 500 mètres de puissance à Raon-l'Etape, et 370 à hauteur de Nancy. Près d'Epinal, il se réduit à une assise de poudingue, de 15 à 20 mètres. Le grès bigarré ou à *voltzia* possède une épaisseur de 60 à 100 mètres, il comprend des marnes schisteuses, des grès micacés. A Soultz-les-Bains, à Fontenoy, à Plombières, ces assises sont fossilifères. A Ruaux, près de Plombières, et à Luxeuil, on trouve, ainsi qu'à Dompiail, un grès ocreux, à *equisetum*, surmonté d'un autre grès à fossiles marins appartenant à la faune du muschelkalk. Le muschelkalk de la région vosgienne est un calcaire compact. On y observe des assises de dolomie et des bancs de silex et d'agate. Ces assises ont une grande épaisseur; les marnes grises avec lits de calcaires compacts à cératites (100 mètres).

Sur la lisière des Vosges et de la Haute-Marne, le bajocien se montre en assises peu puissantes (30 mètres) de calcaires à entroques et de calcaires à polypiers.

Les cours d'eau qui descendent des Vosges se jettent surtout dans le Rhin ; ce sont : 1° la *Moder*, qui reçoit la *Zorn*, grossie des deux *Zintzel;* 2° la *Sauer;* 3° la *Lauter;* 4° la *Queich;* 5° le *Speyerbach*, 6° la *Pfrimm;* 7° la *Selz*, qui vient du mont *Tonnerre;* 8° la *Moselle*, qui reçoit à droite la *Moselotte*, la *Vologne*, la *Meurthe* (grossie de la Mortagne, de la Vezouse et du Sanon), la *Seille*, la *Sarre;* à gauche, le *Madon*, le *Rupt de Madt*, l'*Orne*. Pour les défenses militaires des Vosges (V. *Vosges [département des]*).

VOSGES (DÉPART. DES), 406 862 hab., 586 500 hectares (V. carte, p. 772). Département français de la région E., formé en 1790 de divers pays appartenant à la Lorraine en grande partie, à la Champagne et à la Franche-Comté. Il est traversé par le 4e degré de longitude E. qui passe à 12 kilomètres d'Épinal, et par le 48e degré de latitude N. Il est compris entre les 3e et 5e degrés de longitude E., et entre les 48e et 49e degrés de latitude N. Il est borné : à l'E., par l'Alsace-Lorraine; au N., par le département de Meurthe-et-Moselle; au N.-O., par celui de la Meuse; à l'O., par la Haute-Marne; au S., par la Haute-Saône. Sa longueur, de l'E. à l'O., est de 130 kilomètres environ, à la hauteur de Neufchâteau, et de 80 kilomètres à la hauteur de Remiremont. Sa largeur, du N. au S., varie entre 70 kilomètres (par Raon-l'Étape), et 40 kilomètres (par Mirecourt). Le département des Vosges a une physionomie différente, à l'E., où la région est montagneuse (chaîne des Vosges), et à l'O., où ce ne sont guère que des collines et des plateaux (monts Faucilles). On sait que les Vosges (V. ce mot) sont les montagnes les plus belles et les mieux boisées de l'E. : ce sont elles aussi qui possèdent les cimes les plus élevées dans le département, car les *monts Faucilles* atteignent rarement 500 mètres. Les Faucilles ne sont que des collines, étendues en plateaux, importantes toutefois, car elles appartiennent à la ligne de partage des eaux de l'Europe entre l'océan Atlantique et la mer Méditerranée. Elles donnent naissance ainsi : d'une part à la Moselle et à la Meuse, et, d'autre part, à la Saône. Leurs principaux sommets sont, en allant des frontières de la Haute-Marne à la vallée de la Moselle : le mont des Fourches (504 mètres); le mont qui s'élève au S. de Xertigny (590 mètres); et le Parmont ou mont de Laino (613 mètres), au S.-O. de Remiremont. Au point de vue géologique, on trouve surtout dans ces collines des roches triasiques, notamment dans l'arrondissement de Mirecourt et un peu dans ceux d'Épinal et de Remiremont. Le calcaire n'apparaît guère que dans ceux de Neufchâteau et de Mirecourt (sauf le canton de Lamarche).

Trois bassins se partagent inégalement le territoire des Vosges : le bassin du *Rhin* comprend, avec celui de la *Meuse*, tout l'arrondissement de Saint-Dié et la plus grande partie de ceux d'Epinal, de Remiremont, de Mirecourt et de Neufchâteau, soit environ 490 000 hect., ou près des 84 centièmes de tout le département. Le Rhin ne touche pas le département des Vosges, que sillonnent ses deux principaux affluents, la Moselle et la Meuse. La source de la *Moselle* est dans la chaîne de Vosges, près du ballon d'Alsace, et du col de Bussang, à 725 mètres au-dessus du niveau de la mer. Cette rivière descend alors avec un cours rapide, à Bussang, Saint-Maurice, au Thillot, à Ramonchamp, Rupt et Remiremont, où elle quitte ses gorges supérieures. Elle baigne ensuite Saint-Nabord, puis, après avoir reçu la *Vologne*, Archettes, où elle entre dans de nouvelles gorges jusqu'à Épinal, Châtel et Cormes. Elle entre enfin en Meurthe-et-Moselle, après un cours de 120 kilomètres environ dans le département des Vosges où coulent en partie quelques-uns de ses affluents : la *Moselotte*, la *Vologne*, la *Niche*, le *Saint-Oger*, le *Durbion* et l'*Avière*, ainsi que quelques tributaires de l'*Euron*, du *Madon*, et de la *Meurthe*.

La *Moselotte* (45 kilom.), affluent de droite, n'est d'abord qu'un ruisseau formé par la source de la *Duchesse*, un peu au N. de la ferme de la Belle-Hutte, sur le Haut-d'Honeck. Quand elle pénètre dans la Moselle, elle est déjà suffisamment agrandie, grâce aux torrents des vallons, dont les eaux forment à Cornimont la cascade de la Queue-Bacion. Ses principaux affluents sont : le *Chajoux*, le ruisseau de *Ventrop*, le *Rupt de Rochesson*, et le *Cleurie* ou *Tholy*.

Plus abondante est la *Vologne*, qui prend aussi ses sources au flanc du Haut-d'Honeck et entre presque aussitôt dans le *lac de Retournemer*, qui a une étendue de 6 hectares, avec 20 à 30 mètres de profondeur, puis dans le *lac de Longemer*, qui a 50 mètres de profondeur sur une étendue de 75 hectares et qui est entouré de montagnes boisées. La Vologne forme ensuite le *Saut des Cuves*, puis elle descend rapidement vers la Moselle par des gorges rocheuses et boisées, et reçoit : la *Jamagne*, qui sort du *lac de Gérardmer*, le plus vaste des Vosges (2 kilomètres de long et 650 mètres de largeur); le *Neuné* et le *Barba*.

Le *Madon* est ensuite le principal affluent de droite de la Moselle. Il sort des monts Faucilles, près de Vioménil, et son cours sinueux prend une direction du S. au N., en arrosant de nombreux villages, puis Mirecourt, et entre en Meurthe-et-Moselle après un cours de 60 kilomètres sur lequel il reçoit les eaux de l'*Illon*, de la *Gitte* et du *Collon*, tous trois sur la rive droite.

La *Meurthe* est une rivière, longue de 160 kilomètres, large en moyenne de 80 mètres, qui se forme près d'Arnould, par la rencontre de deux petites rivières, issues du versant occidental des Vosges. Elle coule presque parallèlement à la Moselle, dont elle se rapproche sans cesse avant de lui verser ses eaux. Grossie par la *Fave*, elle baigne Saint-Dié, puis Raon-l'Étape et sort du département des Vosges après un cours rapide de 60 kilomètres. Sur tout ce trajet, elle reçoit : la *Fave*, le *Taintroué*, le *Rabodeau* (32 kilom.), la *Plaine*. La *Mortagne* (70 kilom.), qui reste pendant 45 à 50 kilomètres dans les Vosges, amène également ses eaux à la Meurthe, qu'elle rejoint près de Lunéville, et celles de ses tributaires : l'*Arentelle* et l'*Embleuvelle*.

La *Meuse* est, avec la Moselle, l'un des plus grands tributaires du Rhin avec lequel elle a diverses embouchures communes nommées les *Bouches de la Meuse*. Née dans le département de la Haute-Marne, à Pouilly, elle entre, après un parcours de 35 à 40 kilomètres, dans le département des Vosges où elle perd une partie de ses eaux dans les fissures du sol, près de Bazoilles. Plus loin, elle reçoit le *Mouzon*, à Neufchâteau, passe à Coussey, à Domrémy et entre dans le département de la Meuse, après avoir coulé une trentaine de kilomètres dans celui des Vosges, du S. au N. Ses affluents vosgiens sont : sur la rive droite, le *Mouzon* (55 kilom.), grossi de l'Auger, et le *Vair* (cours sinueux de 55 kilom.); et sur la rive gauche la *Saônelle*, qui a son embouchure un peu en amont de Coussey.

Une petite portion de l'arrondissement de Remiremont, ainsi que la partie méridionale de ceux d'Épinal, de Mirecourt et de Neufchâteau, appartiennent au bassin du *Rhône*, qui occupe ainsi 90 000 hectares par la Saône et ses affluents. La *Saône* (455 kilom.) n'a que 40 kilomètres dans le département qui possède sa source, située à Vioménil dans une colline des monts Faucilles. Elle baigne Darney et Monthureux, avant de passer sur le territoire de la Haute-Saône, et a pour principaux affluents dans celui des Vosges : l'*Apance* (32 kilom.), née dans le département de la Haute-Marne ; le *Coney* (60 kilom.), grossi du *Cone*, de l'*Aitre*, et du *Bagnerol*, et trois petites rivières du canton de Plombières : la *Semouse*, l'*Angrogne* et la *Combeauté*.

L'étendue occupée par le bassin de la *Seine* est tout à fait insignifiante : c'est à peine 7 000 hectares comprenant quelques communes occidentales du canton de Neufchâteau. Le seul cours d'eau de ce bassin est la *Maldite*, qui vient s'unir à l'*Oignon* pour former l'*Ornain*, affluent de la *Saulx*, qui, elle-même, se jette dans la Marne.

L'altitude assez grande des Vosges et de leurs plateaux, jointe à la direction générale des vallées du N. au S., sont les deux principales influences qui agissent sur le climat *vosgien*, climat froid, qui est peut-être le plus rude de la France avec celui de l'Auvergne et du Limousin. Ainsi, à Épinal (altitude, 326 mètres), la moyenne annuelle des températures est de 9°,6 et l'écart des températures extrêmes est considérable : depuis — 25° en hiver jusqu'à + 36° centigrades en été. Le nombre moyen des jours de gelée est de 86. Les vents dominants sont ceux de l'O. du S.-O. et du N.-E.

Sur 586 500 hectares, on ne compte que 33 000 hectares environ de landes et de terrains incultes : le reste est formé surtout de terres labourables (245 000 hect.), de bois (146 000 hect.), de prairies (81 000 hect.) et de vignes (4 000 hect.). Au point de vue agricole, on doit distinguer deux zones : la *Plaine* et la *Montagne*. C'est dans la *Plaine* que l'on cultive : des céréales en abondance, des

DÉPARTEMENT DES VOSGES

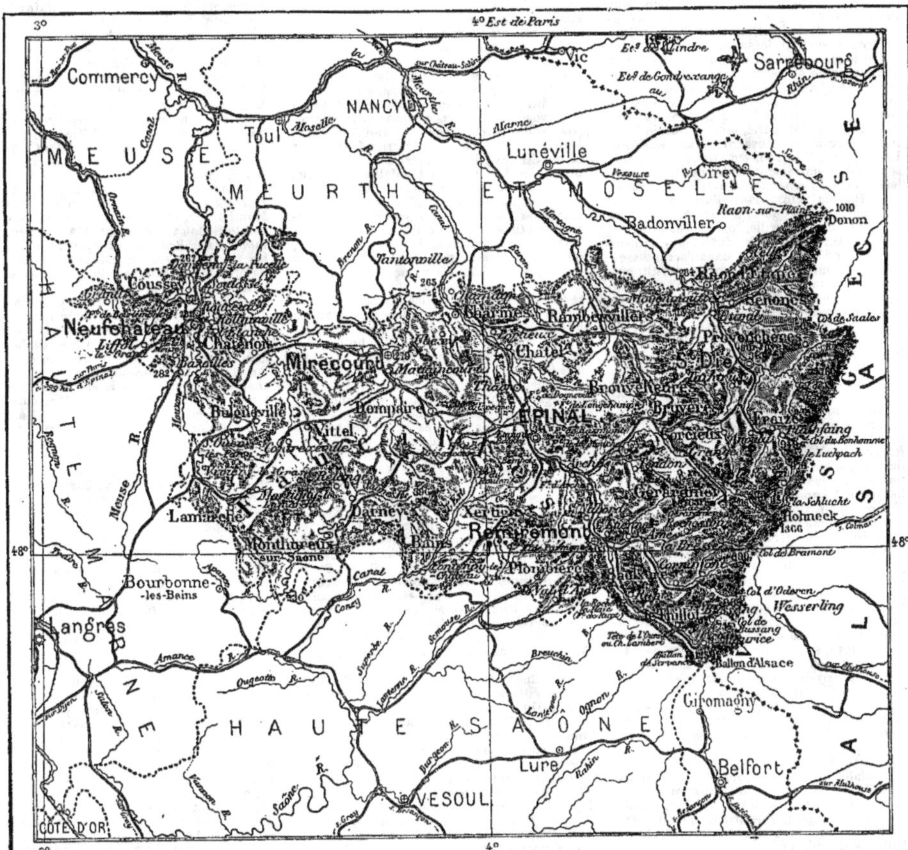

Gravé par R. Hausermann.

Signes conventionnels :

PRÉFECTURE	*Plus de 100 000 hab.*	*De 10 000 à 20 000*	*Place forte. Fort*	*Origine de la navigation*
Sous-Préfecture	*De 50 000 à 100 000*	*De 5 000 à 10 000*	*Frontière*	*Canal*
Canton	*De 30 000 à 50 000*	*De 2 000 à 5 000*	*Limite de Dép^{t}*	*Col*
Commune, Village	*De 20 000 à 30 000*	*Moins de 2 000*	*Chemin de fer*	*Forêts*

Les chiffres expriment en mètres l'altitude au dessus du niveau de la mer.

Échelle (1 millim. pour 900 mètres) 10 5 0 10 20 30 40 50 Kil.

pommes de terre, des betteraves, du chanvre, du lin, du colza, du houblon; c'est là aussi que l'on trouve les vignobles, assez estimés pour leurs vins ordinaires, de Charmes, Gircourt-lès-Viéville, Portieux, Ubexy, Vincey et Xaronval. Enfin, on fabrique dans le pays une grande quantité de kirsch, surtout à Bains, au Clerjus, à Fontenoy-le-Château, à Trémonzey, etc. Les *forêts* couvrent une superficie de 170627 hectares, tant dans la *Plaine* (arrondissements de Neufchâteau et Mirecourt) où dominent le chêne, le hêtre, le charme, le bouleau, le tremble, etc., que dans la *Montagne* (chaîne des Vosges : arrondissements de Saint-Dié et Remiremont) où on trouve surtout le sapin, le hêtre, l'épicéa et le pin sylvestre. Les principales forêts sont celles de Moyenmoutier, du Val-de-Senones, de Champ, de la Vologne, d'Anould, de Raon-l'Etape, de Celles, de Mortagne, de Gérardmer, de Saint-Dié, etc., dans l'arrondissement de Saint-Dié, etc.; celles de Bussang, Cornimont, Fossard, Raon-au-Bois, Remiremont, Ventron, etc., dans l'arrondissement de Remiremont; celles de Rambervillers, Epinal, Ternes, Sainte-Hélène, Bruyères, Padoux, etc., dans l'arrondissement d'Epinal; celles de Darney-Martinvelle, Charmes et Bleurville, dans l'arrondissement de Mirecourt; celles de Neufays, Midrevaux, Grand et Lamarche, dans l'arrondissement de Neufchâteau. Ces forêts constituent une richesse importante du pays, qu'on évalue à près de 7 millions de francs; en même temps, elles sont très giboyeuses et peuplées de sangliers, de chevreuils, de renards, de coqs de bruyère, etc. Les *pâturages* sont surtout relégués sur les sommets des montagnes, trop froids pour être boisés.

Le département offre de grandes richesses minérales : notamment des mines d'argent et de plomb à la *Croix-aux-Mines;* des minerais de cuivre dans les territoires du *Thillot* et de *Saint-Dié;* des minerais de fer à *Rouvres-la-Chétive, Saint-Dié,* etc.; du zinc, du manganèse, du cobalt et de l'antimoine natifs en plusieurs points; des mines de houille à *Gemmelaincourt, Saint-Menge,* et *Norroy*, puis des tourbières assez nombreuses; du marbre à Saint-Dié et la Croix-aux-Mines; du grès vosgien à Châtillon-sur-Saône, Lerrain, Ruaux, Thuillières, etc.; des pierres à bâtir (la Croix-aux-Mines, Raon-l'Etape, etc.); des pierres lithographiques et autres, etc. On peut y ajouter les nombreuses sources minérales, dont les plus renommées sont : celles de *Plombières* (27 sources fournissant par 24 heures 730 mètres cubes d'eau à une température de 11° à 69°), qui conviennent surtout aux rhumatismes, paralysies et certaines affections de la peau; celles de *Contrexéville* (4 sources froides à 11°,5 débitant 2751 hectolitres par 24 heures), usitées dans le traitement de la gravelle et les maladies des voies urinaires; celles de *Vittel* (4 sources de 11° à 18°), employées pour combattre la goutte, la gravelle, les maladies hépatiques, etc.; celles de *Bains* et celles de *Bussang*. On peut citer également les sources de Saint-Vallier, Saint-Menge; Damblain, Destord et Rouvres-la-Chétive (ferrugineuses), Bruyères, Rupt, Liffol-le-Grand, etc.

L'une des principales industries vosgiennes est la *métallurgie*, représentée par un nombre considérable d'usines, dont les plus importantes sont : les forges de Bains, du Clerjus, d'Alangy, de Semouse, etc.; les fonderies de fonte d'Epinal, de Bru, Saint-Dié, Rozières, Baudricourt, etc.; les fonderies de cloches de Robécourt, Urville, Martinvelle et Vrécourt, etc. On peut ajouter, à cette nomenclature, des usines, où l'on fabrique des tôles, fers-blancs, fils de fer, etc.; des tréfileries (la Pipée, Attignéville, etc.); des quincailleries (Faymont, Plombières), etc. Tous ces établissements fournissent par an près de 500 tonnes de fontes, 350 tonnes de fer et 1800 de tôles.

L'*industrie cotonnière*, qui occupe 135000 métiers, n'est pas moins développée : ainsi les filatures de coton de Plainfaing et de Fraize comptent 45000 broches; viennent ensuite celles de Senones (44000), de Remiremont, du Val-d'Ajol, d'Epinal, de Cornimont, de Vagnay, Saulxures, Nomexy, Jarménil, Moussey, Granges, Vecoux, la Croix-aux-Mines, Fresse, la Bresse, etc. Bussang possède une filature de soie. Toutes ces filatures représentent 423730 broches environ. On tisse aussi des calicots à Epinal, Saint-Dié, Provenchères, au Saulcy, au Menil, à Lotraye, au Thillot, à Thiéfosse, à Ventron, Eloyes, Vecoux, etc. On fabrique une quantité considérable de toiles à Docelles, la Bresse, Deycimont, Neufchâteau, le Tholy, Remiremont, Granges et Gérardmer, et des tissus de laine à Rambervillers, Bulgnéville, Neufchâteau, Ameuvelle et Poussay.

La *broderie* est une industrie presque spéciale aux Vosges, car c'est la région de la France où elle est la plus active, en particulier à Plombières, Epinal, Bains, Nomexy, Saint-Dié, Remiremont, Vittel, etc.

Enfin, parmi toutes les nombreuses industries vosgiennes, nous citerons : 216 scieries (Gérardmer, Moyenmoutier, Val-d'Ajol, etc.); l'imagerie d'Epinal; les verreries de Portieux et de Clairey; les papeteries de Clairefontaine, du Souche, de Ranfaing, Baldieu, Docelles, Laval, etc.; des féculeries; des fabriques de sirops de glucose; des blanchisseries, corroiries, brasseries, coutelleries, teintureries, tanneries, etc.

On exporte du grès, des eaux minérales, des fers, tôles et aciers, des fers-blancs, fils de fer, des articles de quincaillerie, des calicots et cotons filés, des broderies et dentelles, de la bonneterie, des bois, des pommes de terre, des fromages (dits *géromés*), du kirsch, etc. On importe des bestiaux, des grains, vins et eaux-de-vie, des huiles, des cotons bruts, des minerais de fer, des articles d'épicerie, modes, bijouterie, librairie et ameublement, enfin de la houille (193800 tonnes), provenant d'Allemagne, de Ronchamp (Haute-Saône) et de Valenciennes.

Seize lignes de chemins de fer (453 kilom.) parcourent le département : 1° La ligne de *Nancy à Gray* passe de Meurthe-et-Moselle dans les Vosges, à 5 kilom. et demi au delà de la station de Charmes. Elle dessert : Charmes (embranchement vers Rambervillers), Nomexy, Châtel, Igney, Thaon, Epinal, Dinozé (embranchement vers Remiremont et Saint-Dié), Dounoux, la Chapelle-aux-Bois et Bains, puis entre dans le département de la Haute-Saône (parcours : 65 kilom.). 2° La ligne d'*Epinal à Neufchâteau par Mirecourt* (79 kilom.), passe à Darnieulle (embranchement vers Pierrefitte et Jussey), Dompaire, Racecourt, Hymont-Mattaincourt (embranchement vers Contrexéville et Damblain), Mirecourt (embranchement vers Nancy), Rouvres-Baudricourt, Gironcourt, Houécourt, Chatenois, Aulnois, Landaville, Certilleux-Villars, et Neufchâteau (lignes vers Bar-le-Duc, Chaumont, Chalindrey et Langres, Toul, Pagny et Commercy). 3° Le chemin de fer de *Nançois-le-Petit à Neufchâteau* (23 kilom.) entre sur le territoire des Vosges après la station de Dainville et y dessert les stations suivantes : Grand-Avranville, Sionne-Midrevaux, Frébécourt et Neufchâteau. 4° La ligne de *Langres à Nancy* (60 kilom.) entre dans les Vosges à 4 kilom. de Merrey et dessert : Damblain, Rozières, Lamarche, Martigny, Contrexéville, Vittel, Hareville, Remoncourt, Bazoilles, Hymont (raccordement avec la ligne 2°), Mirecourt, Poussay, Puzieux et Frenelle-la-Grande. 5° La ligne de *Mirecourt à Toul* se détache de la précédente à Frenelle-la-Grand et entre en Meurthe-et-Moselle après un parcours de 1 kilom. dans le département. 6° Le chemin de fer de *Chaumont, à Pagny par Neufchâteau* (12 kilom.) dessert Liffol-le-Grand, Neufchâteau, Coussey, Domrémy et Maxey-sur-Meuse, en suivant la vallée de la Meuse depuis Neufchâteau. 7° La ligne d'*Epinal à Gérardmer* (54 kilom.) passe à Dinozé (embranchement vers Vesoul), Arches, Jarménil, Docelles, Cheniménil, Deycimont, Lépanges, Laval, Bruyères (embranchement vers Lunéville, Saint-Dié), Laveline, Aumontzey, Granges, Le Kertoff, Kichompré et Gérardmer. 8° La ligne de *Lunéville à Saint-Dié et Fraize* (18 kilom.) entre dans les Vosges un peu avant Raon-l'Etape et dessert ensuite : Etival, Claire-Fontaine, Saint-Michel, Saint-Dié, Saulcy, Saint-Léonard, la Souche, Anould et Fraize. 9° L'embranchement de *Charmes à Rambervillers* (28 kilom.) relie la ligne 1° à Portieux, la Verrère, Moriville, Rehaincourt, Ortoncourt, Moyemont, Romont. 10° La ligne d'*Epinal à Saint-Maurice et Bussang* (41 kilom.) quitte la ligne 7° à 3 kilom. d'Arches et dessert : Pouxeux, Eloyes, Saint-Nabord, Remiremont, Dommartin, Vécoux, Maxonchamp, Rupt, Ferdrupt, Ramonchamp, et le Thillot. 11° La ligne de *Remiremont à Cornimont* (21 kilom.) quitte la précédente à Dommartin et dessert : Saint-Amé, Vagney, Zainvilliers, Thiéfosse, Saulxures et Cornimont. 12° La ligne de *Laveline à Saint-Dié* se détache de la ligne 7° et passe à la Chapelle, Biffontaine, la Houssière, Corcieux-Vanemont, Saint-Léonard (embranchement vers Fraize) et Saulcy. 13° L'embranchement d'*Etival à Senones par Moyenmoutier et Claire-Fontaine* (9 kilom.). 14° L'embranchement d'*Aillevillers à Plombières* (2 kilom.). 15° L'embranchement d'*Aillevillers à Faymont* (7 kilom.) par le Val-d'Ajol. 16° La ligne de *Darnieulles à Jussey* relie la ligne 2° à celle de Chaumont à Vesoul et dessert : Girancourt, Harol, Pierrefitte, Lerrain, Jesonville, Barney, Monthureux, et entre sur le territoire de la Haute-Saône à Passavant. 17° La ligne de *Lunéville à Bruyères et Epinal* entre dans les Vosges près de Magnières, dessert Saint-Maurice, Rambervillers, Autrey, et rejoint à Bruyères la ligne 7°.

Le département des Vosges possède plusieurs positions fortifiées d'une importance considérable au point de vue de la défense des frontières. Ainsi les collines de la rive gauche de la Meuse sont dominées par le fort d'arrêt de Bourlémont, à l'O. de Neufchâteau. Toute une barrière fortifiée a été créée entre Epinal et la frontière suisse et se divise en deux parties : l'une, comprise entre Epinal et le ballon d'Alsace, défend les routes qui donnent accès de la vallée de la Moselle dans celle de la Saône; l'autre, comprise entre le ballon d'Alsace et Saint-Hippolyte sur le Doubs, barre les routes venant d'Alsace en France, au S. des Vosges. Cette barrière de forts doit permettre à nos armées de se concentrer, en arrière, en toute sécurité. Les ouvrages qui lui appartiennent sont : sur la rive droite de la Moselle : les forts de Dogneville et de Longchamp, les batteries de la Voivre et des Adelphes; les forts du Razimont et de la Mouche; et sur la rive gauche : les forts du Bambois, du Roulon, de Girancourt et d'Uxegney, les ouvrages des Friches et de Ticha, les batteries de Sanchey et de la Grande-Haye, et le réduit de Bois-l'Abbé. Enfin, la vallée de la haute Moselle, limitée au S. par une crête continue depuis le ballon d'Alsace jusqu'à Epinal, est maîtrisée par des forts d'arrêt construits en 1875 à Arches, Remiremont, Rupt (773 mètres), Château-Lambert (758 mètres) et par l'ouvrage du Ballon-de-Servance (1189 mètres), qui domine tout le pays et la route du ballon d'Alsace.

Le chiffre de la population moyenne du département est de 70 habitants par kilomètre carré, tandis que celui de la France entière est de 72.

Les Vosges ne comprennent pas actuellement le même territoire qu'elles comprenaient avant la guerre de 1870-1871; car, malgré les protestations des Vosgiens et la renommée brillante que s'étaient acquise les corps d'*éclaireurs des Vosges*, les Allemands ont exigé la cession du canton de Schirmeck et une partie de celui de Vaales, afin de pouvoir tourner plus facilement la masse principale des Vosges.

Le département des Vosges forme le diocèse de Saint-Dié (suffragant de Besançon) et ressortit au 6e corps d'armée (Châlons-sur-Marne), à la cour d'appel de Nancy et à l'académie de la même ville. Le département des Vosges comprend 5 arrondissements, 29 cantons, 530 communes. — Ch.-l. *Epinal;* — S.-préf. *Mirecourt, Neufchâteau, Remiremont* et *Saint-Dié*.

***VOSGIEN, IENNE** (*Vosges*), *adj.* Des Vosges. ‖ Habitant de ce pays. ‖ *Grès vosgien*, le grès rouge qui couronne les vallées du versant O. des Vosges.

VOSS (Jean-Henri) (1751-1826), célèbre poète bucolique, critique, traducteur et professeur allemand.

VOSSIUS (Gérard-Jean) (1577-1649), littérateur et érudit allemand, professeur à l'université de Leyde. — **Vossius** (Isaac) (1618-1689), fils du précédent, érudit, fut successivement bibliothécaire de Christine, reine de Suède, chanoine de Windsor et participa aux libéralités que Louis XIV faisait aux savants étrangers.

VOTANT (*voter*), *sm.* Celui qui vote : *Une élection n'est valable que si le candidat a réuni la moitié plus un des suffrages des votants.*

VOTATION (*voter*), *sf.* Action de voter. || Formule dans laquelle un vote est exprimé.

VOTE (l. *votum;* db. de *vœu*), *sm.* Opinion exprimée par un membre d'une assemblée délibérante sur la solution que doit recevoir une question proposée : *Le vote est acquis,* il est valable et on ne peut le recommencer. || Désignation qu'un électeur fait par écrit du candidat qu'il choisit pour remplir une fonction élective.

VOTER (*vote*), *vi.* Émettre son vote dans une délibération, une élection : *Voter au scrutin secret.* — *Vt.* Exprimer au moyen d'un vote son consentement à une chose : *Voter un impôt, le budget.* — **Dér.** *Votant, vote, votation; votif, votive.* Même famille : *Vouer, vogue,* etc.

VOTIAKS, peuple finnois de la Russie d'Europe, dans le gouvernement de Viatka, qui s'adonne avec succès à l'agriculture, mais est très superstitieux.

VOTIF, IVE (l. *votivum :* de *votum,* vœu), *adj.* Offert à la divinité pour accomplir un vœu : *Tableau votif.* || *Messe votive,* qui n'est pas de l'office du jour et est célébrée pour obtenir une faveur du ciel.

VOTRE (vx. fr. *vostre :* du l. *vostrum*), *adj. poss. 2 g.* Qui est à vous : *Votre livre, votre opinion.* || A qui, à quoi vous tenez : *Ne me parlez plus de votre Henri.* — **Gr.** *Votre* précède toujours le nom. — Pl. *Vos.*

VÔTRE (LE, LA) (vx. fr. *vostre :* l. *vostrum*), *pron. poss.* Qui est à vous : *Voici mon parapluie, et voici le vôtre.* — *Sm.* Ce qui vous appartient : *Vous en serez du vôtre,* vous perdrez une partie de ce que vous possédez. || Ce qui vient de vous : *Vous y avez mis du vôtre.* — Smpl. *Les vôtres.* Vos parents, vos amis, vos compatriotes, vos adhérents : *Cet homme est des vôtres.* || *Vous faites des vôtres,* des actions extravagantes ou répréhensibles. — **Gr.** On continue à mettre un accent circonflexe sur l'*o* de *vôtre* parce que ce pronom a toujours l'accent tonique; on n'en met plus sur l'*o* de *votre,* parce que cet *adj. poss.* n'a plus d'accent tonique et est un proclitique. — Ne commencez pas une lettre par *je réponds à la vôtre, j'ai reçu la vôtre,* etc.

VOUACHE (mont). (V. *Vuache.*)

***VOUAPA** (mot caraïbe), *sm.* Légumineuse cæsalpiniée arborescente de la Guyane, à écorce amère, émétique.

***VOUÉ, ÉE** (p. p. de *vouer*), *adj.* Consacré par un vœu : *Enfant voué à Dieu.* || Offert par vœu : *Amour voué à Dieu.* || Destiné, exclusivement consacré : *Vie vouée au travail.* || *Enfant voué au bleu, voué au blanc,* enfant voué par ses parents à porter jusqu'à un certain âge des habits bleus ou blancs. — Fig. Qui a pour destinée : *Main vouée au crime.*

VOUER (db. de *voter :* l. *votare :* de *votum,* vœu), *vt.* Promettre par vœu : *Ce matelot a voué un cierge à la Vierge.* || Consacrer à Dieu : *Les parents de Samuel le vouèrent au Seigneur.* || *Vouer un enfant au blanc, au bleu,* s'engager à ne l'habiller que de vêtements blancs ou bleus jusqu'à un âge déterminé. || Promettre avec solennité : *Vouer à quelqu'un une amitié sans bornes.* || Employer uniquement avec zèle, avec suite : *Vouer sa plume à la défense d'une doctrine.* — **Se vouer**, *vr.* Se consacrer, s'adonner entièrement à : *Il s'est voué à la science.* — Fig. *Ne savoir à quel saint se vouer,* ne savoir à qui recourir, comment faire pour se tirer d'embarras.

VOUET (Simon) (1582-1649), premier peintre de Louis XIII, qui le logea au Louvre. Vouet fut le maître de Lebrun, de Lesueur et de Mignard.

***VOUGE** (*x*), *sf.* Épieu de vénerie à large fer. || Serpe à long manche. || Ancienne arme de main en forme de lance, dont le fer long et large était aigu et tranchant d'un côté, et dont furent armés les vougiers, puis les archers.

VOUGEOT, 235 hab., village du canton de Nuits (Côte-d'Or); célèbre vignoble du *Clos-Vougeot.* — *Sm.* Vin de ce clos : *Boire du clos-vougeot.*

VOUILLÉ, 1 833 hab. Ch.-l. de c., arr. de Poitiers (Vienne). (V. *Voulon.*)

VOUISE, 50 kilom. Rivière du département de la Creuse, affluent de la Tarde à Chambon.

1. VOULOIR (bl. *volere :* l. *velle,* vouloir), *vt.* Prendre librement la résolution de faire une chose : *Je veux partir.* || Commander, exiger : *Le maître veut que le serviteur obéisse.* || Prescrire, enjoindre : *La loi veut qu'un mariage soit célébré dans un lieu ouvert au public.* || Désirer : souhaiter : *Tout homme veut être heureux.* || *Faire de quelqu'un ce que l'on veut,* le faire agir ou penser comme on le désire; consentir : *Voulez-vous m'accompagner?* || *Veuillez,* ayez la bonté, la complaisance de : *Veuillez me passer ce mets.* || Supposer, admettre pour un moment : *Il a eu tort, je le veux, mais il est excusable.* || Prétendre, soutenir que : *Les astronomes veulent que la lune soit dépourvue d'atmosphère.* || Demander un prix d'une chose qu'on désire vendre : *Il veut 10 000 francs de sa maison.* || Etre d'un caractère, d'une nature à exiger telle ou telle chose : *Cet enfant veut être pris par la douceur. Les framboisiers veulent être taillés de bonne heure.* || Etre propre à, susceptible de : *Ce bois ne veut pas brûler.* || *Vouloir du bien, du mal à quelqu'un,* avoir pour lui de l'affection ou de la haine. || *Se vouloir mal de quelque chose,* s'en faire des reproches. || *En vouloir à quelqu'un,* lui garder rancune. || *En vouloir à la vie de quelqu'un,* avoir formé le projet de le tuer. || Désirer la possession de : *Il en veut à cet héritage.* || *C'est à vous que j'en veux,* c'est vous que je cherche ou que je veux attaquer. || *Vouloir dire,* signifier : *Que veut dire cet air mécontent?* — **Gr.** La syllabe *ou* se change en *eu* quand la terminaison est une consonne ou une syllabe muette : je veux, tu veux, il veut, nous voulons, vous voulez, ils veulent; je voulais; je voulus; je voudrai; je voudrais; impér., veux ou veuille, voulons ou veuillons, voulez ou veuillez; que je veuille, que tu veuilles, qu'il veuille; que nous voulions, que vous vouliez, qu'ils veuillent; que je voulusse, qu'il voulût; voulant; voulu, ue. — Au xviie siècle, au *prés. du subj.,* on employait que nous *veuillons,* que vous *veuilliez* préférablement à que nous voulions, que vous vouliez. — **Dér.** *Volonté, volontiers, volontaire, volontairement, volontariat; vouloir.* — **Comp.** *Bienveillant, bienveillante, bienveillance; malveillant, malveillante, malveillance.*

2. VOULOIR (*vouloir* 1), *sm.* Acte de la volonté. || Action de vouloir : *Le pouvoir n'égale pas le vouloir.* || *Malin vouloir,* intention maligne, intention de nuire. || *Bon vouloir, mauvais vouloir,* disposition favorable, défavorable : *On se plaint de son mauvais vouloir.*

VOULON, 325 hab. Hameau du canton de Vouillé, arr. de Civray (Vienne). C'est sur son territoire que Clovis Ier vainquit Alaric II, roi des Wisigoths, en 507.

***VOULOU** (mot indien), *sm.* Espèce de bambou de la Guyane, ou grand roseau qui croît au bord des marécages. On s'en sert pour faire des hamacs, et les indigènes l'emploient en guise de cor ou de porte-voix. Avec le voulou on fait aussi de petits meubles peints ou vernis.

VOULTE (LA). (V. *Lavoulte.*)

VOULU, UE (p. p. de *vouloir*), *adj.* Ordonné comme nécessaire : *Formalités voulues.* || Vu, estimé : *Il est mal voulu* (vx). || Apprêté : *Effet voulu.*

VOULZIE, 41 kilom. Petite rivière du département de Seine-et-Marne, qui arrose Provins et se jette dans la Marne au-dessous de Bray.

VOUNEUIL-SUR-VIENNE, 1 557 hab. Ch.-l. de c., arr. de Châtellerault (Vienne).

VOUS (l. *vos*), *pr. pers. 2 g., 2e pers. pl.* de *tu* dont on se sert en parlant directement à plusieurs : *Toi et celui qui est avec toi : Toi et ceux qui sont avec toi.* Par politesse, on le met pour *tu* ou *toi*, et il s'emploie : 1° En apostrophe : *O vous, qui que vous soyez!* 2° Comme sujet : *Vous ne répondez pas.* 3° Comme attribut : *Le coupable, c'est vous.* 4° Comme complément direct : *Je vous prie de m'écouter.* Dans ce cas, il se met avant le verbe, excepté à l'impératif, auquel il se joint par un trait d'union : *Calmez-vous.* 6° Comme complément indirect, marquant l'attribution : *Je vous adresse cette lettre.* 7° Comme complément circonstanciel marquant l'éloignement, la séparation, la cause, l'instrument, la relation, le choix, etc. : *Je tiens à cet objet qui vient de vous. Un de vous. Cela a été dit par vous. C'est de vous que je parle.* — Remarque. *Vous* s'emploie quelquefois dans un sens indéfini équivalent à *quiconque, n'importe qui : Quand on vous injurie, ne répondez pas.* — **Gr.** *Vous,* employé pour *tu,* a commencé à être en usage vers la fin du bas-empire. — **Dér.** *Voussoyer, vousoyer.*

***VOUSIEU** ou ***VOUSSIEU** (*x*), *sm.* Nom vulgaire du lérot, en bourguignon.

VOUSSOIR ou plus rarement **VOUSSEAU** (*voussure*), *sm.* L'une quelconque des pierres taillées qui entrent dans la construction d'une voûte. (V. ce mot.) Un voussoir est en général terminé par une surface

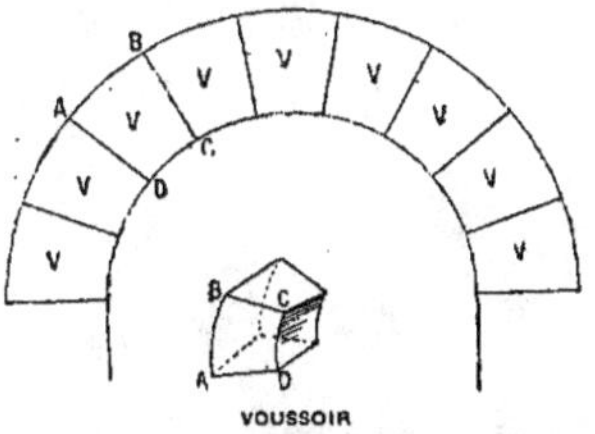

VOUSSOIR

A B. Extrados. — C D. Intrados en douelle.

courbe ou *douelle,* formant l'intrados, par deux faces d'assises et deux faces de joints. Les voussoirs d'une même assise forment ce qu'on appelle un *cours de voussoirs.* Le voussoir qui occupe la partie centrale de la voûte, en son point le plus élevé, se nomme *clef de voûte.* On appelle souvent *voussoir à crossette* celui dont la partie supérieure fait un angle pour se raccorder avec une assise de niveau; et *voussoir à branches* celui qui, étant fourchu, fait liaison avec le pendentif d'une voûte d'arête. La *taille des voussoirs* est une branche importante de l'étude de la *coupe des pierres.* Elle exige, pour être exécutée par l'ouvrier, qu'on en ait tracé l'épure au préalable sur un plan, de façon à fournir toutes les données nécessaires, comme le contour des faces planes, cylindriques, coniques, etc., les angles dièdres des faces entre elles, les longueurs des arêtes, etc. Quant au tracé des épures, c'est un problème assez complexe, dont la solution diffère essentiellement suivant l'appareil adopté.

***VOUSSOYER** ou ***VOUSOYER** (*vous*), *vt.* User du mot *vous,* en parlant à une personne. — **Gr.** Le *y* se change en *i* devant un *e* muet : je voussoie.

VOUSSURE (vx fr. *vousser :* bl. *volutiare,* courber), *sf.* Toute portion de la section transversale d'une voûte, pourvu qu'elle commence à l'origine de cette section et finisse en un point moins élevé que le sommet de celle-ci. || La face inférieure et apparente, plane ou courbe, du linteau d'une baie. — **Arrière-voussure**, surface engendrée par une droite assujettie à glisser sur une horizontale et sur deux arcs de cercle verticaux parallèles.

VOÛTE (vx fr. *volte :* du l. *voluta,* chose roulée), *sf.* Construction, généralement en pierres, destinée à recouvrir un certain espace et se maintenant en équilibre par son propre poids sur les murs qui la soutiennent. La surface interne de la voûte, ou *intrados*, se raccorde avec les faces internes de ces murs ou les *piédroits*, suivant une ligne, plane ordinairement, qui porte le nom de *ligne de naissance :* les parties qui avoisinent cette ligne, ou son plan dit *plan de naissance*, sont les *reins* de la voûte; au contraire, on appelle *clef de voûte* la pierre qui occupe la partie supérieure et centrale et assure l'équilibre. La nature particulière de la surface d'intrados est la *voussure*, et l'*appareil* de la voûte, c'est-à-dire le mode de distribution des pierres ou voussoirs, varie suivant la voussure adoptée. Dans le cas le plus général, la voûte est appareillée par *assises* horizontales : de sorte que les *joints de lit* (surfaces qui séparent deux rangées de voussoirs) sont horizontaux et les *joints montants* (surfaces séparant deux voussoirs d'une même rangée) sont verticaux. Les lignes qui divisent l'intrados en douelles, c'est-à-dire en assises, sont nommées *arêtes de douelles;* celles qui divisent les douelles ou voussoirs, *coupes :* les premières sont les intersections de l'intrados avec les *joints de lit;* les secondes, celles avec les *joints montants*.

VOÛTE
DE L'ÉGLISE SAINTE-JUSTINE À PADOUE (ITALIE), 1550
C. Calotte. — P. Pendentif. — B. Voûte en berceau.

Les plans qui terminent la voûte antérieurement et postérieurement sont les *plans de tête*. Les conditions principales à réaliser pour *appareiller une voûte* sont : 1° que les joints montants soient perpendiculaires aux joints de lit; 2° que les uns et les autres soient normaux à l'intrados. On remplit généralement ces deux conditions en choisissant pour arêtes de douelles et pour coupes des lignes de première et de seconde courbures de la surface, et pour joints les *normalies* ou *surfaces gauches*, engendrées par les normales à l'intrados menées par ces lignes. Ainsi, dans les voûtes cylindriques à génératrices horizontales, et à section circulaire, les joints de lit sont des plans menés par l'axe du cylindre et les joints montants sont des plans verticaux perpendiculaires à l'axe. Quand on ne peut résoudre exactement ce problème, on tâche de s'en rapprocher autant que possible. On doit, en outre, éviter toujours que les voussoirs présentent des angles aigus, à cause de la résistance, et avoir égard à l'aspect, plus ou moins agréable à l'œil, que pourra présenter l'appareil choisi. Les voûtes portent différents noms suivant l'appareil adopté. Nous mentionnons les principaux genres, par ordre alphabétique :

I. *Voûte en berceau*, voûte dont l'intrados est une surface cylindrique à génératrices horizontales et qui sert à couvrir l'espace compris entre deux murs verticaux parallèles, dont l'intervalle est nommé le *débouché*. La distance entre le point le plus élevé de la voûte (*clef de voûte*) et le plan de naissance est la *montée* ou *hauteur sous clef*. Le berceau est dit en *plein cintre*, quand la section droite de l'intrados est une demi-circonférence, et *surbaissé* quand la montée est moindre que la moitié du débouché : dans ce dernier cas, la section droite est ordinairement une demi-ellipse ou une courbe à plusieurs centres nommée *anse de panier*. Le berceau est *surhaussé*, quand la montée est supérieure à la moitié du débouché, comme dans le berceau en *ogive* (V. ce mot). Enfin, le berceau est souvent en *arc de cercle :* dans ce cas, la section droite de l'intrados est un arc moindre qu'une demi-circonférence. Dans les voûtes en berceau, on distingue : 1° le *berceau droit*, quand la voûte est un cylindre de révolution perpendiculaire aux plans de tête : les arêtes de douelles (ou *lignes d'assises*) sont des génératrices du cylindre et les coupes (ou *lignes de joints*) en sont des sections droites; 2° les berceaux où les plans de tête sont obliques par rapport à l'axe du cylindre d'intrados; telles sont : la *porte biaise en talus*, où l'un des plans de tête est seul vertical, l'autre étant incliné; la *descente* ou *berceau rampant*, dont les génératrices sont inclinées par rapport à l'horizon, etc. Enfin, on désigne sous le nom de *berceau tournant* une voûte annulaire destinée à couvrir l'espace compris entre deux murs cylindriques ayant le même axe.

II. *Voûte en biais*, appareil d'une voûte destinée à couvrir un passage oblique pratiqué dans un mur à parois parallèles et verticales : 1° Dans le *biais simple*, la surface d'intrados est développable, car c'est un cylindre horizontal : les surfaces d'assises sont des plans passant par la perpendiculaire aux plans de têtes menée à égale distance des centres des arcs de tête. Les lignes d'assises sont alors des ellipses. 2° Dans le *biais passé gauche*, la surface d'intrados est engendrée par une droite qui se déplace sur les cercles de têtes et sur une perpendiculaire à leur plan menée à égale distance des centres : les lignes d'assises sont des droites, ce qui facilite la construction. Un inconvénient de cet appareil est que la voûte semble s'abaisser vers son milieu. Pour les voûtes biaises d'une grande longueur, on remplace ces deux appareils par l'un des suivants : 1° l'*appareil hélicoïdal*, celui où les arêtes de douelles sont des hélices, et les joints de lit ainsi que les joints montants, sont des surfaces hélicoïdes de vis à filet carré; 2° l'*appareil orthogonal*, celui où les joints montants sont des plans verticaux parallèles aux plans de tête : ces plans coupent l'intrados suivant des courbes égales aux arcs de tête, des ellipses, par exemple; les arêtes de douelles sont des trajectoires orthogonales de ces courbes, c'est-à-dire qu'elles coupent celles-ci normalement.

III. *Voûte d'arête*, voûte formée par la pénétration de deux berceaux ayant même plan de naissance et même montée. On l'emploie toutes les fois que deux galeries de même hauteur se transversent mutuellement. Les lignes planes d'intersection des deux berceaux portent le nom d'*arêtiers*. En général, quand on regarde la voûte d'arête par dessous, on reconnait qu'il y a quatre demi-arêtiers, dans lesquels les douelles des deux berceaux forment des angles saillants; c'est le contraire pour les *voûtes en arc de cloître*, qui ne diffèrent des précédentes que par ce fait que ces angles sont rentrants. On fait pourtant aussi des voûtes d'arêtes à *double arêtier*. La *voûte d'arêtes en tour ronde* est celle que forme la pénétration mutuelle d'un berceau et d'une voûte conoïde ayant même plan de naissance et même montée.

IV. *Voûte elliptique*. L'intrados est un demi-ellipsoïde, et, par suite, on peut distinguer deux cas : 1° L'ellipsoïde peut être de révolution autour d'un axe vertical : la ligne de naissance est un cercle, et la surface d'intrados repose par son équateur sur un mur circulaire; quant à l'appareil : les arêtes de douelles sont des parallèles de la surface; les joints de lit sont des cônes de révolution ayant leur sommet sur l'axe et leurs génératrices normales à la section méridienne; les joints montants sont des plans verticaux passant par l'axe. 2° Ordinairement, l'ellipsoïde est de révolution autour d'un axe horizontal, situé dans le plan de naissance et la surface d'intrados repose par un méridien sur un mur cylindrique à base elliptique. La voûte est alors *surhaussée*, si l'axe de révolution est le petit axe de la section méridienne; *surbaissée*, si c'est le grand axe. On peut employer dans ce cas des appareils nombreux : soit un appareil analogue au précédent, soit un appareil à assises horizontales, etc.

V. *Voûte sphérique*. L'intrados est une demi-sphère reposant sur un mur circulaire : l'intrados est ordinairement une demi-sphère de rayon un peu supérieur à celle d'intrados et dont le centre est un peu au-dessous de l'autre, de façon que la voûte ait plus d'épaisseur vers le plan de naissance qu'à la clef. Pour l'appareiller, on divise la section méridienne de l'intrados en un nombre impair de parties égales; et on divise la surface en anneaux horizontaux qui forment autant d'assises. Les joints de lit sont des surfaces coniques ayant leur sommet sur la verticale du centre de la sphère et pour bases les parallèles correspondant à ces assises : les joints montants sont formés par des plans méridiens qui alternent d'une assise à l'autre de manière que le joint qui sépare deux voussoirs successifs d'une même assise corresponde au milieu d'un voussoir de l'assise supérieure ou inférieure. La dernière assise est formée d'une seule pierre qui constitue la *clef de la voûte*, ainsi que nous l'avons définie. — Fig. *La clef de voûte d'une affaire*, le point le plus important d'une affaire. || La paroi supérieure d'une cavité : *La voûte d'une caverne*. || Treillage en berceau garni de plantes grimpantes : *Une voûte de feuillage*. || *La voûte du ciel*, toute la partie du ciel que nous voyons au-dessus de nos têtes. || *La voûte du palais* ou *voûte palatine*, la cloison horizontale qui sépare la bouche de la cavité du nez. || *La voûte du crâne*, la partie supérieure du crâne. — **Dér.** *Voûter, voûté, voûtée; voûtis*. — Même famille que *Volute, voussure*, etc.

VOÛTÉ, ÉE (p.p. de *voûter*), *adj*. Fermé en haut par une voûte : *Galerie voûtée*. || Convexe. || Courbé d'arrière en avant : *Dos voûté*. || Dont la taille commence à se voûter : *Cet homme est voûté*.

VOÛTER (*voûte*), *vt*. Fermer en haut par une voûte : *Voûter une cave*. — **Se voûter**, *vr*. Prendre la forme d'une voûte. Commencer à avoir la taille courbée en avant : *Cette personne se voûte*.

***VOÛTIS** (*voûte*), *sm*. Partie extérieure de l'arcasse.

VOUVRAY, 2246 hab. Ch.-l. de c., arr. de Tours (Indre-et-Loire), sur la r. d. de la Loire, en amont de Tours. Vin blanc renommé; on en fabrique de mousseux qui ressemble beaucoup au champagne.

VOUZIERS, 3453 hab. S.-préf. (Ardennes), sur l'Aisne, à 235 kilom. de Paris; tête du canal latéral de l'Aisne. Carrières de craie tuffeau, commerce de bois; usine pour la pulvérisation des nodules de phosphate de chaux; sucrerie, tanneries.

***VOVAN** (*x*), *sm*. Espèce de coquille du genre telline ou pétoncle.

VOVES, 1913 hab. Ch.-l. de c., arr. de Chartres (Eure-et-Loir). Filature de laine.

***VOX POPULI, VOX DEI** (ml. : *voix du peuple, voix de Dieu*), adage suivant lequel on prétend établir, avec plus ou moins de droit, la vérité d'un fait, la justice d'une cause sur l'accord unanime des opinions, et surtout des opinions du vulgaire.

VOYAGE (db. de *viatique :* de l. *viaticum*, provisions de route : de *via*, route), *sm*. Chemin qu'on fait pour se rendre dans un lieu éloigné : *Entreprendre un long voyage*. — Fig. *Faire le voyage de l'autre monde, le grand voyage*, mourir. || Traversée sur mer : *Le voyage de Marseille à Alger*. || *Voyage de long cours*, grand voyage qu'on fait en traversant la mer. || *Voyages d'outre-mer*, ceux que faisaient les chrétiens allant combattre les musulmans en Palestine ou en Égypte. || Livre où sont racontés les événements d'un voyage : *Lire les Voyages de Cook.* || Allée et venue d'un lieu à un autre : *Faire plusieurs fois le voyage de Paris à Versailles.* || Course d'un homme de peine, charroi : *Ce charretier a fait plusieurs voyages de bois, de pierre.* || Séjour temporaire dans un lieu où l'on ne réside pas habituellement : *Louis XIV faisait de fréquents voyages à Fontainebleau.* — **Dér.** *Voyager, voyageur, voyageuse.* (V. *Voie.*)

VOYAGER (*voyage*), *vi.* Faire un voyage. || Aller dans un pays éloigné : *Chateaubriand voyagea dans l'Amérique du Nord.* || Se transporter par l'air dans un lieu éloigné : *Voyager en ballon. Les hirondelles voyagent de France en Afrique et réciproquement.* || Parcourir un espace considérable : *Les planètes voyagent autour du Soleil.* || Être transporté, en parlant des objets : *Le charbon de terre voyage par eau et par chemin de fer.* — Fig. *Qui veut voyager loin, ménage sa monture,* il faut éviter les excès, les grandes fatigues pour vivre longtemps. — **Gr.** On intercale *e* après *a, o* : nous voyageons, je voyageais.

VOYAGEUR, EUSE (*voyager*), *s.* Celui, celle qui est actuellement en voyage : *Cet hôtel regorge de voyageurs.* || Personne qui fait ou a fait de grands voyages : *Le voyageur Livingstone explora l'Afrique jusqu'à sa mort.* || *Commis voyageur,* employé qui voyage pour vendre les marchandises d'une maison de commerce. || *Tarif kilométrique des voyageurs,* celui que font payer les compagnies de chemins de fer à chaque voyageur suivant la classe où il voyage : *En troisième classe, les voyageurs, en France, paient 0 fr. 0677 par kilomètre, et, en Belgique, 0 fr. 0277 seulement.* || *Pigeon voyageur.* (V. *Pigeon.*)

1. **VOYANT, ANTE** (*voir*), *adj.* et *s.* Celui, celle qui n'est pas aveugle. || Qui frappe la vue par son intensité, par son éclat : *Le rouge est une couleur voyante.* — *Sm.* Prophète : *Les voyants cités dans l'Ancien Testament.*

2. ***VOYANT** (*voir*), *sm.* Sorte de mire ou de jalon. Marque mise sur des bouées ou des balises en mer, pour les caractériser. Plaquette en tôle peinte en rouge et blanc pouvant se mouvoir le long d'une mire, dans les opérations de géodésie : *Abaisser le voyant de la mire.*

***VOYE** (*voir*), *sf.* Bouée servant à retrouver les filets tendus par les fonds.

VOYELLE (l. *vocalem* : de *vox,* génitif *vocis,* voix), *sf.* Tout son pur produit par le larynx avec le concours de la bouche. Ex. : *a, e, i, o, u.* || Toute lettre qui représente un de ces sons. || *Voyelle simple,* tout son pur représenté par une seule lettre. || *Voyelle composée,* tout son pur représenté par plusieurs lettres : Ex. : *ou.* || *Voyelle nasale,* son pur qui, passant par le nez, est accompagné d'une résonance : *An, in, on.* || *Semi-voyelle,* nom qu'on donne quelquefois en français aux deux lettres *y* et *v.*

VOYER (l. *viarium,* qui a rapport aux routes : de *via,* voie), *adj.* et *sm.* Se dit d'un fonctionnaire chargé de la police des routes, des chemins, des rues. *Grand voyer de France,* officier préposé, sous Henri IV et Louis XIII, à l'administration générale des voies publiques du royaume. Créée pour Sully en 1599, cette charge fut supprimée en 1626. || *Agent voyer,* fonctionnaire chargé de construire et d'entretenir les chemins vicinaux. — Pl. *des agents voyers.*

***VOYER** (*voie*), *vt.* Écouler ou faire écouler. || *Voyer la lessive,* verser la lessive chaude sur le linge. || *Voyer le papier,* secouer les feuilles de papier pour les arranger en faisant tomber la poussière.

VOYER D'ARGENSON. (V. *Argenson.*)

***VOYETTE** (*voyer*), *sf.* Grande écuelle à manche pour voyer la lessive.

***VOYEUR, EUSE** (*voir*), *sm.* et *sf.* Celui, celle qui regarde (vx). — *Sf.* Sorte de tabouret.

VOYOU (*voie*), *sm.* Enfant malpropre et mal élevé qui rôde habituellement dans les rues. || Homme grossier, mauvais sujet. — Pl. *des voyous.*

***VOYOUTE** (f. de *voyou*), *sf.* Fille qui a les habitudes d'existence et l'allure des voyous. (Pop.)

VOYSIN (Daniel-François) (1654-1717), ministre de la guerre et chancelier sur la fin du règne de Louis XIV.

***VRAC,** ***VRAQUE** ou ***VRAGUE** (holl. *wrak*), *sm.* Objet de rebut. — En vrac, *loc. adv.* Sans ordre, pêle-mêle, en tas. || *Harengs en vrac,* mis dans des tonneaux sans y être rangés en couches serrées. || *Transporter des denrées en vrac,* sans qu'elles soient enveloppées ou empaquetées.

VRAI, VRAIE (vx fr. *verai,* du bl. *veracum,* véridique : de *verus,* vrai), *adj.* Conforme à la réalité, à la vérité : *Un récit vrai.* || Qui parle et agit sans déguisement : *Un homme vrai.* || Qui exprime, qui représente fidèlement les pensées, les objets : *Un style vrai. Une expression vraie.* || Qui est réellement tel qu'on le déclare : *Du vrai or. Un vrai fripon.* || Unique, principal, essentiel : *Voilà la vraie cause de sa disgrâce.* || Convenable : *C'est le vrai moyen de réussir.* — Sm. *Le vrai,* la réalité, la vérité : *Le vrai est que la Terre tourne autour du Soleil.* — *Adv.* Vraiment : *Je suis content, vrai!* — Au vrai, de vrai, *loc. adv.* Conformément à la réalité, à la vérité : *Raconter une chose au vrai.* — *Il est vrai de dire que* ou *il est vrai que,* loc. conj. || Mais, cependant : *Son travail est parfait, il est vrai qu'on l'a aidé.* || *Toujours est-il vrai que,* néanmoins : *Toujours est-il vrai qu'il a tort.* || *Latitude* ou *longitude vraie,* latitude ou longitude déterminée par les observations des astres pour rectifier les mêmes éléments obtenus par l'*estime* en mer. || *Aires de vents vraies,* aires de vents de la boussole corrigées de la déclinaison de l'aiguille aimantée ; de même, *azimut vrai.* || *Hauteur vraie d'un astre :* la hauteur de cet astre corrigée de la réfraction de la parallaxe, de la dépression du demi-diamètre. || *Temps vrai,* qui correspond au passage du Soleil au méridien. — **Dér.** *Vraiment.* — **Comp.** *Vraisemblable, vraisemblablement, vraisemblance.*

VRAIMENT (vx. fr. *vraiement :* de *vraie* + sfx. *ment*), *adv.* Conformément à la réalité, à la vérité, effectivement : *Il est vraiment malade.* || Assurément : *Oui, vraiment, je l'ai vu.* — *Interj.* exprimant l'ironie : *Vraiment, vous êtes si habile!*

VRAISEMBLABLE [vré-san-bla-bl'] (*vrai* + *semblable*), *adj. 2 g.* Qui a l'apparence de la vérité : *Ce récit est vraisemblable.* — *Sm.* Ce qui a l'apparence de la vérité : *Le vraisemblable n'est pas toujours le vrai.*

VRAISEMBLABLEMENT (*vraisemblable* + sfx. *ment*), *adv.* A en juger par l'apparence : *Il perdra vraisemblablement son procès.*

VRAISEMBLANCE (*vrai* + *semblance,* ressemblance), *sf.* Apparence de réalité, de vérité : *Il parle sans vraisemblance.*

***VRÉDÉLÉE** (*x*), *sf.* Filet de pêche dont les deux bouts sont fixés à deux perches.

***VREILLE** (corrupt. de *vrille*), *sf.* Nom vulgaire du liseron des champs dans l'ouest de la France.

***VRIDDHI** (du sanscr. *vridh,* croître), *sm.* Renforcement que l'on donne à une voyelle en lui préposant un *a* long. Le vriddhi se remarque surtout en sanscrit; mais les langues de l'Europe ont très peu de part à cette sorte de gradation. (Voy. *Gouna.*)

VRIES (Jean-Fredeman de), peintre hollandais, né en 1527, mais dont la mort est restée sans date précise. On a de lui beaucoup de dessins d'architecture : il a excellé dans la perspective.

VRIES (Martin Gerritson de) (xviie siècle), navigateur hollandais. Van Diemen lui donna en 1643 la mission d'explorer les côtes du Japon et les îles Kouriles.

VRIHASPATI, génie de la mythologie brahmanique, régent de la planète *Jupiter,* dont *Vrihaspati* est le nom en langue sanscrite.

***VRILLAGE** (de *vriller*), *sm.* Défaut qui, dans les matières textiles, a pour cause la trop forte torsion des fils.

VRILLE (l. *veru* ou *verum,* pique, broche), *sf.* Petite tige de fer emmanchée d'un bout dans un manche perpendiculaire à sa direction, terminée de l'autre par une vis et servant à percer des trous dans le bois. || Sorte de filament, simple ou rameux, dont sont pourvues les plantes grimpantes et qui s'enroule en tire-bouchon autour des corps voisins. Les vrilles sont ou des pédoncules, ou des pétioles, ou des nervures médianes, ou des feuilles entières qui ont avorté. La vigne, beaucoup de légumineuses et de cucurbitacées ont des vrilles. — **Dér.** *Vrillé, vriller, vrillier, vrillerie, vrillonner, vrillage, vrillon, vrillette, vreille.* — **Comp.** *Vrillifère.*

VRILLES D'UNE PASSIFLORE

***VRILLÉ, ÉE** (p.p. de *vriller*), *adj.* Percé avec une vrille : *Panneau vrillé.* || Pourvu de vrilles : *Plante vrillée.* || *Laine vrillée,* laine des mérinos. — **Vrillée** *sf.* Liseron des champs. || *Vrillée bâtarde,* la renouée liseron et la renouée des buissons.

***VRILLER** (*vrille*), *vt.* Faire des trous avec une vrille. — *Vi.* Être contourné en tire-bouchon. || Se mouvoir, s'élever en spirale.

***VRILLERIE** (*vrille*), *sf.* Fabrication de vrilles. || Atelier où sont fabriquées les vrilles. || Menus ouvrages et outils de fer et d'acier, tels que ciseaux, limes, forets, poinçons, vrilles, burins, etc.

***VRILLETTE** (dm. de *vrille*), *sf.* Genre d'insectes coléoptères, de la famille des Serricornes, qui vivent dans les bois et boiseries de nos maisons, qu'ils détériorent, et font quelquefois entendre un petit bruit répété que les gens ignorants et superstitieux considèrent comme de mauvais augure.

VRILLETTE ANOBIUM TESSELLATUM.

***VRILLIER** (*vrille*), *sm.* Ouvrier qui fait des vrilles et autres outils de ce genre.

***VRILLIFÈRE** (*vrille* + l. *ferre,* porter), *adj. 2 g.* Qui porte des vrilles.

***VRILLON** (dm. de *vrille*), *sm.* Petite tarière dont le fer est terminé en forme de vrille.

***VRILLONNER** (*vrille*), *vt.* ou *vi.* Former comme des vrilles; se contourner en spirale : *Vrillonner un fil. Les fils extrêmement tordus vrillonnent.*

1. **VU, VUE** (vx. fr. *veu,* p. pass. de *voir*). Perçu par les yeux. || Examiné : *Une proposition vue avec soin.* || *Bien vu,* bien combiné, bien imaginé : *Un projet bien vu.* || *Bien vu, mal vu,* bien ou mal accueilli : *Cet homme est bien vu partout.* — *Prép.* Après avoir pris connaissance de : *Vu les pièces du procès.* *Sm.* Énumération des considérants sur lesquels est fondé un jugement du tribunal : *Le vu d'un arrêt.* || *Faire une chose au vu et au su de tout le monde,* sans chercher à en faire mystère, à se cacher. — Vu que, *loc. conj.* Attendu que, puisque : *Je ne sortirai pas, vu que je suis malade.* — **Gr.** Jusque dans ces derniers temps, *vu* prép. s'est écrit *vû,* avec un accent circonflexe. L'Académie n'en met plus maintenant.

VUACHE ou **VOUACHE** (mont), altitude 1 100 mètres, chaînon qui s'étend en prolongement extrême d'un rameau des Alpes Pennines, séparant la vallée de l'Arve et celle du Fier. Situé près du fort de l'Écluse, le mont Vuache domine la vallée du Rhône, en face du mont Credo, dernier éperon du Jura.

2. **VUE** (*spf.* de *voir*), *sf.* La faculté de percevoir à distance des objets lumineux ou éclairés : *Perdre, recouvrer la vue.* || Les yeux, organes de cette faculté. || *Vue longue,* celle qui aperçoit distinctement les objets éloignés. || *Vue basse* ou *courte,* celle qui n'aperçoit bien que les objets très rapprochés. — Fig. *Un homme à courte vue,* qui ne sait pas prévoir, dont les conceptions sont bornées. — Fig. *Donner dans la vue,* frapper par son éclat : *Cette couleur donne dans la vue.* || Exciter le désir, l'ambition : *Cette fonction lui donne dans la vue.* || *Jusqu'où la vue peut s'étendre, peut porter,* jusqu'où les yeux peuvent apercevoir. || *A perte de vue,* si loin qu'il est impossible de distinguer les objets qui se trouvent là : *Cette allée s'étend à perte*

de vue. — Fig. Sans finir, sans conclure : *Discourir, raisonner à perte de vue.* || *Perdre de vue,* cesser de voir : *Les navigateurs eurent bientôt perdu la côte de vue.* || *Ne point perdre quelqu'un de vue,* le surveiller attentivement. — Fig. *J'ai perdu cet homme de vue,* j'ai cessé de le fréquenter, j'ignore ce qu'il est devenu. || *Perdre de vue une affaire,* cesser de s'en occuper, ne savoir où elle en est. || *Connaître une personne de vue,* connaître son visage sans savoir qui elle est. || *Garder un prisonnier à vue,* de telle sorte qu'on le voie toujours. || *A vue d'œil,* autant qu'on en peut juger à la vue seule : *A vue d'œil ce champ est plus grand que cet autre.* || Sensiblement, visiblement : *Cet arbre pousse à vue d'œil.* — Fig. *Avoir la vue sur quelqu'un,* surveiller attentivement sa conduite. || *Seconde vue,* prétendue faculté qu'auraient certaines personnes de voir par l'imagination des choses qui existent ou arrivent dans des lieux éloignés. || Inspection : *Regardez ces marchandises, la vue n'en coûte rien.* || *Lettre de change payable à vue,* au moment de sa présentation. || *Lettre de change payable à trente jours de vue,* trente jours après sa présentation. (V. *Lettre.*) || *Juger d'une chose à la première vue,* la première fois qu'on la voit, après un examen sommaire. || *Marcher à vue de pays,* sans connaître la route et en se dirigeant d'après l'aspect des lieux. — Fig. *Juger à vue de pays,* juger des choses en gros, sans avoir approfondi. || *Etre en vue, être exposé à la vue,* être en un lieu où l'on peut être vu. || *Les deux armées sont en vue,* elles peuvent s'apercevoir l'une l'autre des lieux où elles sont. || Manière dont les objets se présentent à la vue : *Une vue de haut en bas.* || Toute l'étendue que l'on peut voir du lieu où l'on est : *On a d'ici une belle vue.* — *Point de vue,* l'objet éloigné sur lequel la vue se dirige : *Ce clocher nous sert de point de vue.* || Ensemble d'objets qui flatte la vue, paysage : *Voilà un beau point de vue.* || En perspective, l'endroit précis où il faut se placer pour bien voir un objet : *Mettez-vous au point de vue.* || L'endroit où un objet doit être placé pour être bien vu : *Ce tableau n'est pas dans son point de vue.* || *Terre en vue, navire en vue,* terre ou navire que l'on aperçoit à l'horizon. — Fig. Chacune des manières possibles d'envisager une question, une affaire : *Vous ne voyez pas la chose sous son vrai point de vue.* — Fig. Chose à laquelle on aspire : *Cette dignité est son point de vue.* || Tableau, gravure, dessin représentant un édifice, des paysages, etc. : *Qui a peint cette vue des Alpes?* || Ouverture pratiquée dans un mur pour donner la facilité de voir au dehors : *En général, on n'a point droit de vue sur son voisin.* — Fig. Dessein, projet, but que l'on se propose : *Avoir des vues ambitieuses.* || *Avoir une chose en vue,* avoir le désir de l'obtenir, de la posséder. || *Avoir des vues sur quelqu'un,* avoir le désir de lui procurer quelque avantage, avoir dessein de l'employer à quelque chose. || *Avoir des vues sur quelque chose,* se proposer de l'obtenir, de l'acquérir. || Conception de l'esprit, idée : *Cet homme a des vues profondes.* — EN VUE DE, *loc. prép.* En considération de : *On lui passe ses défauts en vue de sa bonté.* — **Syn.** (V. *But.*)

3. ***VUE** (*voir*), *sf.* Pièce mobile de l'armet et coupée par deux fentes longitudinales permettant de voir. On appelait ces fentes *œillères* ou *oculaires* dans le grand heaume à visière immobile.

VULCAIN

VULCAIN (*l. Vulcanum* ou *Volcanum*), dieu du feu dans la mythologie de l'Italie antique, identifié par les Romains avec l'Ephaistos grec, considéré dès lors comme fils de Jupiter et de Junon, époux de Vénus, chef des Cyclopes, forgeant avec eux les foudres de Jupiter et tous les ouvrages en métal à l'usage des dieux, soit dans le volcan aujourd'hui éteint de Lemnos, soit dans les flancs de l'Etna. On le représente boiteux, coiffé d'un bonnet de forme ovale, vêtu de la tunique courte et sans manches des travailleurs, tenant d'une main un marteau et de l'autre des tenailles. — Fig. Un forgeron. || Papillon diurne du genre vanesse. — **Dér.** *Vulcanien, vulcanienne, Vulcaniennes* (îles), *vulcanales, vulcanique, vulcanicité, vulcaniser, vulcanisé, vulcanisée, vulcanisation, vulcanisme, vulcaniste, vulcanite; Vulcano* (île).

***VULCANAL, ALE** (du l. *Vulcanus,* Vulcain), *adj.* Qui se rapporte à Vulcain. || *Flamine vulcanal,* prêtre de Vulcain. || *Le Vulcanal,* petite place qui était située au haut du Forum romain, à un niveau un peu plus élevé, et qui était ornée du temple rond de la Concorde, dont on voit encore aujourd'hui l'emplacement.

***VULCANALES** (l. *vulcanalia*), *sfpl.* Fêtes publiques données à Rome, en l'honneur de Vulcain, le 23 août (10 des ides de septembre), et où, dans le temple Vulcanal du cirque Flaminius, l'on offrait au dieu un veau roux et un verrat.

***VULCANICITÉ** ou **VOLCANICITÉ.** (V. *Volcanicité.*)

VULCANIEN, IENNE (*Vulcain*), *adj.* et *sm.* Qui se rapporte à Vulcain. || Se dit de l'hypothèse et des géologues qui attribuaient uniquement à l'action du feu tous les phénomènes géologiques qui ont modifié la configuration de la surface de la Terre.

VULCANIENNES (ILES), nom ancien des îles Lipari. (V. ce mot.)

***VULCANIQUE** (*Vulcain*), *adj. 2 g.* Volcanique.

VULCANISATION ou **VOLCANISATION** (*Vulcain*), *sf.* Opération qui consiste à combiner le caoutchouc avec le soufre pour rendre le premier de ces corps très dur et plus inaltérable par le froid et par la chaleur. Elle se fait en plongeant le caoutchouc dans un bain de soufre ou en le soumettant à l'action du chlorure de soufre.

VULCANISÉ, ÉE (*Vulcain*), *adj. m.* Se dit du caoutchouc qui a subi la vulcanisation.

***VULCANISER** (*Vulcain*), *vt.* Soumettre le caoutchouc à la vulcanisation.

***VULCANISME** (*Vulcain*), *sm.* Hypothèse, aujourd'hui abandonnée, qui attribue à l'action du feu tous les phénomènes géologiques qui ont modifié la configuration de la surface de la Terre.

***VULCANISTE** (*Vulcain*), *sm.* Géologue qui admet la doctrine du vulcanisme.

***VULCANITE** (de *vulcaniser*), *sf.* Matière isolante composée d'ébonite (gutta-percha, soufre et silice) ou caoutchouc vulcanisé que l'on colore avec du sulfure d'antimoine, du vermillon et autres substances de même nature.

VULCANO (ILE), une des îles du groupe Lipari occupée presque tout entière par un volcan dont le cratère mesure 550 mètres de diamètre au sommet et 180 au fond. Ce volcan, depuis sa dernière grande éruption (1786), est devenu une solfatare dont les principaux produits sont des vapeurs de soufre, de l'acide borique et de l'alun.

VULFRAN (saint) (VIIe siècle), évêque de Senlis en 682, patron d'Abbeville; mort en 721. Fête, le 20 mars.

VULGAIRE (l. *vulgarem* : de *vulgus,* la foule), *adj. 2 g.* Commun, ordinaire, très répandu parmi les hommes : *Croyance vulgaire.* || *Langue vulgaire,* les langues que l'on parle aujourd'hui par opposition aux langues savantes et mortes, le grec et le latin. || Qui est en usage parmi la populace, bas, trivial : *Un sentiment vulgaire.* || Qui n'appartient pas à l'élite de la société : *Des manières vulgaires.* || Qui ne se distingue en rien du commun : *Un esprit vulgaire.* — *Sm.* Le commun des hommes : *Les erreurs du vulgaire.* || L'ensemble de ceux qui dans leur classe ne s'élèvent pas au-dessus de la médiocrité : *Le vulgaire des auteurs.* — **Dér.** *Vulgairement, vulgariser, vulgarisateur, vulgarisation, vulgarité, vulgarisme, Vulgate.* — **Comp.** *Divulguer,* etc.

VULGAIREMENT (*vulgaire* + sfx. *ment*), *adv.* Communément. || D'une manière basse-triviale.

VULGARISATEUR (*vulgariser*), *sm.* Celui qui a le talent de rendre une science, un art accessible à tout le monde. || Celui qui répand l'usage d'une chose : *Parmentier fut le vulgarisateur de la pomme de terre.* (Néol.)

VULGARISATION (*vulgariser*), *sf.* Action de vulgariser.

VULGARISER (l. *vulgaris,* vulgaire), *vt.* Mettre une science, un art à la portée de tout le monde : *Vulgariser la musique.* || Répandre l'usage d'une chose. — **Se vulgariser,** *vr.* Devenir vulgaire. (Néol.)

***VULGARISME** (*vulgaire* + sfx. *isme*), *sm.* Expression ou pensée vulgaire.

VULGARITÉ (l. *vulgaritatem*), *sf.* Caractère, défaut de ce qui est vulgaire, commun, bas, sans distinction : *La vulgarité d'un mot. La vulgarité du langage.*

VULGATE (l. *vulgata,* chose rendue vulgaire), *sf.* Version latine de la Bible faite sur le texte hébreu par saint Jérôme et reconnue comme canonique par le concile de Trente.

***VULGO** (ml.), *adv.* Mot venu du latin et signifiant : *dans le langage vulgaire, vulgairement.*

***VULGUM PECUS** (mots latins : *vulgaire troupeau*), expression latine qui sert à désigner la multitude ignorante, le commun des mortels.

VULLY (MONT), montagne du canton de Vaud (Suisse), entre les lacs de Neuchâtel et de Morat.

***VULNÉRABILITÉ** (*vulnérable*), *sf.* Nature de ce qui est vulnérable.

VULNÉRABLE (l. *vulnerabilem* : du l. *vulnus,* génitif *vulneris,* blessure), *adj. 2 g.* Qui peut être blessé. — **Dér.** *Vulnéraire, vulnérant, vulnérante, vulnération.*

VULNÉRAIRE (l. *vulnerarium,* qui a rapport aux blessures), *adj. 2 g.* Propre à guérir les plaies, les blessures : *Les labiées, le millepertuis, l'arnica, etc., étaient regardés comme des plantes vulnéraires.* || *Eau vulnéraire,* médicament obtenu en faisant macérer dans l'alcool des labiées, de l'absinthe, des millepertuis, de l'arnica, etc., et qu'on applique sur les blessures, les plaies, pour les cicatriser. — *Sm.* ou **Vulnéraire suisse,** mélange de plantes aromatiques et stimulantes desséchées, de composition variable, dont on boit l'infusion après les chutes, les contusions, les blessures, ce qui ne peut qu'aggraver le mal. — *Sf.* L'anthyllide vulnéraire, plante légumineuse à fleurs jaunes, qui croît dans les terrains calcaires et sablonneux et à laquelle on attribuait des propriétés vulnéraires.

***VULNÉRANT, ANTE** (l. *vulnerare,* blesser), *adj.* Qui blesse.

***VULNÉRATION** (l. *vulnerationem*), *sf.* Blessure, opposée à plaie par ulcération.

***VULPÉCULE** (l. *vulpecula,* dm. de *vulpes,* renard), *sm.* Nom donné à l'isatis, au loup noir, à la mangouste et à la moufette. || Nom d'une aranéide du Caucase, l'épeire vulpécule.

VULPIAN (EDME-FÉLIX-ALFRED) (1826-1887), médecin et physiologiste français, secrétaire perpétuel de l'Académie des sciences, qui s'est surtout distingué par ses recherches expérimentales sur le système nerveux. Professeur d'anatomie pathologique à l'École de médecine, il fut accusé de matérialisme par M. Maret, évêque de Sura, et en butte à plusieurs dénonciations. Mais en 1868, l'Académie de médecine l'appelait dans son sein, et, en 1875, il fut élu par ses collègues doyen en remplacement de Wurtz, alors démissionnaire; puis, en 1876, il entra à l'Académie des sciences, dont aussitôt il devenait secrétaire perpétuel. Le docteur Vulpian a laissé une collection d'œuvres importantes et pleines d'érudition sur le système nerveux et la pathologie expérimentale.

VULPIN

1. ***VULPIN** (l. *vulpinus,* de renard), *sm.* Genre de plantes graminées dont une espèce, le *vulpin des prés, racouet* ou *queue-de-renard,* entre dans la

composition des prairies naturelles, et fournit un fourrage abondant et d'excellente qualité. — **Dér.** *Vulpine, vulpique, vulpinique, vulpinite.*

2. ***VULPIN, INE** (l. *vulpinum : de vulpes*, renard), *adj.* Qui appartient au renard : *Finesse vulpine.* || *L'épeire vulpine*, araignée de la campagne de Naples. || *Lichen vulpin*, espèce de lichen. — **Dér.** *Vulpécule, vulpinales.*

***VULPINALES** (l. *vulpinalia : de vulpes*, renard), *sfpl.* Fêtes célébrées à Rome, le 19 avril, et où l'on brûlait des renards.

***VULPINE** (*vulpin 2*), *sf.* Principe colorant jaune citron extrait du lichen vulpin.

***VULPINITE** (*Vulpino*, nom de localité), *sf.* Variété lamellaire silicifère de l'*anhydrite* ou *chaux anhydro-sulfatée*. Sa densité est environ 2,9. Sa couleur est d'un gris bleuâtre. On l'exploite à Vulpino; on l'emploie, en Lombardie, comme marbre.

***VULPIQUE** ou ***VULPINIQUE** (de *vulpis*, renard), *adj. 2 g. Acide vulpique*, extrait de la vulpine.

VULSINIES, aujourd'hui *Bolsena*, une des douze principales villes de l'ancienne Étrurie, sur les bords du lac de son nom, où se tenait l'assemblée générale des Étrusques dans le temple de Voltumna; prise par les Romains en 294 av. J.-C.

***VULTUEUX, EUSE** (du l. *vultus*, visage), *adj.* Rouge et bouffi, en parlant de la face. || D'une vive coloration sanguine : *Aspect vultueux d'une membrane.*

***VULTUOSITÉ** (*vultueux*), *sf.* État d'un visage vultueux.

***VULTURIDÉ, ÉE** (l. *vultur*, vautour + g. εἶδος, forme, aspect), ou ***VULTURINÉ, ÉE**, *adj.* Qui ressemble au genre vautour; qui s'y rapporte. — **Les Vulturidés**, *smpl.* La famille des Rapaces diurnes du genre vautour.

VULVAIRE
(CHENOPODIUM VULVARIA)

VULTURNE, fleuve de l'Italie ancienne. (V. *Volturno*.)

***VULVAIRE** (*vulve*), *adj. 2 g.* Qui se rapporte à la vulve: *Fibres vulvaires.* || Nom d'une espèce d'ansérine, appelée *chénopode vulvaire*, excessivement commune le long des chemins et des murs ou autres lieux incultes. En froissant la feuille, il se dégage une odeur très fétide de poisson pourri.

***VULVE** (l. *volva* ou *vulva*, enveloppe, gaine), *sf.* L'ensemble des organes génitaux externes de la femme. — **Dér.** *Vulvaire, vulvite.* — **Comp.** *Vulvo-utérin, vulvo-utérine, vulvo-vaginal, vulvo-vaginale.*

***VULVITE** (*vulve* + sfx. médical *ite* indiquant inflammation), *sf.* Inflammation de la membrane muqueuse qui tapisse la vulve.

***VULVO-UTÉRIN, INE** (*vulve + utérin*), *adj.* Qui se rapporte à la vulve et à l'utérus. || *Canal vulvo-utérin*, le vagin.

***VULVO-VAGINAL, ALE** (*vulve + vaginal*), *adj.* Qui concerne la vulve et le vagin. || *Orifice vulvo-vaginal*, ouverture de la membrane hymen qui fait communiquer la vulve au vagin.

***VY** (mot polynésien), *sm.* La drupe comestible du *spondias sucré*, arbre dicotylédone de la famille des Térébinthacées qui croît dans les pays chauds et notamment aux îles de Tahiti. Le goût de ses fruits se rapproche de celui de nos prunes. Ce fruit est sucré, astringent et aigrelet : on le désigne sous le nom de *prune d'Amérique* ou *d'Espagne*. Les plantes qui le produisent sont aussi connues sous le nom de *monbins*; les botanistes les appellent *spondias*. Les tiges des plantes de ce genre laissent suinter une gomme employée aux mêmes usages que celle des divers acacias. Leurs fleurs servent pour faire des infusions aromatiques prescrites contre les maladies du larynx, etc.

CHATEAU DE VITRÉ
LA TOUR SAINT-LAURENT

CHATEAU DE WINDSOR

W

W (double *v*), *sm.* Lettre des alphabets de plusieurs langues du nord de l'Europe introduite dans l'alphabet français pour écrire les mots tirés de ces langues. Elle équivaut à *ou* dans les mots empruntés à l'anglais et à un *v* simple dans les mots qui viennent de l'allemand. ‖ Sur les anciennes monnaies françaises, le **w** indiquait Lille. ‖ En chimie, le wolfram ou tungstène a la notation W.

WAAG (l. *Cusus*, puis bl. *Vagus*), 400 kilom. Rivière de l'empire austro-hongrois, formée du *Waag Noir* et du *Waag Blanc*, qui, par une vallée étroite et encaissée, descendent des monts de Liptau (Karpathes). Le Waag traverse la Hongrie, arrose Rosenheim, Trentsin, Leopoldstadt et tombe dans le Danube à Komorn; il reçoit à droite l'Arva.

WAAST ou **WAST** (saint) (l. *Vedastus*) (VIe siècle), précepteur de Clovis et évêque d'Arras. Fête, le 6 février. — **Abbaye de Saint-Waast**, célèbre abbaye fondée à Arras, au VIIe siècle, à l'endroit même où fut enterré saint Waast.

WAAST-LA-HOUGUE (SAINT-), 2844 hab. Commune du canton de Quettehou, arrondissement de Valognes (Manche). Armement pour la pêche; construction de navires. Défaite de Tourville par les Anglais en 1692.

WABASH, 700 kilom. Rivière des États-Unis qui arrose les États d'Ohio et d'Illinois. Elle reçoit le White-River et se jette dans l'Ohio.

WACE (Robert) (1120-1180), poète anglo-normand, né à Jersey, chanoine de Bayeux, auteur des chroniques rimées le *Brut d'Angleterre* (histoire des Bretons) et le *Roman de Rou* (Rollon), chronique des ducs de Normandie.

WACHAU, village de Saxe, à 10 kilomètres S. de Leipzig, où, le 16 octobre 1813, les Français battirent les Autrichiens.

***WACHT AM RHEIN** (mots allemands : *la Garde au Rhin*), chant national allemand, chanté pour la première fois en 1854, dont Max Schneckenburger (1819-1849) fut l'auteur et que Charles Wilhelm (1815-1875) mit en musique.

***WACKE, *WAKE** ou ***VAKE** (*x*), *sf.* Matière opaque qui est classée entre le basalte et l'argile. (Minér.)

WAD [ou-add] (mot anglais), *sm.* Hydroxyde de manganèse, qui se présente en petites masses de couleur argentine, spongieuses, tendres et légères, pouvant aussi prendre la forme prismatoïde. Ce corps se trouve dans le Canigou, dans l'Isère, dans les Cévennes, en Angleterre, en Allemagne, etc.

WADAY. (V. *Ouadaï*.)

WADELAÏ, station sus-équatoriale sur la rive gauche du Nil, à 675 mètres d'altitude et par 2°46′ latitude N. Emin pacha qui y résidait l'a quittée en 1888.

WAES (pays de), petite contrée de la Flandre orientale (Belgique), dans l'arrondissement de Gand.

WAÈVRE. (V. *Woëvre*.)

WAFFLARD (1787-1824), auteur comique français, qui composa des vaudevilles et des comédies en prose dont la plus connue est le *Voyage à Dieppe* (1821).

***WAGGART** [ouagh-gartt] (*x*), *sm.* Espèce de silène d'Abyssinie, de la famille des Caryophyllées, dont les indigènes emploient la souche contre le ténia.

WAGNER (Guillaume-Richard) (1813-1883), illustre compositeur allemand, dont le génie longtemps contesté est aujourd'hui presque universellement reconnu. Ses ouvrages les plus célèbres sont : *Lohengrin*, *Tannhäuser*, les *Maîtres chanteurs* et sa fameuse *Tétralogie* représentée sur le théâtre de Bayreuth. Wagner a épousé une fille de Liszt, femme divorcée de Hans de Bulow, l'un des ardents promoteurs de l'œuvre du maître.

WAGNER (Rodolphe-Jean) (1805-1864), physiologiste et anatomiste allemand. Son *Dictionnaire de physiologie* en 6 volumes est un monument d'observation expérimentale.

WAGNER (Maurice-Frédéric) (1813-1887), voyageur, géologue et naturaliste allemand. La *wagnérite* porte son nom. (V. ce mot.)

***WAGNÉRISME** (*Wagner*), *sm.* Doctrine, procédé du compositeur Wagner.

WAGNÉRITE (*Wagner*, nom d'homme), *sf.* Phosphate de magnésie, combiné à un fluorure de magnésium. Ce corps, qui rappelle les turquoises, a été découvert dans le Salzbourg.

WAGON ou **VAGON** (angl. *waggon*, chariot : du sanscr. *vâha*, char), *sm.* Voiture qui, sur les chemins de fer, sert au transport des voyageurs ou des marchandises. — On classe les wagons, suivant leur emploi ou d'après la construction de la caisse, en diverses catégories : 1° voitures à voyageurs ; 2° wagons-poste, fourgons à bagages ; 3° wagons à marchandises couverts et découverts ; 4° wagons pour la construction et l'entretien des voies (ballast, rails, etc.). L'échange rapide des marchandises, telles que le lait, les fruits, les légumes, la viande, le transport du bétail, des bois, etc., a amené la création de nombreux types de wagons rentrant dans la troisième catégorie. Tout wagon se compose d'un *train de dessous* et d'une *caisse*. Le train de dessous (fig. 1 et 2) comprend un cadre (ou *châssis*) qui porte les *appareils de choc et de traction* (tampons à ressort, crochets, les plaques de garde avec boîte à huile ou à graisse, les ressorts de suspension, les essieux, les roues et les organes du frein). — 1° *Châssis*. Le châssis est un cadre rectangulaire dont les pièces sont solidement fixées les unes aux autres : on le construit en bois de chêne (de choix et sec), plus souvent en fer ou quelquefois mixte. On distingue les longerons (ou brancards) et les traverses d'à bout (ou frontales) qui supportent les boisseaux de tampons. On emploie pour les premiers des fers en **I**, et pour les secondes des fers en **[**. Le tout est quelquefois consolidé par une croix de Saint-André (fer en **[**) simple ou double. La figure 2 indique les dimensions de ces fers. Il y a, de plus, des traverses *c' c''* avec ferrures que relient entre elles ces diverses pièces. Les châssis en fer sont un peu sonores, mais leur construction est plus simple que celle des châssis en bois et leur résistance est plus grande à poids égal. Leur longueur ne doit pas excéder le double de l'écartement des essieux du véhicule. — 2° *Appareils de choc et de traction*. Ces appareils ont pour but de permettre l'accouplement des wagons et l'atténuation des chocs lors de la mise en marche et de l'arrêt des trains. On emploie souvent comme tampons des ressorts en spirale à section rectangulaire qui agissent à la fois pour le choc et la traction. L'attelage a lieu au moyen de tendeurs à vis (fig. 1) qui permettent de régler le serrage des tampons. Les trains de marchandises atteignant quelquefois un poids de 500 à 600 tonnes ne pourraient démarrer (dans le cas de tampons secs, c'est-à-dire non élastiques), si on ne disposait pas les attelages de manière à permettre que chaque wagon se mette en marche séparément. Au contraire, les voitures des trains de voyageurs sont fortement serrées les unes contre les autres afin d'éviter les chocs au démarrage et à l'arrêt (surtout en rampe). Chaque véhicule possède un tendeur à chacune de ces extrémités; il y en a donc un de rechange pour chaque attelage, en cas d'accident. En outre du tendeur, on dispose des *chaînes* dites *de sûreté*, qui relient les wagons entre eux et peuvent atténuer les conséquences d'une rupture d'attelage. Les tampons, partie apparente de l'appareil de choc, sont en fer soudé. Leur surface de contact est plate pour le tampon de droite et bombée pour celui de gauche. L'écartement des tampons est, en général, voisin de 1m,70, leur diamètre. En l'augmentant, on augmente, en même temps, la rigidité du train. Pour les lignes à voie étroite, employant un matériel de modèle réduit, on adopte souvent un tampon central. Les tiges de tampons s'appuient sur des ressorts à lames. Telle est la disposition du matériel généralement usité en Europe.

En Amérique, on emploie des voitures dont le châssis est établi sur des données différentes. La Suisse, la Suède, la Compagnie internationale des Wagons-Lits ont emprunté aux Etats-Unis ces dispositions spéciales. La caisse, dont la longueur atteint quelquefois 24 mètres (fig. 3) est alors portée sur deux chariots indépendants (*truck* ou *bogies*) à deux essieux chacun, qui peuvent passer dans des voies sinueuses. L'écartement des essieux de bogies varie de 1 mètre à 2m,05. Une cheville ouvrière relie la caisse à chaque bogie. On emploie, avec ce matériel des attelages rigides sans tampons. Le châssis repose au moyen des plaques de garde (V. plus loin) sur les essieux, à l'extrémité desquels sont calées les roues. Les roues employées dans les chemins de fer sont munies, sur leur pourtour, d'un rebord appelé *boudin*, qui est intérieur à la voie. La roue étant conique (V. *Voie ferrée*), ce dispositif permet au véhicule de retomber si, par suite d'une circonstance quelconque, la roue tendait à sortir du rail. Les deux roues d'un même essieu sont calées à ses extrémités et tournent avec lui, ce qui donne de la stabilité au véhicule. Les fusées (extrémités des essieux) (V. plus loin) sont extérieures aux roues afin de faciliter le graissage rapide des surfaces de roulement. Les roues sont placées sous les caisses des voitures. Les essieux sont parallèles; en général, ils sont au nombre de deux ou de trois par véhicule. Dans le premier cas, leur écart peut atteindre 5m,70 (Est français, voiture de 1re classe, type 1889, fig. 2). Cet écart est limité par la nécessité : 1° de pouvoir inscrire dans les courbes le véhicule dont les essieux sont parallèles entre eux (en Allemagne, sur les lignes à courbes de grand rayon, on admet 7 mètres); 2° de tourner les voitures dans les gares au moyen de plaques tournantes qui absorbent beaucoup de place. Les roues ont de 0m,80 à 1m,10 environ; elles comprennent au centre le moyeu au travers duquel passe l'essieu et sur lequel sont fixés des bras (*rais*) ou un disque plein. Le moyeu et les bras constituent le centre de la roue, autour duquel est fixé un bandage d'un poids de 200 kilogr. environ pour les voitures à voyageurs. Ce bandage, en acier, s'appuie sur une couronne en fer (*faux cercle*). Beaucoup de fourgons à bagages, lestés et doublés, sont très lourds et sont supportés par trois essieux. L'emploi de trois essieux peut empêcher le véhicule de se renverser en cas de rupture de l'un d'eux, mais il complique la disposition des freins. Autrefois, on employait la fonte pour le moyeu et le fer pour les bras : aujourd'hui on forge et matrice d'une pièce le moyeu et les rais (procédé Arbel) au moyen d'un marteau-pilon ou d'une presse hydraulique. Les roues à disque plein s'emploient beaucoup. Elles soulèvent peu la poussière, parce qu'elles brassent moins l'air que les roues à rais. On a interdit aujourd'hui les roues en fonte d'une seule pièce, qui se brisent facilement, et dans lesquelles la périphérie, rendue plus dure par un procédé spécial (*moulage en coquille*), formait bandage. On emploie en Angleterre des roues à centre en bois; on a fait aussi des centres de roues en carton comprimé entre deux plaques de tôle (Allemagne, Amérique). On commence à employer des roues en acier coulé, qui coûtent cher, mais fournissent de longs parcours; il faut alors remplacer à la fois la roue et le bandage, qui ne font qu'un. Le bandage qui entoure le centre sert au roulement et reçoit les chocs. La surface antérieure est cylindrique et se termine par un congé du côté du boudin. D'ailleurs le profil exact est indiqué par la figure ci-contre. En général, on remplace le bandage quand son épaisseur est réduite de 30 millimètres; il est fixé sur le centre au moyen d'une opération appelée *embattage* : elle consiste à le chauffer au rouge et à introduire le centre dedans; le refroidissement, produit par une couronne de jets d'eau, donne un serrage énergique. Certaines compagnies, afin d'éviter qu'en cas de rupture du bandage il ne retombe sur la voie et n'occasionne le déraillement du train, le fixent au moyen d'un boulon ou d'une vis. (On peut reprocher à ce dispositif de diminuer la résistance du bandage.) Les bandages sont soumis à des essais sévères, au cours desquels ils doivent supporter pour être reçus le choc d'un mouton de 1 000 kilogr. tombant de 4 mètres de haut.

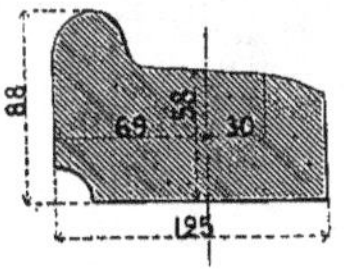

BANDAGE D'UN WAGON

Essieux. On distingue dans un essieu : 1° le *corps* de l'essieu (fig. 2), intermédiaire entre les deux roues; 2° la *portée de calage* P (fig. 6), encastrée dans le moyeu; 3° la *fusée* Q, extrémité de l'essieu sur laquelle le véhicule repose. Ces trois parties sont cylindriques, mais de diamètres différents. La figure 6 rend compte des dimensions que l'on donne à ces divers éléments, dimensions qui sont calculées de manière à ne pas dépasser les efforts que l'on peut imposer au métal, au choc et à la traction dans les conditions où on le fait travailler. La longueur de la fusée est de 1.75 à 2.25 fois son diamètre. Les essieux étaient autrefois en fer; aujourd'hui, on les exécute en acier forgé, et on les éprouve en plaçant leurs extrémités sur deux appuis très résistants et en faisant tomber d'une hauteur de 4 mètres sur la partie médiane un mouton de 500 kilogr. Les essieux ont une durée qui varie beaucoup suivant les qualités du métal dont ils sont formés. On visite les essieux très souvent, afin de constater les fissures, signes précurseurs de leur rupture. La *boîte à graisse* (fig. 6) enveloppe la fusée et repose sur elle au moyen du *coussinet* (fig. 6). La rotation très rapide de la fusée exige un graissage soigné afin d'éviter l'échauffement et le grippage du métal. Les coussinets n'embrassent pas en général toute la circonférence de la fusée : ils sont en bronze ou en métal blanc. Souvent on fixe à l'intérieur d'un coussinet en bronze une pellicule d'un métal antifriction composé d'étain, de plomb, de cuivre, de zinc et d'antimoine. On emploie comme matière lubrifiante le suif ou l'huile; l'huile minérale donne de bons résultats (chemins de fer d'Alsace-Lorraine); on l'amène entre la fusée et le coussinet au moyen de rainures (*pattes d'araignée*) et de deux trous percés aux deux bouts du coussinet; l'huile est contenue dans des réservoirs I (fig. 6 et 7), placés soit à la partie inférieure, soit à la partie supérieure de la boîte à graisse; certains systèmes de boîtes possèdent un réservoir supérieur et un réservoir inférieur (fig. 6); une mèche N ou une petite brosse sert à conduire le liquide sur les organes à lubrifier. Le châssis et les essieux sont réunis par un intermédiaire élastique, la *suspension*, qui amortit les chocs. On emploie à cet effet des ressorts en caoutchouc ou en acier : ces derniers sont formés d'un certain nombre de lames superposées réunies par une chape; leur flexibilité est déterminée suivant la charge que doit supporter le véhicule. La figure 1 montre la disposition des ressorts. Un ressort comprend une lame supérieure, appelée *maîtresse feuille*, et une série de lames de longueur décroissante. La maîtresse feuille est reliée au châssis par l'intermédiaire de menottes. La maîtresse feuille a environ 1m,70 à 2m,4 de longueur dans les voitures à voyageurs et de 1m,1 dans les wagons à marchandises. Un écrou sert à régler la tension des ressorts. On donne même souvent au support un mouvement vertical et à la *main de réglage* un déplacement horizontal, ce qui permet d'atteindre avec plus de précision la tension voulue. Il faut que les feuilles des ressorts soient bien adhérentes les unes aux autres; en effet, on ménage souvent à leur surface inférieure une nervure qui s'emboîte dans une rainure ménagée à la surface supérieure de la feuille placée immédiatement au-dessous (V. fig. 6); on donne au ressort une certaine flèche. Les feuilles de ressorts s'exécutent en acier de premier choix et sont l'objet d'essais sévères. On interpose souvent entre le châssis et la caisse des rondelles de caoutchouc. Certaines administrations de chemin de fer ont adopté un système de sièges à ressorts pour voitures à voyageurs : cet excès d'appareils élastiques produit, surtout dans les trains de vitesse, des soubresauts souvent très désagréables. La plaque de garde (fig. 1) est une fourchette en tôle découpée ou en fer forgé rivée au longeron, qui embrasse la boîte à graisse. Elle sert à fixer et à guider les boîtes à graisse ou à huile, qui peuvent ainsi coulisser et se déplacer d'une quantité déterminée dans le sens vertical.

Caisse. La construction des caisses varie beaucoup avec l'usage auquel le véhicule est destiné. Les wagons à marchandises sont couverts et susceptibles d'être hermétiquement fermés, quand ils sont destinés au transport de matières craignant l'eau et l'air ou de marchandises soumises à des droits et à des visites de douane (*plombage*); ils sont munis de portes roulant sur des galets et de persiennes qui permettent de donner l'air au bétail. Pour les minerais, les houilles et cokes, on emploie des wagons tombereaux dont les parois ont environ 1m,15 de hauteur. Les grosses pièces de fonte, les pierres de taille, etc., sont chargées sur de

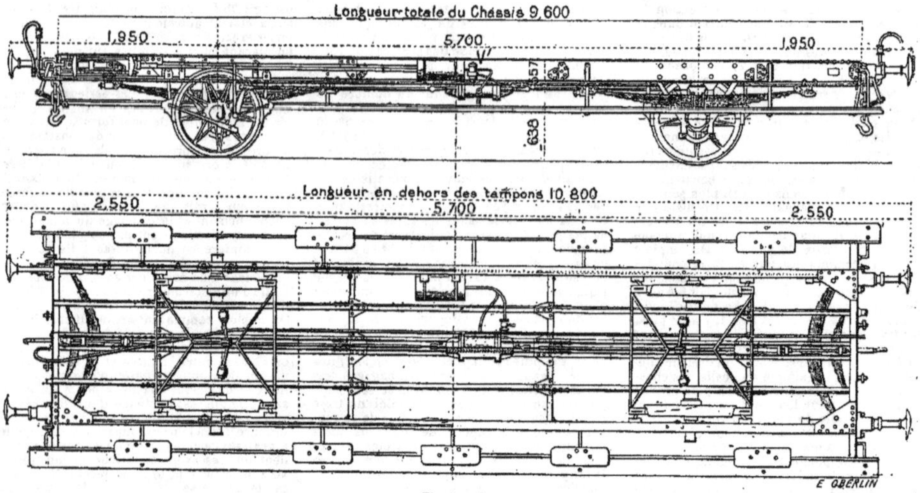

Fig. 1 et 2.

Coupe par AB.

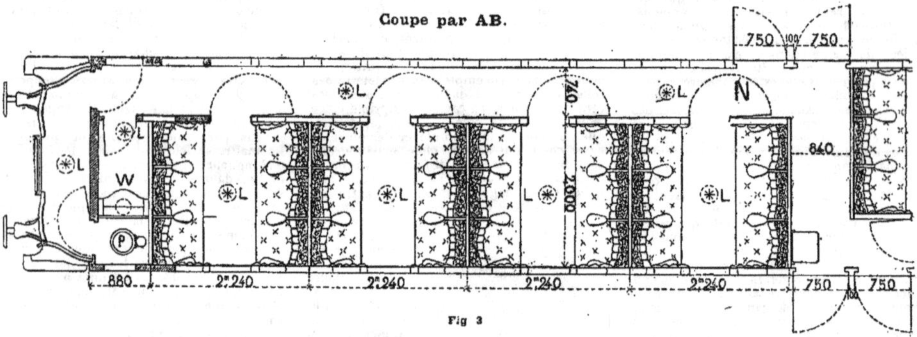

Fig 3

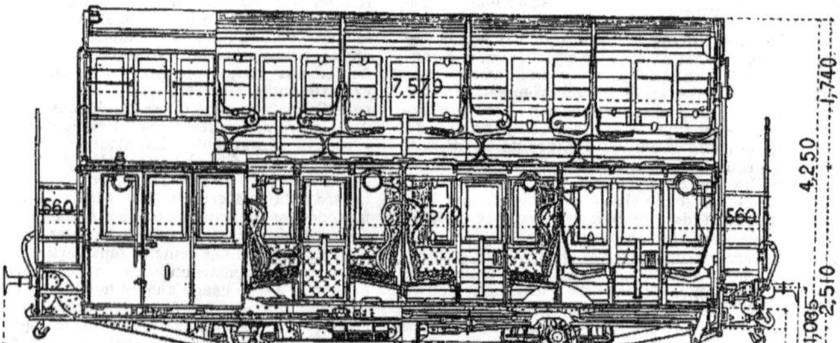

Fig. 4.

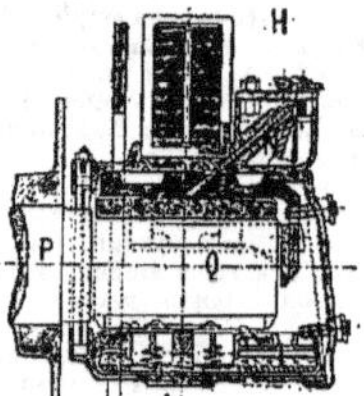

Fig. 5.

WAGONS

Fig 1 et 2. Châssis d'une voiture de 1re classe (Est français); fig. 1. élévation; fig. 2. plan. — Fig. 3. Voiture de 1re classe à intercommunication (P.-L.-M. français). Plan. Fig. 4. Voiture mixte à impériale (1re et 2e classe) du chemin de fer de l'Est français. Coupe. Elévation. — Fig. 5. Boîte à huile à double réservoir (P.-O. français).

simples plates-formes qui, recouvertes de bâches, peuvent servir au chargement des fourrages, charbons de bois, etc. Les bois de grandes dimensions sont fixés à chaque extrémité, au moyen de chaînes, sur des trucks à quatre roues. Le transport du lait, des fruits, des légumes, de la bière, etc., a exigé la construction de wagons spéciaux dans lesquels la conservation de la matière à transporter est souvent assurée par des moyens de ventilation, de chauffage ou de réfrigération spéciaux. L'aménagement des caisses des voitures à voyageurs a lieu suivant deux types bien différents : 1° voitures à cloisons longitudinales (matériel anglais ou à coupés (fig. 4) ; 2° voitures à couloir longitudinal ou à intercommunication (matériel américain, fig. 3). En Europe domine le premier système. Chaque caisse comprend de 3 à 7 compartiments isolés, séparés par des cloisons et munis chacun de deux portières sur chaque paroi longitudinale. Le matériel à voyageurs comprend des voitures de 1re, de 2e et de 3e classe (en Prusse, il existe une 4e classe), auxquelles s'ajoutent quelques wagons-salons et un certain nombre de compartiments plus luxueux, renfermant des fauteuils et des lits. Les cloisons des voitures de 3e classe s'arrêtent souvent à mi-hauteur, ce qui facilite l'éclairage et l'aération. Le *matériel à cloisons transversales* offre, entre autres avantages : 1° la réduction du poids mort par voyageur (on appelle poids mort le rapport du poids de la voiture au nombre des voyageurs transportés); 2° on constate facilement les fraudes commises par les voyageurs qui montent dans une voiture d'une classe supérieure à celle pour laquelle ils ont payé. En revanche, le voyageur est astreint à ne point changer de place quand le compartiment se trouve complet, il se produit des courants d'air dus à la multiplicité des fenêtres et des portes ouvrant sur la voie, d'où une plus grande difficulté pour le chauffage des voitures. Le *matériel longitudinal* se compose d'une caisse de grande dimension dans laquelle sont disposés des sièges; quelquefois un couloir N règne au centre ou sur le côté, les portes sont pratiquées dans les parois frontales. Dans ce dernier cas, certaines compagnies font ouvrir sur ce couloir un certain nombre de compartiments dans le genre de ceux du premier système (fig. 3). La place perdue se trouve être plus considérable que dans le matériel à cloisons transversales, ainsi que le poids mort qui peut arriver à être plus que doublé. Le véhicule étant muni seulement d'une porte à chacune de ses extrémités, son accès ou son évacuation sont rendus plus difficiles et plus longs. Mais on peut établir sans danger entre les wagons une communication pour les agents du train et les voyageurs, qui ne sont plus confinés dans un espace restreint. On peut, en employant ce système de wagon, mettre à la disposition du voyageur des cabinets de toilette et des water-closets W, qui trouvent plus difficilement leur place dans les wagons à cloisons transversales. En tous cas, le couloir longitudinal et latéral paraît préférable au couloir longitudinal et central, surtout pour les longs parcours, bien qu'il exige un réglage spécial de la suspension, permettant de remédier à l'inégalité de poids des parties droite et gauche du wagon. (Le côté du couloir est le plus léger.) Les chemins de fer à voie étroite emploient en général ce dispositif à couloir central. Le peu de longueur des parcours permet alors de diminuer le confortable et le poids excessif des voitures. Les poids des voitures et des wagons varient beaucoup avec les pays et avec les destinations auxquelles on les consacre. On est conduit à donner aux wagons du système américain la longueur de 20 à 25 mètres avec 2m,8 de largeur extérieure. Les voitures à bogie de ce type construites par la Compagnie d'Orléans pèsent 33 tonnes et renferment 42 places. Chacun des quatre essieux porte 7937 kilogr.; et le poids mort par voyageur est de 785 kilogr. au lieu de 360 dans les voitures de 1re classe ordinaires. Les *caisses* sont en général en bois de chêne ou de teck, recouvert de parois en tôle vernie; l'intérieur des compartiments, en bois ou en cuir pour les troisièmes classes, est tendu de drap et capitonné dans les voitures de première et de seconde classe. Les figures 1, 2, 4, indiquent les dimensions des éléments de la caisse et du châssis. La communication avec l'atmosphère a lieu au moyen de portières avec glaces mobiles; de plus, de chaque côté de la portière, sont disposées deux fenêtres munies de glaces, tantôt fixes, tantôt mobiles. Des marchepieds en bois sont disposés extérieurement à la caisse pour permettre l'accès des compartiments, dont le plancher est à un niveau d'environ 1 mètre du rail. Dans les wagons de 1re classe on dispose souvent des plafonds et des planches à double paroi : l'intervalle peut être rempli d'une couche de cellulose qui intercepte le froid. La ventilation des voitures est assurée par des ouvertures que le voyageur peut fermer si elles deviennent une cause de froid. Les dimensions à donner aux wagons ou à leur chargement, dans le cas de wagons à marchandises, sont déterminées par les plus grandes hauteur et largeur des ouvrages d'art de la ligne, surtout des ponts et des tunnels. On a des gabarits en fer cornière établis suivant ces dimensions et au travers desquels tout véhicule appelé à circuler doit passer librement.

Le *chauffage* des voitures à voyageurs peut se faire : 1° au moyen de bouillottes, c'est-à-dire de récipients métalliques aplatis remplis d'eau ou de sable chauds; 2° par des poêles ordinaires : ce mode de chauffage est surtout employé dans les wagons du système américain; 3° par des thermo-siphons, c'est-à-dire de fourneaux qui servent à chauffer de l'eau qui circule dans des conduits en fer; 4° au moyen de briquettes enfermées dans des enveloppes en fer. On utilise aussi la chaleur dégagée par le mélange de certains composés chimiques (bouillottes à acétate de soude).

L'*éclairage* des voitures se faisait autrefois au moyen de lampes à huile de colza logées dans des cavités spéciales, généralement dans le plafond des voitures. Aujourd'hui on emploie beaucoup le gaz produit par la distillation des huiles lourdes : on l'emmagasine à haute pression dans des réservoirs suspendus sous le plancher des voitures, et une conduite générale (avec raccords entre les diverses voitures) alimente les lanternes. L'électricité fournie par des accumulateurs est employée par plusieurs administrations.

Freins. Les voitures ou wagons doivent être munis de freins, c'est-à-dire d'organes permettant d'enrayer leur vitesse, soit lorsqu'ils circulent isolément, soit quand ils sont accouplés pour former un train. En effet, pour l'arrêt normal aux stations, la fermeture du régulateur qui donne à la vapeur accès dans le cylindre, est insuffisante; en palier, un train lancé à 71 kilom. à l'heure accomplit un parcours d'environ 3500 mètres sous la seule influence de la vitesse acquise. A la descente d'une forte rampe, il est utile de s'opposer à ce que le train ne prenne, sous l'action de la pesanteur, une vitesse trop grande qui pourrait détériorer le mécanisme moteur de la locomotive. Tous les freins sont fondés sur l'application de surfaces frottantes sur les parties mobiles; ce frottement s'exerce sur les roues ou sur la voie. De là deux systèmes de freins : 1° les *freins à sabots*; 2° les *freins à patins*. Les seconds, moins employés, présentent beaucoup d'inconvénients : leur influence, fondée sur le frottement, diminue à mesure que la vitesse augmente; ils abîment la voie, heurtent les joints des rails, les aiguilles; enfin, ils sont d'une mise en jeu difficile. Les freins à sabots consistent en blocs de bois ou de métal qui pressent le bandage et donnent un effort résistant. Il faut que le sabot reste à une certaine distance de la roue quand le frein n'agit pas (8 à 10 millimètres). La *timonerie* du frein doit être disposée de manière à exercer sur les sabots une pression proportionnelle aux charges des essieux. Beaucoup de wagons à marchandises ont un frein à main d'un seul côté du wagon, et un seul sabot par roue, ce qui fatigue les plaques de garde. En général, chaque paire de roues est munie de deux ou de quatre sabots. On suspend les sabots non au châssis, mais à une pièce spéciale appelée *entretoise de frein* I. La timonerie est agencée de diverses manières. Un des dispositifs les plus simples consiste à employer un levier mis en mouvement par une vis. On a cherché à employer pour le serrage des freins la force vive détruite au moment de l'arrêt, et même la rotation des roues. Dans ce dernier cas, le *frein* est dit à *entraînement*. Le frein Stilmant consiste dans un coin qui, au moyen d'une vis, s'engage entre deux pièces et serre les sabots par l'intermédiaire des leviers. Tous ces freins nécessitent la présence d'un agent sur chaque véhicule. Tous les trains de voyageurs sont, en général, pourvus de freins dits *freins continus*, qui agissent à la fois sur tous les essieux du train par la manœuvre d'un appareil unique. Les freins continus sont souvent automoteurs. Dans les premiers systèmes essayés, le mécanicien arrêtant sa machine au moyen d'un frein spécial, les tampons du train buttaient les uns contre les autres, et déterminaient ainsi le serrage des sabots. Les freins automoteurs sont quelquefois disposés de manière à entrer en action au contact d'un appareil fixe situé en un point dangereux de la voie (bifurcation, etc.), que les trains ne doivent pas franchir. Les freins continus à entraînement ont été abandonnés. Les systèmes le plus en vogue actuellement fonctionnent au moyen de l'air raréfié ou comprimé : 1° *Frein à air comprimé*. Le plus connu est le *frein Westinghouse* (V. p. 786 et 787), qui a été perfectionné par MM. Wenger, Henry, etc. 2° *Frein à vide*. Nous donnerons le principe du frein Smith-Hardy, en service à la Compagnie du Nord français. Le *frein à vide* consiste en un récipient fermé (*sac à vide*) dans lequel peut se mouvoir un diaphragme actionnant, par l'intermédiaire d'un levier vertical ou horizontal, la timonerie du frein. Un *éjecteur* à vapeur placé sur la locomotive sert à faire le vide dans un des deux compartiments du sac; ce qui détermine un mouvement de va-et-vient du diaphragme et du levier provoquant le serrage ou le desserrage des sabots. Une conduite générale régnant tout le long du train met tous les sacs en communication (chaque véhicule a le sien). Quand le mécanicien veut serrer le frein, il fait agir l'éjecteur : le vide, se produisant aussitôt, donne l'effet voulu. Une valve de rentrée d'air, placée sur la machine, permet le desserrage. On voit que, en cas de fuites, le frein à vide ne se serre pas automatiquement comme le précédent, sur lequel il a, en revanche, l'avantage d'être d'une construction plus simple et partant moins coûteuse. Des *sonnettes d'alarme* (appareils d'intercommunication électrique, système Prudhomme et autres) ont été mises, après bien des hésitations, à la disposition des voyageurs dans chaque compartiment. Leur manœuvre provoque l'arrêt du train en agissant sur le frein continu, en cas de crime ou d'accident quelconque.

En France, on peut compter que le nombre de wagons nécessaire par kilomètre de voie est de 5 à 6 pour les marchandises et de 0,6 pour les voitures à voyageurs de toutes classes. || *Wagon-vanne*, sorte d'écluse portative en usage dans les égouts. || Poterie en terre cuite servant à faire des tuyaux de cheminée. — **Dér.** *Wagonnet, wagonner, wagonnier.*

***WAGONNER** (*wagon*), *vt.* Transporter en wagonnet : *Wagonner du ballast.* (Néol.)

WAGONNET ou ***WAGONET** (dm. de *wagon*), *sm.* Petit wagon.

***WAGONNIER** (*wagon*), *sm.* Homme employé à la manœuvre des wagons, dans une gare.

WAGRAM, village d'Autriche, sur la rive gauche du Danube, à 9 kilomètres N.-E. de Vienne, célèbre par la victoire que les Français, commandés par Napoléon Ier, y remportèrent sur les Autrichiens les 5 et 6 juillet 1809. — **Prince de Wagram**, titre donné au général Berthier, qui contribua puissamment au succès la bataille de Wagram. (V. *Berthier*.)

WAHABITES (de *Wahab*, nom du réformateur musulman), secte musulmane qui se forma vers la fin du XVIIIe siècle, qui admet le Coran mais repousse toute tradition et se fait remarquer par des tendances égalitaires. Les tribus wahabites tentèrent d'envahir l'Égypte en 1803, prirent Damas en 1808, mais furent refoulés en 1812 par Ibrahim, fils de Méhémet-Ali, qui lui-même en 1818 s'empara de Derreyeh, leur capitale, et la réduisit en cendres. Les Wahabites habitent le vaste plateau du *Nedjed*, qui est divisé en deux gouvernements bien distincts : le *Shomer* ou *Shammar* (513000 hab.), au N., et le *Nedjed proprement dit* (1321500 hab.), au S., avec la dépendance d'*El-Haça*. Le Nedjed, entièrement soumis aux Wahabites, renferme la contrée agricole de l'*Ared*, qui est le cœur de l'Arabie et le centre de leur puissance.

***WAHABITISME** (*wahabite*), *sm*. Doctrine des Wahabites.

WAHAL ou **WAAL**, branche méridionale et principale du Rhin qui commence à Pannerden, près du fort de Schenk, arrose Nimègue et Thiel, rejoint la Meuse à la pointe de l'île de Bommel, entre Wondrichem et Goringhem (*Gorcum*); elle se jette dans la mer du Nord par un large estuaire.

WAHOUMA, race de nègres africains découverts par Stanley dans la région des Grands Lacs. Ils ressemblent beaucoup aux Européens et n'ont pas le nez épaté. Stanley pense que les individus de cette race descendent d'Ethiopiens qui se seraient établis dans la région équatoriale. Ils ne se sont pas mélangés avec les races voisines, et paraissent très intelligents.

WAIFRE ou **GUAIFRE**, fils d'Hunald et duc d'Aquitaine, qui lutta héroïquement pour son indépendance contre Pépin le Bref de 760 à 768, et se réfugia dans les bois, où les siens l'assassinèrent.

WAIGATZ (ILE). (V. *Vaigatsch.*)

WAÏ-HOU (ILE). (V. *Vaï-Hou.*)

WAILLY (NOEL-FRANÇOIS DE) (1724-1801), célèbre grammairien et lexicographe français. Admis à l'Institut, il concourut à la rédaction du *Dictionnaire de l'Académie* (1798) et fit paraître en 1801 le *Nouveau Vocabulaire français* ou *Abrégé du dictionnaire de l'Académie*, qui est restée longtemps classique. — **Wailly** (BARTHÉLEMY-ALFRED DE) (1800-1869), petit-fils du précédent, auteur du *Nouveau Dictionnaire latin-français et français-latin*, etc. — **Wailly** (JOSEPH-NOEL) (1805-1886), érudit et paléographe français distingué, qui, de 1855 à 1865, avec Guigniault et L. Delisle, publia les tomes XXI et XXII du *Recueil des historiens des Gaules*.

***WAIRE** ou ***WAIRETTE** [vé-rè-tt] (*x*), *sf*. Perche en chêne sans écorce.

WAITZ (GEORGES) (1813-1886), historien allemand, l'un des collaborateurs des *Monumenta Germaniæ historica* de Pertz et auteur d'ouvrages historiques sur l'Allemagne.

WAITZEN, 13000 hab. Ville de Hongrie, sur la rive gauche du Danube. Grands marchés de bestiaux.

WAKEFIELD, 30573 hab. Ville du comté d'York (Angleterre), sur le Calder, au S.-E. de Leeds. Grains, bétail, draps.

WALCHEREN (ILE). (V. *Walkeren.*)

***WALCHIA** (de *Walch*, nom d'un savant allemand), *sf*. Genre de végétaux fossiles (Conifères).

WALCKENAER (CHARLES-ATHANASE) (1771-1852), écrivain, géographe, entomologiste et biographe français de l'Académie des inscriptions, auteur de la *Géographie des Gaules*, d'ouvrages estimés sur les insectes, des vies d'Horace, de La Fontaine, de Mme de Sévigné, etc.

WALCOURT, 1670 hab. Ville de Belgique (province de Namur). Le maréchal d'Humières y fut défait par le prince de Waldeck (1689).

WALDECK (PRINCIPAUTÉ DE), 56322 hab. 1120 kilom. carrés, petit État de l'empire d'Allemagne enclavé dans la Hesse et la Westphalie; capit. *Corbach*; villes principales : *Arolsen* et *Pyrmont*.

WALDECK (GEORGES-FRÉDÉRIC, PRINCE DE), feld-maréchal qui prit part à la bataille de Vienne (1683). Il commandait, comme maréchal général, les troupes hollandaises que le maréchal de Luxembourg mit en déroute à Fleurus (1690).

WALDEMAR. (V. *Valdemar.*)

WALDENBOURG, 3000 hab. Ville de Saxe (Allemagne), sur la Mulde. Eaux minérales.

WALDENBOURG, ville du Wurtemberg, ch.-l. de la principauté de Hohenlohe-Waldenbourg-Schillingfürst.

WALDENBURG, 13000 hab. Ville de l'empire d'Allemagne, au centre du bassin houiller de la basse Silésie (*Eulen-Gebirge*), arrosé par la Weistritz. Grandes mines de houille. Fabriques de toiles et de lainages. Les montagnes de *Waldenburg* s'élèvent entre la coupure de la Weistritz et les sources de la Bober (*Heidelberg*, 923 mètres; *Hochwald*, 852 mètres).

WALDERSÉE (ALFRED, COMTE DE), général allemand contemporain, né en 1832. Il prit part aux combats qui précédèrent l'occupation du Mans, et remplaça (3 août 1888) le feld-maréchal de Moltke à la tête du grand état-major allemand.

WALDKIRCH, 2700 hab. Ville du grand-duché de Bade (Allemagne du Sud), sur l'Elz.

WALDSHUT, 2500 hab. Ville du grand-duché de Bade (Allemagne du Sud), sur le Rhin.

WALDSTEIN. (V. *Wallenstein.*)

WALEWSKI (COLONNA, COMTE DE) (1810-1868), ministre des affaires étrangères sous Napoléon III (1855-1860), puis ministre d'État (1860-1863).

WALFERDIN (FRANÇOIS-HIPPOLYTE), (1795-1880), physicien français, né à Langres (Haute-Marne). Il a imaginé des thermomètres à maxima et à minima et un hipsothermomètre destiné à évaluer la hauteur des montagnes.

WALHALLA (LE) [val-al-la] (AHA. *wal*, ceux qui ont péri sur le champ de bataille + *halla*, portique : le portique des tués), *sm*. Champs élyséens des Scandinaves célèbres dans les *Eddas* et les *Niebelungen*. C'est le palais où Odin reçoit les guerriers tués en combattant et y préside aux banquets où les Walkyries versent aux héros la cervoise dans des hanaps ciselés. Dès le matin, les héros se livrent entre eux d'épouvantables combats et, à midi, les morts se relèvent et viennent prendre place à table autour d'Odin, accompagné de ses deux loups favoris Geri et Ireki.

WALI [oua-li] (ar. *ouali*), *sm*. Gouverneur arabe en Espagne, au VIIIe siècle.

WALID Ier (ABOUL-ABBAS) (669-715), khalife omniade de Damas sur lequel furent conquis l'Arménie, la Cappadoce, le Turkestan, le Khawarism, l'Espagne, la Sardaigne et la Corse. — **Walid II** (ABOUL-ABBAS), surnommé *Al-Fassik* (l'Impudique), né en 703, khalife en 743, remarquable par sa vie entièrement déréglée. Il périt assassiné.

***WALIDDA** [oua-lid-da] (mot hindou), *sf*. (V. *Wrightie.*)

WALKER (WILLIAM), célèbre aventurier américain, né dans l'Etat de Tennessee (1824), fusillé à Trujillo (Honduras) en 1860.

WALKER (ROBERT-JOHN) (1801-1860), célèbre financier et homme politique américain.

WALKEREN ou **WALCHEREN**, 36500 hab., île de la province de Zélande (Hollande), entre la mer du Nord à l'O., une bouche de l'Escaut au S., le canal de Sloé à l'E., et la passe de Veere au N. Sol plus bas que la mer et protégé par des digues, fertile; climat très malsain. L'île est coupé en deux par un canal de grande navigation. Capit. *Middelbourg*; villes principales : *Flessingue* et *Veere*. Occupée par les Anglais en 1809, ils en furent chassés par le général français Bernadotte.

WALKYRIE. (V. *Valkyrie.*) ‖ *La Walkyrie*, opéra de Richard Wagner, première partie de la trilogie des *Niebelungen*.

WALLACE (WILLIAM) (1276-1305), célèbre chef des partisans écossais qui tenta de délivrer son pays de la domination d'Édouard Ier, roi d'Angleterre. Livré par un traître, il fut décapité à Londres.

WALLACE (SIR RICHARD) (1818-1890), philanthrope de nationalité anglaise, fils et héritier du marquis d'Hertford. Gendre du général Castelnau, il vécut à Paris, y organisa l'ambulance Hertford en 1870-71, se fit ambulancier lui-même, et, en 1872, dota Paris de cent fontaines d'eau de source, à petites colonnettes surmontées d'un dôme, qu'on connaît sous le nom de *fontaines Wallace*.

WALLACE (ALFRED-RUSSEL), naturaliste anglais, né en 1822, dont le nom est resté associé à la théorie de Darwin en ce qui concerne la sélection naturelle.

WALLENSTADT (LAC DE), lac de Suisse, situé dans le canton de Saint-Gall, communiquant par un canal avec la Limmat qui y dépose ses boues avant d'entrer dans le lac de Zurich.

WALLENSTEIN ou **WALDSTEIN** (1583-1634), célèbre général bohémien. Assez riche pour lever à ses frais une armée, il combattit pour Ferdinand II dans la guerre de Trente ans, tout en traitant l'empereur avec une hauteur insultante; disgracié, puis rappelé, il allait faire défection quand Ferdinand II le fit assassiner. ‖ *Wallenstein*, trilogie dramatique de Schiller (1798).

WALLHAM, bourg du comté d'Essex (Angleterre), sur la Lea. Poudrerie royale.

WALLHAM, 17000 hab. Ville d'Amérique (Massachusetts), qui renferme la plus grande fabrique de montres du monde entier.

WALLIS (1616-1703), célèbre mathématicien anglais. Son principal ouvrage est intitulé : *l'Arithmétique des infinis*.

WALLIS (SAMUEL), célèbre navigateur anglais qui, de 1766 à 1768, explora la Polynésie et découvrit l'archipel qui porte son nom.

WALLIS (ILES), archipel formant un groupe de douze iles situé dans la Polynésie par 13°18" latitude S. et 179° longitude O.

WALLO ou **OUALLO**, contrée de la Sénégambie qui s'étend à partir de Dagana, sur la rive gauche du Sénégal, et devenue une dépendance des établissements français. Le mil est la seule culture du Wallo; la population, de race mandingue, est mélangée en partie de race foulah et maure; l'islamisme en est la religion, et le yoloff la langue. La faune de ce pays renferme le buffle, la panthère, l'autruche, le lièvre, la perdrix, le rat palmiste, et le petit oiseau appelé *sénégali*. Villages importants : *Makka*, *Débi*, *Ghick*, *Laouakh*, *N'Dianhui*, *Guidakar*.

1. **WALLON** (PAYS), portion méridionale du royaume de Belgique, séparée de la Flandre par une ligne qui, partant du point où la Lys coupe la frontière française, aboutit à Aix-la-Chapelle en laissant Bruxelles au N. Le pays wallon est beaucoup plus accidenté que la plaine des Flandres; il est très bien cultivé (Hesbaye) renferme de riches pâturages (pays d'Herve) et de grands établissements industriels à Liège, Seraing, Verviers, Marniselle, Charleroi. Dans le Borinage il y a d'importantes mines de houille; l'Ardenne, par contre, est très pauvre. La population wallonne parle un dialecte français; les habitants sont plus grands, plus forts que les Flamands, dont ils diffèrent beaucoup par le caractère.

2. **WALLON, ONNE** (*Wallon* 1), *adj*. et *s*. Qui appartient au pays wallon ou à ses habitants. ‖ Habitant de ce pays. — *Sm*. Le dialecte français que l'on parle dans le pays wallon. — *Gardes wallonnes*, troupe d'élite qui faisait autrefois partie de la maison militaire des rois d'Espagne.

WALPOLE (ROBERT) (1676-1745), célèbre homme d'État et ministre anglais qui, sous Georges Ier et Georges II, gouverna l'Angleterre en maître en corrompant la majorité dans les Chambres. — Son troisième fils, HORACE (1718-1797), s'adonna à la littérature. Il est regardé comme le premier des auteurs épistolaires anglais.

WALPURGIS (MONT), haut sommet du Harz, connu sous le nom de *Brocken*, *Brocksberg* ou *Blocksberg*, dans l'Allemagne du Nord, où, suivant la légende, les esprits infernaux se donnent rendez-vous dans la nuit du 30 avril au 1er mai.

WALSALL, 58808 hab. Bourg du comté de Staffordshire (Angleterre). Fonderies de fer. Mines de houille.

WALTER SCOTT. (V. *Scott.*)

WALTHER VON DER VOGELWEIDE. (V. *Vogelweide.*)

WAMBOUSSI ou **OUAMBOUSSI**, peuple nain de l'Afrique équatoriale découvert par

Stanley en 1888 et qui habite les rives de l'Ihourou, affluent de la rivière Arouwouimi qui se jette dans le Congo (r. d.).

WAMBRECHIES, 4 012 hab. Bourg de l'arr. de Lille (Nord), sur la Deûle. Brasseries, distilleries, filatures.

WANDRILLE (SAINT-). (V. *Vandrille.*)

WANGEROOG (ILE DE), 450 hab. Ile de 7 kilom. de longueur située sur la côte de l'Allemagne du Nord. Bains de mer.

WANYORO ou **OUANYRO**, peuple de l'Afrique subéquatoriale, au S.-O. du lac Albert, découvert par Stanley en 1888.

WAPPERS (ÉGIDE-CHARLES-GUSTAVE) (1803-1874), peintre belge, auteur du *Dévouement des bourgmestres de Leyde.*

***WARANDEUR** (du vx fr. *warenc*, hareng), *sm.* Agent préposé aux salaisons des harengs à Dunkerque et chargé d'apposer les armes de la ville sur les caques.

WARASDIN ou **VARASDIN**, 10 623 hab. Ville d'Autriche-Hongrie (Croatie), sur la rive droite de la Drave. Eaux thermales. Commerce de grains et de tabacs. Vins renommés.

WARDEIN (GROSS-), 28 500 hab. Ville forte de Hongrie. Soieries et poteries.

***WARETÉE** [oua-re-tée] (*x*), *sf.* Sorte de fil à voile servant à joindre plusieurs pièces de filet.

***WARIE** [oua-rie] (*x*), *sf.* Bâtiment de transport à Terre-Neuve.

WARMBRÜNN, ville de Silésie (Allemagne). Bains d'eau thermale sulfureuse.

WARNACHAIRE, mort en 626, maire du palais de Thierry II, roi austrasien de Bourgogne, qui, en 613, livra Brunehaut à Clotaire II, roi de Neustrie.

WARNEMÜNDE, 2000 hab. Ville de l'Allemagne du Nord; avant-port de Rostock.

WARNETON, 3687 hab. Ville de la Flandre occidentale (Belgique), sur la rive gauche de la Lys. Toiles, dentelles, bestiaux.

***WARNETTE** [oua-rnètt] (all. *garn*, fil + *netz*, autrefois *netz*, filet), *sf.* Filet de pêche fait avec un fil très fin. — **Dér.** *Warnetteur.*

***WARNETTEUR** [oua-rnèt-teur] (*warnette*), *sm.* Petit bâtiment pêcheur de Dieppe.

WARNOW, 150 kilom. Fleuve de l'Allemagne du Nord (Mecklembourg). Il arrose une vallée très fertile et forme, au-dessous de Rostock un large estuaire qui communique avec la mer par la passe de Warnemünde.

***WARRANT** [oua-rant] (bl. *warrantum*, garant : de l'AHA. *werren*, cautionner), *sm.* Mandat d'amener, prise de corps, et tout écrit qui permet au porteur d'agir par autorité, en Angleterre. || Reçu remis à un commerçant lorsqu'il fait consigner ou consigne lui-même des marchandises dans un dock ou entrepôt, et constatant la valeur et la description de ces marchandises. En France, un tel dépôt exige deux titres, réunis en un seul : l'un, le *récépissé*, sert au transfert de la propriété de la marchandise; l'autre, instrument de crédit, bulletin de gage, s'appelle *warrant.* Pour emprunter sur la marchandise, le propriétaire du dépôt détache du *récépissé* et endosse le *warrant* qui est transféré au prêteur. Mais le propriétaire transfère les deux titres à l'acheteur, si la marchandise n'est grevée d'aucun emprunt. Le premier essai du système des warrants date de 1848; mais il ne fut pratiqué et la marchandise rendue réellement mobilisable qu'après le règlement ministériel du 12 mars 1858. Les établissements régulièrement créés et autorisés peuvent seuls délivrer des récépissés et warrants. — **Dér.** *Warranté, warrantée.*

***WARRANTÉ, ÉE** (*warrant*), *adj.* Garanti par un warrant : *Marchandise warrantée.*

WARREN HASTINGS. (V. *Hastings.*)

WARRINGTON, 41 456 hab. Bourg du comté de Lancastre (Angleterre), sur la Mersey. Fabriques de coton, verreries.

***WARROTS** [oua-ro] (altération du mot *jarrosse*), *smpl.* Mélange composé d'avoine, vesce, féveroles et pois.

WARTA, 795 kilom. Grande rivière, affluent de droite de l'Oder, qui a sa source en Pologne dont elle parcourt du S. au N. la partie orientale. Elle arrose Czentochova, Warta, Kolo, tourne à l'O., entre en Prusse, arrose Posen, Schwerin, Landsberg et tombe dans l'Oder (r. dr.) près de Küstrin. Elle reçoit à droite la *Ner* et la *Netze*, que des canaux unissent à des affluents de la Vistule; à gauche, la *Prosna* et l'*Obra.*

WARTBOURG, célèbre château du grand-duché de Saxe-Weimar, où Luther travailla en 1521 à la traduction allemande de la Bible. En 1207, le landgrave Herman Ier y donna un célèbre tournoi poétique entre les plus célèbres minnesingers de l'Allemagne.

WARWICK, comté du centre de l'Angleterre, traversé par l'Avon; capit. *Warwick*, 11 802 hab., célèbre par son château féodal; villes principales : *Birmingham, Coventry, Leamington, Rugby.* Houille, moutons et laine. — **Comte de Warwick** (1420-1471), surnommé le *Faiseur de rois*, beau-frère du duc Richard d'York. Il prit une grande part à la guerre des Deux-Roses, combattit successivement pour les deux maisons rivales, et fut tué à la bataille de Barnet qu'il livra à Édouard IV.

WASA (GUSTAVE, PRINCE DE) (1799-1877), fils du roi de Suède Gustave IV qui abdiqua en 1809. — Sa fille, la PRINCESSE CAROLINE (née en 1833), est reine de Saxe.

WASA, 5 000 hab. Ville de la Finlande (Russie d'Europe), ch.-lieu du gouvernement de Wasa, sur le golfe de Bothnie, à 900 kilomètres N.-O. de Pétersbourg; port obstrué d'îlots et de bas-fonds. Commerce de goudron et poix. Charles IX fonda Wasa en 1605, et lui donna le nom du berceau de sa famille; en 1809, elle fut cédée à la Russie avec la Finlande.

WASA (GOUVERNEMENT DE), 291 495 hab., division administrative de la Finlande (Russie d'Europe); ch.-l. *Wasa* ou *Nicolaïstadt.*

WASHBURNE (ÉLIU-BENJAMIN) (1816-1887), homme d'État américain, ministre des États-Unis à Paris en 1869 qui, après le 4 septembre 1870, fut le premier membre de la diplomatie à reconnaître le gouvernement de la République française. Pendant le siège de Paris, il avait établi une ambulance à la légation des États-Unis.

WASHINGTON (GEORGE) (1732-1799), né en Virginie, l'un des fondateurs de la République des États-Unis. D'abord arpenteur, il entra ensuite dans la milice de sa province et, lorsqu'éclata l'insurrection des colonies contre l'Angleterre, fut nommé à l'unanimité par le Congrès généralissime des forces insurgées. Avec une petite armée mal équipée, il tint tête sans trop d'infériorité, grâce à son habileté et à sa persévérance, aux divers généraux anglais qu'on lui opposa. Les renforts que lui fournit la France et la manœuvre stratégique par laquelle il obligea Cornwallis, bloqué dans York-Town, à capituler, assurèrent son succès définitif. En 1789, six ans après la reconnaissance de l'indépendance des États-Unis, il fut à l'unanimité proclamé président de la nouvelle république pour quatre années et réélu en 1793 dans la même fonction, à l'expiration de laquelle il refusa d'accepter un nouveau mandat. L'honnêteté, la modération, le désintéressement, le patriotisme de Washington le mettent au premier rang parmi les grands hommes des temps modernes, et sa mémoire reste en vénération non seulement chez ses concitoyens, mais encore chez tous les peuples civilisés.

WASHINGTON, 230 500 hab., capitale officielle des États-Unis de l'Amérique du Nord (Columbia), sur le Potomac. Le Sénat, la Chambre des représentants et la Cour suprême y siègent dans un vaste édifice, appelé le *Capitole.* La ville fut fondée en 1792 en l'honneur du président Washington.

WASHINGTON (TERRITOIRE DE), 327 700 kilom. carrés, 75 116 hab., division politique des États-Unis d'Amérique (N.-O.), sur la côte du Pacifique. La chaîne des *Cascades* le traverse du S. au N. (pics Sainte-Hélène, Rainier, Baker). Le pays est arrosé par la Columbia et par la rivière Clarke. Capit. *Olympia.*

WASMES, 12 513 hab. Bourg du Hainaut (Belgique). Mines de houille. Corderies.

WASOUGARA ou **OUASOUGARA**, peuple de l'Afrique sous-équatoriale, entre le lac Albert au N. et celui de Mouta-Nzighé au S. Le centre commercial et de transit de la contrée est à *Kative.*

WASQUEHAL, 3 275 hab. Commune du canton Ouest de Roubaix, arr. de Lille (Nord), sur la Marcq. Distilleries, filatures, fabriques de produits chimiques.

WASSELONNE, 12 513 hab. Ancien chef-lieu de canton du département du Bas-Rhin; aujourd'hui à la Prusse.

WASSERBOURG, 2 700 hab. Ville de Bavière (Allemagne), sur la r. g. de l'Inn.

***WASSERGLASS** (all. *wasser*, eau + *glass*, verre), *sm.* Verre qui se dissout dans l'eau bouillante, appelé *verre hydrique.*

WASSIGNY, 1 249 hab. Ch.-l., de c., arr. de Vervins (Aisne).

WASSY-SUR-BLAISE, 3 112 hab. S.-préf. du départ. de la Haute-Marne. (V. *Vassy.*)

***WATCHMAN** [ouat-ch'-man] (m. angl. : *watch*, garde + *man*, homme), *sm.* Garde de nuit en Angleterre. — Pl. *des watchmen.*

WATERFORD, 28 943 hab. Ch.-l. du comté de ce nom (Irlande), sur la Suir. Beau port. Manufactures de draps, raffineries de sucre, distilleries et brasseries.

***WATERGANG** [oua-teur-gangh] (holl. *water*, eau + *gang*, issue), *sm.* Canal ou fossé qui borde une route, en Flandre et aux Pays-Bas. || Issue, fossé quelconque pour les eaux.

***WATERINGUE** [va-te-rain-gue] (fl. *wateringen* : de *water*, eau), *sf.* Ensemble des travaux de dessèchement dans les terres situées en contre-bas de l'Océan. || Association rurale entre propriétaires pour l'exécution et l'entretien des travaux de dessèchement.

WATERINGUES (CANAUX DES), nom que portent les canaux du Houlet, de Marcq et de Fort-Brûlé qui servent à dessécher le territoire entre Dunkerque et Calais. Ils sont navigables (tirant d'eau = 1 mètre).

WATERLOO, 3489 hab. Village du Brabant (Belgique), à 16 kilom. S. de Bruxelles, qui donna son nom à la bataille que les Anglais et les Prussiens, commandés par Wellington et Blücher, gagnèrent sur Napoléon Ier le 18 juin 1815. Cette bataille fut en réalité livrée à Mont-Saint-Jean, où l'on a érigé sur une haute butte de terre artificielle un lion en pierre menaçant la France.

***WATERMAN** [oua-teur-mann] (angl. *water*, eau + *man*, homme), *sm.* Batelier anglais. || Machine à creuser le sol au fond de l'eau. (Méc.) — Pl. *des watermen.*

WATERPROOF [oua-tère-prouf] (mot angl. *water*, eau + *proof*, épreuve), *sm.* Manteau imperméable à l'eau, à l'usage des dames : *Les waterproofs sont faits d'une étoffe que l'on a plongée dans une solution de sous-acétate d'alumine.*

WATT (JAMES) (1736-1819), célèbre mécanicien écossais, qui fut d'abord fabricant d'instruments de mathématiques, et perfectionna considérablement les machines à vapeur fixes par l'invention du condenseur, du tiroir, l'application de la détente de la vapeur, le parallélogramme articulé qui fait mouvoir presque verticalement la tige du piston des machines fixes. Watt eut toute sa vie une santé très débile et laissa à sa mort une immense fortune. — **Parallélogramme de Watt.** Le parallélogramme articulé de Watt est un organe de transformation et de transmission de mouvement,

PARALLÉLOGRAMME DE WATT

Fig. 1.

destiné, dans les machines à vapeur, à transmettre au balancier le mouvement alternatif et rectiligne de la tige du piston. La conception de cet organe repose sur la construction géométrique suivante : supposons d'abord (fig. 1) deux simples leviers EB et FD d'égale longueur, mobiles autour des points E et F, et dont les extrémités sont réunies par une bielle artificielle BD, on peut voir facilement que quand les points B, D, décrivent des arcs de cercle, le milieu M de la bielle BD a un mouvement rectiligne. Si maintenant on suppose le bras de levier FD prolongé d'une longueur égale DC, et qu'on forme un parallélogramme ABCD, articulé aux quatre sommets, il est clair que le point A aura comme le point M un mouvement rectiligne, puisque les triangles ABM, FDM restent toujours semblables à eux-mêmes. Si donc on fixe une tige de piston, soit en A, soit en M, ou deux tiges, une en chaque point, ces tiges pourront avoir un mouvement rectiligne, tandis que le point D se déplacera circulairement. La figure 2 montre le parallélogramme de Watt tel qu'il est disposé dans les machines à vapeur. BE est un levier rigide qui tourne autour d'un centre fixe E et qui s'articule en B, avec le parallélogramme ABCD. L'extrémité de la tige du piston de la machine à vapeur est fixée à l'angle A. Quand cette tige est élevée ver-

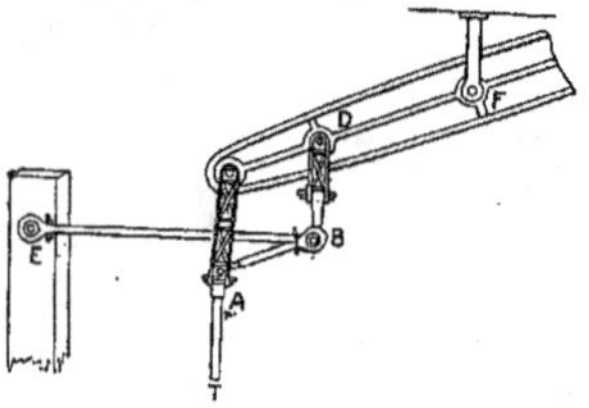

PARALLÉLOGRAMME DE WATT

Fig. 2.

ticalement par le piston, le point C a un mouvement circulaire, mais le point A, ainsi que le milieu M de BD, ont un mouvement rectiligne de bas en haut. L'inverse a lieu pendant la descente du piston. En général, dans les machines à vapeur à condensation, on fixe la tige de la pompe alimentaire au point M du balancier. Depuis la découverte de Watt, on a fait à cet organe de nombreuses modifications. Nous citerons seulement pour mémoire le *parallélogramme* ou *losange de Peaucellier*.

Principe de Watt. — Le principe de Watt s'énonce ainsi : quand un espace est rempli de vapeur, saturée ou non, à une certaine température, si l'on vient à refroidir un des points de cet espace, la vapeur se condense en ce point, jusqu'à ce qu'elle n'ait plus dans l'espace tout entier que la tension maximum correspondante à cette température. Soit, en effet, un espace fermé contenant de la vapeur à 100° avec une tension de 200 millimètres, si l'on vient à porter une portion de cet espace à la température de 10° la vapeur se refroidira dans cette partie jusqu'à 10° et se condensera en prenant la tension de 9mm,7 qui correspond à cette température. Alors l'équilibre entre les deux masses gazeuses, ayant des forces élastiques différentes, est impossible, car la pression exercée par l'une d'elles sur l'autre ne serait pas égale à celle exercée par celle-ci sur la première. Les deux masses se mélangeront donc en prenant une tension intermédiaire, puis les mêmes phénomènes se reproduiront jusqu'à ce que la force élastique de la masse tout entière soit devenue égale à la tension maximum 9mm,7, qui correspond au point le plus froid. Cet important principe de physique a été appliqué par Watt dans le condenseur des machines à vapeur qu'il inventa. Gay-Lussac s'est basé également sur ce principe pour mesurer la force élastique de la vapeur d'eau au-dessous de 0°. (V. *Vapeur*.)

Régulateur de Watt, appelé aussi *régulateur à force centrifuge ou à boules*, ou encore *pendule conique*. C'est un appareil employé dans les machines à vapeur pour maintenir la vitesse de la machine dans des limites déterminées. Il se compose d'un parallélogramme articulé OAMA' (fig. 3) dont le sommet M est formé par une bague mobile M le long d'une tige verticale portant le sommet O à son extrémité. Cette tige reçoit un mouvement de rotation que la machine lui communique par l'intermédiaire d'une poulie P. Le manchon M s'élève ou s'abaisse le long de cette tige, tout en participant au mouvement de rotation de tout le système ; il est, de plus, embrassé par une fourche, formant l'une des extrémités d'un levier L, mobile autour d'un axe horizontal, et dont l'autre extrémité peut ouvrir ou fermer la clef qui règle l'orifice d'arrivée de la vapeur dans le cylindre. Lorsque la vitesse de la machine vient à augmenter au delà de certaines limites, les boules B, placées aux extrémités des branches OA, OA', tendent à s'écarter sous l'influence de la force centrifuge et à soulever le manchon M, ce qui a pour conséquence de réduire l'admission de vapeur dans le cylindre. Le phénomène inverse se produit quand la vitesse diminue. Au contraire, tant que la machine conserve sa vitesse de régime, ou s'en écarte d'une très faible quantité, l'appareil conserve, dans sa rotation, une figure constante qui a été déterminée d'avance. Grâce à cette disposition, la machine se règle d'elle-même, quoique son effet ne soit pas instantané et qu'il ne puisse remédier aux variations de vitesses qui ont une courte durée.

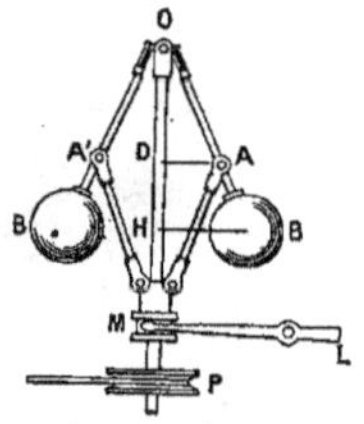

RÉGULATEUR DE WATT

Fig. 3.

Ce régulateur présente un inconvénient : quand on l'a réglé pour une certaine vitesse de régime, on a, par le fait, réglé l'orifice d'admission de la vapeur et limité la puissance de la machine. Or, on a souvent avantage à pouvoir faire varier la puissance tout en conservant la vitesse de régime : c'est ainsi que M. Farcot a été conduit à imaginer le *régulateur à tiges croisées* dans lequel le manchon peut s'élever ou s'abaisser sans faire varier la distance OH.

Indicateur de Watt. — Appareil adapté aux machines à vapeur pour étudier le travail de la vapeur dans le cylindre. (V. sa description au mot *Vapeur* [*Machines à*].)

***WATT** (de *Watt*, nom propre), *sm.* Nom donné à l'unité de puissance électrique, produite par un *ampère* sous une différence de potentiel de un *volt*.

WATTEAU (JEAN-ANTOINE) (1684-1721), peintre français né à Valenciennes, qui excella à représenter des scènes champêtres, mais à qui l'on reproche son goût maniéré.

WATTIGNIES, 239 hab. Village à 9 kilom. au S. de Maubeuge (Nord), où Jourdan, à la tête de l'armée du Nord, remporta en 1793, sur les Autrichiens, une victoire qui les força à lever le siège de Maubeuge.

WATTRELOS, 17118 hab. Village du canton Est de Roubaix (Nord). Fabriques d'étoffes, huiles et savon.

WAT-TYLER, ouvrier tuilier anglais qui, en 1381, sous le règne de Richard II, souleva le comté de Kent, organisa une jacquerie et pilla Londres. Attiré à une conférence avec le roi, il y fut poignardé par le lord-maire à la suite des menaces qu'il avait faites au souverain.

***WAUXHALL.** (V. *Vauxhall*.)

***WAVELLITE** (*Wawell*, qui l'a découverte), *sf.* Phosphate d'alumine contenant 26 p. 100 d'eau et un peu de fluor. Ce minéral est d'un blanc verdâtre ou jaunâtre, et d'un éclat un peu vitreux. Sa dureté est un peu plus grande que celle du calcaire ; sa densité est 2,34. La wavellite cristallise en prismes rhomboïdaux.

WAVRE, 7 497 hab. Bourg du Brabant (Belgique), sur la Dyle. Le 18 juin 1815, combat sanglant pendant la journée de Waterloo.

WAZEMMES, quartier très populeux de la ville de Lille, dont il était séparé par les fortifications. Filatures, teintureries.

***WEALD** [ou-il-de] (*Weald*, nom de lieu), *sm.* Étage géologique qui forme la base du terrain crétacé inférieur et a été ainsi nommé d'une vallée de dénudation qui comprend le comté de Sussex et une portion des comtés de Kent, de Surrey et de Hampshire, en Angleterre. Il présente dans ce pays trois assises, qui sont, en allant de bas en haut, le calcaire de Purbeck, les tables de Hastings et l'argile du Weald. En France, ce terrain est représenté par les sables ferrugineux des environs de Beauvais. — **Dér.** *Wealdien, wealdienne.*

***WEALDIEN, IENNE** (*Weald*), *adj.* Qui fait partie du weald : *Formation wealdienne.*

WEAR (125 kilom.), petit fleuve d'Angleterre (Durham) qui se jette dans la mer du Nord à Sunderland.

WEARMOUTH (BISHOPS-), 2000 hab. Ville du comté de Durham sur la côte E. de l'Angleterre, à l'embouchure de la Wear.

WEBER (CHARLES-MARIE-FRÉDÉRIC-ERNEST, BARON DE) (1786-1826), né à Eutin (Holstein), compositeur allemand et l'un des plus grands qu'on cite. Ses opéras *Freyschütz*, *Euryanthe* et *Obéron* sont des chefs-d'œuvre.

***WEBSTÉRITE** (*Webster*, minéralogiste), *sf.* Sous-sulfate d'alumine contenant 46 p. 100 d'eau. Ce minéral est blanc, terreux, assez léger ; il tache les doigts ; il happe à la langue, et est à peu près infusible au chalumeau. On le trouve aux environs d'Épernay, d'Auteuil, de Lunel-Viel.

WECHT, canal ou bras du Rhin qui part d'Utrecht pour rejoindre le Zuyderzée près de Muyden.

WECKHERLIN (GEORGES-RODOLPHE) (1584-1651), poète allemand qui célébra la patrie allemande et composa un grand poème sur la mort de Gustave-Adolphe.

***WEDELIN** [ouè-de-lain] (*x*), *sm.* Petit bateau léger dont on se sert pour naviguer sur certaines rivières.

WEDGWOOD (1730-1795), illustre manufacturier anglais qui fabriqua des faïences et des porcelaines très recherchées et inventa un pyromètre qui sert à évaluer la température des fours à porcelaine.

WEDNESBURY, 24564 hab. Ville du comté de Staffordshire (Angleterre). Fabriques d'ustensiles en fer.

WEENINX ou **WEENIX**, nom de deux peintres hollandais, JEAN-BAPTISTE (1621-1660) et JEAN, fils du précédent (1644-1719), qui excellèrent l'un et l'autre dans les genres les plus variés.

WÉFA (ABOUL) (fin du xe siècle), astronome persan, auteur d'un *Almageste* traduit par M. Sédillot : c'est le plus ancien ouvrage où le calcul trigonométrique ait employé les tangentes (*ombre prime* de l'arc) et cotangentes (*ombre droite* de l'arc), les sécantes (*diamètre de l'ombre*) et cosécantes. Aboul Wéfa en avait joint les tables à celles des sinus et cosinus.

WÉGA (ar. *ouâqi*, tombant), *sf.* Étoile de première grandeur, α de la constellation de la *Lyre*. Elle est actuellement près du zénith de Paris ; mais, par suite des déplacements successifs des pôles du monde en 25765 ans, *Wéga* semblera, dans 13000 ans environ, être immobile près du pôle. Sa lumière met douze ans et demi pour arriver à la Terre. Transportée à douze fois sa distance actuelle, cette étoile ne cesserait pas d'être visible à l'œil nu.

WEHLAU, 4000 hab., ville de l'empire d'Allemagne, au confluent de l'Alle et de la Preyel. En 1567 y fut conclu entre la Pologne et le Brandebourg un traité donnant au grand électeur Frédéric-Guillaume la souveraineté du duché de Prusse.

WEHME (SAINTE-). (V. *Vehme*.)

***WEHRGELD** [ver-gueldе] (allem. *wehr*, défense + *geld*, argent), *sm.* La somme qu'il fallait payer pour le meurtre d'un homme chez les Francs et les autres peuplades germaniques.

***WEHRLITE** (*x*), *sf.* Minéral composé de silice combinée avec du peroxyde de fer, du protoxyde de fer et de la chaux. La forme cristalline est un prisme rhomboïdal droit. Sa dureté est intermédiaire entre celle de l'apatite et celle de l'orthose. Sa densité est 4.

WEICHSELMÜNDE, 1 500 hab. Village de

la Prusse orientale à l'embouchure de la Vistule ; fort.

WEIMAR, 19 940 hab. Ville d'Allemagne, sur l'Ilm et le chemin de fer de Francfort-sur-le-Mein à Berlin ; capitale du grand-duché de Saxe-Weimar, où le souverain a un beau château ; surnommée l'*Athènes de l'Allemagne* et la *ville des poètes*, parce que Herder, Wieland, Schiller et Gœthe y ont composé leurs œuvres.

WEISSENFELS, 10 500 hab. Ville de la Saxe prussienne (Allemagne), sur la Saale. Fabriques de velours, de soieries.

WEISTRITZ, OU RIVIÈRE DE SCHWEIDNITZ, rivière de l'Allemagne du Nord, qui vient des montagnes de Waldenbourg. Elle arrose le bassin houiller de Waldenbourg, passe à Schweidnitz et se jette dans l'Oder, en aval de Breslau.

WEKERLIN, musicien français, né en 1821 à Guebwiller (Haut-Rhin).

1. **WELCHE**, *adj.* et *s.* 2 *g. velche.* Qui est du pays de Galles. — *Sm.* La langue parlée dans le pays de Galles, très semblable au breton armoricain, et qui est un idiome du rameau kymrique des langues néo-celtiques.

2. **WELCHE** (forme allemande de *Gallus*, Gaulois), *sm.* Nom que les Allemands donnent par moquerie aux Français et aux Italiens. — Fig. Homme ignorant et plein de sots préjugés.

* **WELCHERIE** (*welche*), *sf.* Caractère ou action d'un welche, d'un homme grossier.

WELFS, nom d'une famille des ducs de Bavière.

WELLESLEY (RICHARD COLLEY, MARQUIS DE) (1760-1842), frère aîné de Wellington, général anglais qui, nommé en 1797 gouverneur des possessions anglaises de l'Hindoustan, mit fin à la domination de Tippoo-Saëb, sultan de Mysore, par la prise de Seringapatam (1799), et accomplit dans la presqu'île d'autres conquêtes très importantes. Rappelé en Angleterre en 1805, il devint successivement ambassadeur en Espagne (1809), ministre des affaires étrangères (1810), lord-lieutenant d'Irlande (1822) et enfin vice-roi de ce pays (1833).

WELLINGTON, 15 926 hab. Ville du comté de Shrop (Angleterre), sur la Tern. Mines de fer et de houille ; hauts fourneaux ; Forges. Eaux minérales et sulfureuses.

WELLINGTON (PORT-), 17 000 hab. Ville de la Nouvelle-Zélande, sur le détroit de Cook.

WELLINGTON (ARTHUR COLLEY WELLESLEY, DUC DE) (1769-1852), célèbre général anglais qui, de 1794 à 1805, prit part dans les Indes à la guerre contre Tippoo-Saëb et aux autres conquêtes de sa nation, fut envoyé en 1809 dans la péninsule Hispanique, où il lutta jusqu'en 1814, tant en Portugal qu'en Espagne, se signalant dans cet intervalle par la défense des lignes de Torres-Vedras, par la victoire de Vimeiro sur Junot, celles des Arapiles sur Marmont et de Vitoria sur Soult ; envahit la France par les Pyrénées, mais fut battu par Soult sous les murs de Toulouse. Après le retour de Napoléon de l'île d'Elbe, il fut choisi comme généralissime des armées de la Sainte-Alliance et à la tête de l'armée anglaise, renforcée vers la fin de l'action par l'arrivée inattendue des Prussiens commandés par Blücher, il gagna sur Napoléon Ier la bataille de Waterloo (12 juin 1815). Dès lors, comblé d'honneurs par tous les souverains de l'Europe, il jouit d'une immense réputation militaire. C'était un homme froid, impassible, persévérant ; il excellait surtout dans la guerre défensive.

* **WELLINGTONIA** (*Wellington*), *sm.* Genre d'arbres dicotylédones, de la famille des Sapindacées, qui croissent dans l'archipel de la Sonde et dont la fleur est très irrégulière. (V. *Sequoia.*)

WELLS (WILLIAM-CHARLES) (1753-1817), physicien et médecin, né à Charlestown (Caroline du Sud). Il a donné la théorie de la rosée qui rend le mieux compte de ce phénomène.

WELTER (1763-1852), chimiste français, né à Valenciennes. Il inventa plusieurs appareils de chimie, entre autres les tubes qui portent son nom

WENCESLAS. (V. *Venceslas.*)

WENDES, grande division de la race slave répandue depuis la mer Baltique jusqu'aux Alpes Illyriennes et Carniques. L'idiome des Wendes est encore parlé aujourd'hui dans la Croatie, la Styrie, la Carinthie et la Carniole.

WENGEN, localité de Suisse. On donne le nom de *schistes de Wengen* aux schistes noirs à Daonella qui forment la partie supérieure de l'étage tyrolien (trias alpin). Ces schistes argileux sont d'origine volcanique. A l'assise de Wengen appartient la dolomie du Schlern (1 000 mètres d'épaisseur).

WENLOCK, 2 500 hab. Bourg du comté de Shrewsbury (Angleterre), sur la Wenlock. On désigne sous le nom de *schistes de Wenlock* des schistes gris ou noirs à grains fins (600 mètres d'épaisseur), qui appartiennent à l'étage silurien. Les calcaires de Wenlock surmontent les schistes ; ce sont des calcaires subcristallins remplis de polypiers et de crinoïdes.

WERDER (AUGUSTE-CHARLES-FRÉDÉRIC-GUILLAUME-LÉOPOLD, COMTE DE) (1808-1887), général prussien qui se distingua dans la campagne de Bohême en 1866, et qui en 1870 investit et bombarda Strasbourg (18 août-28 septembre), opéra dans les Vosges et fut battu à Villersexel (le 9 janvier) par le général Bourbaki.

WERF (ADRIEN VAN DER) (1659-1722), peintre hollandais.

WERFEN (CANTON DE), localité de la Suisse. On donne le nom de *couches de Werfen* à des schistes micacés rouges ou sableux formant l'horizon le plus constant du trias alpin.

WERMLAND. Province de la Suède méridionale, où l'on trouve beaucoup de lacs, de forêts et de mines, surtout des mines de fer.

WERNER (ABRAHAM GOTTLOB) (1750-1817), savant minéralogiste, né à Wehrau (Lusace). Il fut un des principaux apôtres du *neptunisme.*

WERNER (FRÉDÉRIC-LOUIS-ZACHARIE) (1768-1823), poète mystique allemand qui de protestant se convertit au catholicisme et se fit prêtre, composa des poésies diverses et un grand nombre de tragédies remarquables.

* **WERNÉRITE** (*Werner*, nom du minéralogiste), *sf.* Silicate d'alumine et de chaux. Une partie de la chaux peut être remplacée par de la soude. La forme primitive est un prisme carré. Sa densité est de 2,7. La dureté des divers échantillons varie autour de celle de l'apatite.

WERNIGERODE, 6 500 hab. Ville de la Saxe prussienne (Allemagne), sur l'Holzemme, au pied du Harz. Château.

WERRA, rivière de l'Allemagne centrale. Elle prend sa source sur le versant S. du Thuringer-Wald, coule parallèlement à cette chaîne, passe à Meiningen, à Vacha, coupe le Thuringer-Wald et traverse le défilé des portes de Thuringe, coule entre les monts de la Hesse et l'Eichsfeld et se réunit à la Fulda, à Münden, pour former le Weser.

WESEL, 19 000 hab., place forte de l'empire d'Allemagne, située sur la rive droite du Rhin, au N. du confluent de la Lippe, sur l'emplacement d'un ancien camp romain. Elle commande un point de passage important et comprend, comme fortification, une enceinte continue flanquée de forts détachés.

WESER (MONTS DU), altitude 450 mètres, montagnes de l'Allemagne du Nord, qui s'élèvent au N. du Teutoburger-Wald, à l'E. du fleuve.

WESER, 380 kilom., fleuve de l'Allemagne O. formé par la réunion, à Münden, de la *Werra thuringienne* et de la *Fulda hessoise.* Il longe les monts du Weser, qu'il traverse à la célèbre porte de Westphalie, arrose Minden, puis les plaines unies du Hanovre, tantôt fertiles, tantôt marécageuses. Il coule vers le N.-O. après avoir reçu l'*Aller*, puis reprend sa direction N.-S. à partir du confluent de la Hunte, passe dans Brême et aboutit à la mer par un large estuaire encombré de bancs de sable, creusé aux dépens de l'ancien littoral de la mer du Nord. Les passes qui mènent à Brême sont trop peu profondes pour permettre l'accès du port aux gros navires, qui s'allègent dans les avant-ports de Vegesack et de Bremerhafen. Les principaux affluents du Weser sont, à gauche : 1° la *Diemel* ; 2° la *Werre*, qui descend de l'Egge-Gebirge, coule entre le Teutoburger-Wald et les monts du Weser, arrose Detmold, Herford, et se jette dans le Weser en amont de la porte de Westphalie ; à droite : 1° l'*Aller*, qui sort du pays de Magdebourg, arrose Celle, Verden ; elle reçoit l'Ocker, rivière venue du Harz, et la Leine, qui a sa source dans l'Eichsfeld, et son confluent à Hanovre ; 2° la *Geeste*, qui se jette dans le Weser entre Bremerhafen et Geestemünde. Les travaux de défense de l'embouchure du Weser consistent dans plusieurs grands forts situés en aval de Bremerhafen, qui croisent leurs feux ; ils sont munis de coupoles cuirassées armées de pièces de gros calibre ; 3° la *Hunte*, qui arrose Oldenbourg.

WESLEY (JOHN) (1703-1791), célèbre sectaire et réformateur anglais qui a fondé la société évangélique appelée ironiquement *Société des Méthodistes.*

WESLEYEN [oué-slè-i-ain] (de *Wesley*), *sm.* Nom que l'on donne quelquefois aux méthodistes anglais. — *Adj. m.* et *f.* Qui concerne la secte des méthodistes ou wesleyens : *La rigidité wesleyenne. Les sectes wesleyennes.*

WESSEX (*Saxe de l'Ouest*), un des royaumes de l'Heptarchie saxonne, en Angleterre, fondé en 516 par Cerdic, qui comprenait à peu près les comtés actuels de Berks, Wilts, Hampt et Dorset. Il finit par absorber les six autres royaumes, et Egbert, son dernier roi, s'intitula roi d'Angleterre.

WEST (BENJAMIN) (1738-1820), célèbre peintre d'histoire anglais, né à Springfield (Pensylvanie). Il fut peintre du roi (1772) et décora Windsor.

WEST-BROMWICH (56 299 hab.). Ville d'Angleterre (Staffordshire). Fabrique de produits chimiques.

WEST-CAPPEL, 2 000 hab. Ville de la province de Zélande (Hollande), dans l'île de Walkeren. On y admire un vaste système de digues.

WESTERMANN (1751-1794), général français, d'origine alsacienne. Il embrassa avec ardeur la cause de la Révolution, fut l'ami de Danton, dirigea l'attaque des Tuileries au 10 août 1792, fut lieutenant de Dumouriez dans les campagnes de l'Argonne et de Belgique ; combattit ensuite en Vendée, où il se signala par son courage et son habileté, et gagna les batailles du Mans et de Savenay. Accusé avec Danton, il périt, comme lui, sur l'échafaud.

WESTERWALD, plateau schisteux et basaltique de l'Allemagne occidentale, entouré par la Sieg et la Lahn, Salzburgerkopf (657 mètres). Il se termine sur le Rhin par le massif volcanique des Sept-Montagnes.

WESTFJORD, célèbre fjord de Norvège qui sépare de la terre ferme la chaîne des îles Lofoten et Vesteraalen.

WESTINGHOUSE, ingénieur anglais, inventeur du frein continu qui porte son

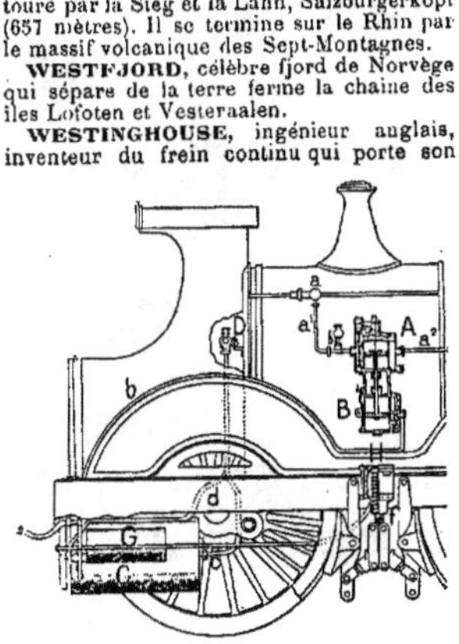

WESTINGHOUSE
Fig. 1.

nom. Le *frein automatique Westinghouse* est continu sur toute la longueur du train.

Il est actionné par de l'air comprimé (à 5 atmosphères) dans un réservoir principal porté par la locomotive (300 litres) et emmagasiné dans une série de petits *réservoirs auxiliaires*, dont un est installé sur la locomotive, un sur le tender et un sur chacun des wagons. Ces réservoirs sont mis en communication par un tuyau en fer appelé *conduite générale* régnant sur toute la longueur du train. Chaque véhicule porte, en outre, un robinet appelé *triple valve* V' (fig. 3) et un cylindre muni de pistons qui actionnent la

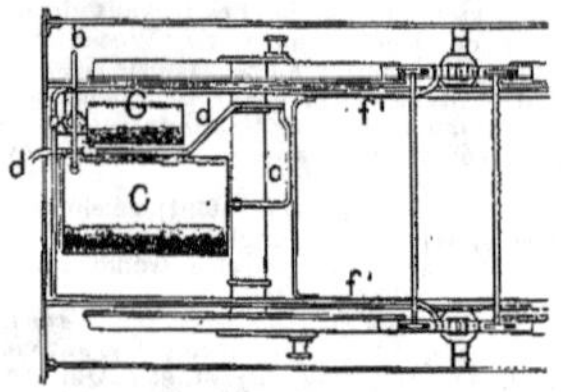

WESTINGHOUSE
Fig. 2.

timonerie des sabots. Ce cylindre est vertical pour la locomotive, horizontal pour le tender et les voitures. L'air comprimé est fourni par un petit moteur monté en avant ou sur le côté de la machine et comprenant un cylindre à vapeur surmonté d'un cylindre à air (la vapeur nécessaire à son fonctionnement est empruntée à la chaudière de la locomotive). Les fig. 1 et 2 montrent suffisamment le dispositif des appareils. (Voir aussi les fig. 1 et 3 de l'article *Wagon*.) On voit que la conduite principale est mise en

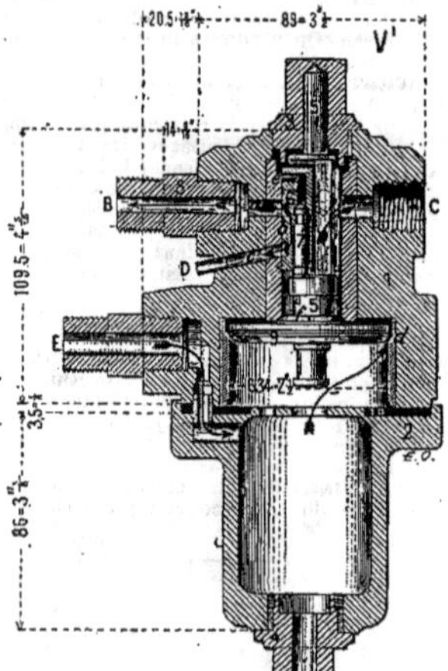

WESTINGHOUSE
Fig. 3.

communication avec le réservoir par la triple valve qui fait communiquer aussi le cylindre à frein avec le réservoir et avec l'air extérieur. Le mécanicien, au moyen d'un robinet placé à portée de sa main, introduit l'air du réservoir principal dans la conduite générale; alors le piston de la triple valve remonte, et l'air pénètre dans le réservoir : le cylindre à frein communique alors avec l'atmosphère et les sabots ne sont pas appliqués sur les roues. Quand l'air de la conduite peut s'échapper (effet que le mécanicien peut produire en manœuvrant le robinet), les triples valves mettent les réservoirs en communication avec les cylindres à freins, dont les pistons sont repoussés, et le serrage des sabots se produit. Pour serrer à fond les freins, il suffit de réduire de 20 p. 100 seulement la pression dans la conduite générale. Les tuyaux en fer formant cette conduite sont réunis par des raccords en caoutchouc de 25 millimètres de diamètre extérieur (quelquefois ces raccords sont également métalliques). La pression de l'air doit être d'autant plus grande que le train est animé d'une vitesse plus considérable (6 atmosphères pour les rapides). En cas de fuite dans la conduite, aucun accident n'est à craindre, car tous les freins se serrent immédiatement. Des robinets permettent d'isoler un véhicule dont les appareils seraient détériorés.

WESTMINSTER, ancienne et célèbre abbaye de Londres, sur la r. g. de la Tamise, construite dans la première moitié du XIIIe siècle, dont la belle église, le chapitre, les cloîtres ont été appropriés au culte anglican. C'est dans cette église que sont enterrés les souverains et les grands hommes de l'Angleterre. L'abbaye donne son nom à un quartier de Londres qui formait une ville distincte il y a trois siècles. A côté de l'abbaye, sur le bord de la Tamise, s'élève l'immense palais des deux chambres du Parlement, reconstruit en style ogival après l'incendie de 1834.

WESTMORELAND, comté du N.-O. de l'Angleterre; ch.-l. *Appleby*. Les monts Cambriens le parcourent de l'E. à l'O. (pics Rydal, Bowfell, Crossfell). Il renferme les lacs célèbres de Winandermere d'Ulleswater, de Ken et d'Eden. Mines de houille, de plomb, etc.

WESTPHALIE, 20199,65 kilom. car., 2043442 hab. Région de l'Allemagne du Nord, entre le Hanovre au N., la Hollande et la Prusse Rhénane à l'O., les États de Hesse, de Waldeck, de Brunswick et de Lippe à l'E., en grande partie marécageuse et tourbeuse, mais montueuse et boisée au S. et à l'E.; arrosée par l'Ems, la Ruhr, la Lippe et le Weser et formant une province de la Prusse. Mines de fer, cuivre, plomb, houille; culture du chanvre et du lin; jambons renommés. Capit. *Munster*; — v. pr. *Minden, Arensberg, Paderborn*. — **Royaume de Westphalie**, créé en 1807 par Napoléon Ier, pour son frère Jérôme, dans la partie O. de l'Allemagne et qui cessa d'exister en 1814; capit. *Cassel*. — *Traités de Westphalie*, nom de deux fameux traités signés en 1648 à Osnabruck et à Munster entre les États de l'Europe, qui mirent fin à la guerre de Trente ans et déterminèrent les limites et les droits des puissances contractantes. C'est en vertu du traité de Munster que les Trois-Évêchés et l'Alsace furent acquis à la France.

WEST-POINT, 5600 hab., place forte des États-Unis, sur l'Hudson (État de New-York). Elle renferme l'école militaire fédérale fondée en 1802.

WETTERSTEIN-GEBIRGE, montagnes d'Autriche, dans le massif des Alpes calcaires tyroliennes du N., qui s'élève entre Reute et Mittenwald.

WETTIN, 3400 hab. Ville de la Saxe prussienne (Allemagne), sur la Saale. Direction des mines. Cette ville a donné son nom à la maison princière qui règne sur la Saxe.

WETZLAR, 8000 hab. Ville de la Prusse Rhénane. Tanneries, fabriques de bas et de gants. Un combat eut lieu près de Wetzlar entre les Français et les Autrichiens le 14 juin 1796.

WEXFORD, 14000 hab. Ville d'Irlande, à l'embouchure de la Slanay. Commerce de bois, de bestiaux, de lainages.

***WEY** [ou-è] (*x*), *sm*. Mesure de capacité pour les grains, en Angleterre, et valant 14 hect. 539. ‖ Unité de poids pour les laines (82 kil. 54).

WEYER (Sylvain van de) (1802-1874), homme d'État et littérateur belge. En 1829, sous la régence Surlet de Chokier, étant nommé ministre des affaires étrangères, il proposa le prince Léopold comme candidat au trône de Belgique et le fit accepter.

WEYMOUTH, 13704 hab. Ville du comté de Dorset (Angleterre), à l'embouchure de la Way, sur la Manche.

WHAMPOA ou **HOUANG-FOU**, port de Chine, dans une île voisine de Canton, ouvert au commerce européen. Traité de 1844 entre la France et le Céleste-Empire.

***WHARF** (mot anglais qui signifie *quai, débarcadère*), *sm*. Pont en planches ou en fer qui s'avance dans la mer et sert au déchargement des navires.

WHEATSTONE (Charles) (1802-1875), célèbre physicien anglais, qui s'est surtout fait connaître par de nombreux travaux sur l'électricité. Il inventa le stéréoscope et perfectionna la télégraphie électrique.

WHEELING, 8900 hab. Ville des États-Unis, ch.-l. de la Virginie occidentale, sur l'Ohio. Port très commerçant.

*** WHIG** [oui-gue], *s*. et *adj*. *2 g*. Se dit en Angleterre de toute personne qui appartient au parti libéral et de ce qui est propre à ce parti : *C'est un whig, une whig. Les whigs sont en opposition avec les tories ou conservateurs. L'opinion whig.*

***WHIGGISME** [oui-ghi-sme] (angl. *whig* + sfx. *isme*), *sm*. Parti ou doctrine des whigs.

WHISKEY ou **WHISKY** [ou-is-kè] (altération du mot écossais *usquebaug*), *sm*. Eau-de-vie de grain, très forte, que l'on prépare en Écosse et en Irlande en faisant fermenter un malt de froment ou d'orge additionné d'une petite quantité d'avoine et distillant le produit de la fermentation.

WHIST [ou-is-te] (m. ang., *silence!*), *sm*. Jeu de cartes très compliqué et très absorbant qui se joue à 4 personnes, 2 contre 2, avec un jeu de 52 cartes. Il nous vient des Anglais.

WHITEHALL, palais de Londres situé sur la rive gauche de la Tamise, près duquel fut exécuté Charles Ier.

WHITEHAVEN, 19321 hab. Ville du comté de Cumberland (Angleterre), port sur la mer d'Irlande. Chantiers de construction. Mines de fer et houillères.

WHITEHEAD, ingénieur anglais qui a apporté de grands perfectionnements à la construction des torpilles sous-marines. La *torpille automobile* Whitehead a été adoptée par la plupart des marines militaires.

WHITWORTH (Joseph) (1803-1887), mécanicien anglais, inventeur des machines-outils. On cite de lui deux ouvrages : *Mélanges de mécanique* (1858) et *Canons et acier* (1873).

WICAR (1762-1834), peintre français, né à Lille.

***WICHE** [oui-che] (*x*), *sf*. Longue perche de bois avec laquelle on arrête les deux extrémités de la chaîne, dans les fabriques de basse lisse : *La wiche des rouleaux*.

WICHERLEY (William) (1640-1715), auteur comique anglais.

WICK, 12000 hab. Ville du comté de Caithness (Écosse), sur la mer du Nord, à l'embouchure de la Wick. Distilleries, corroiries.

WICLEF ou Jean de Wiclif (1324-1387), fameux hérésiarque anglais, dont les doctrines sont à peu près celles du protestantisme, et qui soutint énergiquement Édouard III contre les prétentions de la papauté.

***WICLÉFISME** (de *Wiclef*), *sm*. Doctrine, secte de Wiclef ou des wicléfistes.

***WICLÉFISTE** (de *Wiclef*), *sm*. Partisan de Wiclef.

WIDDIN, 20000 hab. Ville de Bulgarie, sur le Danube. Elle était, avec Rutschuk et Silistrie, une des trois principales forteresses du Danube.

WIDNES, 24919 hab. Ville d'Angleterre (Lancashire). Fabriques de produits chimiques.

WIED, rivière de l'Allemagne, affluent du Rhin à Neuwied, le meilleur point de passage du fleuve entre Cologne et Mayence.

WIELAND (1733-1813), professeur, écrivain et poète allemand, ami de Gœthe, auteur de poèmes, de romans philosophiques et de pièces de théâtre. Il finit ses jours à Weimar.

WIELICZKA ou **WIELICKZA**, 7000 hab. Bourg de Galicie, au S.-E. de Cracovie. Grandes mines de sel gemme.

WIENAWSKI (Henri) (1835-1880), violoniste polonais de grand talent. Après avoir terminé ses études au Conservatoire de Paris, il fit de nombreuses tournées dans le monde entier. Il a composé pour son instrument des œuvres appréciées.

WIENERWALD, altit. 760 mètres, montagnes d'Autriche qui s'élèvent à l'E. de l'Enns et viennent mourir près du Danube.

WIEPRZ, 275 kilom. Rivière de la Pologne (Podlachie), qui prend sa source près de Zamosc et se jette dans la Vistule à Ivangorod.

WIERTZ (1806-1865), célèbre peintre belge, né à Dinant.

WIESBADEN, 54 000 hab. Ville d'Allemagne, ancienne capitale du duché de Nassau, à 8 kilomètres N.-O. de Mayence, dans un site très agréable, sur l'une des terrasses méridionales du Taunus; aujourd'hui à la Prusse. L'une des principales villes d'eaux et de bains de toute l'Europe, fréquentée chaque année par près de 70 000 étrangers à cause de ses eaux thermales salines (1er juin-1er octobre).

WIGAN, 48 196 hab. Ville manufacturière du comté de Lancastre (Grande-Bretagne). Houillères considérables. Filatures de coton.

WIGHT, anc. *Vecta* ou *Vectis*, 70 000 hab. Ile de la Manche, à 2 800 mètres de la côte S. de l'Angleterre dont elle n'est séparée que par la rade de *Spithead* et le détroit de *Solent*. Traversée par une chaîne de collines crayeuses, elle offre les aspects les plus pittoresques et la douceur exceptionnelle de son climat, principalement sur la côte S., y attire chaque année beaucoup de malades et de convalescents. — Cap. *Newport*.

***WIGWAM** [oui-gouamm], *sm*. Hutte qui sert d'habitation à une famille de Peaux-Rouges. ‖ Village de Peaux-Rouges.

WILBERFORCE (WILLIAM) (1759-1833), célèbre philanthrope anglais, ami de Pitt, et membre de la Chambre des communes, qui obtint, par ses efforts, l'abolition de la traite des nègres et fut déclaré citoyen français en 1792 par l'Assemblée législative.

WILFRID (saint), moine anglo-saxon du VIIe siècle, mort en 709, fut évêque du Northumberland. Jeté dans leur pays par une tempête de la mer du Nord, il convertit les Frisons au christianisme. Fête, le 2 octobre.

WILHEM (GUILLAUME-LOUIS BOCQUILLON, dit) (1781-1842), musicien français, qui introduisit en 1819, dans les écoles primaires de Paris, l'étude de la musique vocale (rendue plus facile par une méthode de son invention, et créa les orphéons en 1833.

WILHEMSHAVEN, un des grands ports militaires de l'empire d'Allemagne, au fond de la baie de la Jade, inauguré en 1869. Le port communique avec la mer par une passe (300 mètres de largeur) : on a creusé de grands bassins qu'entourent des cales sèches et tous les bâtiments de l'arsenal. Un grand nombre de forts défendent les chenaux qui donnent accès dans la rade.

WILHELMSHÖHE, château situé près du village (1 500 hab.) de Wahlershausen (cercle de Cassel), sur la Drusel. C'est dans ce château que Napoléon III fut retenu prisonnier après la capitulation de Sedan.

WILIA, 630 kilom. (dont 500 kilom. navigables). Rivière de la Russie d'Europe, affluent du Niémen à Kovno. Elle arrose Wilna, capitale de la Lithuanie.

WILKIE (1785-1841), peintre anglais de genre, auteur du tableau *les Politiques de village*.

WILLAËRT (ADRIEN), célèbre compositeur belge, fondateur de l'école de Venise, né vers 1480 ou 1490, mort à Venise en 1562. L'œuvre de Villaërt se compose de motets, de messes, etc., et de poèmes mis en musique, tels que *Suzanne* dont l'histoire, divisée en trois parties, est considérée comme le premier essai connu d'oratorio.

WILLAUMEZ (PHILIBERT) (1761-1845), marin français. Fils d'un chef de gardes-côtes de Belle-Isle-en-Mer, il s'embarqua comme mousse, fut créé contre-amiral au retour de l'expédition de Saint-Domingue, commanda une escadre contre les Anglais en 1806 et 1807, devint vice-amiral en 1830, pair de France en 1837; il est l'auteur d'un *Dictionnaire de marine*.

***WILLÉMITE**, WILLEMINE, WILHELMITE, WILLIAMSITE et TROOSTITE, *sf*. Silicate de zinc ne renfermant pas d'eau. Ce minéral se présente en petits cristaux, incolores ou bruns, dont la forme est un prisme hexagonal terminé par un rhomboèdre. Sa densité est 4,2; sa dureté égale celle de l'apatite. Il est infusible.

WILLIBROD (saint) (658-738), apôtre de la Frise. Charles-Martel le fit seigneur et prince d'Utrecht. Fête, le 7 novembre.

***WILLIS** (*x*), *sfpl*. Nom par lequel on désigne des jeunes filles qui, suivant une légende de Bohême, auraient été condamnées à sortir la nuit de leurs tombeaux pour danser.

WILLOUGHBY (JOSIAH) (1767-1849), amiral anglais qui fut blessé dans tous les combats auxquels il prit part, et fut surnommé l'*Immortel*.

WILMINGTON, 17 361 hab. Ville des États-Unis (Delaware), port sur la Bradywine et la Christiania. Moulins, tissages de laine et de coton; usines à fer.

WILNA (V. *Vilna*.)

WILOUI, 1 500 kilom. Rivière de Sibérie, affluent de la Léna.

***WILUITE GRENAT** (*Wiloui*, fleuve de Sibérie), *sf*. Grenat vert, constitué par un silicate d'alumine et de chaux, avec un peu de peroxyde de fer. Ce minéral cristallise en dodécaèdres. On l'a trouvé en Sibérie.

***WILUITE IDIOCRASE** (*Wiloui*, fleuve de Sibérie + g. εἶδος, forme + χρᾶσις, mélange), *sf*. Grenat vert, dont la forme primitive est un prisme carré. Les cristaux ont quelquefois un grand volume.

WILSON (ALEXANDRE) (1766-1813), naturaliste des États-Unis, auteur d'une grande ornithologie américaine.

WIMPFFEN (EMMANUEL-FÉLIX DE) (1811-1884), général français, qui se distingua en Crimée, en Italie à l'attaque de Buffalora, à la suite de laquelle il fut fait général de division. Après la blessure du maréchal de Mac-Mahon à Sedan, il prit le commandement le 30 août 1870, en vertu d'un ordre écrit du maréchal Le Bœuf, ministre de la guerre, et voulut se faire jour vers Carignan; mais, sur l'ordre de l'empereur, le drapeau blanc avait été arboré et le général de Wimpffen n'eut plus qu'à signer la capitulation. Outre ses articles sur des sujets militaires insérés au *XIXe Siècle*, on a de lui : *Sedan*, paru en 1871.

WINCHESTER, 14776 hab. Ville du S. de l'Angleterre, sur l'Itchin; siège d'un riche évêché. Ville très ancienne.

WINCKELMANN (1717-1768), célèbre antiquaire allemand qui se convertit au catholicisme, se fixa à Rome où il fut bibliothécaire du Vatican. Il a laissé de nombreux ouvrages d'archéologie et mourut assassiné.

WINDISCHGRÆTZ (PRINCE DE) (1787-1862), feld-maréchal et généralissime autrichien, qui comprima en 1848 la révolte de Prague, reprit Vienne sur la population soulevée, mais fut impuissant contre l'insurrection de Hongrie et obligé de quitter le commandement.

WINDSOR, 12 273 hab. Bourg d'Angleterre sur la rive droite de la Tamise; célèbre par son château gothique, séjour ordinaire de la cour.

WINEFRIDE ou **WÉNÉFRIDE** (sainte) (VIIe siècle), vierge, fille d'un grand seigneur gallois, qui se retira dans un monastère situé près du lieu où se trouve aujourd'hui la ville d'Holywell (Angleterre). Fête, le 3 novembre.

WINNIPEG, grand lac de l'Amérique anglaise au N.-O. du lac Supérieur.

WINNITZA, 7 800 hab. Ville de la province de Podolie (Russie d'Europe), sur le Bug.

WINSLOW (JACOB-BENIGNUS) (1669-1760), anatomiste célèbre. Reçu docteur à Paris en 1705, il fut professeur d'anatomie, et fit de nombreuses découvertes. Son ouvrage important est intitulé : *Exposition anatomique de la structure du corps humain*.

***WINTER** (ÉCORCE DE), écorce aromatique d'un gris rougeâtre d'un arbre d'Amérique de la famille des Magnoliacées, qui est un médicament stimulant et a été quelquefois employé contre le scorbut.

WINTERTHUR, 13 600 hab. Ville de Suisse, dans le canton de Zurich et au N.-E. de cette ville. Atelier de construction de machines, filatures de coton très importantes.

WINTHER (ROSMUS-VILLADS-CHRISTIAN-FERDINAND) (1796-1876), célèbre poète danois, auteur de poésies diverses parues en 1828 sous le titre : *Poèmes*, etc., et d'un *Dictionnaire de l'idiome des îles danoises*. Il est mort à Paris.

WINTSCHGAU (V. *Vintschgau*.)

WINTZENHEIM, 4 100 hab. Ch.-l. de c., arr. de Colmar (Haut-Rhin), aujourd'hui à la Prusse.

WINTZINGERODE (FERDINAND, BARON DE) (1770-1818), feld-maréchal et diplomate russe.

WIPPER, 75 kilom. Rivière de l'Allemagne centrale (Thuringe), affluent de l'Unstrutt.

WIPPER, 100 kilom. Petit fleuve côtier de la Poméranie (Prusse), qui se jette dans la mer au-dessous de Rugenwalde.

WISCONSIN, 500 kilom. Rivière des États-Unis, affluent du Mississipi.

WISCONSIN, 1 315 497 hab., 145 137 kilom. carrés, un des États-Unis de l'Amérique du Nord, borné au N. par le lac Supérieur, à l'E. par le lac et l'État de Michigan, au S. par l'État de l'Illinois, à l'O. par les États d'Iowa et de Minnesota. Capit. *Madison*. Le pays est arrosé par le Mississipi et le Wisconsin. Il fut érigé en État en 1848.

WISEMAN (1802-1865), prélat catholique anglais, né en Espagne d'une famille irlandaise. Il fut créé cardinal en 1858 et reçut du pape le titre d'archevêque de Westminster. Il a écrit des ouvrages de philosophie et de polémique religieuse, et *Fabiola*, roman sur les premiers siècles du christianisme.

WISIGOTHS. (V. *Visigoths*.)

***WISKI** [ou-is-ki], *sm*. Cabriolet élevé et léger.

WISMANN (HERMANN), voyageur et explorateur allemand né en 1853, commissaire impérial de l'Afrique allemande.

WISMAR, 13500 hab. Port fortifié du Mecklembourg-Schwerin (Allemagne du Nord), sur la Baltique. Chantiers de construction. Distilleries.

***WISMUTH-BLENDE** (allem. *wismuth*, bismuth + *blende*, blende), *sf*. Minéral composé surtout de silicate de bismuth et connu également sous les noms de *bismuth silicaté* ou d'*eulytine*. Ses cristaux ont la forme d'un tétraèdre régulier, présentant sur chacune de ses faces une pyramide triangulaire; ils sont colorés en brun clair ou en jaune de cire, et brillent d'un vif éclat; leur densité est 6; leur dureté est à peu près égale à celle de l'apatite.

***WISMUTH-SILBERERZ** (allem. *wismuth*, bismuth + *silber*, argent + *erz*, minerai), *sm*. Minéral qui est une sorte de *bismuthine* ou *sulfure de bismuth* : celle pour laquelle on a donné le nom de *bismuthine plumbo-argentifère*. Cette bismuthine contient, outre le soufre, du bismuth, du plomb et de l'argent. Elle se présente sous forme d'aiguilles cristallines dont la couleur est d'un blanc d'étain un peu grisâtre.

WISSANT, 1 150 hab. Village sur la Manche, entre Calais et le cap Gris-Nez. Le port est aujourd'hui ensablé mais, jusqu'au XIVe siècle, il avait été très fréquenté pour le passage en Angleterre. Gisements de phosphate de chaux.

WISSEMBOURG, 5 247 hab. Ancienne s.-préf. (Bas-Rhin); aujourd'hui à la Prusse. La division Abel Douay y fut défaite par les Prussiens et les Bavarois le 4 août 1870.

WITEBSK ou **VITEBSK**, 20 637 hab., ville de la Russie d'Europe, ch.-l. du gouvernement de ce nom, sur la Dwina.

WITENAGEMOT (mot anglo-sax. : *assemblée des sages*), *sm*. Conseil des Anglo-Saxons, qui fut remplacé par le Parlement.

***WITHÉRITE** (*Withering*, nom du savant qui a découvert ce minéral), *sf*. Carbonate de baryte, avec des teintes de gris ou de jaune. La forme primitive du cristal est un prisme droit rhomboïdal. Sa densité est 4,30. Sa dureté est intermédiaire entre celle du calcaire et de la fluorine. La withérite, lorsqu'on la chauffe au chalumeau, commence par décrépiter; elle fond ensuite.

WITI (ILES). (V. *Fidji*.)

WITIKIND, illustre chef saxon qui, de

772 à 785, lutta avec héroïsme et ténacité pour chasser de son pays les armées de Charlemagne. Après chaque défaite, Witikind se réfugiait en Danemark et revenait pour exercer des représailles contre les Francs dès qu'il jugeait l'occasion favorable. Cependant, en 785, Witikind finit par se soumettre, vint se faire baptiser à Attigny-sur-Aisne et resta fidèle à l'empereur tout en conservant son autorité sur les Saxons. Il fut tué en 807 dans un combat contre les Souabes.

WITT (Jean de) (1625-1672), homme d'État hollandais, illustre par son intégrité; nommé grand pensionnaire en 1652, et partisan de la paix, il fit décider par les États que les membres de la maison d'Orange, chefs du parti militaire, ne pourraient être investis du stathoudérat. Il fit prospérer la marine hollandaise, soutint avec succès une guerre contre l'Angleterre et provoqua la formation d'une ligue européenne contre la France. Louis XIV ayant envahi la Hollande en 1672, les orangistes fomentèrent à le Haye une émeute dans laquelle Jean de Witt et son frère Corneille (1623-1672) furent massacrés par la populace.

WITT (Cornélis-Henri de) (1828-1889), historien et homme politique français. Outre de nombreux articles parus dans la *Revue des Deux Mondes*, Cornélis de Witt a publié : *Histoire de Washington et de la fondation de la République aux États Unis*, etc. — **Witt** (Pauline Guizot, Mme de) (1831-1874), sa femme, auteur anonyme de *Guillaume le Conquérant* (1854). — **Witt** (Henriette Guizot, Mme Conrad de), femme de lettres française. Elle fut associée aux derniers travaux de son père, à qui elle servit de secrétaire lorsqu'il écrivit l'*Histoire de France racontée à mes petits-enfants*. Cette histoire étant restée inachevée, Mme de Witt l'a complétée, et le cinquième et dernier volume, paru en 1875, est tout entier d'elle.

WITTEMBERG, 12000 hab. Ville de la Saxe prussienne (Allemagne), sur l'Elbe. C'est aux portes de l'église du Château que Luther afficha ses fameuses *thèses* (1517); il y fut enterré ainsi que Melanchton et l'électeur Frédéric le Sage.

WITTGENSTEIN (prince de) (1769-1843), général allemand au service de la Russie, qui commanda les armées russe et prussienne dans la campagne de 1813 et fit la campagne de France en 1814. Le czar le nomma feld-maréchal en 1825.

***WITTICHÉNITE** (*Wittichen*, localité de la Forêt-Noire), *sf.* Mélange de sulfure de bismuth et de sulfure de cuivre, que l'on trouve à Wittichen.

WITU ou **VITU** (sultanat de), contrée de l'Afrique orientale, baignée à l'E. par l'océan Indien et située au N.-E. du territoire de la Société britannique de l'Afrique orientale. Aujourd'hui l'Allemagne a pris officiellement possession du sultanat de Witu, qui avait été cédé à la Société allemande africo-orientale, ainsi que de toutes les possessions de cette compagnie situées plus au S. et limitées au N. par le territoire dépendant de la Société britannique de l'Afrique orientale (4°30' lat. S.), au S. par les possessions portugaises de Mozambique (10°40' lat. S.) et à l'O. par la région des grands lacs Victoria, Tanganyika et Nyassa. (V. la carte *Égypte et Soudan*, p. 527 du tome Ier de ce Dictionnaire.)

WLADISLAS. (V. *Vladislas*.)

WOEHLER (1800-1882), célèbre chimiste allemand, qui isola le premier l'aluminium (1827).

***WOEHLÉRITE** (*Woehler*, chimiste), *sf.* Silico-niobate de zircone, de chaux et de soude. Les cristaux sont d'un jaune de miel ou d'un brun rougeâtre; ils dérivent d'un prisme carré. Sa densité est 3,4. Sa dureté est égale à celle de l'orthose.

***WŒRTHITE** (*Wœrth*), *sf.* Silicate d'alumine contenant de 4 à 5 p. 100 d'eau. Ce minéral est blanc, vitreux et lamelleux.

WŒRTH-SUR-SAUER, 1114 hab. Ancien bourg du cant. et à 23 kilom. S.-O. de Wissembourg (Bas-Rhin); célèbre par la bataille que Mac-Mahon y perdit contre le prince royal de Prusse le 6 août 1870 et après laquelle les charges des cuirassiers français à Reichshoffen rendirent possible la retraite de notre armée.

WOËVRE ou **WOIVRE**, région de l'E. de la France, comprise entre la Moselle et les côtes lorraines (altitude 150-200 mètres), pays riche en céréales et en fourrages, parsemé de bois et d'étangs. Il est arrosé par les ruisseaux du *Rupt-de-Mad*, qui passe à Thiaucourt, de *Gorze*, qui coule de Rezonville à Novéant, de *Gravelotte*, qui finit à Ars-sur-Moselle, de *Rozérieulles* et de *Châtel*. Là furent livrées les batailles de Rezonville et de Saint-Privat (16-18 août 1870).

WOILLEZ (Eugène-Joseph) (1811-1882), médecin distingué. Élève de Louis, il fut reçu docteur de la faculté de Paris en 1835, médecin des hôpitaux en 1855 et membre de l'Académie de médecine en 1873. Il étudia surtout les maladies de poitrine et créa la congestion pulmonaire connue encore sous le nom de *maladie de Woillez*. Nous citerons parmi ses ouvrages : *Dictionnaire du diagnostic médical; Traité clinique des maladies aiguës des organes respiratoires*.

***WOLCHITE** (*x*), *sf.* Minéral connu aussi sous le nom d'*antimoine sulfuré plumbo-cuprifère*, qui indique les principaux éléments dont il est composé. Il cristallise en prismes rhomboïdaux.

***WOLCHONSKITE** (*x*), *sf.* Terre de magnésie, colorée en un beau vert par de l'oxyde de chrome (jusqu'à 34 p. 100). Elle communique une belle couleur verte à la perle de borax dans la flamme réductrice.

***WOLCKNÉRITE** (*x*), *sf.* Minéral formé de lamelles ou d'aiguilles nacrées, douces au toucher, assez tendres pour être rayées par l'ongle. C'est un hydrate de magnésie alumineux.

WOLF (Frédéric-Auguste) (1759-1824), célèbre philologue, érudit et professeur allemand qui, l'un des premiers après Vico, soutint que l'*Iliade* et l'*Odyssée* n'étaient pas l'œuvre d'un seul poète. (V. *Homère*.)

WOLFENBÜTTEL, 11000 hab. Ville du duché de Brunswick, sur l'Oker; importante et précieuse bibliothèque dont Lessing était le curateur.

***WOLFRAM** (*Wolfram*, nom propre), *sm.* Minéral qui se présente en gros cristaux d'un gris de fer, qu'on rencontre dans les filons des terrains granitiques et qui est un tungstate de fer et de manganèse.

***WOLFSBERGITE** (allem. *Wolfsberg*, localité du Harz), *sf.* Sulfo-antimoniure de cuivre. La forme primitive des cristaux est un prisme droit rhomboïdal. Ce minéral est d'un gris de plomb tirant sur le noir, et présente l'éclat métallique. Il décrépite au chalumeau et fond en donnant des vapeurs d'antimoine. Sa densité est 4,75. Sa dureté est intermédiaire entre celle du calcaire et celle de la fluorine.

WOLLASTON (1766-1828), physicien anglais, secrétaire de la Société royale de Londres, inventa la pile à auge, et découvrit le palladium et le rhodium.

WOLLASTON, montagne lunaire d'une hauteur de 813 mètres. Sa latitude lunaire est de 30° N., et sa longitude lunaire, de 47° E.

***WOLLASTONITE** (ang. *Wollaston*, nom d'homme), *sf.* Minéral blanc, légèrement nacré, dont la densité est 2,8 et dont la dureté est intermédiaire entre celle de la fluorine et celle de l'apatite. C'est un bisilicate de chaux. Sa forme primitive est un prisme rhomboïdal oblique. On l'a aussi appelé *spath en table* à cause de sa structure lamelleuse.

WOLLIN (île de), 253 kilom. carrés, 6000 hab. Ile située sur les bords de la mer du Nord, à l'embouchure de l'Oder, qui forme un vrai lac, que sépare le passage de la Swine entre la côte et les îles d'Usedom et de Wollin intérieur (Haff).

WOLSELEY (sir Garnet-Joseph, vicomte), général anglais, né en 1833, qui soumit les Ashantis en 1874; puis, en mars 1879, réduisit le Zoulouland, dispersa, en 1882, l'armée d'Arabi, occupa l'Égypte, et en 1884 et 1885 débloqua Khartoum. Il fut créé comte Wolseley.

WOLSEY (Thomas) (1471-1530), cardinal et tout-puissant ministre de Henri VIII, roi d'Angleterre. Il fut disgracié pour n'avoir point prêté la main au divorce de ce prince avec Catherine d'Aragon, et mourut au moment où il venait d'être arrêté sous l'inculpation de haute trahison.

WOLVERHAMPTON, 75766 hab. Ville du comté de Stafford (Angleterre). Mines de houille et de fer. Industrie considérable d'ouvrages en fer et en cuivre.

WOLYNSKI (Arthur), historien polonais, né en 1843 à Varsovie, auteur de l'*Histoire de l'insurrection polonaise de 1863-1864*, et, en 1869, de l'*Histoire de l'expédition de Garibaldi*. Il a publié en outre plusieurs ouvrages sur Galilée.

***WOMBAT** [ou-on-ba] (*x*), *sm.* Genre de mammifères de la famille des Marsupiaux, appelé *phascolome wombat*, voisin des phascogales (V. ce mot), et dont les espèces ont pour habitat la Nouvelle-Zélande.

WOOD (Evelyn), général anglais, né en 1838, qui fit avec Wolseley la campagne de Guinée, puis en 1879 l'expédition chez les Zoulous, contre lesquels il défendit le camp retranché de Kambulla-Hall en 1881.

***WOOD-COPPER** (angl. *wood*, bois + *copper*, cuivre), *sm.* Minéral qui présente l'aspect de l'amiante, mais avec une couleur d'un vert bleuâtre foncé; c'est un arséniophosphate hydraté de cuivre et de fer. Sa densité est 4,3. Sa dureté est intermédiaire entre celle du plâtre et celle du calcaire.

WOOLWICH, 41700 hab. Ville du comté de Kent (Angleterre), sur la rive droite de la Tamise, à 14 kilom. de Londres, dont elle est devenue un faubourg. Chantiers de construction pour la marine militaire; immense arsenal; fonderie de canons; école d'artillerie et de génie.

WORCESTER, 300000 hab. Ville de l'O. de l'Angleterre, sur la Severn, surnommée le *Sèvres anglais*, chef-lieu du comté de même nom, très manufacturier, où se pressent les fabriques de porcelaines, d'aiguilles, de tapis, les filatures de laine, les usines métallurgiques, etc. La partie E. du comté abonde en établissements de bains d'eaux minérales.

WORDSWORTH (William) (1770-1850), poète anglais, auteur de petits poèmes descriptifs remarquables par leur naturel et leur simplicité.

WORKINGTON, 10000 hab., ville du comté de Cumberland (Angleterre), à l'embouchure de la Derwent. Riches mines de houille.

WORMHOUDT, 3700 hab. Ch.-l. de c., arr. de Dunkerque (Nord).

***WORMIEN** (de *Wormius*), *adj. m. Os wormiens*, nom donné aux petits os surnuméraires qui s'interposent souvent entre deux des huit os du crâne. Leur situation, leur nombre, leur épaisseur, leur étendue et leur forme présentent des variations à l'infini.

WORMS, 13706 hab. Ville d'Allemagne, dans la partie S. du grand-duché de Hesse-Darmstadt, sur la rive gauche du Rhin, déjà célèbre à l'époque gauloise, et surtout sous les Burgondes; magnifique cathédrale datant du haut moyen âge. Il s'y tint, en 1521, une diète célèbre où fut condamné Luther, dont on voit aujourd'hui dans cette ville une statue colossale.

WORONZOFF (1710-1767), grand chancelier de Russie sous Élisabeth, Pierre III et Catherine II, disgracié par cette dernière.

WORSAAE (Jens-Jacob-Asmussen) (1821-1885), archéologue danois, qui a publié sur les antiquités scandinaves un grand nombre de travaux d'une érudition remarquable.

WOURNO, 15000 hab., ville du Soudan (Afrique centrale), sur la rivière de Rima ou de Sokoto.

WOUTERS (François) (1614-1659), peintre flamand, élève de Rubens, excella dans le paysage.

WOUWERMAN ou **WOUWERMANS**, famille de peintres hollandais renommés comme paysagistes et peintres d'animaux, et qui se compose des trois frères : Philips (1620-1668), Pieter (1625-1683) et Jan (1629-1666).

WRANGEL (1613-1676), général suédois et maréchal du royaume, qui battit, sous

Gustave-Adolphe, puis avec Turenne, les Impériaux.

WRÈDE (PRINCE DE) (1767-1838), général bavarois qui combattit d'abord la France dans les rangs des coalisés, puis pour elle de 1805 à 1813; se joignit de nouveau à nos ennemis vers la fin du premier Empire, perdit contre nous la bataille de Hanau et prit part à la campagne de France en 1814.

WREN (CHRISTOPHE) (1632-1723), mathématicien et célèbre architecte anglais qui construisit l'église Saint-Paul de Londres et un grand nombre d'autres monuments qui embellissent la capitale et différentes villes de l'Angleterre.

WRIGHT (EDWARD) (1560-1640), célèbre géographe anglais.

***WRIGHTIE** (de *Wright*, naturaliste anglais), *sf.* Genre d'arbrisseaux dicotylédones, de la famille des Apocynées, qui croît dans l'Australie et l'Asie tropicale. Les espèces sont au nombre d'une quinzaine : la *wrightie tinctoriale* est la plus remarquable, elle habite l'Inde et ses feuilles fournissent par macération un bon indigo; puis vient la *wrightie antidysentérique*, indigène de Ceylan.

***WRIGHTINE** (*wrightia*), *sf.* Poudre non cristallisée que l'on extrait de l'écorce de *wrightia antidyssenteria.*

***WRIT** [ritt] (mot anglais), *sm.* Ordonnance, assignation, tout ordre écrit, en Angleterre.

WRONSKY (HOËNÉ) (1777-1853), mathématicien et philosophe mystique polonais qui vint se fixer à Paris, où il mourut.

***WULFÉNITE** [vul-fé-ni-te] (de *Wulfen*, botaniste allemand), *sf.* Plomb molybdaté.

WURMSER (1724-1797), général autrichien qui remporta des succès sur l'armée française dans la campagne de 1793 sur le Rhin, mais fut battu par Bonaparte, en Italie, à Castiglione, Lonato, Roveredo et fut forcé de capituler dans Mantoue en 1797.

***WURST** [vourst] (allem. *wurst*, boudin, voiture longue), *sm.* Ancien caisson d'artillerie suspendu. ‖ Caisson destiné à transporter les malades et les médicaments, ainsi que les chirurgiens. ‖ Par extens. Espèce de longue calèche découverte.

WÜRTEMBERG, 19503 kilom. carrés, 1995185 hab. Royaume du S.-O. de l'Allemagne, séparé, à l'O., du grand-duché de Bade, par la chaîne de la Forêt-Noire et de la Hesse-Darmstadt, par l'Oden-Wald, borné au N. et à l'E. par la Bavière, au S. par le lac de Constance, qui le sépare de la Suisse, arrosé par le Danube, le Neckar et ses affluents et divers tributaires du Mein, composé de trois régions physiques : 1° entre le lac de Constance et le Danube, un versant peu fertile incliné du N. au S., qui est la continuation du plateau de Bavière; 2° le Jura de Souabe ou Rauhe-Alp, massif montagneux, boisé et froid, dirigé du S.-O. au N.-E., qui remplit l'angle compris entre le Danube et le Neckar; 3° une plaine comparable à la haute plaine de la Suisse dans laquelle coule le Neckar, à l'O., entre le Jura Souabe et la forêt Noire, et qui est arrosée au N.-O. par les affluents du Neckar et du Mein. Climat généralement froid; nombreuses sources minérales; culture des céréales, de la vigne et des arbres fruitiers dans la plaine. Élève de bétail dans la montagne; industrie métallurgique très développée. Gouvernement constitutionnel. Fondé en 1806 par Napoléon Ier, ce royaume a pour capitale *Stuttgart.* — **Dér.** *Wurtembergeois, wurtembergeoise.*

***WURTEMBERGEOIS, OISE** (*Wurtemberg*), *adj.* et *s.* Qui est du Wurtemberg. ‖ Habitant de ce pays.

WURTZ (CHARLES-ADOLPHE) (1817-1884), chimiste et sénateur français, professeur de chimie à l'École de médecine de Paris, apôtre de la théorie atomique. Le monument le plus important qu'il ait laissé en fait d'œuvres scientifiques est un *Dictionnaire de chimie pure et appliquée* (avec un *Supplément* en 2 volumes), œuvre de collaboration très remarquable.

WURTZBOURG, 40000 hab. Ville de Bavière, sur le Mein. Plusieurs conciles y ont été tenus, en 1080, 1130, 1165, 1209, 1287, 1848.

WYCHERLEY. (V. *Wicherley.*)

WYNANTS (JEAN) (1600-1677), célèbre peintre paysagiste hollandais qui fut le maître de Ph. Wouwermans et d'Adrien Van den Velde.

WYOMING, 253525 kilom. carrés, territoire des États-Unis, constitué en 1868 et borné au N. par le Montana, à l'E. par le Nebraska et le Dacotah, au S. par le Colorado, et à l'O. par l'Utah et l'Idaho; ch.-l. *Brian-City.*

WYSOCKI (JOSEPH) (1809-1874), général polonais, qui défendit la forteresse d'Arad avec sa légion polonaise (3 décembre 1848), et contribua pour une grande part aux victoires de Solnok (5 mars 1849) et de Nogy-Sarlo (18 avril 1849). Après la bataille de Temesvar et la capitulation de Gœrgei à Vilagos, il passa en Turquie avec Kossuth, Dembinski, etc., puis vint se fixer en France

WEGGIS

LAC DES QUATRE-CANTONS (SUISSE)

XÉRÈS

(FAÇADE DU VIEUX CHAPITRE DES CHANOINES, AUJOURD'HUI BIBLIOTHÈQUE PROVINCIALE)

X

X [*ikse* suivant l'ancienne épellation; *ksc,* suivant la nouvelle] (la vingt et unième lettre de l'alphabet latin, la quatorzième de l'alphabet grec représenté dans cette langue par Ξ, ξ, lettre double équivalente à κσ et venant de la quinzième lettre de l'alphabet phénicien), *sm.* Vingt-troisième lettre de l'alphabet, qui a plusieurs sons : 1° le son *ks : Extrême;* 2° le son *gz : Exercice;* 3° le son *ss; Auxerre, Bruxelles;* 4° le son *z : Deuxième-* 5° le son *k : Exception.* ‖ X, en chiffres romains, vaut 10. ‖ En mathématiques, il désigne l'inconnue ou l'une des inconnues : *x.* ‖ *La science des x,* l'algèbre, les mathématiques. ‖ *L'axe des x,* se dit, en géométrie analytique, de l'axe de coordonnées sur lequel on compte les abscisses. — **Gr.** Un assez grand nombre de noms français ont leur pluriel terminé par *x.* En général, ce sont des noms dont le singulier avait autrefois une consonne finale qui a disparu depuis, et *x* représente la combinaison de cette consonne disparue avec l'*s* ordinaire du pluriel : Le *feu,* vx fr. *feuc,* pl. *Feux* pour *feucs;* le *genou,* vx fr. le *genouil,* pl. les *genoux* pour les *genouils.* Les noms en *al* formaient originairement leur pluriel par la simple addition d'un *s :* le *cheval,* les *chevals.* Plus tard, pour faciliter la prononciation de l'articulation double *ls,* on la fit précéder d'un *u,* ce qui donna les *cheva-uls;* enfin, on prit l'habitude de représenter par *x* la plupart des articulations doubles, et en particulier *ls.* En même temps, on prononça la diphtongue *au* comme un *o* simple, et c'est ainsi qu'on est arrivé à l'orthographe et à la prononciation modernes *les chevaux.*

***X** ou ***IXE**, *sm.* Petit tabouret à pieds croisés. ‖ Espèce de phalène aux ailes rayées de deux bandes croisées en X.

XAINTRAILLES (JEAN POTON, SEIGNEUR DE), illustre capitaine français, qui aida puissamment Charles VII à chasser les Anglais; se distingua surtout à Patay (1429), où il fit Talbot prisonnier; fut créé maréchal de France (1454) et mourut en 1461.

XALISCO, 131 211 kil. carrés, 806 000 hab. État montueux du Mexique, sur le Grand Océan; ch.-l. *Guadalaxara.* Au S. se trouve le volcan de *Colima.*

*** XANTHE** [gzantt] (g. ξανθός, jaune), *sm.* Genre de crustacés, décapodes à carapace très large, de la famille des Cancériens, appelé aussi *xantho* et dont les nombreuses espèces sont répandues dans toutes les mers. Dans la Méditerranée existe surtout le *xanthe rivuleux.* Le *xanthe floride* est l'espèce la plus commune. On connait aussi un certain nombre d'espèces fossiles de ce genre. ‖ Genre de clusiacées, appelé aussi *quapoya.*

XANTHE (g. Ξανθός, blond) ou SCAMANDRE. Ancien fleuve de la Troade, qui recevait autrefois le Simoïs, passait non loin des murs de Troie, et se jetait dans l'Hellespont, à l'entrée de ce détroit, près du cap Sigée. C'est aujourd'hui l'*Elchen Tchaï.*

XANTHE, ville de l'ancienne Lycie (Asie Mineure) : aujourd'hui en ruines.

***XANTHÉLASMA** (g. ξαντός, jaune, ἔλασμα, plaque de métal) ou XANTHOMA, *sm.* Affection de la peau caractérisée par l'existence de taches ou nodosités de couleur jaune qui peuvent aussi envahir la muqueuse des voies aériennes et celle des voies digestives. Il existe trois variétés distinctes décrites par les auteurs : 1° *xanthelasma plana* ou en plaques ; 2° *xanthelasma tuberosa* ou saillant ; 3° *xanthelasma en tumeur*. La première variété est constituée par des plaques d'un jaune plus ou moins foncé, tranchant nettement sur la peau normale avoisinante et affectant tantôt l'aspect de petits points de la grosseur d'une tête d'épingle, tantôt l'aspect de larges taches unies à bords bien délimités. Leur couleur les a fait souvent comparer à la peau de chamois. Ces taches provoquent rarement des démangeaisons ou des picotements ; et la douleur est absolument exceptionnelle. La variété de *xanthélasma saillant* offre des nodosités cutanées dont le volume varie de celui d'un petit pois à celui d'un haricot qu'elles ne dépassent jamais, et qui sont recouvertes par la peau restée normale quant à son épaisseur et sa consistance ; mais la coloration de cette peau varie aussi du jaune intense au jaune pâle, qui est la couleur la plus habituelle dans cette variété, qui s'accompagne plus souvent que la variété précédente de phénomènes subjectifs, tels que picotements, douleurs légères devenant intenses par la pression, etc. La troisième variété de *xanthélasma en tumeur* est absolument exceptionnelle ; elle n'est peut-être qu'une forme grave de la deuxième variété, à laquelle elle succède et dont certains auteurs la rapprochent. Dans chacun de ces cas, l'affection peut rester localisée ou se généraliser. Le xanthélasma localisé est de beaucoup la forme la plus fréquente. C'est au niveau du grand angle de l'œil qu'apparaissent les premières plaques, et, dans la plupart des cas, elles sont au nombre de trois à quatre seulement de chaque côté. Quand l'affection doit se généraliser, on retrouve l'éruption au niveau du coude, du genou, de l'épaule, du dos de la main, sur les poignets, la région fessière, la plante des pieds, exceptionnellement sur le tronc et l'abdomen. Le xanthélasma est une affection peu gênante, mais il faut savoir qu'en général il ne constitue pas seul la maladie et qu'il n'est le plus souvent qu'une manifestation accompagnant une maladie de foie dont le pronostic est toujours sérieux ; et, en effet, le xanthélasma se rencontre presque toujours avec l'ictère chronique (*jaunisse*). C'est l'affection du foie qu'il faudra surtout combattre, et les indications varient, comme on le conçoit, avec la nature de l'altération de cet organe. Dans les cas où la saillie ou tumeur caractéristique du *xanthelasma tuberosa* deviendrait un élément de gêne ou entraînerait des troubles par compression sur les organes voisins, on aurait recours au traitement chirurgical.

***XANTHÈNE** (*xanthe*), *sf.* Espèce de pierre précieuse.

***XANTHINE** (g. ξανθός, jaune), *sf.* Substance azotée qui se trouve dans l'urine, dans divers organes mous et dans les muscles. On la prépare sous forme de poudre blanche. Elle est peu soluble dans l'eau, mais soluble dans l'ammoniaque. Au point de vue chimique, c'est un uréide représenté par la formule $C^{10}H^4Az^4O^4$.

XANTHIPPE, général athénien, père de Périclès, qui, avec le Spartiate Léotychidès, remporta sur les Perses (479 av. J.-C.) la victoire navale de Mycale. — Général lacédémonien, qui commandait les mercenaires de Carthage dans la première guerre punique, et fit Régulus prisonnier (255 av. J.-C.).

***XANTHIQUE** (*xanthe*), *adj.* 2 *g.* Qui concerne la couleur jaune. ‖ *Acide xanthique*, acide organique qui a pour formule $C^3H^6OS^2$ et qui précipite en jaune les sels de cuivre. Cet acide est un liquide huileux incolore, plus lourd que l'eau et exhale une odeur semblable à celle de l'acide sulfureux. Ce corps est très inflammable et se décompose dès qu'on le chauffe. Cet acide forme avec les oxydes des *xanthates* qui se décomposent à chaud.

***XANTHO** (g. ξανθός, jaune), préfixe introduit dans plusieurs mots composés et signifiant *blond, jaune, couleur d'or* ou *de feu*.

***XANTHOME** (g. ξανθός, jaune), *sm.* Nom donné à la variété tubéreuse du xanthélasma. (V. ce mot.)

***XANTHOPHYLLE** (g. ξανθός, jaune + φύλλον, feuille), *sf.* Matière colorante qui existe dans les feuilles jaunies. ‖ Genre d'arbres, allié à la famille de Polygalées, et croissant dans l'Inde.

***XANTHOPHYLLITE** (g. ξανθός, jaune + φύλλον, feuille), *sf.* Espèce de mica d'un jaune de cire et d'un éclat nacré.

***XANTHOPICRITE** (g. ξανθός, jaune + πίκρος, amer), *sf.* Substance jaune, amère, styptique, tirée du xanthophylle à feuilles de frêne.

***XANTHOPROTÉIQUE** (gr. ξανθός, jaune + *protéique*), adj. 2 g. *Acide xanthoprotéique*, acide jaune, incristallisable, qui provient de la décomposition des substances organiques par l'acide azotique.

***XANTHORRHÉE** (g. ξανθός, jaune + ῥέειν, couler), *sf.* Genre de plantes monocotylédones, de la famille des Liliacées, qui croissent abondamment en Australie et en Nouvelle-Zélande.

***XANTHORRHIZE** (g. ξανθός, jaune + ῥίζα, racine), *adj. et s.* Qui a des racines jaunes. ‖ Genre d'arbustes, de la famille des Renonculacées, qui croît dans la Caroline, et dont l'espèce type porte le nom de *xanthorrhize à feuilles de persil*.

***XANTHOSE** (g. ξανθός, jaune), *sf.* Matière d'un jaune safrané ou d'un jaune orangé qui apparaît par plaques irrégulières, dans certains cancers.

***XANTHOXYLE** (g. ξανθός, jaune + ξύλον, bois), *adj.* 2 *g.* Qui a le bois de couleur jaune. — *Sm.* Genre d'arbustes et d'arbrisseaux, type de la famille des Xanthoxylées, connu aussi sous le nom de *clavalier*, et qui croissent surtout dans l'Amérique tropicale. L'espèce principale est le *xanthoxyle à feuilles de frêne* ; on le multiplie de graines, de rejetons ou de boutures de racines : l'écorce de cette espèce fournit la *xanthopicrite*. Le bois de toutes les espèces de ce genre est employé en ébénisterie.

XANTHUS, nom sous lequel on désignait l'un des chevaux d'Achille.

***XANTICONE** (g. ξανθός, jaune + κόνις, poussière), *sm.* Sulfo-arséniure d'argent cristallisant en rhomboèdre. On le trouve sous forme de lames translucides, d'un jaune brun ou orange. La poussière est jaune. La densité est 5,2. Sa dureté est intermédiaire entre celle du gypse et celle du calcaire. Il fond à la chaleur de la lampe.

XANTIPPE, femme de Socrate, qui était d'une humeur très acariâtre.

XAVIER (saint **FRANÇOIS**), l'apôtre des Indes. (V. *François Xavier*.)

***XÉNAGE** (du g. ξεναγός) ou **XÉNARQUE** (g. ξένος, étranger + ἄρχειν, commander), *sm.* Commandant d'une xénagie.

***XÉNAGIE** (du g. ξεναγός : de ξένος, étranger + ἄγειν, conduire), *sf.* Contingent de troupes, dans l'ancienne Grèce.

XÉNÉLASIE [ksé-né-la-sie] (g. ξενηλασία : de ξένος, étranger + ἐλαύνειν, chasser), *sf.* Chez les anciens Grecs, interdiction faite aux étrangers du séjour d'une ville.

XÉNIL ou **GÉNIL**, 250 kilom. Rivière d'Espagne (Andalousie), qui prend sa source dans la Sierra Nevada, arrose la délicieuse campagne de la Véga de Grenade, et se jette dans le Guadalquivir (r. g.).

XÉNOCRATE, philosophe grec, disciple de Platon, chef de l'Académie après Speusippe (339 av. J.-C.), fit un alliage des doctrines de son maître avec celles de Pythagore. Mort vers 314 av. J.-C.

***XÉNOLITE** (g. ξένος, hôte + λίθος, pierre), *sf.* Minéral formé par un silicate d'alumine et composé de fibres blanches, transparentes. Il a été découvert dans les blocs erratiques de la Finlande.

XÉNOPHANE DE COLOPHON (Ionie), philosophe grec idéaliste, né en 620 av. J.-C., qui alla s'établir à Élée, dans la Grande-Grèce (540 av. J.-C.), fut le maître de Parménide et le créateur de l'école éléatique. Il inclinait vers le scepticisme, et revint mourir dans sa patrie, malheureux et presque centenaire.

XÉNOPHON (445-355 av. J.-C.), célèbre capitaine, historien et moraliste grec, disciple de Socrate, né près d'Athènes, conduisit la célèbre retraite des Dix mille après la défaite de Cyrus le Jeune par Artaxerxès II ; fut banni d'Athènes après son retour et alla vivre à Scillonte, en Élide, dans un domaine que lui avaient donné les Lacédémoniens, dont il était l'admirateur passionné. La douceur de son style l'a fait surnommer « l'Abeille attique ». Ses principaux ouvrages sont : l'*Apologie de Socrate*, les *Entretiens mémorables de Socrate*, les *Économiques*, les *Helléniques*, histoire de la Grèce de 412 à 463 av. J.-C., l'*Anabase*, récit de l'expédition de Cyrus le Jeune contre Artaxerxès II et de la retraite des Dix mille, la *Cyropédie*, ou l'*Éducation de Cyrus*, sorte de roman qui affecte d'être un cours de politique, etc.

***XÉNOTIME** (g. ξένος, hôte + τιμή, honneur), *sm.* Minéral formé de phosphate d'yttria, se présentant en petits octaèdres carrés bruns, répandus dans un granite. Il est infusible au chalumeau. Sa densité est 4,56. Sa dureté est intermédiaire entre celle du spathfluor et celle de l'apatite.

***XÉRANTHÈME** (g. ξηρός, sec + ἄνθημα, floraison), *sm.* Genre de plantes, dicotylédones, de la famille des Composées, appelé vulgairement *immortelle annuelle*, dont les tiges, hautes de 0m,70, sont cotonneuses et portent des feuilles lancéolées, blanchâtres en dessous. Les capitules, jaunes, blancs, violets, gris de lin, conservent longtemps leur couleur. Cette plante se multiplie de graines.

XÉRASIE [kse-ra-zie] (g. ξηρασία, sécheresse), *sf.* Maladie des cheveux, qui deviennent secs, cessent de croître et ressemblent à un duvet couvert de poussière.

XÉRÈS [khé-rè-ce] ou JEREZ-DE-LA-FRONTERA, 35 000 hab. Ville d'Andalousie (Espagne), au N.-E. de Cadix, célèbre par ses vignobles, dont le vin blanc est vendu en Angleterre sous le nom de *sherry*, et par la bataille que les Maures gagnèrent, en 711, sur Rodrigue, dernier roi wisigoth, et qui leur livra l'Espagne. — *Sm.* Le vin blanc récolté aux environs de Xérès : *Le xérès se métamorphose en vieillissant*.

***XÉRODERMIE** (g. ξηρός, sec + δέρμα, peau), *sf.* État cutané que caractérisent la sécheresse, le manque d'élasticité et la dureté de la peau s'accompagnant souvent d'exfoliation. La xérodermie peut apparaître sous forme de taches jaunes, d'étendue variable, semblables à des taches de rousseur, séparées par des intervalles de peau saine et ayant pour siège de prédilection la face, les oreilles, le cou, la nuque, les épaules, la poitrine, les bras et les mains, plus rarement les jambes et les pieds. L'épiderme est lisse et mince par places, rude et soulevé en d'autres points ; la peau est difficile à plisser, rétractée et semble adhérer fortement aux parties sous-jacentes. L'affection débute en général dans la première jeunesse et donne plus tard naissance à de l'eczéma, des ulcérations et des déformations par suite des altérations qui siègent au niveau des ouvertures naturelles. Dans d'autres cas, la xérodermie constitue un état stationnaire. La peau est blanche, peu pigmentée, tendue par places et soulevée par des lamelles minces et brillantes. Enfin, on a signalé une autre variété de cette affection que l'on a appelée *xeroderma pigmentosum* (*xérodermie pigmentaire*), maladie congénitale qui ne se développe que quelques mois après la naissance, et dans laquelle certains auteurs ont cru reconnaître une variété de carcinome épithélial. Le traitement chirurgical, qui a pour but d'arrêter la tendance à la généralisation, est le seul traitement qui convienne à cette variété, dont la gravité est plus grande que celle des deux autres formes.

***XÉROPHAGE** (g. ξηρός, sec + φαγεῖν, manger), *s.* et *adj.* 2 *g.* Qui se nourrit d'aliments secs.

XÉROPHAGIE (g. ξηρός, sec + φαγεῖν, manger), *sf.* Abstinence des chrétiens de la primitive Église, qui consistait à ne manger en carême que du pain et des fruits secs. ‖ Usage exclusif d'aliments secs.

***XÉROPHTHALMIE** (g. ξηρός, sec + ὀφθαλμός, œil), *sf.* Dessèchement inflammatoire de la conjonctive de l'œil, qui se ride et n'est plus baignée par les larmes.

***XÉROSIS** (g. ξηρός, sec), *sm.* État de sécheresse de l'œil produit par la xérophthalmie. Il est dit *lacrymal*, quand c'est le liquide des glandes lacrymales qui vient à se tarir; *conjonctival*, quand la sécheresse est due à l'atrophie des glandes propres de la conjonctive. On dit aussi quelquefois **xérope** (*sf.*).

XERTIGNY, 3734 hab. Ch.-l. de c., arr. d'Épinal (Vosges). Forges.

XERXÈS Ier, fils de Darius Ier, roi de Perse de 485 à 472 av. J.-C. Il dirigea contre la Grèce une formidable invasion qui n'aboutit pour son armée qu'à la perte des batailles de Salamine (480) et de Platée (479). Après s'être enfui honteusement dans sa patrie, il chercha à oublier ses désastres dans les plaisirs, et mourut assassiné par Artaban, capitaine de ses gardes. — **Xerxès II**, roi de Perse (425 av. J.-C.), fils et successeur d'Artaxerxès Ier Longue-Main, ne régna qu'un an et fut assassiné par son frère Sogdien.

XIMÉNÈS (1436-1517), moine franciscain très austère, confesseur de la reine Isabelle de Castille, qui, devenu archevêque de Tolède, grand inquisiteur de Castille et cardinal, gouverna l'Espagne depuis la mort de Ferdinand le Catholique jusqu'à l'arrivée de Charles-Quint, qui le disgracia aussitôt.

XIPHIAS (g. ξίφος, épée), *sm.* L'espadon, poisson de mer dont les os frontaux présentent un prolongement considérable ayant la forme d'une lame d'épée. || Nom d'une constellation de l'hémisphère austral, appelée aussi la *Dorade*.

XIPHOÏDE (g. ξίφος, épée + εἶδος, forme), *adj. m.* Se dit du prolongement cartilagineux appelé *appendice xiphoïde*, qui termine inférieurement le sternum.

***XIPHOÏDIEN, IENNE** (*xiphoïde*), *adj.* Qui se rattache à l'appendice xiphoïde.

***XIPHOPAGE** (g. ξίφος, épée + παγείς, réuni), *sm.* et *adj. 2 g.* Monstre caractérisé par la réunion de deux individus depuis l'extrémité inférieure du sternum (appendice xiphoïde) jusqu'à l'ombilic commun : *Les frères Siamois étaient xiphopages.*

***XIPHOPHYLLE** (g. ξίφος, épée + φύλλον, feuille), *adj. 2 g.* Pourvu de feuilles en forme d'épée.

XUCAR ou **JUCAR**, 511 kilom. Fleuve du versant E. de l'Espagne, qui descend de la Muela de San Juan, coule d'abord du N. au S., puis de l'O. à l'E., arrose Cuença et se jette dans la Méditerranée entre les provinces de Valence et d'Alicante.

XUTHUS, fils mythique d'Hellen et de Créuse, fille d'Erechthée, père d'Ion et d'Achéus, que les Grecs regardaient comme la souche des Ioniens et des Achéens.

***XYLÈNE** (g. ξύλον, bois), *sm.* Combinaison de carbone et d'hydrogène ayant pour formule $C^{16}H^{10}$, qui se trouve dans les benzines commerciales.

***XYLIDINE** (*xylène*), *sf.* Combinaison qui se forme, en même temps que l'aniline, par suite de la présence du xylène dans les benzines.

***XYLIQUE** (du g. ξύλον, bois), *adj. 2 g.* Qui se rapporte au bois. || *Acide xylique* ($C^9H^{10}O^2$), acide cristallisable, incolore, soluble dans l'eau et l'alcool et provenant du bois en carbonisation.

***XYLITE** (du g. ξύλον, bois + sfx. chimique *ite*), *sf.* Nom donné au produit de la distillation de l'esprit-de-bois. Sa formule est $C^{12}H^{12}O^5$.

***XYLO** ou **XYL** (g. ξύλον, bois), préfixe qui signifie *bois, bois de charpente*, etc.

*** XYLOCOPE** (g. ξύλον, bois + κόπτειν, couper), *sm.* Genre d'hyménoptères apiaires, armé d'un aiguillon vénéneux : c'est l'*abeille perce-bois*.

***XYLODIE** (du g. ξυλώδης, ligneux), *sf.* Genre de fruits ligneux, sans cupule, à peu près semblables à la noisette.

***XYLOGRAPHE** (g. ξύλον, bois + γράφειν, écrire), *sm.* Graveur sur bois. — **Dér.** *Xylographie, xylographique.*

XYLOGRAPHIE (g. ξύλον, bois + γραφή, écriture), *sf.* Art de graver sur bois. || Art d'imprimer avec des caractères de bois ou avec des planches dans lesquelles sont gravées les lettres.

XYLOGRAPHIQUE (*xylographie*), *adj. 2 g.* Obtenu par la xylographie. || Qui a rapport à la xylographie.

***XYLOÏDINE** (g. ξύλον, bois + εἶδος, semblable), *sf.* Combinaison explosive, analogue au coton-poudre. On la prépare à froid, au moyen de l'amidon et de l'acide azotique concentré et on précipite par l'eau.

***XYLOL** (g. ξύλον, bois + sfx. chimique *ol*, radical de *oleum*, huile ou corps gras), *sm.* Carbure d'hydrogène liquide extrait de l'esprit-de-bois ($C^{16}H^{10}$).

***XYLOLITHE** (du g. ξύλον, bois + λίθος, pierre), *sf.* Bois fossile, pétrifié.

***XYLOMYCE** (g. ξύλον, bois + μύκης, champignon), *s.* et *adj. 2 g.* Qui croît dans les bois, en parlant des champignons.

***XYLON** ou ***XYLE** (g. ξύλον, bois), *sm.* Cellulose du bois et des enveloppes des fruits durs.

XYLOPHAGE (g. ξύλον, bois + φαγεῖν, manger), *adj. 2 g.* Se dit de tout insecte qui vit dans le bois sur pied, s'en nourrit et y dépose ses œufs. Les *insectes xylophages* causent de grands dégâts dans nos plantations d'arbres et s'attaquent surtout aux pieds morts ou languissants. — *Sm.* Famille d'insectes coléoptères tétramères qui creusent des galeries dans les arbres sur pied et causent parfois de grands ravages dans nos forêts. Les genres les plus redoutables sont : les *scolytes* et les *bostriches*, contre l'envahissement desquels on ne connaît pas de remède.

***XYLOPHONE** (g. ξύλον, bois + φωνή, voix), *sm.* Instrument de musique composé de morceaux de bois de différentes dimensions et d'essences différentes sur lesquels on frappe avec un petit marteau pour produire les différents sons.

***XYRIDE** (g. ξυρίς, génitif ξυρίδος, glaïeul : de ξυρός, rasoir), *sf.* Genre de plantes vivaces, monocotylédones, à feuilles ensiformes, de la famille des Iridées, croissant dans les lieux marécageux en Asie, en Australie et en Amérique. Le suc des feuilles de la xyride de l'Inde, mélangé avec du vinaigre, est employé contre l'impétigo.

XYSTE (g. ξυστόν, lieu uni), *sm.* Portique couvert faisant partie d'une palestre grecque, et où les athlètes s'exerçaient pendant l'hiver. || Chez les Romains, allée destinée à la promenade.

***XYSTOPHORES** (g. ξυστόν, pique + φέρειν, porter), *sm.* Troupes de l'ancienne Perse qui marchaient devant les corps d'élite des Dix mille. Un bas-relief de Ninive les représente escortant les chevaux royaux.

***XYSTRE** (g. ξύειν, gratter), *sm.* Rugine qui sert à enlever le tartre des dents.

XÉNOPHON

YÈDO (JAPON)

VUE D'UNE RUE

Y

(Le signe ʿ (esprit rude), placé devant un mot, indique que la voyelle finale de l'article qui précède, ne s'élide pas.)

Y [*i grec*] (dérivée de la sixième lettre de l'alphabet phénicien signifiant *clou*, et formant la vingtième lettre de l'alphabet grec, cette lettre passa en latin à peu près vers le temps de Cicéron pour représenter les sons qu'elle rendait en grec. Dans l'alphabet latin, on la plaça à la suite de X et elle fut classée la vingt-deuxième), *sm.* Vingt-quatrième lettre de l'alphabet français, qui a le son d'un *i* simple et remplace l'upsilon (Υ) ou υ grec dans les mots tirés de cette langue : *Hypocrite, style. Y* équivaut encore à un *i* simple au commencement de certains mots empruntés au latin ou à d'autres langues : *Yeuse, yacht*, etc.; mais dans l'intérieur des mots d'origine latine, *y* a la valeur de deux *i*, dont le premier s'unit à la voyelle précédente pour former une diphtongue, et dont le second appartient à la syllabe qui suit cette diphtongue. Tel est le cas pour *boyau* (l. *botellus*), *royal* (l. *regalis*); alors *y* n'est qu'un adoucissement d'une dentale ou d'une gutturale latine. Quand *y* est au commencement de mots étrangers francisés ou au milieu de mots venant du latin, on le considère ordinairement comme une demi-voyelle. ‖ *Y* s'emploie, en mathématiques, seul ou conjointement avec *x*, pour représenter une quantité inconnue. ‖ *Axe des y*, se dit, en géométrie analytique, de l'axe des coordonnées sur lequel on compte les ordonnées, par opposition à l'*axe des x* sur lequel on compte les abscisses. — **Gr.** Dans certains mots empruntés aux langues étrangères et commençant par *y*, on n'élide pas la voyelle finale de l'article précédent : *Le yacht, au yacht.* (Ces mots sont précédés, dans ce dictionnaire, du signe ʿ.) — Souvent dans les mots d'origine grecque et où entre *hip* ou *hyp*, on est embarrassé pour savoir s'il faut mettre un *i* ou *y* : on met un *i* quand le mot s'écrit par deux *p* : *Hippocrate, hippique*; et *y* quand le mot s'écrit par un seul *p* : *Hypothèse, hypocrite*.

Y (vx fr. *iv, i* ; du l. *ibi*, là), *adv. de lieu.* Là, dans ce lieu-là : *Arrivé dans la ville, j'y trouvai un ami.* — *Pr. pers. 2 g.* et *2 n.* qui se dit des choses et par extension des personnes, et s'emploie : 1° Comme complément indirect signifiant à cela, à cette chose, à ces choses, à lui, à elle, à eux, à elles : *Je connais votre opinion, j'y donne mon assentiment. Tout le monde plaint cette orpheline et s'y intéresse.* — 2° Comme complément circonstanciel de lieu, signifiant sur cela, dans ce lieu, auprès de cette personne : *Prenez mon bras et appuyez-vous-y. Puisque vous voulez voir l'ambassadeur, je vous y mènerai.* — 3° Comme explétif ou par pléonasme dans certains gallicismes, tels que *il y a, il y va, il n'y voit goutte.* ‖ *Fiez-vous-y*, vous auriez tort de vous y fier. ‖ *J'y suis*, je devine, ou je suis arrivé au but à atteindre. — **Gr.** *Y*, venant après un impératif qu'il modifie, se joint à cet impératif par un trait d'union : *Cours-y.* — On ajoute un *s* euphonique à la 2ᵉ pers. *sg.* d'un impératif, quand celle-ci finit par un *e* muet ou par *a* et qu'elle est immédiatement suivie de *y* qui la modifie : *Vas-y. Portes-y toute ton attention.* — Quand un impératif a pour compléments *moi* ou *toi* et *y*, il faut placer *y* le premier : *Si tu parais en public, comportes-y-toi bien.* On peut dire aussi : *Comporte-t'y bien.*

Y ou **IJ**, golfe du Zuiderzée, formé au XIIIᵉ siècle par une invasion de la mer, et au bord duquel est Amsterdam, séparé maintenant de cette mer intérieure par un barrage et mis e communication, en 1858, avec la mer du Nord par un canal.

YABLONNOÏ. (V. *Iablonnoï.*)

ʿ YACHT [i-ak] (m. angl. : de l'all. *jagen*, chasser), *sm.* Petit navire léger, rapide, marchant à la voile et à la rame ou au moyen de la vapeur, et dont on se sert pour faire des promenades sur mer. ‖ *Yacht-Club*, société d'encouragement pour la navigation de plaisance maritime, fondée en 1867.

ʿ YACHTING [i-ôt-tigne] (*yacht* + sfx. angl. *ing*), *sm.* Sport nautique : *Le yachting est né en Angleterre, en 1815.*

YACOBA, contrée du Soudan située au S. du Haoussa, dans la Nigritie (Afrique centrale) ; cap. *Yacoba.*

***YACOU** (du mot caraïbe *yacahu*), *sm.* Oiseau du genre pénélope, qui vit dans la Guyane, au Brésil et au Mexique. Sa chair est un mets délicat.

YACOUT ou **YAKOUT** (Schehab-Eddin-Abou-Abd-Allah) (1178-1227), géographe arabe. Il a laissé, entre autres ouvrages, un *Dictionnaire de géographie.*

ʿ YAÏK ou **JAÏK,** nom d'une tribu de Cosaques du Don qui fournit en 1591 les éléments du premier régiment des Cosaques incorporé dans l'armée russe.

YAÏLA (Monts), chaîne montagneuse qui borde la côte S.-E. de la Crimée sur 150 kilom. de long et de 10 à 40 d'épaisseur, en laissant entre elle et la mer une lisière de petites vallées pittoresques et fertiles. *Tchatir-Dagh* (montagne de la Tente) en est le point culminant (1 580 mètres).

1. **ʿ YAK** ou **ʿ YAC** (mot anglais), *sm.* Angle supérieur du drapeau britannique, près de la hampe, où sont représentées dans un carré deux croix superposées.

2. **ʿ YAK** ou **ʿ YACK,** *sm.* Animal à corps

YACK

trapu, couvert de longs poils laineux avec une queue comparable à celle du cheval, qui est une espèce du genre bœuf. Il vit en troupes dans la Tartarie et les hautes montagnes du Thibet jusqu'à la limite des neiges éternelles et a été domestiqué comme bête de somme et de labour par les Mongols et les Kalmouks. On a essayé de l'acclimater dans le département de l'Isère.

YAKOUTES ou **IAKOUTES,** peuple finno-tartare qui, repoussé des environs du lac Baïkal, est venu s'établir, en Sibérie, dans le bassin de la *Léna* jusque sur les bords de l'océan Glacial. Les Yakoutes, très industrieux, habiles ouvriers, élèvent des chevaux et des bœufs jusqu'au delà du cercle polaire et sont par excellence les marchands nomades de la Sibérie. Quoique baptisés, ils ont conservé toutes les pratiques du chamanisme.

YAKOUTE SIBÉRIEN

YAKOUTSK. (V. *Iakoutsk.*)

YAMBO, port sur la mer Rouge dans l'Hedjaz (Arabie), au S.-O. de Médine dont Yambo est le port.

YAMINA ou **N'YAMINA,** ville du Soudan français, dans le Ségou, sur la rive gauche du Niger. Marché le plus important du haut Niger. La canonnière française le *Niger* l'occupa le 24 septembre 1885, au nom de la France.

YANAON, 5 733 hab. Ville de l'Hindoustan, dans le pays des Circars, sur la branche N. du delta du Godavery (côte de Coromandel). Yanaon, avec son territoire, appartient à la France.

YANG-TCHEOU-FOU, 200 000 hab., ville de Chine, au N.-O. de Nankin, sur le grand canal impérial. Fabriques de crêpes et de soieries.

YANG-TSE-KIANG, ou Fleuve Bleu, 4 800 kilom. Fleuve de la Chine, le plus grand du monde après l'Amazone et le Mississipi. Il descend du plateau du Thibet, arrose Nankin et se jette dans la mer Orientale par plusieurs embouchures qui forment un vaste delta.

YANI-DARIA, nom d'un bras du Syr-Daria, fleuve du Turkestan.

ʿ YANKEE [ian-ki] (corruption de *english*, anglais), *s. 2 g.* Nom que donnent les Anglais aux habitants des États-Unis. — Pl. *Yankees.*

YANVO, 40 000 hab. Ville de la Nigritie méridionale (Afrique). Mines d'or et de cuivre.

YAPURA, 1 400 kilom. Rivière de l'Amérique du Sud (Équateur et Brésil), affluent de l'Amazone.

ʿ YARD (m. angl.), *sm.* Mesure de longueur employée par les Anglais et qui vaut $0^{m},914$.

YARKAND, 120 000 hab. Ville de la Petite Boukharie, dans le Turkestan chinois. Fabriques de soieries. Grand commerce.

YARMOUTH, 46 211 hab. Ville et port du comté de Norfolk (Angleterre), sur la mer du Nord, à l'embouchure de la Yare. Pêche du hareng et du maquereau, bains de mer très fréquentés.

YARRIBA, contrée de la Nigritie centrale (Afrique), entre la frontière N.-E. du Dahomey et le Niger.

ʿ YATAGAN (m. turc), *sm.* Sorte de petit sabre concave du côté du tranchant.

YATREB, nom primitif de la ville de Médine.

***YAWS** (mot anglais), *sm.* Espèce de *pian*, qui sévit en Nouvelle-Guinée, chez les nègres mal nourris.

YAXARTE. (V. *Iaxarte.*)

YÈBLE, *sf.* (V. *Hièble.*)

YÉDO, aujourd'hui **TÔKIÔ,** 1 121 900 hab. Capitale du Japon, au fond de la baie du même nom, sur la côte S.-E. de l'île de Nippon. Ancienne résidence du taïcoun qui y avait un château de 8 kilom. de circonférence.

YÉKATERINBOURG, ville de Sibérie. (V. *Iekaterinbourg.*)

YEKATERINOSLAV. (V. *Iekaterinoslav.*)

YELISAVETPOL. (V. *Ielisavetpol.*)

YELLOWSTONE, 1 800 kilom. Rivière des États-Unis, dans le Nebraska, affluent du Missouri. Nom d'un parc, propriété nationale des États-Unis d'Amérique, situé dans la chaîne des montagnes Rocheuses, près des sources du Yellowstone et du Madison. On y admire de superbes forêts de séquoïas et des geysers dont l'eau, d'une abondance extraordinaire, jaillit à une hauteur prodigieuse.

YÉMEN, région du S.-O. de l'Arabie, le long de la mer Rouge et du golfe d'Aden, qui produit l'encens, la myrrhe, le café dit de Moka et beaucoup de dattes. Elle fait partie de l'*Arabie Heureuse.* — Capitale *Moka.*

YENIKALÉ. (V. *Ienikalé.*)

YÉNISSÉI. (V. *Iénisséi.*)

***YÉNITE** (*x*), *sf.* Minéral composé de deux silicates, dont l'un a pour base le peroxyde de fer, et l'autre le protoxyde de fer avec 12 p. 100 de chaux. La forme cristalline primitive est un prisme rhomboïdal droit. Ce corps est noir, d'un éclat subrésineux ; sa densité est 4. Sa dureté se rapproche de celle de l'orthose. Ce minéral est encore connu sous le nom de *ilvaïte* ou *liévrite.* Il en existe des gisements à l'île d'Elbe.

YENNE, 2 739 hab. Ch.-l. de c., arr. de Chambéry (Savoie), sur le Rhône.

***YEOMANRY** (mot anglais : *yeomen*), *sf.* Milice à cheval, en Angleterre, et chargée de la police locale. Elle est composée des propriétaires des campagnes.

YEOU, 750 kilom. Rivière du Soudan (Afrique centrale), qui arrose le Haoussa et le Bournou et va se jeter dans le lac Tchad, au N. de Kouka.

YÈRES, 90 kilom. Petite rivière de France, qui traverse de l'E. à l'O. la partie S. du plateau de la Brie, arrose Brunoy, et se jette dans la Seine (r. d.) à Villeneuve-Saint-Georges. ‖ Petit fleuve côtier de France (Seine-Inférieure), qui se jette dans la Manche à Tocqueville-sur-Mer.

YERMAK. (V. *Iermak.*)

YERVILLE, 1 526 hab. Ch.-l. de c., arr. d'Yvetot (Seine-Inférieure).

YÉSO, 94 000 kilom. carrés, 239 566 hab. Grande île du Japon, au N. de Nippon, séparée de l'île de Sakhalin par le détroit de La Pérouse, couverte de hautes montagnes qui renferment de nombreux volcans en activité ; stérile et inhabitée au N. à cause du froid et des brouillards qui y règnent.

YEU (Île d'). V.) *Dieu.*)

YEUSE (vx du fr. *ielce* : l. *ilicem*, yeuse), *sf.* Espèce de chêne à feuilles persistantes vulgairement appelé *chêne vert*, qui croît sur les coteaux et les montagnes calcaires bien exposés au soleil du bassin méditerranéen et même de nos départements méridionaux. Son bois est aussi bon que celui du chêne rouvre, son écorce donne du tan de première qualité, et l'homme peut manger ses glands quand ils sont doux.

YEUX, *sm.* Pl. de *œil.* (V. ce mot.)

YÈVRE, 116 kilom. Rivière du département du Cher, affluent de la rivière du même nom à Vierzon.

YEZD, 30 000 hab. Ville de Perse, dans une plaine sablonneuse, sur la route des caravanes qui mettent Boukhara en communication avec l'Inde.

YMUIDEN, 1 500 hab. Ville de Hollande (Hollande septentrionale) ; avant-port d'Amsterdam, sur la Nordrée. Canal.

***YOGA** [i-oga] (sansc. *yoga*, joug), *sm.* Sorte de contemplation extatique des Hindous, provoquée par des moyens artificiels.

ʿ YOKOHAMA, 89 545 hab. (dont 1 000 Européens et 12 à 1 500 Chinois). Ville maritime du Japon, dans l'île de Nippon, sur la baie de Tôkiô, côte S.-E. de l'île. C'est, avant Kôbé (sur la mer Intérieure) et Nagasaki (sur la côte O. de Kiousiou), le port le plus important du Japon pour le commerce étranger.

ʿ YOLE (all. *jölle*), *sf.* Petite embarcation étroite et légère, quelquefois très longue et à laquelle on peut imprimer une course très rapide.

ʿ YOLOFFS, WOLOFS, DJOLOFS, ou bien **OUOLOFS** ou **OULOFS,** peuple de race nègre, de la Sénégambie occidentale (Afrique), habitant particulièrement le Oualo. Très noirs de peau, grands, bien faits, intelligents et de mœurs douces, cultivateurs, ils nous fournissent de bons soldats. La religion des Yoloffs est le mahométisme mêlé de beaucoup de pratiques fétichistes. — **Le yoloff,** *sm.* La langue africaine issue de la langue des Mandingues, et fort répandue dans toute la Sénégambie, et même sur la rive droite du Sénégal : dans le Cayor, le Oualo, le Djolof et le Dakhar on parle le yoloff, ainsi que dans le Baol, le Sine et la Gambie, mais d'une façon moins générale.

YOLOFF DE SÉNÉGAMBIE

ʿ YOM-KIPPOUR (mots hébreux : *jour des expiations*), *sm.* Fête religieuse des juifs qui dure de 35 à 36 heures. Elle commence à 6 heures du soir pour se terminer le surlendemain à 6 heures du matin. Les pratiquants se revêtent d'un habit de lin, ne touchent pas au feu, ne fument pas et ne vont point en voiture.

YON (Edmond-Charles), peintre et graveur français contemporain, né en 1841. Il est un des artistes chargés de décorer l'Hôtel de Ville de Paris inauguré en 1883.

YON (saint) (l. *Ionius*), célèbre disciple de saint Denis, martyrisé en 290. Fête, le 5 août.

YON (Ordre de Saint-), congrégation plus

connue sous le nom de *Frères des écoles chrétiennes*.

YON, 52 kilom. Rivière du département de la Vendée, affluent du Lay.

YONNE (l. *Icauna*), 293 kilom. Rivière torrentielle de France, affluent de gauche de la Seine qui commence au mont Préneley, dans le Morvan, au S. de Château-Chinon, coule sur un sol successivement granitique, jurassique et crayeux, passe au pied de Château-Chinon, arrose Clamecy, Auxerre, Joigny, Sens et se jette dans la Seine à Montereau-Faut-Yonne. Son cours, régularisé par le réservoir des Settons et par des écluses, la rend propre au flottage des trains de bois à brûler qu'on amène à Paris. Ses grands affluents sont la *Cure*, le *Serein*, l'*Armançon*, et la *Vanne*.

YONNE (DÉPART. DE), 728 747 hectares, 357 029 hab. (V. la carte, p. 797). Département du centre de la France, borné au N.-E. par le département de l'Aube, à l'E. par celui de la Côte-d'Or, au S. par celui de la Nièvre, et à l'O. par le département du Loiret et celui de Seine-et-Marne ; ce dernier département le limite aussi au N. Le département a été formé, en 1790, de territoires appartenant à quatre provinces de l'ancienne France : 1° la Champagne (Champagne propre, Sénonais, Tonnerrois); 2° Orléanais (Gâtinais); 3° Bourgogne (Bourgogne propre, comté d'Auxerre, Avallonnais); 4° Ile-de-France (Gâtinais français). Il est compris entre 0° 30' 40" et 2° 0' 20" de longitude O. et 47°, 18' 15' et 48° 24' 50" de latitude N.

Située sur les limites du bassin de la Seine, l'Yonne est un département accidenté. L'arrondissement de Sens est une plaine crayeuse arrosée par l'Yonne et par la Vanne, dont le cours supérieur traverse de vastes prairies à l'E. du département; à l'O., dans le Gâtinais, le terrain appartient aux formations tertiaires; il est argileux et boisé.

Sans être très élevé au-dessus du niveau de la mer, le sol du département de l'Yonne est très accidenté et parcouru par un grand nombre de cours d'eau séparés les uns des autres par des plateaux calcaires. La pente générale est dirigée vers le N.-O., excepté dans l'angle S.-O. où les rivières qui se rendent à la Loire coulent vers l'O. C'est la région S. et S.-E. qui est la plus élevée : elle s'appuie en effet aux monts de la Côte-d'Or et du Morvan, et on relève dans cette partie des hauteurs voisines de 400 mètres : 318 mètres près de Noyers, 376 mètres à l'E. de l'Isle-sur-Serein, etc. Le sol va en s'abaissant à mesure que l'on se dirige vers le N. et passe successivement par des altitudes de 145 mètres, de 117 et même de 76 à Sens. Le point culminant du département se trouve à l'angle S., à la *forêt au Duc* dont l'altitude est de 609 mètres.

Le département de l'Yonne est situé sur le bord méridional du bassin de Paris; il offre une succession de couches géologiques plus complète que ses voisins, bien que les terrains de transition manquent ainsi que le permien et le trias. Des granites et des gneiss granitoïdes représentent les terrains primitifs dans le Morvan. Le lias occupe une grande partie de la Terre-Plaine sur le bord N.-O. du Morvan (calcaires argileux et argiles noirâtres avec calcaire grossier à gryphoa cymbium. Ce sont les meilleures terres du département. L'oolithe inférieure et moyenne forment une première terrasse de la Bourgogne. L'oolithe inférieure est représentée par des calcaires à entroques, surmontés de marnes calcaires que recouvre la grande oolithe. L'oolithe moyenne comprend des assises oxfordiennes : argiles grises, pins, marnes calcaires, moyens et compacts, le tout surmonté d'un calcaire blanc, épais, stratifié ou oolithique et de calcaires coralliens. Les marnes kimméridgiennes auxquelles succèdent des argiles, des marnes calcaires, puis des calcaires portlandiens, constituent l'oolithe supérieure. Ces terrains, moyennement fertiles, sont propres à toutes les cultures ; sur leurs pentes marneuses et argileuses s'étagent les vignobles de Tonnerre, de Chablis et de Coulanges-la-Vineuse. Le crétacé débute par le néocomien sur la pente douce de la deuxième terrasse de la Bourgogne (calcaires à spatangues, argiles à ostréa, sables et argiles bigarrés. Les sables verts couvrent les collines en avant des terrasses du Sénonais et une grande partie de la Puisaye. Dans la partie orientale, on trouve des argiles à exogyra et des sables verts ou gris verdâtres au N.-E. jusqu'aux bords de l'Yonne et du Serein. Au S.-O., dans la Puisaye, on n'observe les sables verts qu'à la partie inférieure; le reste des couches est constitué par des sables jaunes ferrugineux, mélangés d'argile et de grès. La craie domine dans le Sénonais et le Gâtinais : la craie supérieure est très pure et très blanche. Elle est recouverte par un revêtement de sables et d'argiles qui représentent le tertiaire. Les terrains d'alluvions occupent les vallées de l'Armançon, du Serein, de la Cure et de l'Yonne : ce sont des détritus siliceux et calcaires auxquels s'ajoutent des cailloux et des sables granitiques. Dans les vallées du Sénonais et du Gâtinais, on trouve des silex, de la craie et des dépôts tertiaires.

Le département de l'Yonne appartient aux bassins de la Seine et de la Loire par des affluents de ces deux fleuves. Les affluents de la Seine sont : 1° l'*Yonne* sortie des étangs de Belle-Perche (Nièvre), non loin de Château-Chinon; elle pénètre dans le département à Coulanges, arrose Châtel-Censoir, Mailly, Cravant, Auxerre, Bassou, Cheny, Laroche, Saint-Cydroine, Joigny, Cezy, Saint-Aubin, Villecien, Villevallier, Armeau, Villeneuve-sur-Yonne, Sens, Pont-sur-Yonne, Villeneuve-la-Guyard, où elle sort du département pour couler dans celui de Seine-et-Marne et se jette presque aussitôt dans la Seine. La rivière est flottable pour les trains de bois à partir d'Armes (Nièvre), où commencent les écluses. Les affluents de droite de l'Yonne dans le département sont : I. Le ruisseau d'*Asnières*, qui prend sa source près de Chamoux, arrose Asnières et tombe dans la rivière près de Châtel-Censoir. II. La *Cure*, qui naît dans le département de Saône-et-Loire, non loin de Château-Chinon. Elle passe ensuite dans la Nièvre, où elle alimente l'étang des *Lettons*, qui sert de réservoir à l'Yonne pendant les sécheresses. Elle fait ensuite plusieurs coudes, qui la font couler alternativement dans les départements de la Nièvre et de l'Yonne, où elle pénètre définitivement en aval de l'embouchure de la Brajanne. Elle traverse les communes de Saint-André, de Domecy, passe au pied de la colline de Vézelay et se jette dans l'Yonne entre Vermenton et Cravant. La Cure est flottable pour les trains de bois à partir d'Arcy : elle apporte à l'Yonne un volume d'eau qui double son débit (200 litres par seconde). Le régime de ce petit cours d'eau est très irrégulier : son cours supérieur, coulant sur un sol granitique, il a des crues subites. Il présente aussi une particularité curieuse : c'est la seule rivière du bassin de la Seine où les saumons vont frayer. La Cure reçoit à droite, dans l'Yonne : 1° Le *Cousin*, qui prend sa source dans la Côte-d'Or, entre dans l'Yonne un peu au-dessus de Quarré-les-Tombes, passe au pied de la colline où est bâtie Avallon, à Pontaubert, au Vault-de-Lugny et se jette dans la Cure en face de Blannay. Le Cousin reçoit, dans le département de l'Yonne : 1° sur la rive droite, le *Tournesac*, le *ru de Bouchin* et le ruisseau de *Girolles*; 2° sur la rive gauche, le déversoir des étangs de Marrault. 2° Le *ru du Moulin*, qui arrose Lucy-le-Bois et se jette dans la Cure à Vautenay. III. Le *ru de Sinotte*, qui se jette dans l'Yonne à Gurgy. IV. Le *Serein*, qui prend sa source au pied du mont Chevrot, dans la Côte-d'Or; il entre dans l'Yonne un peu au-dessous de Toutry, arrose Guillon, l'Isle, Massangis, Grimault, Noyers, Annay, Sainte-Vertu, Pailly, Chemilly, Chichée, Chablis, Poinchy, Maligny, Ligny-le-Châtel, Pontigny, Hauterive, et se jette dans l'Yonne un peu au-dessus de Bonnard. V. L'*Armançon* sort du bois de Nèvre (Côte-d'Or) près de Pouilly, rejoint le canal de Bourgogne, auquel il reste parallèle jusqu'à son embouchure. En aval d'Aisy, la rivière entre dans le département de l'Yonne, arrose Perrigny, Cry, Neutz, Fulvy, Chassignelles, Ancy-le-Franc, Pacy, Lézines, Ancy-le-Libre, Argentenay, Saint-Vinnemer, Tonnerre, Commissey, Cheney, Tronchoy, Flogny, Saint-Florentin, Brienon et se jette dans l'Yonne en aval de Cheny. L'Armançon est flottable en trains à partir de Brienon; il reçoit, près de Saint-Florentin, l'*Armance*, rivière qui prend sa source dans les environs de Chaource (Aube). VI. La *Vanne* a ses sources dans le département de l'Aube : plusieurs ont été captées pour l'alimentation de la ville de Paris, de sorte que le débit de la rivière a beaucoup diminué; elle entre dans le département de l'Yonne en aval de Placy, se dirige à l'O. par Villeneuve-l'Archevêque, Molinons, Chigy, Pont-sur-Vanne, Malay, et se jette dans l'Yonne à Sens. VII. L'*Oreuse*, venue de Thorigny, arrose Fleurigny, la Chapelle, Gisy-les-Nobles, et se jette dans l'Yonne par deux embouchures à la ferme de Sixte et à Pont-sur-Yonne. Les affluents de gauche de l'Yonne sont : 1° La rivière de *Druyes*, qui arrose Andryes et se jette dans l'Yonne à Surgy (Nièvre). 2° Le *ru de Genotte*, qui passe à Charentenay, à Val-de-Mercy et rejoint l'Yonne en aval de Vincelles. 3° Le ruisseau de *Vallon* et de *Gy-l'Évêque*, qui alimente d'eau potable la ville d'Auxerre où il a son embouchure dans l'Yonne; 4° Le *Baulche* prend sa source à Diges, traverse les communes de Villefargeau, de Saint-Georges et de Perrigny; il tombe dans l'Yonne en aval de Monéteau après un cours de 30 kilom. 5° Le ruisseau de la *Biche*, qui rejoint l'Yonne à Appoigny. 6° Le *Ravillon* prend sa source dans la commune de Charbuy, passe sur les territoires de Poilly, de Laduz, de Guerchy, de Neuilly, de Champlay; son embouchure est voisine de Saint-Cydroine. 7° Le *Tholon*, venu de Parly, arrose Saint-Maurice, Chassy, Aillant, Senan, Champvallon, Paroy-Chamvres, et se jette dans l'Yonne à Cézy. 8° Le *ruisseau de Saint-Vrin* sort de l'étang du même nom, baigne La Ferté-Loupière, Saint-Romain-le-Preux, Sépeaux, Précy, et tombe dans l'Yonne à Cézy, non loin du confluent du Tholon avec l'Yonne.

Le *Loing* prend sa source dans le département de l'Yonne à son angle S.-O., sur le territoire de la commune de Sainte-Colombe; il arrose Saint-Sauveur, Moutiers, Saint-Fargeau, Saint-Privé, Bléneau, Rogny, et pénètre ensuite dans le département du Loiret. Cette rivière contribue à l'alimentation du canal de Briare, qu'il suit jusqu'à son confluent à Saint-Mammès (Seine-et-Marne). Le seul affluent de gauche du Loing, qui coule dans le département de l'Yonne, est le petit ruisseau de *Bourdon* qui le joint à Saint-Fargeau. A droite, le Loing reçoit : 1° La *Chasserelle* à Bléneau. 2° L'*Ouanne*, forte rivière qui prend sa source au village du même nom, passe à Leugny-Moulins, Toucy, Dracy, Villiers, Saint-Benoît, Grandchamp, Saint-Martin, Charny, la Mothe-aux-Aulnayes, où la rivière entre dans le Loiret. L'Ouanne reçoit, à gauche, le *Branlin*, qui descend des collines de la Puisaye, arrose Mézilles, Tonnerre; son confluent est à Saint-Martin; il se grossit du *Pons*, qui passe à Sept-Fonds, à Villeneuve et à Saint-Genest. 3° Le *Cléry* ou *Biez* n'a qu'une petite partie de son cours dans l'Yonne. 4° Le *Lunain*, qui prend sa source près de Courtoin et sort du département en amont de Cheroy pour pénétrer dans le Loiret. 5° L'*Orvanne*, qui passe à Dollot et à Vallery. Ces trois dernières rivières n'ont guère que leurs sources sur le territoire du département de l'Yonne.

Les eaux du département de l'Yonne qui s'écoulent dans le bassin de la Loire sont amenées dans ce fleuve par quelques petits ruisseaux n'ayant que leur source dans le département. Ce sont : la *Vrille* et les ruisseaux de *Bonny* et de *Briare*.

Trois canaux traversent le département : 1° Le *canal de Bourgogne* (94 kilom. dans l'Yonne), qui joint l'Yonne à la Saône entre Laroche et Saint-Jean-de-Losne, en suivant l'Armançon, la Brenne et l'Ouche. Il est alimenté par des prises d'eau et par les réservoirs de *Grosbois*, de *Chazilly*, de *Cercey*, de *Pautier* et du *Tillot*. 2° Le *canal du Nivernais* joint la haute Loire à la Seine par les vallées de l'Aron et de l'Yonne, entre Auxerre et Decize. Il est alimenté par l'Yonne, le Beuvron, l'Aron et par quatre réservoirs-étangs (les *Vaux*, *Baye*, *Neuf*, *Gouffier*). 3° Le *canal de Briare* joint la Loire à la Seine par le Loing, entre Briare et Montargis. Le *Trèze*, le *Loing* l'alimentent avec 18 réservoirs. Un nouveau canal réunit Vermenton sur la Cure à l'Yonne.

Le département de l'Yonne appartient au

DÉPARTEMENT DE L'YONNE

Gravé par J. Geisendörfer 12, r. de l'Abbaye Paris.

Signes conventionnels :

PRÉFECTURE	*Plus de 100 000 hab.* .... ◎	*De 10 000 à 20 000* ...... ○	*Place forte. Fort.* ○ ◻	*Origine de la navigation* ⚓
Sous-Préfecture	*De 50 000 à 100 000* .... ◦	*De 5 000 à 10 000* ...... ⊕	*Frontière* .... + - + - +	*Canal* .... ——
Canton	*De 30 000 à 50 000* ..... ◉	*De 2 000 à 5 000* .... ⊙	*Limite de Dép^t* .... - - - -	*Col* .... ⟩⟨
Commune, Village	*De 20 000 à 30 000* ..... ◎	*Moins de 2 000* .... ○	*Chemin de fer* ...... ═══	*Forêts* ....

Les chiffres expriment en mètres l'altitude au dessus du niveau de la mer.

Échelle (1 millim. pour 900 mètres)

10 5 0 10 20 30 40 50 Kil.

climat séquanien. La température moyenne est en hiver de 3°, au printemps de 9°,9, en été de 19°,3, en automne de 11°. La hauteur annuelle des pluies est de 74 centimètres à l'O., de 68 dans la vallée de l'Yonne. La quantité de pluie qui tombe chaque année augmente en même temps que l'altitude quand on se dirige du S.-O. au N.-E.; la moyenne annuelle du département tout entier est de 75 centimètres. Le nombre des jours de pluie varie de 150 à 210 jours : le premier chiffre concerne Auxerre, le second est le nombre moyen de jours où il pleut sur tel ou tel point du département. Les vents dominants sont ceux d'O. et de S.-O. (140 à 180 jours par an).

Les terres labourables occupent les 5/8es environ de la superficie totale du département, qui comprend 160 000 hectares de bois et à peu près 40 000 hectares de vignes. Le département compte un certain nombre de grandes exploitations agricoles : les principales sont celles de Crécy, Vauluisant, Maulue, Villefargeau, la Brosse, Saint-Fargeau, Brannay, Jouancy, Noslon, Granchette, Bléneau, etc. L'assolement a été modifié depuis l'introduction des plantes racines; en général, il est ainsi organisé : betteraves, blé, avoine et fourrages artificiels. Les animaux domestiques du département de l'Yonne n'appartiennent point à des races qui lui sont propres : les chevaux, autrefois issus de ceux que l'on élevait pour ainsi dire en liberté dans le Morvan et la Bourgogne ont disparu et ont été remplacés par des animaux provenant de croisements entre percherons et cauchois. Les bœufs appartiennent presque entièrement à la race charollaise croisée avec le durham; on rencontre aussi des sujets de races suisse et comtoise féméline. Avec le lait des vaches on fabrique des fromages; ceux que l'on confectionne dans l'O. du département, ceux de *Saint-Florentin*, de *Soumaintrain*, etc., sont particulièrement renommés. Les moutons sont surtout des métis mérinos; çà et là on rencontre des doubles-mérinos. Les porcs produits dans l'Yonne appartiennent à la race dite bourguignonne; on les cultive dans la Puisaye.

L'Yonne est un département vinicole, mais on y fabrique aussi du cidre (Puisaye, Gâtinais, pays d'Othe). Les meilleurs crus sont ceux des arrondissements de Tonnerre et d'Auxerre. Les vignobles tonnerrois occupent la vallée de l'Armançon; les plus connus sont les Olivottes, les Perrières, Pitois, Préaux, Beaumont, Grisey, Bridaines, Beauvais, Vaumorillon, Vauvignoles, la Lice, les Chamboudons, Voutois, Vauligny. Les vins de la côte d'Auxerre jouissent d'une grande célébrité; les principaux sont : Migraine, la Charnette, Judas, Boivin. Les autres crus les plus importants sont ceux d'Irancy (Palotte), de Coulanges-la-Vineuse et des côtes de Chablis et de Milly, dont les vins blancs sont si appréciés (Moutonne, le Clos, les Grenouilles, les Vaux-Désirs). Les meilleures côtes des pays d'Avallon sont Rouvres, Annay, la Côte, Montciherin, Etaule, le Nault, Champ-Gachot. L'orge est cultivée dans tout le département; le froment et l'avoine, dans les vallées de l'Yonne, du Tholon et de l'Armançon; le seigle, dans l'arrondissement de Sens, et le sarrasin dans celui d'Avallon. La Puisaye, les vallées de l'Yonne, de l'Armançon et de l'Armance renferment de grandes prairies naturelles. Les prairies artificielles succèdent aux céréales dans l'assolement. On cultive les betteraves dans le canton de Brienon et dans les arrondissements de Sens, de Joigny et d'Auxerre; elles sont ou transformées en sucre, ou utilisées pour la nourriture du bétail.

Le département renferme de grandes forêts : les plus étendues sont celles de *Frétoy*, d'*Hervaux*, d'*Othe*, de *Brienon*, de *Villeneuve-sur-Yonne*, de *Châtel-Gérard*, de *Pontigny*, de *Vauluisant*, la *forêt au Duc*, de *Courbépine*, de l'*Abbesse*, des *Rageuses*, de *Voisine*, de *Saint-Jean*, de *Gland*, de *Maulnes*, de la *Villotte*, de *Toucy*, de *Ferrières*, de *Cerisiers*, de *Malgouvernés*, de *Soucy*, de *Saint-Jean*, etc., qui donnent des bois de chauffage et de charpente amenés à Paris au moyen de flottage et à bûches perdues. Le département de l'Yonne appartient à la VIIIe conservation forestière dont le chef-lieu est à Troyes. La Puisaye et l'Avallonnais sont très boisés. Les essences les plus répandues sont le chêne, le hêtre, l'hypréau, l'orme, le charme, le frêne et le bouleau.

Le sol du département de l'Yonne ne renferme pas de mines; mais les carrières y sont nombreuses. On y trouve des pierres calcaires, de la pierre à chaux, de la pierre à bâtir dure et tendre, de la meulière, de la pierre lithographique, du marbre lumachelle, de la craie servant à la fabrication de blanc d'Espagne, de l'ocre rouge et jaune, etc. Il existe aussi des sources minérales peu fréquentées à *Toucy* (ferrugineuses), à *Touvain*, *Biges*, *Appoigny*, etc. Le département possède aussi des sources abondantes; les eaux de la *Fontaine Saint-Gorgon*, à Véron, sont pétrifiantes. On admire aussi les grottes naturelles d'*Arcy*, creusées jadis par les eaux de la Cure, dont l'ensemble a une profondeur de près de 900 mètres et qui sont partagées en un certain nombre de salles reliées entre elles par des couloirs. Le centre de l'une de ces chambres, celle du *Lac*, est occupé par une pièce d'eau qui mesure 40 mètres de diamètre. Les parois de ces grottes sont formées de stalactites dont les cristaux renvoient la lumière des torches. Le sol renferme les débris d'animaux éteints, tels qu'éléphants, rhinocéros, ours, etc. Au N. de Cry, on peut voir aussi la *Grotte du Larris-Blanc*, longue de 40 à 50 mètres.

Comme industrie extractive, celle à laquelle donne lieu l'exploitation des carrières est la seule importante. Le calcaire oolithique fournit de bons matériaux de construction, qui s'expédient par canaux à Paris. Les carrières sont situées à Ravières, Lézinnes, Austrude, Chassignelles, Ancy-le-Libre, Civry, Cry et Coutarnoux, Courson, Molesme, Audryes, Druyes, Charentenay.

Vassy, Sainte-Colombe, Thisy, Guillon, Montréal, Massangis, Frangers, fournissent des *ciments romains* très employés pour les constructions hydrauliques. L'ocre extraite à Pourrain, à Toucy, à Diges et Auxerre est traitée dans les usines et expédiée de là dans le monde entier. On trouve des phosphates fossiles employés comme engrais et des argiles qui alimentent les *poteries* de Treigny et de Moutiers, les *tuileries* de Rouvray, d'Avallon, de Pontigny, de Brannay, de Nailly, de Pont-sur-Yonne, de Saint-Sérotin. La craie s'exploite à Soucy, Paron, Villebougis et Michery. L'industrie de la tannerie et de la mégisserie compte de nombreuses usines à Avallon, Toucy, Brienon, Saint-Julien, Druyes, Auxerre, Vermenton, Chablis, Joigny et Sens. La métallurgie est représentée par les forges à fer d'Ancy-le-Franc et de Saint-Martin-des-Champs; les fonderies d'Auxerre et de Tonnerre, les fabriques de limes, de Beugnon et de Villeneuve-sur-Yonne. Plusieurs fabriques de boutons d'acier existent à Sens; Gougy, Auxerre, Cravant, Chamvres possèdent plusieurs usines où l'on confectionne des charrues à vignes. On trouve aussi des fabriques de chaussures à Sens; de bonneterie à Saint-Maurice-aux-Riches-Hommes, des vins de Champagne à Chablis et à Epineuil, une sucrerie à Brienon, des brasseries à Avallon, Sens, Tonnerre, Toucy, Saint-Florentin.

Neuf lignes de chemins de fer, offrant un développement de 565 kilom., sillonnent le département : 1° chemin de fer *de Paris à Lyon* par Sens, Laroche, Flogny, Tonnerre, Nuits-sous-Ravières, 147 kilom.; 2° embranchement *de Laroche à Nevers* par Auxerre, Cravant, etc., 65 kilom.; 3° embranchement *de Cravant à Autun*, par Vassy, Avallon, etc., 58 kilom.; 4° embranchement *de Nuits-sous-Ravières à Châtillon-sur-Seine*, 18 kilom.; 5° embranchement *d'Avallon aux Laumes*, 10 kilom.; 6° chemin de fer *d'Orléans à Châlons*, par Sens, etc., 55 kilom.; 7° embranchement *de Trignères à Clamecy*, 74 kilom.; 8° embranchement *de Laroche à l'Isle-Angély*, 74 kilom. Le chiffre de la population moyenne du département est de 48 par kilomètre carré, tandis que celui de la France est de 72. Le département de l'Yonne appartient au 5e corps d'armée, dont le quartier général est à Orléans; il forme le diocèse de Sens (archevêché) et d'Auxerre. Le département comprend 5 arrondissements, 37 cantons et 485 communes. — Ch.-l. *Auxerre*; — S.-préf. *Avallon, Joigny, Sens, Tonnerre.*

YORK, 54 198 hab., ville du N. de l'Angleterre, sur l'Ouse, dont la cathédrale est la plus belle du royaume, résidence de l'archevêque primat d'Angleterre, chef-lieu du comté de même nom ou *Yorkshire*. — Ce comté, le plus vaste des comtés britanniques, est situé entre la mer du Nord à l'E. et la chaîne Pennine à l'O., arrosé par l'Ouse et ses nombreux et importants affluents. Il se partage en trois provinces ou *ridings: Nord-Riding, West-Riding* et *East-Riding*. Le *Nord-Riding* est riche en minerai de fer; le *West-Riding* a des mines de plomb, des mines considérables de houille et de fer; ses villes de Leeds, Bradford, Halifax, Wakefield, Scheffield, Huddersfield sont le centre de la fabrication des draps et autres étoffes de laine et de l'acier. Elles occupent le second rang pour le tissage des toiles et des cotons; l'*East-Riding* a le port de Hull, chantier de construction pour les navires.

YORK (MAISON D'), branche des Plantagenets d'Angleterre, issue d'Edmond de Langley, quatrième fils d'Edouard III, et qui disputa aux Lancastre la couronne d'Angleterre pendant la guerre des *Deux Roses*, où elle avait la rose blanche comme signe de ralliement.

YORK (RICHARD, DUC D') (1416-1460), petit-fils d'Edmond de Langley, qui fut régent de France au nom de Henri IV, roi d'Angleterre; puis disputa la couronne à ce monarque, qu'il fit deux fois prisonnier et au nom duquel il gouverna quelque temps le pays. Mais la reine Marguerite ayant réussi à lever une puissante armée, celle-ci marcha contre lui et le défit à la journée de Wakefield, où il fut tué. — **Frédéric, duc d'York** (1763-1827), deuxième fils de Georges III, roi d'Angleterre, qui commanda l'armée anglaise envoyée dans les Pays-Bas, au secours de l'Autriche, contre la Révolution française et fut battu par Houchard à Hondschoote. Dans une nouvelle expédition en Hollande, il fut défait deux fois par Brune et fut forcé de capituler honteusement. A son retour en Angleterre, sa conduite dissipée et ses dettes scandaleuses lui aliénèrent tous les esprits.

YORK-TOWN ou **YORKTOWN**, 3 000 hab. Ville et port de la Virginie (États-Unis d'Amérique), où Washington, en 1781, obligea le général anglais Cornwallis à capituler avec son armée.

YOUNG (EDOUARD) (1681-1765), poète anglais connu par ses mélancoliques *Méditations de la nuit*.

YOUNG (ARTHUR) (1741-1820), célèbre agronome anglais qui visita en 1787 la France, l'Espagne et l'Italie, et consigna dans un récit de son voyage ses observations sur l'état de l'agriculture dans ces contrées.

YOUNG (THOMAS) (1773-1829), médecin et physicien anglais qui commença le déchiffrement des hiéroglyphes et découvrit en physique le principe des interférences.

'YOUSOUF ou **'YUSUF** (1808-1866), général français, né à l'île d'Elbe. Enlevé en 1815 par des pirates et élevé dans le palais du bey de Tunis, il vint en 1830 se mettre à la disposition de l'armée française qui venait de débarquer, et servit depuis lors jusqu'en 1863 en Algérie. Il fut admis à servir au titre français en 1851.

'*YOUYOU [i-ou-i-ou], *sm.* Canot chinois. ‖ Petite embarcation légère des navires de guerre.

YPORT, 1 669 hab. Bourg de l'arr. de Fécamp (Seine-Inférieure), sur la Manche. Bains de mer.

YPRÉAU (la ville d'*Ypres*, en Belgique), *sm.* Variété d'orme à larges feuilles qui vient des environs d'Ypres. ‖ L'un des noms du peuplier blanc.

YPRES, 15 159 hab. Ville de la Flandre occidentale (Belgique), sur l'Yperlée, dans le voisinage de la frontière française. Immense palais des halles; dentelles dites de Valenciennes. Jansénius fut évêque de cette ville, et on voit son tombeau dans la cathédrale. — **Dér.** *Ypréau, yprésien.*

***YPRÉSIEN** (*Ypres*), *sm.* Nom que les géologues donnent à un sous-étage du suessonien, étage supérieur de l'éocène.

YPSILANTI, famille grecque phanariote, dévouée à la Russie, dont deux membres furent hospodars de Moldavie et de Valachie et dont deux autres, ALEXANDRE (1792-1828) et DÉMÉTRIUS, son frère, mort en 1832, furent des premiers à prendre part à la guerre de l'indépendance hellénique.

YRIEIX (SAINT-), 8 051 hab. S.-préf. de la Haute-Vienne, à 443 kilom. de Paris, sur la rive gauche de la Loue. Gisement très important de kaolin, de petunsé et de titane rutile. Fabriques de porcelaine.

YROISE (CANAL DE L'), bras de mer qui

s'étend sur les côtes du Finistère, entre le Bec-du-Raz et l'île d'Ouessant.

YSSEL ou **IJSSEL**, bras de fleuve qui se sépare du Rhin en amont d'Arnheim, arrose Doesbourg, Deventer, et se jette dans le Zuyderzée près de Kampen.

YSSELMONDE, ville de Hollande à l'embouchure de l'Yssel hollandais, dans la Meuse.

YSSEL-(OVER), province du royaume de Hollande; ch.-l. *Zwoll*. Ancien département français des Bouches-de-l'Yssel de 1810 à 1815.

YSSINGEAUX, 8232 hab. S.-préf. de la Haute-Loire, à 530 kilom. de Paris. Fabriques de rubans, taffetas, dentelles.

***YTTERBITE** (*yttrium + erbium*), *sf.* Silicate d'yttria, de protoxyde de cérium et de protoxyde de fer avec un peu de chaux et de glucine et 5 p. 100 d'eau. Il a donné lieu à la découverte d'une terre nouvelle, l'*yttria*.

***YTTERBIUM** (*Ytterby*, localité de Suède), *sm.* Métal qui n'a pas encore été isolé, non encore classé. Symbole : Yb.

***YTTRIA** (*Ytterby*, localité de Suède), *sf.* Oxyde terreux, se présentant sous forme de poudre blanche, infusible, irréductible par la chaleur. Sa densité est 5,03 et sa formule YO. On l'a découvert dans une mine de feldspath d'Ytterby, en Suède. — **Dér.** *Yttrium*. — **Comp.** *Ytterbite, yttrocérite, yttrotantalite, yttrotitanite*.

***YTTRIUM** (*yttria*), *sm.* Métal non encore isolé, dont on connaît l'oxyde, l'*yttria*. Ce métal fait partie du groupe comprenant le *cérium*, le *tantale*, le *didyme*, etc., et qui est placé entre les métaux *magnésioïdes* et les *aluminoïdes*. Son symbole est Y.

***YTTRITE** (*yttria*) ou ***YTTERBITE**. (V. ce dernier mot.)

***YTTROCÉRITE** (*yttrium + cérium*), *sf.* Double fluorure de cérium et d'yttrium, mélangé de fluorure de calcium bleuâtre ou grisâtre. Ce corps se présente en masses cristallines d'un bleu légèrement violet.

***YTTROTANTALITE** (*yttrium + tantalite*), *sm.* Minéral noir ou jaune, se présentant en grains et en lamelles, composé d'un tantalate d'yttria, accompagné d'acide tungstique, d'oxyde d'urane et de chaux. Sa densité est 5,9. Il est rayé par le quartz.

YTTROTITANITE (*yttrium + titane*), *sf.* Minéral brun ou d'un brun rougeâtre, cristallisant en prismes rhomboïdaux obliques. Il contient de la silice, de l'acide titanique, de la chaux, de l'yttria, de l'alumine, du peroxyde de fer. Ses cristaux sont translucides et ont un éclat vitreux. Sa densité est 3,6. Sa dureté oscille entre celle de l'orthose et celle du quartz hyalin.

ᶜ YU [i-u] (mot chinois), *sm.* Mesure de capacité chinoise valant 112 litres environ. ‖ Pierre sonore que l'on trouve en Chine, et dont les naturels font des instruments de musique. ‖ Herbe à filaments qui sert, en Chine, à faire une espèce d'étoffe.

ᶜ YU (né en 2298 avant notre ère et mort en 2198), empereur de Chine, le chef de la dynastie des Hiao.

ᶜ YUCATAN, 143 450 kilom. carrés. 600 000 hab. Presqu'île de l'Amérique centrale entre la mer des Antilles à l'E. et le golfe du Mexique à l'O. Le *détroit de Yucatan* (160 kilom. de large) s'ouvre entre le cap Catoche, extrémité N.-E. du Yucatan et le cap San Antonio, extrémité O. de Cuba; il fait communiquer la mer des Antilles et le golfe du Mexique. L'État du même nom a pour chef-lieu *Merida* (43 282 hab.).

YUCCA

ᶜ YUCCA (mot caraïbe), *sm.* Genre de plantes liliacées des parties chaudes de l'Amérique, à tige souvent arborescente ou souterraine, terminée par une hampe portant une panicule de grandes fleurs blanches. Certaines espèces ont le port des aloès. On en cultive plusieurs dans nos jardins, mais il faut les recouvrir de paille en hiver.

ᶜ *YULAN (mot chinois), *sm.* Espèce de magnolier de Chine et du Japon, de la famille des Magnoliacées. Cette espèce est fébrifuge.

ᶜ YUNGFRAU ou **JUNGFRAU** (LA). Montagne des Alpes Bernoises. (V. *Jungfrau*.)

ᶜ YUNNAN, 280 000 kil. carr., 5 361 000 hab., province méridionale de la Chine au N. du Tonkin.

ᶜ YUNNAN FOU, 150 000 hab., ville de l'empire chinois, sur la rive N.-E. du lac de ce nom.

ᶜ YUSTE ou **ᶜ YUST**, célèbre monastère de l'Estramadure (Espagne), où se retira Charles-Quint, après son abdication. Il appartenait à l'ordre des hiéronymites.

YVELINES (LES), 2856 hect. Forêt domaniale de Seine-et-Oise, arr. de Rambouillet, peuplée de chênes, de bouleaux, de pins sylvestres, etc., en taillis sous futaie.

YVERDUN ou **YVERDON**, 5926 hab. Ville du canton de Vaud (Suisse), sur la Thièle, à l'extrémité S. du lac de Neuchâtel. Pestalozzi y établit en 1805 son institut.

YVES ou **YVON** (saint) (l. *Ivo*) (1040-1146), évêque de Chartres en 1091. Il fut emprisonné par l'ordre de Philippe Ier, pour s'être opposé à son mariage illégitime avec Bertrade de Montfort. Fête, le 23 mai.

YVETOT, 8282 hab. S.-préf. de la Seine-Inférieure, à 178 kilom. de Paris, sur un plateau aride. Yvetot avait, au moyen âge, des seigneurs portant le titre de rois. Fabriques de chapeaux, rouenneries, toiles à matelas.

YVETTE, 50 kilom. Petite rivière de France (Seine-et-Oise), affluent de l'Orge. Elle prend sa source près de Rambouillet, arrose Chevreuse, Orsay, Palaiseau, Longjumeau.

YVOIRE, 440 hab. Ville du canton de Vaud (Suisse), sur le lac de Genève.

YVON (ADOLPHE), peintre militaire français, né en 1817; auteur de la *Bataille de Solférino* (1861), de la *Charge des cuirassiers de Reichshoffen*, etc., etc.

YVON VILLARCEAU (1813-1883), ingénieur et astronome français, qui s'occupa beaucoup de science aéronautique.

CHAINE DE LA YUNGFRAU

VUE PRISE D'ABENBERG

ZURICH

Z

Z [*zède*, suivant l'ancienne épellation; *ze*, suivant la nouvelle] (septième lettre de l'alphabet phénicien représentant *fenêtre*; la sixième de l'alphabet grec ζ, qui en latin ne fut d'abord en usage que dans les mots d'origine étrangère et ne fut admise dans l'alphabet que du temps de Cicéron. On la classa après l'Y, et elle devint ainsi la vingt-troisième lettre de l'alphabet latin), *sm.* Vingt-cinquième et dernière lettre de l'alphabet, consonne dentale, sifflante, douce, qui, comme finale de la 2e pers. du pluriel des verbes français, équivaut à *ts* mis pour *tis* latin (*amatis*, vous aimez). Au commencement d'un mot la lettre **z** équivaut à un *s* doux et se conserve en passant du latin au français : **z***elum*, **z***èle*; **z***ephirum*, **z***éphyre*. Quelquefois, cependant, il se transforme en **j** ou en **g** : **z***elosum*, **j***aloux*; **z***izyphum*, **j***ujube*, **z***ingiberi*, **g***ingembre*. Dans l'intérieur des mots et en tant que représentant la consonne double *ts*, le *z* a disparu du français et a été traité comme *s* : ainsi *baptizme* a donné *bapti*-**s**-*er*. Il sert aussi de supplément à *s* doux dans *douze*, *suzerain*, etc., et remplace l'*s* muet à la fin des mots : *asse***z**, *che***z**, *ne***z**, etc. || En mathématiques, **z** représente une quantité inconnue ou une variable, principalement dans la géométrie à trois dimensions ou dans l'espace. Ex. : L'*axe du z* qui est perpendiculaire au plan des *x*, *y*, dans le système des coordonnées rectangulaires. — **Gr.** Les noms français qui finissent en *té*, comme *bonté*, *cité*, avaient autrefois un *t* final, *bontet*, *citet*; au pluriel, ils auraient dû s'écrire rigoureusement *bontets*, *citets*; mais on remplaçait *ts* par *z* et les pluriels de ces mots étaient *bontez*, *citez*.

ZAATCHA, bourg de la province de Constantine (Algérie), au S.-O. de Biskra, dans une oasis du Sahara. Enlevé d'assaut en 1849 par le colonel Canrobert sur les indigènes insurgés.

ZAB, nom commun à deux fleuves du Kourdistan (Turquie d'Asie) et que l'on désigne sous le nom de : *Grand Zab* (l. *Lycus*), 208 kilom., se jetant dans le Tigre au-dessous de Mossoul; et *Petit Zab* (l. *Caprus*), 100 kilom., tombant également dans le Tigre, au-dessous du confluent du précédent.

ZAB (LE). (V. *Ziban*.)

ZABULON, fils de Jacob et de Lia, qui donna son nom à une tribu d'Israël, limitée à l'E. par le lac de Génésareth et le Jourdain et où se trouvaient Tibériade, Nazareth, Béthulie, Cana.

ZACATECAS, 32000 hab. Ville du Mexique, ch.-lieu de l'Etat de ce nom, Etat situé au centre du Mexique, riche en mines d'argent.

ZACHARIE, roi d'Israël, fils et successeur de Jéroboam II (767 av. J.-C.), tué après six mois de règne. — **Zacharie**, fils du grand prêtre Joïada ou Joad, mis à mort par ordre de Joas. — **Zacharie**, l'un des petits prophètes des Juifs.

ZACHARIE, prêtre du temple de Jérusalem, époux d'Élisabeth, père de saint Jean-Baptiste et cousin de Jésus-Christ.

ZACHARIE (saint), pape de 741 à 752, qui encouragea Pépin le Bref à prendre le titre de roi.

ZACHÉE, chef des publicains en Judée, qui, d'après l'Evangile, reçut Jésus-Christ chez lui et lui donna la moitié de ses biens pour les distribuer aux pauvres.

ZACHORA, rivière de la Turquie d'Europe (ancien Achéron), qui reçoit le Cocyte et se jette dans la mer Ionienne.

ZACYNTHE, nom ancien de l'île de *Zante*. (V. ce mot.)

ZAFFARINES (LES), petites îles de la Méditerranée, à l'E. de Melilla, sur la côte du Maroc.

ZAGAIE (berbère *zagâya*), *sf.* Lance de jet en usage chez un grand nombre de peuples de l'Afrique.

ZAÏM (mot ar.), *sm.* Soldat turc dont le bénéfice militaire était un peu au-dessus de celui du timariot.

ZAÏRE, fleuve de l'Afrique. (V. *Congo*.)

ZAMA, ancienne ville d'Afrique, sur le territoire de Carthage, près de laquelle Scipion l'Africain remporta sur Annibal (202 av. J.-C.) la célèbre victoire qui termina la deuxième guerre punique.

ZAMBÈZE, 2500 kilom. Très grand fleuve de l'Afrique australe, qui naît dans le grand plateau central, sert de déversoir au lac Dilolo, forme la grande chute Victoria dans une gorge des monts Lupata et se jette dans le canal de Mozambique.

***ZAMBO** (mot espagnol), *sm.* Fils de nègres et d'indigènes, dans l'Amérique espagnole : *Le zambo est d'un brun noir cuivré.* — Pl. *des zambos.*

***ZAMBOUREKI** (mot persan), *sm.* Artillerie à chameau des Persans. Ce fut, dit-on, sous le règne de Mahmoud que les Afghans, en guerre contre la Perse, imaginèrent de placer un petit canon, à pivot mobile, à l'avant de la selle de ces animaux, qu'on faisait agenouiller afin de pointer la pièce plus sûrement. Les Persans, surpris et vaincus par l'emploi de ces engins, à la bataille de Goub-Nabat en 1722, adoptèrent, dès cette époque, ce mode d'artillerie légère.

ZAMBOUREK

***ZAMET** (*x*), *sm.* Variété de tulipe.

***ZAMIE** (l. *zamia*), *sf.* Genre de plantes monocotylédones, de la famille des Cycadées, originaire de l'Amérique tropicale, des Indes et de l'Australie, que l'on cultive dans les serres comme plantes d'ornement. Ces végétaux, de hauteur moyenne, ont des feuilles pennées et des inflorescences mâles formant des cônes terminaux dont les écailles portent, sur leur face inférieure, des anthères ovoïdes. Les écailles des inflorescences femelles sont dilatées au sommet en un disque hexagonal. Les zamies donnent une sorte de fécule qui a beaucoup d'analogie avec le sagou. On en cultive plusieurs espèces, dont les plus remarquables sont : 1° la *zamie naine,* originaire du Cap; 2° la *zamie en spirale,* de l'Australie; 3° la *zamie à feuilles de cycas,* originaire du Cap, et 4° la *zamie hérissée,* de l'Afrique australe. — **Dér.** *Zamite.*

ZAMIE

(ZAMIA PUNGENS)

***ZAMITE** (*zamie*), *sf.* Genre de plantes monocotylédones, de la famille des Cycadées, voisin des zamies. Ce sont des plantes fossiles que l'on rencontre dans les étages compris entre le lias et la formation wealdienne.

ZAMORA, 10000 hab. Ville d'Espagne, dans le royaume de Léon, sur la rive droite du Douro. Elle résista longtemps aux Maures.

ZAMOYSKI (Jean-Savius) (1541-1605), chancelier de Pologne, qui vint en France, à la tête d'une députation, offrir la couronne de Pologne au duc d'Anjou (depuis, Henri III). Il fonda la ville et l'université de Zamosk. — **Zamoyski** (André) (1716-1792), grand chancelier de la couronne de Pologne, qui favorisa l'émancipation des paysans vis-à-vis de la grande propriété terrienne.

ZAMPIERI, peintre italien. (V. *Dominiquin.*)

ZAMRI, usurpa le trône d'Israël et se brûla dans Thersa (918 av. J.-C.) où l'assiégeait le roi Amri, élu par l'armée.

ZANCLE, ancien nom de la ville de Messine.

ZANESVILLE, 11000 hab. Ville de l'Etat d'Ohio (Etats-Unis d'Amérique). Commerce considérable. Mines de houille.

ZANG. (V. *Zéen.*)

ZANGUEBAR, nom de la côte E. d'Afrique, le long de l'océan Indien, depuis la côte d'Aden, au N., jusqu'au Mozambique, au S. Elle est en partie couverte de forêts et partagée en plusieurs États indigènes.

ZANI (corruption de l'ital. *Giovanni,* Jean), *sm.* Personnage bouffon de la comédie italienne.

ZANTE, 46000 hab., l'ancienne *Zacynthe,* la plus méridionale des îles Ioniennes, dans la mer Ionienne, en vue de l'Élide. Surnommée la *fleur du levant* et l'*île d'or,* elle est couverte de vergers, de vignes et de cultures. Elle était autrefois très boisée. Elle a des sources de bitume. Capit. *Zante,* (22000 hab.), au pied d'une montagne, sur la côte E.

ZANZIBAR, 1425 kil. carrés, 150000 hab. Ile de l'Afrique orientale, dans la mer des Indes, très fertile et jouissant d'un climat agréable; capit. *Zanzibar* (85000 hab.), sur la côte O.; les Français y ont fondé une mission en 1860. L'île appartient à l'imam de Mascate. ‖ Sultanat de Zanzibar, royaume de la côte orientale d'Afrique, formé en 1857 de l'île de Zanzibar et d'une partie du littoral entre le Quiloa et Mélinde (20800 kilom. carrés). Les Allemands ont établi une colonie puissante sur son domaine continental, et les Anglais ont proclamé le protectorat sur l'île de Zanzibar le 7 novembre 1890.

***ZAPATÉADO** (esp. *zapata,* soulier, savate), *sm.* Danse espagnole ressemblant quelque peu à la sabotière.

ZAPOROGUES, Cosaques établis dans les nombreuses îles et sur les rives du bas Dnieper et qui s'étaient rendus très redoutables aux Turcs et aux Tartares de Crimée.

***ZAPTIÉ** (mot turc), *sm.* Gendarme turc : *Les zaptiés sont chargés du maintien de l'ordre public et de la protection des personnes.*

ZARA, 19000 hab. Capitale de la Dalmatie et port sur l'Adriatique, où se fabrique le marasquin.

ZARAGOZA. (V. *Saragosse.*)

***ZÉA** (g. ζέα, épeautre), *sm.* Nom botanique du maïs.

ZEA ou **ZIA** (île), l'ancienne *Ceos,* 385 kilom. carrés, 5000 hab., l'une des îles du groupe des Cyclades (Archipel grec). Côtes basses; sol fertile; troupeaux; vers à soie. *Zea,* ch.-l., a un bon port.

ZÉBID, ville de l'Yémen (Arabie), près la côte de la mer Rouge, dans la fertile vallée du Tehama; collège sunnite.

ZÈBRE (mot éthiopien), *sm.* Animal du genre cheval, de la taille d'un mulet, à grandes oreilles, à robe d'un blanc jaunâtre rayée de bandes noires parallèles, qui habite le S. et l'E. de l'Afrique, qui pourrait être dressé et serait susceptible de nous rendre des services. Il se croise avec l'âne et le cheval. — **Dér.** *Zébrer, zébré, zébrée, zébrure.*

ZÉBRÉ, ÉE (p. p. de *zébrer*), *adj.* Marqué de raies foncées semblables à celles de la peau du zèbre.

***ZÉBRER** (*zèbre*), *vt.* Couvrir un fond clair de raies analogues à celles du zèbre.

ZÉBRURE (*zébrer*), *sf.* Assemblage de raies semblables à celles du zèbre.

ZÉBU (mot javanais), *sm.* Bœuf indien, animal du genre bœuf, caractérisé par une loupe de graisse qu'il a sur le garrot. Il est domestique dans l'Hindoustan, où il rend les mêmes services que les bœufs et les moutons en Europe; il donne avec nos bœufs ordinaires des métis féconds. — Pl. *des zébus.*

ZÉBU

ZÉBU (île), 200000 hab., île de l'archipel des Philippines, avec une capitale du même nom, au N. de Mindanao. Elle fut découverte en 1521 par Magellan, qui y fut tué.

***ZECHSTEIN** (*x*), *sm.* Sous-étage de la formation permienne qui succède au grès rouge. La région classique du zechstein est le Mansfeld, où il est constitué par les assises suivantes :

Assise supérieure.	Gypse et argile rouge. Glaise.
Assise moyenne. .	Dolomie calcaire et schistes fétides. Anhydrite gypse et sel gemme. Cargneule et cendre.
Assise inférieure .	Zechstein proprement dit (5 à 10m). Schiste bitumineux cuivreux. Conglomérat.

Le schiste cuivreux contient de la chalcopyrite, de la phillipsite, de la chalcosine et du cuivre natif avec argent. Dans l'assise supérieure se trouve le célèbre gisement salifère de Stassfurt.

***ZÉDOAIRE** (esp. *zedoaria*), *sf.* Racines stimulantes et antispasmodiques du *curcuma zedoaria,* de la famille des Zingibéracées, et qui entrent encore de nos jours dans la composition du *baume de Fioravanti.*

***ZÉDOARINE** (*zédoaire*), *sf.* Matière amère que l'on extrait de la zédoaire.

***ZÉE** (*x*), *sm.* Poisson acanthoptérygien, de la famille des Scombéroïdes, appelé encore *zeus faber,* poule de mer, *truie* ou *dorée.*

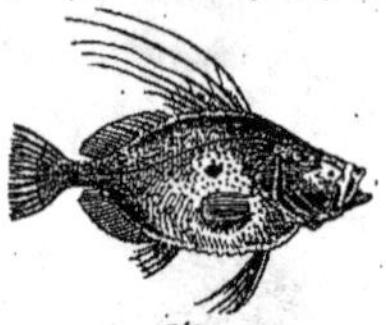

ZÉE

(ZEUS FABER)

***ZÉEN** (mot arabe), *adj. m.* *Chêne zéen,* le chêne dit *zang,* qui croît en Algérie, remarquable par la densité de son bois.

ZÉGRIS ou **ZEIRITES,** tribu maure qui fournit des souverains aux principales villes de la Barbarie et qui, vaincue en Afrique par les Almoravides, vint former à Grenade un parti rival des Abencerages.

***ZEIBEK** (mot turc), *sm.* Individu à la solde d'une confrérie de banditisme militaire de l'Asie Mineure, recrutant les réfractaires et les mauvais sujets pour rançonner les voyageurs.

***ZÉIDE** (*zéa*), *sf.* Extrait aqueux de la farine du maïs.

ZEILAH, 5000 hab. Ville et port de l'Afrique orientale, situé dans un îlot de la côte d'Adel, sur le golfe d'Aden. Elle est un important débouché littoral du pays des Somalis.

***ZÉINE** (*zéa*), *sf.* Substance non azotée que l'on retire du maïs.

***ZÉISME** (*zéa* + sfx. *isme*), *sm.* Produit altéré du maïs qui passe pour produire la pellagre.

ZEITOUN, 5000 hab. Ville du royaume de Grèce, à 155 kilom. N.-N.-O. d'Athènes; Ch.-l. de la nomarchie de Phocide-et-Phthiotide, non loin des Thermopyles.

ZEITZ, 18000 hab. Ville industrielle de la Saxe prussienne, sur l'Elster-Blanc.

***ZEKKAT** (mot arabe), *sm.* Aumône ou impôt perçu sur le revenu en Algérie et dans les pays orientaux.

***ZÉLANDAIS, AISE** (*Zélande*), *s.* et *adj.* Qui habite la Zélande. ‖ Qui se rapporte à la Zélande ou à ses habitants.

ZÉLANDE, holl. **ZEELAND** (*terre maritime*), 165706 hect., 166000 hab. Province de Hollande formée par la réunion d'une douzaine d'îles qui se trouvent aux bouches de la Meuse et de l'Escaut, et sont protégées par des digues contre les envahissements de la mer du Nord. Climat malsain, causant des fièvres endémiques; sol fertile en céréales, pommes de terre, chanvre, colza, légumes, — Cap. *Middelbourg;* ville principale *Flessingue.* — **Dér.** *Zélandais, zélandaise.* — **Comp.** *Nouvelle-Zélande; néo-zélandais, néo-zélandaise.*

ZÉLANDE (NOUVELLE-), 230000 kilom. carrés, 649349 hab. (dont 41969 Maoris). Grand archipel de la Polynésie découvert en 1642 par le Hollandais Tasman, situé au N.-O. et à une assez faible distance des antipodes de Paris, composé principalement de deux grandes îles : l'île du Nord ou *Ika-Namawi,* et l'île du Sud ou *Tavaï-Pounamou,* séparées par le détroit de Cook et traversées, toutes deux du N.-E. au S.-O., par de grandes chaînes de montagnes couvertes de forêts où se voient de nombreux volcans éteints et un en activité depuis 1886 (le pic de *Tarawera*). Elles ont ensemble l'étendue de la Grande-Bretagne. Fréquents tremblements de terre, dont celui de 1855 fut le plus terrible. Climat doux, très salubre, assez humide; riches mines d'or, surtout dans l'île du Sud, dans le district d'Otago, houille dans l'île du Nord; faune et flore spéciales. Lors de la découverte, il n'y avait pas un seul quadrupède dans l'île, excepté le rat et le chien; on y trouvait l'*aptérix*, oiseau de la famille de l'autruche, mais de plus grande taille. Anciennement, la Nouvelle-Zélande possédait un autre oiseau, de la même famille, le *dinornis géant*, dont la taille atteignait 3 mètres et qui a été complètement exterminé. Les forêts, formées en majeure partie de fougères arborescentes et d'un nombre considérable de conifères, rappellent la végétation de l'époque houillère. La patate, le taro étaient cultivés de temps immémorial par les indigènes. Les céréales, les légumes, les fruits d'Europe y ont été introduits et y réussissent merveilleusement. Les naturels, les *Maoris*, de race polynésienne, étaient autrefois très belliqueux et anthropophages; ils sont aujourd'hui presque tous chrétiens et montrent une grande aptitude à s'assimiler la civilisation européenne. L'Archipel a été colonisé par les Anglais en 1839. Les immigrants d'Europe et d'Amérique y arrivent en foule et sont aujourd'hui près de 300 000. Par contre, les Maoris, évalués à 100 000 en 1820, ne sont plus à présent que 42 000 environ. Les principaux ports de l'Archipel qui servent de refuge aux navires baleiniers sont : *Auckland* (30 952 hab.), la capitale; *Nelson* et *Wellington*, dans l'île du Nord, et *Dunedin* (42 794 hab.), dans l'île du Sud, au centre du district aurifère.

ZÉLATEUR, TRICE (l. *zelatorem*), *s.* Celui, celle qui déploie beaucoup d'ardeur au service d'une cause : *Un zélateur de la religion, de la science.* || Membre d'une secte juive qui existait à Jérusalem sous Titus.

ZÈLE (l. *zelum* : du g. ζῆλος, ferveur, jalousie), *sm.* Grande ardeur qu'on déploie au service d'une cause, pour les intérêts de quelqu'un : *On vante son zèle pour la patrie.* || *Zèle indiscret, inconsidéré,* qui n'est pas réglé par la prudence. || *Zèle aveugle,* qui peut nuire au lieu de faire du bien. — Fam. *Faire du zèle,* dépasser la mesure dans l'exécution d'un ordre, d'une mission. — **Dér.** *Zélé, zélée, zélateur, zélatrice, zélotisme.*

ZÈLE, 12 200 hab. Ville de Belgique (Flandre orientale), sur l'Escaut. Filatures et tissages.

***ZÉLÉ, ÉE** (*zèle*), *adj.* Qui a du zèle : *Reporter zélé.* — Sm. *Un zélé, une zélée.* || *Faux zélé,* animé d'un zèle faux pour la religion.

***ZÉLEUR** (*zèle*), *sm.* Procureur général de l'ordre des Minimes, à la cour de Rome.

ZELL ou **CELLE,** 18 163 hab. Ville du Hanovre (empire d'Allemagne). Laines. Brasserie. Château avec un beau parc.

***ZÉLOTISME** (g. ζηλωτής : de ζῆλος, zèle), *sm.* Excès de zèle religieux.

ZEMBLE (NOUVELLE-) (russe, *nouvelle terre*), 215 500 kilom. carrés. Grande terre de l'océan Glacial arctique, à l'angle N.-E. de la Russie d'Europe, séparée de l'île de Waigatz par le détroit de Kara, et partagée en deux îles par le détroit de Matotchkine. Elle est hérissée de montagnes schisteuses couvertes d'immenses glaciers; sa végétation consiste en lichens et en arbres nains, dont le plus grand, une espèce de saule, a environ 0m,15 de hauteur. Les ours, les loups, les renards, les rennes, les lièvres, les souris, les campagnols sont ses seuls habitants. D'immenses banquises de glace garnissent sa côte E. Le Norwégien Johannsen en a fait le tour pour la première fois en 1870. La Nouvelle-Zemble fut découverte en 1553 par le navigateur anglais Willoughby.

ZEMPLIN (COMITAT DE), division administrative de la Hongrie, située au S. de la Galicie; ch.-l. *Ujhély*. Contrée montagneuse; les vallées sont bien cultivées.

***ZEMSTVO** (du russe *zemlia*, terre, pays), *sm.* Assemblée territoriale ou provinciale en Russie.

ZEND [zin-de] (zend *zânti*, connaissance), *sm.* Tout commentaire des livres sacrés attribués à Zoroastre. || La langue dans laquelle ces livres sacrés sont rédigés, qui est très voisine du sanscrit et diffère à peine de la langue que parlaient les Perses sous Darius, fils d'Hystaspe.

ZEND, ENDE (*zend*), *adj.* Qui appartient au zend : *L'alphabet zend. La langue zende.*

ZEND-AVESTA (*zend* + *avesta*, livre), *sm.* L'ensemble des livres sacrés du mazdéisme attribués à Zoroastre, et écrits en langue zende à une époque inconnue. Ces livres sont : le *Vendidad*, le *Yaçna*, le *Vispéred*, le *Sirozé*, l'*Yescht*.

ZÉNITH [zenit'] (ar. *semt*, chemin droit), *sm.* Le point où la partie visible de la sphère céleste (V. *Sphère céleste*) serait percée par la verticale passant par l'œil de l'observateur; le point opposé est le *nadir*. || Le point du ciel qu'on a exactement au-dessus de sa tête. — **Fig.** Le plus haut point que l'on puisse atteindre : *Il est parvenu au zénith de la science.* — **Dér.** *Zénithal, zénithale.*

***ZÉNITHAL, ALE** (*zénith*), *adj.* Qui a rapport au zénith. || *Distance zénithale d'un astre,* l'angle formé par la verticale et le rayon visuel dirigé sur cet astre.

ZÉNOBIE, reine de Palmyre de 267 à 273, qui, vaincue et prise par Aurélien, passa le reste de sa vie à Tibur.

ZÉNODORE (Ier siècle), statuaire grec qu'on prétend natif des environs de Marseille. Le *Mercure* colossal érigé au mont de Gergovie était son œuvre, ainsi qu'une statue de Néron qui avait 110 pieds de haut.

ZÉNON D'ÉLÉE (ve siècle av. J.-C.), philosophe grec, né à Élée dans la Grande-Grèce. Disciple de Parménide, il fut mis à mort par le tyran de sa patrie et est regardé comme le fondateur de l'école idéaliste des Éléates. — **Dér.** *Zénonique.*

ZÉNON DE CITIUM (né vers 362 av. J.-C.), marchand de l'île de Chypre qui, ayant fait naufrage au Pirée, quitta le négoce pour se livrer à l'étude de la philosophie et devint le fondateur de l'école stoïcienne ou du Portique. — **Dér.** *Zénonisme, zénonique, zénoniste.*

ZÉNONIQUE (*Zénon*), *adj.* 2 *g.* Qui appartient au système de Zénon d'Élée. || Qui appartient au système de Zénon, fondateur du stoïcisme.

ZÉNONISME (*Zénon* de Citium), *sm.* Le stoïcisme.

***ZÉNONISTE** (*Zénon*), *sm.* Partisan des doctrines de Zénon.

ZÉNON L'ISAURIEN, empereur d'Orient de 474 à 491. Son règne étant constamment troublé par des compétiteurs, il appela à son secours Théodoric, roi des Ostrogoths, et paya ses services en lui cédant l'Italie en 488.

ZÉOLITHE ou ***ZÉOLITE** (g. ζέω, je bouillonne + λίθος, pierre), *sf.* Silicate d'alumine associé à un silicate ayant pour base un alcali ou une terre alcaline, et à une proportion de 10 à 25 p. 100 d'eau. Ce minéral fond en bouillonnant, au feu du chalumeau; de là son nom. Les cristaux sont, en général, vitreux, transparents ou d'un blanc mat, et quelquefois d'une couleur rouge de chair. Leur densité est un peu supérieure à 2. Elles ne rayent pas le verre. On en connaît plusieurs variétés, savoir : 1° *Zéolithe cubique*, caractérisée par la forme de ses cristaux, qui dérive du cube. — 2° *Zéolithe dure*, silicate hydraté d'alumine et de soude. La forme cristalline primitive est le cube. On trouve cette zéolithe en cristaux, quelquefois transparents et incolores, d'autres fois d'un blanc mat, presque opaques, avec des nuances d'incarnat. Sa densité est 2,1. — 3° *Zéolithe efflorescente*, silicate d'alumine et de chaux avec 15 à 17 p. 100 d'eau. Sa forme primitive est un prisme rhomboïdal oblique. Ce minéral est très fragile; il tombe en poussière quand il a été exposé à l'air. Sa densité est 2,4. — 4° *Zéolithe lamelleuse*, hydrosilicate d'alumine et de chaux. Sa forme primitive est un prisme rectangulaire droit. Ce corps est généralement blanc, translucide, mais admet aussi des teintes de jaune, de brun et de rouge. Sa densité est 2,16. Il se trouve en cristaux, en lames régulières, en lamelles. — 5° *Zéolithe d'Œdelfors*, zéolithe amorphe, presque compacte, d'une couleur rouge de chair ou rouge de brique. — 6° *Zéolithe radiée ou rayonnée*, silicate d'alumine combiné avec un silicate de soude, et 10 à 14 p. 100 d'eau; la soude peut d'ailleurs être remplacée par la chaux. La forme primitive est un prisme rhomboïdal droit. La cassure est vitreuse. La densité est 2,2. — 7° *Zéolithe tenace*, silicate de chaux hydraté. Sa forme primitive est le prisme droit rhomboïdal. — **Gr.** L'Académie fait ce mot masculin, contrairement à l'usage des minéralogistes.

***ZÉOPHAGE** (l. *zea* + g. φαγεῖν, manger), 2 *g. adj.* Qui se nourrit de maïs : *Population zéophage.*

ZÉPHIRE ou **ZÉPHYR** (g. ζέφυρος), *sm.* Nom du vent d'ouest chez les anciens. || Le vent d'ouest personnifié et regardé comme un dieu de la mythologie. On le disait fils d'Éole et de l'Aurore et époux de Chloris. Il était représenté sous les traits d'un jeune homme couronné de fleurs et ayant des ailes de papillon. || Tout vent doux et agréable : *Un zéphyr rafraîchissant.* || Nom familier des soldats d'infanterie légère d'Afrique dans les bataillons desquels on envoie les hommes graciés des compagnies disciplinaires pour y achever le temps de leur condamnation : *123 zéphyrs défendirent Mazagran en 1840.* — **Gr.** L'Académie semble ne plus faire aucune distinction entre *zéphire* et *zéphyr*. Les poètes usent souvent d'une troisième orthographe *zéphyre*. Quand *Zéphire* désigne le vent d'ouest personnifié, quelle que soit sa forme, on l'écrit avec une majuscule.

2. **ZÉPHIRE** (*zéphire* 1), *sm. Pas de zéphire*, pas fait en se tenant sur un pied et balançant l'autre en avant et en arrière.

***ZÉPHIRISER** (*zéphirer*), *vi.* Faire des pas de zéphire. (Danse.)

ZÉPHYRIEN, ENNE (*zéphyre*), *adj.* Léger comme le zéphyr. || *Œufs zéphyriens*, clairs et sans germe.

ZERBST, 12 000 hab. Ville de l'Allemagne du Nord, dans le duché d'Anhalt-Dessau, sur la Ruthe. Château. Patrie de Catherine II, impératrice de Russie.

ZÉRO (db. de *chiffre* : ar. *çifr*, vide), *sm.* Chiffre en forme d'o qui n'a par lui-même aucune valeur, mais qui indique la place des unités manquantes d'un certain ordre et qui, mis à la droite d'un chiffre significatif, lui donne une valeur 10 fois plus grande : *Un zéro ajouté à la droite d'un nombre entier rend celui-ci 10 fois plus grand.* — **Fig.** *Cet homme est un zéro*, il est absolument nul. || Point du thermomètre correspondant à la température de la glace fondante dans le thermomètre de Réaumur ou dans le thermomètre centigrade : *La température est descendue à zéro.*

***ZÉROTAGE** (*zéro*), *sm.* Action de fixer le zéro aux instruments de précision.

***ZÉRUMBET** (ar. *zerounbed*), *sm.* (V. *Zédoaire.*) C'est la zédoaire longue.

1. **ZEST** (*zest* 2), *interj.* qui marque la répulsion : *Zest, je n'en veux point.* || Marque aussi la promptitude : *Zest, me voilà débarrassé.* — Sm. **Fig.** *Être entre le zist et le zest*, ne savoir à quoi se résoudre.

2. **ZESTE** (l. *schistus*, chose fendue), *sm.* Sorte de peau qui sépare en quatre l'amande d'une noix. || Partie superficielle d'une orange, d'un citron. — **Fig.** Chose qui n'a aucune valeur : *Cela ne vaut pas un zeste.* — **Dér.** *Zest.*

***ZESTER** (*zeste*), *vt.* Couper l'écorce d'un citron par petites bandes. || Séparer du zeste la partie blanche sous-jacente.

***ZÊTA,** *sm.* La sixième lettre de l'alphabet grec. (V. Z.)

ZÉTÈTE (g. ζητητής, inquisiteur : de ζητεῖν, chercher), *sm.* Magistrat athénien chargé des enquêtes criminelles, dans l'ancienne Grèce.

ZÉTÉTIQUE (du g. ζητεῖν, chercher), *adj.* 2 *g.* Dont on se sert pour arriver à la connaissance de la vérité : *Méthode zététique.* — *Sf.* Méthode de recherches scientifiques.

ZEUGITANE, ancienne contrée de l'Afrique où se trouvaient Carthage et Utique. Elle est comprise aujourd'hui dans la Tunisie.

***ZEUGME** (g. ζεῦγμα, réunion, jonction), *sm.* L'adjonction, en termes de rhétorique. Ex. : *Jean cultive ses passions, et Paul les lettres.*

ZEUS (du sanscrit *dyaus*, le ciel, l'atmosphère), nom donné par les Grecs au dieu suprême, le Jupiter des Latins.

ZÉZAIEMENT (*zézayer*), *sm.* Vice de prononciation qui consiste à donner au *j* ou *g* doux le son du *z*.

ZÉZAYER (*z*), *vi.* Prononcer le *j* ou le *g* doux comme un *z*.

ZIBAN (LES) (ar. : *oasis*), région de l'Algérie (Afrique), au S. du département de Constantine; ch.-l. *Biskra*. Elle fit sa soumission en 1844 au duc d'Aumale. Les Ziban se divisent en trois parties : le *zab Chergui*, celui de l'E., au N.-E. de Biskra; le *zab Guebli*, celui du S., et le *zab Dahraoui*, celui du N. *Sidi-Okba* est le centre religieux musulman de cette région.

ZIBELINE (bl. *sabellum*, vx fr. *sable*), *sf.* Quadrupède du genre marte, abondant dans la Sibérie et dans les contrées arctiques des deux continents où il est l'objet d'une chasse incessante. ‖ La fourrure noire de cet animal : *Un manteau de zibeline.*

ZIBELINE

***ZICAQUE** (de *icaquier*), *sf.* Fruit de l'icaquier. (V. ce mot.)

ZICAVO, 1 638 hab. Ch.-l. de canton, arr. d'Ajaccio (Corse).

ZIERIKSEE, 9 500 hab., port de la province de Zélande (Hollande), dans l'île de Schouwen. Filatures, chantiers, salines.

ZIETHEN (JEAN-JOACHIM DE) (1770-1838), général de cavalerie prussien qui dégagea Wellington à Waterloo, et commanda l'armée d'occupation prussienne en France en 1815.

***ZIGHEUNE.** (V. *Zingari*.)

***ZIGUE** (*x*), *sm.* Compagnon, camarade : *Un bon zigue.* (Argot.)

***ZIGUÉLINE** (all. *ziegel*, tuile), *sm.* Oxyde rouge de cuivre, le cuivre oxydulé de Haüy. Sa forme primitive est un octaèdre. Sa couleur est rouge quand le corps est transparent. Sa cassure est vitreuse; sa densité est 6. Il se présente en cristaux ainsi qu'en masses lamelleuses et quelquefois terreuses.

ZIGZAG (all. *zick zack*), *sm.* Assemblage de lignes brisées formant des angles saillants et rentrants : *Chemin en zigzag.* ‖ *Faire des zigzags*, être ivre. ‖ Assemblage de règles articulées et mobiles autour de leurs extrémités respectives.

ZIGZAGUÉ, ÉE (p.p. de *zigzaguer*), *adj.* Fait en zigzag : *Écriture zigzaguée.*

*** ZIGZAGUER** (*zigzag*), *vt.* et *vi.* Faire des zigzags. ‖ Aller en zigzag.

ZILLERTHAL, vallée de la Ziller (Tyrol), au N. des Alpes Noriques; 45 kilom. de longueur.

ZIMISCÈS (JEAN). (V. *Jean*.)

ZIMMERMANN (JEAN-GEORGES) (1728-1795), médecin et philosophe suisse.

ZIMMERMANN (PIERRE-JOSEPH-GUILLAUME) (1785-1853), compositeur de musique et professeur de piano renommé. Il fut longtemps attaché au Conservatoire de Paris, où il forma des élèves tels que Marmontel et Alkan. Une des filles de Zimmermann a épousé M. Gounod.

ZINC (all. *zinck*), *sm.* Métal de la famille du magnésium (3e famille des *Magnésioïdes*), d'un blanc légèrement bleuâtre; cristallisant dans le système hexagonal. Cassant à la température ordinaire, il devient ductile et malléable entre 100° et 130°, et il redevient cassant au-dessus de cette température; il peut alors être laminé en feuilles minces. Il fond à 410° et bout à 1040°. Il sert à la fabrication du fer galvanisé. On l'emploie à froid et à l'air sec où il est inaltérable; au contact de l'air humide, il se recouvre d'une couche imperméable d'hydrocarbonate d'oxyde de zinc qui préserve de toute altération le reste du métal. Le zinc brûle avec une flamme blanche éclatante, en répandant dans l'air de légers flocons d'oxyde infusible. On fabrique, avec le zinc, des objets d'ornement que l'on recouvre d'un vernis imitant le bronze. Il entre pour 72 millièmes dans la composition des monnaies *divisionnaires* d'argent au titre de 0,835 d'argent pur. Réduit en feuilles minces, le zinc a servi pour la couverture des toits du palais de l'Industrie, des Halles centrales de Paris, des théâtres et des gares de chemins de fer. La charge supportée par les murs est alors quatre fois moindre que si la couverture était en ardoises; elle est douze fois moindre qu'avec une couverture en tuiles. Il sert à fabriquer les gouttières, les bassins, les baignoires. Il n'a pu servir pour les ustensiles de cuisine, car avec les acides, il forme des sels vénéneux. Il est l'élément électro-positif de certaines piles. Dans les feux d'artifice, il produit des étoiles brillantes. Il entre dans la composition du maillechort, lequel contient aussi du cuivre et du nickel, et dans celle du laiton qui est un alliage de cuivre et de zinc. Le fer, lorsqu'on l'immerge dans un bain de zinc, se recouvre d'une couche de ce métal. (V. *Zincage* et *Galvanisation*.) Le zinc n'est connu en Europe que depuis le XIIe siècle; il fut importé de la Chine et des Indes; on l'appelait alors *étain des Indes*. Il se trouve dans la nature, en Angleterre, dans la haute Silésie, en Belgique, et en France, dans le Lot et le Gard, à l'état de sulfure ou *blende*, et de carbonate ou *calamine*. Le zinc s'extrait de ces minerais que l'on a amenés, par un traitement préparatoire, à l'état d'oxyde de zinc. Pour cela, on grille au contact de l'air la *blende*, dont le soufre se transforme en acide sulfureux, et le zinc en oxyde. La *calamine*, par la calcination, dégage de l'eau et de l'acide carbonique, et laisse de l'oxyde de zinc. On mêle ensuite, à volumes égaux, le minerai avec de la houille sèche, et on soumet le mélange à une température élevée. L'oxyde de zinc se réduit, le métal distille, tandis qu'il se dégage de l'oxyde de carbone. Le zinc ainsi obtenu contient des traces de fer, de cuivre, de plomb, de cadmium, de manganèse, de charbon, de soufre et d'*arsenic*. On prépare le zinc exempt d'*arsenic* pour les expertises médico-légales, en le fondant à plusieurs reprises avec un peu de nitre qui transforme l'arsenic en arséniate de potasse. On peut aussi porter le zinc impur à l'ébullition, mais alors on perd le premier tiers du métal. — **Zinc sulfuré** (V. *Blende*.) — **Zinc carbonaté** ou *calamine*, minéral le plus souvent d'apparence pierreuse, coloré en jaune par l'oxyde de fer. La forme primitive est un rhomboèdre. Dans son état normal, il est incolore et offre un éclat analogue à celui du calcaire; mais habituellement ce minéral est blanchâtre ou jaunâtre, et son aspect ne donne nullement l'idée d'un métal. Il est fusible en émail blanc. Sa densité est 4,2. — **Zinc hydrocarbonaté**, hydro-carbonate de zinc, appelé aussi *zinconise*, qui est en général d'un beau blanc mat. Ce minerai happe fortement à la langue et absorbe beaucoup d'eau quand on le plonge dans ce liquide. Sa densité est 3,6. — **Zinc oxydé rouge**, oxyde de zinc naturel coloré en rouge par de l'oxyde de manganèse en offrant un vif éclat. Il se rencontre en grains cristallisés; sa densité est 5,4. — **Zinc sulfaté** ou *sulfate de zinc hydraté*, de couleur blanche et de saveur styptique, cristallisant en prismes rhomboïdaux. On l'appelle aussi *galitzinite*, du nom du prince Galitzin. Son principal gisement est dans le Hanovre; on le trouve aussi en Carinthie et en Hongrie. — **Zinc oxydé silicifère**, silicate de zinc contenant de 5 à 10 p. 100 d'eau. Sa forme primitive est un prisme droit rhombique. A l'état de pureté, il est incolore, translucide. Il ne fond pas au chalumeau; sa densité est 3,4. ‖ *Fleur de zinc*, oxyde obtenu par la volatilisation du zinc à l'air libre. — Fig. Voix sonore, métallique : *Cette actrice a du zinc.* (Argot.) — **Dér.** *Zincite, zincides, zinguer, zingueur, zingage* ou *zincage, zinguerie.* — **Comp.** *Zincifère, zincographe, zincographie, zinconise, zinc-éthyle.*

***ZINCAGE.** (V. *Zingage*.)

***ZINC-ÉTHYLE** (*zinc* + *éthyle*), *sm.* Liquide incolore, fumant, s'enflammant à l'air, formé de 2 équivalents d'éthyle et de 1 équivalent de zinc.

***ZINCIDES** (*zinc*), *smpl.* Famille de minéraux qui renferme le zinc et ses composés.

***ZINCIFÈRE** (*zinc* + l. *ferre*, porter), *adj.* 2 *g.* Qui renferme du zinc.

***ZINCITE** (*zinc*), *sf.* (V. *Zinc oxydé rouge*.)

*** ZINCKÉNITE** (de *Zincken*, nom propre), *sf.* Sulfure double d'antimoine et de plomb, dont la forme primitive est le prisme rhomboïdal. Ses cristaux sont éclatants et d'une couleur de gris d'acier. Sa densité est 5,3. Sa dureté est égale à celle du calcaire.

***ZINCOGRAPHE** (*zinc* + γράφειν, écrire, tracer), *sm.* Ouvrier qui imprime ou grave sur zinc.

***ZINCOGRAPHIER** (*zincographie*), *vt.* Imprimer au moyen d'une plaque de zinc.

***ZINCOGRAPHIE** (*zinc* + g. γράφειν, tracer), *sf.* L'art de reproduire un dessin en relief sur une plaque de zinc, soit à l'aide d'un report mordu dans ses parties négatives, soit au moyen de la photographie.

***ZINCONISE** (*zinc* + g. κόνις, poussière), *sf.* (V. *Zinc hydrocarbonaté*.)

***ZINGAGE** (*zinguer*), *sm.* Action de recouvrir le fer d'une mince couche de zinc. Cette opération est connue aussi sous le nom de *galvanisation*, nom peu exact en ce qu'il semble indiquer un procédé galvanoplastique, tandis qu'elle consiste en une simple immersion dans du zinc fondu, après décapage parfait.

ZINGARELLI (NICOLAS-ANTOINE) (1752-1837), compositeur italien qui a laissé une quarantaine d'opéras, dont les meilleurs sont : *Roméo et Juliette* et la *Destruction de Jérusalem*.

ZINGARI, *sm.* L'un des noms des tziganes ou bohémiens.

***ZINGIBER** (mot persan), *sm.* Genre de plantes monocotylédones de la famille des Zingibéracées et qui est connu sous le nom de *gingembre*.

***ZINGIBÉRACÉ, ÉE** (ar. *zingiber*; g. ζιγγίβερις, gingembre), *adj.* Qui tient au gingembre. — **Zingibéracées**, *sfpl.* Famille de plantes monocotylédones, dont le gingembre est le type, et comprenant des herbes vivaces, à rhizome rampant et charnu. Les feuilles sont alternes, engainantes. Les fleurs sont solitaires ou disposées en grappes latérales. Le périanthe est double et régulier; l'androcée est composé de deux étamines, dont deux sont stériles et remplacées par des lames pétaloïdes, et se réunissant pour former un labelle richement coloré. La troisième étamine a une anthère biloculaire et introrse; l'ovaire est à trois loges; le fruit, sec ou charnu, renferme des graines pourvues d'un albumen. Les plantes de cette famille sont indigènes des régions tropicales.

***ZINGUER** [zin-ghé] (*zinc*), *vt.* Garnir ou recouvrir un corps de zinc. ‖ Galvaniser le fer : *Fers zingués.*

***ZINGUERIE** (*zinc*), *sf.* Usine où l'on fabrique le zinc. ‖ Commerce du zinc.

ZINGUEUR (*zinc*), *sm.* Ouvrier qui travaille le zinc.

***ZINNIA** (de Godefroy *Zinn*, botaniste allemand), *sm.* (V. *Zinnie*.) — Pl. *des zinnia*.

***ZINNIE** (*zinnia*), *sf.* Genre de plantes dicotylédones, de la famille des Composées, dont les diverses espèces, originaires de l'Amérique tropicale, sont cultivées dans nos jardins et nos parcs comme plantes d'ornement. Leur tige, haute de 0m,50 environ, porte des feuilles lancéolées et se garnit, en juillet et octobre, de capitules nombreux à fleurs jaunes, rouges, violettes, etc. Les principales espèces de ce genre sont : 1° la *zinnie rouge* ou *brésine* (*zinnia multiflora*), de la Louisiane, dont le capitule jaune et rouge devient quelquefois très gros; 2° la *zinnie à grandes fleurs* (*zinnia grandiflora*), à grandes fleurs d'un rouge sombre; 3° la *zinnie élégante* (*zinnia elegans*), originaire du Mexique, à capitules rose violacé, donnant un grand nombre de variétés à fleurs écarlates, feu, jaunes, blanches, chamois, violacées, etc.; 4° la *zinnie élégante à fleur double*, variété qui a été obtenue vers 1858 de l'espèce précédente; 5° la *zinnie du Mexique*, à tiges ramifiées dès la base, à fleurs d'un jaune vif et orangé, originaire du Mexique. Les zinnies sont des plantes annuelles et cultivées comme fleurs d'au-

ZINNIE OU ZINNIA

omne. On les désigne souvent sous le nom de *zinnia;* alors le nom est masculin.

ZINZOLIN (ar. *djoljolân*, semence de sésame), *sm.* Couleur d'un violet rougeâtre extraite de la graine du sésame.

***ZINZOLINER** (*zinzolin*), *vt.* Teindre en zinzolin.

ZIPH (DÉSERT DE), nom ancien d'un canton désolé de la tribu de Juda situé près de la mer Morte et au S.-E. de Jérusalem.

ZIPS, 16000 hab. Comitat de Hongrie, situé au delà de la Theiss, traversé par les Karpathes et arrosé par le Poprad, la Gölnitz et le Dunajec; ch.-l. *Leutschau.* Mines de cuivre et de fer.

ZIRCON (*x*), *sm.* Pierre précieuse de couleur variable qui est un silicate de zircone. On en connaît deux variétés : 1° Le *zircon jargon,* incolore, jaune verdâtre, brun, vert ou bleu; ces couleurs ne sont pas vives; en outre, elles ne sont pas répandues uniformément dans les cristaux qui sont ordinairement petits. Ceux-ci se rencontrent dans les roches de cristallisation. 2° Le *zircon hyacinthe,* dont la couleur est le rouge ou l'orangé brunâtre. Les cristaux de cette variété, plus petits que ceux du *jargon,* se trouvent dans les basaltes et les tufs basaltiques. Les sables volcaniques d'un ruisseau du Velay, le *riou Pézéliou,* qui coule au S.-O. d'Espaly près le Puy, en renferment une assez grande quantité ; il y en a aussi dans le sable volcanique de Beaulieu près d'Aix-en-Provence, etc. — **Dér.** *Zircone , zirconium, zconien, zirconienne.*

***ZIRCONE** (*zircon*), *sf.* L'oxyde de zirconium. (V. *Zirconium.*)

***ZIRCONIEN, IENNE** (*zircon*), *adj.* Qui renferme du zircon. || Qui est de la nature du zircon.

***ZIRCONITE** (*zircon*), *sf.* Variété de zircon.

ZIRCONIUM (*zircone*), *sm.* Métal de la 9e famille (métaux *métalloïdiques*) et qui se présente sous la forme d'une poudre grise prenant l'éclat métallique sous l'action du brunissoir. On l'obtient aussi en lamelles larges, dures, fragiles et d'une densité de 4,15. Dans cet état, il ne brûle que sous l'action du gaz tonnant (oxygène et hydrogène). A l'état amorphe, il brûle vivement quand on le chauffe à l'air en donnant de la *zircone.* L'oxyde zirconium ou zircone joue le rôle d'acide avec les bases et celui de base avec les acides.

ZISKA (JEAN) (1380-1424), chef des hussites de Bohême, qui remporta de brillantes victoires sur l'empereur d'Allemagne Sigismond. Après avoir été successivement borgne et aveugle, il mourut de la peste.

ZIST, *interj.*(V. *Zest.*) — *Sm.* Fig. *Etre entre le zist et le zest,* ne savoir quel parti prendre.

ZITTAU, 30000 hab. Ville de la Saxe royale (Allemagne), sur la Mandau. Toiles, fabriques de pianos.

ZIZANIE (g. ζιζάνιον), *sf.* L'un des noms de l'ivraie. — Fig. Désunion, mésintelligence : *Semer la zizanie.*

***ZIZI** (*x*), *sm.* Espèce de passereau conirostre, autrement dit *bruant de haie.*

ZIZIM ou **DJEM** (1459-1495), frère de Bajazet II qu'il voulut dépouiller du trône. N'ayant point réussi dans cette entreprise, il se réfugia chez les chevaliers de Rhodes, qui l'envoyèrent en France, où il passa dix ans. Charles VIII l'envoya ensuite en Italie, où il fut empoisonné à Terracine.

***ZIZYPHIQUE** (g. ζίζυφον, jujube), *adj.* 2 g. *Acide zizyphique,* acide cristallisable de l'extrait du jujubier.

ZNAÏM, 7000 hab. Ville de la Moravie (empire d'Autriche), sur la Thaya. Un armistice y fut conclu le 11 juillet 1809, après la bataille de Wagram.

***ZOANTHAIRE** (g. ζῷον, animal + ἄνθος, fleur), *adj.* et *s.* Qui tient de l'animal et de la fleur : *Corail zoanthaire.* — **Les Zoanthaires**, *smpl.* Ordre de la famille des Polypes rayonnés. Il se divise en trois groupes : *zoanthaires mous, zoanthaires coriaces, zoanthaires pierreux.*

ZOANTHE (g. ζῷον, animal + ἄνθος, fleur), *sm.* Genre de polypes charnus, voisin des actinies et répandu dans les diverses mers. Ce polype saisit sa proie avec ses tentacules au moyen desquelles il l'amène à sa bouche.

***ZOANTHINIENS** (g. ζῷον, animal + ἄνθος, fleur), *smpl.* Espèce de polypes de la famille des Polypes actinidiens qui bourgeonnent et forment un polypier.

***ZOANTHODÈME** (g. ζῷον, animal + ἄνθος, fleur + δῆμος, assemblage), *adj.* et *s.* L'ensemble agrégé des zoanthaires soudés les uns avec les autres.

***ZOANTHROPIE** (g. ζῷον, animal + ἄνθρωπος, homme), *sf.* Monomanie d'un malade se croyant changé en animal.

ZOBÉÏDAH (la *Fleur des dames*) (morte en 767), femme d'Haroun-al-Raschild, qui joue un grand rôle dans les *Mille et une nuits.*

ZODIACAL, ALE (*zodiaque*), *adj.* Qui fait partie du zodiaque : *Constellation zodiacale.* — **Lumière zodiacale**, auréole lumineuse qui accompagne le Soleil. Dans nos régions, on l'aperçoit en mars et avril, le soir après la brune, à l'O.; en septembre et octobre, elle apparaît à l'E., avant l'aurore. Sa lueur est très faible et l'épaisseur de l'auréole n'est pas telle qu'on ne puisse voir les petites étoiles au travers. Cette auréole présente la forme d'une lentille très aplatie, placée obliquement sur l'horizon. Elle s'élève quelquefois jusqu'à une hauteur de 50°. Elle est dirigée suivant l'écliptique et par suite est couchée sur le zodiaque : de là son nom. Les causes de cette lueur ne sont pas encore sûrement établies.

ZODIAQUE (l. *zodiacum :* du g. ζῴδιον, petit animal), *sm.* Bande de la sphère céleste coupée en deux par l'écliptique, d'une largeur de 16° et dont ne sortent pas les planètes des anciens. La route constante que suit le Soleil à travers les étoiles a été caractérisée par les anciens, au moyen des constellations qui se trouvaient sur son passage. Ils ont imaginé une zone dont les bases, parallèles au plan de l'écliptique, en sont distantes, de part et d'autre, d'environ 8°,30' puis ils ont partagé cette zone en douze parties de 30° ou *dodécatoméries,* par douze demi-grands cercles perpendiculaires à l'écliptique, le premier d'entre eux passant par le point vernal. Enfin ils ont groupé les étoiles de chacun de ces douzièmes, et formé ainsi, le long de l'écliptique, douze constellations dont chacune était parcourue en un mois par le Soleil. Ce sont les constellations *zodiacales,* et la zone qui les renferme est le *zodiaque.* Ces douze constellations sont représentées par des signes spéciaux et portent les noms latins contenus dans ces vers :

Sunt Aries, Taurus, Gemini, Cancer, Leo, Virgo,
Libraque, Scorpius, Arcitenens, Caper, Amphora, Pisces.

Et en français : le *Bélier,* le *Taureau,* les *Gémeaux, le Cancer,* le *Lion,* la *Vierge,* la *Balance,* le *Scorpion,* le *Sagittaire,* le *Capricorne,* le *Verseau* et les *Poissons.* (V. la fig. au mot *Signe.*)

Mais les *douze signes du zodiaque* ne correspondent plus aux constellations dont ils portent les noms. Cette modification est due à la *précession des équinoxes.* Toutes les étoiles se meuvent, en réalité, parallèlement à l'écliptique; et, comme leurs positions relatives ne sont pas altérées, le phénomène se passe *comme si* toute la sphère céleste tournait autour de l'axe de l'écliptique d'un mouvement très lent, dirigé dans le sens direct, ou d'occident en orient. Pour expliquer ce fait, il suffit d'admettre que l'axe terrestre au lieu de rester constamment fixé dans l'espace, décrit lentement un cône autour de l'axe de l'écliptique; à peu près comme l'axe d'une toupie accomplit autour de la verticale une révolution conique, tandis que la toupie tourne rapidement sur elle-même. L'existence de ce mouvement conique est démontrée rigoureusement, car la cause en est connue : on prouve, dans la *mécanique céleste,* que l'attraction de la Lune, du Soleil et des Planètes sur le renflement équatorial de la Terre, fait peu à peu dévier l'axe de rotation de sa direction primitive, et on rend ainsi un compte satisfaisant de ce phénomène. A cause de ce mouvement, on voit qu'à mesure que l'axe de la Terre tourne, en entraînant l'équateur, la ligne d'intersection de l'équateur mobile avec l'écliptique fixe *rétrograde* sur ce dernier plan et que le point équinoxial γ prend successivement les positions γ',γ''..; il en est de même du point Ω. C'est à ce phénomène qu'on donne le nom de *rétrogradation des points équinoxiaux.* Les observations modernes donnent 50''2 pour la valeur de la rétrogradation actuelle et annuelle. Si cette valeur se conservait indéfiniment, il faudrait environ 72 ans pour que le point équinoxial parcourût un degré, et par suite, près de 26000 ans pour qu'il parcourût la circonférence entière de l'écliptique. Le mouvement rétrograde des points équinoxiaux a pour effet d'avancer l'instant de l'équinoxe. Car, si le Soleil part du point γ, pour décrire son orbite d'occident en orient, il trouve, lors de son retour, ce point en γ', à 50''2 de sa position primitive. Ce retour au même point équinoxial *précède* donc le retour à l'étoile fixe qui aurait coïncidé avec ce point l'année précédente : l'équinoxe arrive plutôt que si le point γ était resté fixe. C'est ce phénomène qu'on nomme *précession des équinoxes.* L'année *tropique* est mesurée par le retour du Soleil au point équinoxial. Si donc on appelle *année sidérale* le temps que le Soleil emploie pour revenir à la même étoile, l'année sidérale sera plus longue que l'année tropique. Elle la surpasse de 0 jour solaire moyen, 0,141184. Elle vaut donc 365,2563744 *jours solaires moyens.* Sa durée est invariable comme celle du jour sidéral. Une des conséquences les plus remarquables de la précession des équinoxes, c'est que le pôle du monde se déplace lentement en décrivant sur la sphère céleste, autour du pôle de l'écliptique, en sens rétrograde, un petit cercle dont le rayon sphérique vaut 23°27'15'' environ. Il y a 4000 ans, le pôle se trouvait voisin de α du *Dragon,* il s'est rapproché ensuite de β de la *Petite Ourse.* Aujourd'hui, il n'est guère qu'à 1°28' de α de cette dernière constellation ; il continuera à s'en rapprocher pendant 250 ans; alors il n'en sera plus qu'à un demi-degré, puis il s'en éloignera pour passer dans d'autres constellations. Dans 8000 ans ce sera α du Cygne, dans 12000 ans ce sera *Wéga* de la *Lyre* qui serviront à leur tour d'étoile polaire. En outre, on comprend que ce déplacement du pôle a pour effet de modifier, à la longue, l'aspect du ciel en un lieu donné, de rendre visibles des étoiles qui ne passaient jamais au-dessus de l'horizon, et inversement de rendre circumpolaires des étoiles qui se couchaient autrefois, etc. La rétrogradation des points équinoxiaux a eu encore un effet remarquable sur le *zodiaque.* Hipparque, en effet, avait pris le point γ pour origine des divisions de la zone que parcourt le Soleil : on avait, comme nous l'avons dit, à partir de ce point, partagé cette zone en douze parties égales, ayant chacune 30° de largeur, et l'on avait donné à chacune de ces dodécatoméries le nom et le signe de la constellation qu'on y avait créée. Par conséquent, le commencement du signe du *Bélier* correspondait à l'équinoxe du printemps; celui du signe du *Cancer,* au solstice d'été, etc., et ces signes ou douzièmes comprenaient chacun la constellation dont ils portaient le nom. Or, depuis 2000 ans, le point γ a rétrogradé d'environ $50''2 \times 2000 = 100400''$, ou de 27° environ; il doit donc se trouver aujourd'hui près du commencement de la douzième dodécatomérie qui contient les *Poissons.* L'équinoxe arrive donc aujourd'hui lorsque le Soleil se trouve dans la constellation des *Poissons,* et il n'y a plus d'accord possible entre les divisions anciennes et les constellations zodiacales. Or, on est convenu de conserver la division du zodiaque en douze signes de 30° chacun, à partir du point *mobile* γ, et de garder les noms du *Bélier,* du *Taureau,* etc., pour caractériser le 1er, le 2e signe, etc. Le Soleil entre donc toujours à l'équinoxe dans le *signe du Bélier,* au solstice dans le *signe du Cancer,* etc., mais il n'y rencontre plus les *constellations* de même nom qu'il y trouvait autrefois, et il faut éviter de confondre aujourd'hui les mots *signe du Lion,* par exemple, avec *constellation du Lion,* etc. La précession des équinoxes a aussi une certaine influence sur la durée des saisons. En effet, le mouvement annuel du point γ tend à le rapprocher du *périgée* dont il est actuellement éloigné d'environ 79° 30′. Lorsque, dans la suite des temps, ces deux points seront confondus, le printemps sera égal à l'hiver, l'été à l'automne, et ces deux dernières saisons seront plus longues que les deux autres. On comprend qu'il y a eu une époque, peu éloignée, où la ligne des équinoxes était perpendiculaire au grand axe de l'orbite elliptique du Soleil : alors le printemps et l'été étaient égaux, ainsi que l'automne et l'hiver, et ces deux dernières saisons étaient les plus courtes. Le calcul montre que ce phénomène s'est produit il y a environ 629 ans; c'est donc vers l'an 1260 de notre ère qu'il faut rapporter ce phénomène. On calcule aussi facilement l'époque à laquelle le point γ se trouvait à l'apogée, où le printemps était égal à l'hiver et l'été à l'automne, ces deux dernières saisons étant les plus courtes, et l'on trouve que cette époque coïncide à celle que la Genèse assigne à la création du monde. Le phénomène de la précession des équinoxes a été connu d'Hipparque (125 ans avant J.-C.); Ptolémée (130 ans après J.-C.) le mit hors de doute. Comme on l'a vu, le phénomène de la précession, *s'il était seul*, ferait décrire à l'axe de la Terre un cône de 23° 27′ 15 autour de l'axe de l'écliptique, et le pôle céleste semblerait parcourir, en 26000 ans, la circonférence du parallèle suivant lequel ce cône coupe la sphère céleste; mais il n'en est pas tout à fait ainsi : chacun des points de cette circonférence représente une portion moyenne autour de laquelle le pôle céleste décrit, dans l'espace de 18 ans et demi environ, une ellipse dont les axes sous-tendent des angles de 18″4 et 13″75 : c'est ce qu'on appelle la *nutation*. Ce phénomène, découvert par Bradley en 1730, a pour effet de rapprocher et d'éloigner alternativement d'une petite quantité le plan de l'équateur de celui de l'écliptique. On se représente ce phénomène en comparant, comme on l'a déjà fait pour la précession, le mouvement de la Terre à celui d'une toupie. On sait que, lorsqu'une toupie est mal centrée, non seulement son axe décrit un cône autour de la verticale, mais qu'il éprouve une sorte d'oscillation ou de tremblotement autour des génératrices successives de ce cône. Ce tremblotement est l'image fidèle de la nutation. La précession et la nutation sont dues l'une et l'autre à l'attraction du Soleil et de la Lune sur le renflement équatorial du globe terrestre.

L'obliquité de l'écliptique éprouve, en outre, une diminution de 48″ environ par siècle, d'après les calculs de Laplace. Cette diminution atteindra 3°; ensuite, l'obliquité recommencera à croître. De plus, le grand axe de l'orbite terrestre n'est pas fixe dans le plan de l'écliptique, et le périgée se déplace, dans le sens direct, d'environ 12″ par an. Enfin, l'excentricité de l'orbite éprouve elle-même une diminution de 0,000416 par an. Ces trois dernières irrégularités du mouvement elliptique de la Terre sont appelées *variations séculaires*, tandis que la précession et la nutation sont dites *variations périodiques*. — **Dér.** *Zodiacal, zodiacale.*

***ZOÉ** (l. *zoea*), *sf.* Larve de brachyures, ayant une carapace presque globuleuse, armée de longues pointes et pourvue de deux gros yeux; l'abdomen est étroit et segmenté; leurs pattes-mâchoires en forme de rames sont très développées. Les *mégalopodes* sont un état plus avancé des mêmes animaux.

***ZOÉCIE** (*zoé* + οἰκία, maison), *sf.* Polypier. ‖ Habitation des polypes.

***ZOÉEN, ENNE** (*zoé*), *adj.* Qui concerne les zoés.

ZOHAR (mot hébreu qui signifie *splendeur, lumière*), livre théologique des juifs modernes qui contient des explications cabalistiques sur les livres de Moïse.

***ZOÏODINE** (g. ζῷον, animal + εἶδος, forme + sfx. chimique *ine*), *sf.* Matière azotée violette, extraite des eaux minérales où naît la glairine.

***ZOÏSITE** (*Zoïs*, nom d'homme), *sf.* Silicate d'alumine, de fer et de chaux. Sa couleur est le gris clair ou le gris verdâtre. Il fond au chalumeau et se présente en prismes allongés ou en baguettes agrégées en faisceau. Sa forme primitive est le prisme rhomboïdal oblique; sa densité est 3,3. Sa dureté est égale à celle de l'orthose.

***ZOÏSME** (de ζωή, vie), *sm.* Ensemble des phénomènes de contractilité et de névrilité.

ZOLA (Émile), né à Paris en 1840, célèbre romancier français. Ses principaux ouvrages sont : *Thérèse Raquin* (1867) et une série de volumes où Zola retrace l'histoire d'une famille que l'auteur suppose vivre sous le règne de Napoléon III : les *Rougon-Macquart*, la *Fortune des Rougon* (1871), la *Curée* (1874); la *Conquête de Plassans* (1874), le *Ventre de Paris* (1875); la *Faute de l'abbé Mouret*, etc.

***ZOLLVEREIN** (all. *zoll*, impôt + *verein*, union), *sm.* Association des États allemands pour la perception des droits de douane, qui subsista de 1834 à 1871.

ZOMBO, plateau de l'État libre du Congo, sur la rive gauche du grand fleuve et dont l'altitude est de 760 mètres.

ZOMBOR, (28000 hab. Ville de Hongrie, près du canal François. Soieries, commerce de grains et de bétail.

***ZONA** (ml. : *ceinture*), *sm.* Éruption vésiculo-bulleuse, en forme de ceinture, sur la poitrine ou sur l'une des régions du tronc, de la face, du cou ou des membres. Appelé également *feu sacré* ou *feu de Saint-Antoine*, que caractérise l'apparition de larges plaques rougeâtres surmontées de vésicules groupées, et séparées les unes des autres par des intervalles de peau saine. — **Dér.** *Zonique*. — **Comp.** *Zoniforme.*

ZONE (g. ζώνη, ceinture), *sf.* Portion de la surface de la Terre comprise entre deux cercles parallèles à l'équateur. On distingue sur notre globe cinq zones : 1° les *deux zones glaciales*, limitées par les cercles polaires et dont les deux pôles sont les points extrêmes; 2° les deux *zones tempérées*, entre les cercles polaires et les tropiques; 3° la *zone torride*, entre les deux tropiques et traversée en son milieu par l'équateur. ‖ Ensemble de pays qui ont le même climat. ‖ Portion de la surface d'une sphère comprise entre deux plans parallèles et dont l'aire est égale à la circonférence d'un grand cercle, multipliée par la plus courte distance entre les deux plans qui limitent la zone, distance qu'on appelle la *hauteur h de cette zone*. Cette surface est exprimée par la formule $2\pi Rh$. ‖ Partie de la surface d'un minéral séparée des portions voisines par des courbes à peu près parallèles. ‖ Portion de la surface d'un corps dont les points possèdent des propriétés communes. ‖ *Zone des frontières*, bande de terrain le long des frontières sur laquelle on ne peut établir des routes et des canaux qu'avec l'approbation de l'autorité. ‖ *Zone des servitudes militaires*, bande de terrain contigu extérieurement ou intérieurement aux fortifications d'une place, sur laquelle il est défendu de bâtir ou sur laquelle on ne peut élever que des constructions que l'administration a le droit de détruire quand elle le juge convenable. ‖ *Zone dangereuse*, partie du terrain avoisinant le point de chute effectivement battue par un projectile lancé sous un angle déterminé. — **Zone royale**, zone étroite, s'étendant au nord et au midi de l'équateur solaire, et où se forment les taches solaires proprement dites. Cette zone a été appelée *royale* par Scheiner; son amplitude est de 60 degrés. ‖ **Zone zodiacale**, zone de la sphère céleste, d'une largeur de 16 degrés, s'étendant de part et d'autre du cercle de l'écliptique à une distance de 8 degrés. C'est dans cette zone que les planètes principales paraissent toujours rester; les anciens l'appelaient le *zodiaque*; elle est divisée en douze parties égales correspondant aux douze signes du zodiaque. — **Dér.** *Zona, zoné, zonée.* — **Comp.** *Zoniforme.*

***ZONÉ, ÉE** (*zone*), *adj.* Présentant des zones à peu près parallèles et régulières.

ZONENGUÉ, lac formé par le cours inférieur de l'Ogôoué (Afrique occidentale).

***ZONIFORME** (l. *zona*), *adj.* 2 *g.* En forme de ceinture, de zone. ‖ Qui ressemble au zona : *Éruption zoniforme.* (Méd.)

***ZONIQUE** (*zona*), *adj.* 2 *g.* Qui se rapporte au zona : *Éruptions zoniques.*

***ZON-ZON** (onomatopée), interjection exprimant le son d'un coup de baguette qui frappe vivement l'air, le bruit d'instruments à cordes, etc.

***ZOO** ou **ZO** (g. ζῷον, animal), préfixe qui signifie *animal* et entrant dans la formation de certains mots composés de mots grecs.

***ZOOGLYPHITE** (g. ζῷον, animal + γλύφειν, graver, marquer), *sf.* Pierre figurinée présentant des empreintes d'animaux fossiles.

***ZOOGÈNE** (g. ζῷον, animal + γεννᾶν, engendrer), *sm.* Nom de la glairine. (V. ce mot.)

***ZOOGÉNIE** (*zoogène*), *sf.* Génération des animaux.

***ZOOGRAPHE** (pfx. *zoo* + g. γράφειν, représenter), *sm.* Auteur qui décrit les animaux. ‖ Peintre d'animaux. — **Dér.** *Zoographie, zoographique.*

ZOOGRAPHIE (pfx. *zoo* + g. γραφή, description), *sf.* Description des animaux. ‖ L'art de peindre ou de représenter des animaux.

***ZOOGRAPHIQUE** (*zoographie*), *adj.* 2 *g.* Qui concerne la zoographie. ‖ *Lettres zoographiques*, dont les diverses parties figurent des animaux. ‖ *Talc zoographique*, espèce de talc dont on se sert en peinture.

***ZOOÏDE** (g. ζῷον, animal + εἶδος, forme), *adj.* 2 *g.* Dont la forme figure un animal ou une partie de cet animal : *Minéraux zooïdes.*

***ZOOLÂTRE** (pfx. *zoo* + *latrie*), *sm.* Adorateur des animaux. — **Dér.** *Zoolâtrie.*

ZOOLÂTRIE (pfx. *zoo* + *latrie*), *sf.* Adoration des animaux.

***ZOOLÂTRIQUE** (*zoolâtrie*), *adj.* 2 *g.* Qui concerne la zoolâtrie.

ZOOLITHE (pfx. *zoo* + g. λίθος, pierre), *sm.* Partie d'un animal qui s'est pétrifiée.

ZOOLOGIE (pfx. *zoo* + g. λόγος, traité), *sf.* Partie de l'histoire naturelle qui a pour objet l'étude des animaux. — **Dér.** *Zoologie, zoologiste, zoologique, zoologiquement.*

ZOOLOGIQUE (*zoologie*), *adj.* 2 *g.* Qui a rapport à l'étude des animaux.

ZOOLOGIQUEMENT (*zoologique* + sfx. *ment*), *adv.* Au point de vue de l'étude des animaux.

ZOOLOGISTE (*zoologie*), *sm.* Savant qui s'occupe de l'étude des animaux ou qui écrit sur les animaux.

***ZOOMONÈRE** (g. ζῷον, animal : de ζάω, je vis + μονήρης, seul), *sf.* Cellule isolée dépourvue de noyau, sans forme déterminée, mais douée d'animalité, et se nourrissant de petits corpuscules qu'elle rencontre autour d'elle. C'est le deuxième stade du transformisme naturel animal après l'apparition d'une *monère*. (V. ce mot.)

***ZOOMORPHIE** (pfx. *zoo* + μορφή, forme), *sf.* Description de la forme extérieure des animaux.

***ZOOMORPHISME** (*zoomorphie*), *sm.* Culte religieux des divinités honorées sous forme d'animaux. ‖ Opinion que l'homme pouvait se transmuer en animal, tel que le lycanthrope, le loup-garou, etc.

***ZOOMORPHITE** (*zoomorphie*), *sm.* (V. *Zooïde.*)

***ZOONITE** (g. ζῷον, animal), *sm.* Chacun des individus partiels dont l'ensemble a la forme d'un animal composé.

***ZOOPHAGE** (g. ζῷον, animal + φαγεῖν, manger), *adj.* et *s.* Qui se nourrit de matières animales : *Animaux zoophages.* — **Dér.** *Zoophagie.*

***ZOOPHAGIE** (*zoophage*), *sf.* Caractère ou nature de l'animal qui se nourrit d'autres animaux.

ZOOPHORE (pfx. *zoo* + g. φορός, qui porte), *sm.* Nom donné par les anciens à toute frise où étaient sculptées des figures d'animaux.

***ZOOPHYTAIRE** (*zoophyte*), *adj.* 2 *g.* Qui se rapporte aux zoophytes : *Végétation zoophytaire.*

ZOOPHYTE (pfx. *zoo* + g. φυτόν, plante), *sm.* Tout animal dont l'aspect et le mode de vie rappellent ceux d'une plante. ‖ Classe d'animaux qui comprend les polypes, les spongiaires et les infusoires. — **Dér.** *Zoophytique, zoophytaire.* — **Comp.** *Zoophytolithe.*

***ZOOPHYTIQUE** (*zoophyte*), *adj.* 2 *g.* Qui renferme des zoophytes : *Masses, arbrisseaux zoophytiques.*

***ZOOPHYTOLITHE** (g. ζῷον, animal + λίθος, pierre), *sm.* Groupe de zoophytes pétrifiés en forme d'arbrisseaux.

***ZOOSPORE** (pfx. *zoo* + *spore*), *sf.* Spore pourvu de cils vibratiles et qui se meut à la façon d'un animal au moment de se développer : *Beaucoup d'algues ont des zoospores.*

***ZOOSPORÉES** (*zoospore*), *sfpl.* Groupe d'algues dont les spores, asexuées, garnies de cils vibratiles, sont mobiles et ont reçu le nom de *zoospores.* Certains champignons, tels que les *peronospora,* etc., ont aussi des zoospores.

***ZOOTECHNIE** (pfx. *zoo* + g. τέχνη, art), *sf.* L'art d'élever les animaux domestiques, de les soigner et de les perfectionner en vue des besoins de l'homme. — **Dér.** *Zootechnique.*

***ZOOTECHNIQUE** (*zootechnie*), *adj.* 2 *g.* Qui concerne la zootechnie : *Matières zootechniques.*

***ZOOTOMIE** (pfx. *zoo* + g. τομή, coupure), *sf.* Dissection ou anatomie des animaux. — **Dér.** *Zootomique.*

***ZOOTOMIQUE** (*zootomie*), *adj.* 2 *g.* Qui concerne l'anatomie des animaux.

***ZOOTROPE** (pfx. *zoo* + g. τρέπειν, tourner), *sm.* Instrument rotatif donnant l'illusion d'une action complète en reconstituant les différentes phases. La concavité de forme cylindrique contre laquelle on place la bande contenant les images successives du mouvement doit tourner assez vite afin que chaque dessin reste en vue, moins d'un dixième de seconde, pour coopérer à l'acte du voisin.

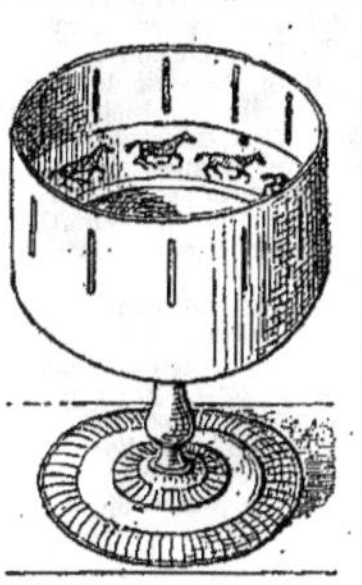

ZOOTROPE

*** ZOOXANTHINE** (pfx. *zoo* + g. ξανθός, jaune), *sf.* Matière colorante extraite au moyen de l'alcool des plumes jaunes du calurus auriceps.

ZOPYRE, Perse qui, par dévouement pour Darius, fils d'Hystaspe, se coupa le nez et les oreilles, se présenta aux Babyloniens comme une victime de la cruauté de ce monarque, obtint leur confiance, fut mis à la tête de leur armée et livra Babylone à Darius, qui l'assiégeait inutilement depuis vingt mois.

***ZORILLE** [LL mouillés], *sf.* Mammifère carnassier du genre martre.

ZORILLE

ZORN, 90 kilom. Rivière de l'empire d'Allemagne, dans le gouvernement d'Alsace. Elle prend sa source dans les Vosges et se jette dans la Moder.

ZORNDORF, 1 400 hab. Ville de la province de Brandebourg (Prusse). Victoire de Frédéric le Grand sur les Russes (1758).

ZOROASTRE, législateur religieux des anciens Perses ou Iraniens, dont l'existence n'est pas certaine, qui aurait vécu en tout cas vers l'an 2000 av. J.-C. et aurait habité la Bactriane. On lui attribue la rédaction du *Zend-Avesta,* livre sacré du mazdéisme, qui admet, outre un dieu éternel, deux dieux secondaires, *Ormuzd,* le génie du bien, et *Ahriman,* le génie du mal, adore le feu comme manifestation d'Ormuzd, enseigne une morale très pure, prêche la paix, recommande la gaieté, la propreté, proclame l'excellence du labourage, de l'élève du bétail et des irrigations. Cette religion, très pure à l'origine, fut, aux temps historiques, corrompue par l'influence des *mages,* sortes de sorciers de création touranienne. — **Dér.** *Zoroastrien, zoroastrienne.*

***ZOROASTRIEN, IENNE** (*Zoroastre*), *adj.* et *s.* Relatif à Zoroastre. ‖ Qui pratique la religion de Zoroastre.

ZOROBABEL, chef juif, de la maison de David, qui, après la prise de Babylone par Cyrus, ramena de Mésopotamie en Palestine les descendants des Juifs emmenés en captivité par Nabuchodonosor et rebâtit le temple de Jérusalem (536 av. J.-C.). Cyrus, en reconstituant la nationalité juive, avait pour but d'opposer une barrière aux entreprises des Égyptiens sur l'Asie.

***ZORONGO** (mot espagnol), *sm.* Danse espagnole très vive, caractérisée par les mouvements alternatifs des pieds en avant et en arrière.

ZORRILLA Y MORAL (JOSEPH), célèbre et populaire poète espagnol, né en 1818.

ZOSIME, historien grec, qui vécut sous Honorius et Théodose II le Jeune, et a écrit une Histoire romaine qui traite des empereurs jusqu'à Dioclétien.

***ZOSTER.** (V. *Zona.*)

***ZOSTÈRE** (g. ζωστήρ, ceinture), *sf.* Genre de plantes de la famille des Naïadées, dont la principale espèce, la *zostère marine,* croît dans les mers des pays chauds, sur les fonds de sable voisins des côtes, dont les feuilles desséchées, connues sous le nom de *crin végétal,* servent à faire des matelas assez médiocres ou sont employées pour l'emballage.

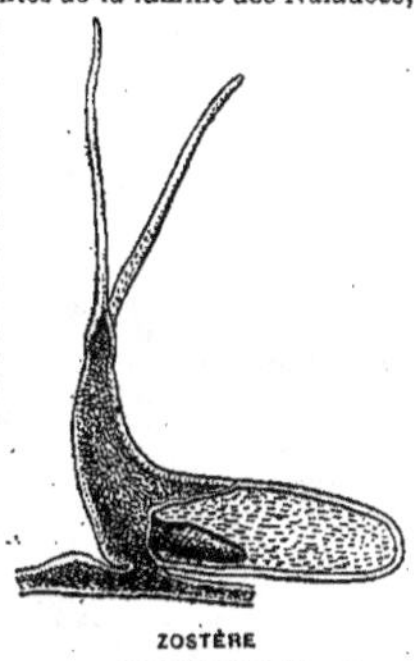

ZOSTÈRE

(ZOSTERIA MARINA)

Pistil coupé pour montrer l'ovule.

ZOUAVE (du berbère *Zouaoua,* nom d'une tribu kabyle), *sm.* Soldat d'un corps d'infanterie de l'armée française. Les zouaves, créés par le général Clausel, datent du 1er octobre 1830 ; ils tirent leur nom de la confédération des *Zouaoua,* tribus kabyles établies dans les gorges les plus âpres du Djurdjura, en souvenir du premier noyau de volontaires algériens qui appartenaient à cette confédération. Recruté d'abord parmi les indigènes, on y incorpora ensuite les *volontaires de la Charte,* tous enfants de Paris ; mais, en 1841, avec les Algériens on organisa le premier bataillon des *tirailleurs indigènes,* et dès lors les zouaves furent tous Français. Tous les officiers aussi étaient Français, et volontaires de choix : Maumet, Duvivier, Lamoricière, Canrobert, Mac-Mahon, Ladmirault, Bourbaki, d'Autemarre, etc., s'illustrèrent à la tête des zouaves, en Afrique, en Crimée, en Italie, au Mexique, etc. L'uniforme fut distribué en 1833 au poste de Dely-Ibrahim ; le costume oriental fut adopté : veste et gilet arabes, en drap bleu foncé, avec galons garances ; pantalon arabe en drap garance ; ceinture en laine bleu clair ; calotte-chachia garance ; guêtres longues en cuir noir, en toile, en drap bleu, suivant la saison. En 1841 fut formé le troisième bataillon, et, en 1852, à la veille de la guerre de Crimée, les trois bataillons existants constituèrent trois régiments. ‖ *Zouaves de la Garde,* régiment créé, en 1854, pour être affecté à la garde impériale. Après les événements de 1870, ce régiment prit le numéro 4. ‖ *Zouaves pontificaux,* corps de troupes de volontaires créé en 1860 à Rome, à l'imitation des zouaves français : *Les zouaves pontificaux étaient, en majeure partie, fils des premières familles des peuples catholiques.* En 1870, après l'occupation de Rome par le général Cadorna (20 septembre), le corps fut dissous, et les volontaires français, immédiatement rapatriés, se firent incorporer dans l'armée de la Loire sous le nom de *Légion des volontaires de l'Ouest.* Leur conduite y fut des plus brillantes, depuis la forêt de Cercottes (11 octobre 1870), où leur capitaine Le Gonidec tenait les avant-postes, jusqu'au Mans (12 janvier 1871), en passant par les glorieuses étapes de Patay et de Loigny où fut blessé le colonel de Charette. La *légion* fut licenciée le 1er juin 1871.

ZOULOU, nom d'un peuple nègre de l'Afrique australe, au N.-E. de la colonie du Cap. C'est au pays des Zoulous que périt le fils de Napoléon III, surpris dans une embuscade (1er juin 1879).

ZOULOU

ZOULOULAND, le pays des Zoulous, dans la Cafrerie.

ZOUNGARIE. (V. *Dzoungarie.*)

ZUBENAKRABI (nom arabe). L'étoile γ du plateau septentrional de la Balance.

ZUBENESCHEMALI. L'étoile α du plateau méridional de la Balance.

ZUCCHI (JACQUES), peintre italien du XVIe siècle, qui peignit de belles fresques au Vatican. Son frère, FRANÇOIS, exécuta les mosaïques de la coupole de Saint-Pierre de Rome.

***ZUCCHETTE** (ital. *zucchetta,* petite courge), *sf.* Variété de concombre.

***ZUCCHETTI** (mot italien), *sm.* Ragout fait en Italie et dont les oranges et les petites courges constituent les principaux éléments.

ZUCHELLI (CHARLES) (1793-1879), célèbre chanteur italien qui, après s'être fait applaudir en Italie, en Allemagne, en Angleterre et en France, termina à Livourne en 1842 la carrière la plus brillante qu'une basse bouffe ait jamais parcourue.

ZUG, 5 500 hab. Ville de Suisse, sur la rive E. du lac de même nom, et ch.-l. du plus petit canton de la confédération helvétique, **Zug** (239 kilom. carrés, 26 950 hab.), qui est catholique et de langue allemande, situé entre les cantons de Zurich, de Schwytz, de Lucerne et d'Argovie.

ZUG (LAC), lac du centre de la Suisse dont les eaux s'écoulent dans la Reuss par la Loretz.

ZULPICH, 1 200 hab. Bourg de la Prusse rhénane, au S.-O. de Cologne. C'est, croit-on, l'ancienne Tolbiac.

***ZUNDERERZ** (all. *zunder,* amadou + *erz,* minerai), *sm.* Minerai d'argent qui consiste en de petites masses terreuses d'un brun rougeâtre, attenantes au quartz prismé ou au calcaire. C'est un mélange de divers minéraux contenant du soufre, de l'arsenic et de l'antimoine. On l'extrait dans quelques mines du Harz.

ZURAWNO, bourg de Galicie (Autriche-Hongrie), sur le Dniester, où Jean Sobieski, avec 10 000 Polonais, fut accablé par 80 000 Turcs et 130 000 Tartares auxquels il tint tête pendant 23 jours.

ZURBANO (MARTIN) (1780-1845), général espagnol qui tint tête aux armées françaises sous le premier Empire et se fit ensuite contrebandier. Passé au service du général Espartero, il comprima plusieurs soulèvements ; puis, abandonné par ses troupes, il dut s'enfuir dans l'Aragon. En 1844, il fut pris à la tête de ses partisans et passé par les armes l'année suivante.

ZURBARAN (1598-1662), peintre espagnol, surnommé le *Caravage espagnol.*

ZURICH, 90 000 hab. Ville du N.-E. de la Suisse, à l'extrémité N.-O. du lac de son nom, et au confluent de la Sihl et de la Limmat. Nombreux établissements d'instruction, école polytechnique fédérale, université ; fabriques de machines pour bateaux à vapeur, tissage de la soie et du coton. C'est près de cette ville que, le 3 vendémiaire an VIII, Masséna écrasa l'armée russe qui venait pour envahir la France. Ch.-l. de cant. de Zurich. — **Canton de Zurich,** 1 723 kilom carrés, 317 576 hab. Canton suisse de langue allemande et de religion protestante, au N.-E. de la Suisse arrosé par le Rhin, la Thur, la

Reuss et la Limmat. Sol peu fertile, très boisé; élève de bestiaux; ateliers de construction et de machines, filatures de coton.

ZURICH (LAC DE), 89 kilom. carrés. Lac de Suisse dans les cantons de Zurich, de Saint-Gall et Schwytz. Il reçoit la Linth au S.-E. et s'écoule dans l'Aar par la Limmat.

***ZUT** [zu-t], *interj.* qui sert à exprimer qu'on a en vain fait des efforts, donné des assertions ou fait des promesses en pure perte, et surtout qu'on s'en moque : *Zut! me voilà bien loti!*

ZUTPHEN, 14000 hab. Ville de la province de Gueldre (Hollande), sur l'Yssel. Manufactures de coton, papeteries.

ZUYDERZÉE (*mer du Sud*), golfe profond de la mer du Nord, en Hollande, qui n'est autre chose que l'ancien lac *Flevo*, réuni en 1284 à la mer par une inondation qui engloutit 72 villes ou villages et dont on entreprend actuellement de dessécher la partie méridionale.

ZVORNIK, 15000 hab. Ville de Bosnie (péninsule des Balkans), sur la Drina. Commerce de bois. Mines de plomb aux environs.

ZWEI-BRÜCKEN. (V. *Deux-Ponts*.)

ZWICKAU, 26000 hab. Ville du royaume de Saxe, sur la r. g. de la Mulde. Mines de houille. Produits chimiques, lainages, cotons.

ZWINGLE (1484-1531), chef de la réforme protestante en Suisse, curé de Zurich, tué à la bataille de Cappel, où son parti fut défait par les catholiques. — **Dér.** *Zwinglien, zwinglienne, zwinglianisme.*

***ZWINGLIANISME** (*zwinglien*), *sm.* Doctrine de Zwingle, portant sur l'élargissement du libre arbitre et l'apparence figurative de l'eucharistie.

***ZWINGLIEN, IENNE** (*Zwingle*), *adj.* Qui se rapporte à Zwingle. — *Sm.* **Les Zwingliens**, les membres de la secte de Zwingle.

ZWOLLE, 22000 hab. Ville de Hollande, près de l'Yssel, point de réunion de cinq lignes de chemins de fer; capitale de la province d'Over-Yssel.

***ZYGÈNE** (g. ζύγαινα), *sm.* Poisson appelé le *marteau.*

***ZYGOCÉRÉ, ÉE** (g. ζυγός, joug ou couple + κέρας, corne, tentacule), *adj.* Qui porte des tentacules en nombre pair.

***ZYGODACTYLE** (g. ζυγός, joug ou couple + δάκτυλος, doigt), *adj. 2 g.* Qui porte des doigts accouplés ou en nombre pair.

ZYGOMA (g. ζύγωμα, jonction), *sm.* L'os de la pommette appelé encore *os jugal* ou *os malaire.* — **Dér.** *Zygomatique.* — **Comp.** *Zygomato-maxillaire, zygomato-labial, zygomato-labiale, zygomato-auriculaire.*

ZYGOMATIQUE (*zygoma*), *adj. 2 g.* Qui appartient au zygoma. ‖ *Apophyse zygomatique*, apophyse qui se détache de la face externe de la partie écailleuse du temporal, se porte en avant pour s'unir à l'os malaire et former l'arcade zygomatique. ‖ *Arcade zygomatique*, os en forme d'arc qui unit l'os malaire avec le temporal et est formé par la réunion de l'apophyse zygomatique et l'angle postérieur dentelé de l'os malaire. ‖ *Os zygomatique*, l'os malaire.

***ZYGOMATO-MAXILLAIRE** (*zygoma* + l. *maxilla*, mâchoire), *adj. 2 g.* Qui se rapporte à la mâchoire et au zygoma : *Muscle zygomato-maxillaire.*

***ZYGOMATO-LABIAL, ALE** (*zygoma* + *labial*), *adj.* Qui se rapporte au zygoma et aux lèvres : *Muscle zygomato-labial.*

***ZYGOMATO-AURICULAIRE** (*zygoma* + *auriculaire*), *adj. 2 g.* Qui concerne le zygoma et l'oreille : *Muscle zygomato-auriculaire.*

***ZYGOPHYLLÉES** (g. ζυγός, joug, conjugaison + φύλλον, feuille), *sfpl.* Famille de plantes dicotylédones que l'on range aussi parmi les Rutacées, et comprenant des arbres et des arbustes à feuilles alternes ou opposées, garnies de stipules; les fleurs sont hermaphrodites. Le fruit est sec, coriace et composé de deux à douze coques.

***ZYGOSPORE** (g. ζυγός, conjugaison + *spore*), *sf.* Spore formée par la conjugation ou soudure de deux cellules, pour former une troisième cellule douée de propriétés différentes qui est la *zygospore.*

***ZYMASE** (g. ζύμη, levain), *sf.* Nom sous lequel certains auteurs désignent des ferments sécrétés par les animaux et les végétaux : *Les diastases, la pancréatine, la pepsine sont des zymases.* — **Dér.** *Zymique, zymotique.* — **Comp.** *Zymotechnie, zymotechnique, zymosimètre zymologie.*

***ZYMIQUE** (du g. ζύμη, levain), *adj. 2 g.* Qui se rapporte à la fermentation. ‖ *Acide zymique*, mélange d'acide lactique et d'acide butyrique.

***ZYMOLOGIE** (g. ζύμη, fermentation + λόγος, traité), *sf.* Partie de la chimie qui a pour objet l'étude des fermentations.

***ZYMOSIMÈTRE** (g. ζύμωσις, fermentation + μέτρον, mesure), *sm.* Instrument qui marque la qualité d'un ferment en permettant de mesurer le dégagement de bulles gazeuses qui se forment sous son action.

***ZYMOTECHNIE** (g. ζύμη, fermentation + τέχνη, art), *sf.* Art d'exciter ou de conduire la fermentation.

***ZYMOTECHNIQUE** (*zymotechnie*), *adj. 2 g.* Qui concerne la zymotechnie.

***ZYMOTIQUE** (g. ζυμωτικός : de ζυμόω, exécuter la fermentation), *adj. 2 g.* Propre à faire fermenter. ‖ Analogue au caractère de la fermentation : *Maladies zymotiques, la variole par exemple.*

***ZYTHOGALE** (g. ζῦθον, bière + γάλα, lait) ou POSSET, *sm.* Mélange composé de bière et de lait.

CHATEAU DE ZELL (HANOVRE)